DROIT ET PRATIQUE
DE LA PROCÉDURE CIVILE

ISBN 978-2-247-13232-4

31-35, rue Froidevaux
75685 PARIS CEDEX 14

SERVICE CLIENTÈLE
tél. 0 820 800 017
fax 33(0)1 41 48 47 92

www.editions-DALLOZ.fr

D A L L O Z A C T I O N

DROIT ET PRATIQUE DE LA PROCÉDURE CIVILE

DROITS INTERNE ET DE L'UNION EUROPÉENNE

HUITIÈME ÉDITION

FÉVRIER 2014

sous la direction de

SERGE GUINCHARD

DALLOZ

ŒUVRE COLLECTIVE SOUS LA DIRECTION DE

SERGE GUINCHARD

Professeur émérite de l'Université Panthéon-Assas (Paris II)
Recteur honoraire (académies de la Guadeloupe et de Rennes)
Directeur honoraire de l'Institut d'études judiciaires « Pierre Raynaud »
Doyen honoraire de la Faculté de droit de Lyon

CET OUVRAGE A ÉTÉ RÉDIGÉ PAR
[*numéros des chapitres*]

SERGE ABBOU *Huissier de justice, Chargé d'enseignement à l'École nationale de procédure*

Frais de l'instance / Contenu des dépens 611 | Charge des frais et dépens 612 | Calcul des frais et dépens 621 | Procédures de liquidation et de recouvrement des dépens et des frais irrépétibles 622

MONIQUE BANDRAC *Professeur émérite de l'Université Paris-Nord (Paris XIII)*

Vérification de l'intérêt à agir 101 | de la qualité à agir 102 | de la capacité d'ester en justice 103 | des délais pour agir 104

CORINNE BLÉRY *Maître de conférences-HDR à l'Université de Caen Basse-Normandie*

Contribution sur les actes de procédure rédigée par Jacques Junillon jusqu'à l'édition 2012-2013

Actes de procédure : conditions de formation 161 | sanction des règles de formation 162 | Protocoles de procédure 300

GEORGES BOLARD *Professeur émérite de la Faculté de droit de l'Université de Dijon*

Garanties du procès civil / Matière du procès et principe dispositif 221 | Principe des droits de la défense 222 | Initiatives procédurales 223

NICOLAS CAYROL *Professeur à l'Université François Rabelais de Tours, Directeur de l'Institut d'études judiciaires François-Grua*

Table des principaux arrêts cités 02

DIDIER CHOLET *Maître de conférences à l'Université du Maine*

Règles de compétence d'attribution en raison de la valeur du litige 121 | Règles de compétence matérielle des juridictions de droit commun : tribunal de grande instance 122 et cour d'appel 123 | des juridictions d'exception 124 | Règles générales de compétence territoriale 131 | règles spéciales 132 | Dérogations conventionnelles aux règles de compétence 141 | dérogations légales 142 | Incidents de compétence 351 | Voies de recours sur la compétence : contredit 511 | appel 512

DOMINIQUE D'AMBRA *Professeur à l'Université de Strasbourg, Avocat au barreau de Colmar*

Contribution sur les voies de recours rédigée par Jacques Junillon jusqu'à l'édition 2012-2013

Conciliation et médiation – droit interne 325 | Procédure participative de négociation assistée par avocat 327 | Procédures devant les conseils de prud'hommes 335 | les juridictions de Sécurité sociale 336 | le tribunal paritaire des baux ruraux 337 | Voies de recours ordinaires et extraordinaires : dispositions communes / existence du recours 531 | choix 532 | délai 533 | exercice 534 | Voies de recours ordinaires : opposition 545 | Voies de recours extraordinaires : tierce-opposition 551 | recours en révision 552 | Règles d'organisation judiciaire et de compétence quant à certains tribunaux spécifiques à l'Alsace-Moselle 711 [cour d'appel] | quant aux auxiliaires de justice 712 | en matière contentieuse [cour d'appel] 722

CAROLE FATTACCINI *Avocat au Conseil d'État et à la Cour de cassation*

Pourvoi en cassation 553

FRÉDÉRIQUE FERRAND *Professeur à l'Université Jean-Moulin (Lyon 3) et à l'Université d'Augsbourg (Allemagne)*

Compétence européenne / Champ d'application 150 | Principe : compétence des tribunaux de l'État du domicile du défendeur 151 | Compétences spéciales 152 | exclusives 153 | dérivées de l'article 6 154 | destinées à protéger la partie réputée faible 155 | en matière de mesures provisoires et conservatoires 156 | clauses de prorogation de compétence 157 | contrôle des règles de compétence 158 | révision du règlement Bruxelles I 159 | Notification des actes de procédure - droit de l'Union européenne 163 | Aide judiciaire - droit de l'Union européenne 182 | Médiation - droit de l'Union européenne 326 | Procédure communautaire d'injonction de payer 338 | Procédure européenne de règlement des petits litiges 339 | Mesures d'instruction - droit de l'Union européenne 343 | Reconnaissance et exécution des jugements européens en matière civile et commerciale 441 | Titre exécutoire européen 442

NATALIE FRICERO *Professeure à la Faculté de droit de l'Université de Nice Sophia-Antipolis, Directrice de l'Institut d'études judiciaires*

Garanties d'une bonne justice / Droit à un tribunal indépendant et impartial 211 | Garanties de nature procédurale : équité, publicité, célérité et laïcité 212 | Régularité du jugement / Conditions relatives au délibéré 411 | à la rédaction 412 | au prononcé du jugement 413 | Efficacité du jugement / Autorité 421 | Force probante 422 | Force exécutoire 423 | Voies de recours en interprétation, rectification ou complément du jugement : Interprétation du jugement 521 | Rectification des erreurs et omissions matérielles 522 | Réparation de l'omission de statuer ou du prononcé de choses non demandées 523

HENRI GERPHAGNON *Bâtonnier de l'Ordre des avocats de Meaux*

Aide juridictionnelle - droit interne 181 | Aide à l'accès au droit 183

SERGE GUINCHARD *Professeur émérite de l'Université Panthéon-Assas (Paris II)*

Introduction générale 01 | Être défendeur : défenses au fond 191 | exceptions 192 | fins de non-recevoir 193

PHILIPPE HOONAKKER *Professeur à l'Université de Strasbourg, Avocat*

Mesures conservatoires à prendre 112 | Par qui et comment introduire l'instance ? / Assistance et représentation des parties 171 | Actes introductifs d'instance 172 | Demandes incidentes / additionnelle et reconventionnelle 311 | intervention 312 | Procédures contentieuse 321 | et gracieuse 322 | ordonnance sur requête 324 | Procédure devant le tribunal d'instance et la juridiction de proximité 332 | le tribunal de commerce 333 | le juge de l'exécution 334 | Exécution provisoire des jugements / au regard de la situation du créancier 431 | au regard de la situation du débiteur 432 | Règles d'organisation judiciaire et de compétence quant à certains tribunaux spécifiques à l'Alsace-Moselle 711 | en matière gracieuse 721 | en matière contentieuse 722

ALAIN LACABARATS *Président de chambre à la Cour de cassation*

Compétence des juges des référés 125 | Procédures devant les juges des référés 323

JEAN-PAUL LACROIX-ANDRIVET *Président de la première chambre civile à la cour d'appel d'Aix-en-Provence*

Preuves à conserver 111 | Procédure devant le tribunal de grande instance 331 | Administration judiciaire de la preuve / pièces 341 | mesures d'instruction - droit interne 342 | serment judiciaire 344

JACQUES PELLERIN *Avocat à la cour d'appel de Paris, Ancien président de la Compagnie des avoués de Paris, Docteur en droit*

Contribution rédigée par Jacques Junillon jusqu'à l'édition 2012-2013

Voies de recours ordinaires : appel 541 | droit d'appel 542 | effets 543 | procédure 544

ISABELLE PÉTEL-TEYSSIÉ *Maître de conférences à l'Université Panthéon-Assas (Paris II)*

Incidents relatifs au cours de l'instance 352 | au personnel judiciaire 353

Avant-propos

Le présent ouvrage est résolument pratique. Rédigé par une équipe de praticiens (magistrats, avocats, ancien avoué et huissier de justice) et d'universitaires (dont certains sont eux-mêmes avocats) il s'adresse à tous ceux qui exercent la procédure civile, au quotidien. Le lecteur n'y trouvera donc aucun exposé des belles théories de l'action, de l'acte juridictionnel ou de l'instance, que l'on étudie traditionnellement dans les traités de procédure civile, de droit processuel ou de théorie générale du procès. Les controverses doctrinales ne sont envisagées que si elles peuvent aider à la résolution d'une question faisant encore difficulté en droit positif, c'est-à-dire en jurisprudence et faisant hésiter le praticien sur une réponse à donner ou sur une voie procédurale à choisir. Le lecteur friand de développements plus conceptuels pourra se reporter aux rubriques correspondantes de *L'Encyclopédie Dalloz de procédure civile,* au *Précis Dalloz de Procédure civile* de Serge Guinchard, Cécile Chainais et Frédérique Ferrand (31e éd., sept. 2012) ou au *Précis Dalloz de Droit processuel - Droit fondamentaux du procès*, de Serge Guinchard, Cécile Chainais, Constantin Delicostopoulos, Ioannis Delicostopoulos, Mélina Douchy-Oudot, Frédérique Ferrand, Xavier Lagarde, Véronique Magnier, Hélène Ruiz Fabri, Laurence Sinopoli, Jean-Marc Sorel (7e éd., janv. 2013). En revanche, il a été fait une large place, d'une part à l'encadrement européen de la procédure civile (sous l'intitulé des *Garanties d'une bonne justice*) et, d'autre part, aux principes directeurs du procès civil (sous l'intitulé des *Garanties du procès civil*). Bref, les auteurs, procéduriers par la vocation attribuée à cet ouvrage et par la profession qu'ils exercent, n'ont pas oublié qu'ils étaient aussi des processualistes !

La présente édition a été considérablement enrichie de développements de droit de l'Union européenne (aide judiciaire, injonction de payer, notification des actes de procédure, médiation, mesures d'instruction et règlement des petits litiges, exécution des jugements et titre exécutoire européen) et la compétence en droit de l'Union a encore été étoffée.

Le souci de clarté a donc guidé tous ceux qui ont participé à la rédaction de ce livre. La présentation des solutions pratiques, selon une démarche parfois très proche de la casuistique, appuyée sur les illustrations les plus marquantes et les plus récentes en jurisprudence, a prévalu sur une approche dogmatique.

Ce souci de clarté et d'accès aisé aux questions traitées et aux solutions données, se retrouve bien évidemment dans le plan qui expose, en sept Livres, et selon une démarche chronologique, la manière de procéder en procédure civile, de l'engagement d'un procès à l'exercice des voies de recours et au paiement des frais de l'instance, sans oublier le droit local d'Alsace-Moselle.

Un livre 8 reproduit les tableaux de compétence des juridictions, extraits du Code de l'organisation judiciaire.

Un livre 9 est consacré à une présentation synthétique des propositions des commissions de réflexion sur la justice civile réunies en 2013 (commissions Delmas-Goyon et Marshall), à la suite de celles de 2008 et 2009 (commissions Darrois, Guinchard, Magendie II) dont elles reprennent parfois certaines de leurs conclusions.

Un sommaire figure en tête de l'ouvrage et une table détaillée à la fin, suivie d'un index alphabétique particulièrement soigné et entièrement réécrit pour cette édition.

Une table des principaux arrêts cités a été élaborée par le professeur Nicolas Cayrol et figure en tête de l'ouvrage juste après l'introduction.

La jurisprudence citée est abondante, même si une sélection rigoureuse a été opérée, afin de ne pas surcharger l'information immédiatement accessible et utile au praticien; à cet égard les annotations des codes de procédure civile compléteront, en tant que de besoin, les illustrations jurisprudentielles.

Tout ouvrage est perfectible et les auteurs de celui-ci ne l'ignorent pas. Ils espèrent simplement que leur œuvre collective permettra à chacun de ne pas se perdre dans le maquis de la procédure et de trouver les réponses aux questions qu'il se pose dans la pratique quotidienne des procès. Toutes les suggestions seront les bienvenues.

Serge GUINCHARD

Sommaire

Une table des matières détaillée et un index alphabétique figurent à la fin de l'ouvrage.

01. Introduction

01.00 **Plan de l'ouvrage.** La conception résolument pratique de l'ouvrage a commandé une démarche pragmatique, loin de toute construction théorique, d'où un plan chronologique, adapté aux préoccupations des praticiens.

Le lecteur cheminera ainsi dans le procès civil au gré des étapes suivantes :

Livre 1er (titres 10 à 19)	L'engagement des hostilités ou comment engager un procès;
Livre 2 (titres 21 et 22)	Les principes fondamentaux communs à tous les procès;
Livre 3 (titres 31 à 35)	La description des règles du déroulement des procédures;
Livre 4 (titres 41 à 44)	L'aboutissement naturel d'une instance, c'est-à-dire le jugement;
Livre 5 (titres 51 à 55)	Les voies de recours, celles-ci étant entendues des voies de recours ordinaires et extraordinaires, des voies de recours sur la compétence et des recours en interprétation, rectification et complément d'un jugement;
Livre 6 (titres 61 et 62)	Les frais de l'instance;
Livre 7 (titres 71 et 72)	Le droit local d'Alsace-Moselle;
Livre 8	Tableaux de compétence des juridictions
Livre 9 (chap. 91 et 92)	Rapports sur la justice du XXIe siècle

Un tel plan commande, par exemple, que les demandes incidentes (demandes additionnelles, reconventionnelles et en intervention volontaire ou forcée) qui n'ouvrent pas une instance, mais interviennent au cours d'un procès déjà engagé, ne soient pas étudiées avec la demande initiale, au moment où celle-ci déclenche l'instance, mais avec le déroulement des procédures, juste avant les procédures types.

De même, les exceptions de procédure sont-elles ventilées selon qu'elles concernent la nullité (traitées avec les sanctions du formalisme), la compétence (traitées avec les incidents de l'instance) ou un délai (envisagées avec les règles communes à toutes les exceptions dans le titre consacré à la position de défendeur).

Enfin, dernier exemple, dès la première partie, un titre a été consacré aux preuves à conserver (avec l'article 145 du Code de procédure civile consacré aux mesures d'instruction *in futurum*) et aux mesures conservatoires à envisager (titre 11), car c'est à ce moment-là, en amont du déclenchement d'une instance, que le praticien doit se poser la question des mesures à prendre ou à demander pour préserver les intérêts de son client.

01.01 **Domaine.** Toute la procédure civile, au sens traditionnel du terme, a été envisagée ici, y compris celle qui est suivie devant les juridictions d'exception (tribunaux d'instance et juridiction de proximité, tribunaux de commerce, conseils de prud'hommes, tribunaux des affaires de sécurité sociale, tribunaux paritaires des baux ruraux). Quelques aperçus seront donnés de la procédure devant le juge de l'exécution.

Les aspects européens n'ont pas été oubliés. Ont fait l'objet de chapitres spécifiques : les conventions de Bruxelles (celle-ci étant devenue un règlement communautaire) et de Lugano, tant à l'égard de la détermination de la compétence, que de l'exécution des jugements; la Convention européenne des droits de l'homme, pour tout ce qui concerne l'encadrement du procès civil.

En revanche, ni les procédures spécifiques à certaines matières (le divorce par exemple), ni l'arbitrage, n'ont été traités.

01.03 Bibliographie générale.

Encyclopédies avec mises à jour périodiques.

Rép. pr. civ.	S. Guinchard (dir.), *Encyclopédie Dalloz, Répertoire de procédure civile*
J.-Cl. pr. civ.	R. Perrot (dir.), *Juris-Classeur Procédure civile*

Ouvrages cités par le seul nom de leur(s) auteur(s).

L. CADIET. et E. JEULAND	*Droit judiciaire privé,* « Manuels », 8e éd., LexisNexis, 2013
G. CORNU. et J. FOYER	*Procédure civile,* « Thémis – Droit privé », 3e éd., PUF, 1996
G. COUCHEZ et X. LAGARDE	*Procédure civile,* « Université », 17e éd., Sirey, 2014
H. CROZE et CH. LAPORTE	*Guide pratique de procédure civile,* 4e éd., LexisNexis, 2012
M. DOUCHY-OUDOT	*Procédure civile,* « Manuels », 5e éd., Éd. Gualino, 2012
H. GAUDEMET-TALLON	*Compétence et exécution des jugements en Europe,* « Droit des affaires », 4e éd., LGDJ, 2010
S. GUINCHARD, C. CHAINAIS et F. FERRAND	*Procédure civile,* « Précis », 31e éd., Dalloz, 2012 [32e éd., à paraître en sept. 2014]
S. GUINCHARD, F. FERRAND et C. CHAINAIS	*Procédure civile,* « Hypercours », 3e éd., Dalloz, sept. 2013
S. GUINCHARD et *alii*	*Droit processuel ? Droits fondamentaux du procès,* « Précis », 7e éd., Dalloz, 2013
J. HÉRON et TH. LE BARS	*Droit judiciaire privé,* « Précis Domat », 5e éd. (par Th. Le Bars), Montchrestien, 2012
P. JULIEN et N. FRICERO	*Droit judiciaire privé,* « Manuels – Droit privé », 4e éd. (par N. Fricero), LGDJ, 2011
CH. LEFORT	*Procédure civile,* coll. « Cours », 4e éd., Dalloz, 2011

02. Table des principaux arrêts cités

Nicolas CAYROL
Professeur à l'Université François Rabelais de Tours
Directeur de l'Institut d'études judiciaires François-Grua

02.01 **Présentation.** Le lecteur trouvera ici les principales décisions citées dans l'ouvrage avec extrait et renvoi aux développements qui leur sont consacrés.

Sans surprise, les décisions émanent pour l'essentiel de la Cour de cassation. On notera cependant, mais ce n'est pas non plus une surprise, la part grandissante prise depuis vingt-cinq ou trente ans par les décisions de la Cour européenne des droits de l'homme, du Conseil constitutionnel, et de la Cour de justice de l'Union européenne.

Toute sélection comprend sans doute une part irréductible d'arbitraire, ne serait-ce qu'en fonction du nombre de pages qu'on lui consacre. Cela étant, en définitive, le choix des arrêts pour l'élaboration de la présente table n'aura guère laissé de place à la fantaisie. Voilà un point remarquable : bien qu'il soit difficile d'arrêter précisément les critères d'un grand arrêt[1], un relatif consensus règne à ce sujet. Une décision importante pour les rédacteurs du Dalloz action l'est généralement aussi pour les juges qui l'ont rendue (ce dont témoigne, par exemple, une citation au rapport annuel s'agissant des arrêts de la Cour de cassation), pour la doctrine (qui en a assuré la réception par ses commentaires), et pour les pédagogues (lorsqu'ils choisissent les décisions pour expliquer la matière aux étudiants). Chacun semble s'accorder sur ces décisions sans lesquelles la compréhension d'un problème est incomplète. Mais si cette observation est exacte, alors il faut considérer que l'élaboration d'une anthologie de jurisprudence est un travail qui peut être mené de manière scientifique, c'est-à-dire de manière à la fois objective et exhaustive.

Quel serait l'intérêt d'une telle entreprise ? Le passage en revue des principales décisions signalées par les auteurs du Dalloz action fait déjà apparaître quelques constantes : vu de loin, les problèmes de procédure civile sur lesquels les juges sont amenés à prendre position, paraissent être de trois sortes.

Le juge et la loi. Il y a d'abord tous les problèmes liés au formalisme procédural, qu'il s'agisse de la forme (écrite ou orale) des actes de procédure, des délais pour les accomplir, ou des modalités de notification. Dans ce type de décision, l'intelligence du formalisme, c'est à la fois la ferme conviction de nécessité impérieuse d'en assurer le respect, et la sagesse et la mesure des sanctions à imposer en cas de manquement. Gardien du formalisme, le juge n'est pas là pour sanctionner les vices de forme : il est là pour vérifier que la sanction ne peut pas être évitée. C'est l'esprit de mesure.

Le juge et le fait. Une deuxième série de décisions traitent de problèmes de fait, c'est-à-dire de problèmes impliquant d'adapter le modèle du procès civil aux circonstances particulières. Dans le Code de procédure civile, le procès type oppose deux parties égales qui viennent soumettre leur différend à un juge en attendant que celui-ci le tranche. Que faire s'il n'est pas possible d'attendre ? S'il n'y a pas deux parties, mais dix ou cent ou mille ? Si certaines personnes ne peuvent même pas être identifiées ? Comme l'écrivent Cornu et Foyer, « *tous les procès ne présentent pas la même complexité. On ne commande au litige qu'en lui obéissant. La règle d'or est d'approprier la procédure à la difficulté et à l'état de l'affaire. Il n'y a donc pas un seul modèle monolithique et rigide, mais, en souplesse et en soufflets, diverses modalités concurrentes* »[2]. En dépit de sa richesse, et

1. V. Ph. Jestaz, « Qu'est-ce qu'un grand arrêt ? », (avant-propos à), M. Vivant, *Les grands arrêts de la propriété intellectuelle*, Dalloz, 2e éd. 2014.

2. G. Cornu et J. Foyer, *Procédure civile*, coll. « Thémis », 3e éd., PUF, 1996, p. 678.

du soin que ses auteurs ont eu d'en faire un outil adaptable aux circonstances, le Code de procédure civile n'épuise pas la diversité des circonstances auxquelles les juges sont confrontées, et auxquelles ils font face avec, très souvent, un remarquable esprit de finesse.

Le juge et la raison. Reste l'esprit de géométrie, qui correspond à une troisième série de décisions. La logique du procès a ses exigences propres. La procédure forme un tout, à l'égard duquel les notions fondamentales (action, instance, chose jugée...) ne sont que des parties. « *Ces notions ne sont que les pièces d'un ensemble correspondant à un système de raisonnement, ordonné en vue d'une fin. Elles ne remplissent leur rôle que par leur assemblage et n'ont, réalité, d'existence qu'en fonction du tout dont elles sont les éléments* »[1]. La procédure est système et la jurisprudence veille jalousement à conserver la maîtrise de sa cohérence. À l'analyse, ce n'est pas un mais trois systèmes coordonnés que le récolement systématique des principales décisions du Dalloz action fait apparaître.

Il y a d'abord le système des *moyens de défense*. On sait que l'action en justice comme fondement de la recevabilité des prétentions n'est que le produit de la jurisprudence de la Cour de cassation sur les fins de non-recevoir, jurisprudence qui s'est construite en réaction à la conception trop simple d'un législateur qui ne distinguait à l'origine que les défenses au fond et les exceptions de procédure. Mais depuis la consécration de sa conception tripartite par le Code de procédure civile, la jurisprudence n'a pas pour autant renoncé à régenter le système des moyens de défense. La présente table en fournit de nombreux exemples.

Deuxième système : celui de *l'office du juge*, qui fait également l'objet d'une attention toute particulière de la part de la jurisprudence contemporaine. On observera dans les extraits qui suivent comment la Cour de cassation, et avec elle les autres juridictions, raisonne volontiers à ce sujet en termes de « pouvoir » du juge (ce qui explique sans doute les incohérences de ce système, tant la notion de pouvoir du juge est confuse, laissant à chacun l'espoir d'y mettre ce qui l'arrange).

Quant au troisième système, c'est celui des *voies de recours*, c'est-à-dire la logique par laquelle la chose jugée peut être remise en question, logique qui ne peut être comprise uniquement en contemplant les dispositions du Code de procédure civile[2].

1. G. Wiederkehr, « La logique du procès. Propos introductifs », *Mél. Cohen-Jonathan*, Bruylant, 2004, p. 1751.
2. G. Wiederkehr, « Le système des voies de recours en droit judiciaire privé français », Journées franco-hongroise de la Société de législation comparée, n° spécial *RID comp.* 1989, p. 225.

02.02 Principaux arrêts classés dans l'ordre chronologique.

> Le moyen tiré de la violation d'une règle d'ordre public n'est recevable devant la Cour de cassation que si les faits avaient été soumis aux juges du fond

Le principe d'après lequel les moyens d'ordre public sont susceptibles d'être proposés pour la première fois en cour de cassation ne saurait être invoqué que si la cour qui a rendu l'arrêt attaqué a été mise à même de connaître le fait qui sert de base au grief et d'en vérifier la réalité. Il ne serait ni juridique ni juste de reprocher au juge du fond d'avoir violé une loi que rien ne lui avait signalée ou indiquée comme applicable à la cause.

• **Cass. req., 12 déc. 1871,** *DP* 1872. 1. 316

* V. s[s] n° 553.536

> Compétence du tribunal de commerce pour connaître des litiges nés de délits ou de quasi-délits

Les tribunaux de commerce connaissent de toutes les contestations relatives aux engagements commerciaux, c'est-à-dire des contestations portant non seulement sur des obligations conventionnelles, mais encore de celles se formant sans convention par l'effet d'un quasi-contrat ou d'un quasi-délit, lorsqu'elles dérivent de faits qui, commis par le commerçant lui-même, ou par les personnes dont il doit répondre, se rattachent à l'exercice de son commerce ou de son industrie.

• **Cass. req., 11 juill. 1900,** *D.* 1900. 1. 508

* V. s[s] n° 124.273

> La modification d'une décision en matière gracieuse est subordonnée à des circonstances nouvelles

Les décisions judiciaires émanées de la juridiction gracieuse ne sont pas revêtues de l'autorité de la chose jugée et restent susceptibles d'être rapportées ou modifiées si les circonstances dans lesquelles elles ont été rendues ont elles-mêmes changé.

• **Cass. civ., 25 oct. 1905,** *DP* 1906. 1. 337, note Planiol

* V. s[s] n° 421.22

> Référé : absence de litispendance entre instance au fond et instance en référé et option de compétence territoriale

1° Pour qu'il y ait lieu à référé, il suffit, d'une part, que des constatations expresses du juge des référés – constatations qui échappent au contrôle de la Cour de cassation –, il résulte qu'il y a urgence et, d'autre part, que les mesures ordonnées ne fassent pas préjudice au principal; mais il importe peu que les parties soient déjà engagées dans un litige devant les juges du fond.

2° Le juge des référés compétent *ratione loci* doit appartenir à la juridiction qualifiée pour prononcer sur le fond; mais cette compétence n'exclut pas, pour les mesures urgentes et de caractère purement conservatoire, celle du juge dans le ressort duquel est né l'incident qui a nécessité le recours en référé.

• **Cass. civ., 4 mai 1910,** *D.* 1910. 1. 385, note Lalou

* V. s[s] n° 132.571

> Le ministère public, partie au procès, ne peut être condamné aux dépens s'il succombe dans son action

La condamnation aux dépens du ministère public, ayant agi dans l'instance comme partie publique dans un intérêt général, constitue un excès de pouvoir.

• **Cass. req., 30 janv. 1912,** *DP* 1916. 1. 63

* V. s^s n° 612.17

> Recevabilité de l'action des syndicats pour la défense des intérêts collectifs de la profession qu'ils représentent

Est recevable l'action civile exercée par un syndicat professionnel lorsqu'elle a pour objet, non de donner satisfaction aux intérêts individuels d'un ou plusieurs de ses membres, mais d'assurer la protection de l'intérêt collectif de la profession envisagée dans son ensemble et représentée par le syndicat professionnel.

• **Cass., ch. réun., 5 avr. 1913,** *DP* 1914. 1. 65, note Nast

* V. s^s n° 102.151

> Recevabilité de l'action d'une association pour la défense des intérêts collectifs de ses membres (jurisprudence dite des « ligues de défense »)

En vertu du principe de la liberté d'association, les pères de famille peuvent, à défaut d'exception pour un cas particulier, faire collectivement ce que chacun d'eux peut faire à titre individuel.

L'adhésion à une telle association n'implique de la part du père de famille aucune abdication de son droit de diriger et de surveiller l'éducation de son enfant, puisqu'il conserve le libre exercice de son action individuelle.

Peu importe, au point de vue de la légalité de l'association, qu'elle comprenne des personnes autres que des pères de famille ayant leurs enfants dans des écoles primaires, la loi du 1er juillet 1901 ne contenant, quant à la composition des associations, aucune disposition restrictive.

• **Cass. civ., 23 juill. 1918,** *DP* 1918. 1. 52

* V. s^s n° 102.163

> Le secret des délibérations, règle générale de procédure

• **CE 17 nov. 1922,** *Lebon* 849

* V. s^s n° 411.61

> Irrecevabilité de l'action des associations de défense des valeurs

S'il est loisible aux associations régulièrement déclarées d'ester en justice, il faut que l'objet en vue duquel l'action a été intentée et qui a été prévu par les statuts ne soit pas prohibé par la loi.

À la différence des syndicats professionnels, les associations ne représentent pas de plein droit la profession de ceux qui en font partie; une association formée par des fonctionnaires ne peut valablement ester en justice pour défendre la considération d'une profession qui n'est que l'exercice d'une fonction publique, la défense de cette considération se confondant nécessairement avec la défense de la fonction publique elle-même, laquelle ne relève que de l'État; il n'appartient qu'à l'État d'en assumer la défense à l'encontre des tiers.

• **Cass., ch. réun., 15 juin 1923,** *Cardinal Luçon*, *DP* 1924. 1. 153

* V. s^s n° 102.160

> Le prononcé du jugement doit être public même lorsque les débats ont eu lieu en chambre du conseil

• **Cass. civ., 14 mai 1924,** *DP* 1924. 1. 105, note L. S.

* V. s^s n° 413.41

> La compétence du tribunal de commerce n'est pas d'ordre public

L'incompétence des tribunaux civils en matière commerciale n'est pas une incompétence absolue qui doive être prononcée d'office.

• **Cass. civ., 6 mai 1931,** *DH* 1931. 362

* V. s^s n° 141.54

> Définition des formalités substantielles des actes de procédure dont l'inobservation peut être sanctionnée par la nullité en l'absence de texte

La nullité qui résulte de l'omission d'une formalité substantielle doit être prononcée sans qu'il y ait lieu de vérifier si elle a eu ou non pour effet de porter atteinte aux intérêts de la défense. Le caractère substantiel est attaché, dans un acte de procédure, à ce qui tient à sa raison d'être et lui est indispensable pour remplir son objet.

• **Civ. 2e, 3 mars 1955,** *JCP* 1955. II. 8654

* V. s^s n° 162.06, 162.61

> Renvoi pour cause de suspicion légitime : principe général de procédure

Au nombre des règles générales de procédure, est comprise celle selon laquelle tout justiciable est recevable à demander à la juridiction immédiatement supérieure qu'une affaire dont est saisie la juridiction compétente soit renvoyée devant une autre juridiction du même ordre, dès lors que, pour des causes dont il appartient à l'intéressé de justifier, le tribunal compétent est suspect de partialité.

• **CE 8 janv. 1959,** *D.* 1960. 42, note Debbasch

* V. s^s n° 353.131

> La prescription ne court pas contre ceux qui ne peuvent pas agir

La prescription ne court pas contre celui qui est dans l'impossibilité absolue d'agir par suite d'un empêchement quelconque résultant, soit de la loi, soit de la convention ou de la force majeure.

• **Civ. 1re, 22 déc. 1959, n° 59-10.037,** *Bull. civ.* I, n° 558

* V. s^s n° 104.121

> Absence d'option de compétence territoriale du chef du codéfendeur à l'égard duquel aucune prétention n'est formulée

S'agissant d'une instance comportant plusieurs défendeurs, fait une fausse application du Code de procédure civile, la cour d'appel qui, pour retenir la compétence *ratione loci* d'un tribunal de commerce, fait état de la mise en cause du syndic de faillite d'un agent de change, domicilié dans son ressort, et déclare que cette mise en cause s'imposait, alors que le syndic, contre lequel aucune condamnation n'était demandée et qui n'était appelé que pour prendre en l'instance telles conclusions qu'il avisera, ne pouvait être considéré comme codéfendeur.

• **Com. 18 nov. 1964, n° 61-11.685,** *Bull. civ.* III, n° 508

* V. s^s n° 131.81

> Le juge ne peut, sous prétexte d'interprétation, modifier les dispositions de la décision qu'il interprète

Les juges saisis d'une demande d'interprétation d'une précédente décision, ne peuvent sous le prétexte de déterminer le sens de celle-ci, apporter une modification quelconque à ses dispositions précises. Après avoir condamné *in solidum* le responsable d'un accident et son assureur à payer des réparations à la victime, les juges du fond ne peuvent, sur une demande d'interprétation de cette décision formée par l'assureur, et en faisant état de la police « *que, depuis lors, il a versée aux débats* », limiter à une certaine somme les effets de la condamnation prononcée contre lui, méconnaissant ainsi l'autorité de la chose jugée.

• **Civ. 1re, 30 mars 1965, n° 63-10.370,** *Bull. civ.* I, n° 231

* V. ss n° 521.42, 521.43

> Recevabilité de l'action en réparation du préjudice par ricochet de la concubine

L'article 1382 du Code civil, ordonnant que l'auteur de tout fait ayant causé un dommage à autrui sera tenu de le réparer, n'exige pas, en cas de décès, l'existence d'un lien de droit entre le défunt et le demandeur en indemnisation. La concubine de la victime d'un accident mortel de la circulation peut donc demander réparation de son préjudice personnel à l'auteur de cet accident.

• **Cass., ch. mixte, 27 févr. 1970, n° 68-10.276,** *Dangereux*, *Bull. ch. mixte*, n° 1

* V. ss n° 101.81

> Validité de la notification faite à une personne qui a déclaré être habilitée à la recevoir, sans autre vérification de l'huissier de justice

L'article 58-1 alinéa 2 du Code de procédure civile ne fait pas obligation à l'huissier qui délivre un acte à une personne morale, de vérifier la qualité déclarée par la personne à laquelle est remise la copie de l'exploit. C'est donc à bon droit qu'une cour d'appel considère comme valable et régulier l'exploit de signification d'un jugement délivré à une société et portant la mention « *... parlant à un gardien m..., se déclarant habilité à recevoir le pli ainsi déclaré* » une telle signification est donc assimilée à une signification à personne et fait courir le délai d'appel.

• **Civ. 2e, 6 oct. 1971, n° 69-13.259,** *Bull. civ.* II, n° 264

* V. ss n° 161.132

> L'appel en garantie d'un tiers constitue une défense au fond

L'article 168 du Code de procédure civile s'oppose à ce que les parties soulèvent un moyen quelconque de défense avant qu'ait été soulevé un déclinatoire de compétence. Il s'ensuit que, si en raison de la procédure suivie devant les tribunaux de commerce, une simple demande de renvoi ne peut pas impliquer une renonciation du défendeur à invoquer une exception d'incompétence *in limine litis*, il en est différemment lorsque le renvoi est sollicité pour appeler en cause une tierce partie dont la garantie est demandée, fût-ce à titre subsidiaire : une telle demande motivée de renvoi constituant, en effet, un moyen de défense.

• **Civ. 2e, 12 déc. 1973, n° 72-13.899,** *Bull. civ.* II, n° 333

* V. ss n° 192.41

> Absence d'autorité au principal de l'arrêt rendu sur appel d'une ordonnance de référé

Les décisions intervenues en matière de référé, même devenues définitives, ne peuvent faire préjudice au principal et n'ont qu'un caractère provisoire. Un arrêt rendu sur appel d'une ordonnance de référé n'a pas, quant au fond du litige, l'autorité de la chose jugée. Ainsi se trouve exclue l'éventualité d'une contrariété de décision entre celle prise par un tel arrêt et celle que peut prendre la juridiction statuant au fond. Il s'ensuit qu'une juridiction statuant au fond peut, sans que sa décision encoure la cassation, rejeter une demande en garantie bien qu'un précédent arrêt devenu définitif, rendu sur appel d'une ordonnance de référé, ait fait droit a cette même demande.

• **Civ. 2e, 12 déc. 1973, n° 72-12.188,** *Bull. civ.* II, n° 334

* V. ss n° 323.183, 421.33

> La contradiction de motifs équivaut à un défaut de motifs

La contradiction de motifs équivaut à leur absence. Statuant sur l'action en résiliation judiciaire du contrat de travail formée par un employeur contre un représentant protégé du personnel, la cour d'appel qui, si la recevabilité de l'action avait été contestée en elle-même, aurait dû la rejeter, ne peut, sans contradiction, décider à la fois que l'employeur n'avait pu méconnaître les dispositions l'obligeant à consulter le comité d'entreprise ou l'inspecteur du travail préalablement à toute rupture et que la procédure de résiliation serait poursuivie si les organismes consultés s'opposaient à celle-ci.

• **Cass., ch. mixte, 21 juin 1974, n° 72-40.054,** *Bull. ch. mixte*, n° 2

* V. ss n° 412.231

> Publicité des débats : principe général du droit

La publicité des débats judiciaires est un principe général du droit. Il n'appartient, dès lors, qu'au législateur d'en déterminer, d'en étendre ou d'en restreindre les limites.

• **CE 4 oct. 1974, req. n° 88930,** *dame David*

* V. ss n° 212.71, 212.84, 222.61

> Accès au juge et droit à une décision sur le fond

L'article 6 § 1 garantit à chacun le droit à ce qu'un tribunal connaisse de toute contestation relative à ses droits et obligations de caractère civil. Il consacre de la sorte le « *droit à un tribunal* », dont le droit d'accès, à savoir le droit de saisir le tribunal en matière civile, ne constitue qu'un aspect. À cela s'ajoutent les garanties prescrites par l'article 6 § 1 quant à l'organisation et à la composition du tribunal et quant au déroulement de l'instance. Le tout forme, en bref, le droit à un procès équitable.

• **CEDH 21 févr. 1975, req. n° 4451/70,** *Golder c/ Royaume-Uni*

* V. ss nos 21.11, 211.11, 211.40, 211.45

> Irrecevabilité de l'exception de procédure présentée après une défense au fond ou une fin de non-recevoir même si la règle invoquée est d'ordre public

Les parties ne peuvent soulever les exceptions d'incompétence, même d'ordre public, qu'avant toutes autres exceptions et défense; il en est ainsi de l'incompétence des tribunaux judiciaires tirée du principe de la séparation des pouvoirs.

• **Cass., ch. mixte, 24 mai 1975, n° 73-13.556,** ***Sté des cafés Jacques Vabre***, *Bull. ch. mixte*, n° 4
* V. ss n° 192.62, 351.61

> Droit au juge corollaire du principe d'égalité devant la loi
Le respect du principe d'égalité fait obstacle à ce que des citoyens se trouvant dans des conditions semblables et poursuivis pour les mêmes infractions soient jugés par des juridictions composées selon des règles différentes.
• **Cons. const. 23 juill. 1975, n° 75-56 DC,** *JO* 24 juill., p. 7533
* V. ss n° 21.11

> Caractère discrétionnaire de la faculté d'évocation
L'exercice de la faculté d'évocation n'est pas soumis au consentement des parties et la cour d'appel, dès lors que celles-ci ont constitué avoué et conclu au fond, n'est pas tenue de les inviter à procéder à une telle constitution.
• **Civ. 1re, 2 déc. 1975, n° 73-11.402,** *Bull. civ.* I, n° 354
* V. ss nos 125.73, 132.12, 142.62, 351.107, 511.221, 543.93, 551.161, 552.121

> Irrecevabilité devant la cour de cassation du moyen qui n'a pas été soulevé en appel
Est nouveau le moyen par lequel une partie fait grief à l'arrêt attaqué d'avoir, en cause d'appel, déclaré recevables l'appel en garantie et l'action principale introduits contre elle sans avoir constaté une évolution du litige depuis la première instance dès lors que dans ses conclusions devant la cour d'appel elle avait demandé sa mise hors de cause sans avoir soutenu l'irrecevabilité de l'appel en garantie et de l'action principale dirigés contre elle en application de l'article 98 du décret du 28 août 1972.
• **Cass., ch. mixte, 16 janv. 1976, n° 73-11.405,** NP
* V. ss n° 542.271

> Appel-nullité immédiat à l'encontre de la décision ordonnant une mesure d'instruction en cas d'excès de pouvoir du juge
En ordonnant, dans son dispositif, que l'expert chargé d'examiner l'assuré en Algérie sera désigné à la diligence du directeur régional de la sécurité sociale et en donnant ainsi à une autorité administrative une injonction de nature à constituer un excès de pouvoir et une méconnaissance de la règle de la séparation des autorités administratives et judiciaires, une commission de première instance tranche une question de fond et sa décision est immédiatement susceptible d'appel.
• **Soc. 23 févr. 1977, n° 75-14.506,** *Bull. civ.* V, n° 131
* V. ss n° 342.41, 553.422

> Assignation en référé des délégués syndicaux vaut ordonnance sur requête des salariés grévistes
Le président du tribunal peut ordonner sur requête toutes mesures urgentes lorsque les circonstances exigent qu'elles ne soient pas prises contradictoirement. Par suite, fait une fausse application des articles 495 et 497 du Code de procédure civile, relatifs aux pouvoirs du président du tribunal, la cour d'appel qui, statuant en référé, sur une demande d'expulsion dirigée contre quatre délégués syndicaux et toutes personnes occupant l'usine de leur chef, se borne à ordonner l'expulsion des délégués au seul motif tiré du défaut de qualité de ces derniers pour représenter le personnel en justice, sans rechercher si la demande présentée vis-à-vis des membres du personnel non assignés individuellement ne pouvait être considérée comme une requête, et si en raison de l'urgence à prévenir un dommage imminent, de la difficulté pratique d'appeler individuellement en cause tous les occupants et de la possibilité pour les dirigeants de fait du mouvement de présenter les moyens de défense communs à l'ensemble du personnel, les circonstances n'exigeaient pas en l'espèce que les mesures sollicitées de remise en état fussent prises non contradictoirement à l'égard des autres occupants qui avaient d'ailleurs la faculté de soumettre ultérieurement des arguments supplémentaires.
• **Soc. 17 mai 1977, n° 75-11.474,** ***Ferodo***, *Bull. civ.* V, n° 327
* V. ss nos 122.421, 125.07, 324.12, 324.22

> Motivation des décisions de justice
Constituent une garantie essentielle pour les propriétaires qui font l'objet d'une expropriation et par suite touchent aux principes fondamentaux du régime de la propriété, les dispositions prévoyant que le jugement d'expropriation doit, d'une part distinguer dans la somme allouée à chaque intéressé, l'indemnité principale et, le cas échéant, les indemnités accessoires, d'autre part, préciser les bases sur lesquelles ces diverses indemnités sont calculées.
• **Cons. const. 3 nov. 1977, n° 77-101 L,** *JO* 6 nov.
* V. ss nos 212.54, 412.141

> Les exceptions de nullité pour vice de fond des actes de procédure sont de droit strict
Il résulte du rapprochement des articles 114 et 117 du Nouveau Code de procédure civile que seules affectent la validité d'un acte de procédure indépendamment du grief qu'elles ont pu causer, les irrégularités de fond limitativement énumérées par le second de ces articles. La nullité d'un acte d'appel qui ne comporte aucune irrégularité de fond, et dont la dénonciation a été faite avant l'expiration du délai d'appel par un huissier de justice, ne peut être prononcée qu'à charge de prouver le grief que causent les irrégularités de forme commises. Viole les textes susvisés la cour d'appel qui refuse de reconnaître à cette dénonciation la portée d'un acte d'appel valable, alors que son destinataire comparaissait devant elle et concluait subsidiairement au fond sans alléguer l'existence d'un préjudice.
• **Civ. 2e, 30 nov. 1977, n° 76-12.305,** *Bull. civ.* II, n° 225
* V. ss nos 103.51, 544.44

> La rectification de l'erreur purement matérielle doit être demandée à la juridiction qui a prononcé la décision
Bien qu'une cour d'appel n'ait été saisie que d'une demande en séparation de corps, il ne saurait être fait grief à l'arrêt d'avoir dans son dispositif, débouté le conjoint de sa « *demande en divorce* » dès lors que les motifs font état uniquement d'une instance en séparation de corps et que la Cour déclare statuer sur la demande en séparation de corps. En effet, une telle erreur purement matérielle ne donne pas ouverture à un recours en cassation.
• **Civ. 2e, 29 juin 1978, n° 77-13.414,** *Bull. civ.* II, n° 171
* V. ss nos 522.10, 522.11

> Absence de recours à l'encontre d'une décision de donné acte
Le juge des référés qui, lors d'une comparution personnelle donne en présence des parties assistées de leurs avocats, acte à l'une d'elles de son engagement de quitter les lieux et ordonne son expulsion, s'abstenant pour le surplus de trancher le différend, constate qu'un accord judiciaire s'est formé. Par suite, c'est à bon droit que la cour d'appel déclare irrecevable l'appel formé contre l'ordonnance, l'expulsion n'ayant été prononcée qu'à seule fin de sanctionner l'engagement constaté dans un titre authentique et comme tel susceptible d'exécution forcée.
• **Civ. 2e, 11 juill. 1978, n° 77-13.610,** *Bull. civ.* II, n° 189
* V. ss n° 325.195

> Compétence du tribunal de commerce pour connaître des litiges relatifs aux cessions de parts emportant cession de contrôle de la société
Manque de base légale l'arrêt qui retient la compétence de la juridiction civile pour statuer sur une action en nullité de cession de parts sociales, sans rechercher si cette cession ne revêtait pas un caractère commercial en raison du nombre de parts cédées, lequel assurait à leurs acquéreurs le contrôle de la société.
• **Com. 28 nov. 1978, n° 77-12.609,** *Bull. civ.* IV, n° 284
* V. ss n° 124.284

> L'absence de notification préalable du jugement au représentant *ad litem* constitue l'omission d'un acte
L'absence de notification au représentant constituant l'omission d'un acte et non un vice de forme dont un acte de procédure accompli serait entaché, les dispositions du second alinéa de l'article 114 du Nouveau Code de procédure civile ne sont pas applicables et la nullité de la signification faite à la partie est acquise à celle-ci sans qu'elle ait à justifier d'un grief résultant de cette omission.
• **Civ. 3e, 6 déc. 1978, n° 77-12.650,** *Bull. civ.* III, n° 365
* V. ss nos 162.14, 162.174, 423.71, 553.92, 553.201

> Irrecevabilité de l'action *ut singuli* des membres d'une association
Sauf exception prévue par la loi, seules les personnes habilitées à représenter une personne morale peuvent intenter une action en justice au nom de celle-ci. Dès lors, viole les dispositions de l'article 32 du Nouveau Code de procédure civile la cour d'appel qui déclare recevable l'action en dommages-intérêts exercée par un membre d'une fédération départementale de chasseurs, au nom de cet organisme, contre le président de cette fédération.
• **Civ. 1re, 13 févr. 1979, n° 77-15.851,** *Bull. civ.* I, n° 57
* V. ss nos 102.71, 103.51

> Droits concrets et effectifs
Pour les procès civils, l'article 6 § 1 peut parfois astreindre l'État à pourvoir à l'assistance d'un membre du barreau quand elle se révèle indispensable à un accès effectif au juge, soit parce que la loi prescrit la représentation par un avocat, comme la législation nationale de certains États contractants le fait pour diverses catégories de litiges, soit en raison de la complexité de la procédure ou de la cause.
• **CEDH 9 oct. 1979, req. n° 6289/73,** *Airey c/Irlande, Série* A, n° 32
* V. ss nos 181.81, 211.31, 211.32, 211.35, 211.36

> Accord des parties pour lier le juge par les qualifications et points de droit auxquels elles entendent limiter le débat
Une simple concordance entre les conclusions des parties ne constitue pas l'accord exprès par lequel celles-ci peuvent, en vertu de l'article 12 du Nouveau Code de procédure civile, lier le juge par les qualifications et points de droit auxquels elles entendent limiter le débat. Et, en l'absence d'un tel accord, une cour d'appel peut restituer sa véritable qualification à un acte qui est dans le débat et, comme tel, soumis à une discussion contradictoire.
• **Civ. 3e, 10 oct. 1979, n° 77-15.737,** *Bull. civ.* III, n° 175
* V. ss nos 221.42, 221.132, 543.22

> Principe de contradiction
Au nombre des garanties essentielles offertes aux justiciables figurent notamment les principes de l'égalité devant la justice et du caractère contradictoire de la procédure, auquel il ne peut être dérogé que lorsqu'il est statué sur des moyens devant être soulevés d'office. Méconnaissent ce dernier principe les dispositions indivisibles du 3e alinéa de l'article 12 du Nouveau Code de procédure civile tel qu'il résulte du décret n° 75-1123 du 5 décembre 1975 et du 1er alinéa de l'article 16 du même code, qui laissent au juge la faculté de relever d'office des moyens de pur droit en le dispensant alors de respecter le caractère contradictoire de la procédure. Annulation de ces dispositions et, par voie de conséquence, de l'article 33 du décret n° 75-1122 du 5 décembre 1975 en tant qu'il abroge l'article 16 du décret n° 71-740 du 9 septembre 1971, selon lequel, à l'exception des moyens d'ordre public, le juge ne peut fonder sa décision sur des moyens de droit sans avoir au préalable invité les parties à présenter leurs observations.
• **CE, ass., 12 oct. 1979, req. nos 01875 et 01905**
* V. ss nos 212.84, 221.141, 221.143, 222.32, 322.32

> Présomption de régularité de la communication des pièces visées dans les conclusions
L'existence et la régularité d'une communication de pièces doivent être présumées dès lors qu'il a été fait état de ces pièces dans des conclusions signifiées avant l'ordonnance de clôture et que l'adversaire n'a pas soutenu que ces documents ne lui avaient pas été communiqués.
• **Civ. 2e, 17 oct. 1979, n° 78-14.080,** *Bull. civ.* II, n° 240
* V. ss n° 341.22

> Immunité de la défense
Viole le principe du respect des droits de la défense la cour d'appel qui, pour retenir contre un avocat un manquement à la confraternité et à la délicatesse, retient contre lui le fait d'avoir contesté devant les juges d'appel les propos qui lui ont été attribués par la décision du conseil de discipline, alors que ne fait qu'user du droit de se défendre en justice le plaideur qui conteste devant la juridiction du second degré avoir tenu devant les premiers juges des propos qui ont été retenus contre lui, alors même que ces propos auraient été effectivement tenus.
• **Civ. 1re, 4 déc. 1979, n° 78-13.967,** *Bull. civ.* I, n° 301
* V. ss nos 222.13, 222.52

> Nature législative des dispositions fiscales relatives à la charge de la preuve
La détermination de la charge de la preuve affecte les droits et obligations du contribuable et met ainsi en cause les

règles relatives à l'assiette, au taux et aux modalités de recouvrement des impositions. Dès lors, ces dispositions sont du domaine de la loi.

• **Cons. const. 2 déc. 1980, n° 80-119,** *JO* 4 déc., p. 2850

* V. s^s n° 211.83

> L'autorité de chose jugée n'est pas subordonnée à la régularité de la décision

Dès lors qu'une décision devenue irrévocable a, en prononçant le divorce aux torts d'un époux, condamné celui-ci à payer à son conjoint une pension alimentaire, le juge du fond ne peut, sans violer l'autorité de la chose jugée, décider que la rente mensuelle accordée constitue en réalité une prestation compensatoire, qui ne peut, faute de conséquence d'une exceptionnelle gravité, être révisée.

• **Civ. 2e, 7 janv. 1981, n° 79-14.839,** *Bull. civ.* II, n° 1

* V. s^s n° 421.11

> Le montant de la provision n'a d'autre limite que le montant non sérieusement contestable de la dette alléguée

La cour d'appel, qui relève que les créances invoquées devant le juge des référés commerciaux sont liquides et exigibles et que le débiteur ne rapporte la preuve d'aucun paiement, énonce à bon droit que le montant de la provision demandée n'a d'autre limite que le montant non sérieusement contestable dans son principe et dans son montant de la dette née de l'exécution d'un contrat.

• **Com. 20 janv. 1981, n° 79-13.050,** *Bull. civ.* IV, n° 40

* V. s^s n° 125.341

> Procès équitable. Exigence de publicité du procès

L'article 6 § 1 ménage des exceptions à la règle de la publicité, mais il les subordonne à certaines exceptions. Il ne ressort pas du dossier que l'une quelconque de celles-ci se trouvât remplie en l'espèce. La nature même des manquements reprochés aux requérants et de leurs propres griefs contre l'Ordre ne relevait pas de l'exercice de l'art de guérir. Partant, ni le respect du secret professionnel ni la protection de la vie privée de ces médecins ou de patients n'entraient en jeu.

• **CEDH 23 juin 1981, req. n°s 6878/75 et 7238/75,** ***Le Compte et Van Leuven c/Belgique***

* V. s^s n°s 211.21, 211.93, 212.74, 212.91, 212.92

> Obligation pour le juge qui relève d'office une fin de non-recevoir de provoquer un débat contradictoire

Le juge doit, en toutes circonstances, faire observer et observer lui-même le principe de la contradiction. Méconnaît ces dispositions l'arrêt qui relève d'office, sans inviter les parties à présenter leurs observations; 1° La fin de non-recevoir résultant de l'irrecevabilité de l'appel formé contre le syndic seul (arrêt n° 1), 2° La fin de non-recevoir tirée de la suspension de plein droit des poursuites individuelles engagées contre un débiteur, déclaré en état de liquidation des biens au cours de l'instance d'appel (arrêt n° 2).

• **Cass., ch. mixte, 10 juill. 1981, n°s 77-10.745 et 78-10.425,** *Bull. ch. mixte*, n° 6

* V. s^s n°s 193.36, 222.33, 321.85

> La compétence du tribunal d'instance en matière de bail n'est pas exclusive

Aucun texte n'attribue compétence exclusive aux tribunaux d'instance pour connaître des actions nées d'un contrat de louage d'immeuble. Et dès lors que le différend ne porte sur aucune contestation donnant lieu à l'application de l'article 29 du décret du 30 septembre 1953, le tribunal de commerce est compétent pour statuer sur un litige opposant des sociétés commerciales au sujet des engagements contractés dans un bail, qui a le caractère d'un acte de commerce.

• **Civ. 2e, 30 sept. 1981, n° 81-12.359,** *Bull. civ.* II, n° 175

* V. s^s n°s 124.263, 124.273, 141.53

> Compétence exclusive du président de la juridiction pour ordonner les mesures sur requête

Seul le premier président, peut, au cours de l'instance d'appel, ordonner sur requête toutes mesures urgentes relatives à la sauvegarde des droits d'une partie lorsque les circonstances exigent qu'elles ne soient pas prises contradictoirement.

• **Civ. 3e, 17 nov. 1981, n° 80-10.372,** *Bull. civ.* III, n° 191

* V. s^s n°s 123.122, 331.183, 544.262

> Moyen tiré de la péremption d'instance

En vertu de l'article 387 du Nouveau Code de procédure civile, la péremption d'instance peut être opposée par voie d'exception à la partie qui accomplit un acte après l'expiration du délai de péremption. Par suite, l'ex-époux qui sollicite après l'expiration du délai de péremption de l'instance d'appel en divorce, l'augmentation de la pension qui lui avait été attribuée par l'ordonnance de non-conciliation peut se voir opposer la péremption par voie d'exception.

• **Civ. 2e, 17 mars 1982, n° 79-12.686,** *Bull. civ.* II, n° 46

* V. s^s n° 192.13, 352.391, 352.394, 352.395, 352.414

> « Le criminel tient le civil en l'état » est une exception de procédure

La règle « *le criminel tient le civil en l'état* » n'est pas une fin de non-recevoir que le juge serait tenu de relever d'office en raison de son caractère d'ordre public, par application de l'article 125 du Nouveau Code de procédure civile, mais une exception tendant à suspendre le cours de l'action. Une cour d'appel n'est donc pas tenue de surseoir à statuer, dès lors qu'aucune demande en ce sens ne lui était présentée.

• **Civ. 1re, 28 avr. 1982, n° 80-16.546,** *Bull. civ.* I, n° 152

* V. s^s n° 192.24

> Mesures d'instruction avant tout procès. Conditions. Autonomie

Lorsqu'il statue en application de l'article 145 du Nouveau Code de procédure civile le juge des référés n'est pas soumis aux conditions exigées par l'article 872 du même code, en particulier, au constat d'un cas d'urgence (arrêt n° 1).

Caractérise le motif légitime qui s'attache à la conservation ou à l'établissement d'éléments de preuve, l'arrêt qui, pour ordonner une expertise sollicitée par des créanciers d'une société en liquidation de biens, après avoir souligné l'importance des crédits dont avait bénéficié ladite société eu égard à son chiffre d'affaires et à son actif, relève l'intérêt certain qu'avaient ces créanciers à faire établir les circonstances dans lesquelles ces crédits avaient été consentis. (arrêts n°s 1 et 3).

Les dispositions de l'article 146 du Nouveau Code de procédure civile relatives aux mesures d'instruction ordonnées au cours d'un procès ne s'appliquent pas lorsque le juge est saisi d'une demande fondée sur l'article 145 du même code. (arrêts n°s 2 et 3).

L'article 150 du Nouveau Code de procédure civile n'est applicable que si le juge reste saisi d'une demande distincte de la mesure d'instruction ordonnée; il n'en est pas ainsi lorsque le juge des référés a épuisé sa saisine en prescrivant avant tout procès et en vertu de l'article 145 du même code les mesures destinées à établir la preuve de faits dont pourrait dépendre la solution d'un litige. (arrêts n°s 1, 2 et 3).

• **Cass., ch. mixte, 7 mai 1982, n°s 79-11.814, 79-11.974, 79-12.006,** 3 esp., *Bull. ch. mixte*, n° 2

* V. s^s^ n°s 111.111, 111.112, 111.123, 221.102, 323.132, 342.12, 542.71

> L'absence de comparution du demandeur n'équivaut pas à un aveu

Tout jugement doit être motivé à peine de nullité. Encourt par suite, la cassation le jugement qui, sur la demande du défendeur requérant l'application de l'article 468 du Nouveau Code de procédure civile, déboute, sans motifs, le demandeur qui ne comparaît pas, de sa demande.

• **Civ. 2e, 24 mai 1982, n° 81-13.898,** *Bull. civ.* II, n° 80

* V. s^s^ n° 321.132

> Notion d'impartialité objective

Si l'impartialité se définit d'ordinaire par l'absence de préjugé ou de parti pris, elle peut, notamment sous l'angle de l'article 6 § 1 (art. 6-1) de la Convention, s'apprécier de diverses manières. On peut distinguer sous ce rapport entre une démarche subjective, essayant de déterminer ce que tel juge pensait dans son for intérieur en telle circonstance, et une démarche objective amenant à rechercher s'il offrait des garanties suffisant pour exclure à cet égard tout doute légitime.

• **CEDH 1er oct. 1982, n° 8692/79,** ***Piersack c/Belgique***

* V. s^s^ n°s 211.91, 211.93, 211.111

> Charge des frais non compris dans les dépens pesant sur le gagnant ayant engagé une procédure trop lourde pour recouvrer une créance minime

C'est dans son pouvoir souverain d'appréciation que la cour d'appel qui, en visant l'article 700, a statué sur des frais, non compris dans les dépens, a relevé qu'une procédure trop lourde avait été utilisée pour recouvrer une créance minime et a déclaré qu'il serait inéquitable de laisser au défendeur la charge des frais qu'il justifie avoir engagés pour assurer sa défense.

• **Civ. 2e, 1er déc. 1982, n° 81-13.866,** *Bull. civ.* II, n° 154

* V. s^s^ n°s 121.21, 352.344, 553.799, 612.111

> Irrecevabilité de l'appel exercé à la place du contredit

En l'absence d'une disposition symétrique de celle qu'édicte l'article 91 du Nouveau Code de procédure civile, est irrecevable l'appel interjeté en méconnaissance des règles de l'article 80 du Nouveau Code de procédure civile, selon lequel, lorsque le juge se prononce sur la compétence sans statuer sur le fond du litige, sa décision ne peut être attaquée que par la voie du contredit, quand bien même le juge aurait tranché la question de fond dont dépend la compétence.

• **Civ. 1re, 18 janv. 1983, n° 81-16.240,** *Bull. civ.* I, n° 24

* V. s^s^ n°s 511.162, 512.81

> Le défaut de réponse à conclusions constitue un défaut de motifs

Tout jugement doit être motivé à peine de nullité. Le défaut de réponse à conclusions constitue le défaut de motif. Encourt la cassation, pour défaut de réponse à conclusions, l'arrêt qui se borne à donner acte à une caisse de sécurité sociale de ses réserves pour les prestations non connues au jour de sa demande et pour celles qui pourraient être reconnues ultérieurement, alors que, dans leurs conclusions d'appel, l'auteur du dommage et son assureur énonçaient qu'il convenait d'imputer sur le préjudice global le capital représentatif de frais futurs d'appareillage.

• **Civ. 2e, 11 juill. 1983, n° 82-10.230,** *Bull. civ.* II, n° 149

* V. s^s^ n° 412.201

> Condition de recevabilité de la tierce-opposition

Les cautions solidaires sont recevables dans leur tierce-opposition dans la mesure où elles sont en droit d'invoquer des moyens qui leur sont personnels, c'est-à-dire que les débiteurs principaux n'auraient pu invoquer eux-mêmes. Tel n'est pas le cas lorsqu'elles font tierce-opposition à une décision condamnant le débiteur principal à des dommages-intérêts pour inexécution de son engagement et le déboutant de sa demande en nullité dudit engagement en invoquant la nullité de l'engagement pour autre cause.

• **Com. 4 oct. 1983, n° 82-12.415,** *Bull. civ.* IV, n° 245

* V. s^s^ n°s 551.83, 551.111, 551.121

> Le juge ne doit pas déléguer ses pouvoirs à l'expert

Aux termes de l'article 232 du Nouveau Code de procédure civile, le juge peut commettre toute personne de son choix pour l'éclairer par des constatations, par une consultation ou par une expertise sur une question de fait qui requiert les lumières d'un technicien. La cour d'appel qui, ayant retenu la responsabilité d'un architecte dans des désordres, désigne un expert aux fins de « *définir, surveiller et évaluer lesdits travaux et pour en régler le coût au fur et à mesure de leur exécution sur mémoires par lui visés des entreprises par lui choisies* », délègue ainsi ses pouvoirs à l'expert et viole dès lors le texte susvisé.

• **Civ. 3e, 19 déc. 1983, n° 80-16.892,** *Bull. civ.* III, n° 268

* V. s^s^ n°s 342.202, 543.84

> Moyen relevé d'office d'un fondement juridique différent

L'obligation édictée par l'article 455 du Nouveau Code de procédure civile d'exposer succinctement les moyens dans les jugements ne concernent que ceux présentés par les parties dans leurs conclusions. Il ne saurait dès lors être fait grief à un arrêt de ne pas avoir exposé les observations formulées par les parties sur un moyen relevé d'office.

Le propriétaire d'un bâtiment, assigné en application de l'article 1384 alinéa 1er du Code civil et dont la responsabilité a été retenue en vertu de l'article 1386 de ce code, ne saurait reprocher à une cour d'appel d'avoir méconnu les termes du litige en rectifiant d'office le fondement de la demande et de l'avoir privé de la possibilité d'appeler en intervention forcée le constructeur de l'ouvrage en n'ordonnant pas la réouverture des débats, dès lors qu'il résulte des énonciations de l'arrêt que c'est avant la clôture des débats que la cour d'appel usant de la faculté donnée aux juges par l'article 12 du Nouveau Code de procédure civile de relever d'office un fondement juridique différent de celui invoqué par les parties, a invité celles-ci à présenter des observations qui ont été formulées contradictoirement à l'audience par application de l'article 16, 1er alinéa, dudit code sans qu'il soit allégué que la mise en cause d'un tiers ait été sollicitée.

• **Civ. 2e, 26 avr. 1984, no 82-16.936,** *Bull. civ.* II, no 71
* V. ss nos 221.43, 412.131

> Appréciation concrète du délai raisonnable

• CEDH 10 juill. 1984, req. no 8990/80, *Guincho c/Portugal*
* V. ss no 212.132, 212.134, 212.150, 212.162, 212.191

> Formalisme informatif de l'acte de notification du jugement

Il résulte des articles 536, 680 et 693 du Nouveau Code de procédure civile que l'acte de notification d'un jugement à une partie doit, à peine de nullité, indiquer de manière très apparente les délais d'opposition, d'appel ou de pourvoi en cassation dans le cas où l'une de ces voies de recours est ouverte, sans que la qualification inexacte du jugement ait un effet sur l'existence de ces voies de recours. Doit en conséquence être cassé l'arrêt qui déclare irrecevable comme tardif l'appel d'une décision qualifiée à tort de jugement par défaut et pour laquelle le secrétariat-greffe de la juridiction avait indiqué lors de la notification que la voie de recours ouverte était l'opposition.

• **Soc. 23 oct. 1984, no 82-41.101,** *Bull. civ.* V, no 402
* V. ss nos 423.111, 423.121

> Faculté d'évocation de la cour d'appel saisie d'une décision de sursis à statuer

En application de l'article 380 du Nouveau Code de procédure civile, lorsque l'appel d'un jugement de sursis à statuer a été autorisé, la cour d'appel examine l'affaire; elle a dès lors la faculté d'évoquer les points non jugés si elle estime de bonne justice de donner à l'affaire une solution définitive.

• **Civ. 2e, 25 mars 1985, no 80-40.788,** *Bull. civ.* II, no 73
* V. ss no 543.92

> Mesures d'instruction sur requête

Le président du tribunal de grande instance, qui tient des articles 145 et 812 du Nouveau Code de procédure civile le pouvoir d'autoriser sur requête toutes mesures propres à préconstituer une preuve lorsque les circonstances exigent que la décision n'en soit pas prise contradictoirement, peut autoriser un constat d'huissier en vue de permettre à un époux de faire valoir le droit à la fidélité de son conjoint qu'il tient de l'article 212 du Code civil. Et, en l'absence d'atteinte illicite à l'intimité de la vie privée, les juges peuvent sans violer les articles 9 et 259-2 du Code civil, et l'article 8 de la Convention européenne des droits de l'homme, retenir pour prononcer le divorce aux torts d'un époux, que le concubinage de celui-ci était établi par le procès-verbal de constat.

• **Civ. 2e, 2 juin 1985, no 83-14.268,** *Bull. civ.* II, no 111
* V. ss no 324.21

> Régime autonome de la force exécutoire en droit de l'Union européenne

La Convention du 17 septembre 1968 concernant la compétence judiciaire et l'exécution des décisions en matière civile et commerciale a créé une procédure d'*exequatur* qui constitue un système autonome et complet, y compris dans le domaine des voies de recours. Il en résulte que l'article 36 de la Convention exclut les recours que le droit interne ouvre aux tiers intéressés à l'encontre d'une décision d'*exequatur.*

• **CJCE 2 juill. 1985, aff. C-148/84,** *Rec.* 1981
* V. ss nos 441.111, 441.121, 441.151, 441.155

> Un même magistrat ne peut siéger en appel après avoir siégé en première instance

L'appel tendant à faire réformer ou annuler par la cour d'appel un jugement rendu par une juridiction du premier degré, un même magistrat ne peut siéger en appel après avoir siégé en première instance.

• **Civ. 2e, 3 juill. 1985, no 84-10.356,** *Bull. civ.* II, no 133
* V. ss nos 211.117, 211.133, 353.32, 411.48

> Recevabilité de l'appel immédiat en cas d'excès de pouvoir

C'est à bon droit que la cour d'appel qui a constaté que l'employeur n'avait pas été régulièrement convoqué à l'audience du bureau de conciliation d'un Conseil de prud'hommes, a décidé que cette formation avait excédé ses pouvoirs en prononçant une condamnation et rendu ainsi sa décision susceptible d'appel immédiat.

• **Soc. 3 oct. 1985, no 83-40.960,** *Bull. civ.* V, no 440
* V. ss no 335.64

> Signification des actes de procédure auprès d'un établissement de la personne morale

Ne donne pas de base légale à sa décision la cour d'appel qui, pour accueillir l'appel d'un jugement formé par une compagnie d'assurances, annule la signification comme faite irrégulièrement à un agent général de la compagnie en énonçant qu'à moins de désignation implicite l'agent d'assurances, même général, n'est pas habilité à recevoir les actes qui relèvent du siège du service des contentieux, et déduit de ces seuls motifs que cette agence ne constituait pas un établissement de la compagnie au sens de l'article 690 du Nouveau Code de procédure civile.

• **Civ. 2e, 27 nov. 1985, no 84-13.740,** *Bull. civ.* II, no 179
* V. ss no 161.113

> Motivation par référence à une précédente décision

Doit être censurée la décision d'une juridiction de renvoi qui, pour rejeter une demande, retient que la juridiction, dont le jugement avait été cassé, avait minutieusement examiné tous les moyens qui lui étaient soumis par les parties en cause et qu'elle avait pris une décision parfaitement motivée qui devait être suivie, se bornant ainsi à se référer aux motifs d'une précédente décision.

• **Com. 11 févr. 1986, no 85-14.387,** *Bull. civ.* IV, no 6
* V. ss no 412.194, 553.826

> Nature du moyen tiré de l'existence d'une contestation sérieuse devant le juge des référés

Le moyen tiré, devant le juge des référés, de l'existence d'une contestation sérieuse ne constitue pas une exception d'incompétence; par suite il n'a pas à être présenté avant toute défense au fond.

• **Civ. 3e, 19 mars 1986, n° 84-17.524,** *Bull. civ.* III, n° 34
* V. ss nos 125.10, 125.161, 193.23, 351.32

> Immunité de juridiction. Fin de non-recevoir et excès de pouvoir

1° Le moyen tiré de l'immunité de juridiction constitue une fin de non-recevoir invocable en tout état de cause et non une exception d'incompétence.

2° Le pourvoi est immédiatement recevable en cas d'excès de pouvoir et le juge qui statue en violation d'une immunité de juridiction excède ses pouvoirs. Dès lors, malgré les termes de l'article 608 du Nouveau Code de procédure civile, doit être déclaré immédiatement recevable le pourvoi formé contre un arrêt, qui s'était borné à refuser le bénéfice de l'immunité de juridiction invoquée par une partie et à renvoyer l'affaire devant le tribunal pour qu'il soit statué au fond.

• **Civ. 1re, 15 avr. 1986, n° 84-13.422,** *Bull. civ.* I, n° 87
* V. ss nos 161.203, 193.23, 351.33, 511.22

> Droit à un recours effectif

Le principe d'un contrôle juridictionnel effectif consacré par l'article 6 de la directive n° 76/207, principe qui se trouve à la base des traditions constitutionnelles communes aux États membres et qu'ont consacré les articles 6 et 13 de la Convention européenne de sauvegarde des droits de l'homme et des libertés fondamentales, s'oppose à ce qu'un effet de preuve irréfragable, excluant tout pouvoir de contrôle du juge, soit reconnu à un certificat d'une autorité nationale, affirmant qu'il est satisfait aux conditions requises pour déroger au principe d'égalité de traitement entre hommes et femmes aux fins de la protection de la sécurité publique. La disposition de l'article 6 selon laquelle toute personne qui s'estime lésée par une discrimination entre hommes et femmes doit disposer d'un recours juridictionnel effectif peut être invoquée par des particuliers à l'encontre d'un État membre qui n'en assurerait pas l'entière application dans son ordre juridique interne.

• **CJCE 15 mai 1986, aff. C-222/84,** ***Johnston***
* V. ss n° 21.17

> Pouvoir du juge des référés de suspendre les effets d'un préavis de grève

Justifie légalement sa décision de suspendre les effets des préavis et ordres de grève, la cour d'appel qui constate un trouble manifestement illicite.

• **Cass., ass. plén., 4 juill. 1986, n° 84-15.735,** *Bull. ass. plén.*, n° 11
* V. ss nos 125.201, 125.253, 125.282

> La fin de non-recevoir tirée de la prescription ne peut être relevée d'office par le juge même si le délai lui-même est d'ordre public

Les juges ne peuvent soulever d'office le moyen résultant de la prescription, et cette règle s'applique lors même que la prescription est d'ordre public. Encourt dès lors la cassation la décision d'un tribunal d'instance qui, pour débouter un créancier de sa demande, relève d'office le moyen tiré de l'expiration du délai de prescription de deux ans prévu par l'article 27 de la loi du 10 janvier 1978, les dispositions particulières du Code civil relatives à la prescription ne permettant pas de faire application de l'article 125 du Nouveau Code de procédure civile qui fait obligation au juge de soulever d'office les fins de non-recevoir ayant un caractère d'ordre public.

• **Civ. 1re, 9 déc. 1986, n° 85-11.263,** *Bull. civ.* I, n° 293
* V. ss n° 104.11

> L'assignation caduque n'interrompt pas la prescription

Une assignation dont la caducité a été constatée n'a pu interrompre le cours de la prescription; dès lors, lorsqu'une seconde assignation est délivrée hors du délai légal, l'action se trouve prescrite.

• **Cass., ass. plén., 3 avr. 1987, n° 86-11.536,** *Bull. ass. plén.*, n° 2
* V. ss nos 172.102, 331.61, 352.453, 544.117

> Référé et requête. Les mesures urgentes ne peuvent être ordonnées sur requêtes que si les circonstances exigent qu'elles ne soient pas prises contradictoirement

Les mesures urgentes prévues par l'article 812 du Nouveau Code de procédure civile ne peuvent être ordonnées que lorsque les circonstances exigent qu'elles ne soient pas prises contradictoirement. Par suite, ne donne pas de base légale à sa décision la cour d'appel qui, pour accueillir la demande d'une société en désignation, par la procédure de l'ordonnance sur requête, d'un huissier de justice pour assister aux réunions d'un comité d'entreprise, retient que la procédure d'ordonnance sur requête est « *parfaitement légale* » bien que non contradictoire, la voie de la rétractation étant ouverte à tout intéressé, sans rechercher si la mesure sollicitée exigeait une dérogation à la règle du contradictoire.

• **Civ. 2e, 13 mai 1987, n° 86-11.098,** *Bull. civ.* II, n° 112
* V. ss n° 111.132, 324.21

> Étendue de la saisine de la cour de renvoi après cassation totale

La cassation d'un arrêt de cour d'appel « *en toutes ses dispositions* » investit la juridiction de renvoi de la connaissance de l'entier litige dans tous ses éléments de fait et de droit.

• **Civ. 2e, 25 nov. 1987, n° 86-15.902,** *Bull. civ.* II, n° 244
* V. ss n° 553.745

> Principes de computation des délais

L'article 641 alinéa 2 du Nouveau Code de procédure civile relatif à la computation des délais en mois n'est que l'expression en matière procédurale d'une règle de portée générale applicable, quelle que soit la qualification des délais, à la notification de tous actes juridiques ou judiciaires.

• **Civ. 3e, 21 déc. 1987, n° 85-17.293,** *Bull. civ.* III, n° 216
* V. ss n° 104.153

> Devoir du juge de requalifier les faits invoqués au soutien des prétentions

Le devoir de requalifier les faits, imposé au juge par l'article 12 alinéa 2 du Nouveau Code de procédure civile, ne concerne que les faits qui ont été invoqués par une partie au soutien de ses prétentions.

• **Civ. 1re, 16 févr. 1988, n° 86-14.858,** *Bull. civ.* I, n° 38
* V. ss n° 221.113

> Notion de partie à l'instance

Avant de se prononcer sur le plan de redressement de l'entreprise le tribunal n'est pas tenu de procéder à l'audition des candidats repreneurs et ceux-ci, quand bien même seraient-ils entendus pour une bonne administration de la justice, n'ont pas de prétentions à soutenir au sens des articles 4 et 31 du Nouveau Code de procédure civile. Il s'ensuit qu'une société candidate à la reprise d'une entreprise, qui n'était pas partie à l'instance et à l'encontre de laquelle aucune condamnation n'a été prononcée, est irrecevable à se pourvoir en cassation contre un jugement ayant arrêté le plan de cession des actifs au profit d'une autre société.

• **Com. 22 mars 1988, n° 87-15.901,** *Bull. civ.* IV, n° 113

* V. s^s n°s 421.101, 542.126

> L'autorisation d'assigner à jour fixe est une mesure d'administration judiciaire

Tout plaideur est fondé à solliciter, par voie de requête, du président du tribunal compétent l'autorisation d'assigner son adversaire à une date déterminée par ce magistrat; et l'autorisation accordée par le président du tribunal est insusceptible de recours. Il ne peut donc être utilement reproché à une cour d'appel d'avoir déclaré valable la procédure à jour fixe suivie devant les premiers juges.

• **Com. 7 juin 1988, n° 86.19.253,** *Bull. civ.* IV, n° 196

* V. s^s n°s 172.111, 331.325, 331.326, 542.11

> Équivaut à une absence de motivation le fait de rejeter une opposition en se bornant à constater l'absence du débiteur

Ne satisfait pas aux exigences des articles 455 et 458 du Nouveau Code de procédure civile le tribunal d'instance qui, pour rejeter l'opposition formée par un débiteur à une injonction de payer, se borne à énoncer que ce débiteur n'a pas comparu pour exposer et justifier les motifs de son opposition et que le créancier a produit les justificatifs utiles à l'appui de sa demande, sans analyser, même de façon sommaire, les éléments de preuve produits sur lesquels il fondait sa décision.

• **Civ. 2e, 22 juin 1988, n° 87-13.970,** *Bull. civ.* II, n° 151

* V. s^s n° 412.191

> Caractère d'ordre public de la fin de non-recevoir tirée de l'inobservation des délais des voies de recours

Les fins de non-recevoir résultant de l'inobservation des délais dans lesquels doivent être exercées les voies de recours ont un caractère d'ordre public. Les ordonnances du conseiller de la mise en état n'ont pas, au principal, l'autorité de la chose jugée. Par suite, doit être cassé l'arrêt qui, pour refuser d'examiner la fin de non-recevoir tirée de la tardiveté d'un appel, énonce que l'appel avait été déclaré recevable par l'ordonnance d'un conseiller de la mise en état insusceptible d'aucun recours indépendamment de l'arrêt sur le fond dès lors qu'elle n'avait pas été déférée à la cour d'appel dans les formes et délais prévus par l'article 914 du Nouveau Code de procédure civile.

• **Civ. 2e, 20 juill. 1988, n° 87-15.212,** *Bull. civ.* II, n° 184

* V. s^s n° 54.07

> Appréciation du délai raisonnable : prise en compte de la phase d'exécution de la décision

• **CEDH 26 oct. 1988, req. n° 11371/85,** *Martins Moreira c/Portugal*

* V. s^s n°s 212.138, 212.191

> Compétence du tribunal de commerce pour connaître des litiges entre un associé et la société

Les actionnaires minoritaires d'une société d'économie mixte ayant assigné la société afin que soit constatée l'irrégularité d'une convention d'affermage, conclue avec la ville qui en était l'actionnaire majoritaire, et désigné un expert conformément à l'article 226 de la loi du 24 juillet 1966 pour déterminer les responsabilités dans le vol commis, dans les locaux de la société, de marchandises non assurées, encourt la cassation l'arrêt qui déclare la juridiction commerciale incompétente en vue de la désignation d'un expert alors que cette demande ne mettait pas en cause l'application du contrat mais seulement le droit reconnu aux actionnaires minoritaires d'obtenir la nomination d'un expert en vue de présenter un rapport sur une opération de gestion susceptible de mettre en jeu la responsabilité des dirigeants sociaux.

• **Com. 29 nov. 1988, n° 86-19.002,** *Bull. civ.* IV, n° 328

* V. s^s n°s 124.282, 321.86

> Ni unicité de l'instance, ni litispendance entre le conseil de prud'hommes et le juge des référés

Selon les articles 484 et 488 du Nouveau Code de procédure civile, l'ordonnance de référé est une décision provisoire qui n'a pas, au principal, l'autorité de la chose jugée. Le principe de compétence posé par l'article R. 516-31 alinéa 2 du Code du travail étant général, la formation de référé demeure compétente pour statuer sur une demande de provision dans les conditions qui y sont prévues alors même que le juge du principal a été saisi.

• **Soc. 14 juin 1989, n° 87-43.817,** *Bull. civ.* V, n° 447

* V. s^s n° 323.52, 335.22

> L'action de substitution d'un syndicat est subordonnée à l'accord au moins implicite du salarié

À propos des dispositions qui permettent à toute organisation syndicale représentative d'introduire « *toutes actions* » en justice en faveur d'un salarié « *sans avoir à justifier d'un mandat de l'intéressé* », si le salarié doit être averti par lettre recommandée afin de pouvoir s'opposer, le cas échéant, à l'initiative de l'organisation syndicale, il est réputé avoir donné son approbation faute de réponse dans un délai de quinze jours; de telles dispositions pour respecter la liberté du salarié vis-à-vis des organisations syndicales, impliquent que soient contenues dans la lettre adressée à l'intéressé toutes précisions utiles sur la nature et l'objet de l'action exercée, sur la portée de son acceptation et sur le droit à lui reconnu de mettre un terme à tout moment à cette action; l'acceptation tacite du salarié ne peut être considérée comme acquise qu'autant que le syndicat justifie, lors de l'introduction de l'action, que le salarié a eu personnellement connaissance de la lettre comportant les mentions sus-indiquées.

• **Cons. const. 25 juill. 1989, n° 89-257 DC,** *JO* 28 juill., p. 9503; *Rec. Cons. const.* 59

* V. s^s n° 102.81

> Régularisation de la recevabilité en appel

Viole l'article 126 du Nouveau Code de procédure civile, la cour d'appel qui, pour confirmer le jugement ayant déclaré irrecevable la demande formée par un locataire tendant à l'exercice du droit de préemption sur un appartement lors de la vente de celui-ci, retient que la publication de l'assignation faite seulement au cours de la procédure d'appel n'était pas susceptible de régulariser la fin de non-recevoir qui avait été relevée par le tribunal alors que l'article susvisé ne fait aucune distinction entre la procédure de première instance et celle d'appel.

• **Civ. 3e, 15 nov. 1989, no 88-10.441,** *Bull. civ.* III, no 215

* V. ss nos 102.193, 193.37

> Rôles respectifs des parties et du juge dans la conduite de l'instance

Si les parties ont la libre disposition de l'instance, l'office du juge est de veiller au bon déroulement de celle-ci dans un délai raisonnable. La faculté d'accepter ou de refuser le renvoi d'une affaire fixée pour être plaidée, relève du pouvoir discrétionnaire du juge, dès lors que les parties ont été mises en mesure d'exercer leur droit à un débat oral. Au cas où les parties conviennent de ne pas déposer leur dossier, le juge peut procéder à la radiation de l'affaire. Si les parties considèrent de leur intérêt d'éviter ou de différer une solution judiciaire, elles ont la possibilité de suspendre le cours de l'instance en formant une demande conjointe de radiation qui s'impose au juge.

• **Cass., ass. plén., 24 nov. 1989, no 88-18.188,** *Bull. ass. plén.*, no 3

* V. ss nos 223.22, 321.62, 321.144, 352.63, 412.173

> L'ordonnance d'injonction de payer n'a pas à être motivée

L'article 1409 du Nouveau Code de procédure civile, aux termes duquel si, au vu des documents présentés, la demande lui paraît fondée en tout ou partie, le juge rend une ordonnance portant injonction de payer pour la somme qu'il retient, n'impose pas à ce magistrat l'obligation de motiver sa décision.

• **Civ. 2e, 16 mai 1990, no 88-20.377,** *Bull. civ.* II, no 103

* V. ss nos 212.54, 332.62

> Liquidation des dépens par le juge des référés

Il résulte des articles 491 alinéa 2 et 696 du Nouveau Code de procédure civile que le juge statuant en référé statue sur les dépens en condamnant la partie perdante à moins que, par décision motivée, il n'en mette la totalité ou une fraction à la charge d'une autre partie. Viole ces dispositions l'arrêt qui énonce que les dépens de première instance et d'appel suivront le sort de l'instance principale.

• **Civ. 2e, 29 oct. 1990, no 89-14.925,** *Bull. civ.* II, no 222

* V. ss nos 125.422, 611.43, 612.91

> Recevabilité immédiate du pourvoi contre la décision d'arrêter l'exécution provisoire – critère d'appréciation de l'arrêt de l'exécution provisoire

1° L'ordonnance du premier président de la cour d'appel qui statue en référé, en vertu des pouvoirs propres que lui confèrent les articles 524 à 526 du Nouveau Code de procédure civile, sur une demande tendant à voir ordonner ou arrêter l'exécution provisoire du jugement frappé d'appel, met fin à l'instance autonome introduite devant ce magistrat et peut être frappée d'un pourvoi en cassation indépendamment de la décision sur le fond.

2° Selon l'article 524 du Nouveau Code de procédure civile, l'exécution provisoire ordonnée ne peut être arrêtée, en cas d'appel, par le premier président statuant en référé que si elle risque d'entraîner pour le débiteur des conséquences manifestement excessives. Encourt dès lors la cassation l'ordonnance du premier président qui, pour arrêter l'exécution provisoire, se borne à énoncer des motifs tirés de l'importance des indemnités allouées ou du défaut d'urgence de l'exécution de la condamnation, sans constater que l'exécution provisoire risquerait d'entraîner pour le débiteur des conséquences manifestement excessives eu égard à ses facultés ou aux facultés de remboursement du créancier.

• **Cass., ass. plén., 2 nov. 1990, no 90-12.698,** *Bull. ass. plén.*, no 11

* V. ss nos 125.432, 125.443, 125.444, 432.43, 432.132, 432.161, 553.65

> Sanction des motifs hypothétiques

Se détermine par un motif hypothétique la commission d'indemnisation des victimes d'infractions qui pour accueillir la demande présentée par une française ayant été, dans un pays étranger, victime d'une agression et d'un vol dont les auteurs n'ont pu être identifiés, énonce qu'il existe une possibilité en vertu de l'article 689 du Code de procédure pénale que l'infraction punie par la législation du pays étranger, puisse être poursuivie et jugée par les juridictions françaises dans l'hypothèse où l'un des agresseurs serait de nationalité française et retient que dans le doute, il convient de faire bénéficier la victime de l'hypothèse la plus favorable à la protection de ses droits.

• **Civ. 2e, 14 nov. 1990, no 88-15.816,** *Bull. civ.* II, no 234

* V. ss no 412.242

> Immunité de la défense, droit fondamental

L'immunité accordée par l'article 41 de la loi du 29 juillet 1881, aux discours prononcés et aux écrits produits devant les tribunaux et qui est destinée à garantir le libre exercice des droits de la défense, ainsi que la règle édictée, par l'article 6 de la Convention européenne de sauvegarde des droits de l'homme et des libertés fondamentales, selon laquelle toute personne a droit à ce que sa cause soit entendue équitablement, interdisent, sauf le cas d'abus, de retenir à faute contre leur auteur le contenu de ces discours ou écrits. En conséquence, dès lors que les termes employés par le salarié dans ses conclusions produites dans le cours d'un procès, n'excédaient pas les limites d'une défense légitime, une cour d'appel, ne pouvait les retenir pour faute à la charge du salarié.

• **Soc. 15 nov. 1990, no 87-45.862,** *Bull. civ.* V, no 560

* V. ss nos 222.13, 222.52

> L'irrecevabilité relevée d'office des conclusions déposées le jour de l'ordonnance de clôture n'a pas à être soumise à une discussion contradictoire

Dès lors que l'une des parties n'a conclu que le jour même de l'ordonnance de clôture et de l'audience des plaidoiries malgré injonction, une cour d'appel peut relever d'office le moyen d'ordre public tiré de la violation des droits de la défense et, non tenue de révoquer l'ordonnance de clôture, rejeter des débats les conclusions litigieuses sans provoquer préalablement un débat contradictoire que la date même de leur dépôt rendait impossible.

• **Civ. 2e, 20 mars 1991, no 89-20.210,** *Bull. civ.* II, no 92
* V. ss nos 222.38, 331.213

> Cassation. Conception matérielle et intellectuelle du grief de dénaturation d'une convention
Une clause d'un compromis d'arbitrage, par lequel deux indivisaires ont désigné trois arbitres en vue de partager les biens indivis, stipulant que la décision des arbitres « *s'imposera aux parties* », dénature la convention des parties; l'arrêt qui, pour déclarer irrecevable l'appel de l'un des indivisaires contre la sentence, énonce qu'il résulte des termes de cette convention, explicite et non ambiguë, que les parties avaient entendu que les deux experts agricoles et le juriste, choisis par eux, statuent comme amiables compositeurs, alors que la volonté clairement exprimée de dispenser les arbitres d'appliquer la règle de droit ne résultait pas du libellé du compromis.

• **Civ. 2e, 13 mai 1991, no 89-20.629,** *Bull. civ.* II, no 145
* V. ss no 553.447

> L'irrecevabilité relevée d'office des conclusions déposées après la clôture n'a pas à être soumise à une discussion contradictoire
Le juge qui relève d'office le moyen tiré de l'irrecevabilité de conclusions déposées après l'ordonnance de clôture, n'a pas à inviter au préalable les parties à présenter leurs observations sur ce moyen.

• **Civ. 2e, 11 mars 1992, no 90-19.699,** *Bull. civ.* II, no 80
* V. ss no 331.212

> Pas d'effet dévolutif d'un appel irrecevable
Une cour d'appel, qui décide que l'appel dont elle est saisie est irrecevable, excède ses pouvoirs en statuant au fond sur le jugement qui a fait l'objet de cet appel.

• **Cass., ass. plén., 15 mai 1992, no 90-12.705,** *Bull. ass. plén.*, no 6
* V. ss nos 162.14, 162.174, 423.73, 543.51

> Limitation portant atteinte à la substance même du droit d'accès à un tribunal
Le droit à un tribunal, consacré par l'article 6, ne revêt pas un caractère absolu : il peut donner lieu à des limitations, mais elles ne sauraient restreindre l'accès ouvert à l'individu d'une manière ou à un point tels que le droit s'en trouve atteint dans sa substance même.

À la lumière de l'ensemble des circonstances de la cause, eu égard à l'extrême complexité du droit positif, qui était propre à créer un état d'insécurité juridique quant à la nature exacte de l'acte litigieux et à la computation du délai du recours, système ne présentant donc pas une cohérence et une clarté suffisantes, la Cour constate que le requérant n'a pas bénéficié d'un droit d'accès concret et effectif au Conseil d'État. Partant, il y a eu violation de l'article 6 § 1.

• **CEDH 16 déc. 1992, req. no 12964/87,** *de Geouffre de la Pradelle c/France*
* V. ss nos 211.11, 211.35

> Respect du contradictoire en matière gracieuse
Le juge doit, en toutes circonstances, faire observer et observer lui-même le principe de la contradiction. Il s'ensuit que si, en matière gracieuse, le juge peut se prononcer sans débats lorsqu'il se fonde sur les éléments que le requérant lui soumet, il ne peut retenir des faits que ce dernier n'a pas allégués sans provoquer ses explications. Et le juge saisi d'un recours formé par un débiteur ne saurait déclarer irrecevable la demande d'ouverture de la procédure de règlement amiable, en retenant un montant de dettes différent de celui qui avait été allégué sans avoir invité le requérant à présenter ses observations sur cet élément de fait qui fonde sa décision.

• **Civ. 1re, 13 janv. 1993, no 91-04.135,** *Bull. civ.* I, no 17
* V. ss nos 221.143, 222.42, 322.32, 322.41

> Option entre tierce-opposition et intervention
Est recevable à former tierce opposition toute personne qui y a intérêt, à la condition qu'elle n'ait été ni partie ni représentée au jugement qu'elle attaque, le fait que deux instances provoquées par les mêmes faits relèvent de la même cour d'appel n'empêchant pas une personne qui n'était pas partie dans l'une de ces procédures et n'y était pas représentée d'y former tierce opposition.

• **Civ. 2e, 5 avr. 1993, no 91-19.354,** *Bull. civ.* II, no 151
* V. ss no 551.13

> La désignation d'un médiateur est une mesure d'administration judiciaire
Une cour d'appel retient exactement que la médiation, dont l'objet est de procéder à la confrontation des prétentions respectives des parties en vue de parvenir à un accord proposé par le médiateur, est une modalité d'application de l'article 21 du Nouveau Code de procédure civile tendant au règlement amiable des litiges et, par voie de conséquence, exclusive de tout pouvoir juridictionnel, dont le juge ne peut être investi par les parties que par la volonté commune exprimée en ce sens de manière certaine dans les termes des articles 12 et 58 du Nouveau Code de procédure civile.

• **Civ. 2e, 16 juin 1993, no 91-15.332,** *Bull. civ.* II, no 211
* V. ss nos 221.132, 325.240

> Irrecevabilité de l'action *ut singuli* d'un créancier d'un débiteur soumis à une procédure collective
Dès lors que le syndic, représentant la masse des créanciers, exerce l'action en réparation du préjudice résultant de la diminution de l'actif ou de l'aggravation du passif du débiteur causé par la faute d'un tiers, auquel il est reproché d'avoir, par ses agissements, retardé l'ouverture de la procédure collective, aucun créancier ayant produit n'est recevable à agir lui-même contre ce tiers en réparation du préjudice constitué par l'immobilisation de sa créance, inhérente à la procédure collective à laquelle il est soumis, et, notamment, par la perte des intérêts.

• **Cass., ass. plén., 9 juill. 1993, no 89-19.211,** *Bull. ass. plén.*, no 13
* V. ss no 101.31, 553.826

> Droits de la défense : droit fondamental à caractère constitutionnel
Le respect du droit d'asile, principe de valeur constitutionnelle, implique d'une manière générale que l'étranger qui se réclame de ce droit soit autorisé à demeurer provisoirement sur le territoire jusqu'à ce qu'il ait été statué sur sa demande; que sous réserve de la conciliation de cette exigence avec la sauvegarde de l'ordre public, l'admission au séjour qui lui est ainsi nécessairement consentie doit lui permettre d'exercer effectivement les droits de la défense qui

constituent pour toutes les personnes, qu'elles soient de nationalité française, de nationalité étrangère ou apatrides, un droit fondamental à caractère constitutionnel.

• **Cons. const. 13 août 1993, n° 93-325 DC,** *JO* 18 août, p. 11722

* V. s^s n°s 212.36, 222.12

> Absence de portée de la formule « rejette toutes les autres demandes formées »

En utilisant dans son dispositif les termes généraux : « *Rejette toutes les autres demandes formées* », qui constituent une formule de style dépourvue de portée dès lors qu'elle n'est justifiée par aucune motivation, une cour d'appel omet de statuer sur les points demandés; par suite cette omission, selon l'article 463 du nouveau Code de procédure civile, ne peut donner lieu qu'à un recours devant la juridiction qui s'est prononcée et ne peut ouvrir la voie de la cassation.

• **Civ. 1re, 6 oct. 1993, n° 91-16.658,** *Bull. civ.* I, n° 274

* V. s^s n°s 523.12, 523.33, 544.169

> Le « rapport à justice » est une défense au fond

Le défendeur s'en étant rapporté à justice sur le mérite d'une demande en paiement de salaire différé, ce rapport à justice s'analyse, non comme une approbation, mais comme une contestation de cette demande, dont le bien ou le mal-fondé étaient laissés à l'appréciation des juges du fond de telle sorte que la cour d'appel n'était pas obligée de tenir pour avéré le fait que le demandeur aurait travaillé sur l'exploitation agricole. Dès lors, c'est dans l'exercice de son pouvoir souverain d'appréciation des éléments de preuve soumis à son examen que la cour d'appel a estimé qu'aucune pièce du dossier n'établissait ce fait.

• **Civ. 1re, 27 oct. 1993, n° 91-15.611,** *Bull. civ.* I, n° 301

* V. s^s n°s 191.12, 221.83

> Droit au recours effectif

L'article de la loi soumise à l'examen du Conseil constitutionnel introduit notamment dans le Code de l'urbanisme un article L. 600-1 qui prive les requérants de la faculté d'invoquer par voie d'exception devant les juridictions administratives l'illégalité pour vice de procédure ou de forme des schémas directeurs, des plans d'occupation des sols ou des documents d'urbanisme en tenant lieu, ainsi que des actes prescrivant l'élaboration ou la révision d'un document d'urbanisme ou créant une zone d'aménagement concerté, après l'expiration d'un délai de six mois à compter de la date de prise d'effet du document en cause. Ces dispositions précisent cependant que ces restrictions ne sont pas applicables en cas d'absence de mise à disposition du public des schémas directeurs, en cas de méconnaissance substantielle ou de violation des règles de l'enquête publique sur les plans d'occupation des sols, ou enfin en cas d'absence du rapport de présentation ou des documents graphiques. La restriction apportée par les dispositions contestées est limitée à certains actes relevant du seul droit de l'urbanisme. Elle a été justifiée par le législateur eu égard à la multiplicité des contestations de la légalité externe de ces actes. En effet, il a entendu prendre en compte le risque d'instabilité juridique en résultant, qui est particulièrement marqué en matière d'urbanisme, s'agissant des décisions prises sur la base de ces actes. Il a fait réserve des vices de forme ou de procédure qu'il a considérés comme substantiels et a maintenu un délai de six mois au cours duquel toute exception d'illégalité peut être invoquée. Les dispositions qu'il a prises n'ont ni pour objet ni pour effet de limiter la possibilité ouverte à tout requérant de demander l'abrogation d'actes réglementaires illégaux ou devenus illégaux et de former des recours pour excès de pouvoir contre d'éventuelles décisions de refus explicites ou implicites. Dès lors il n'est pas porté d'atteinte substantielle au droit des intéressés d'exercer des recours. Ainsi le moyen tiré d'une méconnaissance de l'article 16 de la Déclaration de 1789 manque en fait.

• **Cons. const. 21 janv. 1994, n° 93-335 DC,** *JO* 25 janv., p. 1382

* V. s^s n° 211.13

> Condition de la rectification du jugement

Si les erreurs ou omissions matérielles affectant une décision peuvent être réparées par la juridiction qui l'a rendue, celle-ci ne peut modifier les droits et obligations reconnus aux parties par cette décision.

• **Cass., ass. plén., 1er avr. 1994, n° 91-20.250,** *Bull. ass. plén.*, n° 3

* V. s^s n°s 522.11, 522.13, 522.71, 522.91

> Inconventionnalité de la question préjudicielle diplomatique

L'article 6 § 1, de la Convention européenne des droits de l'homme s'applique à la contestation portée devant les juridictions administratives qui tire son origine d'une mesure d'expropriation et vise le principe et/ou l'étendue d'une réparation, alors que cette contestation a des répercussions directes sur le droit de propriété des intéressés, droit de caractère civil, son issue, qui dépendait de l'interprétation d'un traité (réglant les conséquences financières d'une nationalisation), étant directement déterminante pour un tel droit;

Le caractère raisonnable de la durée d'une procédure s'apprécie à l'aide des critères consacrés par la jurisprudence de la Cour et suivant les circonstances de la cause, lesquelles commandent en l'occurrence une évaluation globale;

Il y a violation de l'article 6, paragraphe 1, de la Convention européenne des droits de l'homme dès lors que la Cour constate de longues périodes de stagnation devant le Conseil d'État, pour lesquelles elle n'a pas obtenu d'explication : ainsi l'administration défenderesse attendit vingt mois après la saisine pour déposer des observations et la juridiction de jugement plus de cinq ans pour tenir sa première audience, la Cour ne pouvant en l'espèce estimer raisonnable un laps de temps supérieur à huit ans;

Seul mérite l'appellation de tribunal, au sens de l'article 6, paragraphe 1, un organe jouissant de la plénitude de juridiction et répondant à une série d'exigences telles que l'indépendance à l'égard de l'exécutif comme des parties en cause;

La cause des requérants n'a pas été entendue par un tribunal indépendant et de pleine juridiction, dès lors que le Conseil d'État a utilisé la technique du renvoi en interprétation au ministre des Affaires étrangères pour interpréter la convention internationale litigieuse.

• **CEDH 24 nov. 1994, req. n° 15287/89,** ***Beaumartin c/ France***

* V. s^s n°s 142.56, 211.81

> Irrecevabilité de qui allègue s'être fait justice à lui-même

Rend sa demande sans objet et ses griefs dépourvus d'intérêt, celui qui a agi pour faire cesser une voie de fait et s'est fait justice à lui-même par le déplacement des obstacles litigieux, ce que constate l'arrêt attaqué.

• Civ. 1re, 13 déc. 1994, no 92-21.464, *Bull. civ.* I, no 366
* V. ss no 101.50

> Restitution après exécution provisoire. Point de départ des intérêts

La partie qui doit restituer une somme qu'elle détenait en vertu d'une décision de justice exécutoire n'en doit les intérêts au taux légal qu'à compter de la notification, valant mise en demeure, de la décision ouvrant droit à restitution.

• Cass., ass. plén., 3 mars 1995, no 91-19.497, *Bull. ass. plén.*, no 1
* V. ss no 423.182, 431.233

> Irrecevabilité de la tierce-opposition à l'encontre d'une décision a été rendue à la suite d'une action attitrée

La voie de recours de la tierce opposition n'est pas ouverte lorsque la décision qu'elle prétend critiquer a été rendue à la suite d'une action dont la loi réserve l'exercice à certaines personnes qu'elle désigne. L'action prévue par les articles 318 et 318-1 du Code civil est donc strictement réservée à la mère et à son second mari.

• Civ. 1re, 7 juin 1995, no 93-16.089, *Bull. civ.* I, no 237
* V. ss nos 102.91, 551.24

> Divisibilité de la notification du jugement aux parties

Les jugements sont notifiés aux parties elles-mêmes et, lorsque la décision concerne plusieurs personnes, la notification doit être faite séparément à chacune d'elles. Viole l'article 677 du Nouveau Code de procédure civile la notification d'un jugement rendu à l'encontre de deux époux, effectuée par l'envoi d'un pli unique.

• Civ. 2e, 8 juin 1995, no 93-19.339, *Bull. civ.* II, no 177
* V. ss nos 161.161, 162.174, 423.62

> La défense, droit fondamental. Droit d'être assisté

La défense constitue pour toute personne un droit fondamental à caractère constitutionnel et son exercice effectif exige que soit assuré l'accès de chacun, avec l'assistance d'un défenseur, au juge chargé de statuer sur sa prétention. Méconnaît ce principe le conseil de l'Ordre des avocats au Conseil d'État et à la Cour de cassation qui, pour dire n'y avoir lieu à la commission d'office d'un avocat pour la présentation d'une requête en rabat d'arrêts, énonce que la demande, tendant à engager une procédure hors des cas où elle est limitativement admise, alors que, de surcroît, l'irrégularité invoquée n'existe pas, se trouve dépourvue d'objet.

• Cass., ass. plén., 30 juin 1995, no 94-20.302, *Bull. ass. plén.*, no 4
* V. ss nos 211.13, 211.38, 212.37, 222.13, 522.123, 522.124

> Une prétention ne peut pas être jugée à la fois irrecevable et mal fondée

Excède ses pouvoirs le tribunal qui statue sur le fond alors qu'il a dit l'action irrecevable.

• Civ. 3e, 4 oct. 1995, no 94-10.299, *Bull. civ.* III, no 214
* V. ss nos 193.38, 553.431

> Droit à un accès effectif à un tribunal

Ne présentant pas une clarté et des garanties suffisantes pour éviter un malentendu, le système français d'indemnisation des hémophiles contaminées par le virus VIH contrevient aux dispositions de l'article 6 de la Convention européenne des droits de l'homme.

• CEDH 4 déc. 1995, req. no 23805/94, ***Bellet c/France***
* V. ss no 211.35

> Sanction des motifs dubitatifs

Doit être cassé l'arrêt qui se détermine par des motifs dubitatifs énonçant que les impacts relevés sur la remorque tirée par un camion laissent à penser que son conducteur ne tenait pas scrupuleusement sa droite.

• Civ. 2e, 6 déc. 1995, no 93-21.748, *Bull. civ.* II, no 302
* V. ss no 412.241

> Droit d'exercer un recours effectif

Aux termes de l'article 16 de la Déclaration de 1789 : « *Toute société dans laquelle la garantie des droits n'est pas assurée ni la séparation des pouvoirs déterminée, n'a point de Constitution* ». Il résulte de cette disposition qu'en principe il ne doit pas être porté d'atteintes substantielles au droit des personnes intéressées d'exercer un recours effectif devant une juridiction. Aux termes du premier alinéa de l'article 113 de la loi soumise au Conseil constitutionnel : « *Sans préjudice du recours pour excès de pouvoir dirigé contre les délibérations de l'assemblée de la Polynésie française ou de sa commission permanente qui demeure, quant à sa recevabilité, régi par le droit commun, le recours pour excès de pouvoir formé contre les actes pris en application de ces délibérations doit à peine de forclusion, avoir été introduit dans le délai de quatre mois suivant la publication de la délibération attaquée, lorsque la solution du litige conduit à apprécier s'il a été fait par ces délibérations une exacte application de la répartition des compétences entre l'État, le territoire et les communes* ». Cette disposition a pour effet de priver de tout droit au recours devant le juge de l'excès de pouvoir la personne qui entend contester la légalité d'un acte pris en application d'une délibération de l'assemblée territoriale, plus de quatre mois après la publication de cette délibération, lorsque la question à juger porte sur la répartition des compétences entre l'État, le territoire et les communes; eu égard à l'importance qui s'attache au respect de la répartition des compétences entre ces autorités, le souci du législateur de renforcer la sécurité juridique des décisions de l'assemblée ne saurait justifier que soit portée une atteinte aussi substantielle au droit à un recours juridictionnel; dès lors le premier alinéa de l'article 113 est contraire à la Constitution.

• Cons. const. 9 avr. 1996, no 96-373 DC, relative au statut de la Polynésie-Française, *JO* 13 avr., p. 5724.
* V. ss nos 21.11, 211.13

> Référé. Contrôle de la Cour de cassation sur la notion de trouble manifestement illicite

Le propriétaire d'un fonds étant empêché d'y accéder en raison des obstacles qu'a placés sur sa parcelle une personne dont la propriété, revendiquée par une commune, avait été reconnue par une décision irrévocable, une cour d'appel, statuant en référé, après avoir relevé qu'il appartenait à la juridiction du fond de statuer sur l'existence d'une servitude légale et sur l'assiette du passage et constaté que les obstacles empêchaient tout accès au fonds et que le propriétaire de celui-ci avait utilisé sans violence ni voie de fait une servitude de passage préalablement consentie par la commune, a pu en déduire l'existence d'un trouble manifestement illicite.

• **Cass., ass. plén., 28 juin 1996, n° 94-15.935,** *Bull. ass. plén.*, n° 6
* V. s^s n°s 125.201, 125.222, 125.242

> Notion d'instance. Renvoi après cassation

Lorsque la demande nouvelle d'un salarié, présentée devant une juridiction de renvoi après cassation, qui dérive du même contrat de travail, a pour cause des dispositions sur lesquelles les chefs de décision non atteints par la cassation ne se sont pas prononcés, la juridiction de renvoi se trouve saisie, à l'exclusion de ces chefs, du litige dans tous ses éléments de fait et de droit, l'irrecevabilité des prétentions nouvelles en application de la règle de l'unicité de l'instance n'interdisant pas leur formulation en tout état de cause dans la même instance.

• **Soc. 9 juill. 1996, n° 93-40.767,** *Bull. civ.* V, n° 270
* V. s^s n° 172.351

> Droit à l'exécution des décisions de justice

L'exécution d'un jugement ou d'un arrêt, de quelque juridiction que ce soit, doit être considérée comme faisant partie intégrante du « *procès* » au sens de l'article 6 de la Convention européenne de droits de l'homme.

• **CEDH 19 mars 1997, req. n° 18357/91,** ***Hornsby c/ Grèce***
* V. s^s n°s 211.12, 44.06

> Référé et arbitrage

En présence d'une clause d'arbitrage, le juge des référés, saisi d'une demande de provision, doit caractériser l'urgence.

• **Civ. 2e, 2 avr. 1997, n° 94-14.223,** *Bull. civ.* II, n° 108
* V. s^s n°s 125.268, 125.335

> Actes mixtes. Inopposabilité de la clause attributive de compétence

Est inopposable à un défendeur non-commerçant une clause attributive de compétence au tribunal de commerce.

• **Com. 10 juin 1997, n° 94-12.316,** *Bull. civ.* IV, n° 185
* V. s^s n° 141.55

> Point de départ de l'astreinte

L'astreinte ne commence à courir, en cas de confirmation du jugement non exécutoire qui en était assorti qu'à compter du jour où l'arrêt devient exécutoire, à moins que les juges d'appel ne fixent un point de départ postérieur.

• **Civ. 2e, 11 juin 1997, n° 95-13.961,** *Bull. civ.* II, n° 170
* V. s^s n° 431.121

> Irrecevabilité du recours autonome à l'encontre d'une décision qui ne met pas fin à l'instance

Sauf dans les cas spécifiés par la loi, les jugements en dernier ressort qui ne mettent pas fin à l'instance ne peuvent être frappés de pourvoi en cassation indépendamment des jugements sur le fond que s'ils tranchent dans leur dispositif tout ou partie du principal. Est par suite irrecevable le pourvoi formé contre un arrêt qui, se bornant à confirmer une ordonnance du juge de la mise en état ayant accordé des provisions, n'a pas mis fin à l'instance engagée devant le tribunal.

• **Cass., ass. plén., 5 déc. 1997, n° 95-17.858,** *Bull. ass. plén.*, n° 11
* V. s^s n° 553.67

> Saisie d'une demande de nullité du jugement, la cour d'appel est saisie de l'entier litige et doit statuer sur le fond

Lorsque l'appel porte sur la nullité du jugement et non sur celle de l'acte introductif d'instance, la cour d'appel saisie de l'entier litige par l'effet dévolutif de l'appel est tenue de statuer sur le fond quelle que soit sa décision sur la nullité sans que l'appelant ait à recevoir une injonction de conclure au fond.

• **Civ. 2e, 9 déc. 1997, n° 96-12.472,** *Bull. civ.* II, n° 302
* V. s^s n° 543.32

> Portée générale des règles de computation des délais

La prorogation de délai jusqu'au premier jour ouvrable prévue à l'article 642 alinéa 2 du Code de procédure civile s'applique au délai de déclaration de créance.

• **Com. 17 févr. 1998, n° 95-18.686,** *Bull. civ.* IV, n° 76
* V. s^s n° 104.153

> Égalité des armes : communication des conclusions de l'avocat général aux parties

Étant donné l'importance du rapport du conseiller rapporteur, le rôle de l'avocat général et les conséquences à l'issue de la procédure, le déséquilibre ainsi créé, faute d'une communication identique aux conseils des requérants, ne s'accorde pas avec les exigences du procès équitable. L'absence de communication des conclusions de l'avocat général aux requérants est pareillement sujette à caution.

• **CEDH 31 mars 1998, req. n°s 23043/93 et 22921/93,** ***Reinhardt et Slimane-Kaïd c/France***
* V. s^s n°s 212.24, 212.38, 553.591

> Procédure et conditions de la récusation

1° Si la publicité des débats est un principe général du droit, la loi peut en limiter la portée en exigeant ou en permettant que ces débats aient lieu en chambre du conseil. Tel est le cas en matière de récusation, par application des dispositions combinées des articles 364 et 359, alinéa 2, du Nouveau Code de procédure civile.

2° Il résulte de l'article 6 § 1 de la Convention européenne de sauvegarde des droits de l'homme et des libertés fondamentales que toute personne a droit à ce que sa cause soit entendue par un tribunal impartial; l'exigence d'impartialité doit s'apprécier de façon objective. Dès lors, encourt la cassation l'arrêt qui, pour écarter la demande de récusation présentée sur le fondement de ce texte, retient que le droit français assure le respect de l'impartialité des juridictions alors que l'article 341 du Nouveau Code de procédure civile qui ne prévoit que huit cas limitatifs de récusation, n'épuise pas nécessairement l'exigence d'impartialité requise de toute juridiction.

• **Civ. 1re, 28 avr. 1998, n° 96-11.637,** *Bull. civ.* I, n° 155
* V. s^s n°s 211.94, 211.102, 211.133, 212.83, 353.33

> Condition de l'exécution provisoire de droit

L'ordonnance de référé bénéficie de plein droit de l'exécution provisoire dans toutes ses dispositions y compris celles portant condamnation au titre de l'article 700 du Nouveau Code de procédure civile.

• **Civ. 2e, 24 juin 1998, no 96-22.851,** *Bull. civ.* II, no 222

* V. ss nos 122.506, 323.121, 431.11, 612.91

> Impartialité du juge ayant préalablement statué en qualité de juge des référés

N'implique pas une atteinte à l'exigence d'impartialité appréciée objectivement, la circonstance qu'un magistrat statue sur le fond d'une affaire dans laquelle il a pris préalablement une mesure conservatoire.

Toute personne a droit à ce que sa cause soit entendue par un tribunal impartial, cette exigence devant s'apprécier objectivement, dès lors un juge qui a statué en référé sur une demande tendant à l'attribution d'une provision en raison du caractère non sérieusement contestable d'une obligation, ne peut ensuite statuer sur le fond du litige afférent à cette obligation.

• **Cass., ass. plén., 6 nov. 1998, nos 94-17.709 et 95-11.006,** *Bull. ass. plén.*, nos 4 et 5

* V. ss nos 125.344, 21.14, 211.123, 211.133, 331.121, 353.43

> Régime des mesures provisoires en droit de l'Union européenne

L'article 5, point 1, de la Convention du 27 septembre 1968 [...] doit être interprété en ce sens que la juridiction compétente en vertu de cette disposition reste également compétente pour ordonner des mesures provisoires ou conservatoires, sans que cette dernière compétence soit subordonnée à d'autres conditions. En revanche, lorsque les parties ont valablement soustrait un litige résultant d'un contrat à la compétence des juridictions étatiques pour l'attribuer à une juridiction arbitrale, une juridiction étatique, du fait qu'elle ne saurait ordonner des mesures provisoires ou conservatoires en tant que juridiction compétente au fond du litige, ne peut être habilitée, sur la base de la convention, à ordonner de telles mesures qu'en vertu de l'article 24 de celle-ci. À cet égard, dans la mesure où l'objet d'une demande de mesures provisoires porte sur une question relevant du champ d'application matériel de la convention, cette dernière s'applique et son article 24 est susceptible de fonder la compétence du juge des référés même si une procédure au fond a déjà été engagée ou peut l'être et même si cette procédure devait se dérouler devant des arbitres.

L'octroi de mesures provisoires ou conservatoires en vertu de l'article 24 de la Convention du 27 septembre 1968 est subordonné, notamment, à la condition de l'existence d'un lien de rattachement réel entre l'objet de cette mesure et la compétence territoriale de l'État contractant du juge saisi. S'agissant d'une mesure ordonnant le paiement à titre de provision d'une contre-prestation contractuelle, elle ne constitue pas une mesure provisoire au sens dudit article, à moins que, d'une part, le remboursement au défendeur de la somme allouée soit garanti dans l'hypothèse où le demandeur n'obtiendrait pas gain de cause au fond de l'affaire et que, d'autre part, la mesure sollicitée ne porte que sur des avoirs déterminés du défendeur se situant, ou devant se situer, dans la sphère de la compétence territoriale du juge saisi.

• **CJCE 17 nov. 1998, aff. C-391/95,** *Van Uden*

* V. ss nos 156.11, 159.31

> Vérification incidente des écritures sous seing privé par le juge des référés en l'absence de contestations sérieuses

Le juge des référés peut procéder incidemment à une vérification des écritures sous seing privé dès lors que la contestation n'est pas sérieuse (arrêts nos 1 et 2). Une cour d'appel, ayant relevé que les signatures apposées sur des bons de commande, dont l'authenticité était déniée, étaient identiques à celle figurant sur une lettre adressée par l'acheteur à son fournisseur et constaté que les factures produites aux débats attestaient tant de la réalité que de la date de la livraison des marchandises, a pu retenir que l'obligation invoquée n'était pas sérieusement contestable (arrêt no 2).

• **Civ. 2e, 21 janv. 1999, nos 96-19.816 et 97-11.107,** 2 esp., *Bull. civ.* II, no 18

* V. ss nos 122.251, 323.74, 341.72

> Notion de prétentions tendant aux mêmes fins

Selon l'article 565 du Nouveau Code de procédure civile, l'exception d'inexécution et l'action en résolution d'une convention constituent, sous deux formes différentes, l'exercice du même droit et tendent aux mêmes fins. Encourt la cassation l'arrêt qui, pour déclarer irrecevable, comme nouvelle, la demande de résolution d'un contrat par lequel une société s'était engagée à installer un réseau informatique au profit d'un client, formée par celui-ci en appel, retient qu'il n'avait à aucun moment formé une telle demande en première instance, alors que le client s'était opposé à la demande en paiement du solde du contrat formée contre lui, soutenant que le système informatique n'avait jamais fonctionné.

• **Civ. 1re, 2 févr. 1999, no 96-21.291,** *Bull. civ.* I, no 33

* V. ss no 543.74

> Refus de l'*exequatur* à une décision étrangère imposant des frais de nature à faire obstacle à l'accès au tribunal

Le droit de chacun d'accéder au juge chargé de statuer sur sa prétention, consacré par l'article 6 § 1 de la Convention européenne de sauvegarde des droits de l'homme et des libertés fondamentales, relève de l'ordre public international, au sens de l'article 27.1° de la Convention de Bruxelles du 27 septembre 1968. Une cour d'appel ne peut donc accorder l'*exequatur* à des décisions étrangères taxant les frais des défendeurs, dès lors qu'il apparaît, sans avoir pour autant à les réviser, que l'importance de ces frais mis à la charge du demandeur, dont la prétention n'a même pas été examinée faute d'avoir déposé la caution judiciaire ordonnée, a été de nature à faire obstacle à son libre accès à la justice.

• **Civ. 1re, 16 mars 1999, no 97-17.598,** *Bull. civ.* I, no 92

* V. ss nos 211.11, 211.22, 441.62

> Régime de l'exception de partialité

Est irrecevable le moyen par lequel une partie invoque, à l'appui d'un pourvoi, la violation par une cour d'appel de l'article 6 § 1 de la Convention européenne des droits de l'homme et des libertés fondamentales, en ce qu'elle s'est prononcée dans une composition comprenant le magistrat, conseiller de la mise en état, qui a rendu la décision dont il s'agissait d'apprécier le bien-fondé, dès lors que cette partie, connaissant la composition de la formation appelée à statuer, avait la possibilité de récuser le conseiller de la mise en état par application de l'article 341, 5° du Nouveau Code de procédure civile et s'en est abstenue.

• **Civ. 2e, 6 mai 1999, nos 96-12.964 et 96-10.407**, *Bull. civ.* II, nos 77 et 78
* V. ss nos 211.120, 211.133, 353.32, 411.48

> La formule « déboute les parties de leurs demandes plus amples ou contraires » constitue une simple omission de statuer réparable selon la procédure de l'article 463 C. pr. civ.

Le juge qui déboute les parties de leurs demandes plus amples ou contraires omet de statuer sur un chef de demande, dès lors qu'il ne résulte pas des motifs de la décision qu'il l'a examiné.

• **Cass., ass. plén., 2 nov. 1999, n° 97-17.107**, *Bull. ass. plén.*, n° 8
* V. ss nos 212.54, 412.252, 523.05, 523.13

> Inexistence de la personne morale qui agit en justice

L'irrégularité d'une procédure tenant à l'inexistence de la personne morale qui agit en justice ne peut être couverte. Dès lors, c'est à bon droit qu'une cour d'appel annule l'assignation délivrée par une société en formation qui n'a été immatriculée au registre du commerce et des sociétés que postérieurement à l'acte introductif d'instance. Ne méconnaît pas les pouvoirs qui lui sont dévolus par l'article 562 alinéa 2 du Nouveau Code de procédure civile la cour d'appel qui ne statue pas sur le fond après avoir annulé l'acte introductif d'instance à raison d'un vice qui ne peut être couvert.

• **Com. 30 nov. 1999, n° 97-14.595**, *Bull. civ.* IV, n° 218
* V. ss nos 103.15, 162.183, 312.23, 544.33, 544.43

> Notion de prétentions nouvelles

L'action en nullité ou en résolution qui a pour effet de mettre à néant le contrat ne tend pas aux mêmes fins que l'action en responsabilité, qui laisse subsister le contrat. Dès lors, c'est à bon droit qu'une cour d'appel estime irrecevable comme nouvelle l'action en responsabilité quasi-délictuelle engagée par un demandeur ayant saisi les premiers juges d'une demande tendant à la nullité ou à la résolution d'une convention.

• **Com. 30 nov. 1999, n° 97-15.733**, *Bull. civ.* IV, n° 211
* V. ss n° 543.74

> Égalité des armes : communication aux parties des conclusions du ministère public

Le requérant se plaint de ce qu'il n'a pu avoir communication des conclusions de l'avocat général et n'a pas pu y répondre, n'étant du reste pas informé de la date d'audience. La Cour européenne des droits de l'homme entend rechercher si, considérée dans sa globalité, la procédure devant la Cour de cassation revêtait en l'espèce un caractère équitable au sens de l'article 6 § 1 de la Convention européenne des droits de l'homme. Le requérant a choisi, en l'espèce, de se défendre sans la représentation d'un avocat à la Cour de cassation, droit qui lui est expressément reconnu tant par la Convention que par le droit interne pertinent. Dans ce cas, il n'a pas bénéficié de la pratique, réservée aux seuls avocats à la Cour de cassation et n'a pas disposé de l'accès aux conclusions de l'avocat général. Il est vrai que la spécificité de la procédure devant la Cour de cassation peut justifier de réserver aux seuls avocats spécialisés le monopole de la prise de parole. Toutefois cette spécificité ne peut justifier qu'il ne soit pas offert aux demandeurs en cassation, auquel il est reconnu le droit de se défendre personnellement, des moyens de procédure qui leur assureront le droit à un procès équitable devant cette juridiction. Un État qui se dote d'une Cour de cassation a l'obligation de veiller à ce que les justiciables jouissent auprès d'elle des garanties fondamentales de l'article 6 § 1. Ainsi, faute d'avoir offert au requérant un examen équitable de sa cause dans le cadre d'un procès contradictoire, il y a eu violation de l'article 6 § 1 de la Convention.

• **CEDH 8 févr. 2000, req. n° 27362/95**, *Voisine c/France*
* V. ss nos 212.34, 212.38, 321.92, 553.601, 553.611

> Administration de la preuve en droit de la filiation

L'expertise biologique est de droit en matière de filiation, sauf s'il existe un motif légitime de ne pas y procéder.

• **Civ. 1re, 28 mars 2000, n° 98-12.806**, *Bull. civ.* I, n° 103
* V. ss n° 342.12

> Droit de se défendre et refus de comparution personnelle

Le recours à la clause de l'ordre public doit être considéré comme étant possible dans les cas exceptionnels où les garanties inscrites dans la législation de l'État d'origine et dans la convention elle-même n'ont pas suffi à protéger le défendeur d'une violation manifeste de son droit de se défendre devant le juge d'origine, tel que reconnu par la convention européenne des droits de l'homme. Dès lors, le texte qui ne reconnaît le droit de se faire défendre sans comparaître personnellement devant les juridictions répressives d'un État contractant aux personnes non ressortissantes de cet État et domiciliées dans un autre État contractant que dans la mesure où elles sont poursuivies pour une infraction involontaire, ne saurait être interprété en ce sens qu'il s'oppose à ce que le juge de l'État requis puisse, à l'endroit d'un défendeur domicilié sur le territoire de celui-ci et poursuivi pour une infraction volontaire, tenir compte, au regard de la clause de l'ordre public, du fait que le juge de l'État d'origine a refusé à ce dernier le droit de se faire défendre sans comparaître personnellement.

• **CJCE 28 mars 2000, aff. C-7/98**, *Krombach*
* V. ss nos 441.61, 441.63

> Étendue de la saisine de la cour d'appel

Lorsque l'appel tend à l'annulation du jugement pour irrégularité de la saisine de la juridiction de première instance, la cour d'appel ne peut statuer sur le fond lorsque les conclusions prises sur le fond l'ont été à titre subsidiaire.

• **Civ. 2e, 25 mai 2000, n° 98-20.941**, *Bull. civ.* II, n° 87
* V. ss n° 543.33

> Appréciation de l'impartialité

Le simple fait, pour un juge, d'avoir déjà pris des décisions avant le procès ne peut passer pour justifier en soi des appréhensions relativement à son impartialité. Ce qui compte est l'étendue des mesures adoptées par le juge avant le procès. De même, la connaissance approfondie du dossier par le juge n'implique pas un préjugé empêchant de le considérer comme impartial au moment du jugement sur le fond. Enfin, l'appréciation préliminaire des données disponibles ne saurait non plus passer comme préjugeant l'appréciation finale. Il importe que cette appréciation intervienne avec le jugement et s'appuie sur les éléments produits et débattus à l'audience.

• **CEDH 6 juin 2000, req. n° 34130/96,** ***Morel c/France***
* V. s[s] n° 211.112

> Formalisme des actes de procédure
Dans la procédure sans représentation obligatoire, l'indication dans la déclaration d'appel de l'organe représentant légalement la personne morale n'est pas exigée.

• **Cass., ass. plén., 7 juill. 2000, n° 97-45.768,** *Bull. ass. plén.*, n° 5
* V. s[s] n°s 544.44, 553.151, 553.223

> Recevabilité du pourvoi après cassation
Est irrecevable le grief qui invite la Cour de cassation à revenir sur la doctrine de son précédent arrêt, alors que la juridiction de renvoi s'y est conformée.

• **Civ. 2e, 26 oct. 2000, n° 98-19.387,** *Bull. civ.* II, n° 145
* V. s[s] n° 553.826

> Mesure conservatoire ordonnée en référé pour prévenir un dommage imminent
Lorsqu'il statue en référé, le juge, après avoir apprécié souverainement le dommage imminent, ne fait qu'user du pouvoir que lui confère l'article 873 alinéa 1er du Nouveau Code de procédure civile, lorsqu'il adopte comme mesure conservatoire la poursuite des effets du contrat, fût-il dénoncé. Mais il excède ses pouvoirs, en application du même texte, lorsqu'il ordonne une mesure sans lui assigner un terme certain.

• **Civ. 1re, 7 nov. 2000, n° 99-18.576,** *Bull. civ.* I, n° 286
* V. s[s] n°s 125.201, 125.211, 125.252, 125.253, 125.262, 125.264

> Dispositif de radiation des pourvois pour inexécution conforme à l'article 6 § 1
La radiation de pourvois en cassation par ordonnance du premier président, sur le fondement de l'article 1009-1 du Code de procédure civile pour inexécution de la décision frappée de pourvoi constitue en l'espèce une mesure disproportionnée au regard des buts visés, et l'accès effectif des intéressés à la haute juridiction s'en est trouvé entravé. En effet, force est de constater que les situations financières précaires des requérants n'ont pas été prises en considération dans l'examen des « *conséquences manifestement excessives* » que l'exécution des arrêts d'appel leur aurait causé. Partant la cour conclut à la violation de l'article 6 § 1 de la Convention européenne des droits de l'homme.

• **CEDH 14 nov. 2000, req. n°s 31819/96 et 33293/96,** ***Annoni Di Gussola a. c/France***
* V. s[s] n°s 211.44, 423.182

> Régime du moyen de défense tendant à récuser un magistrat
Les débats ayant eu lieu devant une formation collégiale dont la composition, conforme à l'ordonnance du premier président fixant la répartition des juges dans les différents services, était nécessairement connue à l'avance de la partie représentée par son avoué, celle-ci n'est pas recevable à invoquer devant la Cour de cassation la violation de l'article 6 § 1 de la Convention européenne de sauvegarde des droits de l'homme et des libertés fondamentales, dès lors qu'elle n'a pas fait usage de la possibilité d'en obtenir le respect en récusant par application de l'article 341, 5° du Nouveau Code de procédure civile le magistrat qui figurait déjà dans la composition de la cour d'appel ayant statué en référé et qu'en s'abstenant de le faire avant la clôture des débats, elle a ainsi renoncé sans équivoque à s'en prévaloir.

• **Cass., ass. plén., 24 nov. 2000, n° 99-12.412,** ***Comet,*** *Bull. ass. plén.*, n° 10
* V. s[s] n°s 211.133, 353.32

> Indépendance et impartialité des tribunaux et de la Cour nationale du contentieux de l'incapacité. Caractère contradictoire de la procédure
1° Le fait que la Cour nationale de l'incapacité et de la tarification de l'assurance des accidents du travail comprenne des fonctionnaires de catégorie A, en activité ou honoraires, du ministère chargé de la Sécurité sociale ou du ministère chargé de l'Agriculture, nommés sans limitation de durée, de sorte qu'il peut être mis fin à tout moment et sans condition à leurs fonctions par les autorités de nomination au nombre desquelles se trouve le ministre exerçant ou ayant exercé, lorsqu'ils étaient en activité, le pouvoir hiérarchique sur eux, constitue des circonstances de nature à porter atteinte à l'indépendance de cette juridiction et à faire naître un doute légitime sur son impartialité. Il résulte de la présence, au sein des membres de la formation de jugement de cette Cour, d'un fonctionnaire honoraire du ministère chargé de la Sécurité sociale, que la cause n'a pas été entendue par un tribunal indépendant et impartial au sens de l'article 6 § 1 de la Convention européenne de sauvegarde des droits de l'homme et des libertés fondamentales.

2° Il résulte de ce que l'arrêt prononcé par la Cour nationale de l'incapacité et de la tarification de l'assurance des accidents du travail a été rendu après examen préalable du dossier par un médecin qualifié, choisi sur une liste établie par arrêté du ministre chargé de la Sécurité sociale ou du ministre chargé de l'Agriculture, dont l'avis n'a pas été communiqué aux parties, que l'appelant a été privé de la faculté de prendre connaissance et de discuter les observations présentées par ce médecin. La procédure suivie ayant été ainsi dépourvue de caractère contradictoire, la Cour nationale a violé tant les dispositions de l'article 16 du Nouveau Code de procédure civile que celles de l'article 6 § 1 de la Convention européenne des droits de l'homme et des libertés fondamentales.

3° Dès lors qu'il ne ressort pas des mentions de l'arrêt attaqué que la Cour nationale de l'incapacité et de la tarification de l'assurance des accidents du travail ait convoqué l'appelant à l'audience et organisé des débats lui permettant de faire valoir publiquement ses prétentions, cette juridiction a violé tant les dispositions des articles 14 et 433 du Nouveau Code de procédure civile que celles de l'article 6 § 1 de la Convention européenne des droits de l'homme et des libertés fondamentales.

• **Cass., ass. plén., 22 déc. 2000, n° 99-11.303,** *Bull. ass. plén.*, n° 12
* V. s[s] n°s 124.491, 211.71, 336.161, 622.62

> Option de compétence territoriale – notion de lieu de livraison effective
Le lieu de livraison effective de la chose en matière contractuelle s'entend, au sens de l'article 46 du Nouveau Code de procédure civile, du lieu où la livraison a été ou doit être effectuée.

• **Civ. 2e, 18 janv. 2001, n° 96-20.912,** *Bull. civ.* II, n° 10
* V. s[s] n° 131.161

> Sanction des formalités procédurales

Aux termes de l'article 29-2 alinéa 2 du décret du 30 septembre 1953, la partie la plus diligente remet au greffe son mémoire; cette formalité ne tendant qu'à la fixation de la date d'audience et ne saisissant pas le juge, son omission ne constitue pas une fin de non-recevoir.

• **Cass., ass. plén., 23 févr. 2001, n° 99-15.541**, *Bull. ass. plén.*, n° 4

* V. s^s n° 172.131

> Responsabilité de l'État pour fonctionnement défectueux du service de la Justice. Définition de la faute lourde

1° L'existence d'un régime de responsabilité propre au fonctionnement défectueux du service de la justice, qui ne prive pas le justiciable d'accès au juge, n'est pas en contradiction avec les exigences d'un procès équitable au sens de l'article 6 de la Convention européenne de sauvegarde des droits de l'homme et des libertés fondamentales.

2° L'État est tenu de réparer le dommage causé par le fonctionnement défectueux du service de la justice et cette responsabilité n'est engagée que par une faute lourde ou un déni de justice. Constitue une faute lourde toute déficience caractérisée par un fait ou une série de faits traduisant l'inaptitude du service public de la justice à remplir la mission dont il est investi.

• **Cass., ass. plén., 23 févr. 2001, n° 99-16.165**, *Bull. ass. plén.*, n° 5

* V. s^s n° 212.124

> Le délai de recours ne court pas si la notification du jugement ne fait pas exactement mention de celui-ci

L'absence de mention ou la mention erronée, dans l'acte de notification d'un jugement, de la voie de recours ouverte, de son délai ou de ses modalités, ne fait pas courir le délai de recours.

• **Civ. 2e, 3 mai 2001, n° 99-18.326**, *Bull. civ.* II, n° 85

* V. s^s n°s 162.16, 423.111, 423.121, 532.21, 542.294, 545.12, 551.153

> Exécution provisoire de la condamnation aux frais non compris dans les dépens

L'interdiction édictée par l'article 515 alinéa 2 du Nouveau Code de procédure civile ne vise que les seuls dépens. Dès lors, un premier président n'est pas tenu d'arrêter l'exécution provisoire assortissant une condamnation prononcée en application de l'article 700 de ce même code.

• **Civ. 2e, 31 mai 2001, n° 99-13.712**, *Bull. civ.* II, n° 107

* V. s^s n°s 125.442, 431.92, 611.103

> Égalité des armes. Communication des conclusions du commissaire du gouvernement aux parties. Présence du commissaire du gouvernement au délibéré

Nul n'a jamais mis en doute l'indépendance ni l'impartialité du commissaire du gouvernement, et la cour estime qu'au regard de la Convention, son existence et son statut organique ne sont pas en cause. Toutefois la Cour considère que l'indépendance du commissaire du gouvernement et le fait qu'il n'est soumis à aucune hiérarchie, ce qui n'est pas contesté, ne sont pas en soi suffisants pour affirmer que la non-communication de ses conclusions aux parties et l'impossibilité pour celles-ci d'y répliquer ne seraient pas susceptibles de porter atteinte aux exigences d'un procès équitable.

La Cour rappelle que le principe de l'égalité des armes – l'un des éléments de la notion plus large de procès équitable – requiert que chaque partie se voie offrir une possibilité raisonnable de présenter sa cause dans des conditions qui ne la placent pas dans une situation de net désavantage par rapport à son adversaire. la notion de procès équitable implique aussi en principe le droit pour les parties à un procès de prendre connaissance de toute pièce ou observation soumise au juge, fût-ce par un magistrat indépendant, en vue d'influencer sa décision, et de la discuter.

En ce qui concerne la présence du commissaire du gouvernement au délibéré, la théorie des apparences doit aussi entrer en jeu : en s'exprimant publiquement sur le rejet ou l'acceptation des moyens présentés par l'une des parties, le commissaire du gouvernement pourrait être légitimement considéré par les parties comme prenant fait et cause pour l'une d'entre elles.

• **CEDH 7 juin 2001, req. n° 39594/98**, ***Kress c/France***

* V. s^s n° 212.24

> Régime des questions préjudicielles

Il résulte des articles 49 et 378 du Nouveau Code de procédure civile que toute juridiction saisie d'une demande de sa compétence doit surseoir à statuer lorsqu'elle a à connaître de moyens de défense relevant de la compétence exclusive d'une autre juridiction.

Ne peut, dès lors, renvoyer les parties à mieux se pourvoir, une cour d'appel qui, saisie de la totalité d'un litige concernant l'État par l'effet dévolutif de l'appel, se déclare incompétente pour statuer sur une fin de non-recevoir opposée par l'agent judiciaire du Trésor.

• **Cass., ass. plén., 6 juill. 2001, n° 98-17.006**, *Bull. ass. plén.*, n° 9

* V. s^s n° 142.41

> Définition des dépens

Les dépens ne comprennent que les seuls débours relatifs à des actes ou procédures judiciaires, à l'exclusion des honoraires du traducteur qu'une partie avait pris l'initiative de désigner.

• **Soc. 11 juill. 2001, n° 99-43.485**, NP

* V. s^s n° 611.30

> Contrôle de la Cour de cassation sur la notion d'obligation non sérieusement contestable

Une cour d'appel qui, pour allouer une provision se borne à énoncer que, quel que soit le fondement contractuel ou quasi délictuel de la responsabilité de la partie mise en cause, son obligation n'est pas sérieusement contestable, ne met pas la Cour de cassation en mesure d'exercer son contrôle sur l'existence d'une obligation non sérieusement contestable.

• **Cass., ass. plén., 16 nov. 2001, n° 99-20.114**, *Bull. ass. plén.*, n° 13

* V. s^s n° 125.332

> La caducité de l'assignation est une exception de procédure qui doit être proposée *in limine litis*

L'incident tendant à faire constater la caducité du jugement par application de l'article 478 du Nouveau Code de procédure civile est irrecevable dès lors que l'appelant l'a fait précéder de conclusions au fond.

• **Civ. 2e, 22 nov. 2001, no 99-17.875**, *Bull. civ.* II, no 171
* V. ss no 192.13, 423.163

> Le défaut de mention de l'organe représentant la personne morale constitue un simple vice de forme

Le défaut de désignation de l'organe représentant légalement une personne morale dans un acte de procédure, lorsque cette mention est prévue à peine de nullité, ne constitue qu'un vice de forme.

• **Cass., ch. mixte, 22 févr. 2002, nos 00-19.639 et 00-19.742**, *Bull. ch. mixte*, no 1
* V. ss nos 161.33, 162.157, 544.44

> Régime de la récusation de l'expert technicien

Selon l'article 124 du Nouveau Code de procédure civile, les fins de non-recevoir doivent être accueillies alors même que l'irrecevabilité ne résulte d'aucune disposition expresse. Dès lors, fait une exacte application du texte précité une cour d'appel, qui, pour déclarer irrecevable une demande tendant à la récusation d'un expert, sur le fondement de l'article 234 alinéa 2 dudit code, relève que les parties n'ont saisi que tardivement le juge chargé du contrôle de l'exécution des mesures d'instruction.

• **Civ. 2e, 5 déc. 2002, no 01-00.791**, *Bull. civ.* II, no 279
* V. ss nos 353.95, 353.103

> Fin de non-recevoir conventionnelle – clause de conciliation

Il résulte des articles 122 et 124 du Nouveau Code de procédure civile que les fins de non-recevoir ne sont pas limitativement énumérées; licite, la clause d'un contrat instituant une procédure de conciliation obligatoire et préalable à la saisine du juge, dont la mise en œuvre suspend jusqu'à son issue le cours de la prescription, constitue une fin de non-recevoir qui s'impose au juge si les parties l'invoquent.

Dès lors, la cour d'appel qui a retenu qu'un acte de cession d'actions prévoyait le recours à une procédure de conciliation préalable à toute instance judiciaire pour les contestations relatives à l'exécution de la convention, en déduit exactement l'irrecevabilité du cédant à agir sur le fondement du contrat avant que la procédure de conciliation ait été mise en œuvre.

• **Cass., ch. mixte, 14 févr. 2003, nos 00-19.423 et 00-19.424**, *Bull. ch. mixte*, no 1
* V. ss nos 104.123, 193.15, 325.21, 325.81

> Option procédurale de la caution entre demande reconventionnelle et défense au fond

Les demandes reconventionnelles et les moyens de défense étant formés de la même manière à l'encontre des parties à l'instance, une cour d'appel doit répondre à la demande d'une caution qui, poursuivie en paiement par le créancier, demande à être déchargée de son obligation en raison de la faute commise par celui-ci à l'encontre du débiteur principal ou directement à son encontre, quelle que soit la qualification procédurale de cette demande.

• **Cass., ch. mixte, 21 févr. 2003, no 99-18.759**, *Bull. ch. mixte*, no 3
* V. ss nos 221.114, 311.05

> Titre exécutoire fondant le recouvrement des frais de l'exécution

Le titre qui sert de fondement aux poursuites permet le recouvrement des frais de l'exécution qui sont à la charge du débiteur.

• **Civ. 2e, 6 mars 2003, no 01-02.745**, *Bull. civ.* II, no 56
* V. ss no 611.22

> Pas de nullité pour vice de forme sans texte

L'obligation prévue à l'article 56 du Nouveau Code de procédure civile d'énumérer, dans l'assignation et par bordereau annexé, les pièces sur lesquelles la demande est fondée n'est assortie d'aucune sanction et ne constitue pas une formalité substantielle ou d'ordre public.

Dès lors, le défendeur qui s'abstient de comparaître à l'audience alors qu'il a été appelé à l'instance conformément à l'article 14 du Nouveau Code de procédure civile, ne peut invoquer utilement un défaut de communication de pièces qui n'est que la conséquence de son défaut de comparution.

• **Civ. 2e, 3 avr. 2003, no 00-22.066**, *Bull. civ.* II, no 94
* V. ss nos 161.94, 162.53, 162.61, 172.23, 341.21

> Règlement des frais de l'instance préparatoire lors de l'instance principale

Le juge qui statue sur un litige ne peut condamner les parties aux dépens d'une autre instance, à moins qu'il s'agisse de frais relatifs à une instance ayant préparé celle dont le juge du principal est saisi.

• **Civ. 2e, 28 mai 2003, no 01-12.612**, *Bull. civ.* II, no 163
* V. ss nos 611.41, 612.31

> Droit d'agir en justice des sociétés étrangères

Viole les articles 1er, 14 et 6 § 1 de la Convention européenne de sauvegarde des droits de l'homme et des libertés fondamentales, les articles 1er et 5 de son protocole additionnel, ensemble l'article 55 de la Constitution du 4 octobre 1958, la cour d'appel qui, pour déclarer irrecevable la demande en justice d'une société retient que celle-ci ne peut ester en justice, faute de satisfaire aux exigences de la loi du 30 mai 1857, qui subordonnent le droit d'agir des sociétés de capitaux étrangères à une autorisation délivrée par décret, alors que toute personne morale, quelle que soit sa nationalité, a droit au respect de ses biens et à ce que sa cause soit entendue par un tribunal indépendant et impartial.

• **Com. 8 juill. 2003, no 00-21.591**, *Bull. civ.* IV, no 121
* V. ss nos 103.10, 161.311

> Conditions de validité du pacte de *quota litis*

Selon l'article 1134 du Code civil, les conventions légalement formées tiennent lieu de loi à ceux qui les ont faites. Selon l'article 10 de la loi du 31 décembre 1971, si les juges du fond apprécient souverainement d'après les conventions des parties et les circonstances de la cause le montant de l'honoraire dû à l'avocat, il ne leur appartient pas de le réduire dès lors que le principe et le montant de l'honoraire ont été acceptés par le client après service rendu, que celui-ci ait été ou non précédé d'une convention. Viole les textes précités, le premier président qui, pour fixer les honoraires de résultat à un montant inférieur à celui convenu entre une SCP d'avocats et la mère d'un mineur victime d'un accident de la circulation, par une convention réitérée par la victime devenue majeure, prévoyant, selon une mention manuscrite, des honoraires de résultat se montant à 15 % hors taxe, retient que le montant découlant de la mention manuscrite est excessif compte tenu de son taux inhabituel, de la simplicité de la procédure, du résultat peu exceptionnel obtenu au vu du grave préjudice subi par la victime dont l'état et la promesse des indemnités à percevoir ont contribué à rendre difficile la compréhension de l'importance des sommes qu'elle laissait à son conseil, lesquelles absorbaient une grande partie de son préjudice non soumis à recours, alors qu'il relevait que le montant de l'honoraire de résultat avait été accepté et réglé par la victime après le jugement ayant mis fin au litige.

• **Civ. 2e, 18 sept. 2003, no 01-16.013**, *Bull. civ.* II, no 279
* V. ss no 621.282

> Dans les procédures orales, l'ordre des moyens de défense à l'oral prime les écritures

Les exceptions doivent, à peine d'irrecevabilité, être soulevées avant toute défense au fond. Devant le tribunal de commerce, la procédure étant orale, les prétentions peuvent être formulées au cours de l'audience et il en est notamment ainsi des exceptions de procédure.

Il s'ensuit que l'exception d'incompétence soulevée oralement par une partie à l'audience du tribunal de commerce, avant toute référence à ses prétentions au fond formulées par écrit, doit être déclarée recevable.

• **Civ. 2e, 16 oct. 2003, no 01-13.036**, *Bull. civ.* II, no 311
* V. ss nos 192.41, 192.64, 321.113

> Abus du droit d'agir : l'erreur n'est pas en soi constitutive d'une faute

Ne caractérise pas l'abus manifeste de procédure et viole l'article 31 du décret du 31 juillet 1992 le premier président d'une cour d'appel qui, saisi d'une demande de sursis à l'exécution des mesures ordonnées par un juge de l'exécution, condamne le demandeur au paiement de dommages-intérêts en retenant qu'en l'état d'un défaut total d'argumentation juridique de la demande, mal fondée dans ses références juridiques et non rectifiée après les claires conclusions des parties, la procédure revêt un caractère abusif, alors que l'erreur d'une partie sur le fondement juridique de la demande ne constitue pas, à elle seule, une faute et que le demandeur avait présenté une argumentation.

• **Civ. 2e, 18 déc. 2003, no 01-16.617**, *Bull. civ.* II, no 402
* V. ss no 542.314

> Procédure orale : les conclusions ne pallient pas l'absence de comparution

Devant le tribunal d'instance, la procédure étant orale, ne sont pas recevables les conclusions adressées au juge par une partie qui ne comparaît pas ou qui n'est pas représentée.

• **Civ. 2e, 12 févr. 2004, no 02-15.108**, *Bull. civ.* II, no 63
* V. ss no 321.113

> La chose jugée n'est pas opposable lorsque les faits ont changé

Prive sa décision de base légale au regard des articles 1351 du Code civil et 480 du Nouveau Code de procédure civile, la cour d'appel qui, pour déclarer irrecevable la demande tendant à l'organisation d'un droit de visite et d'hébergement à l'égard d'enfants formée après qu'une première demande eut été rejetée, retient que l'âge atteint par les enfants lors de la deuxième assignation par rapport à celui qu'ils avaient lors de la saisine du juge aux affaires familiales est insuffisant pour combattre le principe tiré de l'article 480 du Nouveau Code de procédure civile, sans rechercher si, à la date à laquelle elle statuait, la situation des enfants avait changé.

• **Civ. 2e, 6 mai 2004, no 02-13.689**, *Bull. civ.* II, no 208
* V. ss no 421.112

> Étendue de la saisine de la cour d'appel

En l'absence de limitation de l'appel à certains chefs du jugement, la dévolution s'opère pour le tout.

Dès lors que la déclaration d'appel ne contenait aucune limitation, de sorte que l'appel ne pouvait pas être limité par les conclusions, la cour d'appel, même si elle ne devait examiner que les seules critiques contenues dans ces conclusions, ne pouvait, pour le surplus, que confirmer la décision attaquée.

• **Civ. 2e, 24 juin 2004, no 02-11.160**, *Bull. civ.* II, no 309
* V. ss no 543.51

> Principe de la délibération en nombre impair

Les arrêts des cours d'appel devant être rendus par des magistrats délibérant en nombre impair; encourt la cassation l'arrêt qui énonce que les débats ont eu lieu devant un magistrat rapporteur et que la cour d'appel était composée, lors du délibéré, de ce magistrat, président, et d'un conseiller.

• **Civ. 3e, 30 juin 2004, no 03-12.109**, *Bull. civ.* III, no 139
* V. ss no 331.282

> Force exécutoire en France d'une décision étrangère faisant interdiction à une personne de disposer de ses biens (*mareva* ou *freezing injunction*)

1° La cour d'appel, qui relève qu'un jugement étranger, en l'occurrence une injonction dite « *mareva* » est intervenue dans le cadre d'une instance introduite par un acte qui avait été signifié et qu'elle avait été précédée d'un avertissement spécifique exposant que la juridiction saisie statuerait sur les mesures conservatoires sollicitées, en a exactement déduit que cette ordonnance ne constituait pas une décision unilatérale rendue sans que la personne condamnée ait été appelée à comparaître, de sorte que les dispositions du titre III de la Convention de Bruxelles du 27 septembre 1968, modifiée, sur la reconnaissance et l'exécution pouvaient lui être appliquées.

2° Un jugement étranger, en l'occurrence une injonction dite « *mareva* » par laquelle il est fait défense à un débiteur d'effectuer toute opération sur l'un quelconque de ses biens dans les limites fixées par le juge, étant une mesure conservatoire et provisoire de nature civile qui, aux fins de la reconnaissance sollicitée, doit être examinée indépendamment de la sanction pénale qui l'assortit dans l'État d'origine; cette interdiction faite à la personne du débiteur de disposer en tout lieu de ses biens, dans la mesure où il s'agit de préserver les droits légitimes du créancier, ne saurait porter atteinte à un droit fondamental du débiteur, ni même indirectement, à une prérogative de souveraineté étrangère et, notamment, n'affecte pas, à la différence des injonctions dites « *anti-suit* », la compétence juridictionnelle de l'État requis; par conséquent un tel jugement étranger n'est pas contraire à l'ordre public international et peut être reçu dans l'ordre juridique français.

• **Civ. 1re, 30 juin 2004, no 01-03.248**, *Bull. civ.* I, no 191
* V. ss no 441.61

> Les frais non compris dans les dépens ne constituent pas un préjudice réparable

Les frais de procès non compris dans les dépens ne constituent pas un préjudice réparable et ne peuvent être remboursés que sur le fondement de l'article 700 du Nouveau Code de procédure civile.

• **Civ. 2e, 8 juill. 2004, n° 03-15.155**, *Bull. civ.* II, n° 365

* V. ss n° 611.51

> Formalisme : ordre de présentation des moyens de défense dans les conclusions écrites

Une partie n'est pas recevable à soulever une exception de procédure après une fin de non-recevoir, peu important que ces incidents aient été présentés dans les mêmes conclusions.

• **Civ. 2e, 8 juill. 2004, n° 02-19.694**, *Bull. civ.* II, n° 377

* V. ss nos 161.92, 162.111, 192.63, 351.61

> Notion de jugement mixte : pas d'appel immédiat du jugement octroyant une provision et ordonnant une expertise

Sauf dans les cas spécifiés par la loi, les jugements qui ordonnent une mesure d'instruction ou une mesure provisoire ne peuvent être frappés d'appel indépendamment des jugements sur le fond que s'ils tranchent dans leur dispositif une partie du principal.

L'absence d'ouverture d'une voie de recours devant être relevée d'office, viole les articles 125, 544 et 545 du Nouveau Code de procédure civile la cour qui déclare recevable l'appel interjeté contre un jugement qui ne tranchait pas une partie du principal dès lors qu'il se bornait, dans son dispositif à ordonner une expertise médicale et le versement d'une provision.

• **Cass., ch. mixte, 25 oct. 2004, n° 03-14.219**, *Bull. ch. mixte*, n° 3

* V. ss nos 342.43, 342.263, 431.43, 542.53

> Formalisme : un plaideur ne peut se prévaloir d'une erreur manifeste.

Viole les articles 4, 547 et 901 du Nouveau Code de procédure civile, ainsi que l'article 6 § 1 de la Convention européenne de sauvegarde des droits de l'homme et des libertés fondamentales, la cour d'appel qui, pour déclarer un appel irrecevable comme ayant été dirigé contre une personne qui n'était pas partie en première instance, retient que la qualité mentionnée dans la déclaration d'appel ne pouvait résulter d'une erreur due à la rédaction de l'entête du jugement et que les événements procéduraux postérieurs à l'acte d'appel n'avaient pas pu modifier les conditions dans lesquelles l'acte d'appel avait été formé, alors que l'erreur manifeste dans la désignation de l'intimé, au regard de l'objet du litige tel que déterminé par les prétentions des parties devant les juges du fond, n'est pas de nature à entraîner l'irrecevabilité de l'appel.

• **Cass., ass. plén., 6 déc. 2004, n° 03-11.053**, *Bull. ass. plén.*, n° 13

* V. ss n° 544.48

> Seul l'excès de pouvoir justifie un recours, et non la violation d'un principe fondamental de procédure

Sauf dans les cas spécifiés par la loi, les jugements en dernier ressort qui ne mettent pas fin à l'instance ne peuvent être frappés de pourvoi en cassation indépendamment des jugements sur le fond que s'ils tranchent dans leur dispositif tout ou partie du principal.

Il est, néanmoins, dérogé à cette règle, comme à toute autre règle interdisant ou différant un recours, en cas d'excès de pouvoir. Ne constitue pas un tel excès la violation du principe de la contradiction.

• **Cass., ch. mixte, 28 janv. 2005, n° 02-19.153**, *Bull. ch. mixte*, n° 1

* V. ss nos 335.64, 541.31, 542.33, 551.25, 553.431

> Droit à un recours effectif et demande d'arrêt de l'exécution provisoire

L'exécution forcée poursuivie en vertu d'un titre exécutoire à titre provisoire aux risques et périls du créancier, n'est pas contraire aux exigences de l'article 6 § 1 de la Convention européenne de sauvegarde des droits de l'homme et des libertés fondamentales; en statuant sans attendre la décision du premier président, le juge de l'exécution, qui n'a pas méconnu les limites de sa compétence, n'a pas porté atteinte aux droits de la société à un recours effectif.

• **Civ. 2e, 10 févr. 2005, n° 03-15.067**, *Bull. civ.* II, n° 28

* V. ss nos 122.491, 123.141, 431.152

> Compétence du juge du bornage pour statuer sur les questions de nature immobilière pétitoire

Il résulte de l'article R. 321-22 alinéa 2 du Code de l'organisation judiciaire que le juge du bornage peut statuer sur les questions de nature immobilière pétitoire soulevées par le défendeur et dont dépend la fixation de l'étendue des propriétés.

• **Civ. 3e, 23 févr. 2005, n° 03-17.899**, *Bull. civ.* III, n° 46

* V. ss nos 124.72, 142.32

> Évolution du litige de nature à justifier l'intervention forcée en appel

Au sens de l'article 555 du Nouveau Code de procédure civile, l'évolution du litige impliquant la mise en cause d'un tiers devant la cour d'appel n'est caractérisée que par la révélation d'une circonstance de fait ou de droit née du jugement ou postérieurement à celui-ci et modifiant les données juridiques du litige.

Ainsi, une cour d'appel ayant constaté que les désordres décrits dans les expertises ordonnées en première instance et en appel étaient identiques et que leurs causes avaient été décelées par le premier expert, a retenu à bon droit que la dernière expertise n'avait pas modifié les données juridiques du litige, dont l'évolution ne résidait que dans la nature et le coût des réparations.

• **Cass., ass. plén., 11 mars 2005, n° 03-20.484**, *Bull. ass. plén.*, n° 4

* V. ss n° 541.272

> Le droit interne n'est pas applicable pour la détermination de la compétence en matière de litiges relevant du droit de l'Union européenne

Les règles de droit interne ne sont pas applicables pour la détermination de la compétence internationale du juge saisi d'un litige d'ordre international intra-communautaire, soumis aux dispositions de la Convention de Bruxelles du 27 septembre 1968 modifiée par la Convention de Saint-Sébastien du 26 mai 1989 (arrêts nos 1 et 2).

• **Cass., ch. mixte, 11 mars 2005, nos 02-41.371, 02-41.372**, *Bull. ch. mixte*, n° 2

* V. ss nos 131.122, 150.111, 152.10

> Note en délibéré et loyauté des débats

Le juge est tenu de respecter et de faire respecter la loyauté des débats. Encourt, dès lors, la cassation l'arrêt qui, pour écarter des notes et pièces produites en cours de délibéré par les parties, retient que ces productions ne répondaient pas aux exigences des articles 16 et 445 du Nouveau Code de procédure civile puisqu'elles n'avaient été faites, ni en réponse aux arguments développés par le ministère public, ni à la demande du président, alors que la lettre envoyée, le jour même de l'audience des plaidoiries, à l'avocat sollicitant l'annulation de l'élection des membres du conseil de l'Ordre et du bâtonnier, par le président de la Commission nationale de l'informatique et des libertés, faisait état de la délibération de cet organisme, reçue par le bâtonnier le 25 novembre 2004 et cependant non communiquée avant la clôture des débats le 6 janvier 2005, et comportait des éléments susceptibles de modifier l'opinion des juges quant à la confidentialité du scrutin au regard, notamment, des modalités adoptées dans l'utilisation d'identifiants personnels.

• **Civ. 1re, 7 juin 2005, n° 05-60.044**, *Bull. civ.* I, n° 241

* V. s^s n°s 321.92, 331.215, 411.30

> Irrecevabilité du moyen du pourvoi contredisant la position soutenue devant les juges du fond

Est irrecevable, comme incompatible avec la position adoptée devant les juges du fond, le moyen par lequel une partie fait grief à un arrêt d'avoir révoqué l'ordonnance de clôture pour rendre recevables les conclusions de la partie adverse, fixé celle-ci le jour-même, entendu les parties et statué au fond, dès lors que l'arrêt relève que les parties avaient, à l'audience, sollicité le rabat de l'ordonnance de clôture rendue quelques jours avant et expressément demandé que l'affaire soit retenue en l'état des écritures notifiées plusieurs mois auparavant par l'appelant et la veille de l'audience par l'intimé.

• **Civ. 2e, 20 oct. 2005, n° 03-13.932**, *Bull. civ.* II, n° 257

* V. s^s n°s 193.17, 553.531

> Les mentions du jugement font foi jusqu'à inscription de faux

Jusqu'à inscription de faux, le greffier signataire du jugement est celui dont le nom figure dans la décision.

• **Cass., ch. mixte, 21 oct. 2005, n° 04-11.288**, *Bull. ch. mixte*, n° 6

* V. s^s n°s 412.284, 422.11

> Compétence du tribunal de commerce pour connaître des litiges relatifs à des faits se rattachant par un lien direct à la gestion de la société

A privé sa décision de base légale au regard de l'article L. 721-3 du Code de commerce, la cour d'appel qui, pour statuer comme elle a fait, retient que rien ne permet d'établir l'intervention de deux personnes physiques en qualité de commerçants, dans leurs rapports avec une société, ou leur intervention en qualité de dirigeants d'une autre société, lors de la souscription ou de l'exécution du cautionnement litigieux, sans rechercher si les faits allégués ne se rattachaient pas par un lien direct à la gestion de sociétés commerciales, peu important que ces personnes physiques n'aient pas eu la qualité de commerçant non plus que celle de dirigeant de droit de ces sociétés.

• **Com. 27 oct. 2005, n° 08-20.384**, *Bull. civ.* IV, n° 138

* V. s^s n° 124.285

> Langue de la notification

L'article 8 du règlement n° 1348/2000, relatif à la signification et à la notification dans les États membres des actes judiciaires et extrajudiciaires en matière civile et commerciale, doit être interprété en ce sens que, lorsque le destinataire d'un acte a refusé celui-ci au motif que cet acte n'est pas rédigé dans une langue officielle de l'État membre requis ou dans une langue de l'État membre d'origine que ce destinataire comprend, il peut être remédié à cette situation en envoyant la traduction de l'acte selon les modalités prévues par ce règlement et dans les meilleurs délais.

Pour résoudre les problèmes liés à la façon dont il convient de remédier à l'absence de traduction, non prévus par ledit règlement, il appartient au juge national d'appliquer son droit procédural national tout en veillant à assurer la pleine efficacité de ce règlement, dans le respect de sa finalité.

• **CJCE 8 nov. 2005, aff. C-443/03**, ***Götz Leffler***

* V. s^s n°s 163.08, 163.42

> Absence de recours contre la décision d'ordonner une médiation judiciaire

La décision d'ordonner une médiation judiciaire, qui ne peut s'exécuter qu'avec le consentement des parties, est une mesure d'administration judiciaire non susceptible d'appel ni de pourvoi en cassation.

• **Civ. 1re, 7 déc. 2005, n° 02-15.418**, *Bull. civ.* I, n° 484

* V. s^s n° 325.240

> La notification condition des effets des jugements

La force de chose jugée, attachée à un arrêt de cour d'appel dès son prononcé, ne peut avoir pour effet de priver une partie d'un droit tant que cette décision ne lui a pas été notifiée.

Dès lors que le preneur d'un bail rural a exercé son droit de préemption postérieurement à l'arrêt prononçant la résiliation du bail et emportant, par voie de conséquence, retrait du droit de préemption, mais antérieurement à la notification de cet arrêt, une cour d'appel en déduit exactement que la vente des biens avait été réalisée.

• **Cass., ch. mixte, 16 déc. 2005, n° 03-12.206**, *Bull. ch. mixte*, n° 8

* V. s^s n°s 423.33, 423.171

> Le juge apprécie souverainement si les pièces et des conclusions ont été communiquées en temps utile

Il ne saurait être fait grief à une cour d'appel d'avoir écarté des débats les pièces communiquées par une partie trois jours avant l'ordonnance de clôture dès lors qu'il résulte de ses constatations souveraines que les pièces n'avaient pas été communiquées en temps utile au sens des articles 15 et 135 du Nouveau Code de procédure civile.

• **Cass., ch. mixte, 3 févr. 2006, n° 04-30.592**, *Bull. ch. mixte*, n° 2

* V. s^s n°s 104.143, 222.23, 331.213, 341.31, 544.133

> La signification de l'ordonnance provisoire oblige à exécution

L'exécution d'une décision de justice exécutoire à titre provisoire n'a lieu qu'aux risques de celui qui la poursuit, à charge par lui, si le titre est ultérieurement modifié, d'en réparer les conséquences dommageables.

Viole l'article 31 de la loi n° 91-650 du 9 juillet 1991, la cour d'appel qui, pour rejeter la demande d'indemnisation formée par la partie ayant exécuté une décision exécutoire à titre provisoire ultérieurement infirmée, retient que le bénéficiaire de cette décision n'a effectué aucun acte d'exécution forcée, alors que l'ordonnance de référé concernée ayant été signifiée à la requête de son bénéficiaire, la partie condamnée était tenue de l'exécuter.

• **Cass., ass. plén., 24 févr. 2006, n° 05-12.679**, *Bull. ass. plén.*, n° 2
* V. s^s n°s 423.171, 431.163

> Charge de la concentration des moyens de droit

Il incombe au demandeur de présenter dès l'instance relative à la première demande l'ensemble des moyens qu'il estime de nature à fonder celle-ci. Une cour d'appel ayant constaté que, comme la demande originaire, la demande dont elle était saisie, formée entre les mêmes parties, tendait à obtenir paiement d'une somme d'argent à titre de rémunération d'un travail prétendument effectué sans contrepartie financière, en a exactement déduit que le demandeur ne pouvait être admis à contester l'identité de cause des deux demandes en invoquant un fondement juridique qu'il s'était abstenu de soulever en temps utile, de sorte que la demande se heurtait à la chose précédemment jugée relativement à la même contestation.

• **Cass., ass. plén., 7 juill. 2006, *Cesareo*, n° 04-10.672**, *Bull. ass. plén.*, n° 8
* V. s^s n°s 212.27, 221.81, 300.61, 300.63, 421.111, 421.112, 543.23

> La notion d'inexistence des actes de procédure n'est pas admise en procédure civile

La notion d'inexistence ne saurait être admise aux cotés des nullités de forme et des nullités de fond seules prévues par le Nouveau Code de procédure civile. Quelle que soit la gravité de l'irrégularité alléguée, seules affectent la validité d'un acte de procédure, indépendamment du grief qu'elles ont pu causer, les irrégularités de fond limitativement énumérées à l'article 117 du Nouveau Code de procédure civile.

• **Cass., ch. mixte, 7 juill. 2006, n° 03-20.026**, *Bull. ch. mixte*, n° 6
* V. s^s n°s 161.72, 161.261, 161.282, 162.06, 162.14, 162.171, 162.174, 331.331, 544.65

> L'intérêt à agir s'apprécie au jour de la demande

L'intérêt au succès ou au rejet d'une prétention s'apprécie au jour de l'introduction de la demande en justice.

L'intérêt d'une partie à interjeter appel doit être apprécié au jour de l'appel dont la recevabilité ne peut dépendre de circonstances postérieures qui l'auraient rendu sans objet.

Par conséquent, viole les articles 31 et 546 du Nouveau Code de procédure civile la cour d'appel qui, pour confirmer un jugement qui avait rejeté la demande d'un locataire qui tendait à la condamnation de son bailleur à exécuter des travaux et à lui rembourser diverses sommes, retient que le demandeur ayant été expulsé en cours de procédure, sa demande était devenue sans objet, alors que l'intérêt qu'avait le locataire à demander l'exécution de travaux devait être apprécié au moment de l'appel et que l'intérêt de demander le remboursement de diverses sommes subsistait après son expulsion.

• **Civ. 2e, 13 juill. 2006, n° 05-11.389**, *Bull. civ.* II, n° 200
* V. s^s n°s 101.101, 542.105

> L'incident de faux est une défense au fond

L'incident de faux, qui tend à contester une preuve littérale invoquée au soutien d'une prétention, constitue non une exception de procédure mais une défense au fond.

• **Civ. 1re, 24 oct. 2006, n° 05-21.282**, *Bull. civ.* I, n° 434
* V. s^s n°s 191.12, 341.101, 544.162

> Charge du dépôt au greffe de la constitution d'avocat

Prive sa décision de base légale au regard des articles 756 et 816 du Nouveau Code de procédure civile, la cour d'appel qui, pour prononcer la nullité d'un jugement, retient que l'avocat du demandeur n'a pas déposé au greffe la constitution de son confrère en même temps que son acte d'assignation, sans rechercher si l'avocat du défendeur avait, ainsi que cela lui incombait, déposé sa constitution au greffe.

• **Civ. 2e, 26 oct. 2006, n° 05-10.356**, *Bull. civ.* II, n° 297
* V. s^s n° 331.91

> Plénitude de juridiction de la cour de renvoi après cassation

La cassation d'une décision « *dans toutes ses dispositions* » investit la juridiction de renvoi de la connaissance de l'entier litige dans tous ses éléments de fait et de droit.

• **Cass., ass. plén., 27 oct. 2006, n° 05-18.977**, *Bull. ass. plén.*, n° 13
* V. s^s n° 553.746

> Le juge de la mise en état doit ignorer les fins de non-recevoir

Les incidents mettant fin à l'instance visés par le deuxième alinéa de l'article 771 du Nouveau Code de procédure civile sont ceux mentionnés par les articles 384 et 385 du même code et n'incluent pas les fins de non-recevoir.

• **Cass., avis, 13 nov. 2006, n° 06-00.012**, *Bull. civ. avis*, n° 10
* V. s^s n°s 122.581, 331.182

> Absence de représentation en justice de l'associé par la société

Le droit effectif au juge, garanti par l'article 6 § 1 de la Convention de sauvegarde des droits de l'homme et des libertés fondamentales, implique que l'associé d'une société civile immobilière, qui répond indéfiniment des dettes sociales à proportion de sa part dans le capital social, soit recevable à former tierce opposition à l'encontre du jugement ouvrant la liquidation judiciaire de la SCI.

• **Com. 19 déc. 2006, n° 05-14.816**, *Bull. civ.* IV, n° 254
* V. s^s n°s 101.50, 551.71

> Étendue de la saisine du tribunal de grande instance sur renvoi du juge des référés (passerelle)

La partie envers laquelle un engagement contractuel n'a point été exécuté a la faculté de forcer l'autre à l'exécution de la convention lorsque celle-ci est possible; le juge des référés ayant renvoyé l'affaire au fond, par application de l'article 811 du Nouveau Code de procédure civile, le prononcé de mesures d'interdiction et de retrait, sous astreinte, destinées à assurer une telle exécution et le respect des engagements souscrits, entre dans les pouvoirs des juges du fond tenus de trancher le litige, tel que déterminé par les prétentions des parties, conformément aux règles de droit qui lui sont applicables.

• **Civ. 1re, 16 janv. 2007, no 06-13.983**, *Bull. civ.* I, no 19
* V. ss no 323.93

> Survie de l'action en nullité par voie d'exception
L'exception de nullité ne peut jouer que pour faire échec à la demande d'exécution d'un acte juridique n'ayant reçu aucune exécution. Viole les dispositions de l'article 1304 du Code civil, la cour d'appel qui, pour déclarer une partie recevable à invoquer, pour la première fois en appel, l'exception de nullité d'une convention sur le fondement de laquelle elle avait été assignée en paiement de la commission due à la partie demanderesse, retient que la prescription d'une action en nullité n'éteint pas le droit d'opposer celle-ci comme exception en défense à une action principale, alors qu'elle avait constaté que ladite convention avait été exécutée par la cocontractante.

• **Civ. 1re, 13 févr. 2007, no 05-18.097**, *Bull. civ.* I, no 57
* V. ss no 104.11

> Incompétence du conseiller de la mise en état pour statuer sur les exceptions de procédure relatives à la première instance
Le conseiller de la mise en état, dont les attributions ne concernent que les exceptions de procédure et les incidents relatifs à l'instance d'appel, n'est pas compétent pour statuer sur une exception de procédure relative à la première instance.

• **Cass., avis, 2 avr. 2007, no 07-00.007**, *Bull. civ. avis*, no 4
* V. ss nos 162.111, 162.201, 331.181, 544.162

> La décision d'homologation d'une transaction est susceptible de recours
L'ordonnance rendue en application de l'article 1441-4 du Nouveau Code de procédure civile est une ordonnance sur requête au sens de l'article 812 alinéa 1er qui est soumise aux recours prévus par l'article 496 du même code.

• **Civ. 2e, 24 mai 2007, no 06-11.259**, *Bull. civ.* II, no 133
* V. ss nos 421.22, 542.33

> Conditions de l'arrêt de l'exécution provisoire de droit
Viole l'article 524 du Nouveau Code de procédure civile, le premier président qui retient, pour arrêter l'exécution provisoire de droit attachée à une ordonnance de référés ordonnant une expulsion à la suite d'un jugement d'adjudication, que le juge des référés n'a pas recherché si l'appel interjeté contre le jugement d'adjudication ne constituait pas une contestation sérieuse au sens de l'article 808 du Nouveau Code de procédure civile, alors que, ce jugement n'étant pas susceptible d'appel, le juge des référés n'avait pas commis de violation manifeste de l'article 12 du Nouveau Code de procédure civile.

• **Civ. 2e, 7 juin 2007, no 07-10.826**, *Bull. civ.* II, no 141
* V. ss nos 125.453, 432.153

> Compétence du tribunal de commerce pour connaître des litiges relatifs aux cessions de titres
Les tribunaux de commerce connaissent, sur le fondement de l'article L. 721-3, 2° du Code de commerce, des litiges nés à l'occasion de toute cession de titres d'une société commerciale.

• **Com. 10 juill. 2007, no 06-16.548**, *Bull. civ.* IV, no 193
* V. ss no 124.283

> L'appel tendant à l'annulation du jugement pour défaut de saisine régulière du premier juge n'opère pas dévolution du litige pour le tout
Lorsque l'appelant, qu'il ait ou non comparu ou conclu en première instance, a conclu en principal à l'annulation du jugement en raison de l'irrégularité de l'acte introductif d'instance et subsidiairement, sur le fond, la cour d'appel qui retient cette irrégularité, ne peut statuer au fond.

• **Civ. 1re, 17 oct. 2007, no 06-20.232**, *Bull. civ.* I, no 319
* V. ss no 543.33

> Conditions de l'intervention forcée en appel
Peuvent intervenir en cause d'appel les personnes qui n'ont été ni parties, ni représentées en première instance ou qui y ont figuré en une autre qualité, dès lors qu'elles y ont intérêt, et que l'intervention se rattache aux prétentions des parties par un lien suffisant. L'appréciation de l'intérêt à agir de l'intervenant volontaire et du lien suffisant qui doit exister entre ses demandes et les prétentions originaires relève du pouvoir souverain des juges du fond.

• **Cass., ch. mixte, 9 nov. 2007, no 06-19.508**, *Bull. ch. mixte*, no 10
* V. ss nos 312.22, 542.232, 542.241, 542.272, 553.539

> Le bénéfice de la suspension des poursuites au profit de la caution constitue une fin de non-recevoir
L'article L. 621-48 alinéa 2 du Code de commerce, dans sa rédaction antérieure à la loi du 26 juillet 2005 de sauvegarde des entreprises, édicte, dans le seul intérêt de la caution, une fin de non-recevoir dont celle-ci ne peut se prévaloir pour la première fois devant la Cour de cassation.

• **Cass., ch. mixte, 16 nov. 2007, no 03-14.409**, *Bull. ch. mixte*, no 11
* V. ss no 193.22

> Absence d'obligation de changer le fondement juridique de la demande
Si, parmi les principes directeurs du procès, l'article 12 du Nouveau Code de procédure civile oblige le juge à donner ou à restituer leur exacte qualification aux faits et actes litigieux invoqués par les parties au soutien de leurs prétentions, il ne lui fait pas obligation, sauf règles particulières, de changer la dénomination ou le fondement juridique de leurs demandes. Justifie légalement sa décision la cour d'appel qui, ayant constaté qu'elle était saisie d'une demande fondée sur l'existence d'un vice caché dont la preuve n'était pas rapportée, déboute l'acquéreur d'un véhicule d'occasion de sa demande en réduction du prix de vente, dès lors qu'elle n'était pas tenue de rechercher si l'action pouvait être fondée sur un manquement du vendeur à son obligation de délivrance d'un véhicule conforme aux stipulations contractuelles.

• **Cass., ass. plén., 21 déc. 2007, no 06-11.343**, ***Dauvin***, *Bull. ass. plén.*, no 10
* V. ss nos 212.27, 221.114, 300.61, 432.153

> Autorité de chose jugée en référé : dessaisissement du juge des référés en l'absence de faits nouveaux
Une ordonnance de référé ne peut être rapportée ou modifiée en référé qu'en cas de circonstances nouvelles; ne constitue pas une telle circonstance l'extinction de la

créance, conséquence de l'irrégularité de la déclaration à la procédure collective du débiteur, survenue postérieurement à l'ouverture de la procédure collective.

• **Com. 8 janv. 2008, n° 06-13.746**, *Bull. civ.* IV, n° 2
* V. s[s] n° 323.113

> Conséquences de l'omission des modalités de recours dans un acte de notification

Un acte de notification qui ne comporte pas les mentions relatives aux modalités des voies de recours et dont la nullité n'est pas acquise, à défaut de preuve de l'existence d'un grief, peut constituer une mesure préalable nécessaire à l'exécution forcée.

• **Civ. 2e, 14 févr. 2008, n° 06-20.988**, *Bull. civ.* II, n° 33
* V. s[s] n°s 162.16, 532.21, 533.21

> Recevabilité des conclusions dès lors que l'adversaire a disposé d'un temps suffisant pour y répondre

Prive sa décision de base légale au regard de l'article 16 du Code de procédure civile, la cour d'appel qui retient qu'en communiquant très tardivement les éléments afférents à ses conditions de vie actuelle et prévisible pour fonder notamment sa demande de prestation compensatoire, l'épouse a mis d'elle-même l'appelant dans l'obligation de répondre et de communiquer encore plus tardivement ses propres pièces en réponse et que la loyauté des débats suppose qu'elle communique en temps et heure les éléments au soutien de ses prétentions; qu'en se déterminant ainsi la cour d'appel qui n'a pas recherché si, malgré le dépôt de dernière heure des conclusions et pièces de l'époux, la partie adverse a disposé d'un temps suffisant pour y répondre, n'a pas donné de base légale à sa décision.

• **Civ. 1re, 20 févr. 2008, n° 07-12.676**, *Bull. civ.* I, n° 57
* V. s[s] n°s 331.213, 544.133

> Rabat d'arrêt en appel

Le jugement avant dire droit ne dessaisissant pas le juge et n'ayant pas, dès lors qu'il se borne dans son dispositif à ordonner une mesure d'instruction ou une mesure provisoire, au principal, l'autorité de la chose jugée, les juges du fond peuvent en ordonner le retranchement, sans violer les dispositions du code de procédure civile.

• **Civ. 2e, 5 mars 2008, n° 06-20.732**, *Bull. civ.* III, n° 42
* V. s[s] n° 541.32

> Possessoire et référé

Les règles régissant les actions possessoires sont distinctes et différentes de celles qui gouvernent la procédure de référé.

• **Civ. 3e, 15 mai 2008, n° 07-14.759**, *Bull. civ.* III, n° 80
* V. s[s] n° 125.224

> Saisine du juge de l'exécution : contestation de la validité des créances déclarées dans le cadre de la saisie immobilière

Le juge de l'exécution est tenu de trancher les contestations relatives à la validité des déclarations de créances soulevées au cours de l'audience d'orientation.

• **Cass., avis, 16 mai 2008, n° 08-00.002**, *Bull. civ. avis*, n° 3
* V. s[s] n° 122.511

> Liberté d'user de l'exécution provisoire

Une cour d'appel qui infirme une décision assortie de l'exécution provisoire ne peut imputer à une partie qui n'a pas mis cette décision à exécution, les conséquences de ce défaut d'exécution.

• **Civ. 3e, 4 juin 2008, n° 07-14.118**, *Bull. civ.* III, n° 100
* V. s[s] n° 431.142

> L'appel ne peut aggraver le sort de l'appelant en l'absence d'appel incident

Le sort de l'appelant ne peut être aggravé sur son seul appel, et à cet égard, l'appel incident subsidiaire d'un intimé est sans portée lorsqu'a été accueillie la prétention principale de celui-ci tendant à la confirmation du jugement en ses dispositions le concernant.

• **Civ. 2e, 12 juin 2008, n° 07-12.967**, *Bull. civ.* II, n° 137
* V. s[s] n°s 542.162, 543.55

> Caractère déterminant de la cause de révision du jugement

Le recours en révision est ouvert s'il se révèle, après le jugement, que la décision a été surprise par la fraude de la partie au profit de laquelle la décision a été rendue. Il s'ensuit que la dissimulation par un époux d'un élément de son patrimoine déterminant pour la fixation de la prestation compensatoire ouvre le recours en révision.

• **Civ. 2e, 12 juin 2008, n° 07-15.962**, *Bull. civ.* II, n° 141
* V. s[s] n°s 552.26, 552.61

> Appréciation souveraine du juge de l'opportunité d'un complément d'expertise

Ne méconnaît pas l'objet du litige la cour d'appel qui décide, dans l'exercice de son pouvoir souverain d'appréciation et par une décision motivée, de rejeter la demande d'un complément d'expertise.

• **Civ. 2e, 26 juin 2008, n° 07-13.875**, *Bull. civ.* II, n° 156
* V. s[s] n° 342.285

> Action du ministre de l'Économie pour la protection du marché et de la concurrence

L'action du ministre chargé de l'économie, exercée en application des dispositions de l'article L. 442-6, III du Code de commerce, qui tend à la cessation des pratiques mentionnées dans ce texte, à la constatation de la nullité des clauses ou contrats illicites, à la répétition de l'indu et au prononcé d'une amende civile, est une action autonome de protection du fonctionnement du marché et de la concurrence qui n'est pas soumise au consentement ou à la présence des fournisseurs.

Viole donc ces dispositions ainsi que l'article 6 § 1 de la Convention de sauvegarde des droits de l'homme et des libertés fondamentales, la cour d'appel qui, en application de ces textes, déclare irrecevable l'action du ministre réclamant, sur le fondement de l'article L. 442-6, III du Code de commerce, l'annulation de conventions, la répétition de l'indu et le prononcé d'une amende civile, au motif que celui-ci avait introduit une action en substitution des droits des fournisseurs concernés, sans les informer ni les associer, tandis que plusieurs d'entre eux avaient exprimé une volonté contraire.

• **Com. 8 juill. 2008, n° 07-16.761**, *Bull. civ.* IV, n° 143
* V. s[s] n° 102.181

> Recevabilité des associations de défense des valeurs

Une association, même hors habilitation législative, peut agir en justice au nom d'intérêts collectifs qui entrent dans son objet social.

• **Civ. 1re, 18 sept. 2008, n° 06-22.038**, *Bull. civ.* I, n° 201
* V. ss n° 102.163

> Demande de sursis à statuer et recours contre la décision le prononçant
La demande de sursis à statuer constitue une exception de procédure et c'est seulement lorsque, en statuant sur une exception de procédure, l'ordonnance du conseiller de la mise en état met fin à l'instance, que cette ordonnance a, au principal, autorité de la chose jugée et peut être déférée à la cour d'appel.
• **Cass., avis, 29 sept. 2008, nos 08-00.007 et 08-00.008**, *Bull. civ. avis*, nos 5 et 6
* V. ss nos 122.581, 192.24

> Dissolution d'une personne morale partie à l'instance
En sa qualité d'ayant cause universel de la société absorbée, la société absorbante acquiert de plein droit, à la date d'effet de la fusion, la qualité de partie aux instances antérieurement engagées par la société absorbée et peut se prévaloir des condamnations prononcées au profit de celle-ci.
• **Com. 21 oct. 2008, n° 07-19.102**, *Bull. civ.* IV, n° 174
* V. ss nos 312.23, 352.142

> Spécificité du régime de la question préjudicielle européenne
En application de l'article 74 du Code de procédure civile, la demande de sursis à statuer dans l'attente de la décision d'une juridiction administrative doit, à peine d'irrecevabilité, être présentée avant toute défense au fond ou fin de non-recevoir. En revanche, il résulte des dispositions combinées de cet article et de l'article 234 du Traité instituant la Communauté européenne que la demande qui tend au renvoi de l'affaire devant la Cour de justice des Communautés européennes pour interprétation des textes communautaires peut être présentée en tout état de cause et même à titre subsidiaire.
• **Civ. 2e, 18 déc. 2008, n° 08-11.438**, *Bull. civ.* II, n° 277
* V. ss nos 142.43, 352.42

> Conséquences de la réouverture des débats
La réouverture des débats emporte révocation de l'ordonnance de clôture, lorsque l'affaire est renvoyée à la mise en état.
• **Civ. 2e, 19 févr. 2009, n° 07-19.504**, *Bull. civ.* II, n° 56
* V. ss nos 321.94, 544.133, 544.135

> Portée de la fin de non-recevoir tirée de l'interdiction de se contredire au détriment d'autrui
La seule circonstance qu'une partie se contredise au détriment d'autrui n'emporte pas nécessairement fin de non-recevoir.
• **Cass., ass. plén., 27 févr. 2009, n° 07-19.841**, *Bull. ass. plén.*, n° 1
* V. ss nos 193.17, 222.51, 351.22

> Autorité de chose jugée limitée au dispositif
L'autorité de la chose jugée n'a lieu qu'à l'égard de ce qui fait l'objet d'un jugement et a été tranché dans son dispositif.

Par suite, viole les articles 1351 du Code civil et 480 du Code de procédure civile, la cour d'appel qui déclare irrecevables les demandes formées par le plaideur, en raison de l'autorité de la chose jugée attachée au jugement, alors que celui-ci n'avait pas tranché dans son dispositif les demandes reconventionnelles présentées par le plaideur lors de la première instance.
• **Cass., ass. plén., 13 mars 2009, n° 08-16.033**, *Bull. ass. plén.*, n° 3
* V. ss nos 421.51, 421.61

> Condition du désistement
Lorsque dans une procédure orale une demande incidente a été formulée par un écrit déposé au greffe antérieurement au désistement d'appel, l'égalité des armes et l'exigence d'un procès équitable imposent qu'il soit statué sur la demande incidente soutenue à l'audience.
• **Cass., ch. mixte, 13 mars 2009, n° 07-17.670**, *Bull. ch. mixte*, n° 1
* V. ss nos 321.113, 352.243, 542.141, 542.307

> Condition de la chose jugée : identité de parties
En l'absence d'identité de parties, l'admission ou le rejet de la créance dans la première procédure collective n'a pas autorité de la chose jugée dans la seconde ouverte à l'encontre du même débiteur.
• **Cass., ass. plén., 10 avr. 2009, n° 08-10.154**, *Bull. ass. plén.*, n° 4
* V. ss n° 421.101

> Le caractère principal ou subsidiaire des demandes s'impose au juge, lequel ne peut examiner une demande subsidiaire qu'après le rejet de la demande principale
Ne peuvent constituer un aveu de non-paiement de nature à faire échec à la demande principale tendant à l'application de la prescription de l'article 2273 du Code civil, des conclusions par lesquelles une partie soutient, à titre subsidiaire, que la demande en paiement des dépens de son avoué est injustifiée.
• **Cass., ass. plén., 29 mai 2009, n° 07-20.913**, *Bull. ass. plén.*, n° 6
* V. ss n° 221.31

> Autorité de chose jugée du jugement en l'état
Le jugement rejetant une demande « *en l'état des justifications produites* » a, dès son prononcé, l'autorité de la chose jugée, de sorte qu'une nouvelle demande identique, fût-elle assortie de nouveaux éléments de preuve est irrecevable.
• **Civ. 2e, 4 juin 2009, n° 08-15.837**, *Bull. civ.* II, n° 138
* V. ss nos 421.53, 421.111

> Saisine du juge de l'exécution – contestation des actes notariés
Aux termes de l'article L. 311-12-1, devenu L. 213-6 du Code de l'organisation judiciaire, le juge de l'exécution, connaît des difficultés relatives aux titres exécutoires et des contestations qui s'élèvent à l'occasion de l'exécution forcée, même si elles portent sur le fond du droit, à moins qu'elles n'échappent à la compétence des juridictions de l'ordre judiciaire.

En conséquence, viole ces dispositions le juge de l'exécution qui refuse de se prononcer sur la nullité d'un engagement résultant d'un acte notarié, invoquée pour absence prétendue de l'une des conditions requises par la loi pour la validité de sa formation.

• **Civ. 2e, 18 juin 2009, no 08-10.843**, *Bull. civ.* II, no 165
* V. ss no 122.451

> La radiation d'office de l'appel pour inexécution est insusceptible de recours
La décision de radiation prise par le conseiller de la mise en état, sur le fondement de l'article 526 du Code de procédure civile, constituant une mesure d'administration judiciaire, une cour d'appel en déduit exactement, sans violer l'article 6 § 1 de la Convention de sauvegarde des droits de l'homme et des libertés fondamentales, que cette décision n'est pas susceptible de recours et ne peut lui être déférée.
• **Civ. 2e, 18 juin 2009, no 08-15.424**, *Bull. civ.* II, no 167
* V. ss nos 123.141, 152.455, 352.62, 531.21, 544.157, 544.271

> Irrecevabilité de l'appel soumis à une cour d'appel incompétente territorialement
Une cour d'appel qui, tenue de vérifier la régularité de sa saisine, constate que l'appel d'un jugement rendu par un conseil de prud'hommes a été formé devant une cour dans le ressort de laquelle n'est pas située la juridiction dont émane la décision attaquée, en déduit exactement, abstraction faite d'un motif erroné mais surabondant tiré de l'absence d'acte, que l'appel n'est pas recevable.
• **Civ. 2e, 9 juill. 2009, nos 06-46.220, 08-40.541, 08-41.465**, *Bull. civ.* II, nos 186, 187, 188
* V. ss nos 123.11, 193.12, 351.33

> Impartialité. Le conseiller de la mise en état ne peut siéger avec la cour qui examine le déféré contre l'une de ses décisions dès lors que l'irrégularité est soulevée dès l'ouverture des débats
Aux termes de l'article 6 § 1 de la Convention de sauvegarde des droits de l'homme des libertés fondamentales, toute personne a droit à ce que sa cause soit entendue par un tribunal indépendant et impartial. Viole ces dispositions, la cour d'appel qui statue sur une ordonnance déférée dans une composition où siège le magistrat qui a rendu cette ordonnance, alors que l'irrégularité a été soulevée dès l'ouverture des débats.
• **Civ. 2e, 10 sept. 2009, no 08-14.004**, *Bull. civ.* II, no 209
* V. ss nos 331.121, 353.42, 353.103, 544.183

> Applicabilité de l'article 6 § 1 à la juridiction du provisoire
Le volet civil de l'article 6 ne s'applique qu'aux procédures portant sur des droits ou obligations de caractère civil. Or toutes les mesures provisoires ne tranchent pas de tels droits et obligations; l'applicabilité de l'article 6 dépend donc du respect de certaines conditions.

Premièrement, le droit en jeu tant dans la procédure au principal que dans la procédure d'injonction doit être « *de caractère civil* » au sens autonome que revêt cette notion dans le cadre de l'article 6 de la Convention. Deuxièmement, la nature, l'objet et le but de la mesure provisoire, ainsi que ses effets sur le droit en question, doivent être examinés de près. Chaque fois que l'on peut considérer qu'une mesure est déterminante pour le droit ou l'obligation de caractère civil en jeu, quelle que soit la durée pendant laquelle elle a été en vigueur, l'article 6 trouvera à s'appliquer.

Toutefois, la Cour admet que dans des cas exceptionnels – par exemple lorsque l'effectivité de la mesure sollicitée dépend de la rapidité du processus décisionnel – il peut se révéler impossible de respecter dans l'immédiat toutes les exigences prévues à l'article 6. Ainsi, dans certaines hypothèses précises, tandis que l'indépendance et l'impartialité du tribunal ou du juge concerné constituent des garanties inaliénables qu'il est indispensable de respecter dans pareille procédure, d'autres garanties procédurales peuvent ne s'appliquer que dans la mesure où le permettent la nature et le but de la procédure provisoire considérée. En cas de procédure ultérieure devant la Cour, c'est au Gouvernement qu'il incombera d'établir, eu égard au but de la procédure en cause dans une affaire donnée, qu'une ou plusieurs garanties procédurales particulières ne pouvaient être appliquées sans compromettre indûment la réalisation des objectifs visés par la mesure provisoire en question.
• **CEDH 15 oct. 2009, req. no 17056/06**, *Micallef c/Malte*
* V. ss nos 21.14, 211.94

> Absence d'autorité de chose jugée des décisions de donné acte
La décision donnant acte d'une renonciation n'a pas autorité de chose jugée. Dès lors, la renonciation à une demande d'une partie, qui a cru devoir se soumettre à une loi ultérieurement déclarée contraire à la Convention de sauvegarde des droits de l'homme par un arrêt de la Cour européenne des droits de l'homme, ne fait pas obstacle à la recevabilité d'une nouvelle demande.
• **Civ. 2e, 15 oct. 2009, no 07-20.129**, *Bull. civ.* II, no 245
* V. ss nos 352.224, 352.261, 421.22

> Rejet des pièces non traduites
Relève de la souveraineté du juge du fond, devant lequel une partie conteste avoir reçu communication d'une pièce, la constatation que celle-ci n'est pas produite dès lors qu'étaient uniquement produits des documents en langue étrangère.
• **Civ. 1re, 22 oct. 2009, no 08-17.525**, *Bull. civ.* I, no 210
* V. ss no 341.12

> Effet de la décision prononçant l'exécution provisoire
La décision qui, réparant une omission de statuer, prononce l'exécution provisoire, n'a pas d'effet rétroactif.
• **Civ. 2e, 22 oct. 2009, no 08-19.559**, *Bull. civ.* II, no 249
* V. ss nos 125.432, 431.132

> Preuve de la régularité du jugement
L'inexactitude d'une mention destinée à établir la régularité du jugement ne peut entraîner la nullité de celui-ci s'il est établi par les pièces de la procédure, par le registre d'audience ou par tout autre moyen que les prescriptions légales ont été, en fait, observées.
• **Cass., ch. mixte, 11 déc. 2009, no 08-13.643**, *Bull. ch. mixte*, no 3
* V. ss nos 412.43, 412.61

> L'absence de motivation n'est pas constitutive d'un excès de pouvoir
Le grief tiré de la violation de l'obligation de motivation ne constitue pas un cas d'excès de pouvoir.
• **Com. 26 janv. 2010, no 08-21.330**, *Bull. civ.* IV, no 19
* V. ss no 541.31

> Dommages-intérêts pour résistance abusive à l'exécution d'un titre exécutoire
Le juge de l'exécution tient de l'article 23 de la loi du 9 juillet 1991 le pouvoir d'allouer des dommages-intérêts en cas de résistance abusive du débiteur à l'exécution d'un titre exécutoire.
• **Civ. 2e, 11 févr. 2010, no 08-21.787**, *Bull. civ.* II, no 30
* V. ss no 122.503

> Le juge doit s'assurer que le bénéficiaire de l'aide juridictionnelle a effectivement disposé de l'assistance d'un avocat
Commet un excès de pouvoir et viole l'article 25 de la loi du 10 juillet 1991 relative à l'aide juridictionnelle et l'article 6 de la Convention de sauvegarde des droits de l'homme et des libertés fondamentales, le juge qui procède à la vente forcée d'un bien, sans s'assurer que le débiteur saisi, qui avait sollicité l'aide juridictionnelle, avait été informé de la décision rendue sur cette demande et du nom de l'avocat désigné à ce titre.
• **Civ. 2e, 24 juin 2010, no 08-19.974**, *Bull. civ.* II, no 120
* V. ss nos 181.220, 222.13

> Autonomie de la clause attributive de compétence
Une clause attributive de compétence, en raison de son autonomie par rapport à la convention principale dans laquelle elle s'insère, n'est pas affectée par l'inefficacité de l'acte.
• **Civ. 1re, 8 juill. 2010, no 07-17.788**, *Bull. civ.* I, no 161
* V. ss nos 141.74, 191.11

> Étendue de la saisine du juge en référé sur requête
L'instance en rétractation d'une ordonnance sur requête ayant ordonné une mesure d'instruction sur le fondement de l'article 145 du Code de procédure civile, ayant pour seul objet de soumettre à l'examen d'un débat contradictoire les mesures initialement ordonnées à l'initiative d'une partie en l'absence de son adversaire, la saisine du juge de la rétractation se trouve limitée à cet objet.
• **Civ. 2e, 9 sept. 2010, no 09-69.936**, *Bull. civ.* II, no 151
* V. ss nos 324.22, 324.75

> La signification d'une saisie ne pallie pas l'absence de signification du jugement
N'est pas volontaire, le paiement effectué à la suite de la délivrance d'un commandement de saisie-vente; il s'ensuit que ce paiement ne peut priver le débiteur du droit de contester l'absence de signification de la décision servant de fondement à la saisie-vente.
• **Civ. 2e, 9 sept. 2010, no 09-13.525**, *Bull. civ.* II, no 152
* V. ss no 423.52

> Impartialité de l'arbitre
La désignation systématique d'une personne comme arbitre par les sociétés d'un même groupe, sa fréquence et sa régularité sur une longue période, dans des contrats comparables, ont créé les conditions d'un courant d'affaires entre lui et les sociétés du groupe parties à la procédure affectant la régularité de la composition du tribunal arbitral.
• **Civ. 1re, 20 oct. 2010, nos 09-68.131 et 09-68.997**, 2 esp., *Bull. civ.* I, no 204
* V. ss no 353.22

> Portée de la règle de l'unicité de l'instance
La règle de l'unicité de l'instance instituée par l'article R. 1452-6 du Code du travail n'est opposable que lorsque l'instance précédente s'est achevée par un jugement sur le fond.
• **Soc. 16 nov. 2010, no 09-70.404**, *Bull. civ.* V, no 260
* V. ss nos 172.351, 221.81, 335.22, 352.293

> Condition de recevabilité de la tierce-opposition : notion de représentation mutuelle et notion de communauté d'intérêts
La communauté d'intérêts ne suffit pas à caractériser la représentation : un nu-propriétaire n'est pas nécessairement représenté par un usufruitier.
• **Civ. 2e, 2 déc. 2010, no 09-68.094**, *Bull. civ.* II, no 200
* V. ss no 551.65

> Le Code de procédure civile, droit commun du procès. Loyauté dans l'administration de la preuve
Sauf disposition expresse contraire du code de commerce, les règles du code de procédure civile s'appliquent au contentieux des pratiques anticoncurrentielles relevant de l'Autorité de la concurrence.

Il résulte des articles 9 du Code de procédure civile, 6 § 1 de la Convention de sauvegarde des droits de l'homme et des libertés fondamentales et du principe de loyauté dans l'administration de la preuve, que l'enregistrement d'une conversation téléphonique réalisé à l'insu de l'auteur des propos tenus constitue un procédé déloyal rendant irrecevable sa production à titre de preuve.
• **Cass., ass. plén., 7 janv. 2011, nos 09-14.667 et 09-14.316**, *Bull. ass. plén.*, no 1
* V. ss no 222.51

> Représentation dans les actes de procédure. Régularisation des irrégularités
La déclaration des créances équivalant à une demande en justice, la personne qui déclare la créance d'un tiers doit, si elle n'est pas avocat, être munie d'un pouvoir spécial, donné par écrit, avant l'expiration du délai de déclaration des créances.
• **Cass., ass. plén., 4 févr. 2011, no 09-14.619**, *Bull. ass. plén.*, no 2
* V. ss nos 162.163, 162.184, 162.185

> Frais de procédure. Notion de partie perdante
La partie défenderesse à une demande d'expertise ordonnée sur le fondement de l'article 145 du Code de procédure civile ne peut être considérée comme la partie perdante au sens de l'article 700 du même code.
• **Civ. 2e, 10 févr. 2011, no 10-11.774**, *Bull. civ.* II, no 34
* V. ss no 612.13

> L'intervention volontaire en appel n'est pas subordonnée à une évolution du litige
Peuvent intervenir en cause d'appel, dès lors qu'elles y ont intérêt, les personnes qui n'ont été ni parties ni représentées en première instance ou qui y ont figuré en une autre qualité, et que l'intervention se rattache aux prétentions des parties par un lien suffisant; la cour d'appel n'a pas à rechercher si une évolution du litige était survenue.
• **Civ. 2e, 10 févr. 2011, no 09-72.821**, NP
* V. ss no 542.244

> Accès au juge. Contrôle de la légitimité et de la proportionnalité de la radiation de l'appel pour inexécution d'une décision exécutoire par provision

La tâche de la Cour consiste à examiner si, en l'espèce, la mesure de radiation prononcée en application de l'article 526 du Code de procédure civile n'a pas restreint l'accès ouvert au requérant d'une manière ou à un point tels que le droit s'en trouve atteint dans sa substance même, si celle-ci poursuit un but légitime et s'il existe un rapport raisonnable de proportionnalité entre les moyens employés et le but visé. La Cour estime légitimes les buts poursuivis par cette obligation d'exécution d'une décision, à savoir notamment assurer la protection du créancier, éviter les appels dilatoires et assurer la bonne administration de la justice en désengorgeant les tribunaux.

• **CEDH 31 mars 2011, req. n° 34658/07,** ***Chatellier c/ France***

* V. s^s^ n°s 123.141, 211.12, 211.44, 211.51, 431.170, 431.182, 531.21, 544.157

> Notion de demande reconventionnelle

Constitue une demande reconventionnelle la demande par laquelle le défendeur originaire prétend obtenir un avantage autre que le simple rejet de la prétention de son adversaire. Par suite, ayant relevé que le défendeur à l'instance ne se bornait pas à invoquer la nullité du protocole de cession d'actions dont l'exécution était poursuivie par les demanderesses mais entendait voir tirer les conséquences de cette nullité, la cour d'appel en a déduit à bon droit qu'il s'agissait d'une demande reconventionnelle et qu'elle était irrecevable faute d'avoir été faite à l'encontre des autres parties à l'acte, tiers à l'instance, dans les formes prévues par l'article 68 alinéa 2 du Code de procédure civile.

• **Cass., ass. plén., 22 avr. 2011, n° 09-16.008,** *Bull. ass. plén.*, n° 4

* V. s^s^ n°s 162.15, 191.12, 543.86

> Condition de la chose jugée : identité d'objet

S'il incombe au demandeur de présenter dès l'instance relative à la première demande l'ensemble des moyens qu'il estime de nature à fonder celle-ci, il n'est pas tenu de présenter dans la même instance toutes les demandes fondées sur les mêmes faits.

• **Civ. 2e, 26 mai 2011, n° 10-16.735,** *Bull. civ.* II, n° 117

* V. s^s^ n° 421.144

> Interdiction de se contredire au détriment d'autrui

Nul ne pouvant se contredire au détriment d'autrui, viole ce principe, la cour d'appel de renvoi qui déclare irrecevables les demandes formées contre une société qui se prévalait devant elle de la circonstance qu'elle aurait été dépourvue de personnalité juridique lors des instances ayant conduit aux décisions attaquées, alors que cette société avait elle-même formé et instruit le pourvoi ayant donné lieu à renvoi après une cassation partielle.

• **Com. 20 sept. 2011, n° 10-22.888,** *Bull. civ.* IV, n° 132

* V. s^s^ n°s 193.17, 351.22

> Droit à la preuve

Prive sa décision de base légale, la juridiction qui écarte des débats une lettre missive au motif que la production de celle-ci violerait l'intimité de la vie privée de son rédacteur et le secret des correspondances sans rechercher si cette production n'était pas indispensable à l'exercice du droit à la preuve et proportionnée aux intérêts antinomiques en présence.

• **Civ. 1re, 5 avr. 2012, n° 11-14.177,** *Bull. civ.* I, n° 85

* V. s^s^ n° 222.51

> Protection juridictionnelle effective. Dispense des frais de procédure

Le principe de protection juridictionnelle effective peut comprendre le droit d'être dispensé du paiement des frais de procédure et/ou des honoraires dus pour obtenir l'assistance d'un avocat dans le cadre d'un tel recours si les conditions d'octroi d'une aide juridictionnelle prévues par le droit national, constituent une limitation du droit d'accès aux tribunaux.

• **CJUE 13 juin 2012,** ***GREP GmbH c/Freistaat Bayern,*** **aff. C-156/12**

* V. s^s^ n°s 150.14, 182.18, 441.63, 441.143

> Procédure par défaut. Contrôle effectif des droits processuels fondamentaux

Le juge de l'État membre requis doit vérifier si ce défendeur a disposé du temps nécessaire en vue de préparer sa défense ou d'entreprendre les démarches nécessaires pour éviter une décision rendue par défaut. Il est compétent pour procéder à une appréciation autonome de l'ensemble des éléments de preuve et pour vérifier ainsi, le cas échéant, la concordance entre ceux-ci et les informations figurant dans le certificat, afin d'évaluer, en premier lieu, si le défendeur défaillant a reçu la signification ou la notification de l'acte introductif d'instance et, en second lieu, si cette éventuelle signification ou notification a été effectuée en temps utile et de telle manière qu'il puisse se défendre.

• **CJUE 6 sept. 2012,** ***Trade Agency Ltd c/Sermico Investissements Ltd,*** aff. C-619/10

* V. s^s^ n°s 441.61, 441.73

> Sanction des irrégularités de l'expertise judiciaire

Les parties à une instance au cours de laquelle une expertise judiciaire a été ordonnée ne peuvent invoquer l'inopposabilité du rapport d'expertise en raison d'irrégularités affectant le déroulement des opérations d'expertise, lesquelles sont sanctionnées selon les dispositions de l'article 175 du Code de procédure civile qui renvoient aux règles régissant les nullités des actes de procédure.

• **Cass., ch. mixte, 28 sept. 2012, n° 11-11.381,** *Bull. ch. mixte,* n° 1

* V. s^s^ n° 342.284

> Le juge ne peut se fonder exclusivement sur une expertise non judiciaire

Si le juge ne peut refuser d'examiner une pièce régulièrement versée aux débats et soumise à la discussion contradictoire, il ne peut se fonder exclusivement sur une expertise non judiciaire réalisée à la demande de l'une des parties.

• **Cass., ch. mixte, 28 sept. 2012, n° 11-18.710,** *Bull. ch. mixte,* n° 2

* V. s^s^ n° 111.41

> Clause de conciliation préalable. Portée en cas de préliminaire de conciliation obligatoire

En raison de l'existence en matière prud'homale d'une procédure de conciliation préliminaire et obligatoire, une clause du contrat de travail qui institue une procédure de conciliation préalable en cas de litige survenant à l'occasion de ce contrat n'empêche pas les parties de saisir directement le juge prud'homal de leur différend.

• **Soc. 5 déc. 2012, n° 11-20.004,** *Bull. civ.* V, n° 326
* V. s^s n° 124.391, 193.15, 325.21, 325.81, 335.40

> Interdiction de la saisine d'office

Le principe d'impartialité est indissociable de l'exercice de fonctions juridictionnelles; il en résulte qu'en principe une juridiction ne saurait disposer de la faculté d'introduire spontanément une instance au terme de laquelle elle prononce une décision revêtue de l'autorité de chose jugée; si la Constitution ne confère pas à cette interdiction un caractère général et absolu, la saisine d'office d'une juridiction ne peut trouver de justification, lorsque la procédure n'a pas pour objet le prononcé de sanctions ayant le caractère d'une punition, qu'à la condition qu'elle soit fondée sur un motif d'intérêt général et que soient instituées par la loi des garanties propres à assurer le respect du principe d'impartialité.

• **Cons. const. 7 déc. 2012, n° 2012-286 QPC**
* V. s^s n° 124.324, 211.115

> Procès équitable. Notification des actes

Les tribunaux doivent faire tout ce que l'on peut raisonnablement attendre d'eux pour citer les requérants et s'assurer que ces derniers sont au courant des procédures auxquelles ils sont parties.

• **CEDH 8 janv. 2013,** ***SC Raisa M. Shipping SRL c/Roumanie*, req. n° 37576/05**
* V. s^s n° 212.32

> Une demande reconventionnelle peut être opposée aux prétentions reconventionnelles

Les demandes reconventionnelles, en première instance comme en appel, peuvent être formées tant par le défendeur sur la demande initiale que par le demandeur initial en défense aux prétentions reconventionnelles de son adversaire.

• **Civ. 2e, 10 janv. 2013, n° 10-28.735,** *Bull. civ.* II, n° 3
* V. s^s n° 311.05

> Exception de nullité de l'expertise. Régime

La demande de nullité de l'expertise, si elle est soumise au régime des nullités de procédure en application de l'article 175 du Code de procédure civile, ne constitue pas une exception de procédure au sens de l'article 73 du même code.

• **Civ. 2e, 31 janv. 2013, n° 10-16.910,** *Bull. civ.* II, n° 20
* V. s^s n°s 122.581, 192.13, 342.284

> Liberté fondamentale d'agir en justice. Le juge des référés peut ordonner la poursuite de la relation de travail en cas de rupture illicite

Il résulte de l'article R. 1455-6 du Code du travail que le juge des référés peut, même en l'absence de disposition l'y autorisant, ordonner la poursuite des relations contractuelles en cas de violation d'une liberté fondamentale par l'employeur; que lorsque la rupture illicite d'un contrat à durée déterminée avant l'échéance du terme comme intervenue en dehors des cas prévus par l'article L. 1243-1 du code du travail, fait suite à l'action en justice engagée par le salarié contre son employeur, il appartient à ce dernier d'établir que sa décision est justifiée par des éléments étrangers à toute volonté de sanctionner l'exercice, par le salarié, de son droit d'agir en justice.

• **Soc. 6 févr. 2013, n° 11-11.740,** *Bull. civ.* V, n° 80
* V. s^s n° 125.281, 335.131

> Clause attributive de juridiction. Portée à l'égard des tiers

La clause attributive de juridiction insérée dans un contrat ne peut, en principe, produire ses effets que dans les rapports entre les parties qui ont donné leur accord à la conclusion de ce contrat. Pour que la clause puisse être opposable à un tiers, il est, en principe, nécessaire que celui-ci ait donné son consentement à cet effet.

• **CJUE 7 févr. 2013, aff. C-543/10,** ***Refcomp SpA c/Axa Corporate Solutions Assurance SA***
* V. s^s n°s 141.73, 157.26, 157.31, 157.36

> Interdiction des arrêts de règlement. Action d'un syndicat pour la défense de l'intérêt collectif de la profession : nécessité d'une question de principe

L'action du syndicat, qui ne tend pas au paiement de sommes déterminées à des personnes nommément désignées, mais à l'application du principe de l'égalité de traitement, relève de la défense de l'intérêt collectif de la profession.

• **Soc. 12 févr. 2013, n° 11-27.689,** *Bull. civ.* V, [*à paraître*]
* V. s^s n° 102.151

> Référé-diffamation. Application des dispositions spécifique du droit de la presse

Attendu que selon l'article 53 de la loi du 29 juillet 1881, qui doit recevoir application devant la juridiction civile, l'assignation doit, à peine de nullité, préciser et qualifier le fait incriminé et énoncer le texte de loi applicable; qu'est nulle une assignation retenant pour le même fait la double qualification d'injure et de diffamation.

• **Cass. ass. plén., 15 févr. 2013, n° 11-14.637,** *Bull. ass. plén.*, n° 1
* V. s^s n° 125.313

> Condition de recevabilité du recours en révision

Le patrimoine étant un élément d'appréciation expressément prévu par la loi dont le juge doit tenir compte pour fixer la prestation compensatoire, la dissimulation par un époux de l'existence de revenus, nécessairement déterminants pour statuer sur la demande de l'épouse, constitue une fraude autorisant le recours en révision du jugement de divorce qui avait débouté l'épouse de sa demande de prestation compensatoire.

• **Civ. 2e, 21 févr. 2013, n° 12-14.440,** *Bull. civ.* II [*à paraître*]
* V. s^s n° 552.61, 552.73

> Autorité de chose jugée des ordonnances de référé relatives à la composition du tribunal arbitral

Une ordonnance rendue par le juge d'appui ayant rejeté la demande de récusation d'un arbitre, une cour d'appel en déduit exactement, en l'absence d'élément nouveau survenu après ladite ordonnance, qu'il a été irrévocablement statué sur la contestation de l'indépendance et de l'impartialité de cet arbitre et que le moyen d'annulation de la sentence arbitrale tiré de l'irrégularité de la composition du tribunal arbitral est irrecevable.

• **Civ. 1re, 13 mars 2013, n° 12-20.573,** *Bull. civ.* I, n° 40
* V. s^s n° 125.267

LIVRE

1. ENGAGER UN PROCÈS

SECTION 0

ORIENTEUR

1.00 Plan du livre.

Division. Dans l'ordre des questions que tout demandeur à une instance doit se poser et résoudre, on envisagera successivement :

– les vérifications à opérer (intérêt, qualité, capacité et délais pour agir) (titre 10);

– les preuves à conserver et les mesures conservatoires à prendre (titre 11);

– la détermination des règles de compétence d'attribution (titre 12); de compétence territoriale (titre 13); les extensions de compétence (titre 14); la compétence européenne (titre 15);

– la formation des actes de procédure (titre 16);

– l'assistance et la représentation des parties et les actes introductifs d'instance (titre 17);

– l'aide juridique (titre 18);

– les défenses, exceptions et fins de non-recevoir (titre 19).

TITRE

10. Les vérifications à opérer

SECTION 0

ORIENTEUR

10.00 Plan du titre.

Division. Sont ici étudiées, les questions que tout demandeur et son défenseur doivent se poser avant même d'engager un procès :

– ai-je intérêt à agir, au sens procédural du terme ?

– ai-je qualité pour agir (dans le même sens) ?

– est-ce que je dispose de la capacité à ester en justice ?

– suis-je dans les délais pour engager utilement mon action ?

Ces questions seront donc étudiées successivement et dans l'ordre suivant : la vérification de l'intérêt à agir (chap. 101), la vérification de la qualité à agir (chap. 102), la vérification de la capacité à ester (chap. 103) et la vérification des délais pour agir (chap. 104).

CHAPITRE

101. Vérification de l'intérêt à agir

MONIQUE BANDRAC
Professeur émérite de l'Université
Paris-Nord (Paris XIII)

SECTION 0
ORIENTEUR

101.00 Plan du chapitre.

Division. La notion d'intérêt est complexe (sect. 1). La sanction du défaut d'intérêt, qui implique l'absence de tout droit d'action, est une fin de non-recevoir, et appelle certaines précisions (sect. 2).

101.01 Textes applicables.

C. pr. civ., art. 31, 123 à 126, 145, 285, 296, 809, 873.

C. civ., art. 29-3 et 29-4, 1386,1844-12, 1965, 2309.

C. com., art. L. 228-54, L. 622-20, L. 626-25, L. 235-6, L. 642-18, L. 631-14, L. 641-4.

CPI, art. L. 615-9.

C. consom., art. L. 421-6.

L. n° 65-557, 10 juill. 1965, fixant le statut de la copropriété des immeubles bâtis, art. 15, 42, al. 2, *JO* 11 juill. p. 5950.

101.04 Formulaire : renvois.

Form. pr. civ. *Tierce opposition – Tierce opposition principale* (Assignation à fin de tierce opposition devant le tribunal d'instance [ou le juge de proximité])*/**

* Assignation générale.
** Est recevable à former tierce opposition toute personne qui y a intérêt, à la condition qu'elle n'ait été ni partie ni représentée au jugement qu'elle attaque.
Les créanciers et autres ayants cause d'une partie peuvent toutefois former tierce opposition au jugement rendu en fraude de leurs droits ou s'ils invoquent des moyens qui leur sont propres.

Tierce opposition – Tierce opposition principale (Assignation à fin de tierce opposition devant le tribunal de grande instance)*/**

* Assignation générale.
** Est recevable à former tierce opposition toute personne qui y a intérêt, à la condition qu'elle n'ait été ni partie ni représentée au jugement qu'elle attaque.
Les créanciers et autres ayants cause d'une partie peuvent toutefois former tierce opposition au jugement rendu en fraude de leurs droits ou s'ils invoquent des moyens qui leur sont propres.

Tierce opposition – Tierce opposition incidente (Conclusions à fin de tierce opposition incidente)

Copropriété – Paiement des charges (Assignation en paiement de charge de copropriété devant le tribunal d'instance)*

* Loi n° 65-557, 10 juill. 1965.

Copropriété – Paiement des charges (Assignation en paiement de charge de copropriété devant le tribunal de grande instance)*

* Loi n° 65-557, 10 juill. 1965.

101.05 Condition nécessaire. Aux termes de l'article 31 C. pr. civ., « *l'action est ouverte à tous ceux qui ont un intérêt légitime au succès ou au rejet d'une prétention, sous réserve des cas dans lesquels la loi attribue le droit d'agir aux seules personnes qu'elle qualifie pour élever ou pour combattre une prétention* ».

Le principe est donc que le droit d'agir, droit de former la demande afin d'obtenir un jugement sur le fond de la prétention qui s'y exprime ou de défendre à la demande, appartient à celui qui trouve intérêt au succès ou au rejet de la prétention formulée. L'existence d'un intérêt ne se confond pas avec celle du droit invoqué par le demandeur[1], et l'existence de ce droit n'est pas une condition de recevabilité de la demande[2].

Sous réserve de certaines conditions dites « objectives » (il ne faut pas que la prétention ait déjà été jugée, et elle doit être introduite en temps utile), l'intérêt du demandeur, du défendeur ou de l'intervenant, est, en principe la **condition nécessaire et suffisante** de l'existence du droit d'agir, autrement dit de la recevabilité de la prétention. Il implique qualité[3].

Le principe ne souffrira exception que si la loi a fait attribution exclusive du droit d'agir à des personnes qualifiées, c'est-à-dire désignées, par le législateur. L'existence du droit d'agir reposera alors non plus sur l'intérêt mais sur la qualité du demandeur : ou bien sa qualité légale lui permettra d'agir sans intérêt personnel, ou bien, à l'inverse, l'existence d'un intérêt personnel ne suffira pas à rendre sa demande recevable, faute de qualité.

SECTION 1
NOTION D'INTÉRÊT

101.10 Caractères de l'intérêt. L'exigence que le demandeur justifie d'un intérêt pour avoir droit à l'activité juridictionnelle du juge signifie que cette activité, et le jugement auquel elle mène, n'est due qu'à celui qui peut en tirer quelque avantage : le juge ne statue pas sans utilité. Réciproquement, elle signifie aussi que celui à qui l'activité du juge est utile est en droit de l'obtenir.

En raison même du rôle qu'il est appelé à jouer, l'intérêt doit être **personnel, né et actuel.** L'article 31 C. pr. civ. énonce qu'il doit être aussi **légitime**, exigence qui fait l'objet de discussions. Sans constituer, à proprement parler, des caractères, certains **autres aspects** de l'intérêt peuvent être pris en considération pour en reconnaître l'existence.

§ 1
Caractère personnel de l'intérêt

A.
Notion d'intérêt personnel

101.11 Sens de l'exigence. L'exigence d'un intérêt qui soit personnel au demandeur caractérise le contentieux subjectif. Elle traduit l'idée que nul n'est admis, en principe, à défendre les intérêts d'autrui, et notamment l'intérêt collectif. La défense de la collectivité (ou de ceux qui ne peuvent pas défendre eux-mêmes ou par l'intermédiaire de leurs représentants, leurs intérêts personnels) est normalement confiée à un organe de l'État, le ministère public. Cette idée est à mettre en rapport également avec la nature de l'activité juridictionnelle, qui n'est pas une activité réglementaire et donne lieu, en principe, à une décision de portée individuelle, assortie d'une autorité relative.

101.12 Diverses espèces d'intérêt personnel. Quand le demandeur invoque un **droit subjectif** dont, à tort ou à raison, il se prétend titulaire, soit pour que l'existence du droit soit reconnue à son profit, soit pour que les conséquences soient tirées d'une atteinte prétendue qui lui aurait été portée, il invoque, à coup sûr, un intérêt personnel. Mais, même si la notion de droit subjectif est floue, il est certain que l'intérêt individuel ne s'identifie pas nécessairement avec l'atteinte portée à un droit subjectif ou la méconnaissance d'un tel droit. La notion d'intérêt personnel, qui circonscrit le contentieux subjectif, déborde donc la sphère des litiges ayant pour objet un droit subjectif au sens strict, c'est-à-dire une prérogative appropriée, telle qu'un droit de propriété ou de créance.

Dans bien des cas une action en responsabilité civile est reconnue exister, donc l'existence d'un intérêt est admise, alors que le dommage dont se plaint le demandeur ne s'analyse pas comme une atteinte à un droit subjectif. On prétend, par exemple caractériser un droit extrapatrimonial, qualifié « droit de la personnalité » en présence d'atteintes portées à certains intérêts individuels d'ordre moral, alors que le dommage individuel invoqué résulte de la **violation d'une liberté fondamentale, publique ou privée,** qui n'est pas une prérogative individuelle. Le contentieux se rapproche alors d'un contentieux objectif tendant à la défense de la norme. Il en est de même en cas d'action en nullité, quand la nullité est d'ordre public, ouverte à tout intéressé.

101.13 Jurisprudence. Le caractère personnel de l'intérêt invoqué est assez rarement contesté. Il a été

1. Civ. 3e, 27 janv. 1999, no 97-12.970, *Bull. civ.* III, no 19.
2. Civ. 3e, 5 févr. 1997, no 95-12.368, NP; *Procédures* 1997. Comm. 82; « Cinq ans de procédure civile », *Procédures*, numéro spécial, déc. 2000, no 92 – Civ. 1re, 2 nov. 2005, no 02-17.697, *Bull. civ.* I, no 394 – Civ. 2e, 13 janv. 2005, no 03-13.531, *Bull. civ.* II, no 3 – Civ. 2e, 18 oct. 2007, no 06-19.677, NP.
3. Civ. 3e, 27 janv. 1999, no 97-12.970, *Bull. civ.* III, no 19 – Civ. 2e, 22 févr. 2007, no 06-11.838, *Bull. civ.* II, no 47 – Soc. 30 mai 2012, no 10-25.349, *Bull. civ.* V, no 162.

jugé que ne justifie pas d'un intérêt personnel à exercer en son nom propre une action engagée conjointement avec une société la partie dont l'action ne tend qu'à obtenir la réparation du préjudice subi par cette société[1]. En revanche « *la surévaluation des apports faits par un associé, qui se traduit par une majoration infondée de sa participation au capital social, cause de ce fait aux autres associés un préjudice qui n'est pas le corollaire de celui que subit la société, et dont ceux-ci sont par suite recevables à demander réparation* »[2].

La **pluralité d'intéressés** peut donner lieu à discussion. Il a été jugé, à ce propos, que le co-bénéficiaire d'un compromis de cession a un intérêt personnel à agir en justice sur le fondement de ce compromis, et que l'exercice de son droit d'agir ne saurait être conditionné à l'action conjointe de l'autre co-bénéficiaire qui jouit d'un intérêt distinct et non indivis[3], et que dès lors qu'il n'agit qu'à hauteur de sa propre part, le co-emprunteur ayant payé le solde d'un emprunt destiné au financement d'un bien immobilier a un intérêt personnel à agir en restitution de l'indu (au titre des intérêts), nonobstant le fait que son ex-épouse, titulaire d'une quote-part dans l'indivision post-matrimoniale, n'intervient pas dans la cause[4].

Le débat s'engage plutôt à propos de l'**existence de l'intérêt invoqué**. D'une manière générale, les parties sont irrecevables à exercer un recours contre une décision qui leur donne satisfaction[5]. De même un créancier inscrit est sans intérêt à critiquer le jugement qui constate la vente amiable du bien dont la réalisation a permis le désintéressement intégral de tous ses créanciers[6]. Ont été jugés irrecevable en leur demande tendant à l'interdiction d'une campagne politique ceux qui ne s'y trouvaient pas mis en cause à titre personnel ou individuel[7]. Il a été jugé, également, qu'une société mère « *ne peut se substituer à sa filiale pour intenter à son lieu et place une action judiciaire visant à la réparation d'un préjudice personnel prenant sa source dans le préjudice subi par sa seule filiale et que la seule relation de contrôle* [...] *ne confère pas* [...] *un intérêt à agir* »[8].

En revanche, a pu être admise l'action en référé introduite par un fournisseur en cessation de la revente à perte pratiquée par un distributeur, cette pratique exposant le fournisseur, d'une part, à une dépréciation de son image de marque, le produit pouvant apparaître comme bradé, et, d'autre part, aux soupçons des autres distributeurs sur l'existence de conditions préférentielles consenties à des concurrents mettant ainsi en péril sa politique commerciale[9].

En matière de **sociétés commerciales**, il a été jugé, aussi, que « *l'associé ayant émis un vote favorable à la résolution n'est pas, de ce seul fait, dépourvu d'intérêt à en poursuivre l'annulation* », et que, par suite, la nullité absolue d'une résolution, sanctionnant une disposition d'ordre public, peut être demandée par tout associé, même s'il a émis un vote favorable à cette résolution[10].

En matière de **copropriété**, il est jugé de manière constante que l'article 42 alinéa 2 de la loi n° 65-557 du 10 juillet 1965[11] ne donne une action en contestation des décisions des assemblées générales qu'aux seuls opposants et défaillants, ce qui exclut le copropriétaire ayant voté favorablement[12].

Quant à **l'action en déchéance pour défaut d'exploitation d'une marque**, la jurisprudence adopte une conception stricte de l'intérêt personnel du demandeur : « *Le demandeur en déchéance de droits sur une marque justifie d'un intérêt à agir lorsque sa demande tend à lever une entrave à l'utilisation du signe dans le cadre de son activité économique* »[13].

B.
Distinction de l'intérêt personnel et de l'intérêt collectif

101.20 Contentieux spéciaux. Dans certains contentieux, la distinction de l'intérêt collectif et de l'intérêt personnel est spécialement importante.

1°
Contentieux de la copropriété

101.21 Position du problème. Alors que sous l'empire de la loi du 21 juin 1938, le syndicat des

1. Civ. 1re, 22 févr. 2005, n° 02-10.481, *Bull. civ.* I, n° 88.
2. Com. 28 juin 2005, n° 03-13.112, *Bull. civ.* IV, n° 146; *D.* 2005. 2950, obs. Hallouin et Lamazerolles.
3. Saint-Denis de La Réunion, ch. com., 7 mai 2012, RG n° 11/00003.
4. Paris, pôle 5, ch. 6, 24 juin 2010, RG n° 08/02807.
5. Pour l'appel : Civ. 2e, 27 févr. 2003, n° 01-12.433, NP – Civ. 2e, 9 juin 2005, n° 03-14.205, *Bull. civ.* II, n° 147 – Civ. 2e, 15 déc. 2005, n° 04-13.456, *Bull. civ.* II, n° 327.
6. Civ. 2e, 18 oct. 2012, n° 11-20.450, *Bull. civ.* II, n° 173.
7. TGI Paris, réf., 14 août 1984, *Gaz. Pal.* 1984. 2. Somm. 444; *RTD civ.* 1984. 766, obs. Normand.
8. Com. 18 mai 1999, n° 96-19.235, NP – EN CE SENS, Com. 30 août 2012, n° 11-23.034, *Bull. civ.* IV, n° 197; *D.* 2012. 2589, obs. Avena-Robardet.
9. Com. 20 juin 1995, n° 93-20.643, NP; *RJDA* 1993, n° 1004.
10. Com. 13 nov. 2003, n° 00-20.646, *Bull. civ.* IV, n° 171; *D.* 2004. 2033, obs. Thullier; *D.* 2004. 2927, obs. Hallouin; *RTD com.* 2004. 118, note Monserié-Bon et Grosclaude; *RTD civ.* 2004. 283, Mestre et Fages; *Defrénois* 2004. 37969. 901, note Hovasse.
11. L. n° 65-557, 10 juill. 1965, fixant le statut de la copropriété des immeubles bâtis, *JO* 11 juill., p. 5950.
12. Civ. 3e, 26 mars 1997, n° 95-15.757, *Bull. civ.* III, n° 71 – Civ. 3e, 7 sept. 2011, n° 10-18.312, *Bull. civ.* III, n° 139 – Paris, pôle 4, 2e ch., 7 avr. 2010, *Loyers et copr.* 2010. Comm. 269, obs. Vigneron.
13. Com. 20 nov. 2012, n° 12-11.753, *Bull. civ.* IV, n° 209; *CCE* 2013, n° 2, comm. 12, obs. Caron.

copropriétaires n'était admis à agir que dans les limites de son objet, la jouissance et l'administration des parties communes, il est aujourd'hui plus largement qualifié, par l'article 15 de la loi n° 65-557 du 10 juillet 1965, « *notamment* » pour « *agir conjointement ou non avec un ou plusieurs (copropriétaires) en vue de la sauvegarde des droits afférents à l'immeuble* ». Le syndicat a donc qualité pour invoquer, dans l'intérêt collectif, « *les droits afférents à l'immeuble* », alors même que ces droits sont ceux des copropriétaires, comme dans le cas d'une action pétitoire, relative à l'acquisition de la mitoyenneté d'un mur par la copropriété, où lorsqu'une atteinte a été portée aux parties communes; dans ce cas il partage le droit d'agir avec les copropriétaires qui sont, en principe, eux-mêmes intéressés. Quand le préjudice est exclusivement individuel, l'action du syndicat est, au contraire exclue.

En toute hypothèse, cependant, le copropriétaire n'est recevable à agir (exclusivement ou non) que s'il défend un intérêt personnel, et de même, exclusivement ou non, le syndicat n'est recevable que s'il défend un intérêt collectif.

101.22 **Jurisprudence.** Le caractère personnel ou collectif de l'intérêt invoqué peut être difficile à cerner :

– L'action individuelle est exclusive, et le syndicat ne peut agir, lorsqu'il s'agit d'obtenir réparation d'une atteinte aux seules **parties privatives**[1]. Mais, d'une manière générale, le syndicat a qualité pour agir en réparation des dommages ayant leur origine dans les parties communes et affectant les parties privatives d'un ou plusieurs lots (par ex., désordre aux parties privatives causé par un tassement du sol des fondations[2]).

– En cas d'atteinte aux **parties communes**, l'intérêt personnel peut exister en même temps que l'intérêt collectif. Les deux actions sont alors concurrentes.

Il appartient toujours au copropriétaire de démontrer qu'il subit un préjudice personnel distinct de l'atteinte, pourtant portée à son propre droit, que représente le dommage causé aux parties communes[3]. En revanche cette démonstration n'est pas nécessaire en cas de violation du règlement de copropriété[4].

1. Civ. 3e, 12 mai 1993, n° 91-11.878, NP; *Loyers et copr.* 1993, n° 282.
2. Civ. 3e, 23 juin 2004, n° 03-10.475, *Bull. civ.* III, n° 128.
3. Paris, 4 avr. 1995, RG nos 93/17835 et 93/17875, *Juris-Data* n° 020840; *Loyers et copr.* 1995, n° 451 – Paris, 15 mai 1996, RG n° 94/10691, *Juris-Data* n° 021261; *Loyers et copr.* 1996, n° 372 – Civ. 3e, 4 janv. 1996, n° 94-10.975, NP; *RDI* 1996. 280, obs. Capoulade.
4. Civ. 3e, 22 mars 2000, n° 98-13.345, n° 98-15.595, *Bull. civ.* III, n° 64; *D.* 2001. 345, obs. Bouyeure; *D.* 2001. 345, obs. Atias; *D.* 2000. IR 115 – Civ. 3e, 29 janv. 2003, n° 01-10.743, *Bull. civ.* III, n° 19 – Civ. 3e, 26 nov. 2003, n° 02-14.184, *Bull. civ.* III, n° 210 – Civ. 3e, 25 mai 2004, n° 03-13.691, NP – Civ. 3e, 29 mars 2011, n° 10-16.487, NP; *AJDI* 2011. 378.

– Le syndicat n'est recevable que si l'intérêt de l'immeuble est en jeu. Il en est ainsi en cas d'action relative aux **parties communes** (action en garantie des vices cachés[5]; action en dommages-intérêts à la suite de malfaçons affectant les parties communes[6]), mais également quand il existe un **trouble présentant un caractère collectif** par son importance ou son étendue[7] et chaque fois qu'apparaît un préjudice collectif ressenti de la même manière par tous les copropriétaires[8]. Il n'est pas recevable si les troubles ne sont éprouvés que par une minorité de copropriétaires ou par certains d'entre eux seulement[9]. Il est seul recevable si le dommage a été causé par un tiers, sans qu'aucun copropriétaire n'ait subi de préjudice propre[10].

2° Sauvegarde, redressement et liquidation des entreprises

101.31 **Mandataire judiciaire. Liquidateur. Contrôleurs. Commissaire à l'exécution du plan.** La distinction de l'intérêt collectif et de l'intérêt individuel soulève également des difficultés lorsqu'il s'agit de dire, en présence d'une procédure de sauvegarde, de redressement ou de liquidation d'une entreprise, si l'action appartient au mandataire judiciaire (ou à un créancier nommé contrôleur, C. com., art. L. 622-20[11] et L. 631-14) ou au liquidateur (C. com., art. L. 641-4), seuls habilités à agir dans l'intérêt collectif des créanciers, ou bien si elle appartient individuellement à un créancier[12].

L'article L. 622-20, toutefois, n'investit pas le liquidateur du droit d'interjeter appel (en vue de faire respecter le principe d'égalité) d'une ordonnance, par

5. Civ. 3e, 20 juin 1978, n° 77-10.054, *Bull. civ.* III, n° 252; *D.* 1978. IR 430, obs. Giverdon.
6. Civ. 3e, 29 mai 1970, n° 69-10.058, *Bull. civ.* III, n° 372; *JCP* 1970. II. 16479, note Guillot.
7. Civ. 3e, 10 oct. 1984, n° 83-14.811, *Bull. civ.* III, n° 165; *RDI* 1985. 94 – Civ. 3e, 4 juin 1986, n° 84-13.237, *Bull. civ.* III, n° 88; *RDI* 1986. 502 – Civ. 3e, 14 nov. 1990, n° 88-12.995, *Bull. civ.* III, n° 230 – Civ. 3e, 6 mars 1991, n° 88-16.770, *Bull. civ.* II, n° 81; *IRC* 1992, n° 362, p. 10, note Capoulade – Civ. 3e, 12 mai 1993, n° 91-11.878, NP; *Loyers et copr.* 1993, n° 282 – Civ. 3e, 12 oct. 1994, n° 92-17.284, NP; *Loyers et copr.* 1995, n° 20.
8. Paris, 6 janv. 1995, RG n° 93/018612, *D.* 1995. IR 68 – V. Paris, 15 sept. 1995, RG n° 94/000386, *RDI* 1996. 116, obs. Giverdon.
9. Paris, 2e ch., 27 janv. 2010, *Ann. loyers* 2010. 2191, note Bérenger; *Ann. loyers* 2010. 2193, note Roux.
10. Civ. 3e, 22 sept. 2004, n° 03-12.066, *Bull. civ.* III, n° 155; *D.* 2006. 1855, obs. Atias et Capoulade – Civ. 3e, 6 déc. 2006, n° 05-17.908, NP; *D.* 2007. 2184, obs. Capoulade et Atias.
11. Réd. L. n° 2005-845, 26 juill. 2005, de sauvegarde des entreprises, *JO* 27 juill., p. 12187.
12. Com. 16 janv. 1996, n° 93-21.335, n° 94-14.363, *Bull. civ.* IV, n° 15; *Rev. proc. coll.* 1996, n° 335, obs. Soinne.

ailleurs conforme à sa requête, rendue par le juge commissaire sur le fondement de l'article L. 642-18 du Code de commerce[1].

Les créanciers sont dépourvus du droit d'agir s'ils ne démontrent pas l'existence d'un préjudice personnel, distinct de celui de la collectivité des créanciers[2]. Sous l'empire de la loi n° 67-563 du 13 juillet 1967[3], le préjudice personnel avait été défini par l'Assemblée plénière[4] comme un préjudice distinct de celui des autres créanciers et non inhérent à la procédure collective comme le serait « *l'immobilisation de la créance* »[5] ou la perte de celle-ci[6].

Le commissaire à l'exécution du plan a le droit de poursuivre les procédures commencées par l'administrateur ou le mandataire judiciaire. Depuis la loi n° 2005-845du 26 juillet 2005[7], il a le droit d'engager des procédures nouvelles, mais seulement dans l'intérêt collectif des créanciers (C. com., art. L. 626-25). La question se pose également, à propos de ces actions, de distinguer entre l'intérêt collectif et l'intérêt individuel. Il a été jugé à cet égard que « *le commissaire à l'exécution du plan, qui ne représente pas le débiteur soumis à un plan de redressement, ne peut engager que les actions qui lui sont propres dans l'intérêt collectif des créanciers au titre desquelles ne figure pas le droit d'interjeter appel à l'encontre d'une décision statuant sur une demande en résiliation d'un bail commercial concédé au débiteur en vue du recouvrement d'une créance postérieure à son redressement judiciaire* »[8].

La déclaration d'insaisissabilité n'est opposable qu'aux créanciers dont la créance naît postérieurement à sa publication. Elle est, cependant, opposable au liquidateur, et l'empêche de procéder à la vente du bien qui en fait l'objet[9]. Mais le liquidateur n'est pas recevable à agir en inopposabilité de cette déclaration, car il agirait alors, non pas dans l'intérêt collectif des créanciers de la personne débitrice, mais seulement dans l'intérêt de certains d'entre eux[10].

1. Paris, pôle 5, ch. 8, 29 mars 2011, RG n° 10/19660.
2. Com. 28 mars 2000, n° 97-16.315, NP; *Rev. proc. coll.* 2002. 118, n° 3, obs. Martin-Serf – Com. 16 juin 2004, n° 01-11.095, NP.
3. L. n° 67-563, 13 juill. 1967, sur le règlement judiciaire, la liquidation des biens, la faillite personnelle et les banqueroutes, *JO* 14 juill., p. 7059.
4. Cass., ass. plén., 9 juill. 1993, n° 89-19.211, *Bull. ass. plén.*, n° 13; *D.* 1993. 469, concl. Jeol, rapp. Dumas et note Derrida.
5. Com. 21 juin 2005, n° 02-17.721, NP.
6. Paris, 20 juin 2000, RG n° 1998/21913, *D.* 2000. AJ 382, obs. Pisoni.
7. L. n° 2005-845, 26 juill. 2005, de sauvegarde des entreprises, *JO* 27 juill., p. 12187.
8. Com. 27 mars 2012, n° 10-28.125, *Bull. civ.* IV, n° 70; *Act. proc. coll.* 2012. Alerte 121, veille Fin-Langer – Paris, pôle 5, ch. 1, 6 mars 2013, RG n° 11/12.500.
9. Com. 28 juin 2011, n° 10-15.482, *Bull. civ.* IV, n° 109; *Rev. societés* 2011. 526, note Roussel Galle.

3°
Actions pour la défense des intérêts communs des obligataires

101.41 Représentant de la masse des obligataires. Aux termes de l'article L. 228-54 du Code de commerce, « *les représentants de la masse, dûment autorisés par l'assemblée générale des obligataires, ont seuls qualité, pour engager au nom de ceux-ci* [...] *toutes actions ayant pour objet la défense des intérêts communs des obligataires* ».

L'action a pour objet l'intérêt commun des obligataires quand elle intéresse l'ensemble des souscripteurs ou leurs ayants droit[11]. Peu important que le préjudice, pour chaque obligataire, diffère d'une situation à l'autre[12]. Quand il en est ainsi, toute demande introduite individuellement par un obligataire est irrecevable[13].

Aucune disposition n'exclut la désignation d'un représentant de la masse en cas d'obligataire unique. Dès lors, l'obligataire ayant accepté cette désignation, prévue par le contrat d'émission, ne peut exciper de sa qualité d'obligataire unique pour considérer que la masse se confond avec lui et que toute désignation est alors inutile[14].

§ 2
Caractère d'actualité de l'intérêt

101.50 Généralités. L'intérêt invoqué ne peut être pris en considération que s'il existe au moment où la demande est formée. L'idée est que le rôle du juge est de trancher des litiges déjà nés. Ainsi le bailleur qui a fait délivrer un congé pour vendre n'a pas d'intérêt à agir pour faire déclarer le congé valable avant la date d'effet du congé. De même, ne justifie pas d'un intérêt né et actuel le bailleur qui agit en référé afin de faire constater l'acquisition d'une clause résolutoire avant l'expiration du délai de deux mois à compter du commandement de payer[15].

Un **intérêt éventuel**, en principe, ne pourrait être pris en considération. Est jugée recevable, cependant, sur le fondement de l'article 6 § 1 de la Convention

10. Com. 13 mars 2012, n° 11-15.438, *Bull. civ.* IV, n° 53; *Rev. proc. coll.* 2012, n° 112, comm. Lisanti; *Rev. sociétés* 2012. 394, note Henry; *Procédures* 2012. Comm. 184, obs. Rolland.
11. Com. 15 juin 1999, n° 96-20.843, *Bull. civ.* IV, n° 133; *D.* 1999. IR 195; *JCP E* 1999. 1488, note Viandier; *RLDA* déc. 1999, n° 22, note Vignal.
12. Paris, pôle 5, ch. 8, 13 mars 2012, RG n° 10/24966, *Dr. sociétés* 2012. Comm. 163, obs. Gallois-Cochet.
13. Paris, ch. 3, sect. A, RG n° 05/21233.
14. Paris, pôle 5, ch. 6, 12 mai 2011, RG n° 10/04181, *Dr. sociétés* 2012. Comm. 218, obs. Roussille.
15. Civ. 3e, 29 sept. 2004, n° 00-16.524, NP; *RTD civ.* 2004. 774, obs. Perrot.

de sauvegarde des droits de l'homme et des libertés fondamentales, et du droit au juge, la tierce opposition d'un associé d'une société civile – dont la responsabilité est indéfinie – contre le jugement de liquidation de la société[1]. La Cour de cassation décide aussi qu'une cour d'appel peut souverainement déduire l'existence d'un intérêt né et actuel, pour agir en annulation d'un mariage, de la vocation de parents collatéraux à recueillir, en l'absence de conjoint survivant, une partie de la succession de leur frère[2].

La demande, en principe, n'est pas non plus recevable en considération d'un **intérêt passé.** Ainsi il a été jugé que celui qui n'exerce plus son activité professionnelle et a cédé son cabinet est sans intérêt à demander la fermeture du cabinet qu'a ensuite ouvert un ancien salarié au mépris d'une clause de non-concurrence[3]; de même est irrecevable à agir en nullité de l'acte par lequel son conjoint a disposé des droits par lesquels est assuré le logement de la famille, l'époux qui, à la date de son assignation, ne réside plus dans l'immeuble litigieux[4]. Est irrecevable, de même, pour défaut d'intérêt, la demande d'un vendeur en paiement du prix de l'immeuble, formée à une date à laquelle ce vendeur ne pouvait plus délivrer l'immeuble en raison d'une saisie le rendant indisponible[5]. Il a été jugé aussi qu'est dépourvu d'intérêt actuel celui qui... s'est fait justice à lui-même[6].

Mais une situation passée peut laisser subsister un **intérêt actuel.** Ainsi l'intérêt qu'a l'occupante à une action en annulation du commandement de quitter les lieux subsiste après son expulsion[7]. De même, l'intérêt d'obtenir l'annulation d'une assemblée générale peut subsister au profit d'actionnaires ayant perdu cette qualité[8]. La cessation du dommage causé à l'environnement par une installation classée, par suite de la mise en conformité de celle-ci aux prescriptions techniques applicables, laisse survivre le préjudice moral subi par l'association de défense[9]. L'action en suppression de clauses abusives, ouverte aux associations de défense des consommateurs par l'article L. 421-6 du Code de la consommation est sans objet si, à la date d'introduction de la demande, le professionnel a cessé de proposer la clause aux consommateurs. Dans ce cas, tout intérêt collectif a disparu et le fait que la clause ait pu être insérée dans certains contrats individuels conclus avant la cessation n'ouvre aucune action à l'association, car il s'agit alors de préjudices individuels, pour la réparation desquels elle n'a aucune qualité pour agir[10]. Cependant, « *la cessation, au jour de la demande, de l'atteinte portée aux intérêts collectifs qu'une association a pour objet de défendre ne fait pas disparaître l'intérêt à agir en réparation d'un dommage causé à l'association par cette atteinte* »[11].

A.
Actions préventives

101.51 Définition. D'une manière générale, une action peut être qualifiée de préventive si elle est exercée en considération d'un **intérêt futur ou éventuel.** Les actions provocatoires ou déclaratoires ne sont que des aspects particuliers des actions préventives, spécifiés sans grande précision par la tradition ou la pratique. Le principe qu'il n'est de demande recevable que formée en considération d'un intérêt actuel devrait exclure toute action préventive. Cependant, la notion même d'intérêt n'est pas précisément définie, et présente ainsi une certaine fluidité. La tendance étant, aujourd'hui, à ouvrir largement les prétoires, l'existence d'un intérêt est de plus en plus facilement admise, c'est pourquoi de nombreuses demandes sont recevables, soit en vertu de la loi, soit d'après la jurisprudence, au nom d'un intérêt de prévention, qui, malgré ce caractère, n'en apparaît pas moins comme actuel.

101.52 Application du principe. Est irrecevable la demande d'un syndicat tendant, en dehors de tout litige né et actuel, à faire juger, de façon générale, que les conditions d'application d'une clause de conscience se trouvent remplies au bénéfice de tous les journalistes d'un groupe, alors qu'aucun journaliste n'a formé une demande à ce titre[12]. Il a été jugé également qu'il ne peut exister de récu-

1. Com. 19 déc. 2006, n° 05-14.816, *Bull. civ.* IV, n° 254; *D.* 2007. 1321, note Orsini; *JCP E* 2007. 1186, note Cholet; *Procédures* 2007. Comm. 43, note Lucas; *Dr. sociétés* 2007. Comm. 22, note Lécuyer – Com. 26 mai 2010, n° 09-14.241, NP; *D.* 2010. 1415, obs. Lienhard; *Procédures* 2010, n° 284, note Rolland.
2. Civ. 1re, 4 mai 2011, n° 09-68.983, *Bull. civ.* I, n° 82; *Procédures* 2011. Comm. 236, obs. Douchy-Oudot – Pour l'action en annulation d'un mariage par les enfants nés d'un autre mariage, v. Lyon, ch. 2 A, 19 févr. 2013, RG n° 10/07410.
3. Com. 4 janv. 1985, *D.* 1985. IR 386, obs. Serra.
4. Civ. 1re, 3 mars 2010, n° 08-13.500, *Bull. civ.* I, n° 53; *D.* 2011. 1040, obs. Lemouland et Vigneau; *RTD civ.* 2010. 305, obs. Hauser; *RTD civ.* 2010. 365, obs. Vareille – L. Mauger-Vielpeau, « La protection du logement familial : pas d'intérêt, pas d'action », *D.* 2010. 1608.
5. Angers, ch. civ. A, 2 avr. 2013, RG n° 11/02279.
6. Civ. 1re, 13 déc. 1994, n° 92-21.464, *Bull. civ.* I, n° 366; *Gaz. Pal.* 1995. 2. 605.
7. Civ. 2e, 13 févr. 2003, n° 01-03.272, *Bull. civ.* II, n° 34.
8. Paris, 15 mars 1985, RG n° L. 20648, *Dr. sociétés* 1985, n° 147, obs. Germain – Paris, 16 janv. 1996, RG n° 94/19336, *Bull. Joly* 1996. 501, obs. Couret.
9. Civ. 3e, 8 juin 2011, n° 10-15.500, *Bull. civ.* III, n° 101.
10. Civ. 1re, 1er févr. 2005, nos 03-16.905 et 03-13.779, *Bull. civ.* I, nos 62 et 61; *D.* 2005. 487, obs. Rondey; *D.* 2005. 2836, obs. Amrani Mekki et Fauvarque-Cosson; *RTD civ.* 2005. 393, obs. Mestre et Fages; *Dr. et patr.* 2005, n° 138, p. 99, obs. Chauvel.
11. Civ. 3e, 20 nov. 2012, n° 11-19.562, NP.
12. Soc. 19 juin 1985, n° 84-10.182, *Bull. civ.* V, n° 351.

sation générale, mise en œuvre à titre préventif, à l'encontre d'un magistrat, au profit d'un cabinet d'avocats déterminé, visant à l'exclure de la formation de jugement chaque fois que ce cabinet d'avocats serait amené à plaider une affaire devant la juridiction à laquelle appartient ce magistrat[1].

De même, dans des affaires moins sensibles : alors qu'a été constatée la mise en place d'un dispositif efficace pour faire obstacle à toute vue sur un fonds, est irrecevable la demande tendant à voir ordonner la recherche d'une solution technique pour prévenir tout désordre pouvant résulter de la livraison des immeubles en construction[2]. Est irrecevable aussi, dans une procédure de divorce, la demande tendant à voir dire, par avance, que les frais de déplacement d'un enfant à l'issue d'un droit de visite seront à la charge de sa mère en cas de déménagement de celle-ci[3]. Les dispositions de l'article 1386 du Code civil ont vocation à réparer un dommage et ne sauraient permettre une action préventive de remise en état avant tout dommage[4].

En revanche, une **société civile immobilière,** qui, en sa qualité de vendeur, est débitrice d'une obligation de garantie et de conformité à l'égard des acquéreurs de lots, a intérêt à agir en suppression de canalisations implantées par un voisin dans l'immeuble vendu en l'état futur d'achèvement et placé sous le régime de la copropriété[5]. La demande d'une **caution** tendant à faire constater ses droits à garantie à l'encontre d'un tiers est recevable, bien que cette caution ne soit pas poursuivie et que la créance principale soit éteinte, dès lors que le créancier a fait inscrire une hypothèque provisoire sur l'un de ses immeubles et pratiqué une saisie-attribution sur ses comptes bancaires[6].

101.53 Actualité d'un intérêt de prévention. En vertu de la loi, tel est le cas de certaines actions ayant pour objet d'assurer immédiatement au demandeur les instruments d'une preuve, actuellement contestés en eux-mêmes, ou exposés à périr, mais dont la nécessité ne pourrait se manifester que dans le cas d'une contestation éventuelle de la situation à prouver, et dans un procès qui n'est pas encore engagé : ainsi la vérification d'écriture demandée à titre principal (C. pr. civ., art. 296), ou encore la demande de mesures d'instruction *in futurum* visée par l'article 145 C. pr. civ.[7]. Cette dernière demande, toutefois, doit être rejetée s'il est constaté qu'il n'existe en la cause aucune nécessité de conserver ou d'établir des preuves, et que les investigations peuvent avoir lieu dans le cadre d'une procédure au fond[8].

Il en est de même, et peut-être encore plus nettement, d'actions tendant spécifiquement à prévenir la réalisation d'un dommage, telles que le recours avant paiement ouvert à la caution par l'article 2309 du Code civil ou celle qui permet d'obtenir du juge des référés qu'il prescrive des mesures conservatoires pour prévenir un dommage imminent (C. pr. civ., art. 809, al. 1er), ou encore l'action en suppression de clauses abusives dans un contrat-type, sans nécessité que ce contrat-type ait été utilisé dans un contrat concret (C. consom., art. L. 421-6, al. 2).

La jurisprudence, quant à elle, admet depuis l'ancien droit la recevabilité de la dénonciation de nouvel œuvre en présence de la seule menace d'un trouble possessoire qui n'est, ici, qu'éventuel[9], à la différence du dommage imminent de l'article 809 C. pr. civ.[10].

B. Actions provocatoires

101.61 Exclusion de principe. L'exigence que l'intérêt soit actuel exclut les actions dites « provocatoires ».

D'abord celles qui existaient sous l'ancien droit et que l'on nommait actions « de jactance ». Ces actions permettaient de contraindre une personne alléguant publiquement être titulaire d'un droit ou d'une autre prérogative sans cependant en faire aucun exercice actuel, à saisir le juge pour qu'il se prononce sur sa prétention, sous peine, à défaut, de ne plus pouvoir en faire état.

Elle rend également irrecevables les demandes qui tendraient à contraindre le titulaire d'une option[11] ou d'un droit d'action d'une certaine durée à en faire exercice. L'existence de l'un ou l'autre de ces deux types d'actions, si elle était admise serait certes incompatible avec l'exigence d'un intérêt né et actuel comme condition de l'existence d'une action. Elle serait toutefois, par ailleurs, incompatible avec la substance même du droit d'action ou du droit d'option à l'exercice duquel ces actions permettraient de contraindre. L'action ou l'option sont, en effet, des prérogatives impliquant, pendant toute la durée

1. Civ. 2e, 8 sept. 2005, no 03-18.862, *Bull. civ.* II, no 215; *RTD civ.* 2005. 822, obs. Perrot.
2. Versailles, 5 nov. 1999, RG no 1997/9462.
3. Limoges, 24 janv. 2011, RG no 09/01667.
4. Grenoble, 1re ch. civ., 10 déc. 2012, RG no 10/02602.
5. Civ. 3e, 21 sept. 2011, no 10-17.036, NP; *RCA* 2011. Comm. 386.
6. Com. 27 sept. 2011, no 10-18.644, NP.
7. Sur la notion de « motif légitime », recouvrant la condition d'intérêt, v. J. Normand, *RTD civ.* 1990. 134, et la jurisprudence citée – Paris, 20 janv. 1995, RG no 93/10605, *RJ com.* 1996. 349, note Strickler.
8. Com. 17 janv. 1995, no 92-21.511, NP; v. G. Chabot, « Remarques sur la finalité probatoire de l'article 145 du Nouveau Code de procédure civile », *D.* 2000. 256.
9. Req. 1er juin 1932, *DP* 1932. 1. 102, rapp. Pilon – Com. 25 juin 1951, *S.* 1953. I. 1, note Cohen – Civ. 1re, 11 juin 1963, no 58-11.901, *Bull. civ.* I, no 309; *D.* 1964. 186 – Soc. 12 févr. 1970, no 68-12.879, *Bull. civ.* V, no 104 – Civ. 3e, 10 juin 1971, no 70-10.509, *Bull. civ.* III, no 366; *D.* 1971. Somm. 185.
10. TGI Paris, réf., 26 déc. 1975, *JCP* 1976. II. 18385, note R. L. – TGI Paris, 15 nov. 1983, *D.* 1984. IR 319, obs. Huet-Weiller.
11. Pour l'option successorale, v. C. civ., art. 771.

de leur existence, un pouvoir aussi bien d'agir que de s'abstenir.

Ainsi un propriétaire ne peut, sous couvert d'un intérêt légitime, exercer une action provocatoire et contraindre une commune à se prononcer sur la nature d'un chemin [1]. En copropriété, ont été jugées irrecevables, hors de toute action en annulation d'une résolution d'assemblée, des demandes tendant à faire juger la méconnaissance de l'équilibre convenu entre deux copropriétaires [2] ou l'illicéité d'une répartition de charges [3].

Néanmoins, « *celui qui a un droit peut agir contre celui qui le lui conteste lorsque cette contestation se manifeste par des actes ou des faits qui constituent un trouble matériel ou juridique* » [4]. Ainsi le titulaire d'un nom patronymique qu'un homonyme lui fait défense de porter a un intérêt né et actuel à former une action provocatoire tendant à établir ses droits sur ce nom [5].

101.62 Exceptions. La règle comporte, cependant des exceptions.

Ainsi **l'article 1844-12 du Code civil et l'article L. 235-6 du Code de commerce** permettent, en cas de nullité d'une société ou bien d'actes ou délibérations postérieures à la constitution de celle-ci fondée sur le vice du consentement ou l'incapacité d'un associé, de mettre en demeure le titulaire de l'action d'exercer celle-ci ou de régulariser dans un délai de six mois sous peine de forclusion. La société ou un associé peut soumettre au tribunal saisi dans ce même délai toute mesure susceptible de supprimer l'intérêt du demandeur.

De même, **l'article L. 615-9 du Code de la propriété intellectuelle** permet à toute personne justifiant d'une exploitation industrielle sur le territoire français d'inviter le titulaire d'un brevet à prendre parti sur l'opposabilité de son titre à l'égard de cette exploitation. Si le titulaire du brevet n'a pas pris parti dans un délai de trois mois, il peut être assigné aux fins de faire juger que le brevet ne fait pas obstacle à l'exploitation en cause.

Il en est de même, et peut-être encore plus nettement, d'actions tendant spécifiquement à prévenir la réalisation d'un dommage, telles que le recours avant paiement ouvert à la caution par **l'article 2309 du Code civil** ou celle qui permet d'obtenir du juge des référés qu'il prescrive des mesures conservatoires pour prévenir un dommage imminent (C. pr. civ., art. 809, al. 1er), ou encore l'action en suppression de clauses abusives dans un contrat-type, sans nécessité que ce contrat-type ait été utilisé dans un contrat concret (C. consom., art. L. 421-6, al. 2) [6].

1. Civ. 3e, 13 déc. 2006, no 05-20.905, NP.
2. Aix-en-Provence, ch. 4 A, 17 déc. 2010, RG no 09/08694.
3. Aix-en-Provence, ch. 4 A, 26 oct. 2012, RG no 11/06401.
4. Req. 23 juin 1890, *DP* 1890. I. 289.
5. TGI Paris, ch. 1, sect. 1, 12 juill. 1989, *Juris-Data* no 045843.
6. CJCE 24 janv. 2002, aff. C-372-99, *D.* 2002. AJ 1065, note Chevrier – CJCE 1er oct. 2002, aff. C-167-00, *D.* 2002. 3200, note Kobina Gaba.

La jurisprudence, quant à elle, admet depuis l'ancien droit la recevabilité de la dénonciation de nouvel œuvre en présence de la seule menace d'un trouble possessoire qui n'est, ici, qu'éventuel [7], à la différence du dommage imminent de l'article 809 C. pr. civ. [8].

C.
Actions déclaratoires

101.71 Notion d'actions déclaratoires. L'exigence d'un intérêt né et actuel exclut aussi, en principe, les actions déclaratoires. Celles-ci tendent à prévenir un litige, et peuvent apparaître sous cette perspective comme une catégorie d'actions préventives. Elles permettent d'obtenir une décision sur l'existence d'une situation juridique non contestée, mais susceptible de l'être. Toutefois, il s'agit, ici, non pas de préparer un procès en s'assurant une simple preuve, mais de couper court à un procès susceptible d'être éventuellement engagé par autrui.

Certaines législations étrangères permettent de saisir ainsi le juge, en l'absence de toute contradiction, pour lui faire déclarer l'existence d'une situation non contestée mais douteuse, et par conséquent susceptible de donner lieu à un litige. Le pouvoir exercé par le juge en de telles conditions apparaît toutefois comme un pouvoir de juridiction **gracieuse**, proche d'un pouvoir administratif quand la situation objet de la demande est, par sa nature, opposable *erga omnes*, et que la décision est dotée d'une autorité absolue. L'exercice d'un tel pouvoir par le juge, de même que le pouvoir, pour un justiciable de saisir le juge à une telle fin, sont exclus en droit français, où le pouvoir juridictionnel ne se confond pas avec le pouvoir exécutif, et où la juridiction gracieuse, qui remplit une fonction de contrôle et de protection à l'encontre du pouvoir créateur des volontés individuelles, se trouve enfermée dans un domaine d'exception.

101.72 Exclusion de principe. Le principe demeure qu'un plaideur ne peut pas se garantir à l'avance, par une décision de justice, de la régularité d'un acte ou de la légitimité d'une situation [9]. Mais il s'agit sur-

7. Req. 1er juin 1932, *DP* 1932. 1. 102, rapp. Pilon – Com. 25 juin 1951, *S.* 1953. 1. 1, note Cohen – Civ. 1re, 11 juin 1963, no 58-11.901, *Bull. civ.* I, no 309; *D.* 1964. 186 – Soc. 12 févr. 1970, no 68-12.879, *Bull. civ.* V, no 104 – Civ. 3e, 10 juin 1971, no 70-10.509, *Bull. civ.* III, no 366; *D.* 1971. Somm. 185.
8. TGI Paris, réf., 26 déc. 1975, *JCP* 1976. II. 18385, note R. L. – TGI Paris, 15 nov. 1983, *D.* 1984. IR 319, obs. Huet-Weiller.
9. Soc. 4 oct. 1952, *JCP* 1953. II. 7439; *RTD civ.* 1953. 370, obs. Hébraud – V. Civ. 1re, 13 mai 1997, no 95-16.303, NP – V. cep. T. com. Paris, 6 avr. 2005, *Gaz. Pal.* 27 oct. 2005, no 300, p. 13 – Aix-en-Provence, ch. 4 A, 7 mai 2010, RG no 2010/174.

tout d'empêcher qu'il soit recouru au juge pour qu'il légitime *a priori* une opération projetée.

L'évolution tend à donner un accueil de plus en plus large aux actions déclaratoires[1].

101.73 Exceptions légales. La loi elle-même aménage certaines actions déclaratoires. Ainsi l'action en vérification d'écriture à titre principal (C. pr. civ., art. 285 et 296), l'action en déclaration de non-contrefaçon de brevet (CPI, art. L. 615-9). L'action déclaratoire en matière de nationalité dirigée contre (ou exercée par) le ministère public, en matière de nationalité (C. civ., art. 29-3 et 29-4).

101.74 Exceptions jurisprudentielles diverses. A été jugée recevable la demande formée avant tout litige par le bénéficiaire d'un legs aux fins de faire juger illicite la condition de non-remariage avec une personne de confession déterminée posée par le testateur[2], et il a été admis aussi qu'un plaideur peut arguer du doute pour faire préciser son appartenance à une race[3]. A été jugée recevable la demande formée par une femme mariée en déclaration de fictivité de la société créée par son mari[4], et il a été observé, à ce propos, que toute action en déclaration de simulation qui ne tend à aucune condamnation présente une nature déclaratoire. En matière de baux, il a été admis que l'une des parties pouvait demander au juge de préciser sa qualité de bailleur ou de preneur[5].

Plus récemment il a été jugé que, même en dehors de tout litige, l'épouse héritière d'un emprunteur avait intérêt à faire constater la prescription de la créance de la banque afin de lui permettre de connaître la consistance exacte du patrimoine dont elle avait hérité et l'étendue des droits dont elle pouvait disposer compte tenu des hypothèques garantissant cette créance[6].

101.75 Exceptions jurisprudentielles en matière internationale. L'action déclaratoire, en droit international privé, peut être l'instrument de manœuvres tendant pour la partie qui l'utilise à imposer le juge de son choix, aussi bien qu'à neutraliser le choix de l'adversaire[7]. Le droit français admet l'action déclaratoire pour déterminer la loi applicable à un régime matrimonial[8] si les époux y trouvent un intérêt « *né et évident* » (par ex. pour connaître exactement la composition de leurs patrimoines respectifs en cas de procédure d'insolvabilité ouverte contre l'un d'eux).

Il admet également l'action déclaratoire de régularité ou d'irrégularité des jugements étrangers[9], l'action en *exequatur* à titre déclaratoire, de la part de toute personne y ayant intérêt (même la partie condamnée)[10], afin de faire cesser l'incertitude tenant à l'efficacité de plein droit reconnue à certains jugements. Une action déclaratoire de l'incompétence du juge français a été admise afin de parer à la déclaration de *forum non conveniens* du juge américain[11].

On voit se développer, à l'heure actuelle, une action « *en inopposabilité par anticipation* » d'un jugement étranger, en défense, notamment, contre les *class actions* engagées aux États-Unis, et auxquelles sont joints des justiciables français. Le but, en principe, est d'obtenir que le juge étranger se déclare incompétent[12].

§ 3
Caractère légitime de l'intérêt

101.81 Notion d'intérêt légitime. Le plus souvent l'exigence d'un intérêt « juridique » apparaît dans la jurisprudence conjuguée avec celle d'un intérêt « légitime » qui figure, celle-là, dans l'article 31 C. pr. civ. Jusqu'à un arrêt de la chambre mixte du 27 février 1970[13], les juges rejetaient ainsi comme

1. S. Grayot-Dirx, « Une action en justice peut-elle naître indépendamment d'un litige ? », *D.* 2011. 2311.
2. Req. 25 mars 1946, *Gaz. Pal.* 1946. 1. 226; *RTD civ.* 1946. 246, obs. Vizioz.
3. T. civ. Seine, 7 janv. 1944, *DA* 1944. 34; *JCP* 1944. II. 2566; *RTD civ.* 1944. 78, note Savatier.
4. Paris, 9 juin 1971, *D.* 1972. 232, concl. Cabanes; *RTD civ.* 1972. 432, obs. Hébraud.
5. T. civ. Vouzier, 26 mars 1947, *D.* 1947. 417 – Paris, 15 juill. 1952, *Gaz. Pal.* 1953. 1. 37 – Rouen, 19 mars 1954, *Gaz. Pal.* 1954. 1. 359; *RTD civ.* 1954. 534, obs. Hébraud.
6. Civ. 1re, 9 juin 2011, no 10-10.348, *Bull. civ.* I, no 111; *Procédures* 2011, no 8, comm. Perrot – Civ. 2e, 17 déc. 2009, no 08-18.151, *Bull. civ.* II, no 223 – Bastia, 1re ch. civ., 17 oct. 2007, RG no 07/370 – Angers, ch. A, 7 mai 2013, RG no 12/01767.
7. Sur l'intérêt que présenterait l'admission d'actions déclaratoires dans le contentieux international, v. G. Cuniberti, « Actions déclaratoires et droit judiciaire européen », *JDI* 2004. 77 s.
8. TGI Paris, 21 janv. 1970, *JDI* 1971. 566, note Kahn; *Defrénois* 1972. 46, note Malaurie; *RTD civ.* 1972. 430, obs. Hébraud.
9. Civ. 1re, 22 janv. 1951, no 2.737, *Bull. civ.* I, no 21; *JCP* 1951. II. 6151, note S. T.; *RTD civ.* 1951. 279, obs. Hébraud; *Rev. crit. DIP* 1951. 167, obs. Francescakis – Civ. 1re, 10 févr. 1971, no 69-14.277, *Bull. civ.* I, no 48; *RTD civ.* 1972. 433, obs. Hébraud; *Gaz. Pal.* 1971. 380; *Rev. crit. DIP* 1972. 123.
10. Civ. 1re, 3 janv. 1980, no 78-14.037, *Bull. civ.* I, no 3; *JDI* 1980, note Huet; *Rev. crit. DIP* 1980. 597, note Holleaux.
11. Paris, 6 mars 2008, *JDI* 2008. 171, note Cuniberti; *D.* 2008. 1452, note Courbe; *JCP* 2008. II. 10115, note Bruneau – Civ. 1re, 7 déc. 2011, no 10-30.919, *Bull. civ.* I, no 210; *JCP* 27 févr. 2012, no 241, note d'Avout.
12. V. NOT., M. Audit et M.-L. Niboyet, « L'affaire Vivendi Universal SA ou comment une *class action* diligentée aux États-Unis renouvelle le droit du contentieux international en France », *Gaz. Pal.* 29 mai 2010, p. 11.
13. Cass., ch. mixte, 27 févr. 1970, no 68-10.276, *Bull. ch. mixte*, no 1; *D.* 1970. 201, note Combaldieu; *JCP* 1970. II. 16305, concl. Lindon et note Parlange; *GAJC*, 12e éd., Dalloz, 2008, p. 300, obs. Capitant, Weill et Terré; *JCP N* 1971. I. 2390, note Vidal; *RGAT* 1970. 195, note A. B.; *Gaz. Pal.* 1970. 163.

irrecevable la demande formée par une concubine en réparation du préjudice subi par elle à la suite du décès accidentel de son concubin. Sans nécessairement procéder, comme on le leur a reproché, d'une confusion de l'action et du droit substantiel, ces arrêts signifiaient, d'une part, qu'aux yeux des juges les relations entre personnes non mariées **ne relevaient pas du droit** et, d'autre part, que la prétention tendant à les voir dire juridiquement relevantes ne serait-ce qu'en admettant la possibilité d'un préjudice, était à leurs yeux **blâmable ou inopportune**.

L'exigence de légitimité de l'intérêt, qui figure aujourd'hui dans l'article 31 C. pr. civ. est, en effet, comprise en jurisprudence comme l'autorisation donnée au juge de porter un **jugement de valeur** sur le recours fait à la justice, encore que l'anathème puisse être jeté par le législateur lui-même : aux termes de l'article 1965 du Code civil, la loi n'accorde aucune action pour une dette de jeu ou pour le paiement d'un pari [1].

101.82 Considérations d'ordre moral. En général, c'est par le juge que cette appréciation est faite, notamment au regard de considérations morales.

Ainsi la demande peut être jugée irrecevable (donc le droit d'agir inexistant) en raison de la turpitude du demandeur, du **blâme** dont sa prétention fait l'objet.

Tel est le cas, même postérieurement à l'arrêt du 27 février 1970, de certaines demandes tendant à faire tirer d'un rapport de concubinage les mêmes conséquences que celles qui s'attacheraient au mariage [2].

Le juge écarte aussi pour défaut d'intérêt légitime, en les disant irrecevables, certaines demandes qui se heurtent, notamment en matière de contrats, à une **exception d'indignité** exprimée par les adages *Nemo auditur propriam turpitudinem suam allegans* et *In pari causa turpitudinis cessat repetitio*. L'adage *Nemo auditur...*, toutefois, ne fait pas obstacle, en principe, à une action en nullité [3], ni à une action en dommages-intérêts [4] encore que telle puisse être l'explication profonde des arrêts qui refusent toute action à la mère en cas d'intervention pratiquée sans succès en vue d'interrompre volontairement la grossesse [5], ni à la demande d'une garantie d'assurance par l'auteur d'une fausse déclaration [6]. En matière de nullité des contrats, la jurisprudence tend à restreindre le domaine d'application de l'adage aux hypothèses où la nullité procède d'une cause immorale et non pas seulement illicite [7]. L'adage *In pari causa...* s'oppose à une action en restitution [8], ou à une action en garantie [9].

101.83 Considérations d'opportunité. La légitimité de l'intérêt peut aussi, toutefois, relever de l'opportunité : tel, en matière de changement de prénom [10], l'arrêt qui rejette faute d'intérêt légitime une demande ne faisant état que de convenances personnelles [11], ou l'arrêt refusant de reconnaître au profit des grands-parents un intérêt leur permettant de contester la reconnaissance de leurs petits-enfants notamment lorsqu'ils ne sont pas les ascendants de l'auteur de la reconnaissance [12] – et, en matière de copropriété, la référence à la « légitimité » de l'intérêt personnel spécialement exigé des copropriétaires pour leur ouvrir l'action individuelle lorsque l'objet de la demande intéresse les parties communes [13].

101.84 Exigence persistante d'un intérêt juridique. Pour que la demande soit recevable, l'intérêt invoqué doit être un intérêt juridique, en ce sens que la prétention dont le juge est saisi ne peut faire l'objet

1. Civ. 1re, 4 nov. 2011, no 10-24.007, *Bull. civ.* I, no 192.
2. Paris, 15 déc. 1988, RG no 88/9585, *D.* 1988. IR 183, obs. Julien – TGI Paris, 22 mai 1980, *Gaz. Pal.* 1981. Somm. 28 – Versailles, 6 janv. 1982, *Gaz. Pal.* 1983. Somm. 205.
3. Civ. 1re, 25 janv. 1972, no 70-12.679, *Bull. civ.* I, no 25; *D.* 1972. 413, note le Tourneau – Civ. 3e, 25 juin 1985, no 84-13.160, *Bull. civ.* III, no 103; *D.* 1986. 212, note Agostini – Civ. 1re, 22 juill. 1987, no 85-15.947, *Bull. civ.* I, no 252; *Gaz. Pal.* 2 janv. 1988, no 1, note Dubois; *D.* 1988. 172, note Massip – Civ. 1re, 22 juin 2004, no 01-17.258, *Bull. civ.* I, no 182; *CCC* 2004. Comm. 136, obs. Leveneur; *D.* 2005. 189, obs. Mazeaud.
4. Civ. 1re, 14 déc. 1982, no 81-16.102, *Bull. civ.* I, no 355; *RTD civ.* 1983. 342, note Chabas – Paris, 15 sept. 1995, RG no 94/000386, *RDI* 1966. 116, obs. Giverdon – Civ. 1re, 17 nov. 1993, no 91-15.867, *Bull. civ.* I, no 326; *RTD civ.* 1994. 115, obs. Jourdain – Civ. 1re, 22 juin 2004, no 01-17.258, *Bull. civ.* I, no 182; *D.* 2004. Somm. 2624, obs. Delebecque, Jourdain et Mazeaud; *D.* 2005. 185, obs. Delebecque, Jourdain et Mazeaud; *RTD civ.* 2004. 503, obs. Mestre et Fages – V. cep., Civ. 1re, 3 nov. 2004, no 01-15.614, *Bull. civ.* I, no 243; *D.* 2005. 1683, note Michalauskas.
5. Civ. 1re, 25 juin 1991, no 89-18.617, *Bull. civ.* I, no 213; *D.* 1991. 566, note Le Tourneau; *D.* 1993. 27, obs. Penneau; *RTD civ.* 1991. 753, obs. Jourdain; *Defrénois* 1992. 45, note Massip; *JCP* 1992. 21784, note Barbieri.
6. Civ. 2e, 4 févr. 2010, no 09-11.464, NP.
7. Soc. 10 nov. 2009, no 08-43.805, *Bull. civ.* V, no 251; *JCP* 2010, no 94, obs. Mouly – Lyon, 1re ch. civ., 1er févr. 2007, RG no 04/00765, refusant l'application de l'adage en présence d'une nullité pour absence de cause.
8. Civ. 15 déc. 1873, *DP* 1874. 1. 122 – Civ. 15 nov. 1938, *Gaz. Pal.* 1939. 1. 194; *RTD civ.* 1939. 460, obs. H. et L. Mazeaud – Req. 4 juill. 1892, *S.* 1892. 1. 514.
9. Com. 27 avr. 1981, no 80-11.200, *Bull. civ.* IV, no 187; *D.* 1982. 51, note Le Tourneau.
10. Orléans, 23 janv. 1992, RG no 1657/90, *JCP* 1993. II. 22065, note de Montredon – Civ. 1re, 20 févr. 1996, no 94-12.313, *Bull. civ.* I, no 98; *RTD civ.* 1996. 356, obs. Hauser; *Defrénois* 1997. 36667, note Ruel.
11. Civ. 1re, 3 juin 2003, no 00-21.804, NP.
12. Paris, 17 avr. 1992, RG no 91/9458, *D.* 1993. Somm. 164, obs. Granet-Lambrechts.
13. Civ. 3e, 30 juin 1992, no 90-17.640, *Bull. civ.* III, no 229; *RDI* 1992. 373; *IRC* 1992. 388, note Capoulade – Civ. 3e, 24 févr. 1993, no 90-21.144, NP; *RDI* 1993. 269 – Civ. 3e, 12 juill. 1995, no 91-14.507, NP; *RDI* 1995. 797, obs. crit. Capoulade.

d'un jugement que si elle est juridiquement relevante, susceptible d'être tranchée en application du droit. Le rôle du juge n'est pas de trancher une querelle d'historiens ou bien une querelle dynastique[1], ou d'attribuer un prix de beauté.

Cette exigence ne se confond pas avec le bien fondé de la demande. Dire que la demande, ou plus exactement le litige, est susceptible d'être tranché en application du droit, n'est pas dire comment le droit le tranche au profit de l'une ou l'autre des parties. Sans trancher le fond, le juge, en reconnaissant l'existence d'un intérêt juridiquement relevant, prend cependant parti sur les limites de la juridicité et les frontières du non droit.

Certaines demandes ont été **rejetées faute d'un intérêt juridique**, moins, semble-t-il, parce que l'intérêt invoqué aurait été de pur fait, et insusceptible d'une protection juridique, que parce qu'il ne paraissait pas protégé par la règle dont l'application était demandée. Ainsi ont été rejetées comme irrecevables les demandes en annulation des sociétés irrégulièrement constituées formées par des commerçants qui trouvaient dans l'annulation le moyen d'éliminer un concurrent[2].

§ 4
Autres aspects exigés de l'intérêt

101.91 Intérêt suffisant et direct. On exige, en principe, un certain degré de suffisance, et un rapport suffisamment **direct** entre l'avantage recherché et l'application de la règle demandée au juge.

La **suffisance**, cependant, peut se comprendre en terme de symbolisme ou de signification (ainsi l'empiétement le plus léger suffit pour obtenir la démolition d'une construction[3]), et, d'une manière générale, les décisions d'irrecevabilité fondées sur le caractère minime de l'intérêt invoqué sont extrêmement rares[4]. La tendance, aujourd'hui, est au contraire d'ouvrir le tribunal aux plus petits litiges; sauf, toutefois, en matière de changement de prénom[5].

L'exigence d'un **intérêt direct** permet au juge d'éviter que chacun (notamment les personnes morales à but non lucratif) se prétende lésé dans son intérêt individuel ou (et surtout) dans l'intérêt collectif dont la défense est le but d'un groupement, par toute espèce d'atteinte portée à n'importe quelle obligation légale. L'action civile devant les juridictions répressives, en particulier, n'appartient qu'au premier intéressé, c'est-à-dire à celui qui allègue avoir subi un préjudice directement causé par l'infraction.

101.92 Absence d'autres exigences. Pourvu qu'il présente les caractères examinés, n'importe quel avantage susceptible de résulter, au profit du demandeur, de l'application du droit qu'il réclame peut rendre sa demande recevable.

Ainsi, dès lors qu'il résulte de l'article 873 alinéa 1er C. pr. civ. que le juge des référés peut prescrire les mesures conservatoires ou de remise en état qui s'imposent pour faire cesser un trouble manifestement illicite, encourt la cassation l'arrêt qui déclare irrecevable la demande d'une société aux fins de faire condamner deux autres sociétés, exerçant un commerce similaire au sien, à respecter les règles du repos hebdomadaire (C. trav., art. L. 3132-3 et L. 3132-13) des salariés qu'elles emploient au motif qu'elle n'est pas en droit d'exciper d'une atteinte à l'intérêt collectif de la profession de commerçant en alimentation de détail, alors que cette société « *avait un intérêt légitime* » à faire cesser la situation constatée, en raison du préjudice que la rupture d'égalité pouvait lui causer[6].

L'avantage attendu de l'application de la règle peut être patrimonial ou extrapatrimonial, un **intérêt moral** suffit, et les intérêts moraux se voient de plus en plus largement pris en considération (ainsi d'un arrêt décidant que, en cas d'atteinte posthume à la vie privée, les héritiers considérés comme les dépositaires de la volonté du défunt ont un intérêt sérieux et légitime à agir[7]; d'un autre reconnaissant l'intérêt moral de personnes n'ayant aucun droit au port d'un titre à en faire cesser l'usurpation[8]; d'un autre reconnaissant l'intérêt, pour une chaîne de télévision, à défendre son image de marque contre toute atteinte[9]).

SECTION 2
SANCTION DU DÉFAUT D'INTÉRÊT

§ 1
Appréciation de l'intérêt

101.101 Moment. L'intérêt s'apprécie à la date de l'introduction de l'instance[10]. La mesure dans laquelle il doit exister à cette date a été examinée sous la pers-

1. Civ. 1re, 30 sept. 2003, no 01-03.219, *Bull. civ.* I, no 195; *D.* 2004. 86, concl. Loiseau; *RTD civ.* 2004. 61, obs. Hauser.
2. Paris, 5 juill. 1954, *D.* 1954. 706; *RTD civ.* 1955, obs. Hébraud – À propos d'une association contre une autre, v. T. civ. Seine, 19 juin 1957, *D.* 1958. 67, note Raynaud – Paris, 19 juin 1974, *Gaz. Pal.* 1974. 2. 636, note Viatte.
3. Civ. 4 mai 1959, *JCP* 1960. II. 11409, note Blin.
4. Paris, 18 juin 1883, *DP* 1885. 2. 192.
5. Toulouse, 27 mars 1996, RG no 5324/95, NP; *RTD civ.* 1996. 580, obs. Hauser.
6. Soc. 30 mai 2012, no 10-25.349, *Bull. civ.* V, no 162.
7. TGI Paris, 17 mai 1982, *D.* 1983. 147, note Lindon.
8. Civ. 1re, 30 sept. 2003, no 01-02.065, *Bull. civ.* III, no 196; *D.* 2004. 86, concl. Loiseau; *D.* 2004. 1551, note Agostini; *RTD civ.* 2004. 61, obs. Hauser.
9. Paris, 26 juill. 1999, *CCE* 1er avr. 2000, p. 24, note Galloux.
10. Soc. 7 avr. 1993, no 90-22.043, *Bull. civ.* V, no 114 – Civ. 3e, 12 janv. 2005, no 03-18.256, *Bull. civ.* III, no 1 – Com. 6 déc. 2005, no 04-10.287, *Bull. civ.* IV, no 245; *D.* 2006. 67-68, ►

pective de l'actualité de l'intérêt (v. s[s] n° 101.50). Une autre question est de savoir si l'intérêt peut disparaître en cours d'instance. Le principe est que « *l'existence du droit d'agir en justice s'apprécie à la date de la demande introductive d'instance et ne peut être remise en cause par l'effet de circonstances postérieures* »[1]. Mais la troisième chambre civile a pu décider que la vente de son lot par un coloti, survenue en cours d'instance, lui avait fait perdre cette qualité, et par suite qualité et intérêt à agir pour faire respecter le règlement de lotissement[2], solution qui relevait plutôt du fond et d'une absence de droit à la date à laquelle le jugement a été rendu.

Il est constamment jugé, cependant, à propos de l'intérêt à relever appel, que cet intérêt, qui doit être apprécié au jour de l'appel, ne saurait dépendre de circonstances postérieures qui rendraient l'appel sans objet[3].

101.102 Office du juge. Certains arrêts laissent au juge du fond un **pouvoir d'appréciation souverain**[4]. Mais, dans d'autres espèces, la Haute juridiction, qui exige que la décision soit **motivée** quant à l'existence ou l'absence d'intérêt[5], **contrôle l'application de l'article 31 C. pr. civ.** (ainsi sont cassés des arrêts ayant affirmé à tort le défaut d'intérêt[6] ou, en sens inverse, des arrêts ayant reconnu à tort l'existence d'un intérêt[7]).

§ 2
Régime de la fin de non-recevoir tirée du défaut d'intérêt

101.111 Droit commun des fins de non-recevoir. Comme toutes les fins de non-recevoir, le défaut d'intérêt peut être invoqué en tout état de cause, sauf la possibilité pour le juge de condamner à des dommages-intérêts ceux qui se seraient abstenus dans une intention dilatoire de le soulever plus tôt (C. pr. civ., art. 123). De même, parce qu'il constitue une fin de non-recevoir, le moyen doit être accueilli sans que celui qui l'invoque ait à justifier d'un grief (C. pr. civ., art. 124)[8].

En application de l'article 126 C. pr. civ., l'absence d'intérêt à agir lors de l'introduction de la demande peut être régularisée jusqu'au jugement[9].

101.112 Relevé d'office. La fin de non-recevoir tirée du défaut d'intérêt peut toujours être relevée d'office par le juge (C. pr. civ., art. 125, al. 2)[10], on ne peut, toutefois, reprocher au juge de s'en être abstenu[11]. Il s'agit pour lui d'une simple faculté[12].

▶ obs. Lienhard; *RTD civ.* 2006. 604, obs. Théry – Civ. 1re, 3 mars 2010, n° 08-13.500, *Bull. civ.* I, n° 53 (sol. impl.); *D.* 2010. 1608, note Mauger-Vielpeau; *D.* 2011. 1040, obs. Lemouland et Vigneau; *RTD civ.* 2010. 305, note Hauser – Civ. 3e, 8 déc. 2010, n° 09-70.636, *Bull. civ.* III, n° 218 – Com. 12 juill. 2011, n° 10-19.895, NP.

1. Com. 6 déc. 2005, n° 04-10.287, préc. s[s] prés[t] n° – Civ. 2e, 9 nov. 2006, n° 05-13.484, *Bull. civ.* II, n° 307 – Civ. 1re, 11 juin 2008, n° 06-20.104, *Bull. civ.* I, n° 171 (sol. impl.).
2. Civ. 3e, 4 déc. 2007, n° 06-18.770, *Procédures* févr. 2008. Comm. 32, obs. Perrot; *RTD civ.* 2008. 545, obs. Théry.
3. Civ. 2e, 2 mars 1981, n° 79-17.130, *Bull. civ.* II, n° 44 – Civ. 2e, 6 mai 1998, n° 96-19.014, *Bull. civ.* II, n° 146; *JCP* 1998. II. 10209, note du Rusquec; *Procédures* 1998. Comm. 166, obs. Perrot – Civ. 2e, 13 juill. 2006, n° 05-11.389, *Bull. civ.* II, n° 200.
4. Civ. 1re, 4 nov. 1980, n° 79-13.554, *Bull. civ.* I, n° 279 – Civ. 2e, 11 déc. 1985, n° 84-12.855, *Bull. civ.* II, n° 193 – Com. 4 janv. 1985, *D.* 1985. IR 386, obs. Serra – Civ. 1re, 9 déc. 2003, n° 01-12.375, NP – Civ. 2e, 11 mai 2006, n° 05-16.678, *Bull. civ.* II, n° 127.
5. Com. 6 juin 1984, n° 82-16.783, *Bull. civ.* IV, n° 189 – Civ. 3e, 8 déc. 1999, n° 97-12.738, *Bull. civ.* III, n° 231.
6. Civ. 3e, 2 mars 1983, NP; *Gaz. Pal.* 1983. 2. Pan. 217 – Com. 20 déc. 1983, *Gaz. Pal.* 1984. 2. Somm. 174 – Com. 11 déc. 1984, n° 83-10.676, *Bull. civ.* IV, n° 343 – Soc. 6 nov. 1984, n° 82-41.025, n° 82-41.028, *Bull. civ.* V, n° 415 – Civ. 1re, 17 juin 1986, n° 85-80.007, *Bull. civ.* I, n° 165 – Soc. 7 mai 1987, n° 86-60.362, *Bull. civ.* V, n° 283.
7. Civ. 2e, 25 nov. 1987, n° 84-17.126, *Bull. civ.* II, n° 245.
8. Civ. 3e, 12 mai 1976, n° 75-70.142, *Bull. civ.* III, n° 203.
9. Soc. 5 juill. 1978, *Gaz. Pal.* 1978. 2. Pan. 442 – Com. 19 juin 1979, n° 78-11.540, *Bull. civ.* IV, n° 208; *D.* 1979. IR 588 – Paris, 15 juin 1984, *Bull. ch. avoués* 1984, n° 91, p. 97 – Civ. 3e, 29 févr. 1984, n° 82-15.993, *Bull. civ.* III, n° 56.
10. Civ. 1re, 19 janv. 1983, n° 81-16.159, *Bull. civ.* I, n° 27; *Rev. crit. DIP* 1984. 492, note Mayer; *JDI* 1984. 898, note Wiederkehr – Civ. 2e, 18 janv. 1984, n° 82-15.832, *Bull. civ.* II, n° 9; *Gaz. Pal.* 1984. Pan. 145, obs. Guinchard.
11. Civ. 2e, 5 juill. 1982, NP; *Gaz. Pal.* 1982. 2. Pan. 344.
12. Civ. 2e, 10 juill. 1991, n° 90-14.187, *Bull. civ.* II, n° 211; *D.* 1991. IR 201.

CHAPITRE

102. Vérification de la qualité à agir

MONIQUE BANDRAC
Professeur émérite de l'Université
Paris-Nord (Paris XIII)

SECTION 0
ORIENTEUR

102.00 **Plan du chapitre.**

Division. Généralités. La notion de qualité contribue, comme l'intérêt, à désigner le titulaire du droit d'agir. Comme l'intérêt, la qualité est une condition d'existence de l'action.

Il ressort de l'article 31 C. pr. civ. que la présence actuelle d'un intérêt personnel juridique et légitime ne suffit pas toujours à conférer le droit d'agir. Dans certains cas la loi restreint le cercle des titulaires du droit d'action en deçà de celui des personnes susceptibles d'invoquer un intérêt personnel, et réserve l'action aux seules personnes qu'elle qualifie pour élever ou combattre une prétention déterminée. Par opposition à l'action banale, donnée pour la défense de n'importe quel intérêt personnel, il s'agit d'actions attitrées, réservées à la défense d'intérêts personnels spéciaux (sect. 1).

Dans d'autres cas, la loi attribue à certaines personnes le droit d'agir pour la défense d'intérêts qui ne leur sont pas personnels, les intérêts des tiers (sect. 2), rarement l'intérêt individuel d'autrui, plus souvent un intérêt collectif, plus ou moins large.

102.01 **Textes applicables.**

C. pr. civ., art. 5, 30, 31, 117 à 119, 121 à 126, 422, 423.

C. civ., art. 29-3, 88, 99, 113 s, 117, 144, 146, 146-1, 147, 161 à 163, 175-1, 175-2, 180, 182, 184, 188, 325, 327, 333, 334, 373-2-13, 375-5, 375-6, 414-1, 414-2, 809-1, 900-3, 1125, 1599, 1843-5, 2021.

C. com., art. L. 223-22, al. 3, L. 225-252, L. 420-1, L. 420-3, L. 442-6, L. 442-6, III [*mod. par L. n° 2008-776, 4 août 2008*[1],

1. L. n° 2008-776, 4 août 2008, de modernisation de l'économie, *JO* 5 août, p. 12471.

s'éteint par la dissolution du mariage (ou le décès[1]). Le caractère attitré de l'action la rend intransmissible à cause de mort[2].

§ 2
Attribution des actions en nullité des contrats

102.51 **Principe.** Les actions tendant à invoquer une règle protectrice de l'intérêt exclusif des contractants sont évidemment des actions attitrées. Il en est ainsi des actions en nullité relative, qui sanctionnent les règles établies dans un but de protection individuelle.

Les actions en annulation pour **vice du consentement ou lésion** n'appartiennent qu'à la victime du vice[3]. Le contractant qui a traité avec celle-ci est dépourvu du droit d'agir[4]. Selon une jurisprudence critiquée, toutefois, au nom du caractère accessoire du cautionnement, la caution n'est pas recevable à invoquer le dol affectant le consentement du débiteur principal[5]. Il en est de même pour celui qui a traité avec un **incapable** (C. civ., art. 1125). Ainsi les héritiers saisis de plein droit des biens, droits et actions du défunt, capable de s'engager au moment de l'acte, ne peuvent opposer l'incapacité du mineur avec lequel le défunt a contracté, la nullité de l'acte ne pouvant être invoquée que par le cocontractant que la loi a voulu protéger[6] (pour une application en matière de cession de parts sociales[7]; et un cas où la règle est appliquée au débiteur dessaisi en cas de liquidation de biens[8]).

L'action en nullité relative réservée à celui des contractants dont le consentement a été vicié est, en raison de son caractère patrimonial, transmise, après son décès, à ses ayants cause universels[9]. Mais l'acquéreur à titre particulier d'un bien est sans qualité pour agir en nullité en raison du dol dont le vendeur aurait été victime en dépit d'une clause de subrogation générale consentie par ce dernier dans l'acte de vente[10].

Le juge, qui ne saisit pas lui-même, et ne peut statuer que sur ce qui lui est demandé (C. pr. civ., art. 5), ne saurait prononcer la nullité **d'office**, pas plus d'ailleurs qu'en matière de nullité absolue[11], le contraire a cependant été jugé en traitant la demande d'annulation comme un moyen de défense et non comme une demande reconventionnelle, c'est-à-dire en méconnaissant la spécificité et l'autonomie de l'action en nullité[12].

102.52 **Action attitrée et action banale : nullité relative et nullité absolue.** La question de savoir si la nullité est absolue ou relative, autrement dit celle de savoir si l'action est une action attitrée ou une action banale, dépend, en principe d'une analyse de la finalité de la règle sanctionnée par la nullité. La réponse peut être douteuse. L'action en nullité de la **vente de la chose d'autrui** (C. civ., art. 1599) n'appartient qu'à l'acheteur[13]. Elle doit être intentée contre le vendeur[14]. **L'erreur obstacle** a d'abord été traitée comme une erreur sur la substance, et sanctionnée par une nullité relative[15]. Elle est sanctionnée aujourd'hui par une nullité absolue[16]. **La nullité en cas d'absence de cause a été jugée absolue** (par ex. en cas de défaut de prix sérieux[17]). La jurisprudence, aujourd'hui, est en faveur d'une nullité relative[18].

102.53 **Nullité d'un acte juridique pour insanité d'esprit.** Aux termes de l'article 414-1 du Code

1. Civ. 2e, 31 mai 1978, no 77-13.306, *Bull. civ.* II, no 146; *D.* 1979. 210, note Breton – Civ. 2e, 14 mars 1979, no 77-12.763, *Bull. civ.* II, no 81 – Civ. 2e, 23 nov. 1988, no 87-11.707, *Bull. civ.* II, no 226.
2. Civ. 2e, 23 nov. 1988, no 87-117.07, *Bull. civ.* II, no 226.
3. Civ. 1re, 1er mars 1988, no 86-17.492, *Bull. civ.* I, no 56.
4. Civ. 3e, 9 nov. 1976, *D.* 1977. IR 122.
5. Cass., ch. mixte, 8 juin 2007, no 03-15.602, *Bull. ch. mixte*, no 5; *JCP* 2007. II. 10138, note Simler; *D.* 2008. 514, note Andreu; *D.* 2007. 1782, obs. Avena-Robardet; *D.* 2007. 2201, note Houtcieff; *D.* 2008. 871, obs. Martin et Synvet; *D.* 2008. 2104, obs. Crocq; *RTD civ.* 2008. 331, obs. Crocq.
6. Civ. 1re, 14 janv. 2009, no 07-16.451, *Bull. civ.* I, no 6; *D.* 2009. AJ 371; *RTD civ.* 2009. 297, obs. Hauser.
7. Paris, 10 oct. 1985, RG no K11664, *Juris-Data* no 025639.
8. Versailles 13 févr. 1985, RG no 6107/83, *Juris-Data* no 040851.
9. Civ. 1re, 4 juill. 1995, no 93-15.005, *Bull. civ.* I, no 291; *D.* 1996. 233, note Boulanger; *Defrénois* 1996. 321, obs. Massip, et 407, obs. Champenois; *RTD civ.* 1996. 392, obs. Mestre.
10. Civ. 3e, 18 oct. 2005, no 04-16.832, *Bull. civ.* III, no 197; *AJDI* 2006. 270, note Zalewski; *RTD civ.* 2006. 317, obs Mestre et Fages – V. AUSSI, Y.-M. Serinet, « Spécificités du contentieux contractuel », *RDC* 2006. 470.
11. EN CE SENS, Paris, 26 juill. 1986, RG no M/04388, *Juris-Data* no 023155.
12. Civ. 1re, 22 mai 1985, no 84-10.572, *Bull. civ.* I, no 159 – Civ. 3e, 20 nov. 1985, no 84-13.353, *Bull. civ.* III, no 153.
13. Civ. 3e, 16 avr. 1973, no 72-11.276, *Bull. civ.* III, no 303 – Civ. 3e, 6 juill. 1982, NP; *Gaz. Pal.* 1983. Pan. 60 – Civ. 3e, 9 mars 2005, no 03-14.916, *Bull. civ.* III, no 63; *Defrénois* 2005. 1240, obs. Libchaber; *CCC* 2005, no 128, note Leveneur; *AJDI* 2005. 859, note Cohet-Cordey; *LPA* 13 juin 2006, note Mahinga.
14. Paris, 21 mars 1985, RG nos K/01832, K/06003 et L/09227, *Juris-Data* no 021134.
15. Req. 5 mars 1879, *DP* 1880. 1. 12.
16. Civ. 3e, 15 avr. 1980, no 78-15.836, *Bull. civ.* III, no 73; *D.* 1981. IR 314, obs. Ghestin; *Defrénois* 1981. 853, obs. Aubert; *RTD civ.* 1981. 155, obs. Chabas – Paris, 8 juill. 1966, *RTD civ.* 1967. 382, obs. Chevallier.
17. Civ. 16 nov. 1932, *S.* 1934. 1. 1, note Esmein; *DH* 1933. 4 – Civ. 1re, 17 déc. 1959, no 58-10.946, *Bull. civ.* I, no 546; *D.* 1960. 294.
18. Civ. 1re, 20 févr. 2001, no 99-12.574, *Bull. civ.* I, no 39 – Civ. 3e, 29 mars 2006, no 05-16.032, *Bull. civ.* III, no 88; *D.* 2007. 477, note Ghestin; *D.* 2006. 2638, obs. Amrani Mekki et Fauvarque-Cosson; *RDC* 2006. 1072, note Mazeaud.

civil[1], « *pour faire un acte valable, il faut être sain d'esprit* ». L'article 414-2 réserve l'action en nullité à l'intéressé tant qu'il est vivant et, pour les actes à titre onéreux, ne l'ouvre à ses héritiers, après son décès, que dans trois hypothèses reprises de l'ancien article 489-1 : 1° Si l'acte porte en lui-même la preuve d'un trouble mental; 2° S'il a été fait alors que l'intéressé était placé sous sauvegarde de justice; 3° Si une action a été introduite avant son décès aux fins d'ouverture d'une curatelle ou d'une tutelle ou si effet a été donné au mandat de protection future. Les ayants droit s'efforcent de contourner ces restrictions en tentant d'agir sur le fondement d'un vice du consentement. La troisième chambre civile de la Cour de cassation a cependant jugé (en application de l'ancien article 489-1) que la nullité pour vice du consentement dû à un trouble mental ne peut être invoquée par les ayants cause universels que dans les cas énumérés par le texte[2].

Le Conseil constitutionnel a été saisi le 7 novembre 2012 par la Cour de cassation[3] d'une question prioritaire de constitutionnalité relative à la conformité de l'article 414-1 aux droits et libertés que la Constitution garantit, la Cour de cassation ayant considéré que les restrictions apportées à l'action en nullité d'un acte à titre onéreux par des héritiers pour cause d'insanité d'esprit de leur auteur pouvaient être regardées comme portant une atteinte disproportionnée au droit d'agir en justice. Le Conseil constitutionnel[4] a considéré que les dispositions critiquées apportaient au droit d'agir des héritiers des limites justifiées par des motifs d'intérêt général et proportionnées à ces objectifs. Il les a donc déclarées conformes à la Constitution. Le Conseil a retenu, notamment, que les dispositions de l'article 414-2 du Code civil « *ne font pas obstacle à l'exercice par les héritiers des actions en nullité qui seraient fondées sur les règles du droit commun des contrats; qu'elles ne font ainsi pas obstacle à ce que des actes passés au moyen de violences, de fraudes, ou d'abus de faiblesse, puissent être annulés* ».

SECTION 2
ATTRIBUTION DE QUALITÉ POUR LA DÉFENSE DE L'INTÉRÊT DES TIERS

102.60 **Plan.** Si l'action n'appartient en principe qu'à l'intéressé, elle peut cependant être attribuée à certaines personnes afin qu'elles défendent non pas leur intérêt personnel, mais **celui d'autrui**, qu'il s'agisse de **l'intérêt individuel d'un tiers (§ 1)** ou bien, beaucoup plus souvent, d'**un intérêt collectif (§ 2)**.

§ 1
Action attribuée pour la défense de l'intérêt d'autrui

102.61 **Attribution de qualité et représentation. Distinction.** Nul n'est admis à agir dans l'intérêt d'autrui s'il n'est légalement qualifié à cette fin[5]. Dans le cas d'un *trust*, le droit français reconnaît, toutefois, intérêt et qualité au *trustee* pour les actions relatives aux biens confiés en *trust*, qu'il traite comme une véritable partie agissant en son propre nom, en considération de la « propriété juridique » que lui confère le droit anglais[6]. La solution peut être transposée au fiduciaire. Celui-ci, lorsqu'il agit à propos du patrimoine fiduciaire et en vue de la réalisation de l'objet de la fiducie doit faire mention expresse de ce qu'il agit es qualités (C. civ., art. 2021[7]). Mais, dès lors que le contrat de fiducie s'analyse comme un transfert de propriété, il agit néanmoins en son propre nom et dans son propre intérêt.

L'attribution d'une qualité pour agir dans l'intérêt d'autrui ne peut être faite que par la loi et revêt un caractère exceptionnel, bien que l'utilisation de ce procédé tende aujourd'hui à s'élargir.

Le procédé **ne s'identifie pas à un mandat légal** : celui qui, exceptionnellement, se trouve qualifié pour défendre l'intérêt d'autrui se voit ainsi attribuer une action propre dans l'intérêt d'un tiers. Le droit d'être entendu sur la prétention, et d'obtenir un jugement appartient à la personne qualifiée, mais le jugement sera rendu au profit du tiers intéressé. Les conditions de la recevabilité de la demande se trouvent ainsi dissociées : la qualité s'apprécie en la personne du demandeur, mais l'intérêt (qui doit exister) s'apprécie chez le tiers au profit duquel le jugement doit être rendu. Il en va différemment en cas de représentation : intérêt et qualité s'apprécient alors en la personne unique du représenté. La distinction peut être délicate[8].

1. L. n° 2007-308, 5 mars 2007, portant réforme de la protection juridique des majeurs, *JO* 7 mars, p. 4325, entrée en vigueur au 1er janvier 2009.
2. Civ. 3e, 20 oct. 2004, n° 03-10.989, *Bull. civ.* III, n° 177; *Dr. fam.* 2005. Comm. 88, obs. Fossier.
3. Civ. 1re, 7 nov. 2012, n° 12-40.068, *Bull. civ.* I, n° 235; *D.* 2012. 2738.
4. Cons. const., 17 janv. 2013, n° 2012-288 QPC, *Procédures* 2013. Comm. 75, obs. Douchy-Oudot.
5. Civ. 1re, 3 avr. 2002, n° 99-17.033, NP.
6. Paris, 11 mars 2005, RG n° 2000/19694, *BICC* juin 2005, n° 1231.
7. Issu de L. n° 2007-211, 19 févr. 2007, instituant la fiducie, *JO* 21 févr., p. 3052.
8. À propos de l'habilitation donnée par l'article 100 de L. n° 99-532, 25 juin 1999, relative à l'épargne et à la sécurité financière (devenue C. mon. fin., art. L. 515-23, par Ord. n° 2007-571, 19 avr. 2007), à l'établissement chargé de la gestion des prêts pour agir « au nom et pour le compte » de la société de crédit foncier cessionnaire d'une créance hypothécaire, v. les observations de H. Croze, *Procédures* 1999. Comm. 269.

A.
Action sociale *ut singuli*

102.71 **Attribution.** L'action (dite action sociale *ut singuli*) est ainsi attribuée aux **associés d'une société** commerciale ou civile, pour demander réparation du **préjudice subi par la société** du fait des mandataires sociaux (C. civ., art. 1843-5 - C. com., art. L. 223-22, al. 3 et L. 225-252). Disposant ainsi d'un droit d'action propre pour présenter des demandes en réparation au profit de la société, les actionnaires ne sont pas recevables à solliciter la désignation d'un mandataire *ad hoc* chargé de présenter de telles demandes[1].

Le caractère exceptionnel d'une telle attribution explique que **la jurisprudence refuse d'en élargir le domaine.** Les dispositions de l'article L. 225-252 du Code de commerce n'autorisent les actionnaires à exercer l'action sociale en responsabilité qu'à l'encontre des administrateurs et du directeur général[2]. L'action sociale *ut singuli* a été refusée aux membres d'une association[3], elle l'est également aux associations de porteurs de parts, alors même que l'association aurait elle-même la qualité d'associé[4]. En matière de copropriété, la jurisprudence décide que l'action en responsabilité contre le syndic appartient au syndicat dont il est mandataire, et non à un copropriétaire en particulier, sauf justification d'un préjudice personnel[5]. Cependant l'actionnaire trouve dans les pouvoirs qui lui sont attribués par l'article L. 225-252 du Code de commerce en vue de poursuivre l'entier préjudice subi par la société, qualité pour demander au juge de l'exécution, pour le compte de la personne morale, d'assortir d'une astreinte une décision exécutoire ayant accueilli l'action sociale en responsabilité exercée *ut singuli*[6].

B.
Action « de substitution » des syndicats

102.81 **Action propre.** Les organisations syndicales représentatives sont qualifiées, dans un certain nombre d'hypothèses, pour agir **dans l'intérêt personnel des salariés** (C. trav., art. L. 1247-1, L. 8242-1 et L. 1251-59[7]), ou de certains d'entre eux (salariés de l'entreprise, C. trav., art. L. 1144-2[8] - ou du groupement d'employeurs, C. trav., art. L. 1253-16[9] - licenciés économiques, C. trav., art. L. 1235-8[10] - travailleurs étrangers, C. trav., art. L. 8255-1[11]) selon la nature des dispositions dont le respect est en cause, et l'étendue de la représentativité syndicale concernée. Par ailleurs, en dehors de toute représentativité spéciale, les organisations syndicales ou groupements ayant la capacité d'agir en justice et dont les membres sont liés par une convention ou un accord, peuvent également exercer **en faveur de leurs membres** les actions nées de ce chef (C. trav., art. L. 2262-9[12] - actions nées des dispositions relatives aux travailleurs à domicile, C. trav., art. L. 7423-2[13]).

Il était permis d'hésiter sur la **nature du procédé** employé par le législateur dans ces différentes hypothèses. La loi prévoit que l'organisme peut exercer, dans le domaine visé, les actions qui naissent **en faveur d'un tiers,** sans avoir à justifier d'un mandat de l'intéressé, mais à la condition que celui-ci ait été averti et n'ait pas déclaré s'y opposer, ce qui incite à y voir une **présomption légale de représentation** tacitement convenue.

Le Conseil constitutionnel, saisi à propos de la loi n° 89-549 du 2 août 1989[14] (C. trav., anc. art. L. 321-15 [devenu C. trav., art. L. 1235-8]), a estimé, en effet, qu'il est contraire à la Constitution qu'une action individuelle puisse être introduite contre la volonté de la personne concernée[15]. **L'action est une liberté individuelle fondamentale.** Elle appartient à chacun dans son propre intérêt, et n'appartient, en principe, à personne d'autre.

Mais l'intéressé se voit accorder par les mêmes textes la faculté d'intervenir dans l'instance engagée par l'organisme, comme s'il demeurait tiers par rapport à cette instance engagée pourtant dans son intérêt, ce qui suggère une action propre à l'organisme, analyse que contredit, toutefois, la faculté également donnée à l'intéressé de s'opposer à l'exercice de l'action par l'organisme.

La Chambre sociale, statuant sur l'action prévue par l'article L. 1247-1[16] du Code du travail, a tranché en faveur d'une **action personnelle à l'organisme,** pour en déduire que le syndicat n'est pas tenu d'indiquer dans sa déclaration de pourvoi les noms, prénoms, profession et domicile des salariés en faveur

1. Com. 14 déc. 2004, n° 04-13.059, *Bull. civ.* IV, n° 229.
2. Com. 19 mars 2013, n° 12-14.213, *Bull. civ.* IV, [à paraître]; *D.* 2013. 833; *Bull. Joly* 2013. 316, note Barbieri.
3. Civ. 1re, 13 févr. 1979, n° 77-15.851, *Bull. civ.* I, n° 57; *D.* 1981. 205, note Alaphilippe.
4. Com. 3 mars 2004, n° 02-10.484, NP; *Bull. Joly* 2004. 991, note Forgues.
5. Paris, 20 mars 1985, *D.* 1985. IR 431, obs. Giverdon; *RTD civ.* 1985. 753, obs. Giverdon.
6. Com. 7 juill. 2009, n° 08-15.835, *Bull. civ.* IV, n° 106; *JCP E* 2010. 1088, comm. Rodriguez.
7. Anct C. trav., art. L. 122-3-16, L. 125-3-1 et L. 124-20.
8. Anct C. trav., art. L. 123-6.
9. Anct C. trav., art. L. 127-6.
10. Anct C. trav., art. L. 321-15.
11. Anct C. trav., art. L. 341-6-2.
12. Anct C. trav., art. L. 135-4.
13. Anct C. trav., art. L. 721-19.
14. L. n° 89-549, 2 août 1989, modifiant le Code du travail et relative à la prévention du licenciement économique et au droit de la conversion, *JO* 8 août, p. 9954.
15. Cons. const. 25 juill. 1989, n° 89-257 DC, *Dr. soc.* 1989. 627 et 701, note Prétot.
16. Anct C. trav., art. L. 122-3-16.

desquels il agit[1] (v. cep., à propos de l'action prévue par l'actuel article L. 2262-9 du Code du travail, un arrêt jugeant que les membres en faveur desquels l'action est exercée doivent être identifiés ou identifiables sans équivoque[2]). Elle a jugé, ensuite, que l'opposition du salarié à ce que l'organisation syndicale exerce **l'action de substitution** prévue par l'article L. 1247-1 du Code du travail ne vaut pas renonciation du salarié au droit dont il est titulaire pour obtenir requalification de son contrat de travail à durée déterminée en contrat à durée indéterminée, la règle de l'unicité de l'instance ne pouvant être opposée à l'intéressé alors qu'il n'a pas été partie à la première instance[3]. Et elle a jugé également que le **désistement par le syndicat de l'action** exercée en vertu de l'article L. 1247-1 du Code du travail ne fait pas obstacle, dans le cadre de l'instance engagée ultérieurement par le salarié afin d'obtenir la requalification de son contrat, à ce que le syndicat, exerçant les droits de la partie civile sur le fondement de l'article L. 2132-3[4] du Code du travail demande réparation du préjudice causé à l'intérêt collectif de la profession[5].

L'action syndicale, cependant, ne doit pas permettre aux syndicats de contourner l'action de substitution pour s'immiscer dans les intérêts particuliers des salariés lorsqu'est en cause un droit exclusivement attaché à la personne. Le syndicat ne peut donc, sous couvert d'agir pour la protection des intérêts collectifs de la profession, agir en référé pour s'opposer à une opération prévue par l'employeur et impliquant un transfert des contrats de travail, alors que les intéressés ne peuvent individuellement contester le transfert que devant le conseil de prud'hommes; il ne peut qu'intervenir, sur le fondement de l'article L. 2132-3 du Code du travail, aux côtés du salarié si ce dernier engage l'action lui-même devant cette juridiction[6].

La jurisprudence reconnaît aux syndicats un droit à agir fondé sur l'article L. 2132-3 du Code du travail lorsque sont constatées des atteintes aux prérogatives des institutions représentatives, mais le syndicat n'a pas qualité pour agir au lieu et place du comité d'entreprise afin d'obtenir un rappel de sa subvention de fonctionnement[7].

1. Soc. 1er févr. 2000, n° 98-46.201, *Bull. civ.* V, n° 53.
2. Soc. 20 juin 1990, n° 88-12.516, *Bull. civ.* V, n° 308.
3. Soc. 12 févr. 2008, nos 06-45.397, 06-45.398, 06-45.399, 06-45.400 et 06-45.401, *Bull. civ.* V, n° 36.
4. Anct C. trav., art. L. 411-11.
5. Soc. 12 févr. 2008, nos 06-45.397, 06-45.398, 06-45.399, 06-45.400 et 06-45.401, préc. ss prést n°.
6. Soc. 11 sept. 2012, n° 11-22.014, *Bull. civ.* V, n° 226; *Procédures* 2012. Comm. 360, obs. Bugada; *JCP S* 2012. Actu. 420, obs. Léger; *JCP S* 2012. 1521, comm. Loiseau.
7. Soc. 26 sept. 2012, n° 11-13.091, NP; *Procédures* 2012. Comm. 357, obs. Bugada.

C.
Action « en représentation conjointe » de certaines associations

102.91 Notion d'action en représentation conjointe. Représentation conventionnelle. Le législateur à consacrer expressément, sous le nom d'action « en représentation conjointe », la possibilité, pour certaines associations, légalement agréées, d'agir **au nom de deux ou plusieurs victimes** en réparation de préjudices individuellement causés à celles-ci par une même personne et ayant une origine commune, à la condition que l'association soit **mandatée par au moins deux des victimes** concernées. Les associations, cependant ne se voient pas attribuer qualité pour agir au nom d'autrui. Le procédé employé par la loi est, ici, celui d'une **représentation conventionnelle** : l'association, conventionnellement mandatée, **n'exerce pas un droit d'action propre, mais simplement l'action appartenant à ses mandataires.** Elle agit dans l'intérêt et au profit de ceux-ci, qui doivent être identifiés, et c'est au profit de ceux-ci que le juge rend un jugement statuant sur chaque préjudice de façon individuelle.

102.92 Conditions de l'action en représentation conjointe. L'action en représentation conjointe est prévue, en faveur des **associations de défense des consommateurs agréées** au plan national (C. consom., art. L. 422-1 s.[8]). Elle est également prévue, en faveur des **associations agréées de défense des investisseurs en valeurs mobilières et en produits financiers,** par l'article L. 452-2 du Code monétaire et financier, ainsi qu'en faveur des **associations agréées de protection de l'environnement** (locales ou nationales), qui sont admises à agir en représentation conjointe d'au moins deux personnes physiques victimes de dommages causés par des atteintes à l'environnement et ayant une origine commune (C. envir., art. L. 142-3).

Ces différents textes exigent tous **un mandat écrit, et limitent fortement la possibilité pour les associations de solliciter ce mandat** (seulement par voie de presse écrite pour les associations de consommateurs et d'investisseurs – pour défaut de pouvoir des personnes assurant la représentation en justice, les demandes formées dans une espèce où les mandats donnés par les consommateurs avaient été obtenus en sollicitant ces derniers par le moyen d'un site Internet, en violation de C. consom., art. L. 422-1, al. 2, sont sanctionnées par la nullité[9]) quand ils ne l'excluent pas purement et simplement (environnement). L'article L. 452-1 alinéa 2 du Code monétaire et financier décide, toutefois, que les associations agréées d'inves-

8. Issus de L. n° 92-60, 18 janv. 1992, réd. L. n° 93-949, 26 juill. 1993.
9. V. Paris, 22 janv. 2010, *RLDC* 2010, n° 70, p. 59, note Patetta.

tisseurs agissant en réparation devant les juridictions civiles et commerciales peuvent être autorisées par ordonnance de référé à solliciter des actionnaires un mandat pour agir en leur nom en ayant recours, aux frais de l'association, à une publicité par appel public télévisé ou radiophonique, affichage, tract ou lettre personnalisée. Tout différent de celui des législations anglo-saxonnes, l'esprit de cette législation, très respectueuse des volontés individuelles, s'efforce de satisfaire les intérêts des personnes protégées, dont elle vise à faciliter l'accès à la justice, sans favoriser le militantisme et la processivité des groupements.

102.93 Introduction des actions de groupe en droit français. Projet de loi en cours de discussion. Au sein d'un projet de loi plus large, relatif à la consommation, un ensemble de dispositions vient ajouter au titre II du livre IV du Code de la consommation un chapitre III, intitulé « Actions de groupe ». Le projet a été adopté en deuxième lecture à l'Assemblée nationale le 16 décembre 2013[1] et déposé au Sénat en deuxième lecture le 18 décembre suivant[2]. Il viendra en discussion les 27 et 28 janvier 2014.

D'ores et déjà, et de différentes parts, les dispositions du projet ont fait l'objet d'observations critiques[3]. En l'état de la procédure législative, on ne peut qu'en présenter ici une description sommaire.

102.94 Conditions de recevabilité. Les conditions de recevabilité de la demande sont présentées sans définir la condition d'intérêt autrement qu'à travers le « champ d'application » de l'action de groupe, qui se trouve limité de la manière suivante[4].

– l'**objet de la demande** est d'obtenir « *la réparation de préjudices individuels subis par des consommateurs placés dans une situation similaire ou identique et ayant pour cause commune un manquement d'un ou des mêmes professionnels à leurs obligations légales ou contractuelles* »;

– le **manquement** doit être commis soit à l'occasion de la **vente de biens** ou de la **fourniture de services**, soit sous les espèces d'une **pratique anticoncurrentielle** au sens du titre II, livre IV, du Code de commerce, et des articles 101 et 102 TFUE;

– les seuls préjudices dont la réparation peut être obtenue par cette voie sont des **préjudices patrimoniaux** résultant de dommages matériels, et ces préjudices sont exclusivement **ceux des consommateurs**;

– le droit d'agir est réservé à « *une association de défense des consommateurs représentative au niveau national et agréée en application de l'article L. 411-1 du Code de la consommation* ».

Cette association peut, toutefois, « *s'adjoindre, avec l'autorisation du juge, toute personne appartenant à une profession judiciaire réglementée dont la liste est fixée par décret en Conseil d'État, pour l'assister, notamment afin qu'elle procède à la réception des demandes d'indemnisation des membres du groupe et plus généralement afin qu'elle représente les consommateurs lésés, auprès du professionnel, en vue de leur indemnisation* »[5].

102.95 Compétence. L'action ne peut être portée que devant une juridiction civile[6], et plus précisément il s'agira de **tribunaux de grande instance** spécialement désignés[7].

Dans le cas des préjudices résultant d'une pratique anticoncurrentielle[8], la responsabilité du professionnel ne peut être retenue par le juge de l'action de groupe que sur le fondement d'une décision prononcée par les autorités ou juridictions, nationales ou européennes, compétentes pour constater les manquements.

102.96 Jugement. Le juge, par une même décision[9], statue sur les conditions de recevabilité telles que définies plus haut et, au fond, « *sur la responsabilité du professionnel* ». Il définit le groupe de consommateurs à l'égard desquels cette responsabilité est engagée « *et en fixe les critères de rattachement* ».

Il détermine les préjudices susceptible d'être réparés pour chacun des consommateurs, ou chacune des catégories de consommateurs composant le groupe qu'il a défini, ainsi que leur montant, ou les éléments permettant d'en faire l'évaluation. Il peut ordonner et aménager une réparation en nature. À tout moment de la procédure, il peut ordonner toute mesure d'instruction utile.

Il ordonne les « *mesures adaptées* » pour informer de la décision les consommateurs susceptibles d'appartenir au groupe, et fixe, enfin, dans la même décision, le délai dont disposent les consommateurs pour

1. *JOAN*, texte adopté n° 262.
2. *JO Sénat*, texte adopté n° 244.
3. Sans exhaustivité : M. Babonneau, « Actions de groupe : l'ouverture des débats oublie les avocats », *Dalloz actualités*, 26 juin 2013 – D. Roskis et S. Jaffar, « L'introduction de l'action de groupe à la française – Une justice plus proche des citoyens », *Cah. dr. entr.* juill. 2013, n° 4 – E. Jeuland, « Substitution ou représentation. À propos du projet d'actions de groupe », *JCP* 2013. 1609 – J.-P. Grandjean, « Actions de groupe : petit pas ou pas de géant ? », *JCP* 2013. 1777 – M. Sénéchal, « Regard d'un mandataire de justice sur le projet de *class actions* à la française », *LPA* 15 nov. 2013, p. 6 – V. surtout les nombreuses et riches contributions au colloque « Sur la voie de l'action de groupe » organisé sous la direction de l'Institut de recherche juridique de la Sorbonne (Univ. Paris 1), l'Institut Droit, éthique et patrimoine (Univ. Paris-Sud), le Centre de droit pénal et de criminologie, axe justice et procès de l'université Paris-Ouest Nanterre-La Défense, en partenariat avec la DGCCRF, le 26 avril 2013, *Gaz. Pal.* 15-16 mai 2013, n°s 135 et 136.
4. C. consom., nouv. art. L. 423-1.
5. C. consom., nouv. art. L. 423-4.
6. C. consom., nouv. art. L. 423-1.
7. Projet de loi, art. 2, modifiant le COJ.
8. C. consom., nouv. art. L. 423-10.
9. C. consom., nouv. art. L. 423-3.

adhérer au groupe afin d'obtenir réparation de leur préjudice[1].

Cette adhésion « *afin d'obtenir la réparation* » déterminée par le jugement vaut cependant renonciation à agir par les voies du droit commun pour obtenir réparation des préjudices entrant dans le champ défini par la décision du juge[2]. Il y a là un curieux « *opt in* » *a posteriori,* laissant du moins au consommateur la possibilité d'un « *opt out* » lui-même *a posteriori.*

Selon le deuxième alinéa de l'article 423-3-2 du Code de la consommation, le juge détermine les modalités de l'adhésion, et précise si les consommateurs s'adressent directement au professionnel, ou par l'intermédiaire de l'association, ou du tiers visé à l'article 423-4. Le troisième alinéa du même article énonce, cependant, ce qui paraît contradictoire, que « *l'adhésion au groupe vaut mandat aux fins d'indemnisation au profit de l'association requérante* » (on peut penser que tel sera le principe, sauf pour le juge à en décider autrement). L'association, « *le cas échéant* », perçoit, gère et reverse aux intéressés les indemnités qui leur sont dues.

Le même juge qui a statué sur la responsabilité est celui qui tranchera les difficultés relatives à l'adhésion et à la liquidation des préjudices[3].

Une procédure simplifiée est prévue[4] pour le cas où l'identité et le nombre des consommateurs lésés sont connus et que ces derniers ont subi un préjudice de même montant. Le juge peut alors condamner le professionnel à indemniser directement et individuellement le consommateur. Cette décision, quand elle est passée en force de chose jugée, fait l'objet de mesures d'information individuelles « *afin de permettre* [aux consommateurs concernés] *d'accepter d'être indemnisés dans les termes de la décision* ».

L'association requérante a seule qualité pour participer à une médiation afin d'obtenir la réparation des préjudices individuels[5].

102.97 Originalité du mécanisme. La procédure reste sans doute d'intérêt individuel, puisqu'en définitive elle n'aboutit qu'à l'indemnisation de préjudices personnels.

L'association requérante, cependant, n'introduit la demande ni au nom, ni dans l'intérêt des consommateurs lésés individuellement considérés.

L'intérêt qu'elle défend est particulièrement difficile à définir car, bien qu'une idée de prévention/répression par voie privée ait inspiré le législateur, il ne s'agit pas non plus de l'intérêt général, ni même d'un aspect spécial de celui-ci, à moins de considérer qu'il est d'intérêt général de consommer.

Le jugement, pour autant qu'il statue sur la responsabilité, définit le groupe et détermine (dans l'abstrait) les préjudices « susceptibles » d'être réparés, ressemble à un acte réglementaire plutôt qu'à un acte juridictionnel.

La procédure de liquidation des indemnisations individuelles ressemble, quant à elle, aux procédures collectives de liquidation du droit commercial.

Dans l'état actuel du projet, les consommateurs lésés demeurent étrangers à l'initiative de la procédure, autant qu'à l'instruction du juge, et ne consentent à rien sinon à recevoir une indemnisation décidée à leur insu.

Ils peuvent, certes, refuser d'accepter l'indemnisation ainsi décidée. Mais ce refus, qui leur laisse la possibilité d'agir suivant le droit commun, ne leur est offert qu'une fois rendu le jugement sur l'action de groupe[6]. Le projet ne dit rien de la recevabilité d'une demande présentée suivant le droit commun alors que le juge est saisi d'une action de groupe, ni d'une obligation de surseoir à statuer pour le juge saisi de la sorte à titre individuel.

La question de savoir si l'originalité de cette action de groupe à la française est conforme au respect du droit au juge posé par l'article 6 de la Convention de sauvegarde des droits de l'homme et des libertés fondamentales et par l'article 16 de la Déclaration des droits de l'homme ne peut être envisagée dans l'état inachevé de l'élaboration de la loi.

§ 2
Attribution de qualité pour la défense d'intérêts collectifs

102.100 Déclin du rôle du ministère public. Dans un droit soucieux de liberté individuelle, et méfiant à l'égard du pouvoir politique des juges, l'action en justice est une liberté donnée à chaque individu pour la défense de ses intérêts personnels. Personne, en revanche, dans la rigueur des mêmes principes, n'est investi de ce droit pour la défense de l'intérêt général. Nul n'est admis à agir pour réclamer en justice l'application du droit en vue de satisfaire l'intérêt général, ou bien l'intérêt abstrait de la règle elle-même. La défense de **l'intérêt général et de la légalité abstraite** ne peut être assurée que par le ministère public, organe de l'État, agent du pouvoir exécutif.

Si le principe demeure en ce qui concerne le droit d'agir des individus, en ce sens que le droit français ignore absolument l'action populaire, il est fortement remis en cause par les droits d'agir reconnus à

1. C. consom., nouv. art. L. 423-3-2.
2. C. consom., nouv. art. L. 423-4 *a contrario.*
3. C. consom., nouv. art. L. 423-6.
4. C. consom., nouv. art. L. 423-4-1.
5. C. consom., nouv. art. L. 423-8.

6. Qui ne fait naître toutefois aucune fin de non-recevoir à l'encontre de l'action individuelle (C. consom., nouv. art. L. 423-15 *a contrario*).

certains **groupements**, ou à certaines **autorités**, qui apparaissent aujourd'hui comme les concurrents du ministère public pour la défense d'intérêts catégoriels si étendus qu'ils se confondent avec **l'intérêt public saisi sous l'un de ses aspects spéciaux.**

Il existe aussi certains cas particuliers d'action donnée à un organe spécial pour la défense d'**intérêts collectifs strictement privés.**

A. Action attribuée pour la défense d'un intérêt collectif privé

1° Action du mandataire judiciaire (C. com., art. L. 622-20)

102.101 Discussion sur la nature du procédé employé. La loi n° 85-98 du 25 janvier 1985 [1] a privé la masse des créanciers d'un débiteur en redressement judiciaire de la personnalité morale que la jurisprudence lui avait jadis reconnue. Elle a prévu, cependant, la nomination par le tribunal d'un « représentant des créanciers », devenu « mandataire judiciaire » depuis la loi du 26 juillet 2005, qui, aux termes, aujourd'hui, de l'article L. 622-20 du Code de commerce, a seul « qualité » pour agir « au nom et dans l'intérêt collectif » de ceux-ci.

D'après une **première analyse**, le procédé employé est celui d'une représentation dans l'exercice de l'action. **Le mandataire judiciaire exerce une action qui appartient** aux créanciers pour la défense de leur intérêt collectif, pourtant non personnifié [2]. C'est donc en la personne des créanciers que doit être appréciée l'existence d'un intérêt collectif.

Une **autre opinion** [3] considère que le représentant des créanciers exerce, dans l'intérêt collectif des créanciers, c'est-à-dire de l'apurement du passif, **une action qui lui est propre.**

102.102 Solutions positives. En toute hypothèse, le droit d'agir du mandataire judiciaire a pour mesure celle du droit qui appartenait jadis à la masse personnifiée, et que le syndic exerçait alors par représentation en tant que mandataire légal de celle-ci. L'action qu'il exerce est une action tendant à l'apurement collectif du passif, et il ne **saurait avoir plus de droits, à cet égard, que ceux dont sont, ou seraient investis les créanciers eux-mêmes** si la procédure collective n'était pas ouverte [4].

Le mandataire judiciaire **ne représente aucun de ceux-ci**, il n'a pas à indiquer au nom de quels créanciers il se présente car il ne peut légalement agir que dans l'intérêt de tous [5]. D'une manière générale, le créancier invoquant un droit qui lui est propre ne peut être représenté par lui, et est ainsi recevable à former tierce opposition [6].

Les **sommes recouvrées** par le mandataire judiciaire à la suite des actions qu'il engage entrent dans le patrimoine du débiteur pour être affectées, en cas de continuation de l'entreprise, selon les modalités prévues pour l'apurement du passif et pour être réparties en cas de cession de l'entreprise ou de liquidation, entre tous les créanciers, au marc le franc [7].

102.103 Cas particulier de l'action paulienne. Lorsque l'action à exercer est une action ouverte au créancier non contre le débiteur mais **contre un tiers** (comme l'action paulienne) et que, par conséquent, la suspension des poursuites individuelles ne l'atteint pas, le mandataire judiciaire ne peut agir que comme partie jointe. Il a été jugé, ainsi, que lorsque les seuls créanciers ayant introduit une action paulienne contre le tiers bénéficiaire d'une libéralité faite par le débiteur ont renoncé à leur droit d'agir par un désistement accepté, le représentant des créanciers (aujourd'hui mandataire judiciaire), intervenant volontaire, ne pouvait prétendre exercer l'action paulienne en leurs lieu et place [8]. Sous l'empire des textes antérieurs à la loi du 25 janvier 1985, la masse des créanciers recueillait le profit de l'action, et le créancier se trouvait ainsi investi d'un droit d'agir propre pour la défense d'un intérêt collectif. La Cour de cassation décide aujourd'hui que l'inopposabilité que l'action paulienne permet de faire déclarer n'a d'effet que dans les rapports des seules parties en cause [9].

2° Action du syndicat des copropriétaires (L. 10 juill. 1965, art. 15)

102.111 Action propre. La copropriété est dépourvue de personnalité morale, et le syndicat ne saurait

1. L. n° 85-98, 25 janv. 1985, relative au redressement et à la liquidation judiciaire des entreprises, *JO* 26 janv., p. 1097.
2. Guinchard, Ferrand et Chainais, 31ᵉ éd., 2012, n° 168.
3. Cadiet et Jeuland, 7ᵉ éd., 2011, n° 386.
4. En ce sens, Com. 30 nov. 1993, n° 91-16.992, *Bull. civ.* IV, n° 438; *D.* 1994. 175, note Derrida et Sortais.
5. Com. 16 mars 1993, n° 90-20.188, *Bull. civ.* IV, n° 106; *D.* 1993. 583, note Derrida.
6. Rouen, 29 août 1990, RG n° 2717/89, *Gaz. Pal.* 1991. 317, note March – Com. 14 nov. 2000, n° 97-19.798, NP; *RJDA* 2001, n° 183 – Com. 19 mai 2004, n° 01-12.814, NP; *Loyers et copr.* 2004, n° 188, note Brault.
7. Com. 28 mars 1995, n° 93-13.937, *Bull. civ.* IV, n° 105; *D.* 1995. 410, note Derrida; *RTD civ.* 1996. 163, obs. Mestre; *RTD com.* 1996. 127, obs. Martin-Serf; *LPA* 1995, n° 86, p. 15, note Derrida.
8. Com. 30 nov. 1993, n° 91-16.992, *Bull. civ.* IV, n° 438; *D.* 1994. 175, note Derrida et Sortais.
9. Com. 8 oct. 1996, n° 93-14.068, *Bull. civ.* IV, n° 227; *D.* 1997. 87, note Derrida; *D.* 1997. 78, obs. Honorat; *RTD civ.* 1997. 718, obs. Patarin; *RTD civ.* 1997. 940, obs. Mestre; *JCP E* 1997, n° 6/7, p. 27, note Guyon; *LPA* 13 mars 1998, p. 21, note Courtier.

être son mandataire. Il n'est pas non plus celui des copropriétaires. Il est, en tout cas, investi par l'article 15 de la loi n° 65-557 du 10 juillet 1965 (v. s[s] n° 101.21), qui le qualifie expressément à cette fin, d'une action propre « *en vue de la sauvegarde des droits afférents à l'immeuble* ». Ces droits n'ayant d'autres titulaires, cependant, que les copropriétaires eux-mêmes. Le syndicat est donc qualifié pour défendre un autre intérêt que le sien propre. Mais l'intérêt qu'il défend est un intérêt collectif qui ne se confond pas avec l'intérêt personnel des copropriétaires, même si les deux intérêts sont susceptibles d'exister simultanément (sur la distinction de l'intérêt personnel des copropriétaires, et de l'intérêt collectif ouvrant l'action du syndicat, v. s[s] n° 101.22).

Il appartient à l'assemblée des copropriétaires d'affecter les sommes recouvrées par le syndicat[1].

B. Action attribuée pour la défense des aspects généraux de l'intérêt public

102.120 Rôle du ministère public en matière civile. En matière civile, le rôle du ministère public pour la défense de l'intérêt général demeure limité. Tout d'abord parce que, de manière générale, l'intérêt public émerge peu dans ce domaine, d'autre part parce que, lorsque cet intérêt est concerné, le ministère public remplit le plus souvent son office, soit **en représentant certaines parties**, cas dans lequel il exerce par représentation l'action des parties et non une action propre, soit en procédant comme **partie jointe**, cas dans lequel il ne forme lui-même aucune demande, n'est pas partie au procès, et n'exerce donc aucun droit d'action au sens précis de l'article 30 C. pr. civ.

Il peut aussi, cependant, se porter **partie principale**, autrement dit former une demande, ou bien se porter défendeur à l'encontre d'une demande qui doit être formée contre lui. Dans cette hypothèse, il exerce bien, dans un intérêt général, le droit d'action de l'article 30 C. pr. civ.

1° Cas « spécifiés par la loi » (C. pr. civ., art. 422)

102.121 Diversité de l'intérêt public. Il s'agit toujours de veiller au respect de la loi, ces cas spécifiés font cependant apparaître la diversité que l'intérêt public est susceptible de revêtir.

Le **pourvoi dans l'intérêt de la loi** (L. n° 67-523, 3 juill. 1967, art. 17) est bien une action exercée dans l'intérêt exclusif de la **légalité abstraite** puisque la cassation, si elle intervient, restera sans effet sur la situation subjective des parties. L'action du ministère public n'est d'ailleurs, sur ce terrain, que **subsidiaire** à celle de ces dernières.

1. Rép. min. n° 58176, *JOAN Q* 31 août 1992, p. 4018.

La plupart du temps, toutefois, l'action donnée au ministère public, en concurrence avec celles des parties, ou à titre exclusif, lui permet d'atteindre les situations individuelles.

102.122 Missions de police civile. Certaines actions sont attribuées au ministère public en rapport avec ses missions de police civile.

Sa fonction de **surveillance (autoritaire) de l'état civil** le qualifie pour agir en rectification des actes de l'état civil ainsi que des jugements déclaratifs ou substitutifs d'actes de l'état civil (C. civ., art. 99) ou pour introduire une requête en déclaration du décès d'un disparu, de même que pour agir en annulation du jugement déclaratif de décès en cas de retour de celui-ci (C. civ., art. 88).

La fonction de **surveillance (protectrice) qu'il exerce sur l'autorité parentale** le qualifie pour demander la modification des décisions relatives à son exercice après divorce, ou celle des dispositions de la convention homologuée par le juge en cas de divorce sur demande conjointe (C. civ., art. 373-2-13), elle le qualifie également pour saisir le juge d'une mesure d'assistance éducative (C. civ., art. 375-5), ou sa modification (C. civ., art. 375-6).

Il protège les **intérêts des absents présumés**, et peut requérir les mesures prévues aux articles 113 et suivants du Code civil (C. civ., art. 117).

Il peut requérir la nomination d'un curateur aux **successions vacantes** (C. civ., art. 809-1, issu de L. 23 juin 2006).

102.123 Actions en nullité spéciales. Certaines **actions en nullité** sont données au ministère public **pour la défense d'aspects spécifiés de l'ordre public.** Ordre public du **mariage**, dont il peut demander l'annulation dans les hypothèses de nullité absolue des articles 144, 146, 146-1, 147, 161, 162 et 163 du Code civil de même qu'il peut, dans les mêmes cas, s'opposer au mariage (l'article 423 C. pr. civ. lui permettra d'agir en contestation de la validité du mariage célébré en dépit de son opposition[2]), et se porter défendeur à la demande de mainlevée formée contre l'opposition (C. civ., art. 184, 175-1, 175-2). Ordre public des **associations**, dont il peut demander la dissolution lorsque l'objet est illicite, ou lorsque les formalités de publicité ne sont pas accomplies (L. 1er juill. 1901, art. 7). Ordre public des **brevets d'invention**, dont il peut poursuivre l'annulation (L. 13 juill. 1978, art. 50).

2. Civ. 1re, 13 mars 2007, n° 05-16.627, *Bull. civ.* I, n° 113; *GAJC*, 12e éd. 2007, n° 32; *D.* 2007. 1561, Lemouland et Vigneau; *D.* 2007. 1389, rapp. Pluyette; *D.* 2007. 935, obs. Gallmeister; *D.* 2007. 1375, point de vue Fulchiron; *D.* 2007. 1395, note Agostini; *RTD civ.* 2007. 287, obs. Marguénaud; *RTD civ.* 2007. 315, obs. Hauser; *RTD civ.* 2008. 438, obs. Deumier; *AJ fam.* 2007. 227, obs. Chénedé.

102.124 **Contradicteur nécessaire.** Dans d'autres cas la loi investit le ministère public du droit d'action en faisant de lui un **contradicteur nécessaire** dans certaines matières qu'elle veut contentieuse alors pourtant qu'il n'existe aucun litige. Ainsi la révision des conditions et charges grevant une libéralité, en l'absence d'héritiers connus, doit néanmoins faire l'objet d'un procès contentieux, et la demande sera formée contre le ministère public (C. civ., art. 900-3). Et de même il est défendeur nécessaire à toute action déclaratoire de nationalité, de même qu'il peut agir contre toute personne pour lui faire déclarer sa nationalité (C. civ., art. 29-3).

102.125 **Missions de police économique.** Son rôle tend à se développer dans certaines procédures civiles d'intérêt économique.

102.126 **Concurrence.** En matière de concurrence, aux termes de **l'article L. 442-6, III du Code de commerce, le ministère public** est qualifié pour agir devant la juridiction compétente, civile ou commerciale, en réparation du préjudice causé par les pratiques restrictives de concurrence spécialement visées par ce texte, ainsi qu'en cessation de ces pratiques, en annulation des clauses illicites, en répétition de l'indu et aux fins de voir prononcer une amende civile. Ces dispositions, issues de l'ordonnance du 1er décembre 1986, n'ont été utilisées, jusqu'à présent, que par le ministre. Elles dérogent profondément aux principes du droit judiciaire (v. crit. ss nº 102.181).

102.127 **Sauvegarde, redressement et liquidation judiciaires des entreprises.** Dans la procédure de redressement et de liquidation judiciaire des entreprises le ministère public jouit d'un très large pouvoir d'initiative. Il est qualifié, en effet, non seulement pour demander **l'ouverture** du redressement judiciaire, mais également pour demander **la cessation de l'activité**, **la mise en liquidation**, tous droits d'agir qui lui permettent, en opportunité, d'influencer l'orientation de la procédure et le destin de l'entreprise. Certaines initiatives n'appartiennent, d'ailleurs, **à personne d'autre qu'à lui :** lui seul peut demander une prolongation exceptionnelle de la période d'observation (C. com., art. L. 621-3). Le **droit d'appel**, dans un certain nombre de cas n'est réservé qu'à lui (C. com., art. L. 661-6, I) et de même le pourvoi en cassation (C. com., art. L. 661-7), et il ne partage le droit d'appel qu'avec le cessionnaire à l'encontre du jugement arrêtant le plan de cession (C. com., art. L. 661-6, IV). Il surveille les **mandataires**, et peut demander leur remplacement. Il est également qualifié pour **agir contre les dirigeants** de l'entreprise, et leur faire appliquer les sanctions civiles que la loi comporte, faillite personnelle ou interdiction, extension, comblement (C. com., art. L. 651-3, L. 651-4, L. 653-7, L. 653-8). Dans ce domaine, le ministère public apparaît comme un agent d'exécution de la politique gouvernementale. Il agit au nom de l'intérêt public économique, devenu le seul intérêt pris en compte, ce qui explique aussi le refus de toute qualité pour agir aux personnes dont l'intérêt privé n'est plus, aux yeux du législateur, un intérêt légitime.

À l'exception du pouvoir de demander l'ouverture de la procédure, des pouvoirs analogues (partagés ou exclusifs) lui sont conférés dans la procédure de sauvegarde.

102.128 **Intérêt impliqué par l'attribution de qualité.** L'intérêt public défendu sous cet ensemble d'aspects très divers se confond parfois avec celui d'une catégorie (l'enfance), voire avec un intérêt individuel (l'absent). Mais la consistance de l'intérêt défendu importe peu, car lorsque l'action est donnée au ministère public dans un cas spécifié, sa qualité suffit à rendre recevable la prétention que la loi le qualifie pour élever, et aucune question ne se posera à propos de l'existence et des caractères de l'intérêt qu'il défend.

2°
Droit d'agir en général « *pour la défense de l'ordre public à l'occasion des faits qui portent atteinte à celui-ci* » (C. pr. civ., art. 423)

102.131 **Nullité absolue des contrats.** C'est ainsi que, en dehors d'un texte spécial, il peut agir en nullité d'un contrat, ou d'un autre acte juridique, quand la nullité est absolue. D'anciens arrêts avaient reconnu l'existence de son droit alors que la loi du 20 avril 1810, article 46, dans l'interprétation qu'en donnait la jurisprudence, limitait celui-ci, suivant une formule reprise par l'article 7 du décret du 20 juillet 1972, aux cas où l'ordre public était « *directement et principalement intéressé* »[1]. Il est ainsi qualifié pour agir en annulation d'une convention se rapportant à une pratique anticoncurrentielle prohibée soit par l'article L. 420-1 du Code de commerce (C. com., art. L. 420-3) soit par les articles 81 et 82 du Traité de Rome. La première chambre civile de la Cour de cassation a jugé qu'il est qualifié pour agir en nullité des transcriptions des actes de naissance établis à l'étranger s'ils résultent d'une convention portant sur la gestation pour le compte d'autrui[2].

1. Lyon, 17 juin 1925, *Gaz. Pal.* 1925. 2. 487 – Req. 4 nov. 1946, *S.* 1947. 1. 43 – Req. 7 mars 1944, *DP* 1944. 74 – Paris, 5 mars 1956, *D.* 1956. 632, note Lindon.
2. Civ. 1re, 17 déc. 2008, nº 07-20.468, *Bull. civ.* I, nº 289, *D.* 2009. 340, note Brunet, obs. Egéa; *D.* 2009. 332, avis Sarcelet; *D.* 2009. 773, obs. Granet-Lambrechts; *D.* 2009. 1557, obs. Courbe et Jault-Seseke; *D.* 2010. 604, obs. Galloux et Gaumont-Prat; *RTD civ.* 2009. 106, obs. Hauser; *AJ fam.* 2009. 81, obs. Chénedé; *Constitutions* 2010. 78, obs. Chevalier; *Rev. crit. DIP* 2009. 320, note Lagarde.

102.132 Nécessité d'une atteinte à l'ordre public : condition d'intérêt. L'action ainsi attribuée au ministère public ne suppose évidemment aucun intérêt personnel, mais elle suppose un intérêt, qui n'est autre que celui de l'ordre public, si bien que la demande du parquet, dont la recevabilité peut être contestée, **ne sera recevable que s'il apparaît que l'ordre public est intéressé.**

Ainsi est jugée irrecevable la tierce opposition du ministère public contre le jugement homologuant un divorce par consentement mutuel en raison des mobiles qui avaient inspiré le consentement des époux[1], tandis qu'est jugé recevable l'appel du procureur relativement à un jugement faisant droit à une demande en nullité d'un mariage en raison d'un mensonge de l'épouse sur sa virginité, « *qualité essentielle* » au sens de l'article 180 alinéa 2 du Code civil[2]. Le jugement est susceptible de mettre en jeu des principes d'ordre public relevant du droit des personnes, dont l'appréciation ne peut être laissée à la libre disposition des parties. La chambre commerciale a cassé, quant à elle, pour défaut de base légale, un arrêt n'ayant pas précisé « *en quoi l'expiration de la mission du commissaire à l'exécution du plan qui est prévue par la loi elle-même était un fait portant atteinte à l'ordre public autorisant le procureur de la république à agir en désignation d'un mandataire de justice chargé de poursuivre l'instance en paiement des dettes sociales introduite par le commissaire à l'exécution du plan* »[3].

3°
Exercice du droit d'action du ministère public

102.141 Droit particulièrement vigoureux. D'une manière générale, le droit d'agir conféré au ministère public, qu'il s'agisse d'un droit exclusif ou d'un droit concurrent, voire subsidiaire à celui des parties, est un droit d'agir particulièrement vigoureux. Il peut l'exercer **à toute hauteur** de la procédure, et peut, notamment, interjeter appel d'un jugement rendu dans une instance à laquelle il n'était pas partie, ou n'était que partie jointe[4], à la condition, toutefois, dans ce dernier cas, de faire la preuve que l'ordre public est en cause s'il agit dans le domaine de l'article 423 C. pr. civ.[5]. Toutefois son pourvoi serait irrecevable dans le même cas, à l'exclusion d'un pourvoi dans l'intérêt de la loi ou pour excès de pouvoir[6]. Il peut agir même devant les juridictions d'exception ne comportant pas de ministère public[7].

Dans les procédures du livre VI du Code de commerce, l'appel du ministère public est suspensif à l'exception de celui portant sur les décisions statuant sur l'ouverture de la procédure de sauvegarde ou de redressement judiciaire (C. com., art. L. 661-1, II).

Cependant l'action reste pour lui une **liberté** qu'il n'est pas davantage tenu d'exercer devant les juridictions civiles qu'il ne l'est devant les juridictions répressives. Il n'en est autrement que dans le cas, exceptionnel, du pourvoi pour excès de pouvoir, que le procureur général près la Cour de cassation a formé sur l'ordre du ministre de la Justice (L. 3 juill. 1967, art. 18), et dans lequel on peut se demander s'il n'agit pas en représentation du ministre plutôt que dans l'exercice d'un droit d'action propre.

C.
Action attribuée pour la défense des aspects spéciaux de l'intérêt public

1°
Action des syndicats

102.151 L'intérêt collectif d'une profession. L'article L. 2132-3 du Code du travail[8] permet aux syndicats d'exercer devant toutes les juridictions « *tous les droits réservés à la partie civile concernant les faits portant un préjudice direct ou indirect à l'intérêt collectif de la profession qu'ils représentent* ». Ce droit leur avait été reconnu d'abord par la jurisprudence[9], la règle a été consacrée par la loi du 12 mars 1920.

Très favorable à l'action syndicale, la jurisprudence étend la qualité conférée au syndicat en dehors de toute infraction pénale dès lors qu'elle considère que la demande est formée dans l'intérêt collectif de la profession.

L'existence de cette action syndicale suppose, en premier lieu, que le **préjudice invoqué** soit **d'ordre professionnel**, qu'il intéresse la profession représentée par le syndicat agissant. Ainsi est irrecevable, par exemple, la demande formée par un syndicat sur le fondement d'une atteinte à la vie privée[10].

Est recevable, cependant, l'intervention d'une union syndicale dans la procédure suivie sur une requête en suspicion légitime formée à l'encontre d'un membre de la formation de jugement d'un conseil de prud'hommes mettant en doute l'impartialité de ce membre en raison de son appartenance au même syndicat que celui du demandeur,

1. V. ET COMP., Civ. 1re, 17 nov. 1981, n° 80-11.498, *Bull. civ.* I, n° 338; *JCP* 1982. II. 19842, note Gobert; *RTD civ.* 1982. 392, obs. Nerson; *RTD civ.* 1983. 198, obs. Perrot; 334, obs. Nerson et Rubellin-Devichi; *Gaz. Pal.* 11 nov. 1982, n° 314, note Massip; *D.* 1983. 105, note Groslière; *Rev. crit. DIP* 1982. 669, note Foyer; *D.* 1982. 573, note Guiho.
2. Douai, 17 nov. 2008, RG n° 08/03786, *BICC* 1er avr. 2009, p. 55.
3. Com. 10 mars 2009, n° 07-16.078, *Bull. civ.* IV, n° 35; *Rev. proc. coll.* 2009, n° 3, p. 43, obs. Soinne.
4. Civ. 1re, 29 mai 1990, n° 88-45.425, *Bull. civ.* I, n° 126.
5. Com. 20 oct. 2009, n° 08-14.468, NP; *Procédures* 2009. Comm. 384, obs. Perrot.
6. Req. 5 mars 1901, *DP* 1901. 1. 112 – Req. 14 juin 1921, *DP* 1924. 1. 24 – Civ. 2e, 4 janv. 1989, n° 87-19.274, *Bull. civ.* II, n° 3; *JCP* 1989. IV. 79.
7. Civ. 4 mai 1931, *DP* 1931. 1. 67, concl. Matter.
8. Anct C. trav., art. L. 411-11.
9. Cass., ch. réun., 5 avr. 1913, *DP* 1914. 1. 65, note Nast.
10. Civ. 1re, 19 déc. 1995, n° 93-18.939, *Bull. civ.* I, n° 479; *D.* 1996. IR 16; *D.* 1997. 158, note Ravanas; *RTD civ.* 1996. 360, obs. Hauser; *Gaz. Pal.* 1995. 2. 605.

ce qui porte atteinte à l'intérêt collectif de la profession[1]. Est recevable aussi l'intervention du syndicat des avocats de France dans la procédure tendant à contester les conditions de fonctionnement de la juridiction appelée à statuer sur la prolongation de la rétention administrative[2]. Le Conseil d'État a jugé, pour sa part, le Syndicat de la magistrature recevable à agir au nom des intérêts collectifs des membres du corps dont il assure la défense à l'encontre d'une nomination qualifiée de nomination pour ordre[3].

En second lieu, le préjudice invoqué doit **intéresser la profession exercée par les membres du syndicat**, et non une autre (par ex., un arrêt décide que seules sont recevables à agir les organisations syndicales représentant la profession exercée par les sociétés n'ayant pas respecté un arrêté préfectoral[4]).

Enfin ce préjudice doit avoir été causé aux **intérêts collectifs de la profession**, autrement dit le syndicat doit faire état d'un trouble susceptible d'être ressenti par **la profession tout entière, ou du moins une collectivité de salariés.**

Ainsi est jugée recevable sans nécessité d'une infraction pénale, et sans considération des droits et obligations des parties, l'action en exécution d'une convention ou d'un accord collectif, même non étendu, son inapplication causant nécessairement un préjudice à l'intérêt collectif de la profession[5]. Peu importe, au surplus, que le préjudice n'atteigne effectivement que quelques-uns des membres de la profession[6]. L'action syndicale est ouverte aux fins de détermination d'avantages acquis individuels[7].

Dès lors que l'objet de la demande du syndicat tend à la **défense de l'emploi des salariés de l'entreprise,** elle est recevable sur le fondement de l'article L. 2132-3 du Code du travail[8]. L'action qui ne tend pas au paiement de sommes déterminées à des personnes nommément désignées, mais à l'application du principe de l'égalité de traitement, relève de l'intérêt collectif de la profession[9].

Mais le syndicat n'est pas recevable à intervenir quand l'action tend à voir sanctionner l'obligation de reclassement individuel qui pèse sur l'employeur, le litige ne portant pas atteinte aux intérêts collectifs de la profession[10].

Le syndicat ne saurait agir sur le fondement de l'article L. 2132-3 pour faire respecter un droit exclusivement attaché à la personne d'un salarié, telle l'action en reconnaissance de l'existence d'un contrat de travail[11]. De même, et pour la même raison, il ne peut s'opposer par voie de référé devant le tribunal de grande instance au transfert des contrats de travail que les intéressés ne pourraient contester individuellement que devant le conseil de prud'hommes. Il ne peut qu'agir aux côtés des salariés devant cette juridiction s'ils ont formé la demande eux-mêmes[12].

2°
Action des associations

102.160 Absence de texte général conférant aux associations un droit d'action au nom de l'intérêt collectif. Il n'existe, au profit des associations, aucun texte de portée générale analogue à l'ancien article L. 411-11, devenu l'article L. 2132-3 du Code du travail, conférant aux associations le droit d'agir au nom de l'intérêt collectif pour la défense duquel elles sont constituées.

Des **textes spéciaux**, de plus en plus nombreux, sont venus, sous certaines conditions d'agrément et d'ancienneté, donner qualité à toutes sortes d'associations pour défendre de multiples valeurs collectives, et spécialement pour se porter partie civile à cet effet devant les juridictions répressives (v. not. C. pr. pén., art. 2-1 à 2-21 – C. consom., art. L. 421-1 s.[13]).

En dehors de l'un de ces textes, cependant, on a considéré longtemps que **les associations, même déclarées d'utilité publique, n'ont qualité que pour défendre l'intérêt individuel de la personne morale,** ou pour représenter leurs membres dans l'exercice d'actions appartenant à ceux-ci, mais seulement en vertu d'un mandat donné à cette fin par le titulaire de l'action[14].

1. Soc. 3 oct. 2007, n° 05-44.652, NP; *JCP S* 2008. 1011, comm. Dumont.
2. Civ. 1re, 16 avr. 2008, nos 06-20.390 et 06-20.978, *Bull. civ.* I, nos 106 et 118; *JCP S* 2008. 1469, comm. Lahalle.
3. CE, sect., 18 janv. 2013, *Procédures* 2013. Comm. 130, obs. Deygas.
4. Soc. 2 févr. 1994, n° 90-14.771, *Bull. civ.* V, n° 40; *D.* 1994. IR 67; *D.* 1994. 319, obs. Verdier; *Dr. soc.* 1994. 377, note Savatier.
5. Soc. 12 juin 2001, n° 00-14.435, *Bull. civ.* V, n° 221 – Soc. 3 mai 2007, n° 05-12.340, *Bull. civ.* V, n° 68; *JCP S* 2007. 1918, note Vatinet.
6. V. NOT., Soc. 5 oct. 1994, n° 92-16.632, *Bull. civ.* V, n° 260; *Bull. Joly* 1995. 81, note Arséguel; *D.* 1995. Somm. 373, obs. Frossard – Soc. 17 févr. 1994, n° 90-11.037, NP; *RJS* 1994. 274, n° 423 – Cass., ass. plén., 7 mai 1993, nos 91-12.611 et n° 91-12.704, *Bull. ass. plén.*, n° 10; *D.* 1993. 437, concl. Jéol; *D.* 1994. 319, obs. Verdier; *JCP* 1993. II. 22083, note Saint-Jours; *JCP E* 1993. II. 470, note Savatier; *Gaz. Pal.* 1993. 2. Somm. 553, obs. Roubach; *RJS* 1993. 357, n° 620; *CSB* 1993. 179, A. 43; *Dr. soc.* 1993. 606 – A. Penneau, « Regards croisés sur l'action en défense de l'intérêt collectif des salariés et des associations de consommateurs », *LPA* 2005, n° 85, p. 5.
7. Soc. 2 déc. 2008, n° 07-44.132, *Bull. civ.* V, n° 243; *JCP S* 2009. 1098, obs. Dauxerre.
8. Soc. 10 janv. 2012, n° 09-16.691, *Bull. civ.* V, n° 5; *JCP S* 2012. 1215, obs. Brissy.
9. Soc. 12 févr. 2013, n° 11-27.689, *Bull. civ.* V, [à paraître]; *D.* 2013. 1026, note Porta.
10. Soc. 18 nov. 2009, n° 08-44.175, *Bull. civ.* V, n° 261; *JCP S* 2010. 1070, obs. Lahalle.
11. Soc. 23 janv. 2008, n° 05-16.492, *Bull. civ.* V, n° 22.
12. Soc. 11 sept. 2012, n° 11-22.014, P, préc. ss n° 102.81.
13. L. n° 95-101, 2 févr. 1995 – *Adde*, L. n° 96-392, 13 mai 1996.
14. Cass., ch. réun., 15 juin 1923, *DP* 1924. 1. 153, concl. Merillon et note Rolland – Civ. 1re, 16 janv. 1985, n° 83-14.063, *Bull. civ.* I, n° 25; *D.* 1985. 31, note Aubert; *JCP* 1985. II. 20484, note Calais-Auloy.

Si l'idée reste vraie au regard de l'article 31 C. pr. civ., on constate néanmoins, en jurisprudence, une évolution sensible du contenu donné à la **notion d'intérêt personnel d'une association.** L'intérêt personnel se voit identifié à l'**intérêt collectif que l'association, par ses statuts, s'est donné pour mission de défendre**, de telle sorte qu'une association parvient ainsi, sous couvert d'intérêt, à se donner elle-même par le seul effet de ses statuts, c'est-à-dire par la volonté de ses fondateurs, qualité pour défendre un intérêt collectif, en concurrence avec le ministère public, voire à l'encontre de celui-ci.

Les juridictions civile et criminelle paraissent en effet converger vers l'institution par voie prétorienne d'une **action associationnelle**, soumise, toutefois, au principe de spécialité : comme si l'association avait de plein droit qualité pour agir dans l'intérêt collectif défini par ses statuts.

a)
Juridictions civiles

102.161 Divergences dans la jurisprudence des juges du fond : cas où l'action a été accordée. L'action a été accordée à des associations de croyants : **action d'associations catholiques** en vue de faire retirer les affiches publicitaires d'un film heurtant la foi catholique[1]. Elle a été accordée également à la **ligue contre la violence routière** : action en vue de faire interdire une campagne publicitaire exaltant la vitesse[2], aux **associations de consommateurs**, avant la loi du 5 janvier 1988[3], aux **associations de déportés et de résistants**, et aux **ligues antiracistes**[4].

Ces décisions, dans leur ensemble, ne font aucune allusion à l'intérêt collectif des membres de l'association et raisonnent comme si le droit d'action s'attachait nécessairement à l'objet statutaire et permettait à l'association de prévenir, et surtout de faire réparer à son profit le préjudice causé aux valeurs morales ou humanitaires qu'elle défend.

La cour d'appel de Paris[5] affirme péremptoirement que « *les associations sont recevables à agir dès lors que, par les statuts ou par leur titre personnel fondés sur une croyance individuelle propre, elles agissent pour défendre par les voies de droit les principes et dogmes de la religion et invoquent un intérêt moral légitime* »[6].

102.162 Divergences dans la jurisprudence des juges du fond : cas où l'action a été refusée. En revanche, l'action a été refusée à une association de téléspectateurs agissant en responsabilité civile contre une chaîne de télévision pour manquement à son obligation d'informer exactement et honnêtement le public[7]. L'arrêt rappelle, en toute orthodoxie, que la recevabilité de la demande formée par une association est soumise aux dispositions de la loi et non à celles de ses statuts qui ne peuvent y déroger. Dans une espèce analogue, cependant, le tribunal de grande instance de Paris a accueilli l'action de l'association « *en tant que comité de défense chargé par ses statuts de défendre les intérêts particuliers de ses membres* [...] *des téléspectateurs animés d'une même volonté pouvant se regrouper pour assurer la défense collective du droit de chacun à l'information* », mais le même jugement prend soin de préciser que l'association n'est pas recevable à agir pour la défense des intérêts collectifs de ses membres en l'absence de texte l'y autorisant, en relevant, toutefois, « *qu'il n'apparaît pas en effet que par son objet statutaire, l'association* [...] *rejoigne les intérêts supérieurs de la collectivité des téléspectateurs et dispose d'une représentativité qui l'autorise à agir au nom de cette collectivité* »[8].

L'action a été refusée également à l'association européenne « Droit et raison d'État » dans une espèce où cette association prétendait engager une action en responsabilité civile contre des sociétés françaises en raison de livraisons d'armes, faites avec l'autorisation du gouvernement français, à un pays dénoncé pour crimes de guerre par les institutions internationales[9]. Le tribunal d'instance de Paris du XVIe arrondissement a jugé, pour sa part, la demande irrecevable, car non conforme à l'objet statutaire de l'association[10].

102.163 Évolution de la jurisprudence des chambres civiles de la Cour de cassation. Certaines associations se sont vu d'abord reconnaître le droit d'agir pour défendre un intérêt collectif considéré comme **la somme des intérêts individuels de leurs membres.** Il s'agit d'actions ayant pour objet d'obtenir réparation non pas d'un préjudice personnellement subi par l'association, mais d'un préjudice dont souffre,

1. TGI Paris, 23 oct. 1984, *Gaz. Pal.* 1984. 2. 727; *D.* 1985. 31, note Lindon – Paris, 26 oct. 1984, *JCP* 1985. II. 20452, note Hassler – TGI Paris, 28 janv. 1985, *D.* 1985. IR 312, obs. Colombet; *RTD civ.* 1985. 767, obs. Normand – V. AUSSI, Paris, 27 sept. 1988, *D.* 1989. Somm. 301, obs. Hassler – Paris, 15 nov. 1989, RG n° 88/21340, *D.* 1990. Somm. 289 – Paris, 3 juill. 1995, RG n° 94/7582, *JCP* 1996. II. 22601, note Duvert.
2. TGI Paris, 9 oct. 1984, *Gaz. Pal.* 1985. 1. Somm. 91, v° *Action en justice.*
3. Paris, ord. réf., 20 déc. 1974, *D.* 1975. 312, concl. Franck et note Lindon; *JCP* 1975. II. 18056, note N'Guyen-Tahn-Bourgeais – TGI Niort, 29 juin 1981, *Gaz. Pal.* 1982. 1. Somm. 2 – Orléans, 21 juin 1984, *D.* 1985. 98.
4. TGI Nanterre, 23 sept. 1987, *Gaz. Pal.* 1987. 2. 673 – Versailles, 28 janv. 1988, RG n° 7076/87, *Gaz. Pal.* 1988. 1. 129, note P. B. – *Adde* : Civ. 2e, 18 déc. 1995, n° 91-14.785, *Bull. civ.* II, n° 314.
5. Paris, 3 juill. 1995, RG n° 94/7582, préc. s^s^ prés^t^ n°.
6. Paris, 3 juill. 1995, RG n° 94/7582, préc. s^s^ prés^t^ n°.
7. Paris, 5 juill. 1994, RG n° 93/10442, *D.* 1996. 578, note Martin; *JCP* 1996. II. 22562, note Mécary et Gras.
8. TGI Paris, 29 nov. 1995, plaidoirie en demande de Me Montebourg et plaidoirie en défense de Me Moncorps, *D.* 1996. 578, note R. Martin; *JCP* 1996. II. 22564.
9. TI Paris, 1er juill. 1988, et Paris, 15 nov. 1991, *JCP* 1992. II. 21954, note Viney.
10. TI Paris XVIe, 12 oct. 1989, *JCP* 1992. II. 21954, note Viney.

ou pourrait souffrir, la collectivité des adhérents de l'association.

La recevabilité de ces demandes est pourtant **difficile à justifier.** Certaines décisions exigent que les statuts de l'association prévoient l'exercice d'actions en justice pour la défense des intérêts des membres[1], ce qui orienterait vers l'idée que la recevabilité admise repose sur un mandat. Mais cette idée ne s'accorde pas avec l'ensemble des solutions adoptées. L'idée de mandat supposerait l'exigence chez chacun des membres d'un préjudice actuel, or cette exigence n'apparaît aucunement dans la jurisprudence, et certaines décisions, saisies de la question, ont admis que la demande formée par l'association était recevable en présence d'un préjudice actuellement subi par un seul de ses membres[2]. La même idée exigerait également l'identification des membres auxquels le jugement devrait profiter, et elle exclurait toute indemnisation de l'association elle-même. Or, la jurisprudence admet une indemnisation concurrente de l'adhérent et de l'association[3].

Il s'agit, en réalité, d'attributions de qualité **purement prétoriennes** et *contra legem*.

Un arrêt de la **première chambre civile** du 27 mai 1975 affirmait en termes généraux que toute association régulièrement déclarée peut, dans les limites de son objet social, réclamer réparation des atteintes portées aux intérêts collectifs de ses membres[4]. La même formule est reprise dans l'arrêt de la même chambre du 15 mai 1990[5]. Cet arrêt, approuvant une cour d'appel d'avoir jugé recevable l'action engagée par une association de commerçants en réparation du préjudice causé par l'exploitation d'une surface de vente au-delà des limites autorisées, rappelle « *qu'une association peut, conformément à son objet, réclamer en justice la réparation de toute atteinte aux intérêts collectifs de ses membres* », puis énonce que « *le préjudice invoqué par les associations est nécessairement collectif et leur est donc propre puisqu'il est celui-là même qui a été éprouvé par l'ensemble de leurs associés* » et que « *la cour d'appel a bien réparé le préjudice subi par les associations dont elle relève qu'elles défendent les intérêts communs de leurs membres* ». Ces arrêts, cependant, se rapportent à des espèces dans lesquelles l'association, constituée en vue de la protection d'intérêts déterminés de ses membres, faisait par voie d'action collective ce que chacun de ses adhérents aurait pu faire à titre individuel[6].

La **chambre commerciale**, pour sa part, a paru prendre nettement parti par un arrêt du 19 janvier 1999[7] en faveur d'une conception stricte et légale de l'action des associations pour la défense d'intérêts collectifs.

Faisant état de pratiques irrégulières de la part de la société Hoverspeed, l'Association professionnelle de lamanage des ports de France avait demandé réparation du préjudice résultant de l'atteinte aux intérêts collectifs qu'elle avait pour objet de défendre. La demande ayant été rejetée par la cour d'appel aux motifs que l'association demanderesse n'avait pas le statut de syndicat, qu'elle ne pouvait se réclamer d'aucune disposition législative ou réglementaire lui permettant d'agir en justice pour la défense de l'intérêt collectif, et enfin qu'aucun de ses adhérents n'avait subi de préjudice, cette association a formé un pourvoi au soutien duquel elle a fait valoir qu'une association peut, conformément à son objet, réclamer en justice la réparation de l'atteinte portée aux intérêts collectifs de ses membres indépendamment du préjudice causé à chacun d'eux. Le pourvoi est rejeté par la chambre commerciale. L'arrêt énonce qu'ayant relevé que la société victime n'était pas membre de l'association, ce dont il résultait que celle-ci ne lui avait pas confié la défense de ses intérêts, la cour d'appel en avait exactement déduit l'irrecevabilité de la demande.

Cependant plusieurs arrêts posent, de plus en plus nettement, et par des formules de plus en plus fermes, sous le visa ou en application de l'article 31 C. pr. civ., le principe qu'**une association peut agir en justice au nom d'intérêts collectifs dès lors que ceux-ci entrent dans son objet social.** Le principe est appliqué à des associations non agréées, pour leur permettre d'agir en dehors de toute habilitation législative[8], il est également appliqué à l'appui de solutions tendant à élargir les limites des habilitations légales, notamment celle des associations de défense de l'environnement[9] (ce qu'elle avait refusé, jadis, aux

1. Civ. 3e, 10 oct. 1978, n° 77-11.979, *Bull. civ.* III, n° 306; *D.* 1979. 581, note Franck.
2. Civ. 1re, 27 mai 1975, n° 74-11.480, *Bull. civ.* I, n° 174; *D.* 1976. 318, note Viney; *RTD civ.* 1976. 147, obs. Durry.
3. Civ. 25 juill. 1918, *DP* 1918. 1. 2 – Civ. 25 nov. 1929, *S.* 1932. 1. 28.
4. Civ. 1re, 27 mai 1975, n° 74-11.480, *Bull. civ.* I, n° 174; *D.* 1976. 318, note Viney; *RTD civ.* 1976. 147, obs. Durry.
5. Civ. 1re, 15 mai 1990, n° 88-19.780, *Bull. civ.* I, n° 102.
6. V. Civ. 23 juill. 1918, *DP* 1918. 1. 52; *S.* 1921. 1. 289, note Chavegrain.
7. Com. 19 janv. 1999, n° 96-19.495, *Bull. civ.* IV, n° 16; *D.* 1999. 331, note Boré.
8. Civ. 2e, 21 juill. 1986, n° 84-15.397, *Bull. civ.* II, n° 119 – Civ. 1re, 14 nov. 2000, n° 99-10.778, *Bull. civ.* I, n° 289 – Civ. 1re, 2 mai 2001, n° 99-10.709, *Bull. civ.* I, n° 114; *D.* 2001. 1973, note Gridel; *RTD civ.* 2001. 618, obs. Revet – Civ. 2e, 27 mai 2004, n° 02-15.700, *Bull. civ.* II, n° 239; *D.* 2004. 2931, obs. Lamazerolles – Civ. 2e, 5 oct. 2006, n° 05-17.602, *Bull. civ.* II, n° 255; *Envir.* 2007, n° 17, note Boutonnet – Civ. 1re, 18 sept. 2008, n° 06-22.038, *Bull. civ.* I, n° 201, *D.* 2009. 393, obs. Poillot et Sauphanor-Brouillaud; *D.* 2009. 2448, obs. Trébulle; *LPA* 20 févr. 2009, note Chabot; *JCP* 2008. II. 10200, note Dupont.
9. Civ. 2e, 7 déc. 2006, n° 05-20.297, note Boutonnet, préc. – Civ. 2e, 14 juin 2007, n° 06-15.352, *Bull. civ.* II, n° 157 – Civ. 3e, 26 sept. 2007, n° 04-20.636, *Bull. civ.* III, n° 155; *D.* 2007. 2757, chron. Monge et Nési; *D.* 2008. 2894, obs. Brun et Jourdain; *RTD civ.* 2008. 305, obs. Jourdain; *RLDC* nov. 2007, p. 22, obs. Kleitz Bachelet; *RLDC* mars 2008, p. 19, obs. Patetta; L. Boré, « Les prémisses d'une consécration générale du droit d'action des associations au plan civil », *RLDC* mars 2008, p. 17; *JCP* 2008. II. 10020, note Parance – Civ. 3e, 1er juill. 2009, n° 07-21.954, *Bull. civ.* I, n° 166; *JCP* 2009. 454, note Dupont.

associations de consommateurs[1]). Très favorable à celles-ci, la jurisprudence accueille aussi, au seul vu de l'objet social, leur action en responsabilité civile, alors même que l'infraction à la réglementation a cessé, la seule atteinte aux intérêts collectifs que ces associations ont pour objet de défendre suffisant « *à caractériser le préjudice moral indirect de ces dernières* ». Ainsi, la circonstance que l'infraction qui en était à l'origine ait cessé à la date de l'assignation demeure sans conséquence sur l'intérêt des associations à agir pour obtenir réparation du préjudice subi[2]. En outre, comme elle l'avait fait à propos de l'action syndicale[3], la jurisprudence élargit à des faits non constitutifs d'infraction pénale les dispositions des articles L. 421-2 et L. 421-6 du Code de la consommation[4].

b)
Juridictions répressives

102.171 Évolution de la jurisprudence de la chambre criminelle. Les juridictions répressives, soucieuses de préserver les pouvoirs du ministère public, faisaient jusqu'à présent preuve de rigueur[5]. Avec, néanmoins, quelques assouplissements : ainsi le **Comité national français contre le tabagisme** a été jugé recevable dans une poursuite pour infraction à la loi du 9 juillet 1976[6].

Un arrêt du 12 septembre 2006[7] énonce, cependant, à propos de l'action civile exercée devant les juridictions répressives par une **association de protection de l'environnement non agréée**, que « *la possibilité offerte par l'article L. 480 alinéa 5 du Code de l'urbanisme, aux associations agréées de protection de l'environnement d'exercer les droits de la partie civile en ce qui concerne les infractions en matière de permis de construire qui portent un préjudice direct ou indirect aux intérêts collectifs qu'elles ont pour objet de défendre, n'exclut pas le droit pour une association non agréée, qui remplit les conditions prévues par l'article 2 du Code de procédure pénale, de se constituer partie civile à propos des mêmes faits* ». L'arrêt en déduit que justifie sa décision la cour d'appel qui, pour rejeter l'exception d'irrecevabilité de la constitution de partie civile de l'association énonce que celle-ci a pour **objet statutaire** la protection de l'environnement, du cadre de vie, de la faune et de la flore du village concerné et que la construction d'une toiture contraire aux prescriptions du plan d'occupation des sols porte atteint aux intérêts collectifs qu'elle défend; qu'en l'état de ces énonciations, elle a ainsi caractérisé l'existence d'un **préjudice direct et personnel, distinct de celui de ses membres**, subi par l'association en raison de la spécificité du but et de l'objet de sa mission. La solution ne paraît pas être spéciale aux associations de défense de l'environnement. Par un arrêt du 9 novembre 2010[8], la même chambre casse l'arrêt d'une chambre d'accusation jugeant irrecevable la constitution de partie civile contre trois chefs d'État d'une **association ayant pour objet de combattre et prévenir la corruption**. Pour motiver la cassation, la chambre criminelle retient que, à les supposer établis, les délits poursuivis seraient de nature à causer à l'association « *un préjudice direct et personnel en raison de la spécificité du but et de l'objet de sa mission* ».

La chambre criminelle maintient pourtant sa rigueur à l'égard d'organismes n'ayant pas la nature d'associations, et prétendant se constituer partie civile dans un intérêt collectif sans habilitation légale à cet effet[9].

3°
Action des autorités en charge de l'économie

102.181 Ministre chargé de l'Économie. L'article L. 442-6, III du Code de commerce après avoir défini les pratiques restrictives de concurrence prohibées, et susceptibles d'engager la responsabilité de leur auteur, énonce que « *l'action est introduite devant la juridiction civile ou commerciale compétente par toute personne justifiant d'un intérêt, par le ministère public, par le ministre chargé de l'Économie ou par le président de l'Autorité de la concurrence lorsque ce dernier constate, à l'occasion des affaires qui relèvent de sa compétence, une pratique mentionnée au présent article.*

Lors de cette action, le ministre chargé de l'Économie et le ministère public peuvent demander à la juridiction saisie d'ordonner la cessation des pratiques mentionnées

1. Civ. 1re, 16 janv. 1985, no 83-14.063, *Bull. civ.* I, no 25; *D.* 1985. 317, note Aubert; *JCP* 1985. II. 20484, note Calais-Auloy.
2. Civ. 3e, 8 juin 2011, no 10-15.500, *Bull. civ.* III, no 101; *AJDI* 2011. 875; *Dr. sociétés* 2011. Comm. 169, obs. Hovasse.
3. Soc. 25 oct. 1961, *D.* 1962. 3, note Verdier – Civ. 1re, 8 févr. 1978, *D.* 1979. IR 509, obs. Julien.
4. Civ. 1re, 25 mars 2010, no 09-12.678, *Bull. civ.* I, no 76; *D.* 2010. 886, obs. Delpech; *D.* 2010. 1842, note Dupont; *D.* 2011. 271, obs. Fricero; *RTD com.* 2010, obs. Bouloc.
5. Crim. 18 oct. 1913, *S.* 1920. 1. 321, note Hugueney – Crim. 6 mars 1990, no 88-81.385, *Bull. crim.* no 104 – Crim. 10 juin 1991, no 90-85.003, *Bull. crim.* no 247 – Crim. 24 mars 1992, no 91-83.817, NP; *Gaz. Pal.* 31 oct. 1992, p. 13 – Crim. 23 sept. 2003, no 02-83.984, NP; *LPA* 5 janv. 2004, p. 8, note Sermier.
6. Crim. 29 avr. 1986, no 84-93.719, *Bull. crim.* no 146.
7. Crim. 12 sept. 2006, no 05-86.958, *Bull. crim.* no 217; *LPA* 19 janv. 2007, no 15, p. 13, note Gaba.
8. Crim. 9 nov. 2010, no 09-88.272, NP; *D.* 2010. 2707, obs. Lavric; *D.* 2010. 2641, édito. Rome; *D.* 2010. 2760, entretien Roujou de Boubée; *D.* 2011. 112, point de vue Perdriel-Vaissière; *Gaz. Pal.* 23 déc. 2010, p. 12, note Roets.
9. Crim. 19 déc. 2006, no 05-81.138, Dpt de la Vendée, *Bull. crim.* no 316; *D.* 2007. 374, obs. Darsonville; *AJDA* 2007. 493; *AJ pénal* 2007. 136, obs. Saas; *RSC* 2007. 303, obs. Robert – Crim. 16 janv. 2007, no 05-86.580, Comité régional des pêches maritimes et élevages marins de Bretagne, *Bull. crim.* no 10; *AJ pénal* 2007. 135; *RSC* 2007. 303 et 307, obs. Robert.

au présent article. Ils peuvent aussi, pour toutes ces pratiques, faire constater la nullité des clauses ou contrats illicites et demander la répétition de l'indu. Ils peuvent également demander le prononcé d'une amende civile [...] ».

Ces dispositions étaient vivement critiquées [1]. Elles autorisaient le ministre, et le ministère public, à agir sans informer les victimes des pratiques en cause, sans les associer à la procédure, et quand bien même elles auraient exprimé une intention contraire. La chambre commerciale de la Cour de cassation, qui en avait d'abord refusé l'application [2], a cependant considéré que l'action du ministre (ou du ministère public) n'est pas l'action des victimes exercée par substitution, mais une « *action autonome de protection du marché et de la concurrence* » [3]. L'organe de la juridiction se voit ainsi conférer une mission de régulation du marché dont l'accomplissement est à l'initiative du pouvoir exécutif, et qui n'a rien à voir avec la fonction juridictionnelle. La chambre commerciale en a déduit que l'exercice de cette action autonome ne violait pas l'article 6 § 1 de la Convention de sauvegarde des droits de l'homme et des libertés fondamentales [4].

Cependant, le Conseil constitutionnel a été saisi d'une **question prioritaire de constitutionnalité** relative à la conformité aux droits et obligations que la Constitution garantit, notamment le principe contradictoire et le droit au recours, des dispositions du second alinéa du paragraphe III de l'article L. 442-6 du Code de commerce.

Le Conseil a considéré, en premier lieu, que « *les dispositions critiquées n'interdisent ni au partenaire lésé par la pratique restrictive d'engager lui-même une action pour faire annuler les clauses ou contrats illicites, obtenir la répétition de l'indu et le paiement de dommages-intérêts, ou encore de se joindre à celle de l'autorité publique par voie d'intervention volontaire, ni à l'entreprise poursuivie d'appeler en cause son cocontractant, de le faire entendre, ou d'obtenir de lui la production de documents nécessaires à sa défense; que par conséquent ces dispositions ne sont pas contraires au principe contradictoire* ».

En second lieu, le Conseil a considéré « *qu'il est loisible au législateur de reconnaître à une autorité publique le pouvoir d'introduire, pour la défense d'un intérêt général, une action en justice visant à faire cesser une pratique contractuelle contraire à l'ordre public; que ni la liberté contractuelle, ni le droit à un recours juridictionnel effectif ne s'opposent à ce que, dans l'exercice de ce pouvoir, cette autorité publique poursuive la nullité des conventions illicites, la restitution des sommes indûment perçues et la réparation des préjudices que ces pratiques ont causés, dès lors que les parties au contrat ont été informées de l'introduction d'une telle action; que sous cette réserve, les dispositions contestées ne portent pas atteinte aux dispositions constitutionnelles visées* » [5].

C'est donc seulement à la condition que l'intéressé soit mis en mesure d'exercer lui-même son droit d'action que l'autorité publique peut exercer ce droit en son lieu et place, sans qu'il puisse, toutefois, s'y opposer. L'intéressé n'est pas dépossédé de son droit d'action, mais il a perdu la liberté d'agir ou de ne pas agir qui en est, en principe, caractéristique. De gré ou de force, il doit participer à la régulation judiciaire du marché, à laquelle ses propres droits sont instrumentalisés.

La **Cour européenne des droits de l'homme**, quant à elle, a été saisie par un grand distributeur, qui, invoquant l'article 6 § 1 de la Convention de sauvegarde des droits de l'homme et des libertés fondamentales, se plaignait globalement du rôle accordé au ministre dans le procès examiné.

La Cour, statuant d'abord sur le **droit d'accès au tribunal du distributeur requérant**, relève qu'il était défendeur dans cette procédure, et qu'il a pu exposer ses griefs à tous les stades de celle-ci, que son droit d'accès n'est donc pas en jeu.

En ce qui concerne **l'accès au juge du fournisseur**, la Cour observe que le ministre agit, avant tout en défense de l'ordre public économique qui ne se limite pas aux intérêts immédiats du fournisseur, que son action n'exclut pas les fournisseurs lésés, puisqu'ils restent en droit d'engager eux-mêmes une action aux fins d'annulation, de répétition de l'indu et dommages-intérêts, ou bien de se joindre à l'instance engagée par le ministre. Cohérente avec l'idée que l'intérêt de l'ordre est un autre intérêt que celui des fournisseurs, la Cour analyse le droit d'action des fournisseurs comme un droit autonome par rapport à celui du ministre et vice versa. Néanmoins, dans la mesure où l'action du ministre ne place pas la requérante dans une situation de net désavantage par rapport à son adversaire, la Cour n'aperçoit, dans la procédure examinée, aucun manquement aux exigences de l'article 6 § 1 [6].

102.182 Autorités administratives indépendantes. Action de la personne morale. Le développement du droit économique, et les exigences de la pro-

1. D. Mainguy, « L'esprit et la lettre du nouvel article L. 442-6 du Code de commerce », *JCP E* 2002. 1729 – A. Penneau, « La sanction civile des contrats commerciaux déloyaux par l'effet de l'action de substitution d'une autorité publique – Critique de l'article L. 442-6, III du Code de commerce et propositions », *D.* 2003. 1278 – D. de Béchillon et C. Jamin, « La Convention européenne des droits de l'homme au supermarché », *D.* 2007. Chron. 2313 – M. Bandrac, « L'action donnée au ministre de l'Économie et des Finances face à l'article 6 de la convention européenne des droits de l'homme », *D.* 2007. 2433 – A. Penneau, « L'article L. 442-6, III du Code de commerce en question », *D.* 2007. Chron. 2630; « Le ministre, le juge et le contrat, réflexions circonspectes à propos de l'article L. 442-6, III du Code de commerce », *JCP A* 2007. I. 1864.
2. Com. 5 déc. 2000, n° 98-17.705, NP; *RJDA* 2001, n° 511.
3. Com. 8 juill. 2008, n° 07-16.761, *Bull. civ.* IV, n° 143; *D.* 2008. 3046, note Bandrac; *D.* 2008. 2067, obs. Chevrier; *D.* 2008. 2749, chron. Bélaval et Salomon; *D.* 2009. 1441; *D.* 2009. 2888, obs. Ferrier.
4. Com. 8 juill. 2008, n° 07-16.761, préc. s^s prés^t n°.
5. Cons. const., 13 mai 2011, n° 2011-126 QPC.
6. CEDH 17 janv. 2012, Galec c/France, req. n° 51255/08, *JCP* 2012. 462, note Luciani.

tection des marchés ont conduit le législateur français à mettre en place des autorités administratives indépendantes, investies d'une mission de surveillance.

L'Autorité des marchés financiers (AMF), instituée par la loi de sécurité financière du 1er août 2003[1], et qui remplace, notamment, la Commission des opérations de bourse (COB), a reçu la qualification d'autorité « publique » indépendante, et s'est vue conférer la personnalité morale.

Certains droits d'agir avaient été conférés au président de la COB par plusieurs dispositions introduites dans l'ordonnance n° 67-833 du 28 septembre 1967 par la loi n° 89-531 du 2 août 1989[2].

L'Autorité des marchés financiers, investie de la personnalité morale par la loi de sécurité financière, jouit aujourd'hui d'un droit d'action qui lui est propre. L'article L. 621-2, II, 9° du Code monétaire et financier énonce que « *le président de l'Autorité des marchés financiers a qualité pour agir au nom de celle-ci devant toute juridiction* ».

102.183 Action du président. Autorité de la concurrence. Bien que le deuxième alinéa de l'article L. 442-6, III du Code de commerce ne désigne que le ministre de l'Économie et le ministère public en tant qu'autorités qualifiées pour former des demandes, le président de l'Autorité de la concurrence figure parmi les autorités auxquelles le premier alinéa du même article permet d'introduire « l'action » lorsque l'Autorité de la concurrence « *constate, à l'occasion des affaires qui relèvent de sa compétence, une pratique mentionnée au présent article* ». L'Autorité de la concurrence, cependant, n'a pas la personnalité juridique. Elle est représentée en justice par son président[3], lequel a qualité pour agir en justice en son nom. Il en est déduit que le président de l'Autorité de la concurrence n'a pas de pouvoir propre qui serait dissociable de celui de l'Autorité elle-même[4].

SECTION 3
SANCTION DU DÉFAUT DE QUALITÉ

102.191 La qualité, condition d'existence de l'action. La qualité est une condition d'existence de l'action, exigée **tant en demande qu'en défense**[5]. Sous ce dernier aspect la question est celle de savoir contre qui la demande doit être formée[6]. Elle est plus souvent abordée en termes de bien-fondé qu'en termes de recevabilité.

À cet égard il a été jugé que l'action en réintégration peut être intentée contre l'auteur matériel du trouble et non pas seulement contre celui à qui profite la dépossession[7], et que l'action en répétition de l'indu visée par l'article L. 411-74 du Code rural et de la pêche maritime ne peut être exercée contre celui qui a joui gratuitement de la disposition des terres et qui n'a ni la qualité de preneur ni celle d'intermédiaire[8]. Le défendeur qui soulève tardivement son défaut de qualité encourt la responsabilité visée par l'article 123 C. pr. civ.[9].

L'absence de qualité met obstacle également à l'intervention, et la voie de la **tierce opposition** n'est pas ouverte lorsque la décision qu'elle prétend critiquer a été rendue à la suite de l'exercice d'une action **attitrée**[10].

Une même personne est susceptible d'invoquer **plusieurs qualités différentes.** Le juge retient alors celle qui permet d'examiner le fond. Ainsi la demande formée par une concubine en réparation du préjudice causé par le décès accidentel de son concubin a pu être rejetée comme irrecevable, pour autant que la concubine agissait en cette qualité, mais jugée recevable, au contraire, dans la mesure où la même concubine agissait en tant que légataire universelle[11]; de même un arrêt approuve une cour d'appel d'avoir retenu, en application d'une convention conclue entre les parties, que la qualité d'actionnaire primait celle de locataire, alors que la détermination de la qualité de la défenderesse, qui pouvait se prétendre titulaire de droits aux deux titres, était déterminante de la compétence[12]. En l'absence de la qualité invoquée (ou d'aucune des qualités invoquées) la demande sera jugée irrecevable[13]. Deux qualités peuvent être cumulées : ainsi les père et mère prétendus

1. L. n° 2003-706, 1er août 2003, de sécurité financière, *JO* 2 août, p. 13220.
2. L. n° 89-531, 2 août 1989, relative à la sécurité et à la transparence du marché financier, *JO* 4 août, p. 9822.
3. Décr. n° 2009-141, 10 févr. 2009, relatif à la représentation de l'Autorité de la concurrence par son président, *JO* 11 févr., p. 2428, art. 1er – C. com., art. R. 461-1.
4. Caen, 1re ch. civ., 26 mars 2013, RG n° 11/03883.
5. Com. 20 juin 2006, n° 03-15.957, *Bull. civ.* IV, n° 146; *Gaz. Pal.* 10 mars 2007, p. 28.
6. Pour l'action oblique, v. Com. 15 oct. 1991, n° 89-18.927, *Bull. civ.* IV, n° 283.
7. Civ. 3e, 7 mars 2012, n° 11-10.177, *Bull. civ.* III, n° 38; *D.* 2012. 1528, note Jaouen.
8. Civ. 3e, 21 mars 2012, n° 11-14.834, *Bull. civ.* III, n° 51; *D.* 2012. 2293, note Barbieri.
9. Civ. 2e, 27 févr. 2003, n° 01-11.975, *Bull. civ.* II, n° 44; *Procédures* 2003. Comm. 111, obs. Perrot.
10. Civ. 1re, 7 juin 1995, n° 93-16.089, *Bull. civ.* I, n° 237; *D.* 1996. 306, note Massip; *D.* 1996. 149, obs. Granet-Lambrechts; *RTD civ.* 1995. 610, obs. Hauser – Civ. 2e, 7 mars 2002, n° 97-21.852, *Bull. civ.* II, n° 33; *RTD civ.* 2002. 275, obs. Hauser – Civ. 1re, 5 nov. 2008, n° 06-21.256, *Bull. civ.* I, n° 252; *Procédures* 2009. Comm. 18, obs. Douchy-Oudot – Soc. 2 févr. 2006, n° 04-41.004, *Bull. civ.* V, n° 56; *Procédures* 2006. Comm. 49, obs. Perrot; *D.* 2006. 471.
11. T. civ. Seine, 10 janv. 1947, *Gaz. Pal.* 1947. 1. 186.
12. Com. 6 déc. 1966, n° 64-10.782, *Bull. civ.* III, n° 469; *D.* 1967. 267.
13. Com. 24 sept. 2003, n° 00-11.010, *Bull. civ.* IV, n° 143; *Procédures* déc. 2003, obs. Perrot; *D.* 2003. 2438, obs. Lienhard.

d'un enfant dont la filiation est contestée agissent tant en leur nom personnel qu'en qualité de représentants légaux de l'enfant[1].

102.192 Fin de non-recevoir. Distinction du défaut de qualité et du défaut de pouvoir. Parce que la qualité est une condition d'existence de l'action, le défaut de qualité donne lieu à une fin de non-recevoir (C. pr. civ., art. 122).

L'attribution faite par la loi à une personne quelconque d'une qualité, c'est-à-dire d'une action propre, pour défendre un autre intérêt que le sien, doit être distinguée de celle que la loi peut également faire d'un simple pouvoir de représenter autrui dans l'exercice d'actions dont autrui est titulaire. Le **défaut de pouvoir d'un représentant** prétendu donnera lieu à la **nullité de la demande pour irrégularité de fond** (C. pr. civ., art. 117)[2] et non à une fin de non-recevoir comme ce sera le cas s'il agit du défaut de qualité d'un prétendu titulaire de l'action[3].

Cette distinction n'est pas toujours aisée et l'intention du législateur à ce propos n'est pas toujours claire. L'intérêt pratique de cette distinction se trouve heureusement limité en raison de la similitude des régimes respectifs des fins de non-recevoir et des nullités pour irrégularité de fond (v. C. pr. civ., art. 118, 119, 121, 123, 124 et 126).

102.193 Régime de la fin de non-recevoir tirée du défaut de qualité. À la différence de la fin de non-recevoir tirée d'un défaut d'intérêt, celle tirée du défaut de qualité ne pouvait être relevée d'office[4]. Le décret n° 2004-836 du 20 août 2004, portant modification de la procédure civile est venu modifier le second alinéa de l'article 125 C. pr. civ., qui énonce désormais que « *le juge peut relever d'office la fin de non-recevoir tirée du défaut d'intérêt, du défaut de qualité ou de la chose jugée* »[5]. Il arrive qu'un défaut de pouvoir soit qualifié défaut de qualité pour relever d'office une fin de non-recevoir qui n'est qu'une irrégularité de fond et dont il faudrait dire si elle est d'ordre public[6].

Comme toutes les fins de non-recevoir, celle tirée du défaut de qualité est écartée si la situation qui l'engendre a pu être **régularisée**, de telle sorte que le défaut a disparu au moment où le juge statue (C. pr. civ., art. 126, al. 1er). Il en est ainsi également lorsqu'avant toute forclusion la personne ayant qualité pour agir devient partie à l'instance (C. pr. civ., art. 126, al. 2)[7].

Ainsi, il y a lieu d'écarter l'irrecevabilité tirée du fait que la mère d'un enfant majeur était sans droit pour agir en son nom dans une action en recherche de paternité dès lors que celui-ci, qui a seul qualité pour agir, devient partie à l'instance avant toute forclusion[8]. De même, la fin de non-recevoir tirée d'une autorisation irrégulière donnée par l'assemblée des copropriétaires au syndic pour agir en justice doit être écartée si, au cours de l'instance, une autorisation régulière a été donnée[9].

La jurisprudence fait de l'article 126 une **interprétation bienveillante.** Elle admet que la régularisation peut intervenir en appel[10]. Elle admet aussi la possibilité d'une substitution rétroactive de la personne ayant qualité à celle qui a formé la demande alors qu'elle en était dépourvue, et permet ainsi une régularisation postérieure à l'expiration du temps d'agir[11]. Le défaut de qualité n'est pas d'ordre public et ne peut être opposé pour la première fois devant la Cour de cassation[12].

1. Civ. 1re, 19 mars 2008, n° 07-11.573, *Bull. civ.* I, n° 84; *D.* 2008. 1854, obs. Gouttenoire et Bonfils; *D.* 2009. 773, obs. Granet-Lambrechts; *RTD civ.* 2008. 289, obs. Hauser; *RTD civ.* 2008. 467, obs. Hauser.
2. Soc. 11 févr. 1982, n° 80-40.070, *Bull. civ.* V, n° 92; *JCP* 1982. IV. 152 – Civ. 2e, 16 oct. 1984, *Gaz. Pal.* 1985. 1. Pan. 50, obs. Guinchard – *Adde :* Civ. 3e, 15 janv. 1997, n° 95-70.182, *Bull. civ.* III, n° 13.
3. Civ. 2e, 1er févr. 2006, n° 04-14.575, NP – Civ. 3e, 13 janv. 2009, n° 05-12.741, NP; v. Ch. Atias, « L'étrange position procédurale de la personne morale en cas de défaut de pouvoir de son représentant », *D.* 2008. 2241.
4. Com. 29 janv. 1980, n° 78-10.517, *Bull. civ.* IV, n° 46 – Civ. 1re, 13 mars 1984, *Gaz. Pal.* 1984. 1. Pan. 216, obs. Guinchard – Civ. 2e, 6 janv. 1988, n° 86-15.851, NP; *JCP* 1988. II. 21089, note Cadiet – Civ. 2e, 1er juill. 1992, n° 90-21.659, *Bull. civ.* II, n° 192; *D.* 1993. Somm. 184, obs. Julien.
5. Décr. n° 2004-836, 20 août 2004, *JO* 22 août, p. 15032 – Civ. 2e, 24 janv. 2008, n° 07-10.748, *Bull. civ.* II, n° 21.
6. Civ. 2e, 24 janv. 2008, n° 07-10.748, *Bull. civ.* II, n° 21; *Bull. Joly* 2008. 388, note Guilhem.
7. Civ. 1re, 14 janv. 1997, n° 94-19.367, *Bull. civ.* I, n° 11 – Com. 24 sept. 2003, n° 00-11.010, préc. ss n° 102.191.
8. Pau, 3 févr. 1981, *D.* 1982. IR 258, obs. Huet-Weiller.
9. Civ. 3e, 7 nov. 1984, *D.* 1986. 10, note Souleau – V. Civ. 2e, 15 déc. 1986, n° 85-16.398, *Bull. civ.* II, n° 190; *JCP* 1987. IV. 69.
10. Civ. 3e, 15 nov. 1989, n° 88-10.441, *Bull. civ.* III, n° 215; *JCP* 1990. IV. 15 – Paris, 29 mars 1991, RG n° 89/13261, *Bull. ch. avoués* 1991. 3. 106 – Paris, 18 févr. 1993, RG n° 91/5056, *Bull. ch. avoués* 1994. 2. 52.
11. Com. 9 juill. 1980, n° 78-14.133, *Bull. civ.* IV, n° 292; *D.* 1981. IR 146, obs. Julien; *RTD civ.* 1981. 217, obs. Perrot.
12. Soc. 20 juin 2012, nos 11-19.643 et 11-19.658, *Bull. civ.* V, n° 190.

CHAPITRE

103. Vérification de la capacité d'ester en justice

MONIQUE BANDRAC
Professeur émérite de l'Université Paris-Nord (Paris XIII)

SECTION 0

ORIENTEUR

103.00 Plan du chapitre.

Généralités. La capacité d'ester en justice n'est pas une condition d'existence de l'action, mais seulement une condition de fond de la validité de la demande (C. pr. civ., art. 117).

On distingue, toutefois, au regard du droit d'agir comme au regard de tout autre droit, la capacité de jouissance et la capacité d'exercice.

103.01 Textes applicables.

C. pr. civ., art. 32, 117, 120, 121, 122, 126, 338-1 à 338-12, 370, 1186, 1191.

C. civ., art. 249, 327, 375, 388-1 à 389-7, 408, 413-6, 425, 433, 440, 467, 477, 488, 507, 2008.

C. trav., art. L. 1453-1.

Conv. EDH, art. 6.

103.04 Formulaire : renvois.

Form. pr. civ. *Administration légale et tutelle – Ouverture de tutelle* (Ouverture d'une tutelle hors le cas du décès des deux parents)

Administration légale et tutelle – Ouverture de tutelle (Ouverture d'une tutelle dans le cas du décès des deux parents)

SECTION 1

CAPACITÉ DE JOUISSANCE

103.10 Notion. En ce qui concerne le droit d'action, la capacité de jouissance est tout près de coïncider avec la personnalité juridique. L'action est une liberté fondamentale, la capacité de jouissance n'est donc rien d'autre que l'aptitude à être titulaire du droit d'action, qui appartient, **en principe, à toute personne physique ou morale.**

À cet égard, la **capacité** reconnue par le droit français aux **personnes morales étrangères pour agir devant les tribunaux français** a connu dans les vingt dernières années une évolution sensible, commandée par le droit au juge qu'impose l'article 6 § 1 de la Convention de sauvegarde des droits de l'homme et des libertés fondamentales (Conv. EDH).

Le **droit d'agir des sociétés étrangères** était bridé par la loi du 30 mai 1857, leur imposant d'être autorisées par décret ou accord international à exercer leurs droits en France. Cette exigence, présentée comme une condition de capacité, mais sanctionnée, le plus souvent par l'irrecevabilité, a été balayée par la Cour de cassation sous le visa de l'article 6 § 1 de la Conv. EDH [1]. Le **droit d'agir des associations étrangères** était bridé, quant à lui, par l'article 5 de la loi du 1er juillet 1901, exigeant, en l'absence d'établissement sur le sol français, une déclaration faite à la préfecture préalablement à l'exercice du droit d'action. La condition était comprise, ici encore en termes de capacité, mais sanctionnée par une fin de non-recevoir. L'exigence, condamnée par la Cour européenne des droits de l'homme [2], a été abandon-

1. Crim. 12 nov. 1990, n° 89-81.851, *Bull. crim.* n° 377; *D.* 1992. 29, note Bouloc; *Rev. sociétés* 1992. 39, note Roujou de Boubée; *Rev. crit. DIP* 1991. 667, note Khairallah – Civ. 1re, 25 juin 1991, n° 90-13.849, *Bull. civ.* I, n° 207, *D.* 1992. 163, obs. Audit; *RTD civ.* 1992. 396, obs. Mestre – Com. 8 juill. 2003, n° 00-21.591, *Bull. civ.* IV, n° 121; *D.* 1992. 163, obs. Audit; *RTD civ.* 1992. 396, obs. Mestre; *Rev. crit. DIP* 1991. 667, note Khairallah.
2. CEDH 15 janv. 2009, Ligue du monde islamique et a. c/ France, req. nos 36497/05 et 37172/05, *Bull. Joly* 2009. 481.

née par la chambre criminelle[1], et la solution, rendue à propos d'une constitution de partie civile, semble devoir être élargie à toute action d'une association étrangère.

L'intérêt pratique de la notion apparaît dans le cas où l'un des plaideurs se révèle **dépourvu de personnalité, c'est-à-dire d'existence juridique**. L'hypothèse est celle d'une personne décédée, ou celle d'un groupement sans personnalité.

103.11 Personne physique décédée. L'assignation délivrée **au nom d'une personne décédée est nulle**[2]. Et de même l'assignation dirigée **contre une personne décédée**[3]. Avant l'entrée en vigueur du Nouveau Code de procédure civile, plusieurs arrêts avaient admis, toutefois, en application de l'article 2008 du Code civil, que lorsqu'un mandataire avait agi pour la personne décédée la procédure était valable comme ayant été faite au nom des ayants cause du défunt[4].

Quand le décès se produit **en cours d'instance**, il n'entraîne en principe, si l'action est transmissible, que **l'interruption de celle-ci** à compter de la notification qui en est faite à l'autre partie (C. pr. civ., art. 370).

103.12 Groupements sans personnalité. De même les groupements dépourvus de la personnalité morale[5] ne peuvent ester en justice. Tel est le cas d'une **tribu (encore que les cours d'appel soient divisées)**[6], ou de la succession[7], ou du *trust* (toutefois a été reconnue la qualité au *trustee* pour agir en justice afin de défendre les intérêts du *trust*[8]). Mais il en est ainsi également d'une société de fait (ce qui rend nulle la mise en demeure préalable aux poursuites adressée par l'Urssaf[9]), d'une **société en participation**[10], d'un groupe de sociétés[11], d'un ***pool* bancaire**[12], d'un conseil d'administration[13] d'une **société non immatriculée**[14] ou d'un **syndicat dont les statuts ne sont pas déposés** en mairie ainsi que les noms des administrateurs[15], d'une association syndicale libre de copropriétaires en cas d'inobservation des formalités publicitaires[16], d'une unité économique et sociale[17], de même encore du service de l'Aide sociale à l'enfance, service non personnalisé[18]. Il en est de même d'une société absorbée. **La Commission des opérations de bourse (COB)**, dépourvue de personnalité morale, était également dépourvue de la capacité d'agir[19]; et de même **un fonds commun de placement**[20]. L'autorité de la concurrence est dépourvue de personnalité morale. Il a été jugé, cependant, qu'elle est représentée par son président, dont le droit d'action ne serait pas un droit autonome[21].

103.13 Capacité passive des groupements. Les tribunaux distinguent, toutefois, la capacité active des groupements et leur capacité passive. Ils **permettent de poursuivre un groupement dépourvu de personnalité**, afin que celui-ci ne puisse pas trop aisément se soustraire à ses engagements[22]. En sens contraire a été déclarée irrecevable la demande de la République de Lituanie contre le Bureau soviétique d'informations, dépourvu de personnalité[23].

103.14 Sanction du défaut de capacité. Capacité de jouissance. Le défaut de capacité d'ester en justice, expressément visé par l'article 117 alinéa 2 C. pr. civ., qui ne fait aucune distinction entre la capacité

1. Crim. 8 déc. 2009, n° 09-81.607, *Bull. crim.* n° 205; *D.* 2010. 202, obs. Léna; *D.* 2010. 2254, obs. Pradel; *D.* 2010. 2323, obs. d'Avout et Bollée.
2. Civ. 2e, 13 janv. 1993, n° 91-17.175, *Bull. civ.* II, n° 15; *D.* 1993. Somm. 181, obs. Julien.
3. Civ. 2e, 23 oct. 1996, n° 94-21.971, *Bull. civ.* II, n° 238; *JCP* 1996. IV. 2457 – Civ. 2e, 25 févr. 2010, n° 09-11.820, *Bull. civ.* II, n° 47; *D.* 2010. 713; *Dr. et proc.* 2010. 177, note Vinckel.
4. Com. 26 juill. 1948, *JCP* 1948. II. 4473, note Lescot; *RTD civ.* 1949. 126, obs. Raynaud – Paris, 11 avr. 1951, *Gaz. Pal.* 1951. 1. 320 – Amiens, 28 juill. 1947, *S.* 1948. 2. 21, note Solus – et, sur pourvoi, Com. 19 juill. 1950, *JCP* 1951. II. 5952, note Motulsky.
5. À propos des sociétés, v. F. Vinckel, « La capacité des sociétés et le droit au procès équitable », *Bull. Joly* 2002. 192.
6. TGI Paris, 6 juin 1974, *D.* 1975. 95, note Lindon – Paris, 20 déc. 1976, *D.* 1978. 373, note Agostini – EN SENS INVERSE, Nouméa, 9 avr. 1987, *JCP* 1987. II. 20820, note Vivier.
7. Civ. 1re, 24 sept. 2002, n° 00-18.949, NP.
8. Aix-en-Provence, 4 févr. 2004, RG n° 98/5533, *LPA* 12 oct. 2004, p. 11, note Zulian.
9. Civ. 2e, 18 nov. 2003, n° 02-30.756, *Bull. civ.* II, n° 338.
10. Civ. 2e, 26 mars 1997, n° 94-15.528, *Bull. civ.* II, n° 96.
11. Civ. 2e, 3 juin 1998, n° 96-15.839, NP.
12. Com. 17 déc. 1996, n° 94-19.489, n° 94-19.550, *Bull. civ.* IV, n° 313; *RTD com.* 1997. 510, obs. Martin-Serf; *JCP* 1997. 87, note Behar-Touchais; *JCP* 1997. 216, rapp. Remery.
13. Com. 3 oct. 2006, n° 05-12.410, *Bull. civ.* IV, n° 205.
14. Com. 25 oct. 1983, n° 82-11.389, *Bull. civ.* IV, n° 276; *Gaz. Pal.* 1984. Pan. 65, obs. Guinchard – Com. 29 mai 1972, n° 70-11.525, *Bull. civ.* IV, n° 160.
15. Civ. 2e, 25 févr. 1965, n° 64-60.027, *Bull. civ.* II, n° 207; *D.* 1966. Somm. 20; *Dr. soc.* 1965, obs. Savatier.
16. Civ. 3e, 13 févr. 2008, n° 07-11.007, NP; *D.* 2008. 2989, note Atias.
17. Soc. 23 juin 2010, n° 09-60.341, *Bull. civ.* V, n° 148.
18. Civ. 1re, 14 nov. 2006, n° 04-05.097, *Bull. civ.* I, n° 486; *D.* 2006. IR 2945; *D.* 2007. 2690, obs. Douchy-Oudot; *RTD civ.* 2007. 88, note Hauser.
19. T. confl. 22 juin 1992, *D.* 1993. 439, note Decoopman – Com. 26 oct. 1993, nos 91-16.575, 91-17.572 et 91-17.570, *Bull. civ.* IV, n° 352; *D.* 1994. 237, note Decoopman; *D.* 1995. Somm. 195, obs. Bon-Garcin; *JCP* 1993. IV. 2715 – Com. 15 mars 1994, n° 91-18.076, *Bull. civ.* IV, n° 107; *D.* 1995. Somm. 195, obs. Bon-Garcin – Com. 5 mars 1996, n° 94-11.616, *Bull. civ.* IV, n° 71; *D. Affaires* 1996. 512; *Quot. jur.* 28 mai 1996, n° 43, p. 6, note J.-P. D.; *LPA* 19 avr. 1996, p. 15, note Ducouloux-Favard.
20. Paris, 30 nov. 1993, RG n° 92/001627, *Bull. Joly Bourse* 1994. 379.
21. Caen, 1re ch. civ., 26 mars 2013, RG n° 11/03883.
22. Civ. 25 mai 1887, *S.* 1888. 1. 161 – Civ. 12 déc. 1917, *DP* 1918. 1. 15 – Civ. 2e, 24 mars 1993, n° 91-18.611, *Bull. civ.* II, n° 125; *JCP* 1993. IV. 1337.
23. TGI Paris, réf., 15 déc. 1992, *Gaz. Pal.* 22 mai 1993.

de jouissance et la capacité d'exercice, a pour sanction la **nullité de la demande pour irrégularité de fond**. Cette nullité peut être relevée d'office[1].

Un certain nombre de décisions, cependant, sanctionnent le défaut de personnalité morale, non pas par la nullité mais par l'**irrecevabilité** de la demande, fondée sur l'article 32 C. pr. civ. (cas d'une société non immatriculée[2]; d'une société absorbée avant la date de son acte introductif d'instance[3]), et ceci même dans le cas où le groupement se trouve défendeur (action en réparation de préjudice exercée contre une amicale de locataires n'ayant ni statuts ni siège et n'ayant fait aucune déclaration en tant qu'association[4]). La même solution a été retenue à propos d'une personne physique décédée[5].

À vrai dire l'hésitation est permise, car l'absence d'une capacité de jouissance, faute d'existence de la personne, équivaut à un défaut de droit d'action, et l'énumération des fins de non-recevoir de l'article 122 C. pr. civ. n'est pas limitative (la doctrine est, d'ailleurs, en faveur d'une fin de non-recevoir[6]). Au regard des dispositions de l'article 122 C. pr. civ., la qualification de fin de non-recevoir est, toutefois, en contradiction avec les décisions qui donnent efficacité aux demandes formées contre les groupements sans personnalité.

103.15 **Régularisation.** Que la sanction soit une fin de non-recevoir ou une nullité pour irrégularité de fond des actes accomplis par la personne privée de la jouissance du droit d'agir, **une régularisation est permise** en application ou bien de l'article 121 C. pr. civ., ou bien de l'article 126.

La régularisation, toutefois, est impossible quand l'instance a été introduite par une personne inexistante, c'est-à-dire dépourvue de personnalité juridique[7].

En matière de sociétés, la question s'est posée à propos des instances engagées par une société après qu'elle a été dissoute à l'occasion d'une fusion. Il est jugé de manière constante que l'irrégularité de fond tenant à l'inexistence de la personne morale qui agit en justice ne peut être couverte, et qu'elle ne peut l'être, notamment, par l'intervention de la société issue de la fusion[8]. Elle s'est posée également à propos d'instances engagées par des sociétés en formation, non encore immatriculées. Un arrêt de la troisième chambre civile avait admis la régularisation par une immatriculation survenue en cours d'instance[9], mais la deuxième chambre civile et la chambre commerciale se sont prononcées en sens inverse[10].

SECTION 2

CAPACITÉ D'EXERCICE

103.20 **Code civil.** Pour l'essentiel, les incapacités d'exercices étaient réglées quant à l'action comme elles l'étaient à l'égard des droits substantiels, par le Code civil (pour les mineurs, C. civ., livre Ier, titre X, anc. art. 388 à 487 - pour les majeurs, C. civ., livre Ier, titre XI, anc. art. 488 à 515).

Une partie de ces textes[11] a été modifiée par la loi du 5 mars 2007, portant réforme de la protection juridique des majeurs[12], qui, pour l'essentiel, est entrée en vigueur le 1er janvier 2009.

La loi nouvelle, rompant avec la division traditionnelle, rassemble dans un même titre les règles applicables à la gestion des patrimoines des personnes en tutelle, majeurs ou mineurs. Le titre X modifié du livre Ier s'intitule « De la minorité et de l'émancipation » (C. civ., art. 388 à 413-8 nouveaux), le titre XI a pour titre « De la majorité et des majeurs protégés par la loi » (C. civ., art. 414 à 495-9 nouveaux), et le titre XII « De la gestion du patrimoine des mineurs et majeurs en tutelle » (C. civ., art. 469 à 515 nouveaux).

Sous réserve d'une modification de la numérotation de certains articles, la réforme, cependant,

1. C. pr. civ., art. 120, al. 2.
2. Com. 25 oct. 1983, no 82-11.389, *Bull. civ.* IV, no 276; *Gaz. Pal.* 1984. Pan. 65, obs. Guinchard.
3. Com. 7 déc. 1993, no 91-19.339, *Bull. civ.* IV, no 462; *JCP* 1994. II. 22285, note Putman - Versailles, 9 mai 1996, RG nos 9474/94, 9475/94 et 9476/94, *BICC* 15 déc. 1996, no 1337 - Civ. 1re, 16 avr. 1996, no 94-14.923, *Bull. civ.* IV, no 182 [1].
4. Civ. 2e, 20 mars 1989, no 88-11.585, *Bull. civ.* II, no 76; *JCP* 1989. IV. 196 - *Adde*, TGI Paris, 15 déc. 1992, *Gaz. Pal.* 22 mai 1993.
5. Paris, 19 avr. 1992, *Bull. ch. avoués de Paris* 1992. 3. 87.
6. Julien, note ss Civ. 2e, 13 janv. 1993, no 91-17.175, *Bull. civ.* II, no 15; *D.* 1993. Somm. 181 - GUINCHARD, CHAINAIS et FERRAND, 2010, no 266.
7. Com. 7 déc. 1993, no 91-19.339, *Bull. civ.* IV, no 462 - Civ. 2e, 11 sept. 2003, no 01-14.493, *Bull. civ.* II, no 253; *RTD civ.* 2004. 766, obs. Théry - Civ. 3e, 15 déc. 2004, no 03-16.434, *Bull. civ.* III, no 238 - Soc. 23 juin 2010, no 09-60.341, P, préc. ss no 103.12.
8. Com. 6 mai 2003, no 00-17.344, NP; *Dr. sociétés* 2003. Comm. 203, obs. Trébulle - Civ. 2e, 12 févr. 2004, no 02-13.672, *Bull. civ.* II, no 52; *BICC* 15 mai 2004, no 730; *RTD civ.* 2004. 766, obs. Théry - Com. 13 mars 2007, no 05-21.594, NP - Toulouse, 2e ch., sect. 1, 22 avr. 2009, *Juris-Data* no 377665; *Dr. sociétés* 2009. Comm. 177, obs. Coquelet - Civ. 2e, 27 sept. 2012, no 11-22.278, NP.
9. Civ. 3e, 9 oct. 1996, no 93-10.225, NP; *Procédures* 1996. Comm 348, obs. Perrot - EN CE SENS, v. Nancy, 1re ch. civ., 11 janv. 2010, RG no 08/01107, *Dr. sociétés* 2010. Comm. 221, obs. Coquelet.
10. Civ. 2e, 26 mars 1997, no 94-15.528, *Bull. civ.* II, no 96 - Com. 30 nov. 1999, no 97-14.595, *Bull. civ.* IV, no 218; *Procédures* 2000. Comm. 101, obs. Croze.
11. La loi, en dépit de son intitulé, modifie certaines règles relatives à l'incapacité des mineurs.
12. L. no 2007-308, 5 mars 2007, portant réforme de la protection juridique des majeurs, *JO* 7 mars, p. 4325.

n'affecte pas les solutions antérieures relativement à la capacité d'agir en justice.

La loi du 5 mars 2007 institue, toutefois, une protection contractuelle, désignée sous les termes « mandat de protection future ». Aux termes du nouvel article 477 du Code civil, premier alinéa : « *Toute personne majeure ou mineure émancipée ne faisant pas l'objet d'une mesure de tutelle peut charger une ou plusieurs personnes, par un même mandat, de la représenter pour le cas où, pour l'une des causes prévues à l'article 425, elle ne pourrait plus pourvoir seule à ses intérêts* ». Le troisième alinéa du même article prévoit que : « *Les parents, ou le dernier vivant des père et mère, ne faisant pas l'objet d'une mesure de curatelle ou de tutelle, qui exercent l'autorité parentale sur leur enfant mineur ou assument la charge matérielle ou affective de leur enfant majeur peuvent, pour le cas où cet enfant ne pourrait plus pourvoir seul à ses intérêts pour l'une des causes prévues à l'article 425* [1]*, désigner un ou plusieurs mandataires chargés de les représenter. Cette désignation prend effet à compter du jour où le mandant décède ou ne peut plus prendre soin de l'intéressé* ». Sans être incapable, une personne pourra donc se trouver représentée en vertu d'un mandat dans l'exercice de certaines des actions dont elle est titulaire. Aucune disposition n'est prise pour assurer la publicité de ce mandat qui est conclu par acte notarié ou même, dans le cas du premier alinéa, par acte sous seing privé. Le nouvel article 488 décide que « *les actes passés et les engagements contractés par une personne faisant l'objet d'un mandat de protection future mis à exécution, pendant la durée du mandat, peuvent être rescindés pour simple lésion ou réduits en cas d'excès alors même qu'ils pourraient être annulés en vertu de l'article 414-1* ». L'action est une action attitrée, qui n'appartient qu'à la personne protégée, et, après sa mort, à ses héritiers.

§ 1 Mineurs

103.21 Incapacité et représentation du mineur. Le mineur de dix-huit ans ne peut agir en justice que par l'intermédiaire de son représentant légal, administrateur légal ou tuteur.

Celui-ci sera remplacé par un administrateur *ad hoc* en cas d'opposition de ses intérêts propres avec ceux de l'incapable (C. civ., art. 388-2). L'administrateur *ad hoc* doit en principe être désigné par le juge des tutelles, mais, à défaut d'une telle désignation, il peut l'être par le juge saisi (C. civ., art. 388-2). Le juge procède à cette désignation « *dans les conditions prévues à l'article 389-3* », c'est-à-dire qu'à défaut de diligences du représentant légal, il peut le faire à la demande du ministère public, du mineur lui-même, ou d'office[2].

L'opposition d'intérêts qui justifie le remplacement ne s'entend pas seulement d'un conflit actuel, mais aussi des risques d'un conflit qui pourrait naître en raison du comportement du représentant légal dans l'exercice de l'action[3].

Représentant le mineur dans l'exercice de l'action, le tuteur, l'administrateur légal ou l'administrateur *ad hoc* ont à se faire représenter à l'instance par un mandataire *ad litem* dès lors que la procédure concernée exige une telle représentation[4].

103.22 Limites. Les tribunaux sont sans pouvoir pour autoriser le mineur à plaider seul[5] sinon devant le conseil de prud'hommes (C. trav., art. L. 1453-1).

L'article 389-3 du Code civil réserve cependant les **cas où la loi (ou l'usage) autorise le mineur à agir lui-même**. Ainsi, en matière d'assistance éducative, l'article 375 du Code civil dispose que le juge des enfants peut être saisi à la requête du mineur lui-même, l'article 1186 C. pr. civ. précise que le mineur peut faire choix d'un conseil ou demander au juge qu'il lui en soit désigné un d'office, l'article 1191 du même code décide que les décisions rendues en la matière peuvent être frappées d'appel par le mineur lui-même. La Cour de cassation exige seulement que le mineur possède un **discernement suffisant** pour exercer les prérogatives que la loi lui reconnaît[6].

Le **mineur émancipé** est capable comme un majeur (C. civ., art. 413-6). Il résulte ainsi de la combinaison des articles 327[7] et 413-6 du Code civil que le mineur émancipé peut exercer, si elle ne l'a pas été antérieurement, une action en recherche de paternité, à compter de son émancipation jusqu'à l'expiration des deux années qui suivent sa majorité[8]. Le mineur est émancipé de plein droit par le mariage, et son représentant légal perd alors tout pouvoir de le représenter en justice[9].

1. « *Toute personne dans l'impossibilité de pourvoir seule à ses intérêts en raison d'une altération, médicalement constatée, soit de ses facultés mentales, soit de ses facultés corporelles de nature à empêcher l'expression de sa volonté peut bénéficier d'une mesure de protection juridique prévue au présent chapitre.* »

2. V. C. pr. civ., art. 1210-1 à 1210-3.
3. Paris, 18 nov. 1965, *D.* 1966. 149; *JCP* 1966. II. 14817, note M. B.
4. TGI La Roche-sur-Yon, réf. Jam, 29 juill. 1993, *BICC* 1er mars 1994, n° 302 – Rouen, 25 mai 1993, *BICC* 1er nov. 1993, n° 122; *RTD civ.* 1994. 90, obs. Hauser.
5. Civ. 25 juin 1884, *DP* 1885. 1. 160.
6. Civ. 1re, 21 nov. 1995, n° 94-05.102, *Bull. civ.* I, n° 418; *D.* 1996. 420, note Gouttenoire; *RTD civ.* 1996. 140, obs. Hauser; *LPA* 1996, n° 77, p. 24, note Massip.
7. C. civ., anc. art. 340, mod. par Ord. n° 2005-759, 4 juill. 2005, portant réforme de la filiation, *JO* 6 juill., p. 11159.
8. Civ. 1re, 14 mars 1978, n° 76-12.992, *Bull. civ.* I, n° 104; *D.* 1978. 399, note Huet-Weiller; *D.* 1978. 469, note J. M. – Sur renvoi, Nancy, 20 juin 1979, *D.* 1980. IR 424, obs. Huet-Weiller.
9. Civ. 2e, 23 oct. 1985, n° 84-10.511, *Bull. civ.* II, n° 161.

103.23 Pouvoir du tuteur. Les pouvoirs du tuteur quant aux actions du mineur sont réglés par l'article 408 du Code civil :

« *Le tuteur prend soin de la personne du mineur et le représente dans tous les actes de la vie civile, sauf les cas dans lesquels la loi ou l'usage autorise le mineur à agir lui-même.*

Il représente le mineur en justice. Toutefois, il ne peut agir, en demande ou en défense, pour faire valoir les droits extrapatrimoniaux qu'après autorisation ou sur injonction du conseil de famille. Celui-ci peut également enjoindre au tuteur de se désister de l'instance ou de l'action, ou de transiger ».

L'action en partage obéit à des règles spéciales posées par l'article 507 du Code civil.

103.24 Pouvoirs de l'administrateur légal. L'administrateur légal peut agir sans autorisation dans les cas où un tuteur pourrait le faire (C. civ., art. 389-7).

Dans les cas où le tuteur a besoin d'une autorisation du conseil de famille, l'administrateur légal doit obtenir celle-ci du juge des tutelles si l'administration est placée sous contrôle judiciaire (C. civ., art. 389-6). Si le régime est celui de l'administration légale pure et simple, les deux parents, dans le même cas, doivent agir conjointement. À défaut d'accord, l'acte doit être autorisé par le juge des tutelles (C. civ., art. 389-5).

La question reste douteuse, toutefois, sous le même régime, de savoir si, dans le cas des actes qu'un tuteur peut accomplir seul, l'un ou l'autre des deux administrateurs légaux, le père ou la mère, peut agir **sans le concours de l'autre**. Certains auteurs estiment, en effet, que l'égalité des pouvoirs donnés aux père et mère par la loi n° 85-1372 du 23 décembre 1985[1] s'est traduite par la **généralisation du concours des deux parents** pour tous les actes à accomplir, quelle que soit leur gravité[2]. Il resterait, cependant une différence entre les actes pour lesquels un tuteur aurait besoin de l'autorisation du juge des tutelles et ceux qu'un tuteur peut accomplir seul : dans le premier cas, la preuve de l'accord des père et mère devrait être présentée aux tiers, dans le second, le père ou la mère agissant seul serait dispensé d'une telle preuve par la présomption de l'article 389-4[3].

103.25 Audition du mineur. La loi n° 93-22du 8 janvier 1993[4] a introduit dans les règles françaises des dispositions destinées à mettre celles-ci en conformité avec la **Convention de New York du 26 janvier 1990** relative aux droits de l'enfant.

Aux termes de **l'article 388-1 alinéa 1er** tel qu'issu de la loi du 8 janvier 1993 : « *Dans toute procédure le concernant, le mineur capable de discernement peut, sans préjudice des dispositions prévoyant son intervention ou son consentement, être entendu par le juge ou, lorsque son intérêt le commande, par la personne désignée par le juge à cet effet* ».

Cette audition **ne confère pas au mineur la qualité de partie** à la procédure (C. civ., art. 388-1, al. 3).

Des règles spéciales s'appliquent à la demande d'audition (C. pr. civ., art. 338-1 à 338-12). La demande d'audition est présentée par le mineur lui-même ou par les parties (C. pr. civ., art. 338-2).

§ 2
Majeurs

103.31 Trois régimes. Aux termes de **l'ancien article 488 du Code civil**, le majeur qu'une altération de ses facultés mentales met dans l'impossibilité de pourvoir seul à ses intérêts est protégé par la loi, soit à l'occasion d'un acte particulier, soit d'une manière continue. Il en est de même de celui qui, par sa prodigalité, son intempérance ou son oisiveté s'expose à tomber dans le besoin ou compromet l'exécution de ses obligations familiales. Le nouvel article 425, issu de la loi du 5 mars 2007, exclut toute référence à ces dernières situations (v. ss n° 103.20).

En dehors du nouveau mandat de protection future, trois régimes de protection sont aménagés par la loi, et subsistent dans les nouveaux textes : la sauvegarde de justice (C. civ., art. 433 s.), la curatelle (C. civ., art. 440, al. 1er s.) et la tutelle (C. civ., art. 440, al. 3). Le premier n'entraîne aucune incapacité; il ne fait que rendre les actes du majeur annulables pour insanité d'esprit, ou rescindables pour lésion. Le second est un régime d'assistance, le troisième un régime de représentation.

103.32 Majeurs en tutelle. Représentation. Le majeur en tutelle agit par l'intermédiaire du tuteur qui le représente. Sera nulle, par exemple, la déclaration d'appel formée par un avocat au nom de l'incapable et non du tuteur[5].

Le pouvoir de représentation du tuteur est en principe le même que celui du tuteur d'un mineur (C. civ., art. 475). Toutefois, **le juge peut énumérer certains actes que la personne en tutelle aura le pouvoir de faire elle-même, soit seule, soit avec l'assistance de son tuteur** (C. civ., art. 473), ainsi une demande

1. L. n° 85-1372, 23 déc. 1985, relative à l'égalité des époux dans les régimes matrimoniaux et des parents dans la gestion des biens des enfants mineurs, *JO* 26 déc., p. 15111.
2. M. Grimaldi, « Commentaire de la loi du 23 décembre 1985 relative à l'égalité des époux dans les régimes matrimoniaux et des parents dans la gestion des biens des enfants », *Gaz. Pal.* 1986. 2. 529, n° 119.
3. P. Conte, « L'article 389-4 du Code civil », *JCP* 1991. I. 3513.
4. L. n° 93-22, 8 janv. 1993, modifiant le Code civil, relative à l'état civil, à la famille et aux droits de l'enfant et instituant le juge aux affaires familiales, *JO* 9 janv., p. 495.
5. Versailles, ch. 5 B, 21 déc. 2006, RG n° 05/03330.

reconventionnelle en divorce[1]. L'incapable est représenté par son tuteur, notamment, dans la procédure de divorce (C. civ., art. 249); le tuteur agit avec l'autorisation du conseil de famille et l'avis du médecin traitant; un tuteur *ad hoc* est désigné si le conjoint est tuteur.

103.33 Majeurs en curatelle. Assistance. Le majeur en curatelle ne peut, sans l'assistance de son curateur, faire aucun acte qui, sous le régime de la tutelle des majeurs, requerrait une autorisation du conseil de famille (C. civ., art. 467).

Sous l'empire des textes antérieurs à la loi du 5 mars 2007, le majeur en curatelle pouvait, en principe, **exercer seul les actions relatives à ses droits patrimoniaux**, et défendre seul aux mêmes actions[2], mais il devait être assisté par son curateur lorsqu'il s'agit d'exercer une **action extrapatrimoniale**[3]. La qualification de l'action pouvait être délicate (ainsi, d'une action tendant à contester un commandement de quitter les lieux faisant suite à une décision d'expulsion[4]).

L'article 468 alinéa 3 du Code civil décide aujourd'hui que l'assistance du curateur est requise « *pour introduire une action en justice ou y défendre* »[5].

L'article 471 du Code civil, qui peut être appliqué dans le jugement d'ouverture de la curatelle ou dans un jugement ultérieur, permet au juge des tutelles d'autoriser le majeur sous curatelle à exercer seul une ou plusieurs ou même toutes les actions dont l'exercice requerrait en principe l'assistance du curateur.

103.34 Pouvoirs du curateur. Absence de représentation. Le curateur assiste le majeur mais ne le représente pas. Ainsi **l'acte accompli envers le curateur est sans effet à l'égard du majeur.** Est irrecevable, par suite, l'appel relevé à l'encontre du curateur en l'absence d'appel déclaré contre le majeur protégé dans le délai de la loi[6].

En sens inverse, le curateur **ne peut agir au nom du majeur** (not., il ne peut relever appel au nom de ce dernier, ainsi l'appel signifié au seul curateur est irrecevable[7]).

Mais **toute signification faite au majeur en curatelle doit l'être aussi à son curateur à peine de nullité. Il en est de même pour une notification**[8] (C. civ., art. 467, dern. al.). Toutefois, il reste possible de régulariser la fin de non-recevoir qui résulte du défaut de signification au curateur[9]. On en déduit que, conformément à la jurisprudence développée sous l'empire des textes antérieurs à la loi du 3 janvier 1968, le curateur peut **intervenir** à l'instance et développer des **moyens différents** de ceux de l'incapable, ou même **contraires** à ceux-ci[10]. Toutefois, il ne saurait présenter des demandes supérieures à celles du majeur, car si ce dernier ne demande rien, le curateur ne peut rien demander non plus[11]. Il ne peut se substituer au majeur protégé.

§ 3
Sanction du défaut de capacité d'exercice

103.41 Nullité de l'acte introductif. La sanction d'un défaut de capacité pour exercer l'action est la nullité de l'acte introductif pour irrégularité de fond qui peut être relevée d'office (C. pr. civ., art. 117 et 120 - V. s[s] n° 103.14). Une telle nullité, cependant, ne sera pas prononcée si sa cause a disparu au moment où le juge statue (C. pr. civ., art. 121). Il pourra en être ainsi par l'effet d'un changement de régime de protection, s'il rend possible l'exercice de l'action sans l'assistance du curateur[12], ou bien si le curateur intervient volontairement dans l'instance.

L'omission de la signification au curateur, qualifiée de vice de forme par un arrêt de la première chambre civile du 8 juillet 2009[13], a été qualifiée d'irrégularité de fond par un arrêt de la même chambre du 23 février 2011, dans une espèce où la personne protégée avait été seule assignée. Le même arrêt exclut la possibilité pour le curateur de régulari-

1. Rennes, 25 janv. 1978, *D.* 1979. IR 209, obs. Breton.
2. Civ. 1re, 15 juin 1973, n° 70-12.904, *Bull. civ.* I, n° 203; *Defrénois* 1973. 1010, note Massip – Civ. 1re, 5 oct. 1994, n° 92-20.149, *Bull. civ.* I, n° 274; *D.* 1995. 358, 2e esp., note Massip; *RTD civ.* 1995. 327, obs. Hauser; *JCP* 1995, n° 51/52, p. 521, note Fossier; *JCP N* 1996, n° 18, p. 676, note Fossier – Reims, 13 mai 1993, *Juris-Data* n° 043298.
3. Paris, 10 oct. 1968, *Juris-Data* n° 026444 – Civ. 1re, 2 nov. 1994, n° 92-14.642, *Bull. civ.* I, n° 313; *JCP* 1995. II. 22555, 2e esp., note Fossier; *RTD civ.* 1995. 327, obs. Hauser; *Defrénois* 1995. 1034, obs. Massip; *JCP N* 1996, note Fossier.
4. Civ. 1re, 9 déc. 2009, n°s 08-16.835 et 08-16.836, *Bull. civ.* I, n°s 243 et 244; *D.* 2010. 636, note Norguin; *D.* 2010. 2115, obs. Lemouland, Noguéro et Plazy; *AJ fam.* 2010. 87; *RTD civ.* 2010. 82, obs. Hauser.
5. Civ. 1re, 4 juill. 2012, n° 11-18.475, *Bull. civ.* I, n° 154.
6. Civ. 1re, 5 oct. 1994, n° 92-20.149, *Bull. civ.* I, n° 274; *D.* 1995. 358, note Massip; *RTD civ.* 1995. 327, obs. Hauser; *JCP* 1995. 521, note Fossier; *JCP N* 1996. 676, note Fossier.
7. Civ. 1[re], 5 oct. 1994, n° 92-20.149, *Bull. civ.* I, n° 274; *D.* 1995. 358, note Massip; *JCP* 1995. 22555, note Fossier; *RTD civ.* 1995. 327, obs. Hauser.
8. Civ. 1re, 22 nov. 2005, n° 03-14.292, *Bull. civ.* I, n° 439 *D.* 2006. 1570, obs. Lemouland et Plazy; *RTD civ.* 2006. 89, note Hauser – Civ. 1re, 23 févr. 2011, n° 09-13.867, *Bull. civ.* I, n° 37; *D.* 2011. 1265, note Loir.
9. Civ. 1re, 6 janv. 1998, n° 95-19.902, n° 96-16.721, *Bull. civ.* I, n° 3; *Risques, cah. assur.* 1999, n° 39, p. 120, note Durry.
10. J. Massip, note s[s] Crim. 1er juin 1994, n° 87-80.278, *Bull. crim.* n° 216; *D.* 1995. 358, 1re esp.
11. J. Massip, note s[s] Crim. 1er juin 1994, n° 87-80.278, *Bull. crim.* n° 216, préc.
12. Douai, 20 avr. 2012, RG n° 10/03339.
13. Civ. 1re, 8 juill. 2009, n° 07-19.465, *Bull. civ.* I, n° 160; *D.* 2009. AJ 1970, obs. Egéa; *AJ fam.* 2009. 351, obs. Pécaut-Rivolier; *RTD civ.* 2009. 700, obs. Hauser.

ser la nullité en interjetant appel de la décision à l'effet de faire sanctionner l'irrégularité[1].

§ 4
Capacité et pouvoir de représentation

103.51 Représentation *ad agendum* et représentation *ad litem*. La personne physique frappée d'une incapacité d'exercice agit par l'intermédiaire de son représentant légal. Il en est de même d'une personne morale qui, bien qu'elle soit capable, ne saurait agir autrement que par l'intermédiaire d'une personne physique. La représentation ainsi envisagée est nécessaire dans l'exercice du droit d'action comme dans celui des droits substantiels. Cette représentation dite « à l'action » ou « *ad agendum* » doit être distinguée de la représentation dans les actes de l'instance, dite représentation « *ad litem* ». Pour l'accomplissement des actes de l'instance, celle-ci s'applique, obligatoirement ou non, selon la juridiction compétente, à toute personne même capable, et vient se superposer à la première. Qu'il s'agisse de l'une ou de l'autre, la représentation suppose un **pouvoir de représenter en la personne du représentant**. Le défaut de ce pouvoir, dont la source n'est pas nécessairement légale, mais pourrait être aussi judiciaire ou conventionnelle, est sanctionné en procédure par une irrégularité de fond de l'acte accompli, prévue par l'article 117 C. pr. civ.

Le défaut de pouvoir d'un représentant *ad agendum* intéresse surtout les personnes morales.

Tel est le cas du dirigeant social, ou du syndic de copropriété, ayant cessé ses fonctions, par décès[2] ou par démission[3]. Ou bien du dirigeant social ayant perdu ses pouvoirs en cas de liquidation après dissolution[4].

Le principe général est que seules les personnes habilitées à représenter une personne morale peuvent intenter une action en justice au nom de celle-ci[5]. Des règles spéciales sont posées à cet égard par le droit des sociétés. Le pouvoir de représentation d'une personne morale *ad agendum* peut être délégué par l'organe qui en est investi[6]. Cette délégation doit être spéciale, et sa validité obéit aux règles propres à la personne morale pour laquelle elle est consentie[7]. Elle n'a pas à être limitée dans le temps[8].

1. Civ. 1re, 23 févr. 2011, n° 09-13.867, préc. s^{s} n° 103.34.
2. Civ. 2e, 19 juin 1991, n° 90-12.594, *Bull. civ.* II, n° 178; *D.* 1992. Somm. 123, obs. Julien – À propos d'un commandement de payer, v. Civ. 2e, 21 mars 2013, n° 12-17.107, *Bull. civ.* II, [à paraître]; *Bull. Joly* 2013. 381, note Barbieri : l'irrégularité, aux termes de cet arrêt, n'est pas susceptible d'être couverte.
3. Civ. 2e, 13 oct. 1976, n° 75-13.244, *Bull. civ.* II, n° 274 – Civ. 2e, 30 nov. 1977, n° 76-12.305, *Bull. civ.* II, n° 225.
4. Civ. 2e, 31 janv. 2002, n° 99-12.174, NP; *RTD civ.* 2002. 560, obs. Perrot.
5. Civ. 1re, 13 févr. 1979, n° 77-15.851, *Bull. civ.* I, n° 57; *D.* 1981. 205, note Alaphilippe.
6. Civ. 2e, 22 oct. 1997, n° 94-13.225, *Bull. civ.* II, n° 258.
7. Soc. 8 févr. 2012, n° 11-14.802, *Bull. civ.* V, n° 60.
8. Com. 17 janv. 2012, n° 10-24.811, *Bull. civ.* IV, n° 9; *D.* 2012. 371.

CHAPITRE

104. Vérification des délais pour agir

MONIQUE BANDRAC
Professeur émérite de l'Université Paris-Nord (Paris XIII)

SECTION 0 ORIENTEUR

104.00 Plan du chapitre.

Division. Les délais impartis pour introduire l'instance (sect. 1) et ceux de l'instance introduite (sect. 2) obéissent à des régimes différents. Un certain degré d'unité se manifeste cependant dans les règles de la computation des délais (sect. 3).

104.01 Textes applicables.

C. pr. civ., art. 3, 30, 97, 114, 117, 122, 125, 134, 135, 381, 462, 469, 470, 640 à 647, 755, 757, 761, al. 2, 764, 780, 781, 856, 902, 905, 908 à 910, 911-1 à 912.

C. civ., art. 184, 191, 1235, 1676, 1792-4-1, 1792-4-2, 2219 s. [réd. L. n° 2008-561, 17 juin 2008[1]], 2230 à 2244, 2247 à 2250, 2254.

C. assur., art. L. 114-1, L. 114-3.

C. com., art. L. 110-4, L. 145-38, L. 321-17.

C. consom., art. L. 137-1 s., L. 311-37.

C. envir., art. L. 152-1.

C. mut., art. L. 221-11, L. 221-12-1.

C. pr. exéc., art. L. 111-3, L. 114-4.

C. trav., art. L. 3245-1.

104.04 Formulaire : renvois.

Form. pr. civ. *Assignation – Assignation à toutes fins (TI)* (Assignation à toutes fins devant le tribunal d'instance)

Assignation – Assignation au fond (TGI) (Modèle d'assignation au fond devant le tribunal de grande instance)

104.05 Différentes catégories de délais : réforme de la prescription extinctive. Deux sortes de délais sont susceptibles de s'appliquer **à l'acte introductif d'instance** : le délai de la **prescription** extinctive, ou

1. L. n° 2008-561, 17 juin 2008, portant réforme de la prescription en matière civile, *JO* 18 juin, p. 9856.

bien un **délai obéissant à des règles différentes, appelé jusqu'à présent délai préfix**[1], **ou délai de forclusion.**

La prescription extinctive a fait l'objet, par la loi du 17 juin 2008, d'une réforme profonde[2], qui modifie considérablement la longueur des délais de prescription et apporte d'importantes innovations dans les règles de la constitution du mécanisme extinctif (point de départ, suspension, interruption).

L'accomplissement de la prescription, ou l'expiration d'un délai préfix ont en commun de mettre fin à l'existence du droit d'action, et sont sanctionnés, en conséquence, par une fin de non-recevoir (C. pr. civ., art. 122 et 125). La loi du 17 juin 2008 définit la prescription extinctive comme « *un mode d'extinction d'un droit résultant de l'inaction de son titulaire pendant un certain laps de temps* » (C. civ., art. 2219). Elle ne fait pas pour autant disparaître son effet extinctif de l'action, que l'extinction autonome du droit n'exclut pas. La loi nouvelle n'abroge, ni ne modifie, l'article 122 C. pr. civ., la prescription extinctive n'a donc pas cessé d'être une fin de non-recevoir. La question, au surplus, aura d'autant moins de chances de se poser dans l'avenir que la loi règle d'autorité les points que l'on en faisait dépendre : selon l'article 2249 du Code civil, « *le paiement effectué pour éteindre une dette ne peut être répété au seul motif que le délai de prescription était expiré* » (pour un exemple d'application de la règle sur le fondement de l'article 1235 du Code civil à une prescription soumise aux anciens textes[3]), et, selon l'article 2221, « *la prescription extinctive est soumise à la loi régissant le droit qu'elle affecte* ».

Une fois l'instance introduite, les actes de l'instance elle-même peuvent être enfermés dans des délais auxquels on réserve la qualification de délais de procédure. Leur expiration n'éteint pas le droit d'action, et leurs sanctions sont diverses.

1. La loi n° 2008-561 du 17 juin 2008, portant réforme de la prescription en matière civile, s'abstient d'utiliser l'expression « délai préfix ». Elle tient compte, toutefois, de l'existence des délais de forclusion, et précise que ces délais (sauf dispositions spéciales) ne sont pas régis par les dispositions du titre XX du livre III du Code civil (C. civ., art. 2220).
2. Sur les dispositions transitoires de la loi n° 2008-561, du 17 juin 2008, portant réforme de la prescription en matière civile, v. art. 26 : « I – *Les dispositions de la présente loi qui allongent la durée d'une prescription s'appliquent lorsque le délai de la prescription n'était pas expiré à la date de son entrée en vigueur. Il est alors tenu compte du délai déjà écoulé.* II – *Les dispositions de la présente loi qui réduisent la durée de la prescription s'appliquent aux prescriptions à compter du jour de l'entrée en vigueur de la présente loi, sans que la durée totale puisse excéder la durée prévue par la loi antérieure*; III – *Lorsqu'une instance a été introduite avant l'entrée en vigueur de la présente loi, l'action est poursuivie et jugée conformément à la loi ancienne. Cette loi s'applique également en appel et en cassation* ».
3. V. Com. 1er juin 2010, n° 09-14.353, *Bull. civ.* IV, n° 102; *RFN* juill.-août 2010. 13, note Faucher.

SECTION 1

DÉLAIS POUR INTRODUIRE L'INSTANCE : PRESCRIPTION ET DÉLAIS PRÉFIX OU DE FORCLUSION

104.10 Émergence de la prescription en procédure. Effet analogue à celui d'un délai préfix ou de forclusion. Distinction nécessaire. Les règles de la prescription en général, et celles de diverses prescriptions spéciales, relèvent de l'étude du droit substantiel. La prescription extinctive n'émerge en procédure que par son effet extinctif de l'action, et la fin de non-recevoir qui en résulte, de la même manière qu'elle résulterait de l'expiration d'un délai de forclusion.

La question de savoir quand s'achève le temps d'agir, essentielle pour engager un procès ou organiser la défense de celui contre qui un procès est engagé, dépend cependant de la nature du délai, prescription ou forclusion, puisque celle-ci commande, aux termes de l'article 2220, l'application du nouveau titre XX du livre III du Code civil[4].

§ 1

Persistance de la distinction de la prescription et des délais de forclusion

104.11 Effet de la prescription et des délais préfix ou de forclusion. Si l'accomplissement de la prescription extinctive et l'expiration d'un délai préfix produisent sur l'action un effet extinctif semblable, identiquement sanctionné par une **fin de non-recevoir (C. pr. civ., art. 122)**, des **différences** se manifestent néanmoins.

• Ainsi la fin de non-recevoir tirée de la **prescription extinctive** est d'intérêt privé : le juge **ne peut la relever d'office** (C. civ., art. 2247)[5], et il en est ainsi **lors même que la prescription est d'ordre public**[6]. En revanche, **l'extinction de l'action à l'expiration d'un délai de forclusion peut être relevée d'office ou ne pas l'être** selon le caractère d'ordre public ou d'intérêt privé attribué à la forclusion concernée. La forclusion résultant, par exemple, de **l'expiration des délais impartis pour exercer une voie de recours est d'ordre public** (C. pr. civ., art. 125), mais **non celle qui résulte**

4. C. civ., nouv. art. 2220 : « *Les délais de forclusion ne sont pas, sauf dispositions contraires prévues par la loi, régis par le présent titre* ».
5. Civ. 1re, 8 nov. 1978, n° 77-13.150, *Bull. civ.* I, n° 340 – Civ. 2e, 14 févr. 1990, n° 88-16.829, *Bull. civ.* II, n° 34; *D.* 1991. 141, note Vasserot; *JCP* 1990. IV. 140; *JCP* 1991. 21675, note du Rusquec.
6. Civ. 1re, 9 déc. 1986, n° 85-11.263, *Bull. civ.* I, n° 293, *Gaz. Pal.* 1987. 1. 187, note Mayer et Pinon; *RTD civ.* 1987. 763, obs. Mestre; *JCP* 1987. II. 20862, note Bey.

de l'expiration du délai imparti par l'article 1676 du Code civil pour agir en rescision pour lésion[1].

• Par ailleurs l'**effet extinctif de la prescription est limité en matière de nullité des actes juridiques.** On admet, en effet, qu'il est possible d'invoquer en défense une cause de nullité alors même que la prescription de l'action empêcherait de faire valoir le même fait à l'appui d'une demande en annulation. Cette règle d'origine jurisprudentielle ne fait l'objet d'aucune disposition dans la loi nouvelle, alors que sa suppression aurait été dans la logique d'une politique de raccourcissement systématique du temps d'agir. La jurisprudence, en toute hypothèse en a réduit la portée, et ne l'applique que si l'exécution de l'acte argué de nullité n'est pas commencée[2], ce que les juges du fond doivent relever[3]. Cette dernière règle vaut pour la nullité absolue comme pour la nullité relative[4]. Cependant, même après un commencement d'exécution, la nullité peut être soulevée par voie d'exception tant que la prescription extinctive n'est pas achevée[5].

La survie de l'exception à l'action n'est pas admise quand l'action est éteinte à l'expiration d'un délai de forclusion[6].

104.12 Principe de la distinction. La prescription et les délais de forclusion sont **deux notions distinctes.** Les deux mécanismes procèdent de deux pensées différentes, ce qui entraîne, **en logique deux modes de constitution différents** quant au facteur extinctif.

La prescription extinctive n'est pas un simple délai, c'est un mécanisme plus complexe. Analogue (en tout cas dans la pensée jusqu'à présent reçue) à celui de la prescription acquisitive, ce mécanisme est constitué par un comportement prolongé pendant une durée donnée : possession dans le cas de la prescription acquisitive, abstention, dans le cas de la prescription extinctive. Dans les deux cas l'effet produit (acquisitif ou extinctif) est celui d'un fait juridique de constitution successive. Le délai de la prescription extinctive est donc **une durée que doit remplir un comportement** d'abstention relatif à l'exercice d'une prérogative quelconque : le droit d'agir en justice ou une autre prérogative, notamment un droit substantiel.

Tout différemment, le délai de forclusion **n'est que la durée, exceptionnellement limitée, d'un droit d'action donné** (un droit d'action au sens précis de C. pr. civ., art. 30). En France, le principe est que les actions sont perpétuelles, sauf à subir la prescription. Certaines actions, toutefois, sont temporaires : la mesure de leur existence est alors enfermée dans une durée « préfixée ». Il s'agit, en de nombreux cas, d'actions attitrées, dont le rôle est étroitement compris et dont le régime est restrictif.

Envisagé en tant que fait extinctif, le délai préfix est un fait simple et instantané : le délai prend fin, et au même instant le droit d'agir dont il limite la durée d'existence. La constitution d'un tel facteur d'extinction **ne tient pas compte de ce qui s'est passé pendant la durée du délai.**

104.13 Conséquences logiques de la distinction. Logiquement cette différence de concepts devrait entraîner un fonctionnement différent de deux mécanismes, qui se constituent de manière différente : la prescription est ainsi susceptible de suspension et d'interruption alors que le délai de forclusion ne devrait pas l'être. La distinction s'estompe, et les concepts s'obscurcissent dans la législation contemporaine suivant une évolution amorcée par la jurisprudence. Ainsi la loi du 17 juin 2008, par exception au principe qu'elle pose dans l'article 2220 du Code civil, applique aux délais de forclusion certaines règles de la prescription extinctive, notamment l'interruption (C. civ., art. 2241), déjà consacrées antérieurement par la loi n° 85-677 du 5 juillet 1985 (pour un ex. d'arrêt décidant l'application de l'ancien article 2244 [réd. L. 5 juill. 1985] « *à tous les délais pour agir et à tous les cas d'incompétence* »[7]).

§ 2
Les régimes respectifs de la prescription et des délais de forclusion en application de la loi du 17 juin 2008

104.21 Évolution des notions. Délai butoir. L'interruption, jadis, renouvelait la prescription. Elle traduisait un arrêt définitif de la constitution, brisée avant qu'elle n'ait pu s'achever, d'un fait extinctif ayant vocation à s'accomplir en permanence. Le renouvellement traduisait la mise en route de la constitution d'un nouveau fait. **La suspension**, quant à elle, ne faisait que paralyser provisoirement la constitution en cours en raison de circonstances traitées par la loi comme des causes d'exemption à l'encontre

1. Civ. 3e, 6 mars 1979, n° 77-15.094, *Bull. civ.* III, n° 56.
2. Civ. 1re, 13 févr. 2007, n° 05-18.097, *Bull. civ.* I, n° 57; *D.* 2007. 2327, chron. Chauvin et Creton; *RTD civ.* 2007. 585, obs. Gautier.
3. Com. 15 janv. 2013, n° 11-28.244, *Bull. civ.* IV, n° 12; *D.* 2013. 539.
4. Civ. 1re, 24 avr. 2013, n° 11-27.082, *Bull. civ.* I, n° 84; *CCC* 2013. Comm. 154, obs. Leveneur – CONTRA : Civ. 1re, 20 mai 2009, n° 08-13.018, *Bull. civ.* I, n° 96;*CCC* 2009. Comm. 213, note L. L.
5. Civ. 1re, 4 mai 2012, n° 10-25.558, *Bull. civ.* I, n° 99; *D.* 2012. 1266.
6. Req. 6 mars 1939, *DH* 1939. 339 – Civ. 25 mars 1950, *Gaz. Pal.* 1950. 2. 106 – Civ. 3e, 6 mai 1980, n° 78-15.914, *Bull. civ.* III, n° 92 – Civ. 1re, 15 déc. 1998, n° 96-20.244, *Bull. civ.* I, n° 365; *RTD civ.* 1999. 619, obs. Mestre.
7. Civ. 1re, 9 juill. 2009, n° 08-16.847, *Bull. civ.* I, n° 174; *D.* 2009. 1962, obs. Delpech; *RTD com.* 2010. 413, obs. Bouloc.

de l'effet du temps. Une fois la cause d'exemption disparue, la prescription commencée reprenait le cours de sa constitution que rien n'avait brisé.

Les solutions positives correspondant à ces analyses sont maintenues (C. civ., art. 2230 et 2231), mais des règles nouvelles, retenues de la jurisprudence, tendent à modifier la physionomie des deux mécanismes.

Par ailleurs, une règle dite « délai butoir », totalement étrangère au droit français, et qui n'a pas d'autre explication que la volonté de s'aligner sur des solutions étrangères tendant à limiter le temps d'agir, fait son apparition : en principe[1] « *le report du point de départ, la suspension ou l'interruption de la prescription ne peut avoir pour effet de porter le délai de la prescription extinctive au-delà de vingt ans à compter du jour de la naissance du droit* » (C. civ., art. 2232).

La règle ne paraît pas destinée à s'appliquer largement en matière de délais de forclusion. Ces délais sont, normalement, de courte durée, et l'interruption, qui ne fait que les renouveler, ne pourra aboutir à un délai de vingt ans. Ils demeurent, par ailleurs insusceptibles de suspension.

Le point le plus saillant de la réforme, réside, cependant, dans l'adoption de nouveaux délais de prescription.

A.
Nouveaux délais de la prescription

104.30 Limitation du nombre de délais et raccourcissements de leur longueur. Le législateur a procédé à un raccourcissement drastique de la longueur des délais de prescription, tout en limitant le nombre des délais susceptibles de s'appliquer.

1°
Droit commun

a)
Actions personnelles ou mobilières

104.31 Droit commun. Le droit commun s'exprime désormais dans le nouvel article 2224 du Code civil : « *Les actions personnelles ou mobilières se prescrivent par cinq ans à compter du jour où le titulaire d'un droit a connu ou aurait dû connaître les faits lui permettant de l'exercer* ».

La fixation, en droit commun, du point de départ de la prescription au « *jour où le titulaire d'un droit avait ou aurait dû avoir connaissance des faits lui en permettant l'exercice* »[2] est en accord avec la nouvelle définition substantielle de la prescription extinctive. Elle laisse au juge une large faculté d'appréciation. La prescription de l'action en nullité d'un testament pour insanité d'esprit commence à courir à compter du décès du testateur, et non de la date du testament[3]. La prescription de l'action en responsabilité civile engagée en raison de la diffusion d'un message sur Internet court à compter de la première mise en ligne, date de la manifestation du dommage, et non à partir des seules constatations de la victime[4].

b)
Délais et points de départ particuliers

104.40 Délais et points de départ particuliers. Dans le cadre même de ce droit commun, sont fixés « quelques » délais et points de départs « particuliers ».

104.41 Actions réelles immobilières. Aux termes de l'article 2227 du Code civil, sous réserve de l'imprescriptibilité de la propriété rappelée par le texte, « *les actions réelles immobilières se prescrivent par trente ans à compter du jour où le titulaire d'un droit a connu ou aurait dû connaître les faits lui permettant de l'exercer* »[5], la prescription des actions soit personnelles soit mobilières comme celle des actions réelles immobilières court donc du jour où le titulaire d'un droit avait ou aurait dû avoir connaissance des faits lui en permettant l'exercice. Mais la longueur du délai est de cinq ans dans le premier cas et de trente ans dans le second.

Cette différence de délai entraînera une conséquence inattendue sur la prescription des actions en nullité des actes juridiques. L'action en annulation pour cause de nullité absolue se prescrit par cinq ans si elle apparaît comme une action personnelle ou mobilière, par trente ans si elle apparaît comme une action réelle immobilière. En matière personnelle ou mobilière le caractère absolu de la nullité, fût-elle d'ordre public, sera donc sans conséquence sur la prescription, et la prescription des actions en nullité pourrait se trouver uniformément réduite à cinq ans si l'on analysait cette action comme étant, de manière générale, une action personnelle.

1. La règle n'est pas applicable dans les cas mentionnés aux art. 2226, 2227, 2233, 2236, 2241, al. 1er, et 2244. Elle ne s'applique pas non plus aux actions relatives à l'état des personnes (C. civ., art. 2232, al. 2).

2. Application anticipée, Civ. 1re, 11 juin 2009, n° 08-11.755, *Bull. civ.* I, n° 125; *D.* 2009. 2728, obs. Avena-Robardet; *D.* 2009. 2728, note Grimonprez; *D.* 2010. 1043, obs. Martin et Synvet; *RTD com.* 2009. 600; *RTD com.* 2009. 792, obs. Legeais; *JCP E* 2009. 1839, note Gourio.
3. Civ. 1re, 20 mars 2013, n° 11-28.318, *Bull. civ.* I, [à paraître]; *D.* 2013.1884, note Safi; *AJ fam.* 2013. 240, note Vernière; *RLDC* 2013. Actu. 5093, note Pouliquen.
4. Civ. 2e, 12 avr. 2012, n° 11-20.664, *Bull. civ.* II, n° 78.
5. Application conjuguée à celle des dispositions transitoires de L. 17 juin 2008, préc., art. 26 : Douai, 27 mai 2010, RG n° 09/03207.

104.42 Préjudice corporel. Il résulte de l'article 2226 du Code civil que l'action en responsabilité civile née à raison d'un événement ayant entraîné un dommage corporel, si elle est engagée par la victime, directe ou indirecte, se prescrit par dix ans, à compter de la consolidation du dommage initial ou aggravé.

Cette prescription s'applique à l'action de la victime, quelle que soit la nature contractuelle ou délictuelle de la responsabilité encourue. Il est à noter que l'application de l'article 2224 unifie par ailleurs à cinq ans la prescription de l'action en responsabilité délictuelle ou contractuelle pour la réparation d'un préjudice non corporel.

En cas de préjudice moral ou matériel causé par des tortures ou actes de barbarie, violences ou agressions sexuelles commises contre un mineur, l'action en responsabilité civile se prescrit par vingt ans.

Si l'action en responsabilité civile est portée devant une juridiction répressive, elle se prescrit selon les règles de l'action publique[1].

104.43 Personnes ayant représenté ou assisté une partie en justice. En application de l'article 2225 du Code civil, l'action en responsabilité dirigée contre les personnes ayant représenté ou assisté les parties en justice, y compris à raison de la perte ou de la destruction des pièces, se prescrit par cinq ans à compter de la fin de leur mission.

2° En dehors du droit commun

104.50 Prescriptions spéciales. La loi modifie (ou institue) plusieurs prescriptions spéciales : prescriptions de cinq ans (a), de dix ans (b), de trente ans (c), de deux ans (d).

a) Prescriptions de cinq ans (unification)

104.51 Actions entre commerçants ou entre commerçants et non commerçants. Les articles L. 110-4 et L. 321-17 du Code de commerce sont modifiés, le mot « dix » y étant remplacé par le mot « cinq ». Le délai de la prescription des actions entre commerçants ou entre commerçants et non commerçants applicable aux obligations nées à l'occasion de leur commerce (à vrai dire le droit commun de la prescription extinctive en matière commerciale) est donc désormais de cinq ans, comme celui de la prescription en matière civile.

104.52 Action en paiement ou répétition du salaire. L'action en paiement ou en répétition du salaire se prescrit par cinq ans conformément à l'article 2224 du Code civil (C. trav., art. L. 3245-1 mod.). La prescription en matière salariale est ainsi unifiée à cinq ans et alignée sur le droit commun.

104.53 Action en recouvrement des frais dus aux notaires, avoués, huissiers. Le recouvrement des frais dus aux notaires, avoués et huissiers se prescrit par cinq ans (L. 24 déc. 1897, art. 2 mod.).

104.54 Action en responsabilité contre un expert judiciaire. L'action en responsabilité contre un expert judiciaire se prescrit par cinq ans (l'art. 6-3 de la loi du 29 juin 1971 est abrogé).

b) Prescriptions de dix ans

104.61 Action en responsabilité des constructeurs et sous-traitants. Ayant extrait les anciens articles 2270 et 2270-2 du titre consacré à la prescription extinctive pour les réintégrer à la suite de l'article 1792 (C. civ., art. 1792-4-1 et 1792-4-2), la loi du 17 juin 2008 a introduit en matière de responsabilité des constructeurs et sous-traitants une nouvelle disposition fixant à dix ans à compter de la réception des travaux la prescription des actions autres que celles qui relèvent de la garantie légale.

104.62 Titres exécutoires. Les titres exécutoire se prescrivent par dix ans sauf si les créances qui en sont l'objet sont soumises à une prescription plus longue (C. pr. exéc., art. L. 114-4[2]). La règle s'applique exclusivement aux titres mentionnés à l'article L. 111-3 C. pr. exéc. Elle ne s'applique pas aux actes notariés.

c) Prescriptions de trente ans

104.71 Action en réparation des dommages causés à l'environnement. La loi du 17 juin 2008 crée une prescription spéciale de trente ans pour certaines actions en réparation des dommages causés à l'environnement : les obligations financières liées à la réparation des dommages causés à l'environnement par les installations, travaux, ouvrages et activités régis par le Code de l'environnement se prescrivent par trente ans à compter du fait générateur du dommage (C. envir., art. L. 152-1).

104.72 Action en nullité absolue du mariage. La prescription de l'action en nullité absolue du mariage dans les cas visés aux articles 184 et 191 du Code civil est de trente ans à compter de la célébration (C. civ., art. 184 et 191, mod.).

1. L. 17 juin 2008, art. 13.

2. Issu de Ord. n° 2011-1895, 19 déc. 2011, relative à la partie législative du Code des procédures civiles d'exécution, *JO* 20 déc., p. 21464.

d)
Prescriptions de deux ans

104.81 **Action des professionnels pour les biens et services fournis aux consommateurs.** L'action des professionnels, pour les biens et les services qu'ils fournissent aux consommateurs, se prescrit par deux ans (C. consom., art. L. 137-2 mod.).

104.82 **Action en responsabilité contre les huissiers pour perte ou destruction de pièces.** L'action en responsabilité contre les huissiers pour la perte ou la destruction des pièces qui leur sont confiées se prescrit par deux ans (Ord. n° 45-2592, 2 nov. 1945, art. 2 *bis* mod.).

B.
Règles applicables à la réalisation de la prescription et de la forclusion

1°
Interruption

a)
Prescription du droit d'obtenir un jugement

104.91 **Demande en justice.** Comme par le passé la prescription est interrompue « *par la reconnaissance par le débiteur du droit de celui contre lequel il prescrivait* » (C. civ., art. 2240). La reconnaissance doit émaner du débiteur ou de son mandataire. Tel n'est pas le cas d'un expert-comptable, qui n'est ni le mandataire, ni le préposé de son client auquel il est lié par un contrat de louage d'ouvrage[1]. La demande en justice l'interrompt également, même portée devant un juge incompétent, même en référé (C. civ., art. 2241). Toutefois, en matière de baux commerciaux, la remise au greffe du mémoire aux fins de fixation de la date de l'audience, qui ne saisit pas le juge des loyers, ne peut interrompre le délai de la prescription[2]. L'interruption de la prescription résultant de la demande en justice ne produit ses effets que jusqu'à l'extinction de l'instance.

L'interruption par la demande en justice, ou par un acte d'exécution forcée, s'applique aux délais de forclusion de la même manière qu'à la prescription (C. civ., art. 2241 et 2244). Elle ouvre donc, dans cette hypothèse, un nouveau délai de même durée que le délai initial. Cette solution figurait dans l'article 2244 ancien du Code civil tel que l'avait modifié la loi n° 85-677 du 5 juillet 1985[3].

Comme par le passé, l'interruption résultant d'une demande en justice « *produit ses effets jusqu'à l'extinction de l'instance* » (C. civ., art. 2242). L'instance en référé-expertise prend fin dès le prononcé de l'ordonnance désignant l'expert, le nouveau délai de prescription recommence donc immédiatement[4].

L'interruption est non avenue si le demandeur se désiste, ou laisse périmer l'instance, ou si sa demande est définitivement rejetée (C. civ., art. 2243). Mais (solution nouvelle) la demande est interruptive, désormais, même si elle est annulée pour « *vice de procédure* » (C. civ., art. 2241).

L'interruption ne peut s'étendre d'une action à une autre, mais il en est autrement lorsque les deux actions, bien qu'ayant une cause distincte, tendent à un seul et même but, de sorte que la seconde est virtuellement comprise dans la première. Ainsi, la prescription de l'action en recouvrement peut être interrompue par l'exercice par le créancier, d'une action paulienne tendant à ce que l'apport d'un bien par le débiteur à un tiers lui soit déclaré inopposable[5].

b)
Prescription du titre exécutoire

104.101 **Titre exécutoire.** La prescription qui va courir une fois le jugement rendu est celle du titre exécutoire. Elle est interrompue par un acte d'exécution forcée, mais également par une mesure conservatoire prise en application des procédures civiles d'exécution (C. civ., art. 2244[6]). Un commandement n'est interruptif de prescription que s'il est fondé sur un titre exécutoire[7]. Le délai butoir prévu par l'article 2232 n'est pas applicable à la prescription de dix ans s'appliquant aux titres exécutoires mentionnés à l'article L. 111-3 C. pr. exéc.

2°
Suspension

104.110 **Suspension.** Dans sa volonté simplificatrice, la loi du 17 juin 2008 assimile la suspension (définie par C. civ., art. 2230) et le « *report du point de départ* ». Les règles de la suspension sont modifiées plus que celles de l'interruption.

En matière de suspension comme en matière d'interruption, cependant, une partie des règles antérieurement applicables sont maintenues.

1. Civ. 1re, 4 mai 2012, n° 11-15.617, *Bull. civ.* I, n° 101.
2. Civ. 3e, 23 janv. 2013, n° 11-20.313, *Bull. civ.* III, n° 10.
3. L. n° 85-677, 5 juill. 1985, tendant à l'amélioration de la situation des victimes d'accidents de la circulation et à l'accélération des procédures d'indemnisation, *JO* 6 juill., p. 7584.
4. Com. 3 juill. 2012, n° 11-22.429, *Bull. civ.* IV, n° 144.
5. Civ. 2e, 28 juin 2012, n° 11-20.011, *Bull. civ.* II, n° 123; *Dalloz actualités*, 13 juill. 2012, obs. de Ravel.
6. Mod. par Ord. n° 2011-1895, 19 déc. 2011.
7. Civ. 3e, 23 mai 2013, n° 12-10.157, *Bull. civ.* III, [à paraître]; *Procédures* 2013. Comm. 210, obs. Perrot.

a) Règles maintenues

104.111 Condition, éviction, terme. La prescription ne court pas à l'égard d'une créance qui dépend d'une condition jusqu'à ce que la condition arrive, à l'égard d'une action en garantie, jusqu'à ce que l'éviction ait lieu, à l'égard d'une créance à terme, jusqu'à ce que ce terme soit arrivé (C. civ., art. 2233).

104.112 Mineurs non émancipés et majeurs en tutelle. Elle ne court pas contre les mineurs non émancipés et les majeurs en tutelle, sauf pour les actions en paiement ou en répétition des salaires, arrérages de rente, pensions alimentaires, loyers, fermages, charges locatives, intérêts des sommes prêtées et, généralement, les actions en paiement de tout ce qui est payable par années ou à des termes périodiques plus courts (C. civ., art. 2235). La restriction n'est pas nouvelle. Les créances visées sont celles jadis soumises à la prescription quinquennale de l'article 2277 ancien, que la loi nouvelle abroge. L'ancien article 2278 excluait la suspension à l'égard de celle-ci.

104.113 Époux, héritier acceptant à concurrence de l'actif net. Comme jadis elle est suspendue entre époux (C. civ., art. 2236), et ne court pas contre l'héritier acceptant à concurrence de l'actif net à l'égard des créances qu'il a contre la succession (C. civ., art. 2237).

b) Innovations

104.121 Impossibilité d'agir. La prescription ne court pas ou est suspendue contre celui qui est dans l'impossibilité d'agir par suite d'un empêchement résultant de la loi, de la convention ou de la force majeure (C. civ., art. 2234). En substance la règle n'est pas nouvelle. On y retrouve l'adage *contra non valentem agere non currit praescriptio*, d'application prétorienne. La formule est celle posée par la première chambre civile de la Cour de cassation dans un arrêt du 22 décembre 1959[1]. La règle ne s'applique pas lorsque le titulaire de l'action disposait encore, au moment où l'empêchement a pris fin, du temps nécessaire pour agir avant l'expiration de la prescription.

Ainsi, l'épouse bigame ne peut se prévaloir de la règle pour échapper à la prescription trentenaire de la nullité du mariage pour bigamie (qui court à compter de la célébration du mariage[2]), alors pourtant qu'elle expose dans ses écritures qu'elle pouvait avoir connaissance du mariage à la date de sa transcription sur l'acte de naissance de son mari, puisqu'elle aurait pu à une date ultérieure prendre connaissance de cet acte de naissance, les deux dates se trouvant à l'intérieur du délai trentenaire[3].

104.122 Pacte civil de solidarité. De même qu'elle ne court pas entre époux la prescription ne court pas entre personnes liées par un pacte civil de solidarité (C. civ., art. 2236).

104.123 Médiation, conciliation. Beaucoup plus novatrice est la disposition figurant dans le nouvel article 2238 du Code civil, aux termes duquel « *la prescription est suspendue à compter du jour où, après survenance d'un litige, les parties conviennent de recourir à la médiation ou à la conciliation ou, à défaut d'accord écrit, à compter du jour de la première réunion de médiation ou de conciliation* ». Le deuxième alinéa du même article énonce que « *le délai de prescription recommence à courir, pour une durée qui ne peut être inférieure à six mois, à compter de la date à laquelle soit l'une des parties ou les deux, soit le médiateur ou le conciliateur déclarent que la médiation ou la conciliation est terminée* ».

Il est à noter que le législateur a fait choix d'une suspension plutôt que d'une interruption par l'effet du recours à la médiation ou à la conciliation. La suspension, en la matière, obéit, toutefois à une règle spéciale : le délai qui reprend son cours après la suspension ne peut être inférieur à six mois.

L'intention du législateur est de limiter la suspension à l'hypothèse d'une conciliation ou d'une médiation judiciaire, formellement aménagée. On a refusé de donner un effet suspensif aux pourparlers engagés en vue d'une solution amiable, et notamment aux médiations privées aménagées par certaines entreprises. Il sera possible, cependant, en application de l'article 2254 alinéa 1er du Code civil, de prévoir contractuellement une telle suspension, et l'existence d'une clause de conciliation, qualifiée fin de non-recevoir par la jurisprudence constituerait, en toute hypothèse un obstacle conventionnel à l'exercice de l'action, suspensif en vertu de l'article 2234[4].

1. Civ. 1re, 22 déc. 1959, no 59-10.037, *Bull. civ.* I, no 558; *JCP* 1960. II. 11494, note P. E.
2. C. civ., art. 184, issu de L. 17 juin 2008.
3. Civ. 1re, 29 mai 2013, no 12-15.001, *Bull. civ.* I, [à paraître]; *RLDC* 2013. 42, no 5167; *Dalloz actualités*, 4 juill. 2011, obs. Avena-Robardet.
4. Cass., ch. mixte, 14 févr. 2003, no 00-19.423, no 00-19.424, *Bull. ch. mixte*, no 1; *BICC* 1er mai 2003, p. 43, avis Benmakhlouf, rapp. Bailly; *R.* 471; *D.* 2003. 1386, note Ancel et Cottin; *D.* 2003. 2480, obs. Clay; *RTD civ.* 2003. 294, obs. Mestre et Fages; *RTD civ.* 2003. 349, obs. Perrot; *LPA* 12 mars 2003, p. 13, note Bernheim; *JCP* 2003. I. 128, no 17, obs. Cadiet; *JCP* 2003. I. 142, no 13, obs. Virassamy; *JCP* 2003. I. 164, no 9, obs. Seraglini; *Procédures* 2003. Comm. 96, note Croze; *JCP E* 2003. 707, note Croze et Gautier; *Procédures* 2003. 627, no 4, obs. Caussain, Deboissy et Wicker; *CCE* 2003, no 60, note Grynbaum; *CCC* 2003, no 84, note Leveneur; *Rev. arb.* 2003. 403, note Jarrosson; *Defrénois* 2003. 1158, obs. Libchaber; *Bull. Joly* 2003. 938, note Couret; *RDC* 2003. 182 et 189, obs. Cadiet et Lagarde.

104.124 **Mesure d'instruction *in futurum*.** Selon l'article 2239 du Code civil, la prescription est également suspendue « *lorsque le juge fait droit à une demande de mesure d'instruction présentée avant tout procès* ». L'alinéa 2 du même article reprend, en l'adaptant à ce cas de suspension, la règle posée dans l'article 2238 : la prescription « *recommence à courir, pour une durée qui ne peut être inférieure à six mois, à compter du jour où la mesure a été exécutée* ».

La disposition est à rapprocher de celle de l'article 2241, d'après laquelle la prescription est interrompue par une demande en référé. La demande de mesure d'instruction *in futurum* faite en référé aura un effet interruptif, qu'il y soit fait droit ou non. La requête tendant aux mêmes fins n'est pas interruptive[1]. Si le juge fait droit, toutefois, à la requête ou à la demande, l'ordonnance entraînera suspension pour toute la durée de la mesure. Celle-ci une fois exécutée, la prescription reprendra son cours pour au moins six mois.

La loi du 17 juin 2008, suivant en cela la jurisprudence antérieure, n'applique pas la suspension aux délais de forclusion, elle ne leur applique pas, notamment, la nouvelle suspension pour impossibilité d'agir.

3°
Portée limitée de l'ordre public en matière de prescription

104.131 **Renonciation.** La prescription est d'intérêt privé en ce sens qu'on peut renoncer à une prescription acquise, ce dont il résulte que le juge ne peut relever d'office le moyen tiré de la prescription. La loi du 17 juin 2008 maintient, à cet égard, toutes les solutions antérieurement admises (C. civ., art. 2247 à 2250).

104.132 **Aménagements contractuels.** Mais la prescription relève de l'ordre public dans la mesure où l'on ne peut renoncer à une prescription non acquise. La règle s'affirme aujourd'hui avec force dans le nouvel article 2250 du Code civil.

Ces principes avaient conduit la jurisprudence à reconnaître la validité des clauses contractuelles abrégeant les délais de prescription, pourvue seulement que le délai ne soit pas réduit à un temps si bref que l'exercice de l'action soit impossible. La doctrine considérait comme nulles, au contraire, les clauses allongeant la durée du délai, mais les juges avaient admis, malgré l'effet d'allongement qu'elles entraînent sur la durée de la prescription, la validité des clauses par lesquelles les parties s'accordent pour suspendre une prescription en cours[2], et ils admettaient également la validité de clauses aménageant des causes d'interruption non prévues par la loi[3]. La loi nouvelle, favorable à cette évolution libérale décide que la durée de la prescription peut être abrégée ou allongée par accord des parties. Elle ne peut toutefois être réduite à moins d'un an, ni étendue à plus de dix ans (C. civ., art. 2254). Les parties peuvent également, d'un commun accord, ajouter aux causes de suspension ou d'interruption de la prescription prévues par la loi (C. civ., art. 2254, al. 2).

Ces dispositions, cependant ne s'appliquent pas aux actions en paiement ou en répétition de tout ce qui est payable par années ou à des termes plus courts (C. civ., art. 2254). Elles ne s'appliquent pas aux contrats conclus entre professionnels et consommateurs (C. consom., art. L. 137-1). Elles ne s'appliquent pas non plus à la prescription biennale de l'article L. 114-1 du Code des assurances, ni à celle de l'article L. 221-11 du Code de la mutualité (C. assur., art. L. 114-3 – et C. mut., art. L. 221-12-1).

Aucune de ces dispositions ne s'applique aux délais de forclusion qui sont généralement d'ordre public, ce qui a pour conséquence d'interdire la renonciation à une forclusion acquise[4], de conférer au juge le pouvoir de relever le moyen d'office[5], et d'exclure les aménagements contractuels.

SECTION 2
LES DÉLAIS DE L'INSTANCE INTRODUITE (DÉLAIS DE PROCÉDURE)

104.141 **Notion de délais de procédure.** Les délais de procédure sont ceux qui s'appliquent aux actes de l'instance une fois celle-ci engagée. Ces délais, comme les délais préfix, sont de rigueur; ils ne sont susceptibles ni de suspension ni d'interruption.

Il ne s'agit pas toujours, cependant, de délais impartis pour accomplir un acte avant leur expiration. **Certains sont, au contraire, des délais d'attente**, qui empêchent d'agir utilement avant leur expiration. De tels délais sont faits pour permettre à l'autre partie d'aménager sa défense (l'exemple type est celui du **délai de comparution de l'article 755 C. pr. civ.**).

La durée de ces délais peut être fixée par la loi, mais celle d'une partie d'entre eux est **fixée par le**

1. Avant la réforme : Civ. 3e, 9 nov. 2005, no 04-15.073, *Bull. civ.* III, no 219.

2. Com. 30 mars 2005, no 03-21.156, *Bull. civ.* IV, no 75; *R.* 179, note Groutel.
3. Civ. 1re, 25 juin 2002, nos 00-14.590 et 00-14.591, *Bull. civ.* I, no 174; *D.* 2003. 155, note Stoffel Munck; *RTD civ.* 2002. 815, obs. Mestre et Fages.
4. Civ. 1re, 7 mai 1923.
5. Civ. 1re, 26 oct. 1983, no 82-13.560, *Bull. civ.* I, no 249 – Civ. 3e, 6 mars 1979, no 77-15.094, *Bull. civ.* I, no 56 : la solution est écartée pour le délai de l'action en rescision pour lésion.

juge (C. pr. civ., art. 3, 134, 646, 761, al. 2, 764, 905, 911-1 et 912) ou peut être **modifiée par lui** (C. pr. civ., art. 646).

À la différence des délais impartis pour introduire une instance, ceux qui sont impartis pour accomplir un acte de l'instance introduite **ne sont pas des délais de forclusion, en ce sens qu'ils n'éteignent pas l'action** et ne sont donc **pas sanctionnés par une fin de non-recevoir**, sauf dans le cas, nouveau, des délais impartis à l'intimé ou à l'intervenant forcé dans la nouvelle procédure d'appel[1]. Leurs sanctions varient selon le rôle du délai et selon l'acte à accomplir.

104.142 Sanction du délai de comparution. Celle du délai de comparution, délai d'attente, est incertaine. Aucun texte ne la prévoit. La jurisprudence semblait s'être orientée vers l'idée que l'obligation, pour le demandeur, de respecter le délai d'attente était une protection des droits de la défense et devait être sanctionnée par une **nullité pour irrégularité de fond**[2], n'impliquant en tout cas aucune justification d'un grief[3], et entraînant l'annulation du jugement subséquent, de même qu'est annulée, sur un fondement identique, l'ordonnance de clôture rendue avant l'expiration du délai de comparution[4].

Un arrêt de la deuxième civile du 19 novembre 2009[5] a relancé le débat. Statuant sur la validité contestée d'une assignation datée du 7 mai 2004 pour une audience devant se tenir le 18 mai suivant, alors que le délai de comparution était de quinze jours (C. pr. civ., art. 856), une cour d'appel avait prononcé l'annulation. L'arrêt est cassé pour violation des articles 114 et 117 C. pr. civ. au motif que, quelle que soit la gravité de l'irrégularité alléguée, seules affectent la validité d'un acte de procédure, indépendamment du grief qu'elles ont pu causer, les irrégularités de fond limitativement énumérées à l'article 117 C. pr. civ.

104.143 Sanction d'un défaut de diligence. Plusieurs types de sanctions sont susceptibles de s'appliquer en cas de non-respect d'un délai destiné à imposer la diligence. La récente réforme de la procédure d'appel avec représentation obligatoire en matière civile[6] les alourdit gravement.

• Une **pièce communiquée tardivement** peut être écartée du débat (C. pr. civ., art. 135). L'appréciation de la tardiveté relève du pouvoir souverain des juges du fond[7].

• Mais le défaut de diligence des parties peut être également sanctionné par **la radiation** (C. pr. civ., art. 381). C'est la possibilité d'une radiation judiciaire, par décision du juge de la mise en état, qui sanctionne **l'abstention par les avocats des deux parties** d'accomplir les actes de la procédure dans les délais impartis (C. pr. civ., art. 470 et 781). Elle sanctionne aussi, en cas de renvoi devant une juridiction désignée par le juge qui s'est déclaré incompétent, l'abstention par les deux parties de constituer avoué ou avocat dans le mois de l'avis qui leur est donné (C. pr. civ., art. 97).

• Toutefois **le défaut d'accomplir les actes de la procédure par l'un seulement des avocats** a pour sanction la possibilité pour le juge de la mise en état (d'office ou à la demande d'une autre partie) de **décider la clôture** de l'instruction et le renvoi devant le tribunal (C. pr. civ., art. 780). Et le tribunal, en toute hypothèse, statuera par **jugement contradictoire au vu des éléments dont il dispose** (C. pr. civ., art. 469), à moins que le juge, à la demande du défendeur, ne déclare la citation caduque (C. pr. civ., art. 469).

• Faute d'être remise au secrétariat-greffe dans les quatre mois de sa date, **l'assignation** devient **caduque** (C. pr. civ., art. 757).

• La **caducité** frappe également la **déclaration d'appel à défaut de signification** par l'appelant dans le mois de l'avis que lui adresse le greffe en cas de retour de la lettre de notification envoyée à l'intimé (C. pr. civ., art. 902)[8]. La même sanction s'applique **à défaut de notification et dépôt de ses conclusions** par l'appelant dans les trois mois de la déclaration (C. pr. civ., art. 908)[9].

• Mais c'est une **irrecevabilité relevée d'office** qui sanctionne le délai de deux mois à compter de la notification des conclusions de l'appelant imparti à l'intimé pour conclure et former, le cas échéant, un appel incident (C. pr. civ., art. 909)[10]. Et la même sanction s'applique au délai de deux mois également imparti pour conclure à l'intimé incident et à l'intervenant forcé (C. pr. civ., art. 910[11]).

1. Décr. n° 2009-1524, 9 déc. 2009, relatif à la procédure d'appel avec représentation obligatoire en matière civile, *JO* 11 déc., p. 21386, mod. par Décr. n° 2010-1647, 28 déc. 2010, modifiant la procédure d'appel avec représentation obligatoire en matière civile, *JO* 29 déc., p. 22919.
2. Civ. 2e, 12 juin 2003, n° 01-11.441, *Bull. civ.* II, n° 196; *D.* 2003. 1943.
3. Com. 22 déc. 1975, n° 74-11.883, *Bull. civ.* IV, n° 311.
4. Civ. 2e, 28 mai 1970, n° 69-13.467, *Bull. civ.* II, n° 188; *D.* 1970. 547; *RTD civ.* 1970. 821, obs. Raynaud; *Gaz. Pal.* 1970. 236 – Civ. 1re, 28 nov. 1978, n° 77-13.357, *Bull. civ.* I, n° 364.
5. Civ. 2e, 19 nov. 2009, n° 06-20.476, NP; *RTD civ.* 2010. 152, obs. crit. Perrot.
6. Décr. n° 2009-1524, 9 déc. 2009, préc.
7. Cass., ch. mixte, 3 févr. 2006, n° 04-30.592, *Bull. ch. mixte*, n° 2; *D.* 2006. 1268, obs. Bolze; *RTD civ.* 2006. 376, obs. Perrot; *Dr. et proc.* 2006. 214, obs. Fricero – Civ. 1re, 23 mai 2006, n° 04-17.179, *Bull. civ.* I, n° 265.
8. Décr. n° 2009-1524, 9 déc. 2009, préc.
9. Décr. n° 2009-1524, 9 déc. 2009, préc.
10. Décr. n° 2009-1524, 9 déc. 2009, préc.
11. Décr. n° 2009-1524, 9 déc. 2009, préc.

SECTION 3
LA COMPUTATION DES DÉLAIS

§ 1
Règles de computation

104.151 Délai de la prescription. Le délai de la prescription extinctive se compte par jours et non par heures (C. civ., art. 2228), ce dont on déduit que le jour au cours duquel se produit l'événement qui fait courir le délai ne compte pas dans celui-ci[1].

La prescription est acquise lorsque le dernier jour du terme est accompli (C. civ., art. 2229). La jurisprudence décide donc qu'elle est acquise le dernier jour à minuit[2].

Lorsque le délai est fixé par années ou par mois, le dernier jour est celui qui porte le même quantième que le premier jour[3].

104.152 Délais de procédure. Les délais de procédure, ceux de l'instance introduite, sont, pour leur part, régis par les **articles 640 à 642 C. pr. civ.**

Quant au **premier jour**, l'article 640 pose le principe que « *lorsqu'un acte ou une formalité doit être accompli avant l'expiration d'un délai, celui-ci a pour origine la date de l'acte, de l'événement, de la décision ou de la notification qui le fait courir* ». L'article 641 alinéa 1er C. pr. civ. précise cependant que si le délai est exprimé en jours, celui de l'acte, de l'événement, de la décision ou de la notification qui le fait courir ne compte pas.

Quant au **dernier jour**, l'alinéa 2 de l'article 641 pose la règle que les délais exprimés en mois ou en années expirent le jour du dernier mois ou de la dernière année qui porte le même quantième que le jour de l'acte, de l'événement, de la décision ou de la notification qui fait courir le délai, et précise qu'à défaut d'un quantième identique, le délai expire le dernier jour du mois. Le dernier alinéa précise encore que lorsqu'un délai est exprimé en mois et en jours, les mois sont d'abord décomptés, puis les jours. Enfin l'article 642 C. pr. civ. énonce que tout délai expire le dernier jour à vingt-quatre heures, et son alinéa 2 proroge, jusqu'au premier jour ouvrable suivant le délai qui expirerait normalement un samedi, un dimanche ou un jour férié ou chômé. La jurisprudence décide que ces dispositions ne s'appliquent que lorsqu'un acte ou une formalité doivent être accomplis avant l'expiration d'un délai[4].

La question se pose, cependant, de savoir si ces règles sont susceptibles de s'élargir à d'autres délais que ceux de l'instance introduite, et notamment si elles s'appliquent aux délais préfix impartis pour accomplir l'acte introductif d'instance.

104.153 Délais préfix. Droit commun des délais. On observe, en jurisprudence, une **tendance** à faire des articles 641 et 642 C. pr. civ. le droit commun des délais.

L'article 641 alinéa 1er a été appliqué au délai du contredit de compétence[5] et même à un délai contractuel[6]. Il a été jugé, à propos de **l'alinéa 2**, que ce texte **n'est que l'expression en matière procédurale d'une règle de portée générale applicable à la notification de tous les actes juridiques ou judiciaires,** et qu'il en va ainsi quelle que soit la qualification du délai, spécialement quand bien même il s'agirait d'un **délai préfix**[7] **(même un délai inscrit dans la procédure de l'exécution d'un contrat**[8], comme le délai de l'article L. 145-38[9] du Code de commerce[10]). L'article 642 alinéa 2 C. pr. civ. a été jugé applicable aux seuls délais de procédure ainsi qu'aux délais visés par l'article 642-1 C. pr. civ.[11], mais on l'a appliqué au délai de l'article 1792-4-1 du Code civil (C. civ., anc. art. 2270)[12], au délai de deux mois prévu à l'article 42 alinéa 2 de la loi du 10 juillet 1965[13], au délai de déclaration des créances de l'article 66 du décret du 27 décembre 1985[14], et un arrêt décide que l'ensemble des dispositions des articles 641 et 642 sont applicables au délai de deux ans de l'article 1676, notamment la prorogation prévue par la deuxième phrase de l'article 642[15]. L'arrêt précité de la chambre commerciale du 17 février 1998[16] énonce, comme l'arrêt de la chambre sociale du 7 juillet 1986[17], mais à propos de la deuxième phrase de l'article 642, que ces dispositions ne sont que l'expression, en matière

1. Com. 8 mai 1972, n° 70-13.712, *Bull. civ.* IV, n° 136.
2. Com. 8 mai 1972, n° 70-13.712, préc. s^s prés. n°.
3. Soc. 24 févr. 1961, n° 59-40.222, *Bull. civ.* V, n° 252.
4. Civ. 2e, 4 févr. 1998, n° 96-13.391, *Bull. civ.* II, n° 41.
5. Civ. 2e, 23 janv. 1985, n° 83-15.576, *Bull. civ.* II, n° 17; *JCP* 1985. IV. 128; *Gaz. Pal.* 1985. 1. Pan. 120, obs. Guinchard.
6. Paris, 30 oct. 1989, RG n° 87/787, *Bull. ch. avoués* 1989. 3. 85.
7. Civ. 3e, 21 déc. 1987, n° 85-17.293, *Bull. civ.* III, n° 216; *JCP* 1988. II. 21012, note Prévault; *RTD civ.* 1988. 392, obs. Perrot.
8. Paris 18 oct. 1991, RG n° 90/017804, *Bull. ch. avoués* 1991. 4. 164.
9. Anc^t Décr. 30 sept. 1953, art. 27.
10. Civ. 3e, 23 févr. 1994, n° 91-20.075, *Bull. civ.* III, n° 31; *JCP* 1994. II. 22328, note Boccara; *AJPI* 1994. 356, note Blatter; *JCP N* 1995. 386, note Boccara.
11. Civ. 1re, 6 oct. 1982, n° 81-13.726, *Bull. civ.* I, n° 274; *Gaz. Pal.* 1983, n°s 61 s., p. 115, note Margeat et Lamure – ET, SUR RENVOI, Versailles, 14 oct. 1983, *Gaz. Pal.* 1984. 1. 67.
12. Civ. 3e, 17 juill. 1992, n° 88-13.699, *Bull. civ.* III, n° 249; *JCP* 1992. IV. 2676.
13. Civ. 3e, 26 mars 1997, n° 94-21.498, *Bull. civ.* III, n° 73, *D.* 1997. 329, obs. Atias.
14. Com. 17 févr. 1998, n° 95-18.686, *Bull. civ.* IV, n° 76; *D.* 1998. 381, note Pasturel.
15. Civ. 3e, 8 déc. 1993, n° 91-22.123, *Bull. civ.* III, n° 166.
16. Com. 17 févr. 1998, n° 95-18.686, *Bull. civ.* IV, n° 76; *D.* 1998. 381, note Pasturel.
17. Soc. 7 juill. 1986, n° 83-41.808, *Bull. civ.* V, n° 358.

procédurale, d'une règle de portée générale applicable à la notification de tous les actes juridiques ou judiciaires, et qu'il en est ainsi quelle que soit la qualification du délai[1]. La prorogation au premier jour ouvrable suivant s'applique même lorsque le délai est libellé en heures[2]. Au surplus, la règle formulée par la seconde phrase de l'article 642 est imposée par l'article 5 de la Convention européenne sur la computation des délais[3]. Ces mêmes dispositions ont été jugées applicables au délai de l'article L. 311-37 du Code de la consommation. On les applique même au délai contractuel mesurant la durée d'un bail[4].

L'article 642, cependant, n'est pas applicable lorsque le délai a pour objectif d'obliger à devancer un événement[5].

§ 2 Augmentation de certains délais en raison des distances

104.161 **Principes.** Il résulte des **articles 643 à 645 C. pr. civ.** que lorsque l'une des parties au procès demeure dans un lieu éloigné du siège de la juridiction saisie, certains délais sont augmentés en raison des distances.

Lorsque la demande est portée devant une juridiction qui a son siège en France métropolitaine, les **délais de comparution, d'appel, d'opposition, de recours en révision et de pourvoi en cassation** sont augmentés : d'un mois pour les personnes qui demeurent en Guadeloupe, en Guyane, à la Martinique, à La Réunion, à Mayotte, à Saint-Barthélemy, à Saint-Martin, à Saint-Pierre-et-Miquelon, en Polynésie française, dans les îles Wallis-et-Futuna, en Nouvelle-Calédonie et dans les Terres australes et antarctiques françaises; d'un mois pour les personnes qui demeurent dans un département d'outre-mer ou dans un territoire d'outre-mer; de deux mois pour celles qui demeurent à l'étranger (C. pr. civ., art. 643). Ces mêmes délais sont augmentés de deux mois pour les personnes qui demeurent à l'étranger (C. pr. civ., art. 643).

Lorsque la demande est portée devant une juridiction qui a son siège en Guadeloupe, en Guyane, à la Martinique, à La Réunion, à Mayotte, à Saint-Barthélemy, à Saint-Martin, à Saint-Pierre-et-Miquelon, et dans les îles Wallis-et-Futuna, les délais de comparution, d'appel, d'opposition, et de recours en révision sont augmentés d'un mois pour les personnes qui ne demeurent pas dans la collectivité territoriale dans le ressort de laquelle la juridiction a son siège. Ils sont augmentés de deux mois pour les personnes qui demeurent à l'étranger (C. pr. civ., art. 644).

Les délais prévus au troisième alinéa de l'article 902 et à l'article 908 C. pr. civ. sont augmentés :

– **d'un mois** lorsque la demande est portée soit devant une juridiction qui a son siège en France métropolitaine, pour les parties qui demeurent en Guadeloupe, en Guyane, à la Martinique, à La Réunion, à Mayotte, à Saint-Barthélemy, à Saint-Martin, à Saint-Pierre-et-Miquelon, en Polynésie française, dans les îles Wallis et Futuna, en Nouvelle Calédonie et dans les Terres australes et antarctiques françaises, soit devant une juridiction qui a son siège en Guadeloupe, en Guyane, à la Martinique, à La Réunion, à Mayotte, à Saint-Barthélemy, à Saint-Martin, à Saint-Pierre-et-Miquelon ou dans les îles Wallis et Futuna, pour les parties qui ne demeurent pas dans cette collectivité;

– **de deux mois** si l'appelant demeure à l'étranger.

Les délais prescrits aux intimés et intervenants forcés par les articles 909 et 910 C. pr. civ. sont augmentés dans les mêmes conditions et selon les mêmes modalités. (C. pr. civ., art. 911-2).

104.162 **Application.** Il a été jugé que pour l'application de l'article 643 C. pr. civ. il faut tenir compte du lieu où demeure la personne à la date où le jugement lui a été régulièrement notifié, et que ne bénéficie pas de la prorogation la partie qui, au moment de la notification, demeurait en France, peu important les lieux où elle a pu se rendre par la suite[6].

Les articles 643 et 644 sont élargis au contredit de compétence[7]. Mais la chambre commerciale en refuse l'application au délai imparti pour la déclaration des créances[8], et au délai d'exercice de la revendication[9]. L'article 462 C. pr. civ. ne fixant pas de délai de comparution devant le juge chargé de réparer les erreurs et omissions matérielles affectant un jugement, les dispositions des articles 643 et 645 du

1. V. AUSSI, Civ. 3e, 18 févr. 2004, no 02-17.976, *Bull. civ.* III, no 29; *D.* 2005. 1317, obs. Groutel; *Defrénois* 2005, art. 38079, p. 70, obs. Périnet-Marquet.
2. Civ. 2e, 30 nov. 2000, nos 99-50.044 et 99-50.084, *Bull. civ.* II, no 160; *Procédures* 2001. Comm. 30, obs. Perrot.
3. Civ. 3e, 10 déc. 1985, no 84-15.690, *Bull. civ.* III, no 165.
4. Civ. 3e, 8 avr. 1998, no 97-15.929, *Bull. civ.* III, no 82.
5. Civ. 2e, 14 févr. 1990, no 88-19.900, *Bull. civ.* II, no 33; *D.* 1990. IR 61; *RTD civ.* 1990. 557, obs. Perrot – Civ. 2e, 4 févr. 1998, no 96-13.391, *Bull. civ.* II, no 41; *RTD civ.* 1998. 470, obs. Perrot; « Cinq ans de procédure civile », *Procédures* déc. 2000, numéro spécial, no 86.
6. Soc. 26 janv. 1977, no 76-40.109, *Bull. civ.* V, no 59; *Gaz. Pal.* 1977. 2. 582, note Viatte – Civ. 1re, 25 mai 1987, no 84-14.996, *Bull. civ.* I, no 169.
7. Civ. 2e, 10 févr. 1988, *Bull. civ.* II, no 39; *D.* 1988. 452, note Fadlallah; *JCP* 1988. IV. 143; *Gaz. Pal.* 1989. 1. Somm. 165, obs. Guinchard et Moussa – Paris, 2 juin 1989, RG no 88/1639, *Bull. ch. avoués* 1989. 3. 84.
8. Com. 23 nov. 1999, no 96-21.034, *Bull. civ.* IV, no 207; *D.* 2000. 31, obs. A. L.; *Procédures* 2000. Comm. 2, obs. Perrot.
9. Com. 7 févr. 2006, no 04-19.342, *Bull. civ.* IV, no 30; *D.* 2006. 577, obs. Lienhard; *D.* 2006. 1547, note Marotte.

même code, qui ont pour objet d'augmenter un tel délai, ne sont pas applicables[1].

Il a été jugé que ces augmentations s'appliquent dans tous les cas où il n'y est pas expressément dérogé, et que, notamment, aucune disposition de la loi du 25 janvier 1985 et du décret du 27 décembre 1985 n'exclut l'application des règles de l'article 643[2]. La chambre sociale a décidé, toutefois, que les articles 643, 644 et 645 C. pr. civ. ne s'appliquent pas au délai de saisine de la cour de renvoi après cassation fixé par l'article 1034 du même code[3]. Les délais de recours judiciaires en matière d'élections ne font l'objet de prolongation que dans les cas spécifiés par la loi (C. pr. civ., art. 645). Le délai de comparution peut être abrégé en cas d'urgence (C. pr. civ., art. 646).

Il a été jugé, sous l'empire des textes antérieurs au Nouveau Code de procédure civile, que la réduction du délai peut atteindre le délai de distance[4].

Avec réalisme, l'article 647 C. pr. civ. exclut le bénéfice de l'augmentation de distance dans l'hypothèse où l'acte qui fait courir le délai est destiné à une partie domiciliée en un lieu où elle bénéficierait d'une augmentation, mais lui a été notifié à personne en un lieu où ceux qui y demeurent n'en bénéficient pas. La notification n'emporte alors que les délais accordés à ces derniers. La notification faite à une partie domiciliée à l'étranger, au domicile élu par elle en France, ne fait pas perdre à celle-ci le bénéfice du délai de distance lorsque cette notification n'a pas été faite à personne[5].

1. Civ. 2e, 18 oct. 2012, no 11-24.807, *Bull. civ.* II, no 177.
2. Civ. 2e, 26 févr. 1997, no 94-19.233, *Bull. civ.* II, no 60.
3. Soc. 4 mars 1999, no 97-14.363, *Bull. civ.* V, no 95; *D.* 1999. 213, obs. Julien; *Procédures* 1999. Comm. 95 – Civ. 2e, 27 mai 2004, no 02-17.897, *Bull. civ.* II, no 242; *Procédures* 2004. Comm. 176, note Perrot.
4. Civ. 2e, 3 déc. 1953, *Bull. civ.* II, no 335.
5. Soc. 7 juill. 1986, no 83-41.808, *Bull. civ.* V, no 358.

TITRE

11. Les preuves à conserver et les mesures conservatoires à prendre

SECTION 0

ORIENTEUR

11.00 Plan du titre.

Division. Sont examinées ici successivement les preuves à conserver (chap. 111) et les mesures conservatoires à prendre (chap. 112).

L'administration judiciaire de la preuve sera traitée avec le déroulement des procédures (v. s^{s} n°s 34.00 s.).

Il sera en revanche question ici des mesures d'instruction *in futurum* de l'article 145 C. pr. civ. (v. s^{s} n°s 111.63 s.).

CHAPITRE

111. Preuves à conserver

JEAN-PAUL LACROIX-ANDRIVET
Président de la première chambre civile
à la cour d'appel d'Aix-en-Provence

SECTION 0
ORIENTEUR

111.00 Plan du chapitre.

111.01 Principaux textes applicables.

C. pr. civ., art. 6 à 9, 138 à 146, 287 à 288-1.

C. civ., art. 9, 1316 à 1322.

Ord. n° 45-2592, 2 nov. 1945, relative au statut des huissiers, modifiée, art. 1er, *JO* 3 nov., p. 7163.

111.04 Formulaire : renvois.

Form. pr. civ. *Communication de pièces* (Conclusions d'incident de communication de pièces)

Communication de pièces (Conclusions de rejet des débats des pièces non communiquées)

Communication de pièces (Conclusions d'incident de communication de pièces devant le tribunal de grande instance)

Communication de pièces (Sommation de communication de pièces)

Communication de pièces (Sommation afin de restituer les pièces)

Communication de pièces (Bordereau de communication de pièces)

Expertise médico-sociale (Expertise médico-sociale)

111.05 Parties. Hormis quelques rares exceptions légales, ce sont les parties qui introduisent l'instance (C. pr. civ., art. 1er) et déterminent, par leurs prétentions respectives, l'objet du litige (C. pr. civ., art. 2) et il ne saurait être fait grief au juge de ne pas leur avoir enjoint de le faire[1].

Il en résulte qu'elles doivent alléguer les faits propres à fonder leurs prétentions (C. pr. civ., art. 6) et l'article 9 C. pr. civ., reprenant le principe posé par l'article 1315 du Code civil, leur impose de rapporter, conformément à la loi, la preuve des faits qu'elles allèguent[2].

Ce principe n'est pas contraire à l'exigence d'un procès équitable au sens de l'article 6 § 1 de la Convention européenne des droits de l'homme[3].

N'inverse pas la charge de la preuve le juge qui, sur le fondement de l'article 1924 du Code civil, se borne à rappeler que le dépositaire qui a reconnu avoir reçu

1. Civ. 2e, 22 janv. 1976, no 74-14.935, *Bull. civ.* I, no 24.
2. Civ. 3e, 7 avr. 2004, no 02-13.703, *Bull. civ.* III, no 85; *Gaz. Pal.* 2005. Somm. 4304, note du Rusquec.
3. Civ. 1re, 17 oct. 2000, no 98-22.046, *Bull. civ.* I, no 249; *RTD civ.* 2001. 699-706, note Molfessis; *RTD civ.* 2001. 406, obs. Patarin; *JCP* 2000. IV. 2732.

une somme supérieure au seuil de la preuve littérale prévu par l'article 1341 du même code doit également être cru lorsqu'il affirme l'avoir restituée [1].

Cela étant dit, le juge doit trancher le litige qui lui est soumis et ne peut en différer l'examen au motif que manquent des éléments de preuve [2]. Il a même l'obligation de se procurer le texte qui contient la règle de droit applicable, telle une convention collective, le cas échéant en le demandant aux parties [3].

111.06 Preuves. Ce simple rappel des règles relatives à la preuve judiciaire suffit à mettre en évidence la nécessité, pour celui qui entend engager un procès, de se préoccuper des preuves qu'il devra rapporter à l'appui de ses prétentions.

111.07 Production des pièces. Avant la réforme de 1998 (Décr. n° 98-1231, 28 déc. 1998 [4]), certaines dispositions particulières supposaient que les preuves dont le plaideur entendait se prévaloir soient réunies avant même que l'instance ne soit introduite. Ainsi, dans le cadre de la procédure à jour fixe, le requérant doit, aux termes de l'article 788 C. pr. civ., remettre au président du tribunal copie de ses pièces pour être autorisé à assigner son adversaire.

S'inspirant de ces dispositions, le décret du 28 décembre 1998 a modifié l'article 56 C. pr. civ. en édictant que non seulement l'assignation doit comprendre l'indication des pièces sur lesquelles la demande est fondée, mais encore celles-ci doivent-elles être énumérées sur un bordereau annexé à l'assignation.

La portée de cette réforme reste aléatoire en ce qu'elle n'interdit pas une nouvelle communication de pièces en cours de procédure et que sa violation n'est pas sanctionnée à peine de nullité. Il n'en demeure pas moins qu'elle rend plus sensible encore la question des preuves à conserver, puisque le plaideur devra être en mesure, en principe, de détenir celles-ci dès la délivrance de l'acte introductif d'instance.

En appel, le décret n° 2009-1524 du 9 décembre 2009 [5] a modifié l'article 954 C. pr. civ. : il ne suffit plus que les conclusions formulent expressément les prétentions des parties et les moyens de fait et de droit sur lesquels elles se fondent et que leur soit annexé un bordereau récapitulatif des pièces invoquées, elles doivent aussi indiquer les pièces invoquées pour chaque prétention.

111.08 Avant le procès. Indépendamment d'impératifs d'ordre légal, la prudence commande, avant d'engager un procès, d'établir les faits qui seront allégués. Pendant l'instance, en effet, l'administration de la preuve (v. s^s n°s 34.00 s.) peut s'avérer longue et difficile, voire impossible : outre le risque de déperdition des preuves, si une mesure d'instruction peut être ordonnée lorsqu'une partie ne dispose pas d'éléments suffisants, cette mesure ne peut être ordonnée en vue de suppléer la carence des parties dans l'administration de la preuve (C. pr. civ., art. 146).

Il importe donc non seulement de se préoccuper de la pertinence des preuves dont on dispose (sect. 1), mais aussi de rechercher celles qui font défaut, le cas échéant en recourant au juge (sect. 2).

SECTION 1
PERTINENCE DES PREUVES

§ 1
Preuve littérale

111.11 Différents modes de preuve. On sait qu'il incombe à chaque partie de prouver les faits nécessaires au succès de sa prétention. Le Code civil réglemente les divers modes de preuve qui sont énumérés dans l'article 1316 : preuve littérale, preuve testimoniale, présomption, aveu et serment. Les procédures de preuve n'étant envisagées par l'ancien Code que comme des incidents, qui supposent nécessairement que l'instance soit déjà engagée, il n'était pas possible au futur plaideur de se ménager à l'avance une preuve testimoniale et ce d'autant plus que, sauf cas particuliers, les mesures d'instruction *in futurum* n'étaient pas admises par la jurisprudence.

111.12 Mesures *in futurum*. La réforme opérée par le décret n° 73-1122 du 17 décembre 1973 et la pratique ont largement ouvert le champ d'application des mesures *in futurum*. Il n'en demeure pas moins que, le plus souvent, celui qui envisage d'agir en justice ne disposera que d'une preuve littérale.

Disposer d'une telle preuve constitue *a priori* une arme efficace dans la perspective d'un procès, puisque l'écrit fait foi entre ceux qui l'ont souscrit, leurs héritiers ou leurs ayants cause, qu'il s'agisse d'un acte authentique (C. civ., art. 1319) ou sous seing privé (C. civ., art. 1322). Encore faut-il, cependant, que cet acte ne fasse pas l'objet d'une contestation par la partie adverse. En outre, si la preuve par témoins ou par présomption ne peut être apportée contre le con-

1. Civ. 1re, 31 oct. 2012, n° 11-17.476, *Bull. civ.* I, n° 225.
2. Com. 4 mai 2010, n° 08-20.693, *Bull. civ.* IV, n° 85; *D.* 2010. 1278; *D.* 2010. 2797, obs. Hallouin, Lamazerolles et Rabreau; *RDI* 2010. 372, obs. Heugas-Darraspen; *Rev. sociétés* 2010. 577, note Moury; *RTD com.* 2010. 571, obs. Monsèrié-Bon; *Procédures* 2010, p. 16, note Perrot.
3. Soc. 5 mai 2009, n° 07-43.558, NP; *Procédures* 2009, p. 14, note Perrot.
4. Décr. n° 98-1231, 28 déc. 1998, modifiant le Code de l'organisation judiciaire et le Nouveau Code de procédure civile, *JO* 30 déc., p. 19904.
5. Décr. n° 2009-1524, 9 déc. 2009, relatif à la procédure d'appel avec représentation obligatoire en matière civile, *JO* 11 déc., p. 21386.

tenu d'un acte, une telle preuve peut être invoquée pour interpréter un acte obscur ou ambigu[1].

111.13 **Preuves littérales.** Les contestations relatives à la preuve littérale sont traitées par ailleurs (sur l'administration judiciaire de la preuve, v. titre 34), on relèvera simplement ici que le Code de procédure civile offre les moyens de se prémunir, en dehors de tout procès, contre le risque de telles contestations.

Sans entrer dans le détail des procédures réglementées par le Code de procédure civile, il convient d'envisager deux situations différentes. Lorsque l'on dispose d'un acte sous seing privé qu'on envisage de produire dans le cadre d'une instance et que l'on craint que l'adversaire en dénie l'écriture ou la signature, il est possible de demander, à titre principal, la vérification d'écriture, pour contraindre l'autre partie à reconnaître ou dénier l'écriture.

La seconde situation est inverse : c'est l'éventuel adversaire qui détient un acte authentique ou sous seing privé que l'on prétend faux ou falsifié. On peut, là encore, engager à titre principal une procédure de faux pour que le défendeur déclare vouloir ou non faire usage de l'acte litigieux.

Ces procédures constituent donc des actions déclaratoires qui font exception, avec le référé probatoire, au principe d'irrecevabilité des actions préventives.

111.14 **La preuve électronique.** La loi n° 2000-230 du 13 mars 2000[2] a profondément modifié la matière[3] puisque désormais **l'écrit sur support électronique** a la même force probante que l'écrit sur support papier (C. civ., art. 1316-3, issu de L. 13 mars 2000) et l'acte authentique lui-même peut, sous certaines conditions, être dressé sur support électronique (C. civ., art. 1317, al. 2).

La loi nouvelle admet également la **signature électronique** dès lors qu'elle consiste en l'usage d'un procédé fiable d'identification garantissant son lien avec l'acte auquel elle s'attache.

Le décret de procédure civile n° 2002-1436 du 3 décembre 2002[4] modifie donc les règles relatives à l'incident de vérification d'écriture (C. pr. civ., art. 287 et 288) et crée un article 288-1.

Par ailleurs, le règlement (CE) n° 1206/2001, qui établit des règles procédurales visant à faciliter l'obtention de preuves dans un autre État membre, permet, dans le cadre de ses articles 10 à 12, de recourir à la **vidéoconférence** pour entendre un témoin résidant dans un État membre[5].

§ 2
Licéité de la preuve

111.21 **Caractère licite.** En dehors des contestations relatives à la preuve littérale, celui qui entend engager un procès doit également s'interroger sur le caractère licite des preuves dont il dispose. Même si le Code de procédure civile n'est pas précis à cet égard – encore que l'article 9 édicte qu'il faut prouver les faits que l'on allègue « *conformément à la loi* » –, un mode de preuve n'est pas admissible lorsqu'il est prohibé par la loi ou par un principe général[6]. Il n'est donc pas possible de recourir à des moyens frauduleux ou contraires à l'ordre public pour démontrer les faits propres à fonder les prétentions des parties.

111.22 **Infraction pénale.** Devront ainsi être écartés les documents obtenus au prix d'une **infraction pénale**. Dans le cadre d'un litige prud'homal, par exemple, il peut être tentant pour le salarié de détourner ou de receler des pièces appartenant à son employeur, dès lors que ces pièces seraient susceptibles d'établir le bien-fondé de ses prétentions. De telles situations génèrent du reste un contentieux abondant devant les juridictions répressives.

111.23 **Dossier pénal et secret professionnel.** De même, ne peuvent être utilisées les pièces d'un **dossier pénal**, couvertes par le secret de l'instruction, ou d'une manière générale les pièces protégées par le secret professionnel. Ainsi, si un avocat peut se faire délivrer la copie d'un dossier d'instruction, il ne peut remettre cette copie à son client, que celui-ci soit partie civile ou mis en examen[7]. Cependant la réforme, opérée par la loi n° 96-1235 du 30 décembre 1996[8], de l'article 114 du Code de procédure pénale a fait perdre à cette jurisprudence son intérêt, puisque désormais l'avocat peut transmettre une reproduction des copies à son client, à charge cependant pour ce dernier d'attester, par écrit, avoir pris connaissance des dispositions des articles 114 alinéa 6 et 114-1 du Code de procédure pénale.

1. Civ. 1re, 26 janv. 2012, n° 10-28.356, *Bull. civ.* I, n° 13.
2. L. n° 2000-230, 13 mars 2000, portant adaptation du droit de la preuve aux technologies de l'information et relative à la signature électronique, *JO* 14 mars, p. 3968.
3. V. Mikalef-Toudic, « La preuve à l'aide des nouvelles technologies », *Procédures* 2010. 10.
4. Décr. n° 2002-1436, 3 déc. 2002, modifiant le Code de l'organisation judiciaire, le Code de procédure civile, le Nouveau Code de procédure civile et le décret n° 96-1080 du 12 décembre 1996 portant tarif des huissiers de justice en matière civile et commerciale, *JO* 12 déc., p. 20482.
5. Règl. CE, n° 1206/2001, du Conseil, 28 mai 2001, relatif à la coopération entre les juridictions des États membres dans le domaine de l'obtention des preuves en matière civile ou commerciale, *JOCE* L 174, 27 juin, p. 1-24.
6. H. L. et J. Mazeaud, F. Chabas, *Introduction à l'étude du droit*, 9e éd., Montchrestien, 1989, n° 371-2.
7. Cass., ass. plén., 30 juin 1995, n° 94-16.982, *Bull. ass. plén.*, n° 3; *D.* 1995. 417, note Pradel; *JCP* 1995. 36. 322, note Chambon; *Légipresse* 1995. 6. 59, note Ader; *Gaz. Pal.* 1995, n° 311, p. 11, note Damien.
8. L. n° 96-1235, 30 déc. 1996, relative à la détention provisoire et aux perquisitions de nuit en matière de terrorisme, *JO* 1er janv. 1997, p. 9.

Il faut toutefois rappeler qu'en vertu des dispositions de l'article R. 156 C. pr. pén., une pièce d'un dossier pénal ne peut être obtenue qu'avec l'accord du procureur de la république ou, le cas échéant, du procureur général. Il en résulte qu'à défaut de cet accord la pièce doit être écartée du procès civil dans lequel elle serait produite[1].

S'agissant du secret professionnel de l'avocat, il convient de rappeler que les correspondances échangées entre avocats sont couvertes par la confidentialité si elles ne comportent pas la mention « *officielle* »[2], mais il a été jugé que la production en justice d'un échange de lettres entre un tiers à la procédure et un avocat n'était pas subordonnée à l'autorisation de celui-ci[3]. Par contre, si l'avocat est délié du secret professionnel pour l'exercice de sa propre défense, ce fait justificatif ne s'étend pas aux documents couverts par le secret médical qu'il a reçus de la personne concernée[4].

111.24 Vie privée. Les procédés de preuve déloyaux ou constituant une **atteinte à la vie privée** sont eux aussi prohibés. La vie privée est protégée par plusieurs dispositions légales : l'article 8 de la Convention européenne des droits de l'homme, l'article 9 du Code civil et l'article 226-1 du Code pénal. Le recours à un procédé qui porte atteinte à la vie privée constitue donc une violation de ces dispositions et peut même entraîner des poursuites pénales si les éléments constitutifs de l'article 226-1 du Code pénal sont réunis. Peu importe la technique utilisée (magnétophone, caméra, photographie, *etc.*) du moment qu'elle consiste à capter la parole ou l'image d'une personne sans son consentement. L'atteinte peut aussi être constituée par la production de documents relevant de la vie privée, tels qu'une correspondance, un dossier médical ou une déclaration de revenus[5] (toutefois, il est possible de contourner le principe de la loyauté probatoire en recourant au juge pénal ou au juge des requêtes)[6].

La Cour de cassation a censuré un arrêt qui avait admis la production d'une note rédigée par le père, décédé depuis, des adversaires, reprochant au juge d'appel de ne pas avoir « *caractérisé la nécessité de la production litigieuse quant aux besoins de la défense et sa proportionnalité au but recherché* »[7]. Par contre, elle a admis la preuve tirée des constatations d'un huissier ayant filmé une partie qui, victime d'un accident de la circulation, invoquait sa perte d'autonomie pour réclamer une provision; en l'espèce la première chambre civile a retenu que l'atteinte à la vie privée n'était pas disproportionnée par rapport aux droit et intérêt des parties et notamment de l'assureur[8].

111.25 Local professionnel. La question est plus délicate quand le procédé de preuve est utilisé sur le lieu de travail. La jurisprudence considère que, si la personne fait l'objet d'un enregistrement alors qu'elle se trouve à l'abri des regards ou dans un local privé, c'est-à-dire inaccessible au public, le local professionnel est assimilable à un lieu privé, qu'il s'agisse d'un bureau[9] ou d'une arrière-boutique[10].

De même, en vertu du principe du respect dû à la vie privée, un employeur ne peut sanctionner un salarié qui se fait adresser une revue échangiste sur son lieu de travail[11].

La chambre sociale de la Cour de cassation est allée plus loin. Dans une espèce où un employeur avait dissimulé dans son magasin une caméra pour filmer les agissements de la caissière, établissant ainsi que celle-ci avait puisé dans la caisse, la cour d'appel avait admis ce mode de preuve et retenu la faute grave à l'encontre de la salariée. Son arrêt a été cassé par la chambre sociale[12] qui, tout en reconnaissant que l'employeur a le droit de contrôler et de surveiller l'activité de ses salariés pendant leur travail, a jugé que tout enregistrement effectué à l'insu de ceux-ci constitue un mode de preuve illicite. On ne se situe plus là sur le terrain de l'atteinte à la vie privée (la caisse d'un magasin est un lieu public par excellence) mais, selon la formule de l'avocat général Chauvy, sur celui de l'obligation de loyauté dans le travail.

111.26 Filature ou stratagème. Une solution semblable a été adoptée dans le cas d'une filature effectuée à la demande d'un employeur par un détective privé à l'insu de l'employé[13].

1. Paris, 18 mars 2002, RG nº 2001/08425, *Gaz. Pal.* 2002. Somm. 1642.
2. Civ. 1re, 13 déc. 2012, nº 11-12.158, *Bull. civ.* I, nº 257.
3. Civ. 1re, 13 mars 2008, nº 06-16.740, *Bull. civ.* I, nº 70; *D.* 2008. 927; *JCP* 2008. IV. 1714.
4. Civ. 1re, nº 11-14.486, *Bull. civ.* I, nº 145.
5. Civ. 1re, 29 mai 1984, nº 82-12.232, *Bull. civ.* I, nº 176; *D.* 1985. IR 17, obs. Lindon.
6. C. Leguevaques, V. Douysset, « L'enregistrement téléphonique comme mode de preuve dans le contentieux du divorce », *Gaz. Pal.* 29-30 mars 2000. Doctr. 11.
7. Civ. 1re, 16 oct. 2008, nº 07-15.778, *Bull. civ.* I, nº 132; *D.* 2008. 2726; *D.* 2009. 2714, obs. Delebecque, Bretzner et Vasseur; *RTD civ.* 2009. 167, obs. Perrot; *JCP* 2008. IV. 2792.
8. Civ. 1re, 31 oct. 2012, nº 11-17.476, *Bull. civ.* I, nº 224; *JCP* 2012. Actu. 1229, note Sabine Abravanel-Jolly.
9. Crim. 19 mai 1981, nº 80-94.634, *Bull. crim.* nº 161; *D.* 1981. 544, note Mayer; *RTD civ.* 1983. 105, note Nerson et Rubellin-Devichi.
10. TGI Paris, 7 nov. 1975, *D.* 1976. 270, note Lindon.
11. Cass., ch. mixte, 18 mai 2007, nº 05-40.803, *Bull. ch. mixte*, nº 3; *BICC* 1er août 2007; *D.* 2007. 2137, note Mouly; *D.* 2007. 3033, obs. Dockès, Fouvet, Géniaut et Jeammaud.
12. Soc. 20 nov. 1991, nº 88-43.120, *Bull. civ.* V, nº 519; *D.* 1992. 73, concl. Chauvy; *RTD civ.* 1992. 365, obs. Hauser; *RTD civ.* 1992. 418, obs. Gautier.
13. Soc. 22 mai 1995, nº 93-44.078, *Bull. civ.* V, nº 164; *RTD civ.* 1995. 862, obs. Hauser; *RTD civ.* 1996. 166, obs. Mestre; *RTD civ.* 1996. 197, obs. Gautier; *BICC* 1er juill. 1995, nº 700; *RJS* 1995. 489, note Chauvy.

Dans une espèce voisine, où la surveillance avait été opérée par le supérieur hiérarchique de l'employée, la chambre sociale a précisé que ce moyen de preuve illicite implique nécessairement une atteinte à la vie privée, insusceptible d'être justifiée, eu égard à son caractère disproportionné, par les intérêts légitimes de l'employeur[1].

De même, il est interdit de recourir à un stratagème pour recueillir une preuve ou de mettre en œuvre un dispositif de surveillance clandestin[2]. On ne peut ainsi permettre à un tiers d'écouter une conversation téléphonique à l'insu d'un interlocuteur[3].

111.27 **Loyauté de la preuve.** Ces diverses illustrations de la preuve illicite ont toutes pour fondement l'obligation de loyauté, laquelle peut toutefois être appliquée avec plus ou moins de rigueur[4]. Si la chambre commerciale a considéré que la rupture abusive d'un contrat de concession ne pouvait être établie au moyen d'un entretien téléphonique[5], la deuxième chambre civile a admis dans le cadre d'une instance en divorce la production d'un journal intime[6] et la chambre sociale a considéré que l'utilisation de SMS par leurs destinataires pour établir un harcèlement sexuel ne constitue pas un procédé déloyal car son auteur ne peut ignorer qu'ils sont enregistrés par l'appareil récepteur[7]. La même solution a été retenue dans une instance en divorce où le SMS était destiné à démontrer l'adultère, dès lors que le juge du fond n'avait pas constaté que « *les mini-messages avaient été obtenus par violence ou fraude* »[8].

Avec plus de pragmatisme encore, la chambre criminelle admet comme moyen de preuve des documents obtenus par des procédés déloyaux dès lors qu'ils peuvent être discutés contradictoirement[9]. Dans cette logique, elle a admis le *testing* pratiqué par une association pour caractériser des pratiques discriminatoires[10] ou l'enregistrement d'une communication téléphonique pour les besoins de la défense de la victime[11].

Dans une espèce très proche où un prêteur avait enregistré une conversation téléphonique avec l'emprunteur pour établir la nature de la remise des fonds, la deuxième chambre civile a adopté une position contraire en considérant, sur le fondement des articles 9 C. pr. civ. et 6 de la Convention européenne des droits de l'homme qu'il s'agissait d'un « procédé déloyal rendant irrecevable en justice la preuve ainsi obtenue »[12].

C'est évidemment dans les relations de travail que la question du principe de loyauté se pose le plus fréquemment et la jurisprudence de la chambre sociale est, à cet égard abondante. En voici quelques illustrations :

– alors que, ainsi qu'on l'a vu, est prohibé l'enregistrement d'un entretien téléphonique, l'utilisation de messages téléphoniques vocaux est admise, leur auteur ne pouvant ignorer qu'ils sont enregistrés[13];

– si les courriers électroniques qu'un salarié adresse ou reçoit sur un outil informatique mis à sa disposition par son employeur sont présumés avoir un caractère professionnel, encore faut-il qu'ils ne soient pas identifiés comme personnels ou que le règlement intérieur de l'entreprise n'ait pas restreint le pouvoir de consultation de l'employeur[14];

– l'employeur ne peut utiliser des lettres piégées, procédé clandestin et donc déloyal[15];

– dans le même sens, l'employeur ne peut utiliser un système de vidéosurveillance installé chez un client pour surveiller à leur insu ses propres salariés[16];

– l'utilisation d'un système de géolocalisation n'est licite que lorsque l'employeur ne peut recourir à

1. Soc. 26 nov. 2002, n° 00-42.401, *Bull. civ.* V, n° 352; *D.* 2003. 394, note Fabre; *D.* 2003. 1858, note Bruguière; *D.* 2003. 1305, chron. Ravenas; *D.* 2003. 1536, note Lepage; *RTD civ.* 2003. 58, obs. Hauser; *JCP* 2002. IV. 1151.
2. Soc. 18 mars 2008, n° 06-40.852, n° 06-45.093, *D.* 2008. 2306, obs. Amauger-Lattes, Desbarats, Dupouey-Dehan, Lardy-Pélissier, Pélissier et Reynès; *D.* 2008. 2820, obs. Delebecque, Bretzner et Vasseur; (2 esp.), *Procédures* mai 2008. Comm. 137, p. 14, note Perrot.
3. Com. 13 oct. 2009, n° 08-19.525, NP; *D.* 2010. 2671, obs. Delebecque, Bretzner et Gelbard-Le Dauphin; *Procédures* 2009. Comm. 390. 22, note Perrot.
4. Ph. Delebecque, J.-D. Bretzner, I. Gelbard-Le Dauphin, « Panorama du droit de la preuve juillet 2009-juin 2010 », *D.* 2010. 2671 (préc. s[s] n° 111.26).
5. Com. 25 févr. 2003, n° 01-02.913; *RTD civ.* 2004. 92, obs. Mestre et Fages, NP.
6. Civ. 2e, 29 janv. 1997, n° 95-15.255, *Bull. civ.* II, n° 28; *D.* 1997. 296, note Bénabent; *RTD civ.* 1997. 640, obs. Hauser – Civ. 2e, 6 mai 1999, n° 97-12.437, *Bull. civ.* II, n° 85; *D.* 2000. 557, note Caron; *RTD civ.* 1999. 608, obs. Hauser; *JCP* 1999. II. 10201, note Garé.
7. Soc. 23 mai 2007, n° 06-43.209, *Bull. civ.* V, n° 85; *D.* 2007. 2284, note Castets-Renard; *D.* 2008. 2820, obs. Delebecque, Bretzner et Vasseur; *Gaz. Pal.* 2008. Somm. 1160, note du Rusquec; *Procédures* août-sept. 2007. Comm. 64, note Perrot.
8. Civ. 1re, 17 juin 2009, n° 07-21.796, *Bull. civ.* I, n° 132; *D.* 2009. 1758, obs. Egéa; *D.* 2009. 2714, obs. Delebecque, Bretzner et Vasseur; *D.* 2010. 989, obs. Douchy-Oudot; *D.* 2010. 1243, obs. Serra et Williatte-Pellitteri; *D.* 2010. 2671, obs. Delebecque, Bretzner et Vasseur; *RTD civ.* 2009. 514, obs. Hauser; *AJ fam.* 2009. 298, obs. David; *Dr. et proc.* 2009. 344, obs. Fricero.
9. Crim. 30 mars 1999, n° 97-83.464, *Bull. crim.* n° 59; *D.* 2000. 391, note Garé.
10. Crim. 11 juin 2002, n° 01-85.559, *Bull. crim.* n° 131; *D.* 2003. 1309, chron. Collet-Askri; *RTD civ.* 2002. 498, obs. Mestre et Fages.
11. Crim. 31 janv. 2007, n° 05-21.034, *BICC* 2007, n° 1075.
12. Civ. 2e, 7 oct. 2004, n° 03-12.653, *Bull. civ.* II, n° 247; *D.* 2005. 122, note Bonfils; *D.* 2005. 2643, obs. Lepage, Marino et Bigot; *RTD civ.* 2005. 135, obs. Mestre et Fages.
13. Soc. 6 févr. 2013, n° 11-23.738, *Bull. civ.* V, n° 31.
14. Soc. 26 juin 2012, n° 11-15.310, *Bull. civ.* V, n° 196.
15. Soc. 4 juill. 2012, n° 11-30.266, *Bull. civ.* V, n° 208.
16. Soc. 10 janv. 2012, n° 10-23.482, *Bull. civ.* V, n° 2.

un autre moyen pour contrôler les salariés et n'est pas justifiée si ceux-ci dispose d'une liberté dans l'organisation de leur travail[1];

– si l'employeur est en droit d'écouter en présence du salarié ou celui-ci dûment appelé l'enregistrement réalisé par ce dernier sur son dictaphone, il ne peut en établir le contenu par des attestations de témoins alors que, ayant détruit l'enregistrement, il a mis le salarié dans l'impossibilité d'apporter la preuve contraire[2].

À propos de la surveillance du salarié, on pourra lire l'intervention du conseiller Struillou lors des rencontres de la chambre sociale 2013[3].

SECTION 2
RECHERCHE DES PREUVES

111.30 **Pertinence.** On vient de voir qu'il est indispensable de s'interroger sur la pertinence des preuves dont on dispose; *a fortiori*, y a-t-il lieu de s'enquérir de celles qu'il faudra réunir dans la perspective d'un procès, que cette quête s'effectue avec ou sans le concours du juge.

§ 1
Sans le concours du juge

A.
Recours aux tiers

111.31 **Preuve testimoniale.** À défaut d'un écrit, la preuve testimoniale sera, bien souvent, l'unique moyen d'établir les faits qu'on allègue. Le juge peut certes, au cours de l'instance, ordonner une enquête, mais il ne faut pas perdre de vue qu'une mesure d'instruction ne peut pallier les carences des parties et qu'en outre son résultat est aléatoire, quand bien même les tiers doivent-ils apporter leur concours aux mesures d'instruction (C. pr. civ., art. 206). Si l'article 207 C. pr. civ. met quelques moyens coercitifs à la disposition du juge pour contraindre le témoin défaillant à déposer, encore faut-il non seulement que le juge y recoure mais aussi que ces moyens s'avèrent efficaces.

111.32 **Nombres d'attestations.** Il n'est pas rare, en effet, que les tiers, par hypothèse étrangers au procès, se montrent quelque peu réticents à apporter leur témoignage. Il est donc à la fois plus commode et plus prudent de s'efforcer d'obtenir d'eux des attestations avant d'engager le procès, ne serait-ce que pour être mieux à même d'évaluer les chances d'un succès au vu des résultats de cette quête. Rappelons à cet égard que l'attestation peut être sollicitée à titre préventif en dehors de tout litige[4].

111.33 **Enquête.** Par ailleurs, il est désormais possible de solliciter du juge, avant tout procès, une enquête, en application des dispositions de l'article 145 C. pr. civ. (v. s^s^ n°s 111.63 s.), mais une telle mesure est susceptible de se heurter aux mêmes difficultés que l'enquête en cours d'instance.

B.
Recours au technicien

111.41 **Expertise amiable.** La mesure d'instruction préventive, on vient de le préciser, peut, depuis la réforme de 1973 (Décr. n° 73-1122, 17 déc. 1973), être ordonnée par le juge. Plus simple encore est de recourir à l'expertise amiable. Le rapport amiable peut même valoir à titre de preuve dès lors qu'il est versé régulièrement aux débats et soumis à la discussion contradictoire des parties[5], la première chambre considérant qu'il n'importait pas que la partie à laquelle un tel rapport était opposé n'ait pas participé aux opérations d'expertise, ce qui constitue incontestablement une atténuation du principe du contradictoire en la matière[6]. Il faut noter que la Cour de cassation vient d'opérer un revirement de jurisprudence en décidant qu'une expertise non judiciaire n'était pas en soi seule suffisante pour accueillir les prétentions de celui qui s'en prévaut[7]. Si une telle mesure ne suffit pas à emporter, à elle seule, la conviction du juge, du moins fournira-t-elle à ce dernier les éléments nécessaires pour envisager d'ordonner une expertise judiciaire.

L'expertise amiable peut donc s'avérer être une mesure aussi simple qu'utile, notamment en cas d'urgence, lorsqu'il y a risque de déperdition des preuves, par exemple en matière d'accident automobile. En outre, alors que l'expert judiciaire doit, en principe, remplir personnellement la mission qui lui est confiée (C. pr. civ., art. 233), il est admis qu'il puisse se référer à un rapport dressé par un tiers dès lors qu'il ne peut procéder à l'examen d'un véhicule du fait de sa vente[8].

1. Soc. 3 nov. 2011, n° 10-18.036, *Bull. civ.* V, n° 247.
2. Soc. 23 mai 2012, n° 10-23.521, *Bull. civ.* V, n° 156.
3. Y. Struillou, « La surveillance du salarié », *BICC* 15 sept. 2013, p. 52.
4. Civ. 3e, 11 janv. 1978, n°s 76-12.771 et 76-12.772, *Bull. civ.* III, n° 30; *RTD civ.* 1978. 925, obs. Perrot.
5. Civ. 1re, 11 mars 2003, n° 01-01.430, *Bull. civ.* I, n° 70; *D.* 2005. 46, note Cavalier; *Gaz. Pal.* 2004. Somm. 25.
6. Civ. 1re, 11 mars 2003, n° 01-01.430 (préc. s^s^ prés^t^ n°); *D.* 2005. 46, note crit. Cavalier.
7. Cass., ch. mixte, 28 sept. 2012, n° 11-18.710, *Bull. ch. mixte*, n° 2.
8. Civ. 2e, 26 oct. 1977, n° 76-11.329, *Bull. civ.* II, n° 207.

C.
Recours à un huissier

111.51 Constatations. C'est la troisième possibilité offerte, sans recourir au juge, à celui qui manque de preuves. C'est aussi l'une des plus fréquemment utilisées. Aux termes de l'article 1er de l'ordonnance n° 45-2592 du 2 novembre 1945 modifiée par le décret n° 55-604 du 20 mai 1955, les huissiers de justice peuvent effectuer des constatations purement matérielles, exclusives de tout avis sur les conséquences de fait ou de droit qui peuvent en résulter. Ils peuvent être commis par justice pour établir un constat, mais également agir à la requête de particuliers.

Un constat d'huissier n'a certes valeur que de simple renseignement, sauf s'il fait l'objet de contestations. Il n'en demeure pas moins que cette mesure permettra d'obtenir du juge une mesure d'instruction, ou même vaudra à titre de preuve dès lors qu'elle est soumise à la libre discussion des parties [1].

§ 2
Recours au juge

111.61 Mesures d'instruction. À défaut d'une preuve littérale ou si les autres preuves qu'il a pu réunir lui apparaissent insuffisantes, le plaideur peut solliciter du juge une mesure d'instruction. Dans la conception classique, reprise par l'article 144 C. pr. civ., les mesures d'instruction peuvent être ordonnées en tout état de cause, ce qui suppose que le juge soit préalablement saisi d'une demande principale à laquelle la mesure se rattache [2] ou, au moins, qu'une demande principale soit implicitement contenue dans la demande d'une mesure d'instruction [3].

111.62 Prohibition. Malgré leur souplesse, ces dispositions n'autorisaient donc pas les mesures d'instruction *in futurum*. Utilisées, parfois de manière abusive, dans l'ancien droit, elles avaient été en effet prohibées par l'ordonnance de 1667 et le Code de 1806 ne les avait pas rétablies, la jurisprudence ultérieure confirmant le principe de leur prohibition [4], même s'il était admis, en cas d'urgence, que le juge des référés puisse nommer un expert [5].

Ainsi, avant la réforme de 1973 (Décr. n° 73-1122, 17 déc. 1973), la vérification d'écriture constituait-elle, en matière civile, la seule action préventive admise, puisque l'inscription de faux relevait des juridictions répressives.

111.63 Mesure d'instruction. Le décret du 17 décembre 1973 représente donc une innovation importante dans ce domaine puisque, outre le faux à titre principal, il a consacré la mesure d'instruction « *in futurum* » dans notre procédure civile (C. pr. civ., art. 145).

A.
Référé probatoire

1°
Conditions d'application

a)
Absence de procès

111.71 Principe. La première condition posée par l'article 145 C. pr. civ. est inhérente à la nature même de la mesure probatoire : elle doit être demandée avant tout procès, c'est-à-dire avant que le juge du fond ne soit saisi [6]. *A contrario*, dès que ce dernier est saisi d'un litige identique dans son objet et sa cause à celui qui est sous-jacent dans la demande d'instruction, le juge des référés n'est pas compétent sur le fondement de l'article 145 [7]. Il a ainsi été jugé que, dans le cadre d'une instance au fond, le juge aux affaires matrimoniales (familiales) ne peut, sur le fondement de l'article 145, étendre à des personnes étrangères à cette instance une expertise précédemment ordonnée alors qu'il en a le pouvoir sur le fondement de l'article 771 C. pr. civ. après mise en cause préalable de ces personnes.

Si un litige est pendant, il faut par conséquent, selon les cas, saisir soit le juge de la mise en état, soit le juge des référés, mais alors sur le fondement de l'article 808 et non plus sur celui de l'article 145. Ainsi, lorsque la juridiction de jugement reste saisie d'une demande qu'elle n'avait pas tranchée, une demande de mesure d'instruction préventive est irrecevable [8].

C'est à la date à laquelle le juge statue qu'il lui appartient d'examiner les faits et le droit et non à la date de sa saisine [9]. Cette position a été confirmée par

1. Civ. 1re, 12 avr. 2005, n° 02-15.507, *Bull. civ.* I, n° 181 ; *D.* 2005. IR 1180.
2. Req. 25 oct. 1886, *S.* 1887. 1. 471.
3. Civ. 3e, 19 mars 1985, n° 83-17.217, *Bull. civ.* II, n° 58 ; *Gaz. Pal.* 1985. Pan. 194, obs. Guinchard et Moussa.
4. Req. 6 févr. 1900, *D.* 1900. 1. 167.
5. Req. 7 nov. 1894, *D.* 1895. 1. 8 – Paris, 23 oct. 1953, *D.* 1953. 688.
6. Com. 15 nov. 1983, n° 82-14.738, *Bull. civ.* IV, n° 307 ; *Gaz. Pal.* 1984. Pan. 179, obs. Guinchard.
7. Com. 16 avr. 1991, n° 89-14.237, *Bull. civ.* IV, n° 144 ; *RTD civ.* 1991. 800, obs. Perrot ; *Rev. sociétés* 1992. 102, note Chaput.
8. Civ. 2e, 30 avr. 2009, n° 08-13.641, *Bull. civ.* II, n° 106 ; *Procédures* 2009. Comm. 225, note Perrot.
9. Civ. 2e, 3 oct. 2002, nos 01-00.177 et 01-00.326, *Bull. civ.* II, n° 205 ; *BICC* 1er févr. 2003, n° 101 ; *Procédures* 2002, n° 12, p. 7, note Perrot.

la deuxième chambre[1] et reprise depuis par plusieurs cours d'appel[2].

111.72 Jurisprudence. Cela étant, la jurisprudence a une conception extensive de cette condition : ainsi a-t-elle considéré que l'ouverture d'une information pénale ne faisait pas obstacle, à elle seule, à la compétence du juge des référés sur le fondement de l'article 145 C. pr. civ.[3], ou que l'existence d'une convention d'arbitrage n'interdisait pas l'application de cet article[4].

Par ailleurs, si les dispositions de ce texte ne font pas échec aux règles gouvernant la compétence des deux ordres de juridiction[5], elles permettent la saisine du juge des référés tant que la compétence de la juridiction administrative n'est pas établie sur le fond de l'affaire[6], ou dès lors que le fond du litige est de nature à relever, ne serait-ce qu'en partie, de la compétence des juridictions de l'ordre auquel appartient le juge des référés[7]. La jurisprudence est à cet égard constante[8]. Si tel n'est pas le cas (pour un médecin salarié du service public hospitalier, par exemple), le juge des référés judiciaire n'est pas compétent[9].

Le Conseil d'État a la même position au profit des juridictions administratives[10].

Enfin, cette procédure reste possible malgré une instance pendante devant la Cour de cassation[11].

b) Motif légitime

111.81 Définition. Cette deuxième condition exigée par l'article 145 C. pr. civ. est plus difficile à cerner. Dérogeant au droit commun, ce texte ne suppose pas l'existence d'un litige né et actuel qui aurait au contraire pour effet de le rendre inapplicable. Mais le demandeur doit néanmoins avoir un intérêt à agir dans la perspective d'un éventuel litige avec son adversaire : si la demande fondée sur l'article 145 doit intervenir avant tout procès, encore faut-il qu'elle ait un lien avec un litige susceptible d'opposer son auteur au défendeur. C'est ce que M. Jeantin a qualifié d'intérêt éventuel[12]. Si le cadre et les limites d'une éventuelle saisine du juge du fond ne sont ni établis ni même déterminables, la mesure probatoire ne doit pas être ordonnée[13]. Dans le même sens, le juge des référés ne peut ordonner, sur le fondement de l'article 145, une mesure d'instruction qui ne tendrait pas à établir l'existence de fautes pouvant fonder une action en responsabilité mais seulement à faire évaluer le préjudice qui en résulterait[14]. Il en va de même si les faits invoqués à l'appui de la prétention éventuelle relèvent du domaine de l'hypothétique[15] ou si cette prétention est manifestement vouée à l'échec, par exemple, parce qu'elle se heurterait à l'autorité absolue de la chose jugée au pénal sur le civil[16] ou parce qu'elle est dépourvue de sérieux[17]. La Cour de cassation vient de juger que ne justifiait pas d'un motif légitime une société qui n'avait produit aucun élément « *démontrant la probabilité des faits dont elle se plaignait* »[18].

Il a également été jugé que, un employeur n'ayant pas l'obligation de se préconstituer la preuve du bien-fondé d'un licenciement hors d'une contestation en justice, la remise de documents justifiant ce licenciement ne procède pas d'un motif légitime[19]. En un mot, s'il n'existe pas un litige potentiel, la demande d'expertise *in futurum* sera rejetée[20].

Par contre, est légitime de rechercher si une intervention médicale plus prompte aurait permis d'éviter le décès ou de donner au patient une chance de survie[21]. Le juge des référés ne peut rejeter une demande d'expertise médicale au seul motif que le demandeur n'apporte pas d'éléments susceptibles de remettre en cause l'expertise amiable précédemment mise en place[22].

Dispose aussi d'un motif légitime de se faire communiquer par l'éditeur d'un site internet les donnés de connexion d'un internaute une société dénigrée sur le forum de ce site[23].

1. Civ. 2e, 15 janv. 2004, no 01-14.933, NP; *D.* 2004. 2172, note crit. Foulon et Strickler.
2. Versailles, 19 oct. 2005, RG no 05/00959, *BICC* 2007, no 1471 – Paris, 12 mai 2006, RG no 06/02204, *Bull. ch. avoués* 2006. 174. 24.
3. Paris, 2 mars 1989, RG nos 89/905, 89/906 et 89/1286, *Gaz. Pal.* 1990, note Renard.
4. Civ. 3e, 20 déc. 1982, no 81-15.746, *Bull. civ.* III, no 260; *Gaz. Pal.* 1983. Pan. 134, obs. Guinchard.
5. T. confl. 2 mai 1988, no 02532, *Gaz. Pal.* 1989. Chron. 102, Plouvin.
6. Civ. 1re, 8 juill. 1986, no 84-17.167, *Bull. civ.* I, no 204; *JCP* 1986. IV. 278.
7. Civ. 2e, 16 mai 2002, no 00-17.271, *Bull. civ.* II, no 102; *Gaz. Pal.* 2002. Somm. 1210.
8. Civ. 2e, 7 juin 2012, no 11-15.490, *Bull. civ.* II, no 101.
9. Rennes, 12 mars 2008, RG no 07/01787, *BICC* 2009, no 429.
10. CE 30 oct. 1989, req. no 55571, *Lebon* 543, 794 et 846; *D.* 1990. Somm. 250, obs. Terneyre.
11. Paris, 26 févr. 1990, RG no 89/14969, *Bull. ch. avoués* 1990. 2. 50.
12. M. Jeantin, « Les mesures d'instruction *in futurum* », *D.* 1980. 205.
13. Paris, 26 déc. 1986, *D.* 1987. 344, note Jeantin.
14. Limoges, 28 mars 2001, RG no 2000/194, *Gaz. Pal.* 27-28 mars 2002, p. 39, note Vray.
15. Civ. 1re, 13 juin 1978, no 77-10.346, *Bull. civ.* II, no 228; *Gaz. Pal.* 1978. 2. Pan. 337.
16. Civ. 1re, 29 avr. 1985, no 84-10.401, *Bull. civ.* I, no 131; *Gaz. Pal.* 1985. 2. Somm. 298, obs. Guinchard et Moussa.
17. Orléans, 4 mars 1983, *D.* 1983. 343, note Jeantin.
18. Civ. 2e, 12 juill. 2012, no 11-18.399, *Bull. civ.* II, no 132.
19. Limoges, 13 sept. 2004, RG no 03/1444, *D.* 2004. IR 2621.
20. Civ. 3e, 16 avr. 2008, no 07-15.486, *Bull. civ.* III, no 72; *D.* 2008. 1205, obs. Rouquet; *Procédures* 2008. Comm. 19, note Junillon; *AJDI* 2008. 843, obs. Blatter.
21. Rouen, 21 oct. 2003, RG no 02/01442, *D.* 2004. 2527, note Corpart.
22. Civ. 2e, 18 sept. 2008, no 07-15.621, NP.
23. Paris, 11 juin 2004, RG no 03/20987, *D.* 2004. IR 2893.

111.82 Mesures inutiles. La recherche ou la conservation des preuves destinées à établir le litige futur ou éventuel constitue un motif légitime au sens de l'article 145 C. pr. civ. Dès lors que, de ce point de vue, la mesure sollicitée n'est pas susceptible de permettre au juge du fond de trancher le litige[1], ou qu'elle est inutile[2], il n'y a pas lieu de l'ordonner, tel est le cas d'une expertise destinée à prouver la dépendance vis-à-vis du tabac[3]. Il en va de même si elle n'est pas de nature à améliorer la situation probatoire des parties[4]. Mais il n'est pas nécessaire que la mesure *in futurum* soit la seule voie procédurale possible pour réunir les éléments recherchés : le fait qu'une action pénale soit susceptible d'être exercée n'interdit pas le recours à l'article 145[5]. Dans le même esprit, la mesure prévue par l'article 145 C. pr. civ. étant soumise à la loi française, sa mise en œuvre n'impose pas au juge de caractériser le motif légitime au regard de la loi susceptible d'être appliquée dans l'éventuelle action au fond[6].

111.83 Intérêts légitimes du défendeur. Le juge doit enfin prendre en considération les intérêts légitimes du défendeur. Ainsi la demande doit-elle être rejetée lorsque les mesures sollicitées risquent de porter atteinte à l'intimité de la vie privée[7] ou au secret des affaires[8]. Il convient, le cas échéant, de mettre en balance les intérêts respectifs des parties pour apprécier s'il y a lieu ou non d'ordonner la mesure. À cet égard, notamment, l'arrêt rendu par la première chambre civile de la Cour de cassation le 21 juillet 1987[9] est intéressant, en ce qu'il rejette le pourvoi formé par le ministre des Postes et Télécommunications qui invoquait le secret professionnel pour s'opposer à la décision ordonnant la communication du nom d'un abonné inscrit sur la liste rouge, dans une espèce où la demanderesse espérait ainsi connaître le nom de la maîtresse de son conjoint pour faire établir un constat d'adultère. La chambre sociale a, elle aussi, rappelé que ni le secret des affaires ni le respect de la vie privée ne constituaient en eux-mêmes des obstacles à l'établissement des preuves permettant de poursuivre un employeur pour discrimination[10].

La Cour de cassation a également censuré une cour d'appel qui avait retenu, après que le juge des requêtes ait refusé de rétracter sa décision ordonnant des mesures d'instruction, que le défendeur n'avait pas d'intérêt à agir au motif que le créancier s'était désisté de son instance : la Cour suprême a considéré qu'il appartenait à la cour d'appel d'apprécier si la demande entrait dans les prévisions de l'article 145[11].

Dans le même sens, la chambre sociale a admis qu'un employeur puisse recourir à un huissier pour accéder à la messagerie électronique d'un salarié soupçonné de concurrence déloyale[12].

En revanche, si le juge des référés n'a pas le pouvoir d'ordonner des investigations générales sur les comptes bancaires d'une partie, il peut ordonner une mesure tendant à la recherche de documents déterminés et à leur examen dès lors que leur existence est au moins vraisemblable[13].

c)
Recherche ou conservation des preuves

111.91 But poursuivi. C'est la finalité même du référé probatoire. Aux conditions précédentes s'ajoute donc la nécessité de rechercher des preuves qui font défaut ou de conserver celles qui risquent de dépérir. On a déjà précisé que cette recherche doit être utile dans la perspective d'un litige futur ou éventuel. Dans le cas contraire, la demande est irrecevable[14].

L'action fondée sur l'article 145 est purement probatoire et c'est donc à bon droit qu'une cour d'appel a accueilli une demande de production de bons de livraison en écartant le moyen tiré de la prescription annale de l'action à l'encontre du transporteur qu'invoquait le défendeur, en soutenant qu'il s'agissait d'une action née du contrat de transport au sens de l'article L. 133-6 du Code de commerce[15].

111.92 Expertise de minorité. La procédure de l'article 145 C. pr. civ. apparaît donc fort utile pour pallier les carences d'une partie dans l'administration de la preuve. L'expertise de minorité en droit des

1. Com. 17 mars 1987, n° 85-11.130, *Bull. civ.* IV, n° 73.
2. Com. 18 févr. 1986, n° 84-10.620, *Bull. civ.* IV, n° 26; *Gaz. Pal.* 1986. 2. Somm. 422, obs. Guinchard et Moussa.
3. Paris, 16 juin 2004, RG n° 04/02783, *D.* 2004. IR 2973.
4. Paris, 17 déc. 2003, RG n° 2003/13197, *Gaz. Pal.* 2004. Somm. 31.
5. Paris, 24 janv. 1986, RG n° 898, *D.* 1987. Somm. 232, obs. Julien.
6. Civ. 1re, 4 juill. 2007, n° 04-15.367, *Bull. civ.* I, n° 255; *BICC* 2007, n° 2280; *D.* 2007. AJ 2112; *D.* 2008. 2820, obs. Delebecque, Bretzner et Vasseur; *Procédures* 2007. Comm. 215, note Perrot.
7. Paris, 5 nov. 1981, *D.* 1982. 342, note Massip.
8. Civ. 2e, 14 mars 1984, n° 82-16.076, *Bull. civ.* II, n° 49; *RTD civ.* 1984. 561, obs. Perrot.
9. Civ. 1re, 21 juill. 1987, n° 85-16436, *Bull. civ.* I, n° 248; *Gaz. Pal.* 1988. 322, note Renard.
10. Soc. 19 déc. 2012, n° 10-20.526, *Bull. civ.* V, n° 341; *Gaz. Pal.* 2013. Jur. 1791, note Amrani-Mekki; *Dr. et proc.* 2013. 59, obs. Boulmier.
11. Civ. 2e, 13 févr. 2003, n° 01-01.912, *Bull. civ.* II, n° 38; *RTD civ.* 2003. 356, obs. Perrot; *Gaz. Pal.* 2003. Somm. 80.
12. Soc. 23 mai 2007, n° 05-17.818, *D.* 2007. 1590, obs. Fabre; *RTD civ.* 2007. 637, obs. Perrot; *BICC* 2007, n° 1972; *JCP* 2007. I. 200, n° 20.
13. Paris, 20 févr. 2002, RG n° 2001/17390, *BICC* 1er mars 2003, p. 56.
14. Paris, 26 déc. 1986, *D.* 1987. 344, note Jeantin; *Gaz. Pal.* 1987. 1. 95, obs. Bertin.
15. Com. 13 mai 2003, n° 01-10.955, *Bull. civ.* IV, n° 81; *JCP* 2003. II. 10193, note Chabot; *Gaz. Pal.* 2004. Somm. 21.

affaires en fournit l'illustration : la loi n° 66-537 du 24 juillet 1966 [1] sur les sociétés commerciales (désormais codifiée : C. com., art. L. 210-1 s.) a accordé, sous certaines conditions, aux actionnaires minoritaires un pouvoir de contrôle de la gestion des dirigeants sociaux, notamment par le biais de l'expertise de minorité (C. com., art. L. 225-231 [anc^t L. 24 juill. 1966, art. 226]) ; mais, si ces conditions ne sont pas remplies, l'expertise ne peut être accordée, sauf précisément par le juge des référés sur le fondement de l'article 145 C. pr. civ. [2] dont les conditions d'application sont moins strictes que celles de l'article L. 225-231 du Code de commerce [3]. La chambre commerciale vient récemment de préciser que la mesure d'instruction ordonnée sur le fondement de l'article 145 ne revêt aucun caractère subsidiaire par rapport à l'expertise de gestion prévue par l'article L. 225-231 C. com. [4].

111.93 Contre-expertise. Par contre, le juge des référés n'est pas compétent sur le fondement de l'article 145 pour ordonner une contre-expertise, l'appréciation de l'opportunité d'une telle mesure relevant de la compétence du juge du fond [5]. Il est à noter que la Cour de cassation a considéré que le juge chargé du contrôle pouvait étendre la mission de l'expert commis par le juge des référés sur le fondement de l'article 145 C. pr. civ. [6]

111.94 Moyen de pression. Enfin, si la recherche ou la conservation des preuves justifie l'application de l'article 145 C. pr. civ., cette procédure ne peut servir de moyen de pression sur l'adversaire ou être utilisée pour rechercher le fondement juridique d'une action future [7].

d) Mesures légalement admissibles

111.101 Principe de l'article 143 du Code de procédure civile. Aux trois précédentes conditions, qui sont posées par l'article 145 C. pr. civ., il convient d'ajouter celle, de portée générale, fixée par l'article 143 du même Code : la mesure sollicitée doit être légalement admissible. Le recours à l'article 145 ne saurait être pour le demandeur un moyen de violer une prescription légale, à moins que le défendeur n'ait lui-même enfreint une obligation légale. Ainsi une jurisprudence constante admet que le constat d'adultère soit sollicité sur le fondement de l'article 145, puisqu'il s'agit d'établir le manquement du conjoint au devoir de fidélité.

111.102 Demandes rejetées. En revanche, la même demande doit être rejetée lorsqu'elle est formée après le divorce dans la perspective d'une modification de la prestation compensatoire, parce qu'elle constituerait une atteinte à la vie privée, le devoir de fidélité ne subsistant pas du fait du divorce [8].

D'une manière plus générale, la demande doit être rejetée lorsque la mesure sollicitée aurait pour effet de porter atteinte aux libertés de l'adversaire. Tel est le cas d'une demande d'expertise psychiatrique tendant à démontrer la nullité du mariage pour erreur sur l'intégrité physique [9] ou d'une expertise impliquant la divulgation d'informations confidentielles concernant des salariés et des entreprises concurrentes [10].

Dans le même sens, ne peut être conférée à un huissier une mission d'investigation ou un pouvoir d'enquête ou de saisie de documents mais seulement le droit de se les faire communiquer ou de recueillir les déclarations des personnes désignées, sans pouvoir de contrainte [11]. L'huissier ne peut davantage être autorisé à se saisir de tout document social, fiscal, comptable, administratif de quelque nature que ce soit sans avoir préalablement sollicité la remise spontanée des documents concernés et obtenu le consentement du requis [12]. Enfin, l'huissier ne peut exécuter la mesure avant d'avoir notifié la requête et l'ordonnance [13].

111.103 Secret professionnel. En principe, la requête doit également être rejetée quand la mesure sollicitée entraînerait, si elle était ordonnée, une violation du secret professionnel [14]. On a néanmoins vu plus haut que cet empêchement connaît des limites [15].

111.104 Disposition légale. Enfin, le recours à l'article 145 C. pr. civ. est naturellement interdit s'il

1. L. n° 66-537, 24 juill. 1966, sur les sociétés commerciales, *JO* 26 juill., p. 6402.
2. Com. 7 déc. 1981, n° 80-11.853, *Bull. civ.* IV, n° 425 ; *Rev. sociétés* 1982. 519, note Michelin-Finielz.
3. Paris, 9 déc. 1994, RG n° 94/3007, *JCP* 1995. I. Doctr. Cadiet.
4. Com. 18 oct. 2011, n° 10-18.989, *Bull. civ.* IV, n° 165 ; *D.* 2011. Actu. 2596, note Lienhard ; *JCP E* 2011. 1002, note Randoux.
5. Civ. 2e, 23 sept. 2004, n° 02-16.459, *Bull. civ.* II, n° 421 ; *D.* 2004. IR 3039.
6. Civ. 2e, 18 sept. 2008, n° 07-17.640, *Bull. civ.* II, n° 199 ; *D.* 2008. AJ 2438 ; *D.* 2009. 2448, obs. Trébulle ; *RTD civ.* 2008. 724, obs. Perrot.
7. Paris, 26 déc. 1986, *D.* 1987. 344, note Bertin.
8. Paris, 5 nov. 1981, *D.* 1982. 342, note Massip.
9. TGI Arras, 9 oct. 1981, *JCP* 1982. II. 19852, note Raymond ; *RTD civ.* 1983. 186, obs. Normand.
10. Civ. 3e, 16 avr. 2008, n° 07-15.486, *Bull. civ.* III, n° 72 ; *D.* 2008. 1205, obs. Rouquet ; *AJDI* 2008. 843, obs. Blatter ; *Procédures* 2008. Comm. 174, note Junillon.
11. Paris, 14 nov. 2001, RG n° 2001/16057, *BICC* 1er déc. 2002, p. 19.
12. Civ. 2e, 16 mai 2012, n° 11-17.229, *Bull. civ.* II, n° 89 ; *RTD civ.* 2012. 769, obs. Perrot.
13. Civ. 2e, 7 juin 2012, n° 11-15.490, *Bull. civ.* II, n° 101 ; *RTD civ.* 2012. 571, obs. Perrot.
14. Paris, 13 mai 1988, *Gaz. Pal.* 1989. 1. 143, concl. Bénac.
15. Civ. 1re, 21 juill. 1987, n° 85-16.436, *Bull. civ.* I, n° 248 ; *Gaz. Pal.* 1988. 322, note Renard.

doit avoir pour effet d'enfreindre une disposition légale. Ne peut, par exemple, être ordonnée une mesure tendant à l'identification d'une personne par ses empreintes génétiques, comme étant contraire aux dispositions de l'article 16-11 alinéa 2 du Code civil[1] ou une mesure ayant pour objet de faire porter par un expert des appréciations d'ordre juridique, ce qui violerait les dispositions de l'article 238 alinéa 3 C. pr. civ.[2]

De même, les dispositions spéciales et d'ordre public relatives à la procédure d'inscription de faux excluent le recours à l'article 145 pour solliciter une expertise relative à la force probante d'un acte authentique[3].

Enfin, la Cour de cassation a jugé que le juge des référés ne pouvait ordonner une mesure d'expertise devant se dérouler hors du territoire français, faute d'un lien de rattachement réel entre l'objet de cette mesure et le tribunal français et ce nonobstant les dispositions de l'article 24 de la convention de Bruxelles du 27 septembre 1968[4].

Par contre, c'est à tort qu'il a rejeté une demande d'expertise en se fondant sur l'exclusivité du juge de partage en matière successorale[5].

2°
Procédure autonome

111.110 Double autonomie. On pourrait *a priori* penser que les dispositions du Code de procédure civile relatives au référé et aux mesures d'instruction sont applicables au référé probatoire. En fait, la jurisprudence a assuré l'autonomie de la procédure prévue par l'article 145 relativement au référé, d'une part, et aux mesures d'instruction, d'autre part.

a)
Relativement au référé

111.111 Urgence. On sait qu'avant la réforme du 17 décembre 1973, la jurisprudence se fondait sur la notion d'**urgence** pour contourner la prohibition des mesures *in futurum*. Dans les premières années qui ont suivi l'entrée en application de l'article 145 C. pr. civ., la jurisprudence a, dans l'ensemble, continué à se référer à l'urgence. Il a fallu attendre 1979 pour que soit admis que l'article 145 conférait au juge des référés des pouvoirs propres et que le demandeur n'était pas tenu de justifier d'une urgence quelconque[6]. Cette solution a été définitivement consacrée par la Cour de cassation à l'occasion de trois arrêts rendus le 7 mai 1982[7].

111.112 Référé article 808 C. pr. civ. La procédure du référé probatoire est également autonome par rapport aux dispositions de l'article 808 C. pr. civ. D'abord admise implicitement (par ex., dans un arrêt qui rejette un pourvoi fondé notamment sur une contestation sérieuse[8]) cette autonomie a été affirmée par les trois arrêts susvisés du 7 mai 1982 puis par un arrêt du 9 février 1983[9].

b)
Relativement aux mesures d'instruction

111.121 Textes. Bien que l'article 145 C. pr. civ. fasse partie du sous-titre 2 du titre 7, consacré aux mesures d'instruction, la jurisprudence a affirmé l'autonomie du référé probatoire par rapport aux dispositions tant de l'article 146 que de l'article 150.

111.122 Carence dans l'administration de la preuve. L'article 146 C. pr. civ. pose en son alinéa second le principe qu'une mesure d'instruction ne peut être ordonnée en vue de suppléer la carence d'une partie dans l'administration de la preuve. La doctrine a d'abord considéré que ces dispositions étaient applicables au référé probatoire[10], mais, là encore, les arrêts de la chambre mixte rendus le 7 mai 1982[11] ont tranché en faveur de l'autonomie, décidant que les dispositions de l'article 146 ne sont applicables qu'aux mesures d'instruction ordonnées au cours d'un procès et non à celles ordonnées par le juge des référés sur le fondement de l'article 145. La Cour de cassation a eu l'occasion de rappeler récemment cette jurisprudence constante[12]. Cette position

1. TGI Toulouse, 25 janv. 1995, *BICC* 1er avr. 1995, nº 382.
2. Versailles, 8 juill. 1987, RG nos 5088/86 et 7444/86, *JCP* 1988. II. 20972, note Estoup.
3. Civ. 1re, 11 juin 2003, nº 00-11.931, *Bull. civ.* I, nº 139; *D.* 2004. 830; *D.* 2004.830, note Auberson; *RTD civ.* 2003. 503, obs. Mestre et Fages; *RTD civ.* 2003. 539, obs. Normand.
4. Civ. 1re, 11 déc. 2001, nº 00-18.547, *Bull. civ.* I, nº 313; *JDI* 2003. 152-157, note Huet; *Gaz. Pal.* 2002. 986, note Niboyet.
5. Civ. 2e, 18 sept. 2008, nº 07-18.972, *Bull. civ.* II, nº 200; *D.* 2008. 2349; *D.* 2009. 53, obs. Douchy-Oudot; *D.* 2009. 2714, obs. Delebecque, Bretzner et Vasseur; *AJ fam.* 2008. 402, obs. F. B.; *Procédures* 2008. Comm. 291, note Perrot.
6. Paris, 10 janv. 1979, *Gaz. Pal.* 1979. 1. 166.
7. Cass., ch. mixte, 7 mai 1982, nos 79-11.814, 79-11.974 et 79-12.006, 3 esp., *Bull. ch. mixte*, nº 2; *RTD civ.* 1982. 786, obs. Perrot; *D.* 1983. Somm. 188; *RTD civ.* 1983. 185, note Normand; *JCP* 1982. IV. 247 (1re esp.); *D.* 1982. 541, concl. Cabannes; *D.* 1982. IR 325 (2e esp.) et *Gaz. Pal.* 1982. 571, note Viatte (3e esp.).
8. Civ. 3e, 10 déc. 1980, nº 79-11.035, *Bull. civ.* III, nº 193; *Gaz. Pal.* 1981. 287, note Viatte.
9. Civ. 1re, 9 févr. 1983, nº 81-16.184, *Bull. civ.* I, nº 56; *Gaz. Pal.* 1983. Pan. 178, obs. Guinchard.
10. M. Jeantin, « Les mesures d'instruction *in futurum* », *D.* 1980. Chron. 205.
11. Cass., ch. mixte, 7 mai 1982, nos 79-11.814, 79-11.974 et 79-12.006, 3 esp., *Bull. ch. mixte*, nº 2, préc. (v. ss nº 111.111).
12. Civ. 2e, 10 juill. 2008, nº 07-15.369, *Bull. civ.* II, nº 179; *D.* 2008. 2230; *D.* 2008. 2373, chron. Sommer et Nicoletis; *Procédures* 2008. Comm. 265, obs. Perrot.

est toutefois critiquée par une partie de la doctrine qui fait observer que, lorsque le juge des référés entend sanctionner la carence du demandeur, il est contraint de « tricher » et de se fonder sur le défaut de motif légitime[1].

111.123 Appel. **L'article 150 C. pr. civ.** prévoit qu'une décision ordonnant une mesure d'instruction n'est pas susceptible d'opposition et qu'elle ne peut être frappée d'appel ou de pourvoi en cassation que dans les cas spécifiés par la loi. La mise en œuvre de ces dispositions n'est pas aisée lorsque la décision est rendue par le juge des référés dans la mesure où elles sont en contradiction avec celles de l'article 490 C. pr. civ., selon lequel, sauf exceptions, l'ordonnance de référé peut être frappée d'appel. Cette difficulté a entraîné des divergences de jurisprudence, notamment entre la troisième chambre civile qui appliquait strictement l'article 150[2] et la deuxième chambre civile qui se référait quant à elle à l'article 490 pour admettre l'appel immédiat[3].

La querelle a, une nouvelle fois, été réglée par les arrêts de la chambre mixte du 7 mai 1982[4] : si le juge reste saisi d'une demande distincte de la mesure d'instruction qui a été ordonnée, les dispositions de l'article 150 s'appliquent. À l'inverse, le recours immédiat est possible quand le juge a statué à titre principal, c'est-à-dire lorsqu'il a ordonné une mesure d'instruction *in futurum*. Il en va de même de la décision du juge chargé du contrôle statuant sur une demande relative à l'exécution de la mesure d'instruction ordonnée sur le fondement de l'article 145[5].

B. Ordonnances sur requête

111.131 Conditions d'application. L'article 145 C. pr. civ. prévoit que la mesure probatoire peut être ordonnée à la demande de tout intéressé non seulement en référé mais aussi sur requête. Lorsque le juge est saisi par une requête, il va de soi que les quatre conditions exigées pour le référé doivent également être remplies puisqu'elles sont posées par le texte sans distinction selon la procédure adoptée.

111.132 Référé ou requête. La doctrine était à l'origine partagée sur le point de savoir si le demandeur pouvait librement opter pour le référé ou la requête. Les uns penchaient pour l'affirmative[6], se fondant sur l'autonomie de la procédure de l'article 145 C. pr. civ. Les autres considéraient que c'était faire « bon marché des règles qui gouvernent les domaines respectifs de l'ordonnance de référé et de l'ordonnance sur requête »[7] et qu'il convenait, conformément aux dispositions de l'article 812 C. pr. civ., de réserver la requête aux mesures exigeant que la décision ne soit pas prise contradictoirement[8].

C'est la solution qu'a finalement adoptée la jurisprudence[9]. Outre les conditions expressément exigées par l'article 145, le juge saisi par requête doit donc également vérifier que la mesure sollicitée nécessite une dérogation à la règle du contradictoire, ainsi que l'impose l'article 812[10].

111.133 Urgence. Mais cette référence à l'article 812 C. pr. civ., imposée au juge saisi sur le fondement de l'article 145 du même Code, ne va pas sans conséquence quant à la question de l'urgence. Ce texte posant en effet l'urgence comme condition d'application de la mesure, la jurisprudence a d'abord considéré qu'il s'agissait d'une condition supplémentaire à la recevabilité de la requête[11]. Par pragmatisme, la deuxième chambre civile a opéré un revirement et considère désormais que l'urgence n'est pas une condition requise[12].

111.134 Voies de recours. Enfin, si, en matière de référé, la procédure prévue par l'article 145 C. pr. civ. déroge aux dispositions de l'article 150 (v. s^{s} n° 111.123), en matière de requête, les voies de recours restent subordonnées à la faculté de modification ou de rétractation offerte par l'article 497 C. pr. civ.[13]. Il en résulte que la tierce-opposition formée contre une ordonnance sur requête devant un autre juge est irrecevable[14]. Il faut souligner que l'ordonnance sur requête étant, aux termes de l'article 495 alinéa 2 C. pr. civ., exécutoire sur minute, si le juge ne fait pas droit à la demande de rétractation et

1. Com. 18 oct. 2011, n° 10-18.989, *Bull. civ.* IV, n° 165; *Gaz. Pal.* 2012. 867, note (crit.) Clery; *JCP E* 2012. 1002, note Randoux.
2. Civ. 3e, 18 mai 1978, n° 77-11.954, *Bull. civ.* III, n° 207.
3. Civ. 2e, 14 juin 1978, n° 77-12.084, *Bull. civ.* II, n° 158.
4. Cass., ch. mixte, 7 mai 1982, n°s 79-11.814, 79-11.974 et 79-12.006, 3 esp., *Bull. ch. mixte*, n° 2 (v. s^{s} n°s 111.111 et 111.122).
5. Civ. 2e, 9 sept. 2010, n° 09-69.613, NP; *Procédures* 2010. Comm. 370, note Perrot.
6. M. Jeantin, « Les mesures d'instruction *in futurum* », *D.* 1980. Chron. 205, n° 23.
7. Perrot, *RTD civ.* 1981. 209.
8. Normand, *RTD civ.* 1986. 404.
9. Civ. 2e, 13 mai 1987, n° 86-11.098, *Bull. civ.* II, n° 112; *JCP* 1987. IV. 244; *RTD civ.* 1988. 181, obs. Perrot.
10. Civ. 2^{e}, 30 janv. 2003, n° 01-01.128, *Bull. civ.* II, n° 25; *D.* 2003. 604.
11. Civ. 2^{e}, 7 mai 2008, n° 07-14.858, *D.* 2009. 143, note Pierre-Maurice; *D.* 2008. 2373, chron. Sommer et Nicoletis; *D.* 2008. 2820, obs. Delebecque, Bretzner et Vasseur; *RTD civ.* 2008. 549, obs. Perrot, *JCP* 2008. IV. Pan. 2017.
12. Civ. 2e, 15 janv. 2009, n° 08-10.771, *Bull. civ.* II, n° 15; *BICC* 2009, n° 684; *D.* 2009. 1455, note Mouy; *D.* 2009. 2069, obs. Sommer et Nicolétis; *D.* 2009. 2714, obs. Delebecque, Bretzner et Vasseur; *RTD civ.* 2009. 364, obs. Perrot; *Procédures* 2009. Comm. 72, note Perrot.
13. Bastia, 2 déc. 1980, *RTD civ.* 1981. 209, obs. Perrot, préc.
14. Civ. 2e, 9 nov. 2006, n° 05-16.691, *BICC* 2007, n° 436.

que sa seconde décision est frappée d'appel, ce recours n'a pas d'effet suspensif[1].

Lorsqu'elle est saisie, la cour d'appel est investie des attributions du juge qui a rendu l'ordonnance et doit donc statuer sur le mérite de la requête, sauf à méconnaître l'étendue de ses pouvoirs[2].

111.135 Champ d'application. Dès lors que l'ensemble des conditions évoquées ci-dessus est satisfait, la mise en œuvre de la procédure sur requête ne pose pas de difficultés particulières.

111.136 Constat d'huissier. Le constat d'huissier est certainement la mesure la plus couramment ordonnée. On a déjà indiqué (sur le recours à un huissier, v. s^s n° 111.51) qu'en vertu de l'article 1er de l'ordonnance n° 45-2592 du 2 novembre 1945, l'huissier peut être requis **par un particulier** mais aussi par justice, c'est-à-dire **par ordonnance du juge des requêtes**, sans que celui-ci puisse exiger des conditions autres que celles prévues par les articles 145 et 812, même s'il a pu être jugé qu'une demande de constat devait être rejetée, faute d'éléments suffisants et parce que la demanderesse pouvait user de la voie pénale[3]. On sait également que la mesure peut porter atteinte à la vie privée dès lors qu'elle tend à démontrer la violation d'une obligation légale par l'adversaire : en d'autres termes, le **constat d'adultère** est légalement admissible en ce qu'il est susceptible d'établir un manquement au devoir de fidélité pendant le mariage[4]. Par contre, ne l'est pas le constat de concubinage de l'enfant bénéficiant d'une pension[5] en ce qu'il porterait atteinte à l'intimité de sa vie privée.

Le **droit au respect du domicile** n'est pas en lui-même un obstacle à l'application de l'article 145 C. pr. civ. dès lors qu'il est justifié d'un motif légitime (le respect des clauses du bail)[6]. La Cour de cassation a aussi validé la pratique de juges des requêtes autorisant une mesure conduisant à l'obtention par l'huissier chez l'adversaire ou un tiers de documents sous condition qu'ils soient placés sous séquestre chez l'huissier[7].

Enfin, la Cour de cassation a admis qu'**un seul juge désigne plusieurs huissiers de justice** à la double condition qu'au moins une des mesures ordonnées soit exécutée dans son ressort et que sa juridiction soit compétente pour connaître le fond du litige si un procès devait s'ensuivre[8]. Pour contourner la difficulté inhérente à la compétence territoriale des huissiers, il a été admis qu'un seul huissier pouvait être désigné si c'était sous la qualité de constatant, faisant parler le professeur Perrot de « *valse des étiquettes* »[9].

111.137 Expertise. Si le constat d'huissier est le domaine d'élection de la mesure *in futurum*, celle-ci peut également consister en une **expertise**, dès lors que les conditions de l'article 812 C. pr. civ. sont remplies. Lorsque c'est le cas, le juge ne peut exiger le recours au référé[10]. Il a même été admis, en matière gracieuse, qu'une expertise sanguine soit demandée par **requête conjointe** sur le fondement de l'article 145[11].

En bref, soit sur requête, soit en référé, le juge peut ordonner toutes mesures d'instruction. Mais qu'en est-il de la production de pièces ?

C. Production de pièces

1° Création jurisprudentielle

111.141 Recours à l'article 145 C. pr. civ. Le recours au juge pour obtenir, sur le fondement de l'article 145 C. pr. civ., la production d'une pièce ou d'un élément de preuve, soit par l'adversaire, soit par un tiers, est d'autant plus tentant que les dispositions de l'article 146, comme on l'a vu (v. s^s n° 111.122), ne sont pas applicables aux mesures *in futurum*.

111.142 Obstacles. Un tel recours se heurte malheureusement à plusieurs obstacles comme l'a relevé la cour d'appel de Poitiers[12]. Le titre VII du Code de procédure civile, consacré à la preuve, comporte un sous-titre 1er relatif aux pièces (C. pr. civ., art. 132 à 142), puis un sous-titre 2 qui traite des mesures d'instruction (C. pr. civ., art. 143 à 284-1) : est ainsi manifeste la volonté du législateur de distinguer les unes des autres. De plus, l'article 145 ne fait état que

1. Civ. 2e, 7 nov. 2002, n° 00-22.189, *Bull. civ.* II, n° 247 ; *BICC* 15 mars 2003, p. 119, n° 283 ; *RTD civ.* 2003. 143, obs. Perrot ; *Procédures* 2003. Comm. 4, note Perrot.
2. Civ. 2e, 22 oct. 2009, n° 08-17.485, *Bull. civ.* II, n° 250 ; *D.* 2010. 532, chron. Sommer, Leroy-Gissinger, Adida-Canac et Grignon Dumoulin ; *Procédures* 2009. Comm. 389, note Perrot.
3. TGI Créteil, 22 oct. 1982, *Gaz. Pal.* 1982. 577, note crit. Giverdon.
4. Paris, 6 mai 1977, *JCP* 1978. II. 18813, note Lindon.
5. Douai, 25 avr. 1991, RG n° 1379/91, *D.* 1993. Somm. 129, obs. Everaert.
6. Civ. 2e, 6 mai 2010, n° 09-15.199, NP ; *Dr. et proc.* 2010. 218, AJ 067.
7. Civ. 2e, 21 janv. 2010, n° 09-10.618, *Bull. civ.* II, n° 17 ; *Gaz. Pal.* 2013. Doctr. 824, obs. Foulon et Strickler.
8. Civ. 2e, 30 avr. 2009, n° 08-15.421, *Bull. civ.* II, n° 105 ; *D.* 2009. 2321, note Pierre-Maurice ; *D.* 2009. 2714, obs. Delebecque, Bretzner et Vasseur ; *Procédures* 2009. Comm. 224, note Perrot ; *Dr. et proc.* 2009. 268, obs. Salati.
9. Civ. 2e, 23 juin 2011, n° 10-18.540, NP ; *RTD civ.* 2012. 147, obs. Perrot ; *JCP* 2011. 931, note Fricero ; *Dr. et proc.* 2011. 291, note Choquet.
10. Civ. 1re, 12 mai 1993, n° 91-16.437, *Bull. civ.* I, n° 166 ; *RTD civ.* 1994. 668, obs. Normand ; *JCP* 1993. IV. 1742 ; *JCP* 1993, n°s 51-52, p. 513, note du Rusquec.
11. TGI Rouen, 7 oct. 1993, *Gaz. Pal.* 1994. Somm. 76.
12. Poitiers, 24 juill. 1986, *RTD civ.* 1986. 798, obs. Normand.

de mesures d'instruction et non de production de pièces, laquelle fait l'objet de dispositions particulières : l'article 133 pour l'injonction de communiquer, l'article 138 pour la production par un tiers et l'article 142 pour la production par une partie. Il en résulte que l'article 145, qui, naturellement, s'inscrit dans le sous-titre consacré aux mesures d'instruction, ne peut permettre la production de pièces.

111.143 **Pratique.** Malgré ces obstacles, la jurisprudence admet aujourd'hui très généralement cette pratique, que ce soit sur requête ou en référé. Ainsi le juge des requêtes a-t-il pu ordonner à un tiers (l'administration des Postes et Télécommunications) la production d'un élément de preuve (l'adresse d'une abonnée au téléphone, elle aussi tiers) pour permettre à l'huissier de procéder à un constat d'adultère[1]. Cette décision est sans doute extrême en matière de recherche de preuve, puisque, pour établir l'infidélité du conjoint de la requérante, elle ordonne à un tiers la production d'un élément de preuve, disposition non expressément prévue par l'article 145 C. pr. civ., susceptible d'entraîner une double atteinte à la vie privée (celle du conjoint et celle de la maîtresse supposée), contraignant au passage le tiers à violer un engagement contractuel (l'abonnée étant inscrite sur la liste rouge).

111.144 **Référé.** Des décisions de référé vont également dans ce sens et ordonnent la production d'éléments de preuves de diverses natures :

- le rapport du médecin expert d'une compagnie d'assurances par celle-ci[2];
- la copie d'une bande vidéo par une société de télévision[3];
- des bons de livraison par une entreprise de transport (v. s[s] n° 111.91);
- un testament par un notaire[4];
- pièces détenues par une entreprise de presse pour comprendre la modification de la répartition du capital[5].

Cette dernière décision est intéressante en ce qu'elle tente de justifier la production ordonnée, en rappelant que le juge des référés est « le juge de l'urgent et du provisoire » et en se fondant sur l'article 133 C. pr. civ. Or, d'une part, on sait que, lorsqu'il statue sur le fondement de l'article 145, le juge des référés n'est pas « juge de l'urgent » (v. s[s] n° 111.111) et, d'autre part, l'article 133 règle les incidents de communication des pièces, ce qui nécessite, par hypothèse, que le procès soit déjà engagé et exclut donc la compétence du juge des référés sur le fondement de l'article 145.

111.145 **Conception extensive.** Il est certes permis d'approuver, en opportunité, cette conception extensive, à l'instar du professeur Normand[6]; on ne peut, pour autant, s'interdire de penser que la décision de la cour de Poitiers[7] (v. s[s] n° 111.142) est d'une plus grande rigueur juridique.

2°
Conditions

111.151 **Motif légitime.** Il n'en demeure pas moins que cette conception extensive ne dispense pas le juge, que ce soit en référé ou sur requête, de s'assurer que sont réunies les conditions d'application de l'article 145 C. pr. civ. mais aussi celles relatives à la production d'une pièce par une partie ou par un tiers.

À cet égard, le **motif légitime** dont doit justifier le demandeur pour obtenir la **production d'une pièce** n'est pas exactement de la même teneur que celui qui fonde une **mesure d'instruction**. C'est ainsi qu'une telle demande doit être non seulement **utile**, mais encore **nécessaire** : elle doit être indispensable à la manifestation de la vérité et constituer le seul moyen d'obtenir la production[8]. Il faut également que la mesure ait pour but la sauvegarde d'un droit légalement reconnu ou judiciairement constaté[9], telle la protection des droits des salariés[10].

Inversement, si le juge des référés peut imposer sous astreinte la production d'une pièce, il ne peut ordonner la confiscation ou la saisie de documents en dehors des cas prévus par la loi[11]. Ainsi, a été censurée une ordonnance sur requête autorisant un huissier à se saisir de documents de tous ordres sans avoir préalablement sollicité la remise spontanée de ceux-ci[12].

A été considéré comme légitime, le fait pour une société de demander la communication de documents détenus par son mandant pour pouvoir ainsi apprécier l'importance des manquements de celui-ci avant d'engager une action en responsabilité contractuelle[13].

1. Civ. 1re, 21 juill. 1987, n° 85-16.436, *Bull. civ.* I, n° 248; *Gaz. Pal.* 1988. 322, note Renard.
2. TGI Paris, 13 juill. 1984, *Gaz. Pal.* 1985. 1. Somm. 118.
3. Paris, 5 févr. 1986, *Gaz. Pal.* 1986. 244; *RTD civ.* 1986. 798, obs. Normand.
4. TGI Carpentras, 20 janv. 1999, *BICC* 15 sept. 1999.
5. Paris, 24 janv. 1986, *RTD civ.* 1986. 798, obs. Normand.
6. Normand, obs. préc. s[s] Paris, 24 janv. 1986, *RTD civ.* 1986. 799.
7. Poitiers, 24 juill. 1986, *RTD civ.* 1986. 798, obs. Normand.
8. Versailles, 14 sept. 1989, RG n° 6946/88, *Gaz. Pal.* 1990. Somm. 155.
9. Civ. 1re, 6 nov. 1990, n° 89-15.246, *Bull. civ.* I, n° 238; *D.* 1991. 353, note Prévault; *RTD civ.* 1992. 101, obs. Mestre.
10. Soc. 19 déc. 2012, n°s 10-20.526, 10-20.528, *Bull. civ.* V, n° 341; *Dr. et proc.* 2013. 59, obs. Boulmier; *Gaz. Pal.* 2013. 1791, note Amrani-Mekki.
11. Com. 16 juin 1998, n° 96-20.182, *Bull. civ.* IV, n° 192; *Gaz. Pal.* 1998. 2. Somm. 457.
12. Civ. 2e, 16 mai 2012, n° 11-17.229, *Bull. civ.* II, n° 89; *RTD civ.* 2012. 769, obs. Perrot.
13. Civ. 2e, 6 nov. 2008, n° 07-17.398, *Bull. civ.* II, n° 234; *RTD civ.* 2009. 166, obs. Perrot; *Procédures* 2009. Comm. 37, note Perrot.

111.152 **Absence d'empêchement légitime.** Il s'agit d'une condition inhérente à la nature de la mesure sollicitée : dès lors qu'est demandée la production d'une pièce à un tiers celui-ci peut toujours invoquer, sur le fondement de l'article 141 C. pr. civ., un empêchement légitime, tel que le secret professionnel ou le respect de la vie privée. Ainsi, un salarié licencié au vu notamment du rapport d'un expert comptable ne peut en obtenir la production, ce dernier étant tenu à un secret professionnel[1]. On a toutefois vu (v. s[s] n° 111.143) que la jurisprudence pouvait avoir une conception assez restrictive du secret professionnel ou de la vie privée qui ne constituent pas une cause d'empêchement absolue et peuvent être, le cas échéant, battus en brèche par l'intérêt légitime du demandeur.

1. Com. 8 févr. 2005, n° 02-11.044, *Bull. civ.* IV, n° 22 – Com. 8 mars 2005, n° 02-11.044, NP; *D.* 2005. 774, obs. Avena-Robardet; *RTD civ.* 2005. 384, obs. Mestre et Fages; n° 02-11.044, *Gaz. Pal.* 2005. 1173, avis av. gén. Lafortune, note Polère.

CHAPITRE

112. Mesures conservatoires à prendre

PHILIPPE HOONAKKER
Professeur à l'Université de Strasbourg
Avocat

SECTION 0
ORIENTEUR

112.00 **Plan du chapitre.**

112.01 **Principaux textes applicables.**

C. pr. exéc., art. L. 511-2, L. 511-3, L. 511-4, L. 521-1, R. 222-17 à R. 222-25, R. 511-1, R. 511-6, R. 511-7, R. 522-1 à R. 522-14, R. 523-1 à R. 523-10, R. 531-1 à R. 533-6.

C. pr. civ., art. 145, 812, 958.

COJ, art. L. 211-10, D. 211-5, D. 211-6, D. 211-6-1, ann. V et VI.

CPI, art. L. 331-1, L. 331-1-1, L. 331-1-2, L. 331-5, L. 331-11, L. 332-1 à L. 332-4, L. 521-3-1, L. 521-4 à L. 521-6, L. 615-3, L. 615-5, L. 615-17, L. 615-5-2, L. 622-7, L. 623-27, L. 623-27-1, L. 623-27-2, L. 623-31, L. 716-3, L. 716-6, L. 716-7, L. 716-7-1, L. 722-3, L. 722-4, L. 722-5, L. 722-8, R. 332-1 à R. 332-3, R. 521-1 à R. 521-4, R. 615-1 à R. 615-3, R. 622-2, R. 622-6, R. 623-50-1, R. 623-51, R. 716-1 à R. 716-6, R. 722-1, R. 722-4, D. 331-1-1, D. 521-6, D. 631-1, D. 631-2, D. 716-12, D. 722-6.

112.04 **Formulaire : renvois.**

Form. pr. civ. *Saisie conservatoire – Acte de saisie sur biens meubles* (Acte de saisie conservatoire sur les biens meubles corporels)

Saisie conservatoire – Contestation de conversion (Contestation par le débiteur de l'acte de conversion de saisie conservatoire de créance en saisie-attribution)

Saisie conservatoire – Autorisation de saisie sur biens meubles (Requête à fin d'autorisation de saisie conservatoire sur les biens meubles)

Saisie conservatoire – Mainlevée de saisie sur biens meubles (Demande de mainlevée d'une saisie conservatoire sur les biens meubles corporels)

Saisie conservatoire – Autorisation de saisie sur les créances (Requête à fin d'autorisation d'une saisie conservatoire sur les créances)

Saisie conservatoire – Saisie dans un coffre-fort (Requête à fin de saisie conservatoire dans un coffre-fort)

Saisie conservatoire – Désignation de séquestre (Requête à fin de désignation de séquestre dans une saisie conservatoire de biens meubles)

112.05 **Typologie.** Outre les preuves à conserver (v. s[s] n°s 111.00 s.), la partie qui veut engager une instance doit souvent veiller, au préalable, à prendre des mesures conservatoires pour préserver le bien ou le droit litigieux. Il n'est pas question ici de mener une étude exhaustive de ces mesures, mais plus modestement d'en présenter une typologie qui puisse servir d'aide-mémoire. À cet égard, certaines mesures s'imposent parfois pour garantir l'exécution du jugement à venir, alors que d'autres sont nécessaires dans la perspective de l'instance elle-même.

112.06 **Exécution du jugement.** Certaines mesures visent à garantir l'exécution du jugement à venir pour protéger le créancier contre l'**insolvabilité** du débiteur qu'il peut légitimement redouter. Il s'agit des mesures conservatoires prévues et réglementées aujourd'hui par le Code des procédures civiles d'exécution. Ce code distingue entre :

– les saisies conservatoires susceptibles de porter sur tous les biens mobiliers, corporels ou incorporels, du débiteur (C. pr. exéc., art. L. 521-1); la partie réglementaire de ce code réglemente plus particulièrement les saisies conservatoires de meubles corporels (C. pr. exéc., art. R. 522-1 à R. 522-14), de créances (C. pr. exéc., art. R. 523-1 à R. 523-10) et de droits d'associés ou de valeurs mobilières (C. pr. exéc., art. R. 524-1 à R. 524-6);

– les sûretés judiciaires, en l'occurrence l'hypothèque provisoire, le nantissement de fonds de commerce et le nantissement de parts sociales ou de valeurs mobilières (C. pr. exéc., art. R. 531-1 à R. 533-6);

– la saisie-revendication qui garantit la délivrance ou la restitution d'un bien meuble corporel (C. pr. exéc., art. R. 222-17 à R. 222-25).

À l'exception des cas prévus à l'article L. 511-2 C. pr. exéc., ces mesures ne peuvent être pratiquées que sur autorisation judiciaire préalable (C. pr. exéc., art. R. 511-1). Celle-ci est donnée par **ordonnance sur requête** du juge de l'exécution ou éventuellement du président du tribunal de commerce, avant tout procès, lorsque la créance invoquée relève de la compétence de cette juridiction (C. pr. exéc., art. L. 511-3). Sous peine de caducité, le créancier doit pratiquer la mesure dans les trois mois de l'autorisation (C. pr. exéc., art. R. 511-6) et, dans le délai d'un mois de l'exécution de la mesure, engager une procédure ou accomplir les formalités nécessaires à l'obtention d'un titre exécutoire, sauf s'il en dispose déjà (C. pr. exéc., art. L. 511-4 et R. 511-7).

112.07 Perspective de l'instance. Indépendamment de l'exécution du jugement à venir, des mesures conservatoires peuvent aussi s'avérer nécessaires dans la perspective de l'instance elle-même, engagée à cette fin. Certaines sont générales en ce qu'elles sont susceptibles d'intervenir en toutes matières (sect. 1), d'autres spécifiques à la propriété intellectuelle (sect. 2).

SECTION 1
MESURES CONSERVATOIRES GÉNÉRALES

112.11 Passives. Il s'agit des mesures conservatoires ayant pour objet de soustraire le bien ou le droit à la menace qui le guette en organisant le *statu quo* de nature à empêcher toute atteinte dans l'attente du jugement à intervenir sur le fond. L'on peut citer essentiellement : l'apposition de **scellés**, la désignation d'un **séquestre** ou d'un **administrateur** ou encore la **consignation**.

112.12 Actives. Ces mesures conservatoires agissent directement sur la menace encourue, soit pour la supprimer au moins provisoirement, soit plus modestement pour la décrypter en vue de son élimination définitive future. Dans la première catégorie, l'on peut citer, pour exemple, la **saisie de publications** de nature à porter atteinte à l'intimité de la vie privée. Dans la seconde, se rangent essentiellement les **mesures d'instruction** et tout particulièrement l'expertise qui, selon l'article 145 C. pr. civ., peuvent être ordonnées avant tout procès en cas de motif légitime (v. s[s] n°s 111.63 s.).

112.13 Procédure. Toutes ces mesures, quelles qu'elles soient, ne peuvent être prises contre la volonté de la partie qu'elle concerne sans autorisation judiciaire. Elles sont normalement prescrites en **référé** (v. s[s] n°s 111.111 s.). Mais dans la mesure où leur efficacité requiert généralement qu'elles ne soient pas prises contradictoirement, elles sont le plus souvent ordonnées sur **requête** (v. s[s] n°s 111.131 s.).

SECTION 2
MESURES CONSERVATOIRES SPÉCIFIQUES À LA PROPRIÉTÉ INTELLECTUELLE

112.20 Réforme. La loi n° 2007-1544 du 29 octobre 2007, de lutte contre la contrefaçon, a harmonisé et étendu à tous les droits de propriété intellectuelle des mesures conservatoires spécifiques [1].

Elle a ainsi institué un droit d'information qui peut s'exercer devant la juridiction saisie d'une action en contrefaçon d'un droit de propriété intellectuelle, quel qu'il soit. Ce droit est prévu en des termes identiques par les articles suivants du Code de la propriété intellectuelle :

– CPI, art. L. 331-1-2, pour le droit d'auteur, les droits voisins et le droit du producteur de bases de données;

– CPI, art. L. 521-5, pour les dessins et modèles;

– CPI, art. L. 615-5-2, pour les brevets;

– CPI, art. L. 622-7, pour les produits semi-conducteurs;

– CPI, art. L. 623-27-2, pour les certificats d'obtention végétale;

– CPI, art. L. 716-7-1, pour les marques;

– CPI, art. L. 722-5, pour les indications géographiques.

Selon ces textes, le juge saisi peut ordonner, sauf empêchement légitime et au besoin sous astreinte, non seulement au défendeur, mais aussi à tous tiers liés à la contrefaçon, la **production de tous documents ou informations** portant sur l'identité des personnes impliquées dans le circuit de contrefaçon ou les quantités et prix des produits ou services contrefaisants.

Elle a aussi généralisé et harmonisé des mesures provisoires et conservatoires ainsi que la saisie-contrefaçon, qui peuvent être sollicitées avant toute action en contrefaçon. Mais il faut ici distinguer, car les

1. V. NOT., Ch. Caron, « La loi du 29 octobre 2007 dite "de lutte contre la contrefaçon" », *JCP E* 2007, n° 2419 – H. Croze, « Contentieux de la propriété intellectuelle », *Procédures* 2008. Comm. 16 – J.-C. Galloux, « Les mesures probatoires, provisoires et conservatoires », *D.* 2008. Dossier 711.

règles ne sont pas exactement les mêmes, entre les droits de propriété industrielle (§ 1) et les droits de propriété littéraire et artistique (§ 2).

§ 1
En propriété industrielle

112.21 Mesures provisoires et conservatoires. Ces mesures sont prévues en des termes identiques aux articles suivants du Code la propriété intellectuelle :

- CPI, art. L. 521-6, pour les dessins et modèles;
- CPI, art. L. 615-3, pour les brevets;
- CPI, art. L. 622-7, pour les produits semi-conducteurs;
- CPI, art. L. 623-27, pour les certificats d'obtention végétale;
- CPI, art. L. 716-6, pour les marques;
- CPI, art. L. 722-3, pour les indications géographiques.

Elles sont ouvertes à toute personne ayant qualité pour agir en contrefaçon à condition qu'elle rende vraisemblable, à partir d'éléments de preuve qui lui sont raisonnablement accessibles, qu'il est porté atteinte à ses droits ou qu'une telle atteinte est imminente.

Elles relèvent du **président du tribunal de grande instance** compétent pour connaître de l'action en contrefaçon. Cette **compétence** est **exclusive** (COJ, art. L. 211-10 - CPI, art. L. 521-3-1, L. 615-17, L. 623-31, L. 716-3 et L. 722-8)[1]; les tribunaux de grande instance spécialement compétents ont été désignés par les décrets n°s 2009-1204 et 2009-1205, du 9 octobre 2009[2]. Il s'agit :

- pour les brevets et les produits semi-conducteurs, du tribunal de grande instance de Paris (COJ, art. D. 211-6; CPI, art. D. 631-2);
- pour les obtentions végétales, de l'un des dix tribunaux de grande instance désignés à l'annexe V du Code de l'organisation judiciaire (COJ, art. D. 211-5 - CPI, art. D. 631-1);
- pour les dessins et modèles, les marques et les indications géographiques, de l'un des dix tribunaux de grande instance désignés à l'annexe VI du Code de l'organisation judiciaire[3] (COJ, art. D. 211-6-1 - CPI, art. D. 521-6, D. 716-12 et D. 722-6).

Le président du tribunal de grande instance peut être saisi **en référé ou sur requête**, s'il y a urgence et si les circonstances exigent que les mesures sollicitées ne soient pas prises contradictoirement. Selon les textes applicables, cette dernière condition est remplie notamment lorsque tout retard serait de nature à causer un préjudice irréparable au demandeur. Ces mesures peuvent être ordonnées avant toute procédure au fond en contrefaçon, mais dans ce cas celle-ci devra obligatoirement être introduite, au civil ou au pénal, dans le **délai le plus court entre vingt jours ouvrables et trente et un jours civils** courant à compter de la date de l'ordonnance (à condition que l'ordonnance mentionne que le président statuant en référé a effectivement indiqué aux parties la date à laquelle elle sera rendue; cette solution a été consacrée, à propos de CPI, art. R. 716-6, en matière de marques[4], mais elle vaut aussi pour les autres droits de propriété industrielle).

Ce délai a été introduit par le décret n° 2008-624 du 27 juin 2008[5] aux articles suivants du Code de la propriété intellectuelle :

- CPI, art. R. 521-1, pour les dessins et modèles;
- CPI, art. R. 615-1, pour les brevets;
- CPI, art. R. 622-6, pour les produits semi-conducteurs;
- CPI, art. R. 716-1, pour les marques;
- CPI, art. R. 722-1, pour les indications géographiques (les certificats d'obtention végétale semblent avoir été oubliés !).

À défaut, les mesures ordonnées sont annulées de plein droit à la demande du défendeur, sans que celui-ci n'ait à motiver sa demande et sans préjudice des dommages et intérêts qui peuvent être réclamés.

Ces mesures sont toutes celles destinées à prévenir une atteinte imminente aux droits conférés par le titre ou à empêcher la poursuite d'actes argués de contrefaçon. **Cinq types de mesures** sont cités, mais cette liste ne semble qu'indicative[6] :

- interdire la poursuite des actes argués de contrefaçon;
- subordonner cette poursuite à la constitution de garanties destinées à assurer l'indemnisation éventuelle du demandeur;
- ordonner la saisie ou la remise entre les mains d'un tiers des produits soupçonnés de porter atteinte

1. L. n° 2008-776, 4 août 2008, de modernisation de l'économie, *JO* 5 août, p. 12471 – Ch. Caron, « La propriété intellectuelle dans la loi de modernisation de l'économie », *JCP E* 2008. Actu. 397.
2. Décr. n°s 2009-1204 et 2009-1205, 9 oct. 2009, relatif à la spécialisation des juridictions en matière de propriété intellectuelle, *JO* 11 oct., p. 16630.
3. COJ, ann. IV, mod. en dernier lieu par Décr. n° 2010-1369, 12 nov. 2010, portant modification du tableau VI annexé à l'article D. 211-6-1 du Code de l'organisation judiciaire, *JO* 14 nov., p. 20292, qui a ajouté le tribunal de grande instance de Strasbourg.
4. Com. 18 mai 2010, n° 09-12.927, *Bull. civ.* IV, n° 91; *D.* 2010. 1415; *JCP E* 2010. 1605.
5. Décr. n° 2008-624, 27 juin 2008, pris pour l'application de la loi n° 2007-1544 du 29 octobre 2007 de lutte contre la contrefaçon et portant modification du Code de la propriété intellectuelle, *JO* 29 juin, p. 10467.
6. EN CE SENS, J.-C. Galloux, « Les mesures probatoires, provisoires et conservatoires », *D.* 2008. 723, préc. s^{s} n° 112.20.

aux droits conférés par le titre, pour empêcher leur introduction ou leur circulation dans les circuits commerciaux;

- ordonner, si le demandeur justifie de circonstances de nature à compromettre le recouvrement des dommages et intérêts, la saisie conservatoire des biens mobiliers et immobiliers du prétendu contrefacteur, y compris le blocage de ses comptes bancaires et autres avoirs, conformément au droit commun; ce renvoi au droit commun vise les dispositions correspondantes du Code des procédures civiles d'exécution (v. s^s n° 112.06); mais il est dérogé à ces règles sur les points suivants : la compétence échappe au juge de l'exécution; le juge saisi pourra ordonner la communication des documents bancaires, financiers, comptables ou commerciaux ou l'accès aux informations pertinentes, pour déterminer les biens susceptibles d'être saisis, ce qui n'est pas possible en droit commun; le délai pour introduire la procédure en vue de l'obtention d'un titre exécutoire est celui de vingt jours ouvrables ou trente et un jours civils fixé par le Code la propriété intellectuelle et non le délai d'un mois des procédures civiles d'exécution; reste la créance de dommages et intérêts dont rien n'indique qu'il faille établir qu'elle paraît fondée en son principe et il pourrait donc être admis qu'il suffit de rendre vraisemblable une atteinte aux droits du demandeur ou son imminence[1]; mais à tout le moins, elle devra être provisoirement évaluée;

- accorder une provision au demandeur lorsque l'existence de son préjudice n'est pas sérieusement contestable.

L'exécution de toutes ces mesures peut être subordonnée à la constitution par le demandeur de garanties destinées à assurer l'indemnisation éventuelle du défendeur si l'action en contrefaçon est ultérieurement jugée non fondée ou les mesures annulées.

112.22 Saisie-contrefaçon. La saisie-contrefaçon est prévue en des termes identiques par les articles suivants du Code de la propriété intellectuelle :

- CPI, art. L. 521-4, pour les dessins et modèles;

- CPI, art. L. 615-5, pour les brevets;

- CPI, art. L. 622-7, pour les produits semi-conducteurs;

- CPI, art. L. 623-27-1, pour les certificats d'obtention végétale;

- CPI, art. L. 716-7, pour les marques;

- CPI, art. L. 722-4, pour les indications géographiques.

Il s'agit d'une **mesure probatoire** et en aucun cas d'une mesure d'exécution forcée. Mais elle n'est pas exclusive car ces textes posent le principe que la contrefaçon se prouve par tous moyens. Elle peut avoir pour objet :

• soit une description détaillée des produits ou services prétendus contrefaits, avec ou sans prélèvement d'échantillons;

• soit une saisie réelle qui peut porter sur ces produits ou services (c'est à ce titre que des échantillons peuvent être prélevés accessoirement à une saisie-description), sur tout document se rapportant à la contrefaçon prétendue ainsi que sur des matériels ou instruments utilisés pour fabriquer ou distribuer les produits ou pour mettre en œuvre les procédés prétendus contrefaits.

Dans tous les cas, la saisie-contrefaçon peut être subordonnée à la constitution par le demandeur de garanties destinées à assurer l'indemnisation éventuelle du défendeur si l'action en contrefaçon est jugée ultérieurement non fondée ou la saisie annulée.

Elle est ordonnée sur requête par le **président de la juridiction civile compétente** pour connaître de l'action en contrefaçon :

- pour les brevets et les produits semi-conducteurs, il s'agit toujours du président du tribunal de grande instance de Paris (CPI, art. R. 615-2, R. 622-6 et D. 631-2 - COJ, art. D. 211-6);

- pour les obtentions végétales, il s'agit de l'un des dix tribunaux de grande instance désignés à l'annexe V du Code de l'organisation judiciaire dans le ressort duquel les opérations doivent être effectuées (CPI, art. R. 623-51 et D. 631-1 - COJ, art. D. 211-5);

- pour les dessins et modèles, les marques et les indications géographiques, il s'agit du président du tribunal de grande instance compétent pour connaître du fond (CPI, art. R. 521-2, R. 716-2 et R. 622-2; dans ces derniers cas, il devrait donc toujours s'agir de l'un des dix tribunaux de grande instance désignés à l'annexe VI du Code de l'organisation judiciaire[2], compétent pour connaître au fond de l'action en contrefaçon, indépendamment du lieu où la saisie doit être pratiquée[3] (COJ, art. D. 211-6-1 - CPI, art. D. 521-6, D. 716-12 et D. 722-6).

Cette action doit obligatoirement être engagée, au civil ou au pénal, dans le **délai le plus court entre vingt jours ouvrables et trente et un jours civils** courant à compter de la date de l'ordonnance (lorsque cette action est pendante en instance d'appel, toute requête en saisie-contrefaçon doit être portée devant le premier président en vertu de l'article 958 C. pr.

1. EN CE SENS, J.-C. Galloux, préc. s^s prés^t n° et s^s n° 112.20.

2. COJ, ann. VI, mod. en dernier lieu par Décr. n° 2010-1369, 12 nov. 2010, portant modification du tableau VI annexé à l'article D. 211-6-1 du Code de l'organisation judiciaire, *JO* 14 nov., p. 20292, qui a ajouté le tribunal de grande instance de Strasbourg.

3. Sur la difficulté d'interprétation de cette rédaction retenant comme critère la compétence au fond, v. H. Pajot, « Publication des décrets du 9 octobre 2009 : la fin des débats quant à la spécialisation des juridictions françaises en matière de propriété intellectuelle », *Gaz. Pal.* 2009. 3571.

civ.[1]). Ce délai a été introduit par le décret n° 2008-624 du 27 juin 2008 aux articles suivants du Code la propriété intellectuelle :

- CPI, art. R. 521-4, pour les dessins et modèles;
- CPI, art. R. 615-3, pour les brevets;
- CPI, art. R. 622-6, pour les produits semi-conducteurs;
- CPI, art. R. 623-50-1, pour les certificats d'obtention végétale;
- CPI, art. R. 716-4, pour les marques;
- CPI, art. R. 722-4, pour les indications géographiques.

À défaut, l'intégralité de la saisie pratiquée, y compris la description (auparavant celle-ci était préservée[2]), est annulée de plein droit à la demande du défendeur, sans que celui-ci n'ait à motiver sa demande et sans préjudice des dommages et intérêts qui peuvent être réclamés. Mais si l'action en contrefaçon est déjà pendante, la saisie-contrefaçon doit être demandée sur le fondement de l'article 812 alinéa 3 C. pr. civ. au président de la chambre à laquelle l'affaire a été distribuée ou au juge déjà saisi (à propos de CPI, art. L. 716-7, en matière de marques[3]; mais un auteur a interprété cet arrêt en ce sens que la procédure au fond chasserait la saisie-contrefaçon[4]).

La **saisie-contrefaçon** est **toujours pratiquée par un huissier de justice** qui, conformément aux règles de droit commun applicables aux ordonnances sur requête (v. s^s^ n° 324.52), doit préalablement présenter la minute de l'ordonnance à la personne à laquelle elle est opposée et lui laisser une copie de l'ordonnance et de la requête, le tout sous peine de nullité. Il est **assisté d'experts** désignés par le demandeur (l'expert ne doit pas, sous peine d'annulation de la saisie, jouer un rôle actif dans le déroulement de la saisie, pouvant consister, par exemple, à intervenir directement auprès du saisi ou à produire lui-même un dessin annexé au procès-verbal[5]). Mais son choix n'est pas discrétionnaire car ils doivent être **indépendants** en vertu de l'article 6 § 1 de la Convention européenne de sauvegarde des droits de l'homme et des libertés fondamentales. Il peut s'agir, selon la jurisprudence rendue avant la réforme qui reste d'actualité, du conseil habituel en propriété industrielle de la partie saisissante[6], mais en aucun cas de son représentant légal[7] ou de l'un de ses préposés[8].

§ 2
En propriété littéraire et artistique

112.31 Mesures provisoires et conservatoires. Ces mesures sont conçues de manière beaucoup moins large qu'en propriété industrielle, du moins en apparence. En effet, la seule disposition introduite, à ce titre, par la loi du 29 octobre 2007, est le nouvel article L. 331-1-1 du Code de la propriété intellectuelle. Ce texte ouvre à la « juridiction » la possibilité, si le demandeur justifie de circonstances de nature à compromettre le recouvrement des dommages et intérêts, d'ordonner la **saisie conservatoire des biens mobiliers et immobiliers du prétendu auteur de l'atteinte aux droits**, notamment le blocage de ses comptes bancaires et autres avoirs, conformément au droit commun. Ce texte étant rédigé dans des termes identiques à ceux applicables en propriété industrielle, ce renvoi au droit commun appelle les mêmes observations (v. s^s^ n° 112.21), sous **une réserve.** Aucune condition de fond n'étant prévue quant à l'atteinte aux droits du demandeur, contrairement à la propriété industrielle, le demandeur devra sans doute établir qu'il dispose d'une **créance de dommages et intérêts** paraissant fondée en son principe, conformément aux règles de droit commun. Quant à la juridiction compétente, il s'agit sans doute de l'un des dix tribunaux de grande instance exclusivement compétents pour connaître des contestations en matière de propriété littéraire et artistique (CPI, art. L. 331-1 et D. 331-1-1 - COJ, art. D. 211-6-1, et ann. VI).

En dehors de ce texte, aucune autre disposition ne prévoit de mesures provisoires et conservatoires spécifiques, comme en matière de propriété industrielle. Mais en réalité, l'essentiel de ces mesures se retrouve dans la saisie-contrefaçon qui est beaucoup plus étendue en propriété littéraire et artistique et se confond ainsi au moins partiellement avec ces mesures. Mais cette saisie n'est pas régie exactement de la même manière pour les droits d'auteur et les droits voisins, qu'il faut donc distinguer.

1. À PROPOS D'UNE SAISIE-CONTREFAÇON DE MARQUES, v. Com. 14 sept. 2010, n° 09-16.854, *Bull. civ.* IV, n° 137; *D.* 2010. 2152; *D.* 2011. 908, obs. Durrande; *Dr. et proc.* 2010. 321, obs. Hugon; *RJDA* 2011, n° 91.
2. Paris, 12 sept. 2001, RG n° 2000/02431, *Gaz. Pal.* 2002. Somm. 778.
3. Com. 26 mars 2008, n° 05-19.782, *Bull. civ.* IV, n° 70; *D.* 2008. 2332, note Lancrenon; *Dr. et proc.* 2008. 275, obs. Hugon.
4. C. Caron, *CCE.* 2008. Comm. 65.
5. Com. 3 mars 2009, n° 08-11.235, NP; *D.* 2010. 465, obs. Raynard.
6. Com. 18 avr. 2000, n° 97-19.631, NP; *D.* 2001. 370, note Véron – Com. 8 mars 2005, n° 03-15.871, *Bull. civ.* IV, n° 53; *D.* 2005. 961, obs. Raynard; *Dr. et proc.* 2005. 298, obs. Hugon; *JCP E* 2005. 716, note Caron; *CCE* 2005. Comm. 102, obs. Caron.
7. Civ. 1re, 6 juill. 2000, n°s 97-21.404, 97-22.430, 97-22.392 et 97-22.141, *Bull. civ.* I, n° 210; *D.* 2001. 370, note Véron; *D.* 2000. 362, obs. Poisson; *RTD com.* 2001. 85, obs. Azéma et Galloux; *JCP E* 2001. 33, obs. Croze.
8. Com. 28 avr. 2004, n° 02-20.330, *Bull. civ.* IV, n° 75; *D.* 2005. 961, obs. Raynard; *Dr. et proc.* 2004. 282, obs. Hugon.

112.32 Saisie-contrefaçon des droits d'auteur. La matière est régie par l'article L. 332-1 du Code de la propriété intellectuelle qui distingue entre deux types de saisie-contrefaçon.

D'une part, l'auteur d'une œuvre protégée peut requérir un **commissaire de police**, ou à défaut un **juge d'instance**, de saisir les exemplaires constituant une **reproduction illicite** de son œuvre ou tout exemplaire, produit, appareil, dispositif, composant ou moyen portant atteinte aux mesures techniques et aux informations mentionnées respectivement aux articles L. 331-5 et L. 331-11 du Code de la propriété intellectuelle (CPI, art. L. 332-1, al. 1er). Non seulement, cette saisie excède de loin le simple caractère probatoire, mais de plus elle doit être pratiquée de **plein droit** à la seule demande de l'intéressé, sans qu'aucune autorisation judiciaire préalable ne soit requise. Néanmoins si cette saisie devait avoir pour effet de retarder ou de suspendre des représentations ou des exécutions publiques en cours ou déjà annoncées, l'auteur devra obtenir une **autorisation spéciale** du président du tribunal de grande instance statuant sur requête (CPI, art. L. 332-1, al. 2).

D'autre part, l'auteur d'une œuvre protégée peut toujours décider de recourir directement au **président du tribunal de grande instance** statuant sur requête (CPI, art. L. 332-1, al. 2); il s'agit sans doute de l'un des dix tribunaux de grande instance exclusivement compétents pour connaître des contestations en matière de propriété littéraire et artistique (CPI, art. L. 331-1 et D. 331-1-1 – COJ, art. D. 211-6-1, et ann. VI). Il peut alors se faire autoriser à pratiquer des mesures conservatoires bien plus larges encore, à savoir :

– la **suspension** de toute **fabrication** en cours tendant à la **reproduction illicite** d'une œuvre ou à la réalisation d'une atteinte aux mesures techniques et aux informations mentionnées respectivement aux articles L. 331-5 et L. 331-11 du Code de la propriété intellectuelle;

– la saisie, **quels que soient le jour ou l'heure**, des exemplaires constituant une **reproduction illicite** de l'œuvre, déjà fabriqués ou en cours de fabrication ou des exemplaires, produits, appareils, dispositifs, composants ou moyens, fabriqués ou en cours de fabrication, portant atteinte aux mesures techniques et aux informations mentionnées respectivement aux articles L. 331-5 et L. 331-11 du Code de la propriété intellectuelle, des recettes réalisées, ainsi que des exemplaires illicitement utilisés, ou encore des matériels et instruments utilisés pour produire ou distribuer illicitement les œuvres, ainsi que tout document s'y rapportant; cette saisie est plus large que celle possible de plein droit – elle peut être pratiquée en dehors des heures légales et son objet est bien plus étendu –, d'où son intérêt, nonobstant la nécessité d'une autorisation judiciaire préalable (l'huissier de justice devant se conformer au strict respect des pouvoirs que lui confère l'ordonnance le désignant[1]);

– la saisie des **recettes** provenant de toute **reproduction, représentation** ou **diffusion**, par quelque moyen que ce soit, d'une œuvre de l'esprit, effectuée en violation des droits de l'auteur ou provenant d'une atteinte aux mesures techniques et aux informations mentionnées respectivement aux articles L. 331-5 et L. 331-11 du Code de la propriété intellectuelle;

– la suspension, par tout moyen, du contenu d'un service de communication au public en ligne portant atteinte à l'un des droits de l'auteur, y compris en ordonnant de cesser de stocker ce contenu ou, à défaut, de cesser d'en permettre l'accès;

– la saisie réelle des œuvres illicites ou produits soupçonnés de porter atteinte à un droit d'auteur, ou leur remise entre les mains d'un tiers afin d'empêcher leur introduction ou leur circulation dans les circuits commerciaux.

Dans tous les cas, le président peut toujours subordonner son autorisation à la constitution préalable de garanties par le saisissant.

Mais le **saisi** ou le **tiers saisi** peuvent, de leur côté, selon l'article L. 332-2 du Code de la propriété intellectuelle, demander la mainlevée de la saisie ou son cantonnement, ou encore être autorisés à reprendre la fabrication ou les représentations ou exécutions publiques, sous l'autorité d'un administrateur constitué séquestre, pour le compte de qui il appartiendra, des produits de cette fabrication ou de cette exploitation. Mais cette demande devra être présentée dans le **délai le plus court entre vingt jours ouvrables et trente et un jours civils** courant soit à compter de la date de signature du procès-verbal de la saisie faite par un commissaire de police ou un juge d'instance, soit de l'exécution de l'ordonnance dans les autres cas (CPI, art. R. 332-2), y compris la mesure de suspension du contenu d'un service de communication au public en ligne (CPI, art. R. 332-1). Si le juge fait droit à la demande, il peut ordonner à la charge du demandeur la consignation d'une somme affectée à la garantie des dommages et intérêts auxquels l'auteur pourrait prétendre. À l'expiration du délai de l'article L. 332-2 du Code de la propriété intellectuelle, la contestation relative à la validité de la requête et de l'ordonnance rendue relève de la **compétence exclusive de la juridiction saisie au fond de l'action en contrefaçon**; cette solution est consacrée par la Cour de cassation à propos de logiciels[2], auxquels l'article L. 332-2 du Code de la propriété intellectuelle est aussi applicable (sur ce point v. ss no 112.33).

Comme pour les droits de propriété industrielle, le saisissant doit obligatoirement se pourvoir au fond

1. Versailles, 25 nov. 2004, RG no 03/02387, *Dr. et proc.* 2005. 169, obs. Hugon.
2. Civ. 1re, 6 mai 2010, no 08-15.897, *Bull. civ.* I, no 104; *D.* 2010. 1276; *JCP E* 2010. 1740, note Hugon.

dans le délai le plus court entre vingt jours ouvrables et trente et un jours civils courant soit à compter de la date de signature du procès-verbal de la saisie faite par un commissaire de police ou un juge d'instance, soit de l'exécution de l'ordonnance dans les autres cas (CPI, art. R. 332-3). Mais ici, la sanction encourue n'est que **facultative**. En effet, aucune nullité automatique n'est prescrite, le saisi ou le tiers saisi pouvant simplement solliciter, en référé, la mainlevée de la saisie, du président du tribunal de grande instance qui reste libre de sa décision (CPI, art. L. 332-3).

112.33 Saisie-contrefaçon des droits voisins. Pour les droits voisins prévus au livre II du Code de la propriété intellectuelle, la saisie-contrefaçon doit toujours être ordonnée par le président du tribunal de grande instance. Toute saisie par un commissaire de police ou à défaut par un juge d'instance est donc exclue. Mais les mesures qui peuvent être ordonnées ainsi que leur régime sont exactement les mêmes qu'en matière de droit d'auteur (CPI, art. L. 332-1, al. 8).

Pour les logiciels et les bases de données, il faut faire application de l'article L. 332-4 du Code de la propriété intellectuelle qui prévoit des règles partiellement dérogatoires. La saisie-contrefaçon doit être autorisée par le président du tribunal de grande instance statuant sur requête. Il peut ordonner une saisie **description**, mais aussi, s'il y a lieu, la saisie **réelle** des objets réalisés ou fabriqués illicitement ainsi que celle des matériels et instruments utilisés pour produire ou distribuer illicitement un logiciel ou une base de données ainsi que de tout document s'y rapportant. Pour pratiquer la saisie, l'huissier instrumentaire ou le commissaire de police peut toujours se faire assister d'un expert désigné par le requérant qui comme en matière de propriété industrielle doit être indépendant des parties saisissantes en vertu de l'article 6 § 1 de la Convention européenne de sauvegarde des droits de l'homme et des libertés fondamentales. Il peut s'agir des conseils habituels en propriété intellectuelle du saisissant, mais en aucun cas de son représentant légal ou de l'un de ses préposés (v. la jurisprudence citée en propriété industrielle s^s n° 112.22). Enfin, à défaut d'assignation ou de citation dans le délai le plus court entre vingt jours ouvrables et de trente et un jours civils courant à compter de la date de l'ordonnance (CPI, art. R. 332-4), la saisie-contrefaçon est nulle (CPI, art. L. 332-4, al. 1er à 3). Il s'agit d'une nullité de fond qui n'est pas subordonnée à la preuve d'un grief et qui est encourue à chaque fois que l'assignation au fond n'a pas été régulièrement délivrée dans le délai imparti (ainsi en est-il, par exemple, lorsque l'assignation signifiée en temps utile n'a pas été enrôlée et que la seconde assignation intervenue « *aux fins et sur les suites* » de la première a été délivrée alors que celle-ci était devenue caduque[1]). La mainlevée de la saisie-contrefaçon des logiciels et des bases de données relève des dispositions de l'article L. 332-2 du Code de la propriété intellectuelle[2] (sur ce point, v. s^s n° 112.32).

Mais l'auteur d'un logiciel protégé peut aussi requérir directement d'un **commissaire de police** la **saisie-description** du logiciel contrefaisant, celle-ci pouvant se pratiquer par une simple copie du logiciel litigieux (CPI, art. L. 332-4, al. 4). Cette saisie est de droit à la seule demande de l'auteur protégé, sans autorisation judiciaire préalable. Dans ces conditions, le recours au président du tribunal de grande instance ne présente d'intérêt que pour pratiquer une saisie réelle.

1. Civ. 1re, 26 mai 2011, n° 10-14.495, *Bull. civ.* I, n° 97; *Dr. et proc.* 2011. 304, obs. Hugon; *RTD civ.* 2011. 589, obs. Perrot.
2. Civ. 1re, 19 mai 1998, n° 96-19.225, NP; *Procédures* 1998. Comm. 198, obs. Croze.

TITRE

12. La détermination des règles de compétence d'attribution

SECTION 0 ORIENTEUR

12.00 **Plan du titre.**

12.07 **Définition de la compétence.** La nécessaire division du travail judiciaire entre plusieurs tribunaux et cours suppose d'abord que soit définie la compétence de chaque juridiction pour connaître de tel ou tel litige, qu'ensuite soient réglés les inévitables conflits de compétence (cette seconde question sera examinée sous l'intitulé des incidents de compétence, v. titre 35 – pour les voies de recours ouvertes en matière de compétence, v. titre 51).

La compétence est l'aptitude de chaque juridiction à juger de tel type de litige. Les critères de la compétence sont la matière à juger (l'objet du litige) et le lieu de rattachement du litige sur le territoire français. On distingue ainsi entre compétence matérielle *(ratione materiae)*, encore appelée compétence d'attribution (celle qui permet d'attribuer la connaissance de tel litige à telle juridiction) et compétence territoriale *(ratione loci)*.

12.08 **Nature ou valeur du litige.** Plusieurs critères permettent de déterminer la compétence matérielle d'une juridiction. À côté de l'objet ou la nature du litige, critère principal, la compétence peut être fixée en fonction de l'importance des intérêts en jeu, déterminée par la valeur du litige (cette valeur commande encore l'ouverture de certaines voies de recours sur lesquelles, v. titres 53, 54 et 55).

12.09 **Distinction.** On distingue traditionnellement entre les juridictions de droit commun et les juridictions d'exception, que le Code de l'organisation judiciaire appelle dorénavant les juridictions spécialisées. Les premières ont une compétence générale de principe, les secondes, plus spécialisées, ont une compétence spéciale définie par des textes. La compétence des deux séries de juridictions sera présentée successivement.

Seront donc successivement examinées la compétence en raison de la valeur du litige (chap. 121), la compétence matérielle des juridictions de droit commun (chap. 122 et 123), la compétence matérielle des juridictions d'exception (chap. 124), et la compétence des juges de référés (chap. 125).

CHAPITRE

121. Compétence en raison de la valeur du litige

DIDIER CHOLET
Maître de conférences
à l'Université du Maine

SECTION 0

ORIENTEUR

121.00 **Plan du chapitre.**

Division. Il convient de préciser en premier lieu les règles de compétence commandées par la valeur du litige (sect. 1), avant de présenter les règles d'évaluation du litige (sect. 2).

121.01 **Textes applicables.** Le Code de procédure civile consacre sept articles généraux aux règles d'évaluation du litige (C. pr. civ., art. 34 à 40), outre les règles propres à chaque juridiction se trouvant dans le Code de l'organisation judiciaire.

SECTION 1

RÈGLES DE COMPÉTENCE COMMANDÉES PAR LA VALEUR DU LITIGE

121.10 **Plan.** Deux types de conséquences résultent de la valeur du litige : l'ouverture de la voie de l'appel qui dépend du taux de ressort (§ 1) et la compétence de certaines juridictions qui dépend du taux de compétence (§ 2).

§ 1

Taux de ressort

121.11 **Définition et intérêt pratique.** Le taux de ressort commande la compétence de la cour d'appel. C'est le montant de la demande au-dessous duquel l'appel n'est pas ouvert contre un jugement (C. pr. civ., art. 34). Lorsque la valeur du litige est supérieure à ce seuil, on dit qu'un jugement est rendu en premier ressort : l'appel est possible contre ce jugement. Lorsque, à l'inverse, la valeur du litige est inférieure au taux de ressort, le jugement est qualifié de rendu en dernier ressort : l'appel n'est pas ouvert; un appel contre un tel jugement serait déclaré irrecevable. Le législateur, comme cela se faisait traditionnellement, a considéré qu'il n'était pas opportun d'ouvrir la voie de l'appel aux petits litiges, afin de ne pas encombrer les juridictions du second degré, au détriment de l'ensemble, par de petites affaires dont le coût de traitement apparaît disproportionné par rapport à la valeur du litige, tant pour la collectivité que pour les justiciables concernés (les autres voies de recours - le pourvoi en cassation, l'opposition, la tierce-opposition et le recours en révision - restent néanmoins possibles contre les jugements rendus en dernier ressort).

121.12 **Plan.** La règle du taux de ressort s'applique à toutes les demandes chiffrées. Mais elle souffre deux exceptions (B). Préalablement, il faut préciser le montant du taux de ressort (A).

A. Montant du taux de ressort

121.20 **Distinction.** Le taux de ressort est le même pour l'ensemble des juridictions du premier degré, à l'exception toutefois du conseil de prud'hommes qui obéit à des règles spéciales.

Il faut donc distinguer entre le taux général du premier ressort (1°) et le taux de premier ressort devant le conseil de prud'hommes (2°).

1° Taux général du premier ressort

121.21 **Montant.** Fixé initialement à 13 000 francs pour toutes les juridictions du premier degré, sauf le conseil de prud'hommes, le montant du taux de dernier ressort avait été porté à 25 000 francs par le décret n° 98-1231 du 28 décembre 1998[1] (COJ, art. R. 311-2, R. 321-1 s. - CSS, art. R. 411-2, L. 443-1, R. 451-1 et R. 142-25, pour les tribunaux des affaires de sécurité sociale). Le décret n° 2001-373 du 27 avril 2001[2] avait fixé le taux de dernier ressort à **3 800 euros** pour les demandes introduites à compter du 1er janvier 2002 (COJ, art. R. 321-1).

Mais, depuis le décret n° 2005-460 du 13 mai 2005[3], ayant abrogé ces textes, il n'existe plus de disposition générale fixant le taux de premier ressort pour toutes les juridictions du premier degré. Toutefois plusieurs textes particuliers fixent un taux de ressort identique à 4 000 euros pour chaque juridiction.

– Ainsi, le **tribunal de grande instance (TGI)** statue en dernier ressort jusqu'à 4 000 euros, lorsqu'il est appelé à connaître, en matière civile, d'une **action personnelle ou mobilière** portant sur une demande dont le montant est inférieur ou égal à la somme de 4 000 euros (COJ, art. R. 211-3, al. 2).

– L'article R. 221-4 du COJ a pareillement élevé à 4 000 euros la compétence du **tribunal d'instance (TI)** pour connaître des **actions personnelles ou mobilières** portant sur une demande dont le montant est inférieur ou égal à la somme de 4 000 euros ou sur une **demande indéterminée** qui a pour origine une obligation dont le montant est inférieur ou égal à cette somme. Il connaît encore en dernier ressort des demandes dont le louage d'immeubles à usage d'habitation ou un contrat portant sur l'occupation d'un logement est l'objet, la cause ou l'occasion ainsi que les actions relatives à l'application de la loi n° 48-1360 du 1er septembre 1948[4] jusqu'à la valeur de 4 000 euros (COJ, art. R. 221-37 et R. 221-38). Au-delà de cette valeur, le tribunal statue à charge d'appel. Le **juge du tribunal d'instance** statue également en dernier ressort jusqu'à 4 000 euros sur **requête** et en matière de **référé** (COJ, art. R. 221-41), ou encore sur les **saisies des rémunérations** (COJ, art. R. 221-42).

– La **juridiction de proximité** connaît également en dernier ressort des **actions personnelles et mobilières** jusqu'à la valeur de 4 000 euros, mais à charge d'appel sur les **demandes indéterminées** qui ont pour origine une obligation dont le montant n'excède pas 4 000 euros (COJ, art. L. 231-3 et art. R. 231-3, al. 1er). Elle connaît aussi en dernier ressort des actions relatives à la **restitution du dépôt de garantie** prévue à l'article 22 de la loi n° 89-462, du 6 juillet 1989[5], tendant à améliorer les rapports locatifs. La juridiction de proximité statue également jusqu'à 4 000 euros sur les demande d'**homologation du constat d'accord** entre les parties à l'issue d'une tentative préalable de conciliation, en vue de lui donner force exécutoire (COJ, art. L. 231-3, al. 3). Mais on ne sait pas si la juridiction statue alors en dernier ressort ou à charge d'appel puisque l'article R. 231-3 ne le précise pas. C'est une lacune. On devrait néanmoins supposer que le juge de proximité ne statue alors qu'en dernier ressort, étant donné que la demande d'homologation d'un accord ne porte que sur un litige sur lequel la juridiction de proximité ne statuerait qu'en dernier ressort.

– Des dispositions identiques donnent compétence en dernier ressort jusqu'à 4 000 euros **au tribunal de commerce** à l'égard de toutes les demandes portées devant lui (C. com, art. R. 721-6), au **tribu-**

1. Décr. n° 98-1231, 28 déc. 1998, modifiant le Code de l'organisation judiciaire et le Nouveau Code de procédure civile, *JO* 30 déc., p. 19904.
2. Décr. n° 2001-373, 27 avr. 2001, portant adaptation de la valeur en euros de certains montants exprimés en francs, *JO* 29 avr., p. 6837.
3. Décr. n° 2005-460, 13 mai 2005, relatif aux compétences des juridictions civiles, à la procédure civile et à l'organisation judiciaire, art. 36, *JO* 14 mai, p. 8343.
4. L. n° 48-1360, 1er sept. 1948, dite Grimaud sur les baux et loyers, *JO* 2 sept., p. 8659.
5. L. n° 89-462, 6 juill. 1989, dite Malandain, Mermaz tendant à améliorer les rapports locatifs, *JO* 8 juill., p. 8541.

nal paritaire de baux ruraux (C. rur., art. R. 491-1), au **tribunal des affaires de sécurité sociales** (CSS, art. R. 142-25).

Cette limite s'applique également de manière générale aux ordonnances de référé, comme le prévoit l'article 490 C. pr. civ. figurant au titre des dispositions communes à toutes les juridictions[1].

On remarque en définitive que ce n'est plus par application d'un texte général visant les juridictions de première instance que le taux commun de ressort est fixé mais par **plusieurs textes spéciaux** propres à chaque juridiction, mais dont il résulte néanmoins un **taux de ressort commun** fixé actuellement à 4 000 euros.

2°
Taux spécial de ressort devant le conseil de prud'hommes

121.31 Règles particulières. Le conseil de prud'hommes obéit traditionnellement à des règles spéciales. Afin de limiter les recours en appel, le législateur avait décidé de fixer à un chiffre plus élevé le taux de ressort du conseil de prud'hommes[2]. Selon l'article L. 511-1 ancien du Code du travail, le taux de compétence en dernier ressort du conseil de prud'hommes était fixé par décret et révisé annuellement[3]. Cela résulte maintenant de l'article L. 1462-1 du Code du travail[4]. Mais le dernier taux de ressort, donné par l'article D. 1462-3 du Code du travail est fixé à 4 000 euros et correspond donc exactement au taux général de ressort fixé pour les autres juridictions (ce chiffre était déjà celui applicable aux demandes introduites depuis le 1er octobre 2005 [Décr. nº 2005-1190, 20 sept. 2005][5]). Cette règle s'applique également aux décisions de référé[6]. Le taux de ressort du conseil de prud'hommes perdrait ainsi de sa spécificité et se trouve aligné sur celui des autres juridictions.

121.32 Appréciation par chef de demande : disparition de cette spécificité. Au surplus, et c'était une autre différence avec les autres juridictions, ce taux s'appréciait pour chacun des chefs de demande principale ou incidente et non pas en fonction du total des demandes d'une même partie[7].

Mais cette particularité a également disparu, puisque le nouvel article R. 1462-1 du Code du travail dispose que : « *Le conseil de prud'hommes statue en dernier ressort : 1° lorsque la valeur totale des prétentions d'aucune des parties ne dépasse le taux de compétence fixé par décret; 2° lorsque la demande tend à la remise, même sous astreinte, de certificats de travail, de bulletins de paie, ou de toute pièce que l'employeur est tenu de délivrer, à moins que le jugement ne soit en premier ressort en raison du montant des autres demandes* ». Il apparaît donc que les spécificités concernant l'appréciation du taux de ressort devant le conseil de prud'hommes ont ainsi également disparu pour aligner le conseil de prud'hommes, relativement à cette question au moins, sur les autres juridictions.

B.
Exceptions

121.40 Distinctions. Le Code de procédure civile a prévu plusieurs exceptions à la limitation de la possibilité d'appel en fonction du taux de ressort : la plus importante, applicable à toutes les juridictions, concerne les demandes indéterminées. Par ailleurs, certaines demandes sont toujours jugées à charge d'appel, ou, à l'inverse, en dernier ressort quel que soit le montant de la demande, mais toujours en vertu d'un texte spécial.

1°
Demandes indéterminées

121.41 Appel possible. La règle du taux de ressort suppose nécessairement que le litige puisse être chiffré en argent. Une majorité de demandes sont évaluées. Mais il en est qui n'ont aucune valeur monétaire, et qui ne sont même pas chiffrables. On dit qu'elles sont indéterminées.

Selon l'article 40 C. pr. civ. : « *Le jugement qui statue sur une demande indéterminée est, sauf disposition contraire, susceptible d'appel* ».

121.42 Notion. Une demande est indéterminée lorsqu'elle ne peut être évaluée en argent. Ainsi par exemple, une demande en divorce, une demande tendant à l'établissement ou à la contestation d'une filiation (et d'une façon générale la plupart des demandes touchant à l'état des personnes), une demande concernant une servitude, une demande en nullité ou résolution d'un contrat sont indéterminées. On s'attache alors en principe à la demande faite à titre principal [la nullité ou la résolution] et

1. Paris, 25 nov. 1982 et Paris, 1er déc. 1982, *D.* 1983. IR 140, obs. Julien.
2. V. A. Balsan, « La mort lente en matière prud'homale du principe bicentenaire du double degré de juridiction », *Gaz. Pal.* 1984. 2. 579.
3. Soit 26 238, 28 francs.
4. Ord. nº 2007-329, 12 mars 2007, relative au Code du travail (partie législative), *JO* 13 mars, p. 4740 [entrée en vigueur le 1er mars 2008].
5. Décr. nº 2005-1190, 20 sept. 2005, modifiant les dispositions de l'article D. 517-1 du Code du travail fixant le taux de compétence en dernier ressort des conseils de prud'hommes *JO* 22 sept., p. 15241.
6. Soc. 26 nov. 1987, nº 85-43.463, *Bull. civ.* V, nº 693; *JCP* 1988. IV. 46 – Caen, 24 mai 1984, *Rev. huiss.* 1985. 560.
7. Soc. 23 juin 1977, nº 76-40.956, *Bull. civ.* V, nº 424 – Soc. 20 juill. 1978, nº 77-40.470, *Bull. civ.* IV, nº 619; *D.* 1978. IR 500, obs. Julien.

non à la demande déterminée en restitution du prix qui en est la conséquence[1]; de même une demande en revendication, quelle que soit la valeur de l'objet revendiqué[2], ou une demande tendant à déterminer l'assiette d'une location[3], celle en fixation d'une astreinte, comme toute demande ayant pour objet une obligation de faire, alors que la demande en liquidation d'astreinte, provisoire ou définitive, a un caractère déterminé[4]. Une demande de transfert de propriété d'actions de société a un caractère indéterminé, car il s'agit d'une demande d'exécution d'une obligation de faire, même si ces actions ont pu être évaluées en argent[5]. Toutefois, il a été jugé que l'exécution d'une obligation de faire cesse d'être indéterminée lorsque le coût en a été préalablement fixé par un expert désigné en référé[6]. Il a également été admis que la demande tendant à faire constater la résolution résultant d'une clause résolutoire était déterminée dès lors que l'objet de la défense portait uniquement sur le montant dû en vertu de la clause et que ce montant était inférieur au taux de ressort applicable à l'époque[7]. Et il faut rappeler que le TI et la juridiction de proximité statuent dorénavant en dernier ressort lorsque la demande est indéterminée, mais « *a pour origine l'exécution d'une obligation dont le montant est inférieur ou égal à cette somme* » (4 000 euros; COJ, art. R. 221-4 et L. 231-3). Mais, hors de cette hypothèse, lorsque le juge de proximité ou le juge d'instance statue sur une demande indéterminée, son jugement est susceptible d'appel (ainsi à propos d'une demande d'achèvement de travaux[8]).

En matière sociale, il a été jugé que la demande tendant à obtenir l'annulation d'une mise à pied présente un caractère indéterminé, quel que soit le montant de la restitution demandée au titre du retrait de la sanction disciplinaire[9], ou encore qu'une demande tendant à faire porter sur des bulletins de salaires le nombre exact de jours de congés payés pris par les salariés présentait un caractère indéterminé rendant la décision susceptible d'appel[10]. Mais si la demande de rectification du bulletin de paie constitue la conséquence nécessaire d'une demande en paiement chiffrée de salaire, elle demeure sans incidence sur l'ouverture des voies de recours[11]. Au contraire, une demande de publication de la décision de justice à intervenir présente un caractère indéterminé qui ouvre la voie de l'appel, y compris lorsqu'elle est formée par voie d'intervention[12].

121.43 Précisions complémentaires. La demande ne devient pas déterminée parce qu'elle pose une question de principe, si l'intérêt du litige est néanmoins inférieur au taux de ressort (interprétation d'une convention collective, par ex.[13]). De même, une demande de 1 franc de dommages-intérêts en réparation d'un préjudice moral n'a pas été considérée comme indéterminée[14].

121.44 Pouvoir du juge. Il appartient au juge d'apprécier si une demande est véritablement déterminée ou non et si le plaideur n'use pas d'un artifice pour rendre sa demande indéterminée. Mais le juge ne saurait aller jusqu'à évaluer lui-même la demande pour lui conférer un caractère déterminé. Ce serait contraire à la règle de l'immutabilité du litige[15].

2°
Demandes à charge d'appel quel qu'en soit le montant

121.51 Dispositions particulières. Par exception, certaines demandes sont toujours à charge d'appel, bien qu'elles puissent être d'une valeur déterminée. Ainsi, et en application de l'article L. 211-3 du COJ, selon l'article R. 211-3 du même code : « *Dans toutes les matières pour lesquelles compétence n'est pas attribuée expressément à une autre juridiction en raison de la nature de l'affaire ou du montant de la demande, le tribunal de grande instance statue à charge d'appel* ». Ce texte vise toute la compétence résiduelle ou supplétive du TGI. C'est seulement aux demandes entrant dans la

1. Paris, 14 févr. 1990, *Bull. ch. avoués* 1990. 1. 8 – Civ. 1re, 26 janv. 1994, n° 91-21.480, *Bull. civ.* I, n° 29; *Dr. et patr.* 1994, n° 718, p. 96, obs. Lissarague – Civ. 1re, 7 févr. 1995, n° 92-17.894, *Bull. civ.* I, n° 70; *D.* 1995. 314, obs. Pizzio; *Gaz. Pal.* 1996. Somm., v° *Appel*, obs. Croze et Morel.
2. Com. 11 juill. 1972, NP; *RTD com.* 1973. 379, obs. Houin; *Gaz. Pal.* 1972. 2. 755.
3. Soc. 8 juill. 1985, n° 83-43.225, *Bull. civ.* V, n° 412; *JCP* 1985. IV. 327.
4. Civ. 1re, 1er mars 2005, n° 02-20.300, NP – Soc. 28 nov. 2006, nos 05-41.001 et 05-41.002, *Bull. civ.* V, n° 357; *JCP* 2007. IV. 1040.
5. Civ. 2e, 6 juin 2013, n° 12-20.062, *Bull. civ.* II, [à paraître].
6. Civ. 2e, 7 juin 2007, n° 06-12.188, *Bull. civ.* II, n° 139; *D.* 2007. 1793, obs. Avena-Robardet; *Procédures* 2007, n° 242, obs. Perrot.
7. Civ. 2e, 14 oct. 2004, n° 02-19.788, *Bull. civ.* II, n° 454.
8. Com. 22 sept. 2009, n° 08-17-360, NP; *Procédures* 2009. Comm. 353, note Perrot.
9. Soc. 1er oct. 1996, n° 93-43.959, *Bull. civ.* V, n° 309; *Dr. soc.* 1997. 175 – Soc. 26 oct. 1999, n° 97-44.304, *Bull. civ.* V, n° 413; *Procédures* 2000, n° 6, obs. Sportouch – V. AUSSI, J. Savatier, « Décisions prud'homales en premier ou en dernier ressort », *Dr. soc.* 1997. 170.
10. Soc. 28 nov. 2006, n° 05-41.001, *Bull. civ.* V, n° 357.
11. Soc. 23 mars 2011, n° 09-70.827, *Bull. civ.* V, n° 78; *D.* 2011. 1022; *Procédures* 2011, n° 204, note Bugada; *JCP S* 2011. 1263, note Brissy.
12. Soc. 23 mars 2011, n° 09-70.827, préc. ss prést n°.
13. Soc. 14 oct. 1981, n° 81-40.501, *Bull. civ.* V, n° 781 – Douai, 8 juill. 1983, *JCP* 1984. IV. 190.
14. Civ. 2e, 4 juin 1971, n° 70-11.021, *Bull. civ.* II, n° 191; *D.* 1971. Somm. 185 – Civ. 2e, 23 avr. 1986, n° 84-17.258, *Bull. civ.* II, n° 426; *Gaz. Pal.* 1987. Somm. 42, obs. Croze et Morel.
15. V. A. Joly, ss Com. 6 nov. 1985, n° 84-13.563, *Bull. civ.* IV, n° 264; *JCP* 1987. II. 20843; *J.-Cl. Com.*, fasc. 1660 et 1875.

compétence exclusive attribuée au TGI que la règle du taux de ressort s'applique (COJ, art. R. 211-3).

Le TI statue toujours à charge d'appel dans les nombreux cas prévus par les articles R. 221-4 à R. 221-22-1 (v. ss nos 124.10 s.). Il en est ainsi notamment des actions relatives aux funérailles, à l'expulsion des occupants sans droit ni titre des immeubles à usage d'habitation, aux plantations, au curage des fossés, aux contrats d'engagement entre armateurs et marins, *etc.*

Par ailleurs, aucune disposition particulière n'ayant été prise au sujet de la compétence du juge de l'expropriation, il faut considérer que celui-ci statue toujours à charge d'appel, quel que soit le montant de la demande.

3°
Demandes en dernier ressort quel qu'en soit le montant

121.61 **Tribunal d'instance.** Les articles R. 221-24 à R. 221-36 du COJ donnent compétence au TI pour statuer en dernier ressort indépendamment du montant de la demande. Mais il s'agit en réalité essentiellement de demandes indéterminées relevant du contentieux électoral lorsqu'il relève du TI (v. ss nos 124.111 s.).

121.62 **Tribunaux des affaires de Sécurité sociale.** L'article R. 244-2 du Code de la sécurité sociale dispose que : « *Les tribunaux des affaires de Sécurité sociale statuent en dernier ressort, quel que soit le chiffre de la demande lorsqu'ils sont saisis de recours contre les décisions prises en application de l'article R. 243-20 et du II de l'article R. 133-9-1* [du Code de la sécurité sociale] » (il s'agit des demandes gracieuses en réduction de pénalités).

§ 2
Taux de compétence

121.70 **Rôle.** Le taux de compétence détermine la compétence de certaines juridictions en fonction du montant de la demande. Cette règle ne peut recevoir application que dans les cas où deux juridictions ont compétence pour juger des affaires de même nature. C'est alors le montant de la demande qui est le critère de répartition. La règle ne joue pas lorsqu'un tribunal a compétence spéciale ou exclusive relativement à la nature de l'affaire puisqu'il est alors compétent quel que soit le montant de la demande.

En réalité, le taux de compétence ne sert qu'à départager les compétences générales des TGI, d'instance et des juridictions de proximité en matière personnelle et mobilière.

121.71 **a) Taux de compétence de la juridiction de proximité – Montant.** La juridiction de proximité est un nouvel ordre de juridiction instituée par la loi n° 2002-1138 du 9 septembre 2002[1] d'orientation et de programmation pour la justice. Cette loi confère une compétence générale en matière personnelle et mobilière (COJ, art. L. 231-3), qui empiète sur la compétence des TI et TGI. La compétence de la juridiction de proximité est limitée aux demandes jusqu'à une valeur de **4 000 euros**, et aux demandes indéterminées mais qui ont pour origine une obligation dont le montant n'excède pas 4 000 euros (COJ, art. L. 231-3 – initialement fixé à 1 500 euros par L. n° 2002-1138, 9 sept. 2002).

121.72 **b) Taux de compétence du tribunal d'instance – Montant.** Le taux de compétence du TI a été constamment réévalué. Actuellement, pour les instances introduites après le 28 janvier 2005, le taux de compétence du TI est fixé à 10 000 euros (COJ, art. L. 221-4).

Le TI connaît, à charge d'appel, des demandes indéterminées « *qui ont pour origine une obligation dont le montant n'excède pas 10 000 euros* » (COJ, art. L. 221-4). Ce texte, conjugué avec l'article L. 211-3, répartit ainsi la compétence en fonction de la valeur du litige entre le TGI – qui était, en principe, seul compétent pour connaître, à charge d'appel, des demandes indéterminées –, le TI et la juridiction de proximité.

À l'exception des demandes réelles immobilières, pratiquement toutes les actions peuvent entrer dans cette définition d'action personnelle ou mobilière. Aussi, de nombreux textes spéciaux du Code de l'organisation judiciaire attribuent expressément compétence exclusive au TI relativement à tel ou tel type de litige, quel que soit le montant de la demande (COJ, art. R. 221-3 s.).

121.73 **c) Taux de compétence du tribunal de grande instance – Montant.** C'est au titre de sa compétence résiduelle de principe que le TGI est compétent pour connaître à charge d'appel en matière civile des actions personnelles et mobilières portant éventuellement sur une valeur de litige supérieure à 10 000 euros (pour les demandes introduites à compter du 1er janvier 2002).

Aucun texte, en effet, n'attribue spécialement compétence au TGI pour connaître de ces actions, ni à aucune autre juridiction. C'est donc en vertu des articles L. 211-3 et R. 211-3 et L. 221-4 *a contrario* du COJ que le tribunal de grande a vocation à connaître des litiges dont la valeur dépasse 10 000 euros. Lorsqu'il est appelé à connaître de demandes portant sur un montant inférieur ou égal à la somme de 4 000 euros, que ce soit en matière personnelle ou mobilière ou au titre de sa compétence exclusive, il statue en dernier ressort (COJ, art. R. 211-3, al. 2 et 3).

1. L. n° 2002-1138, 9 sept. 2002, loi d'orientation et de programmation pour la justice, *JO* 10 sept., p. 14934.

SECTION 2
ÉVALUATION DU LITIGE

121.80 **Notions.** Le critère de l'évaluation du litige est le montant de la demande telle qu'elle apparaît dans le dispositif de l'assignation et des conclusions postérieures qui peuvent le modifier. Dans les procédures purement orales (qui ne sont véritablement orales que lorsque le plaideur se défend seul), les prétentions des parties sont notées au plumitif d'audience par le greffier. Ce n'est jamais le montant de la condamnation prononcée par le juge.

Ce montant s'apprécie en principal. Celui-ci comprend le capital, mais aussi les fruits et intérêts dus au jour de la demande. Les accessoires en sont exclus : les fruits et intérêts échus depuis la demande[1], les dépens et la demande fondée sur l'article 700 C. pr. civ.[2] Mais le montant d'une clause pénale fait partie du principal[3].

121.81 **Critères.** Mais un litige peut être plus ou moins complexe et réunir plusieurs plaideurs, qui forment plusieurs demandes les uns contre les autres. Il était difficile d'appliquer un critère unique à ces diverses hypothèses. Le Code de procédure civile a pris en compte cette complexité : les articles 35 et suivants C. pr. civ. posent des règles différentes d'évaluation du litige suivant la complexité des cas de figure. Cela conduit à distinguer les demandes principales (§ 1) et les demandes incidentes (§ 2).

§ 1
Demandes principales

121.90 **Plan.** Dans un litige opposant seulement deux plaideurs, il est formé au moins une demande principale, voire plusieurs (A). Mais il se peut également qu'il y ait plusieurs demandeurs et plusieurs défendeurs (B).

A.
Demandeur unique contre un seul adversaire

121.91 **Solutions.** Une hypothèse ne présente aucune difficulté : celle où un demandeur présente une seule demande contre un seul défendeur (on ne tient pas compte des demandes de condamnation aux dépens, ni de celles formées au titre de l'article 700 C. pr. civ. – V. s[s] n° 121.80). On apprécie la valeur du litige selon le montant de la demande qui figure dans l'assignation et dans les conclusions, qui peuvent modifier le montant initial (en cas de variation des demandes, ce sont les dernières conclusions qui comptent). Mais les litiges étant de plus en plus complexes, bien souvent, un même demandeur formule plusieurs prétentions contre son adversaire (qui, en retour, forme le plus souvent lui-même des demandes reconventionnelles, v. s[s] n°s 121.140 s.).

L'article 35 C. pr. civ. invite alors à distinguer selon que les demandes sont connexes ou non.

1°
Demandes non connexes

121.101 **Valeur de chaque prétention.** L'article 35 C. pr. civ. dispose que : « *Lorsque plusieurs prétentions fondées sur des faits différents et non connexes sont émises par un demandeur contre le même adversaire et réunies en une même instance, la compétence et le taux de ressort sont déterminés par la nature et la valeur de chaque prétention considérée isolément* ».

Il est parfaitement possible de réunir dans une même instance des demandes qui n'ont aucun rapport de connexité entre elles, sinon qu'elles s'adressent au même adversaire. Dans ce cas, la compétence et le taux de ressort s'apprécient sur chaque demande. La règle est celle de l'indépendance des demandes.

Il en résulte que le juge saisi peut être incompétent en fonction du taux de compétence pour statuer sur certaines demandes et non sur d'autres, et qu'il peut statuer en premier ressort sur certaines prétentions et en dernier ressort sur celles inférieures au taux de ressort, bien qu'il s'agisse de la même instance[4].

2°
Demandes connexes

121.111 **Valeur totale des prétentions.** À l'inverse, selon l'article 35 C. pr. civ. : « *Lorsque les prétentions réunies sont fondées sur les mêmes faits ou sont connexes, la compétence et le taux de ressort sont déterminés par la valeur totale de ces prétentions* ».

Mais il est important de préciser que la règle du cumul des prétentions pour apprécier le taux de ressort ne s'applique que pour les prétentions d'un demandeur contre un même adversaire dans une même instance[5].

Dans cette hypothèse, qui est de loin la plus fréquente, il faut alors ajouter les prétentions fondées sur les mêmes faits ou connexes les unes aux autres pour déterminer si l'on dépasse le taux de compé-

1. Civ. 3e, 6 janv. 1981, n° 79-10.651, *Bull. civ.* III, n° 4; *Gaz. Pal.* 1981. 1. 260, note Viatte.
2. Civ. 2e, 20 nov. 1991, n° 90-15.838, *Bull. civ.* II, n° 306; *JCP* 1992. IV. 259 – Versailles, 2 mars 2001, RG n° 99/04906, *D.* 2001. IR 1073.
3. Paris, 16 nov. 1990, RG n° 32341/90, *Bull. ch. avoués* 1990. 4. 120.
4. Versailles, 14 déc. 1984, *Gaz. Pal.* 1986. Somm. 16 – Riom, 16 mai 1990, RG n° 2941/89, *JCP* 1990. IV. 359 – Civ. 2e, 4 mars 2004, n° 03-12.510, *Bull. civ.* II, n° 83.
5. Civ. 2e, 24 mai 2007, n° 06-12.741, *Bull. civ.* II, n° 137; *D.* 2008. 1300, obs. Damas; *Procédures* 2007, n° 183, obs. Perrot.

tence ou le taux de ressort (sans tenir compte des demandes fondées sur l'article 700 C. pr. civ.).

121.112 **Notion de connexité.** La difficulté pratique est parfois de déterminer si les prétentions sont connexes. Une définition de la connexité est fournie par l'article 101 C. pr. civ., relatif à l'exception de connexité, qui dispose que : « *S'il existe entre des affaires portées devant deux juridictions distinctes un lien tel qu'il soit de l'intérêt d'une bonne justice de les faire instruire et juger ensemble, il peut être demandé à l'une de ces juridictions de se dessaisir et de renvoyer en l'état la connaissance de l'affaire à l'autre juridiction* ». La connexité est donc le lien ou le rapport entre deux prétentions qui se complètent ou ont entre elles un rapport de cause à effet. Ceci rend souhaitable de les apprécier et juger ensemble, non seulement pour éviter d'éventuelles contrariétés de décision, mais encore parce que l'appréciation de l'une peut avoir un effet sur celle de l'autre. Cela justifie encore qu'elles soient ajoutées les unes aux autres, comme formant une demande globale, pour apprécier la valeur du litige au regard de la compétence et du taux de ressort.

121.113 **Exemple.** Le plus souvent le lien de connexité est évident parce que les demandes sont fondées sur le même fait ou dérivent de la même situation juridique. Par exemple, les diverses prétentions émises par la victime d'un accident dérivent du même fait et sont connexes, de même que celles fondées sur un même contrat ou encore les demandes en paiement de travaux et celles en dommages-intérêts relatives au retard de paiement[1] ou pour résistance abusive[2]. Les demandes en remboursement de frais engagés pour l'installation d'un matériel et en réparation des préjudices consécutifs au dysfonctionnement de cet appareil sont également connexes[3]. Il a toutefois été jugé logiquement que cette règle est inapplicable si l'une des demandes est subsidiaire par rapport à l'autre, bien qu'elles soient connexes[4].

B. Pluralité de parties

121.120 **Distinctions.** Plusieurs cas de figure peuvent se rencontrer : plusieurs demandeurs réunis dans la même instance contre un seul défendeur, un demandeur contre plusieurs défendeurs, et plusieurs demandeurs contre plusieurs défendeurs. Au regard tant du taux de compétence que du taux de ressort, la solution est différente selon que les demandes sont fondées sur un titre commun ou non.

1. Civ. 3e, 8 mai 1978, n° 76-12.547, *Bull. civ.* III, n° 193.
2. Com. 27 nov. 2007, n° 06-10.099, NP; *Procédures* 2008, n° 39, obs. Perrot.
3. Civ. 2e, 27 juin 2013, n° 12-20.841, *Bull. civ.* II, [à paraître].
4. Civ. 2e, 24 oct. 1984, *Bull. civ.* II, n° 157; *Gaz. Pal.* 1985. Pan. 51, obs. Guinchard.

1° Absence de titre commun

121.121 **Valeur des prétentions de chaque demandeur.** *A priori*, il n'est pas logique de réunir plusieurs demandes sans rapport entre elles dans une même instance. Il appartient alors aux demandeurs d'introduire autant d'instances séparées qu'il y a de litiges distincts.

Mais il est de nombreux cas où plusieurs plaideurs peuvent néanmoins avoir intérêt à engager une même instance contre un ou plusieurs défendeurs sans pour autant qu'il y ait de titre commun. En effet, des actions peuvent être connexes ou fondées sur des mêmes faits justifiant qu'elles soient réunies en une même instance. Par exemple, les victimes d'un dommage agissent ensemble contre un ou plusieurs responsables possibles, ou plusieurs consommateurs agissent ensemble contre un même professionnel en vertu de contrats identiques mais distincts, *etc.*

Dans ce cas, les prétentions de chaque demandeur sont indépendantes des autres. Le taux de compétence et celui du ressort doivent être déterminés à l'égard de chaque demandeur par la valeur de ses prétentions[5], les prétentions d'un même demandeur s'ajoutant, si elles sont connexes (v. ss n° 121.111).

2° Prétentions fondées sur un titre commun

121.131 **Valeur de la plus élevée des prétentions.** Si les prétentions émises dans une même instance par plusieurs demandeurs ou contre plusieurs défendeurs sont fondées sur un titre commun, la compétence et le taux de ressort sont « *déterminés pour l'ensemble des prétentions par la plus élevée d'entre elles* » (C. pr. civ., art. 36). Les prétentions ne s'ajoutent donc pas, comme des demandes connexes émises par un même demandeur, mais il y a une certaine dépendance des prétentions en ce que l'appréciation de la compétence et du taux de ressort sera identique pour l'ensemble des demandeurs, sur le critère de la prétention la plus élevée. Ainsi, un plaideur qui, isolé, ne serait pas admis à relever appel d'un jugement en raison de ce que sa prétention est inférieure au taux de premier ressort, peut néanmoins former un appel contre le jugement, dès lors qu'une seule prétention d'un autre demandeur participant à la même instance dépasse le taux de ressort (et ce, même si ce demandeur ne relève pas lui-même appel).

121.132 **Exigence d'un titre commun.** Cette règle ne s'applique toutefois que si les prétentions sont émises « *en vertu d'un titre commun* » (C. pr. civ., art. 36).

La notion de titre commun doit être précisée. La notion évoque un acte constituant la source d'un

5. Civ. 2e, 7 oct. 1982, n° 81-13.630, *Bull. civ.* II, n° 120; *Gaz. Pal.* 1983. Pan. 44, obs. Guinchard.

droit : une convention, un contrat, un titre de propriété, un titre de créance, des statuts de société, un acte de partage de succession, *etc.* [1]

En pratique, la notion est interprétée très restrictivement par la Cour de cassation [2]. Constitue un titre commun une hypothèque garantissant, en vertu d'un acte authentique unique, le paiement de plusieurs prêts [3]. Mais l'existence d'un titre commun a été déniée à une pluralité de victimes d'un dommage causé aux récoltes [4] et plus généralement aux victimes d'un quasi-délit constituant un fait générateur similaire dès lors que le préjudice respectif des parties demeure distinct [5].

§ 2
Demandes incidentes

121.140 **Plan.** Dans une instance, il est assez rare que le défendeur se contente de s'opposer aux demandes principales. Le plus souvent, il forme lui-même une ou plusieurs demandes reconventionnelles ou en compensation. En outre, des demandes en intervention forcée ou des prétentions émises par un ou plusieurs intervenants volontaires peuvent se greffer sur le litige originaire. Le Code de procédure civile contient des règles particulières différentes pour déterminer d'abord la compétence (A), puis l'incidence sur le taux de ressort (B) (v. C. pr. civ., art. 37 à 39).

A.
Détermination de la compétence

121.141 **Distinction.** Les articles 37 et 38 C. pr. civ. posent des règles différentes selon que la ou les demandes incidentes sont inférieures ou supérieures au taux de compétence. Cette question ne concerne en réalité que la répartition des compétences en fonction du montant de la demande entre le TGI et le TI dans les affaires personnelles et mobilières.

1°
Demandes incidentes inférieures au taux de compétence

121.151 **Solution.** Le principe posé par l'article 37 C. pr. civ. est celui de l'indépendance des demandes incidentes entre elles et par rapport à la demande initiale.

La juridiction connaît des demandes incidentes (en intervention ou reconventionnelles) inférieures au taux de sa compétence. Il en résulte que tant le TGI que le TI peuvent connaître des demandes incidentes inférieures à leur taux de compétence.

2°
Demandes incidentes supérieures au taux de compétence

121.161 **Option ouverte.** La question ne concerne en réalité que le TI et la juridiction de proximité, puisque le TGI n'ayant pas de limite supérieure de taux de compétence ne peut être saisi de demandes incidentes excédant son taux de compétence. Devant le TI, lorsqu'une demande incidente est supérieure au taux de sa compétence (10 000 euros), l'article 38 C. pr. civ. ouvre une option, assortie d'une exception.

Si une demande incidente est supérieure au taux de sa compétence, et si une partie soulève l'incompétence, le juge a le choix : soit de ne statuer que sur la demande initiale et de se déclarer incompétent sur la demande incidente, soit de renvoyer les parties à se pourvoir pour le tout devant la juridiction compétente, qui est alors en principe le TGI. Le juge usera de cette seconde branche de l'option lorsqu'il lui paraîtra de bonne justice de faire juger ensemble la demande initiale et la demande incidente (notamment, lorsqu'elles sont connexes). Il a été jugé que cette règle devait également recevoir application en appel, et qu'était irrecevable une demande reconventionnelle portée en appel à un chiffre supérieur au taux de la compétence du TI, malgré la plénitude de juridiction de la cour d'appel [6].

Cela signifie que, dans tous les cas (sauf l'exception qui suit), le TI ne peut connaître de la demande incidente excédant son taux de compétence, dès lors qu'une partie soulève l'incompétence. Le tribunal ne saurait en revanche se déclarer d'office incompétent, puisque la compétence en raison du montant de la demande n'est pas d'ordre public, ainsi qu'il résulte de l'article 41 C. pr. civ., lequel dispose que « *le litige né, les parties peuvent toujours convenir que leur différend sera jugé par une juridiction bien que celle-ci soit incompétente en raison du montant de la demande* ».

La règle s'applique également à la juridiction de proximité. Lorsqu'une partie soulève son incompétence en raison du montant de la demande incidente, elle peut renvoyer les parties à se pourvoir devant le TI ou le TGI, selon les cas, ou ne statuer que sur la demande initiale, sans préjudice de la possibilité qui lui est donnée de renvoyer l'affaire devant le TI si elle se heurte à une difficulté juridique sérieuse (COJ, art. L. 231-5).

1. V. P. Hébraud, obs. s[s] TI Toulouse, 22 mars 1968, *RTD civ.* 1968. 580.
2. Héron et Le Bars, 2012, n° 725, p. 590.
3. Civ. 3e, 4 févr. 1971, n° 69-11.046, *Bull. civ.* III, n° 76; *JCP* 1972. II. 16980, note Dagot et Spiteri.
4. Civ. 2e, 5 juin 1991, n° 90-14.346, *Bull. civ.* II, n° 172.
5. Civ. 2e, 29 avr. 1997, n° 95-11.551, *Bull. civ.* II, n° 125; *D.* 1997. 129; *Procédures* 1997, n° 177, obs. Perrot.
6. Civ. 2e, 12 mai 1976, n° 74-11.194, *Bull. civ.* II, n° 155.

121.162 Exception. L'article 38 prévoit une exception à la règle ci-dessus : « *Lorsqu'une demande reconventionnelle en dommages-intérêts est fondée exclusivement sur la demande initiale, le juge en connaît à quelque somme qu'elle s'élève* ». Cette exception se justifie par le lien nécessaire entre les deux demandes qui ne peuvent qu'être jugées ensemble, et sans doute aussi par le souci d'éviter les manœuvres faciles consistant à former artificiellement une demande excédant le taux de compétence de la juridiction pour des raisons dilatoires.

B. Détermination du taux de ressort

121.170 Distinction. Il faut distinguer selon qu'aucune demande incidente n'excède le taux de ressort ou bien que l'une d'elles (ou plusieurs) dépasse(nt) ce taux.

1° Demandes incidentes inférieures au taux de ressort

121.171 Principe. La question ne se pose, par hypothèse, que lorsque la demande principale est elle-même inférieure au taux de ressort. L'article 39 C. pr. civ. prévoit que « *le jugement n'est pas susceptible d'appel, si aucune demande incidente n'est supérieure au taux du dernier ressort* » (4 000 euros). Là encore, il n'y a donc pas à ajouter les demandes incidentes, ni à la demande principale, ni aux autres demandes incidentes, pour apprécier le taux de ressort. Chaque demande incidente est envisagée isolément.

121.172 Limite. Mais l'article 39 C. pr. civ. fait réserve de l'application de l'article 35 C. pr. civ. auquel il renvoie. Ce texte, concernant *a priori* les demandes initiales, prévoit que les demandes s'ajoutent pour déterminer le taux de ressort, lorsqu'elles sont connexes ou fondées sur les mêmes faits (v. s^s^ n° 121.111). Le rappel de cette disposition ne peut viser que les demandes incidentes. Il faut donc en déduire que si plusieurs demandes incidentes sont fondées sur les mêmes faits ou sont connexes, il faut les ajouter les unes aux autres, ou encore aux demandes initiales pour déterminer le taux de ressort.

2° Demandes incidentes supérieures au taux de ressort

121.181 Principe. Si une seule des demandes incidentes (et *a fortiori* plusieurs) est supérieure au taux de ressort (4 000 euros [1]), le juge se prononce en premier ressort sur toutes les demandes (C. pr. civ., art. 39, al. 2). Ceci signifie que toutes les parties sont habilitées à relever appel du jugement, même celles dont la demande serait inférieure au taux de ressort.

121.182 Limite. L'article 39 C. pr. civ. prévoit toutefois une exception tenant à la demande reconventionnelle en dommages-intérêts qui est fondée exclusivement sur la demande principale. Cela s'entend d'une demande qui, sans l'existence de la demande principale, n'aurait plus de base et ne serait pas susceptible d'être présentée isolément ni de faire l'objet d'une action distincte [2]. Si cette demande est la seule à dépasser le taux de ressort, elle n'a aucune incidence sur le taux de ressort. Le juge se prononce sur le tout en dernier ressort. Cette disposition est destinée à éviter la manœuvre du défendeur qui tenterait de s'ouvrir la voie de l'appel en formant artificiellement une demande reconventionnelle en dommages-intérêts supérieure au taux de ressort.

1. Depuis le 1er janv. 2002, anc^t^ 25 000 francs (Décr. n° 98-1231, 28 déc. 1998).
2. Paris, 4 juill. 1991, *Bull. ch. avoués* 1991. 3. 99 – Civ. 2e, 16 févr. 1977, *Bull. civ.* II, n° 27; *D.* 1977. IR 228, obs. Julien – Com. 30 nov. 1982, *Bull. civ.* IV, n° 399; *Gaz. Pal.* 1983. Pan. 105, obs. Guinchard – Civ. 2e, 8 févr. 2007, n° 06-10.303, *Bull. civ.* II, n° 22 [demande reconventionnelle en dommages-intérêts et en publication et affichage du jugement].

CHAPITRE

122. Compétence matérielle des juridictions de droit commun : le tribunal de grande instance

DIDIER CHOLET
Maître de conférences
à l'Université du Maine

SECTION 0

ORIENTEUR

122.00 Plan du chapitre.

Division. Il existe deux juridictions de droit commun dans l'ordre judiciaire : le tribunal de grande instance (sect. 1) et la cour d'appel (sect. 2).

122.01 Principaux textes applicables.

C. civ., art. 29, 57, 60, 99, 114, 122, 175-2, 177, 220-1, 255, 257, 267, 268, 318-1, 331, 353, 361, 371-4, 373-2-6, 373-3, 373-4, 375, 375-3, 378-1, 515-4, 515-9, 515-11, 515-12, 515-13, 704 s, 815-6, 815-7, 841, 1158, 1244-1 s., 1843-4, 2450.

C. pr. civ., art. 42 à 48, 52, 143 à 174, 252, 262, 284, 285, 286, 313, 3384 s., 465, 485, 492-1, 493, 509-1 à 509-3, 509-7, 510, 514, 517, 540, 695, 700, 704 s., 757, 768 à 779, 788, 803, 804, 808, 809, 812, 1038, 1047 s., 1055-2, 1071 à 1073, 1106 s., 1109, 1121-1, 1149, 1166, 1202, 1271, 1281-1 à 1281-12, 1290, 1306, 1325, 1333, 1406, 1415, 1430, 1436, 1453 à 1459, 1463, 1469, 1487, 1496, 1505, 1506, 1516.

COJ, art. L. 211-3 à L. 211-8, L. 212-1, L. 212-2, L. 213-3 à L. 213-7, L. 221-4, L. 221-8, L. 251-1, L. 252-1 à L. 252-4, L. 312-1, R. 211-1 à R. 211-13, R. 212-1 à R. 212-9, R. 213-2, R. 213-5-1, R. 213-5-2, R. 214-4, R. 321-22.

C. com., art. L. 110-1, L. 145-1 à L. 145-60, L. 420-7, L. 442-6, D. 442-4, L. 611-3 à L. 611-8, L. 620-2, L. 621-2, L. 721-1 à L. 721-5, L. 721-7, L. 811-13, R. 420-4, R. 662-3.

CCH, art. L. 251-1 s.

C. consom., art. L. 115-10, L. 331-1 s.

C. douanes, art. 103, 185, 186, 341 *bis*, 344, 347, 357 *bis*, 375, 389, 389 *bis*, 390, 468.

C. envir., art. L. 597-19.

CGCT, art. R. 2333-57.

C. mon. fin., art. L. 313-3.

C. patr., art. L. 622-4.

CPI, art. L. 331-1 à L. 333-1, L. 335-2, L. 351-2 s., L. 611-7, L. 612-10, L. 613-17, L. 613-19, L. 613-20, L. 615-17 à L. 615-19, L. 623-31, L. 716-3, D. 331-1-1, D. 521-6, D. 716-12, D. 722-6.

C. pr. exéc., art. L. 121-1 s., L. 122-2, L. 123-1, L. 131-1, L. 131-3, L. 213-1 s., L. 222-1, L. 412-1 à L. 412-8, L. 511-3, R. 121-1, R. 121-23, R. 151 s., R. 212-1, R. 211-5, R. 213-1 s., R. 222-11 à R. 222-16, R. 251-8 s., R. 311-2, R. 322-4, R. 322-15, R. 322-20, R. 322-59, R. 331-1 s., R. 332-1 s, R. 511-1 s., R. 512-1 s.

C. pr. pén., art. 384, 710.

C. rur., art. L. 351-1, L. 351-2 s., R. 143-12 et R. 143-20, R. 752-16.

CSP, art. L. 1126-7, L. 3213-1 s., L. 6145-11.

CSS, art. R. 142-49.

C. trav., art. L. 7121-3.

C. urb., art. L. 480-6.

LPF, art. L. 281 s.

122.09 Juridictions et président. Le tribunal de grande instance a une compétence étendue et variée quant à la nature des litiges qui lui sont confiés (sect. 1). Mais certains tribunaux de grande instance se sont vu reconnaître une compétence spéciale (sect. 2), l'idée étant de spécialiser certains tribunaux sur un contentieux technique et important. Le rapport Guinchard remis au garde des Sceaux en juin 2008 a poursuivi et développé cette idée dans certains domaines. Il a également prévu une nouvelle répartition des compétences entre tribunal de grande instance (TGI) et tribunal d'instance (TI). Plusieurs textes sont intervenus pour mettre en œuvre certaines des réformes prévues par ce rapport (L. n° 2009-526, 12 mai 2009[1]; Décr. n° 2009-1204, 9 oct. 2009; Décr. n° 2009-1384, 11 nov. 2009; Décr. n° 2009-1221, 12 déc. 2009[2]; Décr. n° 2009-1693, 29 déc. 2009[3]; Décr. n° 2012-1515, 28 déc. 2012[4] et Décr. n° 2013-1, 2 janv. 2013[5]). La loi n° 2011-1862 du 13 décembre 2011, relative à la répartition des contentieux et à l'allègement de certaines procédures juridictionnelles, vise à compléter ces réformes[6]. En outre, au sein de chaque TGI, son président a une compétence propre (sect. 3) qu'il faut distinguer de celle des juges uniques spécialisés pour connaître de tel ou tel litige (sect. 4).

1. L. n° 2009-526, 12 mai 2009, de simplification et de clarification du droit et d'allègement des procédures, *JO* 13 mai, p. 7920 – C. Bléry, « Loi de simplification et de clarification du droit et d'allègement des procédures : aspects d'organisation judiciaire du contentieux familial », *Procédures* 2009. Focus 39.
2. Décr. n° 2009-1204, 9 oct. 2009, relatif à la spécialisation des juridictions en matière de propriété intellectuelle, *JO* 11 oct., p. 16630 – Décr. n° 2009-1384, 11 nov. 2009, relatif à la spécialisation des juridictions en matière de contestations de nationalité et de pratiques restrictives de concurrence, *JO* 15 nov., p. 19761 – Décr. n° 2009-1221, 12 déc. 2009, relatif à la spécialisation des juridictions en matière d'adoption internationale, *JO* 14 oct., p. 16762.
3. Décr. n° 2009-1693, 29 déc. 2009, relatif à la répartition des compétences entre le tribunal de grande instance et le tribunal d'instance, *JO* 31 déc. 2009, p. 23109 – C. Bléry, « Répartition des compétences entre le tribunal de grande instance et le tribunal d'instance. À propos du décret du 29 décembre 2009 », *JCP* 2010. 107 – L. Dargent, « Nouvelle répartition des compétences entre tribunal de grande instance et tribunal d'instance », *D.* 2010. 76 – C. Dudit et M. Le Pogam, « Retour sur le décret du 29 décembre 2009 relatif à la répartition des compétences entre le tribunal de grande instance et le tribunal d'instance », *Gaz. Pal.* 13 avr. 2010, p. 15.
4. Décr. n° 2012-1515, 28 déc. 2012, portant diverses dispositions relatives à la procédure civile et à l'organisation judiciaire, *JO* 30 déc. 2012, p. 21018; *D.* 2013. 279, obs. Fricero – E. Vergès, « La recherche de l'efficacité procédurale, moteur de la modernisation de la procédure civile. À propos des ajustements procéduraux de l'année 2012 », *JCP* 2013. 95.
5. Décr. n° 2013-1, 2 janv. 2013 relatif aux tribunaux de grande instance spécialisés dans les actions relatives aux obtentions végétales, *JO* 3 janv., p. 315.
6. L. n° 2011-1862, 13 déc. 2011, de répartition des contentieux et d'allègement des procédures, *JO* 14 déc., p. 21105.

SECTION 1
Compétence reconnue à tous les tribunaux de grande instance

122.10 Compétences générale et spéciale. Le TGI a une compétence générale (§ 1). Il lui est attribué en outre la connaissance exclusive de litiges spécialisés (§ 2).

§ 1
Compétence générale

122.20 Étendue. Le TGI est juridiction de droit commun (A), ce qui lui donne une compétence virtuelle; il est également compétent en matière de responsabilités (B); il a en outre une compétence générale non exclusive en matière personnelle et mobilière (C) et une compétence subsidiaire en matière commerciale (D).

A.
Juridiction de droit commun

122.21 Portée. Le TGI est, au premier degré, la juridiction de droit commun. Ceci signifie qu'il a une compétence subsidiaire et de principe pour connaître « *de toutes les affaires civiles et commerciales pour lesquelles compétence n'est pas attribuée, en raison de leur nature ou du montant de la demande à une autre juridiction* » (COJ, art. L. 211-3 et R. 211-3)[7].

Il en résulte, d'une part, que tout litige pour lequel aucune compétence n'est définie ou précisée relève de la compétence du TGI. C'est là une compétence virtuelle ou par défaut, qui peut être très variée et très utile. Elle permet d'éviter les lacunes de compétence.

Mais, d'autre part, la compétence des juridictions d'exception est d'interprétation stricte. Ceci interdit le raisonnement par analogie et l'interprétation extensive au sujet de la compétence de ces juridictions. En conséquence, tout litige qui n'entre pas

7. M. Segonds, « La plénitude de juridiction du tribunal de grande instance », *JCP* 2000. I. 223.

strictement dans la définition expresse de la compétence d'une autre juridiction relève nécessairement de la compétence du TGI.

122.22 **Exemples.** Ainsi par exemple, il a été jugé que la créance dont se prévaut un cadre démissionnaire, mais qu'il dirige contre le gérant de la société, pris en son nom personnel en qualité de caution solidaire, bien qu'ayant une origine salariale, est un acte civil relevant de la compétence du TGI[1], ou encore que, s'agissant d'une institution juridique originale (bail à construction) et qu'aucune disposition n'ayant été édictée quant à la juridiction compétente pour trancher les litiges pouvant en résulter, le TGI était compétent[2]. Il a encore été admis que l'action en remboursement de frais de déplacement d'un pylône électrique autorisé par le bénéficiaire de la servitude instituée en application de la loi du 15 juin 1906 sur les distributions d'énergie, nécessitant un débat sur le point de savoir si l'institution de la servitude maintient ou non au propriétaire l'exercice de toutes les prérogatives du droit de propriété relève, non de la compétence du juge de l'expropriation qui fixe les indemnités dues à raison de la servitude, mais de celles du juge civil de droit commun[3]. En tant que juridiction de droit commun, le TGI est également compétent pour statuer sur le litige opposant un avocat à la Caisse nationale des barreaux français[4], comme il l'est pour statuer sur l'action en responsabilité à l'encontre d'un notaire, même si la faute qui est reprochée à cet officier ministériel a été commise à l'occasion d'une vente commerciale[5]. Il est aussi compétent pour l'exécution en France d'une commission rogatoire internationale sollicitée par une juridiction étrangère, même si le litige oppose deux sociétés commerciales[6].

B. Compétence en matière de responsabilités

122.31 **Actions en responsabilité civile.** Les actions en responsabilité suivent en principe le régime du droit commun et se répartissent entre les juridictions soit en fonction du montant de la demande, soit à raison de la matière. Il en résulte d'ailleurs que le TGI est très souvent compétent en sa qualité de juridiction de droit commun pour statuer sur de telles actions lorsque le litige est supérieur à 10 000 euros. Le décret n° 2009-1693, du 29 décembre 2009, a encore renforcé sa compétence en retirant au TI la compétence spéciale qu'il possédait pour connaître des actions civiles pour violences légères. Désormais, le TGI est compétent si la demande est supérieure à 10 000 euros. En outre, certains textes spéciaux lui attribuent compétence exclusive, quel que soit le montant de la demande, pour connaître de certaines actions en responsabilité.

122.32 **Dommages causés par un véhicule relevant du droit public : compétence des tribunaux de l'ordre judiciaire.** L'article L. 311-4 du COJ, qui, reprenant les dispositions de l'article 1er de la loi n° 57-1424 du 31 décembre 1957, attribuait compétence exclusive aux tribunaux de l'ordre judiciaire pour connaître des accidents de toute nature causés par un véhicule quelconque, si l'action était dirigée contre une personne de droit public, a été abrogé par l'ordonnance n° 2006-673 du 8 juin 2006. Mais la loi de 1957 n'a pas été abrogée. C'est donc toujours en vertu de l'article 1er de cette loi que les tribunaux de l'ordre judiciaire reçoivent compétence pour connaître des suites des accidents causés par un véhicule de toute nature, même si l'action est dirigée contre une personne de droit public. Il en résulte que la compétence des juridictions administratives est exclue, même si l'accident est dû à des travaux publics ou est survenu sur un chantier de travaux publics dont l'accès était interdit au public[7]. La compétence des tribunaux de l'ordre judiciaire concerne également les accidents causés par des véhicules aériens[8] ou par des véhicules maritimes ou fluviaux[9]. Cette compétence est partagée entre toutes les juridictions judiciaires selon la valeur de la demande (v. s^s n° 122.34).

Mais la juridiction administrative est compétente si l'accident est dû à une mauvaise organisation d'un service public, ou à un dommage de travaux publics lorsque le véhicule n'est pas la cause du dommage[10]. C'est encore la compétence administrative qui est retenue lorsque la responsabilité se rattache à un

1. Paris, 2 déc. 1986, RG n° 34330/86, *D.* 1987. IR 13.
2. TGI Arras, 20 avr. 1988, *Gaz. Pal.* 1989. 121, note Lachaud; *JCP* 1989. II. 21269, obs. Cadiet.
3. Civ. 3e, 3 mai 2001, n° 99-17.750, *Bull. civ.* III, n° 54.
4. Soc. 6 févr. 2003, n° 00-18.912, *Bull. civ.* V, n° 45; *Procédures* 2003, n° 196, obs. Croze.
5. Civ. 1re, 10 avr. 2013, n° 11-28.030, NP.
6. Cass., avis, 18 mars 2013, n° 12-700.20, *Bull. civ. avis,* [à paraître]; *Bull. Joly* 2013. 354, note Cholet; *Rev. crit. DIP* 2013. 666, note Bouloc; *D.* 2013. 2806, obs. Bretzner.
7. T. confl. 14 nov. 1960, *AJDA* 1960. II. 255, note Galabert et Gentot.
8. CE 10 janv. 1962, *JCP* 1962. II. 12729, note Blavoët – T. confl. 21 mars 2005, n° 3427, *AJDA* 2005. 1141 (hélicoptère loué par un centre hospitalier).
9. T. confl. 15 oct. 1973, *D.* 1975. 184, note Moderne; *JCP* 1975. II. 18045, note Lachaume; *AJDA* 1974. II. 94, note Braibant.
10. T. confl., 4 févr. 1974, n°s 01986 et n° 01988 *bis*, *D.* 1975. 214, note Despax – CE 26 janv. 1977, req. n° 98426, *D.* 1977. IR 144, note Moderne – CE 24 mars 1978, req. n° 99477, *Lebon* 159; *D.* 1978. 219, note Delvolvé – NOT. en cas de mauvaise signalisation d'un chantier, TA Caen, 30 mai 1961, *D.* 1961. 538, concl. Gabolde; *JCP* 1961. II. 12403, note Blavoët – Civ. 1re, 12 avr. 1967, n° 64-12.608, *Bull. civ.* I, n° 122; *D.* 1967. 746, note Blavoët – CE 10 déc. 1969, req. n° 73996, req. n° 73997, req. n° 73998, *Lebon* 567; *D.* 1970. 447, note Blavoët.

défaut d'exécution d'un contrat administratif[1] ou lorsque le préjudice trouve sa cause déterminante dans l'existence et les conditions de fonctionnement d'un ouvrage public, non dans l'action du véhicule[2]. Il en est de même pour l'action récursoire contre l'agent d'une collectivité publique à la suite d'un accident[3].

122.33 Dommages causés par un véhicule ne relevant pas du droit public. Les actions qui ne sont pas dirigées contre une personne de droit public à l'occasion d'un dommage causé par un véhicule quelconque relevaient autrefois de la seule compétence du TGI et du TI, par dispositions expresses de l'article 1er du décret n° 58-1285, du 22 décembre 1958, repris à l'ancien article R. 311-4 du COJ. Or ces deux textes ont été abrogés et ne sont pas repris dans la nouvelle partie réglementaire du COJ. Il en résulte, d'une part, que le tribunal de commerce retrouve sa compétence si le litige se rapporte à l'activité commerciale du commerçant (v. ss n° 124.273) et, d'autre part, que la juridiction de proximité peut aussi être compétente selon la valeur du litige, ainsi qu'il va être précisé maintenant.

122.34 Compétence partagée. Au sein des juridictions de l'ordre judiciaire, l'article R. 311-4 ayant été abrogé, la compétence est partagée entre la juridiction de proximité compétente jusqu'à une valeur de litige de 4 000 euros, le TI jusqu'à 10 000 euros et le TGI au titre de sa compétence de droit commun au-dessus de 10 000 euros. Il a seulement été ajouté aux dispositions antérieures que le TGI statue à juge unique sur les litiges auxquels peuvent donner lieu les accidents de la circulation terrestre (COJ, art. R. 212-8). En outre, comme il vient d'être dit, cette compétence n'exclut pas celle des tribunaux de commerce, qui sont compétents pour la réparation des dommages causés par les navires de mer, les bateaux de navigation intérieure et tous engins de transport par voie d'eau en vertu des article L. 110-2 et L. 721-3 du Code de commerce.

122.35 Responsabilité des mandataires et liquidateurs judiciaires. En vertu de l'article R. 662-3 du Code de commerce, les actions en responsabilité civile exercées à l'encontre de l'administrateur, du mandataire judiciaire, du commissaire à l'exécution du plan ou du liquidateur intervenant dans les procédures de sauvegarde, de redressement et de liquidation judiciaire sont de la **compétence exclusive du TGI**[4].

122.36 Frais, émoluments et débours des auxiliaires de justice. L'article 211-6 du COJ donne compétence au TGI pour connaître des actions relatives aux frais, émoluments et débours des auxiliaires de justice et officiers ministériels, mais uniquement dans les cas prévus à l'article 52 C. pr. civ. et sans préjudice des règles particulières propres au recouvrement. Le TGI peut être compétent, mais comme toute autre juridiction, soit parce que les frais et émoluments sont afférents à une instance, soit au titre d'une compétence partagée avec le TI en raison du montant de la demande pour les frais débours et émoluments non exposés devant une juridiction (C. pr. civ., art. 52). On se demande en réalité si l'article L. 211-6 du COJ présente le moindre intérêt.

C. Compétence générale en matière mobilière et personnelle

122.41 Compétence par défaut. C'est par défaut, en qualité de juridiction de droit commun que le TGI est compétent en matière civile, à raison du montant de la demande pour statuer sur toute demande en matière personnelle ou mobilière dès lors que le montant de la demande est supérieur à 10 000 euros. En effet, le seul texte sur la question est l'article L. 221-4 du COJ qui donne compétence au TI jusqu'à la valeur de 10 000 euros (v. ss n° 121.72). La compétence du TI étant ainsi limitée et aucune disposition n'étant prévue pour juger les litiges au-delà de ce montant, le TGI est compétent.

122.42 Premier ressort. Le TGI ne statue alors qu'en premier ressort (à charge d'appel), conformément aux dispositions de l'article R. 211-1 du COJ.

D. Compétence subsidiaire en matière commerciale

122.51 Hypothèse légale. L'article L. 311-3 du COJ ayant été abrogé par l'ordonnance n° 2006-673

1. CE 11 janv. 1978, req. n° 02065, *Lebon* 6; *D.* 1978. IR 219, obs. Delvolvé; *D.* 1979. IR 51, obs. Moderne.
2. Civ. 1re, 23 févr. 2012, n° 10-27.336, *Bull. civ.* I, n° 38; *AJDA* 2012. 404; *JCP A* 2012. 2414, note Renard-Payen; *RJEP* 2012. Comm. 38, note Broyelle, à propos de nuisances sonores occasionnées par une base aéronautique utilisant des hélicoptères.
3. T. confl. 22 nov. 1965, *JCP* 1966. II. 1497 *bis*; *D.* 1966. 195, concl. Lindon.
4. Cette compétence, prévue par le décret du 27 déc. 1985, art. 174, avait été supprimée lors de l'entrée en vigueur du décret n° 2005-1677, du 28 déc. 2005, pris en application de la loi n° 2005-845, du 26 juill. 2005 de sauvegarde des entreprises, *JO* 29 déc., p. 20324. Elle a été rétablie par le décret n° 2009-160, du 12 févr. 2009, pris pour l'application de l'ordonnance n° 2008-1345, du 18 déc. 2008, portant réforme du droit des entreprises en difficulté et modifiant les procédures de saisie immobilière et de distribution du prix d'un immeuble, *JO* 13 févr., p. 2596 (art. 117).

du 8 juin 2006[1], c'est maintenant l'article L. 721-2 du Code de commerce qui donne compétence subsidiaire au TGI pour connaître des matières attribuées aux tribunaux de commerce. On dit alors, dans la pratique, que le tribunal statue commercialement.

122.52 Extension jurisprudentielle. La jurisprudence a étendu ce cas, par analogie, dans l'esprit de la notion de juridiction de droit commun, à l'hypothèse où le tribunal de commerce existant est dans l'incapacité de fonctionner normalement à la suite de plusieurs démissions des membres titulaires et d'absence de renouvellement, faute de candidatures aux élections[2].

§ 2
Compétence spéciale

122.60 Présentation générale. Outre sa compétence de juridiction de droit commun, le TGI se voit attribuer par différents textes une compétence particulière pour connaître de diverses catégories de litiges.

Selon l'article L. 211-4 du COJ, il s'agit alors d'une compétence exclusive, c'est-à-dire d'ordre public[3].

Mais les choses ne sont pas toujours très simples puisque, pour certaines matières, il existe des textes spéciaux, mais à objet limité; et c'est ensuite en tant que juridiction de droit commun que le TGI se trouve être compétent pour connaître des autres litiges intéressant la matière en dehors des prévisions du texte spécial. Il nous a semblé préférable de ne pas alors séparer, relativement à une même matière, les compétences relevant du droit commun et celles fondées sur un texte spécial.

A.
État des personnes et droit familial

122.61 Matières diverses. L'article R. 211-4 du COJ dispose que « *le tribunal de grande instance a compétence exclusive dans les matières déterminées par les lois et règlements, au nombre desquelles figurent les matières suivantes* [...] *1° état des personnes* ». Ce vaste domaine recouvre des matières diverses : l'état des personnes, la nationalité, le mariage, le divorce, la séparation de corps et leurs suites, les successions.

Naguère, le TGI était également compétent pour statuer sur les litiges relatifs au régime matrimonial des époux. La loi n° 2009-526 du 12 mai 2009, complétée par le décret n° 2009-1591 du 17 décembre 2009[4], a transféré cette compétence essentiellement au JAF et accessoirement au juge de la tutelle des majeurs ou au président du tribunal (v. s^s^ n°s 122.621 s. et 124.171 s.). Le tribunal n'est plus directement compétent en cette matière[5].

1°
État des personnes et autorité parentale

122.71 Compétence traditionnelle. C'est un domaine relevant traditionnellement de la compétence du TGI. Cette compétence est chaque fois précisée par un texte.

122.72 Filiation. Ainsi tout ce qui concerne la filiation légitime, naturelle ou adoptive d'un enfant relève de la compétence exclusive du TGI en vertu des articles 318-1[6], 353 et 361 du Code civil et de l'article 1166 C. pr. civ. On rattache à la filiation, et donc à la compétence du TGI, les actions en paiement d'aliments et à fins de subsides qui en sont la conséquence[7]. Mais le TI serait ensuite compétent pour statuer sur une action en révision de la pension[8]. L'article 1149 C. pr. civ. précise que les actions relatives à la filiation et aux actions à fins de subsides sont débattues en chambre du conseil, tandis que le jugement est prononcé en audience publique. À l'occasion d'une action aux fins d'établissement d'un second lien de filiation, le TGI est également compétent pour statuer sur une demande de changement de nom de l'enfant[9].

122.73 Compétence du juge aux affaires familiales et du tribunal d'instance. Toutefois, une fois que

1. Ord. n° 2006-673, 8 juin 2006, portant refonte du Code de l'organisation judiciaire et modifiant le Code de commerce, le Code rural et le Code de procédure pénale (partie législative), *JO* 9 juin, p. 8710.
2. Bordeaux, 2 juill. 1958, *D.* 1959. 70.
3. H. Sinay, « La compétence exclusive », *JCP* 1958. I. 1451 – J. Vincent, « Quelques réflexions sur la compétence exclusive des juridictions civiles », *Mél. Hébraud*, Université des sciences sociales de Toulouse, 1981, p. 917.
4. Décr. n° 2009-1591, 17 déc. 2009, relatif à la procédure devant le juge aux affaires familiales en matière de régimes matrimoniaux et d'indivisions, *JO* 20 déc. 2009, p. 22025.
5. J. Massip, « Les incidences en matière familiale de la loi de simplification du droit », *Defrénois* 2009. 1897 – V. Larribau-Terneyre, « Les apports de la loi du 12 mai 2009 de simplification du droit sur le contentieux familial et le droit des personnes et de la famille », *Dr. fam.* 2009. Étude 29 – H. Poivey-Leclercq, « Le droit de la famille après la loi n° 2009-526 du 12 mai 2009 », *RJPF* 2009-7-8/8.
6. L. n° 72-3, 3 janv. 1972, sur la filiation, *JO* 5 janv., p. 145 – Ord. n° 2005-759, 4 juill. 2005, sur la réforme de la filiation, *JO* 6 juill., p. 11155 [sur cette ord., v. F. Granet-Lambrechts et J. Hauser, « Le nouveau droit de la filiation », *D.* 2006. 17].
7. TGI Dieppe, 13 juin 1974, *D.* 1975. 71, note Huet-Weiller; *JCP* 1974. IV. 6470, obs. J. A.; *RTD civ.* 1975, obs. Normand.
8. T. Poitiers, 8 juill. 1982, *D.* 1983. IR 328, obs. Huet-Weiller.
9. Cass., avis, 13 sept. 2010, n° 10-00.004, *Bull. civ. avis*, n° 4; *D.* 2010. 2292; *D.* 2010. 2011. 1585, obs. Granet-Lambrechts *D.* 2010. 1995, obs. Bonfils et Gouttenoire; *RTD civ.* 2010. 759, obs. Hauser; *JCP* 2011. 13, note Garé; *BICC* 15 nov. 2010, rapp. Chardonnet, obs. Domingo.

la filiation est établie, c'est le juge aux affaires familiales (JAF) qui est seul compétent pour statuer sur les actions liées à la fixation de l'obligation alimentaire (COJ, art. L. 213-3). Il ne faut toutefois pas perdre de vue que le JAF n'est qu'un juge délégué du TGI. Il ne s'agit pas d'une juridiction distincte et autonome. Le TI n'a plus de compétence en ce domaine depuis que l'article R. 321-9, 1° du COJ a été abrogé[1]. Il a également perdu sa compétence pour statuer sur les contestations relatives à la procédure de recouvrement direct des pensions alimentaires (Décr. n° 73-216, 1er mars 1973, art. 5[2]) qui relève désormais du juge de l'exécution (Décr. n° 2009-1693, 29 déc. 2009)[3].

122.74 Retrait de l'autorité parentale et abandon d'enfant. Le TGI est encore seul compétent pour prononcer le retrait total ou partiel de l'autorité parentale, en dehors de toute condamnation pénale (C. civ., art. 378-1 - C. pr. civ., art. 1202). En revanche, c'est le JAF qui est compétent pour accorder une délégation de l'autorité parentale (C. pr. civ., art. 1202, al. 2) et pour statuer sur l'exercice de l'autorité parentale et ses modalités (C. civ., art. 373-2-6; 373-3 - COJ, art. L. 312-1, 2°).

La demande en déclaration d'abandon est également portée devant le TGI du lieu où demeure l'enfant **ou du chef-lieu du département** dans lequel l'enfant a été recueilli lorsque la demande est formée par le service de l'aide à l'enfance (C. pr. civ., art. 1158).

122.75 Déplacement illicite international d'enfants. Une compétence spéciale a été confiée à un TGI par ressort de cour d'appel pour connaître des actions relatives aux déplacements internationaux et illicites d'enfants sur le fondement des dispositions des instruments internationaux et communautaires (COJ, art. D. 211-9, v. ss nos 8.05 et 122.341).

122.76 Absence. L'article 122 du Code civil attribue compétence au TGI pour déclarer l'absence. L'article 1066 C. pr. civ. précise que la demande est portée devant le tribunal dans le ressort duquel la personne « *demeure ou a eu sa dernière résidence* ». À défaut, le tribunal compétent est celui « *du lieu où demeure le demandeur* ».

122.77 Décès. L'article 89 du Code civil donne compétence au TGI pour statuer sur les déclarations judiciaires de décès, le tribunal territorialement compétent étant « *celui du lieu de la mort ou de la disparition, si celle-ci s'est produite sur un territoire relevant de l'autorité de la France* », sinon celui du domicile ou de la dernière résidence du défunt ou du disparu, à défaut « *celui du port d'attache de l'aéronef ou du bâtiment qui le transportait* », à défaut enfin le TGI de Paris.

122.78 Actes de l'état civil. Les articles 99 du Code civil et 1047 et suivants C. pr. civ. attribuent compétence au TGI pour connaître des actions en annulation des actes de l'état civil, de leurs énonciations ou des pièces en tenant lieu et de la rectification des jugements déclaratifs ou supplétifs d'actes de l'état civil, le président du tribunal étant compétent pour les simples rectifications des actes de l'état civil (C. civ., art. 99 - C. pr. civ., art. 1047[4]).

2°
Nationalité

122.81 Question préjudicielle. L'article 29 du Code civil attribue expressément compétence à la juridiction de droit commun pour « *connaître des contestations sur la nationalité française ou étrangère des personnes physiques* ». *Il s'agit d'une question préjudicielle devant toute autre juridiction de l'ordre administratif ou de l'ordre judiciaire « à l'exception des juridictions répressives composant un jury criminel* ». L'article 1038 C. pr. civ. reprend cette disposition pour dire que le TGI est seul compétent pour « *connaître en premier ressort des contestations sur la nationalité française ou étrangère des personnes physiques* [...] ». Il ajoute la précision que « *les exceptions de nationalité et d'extranéité ainsi que celle d'incompétence pour en connaître sont d'ordre public. Elles peuvent être soulevées en tout état de cause et doivent être relevées d'office par le juge* ». La question de la nationalité est ainsi une question préjudicielle aussi bien pour la commission de recours des réfugiés[5], que pour la chambre d'accusation[6], le juge conciliateur du divorce[7], que pour la cour d'appel statuant en référé[8].

122.82 Exception pour les personnes morales. La compétence exclusive du TGI ne concerne toutefois que les personnes physiques. Pour ce qui concerne les personnes morales, la question de la nationalité peut être tranchée par la juridiction saisie du litige à

1. Décr. n° 94-42, 14 janv. 1994, relatif au juge aux affaires familiales et modifiant le Code de l'organisation judiciaire et le Nouveau Code de procédure civile, art. 52, *JO* 16 janv., p. 862.
2. Décr. n° 73-216, 1er mars 1973, pris pour l'application de la loi n° 735 du 2 janvier 1973, relative au paiement direct de la pension alimentaire, *JO* 2 mars, p. 2322.
3. Décret sur la répartition des compétences entre le TI et le TGI (préc. ss n° 122.09).
4. Mod. par Décr. n° 2004-836, 20 août 2004, portant modification de la procédure civile, art. 14 et 59, *JO* 22 août, p. 15032, applicable depuis le 1er janvier 2005.
5. CE 24 mars 1981, *Lebon T.* 749; *Rev. crit DIP* 1982. Somm. 734.
6. Crim. 2 oct. 1987, n° 87-84.290, *Bull. crim.* n° 329; *D.* 1987. IR 210; *Gaz. Pal.* 1988. 1. Pan. dr. adm. 46.
7. Paris, 20 juin 1959, *JCP* 1959. II. 11309, note Aymond; *Rev. crit DIP* 1960. 173, obs. Hébraud.
8. Civ. 1re, 25 mai 1982, n° 81-13.076, *Bull. civ.* I, n° 189; *Rev. crit DIP* 1983. Somm. 682.

l'occasion duquel elle se pose. Ce peut être une juridiction administrative qui n'a dès lors pas à surseoir à statuer[1].

3°
Mariage, divorce et séparation de corps

122.91 Mariage. Un seul texte attribue expressément compétence au TGI en matière de mariage, il s'agit de l'article 177 du Code civil qui dispose que : « *Le tribunal de grande instance prononcera dans les dix jours sur la demande en mainlevée formée par les futurs époux, même mineurs* ». Mais il va de soi que seul le TGI est compétent pour statuer sur tout autre litige relatif au mariage et, notamment, sur la nullité du mariage, au moins en tant que juridiction de droit commun. Et l'on doit considérer cette compétence comme exclusive, puisque toute autre juridiction saisie d'une telle question devrait se déclarer d'office incompétente. C'est en revanche le président du TGI qui est compétent pour statuer sur le recours contre la décision du procureur de la République de sursis à la célébration du mariage (C. civ., art. 175-2 – V. s^s n° 122.556).

122.92 Juge aux affaires familiales. En revanche, pour les litiges pouvant survenir pendant le cours du mariage, c'est le **JAF** qui est compétent, notamment pour statuer sur la contribution aux charges du mariage, sur les obligations alimentaires ou celles d'entretien des enfants (COJ, art. L. 213-3, 2° – V. s^s n°s 122.73 et 122.622 s.).

122.93 Divorce. L'article L. 213-3 du COJ donne compétence, au sein du TGI, au juge délégué aux affaires familiales pour statuer sur le divorce et la séparation de corps et leurs conséquences. Il a désormais une très large compétence en matière familiale (v. s^s n°s 122.621 s.). La compétence du TGI en tant que tel n'est plus visée par la loi depuis l'abrogation de l'article 228 du Code civil par la loi n° 2009-526 du 12 mai 2009. Cependant, le JAF conserve la possibilité de renvoyer l'affaire à la formation collégiale du TGI. Ce renvoi est de droit à la demande des parties pour le divorce et la séparation de corps. Mais la formation collégiale comprend le juge qui a ordonné le renvoi et elle statue alors comme JAF (COJ, art. L. 213-4).

B.
Droit immobilier

122.100 Étendue. La compétence du TGI est traditionnelle pour statuer sur les questions touchant à la propriété immobilière (il partage toutefois certains aspects du droit de l'immeuble avec le TI, v. s^s n°s 124.21 s.). Mais aucun texte général n'existe sur cette compétence, que l'on estime toutefois exclusive puisque toute autre juridiction doit se déclarer d'office incompétente pour en connaître. Cette compétence concerne les actions réelles immobilières pétitoires et possessoires (1°), les actions personnelles immobilières (2°), la copropriété (3°), la saisie immobilière (4°) et l'indivision et le partage (5°).

1°
Actions réelles immobilières ou actions pétitoires et possessoires

122.101 Compétence exclusive. Le TGI est seul compétent pour statuer sur les actions immobilières pétitoires, c'est-à-dire celles touchant à la propriété de l'immeuble, telles que les actions en revendication de propriété immobilière, les actions concernant l'établissement ou la reconnaissance des servitudes, l'usufruit de biens immobiliers. Depuis l'entrée en vigueur de la loi du 26 janvier 2005, le TGI a également compétence exclusive pour statuer sur les actions possessoires (COJ, art. R. 211-4, 5°[2]). Cette compétence relevait traditionnellement du TI auparavant[3].

122.102 Démolition de certaines constructions. Le Code de l'urbanisme attribue encore compétence exclusive au TGI pour ordonner la démolition d'une construction dont la densité excède le plafond légal ou construite sans autorisation, dans les cas où l'action publique est éteinte par le décès du prévenu ou l'amnistie (C. urb., art. L. 480-6). Le Code de l'urbanisme donne par ailleurs compétence au président du tribunal pour statuer sur certaines actions.

122.103 Bail à construction et concession immobilière. Cette compétence s'étend également aux litiges concernant le bail à construction qui confère au preneur un droit réel immobilier (CCH, art. L. 251-1 s.)[4]. Cette compétence a été confirmée par le TGI d'Arras[5]. De même, l'article 56 de la loi n° 67-1253 du 30 décembre 1967[6] donne compétence au TGI pour permettre au propriétaire qui a refusé le renouvellement de la concession immobilière de se livrer à une activité analogue à celle exercée par le conces-

1. T. confl. 23 nov. 1959, *D.* 1960. 224, note Savatier; *JCP* 1960. II. 11430, note Aymond; *Rev. crit DIP* 1960. 180, note Loussouarn.
2. Mod. par Décr. n° 2008-522, 2 juin 2008, portant refonte de la partie réglementaire du Code de l'organisation judiciaire, *JO* 4 juin, p. 3.
3. H. Croze, « Actions possessoires et aléa de la codification », *Procédures* oct. 2007, n° 38.
4. R. Saint-Alary, « Bail à construction et opérations d'urbanisme », *JCP* 1966. I. 1976 – Rép. civ., v° *Bail à construction*, par Saint-Alary-Houin, mars 2012 [màj sept. 2012].
5. TGI Arras, 20 avr. 1988, *JCP* 1989. II. 21269, note Cadiet.
6. L. n° 67-1253, 30 déc. 1967, *JO* 3 janv. 1968.

sionnaire. Ce contrat conférant également un droit réel immobilier, la compétence du TGI doit être retenue plus généralement.

122.104 **Compétence exclusive.** Il en résulte qu'en principe toute autre juridiction doit se déclarer d'office incompétente pour en connaître (sous réserve toutefois des dispositions qui autorisent le TI à connaître, à charge d'appel, des exceptions ou moyens de défense impliquant l'examen d'une question de nature immobilière pétitoire, COJ, art. R. 321-22).

122.105 **Pétitoire.** Ainsi les questions immobilières pétitoires sont préjudicielles devant les juridictions administratives[1]. Il est également admis que l'existence d'un droit réel immobilier constitue une question préjudicielle devant les juridictions répressives[2]. Cette solution a été consacrée par l'article 384 du Code de procédure pénale.

2°
Actions personnelles immobilières

122.111 **Énumération.** Un grand nombre d'actions peuvent concerner l'immeuble ou des droits sur l'immeuble, sans pour autant être de nature réelle. De telles actions sont également de la compétence du TGI. Il en est ainsi des actions relatives à la vente d'immeuble, aux abus du droit de propriété ou aux inconvénients anormaux du voisinage.

122.112 **Complément.** La compétence du TGI comprend encore, en vertu d'un texte exprès, les actions relatives au droit de préemption des sociétés d'aménagement foncier et d'établissement rural (Safer) (C. rur., art. R. 143-12 et R. 143-20). Cette compétence s'étend même à l'appréciation de la régularité de la décision de préemption prise par la Safer[3], et aux litiges relatifs à la rétrocession des terres[4].

Depuis l'entrée en vigueur du décret n° 2009-1693 du 29 décembre 2009, le TGI est également compétent pour statuer sur la propriété ou la possession des chemins ruraux en raison de l'abrogation de plusieurs textes qui réservaient cette compétence au TI (COJ, art. R. 221-10 et C. rur., art. R. 162-1 [abrogés])[5].

La loi du 13 décembre 2011 relative à la répartition des contentieux et à l'allègement de certaines procédures juridictionnelles a modifié le Code forestier (C. for., anc. art. L. 322-8, devenu C. for., art. L. 131-16), de sorte que dorénavant les contestations relatives à la servitude de débroussaillement le long des voies ferrées et au règlement des indemnités liées à celle-ci relèvent, selon la nature et le montant de la demande, de la compétence du TI ou du TGI, et non plus de la compétence du TI en dernier ressort[6].

122.113 **Tribunal d'instance.** L'incompétence du TI n'est que relative en ce qui concerne les actions personnelles. Non seulement, il peut connaître des moyens de défense ou des exceptions soulevées à l'occasion d'un litige qui, à titre principal, relève de sa compétence, mais encore certaines actions personnelles immobilières relèvent, soit de sa compétence spéciale (par ex. les actions fondées sur certains baux), soit de sa compétence générale en matière personnelle (ainsi la plupart des actions en paiement inférieures à son taux de compétence, bien qu'elles aient trait à un immeuble).

122.114 **Tribunal de commerce.** De même, l'incompétence du tribunal de commerce en matière personnelle immobilière n'est pas totale, ni absolue. Si, en principe, « *la juridiction civile est seule compétente pour connaître des contestations nées à l'occasion des conventions passées entre commerçants et portant sur une vente d'immeuble lorsque les contestations postulent pour leur solution l'application des règles relatives à la transmission de la propriété ou à la constitution de droits réels immobiliers* »[7], cette incompétence n'est pas d'ordre public[8].

En outre, l'article L. 110-1 du Code de commerce[9] répute acte de commerce « *tout achat de biens immeubles aux fins de les revendre, à moins que l'acquéreur n'ait agi en vue d'édifier un ou plusieurs bâtiments et de les revendre en bloc ou par locaux* », ce qui confère compétence au tribunal de commerce pour connaître de tels litiges[10].

1. CE 9 janv. 1931, *Lebon* 6 – CE 26 juill. 1947, req. n° 75624, *Lebon* 666 – CE 11 juill. 1956, req. n° 15159, *Lebon* 325.
2. Crim. 28 avr. 1950, *D.* 1950. 366 – Crim. 8 juill. 1986, n° 85-92.820, *Bull. crim.* n° 231.
3. T. confl. 8 déc. 1969, req. n°s 01934 et 01929, *JCP* 1970. II. 16285, note Fleuriet et Gaudemet; *RD publ.* 1970. 166, concl. Schmelk, rapp. Khan; *RTD civ.* 1970. 219, obs. Hébraud.
4. T. confl. 15 juin 1970, *JCP* 1971. II. 16596, note Ourliac et de Juglart; *RTD civ.* 1971. 199, obs. Hébraud.
5. C. Lebel, « Les conséquences de la nouvelle répartition des compétences entre les tribunaux de grande instance et les tribunaux d'instance : application en droit rural », *Dr. rur.* 2010. Alerte 37.
6. L. 13 déc. 2011, entrée en vigueur le 1er janv. 2013, art. 9, et Ord. n° 2012-92, 26 janv. 2012, relative à la partie législative du Code forestier, *JO* 27 janv., p. 1549.
7. Nancy, 30 juin 1960, *D.* 1960. 678.
8. Rouen, 6 janv. 1961, *D.* 1961. 244, note crit. Pochon; *RTD civ.* 1961. 540, obs. crit. Hébraud.
9. C. com., anc. art. 632.
10. Com. 10 avr. 1975, n° 73-13.310, *Bull. civ.* IV, n° 90, *Gaz. Pal.* 1975. 2. 436 – Aix-en-Provence, 22 mai 1969, *JCP* 1970. II. 16174, note Sortais; Steinmetz, « Les ventes immobilières et le droit commercial à la suite de la loi du 13 juillet 1970 », *RTD com.* 1973. 471.

3°
Copropriété

122.121 **Compétence exclusive.** Plusieurs dispositions de la loi n° 65-557 du 10 juillet 1965 sur la copropriété des immeubles bâtis attribuent compétence exclusive au TGI pour statuer sur la répartition des charges à défaut de décision de l'assemblée générale (L. 10 juill. 1965, art. 11, al. 3, et art. 12), pour accorder à certains copropriétaires l'autorisation d'effectuer à leurs frais des travaux sur les parties communes (L. 10 juill. 1965, art. 30, al. 4) ou pour statuer sur les contestations relatives à la modification, par l'assemblée générale, des bases de répartition des charges (L. 10 juill. 1965, art. 42, al. 3)[1]. Il a également été jugé que le TGI était compétent pour connaître d'un litige né de la vente commerciale d'un lot de copropriété[2]. Les autres actions, non visées expressément par des dispositions de la loi du 10 juillet 1965, relèvent de la compétence du TGI en sa qualité de juridiction de droit commun. Mais il a été admis qu'un TI connaisse d'une question de copropriété soulevée comme moyen de défense, puisqu'il ne s'agit pas d'une compétence exclusive[3]. Certaines dispositions de la loi du 10 juillet 1965 ou du décret n° 67-223 du 17 mars 1967 donnent par ailleurs compétence au président du TGI pour statuer sur certains litiges ou accorder certaines autorisations (v. s^s n°s 122.370 s.).

4°
Saisies immobilières

122.131 **Juge de l'exécution.** Depuis le 1er janvier 2007, c'est un juge spécialisé du TGI, le juge de l'exécution (JEX), qui est compétent pour connaître de la procédure de saisie immobilière, des contestations qui s'élèvent à l'occasion de celle-ci et des demandes qui s'y rapportent directement, même si elles portent sur le fond du droit ainsi que de la procédure de distribution qui en découle (COJ, art. L. 213-6, al. 3[4]). Le TGI n'est donc plus lui-même compétent.

122.132 **Ventes judiciaires.** En vertu des articles 1271 et suivants C. pr. civ., le TGI est seul compétent pour statuer sur les ventes judiciaires d'immeubles et de fonds de commerce appartenant à des mineurs en tutelle ou à des majeurs en tutelle.

C.
Successions, indivisions et partage

122.141 **Texte général.** C'est un domaine traditionnel de compétence du TGI, rappelé par l'article R. 211-4, 3° du COJ. Mais on ne trouve pas dans le Code civil de texte général fixant la compétence du TGI. L'article 815-6 du Code civil donne cependant compétence au président du TGI pour prescrire ou autoriser les mesures urgentes que requiert l'intérêt commun. Et l'article 841 du Code civil (remplaçant l'ancien article 822) donne compétence exclusive au tribunal du lieu d'ouverture de la succession pour connaître de l'action en partage et des contestations qui s'élèvent soit à l'occasion du maintien dans l'indivision, soit au cours des opérations de partage. C'est encore lui qui ordonne les licitations et statue sur les demandes relatives à la garantie des lots entre copartageants et sur celles en nullité du partage ou en complément de part[5].

D.
Propriétés intellectuelles

122.150 **Compétence traditionnelle.** En vertu de plusieurs textes spéciaux, mais également par tradition, le TGI est compétent pour statuer sur les litiges intéressant non seulement la propriété littéraire et artistique (1°), mais encore les propriétés industrielles (2°).

1°
Propriété littéraire et artistique

122.151 **Texte applicable – Portée.** L'unique texte général sur la matière a suscité l'interprétation. L'article 64 de la loi du 11 mars 1957, devenu l'article L. 331-1 du Code de la propriété intellectuelle[6], dispose que : « *Les actions civiles et demandes relatives à la propriété littéraire et artistique, y compris lorsqu'elles portent également sur une question connexe de concurrence déloyale, sont exclusivement portées devant des tribunaux de grande instance, déterminés par voie réglementaire* ».

Ce texte a été interprété par le Tribunal des conflits comme renvoyant purement et simplement aux règles ordinaires de répartition de compétence entre les juridictions judiciaires et celles de l'ordre administratif[7]. Il en résulte que la **juridiction administrative** a

1. V. F. Givord, C. Giverdon et P. Capoulade, Dalloz action *La copropriété*, 2012/2013, n°s 1113 s. – Rép. civ., v° *Copropriété des immeubles bâtis*, par Atias, juin 2013.
2. Paris, 19 janv. 2000, RG n° 1999/20746, *D.* 2000. IR 48.
3. Civ. 3e, 5 févr. 1985, NP; *D.* 1985. IR 431, obs. Giverdon; *Gaz. Pal.* 1985. 2. Somm. 245, note Guinchard et Moussa; *RDI* 1986. 17, obs. Givord et Giverdon.
4. Réformé par Ord. n° 2006-461, 21 avr. 2006, réformant la saisie immobilière, *JO* 22 avr., p. 6072.
5. L. n° 2006-728, 23 juin 2006, portant réforme des successions et des libéralités, art. 4, *JO* 24 juin, p. 9513.
6. Mod. par L. n° 2011-525, 17 mai 2011, de simplification et d'amélioration du droit, art. 196, *JO* 18 mai, p. 8537.
7. T. confl. 15 oct. 1973, n° 01982, *Lebon*; *JCP* 1974. II. 17663, concl. Braibant; *RIDA* 1974, n° 80, p. 52, note Françon; *RTD com.* 1914. 280, obs. Desbois.

pu être compétente (V. A. Lucas et H.-J. Lucas[1]). Mais, l'exclusivité proclamée de la compétence du TGI devrait aujourd'hui conduire à exclure la compétence des juridictions de l'ordre administratif à l'instar des solutions adoptées en matière de dessins et modèles ou de marques[2]. Le **tribunal correctionnel** est également compétent pour sanctionner la contrefaçon qui constitue une infraction pénale (CPI, art. L. 335-2 s.). Mais il ne semble plus compétent pour connaître de l'action civile accessoire à l'action publique. Cette compétence, naguère prévue par l'article L. 331-1 du Code de la propriété intellectuelle, a en effet, été supprimée par la loi de simplification du droit n° 2011-525 du 17 mai 2011. Le recours à l'**arbitrage** est désormais expressément prévu par la loi (CPI, art. L. 331-1, dern. al.[3]).

122.152 **Compétence exclusive.** Au sein des juridictions civiles, la compétence du TGI est exclusive depuis que la loi n° 2008-776 du 4 août 2008[4] a modifié l'article L. 331-1 du Code de la propriété intellectuelle en précisant que toutes les contestations relatives à l'application de première partie de ce code sont « *exclusivement portées devant les tribunaux de grande instance* ». Cette compétence exclusive des TGI avait déjà été consacrée par la loi de lutte contre la contrefaçon n° 2007-1544 du 29 octobre 2007 au terme d'une rédaction maladroite[5]. La loi du 4 août 2008 est venue rectifier cette malfaçon. La compétence autrefois reconnue aux tribunaux de commerce pour trancher certains litiges en la matière a donc disparu à compter de l'entrée en vigueur de la loi du 29 octobre 2007, dès lors que la loi du 4 août 2008 est considérée comme une loi interprétative[6]. Seuls certains TGI désignés par décret sont compétents en la matière (v. ss n° 122.333).

122.153 **Limites à la compétence exclusive.** La compétence du TGI n'est pas en réalité tout à fait exclusive. C'est, en effet, le **président du TGI** et non le tribunal lui même qui est compétent en matière de saisie-contrefaçon. Plus précisément, les articles L. 332-1 et suivants du Code de la propriété intellectuelle donnent compétence au président du TGI pour ordonner la suspension ou le retard des exécutions et représentations publiques en cours lors d'une saisie-contrefaçon, ou la suspension de toute fabrication en cours tendant à la reproduction d'une œuvre illicite, la saisie des exemplaires constituant une reproduction illicite ou la saisie des recettes provenant d'une œuvre de l'esprit en violation des droits de l'auteur, comme pour statuer sur la mainlevée ou le cantonnement de la saisie. C'est encore lui qui est compétent en référé pour ordonner la consignation, en cas de mainlevée d'une somme affectée à la garantie des dommages-intérêts auxquels l'auteur pourrait prétendre (CPI, art. L. 332-2, al. 2). Il peut enfin ordonner, en cas de saisie-arrêt des produits d'exploitation d'une œuvre de l'esprit, le versement à l'auteur d'une certaine somme à titre alimentaire (CPI, art. L. 333-1 – il est à noter que ces textes n'ont pas été réformés par la loi n° 91-650 du 9 juillet 1991, portant réforme des procédures d'exécution, de sorte qu'il y est toujours question de saisie-arrêt).

Par ailleurs, l'**artiste-interprète** est dans une situation un peu particulière. Il bénéficie d'une **présomption de salariat** en vertu de l'article L. 7121-3 du Code du travail. Le litige l'opposant à son employeur relève de la compétence du conseil de prud'hommes qui possède une compétence exclusive en la matière. Toutefois, lorsque l'artiste-interprète prétend avoir fait une œuvre de création intellectuelle le litige relève du droit d'auteur et le TGI est susceptible d'être compétent à ce titre. Il y a alors compétence concurrente de deux juridictions spéciales possédant toutes deux une compétence exclusive. La Cour de cassation a estimé que seul le conseil de prud'hommes était compétent dans cette hypothèse[7]. Cependant, cette jurisprudence a été rendue sous l'empire du droit antérieur à la modification de l'article L. 331-1 du Code de la propriété intellectuelle par la loi n° 2008-776 du 4 août 2008. Il n'est pas certain qu'elle soit maintenue. En effet, il serait désormais logique de considérer que le TGI est exclusivement compétent pour tous les litiges relatifs à propriété littéraire et artistique, le conseil de prud'hommes ayant compétence exclusive pour les litiges liés au contrat de travail d'artiste-interprète.

La compétence exclusive du TGI suppose toutefois que le litige porte sur des **règles spécifiques à la propriété intellectuelle**. Les litiges de nature purement contractuelle entre commerçants, même s'ils concernent un contrat de licence, ne relèvent pas de la compétence du TGI mais de celle du tribunal de commerce[8].

1. A. Lucas et H.-J. Lucas, *Traité de la propriété littéraire et artistique*, 3e éd., Litec, 2006, nos 908 s.
2. T. confl. 2 mai 2011, req. n° 3770, *JCP* 2011. 768, concl. Sarcelet.
3. Mod. par L. n° 2011-525, 17 mai 2011, art. 196 – V. DÉJÀ, M. Josselin-Gall, « Arbitrage et propriété intellectuelle », *Dr. et patr.* juin 2002. 63.
4. L. n° 2008-776, 4 août 2008, de modernisation de l'économie, *JO* 5 août, p. 12471.
5. L. n° 2007-1544, 29 oct. 2007, de lutte contre la contrefaçon, *JO* 30 oct., p. 17775 – J.-M. Brugière et P. Deprez, « Compétence des tribunaux de grande instance en matière de propriété intellectuelle. L'occasion manquée de la loi du 29 octobre 2007 de lutte contre la contrefaçon », *JCP E* 2008. Actu. 426.
6. Paris, 11 févr. 2009, RG n° 08/21586, *Propr. ind.* 2009. 35, note Kern.
7. Soc. 27 oct. 2009, n° 08-42.960, NP; *CCE* 2010. Comm. 14, note Caron.
8. Com. 23 nov. 2010, n° 09-70.859, *Bull. civ.* IV, n° 183; *D.* 2010. 2907; *CCE* 2011. Comm. 10, note Caron.

2°
Propriétés industrielles

122.161 **Compétence exclusive.** Les actions civiles et les demandes relatives aux **dessins et modèles**, aux **marques**, aux **indications géographiques**, aux **brevets d'invention** et aux **obtentions végétales**, sont exclusivement portées devant des TGI déterminés par voie réglementaire, y compris lorsqu'elles portent également sur une **question connexe de concurrence déloyale**, sauf en cas de recours à l'arbitrage (CPI, art. L. 521-3-1, L. 716-3, L. 722-8, L. 615-17 et L. 623-31 [1]). Ces TGI sont également compétents pour constater qu'un brevet français cesse de produire ses effets car un brevet européen a été délivré au même inventeur en application de l'article L. 614-13 du Code de la propriété intellectuelle (CPI, art. L. 615-17). Certains TGI avaient déjà reçu compétence exclusive pour statuer sur les brevets d'invention, les obtentions végétales, les marques de fabriques (v. s^s n°s 122.331 s.) et appellations d'origine (v. s^s n° 122.171). Deux décrets n° 2009-1204 et n° 2009-1205 [2] ont fixé le siège et le ressort de ces juridictions (COJ, art. D. 211-6 s.) [3]. Les juridictions administratives sont en principe incompétentes pour connaître de ce contentieux compte tenu de la compétence exclusive du TGI (en matière de marques [4] et de dessins et modèles [5], notamment) à l'exception des recours formés contre les actes administratifs du ministre chargé de la propriété industrielle et ceux formés contre les actes administratifs ministériels (CPI, art. L. 623-31 et L. 615-17). Les tribunaux de commerce sont donc dorénavant incompétents pour connaître de ces litiges, y compris lorsqu'ils portent sur la concurrence déloyale, dès lors que la juridiction doit apprécier les droits sur un de ces signes distinctifs, par exemple sur une marque [6]. Cette compétence exclusive s'étend aux mesures provisoires ou aux mesures d'instruction *in futurum* liées à des actes de contrefaçon qui ne peuvent être prises que par le TGI ou son président [7].

1. Mod. par L. n° 2011-525, 17 mai 2011 et par L. 13 déc. 2011, art. 6, pour les indications géographiques.
2. Décr. n° 2009-1205, 9 oct. 2009, fixant le siège et le ressort des juridictions en matière de propriété intellectuelle, *JO* 11 oct., p. 16630.
3. *Procédures* 2009. Alerte 56 – H. Pajot, « Publication des décrets du 9 octobre 2009 : la fin des débats quant à la spécialisation des juridictions françaises en matière de propriété intellectuelle ? », *Gaz. Pal.* 11-12 déc. 2009, p. 16.
4. T. confl. 27 juin 1988, req. n° 2542, *D.* 1989. Somm. 385, obs. Llorens et Soler-Couteaux.
5. T. confl. 2 mai 2011, req. n° 3770, *JCP* 2011. 768, concl. Sarcelet.
6. Com. 28 mai 2013, n° 12-19.748, NP; *Gaz. Pal.* 25 juill. 2013, p. 8, note Fabiani.
7. Com. 20 nov. 2012, n° 11-23.216, *Bull. civ.* IV, n° 208; *CCE* 2013. Comm. 24, note Caron.

3°
Appellation d'origine

122.171 **Compétence exclusive.** L'article L. 115-10 du Code de la consommation donne compétence exclusive au TGI pour connaître des actions en contestation d'appellation d'origine exercée par toute personne se plaignant d'un préjudice du fait d'une appellation d'origine ou à tout syndicat ou association régulièrement constitués depuis six mois au moins, quant aux droits qu'ils ont pour objet de défendre.

E.
Exequatur

122.181 **Compétence exclusive.** Le TGI a compétence exclusive pour accorder l'*exequatur* à un jugement ou une sentence arbitrale (COJ, art. R. 212-8). Il statue alors à juge unique. Mais il faut maintenant distinguer entre les jugements et actes étrangers émanant d'un état non membre de l'Union européenne et ceux émanant d'un État membre.

122.182 **Jugements et actes étrangers d'un État non membre de l'Union européenne** [8]. La procédure d'*exequatur* doit alors été suivie. Mais depuis l'arrêt *Munzer* rendu par la Cour de cassation le 7 janvier 1964 [9], cette procédure n'a plus pour objet la révision éventuelle du jugement mais se borne à reconnaître sa régularité, limitée à la vérification de la compétence de la juridiction étrangère, la compétence de la loi étrangère dont il a été fait application, la conformité de la décision à l'ordre public international et l'absence de fraude à la loi (arrêts *Bachir* [10] et *Cornelissen* [11]). Toutefois, il faut tenir compte des conventions internationales. Si une convention prévoit la compétence d'un autre juge, tel que le juge des référés, le jugement rendu par le TGI statuant à juge unique est susceptible d'être annulé selon une jurisprudence très formaliste de la Cour de cassation [12].

8. M.-L. Niboyet et L. Sinopoli, « L'*exequatur* des jugements étrangers en France », *Gaz. Pal.* 16-17 juin 2004 – E. de Lamaze, « *Exequatur* et exécution en France des décisions exéquaturées », *Gaz. Pal.* 2004. 3469 s. – E. Agostini, « L'*exequatur* : capilotade ou peau de chagrin ? », *D.* 2008. 1110.
9. Civ. 1re, 7 janv. 1964, *JCP* 1964. II. 13590, note Ancel; *Rev. crit DIP* 1964. 344, note Battifol; *JDI* 1964. 302, note Goldman.
10. Civ. 1re, 4 oct. 1967, *D.* 1968. 95, note Mezger; *JCP* 1968. II. 15634, note Sialelli.
11. Civ. 1re, 20 févr. 2007, n° 05-14.082, *Bull. civ.* I, n° 68; *Rev. crit DIP* 2007. 420, note Ancel et Muir Watt; *D.* 2007. 1758, note Jault-Seseke; *D.* 2007. 1115, obs. d'Avoust et Bollée; *D.* 2007. 1115, obs. Gallmeister.
12. Civ. 1re, 17 sept. 2003, n° 01-14.583, *Bull. civ.* I, n° 177; *Procédures* 2003. 238, note Perrot – Civ. 1re, 8 juin 2004, n°s 01-17.500 et 02-15.186, *Bull. civ.* I, n° 161; *JCP* 2004. II. 10168, note Mahinga; *Procédures* 2004. 237, note Nourissat, *RTD civ.* 2004. 547, obs. Théry.

122.183 Sentences arbitrales. Le principe de cette compétence exclusive du TGI est posé par les articles 1487 et 1516 C. pr. civ.[1] qui précisent que la juridiction compétente est celle « *dans le ressort de laquelle la sentence a été rendue* ». Toutefois, en matière d'arbitrage international, si la sentence a été rendue à l'étranger c'est le TGI de Paris qui est seul compétent pour accorder l'*exequatur* (C. pr. civ., art. 1516). L'article R. 212-8 du COJ ajoute que le tribunal statue alors à juge unique.

122.184 Jugements, titres exécutoires et actes étrangers au sein de l'Union européenne. Depuis l'entrée en vigueur des règlements Bruxelles I[2] et Bruxelles II *bis*[3] le TGI n'a plus de compétence spéciale en la matière. Les requêtes aux fins de reconnaissance ou de constatation de force exécutoire, sur le territoire de la République, des titres exécutoires étrangers en application du règlement CE du Conseil n° 44/2001, du 22 décembre 2000, et de la Convention de Lugano, du 30 octobre 2007, sont présentées au greffier en chef du TGI (C. pr. civ., art. 509-2 – V. s^{s} n°s 441.14 et 441.101 s.).

Les **requêtes aux fins de certification des titres exécutoires français** en vue de leur reconnaissance et de leur exécution à l'étranger en application du règlement CE du Conseil n° 44/2001, du 22 décembre 2000, de l'article 39 du règlement CE n° 2201/2003, du Conseil, du 27 novembre 2003, relatif à la compétence, la reconnaissance et l'exécution des décisions en matière matrimoniale et de responsabilité parentale, du règlement CE n° 805/2004, du Parlement européen et du Conseil, du 21 avril 2004, portant création d'un titre exécutoire européen pour les créances incontestées et de la Convention de Lugano du 30 octobre 2007, sont présentées au **greffier en chef de la juridiction** qui a rendu la décision ou la convention homologuée (C. pr. civ., art. 509-1).

Le TGI n'a pas non plus compétence pour statuer sur les **requêtes aux fins de certification, de reconnaissance ou de constatation de la force exécutoire des actes authentiques notariés**, en application des règlements CE du Conseil, n° 44/2001 du 22 décembre 2000, n° 805/204 du 21 avril 2004, n° 4/2009 du 18 décembre 2008, de la Convention de Lugano du 30 octobre 2007, puisque c'est le **notaire** ou le **président de la chambre des notaires** qui est compétent (C. pr. civ., art. 509-3)[4].

Dès lors qu'il n'émane pas d'un juge, le refus de délivrance du certificat peut cependant être déféré au président du TGI (C. pr. civ., art. 509-7).

Le règlement UE n° 1215/2012 du 12 décembre 2012 (dit « Bruxelles I *bis* ») a été adopté pour la refonte du règlement Bruxelles I[5]. Il entrera en vigueur, en se substituant au précédent, le 10 janvier 2015. La principale réforme de cet instrument est la suppression de l'*exequatur*[6]. Cependant, la personne qui souhaitera éviter l'exécution pourra exercer des recours contre la décision étrangère devant une juridiction[7]. La compétence du TGI pour statuer sur ces recours pourrait être retenue par le législateur français.

F.
Procédures collectives

122.190 Extension récente. Les procédures collectives (redressement judiciaire et liquidation judiciaire) concernant les commerçants, artisans et les sociétés commerciales relèvent de la compétence des tribunaux de commerce. Mais les lois n° 84-148 du 1er mars 1984 (C. com., art. L. 612-1 s.), n° 85-98 du 25 janvier 1985 (C. com., art. L. 620-1 s.) et n° 88-1202 du 30 décembre 1988 avaient étendu les procédures collectives à des entreprises non commerciales ou artisanales et confié alors au TGI la compétence pour en connaître. Cette compétence est reprise et étendue par la loi n° 2005-845 du 26 juillet 2005, légèrement modifiée par l'ordonnance n° 2008-1345 du 18 décembre 2008. Il convient de rappeler qu'il l'est encore, même pour les commerçants, lorsqu'il n'existe pas de tribunal de commerce dans son ressort.

1. Art. issus du Décr. n° 2011-48, 13 janv. 2011, portant réforme de l'arbitrage, *JO* 14 janv., p. 777 – V. E. Gaillard et P. de Lapasse, « Le nouveau droit français de l'arbitrage interne et international », *D.* 2011. 175 – B. Le Bars, « La réforme du droit de l'arbitrage », *JCP* 2011. 67 – C. Nourissat, « Le nouveau droit français de l'arbitrage », *Procédures* 2011. Étude 3 – J. Béguin, J. Ortscheidt et C. Séraglini, « Un second souffle pour l'arbitrage », *JCP* 2011. 322 – C. Jarosson et J. Pellerin, « Le droit français de l'arbitrage après le décret du 13 janvier 2011 », *Rev. arb.* 2011. 5.
2. Régl. CE n° 44/2001, 22 déc. 2000, *JOCE,* n° L 12, p. 1-23.
3. Règl. CE n° 2201/2003, 27 nov. 2003, *JOCE,* n° L 338, p. 1-29.
4. Mod. par Décr. n° 2011-1043, 1er sept. 2011, relatif aux mesures conservatoires prises après l'ouverture d'une succession et à la procédure en la forme des référés, art. 5, *JO* 2 sept., p. 14884.
5. Règl. UE n° 1215/2012, du Parlement et du Conseil, 12 déc. 2012, concernant la compétence judiciaire, la reconnaissance et l'exécution des décisions en matière civile et commerciale, *JOUE,* n° L 351, p. 1 – V. L. d'Avoust, « La refonte du Règlement Bruxelles I », *D.* 2013. 1014 – A. Nuyts, « La refonte du Règlement Bruxelles I », *Rev. crit DIP* 2013. 1 – J.-P. Beraudo, « Regards sur le nouveau Règlement Bruxelles I sur la compétence judiciaire, la reconnaissance et l'exécution des décisions en matière civile et commerciale », *JDI* 2013. 6 – F. Cadet, « Le nouveau Règlement Bruxelles I ou l'itinéraire d'un enfant gâté », *JDI* 2013. 7.
6. Règl. 12 déc. 2012, art. 36 et 39.
7. Règl. 12 déc. 2012, art. 45 à 51.

1°
Sauvegarde, redressement et liquidation judiciaires des personnes autres que les commerçants et artisans

122.191 **Portée.** La loi n° 2005-845 du 26 juillet 2005 a étendu considérablement le domaine des procédures collectives qui, outre les commerçants et les artisans et les agriculteurs, s'applique dorénavant à toute personne physique exerçant une profession indépendante, y compris aux professions libérales. Cela entraîne une extension de la compétence du TGI. Selon l'article L. 621-2 du Code de commerce, le tribunal de commerce est compétent si le débiteur exerce une activité commerciale ou artisanale. Le TGI est compétent dans tous les autres cas pour ouvrir la procédure de prévention, de sauvegarde, de redressement judiciaire et de liquidation judiciaire (C. com., art. L. 621-2, al. 2[1]). La compétence du TGI est exclusive et d'ordre public (COJ, art. R. 211-4). Elle s'applique également pour la demande de conciliation sollicitée par une personne morale non commerçante en difficulté[2].

S'agissant des artisans, l'article R. 211-4 du COJ mentionne par erreur la personne immatriculée au registre des métiers, et non l'artisan, au sens de la personne qui exerce une activité artisanale, contrairement à la loi. Il convient de tenir compte du texte légal, ce qui conduit à exclure la compétence du TGI à l'égard des artisans en difficulté[3].

En outre, la procédure ouverte peut être étendue à une ou plusieurs autres personnes en cas de **confusion** de leur patrimoine avec celui du débiteur ou de **fictivité** de la personne morale à la demande de l'administrateur, du mandataire judiciaire du ministère public ou d'office. Le tribunal initialement saisi reste compétent. Dans cette mesure, la compétence du TGI peut s'étendre à des commerçants ou des sociétés commerciales.

2°
Prévention, sauvegarde, redressement et liquidation judiciaires des agriculteurs

122.201 **Portée.** La loi n° 88-1202 du 30 décembre 1988 relative à l'adaptation de l'exploitation agricole à son environnement économique et social avait généralisé l'application à l'agriculture du règlement amiable, du redressement et de la liquidation judiciaires. Selon l'article L. 351-1 du Code rural, cette procédure est applicable à toute personne physique ou morale de droit privé exerçant une activité agricole, à l'exception des sociétés commerciales exerçant une activité agricole qui demeurent soumises à la loi du 1er mars 1984. La loi 26 juillet 2005 a profondément réformé les procédures et institué notamment une procédure de conciliation et une procédure de sauvegarde de l'entreprise qui s'applique également aux agriculteurs (C. com., art. L. 620-2[4]).

122.202 **Condition.** La procédure ne peut être engagée qu'après une tentative de conciliation, le président du TGI étant seul compétent pour désigner un conciliateur (C. rur., art. L. 351-2 s. et C. com., art. L. 611-5, al. 2[5]).

C'est en cas d'échec du règlement amiable, que le TGI peut être saisi d'une demande d'ouverture d'une procédure de sauvegarde contre l'agriculteur (C. com., art. L. 620-2[6]).

122.203 **Destitution provisoire des administrateurs judiciaires.** L'article L. 811-13 du Code de commerce dispose que : « *Tout administrateur judiciaire qui fait l'objet de poursuites pénales ou disciplinaires peut être suspendu provisoirement de l'exercice de ses fonctions par le tribunal de grande instance du lieu où il est établi* ».

G.
Baux commerciaux et professionnels

122.211 **Textes.** Les baux commerciaux, spécialement réglementés par les articles L. 145-1 à L. 145-60 du Code de commerce[7], échappent à la compétence des juridictions commerciales, comme à celle du TI qui est par ailleurs le juge ordinaire des loyers. L'article 29 du décret du 30 septembre 1953 attribuait compétence exclusive soit au président du TGI, soit au tribunal lui-même. Ces dispositions sont reprises par les articles R. 211-4 et R. 213-2 du COJ[8]. Le décret n° 2009-1693 du 29 décembre 2009 a transféré au TGI les actions relatives aux baux professionnels et aux conventions d'occupation précaires en matières commerciales qui relevaient auparavant de la compétence du TI (COJ, art. R. 211-4, 11°)[9].

122.212 **Président du tribunal de grande instance.** Le président du tribunal (ou le juge qu'il délègue), est compétent pour statuer sur les contestations

1. Mod. par L. 26 juill. 2005, art. 13, puis par Ord. 18 déc. 2008, art. 13.
2. Rennes, 18 oct. 2011, RG n° 11/02954, *RTD com.* 2012. 398, obs. Macorig-Venier.
3. C. Lebel, « Le maintien de la référence à l'immatriculation au répertoire des métiers ! (à propos de l'article 1er du décret n° 2009-1693 du 29 décembre 2009) », *JCP E* 2010. Actu. 94.
4. Mod. par L. 26 juill. 2005, art. 13.
5. Mod. par L. 26 juill. 2005, art. 5.
6. Mod. par L. 26 juill. 2005, art. 13.
7. Anct Décr. n° 53-960, 30 sept. 1953.
8. Décr. 2 juin 2008, art. 1er.
9. C. Denizot et A. de Galembert, « Clarification des règles de compétence en matière de baux commerciaux », *AJDI* 2010. 121.

relatives à la fixation du prix du bail révisé ou renouvelé quel que soit le montant du loyer (COJ, art. R. 213-2). Cette compétence est limitée. Ainsi le président doit surseoir à statuer lorsque la nature commerciale du bail est contestée[1], ou si, au sujet de la fixation du prix du bail, se pose une question relative à la propriété de l'immeuble loué[2]. Il n'est pas compétent pour condamner une partie au paiement de dommages et intérêts, mais seulement pour fixer le montant des loyers[3].

122.213 Tribunal de grande instance. Le TGI est pour sa part exclusivement compétent pour trancher les autres questions touchant au bail commercial, « *à l'exception des contestations relatives à la fixation du prix du bail révisé ou renouvelé* » ainsi qu'aux baux professionnels et aux conventions d'occupation précaire en matière commerciale (COJ, art. R. 211-4). Cette compétence ne concerne pas seulement l'interprétation du statut des baux commerciaux : elle s'applique à tous les litiges survenus en matière de baux commerciaux, y compris lorsqu'il s'agit d'appliquer les règles de droit commun du bail[4]. La jurisprudence est cependant divisée, puisque certaines juridictions considèrent au contraire que le tribunal de commerce demeure compétent lorsque le litige oppose deux commerçants et ne concerne pas directement le statut des baux commerciaux mais le droit commun[5]. Il semble pourtant qu'une interprétation extensive de la compétence du TGI devrait exclure celle du tribunal de commerce. Une intervention de la Cour de cassation serait toutefois bienvenue[6].

H. Sociétés et groupements

122.221 Sociétés civiles. Le TGI a reçu compétence exclusive pour ce qui concerne les sociétés civiles de l'article 4 du décret n° 78-704 du 3 juillet 1978. Il est spécialement compétent pour statuer sur l'action en régularisation de la constitution de la société, sur la modification des statuts, sur les comptes et la clôture de la liquidation ou sur la dissolution anticipée.

Il l'est en tant que juridiction de droit commun pour statuer éventuellement sur les autres litiges afférents à une société civile. Le président du tribunal reçoit lui-même compétence exclusive pour désigner un liquidateur ou un mandataire *ad hoc*[7].

122.222 Sociétés d'exercice libéral. Le TGI a encore reçu compétence non exclusive, puisqu'il la partage en fonction du montant de la demande avec le TI, pour connaître « *des actions en justice dans lesquelles l'une des parties est une société constituée conformément à la loi n° 90-1258 du 31 décembre 1990 relative à l'exercice sous forme de sociétés des professions libérales soumises à un statut législatif ou réglementaire ou dont le titre est protégé ainsi que les contestations survenant entre associés d'une telle société* » (C. com., art. L. 721-5).

122.223 Groupements d'intérêt économique. Les groupements d'intérêt économiques constitués selon les dispositions de l'ordonnance n° 67-821 du 23 septembre 1967[8] peuvent avoir un caractère civil ou commercial. Il en résulte, mais par application du droit commun, que le TGI est compétent pour connaître des actions relatives à ces groupements lorsqu'ils ont un caractère civil.

122.224 Groupements européens d'intérêt économique. Il en est de même des groupements européens d'intérêt économique (GEIE), réglementés par la loi n° 89-377 du 13 juin 1989. Ces groupements peuvent avoir un caractère civil qui entraîne alors la compétence du TGI (Décr. n° 90-72, 17 janv. 1990, art. 1er).

122.225 Dissolution des associations. L'article R. 211-4, 7° du COJ prévoit la compétence exclusive du TGI pour connaître des litiges afférents à la dissolution des associations. Ce texte n'est que la reprise, sans référence, de l'article 7 de la loi du 1er juillet 1901, relative au contrat d'association. Il s'agit là d'une compétence très étroite, limitée au cas de dissolution résultant de la nullité de l'association pour cause illicite ou immorale (L. 1er juill. 1901, art. 3). Mais le TGI serait encore compétent en tant que juridiction de droit commun pour statuer sur tout autre litige afférent à une association, ou en vertu du montant de la demande, s'il s'agit d'une action personnelle et mobilière.

I. Enregistrement, contributions indirectes et taxes assimilées

122.231 Compétence exclusive. L'article L. 199 du Livre des procédures fiscales attribue compétence exclusive au TGI pour statuer sur les réclamations contentieuses en matière de droit d'enregistrement,

1. Paris, 17 avr. 1958, *D.* 1958. Somm. 34.
2. Civ. 3e, 5 mars 1974, n° 73-11.337, *Bull. civ.* III, n° 98.
3. C. Ottaway et P. Garcia, « Le juge des loyers commerciaux est-il compétent pour condamner au paiement de sommes d'argent ? », *JCP E* 2013. 1524.
4. Bordeaux, 31 mai 2012, RG n° 10/4269, *Loyers et copr.* 2012. Comm. 206, note Brault : litige relatif au paiement de la taxe foncière réclamé par le bailleur au preneur.
5. Paris 22 mai 2012, RG n° 11/20717, *Loyers et copr.* 2012. Comm. 296, note Chavance.
6. Civ. 3e, 9 mai 2012, n° 11-23.135, NP : en faveur de la compétence exlusive mais dans un litige qui n'opposait pas deux commerçants.
7. V. Y. Chartier, « La société dans le Code civil après la loi du 4 janvier 1978 », *JCP* 1978. I. 2917.
8. Mod. par L. n° 89-377, 13 juin 1989.

de taxe de publicité foncière, de droits de timbre, de contributions indirectes et de taxes assimilées (COJ, art. R. 211-4, 10°).

Cette compétence spéciale peut s'étendre aux questions incidentes telles que celle tirée d'une exception d'illégalité d'un acte réglementaire[1], ou encore celle résultant d'une demande de dommages-intérêts formée contre l'État pour poursuites irrégulières[2].

J. Assurances des personnes non salariées de l'agriculture

122.241 Compétence résiduelle du tribunal de grande instance. Alors que le contentieux de la sécurité sociale, y compris celui de l'agriculture, relève aujourd'hui du tribunal des affaires de sécurité sociale, l'article R. 211-4, 9° du COJ prévoit encore la compétence du TGI en matière d'assurance obligatoire des personnes non salariées contre les accidents et les maladies professionnelles dans l'agriculture. À l'exception d'un cas où le TI est compétent (Décr. n° 69-119, 1er févr. 1969, art. 17), le TGI reçoit compétence exclusive pour statuer sur toutes les autres contestations (Décr. 1er févr. 1969, art. 18). L'article R. 752-16 du Code rural et de la pêche maritime prévoit également que les personnes ayant adhéré volontairement à la législation sur les accidents du travail applicable aux salariés agricoles antérieurement au 1er juillet 1973 exercent les recours contre les décisions relatives aux demandes d'allocations devant le TGI.

Cette compétence ne peut être que très résiduelle puisque, depuis le 1er avril 2002, le contentieux lié aux accidents du travail des personnes non salariées agricoles relève des juridictions du droit commun de la sécurité sociale, c'est-à-dire du tribunal des affaires de sécurité sociale (CSS, art. R. 142-49).

K. Contestations relatives à la preuve littérale et reconstitution d'actes détruits

122.251 Vérification des écritures. Selon l'article 285 C. pr. civ. : « *La vérification des écritures sous seing privé relève de la compétence du juge saisi du principal lorsqu'elle est demandée incidemment* ». La règle est identique lorsque ce juge est une juridiction arbitrale (C. pr. civ., art. 1469[3]).

« *Elle est de la compétence du TGI lorsqu'elle est demandée à titre principal.* » Il a été précisé par la jurisprudence que le juge des référés ne peut procéder à une vérification d'écritures[4], sauf si la contestation n'apparaît pas sérieuse[5].

122.252 Inscription de faux. L'article 286 C. pr. civ. fait une distinction selon que l'inscription de faux contre les actes authentiques est présentée à titre incident ou demandé à titre principal.

Dans le premier cas, la juridiction saisie du principal peut statuer incidemment sur l'inscription de faux, mais uniquement s'il s'agit de la cour d'appel ou d'un TGI. Saisies d'un tel incident, les autres juridictions doivent surseoir à statuer jusqu'à ce que le TGI ait tranché la question. C'est pour eux une question préjudicielle (C. pr. civ., art. 313).

Lorsque l'inscription de faux est demandée à titre principal, seul le TGI est compétent, de façon exclusive (C. pr. civ., art. 286, al. 2 - COJ, art. R. 211-4, 12°).

122.253 Reconstitution d'actes détruits. L'article 1430 C. pr. civ. donne compétence au seul TGI pour connaître de « *la demande en reconstitution de l'original d'un acte authentique ou sous seing privé détruit, en tous lieux, par suite de faits de guerre ou de sinistre* ».

L. Sanctions disciplinaires contre les officiers publics et ministériels

122.261 Compétence partagée. Reprenant les solutions antérieures, le nouvel article L. 211-8 du COJ dispose que : « *Le tribunal de grande instance est la juridiction disciplinaire des commissaires-priseurs judiciaires, des huissiers de justice et des notaires dans les cas et conditions prévus par l'ordonnance n° 45-1418 du 28 juin 1945 relative à la discipline des notaires et de certains officiers ministériels* ». L'officier public ou ministériel est poursuivi disciplinairement soit devant la chambre de discipline, soit devant le TGI selon les distinctions établies par les articles 5 et suivants de l'ordonnance précitée. Il en résulte que le procureur de la République peut toujours citer l'officier public

1. Civ., 23 oct. 1923, *Gaz. Pal.* 1923. 1. 437; *S.* 1924. 1. 131 – Com. 31 janv. 1956, n° 695, *Bull. civ.* III, n° 44; *JCP* 1956. II. 9261, obs. G. M. – Com. 8 avr. 2008, n° 05-19.159, *Bull. civ.* IV, n° 89; *RJF* 2008, n° 907.
2. Civ. 8 juill. 1929, *Gaz. Pal.* 1929. 2. 498 – T. confl. 31 mars 2008, req. n° 3824, *RJF* 2008, n° 716, qui précise que l'action en responsabilité contre l'État en tant que législateur relève des juridictions administratives.
3. Mod. par Décr. n° 2011-48, 13 janv. 2011, art. 2.
4. Civ. 2e, 17 mai 1993, n° 91-22.187, *Bull. civ.* II, n° 179; *JCP* 1994. IV. 1806; *RTD civ.* 1993. 643, obs. crit. Perrot.
5. Civ. 2e, 21 janv. 1999, nos 96-19.816 et n° 97-11.107, *Bull. civ.* II, n° 18; *D.* 1999. *Somm.* 214, obs. Julien; *RTD civ.* 1999. 461, obs. Perrot – Civ. 1re, 27 juin 2000, n° 98-19.726, *Bull. civ.* I, n° 200; *JCP* 2001. I. 311, n° 9, obs. Cadiet; *JCP* 2001. II. 10480, note Vuitton; *Procédures* 2000, n° 211, obs. Perrot – Rép. pr. civ., v° *Vérification d'écriture*, par Cholet, janv. 2009 [màj janv. 2013].

ou ministériel devant le TGI, même si la chambre de discipline a été saisie et que le tribunal est seul compétent pour prononcer les sanctions suivantes : la défense de récidiver, l'interdiction temporaire et la destitution (Ord. 28 juin 1945, art. 3, 9 et 15).

122.262 **Compétence exclusive.** Le TGI a encore compétence exclusive pour prononcer la destitution provisoire de l'officier public ou ministériel dans les conditions prévues par les articles 32 à 35 de l'ordonnance du 28 juin 1945. En cas d'urgence, la suspension provisoire peut même être prononcée en référé (art. 33).

M. Distribution des deniers en dehors de toute procédure d'exécution

122.271 **Compétence différente pour les contestations.** Le décret n° 96-740 du 14 août 1996 a institué une procédure de distribution des deniers en dehors de toute procédure d'exécution et inséré à cet effet de nouveaux articles 1281-1 à 1281-12 dans le Code de procédure civile. Cette procédure prévoit une répartition amiable par une personne chargée de la répartition, désignée en référé par le président du TGI (ou, en matière commerciale, par le président du tribunal de commerce, C. pr. civ., art. 1281-1 et 1281-12). C'est seulement en cas de contestation du projet de répartition amiable que le TGI est compétent pour statuer sur la répartition, quel qu'en soit le montant, à la demande de la partie la plus diligente (C. pr. civ., art. 1281-8). En matière commerciale, c'est le tribunal de commerce qui est compétent, (C. pr. civ., art. 1281-12). Cette procédure ne s'applique pas lorsque la somme à répartir provient de la vente d'un immeuble (C. pr. civ., art. 1281-1 [1]).

N. Responsabilité résultant d'une recherche biomédicale

122.281 **Tribunal de grande instance.** La loi n° 90-86 du 23 janvier 1990 relative à la sécurité sociale et à la santé a ajouté un article L. 209-22 au Code de la santé publique, devenu l'article L. 1126-7 du même code qui dispose que : « *Par dérogation à l'article 13 de la loi des 16 et 14 août 1790 sur l'organisation judiciaire, le TGI est seul compétent pour statuer sur toute action en indemnisation des dommages résultant d'une recherche biomédicale; cette action se prescrit dans les conditions prévues à l'article 2226 du Code civil* ». La loi n° 2012-300 du 5 mars 2012, relative aux recherches impliquant la personne humaine a modifié la rédaction de ce texte, substituant le terme « *recherche sur la personne humaine* » à celui de « *recherche biomédicale* » [2]. Elle entrera en vigueur après la parution de plusieurs décrets prévus par la loi (L. 5 mars 2012, art. 11).

O. Contentieux douanier

122.291 **Pôle de compétence.** La loi du 13 décembre 2011 relative à la répartition des contentieux et à l'allègement de certaines procédures juridictionnelles reprend une proposition du rapport Guinchard en attribuant au TGI la compétence du contentieux civil douanier qui auparavant relevait du TI afin de regrouper les contentieux fiscaux et douaniers auprès d'une même juridiction. Sont concernés : le contentieux du recouvrement (C. douanes, art. 347), les paiements, garanties et remboursements des créances recouvrées par l'administration des douanes et autres affaires de douanes n'entrant pas dans la compétence des juridictions répressives (C. douanes, art. 357 *bis*), la demande de confiscation en nature des objets saisis sur des inconnus ou qui n'ont pas fait l'objet de poursuites (C. douanes, art. 375), la désignation d'une personne pour représenter différentes personnes absentes lors de contrôles, vérifications ou confiscations (C. douanes, art. 103, 344 et 468), l'affichage des jugements et ordonnances portant confiscation de marchandises saisies sur des particuliers inconnus, abandonnées et non réclamées (C. douanes, art. 390).

Le décret du 28 décembre 2012 a complété cette réforme en ajoutant à l'article R. 211-4 du COJ un 14° selon lequel le TGI a compétence exclusive pour connaître des « *contestations concernant le paiement, la garantie ou le remboursement des créances de toute nature recouvrées par l'administration des douanes et les autres affaires de douanes, dans les cas et conditions prévus au Code des douanes* ».

P. Matières diverses

122.301 **Extension récente de compétence.** La loi du 13 décembre 2011 relative à la répartition des contentieux et à l'allègement de certaines procédures juridictionnelles a supprimé la compétence exclusive du TI pour certains contentieux qui relèvent désormais du TI ou du TGI selon le montant de la demande. Sont concernés les contentieux relatifs à la servitude de débroussaillement le long des voies ferrées (C. forest., art. L. 131-16, anc. art. L. 322-8) et

1. Mod. par Décr. n° 2006-936, 27 juill. 2006, relatif aux procédures de saisie immobilière et de distribution du prix d'un immeuble, art. 130, *JO* 29 juill., p. 11316.

2. L. n° 2012-300, 5 mars 2012, relative aux recherches impliquant la personne humaine, *JO* 6 mars, p. 4138.

le contentieux relatif à l'indemnité due au propriétaire d'un objet mobilier classé monument historique (C. patr., art. L. 622-4).

La loi du 13 décembre 2011 a également supprimé la compétence exclusive du TI pour statuer sur la demande d'injonction de payer. Le décret n° 2012-1515 du 28 décembre 2012 portant diverses dispositions relatives à la procédure civile et à l'organisation judiciaire a mis en œuvre cette réforme. La demande d'injonction de payer est, depuis le 1er janvier 2013, portée devant le président du TGI si le montant de la demande est supérieur au taux de compétence du TGI, soit 10 000 euros (C. pr. civ., art. 1406). L'opposition est portée devant le TGI dont le président a rendu l'ordonnance portant injonction de payer (C. pr. civ., art. 1415).

122.302 Diffamation et injures publiques. Depuis l'entrée en vigueur du décret n° 2009-1693 du 29 décembre 2009, le TGI a compétence exclusive pour statuer sur les actions civiles pour diffamation ou pour injures publiques ou non publiques, verbales ou écrites (COJ, art. R. 214-4, 13°). Le TI n'a donc plus compétence en la matière conformément à la proposition n° 12 du rapport Guinchard.

122.303 Taxes de séjour. Le décret n° 2009-1693 du 29 décembre 2009 a confié au TGI le contentieux relatif aux montants de la taxe de séjour et de la taxe de séjour forfaitaire dans les installations classées dans la mesure où le montant du litige est supérieur au taux de compétence (CGCT, art. R. 2333-57). Le TI n'est donc plus seul compétent en la matière, ce qui concrétise la proposition n° 9 du rapport Guinchard.

122.304 Correspondances, envois recommandés. Les actions relatives aux correspondances et objets recommandés et envois de valeur déclarées, grevés ou non de remboursement sont désormais de la compétence du TGI pour les litiges d'un montant supérieur à 10 000 euros (COJ, art. R. 211-13) [1].

122.305 Rentes viagères. En application de l'article R. 211-12 du COJ, le TGI est compétent pour connaître différents litiges liés aux contrats de rente viagère dès lors que ceux-ci portent sur des montants de 10 000 euros au moins. Il connaît, à cette condition, des contestations relatives à l'application de la loi n° 49-420 du 25 mars 1949 révisant certaines rentes viagères constituées entre particuliers, des contestations relatives à l'application de la loi n° 49-1098 du 2 août 1949 portant révision de certaines rentes viagères constituées par les compagnies d'assurances, par la Caisse nationale des retraites pour la vieillesse ou par des particuliers moyennant l'aliénation de capitaux en espèce, à l'exception du titre II de cette loi, et de la loi n° 51-695 du 24 mai 1951 portant majoration de certaines rentes viagères et pensions [2].

1. Mod. par Décr. n° 2009-1693, 29 déc. 2009, art. 5.

Q.
Le tribunal de grande instance, juridiction de recours

122.311 Cas exceptionnel. Il est tout à fait exceptionnel aujourd'hui que le TGI soit juridiction d'appel (il l'était autrefois pour les justices de paix et les autres petits tribunaux de son ressort). La loi n° 2009-526 du 12 mai 2009 a supprimé la dernière compétence d'importance du TGI comme juge d'appel : celle qui concernait les recours contre les décisions du juge des tutelles et du conseil de famille.

Il ne reste plus qu'une hypothèse marginale pour laquelle il est encore juridiction d'appel. Cette compétence concerne les recours contre les décisions du TI en matière de **titres perdus ou volés** dans les conditions prévues à l'article 11 du décret n° 56-27 du 11 janvier 1956 relatif à la procédure à suivre en cas de dépossession de titres au porteur (COJ, art. L. 211-5).

SECTION 2
COMPÉTENCE RECONNUE À CERTAINS TRIBUNAUX DE GRANDE INSTANCE

§ 1
Responsabilité du fait de l'énergie nucléaire

122.321 Tribunal de grande instance de Paris. L'article L. 597-19 du Code l'environnement qui reprend en substance les dispositions de la loi n° 68-943 du 30 octobre 1968 relative à la responsabilité civile dans le domaine de l'énergie nucléaire et attribue compétence exclusive au TGI de Paris en cas d'accident nucléaire survenu en France ou pour lequel une juridiction française est compétente. Il dispose que : « *Lorsque l'accident nucléaire est survenu sur le territoire de la République française ou si, en application de la Convention de Paris, compétence est attribuée à un tribunal français, le tribunal de grande instance de Paris est seul compétent.*

Toutefois, le procureur de la République et le juge d'instruction du tribunal dans le ressort duquel a eu lieu l'accident nucléaire ont qualité pour accomplir les actes nécessités par l'urgence. Ces actes sont transmis au tribunal de grande instance de Paris.

2. Depuis le décret n° 2009-1693, 29 déc. 2009, art. 2, mettant en application la proposition n° 9 du rapport Guinchard.

En aucun cas la juridiction répressive, éventuellement saisie, ne peut statuer sur l'action civile »[1].

§ 2
Propriétés intellectuelles

122.331 Obtentions végétales. L'article L. 623-31 du Code de la propriété intellectuelle attribue compétence exclusive à certains TGI pour statuer sur l'ensemble du contentieux concernant les obtentions végétales, « *à l'exception des recours formés contre les arrêtés, décrets et autres décisions de nature administrative du ministre chargé de la Propriété industrielle, qui relèvent de la juridiction administrative* » (CPI, art. L. 623-31).

L'article D. 211-5 du COJ dispose que le choix de certains TGI compétents pour connaître des actions en matière d'obtentions végétales est fixé par un tableau V annexé audit code (v. s[s] n° 8.03). Les tribunaux compétents sont ceux de Marseille, Bordeaux, Strasbourg, Lille, Limoges, Lyon, Nancy, Paris, Rennes et Toulouse.

122.332 Brevets d'invention. L'article L. 615-17 du Code de la propriété intellectuelle attribue également compétence à certains TGI pour statuer sur les litiges afférents à un brevet d'invention. L'article D. 211-6 du COJ désignait plusieurs tribunaux avant qu'il ne soit modifié par le décret n° 2009-1205 du 9 octobre 2009 qui indique que le TGI de Paris a compétence exclusive pour connaître des actions en matière de brevets d'invention, de certificats d'utilité, de certificats complémentaires de protection et de topographies de produits semi-conducteurs. Il est à noter que si le litige trouve son fondement dans la concession de licence d'exploitation, il relève de la compétence des juridictions de l'ordre judiciaire, même pour une action contre l'État[2]. L'article L. 615-19 du Code de la propriété intellectuelle ajoute à cela que les actions en contrefaçon de brevet sont de la compétence du seul TGI, y compris celles mettant en jeu une contrefaçon de brevet et une question de concurrence déloyale connexe. Cette compétence est d'ordre public et les autres TGI doivent se déclarer d'office incompétents pour en connaître[3]. Pour les mêmes raisons, cette disposition fait échec aux clauses attributives de compétence[4]. Ces dispositions excluent la compétence des conseils de prud'hommes pour statuer sur le contentieux de la rémunération du salarié lorsqu'il s'agit d'une invention de salarié, notamment l'action en fixation d'indemnité prévue par l'article L. 611-7 du Code de la propriété intellectuelle[5]. Toutefois, cette compétence n'est exclusive que dans les limites posées par les textes.

122.333 Propriété littéraire et artistique, dessins et modèles, marques et indications géographiques. Depuis l'entrée en vigueur du décret n° 2005-1205 du 9 octobre, le 1er novembre 2009, seuls quelques TGI sont compétents pour connaître des actions en matière de propriété littéraire et artistique, de dessins et modèles, de marques et d'indications géographiques (CPI, art. D. 331-1-1, D. 521-6, D. 716-12 et D. 722-6). La liste de ces juridictions ayant compétence exclusive est fixée par un tableau annexé à l'article D. 211-6-1 du COJ (v. s[s] n° 8.04). Il s'agit des TGI de Bordeaux, Lille, Lyon, Marseille, Nanterre, Nancy, Paris, Rennes, Fort-de-France et Strasbourg[6]. L'article L. 716-3 du Code de la propriété intellectuelle indique que les actions civiles et les demandes relatives aux marques sont exclusivement portées devant les TGI, y compris lorsqu'elles portent à la fois sur une question de marque et sur une question de concurrence déloyale. Cette règle est applicable aux requêtes en référés fondées sur l'article 145 C. pr. civ. (même si c'est alors le président du tribunal qui est compétent)[7]. Mais il en résulte, *a contrario*, que les juridictions commerciales peuvent être compétentes au sujet de marques de fabrique en dehors des prévisions du texte, notamment au sujet des contrats portant sur les marques (par ex. pour statuer sur une inopposabilité de la cession de la marque[8]).

122.334 Tribunal de grande instance de Paris. Toutefois, l'article L. 615-18 du Code de la propriété intellectuelle réserve la compétence du seul TGI de Paris pour connaître de certaines actions prévues par les articles L. 612-10, L. 613-17, L. 613-19 et L. 613-20 dudit code, tendant à l'**obtention d'indemnités à la suite d'expropriation ou d'interdiction d'exploitation de brevet ou de licence forcée.**

De même, l'article R. 211-7 du COJ attribue compétence exclusive au TGI de Paris pour connaître de

1. Ord. n° 2012-6, 5 janv. 2012 modifiant les livres Ier et V du Code de l'environnement, art. 3 et 6, *JO* 6 janv., p. 218, abrogeant L. n° 68-943, 30 oct. 1968, art. 17, mod. par L. n° 90-488, 16 juin 1990 – V. J. Deprimoz, « Les innovations apportées par la loi n° 90-488 du 16 juin 1990 à la mise en jeu de la responsabilité des exploitants », *JCP* 1990. I. 3467.
2. T. confl. 6 juin 1989, req. n° 02572, *D.* 1990. Somm. 151, obs. Mousseron et Schmidt; *JCP* 1989. IV. 308.
3. Grenoble, 23 mars 1971, *RTD civ.* 1972. 166, obs. Hébraud; *RTD com.* 1971. 690, obs. Chavanne.
4. Caen, 17 sept. 1982, *JCP* 1983. II. 20037, note Vivant.
5. Soc. 18 févr. 1988, n° 85-40.213, *Bull. civ.* V, n° 126; *D.* 1988. Somm. 279, note Julien – Versailles, 6 oct. 1989, *D.* 1990. Somm. 151, obs. Mousseron et Schmidt.
6. Liste mod. par Décr. n° 2010-1369, 12 nov. 2010, portant modification du tableau VI annexé à l'article D. 211-6-1 du Code de l'organisation judiciaire, *JO* 14 nov., p. 20292.
7. Com. 20 nov. 2012, n° 11-23.216, *Bull. civ.* IV, n° 208.
8. Com. 3 mai 1976, n° 75-12.480, *Bull. civ.* IV, n° 144.

toutes les actions en matière de **marques, dessins et modèles communautaires**[1].

§ 3
Compétence en matière d'état des personnes

122.341 Déplacements illicites d'enfants. Certains TGI sont seuls compétents pour connaître des actions engagées sur le fondement des instruments internationaux et communautaires relatives au déplacement illicite d'enfants. Il n'existe qu'un tribunal compétent par cour d'appel (COJ, art. D. 211-9). Ces TGI (trente-cinq) sont fixés par l'annexe VII du décret n° 2008-522 du 8 juin 2008 (v. s^s n°s 8.05 et 122.75).

122.342 Nationalité des personnes physiques. Certains TGI sont seuls compétents pour connaître des **contestations sur la nationalité des personnes physiques** (COJ, art. D. 211-10). Ces TGI sont déterminés par le tableau VIII (v. s^s n° 8.06) annexé au décret n° 2008-522 du 8 juin 2008 (mod. par Décr. n° 2009-1384, 11 nov. 2009).

122.343 Empreinte génétique. L'article D. 211-8 du COJ attribue compétence exclusive au seul TGI de Nantes pour connaître des **actions en identification du demandeur de visa par ses empreintes génétiques** dans les cas et conditions prévus par le Code de l'entrée et du séjour des étrangers et du droit d'asile.

122.344 Adoption d'enfants étrangers. L'article D. 211-10-1 du COJ, créé par le décret n° 2009-1455 du 27 novembre 2009, réserve à certains tribunaux, dont la liste est fixée dans un tableau VIII-I (v. s^s n° 8.07), la compétence pour connaître des actions aux fins d'adoption ainsi que des actions aux fins de reconnaissance des jugements d'adoption rendus à l'étranger, lorsque l'enfant résidant habituellement à l'étranger a été ou doit être déplacé vers la France. Un seul tribunal est désigné par cour d'appel.

§ 4
Marchés publics et concurrence

122.351 Référés précontractuels. L'article D. 211-10-2 du COJ réserve à certains TGI compétence pour connaître des contestations relatives aux obligations de publicité et de mise en concurrence auxquelles est soumise la passation des contrats de droit privé relevant de la commande publique. Les TGI de Bordeaux, Lille, Lyon, Marseille, Nanterre, Nancy, Paris, Rennes, Fort-de-France, Saint-Denis et Saint-Pierre-et-Miquelon sont mentionnés dans le tableau VIII-II annexé au COJ[2] (v. s^s n° 8.08). C'est le président du tribunal qui connaît de ces recours appelés en pratique référés précontractuels (COJ, art. R. 213-5-1)[3].

122.352 Concurrences. L'article R. 420-4 du Code de commerce attribue compétence à certains TGI pour statuer en matière de pratiques anticoncurrentielles en application de l'article L. 420-7 de ce code (dans la mesure où l'action ne relève pas de la compétence des tribunaux de commerce)[4]. L'article D. 442-4 du Code de commerce attribue aux mêmes TGI la compétence pour statuer en application de l'article L. 442-6 du Code de commerce (dans la même limite de la compétence des tribunaux de commerce)[5]. Il s'agit des TGI de Marseille, Bordeaux, Lille, Fort-de-France, Lyon, Nancy, Paris et Rennes.

§ 5
Responsabilité de l'État du fait de la publicité foncière

122.361 Substitution de l'État aux conservateurs des hypothèques. L'ordonnance n° 2010-638 du 10 juin 2010[6] a supprimé la fonction de conservateur des hypothèques. La responsabilité de l'État s'est substituée à la responsabilité personnelle des conservateurs. L'article 2450 du Code civil a néanmoins maintenu la compétence du juge judiciaire pour statuer sur cette responsabilité. C'est au TGI de Paris que revient la compétence exclusive pour connaître des actions en responsabilité à l'encontre de l'État pour les fautes commises par les différents services de la publicité foncière (COJ, art. R. 211-7-1)[7].

1. Décr. n° 2008-522, 2 juin 2008, art. 5 – A. Marcadé, « La marque communautaire devant le juge français », *Propr. ind.* 2010. Étude 12.

2. Tableau créé par Décr. n° 2009-1455, 27 nov. 2009, mod. par Décr. n° 2011-338, 29 mars 2011 et Décr. n° 2011-1878, 14 déc. 2011.
3. G. Clamour, « Désignation des tribunaux de grande instance spécialisés en matière de recours applicables aux contrats privés relevant de la commande publique », *Contrats Marchés publ.* 2010. 9.
4. Tableau de l'annexe 4-1 du livre IV du Code de commerce, créé par le Décr. n° 2005-1756, 30 déc. 2005, fixant la liste et le ressort des juridictions spécialisées en matière de concurrence, de propriété industrielle et de difficultés des entreprises, *JO* 31 déc., p. 20831.
5. Tableau de l'annexe 4-2-2 du livre IV du Code de commerce créé par Décr. n° 2009-1384, 11 nov. 2009, art. 3.
6. Ord. n° 2010-638, 10 juin 2010, portant suppression du régime des conservateurs des hypothèques, *JO* 11 juin, p. 10757.
7. Décr. n° 2012-1462, 26 déc. 2012, pris pour l'application de l'ordonnance n° 2010-638 du 10 juin 2010 portant suppression du régime des conservateurs des hypothèques et pour l'adaptation de la publicité foncière, art. 1er, *JO* 28 déc., p. 20582; *RTD civ.* 2013. 195, obs. Leroyer.

SECTION 3
COMPÉTENCE DU PRÉSIDENT DU TRIBUNAL DE GRANDE INSTANCE

122.370 **Distinction.** Le président du TGI a une compétence propre au sein du tribunal. C'est-à-dire qu'il a des attributions qui n'appartiennent qu'à lui ou au juge qu'il délègue.

Il faut distinguer sa compétence provisoire (§ 1) lorsqu'il statue en référé ou sur requête et sa compétence définitive (§ 2) qui lui permet de statuer au fond.

§ 1
Compétence provisoire

122.380 **Plan.** À titre provisoire, le président du TGI peut statuer en référé (A) et sur requête (B). La distinction essentielle entre les deux tient à ce que le référé suppose une procédure contradictoire, tandis que les ordonnances sur requête sont rendues sans débat contradictoire (sans parler de la matière gracieuse). Mais, dans les deux cas, il s'agit d'une compétence provisoire en ce sens que les décisions ainsi rendues ne sont pas définitives et peuvent toujours être modifiées ou rapportées ou mises à néant par une décision au fond rendue par la juridiction compétente, voire même par le magistrat qui a pris la décision. Il faut préciser toutefois que le président du TGI n'est pas le seul juge habilité à statuer en référé ou sur requête; c'est également le cas, avec une compétence moins large toutefois, du président du tribunal de commerce, du juge d'instance, du JAF, de la formation de référé du conseil de prud'hommes et du premier président de la cour d'appel (v. les développements consacrés à chaque juridiction).

A.
Ordonnances de référé

122.381 **Renvoi.** En raison de son importance et de sa dispersion entre plusieurs juridictions, cette compétence sera étudiée globalement pour toutes les juridictions (v. s[s] n°s 323.00 s.).

B.
Ordonnances sur requête

122.391 **Notion.** L'article 493 C. pr. civ. définit l'ordonnance sur requête comme : « *Une décision provisoire rendue non contradictoirement dans les cas où le requérant est fondé à ne pas appeler de partie adverse* ». Cette définition s'applique essentiellement à la matière contentieuse. Mais des ordonnances sur requête sont également rendues en matière gracieuse, dont l'article 25 C. pr. civ. donne la définition suivante : « *Le juge statue en matière gracieuse lorsqu'en l'absence de litige il est saisi d'une demande dont la loi exige, en raison de la nature de l'affaire ou de la qualité du requérant, qu'elle soit soumise à son contrôle* ». Si elle est souvent évidente, la distinction entre matière contentieuse et gracieuse n'est pas toujours aisée[1]. L'intérêt pratique de la distinction tient au déroulement de la procédure, aux pouvoirs du juge et aux voies de recours qui présentent des particularités en matière gracieuse (v. C. pr. civ., art. 25 s., 60 s., 434, 546 s., 675, 797 à 800). Au surplus, sous réserve des voies de recours, l'ordonnance rendue en matière gracieuse n'est pas une décision provisoire, mais définitive.

122.392 **Hypothèses.** L'article 812 C. pr. civ. prévoit deux séries d'hypothèses où le président du TGI peut être saisi par requête.

La première catégorie, très variée et disparate, concerne les cas spécifiés par la loi.

L'article 812 dispose en outre que le président « *peut ordonner sur requête toutes mesures urgentes lorsque les circonstances exigent qu'elles ne soient pas prises contradictoirement* ».

1°
Cas spécifiés par la loi (quelques exemples significatifs seront seuls cités)

122.401 **Déroulement de l'instance.** Notamment, le président a des pouvoirs particuliers dans le déroulement d'une instance contentieuse. Ainsi l'article 788 C. pr. civ. permet au président, en cas d'urgence d'autoriser le demandeur à assigner le défendeur à jour fixe. L'article 485 permet au juge des référés d'autoriser une assignation à heure indiquée (référé d'heure à heure). L'article 757 lui donne le pouvoir de constater la caducité d'une instance pour défaut de remise d'une copie de l'assignation dans le délai de quatre mois.

122.402 **Exécution des jugements.** L'article 465 C. pr. civ. lui permet d'autoriser, en cas de difficulté, la délivrance d'une seconde expédition du jugement revêtue de la formule exécutoire (ce pouvoir n'est pas propre au seul président du TGI, mais appartient au président de toute juridiction concernée). Il tient encore de certaines conventions internationales le pouvoir de reconnaître et de permettre l'exécution de jugements ou d'actes étrangers. Certains règlements européens lui confèrent également ce pouvoir; notamment le règlement CE n° 2201/2003, du 27 novembre 2003, dit Bruxelles II *bis*, en matière matrimoniale et de responsabilité parentale[2], ou le règlement CE

1. CADIET et JEULAND, 8e éd., 2013, n°s 651 s. – CORNU et FOYER, n° 21.
2. Règl. CE n° 2201/2003, 27 nov. 2003, dit Bruxelles II *bis*, relatif à la compétence, la reconnaissance et l'exécution des décisions en matière matrimoniale et en matière de responsabilité parentale abrogeant le règlement CE n° 1347/2000, *JOCE*, n° L 338, p. 1-29.

n° 4/2009 du Conseil, du 18 décembre 2008, en matière d'obligations alimentaires[1] (C. pr. civ., art. 509-2, al. 2).

122.403 Délivrance de copies. L'article 1436 C. pr. civ. donne encore le pouvoir au président de statuer sur le refus ou le silence d'un officier public ou ministériel tenu de délivrer une expédition ou une copie d'acte (v. aussi C. pr. civ., art. 1439 et 1441).

122.404 Instruction *in futurum*. Avant tout procès, le président du TGI peut encore être saisi sur requête, pour ordonner toute mesure d'instruction légalement admissible lorsqu'il existe un motif légitime de conserver ou d'établir la preuve de faits (C. pr. civ., art. 145). Toutefois, la compétence du président du TGI est limitée à la preuve de faits dont pourrait dépendre la solution d'un litige relevant lui-même de la compétence du TGI, et non à celle d'une autre juridiction[2].

122.405 Requêtes au fond. Le pouvoir du président du TGI de statuer sur requête au fond est également très varié. Toutefois un grand nombre de décisions semblent relever de la matière gracieuse, notamment celles où, en l'absence de litige né, le président est requis pour désigner un notaire, un huissier, un curateur, un administrateur *ad hoc* ou un mandataire.

La compétence du président est souvent exclusive de celle de la juridiction collégiale du tribunal. C'est le cas, notamment, en droit des sociétés, à propos de la valeur des droits sociaux qui doivent être cédés ou rachetés (C. civ., art. 1843-4). En cas de contestation, la détermination de cette valeur ne peut être effectuée, en l'absence d'accord des parties, que par un expert désigné par le président du TGI statuant en la forme des référés (s'il s'agit d'une société civile), non par le tribunal lui-même[3].

La loi du 13 décembre 2011, relative à la répartition des contentieux et à l'allègement de certaines procédures juridictionnelles, a encore accru la compétence du président du TGI statuant sur requête en **matière douanière** (C. douanes, art. 185, 186, 389 et 389 *bis*). Elle prévoit également la compétence du président du TGI, selon le montant de la demande, pour statuer sur les demandes de professionnels qui souhaitent vendre certains objets abandonnés par leurs clients[4].

122.406 Prévention des difficultés des entreprises. Pour les personnes (physiques ou morales) non commerçantes et non immatriculées au répertoire des métiers, le président du TGI est seul compétent pour désigner un mandataire *ad hoc* (C. com., art. L. 611-3) pour ouvrir une procédure de conciliation, et notamment pour désigner un expert le cas échéant (C. com., art. L. 611-5 s.[5]), pour donner force exécutoire à l'accord conclu entre les parties (C. com., art. L. 611-8[6]). Toutefois c'est le TGI qui est compétent pour homologuer l'accord lorsque les conditions posées par l'article L. 611-8, II sont réunies (C. com., art. L. 611-8, II).

122.407 Copropriété. En matière de copropriété des immeubles bâtis, il faut mentionner les pouvoirs du président de désigner un mandataire *ad hoc* pour agir en justice dans les cas où le syndic ne peut agir, ou pour représenter les copropriétaires, lorsqu'il existe une opposition d'intérêts, dans une instance en révision de la répartition des charges (Décr. 17 mars 1967, art. 54), ou un mandataire commun lorsque, en cas d'usufruit ou d'indivision d'un lot, les intéressés n'ont pu se mettre d'accord.

122.408 Fonctionnement des sociétés. Dans le même ordre d'idée, le président du TGI jouit, pour les personnes morales non commerçantes, des mêmes pouvoirs que le président du tribunal de commerce pour désigner un administrateur provisoire ou un liquidateur en l'absence d'accord des associés[7].

122.409 Propriétés intellectuelles. Dans le domaine des propriétés intellectuelles, le président du TGI a également des pouvoirs étendus pour ordonner une saisie contrefaçon, pour suspendre ou retarder des représentations ou des exécutions publiques d'une œuvre contrefaite ou pour ordonner la suspension d'une fabrication, la constitution préalable d'un cautionnement par le saisissant (CPI, art. L. 332-1), pour ordonner la saisie des logiciels (CPI, art. L. 332-4), en matière de brevet d'invention, pour ordonner la description détaillée des produits ou procédés prétendus contrefaits, pour ordonner le versement d'un cautionnement par le saisissant (CPI, art. L. 615-5 et R. 615-1 s.). Il a encore les mêmes pouvoirs en matière de dessins et modèles (CPI, art. L. 521-4) ou de marque (CPI, art. L. 716-7).

122.411 Mesures conservatoires. Mais c'est sans doute dans le domaine des procédures d'exécution que le président du TGI, en sa qualité de JEX (ou le juge qu'il délègue), a le plus d'occasions d'avoir à sta-

1. Décr. 1er sept. 2011, art. 5.
2. TGI Grenoble, 29 janv. 1986, *Gaz. Pal.* 1987. Somm. 29.
3. Civ. 1re, 25 nov. 2003, n° 00-22.089, *Bull. civ.* I, n° 243; *Rev. sociétés* 2004. 93, note Chartier – Civ. 3e, 28 mars 2012, n° 10-26.531, *Bull. civ.* III, n° 53; *Dr. sociétés* 2012. Comm. 95, note Mortier.
4. L. 31 mars 1896, relative à la vente des objets abandonnés ou laissés en gage par les voyageurs aux aubergistes ou hôteliers, art. 2 et 5 – L. 31 déc. 1903, relative à la vente de certains objets abandonnés, art. 2 et 4.
5. Mod. par L. 26 juill. 2005, art. 5.
6. Mod. par L. 26 juill. 2005, art. 7.
7. Rép. sociétés, v° *Administrateur provisoire*, par Lecourt, oct. 2010 [màj janv. 2013] – G. Bolard, « Administration provisoire et mandat *ad hoc* : du fait au droit », *JCP* 1995. I. 3882.

tuer sur requête, pour ordonner notamment une inscription de sûreté conservatoire ou une mesure ou saisie conservatoire (C. pr. exéc., art. L. 511-3 et R. 511-1 s.[1]).

Le président du TGI est également compétent pour ordonner des mesures conservatoires après l'ouverture d'une succession (scellés, état descriptif) et pour trancher les difficultés liées à ces mesures (C. pr. civ., art. 1306 et 1325)[2].

La compétence qui appartenait au JEX en matière de surendettement des particuliers a, en revanche, été transférée au TI le 1er septembre 2011[3].

122.412 Rectification des actes de l'état civil. Le président du TGI est compétent pour ordonner la rectification des actes de l'état civil (C. civ., art. 99). Il est saisi sur requête par toute personne intéressée ou par le procureur de la République (C. civ., art. 99)[4].

122.413 Injonctions de payer. Depuis le décret du 28 décembre 2012, le président du TGI est compétent pour statuer sur les requêtes en injonction de payer dans la limite de la compétence d'attribution du tribunal, c'est-à-dire pour les demandes d'un montant supérieur à 10 000 euros (C. pr. civ., art. 1406).

122.414 Droit douanier. Depuis l'entrée en vigueur en 2013 de la loi du 13 décembre 2011 complétée par le décret du 28 décembre 2012, le président du TGI connaît des actions et requêtes dans les cas et conditions prévus par le Code des douanes (COJ, art. R. 213-5-2).

2°
Mesures urgentes

122.421 Conditions générales. Le second cas prévu par l'article 812 C. pr. civ. permet au président du tribunal d'ordonner « *toutes mesures urgentes lorsque les circonstances exigent qu'elles ne soient pas prises contradictoirement* ». Les cas visés par ce texte, qui ne pose que des conditions générales, peuvent également être très variés et ne nécessitent pas de disposition spéciale de la loi. Les ordonnances déjà citées permettant une mesure ou une saisie conservatoire ou d'ordonner sur requête une instruction *in futurum* répondent d'ailleurs aux exigences de ce texte. En outre, s'agissant d'ordonner l'expulsion de grévistes, la jurisprudence *Ferodo* fournit un exemple important d'application de ce texte : il a en effet été jugé que sur l'assignation en référé de délégués syndicaux, la décision rendue valait ordonnance sur requête à l'égard des autres salariés[5].

§ 2
Compétence définitive

122.430 Portée. Le président du TGI a encore, en plusieurs matières, compétence pour statuer, de manière définitive, au fond, comme peut le faire un tribunal. Ses décisions n'ont plus alors de caractère provisoire et ont l'autorité de la chose jugée dès qu'elles sont rendues, bien qu'elles soient parfois prises, comme en matière de référé.

Deux contentieux présentent une grande importance pratique et quantitative, à côté de matières diverses où les occasions de juger du président du tribunal sont plus occasionnelles (C) : ce sont les loyers commerciaux (A) et l'exécution forcée des jugements et autres titres exécutoires (B).

A.
Le président du tribunal de grande instance, juge des loyers commerciaux

122.431 Délimitation. À côté de la compétence exclusive du TGI pour connaître des litiges touchant à l'application du statut des baux commerciaux (v. ss nos 122.211 à 122.213), l'article R. 213-2 du COJ reprend les dispositions de l'article R. 145-23 du Code de commerce pour attribuer compétence au président lui-même pour statuer à titre définitif sur le prix du bail commercial révisé ou renouvelé, sauf la compétence du tribunal pour statuer sur ce prix à titre accessoire lorsqu'il est saisi d'une autre question de sa compétence. Sous cette réserve, il a compétence exclusive[6].

122.432 Condition. Cette compétence est toutefois, comme toute compétence spéciale, étroitement

1. L. 9 juill. 1991, art. 69, codifié par Ord. no 2011-1895, 19 déc. 2011, relative à la partie législative du Code des procédures civiles d'exécution, *JO* 20 déc. p. 21464 – Décr. 31 juill. 1992, art. 210 s., codifié par Décr. no 2012-783, 30 mai 2012, relatif à la partie réglementaire du Code des procédures civiles d'exécution, *JO* 31 mai, p. 9375.
2. Art. issus de Décr. 1er sept. 2011, art. 1er – S. Pierre-Maurice, « La procédure sur requête dans le décret no 2011-1043 du 1er septembre 2011 », *Gaz. Pal.* 17 janv. 2012, p. 19.
3. Décr. no 2011-741, 28 juin 2011, relatif au transfert du contentieux du surendettement du juge de l'exécution au juge du tribunal d'instance, *JO* 29 juin, p. 10959.
4. S. Thouret, « Présentation des dispositions du décret no 2004-836 du 20 août 2004 portant modification de la procédure civile relative aux actes de l'état civil », *Procédures* nov. 2004, p. 6.
5. Soc. 17 mai 1977, no 75-11.474, *Bull. civ.* IV, no 327; *JCP* 1978. II. 18992, note Desdevises; *D.* 1977. 645, note Jeammaud; *Dr. soc.* 1978. 119, note Savatier; *RTD civ.* 1977. 602; *RTD civ.* 1979. 612, obs. Normand; *Gaz. Pal.* 1977. 612 – Soc. 21 févr. 1978, no 76-14.909, *Bull. civ.* V, no 127 – G. Lyon-Caen, « Référé et ordonnance sur requête, expulsion de grévistes », *Dr. ouvrier* 1977. 467.
6. Civ. 3e, 11 oct. 1978, no 77-11.212, *Bull. civ.* III, no 312; *Gaz. Pal.* 1979. Somm. 15.

limitée à ce que prévoit le texte. Par exemple, il lui a été dénié compétence pour statuer sur un dépôt de garantie[1], pour statuer sur l'action en augmentation du loyer principal lié à l'augmentation du loyer de la sous-location[2] ou pour condamner le locataire à payer des loyers en retard[3]. Il a été admis toutefois qu'il pouvait accessoirement condamner le locataire à payer le loyer fixé[4].

122.433 Limite. Le président doit surseoir à statuer si, par exemple, à propos de la fixation du prix du bail, le renouvellement est contesté[5]. La jurisprudence est partagée sur l'étendue de ce renvoi. S'agit-il d'une question préjudicielle, le président conservant sa compétence pour la fixation du loyer ? Ou bien doit-il renvoyer, pour le tout, la connaissance du litige au TGI ? La jurisprudence est partagée (entre le maintien de la compétence du président[6], ou non[7]) et la pratique est diverse d'une juridiction à une autre.

122.434 Révision du prix. Le président est encore compétent pour statuer sur la révision éventuelle du loyer résultant d'une déspécialisation, si le différend ne porte que sur le prix du bail; dans les autres cas, la compétence revient au tribunal (C. com., art. L. 145-52[8]). Il est encore compétent pour fixer l'augmentation du loyer résultant de la sous-location (C. com., art. L. 145-31[9]).

Il est également compétent pour fixer le loyer en cas de reprise du local d'habitation par le bailleur à l'occasion d'un renouvellement (C. com., art. L. 145-22[10]), ou celui du relogement du locataire résultant de la reprise (C. com., art. L. 145-18[11]), ou du nouveau loyer dans le local reconstruit (C. com., art. L. 145-17[12]).

122.435 Indemnité de départ. Enfin, le président a encore reçu une compétence spéciale pour fixer l'indemnité provisionnelle qui peut être due au locataire obligé de quitter les lieux et auquel on refuse le renouvellement du bail dans le cas de l'alinéa 2 de l'article L. 145-18 du Code de commerce[13] (C. com., art. L. 145-28, al. 2[14]).

122.436 Bail à construction. Bien qu'il ne s'agisse plus d'un bail commercial, l'article L. 251-5 du Code de la construction et de l'habitation attribue compétence exclusive au président du TGI pour réviser le loyer à chaque période triennale (COJ, art. R. 213-2, al. 2).

B. Le président du tribunal de grande instance, juge de l'exécution

122.441 Origine. Un **juge de l'exécution** a été institué par la loi n° 91-650 du 9 juillet 1991, complétée par le décret n° 92-755 du 31 juillet 1992[15], dispositions désormais intégrées au Code des procédures civiles d'exécution (C. pr. exéc., art. L. 121-1 s. et R. 121-1 s)[16]. L'article L. 213-5 du COJ dispose que les fonctions du JEX sont exercées par le président du TGI. Mais ce dernier a la possibilité de déléguer ses attributions à un ou plusieurs juges du tribunal. C'est en majorité ce qu'ont décidé les présidents des TGI.

L'organisation de la fonction du JEX pourrait être modifiée et sa compétence encore étendue si certaines propositions du rapport Guinchard étaient adoptées.

122.442 Juge unique. Le JEX est un juge unique, mais il peut toujours renvoyer à la formation collégiale du TGI, qui doit comprendre le juge qui a ordonné le renvoi et qui statue alors comme JEX (COJ, art. L. 213-7). Les attributions du JEX sont importantes et variées. Certaines relèvent de la procédure sur requête (l'autorisation des mesures et saisies conservatoires, v. s^s n° 122.421), ou d'une procédure assimilable au référé (procédure sur difficultés d'exécution). Les autres constituent une juridiction définitive au fond : le JEX connaît des difficultés relatives aux titres exécutoires et à l'exécution forcée « *même si elles portent sur le fond du droit* [...] » (COJ, art. L. 213-6). Mais cette compétence n'a lieu que dans la mesure où elle est nécessaire pour statuer sur la contestation relative à l'exécution forcée[17].

1. TGI Paris, 13 janv. 1975, *Rev. loyers* 1975. 96.
2. Civ. 3e, 7 févr. 2007, n° 05-20.252, *Bull. civ.* III, n° 19; *D.* 2007. 584, obs. Rouquet; *D.* 2008. 1653, obs. Rozès.
3. TGI Seine, 20 oct. 1964, *D.* 1965. Somm. 33.
4. TGI Seine, 26 juin 1963, *Rev. loyers* 1964. 371.
5. Com. 18 juill. 1966, n° 64-14.373, *Bull. civ.* IV, n° 359; *Rev. loyers* 1966. 514.
6. Angers, 16 nov. 1987, *Gaz. Pal.* 1988. 422, note du Rusquec – Com. 18 juill. 1966, n° 64-14.373, préc. s^s prés^t n°.
7. Paris, 15 févr. 1989, RG n° 08/13356, *D.* 1989. IR 82.
8. Anc^t Décr. 30 sept. 1953, art. 34-4.
9. Anc^t Décr. 30 sept. 1953, art. 21.
10. Anc^t Décr. 30 sept. 1953, art. 14.
11. Anc^t Décr. 30 sept. 1953, art. 10.
12. Anc^t Décr. 30 sept. 1953, art. 9.
13. Anc^t Décr. 30 sept. 1953, art. 10, al. 2.
14. Anc^t Décr. 30 sept. 1953, art. 20, al. 2.
15. L. n° 91-650, 9 juill. 1991, portant réforme des procédures civiles d'exécution, *JO* 14 juill., p. 9228 – Décr. n° 92-755, 31 juill. 1992, instituant de nouvelles règles relatives aux procédures civiles d'exécution pour l'application de L. n° 91-650, 9 juill. 1991, *JO* 5 août, p. 10530.
16. Ord. 19 déc. 2011 et Décr. 30 mai 2012.
17. R. Perrot, « Juge de l'exécution. Compétence d'attribution : les limites et les dérives », *RTD civ.* 1995. 191 – Sur la compétence du juge de l'exécution, v. P. Julien, « Le juge de l'exécution », *LPA* 6 janv. 1993, p. 45 – E. Varaut, « Compétence », *LPA* 6 janv. 1993, p. 51 – Ph. Hoonakker, P. Gramaize et T. Fossier, *Gaz. Pal.* 1993. Doctr. 321, – J.-J. Barbieri, « La compétence d'attribution du juge de l'exécution », *LPA* 17 janv. 1996, n° 8, p. 8 – J. Normand, « Le juge de l'exécution », *RTD civ.* 1993, n° spécial, *La réforme des* ▶

122.443 Compétence exclusive. La compétence du JEX est **exclusive (COJ, art. L. 213-6)**. Il en résulte que tout autre juge doit relever d'office son incompétence. (C. pr. exéc., art. R. 121-1 [1]). Toutefois, il existe quelques exceptions puisque, en certaines matières, le JEX partage sa compétence avec d'autres juges (dont la compétence est souvent préalable) : il en est ainsi en matière d'astreinte, de délais de grâce, de mesures provisoires ou de sûretés judiciaires. D'un autre côté, s'il est certain que le JEX peut relever d'office son incompétence, on peut hésiter sur le point de savoir s'il s'agit pour lui d'une obligation lorsqu'il est saisi à la place d'un autre juge[2]. L'alinéa 3 de l'article R. 121-1 C. pr. exéc. énonçant simplement que le juge « *peut* » relever d'office son incompétence conduira probablement à y voir une faculté plutôt qu'une obligation.

122.444 Domaine. L'article L. 213-6 du COJ énonce que « *le juge de l'exécution connaît, de manière exclusive, des difficultés relatives aux titres exécutoires et des contestations qui s'élèvent à l'occasion de l'exécution forcée, même si elles portent sur le fond du droit à moins qu'elles n'échappent à la compétence des juridictions de l'ordre judiciaire. Dans les mêmes conditions, il autorise les mesures conservatoires et connaît des contestations relatives à leur mise en œuvre. Le juge de l'exécution connaît, sous la même réserve, de la procédure de saisie immobilière, des contestations qui s'élèvent à l'occasion de celle-ci et des demandes nées de cette procédure ou s'y rapportant directement, même si elles portent sur le fond du droit ainsi que de la procédure de distribution qui en découle. Il connaît, sous la même réserve, des demandes en réparation fondées sur l'exécution ou l'inexécution dommageables des mesures d'exécution forcée ou des mesures conservatoires. Le juge de l'exécution exerce également les compétences particulières qui lui sont dévolues par le Code des procédures civiles d'exécution* ».

Si l'on met à part la compétence du JEX pour autoriser des mesures et saisies provisoires et des sûretés judiciaires qui relèvent des ordonnances sur requête, sa compétence d'attribution peut être classée en neuf catégories : difficultés relatives au titre exécutoire (1°), délais de grâce (2°), astreinte (3°), mesures conservatoires et sûretés judiciaires (4°), contestations relatives à l'exécution forcée (5°), responsabilité en raison d'une mesure d'exécution (6°), saisie immobilière (7°), paiement direct des pensions alimentaires (8°), et saisie des bateaux, navires et aéronefs (9°).

1°
Difficultés relatives au titre exécutoire

122.451 Notion. L'article L. 213-6 du COJ dispose que : « *Le juge de l'exécution connaît des difficultés relatives aux titres exécutoires* ».

Ainsi, le JEX peut avoir à statuer par exemple sur la nature et la régularité du titre (est-ce bien un titre exécutoire valable ?), sur sa portée et ses effets, son opposabilité à un tiers (Qui peut faire l'objet d'une exécution forcée ? Les intérêts au taux légal sont-ils dus ? Comment imputer les paiements partiels ?). Il a été jugé par exemple que le JEX peut constater une compensation[3] (et il peut être censuré pour avoir refusé de connaître d'une demande de compensation[4]), statuer sur l'existence d'une créance contestée par un tiers saisi[5] ou se prononcer sur la prescription de la créance invoquée par le débiteur[6]. Il est notamment compétent pour statuer sur les intérêts légaux et préciser le point de départ de ces intérêts qui n'avait pas été précisé par la décision d'une autre juridiction, à condition toutefois qu'une difficulté d'exécution soit portée devant le JEX[7]. Il peut encore constater la caducité du jugement par défaut ou réputé contradictoire qui n'a pas été notifié dans les six mois[8].

La jurisprudence récente a une conception très extensive de la compétence et des pouvoirs du JEX. Dans un arrêt de principe du 18 juin 2009, elle a admis que le JEX était compétent pour se prononcer sur la validité d'un acte notarié, ce qu'elle refusait d'admettre antérieurement[9]. Le juge est donc doré-

▶ *procédures civiles d'exécution*, p. 31 ; « La compétence du juge de l'exécution », *Rev. huiss.* 1996. 2 – J. Héron, « Le juge unique et l'exécution en droit privé », *Les juges uniques, dispersion ou réorganisation du contentieux ?*, XXIe colloque des IEJ, Dalloz, 1996, p. 345 s. – A. Leborgne, *Voies d'exécution*, « Précis », 1re éd., Dalloz, 2009, nos 835 s. – S. Guinchard et T. Moussa (dir.), Dalloz action *Droit et pratique des voies d'exécution*, 2013/2014, nos 212.00 s., par J.-M. Sommer – L. Camensuli-Feuillard, « La connaissance par le juge de l'exécution des titres exécutoires », *Dr. et proc.* 2010. 7 – Rép. pr. civ., vo *Juge de l'exécution*, par Lefort, déc. 2011 [màj janv. 2013].

1. Anct Décr. 31 juill. 1992, art. 8.
2. V. R. Perrot, « Juge de l'exécution. Compétence d'attribution : les limites et les dérives », *RTD civ.* 1995. 193.
3. Com. 21 févr. 2012, no 11-18.027, *Bull. civ.* IV, no 44 ; *Procédures* 2012. Comm. 145, note Perrot.
4. Civ. 2e, 25 févr. 2010, no 09-13.909, NP ; *Procédures* 2010. Comm. 176, note Perrot.
5. Civ. 2e, 5 mars 2009, no 08-12.560 ; *D.* 2010. 1307, obs. Leborgne, NP ; *RTD civ.* 2009. 371, obs. Perrot.
6. Civ. 2e, 9 sept. 2010, no 09.16.538, *Bull. civ.* II, no 149 ; *Procédures* 2010. Comm. 373, note Perrot ; *Dr. et proc.* 2010. 325, note Hoonakker.
7. Civ. 2e, 17 juin 1999, no 97-15.151, *Bull. civ.* II, no 121 ; *RTD civ.* 1999. 706, obs. Perrot, *Procédures* août-sept. 1999, no 195, obs. Perrot.
8. Civ. 2e, 11 oct. 1995, no 93-14.326, *Bull. civ.* II, no 233 ; no 1284, cité par Normand, *Rev. huiss.* 1996. 5 ; *D.* 1997. 73, note Ruellan et Lauba ; *RTD civ.* 1996. 707, obs. Perrot.
9. Civ. 2e, 18 juin 2009, no 08-10.843, *Bull. civ.* II, no 165 ; *D.* 2009. 2525, obs. Avena-Robardet ; *D.* 2009. 2010. 1307, obs. Leborgne ; *D.* 2009. 2525, note Ansault ; *D.* 2009. 2069, obs. Nicolétis et Sommer ; *JCP* 2009. 191, note Desdevises et ▶

navant largement compétent pour connaître des difficultés relatives aux titres exécutoires et des contestations qui s'élèvent à l'occasion de l'exécution forcée, même si elles portent sur le fond du droit.

122.452 Contestation des mesures d'exécution. Mais, la Cour de cassation a dû préciser que : « *Le juge de l'exécution ne peut être saisi de difficultés relatives à un titre exécutoire qu'à l'occasion de contestations portant sur les mesures d'exécution forcée engagées ou opérées sur le fondement de ce titre* »[1]. Il ne peut remettre en cause la validité du titre ni les obligations qu'il constate. Mais à l'occasion d'une difficulté d'exécution, le JEX peut interpréter le titre exécutoire, sans que ce pouvoir fasse échec à celui reconnu par la loi à tout juge d'interpréter sa décision[2]. Il lui appartient d'en fixer le sens[3]. Il peut faire application de la prescription d'un titre exécutoire[4]. La difficulté relative à l'absence d'utilisation des prêts constatés par un acte notarié relève de la compétence du JEX saisi d'une contestation de saisie-attribution pratiquée sur le fondement de cet acte[5]. La Cour de cassation a également jugé « *qu'en constatant l'acquisition de plein droit de la clause résolutoire qui rendait exigible la créance pour le recouvrement de laquelle les saisies-attributions avaient été pratiquées, le JEX, saisi d'une contestation contre ces mesures d'exécution, n'a fait qu'exercer les pouvoirs qu'il tient de l'article L. 311-12-1 du COJ* »[6].

122.453 Limites. Cette compétence souffre en outre plusieurs autres limites. Tout d'abord, l'article R. 121-1 C. pr. exéc. dit que : « *Le juge de l'exécution ne peut ni modifier le dispositif de la décision qui sert de fondement aux poursuites, ni en suspendre l'exécution si ce n'est dans les cas prévus par la loi pour l'octroi d'un délai de grâce* ».

Bien souvent, il s'agit tout simplement de respecter l'autorité de la chose jugée. Mais la précision fournie par l'article R. 121-1 est utile puisque, toutes les décisions exécutoires n'ont pas l'autorité de la chose jugée (ainsi les ordonnances de référé). Il ne saurait donc être question pour le JEX de réformer, modifier ou suspendre une décision de justice, par hypothèse exécutoire. Par exemple, le JEX n'a pas à rechercher, à la demande d'un débiteur faisant valoir qu'il était caution d'une société en redressement judiciaire, si la condamnation aux intérêts est conforme aux textes dès lors qu'elle est prononcée[7]. Il ne peut, sous prétexte d'interprétation remettre en cause un titre exécutoire dans son principe ou la validité des droits et obligations qu'il constate[8]. Il a encore été jugé que le JEX ne peut suspendre l'exécution d'une décision jusqu'à ce qu'il soit statué sur une nouvelle instance introduite devant une autre juridiction[9]. Et même si la décision est dépourvue de l'autorité de la chose jugée en tant qu'ordonnance de référé, elle ne peut être remise en cause devant le JEX[10]. Il ne peut davantage ajouter à la décision rendue une condamnation à payer des frais de gardiennage ou une condamnation à restituer un véhicule qu'elle ne comporte pas[11]. Cette limite ne doit pas être exagérée. En effet, le JEX conserve le pouvoir d'apprécier les suites nécessaires de la décision servant de fondement aux poursuites par exemple en jugeant que la TVA était due sur le montant de la condamnation[12], que les dommages-intérêts étaient assujettis à la CSG (contribution sociale généralisée) et au RDS (remboursement de la dette sociale)[13] ou en précisant que les bulletins de salaire devaient être délivrés à la suite d'un arrêt ayant condamné une société à payer certaines sommes à titre de salaire[14].

► Mérand; *Defrénois* 2009. 2344, obs. Libchaber; *RTD civ.* 2009. 577, obs. Perrot; *Dr. et proc.* 2009. 281, note Lefort; *RD banc. fin.* 2009. Comm. 139, obs. Piedelièvre; *Just. et cass.* 2010. 462, rapp. Bardy.

1. Cass., avis, 16 juin 1995, n° 09-50.008, *Bull. civ. avis*, n° 9; *RTD civ.* 1995. 691, obs. Perrot.
2. Civ. 2e, 9 juill. 1997, n° 94-18.320, *Bull. civ.* II, n° 226; *Procédures* 1997, n° 259, obs. Perrot; *RTD civ.* 1997. 998, obs. Perrot – Civ. 2e, 20 déc. 2001, n° 00-16.474, *Bull. civ.* II, n° 199; *Procédures* 2002. Comm. 44, obs. Perrot – Civ. 2e, 3 avr. 2008, n° 07-10.949, NP; *Procédures* 2008. Comm. 171, obs. Perrot – Com. 3 juin 2008, n° 07-289, *Procédures* août-sept. 2008. Comm. 233, obs. Perrot – Civ. 2e, 11 déc. 2008, n° 07-19.046, *Bull. civ.* II, n° 265; *RTD civ.* 2009. 173, obs. Perrot.
3. Civ. 2e, 22 mars 2012, n° 11-13.915, *Bull. civ.* II, n° 56; *Procédures* 2012. Comm. 176, note Perrot.
4. Civ. 2e, 21 mars 2002, n° 00-20.744, *Bull. civ.* II, n° 49; *D.* 2002. 1324; *Dr. et proc.* 2002, n° 5, p. 294, obs. Hoonakker.
5. Civ. 2e, 8 nov. 2001, n° 00-11.797, *D.* 2009. 2525, obs. Avena-Robardet; *D.* 2009. 2525, note Ansault; *D.* 2009. 2069, chron. Sommer et Nicolétis; *D.* 2010. 1307, obs. Leborgne; *RTD civ.* 2009. 577, obs. Perrot, NP; *Dr. et proc.* 2002, n° 3, p. 158, obs. Hoonakker.
6. Civ. 2e, 26 nov. 1997, n° 95-18.138, *Bull. civ.* II, n° 284; *D. Affaires* 1998. 109.
7. TGI Bobigny, 10 mars 1993, *D.* 1993. Somm. 283, obs. Julien – Grenoble, 27 juin 1995, RG n° 94/2054, *LPA* n° 119, 2 oct. 1996, note Courtier.
8. Soc. 27 janv. 2000, n° 98-11.297, *Bull. civ.* V, n° 43.
9. TGI Bobigny, 15 févr. 1993, *BICC* 15 juill. 1993, n° 586.
10. Soc. 27 janv. 2000, n° 98-11.297, préc. s^s prés^t n° – TGI Paris, JEX, 8 sept. 1994, *Gaz. Pal.* 1994. Somm. 809; *RTD civ.* 1995. 195, obs. Perrot.
11. Civ. 2e, 13 sept. 2007, n° 06-13.672, *Bull. civ.* II, n° 219; *D.* 2007. AJ 2395, obs. Avena-Robardet; *D.* 2008. 648, chron. Sommer et Nicoletis; *D.* 2008. 1167, obs. Leborgne – Civ. 2e, 24 juin 2010, n° 09-15.710, *Bull. civ.* II, n° 123; *Dr. et proc.* 2010. 296, note Choquet.
12. Civ. 2e, 9 nov. 2006, n° 05-12.860, *Bull. civ.* II, n° 814; *AJDI* 2007. 320, de La Vaissière.
13. Civ. 2e, 21 mars 2002, n° 00-18.657, *Bull. civ.* II, n° 51; *D.* 2002. 1406; *RTD civ.* 2002. 561, obs. Perrot; *RD banc. fin.* 2002, n° 151, obs. Delleci.
14. Civ. 2e, 1er oct. 2009, n° 08-18.478, *Bull. civ.* II, n° 231; *D.* 2009. 2496; *D.* 2010. 1307, obs. Leborgne; *Dr. et proc.* 2010. 29, note Leborgne.

122.454 Exclusions. Si le titre exécutoire est argué de faux, le JEX n'a pas compétence pour statuer sur une inscription de faux, il doit alors surseoir à statuer au profit du TGI statuant en matière collégiale (C. pr. civ., art. 286).

Le JEX n'est pas non plus compétent pour statuer sur un commandement aux fins de contrainte par corps, lequel constitue un acte de poursuite en vue de l'exécution d'un jugement répressif. En vertu de l'article 710 du Code de procédure pénale, tous incidents contentieux relatifs à l'exécution sont portés devant le tribunal ou la cour qui a prononcé la sentence[1].

2°
Délai de grâce

122.461 Compétence partagée. Il résulte de l'alinéa 2 de l'article R. 212-1 C. pr. exéc. que le JEX peut accorder un délai de grâce au débiteur, bien qu'il ne soit pas le juge qui rend la décision à exécuter (C. pr. civ., art. 510). Il est également compétent pour accorder un sursis à l'expulsion. Ce sursis n'est pas subordonné à l'existence d'un titre d'occupation[2], et peut être accordé à l'occupant d'un local commercial[3]. Il partage donc cette compétence avec le juge du fond et en cas d'urgence, avec le juge des référés, la situation ayant été clarifiée par le décret n° 96-1130 du 18 décembre 1996 qui a modifié l'article 8 du décret de 1992, devenu l'article R. 121-1 C. pr. exéc., et l'article 510 C. pr. civ.

122.462 Articulation avec la compétence du juge du fond. L'articulation de ces compétences successives est désormais la suivante :

Il apparaît certain que le JEX n'est compétent en toute hypothèse qu'après le dessaisissement du juge du fond, et après la signification d'un commandement ou d'un acte de saisie (C. pr. civ., art. 510)[4].

En outre, sa décision, quant au délai, doit s'articuler avec celle du juge du fond. Il est également certain que le JEX ne peut accorder de délai de grâce que dans les conditions prévues par les articles 1244-1 et suivants du Code civil et dans les limites et conditions prévues par les articles L. 412-1 à L. 412-8 C. pr. exéc.[5]. Il peut notamment ordonner une réduction des intérêts en accordant un délai de grâce[6]. Si le juge du fond a déjà accordé au débiteur un délai épuisant les possibilités de l'article 1244-1, le JEX n'a plus ce pouvoir. On peut se demander par ailleurs si le JEX peut accorder un délai de grâce plus long que celui alloué par le juge du fond, lorsqu'il n'épuisait pas les possibilités de l'article 1244-1, ou encore s'il a la possibilité d'en accorder un lorsque cela a déjà été demandé au juge du fond et refusé par ce dernier. Dans les deux cas, il semble que ce serait aller contre l'autorité de la chose jugée de la décision au fond et modifier celle-ci.

122.463 Articulation avec la compétence du juge des référés. Mais la compétence du JEX doit aussi s'articuler avec celle du juge des référés, depuis la nouvelle rédaction donnée à l'article 510 C. pr. civ. par le décret n° 96-1130, du 18 décembre 1996 (art. 1er) : désormais, après le dessaisissement du juge du fond et **avant** la signification d'un commandement ou d'un acte de saisie, et s'il y a urgence, c'est le juge des référés qui est compétent. Le JEX ne sera compétent que lorsqu'un commandement aura été signifié (ou un acte de saisie)[7].

122.464 Articulation avec la compétence du tribunal d'instance. Le même texte réserve encore la compétence du TI en matière de saisie des rémunérations (v. aussi COJ, art. L. 221-8).

122.465 Exceptions. La compétence du JEX souffre toutefois quelques exceptions.

Ainsi, il a été jugé qu'il n'avait pas compétence pour accorder des délais de grâce pour le paiement de **dettes fiscales**[8] ou pour le recouvrement d'**amendes pénales**[9]. Il ne peut accorder de délai de grâce pour les dettes d'aliments, mais il a le pouvoir d'exonérer le débiteur d'aliment de la majoration d'intérêt de cinq points prévue par l'article L. 313-3 C. mon. fin.[10]

Avant la réforme de la saisie immobilière, le JEX ne pouvait pas accorder de délai de grâce, sauf en cas de situation de surendettement, après la publication du commandement de saisie[11]. La solution est désormais incertaine, même si l'octroi de tels délais semble

1. Versailles, 8e ch. B, 7 oct. 1999, *Rev. huiss.* mars 2000. 122, n° 00-080.
2. Aix-en-Provence, JEX, 13 sept. 2007, *Rev. huiss.* 2008. 37, obs. Scordopoulos.
3. Civ. 2e, 4 juill. 2007, n° 06-14.601, *Bull. civ.* II, n° 202; *D.* 2007. 2103, obs. Forest; *D.* 2007. 2342, obs. Vigneau; *Procédures* 2007. Comm. 224, obs. Croze; *Rev. huiss.* 2007. 353, obs. Bourdillat.
4. Civ. 2e, 16 sept. 2003, n° 02-10.909, *Bull. civ.* II, n° 262; *D.* 2003. 2866, obs. Prétot; *Procédures* 2003, n° 253, obs. Perrot – Soc. 19 juill. 2001, n° 00-12.917, *Bull. civ.* V, n° 284; *JCP* 2002. II. 10098, note Bugada – Civ. 2e, 3 juin 1999, n° 97-14.889, *Bull. civ.* III, n° 110; *Rev. huiss.* 1999. 804, note Bourdillat.
5. Anct L. 9 juill. 1991, art. 62 – CCH, art. L. 613-1 à L. 613-5.
6. Civ. 1re, 19 sept. 2007, n° 06-10.629, *Bull. civ.* I, n° 289; *JCP* 2007. IV. 2872; *Procédures* 2007. Comm. 238, obs. Perrot.
7. Ph. Soustelle, « Le retour de la compétence du juge des référés pour octroyer un délai de grâce », *RG proc.* 1999. 25.
8. TGI Riom, 30 mars 1993, *BICC* 15 juill. 1993, n° 897; *D.* 1994. Somm. 336, obs. Julien; *Rev. huiss.* 1994. 896.
9. TGI Lyon, 7 juin 1994, *Gaz. Pal.* 1994. 2. Somm. 816.
10. Civ. 2e, 22 mars 2012, n° 11-13.915, *Bull. civ.* II, n° 56; *D.* 2013. 2067, obs. Leroy-Gissinger et Renault-Malignac.
11. Civ. 2e, 8 avr. 1998, n° 96-04.043, *Bull. civ.* II, n° 154; *D.* 1998. 125.

possible[1]. En cas de surendettement, la compétence résiduelle du JEX pour accorder des délais pour causes graves et dûment justifiées sur saisine de la commission de surendettement a été transférée au juge d'instance (C. consom., art. L. 331-5, al. 2[2]).

3°
Astreinte

122.471 **Juge de l'exécution.** La loi du 9 juillet 1991 a renouvelé le régime juridique de l'astreinte, dont le JEX devient le maître d'œuvre essentiel.

122.472 **Prononcé de l'astreinte.** Il appartient toujours à tout juge de prononcer une astreinte pour assurer l'exécution de sa décision (C. pr. exéc., art. L. 131-1[3]). Mais le JEX peut lui-même assortir d'une astreinte la décision d'un autre juge « *si les circonstances en font apparaître la nécessité* » (C. pr. exéc., art. L. 131-1, al. 2). Il peut également renforcer une astreinte prononcée par un autre juge[4]. La jurisprudence est divisée sur le point de savoir si la compétence du JEX pour assortir la décision d'un autre juge d'une astreinte est exclusive. Admettant qu'il s'agit d'une compétence exclusive, la chambre commerciale de la Cour de cassation a refusé à un juge commissaire, dessaisi, le pouvoir d'assortir d'une astreinte une décision qu'il avait préalablement rendue[5]. En sens contraire, la deuxième chambre civile a estimé que la compétence du JEX n'était pas exclusive et ne faisait pas obstacle à ce que le juge initialement saisi le soit à nouveau pour assortir sa propre décision d'une astreinte qu'il n'avait pas prononcée[6].

122.473 **Liquidation de l'astreinte.** En principe, le JEX est seul compétent pour liquider l'astreinte, sauf si le juge qui l'a prononcée s'est réservé expressément le pouvoir de la liquider (C. pr. exéc., art. L. 131-3[7]); dans ce cas, le JEX doit d'office se déclarer incompétent[8]. Si le juge qui a prononcé l'astreinte ne s'est pas réservé ce pouvoir, le JEX est exclusivement compétent et tout autre juge doit relever d'office son incompétence. Dès lors, en liquidant l'astreinte prononcée par un tribunal de commerce, qui n'était pas resté saisi de l'affaire et qui ne s'était pas réservé le pouvoir de la liquider, une cour d'appel, qui était tenue de relever d'office son incompétence, a violé l'article 35 de la loi du 9 juillet 1991 (devenu C. pr. exéc., art. L. 131-3) et l'article L. 311-12-1 alinéa 4 (alors en vigueur) du COJ[9].

Saisi d'une demande de liquidation d'une astreinte, le JEX est compétent pour apprécier la portée de l'interdiction assortie de l'astreinte[10].

122.474 **Compétence du juge des référés.** Il est à noter également que le juge des référés reste compétent pour liquider, à titre provisoire seulement, les astreintes qu'il a lui-même prononcées (C. pr. civ., art. 491). Il a toutefois été jugé que le juge des référés ne conserve cette compétence que s'il a lui-même décidé, par une mention expresse de son ordonnance, de liquider l'astreinte[11] ou s'il reste saisi dans les conditions de l'article L. 131-3 C. pr. exéc., ce qui est en pratique fort rare[12]. En dehors de ces hypothèses limitées, le JEX est seul compétent pour liquider les astreintes tant provisoires que définitives (il l'est notamment à la place du JAF), pour connaître d'une demande en paiement d'astreinte, pour assurer l'exercice d'un droit de visite et d'hébergement d'un parent à la suite du divorce[13].

4°
Mesures conservatoires et sûretés judiciaires

122.481 **Compétence partagée.** L'article L. 213-6 du COJ donne compétence exclusive au JEX pour autoriser toute mesure conservatoire ou prendre toute sûreté judiciaire dès lors que le créancier n'est pas déjà muni d'un titre exécutoire (C. pr. exéc., art. L. 511-2). En effet, le président du tribunal de commerce a les mêmes pouvoirs avant tout procès pour les créances relavant de la compétence de la juridiction commerciale (C. pr. exéc., art. L. 511-3[14]). Mais ce pouvoir est facultatif (le texte dit « *peut* »). Cette double compétence est d'ordre public, exclusive à l'égard de tout autre juge qui doit relever d'office son

1. EN CE SENS, Aix-en-Provence, 24 sept. 2008, RG nº 08/10585, *JCP E* 2009. 1311; Circ. min. Just. nº CIV/17/06, 14 nov. 2006 – *CONTRA*, Aix-en-Provence, 2 nov. 2007, RG nºs 07/12609 et 07/15806, *JCP* 2007. II. 10209, note crit. Leborgne.
2. Mod. par Décr. nº 2011-741, 28 juin 2011, *JO* 29 juin, p. 10959.
3. Anct L. 9 juill. 1991, art. 33.
4. TGI Pointe-à-Pitre, 23 avr. 1993, *BICC* 1er juill. 1993, nº 823.
5. Com. 28 avr. 1998, nº 95-18.132, *Bull. civ.* IV, nº 134.
6. Civ. 2e, 18 févr. 1999, nº 97-13.885, *Bull. civ.* II, nº 32; *D.* 1999. Somm. 218, obs. Julien; *Procédures* avr. 1999. Comm. 88, Perrot; *RTD civ.* 1999. 465, obs. Perrot; *RTD civ.* 1999. 690, obs. Normand.
7. Anct L. 9 juill. 1991, art. 35.
8. Soc. 9 mai 2007, nº 05-46.029, *Bull. civ.* V, nº 69; *D.* 2008. 585, note Foulon et Strickler; *Procédures* 2007. Comm. 247, obs. Perrot.
9. Civ. 1re, 21 mars 2000, nº 98-14.246, *Bull. civ.* I, nº 98; *D.* 2000. IR 111 – Dans le même sens, Civ. 2e, 3 juin 1999, nºs 97-20.725 et 97-21.127, NP; *Rev. huiss.* nov. 1999. 756.
10. Civ. 2e, 20 déc. 2001, nº 98-11.777, NP; *Procédures* 2002, nº 44, obs. Perrot.
11. Le simple fait que le juge des référés mentionne dans son ordonnance qu'il lui en sera référé en cas de difficulté ne constitue pas une réserve expresse de compétence : Civ. 2e, 15 janv. 2009, nº 07-20.955, *Bull. civ.* II, nº 13; *D.* 2010. 1307, obs. Leborgne; *Procédures* 2009. Comm. 113, note Perrot.
12. Aix-en-Provence, 30 janv. 1996, RG nº 95/13552, *Rev. huiss.* 1996. 1027.
13. Paris, 12 janv. 1994, RG nº 93/10737, *BICC* 15 avr. 1994, nº 440.
14. Anct L. nº 91-650, 9 juill. 1991, art. 69.

incompétence (C. pr. exéc., art. R. 511-3 [1]). L'article L. 721-7 du Code de commerce prévoit désormais expressément que le président du tribunal de commerce peut connaître concurremment avec le JEX, lorsqu'elles tendent à la conservation d'une créance relevant de la compétence de la juridiction commerciale et qu'elles sont demandées avant tout procès, des mesures conservatoires portant sur les meubles et immeubles, les navires, les aéronefs et les bateaux de navigation intérieure d'un tonnage égal ou supérieur à vingt tonnes [2].

La saisie conservatoire d'un aéronef relève également de la compétence du JEX (C. transp., art. L. 6123-2 [3]).

Le JEX a également compétence pour autoriser certaines mesures conservatoires en matière douanière (C. douanes, art. 341 *bis*) [4].

122.482 Compétence pour statuer sur les contestations et difficultés. La mesure étant prise non contradictoirement, le juge qui ordonne une mesure conservatoire peut se réserver de réexaminer sa décision ou ses modalités au vu d'un débat contradictoire en vue duquel il fixe l'audience (C. pr. exéc., art. R. 511-5 [5]). Le JEX (ou le président du tribunal de commerce qui a autorisé la mesure) est également compétent pour ordonner la mainlevée de la mesure le cas échéant (C. pr. exéc., art. R. 512-1 [6]). Le JEX du lieu où demeure le débiteur est encore compétent pour ordonner le cas échéant la mainlevée même lorsque la mesure a été prise sans autorisation préalable (C. pr. exéc., art. R. 512-2 [7]). Le JEX du lieu d'exécution de la mesure conservatoire est encore en principe seul compétent pour statuer sur les contestations relatives à l'exécution de la mesure (C. pr. exéc., art. R. 512-3 [8]).

5°
Contestations relatives à l'exécution forcée

122.491 Compétence exclusive. C'est le principal de la compétence du JEX. Outre les ordonnances qu'il rend sur requête (C. pr. exéc., art. R. 121-23 [9]) et celles, dépourvues d'autorité de la chose jugée qu'il prend sur les difficultés d'exécution (C. pr. exéc., art. R. 151-1 s. [10]), le JEX est seul compétent pour trancher au fond toute contestation relative à une procédure d'exécution mobilière, pour en ordonner mainlevée, pour en prononcer la nullité ou ordonner la distraction de bien saisis, pour apprécier les droits d'un tiers (droit de rétention par ex. pour une contestation d'une saisie attribution par un créancier de second rang contre le tiers saisi [11]). Saisi d'une contestation sur la validité des opérations de saisie, il n'a pas à attendre la décision du premier président appelé à statuer sur une demande de suspension de l'exécution provisoire [12].

122.492 Domaine. Cette compétence est toutefois limitée aux contestations qui s'élèvent à propos d'une exécution forcée. Ainsi, il a été jugé que le commandement de payer avec rappel de la clause résolutoire d'un bail constitue une simple mise en demeure et non un acte d'exécution. En conséquence, le JEX n'est pas compétent pour connaître d'une demande tendant à l'annulation d'un tel commandement et l'affaire doit être portée devant le TI [13]. Plus généralement, si le **commandement** signifié au débiteur n'est pas en soi un acte d'exécution, la Cour de cassation a jugé que le commandement aux fins de saisie-vente engageait la procédure d'exécution et qu'il en résultait que le JEX était compétent pour connaître d'une demande en nullité du commandement [14]. Le JEX est compétent, selon la jurisprudence récente, en présence d'une simple mesure conservatoire telle qu'une inscription d'hypothèque provisoire [15].

En cas de difficulté rencontrée par les époux pour procéder à la liquidation de leurs intérêts patrimoniaux en application de décisions de justice, le JEX n'est toutefois compétent que si une mesure d'exécution a été engagée. Il ne l'est pas si les parties se heurtent à une simple difficulté de calcul [16]. Le JEX n'est pas non plus compétent pour statuer sur une demande de résiliation d'un bail pour non-respect

1. Anc[t] Décr. 31 juill. 1992, art. 211.
2. C. com., art. L. 721-7, créé par L. n° 2010-1609, 22 déc. 2010, relative à l'exécution des décisions de justice, art. 9, mod.par Ord. 19 déc. 2011, art. 3.
3. Ord. n° 2010-1307, 28 oct. 2010, relative à la partie législative du Code des transports, *JO* 3 nov., p. 3.
4. Depuis l'entrée en vigueur, en 2013, de L. 13 déc. 2011, art. 8.
5. Anc[t] Décr. 31 juill. 1992, art. 213.
6. Anc[t] Décr. 31 juill. 1992, art. 217.
7. Anc[t] Décr. 31 juill. 1992, art. 218.
8. Anc[t] Décr. 31 juill. 1992, art. 219.
9. Anc[t] Décr. 31 juill. 1992, art. 32.
10. Anc[t] Décr. 31 juill. 1992, art. 34 s.
11. Civ. 2e, 18 nov. 2004, n° 03-13.139, *Bull. civ.* II, n° 497; *Dr. et proc.* 2005. 231, obs. Bourdillat; *RTD civ.* 2005. 188, obs. Perrot.
12. Civ. 2e, 10 févr. 2005, n° 03-15.067, n° 03-15.068, *Bull. civ.* II, n° 28; *Procédures* 2005. 130, obs. Perrot; *RTD civ.* 2005. 455, obs. Perrot.
13. TGI Montpellier, JEX, 8 août 1994, *Dr. jud. et pr. civ.* 1995, n° 3, p. 370; *LPA* 22 nov. 1996, n° 141, p. 6.
14. Civ. 2e, 16 déc. 1998, n° 96-18.255, *Bull. civ.* II, n° 301; *D.* 1999. 221, obs. Julien; *JCP* 1998. IV. 1255; *Gaz. Pal.* 1999. 2. Somm. 596, obs. Véron – Civ. 2e, 3 juin 1999, n° 97-14.889, *Bull. civ.* II, n° 110 – Cass., avis, 14 juin 1993, n° 09-30.008, *Bull. civ. avis*, n° 8; *D.* 1993. 394, note Ménabé; *D.* 1993. 213, chron. Théry;*D.* 1993. Somm. 283, obs. Julien; *RTD civ.* 1993. 892, obs. Perrot.
15. Civ. 2e, 31 janv. 2013, n° 11-26.992, *Bull. civ.* II, n° 19; *Dr. et proc.* 2013. 114, note Vinckel.
16. Civ. 2e, 23 juin 2011, n° 10-18.715, NP; *Procédures* 2011. Comm. 302, note Perrot.

des termes d'une décision de justice en l'absence de procédure d'exécution en cours[1].

122.493 En matière fiscale. La compétence du JEX est limitée en matière fiscale au recours éventuel contre une décision de l'administration fiscale portant sur une contestation de la régularité en la forme de l'acte d'exécution (LPF, art. L. 281 et art. L. 282). Il a ainsi été précisé par la Cour de cassation que, dès lors qu'elle ne met pas en cause la créance fiscale dans son existence, son montant ou son exigibilité, et qu'elle concerne la régularité de la procédure d'exécution, la contestation relève de l'opposition à poursuites qui ressortit au JEX[2]. Il en résulte que le JEX est incompétent en l'absence de recours préalable devant l'administration[3] ou lorsque l'administré invoque la prescription de l'action en recouvrement et la validité du titre exécutoire[4]. Mais lorsque le débiteur prétend que le fonctionnaire ayant établi l'acte de poursuite était incompétent faute de délégation de signature, l'appréciation relève, non pas du JEX, mais du juge administratif qui appréciera la régularité de la créance[5].

122.494 Saisie-appréhension. Cette saisie nouvelle instituée par la loi du 9 juillet 1991, relève, comme les autres voies d'exécution mobilière, de la compétence du JEX. Les nouvelles dispositions prévoient une appréhension sans titre exécutoire sur injonction du juge (C. pr. exéc., art. L. 222-1 et R. 222-11 à R. 222-16[6]). Avant la réforme, la pratique avait admis la compétence du tribunal de commerce pour autoriser la reprise du bien donné en gage par le créancier gagiste. La Cour de cassation a précisé que, sous l'empire de la loi du 9 juillet 1991, le président du tribunal de commerce était incompétent pour autoriser l'appréhension d'un véhicule automobile gagé[7] (un avis de la Cour en date du 5 mai 1995 estime que l'article 3 du décret du 30 septembre 1953, sur lequel on fondait auparavant la compétence du président du tribunal de commerce, est implicitement abrogé[8]). Il faut ajouter toutefois que le JEX n'est pas compétent pour statuer sur la restitution du bien litigieux si son ordonnance portant injonction de délivrer le bien est frappée d'opposition. Il appartient à celui qui demande la délivrance du bien de saisir au fond la juridiction compétente, mais le JEX reste néanmoins compétent pour apprécier, lorsqu'elle est contestée, la recevabilité de l'opposition à son injonction (C. pr. exéc., art. R. 222-14[9])[10].

122.495 Distribution des deniers. Le JEX est compétent pour statuer sur les difficultés s'élevant au sujet de la distribution des deniers résultant d'une exécution forcée, à l'exclusion des difficultés résultant d'une vente amiable (en cas de vente amiable, c'est le TGI qui est compétent[11] – Décr. n° 96-740, 14 août 1996, insérant les articles 1281-1 à 1281-12 dans le [Nouveau] Code de procédure civile : le président du TGI n'a une compétence spéciale que pour fixer la rémunération de la personne chargée de la distribution en cas de contestation, C. pr. civ., art. 1281-11), d'une saisie immobilière ou d'une procédure de redressement ou de liquidation judiciaires.

Le JEX est compétent pour procéder à la répartition sur la demande de tout intéressé lorsque les délais impartis pour la préparation du projet de répartition ne sont pas respectés (C. pr. exéc., art. R. 251-10[12]) et pour trancher les points de désaccord sur le projet de répartition (C. pr. exéc., art. R. 251-8[13]).

6°
Responsabilité du fait des actes d'exécution

122.501 Compétence exclusive. Le JEX se voit encore reconnaître une compétence exclusive pour statuer sur « *les demandes en réparation fondées sur l'exécution ou l'inexécution dommageables des mesures d'exécution forcées ou des mesures conservatoires* » (COJ, art. L. 213-6).

122.502 Créancier. Ainsi l'article L. 121-2 C. pr. exéc. donne-t-il le pouvoir au JEX pour « *ordonner la mainlevée de toute mesure inutile ou abusive et de condamner le créancier à des dommages-intérêts en cas d'abus de saisie* »[14]. Il incombe toutefois au juge de motiver sa décision et de caractériser l'abus commis par le créancier.

1. Civ. 2e, 18 oct. 2012, n° 11-25.257, *Bull. civ.* II, n° 176; *Procédures* 2012. Comm. 348, note Perrot; *D.* 2013. 1579, obs. Leborgne.
2. Cass., avis, 14 mai 2001, n° 01-00.002, *Bull. civ. avis*, n° 3.
3. Amiens, JEX, 20 avr. 1995, *Rev. huiss.* 1995. 1389 – Cass., avis, 14 mai 2001, n° 01-00.002, préc. ss prést n°.
4. Com. 17 janv. 2012, n° 11-10.102, *Bull. civ.* II, n° 6; *Dr. fisc.* 2012. Comm. 330, note Maublanc.
5. T. confl. 1er mars 2010, req. n° 3706, *Dr. fisc.* 2010. Comm. 337.
6. Anct L. 9 juill. 1991, art. 56 et Décr. 31 juill. 1992, art. 149 à 154.
7. Civ. 1re, 24 nov. 1993, n° 91-16.740, *Bull. civ.* I, n° 348; *RTD civ.* 1994. 174, obs. Perrot – *Rev. huiss.* 1996. 7, obs. Normand.
8. Cass., avis, 5 mai 1995, n° 09-50.004, *Bull. civ. avis*, n° 4; *D.* 1995. IR 147; *D.* 1995. 618, note Morgan de Rivery Guillaud; *RTD civ.* 1996. 203, obs. Crocq; *JCP* 1995. 346, note Croze et Moussa.
9. Anct Décr. 31 juill. 1992, art. 152.
10. Amiens, 14 févr. 1995, RG n° 2260/94, *Rev. huiss.* 1995. 1388.
11. Cass., avis, 29 nov. 1993, n° 09-30.015, *Bull. civ. avis*, n° 16; *JCP* 1994. II. 22203, note Croze et Moussa.
12. Anct Décr. 31 juill. 1992, art. 292.
13. Anct Décr. 31 juill. 1992, art. 290.
14. Anct L. 91-650, 9 juill. 1991, art. 22, al. 2.

122.503 Débiteur. Le débiteur peut lui-même être condamné à des dommages-intérêts lorsqu'il résiste abusivement aux mesures d'exécution forcée et à plus forte raison, s'il organise son insolvabilité ou détourne des biens saisis (C. pr. exéc., art. L. 121-3 [1]). Le JEX dispose d'un tel pouvoir y compris lorsqu'il est saisi pour assortir d'une astreinte la décision d'un autre juge, en dépit de la distinction de l'astreinte et des dommages et intérêts [2]. L'article L. 121-3 C. pr. exéc. accorde au JEX un pouvoir autonome des plus étendus.

122.504 Tiers. Les tiers qui empêchent une mesure d'exécution ou qui n'apportent pas leur concours « *lorsqu'ils en sont légalement requis* » (C. pr. exéc., art. L. 123-1 [3]), peuvent également engager leur responsabilité, outre la possibilité de les condamner sous astreinte à prêter leur concours.

122.505 Saisie-attribution. C'est surtout en matière de saisie-attribution que le tiers risque d'engager sa responsabilité. L'article R. 211-5 C. pr. exéc. dispose en effet que : « *Le tiers saisi qui, sans motif légitime, ne fournit pas les renseignements prévus est condamné, à la demande du créancier, à payer les sommes dues à ce dernier, sans préjudice de son recours contre le débiteur. Il peut aussi être condamné à des dommages-intérêts en cas de négligence fautive ou de déclaration inexacte ou mensongère* » [4]. La demande est de la compétence du JEX.

122.506 Agent chargé de l'exécution. En vertu de l'article L. 213-6 du COJ, le JEX « *connaît des demandes en réparation fondées sur l'exécution ou l'inexécution dommageables des mesures d'exécution forcée ou des mesures conservatoires* ». Aucune autre disposition n'attribue compétence exclusive à une autre juridiction pour connaître de ces actions à l'encontre des huissiers de justice et des autres agents pouvant intervenir (commissaire-priseur, courtier). Rien n'exclut donc la compétence du JEX pour statuer sur la responsabilité de cet agent qui est l'huissier de justice le plus souvent [5]. Il a été précisé que n'échappe pas à la compétence du JEX une action exercée par le débiteur contre un huissier pour faute sur le fondement du droit commun [6]. Le JEX est donc compétent pour connaître de l'action en responsabilité exercée par le débiteur contre l'huissier de justice après l'annulation de la mesure de saisie qui l'a frappée [7]. Il est également compétent pour statuer sur la responsabilité de l'huissier de justice fondée sur l'exécution dommageable des mesures d'exécutions même si la mesure échappe à sa compétence (par ex. pour une mesure de paiement direct des pensions alimentaires qui relevait alors de la compétence du tribunal d'instance) [8]. Mais la Cour de cassation considère que le créancier dont la responsabilité est recherchée par le débiteur ne peut pas appeler en garantie l'huissier devant le JEX, le mandat qu'il lui a confié ne relevant pas de sa compétence [9]. Cette compétence ne s'étend toutefois pas à la responsabilité des agents habilités du Trésor public qui sont fonctionnaires et relèvent des juridictions administratives.

122.507 Responsabilité de l'huissier. La responsabilité de l'huissier peut être double.

– **D'une part**, le juge pourrait laisser à la charge de l'huissier lui-même les frais inutiles accomplis sans nécessité sur le fondement des articles L. 111-8 C. pr. exéc. [10] et sur celui, plus général, de l'article 650 C. pr. civ. qui dispose que : « *Les frais afférents aux actes inutiles sont à la charge des huissiers de justice qui les ont faits, sans préjudice des dommages-intérêts qui seraient réclamés. Il en est de même des frais afférents aux actes nuls par l'effet de leur faute* ».

– **D'autre part**, l'article L. 122-2 C. pr. exéc. [11] dispose que : « *L'huissier de justice chargé de l'exécution a la responsabilité de la conduite des opérations d'exécution* ». Il peut lui être réclamé des dommages-intérêts pour des actes d'exécution irréguliers ou abusifs par la victime du dommage qui en résulte. Ce peut être, selon les cas, soit le débiteur, soit un tiers, soit même le créancier (qui lui-même peut être condamné envers le débiteur ou le tiers pour les actes irréguliers inutiles ou abusifs commis par l'huissier).

7°
Saisie immobilière

122.511 Compétence en matière de saisie immobilière. Depuis le 1er janvier 2007, c'est le JEX qui est

1. Anc[t] L. 91-650, 9 juill. 1991, art. 23.
2. Civ. 2e, 11 févr. 2010, n° 08-21.787, *Bull. civ.* I, n° 30; *Dr. et proc.* 2010. 151, note Leborgne; *Procédures* 2010. Comm. 107, *D.* 2010. 2106, obs. Sommer et Leroy-Gissinger; *D.* 2010. 659, obs. Avena-Robardet; *D.* 2010. 1307, obs. Leborgne.
3. Anc[t] L. 9 juill. 1991, art. 24.
4. Anc[t] Décr. 31 juill. 1992, art. 60.
5. H. Croze, *JCP* 1992. I. 3555, n° 29 – Ph. Brunel, « La juridiction de l'exécution et la responsabilité de l'huissier : compétence et mise en œuvre », *D.* 1997. Chron. 370.
6. Civ. 2e, 24 juin 1998, n° 96-22.851, *Bull. civ.* II, n° 222; *D.* 1999. 148, note Hoonakker; *D.* 1999. 221, obs. Julien; *RTD civ.* 1998. 753, obs. Perrot; *JCP* 1998. IV. 2878; *D. Affaires* 1998. 1744; *RG proc.* 1999. 114, obs. Putman.
7. Civ. 2e, 14 mai 2009, n° 08-15.879, NP; *D.* 2010. 1307, obs. Leborgne; *Procédures* 2009. Comm. 272, note Perrot.
8. Civ. 2e, 2 déc. 2010, n° 09-65.951, *Bull. civ.* II, n° 194; *D.* 2011. 1509, obs. Leborgne; *Procédures* 2011, n° 55, note Perrot; *Dr. et proc.* 2011. 73, note Lefort.
9. Civ. 2e, 21 févr. 2008, n° 07-10.417, *Bull. civ.* II, n° 43; *D.* 2008. 2373, chron. Sommer et Nicoletis; *D.* 2009. 1168, obs. Leborgne; *RTD civ.* 2008. 546, obs. crit. Théry; *Procédures* oct 2008, n° 267, obs. crit. Perrot – Civ. 3e, 5 janv. 2012, n° 10-12.741, NP; *Procédures* 2012. Comm. 70, note Perrot.
10. Anc[t] L. 9 juill. 1991, art. 32, al. 1er à 4.
11. Anc[t] L. 9 juill. 1991, art. 19, al. 1er.

compétent pour connaître de toute la procédure de saisie immobilière, des contestations qui s'élèvent à l'occasion de celle-ci et des demandes nées de cette procédure ou qui s'y rapportent directement, même si elles portent sur le fond du droit ainsi que de la procédure de distribution qui en découle (C. pr. exéc., art. R. 311-2[1]).

L'assignation à comparaître est portée devant lui (C. pr. exéc., art. R. 322-4[2]). Il statue sur les contestations lors de l'audience d'orientation qu'il fixe (C. pr. exéc., art. R. 322-15[3]). Il a été précisé par la Cour de cassation notamment qu'il est tenu de trancher les contestations relatives à la validité des déclarations de créance soulevées au cours de l'audience d'orientation[4]. C'est encore le JEX qui décide, sur demande du débiteur l'autorisation de la vente amiable (C. pr. exéc., art. R. 322-20 s.[5]). Il tient encore l'audience de vente forcée et rend le jugement d'adjudication (C. pr. exéc., art. R. 322-59[6]). Il est le juge de la distribution des deniers résultant de la vente (C. pr. exéc., art. R. 331-1 s.[7]). Mais son rôle est limité au jugement des contestations et à la distribution judiciaire du prix à défaut de procès-verbal d'accord sur une répartition amiable qui est favorisée (C. pr. exéc., art. R. 332-1 s.[8]).

8°
Paiement direct des pensions alimentaires

122.521 Nouvelle compétence du juge de l'exécution. Le décret n° 73-216 du 1er mars 1973 a institué une procédure spécifique de paiement direct des pensions alimentaires favorable aux créanciers d'aliments. L'article 5 de ce décret conférait compétence au TI pour connaître des contestations relatives à cette procédure. Il a été modifié par le décret n° 2009-1693 du 29 décembre 2009. Depuis le 1er décembre 2010, les contestations relatives à la procédure de paiement direct des pensions alimentaires sont portées devant le JEX (C. pr. exéc., art. L. 213-1 s. et R. 213-1 s.).

9°
Saisie des bateaux, navires et aéronefs

122.531 Compétence progressive du juge de l'exécution à compter de 2011. La loi n° 2010-1609 du 22 décembre 2010 a conféré compétence au JEX, en remplacement du TGI, pour connaître du contentieux de la saisie et de la vente forcée des bateaux de navigation intérieure d'un tonnage égal ou supérieur à vingt tonnes (C. dom. publ. fluv., art. 123 s.). Cette réforme semble entrée en vigueur le 1er septembre 2011, malgré l'absence à cette date du décret d'application annoncé dans la loi[9]. C'est le décret n° 2013-251 du 25 mars 2013, relatif à certaines dispositions de la partie réglementaire du Code des transports, qui a régularisé cette situation en réglementant cette saisie (C. transp., art. R. 4123-1 s.)[10].

La codification du droit des transports a été l'occasion de transférer au JEX la compétence en matière de saisie-exécution des navires (C. transp., art. L. 5114-20 s. et R. 4123-3 s.), des aéronefs (C. transp., art. L. 6123-1 et L. 6123-2) et des bateaux de plus de vingt tonnes (C. transp., art. R. 4123-1 s.). Ce transfert de compétence est effectif lors de l'entrée en vigueur de la partie réglementaire du Code des transports, laquelle intervient de façon progressive[11].

C.
Matières diverses

122.540 Compétence définitive. Dans d'autres domaines, le président du TGI reçoit une compétence définitive pour trancher au fond un type de litige. Souvent, la loi précise en outre que le président est saisi et statue « *en la forme des référés* »; ceci signifie qu'il rend bien une décision définitive, au fond (sous réserve des voies de recours), mais qu'il le fait selon la procédure d'urgence instituée pour le référé.

1°
Contestation des honoraires, frais et dépens

122.541 Honoraires du bâtonnier de l'ordre des avocats. L'article 179 du décret n° 91-1197 du 27 novembre 1991 prévoit que la contestation des honoraires du bâtonnier lui-même est portée devant le président du TGI, qui statue alors selon la procédure prévue par les articles 175 et 176 du même décret (procédure prévue pour la contestation des honoraires des avocats devant le bâtonnier).

1. Anct Décr. 27 juill. 2006, art. 2.
2. Anct Décr. 27 juill. 2006, art. 38.
3. Anct Décr. 27 juill. 2006, art. 49.
4. Cass., avis, 16 mai 2008, n° 08-00.002, *Bull. civ. avis*, n° 3; *D.* 2008. 1631; *D.* 2009. 1168, obs. Leborgne; *JCP* 2008. IV. 2008; *Procédures* 2008, n° 212, obs. Laporte; *Gaz. Pal.* 15-16 juin 2008, p. 15, obs. Talon.
5. Anct Décr. 27 juill. 2006, art. 53 s.
6. Anct Décr. 27 juill. 2006, art. 87.
7. Anct Décr. 27 juill. 2006, art. 107 s.
8. Anct Décr. 27 juill. 2006, art. 112 s.
9. L. 22 déc. 2010, art. 10 et 43.
10. Décr. n° 2013-251, 25 mars 2013, relatif à certaines dispositions de la partie réglementaire du Code des transports, *JO* 27 mars, p. 5146 – L. Lauvergnat, « La saisie des bateaux : une mesure d'exécution de nouveau à flot », *Gaz. Pal.* 26 sept. 2013, p. 5.
11. V. A. Leborgne, *D.* 2011. 1510, pan. droit de l'exécution. Le décret n° 2013-251 du 25 mars 2013 relatif à certaines dispositions de la partie réglementaire du Code des transports (*JO* 27 mars, p. 5146) a permis l'entrée en vigueur, le lendemain de sa publication, de la quatrième partie réglementaire de ce code concernant la navigation intérieure et le transport fluvial.

122.542 Contestation de la vérification des dépens. Le président du TGI est encore compétent pour statuer sur les contestations élevées contre la vérification des dépens. Ceux-ci comprennent les indemnités de témoins, la rémunération du technicien (C. pr. civ., art. 252, 262 et 284)[1], les débours tarifés, les émoluments des officiers publics ou ministériels et la rémunération tarifée des avocats (C. pr. civ., art. 695). La procédure suppose la saisine préalable du greffe de la juridiction chargée de vérifier le montant des dépens (C. pr. civ., art. 704 s.). Ce n'est qu'en cas de contestation du certificat de vérification établit par le greffe que le président de la juridiction peut être saisi (C. pr. civ., art. 708 et 709). Il n'est donc pas possible de contester les émoluments tarifés d'un notaire directement devant le président[2]. Mais, si elle est le plus souvent celle du président du TGI, cette compétence ne lui est pas spéciale, puisqu'elle appartient au président de la juridiction devant laquelle les dépens ont été exposés.

2°
Décisions prises en la forme des référés

122.551 Notion. La procédure selon laquelle le président du TGI statue au fond est variable; le plus souvent, les textes spéciaux lui conférant compétence indiquent la procédure à suivre, qui est pratiquement toujours une procédure d'urgence. Mais parfois la loi précise que le président statue « *en la forme des référés* » ou « *comme en matière de référé* ». Ceci ne veut pas dire qu'il statue en référé, à titre provisoire, mais que la procédure d'urgence des référés doit être suivie, le magistrat statuant néanmoins au fond par une décision ayant autorité de chose jugée au fond. Cette solution jurisprudentielle est désormais consacrée par l'article 492-1 C. pr. civ.[3]. Ce texte ajoute que l'ordonnance est exécutoire à titre provisoire, à moins que le juge en décide autrement, ce qui est une innovation par rapport à la jurisprudence antérieure au décret du 1er septembre 2011[4].

122.552 Relevé de forclusion. L'article 540 C. pr. civ. donne compétence au président du TGI (et plus généralement de la juridiction qui a statué, qui peut ne pas être le seul TGI) pour statuer sur la demande de relevé de forclusion formée par une partie contre laquelle un jugement a été rendu par défaut ou réputé contradictoire et qui, dans l'ignorance du jugement rendu, n'a pu former un recours dans le délai, sans qu'il y ait faute de sa part, ou qui s'est trouvé dans l'impossibilité d'agir. L'article 540 précise que : « *Le président est saisi comme en matière de référé* ».

122.553 Servitude de cour commune. L'article R. 471-1 du Code de l'urbanisme donne compétence au président du TGI « *statuant comme en matière de référé* » pour instituer une servitude de cour commune[5].

122.554 Indivision. L'article 815-6 du Code civil attribue compétence au président du TGI pour prescrire des mesures urgentes requises par l'intérêt commun, telles que la perception de la part d'un dépositaire ou d'un débiteur de provisions nécessaires pour faire face aux besoins urgents ou la désignation d'un indivisaire comme administrateur qu'il peut obliger à donner caution. L'article 815-7 lui permet encore d'interdire le déplacement des meubles corporels « *sauf à spécifier ceux dont il attribue l'usage personnel à l'un ou l'autre des ayants droit, à charge pour ceux-ci de donner caution s'il l'estime nécessaire* ». La Cour de cassation a précisé que les articles 808 et 809 C. pr. civ. n'étaient pas applicables en la matière et que la décision prise pouvait préjudicier au principal[6]. Mais le président excède ses pouvoirs relatifs aux seuls droits indivis s'il statue sur l'existence même du droit, notamment d'un droit viager d'usage et d'habitation du conjoint successible[7]. Bien que les textes ne le disent pas expressément, le président statue comme en matière de référé[8]. C'est encore le cas lorsqu'il est saisi d'une difficulté dans l'établissement de l'inventaire après décès (C. pr. civ., art. 1333).

122.555 Juge d'appui du tribunal arbitral. Le président du TGI est juge d'appui du tribunal arbitral, sauf si la convention d'arbitrage prévoit expressément la compétence du tribunal de commerce (C. pr. civ., art. 1459)[9]. La règle, énoncée pour l'arbitrage interne, vaut également pour l'arbitrage international (C. pr. civ., art. 1506). Le juge d'appui est com-

1. F. Arbellot, « Fixation et contestation de la rémunération des techniciens dans le nouveau Code de procédure civile », *Procédures* 2006. Chron. 21.
2. Civ. 2e, 14 oct. 2010, no 09-14.033, *Bull. civ.* II, no 170.
3. Décr. 1er sept. 2011, *JO* 2 sept. 2011, p. 14884 – C. Bléry, « Le référé procédural entre au Code de procédure civile », *JCP* 2011. 1006.
4. M. Foulon et Y. Stickler, « Le décret no 2011-1043 du 1er septembre 2011 et la procédure en la forme des référés », *D.* 2011. 2668 – M. Foulon et Y. Strickler, *Les référés en la forme*, Dalloz, 2013.
5. Civ. 3e, 4 janv. 1973, no 71-13.200, *Bull. civ.* III, no 20; *Gaz. Pal.* 688, note Morand; *D.* 1973. 398, note Franck; *RTD civ.* 1973. 81, obs. Raynaud – G. Liet-Veaux, « Réflexions sur la servitude de cour commune », *D.* 1964. Chron. 13.
6. Civ. 1re, 16 févr. 1988, no 86-16.489, *Bull. civ.* I, no 45; *RTD civ.* 1988. 371, obs. Patarin – Civ. 1re, 8 janv. 1991, no 89-15.271, *Bull. civ.* I, no 11.
7. Civ. 1re, 24 oct. 2012, no 11-17.094, *Bull. civ.* I, no 216.
8. Giverdon, obs. ss Paris, 5 janv. 1878, *RTD civ.* 1981. 175 – J.-P. Rousse, « Les pouvoirs du juge des référés dans la loi du 31 décembre 1976 relative à l'indivision », *Gaz. Pal.* 1977. 2. Doctr. 557 – CONTRA, Normand, *RTD civ.* 1980. 893.
9. T. Clay, « L'appui du juge à l'arbitrage », *Cah. arb.* 2011. 331 – P. Chevallier, « Le nouveau juge d'appui », in T. Clay (dir.), *Le nouveau droit français de l'arbitrage*, Lextenso, 2011, p. 143.

pétent à plusieurs titres : pour désigner les arbitres ou pour trancher les autres différents liés aux difficultés de constitution du tribunal arbitral (C. pr. civ., art. 1453 et 1454), pour déclarer qu'il n'y a pas lieu a désignation d'un arbitre (C. pr. civ., art. 1454), pour proroger le délai d'arbitrage (C. pr. civ., art. 1463), pour trancher les différents liés au maintien de l'arbitre (C. pr. civ., art. 1455), à son empêchement, sa son abstention sa démission ou sa révocation (C. pr. civ., art. 1457 et 1458). Son intervention est le plus souvent subsidiaire puisqu'elle n'est nécessaire qu'en l'absence d'accord des parties (C. pr. civ., art. 1463) ou d'une personne chargée d'organiser l'arbitrage (C. pr. civ., art. 1454 et 1456 à 1459).

Le juge d'appui compétent est celui désigné par la convention d'arbitrage ou, à défaut, celui dans le ressort duquel le siège du tribunal arbitral a été fixé ou, en l'absence de stipulation celui du lieu où demeure un défendeur à l'incident ou le lieu où demeure le défendeur si les défendeurs ne demeurent pas en France (C. pr. civ., art. 1459). En matière d'arbitrage international, le juge d'appui est généralement le président du TGI de Paris, sauf clause contraire (C. pr. civ., art. 1505).

Le président du TGI intervient également au soutien du tribunal arbitral pour ordonner la production de pièces détenues par un tiers ou la délivrance d'une expédition. Le président intervient comme en matière de référé mais non comme juge d'appui proprement dit (C. pr. civ., art. 1469). Sa compétence territoriale est donc déterminée selon le droit commun (C. pr. civ., art. 42 à 48).

122.556 **Sursis au mariage.** Lorsque le procureur de la République décide un sursis au mariage sur le fondement de l'article 175-2 du Code civil, sa décision peut être contestée devant le président du TGI, qui peut être saisi par l'un ou l'autre des futurs époux même mineur (C. civ., art. 175-2). Il n'est pas précisé que le président est saisi et statue comme en matière de référé. Mais cela paraît évident, dès lors qu'il doit statuer dans les dix jours. La décision du président peut être déférée à la cour d'appel qui doit statuer dans le même délai (C. civ., art. 175-2).

SECTION 4
COMPÉTENCE DES JUGES UNIQUES DU TRIBUNAL DE GRANDE INSTANCE

122.561 **Le tribunal de grande instance statuant à juge unique.** En principe, le TGI statue en formation collégiale, mais dans des cas de plus en plus nombreux, pour faire face à l'engorgement des juridictions, le législateur prévoit que le tribunal peut statuer à juge unique, soit sur décision de son président qui peut le décider en toutes matières sauf en matière disciplinaire et relative à l'état des personnes (COJ, art. L. 212-1 et L. 212-2), soit en vertu de la loi qui attribue de plein droits, la connaissance de certaines affaires à un juge unique du TGI (accidents de la circulation terrestre, reconnaissance et *exequatur* des décisions judiciaires et actes publics étrangers et des sentences arbitrales françaises et étrangères, vente de biens de mineurs [COJ, art. R. 212-8]). Mais le juge ainsi désigné peut toujours renvoyer une affaire en l'état à la formation collégiale (COJ, art. R. 212-8). Mais en outre, en toute matière (excepté en matière disciplinaire ou relative à l'état des personnes, sous réserve des dispositions particulières aux matières de la compétence du JAF [COJ, art. L. 212-2]), le président du tribunal, ou le magistrat délégué par lui, peut décider qu'une affaire sera jugée par le TGI statuant à juge unique (COJ, art. R. 212-9). Les avocats constitués en sont informés par un avis, qui est envoyé aux parties dans les matières dispensées du ministère d'avocat (C. pr. civ., art. 803).

122.562 **Renvoi à la formation collégiale.** Le renvoi à la formation collégiale peut être décidé à la demande du juge saisi ou d'office. Sur demande non motivée d'une des parties, le renvoi à la formation collégiale est de droit (COJ, art. L. 212-2). La demande de renvoi à la formation collégiale doit être formé, à peine de forclusion dans les quinze jours de l'avis ou de la réception de celui-ci lorsqu'il est adressé aux parties elles-mêmes (C. pr. civ., art. 804).

122.570 **Plan.** En dehors des cas où le TGI statue lui-même à juge unique, la loi a institué des juges uniques spécialisés, ou *ad hoc*, au sein du TGI chargés de connaître d'un contentieux ou d'une mission particuliers. Ces juges spécialisés sont le juge de la mise en état (§ 1), le juge aux affaires familiales (§ 2) et le juge des enfants (§ 3).

§ 1
Juge de la mise en état

122.571 **Statut.** Le juge de la mise en état est un juge du TGI chargé de suivre la procédure. Il est désigné chaque année par le président (qui peut lui-même assumer ces fonctions). Selon les besoins, le président peut désigner plusieurs juges de la mise en état à l'intérieur d'une même chambre (COJ, art. R. 213-8). Les fonctions du juge de la mise en état sont d'abord de contrôler la bonne marche de la procédure ou de concilier les parties et pour homologuer à la demande des parties l'accord qu'elles lui soumettent (C. pr. civ., art. 768 [1]). Mais il a en outre une compétence, exclusive dans certains cas, pour

1. Mod. par Décr. n° 2005-1678, 28 déc. 2005, relatif à la procédure civile, à certaines procédures d'exécution et à la procédure de changement de nom, art. 24, *JO* 29 déc., p. 20350.

prendre des décisions qui ont un caractère juridictionnel (sans avoir au principal l'autorité de la chose jugée, à l'exception de celles statuant sur les exceptions de procédure et sur les incidents mettant fin à l'instance [C. pr. civ., art. 775][1]). Il peut ainsi statuer sur les exceptions de procédure, les incidents mettant fin à l'instance et les demandes formées en application de l'article 47 C. pr. civ. (A), accorder une provision au créancier (B), ordonner toutes mesures provisoires et mesures d'instruction (C) et statuer sur les dépens (D).

122.572 **Compétence exclusive.** Selon l'article 771 C. pr. civ., le juge de la mise en état « *est, jusqu'à son dessaisissement, seul compétent à l'exclusion de toute autre formation du tribunal* ». C'est donc une compétence exclusive, mais limitée dans le temps, qui lui est ainsi reconnue depuis sa désignation jusqu'à l'ouverture des débats ou jusqu'à la date fixée pour le dépôt des dossiers des avocats (C. pr. civ., art. 779, al. 4[2]). Il en résulte que la compétence du juge des référés est écartée dès que le juge de la mise en état est désigné[3]. Cette compétence ne concerne toutefois que les litiges soumis au TGI[4] et n'a lieu qu'à l'égard des formations d'une même juridiction[5]. Mais une fois que le juge de la mise en état est dessaisi, il n'est plus compétent pour statuer sur une demande de provision, qui relève alors de la compétence du juge des référés[6].

122.573 **Saisine.** La compétence du juge de la mise en état suppose qu'il soit saisi d'une demande[7]. Dès qu'il est désigné, le juge de la mise en état peut être saisi par conclusions en vue d'une audience de mise en état, notamment en cas d'urgence (C. pr. civ., art. 774). Il peut aussi se saisir d'office en quelque sorte et appeler les avocats concernés à son audience pour débattre d'une question relevant de sa compétence (une nullité pour vice de forme soulevée dans les conclusions d'une partie ou l'opportunité d'ordonner une mesure d'instruction par exemple).

A. Compétence pour statuer sur les exceptions de procédure, les demandes formées en application de l'article 47 C. pr. civ. et les incidents mettant fin à l'instance

122.581 **Toutes les exceptions de procédure.** L'article 771, 1° C. pr. civ.[8] donne compétence au juge de la mise en état pour statuer sur les exceptions de procédure, les demandes formées en application de l'article 47 C. pr. civ. et les incidents mettant fin à l'instance.

Cette disposition résulte d'une extension progressive de la compétence du juge de la mise en état décidée par le pouvoir réglementaire depuis 1998[9]. Il est dorénavant compétent pour statuer sur toutes les **exceptions de procédure** et tous les **incidents mettant fin à l'instance**. La transaction, **l'acquiescement**, le **désistement**, le **décès d'une partie** lorsque l'action n'est pas transmissible, la **péremption**, la **caducité** de la citation (C. pr. civ., art. 384 s.), mais pas sur les fins de non-recevoir[10]. Depuis le décret n° 2012-66 du 20 janvier 2012[11], le juge de la mise en état est aussi compétent pour statuer sur les demandes formées en application de l'article 47 C. pr. civ., c'est-à-dire sur le renvoi de l'affaire devant une juridiction limitrophe lorsqu'un magistrat ou un auxiliaire de justice est partie au litige.

Il s'agit en outre d'une **compétence exclusive**, sanctionnée par une déchéance.

L'article 771, 1° dispose en effet que « *les parties ne sont plus recevables à soulever ces exceptions et incidents ultérieurement, à moins qu'ils ne surviennent ou soient révélés postérieurement au dessaisissement du juge* ». Cette compétence est d'autant plus importante que, contrairement aux autres ordonnances du juge de la mise en état, celles qui statuent sur les exceptions de procédure et les incidents mettant fin à

1. Mod. par Décr. 28 déc. 2005, art. 27.
2. Mod. par Décr. 28 déc. 2005, art. 29 – E. Raskin, « Le juge de la mise en état : problématiques de compétence exclusive », *Gaz. Pal.* 15-17 févr. 2009, p. 7.
3. Civ. 2e, 9 déc. 1976, n° 76-10.130, *Bull. civ.* II, n° 329; *D.* 1977. IR 133; *Gaz. Pal.* 24 mars 1977. Pan., v° *Référés*; *RTD civ.* 1977. 360, obs. Normand; *D.* 1978. 329, note Donnier (1er arrêt) – Civ. 2e, 9 déc. 1976, nos 75-13.429 et 75-14.091, *Bull. civ.* II, n° 330 – Civ. 2e, 18 juin 1986, n° 84-17.649, *Bull. civ.* II, n° 96; *JCP* 1986. IV. 251 – Aix-en-Provence, 6 juin 2006, RG n° 06/01311, *Rev. huiss.* 2006. 340, obs. Salati.
4. Paris, 20 janv. 1977, *Gaz. Pal.* 1977. Somm. 341.
5. Civ. 3e, 14 oct. 1981, n° 80-11.842, *Bull. civ.* III, n° 159; *JCP* 1982. IV. 7 – V. Dorsner-Dolivet, « Les incertitudes de la mise en état dans la jurisprudence », *Gaz. Pal.* 1986. Doctr. 23.
6. Civ. 3e, 22 juin 2005, n° 04-12.364, *Bull. civ.* III, n° 141.
7. TGI Toulon, 30 nov. 1966, *JCP* 1967. II. 14916, obs. J. A.; *D.* 1967. 294, note Giverdon; *RTD civ.* 1967. 204, obs. Hébraud; *RTD civ.* 1967. 211, obs. Raynaud.
8. Mod. par Décr. 28 déc. 2005, art. 25.
9. Décr. n° 98-1231, 28 déc. 1998, art. 16; Décr. n° 2004-836, 20 août 2004, art. 11; Décr. n° 2005-1678, 28 déc. 2005, art. 25; Décr. n° 2012-66, 20 janv. 2012, art. 37.
10. Cass., avis, 13 nov. 2006, n° 06-00.012, *Bull. civ. avis*, n° 10; *BICC* 1er févr. 2007, p. 22, rapp. Guilguet-Paute, obs. Kessous; *JCP* 2007. II. 10027, note Salati; *JCP* 2007. I. 139, n° 20, obs. Serinet; *RTD civ.* 2007. 177, obs. Perrot; *D.* 2007. Pan. 1382, obs. Julien; *D.* 2007. Pan. 2430, obs. Fricero – Civ. 2e, 17 avr. 2008, n° 07-14.298, *Procédures* 2008, n° 202 – Paris, 12 mars 2007, RG n° 06/16778, *Gaz. Pal.* 27-31 mai 2007, p. 34 (prescription) – Angers, 20 févr. 2007, *Gaz. Pal.* 27-31 mai 2007, p. 34 (forclusion) – Civ. 1re, 9 mars 2011, n° 10-10.044, *Bull. civ.* I, (immunité de juridiction d'un État); *D.* 2011. 889, obs. Tahri; *RTD civ.* 2011. 382, obs. Théry – Cass., avis, 13 févr. 2012, n° 11-00.008, *Bull. civ. avis*, n° 1; *BICC* 15 mars 2012, p. 5, rapp. Leroy-Gissinger, obs. Lathoud; *Dr. et proc.* 2012. 130, note Poisson.
11. Décr. n° 2012-66, 20 janv. 2012, relatif à la résolution amiable des différends, *JO* 22 janv., p. 1280.

l'instance ont autorité de chose jugée et ne peuvent être remises en cause devant la formation collégiale du tribunal (C. pr. civ., art. 775).

La Cour de cassation a considéré que la **demande de sursis à statuer** constitue une exception de procédure qui relève de la compétence du juge de la mise en état[1]. Cette solution peut être contestée compte tenu de sa généralité[2]. Elle a aussi jugé que la **demande de nullité de l'assignation pour défaut de constitution d'avocat** constitue une exception de procédure qui doit être présentée devant le juge de la mise en état à peine d'irrecevabilité[3]. En revanche, une cour d'appel a considéré qu'une demande de nullité de l'assignation ne relevait pas de la compétence du juge de la mise en état dès lors qu'elle imposait de statuer sur le fondement de la demande[4].

La Cour de cassation considère également que la demande en nullité des opérations d'expertise ne constitue pas une exception de procédure relevant de la compétence exclusive du juge de la mise en état[5] et que la demande de nullité de l'assignation pour défaut d'habilitation à agir du syndic relève de la compétence exclusive du juge de la mise en état mais peut être remise en cause devant le tribunal[6]. Ces décisions peuvent être discutées.

Cela étant, la jurisprudence n'est pas sur ce point parfaitement fixée et la Cour de cassation devra la compléter (v. les développements sur les pouvoirs du juge de la mise en état, s[s] n°s 331.131 s.).

B. Compétence pour accorder une provision

122.591 Provision *ad litem*. Le juge de la mise en état est compétent pour allouer à une partie une **provision pour le procès** (C. pr. civ., art. 771, 2°). Les termes de cette disposition sont généraux[7], mais ils trouvent pratiquement l'occasion de s'appliquer essentiellement dans les relations familiales (provision *ad litem* dans la procédure de divorce, dans la procédure de contribution aux charges du mariage, dans une procédure relative à l'entretien d'un enfant). C'est donc en général le JAF, qui exerce également les fonctions de juge de la mise en état, qui peut accorder une telle provision. Le juge de la mise en état peut toutefois parfaitement accorder une provision *ad litem* en dehors de relation familiale, en faveur d'un débiteur ayant des difficultés de trésorerie[8].

122.592 Provision au créancier. Le juge de la mise en état peut encore accorder une **provision au créancier** lorsque « *l'existence de l'obligation n'est pas sérieusement contestable* » (C. pr. civ., art. 771, 3°). Les pouvoirs du juge de la mise en état sont alors les mêmes que ceux que le juge des référés tient de l'article 809 alinéa 2 C. pr. civ.[9]. En revanche, il apparaît que le juge de la mise en état n'a pas, comme le juge des référés depuis le décret du 17 décembre 1985 (C. pr. civ., art. 809, al. 2), le pouvoir « *d'ordonner l'exécution de l'obligation, même s'il s'agit d'une obligation de faire* »[10].

122.593 Condition. Comme celle du juge des référés, la compétence du juge de la mise en état pour accorder une provision n'est pas subordonnée à la constatation de l'urgence. Il faut seulement que l'obligation ne soit pas sérieusement contestable. Le juge de la mise en état jouit à cet égard des mêmes pouvoirs d'appréciation que le juge des référés. C'est notamment sur cette appréciation que sa décision n'a pas « *au principal, l'autorité de la chose jugée* » (C. pr. civ., art. 775). Cette compétence est toutefois limitée à ce qui a trait au litige soumis au fond au TGI. Certaines décisions ont considéré que le texte ne s'applique qu'aux relations entre les parties principales et que le juge de la mise en état ne pourrait accorder une provision sur un recours en garantie exercé par le débiteur de l'obligation non sérieusement contestable[11].

122.594 Montant. Dès lors que les conditions sont réunies, le montant de la provision que le juge de la mise en état peut accorder n'a d'autre limite que le montant non sérieusement contestable de l'obligation[12]. Le juge de la mise en état n'a pas par ailleurs à se préoccuper de la répartition des responsabilités entre les débiteurs, lorsqu'il en condamne plusieurs dont l'obligation n'est pas sérieusement contestable[13].

1. Cass., avis, 29 sept. 2008, n°s 08-00.007 et 08-00.008, *Bull. civ. avis*, n° 5; *BICC* 1er déc. 2008, n° 8, rapp. Paul-Loubière, obs. Maynial.
2. D. Cholet, « Le sursis à statuer au cours de la mise en état », *Gaz. Pal.* 29-30 oct. 2008, p. 3.
3. Civ. 2e, 10 nov. 2010, n° 08-18.809, *Bull. civ.* II, n° 184; *D.* 2009. 1898, obs. Forest; *Procédures* 2011, n° 6, note Perrot.
4. Montpellier, 3 mai 2007, RG n° 06/04859, *Gaz. Pal.* 24-25 juin 2009, p. 14, note Apollis.
5. Civ. 2e, 31 janv. 2013, n° 10-16.910, *Bull. civ.* II, n° 20; *JCP* 2013. 263, note Vuitton; *Procédures* 2013. Comm. 98, note Perrot.
6. Civ. 3e, 10 janv. 2012, n° 10-27.926, NP; *Procédures* 2012. Comm. 64, note Perrot.
7. Paris, 2 févr. 1981, *D.* 1981. 502, note Bettinger.
8. Paris, 30 mai 2008, RG n° 07/21346, *JCP* 2008 I. 206, n° 18, obs. Amrani-Mekki.
9. V. J. Vincent, « Les pouvoirs du juge des référés en matière de provision », *Mél. Kayser*, PUAM, 1979, p. 417; *Les incidents de provision*, Journées des avoués à la cour, Limoges, 1979, *Gaz. Pal.* 1979. Doctr. 578; *Gaz. Pal.* 1980. Doctr. 314, rapp. Perrot.
10. H. Solus et R. Perrot, *Droit judiciaire privé*, Sirey, 1961, t. 1, p. 332, note 1 – *J.-Cl. Pr. civ.*, fasc. 222, n° 57, par Marchand et Vuitton.
11. Rennes, 9 nov. 1984, *Gaz. Pal.* 1985. 309 – TGI Nantes, 7 mars 1970, *Gaz. Pal.* 1979. Somm. 442.
12. Com. 29 janv. 1981, *Gaz. Pal.* 1981. 332, note Bertin.
13. Civ. 3e, 15 janv. 1985, *Gaz. Pal.* 1985. Pan. 156, note Guinchard et Moussa.

122.595 **Garantie.** Comme le juge des référés, le juge de la mise en état peut « *subordonner l'exécution de sa décision à la constitution d'une garantie dans les conditions prévues aux articles 517 à 522* » (C. pr. civ., art. 771, 3°). Le juge de la mise en état peut ainsi ordonner la constitution d'une garantie réelle ou personnelle à la charge du créancier qui reçoit la provision (C. pr. civ., art. 517) et autoriser la substitution d'une garantie équivalente à celle précédemment ordonnée.

122.596 **Exécution de plein droit.** Les décisions du juge de la mise en état accordant une provision au créancier sont exécutoires de plein droit à titre provisoire (C. pr. civ., art. 514).

C.
Compétence pour ordonner des mesures provisoires et toute mesure d'instruction

122.601 **Mesures provisoires.** L'article 771, 4° C. pr. civ. donne compétence au juge de la mise en état pour « *ordonner toutes autres mesures provisoires, à l'exception des saisies conservatoires et des hypothèques et nantissements provisoires, ainsi que modifier ou compléter, en cas de survenance d'un fait nouveau, les mesures qui auraient déjà été ordonnées* ». Les mesures provisoires que le juge de la mise en état peut être conduit à prendre sur le fondement de ce texte sont très variées : il peut nommer un administrateur provisoire[1], désigner un séquestre, ordonner la consignation d'une somme litigieuse, autoriser un prélèvement alimentaire sur l'actif d'une succession[2], ordonner la suspension de travaux litigieux, *etc.*

Pour ce qui est des mesures provisoires au moins, cette compétence est toutefois limitée à ce qui a trait au litige dont se trouve saisi le TGI et les mesures prises le sont provisoirement, pour le cours de l'instance en principe, jusqu'au jugement qui sera rendu par le tribunal.

En cas de **survenance d'un fait nouveau**, le juge de la mise en état peut modifier ou compléter les mesures qui auraient déjà été ordonnées (C. pr. civ., art. 771, 4°), voire les supprimer, bien que le texte ne le dise pas expressément. L'exigence, et la preuve par celui qui l'invoque, d'un fait nouveau est une condition de la compétence du juge pour revenir sur une mesure précédemment ordonnée[3]. Le fait nouveau peut être antérieur à la décision du juge de la mise en état, il suffit qu'il ait été révélé après celle-ci[4].

122.602 **Mesures d'instruction.** Le juge de la mise en état peut ordonner toute mesure d'instruction légalement admissible (C. pr. civ., art. 771, 5°). Il peut ainsi ordonner une expertise, une consultation, une constatation, une enquête, la comparution personnelle des parties, ou procéder à des vérifications personnelles dans les conditions prévues par les articles 143 à 154 C. pr. civ. Il est seul compétent pour ordonner ces mesures jusqu'à son dessaisissement (mais en pratique, c'est bien évidemment avant l'ordonnance de clôture qu'il exerce ce pouvoir, clôture qu'il ne prononce pas tant que la mesure d'instruction n'a pas été exécutée).

Il peut ordonner ces mesures d'instruction d'office, les avocats étant entendus ou appelés et convoqués à son audience (C. pr. civ., art. 774). Il peut aussi être saisi d'une demande par les avocats de la cause. Et il n'est pas nécessaire qu'il ait été conclu au fond précédemment[5].

Ayant ordonné une mesure d'instruction, le juge de la mise en état en contrôle l'exécution (C. pr. civ., art. 777), dans les conditions posées par les articles 155 à 174 C. pr. civ. Il a ainsi le pouvoir de demander à l'expert de lui rendre compte de l'avancement de sa mission, de lui impartir des délais, de procéder au remplacement du technicien précédemment désigné ou d'ordonner un complément de mission, *etc.*

D.
Compétence pour statuer sur les dépens

122.611 **Juge de la mise en état.** L'article 772 C. pr. civ. donne expressément compétence au juge de la mise en état pour statuer sur les dépens. Cette compétence est limitée aux incidents que le juge aura eu à trancher et aux mesures qu'il aura prises. Notamment il n'appartient pas au juge de la mise en état de statuer sur la charge définitive des honoraires de l'expert[6].

122.612 **Faculté.** L'article 772 précise toutefois qu'il « *peut statuer sur les dépens* ». Ce n'est donc qu'une faculté. Notamment lorsque l'instance se poursuit pour être jugée par le TGI, le juge de la mise en état peut laisser au tribunal le soin de trancher la question des dépens, y compris ceux des incidents dont il aura eu à connaître. En revanche, le juge de la mise en état doit logiquement statuer sur les dépens lorsqu'il rend une décision qui met fin à l'instance. Il en est ainsi par exemple lorsqu'il prononce une nullité pour vice de forme qui met fin à l'instance ou lorsqu'il

1. Civ. 2e, 24 mars 1980, n° 78-14.379, *Bull. civ.* II, n° 72; *JCP* 1980. IV. 224.
2. TGI Marseille, 23 févr. 1973, *Gaz. Pal.* 1973. 391.
3. Civ. 2e, 11 févr. 1981, n° 79-16.433, *Bull. civ.* II, n° 32; *Gaz. Pal.* 1981. 372, note Viatte.
4. Civ. 2e, 17 juill. 1975, n° 74-14.442, *Bull. civ.* II, n° 227; *D.* 1975. IR 196; *JCP* 1975. IV. 294; *RTD civ.* 1975. 780, obs. Perrot.
5. Paris, 13 janv. 1978, *Bull. ch. avoués* 1980, n° 74, p. 17.
6. Versailles, 25 avr. 1988, *D.* 1988. IR 182.

constate la conciliation des parties (C. pr. civ., art. 768) ou l'extinction de l'instance (C. pr. civ., art. 769).

122.613 Article 700. L'article 772 C. pr. civ. dit maintenant expressément que le juge de la mise en état peut statuer sur les demandes formées en application de l'article 700 [1]. Il ne s'agit que d'une faculté, et cela ne peut concerner que les demandes afférentes aux incidents sur lesquels le juge de la mise en état a statué ou lorsqu'il constate l'extinction de l'instance.

§ 2 Juge aux affaires familiales

122.621 Origine. La loi n° 93-22 du 8 janvier 1993 a institué un JAF, qui remplace, avec une compétence plus étendue, le juge aux affaires matrimoniales [2]. Il s'agit d'un ou plusieurs juges du TGI délégué(s) aux affaires familiales désignés par le président (COJ, art. L. 213-3).

122.622 Compétence d'attribution. La compétence d'attribution du JAF, juge délégué du TGI, est très vaste et comprend presque tout le contentieux familial (au moins celui qui a trait au couple et aux enfants). Des réformes récentes ont encore accru ses compétences. Cet accroissement résulte surtout de la loi n° 2009-526 du 12 mai 2009 qui a une incidence très forte en la matière [3] mais aussi, dans une moindre mesure, de la loi n° 2010-769 du 9 juillet 2010 [4].

Selon l'article L. 213-3 du COJ, il connaît :

« *1° De l'homologation judiciaire du changement de régime matrimonial, des demandes relatives au fonctionnement des régimes matrimoniaux et des indivisions entre personnes liées par un pacte civil de solidarité ou entre concubins, de la séparation de biens judiciaire, sous réserve des compétences du président du tribunal de grande instance et du juge des tutelles des majeurs;*

2° Du divorce et de la séparation de corps et de leurs conséquences, de la liquidation et du partage des intérêts patrimoniaux des époux, des personnes liées par un pacte civil de solidarité et des concubins, sauf en cas de décès ou de déclaration d'absence;

3° Des actions liées :

a) À la fixation de l'obligation alimentaire, de la contribution aux charges du mariage ou du pacte civil de solidarité et de la contribution à l'entretien et à l'éducation des enfants;

b) À l'exercice de l'autorité parentale;

c) À la révision de la prestation compensatoire ou de ses modalités de paiement;

d) À un changement de prénom;

e) À la protection à l'encontre du conjoint, du partenaire lié par un pacte civil de solidarité ou du concubin violent ou d'un ancien conjoint, partenaire lié par un pacte civil de solidarité ou concubin violent;

f) À la protection de la personne majeure menacée de mariage forcé » (COJ, art. L. 213-3).

La loi n° 2009-526 du 12 mai 2009 lui confère également les **fonctions de juge des tutelles des mineurs** auparavant exercée par le juge des tutelles institué au sein du TI.

Selon l'article L. 213-3-1 du COJ, il connaît en qualité de juge des tutelles des mineurs :

« *1° De l'émancipation;*

2° De l'administration légale et de la tutelle des mineurs;

3° De la tutelle des pupilles de la Nation ».

122.623 Mission et pouvoirs. L'article 1071 C. pr. civ. ajoute que le JAF « *a pour mission de tenter*

1. Mod. par Décr. 28 déc. 2005, art. 26.
2. G. Sutton, comm., *D.* 1993. Chron. 163 – H. Parcheminal, *JCP* 1994. I. 3762 – V. Larribau-Terneyre, *ALD* 1994. 141 – L. Cadiet, « Les métamorphoses de la juridiction familiale », dans *Mél. Blaise*, Economica, 1995, p. 33 – C. Watine-Drouin, « Du juge aux affaires matrimoniales au juge aux affaires familiales », *Mél. Perrot*, Dalloz, 1995, p. 557 – J. Massip, « Les modifications apportées au droit de la famille par la loi du 8 janvier 1993 », *Gaz. Pal.* 1993. 1120.
3. C. Bléry, « Loi de simplification et de clarification du droit et d'allégement des procédures : aspects d'organisation judiciaire du contentieux familial », *Procédures* 2009. Focus 39 – V. Larribau-Terneyre, « Les apports de la loi du 12 mai 2009 de simplification du droit sur le contentieux familial et le droit des personnes et de la famille », *Dr. fam.* 2009. Étude 29; « Infortune et regrets » (à propos de la loi du 12 mai 2009 de simplification et de clarification du droit et d'allègement des procédures : suite...), *Dr. fam.* 2009. Étude 33 – J. Massip, « Les incidences en matière familiale de la loi de « simplification du droit », *Defrénois* 2009. 1897 – H. Poivey-Leclercq, « Le droit de la famille après la loi n° 2009-526 du 12 mai 2009 », *RJPF* 2009-7-8/8 – L. Gebler, « Le nouveau bloc de compétence du juge aux affaires familiales », *AJ fam.* 2009. 256 – M.-B. Maizy, « Loi n° 2009-526 du 12 mai 2009 : extension des attributions du juge aux affaires familiales et nécessaire réorganisation en juridiction », *AJ fam.* 2010. 106.
4. L. n° 2010-769, 9 juill. 2010, relative aux violences faites spécifiquement aux femmes, aux violences au sein des couples et aux incidences de ces dernières sur les enfants, *JO* 10 juill., p. 12762 – E. Bazin, « Les nouveaux pouvoirs du JAF en matière de violences au sein des couples », *JCP* 2010. Doctr. 957 – M. Douchy-Oudot, « Nouvelle compétence du JAF : l'ordonnance de protection issue de la loi n° 2010-769 du 9 juillet 2010 », *Procédures* 2010. Focus 37 – F. Dekeuwer-Defossez, « Les aspects civils de la loi relative aux violences faites aux femmes », *RLDC* oct. 2010. 43 – C. Ambroise-Castero et N. Fricero, « La loi du 9 juillet 2010 relative aux violences faites aux femmes : nouvelles armes juridiques », *RJPF* 2010-9/11 – E. Mulon et J. Casey, « Loi du 9 juillet 2010 et décret du 29 septembre 2010 sur les violences conjugales : aspects de droit civil et de droit pénal », *Gaz. Pal.* 11 nov. 2010, p. 6 – M. Douchy-Oudot, « Quelle protection contre les violences au sein des couples ? », *Procédures* 2010. Étude 9.

de concilier les parties ». Il peut aussi proposer une mesure de médiation et, après avoir recueilli l'accord des parties, désigner un médiateur familial pour y procéder (C. pr. civ., art. 1071, al. 2).

Il est, le cas échéant, juge de la mise en état. Il exerce aussi les fonctions de juge des référés (C. pr. civ., art. 1073).

Il peut aussi statuer en référé ou en cas de besoins par ordonnance sur requête lorsqu'il s'agit de prendre des mesures urgentes sur le fondement de l'article 220-1 du Code civil (C. pr. civ., art. 1290)[1].

122.624 Renvoi à la collégialité. Dans tous les cas, il peut renvoyer à la formation collégiale du TGI, au sein de laquelle il siège, et qui statue comme JAF.

En matière de divorce et de séparation de corps, ce renvoi est de droit à la demande des parties (COJ, art. L. 213-4).

A.
Difficultés au sein des couples

122.631 Contribution aux charges du mariage et du pacte civil de solidarité. C'est essentiellement en cas de crise entre époux, indépendamment de toute procédure de divorce ou de séparation de corps, que le JAF a reçu une compétence qui était naguère celle soit du tribunal lui-même, soit du président du TGI, ou même du TI. Il est ainsi seul compétent pour statuer sur les demandes en contribution aux charges du mariage (COJ, art. L. 213-3, 3°, a). Sa compétence a été étendue en 2009 à la fixation de la contribution aux charges du pacte civil de solidarité[2].

122.632 Mesures urgentes. Le JAF est encore seul compétent pour ordonner les mesures urgentes prévues par l'article 220-1 du Code civil. Ce texte dispose que : « *Si l'un des époux manque gravement à ses devoirs et met en péril les intérêts de la famille, le JAF peut prescrire toutes les mesures urgentes que requièrent ces intérêts. Il peut notamment interdire à cet époux de faire, sans le consentement de l'autre, des actes de disposition sur ses propres biens ou sur ceux de la communauté, meubles ou immeubles. Il peut aussi interdire le déplacement des meubles, sauf à spécifier ceux dont il attribue l'usage personnel à l'un ou à l'autre des conjoints* ».

Ainsi, le JAF peut ordonner la mise sous séquestre de biens communs[3], l'immatriculation au nom de l'épouse de la moitié des actions d'une société appartenant à la communauté[4], interdire à un époux d'utiliser un véhicule automobile[5], nommer un administrateur provisoire du patrimoine commun[6].

Mais la compétence du JAF est limitée à des **mesures urgentes provisoires**, dont il doit fixer la durée et qui, pour les mesures autres que celles prises en vertu de l'alinéa précédent, ne peuvent excéder trois ans, prolongation comprise (C. civ., art. 220-1, al. 3). Il en résulte que le JAF ne peut autoriser des mesures qui auraient un caractère irrémédiable; par exemple il ne peut autoriser un époux à vendre un bien de la communauté[7] ou ordonner des mesures constituant une immixtion dans la gestion d'une société[8].

122.633 Violences au sein du couple. La loi n° 2010-769 du 9 juillet 2010 a conféré au JAF compétence pour statuer sur la protection à l'encontre du conjoint, du partenaire lié par un pacte civil de solidarité ou du concubin violent ou d'un ancien conjoint, partenaire lié par un pacte civil de solidarité ou concubin violent (COJ, art. L. 213-3, 3°, d). En cas de violence vraisemblable à l'égard de la femme qui en est victime le juge peut délivrer, en urgence, une ordonnance de protection (C. civ., art. 515-9). Cette ordonnance peut imposer certaines mesures à l'auteur des violences (interdiction de rencontrer certaines personnes, interdiction de détenir une arme, *etc.*) et statuer sur des éléments aussi importants que l'octroi d'une résidence séparée, les modalités d'exercice de l'autorité parentale et la dissimulation de son domicile par la personne qui en est victime (C. civ., art. 515-11). Ces mesures sont prises pour une durée maximale de quatre mois qui peut être prolongée lorsqu'une demande de divorce ou de séparation de corps est déposée dans ce délai (C. civ., art. 515-12).

122.634 Mariage forcé. Le JAF est également compétent depuis 2009 pour statuer sur la protection d'une personne majeure menacée de mariage forcée (COJ, art. L. 213-3, 3°, f). Il peut, comme en cas de violence au sein du couple, délivrer une ordonnance de protection. Il pourra prendre à cette occasion des mesures assez semblables à celle qui peuvent être prises en cas de violence (C. civ., art. 515-11, 1°, 2°, 6° et 7°). Il pourra, en plus, ordonner l'interdiction temporaire de sortie du territoire de la personne menacée (C. civ., art. 515-13).

1. S. Pierre-Maurice, « Référé et référé en la forme devant le juge aux affaires familiales », *AJ fam.* 2013. 481.
2. L. n° 2009-526, 12 mai 2009, art. 14-I (mod. COJ, art. L. 213-1).
3. Civ. 1re, 18 nov. 1970, n° 69-12.107, *Bull. civ.* I, n° 307; *JCP* 1971. II. 16780, note Patarin; *RTD civ.* 1971. 697, obs. Hébraud.
4. TGI Digne, 1er juill. 1972, *D.* 1973. 269, note Foulon-Pigagnol; *JCP* 1973. II. 17443, note Mayer; *RTD civ.* 1974. 391, obs. Nerson.
5. TGI Saint-Brieuc, 1er juin 1967, *Gaz. Pal.* 1967. 13.
6. Orléans, 25 mars 1987, *JCP N* 1988. II. 66, note Simler.
7. Versailles, 29 nov. 1991, *JCP N* 1992. I. 3614, obs. Wiederkehr; *RTD civ.* 1992. 630, obs. Lucet et Vareilles.
8. TGI Annecy, 13 mai 1966, *Gaz. Pal.* 1966. 87; *RTD civ.* 1967. 379, obs. Nerson.

B. Divorce et séparation de corps

122.641 Tous types de divorce ou de séparation de corps. C'est le domaine le plus important de la compétence du JAF. L'article L. 213-3 du COJ donne compétence au seul JAF pour prononcer tous les types de divorce et de séparation de corps. Cette compétence s'étend de la tentative de conciliation obligatoire et aux litiges survenant après le divorce.

– Le JAF est seul compétent pour procéder à la **tentative de conciliation**; il peut, en cas d'urgence, autoriser un époux à assigner l'autre à jour fixe à fins de conciliation (C. pr. civ., art. 1109). Il est seul compétent pour prendre les **mesures provisoires** qui s'imposent pour la durée de l'instance. Il peut ordonner d'office une enquête sociale ou charger un notaire ou un professionnel d'établir un projet de règlement des prestations et pensions après divorce et un projet de liquidation du régime matrimonial (C. pr. civ., art. 1072 – C. civ., art. 255). Il peut autoriser l'époux demandeur à résider séparément, s'il y a lieu avec ses enfants mineurs (C. civ., art. 257). Il est également compétent pour ordonner toute mesure conservatoire, notamment l'apposition de scellées ou un état descriptif du mobilier dressé par un huissier de justice (C. civ., art. 257, al. 3 – C. pr. civ., art. 1121-1[1]), *etc.*

– Il est seul compétent pour **prononcer le divorce**, quelle qu'en soit la cause et pour statuer sur ses **conséquences.** Notamment il est seul compétent, au lieu du TGI naguère, pour statuer sur le divorce pour faute ou sur le double aveu (C. pr. civ., art. 1106 s.). En prononçant le divorce, et à défaut d'un règlement conventionnel, le JAF « *ordonne la liquidation et le partage des intérêts patrimoniaux* » des époux et il statue, s'il y a lieu, « *sur les demandes de maintien dans l'indivision et d'attribution préférentielle* » (C. civ., art. 267[2]). Il peut aussi accorder à l'un des époux une avance sur sa part de communauté ou de biens indivis (C. civ., art. 267).

– Et « *si le projet de liquidation du régime matrimonial établi par le notaire sur le fondement du 10° de l'article 255 contient des informations suffisantes, le juge, à la demande de l'un ou l'autre des époux statue sur les désaccords persistant entre eux* » (C. civ., art. 267[3]).

– Pendant l'instance, les époux peuvent soumettre à l'homologation du juge des conventions réglant tout ou partie des conséquences du divorce. Après avoir vérifié que l'intérêt de chacun des époux et des enfants est préservé, le juge « *homologue les conventions en prononçant le divorce* » (C. civ., art. 268[4]).

– Après le divorce, le JAF est encore seul compétent pour statuer sur les modalités de l'exercice de l'**autorité parentale**, sur la **modification de la pension alimentaire** ou pour décider de confier les enfants à un tiers. Il est encore compétent pour réviser la **prestation compensatoire** ou ses modalités de paiement (COJ, art. L. 213-3, 3°, c).

La Cour de cassation fait une interprétation large des pouvoirs du JAF pour statuer sur le divorce. Ainsi, elle admet désormais qu'il lui appartient de déterminer le régime matrimonial des époux mariés à l'étranger qui divorcent en France[5].

C. Obligation alimentaire

122.651 Compétence générale. L'article L. 213-3, 3 a du COJ[6] attribue compétence au JAF pour connaître : « *Des actions liées à la fixation de l'obligation alimentaire, de la contribution aux charges du mariage ou du pacte civil de solidarité et de la contribution à l'entretien et à l'éducation des enfants* ». Il est ainsi devenu, à la place du juge d'instance, le **juge de l'obligation alimentaire.** Cette compétence concerne **tous les cas qui se présentent en dehors de la procédure de divorce :** obligation alimentaire à l'égard de l'enfant naturel, contribution à l'entretien des enfants dans le mariage, obligation alimentaire entre ascendants et descendants, contribution aux charges du mariage. Cette compétence n'est pas limitée aux époux ou aux parents puisqu'elle s'étend, depuis l'entrée en vigueur de la loi du 12 mai 2009, aux partenaires liés par un pacte civil de solidarité qui peuvent se réclamer mutuellement une contribution au titre de l'aide matérielle et de l'assistance réciproque prévues par l'article 515-4 du Code civil. Le JAF est compétent pour fixer les modalités de l'obligation alimentaire, et ensuite pour les réviser s'il y a lieu.

122.652 Limite. Cette compétence n'est cependant pas toujours exclusive. Le TGI reste compétent pour fixer l'obligation alimentaire accessoire à une action relative à la filiation (C. civ., art. 318-1 et 331[7] – et C. pr. civ., art. 1149 – V. s[s] n° 122.72) et pour statuer sur l'action à fins de subsides[8]. On doit considérer toutefois que le JAF est compétent pour réviser les subsides (par transposition de ce qui a été

1. Décr. 1er sept. 2011, art. 2.
2. Mod. par L. n° 2004-439, 26 mai 2004, relative au divorce, art. 17, II, *JO* 27 mai, p. 9319.
3. Mod. par L. 26 mai 2004, art. 17, II.
4. Mod. par L. 26 mai 2004, art. 17, II.
5. Civ. 1re, 20 mars 2013, n° 11-27.845, *Bull. civ.* I, [à paraître]; *AJ fam.* 2013. 388, obs. Boiché; *Dr. fam.* 2013. 97, note Abadie; *D.* 2013. 2050, obs. Capitaine.
6. Mod. par Ord. 8 juin 2006, art. 1 et 3, 3°.
7. Mod. par Ord. n° 2005-759, 4 juill. 2005.
8. TGI Dieppe, 13 juin 1974, *D.* 1975. 71, note Huet-Weiller; *JCP* 1974. IV. 6470, obs. J. A.; *RTD civ.* 1975. 770, obs. Normand.

admis pour le TI[1]; mais certaines décisions sont en sens contraire[2]). Le juge des tutelles conserve par ailleurs sa compétence, en cas de présomption d'absence, pour décider, le cas échéant, des sommes qu'il convient d'affecter à l'entretien de la famille ou aux charges du mariage sur le patrimoine de l'absent (C. civ., art. 114). Le JAF n'est pas non plus compétent pour décider au bénéfice de quel parent doit être attribuée une prestation familiale lorsqu'il statue sur le montant de la contribution à l'entretien et à l'éducation d'un enfant[3].

D. Actions liées aux enfants

122.661 **Autorité parentale.** L'article L. 213-3, 3°, b du COJ donne compétence au JAF pour reconnaître des actions relatives à l'autorité parentale sur les enfants mineurs. Cette compétence concerne aussi bien les **enfants légitimes** que les **enfants naturels.**

– D'abord, le JAF est compétent pour statuer sur l'autorité parentale comme conséquence du divorce ou de la séparation de corps des parents légitimes (v. s^s^ n° 122.641).

– Pour tous les types de familles, le JAF est compétent pour régler les questions relatives à l'autorité parentale en veillant spécialement à la sauvegarde des intérêts des enfants mineurs (C. civ., art. 373-2-6 s.[4]). Il est encore compétent (au détriment du juge des tutelles qui l'était auparavant) pour trancher les litiges entre les titulaires de l'autorité parentale au sujet de l'hospitalisation ou la sortie d'un mineur (hormis les cas d'hospitalisation d'office, CSP, art. L. 3213-1 s.).

– Le JAF est également compétent pour fixer en cas de désaccord les modalités des relations du mineur avec ses **grands-parents** ou même en cas de circonstances exceptionnelles avec d'autres personnes, parents ou non (C. civ., art. 371-4).

– Le JAF est encore compétent pour décider, sur demande de la famille ou du ministère public, que l'enfant ne sera pas confié au survivant des parents divorcés ou séparés de corps en cas de **décès** de celui des parents qui exerçait l'autorité parentale (C. civ., art. 373-3). Cette disposition est applicable aux parents de l'enfant naturel qui résident séparément (C. civ., art. 373-3, al. 4). Le juge désigne alors la personne à laquelle l'enfant est confié. S'il confie l'enfant à un tiers à titre provisoire, il peut décider que ce tiers devra requérir l'ouverture d'une tutelle (C. civ., art. 373-4, al. 2).

– Le JAF est seul compétent pour statuer sur la **délégation de l'autorité parentale** ou encore sur la restitution de l'autorité parentale (C. civ., art. 377, 377-1 et 377-2 – C. pr. civ., art. 1202). En revanche, le TGI reste compétent pour décider du retrait partiel ou total de l'autorité parentale (C. civ., art. 378-1 s.).

122.662 **Prénom des enfants.** Le JAF a reçu une compétence générale pour exercer un contrôle *a posteriori* sur le **choix du prénom de l'enfant** sur saisine du ministère public (C. civ., art. 57). Le juge a alors le pouvoir d'ordonner la suppression des registres de l'état civil du prénom, non conforme à l'intérêt de l'enfant. Il a même le pouvoir en ce cas d'attribuer un prénom à l'enfant, à défaut de choix par les parents d'un nouveau prénom conforme aux intérêts de l'enfant (C. civ., art. 57).

– Les demandes de **changement de prénom** par toute personne doivent également être portées devant le JAF, qui peut encore décider de la suppression ou de l'adjonction de prénom (C. civ., art. 60). Cette compétence relève de la matière gracieuse (C. pr. civ., art. 1055-2).

Il faut noter que le JAF n'est plus compétent, depuis l'entrée en vigueur de l'ordonnance n° 2005-759 portant réforme de la filiation, pour statuer sur la détermination du nom de l'enfant ou sur les demandes de changement de nom à quelque titre que ce soit[5].

122.663 **Tutelle des mineurs.** La loi n° 2009-526 du 12 mai 2009 a confié les fonctions de juge des tutelles des mineurs, exercées auparavant par le juge des tutelles du TI, au JAF, conformément aux préconisations du rapport Guinchard. Dans ces fonctions, le juge connaît : 1° de l'émancipation; 2° de l'administration légale et de la tutelle des mineurs; 3° de la tutelle des pupilles de la nation (COJ, art. L. 213-3-1).

Le transfert des compétences, prévu pour le 1er janvier 2010, posait de nombreux problèmes pratiques compte tenu du nombre de dossiers et de l'absence corrélative de moyens transférés des TI aux TGI. C'est la raison pour laquelle, le ministère de la Justice a préconisé, dans une circulaire du 4 août 2009[6], d'utiliser les textes qui permettent d'appeler les juges d'instance à siéger au TGI dont ils sont membres (COJ, art. R. 212-6, al. 4) et de déléguer les

1. TI Vanves, 30 janv. 1974, *Gaz. Pal.* 1975. Somm. 42; *RTD civ.* 1975. 770, obs. Normand – TI Poitiers, 8 juill. 1982, *D.* 1983. IR 328, obs. Huet-Weiller.
2. TI Cayenne, 4 janv. 1978, *D.* 1980. 1042, obs. Massip.
3. Civ. 1re, 30 sept. 2009, n° 08-19.884, NP; *Dr. fam.* 2010. Comm. 11, note Devers – B. Panet, « Compétence du juge aux affaires familiales en matière de prestations familiales », *AJ fam.* 2012. 172.
4. Mod. L. 9 juill. 2010.
5. J. Massip, « L'incidence de l'ordonnance relative à la filiation sur le nom de famille », *Dr. fam.* 2006. 8 – P. Murat (dir.), Dalloz action *Droit de la famille*, 2014/2015, n°s 231.00 s., par. S. Fournier et M. Farge – Bordeaux, 3 nov. 2008, RG n° 08/02215, *RJPF* 2009-6/17, obs. Corpart.
6. Circ. min. Just. n° SJ-09-276-AB1/040809, 24 août 2009, *RTD civ.* 2009. 700, obs. Hauser.

agents des greffes dans les services d'une autre juridiction du ressort de la même cour d'appel (COJ, art. R. 123-17) en attendant un report de l'entrée en vigueur de la loi. Ce report n'étant pas intervenu et la délégation des agents du greffe étant limitée dans le temps, la réforme a été effectivement mise en œuvre le 1er janvier 2011 conformément à une nouvelle circulaire[1].

E. Liquidation et partage des intérêts patrimoniaux des couples

122.671 **Compétence nouvelle.** La loi n° 2009-526 du 12 mai 2009 a consacré une des propositions du rapport Guinchard permettant « un traitement vertical » des dossiers, c'est-à-dire des suites naturelles de la procédure de divorce que constituent la liquidation et le partage des intérêts patrimoniaux des époux. Plus largement, c'est la liquidation des intérêts patrimoniaux des couples qui lui a été confiée. Depuis le 1er janvier 2010, le JAF connaît « *de l'homologation judiciaire du changement de régime matrimonial, des demandes relatives au fonctionnement des régimes matrimoniaux et des indivisions entre personnes liées par un pacte civil de solidarité ou entre concubins, de la séparation de biens judiciaires, sous réserve des compétences du président du tribunal de grande instance et du juge des tutelles des majeurs* » (COJ, art. L. 213-3). Le JAF n'étant pas familier des techniques liquidatives, traditionnellement de la compétence des notaires, une circulaire a précisé les pouvoirs du juge en la matière[2]. Mais la Cour de cassation n'a pas suivi les préconisations de la Chancellerie. Dans un arrêt du 7 novembre 2012, la première chambre civile a décidé que le JAF pouvait, en prononçant le divorce, désigner un notaire pour procéder à la liquidation et au partage des intérêts des époux[3]. La jurisprudence va dans le sens d'une reconnaissance d'importants pouvoirs du JAF en matière de partage et liquidation[4]. Une clarification mettant fin aux incertitudes liées aux discordances entre jurisprudence, pratique et doctrine ministérielle est attendue[5].

F. Créances à caractère social de certaines autorités publiques

122.681 **Créances des établissements publics de santé.** Les recours des établissements publics de santé contre les hospitalisés, leurs débiteurs et contre ceux qui leur doivent des aliments en vertu des articles 205, 206, 207 et 212 du Code civil sont de la compétence du JAF (CSP, art. L. 6145-11).

122.682 **Recours en matière d'aide sociale.** Naguère de la compétence du TI, les recours par lesquels l'État, le département, ou une commune qui ont dispensé des prestations d'aide sociale peuvent agir, soit contre les débiteurs d'une obligation alimentaire due au bénéficiaire des prestations sociales, soit contre le bénéficiaire lui-même revenu à meilleure fortune ou à sa succession, sont dorénavant de la compétence du JAF en vertu de l'article 1141 C. pr. civ.[6].

§ 3 Le tribunal pour enfant

122.691 **Compétence pénale.** Il existe au moins un tribunal pour enfant dans le ressort de chaque cour d'appel. Le tribunal pour enfant a d'abord une compétence en matière pénale : il connaît des contraventions, des délits et des crimes commis par les mineurs de moins de seize ans (COJ, art. L. 251-1).

122.692 **Le juge des enfants.** Le juge des enfants est un juge du tribunal pour enfant. Il en existe au moins un par tribunal pour enfant (COJ, art. L. 252-1). C'est un juge unique du TGI. Outre ses fonctions pénales, il a également une compétence civile. Il peut prendre des mesures d'**assistance éducative** lorsque la santé,

1. Circ. min. Just. n° SJ-10-216-AB1, 22 juin 2010 – A. Chouck, « Compétence et organisation des juridictions », *AJ fam.* 2010. 420.
2. Circ. n° CIV/10/10, 16 juin 2010, diffusée sur l'intranet de la Direction des affaires civiles et du Sceau du ministère de la Justice (DACS), v. E. Buat-Ménard, « Incertitudes autour des nouvelles compétences du juge aux affaires familiales », *AJ fam.* 2010. 102 ; « Le partage du régime matrimonial devant le juge aux affaires familiales : état des lieux au lendemain d'une réforme », *AJ fam.* 2010. 157 – V. Larribau-Terneyre, « Les nouvelles compétences du juge aux affaires familiales : cadrage ou verrouillage ? », *Dr. fam.* 2011. Étude 5 – J. Casey, « Liquidation et pouvoirs du juge aux affaires familiales : une circulaire discrète mais ferme », *Gaz. Pal.* 10-11 sept. 2010, p. 7 – J. Massip, « Les nouvelles attributions du juge aux affaires familiales en matière de régimes matrimoniaux et d'indivision », *JCP N* 2011. 1086.
3. Civ. 1re, 7 nov. 2012, n° 12-17.394, *Bull. civ.* I, n° 231 ; *Dr. fam.* 2012. Comm. 179, note Larribeau-Terneyre ; *Gaz. Pal.* 23-24 nov. 2012, p. 17, note Casey ; *RTD civ.* 2013. 96, obs. Hauser.
4. Civ. 1re, 12 avr. 2012, n° 11-20.195, NP; *D.* 2012. 2011, note Brenner – Civ. 1re, 7 nov. 2012, n° 11-17.377, *Bull. civ.* I, n° 229 ; *AJ fam.* 2013. 55, obs. Hilt – Civ. 1re, 7 nov. 2012, n° 11-10.449, *Bull. civ.* I, n° 230 ; *AJ fam.* 2013. 57, obs. Buat-Ménard.
5. J. Combret et N. Baillon-Wirtz, « Liquidation et partage après divorce : une réforme urgente s'impose », *Dr. fam.* 2013. Étude 6 – A. Depont, « Divorce et partage, une même instance ? », *AJ fam.* 2013. 87 – S. David, « Le partage judiciaire », *AJ fam.* 2013. 94.
6. CASF, art. L. 132-7 – V. Beignier et Plé, *Dr. fam.* 2006. Étude 21.

la sécurité, ou la moralité du mineur non émancipé sont en danger ou lorsque les conditions de son éducation sont gravement compromises (C. civ., art. 375). Il peut alors prendre des mesures de nature très diverse, adaptées à la situation : désigner une personne chargée d'apporter aide et conseil à la famille, ou décider de retirer l'enfant de son milieu actuel pour le confier à celui des parents qui n'avait pas l'autorité parentale, ou à un autre membre de la famille ou à un tiers digne de confiance, à un service sanitaire ou d'éducation, ordinaire ou spécialisé ou à un service départemental de l'aide sociale à l'enfance (C. civ., art. 375-3). En cas de placement de l'enfant au terme d'une mesure d'assistance éducative, c'est le juge des enfants qui est seul compétent pour statuer sur les modalités des relations entre l'enfant et un tiers et non le juge aux affaire familiales [1].

Lorsqu'une requête en divorce ou en séparation de corps a été présentée, les mesures prises par le juge des enfants ne peuvent faire obstacle à la décision du JAF.

122.693 **Autres compétences.** Le juge des enfants est également compétent en matière d'organisation ou de prolongation d'une action de protection judiciaire à l'égard des mineurs émancipés et des jeunes majeurs âgés de vingt-et-un ans ou moins (COJ, art. L. 252-3). Il connaît encore des mesures judiciaires d'aide à la gestion du budget familial (COJ, art. L. 252-4) [2].

1. Civ. 1re, 9 juin 2010, no 09-13.390, *Bull. civ.* I, no 130; *D.* 2010. 2343, note Huyette; *D.* 2011. 1995, obs. Bonfils et Gouttenoire; *D.* 2010. 2092, obs. Auroy; *RTD civ.* 2010. 546, obs. Hauser *RJPF* oct. 2010. 28, obs. Eudier – Sur les mesures d'assistance éducative, v. P. Murat (dir.), Dalloz action *Droit de la famille* 2014/2015, nos 242.00 s., par S. Bernigaud.
2. Mod. par L. no 2009-526, 12 mai 2009, art. 116-I (qui a supprimé la tutelle aux prestations sociales).

CHAPITRE

123. Compétence matérielle des juridictions de droit commun : la cour d'appel

DIDIER CHOLET
Maître de conférences
à l'Université du Maine

SECTION 0
ORIENTEUR

123.00 Plan du chapitre.

Division. Il existe deux juridictions de droit commun dans l'ordre judiciaire : le tribunal de grande instance (chap. 122) et la cour d'appel (prés^t chap.).

123.01 Principaux textes applicables.
C. pr. civ., art. 255, 262, 284, 453, 484, 517 à 526, 537, 543, 546, 547, 561 à 568, 714, 724, 775, 808, 809, 902, 907 à 916, 939 s, 956 à 958, 1489, 1491 à 1495, 1519, 1525.

COJ, art. L. 211-5, L. 311-1 à L. 311-12, D. 311-1, D. 311-8 à D. 311-11, R. 311-2 à R. 311-7.

C. com., art. L. 420-7, R. 420-5, D. 442-3, D. 442-4, R. 722-9.

C. consom., art. R. 331-9-3.

CPI, art. R. 411-19, D. 411-19-1.

C. pr. exéc., art. R. 121-22.

CSS, art. L. 143-3, D. 311-1.

123.09 Statut. Il existe trente-six cours d'appel en France. Les cours d'appel sont les juridictions de droit commun du **second degré**[1]. Elles connaissent des appels contre les décisions judiciaires rendues en premier ressort. Elles statuent souverainement sur le fond des affaires, c'est-à-dire en fait et en droit (COJ, art. L. 311-1). Elles statuent **souverainement** en ce qu'il n'y a pas d'autre juridiction qui ait le même pouvoir au-dessus d'elles (v. Cornu et Foyer[2] – la Cour de cassation ne connaît que des recours extraordinaires

1. « Le double degré de juridiction », *Justices* 1996, n° 4.
2. CORNU et FOYER, 2e éd., 1996, p. 227.

et ne statue pas au fond. Par exemple, la Cour de cassation a précisé que la requête tendant au renvoi pour cause de récusation exclusivement dirigée contre l'un des conseillers d'une cour d'appel ressortit à la compétence de cette juridiction et est, dès lors, irrecevable devant la Cour de cassation[1]).

La compétence d'attribution de chaque cour d'appel elle-même est vaste et simple à la fois (sect. 1). En son sein, deux juges uniques ont une compétence propre : le premier président et le conseiller de la mise en état (sect. 2).

SECTION 1
COMPÉTENCE DE LA COUR

123.11 **Nature de la compétence.** La compétence des cours d'appel est sans doute une **compétence exclusive d'ordre public** en ce sens que les plaideurs ne peuvent proroger la compétence d'une autre juridiction à la place de celle de la cour d'appel et que la cour doit pouvoir relever d'office son incompétence. Cette solution est nécessaire pour faire respecter les règles d'organisation judiciaire posées par le législateur[2].

Pourtant, la Cour de cassation a considéré, dans trois décisions récentes, que la cour d'appel saisie à tort par un plaideur (qui par exemple porte devant la cour de Paris un recours relevant normalement de la cour de Versailles) n'était pas incompétente mais que l'appel était irrecevable[3]. C'est confondre incompétence (qui consiste à saisir la mauvaise juridiction parmi toutes celles qui auraient pu juger l'affaire) et défaut de pouvoir (qui concerne le cas dans lequel une juridiction ne peut statuer sur une demande en raison, par exemple, d'une difficulté sérieuse s'agissant d'un juge des référés). Cette solution discutable a cependant été confirmée par la Haute juridiction[4].

123.20 **Plan.** En principe, en tant que juridiction de droit commun, la cour d'appel a une **compétence générale** (§ 1) ; la **compétence territoriale** des cours d'appel est des plus simples : relèvent de la cour d'appel les juridictions situées géographiquement dans son ressort. Certaines cours d'appel ont toutefois une **compétence spéciale** plus étendue (§ 2).

1. Civ. 2e, 8 juill. 1999, no 99-01.074, *Bull. civ.* II, no 133.
2. R. Morel, *Traité élémentaire de procédure civile*, 2e éd., Sirey, 1949, no 245, p. 209 – H. Solus et R. Perrot, *Droit judiciaire privé*, Sirey, 1961, t. 1, no 578, p. 633.
3. Civ. 2e, 9 juill. 2009, nos 06-46.220, 08-40.541 et 08-41.465, *Bull. civ.* II, nos 186, 187 et 188 ; *D.* 2010. 532, obs. Sommer et Leroy-Gissinger ; *RTD civ.* 2010. 370, obs. Théry ; *Dalloz actualités*, 11 sept. 2009, obs. Dargent.
4. Civ. 2e, 8 juill. 2010, no 09-65.256, *Bull. civ.* II, no 134 ; *D.* 2011. 633, obs. Sommer et Leroy-Gissinger ; *D.* 2010. 1948.

§ 1
Compétence générale des cours d'appel

123.30 **Plan.** Les cours d'appel sont compétentes pour connaître des appels contre les décisions des juridictions judiciaires (A), mais aussi des sentences arbitrales (B) et de certaines décisions d'instances professionnelles (C).

A.
Appels contre les décisions des juridictions judiciaires

123.40 Le pouvoir de la cour d'appel de statuer au second degré doit être déterminé dans son contenu (1°) et quant à son étendue (2°).

1°
Contenu de la compétence

123.41 **Juridiction de droit commun.** Chaque cour d'appel connaît des appels dirigés contre les décisions des juridictions judiciaires du premier degré, de droit commun et d'exception, de son ressort. Le siège et le ressort des cours d'appel sont déterminés par un tableau IV annexé au Code de l'organisation judiciaire (COJ, art. D. 311-1 – V. ss no 8.02). Il n'y a pas de juridiction d'exception au second degré, et aucune différence au second degré entre l'appel dirigé contre une décision rendue par une juridiction de droit commun et contre celle rendue par une juridiction d'exception. Les cours d'appel sont pratiquement les seules juridictions d'appel, sous réserve de la possibilité réservée de conférer par décret en Conseil d'État au TGI la possibilité de juger en appel certaines matières, possibilité qui n'est utilisée, à ce jour, que pour les appels contre les décisions du TI en matière de titres perdus ou volés (v. ss no 122.311 – COJ, art. L. 211-5). En ce sens elles sont **juridiction de droit commun** du second degré.

Il existe cependant deux juridictions spéciales au second degré : un tribunal supérieur d'appel à Saint-Pierre-et-Miquelon (lié à la spécificité territoriale de cette collectivité) qui exerce les mêmes fonctions qu'une cour d'appel dans une composition différente et la Cour nationale de l'incapacité et de la tarification de l'assurance des accidents du travail (CNITAAT) qui est compétente essentiellement pour statuer en appel sur les jugements rendus par les tribunaux du contentieux de l'incapacité, contentieux technique très spécifique du droit de la sécurité sociale (CSS, art. L. 143-3 s.).

Il faut également signaler que le COJ attribue compétence spécialement à certaines chambres de la cour :

– ainsi la **chambre sociale** connaît des appels contre les jugements rendus en matière de sécurité sociale, de contrat de travail et en application des lois sociales (COJ, R. 311-6) ;

– et la **chambre spéciale des mineurs** connaît des appels des décisions des juges des enfants et du tribunal pour enfant (aussi bien en matière pénale qu'en matière d'assistance éducative). Il est précisé qu'elle statue dans les mêmes conditions qu'en première instance (COJ, art. R. 311-7).

Il existe également une **chambre de l'expropriation**, dont la compétence est définie par le Code de l'expropriation pour cause d'utilité publique (COJ, art. L. 311-9).

123.42 Cas d'ouverture de l'appel. Le droit d'appel n'est pas ouvert contre toute décision (étant rappelé que selon l'article 543 C. pr. civ. : « *L'appel est ouvert en toutes matières, même gracieuse, contre les jugements de première instance s'il n'en est autrement disposé* »). Il dépend de textes spéciaux et de la nature des décisions de permettre ou non l'appel; il est ainsi exclu contre les décisions de simple administration judiciaire, qui sont sans recours (C. pr. civ., art. 537), et contre les jugements rendus sur une valeur de litige inférieure au taux de recours (v. s^s n°s 121.11 s.). Mais lorsque l'appel est ouvert, les pouvoirs de la cour d'appel dépendent de la nature de la décision attaquée; elle peut statuer elle-même à titre définitif, ou à titre provisoire, voire gracieux.

123.43 Juridiction contentieuse et définitive. Dans le cas le plus fréquent, la cour d'appel est saisie de voies de recours contre des jugements définitifs. Elle statue alors elle-même de façon contentieuse et définitive. Elle statue à nouveau, en fait et en droit, afin de donner à l'affaire une solution définitive (sous réserve des recours extraordinaires qui peuvent être formés contre la décision de la cour d'appel : recours en révision, tierce-opposition et pourvoi en cassation).

123.44 Juridiction contentieuse et provisoire. Lorsque la cour d'appel est saisie d'un appel contre une ordonnance de référé ou une ordonnance sur requête, elle statue elle-même à titre provisoire, par une décision qui n'a pas l'autorité de la chose jugée. Sa compétence est commandée par celle du juge dont la décision lui est déférée. Il a, par exemple, été jugé que la cour d'appel saisie d'un appel contre une ordonnance de référé rendue par le président du TI ne dispose que des pouvoirs conférés par la loi à ce magistrat et ne peut déclarer bénéficier d'une plénitude de juridiction l'habilitant à trancher un litige échappant à la compétence du juge des référés[1], ou encore que l'ordonnance de référé étant une décision provisoire, c'est justement qu'une cour d'appel a décidé que l'interdiction ordonnée sous astreinte d'exécuter un contrat serait applicable, jusqu'à la décision des juges du fond sur la valeur et la portée de cette convention[2].

1. Com. 15 avr. 1986, n° 85-10.839, *Bull. civ.* IV, n° 59; *JCP* 1986. IV. 169.

123.45 Juridiction gracieuse. De même, si la cour d'appel est saisie d'un appel contre une décision rendue en matière gracieuse, elle statue elle-même en matière gracieuse (C. pr. civ., art. 453, 546 et 547). Notamment l'appel peut être jugé en l'absence d'autres parties.

2°
Étendue de la compétence

123.51 Plénitude de juridiction[3]. La compétence de la cour d'appel est en principe fonction de ce qui a été jugé et de l'acte d'appel qui peut limiter les questions soumises à la cour. Mais la compétence de la cour d'appel est très large : « *L'appel remet la chose jugée en question devant la cour d'appel pour qu'il soit à nouveau statué en fait et en droit* » (C. pr. civ., art. 561). Et le principe est que la dévolution s'opère pour le tout, si l'appel n'est pas limité (C. pr. civ., art. 562). Non seulement, elle est saisie de l'entier litige, mais encore elle peut évoquer sur des questions non jugées en première instance afin de donner à l'affaire une solution définitive (C. pr. civ., art. 568). Elle peut encore, dans la mesure de ce que permettent les articles 564 à 567 C. pr. civ., être saisie de prétentions nouvelles qui n'ont pas subi l'épreuve du premier degré de juridiction. C'est également la plénitude de juridiction de la cour d'appel qui lui permet, lorsqu'elle est saisie d'un appel contre une décision d'une juridiction incompétente, de statuer au fond (dans la mesure désormais définie par les textes). Par exemple, il a été jugé que : « *Viole l'article 561 du Nouveau Code de procédure civile, la cour d'appel qui, pour se déclarer incompétente pour examiner le moyen tiré de l'inapplicabilité du statut des baux commerciaux présenté par la bailleresse pour la première fois devant elle, retient que ce moyen [...] relève de la compétence du TGI et non de celle du juge des loyers commerciaux, qui a rendu la décision frappée d'appel et qu'elle ne saurait aller au-delà de ce qui a été jugé par ce dernier dont la compétence est exclusive et d'ordre public quant à la fixation du loyer du bail renouvelé, alors que la cour d'appel est juridiction d'appel pour les décisions rendues par le juge des loyers commerciaux comme pour celles rendues par le tribunal de grande instance* »[4]. Mais il est à noter que la solution n'est pas la même lorsque la question relève de la compétence exclusive du juge de l'exécution (JEX). La première chambre civile a en effet jugé à propos de la liquidation d'une astreinte que la cour d'appel, saisie d'un appel contre un jugement d'un tribunal de commerce qui avait prononcé une astreinte, mais ne s'était pas réservé le pouvoir de

2. Civ. 2e, 12 févr. 1992, n° 90-18.711, *Bull. civ.* II, n° 49; *JCP* 1992. IV. 1104.
3. H. Solus et R. Perrot, *Droit judiciaire privé*, Sirey, 1961, t. 1, n°s 220 s.
4. Civ. 3e, 13 juill. 1999, n° 97-22.326, *Bull. civ.* III, n° 164; *D.* 1999. 51, obs. Y. R.

la liquider, devait relever d'office son incompétence, alors qu'elle est juridiction d'appel aussi bien à l'égard du tribunal de commerce que du JEX, seul compétent pour liquider l'astreinte dans cette hypothèse[1] (v. s[s] n° 122.473).

B.
Appel contre les sentences arbitrales

123.61 Appel et recours en annulation. Les appels et les recours en annulation contre les sentences arbitrales, lorsqu'ils ne sont pas exclus, sont portés devant la cour d'appel dans le ressort de laquelle la sentence a été rendue et sont instruits et jugés selon les règles relatives à la matière contentieuse (C. pr. civ., art. 1494 et 1495). Depuis la réforme de 2011, la sentence arbitrale n'est plus susceptible d'appel en matière d'arbitrage interne, sauf volonté contraire des parties (C. pr. civ., art. 1489). En revanche, la sentence peut toujours faire l'objet d'un recours en annulation si la voie d'appel est fermée (C. pr. civ., art. 1491). En cas d'annulation de la sentence, la cour d'appel statue alors au fond « *dans la limite de la mission de l'arbitre, sauf volonté contraire de toutes les parties* » (C. pr. civ., art. 1493)[2].

En matière d'arbitrage international, la sentence rendue en France ne peut faire l'objet que d'un recours en annulation porté devant la cour d'appel dans le ressort de laquelle la sentence a été rendue (C. pr. civ., art. 1519). Les sentences rendues à l'étranger ne sont pas directement susceptibles de recours mais la décision qui statue sur une demande de reconnaissance ou d'*exequatur* d'une sentence arbitrale rendue à l'étranger est susceptible d'appel (C. pr. civ., art. 1525).

C.
Recours contre les décisions et les élections de certaines instances professionnelles

123.71 Élection du président du tribunal de commerce. La cour d'appel connaît des contestations relatives à l'élection du président du tribunal de commerce (COJ, art. L. 311-2). Le recours a lieu dans les conditions prévues par les dispositions du Code de commerce (C. com., art. R. 722-9 : recours ouvert uniquement au juges consulaires en exercice au sein du tribunal de commerce, dans les dix jours du scrutin par déclaration au greffe de la cour).

123.72 Organisation professionnelle des avocats. Les cours d'appel connaissent encore du contentieux des élections au conseil de l'ordre et de celle du bâtonnier de l'ordre (COJ, art. L. 311-3, 1°). Elles connaissent également des recours contre les décisions ou délibérations de ces conseils (COJ, art. L. 311-3, 2°). Elles sont encore compétentes pour statuer sur les recours contre les décisions d'arbitrage des bâtonniers concernant les litiges nés à l'occasion d'un contrat de travail d'un avocat salarié (COJ, art. L. 311-3, 4°). Plus précisément, l'article 7 de la loi n° 71-1130 du 31 décembre 1971 (mod. par L. n° 2009-526, 12 mai 2009[3]) indique, dans son dernier alinéa, que les litiges nés à l'occasion d'un contrat de travail d'un avocat salarié ou de la convention de rupture, de l'homologation ou du refus d'homologation de cette convention ainsi que ceux nés à l'occasion d'un contrat de collaboration libérale sont soumis à l'arbitrage du bâtonnier, à charge d'appel devant la cour d'appel. La cour d'appel statue également sur les recours formés contre les décisions des centres régionaux de formation des avocats concernant la formation professionnelle (L. 31 déc. 1971, art. 14[4], COJ art. L. 311-3, 3°).

123.73 Organisation professionnelle des officiers ministériels. Les cours d'appel sont encore compétentes pour connaître des recours contre les décisions de la chambre départementale des huissiers de justice, et contre les décisions du conseil d'administration du centre de formation professionnelle des notaires (COJ, art. L. 311-4).

Les cours d'appel sont également juridiction d'appel des chambres de discipline des commissaires-priseurs judiciaires, des huissiers de justice et des notaires (COJ, art. L. 311-5).

Elles connaissent enfin des contestations relatives aux élections des membres des organismes professionnels des commissaires-priseurs judiciaires, des huissiers de justice et des notaires (COJ, art. L. 311-6).

§ 2
Compétence spéciale de certaines cours d'appel

123.81 Compétence spéciale. En plus de leur compétence générale, certaines cours d'appel se sont vu confier la connaissance d'un contentieux particulier qui ne relève pas de la compétence de toutes les cours d'appel. Ce contentieux concerne essentiellement les brevets d'invention et, pour la seule cour d'appel de Paris, les recours contre les décisions du Conseil de la concurrence et du Conseil national du barreau. Il faut ajouter que, par voie de conséquence, seules certaines cours d'appel peuvent connaître des appels contre les jugements rendus en première ins-

1. Civ. 1re, 21 mars 2000, n° 98-14.246, *Bull. civ.* I, n° 98.
2. J. Pellerin, « L'instance au fond devant la cour d'appel après annulation de la sentence », *Rev. arb.* 1993. 199.
3. L. n° 2009-526, 12 mai 2009, de simplification et de clarification du droit et d'allègement des procédures, *JO* 13 mai, p. 7920.
4. Réformé par L. n° 90-1259, 31 déc. 1990, portant réforme de certaines professions judiciaires et juridiques, *JO* 5 janv. 1991, p. 219.

tance par les TGI de leur ressort qui bénéficient d'une compétence spéciale (v. s[s] n°s 122.331 s.). Ceci conduit à attribuer compétence à la seule cour d'appel de Paris lorsque le TGI de Paris est exclusivement compétent en première instance. C'est le cas, par exemple, en droit des brevets depuis le décret n° 2009-1205 du 9 octobre 2009[1].

123.82 Recours formés contre les décisions du directeur de l'Institut national de la propriété industrielle. Selon le décret n° 92-251 du 17 mars 1992[2], seules certaines cours d'appel dont la liste est fournie par un tableau annexé ont compétence pour statuer sur les recours formés contre les décisions du directeur de l'Institut national de la propriété industrielle (INPI) en matière de délivrance, rejet ou maintien des dessins et modèles et des marques. La cour d'appel territorialement compétente est celle du lieu où demeure la personne qui forme le recours (CPI, art. R. 411-19). L'article D. 311-8 du COJ et le tableau XVI en annexe, modifié par le décret n° 2010-1665 du 28 décembre 2010, précise le siège et le ressort des cours d'appel compétentes. Les cours concernées sont celles d'Aix-en-Provence, Bordeaux, Colmar Douai, Fort-de-France, Lyon, Nancy, Paris, Rennes et Versailles (v. s[s] n° 8.14).

123.83 Compétence spéciale de la cour d'appel de Paris. La cour d'appel de Paris est seule compétente pour connaître d'un certain nombre de recours.

Il en est ainsi des recours contre les décisions de l'**Autorité de la concurrence** dans les cas et conditions prévues par le Code de commerce (COJ, art. L. 311-11 et D. 311-9, 1°), contre les décisions de portée individuelles de l'**Autorité des marchés financiers** dans les conditions prévues par le Code monétaire et financier (COJ, art. D. 311-9, 2°)[3], contre les décisions du **Comité de protection des obtentions végétales** dans les conditions prévues par le Code de la propriété intellectuelle (COJ, art. D. 311-9, 3°), ainsi que les recours contre les décisions prises par l'**Autorité de régulation des communications électronique et des postes** dans les cas et conditions prévue par le Code des postes et des communications électroniques (COJ, art. D. 311-9, 4°).

La cour d'appel de Paris est encore compétente pour connaître des actions engagées en matière de protection des victimes de préjudices résultant de la contamination par le virus d'immunodéficience humaine contre l'**Office national d'indemnisation des accidents médicaux, des affections iatrogènes et des infections nosocomiales**, dans les cas et conditions prévues par le Code de la santé publique (COJ, art. L. 311-12 et D. 311-10).

La cour d'appel de Paris est également seule à connaître des contestations relatives à l'élection des membres du **Conseil national des barreaux** et des membres du bureau de ce conseil, des recours contre les décisions individuelles prises par le Conseil national des barreaux (COJ, art. D. 311-11).

C'est devant elle que doivent être portés les recours contre les décisions prises par les commissions nationales en matière d'inscription, de retrait ou de discipline des administrateurs judiciaires, des mandataires judiciaires au redressement et à la liquidation des entreprises, et des experts en diagnostic d'entreprise (COJ, art. D. 311-11, 3°).

La cour d'appel de Paris est seule compétente pour connaître directement des recours formés contre les décisions du **directeur de l'INPI** en matière de délivrance, rejet ou maintien de brevets d'invention, de certificats d'utilité, de certificats complémentaires de protection et de topographies de produits semi-conducteurs (CPI, art. D. 411-19-1[4]).

Elle est enfin seule compétente pour connaître des recours contre les décisions des **juridictions spécialement désignées pour statuer en matière de pratiques anticoncurrentielles** et de pratiques **restrictives de concurrence** (C. com., art. L. 420-7, R. 420-5[5], D. 442-3 et D. 442-4[6]).

SECTION 2

COMPÉTENCE DE JUGES UNIQUES DE LA COUR D'APPEL

123.90 Présentation. La cour d'appel statue toujours en formation collégiale. Mais en son sein, deux magistrats ont une compétence propre : le premier

1. Paris 20 juin 2012, RG n° 12/02185, *Propr. ind.* 2012. Comm. 69, note Py (qui en déduit que la cour d'appel de Paris est immédiatement compétente pour connaître des recours contre les décisions de tous les TGI antérieurement compétents, en l'espèce celui de Bordeaux).
2. Décr. n° 92-251, 17 mars 1992, relatif aux recours exercés devant la cour d'appel contre les décisions du directeur de l'INPI, *JO* 19 mars 1992, p. 3898.
3. Cette compétence est partagée avec le Conseil d'État qui connaît des recours contre les sanctions individuelles prononcées par l'AMF à l'encontre de certaines personnes, dont les prestataires de service d'investissement ainsi que les personnes placées sous leur autorité ou agissant pour leur compte ; v. C. mon. fin., art. L. 621-30 et L. 621-9 – Com. 4 oct. 2011, n° 10-27.310, *Bull. civ.* IV, n° 144; *Bull. Joly Bourse* 2011. 637, note Bonneau; *RTD com.* 2012. 206, obs. Bouloc.
4. Art. créé par Décr. n° 2009-1204, 9 oct. 2009, relatif à la spécialisation des juridictions en matière de propriété intellectuelle, art. 2, *JO* 11 oct., p. 16630.
5. Art. créé par Décr. n° 2005-1756, 30 déc. 2005, fixant la liste et le ressort des juridictions spécialisées en matière de concurrence, de propriété industrielle et de difficultés des entreprises, *JO* 31 déc., p. 20831.
6. Art. créés par Décr. n° 2009-1384, 11 nov. 2009, relatif à la spécialisation des juridictions en matière de contestations de nationalité et de pratiques restrictives de concurrence, art. 3, *JO* 15 nov., p. 19761.

président (§ 1) et le conseiller de la mise en état (§ 2).

Lorsque la procédure sans représentation obligatoire s'applique, un magistrat membre de la chambre à qui l'affaire a été distribuée peut également être chargé d'instruire l'affaire avec des pouvoirs moindres que ceux du conseiller de la mise en état (C. pr. civ., art. 939 s. – V. procédure sans représentation obligatoire, s[s] n°s 544.211 s.).

§ 1
Compétence du premier président

123.100 Plan. Le premier président de la cour d'appel a des attributions propres importantes qui lui confèrent un véritable pouvoir juridictionnel. Ses attributions sont toutefois moins étendues et variées que celles du président du TGI. Il s'agit essentiellement d'une juridiction provisoire (A). Plus exceptionnellement, le premier président statue à titre définitif (B).

A.
Juridiction provisoire

123.110 Plan. Le premier président est juge des référés (1°), juge des requêtes (2°). Il a encore des pouvoirs importants en matière d'exécution provisoire ou forcée (3°).

1°
Ordonnances de référé

123.111 Pouvoir propre. Homologue des présidents des juridictions de première instance, le premier président a des pouvoirs comparables en cas d'appel. L'article 956 C. pr. civ. dispose que : « *Dans tous les cas d'urgence, le premier président peut ordonner en référé, en cas d'appel, toutes les mesures qui ne se heurtent à aucune contestation sérieuse ou que justifie l'existence d'un différend* »[1]. Mais il ne peut statuer qu'à l'égard des parties à l'instance d'appel[2].

123.112 Caractère provisoire. Dans tous les cas, le premier président rend une décision **provisoire** qui, comme toute décision de référé, n'a pas au principal l'autorité de la chose jugée (C. pr. civ., art. 484). Il ne peut notamment prononcer une condamnation à des dommages-intérêts[3]. Mais, si les pouvoirs du premier président sont largement calqués sur ceux du président du TGI, ils sont néanmoins plus limités.

123.113 Compétence *ratione temporis* – Renvoi. Cette question sera traitée avec la compétence de l'ensemble des juges des référés (v. s[s] n°s 125.131 s.).

123.114 Urgence – Renvoi. V. s[s] n° 125.335.

123.115 Mesures. Les mesures que le premier président a le pouvoir de prendre en référé sont également plus limitées que celles permises au président du TGI : elles correspondent à celles de l'article 808 C. pr. civ., mais ne comprennent pas celles de l'article 809. Ainsi, le premier président ne peut accorder une provision[4].

Les mesures que le premier président peut prendre sont, comme celles au pouvoir du président du TGI, subordonnées à l'**absence de contestation sérieuse** ou à l'**existence d'un différend** (les solutions dégagées par la jurisprudence à propos du président du TGI sont transposables)[5] (v. s[s] n°s 125.360 s.).

2°
Ordonnances sur requête

123.121 Texte applicable. L'article 958 C. pr. civ. confère au premier président le pouvoir « *d'ordonner sur requête toutes mesures urgentes relatives à la sauvegarde des droits d'une partie ou d'un tiers lorsque les circonstances exigent qu'elles ne soient pas prises contradictoirement* ». C'est le pendant en appel des pouvoirs du président du TGI.

123.122 Domaine. La compétence du premier président exclut celle du conseiller de la mise en état, qui n'a pas le pouvoir de prendre une mesure non contradictoire[6].

La compétence du premier président est justifiée par l'appel, mais limitée aux mesures rendues nécessaires par le litige soumis à la procédure d'appel. Les

1. P. Estoup, *La pratique des procédures rapides*, 2e éd., Litec, 1998 – Fusil, « La juridiction du premier président de la cour d'appel », *Gaz. Pal.* 1975. Doctr. 346 – Ph. Gerbay, « Réflexions sur la jurisprudence du premier président de la cour d'appel », *D.* 1980. Chron. 65 – Gassiot, « La juridiction du premier président », Journées d'études des avoués, Dijon, 1973, *Gaz. Pal.* 1974. 416 – C. Giverdon, « Premières applications de la juridiction des référés du premier président », *D.* 1973. Chron. 285 – E. du Rusquec, « Les conditions de la compétence générale du premier président statuant en référé », *Gaz. Pal.* 1978. Doctr. 84 – J.-L. Gallet, *La procédure civile devant la cour d'appel*, 2e éd., Litec, 2010, n° 309, p. 235 – C. Brenner et N. Fricero (dir.), *La nouvelle procédure d'appel*, 2e éd., Lamy, 2011, n°s 287 s. – N. et Ph. Gerbay, *Guide du procès civil en appel*, 2e éd., LexisNexis, 2013 – D. d'Ambra, « Dalloz référence », *Droit et pratique de l'appel*, 2013/2014, n°s 311.00 s.
2. Paris, 23 août 1990, RG n° 90/016634, *Bull. ch. avoués* 1990. 3. 102 – Civ. 2e, 16 oct. 2003, n° 02-17.049, *Bull. civ.* II, n° 309; *Rev. huiss.* 2004. 90, obs. Bourdillat.
3. Paris, 5 oct. 1973, *Gaz. Pal.* 1973. 924.
4. Lyon, 12 févr. 1980, *Gaz. Pal.* 1980. 234; *JCP* 1980. II. 19836; *RTD civ.* 1980. 604, obs. Normand.
5. V. Petit, « L'évidence », *RTD civ.* 1986. 85 – M.-C. Rondeau-Rivier, « L'évidence et la notion de contestation sérieuse devant le juge des référés », *Gaz. Pal.* 1991. Doctr. 355.
6. Civ. 2e, 17 nov. 1981, n° 80-10.372, *Bull. civ.* II, n° 191; *Gaz. Pal.* 1982. 106, note Viatte; *RTD civ.* 1982. 463, obs. Normand; *RTD civ.* 1982. 474, obs. Perrot.

mesures pouvant être ordonnées par le premier président sont très diverses et tiennent aux circonstances. Ce sont d'abord des mesures que des textes particuliers habilitent le premier président à prendre, comme l'autorisation d'assigner à jour fixe prévue par l'article 917, lorsque les droits d'une partie sont en péril. Il s'agit par exemple de mesures conservatoires justifiées par la durée de l'instance d'appel ou par le caractère suspensif de l'appel ou bien de mesures d'instruction, qui, pour réussir, ne doivent pas être prises contradictoirement (il a cependant été jugé que l'article 958 ne pouvait être utilisé pour obtenir l'autorisation de procéder à un constat d'adultère)[1]. Il appartient par ailleurs au premier président d'apprécier l'exigence du non contradictoire[2].

3°
Compétence en matière d'exécution

123.130 **Plan.** Le premier président de la cour d'appel a trois pouvoirs différents, obéissant à des conditions différentes. Il peut suspendre l'exécution d'un jugement improprement qualifié de « rendu en dernier ressort » (a), il peut arrêter l'exécution provisoire, l'aménager ou, à l'inverse, l'accorder (b). Il peut encore suspendre une mesure d'exécution ayant fait l'objet d'un jugement du juge de l'exécution (c).

a)
Suspension des jugements improprement qualifiés de « rendus en dernier ressort »

123.131 **Conditions.** L'article 957 C. pr. civ. donne compétence au premier président pour suspendre, en cours d'instance d'appel l'exécution des jugements improprement qualifiés en dernier ressort. Il s'agit là d'une exécution définitive puisque le jugement est qualifié, à tort, de « rendu en premier ressort ». La suspension de son exécution par le premier président suppose d'abord qu'un appel soit interjeté et ensuite que le premier président constate, sous réserve de la décision souveraine de la cour d'appel statuant au fond, que le jugement a été improprement qualifié de « rendu en dernier ressort ». Pratiquement, il faut encore supposer que le bénéficiaire du jugement en poursuive l'exécution.

b)
Pouvoirs en matière d'exécution provisoire

123.141 **Renvoi.** Le premier président de la cour d'appel a reçu des pouvoirs importants en matière d'exécution provisoire. Selon l'article 524 C. pr. civ. (rappelé par COJ, art. L. 311-7), il peut, statuant en référé, suspendre l'exécution provisoire lorsqu'elle est interdite par la loi ou lorsqu'elle risque d'entraîner des conséquences manifestement excessives. Mais l'ordonnance du premier président qui arrête l'exécution provisoire n'a pas d'effet rétroactif; elle ne peut donc remettre en cause les effets des actes accomplis ou les paiements effectués antérieurement à sa décision[3]. En statuant sur la demande d'annulation des mesures d'exécution forcée et en validant les saisies-attributions sans attendre la décision du premier président sur la demande d'arrêt de l'exécution provisoire, le JEX ne porte pas atteinte aux droits du débiteur saisi à un recours effectif[4]. Il peut encore aménager l'exécution provisoire sur le fondement des articles 517 à 522 C. pr. civ. Lorsque l'exécution provisoire est de droit, le premier président peut l'arrêter, en cas de violation manifeste du principe du contradictoire ou de l'article 12 et lorsqu'elle risque d'entraîner des conséquences manifestement excessives (C. pr. civ., art. 524, al. 4[5]). Il peut enfin ordonner lui-même l'exécution provisoire dans les conditions des articles 525 et 525-1. Il peut encore, lorsque l'exécution provisoire est de droit ou a été ordonnée, en cas d'appel, à la demande de l'intimé et après avoir recueilli les observations des parties, décider la **radiation de l'affaire** lorsque l'appelant ne justifie pas avoir exécuté la décision frappée d'appel ou avoir procédé à la consignation dans les conditions prévues à l'article 521, à moins qu'il lui apparaisse que l'exécution serait de nature à entraîner des conséquences manifestement excessives ou que l'appelant est dans l'impossibilité d'exécuter la décision[6]. Le premier président autorise la réinscription de l'affaire au rôle de la cour sur justification de l'exécution de la décision attaquée (C. pr. civ., art. 526 – disposition applicable depuis le 1er mars 2006[7]). En

1. Riom, 25 oct. 1990, *Bull. ch. avoués* 1990, n° 4, p. 149.
2. Versailles, 13 et 27 oct. 1988, RG n° 8175/86, *D.* 1989. Somm. 278, obs. Julien.
3. Civ. 2e, 31 janv. 2002, n° 00-11.881, *Bull. civ.* II, n° 11 – Civ. 2e, 13 juin 2002, n° 00-15.852, *Bull. civ.* II, n° 132; *Procédures* 2002. Comm. 155, obs. Perrot – Versailles, 8 mars 2002, RG n° 19/02, *D.* 2002. Somm. 2647, obs. Julien.
4. Civ. 2e, 10 févr. 2005, nos 03-15.067 et 03-15.068, *Bull. civ.* II, n° 28; *Procédures* 2005. Comm. 130, obs. Perrot; *Rev. huiss.* 2005. 295, obs. Lefort; *RTD civ.* 2005. 455, obs. Perrot.
5. Mod. par Décr. n° 2004-836, 20 août 2004, portant modification de la procédure civile, art. 8 et 59, *JO* 22 août, p. 15032.
6. Limoges, ord. 1er prés., 31 août 2006, *Gaz. Pal.* 17-18 nov. 2006, p. 15, obs. Vray; *Rev. huiss.* 2007, n° 2, p. 73, obs. Norguin, qui a estimé que la situation créée par l'exécution provisoire porte atteinte au droit au procès équitable, lequel implique l'accès libre aux voies de recours contre une décision de justice – CONTRA, Colmar, 30 avr. 2007, RG n° 06/03203, *D.* 2008. 204, note Norguin.
7. Décr. n° 2005-1678, 28 déc. 2005, art. 47, II et 87 – Ch. Hugon, « La radiation du rôle sanctionnant l'inexécution d'une décision judiciaire : un nouveau miroir aux alouettes ? », *D.* 2006. 1640 – G. Verdun, « La radiation atypique de l'article 526 du Code de procédure civile. Sa raison d'être, sa portée, ses limites », *Mél. Guinchard*, Dalloz, 2010, p. 869.

raison de la nécessité d'un débat contradictoire préalable à la décision, il ne peut être saisi par requête[1]. Mais, dans les cas qui précèdent, le premier président est seulement compétent jusqu'à ce que le conseiller de la mise en état soit saisi. Ensuite c'est le conseiller de la mise en état qui est seul compétent pour ordonner les mêmes mesures (C. pr. civ., art. 517 à 522, 525, 525-1 et 526)[2]. Il a été précisé que les **compétences conférées au premier président et au conseiller de la mise en état** sont **successives** et **non pas alternatives**[3], et que cette radiation ne fait pas obstacle à l'arrêt de l'exécution provisoire par le premier président[4]. La radiation du rôle est une mesure d'administration judiciaire qui n'est en principe susceptible d'aucun recours[5]. Cependant, en cas d'excès de pouvoir ce recours est restauré. Lorsque la radiation du rôle de l'article 526 C. pr. civ. a été prononcée par la cour d'appel (ou le tribunal supérieur d'appel), et non par le premier président ou le conseiller de la mise en état, le pourvoi en cassation est admis[6].

La Cour européenne des droits de l'homme n'a pas condamné dans son principe le mécanisme de radiation prévu par l'article 526, mais elle a estimé que son application pouvait porter atteinte au droit d'accès effectif à la cour d'appel en raison notamment de la situation financière de l'appelant[7].

Ces pouvoirs seront précisés avec l'étude de l'ensemble de la question de l'exécution provisoire (v. s^s n°s 431.00 s. et 432.00 s.).

c)
Pouvoir à l'égard des mesures d'exécution

123.151 **Textes applicables.** L'article R. 121-22 C. pr. exéc.[8] permet au premier président, statuant en référé, d'ordonner un sursis à l'exécution en cas d'appel d'une décision du JEX. Les décisions du JEX sont en effet exécutoires de plein droit et l'appel n'est pas suspensif.

123.152 **Domaine.** Il a été précisé que le sursis à **exécution** prévu par ce texte ne concerne que l'exécution du jugement dont appel et non pas l'exécution du titre ou des poursuites qui ont donné lieu à ce jugement[9]. Selon l'avis de la Cour de cassation du 15 septembre 1994, ces dispositions ne s'appliquent pas à une décision du JEX liquidant une astreinte ou assortissant une décision d'une astreinte[10]. Ce texte ne permet pas non plus au premier président de surseoir à l'exécution d'un jugement rendu par le JEX déboutant une partie de sa demande de délai, l'octroi de délais ne relevant pas des pouvoirs du premier président sur le fondement de ce texte[11].

123.153 **Conditions.** Les conditions posées par l'article 524 C. pr. civ. pour l'arrêt de l'exécution provisoire ne sont pas applicables au sursis à exécution des décisions du JEX. Notamment, la décision du premier président d'accorder un sursis n'est pas subordonnée à la condition que l'exécution entraîne des conséquences manifestement excessives. Il avait été jugé que le premier président disposait en la matière d'un pouvoir discrétionnaire l'autorisant à ne pas spécialement motiver sa décision[12]. Mais le décret n° 96-1130 du 18 décembre 1996 a précisé que « *le sursis à exécution n'est accordé que s'il existe des moyens sérieux d'annulation ou de réformation de la décision déférée à la Cour* » (C. pr. exéc., art. R. 121-22, al. 3), ce qui a mis fin à la controverse sur la référence ou non aux conditions de l'article 524 et semble bien exiger une motivation.

d)
Pouvoir en matière de surendettement

123.161 **Sursis à exécution.** En cas d'appel contre une décision du juge d'instance statuant en matière de surendettement, un sursis à exécution peut être

1. Service doc. Cass., avis, *JCP* 2006. Actu. 443.
2. Ph. Bertin, « Pouvoirs respectifs du premier président et du conseiller de la mise en état en matière d'exécution provisoire », *Gaz. Pal.* 1978. Doctr. 83 – H. Blaisse, « Arrêt et aménagement de l'exécution provisoire par le premier président », *JCP* 1985. I. 3183.
3. Aix-en-Provence, 6 déc. 2006, 2 arrêts, *JCP* 2007. II. 10080, note Mouralis.
4. Civ. 2e, 9 juill. 2009, n°s 08-13.451 et 08-15.176, *Bull. civ.* II, n° 192; *D.* 2010. 535, obs. Sommer et Leroy-Gissinger; *D.* 2009. 2044; *D.* 2010. 169, obs. Fricero; *JCP* 2009. 260, note Cholet.
5. Civ. 2e, 18 juin 2009, n° 08-15.424, *Bull. civ.* II, n° 167; *D.* 2009. 2532, note Norguin; *D.* 2009. 2073, obs. Sommer et Nicolétis; *D.* 2010. 169, obs. Fricero; *RTD civ.* 2009. 574, obs. Perrot; *Procédures* 2009. Comm. 265, note Perrot; *Dr. et proc.* 2009. 349, note Douchy-Oudot.
6. Civ. 2e, 23 sept. 2010, n° 09-14.864, *Bull. civ.* II, n° 160; *D.* 2011. 637, obs. Sommer et Leroy-Gissinger.
7. CEDH 31 mars 2011, Chatellier c/France, req. n° 34658/07, *Dr. et proc.* 2011. 176, note Hoonakker; *RTD civ.* 2011. 313, obs. Marguénaud – CEDH 10 oct. 2013, Pompey c/France, req. n° 37640/11, *Procédures* 2013. Comm. 344, note Fricero; *Dr. et proc.* 2013. 277, note Cholet.
8. Anc^t Décr. n° 92-755, 31 juill. 1992, instituant de nouvelles règles relatives aux procédures civiles d'exécution pour l'application de la loi n° 91-650 du 9 juillet 1991 portant réforme des procédures civiles d'exécution, art. 31, *JO* 5 août, p. 10530.
9. Paris, 4 et 11 mars 1994, *Bull. ch. avoués* 1994, n° 2, p. 74.
10. Cass., avis, 27 juin. 1994, n° 09-40.008, *Bull. civ. avis*, n° 18; *BICC* 15 sept. 1994, n° 6 – Civ. 2e, 14 juin 2001, n° 99-18.082, *Bull. civ.* II, n° 119; *Procédures* 2002. Comm. 190, obs. Perrot; *D.* 2001. Somm. 2719, obs. Julien; *Dr. et proc.* 2001. 380, obs. Hoonakker – Civ. 2e, 12 juin 2003, n° 01-13.670, *Bull. civ.* II, n° 183; *Gaz. Pal.* 29 févr.-2 mars 2004, p. 30, obs. Brenner.
11. Paris, 29 oct. 1983, Paris, 12 nov. 1983 et Paris, 8 déc. 1993, *Bull. ch. avoués* 1994, n° 1, p. 41.
12. Civ. 2e, 20 juin 1996, n° 93-19.320, *Bull. civ.* II, n° 177; *JCP* 1996. IV. 1879; *RTD civ.* 1996. 989, obs. Perrot.

demandé au premier président par assignation en référé. Cette demande suspend les effets de la décision, à l'exception de l'éventuelle suspension d'une mesure d'expulsion qui aurait été prononcée. Le premier président peut accorder le sursis à exécution si l'exécution de la décision risque d'avoir des conséquences manifestement excessives (C. consom., art. R. 331-9-3)[1].

B. Juridiction définitive

123.171 **Énumération.** La compétence définitive du premier président de la cour d'appel est limitée. Elle ne concerne que les recours contre les décisions du bâtonnier en matière d'honoraires des avocats, les recours contre les ordonnances de taxe et la rémunération des techniciens, les recours contre les décisions du bureau d'aide juridictionnelle et la rétention des étrangers.

123.172 **Ordonnance de taxe des frais et dépens.** Le recours contre les ordonnances de taxe rendues par le président d'une juridiction de première instance est porté devant le premier président de la cour d'appel (C. pr. civ., art. 714)[2] qui statue alors de façon contentieuse et définitive, quel que soit le montant en jeu[3]. S'agissant d'une procédure sans représentation obligatoire, la note exposant les motifs du recours, conformément aux dispositions de l'article 715 C. pr. civ., doit être envoyée aux parties elles-mêmes et non aux avocats ayant pu les représenter et les assister dans le litige principal[4]. Le premier président doit respecter lui-même et faire respecter le contradictoire[5].

123.173 **Rémunération des techniciens.** L'article 724 C. pr. civ. donne compétence au premier président pour statuer sur les recours contre les décisions émanant d'un magistrat de première instance ou de la cour d'appel, prises sur le fondement des articles 255, 262 et 284 C. pr. civ., fixant les rémunérations respectives des constatants, consultants et experts (C. pr. civ., art. 724)[6]. Mais il a été jugé que le premier président n'était pas compétent pour connaître du recours institué par l'article 724, dès lors que la rémunération de l'homme de l'art contestée est intervenue dans le cadre d'une mission de constat de bonne fin des travaux, hors des prévisions de l'article 284[7]. La même solution a été rendue à propos de la rémunération d'un commissaire aux comptes[8] et de celle d'un administrateur provisoire d'une copropriété[9].

123.174 **Honoraires des avocats.** Les contestations des honoraires des avocats sont portées devant le bâtonnier de l'ordre (Décr. n° 91-1197, 27 nov. 1991[10], art. 175). La décision du bâtonnier est elle-même susceptible d'un recours devant le premier président (Décr. 27 nov. 1991, art. 176 - COJ, art. L. 311-7, 2°). Cette procédure spéciale concerne seulement les contestations relatives au montant et au recouvrement des honoraires, à l'exclusion de celles afférentes à la désignation du débiteur[11].

Lorsqu'il s'agit des honoraires du bâtonnier lui-même, le président du TGI est compétent pour trancher la contestation en première instance. L'appel de cette décision est porté devant le premier président (Décr. 27 nov. 1991, art. 179).

Les contestations relatives à la **restitution des pièces** dont un avocat est dépositaire, lorsque l'affaire est terminée ou lorsqu'il en est déchargé sont réglées suivant la procédure suivie en matière de recouvrement des honoraires (Décr. n° 2005-790, 12 juill. 2005[12], art. 14). L'affaire est donc portée devant le bâtonnier puis, en cas de recours devant le premier président de la cour d'appel. Toutefois, cette règle ne s'applique qu'aux litiges survenus entre l'avocat et son client. En cas de litiges entre avocats qui se succèdent dans un même dossier, la contestation est certes tranchée par le bâtonnier mais le recours ne peut être porté devant le premier président : seule la cour d'appel est compétente faute de texte spécial applicable[13].

123.175 **Séjour des étrangers.** Le premier président est encore juge définitif des recours exercés contre les décisions du juge des libertés et de la détention en cas de prolongation du maintien en zone d'attente et de la rétention, en application des dispositions du

1. Décr. n° 2011-741, 28 juin 2011, relatif au transfert du contentieux du surendettement du juge de l'exécution au juge du tribunal d'instance, *JO* 29 juin, p. 10959.
2. V. Loyer-Lahrer, « L'appel de l'ordonnance de taxe », *Gaz. Pal.* 1979. Doctr. 505.
3. Civ. 2e, 7 juill. 2005, n° 03-14.520, *Bull. civ.* II, n° 180.
4. Civ. 2e, 20 oct. 2005, n° 04-16.812, *Bull. civ.* II, n° 262 – Civ. 2e, 20 déc. 2007, n° 06-20.324, *Bull. civ.* II, n° 272.
5. Civ. 2e, 22 mars 2007, n° 06-12.318, *Bull. civ.* II, n° 72.
6. V. Parmentier, « Les recours devant le premier président de la cour d'appel en matière de contestations relatives à la rémunération des techniciens », *Bull. ch. avoués* 1987, n° 4, p. 153.
7. Limoges, 12 mai 1986, *Gaz. Pal.* 1986. 389, note Caratini.
8. Paris, 20 juin 1988, RG n° 87/13303, *Bull. ch. avoués* 1988, n° 4, p. 151.
9. Paris, 24 avr. 1989, RG n° 87/011007, *Bull. ch. avoués*, n° 2, p. 51.
10. Décr. n° 91-1197, 27 nov. 1991, organisant la profession d'avocat, *JO* 28 nov., p. 15502.
11. Civ. 2e, 28 mars 2013, n° 12-17.493, *Bull. civ.* II, [à paraître]; *JCP* 2013. 636, note Travier et Guichard.
12. Décr. n° 2005-790, 12 juill. 2005, relatif aux règles de déontologie de la profession d'avocat, *JO* 16 juill., p. 11688.
13. Civ. 2e, 10 juin 2010, n° 08-21.561, *Bull. civ.* II, n° 110; *D.* 2010. 2105, obs. Sommer et Leroy-Gissinger; *D.* 2010. 1566; *D.* 2011. 552, obs. Blanchard; *JCP* 2010. Chron. 1068, n° 4, obs. Bortolozzi.

Code de l'entrée et du séjour des étrangers (COJ, art. L. 311-7, 4°).

123.176 Recours en matière d'aide juridictionnelle. Le premier président est juge des recours formé contre les décisions du bureau d'aide juridictionnelle (COJ, art. R. 311-5; L. n° 91-647, 10 juill. 1991[1], art. 23). Les ordonnances ainsi rendues sur recours par le premier président ne sont elles-mêmes susceptible d'aucun recours[2].

§ 2
Compétence du conseiller de la mise en état

123.181 Pouvoirs du juge de la mise en état. Dans les affaires relevant de la procédure ordinaire (avec représentation obligatoire), le conseiller de la mise en état institué auprès de chaque chambre de la cour d'appel a pour mission de suivre l'instruction des affaires. Pour les affaires dont il est saisi, ce magistrat a les mêmes pouvoirs que le juge de la mise en état, l'article 907 C. pr. civ. renvoyant aux articles 763 à 787 (v. s[s] n°s 122.571 s.). Il est donc seul compétent pour statuer sur les exceptions de procédure et les incidents mettant fin à l'instance, pour accorder une provision, mais il n'est compétent que pour connaître des exceptions et incidents relatifs à l'instance d'appel; il n'est pas compétent pour statuer sur une exception relative à la première instance[3] ordonner des mesures provisoires et ordonner même d'office toute mesure d'instruction (C. pr. civ., art. 907, renvoyant à 771, Décr. 28 déc. 2005)[4]. Il a été jugé, avant les réformes de 2009 et 2010, que les attributions du conseiller de la mise en état ne lui permettent pas de désigner un mandataire *ad hoc* chargé de représenter une société précédemment liquidée[5]. De même, il est incompétent pour ordonner, au titre des mesures provisoires, une mesure d'administration judiciaire des biens communs en cas d'appel d'un jugement de débouté d'une demande en divorce[6], ou pour ordonner l'attribution du droit au bail[7]. En application des nouveaux textes, la Cour de cassation a précisé que si les pièces doivent être communiquées simultanément à la notification des conclusions, le conseiller de la mise en état n'est pas compétent pour écarter les pièces qui ne sont pas communiquées simultanément[8]. De nombreuses controverses et incertitudes demeurent cependant concernant l'interprétation des nouveaux textes issus des « décrets Magendie » de 2009 et 2010 réformant la procédure d'appel[9] (v. s[s] n°s 544.31 s.).

123.182 Pouvoirs propres. Les textes confèrent au conseiller de la mise en état des pouvoirs spécifiques par rapport au juge de la mise en état. Ses compétences ont été accrues à compter du 1er janvier 2011 par le décret n° 2009-1524 du 9 décembre 2009, décret relatif à la procédure d'appel avec représentation obligatoire en matière civile[10], modifié par le décret n° 2010-1647 du 28 décembre 2010[11].

Il a, d'une part, des pouvoirs particuliers en matière d'exécution provisoire. Dès qu'il est saisi, il est seul compétent, à la place du premier président, pour suspendre l'exécution des jugements improprement qualifiés en dernier ressort et pour exercer les pouvoirs qui lui sont conférés en matière d'exécution provisoire dans les conditions des articles 525

1. Mod. par L. n° 2007-210, 19 févr. 2007, portant réforme de l'assurance de protection juridique, art. 8, *JO* 21 févr., p. 3051.
2. Civ. 2e, 10 mars 2005, n° 03-17.076, *Bull. civ.* II, n° 59.
3. Cass., avis, 2 avr. 2007, n° 0070007P, *Bull. civ. avis*, n° 4; *Dr. et proc.* 2007. 270, obs. Salati; *Procédures* 2007, n° 160, obs. Perrot; *D.* 2007. AJ 1208, obs. Avena-Robardet; *Dr. et patr.* 2008. 105, obs. Amrani-Mekki – Civ. 2e, 7 mai 2008, n° 07-14.784, *Bull. civ.* II, n° 107; *D.* 2008. 2373, chron. Sommer et Nicoletis; *JCP* 2008. IV. 2016 – Civ. 2e, 18 déc. 2008, n° 07-17.299, NP; *Procédures* 2009. Comm. 103, note Perrot.
4. V. Dufort, « Les pouvoirs juridictionnels du conseiller de la mise en état », *Rev. jur. Ouest* 1985. 165 – G. Rives, « La juridiction du conseiller de la mise en état », *RTD civ.* 1984. 645.
5. Cass., avis, 2 mai 1994, n° 09-40.006, *Bull. civ. avis*, n° 13; *BICC* 1994. 3.
6. Paris, 17 juin 1987, RG n° 86/5725, *Bull. ch. avoués* 1988, n° 1, p. 9.
7. Paris, 15 mars 1991, *Bull. ch. avoués* 1989, n° 3, p. 85.
8. Cass., avis, 25 juin 2012, n° 12-00.005, *Bull. civ. avis*, n° 5; *BICC* 15 sept. 2012, p. 11, rapp. Alt, concl. Lathoud; *Gaz. Pal.* 26 mai 2012, p. 21, note Jullien – Cass., avis, 21 janv. 2013, n° 12-00.017, *Bull. civ. avis*, n° 4; *BICC* 1er avr. 2013, p. 29, rapp. Pimoulle, concl. Mucchielli; *Gaz. Pal.* 19 févr. 2013, p. 10, note Travier et Guichard; *Gaz. Pal.* 9 mars 2013, p. 25, obs. Pellerin.
9. J. Junillon et R. Laffly, « Décrets Magendie, deux ans de jurisprudence », *JCP* 2013. 249.
10. Décr. n° 2009-1524, 9 déc. 2009, relatif à la procédure d'appel avec représentation obligatoire en matière civile, *JO* 11 déc., p. 21386 – D. D'Ambra et A.-M. Boucon, « Le décret n° 2009-1524 du 9 décembre 2009 réformant la procédure civile et la gestion des flux de contentieux judiciaire », *D.* 2010. 1093 – Ph. Gerbay, « La réforme de la procédure d'appel avec représentation obligatoire en matière civile », *Gaz. Pal.* 10-12 janv. 2010, p. 12 – N. Fricero, « L'appel nouveau est arrivé », *Procédures* 2010. Étude 3 – O. Salati, « Présentation des principales dispositions du décret du 9 décembre 2009 relatif à procédure d'appel avec représentation obligatoire en matière civile », *Dr. et proc.* 2010. 3 – C. Brenner et N. Fricero (dir.), *La nouvelle procédure d'appel*, 2e éd., Lamy, 2011, n°s 104 s. – D. D'Ambra, « Dalloz référence », *Droit et pratique de l'appel*, 2013/2014.
11. Décr. n° 2010-1647, 28 déc. 2010, modifiant la procédure d'appel avec représentation obligatoire en matière civile, *JO* 29 déc., p. 22919 – N. Fricero, « Procédure d'appel : la réforme de la réforme ! À propos du décret du 28 décembre 2010 », *JCP* 2011. 37 – H. Herman, « L'autonomie encadrée du conseiller de la mise en état », *Gaz. Pal.* 20 sept. 2011, p. 18.

et 525-1 C. pr. civ. (v. s[s] n°s 123.110 s.). Il a encore également compétence pour prendre, à titre accessoire, les mesures d'aménagement de l'exécution provisoire prévues par les articles 517 à 522, lorsqu'il est saisi d'une demande d'octroi de l'exécution provisoire (C. pr. civ., art. 523). Lorsque l'exécution provisoire est de droit ou a été ordonnée, il peut, en cas d'appel, décider à la demande de l'intimé, et après avoir recueilli les observations des parties, « *la radiation du rôle de l'affaire lorsque l'appelant ne justifie pas avoir exécuté la décision frappée d'appel ou avoir procédé à la consignation autorisée dans les conditions de l'article 521, à moins qu'il ne lui apparaisse que l'exécution serait de nature à entraîner des conséquences manifestement excessives ou que l'appelant est dans l'impossibilité d'exécuter la décision. Le premier président ou le conseiller de la mise en état autorise, sauf s'il constate la péremption, la réinscription de l'affaire au rôle de la cour sur justification de l'exécution de la décision attaquée* » (C. pr. civ., art. 526; Décr. 28 déc. 2005, art. 47, II, et 87). Cette disposition, applicable depuis le 1er janvier 2006, fut abondamment discutée et contestée, car elle est de nature à modifier profondément le droit d'appel et la procédure d'appel[1]. Le conseiller de la mise en état peut également suspendre l'exécution des jugements improprement qualifiés en dernier ressort (C. pr. civ., art. 912). Il est alors seul compétent pour le décider lorsqu'il est saisi.

Le conseiller de la mise en état possède, d'autre part, des **pouvoirs propres pour instruire l'affaire** devant la cour lorsqu'il est saisi.

– Il peut d'office **impartir des délais plus courts** que les délais prévus aux articles 908 à 910 C. pr. civ. aux appelants, intimés et intervenants pour statuer (C. pr. civ., art. 911-1, al. 1er). L'appelant dispose, par exemple, d'un délai de trois mois à compter de la déclaration d'appel pour conclure. Le conseiller de la mise en état peut réduire ce délai mais il n'a pas le pouvoir de l'augmenter. Si l'appelant n'a pas conclu dans le délai de trois mois ou s'il n'a pas signifié la déclaration d'appel lorsque celle-ci est nécessaire (C. pr. civ., art. 902), le conseiller de la mise en état prononce la caducité de la déclaration d'appel. Il a également compétence pour prononcer l'irrecevabilité des conclusions en application des articles 909 et 910 C. pr. civ. lorsque l'intimé ou l'intervenant forcé n'a pas respecté les délais imposés pour conclure (C. pr. civ., art. 911-1). Il fixe la date de clôture et de plaidoirie dans des conditions assez proches de celles du JME (C. pr. civ., art. 912).

– Mais il possède, en outre, le **pouvoir d'enjoindre aux avocats de mettre leurs conclusions en conformité** avec l'article 954 qui exige des conclusions qualificatives et récapitulatives énoncées sous forme de motifs et de dispositif (C. pr. civ., art. 913).

– Enfin, le conseiller de la mise en état est, lorsqu'il est désigné et jusqu'à son dessaisissement, **seul compétent** pour prononcer la **caducité de l'appel**, pour déclarer l'**appel irrecevable** et trancher à cette occasion toute question ayant trait à la recevabilité de l'appel ou pour déclarer les conclusions irrecevables (C. pr. civ., art. 914).

Ce pouvoir est important puisqu'il permet au conseiller de la mise en état de statuer par exemple sur le point de départ du délai d'appel[2], sur la régularité de l'acte d'appel[3], ou d'un acte antérieur, par exemple un exploit de signification[4], ou sur l'intérêt à agir d'une personne qui avait formé un appel provoqué[5]. Il peut encore apprécier s'il y a eu acquiescement au jugement[6], ou déclarer irrecevable une demande nouvelle en appel[7]. Mais, à l'inverse il a été jugé qu'il n'était pas compétent pour statuer sur la recevabilité d'une assignation en intervention forcée devant la cour[8]. La jurisprudence antérieure qui considérait que le conseiller de la mise en état ne disposait pas d'une compétence exclusive pour statuer sur la recevabilité de l'appel est désormais caduque[9].

123.183 **Autorité des décisions.** Les ordonnances du conseiller de la mise en état suivent le même régime que celles du juge de la mise en état : elles n'ont **pas, en principe, autorité de chose jugée au principal**, à l'exception de celles statuant sur les exceptions de procédure et sur les incidents mettant fin à l'instance (C. pr. civ., art. 775 et 907). Toutefois, les ordonnances du conseiller de la mise en état statuant sur la fin de non-recevoir tirée de l'irrecevabilité de l'appel, sur la caducité de celui-ci ou sur l'irrecevabilité des conclusions en application des articles 909 et 910, ont autorité de chose jugée au principal (C. pr. civ., art. 914, al. 2). Ces questions ne peuvent donc plus être débattues devant la juridiction collégiale de la cour.

1. O. Bernabé, « Le nouvel article 526 : un piège pour l'intimé », *Gaz. Pal.* 13-14 juin 2007, p. 6 – Ph. Gerbay, « L'article 526 du Code de procédure civile : premières approches », *Procédures* 2006. Étude 15 – A. Fisselier, « Une mise au point : l'appel après le décret du 28 décembre 2005 », *Gaz. Pal.* 22-23 nov. 2006, p. 10 – Ch. Hugon, « La radiation du rôle sanctionnant l'inexécution d'une décision judiciaire : un nouveau miroir aux alouettes ? », *D.* 2006. 1640 – A. Fisselier et C. Becquet, *Bull. ch. avoués* 2007, n° 175, p. 5 – V. Norguin, « Le nouveau régime de l'exécution provisoire depuis le décret n° 2005-1678 du 28 décembre 2005 », *Dr. et proc.* 2006. 252.
2. Nancy, 11 févr. 1981, *JCP* 1982. IV. 208; *RTD civ.* 1983. 654, obs. Perrot.
3. Paris, 15 févr. 1985, *Bull. ch. avoués* 1985, n° 1, p. 49.
4. Lyon, 9 nov. 1983, *Gaz. Pal.* 1984. Somm. 174 – Paris, 7 oct. 1994, *Bull. ch. avoués* 1995, n° 1, p. 5.
5. Paris, 6 nov. 1989, *Bull. ch. avoués* 1989, n° 4, p. 115.
6. Paris, 10 avr. 1984, *Bull. ch. avoués* 1986, n° 1, p. 15.
7. Paris, 4 oct. 1990, *Bull. ch. avoués*, n° 3, p. 86.
8. Montpellier, 22 mai 1986, *Bull. ch. avoués* 1988, n° 1, p. 8.
9. Com. 30 juin 2009, n° 08-17.037, NP; *Procédures* 2009. Comm. n° 299, note Perrot.

123.184 **Recours.** Les ordonnances du conseiller de la mise en état ne sont susceptibles d'aucun recours indépendamment de l'arrêt sur le fond (C. pr. civ., art. 916). Toutefois elles peuvent être déférées à la cour par simple requête dans les quinze jours de leur date lorsqu'elles ont pour effet de mettre fin à l'instance, lorsqu'elles constatent son extinction, lorsqu'elles ont trait aux mesures provisoires en matière de divorce ou de séparation de corps, lorsqu'elles statuent sur une exception de procédure, un incident mettant fin à l'instance, la fin de non-recevoir tirée de l'irrecevabilité de l'appel ou la caducité de celui-ci ou lorsqu'elles prononcent l'irrecevabilité des conclusions en application des articles 909 et 910 (C. pr. civ., art. 916[1]). Le déféré est strictement limité aux cas limitativement énoncés par l'article 916[2]. En cas d'excès de pouvoir, l'ordonnance du conseiller de la mise en état peut être déférée immédiatement à la cour, ce qui rend irrecevable tout pourvoi en cassation immédiat[3]. De même, l'ordonnance du conseiller de la mise en état qui statue sur la fin de non-recevoir tirée de l'irrecevabilité de l'appel a autorité de chose jugée et peut être déférée à la cour, ce qui rend irrecevable le pourvoi à son encontre[4].

1. Mod. par Décr. 28 déc. 2010, art. 2.
2. Civ. 1re, 2 mars 2004, nº 01-16.239, *Bull. civ.* I, nº 73; *Gaz. Pal.* 19-20 janv. 2005, p. 23, obs. Massip; *RTD civ.* 2004. 270, obs. Hauser; *RTD civ.* 2005. 109, obs. Hauser; *D.* 2005. Pan. 1826, obs. Douchy-Oudot – Civ. 1re, 6 févr. 2008, nos 06-12.405 et 06-12.406, *Bull. civ.* I, nº 38; *JCP* 2008. IV. 1456.
3. Civ. 2e, 18 sept. 2003, nº 01-13.885, *Bull. civ.* II, nº 284; *D.* 2004. Somm. 1202, obs. Julien – D. Foussard et N. Fricero, « La détermination de la voie de recours ouverte en cas d'excès de pouvoir. À propos des ordonnances du conseiller de la mise en état », *BICC* 2004, hors-série, nº 3, p. 61 – D. Foussard, J.-M. Sommer et E. Jeuland, « L'excès de pouvoir », L. Cadiet et D. Loriferne (dir.), *La réforme de la procédure d'appel*, IRJS Éditions, 2011, p. 96 s. – Paris 19 févr. 2013, RG nº 12/13312, *Gaz. Pal.* 24-25 mai 2013, p. 37, note Pellerin.
4. Civ. 1re, 10 avr. 2013, nº 12-14.939, *Bull. civ.* I, [à paraître]; *Procédures* 2013. Comm. 176, note Perrot; v. R. Perrot, « Conseiller de la mise en état, chose jugée et déféré », *Procédures* 2013. Étude 8.

CHAPITRE

124. Compétence matérielle des juridictions d'exception

DIDIER CHOLET
Maître de conférences
à l'Université du Maine

SECTION 0
ORIENTEUR

124.00 Plan du chapitre.

Division. Il n'y a de juridictions d'exception qu'en première instance (sauf en matière de sécurité sociale avec la CNITAAT). Leur caractéristique commune est que leur compétence matérielle ne peut résulter que d'un texte spécial. Les juridictions d'exception statuant en matière civile sont le tribunal d'instance (sect. 1), la juridiction de proximité (sect. 2), le tribunal de commerce (sect. 3), le conseil de prud'hommes (sect. 4), le tribunal paritaire des baux ruraux (sect. 5), les juridictions de sécurité sociale (sect. 6) et le juge de l'expropriation (sect. 7).

124.01 **Principaux textes applicables.**
C. pr. civ., art. 52, 484 à 492, 808 et 809, 831, 848 à 851, 855, 858, 872 à 875, 893, 894, 897, 1541.

COJ, art. L. 221-1, L. 221-4 à L. 221-9, R. 211-4, R. 211-13, R. 221-3 à R. 221-45, R. 231-3 à R. 231-5.

C. consom., art. L. 311-1 s.

C. com., art. L. 121-3, L. 131-10-1, L. 133-4, L. 422-6, L. 511-34, L. 611-8, L. 611-10, L. 621-2, L. 621-6 à L. 621-10, L. 622-7, L. 622-8, L. 622-16, L. 625-2, L. 631-9, L. 641-1, L. 721-1 à L. 721-7, L. 722-3-1, R. 232-18.

C. expr., art. L. 13-1 à L. 13-8.

C. pr. exéc., art. L. 511-3, R. 511-1 s.

C. rur., art. L. 152-14 à L. 152-23, L. 213-1 s., L. 342-12, L. 491-1 s., L. 632-7, R. 491-1, R. 162-1.

CSS, art. L. 142-1 à L. 143-4, L. 145-1 s., L. 451-1, R. 142-21-1, R. 142-21, R. 142-27-1, R. 145-1 s., R. 242-6-3.

C. transp., art. L. 5541-1 s., L. 5542-48.

C. trav., art. L. 1144-2, L. 1233-66, L. 1233-69, L. 1235-1, L. 1247-1, L. 1251-59, L. 1411-1 à L. 1411-6, L. 1423-1 à L. 1423-8, L. 2262-9, L. 3253-2 à L. 3253-4, L. 3253-14, L. 3253-18, L. 4613-3, L. 5422-6, L. 5422-9, L. 5422-11, L. 5422-12, L. 5423-4, L. 5424-20, L. 7112-1 s, L. 7313-8, L. 7423-2, R. 1454-1 s., R. 1471-2, R. 2344-3, R. 4613-11.

124.03 **Bibliographie indicative.**
Articles. *L'évolution du contentieux du tribunal d'instance, Colloque du XXe anniversaire de l'IEJ de Poitiers*, 22-23 oct. 1987, not. G. Cornu, « La famille », p. 9; J. Beauchard, « Le voisinage », p. 30; J. Normand, « L'économie », p. 53 – P. Cagnoli, *JCP* 2005. Actu. 326 – C. Bléry, *D.* 2005. 1891– H. Croze, *Procédures* 2005. Repère 6.

SECTION 1
TRIBUNAL D'INSTANCE

124.10 **Plan.** Il existait en principe un tribunal d'instance (TI) par arrondissement. Ce n'est plus le cas. L'article L. 221-1 du COJ dispose d'ailleurs que « *il y a au moins un tribunal d'instance dans le ressort de chaque cour d'appel* ». Sa compétence est variée et étendue (§ 1). En outre le juge d'instance a des attributions particulières (§ 2).

§ 1
Compétence du tribunal

124.11 **Compétences générale et spéciale.** La règle de principe posée par l'article L. 221-1 du COJ est que le TI « *connaît en première instance des affaires civiles et pénales qui lui sont attribuées par la loi ou le règlement en raison de leur nature ou du montant de la demande* ». Le TI n'est donc pas une juridiction de droit commun. Il ne connaît que des affaires qui lui sont expressément attribuées par la loi. Il se range donc dans la catégorie des juridictions d'exception. Néanmoins, le TI (qui a succédé autrefois au juge de paix avec une compétence élargie) est le juge ordinaire des petits litiges. Il est le juge de la vie quotidienne, de la consommation, du voisinage, de la vie rurale (pour une bibliographie, v. s^s n° 124.03). Mais il n'est plus le juge des très petits litiges depuis la création par la loi du 9 septembre 2002 de la juridiction de proximité. Et l'essentiel du contentieux de la famille lui a été enlevé aujourd'hui au profit du juge aux affaires familiales (JAF) [1], (v. s^s n°s 122.621 s.).

Le TI a d'abord une compétence que l'on peut qualifier de générale en vertu d'un texte très large (A). C'est une compétence en matière civile qu'il partage avec le tribunal de grande instance (TGI) et avec la juridiction de proximité en fonction du montant de la demande. En outre une compétence spéciale (B), très variée, lui est reconnue par des dispositions particulières.

1. J.-P. Gridel, « Regards sur le juge aux affaires familiales », *Mél. Catala*, Litec, 2001, p. 207.

A. Compétence générale

124.21 Articulation de la compétence du tribunal d'instance avec la compétence du tribunal de grande instance et de la juridiction de proximité. Le TI a d'abord une compétence générale en matière civile. L'article L. 221-4 du COJ lui donne compétence pour connaître en matière civile « *de toutes actions personnelles ou mobilières, jusqu'à la valeur de 10 000 euros. Il connaît aussi des demandes indéterminées qui ont pour origine l'exécution d'une obligation dont le montant n'excède pas 10 000 euros* » (ces chiffres avaient été portés respectivement de 13 000 francs à 25 000 francs pour les décisions rendues à compter du 1er mars 1999 et de 30 000 francs à 50 000 francs pour les demandes introduites à compter de cette même date par le décret nº 98-1231, du 28 déc. 1998). C'est là une disposition très générale qui rapproche très sensiblement le TI de la juridiction de droit commun[1]. Il connaît aussi, dans les mêmes conditions, des demandes indéterminées qui ont pour origine l'exécution d'une obligation dont le montant n'excède pas 10 000 euros ». Le **TGI** est d'ailleurs, sur toutes ces actions, la juridiction ayant la même compétence que le TI, mais au-delà d'une valeur de litige de 10 000 euros (COJ, combinaison des art. L. 221-1 et L. 211-3). La **juridiction de proximité** a compétence générale sur sensiblement les mêmes questions jusqu'à une valeur de 4 000 euros en attendant sa suppression en 2015[2] (COJ, art. L. 231-3[3] – V. ss nos 121.21 et 122.41).

124.22 Responsabilité civile. Il en résulte notamment que toute action en responsabilité délictuelle, toute action en paiement, toute action relative à un contrat, toute action relative à un bien meuble relève de la compétence du TI dès lors que la valeur du litige n'excède pas 10 000 euros, dès lors qu'elle est bien de nature civile et – faut-il ajouter – dès lors qu'elle n'est pas affectée à la compétence d'une autre juridiction par un texte spécial.

124.23 Accidents causés par un véhicule. L'article R. 311-4 du COJ ayant été abrogé par le décret nº 2008-522 du 2 juin 2008, la compétence pour connaître des accidents causés par un véhicule automobile se répartit tout simplement en fonction du montant de la demande entre la juridiction de proximité, le TI jusqu'à 10 000 euros et le TGI au-delà de cette somme (v. ss nos 122.32 à 122.34 s.). Lorsque l'accident a été provoqué par une infraction pénale, la compétence de la juridiction civile n'est pas exclue : la victime a une option en vertu des articles 3 et 4 du Code de procédure pénale.

124.24 Actions mobilières. Les actions relevant de la compétence du TI peuvent très bien concerner un immeuble, dès lors qu'il s'agit d'une action mobilière, par exemple, en paiement du prix de vente d'un immeuble[4], en paiement de frais de reconstruction d'un mur mitoyen ou en réparation d'un dommage causé par un immeuble[5].

B. Compétence spéciale

124.30 Plan. La compétence spéciale du TI est très variée[6]. Cette compétence est fixée par les articles R. 221-3 à R. 221-39-1 du COJ, mais aussi par certains textes spéciaux. Elle est partagée avec la juridiction de proximité, compétente en dernier ressort jusqu'à la valeur de 4 000 euros pour connaître des mêmes actions sauf exception. En opérant des regroupements par catégories de contentieux, le TI a compétence en matière de baux et d'occupation d'immeubles (1°), pour connaître de certains litiges en matière de droit du travail (2°); il a compétence en matière rurale et forestière (3°), en matière de voisinage (4°), de certaines prestations de services (5°), en matière de crédit à la consommation (6°), de contentieux électoral (7°), d'exécution mobilière (8°) outre un certain nombre de matières diverses (9°).

La compétence qu'il détenait naguère pour statuer en matière douanière a été transférée en 2013 au TGI ou aux juges de ce tribunal[7].

1° Baux d'immeubles

124.31 Textes applicables. L'article R. 221-38[8] du COJ attribue compétence au TI pour connaître en dernier ressort jusqu'à la valeur de 4 000 euros, à charge d'appel au-delà ou lorsque la demande est

1. V. H. Solus, « Le tribunal d'instance juridiction de droit commun », *D.* 1964. Chron. 133.
2. L. nº 2011-1862, 13 déc. 2011, relative à la répartition des contentieux et à l'allègement de certaines procédures juridictionnelles, art. 70, *JO* 14 déc., p. 21105, qui avait fixé au 1er janvier 2013 la suppression des juridictions de proximité mais dont l'application a été reportée au 1er janvier 2015 par L. nº 2012-1441, 24 déc. 2012, relative aux juridictions de proximité (article unique), *JO* 26 déc., p. 20395.
3. Ord. nº 2006-673, 8 juin 2006, portant refonte du Code de l'organisation judiciaire et modifiant le Code de commerce, le Code rural et le Code de procédure pénale (partie législative), *JO* 9 juin, p. 8710.
4. Civ. 26 janv. 1863, *DP* 1863. 1. 425.
5. Req. 26 juill. 1898, *DP* 1898. 1. 414.
6. V. J. Vincent, « Les récentes extensions de compétence du tribunal d'instance », *Mél. Chavanne*, Litec, 1990, p. 27.
7. L. 13 déc. 2011, art. 8, mod. C. douanes, et Décr. nº 2012-1515, 28 déc. 2012, portant diverses dispositions relatives à la procédure civile et à l'organisation judiciaire, art. 13, *JO* 30 déc., p. 21018, abr. COJ, art. R. 221-18.
8. Créé par Décr. nº 2008-522, 2 juin 2008, portant refonte de la partie réglementaire du Code de l'organisation judiciaire, *JO* 4 juin, p. 3.

indéterminée (COJ, art. R. 221-37), et sous réserve de la compétence de la juridiction de proximité en matière de dépôt de garantie prévue à l'article R. 231-4 « *des actions dont un contrat de louage d'immeuble à usage d'habitation ou un contrat portant sur l'occupation d'un logement est l'objet la cause ou l'occasion ainsi que des actions relatives à l'application de la loi n° 48-1360 du 1er septembre 1948, relative aux rapports des bailleurs et locataires ou occupants de locaux d'habitation ou à usage professionnel et instituant des allocations de logement* ». Cette compétence est exclusive[1].

124.32 Baux exclus. Malgré son apparente généralité, cette compétence ne concerne pas tous les baux. Sont exclus de cette compétence en vertu de textes spéciaux les **baux ruraux** et certains aspects des **baux commerciaux.** Les premiers relèvent de la compétence du tribunal paritaire des baux ruraux (v. ss nos 124.411 s.), les seconds de la compétence, soit du TGI, soit de son président (v. ss nos 122.211 et 122.431 s.). Les baux professionnels et les conventions d'occupation précaires en matière commerciale relèvent également de la compétence du TGI depuis le 1er janvier 2010 (COJ, art. R. 211-4, 11°).

– **Baux ruraux.** Le TI reste toutefois compétent à l'égard du bail rural pour connaître de toute action qui ne ressortit pas du statut des baux ruraux, mais relève du droit commun du bail[2].

– **Baux emphytéotiques, concession immobilière, bail à construction.** Conférant un droit réel sur un immeuble au preneur, ces baux sont exclus de la compétence du TI pour relever de celle du TGI (v. ss n° 122.103).

124.33 Étendue de la compétence du tribunal d'instance. Les termes de l'article R. 221-38 du COJ sont très larges et il en résulte une compétence très étendue, sous les réserves ci-dessus. Il a été admis notamment que la compétence du TI s'appliquait aux baux des immeubles du domaine privé des personnes publiques, voire même à ceux portant sur le domaine public s'il ne s'agit pas de concessions administratives ou de contrat comportant des clauses exorbitantes du droit commun[3]. On peut penser que cette jurisprudence antérieure aux textes actuellement applicables sera conservée.

Le TI connaît ainsi des actions **en paiement du loyer et des charges**, notamment entre l'office public de HLM et ses locataires[4], des actions contre la **caution** garantissant le paiement des loyers[5], des actions relatives à la qualification du bail ou à sa **validité**, de celles relatives aux **congés**[6], aux **résiliations** des baux, aux **obligations d'entretien** respectives du bailleur et du preneur, aux actions en responsabilité dont le bail est l'occasion (indemnité pour perte de jouissance, pour dégradation). Le TI peut ordonner l'**expulsion** du locataire déchu de son droit d'occupation ou de l'occupant sans droit ni titre à la suite du bail. Il est également compétent pour connaître des litiges relatifs à la **sous-location** d'immeubles[7]. En revanche, le TI n'est pas compétent pour statuer sur la demande de paiement de loyer sollicitée par un concubin à l'encontre de son ancien partenaire et colocataire, dès lors que cette demande est liée à la rupture du concubinage et non au contrat de louage[8].

124.34 Occupants sans droit ni titre. Selon l'article R. 221-5 du COJ, modifié par le décret n° 2009-1693 du 29 décembre 2009, le TI est compétent pour connaître des actions aux fins d'expulsion des personnes qui occupent aux fins d'habitation des immeubles bâtis sans droit[9]. Désormais, le TI n'est plus seulement compétent pour ordonner l'expulsion de « squatters » des immeubles à usage d'habitation mais aussi des immeubles bâtis à d'autres usages (par ex. des entrepôts) des lors qu'ils sont occupés à usage d'habitation. Mais si le logement est l'accessoire d'un local commercial loué en vertu d'un bail commercial, le TI est incompétent pour en ordonner l'expulsion qui relève du TGI[10].

124.35 Locaux abandonnés. Le TI est compétent non seulement pour prononcer la résiliation d'un bail de locaux d'habitation abandonnés et ordonner la reprise des lieux, mais aussi pour statuer sur le sort des biens laissés sur place, en autorisant le cas échéant leur vente aux enchères (Décr. n° 2011-945, 10 août 2011, art. 3)[11].

1. Cass., avis, 10 oct. 2005, n° 05-00.023, *Bull. civ. avis*, n° 7; *D.* 2006. 958, obs. Damas; *Dr. et proc.* 2006. 59.
2. TGI Abbeville, 30 janv. 1962, *JCP A* 1962. II. 12614, note Chevallier; *RTD civ.* 1962. 389, obs. Hébraud – Orléans, 13 nov. 1969, *Ann. loyers* 1970. 1050.
3. Com. 22 avr. 1966, *Ann. loyers* 1967. 482 – TA Paris, 9 mai 1967, *Ann. loyers* 1968. 1594 – Paris, 11 juill. 1979, *Gaz. Pal.* 1980. Somm. 81.
4. CE 3 févr. 1978, Viennot, req. nos 06136 et 09550 – Civ. 3e, 20 mai 1981, *JCP* 1981. IV. 279.
5. Versailles, 14 déc. 1992, RG n° 6954/92, *Gaz. Pal.* 1993. Somm. 501.
6. Le congé pour vendre délivré par le bailleur relève de la compétence du TI; lorsque le locataire souhaite acquérir le bien, le litige peut relever de la compétence du TGI. Cet éclatement de compétence a été critiqué : P. Weinstadt, « Le congé pour vendre et les blocs de compétence », *Loyers et copr.* 2010. Étude 3.
7. TGI Paris, 9 août 1976, *Gaz. Pal.* 1976. Somm. 312.
8. Versailles, 7 sept. 2011, RG n° 11/01673, *Loyers et copr.* 2011. 286, note Vial-Pedroletti (compétence du TGI).
9. Décr. n° 2009-1693, 29 déc. 2009, relatif à la répartition des compétences entre le tribunal de grande instance et le tribunal d'instance, *JO* 31 déc., p. 23109.
10. Paris, 15 janv. 2013, RG n° 12/07169, *Loyers et copr.* 2013. 242, note Chavance.
11. Décr. n° 2011-945, 10 août 2011, relatif aux procédures de résiliation de baux d'habitation et de reprise des lieux en cas d'abandon, art. 3, *JO* 12 août, p. 13848, mod. par Décr. n° 2012-783, 30 mai 2012, relatif à la partie réglementaire du Code des procédures civiles d'exécution, art. 6, *JO* 31 mai, p. 9375.

2°
Contentieux de certaines relations de travail

124.41 Compétence subsidiaire. Pour l'essentiel, le contentieux des relations de travail échappe au TI pour relever de la compétence des conseils de prud'hommes (v. s^s n°s 124.361 s.). Mais, outre le fait que le juge d'instance soit le juge départiteur du conseil de prud'hommes, le TI lui-même a conservé un contentieux limité relatif aux relations de travail.

Le TI est compétent à titre subsidiaire pour connaître de toute action de la compétence du conseil de prud'hommes lorsque celui-ci ne peut se constituer ou ne peut fonctionner pour quelque cause que ce soit. Le premier président de la cour d'appel désigne alors un autre conseil de prud'hommes, ou, à défaut, le TI (C. trav., art. L. 1423-8).

124.42 Compétence principale. La compétence directe du TI en matière de relation de travail est par ailleurs très limitée. Elle concerne un cas prévus par l'article R. 221-13 du COJ.

Selon ce texte, le TI connaît à charge d'appel et à quelque valeur que la demande puisse s'élever des contestations relatives aux **contrats d'engagement entre armateurs et marins** dans les conditions prévues par le Code du travail maritime. Cette compétence exclusive résultait au premier chef des dispositions de l'article 94 du Code du travail maritime. Ce code est appelé à disparaître avec la codification du Code des transports qui régit le droit du travail maritime (C. transp., art. L. 5541-1 s.). L'article 94 du Code du travail maritime est d'ailleurs déjà abrogé par l'ordonnance n° 2010-1307 du 28 octobre 2010 relative à la codification du Code des transports[1]. L'article L. 5542-48 du Code des transports prévoit la compétence du juge judiciaire pour la résolution des litiges individuels du travail maritime, mais renvoie à un décret la désignation de la juridiction compétente[2]. Ce décret n'a pas encore été publié. En attendant, la situation est particulièrement délicate, car aucune juridiction n'est expressément désignée pour régler les litiges du travail des gens de mer. Si on considère que la codification a été réalisée à droit constant, comme annoncé, c'est le TI qui devrait être compétent. Mais la compétence du conseil de prud'hommes, juridiction de droit commun des litiges du travail, est peut-être préférable[3]. Une intervention de la Cour de cassation pour la période transitoire et l'achèvement de la codification du Code des transports s'impose surtout au plus vite.

1. Ord. n° 2010-1307, 28 oct. 2010, relative à la partie législative du Code des transports, *JO* 3 nov., p. 19645.
2. Art. créé par Ord. 28 oct. 2010, mod. par L. n° 2013-619, 16 juill. 2013 portant diverses dispositions d'adaptation du droit de l'Union européenne dans le domaine du développement durable, art. 25, *JO* 17 juill., p. 11890.
3. Z. Pajot et A. Moulinas, « Quelle compétence juridictionnelle pour les conflits du travail maritime ? », *DMF* 2012. 503 – Rennes, 4 déc. 2012, RG n° 12/04474, *DMF* 2013. 432, note Pajot.

3°
Matière rurale et forestière

124.51 Petits litiges. Le TI a une compétence variée et étendue pour juger à charge d'appel les petits litiges de l'activité agricole et de la vie rurale au sens large (pas seulement les petits litiges d'ailleurs puisqu'il statue sans limite à quelque montant que la demande puisse s'élever, mais au-delà de 4 000 euros; la juridiction de proximité étant compétente pour statuer en dernier ressort jusqu'à cette valeur – COJ, art. R. 221-14 et R. 221-20). Il convient cependant de réserver la compétence du tribunal paritaire des baux ruraux pour statuer sur les litiges relatifs aux baux ruraux (v. s^s n°s 124.411 s.).

124.52 Dommages causés aux exploitations. Le TI a compétence pour juger « *des actions pour dommages causés aux champs et cultures, aux fruits et récoltes, aux clôtures et aux bâtiments agricoles, que ces dommages résultent du fait de l'homme, des animaux domestiques ou des instruments et machines de culture* » (COJ, art. R. 221-14, 1°). Ce sont là des actions en responsabilité délictuelle et quasi délictuelle pour toutes causes, à l'exclusion de celles résultant de l'inexécution d'obligations contractuelles, qui relèvent de la compétence générale. Il est à noter que, jusqu'à la valeur de 4 000 euros, ces demandes sont de la compétence de la juridiction de proximité, qui statue alors en dernier ressort (v. s^s n° 124.223).

124.53 Dommages causés aux récoltes par le gibier. L'article R. 221-14, 2° du COJ prévoit la compétence du TI pour « *les actions pour dommages causés aux cultures et récoltes par le gibier* ». En dessous et jusqu'à 4 000 euros de valeur du litige, la compétence relève en dernier ressort de la juridiction de proximité (v. s^s n° 124.223).

Il a toutefois été jugé que cette compétence résultant d'une disposition réglementaire ne saurait déroger au principe général de la séparation des pouvoirs. En conséquence, ne relève pas de la compétence des juridictions judiciaires l'action en réparation d'un dommage résultant du mauvais entretien d'un ouvrage public, constitué par une autoroute et ses dépendances[4].

124.54 Vices rédhibitoires et maladies contagieuses des animaux domestiques. Ce sont les actions réglementées par les articles L. 213-1 et suivants du Code rural et de la pêche maritime qui prévoient notamment des délais très brefs d'action. L'article

4. Versailles, 13 janv. 1989, RG n° 5357/87, *D.* 1989. IR 64 – V. AUSSI, T. confl. 22 avr. 1985, *AJDA* 1985. 507, obs. Richer.

R. 221-14, 3° du COJ reprend, sans changement, les dispositions antérieures de l'article R. 321-7 du même code. Selon ce texte, le TI connaît « *des demandes relatives aux vices rédhibitoires et aux maladies contagieuses des animaux domestiques fondées sur les dispositions du Code rural et de la pêche maritime ou sur la convention des parties, quel qu'ait été le mode de d'acquisition des animaux* ». Il y est toutefois ajouté, « *sous réserve de la compétence de la juridiction de proximité* ». Cette juridiction est donc compétente en dernier ressort jusqu'à 4 000 euros de valeur du litige.

124.55 Chemins ruraux. Le TI est, selon l'article R. 162-1 du Code rural et de la pêche maritime, seul et exclusivement compétent, à l'exclusion de la juridiction de proximité sur ce point, pour connaître des litiges relatifs aux travaux que doivent entreprendre les propriétaires des chemins et sentiers d'exploitation, conformément aux dispositions de l'article L. 162-2 du Code rural et de la pêche maritime. Il n'a plus compétence en matière de propriété et de suppression de ces chemins depuis l'entrée en vigueur du décret n° 2009-1693 du 29 décembre 2009. C'est le TGI, juge de droit commun, qui a hérité de cette compétence.

124.56 Divers. Dans le même domaine et dans les mêmes conditions, le TI est encore compétent pour juger des actions en rescision ou réduction de prix dans les **ventes d'engrais, semences et plants destinés à l'agriculture et de substances destinées à l'alimentation du bétail** (COJ, art. R. 221-14, 4° [1]), des contestations relatives aux **warrants agricoles** (COJ, art. R. 221-14, 5°) et des contestations relatives aux travaux nécessaires à l'entretien des **chemins d'exploitation (COJ, art. R. 122-14, 6°), le tout sous réserve de la compétence de la juridiction de proximité, compétente en dernier ressort jusqu'à 4 000 euros.**

On peut rattacher à cette catégorie de la vie rurale, la compétence reconnue au TI pour connaître, sous réserve de la compétence de la juridiction de proximité, des demandes relatives au contrat de fourniture présentées par les organisations professionnelles agricoles en application de l'article L. 632-7 du Code rural et de la pêche maritime (COJ, art. R. 221-20).

4°
Voisinage

124.60 Compétence traditionnelle. La compétence du TI est traditionnelle en matière de voisinage au sens large. Cette compétence est réaffirmée par les articles R. 221-12, 16, 17 et 35 du COJ. Mais elle a été considérablement réduite par la loi du 26 janvier 2005. Cette compétence concerne bien l'immeuble dans son environnement humain, mais à l'exclusion de toutes questions pétitoires ou possessoires qui relèvent de la compétence exclusive du TGI. Les actions fondées sur un trouble anormal de voisinage ne relèvent pas non plus de la compétence spéciale du TI, mais de sa compétence générale. Après avoir étudié les exclusions et limitation de compétence du TI en matière de voisinage (a), le bornage (b) sera distingué des autres cas de compétence (c) cités par les articles R. 221-16 et R. 221-17 du COJ.

a)
Exclusion et limitation de compétence pour les actions possessoires et les troubles de voisinage

124.61 Action possessoire. Le Code civil a institué une protection de la possession de l'immeuble au moyen d'une action possessoire. Cette action était traditionnellement de la compétence du TI (COJ, anc. art. R. 321-9, 1° [2]). Dorénavant, elle relève de la compétence exclusive du TGI (COJ, art. R. 211-4, 6° [3]).

124.62 Troubles anormaux de voisinage. Les actions fondées sur les troubles anormaux de voisinage sont des actions qui relèvent de la matière personnelle ou mobilière. Le TI n'est compétent que si elles sont d'une valeur comprise entre 4 000 et 10 000 euros. C'est le TGI qui est compétent si la demande est chiffrée à plus de 10 000 euros ou si elle est d'un montant indéterminé. La juridiction de proximité est compétente pour les demandes d'un montant inférieur ou égal à 4 000 euros[4].

b)
Bornage

124.71 Bornage judiciaire. L'article R. 221-12 du COJ donne compétence au TI pour statuer, à charge d'appel, sur les actions en bornage. Il s'agit du bornage judiciaire fondé, sur l'article 646 du Code civil aux termes duquel : « *Tout propriétaire peut obliger son voisin au bornage de leurs propriétés contiguës* ». C'est là une compétence traditionnelle du TI, qui n'est pas partagée avec la juridiction de proximité.

124.72 Nature de l'action. Il s'agit d'une action de nature pétitoire[5].

L'article R. 221-40 alinéa 2 du COJ dispose que le TI peut statuer, mais à charge d'appel, sur « *des exceptions et moyens de défense impliquant l'examen de questions de nature immobilière pétitoire ou possessoire* ». Il ne s'agit que d'une faculté pour le tribunal qui peut renvoyer les parties devant le TGI pour l'examen de la question immobilière pétitoire et surseoir à statuer

1. L. 8 juill. 1907, art. 3, mod. par L. 10 mars 1937.
2. Abr. par Décr. 2 juin 2008.
3. Mod. par Décr. 2 juin 2008.
4. V. Rép. civ., v° *Trouble de voisinage*, par Gaillot-Mercier, sept. 2002 [màj juin 2013].
5. Civ. 2e, 4 nov. 1963, *D.* 1964. 50; *RTD civ.* 1964. 348, obs. Bredin – Civ. 3e, 2 mai 1978, n° 77-10.038, *Bull. civ.* III, n° 166; *RTD civ.* 1979. 154, obs. Giverdon.

sur le bornage[1]. Cette faculté permet au TI, s'il décide de ne pas renvoyer, d'apprécier le sérieux d'une allégation de propriété[2], de statuer sur une exception de prescription acquisitive invoquée par le défendeur[3], de répartir entre les parties l'excédent des contenances, lorsque celles-ci sont supérieures aux superficies indiquées par les titres[4], d'analyser et d'apprécier la valeur probante d'un titre de propriété[5].

La jurisprudence de la Cour de cassation, après avoir été un peu incertaine, est désormais clairement favorable à la compétence du TI pour examiner les moyens de défense qui impliquent de statuer sur l'étendue de la propriété. C'est ainsi qu'elle a admis que le juge du bornage puisse statuer sur la demande d'usucapion[6] et sur la revendication de propriété d'une parcelle opposées comme moyens de défense.

c)
Autres actions relatives au voisinage

124.81 Autres actions. Les articles R. 221-16 et R. 221-17 du COJ prévoient encore pas moins de neuf autres cas de compétence, à charge d'appel, du TI se rapportant au voisinage, sous réserve de la compétence de la juridiction de proximité.

124.82 Distance et hauteur des plantations (COJ, art. R. 221-16, 1°). Le TI est compétent pour connaître des actions relatives à la distance des plantations d'arbres ou de haies en application des articles 671 et suivants du Code civil. Le tribunal peut ainsi ordonner, selon les cas, l'arrachage ou l'étêtement, l'élagage des arbres ou la coupe des racines.

124.83 Protection d'un mur privatif (COJ, art. R. 221-14, 2°). L'article 674 du Code civil prescrit à celui qui veut effectuer à proximité du mur de son voisin certains travaux ou dépôts nuisibles, d'observer telle distance prescrite par les règlements et usages particuliers ou de construire tel ouvrage de protection. Le TI est compétent pour ordonner la démolition ou prescrire tel ouvrage de protection nécessaire. Mais il ne pourrait connaître d'une demande accessoire en dommages-intérêts que dans le cadre de sa compétence générale et dans les limites de son taux de compétence[7].

124.84 Contentieux de l'eau. Le TI reçoit une compétence très large pour trancher la plupart des litiges relatifs à l'usage de l'eau.

124.85 Curage des fossés et canaux. Le TI est compétent pour trancher tout litige relatif à l'entretien des fossés mitoyens ou des canaux d'irrigation (COJ, art. R. 221-16, 3°).

124.86 Servitudes liées à l'usage de l'eau. Le TI est compétent pour établir les servitudes liées à l'usage de l'eau prévues par les articles L. 152-14 à L. 152-23 du Code rural et de la pêche maritime et 640 et 641 du Code civil. Il est compétent pour trancher les litiges les concernant et fixer notamment les indemnités dues par le propriétaire du fonds servant à celui du fonds dominant, qu'il s'agisse de servitudes d'écoulement des eaux, de drainage et assainissement des terres, d'irrigation, d'aqueduc, de celles concernant le lit d'un cours d'eau non domanial. Il est à noter que cette compétence est strictement limitée à ce que prévoient les textes visés. Le TI n'est pas compétent, par exemple, pour trancher un litige concernant l'aménagement ou la modernisation d'une servitude d'écoulement des eaux usées[8]. La compétence du TI est partagée là encore avec celle de la juridiction de proximité en fonction du montant de la demande. Il est également compétent sous réserve de la compétence de la juridiction de proximité des contestations relatives aux indemnités auxquelles peuvent donner lieu l'élargissement ou l'ouverture du nouveau lit des cours d'eau non domaniaux (COJ, art. R. 221-17, 1°).

124.87 Servitudes diverses. Le TI est compétent pour tout ce qui concerne les **servitudes aéronautiques** prévues par le Code de l'aviation civile (COJ, art. R. 221-17, 2°), les servitudes prévues par le Code de la **voirie routière** (COJ, art. R. 221-17, 3°), de celles établies au profit des **associations syndicales de propriétaires** prévues par l'ordonnance n° 2004-632 du 1er juillet 2004 (COJ, art. R. 221-16, 5°).

5°
Prestations de services et vie quotidienne

124.91 Cas. Un certain nombre de contrats d'entreprise ou de prestations de services relèvent de la compétence du TI pour certaines prestations au moins.

Ainsi l'article R. 221-15 du COJ donne compétence au TI pour connaître à quelque valeur que la demande puisse s'élever des litiges relatifs à la vente

1. Civ. 3e, 24 mai 1978, n° 77-10.651, *Bull. civ.* III, n° 216; *RTD civ.* 1979. 155, obs. Giverdon – Limoges, 5 mars 1992, *D.* 1993. Somm. 190, obs. Julien.
2. Civ. 3e, 20 févr. 1972, NP; *JCP* 1972. IV. 204.
3. Civ. 3e, 18 déc. 2002, n° 01-12.210, *Bull. civ.* II, n° 265; *D.* 2003. Somm. 2041, obs. Reboul-Maupin; *Procédures* 2003, n° 92, obs. Junillon – Civ. 3e, 24 janv. 1990, n° 87-18.747, *Bull. civ.* III, n° 30; *D.* 1990. IR 54; *D.* 1991. 20, obs. Robert *JCP* 1990. IV. 114.
4. Civ. 3e, 27 juin 1972, n° 71-10.488, *Bull. civ.* III, n° 425; *JCP* 1972. IV. 211.
5. TI Albertville, 18 oct. 1966, *JCP* 1967. II. 15021, note H. G.; *RTD civ.* 1967. 415, obs. Bredin.
6. Civ. 3e, 23 févr. 2005, n° 03-17.899, *Bull. civ.* III, n° 46; *AJDI* 2005. 419, obs. Prigent; *RDI* 2005. 333, note Bergel; *D.* 2005. 2355, obs. Mallet-Bricout; *D.* 2006. 547, obs. Julien et Fricero.
7. Civ. 3e, 21 avr. 1982, NP; *JCP* 1982. IV. 232.
8. Civ. 3e, 6 déc. 1978, *D.* 1979. IR 200.

des objets abandonnés chez tout **dépositaire**, des objets confiés à des **ouvriers, industriels ou artisans** pour être travaillés, réparés ou mis en garde, des objets confiés à des **transporteurs** et au paiement des sommes dues à ces professionnels, des actions entre transporteurs et expéditeurs ou destinataires relatives aux indemnités pour perte, avarie, détournement des colis et bagages, y compris les colis postaux, ou pour retard de livraison (COJ, art. R. 221-15, 3° [1]). Cette compétence était considérée comme exclusive et s'applique même si le contrat est de nature commerciale (pour le transport notamment [2]). Toutefois, cette compétence est maintenant partagée avec la juridiction de proximité qui est compétente en dernier ressort jusqu'à une valeur de 4 000 euros.

En revanche, il ne connaît plus des actions relatives aux **correspondances et objets recommandés et aux envois de valeurs déclarées** qui ont été transférées au TGI par le décret n° 2009-1693 du 29 décembre 2009 (COJ, art. R. 211-13). Ce même décret a supprimé la compétence spéciale du TI pour les contestations relatives aux frais de scolarité ou d'internat, « *lorsque la demande est formée par tout établissement d'enseignement public ou privé* », compétence qui relève dorénavant de sa compétence générale selon le montant de la demande (sauf à retenir la compétence des juridictions administratives selon le droit commun de la répartition des compétences).

Depuis le 1er janvier 2013, les contentieux relatifs à la vente de certains objets abandonnés relèvent de la compétence du TI ou du président du TGI selon le montant de la demande (L. 31 mars 1896, relative à la vente des objets abandonnés ou laissés en gage par les voyageurs aux aubergistes ou hôtelier, art. 2 et 5 – L. 31 déc. 1903, relative à la vente de certains objets abandonnés, art. 2 et 4) [3]. La compétence spéciale du TI ou de la juridiction de proximité a donc été supprimée.

6°
Crédit à la consommation

124.101 **Difficultés.** L'article R. 221-39 du COJ dispose que le TI connaît des actions relatives à l'application du titre Ier du livre III du Code de la consommation, conformément aux dispositions de l'article L. 311-52 du Code de la consommation [4]. Il s'agit du crédit à la consommation réglementé par les articles L. 311-1 et suivants du Code de la consommation [5]. Il s'agit d'une compétence *in infinitum* et exclusive, le TI étant apte à connaître des litiges à quelque valeur qu'il puisse s'élever. Le tribunal statue toutefois en dernier ressort jusqu'à la valeur de 4 000 euros.

La jurisprudence a admis qu'en vertu de ce texte tous les litiges concernant les opérations de crédit visées par la loi relevaient de la compétence exclusive du TI, et notamment ceux nés de la défaillance de l'emprunteur [6]. Ainsi, la compétence du TI s'applique aux opérations de location-vente, ou location avec option d'achat qui sont des opérations de crédit [7], au découvert consenti par un établissement bancaire [8], au cautionnement des opérations de crédit visées par la loi [9]. Il a notamment été précisé que « *l'ouverture de crédit consentie par une banque à un client sous la forme d'un découvert en compte, d'un montant inférieur au seuil maximal d'application en matière de crédit à la consommation, est soumise aux dispositions d'ordre public des articles L. 311-2, L. 311-3 et L. 313-16 du Code de la consommation, peu important que le montant du découvert autorisé ait été ultérieurement dépassé et ait excédé le seuil d'application et qu'avait violé ces textes une cour d'appel qui, statuant sur un contredit, a décidé que la demande d'un établissement financier en paiement d'un découvert de 248 962,26 francs dirigée contre un client à qui cet établissement avait consenti une ouverture de crédit de 60 000 francs, était de la compétence du tribunal de grande instance et non du tribunal d'instance* » [10]. Mais dans le cas d'un prêt accessoire à un contrat principal, un litige concernant le contrat principal échappe à l'application de l'article 27 (C. consom., art. L. 311-37) [11]. Il a été précisé que pour échapper à la compétence exclusive du TI, une convention de compte de dépôt devait mentionner

1. Mod. par Décr. 28 déc. 2012, art. 14 (qui a supprimé la compétence spéciale du TI pour les objets abandonnés chez les hôteliers ou logeurs).
2. V. T. com. Lyon, 1er mars 1968, *RD transp.* 1969. 134.
3. L. 13 déc. 2011, art. 11 et 13 (*JO* 14 déc., p. 21105).
4. Anct C. consom., art. L. 311-37, devenu C. consom., art. L. 311-52 depuis le 1er mai 2011, en vertu de L. n° 2010-737, 1er juill. 2010, portant réforme du crédit à la consommation (*JO* 2 juill. p. 12001) – V. S. Piedelièvre, « La réforme du crédit à la consommation », *D.* 2010. 1952.
5. Issus de L. n° 78-22, 10 janv. 1978, relative à l'information et à la protection des consommateurs dans le domaine de certaines opérations de crédit, mod. par L. n° 2010-737, 1er juill. 2010.
6. Civ. 1re, 11 juin 1985, n° 84-10.429, *Bull. civ.* I, n° 184; *D.* 1986. 138, note Warembourg-Auque; *D.* 1986. IR 224, obs. Julien; *Gaz. Pal.* 1985. 2. 746, note Guinchard et Moussa; *RTD civ.* 1986. 406, obs. Normand – Civ. 1re, 9 déc. 1986, n° 85-11.263, *Bull. civ.* I, n° 293; *JCP* 1987. II. 20862, note Bey; *D.* 1987. Somm. 455, obs. J.Aubert; *D.* 1988. 85, note Paire; *Gaz. Pal.* 1987. 1. 186, note Mayer et Pinon; *Defrénois* 1987. 1130, obs. Aubert.
7. Civ. 1re, 19 juin 1990, n° 88-18.857, *Bull. civ.* I, n° 173 – Civ. 1re, 1er déc. 1993, n° 91-20.894, *Bull. civ.* I, n° 354.
8. Cass., avis, 9 oct. 1992, n° 92-04.000, *Bull. civ. avis*, n° 1; *D.* 1993. Somm. 188, obs. Julien; *JCP* 1993. II. 22024, note Morgan de Rivery-Guillaud; *JCP E* 1993. I. 207, obs. Martin; *CCC* 1992, n° 231, obs. Raymond – Com. 10 mai 1994, n° 91-22.196, *Bull. civ.* IV, n° 174; *D.* 1994. 550, note Martin.
9. V. Delebecque, *D.* 1990. Chron. 255.
10. Civ. 1re, 7 oct. 1998, n° 96-17.923, *Bull. civ.* I, n° 289; *Gaz. Pal.* 23-24 déc. 1998. Pan. 19.
11. Paris, 2 juill. 1981, *Gaz. Pal.* 1981. 2. 535, note Laraize.

expressément que le compte était destiné aux besoins de l'activité professionnelle du titulaire (compte ouvert par un avocat)[1].

124.102 Fichier des incidents de paiement. Depuis le 1er janvier 2010, le TI connaît des actions relatives à l'inscription et à la radiation sur le fichier national recensant les informations et les incidents de paiement caractérisés liés aux crédits accordés aux personnes physiques pour des besoins non professionnels prévu à l'article L. 333-4 du Code de la consommation (dit « FICP »), selon la proposition n° 9 du rapport Guinchard (COJ, art. R. 221-39-1[2]).

7° Contentieux électoral

124.111 Plan. Le TI est seul compétent pour connaître d'un certain nombre de litiges touchant aux **listes électorales concernant les élections politiques** et aux **élections professionnelles** dans les termes des articles R. 221-24 s. du COJ; le tribunal, qui ne partage pas cette compétence avec la juridiction de proximité, statue alors en dernier ressort (COJ, art. R. 221-23).

124.112 Listes électorales. Ainsi, selon l'article R. 221-33 du COJ, le TI est compétent pour statuer en dernier ressort sur les recours dirigés contre :

– les décisions de la commission administrative relatives à la formation et à la révision des listes électorales politiques dans les conditions prévues par les articles L. 25, L. 27, L. 36 et L. 40 du Code électoral, ainsi que des réclamations présentées en application de l'article L. 34 du même code[3];

– les décisions de la commission administrative prises dans les conditions de l'article L. 30 du Code électoral relative à l'inscription sur les listes électorales en dehors des périodes de révision (C. élec., art. L. 33-1[4]);

– contre les décisions prises par la commission d'établissement des listes électorales des délégués consulaires et des membres des chambres de commerce et d'industrie (COJ, art. R. 221-26);

– contre les décisions relatives à l'électorat des conseillers des centres régionaux de la propriété foncière (COJ, art. R. 221-31);

– contre les décisions de la chambre départementale relatives à la formation de la liste pour l'élection des membres des chambres d'agriculture (COJ, art. R. 221-34, 1°);

– contre les décisions de la commission administrative relatives à la formation et à la révision des listes pour l'élection des membres des chambres de métier[5] (COJ, art. R. 221-34, 2°). Mais s'il s'agit de la régularité des opérations de la commission, c'est la juridiction administrative qui est compétente[6].

124.113 Élections des juges non professionnels. Le TI est également compétent pour connaître en dernier ressort des contestations relatives à l'électorat, à l'éligibilité et à la régularité des opérations électorales en ce qui concerne l'élection des juges des tribunaux de commerce et des conseillers prud'hommes (COJ, art. R. 221-24), des délégués mineurs (COJ, art. R. 221-30) et des contestations des décisions prises par le préfet et relatives à l'électorat des assesseurs des tribunaux paritaires de baux ruraux (COJ, art. R. 221-25).

124.114 Représentants du personnel et de certaines professions. Le TI est encore compétent pour statuer, en dernier ressort, aussi bien sur les contestations relatives aux inscriptions et radiations sur les listes électorales que sur la régularité des élections des représentants du personnel aux comités d'entreprise, aux comités d'établissement, et aux comités centraux d'entreprise, des délégués du personnel, des représentants des salariés aux conseil d'administration ou au conseil de surveillance des sociétés anonymes, des représentants des salariés au conseil d'administration ou au conseil de surveillance des entreprises mentionnées à l'article 1er de la loi n° 83-675 du 26 juillet 1983, relative à la démocratisation du secteur public, des représentants des salariés au conseil d'administration de la société nationale des chemins de fer français, des délégués de bord de la marine marchande, des représentants du personnel au conseil d'administration des caisses primaires d'assurance maladie, des caisses générales de sécurité sociale et des caisses d'allocations familiales, des représentants des assujettis aux assemblées générales des caisses de mutualité sociale agricole et des représentants des professionnels de la santé conventionnés exerçants à titre libéral dans les unions régionales des professionnels de santé (COJ, art. R. 221-27). Le TI saisi de la régularité de l'élection des membres du comité d'entreprise et des délégués du personnel a compétence en cas de contestation du procès-verbal des élections pour en vérifier la régularité, mais aussi, le cas échéant, pour y apporter les corrections nécessaires[7].

1. Civ. 1re, 27 mai 2003, n° 01-03.781, *Bull. civ.* I, n° 130; *Procédures* 2003, n° 259, obs. Croze.
2. Art. créé par Décr. 29 déc. 2009, art. 3.
3. Civ. 2e, 19 avr. 1988, n° 88-60.247, *Bull. civ.* II, n° 84 – Civ. 2e, 18 mars 1992, n° 92-60.185, *Bull. civ.* II, n° 93 – Civ. 2e, 29 mars 2012, n° 12-60.140, *Bull. civ.* II, n° 62.
4. Mod. par L. n° 2009-526, 12 mai 2009, de simplification et de clarification du droit et d'allègement des procédures, art. 2, *JO* 13 mai, p. 7920.
5. V. Y. Landau-Toutain, « Le juge du tribunal d'instance et le contentieux de la liste électorale politique », *Gaz. Pal.* 1988. Doctr. 714.
6. CE 3 févr. 1989, req. n° 104680, *Lebon* 47 *Dr. adm.* 1989. 310, concl. Stirn; *AJDA* 1989. 312, obs. Honorat et Baptiste – Civ. 2e, 22 févr. 1973, *JCP* 1973. IV. 1 31.
7. Soc. 28 nov. 2012, n° 11-28.001, *Bull. civ.* V, n° 307; *Cah. soc. barreau* 2013. 31, obs. Pansier.

Le TI connaît encore des contestations relatives à la désignation des délégués syndicaux et des représentants syndicaux aux comités d'entreprise, d'établissement et aux comités centraux d'entreprise et aux comités de groupe (COJ, art. R. 221-28) et des représentants du personnel aux comités d'hygiène, de sécurité et des conditions de travail (C. trav., art. L. 4613-3 et R. 4613-11). Cette compétence pour statuer sur la désignation aux comités d'hygiène, de sécurité et des conditions de travail (CHSCT) implique celle de statuer aussi sur les litiges relatifs à la composition du collège désignatif des membres du personnel de ces comités[1]. Le TI est compétent pour statuer sur les contestations relatives à la désignation des membres du groupe spécial de négociation et des représentants au comité des établissements ou entreprises implantés hors de France dans le cadre d'un groupe de société et d'un comité d'entreprise européen (C. trav., art. R. 2344-3), y compris lorsque ce le comité a été institué conventionnellement[2]. Sa compétence est également retenue pour statuer sur la validité d'un accord procédant à un découpage entre établissements distincts d'une entreprise préalablement à des élections professionnelles (tandis que c'est l'autorité administrative qui est compétente pour déterminer les établissements distincts en l'absence d'accord préélectoral)[3].

Il connaît également des contestations relatives à la désignation des représentants salariés dans les cas prévus par les articles L. 621-6, L. 631-9 et L. 641-1 du Code de commerce (ce sont les représentants des salariés dans les procédure de sauvegarde, de redressement et de liquidation judiciaire). Cette compétence joue même lorsque le représentant des salariés a été désigné avant l'ouverture de la procédure[4].

124.115 Autorité de contrôle prudentiel et mutualité. Il connaît encore en dernier ressort des contestations relatives à la régularité des opérations électorales concernant l'élection des membres du conseil d'administration des mutuelles, des membres de l'Autorité de contrôle prudentiel, des représentants des salariés au conseil d'administration et des délégués des sections locales de vote dans les conditions prévues à l'article R. 125-3 du Code de la mutualité (COJ, art. R. 221-32, 1°[5]).

1. Soc. 17 avr. 2013, n° 12-19.825, *Bull. civ.* V, [à paraître]; *Procédures* 2013. Comm. 190, note Bugada.
2. Soc. 4 nov. 2009, n° 08-17.469, *Bull. civ.* V, n° 241; *D.* 2009. 2812; *JCP S* 2010. 1122, note Martinon.
3. Soc. 2 mars 2011, n° 09-60.483, *Bull. civ.* V, n° 67; *JCP S* 2011. 1217, note Jeansen; *RDT* 2011. 326, note Odoul-Asorey.
4. Soc. 23 sept. 2009, n° 08-40.603, *Bull. civ.* V, n° 197; *RDT* 2009. 733, obs. Paraiso.
5. Mod. par Ord. n° 2010-76, 21 janv. 2010, portant fusion des autorités d'agrément et de contrôle de la banque et de l'assurance, art. 18, *JO* 22 janv., p. 1392.

124.116 Habitations HLM. Le TI est enfin juge en dernier ressort de la régularité des opérations électorales des représentants des locataires au conseil d'administration et de surveillance des sociétés anonymes d'habitations à loyer modéré dans les conditions prévues à l'article R. 422-1 du Code de la construction et de l'habitation (COJ, art. R. 221-32, 2°).

124.117 Tribunal d'instance de Paris (1er arr.). En vertu des dispositions de la loi organique n° 76-97 du 31 janvier 1976 relative aux listes électorales consulaires et au vote des français établis hors de France pour l'élection du président de la République (L. 31 janv. 1979, art. 9), et du décret d'application n° 2005-1613 du 22 décembre 2005 (Décr. 22 déc. 2005, art. 9 s.), le TI du 1er arrondissement de Paris est seul compétent, en dernier ressort, pour connaître des contestations des décisions de la commission administrative relatives à l'établissement et à la révision des listes électorales consulaires.

8°
Exécution mobilière et surendettement

124.121 Compétence résiduelle. Dépouillé de la quasi-totalité de la compétence qu'il avait dans le domaine de l'exécution au profit du JEX, le TI conserve toutefois une compétence résiduelle en ce domaine. Ainsi, avant la réforme introduite par le décret n° 2009-1693 du 29 décembre 2009, le TI avait compétence pour trancher les contestations relatives à la procédure de recouvrement direct de toute pension alimentaire, prestations compensatoires versées sous forme de rente et subsides conformément aux dispositions de l'article 5 du décret n° 73-216 du 1er mars 1973. Cette compétence a été transférée au JEX (Décr. n° 73-216, 1er mars 1973, art. 5). Récemment, par un mouvement inverse, le législateur lui à confié de nouvelles compétences.

124.122 Saisie des rémunérations. Le juge du TI est compétent, depuis le 1er septembre 2011, pour connaître de la saisie des rémunérations, à l'exception des demandes ou moyens de défense échappant à la compétence des juridictions de l'ordre judiciaire. Il exerce alors les pouvoirs du JEX (COJ, art. L. 221-8)[6].

124.123 Autres mesures d'exécution. Le TI est compétent pour connaître des difficultés relatives aux **animaux domestiques non gardés**, ou dont le propriétaire est inconnu en application des articles L. 211-1 et L. 211-20 du Code rural concernant les animaux errants causant un dommage ou pacageant sur les terres d'autrui (COJ, art. R. 221-17, 4°). Il peut en ordonner la saisie et la vente. Cette compé-

6. L. n° 2010-1609, 22 déc. 2010, relative à l'exécution des décisions de justice, art. 11 et 43, *JO* 23 déc., p. 22552, et Décr. 28 juin 2011.

tence est partagée avec la juridiction de proximité, qui est compétente en dernier ressort jusqu'à une valeur de 4 000 euros (COJ, art. R. 221-17, 4°).

Il est encore compétent pour ordonner la vente des **objets warrantés** en application des articles L. 342-11 et L. 342-12 du Code rural et de la pêche maritime (COJ, art. R. 221-14, 5°).

Le TI est également compétent pour autoriser, sur requête, l'auteur d'une opposition sur titres au porteur perdus ou volés à toucher les dividendes ainsi que les sommes en capital qui deviendraient exigibles (Décr. n° 56-27, 11 janv. 1956, art. 19 et 20) et pour statuer sur la mainlevée de l'opposition au paiement (COJ, art. R. 221-6).

124.124 **Surendettement.** Depuis le 1er septembre 2011, le juge du TI a retrouvé la compétence qu'il possédait naguère pour connaître du contentieux du surendettement (COJ, art. L. 221-8-1 - C. consom., art. R. 331-9 s.)[1], compétence qu'il avait perdue au profit du JEX[2]. Toutefois, cette compétence a été réservée par décret à certains tribunaux d'instance (COJ, annexes, tableau IX-I - V. ss n° 8.10)[3].

9°
Matières diverses

124.131 **Autres matières.** Le TI est encore compétent dans de très nombreux cas touchant à des matières diverses qu'il n'est pas possible de regrouper en catégories. Certains de ces cas de compétence ne provoquent qu'un contentieux épisodique; d'autres ont une certaine importance pratique.

124.132 **Installation d'antennes réceptrices.** Depuis le décret n° 2009-53 du 15 janvier 2009, le TI est compétent pour connaître à charge d'appel et à quelque valeur que la demande puisse s'élever des contestations relatives à l'application des I et II de la loi n° 66-457 du 2 juillet 1966, relative à l'installation d'antennes réceptrices de radiodiffusion[4], et des décrets n° 67-1171 du 28 décembre 1967 et n° 2009-53 du 15 janvier 2009, pris en application de cette loi (COJ, art. R. 221-22-1).

La juridiction de proximité est compétente pour connaître, en dernier ressort, des mêmes actions jusqu'à une valeur de 4 000 euros (COJ, art. R. 221-15).

Il convient en revanche de noter que le contentieux des **antennes-relais radioélectriques de téléphonie mobile** échappe en grande partie au juge judiciaire pour relever du juge administratif, compte tenu de la police spéciale de communication confiée à l'État pour apprécier l'emplacement de ces antennes[5]. Le juge judiciaire ne conserve qu'une compétence résiduelle pour indemniser les dommages causés par une station radioélectrique qui n'a pas le caractère d'ouvrage public et pour faire cesser et indemniser les troubles anormaux de voisinage liés à une implantation irrégulière ou à un fonctionnement non conforme aux prescriptions administratives ou s'il est prouvé des nuisances autres que celles liées à la protection de la santé et aux brouillages[6]. Le TI pourrait donc connaître d'une action fondée sur un trouble anormal de voisinage ainsi circonscrit dès lors que la demande d'indemnité serait d'un montant compris entre 4 000 et 10 000 euros.

124.133 **Offres réelles.** L'article R. 321-4 du COJ a été abrogé et non remplacé[7]. Il en résulte que la compétence en matière d'offre réelle relève du régime des actions mobilières et se répartit entre le TI, la juridiction de proximité et le TGI en fonction du montant de la demande.

124.134 **Frais débours et émoluments des auxiliaires de justice et des officiers ministériels.** Sous réserve de la compétence de la juridiction de proximité, le TI connaît des actions relatives aux frais, émoluments et débours des auxiliaires de justice et des officiers publics ou ministériels suivant les modalités définies au premier alinéa de l'article 52 C. pr. civ. (COJ, art. R. 221-11). Cette compétence est exclusive en ce sens que chaque juridiction est seule compétente pour connaître des débours, frais et émoluments des auxiliaires de justice et des officiers ministériels exposés devant elle (C. pr. civ., art. 52).

Il faut ajouter que le TI est compétent en fonction du montant de la demande (jusqu'à 10 000 euros, le TGI étant compétent au-delà) pour les frais, débours et émoluments des mêmes auxiliaires de justice et officiers ministériels lorsqu'ils n'ont pas été exposés devant une juridiction (C. pr. civ., art. 52, al. 2). Le tribunal territorialement compétent est alors celui

1. Décr. 28 juin 2011, *RD banc. fin.* 2011. Comm. 173, note Piedelièvre.
2. L. 22 déc. 2010, art. 11 et 43.
3. Décr. n° 2011-981, 23 août 2011, relatif à la spécialisation de tribunaux d'instance dans le ressort de certains tribunaux de grande instance pour connaître des mesures de traitement des situations de surendettement des particuliers et des procédures de rétablissement personnel, *JO* 24 août, p. 14296.
4. L. n° 66-457, 2 juill. 1966, mod. par L. n° 2008-776, 4 août 2008, de modernisation de l'économie, art. 109, *JO* 5 août, p. 12471.
5. T. confl. 14 mai 2012, req. nos 3844, 3846, 3848, 3850, 3852 et 3854, *JCP* 2012. 819, concl. Sarcelet, et p. 820, note Bacache; *D.* 2012. 1930, note Martin et Msellati; *AJDA* 2012. 1525, note Van Lang; *RDI* 2012. 514, note Jacquemet-Gauché; *Dr. adm.* 2012. Comm. 78, note Février; B. Delaunay, « Quel juge pour les antennes-relais ? », *RD publ.* 2013. 287.
6. Civ. 1re, 17 oct. 2012, n° 10-16.854, NP; *CCE* 2012. Comm. 133, note Loiseau; *RDI* 2012. 612, note Van Lang – Civ. 3e, 19 déc. 2012, n° 11-23.566, *Bull. civ.* III, n° 198; *RDI* 2013. 162, note Malinvaud – S. Moreil, « Antennes-relais : que reste-t-il au juge judiciaire ? », *D.* 2012. 2978 – G. Viney, « Le contentieux des antennes-relais », *D.* 2013. 1489.
7. Décr. 2 juin 2008.

dans le ressort duquel l'officier public ou ministériel ou l'auxiliaire de justice exerce ses fonctions (C. pr. civ., art. 52).

124.135 Divers. Avec le décret n° 2009-1693 du 29 décembre 2009, le TI a perdu une partie de des compétences diverses qui lui avaient été attribuées au fil du temps. Il demeure cependant compétent, sous réserve de la compétence de la juridiction de proximité, *in infinitum* et à charge d'appel, pour statuer sur les demandes en matière de **biens de famille insaisissables** (COJ, art. R. 221-19), des contestations sur les conditions des **funérailles** (C. pr. civ., art. 1061-1[1] - COJ, art. R. 221-7). En revanche, les difficultés résultant de la destination des cendres ou de l'urne funéraire ne relèvent pas de la compétence du TI mais du TGI, juridiction de droit commun[2].

La loi n° 2011-1862 du 13 décembre 2011, relative à la répartition des compétences et à l'allègement de certaines procédures juridictionnelles, donne compétence au TI, concurremment avec le tribunal de commerce, pour connaître des demandes formées en application du règlement CE n° 861/2007 du 11 juillet 2007 instituant une procédure européenne de règlement des petits litiges (COJ, art. L. 221-4-1) et du règlement CE n° 1896/2006 du 12 décembre 2006 instituant une procédure européenne d'injonction de payer (COJ, art. L. 221-7)[3]. Cette même loi a abrogé la loi du 12 juillet 1909 sur la constitution d'un bien de famille insaisissable. Le TI demeure cependant compétent pour connaître des contestations relatives aux biens de familles publiés avant la promulgation de cette loi[4].

§ 2
Attributions du juge d'instance

124.140 Plan. Le juge d'instance a en outre lui-même des attributions particulières. Il est compétent pour statuer en référé (A), sur requête (B), à titre définitif en certaines matières (C) et il est juge des tutelles (D).

A.
Juge des référés

124.141 Textes applicables. Les articles 848 et 849 C. pr. civ. donnent au juge d'instance compétence pour statuer en référé. Ses pouvoirs sont les mêmes que ceux du président du TGI (v. s^s n°s 125.11 à 125.61). En cas d'urgence, il peut « *ordonner toutes les mesures qui ne se heurtent à aucune contestation sérieuse ou que justifie l'existence d'un différend* » (C. pr. civ., art. 848). Il peut aussi « *même en présence d'une contestation sérieuse, prescrire en référé les mesures conservatoires ou de remise en état qui s'imposent, soit pour prévenir un dommage imminent, soit pour faire cesser un trouble manifestement illicite.*

Dans les cas où l'existence de l'obligation n'est pas sérieusement contestable, il peut accorder une provision au créancier ou ordonner l'exécution de l'obligation même s'il s'agit d'une obligation de faire » (C. pr. civ., art. 849).

124.142 Conditions. C'est uniquement dans les limites de la compétence du TI lui-même, que le juge d'instance peut statuer en référé, c'est-à-dire pour les actions mobilières et personnelles dans la limite de 10 000 euros et en dernier ressort jusqu'à la valeur de 4 000 euros (COJ, art. L. 221-6).

124.143 Pouvoirs. Le tribunal a les mêmes pouvoirs pour statuer en référé sur les contestations nées du contrat de travail lorsqu'elles relèvent de sa compétence (C. pr. civ., art. 850).

124.144 Procédure. Dans tous les cas, le juge d'instance lorsqu'il statue en référé doit respecter les dispositions générales, applicables à toutes les procédures de référé des articles 484 à 492 C. pr. civ. Sa décision n'est que provisoire (C. pr. civ., art. 484), mais exécutoire, de plein droit, à titre provisoire; elle n'a pas au principal l'autorité de la chose jugée (C. pr. civ., art. 488) et peut être rapportée ou modifiée en cas de circonstances nouvelles (C. pr. civ., art. 488). Il en résulte notamment que le juge des référés est dénué de pouvoirs pour prononcer la résiliation judiciaire d'un bail[5], ou pour annuler un procès-verbal d'expulsion d'un locataire[6].

B.
Juge des requêtes

124.151 Texte. Le juge d'instance peut prendre des ordonnances sur requête dans les cas spécifiés par la loi, et ordonner « *dans les limites de sa compétence, toutes mesures urgentes lorsque les circonstances exigent qu'elles ne soient pas prises contradictoirement*[7] » (C. pr. civ., art. 851). Il statue en dernier ressort jusqu'à 4 000 euros et à charge d'appel jusqu'à 10 000 euros (COJ, art. R. 221-41). Ces pouvoirs sont à peu près identiques à ceux du président du TGI, dans le domaine de la compétence du tribunal.

1. Mod. par Décr. 13 mai 2005, art. 31.
2. TGI Créteil, 23 juin 2013, RG n° 13/04250 – X. Labbée, « Une urne funéraire au tribunal de grande instance », *JCP* 2013. 1037.
3. L. 13 déc. 2011, art. 4.
4. L. 13 déc. 2011, art. 12.
5. Civ. 3e, 26 févr. 1985, n° 83-16.775, *Bull. civ.* III, n° 40; *JCP* 1985. IV. 172.
6. Paris, 14 mars 1990, RG n° 89/19691, *D.* 1990. IR 102.
7. M. Foulon et Y. Strickler, « Le constat sur requête avant tout procès », *Dr. et proc.* 2006. 71.

124.152 **Cas spécifiés par la loi.** Le juge d'instance statue également sur requête dans les cas fixés par la loi. La compétence du juge d'instance a certes diminué au profit du président du TGI en matière de scellés [1] ou d'injonctions de payer dont le montant est supérieur au taux de compétence du TI [2]. Il conserve néanmoins compétence pour délivrer une autorisation de saisie conservatoire d'aéronef étranger (C. aviat., art. R. 123-9). C'est également sur requête que le juge d'instance délivre les injonctions de payer en application du règlement CE n° 1896/2006 du 12 décembre 2006 instituant une procédure européenne d'injonction de payer [3] (COJ, art. L. 221-7). Le juge d'instance saisi sur requête est aussi compétent pour conférer force exécutoire au constat d'accord établi au terme de la conciliation entrepris par un conciliateur de justice (C. pr. civ., art. 1541) [4]. En outre, les cas où, en qualité de juge des tutelles, le juge d'instance est amené à statuer sur requête sont nombreux.

C.
Compétence définitive au fond

124.161 **Saisie des rémunérations.** L'article L. 3252-6 du Code du travail donne compétence au juge d'instance à la place du JEX pour connaître de la saisie des rémunérations (COJ, art. L. 221-8) [5]. Il statue alors en dernier ressort jusqu'à 4 000 euros et à charge d'appel, sans limitation de montant au-delà (COJ, art. R. 221-42).

La procédure ouverte par un créancier muni d'un titre exécutoire constatant une créance liquide et exigible est précédée d'une tentative de conciliation. Il s'agit là d'une part importante du contentieux de l'exécution forcée. La compétence du TI est très large puisqu'elle porte sur tout ce qui concerne la cession ou la saisie des rémunérations de toute nature, y compris celle des fonctionnaires et agents des personnes morales de droit public.

Le TI est, en outre, seul compétent pour procéder, à défaut d'entente amiable entre les créanciers et le saisi, à la distribution par contribution des sommes saisies.

124.162 **Saisie conservatoire d'aéronefs étrangers.** Une saisie conservatoire spéciale a été instituée pour les aéronefs étrangers ou dont le propriétaire n'est pas domicilié en France (C. aviat., art. R. 123-9). Cette saisie conservatoire peut, en cas d'urgence, être autorisée par le juge d'instance du lieu où l'appareil a atterri. Le juge d'instance est également compétent pour en donner mainlevée moyennant un cautionnement et pour arbitrer le montant des dommages causés, y compris les frais et amendes.

124.163 **Pouvoirs divers.** Le juge d'instance a en outre un certain nombre de fonctions et pouvoirs qui ne sont pas à proprement parler juridictionnels : il reçoit ainsi le serment des experts non assermentés commis par les juridictions de l'ordre judiciaire (COJ, art. R. 221-43), et, concurremment avec le TGI, celui d'un certain nombre de personnes chargées de mission de contrôle ou de police désignées par l'article R. 221-44 du COJ (gardes champêtres, gardes-pêche, vérificateurs des poids et mesures, agents de surveillances de la police des chemins de fer, notamment). Il cote et paraphe les livres registres et répertoires des officiers de l'état civil, des notaires, des huissiers de justice, des commissaires-priseurs judiciaires et des courtiers établis dans le ressort du TI (COJ, art. R. 221-45).

D.
Juge des tutelles des majeurs

124.171 **Fonctions.** Le droit des tutelles a été profondément réformé, d'abord par la loi n° 2007-308 du 5 mars 2007, entrée en vigueur le 1er janvier 2009, puis par la loi n° 2009-526 du 12 mai 2009, qui a transféré la tutelle des mineurs à un juge du TGI : le juge des affaires familiales (JAF). Selon l'article L. 221-3 du COJ : « *Au sein du tribunal d'instance, un ou plusieurs juges exercent les fonctions de juge des tutelles majeurs* ». Les fonctions du juge des tutelles sont étendues, même si elles ont été sensiblement réduites au profit du JAF par l'effet de la loi du 8 janvier 1993, puis par la loi du 12 mai 2009.

Selon l'article L. 221-9 du COJ, le juge des tutelles est compétent pour connaître :

« *1° - de la sauvegarde de justice, de la curatelle et de la tutelle des incapables majeurs et de la mesure d'accompagnement judiciaire;*

2° - des actions relatives à l'exercice du mandat de protection future;

3° - des demandes formées par un époux, lorsque son conjoint est hors d'état de manifester sa volonté, aux fins d'être autorisé à passer seul un acte pour lequel le concours ou le consentement de ce dernier serait nécessaire, ou aux fins d'être habilité à le représenter;

1. C. pr. civ., art. 1306 et 1325, issus de Décr. n° 2011-1043, 1er sept. 2011, relatif aux mesures conservatoires prises après l'ouverture d'une succession et à la procédure en la forme des référés, art. 1er, *JO* 2 sept., p. 14884.
2. C. pr. civ., art. 1406, issu de Décr. 28 déc. 2012, art. 2.
3. Règl. CE n° 1896/2006 du du Parlement européen et du Conseil, 12 déc. 2006, instituant une procédure européenne d'injonction de payer, *JOUE*, n° L 399.
4. Art. créé par Décr. n° 2012-66, 20 janv. 2012, relatif à la résolution amiable des différends, art. 2, *JO* 22 janv., p. 1280 – Auparavant, Décr. n° 78-381, 20 mars 1978, relatif aux conciliateurs de justice, art. 9, *JO* 23 mars, p. 1265.
5. L. 22 déc. 2010, art. 11 et 43, entrée en vigueur le 1er septembre 2011.

4° - de la constatation de la présomption d'absence ». Mais il appartient au seul TGI de déclarer l'absence (C. civ., art. 122, et C. pr. civ., art. 1066 - V. s[s] n° 122.76).

SECTION 2
JURIDICTION DE PROXIMITÉ

124.180 **Plan.** La juridiction de proximité a été instituée par la loi n° 2002-1138 du 9 septembre 2002, d'orientation et de programmation pour la justice. Il s'agit d'une nouvelle catégorie de juridiction, statuant à juge unique, composée de juges non professionnels, qui a vocation à trancher les petits litiges de la vie quotidienne. La juridiction de proximité est placée sous la responsabilité du président du TI, pour son organisation et son fonctionnement, et sous le contrôle du président du TGI et du procureur de la République.

L'article 1er de la loi n° 2011-1862 du 13 décembre 2011, relative à la répartition des contentieux et à l'allègement de certaines procédures juridictionnelles, mettant en œuvre la proposition n° 1 du rapport Guinchard, prévoit la suppression de cette juridiction et le rattachement des juges de proximité aux TGI. Les juges de proximité ne seront cependant pas supprimés, mais, en matière civile, ils pourront seulement siéger dans la formation collégiale du TGI, procéder à certaines mesures d'instruction (descente sur les lieux, audition des parties dans le cadre d'une enquête ou d'une comparution personnelle) et statuer sur les requêtes en injonction de payer, hors opposition (COJ, futur art. L. 212-3-1)[1]. Cette réforme devait entrer en vigueur le 1er janvier 2013. Son application a été repoussée au 1er janvier 2015 par une loi du 24 décembre 2012[2]. Cependant, une réforme assez profonde des juridictions de première instance pourrait intervenir avant cette date, ce qui remettrait en cause de nombreuses règles de compétence.

En attendant, les règles actuelles de compétence d'attribution de la juridiction de proximité commandent de distinguer entre la compétence quant à la demande principale (§ 1) et celle quant aux demandes incidentes (§ 2).

1. L. 13 déc. 2011, art. 1er et 70 - V. Larribau-Terneyre, « Supprimer la juridiction de proximité sans supprimer les juges de proximité... (à propos du projet de loi du 3 mars 2010) », *Dr. fam.* 2010. Repère 4 – M. Véricel, « L'abandon de la justice de proximité en matière civile. Loi du 13 décembre 2011 », *JCP* 2012. 194.
2. L. 24 déc. 2012, art. unique – M. Véricel, « Le retour (provisoire) des juridictions et juges de proximité en matière civile. À propos de la loi du 24 décembre 2012 », *JCP* 2013. 132.

§ 1
Compétence d'attribution quant à la demande principale

124.181 **Textes applicables.** La compétence civile de la juridiction de proximité est définie par les articles L. 231-1 et, R. 231-3, R. 231-4 et R. 231-5 du COJ.

124.182 **Juge ordinaire des très petits litiges.** Très limitée dans un premier temps par la loi par la loi n° 2002-1138 du 9 septembre 2002, qui a créé l'institution, la compétence de la juridiction de proximité a été par la suite très largement étendue par la loi n° 2005-47 du 26 janvier 2005, qui a élevé le taux de compétence et élargi les critères de compétence, et finalement un peu réduite par l'ordonnance n° 2006-673 du 8 juin 2006 et le décret n° 2008-522 du 2 juin 2008. Malgré cela, la juridiction de proximité est véritablement aujourd'hui le juge ordinaire des très petits litiges, en dessous du TI.

A.
Compétence générale

124.190 **Deux critères de compétence.** La compétence matérielle de la juridiction de proximité est définie et limitée par deux critères cumulés, l'un tenant à l'objet de la demande (1°), l'autre au montant de celle-ci (2°).

1°
Objet de la demande

a)
Compétence en dernier ressort

124.191 **Actions personnelles ou mobilières.** La juridiction de proximité a une compétence générale de principe pour connaître en dernier ressort de toute action personnelle ou mobilière (COJ, art. L. 231-3). Ce domaine est extrêmement vaste, calqué sur celui dévolu pour un montant supérieur au TI sur lequel il empiète. Il n'y a plus à distinguer comme sous l'empire de la loi du 9 septembre 2002 selon l'auteur de la demande ou le but de la demande. Celle-ci peut fort bien être engagée par une personne morale et pour des besoins professionnels. Ainsi peuvent être engagées devant la juridiction de proximité toutes les actions de nature contractuelle, les actions en paiement, les actions en responsabilité délictuelle ou contractuelle, dès lors qu'elles ne relèvent pas de la compétence exclusive d'une autre juridiction. Le critère, à la fois personnel et mobilier, exclut toutefois les actions immobilières pétitoires ou possessoires (qui sont des actions réelles) et les actions réelles mobilières, qui sont fort rares. Toutes les questions de propriété immobilière échappent donc en principe à la juridiction de proximité (v. toutefois s[s] n° 124.223).

Celle-ci peut cependant connaître des actions afférentes à un immeuble dans la mesure où elles ont un caractère mobilier (actions concernant des travaux effectués sur l'immeuble, pour troubles du voisinage, *etc.*)

124.192 Procédures d'injonction de payer et de faire. Il est disposé expressément par les articles 1406 et 1425-1 C. pr. civ. que le juge de proximité peut connaître des procédures d'injonction de payer et de faire, dans les conditions et limites générales prévues à l'article L. 231-3 du COJ, c'est-à-dire jusqu'à une valeur de 4 000 euros et pour les obligations de faire qui ont pour origine l'exécution d'une obligation dont le montant n'excède pas 4 000 euros.

124.193 Homologation des constats d'accord. Il est expressément prévu que le juge de proximité peut donner force exécutoire et préalablement homologuer les constats d'accord obtenu à la suite d'une tentative de conciliation menée en vertu de l'article 21 de la loi n° 95-125 du 8 février 1995 (COJ, art. L. 231-3, al. 3). Cette disposition ne prévoit que l'homologation de l'accord des parties en vue de lui donner force exécutoire. Mais préalablement, le juge de proximité peut également désigner, avec l'accord des parties, un médiateur judiciaire dans les conditions de l'article 22 de la loi précitée du 8 février 1995 [1]. Le décret n° 2010-1165 du 1er octobre 2010, applicable à compter du 1er décembre 2010, élargit encore les possibilités de conciliation [2]. Le juge de proximité peut ainsi déléguer à un conciliateur de justice la tentative préalable de conciliation (C. pr. civ., art. 831). Les parties peuvent soumettre à l'homologation du juge le constat d'accord établi par le conciliateur de justice. L'homologation relève de la matière gracieuse. Il est toutefois à noter que le juge de proximité n'a pas le pouvoir d'homologuer l'accord des parties sous l'égide d'un conciliateur ayant obtenu l'accord sans mission judiciaire préalable, sur le fondement du décret n° 78-381 du 20 mars 1978 [3]. Seul le juge d'instance, saisi sur requête, peut conférer force exécutoire à ce constat d'accord (C. pr. civ., art. 1541 [4]).

b)

Compétence à charge d'appel

124.201 Demandes indéterminées. La juridiction de proximité ne statue pas seulement et toujours en premier ressort comme l'avait affirmé la loi à l'origine. Elle est dorénavant compétente pour statuer, à charge d'appel, sur les demandes indéterminées, mais qui ont pour origine une obligation dont le montant n'excède pas 4 000 euros (COJ, art. R. 231-3). Bien que les textes ne le disent pas expressément, et sous réserve de ce que la jurisprudence dira, on doit considérer que s'il est impossible de déterminer le montant de l'obligation d'origine, c'est, selon le cas, le TGI ou le TI qui est compétent. Lorsque la juridiction de proximité statue sur des demandes indéterminées, son jugement est susceptible d'appel : le pourvoi en cassation à son encontre est donc irrecevable [5].

2°

Montant de la demande

124.211 Taux de compétence. La quatrième condition de compétence de la juridiction de proximité tient au montant de la demande **principale**. Le juge de proximité ne peut connaître que des demandes inférieures ou égales à **4 000 euros**, ou indéterminées, mais ayant pour origine une obligation dont le montant n'excède pas 4 000 euros (COJ, art. L. 231-3). Cette valeur ne s'entend que de la demande principale. On ne doit pas prendre en compte les fruits et intérêts échus depuis la demande, pas plus que les dépens et la demande formée sur le fondement de l'article 700 C. pr. civ. (v. ss nos 121.80 s.). Lorsque la demande est indéterminée, il faut se référer à la valeur de l'obligation à l'origine de la demande, dont le montant ne doit pas excéder 4 000 euros. Lorsque la demande est totalement indéterminée et ne peut être rattachée à une obligation évaluable, il faut sans doute considérer que le juge de proximité est incompétent pour en connaître, au profit selon les cas du TI ou du TGI.

B.

Compétence spéciale

124.221 Textes. La compétence particulière ou spéciale de la juridiction de proximité est déterminée par l'article L. 231-4 et par les articles R. 231-3 et R. 213-4 du COJ. Mais il existe une incertitude sur la compétence spéciale de la juridiction de proximité. En effet, plusieurs dispositions applicables au TI (COJ, art. R. 221-11, 221-13, 221-14, 221-15, 221-16, 221-17, 221-19, 221-20, 221-21, 221-22 et 221-35) font réserve de la compétence de la juridiction de proximité. Mais aucune disposition spécifique n'a été prise dans la section propre à la juridiction de proximité. On peut se demander dès lors si les dispositions propres au TI confèrent compétence spéciale à la juri-

1. Mod. par Ord. n° 2011-1540, 16 nov. 2011, portant transposition de la directive n° 2008/52/CE du Parlement et du Conseil du 21 mai 2008 sur certains aspects de la médiation en matière civile et commerciale, art. 1er, *JO* 17 nov., p. 19286.
2. Décr. n° 2010-1165, 1er oct. 2010, relatif à la conciliation et à la procédure orale en matière civile, commerciale et sociale, *JO* 3 oct., p. 17986.
3. Décr. 20 mars 1978.
4. Art. créé par Décr. 20 janv. 2012, art. 2.
5. Com. 22 sept. 2009, n° 08-17.360, NP; *Procédures* 2009. Comm. 353, note Perrot.

diction de proximité. Ou bien s'il faut attendre une précision réglementaire ou jurisprudentielle. Dans le doute, et puisqu'il existe quand même des textes faisant référence expresse à la compétence de la juridiction de proximité, et parce que cela correspond incontestablement à la volonté du législateur, on peut considérer que la juridiction de proximité est compétente en dernier ressort dans les matières énumérées.

124.222 Compétence en matière de dépôt de garantie. La compétence en matière de bail, autre que professionnel, de commerce et rural, relève du TI qui a d'ailleurs compétence exclusive en cette matière (COJ, art. R. 221-38 – V. s^{s} n° 124.31). Mais la loi du 26 janvier 2005 a apporté une exception à cette compétence exclusive, reprise par le décret n° 2008-522 du 2 juin 2008. La juridiction de proximité a reçu compétence pour connaître, en dernier ressort, jusqu'à une valeur de 4 000 euros des actions relatives à l'article 22 de la loi n° 89-462 du 6 juillet 1989 tendant à améliorer les rapports locatifs et portant modification de la loi n° 86-1290 du 23 décembre 1986, autrement dit les litiges relatifs au dépôt de garantie réglementé par ce texte, et plus particulièrement les litiges fréquents portant sur la restitution de ce dépôt de garantie (COJ, art. R. 231-4). Cette compétence, en dernier ressort, est toutefois limitée à une valeur allant jusqu'à 4 000 euros. Au-delà, c'est le TI qui est seul compétent.

124.223 Compétence diverse. Malgré une incertitude (v. s^{s} n° 124.221), l'article R. 331-1 du COJ ayant été abrogé, on peut penser que la juridiction de proximité est compétente dans les cas visés par les articles R. 221-11 et suivants qui attribuent compétence spéciale au TI en faisant réserve expresse de la compétence de la juridiction de proximité. La juridiction de proximité connaît donc des actions personnelles ou mobilières, notamment celles prévues aux articles R. 221-11 à R. 221-22 (à l'exception de COJ : art. R. 221-12 [bornage]). Il en résulte une compétence particulière, puisque sans ce texte, ces actions relevaient traditionnellement de la compétence exclusive du TI. C'est dire également que la compétence du TI en ces matières n'est plus exclusive, mais partagée, en raison du montant de la demande avec la juridiction de proximité. Le champ de compétence ainsi précisé est très vaste et concerne, avec quelques exceptions toutefois, le contentieux des frais et émoluments des auxiliaires de justice et officiers publics ou ministériels (COJ, art. R. 221-11), contestations relatives aux contrats d'engagement entre armateurs et marins (COJ, art. R. 221-13); le contentieux des actions pour dommages causés aux récoltes, aux bâtiments, aux clôtures, aux vices rédhibitoires et aux maladies contagieuses (COJ, art. 221-14; le contentieux de certaines prestations de service (COJ, art. R. 221-15). La juridiction de proximité est encore compétente pour connaître des litiges relatifs aux indemnités pour perte ou avarie en matière de transport, à ceux relatifs aux correspondances et objets recommandés ou envois de valeurs déclarées (COJ, art. R. 221-15); celui très divers prévu par les articles R. 221-16 à R. 221-22 et R. 221-35. Dans tous ces cas, la juridiction de proximité n'est compétente en dernier ressort qu'à la condition que la valeur du litige n'excède pas 4 000 euros, et à charge d'appel si la demande est indéterminée, mais se rapporte à une obligation chiffrable ne dépassant pas 4 000 euros (COJ, art. L. 231-3).

124.224 Exclusions. Un grand nombre d'actions sont exclues de la compétence de la juridiction de proximité. Il n'est pas possible d'en dresser une liste exhaustive, mais seulement d'attirer l'attention sur quelques exclusions particulières.

D'une manière générale sont exclues de la compétence du juge de proximité, toutes les actions principales qui ne répondent pas aux critères posés par l'article L. 231-3 du COJ, et *a fortiori*, toutes celles qui relèvent de la compétence exclusive d'une autre juridiction. À ce titre, il faut signaler les litiges relatifs au crédit à la consommation, qui sont de la compétence exclusive du TI en vertu de l'article L. 311-52 du Code de la consommation [1]. Il est en outre expressément précisé que sont exclues de la compétence de la juridiction de proximité les contestations en matières de baux d'immeuble à usage commercial, industriel ou artisanal, sauf celles relatives au dépôt de garantie jusqu'à 4 000 euros (COJ, art. R. 231-4). Le contentieux du paiement direct des pensions alimentaires et subsides échappe également à la juridiction de proximité, ainsi que le contentieux des expulsions d'occupants sans droit ni titre, celui des funérailles, des élections, *etc.* Il est également évident que le contentieux des tutelles des majeurs relève de la compétence exclusive du TI et échappe à la juridiction de proximité.

Le juge de proximité a également l'obligation de renvoyer l'affaire au juge d'instance en cas de difficulté juridique sérieuse portant sur l'application d'une règle de droit ou sur l'interprétation d'un contrat liant les parties (C. pr. civ., art. 847-4).

§ 2
Compétence quant aux demandes incidentes et moyens de défense

124.231 Moyens de défense et exceptions. C'est une véritable prorogation générale de compétence qui est prévue par l'article R. 231-5 du COJ. Comme toute juridiction, la juridiction de proximité a une compétence générale pour connaître des exceptions

1. Civ. 1re, 8 juill. 1997, n° 95-14.682, *Bull. civ.* I, n° 235; *D. Affaires* 1997. 1142.

et moyens de défense, sous la seule réserve des questions relevant de la compétence exclusive d'une autre juridiction. Si un tel cas se présente, il s'agirait d'une question préjudicielle obligeant le juge de proximité à surseoir à statuer (v. s[s] n°s 142.41 s.). Une réserve expresse est posée à l'endroit des questions immobilières pétitoires sur lesquelles le juge de proximité doit relever d'office son incompétence au profit du TGI (COJ, art. R. 231-5, al. 2). Le juge de proximité est également dans l'obligation de renvoyer au juge d'instance toutes les exceptions d'incompétence (C. pr. civ., art. 847-5), notamment en cas de contestation de sa compétence territoriale[1].

124.232 **Demandes incidentes.** La juridiction de proximité peut connaître de toutes les demandes incidentes qui ne relèvent pas de la compétence exclusive d'une autre juridiction (COJ, art. R. 231-5, al. 1er), sous la réserve expresse toutefois des questions de nature immobilière pétitoire. L'article 51 C. pr. civ. réglant par une disposition générale la compétence des juridictions quant aux demandes incidentes se trouve écarté à l'endroit de la juridiction de proximité. Il en résulte que la compétence du juge de proximité se trouve considérablement étendue, par rapport à sa compétence sur la demande principale. Il peut alors connaître de demandes incidentes qui n'entreraient pas dans sa compétence à titre principal.

124.233 **Demandes incidentes excédant le taux de compétence.** La question se pose de savoir si les demandes incidentes peuvent rester de la compétence de la juridiction de proximité lorsqu'elles excèdent le seuil de **4 000 euros**. Sous réserve de ce que dira la jurisprudence, la réponse doit être négative. L'esprit de la loi le commande et la lettre le permet. Ceci est confirmé par le fait que la juridiction de proximité statue toujours en dernier ressort[2]. Si une demande incidente excédant le taux de compétence du juge de proximité est formée, il convient de faire application des dispositions de l'article 38 C. pr. civ. selon lequel le juge peut, soit ne statuer que sur la demande initiale, soit renvoyer le tout devant la juridiction compétente pour connaître de la demande incidente. En revanche, il n'y a pas lieu d'appliquer la disposition finale de l'article 38 selon laquelle « *lorsqu'une demande reconventionnelle en dommages-intérêts est fondée exclusivement sur la demande initiale, le juge en connaît à quelque somme qu'elle s'élève* ». Il faut alors combiner les dispositions de ces textes avec celles, spéciales, de l'article R. 231-5 du COJ. La loi spéciale déroge à la loi générale et la disposition législative l'emporte sur la disposition réglementaire.

1. Civ. 2e, 10 mars 2011, n° 10-17.186, *Bull. civ.* II, n° 64.
2. EN CE SENS, P. Chevalier et T. Moussa, « Le décret du 23 juin 2003 relatif à la juridiction de proximité », *Procédures* 2003. Chron. 12 – *CONTRA*, P. Callé, « La compétence civile du juge de proximité après le décret n° 2003-542 du 23 juin 2003 : incertitudes, vous avez dit incertitudes », *D.* 2004. 1027 – Poitiers, 13 nov. 2009, RG n° 08/02075.

SECTION 3
TRIBUNAL DE COMMERCE

124.240 **Plan.** Les tribunaux de commerce sont des juridictions spécialisées qui entrent dans la catégorie des juridictions d'exception. Leur compétence doit donc résulter de textes spéciaux (qui s'appliquent d'ailleurs lorsque, exceptionnellement, c'est le TGI qui statue commercialement en l'absence de tribunal de commerce dans le ressort de la juridiction).

La compétence du tribunal lui-même sera d'abord précisée (§ 1); puis sera examinée la compétence propre du président du tribunal de commerce (§ 2) et celle du juge-commissaire (§ 3).

§ 1
Compétence du tribunal de commerce

124.250 **Textes applicables.** La compétence d'attribution des tribunaux de commerce est définie par les articles L. 621-2, L. 721-1 à L. 721-6 et R. 721-6 du Code de commerce.

Sur toutes les demandes entrant dans sa compétence, le tribunal de commerce connaît en dernier ressort des demandes jusqu'à la valeur de 4 000 euros (C. com., art. R. 721-6).

Un article L. 721-3-1 a été inséré dans le Code de commerce par la loi n° 2011-1862 du 13 décembre 2011 afin de donner compétence, à compter de 2013, aux tribunaux de commerce pour connaître des demandes formées en application du règlement CE n° 86/2007 du 11 juillet 2007, instituant une procédure européenne de règlement des petits litiges, dans la limite de leur compétence d'attribution.

124.251 **Plan.** Toute la compétence des tribunaux de commerce est centrée sur l'exercice du commerce, caractérisé par la notion d'acte de commerce. Mais le Code de commerce mêle, pour définir la compétence des juridictions consulaires, des critères subjectifs et des critères objectifs, qui peuvent se compléter ou se superposer. Les articles L. 721-1 et suivants et L. 621-2[3] du Code de commerce font apparaître quatre grandes catégories de cas de compétence : les litiges entre commerçants pour faits de commerce (A), les litiges entre associés de sociétés commerciales (B), les actes de commerce entre toutes personnes (C), la préven-

3. L. n° 2005-845, 26 juill. 2005, de sauvegarde des entreprises, *JO* 27 juin, p. 12187.

tion et le traitement de la défaillance des entreprises commerciales et artisanales (D).

A.
Litiges entre commerçants

124.260 Plan. L'article L. 721-3 du Code de commerce dispose que : « *Les tribunaux de commerce connaissent : 1° des contestations relatives aux engagements entre commerçants, entre établissements de crédit ou entre eux* »[1].

Ce texte ne semble faire référence qu'à la notion de commerçant pour retenir une compétence fondée sur la qualité de la personne (1°). En réalité, la compétence des tribunaux de commerce est limitée aux litiges survenus entre commerçants dans l'exercice de leur activité de commerce (2°).

1°
Qualité de commerçant

124.261 Critères de la qualité de commerçant. L'article L. 721-3 du Code de commerce mentionne les commerçants et établissements de crédit. Ce texte semble ne viser *a priori* que les personnes physiques, mais il faut y ajouter les personnes morales qui ont la qualité de commerçantes.

124.262 Personnes physiques. Dans la plupart des cas, la question de savoir qui est commerçant, est simplifiée par le fait que les commerçants sont tenus de s'immatriculer au **registre du commerce** et le sont effectivement dans leur immense majorité. Il s'agit là d'une présomption légale, qui ne peut être renversée par la personne qui serait immatriculée à tort[2]. Seuls les tiers et les administrations publiques peuvent apporter la preuve contraire.

Mais tous les commerçants ne sont pas pour autant immatriculés et des hésitations sont permises sur le point de savoir si telle ou telle profession est commerciale. Force est alors de se référer aux critères de l'activité commerciale.

Le critère de la qualité de commerçant est fourni par l'article L. 121-1 du Code de commerce disposant que : « *Sont commerçants ceux qui exercent des actes de commerce et en font leur profession habituelle* ». Ce texte est complété par les dispositions des articles L. 110-1 et L. 110-2 du Code de commerce qui fournissent une liste d'activités réputées commerciales. Ceux qui exercent ces activités à titre de profession habituelle sont réputés commerçants[3].

Sont ainsi commerçants ceux qui achètent pour revendre, les commissionnaires, les courtiers, les banquiers, les entrepreneurs de transport, de spectacle, les agents d'affaires, les agents immobiliers, les agents de voyage, les assureurs, les armateurs, *etc.*

Mais de nombreux professionnels ne sont pas commerçants, bien qu'ayant une activité ayant trait au commerce au sens large. Il en est ainsi tout d'abord des **artisans** dont l'activité se distingue souvent mal de celle des commerçants[4], des **agents commerciaux**[5], des **VRP**, des **gérants salariés de succursales**[6], des **dirigeants de sociétés commerciales**, du médecin dirigeant un laboratoire d'analyse médicale[7], de l'**agriculteur** (C. com, art. L. 721-6 – mais il peut être commerçant s'il transforme des produits venant d'autres exploitations)[8], du **pêcheur**, *etc.* On peut hésiter pour l'épouse (ou l'époux) du commerçant, qui *a priori* n'est pas commerçante, si elle n'exerce pas une profession séparée (C. com., art. L. 121-3[9])[10]; mais il semble que la présomption posée par l'article L. 121-3 du Code de commerce ne soit pas irréfragable[11].

124.263 Personnes morales. Sociétés commerciales. Les commerçants peuvent être des personnes morales. Les sociétés commerciales sont réputées commerçantes. Leurs actes le sont également et

1. H. Croze, « Le retour de la compétence matérielle des tribunaux de commerce », *Procédures* 2001. Chron. 9 – Rép. pr. civ., v° *Compétence commerciale*, par Pierre-Maurice, sept. 2009.
2. J. Delga, « Le nouvel article 64 du décret du 30 mai 1984 », *ALD* 1985. 79.
3. P. Didier, « Remarques pour servir à une définition du droit commercial », *D.* 1962. Chron. 221.
4. G. Ripert et R. Roblot, *Traité de droit des affaires*, 19e éd., t. 1, vol. 1, par Vogel, LGDJ, 2010, nos 186 s. – H. Kenfack et M. Pédamon, *Droit commercial*, 3e éd., « Précis », Dalloz, 2011, nos 90 s. – Stoufflet, *RTD com.* 1968. 33 – Rép. com., v° *Commerçant*, par Dubaele, oct. 2004 [màj juin 2013].
5. Com. 29 oct. 1979, n° 78-14.226, *Bull. civ.* IV, n° 266; *Gaz. Pal.* 1980. 1. 187, note Dupichot; *D.* 1980. 69; *RTD com.* 1980. 814, note Hémard – Com. 26 févr. 2008, n° 06-20.772, NP; *D.* 2008. 2907, note Ferrier; *JCP E* 2008. 1710, note Dissaux; *JCP* 2008. II. 10094, note Mainguy et Respaud – Com. 29 juin 2010, n° 09-66.773, *Bull. civ.* IV, n° 114; *D.* 2010. 1703, obs. Chevrier; *JCP* 2010. 876, note Grimaldi – J.-J. Hanine-Roussel, « La compétence juridictionnelle en matière de contrat d'agence commerciale », *RJ com.* 2010. 521.
6. Soc. 19 nov. 1959, n° 57-40.656, *Bull. civ.* IV, n° 1154; *JCP* 1960. II. 11397, note Bizière; *D.* 1960. 74, note Lindon.
7. Aix-en-Provence, 21 juin 1991, RG n° 89/4270, *D.* 1993. Somm. 24, note Penneau.
8. Aix-en-Provence, 3 sept. 1976, *D.* 1978. 119, note Sortais, *RTD com.* 1978. 92, obs. Derruppé – Pour un élevage d'animaux considéré comme commercial, v. Com. 23 mars 1981, n° 79-12.516, *Bull. civ.* IV, n° 153; *RTD com.* 1981. 515, obs. Derruppé; *Rev. arb.* juin 1982, p. 176, note Fouchard.
9. Anc. art. 4.
10. V. G. Ripert et R. Roblot, *Traité de droit des affaires*, 19e éd., t. 1, vol. 1, par Vogel, LGDJ, 2010, nos 231 s. – H. Kenfack et M. Pédamon, *Droit commercial*, 3e éd., « Précis », Dalloz, 2011, nos 86 s.
11. Com. 15 oct. 1991, n° 89-19.281, *Bull. civ.* IV, n° 286; *D.* 1991. IR 246; *LPA* 16 avr. 1993, p. 10, note Rossi – Com. 15 mars 2005, n° 03-19.359, *Bull. civ.* IV, n° 55; *Dr. soc.* 2005. 684, note Le Corre; *Bull. Joly* 2005. 949, note Lécuyer; *Defrénois* 2005. 1924, obs. Gibirila.

entraînent la compétence du tribunal de commerce[1], même si les actes accomplis, ou l'objet social sont de nature civile[2] (toutefois, pour une société commerciale accomplissant des actes par nature civils en matière immobilière, v. W. Jeandidier[3]). Pour les sociétés d'exercice libéral constituées conformément à la loi n° 90-1258 du 31 décembre 1990 relative à l'exercice sous forme de société des professions libérales soumises à un statut législatif ou réglementaire et dont le titre est protégé, l'article L. 721-5 du Code de commerce prévoit que les tribunaux civils sont seuls compétents pour connaître des actions dans lesquelles l'une des parties est une de ces sociétés ainsi que des contestations entre associés[4]. Mais si la profession libérale est exercée sous forme d'une société commerciale par la forme (par ex., une SARL), le tribunal de commerce demeure compétent (v. à propos d'une mesure d'instruction *in futurum*[5]).

124.264 Autres personnes morales. Pour les autres personnes morales, les mêmes difficultés que celles rencontrées pour les personnes physiques peuvent se poser : il convient de savoir si l'activité exercée à titre de profession habituelle est de nature commerciale pour déterminer la compétence des tribunaux de commerce. Il est ainsi admis que les **sociétés civiles** peuvent être traitées comme des commerçants si elles exercent en fait le commerce de façon habituelle[6]. Cela a été également admis pour un **groupement agricole d'exploitation en commun (GAEC)**[7], pour un **groupement d'intérêt économique** (GIE)[8] et pour une **société coopérative agricole**[9].

De même une **association**, dont l'activité a un caractère commercial peut relever de la compétence du tribunal de commerce. Ceci a été admis pour un club sportif professionnel[10], ou pour l'association Église de scientologie, qui revendiquait le statut d'association cultuelle[11]. C'est encore le cas d'une association qui offre de manière permanente aux particuliers un site internet visant à favoriser les échanges d'immeubles; elle effectue ainsi des opérations d'intermédiaire pour l'achat ou la vente d'immeuble, ce qui justifie la compétence du tribunal de commerce, peu importe si cette activité n'est pas spéculative[12].

Les sociétés à forme commerciale dont le principal ou seul actionnaire est l'État comme les **sociétés nationalisées** relèvent également de la compétence commerciale. Il en est de même des **sociétés d'économie mixte.** La compétence des juridictions consulaires a encore été admise pour des **établissements publics industriels et commerciaux** (par ex. pour le *Théâtre national de l'opéra de Paris*[13]). Cette compétence n'est en revanche pas admise pour les services publics industriels et commerciaux[14].

Les **sociétés civiles** ne sont, en principe, pas commerçantes et ne relèvent pas de la compétence du tribunal de commerce, y compris lorsqu'elles sont dirigées par une société commerciale (v. à propos d'une société de construction-vente gérée par une SARL[15]). Cependant, il peut en aller autrement, selon une jurisprudence récente, si la société a inséré dans son objet statutaire la possibilité d'effectuer des opérations commerciales[16].

1. V. Lyon, 15 mai 1992, RG n° 92/00158, *D.* 1993. 3. note Reinhard – Civ. 2e, 30 sept. 1981, n° 81-12.359, *Bull. civ.* II, n° 175; *D.* 1982. IR 158, obs. Julien; *RTD com.* 1982. 253, note Pédamon; *Gaz. Pal.* 1982. 75, note Viatte; *Ann. loyers* mars 1982, p. 81, note Fau et Debeaurain.
2. Com. 14 févr. 1956, n° 56-02.831, *Bull. civ.* IV, n° 67; *JCP* 1956. II. 9375, note J. G. L – Com. 18 févr. 1975, n° 73-14.763, *Bull. civ.* IV, n° 48; *RTD com.* 1975. 466, obs. Jauffret.
3. W. Jeandidier, « L'imparfaite commercialité des sociétés à objet civil et à forme commerciale », *D.* 1979. Chron. 7.
4. V. Champaud, *RTD com.* 1990. 392 s. – Y. Reinhard, *RTD com.* 1991. 229 s. – J.-J. Daigre, « Objet passe forme : de la nature civile des sociétés d'exercice libérales », *JCP E* 1998. I. 989 – Civ. 2e, 6 mai 1997, n° 95-11.857, *Bull. civ.* II, n° 128; *D.* 1998. Somm. 186, obs. Hallouin; *JCP E* 1997. II. 983, note Bonneau; *Bull. Joly* 1997. 989, note Daigre.
5. Com. 29 sept. 2009, n° 08-17.205, NP; *Bull. Joly* 2010. 32, note Godon.
6. Com. 31 mai 1988, n° 86-17.770, *Bull. civ.* IV, n° 187, *Rev. sociétés* mars 1991, p. 99, note Legros – Pour une société coopérative agricole, Civ. 1re, 18 nov. 1986, n° 84-17.525, *Bull. civ.* I, n° 272; *RTD com.* 1987. 76, obs. Alfandari et Jeantin – V. A. Couret, « Activités agricoles et activités commerciales », *RTD com.* 1980. 277.
7. Versailles, 10 févr. 1994, RG n° 9588/93.
8. Com. 15 juin 2010, n° 09-15.130, NP; *Rev. sociétés* 2010. 386, obs. A. Lienhard; *JCP E* 2010. 1966, note Hovasse; *RGDA* 2010. 1165, note Roussel.
9. Civ. 1re, 18 nov. 1986, n° 84-17.525, *Bull. civ.* I, n° 272; *RTD com.* 1987. 76, obs. Alfandari et Jeantin – V. A. Couret, « Activités agricoles et activités commerciales », *RTD com.* 1980. 277.
10. Com. 8 juill. 1969, *JCP* 1970. II. 16155 *bis*, note J. A.; *RTD civ.* 1970. 349, obs. Jauffret – T. com. Marseille, 8 avr. 1980, *RTD com.* 1980. 590, obs. Houin, Le Gall et Soinne – Reims, 19 févr. 1980, *JCP* 1981. II. 19496, note Guyon; *RTD com.* 1981. 520, obs. Dubarry; *RTD com.* 1981. 606, obs. Merle.
11. Paris, 3 févr. 1995, RG n° 94/15274, *JCP E* 1995. Pan. 390.
12. Com. 14 févr. 2006, n° 05-13.453, *Bull. civ.* IV, n° 35; *RJDA* 2006, n° 848.
13. TGI Paris, 25 janv. 1991, *RTD com.* 1991. 377, obs. Derruppé.
14. Com. 20 oct. 1981, n° 80-10.482, *Bull. civ.* IV, n° 367; *D.* 1982. IR 121, obs. Vasseur; *RTD com.* 1982. 274, note Cabrillac et Teyssié; *RJ com.* 1982. 349 – Pour l'Ugap, v. T. com. Paris, 7 juin 1995, *Juris-Data* n° 044133.
15. Versailles, 15 oct. 2009, RG n° 09/05380, *RDI* 2010. 388, obs. Magnin; *Rev. proc. coll.* 2010. Comm. 124, note Lebel; *Dr. sociétés* 2010. Comm. 34, note Legros.
16. Com. 5 mai 2009, n° 08-17.599, *Bull. civ.* IV, n° 64; *D.* 2009. 1415; *Rev. sociétés* 2009. 837, note Dom; *Bull. Joly* 2009. 973, note Teller; *RGDA* 2010. 496, note Jadaud (à propos d'une société de groupe d'assurance mutuelle) – ADDE, J.-C. Hallouin, « Quelle qualification pour une société civile qui a une activité commerciale ? », *D.* 2002. 477.

2°
Litiges se rapportant à l'activité commerciale

124.271 Condition nécessaire. La seule circonstance qu'un litige naît entre deux commerçants n'est pas en soi suffisante pour que le tribunal de commerce soit compétent. Il faut encore que le litige se rapporte à des actes faits par le commerçant pour les besoins de son commerce. Cette question ne concerne toutefois que les personnes physiques, les personnes morales n'agissant que pour leur activité professionnelle. Ainsi, ne relève pas de la compétence commerciale, l'achat fait par un commerçant pour son usage personnel ou ceux de sa famille[1].

124.272 Présomption de commercialité. Mais la jurisprudence présume que le commerçant a agi pour les besoins de son commerce[2]. Il ne s'agit toutefois que d'une présomption simple. Il appartient au commerçant qui dénie la compétence du tribunal de commerce d'établir qu'il n'agissait pas dans le cadre de son activité commerciale[3].

124.273 Étendue. La compétence du tribunal de commerce concerne tous les litiges se rapportant à l'activité commerciale du commerçant. Elle concerne aussi bien les relations contractuelles (même celles de nature civile sont considérées comme commerciales par accessoire)[4], que les litiges nés de délits ou quasi-délits[5] (v. s[s] n° 122.33). Ainsi l'action exercée par un commerçant contre un autre commerçant en paiement de factures liées à des frais de rédaction d'avenants à un bail commercial relève naturellement de la compétence du tribunal de commerce, le litige ne concernant pas le prix du bail ou le statut des baux commerciaux (dont le contentieux relève de la compétence du TGI)[6]. L'action en responsabilité pour concurrence déloyale qui oppose deux commerçants ou deux sociétés commerciales relève de la compétence du tribunal de commerce, même si la concurrence déloyale repose sur la violation d'une clause de non-concurrence contenue dans un contrat de travail. La question de la violation de cette clause par le salarié doit cependant être tranchée préalablement par le conseil de prud'hommes si celui-ci est saisi de cette question[7]. Mais en l'absence de saisine et de décision de la juridiction prud'homale, le tribunal de commerce est compétent pour statuer sur l'action en concurrence déloyale malgré la clause de non-concurrence[8].

124.274 Date d'appréciation. La nature commerciale d'un acte s'apprécie à la date à laquelle il a été passé, non à la date à laquelle le tribunal est saisi. Lorsqu'une personne effectue un acte commercial puis est radiée du registre du commerce et des sociétés et perd la qualité de commerçant, cela ne fait pas perdre à l'acte sa nature commerciale[9]. Le tribunal de commerce reste compétent pour en connaître.

B.
Contestations relatives aux sociétés commerciales

124.281 Conditions. L'article L. 721-3, 2° du Code de commerce dispose que le tribunal de commerce connaît « *des contestations relatives aux sociétés commerciales* ». Cette compétence très large s'applique que les associés soient ou non eux-mêmes commerçants[10]. Le tribunal de commerce est notamment compétent à l'égard des héritiers d'un associé[11].

Cette disposition ne vise cependant que les sociétés commerciales[12]. Peu importe l'activité : ainsi une société commerciale par sa forme, mais à objet civil, relève de la compétence commerciale[13] – par ex. une société coopérative d'HLM constituée sous forme de société anonyme à capital variable est commerciale[14]). Il en résulte, *a contrario*, que les litiges entre associés d'une société civile ne sont pas de la compétence du tribunal de commerce, mais relèvent des juridictions civiles[15].

1. Req. 1er avr. 1901, *S.* 1903. 1. 310 – Dijon, 15 nov. 1979, *Gaz. Pal.* 1980. Somm. 387.
2. Civ. 1re, 23 juin 1987, n° 85-15.593, *Bull. civ.* I, n° 209.
3. Paris, 11 janv. 1995, RG n°s 94/23619, 94/23620 et 94/23250, *D.* 1995. IR 62.
4. Req. 29 janv. 1883, *DP* 1883. 1. 514 – Civ. 3e, 3 janv. 1956, *D.* 1956. Somm. 133 – Pour le paiement de loyers, Civ. 3e, 18 mars 1974, n° 73-10.144, *Bull. civ.* III, n° 130; *JCP* 1974. IV. 170 – Civ. 2e, 30 sept. 1981, n° 81-12.359, *Bull. civ.* II, n° 175; *D.* 1982. IR 157; *Gaz. Pal.* 1982. 75, note Viatte; *RTD com.* 1982. 253, note Pédamon; *Ann. loyers* mars 1982, p. 81, note Fau et Debeaurain.
5. Req. 11 juill. 1900, *D.* 1900. 1. 508 – Com. 7 avr. 1967, n° 64-14.121, *Bull. civ.* IV, n° 129; *D.* 1968. 61, note Calais-Auloy; v. C. Giverdon, « Les délits et quasi-délits commis par le commerçant dans l'exercice de son commerce », *RTD com.* 1953. 855.
6. Com. 27 oct. 2009, n° 08-18.004, *Bull. civ.* IV, n° 137; *D.* 2009. 2682; *JCP E* 2010. 1037, note Lebel; *Dr. et proc.* 2010. 53, note Lauvergnat.
7. Com. 6 mai 2003, n° 01-15.268, *Bull. civ.* IV, n° 67; *Procédures* 2003. Comm. 258, note Croze; *D.* 2004. 1154, obs. Bugada.
8. Com. 14 mai 2013, n° 12-19.351, *Bull. civ.* IV, [à paraître]; *Dr. soc.* 2013. 649, note Mouly; *JCP S* 2013. 1380, note Beyneix; *Bull. Joly* 2013. 547, note Staes.
9. Com. 12 mars 2013, n° 12-11.765, *Bull. civ.* IV, [à paraître]; *JCP* 2013. 610, note Lebel; *Procédures* 2013. Comm. 143, note Perrot; *D.* 2013. 769; *RTD com.* 2013. 223, obs. Saintourens.
10. Com. 8 juill. 1970, n° 69-13.855, *Bull. civ.* IV, n° 236; *D.* 1971. 324.
11. Paris, 19 mai 1987, *Juris-Data* n° 022923.
12. Y. Reinhard, « Compétence et sociétés commerciales », *Procédures* avr. 2011, dossier 11.
13. Req. 17 juin 1907, *S.* 1909. 1. 374.
14. Com. 4 nov. 1957, n° 2.313, *Bull. civ.* IV, n° 292; *Gaz. Pal.* 1957. 396.
15. Civ. 22 juin 1943, *Gaz. Pal.* 1943. 157.

L'article L. 721-5 du Code de commerce prévoit toutefois une exception concernant les sociétés commerciales des professions libérales soumises à un statut, prévues par la loi n° 90-1258 du 31 décembre 1990.

124.282 **Litige entre une société et un associé.** Bien que le texte ne le prévoie pas expressément, la jurisprudence a étendu la compétence commerciale aux litiges entre un associé et la société lorsqu'elle est commerciale[1].

124.283 **Cession d'actions ou de parts sociales.** La cession d'actions ou de parts sociales n'est pas un litige entre associés. Le texte de l'ancien article 631 du Code de commerce étant une disposition exceptionnelle, la jurisprudence en avait déduit que le tribunal de commerce n'est pas compétent pour trancher un litige portant exclusivement sur la cession de parts sociales ou d'actions[2]. Cette jurisprudence est aujourd'hui abandonnée à la faveur de la nouvelle rédaction de l'article L. 411-4 du COJ (anc.), abrogé et transposé sous l'article L. 721-3 du Code de commerce, dont les dispositions sont plus larges et visent les contestations « *relatives aux sociétés commerciales* », ce qui peut concerner les cessions de parts sociales et d'actions. Ainsi, il a été jugé que le litige opposant le cédant des actions d'une société anonyme aux dirigeants de celle-ci, à raison de la clause de non-concurrence contenue dans l'acte de cession, est un litige né à l'occasion d'une cession de titre d'une société commerciale et relève de la compétence des tribunaux de commerce[3]. Relève également de la juridiction commerciale, le litige concernant les honoraires d'un conseiller financier pour une cession envisagée du contrôle d'une société[4].

124.284 **Cession de contrôle.** Dans le cas d'une cession d'actions ou de parts sociales entraînant le contrôle de la société, la jurisprudence considère traditionnellement qu'une telle opération a un caractère commercial[5].

124.285 **Faute de gestion.** La Cour de cassation a une conception de plus en plus extensive de la compétence du tribunal de commerce pour statuer dans les **litiges sociétaires**. L'important est que « *les faits se rattachent par un lien direct à la gestion des sociétés commerciale* », peu important que les parties en cause ne soient pas commerçantes ou dirigeants de droit de société. C'est sur ce fondement qu'elle retient la compétence de la juridiction consulaire pour juger de l'action en responsabilité pour faute de gestion de personnes qui seraient à l'origine du préjudice né de l'inexécution de leurs obligations par plusieurs sociétés[6].

C.
Actes de commerce entre toutes personnes

124.291 **Actes de commerce.** L'article L. 721-3, 3° du Code de commerce dispose que les tribunaux de commerce connaissent encore des contestations « *relatives aux actes de commerce entre toutes personnes* ». Les articles L. 110-1 et L. 110-2 du Code de commerce livrent par ailleurs une liste d'actes qui sont présumés commerciaux.

Cette disposition est sans doute riche d'extension, mais elle n'a qu'une application résiduelle. En effet, ce texte n'a aucune application dans la plupart des cas où les intéressés sont commerçants, la compétence du tribunal de commerce résultant alors de l'article L. 721-3, 1° (v. s^s n°s 124.260 s.). Le domaine d'application de l'article L. 721-3, 1° ne concerne pratiquement que les non commerçants, et encore pour certains actes considérés comme commerciaux par leur forme. Les autres actes de commerce visés par les articles L. 110-1 et L. 110-2 du Code de commerce n'entraînent en principe la compétence commerciale que s'ils sont accomplis à titre de profession habituelle, ce qui permet alors de retenir la qualité de commerçant de leur auteur (la jurisprudence exige au moins une fréquence des actes : ainsi les opérations boursières des particuliers ont été considérées comme commerciales en raison de la fréquence et de l'importance des ordres)[7]. L'article L. 631, 3° ne concerne

1. Paris, 26 juin 1961, *D.* 1962. 39, note Hémard; *RTD com.* 1962. 655, obs. Boitard – Com. 29 nov. 1988, n° 86-19.002, *Bull. civ.* IV, n° 328.
2. Paris, 17 oct. 1960, *D.* 1951. 199, note Hémard – Com. 5 déc. 1966, n° 63-10.931, *Bull. civ.* IV, n° 467; *D.* 1967. 409, note Schmidt.
3. Com. 10 juill. 2007, n° 06-16.548, *Bull. civ.* IV, n° 193; *D.* 2007. AJ 2041, obs. Lienhard; *D.* 2007. Chron. 2768, Belaval, Orsini, Salomon; *D.* 2008. 518, note Thévenet-Montfrond; *RJDA* 2007, n° 1245; *JCP E* 2007. 2383; *JCP* 2007. II. 10198, note Legros; *Procédures* 2007, n° 223, obs. Croze – Com. 12 févr. 2008, n° 07-14.912, *Bull. civ.* IV, n° 39; *JCP* 2008. II. 10129, note Lebel.
4. Com. 15 janv. 2008, n° 07-12.102, *Bull. civ.* IV, n° 7; *D.* 2008. AJ 413, obs. Chevrier.
5. Com. 28 nov. 1978, n° 77-12.609, *Bull. civ.* IV, n° 284; *D.* 1980. 316, note Bousquet – Com. 3 janv. 1985, n° 81-13.360, *Bull. civ.* IV, n° 7; *D.* 1985. IR 226; *D.* 1987. IR 29, note Bousquet – Com. 28 avr. 1987, n° 85-17.093, *Bull. civ.* IV, n° 103; *Rev. sociétés* 1987. 391, note Bousquet; *Rev. sociétés* 1978. 631, note Oppetit; *JCP* 1986. I. 3224, obs. Paillusseau – Douai, 31 mars 2010, RG n° 09/08632, *Dr. soc.* 2011. Comm. 2, note Coquelet.
6. Com. 27 oct. 2009, n° 08-20.384, *Bull. civ.* IV, n° 138; *D.* 2009. AJ 2679, obs. Delpech; *D.* 2010. 296, note Dondero; *Rev. sociétés* 2010. 30, note Saintourens; *Dr. sociétés* 2010. Comm. 41, note Coquelet; *JCP* 2010. 590, note Lebel; *Dr. et proc.* 2010. 82, note Gibirila; *Bull. Joly* 2010. 118, note Messaï-Bahri; *JCP E* 2010. 1017, note Legros.
7. Paris, 13 juin 1976, *JCP* 1977. II. 18576, note Boitard; *RTD com.* 1977. 73, obs. Jauffret.

donc en fait que quelques opérations : les lettres de change, le cautionnement et les opérations sur fonds de commerce.

124.292 Lettres de change. L'article L. 110-1, 10° du Code de commerce dispose que la lettre de change est un acte de commerce « *entre toutes personnes* », autrement dit commercial par sa forme. Il en résulte que le tribunal de commerce est compétent pour connaître des contestations relatives aux lettres de change, même si elles sont établies entre des non-commerçants. C'est cependant relativement rare en pratique (il est à noter d'ailleurs que le Code de la consommation interdit l'usage des lettres de change aux consommateurs pour des opérations de crédit mobilier ou immobilier).

124.293 Billets à ordre. Les billets à ordre ne relèvent pas en principe de la compétence des tribunaux de commerce s'ils sont établis entre non-commerçants et s'ils n'ont pas pour occasion des opérations de commerce (C. com., art. L. 721-4, al. 2). Dans ce cas, le tribunal de commerce est tenu de renvoyer l'affaire devant le TGI s'il en est requis par le défendeur. Mais l'article L. 721-4 alinéa 1er du Code de commerce[1] donne expressément compétence aux tribunaux de commerce pour connaître des billets à ordre mixtes (établis entre un commerçant et un non-commerçant). Il a toutefois été jugé que cette compétence n'était pas exclusive[2].

Le **chèque** n'est pas considéré comme un acte de commerce.

124.294 Cautionnement. Le cautionnement est en principe un acte civil. Il peut cependant revêtir la qualification commerciale s'il est par nature une opération commerciale (cautionnement bancaire), s'il est commercial par la forme (aval), s'il est donné par un commerçant pour les besoins de son commerce et, enfin, si la caution a un intérêt personnel à l'opération[3]. La jurisprudence considère, sur ce dernier fondement, que le cautionnement donné par un dirigeant social, même non commerçant, pour garantir les dettes de la société qu'il dirige a un caractère commercial[4]. La solution est différente pour le conjoint du dirigeant[5], pour le simple administrateur de la société[6], ou pour un actionnaire minoritaire[7]. Toutefois, elle considère que l'administrateur ou l'associé minoritaire peut avoir un intérêt personnel s'il participe effectivement à la gestion de la société[8].

124.295 Opérations sur fonds de commerce. Les opérations sur fonds de commerce (vente, nantissement, location-gérance) sont assez rarement conclues entre deux commerçants, l'acheteur n'étant pas encore commerçant, et bien souvent le vendeur, ou le loueur du fonds ne l'étant plus. Pourtant, la jurisprudence considère, par une interprétation extensive, que ces opérations relèvent de la compétence commerciale puisque ce sont des actes ayant pour objet l'exercice du commerce, qui constituent, au demeurant, l'un des premiers actes de l'activité commerciale (pour l'acheteur du fonds ou le locataire-gérant au moins). Il a ainsi été jugé que la promesse d'achat d'un fonds de commerce est un acte de commerce[9]. Il en est de même pour la vente du fonds de commerce[10]; sauf si le vendeur du fonds n'est plus commerçant ou ne l'a jamais été ayant reçu le fonds en héritage[11]. Il a également été admis que le fait de prendre à bail un immeuble pour l'exercice du commerce était un acte de commerce[12].

En revanche les opérations portant sur un **fonds artisanal** ne sont pas commerciales.

D. Défaillance financière des entreprises commerciales et artisanales

124.301 Sauvegarde, redressement et liquidation judiciaires. L'article L. 621-2 du Code de commerce[13] attribue compétence aux tribunaux de commerce pour connaître des procédures de sauvegarde, de redressement judiciaire et liquidation judiciaire, lorsque le débiteur exerce une activité commerciale ou artisanale[14]. Il importe peu que le débiteur soit

1. Remplaçant C. com., anc. art. 637, puis COJ, anc. art. L. 411-5.
2. Paris, 15 févr. 1969, *D.* 1970. Somm. 58.
3. M.-F. Dumont-Lefrand, « La nature civile ou commerciale du cautionnement », *Dr. et patr.* juill.-août 2008. 72 – D. Legeais, « De la distinction, des sûretés civiles et commerciales », *Mél. P. Didier*, Economica, 2008. 237.
4. Com. 20 juill. 1981, *RJ com.* 1982. 59, note Mestre – Com. 16 mars 1993, n° 90-19.205, *Bull. civ.* IV, n° 110; *D.* 1993. IR 143; *Bull. Joly* 1993. 559, note Delebecque.
5. Civ. 1re, 9 déc. 1992, n° 91-12.413, *Bull. civ.* I, n° 306; *D.* 1993. Somm. 311, obs. Aynès; *Dr. sociétés* 1993, n° 68, obs. Bonneau.
6. Com. 19 nov. 1973, *JCP* 1973. IV. 429.
7. Paris, 22 juin 1994, RG n° 94/562, *RTD com.* 1994. 698, obs. Derruppé.
8. Com. 21 févr. 2006, n° 05-10.363, NP; *Bull. Joly* 2006. 764, obs. Baranger; *LPA* 18 janv. 2007, p. 6, note Guerchoun.
9. Com. 19 juin 1972, n° 71-12.845, *Bull. civ.* IV, n° 196; *D.* 1972. 607; *JCP* 1973. II. 17356, note Calais-Auloy – Com. 8 janv. 1991, n° 88-17.227, *Bull. civ.* IV, n° 23; *RTD com.* 1991. 565, obs. Derruppé.
10. Com. 20 mai 1969, n° 66-11.155, *Bull. civ.* IV, n° 189 – Com. 13 juin 1989, n° 87-12.651, *Bull. civ.* IV, n° 182; *D.* 1989. IR 195.
11. Paris, 27 nov. 1962, *D.* 1963. 49.
12. Com. 19 nov. 1924, *DP* 1928. 1. 136 – Paris, 14 nov. 1949, *D.* 1950. 372, note Ripert.
13. Mod. par Ord. n° 2008-1345, 18 déc. 2008, portant réforme du droit des entreprises en difficulté et modifiant les procédures de saisie immobilière et de distribution du prix d'un immeuble, art. 13, *JO* 13 févr., p. 2596.
14. C'est le cas d'un associé de SNC qui est réputé exercer une activité commerciale : Civ. 2e, 5 déc. 2013, n° 11-20.092, NP.

une personne physique ou une personne morale. Cette compétence commerciale s'applique encore à toute extension de la procédure ouverte devant le tribunal de commerce à d'autres personnes, même non commerçantes[1] (v. pour l'extension à une SCI[2]).

Le tribunal de commerce est encore compétent homologuer l'accord amiable à la demande du débiteur (C. com., art. L. 611-8, II[3]) et pour connaître de la résolution de l'accord amiable homologué (C. com., art. L. 611-10[4]).

Il s'agit d'une compétence exclusive pour les seules entreprises commerciales ou artisanales. Toute autre juridiction doit se déclarer d'office incompétente. À l'inverse, le tribunal de commerce est incompétent pour connaître des procédures de redressement, liquidation judiciaire ou règlement amiable concernant des sociétés civiles ou des personnes morales non commerçantes, des entreprises agricoles ou encore des personnes physiques exerçant une activité professionnelle indépendante, notamment une profession libérale. La compétence exclusive revient alors au TGI (v. s^s n° 122.190). La solution est cependant moins évidente lorsque c'est une profession commerciale qui est exercée sous la forme d'une société d'exercice libéral (SEL). Le tribunal de commerce pourrait retrouver sa compétence, notamment pour prononcer l'ouverture d'une procédure collective d'une SEL de pharmaciens[5].

En cas de pluralité d'activités du débiteur et d'affectation du patrimoine (EIRL), le tribunal de commerce pourrait être compétent pour régler les difficultés commerciales tandis que le tribunal civil le sera à l'égard des activités civiles[6].

§ 2
Compétence du président du tribunal

124.310 **Plan.** Le président du tribunal de commerce a un rôle juridictionnel important : il est juge des référés (A) ; il est également juge des requêtes (B).

1. Anc^t L. 25 janv. 1985, art. 7, V.
2. Com. 1er déc. 1992, n° 90-20.423, *Bull. civ.* IV, n° 377 ; *D.* 1993. Somm. 192, obs. Honorat ; *Bull. Joly* 1993. 261, note Daigre – Com. 7 janv. 2003, n° 00-13.192, *Bull. civ.* IV, n° 3 ; *D.* 2003. 347 ; *AJDI* 2003. 264, obs. Le Corre ; *Bull. Joly* 2003. 405, note Lucas.
3. Mod. par L. 26 juill. 2005, art. 7.
4. Mod. par L. 26 juill. 2005, art. 7.
5. T. com. Valenciennes, 22 août 2011, *LEDEND* 2011. Comm. 144, obs. Staes – J.-P. Legros, « De l'aptitude du tribunal de commerce à prononcer la faillite d'une SEL de pharmaciens », *Dr. sociétés* 2012. Repère 3.
6. D. Voinot, « Quelles compétences pour les tribunaux de commerce en matière de procédures collectives ? », *Procédures* avr. 2011, dossier 12.

A.
Juge des référés

124.311 **Code de procédure civile.** Les pouvoirs du président du tribunal de commerce en référé sont à peu près identiques à ceux des présidents des TGI et d'instance, dans un domaine toutefois un peu moins large.

Selon l'article 872 C. pr. civ., en cas d'urgence, le président du tribunal de commerce est compétent, pour ordonner en référé « *dans les limites de la compétence du tribunal, toutes les mesures qui ne se heurtent à aucune contestation sérieuse ou que justifient l'existence d'un différend* ».

L'article 873 du même Code permet au président de prescrire en référé « *même en présence d'une contestation sérieuse* [...] *les mesures conservatoires ou de remise en état qui s'imposent soit pour prévenir un dommage imminent, soit pour faire cesser un trouble manifestement illicite* ».

Il peut encore « *dans les cas où l'obligation n'est pas sérieusement contestable, accorder une provision au créancier ou ordonner l'exécution de l'obligation même s'il s'agit d'une obligation de faire* ». Cette compétence, dans tous les cas, a pour limite la compétence du tribunal de commerce lui-même.

124.312 **Domaines divers.** Les hypothèses où le président du tribunal de commerce peut avoir à statuer en référé sont très diverses. Il peut par exemple désigner un administrateur provisoire, interdire à un magasin d'ouvrir le dimanche en contravention aux dispositions d'un arrêté préfectoral[7], interdire à un capitaine de quitter le port avec son navire[8], autoriser la suspension du paiement du prix de cession de parts sociales en raison du jeu probable d'une clause de garantie de passif[9], ordonner la reprise ou le maintien de relations contractuelles rompues abusivement[10] (tel le cas pour le maintien d'un concours bancaire[11] – mais en cas de redressement judiciaire, c'est le juge commissaire qui est compétent[12]). Il peut ordonner la mainlevée de l'opposition sur un chèque ni perdu, ni volé[13], condamner le tiré accep-

7. Com. 15 juin 1982, n° 80-16.698, *Bull. civ.* IV, n° 233.
8. Com. 12 nov. 1985, n° 83-16.615, *Bull. civ.* IV, n° 271 ; *JCP* 1986. IV. 41.
9. Com. 2 févr. 1993, n° 91-17.167, *Bull. civ.* IV, n° 46 ; *RTD civ.* 1993. 819, obs. Mestre ; *Dr. sociétés* 1993, n° 77, obs. Le Nabasque.
10. Com. 21 mars 1984, n° 82-12.347, *Bull. civ.* IV, n° 115 ; *RTD com.* 1985. 91, obs. Bénabent et Dubarry – Com. 10 nov. 2009, n° 08-18.337, NP ; *CCC* 2010. Comm. 93, note Mathey.
11. T. com. Antibes, 2 juin 1987, *D.* 1987. 593, note Derrida.
12. Com. 21 déc. 1987, n° 87-12.658, n° 87-13.254, n° 87-13.070, n° 87-13.012, *Bull. civ.* IV, n° 282 ; *JCP* 1988. IV. 85 ; *Gaz. Pal.* 1988. Doctr. 128, obs. Soinne.
13. Com. 12 oct. 1982, n° 81-10.692, *Bull. civ.* IV, n° 314 ; *RTD com.* 1983. 260, note Cabrillac et Teyssié.

teur d'une lettre de change à payer une provision à valoir sur le montant de cette lettre, sans pouvoir se faire juge de la mauvaise foi du porteur, à moins que celle-ci ne soit évidente[1]. Mais les pouvoirs du juge des référés sont limités en matière de société. Il ne peut entraver l'application des règles conformes à la volonté des associés telles qu'elles sont fixées dans les statuts[2]. En matière de société, le président du tribunal de commerce s'est vu reconnaître le droit de décerner des injonctions de faire par la loi n° 2001-420 du 15 mai 2001[3], dite loi NRE (sur les nouvelles régulations économiques). Ainsi, le président du tribunal de commerce peut encore enjoindre sous astreinte au liquidateur, aux administrateurs, aux gérants, et dirigeants de communiquer les documents qui doivent être mis à la disposition des associés dans toute société commerciale (C. com., art. L. 238-1). Il peut pareillement enjoindre au dirigeant de toute personne morale de procéder au dépôt au registre du commerce et des sociétés des pièces exigées par les dispositions législatives et réglementaires. Il peut aussi désigner un mandataire chargé d'effectuer cette formalité (C. com., art. L. 123-5-1). Il peut encore enjoindre aux administrateurs, gérants et dirigeants de procéder aux appels de fonds pour réaliser la libération intégrale du capital lorsqu'il n'y a pas été procédé (C. civ., art. 1843-3, al. 5). Il est à noter que cette compétence relève du président du TGI lorsque la société est civile ou est une société d'exercice libéral visée par l'article L. 721-5 du Code de commerce.

124.313 **Provision.** Il est à noter que le juge des référés reste compétent pour accorder une provision au créancier même lorsque le juge du fond est saisi[4]. Il pourrait également ordonner une mesure d'instruction, bien qu'un juge rapporteur soit désigné et ait le pouvoir d'ordonner toute mesure d'instruction (C. pr. civ., art. 855).

124.314 **Droit de la concurrence.** En outre, l'article L. 442-6, IV du Code de commerce[5] donne compétence au président de la juridiction saisie, qui peut être la juridiction commerciale, pour enjoindre en référé la cessation des agissements illicites prévus par ce texte[6]. Il a été jugé que le juge des référés, saisi sur le fondement de ce texte ne peut prendre les mesures prévues que si, par ailleurs, sont respectées les conditions prévues aux articles 872 et 873 C. pr. civ. (C. pr. civ., art. 808 et 809, pour le président du TGI)[7]. Il en résulte que le président du tribunal de commerce peut, par application de l'article 873, ordonner des mesures conservatoires, nonobstant l'existence d'une contestation sérieuse[8]. Mais à l'inverse, il a été jugé que le « référé-concurrence » constitue une procédure spécifique[9]. L'une des particularités de cette procédure est que le ministre de l'Économie peut agir en référé et qu'il peut le faire devant le juge commercial[10].

Le juge des référés peut être saisi avant que la juridiction du fond ne le soit, si les conditions des articles 872 ou 873 sont réunies[11].

B. Ordonnance sur requête

124.321 **Textes généraux.** Les articles 874 et 875 C. pr. civ. permettent au président du tribunal de commerce de statuer sur requête dans les cas spécifiés par la loi et, dans les limites de la compétence du tribunal, d'ordonner sur requête « *toutes mesures urgentes lorsque les circonstances exigent qu'elles ne soient pas prises contradictoirement* ».

Ainsi, le président du tribunal peut ordonner une mesure d'instruction, lorsqu'il est nécessaire qu'elle ne soit pas prise contradictoirement (c'est souvent utile en matière de concurrence déloyale, notamment pour la désignation d'un huissier chargé d'effectuer un constat au domicile d'anciens salariés[12]). Il peut par ailleurs autoriser sur requête, avant tout procès, des saisies conservatoires et des inscriptions provisoires de sûretés judiciaires lorsque la mesure demandée tend à la préservation d'une créance relevant de la compétence de la juridiction commerciale (C. pr. exéc., art. L. 511-3 et R. 511-1 s.)[13].

1. Com. 13 janv. 1987, n° 85-16.521, *Bull. civ.* IV, n° 17; *JCP* 1987. IV. 94.
2. Paris, 18 févr. 1993, *JCP* 1993. I. 3682, n° 2, obs. Viandier et Caussain.
3. L. n° 2001-420, 15 mai 2001, dite loi NRE, *JO* 16 mai, p. 7776.
4. Com. 11 mai 1993, n° 90-20.430, *Bull. civ.* IV, n° 185; *JCP* 1994. II. 22275, note Lévy; *J.-Cl. Pr. civ.*, fasc. 415; *J.-Cl. Pr. com.*, fasc. 190, par Desdevises.
5. Anc[t] Ord. 1er déc. 1986, art. 36.
6. V. M. Malaurie, *JCP* 1993. I. 3637.
7. Com. 27 juin 1989, n° 88-10.250, *Bull. civ.* IV, n° 208; *D.* 1990. Somm. 107, obs. Gavalda et Lucas de Leyssac; *RTD com.* 1990. 242, obs. Bouloc; *JCP* 1990. II. 21530, note Virassamy.
8. Com. 30 janv. 1996, n° 94-14.314, NP; *BRDA* 1996, n° 6, p. 12.
9. Paris, 17 janv. 1989, RG n° 88/21107, *D.* 1989. IR 52; *Gaz. Pal.* 1989. 201.
10. Paris, 30 mars 1994, RG n° 93/13907, *CCC* 1994, n° 98, obs. Vogel – Confirmé par Com. 27 juin 1995, n° 94-15.257, *Bull. civ.* IV, n° 198; *D.* 1995. IR 202 – V. AUSSI, Coom., réponse à une question de la cour d'appel de Versailles, *BICC* 1er juin 1996, p. 37.
11. Com. 17 juill. 1990, n° 89-14.119, *Bull. civ.* IV, n° 220; *D.* 1991. 471, note Reynès; *RTD com.* 1991. 281, obs. Bouloc; *Gaz. Pal.* 21 mai 1991, p. 10, note Guinchard et Moussa.
12. T. com. Senlis, 25 avr. 1986, *Gaz. Pal.* 1986. 728, note Marchi.
13. Anc[t] L. n° 91-650, 9 juill. 1991, portant réforme des procédures civiles d'exécution, art. 69, *JO* 14 juill., p. 9228, et Décr. 31 juill. 1992, art. 210 s. – M. Rouger, « Le rôle du président du tribunal de commerce », *LPA* 1993. 57 – P. Bénézra, ▶

Le président du tribunal de commerce peut aussi connaître, concurremment avec le JEX, des mesures conservatoires portant sur des meubles, immeubles, navires, aéronefs et bateaux de navigations intérieure d'un tonnage égal ou supérieur à vingt tonnes, lorsqu'elles tendent à la conservation d'une créance relevant de la compétence de la juridiction commerciale et qu'elles sont demandées avant tout procès (C. com., art. L. 721-7)[1].

124.322 Cas spécifiés par la loi. Par application de dispositions expresses de la loi, le président du tribunal de commerce peut, en matière de transport, désigner un ou des experts chargés de vérifier l'état des objets transportés (C. com., art. L. 133-4[2]), en matière de sociétés commerciales, ordonner la désignation d'un commissaire aux apports, d'un mandataire chargé de convoquer l'assemblée générale, désigner les contrôleurs de la liquidation parmi les commissaires aux comptes, désigner un liquidateur, prolonger le délai de six mois prévu pour la réunion de l'assemblée générale ordinaire dans les sociétés par action, prolonger le délai de neuf mois à compter de la clôture de l'exercice prévu pour la mise en paiement des dividendes par l'article R. 232-18 du Code de commerce[3], fixer la rémunération des liquidateurs, autoriser le paiement de la lettre de change sur présentation d'un second exemplaire (C. com., art. L. 511-34[4]). En cas d'urgence, il peut réduire les délais de comparution (C. pr. civ., art. 858).

124.323 Injonction de payer. Le président du tribunal de commerce a encore compétence pour délivrer sur requête des injonctions de payer dans les limites de la compétence d'attribution du tribunal de commerce (C. pr. civ., art. 1406). En revanche, le président du tribunal de commerce n'a pas reçu, comme le juge d'instance, le pouvoir de délivrer des injonctions de faire (C. pr. civ., art. 1425-1).

Le président du tribunal de commerce connaît également, dans les limites de la compétence d'attribution du tribunal de commerce, des demandes formées en application du règlement CE n° 1896/2006 du 12 décembre 2006, instituant une procédure européenne d'injonction de payer (COJ, art. L. 722-3-1)[5].

124.324 Prévention des difficultés et procédure de conciliation. Les articles L. 611-2 et suivants du Code de commerce (L. 26 juill. 2005) confèrent des pouvoirs importants au président du tribunal de commerce à l'égard de toute société commerciale, groupement d'intérêt économique ou entreprise individuelle, commerciale ou artisanale[6]. Lorsqu'il a connaissance par tout acte, document ou procédure qu'une société commerciale ou une entreprise individuelle commerciale ou artisanale connaît des difficultés de nature à compromettre la continuité d'exploitation, le président du tribunal de commerce peut convoquer ses dirigeants pour un entretien destiné à envisager les mesures propres à redresser la situation. À l'issue de cet entretien ou si les dirigeants ne se sont pas rendus à sa convocation, le président du tribunal peut obtenir la communication de tous renseignements de nature à lui donner une exacte information sur la situation économique et financière du débiteur de la part de nombreuses personnes (commissaires aux comptes, administrations publiques, not.), nonobstant toute disposition législative ou réglementaire contraire (C. com., art. L. 611-2[7]). Lorsque les dirigeants d'une société commerciale ne procèdent pas au dépôt des comptes annuels dans les délais prévus par les textes applicables, le président peut leur adresser une injonction de faire à bref délai sous astreinte. Il possède le même pouvoir à l'égard de l'entrepreneur individuel à responsabilité limitée dont l'activité professionnelle à laquelle le patrimoine est affecté est commerciale ou artisanale (C. com., art. L. 611-2[8]). C'est là un cas de compétence nouveau remarquable puisque le président se saisit lui-même, sous certaines conditions. La censure de la saisine d'office du tribunal de commerce pour l'ouverture d'une procédure collective par le Conseil constitutionnel semblait fragiliser ce dispositif[9]. La Cour de cassation a cependant estimé qu'il répondait à un motif d'intérêt général de transparence économique excluant toute contrariété à la Constitution[10]. Sur requête du chef d'entreprise en difficulté, le président

► « Les pouvoirs du président du tribunal de commerce en matière de mesures conservatoires dans le cadre de la loi du 9 juillet 1991 », *Gaz. Pal.* 1993. Doctr. 616.

1. L. 22 déc. 2010, entrée en vigueur le 1er sept. 2011.
2. C. com., anc. art. 106.
3. Anct L. n° 66-537, 24 juill. 1966, sur les sociétés commerciales, art. 347, *JO* 26 juill., p. 6402.
4. Anc. art. 142 – V. Paris, 13 juill. 1990, RG n° 17472/87, *D.* 1991. Somm. 219, obs. Cabrillac.
5. L. 13 déc. 2011, art. 4, dont l'entrée en vigueur était prévue le 1er janvier 2013 (art. 70).
6. V. I. Rohart-Messager, « La prévention-détection par les présidents des tribunaux de commerce », *Gaz. Pal.* 9 janv. 2010, p. 5.
7. Mod. par L. 26 juill. 2005, art. 4 et Ord. n° 2010-1512, 9 déc. 2010, portant adaptation du droit des entreprises en difficulté et des procédures de traitement des situations de surendettement à l'entrepreneur individuel à responsabilité limitée, art. 2, *JO* 10 déc., p. 21617.
8. Mod. par L. 26 juill. 2005, art. 4, et Ord. 9 déc. 2010, art. 2.
9. Cons. const., 7 déc. 2012, n° 2012-286 QPC, *D.* 2013. 238, note Vallens; *Rev. sociétés* 2013. 177, obs. Henry – B. Saintourens, « La déclaration d'inconstitutionnalité de l'ouverture du redressement judiciaire par saisine d'office du tribunal », *Rev. proc. coll.* 2013. Étude 2 – B. Rolland, « L'inconstitutionnalité de la saisine d'office », *Procédures* 2013. Étude 3.
10. Com. 15 janv. 2013, n° 12-40.086, NP; *Rev. sociétés* 2013. 180, note Roussell Galle; *Rev. sociétés* 2013. 338, note Reygrobellet; *Rev. proc. coll.* 2013. Comm. 26, note Delattre; *Bull. Joly* 2013. 270, note Parachkévova.

peut désigner un administrateur *ad hoc* (C. com., art. L. 611-3 [1]); mais il peut sur requête du débiteur désigner un expert chargé d'établir un rapport sur la situation économique et financière du débiteur (C. com., art. L. 611-6); il peut surtout ouvrir la procédure de conciliation en nommant un conciliateur dont il fixe la mission (C. com., art. L. 611-6 [2]). Sur la demande du débiteur, il peut encore faire application des articles 1244-1 à 1244-3 du Code civil, (C. com., art. L. 611-7 [3]). À défaut d'accord, le président met fin à la mission du conciliateur; sa décision est notifiée au débiteur (C. com., art. L. 611-7). Le président du tribunal de commerce est encore compétent pour homologuer l'accord amiable et lui donner force exécutoire sur requête conjointe des parties (C. com., art. L. 611-8 [4]).

124.325 Mesures conservatoires en cours de procédure collective. La loi n° 2012-346 du 12 mars 2012 [5] relative aux mesures conservatoires en matière de procédures de sauvegarde, de redressement judiciaire ou de liquidation judiciaire et aux biens qui en font l'objet a également accordé au président du tribunal saisi d'une procédure de redressement judiciaire la faculté d'ordonner des mesures conservatoires à l'égard des biens du dirigeant à l'encontre duquel une action en responsabilité fondée sur une faute ayant contribué à la cessation des paiement a été engagée (C. com., art. L. 131-10-1) et à l'égard des biens du défenseur à une action en extension de la procédure fondée sur la confusion de patrimoine, la fictivité ou en cas de réunion des patrimoines d'un entrepreneur à responsabilité (C. com., art. L. 621-2) [6].

§ 3
Compétence du juge-commissaire

124.330 Déroulement rapide et protection des intérêts. Dans les procédures de sauvegarde, de redressement judiciaire et de liquidation judiciaire, le juge-commissaire (qui est un juge du tribunal de commerce ou du TGI pour les sociétés civiles, désigné par le tribunal lorsqu'il ouvre la procédure) a aujourd'hui des pouvoirs importants, et spéciaux qui relèvent tantôt de la juridiction des requêtes ou de l'administration judiciaire, tantôt véritablement de la juridiction définitive. D'une façon générale, il est chargé de veiller au déroulement rapide de la procédure et à la protection des intérêts en présence (C. com., art. L. 621-9 [7]).

A.
Pouvoirs dans la procédure de sauvegarde

124.331 Étendue. Le juge-commissaire a compétence pour désigner un technicien (C. com., art. L. 621-9), pour désigner les contrôleurs (C. com., art. L. 621-10), remplacer les organes de la procédure (C. com., art. L. 621-7), désigner une personne pour réaliser l'inventaire si le débiteur ne le réalise pas dans les délais (C. com., art. L. 622-6-1), autoriser le chef d'entreprise ou l'administrateur à faire un acte de disposition étranger à la gestion courante de l'entreprise, à consentir une hypothèque ou un nantissement, à compromettre ou à transiger (C. com., art. L. 622-7 [8]), autoriser le paiement de créances antérieures au jugement pour retirer un gage ou une chose légitimement retenue (C. com., art. L. 622-7), ordonner le paiement provisionnel de tout ou partie de leur créance aux titulaires de sûretés en cas de vente du bien ou ordonner la substitution de garanties (C. com., art. L. 622-8). Cette compétence est conçue largement par la jurisprudence et exclut généralement la compétence d'autre juges. Ainsi, seul le juge-commissaire peut désigner un technicien au cours de la procédure collective, à l'exclusion du juge des référés [9].

124.332 Autorisation de vente des meubles garnissant les lieux loués. Le juge-commissaire peut autoriser le débiteur ou l'administrateur, selon le cas, à vendre des meubles garnissant les lieux loués soumis à dépérissement prochain, à dépréciation immi-

1. Mod. par L. 26 juill. 2005, art. 5, puis par Ord. 18 déc. 2008, art. 2.
2. Mod. par L. 26 juill. 2005, art. 5, puis par Ord. 18 déc. 2008, art. 3.
3. Mod. par L. 26 juill. 2005, art. 6.
4. Mod. par L. 26 juill. 2005, art. 7.
5. L. n° 2012-346, 12 mars 2012, relative aux mesures conservatoires en matière de procédures de sauvegarde, de redressement judiciaire ou de liquidation judiciaire et aux biens qui en font l'objet, *JO* 13 mars, p. 4497, précisée par Décr. n° 2012-1190, 25 oct. 2012, pris pour l'application de la loi n° 2012-346 du 12 mars 2012, *JO* 27 oct., p. 16719.
6. P.-M. Le Corre, « Pour quelques barils de plus chez la fille, et quelques dollards de moins… chez la mère : la loi Pétroplus du 12 mars 2012 », *Rev. sociétés* 2012. 412 – Ph. Roussel Galle, « La loi Pétroplus : quelques réflexions… avec un peu de recul », *Rev. proc. coll.* 2012. Étude 16; « Le décret Pétroplus est arrivé », *Rev. proc. coll.* 2012. Étude 40 – L. C. Henry, « Le décret "Pétroplus" du 25 octobre 2012 », *Rev. sociétés* 2012. 726.
7. Mod. par L. 26 juill. 2005 – *Adde*, sur la réforme de la matière par Ord. 18 déc. 2008, puis par Décr. n° 2009-160, 12 févr. 2009, pris pour l'application de l'ordonnance n° 2008-1345 du 18 décembre 2008, portant réforme du droit des entreprises en difficulté et modifiant les procédures de saisie immobilière et de distribution du prix d'un immeuble, *JO* 13 févr., p. 2596 – V. N. Fricero, « La procédure civile dans les procédures collectives : entre clarification et bouleversement… », *Gaz. Pal.* 7 mars 2009, p. 16 – O. Staes, « Aspects de procédure et voies de recours », *Rev. proc. coll.* 2009. Dossier 5 – P.-M. Le Corre, « Dalloz action », *Droit et pratique des procédures collectives*, 2013/2014.
8. Mod. par L. 26 juill. 2005, art. 25.
9. Com. 17 sept. 2013, n° 12-17.741, *Bull. civ.* IV, [à paraître]; *Bull. Joly Entrep. diff.* 2013. 391, note de Lajarte-Moukolo.

nente ou dispendieux à conserver et dont la disparition ne met pas en cause l'existence du fonds ou le maintien de garanties suffisantes pour le bailleur (C. com., art. L. 622-16).

124.333 Relevé de forclusion. Le juge-commissaire a reçu compétence pour statuer sur les demandes de relevé de forclusion présentées par les créanciers qui n'ont pu déclarer leur créance dans les délais fixés. Il doit être saisi dans les six mois à compter de la publication du jugement d'ouverture, à compter de l'expiration du délai pendant lequel les créances de salaire sont garanties pour les institutions mentionnées à l'article L. 3253-14 du Code du travail et à compter de l'avis qui leur a été donné pour les créancier titulaires d'une sûreté ou liés au débiteur par un contrat publié. Ce délai est porté à un an pour les créanciers placés dans l'impossibilité de connaître l'existence de leur créance avant l'expiration du délai de six mois précité (C. com., art. L. 622-26[1]).

124.334 Contrats en cours. Le juge-commissaire peut impartir à l'administrateur un délai plus court ou lui accorder une prolongation sur la mise en demeure concernant la poursuite des contrats en cours. Il peut prononcer la résiliation des contrats en cours, si celle-ci est nécessaire (C. com., art. L. 622-13). Il semble qu'il ait compétence pour constater ou prononcer la résiliation du bail des immeubles donnés à bail au débiteur et affectés à l'activité de l'entreprise (C. com., art. L. 622-14[2]). La jurisprudence interprète largement cette compétence[3].

124.335 Admission des créances. Au vu des propositions du représentant des créanciers ou du débiteur, le juge-commissaire statue sur l'admission ou le rejet des créances (ou constate qu'une contestation est en cours ou qu'elle n'est pas de sa compétence et se déclare incompétent). Il ne peut rejeter en tout ou partie une créance ou se déclarer incompétent qu'après avoir entendu ou dûment appelé le créancier, le débiteur, l'administrateur et le représentant des créanciers (C. com., art. L. 624-2). Il est également compétent pour statuer sur les réclamations des tiers intéressés contre les décisions d'admission ou de rejet des créances (C. com., art. R. 624-1 s.).

124.336 Revendications. Le juge-commissaire est compétent pour statuer sur les revendications de meubles et marchandises ou de prix prévues par les articles L. 624-9 à L. 624-18 du Code de commerce. On peut supposer que cette compétence est exclusive (comme l'avait décidé sous l'empire de l'ancienne loi)[4].

124.337 Règlement des créances résultant du contrat de travail. Le juge-commissaire a une compétence limitée en matière de créances résultant du contrat de travail, la compétence revenant pour l'essentiel au conseil de prud'hommes. Toutefois, il est compétent pour statuer, sur saisine du représentant des salariés, sur les difficultés de communication du relevé des créances résultant des contrats de travail qui doit être faite par le mandataire judiciaire (C. com., art. L. 625-2[5]). Il est également compétent pour autoriser sur les fonds disponibles le paiement provisionnel aux salariés d'une somme égale à un mois de salaire impayé et les créances relevant du privilège établi par les articles L. 3253-2, L. 3253-3, L. 3253-4 et L. 7313-8 du Code du travail (C. com., art. L. 625-8).

124.338 Dernier ressort. Le juge-commissaire statue sur les demandes précédentes en dernier ressort lorsque la valeur de la créance principale n'excède pas le taux en dernier ressort du tribunal qui a ouvert la procédure, soit actuellement jusqu'à une valeur de 4 000 euros (v. s[s] n° 124.250).

B. Redressement judiciaire

124.341 Pouvoirs identiques. Le juge-commissaire a en cas de redressement judiciaire les mêmes pouvoirs que ceux dont il dispose dans la procédure de sauvegarde (C. com., art. L. 631-14, L. 631-18).

124.342 Pouvoirs spécifiques. En outre, le juge-commissaire est compétent pour fixer la rémunération du débiteur s'il est une personne physique, ou des dirigeants de la personne morale. Il peut aussi accorder des subsides au débiteur et à sa famille, en l'absence de rémunération (C. com., art. L. 631-11). Il est également compétent pour autoriser les licenciements pour motif économique lorsqu'ils présentent un caractère urgent, inévitables et indispensable pendant la période d'observation (C. com., art. L. 631-17).

C. Liquidation judiciaire

124.351 Pouvoirs communs. En cas de liquidation judiciaire, le juge-commissaire conserve une grande partie des pouvoirs qu'il avait dans la procé-

1. Mod. par L. 26 juill. 2005, art. 38.
2. Mod. par L. 26 juill. 2005, art. 30, puis par Ord. 18 déc. 2008, art. 28.
3. V. PAR EX., pour un contrat conclu par le délégataire d'un service public avec occupation du domaine public, Com. 18 juin 2013, n° 12-14.836, *Bull. civ.* IV, [à paraître]; *D.* 2013. 1616, obs. Lienhard.
4. Com. 9 juill. 1991, n° 89-18.254, *Bull. civ.* IV, n° 252; *D.* 1993. Somm. 294, obs. Perrochon; *RTD com.* 1992. 469, obs. Martin-Serf; *JCP E* 1991. I. 102, n° 9, obs. Pétel – Com. 22 nov. 1994, n° 91-18.494, NP; *Rev. sociétés* 1995, n° 6, obs. Chaput.
5. Mod. par L. 26 juill. 2005, art. 57, puis par Ord. 18 déc. 2008, art. 47.

dure de sauvegarde et de redressement judiciaire et plus particulièrement les compétences qui lui sont dévolues par les articles L. 621-9, L. 623-2, L. 631-11, L. 622-13 alinéa 1 et L. 622-16 alinéa 4 (C. com., art. L. 641-1).

124.352 Pouvoirs spécifiques. Le juge-commissaire a en outre des pouvoirs spécifiques importants. Il peut ordonner que le liquidateur ou l'administrateur, lorsqu'il en a été désigné un, soit destinataire du courrier adressé au débiteur et autoriser l'accès du liquidateur au courrier électronique du débiteur (C. com., art. L. 641-15). Il fixe la mise à prix et les conditions essentielles de la vente des immeubles du débiteur et détermine les modalités de publicité. Il peut autoriser une cession amiable sous forme d'adjudication amiable ou de cession de gré à gré (C. com., art. L. 642-18). Il ordonne la vente aux enchères publiques ou autorise la vente de gré à gré des autres biens du débiteur (C. com., art. L. 642-19). Il peut autoriser le liquidateur à compromettre et à transiger sur les contestations qui intéressent collectivement les créanciers (C. com., art. L. 642-24). Il peut autoriser le liquidateur à restituer les biens constitués en gage en payant la dette. Il est encore compétent pour statuer sur la demande d'attribution judiciaire du gage formée par le créancier gagiste (C. com., art. L. 642-25). Il peut d'office, ou à la demande du liquidateur ou d'un créancier ordonner le paiement à titre provisionnel d'une quote-part d'une créance définitivement admise (C. com., art. L. 643-3).

SECTION 4
CONSEIL DE PRUD'HOMMES

124.361 Texte applicable. L'article L. 1411-1 du Code du travail dispose que : « *Le conseil de prud'hommes règle par voie de conciliation les différends qui peuvent s'élever à l'occasion de tout contrat de travail soumis aux dispositions du présent Code entre les employeurs, ou leurs représentants, et les salariés qu'ils emploient.*

Il juge les différends à l'égard desquels la conciliation n'a pas abouti »[1].

Il est encore compétent pour régler les différends et litiges « *des personnels des services publics, lorsqu'ils sont employés dans les conditions du droit privé* » (C. trav., art. L. 1411-2).

Il règle enfin les différends et litige « *nés entre salariés à l'occasion du travail* » (C. trav., art. L. 1411-3).

124.362 Compétence exclusive. L'article L. 1411-4 ajoute que : « *Le conseil de prud'hommes est seul compétent, quel que soit le montant de la demande pour connaître des différends mentionnés au présent chapitre. Toute convention contraire est réputée non écrite* ». Tout autre juge doit donc se déclarer d'office incompétent. Ainsi, un tribunal de commerce devant lequel est invoquée la violation d'une clause de non-concurrence par un salarié doit se déclarer incompétent sur cette question préalable qui relève de la compétence exclusive de la juridiction prud'homale[2]. Cette solution ne s'applique cependant que si le conseil de prud'hommes est saisi de l'action en violation de la clause de non-concurrence par un salarié, non si l'action oppose uniquement les deux employeurs successifs commerçants[3]. Toute prorogation de compétence par une autre juridiction est impossible, notamment pour connexité[4]. Les organismes paritaires de conciliation parfois institués par les conventions collectives ne peuvent faire obstacle à la saisine du conseil de prud'hommes compétent[5]. Il a même été précisé par l'assemblée plénière de la Cour de cassation que l'avis des commissions paritaires d'interprétation des conventions collectives ne s'imposait pas au conseil de prud'hommes[6].

À l'inverse, comme le dit expressément l'article L. 1411-4 alinéa 2 du Code du travail, le conseil de prud'hommes « *n'est pas compétent pour connaître des litiges attribués à une autre juridiction par la loi, notamment par le Code de la sécurité sociale en matière d'accidents du travail et maladie professionnelles* » (v. s^s^ n°s 124.460 s.). Il faut y ajouter les quelques cas de compétence relevant du TI (v. s^s^ n°s 124.41 s.).

124.363 Taux de ressort. Le conseil des prud'hommes est compétent *in infinitum*, quel que soit le montant de la demande. Mais il statue en dernier ressort jusqu'à un chiffre qui était fixé chaque année par décret (v. s^s^ n°s 121.31 s. – C. trav., art. D. 1462-3). Depuis le 1er octobre 2005, le taux de dernier ressort est fixé à 4 000 euros[7].

124.364 Plan. À côté de la compétence d'attribution proprement dite, au fond, du conseil de

1. La partie législative du Code du travail est entrée en vigueur le 1er mai 2008 : L. n° 2008-67, ratifiant l'ordonnance n° 2007-329 du 12 mars 2007, relative au Code du travail (partie législative), art. 2, *JO* 22 janv., p. 1122.
2. Com. 6 mai 2003, n° 01-15.268, *Bull. civ.* IV, n° 67; *D.* 2004. 1154, obs. Bugada; *Procédures* 2003, n° 258, obs. Croze.
3. Com. 14 mai 2013, n° 12-19.351, *Bull. civ.* IV, [à paraître]; *Dr. soc.* 2013. 622, note Poumarède; *Dr. soc.* 2013. 649, note Mouly.
4. Soc. 15 mai 1974, n° 72-13.582, *Bull. civ.* V, n° 297; *D.* 1974. 702, note Serra.
5. Soc. 9 déc. 1981, n° 79-41.580, n° 79-41.586, *Bull. civ.* V, n° 954; *JCP CI* 1982. I. 10527, note Teyssié – Soc. 19 juill. 1988, n° 85-45.004, *Bull. civ.* V, n° 475; *D.* 1989. Somm. 278, obs. Julien.
6. Cass., ass. plén., 6 févr. 1976, n° 74-40.223, *Bull. ass. plén.*, n° 2; *Dr. soc.* 1976. 472, note Savatier.
7. Soit 26 238,28 francs.

prud'hommes (§ 1), il faut préciser la compétence des formations du conseil de prud'hommes (§ 2).

§ 1
Compétence au fond du conseil de prud'hommes

124.370 Sections du conseil de prud'hommes. Tout conseil de prud'hommes est divisé en cinq sections qui ont leur compétence propre : la section de l'**encadrement**, la section de l'**industrie**, la section du **commerce et des services commerciaux**, la section des **activités diverses** (C. trav., art. L. 1423-1). Mais la compétence de chaque section s'inscrit nécessairement dans le cadre de la compétence générale des conseils de prud'hommes. Et par ailleurs les difficultés d'attribution des affaires entre les sections ne sont pas des conflits de compétence, mais sont réglées par le président du conseil de prud'hommes par une décision insusceptible de recours (C. trav., art. L. 1423-7)[1].

La compétence du conseil de prud'hommes suppose réunies deux conditions : l'existence d'un contrat de travail (A) et un différend entre l'employeur et le salarié à l'occasion du contrat de travail (B).

A.
Existence d'un contrat de travail

124.371 Condition nécessaire. Le conseil de prud'hommes n'est compétent que si les parties sont liées par un contrat de travail dont l'existence suppose une **prestation de travail** accomplie par le salarié pour le compte de l'employeur, une **rémunération** en contrepartie, et un **lien de subordination** entre l'employeur et le salarié.

Ces conditions sont réunies d'évidence et ne font pas difficulté dans une majorité de cas. Mais, il est néanmoins de nombreuses hypothèses où l'hésitation est permise et où la réalité d'un lien de travail est contestée par une des parties. Il appartient alors au conseil de prud'hommes de trancher cette question de **qualification** qui commande sa compétence[2]. Et il doit évidemment se déclarer incompétent s'il conclut que la relation des parties n'est pas un contrat de travail. Il lui appartient également de déterminer la qualité d'employeur[3].

124.372 Précisions. Des dispositions particulières viennent parfois préciser que certains agents sont bien liés par un contrat de travail : ainsi les **travailleurs à domicile** (C. trav., art. L. 7421-1 s), les **concierges, employés d'immeubles** ou **femmes de ménage** (C. trav., art. L. 7211-2 s.)[4], les **mannequins** (C. trav., art. L. 7123-3 s.), les **journalistes professionnels, auxquels sont assimilés les photographes de presse** (C. trav., L. 7112-1 s.), les **artistes de spectacle** (C. trav., art. L. 7121-3 s.)[5], les **VRP** (C. trav., art. L. 7313-1 s.), les **gérants salariés** de fonds de commerce ou succursale (C. trav., art. L. 7321-1 s. – statut qui a été appliqué également aux gérants libres de station-service lorsqu'un lien de subordination pouvait être trouvé dans les nombreuses contraintes du contrat[6], le bénéfice de ce statut n'étant pas subordonné au caractère fictif de la société ou à la condition d'une exploitation par les seuls intéressés à l'exclusion de l'emploi de salariés[7]).

124.373 Personnel des services publics. L'article L. 1411-2 du Code du travail dispose que « *le conseil de prud'hommes règle les différends et litiges des personnels des services publics lorsqu'ils sont employés dans les conditions du droit privé* ». Ceci exclut les fonctionnaires et les agents de la fonction publique territoriale, ainsi que ceux qui ont un statut de droit public. Cette condition exclut également les agents contractuels liés à l'administration par un contrat de droit public (ainsi, par ex., le professeur d'un centre de formation professionnelle[8] ou le conseil juridique d'une chambre des métiers[9]). La compétence prud'homale est exclue pour tous les agents contractuels de droit public, quel que soit leur emploi (ainsi une serveuse de restaurant universitaire[10] ou un employé d'une école de massage au sein d'un centre hospitalier[11]).

1. Soc. 6 juill. 1983, n° 81-40.685, *Bull. civ.* V, n° 409.
2. Soc. 7 nov. 1974, n° 73-10.938, *Bull. civ.* V, n° 534 – Soc. 26 oct. 1982, n° 80-40.750, *Bull. civ.* V, n° 577.
3. Soc. 7 déc. 2005, n° 04-46.625, *Bull. civ.* V, n° 359, *BICC* n° 637, 1er avr. 2006, n° 674.
4. Soc. 25 janv. 2012, n° 10-13.858, *Bull. civ.* V, n° 27; *Procédures* 2012. Comm. 119, note Bugada; *JCP S* 2012. 1291, note Lahalle : la Cour de cassation précise que le conseil de prud'hommes n'est compétent qu'en présence d'un lien de subordination, ce qui n'est pas le cas en présence d'une convention d'occupation d'une maison de gardien moyennant une indemnité tenant compte, notamment, des travaux d'entretien du jardin de la résidence principale.
5. Soc. 27 oct. 2009, n° 08-42.960, NP; *CCE* 2010. Comm. 14, note Caron (compétence du conseil de prud'hommes pour connaître du litige de l'artiste-interprète salarié pour l'action en contrefaçon engagée contre son employeur).
6. Soc. 13 janv. 1972, nos 70-13.211, 71-10.736, 71-13.234 et 71-13.529, *Bull. civ.* IV, n° 28; *D.* 1972. 425; *J.-Cl. Entreprise ind.*, fasc. 4760; *JCP* 1972. II. 17240 *bis* – Soc. 7 juill. 1977, n° 76-40.686, *Bull. civ.* V, n° 480.
7. Soc. 25 févr. 2009, n° 07-40.371, NP; *JCP S* 2009. 1329, note Lahalle.
8. Soc. 3 juin 1981, n° 78-41.399, *Bull. civ.* V, n° 516.
9. Soc. 10 mai 1983, n° 81-40.324, *Bull. civ.* V, n° 259.
10. T. confl. 26 mars 1996, Berkani, req. n° 96-03.000, *Bull. confl.*, n° 6; *D.* 1996. 598, note Saint-Jours; *RFDA* 1996. 819, concl. Martin; *AJDA* 1996. 355, chron. Stahl et Chauvaux; *Dr. soc.* 1996. 735, note Prétot.
11. Soc. 15 janv. 1997, n° 94-44.625, *Bull. civ.* V, n° 21; *Cah. soc. barreau* 1997. 111, S. 59.

En revanche relèvent de la compétence prud'homale les agents des personnes morales de droit privé assurant une activité de service public[1]. C'est le cas par exemple des enseignants employés par des établissements privés sous contrat d'association[2], du personnel des banques nationalisées[3], du personnel des caisses de sécurité sociale[4].

La compétence prud'homale a également été retenue pour le personnel des services publics industriels et commerciaux, à l'exception toutefois des agents de direction[5]. La même solution est retenue pour les agents des établissements publics à caractère industriel et commercial, même lorsqu'ils sont mis à disposition de l'État[6]. Il en est ainsi par exemple du personnel d'EDF-GDF[7], du personnel des régies municipales[8], du personnel d'un service d'enlèvement des ordures ménagères exploité en régie par un syndicat intercommunal[9], des agents de la SNCF[10] ou pour l'application d'un accord salarial aux agents de droit privé de La Poste[11].

Le conseil de prud'hommes est également compétent pour connaître du litige lié au contrat de travail d'un fonctionnaire mis à disposition d'un organisme de droit privé[12] ou pour le litige relatif au contrat entre un artiste du spectacle et une collectivité territoriale[13].

B. Différend né du contrat de travail

124.381 Litiges concernés. La compétence prud'homale est limitée aux litiges entre employeurs et salariés et à ceux entre salariés. Le conseil de prud'hommes ne peut juger que les litiges individuels et à condition que le contrat de travail en soit la cause.

124.382 Litige entre employeur et salarié. Pour que le conseil de prud'hommes soit compétent, le différend doit opposer l'employeur, ou ses représentants et le salarié. Ceci exclut les **litiges entre employeurs**, lorsque, par exemple, un employeur reproche à un autre d'avoir débauché un de ses salariés, même en présence d'une clause de non concurrence dans le contrat de travail[14]. De même, le conseil de prud'hommes n'est pas compétent pour connaître d'un litige entre un salarié et certains organismes substitués à l'employeur (Assedic, caisses de congés payés...)[15]. Ces organismes peuvent toutefois être mis en cause au côté de l'employeur en cas de litige l'opposant à ses salariés (C. trav., art. L. 1411-6). Cependant, les litiges opposant une institution de prévoyance complémentaire et un salarié d'une entreprise ayant adhéré à une couverture complémentaire ne relèvent pas du conseil de prud'hommes mais du TGI. L'institution ne peut donc être mise en cause au côté de l'employeur dans le litige l'opposant à son salarié[16].

Il est toutefois admis que les **héritiers** de l'employeur ou du salarié peuvent saisir le conseil de prud'hommes, notamment pour obtenir des indemnités dues par l'employeur en vertu du contrat de travail[17].

Exceptionnellement les **syndicats** peuvent agir devant le conseil de prud'hommes pour défendre les droits de certains salariés (travailleurs à domicile, C. trav., art. L. 7423-2 – travailleur intérimaire, C. trav., art. L. 1251-59 – salarié sous contrat à durée déterminée, C. trav., art. L. 1247-1). Les syndicats peuvent encore agir devant le conseil de prud'hommes pour faire respecter l'égalité professionnelle entre les hommes et les femmes (C. trav., art. L. 1144-2). L'article L. 2262-9 du Code du travail permet encore aux syndicats d'agir soit à titre principal, soit par intervention pour l'application d'une convention collective à ses membres.

124.383 Litiges entre salariés. L'article L. 1411-3 du Code du travail prévoit expressément que le conseil de prud'hommes est compétent pour connaître des litiges entre salariés à l'occasion du contrat de travail. Il est ainsi compétent pour juger d'une action

1. Soc. 10 juill. 1975, nº 74-40.626, *Bull. civ.* V, nº 399; *Dr. soc.* 1976. 139, note Lachaume.
2. Cass., ass. plén., 20 déc. 1991, nº 90-43.616, *Bull. ass. plén.*, nº 7; *D.* 1992. IR 30; *JCP* 1992. II. 21850, note Saint-Jours; *Dr. soc.* 1992. 439, note Savatier; *RJS* 1992. 126, nº 185 – Soc. 18 nov. 2008, nº 07-42.921, *Bull. civ.* V, nº 228; *JCP S* 2009. 1049, note Brissy – T. confl. 17 déc. 2012, nº 3883, *AJFP* 2013. 128.
3. Soc. 12 juill. 1950, nºs 603, 603 *bis* et 603 *ter*, *Bull. civ.* III, nº 608; *JCP* 1950. II. 5727.
4. Soc. 17 mars 1965, nº 62-40.896, *Bull. civ.* V, nº 246.
5. CE 8 mars 1957, *D.* 1957. 378; *JCP* 1957. II. 9987.
6. À propos d'un agent des Voies navigables de France mis à disposition du ministère de l'Équipement : T. confl. 15 déc. 2008, req. nºs 3704 et 3705, *RJEP* 2009. Comm. 26, note Delesalle.
7. Cass., ch. réun., 23 juin 1966, *Dr. ouvrier* 1967. 54.
8. Soc. 6 déc. 1995, nº 94-43.843, NP; *Cah. soc. barreau* 1995, nº 77, p. 33.
9. Paris, 22 déc. 1978, *Dr. ouvrier* 1979. 179, note Saint-Jours.
10. Soc. 18 déc. 2007, nº 06-45.132, *Bull. civ.* V, nº 215; *Dr. soc.* 2008. 246, obs. Radé.
11. Soc. 6 févr. 2013, nº 11-26.604, *Bull. civ.* V, [à paraître]; *JCP S* 2013. 1175, note Brissy.
12. Soc. 15 juin 2010, nº 09-69.453, *Bull. civ.* V, nº 139; *D.* 2010. 1722; *RDT* 2010. 510, note Debord; *JCP S* 2010. 1368, note Puigelier; *Cah. soc. barreau* 2010. 294, note Pansier.
13. T. confl., 17 juin 2013, nº 3910 : violoniste engagée pour participer à des concerts donnés par un orchestre exploité en régie directe par une commune.
14. Soc. 15 mai 1974, nº 72-13.582, *Bull. civ.* V, nº 297; *D.* 1974. 702, note Serra – Soc. 7 déc. 1957, nº 4.563, *Bull. civ.* IV, nº 1195; *Dr. soc.* 1958. 101; *RTD civ.* 1958. 297, obs. Hébraud – Soc. 3 juill. 1968, nº 67-40.442, *Bull. civ.* IV, nº 351; *Quest. prud'h.* 1969. 422.
15. Soc. 7 juill. 1980, NP; *JCP* 1980. IV. 358.
16. Soc. 16 nov. 2010, nº 10-12.156, *Bull. civ.* V, nº 259; *JCP S* 2011. 1053, note Chiss; *Procédures* 2011. Comm. 14, note Bugada.
17. Soc. 4 juill. 1966, nº 65-40.321, *Bull. civ.* V, nº 672.

entre salariés en réparation du préjudice causé au cours d'une grève[1]. Mais il ne l'est pas pour juger de l'action en responsabilité d'un salarié contre un autre qui avait fourni une attestation diffamatoire[2].

124.384 **Litige individuel.** Sous réserve de ce qui vient d'être dit pour les syndicats (v. s[s] nº 124.382), le conseil de prud'hommes n'a compétence que pour les litiges individuels. Il ne peut connaître des litiges collectifs. Il y a conflit collectif lorsque l'employeur s'oppose à un groupement syndical par exemple et si le litige présente un intérêt collectif intéressant un ensemble de travailleurs. Notamment, les demandes tendant à l'interprétation ou à l'application d'une convention collective échappent en principe à la juridiction prud'homale[3]; de même l'action en dommages intérêts pour violation de la convention collective présentée par un syndicat n'est pas de la compétence du conseil de prud'hommes[4].

Mais est considéré comme individuel, et relève de la compétence du conseil de prud'hommes, la contestation de la sanction disciplinaire infligée à des salariés pour fait de grève[5], ou la réclamation de salariés non payés pendant une période de *lock-out*[6]. Constitue également une action individuelle relevant de la compétence du conseil de prud'hommes, l'action d'un salarié tendant à obtenir l'exécution d'engagements énoncés dans le cadre d'une convention ou d'un accord ou des dommages-intérêts pour violation à son égard de ces engagements[7].

124.385 **Litiges nés du contrat de travail.** La compétence du conseil de prud'hommes est limitée aux différends s'élevant à l'occasion du contrat de travail. Ainsi, la juridiction prud'homale connaît des litiges liés à l'exécution du contrat de travail (existence du contrat de travail, paiement du salaire, accessoires du contrat de travail, interprétation du contrat de travail, affiliation du personnel à la sécurité sociale)[8]. Il a été jugé par exemple que l'octroi par l'employeur à un salarié d'une option donnant droit à la souscription d'actions dites de « *stock options* » constitue un accessoire du contrat de travail relevant de la compétence du conseil de prud'hommes[9]. De même, la demande en paiement de dommages-intérêts d'un salarié en réparation du préjudice causé par l'inégalité de traitement alléguée dans l'octroi d'actions de la société à certains de ses salariés constitue un différend né à l'occasion du contrat de travail[10]. Mais les différends qui peuvent s'élever entre la société et le salarié devenu actionnaire, indépendamment des conditions d'acquisition des actions, échappent à la compétence prud'homale et relèvent de la compétence du tribunal de commerce[11].

La compétence du conseil de prud'hommes s'étend aux litiges survenus à l'occasion du travail. Par exemple, l'action en responsabilité contre l'employeur pour un délit ou un quasi-délit commis pendant le travail[12] relève de la compétence du conseil de prud'hommes. Les litiges relatifs aux retenues de salaires opérées par l'employeur relèvent également du conseil de prud'hommes, non du TI compétent seulement pour la saisie des rémunérations[13]. Les litiges relatifs aux droits de propriété intellectuelle nés dans le cadre du contrat de travail relèvent également de la compétence de la juridiction prud'homale[14].

La juridiction prud'homale est encore compétente après l'expiration du contrat de travail lorsque le litige prend sa source dans les relations de travail ou s'appuie sur le contrat. Ainsi, la demande en expulsion d'un logement de fonction[15], l'action d'un employeur contre son ancien salarié pour avoir divulgué des faits concernant la vie privée de ses clients[16], l'action en dommages-intérêts pour violation d'une clause de non-concurrence par l'ancien salarié[17] ou l'action fondée sur l'inexécution d'une obligation figurant dans une transaction conclue au moment de

1. Soc. 3 mars 1983, nº 81-15.453, *Bull. civ.* V, nº 129, *Dr. soc.* 1983. 638, note Savatier; *BS Lefebvre* 1985. 99, note Deprez.
2. Soc. 15 juin 1995, nº 94-40.748, NP; *Cah. soc. barreau* 1995, nº 72, p. 233.
3. Soc. 21 nov. 2012, nº 11-15.057, *Bull. civ.* V, nº 297; *JCP S* 2013. 1094, note Lahalle; *Procédures* 2013. Comm. 153, note Bugada.
4. Soc. 10 mars 1965, nº 60-40.177, *Bull. civ.* V, nº 214; *JCP* 1965. IV. 55 – Soc. 3 nov. 1972, nº 71-40.728, *Bull. civ.* V, nº 595.
5. Soc. 18 nov. 1955, nº 3.034, *Bull. civ.* IV, nº 832 – Soc. 18 nov. 1955, nº 3.033, *Bull. civ.* IV, nº 838.
6. Soc. 24 mai 1960, nº 58-40.798, *Bull. civ.* IV, nº 564.
7. Soc. 12 juill. 2006, nº 04-47.550, *Bull. civ.* V, nº 263; *RDT* 2007. 48, note Tissandier.
8. Soc. 26 févr. 1964, nº 62-40.513, *Bull. civ.* V, nº 168.
9. Soc. 21 juin 2005, nº 02-45.479, *Bull. civ.* V, nº 207; *BICC* 15 oct. 2005, nº 627.
10. Soc. 11 sept. 2012, nº 11-16.045, NP; *Bull. Joly* 2012. 876, note Saintourens; *JCP S* 2012. 1517, note Lahalle.
11. Soc. 16 sept. 2008, nº 07-20.444, *Bull. civ.* V, nº 161; *JCP E* 2009. 1044, note Kovac et Montanier; *Dr. soc.* 2009. 102, note Barbièri.
12. Civ., 25 nov. 1908, *DP* 1911. 1. 75 – Soc. 20 avr. 1989, nºs 87-14.014 et 86-45.079, *Bull. civ.* V, nº 305.
13. Soc. 3 juill. 2012, nº 08-44.834, *Bull. civ.* V, nº 204; *Procédures* 2012. Comm. 285, note Bugada.
14. Soc. 21 mai 2008, nº 07-15.462, *Bull. civ.* V, nº 112; *D.* 2009. 191, obs. Centre de recherche en droit social de l'Institut d'études du travail de Lyon (CERCRID); *RDT* 2008. 472, note Grumbach et Serverin; *JCP S* 2008. 1428, note Blanc-Jouvan.
15. Soc. 25 oct. 1951, *Gaz. Pal.* 1951. 409.
16. Soc. 30 nov. 1977, nº 76-12.981, *Bull. civ.* V, nº 669; *JCP* 1978. IV. 38.
17. Soc. 21 févr. 1962, nº 60-40.682, *Bull. civ.* V, nº 216; *Quest. prud'h.* 1962. 875 – Com. 6 mai 2003, nº 01-15.268, *Bull. civ.* IV, nº 67; *D.* 2004. 1154, obs. Bugada – Com. 26 oct. 2010, nº 09-72.558, NP; *JCP S* 2010. 1561, note Brissy.

la rupture du contrat de travail relève du conseil de prud'hommes[1].

124.386 Exclusion. Par avis du 4 octobre 2004, la Cour de cassation a précisé que les demandes relatives aux frais, émoluments et débours afférents aux actes et procédures d'exécution sont portées, selon leur montant, devant le TI ou le TGI dans le ressort duquel l'officier public ou ministériel ou l'auxiliaire de justice exerce ses fonctions[2].

Échappent également à la compétence du conseil de prud'hommes les litiges relatifs à un brevet d'invention réalisé par un salarié (CPI, art. L. 611-7)[3], les litiges relatifs au contrat d'engagement maritime (en raison de la compétence du TI prévue par COJ, art. R. 221-13) et ceux relatifs aux relations de travail des personnes incarcérées[4], notamment[5].

§ 2 Compétence des formations du conseil de prud'hommes

124.390 Tentative de conciliation. La procédure prud'homale commence nécessairement par une tentative de conciliation. À cette occasion, le bureau de conciliation a certains pouvoirs juridictionnels provisoires (A). Il existe également une formation de référé au sein de chaque section du conseil de prud'hommes (B).

A. Compétence du bureau de conciliation

124.391 Pouvoirs. La fonction essentielle du bureau de conciliation est d'entendre les parties et de tenter de les concilier (C. trav., art. R. 1454-1 s.). Ce préliminaire de conciliation est obligatoire. L'existence d'une clause de conciliation préalable dans le contrat de travail n'empêche donc pas les parties de saisir directement le conseil de prud'hommes[6]. Cependant, depuis la loi n° 2013-504 du 14 juin 2013[7], l'employeur et le salarié peuvent également convenir et le bureau de conciliation proposer, en cas de litige relatif à la rupture du contrat de travail, d'y mettre fin par un accord (C. trav., art. L. 1235-1[8]). C'est une incitation à mettre fin au litige en contrepartie du versement d'une indemnité forfaitaire par l'employeur fixée selon un barème[9].

Le bureau de conciliation peut à l'occasion de cette phase de conciliation, même en l'absence du défendeur, ordonner la délivrance, au besoin sous astreinte, de certificats de travail, de bulletins de salaire et de toutes pièces que l'employeur est tenu de délivrer. Il peut encore, lorsque l'obligation n'est pas sérieusement contestable, ordonner le versement de provisions sur les salaires et accessoires du salaire, les indemnités de congés payés, de préavis, de licenciement, l'indemnité de fin de contrat, le tout dans la limite maximale de six mois de salaires (C. trav., art. R. 1454-14 et R. 1454-15).

Il peut encore ordonner, même d'office, toutes mesures d'instruction, toutes mesures nécessaires à la conservation des preuves ou des objets litigieux. Il peut liquider, à titre provisoire, les astreintes qu'il a prononcées (C. trav., art. R. 1454-15). Le bureau de conciliation a aussi le pouvoir d'homologuer l'accord issu d'une médiation conventionnelle transfrontalière (C. trav., art. R. 1471-2[10]). Les décisions ainsi rendues ne sont que provisoires et n'ont pas l'autorité de la chose jugée au principal. Elles sont exécutoires par provision (C. trav., art. R. 1454-16). Elles ne sont pas susceptibles d'un recours indépendamment du jugement sur le fond, sous réserve des règles propres à l'expertise. L'office du juge à ce stade est donc essentiel[11].

B. Compétence de la formation de référé

124.401 Composition paritaire. Une formation de référé existe auprès de chaque section. Comme le bureau de conciliation ou le bureau de jugement, elle

1. Com. 15 nov. 2011, n° 10-26.028, *Bull. civ.* IV, n° 187; *Cah. soc. barreau* 2012. 12, obs. Pansier.
2. Cass., avis, 4 oct. 2004, n° 04-00.002, *Bull. civ. avis*, n° 4; *BICC* 1er déc. 2004, n° 609.
3. Soc. 18 févr. 1988, n° 85-40.213, *Bull. civ.* V, n° 126; *D.* 1989. Somm. 278, obs. Julien.
4. Soc. 17 déc. 1996, n° 92-41.716, NP; *Dr. soc.* 1997. 344, note Giudicelli-Delage et Massé.
5. V. *J.-Cl. pr. civ.*, v° Conseil de prud'hommes – Compétence matérielle, fasc. 434, 2009, par Boubli – Rép. trav., v° *Conseil de prud'hommes (compétence)*, par Pautrat, janv. 1994 [màj janv. 2012].
6. Soc. 5 déc. 2012, n° 11-20.004, *Bull. civ.* V, n° 326; *JCP* 2013. 272, note Cuperlier; *Dr. soc.* 2013. 178, note Boulmier; *JCP S* 2013. 1075, note François; *Procédures* 2013. Comm. 106, note Bugada; *RTD civ.* 2013. 171, obs. Perrot; *Just. et cass.* 2013. 175, rapp. Corbel, avis Lalande.
7. L. n° 2013-504, 14 juin 2013, relative à la sécurisation de l'emploi, *JO* 16 juin, p. 9958.
8. Mod. L. 14 juin 2013, art. 21.
9. C. trav., art. D. 1235-21, créé par Décr. n° 2013-721, 2 août 2013, portant fixation du barème de l'indemnité prévue par l'article L. 1235-1 du Code du travail, *JO* 7 août 2013, p. 13498 – A. Bugada, « La conciliation prud'homale après la loi de "sécurisation de l'emploi" du 14 juin 2013 », *Procédures* 2013. Focus 50 – D. Boulmier, « Faciliter la conciliation prud'homale... mais pour qui ? », *Dr. soc.* 2013. 837.
10. Art. créé par Décr. 20 janv. 2012, art. 7.
11. T. Grumbach et E. Serverin, « Rappels et illustrations de l'office du juge devant le bureau de conciliation prud'homale. Une véritable audience initiale », *RDT* 2009. 53 – E. Serverin, « La mission conciliatoire du bureau de conciliation prud'homal dans tous ses états », *RDT* 2013. 124.

est nécessairement paritaire, composée d'un conseiller prud'hommes employeur et d'un conseiller prud'hommes salarié. Cette formation est présidée alternativement par l'un et l'autre.

124.402 **Pouvoirs.** Selon l'article R. 1455-5 du Code du travail, « *dans tous les cas d'urgence, la formation de référé peut, dans les limites de la compétence du conseil de prud'hommes, ordonner toutes les mesures qui ne se heurtent à aucune contestation sérieuse, ou que justifie l'existence d'un différend* ».

Même en présence d'une contestation sérieuse, elle peut prescrire les mesures conservatoires ou de remise en état qui s'imposent, soit pour prévenir un dommage imminent, soit pour faire cesser un trouble manifestement illicite (C. trav., art. R. 1455-6).

La formation de référé peut encore, lorsque l'obligation n'est pas sérieusement contestable, accorder une provision au créancier ou ordonner l'exécution d'une obligation, même s'il s'agit d'une obligation de faire (C. trav., art. R. 1455-7) [1].

SECTION 5
TRIBUNAL PARITAIRE DE BAUX RURAUX

124.411 **Statut.** Il existe un tribunal paritaire de baux ruraux auprès de chaque TI. Il est présidé par le juge d'instance, et comprend en outre des bailleurs non preneurs et des preneurs non bailleurs en nombre égal (C. rur., art. L. 491-1 s.). Ce tribunal statue en dernier ressort dans les limites du taux de ressort du TI, soit jusqu'à une valeur du litige de 4 000 euros, et à charge d'appel au-delà ou lorsque la demande est indéterminée. Le président du tribunal a par ailleurs une compétence propre (C. rur., art. R. 491-1).

§ 1
Compétence d'attribution du tribunal

124.420 **Compétence exclusive.** Selon l'article L. 491-1 du Code rural et de la pêche maritime, le tribunal paritaire de baux ruraux « *est seul compétent pour connaître des contestations entre bailleurs et preneurs de baux ruraux relatives à l'application des titres Ier à VI et VIII du livre IV du Code rural* ».

Sa compétence est exclusive, mais dans les limites strictes du texte [2]. Pourtant, la Cour de cassation a désormais une conception large de cette compétence puisqu'elle décide que « *le tribunal paritaire des baux ruraux a une compétence générale pour connaître de toutes contestations dont le bail rural est l'objet, la cause ou l'occasion* » [3].

Selon l'article L. 491-1 du Code rural et de la pêche maritime, deux conditions sont nécessaires à la compétence du tribunal paritaire : une contestation relative à l'application du statut des baux ruraux (A), entre bailleur et preneur (B).

A.
Contestation relative au statut des baux ruraux

124.421 **Existence et qualification du bail.** Bien souvent, il se pose d'abord un problème de qualification. Il est admis aujourd'hui que le tribunal paritaire peut qualifier le contrat et vérifier sa propre compétence [4].

Après cet examen, le tribunal ne peut retenir sa compétence que si le bail est effectivement qualifié de bail rural [5] (not. une vente d'herbe conclue de façon continue et répétée [6]). Si le tribunal estime que le bail n'est pas rural, il doit se déclarer incompétent, qu'il s'agisse d'un bail commercial [7] ou d'un bail d'habitation [8].

124.422 **Baux soumis au statut.** Après la refonte du Code rural et de la pêche maritime, la compétence du tribunal paritaire porte sur les baux réglementés sous les titres Ier à VI et VIII du livre IV du Code rural, concernant le bail à ferme, le bail à colonat paritaire ou métayage (C. rur., livre IV nouveau), le bail à cheptel (titre II), le bail à domaine congéable (titre III), le bail à complant (titre IV), le bail emphytéotique (titre V) et le contrat d'exploitation de terres à vocation pastorale (titre VIII).

D'autres textes spéciaux prévoient encore la compétence du tribunal paritaire pour connaître des conventions pluriannuelles de pâturage (C. rur., art. L. 481-2), la mise en valeur de terres incultes (C. rur., art. L. 125-4, L. 125-6 et L. 125-12). Il est encore compétent pour accorder l'autorisation

1. Soc. 21 janv. 1988, nos 86-41.420 et 86-41.423, *Bull. civ.* V, no 68; *JCP* 1988. IV. 115.0.
2. Limoges, 10 sept. 1992, *Gaz. Pal.* 8 févr. 1995 – H. Solus et R. Perrot, *Droit judiciaire privé*, Sirey, 1961, t. 1, nos 211 s. – G. Rives, « La compétence d'attribution des tribunaux paritaires », *JCP* 1964. I. 1839.
3. Civ. 3e, 10 juill. 2002, no 01-02.048, *Bull. civ.* III, no 164; *RD rur.* 2002. 464, note Grimonprez; *Rev. loyers* 2002. 506, note Peignot – Rép. pr. civ., vo *Tribunaux paritaires des baux ruraux*, par Lagarde, juill. 2009 [màj oct. 2010] – *J.-Cl. Pr. civ.*, vo *Tribunal paritaire des baux ruraux – Organisation – Compétence – Procédure – Voies de recours*, fasc. 460, no 35, par Moreau.
4. Civ. 3e, 10 juill. 2002, no 01-02.048, *Bull. civ.* III, no 164 – Civ. 3e, 14 déc. 1976, no 75-15.326, *Bull. civ.* III, no 458 – Amiens, 26 févr. 1970, et Bordeaux, 27 oct. 1970, *JCP* 1970. II. 16848, note Solus; *RTD civ.* 1971. 888, obs. Hébraud – Nîmes, 7 mai 1987, *D.* 1988. 248, note Beignier.
5. J.-P. Moreau, *Les baux ruraux*, Litec, 1979, no 14.
6. Civ. 3e, 12 juin 1965, *Bull. civ.* III, no 182.
7. Civ. 3e, 16 juill. 1975, no 74-11.453, *Bull. civ.* III, no 251.
8. Civ. 3e, 6 oct. 1981, *JCP N* 1982. II. 180, obs. Moreau.

d'exploiter un fonds lorsque le propriétaire est en infraction avec les dispositions sur le contrôle des structures agricoles (C. rur., art. L. 331-10). Par ailleurs l'article L. 415-10 du Code rural déclare applicable le statut du fermage aux baux de culture de champignons, aux marais salants, aux baux d'élevage apicole. Le tribunal paritaire est également compétent pour connaître des contestations relatives aux baux de petites parcelles alors même que ces baux échappent pour partie au statut des baux ruraux selon l'article L. 411-3 du Code rural et de la pêche maritime[1].

124.423 Baux exclus. Un certain nombre de baux ayant néanmoins un objet agricole au sens large sont toutefois exclus de la compétence du tribunal paritaire par des dispositions expresses diverses. Il en est ainsi des baux de jardins familiaux (C. rur., titre VII), des conventions d'occupation précaire (C. rur., art. L. 411-2)[2], des baux consentis par les Safer (C. rur., art. L. 142-6), des baux portant sur une exploitation forestière, sur une réserve foncière ou ceux conclus par les groupements fonciers agricoles (GFA), des baux du domaine de l'État, des collectivités territoriales, de leurs groupements ainsi que des établissements publics (C. rur., art. L. 415-11)[3], des baux soumis au statut spécifique des départements d'outre-mer (C. rur., titre VI). La jurisprudence précise par ailleurs que sont exclues par exemple les locations portant sur des terres utilisées pour le seul gardiennage de chevaux[4], alors que sa compétence s'impose pour la location d'installations par une société dont l'activité est l'exploitation d'un centre équestre[5].

124.424 Étendue de la compétence. Le tribunal paritaire a compétence pour trancher toutes les questions qui ressortissent du statut : existence et conclusion du bail, obligations des parties résultant du bail rural, révision du prix du bail renouvelé, résiliation du bail, indemnisation du preneur sortant lorsque le bail a pris fin, responsabilité en cas d'incendie, y compris lorsque l'incendie a détruit deux hangars dont un seul était donné à bail[6] (C. rur., art. L. 415-3), *etc.*

124.425 Questions et conventions accessoires. Mais la jurisprudence estime que le tribunal paritaire est encore compétent pour connaître de questions ou de conventions accessoires trouvant leur origine dans le bail rural. Ainsi, le tribunal peut connaître d'une action en paiement des loyers[7], d'une contestation concernant la location de matériel vinicole[8]. Mais le tribunal n'est pas compétent pour connaître d'un litige portant sur la vente de biens ruraux[9] ou sur la demande formée par un locataire contre le tiers titulaire d'un droit de préemption[10].

124.426 Droit de préemption du preneur. La jurisprudence retient la compétence du tribunal paritaire pour connaître des contestations relatives à l'exercice du droit de préemption du preneur puisque ce droit est prévu par les articles L. 412-10 et suivants du Code rural et de la pêche maritime[11], et ce, même si la contestation met en cause un tiers prétendant avoir été frauduleusement évincé[12].

B. Contestation entre preneur et bailleur

124.431 Portée. La compétence du tribunal paritaire est limitée aux litiges s'élevant entre bailleurs et preneurs. Il en résulte que le litige contre un occupant sans droit ni titre n'est pas de la compétence du tribunal paritaire[13], mais le tribunal paritaire est compétent, bien que le bail ait pris fin, pour statuer sur les contestations trouvant leur source dans le bail rural (par ex., pour la contestation sur un congé)[14].

Il a également été admis que le tribunal paritaire est compétent pour connaître d'une action entre le nu-propriétaire et le preneur à propos du bail consenti par l'usufruitier[15], entre le bailleur et le sous-locataire[16], entre l'assureur subrogé dans les droits

1. Civ. 3e, 9 nov. 2011, no 10-26.621, *Bull. civ.* III, no 193; *RD rur.* 2012. Comm. 2, note Crevel; *Rev. loyers* 2012. 19, note Peignot.
2. Civ. 3e, 5 janv. 2012, no 10-27.947, *Bull. civ.* III, no 2; *RD rur.* 2012. Comm. 11, note Crevel.
3. V. Civ. 1re, 16 juill. 1986, no 85-10.745, *Bull. civ.* I, no 210; *Gaz. Pal.* 1986. Pan. 212.
4. Civ. 3e, 13 mai 2009, no 08-16.421, *Bull. civ.* III, no 105; *D.* 2009. 1481, obs. Forest; *AJDI* 2009. 805, obs. Prigent; *JCP N* 2010. 1278, note Roussel.
5. Civ. 3e, 24 juin 2009, no 08-17.533, *Bull. civ.* III, no 160; *D.* 2009. 1897, obs. Forest; *AJDI* 2010. 52, obs. Prigent; *RD rur.* 2009. 376, note Barbièri; *Rev. loyers* 2009. 392, note Peignot.
6. Civ. 3e, 4 mars 2009, no 08-14.426, *Bull. civ.* III, no 156; *Rev. loyers* 2009. 286, note Peignot; *LEDIU* avr. 2009. p. 7, obs. Giovannangeli.
7. Civ. 3e, 16 juill. 1975, no 74-11.668, *Bull. civ.* III, no 258.
8. Bordeaux, 28 oct. 1992, RG nos 2466/91 et 2782/91.
9. Civ. 3e, 17 oct. 1978, no 77-13.293, *Bull. civ.* III, no 316; *Gaz. Pal.* 1979. Somm. 18.
10. Civ. 3e, 30 oct. 2002, no 01-10.253, *Bull. civ.* III, no 213.
11. Rouen, 2 mai 1962, *Gaz. Pal.* 1962. 34; *RTD civ.* 1962. 701, obs. Hébraud – Toulouse, 8 oct. 1963, *D.* 1963. 629, note Savatier; *RTD civ.* 1965. 171, obs. Hébraud – Civ. 3e, 22 mai 1979, no 77-15.653, *Bull. civ.* III, no 113; *Gaz. Pal.* 1979. Somm. 395 – Angers, 15 avr. 1986, *D.* 1986. Somm. 482, note Martine.
12. Civ. 3e, 22 mai 1979, no 77-15.653, préc. s[s] prés[t] no.
13. Soc. 4 juill. 1963, no 62-10.078, *Bull. civ.* V, no 568.
14. Grenoble, 10 janv. 1983, *Gaz. Pal.* 1983. 540, note Lachaud – T. par. baux rur. Poitiers, 16 juin 1972, *JCP* 1973. II. 17287; *RTD civ.* 1973. 165, obs. Hébraud.
15. Soc. 22 déc. 1948, *D.* 1949. 181, note Savatier.
16. Soc. 20 avr. 1956, no 44.929, *Bull. civ.* V, no 363.

du bailleur et le preneur[1], entre le cessionnaire d'une créance de dommages-intérêts due par le bailleur au preneur[2].

§ 2
Compétence du président

124.440 Comme tous les présidents de juridictions civiles, le président du tribunal paritaire de baux ruraux a une compétence propre pour statuer en référé et sur requête, dans la mesure de la compétence du tribunal.

A.
Ordonnances de référé

124.441 Juridictions d'exception. Le président tient des articles 893 et 894 C. pr. civ. les mêmes pouvoirs pour statuer en référé que les autres présidents de juridictions d'exception.

Dans tous les cas d'urgence, il peut, « *dans les limites de la compétence du tribunal, ordonner en référé toutes les mesures qui ne se heurtent à aucune contestation sérieuse ou que justifie l'existence d'un différend* » (C. pr. civ., art. 893).

Il peut encore, « *même en présence d'une contestation sérieuse, prescrire en référé les mesures conservatoires ou de remise en état qui s'imposent, soit pour prévenir un dommage imminent, soit pour faire cesser un trouble manifestement illicite* » (C. pr. civ., art. 894).

Il a été jugé que ce pouvoir ne permettait pas au président de prononcer la résiliation du bail[3].

Il peut encore accorder une provision au créancier ou ordonner l'exécution d'une obligation dans tous les cas où l'existence de l'obligation n'est pas sérieusement contestable (C. pr. civ., art. 894).

B.
Ordonnances sur requête

124.451 Requête et mesures conservatoires. Le président du tribunal paritaire peut également statuer sur requête dans les cas spécifiés par la loi (C. pr. civ., art. 897, al. 2). Il peut encore, en cas d'urgence, prescrire des mesures conservatoires notamment lorsque les circonstances exigent qu'elles ne soient pas prises contradictoirement (C. pr. civ., art. 897).

1. Soc. 27 mai 1964, n° 63-10.491, *Bull. civ.* IV, n° 444; *JCP* 1964. II. 13887, note Ourliac et de Juglart.
2. Soc. 24 févr. 1960, n° 58-10.684, *Bull. civ.* V, n° 209.
3. Civ. 3e, 25 mars 1987, n° 85-10.457, *Bull. civ.* III, n° 64; *RD rur.* 1987. 264, note Desdevises; *JCP N* 1988. II. 98, note Moreau.

SECTION 6
TRIBUNAUX DE LA SÉCURITÉ SOCIALE

124.460 Plan. L'organisation de la sécurité sociale a conduit le législateur à instituer des juridictions spécialisées[4]. En réalité, il a été institué deux juridictions, l'une s'occupant du contentieux général : le tribunal des affaires de sécurité sociale (TASS) (§ 1); l'autre n'ayant compétence que pour le contentieux technique : le tribunal du contentieux de l'incapacité (§ 2).

§ 1
Tribunal des affaires de sécurité sociale

124.461 Statut. À la place des commissions de première instance du contentieux de la sécurité sociale, il a été institué, en 1985, dans chaque département, des tribunaux des affaires de sécurité sociale. C'est une juridiction échevinale dont le ressort, fixé pour chaque tribunal par arrêté du garde des Sceaux, correspond à tout ou partie de la circonscription d'un organisme de sécurité sociale ou de mutualité sociale agricole ou aux circonscriptions de plusieurs d'entre eux (CSS, art. R. 142-13). Ce tribunal est présidé par le président du TGI ou par un juge délégué désigné par le premier président de la cour d'appel, assisté d'un représentant des salariés et d'un représentant des employeurs, eux-mêmes désignés par le premier président de la cour d'appel.

124.462 Taux de ressort. Ce tribunal, qui peut comporter plusieurs sections, est juge en dernier ressort jusqu'à 4 000 euros de valeur du litige et à charge d'appel au-delà de ce montant, ou lorsque la demande est indéterminée (CSS, art. R. 142-25[5]).

À côté de la compétence du tribunal (A), le président de cette juridiction a lui-même un pouvoir propre de juridiction (B).

A.
Compétence d'attribution du tribunal

124.471 Sécurité sociale et mutualité agricole. La compétence du TASS est fixée par les articles L. 142-1 et suivants du Code de la sécurité sociale.

En tant que juridiction d'exception, ce tribunal ne peut connaître que des différends auxquels donnent

4. V. J.-J. Dupeyroux, M. Borgetto et R. Lafore, *Droit de la sécurité sociale*, 17e éd., « Précis », Dalloz, 2011 – J.-P. Chauchard, *Droit de la sécurité sociale*, 6e éd., LGDJ, 2013 – M. Pierchon, « Les contentieux de la sécurité sociale », Resoc éd., 2006 – Rép. pr. civ., v° *Tribunaux des affaires de sécurité sociale et juridictions du contentieux technique de la sécurité sociale*, par Renault-Malignac, janv. 2010 [màj juin 2011].
5. Mod. par Décr. 13 mai 2005, art. 36.

lieu l'application des législations et réglementation de sécurité sociale et de mutualité sociale agricole « *et qui ne relèvent pas, par leur nature, d'un autre contentieux* » (CSS, art. L. 142-1). La jurisprudence a une conception extensive du domaine d'application de cet article. Elle considère que le TASS est compétent dès lors que le différend met en cause des législations et réglementations de sécurité sociale, même si le litige n'oppose pas directement une caisse de sécurité sociale et un assuré et s'il mobilise aussi des règles de droit civil. Un litige né du recouvrement de prestations sociales indûment versées à l'encontre du conjoint de la personne ayant perçu ces prestations, décédée depuis, relève donc de sa compétence[1].

124.472 **Domaine.** Selon l'article L. 142-2, le tribunal connaît en première instance « *des litiges relevant du contentieux général de la sécurité sociale* », ainsi que ceux relatif au recouvrement des contributions et cotisations sociales mentionnées aux articles L. 143-11-6 (devenu C. trav., art. L. 3253-18), L. 1233-66, L. 1233-69, L. 351-3-1 (devenus C. trav., art. L. 5422-9, L. 5422-11 et L. 5422-12), L. 351-14 (devenu C. trav., art. L. 5422-6, L. 5423-4 et L. 5424-20) du Code du travail[2], après recours amiable obligatoire, sauf exception prévue par la loi, devant la commission de recours amiable prévue par les articles R. 142-1 et suivants du Code de la sécurité sociale[3]. Ceci exclut, comme le précise l'article L. 142-3, ce qui relève du contentieux dit technique défini par l'article L. 143-1, mais aussi le contrôle technique à l'égard des praticiens et les recours contre les décisions des autorités administratives qui relèvent, pour leur part, des juridictions administratives.

Il n'est pas toujours aisé de faire le départ entre ce qui relève du contentieux général et ce qui relève du contentieux technique. Ainsi, la Cour de cassation a précisé que l'appréciation de l'affectation des dépenses de la maladie professionnelle sur le compte spécial prévu par l'article R. 242-6-3 du Code de la sécurité sociale constitue une question relative à la tarification, laquelle relève de la compétence exclusive de la juridiction du contentieux technique de la sécurité sociale[4].

Ce contentieux général concerne d'une part les litiges entre les organismes de sécurité sociale et les assujettis à la réglementation de la sécurité sociale pour tout ce qui concerne l'affiliation, les cotisations et les obligations diverses qui peuvent résulter de l'affiliation, et d'autre part, les différends entre les organismes de sécurité sociale et les bénéficiaires des prestations, ou encore les éventuels conflits entre organismes de sécurité sociale.

Le TASS est donc **compétent**, à l'exclusion des juridictions du contrôle technique, pour l'attribution d'une indemnité journalière en cas d'accident du travail[5], pour statuer sur une demande de condamnation à des dommages-intérêts d'une caisse de sécurité sociale pour les fautes commises dans la liquidation et le service de prestations telles que l'allocation d'adulte handicapé[6], pour connaître des litiges concernant la cause d'arrêts de travail[7].

Le **TASS est** également **exclusivement compétent** pour connaître des actions en réparation des accidents du travail et maladies professionnelles, ce qui exclut une action en responsabilité du salarié ou de ses ayants droit contre l'employeur devant le conseil de prud'hommes, sauf à invoquer une faute inexcusable de l'employeur (CSS, art. L. 451-1). Le conseil de prud'hommes doit donc relever d'office son incompétence en cas d'action en responsabilité du salarié sur le fondement de la mauvaise exécution du contrat de travail ou du manquement de l'employeur à son obligation de sécurité qui tend en réalité à la réparation du préjudice résultant de l'accident du travail ou de la maladie professionnelle[8].

En revanche, la Cour de cassation a précisé que ne constitue pas un litige individuel ou collectif entre salariés et employeur à l'occasion de la mise en œuvre d'un accord de participation le litige portant sur la réintégration dans l'assiette des cotisations de sommes versées par un employeur à ses salariés au titre d'un accord de participation[9]. Ne relève pas de ce contentieux, mais de la compétence du TI, un litige de nature contractuel en remboursement de frais de dossier d'une cure thermale[10].

124.473 **Compétence exclusive.** Il s'agit d'une compétence exclusive[11].

1. Civ. 2e, 3 févr. 2011, no 10-16.305, *Bull. civ.* II, no 26; *JCP* 2011. 527, note Bugada; *JCP S* 2011. 1179, note Tauran.
2. Mod. par L. no 2011-893, 28 juill. 2011, pour le développement de l'alternance et la sécurisation des parcours professionnels, art. 44, *JO* 29 juill. 2011, p. 12914.
3. Civ. 2e, 20 juin 1958, no 2.929, *Bull. civ.* II, no 454.
4. Soc. 17 juin 1999, no 97-21.861, *Bull. civ.* V, no 291.
5. Civ. 2e, 2 avr. 2009, no 08-11.811, *Bull. civ.* II, no 87; *JCP S* 2009. 1330, note Vachet.
6. Civ. 2e, 28 mai 2009, no 08-13.939, *Bull. civ.* II, no 135; *D.* 2009. 1617; *Procédures* 2009. Comm. 365, note Bugada.
7. Civ. 2e, 11 juin 2009, no 08-10.028, *Bull. civ.* II, no 157; *RDSS* 2009. 766, note Tauran; *Procédures* 2009. Comm. 318, note Bugada.
8. Soc. 30 sept. 2010, no 09-41.451, *Bull. civ.* V, no 209; *D.* 2010. 2372; *Procédures* 2010. Comm. 377, note Bugada – Soc. 29 mai 2013, no 11-20.074, *Bull. civ.* V, [à paraître]; *Dr. soc.* 2013. 764, note Orif; *JCP S* 2013. 1368, note Ledoux et Nicolas.
9. Soc. 27 mai 1999, no 96-20.681, *Bull. civ.* V, no 243.
10. Civ. 2e, 21 févr. 2008, no 07-11.763, *Bull. civ.* II, no 48; *JCP* 2008. IV. 1546.
11. Soc. 20 juill. 1978, no 77-10.133, *Bull. civ.* V, no 625; *D.* 1978. IR 499, obs. Julien; *RTD civ.* 1979. 188, obs. Normand – Civ. 2e, 25 oct. 2006, no 05-12.684, *Bull. civ.* II, no 284; *Gaz. Pal.* 18-20 mars 2007, p. 27, obs. Coursier.

B. Compétence du président

124.481 **Référé.** Comme pratiquement tous les présidents des juridictions de première instance, le président du TASS peut statuer en référé (mais il n'est pas prévu qu'il statue sur requête).

Dans tous les cas d'urgence, le président du TASS peut « *dans les limites de la compétence dudit tribunal, ordonner en référé toutes les mesures qui ne se heurtent à aucune contestation sérieuse ou que justifie l'existence d'un différend* » (CSS, art. R. 142-21-1).

Il peut, aussi, même en présence d'une contestation sérieuse, prescrire en référé les mesures conservatoires ou de remise en état qui s'imposent, soit pour prévenir un dommage imminent, soit pour faire cesser un trouble manifestement illicite (CSS, art. R. 142-21-1).

Il peut enfin accorder une provision au créancier lorsque l'obligation n'est pas sérieusement contestable (CSS, art. R. 142-21-1).

124.482 **Injonction de payer.** Depuis le 1er décembre 2010, le **président du TASS** du lieu où demeure le débiteur est compétent pour prononcer des **ordonnances d'injonction de payer** afin d'assurer le recouvrement de créances résultant de prises en charge injustifiées ou d'indus de prestations. Cette compétence est exclusive et d'ordre public puisque tout autre juge doit se déclarer d'office incompétent. La procédure de droit commun de l'injonction de payer des articles 1407 et suivants C. pr. civ. est alors applicable. Toutefois, l'opposition est portée devant le TASS dont le président a rendu la décision (CSS, art. R. 142-27-1[1]).

124.483 **Pouvoirs d'instruction.** Le président du TASS a également des pouvoirs d'instruction spécifique (CSS, art. R. 142-22[2]). Il peut être chargé par le tribunal d'ordonner des compléments d'instruction sous forme d'enquête, consultation ou expertise. Il peut aussi, en tout état de la procédure, mettre les parties en demeure de produire dans un délai qu'il détermine toutes pièces écrites, conclusions ou justifications propres à éclairer le tribunal.

§ 2 Tribunal du contentieux de l'incapacité et Cour nationale de l'incapacité et de la tarification de l'assurance des accidents du travail

124.491 **Composition.** Il avait été institué des commissions dans le ressort de chaque direction régionale de la sécurité sociale. À la faveur de la réforme opérée par la loi n° 94-43 du 18 janvier 1994[3], ces commissions sont devenues les tribunaux du contentieux de l'incapacité (TCI). Une Cour nationale de l'incapacité et de la tarification de l'assurance des accidents du travail (CNITAAT), siégeant à Amiens, a également été créée pour statuer, notamment, sur les recours des tribunaux de l'incapacité. Les décisions de cette juridiction sont susceptibles de pourvoi devant la Cour de cassation. La composition de ces juridictions, initialement présidées par des fonctionnaires, posait problème au regard des principes d'indépendance et d'impartialité. Plusieurs arrêts de la Cour de cassation ont donc logiquement jugé cette composition contraire à l'article 6 de la Convention européenne des droits de l'homme et des libertés fondamentales[4]. La loi n° 2002-73 du 17 janvier 2002[5] a tiré les conséquences de ces condamnations en prévoyant que ces juridictions sont désormais présidées par un magistrat et par des assesseurs représentants des salariés et des employeurs ou des travailleurs indépendants (CSS, art. L. 143-2 s. et L. 143-3 s.).

124.492 **Compétence.** Les TCI ont compétence pour juger les contestations relevant de la technique médicale et portant sur l'état d'incapacité permanente, le degré d'invalidité, l'aptitude au travail, la prise en charge de soins, de cures, *etc.* Plus précisément, ils règlent les contestations relatives :

1° à l'état et au degré d'invalidité en cas d'accident ou de maladie non régi par le livre IV du Code de la sécurité sociale et à l'état d'inaptitude au travail;

2° à l'état d'incapacité permanente de travail et notamment au taux de cette incapacité, en cas d'accident du travail ou de maladie professionnelle;

3° à l'état d'incapacité de travail pour l'application des dispositions du livre VII du Code rural autres que celles relevant du contentieux général de la sécurité sociale, à l'exception des accidents du travail et maladies professionnelles agricoles qui relèvent du contentieux général;

5° aux décisions de la Commission des droits et de l'autonomie des personnes handicapées mentionnées

1. Art. créé par Décr. 1er oct. 2010, art. 12, 5°.
2. Mod. Décr. n° 2011-2119, 30 déc. 2011, relatif aux modalités de transmission d'un échantillon biologique entre laboratoires de biologie médicale, art. 5, *JO* 1er janv. 2012, p. 38.
3. L. n° 94-43, 18 janv. 1994, relative à la santé publique et à la protection sociale, *JO* 19 janv., p. 960.
4. Pour les TCI : Soc. 9 mars 2000, n° 98-22.435, *Bull. civ.* V, n° 97; *RTD civ.* 2000. 618, obs. Normand; *RJS* 2000, n° 459 – Pour la CNITAAT : Cass., ass. plén., 22 déc. 2000, n° 99-11.303, *Bull. ass. plén.*, n° 12; *D.* 2001. 1652, note Saint-Jours; *D.* 2001. Somm. 2454, obs. Prétot – D. Roman, « Le contentieux technique de la sécurité sociale à l'épreuve du procès équitable », *Dr. soc.* 2001. 734 – S. Hennion-Moreau, « L'indépendance et l'impartialité des juridictions sociales », *Mél. Normand*, Litec, 2003, p. 219.
5. L. n° 2002-73, 17 janv. 2002, de modernisation sociale, *JO* 18 janv., p. 1008.

au premier alinéa de l'article L. 241-9 du Code de l'action sociale et des familles (CSS, art. L. 143-1 [1]).

Ainsi ce tribunal a compétence pour juger de la demande d'un employeur tendant à lui voir déclarer inopposable la décision de fixation d'un taux d'incapacité prise par le tribunal envers le salarié [2].

Sa compétence est exclusive [3].

La **CNITAAT** possède, outre une compétence d'appel pour statuer sur les recours des jugements de TCI, une compétence en premier et dernier ressort pour régler les contestations relatives aux décisions des caisses de sécurité sociale en matière d'accidents du travail agricole ou non agricole concernant la fixation du taux de cotisation, l'octroi de ristournes, l'imposition de cotisations supplémentaires et la détermination de la contribution prévue à l'article L. 437-1 du Code de la sécurité sociale (CSS, art. L. 143-4 et L. 143-1, 4°). Elle demeure compétente en cette matière, à l'exclusion des juridictions administratives, malgré une contestation de la délégation de pouvoir opérée au sein de la caisse de sécurité sociale, pour les opérations de tarification [4].

Il existe également un contentieux spécifique pour les litiges opposant les caisses de sécurité sociale aux professionnels de santé, dit « *contentieux du contrôle technique* » (CSS, art. L. 145-1 s. et R. 145-1 s.). Ce contentieux disciplinaire est confié aux juridictions ordinales qui statuent dans une composition spécifique et sont intégrées dans l'ordre juridictionnel administratif, non dans l'ordre judiciaire [5].

SECTION 7
JUGE DE L'EXPROPRIATION

124.500 Statut. Le COJ ne traite plus du juge de l'expropriation et renvoie au Code de l'expropriation pour cause d'utilité publique (COJ, art. L. 261-1). Il existe au moins un juge de l'expropriation dans chaque département qui constitue une **véritable juridiction** d'exception (C. expr., art. L. 13-1). Son siège est situé auprès du TGI du chef-lieu du département. Cette juridiction peut comporter plusieurs juges, désignés par ordonnance du premier président de la cour d'appel parmi les magistrats du TGI (C. expr., art. R. 13-2), mais elle statue à **juge unique**.

La compétence du juge de l'expropriation est fixée en matière d'expropriation (§ 1) par l'article L. 13-1 du Code de l'expropriation. Mais d'autres textes spéciaux ont étendu sa compétence à des situations analogues (§ 2).

§ 1
Compétence en matière d'expropriation

124.501 Fixation du montant des indemnités. La fonction du juge de l'expropriation est de fixer les indemnités d'expropriation dues aux expropriés, à défaut d'accord amiable (C. expr., art. L. 13-1).

Le juge de l'expropriation est encore compétent pour statuer sur les indemnités accessoires qui peuvent être dues à l'exproprié ou aux locataires (C. expr., art. L. 13-6), sur les offres d'indemnisation en nature (C. expr., art. L. 13-20), sur les demandes d'expulsion et de relogement des occupants évincés (C. expr., art. L. 14-1 s.) [6].

Mais sa compétence est strictement limitée à la fixation du montant des indemnités. L'article L. 13-8 du Code de l'expropriation dispose que : « *Lorsqu'il existe une contestation sérieuse sur le fond du droit ou sur la qualité des réclamants, et toutes les fois qu'il s'élève des difficultés étrangères à la fixation du montant de l'indemnité et à l'application des articles L. 13-10, L. 13-11, L. 13-20 et L. 14-2, le juge règle l'indemnité indépendamment de ces litiges et difficultés sur lesquelles les parties sont renvoyées à se pouvoir devant qui de droit* ».

Ainsi, le juge de l'expropriation ne peut apprécier ou interpréter des actes administratifs [7].

Il ne peut, par exemple, trancher des questions touchant à la propriété des biens expropriés [8], des difficultés entre indivisaires [9], entre époux [10].

Si la difficulté est sérieuse mais n'empêche pas la fixation de l'indemnité, le juge fixe, sans attendre, le montant de l'indemnité, pour le compte de qui il appartiendra, et renvoie les parties à se pourvoir devant la juridiction compétente pour trancher leur différend.

124.502 Compétence exclusive. Sous cette réserve, la compétence du juge de l'expropriation est exclusive et d'**ordre public** [11]. Tout autre juge, et notamment le TGI, doit se déclarer d'office incompétent pour éva-

1. Mod. par L. n° 2011-901, 28 juill. 2011, tendant à améliorer le fonctionnement des maisons départementales des personnes handicapées et portant diverses dispositions relatives à la politique du handicap, art. 10, *JO* 30 juill., p. 12996.
2. Civ. 2e, 31 mai 2005, n° 04-12.575, NP; *RJS* 2005, n° 912.
3. Soc. 17 juin 1999, n° 97-21.861, préc. ss prést n°.
4. Civ. 2e, 7 avr. 2011, n° 10-14.458, *Bull. civ.* II, n° 91; *JCP S* 2011. 1264, rapp. Prétot.
5. X. Prétot, « Le contentieux des sanctions appliquées aux praticiens et auxiliaires médicaux : un contentieux administratif par nature », *RJS* 2001. 371.
6. Civ. 3e, 4 nov. 2009, n° 08-17.381, *Bull. civ.* III, n° 243; *D.* 2009. 2809; *JCP* 2010. Chron. 741, n° 34, obs. Huyghe.
7. Civ. 3e, 28 mai 1965, n° 61-70.166, *Bull. civ.* III, n° 75 – Civ. 3e, 20 oct. 1976, n° 75-11.905, *Bull. civ.* III, n° 364; *D.* 1977. IR 21 – Paris, 4 févr. 1965, *AJPI* 1965. 436.
8. Civ. 3e, 29 nov. 1978, *JCP* 1979. IV. 46.
9. Civ. 1re, 19 oct. 1965, n° 63-10.454, *Bull. civ.* I, n° 552.
10. Civ. 3e, 19 oct. 1965, *JCP* 1965. IV. n° 147.
11. Civ. 3e, 22 oct. 1974, n° 73-12.070, *Bull. civ.* III, n° 371.

luer une indemnité, ou pour accorder une indemnisation complémentaire, sauf en cas de voie de fait.

124.503 Compétence territoriale. Le juge compétent est celui du département où se situent les biens et autres droits réels expropriés. S'il existe plusieurs juges de l'expropriation dans le département, la répartition des affaires entre eux n'est pas une question de compétence, la répartition des affaires est réglée par une mesure de simple administration judiciaire prise par le juge de l'expropriation choisi parmi les vice-présidents du TGI (C. expr., art. R. 13-4). Et si le périmètre d'une expropriation s'étend sur plusieurs départements situés dans le ressort d'une même cour d'appel, le premier président peut, même d'office, décider que l'ensemble des procédures auxquelles peut donner lieu cette opération relèvera de la compétence de la juridiction de l'expropriation d'un seul département concerné (C. expr., art. R. 13-3).

124.504 Nature des décisions et voies de recours. Bien que qualifiées d'ordonnances, les décisions du juge de l'expropriation sont de véritables jugements au fond et définitifs. Un appel peut être formé contre ces ordonnances dans les quinze jours de leur notification (C. expr., art. L. 13-21). Cet appel est porté devant la chambre des expropriations, qui est une chambre spécialisée de la cour d'appel.

§ 2 Autres compétences du juge de l'expropriation

124.511 Situations proches de l'expropriation. De nombreuses situations autres que l'expropriation proprement dite supposent que des indemnités soient versées aux titulaires de droits réels en raison d'une contrainte anormale ou d'une emprise de l'État ou d'une collectivité. Ces situations posent des problèmes très voisins de l'expropriation. Aussi, bien souvent, les textes spéciaux renvoient à la compétence du juge de l'expropriation pour la fixation du montant des indemnités dues aux intéressés et parfois même à la procédure d'expropriation.

Sans être exhaustif, le juge de l'expropriation est ainsi compétent pour fixer les indemnités en matière d'urbanisme lors des créations de zones d'aménagement différé (ZAD), zones d'aménagement concerté (ZAC), périmètres sensibles, terrains réservés, rénovation foncière urbaine, *etc.* Il fixe les indemnités en matière de servitude de monument historique. Le juge de l'expropriation est encore compétent pour déterminer les indemnités dues en raison des servitudes d'appui, de passage, d'ébranchage et de survol des installations nécessaires à la distribution de l'électricité (C. énergie, art. L. 323-10[1] - Décr. n° 67-885, 6 oct. 1967, art. 2[2]). Il en est de même des servitudes liées à la distribution du gaz (Décr. n° 68-424, 8 mai 1968[3]). Mais le juge de l'expropriation n'est pas compétent pour statuer sur l'action en remboursement des frais de déplacement d'un pylône électrique autorisé par le bénéficiaire de la servitude instituée en application de la loi du 15 juin 1906 sur les distributions d'énergie dès lors que la question doit s'analyser au regard du principe de non dépossession et nécessite un débat sur le point de savoir si l'institution de la servitude maintient ou non au propriétaire l'exercice de toutes les prérogatives du droit de propriété. Cette action relève de la compétence du juge civil de droit commun[4]. Le juge de l'expropriation est également seul compétent pour fixer le montant des indemnités tenant à l'exploitation de l'énergie hydraulique et à la réglementation de l'eau. Il est également compétent pour fixer l'indemnité due au propriétaire dont le bien est frappé par une servitude d'urbanisme qui utilise la procédure de délaissement, obligeant ainsi la collectivité publique à acquérir ce bien (C. urb., art. L. 230-3)[5].

1. Anc[t] L. n° 2006-1537, 7 déc. 2006, relative au secteur de l'énergie, art. 12 *bis*, *JO* 8 déc., p. 18531.
2. Texte à intégrer dans le Code de l'énergie, partie réglementaire à paraître.
3. Texte à intégrer dans le Code de l'énergie, partie réglementaire à paraître.
4. Civ. 3e, 3 mai 2001, n° 99-17.750, *Bull. civ.* III, n° 54.
5. T. confl. 30 juin 2008, req. n° 3635, *RJEP* 2009. Comm. 4, note Pélissier.

CHAPITRE

125. Compétence des juges des référés

ALAIN LACABARATS
Président de chambre
à la Cour de cassation

SECTION 0
ORIENTEUR

125.00 Plan du chapitre.

Division. Sont examinés successivement la compétence d'attribution (sect. 1), la compétence territoriale (sect. 2) puis les cas et conditions du référé (sect. 3).

Renvoi. V. aussi s^s n°s 323.00 s.

125.01 Principaux textes applicables.

C. pr. civ., art. 484 à 492-1, 523 à 525-1, 808, 809, 848, 849, 872, 873, 893, 894.

C. trav., art. R. 1455-5, R. 1455-6.

125.03 Bibliographie indicative.

Actualisables. Rép. pr. civ., v° *Référé civil,* mai 2011 [màj janv. 2013], par N. Cayrol; v° *Référé commercial,* févr. 2000 [màj déc. 2005], par M. Bruschi; v° *Référés du premier président,* sept. 2012, par Y. Strickler – *J.-Cl. pr. civ.,* fasc. 470, 471, 472 et 473, par Vuitton.

Ouvrages. C. Chainais, *La protection juridictionnelle provisoire dans le procès civil en droits français et italien* (préf. S. Guinchard), « Bibliothèque des thèses », Dalloz, 2007 – M. Foulon et Y. Strickler, *Les référés en la forme*, Dalloz, 2013 – X. et J. Vuitton, *Les référés (procédure civile, contentieux administratif, procédure pénale)*, « Pratique professionnelle », 2e éd., Litec/LexisNexis, 2006.

125.05 Définition. L'article 484 C. pr. civ. définit l'ordonnance de référé comme étant « *une décision provisoire rendue à la demande d'une partie, l'autre présente ou appelée, dans les cas où la loi confère à un juge qui n'est pas saisi du principal le pouvoir d'ordonner immédiatement les mesures nécessaires* ».

Ce texte, particulièrement important, met en évidence les caractéristiques principales de la décision rendue en référé.

125.06 Décision provisoire. La décision de référé est fondamentalement une décision provisoire : le juge des référés ne tranche pas le fond du litige; il ne peut en principe prononcer que des mesures d'attente, destinées à préserver les droits des parties avant leur appréciation par « *le juge du principal* ».

Celui-ci n'est jamais lié par la décision de référé qui, précisément, n'a pas, au principal, l'autorité de la chose jugée (C. pr. civ., art. 488).

C'est le caractère provisoire de la décision de référé qui explique notamment qu'un juge des référés ne puisse prononcer des condamnations à payer des dommages-intérêts[1], ordonner la mainlevée d'une inscription de privilège ou d'une hypothèque conventionnelle[2], prononcer la résiliation d'un contrat[3], annuler un acte juridique ou une décision[4], ordonner à un bailleur d'assurer le relogement de son locataire[5], contraindre une partie à rompre un contrat[6].

Nous verrons toutefois que l'évolution récente du référé permet au « *juge de l'évidence et de l'incontestable* » d'examiner les droits des parties, ne serait-ce que pour retenir le caractère « *manifestement illicite* » du trouble invoqué par le demandeur (C. pr. civ., art. 809, al. 1er) ou le caractère « *non sérieusement contestable* » d'une obligation (C. pr. civ., art. 809, al. 2).

125.07 Décision rendue à l'issue d'une procédure contradictoire simplifiée. La procédure de référé permet au demandeur d'instaurer devant un juge qui peut être saisi dans des conditions de brièveté extrêmes (référé « *d'heure à heure* » prévu par C. pr. civ., art. 485, al. 2) un débat contradictoire, le juge ayant pour obligation fondamentale de s'assurer que le défendeur a pu, même sommairement, préparer sa défense.

La procédure de référé devra être utilisée à chaque fois qu'existe un défendeur identifié et que le requérant ne se trouve pas dans l'un des cas où il sera fondé à ne pas appeler en cause la partie adverse (ces principes ont notamment été appliqués pour l'expulsion de grévistes occupant les lieux de travail[7]).

1. Civ. 2e, 27 janv. 1993, n° 90-20.928, *Bull. civ.* II, n° 38 – Soc. 24 nov. 1994, n° 92-15.773, *Bull. civ.* V, n° 315.
2. Civ. 2e, 8 juin 1995, n° 93-17.428, *Bull. civ.* II, n° 176; *D.* 1996. Somm. 206.
3. Civ. 3e, 25 mars 1987, n° 85-10.457, *Bull. civ.* III, n° 64 – Civ. 2e, 7 déc. 2000, n° 98-16.399, NP; *RTD civ.* 2001. 209, obs. Perrot.
4. Soc. 31 mars 2004, n° 01-46.960, n° 01-46.961, *Bull. civ.* V, n° 101; *D.* 2004. IR 1213.
5. Civ. 3e, 14 janv. 2004, n° 01-12.510, *Bull. civ.* III, n° 8; *BICC* 1er avr. 2004, n° 512.
6. Soc. 30 mai 2013, n° 12-14.289, NP.
7. Soc. 17 mai 1977, n° 75-11.474, *Bull. civ.* V, n° 327; *D.* 1977. 645, note Jeammaud; *Gaz. Pal.* 1977. 612; *Dr. soc.* 1978. 119, note Savatier; *JCP* 1978. II. 18992, note Desdevises; *Dr. ouvrier* 1977. 467; *RTD civ.* 1979. 174, obs. Normand – Soc. 21 févr. 1978, n° 76-14.909, *Bull. civ.* V, n° 127 – Paris, 28 mars 1977, *Gaz. Pal.* 1977. 2. 446, note Viatte – TGI Bordeaux, 19 déc. 1977, *D.* 1978. 595, note Sinay et Wiederkehr – TGI Saint-Étienne, 18 févr. 1983, *Gaz. Pal.* 1983. 306, note M. S.

125.08 Décision immédiatement exécutoire. La décision de référé est, de plein droit, exécutoire par provision (C. pr. civ., art. 489).

Son exécution peut être poursuivie dès sa notification, et même parfois « *au seul vu de la minute* » (C. pr. civ., art. 489, al. 2), nonobstant toute voie de recours.

Avant le décret n° 2004-836 du 20 août 2004[1], la jurisprudence dominante déniait tout pouvoir au premier président de la cour d'appel pour arrêter, en cas d'appel, l'exécution provisoire d'une ordonnance de référé.

L'article 8 de ce décret ajoute à l'article 524 C. pr. civ. un sixième alinéa ainsi rédigé : « *Le premier président peut arrêter l'exécution provisoire de droit en cas de violation manifeste du principe du contradictoire ou de l'article 12 et lorsque l'exécution risque d'entraîner des conséquences manifestement excessives* ».

125.09 Domaine d'application. Réservé à l'origine au président du tribunal de grande instance (TGI), le pouvoir de prendre les mesures de référé a été progressivement étendu à l'ensemble des matières relevant de la compétence des juridictions judiciaires[2].

Il importe, compte tenu de la dissémination des textes applicables, de préciser les compétences de chaque juridiction avant d'examiner les conditions d'exercice des pouvoirs dévolus au juge des référés.

SECTION 1
COMPÉTENCE D'ATTRIBUTION

125.10 Notion de compétence. La notion de compétence doit être précisée : on dit souvent qu'un juge des référés n'est pas compétent parce que les conditions d'exercice de ses pouvoirs ne sont pas réunies (sur ces conditions, v. s[s] n°s 125.150 à 125.171).

Il s'agit en réalité d'hypothèses dans lesquelles le juge doit constater qu'« *il n'y a pas lieu à référé* ».

La compétence tend uniquement à déterminer, parmi les différentes juridictions de référé, laquelle doit être saisie de la demande (sur la distinction de la compétence et du pouvoir de juridiction du juge des référés, v. Solus et Perrot[3]).

La distinction est importante en pratique, notamment parce que la contestation de la compétence doit être formulée avant toute défense au fond, ou fin de non-recevoir, alors que la dénégation des conditions d'intervention du juge des référés peut être relevée en tout état de cause[4].

En l'état actuel des textes, les présidents de toutes les juridictions de l'ordre judiciaire sont dotés du pouvoir de statuer en référé, la compétence de chacun étant en principe limitée à celle de la juridiction dont il est l'émanation.

§ 1
Compétence du président du tribunal de grande instance

A.
Le président du tribunal de grande instance : juge des référés de droit commun

1°
Principe

125.11 Compétence d'attribution du tribunal de grande instance. Le président du TGI est évidemment compétent pour connaître d'affaires qui par leur nature rentrent dans la compétence exclusive d'attribution du TGI et pour celles qui, en matière personnelle ou mobilière, excèdent le taux de compétence du tribunal d'instance (TI) (COJ, art. L. 221-4).

Le TGI étant le juge de droit commun des affaires en matière civile, le juge des référés de ce tribunal se voit par là même conférer une compétence très étendue.

Elle l'est d'autant plus que l'article 810 C. pr. civ. précise que les pouvoirs du président du TGI « *s'étendent à toutes les matières où il n'existe pas de procédure particulière de référé* ».

Ce magistrat dispose ainsi d'une compétence générale subsidiaire qui lui permet de statuer sur un litige ne relevant des attributions d'aucune autre juridiction ou sur une affaire qui, au fond, devrait être soumise à un tribunal ne possédant pas de formation de référés ou dont la formation de référés dispose de pouvoirs plus restreints que ceux du président du TGI.

2°
Limites de la compétence du tribunal de grande instance

125.20 Annonce. Bien que très étendue, la compétence du président du TGI statuant en référé n'est pas pour autant absolue et connaît certaines restrictions.

1. Décr. n° 2004-836, 20 août 2004, portant modification de la procédure civile, *JO* 22 août, p. 15032.
2. Sur l'évolution historique, v. H. Solus et R. Perrot, *Droit judiciaire privé*, Sirey, 1961, t. III, n°s 1255 s.
3. H. Solus et R. Perrot, *Droit judiciaire privé*, Sirey, 1961, t. 1, n° 1303.
4. Civ. 1re, 29 mai 1984, n° 83-10.231, *Bull. civ.* I, n° 181 – Civ. 3e, 19 mars 1986, n° 84-17.524, *Bull. civ.* III, n° 34.

a)
Restrictions d'ordre interne : matières relevant de la compétence de juges spécialisés du tribunal de grande instance

125.21 Autres magistrats. Au sein même du TGI la compétence de son président doit s'effacer lorsque la loi attribue le pouvoir de statuer en référé à d'autres magistrats de ce tribunal.

125.22 Juge de la mise en état. Lorsque la demande est présentée postérieurement à sa désignation, le juge de la mise en état est, jusqu'à son dessaisissement, seul compétent à l'exclusion de toute autre formation du tribunal pour statuer sur les mesures prévues par l'article 771 C. pr. civ.

La compétence de droit commun du président du TGI lui permet en revanche de statuer, même après la désignation du juge de la mise en état, dès lors que la demande a été formée avant cette désignation [1].

Le juge de la mise en état étant saisi jusqu'à l'ouverture des débats (C. pr. civ., art. 779, al. 4), le président du TGI redevient compétent pour se prononcer en référé sur une demande présentée après l'ouverture des débats et avant décision au fond de la juridiction saisie [2].

Le président du TGI est enfin compétent, même si le juge de la mise en état est saisi de l'instruction de l'affaire, soit lorsque la demande n'entre pas dans le cadre du litige soumis au juge du fond [3], soit lorsque la mesure sollicitée ne figure pas au nombre de celles qu'un juge de la mise en état peut prononcer [4].

125.23 Juge aux affaires familiales (JAF). L'article 1073 alinéa 2 C. pr. civ. précise que le juge aux affaires familiales exerce les fonctions de juge des référés.

En application de ce texte, le juge aux affaires familiales est exclusivement compétent pour prendre les mesures rendues nécessaires par l'urgence après le dépôt de la requête en divorce [5].

Avant cette requête en revanche, le président du TGI est seul habilité à prendre les mesures conservatoires que peut justifier l'urgence et notamment celles qui ont trait à la garde des enfants [6].

La compétence exclusive du juge aux affaires familiales pour statuer en référé sur les mesures provisoires requises par l'intérêt des époux ou des enfants, notamment quant à la pension alimentaire, à l'exercice du droit de garde et du droit de visite, se poursuit pendant toute la durée de l'instance en divorce ou séparation de corps, jusqu'au dessaisissement du tribunal (C. pr. civ., art. 1118).

Lorsque le jugement prononçant le divorce est frappé d'appel, la modification des mesures accessoires assorties de l'exécution provisoire, en cas de survenance d'un fait nouveau, ne peut être demandée, selon le cas, qu'au premier président de la cour d'appel ou au conseiller de la mise en état (C. pr. civ., art. 1083).

Quand il y a lieu de statuer, après le prononcé définitif du divorce, sur l'exercice de l'autorité parentale, la pension alimentaire ou la contribution à l'entretien et l'éducation de l'enfant, la demande est présentée, même si un pourvoi en cassation a été formé, au juge des affaires familiales (C. pr. civ., art. 1084).

125.24 Juge de l'exécution. En vertu de l'article L. 213-6 du Code de l'organisation judiciaire, le juge de l'exécution (JEX) connaît des difficultés relatives aux titres exécutoires et des contestations qui s'élèvent à l'occasion de l'exécution forcée, même si elles portent sur le fond du droit à moins qu'elles n'échappent à la compétence des juridictions de l'ordre judiciaire.

Dans les mêmes conditions, il autorise les mesures conservatoires et connaît des contestations relatives à leur mise en œuvre.

Le président du TGI ne peut donc se prononcer en référé sur une contestation relevant de la compétence exclusive du juge de l'exécution.

b)
Restrictions d'ordre externe : matières relevant de la compétence d'autres juridictions

125.31 Annonce. Le président du TGI n'est pas compétent pour statuer sur des mesures se rapportant à des affaires qui, sur le fond, relèvent de la compétence d'une autre juridiction.

125.32 Compétence d'un autre juge des référés de l'ordre judiciaire. La compétence du président du TGI cesse là où un autre juge des référés est spécialement investi de la connaissance du litige [7].

Nous verrons à cet égard que le président du TGI n'est pas compétent pour statuer sur des matières relevant de la compétence du TI, du tribunal de commerce, du conseil des prud'hommes ou du tribunal paritaire des baux ruraux (v. s^{s} n°s 125.11 s., 125.81 s., 125.91 et 125.101).

Cette incompétence n'est cependant pas nécessairement d'ordre public et autorise parfois la saisine du président du TGI, pris en sa qualité de juge des référés de droit commun.

1. Civ. 2e, 21 mai 1979, n° 78-11.723, *Bull. civ.* II, n° 145; *D.* 1979. 511, note Julien – Civ. 2e, 18 mars 1998, n° 96-18.510, *Bull. civ.* II, n° 96.
2. TGI Brest, 9 avr. 1973, *Gaz. Pal.* 1973. 2. 499, note L. B.
3. Paris, 20 janv. 1977, *Gaz. Pal.* 1977. Somm. 341 – Paris, 2 févr. 1994, *Bull. ch. avoués* 1994. 2. 58.
4. TGI Créteil, 22 déc. 1983, *JCP* 1985. IV. 216.
5. TGI Avesnes-sur-Helpe, 19 janv. 1978, *Gaz. Pal.* 1978. Somm. 224.
6. TGI Paris, 13 mai 1976, *JCP* 1976. II. 18396 *bis*, note Lindon.
7. ESTOUP, n° 29.

125.33 Compétence des juridictions pénales. Aucun juge des référés ne peut statuer sur des questions qui relèvent de la compétence pénale des juridictions répressives[1].

Cette interdiction, qui s'applique à tous les juges des référés et pas seulement au président du TGI, prive ce magistrat notamment du pouvoir de statuer sur une restitution d'objets placés sous scellés[2], d'ordonner une expertise destinée à rechercher les éléments constitutifs d'une infraction[3], de se prononcer sur la validité de la saisie de certains documents par la police judiciaire[4].

Le juge des référés peut néanmoins connaître de demandes liées directement ou indirectement à une instance pénale.

Ainsi l'article 5-1 du Code de procédure pénale dispose que la juridiction civile, saisie en référé, demeure compétente pour ordonner toutes mesures provisoires relatives aux faits qui sont l'objet de poursuite, lorsque l'existence de l'obligation n'est pas sérieusement contestable.

De même, en matière de contrainte judiciaire, qui remplace l'ancienne contrainte par corps, l'article 759 du Code de procédure pénale prévoit que les personnes contre lesquelles cette contrainte a été décernée peuvent en prévenir ou faire cesser les effets, soit en payant une somme suffisante pour éteindre leur dette, soit en fournissant une caution « *reconnue bonne et valable* ». En cas de contestation, par le receveur des finances, la caution est déclarée, s'il y a lieu, bonne et valable par le président du TGI agissant par voie de référé.

Il faut aussi souligner que le juge des référés peut être amené à connaître d'une infraction pénale et à prononcer des mesures conservatoires ou de remise en état, malgré la compétence exclusive des juridictions pénales pour statuer sur les conséquences de l'infraction.

Il a été ainsi jugé, en cas de diffamation publique envers un magistrat, que le juge des référés était compétent pour interdire sous astreinte l'exposition, la diffusion, la distribution et la mise en vente d'une brochure contenant des propos diffamatoires envers ce magistrat, à l'occasion de l'exercice de ses fonctions et cela malgré l'article 46 de la loi du 29 juillet 1881[5] qui interdit à la juridiction civile de connaître de l'action civile née des délits de diffamation commis envers des fonctionnaires publics, à raison de leurs fonctions ou de leur qualité[6].

1. H. Solus et R. Perrot, *Droit judiciaire privé*, Sirey, 1961, t. 1, n° 1306.
2. Req. 6 mars 1934, *S.* 1935. 1. 212.
3. T. civ. Seine, réf., 16 déc. 1958, *Gaz. Pal.* 1959. 1. 31.
4. Civ. 2e, 17 nov. 1982, NP; *D.* 1983. IR 184.
5. L. 29 juill. 1881 sur la liberté de la presse, *JO* 30 juill., p. 4201.

Nous verrons toutefois que l'action en référé fondée sur la diffamation est soumise à des règles de procédure particulière.

D'une manière plus générale, un fait constitutif d'une infraction pénale peut aussi caractériser un trouble manifestement illicite, au sens de l'article 809 C. pr. civ.[7]

125.34 Compétence des juridictions administratives. Le principe de la séparation des autorités administratives et judiciaires s'oppose à ce qu'un juge des référés de l'ordre judiciaire statue, même à titre provisoire, sur une question de nature administrative[8].

Cette incompétence est d'ordre public et fait partie de celles qui doivent être soulevées d'office par le juge[9].

En application de ce principe il a notamment été décidé que le juge des référés judiciaires était incompétent :

- pour prescrire une expertise en matière de travaux publics[10];

- pour accorder des délais de grâce pour le paiement de droits d'enregistrement après succession[11];

- pour ordonner une expertise en matière de responsabilité administrative[12];

- pour connaître d'un litige relatif à un contrat administratif[13];

- pour commettre, même en cas d'urgence, un mandataire de justice à l'effet d'assurer, dans l'intérêt des usagers, le fonctionnement d'un service public au lieu et place d'un concessionnaire défaillant[14];

- pour prononcer une mesure dont le résultat serait de mettre obstacle à l'exécution d'un arrêté administratif[15];

- pour connaître de l'action tendant à l'enlèvement d'une station radioélectrique régulièrement autorisée par l'autorité administrative[16].

Le juge judiciaire des référés est en revanche compétent à chaque fois que le litige ne met en cause aucune prérogative de puissance publique et n'impli-

6. Civ. 2e, 3 mai 1985, n° 83-16.953, *Bull. civ.* II, n° 89; *JCP* 1985. IV. 243.
7. Com. 19 oct. 1999, n° 97-18.490, *Bull. civ.* IV, n° 175.
8. Cézar-Bru, Hébraud, Seignolle, Odoul, t. I, nos 78 s. – T. confl. 19 mai 1917, *S.* 1923. 3. 46 – Cass., ass. plén., 18 juin 1963, n° 60-10.969, *Bull. ass. plén.*, n° 2; *D.* 1963. 601, concl. Lindon – Civ. 1re, 10 mai 1983, n° 82-11.755, *Bull. civ.* I, n° 144 – Civ. 3e, 19 oct. 1988, n° 86-19.479, *Bull. civ.* III, n° 144.
9. Civ. 19 févr. 1900, *DP* 1990. 1. 506.
10. Civ. 19 févr. 1900, préc. ss prést n°.
11. Civ. 2e, 5 mars 1958, n° 1.864, *Bull. civ.* II, n° 174.
12. Cass., ass. plén., 18 juin 1963, n° 60-10.969, préc. ss prést n°.
13. Com. 1er juill. 1952, *Gaz. Pal.* 1952. 2. 211.
14. Civ. 16 avr. 1935, *DH* 1935. 297.
15. Caen, 28 juin 1966, *S.* 1967. 2. 237 – CE 15 mars 1856, *D.* 1857. 2. 3.
16. Civ. 1re, 17 oct. 2012, n° 10-26.854, *Bull. civ.* I, n° 207 – Civ. 3e, 19 déc. 2012, n° 11-23.566, *Bull. civ.* III, n° 198.

que aucune appréciation sur la validité ou l'interprétation d'un acte administratif ou encore sur une éventuelle responsabilité d'un établissement public[1].

Il est ainsi compétent quand il s'agit d'appliquer les prescriptions claires et précises d'un acte ou d'un contrat administratif[2], pour ordonner les mesures destinées à assurer l'exécution d'une décision administrative[3], pour connaître d'une contestation liée à l'exécution d'une convention de droit privé passée par une personne morale de droit public[4].

Il est également compétent pour ordonner une mesure d'instruction avant tout procès, lorsqu'une incertitude existe quant à la compétence sur le fond du litige ou si le litige potentiel est de nature à relever, ne serait-ce qu'en partie, de la compétence des juridictions judiciaires[5].

Il est enfin compétent en cas d'emprise irrégulière ou voie de fait[6], laquelle n'est constituée que par un acte de l'administration portant gravement atteinte au droit de propriété ou à une liberté fondamentale des individus, manifestement insusceptible de se rattacher à l'application d'un texte législatif ou réglementaire et à l'exercice d'un pouvoir appartenant à l'administration[7].

B. Compétences particulières du président du tribunal de grande instance

125.40 **Plan.** De nombreux textes attribuent compétence au président du TGI pour statuer en référé sur certains litiges.

Il faut mettre à part les cas dans lesquels le magistrat est saisi « en la forme » des référés.

1. Civ. 1re, 14 mai 1996, no 94-13.313, *Bull. civ.* I, no 208; *D.* 1996. IR 187 – TGI Paris, réf., 12 juill. 1996, no 59013/96, inédit.
2. T. confl. 10 févr. 1949, *Lebon* 591 – Civ. 1re, 6 oct. 2010, no 09-12.686, *Bull. civ.* I, no 194; *D.* 2010. 2440; *AJDA* 2010. 2389; *AJDI* 2011. 391.
3. Civ. 1re, 22 juin 1983, no 82-12.872, *Bull. civ.* I, no 185.
4. Civ. 1re, 18 nov. 1975, no 74-13.784, *Bull. civ.* I, no 335; *D.* 1976. IR 51.
5. T. confl. 17 oct. 1988, no 2530B, *Lebon* 495; *AJDA* 1989. 458, note Gilli; solution confirmée par de nombreuses décisions du Tribunal des conflits et du Conseil d'État, Rép. contentieux administratif, vo *Référés (Référé constat et référé instruction)*, no 40 – T. confl. 5 juill. 1999, no 99-03.162, *Bull. T. confl.*, no 23; *D.* 1999. IR 255 – Civ. 1re, 17 oct. 2007, no 06-21.054, *Bull. civ.* I, no 327; *D.* 2008. 2820, obs. Delebecque, Bretzner et Vasseur.
6. T. confl. 30 oct. 1947, Barinstein, *JCP* 1947. II. 3966, note Fréjaville – Sur cette notion, CÉZAR-BRU, HÉBRAUD, SEIGNOLLE, ODOUL, t. I, no 85; ou de voie de fait : T. confl. 10 juill. 1947, *S.* 1948. 3. 1.
7. Sur cette notion, v. H. Solus et R. Perrot, *Droit judiciaire privé*, Sirey, 1961, t. 1, no 1309 et réf. citées – S. Petit, *La voie de fait administrative*, « Que sais-je ? », PUF, 1995.

1° Référés prévus par des textes spéciaux : quelques exemples

125.41 **Annonce.** Sans prétendre être exhaustif, peuvent être citées les compétences particulières suivantes :

125.42 **Atteintes à l'intimité de la vie privée.** Après avoir posé le principe selon lequel chacun a droit au respect de sa vie privée, l'article 9 du Code civil précise que les juges peuvent, sans préjudice de la réparation du dommage subi, prescrire toutes mesures, telles que séquestre, saisie et autres propres à empêcher ou faire cesser l'atteinte.

125.43 **Présomption d'innocence.** L'article 9-1 du Code civil (introduit par L. 4 janv. 1993, et L. 24 août 1993; mod. en dernier lieu par L. no 2000-516, 15 juin 2000, art. 91[8]), permet à toute personne qui aura été présentée publiquement, avant toute condamnation, comme étant coupable de faits faisant l'objet d'une enquête ou d'une instruction d'obtenir en référé la publication d'un communiqué destiné à faire cesser l'atteinte à la présomption d'innocence.

Il n'y a atteinte à la présomption d'innocence que si l'écrit ou les propos litigieux comportent une affirmation prématurée de la culpabilité pénale d'une personne[9].

Seule une condamnation pénale irrévocable fait disparaître le respect dû à la présomption d'innocence[10].

125.44 **Droit de réponse.** L'article 6 de la loi no 82-652 du 29 juillet 1982[11] sur la communication audiovisuelle donne le droit à la personne visée, dans le cadre d'une activité de communication audiovisuelle, par des imputations susceptibles de porter atteinte à son honneur ou à sa réputation, de saisir le président du TGI, en cas de refus ou de silence gardé sur la demande de diffusion d'un droit de réponse, pour voir ordonner sous astreinte la diffusion de la réponse.

La même voie procédurale peut être utilisée, malgré le silence de l'article 13 de la loi du 29 juillet 1881, en cas de mise en cause d'une personne dans un journal écrit ou périodique.[12]

8. L. no 2000-516, 15 juin 2000, renforçant la protection de la présomption d'innocence et les droits des victimes, *JO* 16 juin, p. 9038.
9. Civ. 2e, 8 juill. 2004, no 01-10.426, *Bull. civ.* II, no 387; *D.* 2004. 2956, note Bigot; *D.* 2005. 247, chron. Morvan; *RTD civ.* 2005. 176, obs. Théry – Civ. 1re, 10 avr. 2013, no 11-28.406, *Bull. civ.* I, no 77.
10. Civ. 1re, 12 nov. 1998, no 96-17.147, *Bull. civ.* I, no 313; *D.* 1999. 165, obs. Dupeux; *RTD civ.* 1999. 62, obs. Hauser.
11. L. no 82-652, 29 juill. 1982, sur la communication audiovisuelle, *JO* 30 juill., p. 2431.
12. Paris, 29 févr. 1988, *D.* 1988. IR 96 – Paris, 12 mai 1995, *D.* 1997. Somm. 71, obs. Dupeux – Civ. 1re, 3 avr. 2007, no 06-19.225, *Bull. civ.* I, no 149.

Un nouveau cas de référé en droit de la presse a été créé par la loi n° 2007-297 du 5 mars 2007[1], qui a introduit dans la loi du 29 juillet 1881, un article 50-1 qui dispose que « *lorsque les faits visés par les articles 24 et 24* bis *résultent de messages ou informations mis à la disposition du public par un service de communication au public en ligne et qu'ils constituent un trouble manifestement illicite, l'arrêt de ce service peut être prononcé par le juge des référés, à la demande du ministère public et de toute personne physique ou morale ayant intérêt à agir* ».

125.45 **Respect des droits des époux.** L'article 1290 C. pr. civ. dispose que les mesures urgentes prévues à l'article 220-1 du Code civil sont prescrites par le juge aux affaires familiales statuant en référé ou, en cas de besoin, par ordonnance sur requête.

125.46 **Copropriété.** Diverses dispositions du droit de la copropriété prévoient l'intervention du président du TGI, statuant en référé, notamment pour :

- désigner un administrateur provisoire de la copropriété, en cas d'empêchement ou de carence du syndic (Décr. 17 mars 1967, art. 49);

- habiliter un copropriétaire ou un mandataire de justice à l'effet de convoquer l'assemblée générale des copropriétaires (Décr. 17 mars 1967, art. 50).

125.47 **Propriété intellectuelle.** Dans le domaine de la propriété intellectuelle, l'utilisation des procédures d'urgence a été modifiée profondément par les dispositions de la loi n° 2007-1544 du 29 octobre 2007[2].

En ce qui concerne **la propriété littéraire et artistique**, l'article L. 332-1 du Code de la propriété intellectuelle règle les conditions dans lesquelles peut être autorisée la saisie des exemplaires constituant une reproduction illicite d'une œuvre protégée.

Selon l'article L. 332-2 du même code, la mainlevée ou le cantonnement des effets de la saisie peut être demandé au président du TGI statuant en référé.

Il peut aussi sur la base du même article être demandé au président du tribunal d'autoriser la reprise de la fabrication ou des représentations ou exécutions publiques, sous l'autorité d'un administrateur constitué séquestre, pour le compte de qui il appartiendra, des produits de cette fabrication ou de cette exploitation.

Le président du TGI peut, s'il fait droit à la demande du saisi ou du tiers saisi, ordonner à la charge du demandeur la consignation d'une somme affectée à la garantie des dommages-intérêts auxquels l'auteur pourrait prétendre.

Pour les **autres droits de propriété intellectuelle**, les textes antérieurs à la loi du 29 octobre 2007 prévoyaient, en matière de contrefaçon de brevet d'invention ou de marque (CPI, anc. art. L. 615-3 et anc. L. 716-6), une procédure originale de saisine du président du TGI statuant en la forme des référés pour ordonner notamment l'interdiction de la poursuite des actes argués de contrefaçon, étant précisé que cette procédure ne pouvait être engagée qu'après saisine des juges du fond.

Comme nous le verrons plus loin, la loi du 29 octobre 2007 a créé des procédures d'urgence permettant la saisine du président du tribunal en référé (sur la distinction des procédures de référé et des procédures en la forme des référés, v. s[s] n° 125.61), en étendant cette procédure à l'ensemble des droits de propriété intellectuelle autres que la propriété littéraire et artistique.

125.48 **En matière bancaire.** L'article L. 131-35 du Code monétaire et financier fait obligation au juge des référés d'ordonner la mainlevée d'une opposition au paiement d'un chèque, formée pour une autre cause que l'une de celles limitativement prévues par le texte.

De même, à propos de l'interdiction bancaire d'émettre des chèques, l'article L. 131-79 du Code monétaire et financier, modifié par la loi n° 2010-737 du 1er juillet 2010[3], donne le pouvoir au juge des référés d'ordonner la suspension de l'interdiction, « *en cas de contestation sérieuse* ».

125.49 **Vente de fonds de commerce.** L'article L. 141-15 du Code de commerce (anc[t] L. 17 mars 1909, art. 3, al. 5 et 6) prévoit au bénéfice du vendeur, en cas d'opposition au paiement du prix, un recours devant le juge des référés qui peut l'autoriser à toucher son prix malgré l'opposition, dans les conditions prévues par le texte.

125.50 **Sociétés.** Malgré le caractère commercial des entreprises concernées, diverses dispositions du Code de commerce donnent compétence au président du TGI pour se prononcer en référé sur certaines demandes, par exemple :

- l'identification des détenteurs de titres au porteur, dans les sociétés par actions (C. com., art. L. 228-2, réd. Ord. n° 2009-15, 8 janv. 2009);

- la réduction de la rémunération du représentant de la masse (porteurs d'obligations) (C. com., art. R. 228-63);

- la désignation d'un mandataire chargé de convoquer l'assemblée des obligataires (C. com., art. L. 228-58 et R. 228-65);

1. L. n° 2007-297, 5 mars 2007, relative à la prévention de la délinquance, *JO* 7 mars, p. 4297.
2. L. n° 2007-1544, 29 oct. 2007, lutte contre la contrefaçon, *JO* 30 oct., p. 17775.
3. L. n° 2010-737, 1er juill. 2010, portant réforme du crédit à la consommation, *JO* 2 juill., p. 12001.

– cette compétence est également retenue pour diverses mesures concernant la liquidation des sociétés titulaires d'un office de greffier de tribunal de commerce (C. com, art. R. 743-73 et R. 743-114) ou des sociétés de commissaires aux comptes (C. com., art. R. 822-144).

Lorsqu'il y a lieu à dissolution d'une société civile professionnelle, le liquidateur de cette société est, à défaut de désignation par la majorité des associés, nommé par ordonnance de référé, à la requête de l'un des associés ou du procureur de la République.

Dans les mêmes conditions le liquidateur nommé conformément aux statuts peut être remplacé pour cause d'empêchement ou tout autre motif grave (v. par ex. : Décr. n° 67-868, 2 oct. 1967, art. 65 et 74, relatif aux sociétés de notaires – Décr. n° 69-763, 24 juill. 1969, art. 65, pour les commissaires-priseurs).

125.51 **Poursuites disciplinaires.** Les articles 32 et 33 de l'ordonnance n° 45-1418 du 28 juin 1945 relative à la discipline des notaires et de certains officiers ministériels (avoués, huissiers, commissaires-priseurs) prévoient le recours au président du TGI statuant en référé pour prononcer, en cas d'urgence, la suspension provisoire de l'officier public ou ministériel, si des vérifications ou inspections, ont laissé apparaître des risques pour les fonds, effets ou valeurs qui sont confiés à l'officier public ou ministériel à raison de ses fonctions.

125.52 **Droit du travail.** L'article L. 4732-1 du Code du travail autorise l'inspecteur du travail à saisir le juge des référés, lorsqu'il constate sur un chantier une infraction aux dispositions légales ou réglementaires susceptible de créer un risque sérieux d'atteinte à l'intégrité physique des travailleurs.

Le juge a la possibilité, éventuellement sous astreinte, d'enjoindre à l'employeur de prendre toutes dispositions propres à faire cesser ce risque.

125.53 **Distribution de deniers.** Par décret n° 96-740 du 14 août 1996 [1] a été inséré au Code de procédure civile un chapitre intitulé « *la distribution des deniers en dehors de toute procédure d'exécution* » et comprenant les articles 1281-1 à 1281-12.

Aux termes du premier de ces textes « *s'il y a lieu, en dehors de toute procédure d'exécution, de répartir une somme d'argent entre créanciers, et hors les cas où cette somme proviendrait de la vente d'un immeuble, la partie la plus diligente peut se pourvoir en référé devant le président du tribunal de grande instance dans le ressort duquel demeure le débiteur, lequel désigne une personne chargée de la distribution* [...] ».

1. Décr. n° 96-740, 14 août 1996, instituant une procédure de distribution des deniers en dehors de toute procédure d'exécution et modifiant le Code de l'organisation judiciaire et le Nouveau Code de procédure civile, *JO* 23 août, p. 12679.

2°
Cas où le président du tribunal de grande instance statue en la forme de référés

125.61 **Notion et exemples.** En certaines circonstances, le législateur spécifie que le président du TGI statue « *en la forme de référés* » ou « *comme en matière de référé* ». On trouve des exemples de cette nature en diverses matières, notamment :

Dans le domaine de **l'indivision**, selon l'article 815-6 du Code civil, le président du TGI peut prescrire et autoriser toutes les mesures urgentes que requiert l'intérêt commun.

La procédure applicable en ce domaine n'est pas soumise aux conditions du référé. La Cour de cassation s'est prononcée en effet en faveur de l'exclusion des conditions des articles 808 [2] et 809 C. pr. civ. [3]

Les décisions prises selon cette procédure sont donc des décisions de fond qui peuvent notamment « *préjudicier au principal* » :

– en matière **d'arbitrage**, lorsque le président du TGI est invité à régler les difficultés de constitution du tribunal arbitral (C. pr. civ., art. 1460, mod. par Décr. n° 2011-48, 13 janv. 2011 [4]);

– en matière d'***exequatur*** de jugements étrangers, lorsqu'une convention internationale le prévoit (v. en particulier les conventions d'*exequatur* conclues par la France avec certains pays d'Afrique [5]);

– en matière de **copropriété** (L. 10 juill. 1965, art. 29-1);

– en matière de **servitude de cour commune** (C. urb., art. L. 471-1 et R. 471-1 à R. 471-5);

– en matière **d'expropriation**, pour le règlement des difficultés relatives à l'exécution des décisions du juge de l'expropriation (C. expr., art. R. 13-39);

– en matière de **société civile**, lorsque la valeur des droits sociaux est contestée (C. civ., art. 1843-4);

– le contentieux de la passation des marchés de travaux passés par certaines personnes publiques ou privées non soumises au Code des marchés publics, prévu par les articles 2 de l'ordonnance n° 2009-515 du 7 mai 2009 [6] et 1441-1 s. C. pr. civ;

Dans tous les cas l'emprunt au référé se limite à la procédure qui doit être suivie.

2. Civ. 1re, 16 févr. 1988, n° 86-16.489, *Bull. civ.* I, n° 45.
3. Civ. 1re, 8 janv. 1991, n° 89-15.271, *Bull. civ.* I, n° 11; *RTD civ.* 1991. 780, obs. Patarin – Civ. 1re, 3 févr. 2004, n° 01-02.758, *Bull. civ.* I, n° 32.
4. Décr. n° 2011-48, 13 janv. 2011, portant réforme de l'arbitrage, *JO* 14 janv., p. 777.
5. Chatin et Sturlese, *Recueil pratique des Conventions sur l'entraide judiciaire internationale*, Doc. fr., 1990 – Civ. 1re, 6 mars 2013, n° 13-30.134, *Bull. civ.* I, n° 33.
6. Ord. n° 2009-515, 7 mai 2009, relative aux procédures de recours applicables aux contrats de la commande publique, *JO* 8 mai, p. 7796.

Le juge est le juge du fond de la contestation et rend sur celle-ci, non une ordonnance provisoire, mais un véritable jugement ayant l'autorité de la chose jugée. Il ne pourrait dès lors « *renvoyer l'affaire au principal* » au prétexte d'une contestation sérieuse, qu'il lui appartiendra de trancher[1].

Cette solution a été consacrée par un nouvel article 492-1 C. pr. civ., créé par un décret n° 2011-1043 du 1er septembre 2011, qui dispose notamment que « *le juge exerce les pouvoirs dont dispose la juridiction au fond et statue par une ordonnance ayant l'autorité de la chose jugée relativement aux contestations qu'elle tranche* ».

Il est important également de souligner qu'une décision rendue « *en la forme des référés* » ne bénéficiait pas de l'exécution provisoire de droit réservée aux ordonnances de référé[2] sauf disposition contraire[3].

Cette règle est modifiée par le nouvel article 492-1, qui énonce que « *l'ordonnance est exécutoire à titre provisoire, à moins que le juge en décide autrement* ».

Il n'existe pas, pour le **partage des attributions** entre le **juge des référés** et le **juge statuant en la forme des référés**, de règle générale. C'est seulement par une lecture attentive des textes dont il envisage de demander l'application que le plaideur ou son représentant peut déterminer s'il se trouve en présence d'une véritable procédure de référé ou d'une procédure au fond n'empruntant au référé que les modes de saisine de la juridiction.

De même, le juge doit prêter une attention particulière à cette procédure, sous peine de censure de « l'ordonnance de référé » rendue dans un domaine relevant des décisions en la forme des référés[4].

§ 2
Compétence des autres juridictions des référés de première instance

A.
Compétence du tribunal d'instance

125.71 **Règles générales.** La compétence de principe du président du TI pour statuer en référé est fixée par les articles 848 et 849 C. pr. civ., rédigés en des termes presque identiques à ceux des articles 808 et 809 C. pr. civ.

Le président du TI peut dès lors, dans tous les cas d'urgence, ordonner en référé toutes les mesures qui ne se heurtent à aucune contestation sérieuse ou que justifie l'existence d'un différend.

Il peut aussi, même en présence d'une contestation sérieuse, prescrire en référé les mesures conservatoires ou de remise en état qui s'imposent, soit pour prévenir un dommage imminent, soit pour faire cesser un trouble manifestement illicite.

Il peut enfin, dans les cas où l'existence de l'obligation n'est pas sérieusement contestable, accorder une provision au créancier ou ordonner l'exécution de l'obligation même s'il s'agit d'une obligation de faire.

Une précision importante est donnée par les textes : le président du TI ne peut exercer l'un ou l'autre de ces pouvoirs que lorsque la demande dont il est saisi se rapporte à une affaire pour laquelle le TI est lui-même compétent sur le fond.

Il est ainsi, notamment, incompétent pour allouer une provision d'un montant supérieur à 10 000 euros (COJ, art. R. 221-41).

125.72 **Règles particulières.** Il existe néanmoins de nombreuses hypothèses dans lesquelles des textes particuliers attribuent compétence exclusive au juge des référés du TI. Parmi celles-ci, citons :

– L'article R. 221-38, modifié par le décret n° 2009-1693 du 29 décembre 2009[5], du Code de l'organisation judiciaire selon lequel le TI connaît des actions dont le contrat de louage d'immeuble est l'objet, la cause ou l'occasion. En vertu de l'article R. 221-5 du COJ, le président du TI est également compétent pour statuer sur une demande d'expulsion d'un occupant sans droit ni titre de locaux d'habitation.

Il convient de préciser que la compétence du TI se trouve exclue au profit du TGI ou de son président par l'article R. 211-4, 11°, du Code de l'organisation judiciaire pour toutes les contestations en matière de baux à loyer d'immeubles ou de locaux à usage commercial, industriel ou artisanal régis par les articles L. 145-1 s. du Code de commerce.

L'article L. 313-12 du Code de la consommation qui permet au juge d'instance, statuant en référé, de suspendre l'obligation du débiteur dans les conditions des articles 1244-1 à 1244-3 du Code civil.

125.73 **Prorogation de compétence.** La plénitude de juridiction du TGI, qui a une aptitude virtuelle à connaître de tout le contentieux privé pour lequel il n'existe pas de procédure particulière impérative[6] lui permet, à défaut de contestation de sa compétence

1. H. Solus et R. Perrot, *Droit judiciaire privé*, Sirey, 1961, t. III, n° 1270 – Civ. 2e, 4 juill. 2007, n° 06-18.894, NP.
2. *Gaz. Pal.* 1973. 2. 688, note Morand.
3. Civ. 3e, 4 janv. 1973, n° 71-13.200, *Bull. civ.* III, n° 20; *D.* 1973. 398, note Franck; *Gaz. Pal.* 688, note Morand.
4. Civ. 1re, 17 sept. 2003, n° 01-14.583, *Bull. civ.* I, n° 177 – Civ. 1re, 13 mars 2007, n° 06-11.683, *Bull. civ.* I, n° 105.
5. Décr. n° 2009-1693, 29 déc. 2009, relatif à la répartition des compétences entre le tribunal de grande instance et le tribunal d'instance, *JO* 31 déc., p. 23109.
6. Guinchard, Chainais et Ferrand, 30e éd., 2010, n° 2094.

par les parties, de se prononcer sur une demande relevant en principe des attributions du TI.

Tel est le cas notamment, en application de l'article 41 C. pr. civ., lorsque le montant de la demande est inférieur au taux de compétence du TGI.

En revanche, chaque fois que le TI est investi d'une compétence exclusive (par ex. en matière de bail d'habitation) le TGI (ou son président en référé) ne peut statuer.

Il convient toutefois de souligner qu'à défaut de texte contraire, le juge n'est pas tenu de soulever d'office son incompétence d'attribution, même d'ordre public[1].

Inversement, pour le juge des référés du TI, lorsque son incompétence de principe tient seulement à la valeur de la demande, l'article 41 alinéa 1er susvisé C. pr. civ. autorise une prorogation de compétence à son profit[2].

B. Compétence du président du tribunal de commerce

125.81 Règles générales. En principe, le juge des référés commerciaux est compétent lorsqu'il s'agit d'un différend qui, par sa nature commerciale, relève quant au fond des attributions du tribunal de commerce[3].

Il est ainsi compétent, dans les contestations concernant les sociétés commerciales, pour désigner un administrateur provisoire, ordonner la remise provisoire à un séquestre d'un bien litigieux entre les parties, prescrire une mesure d'instruction, *etc.*

Il peut aussi intervenir dans le but de discipliner la concurrence, pour imposer la suspension d'une activité commerciale illicite, mettre fin à des faits de concurrence déloyale ou de publicité mensongère, *etc.*

Il sera fréquemment invité à statuer, à titre provisionnel, sur une créance commerciale (pour les applications les plus courantes du référé commercial v. ESTOUP[4]).

Enfin, de nombreux textes du Code de commerce lui donnent compétence pour statuer, selon les cas, en référé ou en la forme des référés sur différents types de demandes.

Il est par exemple compétent, en référé, pour désigner un mandataire chargé d'accomplir des formalités de publicité en matière de sociétés (C. com., art. R. 210-18) ou convoquer une assemblée générale (C. com., art. R. 223-20, R. 225-62 et R. 225-65), pour proroger certains délais (C. com., art. R. 221-10), pour désigner un expert aux fins d'évaluation des droits sociaux (C. com., art. R. 228-23)...

Lorsqu'il statue comme juge des référés, le président du tribunal de commerce a des **pouvoirs limités** et ne peut notamment trancher des questions relevant de la seule appréciation des juges du fond. Il a par exemple été jugé, pour l'injonction de communication de documents sociaux prévue par l'article L. 238-1 du Code de commerce, qu'il n'entre pas dans les pouvoirs du juge des référés saisi sur ce fondement d'apprécier si une convention visée par l'article L. 225-39 du même code entre ou non dans la catégorie des conventions courantes conclues à des conditions normales ou si, en raison de son objet ou de ses implications financières, elle n'est significative pour aucune des parties[5].

Il statue en revanche en la forme des référés, c'est-à-dire avec les pouvoirs d'un juge du fond, dans d'autres hypothèses, telles la révocation des administrateurs élus par salariés d'une société anonyme (C. com., art. L. 225-32), la nomination d'un commissaire aux comptes pour une société en nom collectif (C. com., art. R. 221-5), la désignation d'un expert chargé de présenter un rapport sur une opération de gestion d'une société anonyme (C. com., art. R. 225-163)...

125.82 Prorogation de compétence. Mises à part les matières qui relèvent de la compétence exclusive des juridictions consulaires (en particulier la procédure de sauvegarde concernant les commerçants et les sociétés commerciales), certains différends commerciaux peuvent être soumis à la formation des référés du TGI.

Il en va ainsi par exemple en matière de référé-provision, lorsqu'un demandeur saisit, sans contestation de la part du défendeur, le président du TGI. La compétence de ce magistrat peut aussi être retenue par certains textes ou même par la jurisprudence :

– l'article L. 141-15 du Code de commerce sur la vente du fonds de commerce donne compétence au président du TGI pour statuer sur les difficultés relatives aux oppositions au paiement du prix de vente (v. ss no 125.49);

– nous avons déjà vu (v. ss no 125.50) que le président du TGI était compétent pour certaines demandes relatives aux sociétés commerciales;

1. Civ. 1re, 2 déc. 1975, no 73-11.402, *Bull. civ.* I, no 354; *JCP* 1976. II. 18390, note Chartier; *J.-Cl. pr. civ.*, fasc. 718; *J.-Cl. Sociétés*, fasc. 66; *J.-Cl. Civ.*, art. 1421-1432; *J.-Cl. Notarial*, (1re partie : Rép. Doctr.) vo *Communauté conjugale*, fasc. J1; *J.-Cl. Notarial*, (2e partie : Formulaire) vo *Régimes matrimoniaux*, fasc. D – Civ. 2e, 29 nov. 1978, no 76-15.612, *Bull. civ.* II, no 252.
2. H. Solus et R. Perrot, *Droit judiciaire privé*, Sirey, 1961, t. 1, no 1315.
3. H. Solus et R. Perrot, *Droit judiciaire privé*, Sirey, 1961, t. 1, no 1316 – Rép. pr. civ., vo *Référé commercial*, par Bruschi, no 3.
4. ESTOUP, 1998, nos 178 s.
5. Com. 26 févr. 2008, no 07-15.269, *Bull. civ.* IV, no 45.

– à défaut de volonté contraire des parties à la convention d'arbitrage, c'est en principe le président du TGI qui est compétent pour statuer sur les difficultés de constitution du tribunal arbitral (C. pr. civ., art. 1459, mod. par Décr. n° 2011-48, 13 janv. 2011) ;

– il n'est plus enfin contesté, depuis un arrêt de la troisième chambre civile de la Cour de cassation du 26 juin 1991 [1], que le magistrat compétent pour statuer, en matière de bail commercial, sur l'application de l'article L. 145-41 du Code de commerce est le président du TGI, même si tous les signataires du bail ont la qualité de commerçant [2]).

C.
Compétence de la formation des référés du conseil des prud'hommes

125.91 Juridiction d'exception. La formation des référés du conseil des prud'hommes tient des articles R. 1455-5 et R. 1455-6 du Code du travail les mêmes pouvoirs, aux mêmes conditions, que le président du TGI en vertu des articles 808 et 809 C. pr. civ. (sur ces pouvoirs et conditions, v. s^s n°s 125.131 s.).

Mais, à l'instar des autres juridictions d'exception, la compétence de la formation des référés du conseil des prud'hommes correspond très exactement à celle du conseil des prud'hommes lui-même.

Cette formation est donc compétente pour connaître des demandes se rapportant à des litiges nés à l'occasion des relations individuelles de travail entre employeurs et salariés : délivrance d'un bulletin de paye ou d'un contrat de travail, réintégration d'un salarié protégé irrégulièrement licencié, suspension des effets d'une sanction disciplinaire irrégulièrement prononcée, octroi d'une provision au salarié lorsque l'existence de l'obligation n'est pas sérieusement contestable, *etc.*

En revanche la formation des référés du conseil des prud'hommes n'est pas compétente pour prescrire des mesures concernant un conflit collectif du travail : l'expulsion de grévistes occupant les lieux du travail ou le règlement des incidents affectant le fonctionnement des comités d'entreprise sont notamment de la compétence du président du TGI [3].

1. Civ. 3e, 26 juin 1991, n° 89-19.489, *Bull. civ.* III, n° 191 ; *D.* 1993. 3, note Reinhard ; *JCP E* 1992. II. 311, note Dumortier ; *JCP* 1992. 21901, note Cohen-Trumer et Lévy ; *JCP N* 1993. 249, note Cohen-Trumer et Lévy ; *Journ. not. et av.* 6 janv. 1992, n° 1, p. 66, note Fabre.
2. Lamy, v^{is} *Baux commerciaux, Règlement des litiges relatifs aux baux commerciaux, Compétence,* n°s 3050 s.
3. H. Solus et R. Perrot, *Droit judiciaire privé*, Sirey, 1961, t. 1, n° 1317 – Guinchard, Chainais et Ferrand, 30e éd., 2010, n° 2090.

D.
Compétence du président du tribunal paritaire des baux ruraux

125.101 Litige relevant du tribunal paritaire. Ce magistrat est compétent pour prescrire, dans les conditions prévues par les articles 893 et 894 C. pr. civ., analogues à celles que prévoient les articles 808 et 809 du même Code (v. s^s n°s 125.131 s.) toutes les mesures relatives à un litige relevant par sa nature de la compétence du tribunal paritaire [4].

§ 3
Compétence de la cour d'appel ou du premier président de la cour d'appel

125.111 Renvoi. Dans le cadre de la présentation de la compétence d'attribution de chaque juridiction, il suffit d'indiquer avant que ces questions soient ultérieurement approfondies :

– que l'appel des décisions de référé prononcées par des juridictions de première instance est porté devant la cour d'appel elle-même (v. s^s n° 323.181) ;

– que le premier président de la cour d'appel est compétent, dans les cas d'urgence et lorsqu'il y a appel, pour ordonner en référé toutes les mesures qui ne se heurtent à aucune contestation sérieuse ou que justifie l'existence d'un différend (v. s^s n°s 125.360 s.) ;

– que le même magistrat peut, au cours de l'instance d'appel, suspendre l'exécution des jugements improprement qualifiés en dernier ressort ou exercer les pouvoirs qui lui sont conférés en matière d'exécution provisoire (v. s^s n°s 125.420 s.).

SECTION 2
Compétence territoriale

125.121 Application des règles de droit commun. En principe, sont applicables aux procédures de référé les règles de droit commun prévues par les articles 42 et suivants C. pr. civ. : la compétence de principe est celle de la juridiction du lieu où demeure le défendeur.

125.122 Particularités. Sans qu'il soit question de véritables exceptions, les procédures de référé comportent néanmoins certaines particularités.

Il est ainsi admis que le demandeur puisse saisir la juridiction du lieu où est né l'incident ou celle dans le ressort de laquelle les mesures urgentes doivent être prises [5].

4. Estoup, 1998, n° 204.
5. Civ. 2e, 10 juill. 1991, n° 90-11.815, *Bull. civ.* II, n° 223.

En outre, une clause attributive de compétence territoriale contenue dans un contrat est inopposable à la partie qui saisit le juge des référés [1]. Cette solution est particulièrement bienvenue, précisément dans le cas où la mesure (par ex. une mission de constatation confiée à un huissier de justice ou une expertise) doit être réalisée en un lieu autre que celui qui serait désigné par l'application d'une telle clause.

Cette extension de compétence au profit d'une juridiction différente de celle qui devrait en principe statuer, est également admise dans l'espace de l'Union européenne en application de l'article 31 du règlement CE n° 44/2001 du Conseil du 22 décembre 2000 [2], à condition qu'il y ait un lien de rattachement entre l'objet de la mesure demandée et le tribunal saisi [3].

SECTION 3
CAS ET CONDITIONS DU RÉFÉRÉ

§ 1
Référés généraux devant les juridictions de première instance

125.131 Textes applicables. Aux termes de l'article 808 C. pr. civ., « *dans tous les cas d'urgence, le président du TGI peut ordonner en référé toutes les mesures qui ne se heurtent à aucune contestation sérieuse ou que justifie l'existence d'un différend* ».

Selon l'article 809 du même Code, « *le président peut toujours, même en présence d'une contestation sérieuse, prescrire en référé les mesures conservatoires ou de remise en état qui s'imposent, soit pour prévenir un dommage imminent, soit pour faire cesser un trouble manifestement illicite.*

Dans les cas où l'existence de l'obligation n'est pas sérieusement contestable, il peut accorder une provision au créancier ou ordonner l'exécution de l'obligation même s'il s'agit d'une obligation de faire ».

Les articles 848 et 849 C. pr. civ. pour le TI, 872 et 873 C. pr. civ. pour le tribunal de commerce, 893 et 894 C. pr. civ. pour le tribunal paritaire des baux ruraux, R. 1455-5 et R. 1455-6 du Code du travail pour le conseil de prud'hommes, définissent en des termes identiques les cas et conditions du référé devant les formations des référés de ces juridictions ainsi que les pouvoirs du juge statuant en référé, la seule différence tenant au fait que la compétence du juge des référés de ces juridictions spécialisées est limitée aux matières relevant de leurs attributions (v. s^s^ n°s 125.71 s.).

Les textes précités distinguent quatre types de référé : le référé en cas d'urgence; le référé en cas de dommage imminent ou de trouble manifestement illicite; le référé-provision; le référé injonction.

A.
Référé en cas d'urgence

Bibliographie indicative.
Article. M.-C. Rondeau-Rivier, « Évidence et contestation sérieuse », *Gaz. Pal.* 1991. 2. Doctr. 355.

125.140 Annonce. Les articles 808, 848, 872 et 893 C. pr. civ., et l'article R. 1455-5 du Code du travail, subordonnent l'exercice par le juge des référés de ses pouvoirs (2°) à un certain nombre de conditions (1°).

1°
Conditions du référé

125.150 Contradiction apparente. *A priori* la rédaction des textes peut apparaître surprenante : la contestation sérieuse semble éliminer toute possibilité d'intervention du juge. C'est le principe formulé par les textes susvisés.

Pourtant les mêmes textes ajoutent que la contestation existant entre les parties peut parfois justifier la saisine du juge des référés.

Si, en dépit des apparences, ces textes ne sont pas contradictoires et correspondent en réalité à des hypothèses différentes d'intervention du juge, une condition est en tout cas commune à toutes ces hypothèses : le juge ne peut être saisi et accueillir la demande qu'en cas d'urgence.

Cette forme de référé correspond exactement à la conception d'origine du référé et à la mission classiquement dévolue à ce juge dit du « *provisoire et de l'incontestable* » :

– un juge qui intervient en cas d'urgence;

– un juge qui ne tranche pas le fond du litige opposant les parties, même à titre provisoire;

– un juge qui prend de simples « mesures », c'est-à-dire des dispositions pratiques, non limitativement énumérées et laissées à son appréciation, destinées à préserver les intérêts d'une partie ou à renforcer sa situation, sans nuire de manière irrémédiable aux droits de l'autre partie.

a)
Urgence

125.151 Vérification nécessaire. Le juge des référés, saisi sur le fondement des articles 808, 848, 872,

1. Civ. 2e, 17 juin 1998, n° 95-10.563, *Bull. civ.* II, n° 200 – Com. 25 juin 2002, n° 99-14.761, NP.
2. Règl. CE n° 44/2001 du Conseil, 22 déc. 2000, concernant la compétence judiciaire, la reconnaissance et l'exécution des décisions en matière civile et commercial, *JOCE*, n° L 12, 16 janv. 2001, p. 1.
3. Civ. 1re, 11 déc. 2001, n° 00-18.547, *Bull. civ.* I, n° 313.

893 C. pr. civ. ou R. 1455-5 du Code du travail doit, au besoin d'office, vérifier l'existence de l'urgence[1].

Si sa constatation est ainsi nécessaire, l'existence de l'urgence est souverainement appréciée par le juge[2]; elle peut résulter de la seule mention « *vu l'urgence* »[3] et être implicite, résultant alors des circonstances de fait du litige ayant justifié l'intervention du juge des référés[4].

Dès lors qu'elle dépend ainsi des faits de chaque espèce, l'urgence est difficile à définir[5].

On peut, d'une manière générale, estimer qu'il y a urgence « *quand un retard de quelques jours, peut-être même de quelques heures, peut devenir préjudiciable à l'une des parties* »[6].

125.152 Exemples. Il a ainsi été jugé, à titre d'exemples, et même si dans certains des cas cités l'intervention du juge des référés peut également se justifier sur un fondement autre que l'article 808 C. pr. civ., qu'il y avait urgence :

- lorsque les désordres affectant un immeuble sont susceptibles de blesser les passants[7];

- lorsque la poursuite de travaux jusqu'à leur terme causerait à une partie un préjudice irréparable[8] ou lorsque l'interruption des livraisons de marchandises entre un fournisseur et un client causerait à ce dernier un préjudice irréparable[9];

- lorsqu'un occupant sans droit ni titre se maintient dans un local d'habitation sans régler au propriétaire la moindre indemnité ou lorsqu'aucune circonstance ne justifie d'empêcher le propriétaire d'un bien d'en disposer immédiatement[10];

- lorsque le fonctionnement d'une société est mis en péril par la mésentente de ses dirigeants[11];

- lorsqu'une partie est menacée d'un licenciement imminent[12];

- lorsque la poursuite de l'occupation d'une usine par les grévistes caractérise une violation du droit de propriété ou une entrave à la liberté du travail[13];

- lorsqu'une mesure de garde est devenue dangereuse pour la santé, la moralité ou l'éducation d'un enfant[14];

- lorsque les liens affectifs entre les grands-parents et leur petit-enfant sont menacés par l'opposition des parents à l'exercice du droit de visite[15];

- lorsque les clients d'un cabinet médical font l'objet par voie de distribution de documents publicitaires d'un véritable « racolage » au profit d'un office d'opticiens dans des conditions pouvant faire croire à une entente entre ces médecins et opticiens[16].

125.153 Absence d'urgence. Il a été jugé en revanche qu'il n'y avait pas urgence :

- lorsqu'une personnalité sollicitant la saisie d'une publication pour violation de sa vie privée avait longtemps toléré ou provoqué de semblables atteintes[17];

- lorsqu'un propriétaire, sollicitant l'expulsion d'un locataire ayant reçu congé, ne démontre pas l'intérêt imminent que présente pour lui la libération d'un local dont il n'est nullement prétendu que les loyers restent impayés[18].

Il convient d'ajouter que l'ancienneté d'un litige ne supprime pas nécessairement l'urgence, qui peut précisément être caractérisée par la persistance du différend et l'aggravation du préjudice qui en résulte pour une partie[19] ou par les atermoiements, les manœuvres dilatoires, la mauvaise foi d'un débiteur[20].

De même la Cour de cassation a considéré qu'il n'y avait pas contradiction entre le fait d'accorder des délais pour évacuer les lieux et la condition d'urgence qui justifie la décision d'expulsion[21].

125.154 Principes communs. Quel que soit le caractère relatif et factuel de la notion d'urgence, il existe néanmoins des principes applicables en toute hypothèse :

- l'urgence ne peut résulter que de la nature de l'affaire et non pas des convenances des parties ou des diligences plus ou moins grandes de celles-ci[22];

1. Com. 30 janv. 1980, n° 78-13.334, *Bull. civ.* IV, n° 51.
2. Civ. 1re, 26 avr. 1977, n° 76-11.270, *Bull. civ.* I, n° 188; *D.* 1978. 664, note Tendler.
3. Civ. 2e, 20 nov. 1957, n° 1.740, *Bull. civ.* II, n° 706.
4. Civ. 1re, 20 janv. 1976, n° 74-14.753, *Bull. civ.* I, n° 24 – Com. 6 févr. 2007, n° 03-20.308, NP.
5. Sur la question de la définition de l'urgence, v. not. CÉZAR-BRU, HÉBRAUD, SEIGNOLLE, ODOUL, t. 1, n° 19; ESTOUP, 1990, n° 70; *J.-Cl. pr. civ.*, fasc. 233, nos 10 à 29, Giverdon.
6. GUINCHARD, CHAINAIS et FERRAND, 30e éd., 2010, n° 2134.
7. TGI Paris, 28 oct. 1974, *Gaz. Pal.* 1975. 78.
8. Civ. 3e, 20 oct. 1976, n° 75-11.905, *Bull. civ.* III, n° 364; *JCP* 1976. IV. 362.
9. Colmar, 18 oct. 1972, *D.* 1973. 1. 406, note Cabrillac et Seube.
10. Civ. 2e, 10 déc. 1958, n° 57-11.267, *Bull. civ.* II, n° 823 – Civ. 3e, 16 janv. 2013, n° 11-25.262, *Bull. civ.* III, n° 5.
11. Paris, 22 mai 1965, *JCP* 1965. II. 14274 *bis* – Civ. 1re, 9 juill. 1974, n° 73-12.282, *Bull. civ.* I, n° 222 – Civ. 1re, 17 oct. 2012, n° 11-23.153, NP.
12. Paris, 22 juin 1974, *Gaz. Pal.* 1975. 167.
13. TGI Orléans, 17 mars 1975, *Gaz. Pal.* 1975. 1. 401, note Bonneau; *JCP* 1975. II. 18053, note Groutel – TGI Nevers, 21 mars 1975, *D.* 1975. Somm. 89.
14. T. civ. Seine, 14 mars 1958, *JCP* 1958. II. 10558, note Raynaud.
15. Dijon, 12 janv. 1999, RG n° 98/01979, *D.* 1999. IR 93.
16. Com. 6 févr. 2007, n° 03-20.308, NP, préc. ss n° 125.151.
17. Paris, 15 nov. 1966, *D.* 1967. 181, note Mimin.
18. Paris, 9 janv. 1965, *JCP* 1965. II. 14117, note R. D.; *Rev. loyers* 1965. 37.
19. Paris, 2 oct. 1974, *Gaz. Pal.* 1975. 1. 296.
20. Civ. 2e, 26 févr. 1970, n° 69-10.170, *Bull. civ.* II, n° 72; *D.* 1970. 500; *RTD civ.* 1970. 626, obs. Raynaud.
21. Com. 25 janv. 1954, *Bull. civ.* IV, n° 25 – Civ. 2e, 25 juin 1958, *JCP* 1958. IV. 128 – V. AUSSI, TGI Paris, 1er avr. 1977, *JCP* 1977. 18665, note Seffert.
22. Amiens, 10 févr. 1954, *D.* 1954. 296; *RTD civ.* 1954. 540, obs. Hébraud – T. civ. Metz, 11 mai 1956, *JCP A* 1956. IV. 2874, obs. Madray – V. AUSSI, Normand, *RTD civ.* 1980. 151.

– l'urgence, condition de la régularité de la décision prise en référé, doit s'apprécier au moment où la décision a été rendue et non pas au moment où le juge a été saisi[1].

Il en résulte que, pour statuer sur le mérite de l'appel d'une ordonnance de référé et apprécier l'urgence, la cour d'appel doit se placer, pour ordonner ou refuser des mesures, à la date à laquelle elle rend sa décision[2].

b)

Absence de contestation sérieuse

125.161 Condition nécessaire. L'urgence ne suffit pas à justifier l'intervention du juge des référés.

Celui-ci ne peut exercer les pouvoirs qui lui sont dévolus que si la mesure sollicitée ne se heurte à aucune contestation sérieuse.

La précision doit être bien comprise : l'existence d'une contestation, même sérieuse, n'est pas automatiquement un obstacle à l'intervention du juge des référés. On verra que c'est même parfois une condition de sa saisine (v. s[s] n° 125.171).

La contestation sérieuse ne prive le juge des référés du pouvoir de prescrire une mesure que lorsque celle-ci implique le règlement, par le juge lui-même, de cette contestation[3].

Le moyen pris de l'existence d'une contestation sérieuse ne constituant pas une exception d'incompétence mais concernant l'exercice de ses pouvoirs par la juridiction des référés, il peut être présenté en tout état de cause devant les juges du fond[4].

Le juge qui accueille une demande en référé sur le fondement de l'article 808 C. pr. civ. (ou des autres textes déjà cités concernant les juridictions de première instance spécialisées) doit constater l'absence de contestation sérieuse[5], laquelle, comme l'urgence, s'apprécie à la date de la décision et non pas à celle de la saisine du juge[6].

Il convient à cet égard de préciser que le seul fait qu'une partie ait invoqué une contestation sérieuse ne suffit pas à justifier le rejet d'une demande en référé; il appartient bien évidemment au juge de vérifier le sérieux de la contestation et de passer outre lorsque le caractère peu sérieux de celle-ci apparaît à un examen superficiel du litige[7].

La notion de contestation sérieuse n'est pas facile à définir[8]. D'une manière générale, on entend par contestation sérieuse « *celle que le juge ne peut sans hésitation rejeter en quelques mots* »[9]. Autrement dit, tout dépend de la plus ou moins grande évidence de la solution qu'appelle le point contesté[10].

Il existe, à cet égard, quelques idées directrices qui reposent sur la fonction de juge « *de l'évident et de l'incontestable* » qui est dévolue au juge des référés[11].

125.162 Trancher une question de fond pour justifier la mesure. Il y a ainsi contestation sérieuse et, par conséquent absence de pouvoir du juge des référés dès lors que celui-ci est contraint de trancher une question de fond pour justifier la mesure sollicitée[12]. Cette contestation peut porter notamment sur la réalité de certains faits, la valeur d'éléments de preuve, l'existence, la validité ou l'interprétation d'actes juridiques, la portée d'une règle de droit.

En application de ces principes, le juge des référés ne peut par exemple :

– désigner un expert, non seulement pour examiner les matériels fournis par une société, mais aussi pour fixer les responsabilités[13];

– trancher une question relative à l'existence d'un acte juridique, par exemple un bail[14];

– se prononcer sur la validité[15], la qualification[16] ou l'interprétation[17] d'un acte juridique;

1. Soc. 25 oct. 1962, n° 61-12.490, *Bull. civ.* V, n° 753; *JCP* 1962. II. 12498, note J. A. – Civ. 3e, 10 mai 1977, n° 76-11.012, *Bull. civ.* III, n° 199.
2. Civ. 3e, 5 oct. 1976, n° 75-13.645, *Bull. civ.* III, n° 330; *JCP* 1976. IV. 344 – Paris, 8 févr. 1974, *Gaz. Pal.* 1974. 1. 430.
3. TGI Paris, 26 févr. 1981, *RTD civ.* 1981. 438, obs. Normand – V. AUSSI, Couchez, obs. s[s] Civ. 2e, 17 nov. 1982, NP; *Rev. crit. DIP* 1984. 71.
4. Civ. 3e, 19 mars 1986, n° 84-17.524, *Bull. civ.* III, n° 34; *Gaz. Pal.* 1987. Somm. 55, obs. Guinchard et Moussa.
5. Com. 1er mars 1983, n° 82-10.843, *Bull. civ.* IV, n° 91; *JCP* 1983. IV. 158; *Gaz. Pal.* 1983. 533, n°s 275 à 277, note Bey.
6. Civ. 3e, 22 févr. 1983, n° 81-11.440, *Bull. civ.* III, n° 53.
7. TGI Niort, 23 juill. 1981, *Gaz. Pal.* 1982. Somm. 30.
8. Sur cette définition, v. note Hébraud, *RTD civ.* 1965. 168 – Rousse, *Gaz. Pal.* 1974. Doctr. 837 – Lyonnet, *RJ com.* 1975. 3 – Rondeau-Rivier, *Gaz. Pal.* 1991. Doctr. 355.
9. GUINCHARD, CHAINAIS et FERRAND, 31e éd., 2010, n° 2135.
10. Com. 20 juill. 1971, n° 70-12.808, *Bull. civ.* IV, n° 220.
11. *J.-Cl. pr. civ.*, fasc. 233, n° 31, Giverdon – H. Solus et R. Perrot, *Droit judiciaire privé*, Sirey, 1961, t. 1, n° 31, n° 1277 et les décisions citées faisant référence à ces notions.
12. Civ. 1re, 26 avr. 1978, n° 76-14.424, *Bull. civ.* I, n° 157; *JCP* 1979. II. 19251, note Couchez; *RGAT* 1979. 501 – V. AUSSI, *RTD civ.* 1975. 140 et 143, Normand; *RTD civ.* 1979. 654; *RTD civ.* 1980. 398; *RTD civ.* 1981. 437.
13. Civ. 2e, 19 déc. 1973, n° 72-13.103, *Bull. civ.* II, n° 341; *JCP* 1974. II. 17790, note Assouline; *RTD civ.* 1974. 857, obs. Perrot.
14. Civ. 3e, 17 sept. 2008, n° 07-14.548, NP – Civ. 3e, 1er juin 2010, n° 09-15.488, NP; *AJDI* 2010. 654.
15. Civ. 3e, 7 janv. 1976, n° 74-15.126, *Bull. civ.* III, n° 4 – Com. 21 févr. 1984, n° 82-16.914, *Bull. civ.* IV, n° 73 – Civ. 3e, 27 janv. 1999, n° 96-22.253, *Bull. civ.* III, n° 20.
16. Aix-en-Provence, 4 juin 1987, *JCP* 1988. II. 20917, note Henderycksen – Com. 29 sept. 2009, n° 08-19.937, *Bull. civ.* IV, n° 118; *D.* 2009. 2425, sur l'interdiction faite au juge des référés d'annuler les délibérations de l'assemblée des actionnaires d'une société.
17. Civ. 1re, 26 avr. 1978, n° 76-14.424, *Bull. civ.* I, n° 157; *JCP* 1979. II. 19251, note Couchez; *RGAT* 1979. 501 – Civ. 1re, 4 juill. 2006, n° 05-11.591, *Bull. civ.* I, n° 337 – Civ. 3e, 20 févr. 2007, n° 05-21.303, NP; Com. 17 nov. 2009, n° 08-70.325, NP – Civ. 3e, 1er mars 2011, n° 09-70.930, NP.

- appliquer un contrat lorsqu'est opposée à cette application une exception d'inexécution[1];

- trancher une question relative à la propriété d'un bien[2], ou concernant sa nature mobilière ou immobilière;

- trancher une difficulté sérieuse relative à la capacité juridique d'une personne[3];

- ordonner l'expulsion d'une personne, alors que son absence de tout droit ou titre d'occupation est sérieusement contestable[4];

- ordonner l'expulsion d'un locataire, alors que la validité du commandement, base de l'action en référé, est soumise à l'appréciation de la juridiction compétente au fond[5];

- constater l'acquisition de la clause résolutoire d'un bail commercial, alors que le locataire invoquait une exception d'inexécution tirée du manquement du bailleur à son obligation de réaliser les travaux d'entretien nécessaires[6];

- ordonner un relogement, alors qu'il existe une contestation sérieuse sur le droit pour la partie concernée de bénéficier de ce relogement dans un logement à loyer modéré[7];

- ordonner la réintégration d'un représentant du personnel dont l'autorisation administrative de licenciement a été annulée par le ministre du Travail, alors que la décision de celui-ci est contestée[8];

- ordonner la communication par une banque de documents, alors que cette banque invoquait une contestation sérieuse tirée de l'absence d'obligation d'archivage des documents vieux de plus de dix ans[9].

125.163 Interprétation et portée de dispositions légales. De même, il y a contestation sérieuse en cas d'incertitude quant à l'interprétation et à la portée de certaines dispositions légales[10].

Il y a encore contestation sérieuse à chaque fois que l'un des moyens de défense opposés à la demande en droit ou en fait, n'apparaît pas manifestement vain et lorsqu'existe une incertitude sur le sens dans lequel trancherait le juge du fond[11].

Constitue par exemple une contestation sérieuse le fait qu'il n'apparaît pas à l'évidence qu'une loterie, des jeux et des concours portent atteinte à l'ordre public et tombent sous le coup de la loi pénale[12].

Dans la même perspective et toujours à titre d'exemples, l'absence d'évidence quant à la réalité de la dissolution d'un groupement[13], de la rupture d'un contrat[14] ou de son imputabilité[15] ou de la cause réelle et sérieuse d'un licenciement[16] prive le juge des référés du pouvoir d'accueillir la mesure demandée.

125.164 Prendre parti sur l'existence des droits revendiqués. En revanche le juge des référés peut intervenir à chaque fois qu'il n'a pas à prendre parti sur l'existence des droits revendiqués (par ex. pour la nomination d'un administrateur judiciaire en vue de rechercher tous les éléments de consistance du patrimoine des époux[17]) ou des obligations des parties (par ex. pour la désignation d'un expert à l'effet de fournir à un comité d'entreprise les informations qui lui sont nécessaires[18]), qu'il n'a pas à trancher une question de droit (tel le cas de la remise des clefs d'un appartement dont le prix a été payé[19]), ou encore lorsque la contestation émise est manifestement, en droit ou en fait, privée de tout fondement[20].

Lorsqu'un contrat ne présente aucune difficulté d'interprétation et comporte des stipulations claires et précises, le juge des référés peut faire application des mesures qu'il prévoit[21].

Il convient de rappeler que, lorsqu'il statue « en la forme » des référés, le président du tribunal ne peut refuser de se prononcer sur une demande au prétexte qu'il existerait une contestation sérieuse (v. s^s^ n° 125.61).

De même, cette notion de contestation sérieuse ne doit pas faire obstacle au pouvoir du juge des référés de liquider une astreinte qu'il a précédemment prononcée[22].

Enfin, il ne peut jamais y avoir de contestation sérieuse empêchant le juge des référés de se pronon-

1. Civ. 3e, 23 mars 2010, n° 08-21.358, NP.
2. Com. 20 juill. 1983, n° 82-13.091, *Bull. civ.* IV, n° 233 – Com. 20 juill. 1994, n° 92-14.665, *Bull. civ.* IV, n° 259.
3. Civ. 3e, 27 janv. 1999, n° 96-22.253, *Bull. civ.* III, n° 20.
4. Civ. 3e, 15 avr. 1982, n° 80-15.915, *Bull. civ.* III, n° 92 – Aix-en-Provence, 4 juin 1987, *JCP* 1988. II. 20917, note Hendericksen.
5. Paris, 31 janv. 1976, *Gaz. Pal.* 1976. 2. Somm. 263.
6. Civ. 3e, 30 mai 2007, n° 06-19.068, NP.
7. Civ. 3e, 13 nov. 2007, n° 06-21.390, NP.
8. Soc. 8 oct. 1987, n° 85-46.226, *Bull. civ.* V, n° 549; *JCP* 1987. IV. 382.
9. Com. 24 avr. 2007, n° 05-21.477, *Bull. civ.* IV, n° 113; *D.* 2008. 871, obs. Martin et Synvet.
10. Soc. 4 mars 1976, n° 75-10.866, *Bull. civ.* V, n° 140 – Aix-en-Provence, 20 juin 1977, *RTD civ.* 1979. 657, obs. Normand – Com. 28 juin 1982, n° 81-11.550, *Bull. civ.* IV, n° 257.
11. Normand, *RTD civ.* 1979. 655; *RTD civ.* 1980. 398.
12. TGI Paris, 4 oct. 1973, *JCP* 1974. II. 17822, note Fourgoux – COMP. Amiens, 7 mai 1974, *D.* 1975. 263, note Fourgoux.
13. Com. 10 juin 1976, n° 75-12.917, *Bull. civ.* IV, n° 189.
14. Civ. 3e, 15 avr. 1980, *JCP* 1980. IV. 241.
15. Soc. 21 janv. 1982, n° 80-14.151, *Bull. civ.* V, n° 43; *JCP* 1982. IV. 126 – Soc. 21 janv. 1982, n° 81-10.103; *Bull. civ.* V, n° 44; *D.* 1983. 202, note Pélissier; *JCP* 1982. IV. 126.
16. Soc. 30 avr. 1987, n° 85-43.676, *Bull. civ.* V, n° 252.
17. Civ. 2e, 27 mai 1974, n° 73-10.275, *Bull. civ.* II, n° 184; *Gaz. Pal.* 1974. 790.
18. Soc. 5 juill. 1977, n° 75-15.076, *Bull. civ.* V, n° 450.
19. TGI Mâcon, 29 mai 1973, *RTD civ.* 1973. 803, obs. Hébraud.
20. TGI Niort, 23 juill. 1981, *Gaz. Pal.* 1982. Somm. 30.
21. Civ. 3e, 2 avr. 2003, n° 01-14.774, *Bull. civ.* III, n° 78; *RTD civ.* 2003. 705, obs. Mestre et Fages.
22. Civ. 2e, 21 févr. 2008, n° 06-43.046, *Bull. civ.* II, n° 41; *D.* 2008. 2373, chron. Sommer et Nicoletis.

cer sur une exception de procédure ou une fin de non-recevoir opposée à l'action engagée devant lui[1].

c)
Existence d'un différend

125.171 Notion. Si la contestation sérieuse constitue en principe un obstacle à l'exercice des pouvoirs prévus par l'article 808 C. pr. civ. et les textes similaires, elle peut néanmoins parfois justifier le recours au référé.

Il s'agit de l'hypothèse dans laquelle l'existence d'un différend sérieux entre les parties rend nécessaire l'intervention rapide du juge des référés[2].

Dans ce cas, « *la contestation sérieuse, au lieu de porter sur les moyens qui servent de fondement à la mesure demandée, constitue l'objet même du différend sur lequel le juge des référés est appelé à se prononcer* »[3].

Ainsi, une contestation portant sur la propriété d'un bien peut, dans certains cas, apparaître comme un obstacle à une demande de remise de ce bien soumise par une partie au juge des référés.

Mais cette contestation pourra aussi, parfois, justifier l'intervention de celui-ci, notamment pour ordonner la mise sous séquestre du bien litigieux[4].

De même c'est l'existence d'un différend qui peut justifier la désignation d'un administrateur judiciaire pour assurer la direction provisoire d'un groupement dont le fonctionnement n'est plus assuré et dont la pérennité est mise en péril par suite du conflit opposant ses dirigeants légaux[5], la suspension de travaux dans l'attente de la solution d'un litige dont sont saisis les juges du fond[6], la suspension des effets d'un commandement dont la validité est contestée[7], la suspension d'une note de service qui remettait en cause un accord appliqué jusque-là dans une entreprise et qui créait une situation conflictuelle entre les salariés[8], la consignation d'une somme d'argent susceptible d'être due par une partie, dans l'attente du règlement du litige opposant les parties[9], *etc.*

En toute hypothèse, saisi sur le fondement de l'article 808 C. pr. civ., le juge des référés a l'obligation de rechercher si la mesure sollicitée est justifiée par l'existence d'un différend; il ne peut, pour se déclarer « incompétent », se borner à se fonder sur l'existence d'une contestation sérieuse[10].

2°
Pouvoirs du juge

125.181 Pouvoir défini en terme large. Ayant constaté que sa saisine était justifiée par l'urgence, l'absence de contestation sérieuse ou l'existence d'un différend, le juge des référés dispose de pouvoirs définis en des termes particulièrement larges et imprécis puisqu'il peut prendre « *toutes les mesures* » propres à résoudre le litige qui lui est soumis.

Ces mesures, dont beaucoup ont déjà été évoquées, relèvent de différentes catégories[11].

125.182 a) Mesures conservatoires et de sauvegarde – Notion. Appartiennent notamment à cette catégorie les mesures de désignation d'un administrateur provisoire chargé de gérer temporairement un patrimoine (biens dépendant d'une indivision successorale, biens appartenant à un absent, *etc.*) ou de diriger un groupement (société, association, syndicat de copropriétaires, *etc.*), l'étendue et la durée de la mission de l'administration étant précisée par le juge.

Entrent dans la même catégorie les mesures de désignation d'un séquestre ayant pour mission de conserver provisoirement des biens ou valeurs faisant l'objet d'un litige entre les parties, les pouvoirs confiés au séquestre devant être toutefois limités à ce qui est strictement nécessaire à la sauvegarde des biens litigieux et des intérêts en présence[12].

Constituent encore des mesures conservatoires et de sauvegarde les décisions de consignation d'une somme d'argent en cas de litige sur l'existence d'une créance[13], celles prescrivant l'arrêt des travaux illicitement entrepris[14], la dépose d'une enseigne lumineuse non autorisée par la copropriété, la suppression d'un panneau publicitaire implanté sans droit[15] ou autorisant le passage sur le fonds d'un voisin pour permettre la réalisation de travaux urgents sur un mur[16].

1. Soc. 22 juin 1993, nº 91-40.736, *Bull. civ.* V, nº 177.
2. H. Solus et R. Perrot, *Droit judiciaire privé*, Sirey, 1961, t. 1, nº 1278.
3. H. Solus et R. Perrot, *Droit judiciaire privé*, Sirey, 1961, t. 1, nº 1278.
4. Civ. 2e, 14 févr. 1973, nº 72-10.719, *Bull. civ.* II, nº 52; *Gaz. Pal.* 1973. 2. 500 – Civ. 3e, 23 oct. 1979, *Gaz. Pal.* 1980. 1. Pan. 4 – Soc. 3 juill. 1986, nº 83-45.048, *Bull. civ.* V, nº 355; *JCP* 1986. IV. 266 – Civ. 2e, 7 avr. 2011, nº 10-15.670, NP.
5. Civ. 1re, 20 janv. 1976, nº 74-14.753, *Bull. civ.* I, nº 24; *JCP* 1976. IV. 85 – Civ. 3e, 11 mai 1982, NP; *JCP* 1982. IV. 257 – Com. 25 janv. 2005, nº 00-22.457, NP – Com. 6 févr. 2007, nº 05-19008, *Bull. civ.* IV, nº 28, qui précise que « *la désignation judiciaire d'un administrateur provisoire est une mesure exceptionnelle qui suppose rapportée la preuve de circonstances rendant impossible le fonctionnement normal de la société et la menaçant d'un péril imminent* » – EN CE SENS, Com. 12 févr. 2008, nº 06-20.321, NP.
6. Civ. 3e, 11 juin 1974, nº 73-11.752, *Bull. civ.* III, nº 246.
7. Com. 26 févr. 1980, nº 78-15.687, *Bull. civ.* IV, nº 102 – Civ. 2e, 19 mai 1980, *Bull. civ.* II, nº 78-15.549, nº 120.
8. Soc. 25 mars 1985, nº 83-12.714, *Bull. civ.* V, nº 204.
9. Com. 26 févr. 1980, nº 78-15.687, *Bull. civ.* IV, nº 108.
10. Civ. 2e, 19 mai 1980, nº 78-15.549, *Bull. civ.* II, nº 120 – Civ. 1re, 16 juill. 1987, nº 85-17.290, *Bull. civ.* I, nº 228.
11. *J.-Cl. pr. civ.*, fasc. 471, Vuitton.
12. Civ. 1re, 10 mai 1960, *Bull. civ.* I, nº 249; *JCP* 1960. IV. 18.
13. Com. 26 févr. 1980, nº 78-15.687, *Bull. civ.* IV, nº 108.
14. Civ. 3e, 24 déc. 1976, *Gaz. Pal.* 1977. 1. Somm. 97.
15. Grenoble, 27 juin 1979, *Gaz. Pal.* 1980. 1. Somm. 89.
16. Civ. 2e, 14 déc. 1956, *RTD civ.* 1956. 393, obs. Hébraud.

125.183 b) Mesures d'instruction ou d'information – Expertise ou constat. Le juge des référés peut toujours, statuant sur le fondement de l'article 808 C. pr. civ. ou des textes similaires, ordonner une mesure d'instruction, notamment une expertise ou un constat.

Il peut aussi confier à un tiers une mission d'information (par ex. désigner un « expert » avec mission de recueillir tous éléments permettant de déterminer l'existence de voies de fait à l'occasion d'une grève avec occupation des locaux[1]).

L'injonction de production de pièces relève de la même catégorie de mesures[2].

Un juge des référés peut aussi à ce titre des mesures d'information ordonner à une administration de communiquer l'adresse de l'un de ses agents aux huissiers de justice chargés de recouvrer le montant d'une condamnation prononcée contre lui[3].

125.184 c) Mesures d'expulsion – Articles 808 ou 809 alinéa 1er. On rattache fréquemment les décisions d'expulsion à l'application de l'article 808 C. pr. civ. Elles peuvent aussi (par ex. en cas d'occupation illicite des locaux du travail par des grévistes) sanctionner la constatation d'un trouble manifestement illicite (C. pr. civ., art. 809, al. 1er) et peuvent alors être prononcées, même en présence d'une contestation sérieuse, sans qu'il y ait lieu de constater l'urgence de la mesure sollicitée (sur les conditions d'application de C. pr. civ., art. 809, al. 1er, v. s^s^ n°s 125.201 s.).

Relèvent en principe de l'article 808 C. pr. civ. les décisions d'expulsion d'occupants sans droit ni titre, soit qu'il s'agisse de personnes ne pouvant se prévaloir d'aucun contrat[4] ou dont le contrat est résilié ou expiré[5], soit qu'elles n'aient été liées au propriétaire que par une simple convention d'occupation précaire[6].

Une expulsion suite à l'adjudication de l'immeuble dont la partie saisie était propriétaire peut aussi être prononcée sur ce fondement[7].

Il convient de rappeler qu'en présence d'une contestation sérieuse quant à l'existence, la validité ou la qualification du contrat liant le propriétaire à l'occupant, le juge des référés n'a pas le pouvoir de prononcer l'expulsion.

De plus, certaines mesures excèdent les limites de ce qui peut être prescrit en référé : par exemple, les textes relatifs au référé ne donnent pas en eux-mêmes au juge le pouvoir d'ordonner au bailleur de reloger son locataire[8].

Le juge des référés ne peut pas non plus annuler un acte juridique[9] ou résilier cet acte[10].

B.
Référé en cas de dommage imminent ou de trouble manifestement illicite

Bibliographie indicative.

Article. J. Normand, « Dommage imminent et trouble manifestement illicite », *Mél. P. Julien*, Edilaix, 2003, p. 295.

125.191 Textes applicables. L'originalité de ce référé, prévu, pour chaque type de juridiction par les articles 809, 849, 873 et 894 alinéa 1er C. pr. civ. et R. 1455-6 du Code du travail, est de permettre au juge des référés d'intervenir soit à titre préventif, pour maintenir une situation acquise et éviter la réalisation d'un dommage imminent soit, après réalisation d'un trouble pour y mettre fin.

1°
Conditions du référé

125.200 Absence d'urgence. La condition fondamentale de ce référé, dit conservatoire ou de remise en état, est la constatation d'un dommage imminent ou d'un trouble manifestement illicite.

Son particularisme tient à l'éviction, au moins apparente ou partielle, de la condition d'urgence, et à l'indifférence de l'existence d'une contestation sérieuse.

a)
Dommage imminent ou trouble manifestement illicite

125.201 Différenciation. Souvent confondues[11], ces notions correspondent à des causes d'ouverture voisines mais distinctes du référé.

Le juge des référés doit constater l'imminence du dommage ou l'existence d'un trouble manifestement illicite, l'insuffisance des constatations du juge à cet

1. TGI Évry-Corbeil, 4 janv. 1974, *D.* 1974. 783, note Davillier.
2. TGI Paris, 25 oct. 1974, *Gaz. Pal.* 1975. 1. 75 – TGI Paris, 28 juin 1977, *Gaz. Pal.* 1978. 1. Somm. 122.
3. Civ. 1re, 30 juin 1992, n° 90-18.458, *Bull. civ.* I, n° 213; *D.* 1993. 421, note Guiho; *RTD civ.* 1993. 560, obs. Hauser.
4. Paris, 16 janv. 1952, *JCP A* 1952. 1839, obs. Madray – Civ. 1re, 17 oct. 1978, n° 77-14.244, *Bull. civ.* I, n° 308; *D.* 1979. 120, note Geraldy; *JCP* 1978. IV. 348.
5. Civ. 3e, 11 mars 1980, n° 78-15.175, *Bull. civ.* III, n° 57; *D.* 1980. IR 100.
6. Civ. 2e, 21 mai 1954, *JCP A* 1954. IV. 94, obs. Madray; *RTD civ.* 1955. 539, obs. Hébraud – Paris 24 juin 1959, *JCP* 1960. II. 11400, note Desiry.
7. Civ. 3e, 27 juin 2007, n° 06-15.893, *Bull. civ.* III, n° 117.
8. Civ. 3e, 14 janv. 2004, n° 01-12.510, *Bull. civ.* III, n° 8.
9. Com. 11 juill. 1984, n° 83-13.403, *Bull. civ.* IV, n° 231.
10. Civ. 3e, 25 mars 1987, n° 85-10.457, *Bull. civ.* III, n° 64.
11. Soc. 15 févr. 1979, n° 76-14.527, *Bull. civ.* V, n° 143 – Civ. 1re, 12 mai 1980, n° 79-12.502, *Bull. civ.* I, n° 145.

égard pouvant justifier une cassation de sa décision pour défaut de base légale[1].

Si l'appréciation de l'imminence du dommage et de la nécessité d'en prévenir la réalisation relève du pouvoir souverain du juge des référés[2], la Cour de cassation, dans le dernier état de sa jurisprudence, se réserve le droit de contrôler le caractère manifestement illicite du trouble invoqué pour voir prononcer une mesure de remise en état[3].

b) Dommage imminent

125.211 Notion et exemples. Le dommage imminent s'entend du « *dommage qui n'est pas encore réalisé, mais qui se produira sûrement si la situation présente doit se perpétuer* »[4].

En théorie au moins, cette notion ne se réfère pas au caractère licite ou non du fait critiqué, mais au préjudice que le demandeur va nécessairement subir dans un bref délai[5]. Elle permettrait par exemple au juge des référés de suspendre l'exécution de travaux en cours, même entrepris régulièrement, lorsqu'ils peuvent causer un dommage à autrui.

En pratique, toutefois, c'est le plus souvent la nécessité d'éviter la violation d'une règle de droit qui sera retenue par le juge des référés pour prononcer une mesure conservatoire[6].

En ce sens, on peut citer la jurisprudence selon laquelle le juge des référés n'a pas le pouvoir d'ordonner la suspension de travaux entrepris en vertu d'autorisations administratives exécutoires[7].

Ces arrêts montrent bien que la seule exposition à un dommage ne suffit pas à justifier l'intervention préventive du juge des référés et qu'en réalité, seule la nécessité d'éviter la violation manifeste d'un droit l'autorise à prendre les mesures sollicitées.

Il y a, en revanche, dommage imminent lorsque la non-représentation d'un groupe d'actionnaires lors d'une assemblée générale élective est de nature à modifier l'équilibre des pouvoirs entre groupes d'actionnaires organisé par les statuts d'une société[8].

De même, lorsque la résiliation d'un contrat d'assurance intervient dans des conditions exposant l'assuré au risque certain d'une impossibilité de réassurance dans le délai nécessaire auprès d'un autre assureur[9].

Un risque sérieux d'effondrement d'un bâtiment[10] ou le risque de fermeture d'un établissement pour des raisons de sécurité[11] constituent également des circonstances établissant l'existence d'un dommage imminent.

Il est en tout cas indispensable de constater la **certitude du préjudice** que causerait l'acte ou le fait critiqué, s'il devait être accompli ou réalisé.

Un dommage purement éventuel ne peut être retenu pour fonder l'intervention du juge des référés[12]. Si, par exemple, peut être interdite la diffusion d'un film dont il est établi que le contenu porte atteinte à la vie privée des personnes filmées[13] ou d'une émission de télévision portant gravement atteinte à la présomption d'innocence des personnes inculpées dont les agissements sont dénoncés[14], le juge des référés ne saurait en revanche prescrire une telle mesure lorsque le demandeur n'apporte aucun élément susceptible de démontrer que l'émission ou le film incriminé comporte à son préjudice une mise en cause fautive[15].

De même, si le juge des référés a pu interdire à un organe de presse de publier toute relation écrite ou photographique concernant les circonstances de la grossesse et de l'accouchement d'une artiste, c'est

1. Soc. 5 janv. 1979, n° 77-13.577, *Bull. civ.* V, 13; *RTD civ.* 1979. 424, obs. Normand; *RTD civ.* 1979. 432, obs. Perrot – Com. 10 févr. 1998, n° 96-13.885, NP – Com. 31 mai 2005, n° 02-16.741, NP – Com. 10 juill. 2007, n° 06-13.986, *Bull. civ.* IV, n° 186; *D.* 2007. 2359, obs. Manara, note Clergerie; *D.* 2008. 40, obs. Nourissat.
2. Civ. 2e, 27 juin 1979, n° 78-13.012, *Bull. civ.* II, n° 199 – Civ. 2e, 16 juin 1993, n° 91-20.356, *Bull. civ.* II, n° 216; *D.* 1993. 590, note Coulon – Civ. 1re, 7 nov. 2000, n° 99-18.576, *Bull. civ.* I, n° 286; *D.* 2001. 256, note Jamin et Billiau; *D.* 2001. 1137, obs. Mazeaud; *RTD civ.* 2001. 135, obs. Mestre et Fages; *RTD civ.* 2002. 137, obs. Normand – Civ. 1re, 25 oct. 2005, n° 03-11.061, NP.
3. Cass., ass. plén., 28 juin 1996, n° 94-15.935, *Bull. ass. plén.*, n° 6; *D.* 1996. 497, concl. Weber, note Coulon; *RTD civ.* 1997. 216, note Normand; *RTD civ.* 1997. 463, obs. Zenati; *BICC* 15 sept. 1996, concl. Weber et extraits de la note du conseiller Séné; *Gaz. Pal.* 13 juill. 1996, note Perdriau; *JCP* 1996. II. 22712, note Mémeteau – COMP. Cass., ass. plén., 4 juill. 1986, n° 84-15.735, *Bull. ass. plén.*, n° 11; *D.* 1986. 477, concl. av. gén. Bouyssic, note Ray; *JCP* 1986. II. 20694, note Teyssié – Civ. 2e, 21 juill. 1986, n° 84-15.397, *Bull. civ.* II, n° 119.
4. H. Solus et R. Perrot, *Droit judiciaire privé*, Sirey, 1961, t. 1, n° 1278-9.
5. P. Bertin, « Les référés des années 1980 », *Gaz. Pal.* n° spécial, p. 35.
6. Sur cette question, J. Normand, *RTD civ.* 2002. 137 s.
7. Civ. 3e, 19 oct. 1988, n° 86-19.479, *Bull. civ.* III, n° 144 – Civ. 3e, 19 févr. 1992, n° 89-17.093, *Bull. civ.* III, n° 50.
8. Com. 23 oct. 2007, n° 06-16.574, NP.
9. Civ. 1re, 7 nov. 2000, n° 99-18.576, préc. s[s] n° 125.201.
10. Civ. 2e, 10 nov. 2010, n° 09-17.147, NP.
11. Com. 16 nov. 2010, n° 09-69.056, NP.
12. TGI Paris, 26 déc. 1975, *JCP* 1976. II. 18385, note R. L.
13. Toulouse, 15 janv. 1991, RG n° 1317/90, *D.* 1991. 600, note Ravanas – Civ. 1re, 24 févr. 1993, n° 91-13.587, *Bull. civ.* I, n° 87; *D.* 1993. IR 84, note Verheyde; *D.* 1993. 614, note Verheyde; *RTD civ.* 1993. 326, obs. Hauser; *LPA* 22 sept. 1993, p. 14, note Massip; *JCP N* 1995. 653, note Fossier; *JCP* 1994. 351, note Fossier.
14. Paris, 17 déc. 1991, RG nos 91/8754 et 91/1066, *D.* 1993. Somm. 246, obs. Hassler.
15. Paris, 26 févr. 1992, RG n° 1992/4161, *D.* 1993. Somm. 246, obs. Hassler – Versailles, 2 oct. 1996, RG n° 07787/96, *Les Annonces de la Seine*, 21 avr. 1997, p. 15.

parce qu'un précédent numéro du journal annonçait la parution prochaine d'un article relatif à ces événements, la certitude du dommage allégué, caractérisé par une atteinte à la vie privée, étant ainsi établie[1].

c) Trouble manifestement illicite

125.221 **Notion.** Le trouble manifestement illicite désigne « *toute perturbation résultant d'un fait matériel ou juridique qui, directement ou indirectement, constitue une violation évidente de la règle de droit* »[2]. Cette notion correspond à la voie de fait, fréquemment invoquée pour justifier l'intervention du juge des référés.

Dans l'hypothèse considérée, le dommage est déjà réalisé; le juge des référés est invité à prendre une mesure « répressive »[3], destinée à mettre fin à une situation provoquant une atteinte dommageable et actuelle aux droits ou aux intérêts légitimes du demandeur.

Si en revanche, au moment où le juge doit statuer, le trouble allégué a pris fin, aucune mesure n'a lieu d'être prononcée sur le fondement de l'article 809 alinéa 1er C. pr. civ. ou des textes similaires[4].

Seule est dans ce cas en cause, éventuellement, la réparation du dommage ayant existé, qui ne relève pas de la compétence du juge des référés.

125.222 **Appréciation par le juge.** L'appréciation du caractère illicite du trouble implique de la part du juge des référés « *un certain préjugé sur le fond* »[5], étant précisé que l'illicéité du fait ou de l'action critiquée peut résulter de la méconnaissance d'une disposition légale ou réglementaire[6], d'une décision de justice antérieure[7] d'une convention[8], du règlement intérieur d'une entreprise[9], d'une simple règle morale[10] ou même, quel que soit le fond du droit en cause, du procédé auquel une partie a eu recours pour régler le différend et obtenir, par violence ou voie de fait, le bénéfice de ce droit[11].

Il faut cependant que l'illicéité du trouble soit manifeste, la seule méconnaissance d'une réglementation étant à cet égard insuffisante[12]. Il doit donc « sauter aux yeux »[13] que la règle de droit, au sens large du terme, a été violée dans des conditions justifiant, sans contestation possible, qu'il soit mis fin à l'acte perturbateur.

125.223 **Exemples.** Ainsi, par exemple, le caractère manifestement illicite du trouble n'est pas établi :

– lorsque l'auteur de propos de nature à constituer une atteinte à l'honneur ou à la considération d'une personne, au sens de l'article 29 alinéa 1er de la loi du 29 juillet 1881, se prévaut d'éléments de conviction qui ne permettent pas d'exclure, *a priori*, qu'il puisse démontrer la vérité des imputations ou obtenir le bénéfice de la bonne foi[14];

– lorsqu'un croyant, qui se déclare atteint dans ses convictions religieuses par la projection publique d'un film ou la mise en vente d'un livre, peut s'abstenir de s'exposer au trouble en ne pénétrant pas dans la salle de cinéma[15] ou en n'achetant pas le livre[16];

– lorsque l'accord qui aurait été violé est susceptible de constituer une atteinte à la concurrence au regard du droit communautaire et du droit interne, dont étaient saisis la Commission des Communautés européennes et le Conseil français de la concurrence[17];

– lorsqu'il apparaît, d'après les relations commerciales entre les parties, que la bonne foi d'un acheteur, se plaignant d'un refus de vente, est susceptible d'être mise en doute[18];

– lorsque la licéité de la clause de non-concurrence fondant la demande est sérieusement discutable[19];

– lorsque, alors qu'était demandée la suspension d'un préavis de grève, n'a été relevé aucun indice sus-

1. Civ. 2e, 11 juill. 1985, *D.* 1986. Somm. 50, obs. Lindon.
2. H. Solus et R. Perrot, *Droit judiciaire privé*, Sirey, 1961, t. 1, no 1289.
3. Estoup, 1998, no 88.
4. TGI Paris, 9 févr. 1988, *Gaz. Pal.* 1988. 343, note Bertin – TGI Nanterre, 23 sept. 1987, *Gaz. Pal.* 1987. 673 – Soc. 26 juin 1991, no 88-17.936, *Bull. civ.* V, no 331; *BICC* 1er nov. 1991, no 1600.
5. H. Solus et R. Perrot, *Droit judiciaire privé*, Sirey, 1961, t. III, 1991, no 1289.
6. Soc. 4 déc. 1980, no 79-14.248, *Bull. civ.* V, no 878; *JCP* 1981. IV. 69 – Com. 15 juin 1982, no 80-16.698, *Bull. civ.* IV, no 233 – Civ. 3e, 7 juin 2011, no 10-16.320, NP.
7. Civ. 3e, 21 oct. 1975, no 74-13.752, *Bull. civ.* III, no 303; *D.* 1975. IR 256.
8. TGI Nanterre, 19 mars 1980, *Gaz. Pal.* 1981. 1. Somm. 104 – Civ. 1re, 8 déc. 1987, no 86-10.089, *Bull. civ.* I, no 342.
9. Com. 25 janv. 2008, no 06-20.311, *Bull. civ.* IV, no 24.
10. TGI Paris, 30 nov. 1983, *Gaz. Pal.* 1984. 1. 7, note Bertin.
11. Normand, *RTD civ.* 1988. 169 – Weber, concl. sur Cass., ass. plén., 28 juin 1996, no 94-15.935, *Bull. ass. plén.*, no 6; *D.* 1996. 497, concl. Weber, note Coulon; *RTD civ.* 1997. 216, note Normand; *RTD civ.* 1997. 463, obs. Zenati; *BICC* 15 sept. 1996, concl. Weber et extraits de la note du conseiller Séné; *Gaz. Pal.* 13 juill. 1996, note Perdriau; *JCP* 1996. II. 22712, note Mémeteau.
12. Versailles, 24 juill. 1989, RG no 4667/89, *Gaz. Pal.* 1990. Somm. 190.
13. P. Bertin, « Un trouble manifestement illicite : la lutte contre la vie chère », *Gaz. Pal.* 1983. Chron. 419.
14. TGI Paris, 17 févr. 1992, no 2102/92, inédit.
15. Dijon, 22 mars 1988, RG no 1689/87, *D.* 1989. Somm. 250, obs. Hassler.
16. TGI Paris, 29 juill. 1989, « Convictions, respect des croyances et liberté d'expression à travers la presse et les médias », *Légipresse* 1996. II. 41 s., no 131, chron. Massis.
17. Com. 25 mars 1991, no 89-10.800, no 89-11.124, *Bull. civ.* IV, no 120; *JCP* 1992. II. 21887, note Virassamy; *J.-Cl. pr. civ.*, fasc. 233, C. Giverdon.
18. Com. 9 mai 1990, no 89-10.436, *Bull. civ.* IV, no 144.
19. Com. 28 sept. 2010, no 09-16.413, NP.

ceptible de détacher le mouvement collectif envisagé de l'expression d'une revendication exclusivement professionnelle[1];

– lorsqu'il a été procédé à un licenciement collectif de salariés après que le plan social comportant des mesures de reclassement a été approuvé par le comité d'entreprise[2];

– lorsque la propriété d'un bien revendiquée par le demandeur n'est pas établie avec certitude[3];

– lorsque l'existence même de l'atteinte alléguée à un droit de passage n'est pas établie[4].

En revanche, la demande d'une partie tendant à ce qu'il soit fait interdiction à une autre de passer sur son fonds ne se heurte à aucune contestation sérieuse lorsque l'état d'enclave revendiqué par le défendeur n'est nullement établi[5].

De même, l'occupation illicite d'un bien immobilier constitue en principe un trouble manifestement illicite que le juge des référés doit faire cesser par une mesure d'expulsion ou d'interdiction d'occupation[6].

De même encore, constitue un trouble manifestement illicite l'installation d'un système de vidéosurveillance des parties communes d'une copropriété, sans l'accord des copropriétaires[7].

L'existence d'un trouble excédant les inconvénients normaux du voisinage peut également être prise en considération pour justifier des mesures de remise en état[8].

Autre exemple de trouble manifestement illicite : la violation évidente des règles relatives à la publicité pour les boissons alcooliques[9].

125.224 **Conflit de normes.** La contestation du caractère manifeste du trouble peut parfois avoir pour cause un conflit de normes, le droit invoqué par le défendeur, pour justifier son action, paraissant susceptible d'être légitimement opposé à celui dont le demandeur revendique la protection :

– droit à la liberté d'expression des opinions opposées soit au respect de la vie privée[10], soit à la protection due à la personne contre des imputations diffamatoires[11];

– droit au logement, reconnu comme un objectif à valeur constitutionnelle, par le Conseil constitutionnel[12], opposé à une demande d'expulsion d'occupants sans droit ni titre de locaux d'habitation, alors que le propriétaire ne justifiait d'aucun projet précis d'utilisation ou de réhabilitation de l'immeuble, les locaux étant ainsi appelés à demeurer vacants[13], *etc.*

Cette décision du 2 septembre 1996 a été réformée par la cour d'appel de Paris[14] qui a retenu que l'occupation illégale de locaux ne peut constituer un moyen licite de mettre en œuvre le droit au logement, que cette occupation est constitutive d'un trouble manifestement illicite, que le propriétaire n'abuse pas de son droit de propriété en demandant l'expulsion des occupants entrés dans les lieux par voie de fait.

La Cour de cassation a retenu cette dernière analyse en jugeant que l'occupation sans droit ni titre d'un immeuble appartenant à autrui constitue un trouble manifestement illicite au sens de l'article 809 alinéa 1er C. pr. civ., le droit au logement revendiqué par les occupants ne pouvant faire échec à la demande de libération des locaux présentée par le propriétaire[15];

– action en référé et action possessoire : la connaissance des actions possessoires relève de la compétence exclusive des juges du fond, statuant selon les règles régissant ces actions, lesquelles sont distinctes et différentes de celles qui gouvernent la procédure de référé[16].

Lorsqu'un juge d'instance a, par une décision irrévocable, déclaré irrecevable une demande fondée sur un trouble possessoire, il ne peut ensuite, comme juge des référés, constater l'existence d'un trouble manifestement illicite par application de l'article 849 C. pr. civ.[17]

1. Paris, 27 janv. 1988, RG nos 87/16831 et 87/20029, *D.* 1988. 351, note Javillier; *JCP* 1988. II. 20978, note Teyssié.
2. Soc. 30 sept. 1997, n° 94-45.385, n° 96-40.152, *Bull. civ.* V, n° 298; *BICC* 15 janv. 1998, n° 55.
3. Civ. 3e, 27 mars 2002, n° 00-16.596, NP.
4. Civ. 3e, 13 juill. 2010, n° 09-11.412, NP.
5. Civ. 3e, 22 janv. 2003, n° 00-17.888, NP.
6. Parmi de nombreux arrêts : Civ. 3e, 16 janv. 2002, n° 00-18.179, NP – Civ. 1re, 25 janv. 2005, n° 00-17.233, NP – Civ. 2e, 3 mai 2007, n° 06-10.332, NP – Civ. 2e, 15 nov. 2007, n° 07-12.304, *Bull. civ.* II, n° 255 – Civ. 3e, 3 mars 2010, n° 08-21.911, *Bull. civ.* III, n° 54; *D.* 2010. 767; *AJDA* 2010. 473 – Civ. 3e, 8 avr. 2010, n° 09-10.926, *Bull. civ.* III, n° 77; *D.* 2010. 1144, obs. Rouquet; *D.* 2011. 1786, obs. Dumont-Lefrand; *AJDI* 2010. 718, obs. Blatter – Civ. 3e, 2 juill. 2013, n° 12-18.107, NP.
7. Civ. 3e, 11 mai 2011, n° 10-16.967, *Bull. civ.* III; *D.* 2011. 1416, obs. Rouquet.
8. Civ. 2e, 4 juill. 2013, n° 12-23.276, NP.
9. Civ. 1re, 3 juill. 2013, n° 12-22.633, NP.
10. Paris, 8 nov. 1985, *Gaz. Pal.* 1986. 1. 35.
11. Paris, 11 juin 1986, RG n° M. 4486, *JCP* 1987. II. 20754, note Auvret.
12. Cons. const. 19 janv. 1995, n° 94-359 DC, *JO* 21 janv., p. 1166; *JCP* 1995. 1166 – V. H. Pauliat, « L'objectif constitutionnel de droit à un logement décent : vers le constat de décès du droit de propriété », *D.* 1995. Chron. 283.
13. Paris, 2 sept. 1996, RG n° 59633/96, inédit – *Le Monde* 17 sept. 1996, p. 9.
14. Paris, 26 nov. 1997, RG n° 96/84802, *D.* 1998. IR 6.
15. Civ. 3e, 20 janv. 2010, n° 08-16.088, *Bull. civ.* III, n° 19; *D.* 2010. 326, obs. Forest; *D.* 2010. 1103, chron. Monge et Nési; *D.* 2011. 1181, obs. Damas; *AJDA* 2010. 575; *AJDI* 2010. 544, obs. Damas; *AJDI* 2011. 421, chron. Zitouni.
16. Civ. 3e, 24 févr. 1999, n° 96-18.742, *Bull. civ.* III, n° 51 – Civ. 3e, 15 mai 2008, n° 07-14.759, *Bull. civ.* III, n° 80; *D.* 2009. 2300, obs. Mallet-Bricout et Reboul-Maupin.
17. Civ. 3e, 6 avr. 2005, n° 02-21.518, *Bull. civ.* III, n° 83.

d) Question de l'urgence

125.231 **Présomption.** Dans le cadre de l'application de l'article 809 alinéa 1er C. pr. civ. et des textes similaires du même code ou du Code du travail, l'urgence est-elle présumée[1] ou superflue[2] ?

La question ne se pose pas lorsqu'il est demandé au juge des référés de prévenir la réalisation d'un dommage imminent.

La constatation de l'imminence de ce dommage suffit à caractériser l'urgence d'une décision du juge pour en éviter les effets[3].

La jurisprudence s'est montrée plus hésitante lorsque le fondement de l'action est le trouble manifestement illicite[4].

La question paraît néanmoins tranchée par un arrêt rendu le 22 mars 1983 par la troisième chambre civile de la Cour de cassation[5] qui a décidé que l'application de l'article 809 alinéa 1er C. pr. civ. n'est pas subordonnée à la preuve de l'urgence de la mesure sollicitée.

Il est vrai que, comme cela a été relevé à juste titre par certains auteurs[6], lorsqu'un trouble manifestement illicite correspondant à une voie de fait a été commis, l'ordre public lui-même exige qu'il y soit mis fin sans retard.

En tout cas, le juge ne peut refuser d'intervenir au seul motif qu'aucune urgence ne justifie les mesures sollicitées. Il doit rechercher s'il existe un trouble manifestement illicite ou un dommage imminent susceptible de les justifier[7].

e) Contestation sérieuse

125.241 **Portée.** Afin de dissiper les incertitudes jurisprudentielles, le législateur a précisé, par le décret n° 87-434 du 17 juin 1987[8], que le juge des référés pouvait prescrire les mesures conservatoires ou de remise en état nécessaires à la prévention d'un dommage imminent ou à la suppression d'un trouble manifestement illicite « *même en présence d'une contestation sérieuse* »[9].

D'où, une jurisprudence constante rappelant que l'existence d'une contestation sérieuse ne fait pas obstacle aux pouvoirs du juge des référés de prescrire les mesures propres à faire cesser un trouble manifestement illicite ou à prévenir un dommage imminent[10].

Cette règle ne pose guère de problème d'interprétation lorsque le référé a pour but la prévention d'un dommage imminent : l'existence d'un différend sur le fond du droit peut justifier le maintien d'une situation acquise jusqu'à ce qu'il en ait été jugé autrement par les juges du fond compétents.

En revanche sa portée doit être bien comprise en cas de trouble manifestement illicite : une contestation réellement sérieuse sur l'existence même du trouble ou sur son caractère manifestement illicite doit empêcher le juge des référés de prononcer la mesure sollicitée[11].

Mais, si la voie de fait est constatée, il importe peu qu'existe entre les parties une contestation sérieuse distincte sur le fond du droit; le juge des référés peut toujours exercer son pouvoir de juridiction.

Autrement dit, peu importe que le droit en cause soit incertain, dès lors que le juge relève que « *le procédé auquel a recouru le défendeur, le comportement de ce dernier, est insupportable et constitue une voie de fait* »[12].

125.242 **Exemples.** C'est en application de ces principes qu'il a été jugé notamment que :

– la contestation sur la légalité d'un acte administratif n'empêche pas le juge des référés, à titre conservatoire et pour éviter la création d'une situation irréversible, d'ordonner l'arrêt de travaux, la construction entreprise constituant un trouble manifestement illicite[13];

– la contestation portant sur la qualité de la personne diffamée et sur son aptitude à saisir la juridiction civile d'une action en réparation du dommage malgré les dispositions des articles 31 et 46 de la loi du 29 juillet 1881 ne met pas obstacle à ce que le juge des référés prenne les mesures qui s'imposent

1. GUINCHARD, CHAINAIS et FERRAND, 30e éd., 2012, n° 2154.
2. H. Solus et R. Perrot, *Droit judiciaire privé*, Sirey, 1961, t. 1, n° 1290 – *J.-Cl. pr. civ.*, fasc. 233, n° 54, Giverdon.
3. Civ. 3e, 19 janv. 1982, n° 80-16.300, NP; *JCP* 1982. IV. 126.
4. Pour l'éviction de l'urgence, Soc. 5 janv. 1979, n° 77-13.577, *Bull. civ.* V, n° 13 – Civ. 3e, 19 janv. 1982, n° 80-16.300, NP; *JCP* 1982. IV. 126 – Pour la constatation de l'urgence, TGI Paris, 27 déc. 1974, *Gaz. Pal.* 1975. 2. Somm. 211 – Civ. 3e, 14 déc. 1976, n° 75-15.459, *Bull. civ.* III, n° 464 – Soc. 20 juill. 1981, n° 80-13.056, *Bull. civ.* V, n° 716; *JCP* 1981. IV. 369.
5. Civ. 3e, 22 mars 1983, n° 81-14.547, *Bull. civ.* III, n° 83 – Dans le même sens : Civ. 3e, 16 juill. 1997, n° 95-21.483, NP – Civ. 3e, 13 mai 1998, n° 96-19.545, NP.
6. P. Bertin, « Les référés des années 1980 », *Gaz. Pal.* n° spécial, p. 35, n° 179.
7. Com. 16 avr. 2013, n° 12-17.164, NP.
8. Décr. n° 87-434, 17 juin 1987, modifiant certaines dispositions du Nouveau Code de procédure civile, *JO* 23 juin, p. 6781.
9. V. Rondeau-Rivier, « L'évidence et la notion de contestation sérieuse devant le juge des référés », *Gaz. Pal.* 12-13 juill. 1991, p. 4 – Drai, « Pour un juge qui toujours décide », *Gaz. Pal.* 1987. 2. Doctr. 512.
10. Com. 30 janv. 1996, n° 94-14.314, NP – Civ. 3e, 22 janv. 1997, n° 95-13.142, *Bull. civ.* III, n° 22 – Civ. 1re, 6 juill. 2005, n° 03-10.765, *Bull. civ.* I, n° 306 – Civ. 2e, 7 juin 2007, n° 07-10.601, *Bull. civ.* II, n° 146 – Civ. 3e, 22 janv. 2013, n° 12-12.339, NP.
11. V. *J.-Cl. pr. civ.*, fasc. 471, nos 22 s.
12. Rondeau-Rivier, préc. ss prést n°.
13. Bastia, 1er mars 1988, *Gaz. Pal.* 1989. 1. 111, note Renard.

pour faire cesser le trouble manifestement illicite résultant des faits incriminés[1];

- la présomption d'innocence bénéficiant aux inculpés dans une information pénale ne constitue pas en elle-même un obstacle à ce que le juge des référés accueille la demande d'une victime agissant sur le fondement de l'article 5-1 C. pr. pén.[2];

- la contestation sur la nature de la convention liant les parties n'empêche pas le juge des référés, ayant constaté que le propriétaire d'un magasin avait interdit à une société l'accès aux emplacements que cette société occupait depuis plusieurs années dans le magasin, de considérer que les agissements du propriétaire de ce magasin constituent une voie de fait et causent un trouble manifestement illicite[3];

- la contestation existant quant au titre revendiqué par un occupant n'autorise pas le bailleur à procéder, sans autorisation de justice, à l'éviction de celui-ci[4];

- l'existence d'un différend ressortissant à la compétence des juges du fond n'empêche pas le juge des référés, à titre conservatoire, d'ordonner la poursuite de l'exécution d'un contrat[5];

- la contestation sur la propriété de documents de programme informatique revendiqués par un salarié comme étant son œuvre intellectuelle ne prive pas l'employeur du droit d'en demander en référé la restitution sous astreinte, à titre conservatoire[6];

- la contestation sur la licéité des pratiques commerciales imputées à une entreprise n'empêche pas le juge des référés de se prononcer sur les faits de concurrence déloyale allégués par cette entreprise à l'encontre d'une autre[7];

- la conformité des travaux aux prescriptions administratives n'empêche pas une copropriété d'obtenir la dépose d'une enseigne installée sur la façade de l'immeuble sans son autorisation[8];

- la contestation du droit de passage revendiqué par le propriétaire d'une parcelle n'autorise pas la suppression par voie de fait de ce passage utilisé depuis de nombreuses années[9];

- la contestation sur l'assiette d'une servitude de passage n'autorise pas les propriétaires du fonds servant à se faire justice à eux-mêmes en procédant, sans l'accord des bénéficiaires de la servitude ou le soutien d'une décision de justice, à des modifications ayant des conséquences sur l'utilisation de la servitude[10];

- la contestation sur l'existence d'un bail n'autorise pas ceux qui invoquent ce bail à occuper le local sans l'accord du propriétaire et à déménager les effets trouvés dans ce local et appartenant à un tiers[11].

125.243 Conditions non réunies. Les conditions d'application de l'article 809 alinéa 1er C. pr. civ. (ou des textes similaires) ne sont pas néanmoins réunies :

- lorsque la légalité de la décision ministérielle d'annulation de l'autorisation du licenciement d'un salarié protégé fait l'objet d'une contestation sérieuse[12] ou lorsque la qualité même de salarié protégé revendiquée par le demandeur est discutable[13];

- lorsque la solution du litige, même en référé, est subordonnée à l'interprétation par les juges du fond d'un article d'une convention collective[14];

- lorsque la licéité du réseau de distribution sélective constitué par un fabricant sollicitant la condamnation d'un vendeur non agréé est discutable[15];

- lorsque la licéité d'une clause de non-concurrence fondant la demande en référé est sérieusement discutable[16];

- plus généralement, à chaque fois qu'un doute sérieux existe sur la licéité de la clause du contrat sur laquelle est fondée la demande de référé[17];

- lorsqu'un doute subsiste sur la règle de droit applicable[18], *etc.*

En outre, le juge des référés ne peut méconnaître l'autorité de la chose jugée par le juge du fond, même si le jugement au fond, non assorti de l'exécution provisoire, est frappé d'appel[19].

1. Civ. 2e, 12 oct. 1988, no 86-19.387, *Bull. civ.* II, no 194.
2. Civ. 2e, 6 déc. 1991, no 90-16.386, *Bull. civ.* II, no 333; *D.* 1992. 240, note N. S.
3. Civ. 3e, 12 mai 1981, no 79-16.942, *Bull. civ.* III, no 95.
4. Civ. 3e, 19 juill. 2000, no 98-18.172, NP – Civ. 2e, 7 juin 2007, no 07-10.601, *Bull. civ.* II, no 146.
5. Com. 26 févr. 1991, no 89-16.348, *Bull. civ.* IV, no 87; *JCP* 1992. II. 21914, note Levy; *J.-Cl. pr. civ.*, fasc. 233, no 233, Giverdon.
6. Soc. 3 juill. 1986, no 83-45.048, *Bull. civ.* V, no 355.
7. Civ. 2e, 6 déc. 2007, no 07-12.256, NP.
8. Civ. 3e, 27 févr. 2001, no 99-17.748, NP.
9. Cass., ass. plén., 28 juin 1996, no 94-15.935, *Bull. ass. plén.*, no 6; *D.* 1996. 497, concl. Weber, note Coulon; *RTD civ.* 1997. 216, obs. Normand; *RTD civ.* 1997. 463, obs. Zenati – Civ. 3e, 10 juill. 2002, no 00-13.902, NP – Civ. 3e, 4 mai 2010, no 09-15.653, NP – Civ. 3e, 9 juill. 2013, no 12-15.622, NP.
10. Civ. 3e, 5 janv. 2011, no 08-16.285, NP.
11. Civ. 3e, 18 mai 2010, no 09-13.014, NP.
12. Soc. 8 oct. 1987, no 84-44.226, *Bull. civ.* V, no 554 : rejet de la demande en référé de réintégration du salarié dans l'entreprise.
13. Soc. 29 nov. 1989, no 87-45.162, *Bull. civ.* V, no 688.
14. Soc. 10 nov. 1988, no 87-41.359, *Bull. civ.* V, no 592.
15. Com. 31 janv. 1989, no 86-14.511, *Bull. civ.* IV, no 45; *D.* 1989. 335, note Malaurie; *D.* 1990. 104, obs. Gavalda et Lucas de Leyssac; *D.* 1989. 427, note Bénabent; *RTD civ.* 1989. 326, note Jourdain.
16. Com. 17 nov. 1998, no 96-17.878, *Bull. civ.* IV, no 275.
17. Civ. 2e, 10 janv. 2008, no 07-13.558, NP; *D.* 2009. 2888, obs. Ferrier; *D.* 2009. 1441.
18. Pour une application aux corridas et sur la portée de la notion de tradition taurine locale ininterrompue : TGI Bordeaux, réf., 21 oct. 1987, *JCP* 1989. II. 21343, note Benezra – V. Pelletier et Benezra, « Des usages et du bon usage de la juridiction des référés en matière taurine », *Gaz. Pal.* 1993. 2. Doctr. 1014.
19. Civ. 2e, 10 mars 2005, no 02-20.513, *Bull. civ.* II, no 60; *RTD civ.* 2006. 142, obs. Théry.

Dans toutes ces hypothèses, le trouble invoqué par le demandeur et la contestation sérieuse opposée par le défendeur ne peuvent être appréciés distinctement : cette contestation affecte le principe même du trouble ou prive celui-ci de son caractère manifestement illicite.

2°
Pouvoirs du juge des référés

125.251 **Choix des mesures.** La formulation très générale de l'article 809 alinéa 1er C. pr. civ. (et des textes similaires concernant les autres juridictions) révèle que le législateur a voulu laisser au juge des référés une très grande latitude de choix des mesures susceptibles d'empêcher la réalisation du dommage ou de remettre les parties dans la situation antérieure à la voie de fait constatée.

125.252 **Étendue.** Le juge des référés dispose même du pouvoir d'apprécier l'opportunité de son intervention, et ce pouvoir se manifeste de deux façons :

– Le juge peut choisir librement la mesure qui lui paraît la mieux appropriée à l'objectif poursuivi, la meilleure d'entre elles étant « *celle qui suffit à mettre un terme à la situation litigieuse* [...] *en compromettant le moins possible les droits ou intérêts de chacune des parties* »[1].

La Cour de cassation a clairement pris position en ce sens, en énonçant que « *le juge des référés apprécie souverainement le choix de la mesure propre à faire cesser le trouble qu'il constate* »[2].

Il peut dans cette perspective et en fonction de son appréciation des intérêts des parties en présence, prononcer une mesure différente de celle qui était demandée, en substituant, par exemple, à la mesure d'interdiction de projection d'un film sollicitée une mesure de publication d'un avertissement destiné à l'information du public[3].

– Le juge peut estimer, même après avoir constaté l'existence d'un trouble manifestement illicite, qu'il n'y a pas lieu de prononcer une mesure quelconque[4].

Cette situation se rencontre fréquemment en matière d'infractions à la loi sur la liberté de la presse ou d'atteintes aux droits de la personnalité commises par voie de presse, le juge retenant, compte tenu du principe à valeur constitutionnelle de la liberté d'expression, que des mesures aussi radicales que la saisie d'une publication, son interdiction de diffusion ou de retrait de la vente exigent que l'atteinte constatée aux droits d'un individu soit d'une gravité telle qu'elle soit insupportable et irréparable, notamment par l'allocation ultérieure de dommages-intérêts[5].

C'est une application du principe de proportionnalité, qui permet au juge d'apprécier les intérêts contradictoires en présence et de déterminer si la mesure sollicitée est nécessaire à la préservation des droits du demandeur, ou si elle peut nuire irrémédiablement à ceux du défendeur[6].

Le même principe de proportionnalité peut aussi justifier, de la part du juge, un aménagement de la mesure prononcée, par exemple en en limitant dans le temps les effets, de manière à éviter que, sous couvert d'une procédure provisoire, le demandeur puisse obtenir une décision aux effets irréversibles (ainsi, pour une mesure d'interdiction de diffusion d'un livre[7]; ou pour une mesure de prorogation des effets d'un contrat[8]).

125.253 **Limite.** Le pouvoir d'appréciation du juge, en ce qui concerne le choix de la mesure, n'est pas pour autant sans limite : la mesure prononcée doit conserver la nature d'une mesure provisoire, tendant uniquement à la préservation des droits d'une partie; toute autre mesure excède les pouvoirs du juge des référés.

C'est ainsi par exemple que ce magistrat ne peut, sur le fondement de l'article 809 alinéa 1er C. pr. civ., annuler un acte ou prononcer la résiliation d'un contrat[9].

Si certaines décisions ont reconnu au juge des référés le pouvoir d'annuler des préavis de grève au titre de la prévention d'un dommage imminent[10], l'Assemblée plénière de la Cour de cassation a estimé que seule la suspension provisoire des effets de ces préavis relevait des pouvoirs de la juridiction des référés[11].

1. Estoup, n° 91.
2. Civ. 2e, 15 nov. 2007, n° 07-12.304, *Bull. civ.* II, n° 255.
3. Paris, 27 sept. 1988, RG n° 88/17148, *D.* 1989. Somm. 301, obs. Hassler; *Gaz. Pal.* 1988. 2. 735, note Bertin – V. aussi, Paris, 12 mars 1991, *BICC* 1er juill. 1991, n° 1197.
4. Civ. 1re, 5 déc. 2006, n° 06-13.350, *Bull. civ.* I, n° 534.
5. Paris, 14 mai 1975, *D.* 1975. 687 – TGI Paris, 4 nov. 1985, *Gaz. Pal.* 1986. 1. 35 – Paris, 8 nov. 1985, RG n° M. 17.291, *Gaz. Pal.* 1986. 1. 35 – TGI Paris, 25 mai 1987, *Gaz. Pal.* 1987. 1. 371 – Paris, 28 déc. 1987, RG n° 87/020272, *D.* 1989. Somm. 91 – Paris, 26 févr. 1989, RG n° 89/3755, *Gaz. Pal.* 1989. 1. 221 – TGI Paris, 19 nov. 1990, *Gaz. Pal.* 1993. 2. Somm. 330.
6. Exemple d'application de ce principe : Civ. 1re, 17 sept. 2003, n° 00-16.849, NP.
7. Civ. 1re, 16 juill. 1997, nos 96-12.876 et 96-12.762, *Bull. civ.* I, n° 249.
8. Civ. 1re, 7 nov. 2000, n° 99-18.576, *Bull. civ.* I, n° 286; *D.* 2001. 256, note Jamin et Billiau; *D.* 2001. 1137, obs. Mazeaud; *RTD civ.* 2001. 135, obs. Mestre et Fages; *RTD civ.* 2002. 137, obs. Normand.
9. Soc. 5 mars 1987, n° 85-41.607, *Bull. civ.* V, n° 110 – Soc. 31 mars 2004, n° 01-46.960, n° 01-46.961, *Bull. civ.* V, n° 101; *D.* 2004. IR 1213 – Soc. 18 nov. 2009, n° 08-19.419, NP.
10. TGI Créteil, 11 mars 1980, *JCP* 1980. II. 19396, note Teyssié; *RTD civ.* 1980. 601, obs. Normand – TGI Créteil, 20 juin 1980, *JCP* 1980. II. 19457, note Teyssié.
11. Cass., ass. plén. 4 juill. 1986, n° 84-15.735, *Bull. ass. plén.*, n° 11; *D.* 1986. 477, concl. Bouyssic et note Ray; *JCP* 1986. II. 20694, note Teyssié.

Le juge des référés ne peut pas non plus procéder à l'interprétation d'un contrat[1], dire, dans le texte d'un communiqué dont il ordonne la publication, que le juge des référés a « jugé » qu'un article de presse avait porté atteinte à l'honneur ou à la considération d'un individu, laissant ainsi penser que ce magistrat s'était prononcé d'ores et déjà sur la diffamation et par conséquent sur le fond du litige[2]...

Il faut également rappeler, en matière contractuelle, que si le juge peut, à titre exceptionnel, proroger les effets d'un contrat afin de prévenir la réalisation d'un dommage imminent, il doit en revanche assigner un terme certain à cette prorogation[3].

Enfin, si le juge, pour prononcer une mesure, soulève d'office un moyen de droit nouveau (par ex., un fondement juridique non invoqué par les parties), il doit le soumettre au principe de la contradiction[4].

125.254 **Applications diverses.** Quelles que soient ces limites, les pouvoirs du juge des référés saisi en application de l'article 809 alinéa 1er (ou des textes similaires) sont particulièrement importants et touchent aux domaines les plus variés, comme le démontrent les exemples suivants concernant le droit des affaires, la propriété intellectuelle, le droit social le droit de la presse et la protection des religions[5].

a)

Pouvoirs du juge des référés en droit des affaires

125.261 **Droit des affaires.** Le droit des affaires est l'un des domaines de prédilection du référé, la simplicité de la procédure et la rapidité avec laquelle elle peut être engagée s'accordant parfaitement aux exigences de la vie économique.

L'intervention du juge des référés en droit des affaires peut être illustrée par des exemples pris dans les domaines des contrats commerciaux, des sociétés, de la concurrence, et de l'arbitrage.

125.262 **Référé et contrats commerciaux.** Il résulte de l'article 1134 du Code civil que le contrat doit être exécuté dans les conditions prévues par les parties et qu'il est, en principe, interdit à un juge (*a fortiori* au juge des référés) d'en modifier l'économie, en imposant aux parties contractantes des modifications de leurs stipulations conventionnelles.

Ainsi s'explique notamment un arrêt de la Cour de cassation selon lequel « *viole les dispositions de l'article 873 C. pr. civ., l'arrêt de cour d'appel qui ordonne à un fournisseur la poursuite de ses relations contractuelles avec un distributeur, alors qu'il a relevé que le contrat initial avait été régulièrement résilié et sans constater la conclusion d'un nouveau contrat entre les parties* »[6].

Cela ne signifie pas pour autant que le juge soit dépourvu de tout pouvoir en matière contractuelle, puisqu'il peut, soit prêter son concours à l'exécution du contrat, soit en aménager l'exécution.

– Le juge peut d'abord prêter son concours à l'exécution du contrat. Ce concours peut se manifester de différentes façons :

Le juge des référés peut toujours être saisi d'une demande tendant à contraindre les parties au respect de leurs obligations[7].

Parfois, dans un souci de sécurité, la saisine du juge est prévue par les contractants, pour assurer l'effectivité de leurs engagements. Tel est notamment le cas, lorsque la saisine du juge est prévue pour constater l'inexécution par une partie de ses obligations et en tirer les conséquences[8].

– Le juge peut également être saisi d'une demande de fixation d'une astreinte, destinée à contraindre une partie au respect de ses obligations[9].

– Le juge peut ensuite être saisi d'une demande d'aménagement du contrat.

Certes, il a déjà été indiqué qu'un juge des référés n'a pas le pouvoir d'annuler, résoudre ou résilier un acte juridique, de telles mesures relevant de l'appréciation exclusive des juges du fond[10].

Mais un juge des référés peut toujours, dès lors que son intervention est justifiée par la nécessité de faire cesser un trouble manifestement illicite ou prévenir la réalisation d'un dommage imminent, soit suspendre provisoirement les effets d'un engagement (par ex., autoriser un locataire commerçant à suspendre le paiement du loyer ou à en consigner le montant en cas de manquement grave du bailleur à ses engagements[11]), soit au contraire, en proroger temporairement les effets[12].

1. Paris, 1er avr. 1993, RG n° 93/4169, *RD bancaire et bourse* 1993. 169, obs. Germain et Frison-Roche.
2. Paris, 27 mars 1991, et sur pourvoi, Civ. 2e, 27 janv. 1993, n° 91-15.451, n° 91-17.042, *Bull. civ.* II, n° 32 – V. Louvet, « La pratique du référé en droit de la presse », *Légipresse* 1994. II. 85 s., n° 116.
3. Civ. 1re, 7 nov. 2000, n° 99-18.576, préc. ss n° 125.201.
4. Civ. 2e, 14 mai 1997, n° 95-13.847, NP.
5. Pour un examen d'ensemble de la question v. Codes annotés Dalloz et Litec, ss art. 809 C. pr. civ.
6. Com. 28 nov. 2006, n° 04-20.734, *Bull. civ.* IV, n° 234; *RTD civ.* 2007. 345, obs. Mestre et Fages.
7. Civ. 2e, 19 nov. 2008, n° 08-11.646, NP – Com. 29 janv. 2013, n° 11-28.979, NP.
8. Civ. 3e, 11 juin 1997, n° 95-14.355, *Bull. civ.* III, n° 139 et Civ. 3e, 28 janv. 2004, n° 01-00.893, *Bull. civ.* III, n° 13 : constatation de l'acquisition de la clause résolutoire d'un contrat de bail et expulsion du preneur devenu occupant sans droit, ni titre – DANS LE MÊME SENS, Com. 24 nov. 2009, n° 08-21.480, NP.
9. Com. 16 nov. 2004, n° 02-13.411, NP.
10. Par ex., Com, 29 sept. 2009, n° 08-19.937, *Bull. civ.* IV, n° 118; *D.* 2009. 2425.
11. Civ. 3e, 15 déc. 1993, n° 92-12.324, *Bull. civ.* III, n° 168; *D.* 1994. 462, note Storck – Civ. 3e, 1er mars 1995, n° 93-13.812, *Bull. civ.* III, n° 60.
12. Civ. 1re, 7 nov. 2000, n° 99-18.576, préc. ss n° 125.201 – Com. 3 mai 2012, n° 10-28.366, NP.

Comment concilier cette dernière solution avec ce qui vient d'être dit de l'intangibilité du contrat ?

En réalité, par son intervention, le juge des référés rappelle en quelque sorte les parties au respect de leurs engagements : s'il suspend ou proroge les effets du contrat, c'est parce que l'un des contractants a manifestement violé les stipulations de ce contrat ou parce que, par son attitude, il expose l'autre partie à un péril imminent qu'il importe d'éviter.

Mais sa décision n'est que provisoire, d'où le recours fréquent à des mesures limitées dans le temps, et s'efface, soit par un retour du contractant récalcitrant au respect de ses devoirs, soit par une saisine des juges du fond.

125.263 Référé et sociétés. En présentant les compétences du juge des référés, il a déjà été indiqué que de nombreux textes particuliers donnaient au juge des référés, soit du tribunal de commerce, soit même du TGI, le pouvoir de prendre en référé ou en la forme des référés, des mesures relatives au fonctionnement des sociétés.

D'autres mesures peuvent également être envisagées, sur le fondement des textes généraux du référé, par exemple lorsqu'un litige porte sur la propriété des parts sociales ou si le fonctionnement du groupement est mis en péril.

Pour les litiges relatifs à la propriété des parts sociales, il est constant que la question de propriété, question de fond, ne peut être tranchée par le juge des référés, de sorte que, si la demande porte sur le transfert des parts litigieuses, le juge des référés doit renvoyer les parties à se pourvoir devant les juges du fond.

En revanche, l'existence de ce litige de propriété peut justifier de sa part une intervention, pour une mesure propre à préserver les intérêts des parties, dans l'attente précisément de la décision des juges du fond.

Tel est l'objet des mesures de séquestre de parts sociales, que le juge peut prendre, soit en application de l'article 808 ou 872 C. pr. civ., soit sur le fondement de l'article 809 ou 873 alinéa 1er, en raison de la nécessité de prévenir la réalisation d'un dommage imminent[1].

Lorsque les conditions de fonctionnement d'un groupement sont affectées, le juge des référés peut envisager la désignation d'un administrateur provisoire chargé de gérer temporairement ce groupement dans l'attente du rétablissement des conditions normales de gestion.

Mais la jurisprudence souligne que cette mesure doit être exceptionnelle et justifiée par la preuve de circonstances rendant impossible le fonctionnement normal de la société[2] et menaçant celle-ci d'un péril imminent[3].

L'éventuelle atteinte aux intérêts d'un actionnaire ou groupe d'actionnaires ne suffit pas, si le fonctionnement de la personne morale n'est pas entravé, à justifier la désignation d'un administrateur provisoire[4].

D'autres mesures, comme la désignation d'un mandataire *ad hoc* chargé d'analyser ou superviser les opérations sociales litigieuses, peuvent être, dans ce cas, envisagées[5].

125.264 Juge des référés et concurrence illégale, déloyale ou parasitaire. De même que, devant les juges du fond, la concurrence déloyale ou parasitaire est soumise aux règles de droit commun de la responsabilité civile définies par l'article 1382 du Code civil, de même en référé les cas d'intervention du juge relèvent des textes généraux du Code de procédure civile (C. pr. civ., art. 808 et 809 ou 872 et 873).

Le juge des référés peut ainsi mettre fin à des actes de concurrence déloyale[6], de contrefaçon, de publicité illicite[7], d'utilisation illicite d'une dénomination comme nom de domaine[8], notamment en interdisant, jusqu'à la décision des juges du fond, la publication d'un journal d'annonces publicitaires dont le titre déposé est le surnom donné à un journal identique mais antérieure édité par une autre société[9], en suspendant une activité commerciale exercée en violation d'une clause de non-concurrence ou d'un monopole légal[10], en ordonnant la suspension d'une vente à prix coûtant illicite[11], en interdisant des ventes sous chapiteau organisées par des supermarchés en violation des textes destinés à protéger le petit commerce[12], en prescrivant la cessation d'une publicité de nature à induire en erreur le public[13], d'une publicité comparative ne satisfaisant pas aux conditions de licéité[14], en faisant interdiction à une société de

1. Civ. 1re, 27 nov. 1973, nº 72-13.321, *Bull. civ.* I, nº 325.
2. Com. 25 janv. 2005, nº 00-22.457, NP.
3. Com. 6 févr. 2007, nº 05-19.008, *Bull. civ.* IV, nº 28; *D.* 2008. 379, obs. Hallouin et Lamazerolles.
4. Com. 14 févr. 1989, nº 87-13.719, *Bull. civ.* IV, nº 66.
5. Com. 21 oct. 1997, nº 95-17.904, *Bull. civ.* IV, nº 282.
6. Rép. pr. civ., vº *Référé civil*, par Bertin – Com. 2 févr. 1985, nº 83-12.466, *Bull. civ.* IV, nº 79.
7. Rép. pr. civ., vº *Référé civil*, par Bertin – Civ. 1re, 22 mai 2008, nº 07-14.984, *D.* 2008. AJ 1620, obs. Rondey.
8. Com. 10 juill. 2012, nº 11-21.919, *Bull. civ.* IV, nº 155.
9. Civ. 2e, 9 mars 1978, nº 76-14.862, *Bull. civ.* II, nº 75; *JCP* 1978. IV. 152.
10. TGI Nanterre, 19 mars 1980, *Gaz. Pal.* 1981. 1. Somm. 104 – Com. 14 févr. 2006, nº 01-02.462, *Bull. civ.* IV, nº 39.
11. TGI Dieppe, *Gaz. Pal.* 1975. 1. 76, note Fourgoux.
12. Lyon, 20 oct. 1983, *JCP* 1985. II. 20392, note Heidsieck.
13. T. com. Paris, 5 mars 1985, *Gaz. Pal.* 1985. Somm. 115 – Paris, 18 déc. 1985, *D.* 1986. IR 309, obs. Aubert – Com. 19 janv. 1988, nº 86-12.848, *Bull. civ.* IV, nº 44; *D.* 1999. AJ 76; *JCP* 1988. IV. 116 – Com. 10 janv. 1995, nº 92-17.738, NP – Com. 19 oct. 1999, nº 97-18.490, *Bull. civ.* IV, nº 175; *D.* 1999. 76, obs. C. R. – Com. 26 févr. 2013, nº 12-12.203, NP.
14. Com. 22 juill. 1986, nº 84-12.829, *Bull. civ.* IV, nº 181; *D.* 1986. 436, note Cas; *Gaz. Pal.* 25 oct. 1986, nº 297.

faire diffuser des messages « audiotel » constitutifs de publicité mensongère[1], en ordonnant la cessation d'actes constitutifs de dénigrement[2], en ordonnant sous astreinte à un franchiseur de cesser de livrer à un tiers des marchandises diffusées en violation d'une clause d'exclusivité territoriale consentie à un franchisé[3].

Le juge des référés peut aussi, malgré l'existence d'un litige, prescrire, à titre conservatoire, la continuation ou la reprise des relations commerciales[4], enjoindre à un commerçant d'appliquer strictement ses conditions générales de vente[5], ordonner, dans les conditions déjà précisées, la prorogation des effets d'un contrat résilié par une partie dans des conditions exposant le cocontractant à un dommage imminent[6], interdire la poursuite de l'exploitation non autorisée d'un supermarché[7], *etc.*

125.265 Juge des référés et pratiques restrictives de concurrence. L'article L. 442-6 du Code de commerce, modifié en dernier lieu par la loi n° 2010-874 du 27 juillet 2010[8], confère des attributions particulières au juge des référés notamment en matière de pratiques commerciales abusives, de ventes ou prestations subordonnées, de rupture brutale de relations commerciales établies[9].

Le texte donne le pouvoir au juge des référés d'enjoindre la cessation des agissements en cause ou d'ordonner toute autre mesure provisoire.

La Cour de cassation a précisé, d'une part que le juge statuant en référé en vertu de l'article 36 (devenu C. com., art. L. 442-6) ne peut ordonner les mesures prévues par ce texte que si les conditions fixées soit aux articles 808 ou 809, soit aux articles 872 ou 873 C. pr. civ. sont remplies[10], d'autre part que malgré la lettre du texte de l'article 36, il n'est pas interdit de saisir le juge des référés avant que l'action au fond soit introduite[11].

Le juge saisi sur le fondement de ce texte doit donc exercer ses prérogatives et notamment, lorsqu'il constate que les pratiques en cause caractérisent un trouble manifestement illicite, prendre les mesures qui s'imposent pour y mettre fin, même s'il existe une contestation sérieuse entre les parties[12].

Il peut par exemple ordonner la prorogation temporaire des relations commerciales si la rupture brutale de ces relations expose une entreprise à un dommage imminent[13].

Au point de vue procédural, la seule particularité de ce référé est d'être accessible au parquet, au ministre chargé de l'Économie ou au président de l'Autorité de la concurrence dans certains cas.

125.266 Référé et arbitrage. Il résulte de l'article 1448 C. pr. civ. que le juge étatique est en principe incompétent pour statuer sur un litige que les parties à un contrat ont entendu soumettre à l'arbitrage.

Cette règle n'exclut pas néanmoins toute intervention du juge étatique dans ce domaine, soit que sa saisine s'impose pour régler les incidents susceptibles d'affecter le déroulement de la procédure d'arbitrage, soit pour se prononcer sur des mesures urgentes.

125.267 Incidents de la procédure d'arbitrage. Le Code de procédure civile, modifié sur ces questions par le décret n° 2011-48 du 13 janvier 2011[14], a instauré un mécanisme de coopération du juge étatique à l'arbitrage qui permet notamment à ce juge, appelé « juge d'appui », de se prononcer sur les difficultés de constitution du tribunal arbitral, qu'elles interviennent lors de la constitution de ce tribunal ou au cours de l'exécution de sa mission[15].

Il convient de préciser que, dans l'exercice de ces prérogatives, le juge intervient en la forme des référés. S'il est donc saisi suivant la procédure de référé, il est néanmoins le juge du fond de la difficulté et ne peut refuser de trancher au prétexte d'une contestation sérieuse[16].

Par ailleurs, ses décisions ont l'autorité de la chose jugée. Si, par exemple, le juge d'appui a irrévocablement statué, en la rejetant, sur la contestation de l'indépendance et l'impartialité d'un arbitre, le

1. TGI Paris, 7 déc. 1994, *Gaz. Pal.* 1995. 1. 165, note Petit.
2. Paris, 28 janv. 1992, *D.* 1992. IR 127 – Com. 21 févr. 1995, n° 93-13.302, *Bull. civ.* IV, n° 50; *D.* 1995. IR 97; *RTD civ.* 1996. 391, obs. Mestre – Com. 6 févr. 2007, n° 03-20.308, NP.
3. Civ. 2e, 19 nov. 2008, n° 08-11.646, NP.
4. Com. 21 mars 1984, n° 82-12.347, *Bull. civ.* IV, n° 115.
5. T. com. Paris, 16 mai 1989, *Gaz. Pal.* 1989. 2. 808, note Marchi.
6. Civ. 1re, 7 nov. 2000, n° 99-18.576, *Bull. civ.* I, n° 286; *RTD civ.* 2002. 137, note Normand.
7. Civ. 1re, 6 oct. 2010, n° 09-12.686, *Bull. civ.* I, n° 194; *D.* 2010. 2440; *AJDA* 2010. 2389; *AJDI* 2011. 391.
8. L. n° 2010-874, 27 juill. 2010, de modernisation de l'agriculture et de la pêche, *JO* 28 juill., p. 13925.
9. Sur ce référé v. M. Malaurie, « Le référé-concurrence », *JCP* 1993. I. 3637 – Com. 27 juin 1989, n° 88-10.250, *Bull. civ.* IV, n° 208; *D.* 1990. Somm. 107, obs. Gavalda et Lucas de Leyssac; *D.* 1990. 373, obs. Ferrier; *JCP* 1990. II. 21530, note Virassamy – Com. 17 juill. 1990, n° 89-14.119, *Bull. civ.* IV, n° 220; *D.* 1991. 471, note Reynès; *Gaz. Pal.* 21 mai 1991, n° 141, p. 10, note Guinchard et Moussa.
10. Com. 27 juin 1989, n° 88-10.250, préc. s^s prés^t n°.
11. Com. 17 juill. 1990, n° 89-14.119, préc. s^s prés^t n°.
12. Com. 30 janv. 1996, n° 94-14.314, NP – Com. 29 janv. 2008, n° 07-13.778, *Bull. civ.* IV, n° 20; *D.* 2008. 541, obs. Chevrier; *D.* 2009. 2888, obs. Ferrier : cessation d'actes constitutifs de discrimination envers une entreprise.
13. Com. 3 mai 2012, n° 10-28.366, NP.
14. Décr. n° 2011-48, 13 janv. 2011, portant réforme de l'arbitrage, *JO* 14 janv., p. 777.
15. Civ. 2e, 24 juin 2004, n° 02-20.731, *Bull. civ.* II, n° 311 – Civ. 1re, 1er févr. 2005, n° 02-15.237, n° 01-13.742, *Bull. civ.* I, n° 53.
16. Civ. 2e, 8 avr. 1998, n° 96-16.035, *Bull. civ.* II, n° 121.

moyen d'annulation de la sentence arbitrale tiré de l'irrégularité de la composition du tribunal arbitral est irrecevable[1].

125.268 **Mesures provisoires.** Si la sentence arbitrale peut faire l'objet d'une exécution forcée, après *exequatur* par le juge étatique, et si elle constitue un titre suffisant pour permettre au créancier de prendre des mesures conservatoires sur les biens de son débiteur, l'arbitre ne dispose pas en revanche d'un pouvoir direct de contrainte.

Or il apparaît souvent nécessaire, avant toute décision sur le fond du litige, de prendre en urgence des mesures provisoires.

La jurisprudence admet très clairement que l'existence d'une clause d'arbitrage n'exclut pas la faculté de saisir le juge des référés, soit pour obtenir une mesure d'instruction[2], soit pour accorder une provision au créancier, avec dans ce cas trois précisions importantes :

Le juge étatique ne peut intervenir que si le tribunal n'est pas encore constitué[3];

Par ailleurs l'urgence doit être caractérisée (pour un exemple en matière d'arbitrage international[4] et un autre en matière d'arbitrage interne[5]).

Enfin, la convention des parties peut exclure la compétence de la juridiction étatique des référés[6].

Le décret du 13 janvier 2011 a renforcé les pouvoirs des arbitres pour la phase d'instruction de l'affaire, notamment en leur donnant le pouvoir de faire injonction sous astreinte à une partie de produire des éléments de preuve (C. pr. civ., art. 1467) et en leur conférant celui de prendre des mesures conservatoires ou provisoires, à l'exception des saisies conservatoires et sûretés judiciaires réservées aux juridictions étatiques (C. pr. civ., art. 1468).

b)

Pouvoirs du juge des référés et propriété intellectuelle

125.271 **Référé et propriété intellectuelle.** Jusqu'à la promulgation de la loi du 29 octobre 2007, si la plupart des droits de propriété intellectuelle relevaient, pour les procédures d'urgence, du droit commun du Code de procédure civile, il existait deux procédures spécifiques pour les **brevets d'invention** (CPI, art. L. 615-3) et pour les **marques** (CPI, art. L. 716-6) qui présentaient la caractéristique essentielle d'être subordonnées à l'engagement préalable d'une procédure au fond et de n'autoriser que des mesures spécialement énumérées. La loi n° 2007-1544 du 29 octobre 2007[7] a profondément modifié les règles applicables aux procédures d'urgence en créant une procédure spécifique de référé pour la plupart des droits de propriété intellectuelle, à l'exception de la propriété littéraire et artistique.

Il existe désormais six textes, rédigés dans les mêmes termes, pour les **droits du producteur de bases de données** (CPI, art. L. 343-2), les **dessins et modèles** (CPI, art. L. 521-6), les **brevets d'invention** (CPI, art. L. 615-3), les **obtentions végétales** (CPI, art. L. 623-27), les **marques** (CPI, art. L. 716-6) et les **atteintes aux indications géographiques** (CPI, art. L. 722-3).

Les principales caractéristiques de la procédure de référé instaurée par ces textes sont les suivantes :

– il s'agit de **véritables procédures de référé** et non, comme les procédures antérieures relatives aux brevets d'invention et aux marques, de procédures en la forme des référés.

Il est également prévu que le juge peut être saisi par requête.

Bien qu'en apparence, les textes laissent à ce point de vue une option au demandeur, il est précisé que l'action sur requête ne peut être admise qu'à la condition générale d'admission de cette procédure, à savoir la preuve de circonstances justifiant de ne pas appeler de partie adverse.

Les textes précisent qu'il peut en être ainsi notamment « *lorsque tout retard serait de nature à causer un préjudice irréparable au demandeur* ».

– ces procédures **peuvent être engagées indépendamment de toute procédure au fond**, et non, comme les procédures antérieures susvisées, comme accessoires d'une procédure au fond.

Mais l'originalité de ces nouvelles procédures de référé exercées avant une procédure au fond, par rapport aux procédures de droit commun, c'est **d'imposer au demandeur de saisir les juges du fond dans un certain délai**, fixé par les décrets d'application auxquels renvoient ces textes, et de préciser, qu'à défaut de saisine des juges du fond dans le délai ainsi déterminé, les mesures prises en référé sont annulées, si le défendeur en fait la demande et sans que celui-ci ait à motiver sa demande.

C'est un mécanisme original, inconnu des textes de droit commun du référé, et seulement mis en œuvre par la pratique dans certains types d'affaires[8].

– le but poursuivi par la procédure de référé est, selon les cas, de prévenir « *une atteinte imminente aux*

1. Civ. 1re, 13 mars 2013, n° 12-20.573, *Bull. civ.* I, n° 40.
2. Civ. 1re, 6 déc. 2005, n° 03-16.572, *Bull. civ.* I, n° 463.
3. Civ. 1re, 6 mars 1990, n° 88-16.369, *Bull. civ.* I, n° 64.
4. Civ. 1re, 6 mars 1990, n° 88-16.369, *Bull. civ.* I, n° 64.
5. Civ. 2e, 2 avr. 1997, n° 94-14.223, *Bull. civ.* II, n° 108; *RTD civ.* 1999. 177, obs. Normand; et Civ. 2e, 13 juin 2002, n° 00-20.077, *Bull. civ.* II, n° 130; *D.* 2002. 2439, note Najjar.
6. Civ. 1re, 6 mars 1990, n° 88-16.369, préc. ss prést n°.
7. L. n° 2007-1544, 29 oct. 2007, de lutte contre la contrefaçon, *JO* 30 oct., p. 17775.
8. PAR EX. : Civ. 1re, 16 juill. 1997, n° 96-12.876, n° 96-12.762, *Bull. civ.* I, n° 249; *D.* 1997. 452; *D.* 1997. 291, chron. Massis.

droits conférés par le titre », ou d'« *empêcher la poursuite d'actes argués de contrefaçon* ».

L'intervention du juge peut donc être préventive ou réparatrice et tend, dans tous les cas, à la protection des droits conférés par le titre.

– ces actions en référé sont soumises à une condition particulière. Il faut, en effet, que « *les éléments de preuve, raisonnablement accessibles au demandeur, rendent vraisemblable qu'il est porté atteinte à ses droits ou qu'une telle atteinte est imminente* ».

Malgré les différences de rédaction, on retrouve des terminologies assez proches de celles utilisées par les articles du Code de procédure civile pour le trouble manifestement illicite et le dommage imminent.

Les textes prévoient enfin que le juge peut prendre « toute mesure ».

Mais, ils illustrent le type de mesures susceptibles d'être prises :

– l'interdiction de la poursuite des actes argués de contrefaçon;

– la constitution de garanties destinées à assurer l'indemnisation de la victime;

– la saisie ou la remise entre les mains d'un tiers des produits soupçonnés de porter atteinte aux droits du demandeur;

– dans certains cas, la saisie conservatoire de biens du défendeur, si le demandeur justifie de circonstances pouvant compromettre le recouvrement des dommages-intérêts;

– la juridiction peut enfin accorder au demandeur une provision « *lorsque l'existence de son préjudice n'est pas sérieusement contestable* ».

On peut regretter cette formulation, différente de celle du référé-provision de droit commun qui implique l'existence d'une « *obligation non sérieusement contestable* », mais elle ne signifie pas que le juge des référés est dispensé de toute recherche du caractère fautif des faits imputés au défendeur. Il ne peut, en effet, accueillir la demande qu'à la condition précédemment rappelée d'atteinte « vraisemblable » aux droits du demandeur.

c)
Pouvoirs du juge des référés et droit social

125.281 Référé et conflits individuels du travail. Dans les litiges individuels du travail[1], le juge des référés peut notamment ordonner la poursuite d'un contrat de travail qui n'avait pas été valablement rompu[2], ordonner la réintégration de délégués du personnel ou de délégués syndicaux irrégulièrement licenciés[3], ordonner la réintégration d'un salarié irrégulièrement rétrogradé[4], ordonner la poursuite de la relation de travail en cas de violation d'une liberté fondamentale par l'employeur commise à l'occasion de la rupture du contrat[5].

Constitue un trouble manifestement illicite auquel il appartient au juge des référés judiciaire de mettre fin, un changement des conditions de travail imposé, sans son accord, à un représentant du personnel qui a pour effet de mettre fin à ses mandats, nonobstant la contestation de la régularité de la mutation que celui-ci en sa qualité de fonctionnaire avait engagée devant le juge administratif[6].

En revanche, le juge n'a pas un tel pouvoir de réintégration à l'égard des salariés non protégés, même s'ils sont licenciés irrégulièrement[7].

De même, il n'a pas le pouvoir d'annuler un licenciement ou de résilier un contrat de travail[8].

Il n'a pas non plus le pouvoir d'ordonner la résiliation d'un contrat de travail[9].

Il faut souligner que, si en principe un juge des référés n'a pas le pourvoir d'interpréter un acte juridique, la chambre sociale de la Cour de cassation admet cependant que la formation de référé prud'homale peut interpréter une convention ou un accord collectif[10].

Le juge peut aussi sanctionner la violation par l'employeur de la réglementation du travail[11] applicable à l'entreprise (par ex. trouble manifestement illicite caractérisé par la violation des dispositions protectrices des fonctions de médecin du travail[12]).

Le juge des référés peut ordonner à l'employeur de remettre immédiatement au salarié qui a pris acte de la rupture de son contrat de travail, un certificat de

1. Rép. pr. civ., v° *Référé civil*, par Cayrol; *Dr. soc.* mai 1985. 45 (référé en droit du travail).
2. Soc. 26 sept. 1990, n° 88-41.375, *Bull. civ.* V, n° 387; *CSB* 1990, n° 24, p. 237.
3. Soc. 14 juin 1972, n° 71-12.508, *Bull. civ.* V, n° 425; *D.* 1973. 114, note Catala; *Gaz. Pal.* 1972. 826; *Dr. soc.* 1972. 465, note Savatier; *JCP* 1972. II. 17275, note Lyon-Caen – Soc. 30 mai 1979, n° 78-12.139, *Bull. civ.* V, n° 480 – Soc. 7 mai 1987, n° 86-60.306, NP; *JCP* 1987. IV. 234 – Soc. 7 mars 2001, n° 99-40.849, NP – Soc. 19 févr. 2002, n° 01-40.527, *Bull. civ.* V, n° 71 – Soc. 21 oct. 2008, n° 07-42.021, *Bull. civ.* V, n° 194; *D.* 2008. 2800 – Soc. 22 sept. 2010, n° 09-41.173, *Bull. civ.* V, n° 192; *D.* 2010. 2297 – Soc. 19 janv. 2011, n° 09-67.535, NP – Soc. 30 janv. 2013, n° 11-13.286, *Bull. civ.* V, n° 25 – Soc. 13 févr. 2013, n° 11-27.240, NP.
4. Soc. 23 nov. 1999, n° 97-43.787, *Bull. civ.* V, n° 452; *D.* 2000. IR 7.
5. Soc. 6 févr. 2013, n° 11-11.740, *Bull. civ.* V, n° 80.
6. Soc. 5 mars 2008, n° 07-11.123, *Bull. civ.* V, n° 53.
7. Soc. 9 févr. 1977, n° 75-14.729, *Bull. civ.* V, n° 95; *D.* 1977. 544, note Jeammaud – Soc. 30 mai 1990, n° 88-41.645, *Bull. civ.* V, n° 257; *Gaz. Pal.* 1991. 1. 263, note Ristaino.
8. Soc. 13 mars 2001, n° 99-45.735, *Bull. civ.* V, n° 87; *D.* 2001. IR 1215 – Soc. 18 nov. 2009, n° 08-19.419, *Bull. civ.* V, n° 258.
9. Soc. 30 mai 2013, n° 12-14.289, NP.
10. Soc. 15 févr. 2002, n° 00-41.117, *Bull. civ.* V, n° 14 – Soc. 25 mai 2011, n° 09-68.180, NP.
11. Rép. pr. civ., v° *Référé civil*, par Bertin.
12. Soc. 7 mai 1987, n° 84-41.005, *Bull. civ.* V, n° 274.

travail et une attestation Assedic ou sanctionner le refus illicite de l'employeur de régler des droits acquis par le salarié au titre d'un compte épargne-temps [1].

De même, la violation du repos hebdomadaire obligatoire constitue un trouble manifestement illicite que le juge des référés peut faire cesser par une mesure d'interdiction des opérations commerciales réalisées en violation des prescriptions légales [2].

Le juge des référés peut sanctionner la violation par un ancien salarié d'une clause de non-concurrence [3].

125.282 Référé et conflits collectifs du travail. Dans le domaine des conflits collectifs du travail, le juge des référés a le pouvoir de suspendre un préavis de grève, lorsque le dépôt de ce préavis apparaît manifestement illicite [4], d'ordonner l'expulsion de grévistes [5] occupant illicitement les lieux du travail, tout au moins lorsque cette occupation est génératrice de dommages et susceptible de faire courir des dangers ou de compromettre l'exploitation de l'entreprise [6] (par ex. risques de pollution et dangers pour la sécurité et la salubrité publiques provoqués par le fonctionnement réduit de l'usine imposé par les salariés [7]).

Mais il ne peut pas condamner un salarié gréviste à exécuter son travail, même pendant la durée d'un service minimum [8].

Et les pouvoirs attribués au juge des référés en matière de dommage imminent consécutif à l'exercice du droit de grève ne comportent pas celui de décider la réquisition de salariés grévistes [9].

Le juge des référés peut prendre les mesures relevant de ses prérogatives lorsqu'il constate une violation manifeste d'un accord collectif du travail ou des règles applicables au statut des salariés (ainsi, pour la protection des prérogatives d'un comité d'entreprise ou d'un comité d'hygiène, de sécurité et des conditions de travail [10]; pour la cassation d'un arrêt ayant refusé de suspendre la mise en œuvre d'une réforme sans consultation préalable des institutions représentatives du personnel [11]; pour le maintien d'un avantage acquis [12]; pour la fixation de la journée de solidarité dans des conditions non conformes à un accord d'entreprise [13]; pour un rejet de la demande, faute de violation évidente des règles statutaires en cause [14]).

Constitue un trouble manifestement illicite, l'imputation sur un compte épargne formation individuel, créé par un accord collectif, d'actions de formation, quelle que soit leur nature, qui n'ont pas été demandées par le salarié, alors que selon cet accord et les dispositions de l'ancien article L. 932-2 du Code du travail alors applicables, le temps passé par le salarié pour assurer son adaptation à son poste de travail est un temps de travail effectif [15].

Il peut aussi constater le caractère manifestement illicite d'un licenciement économique opéré en violation des dispositions légales obligatoires [16].

La violation des règles sur le repos hebdomadaire peut également constituer un trouble manifestement illicite susceptible de justifier l'intervention du juge des référés, notamment à la requête de l'inspecteur du travail [17].

L'ouverture illicite de magasins le dimanche ou l'emploi irrégulier de salariés les jours fériés constitue aussi un trouble manifestement illicite [18].

125.283 Règles de procédure du référé en droit social. Il convient de souligner que l'instance de référé est autonome par rapport à l'instance au fond. Il en résulte, en matière prud'homale, que le principe de l'unicité de l'instance n'est pas applicable à l'instance de référé : même s'il a déjà obtenu une décision du juge des référés, le demandeur peut présenter, dans le cadre d'une instance au fond, des prétentions issues du même contrat de travail sans qu'on puisse lui opposer les dispositions de l'article R. 1452-6 du Code du travail [19].

1. Soc. 4 juin 2008, n° 06-45.757, *Bull. civ.* V, n° 122; *D.* 2009. 191 – Dans le même sens, pour une remise de documents : Soc. 13 mai 2008, n° 07-41.114, NP – Soc. 19 oct. 2010, n° 09-41.667, NP.
2. Soc. 9 avr. 2002, n° 00-13.560, NP – Soc. 13 juin 2007, n° 06-18.336, *Bull. civ.* V, n° 103.
3. Soc. 10 déc. 1996, n° 94-43.015, *Bull. civ.* V, n° 436; *D.* 1998. 218, obs. Serra.
4. Cass., ass. plén. 4 juill. 1986, n° 84-15.735, *Bull. ass. plén.*, n° 11; *D.* 1986. 477, concl. Bouyssic et note Ray (v. s^s n° 125.253); *JCP* 1986. II. 20694, note Teyssié – Paris, 27 janv. 1988, RG n°s 87/16031 et 87/20029, *Gaz. Pal.* 1988. 131, concl. Lupi; *Gaz. Pal.* 1988. 551, note Javillier.
5. Rép. pr. civ., v° *Référé civil*, par Bertin.
6. Soc. 21 févr. 1978, n° 76-14.909; *Bull. civ.* V, n° 127; *Gaz. Pal.* 1983. 307, note M. S. – Soc. 21 juin 1984, n° 82-16.596, *Bull. civ.* V, n° 263; *Dr. soc.* janv. 1985. 15, note Savatier; *BS Lefebvre* 1985. 109, note Deprez – Soc. 9 mars 2011, n° 10-11.588, *Bull. civ.* V; *D.* 2011. 888.
7. Soc. 26 févr. 1992, n° 90-15.459, *Bull. civ.* V, n° 125; *BICC* 1er mai 1992, n° 762.
8. Soc. 26 nov. 2003, n° 01-10.847, NP.
9. Soc. 25 févr. 2003, n° 01-10.812, *Bull. civ.* V, n° 62; *D.* 2003. 1925, note Bossu.
10. Soc, 1er avr. 2008, n° 07-12.713, NP – Soc. 10 avr. 2008, n° 06-45.741, NP – Soc. 28 mai 2008, n° 06-20.120, NP – Soc. 26 juin 2013, n° 12-14.788, *Bull. civ.* V, [à paraître] – Soc. 10 juill. 2013, n° 12-14.629, NP.
11. Soc. 24 juin 2008, n° 07-11.411, *Bull. civ.* V, n° 140; *D.* 2009. 191.
12. Soc. 3 juill. 2008, n° 07-40.684, NP.
13. Soc. 12 juin 2013, n° 10-26.175, NP.
14. Soc. 16 sept. 2008, n° 07-18.149, NP.
15. Soc. 16 janv. 2008, n° 07-10.095, *Bull. civ.* V, n° 10.
16. Soc. 22 févr. 1995, n° 92-11.566, *Bull. civ.* V, n° 68; *D.* 1995. 366, obs. de Launay-Gallot.
17. Soc. 6 avr. 2011, n° 09-68.413, *Bull. civ.* V; *D.* 2011. 1147, obs. Perrin.
18. Soc. 10 juill. 2013, n° 12-12.181, NP.
19. Soc. 19 mai 1988, n° 85-43.243, *Bull. civ.* V, n° 306 – Sur cette question, *NCPC commenté*, 1997, Lamy, art. R. 516-1 du Code du travail.

d) Pouvoirs du juge des référés et droit de la presse

Bibliographie indicative.
Articles. V. Louvet, « La pratique du référé en droit de la presse », *Légipresse* 1994. II. 85 s., n° 116 – D. Boccara, « Légitimité du référé diffamation et conditions de légalité de ses prescriptions », *Gaz. Pal.* 1995. 1. Doctr. 271 – Kaiser, « Les pouvoirs du juge des référés civil à l'égard de la liberté de la communication et d'expression », *D.* 1989. Chron. 11 – M.-N. Louvet, « Le référé en droit de la presse », *Liberté de la presse et droits de la personne*, Dalloz, 1997, p. 87-94 – M.-T. Feydeau, « Le référé de presse : une procédure hors la loi ? », *Le droit de la presse de l'an 2000, Légipresse*, 2000 – E. Dreyer, « Le juge des référés et la presse », *Droit de la presse,* Litec, fasc. 215 – X. Agostinelli, « La place du référé dans la protection des droits de la personnalité », *Légipresse* 2004. II. 79, n° 213 – *Les droits de la personnalité : bilan et perspectives*, actes colloque 13 nov. 2006, *Gaz. Pal.* 18 mai 2007.

125.291 Droit de la presse. Le droit de la presse est l'un des domaines pour lesquels les conditions d'intervention du juge des référés ont le plus évolué, sous une double influence :

– celle de la législation, qui a créé de nouvelles hypothèses d'intervention du juge des référés;

– celle de la Convention de sauvegarde des droits de l'homme et des libertés fondamentales, qui a conduit au contraire à admettre de manière plus restrictive l'intervention du juge des référés pour affirmer la prééminence de la liberté d'expression et prémunir contre le risque de censure des organes de presse et de diffusion de la pensée.

Indépendamment des procédures particulières de référé prévues en matière de droit de réponse ou pour la diffusion en ligne de messages illicites (v. ss n° 125.44), le rôle du juge des référés est particulièrement important dans quatre domaines du droit de la presse.

125.292 Référé et atteinte à la vie privée ou au droit à l'image. Il résulte de l'article 9 du Code civil que toute personne a droit à la protection de la vie privée.

Ce texte s'applique aussi à la protection de l'image de la personne, qui ne fait pas l'objet de dispositions particulières bien que l'atteinte à l'image ne se confonde pas nécessairement avec la vie privée.

Si le premier alinéa de l'article 9 pose le principe de la protection, le second alinéa précise le type d'actions en justice ouvertes à la victime qui peut agir, soit devant les juges du fond en réparation de ses préjudices, soit en référé.

Il convient de préciser les conditions de l'intervention du juge des référés et les modalités de cette intervention.

125.293 Conditions de l'intervention du juge des référés. À la lecture du texte de l'article 9, il apparaît que le juge des référés ne peut intervenir que si est constatée une atteinte la vie privée ou à l'image de la personne.

La notion de vie privée recouvre, en principe, tous les cas dans lesquels sont divulguées des informations relatives à la santé, à la vie familiale et personnelle, au domicile des personnes (à titre d'exemples : film reproduisant l'image d'adultes handicapés[1]; divulgation d'information relative à une situation de concubinage[2]; divulgation de la photographie d'une personne ou de son ancienne identité[3]).

On constate toutefois que l'évolution du droit à la protection de la vie privée tend à restreindre son champ d'application, comme en attestent notamment les constatations suivantes :

À la différence d'abord de ce qui était jugé antérieurement, la Cour de cassation a décidé en 1993 que « *la publication de renseignements d'ordre purement patrimonial, exclusifs de toute allusion à la vie et à la personnalité d'une personne physique, ne porte pas atteinte à l'intimité de la vie privée* »[4].

Par ailleurs, la vie privée peut être limitée par les exigences de la vie publique et la sphère de protection n'est pas aussi étendue pour les personnes ayant une notoriété particulière, spécialement dans les domaines politique, économique, médiatique et artistique.

Encore faut-il souligner que, même pour les personnes relevant de ces catégories, la publication de certaines informations continue à relever des atteintes à la vie privée (pour la divulgation d'informations violant le secret médical[5]; pour la divulgation d'une information touchant à la vie privée sans rapport avec un événement de l'actualité ou débat d'intérêt général[6]; pour l'exploitation publicitaire de l'image du Président de la République[7]).

Enfin, indépendamment de toute notoriété de la personne, son implication dans un événement de l'actualité peut justifier une publication de son

1. Civ. 1re, 24 févr. 1993, n° 91-13.587, *Bull. civ.* I, n° 87; *D.* 1993. 614, note Verheyde; *RTD civ.* 1993. 326, obs. Hauser.
2. Civ. 1re, 6 oct. 1998, n° 96-13.600, *Bull. civ.* I, n° 274; *D.* 1999. 376, obs. Lemouland; *RTD civ.* 1999. 62, obs. Hauser.
3. Civ. 2e, 11 févr. 1999, n° 97-10.465, *Bull. civ.* II, n° 25 – Civ. 1re, 7 mai 2008, n° 07-12.126, *Bull. civ.* I, n° 126; *D.* 2008. 1481, obs. Le Douaron; *RTD civ.* 2008. 449, obs. Hauser.
4. Civ. 1re, 20 oct. 1993, n° 91-20.580, *Bull. civ.* I, n° 295, *D.* 1994. 594, note Picod; *RTD civ.* 1994. 77, obs. Hauser – EN CE SENS, Civ. 1re, 15 mai 2007, n° 06-18.448, *Bull. civ.* I, n° 191; *D.* 2007. 2771, obs. Lepage, Marino et Bigot; *RTD civ.* 2007. 546, obs. Hauser.
5. Civ. 1re, 16 juill. 1997, n° 96-12.876, n° 96-12.762, *Bull. civ.* I, n° 249; *D.* 1997. 452.; *D.* 1997. 291, chron. Massis.
6. Civ. 1re, 27 févr. 2007, n° 06-10.393, *Bull. civ.* I, n° 85; *D.* 2007. 2771, obs. Lepage, Marino et Bigot; *RTD civ.* 2007. 309, obs. Hauser.
7. TGI Paris, réf., 5 févr. 2008, *RTD civ.* 2008. 273, obs. Hauser.

image, dès lors qu'il n'y a aucune atteinte à sa dignité[1].

Le droit à l'information du public ne légitime cependant pas toute divulgation. Il a ainsi été jugé que constitue une atteinte à l'intimité de la vie privée la captation, l'enregistrement ou la transmission sans le consentement de leur auteur de paroles prononcées à titre privé ou confidentiel[2].

Faut-il, si le principe de la protection de la vie privée est acquis, que l'intervention du juge des référés soit subordonnée à la constatation d'une atteinte à l'intimité de cette vie privée et à l'urgence ?

Si on s'en tient à la lettre du texte de l'article 9 alinéa 2 du Code civil, il faudrait répondre par l'affirmative, étant observé qu'en théorie au moins, la notion d'atteinte à l'intimité de la vie privée est plus étroite que celle de vie privée.

Mais la jurisprudence n'est pas en ce sens et retient que « *la seule constatation de l'atteinte au respect de la vie privée et à l'image par voie de presse caractérise l'urgence* »[3].

Il n'est donc pas nécessaire de constater l'urgence en des termes particuliers, ni de limiter l'intervention du juge aux seuls cas de divulgations illicites se rapportant à l'intimité de la vie personnelle.

Il est admis enfin que les proches d'une personne peuvent s'opposer à la reproduction de son image après son décès, dès lors que, portant atteinte à la mémoire du mort et à la vie privée de ses proches, cette reproduction leur cause un préjudice personnel[4].

125.294 Modalités de l'intervention du juge des référés. Au-delà d'une énumération purement indicative, l'article 9 du Code civil donne au juge des référés le pouvoir d'intervenir à tout moment, et pour l'ensemble des mesures concevables en référé.

Le juge peut, comme le texte le prévoit clairement, intervenir préventivement, pour empêcher la réalisation de l'atteinte à la vie privée, à condition de justifier de l'imminence du dommage, et non d'une atteinte purement éventuelle[5].

Il peut aussi intervenir *a posteriori*, pour faire cesser une atteinte à la vie privée, par diverses mesures, telles que saisies, mise sous séquestre ou interdiction de publication, diffusion d'un communiqué judiciaire, allocation d'une provision[6].

Mais en pratique, l'influence de la Convention de sauvegarde des droits de l'homme et des libertés fondamentales et l'application du principe de proportionnalité qui en découle pèsent sur l'exercice par les juges de leurs prérogatives : ils vont vérifier la nécessité impérieuse de la restriction apportée à la liberté de publication des informations et limiteront leur intervention à ce qui est strictement nécessaire à la protection de la victime, sans nuire de manière irrémédiable aux droits du diffuseur.

Ainsi s'explique, par exemple :

– la réticence envers les mesures les plus radicales de saisie ou interdiction de publication, prononcées en quelque sorte « par défaut », lorsqu'aucune autre disposition n'apparaît de nature à apporter une protection suffisante à la victime[7];

– la limitation dans l'espace d'une mesure de saisie, s'agissant d'une publication susceptible d'affecter des personnes dans une aire géographique restreinte[8];

– la limitation dans le temps d'une mesure d'interdiction de publication, cette mesure étant déclarée caduque à défaut de saisine des juges du fond dans le délai fixé par le juge[9].

Le juge ne doit en outre prononcer que des mesures susceptibles de mettre fin au trouble[10] et il peut adopter un dispositif visant à contrôler l'exécution de sa décision[11].

La loi n° 2004-575 du 21 juin 2004, pour la confiance dans l'économie numérique[12], a prévu de nouvelles modalités d'intervention du juge des référés, spécialement en son article 6, pour prévenir ou faire cesser les dommages occasionnés aux personnes par le contenu d'un service de communication au public en ligne.

La personne qui se plaint de la divulgation d'informations portant par exemple atteinte à sa vie privée doit adresser à ceux qui assurent le stockage de telles informations une notification qui doit comporter un ensemble de mentions énumérées à l'article 6-1-5 de la loi, la Cour de cassation subordonnant l'admission des demandes en ce domaine à un strict respect du texte[13].

1. Civ. 1re, 20 févr. 2001, n° 98-23.471, *Bull. civ.* I, n° 42; *D.* 2001. 1199, note Gridel; *D.* 2001. 1990, obs. Lepage; *RTD civ.* 2001. 329, obs. Hauser.
2. Civ. 1re, 2 oct. 2011, n° 10-21.822, *Bull. civ.* I, n° 161.
3. Civ. 1re, 12 déc. 2000, nos 98-17.521 et 98-21.161, *Bull. civ.* I, n° 321; *RTD civ.* 2001. 329, obs. Hauser.
4. Civ. 1re, 1er juill. 2010, n° 09-15.479, *Bull. civ.* I, n° 151; *D.* 2010. 2044, note Delage; *D.* 2011. 780, obs. Dreyer; *RTD civ.* 2010. 526, obs. Hauser.
5. Civ. 1re, 9 juill. 2003, n° 00-20.289, *Bull. civ.* I, n° 172; *D.* 2004. 1633, obs. Caron; *RTD civ.* 2003. 680, obs. Hauser – Versailles, 2 oct. 1996, RG n° 07787/96, *Légipresse* 1996. III-146, obs. E. D.
6. Civ. 1re, 12 déc. 2000, n° 98-17.521, n° 98-21.161, préc. ss n° 125.293 – Civ. 1re, 2 mars 2004, n° 01-01.619, NP.
7. Civ. 1re, 17 sept. 2003, n° 00-16.849, NP.
8. Civ. 1re, 31 janv. 1989, n° 87-15.139, *Bull. civ.* I, n° 47.
9. Civ. 1re, 16 juill. 1997, n° 95-21.483, NP, préc. ss n° 125.231.
10. Civ. 1re, 5 déc. 2006, n° 06-13.350, *Bull. civ.* I, n° 534.
11. TGI Paris, ref., 30 nov. 1983, *D.* 1984. 111.
12. L. n° 2004-575, 21 juin 2004, pour la confiance dans l'économie numérique, *JO* 22 juin, p. 11168.
13. Civ. 1re, 17 févr. 2011, n° 09-15.857, *Bull. civ.* I; *D.* 2011. 669; *D.* 2011. 2164, obs. Sirinelli.

α.
Pouvoirs du juge des référés et présomption d'innocence

125.301 Référé et atteinte à la présomption d'innocence. Le cadre légal de la protection de la présomption d'innocence est constitué, d'une part, par l'article 6 § 2 de la Convention de sauvegarde des droits de l'homme et des libertés fondamentales[1], d'autre part, depuis 1993, par l'article 9-1 du Code civil qui pose, en principe, que « *chacun a droit au respect de la présomption d'innocence* », avant de décliner, dans un second alinéa du même texte, les modes de protection ouverts à la victime.

Comme pour la protection de la vie privée, il faut préciser les conditions d'intervention du juge des référés et les modalités de cette intervention, en rappelant que la victime d'une atteinte à la présomption d'innocence peut toujours saisir les juges du fond d'une action en réparation de ses préjudices.

125.302 Conditions de l'intervention du juge des référés. Il résulte de l'article 9-1 du Code civil que trois conditions doivent être réunies pour que le juge puisse accueillir une demande fondée sur ce texte :

Si, antérieurement à la loi n° 2000-516 du 15 juin 2000[2], seules les personnes impliquées dans une procédure pénale pouvaient se prévaloir des dispositions légales, cette restriction n'a plus cours depuis cette loi et désormais la protection de la présomption d'innocence peut être réclamée par toute personne mise en cause comme ayant participé à une infraction pénale, même si, à la date de l'atteinte, elle n'est pas, ou pas encore, visée par une enquête pénale.

Il faut ensuite qu'il y ait atteinte à la présomption d'innocence.

Il résulte de la jurisprudence que cette atteinte n'est caractérisée que par une affirmation sans aucune réserve d'une culpabilité qui n'a pas encore été judiciairement constatée[3].

Pour reprendre la formulation de ces arrêts, il faut que la mise en cause contienne « *des conclusions définitives tenant pour acquise la culpabilité* » ou, suivant une motivation plus récente, que la personne soit « *publiquement présentée comme nécessairement coupable des faits pénalement répréhensibles pour lesquels elle est poursuivie* »[4].

Il n'est donc pas interdit de présenter les charges pesant sur une personne, dès lors qu'aucune conviction de culpabilité n'est affirmée[5].

Il convient de préciser, sur cette deuxième condition, que la protection de la présomption d'innocence subsiste tant que la culpabilité de la personne mise en cause n'a pas été irrévocablement consacrée[6].

La troisième condition d'intervention du juge tient à la publicité de l'atteinte.

Cette condition est interprétée de la même manière que pour la publicité des infractions de presse prévue par l'article 23 de la loi du 29 juillet 1881.

Elle vise donc bien sûr l'expression publique des organes de presse, mais aussi celle de toute personne ne s'exprimant pas confidentiellement, quel que soit le support de son expression (ainsi du président d'une autorité indépendante[7]; de la mère d'une victime[8]).

125.303 Modalités de l'intervention du juge des référés. La victime d'une atteinte à la présomption d'innocence peut agir à la fois en référé et en réparation de son préjudice devant les juges du fond[9].

Si, avant la loi du 15 juin 2000, l'article 9-1 alinéa 2 du Code civil, paraissait limiter l'objet de l'action en référé à la diffusion d'un communiqué aux fins de faire cesser l'atteinte à la présomption d'innocence, le texte lui laisse désormais toute latitude pour prendre l'une quelconque des mesures susceptibles d'être prises en référé : saisie, interdiction de publication, communiqué judiciaire ou insertion d'un encart dans un ouvrage, allocation d'une provision.

Les règles de forme prévues par la loi du 29 juillet 1881 ne s'appliquent pas à l'assignation pour atteinte à la présomption d'innocence fondée sur l'article 9-1 du Code civil[10].

Le délai de prescription des actions fondées sur l'article 9-1 du Code civil, est fixé à trois mois par l'article 65-1 de la loi du 29 juillet 1881 et l'interruption de prescription, qui résulte de l'assignation, doit être réitérée tous les trois mois par un acte de procé-

1. Sur une application de ce texte : CEDH 10 févr. 1995, Allenet de Ribemont c/ France, *D.* 1996. 196, obs. Renucci.
2. L. n° 2000-516, 15 juin 2000, renforçant la protection de la présomption d'innocence et les droits des victimes, *JO* 16 juin, p. 9038.
3. Civ. 1re, 6 mars 1996, n° 93-20.478, *Bull. civ.* I, n° 123; *D.* 1997. 72, obs. Dupeux – Civ. 1re, 19 oct. 1999, n° 97-15.802, *Bull. civ.* I, n° 286; *D.* 2000. 737, note Dubernat – Cass., ass. plén., 21 déc. 2006, n° 00-20.493, *Bull. ass. plén.*, n° 15; *D.* 2007. 835, note Morvan; *RTD civ.* 2007. 72, obs. Deumier; *RTD civ.* 2007. 168, obs. Thery – Civ. 2e, 13 mars 2008, n° 07-14.946, NP.
4. Civ. 1re, 10 avr. 2013, n° 11-28.406, *Bull. civ.* I, n° 77.
5. Civ. 2e, 20 juin 2002, n° 00-11.916, *Bull. civ.* II, n° 142 – Civ. 1re, 21 févr. 2006, n° 04-11.731, *Bull. civ.* I, n° 89 – Civ. 2e, 13 mars 2008, n° 07-14.946, NP.
6. Civ. 1re, 12 nov. 1998, n° 96-17.147, *Bull. civ.* I, n° 313; *D.* 1999. 165, obs. Dupeux; *RTD civ.* 1999. 62, obs. Hauser.
7. Com. 1er déc. 1998, n° 96-20.189, *Bull. civ.* IV, n° 283.
8. Paris, 7 oct. 2003, RG n° 2003/17355, *Légipresse* 2003. III. 167, n° 206, note Derieux.
9. Cass., ass. plén., 21 déc. 2006, n° 00-20.493, préc. ss n° 125.302.
10. Civ. 1re, 20 mars 2007, n° 05-21.541, *Bull. civ.* I, n° 124; *D.* 2007. 2897, obs. Brun et Jourdain.

dure manifestant à l'adversaire l'intention du demandeur de poursuivre l'action[1].

β.
Pouvoirs du juge des référés et diffamation

125.311 Référé et diffamation. Les textes du Code de procédure civile relatifs au référé définissent des prérogatives qui, par leur généralité, ont vocation à s'appliquer à tous les domaines du contentieux judiciaire.

Cependant, les spécificités de ces procédures de référé, notamment la possibilité de saisine du juge en urgence, au besoin pour prévenir la réalisation d'un dommage, sont de nature à heurter certains principes fondamentaux de protection des droits et libertés des personnes.

Parmi ces libertés, figure évidemment celle de la presse et il convient de souligner que, pour en garantir l'effectivité, la loi du 29 juillet 1881 a mis en place un mécanisme de protection privilégiant une définition stricte des abus susceptibles d'être sanctionnés, avec des règles de procédure rigoureuses multipliant les obstacles à la condamnation éventuelle des auteurs de ces abus, notamment pour des propos diffamatoires.

Comment, dans un tel contexte, accepter en matière de diffamation l'intervention du juge des référés, alors que, au moins jusqu'à une loi du 15 juin 2000, aucune disposition de la loi susvisée ne lui était consacrée ?

Pendant longtemps pourtant, la jurisprudence a admis qu'un juge des référés puisse être saisi de faits constitutifs de diffamation, pour toutes mesures relevant de ses pouvoirs, notamment ceux prévus par l'article 809 alinéa 1er C. pr. civ.[2]

C'est seulement depuis quelques années que la légitimité de l'intervention du juge des référés en matière d'infractions à la législation sur la presse, et plus spécialement pour la diffamation, est apparue contestable[3].

125.312 Limites. Il est vrai que les raisons de douter de cette légitimité ne sont pas négligeables :

– comment justifier la saisine d'un juge civil des référés alors que la loi du 29 juillet 1881, qui définit les règles de procédure applicables à la poursuite des délits de presse, n'évoque nullement la procédure de référé ?

– la rapidité de l'intervention du juge des référés est-elle compatible avec le droit reconnu en principe à l'auteur de propos diffamatoires de disposer d'un délai de dix jours à compter de la citation pour offrir la preuve de la vérité des faits ?

– dès lors que quelques textes particuliers, comme les articles 9 et 9-1 du Code civil, prévoient l'action du juge des référés dans des domaines qui touchent à la liberté d'expression, ne faut-il pas interpréter restrictivement ces atteintes à un droit fondamental ?

– dès lors que l'article 10 de la Convention européenne des droits de l'homme implique que la liberté d'expression soit limitée seulement par une norme énoncée avec suffisamment de précision pour permettre au citoyen de régler sa conduite, les textes relatifs au référé, notamment l'article 809 alinéa 1er du Code de procédure civile sur le trouble manifestement illicite, répondent-ils à cette exigence de prévisibilité ?

125.313 Argumentaire des opposants. En réalité l'argumentaire des opposants au référé-diffamation n'est pas nécessairement déterminant, pour plusieurs motifs :

– le silence de la loi du 29 juillet 1881 sur le recours au référé reflète le désintérêt quasi absolu de cette loi à l'égard des règles de procédure applicables à l'action en diffamation portée devant le juge civil;

– la jurisprudence peut, en précisant les conditions d'intervention du juge des référés et les effets de ses décisions, fournir à cette procédure un cadre compatible avec le principe à valeur constitutionnelle de la liberté d'expression;

– la nécessaire protection des droits de la personne suppose que, dans certaines situations exceptionnelles, la victime d'une diffamation ne se voit pas offrir seulement la possibilité d'obtenir une indemnisation *a posteriori*, l'atteinte étant de nature à lui causer un dommage irréparable.

Elle doit pouvoir, dans ces hypothèses, obtenir par une procédure d'urgence, soit la cessation du trouble subi et des mesures de remise en état immédiate, soit une prévention efficace contre la réalisation d'un dommage imminent[4].

Compte tenu de ces critiques, les juges du fond, sans remettre en cause le principe même de la saisine du juge des référés dans le domaine de la diffamation, ont cherché à assurer une meilleure conciliation des droits et libertés en conflit.

Indépendamment de ce qui a été décidé pour l'allocation d'une provision par la Cour de cassation (v. ss n° 125.341), certaines décisions ont, pour

1. Civ. 2e, 8 juill. 2004, n° 01-10.426, *Bull. civ.* II, n° 387; *D.* 2004. 2956, note Bigot; *D.* 2005. 247, chron. Morvan; *RTD civ.* 2005. 176, obs. Théry – Cass., ass. plén., 21 déc. 2006, n° 00-20.493, préc. ss n° 125.302 – Civ. 1re, 2 oct. 2007, n° 05-20.731, NP.
2. Civ. 2e, 3 mai 1985, n° 83-16.953, *Bull. civ.* II, n° 89 – Civ. 2e, 12 oct. 1988, n° 86-19.387, *Bull. civ.* II, n° 194.
3. M.-N. Louvet, « Le référé en droit de la presse », *Liberté de la presse et droits de la personne*, Dalloz, 1997, p. 87-94 – M.-T. Feydeau, « Le référé de presse : une procédure hors la loi ? », *Le droit de la presse de l'an 2000*, *Légipresse*, 2000 – E. Dreyer, « Le juge des référés et la presse », *Droit de la presse*, Litec, fasc. 215.
4. Sur ces justifications, TGI Paris, 13 oct. 1997, *D.* 1998. 154, note Burgelin.

l'application de l'article 809 alinéa 1er C. pr. civ., instauré un mécanisme à double détente[1] : lors de la première audience, le juge des référés examine s'il existe ou non une imputation diffamatoire évidente.

Dans l'affirmative et si l'auteur des propos diffamatoires demande à bénéficier du délai prévu par l'article 55 de la loi du 29 juillet 1881 pour faire la preuve de la vérité des allégations diffamatoires, le juge renvoie l'affaire à une audience ultérieure.

Pour préserver les intérêts de la victime, une mesure conservatoire (par ex. une suspension de diffusion de l'écrit contenant les propos incriminés) est prise en vertu de l'article 808 C. pr. civ. jusqu'à l'audience de renvoi.

À cette audience le juge des référés, qui ne devrait pas être le juge du fond de la diffamation, de la vérité des allégations ou de la bonne foi de leur auteur, se borne à examiner les éléments de conviction produits pour apprécier leur apparente pertinence et rechercher s'ils sont susceptibles de justifier un débat sérieux devant les juges du fond sur la vérité des faits ou la bonne foi du défendeur.

Dans l'affirmative, le juge des référés constate que le caractère manifestement illicite du trouble n'est pas établi dans des conditions justifiant la mesure restrictive de la liberté d'expression sollicitée par la personne mise en cause.

En outre, à supposer que les circonstances de l'affaire et l'inconsistance des éléments de conviction produits en défense justifient son intervention, le juge des référés peut limiter dans le temps la durée de la mesure prononcée, pour éviter que son bénéficiaire soit tenté de se satisfaire de cette « procédure expéditive » et d'éluder la saisine du juge du fond, juge naturel de la diffamation[2].

Cette manière de faire a été condamnée par la Cour de cassation qui a décidé que l'action en diffamation soumise au juge des référés ne peut être examinée avant l'expiration du délai de dix jours prévu à l'article 55 de la loi du 29 juillet 1881[3].

D'autres arrêts de la même Cour ont confirmé que les dispositions de procédure de la loi sur la presse doivent recevoir application en référé :

– Un arrêt du 24 avril 2003 a ainsi approuvé une cour d'appel d'avoir annulé une ordonnance de référé rendue en matière de diffamation sans qu'ait été respecté le délai d'assignation de dix jours[4].

– Des arrêts, du 7 mai 2002 et du 22 janvier 2004, ont estimé que les dispositions de l'article 53 de la loi du 29 juillet 1881 sur les mentions obligatoires des citations en matière de presse sont applicables à l'assignation en référé fondée sur une diffamation[5].

Il est certain que l'obligation d'adopter, pour le référé en matière de diffamation, les règles de la loi du 29 juillet 1881 est de nature à limiter sérieusement l'intérêt de cette procédure, surtout en ce qu'elle proscrit le référé d'heure-à-heure et les interventions en extrême urgence en imposant un délai de saisine du juge d'au moins dix jours.

La Cour européenne des droits de l'homme elle-même ne paraît pas pourtant hostile par principe à ce type de procédure en matière de presse, à condition qu'elle reçoive un encadrement strict, par exemple par une limitation rigoureuse dans le temps des mesures adoptées[6].

Des critiques persistantes ayant été émises quant à l'application des règles de procédure de la loi sur la presse aux instances civiles, l'assemblée plénière de la Cour de cassation a confirmé le 15 février 2013 que l'article 53 de la loi du 29 juillet 1881 devait recevoir application devant la juridiction civile[7].

Sur une question prioritaire de constitutionnalité posée par la Cour de cassation, le Conseil constitutionnel a dit que cet article 53 était conforme à la Constitution[8].

Et dans le prolongement de ces décisions, la Cour de cassation a dit, encore plus explicitement que dans ses décisions antérieures, que l'article 53 de la loi du 29 juillet 1881 « *doit recevoir application devant la juridiction civile* »[9].

La transposition au référé des règles de la loi sur la presse ne concerne pas seulement les règles de procédure. Elle s'étend aux règles de fond, comme en atteste l'arrêt de la première chambre civile de la Cour de cassation du 25 février 2010[10] qui rejette un pourvoi formé contre un arrêt de cour d'appel statuant en matière de référé, lequel avait rejeté la demande en retenant que la preuve de la vérité des allégations diffamatoires avait été rapportée. Il est donc admis qu'un débat sur la vérité des imputations poursuivies comme diffamatoires, ou sur la bonne foi des responsables de la publication, puisse s'instaurer devant le juge des référés, au moins pour apprécier si le trouble invoqué est, ou non, manifestement illicite.

1. TGI Paris, 13 oct. 1997 et TGI Paris, 28 oct. 1997, *D.* 1998. 154, note Burgelin – Paris, 6 avr. 2000, RG n° 2000/06235, E. S. c/ J. T., *Légipresse* 2000. III. 94, n° 172.
2. Sur ce passage du « provisoire » au « temporaire », J. Normand, *RTD civ.* 1997. 499; *RTD civ.* 1998. 972.
3. Civ. 2e, 14 nov. 2002, n° 00-16.808, *Bull. civ.* II, n° 253; *RTD civ.* 2003. 345, obs. Normand.
4. Civ. 2e, 24 avr. 2003, n° 00-12.965, n° 99-21.503, *Bull. civ.* II, n° 113.
5. Civ. 2e, 7 mai 2002, n° 00-12.510, *Bull. civ.* II, n° 91; *D.* 2002. 2771, obs. Bigot – Civ. 2e, 22 janv. 2004, n° 02-12.046, *Bull. civ.* II, n° 22.
6. CEDH 18 mai 2004, n° 58148/00, Plon c/ France.
7. Cass., ass. plén., 15 févr. 2013, n° 11-14.637, *Bull. ass. plén.*, n° 1.
8. Cons. const. 17 mai 2013, n° 2013-311 QPC.
9. Civ. 1re, 10 juill. 2013, n° 12-20.544, NP.
10. Civ. 1re, 25 févr. 2010, n° 09-12.641, NP.

Il convient d'ajouter qu'indépendamment de la diffamation, d'autres règles de la loi du 29 juillet 1881 peuvent servir de support à une action en référé pour trouble manifestement illicite.

Par exemple, la violation évidente de l'article 38 de cette loi interdisant la publication des actes d'une procédure pénale en cours est de nature à justifier l'intervention d'un juge des référés [1].

e) Pouvoirs du juge des référés et atteintes aux convictions religieuses

Bibliographie indicative.
Articles. P. Bertin, « Le juge des référés protecteurs des croyants », *Gaz. Pal.* 1984. 2. Doctr. 574 – C. Choucroy, « Juge des référés et religion », *Mél. Drai*, 2000, p. 523 – T. Massis, « Convictions, respect des croyances et liberté d'expression à travers la presse et les médias », *Légipresse* 1996. II. 41 s., n° 131 – P. Mbongo, « Le traitement juridictionnel des offenses aux convictions religieuses », *Mél. en l'honneur de J.-F. Lachaume*, Dalloz, 2008, p. 691 s.

125.321 Référé et atteintes aux convictions religieuses. Si une société démocratique et laïque doit reconnaître aux citoyens la liberté d'avoir, ou non, des convictions religieuses, il importe que la liberté de chacun soit respectée.

Comme l'a écrit R. Lindon [2], « *la laïcité* [...] *c'est la liberté de conscience, c'est-à-dire la liberté des croyances ou de non-croyance, accompagnée non de laisser-faire et du laisser-aller, mais bien au contraire, de l'exigence de respect, par ceux qui ne les partagent pas, de ces croyances ou de cette non-croyance* ».

Comme dans les autres domaines du droit, les atteintes aux convictions de cette nature impliquent pour les parties la possibilité de saisir un juge.

Et en pratique, dans la plupart des cas, le juge est saisi par des croyants ou associations de croyants qui s'estiment atteints dans leurs convictions religieuses, soit par une publication informative, commerciale ou publicitaire, soit par le contenu ou la représentation d'une œuvre de l'esprit.

Indépendamment des actions pénales tendant à la sanction de certaines infractions prévues par la loi du 29 juillet 1881 et des actions civiles en réparation des préjudices moraux susceptibles d'être causés en de telles hypothèses, la procédure appropriée à la nature de ce type de litige est celle de référé, qui permet d'obtenir en urgence des mesures immédiatement exécutoires.

Dans ce domaine, comme en tous ceux qui impliquent la confrontation de droits fondamentaux d'égale valeur, le juge doit faire respecter un équilibre entre ces droits par l'adoption de « *mesures appropriées* » [3].

La recherche de cet équilibre, dans un domaine où l'appréciation de la gravité des troubles subis est particulièrement délicate, explique la réserve des juges et leur réticence à adopter les mesures sollicitées.

Ils écartent souvent celles qui leur paraissent irréversibles (saisie, interdiction de publication ou de poursuite d'une diffusion...), au profit de mesures plus supportables pour l'expression des opinions (enlèvement des seules affiches publicitaires annonçant la publication ou la diffusion, publication ou insertion d'un encart ou avertissement...), pour prendre notamment en considération le fait que le croyant peut éviter, dans certains cas (livres, films...) de s'exposer au trouble [4]. Il ne subit réellement l'atteinte alléguée qu'en présence d'une « *agression dans le tréfonds de ses convictions* », causée par une représentation tapageuse, publicitaire ou commerciale « *en des lieux publics de passage forcé* » d'images portant atteinte à des symboles de sa religion [5].

La gratuité de l'offense, notamment l'absence de tout lien pertinent entre une image de nature à choquer les croyants et le sujet traité par la publication et le caractère délibérément provocateur de l'utilisation d'un symbole religieux font partie des circonstances prises en considération pour justifier une restriction à la liberté d'expression.

Mais la neutralité requise du juge implique qu'il rejette la demande à chaque fois qu'une publication ou image est sujette à interprétation.

Comme l'a indiqué le TGI de Paris le 9 juillet 1985 [6], « *il n'appartient pas à une juridiction étatique, non compétente pour ce faire, et au surplus fondamentalement tenue par le principe de non-intrusion dans le domaine de la conscience et de la foi religieuses, de porter la moindre appréciation qui puisse être tenue pour constituer un apport officiel en faveur de telle ou telle thèse* ».

Dès lors, le juge doit s'abstenir d'intervenir, par exemple lorsque la publication ne comporte pas de représentation suffisamment explicite de symboles religieux [7] ou lorsque sa portée est sujette à diverses interprétations [8].

La Cour de cassation a ainsi estimé qu'il n'y a pas trouble manifestement illicite, pour des affiches publicitaires inspirées du tableau de « La Cène » de

1. Civ. 1re, 7 juill. 2011, n° 10-17.910, NP.
2. R. Lindon, *D.* 1985. 32.
3. Civ. 1re, 29 oct. 1990, n° 88-19.366, *Bull. civ.* I, n° 226; *D.* 1992. 72, obs. Hassler.
4. TGI Paris, 29 juill. 1989, v. chron. Massis, « Convictions, respect des croyances et liberté d'expression à travers la presse et les médias », *Légipresse* 1996. II. 41 s., n° 131, préc. ss n° 125.223 – Paris, 27 sept. 1988, *Gaz. Pal.* 12 oct. 1988, p. 735, obs. Bertin.
5. TGI Paris, 25 oct. 1984 et Paris, 26 oct. 1984, *Gaz. Pal.* 1984. 2. 727, note Bertin; *D.* 1985. 31, note Lindon.
6. TGI Paris, 9 juin. 1985, *D.* 1985. Somm. 55.
7. TGI Paris, 20 févr. 1997, *LPA* 24 févr. 1997, note Gras.
8. TGI Paris, 21 févr. 2002, *Légipresse* 2002. III. 105, n° 192, note Tricoire.

Léonard de Vinci, au motif que « *la seule parodie de la forme donnée à la représentation de la Cène qui n'avait pas pour objectif d'outrager les fidèles de confession catholique, ni de les atteindre dans leur considération en raison de leur obédience, ne constitue pas l'injure, attaque personnelle et directe dirigée contre un groupe de personnes en raison de leur appartenance religieuse* »[1].

C. Référé-provision

125.330 Provision sur la créance. C'est par le décret n° 73-1122 du 17 décembre 1973[2] que fut accordé au président du TGI le droit d'allouer au créancier une provision sur sa créance.

Étendu par la suite aux juridictions spécialisées, le référé-provision a connu un succès considérable parce qu'il permet bien souvent, en évitant les complexités de la procédure de droit commun, de résoudre de nombreux litiges ayant pour objet le paiement d'une somme d'argent[3].

1° Conditions d'application

125.331 Domaine d'application. Peu importe la nature de l'obligation contractuelle, quasi contractuelle, délictuelle ou quasi délictuelle.

La provision peut être accordée pour toutes les formes de dommage, même pour un préjudice moral.

Si le dommage trouve sa source dans une infraction pénale, la victime a toujours le droit de saisir le juge civil des référés d'une demande de provision[4].

Le fondement légal de cette solution se trouve, non seulement dans l'article 809 alinéa 2 C. pr. civ. qui ne procède à aucune distinction, mais surtout dans l'article 5-1 C. pr. pén., qui prévoit explicitement la saisine possible du juge civil des référés par la victime d'une infraction pénale.

Il est aussi admis qu'une provision soit accordée sur des frais irrépétibles[5], sur les dépens[6], sur les indemnités pour abus de procédure[7], sur une clause pénale[8], sur une astreinte non liquidée[9].

125.332 Existence d'une obligation non sérieusement contestable. Avant d'accorder une provision, le juge des référés doit rechercher si l'obligation n'est pas sérieusement contestable.

Il s'agit d'une condition essentielle, soumise au contrôle de la Cour de cassation qui censurera toute décision insuffisamment justifiée sur ce point[10].

Pour justifier le rejet, total ou partiel d'une demande de provision, la contestation doit être de nature à supprimer ou à restreindre l'obligation du débiteur[11], le juge ayant, dans chaque cas d'espèce, le devoir de vérifier si le moyen soulevé est, ou non, sérieux[12].

Comme pour l'appréciation de la notion de contestation sérieuse dans le référé fondé sur l'urgence, c'est la plus ou moins grande « évidence » de la solution du fond du litige – nécessairement soumis à l'examen du juge des référés –, qui le déterminera à accueillir, ou non, la demande de provision.

Il existe aussi un lien étroit avec la notion de « *trouble manifestement illicite* », de sorte que si un juge écarte l'existence d'un tel trouble pour rejeter une demande formée au titre de l'alinéa 1er de l'article 809 C. pr. civ., il dira aussi nécessairement, sur la demande de provision formée pour les mêmes faits, que l'obligation est sérieusement contestable[13].

125.333 Exemples. Ont pu ainsi être considérées comme non sérieusement contestables :

– l'obligation pour un automobiliste impliqué dans un accident de la circulation, au sens donné à

1. Civ. 1re, 14 nov. 2006, n° 05-15.822, n° 05-16.001, *Bull. civ.* I, n° 485 ; *D.* 2007. 2072, note Dreyer ; *D.* 2007. 1038, obs. Dupeux et Massis.
2. Décr. n° 73-1122, 17 déc. 1973, instituant une quatrième série de dispositions destinées à s'intégrer dans le Nouveau Code de procédure civile, *JO* 22. déc., p. 13660.
3. Sur le référé-provision, G. Couchez, « Le référé-provision, mesure ou démesure », *Mél. Raynaud*, 1985, p. 161 – O. Delgrange, « Des limites apportées par la jurisprudence à l'efficacité du référé-provision », *JCP* 1988. I. 3331 – Rousse, « Le pouvoir du juge des référés d'accorder une provision au créancier dans le cas où l'existence de l'obligation n'est pas sérieusement contestable », *Gaz. Pal.* 1975. Doctr. 13 – J. Vincent, « Les pouvoirs du juge en matière de provision », *Études Kayser*, 1979, p. 417 – *J.-Cl. pr. civ.*, fasc. 235-2, Giverdon et Miguet – J. Normand, *RTD civ.* 1999. 177.
4. Civ. 2e, 10 janv. 2008, n° 07-12.564, *Bull. civ.* II, n° 8.
5. TGI Paris, 11 janv. 1984, *Gaz. Pal.* 1984. 266, note Bertin ; *RTD civ.* 1984. 553, obs. Normand – Paris, 26 mai 1986, *Gaz. Pal.* 1986. 386, note Bertin ; *RTD civ.* 1986. 628, obs. Normand.
6. TGI Paris, 19 nov. 1984, *RTD civ.* 1984. 436, obs. Normand.
7. Aix-en-Provence, 30 janv. 1985, RG n° 82/8333, *Gaz. Pal.* 1985. 339, note Dureuil ; *RTD civ.* 1985. 608, obs. Normand.
8. Civ. 2e, 10 juill. 1978, n° 77-11.897, *Bull. civ.* II, n° 187 ; *JCP* 1978. II. 19355, note Bey ; *JCP* 1980. II. 13416, note Bey – Com. 1er mars 1983, n° 82-10.843, *Bull. civ.* IV, n° 91 ; *Gaz. Pal.* 1983. Pan. 226, obs. Guinchard ; *Gaz. Pal.* 1983. 533, nos 275 à 277, note Bey.
9. Civ. 2e, 11 mars 1992, n° 90-20.010, *Bull. civ.* II, n° 81 ; *Gaz. Pal.* 1993. Somm. 10, obs. Croze et Morel.
10. A. Perdriau, « Le contrôle de la Cour de cassation en matière de référé », *JCP* 1988. I. 3365 – Civ. 1re, 7 juill. 1981, n° 80-12.151, *Bull. civ.* I, n° 251 ; *RTD civ.* 1982. 425, note Durry – Cass., ass. plén. 16 nov. 2001, n° 99-20.114, *Bull. ass. plén.*, n° 13 ; *D.* 2002. 598 note Puigelier ; *Procédures* 2002. Comm. 4, n° 1, p. 7, note Perrot ; *RJDA* 2002, chron. 99, concl. de Gouttes – Civ. 2e, 22 févr. 2007, n° 06-16.085, NP.
11. H. Solus et R. Perrot, *Droit judiciaire privé*, Sirey, 1961, t. 1, n° 1299.
12. Com. 26 févr. 1980, n° 78-15.192, *Bull. civ.* IV, n° 103 – Com. 1er mars 1983, n° 82-10.843, *Bull. civ.* IV, n° 91 ; *Gaz. Pal.* 1983. 533, n° 275, note Bey.
13. Com. 12 nov. 1992, n° 90-21.567, *Bull. civ.* IV, n° 354.

l'implication par la loi du 5 juillet 1985 et la jurisprudence, d'indemniser la victime de cet accident[1];

– l'obligation de réparer les troubles causés à une propriété voisine, à l'occasion de travaux de construction, les désordres allégués n'étant pas contestés[2];

– l'obligation de réparer des dommages de construction incontestablement établis[3];

– l'obligation de garantie d'un assureur pour des dommages de construction[4];

– l'obligation pour un chirurgien dont la responsabilité n'était pas discutable d'indemniser le dommage subi par la victime[5];

– l'obligation pour une entreprise d'indemniser un client ayant reçu des marchandises avariées, ou au contraire, l'obligation pour l'acheteur de payer une marchandise dont le défaut de conformité n'est pas établi[6];

– l'obligation pour un distributeur de payer une provision au fournisseur, dès lors que les pratiques discriminatoires et anticoncurrentielles reprochées par le premier au second ne sont pas établies[7];

– l'obligation pour un emprunteur de verser au prêteur une provision sur le remboursement du prêt contracté, alors qu'aucune circonstance n'établissait qu'un accord dont se prévalait le débiteur était intervenu entre les parties sur un nouvel échéancier de remboursement[8];

– l'obligation pour l'État de réparer les conséquences dommageables d'une hospitalisation d'office déclarée illégale[9];

– l'obligation de réparer les conséquences préjudiciables de la publication d'actes d'une procédure pénale en cours, malgré l'interdiction prévue par l'article 38 de la loi du 29 juillet 1881[10].

Plus généralement, le juge des référés peut toujours tirer les conséquences des stipulations claires et précises d'un contrat ne nécessitant aucune interprétation[11].

1. Civ. 2e, 16 mai 1988, no 87-12.783, *Bull. civ.* II, no 115 – Civ. 2e, 20 janv. 2000, no 98-14.490, *Bull. civ.* II, no 13.
2. Civ. 3e, 8 mars 1978, no 77-10.596, *Bull. civ.* III, no 111.
3. Civ. 3e, 6 juill. 1994, no 92-16.050, NP.
4. Civ. 3e, 18 févr. 2004, no 02-17.976, *Bull. civ.* III, no 29; *D.* 2004. 1206, obs. Julien; *D.* 2005. 1317, obs. Groutel.
5. Civ. 1re, 5 juill. 1978, no 77-13.690, *Bull. civ.* I, no 259.
6. T. com. Paris, réf., 10 juin 1974, *Gaz. Pal.* 1974. 2. 639 – Civ. 1re, 8 janv. 2002, no 00-13.453, *Bull. civ.* I, no 6.
7. Com. 29 janv. 2008, no 07-13.778, *Bull. civ.* IV, no 20.
8. Com. 22 nov. 1982, no 81-13.081, *Bull. civ.* IV, no 361.
9. Civ. 1re, 31 mars 2010, no 09-11.803, *Bull. civ.* I, no 77; *D.* 2010. 1259, avis Sarcelet; *D.* 2011. 2565, obs. Laude; *AJDA* 2010. 1447; *Constitutions* 2010. 429, obs. Bioy; *RTD civ.* 2010. 301, obs. Hauser.
10. Civ. 1re, 28 avr. 2011, no 10-17.909, *Bull. civ.* I; *D.* 2011. 1734, note Dreyer; *D.* 2012. 765, obs. Dreyer.
11. Civ. 3e, 15 févr. 2006, no 05-15.197, *Bull. civ.* III, no 36 – Com. 9 avr. 2013, no 12-14.659, NP.

125.334 Demande rejetée. La demande de provision doit être en revanche rejetée, notamment :

– s'il n'est pas exclu que la victime soit déclarée entièrement responsable du dommage, ou si les circonstances de l'accident sont sérieusement controversées[12];

– si le principe même de la garantie accordée par un assureur est sérieusement discutable[13];

– si le moyen de compensation de deux créances exigibles peut être opposé au requérant par le défendeur[14];

– s'il existe une difficulté sérieuse d'interprétation du contrat qui justifierait le paiement d'une provision[15];

– si l'existence, la nature du contrat et l'appréciation de la commune intention des parties sont sérieusement discutées[16], aucune provision ne pouvant en effet être allouée lorsque le manquement allégué dépend d'une interprétation préalable des stipulations ambiguës d'une convention[17];

– s'il existe une contestation sérieuse sur la validité du contrat dont dépend l'obligation[18], et le juge ne peut alors trancher cette difficulté, par exemple en prononçant la nullité de la clause litigieuse[19];

– si la compatibilité du contrat avec les dispositions du traité de Rome est discutable[20];

– si les entrepreneurs de travaux réclamant le paiement des travaux réalisés sont susceptibles d'être responsables des malfaçons constatées ou si le principe même de l'obligation à réparation des désordres allégués est sérieusement discutable[21].

En tout cas, l'existence d'une procédure pénale entre les parties n'est pas à elle seule de nature à faire obstacle à l'allocation d'une provision[22].

12. Paris, 22 févr. 1975, *Gaz. Pal.* 1976. 1. Somm. 56 – TGI Paris, 21 oct. 1985, *Gaz. Pal.* 1985. 2. 729 – Civ. 2e, 1er févr. 2011, no 09-73.025, NP, pour un accident de passage à niveau entre un train et un véhicule.
13. Civ. 2e, 10 mars 2004, no 01-14.794, *Bull. civ.* II, no 119 – Civ. 2e, 21 févr. 2008, no 07-14.293, *Bull. civ.* II, no 39.
14. Civ. 3e, 22 nov. 1978, no 77-14.040, *Bull. civ.* III, no 357.
15. Civ. 1re, 11 mai 1982, no 81-12.191, *Bull. civ.* I, no 169 – Civ. 1re, 31 mars 1998, no 96-13.781, *Bull. civ.* I, no 137 – Civ. 2e, 8 févr. 2007, no 06-14.955, NP – Civ. 2e, 16 sept. 2010, no 09-16.827, NP – Civ. 2e, 6 janv. 2011, no 09-71.724, NP – Com. 9 avr. 2013, no 12-15.556, NP – Civ. 3e, 22 mai 2013, no 12-18.925, NP.
16. Com. 19 janv. 1988, no 85-17.918, *Bull. civ.* IV, no 45 – Civ. 3e, 16 janv. 2013, no 11-21.045, NP.
17. Civ. 1re, 31 mars 1998, no 96-13.781, *Bull. civ.* I, no 137 – Civ. 3e, 8 févr. 2007, no 06-14.955, NP.
18. Civ. 1re, 13 mars 2008, no 06-16.167, NP – Civ. 3e, 16 févr. 2011, no 09-70.522, NP – Com. 2 juill. 2013, no 12-21.197, NP.
19. Civ. 1re, 4 mars 1997, no 94-21.710, *Bull. civ.* I, no 81.
20. Civ. 1re, 26 mai 1982, no 80-16.057, *Bull. civ.* I, no 200.
21. Civ. 3e, 16 déc. 1987, no 86-13.745, *Bull. civ.* III, no 209 – Civ. 3e, 5 juill. 1989, no 87-18.333, *Bull. civ.* III, no 159.
22. Civ. 2e, 10 janv. 2008, no 07-12.564, *Bull. civ.* II, no 8 – Civ. 2e, 13 mars 2008, no 07-12.565, NP.

Plus généralement, le seul fait qu'existe entre les parties une instance au fond ne suffit pas à rendre l'existence de l'obligation sérieusement contestable[1].

De même, il importe peu que le montant de l'obligation soit encore sujet à controverse; dès lors que le principe même de l'obligation n'est pas sérieusement contestable, une provision peut être allouée[2].

125.335 **La question de l'urgence.** Après quelques hésitations, la jurisprudence s'est fixée en ce sens que l'urgence n'est pas une condition d'application de l'article 809 alinéa 2 C. pr. civ.[3]

Toutefois, lorsque les parties sont liées par une convention d'arbitrage, le pouvoir du juge des référés d'allouer une provision au créancier est subordonné à la constatation de l'urgence (en matière d'arbitrage international[4] ou en matière d'arbitrage interne[5]).

La saisine du juge des référés en cas d'urgence par une partie à un contrat comportant une clause compromissoire ne vaut pas renonciation de cette partie à se prévaloir ultérieurement de la clause[6].

2°
Pouvoirs du juge des référés

125.341 **Fixation de la provision.** Consacrant une pratique de certains juges des référés, la Cour de cassation a admis que pouvait être allouée, à titre de provision, la totalité de la créance.

Selon une formule maintes fois reprise, « *le montant de la provision n'a d'autre limite que le montant non sérieusement contestable de la dette alléguée* »[7].

Il est important de souligner que, dans cette limite, les juges détiennent le pouvoir de fixer discrétionnairement la somme qu'il convient d'allouer au requérant[8], étant observé en outre que c'est au défendeur de prouver que la provision attribuée est supérieure au montant non sérieusement contestable de l'obligation[9].

Les juges peuvent ainsi, soit accueillir la totalité d'une demande en principal et intérêts lorsqu'aucune contestation n'est soulevée soit, lorsque cette contestation sérieuse n'affecte qu'une partie de la réclamation, limiter le montant de la provision à ce qui ne fait l'objet d'aucune objection[10].

Cette solution est importante et empêche de faire obstacle à l'intervention du juge des référés pour toutes les hypothèses où les objections émises à l'encontre d'une demande de provision n'affectent pas le principe même du droit de créance revendiqué par le demandeur.

Le juge peut-il à la fois ordonner le paiement de la provision en jugeant l'obligation du débiteur non sérieusement contestable et en prescrire la consignation, si le droit du créancier n'est pas encore clairement établi à la date de la décision ? La Cour de cassation a répondu par la négative, en jugeant que l'allocation d'une provision implique que le créancier puisse la recevoir[11].

125.342 **Pluralité de défendeurs.** Il convient d'ajouter qu'en cas de pluralité des défendeurs, il n'appartient pas au juge des référés de procéder à un partage de responsabilité pour fixer la provision due par chacun; il ne peut, si le principe de leur engagement n'est pas discutable, que les condamner *in solidum*, à charge pour les juges du fond de déterminer la contribution définitive de chaque débiteur au paiement de la dette[12].

Si le défendeur appelle en cause un tiers, afin qu'il le garantisse de toute éventuelle condamnation, le juge des référés est compétent pour statuer sur le bien-fondé de l'intervention forcée et peut accueillir la demande, à condition que l'obligation à garantir ne soit pas elle-même sérieusement contestable[13].

Le juge des référés ne saurait en tout cas rejeter par principe un recours en garantie, sans rechercher si cette condition d'obligation non sérieusement contestable est remplie pour ce qui fait l'objet du recours[14].

125.343 **Règles de procédure.** Au point de vue procédural, les règles de droit commun sont en principe applicables au référé-provision.

1. Civ. 2e, 21 janv. 2010, no 09-12.831, *Bull. civ.* I, no 21.
2. Civ. 2e, 10 nov. 1998, no 96-17.087, *Bull. civ.* II, no 271 – Civ. 2e, 11 avr. 2013, no 12-14.467, NP.
3. Civ. 1re, 4 nov. 1976, no 75-14.617, *Bull. civ.* I, no 330; *Gaz. Pal.* 1977. 382; *RTD civ.* 1977. 361, obs. Normand – Civ. 3e, 6 déc. 1977, no 76-13.482, *Bull. civ.* III, no 428 – Civ. 2e, 18 janv. 1978, no 76-13.863, *Bull. civ.* II, no 20; *D.* 1979. IR 512, obs. Julien.
4. Civ. 1re, 20 mars 1989, no 86-17.204, *Bull. civ.* I, no 139; *D.* 1990. 147, note Peyrard – Civ. 1re, 6 mars 1990, no 88-16.369, *Bull. civ.* I, no 64.
5. Civ. 2e, 2 avr. 1997, no 94-14.223, *Bull. civ.* II, no 108; *RTD civ.* 1999. 177, obs. Normand; *Rev. arb.* 1998. 673, obs. Degos – Civ. 2e, 13 juin 2002, no 00-20.077, *Bull. civ.* II, no 130; *D.* 2002. 2439, note Najjar.
6. Civ. 2e, 7 mars 2002, no 00-11.526, *Bull. civ.* II, no 31; *D.* 2002. IR 1113.
7. Com. 20 janv. 1981, no 79-13.050, *Bull. civ.* IV, no 40; *Gaz. Pal.* 1981. 1. 322, note Bertin; *RTD civ.* 1981. 679, obs. Normand; *Quot. jur.* 22 mai 1982 – Civ. 1re, 27 nov. 1985, no 84-10.899, *Bull. civ.* I, no 326 – Civ. 3e, 16 déc. 1987, no 86-13.745, *Bull. civ.* III, no 209.
8. Civ. 1re, 10 mars 1993, no 91-15.752, *Bull. civ.* I, no 100; *JCP* 1993. IV. 1235; *JCP* 1994. 71, note Daverat.
9. Civ. 1re, 4 nov. 1987, no 86-14.379, *Bull. civ.* I, no 282.
10. Civ. 2e, 10 nov. 1998, no 96-17.087, *Bull. civ.* II, no 271 – Civ. 2e, 11 juill. 2013, no 12-24.722, *Bull. civ.* II, [à paraître].
11. Civ. 2e, 22 févr. 2007, no 06-14.737, *Bull. civ.* II, no 48.
12. TGI Paris, 20 mai 1974, *Gaz. Pal.* 1974. 2. 538 – Civ. 3e, 7 juill. 1976, no 75-12.697, *Bull. civ.* III, no 303.
13. Civ. 1re, 5 juill. 1978, no 77-13.690, *Bull. civ.* I, no 259 – Civ. 1re, 8 mars 1983, no 82-10.419, *Bull. civ.* I, no 89 – Civ. 2e, 21 sept. 2004, no 03-15.451, *Bull. civ.* II, no 402 – Com. 8 juill. 2008, no 07-15.933, *Bull. civ.* IV, no 149.
14. Civ. 2e, 22 févr. 2007, no 06-16.085, NP.

Le juge peut accueillir la demande après avoir constaté que le défendeur, régulièrement assigné, a disposé d'un délai suffisant pour préparer sa défense (v. s[s] n°s 323.00 s.).

En matière de presse toutefois, lorsque la victime d'une diffamation sollicite l'allocation d'une provision à valoir sur la réparation de son préjudice, le juge est tenu de respecter le délai de dix jours prévu par l'article 55 de la loi du 29 juillet 1881 pour permettre éventuellement au défendeur de prouver la vérité des faits diffamatoires[1].

Le respect de ce délai n'a pas néanmoins pour effet de conférer au juge des référés le pouvoir de se comporter comme le juge du fond de la diffamation et de ses faits justificatifs; il lui permet seulement, au vu des éléments de conviction produits par la défense, de procéder à un examen *prima facie* de l'affaire et d'apprécier si les propos incriminés sont à l'évidence insusceptibles d'être justifiés soit par la preuve de la vérité des allégations, soit par des circonstances établissant la bonne foi de leur auteur.

C'est seulement s'il constate l'absence manifeste de toute cause de justification qu'il pourra allouer la provision sollicitée[2].

125.344 **L'impartialité du juge.** L'assemblée plénière de la Cour de cassation a décidé le 6 novembre 1998, au visa notamment de l'article 6 § 1 de la Convention européenne des droits de l'homme, que lorsqu'un juge a statué en référé sur une demande tendant à l'attribution d'une provision en raison du caractère non sérieusement contestable d'une obligation, il ne peut ensuite statuer sur le fond du litige afférent à cette obligation[3].

En effet, le juge des référés s'étant, même à titre provisoire, prononcé sur le fond du droit, il ne présente plus les garanties d'impartialité objective que le plaideur peut attendre d'un juge.

Tel n'est pas le cas en revanche du magistrat qui statue sur le fond d'une affaire dans laquelle il a pris préalablement une mesure conservatoire, celle-ci n'impliquant aucune appréciation de fond susceptible de caractériser une atteinte à l'impartialité[4].

Cette jurisprudence sur l'incompatibilité des fonctions de juge des référés et de juge du fond a ultérieurement été précisée, pour tenir compte, d'une part du comportement procédural des plaideurs, d'autre part du degré d'implication du juge dans la connaissance du fond du litige opposant les parties.

La Cour de cassation a d'abord indiqué que les plaideurs, qui ont le droit de renoncer au moyen tiré du manquement d'un juge au devoir d'impartialité, ne sont pas recevables à se prévaloir devant la Cour de cassation d'une éventuelle violation de l'article 6 § 1 de la Convention de sauvegarde des droits de l'homme et des libertés fondamentales, dès lors qu'ils n'ont pas fait usage de ce moyen devant la juridiction en cause, avant la clôture des débats[5].

Par ailleurs, lorsque le juge des référés, saisi d'une demande, décide que celle-ci excède ses pouvoirs en raison d'une contestation sérieuse, il ne prend pas parti pour l'une ou l'autre thèse sur le fond et ne porte pas atteinte à l'exigence d'impartialité[6].

D.
Référé-injonction

125.351 **Portée limitée.** Le décret n° 85-1330 du 17 décembre 1985[7] a complété l'article 809 C. pr. civ. alinéa 2 pour donner au juge des référés le pouvoir d'ordonner l'exécution de l'obligation, même s'il s'agit d'une obligation de faire[8].

Soumis comme le référé-provision à la condition du caractère non sérieusement contestable de l'obligation[9], le référé-injonction permet d'obtenir rapidement la livraison d'un bien, la restitution d'une chose ou la fourniture d'un service (par ex., injonction faite à un bailleur d'installer une porte d'entrée pleine et entière, avec une serrure[10], injonction à un vendeur de logiciel de communiquer le code d'accès à ce logiciel[11], injonction faite à l'ex-épouse du propriétaire d'un bien de faire radier, après paiement des sommes devant lui revenir dans le cadre du partage post-communautaire, l'inscription du privilège du

1. J.-M. Bruntz et M. Domingo, « Doctrine d'une rupture annoncée », *Gaz. Pal.* 1992. 2. Doctr. 601 – Civ. 2e, 5 févr. 1992, n° 90-16.022, *Bull. civ.* II, n° 44; *D.* 1993. 53, note Waschmann; *D.* 1992. 442, note Burgelin; *Gaz. Pal.* 1995, n° 66, p. 11, note Boccara – Civ. 2e, 12 mai 1999, n° 97-19.078, NP; *Annonces de la Seine* 23 déc. 1999, p. 3.
2. TGI Paris, ord. réf., 15 juill. 1996, n° 58443/96, inédit.
3. Cass., ass. plén., 6 nov. 1998, n° 94-17.709, *Bull. ass. plén.*, n° 5; *D.* 1999. 1, note Fricero; *D.* 1999. 1, note Burgelin; *D.* 1999. 3, note Frison-Roche; *RTD civ.* 1999. 177, obs. Normand; *RTD civ.* 1999. 193, obs. Perrot; *RTD civ.* 1999. 494, obs. Marguénaud; *Gaz. Pal.* 15 févr. 1998, n° 349, note Pansier et Bladier.
4. Cass., ass. plén., 6 nov. 1998, n° 95-11.006, *Bull. ass. plén.*, n° 4; *D.* 1999. 1, concl. Burgelin; *RTD civ.* 1999. 177, obs. Normand; *RTD civ.* 1999. 193, obs. Perrot.
5. Civ. 2e, 15 févr. 2001, n° 98-20.742, NP.
6. Soc. 5 mai 2004, n° 01-46.718, NP – Civ. 1re, 15 nov. 2005, n° 02-21.366, *Bull. civ.* I, n° 413; *D.* 2006. 587, note Mekki; *D.* 2006. 2638, obs. Amrani Mekki et Fauvarque-Cosson; *RTD civ.* 2006. 114, obs. Mestre et Fages.
7. Décr. n° 72-788, 28 août 1972, instituant une troisième série de dispositions destinées à s'intégrer dans le Nouveau Code de procédure civile, *JO* 30 août, p. 9300.
8. D. Le Ninivin, « Sur le décret du 17 décembre 1985 modifiant certaines dispositions du Nouveau Code de procédure civile », *JCP* 1986. I. 3226.
9. Civ. 1re, 31 mars 1998, n° 96-13.781, *Bull. civ.* I, n° 137.
10. Paris, 28 sept. 1987, RG n° 86/15219, *Juris-Data* n° 026095.
11. Versailles, 25 nov. 1987, RG n°s 4332/87 et 4953/87, *Juris-Data* n° 045960.

copartageant[1] ou encore l'injonction faite à une société de produire une garantie bancaire de paiement prévue par le contrat signé avec un tiers[2]).

Cette forme de référé entre en concurrence, depuis 1988, avec la procédure d'injonction de faire prévue par les articles 1425-1 et suivants C. pr. civ., dont l'un des avantages tient à la possibilité pour le demandeur de procéder, non par assignation, mais par voie de simple requête au greffe.

L'application des dispositions de l'article 1425-1 C. pr. civ. étant limitée au domaine de compétence du TI, le référé-injonction conserve un intérêt, à chaque fois que la valeur de la prestation dont l'exécution est réclamée excède le taux de compétence du TI.

La référence à ces dispositions tend à se développer, notamment lorsqu'une partie réclame la poursuite ou la reprise de l'exécution d'un contrat abusivement suspendue ou interrompue.

§ 2
Référé devant le premier président de la cour d'appel

125.360 Trois types de demande. Le premier président de la cour d'appel peut être saisi, selon la procédure du référé (sur cette procédure, v. s[s] n°s 323.191 s.) de trois types de demandes :

– il peut lui être demandé d'exercer les pouvoirs dévolus au juge des référés;

– il dispose d'attributions particulières en cas de jugements improprement qualifiés en dernier ressort;

– un rôle essentiel lui est enfin dévolu en matière d'exécution provisoire.

A.
Référé général du premier président

125.361 Texte. Aux termes de l'article 956 C. pr. civ., « *dans tous les cas d'urgence, le premier président peut ordonner en référé, en cas d'appel, toutes les mesures qui ne se heurtent à aucune contestation sérieuse ou que justifie l'existence d'un différend* ».

Innovation du décret n° 72-788 du 28 août 1972, dont les dispositions ont été intégrées en 1975 dans le Nouveau Code de procédure civile[3], ce texte évoque, en ce qui concerne les pouvoirs dévolus au premier président, l'article 808 C. pr. civ. pour le référé devant le TGI.

Le référé présente néanmoins d'importantes particularités, quant à ses conditions d'exercice.

1. TGI Toulouse, 11 mars 1998, *D.* 1999. 396, note Hellenbrand.
2. Civ. 2e, 6 mai 1998, n° 96-17.487, *Bull. civ.* II, n° 148; *D.* 1998. IR 142.
3. Sur la situation antérieure v. Rép. pr. civ., v° *Référés du premier président*, par Desdevises, n°s 1 s. – ESTOUP, 1998, n°s 210 s.

1°
Conditions d'exercice

125.370 En cours d'instance. Il résulte de l'article 956 C. pr. civ. que le référé du premier président est un référé en cours d'instance, qui suppose qu'appel a été interjeté d'un jugement, subordonné de surcroît à la constatation de l'urgence, le premier président n'étant enfin compétent qu'à défaut de saisine du conseiller de la mise en état.

a)
Nécessité d'un appel

125.371 Exigence. L'existence d'un appel constitue une exigence spécifique du référé devant le premier président qui traduit l'originalité de cette procédure par rapport à celle ouverte en première instance, qui peut être exercée même si le tribunal n'est pas encore saisi du fond de l'affaire.

Il a par exemple été jugé, en matière fiscale, que le premier président d'une cour d'appel peut être saisi, sur le fondement de l'article 956 C. pr. civ., pour statuer en référé sur une demande de mesure provisoire urgente, avant les débats sur l'appel contre une autorisation de visite domiciliaire ou le recours contre son déroulement formés en application de l'article L. 16 B du Livre des procédures fiscales[4].

La délimitation temporelle des pouvoirs du premier président suscite néanmoins des difficultés.

125.372 Compétence *ratione temporis*. En ce qui concerne la naissance de l'instance d'appel, il a été jugé, sous l'empire du texte initial spécifiant que le premier président était compétent « *au cours de l'instance d'appel* », que l'instance d'appel ne commence qu'à la date de la remise au greffe de la copie de l'assignation (demande d'inscription au rôle) et non pas à compter de la date de la notification de l'acte à l'intimé (date de la déclaration d'appel au greffe de la Cour).

La portée de la modification donnée à l'article 956 par le décret n° 76-1236 du 28 décembre 1976, substituant la locution « *en cas d'appel* » à la formulation initiale, était tout aussi controversée[5].

Si certains auteurs estimaient que la modification intervenue avait seulement eu pour but de régler les conflits de compétence entre le premier président et d'autres magistrats pendant l'instance d'appel[6], d'autres considéraient que le législateur avait mani-

4. Com. 25 sept. 2012, n° 11-21.981, *Bull. civ.* IV, n° 168.
5. CÉZAR-BRU, HÉBRAUD, SEIGNOLLE, ODOUL, t. I, n°s 425 et 427 – GUINCHARD, FERRAND ET CHAINAIS, 29e éd., 2008, n° 283 – ESTOUP, n° 212 – Rép. pr. civ., v° *Référés du premier président*, par Desdevises, n°s 13 à 18.
6. GUINCHARD, FERRAND ET CHAINAIS, 29e éd., 2008, n° 283 – Gerbay, « Réflexion sur la juridiction du premier président de la cour d'appel », *D.* 1980. Chron. 65.

festé la volonté de rompre avec la jurisprudence de la Cour de cassation [1].

Le premier président de la cour d'appel de Versailles a ainsi jugé que sa compétence n'est pas subordonnée au placement de l'affaire mais existe dès la déclaration d'appel [2].

La question ne se pose plus dans les mêmes termes depuis le décret du 20 août 2004 qui a supprimé la formalité de l'inscription au rôle prévue par l'ancien article 905 : la cour d'appel étant saisie dès la déclaration d'appel, c'est à la même date que naît la compétence de référé du premier président.

125.373 Terme de la compétence. En ce qui concerne le terme de la compétence du premier président, celui-ci ne peut plus, en principe, être saisi quand par un arrêt sur le fond, la cour se dessaisit de l'affaire [3]. Le premier président ne peut pas notamment être saisi en référé pour assurer l'exécution de l'arrêt.

Il ne peut intervenir, même si la décision de la cour fait l'objet d'un pourvoi en cassation ou d'un recours en révision [4].

En revanche, la tierce-opposition exercée contre l'arrêt autorise la saisine en référé du premier président, dès lors qu'elle a pour effet de provoquer une nouvelle saisine de la cour et de prolonger l'instance d'appel [5].

b)
Urgence

125.381 Question de fait. La notion d'urgence est la même que celle requise comme condition d'exercice du référé de l'article 808 C. pr. civ.

Il s'agit d'une question de fait souverainement appréciée par le premier président [6].

Il y a urgence par exemple en matière de construction à prendre les mesures susceptibles de remédier à des malfaçons apparues depuis le jugement [7] ou bien, pour un droit de visite et d'hébergement, à préciser le mois de vacances durant lequel le père exercera ce droit et que le jugement n'avait pas fixé [8].

De même le premier président peut suspendre des poursuites entreprises en vertu d'un arrêt frappé de tierce-opposition [9].

c)
Absence de saisine du conseiller de la mise en état

125.391 Compétence concurrente. Devant la cour d'appel, l'affaire est en principe instruite sous le contrôle d'un magistrat de la chambre à laquelle elle a été distribuée (C. pr. civ., art. 907, mod. par Décr. n° 2009-1524, 9 déc. 2009 [10]).

Ce magistrat est seul compétent, jusqu'à son dessaisissement, pour prononcer les mesures prévues par l'article 771 C. pr. civ. et sa désignation entraîne l'incompétence du premier président pour statuer, en référé, sur de telles mesures [11].

La cour d'appel de Paris a précisé que la saisine du conseiller de la mise en état doit être réputée intervenir le jour où le greffe adresse à l'avoué de l'appelant l'avis qui l'informe de la distribution de l'affaire au rôle particulier d'une chambre et de la désignation du conseiller [12].

Il convient toutefois de souligner que le premier président reste compétent, malgré la désignation du conseiller de la mise en état, du moment qu'il a été saisi avant [13].

Le conseiller de la mise en état n'est compétent que pendant la durée de son intervention.

Après son dessaisissement, c'est-à-dire après l'ouverture des débats, le premier président peut à nouveau être saisi en référé, jusqu'à ce que la cour d'appel soit elle-même dessaisie par le prononcé de l'arrêt.

Il faut enfin noter que la compétence exclusive du conseiller de la mise en état ne concerne que les mesures énumérées par l'article 771 C. pr. civ.

Si la demande en référé a un objet différent de l'obtention de l'une de ces mesures, le premier président est compétent pour se prononcer, dans les conditions de l'article 956 C. pr. civ. [14]

Bien évidemment, lorsqu'il s'agit d'une procédure sans désignation de conseiller de la mise en état (C. pr. civ., art. 905), le premier président exerce, pendant toute la durée de l'instance d'appel, la juridiction des référés.

2°
Pouvoirs du premier président

125.401 Principe. Ce magistrat dispose, aux termes de l'article 956 C. pr. civ. faisant de la contestation, selon les cas, soit un obstacle, soit une condition du référé, de pouvoirs similaires à ceux d'un juge des référés de première instance.

1. *J.-Cl. pr. civ.*, fasc. 724, n° 12, Giverdon et Miguet.
2. Versailles, 11 août 1987, *Gaz. Pal.* 1988. 80, note Renard.
3. Paris, 2 févr. 1973, cité par Gassiot, *Gaz. Pal.* 1974. Doctr. 417 – Lyon, 21 nov. 1973, cité dans *J.-Cl. pr. civ.*, fasc. 724, n° 18.
4. Angers, 25 janv. 1973, *JCP* 1973. IV. 6289; *RTD civ.* 1973. 384, obs. Hébraud; *RTD civ.* 1973. 398, obs. Raynaud.
5. Angers, 25 janv. 1973, préc. s^s n° – Paris, 19 avr. 1991, *Bull. ch. avoués* 1991. 77.
6. Civ. 1re, 15 déc. 1976, n° 75-13.507, *Bull. civ.* I, n° 411; *JCP* 1977. IV. 34; *JCP* 1978. II. 18874, note Thuillier; *Gaz. Pal.* 1977. 348, note Viatte.
7. Riom, 11 juill. 1973, *JCP* 1973. 6336, obs. J. A.
8. Rennes, 26 juin 1975, cité par CÉZAR-BRU, HÉBRAUD, SEIGNOLLE, ODOUL, t. I, n° 430.
9. Angers, 25 janv. 1973, préc. s^s n° 125.373.
10. Décr. n° 2009-1524, 9 déc. 2009, relatif à la procédure d'appel avec représentation obligatoire en matière civile, *JO* 11 déc., p. 21386.
11. Civ. 2e, 28 févr. 1996, n° 93-19.742, *Bull. civ.* II, n° 50.
12. Paris, 10 oct. 1980, *RTD civ.* 1980. 812, obs. Perrot.
13. Paris, 10 oct. 1980, préc. s^s prés^t n°.
14. Paris, 13 déc. 1974, *Gaz. Pal.* 1975. 1. 192.

Il faut néanmoins tenir compte de la particularité du référé d'appel, qui intervient après exercice d'une voie de recours contre un jugement rendu sur le fond, et de l'impossibilité d'utiliser les dispositions de l'article 956 C. pr. civ. pour aboutir à la réformation pure et simple de ce jugement.

Il en résulte notamment que toute décision édictant une mesure contraire à celle prononcée par les premiers juges suppose la survenance d'un fait nouveau [1], caractérisé soit par un événement postérieur au jugement, soit par une circonstance ignorée du premier juge [2].

Il faut aussi souligner que le premier président ne peut pas, lorsqu'il est saisi en application de l'article 956 C. pr. civ., prendre des mesures à l'encontre d'une partie ne figurant pas à l'instance d'appel et que, si une partie est non comparante, il doit s'assurer que la demande présentée contre elle est régulière, recevable et bien fondée [3].

125.402 Mesures qui ne se heurtent à aucune contestation sérieuse. Ont pu être considérés comme ne soulevant aucune difficulté sérieuse, dans les circonstances de fait de chaque affaire :

– une radiation d'hypothèque légale [4];

– l'aménagement d'un droit de visite [5], ou même du droit de garde d'un enfant [6];

– la mainlevée d'un séquestre ordonnée sur l'action en paiement d'une reconnaissance de dette [7].

Pour assurer l'exécution de ses décisions, le premier président peut prononcer une astreinte et la liquider, à titre provisoire.

En revanche, il ne peut prononcer une condamnation à des dommages-intérêts [8]. Il ne peut pas non plus, faute de dispositions comparables à l'article 809 alinéa 2 C. pr. civ., allouer de provision au créancier [9] ou utiliser le référé « injonction de faire » [10].

Il ne peut pas davantage interpréter la décision frappée d'appel [11] mais peut exercer ce pouvoir pour sa propre ordonnance [12].

1. Civ. 2e, 11 déc. 1974, no 73-14.646, *Bull. civ.* II, no 330.
2. Estoup, no 215 – Civ. 2e, 11 déc. 1974, no 73-14.646, *Bull. civ.* II, no 330.
3. Civ. 2e, 16 oct. 2003, no 02-17.049, *Bull. civ.* II, no 309.
4. Rouen, 22 janv. 1974, *Gaz. Pal.* 1974. 1. 306.
5. Rennes, 26 juin 1975, préc. ss no 125.381.
6. Paris, 13 févr. 1973, *D.* 1973. Somm. 108; *RTD civ.* 1973. 384, obs. Hébraud.
7. Douai, 9 juill. 1974, *JCP* 1974. IV. 6455.
8. Paris, 5 oct. 1973, *Gaz. Pal.* 1973. 924.
9. Lyon, 12 févr. 1980, *JCP* 1980. II. 19836, note J. A.; *RTD civ.* 1980. 604, obs. Normand.
10. Rép. pr. civ., vo *Référés du premier président*, par Desdevises, no 44.
11. Versailles, 10 août 1978, *Gaz. Pal.* 1979. 1. Somm. 265.
12. Paris, 2 mars 1981, *Bull. ch. avoués* 1981. 34.

Le premier président n'a pas le pouvoir, en cas d'appel d'un jugement dont la publication a été autorisée par le tribunal, de prescrire en référé l'insertion de sa propre ordonnance déclarant une partie sans droit à faire publier le jugement en question [13].

125.403 Mesures que justifie l'existence d'un différend. Appartiennent à cette catégorie, par exemple, la décision de désignation d'un expert pour constater des malfaçons, en matière de construction, apparues postérieurement au jugement de première instance [14], ou encore la suspension des effets d'un jugement frappé de tierce-opposition [15].

En revanche, l'article 956 C. pr. civ. ne peut, selon une certaine jurisprudence, être utilisé pour contourner les dispositions de l'article 524 du même code interdisant au premier président d'arrêter une exécution provisoire de droit (v. ss no 125.451).

De même, il n'entre pas dans les pouvoirs du premier président saisi en application de l'article 956 C. pr. civ. d'accueillir la demande d'une partie, dirigée contre ses propres conseils, tendant à ce qu'il leur soit ordonné de lui remettre les pièces de la partie adverse, communiquées devant le TGI et la cour d'appel.

B. Pouvoirs du premier président en cas de jugement improprement qualifié en dernier ressort

125.411 Portée. La première phrase de l'article 957 C. pr. civ. indique que le premier président peut, en cas d'appel, suspendre l'exécution des jugements improprement qualifiés en dernier ressort.

Ce texte, dont l'application par le premier président en référé est subordonnée à l'existence d'un appel dirigé contre la décision improprement qualifiée, ne permet pas d'autres mesures que la suspension pure et simple de l'exécution prématurément entreprise [16].

Le fait, par le premier président, d'intervenir pour arrêter l'exécution d'un jugement régulièrement frappé d'appel, mais qui avait été inexactement qualifié en dernier ressort dans le jugement, a pu être considéré comme relevant plus des mesures d'administration judiciaire que des attributions contentieuses [17].

13. Civ. 2e, 16 mai 2002, no 00-20.989, *Bull. civ.* II, no 103; *D.* 2002. 2646, obs. Julien – Civ. 2e, 29 nov. 1978, no 77-13.971, *Bull. civ.* II, no 255.
14. Riom, 11 juill. 1973, préc. ss no 125.321.
15. Angers, 25 janv. 1973, préc. ss no 125.373.
16. Estoup, 1998, no 229 – Rép. pr. civ., vo *Référés du premier président*, par Desdevises, no 108.
17. Cézar-Bru, Hébraud, Seignolle, Odoul, t. I, no 438.

C.
Pouvoirs du premier président en matière d'exécution provisoire des jugements

125.420 **Texte applicable.** L'article 957 C. pr. civ., outre le rôle attribué au premier président lorsqu'un jugement a été improprement qualifié en dernier ressort, prévoit que ce magistrat peut également exercer les pouvoirs qui lui sont conférés en matière d'exécution provisoire.

Il faut se reporter aux articles 523 à 526 C. pr. civ. pour définir de manière plus précise tant les conditions d'exercice de l'intervention du premier président (1°) que les pouvoirs qui lui sont conférés (2°).

1°
Conditions d'exercice

125.421 **Conditions du référé.** Il est certain que la procédure à suivre devant le premier président est celle du référé. L'article 523 C. pr. civ., comme d'ailleurs la place de l'article 957, montrent que c'est par ordonnance de référé que le magistrat doit se prononcer.

Il en résulte, même si les textes manquent de précision, que les conditions du référé sont applicables.

125.422 **Existence d'un appel.** Le premier président ne peut intervenir, en matière d'exécution provisoire des jugements qu'en cas d'appel, c'est-à-dire à partir du dépôt de la déclaration d'appel au greffe de la Cour (C. pr. civ., art. 901 et 902).

Il semble que la demande de suspension ou d'aménagement de l'exécution provisoire ne soit pas réservée à l'appelant mais puisse aussi, s'il y a intérêt, être présentée par l'intimé[1].

Peu importe la recevabilité de l'appel, qui n'a pas à être appréciée par le premier président et relève de la compétence de la cour ou du conseiller de la mise en état[2].

Lorsque la recevabilité de l'appel est sérieusement contestée lors de l'instance devant le premier président, la jurisprudence se divise sur le point de savoir si le magistrat saisi en référé doit surseoir à statuer et renvoyer les parties devant le magistrat compétent pour trancher la question ou s'il demeure compétent tant que l'irrecevabilité n'a pas été prononcée (en faveur[3] ou contre[4] le sursis).

Il est certain en tout cas que, si l'appel a déjà été déclaré irrecevable, le premier président ne peut plus être saisi sur le fondement de l'article 524 C. pr. civ.[5]

Il est certain également que lorsque l'appel est limité à certains chefs du jugement, la demande d'arrêt de l'exécution provisoire doit être déclarée irrecevable si elle porte sur les chefs non déférés à la cour[6].

De même, les pouvoirs du premier président en matière d'exécution provisoire ne peuvent être exercés en cas de recours formé, même à tort, par contredit[7], ou dans le cas du recours prévu à l'article 724 C. pr. civ. contre une ordonnance de taxe, qui n'est pas un appel[8].

Il faut ajouter que la demande tendant à l'arrêt de l'exécution provisoire (ou au sursis à l'exécution dans certaines matières) est subordonnée à l'existence d'un appel, et non au dépôt des conclusions d'appel[9].

Toute demande relative à l'exécution provisoire d'un jugement est présentée selon les règles de droit commun du référé, par voie d'assignation, soit à une audience ordinaire, soit sur autorisation du premier président et en cas d'urgence, à heure indiquée.

La constitution d'avocat n'est pas obligatoire et la procédure suivie devant le premier président a un caractère autonome.

La décision doit statuer sur les dépens de cette instance[10] sans que le premier président puisse les réserver ou dire qu'ils suivront ceux de l'instance au fond.

Le premier président n'a pas non plus à statuer sur la distraction des dépens, s'agissant d'une instance sans représentation obligatoire.

Le premier président peut également allouer des dommages-intérêts pour procédure abusive, si le caractère fautif de la procédure engagée devant lui est établi[11].

La décision du premier président peut enfin faire l'objet d'un pourvoi en cassation immédiat[12].

125.423 **Urgence.** Bien qu'elle ne soit pas mentionnée par l'article 957 C. pr. civ., cette condition est nécessaire, sauf pour l'application de l'article 526 (v. s^{s} n° 125.432), mais est inhérente à la nature du litige, le règlement des incidents soulevés par l'exécu-

1. Paris, 26 mars 1992, *Bull. ch. avoués* 1992. 61 – CONTRA, Paris, 25 mai 1988, *Bull. ch. avoués* 1988. 4. 158.
2. Paris, 1er oct. 1992, *Bull. ch. avoués* 1992. 4. 138.
3. Aix-en-Provence, 27 sept. 1976, *JCP* 1977. II. 17668, note J. A. – Aix-en-Provence, 7 févr. 1983, *Gaz. Pal.* 1983. 331, note Dureuil; *RTD civ.* 1983. 793, obs. Perrot – Paris, 9 févr. 1987, *Bull. ch. avoués* 1987. 2. 99 – Paris, 21 déc. 1990, *Bull. ch. avoués* 1991. 1. 37.
4. Paris, 13 nov. 1985, *Bull. ch. avoués* 1986. 2. 78 – Paris, 5 févr. 1987, *Bull. ch. avoués* 1987. 2. 99 – Paris, 21 mars 1994, *Bull. ch. avoués* 1994. 2. 71.
5. Soc. 10 janv. 2006, n° 05-42.238, NP.
6. Paris, 4 juin 1987, *Bull. ch. avoués* 1987. 3. 144.
7. Paris, 11 mai 1989, *Bull. ch. avoués* 1989. 3. 64.
8. Paris, 4 mars 1993, *Bull. ch. avoués* 1993. 2. 71.
9. Civ. 2e, 20 déc. 2001, n° 00-17.029, *Bull. civ.* II, n° 201.
10. Civ. 2e, 29 oct. 1990, n° 89-14.925, *Bull. civ.* II, n° 222; *RTD civ.* 1991. 794, obs. Normand.
11. Civ. 2e, 12 nov. 1997, n° 95-20.280, *Bull. civ.* II, n° 274.
12. Cass., ass. plén., 2 nov. 1990, n° 90-12698, *Bull. ass. plén.*, n° 11.

tion provisoire des jugements présentant toujours un caractère urgent[1].

125.424 Premier président et conseiller de la mise en état. À la différence de ce qui a été indiqué pour le référé de l'article 956 (v. s[s] n° 125.391), la désignation du conseiller de la mise en état ne dessaisit pas nécessairement le premier président de ses pouvoirs en matière d'exécution provisoire.

En effet, les articles 523 et 524 donnent compétence exclusive au premier président pour aménager la mise en œuvre ou supprimer l'exécution provisoire prononcée par les premiers juges[2].

La Cour de cassation l'a affirmé très clairement : « *Il résulte de l'article 524 du code de procédure civile que seul le premier président de la cour d'appel, statuant en référé, peut arrêter, en cas d'appel, l'exécution provisoire ordonnée par le premier juge* »[3].

Le conseiller de la mise en état, lorsqu'il a été désigné et saisi de l'affaire portée en appel, n'est compétent que dans les cas prévus aux articles 525 et 526 C. pr. civ. (exécution provisoire refusée ou non prononcée par le premier juge) ou encore pour suspendre l'exécution d'un jugement improprement qualifié en dernier ressort.

125.425 Premier président et juge de l'exécution. Il résulte de la combinaison de l'article L. 213-6 du COJ et de l'article R. 121-18 C. pr. exéc. (anc[t] Décr. n° 92-755, 31 juill. 1992)[4] que la compétence spécifique du premier président en matière d'exécution provisoire des jugements subsiste[5].

Le juge de l'exécution ne peut par exemple, lorsqu'il est saisi d'une demande de liquidation d'astreinte, suspendre l'exécution d'une décision de justice, fût-elle frappée de tierce-opposition[6].

2°
Pouvoirs du premier président

125.431 Plusieurs situations. Le Code de procédure civile distingue plusieurs situations qui doivent être examinées successivement. Ces questions seront revues avec l'ensemble de l'exécution provisoire (v. s[s] n°s 431.00 s. et 432.00 s.), mais il nous a semblé préférable de présenter ces pouvoirs sous deux angles différents.

125.432 Exécution provisoire non mentionnée par le jugement – C. pr. civ., art. 525-1. Prévue par l'article 525-1 C. pr. civ. (C. pr. civ., anc. art. 526), cette situation peut se présenter soit lorsque l'exécution provisoire n'a pas été demandée soit si, l'ayant été, le juge a omis de statuer.

Dans l'une et l'autre hypothèses, l'article 525-1 donne pouvoir en cas d'appel au premier président ou, dès lors qu'il est saisi, au magistrat chargé de la mise en état d'ordonner l'exécution provisoire de la décision des premiers juges.

L'article 515-1 alinéa 2 du Code de procédure pénale accorde la même faculté au premier président lorsque le tribunal correctionnel a omis de statuer sur l'exécution provisoire d'une condamnation civile[7].

L'article 525-1 C. pr. civ. est applicable lorsque le président du TGI, statuant « en la forme » des référés, ne s'est pas prononcé sur l'exécution provisoire de sa décision[8].

Au point de vue de l'application de l'article 525-1, la condition d'urgence n'est pas nécessaire[9] mais, selon certaines décisions le recours à ce texte doit être exceptionnel, surtout lorsque le créancier n'avait pas jugé utile en première instance de solliciter l'exécution provisoire de la décision à intervenir[10].

Lorsque le premier juge a ordonné d'office l'exécution provisoire partielle de sa décision, son bénéficiaire est recevable à formuler pour la première fois en cause d'appel une demande d'exécution provisoire totale devant le conseiller de la mise en état[11].

Le premier président ou le conseiller de la mise en état ne peut accueillir la demande formée sur le fondement de l'article 525-1 que s'il estime l'exécution provisoire nécessaire et compatible avec la nature de l'affaire et si elle n'est pas interdite par la loi, c'est-à-dire en appliquant les conditions générales de l'exécution provisoire prévues par les articles 515 et suivants C. pr. civ. Mais son appréciation sur ces points est discrétionnaire[12].

Les pouvoirs du premier président ou du magistrat de la mise en état se limitent à l'octroi éventuel, au stade de l'appel, d'une exécution provisoire absente de la décision de première instance, sans qu'il puisse en aménager la mise en œuvre[13].

Lorsqu'elle est accordée en cause d'appel, l'exécution provisoire doit produire effet à la date de la déci-

1. J. Viatte, « Les référés du premier président », *Gaz. Pal.* 1973. 2. Doctr. 570.
2. Paris, 18 juill. 1977, *JCP* 1978. II. 18826, note J. A.
3. Civ. 2e, 17 févr. 2011, n° 10-15.115, *Bull. civ.* II; *RTD civ.* 2011. 389, obs. Perrot.
4. Décr. n° 92-755, 31 juill. 1992, instituant de nouvelles règles relatives aux procédures civiles d'exécution pour l'application de la loi n° 91-650 du 9 juillet 1991 portant réforme des procédures civiles d'exécution, *JO* 5 aout, p. 10530.
5. Paris, 1er mars 1993, RG n° 95/93, *D.* 1993. IR 122; *Bull. ch. avoués* 1993. 2. 73.
6. Civ. 2e, 27 juin 2002, n° 00-19.202, *Bull. civ.* II, n° 148.
7. Paris, 15 oct. 1990, *Bull. ch. avoués* 1990. 142.
8. Aix-en-Provence, 12 juill. 1991, *JCP* 1992. II. 21949, note Henderycksen.
9. Dijon, 30 nov. 1981, *D.* 1982. 323, note Gerbay – Civ. 2e, 4 janv. 1984, *Gaz. Pal.* 1984. Pan. 156, obs. Guinchard.
10. Toulouse, 3 déc. 1982, *Gaz. Pal.* 1983. Somm. 205.
11. Toulouse, 8 févr. 1993, RG n°s 2167/92 et 5451/92, *BICC* 15 juin 1993, n° 720.
12. Civ. 3e, 8 avr. 1999, n° 97-14.152, *Bull. civ.* III, n° 90.
13. Paris, 18 juill. 1977, *JCP* 1978. II. 18826, note J. A. – Rennes, 24 avr. 1979, *Rev. jur. Ouest* 1980. 1. 39, note Loyer-Larher.

sion entreprise. La Cour de cassation a précisé que la décision qui, réparant une omission de statuer, prononce l'exécution provisoire, n'a pas d'effet rétroactif[1].

Une fois ordonnée par le premier président ou le conseiller de la mise en état, l'exécution provisoire ne peut plus être arrêtée ultérieurement par ces magistrats, car cela reviendrait à soumettre à une troisième juridiction le problème de l'exécution provisoire[2].

La décision du premier président est susceptible d'un pourvoi en cassation indépendamment de la décision au fond[3].

Lorsque le conseiller de la mise en état est compétent, bien que son ordonnance ne soit en principe susceptible d'aucun recours indépendamment de l'arrêt sur le fond (C. pr. civ., art. 914)[4], certaines décisions ont retenu que le premier président avait le pouvoir de suspendre l'exécution provisoire ordonnée en application de l'article 526 (devenu C. pr. civ., art. 525-1; Décr. 28 déc. 2005) par le conseiller[5].

125.433 **Exécution provisoire refusée par le jugement – C. pr. civ., art. 525.** Cette hypothèse, prévue par l'article 525 C. pr. civ., est celle dans laquelle la question de l'exécution provisoire, soumise au premier juge, a été tranchée par celui-ci.

Puisqu'il s'agit de revenir sur cette décision, il est normal que les conditions d'accueil de la demande soient plus strictes.

Dans cette perspective, l'article 525 subordonne l'octroi de l'exécution provisoire par le premier président (ou le magistrat chargé de la mise en état, dès lors qu'il est saisi) à l'urgence. L'urgence relève de l'appréciation souveraine du juge. Elle sera d'autant plus facile à caractériser qu'un fait nouveau, modifiant la situation des parties, est apparu postérieurement au jugement[6].

Tel est le cas, par exemple, d'un risque d'insolvabilité apparu en cours d'instance[7].

Elle doit être en tout cas constatée, non par des considérations d'ordre général, mais par référence aux circonstances de la cause[8].

Il convient d'observer que, dans le cadre de l'application de l'article 515-1 du Code de procédure pénale, lorsque l'exécution provisoire a été refusée par le tribunal correctionnel statuant sur les intérêts civils, le premier président peut, en cas d'appel, l'accorder en référé sans avoir à constater l'urgence.

Pour accorder l'exécution provisoire refusée par le premier juge, le magistrat saisi sur le fondement de l'article 525 doit vérifier que les conditions d'application de l'article 515 sont réunies[9] (sur les recours ouverts contre la décision du premier président ou du conseiller de la mise en état, v. s^s^ n° 432.43).

125.434 **Jugements assortis de l'exécution provisoire – C. pr. civ., art. 524.** Cette situation, prévue par l'article 524 C. pr. civ., fait l'objet des dispositions suivantes :

« *Lorsque l'exécution provisoire a été ordonnée, elle ne peut être arrêtée, en cas d'appel, que par le premier président statuant en référé et dans les cas suivants :*

1) si elle est interdite par la loi;

2) si elle risque d'entraîner des conséquences manifestement excessives; dans ce dernier cas, le premier président peut aussi prendre les mesures prévues aux articles 517 et 522.

Le même pouvoir appartient, en cas d'opposition, au juge qui a rendu la décision.

Lorsque l'exécution provisoire est de droit, le premier président peut prendre les mesures prévues au deuxième alinéa de l'article 521 et à l'article 522. »

Le texte fait une distinction entre l'exécution provisoire ordonnée et l'exécution provisoire de droit.

a) Exécution provisoire ordonnée

125.441 **Énumération limitative.** L'article 524 C. pr. civ., qui réserve au premier président, le pouvoir de modifier un jugement prononçant l'exécution provisoire, énumère limitativement les cas dans lesquels les mesures prévues peuvent être prises.

125.442 **Exécution provisoire interdite par la loi.** Le premier président peut, en cas d'appel, arrêter l'exécution provisoire prononcée par le premier juge

1. Rennes, 21 janv. 1978, *Gaz. Pal.* 1978. 213, note du Rusquec; *RTD civ.* 1978. 932, obs. Perrot – *CONTRA*, TI Toulon, 12 juin 1984, *D.* 1984. IR 421, obs. Julien – Civ. 2e, 22 oct. 2009, n° 08-19.559, *Bull. civ.* II, n° 249; *D.* 2009. 2692; *AJ fam.* 2010. 80, obs. Gallmeister.
2. Paris, 30 juill. 1976, *JCP* 1977. II. 18621.
3. Cass., ass. plén., 2 nov. 1990, n° 90-12.698, *Bull. ass. plén.*, n° 11; *D.* 1990. IR 275; *JCP* 1991. II. 21631, concl. av. gén. Monnet, note Estoup; *Gaz. Pal.* 1991. 1. Pan. 3; *RTD civ.* 1991. 169; *RTD civ.* 1991. 173, obs. Perrot – Civ. 2e, 23 janv. 1991, n° 89-18.925, *Bull. civ.* II, n° 26; *JCP* 1991. IV. 106 – Civ. 3e, 4 nov. 1987, n° 86-13.189, *Bull. civ.* III, n° 179; *RTD civ.* 1988. Somm. 123, obs. Julien – EN SENS CONTRAIRE : Civ. 2e, 11 juin 1986, n° 85-11.417, *Bull. civ.* II, n° 89; *RTD civ.* 1987. 601, obs. Perrot – Com. 20 févr. 1989, n° 87-18.255, *Bull. civ.* IV, n° 192 – Soc. 17 mars 1988, n° 84-45.034, *Bull. civ.* V, n° 192.
4. Civ. 2e, 7 mai 1980, n° 78-15.543, NP; *Gaz. Pal.* 1980. 2. 669, note Viatte; *RTD civ.* 1981. 452, obs. Perrot.
5. Paris, 24 mai 1983, *Gaz. Pal.* 1989. Doctr. 450, n° 2 – *CONTRA*, Paris, 25 févr. 1991, *Bull. ch. avoués* 1991. 1. 36.
6. Rép. pr. civ., v° *Référés du premier président*, par Desdevises, n° 64 – ESTOUP, n° 222.
7. Rennes, 29 oct. 1974, *D.* 1975. 190, note Cosnard; *RTD civ.* 1975. 371, obs. Perrot.
8. Civ. 3e, 17 juin 1992, n° 90-70.142, NP – Civ. 3e, 17 juin 1992, n° 90-70.143, NP – Civ. 3e, 17 juin 1992, n° 90-70.144, NP; *JCP* 1992. IV. 2377.
9. Paris, 27 janv. 1978, *Bull. ch. avoués*, n° 69, p. 24 – Versailles, 28 juin 1978, *Gaz. Pal.* 1979. Somm. 264.

dans une matière où l'exécution provisoire est interdite.

Il pouvait ainsi arrêter l'exécution provisoire prononcée pour une condamnation au titre de l'article 700 C. pr. civ.[1]

Cette solution, fondée sur l'article 515 alinéa 2 C. pr. civ., doit être aujourd'hui considérée comme obsolète :

- la Cour de cassation avait, d'abord, décidé que l'interdiction d'exécution provisoire prévue par ce texte pour les dépens n'obligeait pas le premier président d'arrêter l'exécution provisoire de la condamnation prononcée au titre de l'article 700[2];

- en outre, la question est désormais définitivement réglée par l'abrogation, le 28 décembre 2005, de la partie du deuxième alinéa de cet article 515 interdisant l'exécution provisoire pour les dépens.

Tous les chefs d'une condamnation peuvent ainsi, en principe, être assortis de l'exécution provisoire.

Faisant application de l'article 178 du décret du 27 novembre 1991, la Cour de cassation juge que les décisions rendues par le bâtonnier en matière de contestation d'honoraires ne peuvent être assorties de l'exécution provisoire par celui-ci. L'interdiction visée n'est pas nécessairement expresse et peut résulter implicitement de la loi[3].

Il a été jugé également que l'exécution provisoire ordonnée du chef d'une mesure d'instruction par une section du conseil des prud'hommes, dont la compétence d'attribution est contestée est assimilable à une exécution provisoire interdite par la loi[4].

En revanche, ne peut être considérée comme interdite par la loi l'exécution provisoire dont l'octroi ne serait pas nécessaire ou compatible avec la nature de l'affaire, au sens de l'article 515 C. pr. civ.[5]

Par ailleurs, si l'article 524 C. pr. civ. permet au premier président d'une cour d'appel d'arrêter l'exécution provisoire d'un jugement lorsqu'elle est interdite par la loi, il ne lui donne pas le pouvoir de déduire cette interdiction de la prétendue irrégularité du jugement[6].

125.443 Exécution provisoire risquant d'entraîner des conséquences manifestement excessives. Dans ce cas, le premier président dispose d'une option : arrêter l'exécution provisoire ou prendre les mesures prévues aux articles 517 à 522.

La difficulté tient à l'appréciation du caractère manifestement excessif de l'exécution provisoire[7].

Tout en affirmant que cette appréciation relève du pouvoir souverain des premiers présidents[8], la Cour de cassation contrôle l'existence d'une motivation suffisante[9] et a notamment précisé qu'il faut tenir compte des facultés du débiteur condamné avec exécution provisoire ou des facultés de remboursement du créancier, en cas d'infirmation de la décision et non de la valeur ou de la régularité du jugement[10].

125.444 Exemples. Ont notamment retenu l'existence de conséquences manifestement excessives les décisions suivantes :

- risques d'insolvabilité en cas d'infirmation du jugement[11];

- mise en liquidation judiciaire de la partie bénéficiaire du jugement[12];

- conjoncture économique défavorable[13];

- risque de désorganisation de l'entreprise[14];

- état désastreux du marché immobilier[15];

- grave perturbation dans l'équilibre financier d'une famille[16];

- le montant considérable de la condamnation prononcée - 422 millions de francs -, n'est pas, en soi et pris isolément, un motif suffisant pour arrêter l'exécution provisoire; le débiteur étant l'État français, le paiement, même immédiat, de cette somme n'entraîne aucune conséquence manifestement excessive, alors même que l'Agent Judiciaire du Trésor souligne la relative modicité des crédits dont dispose le ministère de la Culture; en revanche, le créancier ne présentant aucune garantie de représentation en France pour répondre d'éventuelles restitutions, il y a lieu de suspendre l'exécution provisoire prononcée[17].

Malgré la jurisprudence de l'assemblée plénière de la Cour de cassation, de nombreuses décisions continuent à se fonder sur les graves critiques encourues

1. Lyon, 3 mars 1981, *D.* 1981. IR 372, obs. Julien; *JCP* 1981. II. 19649, note J. A.; *RTD civ.* 1981. 695, obs. Perrot.
2. Civ. 2e, 31 mai 2001, no 99-13.712, *Bull. civ.* II, no 107; *D.* 2001. 2714, obs. Fricero; *RTD civ.* 2001. 663, note Perrot.
3. Civ. 2e, 31 janv. 1985, no 83-13.888, *Bull. civ.* II, no 27; *Gaz. Pal.* 1985. 1. Pan. 122, obs. Guinchard – EN CE SENS, Civ. 2e, 18 juin 2009, no 08-14.856, *Bull. civ.* II, no 162.
4. Lyon, 17 févr. 1981, *JCP* 1981. II. 19690, note J. A.
5. Civ. 2e, 26 avr. 1984, no 83-16.507, *Bull. civ.* II, no 68.
6. Civ. 2e, 12 mars 1997, no 96-14.326, *Bull. civ.* II, no 75.
7. Sur les différentes conceptions possibles en la matière V. ESTOUP, no 227 – DESDEVISES, nos 91 s. – Loyer-Larher, « La réforme de l'exécution provisoire », *Gaz. Pal.* 1976. 2. Doctr. 587 – Gerbay, « Réflexions sur la juridiction du premier président de la cour d'appel », *D.* 1980. Chron. 65.
8. Civ. 2e, 16 janv. 1980, no 78-11.051, *Bull. civ.* II, no 13; *Gaz. Pal.* 1980. 1. Pan. 240.
9. Soc. 13 sept. 2012, no 11-24.683, NP – Civ. 2e, 15 nov. 2012, no 11-25.354, NP.
10. Cass., ass. plén., 2 nov. 1990, no 90-12.698, *Bull. ass. plén.*, no 11; *JCP* 1991. II. 21631, concl. Monnet et note Estoup; *RTD civ.* 1991. 169, obs. Perrot; *RTD civ.* 1991. 173, obs. Perrot – V. AUSSI, Civ. 2e, 24 févr. 1993, no 91-17.230, *Bull. civ.* II, no 77; *D.* 1993. 185, obs. Julien; *JCP* 1993. IV. 1084.
11. Paris, 23 sept. 1992, *Bull. ch. avoués* 1992. 4. 137.
12. Paris, 19 janv. 1993, *Bull. ch. avoués* 1993. 1. 26.
13. Paris, 22 janv. 1993, *Bull. ch. avoués* 1993. 1. 27.
14. Paris, 15 mars 1995, RG no 32047/94, *Bull. ch. avoués* 1993. 3. 102.
15. Paris, 12 juill. 1993, *Bull. ch. avoués* 1993. 4. 141.
16. Paris, 28 oct. 1993, *Bull. ch. avoués* 1994. 1. 24.
17. Paris, 18 mai 1994, *Gaz. Pal.* 26 nov. 1994, concl. Delafaye.

par les jugements des premiers juges, pour en suspendre l'exécution provisoire :

- irrégularité apparente de l'assignation[1];
- jugement dépourvu de motifs[2];
- juge de l'exécution ayant statué *ultra petita*[3];
- atteinte grave aux droits de la défense[4];
- erreur de droit manifeste[5].

Toutes ces décisions sont non conformes à la jurisprudence de la Cour de cassation qui demeure constante : les conséquences manifestement excessives ne peuvent être déduites d'une irrégularité ou d'une erreur de fond du jugement[6].

Quelle que soit la circonstance susceptible de caractériser l'excessive dureté de l'exécution provisoire ordonnée, encore faut-il qu'elle soit prouvée, de simples allégations étant insuffisantes[7].

De plus, il est constant que lorsque l'exécution est consommée, il ne peut plus y avoir lieu à arrêt, en application de l'article 524[8].

Ainsi, une demande de réintégration d'un locataire expulsé ne peut être fondée sur ce texte[9].

Si un tribunal correctionnel a prononcé l'exécution provisoire des condamnations civiles, l'article 515-1 du Code de procédure pénale donne au premier président des pouvoirs comparables à ceux dont il dispose en application de l'article 524 C. pr. civ.

En ce qui concerne les mesures susceptibles d'être prises sur le fondement de ce texte, le premier président peut librement choisir soit d'arrêter purement et simplement l'exécution provisoire ordonnée par le jugement, soit de suspendre partiellement cette exécution en la limitant à un certain montant de la condamnation[10] soit encore de maintenir l'exécution provisoire en l'assortissant des mesures de garantie prévues aux articles 517 à 522 (par ex. le remplacement de la garantie initialement prévue par une garantie équivalente[11] ou la consignation, au cas où le créancier bénéficiaire de l'exécution provisoire est en liquidation judiciaire[12]).

Il convient de souligner que plusieurs décisions avaient admis que le premier président pouvait accorder des délais de paiement[13], soit sur le fondement de l'article 1244 du Code civil[14], soit par application combinée des articles 524 et 956 C. pr. civ.[15].

Cette jurisprudence paraît condamnée, dans la mesure où la Cour de cassation a décidé que le premier président d'une cour d'appel, saisie sur le fondement de l'article 524 C. pr. civ., n'a pas le pouvoir d'accorder un délai de grâce[16].

En revanche n'entre pas dans le cadre des mesures d'aménagement que le premier président peut prendre, la demande tendant à la substitution d'une vente volontaire à la vente aux enchères publiques ordonnée avec exécution provisoire par le premier juge[17].

Il a également été décidé que l'article 524 du Code de procédure civile n'est pas applicable aux demandes de sursis à exécution des décisions du juge de l'exécution[18].

Quant aux recours ouverts contre la décision d'un premier président prise sur le fondement de l'article 524, il est admis désormais que l'ordonnance de ce magistrat qui statue en référé sur une demande tendant à voir arrêter l'exécution provisoire du jugement frappé d'appel met fin à l'instance autonome introduite devant ce magistrat et peut faire l'objet d'un pourvoi indépendamment de la décision sur le fond[19].

b)

Exécution provisoire de droit

125.451 Principe. Une jurisprudence constante de la Cour de cassation, suivie par de nombreuses décisions des juges du fond, décidait que l'exécution provisoire attachée de plein droit à certaines décisions de justice (par ex. les ordonnances de référé) ne peut être arrêtée par le premier président[20].

1. Paris, 20 janv. 1994, *Bull. ch. avoués* 1994. 1. 29.
2. Paris, 5 janv. 1994, *Bull. ch. avoués* 1994. 1. 30.
3. Paris, 7 juill. 1993, RG n° 550/93, *Bull. ch. avoués* 1993. 4. 141.
4. Paris, 7 juill. 1993, RG n° 92/3241, *Bull. ch. avoués* 1993. 1. 28.
5. Paris, 27 sept. 1993, *Bull. ch. avoués* 1993. 4. 143.
6. Par ex. : Civ. 2e, 5 juin 1996, n° 94-12.803, *Bull. civ.* II, n° 139; *D.* 1996. 351, obs. Julien – Civ. 2e, 12 nov. 1997, n° 95-20.280, *Bull. civ.* II, n° 274 – Civ. 2e, 6 déc. 2007, n° 06-19.134, *Bull. civ.* II, n° 262; *D.* 2007. 648, chron. Sommer et Nicoletis; *RTD civ.* 2008. 158, obs. Perrot.
7. Versailles, 7 nov. 1979 et Versailles, 19 déc. 1979, *Gaz. Pal.* 1980. 2. 603 – Paris, 19 août 1994, *Bull. ch. avoués* 1994. 3. 110.
8. Montpellier, 17 déc. 1981, *Gaz. Pal.* 1982. Somm. 384 – Paris 20 oct. 1988, *Bull. ch. avoués* 1988. 4. 161 – Civ. 2e, 24 sept. 1997, n° 94-19.485, *Bull. civ.* II, n° 238; *RTD civ.* 1997. 994, obs. Perrot.
9. Paris, 5 janv. 1990, *Bull. ch. avoués* 1990. 25 – Paris, 20 juill. 1992, *Bull. ch. avoués* 1992. 100.
10. Paris, 7 mai 1993, *Bull. ch. avoués* 1993. 3. 106.
11. Rennes, 31 mars 1983, *Gaz. Pal.* 1984. 1. 164, note Larher.
12. Rennes, 26 juill. 1991, *JCP* 1992. II. 21925, note du Rusquec.
13. Versailles, 3 mars 1988, *Gaz. Pal.* 1988. Somm. 448 – Paris, 9 oct. 1989, *Bull. ch. avoués* 1989. 4. 132.
14. Versailles, 3 mars 1988, préc. s^s prés^t n°.
15. Paris, 9 oct. 1989, préc. s^s prés^t n°.
16. Civ. 2e, 14 sept. 2006, n° 05-21.300, *Bull. civ.* II, n° 223; *D.* 2007. 1380, obs. Julien.
17. Paris, 25 oct. 1990, *Bull. ch. avoués* 1990. 4. 144.
18. Civ. 2e, 10 févr. 2011, n° 10-14.424, *Bull. civ.* II, n° 29.
19. Civ. 3e, 4 nov. 1987, n° 86-13.189, *Bull. civ.* III, n° 179; *D.* 1988. Somm. 123, obs. Julien – Cass., ass. plén. 2 nov. 1990, n° 90-12.698, *Bull. ass. plén.*, n° 11; *JCP* 1991. II. 21631, concl. Monnet et note Estoup; *RTD civ.* 1991. 173, obs. Perrot; *RTD civ.* 1991. 169, obs. Perrot, préc. s^s n° 125.443 – V. AUSSI, Civ. 2e, 24 févr. 1993, n° 91-17.230, *Bull. civ.* II, n° 77; *D.* 1993. 185, obs. Julien; *JCP* 1993. IV. 1084 – Soc. 11 déc. 1990, n° 86-45.377, *Bull. civ.* V, n° 641; *JCP* 1991. IV. 52 – Civ. 2e, 23 janv. 1991, n° 89-18.925, *Bull. civ.* II, n° 26; *JCP* 1991. IV. 106.
20. Civ. 2e, 14 mars 1979, n° 77-15.715, *Bull. civ.* II, n° 80; *RTD civ.* 1979, obs. Perrot; *Gaz. Pal.* 1979. 338, note Viatte – Civ. 3e, 20 mai 1985, n° 84-10.639, *Bull. civ.* III, n° 83; *Gaz. Pal.* 1985. 2. Pan. 360, obs. Guinchard et Moussa – Civ. 2e, 5 mai 1993, n° 91-19.241, *Bull. civ.* II, n° 163; *JCP* 1993. IV. 1666.

Peu importe selon cette conception le caractère critiquable de la décision[1] ou les conséquences manifestement excessives que risquerait d'entraîner son exécution[2].

125.452 Jurisprudence des premiers présidents. Ce principe, dont les conséquences peuvent se révéler particulièrement rigoureuses, voire dramatiques pour celui qui subit l'effet d'une exécution provisoire de plein droit, avait fait l'objet d'aménagements de la part de certains premiers présidents qui ont estimé pouvoir, malgré la lettre du texte de l'article 524, arrêter purement et simplement l'exécution provisoire d'ordonnances de référé, notamment en cas d'excès de pouvoir du premier juge[3], en cas de violation des droits de la défense[4], en cas de violation flagrante de la loi ou d'une erreur de droit manifeste[5], en cas d'incompétence du juge ayant statué[6].

125.453 Modification du texte. Cette jurisprudence des juges du fond a été consacrée par le décret n° 2004-836 du 20 août 2004 dont l'article 8 ajoute à l'article 524 C. pr. civ. un sixième alinéa rédigé comme suit : « *Le premier président peut arrêter l'exécution provisoire de droit en cas de violation manifeste du principe du contradictoire ou de l'article 12 et lorsque l'exécution risque d'entraîner des conséquences manifestement excessives.* »

Quelques observations peuvent être présentées sur ce texte :

• Le texte subordonne la mesure à la caractérisation de conditions cumulatives (la violation du principe de la contradiction ou de l'article 12 **et** la constatation d'un risque de conséquences manifestement excessives). Il ne suffit donc pas de se prévaloir d'un vice de la décision pour obtenir la suspension de son exécution.

Dès lors que l'une de ces deux conditions manque, l'exécution provisoire ne peut être arrêtée[7].

• Que signifie l'expression « *violation manifeste de l'article 12* » ?

La Cour de cassation a décidé que l'erreur commise par un juge dans l'application ou l'interprétation d'une règle de droit, de même que l'obligation de motiver les jugements, ne constitue pas une violation manifeste de l'article 12[8].

Il s'agit d'éviter que l'instance devant le premier président autorise un débat de fond sur ce qui fait l'objet de l'appel et relève de la compétence de la cour d'appel.

S'il autorise un certain contrôle de forme ou de fond du premier président sur la décision attaquée, il exige néanmoins que le vice invoqué soit manifeste. Toute contestation sérieuse quant à l'existence de l'irrégularité ou illégalité invoquée devrait entraîner un rejet de la demande d'arrêt de l'exécution provisoire.

• Le nouveau texte laisse subsister des textes particuliers qui continueront à s'appliquer avec les conditions qui leur sont propres :

– en matière de redressement ou liquidation judiciaire, l'article 155 alinéa 2 du décret n° 85-1388 du 27 décembre 1985 autorisait le premier président à arrêter l'exécution provisoire des jugements mentionnés aux anciens articles L. 623-9 alinéa 2, L. 624-3 et L. 624-5 du Code de commerce « *si les moyens invoqués à l'appui de l'appel paraissent sérieux* ».

Dans le cadre de l'application de la loi du 26 juillet 2005 sur la sauvegarde des entreprises[9], le même pouvoir appartient au premier président, dans les cas et conditions prévus par l'article 328 du décret n° 2005-1677 du 28 décembre 2005[10], devenu l'article R. 661-1 du Code de commerce, qui, dans sa version issue d'un décret n° 2012-1190 du 25 octobre 2012[11], fixe le régime de suspension des effets des jugements et ordonnances rendus dans cette matière et exige, pour la plupart des décisions concernées, la

1. Riom, 23 août 1989, *JCP* 1990. II. 21475.
2. Bordeaux, 11 mai 1981, *Gaz. Pal.* 1981. 1. 565, note du Rusquec – Versailles, 25 févr. 1982, *Gaz. Pal.* 1982. 522, note Etivant – Chambéry, 7 déc. 1984, *JCP* 1985. IV. 215 – Aix-en-Provence, 5 avr. 1990, RG n° 185/90, *D.* 1990. IR 120 – Paris, 2 août 1993, *Bull. ch. avoués* 1993. 4. 144.
3. Paris, 3 déc. 1979, *Bull. ch. avoués* 1981. 1. 25 – Lyon, 18 mai 1982, *Gaz. Pal.* 1982. Somm. 178; *RTD civ.* 1982. 658, obs. Perrot – Paris, 10 déc. 1985, *Bull. ch. avoués* 1986. 77 – Paris, 5 févr. 1987, RG n° 35278/86, *Bull. ch. avoués* 1987. 1. 40.
4. Aix-en-Provence, 28 févr. 1983, *D.* 1984. IR 241, obs. Julien – Paris, 11 févr. 1987, *Bull. ch. avoués* 1987. 2. 98 – Aix-en-Provence, 2 mars 1987, *JCP* 1988. II. 20916, note Hende-Rycksen – Paris, 30 mars 1990, *Bull. ch. avoués* 1990. 2. 58 – Paris, 30 sept. 1993, *Bull. ch. avoués* 1993. 4. 142 – Chambéry, 4 oct. 1994, RG n° 94/860, *BICC* 1994, n° 1221.
5. Versailles, 26 juill. 1988, RG n° 226/88, *D.* 1989. Somm. 179, obs. Julien – Paris, 28 sept. 1988, *Gaz. Pal.* 1989. Somm. 303 – Basse-Terre, 19 mars 1990, *D.* 1990. IR 121; *RTD civ.* 1990. 562, obs. Perrot – Grenoble, 21 oct. 1992, RG n° 92/89, *BICC* 1993. 35.
6. Bordeaux, 28 août 1986, *Bull. ch. avoués* 1986. 3. 137.
7. Civ. 2e, 7 juin 2007, n° 07-10.826, *Bull. civ.* II, n° 141; *D.* 2008. 648, chron. Sommer et Nicoletis – Civ. 2e, 21 févr. 2008, n° 07-17.160, *Bull. civ.* II, n° 40; *D.* 2008. 2373, chron. Sommer et Nicoletis.
8. Soc. 18 déc. 2007, n° 06-44.548, *Bull. civ.* V, n° 213; *RTD civ.* 2008. 158, obs. Perrot – Civ. 2e, 15 oct. 2009, n° 08-15.489, *Bull. civ.* II, n° 246; *D.* 2009. 2692.
9. L. n° 2005-845, 26 juill. 2005, de sauvegarde des entreprises, *JO* 27 juill. 2005, p. 12187.
10. Décr. n° 2005-1677, 28 déc. 2005 pris en application de la loi n° 2005-845 du 26 juillet 2005 de sauvegarde des entreprises, *JO* 29 déc. 2005, p. 20324.
11. Décr. n° 2012-1190, 25 oct. 2012, pris pour l'application de la loi n° 2012-346 du 12 mars 2012 relative aux mesures conservatoires en matière de sauvegarde, de redressement judiciaire ou de liquidation judiciaire et aux biens qui en font l'objet, *JO* 27 oct., p. 16719.

constatation de moyens sérieux d'appel sur lesquels il appartient au premier président de se prononcer[1] :

– de même, le premier président peut ordonner le sursis à exécution d'une mesure décidée par le juge de l'exécution, alors même que l'appel porté devant une formation de la cour n'est pas suspensif, « *s'il existe des moyens sérieux d'annulation ou de réformation de la décision déférée à la cour* » (C. pr. exéc., art. R. 121-22, anc[t] Décr. n° 92-755, 31 juill. 1992, art. 31) ;

– l'article 64 de la loi du 29 juillet 1881, rétabli par la loi du 15 juin 2000, dispose désormais que « *lorsqu'ont été ordonnées en référé des mesures limitant par quelque moyen que ce soit la diffusion de l'information, le premier président de la cour d'appel statuant en référé peut, en cas d'appel, arrêter l'exécution provisoire de la décision si celle-ci risque d'entraîner des conséquences manifestement excessives* ».

• Il faut aussi rappeler que le premier président de la cour d'appel de Paris est habilité à ordonner le sursis à exécution de certaines décisions prises par des autorités administratives indépendantes soumises au contrôle juridictionnel de cette cour, notamment celles de l'Autorité de la concurrence (C. com., art. L. 464-7 et L. 464-8) ou de l'Autorité des marchés financiers (C. mon. fin., art. L. 621-30).

125.454 Autres mesures. Indépendamment d'un arrêt pur et simple de l'exécution attachée de plein droit à certaines décisions, le cinquième alinéa de l'article 524 C. pr. civ. donne, en cas d'appel, au premier président le pouvoir de prendre les mesures prévues au deuxième alinéa de l'article 521 et à l'article 522.

Le premier président peut ainsi, en cas de condamnation au versement d'un capital en réparation d'un dommage corporel, ordonner que ce capital soit confié à un séquestre à charge d'en verser périodiquement à la victime la part que le juge détermine (C. pr. civ., art. 521, al. 2).

Un blocage pur et simple de la condamnation est donc exclu[2], de même qu'une simple consignation[3].

La mesure prévue à l'article 521 alinéa 2 C. pr. civ. doit-elle être limitée au seul cas que le texte prévoit expressément (une condamnation au versement d'un capital en réparation d'un dommage corporel) ? La question était discutée.

Certaines décisions s'en tenaient à la lettre du texte en excluant son application à d'autres hypothèses[4].

D'autres ont retenu que le premier président est habilité à prendre la mesure de séquestre prévue quel que soit l'objet de la condamnation, à condition qu'elle soit pécuniaire[5].

C'est en ce sens que s'est prononcée la Cour de cassation, en décidant que le texte est applicable « *pour toute condamnation au versement d'un capital* »[6].

Le premier président peut également autoriser la substitution à la garantie primitive d'une garantie équivalente (C. pr. civ., art. 522).

Il convient d'ajouter que la possibilité d'aménagement de l'exécution provisoire prévue par l'article 521 C. pr. civ. n'est pas subordonnée à la condition que cette exécution risque d'entraîner des conséquences manifestement excessives[7].

Le pouvoir du premier président en matière de constitution de garantie est discrétionnaire[8].

125.455 Le retrait du rôle. Le décret du 28 décembre 2005 a également transposé à la cour d'appel la procédure de retrait du rôle prévue pour la Cour de cassation par l'article 1009-1 C. pr. civ., et a modifié en ce sens les dispositions de l'article 526 de ce Code :

« *Lorsque l'exécution provisoire est de droit ou a été ordonnée, le premier président ou, dès qu'il est saisi, le conseiller de la mise en état peut, en cas d'appel, décider, à la demande de l'intimé et après avoir recueilli les observations des parties, la radiation du rôle de l'affaire lorsque l'appelant ne justifie pas avoir exécuté la décision frappée d'appel ou avoir procédé à la consignation autorisée dans les conditions prévues à l'article 521, à moins qu'il lui apparaisse que l'exécution serait de nature à entraîner des conséquences manifestement excessives ou que l'appelant est dans l'impossibilité d'exécuter la décision.*

Le premier président ou le conseiller de la mise en état autorise, sauf s'il constate la péremption, la réinscription de l'affaire au rôle de la cour sur justification de l'exécution de la décision attaquée. ».

Seul le premier président ou le conseiller de la mise en état, à l'exclusion de la juridiction d'appel elle-même, peut procéder à cette radiation[9].

1. Com. 5 févr. 2008, n° 07-15.011, *Bull. civ.* IV, n° 29 ; *D.* 2008. 607, obs. Lienhard ; *Rev. sociétés* 2008. 426, note Roussel Galle.
2. Paris, 14 juin 1991, *Bull. ch. avoués* 1991. 113.
3. Dijon, 27 mai 1981, *Gaz. Pal.* 1981. 566, note Viatte – Amiens, 29 mai 1981, *Bull. ch. avoués* 1981, n° 80 – Bordeaux, 11 juin 1981, *Gaz. Pal.* 1981. 565, note du Rusquec – Paris, 25 juin 1981, *Gaz. Pal.* 1982. 522, note Etivant.
4. Bordeaux, 11 juin 1981, *Gaz. Pal.* 1981. 565, note du Rusquec, préc. s[s] prés[t] n° – Montpellier, 24 nov. 1981, *Gaz. Pal.* 1982. Somm. 178 – Paris, 28 juin 1991, *Bull. ch. avoués* 1991. 3. 113.
5. Versailles, 26 juill. 1988, RG n° 226/88, *D.* 1989. Somm. 179, obs. Julien.
6. Civ. 2e, 16 juill. 1992, n° 91-11.280, *Bull. civ.* II, n° 215 ; *JCP* 1992. IV. 2700 – Civ. 2e, 14 oct. 1999, n° 98-11.094, NP.
7. Soc. 30 juin 2004, n° 02-19764, NP.
8. Civ. 2e, 29 mars 1995, n° 93-16.252, *Bull. civ.* II, n° 112 – Civ. 2e, 6 déc. 2007, n° 06-19.134, *Bull. civ.* II, n° 262 ; *D.* 2008. 648, chron. Sommer et Nicoletis ; *RTD civ.* 2008. 158, obs. Perrot.
9. Civ. 2e, 23 sept. 2010, n° 09-14.864, *Bull. civ.* II, n° 160 ; *D.* 2011. 632, chron. Sommer, Leroy-Gissinger, Adida-Canac et Grignon Dumoulin.

La Cour de cassation a précisé que la radiation du rôle de l'affaire ordonnée par un conseiller de la mise en état sur le fondement de l'article 526 C. pr. civ. ne fait pas obstacle à l'application de l'article 524 du même code[1].

La décision de radiation prise sur le fondement de l'article 526 du Code de procédure civile est une mesure d'administration judiciaire qui n'est pas susceptible de recours[2].

1. Civ. 2e, 9 juill. 2009, n° 08-13.451, *Bull. civ.* II, n° 192; *D.* 2009. 2044; *D.* 2010. 169, obs. Fricero; *D.* 2010. 532, chron. Sommer, Leroy-Gissinger, Adida-Canac et Grignon Dumoulin.
2. Civ. 2e, 18 juin 2009, n° 08-15.424, *Bull. civ.* II, n° 167.

TITRE

13. La détermination des règles de compétence territoriale

SECTION 0
ORIENTEUR

13.00 **Plan du titre.**

Division. Seront présentées successivement les règles générales (chap. 131) et les règles spéciales (chap. 132).

13.06 **Notion.** Les règles de compétence territoriale ont pour objet la répartition géographique des affaires entre les juridictions de même degré.

La question de la **compétence territoriale des cours d'appel** ne nécessite pas de développements puisqu'elle est réglée simplement : chaque cour d'appel est compétente territorialement pour connaître des appels dirigés contre les juridictions situées dans son ressort géographique. Cette règle est d'**ordre public**. Il en va toutefois autrement lorsqu'un texte réserve à certaines cours d'appel le contentieux dans des matières particulières : dans ce cas, la ou les cour(s) d'appel compétente(s) sont désignées par un texte (v. s[s] n°s 123.81 s.).

Seules seront donc examinées les règles concernant les juridictions du premier degré.

13.07 **Règles générales et spéciales.** Le Code de procédure civile consacre sept articles à la compétence territoriale : les articles 42 à 48 (ce dernier ne concernant que les clauses attributives de compétence). Mais il existe en outre de nombreuses autres règles, soit propres à certaines matières, soit à certaines juridictions ou juges spécialisés qui figurent dans le Code de l'organisation judiciaire, dans le Code civil, ou dans des lois spéciales.

Il en résulte qu'à côté des règles générales du Code de procédure civile, il existe un assez grand nombre de règles spéciales, qui sont autant d'exceptions en la matière.

CHAPITRE

131. Règles générales

DIDIER CHOLET
Maître de conférences
à l'Université du Maine

SECTION 0
ORIENTEUR

131.00 **Plan du chapitre.**

Division. Seront successivement examinées : la règle de principe (sect. 1) puis les options de compétence territoriale (sect. 2).

131.01 **Principaux textes applicables.**

C. pr. civ., art. 42 à 48, 93.

C. com., art. R. 600-1.

C. consom., art. L. 141-5.

Règl. CE n° 44/2001 du Conseil, 22 déc. 2000, dit « Bruxelles I », sur la compétence, la reconnaissance et l'exécution des décisions en matière civile et commerciale, *JOCE*, n° L 12, p. 1, art. 2 et 15.

131.06 **Principe général.** La compétence territoriale est d'abord affirmée dans un principe très général, d'application ancienne, connu de tous les droits et de tous les pays, fondé sur un critère personnel : celui de la **compétence du tribunal du domicile du défendeur**. Ce principe, véritable règle de droit commun universelle, gouverne la majorité des situations et s'applique chaque fois qu'aucune règle spéciale dérogatoire n'est applicable.

À côté, et en outre, le Code de procédure civile offre au demandeur quelques options, fondées sur l'objet du litige, pour des catégories de litiges déterminés où la règle de la compétence du for reste applicable mais n'est pas le seul choix offert au demandeur.

SECTION 1
RÈGLE DE PRINCIPE

131.10 **Domicile du défendeur.** L'article 42 C. pr. civ. dispose que : « *La juridiction territorialement compétente est, sauf disposition contraire, celle du lieu où demeure le défendeur* ».

C'est l'application de la vieille règle *actor sequitur forum rei.* Cette règle traditionnelle a de très nombreuses justifications, non exemptes de critiques[1]. La première et la plus évidente est que le défendeur ne demande rien, qu'il est *a priori* présumé être dans son droit, et qu'il vaut mieux, puisqu'il faut choisir, limiter le trouble et le dérangement qui lui est causé par la demande en justice en ne le contraignant pas à se déplacer pour se défendre.

131.11 **Portée.** Cette règle, toutefois, **n'est pas d'ordre public.** Certaines parties peuvent y déroger par avance par une clause attributive de compétence (C. pr. civ., art. 48 - V. s[s] n°s 141.10 s.). Il est encore permis d'y déroger tacitement en ne contestant pas la compétence territoriale lorsque la règle n'a pas été respectée. Et le juge ne peut relever d'office son incompétence territoriale, sauf dans les cas prévus par la loi ou lorsque le défendeur ne comparaît pas (C. pr. civ., art. 93).

L'application de la règle exige d'abord la détermination de la demeure du défendeur (§ 1), mais entraîne la nécessité d'aménagements en cas de difficultés d'application (§ 2).

§ 1
Détermination du lieu où demeure le défendeur

131.20 **Moment d'appréciation du critère.** L'article 42 C. pr. civ. fait de la demeure du défendeur le critère de la compétence territoriale. C'est au moment où l'assignation est délivrée que la demeure du défendeur détermine la compétence territoriale[2]. Les changements de domicile du défendeur après la requête initiale n'entraînent pas de modification de la compétence du tribunal saisi régulièrement lors de l'introduction de l'instance[3].

La demeure est une notion de fait qui n'est pas réductible au domicile. Elle n'a pas de définition dans le Code civil. Aussi, l'article 43 fournit des précisions qui invitent à distinguer entre les personnes physiques (A) et les personnes morales (B).

A.
Demeure des personnes physiques

131.30 **Domicile et résidence.** L'article 43 indique que : « *Le lieu où demeure le défendeur s'entend : s'il s'agit d'une personne physique du lieu où celle-ci a son domicile ou, à défaut, sa résidence* ».

Le critère premier est donc le domicile du défendeur (1°). La résidence n'intervient qu'à défaut comme rattachement subsidiaire (2°).

1°
Domicile du défendeur

131.31 **Principal établissement.** Le domicile du défendeur est déterminé par les règles posées par le Code civil aux articles 102 et suivants. C'est le lieu où la personne a son principal établissement et un établissement stable. C'est, en principe, le lieu où elle habite effectivement en permanence. Mais ce peut être aussi le lieu où se trouve le centre principal de ses affaires (par exemple pour un commerçant ou un professionnel libéral).

La détermination du domicile du défendeur n'est pas toujours évidente. La Cour de cassation estime qu'il s'agit d'une **question de fait** relevant du pouvoir souverain d'appréciation des juges du fond[4].

131.32 **Domicile apparent.** La détermination du domicile peut être délicate lorsque la personne a plusieurs établissements dont il est difficile de savoir lequel est le principal. La jurisprudence retient, en de telles hypothèses, la notion de domicile apparent (par opposition au domicile réel). En d'autres termes, elle admet que le défendeur a pu valablement être assigné au lieu où l'on pouvait, d'après les apparences, penser qu'il avait son domicile[5]. Cela suppose toutefois que le défendeur ait bien, au lieu où il a été assigné, un établissement qui ait pu donner consistance à l'apparence et que le demandeur soit de bonne foi (qu'il n'ait pas su notamment que le domicile réel du défendeur se trouvait ailleurs).

1. V. H. Solus et R. Perrot, *Droit judiciaire privé*, Sirey, 1961, t. 1, n°s 242 s. – GUINCHARD, CHAINAIS et FERRAND, 31e éd., 2012, n°s 1566 s.
2. Civ. 2e, 25 févr. 1971, n° 70-10.223, *Bull. civ.* II, n° 66; *JCP* 1972. II. 17026, note Mayer-Jack.
3. Civ. 2e, 18 juin 1975, n° 74-10.656, *Bull. civ.* II, n° 187.
4. Civ. 1re, 12 févr. 1980, n° 78-14.347, *Bull. civ.* I, n° 50.
5. Req. 7 juin 1885, *S.* 1886. 1. 152; *D.* 1887. 1. 12 – Req. 26 avr. 1921, *S.* 1921. 1. 313, note Esmein – Paris, 14 oct. 1958, *D.* 1959. Somm. 12 – Civ. 1re, 31 janv. 1968, n° 66-12.154, *Bull. civ.* I, n° 41; *JCP A* 1968. IV. 5265, obs. J. A.

2°
Rattachement subsidiaire : la résidence

131.41 **Notion de fait.** La résidence est une notion de fait qui évoque l'habitation ou l'établissement à titre temporaire ou épisodique. Ce peut être par exemple la résidence secondaire, la résidence pour les vacances, pour l'accomplissement d'un travail pendant une certaine période, *etc.*

La résidence ne peut être qu'un critère subsidiaire. Ce n'est pas un choix offert au demandeur. L'article 43 dit bien que ce n'est qu'à défaut de domicile connu, que le défendeur peut être assigné au lieu de sa résidence. Il en résulte que si le demandeur connaît le domicile du défendeur, il ne peut valablement l'assigner devant le tribunal du lieu de sa résidence[1].

B.
Demeure des personnes morales

131.50 **Lieu où elle est établie.** L'article 43 C. pr. civ. dispose que le lieu où demeure le défendeur s'entend pour une personne morale « *du lieu où elle est établie* ».

Toutes les personnes morales ont un siège social qui constitue en principe le lieu de leur établissement (1°). Éventuellement compétence peut être donnée au tribunal du lieu d'établissement d'une succursale (2°).

1°
Siège social

131.51 **Principe.** En principe une société ou une autre personne morale peut toujours être assignée au lieu de son siège social. Ce siège détermine en principe le seul tribunal compétent (par ex., le tribunal du domicile du gérant n'est pas compétent)[2]. Le siège social est le lieu où se réunissent les organes de direction de la société ou autre personne morale, où siège son administration et constitue le principal établissement. Le siège social est en outre normalement aisé à connaître : il est indiqué au greffe du tribunal de commerce et des sociétés pour les sociétés. Il figure dans les statuts pour les autres personnes morales et apparaît en principe sur tout document émanant de la personne morale.

131.52 **Exception.** Il est fait exception à cette règle lorsque le siège social est fictif, c'est-à-dire lorsqu'il ne correspond à aucun établissement réel. C'est le cas lorsqu'une société n'a, par exemple, au lieu de son siège social qu'une boîte à lettre ou un simple bureau sans activité[3].

Il convient alors de rechercher le lieu du principal établissement, qui est en principe celui où se réunissent les organes de direction[4].

2°
Succursale

131.61 **« Les gares principales ».** C'est à propos des compagnies de chemin de fer que la théorie dite « des **gares principales** » a été forgée au XIXe siècle. Elle a été étendue par la suite aux sociétés commerciales[5]. En vertu de cette théorie, admise par la jurisprudence pour des raisons essentiellement pratiques, une personne morale ayant plusieurs établissements peut être assignée au lieu d'un de ses établissements secondaires ou succursales aussi bien qu'au siège social. C'est toutefois à la double condition qu'il s'agisse bien d'un établissement de la société et que cet établissement jouisse d'une certaine autonomie. Cela suppose qu'il soit d'une certaine importance (théorie des gares principales). On exige en principe qu'il y ait à cette agence ou succursale une activité en relation avec la clientèle ou les tiers et qu'elle soit dirigée par une personne, de rang directorial, habilitée à représenter la société auprès des tiers[6]. Il est en outre logique d'exiger que le litige soit en rapport avec l'activité de cette succursale.

Ce n'est toutefois là qu'une faculté offerte au demandeur. Celui-ci peut toujours assigner au lieu du siège social. La personne morale assignée ne pourrait soulever une exception d'incompétence pour demander le renvoi de l'affaire au lieu de sa succursale[7].

§ 2
Difficultés d'application

131.70 **Plan.** La règle de la compétence du tribunal du lieu où demeure le défendeur n'est pas toujours strictement applicable. Certaines particularités, qui sont autant de difficultés d'application nécessitent un aménagement (A) ou une dérogation à la règle (B).

1. Paris, 18 févr. 1994, RG n° 92-1684, *D.* 1994. Somm. 351, obs. Audit.
2. Com. 2 déc. 1980, n° 79-14.212, *Bull. civ.* IV, n° 405.
3. Req. 26 nov. 1906, *S.* 1909. 1. 393, note Perroud – Dijon, 29 oct. 1974, *D.* 1975. Somm. 47.
4. Civ. 2e, 24 avr. 1981, n° 79-16.880, *Bull. civ.* II, n° 104; *Gaz. Pal.* 1981. 601, note Viatte.
5. V. Soc. 28 juill. 1919, *S.* 1921. 1. 313, note Esmein.
6. Civ. 2e, 20 oct. 1965, n° 63-12.992, n° 63-13.480, *Bull. civ.* II, n° 762 ; *D.* 1966. 193 – Com. 12 janv. 1988, n° 86-13.541, *Bull. civ.* IV, n° 13; *JCP* 1988. IV. 101 – Nancy, 2 déc. 2002, *JCP* 2004. IV. 3031.
7. Civ. 2e, 24 janv. 1958, n° 189, *Bull. civ.* II, n° 77.

A.
Aménagement de la règle

131.71 Pluralité de défendeurs. Pour juger un même litige, un seul tribunal est compétent. Or il n'est pas possible de saisir une seule juridiction en appliquant la règle de compétence de principe lorsque le litige concerne plusieurs défendeurs domiciliés dans le ressort de juridictions différentes.

L'article 42 C. pr. civ. prévoit en ce cas que « *le demandeur saisit, à son choix, la juridiction du lieu où demeure l'un d'eux* » (l'un des défendeurs).

L'application de cette règle suppose que le même litige concerne effectivement plusieurs défendeurs et qu'il n'y ait pas d'artifice de la part du demandeur à réunir plusieurs personnes devant une même juridiction. Si ces conditions sont réunies, le choix du demandeur est entier.

1°
Conditions du choix

131.81 Action directe et personnelle. Il faut que l'instance réunisse effectivement plusieurs défendeurs. La jurisprudence ne se contente pas d'une définition formelle du défendeur pour l'application de l'article 42 C. pr. civ. Les défendeurs sont ceux contre lesquels le demandeur exerce une action directe et personnelle[1]. Il n'y a donc pas réellement pluralité de défendeurs et possibilité de dérogation à la règle de principe lorsque l'un des défendeurs n'est assigné qu'à titre très accessoire ou artificiellement. Il en est ainsi du défendeur contre lequel aucune demande n'est formulée[2], ou une demande hypothétique ou subsidiaire[3], n'est assigné qu'en déclaration de jugement commun[4], ou n'est appelé en justice que pour apporter son concours à la manifestation de la vérité en application de l'article 10[5].

131.82 Unité de litige. Il ne s'agit pas non plus de réunir artificiellement plusieurs défendeurs qui n'ont rien à voir pour déroger à la règle de la compétence du domicile d'un ou plusieurs des défendeurs. Il faut qu'il y ait unité d'objet du litige[6].

On admet sans difficulté qu'il y a bien plusieurs défendeurs concernés par un même litige lorsque la demande est fondée sur un titre, un acte ou un fait commun. Il en est ainsi, notamment, en cas d'action contre plusieurs personnes liées par un même contrat ou contre les coauteurs d'un délit, contre un débiteur et sa caution, ou encore en cas d'action du destinataire de la marchandise contre le transporteur et l'acconier[7].

Mais il n'est pas pour autant nécessaire que tous les défendeurs soient assignés dans les mêmes termes, ou que la question à juger soit la même pour tous[8]. Il a notamment été jugé que, à la suite d'un vol. de titres, deux banques ayant agi de façon indépendante dans cette affaire pouvaient être attraites devant le même tribunal[9]. Un salarié peut également assigner ses deux anciens employeurs dont il demande la condamnation *in solidum.* L'article 42 alinéa 2 C. pr. civ. est en effet applicable en matière prud'homale[10].

2°
Exercice du choix

131.91 Liberté de choix. Si les conditions sont réunies, le choix du demandeur est libre. Il n'a pas à saisir nécessairement le tribunal du défendeur principal, ni celui dans le ressort duquel se trouvent domiciliés la majorité des défendeurs[11]. La liberté de choix s'applique même si, parmi les défendeurs, certains résident à l'étranger[12]. Mais il ne doit saisir que la juridiction dans le ressort de laquelle demeure un défendeur sérieux (v. s^s^ n° 131.81). Cette règle doit permettre d'éviter que la compétence d'un tribunal français soit artificiellement retenue à l'égard d'un codéfendeur demeurant à l'étranger[13]. Il ne peut pareillement saisir qu'un tribunal qui a compétence

1. Civ. 3 févr. 1914, *DP* 1914. 1. 312; *S.* 1914. 1. 177, note Lyon-Caen – Civ. 2e, 27 févr. 1985, n°s 83-14.833 et 83-14.834, *Bull. civ.* II, n° 48; *Gaz. Pal.* 1985. Pan. 262.
2. Com. 18 nov. 1964, n°s 61-11.685, 61-11.814, 61-12.169, 61-12.258, 61-12.259, 61-12.260 et 61-12.261, *Bull. civ.* III, n° 508; *D.* 1965. 800, note Lagarde; *JCP A* 1965. II. 14123, note Boitard.
3. Versailles, 14 mars 1991, RG n° 9799/90, *Juris-Data* n° 042300.
4. TGI Paris, 11 mars 1993, *Juris-Data* n° 042409.
5. Civ. 2e, 16 juill. 1975, n° 74-10.930, *Bull. civ.* II, n° 221; *JCP* 1976. II. 18313, note Daigre; *RTD com.* 1976. 489, obs. Boitard.
6. TGI Paris, 11 mars 1993, *Juris-Data* n° 042409.
7. Com. 23 déc. 1957, n° 869, *Bull. civ.* III, n° 359; *D.* 1958. 294; *RTD com.* 1958. 878, obs. Loussouarn.
8. Com. 14 févr. 1983, n° 78-11.592, *Bull. civ.* I, n° 57; *JCP* 1983. IV. 137; *Rev. crit. DIP* 1984. 119, note Battifol – Com. 5 oct. 2004, n° 03-17.757, *Bull. civ.* IV, n° 179.
9. Civ. 1re, 8 févr. 1983, n° 81-14.573, *Bull. civ.* I, n° 51; *Gaz. Pal.* 1983. Somm. 221, obs. Guinchard; *RTD civ.* 1984. 156, obs. Normand; *D.* 1985. 131; *D.* 1980. 228, note Diener; *D.* 1981. 569, note Agostini; *JDI* mars 1984, p. 123, note Légier.
10. Soc. 16 févr. 2011, n°s 10-16.423 et 10-16.534, *Bull. civ.* V, n° 48; *D.* 2011. 685; *JCP S* 2011. 1191, note Brissy; *Cah. soc. barreau* avr. 2011. 108, note Pansier.
11. Req. 21 déc. 1841, Jur. gén., v° *Compétence civile des tribunaux d'arrondissement,* n° 47.
12. Civ. 1re, 8 févr. 1983, n° 82-10.213, *Bull. civ.* I, n° 52 – Paris, 27 avr. 1983, *JCP* 1986. II. 20542, note Courbe.
13. Com. 13 avr. 2010, n° 09-11.885, *Bull. civ.* V, n° 77; *D.* 2010. 1152; *RD transp.* 2010. Comm. 156, obs. Ndende; *RGDA* 2010. 796, note Turgné; *DMF* 2010. 986, note Cachard; *Procédures* 2011. Chron. 2, obs. Mazeaud et Raschel.

d'attribution à l'égard de tous les défendeurs [1]. Plutôt que d'assigner les codéfendeurs auprès de la juridiction où demeure l'un d'eux sur le fondement de l'article 42 C. pr. civ., il peut, en matière délictuelle, choisir de les assigner au lieu du fait dommageable sur le fondement de l'article 46 C. pr. civ. [2] (v. s[s] n°s 131.170 s.). La règle de l'article 42 ne concerne que la compétence territoriale.

131.92 Limite tenant à l'existence d'une clause attributive de compétence territoriale. Si la clause est valable (v. s[s] n°s 141.00 s. et not. s[s] n°s 141.61 s.), elle est de nature à faire échec à la liberté de choix du demandeur en ce qu'il ne pourra pas attraire le ou les défendeurs concernés par la clause devant une autre juridiction que celle désignée conventionnellement, sauf s'il y a indivisibilité entre les demandes formées contre plusieurs défendeurs [3].

B. Dérogations à la règle

131.100 Plan. Pour des raisons évidentes, la règle de la compétence du tribunal du défendeur est inapplicable lorsque l'on ne peut localiser le défendeur auprès d'une juridiction française, soit parce qu'il n'a pas de demeure connue, soit parce qu'il demeure à l'étranger (1°). Une autre dérogation partielle peut résulter d'une élection de domicile (2°).

1° Défendeur n'ayant ni domicile ni résidence connus, ou résidant à l'étranger

131.101 Double règle. L'article 42 alinéa 3 C. pr. civ. dispose que : « *Si le défendeur n'a ni domicile, ni résidence connus, le demandeur peut saisir la juridiction du lieu où il demeure ou celle de son choix s'il demeure à l'étranger* ».

Ce sont en réalité deux règles légèrement différentes qui sont posées par ce texte, le choix du demandeur étant plus large si le défendeur demeure à l'étranger.

a) Défendeur n'ayant ni domicile ni résidence connus

131.111 Condition. Pour l'application de cette dérogation d'interprétation stricte, il faut évidemment qu'il ait été impossible de déterminer le domicile du défendeur et il faut en justifier. Il y aurait fraude à prétendre que le défendeur n'a ni domicile ni résidence connus, alors que le demandeur a les moyens de déterminer le lieu où demeure le défendeur ou le connaît effectivement. Il est à noter que les bateliers, nomades et marchands forains ne sont pas sans domicile, ni résidence connus puisque leur statut leur impose une commune de rattachement désignant le tribunal territorialement compétent (L. n° 69-3, 3 janv. 1969, art. 7 [4]).

131.112 Absence de choix du demandeur. La solution posée par l'article 42 alinéa 3 est exceptionnelle et subsidiaire. Si le litige peut être rattaché à une juridiction en vertu d'une des options offertes par l'article 46, le demandeur ne peut saisir que cette juridiction, il n'a pas le choix d'assigner devant son domicile.

Et s'il n'y a pas d'autre rattachement en raison de l'objet du litige, le demandeur ne peut assigner que devant la juridiction de son domicile, ou de son siège social pour une société. Il a été refusé à une société commerciale le droit d'assigner devant le tribunal d'une de ses agences [5].

b) Défendeur demeurant à l'étranger

131.121 Choix plus large. Si le défendeur demeure à l'étranger – qu'il soit français ou étranger – l'article 42 alinéa 3 C. pr. civ. offre un choix plus grand au demandeur qui assigne ce défendeur devant un tribunal français : il peut saisir la juridiction de son choix, c'est-à-dire celle de son propre domicile, mais encore toute autre. Par exemple, il a été admis pour un militaire français demeurant en Allemagne que soit saisi le tribunal français frontalier le plus proche [6].

Le texte ne limite pas ce choix. On doit seulement espérer que le demandeur saisira une juridiction qui a quelque rapport avec le litige, à défaut de raison géographique. Il peut notamment saisir une des juridictions qui bénéficient d'une des options de compétence de l'article 46.

131.122 Règlements européens et conventions internationales. Il faut, le cas échéant, tenir compte des règles posées par les règlements européens et conventions internationales, notamment par le règlement CE n° 44/2001 du 22 décembre 2000 (dit Règlement « Bruxelles I ») et les conventions de Lugano

1. Com. 26 nov. 1958, *Bull. civ.* III, n° 405.
2. Com. 7 juill. 2009, n° 08-16.633, *Bull. civ.* V, n° 96; *D.* 2009. 1961, obs. Chevrier; *Procédures* 2009. Comm. 349, note Perrot; *CCC* 2009. 220, note Mathey; *RJDA* 01/10, n° 105.
3. Com. 3 juin 1964, n° 57-12.863, *Bull. civ.* IV, n° 291; *JCP A* 1965. II. 14163, note de Juglart et du Pontavice – Civ. 1re, 23 oct. 1990, n° 88-18.600, *Bull. civ.* I, n° 219 – Civ. 2e, 10 juill. 1991, n° 90-12.184, *Bull. civ.* II, n° 215; *Gaz. Pal.* 1992. Pan. 147, note Ferrand et Moussa.
4. L. n° 69-3, 3 janv. 1969, relative a l'exercice des activités ambulantes et au régime applicable aux personnes circulant en France sans domicile ni résidence fixe, *JO* 5 janv., p. 195.
5. Civ. 2e, 29 janv. 1992, n° 90-18.258, *Bull. civ.* II, n° 35.
6. Civ. 1re, 9 févr. 1960, n° 863 civ. 52, *Bull. civ.* I, n° 87; *Rev. crit. DIP* 1960. 390, obs. P. F. – Colmar, 8 avr. 1991, *Gaz. Pal.* 1991. Somm. 404, obs. Hecker.

des 16 septembre 1988 et 30 octobre 2007[1], qui comprennent des dispositions pouvant écarter l'article 42 C. pr. civ.[2], qui n'offre d'ailleurs qu'une option. Ainsi, l'article 2 du Règlement Bruxelles I dispose que : « *Les personnes domiciliées sur le territoire d'un État contractant doivent être attraites, quelle que soit leur nationalité, devant les juridictions de cet État* »[3] (v. s[s] n°s 150.00 s.).

2°
Élection de domicile

131.131 Convention. L'élection de domicile est une convention qui déroge aux règles du domicile réel. Elle consiste à faire **choix d'un domicile fictif convenu** (chez un notaire par exemple) pour toutes les suites d'une convention. L'article 111 du Code civil permet cette dérogation et indique que : « *Les significations, demandes et poursuites relatives à cet acte pourront être faites au domicile convenu, et sous réserve des dispositions de l'article 48 du Code de procédure civile* ».

Le domicile convenu ne permet donc d'échapper à la règle de compétence territoriale du domicile réel que dans les conditions de l'article 48, c'est-à-dire entre commerçants, et à condition de respecter encore les règles de forme (v. s[s] n°s 141.71 s.). Sous cette réserve, l'élection de domicile a la valeur d'une clause attributive de compétence et s'impose au demandeur, sauf si elle a été stipulée dans le seul intérêt de ce dernier, auquel cas, il a le choix[4].

SECTION 2
OPTIONS DE COMPÉTENCE TERRITORIALE

131.140 Objet du litige et rattachement personnel. À côté du critère personnel posé par la règle de principe (demeure du défendeur), l'article 46 C. pr. civ. offre au demandeur une option pour certaines matières. Le demandeur a alors le choix entre le tribunal du lieu où demeure le défendeur et celui où l'objet du litige peut être rattaché.

En outre l'article 47 prévoit la possibilité d'une option pour les litiges concernant les gens de justice (magistrats ou auxiliaires de justice).

Certains de ces rattachements optionnels tiennent à l'objet du litige (§ 1), d'autres offrent en option un autre rattachement personnel (§ 2).

§ 1
Options en raison de l'objet du litige

131.141 Plan. L'article 46 C. pr. civ. prévoit trois matières dans lesquelles, outre la juridiction du lieu où demeure le défendeur, le demandeur peut saisir à son choix une autre juridiction ayant un rapport avec l'objet du litige : en matière contractuelle (A), en matière délictuelle (B) et en matière mixte, personnelle et immobilière (C).

131.142 Option irrévocable. Il faut souligner que l'option est irrévocable : lorsqu'un plaideur a opté en première instance pour un des termes de l'option, il ne peut plus revenir ensuite sur son choix pour demander la compétence du tribunal désigné par l'autre branche de l'alternative[5]. Ceci a été jugé pour une option en matière contractuelle, mais on peut supposer que la solution s'applique à tous les cas d'option.

A.
Option de compétence en matière contractuelle

131.150 Option favorable au consommateur. L'article 46 C. pr. civ. dispose que, outre la juridiction du lieu où demeure le défendeur, le demandeur peut saisir à son choix « *en matière contractuelle, la juridiction du lieu de la livraison effective de la chose ou du lieu de l'exécution de la prestation de services* ».

L'option ainsi offerte en matière contractuelle, sensiblement différente de celle qui existait en matière commerciale sous l'empire de l'ancien article 420 du Code de commerce[6], est très largement favorable au consommateur, qui peut donc, le plus souvent, saisir la **juridiction de son domicile**. Mais elle ne concerne pas spécifiquement le consommateur au sens strict qui bénéficie, en plus, d'une option spéciale encore plus large et favorable instaurée par la loi n° 2009-526 du 12 mai 2009[7] (C. consom., art. L. 141-5 – V. s[s] n° 132.311)[8].

Il convient de préciser d'abord le domaine de cette option (1°) avant de déterminer le tribunal compétent en vertu de l'option (2°).

1. Conv. Lugano, 16 sept. 1988, concernant la compétence judiciaire et l'exécution des décisions en matière civile et commerciale, et Conv. Lugano, 30 oct. 2007 (révisée).
2. Cass., ch. mixte, 11 mars 2005, n° 02-41.371, *Bull. ch. mixte*, n° 2; *Rev. crit. DIP* 2005. 732, note Gaudemet-Tallon.
3. GUINCHARD, CHAINAIS et FERRAND, 31e éd., 2012, n°s 1587 s. – CADIET et JEULAND, n°s 205 s. – H. Gaudemet-Tallon, *Compétence et exécution des jugements en Europe*, 4e éd., LGDJ, 2010.
4. Civ. 2e, 20 mars 1977, *D.* 1977. IR 410, obs. Julien.
5. Civ. 1re, 22 févr. 2005, n° 02-14.758, *Bull. civ.* I, n° 93; *Procédures* 2005. 90.
6. Abrogé par L. n° 67-545, 7 juill. 1967.
7. L. n° 2009-526, 12 mai 2009, de simplification et de clarification du droit et d'allègement des procédures, *JO* 13 mai, p. 7920.
8. POUR UNE ANALYSE CRITIQUE, v. L. Raschel, *Le droit processuel de la responsabilité civile*, t. 25, IRJS Éd., 2010, n°s 164 s.

1°
Domaine de l'option

131.151 Domaine quant aux personnes et aux juridictions. L'option en matière contractuelle n'est plus limitée aux commerçants, comme c'était le cas sous l'empire du Code de procédure civile (ancien). Il en résulte que l'option est offerte quelle que soit la qualité des contractants : commerçants ou non, litiges mixtes entre commerçants et particuliers, litiges entre non commerçants.

Il n'y a pas non plus à distinguer selon les juridictions. Générale, la règle de l'article 46 C. pr. civ. s'applique devant toutes les juridictions du premier degré : civiles et commerciales.

131.152 Matière contractuelle. L'article 46 C. pr. civ. ne définit pas la matière contractuelle dont on peut retenir une conception plus ou moins large[1]. C'est la conception stricte qui est retenue par la jurisprudence.

Il a ainsi été jugé que la demande formée par un copropriétaire contre la caution du gérant d'immeuble ne relevait pas de la matière contractuelle[2].

L'option de compétence ne peut donc s'appliquer qu'entre les contractants[3].

131.153 Contrats visés par l'article 46. Cette option ne concerne pas tous les contrats sans exception : certains font l'objet d'une règle différente de compétence exclusive (v. s[s] n°s 131.210 s.). Elle ne concerne en outre que les contrats impliquant la livraison d'une chose ou l'exécution d'une prestation de services qui puisse être localisée. Tel n'est pas le cas de l'action contre une caution[4]. De même, faute de lieu de livraison effective, les bénéficiaires d'une promesse de vente d'un immeuble ne peuvent être assignés pour non-réitération de l'acte authentique devant le tribunal du lieu d'exécution du contrat[5]. D'interprétation stricte, l'article 46 ne s'applique pas à aux actions fondées sur un quasi-contrat[6].

131.154 Actions portant sur la validité du contrat. Après bien des hésitations, la jurisprudence admet aujourd'hui que l'article 46 est applicable même lorsque le litige porte sur la nullité du contrat, la juridiction restant saisie en matière contractuelle[7].

2°
Détermination du tribunal compétent

131.161 Lieu de livraison effective de la chose. La jurisprudence considère en général qu'il s'agit du lieu où la chose a été réellement remise à son destinataire[8]. Le paiement du prix ne constitue ni la livraison d'une chose, ni l'exécution d'une prestation de services au sens de l'article 46 C. pr. civ.[9]. Ce n'est pas non plus le lieu du transfert des risques dans une chose à livrer[10].

Mais le tribunal du lieu de livraison peut être celui prévu pour une vente future[11].

Le tribunal du lieu de livraison prévu est encore compétent lorsque les marchandises sont restées dans les locaux du fournisseur[12].

131.162 Contrat de transport. Le contrat de transport comporte à la fois une prestation de services et la livraison d'une chose (au moins pour le transport de marchandises). Il a été admis que le tribunal compétent était non celui du lieu d'enlèvement de la marchandise mais celui du lieu de livraison à destination[13]. Ce peut être entre les mains d'un transitaire[14]. Dans une vente « CAF » (dont le prix, global, comprend le coût, l'assurance et le fret), il a par ailleurs été jugé que la livraison effective s'entend du lieu où sont remis les documents[15].

1. V. H.-D. Cosnard, « La compétence territoriale en matière contractuelle », *Mél. Hébraud*, PUSS Toulouse, 1981, p. 207.
2. Civ. 2e, 27 févr. 1985, n°s 83-14.833 et 83-14.834, *Bull. civ.* II, n° 48; *Gaz. Pal.* 1985. Pan. 262; préc. s[s] n° 131.81.
3. V. Civ. 2e, 22 juin 1988, n° 87-11.543, *Bull. civ.* II, n° 152; *D.* 1988. IR 196; *JCP* 1988. IV. 307.
4. Civ. 2e, 27 févr. 1985, n°s 83-14.833 et 83-14.834, préc. s[s] n° 131.81 – Com. 21 mars 1989, n° 87-16.282, *Bull. civ.* IV, n° 95; *JCP* 1989. IV. 193 – Com. 22 oct. 1996, n° 94-18.877, *Bull. civ.* IV, n° 245.
5. Civ. 3e, 8 juill. 1992, n° 90-17.319, *Bull. civ.* III, n° 239.
6. Civ. 2e, 7 juin 2006, n° 04-20.316, *Bull. civ.* II, n° 149; *RTD civ.* 2007. 174, obs. Théry; *Procédures* 2006, n° 175, obs. Perrot, et n° 241, obs. Croze; *Dr. et patr.* 2007. 116, obs. Amrani-Mekki; *RDC* 2007. 319, obs. Bénabent.
7. Civ. 2e, 11 oct. 1995, n° 94-10.973, *Bull. civ.* II, n° 236; *Procédures* janv. 1996, n° 1, obs. Perrot – Civ. 2e, 1er juill. 1999, n° 97-20.597, *Bull. civ.* II, n° 128; *D.* 2000. 659, note Langlade-O'Sughrue; *RJDA* 03/2000, n° 364; *Procédures* 1999, n° 248, obs. Croze.
8. Com. 3 nov. 1988, n° 86-19.073, *Bull. civ.* IV, n° 291; *JCP* 1989. IV. 3; *Gaz. Pal.* 1989. Somm. 252, obs. Guinchard et Moussa; *RTD civ.* 1989. 376, obs. Normand – COMP., en droit européen : B. Deshayes, « Le "lieu de livraison" au sens de l'article 5-1 b) du Règlement Bruxelles I », *JCP* 2010. 1190 – A. Mittmann, « Compétence internationale en matière contractuelle, quelques éclaircissements récents dans l'obscurité de l'article 5.1 du Règlement Bruxelles I », *D.* 2011. 534 – Com. 22 mars 2011, n° 10-16.993, *Bull. civ.* IV, n° 51; *D.* 2011. 1024, obs. Delpech; *D.* 2011. 2434, obs. d'Avout et Bollée; *D.* 2012. 1144, obs. Witz; *D.* 2012. 1228, obs. Gaudemet-Tallon et Jault-Seseke.
9. Civ. 1re, 16 mars 1999, n° 96-22.016, *Bull. civ.* I, n° 96.
10. Rouen, 2 mai 1979, *Gaz. Pal.* 1980. 81.
11. Rennes, 29 sept. 1983, *Gaz. Pal.* 1985. 330, note du Rusquec.
12. Com. 14 juin 1994, n° 92-22.017, *Bull. civ.* IV, n° 221; *JCP* 1994. IV. 2050 – Civ. 2e, 18 janv. 2001, n° 96-20.912, *Bull. civ.* II, n° 10; *Procédures* 2001, n° 56, obs. Perrot.
13. Poitiers, 9 avr. 1986, RG n° 2521/85, *D.* 1986. IR 319.
14. Civ. 1re, 23 janv. 2007, n° 04-12.760, *Bull. civ.* I, n° 29; *Procédures* 2007, n° 55, obs. Perrot.
15. Com. 1er mars 1994, n° 92-11.163, *Bull. civ.* IV, n° 94; *Rev. crit. DIP* 1994. 672, note Heuzé.

131.163 **Prestations de services.** Le contrat de prestation de services s'entend de tout contrat prévoyant la fourniture d'un travail convenu, matériel ou intellectuel, quelles que soient la nature et les modalités de ce travail[1]. Il a été jugé que, si la délivrance d'une somme d'argent en exécution d'un contrat de prêt ne peut en elle-même être tenue pour une prestation de services au sens de l'article 46 C. pr. civ., il en est différemment pour la tenue d'un compte sur lequel est autorisé un découvert ou sur lequel sont prévues des remises réciproques pour l'exécution d'une autorisation de crédit[2]. D'une manière plus générale, il est admis que le paiement d'un prix n'est pas une prestation de service[3]. Ne constitue pas non plus une prestation de service, la réclamation d'un gain à la suite d'une loterie publicitaire[4].

Mais cela suppose encore que l'exécution de la prestation de services puisse être localisée, ce qui n'est pas toujours possible pour les prestations de nature intellectuelle.

Ont toutefois été retenus comme lieu d'exécution de la prestation de services : le lieu de la situation de l'immeuble au sujet d'un prêt destiné à financer son acquisition[5]; le lieu où est tenu un compte sur lequel est autorisé un découvert ou sur lequel sont prévues des remises réciproques pour l'exécution d'une autorisation de crédit[6]; le lieu où un transitaire effectue ses opérations[7]; le lieu où un concessionnaire est établi pour un litige portant sur la rupture du contrat par le concédant[8]; le lieu d'exécution d'un acte médical dans une action en responsabilité contre le médecin[9]. Pour le contrat d'agent commercial, le tribunal du domicile professionnel de l'agent commercial constitue généralement le lieu principal d'exécution de la prestation de service[10].

1. V. Civ. 2e, 13 janv. 1982, n° 80-14.663, *Bull. civ.* II, n° 7; *Gaz. Pal.* 1982. 243, note Viatte – Toulouse, 21 oct. 1982, *JCP* 1984. IV. 13.
2. Com. 9 mars 1999, n° 96-14.259, *Bull. civ.* IV, n° 56; *D.* 2000. 769, note Beauchard; *Procédures* 1999, n° 122, obs. Croze; *Defrénois* 1999. 1326, obs. Delebecque.
3. Civ. 1re, 16 mars 1999, n° 96-22.016, *Bull. civ.* I, n° 96; *Procédures* 1999, n° 118, obs. Perrot.
4. Toulouse, 25 janv. 2005, RG n° 04/01262, *JCP* 2005. IV. 2311.
5. Paris, 26 oct. 1981, *JCP* 1982. IV. 209.
6. Com. 9 mars 1999, n° 96-14.259, préc. s^s n° 131.163.
7. Rouen, 5 mars 1981, *Gaz. Pal.* 1981. Somm. 233.
8. Com. 19 juill. 1988, n° 87-11.353, *Bull. civ.* IV, n° 257.
9. Poitiers, 19 oct. 1979, *D.* 1981. IR 257, obs. Penneau.
10. J.-J. Hanine-Roussel, « Contrat d'agence commercial : règles de compétence territoriale », *JCP E* 2013. 1307 – CJUE 11 mars 2010, Wood Floor Solutions Andreas Domberger GmbH, aff. C-19/09, *D.* 2010. 2323, note d'Avoust et Bollée; *Europe* 2010. Comm. 149, note Idot; *RTD eur.* 2011. 1374, obs. Douchy-Oudot et Guinchard – Civ. 1re, 7 déc. 2011, n° 10-26.557, NP; *CCC* 2012. Comm. 89, note Malaurie-Vignal; *Rev. crit. DIP* 2012. 430, note Corneloup – Com. 14 mai 2013, n° 11-26.631, *Bull. civ.* IV, [à paraître]; *CCC* 2013. Comm. 180, note Mathey.

B. Option de compétence en matière délictuelle

131.170 **Fait dommageable et dommage subi.** En matière délictuelle, l'article 46 C. pr. civ. permet de saisir, outre le tribunal du lieu où demeure le défendeur, « *la juridiction du lieu du fait dommageable ou celle dans le ressort de laquelle le dommage a été subi* ».

Il arrive le plus souvent que le lieu du fait dommageable (1°) et celui où le dommage est subi (2°) coïncident. Mais bien souvent ils sont distincts. En fonction de la nature du dommage, cette disposition peut entraîner une compétence très large appartenant à de nombreux tribunaux.

1° Lieu du fait dommageable

131.171 **Détermination.** Si le fait dommageable est une faute, il s'agit du lieu où la faute a été commise[11]. Si le dommage est causé par une chose, c'est le lieu de l'accident qui constitue le lieu du fait dommageable.

Dans certains cas la localisation du fait dommageable est plus délicate. Ainsi en matière de contrefaçon : le lieu du fait dommageable se situe en tous les lieux où le produit contrefait a été commercialisé[12]. Il en est de même en matière de publicité mensongère, de concurrence déloyale[13], de séduction dolosive (le fait dommageable est au lieu où se sont poursuivies et rompues les relations)[14].

En matière de publicité illicite en faveur du tabac, il a été jugé que le fait dommageable se produisait en tous les lieux où la publicité était diffusée, ce qui entraînait la compétence de toutes les juridictions nationales[15]. La même solution serait admise en matière de publicité mensongère.

2° Lieu où le dommage a été subi

131.181 **Naissance du préjudice.** On pouvait penser que le lieu où le dommage a été subi pouvait être celui du domicile de la victime ou de la victime par ricochet[16]. Mais la Cour de cassation a pris le parti d'une

11. Civ. 2e, 24 févr. 1982, n° 80-15.927, NP; *Gaz. Pal.* 1982. 374, note Viatte; *RTD com.* 1982. 541, obs. Bénabent et Dubarry.
12. Paris, 12 juin 1961, *JCP* 1962. IV. 4; *RTD civ.* 1961. 545, obs. Hébraud – Paris, 25 avr. 1978, *Gaz. Pal.* 1978. 448.
13. Civ. 2e, 28 févr. 1990, n° 88-11.320, *Bull. civ.* II, n° 46; *JCP* 1990. IV. 164.
14. Nancy, 29 juin 1949, *JCP* 1949. IV. 158.
15. Civ. 2e, 25 oct. 1995, n° 93-10.245, *Bull. civ.* II, n° 255; *Rev. huiss.* 1996. 448, note Martin; *Procédures* août 1996, p. 1, note Martin.
16. G. Légier, « La compétence du lieu où le dommage est subi », *D.* 1979. Chron. 161 – F. Mauro, « Lieu de l'acte fau- ▶

conception plus étroite en estimant que le **lieu où le dommage a été subi** est **celui où naît le préjudice**, c'est-à-dire le plus souvent **celui du fait dommageable**[1]. Ainsi, la Cour de cassation a précisé que le lieu où le dommage est survenu ne saurait être assimilé au lieu où les conséquences financières ont été enregistrées[2]. Il en est de même pour les victimes par ricochet : le lieu où le dommage a été subi n'est pas celui de leur résidence, mais celui du fait dommageable[3].

Il en résulte que les cas où le lieu du fait dommageable et celui du dommage sont distincts sont très peu nombreux. C'est le cas en matière de contrefaçon[4], de publicité illicite ou mensongère, de cessation abusive de relations commerciales[5], de pollution, de rupture de fiançailles où il a été admis que le lieu du dommage était le domicile de la fiancée où elle a reçu la lettre de rupture[6].

Lorsque le dommage résulte de la **diffusion sur l'internet**, le lieu dans lequel le dommage a été subi pose problème. Il ne résulte pas de la seule accessibilité du site internet sur le territoire national. En droit international privé commun, la jurisprudence exige que les annonces publiées sur un site internet soient destinées au public de France[7]. En **droit européen**, en vertu du Règlement de Bruxelles I (art. 15, 1, c)[8], le professionnel doit avoir délibérément dirigé son activité vers l'État sur lequel le consommateur a son domicile, ce qui ne résulte pas de la seule accessibilité du site internet dans cet État mais d'un ensemble d'indices tels que l'indication que les services sont proposés dans le pays en cause ou la langue utilisée[9]. Mais lorsque le rattachement au territoire national est avéré, ainsi, lorsqu'une marque est diffusée illicitement via internet sur tout le territoire national, il est possible d'en demander l'annulation devant l'un quelconque des tribunaux sur ce territoire[10].

En matière de **presse écrite**, c'est le lieu de publication du journal ou de l'écrit qui constitue le lieu où le dommage est subi, notamment lorsque ce journal a refusé de publier un droit de réponse dans les formes imposées par la loi[11].

En matière de **droit d'auteur**, la juridiction d'un État membre est compétente pour connaître de l'atteinte aux droits patrimoniaux commis dans l'État membre où il est possible de se procurer l'œuvre, notamment au moyen d'un site Internet, y compris lorsque l'œuvre arguée de contrefaçon a été reproduite et commercialisée dans d'autres États[12].

En matière d'**atteintes aux droits de la personnalité** commises sur Internet, la Cour de justice de l'Union européenne semble retenir la simple accessibilité du site sur comme critère de compétence dans un arrêt très discuté[13].

C.
Option de compétence en matière mixte immobilière

131.190 **Lieu de l'immeuble.** L'article 46 alinéa 4 C. pr. civ. prévoit « *en matière mixte* », outre celle du

▶ tif et lieu du dommage », *Gaz. Pal.* 1976. Doctr. 359 – *CONTRA* : Y. Lobin, note s[s] Aix-en-Provence, 12 janv. 1979, *D.* 1981. 71.

1. Civ. 2e, 28 févr. 1990, n° 93-10.245, *Bull. civ.* II, n° 46; *JCP* 1990. IV. 164.
2. Com. 8 févr. 2000, n° 98-13.282, NP; *Procédures* 2000, n° 88.
3. Civ. 2e, 11 janv. 1984, n° 82-14.587, *Bull. civ.* II, n° 4; *D.* 1984. IR 240, obs. Julien; *Gaz. Pal.* 1984. Somm. 153, obs. Dupichot; *RTD civ.* 1984. 360, obs. Normand.
4. Com. 7 mars 2000, n° 97-20.885, *Bull. civ.* IV, n° 48; *D.* 2000. 251, obs. Poisson.
5. Civ. 2e, 6 oct. 2005, n° 03-20.187, *Bull. civ.* II, n° 236 – V. CEP., Civ. 2e, 6 janv. 2012, n° 10-20.788, *Bull. civ.* II, n° 3; *D.* 2012. 226, et Civ. 2e, 11 avr. 2013, n° 12-16.863, NP, qui retiennent le lieu du siège social de la société victime de la rupture; *Bull. Joly* 2013. 465, note Reygrobellet.
6. Paris, 30 janv. 1947, *D.* 1947. 154.
7. Com. 9 mars 2010, n° 08-16.752, *Bull. civ.* IV, n° 46; *D.* 2010. 1183, note Lardeux; *D.* 2010. 2323, obs. d'Avout et Bollée; *D.* 2010. 2540, obs. Centre de droit de la concurrence Y. Serra; *D.* 2011. 1374, obs. Jault-Seseke; *CCE* 2010. Comm. 47, note Caron – Com. 13 juill. 2010, n° 06-20.230, *Bull. civ.* IV, n° 124; *D.* 2010. 1966, note Tréfigny-Goy; *D.* 2011. 908, obs. Durrande; *D.* 2010. 1374, obs. Jault-Seseke; *D.* 2010. 2363, obs. Larrieu, Le Stanc et Tréfigny-Goy – Com. 23 nov. 2010, n° 07-19.543, NP; *D.* 2011. 908, obs. Durrande; *D.* 2011. 2434, obs. d'Avout et Bollée; *RJDA* 2011/5, n° 486 – Com. 29 mars 2011, n° 10-12.272, *D.* 2011. 2363, obs. Larrieu, Le Stanc et Tréfigny-Goy; *D.* 2011. 2434, obs. d'Avout et Bollée; *D.* 2012. 1228, obs. Gaudemet-Tallon et Jault-Seseke; *Procédures* 2011. Comm. 195, note Perrot – Com. 20 sept. 2011, n° 10-16.569, NP; *JDI* 2012. 18, note Pironon.
8. À compter de 2015, la solution sera fondée sur l'article 7 § 2 du Règlement Bruxelles I *bis* du 12 décembre 2012.
9. CJUE, 7 déc. 2010, Peter Pammer et Hôtel Alpenhof, aff. C-585/08 et aff. C-144/09, *JCP* 2011. 129, note d'Avoust; *RDC* 2011. 511, obs. Aubert de Vincelles – CJUE 17 oct. 2013, Lokman Emrek, aff. C-218/12, *Procédures* 2013. 341, note Nourissat.
10. Com. 7 juill. 2009, n° 08-17.135, *Bull. civ.* IV, n° 95; *D.* 2009. 2037; *Procédures* 2009. Comm. 301, note Perrot.
11. Civ. 1re, 16 janv. 2007, n° 05-21.858, *Bull. civ.* I, n° 21; *JCP* 2007. II. 10101, note Le Deist; *CCE* 2007. Comm. 62, note Lepage – *ADDE*, E. Derieux, « La notion de publication », *JCP* 2010. 1195.
12. CJUE 3 oct. 2013, Peter Pinckney, aff. C-170/12, *Procédures* 2013. 340, note Nourissat; *Dr. et proc.* 2013. 273, note Cuniberti.
13. CJUE 25 oct. 2011, eDate Advertising et Olivier Martinez, aff. C-509/09 et C-161/10, *RTD eur.* 2011. 847, note Treppoz; *D.* 2012. 1233, obs. Gaudemet-Tallon; *JDI* 2012. 6, note Guiziou; *Rev. crit. DIP* 2012. 389, note Muir Watt – T. Azzi, « Tribunal compétent et loi applicable en matière d'atteintes aux droits de la personnalité commises sur Internet », *D.* 2012. 1279 – S. Bollée et B. Haftel, « Les nouveaux (dés)équilibres de la compétence internationale en matière de cyberdélits après l'arrêt *eDate Advertising et Martinez* », *D.* 2012. 1285.

lieu où demeure le défendeur, la compétence de « la juridiction du lieu de l'immeuble ».

Il convient de préciser la notion d'action mixte (1°) pour déterminer quelles actions ont ce caractère et permettent l'option de compétence (2°).

1°
Notion d'action mixte

131.191 **Définition.** L'action mixte est celle qui a un objet à la fois personnel et réel. C'est une action qui a un caractère personnel en ce qu'elle porte sur un contrat ou un acte juridique ayant pour objet un immeuble : vente, échange, promesse de vente afférente à un immeuble. Mais elle concerne également un droit réel immobilier (l'article 46 ne vise à l'évidence que les immeubles) c'est-à-dire le droit de propriété sur un immeuble, mais aussi les droits démembrés de la propriété : usufruit, droit d'usage et d'habitation ou les droits accessoires : servitudes. L'objet principal de l'action n'est pas le droit réel en soi, mais son existence sera affectée par l'action[1]. Par exemple, l'action en nullité d'une vente d'immeuble est une action mixte : elle porte sur la validité d'un contrat, mais aura en outre un effet évident sur le droit réel qui va changer de titulaire si la nullité est prononcée.

2°
Actions ouvrant l'option de compétence

131.201 **Jurisprudence.** La jurisprudence fournit de nombreux exemples d'actions qui ont été considérées comme action mixte permettant de saisir le tribunal du lieu de situation de l'immeuble, outre celui du lieu où demeure le défendeur.

Ainsi sont des actions mixtes :

– l'action en réalisation d'une vente d'immeuble[2] ou d'une promesse de vente portant sur un immeuble[3];

– l'action en résolution d'une vente d'immeuble[4], celle en rescision pour lésion[5];

– l'action en partage d'immeubles dépendant d'une indivision[6];

– l'action en révocation d'une donation immobilière pour inexécution des charges[7].

1. V. Civ., 6 juill. 1925, *DP* 1926. 1. 125, note Crémieu.
2. Req. 12 mai 1926, *S.* 1926. 1. 211.
3. Civ. 1re, 19 févr. 1959, *Bull. civ.* I, n° 171.
4. Civ., 6 juill. 1925, *DP* 1926. 1. 125, note Crémieu – Civ. 2e, 24 avr. 1981, NP; *Gaz. Pal.* 1981. 2. 726, obs. Bénabent et Dubarry.
5. Civ. 3e, 8 déc. 1993, n° 90-22.070, *Bull. civ.* III, n° 165; *D.* 1994. 235, obs. Paisant.
6. Civ. 1re, 18 mai 1976, n° 74-13.892, *Bull. civ.* I, n° 171; *JCP* 1976. IV. 227.

Il a même été admis, bien qu'on saisisse mal l'effet de l'action sur le droit réel, que l'action directe des victimes de la défaillance d'un administrateur de biens contre un organisme professionnel de garantie financière[8] constituait une action mixte.

Échappent en revanche à la qualification d'actions mixtes : l'action en paiement du prix d'une vente d'immeuble[9]; l'action visant la restitution d'une indemnité d'immobilisation[10]. De telles actions ne portent que sur un droit personnel mobilier.

§ 2
Options en raison de la personne

131.210 **Deux options supplémentaires.** L'article 46 alinéa 5 et l'article 47 C. pr. civ. prévoient deux options supplémentaires offertes au demandeur qui n'ont aucun lien avec la localisation de l'objet du litige mais tiennent à la personne d'un des litigants.

Le premier cas vise le créancier alimentaire que l'on veut ainsi avantager (A) et le second l'action contre les gens de justice qu'il peut être délicat, tant pour eux-mêmes que pour les juges amenés à statuer, de faire juger par la juridiction où ils exercent leurs fonctions (B).

A.
Option en faveur du créancier alimentaire

131.220 **Principe.** La disposition de l'alinéa 5 de l'article 46 C. pr. civ. permet au créancier d'aliments ou d'une contribution aux charges du mariage, de saisir le tribunal du lieu où il demeure. C'est une faveur faite à ce créancier et une pièce de plus au statut particulier et privilégié des créances d'aliments.

On veut éviter à ce créancier, par hypothèse dans le besoin, d'avoir à exposer des frais supplémentaires ou à subir les inconvénients d'un déplacement qui pourraient le dissuader d'agir pour défendre ses droits. Tous les créanciers alimentaires, tous ceux qui peuvent prétendre à une créance d'aliments en vertu des articles 203 et suivants du Code civil ou des textes sur le mariage peuvent bénéficier de cette disposition : conjoint en instance de divorce, enfants, ascendants.

Cette option de compétence en faveur du créancier d'aliments est conditionnée à la fois par l'objet de l'action (1°) et par le caractère de celle-ci (2°).

7. TGI Metz, 25 mai 1962, *Gaz. Pal.* 1962. 218.
8. Civ. 2e, 22 févr. 1995, n° 93-17.636, NP; *D.* 1995. 346, note J.-P. S. et F. D.
9. Civ. 2e, 27 mai 1974, n° 73-12.776, *Bull. civ.* II, n° 181 – Cass. 5 mars 1850, *S.* 1850. 469.
10. Civ. 2e, 23 oct. 1991, n° 90-15.019, *Bull. civ.* II, n° 270.

1°
Objet de l'action

131.221 Actions visées par l'article 46 du Code de procédure civile. L'article 46 ne vise que la créance d'aliments et la contribution aux charges du mariage, que l'on assimile habituellement à une créance alimentaire.

131.222 Action à fins de subsides. La question se pose de savoir si l'action à fins de subsides prévue par l'article 342-2 du Code civil entre dans les prévisions du texte. Malgré ses particularités, il a été admis qu'il s'agissait bien d'une action à caractère alimentaire [1].

131.223 Prestation compensatoire. La prestation compensatoire n'est pas expressément visée par l'article 46. Il est admis qu'elle n'a pas essentiellement un caractère alimentaire puisqu'elle est une « *indemnité économique tendant à un rééquilibrage patrimonial après divorce* » [2]. Mais elle présente aussi, partiellement au moins, et parfois principalement un caractère alimentaire. Il est admis par ailleurs qu'elle suit le régime des obligations alimentaires (indexation, garanties de recouvrement, insaisissabilité). Il est donc possible d'admettre qu'elle suive également le régime de la créance alimentaire quant à la compétence.

2°
Option réservée aux actions principales

131.231 Domaine. Toutes les actions ayant pour objet une créance alimentaire ou une contribution aux charges du mariage bénéficient de l'option de compétence : action en fixation, en paiement, en révision.

Mais il apparaît que l'option de compétence ne concerne que les **actions principales** engagées par le créancier alimentaire.

L'action portant sur une créance alimentaire ou une contribution aux charges du mariage peut n'être que l'accessoire d'une action principale relative à la filiation ou en divorce, séparation de corps, voire en nullité du mariage. Dans cette hypothèse, la compétence territoriale (comme d'ailleurs la compétence d'attribution) est déterminée par l'action principale qui peut conduire à exclure l'option (compétence du domicile ou de la résidence de la famille, ou du défendeur par exemple).

1. TGI La Rochelle, 21 sept. 1976, *Gaz. Pal.* 1977. 93 – Civ. 1re, 27 oct. 1981, no 80-14.610, *Bull. civ.* I, no 310; *D.* 1982. 305, note Massip – EN CE SENS, J. Normand, *RTD civ.* 1977. 607.
2. G. Cornu, *Droit civil – La famille*, 9e éd., Montchrestien, 2006, no 409.

B.
Action contre des gens de justice

131.240 Option différente pour le demandeur et le défendeur. L'article 47 C. pr. civ. dispose que : « *Lorsqu'un magistrat ou un auxiliaire de justice est partie à un litige qui relève de la compétence d'une juridiction dans le ressort de laquelle celui-ci exerce ses fonctions, le demandeur peut saisir une juridiction située dans un ressort limitrophe.*

Le défendeur, ou toutes les parties en cause d'appel peuvent également demander le renvoi devant une juridiction choisie dans les mêmes conditions; il est alors procédé comme il est dit à l'article 97 » [3]. Le décret no 2012-66 du 20 janvier 2012 relatif à la résolution amiable des différends [4] a ajouté à l'alinéa 2 de cet article : « *À peine d'irrecevabilité, la demande est présentée dès que son auteur a connaissance de la cause de renvoi* ».

L'option est offerte au demandeur (1°), mais le défendeur, ou toute partie en appel, a encore la faculté de demander le renvoi (2°).

1°
Option par le demandeur

a)
Conditions de l'option

131.241 Deux conditions. Les deux conditions posées par le texte sont que l'une des parties soit un magistrat ou un auxiliaire de justice et que la juridiction compétente soit située dans le ressort de la juridiction ou l'intéressé exerce ses fonctions.

131.242 Magistrats. Concernant les magistrats, le texte vise incontestablement les magistrats professionnels, ceux appartenant au corps judiciaire, sans distinguer selon qu'ils sont des magistrats du siège ou du parquet.

Mais le texte a également été déclaré applicable aux magistrats non professionnels, notamment aux **juges consulaires** [5]; aux **conseillers de prud'hommes** [6]; aux **assesseurs des tribunaux paritaires de baux ruraux** [7].

3. V. J. Viatte, « La compétence juridictionnelle et les procès des gens de justice », *Gaz. Pal.* 1976. Doctr. 270.
4. Décr. no 2012-66, 20 janv. 2012, relatif à la résolution amiable des différends, *JO* 22 janv., p. 1280.
5. Civ. 2e, 6 janv. 1988, no 86-16.261, *Bull. civ.* II, no 2; *D.* 1989. Somm. 274, obs. Julien; *Gaz. Pal.* 1988. 493, obs. Guinchard et Moussa – Civ. 2e, 12 janv. 1994, no 92-16.525, *Bull. civ.* II, no 19; *D.* 1995. Somm. 108, obs. Fricero.
6. Soc. 1er déc. 1988, no 86-41.120, *Bull. civ.* V, no 633; *D.* 1989. 228, note M. et B. Pierchon – Grenoble, 12 déc. 1985, RG no 2624/85, *D.* 1986. IR 224, obs. Julien.
7. Bordeaux, 28 juin 1979, *Gaz. Pal.* 1979. 642, note Viatte.

131.243 Auxiliaires de justice. L'auxiliaire de justice est celui qui, par profession, concourt de manière habituelle et principale au fonctionnement de la justice[1].

Cette qualité est reconnue sans difficulté aux **avocats**[2], même si l'intéressé est alors frappé d'une mesure de suspension provisoire[3], mais pas s'il a demandé son omission volontaire du tableau de l'ordre et n'a pas repris son activité[4]; aux **huissiers de justice**[5]; aux **avoués à la cour**[6]; à un greffier en chef[7] ou à un greffier de tribunal de commerce[8].

La qualité d'auxiliaire de justice a également été admise pour un **administrateur judiciaire**[9] et pour les **mandataires liquidateurs**[10]. Une cour d'appel a aussi reconnu la qualité d'auxiliaire de justice à une association qui coopère à l'action menée par le ministère de la Justice, notamment par l'exécution de missions de médiation, d'enquête de personnalité et de contrôle judiciaire[11].

Lorsque l'auxiliaire de justice sollicite l'application de l'article 47 C. pr. civ., il doit justifier qu'il a conservé son activité professionnelle dans le ressort de la juridiction en question. Tel n'est pas le cas de l'administrateur judiciaire dont l'étude a été placée sous administration judiciaire à la suite de détournements de fonds[12].

En revanche, la qualité d'auxiliaire de justice n'a pas été reconnue aux **notaires**[13], ni aux **experts judiciaires**[14], et, curieusement, aux **avocats à la Cour de cassation et au Conseil d'État**[15].

131.244 Qualité de partie au litige. L'application de l'article 47 C. pr. civ. suppose en principe que le magistrat ou auxiliaire de justice soit personnellement partie au litige. Mais il a été admis que si l'intéressé agit comme représentant d'une personne morale, l'article 47 est applicable[16].

131.245 Nature du litige. En principe tout litige dans lequel un magistrat ou un auxiliaire de justice est partie entre dans la prévision du texte. Ainsi, les règles de compétence édictées par l'article R. 600-1 du Code de commerce ne dérogent pas aux dispositions de l'article 47 dès lors qu'un auxiliaire de justice est en cause[17]. L'article 47 C. pr. civ. est donc applicable lorsqu'un avocat est assigné en redressement ou liquidation judiciaire. Il s'applique également lorsque la procédure collective est ouverte devant le juge commissaire statuant sur les contestations de créance[18].

Il faut préciser toutefois que l'article 47 n'est pas applicable aux poursuites disciplinaires contre un auxiliaire de justice[19]. Il ne s'applique pas non plus lorsque c'est un ordre d'avocat qui exerce des compétences particulières dévolues par la loi, par exemple dans la procédure disciplinaire entre avocats, la procédure d'omission de tableau ou de contestation d'honoraires[20]. L'article 47 est encore inapplicable aux litiges relatifs aux frais, émoluments et débours exposés par les auxiliaires de justice qui relèvent de la juridiction devant laquelle ces frais ont été exposés[21] ou à la procédure spéciale de règlement des différends entre avocats à l'occasion de leur exercice profession-

1. Paris, 16 juin 1987, *D.* 1987. IR 172.
2. Paris, 22 juin 1977, *Gaz. Pal.* 1977. 497, note Viatte.
3. TGI Fontainebleau, 23 nov. 1993, *JCP* 1994. II. 22196, note Martin.
4. Civ. 3e, 18 janv. 1995, nº 93-10.052, *Bull. civ.* III, nº 20; *JCP* 1995. IV. 671.
5. Civ. 2e, 20 janv. 1982, nº 80-16.071, *Bull. civ.* II, nº 10 – TGI Nanterre, 22 mars 1995, *BICC* 15 juill. 1995, nº 780.
6. Amiens, 17 mars 1981, *JCP* 1981. IV. 474.
7. Dijon, 9 janv. 1996, RG nº 0000289/95, *BICC* 15 mai 1996, nº 566.
8. Civ. 1re, 25 févr. 2010, nº 09-11.180, *Bull. civ.* I, nº 46; *D.* 2010. 658, obs. Dargent; *LPA* 29 avr. 2010, p. 10, note Lebel; *JCP* 2010. Chron. 546, nº 13, obs. Sérinet.
9. Paris, 26 févr. 1987, RG nº H07050, *D.* 1987. IR 74.
10. Versailles, 13 mai 1993, RG nº 4886/92.
11. Toulouse, 14 juin 2012, RG nº 12/00059, *Rev. arb.* 2013. 268, obs. Tricoit.
12. Com. 2 mars 2010, nº 09-10.429, *Bull. civ.* IV, nº 42; *D.* 2010. 771; *JCP E* 2010. 1344, note Arbellot.
13. Soc. 3 juin 1982, nº 80-40.897, *Bull. civ.* V, nº 357; *Gaz. Pal.* 1982. 429.
14. Civ. 2e, 7 mai 1980, nº 78-15.382, *Bull. civ.* II, nº 98; *Gaz. Pal.* 1981. 38, note Viatte; *RTD com.* 1981. 523, obs. Dubarry; *Gaz. Pal.* 1980. Pan. cass. p. 429; *Quot. jur.* 13 juin 1981.
15. Paris, 19 nov. 1983, *D.* 1983. IR 294, obs. Julien.
16. Soc. 17 déc. 1987, nº 85-45.295, *Bull. civ.* V, nº 764 – Grenoble, 12 déc. 1985, RG nº 2624/85, *D.* 1986. IR 124, obs. Julien – Grenoble, 25 janv. 1989, *Gaz. Pal.* 1989. 951, note Balsan.
17. Com. 28 oct. 2008, nº 07-20-801, *Bull. civ.* IV, nº 177; *D.* 2008. 2791, obs. Lienhard; *RTD civ.* 2009. 360, obs. Théry; *JCP E* 2008. 2437, obs. Cholet; *JCP* 2009. I. 120, nº 1, obs. Pillet; *Procédures* 2009. Comm. 20, note Croze; *Dr. et proc.* 2009. 335, note Gibirila; *Bull. Joly* 2009. 495, note Rétif; *RLDC* 2009/2, nº 64, obs. Beignier, cassant Versailles, 1er mars 2007, RG nº 06/07624, *D.* 2009. 1702, note Vallens; *JCP E* 2007. 1873, note Cholet; *Rev. proc. coll.* 2007. 168, obs. Lebel – V. DÉJÀ : Com. 26 juin 2001, nº 98-17.823, *Bull. civ.* IV, nº 126; *D.* 2001. 2593, obs. Lienhard; *D.* 2002. 82, obs. Sortais; *D.* 2002. 1481, obs. Honorat; *RTD com.* 2001. 777, note Vallens.
18. Com. 12 oct. 2010, nº 09-16.743, NP; *D.* 2010. 2510, obs. Lienhard; *D.* 2011. 265, obs. Fricero; *JCP* 2010. 1086, obs. Roussel Galle – Com. 31 janv. 2012, nº 10-25.693, *Bull. civ.* IV, nº 15; *Procédures* 2012. Comm. 121, note Rolland; *Rev. sociétés* 2012. 191, note Roussel Galle; *Rev. proc. coll.* 2012. Comm. 60, note Cagnoli.
19. Amiens, 28 févr. et 18 nov. 1995, note Damien – Civ. 1re, 12 févr. 1991, nº 89-16.142, *Bull. civ.* I, nº 60 – Civ. 1re, 25 févr. 2010, nº 09-11.180, *Bull. civ.* I, nº 46; *D.* 2010. 658, obs. Dargent.
20. Civ. 1re, 12 févr. 1991, nº 89-16.142, préc. ss prést nº – Civ. 1re, 18 janv. 2005, nº 03-11.740, NP – Civ. 1re, 9 oct. 2001, nº 99-11.897, *Bull. civ.* I, nº 247.
21. Civ. 1re, 14 mai 1991, nº 89-15.175, *Bull. civ.* I, nº 149 – Civ. 2e, 7 déc. 2000, nº 97-13.172, *Bull. civ.* II, nº 164.

nel[1]. Si, en revanche, l'ordre des avocats représenté par son bâtonnier agit contre une personne à qui il est reproché un exercice illégal de la représentation en justice, la délocalisation prévue par ce texte peut être mise en œuvre[2].

b) Exercice de l'option

131.251 **Caractère facultatif.** Si les conditions sont réunies, le demandeur a la faculté, mais non l'obligation, de saisir un tribunal d'un ressort limitrophe. Pour un avocat, il a été jugé que la juridiction concernée par l'article 47 est celle près de laquelle est constitué le barreau auquel il appartient[3]. L'option est ouverte que le demandeur soit l'adversaire du magistrat ou auxiliaire de justice ou que ce dernier soit le demandeur.

Sous réserve qu'il s'agisse bien d'une juridiction d'un ressort limitrophe (il en existe normalement plusieurs), le choix effectué par le demandeur est discrétionnaire et s'impose à la juridiction saisie comme au magistrat ou auxiliaire de justice concerné.

Mais ce choix est également irrévocable, le demandeur ne peut ensuite se raviser et demander le renvoi devant une autre juridiction[4].

Cependant, il est admis que le demandeur à l'instance puisse solliciter de la juridiction qu'il a saisie le renvoi de l'affaire devant une autre juridiction dès lors qu'il est établi que lors de l'introduction de l'instance, il ignorait la cause de renvoi[5].

2° Renvoi demandé par le défendeur

131.261 **Portée.** Si le demandeur n'a pas usé de l'option qui lui était offerte, le défendeur, qu'il soit le magistrat ou l'auxiliaire de justice ou son adversaire, peut demander le renvoi à une juridiction d'un ressort limitrophe.

Il a été précisé par la jurisprudence que l'article 47 C. pr. civ. constitue une dérogation aux règles de compétence de sorte que la demande de renvoi n'est pas une exception d'incompétence soumise aux dispositions des articles 80 et suivants C. pr. civ. Il en résultait que la demande de renvoi n'avait pas à être présentée *in limine litis* mais pouvait l'être en tout état de cause, notamment pour la première fois en appel[6] et à toute époque de la procédure collective, par exemple à la fin de la liquidation judiciaire[7]. Lorsqu'elle était tardive et formée dans une intention dilatoire, la demande de renvoi a pu être déclarée abusive[8]. Depuis la modification de l'article 47 par le décret du 20 janvier 2012, les règles sont un peu différentes puisque le défendeur doit dorénavant présenter la demande dès qu'il a connaissance de la cause de renvoi à peine d'irrecevabilité, ce qui permettra de lutter contre certaines pratiques dilatoires.

Lorsqu'il est demandé et si les conditions sont réunies, le renvoi est de droit. Le juge ne peut le refuser[9]. L'accord des autres parties n'est pas nécessaire[10].

Le juge saisi d'une demande de renvoi n'est toutefois pas obligé de renvoyer l'affaire devant la juridiction demandée par l'auteur de la demande de renvoi; il reste libre de désigner la juridiction limitrophe appelée à connaître du litige[11].

La demande de renvoi n'étant pas une exception d'incompétence, la décision statuant sur cette demande peut être frappée d'appel et ne saurait faire l'objet d'un contredit[12].

131.262 **Renvoi demandé en appel.** L'article 47 alinéa 2 permet de demander le renvoi en appel devant une juridiction limitrophe dans les mêmes conditions (lorsqu'une des parties au litige est un magistrat ou un auxiliaire de justice exerçant ses fonctions dans le ressort de la cour d'appel). Dans ce cas, toutes les parties en cause d'appel peuvent demander le renvoi (C. pr. civ., art. 47, al. 2).

Le renvoi sur le fondement de l'article 47 peut même être demandé devant la cour d'appel désignée comme cour de renvoi après cassation, cette désignation n'étant qu'une mesure d'administration judiciaire dépourvue de l'autorité de la chose jugée[13].

1. Cass., avis, 23 mai 2011, n° 11-00.003, *Bull. civ. avis*, n° 6; *BICC* 15 juill. 2011, p. 8, rapp. Vasseur, avis Sarcelet; *AJDI* 2011. 554, note de la Vaissière – Civ. 1re, 27 févr. 2013, n° 12-15.828, NP; *Gaz. Pal.* 7 déc. 2013, p. 13, obs. Landry et Villacèque.
2. Civ. 2e, 18 oct. 2012, n° 11-22.374, *Bull. civ.* II, n° 174; *D.* 2013. 605, obs. Leroy-Gissinger et Renault-Malignac; *Procédures* 2012. Comm. 344, note Perrot.
3. V. Paris 22 juin 1977, *D.* 1977. 69, concl. Picca, note Jestaz – Civ. 2e, 6 déc. 1978, n° 77-41.202, *Bull. civ.* II, n° 265.
4. Orléans, 8 déc. 1983, *JCP* 1985. IV. 83.
5. Civ. 2e, 5 juill. 2000, n° 99-42.965, *Bull. civ.* II, n° 108; *D.* 2001. 2221, note Beignier et Passera.
6. Paris, 26 févr. 1987, RG n° H07050, *D.* 1987. IR 74 – Paris, 24 févr. 1987, *D.* 1987. IR 228, obs. Julien – Nancy, 10 mars 1988, *D.* 1989. Somm. 274, obs. Julien.
7. Com. 2 oct. 2012, n° 11-23.731, NP; *Rev. proc. coll.* 2012. Comm. 217, note Lebel.
8. Versailles, 2 oct. 1988, *D.* 1989. Somm. 274, obs. Julien.
9. Civ. 2e, 20 juill. 1987, n° 86-10.318, *Bull. civ.* II, n° 171; *JCP* 1987. IV. 349; *Gaz. Pal.* 1987. 719, note A. D.; *Gaz. Pal.* 1988. Somm. 37, obs. Guinchard et Moussa; *D.* 1988. Somm. 236, obs. Brunois – Civ. 1re, 15 déc. 1993, nos 91-21.642 et 91-21.643, *Bull. civ.* I, n° 368; *RTD civ.* 1994. 153, obs. Normand; *JCP* 1994. IV. 468 – Civ. 2e, 6 janv. 2012, n° 10-27.998, *Bull. civ.* II, n° 4; *D.* 2012. 226.
10. Civ. 2e, 29 janv. 1992, n° 90-17.911, *Bull. civ.* II, n° 36; *D.* 1994. 133, obs. Brunois.
11. Paris, 24 févr. 1987, *D.* 1987. IR 228, obs. Julien – Civ. 2e, 20 janv. 1982, n° 80-16.071, *Bull. civ.* II, n° 10.
12. Civ. 2e, 15 févr. 1995, n° 93-14.317, *Bull. civ.* II, n° 51; *JCP* 1995. IV. 921.
13. Civ. 2e, 21 déc. 2000, n° 98-23.276, *Bull. civ.* II, n° 175.

Mais, lorsqu'un avocat est partie à un litige devant une juridiction devant laquelle il exerce ses fonctions, il ne peut saisir d'un appel une autre cour d'appel que celle dans le ressort de laquelle se trouve le tribunal qui a statué; il peut seulement demander éventuellement le renvoi devant une autre cour d'appel[1].

En cas de demande de renvoi en appel, le renvoi ne peut être ordonné que devant une autre cour d'appel limitrophe[2].

Ce renvoi s'impose à la cour lorsqu'un conseiller prud'homme est partie et exerce ses fonctions dans le ressort de cette cour d'appel, y compris lorsqu'il siège dans une juridiction qui n'est pas établie dans la ville où est implantée la cour[3].

L'instance régulièrement engagée devant la cour d'appel initialement saisie se poursuit devant la juridiction de renvoi de sorte que cette dernière doit tenir compte des conclusions régulièrement déposées devant la cour initialement saisie[4].

Compte tenu de son étendue, cette option, qui est aussi un privilège de juridiction, fait l'objet de critiques[5].

1. Civ. 2e, 3 févr. 1988, no 86-18.000, NP; *JCP* 1988. II. 21086, obs. Cadiet.
2. Civ. 2e, 8 févr. 1989, no 87-19.568, *Bull. civ.* II, no 30; *JCP* 1989. IV. 130.
3. Soc. 26 nov. 2013, no 12-11.740, *Bull. civ.* V, [à paraître]; *D.* 2013. 2858.
4. Civ. 2e, 27 juin 2013, no 12-22.168, *Bull. civ.* II, [à paraître]; *Procédures* 2013. 307, note Perrot.
5. B. Beignier, « L'article 47 du Code de procédure civile : une option ou un privilège ? », *D.* 2012. 825 – Ph. Roussel Galle, « Quand le privilège de juridiction devient un superprivilège ! », *Rev. proc. coll.* 2013. Étude 7.

CHAPITRE

132. Règles spéciales de compétence territoriale

DIDIER CHOLET
Maître de conférences
à l'Université du Maine

SECTION 0
ORIENTEUR

132.00 Plan du chapitre.

Division. Outre les règles générales des articles 42, 43, 46 et 47 C. pr. civ., d'autres dispositions du même Code, du Code de l'organisation judiciaire, du Code civil, d'autres codes ou des lois spéciales prévoient des règles dérogatoires de compétence territoriale. Ces règles concernent le plus souvent des matières particulières. Mais certaines sont parfois énoncées à propos de la compétence d'une juridiction.

Seront donc successivement présentées les règles applicables à des litiges particuliers en raison de la matière (sect. 1), et celles propres à certaines juridictions (sect. 2).

132.01 Principaux textes applicables.

C. civ., art. 14 et 15, 29-1, 102, 110, 841.

C. pr. civ., art. 42 à 52, 325, 331, 333, 648, 695, 880, 1039, 1048, 1055-1, 1062, 1066, 1070, 1166, 1181, 1406, 1414, 1415 s, 1425-2.

COJ, art. L. 213-3, D. 211-5 à D. 211-10-2, D. 221-1, R. 211-7, R. 211-8, R. 211-12, R. 211-13, R. 221-5 à R. 221-19, R. 221-22-1, R. 221-46 à R. 221-52.

C. pr. exéc., art. L. 412-3, L. 433-2, R. 121-2, R. 121-4, R. 121-5, R. 211-10, R. 221-20, R. 221-29, R. 221-40, R. 222-2, R. 222-3, R. 222-7, R. 222-11, R. 222-13, R. 222-18, R. 222-19, R. 222-24, R. 223-3, R. 223-9 à R. 223-13, R. 224-3, R. 224-8, R. 224-10, R. 232-6, R. 251-8, R. 311-2, R. 311-3, R. 442-1, R. 511-2, R. 512-2, R. 512-3.

C. consom., L. 115-10, L. 141-5, L. 331-3-1 s., L. 331-5 s., L. 332-1 s., R. 331-8, R. 331-9.

C. com., art. L. 442-6, L. 610-1, L. 621-2, L. 662-2, D. 442-3, D. 442-4, R. 145-23, R. 420-3, R. 420-4, R. 420-5, R. 600-1, R. 600-3, R. 600-4.

C. douanes, art. 352 et 358.

C. expr., art. R. 13-3.

CSS, art. R. 142-12, R. 143-3.

C. trav., art. R. 1412-1 à R. 1412-5.

C. assur., art. L. 111-2, R. 114-1.

CPI, art. L. 615-17, L. 615-18, L. 623-31, L. 717-4.

Règl. CE n° 44/2001 du Conseil, 22 déc. 2000, dit « Bruxelles I », sur la compétence, la reconnaissance et l'exécution des décisions en matière civile et commerciale, *JOCE*, n° L 12, p. 1, art. 18 à 21, 31.

Règl. UE n° 650/2012 du Parlement et du Conseil, 4 juill. 2012, relatif à la compétence, la loi applicable, la reconnaissance et l'exécution des actes authentiques en matière de successions et à la création d'un certificat successoral européen [applicable aux successions ouvertes à compter du 15 août 2015], *JOUE*, n° L 201, p. 107, art. 4 et 22.

SECTION 1
RÈGLES PROPRES À CERTAINES MATIÈRES

132.10 Plan. Certaines règles faisant exception à la règle de principe de la compétence du tribunal du défendeur sont traditionnelles et figurent dans le Code de procédure civile (§ 1). D'autres résultent de lois spéciales (§ 2).

§ 1
Règles dérogatoires du Code de procédure civile

132.11 Quatre exceptions. Les articles 44, 45, 52 et 333 C. pr. civ. prévoient quatre exceptions à la règle de compétence de principe : en matière immobilière réelle (A), en matière de règlement des successions (B), de frais et émoluments des auxiliaires de justice (C) et d'intervention forcée incidente (D).

132.12 Portée. Ce sont deux règles traditionnelles commandées par la nature des choses. Ce sont en outre, pour les trois premières, des règles de **compétence exclusive.** Le juge peut donc relever d'office son incompétence s'il est autre que celui désigné par ces textes. Théoriquement, il doit même le faire; mais il est admis que le juge n'est pas tenu de relever d'office son incompétence, même en cas de violation d'une règle d'ordre public[1]. Ceci signifie surtout que le fait que le juge ne se soit pas dessaisi d'office n'ouvre pas la possibilité d'un pourvoi en cassation pour ce seul motif[2].

A.
Matière réelle immobilière

132.21 **Compétence exclusive.** L'article 44 C. pr. civ. dit que : « *En matière réelle immobilière, la juridiction du lieu où est situé l'immeuble est seule compétente* ». C'est là une des exceptions classiques à la règle de la compétence du tribunal du défendeur qui est commandée par la nature des choses. On a toujours pensé qu'il valait mieux que le juge compétent fût celui du lieu de l'immeuble, pour aller voir sur place, au besoin, et parce qu'il connaît mieux les usages et pratiques locaux[3].

132.22 **Notion d'action réelle immobilière.** L'action réelle immobilière est celle qui porte principalement sur un droit réel et qui tend soit à la reconnaissance, à l'établissement, au rétablissement, à la contestation ou à l'extinction d'un droit réel.

Les actions réelles immobilières les plus fréquentes sont l'action en revendication de propriété immobilière, l'action possessoire, l'action en bornage[4]. Les actions relatives aux hypothèques sont également de nature réelle.

Il faut y ajouter les actions en matière de servitude (actions confessoires et négatoires), les litiges relatifs à l'usufruit, aux baux à construction et aux concessions immobilières qui confèrent au preneur un droit réel immobilier. La demande tendant à obtenir l'annulation d'un jugement d'adjudication d'un bien immobilier doit également être portée devant la juridiction du lieu de la situation de l'immeuble[5].

En revanche, l'énorme contentieux de la construction n'entre pas dans cette catégorie, ni même dans celle des actions mixtes. C'est un contentieux contractuel, personnel et mobilier qui est soumis à la règle de principe de la compétence du tribunal du lieu où demeure le défendeur.

1. Civ. 1re, 2 déc. 1975, n° 73-11.402, *Bull. civ.* I, n° 354; *JCP* 1976. II. 18390, note Chartier – Civ. 2e, 29 nov. 1978, n° 76-15.612, *Bull. civ.* II, n° 252.
2. Com. 1er mars 1966, n° 63-13.583, *Bull. civ.* III, n° 126; *RTD civ.* 1967, obs. Hébraud.
3. J. Viatte, « La compétence du lieu de la situation de l'immeuble », *Rev. loyers* 1976. 124.
4. Civ. 3e, 24 mai 1978, n° 77-10.651, *Bull. civ.* III, n° 216; *RTD civ.* 1979. 154, obs. Giverdon.
5. Civ. 2e, 19 nov. 2008, n° 09-10.250, *Bull. civ.* II, n° 248; *Procédures* 2009. Comm. 77, note Perrot.

B.
Successions

132.30 **Lieu d'ouverture de la succession.** Pour des raisons pratiques et traditionnelles, le seul tribunal compétent en matière de succession est celui du lieu d'ouverture de la succession. C'est ce que disent à la fois l'article 841[6] du Code civil et l'article 45 C. pr. civ. Il est rationnel d'une part de centraliser les opérations relatives au partage d'une succession en un seul lieu et devant une seule juridiction. D'autre part, la succession comporte souvent plusieurs biens et notamment des immeubles qui, statistiquement, sont, en majorité, au lieu du domicile du défunt. C'est une compétence **d'ordre public**[7]. En **droit international**, les juridictions compétentes relèvent souvent de différents États pour une même succession[8]. Toutefois, les juridictions françaises sont compétentes pour régler l'ensemble d'une succession internationale lors même que le dernier domicile du défunt n'est pas situé en France par l'effet du renvoi opéré par la loi étrangère[9]. Le règlement européen UE n° 650/2012 du 4 juillet 2012 relatif aux successions internationales a été adopté afin d'unifier le droit des successions en Europe[10]. Il retient la compétence de principe des tribunaux de l'État membre de la résidence habituelle du défunt (Règl. 4 juill. 2012,

6. L. n° 2006-728, 23 juin 2006, portant réforme des successions et des libéralités, *JO* 24 juin, p. 9513.
7. Civ. 20 juin 1898, *DP* 1899. 1. 441, note Capitant.
8. M. Revillard, *Droit international privé et communautaire, pratique notariale*, 7e éd., Defrénois, 2010 – M. Grimaldi (dir.), Dalloz action *Droit patrimonial de la famille,* 2011/2012, nos 721.00 s. à 723.141, par M. Goré.
9. Civ. 1re, 23 juin 2010, n° 09-11.901, *Bull. civ.* I, n° 140; *D.* 2010. 2955, note d'Avout; *D.* 2011. 1374, obs. Jault-Seseke; *Defrénois* 2010. 1805, note Callé; *Gaz. Pal.* 11 août 2010, p. 13, avis Chevalier; *JDI* 2010. 1263, note Péroz; *JCP N* 2010. 1308, note Devers.
10. Règl. UE n° 650/2012 du Parlement et du Conseil, 4 juill. 2012, relatif à la compétence, la loi applicable, la reconnaissance et l'exécution des actes authentiques en matière de successions et à la création d'un certificat successoral européen, applicable aux successions ouvertes à compter du 15 août 2015, *JOUE*, n° L 201, p. 107 – S. Godechot-Patris, « Le nouveau droit international privé des successions : entre satisfactions et craintes », *D.* 2012. 2462 – P. Lagarde, « Les principes de base du nouveau règlement européen sur les successions », *Rev. crit. DIP* 2012. 693 – F. Boulanger, « Révolution juridique ou compromis en trompe-l'œil ? À propos du nouveau règlement européen sur les successions internationales », *JCP* 2012. 1120 – L. Perreau-Saussine, « Le nouveau règlement européen "successions internationales" : un équilibre délicat entre juridique et judiciaire », *Europe* 2013. Étude 6 – M. Revillard, « Successions internationales : le règlement du Parlement européen et du Conseil du 4 juillet 2012 en matière de successions », *Defrénois* 2012. 763 – G. Khairallah et M. Revillard (dir.), *Droit européen des successions internationales*, Defrénois/Lextenso, 2013.

art. 4), même si le choix d'une juridiction de l'État de la nationalité du défunt est possible par anticipation dans certaines hypothèses (Règl. 4 juill. 2012, art. 22 – V. s[s] n°s 150.13 *in fine*, 150.54 et 159.33).

Il convient de préciser le lieu d'ouverture de la succession commandant la compétence (1°) puis les actions relevant de cette compétence (2°).

1° Détermination du lieu d'ouverture de la succession

132.31 Domicile du défunt. L'article 110 du Code civil dispose que : « *Le lieu où la succession s'ouvrira sera déterminé par le domicile* ».

La jurisprudence a précisé depuis longtemps et logiquement qu'il s'agissait du **dernier domicile du défunt**[1]. Cette précision exclut la simple résidence du défunt et notamment le lieu, en général passager ou accidentel, du décès, à une époque où la plupart des personnes meurent à l'hôpital.

Le dernier domicile du défunt se détermine selon les règles propres au domicile en vertu du critère posé par l'article 102 du Code civil : c'est le lieu où le défunt avait son principal établissement, c'est-à-dire le plus souvent le lieu de sa dernière habitation stable ou celui qui constituait le centre de ses affaires.

132.32 Partage de plusieurs successions confondues. Il est admis une dérogation relative à la règle de l'article 44 C. pr. civ. lorsque deux successions ouvertes dans le ressort de tribunaux différents doivent être liquidées et partagées ensemble (successions de deux époux décédés successivement dans des ressorts différents). La jurisprudence admet alors, sur le fondement de la **connexité** que les deux successions confondues soient soumises au tribunal du lieu d'ouverture d'une des successions[2].

2° Actions concernées

132.40 Trois catégories d'action. L'article 45 C. pr. civ., dont les dispositions sont reprises par l'article 841 du Code civil, vise expressément trois catégories d'actions relevant de la compétence de la juridiction du lieu d'ouverture de la succession, mais en ajoutant « *jusqu'au partage inclusivement* ». Il s'agit :

– des demandes entre héritiers;

– des demandes formées par les créanciers du défunt;

– des demandes relatives à l'exécution des dispositions à cause de mort.

a) Demandes entre héritiers

132.41 Domaine. Toutes les contestations qui peuvent survenir entre les héritiers jusqu'au partage entrent dans la prévision du texte. Il en est ainsi notamment des contestations relatives à l'indivision (le maintien dans l'indivision est expressément cité par l'article 822 du Code civil), des contestations relatives à la cession des droits successifs, et notamment au droit de préemption des indivisaires, des demandes en partage, de celles relatives aux incidents de partage, des demandes en nullité d'un état liquidatif de communauté[3]. On admet encore sans difficulté que cette compétence vise également les litiges entre héritiers relatifs aux donations.

132.42 Action en pétition d'hérédité. Il y avait matière à hésitation pour les actions en pétition d'hérédité au motif que la qualité d'héritier du demandeur est précisément discutée. Une jurisprudence ancienne admet toutefois, en majorité, la compétence du lieu d'ouverture de la succession[4].

132.43 Jusqu'au partage inclusivement. Cette formule de l'article 45 a pu susciter des difficultés et ne doit pas être prise au pied de la lettre. Il est admis notamment, et précisé expressément par l'article 841 du Code civil que les actions postérieures au partage, mais tendant à la contestation du partage, telles les actions en rescision ou en garantie des lots entre copartageants, sont également de la compétence du tribunal du lieu d'ouverture de la succession. Cet article vise en outre expressément les demandes en nullité du partage, que le texte antérieur ne visait pas.

Les autres actions qui pourraient être intentées après le partage et qui n'ont pas le partage pour objet ne sont plus en principe des actions relatives à la succession, ni véritablement des actions entre héritiers.

b) Demandes formées par les créanciers du défunt

132.51 Interprétation stricte. Il était logique que les demandes formées par les créanciers du défunt contre ses héritiers soient également centralisées devant le tribunal du lieu d'ouverture de la succession.

Par une interprétation très littérale du texte, la jurisprudence considère que la règle ne s'applique pas lorsque la succession ne concerne qu'un héritier, puisque, dans ce cas, il n'y a pas lieu à partage[5].

1. Req. 9 juill. 1935, *DH* 1935. 1. 445 – Montpellier, 7 janv. 1964, *Gaz. Pal.* 1964. 258.
2. Civ. 2e, 18 nov. 1964, n° 62-11.603, *Bull. civ.* II, n° 724; *Gaz. Pal.* 1965. 116; *JCP A* 1965. IV. 4574, obs. J. A.
3. Civ. 1re, 20 avr. 1966, n° 64-13.063, *Bull. civ.* I, n° 222; *D.* 1966. Somm. 116.
4. Req. 21 févr. 1860, *S.* 1860. 1. 887 – Bordeaux, 18 nov. 1889, *DP* 1891. 2. 17, note Glasson – *CONTRA* : Paris, 22 mars 1924, *Gaz. Pal.* 1924. 148.
5. Lyon, 28 oct. 1931, *S.* 1932. 2. 217, note Vialleton.

Le texte dérogatoire de l'article 45 étant d'interprétation stricte, il ne vise pas les actions des créanciers des héritiers[1], ni celles des héritiers contre les débiteurs de la succession, ou même contre un créancier (mais la solution ancienne n'a jamais été confirmée[2]).

c)
Demandes relatives à l'exécution des dispositions à cause de mort

132.61 **Portée.** L'article 45 C. pr. civ. vise ici littéralement les litiges liés aux testaments ou aux donations et libéralités à cause de mort pouvant survenir entre héritiers et légataires ou donataires : notamment, celles formées par les légataires pour l'exécution des dispositions à cause de mort et celles formées par les héritiers en nullité ou en interprétation d'un testament[3].

Mais cette compétence s'étend également, dans l'esprit du texte, aux contestations entre héritiers et donataires (actions en rapport à succession par exemple). Cependant, échappent à cette compétence spéciale pour relever de la compétence du domicile du défendeur, les actions formées par des héritiers contre des donataires non héritiers en nullité ou en révocation de donation pour ingratitude ou inexécution des charges.

Comme les deux premiers cas de compétence en matière de succession, cette compétence spéciale est enserrée dans la limite commune posée par l'article 45 : elle ne joue que **jusqu'au partage inclusivement.** Aussi bien les actions postérieures (en nullité de testament par exemple) relèvent de la compétence de principe du tribunal du lieu où demeure le défendeur.

C.
Frais et émoluments et débours des auxiliaires de justice et officiers publics ou ministériels

132.70 **Compétence territoriale spéciale.** L'article 52 C. pr. civ. énonce une règle de compétence territoriale spéciale pour les demandes relatives aux frais, émoluments et débours exposés par les auxiliaires de justice, officiers ministériels ou publics afférents à une instance.

L'article 52 fait toutefois une distinction selon que les frais et émoluments sont afférents à une instance (1°) ou non et pose une règle de compétence différente pour cette seconde catégorie (2°).

1°
Frais et émolument ou débours afférents à une instance

132.71 **Règle.** L'article 52 C. pr. civ. dispose que : « *Les demandes relatives aux frais, émoluments et débours qui, afférents à une instance, ont été exposés devant une juridiction par les auxiliaires de justice et les officiers publics ou ministériels, sont portées devant cette juridiction* ». Cette règle repose sur l'idée de bon sens que la juridiction devant laquelle se déroule ou s'est déroulée l'instance est la mieux placée pour apprécier un litige relatif aux frais exposés au cours de cette instance.

132.72 **Dépens de l'instance.** Il a toujours été admis que la juridiction saisie d'un litige statue sur les dépens de l'instance. Les frais et émoluments inclus dans les dépens sont énumérés par l'article 695 C. pr. civ.

132.73 **Autres frais afférents à l'instance.** Mais l'article 52 C. pr. civ. concerne encore les frais exposés pour et à l'occasion d'une instance qui ne font pas nécessairement partie des dépens (des frais de constat, de traduction, d'expertise officieuse, de consultation, *etc.*).

La compétence de l'article 52 concerne aussi bien les demandes entre les parties à une instance quant aux frais, que les litiges qui peuvent survenir relativement à ces frais, émoluments et débours entre l'auxiliaire de justice ou l'officier public ou ministériel.

132.74 **Exclusion des honoraires des avocats.** Mais la compétence ne vise pas tous les frais afférents à une instance puisque les honoraires de l'avocat n'y sont pas mentionnés; ils ne font pas partie des dépens prévus par l'article 695 C. pr. civ. et relèvent d'une procédure spéciale commençant devant le bâtonnier dont la décision peut être contestée devant le premier président de la cour d'appel (Décr. n° 91-1197, 27 nov. 1991[4], art. 174 s.). La Cour de cassation a précisé que les dispositions générales du Code de procédure civile relatives à la compétence territoriale ne sont pas applicables à la procédure spéciale de contestations d'honoraires des avocats[5]. Ces contestations sont nécessairement portées devant le bâtonnier de l'ordre auquel appartient l'avocat concerné. Il a encore été jugé que le juge des référés n'était pas compétent pour accorder une provision dans ce cas et qu'il doit être recouru à la procédure spéciale[6].

1. Civ., 30 juill. 1884, *S.* 1885. 1. 77.
2. Nancy, 14 mars 1913, *S.* 1913. 2. 316; *RTD civ.* 1914. 676, obs. Japiot.
3. Par ex., Req. 7 juill. 1925, *DH* 1925. 611 – Poitiers, 11 janv. 1967, *Gaz. Pal.* 1967. 70.
4. Décr. n° 91-1197, 27 nov. 1991, organisant la profession d'avocat, *JO* 28 nov., p. 15502.
5. Civ. 1re, 13 mai 2003, n° 00-18.184, *Bull. civ.* I, n° 113; *D.* 2003. IR 1545; *JCP* 2004. I. 117, n° 25, obs. Martin.
6. Civ. 2e, 7 mai 2003, n° 01-17.016, *Bull. civ.* II, n° 131; *D.* 2003. IR 1545; *JCP* 2004. I. 117, n° 24, obs. Martin.

2°
Frais, émoluments et débours non afférents à une instance

132.81 Ressort de l'exercice des fonctions. L'article 52 alinéa 2 envisage les frais, émoluments et débours des mêmes personnes, mais « *qui n'ont pas été exposés devant une juridiction* ». Sont donc concernés tous les frais et émoluments des officiers ministériels ou auxiliaires de justice qui ne sont pas relatifs à une instance (frais de constat, de signification d'acte non judiciaire, frais et émoluments des notaires, des commissaires-priseurs, *etc.*).

À leur endroit, l'article 52 énonce une règle qui est à la fois de compétence territoriale et d'attribution : les demandes relatives à ces frais, émoluments et débours, qu'elles émanent de l'officier ministériel ou de son client doivent être portées, selon le montant, devant le tribunal d'instance (TI) ou de grande instance (TGI) dans le ressort duquel l'officier public ou ministériel ou l'auxiliaire de justice exerce ses fonctions.

Ainsi la demande relative aux frais d'un commandement de payer délivré par un huissier de justice à la demande d'un avoué pour paiement de l'état des frais de l'avoué n'est pas afférente à une instance devant la cour d'appel mais à la procédure d'exécution. La cour d'appel n'est donc pas compétente pour connaître de cette contestation qui doit être portée devant le TI ou le TGI, selon le montant de la demande[1].

Il est à noter que cette règle fait exception à celle posée par l'article 47 du même code : la saisine d'une juridiction limitrophe ou le renvoi sont exclus (v. s^s n°s 131.240 s.).

D.
Demandes en intervention

132.90 Règle. L'article 333 C. pr. civ. prévoit une autre exception générale à la règle *actor sequitur forum rei* en matière d'intervention forcée ou de garantie incidente.

Ce texte, figurant parmi les dispositions communes à toutes les mises en cause, dispose que : « *Le tiers mis en cause est tenu de procéder devant la juridiction saisie de la demande originaire, sans qu'il puisse décliner la compétence territoriale de cette juridiction, même en invoquant une clause attributive de compétence* ».

Cette disposition, fondée sur la connexité, ne concerne que l'intervention forcée (le tiers mis en cause). L'intervention volontaire ne pose pas de problème de compétence territoriale, puisque le tiers choisit lui-même d'intervenir devant un tribunal qui n'est peut-être pas celui qui fût naturellement compétent (sauf éventuelle compétence territoriale d'ordre public).

Les conditions d'application (1°) et les limites (2°) de cette exception seront précisées.

1°
Conditions d'application

132.91 Conditions de la mise en cause. Cette règle applicable à toutes les mises en cause suppose que soient réunies les conditions de la mise en cause. Trois conditions sont essentiellement exigées qui tiennent à la recevabilité de toute mise en cause :

– il faut d'abord que l'intervention du tiers se rattache aux prétentions des parties par un lien suffisant (C. pr. civ., art. 325) ;

– il faut ensuite que le demandeur à l'intervention soit en droit d'agir contre le tiers à titre principal (sauf hypothèse de la mise en cause à fins de déclaration de jugement commun, C. pr. civ., art. 331) ;

– il faut enfin que le tiers soit appelé en temps utile pour faire valoir sa défense (C. pr. civ., art. 331, al. 3).

Si ces conditions sont réunies, le tiers mis en cause ou appelé en garantie est tenu de procéder sans pouvoir décliner la compétence territoriale.

2°
Limites

132.101 Compétence d'attribution. La règle de l'article 333 ne fait exception qu'aux règles de compétence territoriale. Elle ne permet pas d'écarter les règles de compétence d'attribution. Par exemple une mutuelle d'assurance à forme civile ne peut être mise en cause devant un tribunal de commerce[2]. L'application de l'article 333 suppose donc que le tribunal saisi du litige originaire soit compétent matériellement tant à l'égard des demandes originaires qu'à l'égard de la demande en garantie. Ainsi, il a été jugé que l'article 333 ne peut faire échec à une clause compromissoire[3].

Pour ce qui est de la compétence d'attribution, il convient d'appliquer les règles propres aux demandes incidentes (seul le TGI peut connaître de demandes incidentes n'entrant pas dans sa compétence d'attribution, à condition qu'elles ne relèvent pas de la compétence exclusive d'une autre juridiction – V. s^s n°s 142.80 s.).

132.102 Compétence internationale. La règle de la prorogation légale de compétence de l'article 333

1. Civ. 2e, 14 févr. 2008, n° 06-19.894, *Bull. civ.* II, n° 32.

2. Paris, 31 janv. 1990, RG n° 89/18286, *Bull. ch. avoués* 1990. 2. 44.

3. Com. 8 nov. 1982, n° 80-13.175 ; *Bull. civ.* IV, n° 337 ; *Gaz. Pal.* 1983. Pan. 99, obs. Guinchard ; *Rev. arb.* juin 1983, p. 177, note Rubellin-Devichi ; *JDI* mars 1984, p. 151, note Buhart.

C. pr. civ. est inapplicable dans le domaine international en présence d'une clause attributive de compétence territoriale ou d'une clause compromissoire. Autrement dit, elle s'applique en l'absence de volonté contraire des parties exprimée antérieurement à la saisine de la juridiction [1]. L'article 333 n'est pas non plus applicable en cas de litige intracommunautaire, mais une règle assez proche est retenue dans l'article 6 § 2 du Règlement Bruxelles I [2] et dans l'article 8 § 2 du Règlement Bruxelles I *bis* qui sera applicable en 2015 (v. s^s n°s 154.21 s.).

§ 2
Règles dérogatoires résultant de lois spéciales

132.110 **Plan.** Plusieurs lois particulières propres à telle ou telle matière prévoient des dérogations, le plus souvent impératives, à la règle de la compétence du tribunal du lieu où demeure le défendeur. Il en est ainsi en matière d'actes de l'état civil et d'état des personnes (A), de divorce et de séparation de corps (B), de baux à loyer, de copropriété (C), d'assurances (D), de brevets d'invention, d'obtentions végétales et d'appellations d'origine (E), de redressement et liquidation judiciaires (F), et d'injonction de payer (G).

A.
Actes de l'état civil et état des personnes

132.111 **Introduction.** Le plus souvent il s'agit de demandes en matière gracieuse qui rendent inapplicable la règle de la compétence du tribunal de la demeure du défendeur, faute précisément de défendeur. C'est alors la loi qui détermine la juridiction territorialement compétente.

1°
Actes de l'état civil

132.121 **Option de compétence.** L'article 1048 C. pr. civ. règle par une disposition unique la compétence tant du président du TGI que du tribunal. Ce texte prévoit une option de compétence entre la juridiction du lieu où demeure la personne dont l'état civil est en cause ou, si elle demeure hors de France, le TGI de Paris ou son président. Peuvent également être saisis le tribunal (ou son président) du lieu où l'acte a été dressé ou transcrit, ou la juridiction qui a rendu le jugement déféré (Décr. n° 2004-836, 20 août 2004 [3], art. 14 et 59, applicable à compter du 1er janv. 2005).

132.122 **Exception : actes dressés à l'étranger.** Toutefois, sont seuls compétents : la juridiction du lieu d'établissement du service central d'état civil du ministère des Affaires étrangères pour les actes détenus par ce service; c'est donc le TGI de Nantes qui est compétent puisque le service central en question est à Nantes; le TGI de Paris ou son président pour les pièces tenant lieu d'acte de l'état civil à un réfugié ou un apatride (C. pr. civ., art. 1048 [4]).

2°
Nationalité

132.131 **Régime juridique.** Le TGI est seul compétent pour connaître des contestations sur la nationalité française ou étrangère des personnes physiques (C. pr. civ., art. 1038).

Le tribunal territorialement compétent est celui du lieu où demeure la personne, ou si cette personne ne demeure pas en France, le TGI de Paris (C. pr. civ., art. 1039).

Mais l'article 29-1 du Code civil, créé par la loi n° 93-933 du 22 juillet 1993 [5], limite à certains tribunaux désignés par décret le pouvoir de connaître des contestations en matière de nationalité. La liste des tribunaux compétents en la matière est déterminée par le tableau VIII annexé à l'article D. 211-10 du COJ [6] (v. s^s n° 8.06).

Par ailleurs, seuls certains TI sont compétents pour recevoir et enregistrer les déclarations de nationalité française et délivrer des certificats de nationalité française (COJ, art. D. 221-1 et tableau IX annexé – V. s^s n° 8.09).

3°
Changement de nom et de prénom

132.141 **Changement de prénom.** Le changement de prénom de toute personne physique doit être présenté soit au juge aux affaires familiales dans le

1. Civ. 1re, 12 mai 2004, n° 01-13.903, *Bull. civ.* I, n° 129; *RTD civ.* 2004. 553, obs. Perrot; *Procédures* 2004. Comm. 263, note Croze; *LPA* 3 déc. 2004, p. 14, note Chabot; *Dr. et patr.* nov. 2004. 103, obs. Mousseron; *RGDA* 2005. 191, note Heuzé – Paris, 17 déc. 2009, RG n° 09/14160, *RD transp.* 2010. Comm. 104, note Staes, qui revient sur la solution posée auparavant de l'inapplicabilité sans nuance par : Com. 30 mars 1993, n° 90-18.448, *Bull. civ.* IV, n° 122; *JCP* 1993. I. 3723, obs. Cadiet; *JCP* 1993. II. 22182, note Guez; *Rev. crit. DIP* 1993. 680, note Gaudemet-Tallon.
2. V. H. Gaudemet-Tallon, *Compétence et exécution des jugements en Europe*, 4e éd., LGDJ, 2010, n°s 249 s., p. 259 s.
3. Décr. n° 2004-836, 20 août 2004, portant modification de la procédure civile, *JO* 22 août 2004, p. 15032.
4. Mod. par Décr. n° 2004-836, 20 août 2004, art. 5.
5. L. n° 93-933, 22 juill. 1993, réformant le droit de la nationalité, *JO* 23 juill. p. 10342.
6. Mod. par Décr. n° 2009-1384, 11 nov. 2009, relatif à la spécialisation des juridictions en matière de contestations de nationalité et de pratiques restrictives de concurrence, art. 5, *JO* 15 nov., p. 19761.

ressort duquel l'acte de naissance de l'intéressé a été dressé, soit à celui du lieu où il demeure (C. pr. civ., art. 1055-1).

Lorsque l'acte est détenu par le service central du ministère des Affaires étrangères, le juge aux affaires familiales de Nantes peut en outre être saisi (C. pr. civ., art. 1055-1, al. 2).

4°
Absence

132.151 **Présomption et déclaration.** Les demandes relatives à la présomption d'absence doivent être présentées au juge des tutelles dans le ressort duquel la personne concernée demeure ou a eu sa dernière résidence (C. pr. civ., art. 1062). À défaut, la demande peut être présentée au juge des tutelles du lieu où demeure le demandeur.

La même règle de compétence territoriale s'applique au TGI en cas de déclaration d'absence (C. pr. civ., art. 1066).

5°
Adoption

132.161 **Règle.** Le tribunal compétent en matière d'adoption est celui du lieu où demeure le requérant lorsqu'il demeure en France, celui du lieu où demeure la personne dont l'adoption est demandée lorsque le requérant demeure à l'étranger, et enfin celui choisi en France par le requérant lorsque le requérant et la personne dont l'adoption est demandée demeurent tous deux à l'étranger (C. pr. civ., art. 1166).

Mais l'article D. 211-10-1 du COJ, complété par le tableau VIII-I annexé à ce code (v. s^s n° 8.07), détermine le siège et le ressort des TGI exclusivement compétents pour connaître des actions aux fins d'adoption et des actions aux fins de reconnaissance des jugements d'adoption rendus à l'étranger lorsque l'enfant résidant habituellement à l'étranger a été, est ou doit être déplacé vers la France.

6°
Mesures d'assistance éducatives – Autorité parentale

132.171 **Juge des enfants.** Le juge des enfants est seul compétent pour ordonner des mesures d'assistance éducative (v. s^s n°s 122.691 s.). Le juge des enfants territorialement compétent est celui du lieu où demeure, selon le cas, le père, la mère, le tuteur du mineur, ou la personne ou le service à qui l'enfant a été confié. À défaut, c'est celui du lieu où demeure le mineur (C. pr. civ., art. 1181). L'article 1181 alinéa 2 prévoit en outre qu'en cas de changement de domicile de la personne dont la demeure a déterminé la compétence, le juge peut se dessaisir au profit de celui du nouveau domicile.

(Sur la compétence du juge des enfants en matière d'assistance éducative et la mise en œuvre des mesures d'assistance éducative[1].)

132.172 **Juge aux affaires familiales.** Le juge aux affaires familiales est seul compétent en matière d'autorité parentale (COJ, art. L. 213-3, 3°, b; v. s^s n°s 122.621 s.)[2]. Le juge aux affaires familiales territorialement compétent est celui du lieu où se trouve la résidence de la famille, et lorsque les parents sont séparés, celui du lieu de résidence du parent avec lequel résident habituellement les enfants mineurs en cas d'exercice en commun de l'autorité parentale ou du lieu de résidence du parent qui exerce seul cette autorité (C. pr. civ., art. 1070). En cas de violences familiales, la jurisprudence admet de façon pragmatique que la résidence familiale puisse être fixée chez un tiers où le conjoint victime s'est réfugié[3].

(Sur l'autorité parentale et la compétence du juge aux affaires familiales[4].)

7°
Autres matières

132.181 **Empreintes génétiques.** Seul le TGI de Nantes est compétent pour connaître des actions en identification du demandeur de visa par ses empreintes génétiques dans les cas et conditions fixées par le Code de l'entrée et du séjour des étrangers et du droit d'asile (COJ, art. R. 211-8).

132.182 **Déplacement illicite d'enfant.** Seuls certains TGI sont compétents pour connaître des actions engagées sur le fondement des instruments internationaux et communautaires relatives au déplacement illicite d'enfant (COJ, art. D. 211-9 et tableau VII annexé – V. s^s n° 8.05).

B.
Divorce et séparation de corps

132.190 **Divorce et après-divorce.** L'article 1070 C. pr. civ. précise le tribunal compétent territorialement pour connaître de la demande en matière de divorce (1°). Les mêmes règles sont applicables par

1. P. Murat (dir.), Dalloz action *Droit de la famille,* 2014/2015, n°s 242.00 s., par S. Bernigaud.
2. Civ. 1re, 14 nov. 2007, n° 06-18.104, *Bull. civ.* I, n° 358; *D.* 2009. 53, obs. Douchy-Oudot; *RTD civ.* 2008. 289, obs. Hauser; *Procédures* 2008, n° 47, obs. Douchy-Oudot; *Defrénois* 2008. 577, obs. Massip; *Dr. fam.* 2008, n° 7, note Murat; *RJPF* 2008. 2137, obs. Eudier.
3. Paris 2 févr. 2013, RG n° 12/20962, *Dr. fam.* 2013. Comm. 63, note Larribau-Terneyre.
4. P. Murat (dir.), Dalloz action *Droit de la famille* 2014/2015, n°s 234.00 s., par A. Gouttenoire.

renvoi des articles 1139 et 1141 à la séparation de corps et à la demande de conversion de la séparation de corps en divorce.

L'article 1070 comporte également des dispositions applicables aux demandes présentées après le prononcé du divorce ou de la séparation de corps (2°).

1°
Demandes en divorce ou en séparation de corps

132.200 Règles d'ordre public. L'article 1070 C. pr. civ. prévoit trois règles de compétence : une règle principale (a) et deux règles subsidiaires (b). Il est admis que ces règles sont d'ordre public, y compris l'ordre des règles subsidiaires selon les cas[1].

a)
Règle principale

132.201 Lieu de la résidence de la famille. C'est la règle principale énoncée par l'article 1070 C. pr. civ. Le critère de la résidence, substitué à celui du domicile conjugal, est plus souple et permet d'éviter les difficultés nombreuses de détermination du domicile conjugal. La résidence de la famille est située normalement au lieu où les époux vivent de façon stable ensemble, avec les enfants s'il y en a[2]. La compétence est déterminée par la résidence au jour où la requête est présentée (C. pr. civ., art. 1070[3]).

Les règles posées par l'article 1070 C. pr. civ. sont étendues au niveau international[4]. Ce n'est qu'en l'absence d'application de celles-ci que s'applique l'article 14 du Code civil qui donne compétence à la juridiction française du demandeur de nationalité française[5].

b)
Compétence subsidiaire : résidences distinctes

132.211 Dérogations. Trois règles non concurrentes sont prévues lorsque les époux ont des résidences distinctes au moment de la présentation de la requête. Ces règles ne sont pas concurrentes et n'offrent pas une option au demandeur, sauf en cas de requête conjointe. Ce sont des règles impératives.

132.212 Présence d'enfants mineurs habitant avec un époux. Lorsque les époux ont des résidences distinctes, ce qui est assez fréquent en cas de divorce ou de séparation de corps, le tribunal compétent est celui du lieu où réside l'époux avec lequel habitent les enfants mineurs (C. pr. civ., art. 1070, al. 2).

Cette règle s'applique que cet époux soit le demandeur ou le défendeur. Elle a été jugée applicable au cas où il s'agit seulement d'un enfant à naître, qui est tenu pour né[6].

132.213 Correctifs. Ce critère repose sur une situation de fait qui commande la compétence. Il suppose toutefois selon certaines décisions, une certaine stabilité de la résidence où se trouve l'époux avec lequel habitent les enfants[7]. Mais la jurisprudence considère aussi que la règle s'applique à condition que la résidence de l'époux avec lequel résident les enfants mineurs soit un lieu où cet époux s'est rendu sans fraude ou voie de fait et avec l'intention d'y demeurer un certain temps[8]. Ceci a notamment été jugé en cas de « *rapt d'enfants* »[9].

132.214 Autres cas. Si les époux n'ont pas d'enfants mineurs habitant avec l'un d'eux, c'est la règle de principe qui recouvre son empire : le tribunal compétent est celui du lieu où demeure l'époux qui n'a pas pris l'initiative de la demande (autrement dit, le tribunal du défendeur, C. pr. civ., art. 1070, al. 3).

Cette solution est également applicable dans le cas où il existe des enfants mineurs mais vivant les uns avec le père, les autres avec la mère[10].

132.215 Requête conjointe. En cas de requête conjointe et lorsque les époux ne résident pas ensemble, ils ont le choix de saisir le tribunal du domicile de l'un d'eux (C. pr. civ., art. 1070, al. 4).

2°
Litiges postérieurs au prononcé du divorce

132.221 Pour les litiges qui s'élèvent après le prononcé du divorce entre les ex-époux, sur les conséquences du divorce, ce sont encore les dispositions de l'article 1070 C. pr. civ. qui s'appliquent. Elles prévoient une règle particulière en matière de pension alimentaire ou de prestation compensatoire.

1. Sur la question, v. J. Maury, « La compétence territoriale en matière de divorce », *D.* 1983. Chron. 27.
2. V. Toulouse, 18 avr. 1977, *D.* 1978. IR 266, obs. Groslière – Bordeaux, 22 mars 1978, *D.* 1979. IR 166, obs. Groslière.
3. Mod. par Décr. n° 2004-1158, 29 oct. 2004, portant réforme de la procédure en matière familiale, *JO* 31 oct., p. 18492.
4. Civ. 1re, 19 nov. 1985, *Rev. crit. DIP* 1986. 712, note Lequette; *D.* 1986. 362, note Prévault; *JCP* 1987. II. 20810, note Courbe; *GADIP*, n° 71.
5. Civ. 1re, 12 janv. 2011, n° 09-71.540, *Bull. civ.* I, n° 5; *D.* 2011. 248; *Dr. fam.* 2011. Comm. 63, note Abadie.
6. Paris, 15 mars 1979, *Juris-Data* n° 000-091.
7. Bordeaux, 22 mars 1978, *D.* 1979. IR 166, obs. Groslière.
8. Versailles, 16 mars 1983, *Gaz. Pal.* 1984. Somm. 355 – Versailles, 26 mai 1978, *D.* 1979. IR 166, obs. Groslière – Civ. 2e, 25 juin 1980, n° 79-11.874, *Bull. civ.* II, n° 159; *D.* 1981. IR 379, obs. Groslière.
9. TGI Laval, 29 juin 1976, *D.* 1977. IR 363, obs. Groslière; *Gaz. Pal.* 1976. 470, note Brazier – Dijon, 4 févr. 1986, RG n° 1486/1485, *Gaz. Pal.* 1987. Somm. 119.
10. Civ. 2e, 2 févr. 1982, n° 80-16.594, *Bull. civ.* I, n° 56; *D.* 1983. IR 37, obs. Groslière; *D.* 1983. 149, note Audit.

132.222 Cas général. Par hypothèse, il n'existe plus de résidence commune qui puisse déterminer la compétence, c'est alors le juge aux affaires familiales du lieu où réside l'époux qui a l'autorité parentale qui est seul compétent.

Si l'autorité parentale est exercée conjointement par les époux, c'est le lieu de la résidence habituelle des enfants mineurs qui commande la compétence territoriale.

À défaut, c'est la règle de compétence du tribunal du lieu où demeure le défendeur qui reçoit application.

132.223 Pension alimentaire et prestation compensatoire. Si le litige est relatif à la pension alimentaire ou à la prestation compensatoire, à la contribution à l'entretien et l'éducation de l'enfant, à la contribution aux charges du mariage, c'est le juge du lieu où demeure le créancier ou le parent qui assume à titre principal la charge des enfants même majeurs qui peut être compétent, que celui-ci soit demandeur ou défendeur (C. pr. civ., art. 1070, al. 5).

Mais il a été jugé que ce n'est là qu'une faculté, marquée par l'emploi du verbe « *peut* » dans l'article 1070. En d'autres termes, le créancier alimentaire peut aussi saisir le juge du lieu où demeure le défendeur (qui, *a priori*, ne saurait s'en plaindre).

C. Baux à loyer et copropriété

132.231 Bail. Les actions en matière de bail ne sont ni des actions réelles, ni des actions mixtes. Elles relèvent donc normalement de la compétence du tribunal du lieu où demeure le défendeur. Mais il a été estimé préférable de donner compétence, pour des raisons pratiques, au tribunal du lieu de situation de l'immeuble, ce qui le plus souvent constitue en même temps un avantage pour le locataire.

Ainsi, l'article R. 221-48 du COJ[1] donne compétence au TI du lieu de situation de l'immeuble pour connaître de tous les litiges relatifs au bail et notamment de ceux concernant les **baux d'habitation**.

Il en est de même pour les **baux commerciaux**, où l'article R. 145-23 du Code de commerce donne compétence, selon les cas, au TGI ou à son président dans le ressort duquel se trouve situé l'immeuble. Cette règle n'est cependant pas d'ordre public, ce qui exclut que le juge la relève d'office[2].

La même disposition existe en matière de **bail rural :** l'article 880 C. pr. civ. donne compétence au tribunal paritaire de baux ruraux du lieu de la situation de l'immeuble. Il a été jugé que si les terres sont situées sur plusieurs cantons, chaque tribunal peut être compétent pour juger l'ensemble du litige s'il est indivisible[3].

132.232 Copropriété. Il était encore logique que les nombreux litiges que la copropriété peut engendrer soient soumis à la juridiction du lieu de situation de l'immeuble. C'est ce que prévoit l'article 61-1 du décret n° 67-223 du 17 mars 1967[4] pour tous les litiges nés de l'application de la loi du 10 juillet 1965 sur la copropriété des immeubles bâtis.

Cette compétence du tribunal du lieu de situation de l'immeuble s'applique même aux procédures d'**injonctions de payer contre les copropriétaires** en paiement de leurs charges, ce qui est une dérogation notable à la règle de compétence impérative prévue par l'article 1406 (Décr. n° 67-223, 17 mars 1967, art. 60).

D. Assurances

132.240 Domicile de l'assuré. L'article R. 114-1 du Code des assurances (reprenant d'ailleurs les dispositions de L. 13 juill. 1930, art. 3) dispose que : « *Dans toutes les instances relatives à la fixation et au règlement des indemnités dues, le défendeur est assigné devant le tribunal du domicile de l'assuré, de quelque espèce d'assurance qu'il s'agisse, sauf en matière d'immeubles ou de meubles par nature, auquel cas le défendeur est assigné devant le tribunal de la situation des objets assurés. Toutefois, s'il s'agit d'assurances contre les accidents de toute nature, l'assuré peut assigner l'assureur devant le tribunal du lieu où s'est produit le fait dommageable* ».

Ce texte pose une règle générale de principe (1°) et des exceptions (2°) qu'il convient de présenter successivement.

1° Compétence du tribunal du domicile de l'assuré

132.241 Domaine. La règle de l'article R. 114-1 du Code des assurances ne s'applique qu'aux instances « *relatives à la fixation et au règlement des indemnités dues* ». Ce ne sont donc pas tous les litiges en matière d'assurance qui entrent dans la prévision du texte.

Les autres litiges pouvant s'élever à propos du contrat d'assurances relèvent donc de l'application des règles générales de compétence (qui aboutissent d'ailleurs sensiblement au même résultat chaque fois

1. Décr. n° 2008-522, 2 juin 2008, portant refonte de la partie réglementaire du Code de l'organisation judiciaire, *JO* 4 juin, p. 9184.
2. Paris, 4 juin 2009, RG n° 08/00468, *Loyers et copr.* 2009. Comm. 237, obs. Chavance.
3. T. par. Prades, 22 avr. 1955, *JCP N* 1955. II. 8934.
4. Décr. n° 67-223, 17 mars 1967, pris pour l'application de la loi n° 65557 du 10 juillet 1965 fixant le statut de la copropriété des immeubles bâtis *JO* 22 mars, p. 2742.

que c'est l'assureur qui est demandeur contre son assuré, par ex. lorsque l'assureur agit en paiement de primes). Notamment, les actions portant sur la validité du contrat relèvent de la compétence du tribunal du lieu où demeure le défendeur[1]. Il a cependant été jugé que l'article R. 114-1 s'applique même lorsque l'existence du contrat est contestée par l'assureur, dès lors que le litige principal porte bien sur le paiement d'une indemnité d'assurance[2].

132.242 Toutes assurances. L'article R. 114-1 vise expressément toutes les assurances, sauf les exceptions qu'il précise (v. s[s] n°s 132.251 s.). Dans un premier temps, il avait été jugé que l'article R. 114-1 ne serait pas applicable à l'assurance-crédit[3]. Mais la Cour de cassation a dit clairement le contraire à propos d'un contrat d'assurance groupe[4].

132.243 Nature. Il est de jurisprudence constante que cette règle est **d'ordre public** (C. assur., art. L. 111-2). Il en résulte notamment qu'une clause attributive de compétence ne saurait faire échec à l'application de l'article R. 114-1, même lorsque l'assureur n'est assigné qu'à titre subsidiaire[5].

2° Exceptions

132.251 Litiges portant sur un immeuble ou meuble par nature. Pour des raisons pratiques, le législateur a préféré la compétence du lieu de situation de l'immeuble. La règle s'applique aussi aux assurances des « meubles par nature », ce qui est moins certain, sauf lorsqu'il s'agit des meubles situés dans l'immeuble assuré. Par exemple, il a été jugé que, pour des biens meubles ayant subi une avarie au cours d'un transport, le tribunal compétent était celui du lieu de destination où l'avarie avait été constatée[6].

132.252 Assurances contre les accidents de toute nature. Le tribunal du domicile de l'assuré reste compétent. Mais, en outre, l'assuré a la possibilité d'assigner devant le tribunal du fait dommageable. Cette option de compétence n'est offerte qu'à l'assuré.

132.253 Action directe. Les règles de l'article R. 114-1 du Code des assurances ne s'imposent pas à la victime qui exerce l'action directe. Cette dernière a le choix entre les juridictions désignées par les articles 42 et 46 (s'il s'agit d'un accident) et celle de l'article R. 114-1[7].

132.254 Compétence internationale. L'article R. 114-1 ne s'applique pas dans l'ordre international où les clauses attributives de compétence sont valables et les clauses compromissoires fréquentes. Au surplus, le Règlement Bruxelles I prévoit des règles particulières en matière d'assurance (art. 8 à 14). La compétence de la juridiction de l'État du domicile de l'assuré défendeur est également prévue (art. 12). Mais cette compétence n'est pas exclusive; le juge ne peut donc se déclarer d'office incompétent[8]. Lorsque, par application de ce règlement, les juridictions françaises sont compétentes, les règles internes posées par l'article R. 114-1 du Code des assurances peuvent finalement être appliquées[9].

132.255 Assurance maritime. L'article R. 114-1 du Code des assurances n'est pas applicable en matière d'assurance de dommage maritime[10].

E. Propriétés intellectuelles

132.261 Compétence exclusive de certains tribunaux de grande instance. L'article L. 615-17 du Code de la propriété intellectuelle prévoit que seuls certains TGI sont compétents pour connaître des actions en matière de **brevets d'invention**[11]. C'est en pratique le TGI de Paris qui a compétence exclusive en la matière (COJ, art. D. 211-6 – V. s[s] n° 132.262).

L'article D. 211-6-1 du COJ donne également compétence exclusive à certains TGI pour connaître des **actions en matière de propriété littéraire et artistique, de dessins et modèles, de marques et d'indications géographiques** dont la liste et le ressort sont fixés par un tableau VI annexé à ce code (v. s[s] n° 8.04). Il s'agit des tribunaux de Bordeaux, Lille, Lyon, Marseille, Nanterre, Nancy, Paris, Rennes et Fort-de-France et Strasbourg.

1. Toulouse, 9 févr. 1993, RG n° 3805/92.
2. Civ. 1re, 16 mars 1976, n° 75-10.222, *Bull. civ.* I, n° 99; *RGAT* 1976. 345, note Besson.
3. Paris, 10 juill. 1976, *Gaz. Pal.* 1976. 588, note Margeat et Favre-Rocheix.
4. Civ. 1re, 6 juin 2001, n° 98-20.477, *Bull. civ.* I, n° 162; *RGDA* 2001. 793, note Beauchard.
5. Civ. 1re, 31 janv. 1995, n° 92-20.224, *Bull. civ.* I, n° 56; *RGAT* 1995. 77, note Beauchard; *D.* 1995. 471, note Courbe; *RTD civ.* 1996. 162, obs. Mestre.
6. Civ. 1re, 26 févr. 1968, n° 65-14.465, *Bull. civ.* I, n° 78; *RGAT* 1968. 472, note Besson.
7. Civ. 1re, 14 déc. 1983, n° 82-13.385, *Bull. civ.* I, n° 296; *RGAT* 1984. 405 – Paris 5 nov. 1985, *RGAT* 1985. 544, note Bigot – Civ. 1re, 30 mai 2006, n° 04-13.958, NP; *RGDA* 2006. 773, note Beauchard.
8. CJUE 20 mai 2010, aff. C-111/09, *Rev. crit. DIP* 2010. 575, note Pataut; *Procédures* 2010. Comm. 341, note Nourissat.
9. Civ. 1re, 14 nov. 2006, n° 04-15.276, *Bull. civ.* I, n° 470; *RGDA* 2007. 249, note Beauchard.
10. Com. 8 juin 1999, n° 97-13.625, NP; *DMF* 1999. 713, rapp. Rémery; *RGDA* 2000. 214, note Latron.
11. V. X. Desjeux, « Les différentes initiatives législatives et réglementaires françaises tendant à réserver une compétence exclusive à certaines juridictions de droit commun, en matière de propriété industrielle », *JCP* 1972. I. 2463.

Seuls certains TGI ont aussi compétence pour statuer sur les actions civiles et les demandes relatives aux obtentions végétales (CPI, art. L. 623-31[1]).

Il était prévu que leur nombre ne pouvait être inférieur à dix, mais la loi du 13 décembre 2011 relative à la répartition des contentieux et à l'allègement de certaines procédures juridictionnelles à supprimé cette limite[2]. L'article D. 211-5 du COJ détermine en un tableau V, annexé au code (v. s[s] n° 8.03), les TGI habilités à connaître du **contentieux des obtentions végétales** et définit leur ressort. Ce sont les tribunaux de Bordeaux, Limoges, Marseille, Lille, Lyon, Nancy, Paris, Rennes, Strasbourg et Toulouse.

132.262 Compétence exclusive du tribunal de grande instance de Paris. Mais, l'article L. 615-18 du Code de la propriété intellectuelle donne compétence au seul TGI de Paris pour connaître des **demandes d'indemnité** après expropriation, interdiction d'exploitation de brevet ou licence forcée de brevet d'invention.

Le TGI de Paris est également seul compétent pour connaître des litiges relatifs aux **marques, dessins et modèles communautaires** (CPI, art. L. 717-4 et COJ, art. R. 211-7).

Depuis le 1er novembre 2009, le TGI de Paris est même exclusivement compétent pour connaître des actions en matière de brevets d'invention, de certificats complémentaires de protection et de topographies de produits semi-conducteurs dans les cas et conditions prévus par le Code de la propriété intellectuelle (COJ, art. D. 211-6 - CPI, art. L. 615-17), ce qui revient à concentrer l'essentiel du contentieux du droit de la propriété industrielle devant la juridiction parisienne[3].

132.263 Ordre public. Ces règles de compétence territoriales sont d'**ordre public**[4]. Il en résulte notamment que toute clause attributive de compétence est exclue[5].

132.264 Appellations d'origine. L'article L. 115-10 du Code de la consommation donne compétence au seul TGI du lieu d'origine du produit dont l'appellation est contestée, pour exercer l'action tendant à faire interdire l'usage d'une appellation d'origine.

1. Mod. par L. n° 2011-525, 17 mai 2011, de simplification et d'amélioration de la qualité du droit, *JO* 18 mai, p. 8537.
2. L. n° 2001-1862, 13 déc. 2011, sur la répartition des contentieux et l'allègement de certaines procédures juridictionnelles, *JO* 14 déc., p. 21105.
3. C. Nourissat, « Les juges lyonnais sont-ils bêtes ? (à propos des décrets du 9 octobre 2009 relatifs à la compétence en matière de pratiques restrictives de concurrence) », *Procédures* 2010. Focus 6 – H. Pajot, « Publication des décrets du 9 octobre 2009 : la fin des débats quant à la spécialisation des juridictions françaises en matière de propriété industrielle ? », *Gaz. Pal.* 11-12 déc. 2009. 16; *JCP* 2010. Chron. 546, n° 3, obs. Cadiet.
4. Grenoble, 23 mars 1971, *RTD civ.* 1972. 166, obs. Hébraud; *RTD com.* 1971. 690, obs. Chavanne.
5. Caen, 17 sept. 1982, *JCP* 1983. II. 20037.

F.
Marchés publics et concurrence

132.271 Référés précontractuels. L'article D. 211-10-2 du COJ prévoit une compétence exclusive de certains tribunaux pour connaître des contestations relatives aux **obligations de publicité et de mise en concurrence** auxquelles est soumise la passation des contrats de droit privé relevant de la commande publique. Les TGI de Bordeaux, Lille, Lyon, Marseille, Nanterre, Nancy, Paris, Rennes, Fort-de-France, Saint-Denis et Saint-Pierre-et-Miquelon sont désignés dans le tableau VIII-II annexé au COJ (v. s[s] n° 8.08).

132.272 Concurrence. Les articles R. 420-3 et R. 420-4 du Code de commerce attribuent compétence à certains TGI et tribunaux de commerce pour statuer en matière de **pratiques anticoncurrentielles** en application de l'article L. 420-7 de ce code. Les articles D. 442-3 et D. 442-4 du Code de commerce attribuent aux mêmes tribunaux compétence pour statuer en application de l'article L. 442-6 du Code de commerce en matière de **pratiques restrictives de concurrence**. Il s'agit des tribunaux de Marseille, Bordeaux, Lille, Fort-de-France, Lyon, Nancy, Paris et Rennes. La cour d'appel de Paris est seule compétente pour connaître des recours en cette matière (C. com., art. R. 420-5, D. 442-3 et D. 442-4)[6].

La détermination du tribunal compétent n'est pas subordonnée à l'examen du bien-fondé de la demande. Il suffit donc que le demandeur invoque l'article L. 442-6 du Code du commerce pour que ces règles spéciales de compétence s'appliquent[7]. Ces règles spéciales de compétence s'appliquent également lorsque le requérant forme des demandes qui ne sont pas uniquement fondées sur ces textes[8].

G.
Sauvegarde des entreprises

132.281 Lieu du siège social ou de l'activité. La défaillance d'une entreprise et la procédure collective qui en résulte peuvent susciter de multiples actions qu'il est de bonnes justices de centraliser auprès d'un tribunal unique. Aussi, l'article R. 600-1 du Code de commerce[9] dispose que : « *Sans préjudice des dispositions de l'article R. 662-7, le tribunal territorialement compétent pour connaître des procédures prévues par le livre VI de la partie législative du présent code est celui*

6. M. Chagny, « Restriction de compétence matérielle et droit de la concurrence », *Procédures* avr. 2011, dossier 10.
7. Com. 26 mars 2013, n° 12-12.685, *Bull. civ.* IV, [à paraître]; *CCC* 2013. Comm. 132, note Mathey.
8. Com. 24 sept. 2013, n° 12-21.089, *Bull. civ.* IV, [à paraître].
9. Décr. n° 2005-1677, 28 déc. 2005, pris en application de la loi n° 2005-845 du 26 juillet 2005 de sauvegarde des entreprises, art. 1, *JO* 29 déc., p. 20324.

dans le ressort duquel le débiteur, personne morale, a son siège ou le débiteur, personne physique, a déclaré l'adresse de son entreprise ou de son activité. À défaut de siège en territoire français, le tribunal compétent est celui dans le ressort duquel le débiteur a le centre principal de ses intérêts en France.

Toutefois en cas de changement de siège de la personne morale dans les six mois ayant précédé la saisine du tribunal, le tribunal dans le ressort duquel se trouvait le siège initial demeure seul compétent. Ce délai court à compter de l'inscription modificative au registre du commerce et des sociétés du siège initial »[1].

Le règlement CE n° 1346/2000 du Conseil, du 29 mai 2000, sur les procédures d'insolvabilité, détermine les règles de compétence applicables en cas d'insolvabilité d'une entreprise dans l'Union européenne (v. s^s n° 132.533)[2].

H.
Injonction de payer

132.290 Plan. La procédure d'injonction de payer, qui relève, selon les cas, de la compétence d'attribution de la juridiction de proximité, du TI, du président du TGI ou de celle du président du tribunal de commerce, présente une double particularité quant à la compétence territoriale (particularité qui ne se retrouve pas dans la procédure d'injonction de faire, C. pr. civ., art. 1425-2, reprenant les solutions du droit commun).

1°
Compétence du tribunal de la demeure du débiteur

132.291 Règle. L'article 1406 C. pr. civ. dispose que : « *Le juge territorialement compétent est celui du lieu où demeure le ou l'un des débiteurs poursuivis* ».

Cette règle est apparemment d'exception, mais n'est pas en fait différente de la règle de droit commun puisque la procédure est toujours faite contre le débiteur (et jamais l'inverse). La précision n'était toutefois pas inutile compte tenu de la particularité de la procédure qui commence par une requête.

L'application de cette règle rencontre les mêmes difficultés éventuelles d'application que la règle principale de compétence territoriale. Ainsi, par exemple, la requête en injonction de payer ne doit pas être déposée devant une juridiction où le débiteur n'a qu'une simple résidence lorsque le créancier sait où le débiteur demeure effectivement et habituellement[3].

132.292 Exception. La règle posée par l'article 1406 souffre toutefois une exception résultant de l'article 60 du décret n° 67-223 du 17 mars 1967 en matière de **copropriété.** La procédure d'injonction de payer peut être engagée contre les copropriétaires au lieu de situation de l'immeuble[4].

2°
Nature et sanction

132.301 Caractère d'ordre public. La règle est expressément affirmée comme étant d'**ordre public** (C. pr. civ., art. 1406, al. 3). Et, disposition inhabituelle, l'article 1406 dit expressément que « *le juge doit relever d'office son incompétence* ».

Il appartient donc au juge saisi d'une requête de vérifier qu'il est bien compétent territorialement et de se déclarer d'office incompétent (en refusant de décerner l'injonction de payer dans ce cas). Il doit encore le faire lorsqu'il est saisi d'une opposition, s'il n'a pas relevé son incompétence lors du dépôt de la requête.

132.302 Sanction. Mais, le débiteur, quant à lui, ne peut que former une opposition dans les conditions de l'article 1412 et des articles 1415 et suivants C. pr. civ. s'il entend contester la compétence[5]. Il ne peut former un pourvoi en cassation contre l'injonction de payer[6].

Et si la juridiction saisie de l'opposition se déclare incompétente, elle doit renvoyer l'affaire devant la juridiction compétente selon les règles prévues à l'article 97 (C. pr. civ., art. 1417).

I.
Droit de la consommation

132.311 Option de compétence pour le consommateur. La loi n° 2009-526 du 12 mai 2009[7] a offert au consommateur une nouvelle option de compétence en partant du constat que l'article 46 C. pr. civ.

1. V. P.-M. Le Corre, Dalloz action *Droit et pratique des procédures collectives,* 2013/2014, n°s 310.00 s. – F. Pérochon, *Entreprises en difficulté*, 9e éd., LGDJ, 2012.
2. Règl. CE n° 1346/2000 du Conseil, 29 mai 2000, relatif aux procédures d'insolvabilité, *JOCE,* n° L 160, 30 juin – V. F. Mélin, *Le règlement communautaire du 29 mai 2000 relatif aux procédures d'insolvabilité*, Bruylant, 2008 – M. Menjucq, *Droit international et européen des sociétés*, 2e éd., Montchrestien, 2008, p. 453 s. – Rép. com., v° *Entreprises en difficultés (droit international et européen)*, par T. Mastrullo, janv. 2013 [màj mars 2013].
3. Sur ces difficultés, v. T. paix Saint-Malo, 3 févr. 1958, *D.* 1959. 124 – T. com. Seine, 18 févr. 1965, *Gaz. Pal.* 1965. 56.
4. Civ. 2e, 4 déc. 1968, *D.* 1969. 182; *JCP* 1969. IV. 21.
5. Civ. 2e, 19 mai 1980, n° 77-15.160, *Bull. civ.* II, n° 119; *RTD civ.* 1981. 221, obs. Perrot.
6. Civ. 2e, 19 févr. 1975, n° 73-13.381, *Bull. civ.* I, n° 54; *JCP* 1975. IV. 200; *RTD civ.* 1975. 602, obs. Perrot.
7. L. n° 2009-526, 12 mai 2009, de simplification et de clarification du droit et d'allègement des procédures, *JO* 13 mai, p. 7920.

était parfois insuffisamment protecteur à son égard. Selon l'article L. 141-5 du Code de la consommation, le consommateur peut désormais saisir à son choix, outre l'une des juridictions territorialement compétentes en vertu du Code de procédure civile, la **juridiction du lieu** où il demeurait au moment **de la conclusion du contrat** ou **de la survenance du fait dommageable**. Toutefois, ce nouveau texte ne permet pas toujours au consommateur de saisir la juridiction qui serait la plus avantageuse pour lui : celle du lieu de son domicile lors de l'introduction de l'instance [1].

J.
Rentes viagères

132.321 Différents litiges relatifs aux rentes viagères. Depuis le 1er janvier 2010, les contestations relatives à l'application de la loi n° 49-420 du 25 mars 1949 [2] révisant certaines rentes viagères constituées entre particuliers sont portées devant le TI ou le TGI, selon la valeur du litige, dans le ressort duquel est situé le bien lorsqu'il s'agit d'un immeuble ou d'un fonds de commerce et devant le tribunal dans le ressort duquel est situé le domicile du crédirentier lorsqu'il s'agit d'un meuble.

La compétence du tribunal du domicile du crédirentier est également retenue en cas de contestation relative à l'application de la loi n° 49-1098 du 2 août 1949 [3], portant révision de certaines rentes viagères constituées par les compagnies d'assurances, par la Caisse nationale des retraites pour la vieillesse ou par des particuliers moyennant l'aliénation de capitaux en espèces, à l'exception du titre II de cette loi. Ce même tribunal est compétent pour trancher les contestations relatives à la loi n° 51-695 du 24 mai 1951 [4] portant majoration de certaines rentes viagères et pensions (COJ, art. R. 211-12 et R. 221-51-2 [5]).

K.
Contrat de transport

132.331 Option de compétence. Depuis le 1er janvier 2010, les actions relatives aux correspondances, objets recommandés et envois de valeur déclarée sont portées soit devant le TGI ou le TI, selon les cas, dans le ressort duquel est situé le domicile de l'expéditeur soit devant celui dans le ressort duquel est situé le domicile du destinataire (COJ, art. R. 211-13 et R. 221-51 [6]). Le demandeur dispose d'une option à deux branches légèrement différentes de celle offerte par le droit commun.

L.
Contentieux douanier

132.341 Compétence spéciale limitée à certains contentieux. Les litiges relatifs à la créance, aux demandes formulées en application de l'article 352 du Code des douanes et ceux relatifs aux décisions en matière de garantie sont portés devant le TGI dans le ressort duquel est situé le bureau de douane, le service spécialisé ou la direction régionale des douanes où la créance a été constatée. Les règles ordinaires de compétence sont applicables aux autres instances (C. douanes, art. 358 [7]).

SECTION 2
RÈGLES SPÉCIALES PROPRES AUX JURIDICTIONS

132.350 Plan. Les règles spéciales, dérogeant à la compétence de droit commun, ou aux règles générales d'option, ont toujours pour critère la **matière du litige**, mais elles sont parfois énoncées spécialement pour la juridiction qui connaît de ce type de litige.

Ces règles particulières de compétence territoriale concernent pour la juridiction de droit commun, surtout le juge de l'exécution (§ 1) et pour les juridictions d'exceptions, le tribunal d'instance, pour certaines matières (§ 2), et le conseil de prud'hommes (§ 3).

§ 1
Tribunal de grande instance : compétence territoriale du juge de l'exécution

132.360 Plan. Des règles particulières de compétence territoriale ont été énoncées aussi bien pour le juge de l'exécution dans le domaine proprement dit de l'exécution forcée (A) que dans celui, très voisin, du surendettement (B).

1. L. Raschel, « Droit d'option du consommateur », *Procédures* 2009. Comm. 230 – D. Fenouillet, « Nouvelle option de compétence », *RDC* 2009. 1438 – S. Piedelièvre, « Brèves remarques sur les nouvelles dispositions du Code de la consommation issues de la loi du 26 mai 2009 », *Gaz. Pal.* 30 mai 2009, p. 2 – S. Pierre-Maurice, « Utilité de l'option de compétence territoriale au profit du consommateur », *CCC* 2011. Étude 2.
2. L. n° 49-420, 25 mars 1949, *JO* 26 mars, p. 3156.
3. L. n° 49-1098, 2 août 1949, *JO* 6 août, p. 7721.
4. L. n° 51-695, 24 mai 1951, *JO* 5 juin 1951, p. 5914.
5. Art. créé par Décr. n° 2009-1693, 29 déc. 2009, relatif à la répartition des compétences entre le tribunal de grande instance et le tribunal d'instance, *JO* 31 déc., p. 23109.
6. Art. créé par Décr. 29 déc. 2009.
7. Mod. par L. n° 2012-1510, 29 déc. 2012, de finances rectificative pour 2012, art. 58, *JO* 30 déc., p. 20920.

A. Compétence en matière d'exécution forcée

132.361 **Plan.** Le Code des procédures civiles d'exécution fixe, en son article R. 121-2, une règle de principe gouvernant la compétence du juge de l'exécution (1°). Mais plusieurs règles d'exception viennent déroger au principe selon les cas (2°).

132.362 **Règles d'ordre public.** Toutes les règles de compétence concernant le juge de l'exécution sont expressément qualifiées d'ordre public (C. pr. exéc., art. R. 121-4[1]). Cette disposition, dans sa généralité, vise aussi bien les règles de compétence d'attribution que les règles de compétence territoriale, ce qui est moins fréquent. Le juge de l'exécution peut donc relever d'office son incompétence territoriale. Mais ce n'est qu'une faculté (C. pr. civ., art. 93). Cela signifie encore qu'il ne peut être formé de pourvoi en cassation au seul motif que le juge ne se serait pas d'office déclaré incompétent[2].

1° Règle de principe

132.371 **Texte applicable.** L'article R. 121-2 C. pr. exéc.[3] dit que : « *À moins qu'il n'en soit disposé autrement, le juge de l'exécution territorialement compétent, au choix du demandeur, est celui du lieu où demeure le débiteur ou celui du lieu d'exécution de la mesure. Lorsqu'une demande a été portée devant l'un de ces juges, elle ne peut plus l'être devant l'autre* ».

Ce texte offre une option au demandeur, lorsqu'elle est possible.

132.372 **Option du demandeur.** Le demandeur a le choix entre deux juridictions : celle du lieu où demeure le débiteur, ou celle du lieu de la mesure d'exécution. C'est un avantage certain consenti au débiteur, puisque bien souvent il est le demandeur. Cette règle de principe n'a toutefois qu'un domaine d'application effectif assez réduit puisque des dispositions propres à chaque mesure d'exécution ou mesures conservatoires prévoient le plus souvent expressément la juridiction compétente (ce qui bien souvent n'aboutit qu'à confirmer les dispositions de l'article 9 du décret ou à supprimer l'option au profit d'un des deux termes de celle-ci).

132.373 **Centralisation des demandes.** L'option ne peut être exercée qu'une fois. L'article R. 121-2 C. pr. exéc. dispose en effet que : « *Lorsqu'une demande a été portée devant l'un de ces juges, elle ne peut l'être devant l'autre* ». Cela paraît évident, mais cette disposition est d'application limitée. Cela exclut que le demandeur saisisse successivement ou simultanément les deux juges compétents territorialement s'ils sont différents. Dans les deux cas, il y aurait soit litispendance, soit autorité de la chose jugée, à moins que le demandeur ne se désiste d'une demande pour saisir ensuite l'autre juridiction également compétente.

Rien n'empêche en revanche, un autre demandeur ou le même de porter une autre demande devant l'autre juge. Parfois, des dispositions propres à telle mesure d'exécution imposeront d'ailleurs cette solution.

132.374 **Débiteur sans demeure connue ou demeurant à l'étranger.** L'alinéa 2 de l'article R. 121-2 C. pr. exéc. dispose que : « *Si le débiteur demeure à l'étranger ou si le lieu où il demeure est inconnu, le juge compétent est celui du lieu d'exécution de la mesure* ». L'un des termes de l'option disparaît alors, sous réserve évidemment que le lieu de la mesure d'exécution soit en France.

L'hypothèse de l'ignorance du lieu où demeure le débiteur ne concerne au demeurant que les demandes faites par le créancier ou un tiers, puisque lorsque le débiteur agit lui-même il doit indiquer son domicile, ou au moins sa résidence dans l'assignation à peine de nullité (C. pr. exéc., art. R. 121-5 – C. pr. civ., art. 648).

La Cour de cassation a précisé que le juge compétent pour liquider une astreinte lorsque le débiteur demeure à l'étranger est le **lieu d'exécution de l'injonction**, ce qui conduit à donner compétence à n'importe quelle juridiction sur le territoire national lorsque l'injonction visait à mettre fin à l'activité d'un site internet illicite en France[4].

2° Règles spéciales

132.380 **Variété.** De nombreuses dispositions particulières précisent le juge territorialement compétent pour telle ou telle contestation ou mesure provisoire. Cela n'aboutit bien souvent qu'à éliminer l'option en faveur d'un de ses termes seulement, sauf lorsqu'un tiers est concerné.

132.381 **Saisie-attribution et saisie-vente.** Concernant la saisie-attribution, le seul juge compétent est celui du lieu où demeure le débiteur (C. pr. exéc., art. R. 211-10[5]).

1. Anc[t] Décr. n° 92-755, 31 juill. 1992, instituant de nouvelles règles relatives aux procédures civiles d'exécution, pour l'application de la loi n° 91-650, portant réforme des procédures civiles d'exécution, art. 10, *JO* 5 août, p. 10530.
2. Civ. 3e, 1er mars 1966, n° 63-13.583, *Bull. civ.* III, n° 126; *RTD civ.* 1967. 447, obs. Hébraud.
3. Anc[t] Décr. 31 juill. 1992, art. 9.
4. Civ. 2e, 6 nov. 2008, n° 07-17.445, *Bull. civ.* II, n° 232; *D.* 2009. 1168, obs. Leborgne; *D.* 2008. 2948; *Procédures* 2009. Comm. 13, note Perrot; *Dr. et proc.* 2009. 104, note Cuniberti.
5. Anc[t] Décr. 31 juill. 1992, art. 65.

Concernant la saisie-vente, le seul juge compétent est celui du lieu de la saisie (C. pr. exéc., art. R. 221-20 et R. 221-40[1]), qui se confond bien souvent avec celui du lieu où demeure le débiteur, sauf en cas de contestation de la part du créancier saisissant du droit de rétention dont se prévaut le tiers saisi où la compétence appartient alors au juge de l'exécution du lieu où demeure le tiers saisi (C. pr. exéc., art. R. 221-29[2]).

132.382 Saisie-appréhension. Le juge compétent est celui du lieu où demeure la personne tenue à la remise (C. pr. exéc., art. R. 222-2 et R. 222-3[3]), ou éventuellement celui du lieu du destinataire de l'acte s'il s'agit d'un tiers (C. pr. exéc., art. R. 222-7[4]). Mais la requête à fins d'injonction doit être présentée au juge du lieu où demeure le débiteur (C. pr. exéc., art. R. 222-11[5]), ce même juge étant compétent pour connaître de l'opposition à l'injonction (C. pr. exéc., art. R. 222-13[6]).

132.383 Saisie-revendication. Pas moins de quatre juges différents peuvent être compétents selon les cas. Celui compétent pour autoriser une saisie-revendication est celui du lieu où demeure le débiteur (C. pr. exéc., art. R. 222-18[7]). Il est également compétent pour ordonner la mainlevée. Mais si la saisie a été pratiquée sans autorisation préalable, le juge compétent pour en ordonner la mainlevée est celui du lieu où demeure la personne tenue de l'obligation de restituer ou de délivrer le bien saisi (C. pr. exéc., art. R. 222-18, al. 3). Les autres contestations, notamment celles relatives à l'exécution de la saisie sont portées devant le juge de l'exécution du lieu où sont situés les biens saisis (C. pr. exéc., art. R. 222-19[8]). Mais si le détenteur du bien se prévaut d'un droit propre, la contestation ne peut être portée, par le créancier saisissant, que devant le juge de l'exécution du lieu où demeure ce détenteur (C. pr. exéc., art. R. 222-24[9]).

132.384 Mesures d'exécution sur les véhicules terrestres à moteur. Lorsque la saisie est faite par **déclaration à la préfecture**, les contestations sur la saisie elle-même sont de la compétence du domicile du débiteur (C. pr. exéc., art. R. 223-3[10]).

Lorsque la saisie est pratiquée par **immobilisation du véhicule** pour paiement d'une somme d'argent, le juge compétent pour connaître des contestations est soit celui du lieu où demeure le débiteur, soit celui du lieu de l'immobilisation (C. pr. exéc., art. R. 223-10[11]).

Si le véhicule a été immobilisé en l'absence du débiteur, le juge compétent pour ordonner éventuellement la mainlevée de la saisie est celui du lieu de l'immobilisation (C. pr. exéc., art. R. 223-9[12]).

Lorsque le véhicule a été immobilisé pour être remis à son propriétaire ou à un créancier gagiste, les contestations sont de la compétence du juge du lieu où demeure la personne tenue à la remise ou du lieu d'immobilisation du véhicule (C. pr. exéc., art. R. 223-12 et R. 223-13[13]).

132.385 Saisie des droits d'associés. Les contestations sont de la compétence du juge du lieu où demeure le débiteur (C. pr. exéc., art. R. 232-6[14]).

132.386 Mesures conservatoires et sûretés judiciaires. Seul le juge de l'exécution du lieu où demeure le débiteur est compétent pour autoriser une mesure conservatoire ou l'inscription d'une sûreté judiciaire, comme pour en donner mainlevée (C. pr. exéc., art. R. 511-2 et R. 512-2[15]). Il ne faut pas oublier que si la créance relève de la juridiction commerciale, le président du tribunal de commerce est compétent pour autoriser la mesure ou pour en donner mainlevée. Les règles de compétence territoriale sont alors les mêmes (C. pr. exéc., art. R. 511-2 et R. 512-2).

Les autres contestations, notamment celles relatives à l'exécution de la mesure, sont de la compétence du juge de l'exécution du lieu où sont situés les biens saisis (C. pr. exéc., art. R. 512-3[16]).

132.387 Saisie de biens placés dans un coffre-fort. Les contestations relatives à la saisie-vente ou à la saisie-appréhension des biens placés dans un coffre-fort, comme les incidents de saisie doivent être portées devant le juge du lieu où sont situés les biens saisis (C. pr. exéc., art. R. 224-3, R. 224-8 et R. 224-10[17]).

132.388 Mesures d'expulsion. Le juge de l'exécution du lieu de situation de l'immeuble est seul compétent pour accorder des délais de grâce au débiteur, pour trancher toute contestation relative aux mesures d'expulsion ou pour statuer sur le sort des meubles qui se trouvaient sur les lieux (C. pr. exéc., art. R. 442-1, L. 433-2, et L. 412-3[18]).

1. Anc[t] Décr. 31 juill. 1992, art. 98 et 117.
2. Anc[t] Décr. 31 juill. 1992, art. 106.
3. Anc[t] Décr. 31 juill. 1992, art. 141 et 142.
4. Anc[t] Décr. 31 juill. 1992, art. 146.
5. Anc[t] Décr. 31 juill. 1992, art. 149.
6. Anc[t] Décr. 31 juill. 1992, art. 151.
7. Anc[t] Décr. 31 juill. 1992, art. 156.
8. Anc[t] Décr. 31 juill. 1992, art. 157.
9. Anc[t] Décr. 31 juill. 1992, art. 162.
10. Anc[t] Décr. 31 juill. 1992, art. 166.
11. Anc[t] Décr. 31 juill. 1992, art. 174.
12. Anc[t] Décr. 31 juill. 1992, art. 173.
13. Anc[t] Décr. 31 juill. 1992, art. 176 et 177.
14. Anc[t] Décr. 31 juill. 1992, art. 183.
15. Anc[t] Décr. 31 juill. 1992, art. 211 et 218.
16. Anc[t] Décr. 31 juill. 1992, art. 219.
17. Anc[t] Décr. 31 juill. 1992, art. 268, 273 et 275.
18. Anc[t] Décr. 31 juill. 1992, art. 209 – L. n° 91-650, 9 juill. 1991, portant réforme des procédures civiles d'exécution, art. 66, *JO* 14 juill., p. 9228 – CCH, art. L. 613-1.

132.389 **Distribution des deniers.** Les contestations portant sur le projet de répartition du produit de la vente sont de la compétence du juge du lieu de la vente (C. pr. exéc., art. R. 251-8 [1]).

132.391 **Saisie immobilière.** Une règle simple est posée par l'article R. 311-2 C. pr. exéc. : « *La saisie immobilière est poursuivie devant le juge de l'exécution du tribunal de grande instance dans le ressort duquel est situé l'immeuble saisi* ».

Cependant, lorsqu'un créancier a procédé simultanément à la saisie de plusieurs immeubles d'un même débiteur situés dans des ressorts de plusieurs TGI, la procédure est portée devant le juge de l'exécution du tribunal dans le ressort duquel est situé l'immeuble saisi où demeure le débiteur; à défaut, devant le juge du ressort dans lequel est situé l'un quelconque des immeubles (C. pr. exéc., art. R. 311-3) [2].

B. Compétence en matière de surendettement

132.401 **Rôle du juge limité.** Le traitement des situations de surendettement des particuliers commence nécessairement devant la commission de surendettement qui est une commission administrative.

Le rôle du juge d'instance, seul compétent matériellement depuis le 1er septembre 2011 [3], est limité dans le cadre de la procédure de surendettement proprement dite. Il confère force exécutoire aux mesures recommandées par la commission après en avoir vérifié la régularité en l'absence de contestation : il peut être saisi, par la commission de surendettement, d'une demande de vérification de la validité des titres de créance ou du montant des créances (C. consom., art. L. 332-1). Il est juge des recours dirigés contre les mesures imposées ou des mesures recommandées par la commission en cas de contestation d'une partie (C. consom., art. L. 332-2). Il peut être saisi par le débiteur d'une demande d'autorisation d'accomplir certains actes (C. consom., art. L. 331-3-1). Il peut aussi être saisi par la commission d'une demande de suspension des mesures d'expulsion de logement (C. consom., art. L. 331-3-2), d'une demande de vérification de l'état du passif (C. consom., art. L. 331-4), d'une demande de suspension des procédures d'exécution avant la décision sur la recevabilité de la demande et d'une demande de report de la date d'adjudication en cas de saisie immobilière (C. consom., art. L. 331-5). En cas de rétablissement personnel sans liquidation, le juge de l'exécution a également pour mission de conférer force exécutoire à la recommandation de la commission (C. consom., art. L. 332-5) et de statuer sur les contestations des parties (C. consom., art. L. 332-5-1). Son rôle est plus important en cas de rétablissement personnel avec liquidation puisque c'est lui qui décide d'ouvrir la procédure, qui la dirige, statue sur les éventuelles contestations et clôt la procédure (C. consom., art. L. 332-6 s.) [4].

La compétence territoriale aussi bien de la commission de surendettement que du juge de l'exécution est commandée par le lieu où demeure le débiteur (C. consom., art. R. 331-8 et R. 331-9). Seuls certains tribunaux d'instance sont spécialisés pour connaître des procédures de surendettement et de rétablissement personnel (COJ, annexe, tableau IX-I – V. ss no 8.10) [5].

Toutefois, si le débiteur de nationalité française demeure hors de France, et à condition que son état de surendettement résulte de dettes non professionnelles envers des créanciers établis en France, il peut saisir la commission de surendettement du lieu d'établissement de l'un de ces créanciers (C. consom., art. L. 333-3-1). Le juge compétent est alors celui du ressort dans lequel siège la commission saisie (C. consom., art. R. 331-9 [6]).

§ 2 Compétence territoriale du tribunal d'instance

132.410 **Plan.** La compétence territoriale du TI obéit en matière civile aux règles générales de compétence posées par les articles 42 à 52 C. pr. civ. (COJ, art. R. 221-46). Toutefois, certaines matières relèvent de règles spéciales. Il en est ainsi pour certains litiges relatifs à des contrats (A), à des actions particulières en responsabilité et aux litiges de la vie rurale (B); de même pour les litiges relatifs aux funérailles, ceux

1. Anct Décr. 31 juill. 1992, art. 290.
2. Anct Décr. no 2006-936, 27 juill. 2006, art. 2 et 3.
3. Décr. no 2011-741, 28 juin 2011, relatif au transfert du contentieux du surendettement du juge de l'exécution au juge du tribunal d'instance, *JO* 29 juin, p. 10959 – C. Bléry, « Transfert du contentieux du surendettement », *JCP* 2011. 807.
4. Mod. par L. no 2010-737, 1er juill. 2010, portant réforme du crédit à la consommation, art. 39 s., *JO* 2 juill., p. 12001 – Sur toutes ces questions, v. J. Calais-Auloy et H. Temple, *Droit de la consommation*, 8e éd., « Précis », Dalloz, 2010, nos 524 s., p. 652 s. – F. Ferrière et V. Avena-Robaret, Dalloz référence *Surendettement des particuliers*, 2012/2013.
5. Décr. no 2011-981, 23 août 2011, relatif à la spécialisation de certains tribunaux d'instance dans le ressort de certains tribunaux de grande instance pour connaître des mesures de traitement des situations de surendettement des particuliers et des procédures de rétablissement personnel, *JO* 24 août, p. 14296.
6. Mod. par Décr. no 2010-1304, 29 oct. 2010, relatif aux procédures de traitement des situations de surendettement des particuliers, art. 2., *JO* 31 oct., p. 19604.

concernant les biens de famille insaisissables et le maintien dans l'indivision (C).

A.
Litiges relatifs à certains contrats

1°
Litiges relatifs à certaines relations de travail

132.411 **Principe.** Le TI semble compétent pour connaître des litiges relatifs à certaines relations de travail (contrats d'engagement entre marins et armateurs dans les conditions prévues par le Code du travail maritime [COJ, art. R. 221-13]), même si l'abrogation de ce code, non remplacé par des articles correspondants au sein du Code des transports laisse planer une incertitude importante (v. s^{s} n° 124.42).

Les règles générales de compétence territoriales sont applicables (tribunal du lieu où demeure le défendeur et du lieu d'exécution de la prestation de services). Mais, en outre, l'article R. 221-49 du COJ autorise le demandeur à saisir le tribunal du lieu où la convention a été passée ou exécutée, si l'une des parties est domiciliée en ce ressort. Dans l'attente de l'entrée en vigueur de nouvelles règles pour le droit du travail maritime prévues dans la partie réglementaire du Code des transports, les juges du fond utilisent aussi les règles de compétence territoriale prévues pour le conseil de prud'hommes lorsqu'elles semblent plus adaptées[1].

2°
Autres conventions

132.421 **Droit rural.** La même règle s'applique aux litiges relatifs aux vices rédhibitoires et aux maladies contagieuses des animaux domestiques et aux actions en rescision, réduction de prix et dommages-intérêts dans les **ventes d'engrais, amendements, semences et plants destinés à l'agriculture et de substances destinées à l'alimentation du bétail** (COJ, art. R. 221-49 et R. 221-14).

B.
Actions en indemnité et litiges de la vie rurale

1°
Dommages causés aux biens ruraux

132.431 **Situation des biens.** Les indemnités pour dommages causés aux champs, aux cultures, aux clôtures et aux bâtiments agricoles du fait de l'homme, des animaux domestiques et instruments et machines de culture (COJ, art. R. 221-14) ou aux récoltes par le gibier ou aux travaux nécessaires à l'entretien et à la mise en état de viabilité des chemins d'exploitation sont de la compétence du TI du lieu de situation des biens (COJ, art. R. 221-48).

2°
Litiges de la vie rurale et du voisinage

132.441 **Règle.** Tous les litiges concernant la vie rurale, d'une part (contestations relatives aux chemins d'exploitation [COJ, art. R. 221-14, 6°]; irrigation des propriétés, drainage et assainissement des terres, servitudes du Code rural ou du Code de l'aviation [COJ, art. R. 221-16 et R. 221-17]), et les relations de voisinage, d'autre part (actions en bornage [COJ, art. R. 221-12], distance des plantations, curage des fossés, cours d'eau, survol des téléphériques [COJ, art. R. 221-16]) sont de la compétence du tribunal du lieu de situation des biens (COJ, art. R. 221-48).

3°
Rapports locatifs et occupation de logement

132.451 **Louage d'immeuble - Occupation de logement.** Lorsque le litige porte sur une action dont le contrat de louage d'immeuble à usage d'habitation ou un contrat portant sur l'occupation d'un logement est l'objet, la cause ou l'occasion, le tribunal compétent est celui du lieu de situation du bien. La compétence de ce tribunal s'applique également aux litiges relevant de la loi n° 48-1360 du 1er septembre 1948[2] (COJ, art. R. 221-38). Il en est de même pour les actions aux fins d'expulsion des personnes qui occupent aux fins d'habitation des immeubles bâtis sans droit ni titre (COJ, art. R. 221-5 et R. 221-48).

C.
Matières diverses

132.461 **Biens de famille insaisissables - Actes de notoriété.** Le TI du lieu de situation des biens (COJ, art. R. 221-48) connaît encore des contestations relatives aux biens de famille insaisissables (COJ, art. R. 221-19) ou objets warrantés (COJ, art. R. 221-50). Cette compétence sera progressivement réduite dans la mesure où la loi du 12 juillet 1909 sur la constitution d'un bien de famille insaisissable est abrogée par la loi n° 2011-1862 du 13 décembre 2011. Elle ne demeurera applicable

1. Pour la compétence du tribunal de son domicile pour un marin salarié qui accomplit son travail hors de toute entreprise ou établissement, v. Rennes, 3 oct. 2012, RG n° 11/07998, *DMF* 2013. 425, note Chaumette.

2. L. n° 48-1360, 1er sept. 1948, portant modification et codification de la législation relative aux rapports des bailleurs et locataires ou occupants de locaux d'habitation ou à usage professionnel et instituant des allocations de logement, *JO* 2 sept., p. 8659.

qu'aux biens de famille publiés avant la promulgation de cette loi [1].

En application de cette même loi, c'est le tribunal d'instance du lieu de naissance ou de leur domicile qui est désormais compétent pour délivrer aux parents ou à l'enfant un acte de notoriété faisant foi de l'établissement de la filiation par possession d'état (C. civ., art. 317) [2].

Enfin, selon l'article R. 221-47 du COJ, le TI du lieu du décès, ou, si le décès est survenu à l'étranger, du lieu du dernier domicile du défunt en France, connaît des contestations sur les conditions des funérailles (COJ, art. R. 221-7).

132.462 **Nationalité.** Seuls certains TI sont compétents pour recevoir et enregistrer la déclaration de la nationalité française et pour délivrer les certificats de nationalité. Ils sont déterminés par un tableau IX annexé au Code de l'organisation judiciaire (v. s^s^ n° 8.09) COJ, art. D. 221-1, une centaine de tribunaux sont compétents).

Mais en outre, l'article R. 221-52 du COJ précise que le tribunal territorialement compétent est celui où est situé le domicile du demandeur si celui-ci réside en France, celui du lieu de naissance du demandeur si ce dernier est né en France et réside à l'étranger, et enfin celui du 1er arrondissement de Paris, si le demandeur est né et réside à l'étranger.

132.463 **Antennes réceptrices.** Les contestations relatives à l'installation d'antennes réceptrices de radiodiffusion sur le fondement des articles I et II de l'article 1er de la loi n° 66-457 du 2 juillet 1966 et de ses décrets d'application (Décr. n° 67-1171, 28 déc. 1967 [3] et Décr. n° 2009-53, 15 janv. 2009 [4]) sont portées devant le tribunal dans le ressort duquel sont situés les biens en question (COJ, art. R. 221-48 et R. 221-22-1).

§ 3
Compétence territoriale du conseil de prud'hommes

132.471 **Texte applicable – Plan.** C'est le Code du travail qui, sauf les quelques cas où il relève de la compétence du TI, détermine la compétence du conseil de prud'hommes. Cette matière appelait des règles spéciales de compétence territoriale qui sont édictées par l'article R. 1412-1 du Code du travail.

Ce texte dispose que : « *L'employeur et le salarié portent les différends et litiges devant le conseil de prud'hommes territorialement compétent.*

Ce conseil est :

1° soit celui dans le ressort duquel est situé l'établissement où est accompli le travail;

2° soit, lorsque le travail est accompli à domicile ou en dehors de toute entreprise ou établissement, celui dans le ressort duquel est situé le domicile du salarié.

Le salarié peut toujours saisir le conseil de prud'hommes du lieu où l'engagement a été contracté ou celui du lieu où l'employeur est établi ».

L'article R. 1412-4 ajoute que :

« *Toute clause d'un contrat qui déroge directement ou indirectement aux dispositions de l'article R. 1412-1, relatives aux règles de compétence territoriale des conseils de prud'hommes est réputée non écrite* ».

Ces textes déterminent la compétence en droit interne (A), il faut encore déterminer celle applicable au contrat international (B).

A.
Compétence en droit interne

132.480 **Plan.** Trois règles gouvernent la compétence territoriale des conseils de prud'hommes : deux règles applicables à toute partie distinguant selon que le travail est effectué dans un établissement (1°) ou en dehors (2°), et, en outre, une option (3°), applicable dans tous les cas, mais ne bénéficiant qu'au seul salarié.

1°
Travail effectué dans un établissement

132.481 Le conseil de prud'hommes compétent est celui du lieu de l'établissement. La compétence est donc déterminée par deux critères : celui d'établissement et celui de travail dans l'établissement.

132.482 **Notion d'établissement.** L'établissement est une notion décentralisée qui est différente de celle du siège de l'entreprise et qui n'est pas nécessairement le principal établissement. La jurisprudence considère en général qu'un établissement suppose un lieu d'une certaine stabilité dans lequel travaillent des ouvriers ou employés sous la direction du chef d'entreprise ou au moins d'un de ses représentants. Cela comprend : usine, atelier, bureau, magasin [5], mais aussi un chantier durant plusieurs années ou, au moins, plusieurs mois où existe une certaine orga-

1. L. 13 déc. 2011, art. 12.
2. L. 13 déc. 2011, art. 19.
3. Décr. n° 67-1171, 22 déc. 1967, application de la loi n° 66457 du 2 février 1966 sur l'installation d'antennes de radio, *JO* 28 déc., p. 12830.
4. Décr. n° 2009-53, 15 janv. 2009, relatif au droit au très haut débit pris en application du II de l'article 1er de la loi n° 66-457, 2 juill. 1966, relative à l'installation d'antennes réceptrices de radiodiffusion, *JO* 16 janv, p. 904.
5. Soc. 13 nov. 1963, n° 62-40.771, *Bull. civ.* IV, n° 774 – Soc. 29 janv. 1981, n° 79-40.997, *Bull. civ.* V, n° 89 – Soc. 26 oct. 1988, n° 86-40.412, *Bull. civ.* V, n° 552; *D.* 1988. IR 265.

nisation - des ateliers, un bureau, une représentation permanente de la société[1].

Les juges doivent rechercher quelles sont les conditions réelles d'exécution du travail et c'est là une question de fait soumise à leur appréciation souveraine[2].

132.483 **Travail dans un établissement.** Dans la plupart des cas, où le salarié travaille en permanence dans le même lieu, il n'y a pas de difficulté. Mais de nombreuses hypothèses font hésiter. Ainsi, il a été admis que le conseil de prud'hommes compétent au sujet d'un salarié détaché auprès d'une autre société, était celui du lieu d'affectation[3]. Si le salarié a été affecté successivement dans plusieurs établissements, il n'est pas pour autant détaché de tout établissement[4]. Mais n'a pas été considéré comme travaillant dans un établissement le salarié affecté à la surveillance de plusieurs chantiers situés sur plusieurs départements[5]. En cas de mutation, le juge doit rechercher si l'affectation du salarié a un caractère provisoire ou non[6]. Mais lorsque le salarié employé par une agence d'intérim pour effectuer une mission de travail temporaire dans une société utilisatrice demande la requalification de son contrat en contrat à durée indéterminée avec cette société, c'est le conseil de prud'hommes dans le ressort duquel se trouve le siège de cette société qui est compétent[7].

2°
Travail effectué en dehors d'un établissement ou à domicile

132.491 **Règle.** Lorsque le travail est effectué en dehors de tout établissement, ou au domicile du salarié, le conseil de prud'hommes compétent est dans le ressort duquel se trouve le domicile du salarié (C. trav., art. R. 1412-1, 2°).

Il en est ainsi du conducteur de chantiers couvrant plusieurs départements[8], du représentant de commerce[9] ou du salarié recourant au télétravail[10].

1. Soc. 15 nov. 1909, *DP* 1910. 1. 104, note Le Poittevin – Soc. 18 mars 1986, n° 85-41.431, NP.
2. Soc. 29 janv. 1981, n° 79-40.997, *Bull. civ.* V, n° 89 – Soc. 2 mars 1989, n° 86-43.667, *Bull. civ.* V, n° 177.
3. Soc. 6 déc. 1973, n° 73-40.307, *Bull. civ.* V, n° 636.
4. Soc. 22 avr. 1971, n° 70-40.126, *Bull. civ.* V, n° 299; *D.* 1971. 397.
5. Soc. 2 mars 1972, n° 71-40.443, *Bull. civ.* V, n° 178; *JCP* 1972. II. 17190, note J. A.; *RTD civ.* 1972. 816, obs. Hébraud; *Gaz. Pal.* 1972. 827.
6. Soc. 25 nov. 1976, n° 75-40.675, *Bull. civ.* V, n° 628; *D.* 1977. IR 27.
7. Soc. 14 déc. 2004, n° 03-40.401, *Bull. civ.* V, n° 333; *RJS* 2005, n° 192.
8. Soc. 2 mars 1972, n° 71-40.443, préc. s[s] prés[t] n°.

132.492 **Notion de domicile.** Le domicile se détermine selon les critères de l'article 102 du Code civil. C'est le lieu du principal établissement du salarié, c'est-à-dire dans la plupart des cas, le lieu où il habite effectivement de manière stable. Le domicile à prendre en compte est celui du salarié lors de la saisine du conseil de prud'hommes[11].

3°
Option du salarié

132.501 **Règle.** Lorsque le salarié est le demandeur, outre, selon le cas, le conseil de prud'hommes du lieu de l'établissement ou celui de son domicile, le salarié peut saisir encore, à son choix, le conseil de prud'hommes du lieu où l'engagement a été contracté ou celui du lieu où l'employeur est établi (C. trav., art. R. 1412-1, al. 3).

132.502 **Lieu de l'engagement.** Il n'est pas toujours facile de déterminer le lieu où l'engagement du salarié a été contracté.

Dans le cas d'engagement par correspondance, la jurisprudence retient en général le lieu d'expédition de l'acceptation[12]. Mais c'est là une question de fait soumise à l'appréciation souveraine des juges du fond. Lorsque le lieu de formation du contrat n'a pu être déterminé, le conseil de prud'hommes compétent est celui du siège social de l'employeur[13].

132.503 **Lieu où l'employeur est établi.** Ce peut être le domicile personnel de l'employeur[14]. Ce peut être le siège social de l'employeur, ou celui d'un établissement secondaire dont le responsable a un pouvoir de représentation[15].

B.
Contrat international

132.510 **Plan.** Plusieurs hypothèses peuvent se rencontrer. Le salarié travaille en France pour un employeur établi à l'étranger, ou travaille à l'étranger pour un employeur établi en France, ou un français travaille à l'étranger pour un employeur établi à l'étranger. Il faut distinguer selon qu'une convention internationale est applicable ou pas.

9. Soc. 3 mars 1965, n° 62-40.026, *Bull. civ.* IV, n° 184; *D.* 1965. 492.
10. Soc. 10 janv. 2012, n° 11-14.046, NP; *Cah. soc. barreau* 2012. 93, note Pansier.
11. Soc. 10 avr. 1991, n° 87-45.701, *Bull. civ.* V, n° 182; *D.* 1991. IR 182.
12. Soc. 3 mars 1965, n° 62-40.026, *Bull. civ.* IV, n° 184; *D.* 1965. 492; préc. s[s] n° 132.491.
13. Soc. 2 mars 1972, n° 71-40.443, préc. s[s] n° 132.491.
14. Soc. 27 févr. 1991, n° 87-43.460, NP; *RJS* 1991. 264.
15. Soc. 9 déc. 1992, n° 88-42.595, *Bull. civ.* V, n° 588.

1°
Absence de convention internationale

132.511 **Principe.** Dans le cas général, les articles 14 et 15 du Code civil permettent au salarié français ou à l'employeur français d'attraire le contractant étranger devant un tribunal français. On applique alors les règles de compétence territoriale de droit interne pour déterminer le tribunal compétent (établissement, domicile du salarié, lieu de conclusion du contrat, lieu où est établi l'employeur) [1].

S'il n'est pas possible de déterminer la juridiction française territorialement compétente, le demandeur français peut saisir une juridiction de son choix en raison d'un lien de rattachement en territoire français ou, à défaut, selon les exigences d'une bonne administration de la justice [2].

La jurisprudence admet que si le contrat est international, les **clauses attributives de compétence** sont valables et qu'elles peuvent faire échec à l'application des articles 14 et 15 du Code civil [3].

132.512 **Règle propre aux salariés détachés en France par une entreprise établie au sein de la Communauté européenne.** Le décret n° 2000-462 du 29 mai 2000 a inséré dans le Code du travail un article R. 517-1-1, devenu R. 1412-5, qui dispose :

« *Lorsqu'un salarié est temporairement détaché sur le territoire national, par une entreprise établie dans un autre État membre de la Communauté européenne, les contestations relatives aux droits reconnus dans les matières énumérées à l'article 1262-4 peuvent être portées devant le conseil de prud'hommes dans le ressort duquel la prestation est ou a été exécutée.*

Lorsque la prestation est ou a été exécutée dans le ressort de plusieurs conseils de prud'hommes, ces contestations sont portées devant l'une quelconque de ces juridictions » [4].

1. V. Soc. 26 janv. 1989, n° 86-40.766, *Bull. civ.* V, n° 76; *Dr. soc.* 1989. 729, note Jeammaud; *Rev. crit. DIP* 1989. 754, note Gaudemet-Tallon.
2. Civ. 1re, 13 juin 1978, n° 77-11.610, *Bull. civ.* I, n° 223; *Rev. crit. DIP* 1978. 722, note Audit; *D.* 1979. IR 337, note Audit – Civ. 1re, 29 janv. 1980, n° 78-13.146, *Bull. civ.* I, n° 38 – Soc. 2 mars 1966, n° 64-40.547, *Bull. civ.* IV, n° 221; *D.* 1966. Somm. 79.
3. Cass., ch. mixte, 28 juin 1974, nos 71-40.259, 71-40.258, 71-40.360 et 71-40.258, *Bull. ch. mixte*, n° 4; *Gaz. Pal.* 1974. 765, note R. S.; *JCP* 1974. II. 17881, note Lyon-Caen; *J.-Cl. Trav.*, fasc. 42; *Dr. soc.* 1975. 458, note Lucas; *J.-Cl. Trav.*, fasc. 42; *Gaz. Pal.* 1974. 765, note R.S.; *JCP* 1974. II. 17881, note Lyon-Caen; *Dr. soc.* 1975. 458, note H.-J. Lucas – Soc. 30 janv. 1991, n° 87-42.086, *Bull. civ.* V, n° 41; *D.* 1991. IR 50; *RJS* 1991. 618, note Deprez.
4. V. M.-A. Moreau, « Le détachement des travailleurs effectuant une prestation de service dans l'Union européenne », *JDI* 1996. 889 (à propos de la directive à l'origine de la disposition nationale).

Cette règle spéciale rejoint très largement l'application qui pouvait être faite des articles 14 et 15 du Code civil. Il est à souligner qu'il ne s'agit pas d'une règle de compétence impérative. Cette disposition n'ouvre qu'une faculté au salarié.

En cas de détachement de salarié par une entreprise qui n'est pas établie dans l'Union européenne, le texte ne s'applique pas. La jurisprudence retient la compétence des juridictions françaises dès lors que le travail a été effectué dans un établissement en France au sens de l'article R. 1412-1 du Code du travail, ce qui peut résulter de missions de quelques mois [5].

2°
Conventions internationales et règlement européen

132.521 **Principe.** Si une convention internationale lie la France, ses dispositions doivent s'appliquer et l'emportent sur celles du droit interne. Il en va de même lorsque s'applique un règlement européen.

Le **règlement CE n° 44/2001 du 22 décembre 2000 (Bruxelles I)** comporte ainsi une **section 5** consacrée à la compétence en matière de contrats individuels de travail **composée des articles 18 à 21. L'article 19 de ce texte énonce** que : « *Un employeur ayant son domicile sur le territoire d'un État membre peut être attrait :*

1) devant les tribunaux de l'État membre où il a son domicile, ou

2) dans un autre État membre :

a) devant le tribunal du lieu où le travailleur accompli habituellement son travail ou devant le tribunal du dernier lieu il a accompli habituellement son travail;

b) lorsque le travailleur n'accomplit pas ou n'a pas accompli habituellement son travail dans un même pays, devant le tribunal du lieu où se trouve ou se trouvait l'établissement qui a embauché le travailleur ».

L'article 20 du Règlement Bruxelles I permet à l'employeur de porter son action uniquement devant les tribunaux de l'État membre sur le territoire duquel le travailleur a son domicile [6] (v. ss nos 155.31 s.).

La Cour de justice de l'Union européenne, suivie par les juridictions françaises, interprète le règlement de façon favorable au salarié, de sorte que le tribunal de l'établissement qui a embauché le salarié est rarement compétent, le critère du pays où le travailleur accomplit habituellement son travail étant interprété de façon large.

5. Soc. 25 janv. 2012, n° 10-25.985, NP; *Rev. crit. DIP* 2012. 620, note Haftel.
6. V. H. Gaudemet-Tallon, *Compétence et exécution des jugements en Europe*, 4e éd., LGDJ, 2010, nos 293 s., p. 302 s. – Pour une application dans un groupe de société : Soc. 19 juin 2007, n° 05-42.551, *Bull. civ.* V, n° 109; *RDT* 2007. 543, note Jault-Seseke.

Ainsi, des pilotes d'avions qui accomplissent principalement leur travail en France peuvent saisir un tribunal français si la société qui les emploie dispose d'un établissement principal dans un aéroport français, peu important qu'ils effectuent des vols à travers le monde, que le siège social de l'entreprise et l'immatriculation des aéronefs soient situés dans d'autres autres pays[1]. Mais lorsque le salarié accomplit son travail hors de France et que son employeur tolère sa résidence en France où il peut travailler à son domicile une partie de la semaine, le lieu habituel d'activité n'est pas la France et les juridictions nationales sont incompétentes[2].

Les conventions de Lugano du 16 septembre 1988 et du 30 octobre 2007 conclues avec la Suisse retiennent des règles de compétence similaires interprétées par la jurisprudence dans le même sens que le Règlement Bruxelles I, c'est-à-dire en privilégiant le lieu d'accomplissement habituel du travail dans un sens favorable au salarié[3]. Les articles 20 à 23 du Règlement Bruxelles I *bis* du 12 décembre 2012 reprennent également des règles favorables au salarié qui s'appliqueront à partir de 2015.

132.522 Clauses attributives de compétence. Les clauses attributives de juridiction répondant aux conditions posées par l'article 21 du Règlement Bruxelles I doivent recevoir application[4]. Ces conventions doivent être postérieures à la naissance du différend et permettre au travailleur de saisir d'autres tribunaux que ceux indiqués par la section 5 de ce règlement.

En dehors de toute convention, la jurisprudence considère que la clause attributive de juridiction à des juridictions étrangères est valable dans un **contrat de travail international**[5]. Mais un arrêt récent, concernant une employée d'ambassade en France, fait preuve de plus de rigueur puisqu'il considère qu'une clause attributive de compétence incluse dans un contrat de travail international ne peut faire échec aux dispositions impératives de l'article R. 1412-1 du Code du travail applicable dans l'ordre international[6]. La Cour de justice de l'Union européenne estime également qu'une clause attributive de juridiction ne peut avoir pour effet d'exclure la compétence des juridictions prévue par le Règlement pour les conflits du travail[7].

§ 4 Compétence territoriale du tribunal de commerce

132.531 Entreprises en difficulté – Principe. Ce sont les règles de compétence territoriale de droit commun qui s'appliquent en principe devant le tribunal de commerce. Cependant, le Code de commerce énonce des règles spécifiques en droit des entreprises en difficulté (qui peuvent également s'appliquer lorsque le TGI est compétent).

Selon l'article R. 600-1 du Code de commerce, le tribunal territorialement compétent pour connaître des procédures de sauvegarde, redressement et liquidation judiciaire est celui dans le ressort duquel le débiteur personne morale a son siège ou le débiteur personne physique a déclaré l'adresse de son entreprise ou de son activité.

Afin d'éviter une fraude trop facile, l'alinéa 2 de cet article énonce qu'en cas de changement de siège de la personne morale dans les six mois ayant précédé la saisine du tribunal, le tribunal dans le ressort duquel se trouvait le siège initial demeure seul compétent.

Seuls certains tribunaux, les plus importants, peuvent connaître des procédures collectives. Ils sont désignés dans les tableaux annexés au Code de commerce (C. com., art. L. 610-1, R. 600-3 et R. 600-4 qui renvoient aux annexes 6-1 à 6-4)[8].

132.532 Dérogations. Ces règles peuvent poser problème lorsque la procédure concerne un **groupe de sociétés**. Des procédures distinctes doivent en principe être ouvertes au siège social de chaque société, ce qui entraîne un morcellement parfois préjudiciable pour l'appréciation de la situation économique globale du groupe. C'est la raison pour laquelle il est prévu la **possibilité d'extension d'une procédure à une ou plusieurs autres personnes** en cas de confusion de patrimoine ou de fictivité de la personne morale (C. com., art. L. 621-2, al. 2). Dans ce

1. Soc. 11 avr. 2012, n°s 11-17.096 et 11-17.097, *Bull. civ.* V, n° 119; *JCP S* 2012. 1353, note Tricoit; *Gaz. Pal.* 14 juin 2012, p. 5, note Prieur – Soc. 4 déc. 2012, n° 11-27.302, *Bull. civ.* V, n° 312; *JCP S* 2013. 1155, note Pétel-Teyssié – CJUE 15 mars 2011, Heiko Koelzsch, aff. C-29/10, *D.* 2011. 957 et 2434, obs. d'Avoust et Bollée; *Rev. crit. DIP* 2011. 447, note Jault-Seseke; *RTD eur.* 2011. 476, note Guinchard; *JDI* 2012. 187, note Brière – CJUE 15 déc. 2011, Voogsgeerd, aff. C-384/10, *Dr. soc.* 2012. 315, note Chaumette; *RDT* 2012. 115, note Jault-Seseke.
2. Soc. 27 nov. 2013, n° 12-24.880, *Bull. civ.* V, [à paraître].
3. Soc. 25 janv. 2012, n° 10-28.155, *Bull. civ.* V, n° 24; *Dr. soc.* 2012. 542, note Laborde; *JCP S* 2012. 1231, note Tricoit.
4. Soc. 7 janv. 1992, n° 89-40.470, *Bull. civ.* V, n° 7; *D.* 1992. IR 67.
5. Soc. 30 janv. 1991, n° 87-42.086, *Bull. civ.* V, n° 41; *RJS* 1991. 625 – Soc. 21 janv. 2004, n° 01-44.215, *Bull. civ.* V, n° 24; *D.* 2004. 2187, obs. Escande-Varniol; *Rev. crit. DIP* 2004. 644, note Jault-Seseke – J. Déprez, « Relation internationale de travail et compétence juridictionnelle », *RJS* 1989. 539; *RJS* 1991. 618.
6. Soc. 29 sept. 2010, n° 09-40.688, *Bull. civ.* V, n° 204; *D.* 2010. 2370; *D.* 2011. 1374, obs. Jault-Seseke; *Procédures* 2010. Comm. 397, note Perrot; *JCP S* 2011. 1036, note Tricoit; *JDI* 2011. 6, note Burda; *RDT* 2011. 271, note Jault-Seseke; *RDC* 2011. 563, note Deumier.
7. CJUE 19 juill. 2012, Ahmed Mahamdia, aff. C-154-11, *RDT* 2012. 588, note Jault-Seseke; *Rev. crit. DIP* 2013. 217, note Pataut.
8. V. NOT., F. Pérochon, *Entreprises en difficulté,* 9e éd., LGDJ, 2013.

cas, le tribunal qui a ouvert la procédure initiale reste compétent, ce qui peut conduire à déroger aux règles normales de compétence[1].

Cependant, les **notions de fictivité et de confusion de patrimoine** sont entendues strictement[2]. En l'absence de ces éléments, la cour d'appel peut procéder à un renvoi devant une autre juridiction de son ressort et la Cour de cassation peut faire de même lorsqu'il s'agit de renvoyer à une juridiction d'un autre ressort (C. com., art. L. 662-2). Une bonne administration de la justice conduit à déroger, ici encore, aux règles de compétence territoriale[3].

132.533 Droit international et européen. À défaut de siège sur le territoire français, le tribunal compétent est celui dans le ressort duquel le **débiteur** a le **centre principal de ses intérêts en France** (C. com., art. R. 600-1). Le principe retenu par la jurisprudence est désormais celui de **l'universalité de la faillite** (opposé au principe de territorialité) ce qui signifie que le débiteur est en principe soumis à une **procédure unique** qui a vocation à appréhender tous les actifs du débiteur, y compris ceux qui seraient situés à l'étranger[4].

En droit européen, les règles de compétence sont fixées par le règlement CE n° 1346/2000 du 29 mai 2000 relatif aux procédures d'insolvabilité. Selon l'article 3 (§ 1) de ce texte, les juridictions de l'État membre sur le territoire duquel est situé le centre des intérêts principaux du débiteur sont compétentes pour ouvrir la procédure d'insolvabilité. Pour les sociétés et les personnes morales, le centre des intérêts principaux est présumé, jusqu'à preuve contraire, être le lieu du siège statutaire[5]. Pour les personnes physiques, en revanche, il n'existe pas de présomption selon laquelle le centre des intérêts principaux du débiteur est situé à son domicile ou à sa résidence[6].

1. Com. 4 janv. 2000, n° 97-11.712, *Bull. civ.* IV, n° 3; *D.* 2000. 72, obs. Lienhard; *JCP E* 2000. 698, n° 1, obs. Pétel.
2. V. NOT., Ph. Delmotte, « Les critères de la confusion des patrimoines dans la jurisprudence de la chambre commerciale de la Cour de cassation », *RJDA* 2006. 539.
3. D. Voinot, « Le renvoi dans la procédure collective », *RGDP* 1998. 197.
4. Civ. 1re, 19 nov. 2002, n° 00-22.334, *Bull. civ.* I, n° 275; *D.* 2003. 797, note Khairallah; *D.* 2002. 3341, obs. Lienhard; *D.* 2003. 1625, obs. Henry; *Rev. crit. DIP* 2003. 631, note Muir Watt; *RTD com.* 2003. 169, note Vallens; *JCP* 2002 II. 10201, concl. Sainte-Rose, note Chaillé de Néré; *JCP E* 2003. 1675, note Menjucq; *JDI* 2003. 312, note Roussel Galle.
5. V. D. Bureau, « La fin d'un îlot de résistance, le règlement du Conseil relatif aux procédures d'insolvabilité », *Rev. crit. DIP* 2002. 613 – M. Raimon, *Le règlement communautaire n° 1346/2000 du 29 mai 2000 relatif aux procédures d'insolvabilité*, LGDJ, 2007 – F. Mélin, *Le règlement communautaire du 29 mai 2000 relatif aux procédures d'insolvabilité*, Bruylant, 2008 – M. Menjucq, *Droit international et européen des sociétés*, 2e éd., Montchrestien, 2008, p. 453 s.

§ 5
Compétence territoriale du tribunal paritaire des baux ruraux

132.541 Lieu de la situation de l'immeuble. Selon l'article 880 C. pr. civ., le tribunal paritaire des baux ruraux territorialement compétent est celui du lieu de la situation de l'immeuble. Lorsque le fonds donné à bail s'étend sur le ressort de plusieurs tribunaux, il semble que chaque tribunal concerné soit compétent dès lors que l'action est indivisible et concerne l'ensemble du fonds[7].

§ 6
Compétence territoriale des juridictions de sécurité sociale

132.551 Tribunal des affaires de sécurité sociale (TASS). Selon l'article R. 142-12 du Code de la sécurité sociale, le tribunal compétent est celui dans le ressort duquel se trouve le **domicile du bénéficiaire ou de l'employeur intéressé ou le siège de l'organisme défendeur** en cas de conflit entre organismes ayant leur siège dans le ressort de juridictions différentes.

Ce principe est assorti de six exceptions énoncées par l'alinéa 2 de ce texte.

En cas d'accident du travail, la juridiction compétente est située dans le ressort du dernier domicile de l'assuré si cet accident a été mortel, au lieu de l'accident ou de la résidence de l'accidenté, au choix de celui-ci, si l'accident n'a pas été mortel (1° et 2°).

En cas de différend entre le bénéficiaire d'une prestation et l'employeur, c'est le tribunal dans le ressort duquel est située la résidence du bénéficiaire qui est compétent (3°).

Si le différend porte sur des questions relatives à l'affiliation et aux cotisations des travailleurs salariés, la compétence est attribuée au tribunal dans le ressort duquel l'établissement de l'employeur est situé (4°). Toutefois, les entreprises ayant plusieurs établissements peuvent être autorisées à verser les cotisations à un seul organisme lorsque la paie est tenue en un seul lieu pour tout ou partie de leurs établissements. La signature d'un protocole instaurant l'unité de lieu de paiement confère, selon la jurisprudence, compétence au tribunal du lieu où les cotisations sont payées, peu important le lieu de travail des salariés concernés[8]. La

6. Com. 15 févr. 2011, n° 10-13.832, *Bull. civ.* IV, n° 28; *D.* 2011. 1738, obs. Lienhard, note Dammann et Rapp; *D.* 2011. 2434, obs. d'Avout et Bollée; *JCP E* 2011. 1298, note Mélin.
7. T. par. Prades, 22 avr. 1995, *JCP N* 1955. II. 8934.
8. Civ. 2e, 11 oct. 2006, n° 05-10.546, *Bull. civ.* II, n° 258; *JCP S* 2007. 1248, note Bugada – Paris, 10 déc. 2009, RG n° 08/01147.

compétence du tribunal du siège de l'organisme de recouvrement est désormais expressément prévue lorsqu'il est fait application des articles R. 243-6 ou R. 243-8 du Code de la sécurité sociale (CSS, art. R. 142-12, al. 2, 6°).

En cas de contestations relatives à la répartition des conséquences d'un accident du travail subi par un travailleur intérimaire entre l'entreprise utilisatrice et l'entreprise de travail temporaire, c'est le tribunal dans le ressort duquel est situé l'établissement de l'entreprise de travail temporaire qui est compétent (5°).

132.552 Tribunal du contentieux de l'incapacité (TCI). Le tribunal du contentieux de l'incapacité compétent est celui du lieu où demeure le demandeur si celui-ci demeure en France. Si le demandeur demeure à l'étranger, le tribunal compétent est celui dans le ressort duquel l'organisme de sécurité sociale ou de mutualité agricole, dont relève ou relevait le demandeur, a son siège (CSS, art. R. 143-3).

§ 7
Compétence territoriale du juge de l'expropriation

132.561 Département de l'opération. Le juge de l'expropriation est une **juridiction départementale.** Il connaît donc des opérations d'expropriation réalisé dans le département où il est institué.

Toutefois, si une opération fait l'objet d'une déclaration d'utilité publique unique s'étendant sur plusieurs départements dans le ressort de la même cour d'appel, la juridiction de l'un seulement de ces départements peut être chargée de régler l'ensemble des procédures auxquelles peut donner lieu cette opération par une décision du premier président de la cour d'appel prise éventuellement d'office, ce qui permet de coordonner l'ensemble des procédures (C. expr., art. R. 13-3). Il y a alors **extension judiciaire de compétence territoriale.**

§ 8
Compétence territoriale des juges du provisoire

132.571 Juge des référés. Le juge des référés compétent est en principe **celui de la juridiction territorialement compétente au fond.** Les règles de compétence territoriales applicables sont donc les règles de droit commun. Cependant, afin d'assurer l'efficacité et la célérité de cette procédure, le demandeur peut également saisir le juge des référés dans le ressort duquel au moins l'une des mesures demandée doit être exécutée[1], notamment s'il s'agit d'une mesure d'instruction préventive[2]. Le juge des référés ainsi désigné peut être saisi même en présence d'une clause attributive de juridiction qui est inopposable au demandeur en référé[3]. Ces solutions sont également retenues dans les litiges internationaux et communautaires (sur le fondement de l'article 31 du Règlement Bruxelles I du 22 décembre 2000 - V. s^s n°s 156.11 s.)[4].

132.572 Juge des requêtes. Les règles de compétence territoriale retenues pour le juge des référés ont été étendues au juge des requêtes. Outre le juge compétent en vertu du droit commun, le demandeur peut donc saisir le **président du tribunal** dans le ressort duquel la mesure sollicitée doit être exécutée[5]. Si plusieurs mesures sont sollicitées dans des lieux différents, il semble qu'il puisse solliciter soit le président du tribunal dans le ressort duquel au moins une des mesures doit être exécutée, soit le président de la juridiction qui serait compétente pour connaître de l'éventuelle instance au fond[6], malgré un arrêt isolé ayant refusé cette option[7].

1. Civ. 4 mai 1910, *D.* 1910. 1. 385, note Lalou – Civ. 2e, 10 juill. 1991, n° 90-11.815, *Bull. civ.* II, n° 223 – Civ. 2e, 17 juin 1998, n° 95-10.563, *Bull. civ.* II, n° 200.
2. Com. 1er juill. 1980, n° 79-12.106, *Bull. civ.* IV, n° 284; *RTD civ.* 1981. 682, obs. Normand – Civ. 2e, 30 avr. 2009, n° 08-15.421, *Bull. civ.* II, n° 105; *D.* 2009. 2321, note Pierre-Maurice; *D.* 2009. 2714, obs. Delebecque, Bretzner et Vasseur; *Procédures* 2009. Comm. 224, note Perrot.
3. Civ. 2e, 19 nov. 2008, n° 08-11.646, NP; *Procédures* 2009. Comm. 77, note Perrot.
4. H. Gaudemet-Tallon, *Compétence et exécution des jugements en Europe*, 4e éd., LGDJ, 2010, nos 305 s., p. 317 s. – Rép. internat, v° *Référé*, par J.-P. Rémery, 1998 [màj mars 2009].
5. Civ. 2e, 18 nov. 1992, n° 91-16.447, *Bull. civ.* II, n° 266; *D.* 1993. 91, note Chartier; *RTD civ.* 1993. 648, obs. Perrot.
6. Civ. 2e, 30 avr. 2009, n° 08-15.421, *Bull. civ.* II, n° 105; *D.* 2009. 2321, note Pierre-Maurice; *D.* 2009. 2714, obs. Delebecque, Bretzner et Vasseur; *Procédures* 2009. Comm. 224, note Perrot; *Dr. et proc.* 2009. 268, note Salati – Civ. 2e, 5 mai 2011, n° 10-20.437, NP; *Procédures* 2011. Comm. 221, note Perrot – Paris, 12 nov. 2012, RG n° 12/05083, *D.* 2013. 5809, obs. Bretzner.
7. Com. 14 févr. 2012, n° 10-25.665, NP; *Procédures* 2012. Comm. 108, note Perrot.

TITRE

14. Les dérogations aux règles de compétence

SECTION 0

ORIENTEUR

14.00 Plan du titre.

14.05 Notion. Des dérogations ou des assouplissements peuvent être apportés aux règles de compétence matérielle ou de compétence territoriale, qui n'ont pour raison d'être que la bonne administration de la justice et l'intérêt du justiciable. Ce phénomène, qu'on appelle prorogation ou extension de compétence, fait qu'une juridiction, *a priori* incompétente, matériellement ou territorialement, va pouvoir connaître régulièrement d'un litige ou d'une partie de litige qui, normalement, échappait à sa compétence.

14.06 Sources. Cette extension de compétence a principalement deux sources : la loi et la convention; on y ajoute souvent une troisième source, qui serait judiciaire, mais qui peut se ramener à la loi, puisque c'est toujours en application de la loi qu'une juridiction a le pouvoir d'en désigner une autre, qui n'est pas normalement compétente.

Seront donc envisagées successivement les dérogations conventionnelles aux règles de compétence (chap. 141) et les dérogations légales de compétence (chap. 142).

CHAPITRE

141. Dérogations conventionnelles

DIDIER CHOLET
Maître de conférences
à l'Université du Maine

SECTION 0
ORIENTEUR

141.00 Plan du chapitre.

Division. Les parties peuvent déroger à certaines règles de compétence. Elles peuvent le faire expressément, avant tout procès, par une clause attributive de compétence (sect. 1). Elles peuvent encore le décider, expressément ou tacitement, une fois le litige né (sect. 2).

141.01 Principaux textes applicables.
C. pr. civ., art. 41, 48, 93.
C. trav., art. R. 1412-4.

SECTION 1
CLAUSES ATTRIBUTIVES DE COMPÉTENCE

141.10 Convention préalable. Les clauses attributives de compétence supposent une convention préalable entre les parties, qui désigne à l'avance la juridiction compétente en cas de litige ayant trait à la convention. Par application de l'article 6 du Code civil, ces clauses ont pour limite générale d'ordre public : « *On ne peut déroger, par des conventions particulières aux lois qui intéressent l'ordre public et les bonnes mœurs* » (les bonnes mœurs n'ayant rien à faire en l'espèce). Cela pose la question de la validité de la clause[1]. Mais, l'examen de cette question conduit à distinguer entre la compétence d'attribution (§ 1), la compétence territoriale (§ 2) et la compétence internationale (§ 3).

§ 1
Clauses attributives de compétence d'attribution

141.11 Application limitée. Bien que le Code de procédure civile n'en dise rien, les clauses attributives de compétence d'attribution sont d'application très limitée parce que les règles de compétence matérielle sont le plus souvent d'ordre public. Les clauses attributives de compétence sont interdites quant à l'ordre ou au degré de juridiction (A); elles sont licites dans des hypothèses limitées quant à la nature de la juridiction du premier degré (B).

1. E. Pataut, « Clauses attributives de juridiction et clauses abusives », *Mél. Calais-Auloy*, Dalloz, 2004, p. 807.

A. Interdiction des dérogations à l'ordre ou au degré de juridiction

1° Ordre de juridiction

141.21 **Principe.** L'incompétence du juge quant à l'ordre de juridiction étant absolue et **d'ordre public**, il n'est pas possible de convenir valablement de saisir en cas de litige une juridiction d'un autre ordre que celle compétente. Dans la pratique, cela ne se fait d'ailleurs pas, sauf erreur possible des parties quant à la juridiction désignée dans leur convention. Mais, si elle est incompétente au profit d'une juridiction d'un autre ordre, la juridiction saisie doit se déclarer d'office incompétente.

141.22 **Juridictions pénales et administratives.** Il n'est évidemment pas envisageable de convenir qu'une juridiction civile sera compétente pour connaître de la répression d'une infraction pénale, ni qu'une juridiction pénale pourra trancher une question relevant de la juridiction civile, hormis la réparation du préjudice causé directement par une infraction (C. pr. pén., art. 2).

Il n'est pas davantage possible de déroger aux règles de compétence des juridictions administratives ou, inversement, de convenir de saisir une juridiction administrative à la place d'une juridiction civile.

2° Degré de juridiction

141.31 **Règle.** La question ne se pose pratiquement pas. Les parties ne peuvent convenir de s'ouvrir un deuxième degré de juridiction lorsqu'il n'est pas permis (par exemple pour un jugement rendu en dernier ressort). Elles ne peuvent pas davantage convenir de substituer une voie de recours à une autre (par ex. pourvoi en cassation au lieu d'un appel).

B. Licéité limitée quant à la nature de la juridiction

1° Clauses illicites

141.41 **Principe.** Dans la plupart des cas, les clauses attributives de compétence matérielle sont illicites parce que les règles de compétence d'attribution sont **exclusives ou d'ordre public**. Il en est ainsi aussi bien entre le tribunal de grande instance (TGI) et les juridictions d'exception, ou inversement, qu'entre les juridictions d'exception.

Ainsi, il n'est pas possible de prévoir que le TGI sera compétent pour connaître d'un litige relevant de la compétence exclusive d'une juridiction d'exception (par ex. du litige entre employeur ou salarié relatif au contrat de travail, ou d'un redressement judiciaire d'un commerçant, ou encore d'une action relative à un crédit à la consommation).

Inversement, il ne peut être dérogé à la compétence exclusive du TGI au profit d'une juridiction d'exception. On ne peut, par exemple, convenir de saisir le tribunal de commerce pour juger les conséquences d'un accident de la circulation, un litige relatif au statut des baux commerciaux ou à l'état des personnes, ou de rendre compétent le conseil de prud'hommes pour connaître du règlement d'une succession, ou le tribunal d'instance (TI) pour statuer sur une revendication de propriété immobilière ou l'établissement d'une filiation. Les accords *de quantitate ad quantitatum*, permettant au TI de connaître d'un litige excédant son taux de compétence sont permis, mais seulement une fois le litige né, ce qui exclut les clauses attributives de compétence préalable (v. s^s n°s 141.91 s.).

De même, on ne peut convenir de saisir une juridiction d'exception à la place d'une autre : le TI pour un litige du travail, ou le tribunal de commerce pour un conflit relatif à un droit de place sur un marché, le conseil de prud'hommes pour un litige entre marins et armateurs.

2° Clauses licites

141.51 **Distinction.** Les seules dérogations admises aux règles de compétence d'attribution profitent au TGI ou à son président, statuant en référé. Mais il ne s'agit pas d'une règle générale. Il convient, dans chaque cas, de s'interroger sur le caractère exclusif ou non de la règle de compétence à laquelle il veut être dérogé.

141.52 **Choix du tribunal de grande instance au lieu du tribunal d'instance.** La plupart des règles de compétence matérielles en faveur du TI sont exclusives et excluent donc les clauses attributives de compétence.

La compétence générale du TI en matière civile et personnelle n'est pas exclusive; elle est identique à celle du TGI, la compétence se répartissant entre les deux juridictions en fonction du montant de la demande. Toutefois, il ne peut être dérogé à la compétence en raison du montant de la demande qu'une fois le litige né; ceci exclut les clauses attributives de compétence avant tout litige (v. s^s n° 141.91).

141.53 **Bail d'immeuble.** La Cour de cassation a précisé que la compétence du TI en matière de bail n'est pas exclusive[1]. Il a été admis en conséquence qu'était valable une clause attributive de compétence au TGI dans un bail d'habitation[2]. Il en résulte encore que le président du tribunal du TGI statuant en référé peut être désigné comme juge compétent dans le bail pour constater la résiliation du bail par l'effet de la clause résolutoire et ordonner l'expulsion du locataire, aussi bien dans le bail d'habitation que dans le bail commercial. Ces clauses sont d'ailleurs très fréquentes en pratique.

141.54 Choix du tribunal de grande instance au lieu du tribunal de commerce. Il a toujours été admis que la compétence du tribunal de commerce pour trancher les litiges entre commerçants ou relatifs à des actes de commerce n'était pas d'ordre public[3]. Cette jurisprudence ancienne a été confirmée depuis l'entrée en vigueur du Code de procédure civile : ainsi, la cour d'appel de Paris a jugé qu'aucune disposition n'interdit à des commerçants de prévoir conventionnellement la compétence du TGI, juge de droit commun. Par suite, une telle clause doit recevoir application dès lors que le litige ne relève pas, en raison de sa nature, de la compétence exclusive d'une autre juridiction[4]. Les clauses attributives de compétence au TGI au lieu du tribunal de commerce sont donc licites.

141.55 Actes mixtes. Il était admis traditionnellement que dans les conventions de caractère civil pour une partie et commercial pour l'autre, les clauses attributives de compétence au profit de la juridiction commerciale étaient valables[5]. Cette solution n'est plus admise aujourd'hui. Par un arrêt de principe, la chambre commerciale de la Cour de cassation a posé clairement, sur le visa de l'article 631 (ancien) du Code de commerce, qu'une clause attributive de compétence au tribunal de commerce est inopposable à un défendeur non commerçant[6] (une cour d'appel s'était déjà prononcée dans le même sens, considérant que la clause est abusive, ce que ne dit pas la Cour de cassation[7]). La clause est même inopposable à une compagnie d'assurance qui vient aux droits d'une personne qui n'a pas la qualité de commerçant[8].

La Cour de cassation avait déjà jugé par ailleurs, à propos d'une convention entre deux non-commerçants attribuant compétence au tribunal de commerce, que, en dehors des exceptions prévues par la loi, les parties ne peuvent, par convention, déroger aux règles de compétence prévues par l'ancien article 631 du Code de commerce déterminant la compétence des tribunaux de commerce[9].

Il est possible que ces clauses soient considérées comme abusives et déclarées non écrites dans les contrats conclus entre consommateur et professionnel en application de l'article L. 132-1 du Code de la consommation[10].

§ 2 Clauses attributives de compétence territoriale

A. Caractère non écrit des clauses dérogeant à la compétence territoriale

141.61 Textes. L'article 48 C. pr. civ. interdit par principe les clauses attributives de compétence territoriale, mais prévoit une exception entre commerçants.

L'article 48 C. pr. civ. dispose que : « *Toute clause qui, directement ou indirectement, déroge aux règles de la compétence territoriale est réputée non écrite* [...] ». Outre ce texte général, l'article R. 1412-4 du Code du travail dit encore, expressément et inutilement, que les clauses dérogeant à la compétence territoriale du conseil de prud'hommes sont réputées non écrites.

141.62 Domaine et nature. L'interdiction est générale et d'**ordre public.** Elle vise à protéger notamment les consommateurs contre de telles clauses qui apparaissaient trop fréquemment dans les contrats qui leur étaient proposés par les professionnels, mais s'applique à toutes conventions, qu'elles soient conclues entre particuliers, entre professionnels non-commerçants ou entre sociétés non-commerçantes. Elle interdit aussi bien les clauses dérogeant expressément aux règles de compétence territoriale, que les

1. Civ. 2e, 30 sept. 1981, no 81-12.359, *Bull. civ.* II, no 175; *Gaz. Pal.* 1982. 75, note Viatte; *RTD com.* 1982. 253, note Pedamon; *Ann. loyers* 1982. 81, note Fau et Debeaurain; *Rev. loyers* 1981. 530.
2. Paris, 10 déc. 1984, *D.* 1985. IR 263, obs. crit. Julien.
3. Civ. 6 mai 1931, *DH* 1931. 362 – Civ., 4 août 1941, *DA* 1942. 18; *JCP* 1942. II. 1860, note Roubier – Civ. 2e, 25 juin 1958, no 1.305, *Bull. civ.* II, no 456.
4. Paris, 27 oct. 1999, RG no 1999/10443, *RJDA* 2000, no 229.
5. Com. 20 juill. 1965, no 63-10.699, *Bull. civ.* III, no 469; *D.* 1965. 581 – Civ. 3e, 4 juin 1980, no 79-11.781, *Bull. civ.* III, no 111; *Gaz. Pal.* 1980. 2. 767, note Dupichot – Com. 10 févr. 1981, no 79-15.687, *Bull. civ.* IV, no 75; *D.* 1982. IR 156, obs. Julien; *Gaz. Pal.* 1981. 475, note Dupichot; *RTD com.* 1981. 522, obs. Dubarry.
6. Com. 10 juin 1997, no 94-12.316, *Bull. civ.* IV, no 185; *D.* 1998. 2. note Labarthe et Jault-Seseke; *D. Affaires* 1997. 831; *Procédures* 1997. Comm. 270, note Croze.
7. Toulouse, 6 déc. 1995, RG no 4197/93, *D.* 1996. IR 87.
8. Com. 29 févr. 2000, no 95-17.400, *Bull. civ.* IV, no 41; *RJDA* 2000, no 620.
9. Com. 21 oct. 1963, no 61-11.801, *Bull. civ.* IV, no 429; *D.* 1964. 99; *JCP* 1964. II. 13519, note J. A.
10. Commission des clauses abusives, recom. no 91-02, 23 mars 1990, no 20 – D. Plantamp, « La clause attributive de compétence matérielle et le demandeur non commerçant dans le contentieux des actes mixtes », *RTD com.* 2013. 429.

clauses y dérogeant implicitement ou indirectement, telle, par exemple, qu'une clause d'élection de domicile. Un arrêté ministériel homologuant les statuts d'un organisme social ne peut avoir pour effet de déroger aux dispositions de l'article 48 C. pr. civ. et de valider une clause attributive de compétence territoriale entre des personnes n'ayant pas toutes la qualité de commerçant[1].

Toutefois, outre l'exception prévue par le texte entre commerçants, la jurisprudence a admis que l'article 48 ne s'appliquait pas dans l'ordre international, lorsque la dérogation à la compétence territoriale est la conséquence de l'attribution de compétence à la juridiction d'un autre État[2].

141.63 Sanction de la clause. La clause de compétence territoriale figurant néanmoins dans une convention est réputée non écrite. Cela signifie d'abord qu'elle ne peut avoir aucun effet et ne peut être invoquée par un plaideur à l'appui d'une exception d'incompétence.

Au besoin, sa nullité peut être constatée par le juge, étant précisé que la clause est seule affectée par la nullité, le contrat qui la porte demeurant valable. Il a par ailleurs été admis que la clause nulle quant à la compétence territoriale conserverait son effet pour la compétence d'attribution[3].

141.64 Interdiction pour le juge de prononcer d'office la nullité. Bien que les dispositions de l'article 48 soient d'ordre public, le juge ne peut en principe prononcer d'office la nullité de la clause ou se déclarer d'office incompétent territorialement[4]. L'article 93 C. pr. civ. n'autorise le juge à relever d'office son incompétence territoriale, en matière contentieuse, que dans les litiges relatifs à l'état des personnes, dans les cas où la loi attribue compétence exclusive à une autre juridiction ou si le défendeur ne comparaît pas.

B.
Exception entre commerçants

141.71 Licéité. L'article 48 C. pr. civ. déclare non écrites les clauses attributives de compétence territoriale « [...] *à moins qu'elles n'aient été convenues entre des personnes ayant toutes contracté en qualité de commerçant et qu'elles n'aient été spécifiées de façon très apparente dans l'engagement de la partie à qui elle est opposée* ».

En d'autres termes les clauses attributives de compétence territoriales sont licites entre commerçants (aussi bien personnes physiques que personnes morales).

Cette exception doit être **interprétée strictement.** La clause n'est licite que si les deux conditions posées par le texte sont réunies cumulativement[5]. En outre, la Cour de cassation a décidé que la clause attributive de compétence territoriale est inopposable à la partie qui saisit le juge des référés, précisant que, si le juge territorialement compétent pour statuer sur une demande de mesure d'instruction est le président de la juridiction appelée à connaître d'un litige éventuel sur le fond, il n'est pas interdit au demandeur de saisir en référé le président de la juridiction du lieu où doit être exécutée la mesure demandée[6].

141.72 Personnes ayant contracté en qualité de commerçant. Pour être valable, la clause doit avoir été convenue entre des personnes ayant toutes contracté en qualité de commerçant. Cette qualité doit s'apprécier au regard des critères d'activité des articles L. 110-1 et L. 110-2 du Code de commerce[7]; ainsi la clause est non écrite pour un horticulteur qui exerce une profession agricole[8]. Elle ne peut être stipulée contre une personne qui fait un acte de commerce isolé, tel le dirigeant d'une société qui se porte caution des engagements de la société[9], ou la personne, elle-même non commerçante, qui a agi au nom d'une société non encore immatriculée[10]. De même, le seul fait d'accepter une traite comportant une telle clause, ne confère pas la qualité de commerçant à un artisan[11]. Il a encore été jugé que la clause ne peut être opposée à un commerçant qui a contracté pour les besoins de sa vie privée[12].

En revanche, la Cour de cassation a admis que la clause attributive de compétence était opposable au liquidateur du débiteur contractant qui exerce les

1. Civ. 2e, 26 juin 2003, nº 01-20.890, *Bull. civ.* II, nº 210; *Procédures* 2003, nº 214, obs. Perrot – Civ. 1re, 6 févr. 2007, nº 05-12.592, NP; *Procédures* 2007, nº 77, obs. Perrot – Civ. 2e, 4 juill. 2007, nº 06-16.140, *Bull. civ.* II, nº 189; *Procédures* 2007, nº 213, obs. Perrot.
2. Civ. 1re, 17 déc. 1985, nº 84-16.338, *Bull. civ.* I, nº 354; *D.* 1986. IR 265, obs. Audit; *Rev. crit. DIP* 1986. 537, note Gaudemet-Tallon.
3. Paris, 10 févr. 1993, RG nº 92/21920, *JCP* 1995. II. 22438, note Guez.
4. Civ. 3e, 16 mai 1979, *D.* 1980. IR 49, obs. Julien.
5. J. Dupichot, « Bilan de l'interprétation jurisprudentielle de l'article 48 NCPC », *Gaz. Pal.* 1981. 475.
6. Civ. 2e, 17 juin 1998, nº 95-10.563, *Bull. civ.* II, nº 200.
7. C. com., anc. art. 632 et anc. art. 633.
8. Civ. 3e, 4 juin 1980, nº 79-11.781, *Bull. civ.* III, nº 111; *Gaz. Pal.* 1980. 767, note Dupichot.
9. Com. 10 févr. 1981, nº 79-15.687, *Bull. civ.* IV, nº 75; *D.* 1982. IR 156, obs. Julien; *JCP* 1981. IV. 143; *Gaz. Pal.* 1981. 475, note Dupichot – Com. 21 nov. 1995, nº 93-13.998, NP – *CONTRA*, Versailles, 24 juin 2010, RG nº 09/9730, *RJDA* 2010, nº 1124 [très critiquable].
10. Com. 8 nov. 1994, nº 93-14.509, *Bull. civ.* IV, nº 324; *JCP* 1995. IV. 62; *Gaz. Pal.* 16 janv. 1995. Somm. ann., obs. Croze et Morel.
11. Com. 11 mai 1993, nº 91-14.734, *Bull. civ.* IV, nº 179; *Gaz. Pal.* 24 sept. 1994, nº 267, p. 16, note Dupichot.
12. Aix-en-Provence, 25 mai 1978, *Bull. Aix* 1977. II. 194 – V. Normand, obs. *RTD civ.* 1980. 610.

droits et actions du débiteur saisi[1]. Elle s'impose également à une association qui, malgré son objet statutaire, effectue des actes de commerce à titre habituel[2].

141.73 Conditions de forme. La clause doit figurer dans « *l'engagement de la partie à qui elle est opposée* » (C. pr. civ., art. 48). Tel n'est pas le cas de la clause figurant au verso, non paraphé, d'un bon de commande[3]. De même, il a été jugé que ne peut être admise une clause figurant au verso du bon de commande dès lors que le recto ne comporte aucun renvoi au verso, de sorte qu'il n'est pas établi que la personne en ait eu connaissance et qu'elle l'ait expressément acceptée[4]. A encore été rejetée la clause figurant sur une facture[5], ou sur un document extérieur ou postérieur au contrat. Ne peut être considérée comme acceptée une clause inconciliable avec une autre, figurant dans les conditions générales de l'autre contractant; en ce cas, les clauses s'annulent[6]. De même, la clause ne permettant pas d'identifier avec précision le tribunal compétent doit être réputée non écrite[7].

En revanche, contrairement à ce qui a pu être décidé naguère, une clause de juridiction figurant dans les conditions générales de vente d'une des parties peut suffire, en cas de relations d'affaires suivies, à rendre la clause opposable à cette même personne dès lors que les juges du fond constatent, au vu des circonstances, l'acceptation au moins tacite de la clause[8].

Pour être valablement stipulée, la clause doit « *être spécifiée de façon très apparente* » (C. pr. civ., art. 48)[9]. Tel n'est pas le cas d'une clause figurant dans des conditions générales de vente, au verso d'un imprimé qui n'a été signé qu'au recto, en petits caractères d'imprimerie à la fin d'un texte copieux et serré[10] ou au bas du verso d'un contrat en caractères difficilement lisibles[11].

En **droit des transports maritimes**, il était jugé par la chambre commerciale de la Cour de cassation que la clause attributive de compétence n'était opposable au destinataire de la marchandise que s'il l'avait acceptée et que la seule détention du connaissement ne constituait pas la preuve d'une pareille acceptation[12]. Pour avoir effet à l'égard du destinataire, la clause de compétence figurant au connaissement devait faire l'objet, de la part de celui-ci d'une acceptation spéciale, qui ne résultait pas de l'accomplissement sans réserve du connaissement[13]. La première chambre civile, statuant en matière internationale, admettait beaucoup plus libéralement la validité du connaissement puisqu'elle n'exigeait pas d'acceptation spéciale du destinataire[14]. La jurisprudence est désormais harmonisée entre les deux chambres. Deux arrêts du 16 décembre 2008 ont en effet décidé que l'acceptation du tiers porteur n'est pas nécessaire si celui-ci succède aux droits et obligations du chargeur en vertu du droit national applicable et que, dans le cas contraire, il convient de vérifier son consentement à la clause au regard des exigences, assez souples, de l'article 23 du Règlement Bruxelles I ou de l'article 17 de la Convention de Lugano[15]. La souplesse semble devoir s'imposer en droit des transports en dehors même de l'application du droit européen[16]. Avait déjà été admise une clause qui ne figurait pas en caractères particulièrement apparents dans un connaissement, mais qui était rappelée tant au recto qu'au verso du contrat[17]. Mais en droit

1. Com. 11 déc. 2007, n° 06-22.100, NP; *Procédures* 2008, n° 54, obs. Rolland.
2. Civ. 1re, 17 nov. 2011, n° 10-25.765, NP – À propos d'une association certifiant la qualité halal de la viande au moyen de sa marque, v. Versailles 8 janv. 2013, RG n° 11/09344, *RTD com.* 2013. 224, note Saintourens.
3. Civ. 2e, 20 févr. 1980, n° 78-14.437, *Bull. civ.* II, n° 37; *Gaz. Pal.* 1980. 494, note Dupichot.
4. Paris, 1er mars 2000, RG n° 1999/22754, inédit, n° 42.
5. Com. 16 nov. 1983, n° 79-17.031, *Bull. civ.* IV, n° 313; *Gaz. Pal.* 1984. Pan. 72, obs. Guinchard.
6. Com. 20 nov. 1984, n° 83-15.956, *Bull. civ.* IV, n° 313; *JCP* 1987. II. 20832, note Blaisse.
7. Paris, 11 déc. 2009, RG n° 09/19820, *JCP E* 2010. 2045, note Zollinger.
8. Com. 11 oct. 2005, n° 97-14.072, NP – Civ. 1re, 13 févr. 2013, n° 11-27.967, NP; *D.* 2013. 1503, obs. Jault-Seseke; *RTD com.* 2013. 324, note Bouloc; *Rev. crit. DIP* 2013. 725, note Bureau – CONTRA, Civ. 1re, 30 juin 1992, n° 90-21.491, *Bull. civ.* I, n° 203; *D.* 1994. 169, note Guez.
9. Civ. 3e, 16 mai 1979, *D.* 1980. IR 49, obs. Julien – Com. 30 nov. 1981, n° 80-12.353, *Bull. civ.* IV, n° 415; *D.* 1982. IR 156, obs. Julien – Com. 16 nov. 1983, n° 79-17.031, *Bull. civ.* IV, n° 313; *Gaz. Pal.* 1984. Pan. 72, obs. Guinchard.
10. Aix-en-Provence, 22 janv. 1992, *D.* 1993. 26, note Beignier.
11. Civ. 2e, 7 juin 2012, n° 11-13.105, NP; *Procédures* 2012. Comm. 241, note Perrot.
12. Com. 16 janv. 1996, n° 94-12.542, NP.
13. Com. 8 déc. 1998, n° 96-17.913, NP; *Rev. crit. DIP* 1999. 536, obs. Pataut – Com. 4 janv. 2005, n° 03-17.677, *Bull. civ.* IV, n° 5; *D.* 2005. 214, obs. Chevrier; *D.* 2005. 2748, obs. Kenfack; *RTD com.* 2005. 756, obs. Delebecque; *JCP* 2005. II. 10067, note Legros; *Procédures* 2005, n° 42, obs. Croze – Com. 7 déc. 2004, n° 02-19.825, *Bull. civ.* IV, n° 215; *RTD com.* 2005. 191, obs. Delebecque; *JCP* 2005. IV. 1170.
14. Civ. 1re, 25 nov. 1986, n° 84-17.745, *Bull. civ.* I, n° 277; *Rev. crit. DIP* 1987. 386, note Gaudemet-Tallon – Civ. 1re, 12 juill. 2001, n° 98-21.591, *Bull. civ.* I, n° 224; *D.* 2001. 3246, obs. Delebecque; *RTD com.* 2001. 1063, obs. Delebecque.
15. Com. 16 déc. 2008, n° 08-10.460, *Bull. civ.* IV, n° 215, et Civ. 1re, 16 déc. 2008, n° 07-18.834, *Bull. civ.* I, n° 283; *D.* 2009. 89, obs. Delpech; *D.* 2009. 972, obs. Kenfack; *D.* 2009. 1557, obs. Courbe et Jault-Seseke; *RTD com.* 2009. 643, obs. Delebecque; *Rev. crit. DIP* 2009. 524, note Jault-Seseke; *JCP* 2009 II. 10060, note Kenfac; *Gaz. Pal.* 20-21 févr. 2009. 46, obs. Guez; *LPA* 18 mars 2009, p. 7, note Mahinga; *RDC* 2009. 1193, obs. Racine; *DMF* 2009. 124, rapp. Potocki.
16. Com. 3 mai 2011, n° 10-18.901, NP.
17. Com. 30 mai 1983, *Gaz. Pal.* 1985. 53, note Nicolas; *Gaz. Pal.* 1983. Pan. 295.

commun les clauses attributives de compétence ne se transmettent pas aux sous-acquéreurs d'un bien [1].

141.74 **Autonomie de la clause.** Selon une jurisprudence récente, une clause attributive de compétence est autonome par rapport à la convention principale dans laquelle elle s'insère et n'est pas affectée par l'inefficacité de cet acte [2]. La nullité du contrat dans lequel est insérée la clause attributive de compétence n'entraîne donc pas l'incompétence de la juridiction désignée par cette clause. Cette règle, qui vaut tant en droit interne qu'en droit international, reprend celle qui est retenue depuis longtemps pour la clause compromissoire et semble pouvoir s'étendre à toutes les clauses relatives aux litiges [3].

141.75 **Inopposabilité devant le juge des référés.** La clause attributive de juridiction, même lorsqu'elle est valablement conclue, est inopposable à la partie qui saisit le juge des référés, laquelle peut toujours saisir de sa demande le juge du lieu où les mesures doivent être prises ou exécutées [4]. Cette règle s'impose pour assurer l'efficacité et la célérité de cette procédure. Elle pourrait, par identité de motif, être également retenue à propos des ordonnances sur requêtes dont les règles de compétence territoriales sont alignées sur celles des référés (v. s[s] n° 132.572).

§ 3
Compétence internationale

141.81 **Portée.** Les clauses modifiant la compétence internationale touchent à la fois à la compétence d'attribution et à la compétence territoriale. Pourtant la jurisprudence décide que les clauses prorogeant la compétence internationale sont en principe licites à condition qu'elles soient formulées à l'occasion d'un véritable litige international et qu'elles ne fassent pas échec à la compétence territoriale impérative d'une juridiction française [5]. Le principe en matière internationale est celui de la liberté des parties de convenir du tribunal choisi pour trancher leur différend. Au surplus, les conventions internationales de Bruxelles du 27 septembre 1968 et celles de Lugano du 16 septembre 1988 et 30 octobre 2007 admettent la liberté des prorogations conventionnelles de compétence (art. 17), de même que le règlement CE n° 44/2001 du 22 décembre 2000 (art. 23) [6]. Le règlement UE n° 1215/2012, dit « Bruxelles I *bis* », du 12 décembre 2012 [7], applicable à partir de 2015, confirme cette liberté pour les parties de proroger conventionnellement la compétence d'une juridiction d'un État membre (Règl. 12 déc. 2012, art. 25).

La validité de la clause suppose néanmoins qu'il n'y ait pas de fraude [8] et que la clause ne se heurte pas à une règle de compétence territoriale exclusive dans l'ordre juridique choisi par les parties. Ainsi, une clause attributive de compétence incluse dans un contrat international ne peut pas faire échec à la compétence territoriale exclusive du conseil de prud'homme lorsque ce contrat a été exécuté sur le territoire français [9], pas plus qu'une clause attributive de compétence territoriale ne peut déroger à la compétence territoriale exclusive prévue par le Code des assurances [10]. La clause attributive de juridiction potestative, en ce qu'elle n'oblige qu'une partie, a également été jugée contraire à l'article 23 du Règle-

1. CJUE 7 févr. 2013, Refcom SpA, aff. C-543/10, *D.* 2013. 1110, note Bollée; *JCP* 2013. 516, note Guez, *RTD civ.* 2013. 338, obs. Rémy-Corlay; *RTD com.* 2013. 381, obs. Marmisse-d'Abbadie d'Arrast; *RTD com.* 2013. 384, obs. Delebecque; *Rev. crit. DIP* 2013. 710, note Bureau; *JDI* 2013. 20, note Clavel – Civ. 1re, 11 sept. 2013, n° 09-12.442, *Bull. civ.* I, [à paraître]; *JCP* 2013. 1129, note Nourissat; *JCP E* 2013. 1620, note Golhen.
2. Civ. 1re, 8 juill. 2010, n° 07-17.788, *Bull. civ.* I, n° 161; *D.* 2010. 1869, obs. Delpech; *D.* 2010. 2333, obs. d'Avoust; *RTD civ.* 2010. 780, obs. Fages; *RJDA* 2010, n° 1120; *Procédures* 2010. Comm. 336, note Perrot; *Dr. et proc.* 2010. 293, note Vinckel; *JDI* 2011. 3, note Sana-Chaillé de Néré.
3. Civ. 1re, 7 mai 1963, *JCP* 1963. II. 13405, note Goldman; *Rev. crit. DIP* 1963. 645, note Motulsky; *D.* 1963. 545, note Robert; *JDI* 1964. 82, note Bredin – Civ. 2e, 4 avr. 2002, n° 00-18.009, *Bull. civ.* II, n° 68, et Com. 9 avr. 2002, n° 98-16.829, *Bull. civ.* VI, n° 69; *D.* 2003. 1117, note Degos; *Procédures* 2002. Comm. 112, note Perrot; *JCP* 2002 II. 10154, note Reifegerste; *JCP E* 2002. 1724, note Gout – C. Blanchin, *L'autonomie de la clause compromissoire : un modèle pour la clause attributive de juridiction ?*, LGDJ, 1995 – L. Cadiet, J. Normand et S. Amrani Mekki, *Théorie générale du procès*, 2e éd., PUF, 2013, n° 119, p. 472 s.
4. Civ. 2e, 19 nov. 2008, n° 08-11.646, NP; *Procédures* 2009. Comm. 77, note Perrot.
5. Civ. 1re, 17 déc. 1985, n° 84-16.338, *Bull. civ.* I, n° 354; *D.* 1986. IR 265, obs. Audit; *Rev. crit. DIP* 1986. 537, note Gaudemet-Tallon; *GADIP*, 5e éd., Dalloz, 2006, n° 72, p. 645 – Civ. 1re, 25 nov. 1986, n° 84-17.745, *Bull. civ.* I, n° 277; *Rev. crit. DIP* 1987. 396, note Gaudemet-Tallon – V. P. Mayer, « Les clauses relatives à la compétence internationale insérées dans les contrats de travail », *Mél. Holleaux*, Litec, 1990, p. 269.
6. H. Gaudemet-Tallon, *Compétence et exécution des jugements en Europe*, 4e éd., LGDJ, 2010, n°s 122 s., p. 115 s.
7. Règl. UE n° 1215/2012 du Parlement européen et du Conseil, dit « Bruxelles I *bis* », 12 déc. 2012, concernant la compétence judiciaire, la reconnaissance et l'exécution des décisions en matière civile et commerciale (refonte), *JOUE*, n° L 351, p. 1.
8. Paris, 10 oct. 1990, RG n° 90/4408, *Rev. crit. DIP* 1991. 605, note Gaudemet-Tallon – Amiens, 11 févr. 2010, RG n° 04/04434, *RD transp.* 2010. Comm. 237, obs. Staes.
9. Soc. 29 sept. 2010, n° 09-40.688, *Bull. civ.* V, n° 204; *D.* 2010. 2370; *D.* 2011. 1374, obs. Jault-Seseke; *JCP S* 2011. 1036, note Tricoit; *JDI* 2011. 6, note Burda.
10. Paris, 14 nov. 1990, *Rev. crit. DIP* 1991. 734, obs. Gaudemet-Tallon – PLUS LARGEMENT, v. C. Derache, « Efficacité de la clause attributive de compétence en matière d'assurances », *RGDA* 2012. 543.

ment Bruxelles I[1]. Mais une loi de police ne fait pas obstacle à la mise en œuvre d'une clause attributive de juridiction[2]. Une clause attributive de compétence peut également être insérée dans un contrat de travail conclu entre un salarié français et une société étrangère si ce contrat est exécuté à l'étranger[3].

Les conditions posées par l'article 48 C. pr. civ. concernant la forme de l'acceptation de la clause et le consentement des parties sont étendues aux clauses attributives de juridictions conclues en matières internationales. Elles y sont cependant reçues avec souplesse afin, notamment, de tenir compte des usages internationaux. Il est donc plus aisément admis une acceptation de la clause en présence de relations d'affaires anciennes malgré l'absence de signature du document sur lequel figure la clause[4]. La jurisprudence vérifie cependant la réalité du consentement avec une certaine minutie. Elle a considéré que la clause mentionnée dans des conditions générales d'achat figurant au verso de bons de commande et auxquels il était expressément renvoyé par une mention figurant au recto n'avait pas été acceptée[5]. Lorsqu'un non-professionnel conclut un contrat sur Internet, son engagement en connaissance de cause pour une clause compromissoire rédigée en anglais en faveur d'un tribunal américain est également discutable[6].

1. Civ. 1re, 26 sept. 2012, n° 11-26.022, *Bull. civ.* I, n° 176; *D.* 2012. 2876, note Martel; *JCP* 2013. 105, note Degos et Ackchoti; *RDC* 2013. 565, obs. Klein; *RDC* 2013. 661, obs. Racine; *RGDA* 2013. 220, note Schulz.
2. Civ. 1re, 22 oct. 2008, n° 07-15.823, *Procédures* 2008. Comm. n° 331, obs. Nourissat; *JCP E* 2008. 2535, note Mathey : *D.* 2009. 200, note Jault-Seseke; *D.* 2008. 2790, obs. Gallmeister; *D.* 2009. 684, chron. Huet; *D.* 2009. 1557, obs. Courbe et Jault-Seseke; *D.* 2009. 2384, obs. d'Avout et Bollée; *JCP* 2009. II. 10187, note d'Avoust; *JDI* 2009. 599, note Jobard-Bachelier et Train; *RDC* 2009. 691, obs. Treppoz; *Gaz. Pal.* 20-21 févr. 2009, p. 27, obs. Guez – *ADDE*, D. Bureau et H. Muir Watt, « L'impérativité désactivée ? », *Rev. crit. DIP* 2009. 1 – A. Huet, « Clause attributive de juridiction à un tribunal étranger et loi française de police et de sûreté (étude de droit commun) », *D.* 2009. 684.
3. Soc. 30 janv. 1991, n° 87-42.086, *Bull. civ.* V, n° 41; *LPA* 1er févr. 1993, p. 9, note Mahinga.
4. Civ. 1re, 17 févr. 2010, nos 08-12.749 et 08-15.024, *Bull. civ.* I, n° 38; *D.* 2010. 588, note Delpech; *Rev. crit. DIP* 2010. 525, note Joubert; *JCP* 2010. 440, note Bruneau; *RDC* 2010. 965, obs. Deumier; *RD transp.* 2010. Comm. 117, note Delebecque; *RJC* 2010. 346, obs. Boillot; *Procédures* 2010. Comm. 117, note Nourissat – Versailles, 11 mars 2010, RG n° 08/08660, *RD transp.* 2010. Comm. 107, note Staes – V. A. Huet, « Relations habituelles d'affaires et acceptation tacite d'une clause attributive de juridiction en droit international privé », *Mél. Rieg*, Bruylant, 2000, p. 501.
5. Com. 18 janv. 2011, n° 10-11.885, *D.* 2011. 366, obs. Delpech; *D.* 2011. 2961; *CCC* 2011. Comm. 64, note Mathey; *JCP E* 2011. 1179, note de Lammerville et Aynès.

SECTION 2
DÉROGATIONS CONVENTIONNELLES UNE FOIS LE LITIGE NÉ

141.90 **Notion.** Une fois le litige né, et en réalité, une fois la procédure engagée par la saisine d'une juridiction, les parties peuvent encore s'entendre implicitement ou expressément pour proroger la compétence de la juridiction saisie, qui serait incompétente.

Les prorogations tacites sont générales (§ 1), les prorogations expresses concernent essentiellement la compétence quant au montant de la demande (§ 2).

§ 1
Prorogations tacites

141.91 **Licéité.** En ce qu'il cherche à limiter et parfois à éviter les incidents de compétence, le système de règlement des incidents de compétence mis en place par le Code de procédure civile rend possibles les prorogations tacites de compétence.

Il n'y a véritablement prorogation volontaire tacite de compétence que dans l'hypothèse où le défendeur a, en pleine connaissance de cause, accepté que le litige soit jugé par une juridiction incompétente. Ce n'est évidemment pas le cas lorsque le défendeur n'a pas soulevé l'incompétence par ignorance de ce qu'il pouvait le faire, ou lorsqu'il a soulevé une exception d'incompétence irrecevable[7].

En dehors de toute convention préalable, le défendeur peut accepter tacitement une dérogation aux règles de compétence matérielle ou territoriale en s'abstenant tout simplement de soulever l'incompétence de la juridiction saisie. Il peut, par exemple, estimer qu'il est de son intérêt dans certains cas d'ester devant un tribunal plus proche de son domicile. Il peut encore souhaiter ne pas retarder l'issue du litige par un incident de compétence.

C'est de pratique très courante et efficace. Le juge saisi ne peut en effet relever d'office son incompétence matérielle ou territoriale que dans des hypothèses limitées (C. pr. civ., art. 92 et 93).

141.92 **Limite.** La seule réserve tient à l'ordre public. Le juge ne peut relever d'office son incompétence que si la règle de compétence violée est d'ordre public (il ne suffit pas que la règle substantielle soit d'ordre public, comme le précisent CORNU et

6. Pau, 23 mars 2012, RG n° 11/03921, *D.* 2012. 1061, obs. Manara; *Gaz. Pal.* 17 mai 2012, p. 11, note de Bérard; *CCE* 2012. Comm. 64, note Loiseau; *RDC* 2012. 1340, obs. Tréppoz (à propos des conditions générales de Facebook).
7. H. Solus et R. Perrot, *Droit judiciaire privé*, Sirey, 1961, t. 1, n° 562.

FOYER[1]). Et encore, n'est-il tenu de le faire que dans des hypothèses limitées. Le plus souvent les textes et la jurisprudence admettent qu'il n'y a pas obligation, mais simple faculté pour le juge de constater son incompétence.

§ 2
Prorogation de compétence quant au montant de la demande

141.101 Domaine. L'article 41 alinéa 1er C. pr. civ. dispose que : « *Le litige né, les parties peuvent toujours convenir que leur différend sera jugé par une juridiction bien que celle-ci soit incompétente en raison du montant de la demande* ».

Malgré la généralité de ses termes, ce texte a un domaine très limité. Il ne peut concerner que le TGI, le TI, et la juridiction de proximité[2], et encore uniquement dans le domaine des actions personnelles ou mobilières où ils ont une compétence identique, exceptée quant au montant de la demande. L'article 41 permet aux parties de convenir que le TGI conservera la connaissance d'un litige inférieur à son taux de compétence, ce qui est, en pratique, assez rare. Il permet, à l'inverse, aux parties de s'entendre pour que le TI conserve la connaissance d'un litige excédant son taux de compétence, c'est-à-dire 10 000 euros (COJ, art. L. 221-4). Cette seconde hypothèse se rencontre plus souvent.

141.102 Le litige né. Une seule condition est posée par le texte : que le litige soit né. Il ne semble pas que cette condition limite la possibilité de convention à la période postérieure à la saisine du tribunal. Les parties pourraient valablement convenir de la compétence du TI avant de le saisir, une fois qu'elles connaissent la nature de leur différend. Cette condition n'exclut en réalité que les clauses convenues à l'avance, avant tout litige.

Dans les faits, une fois que la juridiction est saisie, il est plus simple pour le défendeur de ne pas soulever d'exception d'incompétence, autrement dit d'accepter tacitement la prorogation. Et le juge ne peut s'y opposer en se déclarant d'office incompétent *ratione quantitatis*, puisque, par hypothèse, la compétence quant au montant de la demande n'est pas d'ordre public.

L'article 41 alinéa 2 permet encore aux parties, une fois le litige né, de convenir « *en vertu d'un accord exprès que leur différend sera jugé sans appel même si le montant de la demande est supérieur au taux du dernier ressort* ». Cette disposition est, pour le taux de ressort, le pendant de celle contenue dans l'alinéa 1er du même texte au sujet du taux de compétence, à ceci près que la dérogation au taux de ressort ne joue que dans un sens : celui de la limitation de l'appel et non l'inverse.

Cette faculté ouverte aux parties n'est pas vraiment une extension de compétence. Il s'agit plutôt d'une renonciation à l'appel par avance : une fois le litige né, mais avant que le juge n'ait statué. L'utilisation de cette possibilité est extrêmement rare en pratique.

1. CORNU et FOYER, p. 197.
2. RAPPR. Civ. 3e, 7 févr. 2007, no 06-13.175, *Bull. civ.* III, no 21 ; *D.* 2008. 1300, obs. Damas ; *Procédures* 2007, no 113, obs. Perrot.

CHAPITRE

142. Dérogations légales de compétence

DIDIER CHOLET
Maître de conférences
à l'université du Maine

SECTION 0

ORIENTEUR

142.00 Plan du chapitre.

Division. C'est parfois la loi qui permet, pour des raisons de bonne administration de la justice et de cohérence, à une juridiction de connaître d'un litige ou d'une partie de litige qui n'est pas de sa compétence. La compétence de la juridiction saisie d'une demande de sa compétence s'étend alors à l'examen de questions ou de demandes connexes qui normalement échappent à sa compétence.

Cette extension de compétence s'applique d'abord, avec des différences entre les juridictions, aux moyens de défense et demandes incidentes (sect. 1). Elle concerne ensuite les hypothèses de renvois judiciaires, décidés par un juge, mais en vertu de la loi (sect. 2).

142.01 Principaux textes applicables.

C. pr. civ., art. 38, 49 à 52, 86, 96, 97, 100 à 107, 126-1 à 126-12, 349, 356, 362, 480.

COJ, art. L. 213-5, R. 221-40, R. 231-5, LO. 461-1, LO. 461-2.

Const. 4 oct. 1958, art. 61-1.

Ord. n° 58-1067, 7 nov. 1958, portant loi organique sur le Conseil constitutionnel, art. 23-1 à 23-12, *JO* 9 nov., p. 10129.

Conv. Bruxelles, 27 sept. 1968, concernant la compétence judiciaire et l'exécution des décisions en matière civile et commerciale, art. 21 et 22.

Règl. CE n° 44/2001 du Conseil, dit « Bruxelles I », 22 déc. 2000, sur la compétence, la reconnaissance et l'exécution des décisions en matière civile et commerciale, art. 27 et 28, *JOCE,* n° L 12, p 1.

Conv. Lugano, 30 oct. 2007, concernant la compétence judiciaire et l'exécution des décisions en matière civile et commerciale, art. 28.

Traité sur le fonctionnement de l'Union européenne (TFUE), art. 267, *JOUE,* n° C 83, p. 1-47 (*version consolidée*).

Règl. UE n° 1215/2012 du Parlement européen et du Conseil, dit « Bruxelles I *bis* », 12 déc. 2012, concernant la compétence judiciaire, la reconnaissance et l'exécution des décisions en matière civile et commerciale (refonte), art. 29, 30, 33, *JOUE,* n° L 351, p. 1.

142.04 Formulaire : renvois.

Form. pr. civ. *Connexité – Demande au président* (Demande au président pour régler une question de connexité entre diverses formations de la juridiction)

Connexité – Exception de connexité (Conclusions soulevant l'exception de connexité)

Litispendance – Exception de litispendance (Conclusions soulevant l'exception de litispendance)

SECTION 1 EXTENSION DE COMPÉTENCE QUANT AUX MOYENS DE DÉFENSE ET DEMANDES INCIDENTES

142.10 Une même juridiction pour l'ensemble du litige. Un litige peut être complexe, et comporter de multiples prolongements. Autant que faire se peut, et afin d'éviter les éventuelles contradictions de décisions et les retards, il est rationnel que la même juridiction connaisse de l'ensemble du litige. Cela suppose des entorses aux règles de compétence. Le Code de procédure civile pose des règles différentes pour les moyens de défense et incidents de procédure d'une part (§ 1), et pour les demandes incidentes (§ 2).

§ 1 Extension de compétence quant aux moyens de défense et incidents de procédure

142.11 Plan. Un tribunal est saisi d'une demande entrant dans sa compétence. Qu'il s'agisse d'une demande principale reconventionnelle ou incidente, le défendeur peut être amené à opposer à cette demande des moyens qui ne sont pas normalement de la compétence de la juridiction saisie. Il peut encore soulever un incident d'instance.

Le principe est exprimé par l'adage : **le juge de l'action est juge de l'exception.** Ce principe permet à la juridiction saisie de conserver la connaissance de l'exception ou du moyen de défense soulevé (A). Mais ce principe souffre des limites tenant à l'ordre public et à l'exclusivité de compétence. L'exception constitue alors une **question préjudicielle**, qui suppose un renvoi à la juridiction seule compétente pour en connaître (B).

A. Principe de l'extension de compétence

142.20 Plan. Il faut distinguer, comme y invitent les articles 49 et 50 C. pr. civ., entre les incidents d'instance (1°) et les moyens de défense (2°).

1° Incidents d'instance

142.21 Notion. L'article 50 C. pr. civ. dispose que : « *Les incidents d'instance sont tranchés par la juridiction devant laquelle se déroule l'instance qu'ils affectent* ».

Les incidents d'instance sont ceux qui affectent le déroulement de l'instance. Ils doivent être distingués, bien qu'ils se présentent sous forme d'une demande, des demandes incidentes (additionnelles, reconventionnelles, en intervention) qui soumettent une prétention au juge et modifient l'objet du litige au fond[1].

142.22 Incidents d'instance proprement dits et régularité de l'instance. Les incidents d'instance sont réglementés principalement sous les articles 367 à 410 C. pr. civ. Ils concernent notamment la jonction d'instances, la suspension, l'interruption et l'extinction de l'instance. Par exemple, il a été jugé que l'exception de péremption d'instance est de la seule compétence de la juridiction devant laquelle se déroule l'instance et ne peut être tranchée par une autre juridiction saisie postérieurement d'une nouvelle instance[2].

Tout juge est d'abord compétent pour apprécier sa propre **compétence** et donc pour statuer sur les exceptions d'incompétence qui sont soulevées devant lui (sauf le juge de proximité, v. s^{s} n°s 351.280 s.).

Mais les incidents peuvent encore être relatifs à la **nullité des actes de procédure.**

142.23 Incidents d'instruction. Le juge saisi est toujours compétent pour ordonner toutes **mesures d'instruction** nécessaires. Mais, il est encore compétent pour statuer sur les incidents relatifs à l'exécution des mesures d'instruction, et notamment pour prononcer la nullité d'une mesure d'instruction, pour statuer sur la récusation d'un expert, ordonner son remplacement, *etc.*

142.24 Incidents relatifs à la preuve littérale. Le juge saisi du litige est encore compétent pour statuer

1. H. Solus et R. Perrot, *Droit judiciaire privé*, Sirey, 1961, t. 1, n° 501.
2. Civ. 1re, 18 févr. 2003, n° 99-10.505, *Bull. civ.* I, n° 51 ; *Procédures* 2003, n° 84, obs. Perrot ; *RGDA* 2003. 374, note Beauchard.

sur les incidents relatifs à la preuve. Il peut ordonner la communication ou la production de pièces détenues par une partie, ou par un tiers. Il peut statuer, qu'il s'agisse du tribunal de grande instance (TGI) ou d'une juridiction d'exception, sur la vérification d'écriture ou l'inscription de faux incidents contre des actes sous seing privé (C. pr. civ., art. 285). En revanche, l'inscription de faux contre un acte authentique est toujours de la compétence du TGI (C. pr. civ., art. 286 – V. s^{s} n° 122.252). Une juridiction d'exception saisie incidemment d'un tel incident doit surseoir à statuer jusqu'au jugement sur le faux, « *à moins que la pièce ne soit écartée du débat lorsqu'il peut être statué au principal sans en tenir compte* » (C. pr. civ., art. 313).

142.25 **Frais de justice.** Le juge est compétent pour statuer sur le contentieux des frais de justice exposés au cours de l'instance par les auxiliaires de justice et les officiers publics et ministériels (C. pr. civ., art. 52, al. 1er). En revanche, les frais, émoluments et débours qui n'ont pas été exposés au cours d'une instance sont, en fonction du montant de la demande, de la compétence du tribunal d'instance (TI) ou du TGI (C. pr. civ., art. 52, al. 2)[1].

142.26 **Exception en matière de récusation des juges.** Le tribunal saisi ne peut connaître de la récusation d'un juge. Si le juge s'oppose à sa récusation ou ne répond pas, c'est la cour d'appel qui statue sur la demande de récusation, ou s'il s'agit d'un assesseur d'une juridiction échevinale, le président de la juridiction (C. pr. civ., art. 349). *A fortiori*, lorsque le tribunal est saisi d'une demande de renvoi pour cause de suspicion légitime, ou de récusation contre plusieurs juges ou de renvoi pour cause de sûreté publique, la juridiction saisie est incompétente au profit de la juridiction supérieure ou de la Cour de cassation, sauf la possibilité pour le président de la juridiction, de distribuer l'affaire à une autre formation ou de la renvoyer à une autre juridiction de même nature (C. pr. civ., art. 356 s.). Cette possibilité ne concerne pas le renvoi pour cause de sûreté publique qui ne peut être prononcé que par la Cour de cassation.

142.27 **Incompétence pour connaître de l'exécution.** Depuis la loi n° 91-650 du 9 juillet 1991[2], la juridiction ayant connu du litige, fût-elle le TGI, est incompétente pour connaître des difficultés d'exécution de ses propres décisions. La compétence du juge de l'exécution, qui n'est toutefois qu'un juge du TGI délégué du président, est exclusive et d'ordre public (COJ, art. L. 213-5 et L. 213-6).

La juridiction qui a connu du litige peut toutefois liquider les **astreintes** qu'elle a prononcées, si elle s'est réservé cette possibilité dans la décision (C. pr. exéc., art. L. 131-3[3]).

2°
Moyens de défense

142.31 **Règle.** Que la juridiction saisie soit le TGI ou une juridiction d'exception, la règle posée par l'article 49 C. pr. civ. s'applique : « *Toute juridiction saisie d'une demande de sa compétence connaît, même s'ils exigent l'interprétation d'un contrat, de tous les moyens de défense à l'exception de ceux qui soulèvent une question relevant de la compétence exclusive d'une autre juridiction* ».

En vertu de cette règle qui est la traduction de l'adage : « *Le juge de l'action est juge de l'exception* », une juridiction d'exception peut connaître de questions qui, à titre principal, ne seraient pas de sa compétence[4]. Il en est notamment ainsi, alors même que le moyen exige l'interprétation d'un contrat qui, à titre principal, échapperait à la connaissance de la juridiction saisie. Cela peut conduire, notamment, la juridiction à apprécier la validité d'un contrat. En vertu de cette règle, le TI, compétent pour statuer sur la régularité des élections dans l'entreprise, l'est aussi pour déterminer par voie d'exception si le demandeur possède la qualité d'électeur et donc s'il est salarié[5]. Ce même tribunal est compétent pour apprécier, dans les mêmes circonstances, la validité des accords collectifs visant à faciliter la communication des organisations syndicales en vue des élections[6]. Il ne peut se déclarer incompétent au profit du conseil de prud'hommes.

142.32 **Extension.** Spécialement pour le TI, l'article R. 221-40 du COJ prévoit une extension supplémentaire de la compétence de ce tribunal, en lui permettant de statuer sur un moyen de défense impliquant l'examen d'une question de nature pétitoire ou possessoire, par exemple, sur la propriété d'une parcelle[7]. Mais il statue alors à charge d'appel et ce n'est qu'une faculté : le tribunal peut aussi renvoyer les parties à exercer l'action en revendication

1. Cass., avis, 4 oct. 2004, n° 04-00.002, *Bull. civ. avis*, n° 4 ; *Dr. et proc.* 2005. 167, obs. Bugada.
2. L. n° 91-650, 9 juill. 1991, portant réforme des procédures civiles d'exécution, *JO* 14 juill., p. 9228.
3. Anc^{t} L. 9 juill. 1991, art. 35.
4. Soc. 16 nov. 1961, n° 60-10.301, *Bull. civ.* V, n° 946 ; *D.* 1962. 161, note R.-L. L. – Civ. 2e, 13 juill. 1967, *Bull. civ.* II, n° 180.
5. Soc. 8 févr. 2012, n° 11-14.802, *Bull. civ.* V, n° 60 ; *Procédures* 2012. Comm. 105, note Perrot ; *Cah. soc. barreau* 2012. 134, obs. Pansier.
6. Soc. 11 janv. 2012, n° 11-14.292, *Bull. civ.* V, n° 16 ; *D.* 2012. 291 ; *Dr. soc.* 2012. 320, note Petit.
7. Civ. 3e, 23 févr. 2005, n° 03-17.899, *Bull. civ.* III, n° 46 ; *AJDI* 2005. 419, obs. Prigent ; *D.* 2006. Pan. 547, obs. Julien et Fricero – Civ. 3e, 7 janv. 2009, n° 07-19.917, *Bull. civ.* III, n° 6 ; *D.* 2009. 305 ; *D.* 2009. 2300, obs. Reboul-Maupin ; *JCP* 2009. I. 127, n° 4, obs. Périnet-Marquet.

devant le TGI et surseoir à statuer sur le bornage[1]. La solution est inverse pour la juridiction de proximité : l'article R. 231-5 du COJ lui interdit d'examiner une question de nature immobilière pétitoire ou possessoire et lui fait obligation de se déclarer incompétent au profit du TGI dans cette hypothèse.

142.33 **Portée.** Toutefois l'examen du moyen de défense n'influe pas sur le taux de ressort qui reste déterminé par la demande principale, sauf ce qui vient d'être dit pour le TI examinant une question de nature pétitoire.

Cette extension de compétence aux moyens de défense pouvait parfois poser de délicats problèmes d'autorité de la chose jugée, lorsque la décision rendue ne statuait sur le moyen de défense que dans les motifs[2]. Aujourd'hui cependant, l'autorité de chose jugée ne peut être localisée que dans le dispositif du jugement, les motifs ne pouvant servir qu'à interpréter le dispositif (C. pr. civ., art. 480 - V. s[s] n°s 421.00 s.).

B. Exception

142.41 **Les questions préjudicielles.** L'article 49 C. pr. civ. pose une large exception à l'extension de compétence quant aux moyens de défense : la juridiction saisie d'un litige de sa compétence ne peut connaître des questions « *relevant de la compétence exclusive d'une autre juridiction* ».

La question préjudicielle est celle qui, soulevée par un moyen de défense, relève de la compétence exclusive d'une autre juridiction et dont la solution est nécessaire à la résolution du litige principal[3]. Il appartient donc d'abord au juge d'apprécier s'il s'agit bien d'une question préjudicielle.

En présence d'une telle question, dite **préjudicielle**, le juge saisi doit surseoir à statuer jusqu'à ce que le juge compétent pour connaître de la question préjudicielle ait statué sur ladite question. Mais il conserve la connaissance du litige principal qui est de sa compétence. Il a ainsi été précisé que ne peut renvoyer les parties à mieux se pourvoir, une cour d'appel qui, saisie de la totalité d'un litige concernant l'État par l'effet dévolutif de l'appel, se déclare incompétente pour statuer sur une fin de non-recevoir opposée par l'agent judiciaire du Trésor (désormais agent judiciaire de l'État). Ayant à connaître d'un moyen de défense relevant de la compétence exclusive d'une autre juridiction et constituant une question préjudicielle, elle devait surseoir à statuer[4]. De même en présence d'une difficulté d'interprétation d'une décision rendue par un tribunal administratif à l'origine du litige, le juge judiciaire saisi d'un litige entre deux personnes privées ne peut se déclarer incompétent mais il peut poser une question préjudicielle en interprétation de cette décision[5].

142.42 **Distinction.** On appelle **question préjudicielle générale** la question qui suppose que soit saisie une juridiction d'un autre ordre (juridiction administrative, pénale ou communautaire).

En présence d'une telle question, le juge renvoie les parties à saisir elles-mêmes la juridiction compétente pour connaître du moyen de défense, sauf pour la question préjudicielle communautaire où le renvoi à la Cour de justice de l'Union européenne se fait de juridiction à juridiction[6].

On appelle **question préjudicielle spéciale** celle qui suppose la compétence d'une autre juridiction de l'ordre judiciaire civil. Dans cette hypothèse, bien que les textes ne disent rien, on admet que le renvoi est ordonné par la juridiction et il est procédé comme en matière d'incompétence (C. pr. civ., art. 97 et 362).

La **question prioritaire de constitutionnalité** (QPC) est très proche d'une question préjudicielle constitutionnelle. Même si sa nature juridique est discutée, elle a un statut procédural assez semblable à une question préjudicielle générale puisqu'elle suppose la saisine d'une juridiction de l'ordre constitutionnel[7]. Elle sera cependant présentée séparément compte tenu de son originalité (pour une analyse approfondie, v. s[s] n°s 553.881 s.).

142.43 **Régime juridique.** La demande de question préjudicielle constitue, au moins lorsqu'elle est soulevée par le défendeur (ce qui est le cas le plus fréquent), une **exception de procédure** dans la mesure où elle entraîne un sursis à statuer qui retarde l'examen du procès. En application de l'article 74 C. pr. civ., cette exception doit, à peine d'irrecevabilité, être présentée *in limine litis*, avant toute défense au fond ou fin de non-recevoir. Cette solution ne vaut cependant que pour les questions préjudicielles internes. La demande de question préjudicielle de droit européen obéit à un régime spécifique : elle peut être soulevée en tout état de cause et même à titre subsidiaire afin de garantir l'effectivité de l'accès au juge de l'Union européenne[8].

1. Limoges, 5 mars 1992, *D.* 1993. Somm. 190, obs. Julien.
2. H. Solus et R. Perrot, *Droit judiciaire privé*, Sirey, 1961, t. 1, n° 458.
3. T. confl. 6 juill. 1957, *D.* 1958. 310, note Quermonne; *RTD civ.* 1958. 440, obs. Hébraud.
4. Cass., ass. plén., 6 juill. 2001, n° 98-17.006, *Bull. ass. plén.*, n° 9; *D.* 2001. 2358; *BICC* 15 sept. 2001, concl. de Gouttes, *JCP* 2002. II. 10105, note Fossier.
5. Civ. 1re, 14 avr. 2010, n° 09-12.417, *Bull. civ.* I, n° 99; *D.* 2010. 1148; *JCP A* 2010. 2353, note Renard-Payen.
6. I. Galy, « Les questions préjudicielles devant le Conseil d'État et la Cour de cassation », *Just. et cass.* 2007. 217.
7. EN CE SENS, v. l'analyse de H. Croze, « Les procédures devant les juridictions saisies du litige : juridictions civiles », *JCP* 28 nov. 2010, supplément au n° 48, « La question prioritaire de constitutionnalité. Premier bilan et prospective », p. 35.
8. Civ. 2e, 18 déc. 2008, n° 08-11.438, *Bull. civ.* II, n° 277; *JCP* 2009. II. 10048, note Cholet; *Procédures* 2009. Comm. 75, note Perrot; *D.* 2009. 174; *D.* 2009. 761, obs. Sommer.

1°
Question préjudicielle générale

142.51 Question préjudicielle administrative. Plusieurs questions peuvent se poser : des questions d'interprétation d'actes administratifs ou des questions de légalité [1].

142.52 Interprétation des actes administratifs. Pour l'interprétation des actes administratifs, une distinction devenue classique est faite entre les actes réglementaires et les actes particuliers.

142.53 Actes réglementaires. Il appartient au juge judiciaire d'interpréter les actes réglementaires (décrets, arrêtés). Ce sont des règles générales et impersonnelles [2].

142.54 Actes administratifs particuliers. Pour ceux-là, on admet que le juge judiciaire ne peut les interpréter. Ce pouvoir appartient à la seule juridiction administrative et il y a donc question préjudicielle [3]. Selon une jurisprudence constante et la théorie de l'acte clair, l'interprétation suppose toutefois que l'acte soit obscur ou ambigu. Il n'y a pas à interpréter un acte clair, mais seulement à l'appliquer.

142.55 Légalité des actes administratifs. La jurisprudence est constante pour dire qu'à l'exception de la voie de fait [4], le juge judiciaire ne peut apprécier la légalité des actes administratifs, qu'ils soient réglementaires ou particuliers [5]. Ainsi, un conseil de prud'hommes ne peut apprécier lui-même la légalité de l'autorisation administrative de licenciement d'un salarié protégé : il doit inviter les parties à faire trancher cette légalité par le juge administratif en lui posant une question préjudicielle [6].

142.56 Interprétation des traités. Il est admis en principe que les tribunaux peuvent interpréter les traités et conventions internationaux qu'ils ont à appliquer [7]. Une exception, donnant matière à question préjudicielle, était faite pour les questions diplomatiques qui supposaient une interprétation du gouvernement [8]. À la suite d'un arrêt de la Cour européenne des droits de l'homme du 24 novembre 1994 [9], il apparaît aujourd'hui que cette solution doit être écartée, comme contraire à l'article 6 § 1 de la Convention européenne des droits de l'homme, et que les tribunaux judiciaires doivent être compétents pour interpréter les traités sans réserves [10] à l'exception des traités communautaires qui font l'objet de dispositions particulières examinées ci-après. C'est ce qu'a déjà admis le Conseil d'État de son côté [11].

142.57 Questions préjudicielles européennes. L'article 267 du traité sur le fonctionnement de l'Union européenne [12] prévoit, dans le souci d'assurer une interprétation uniforme, la compétence de la Cour de justice de l'Union européenne pour interpréter le traité et institue une procédure de renvoi de la question préjudicielle directement de la juridiction à la Cour de justice. Toutefois, ce renvoi, qui peut être ordonné d'office [13], n'est que facultatif pour les juridictions dont les décisions sont susceptibles de recours juridictionnel. Le renvoi de la question préjudicielle n'est donc obligatoire que pour la Cour de cassation [14]. Le renvoi est soumis à plusieurs conditions posées par l'article 267 du traité et par la jurisprudence de la Cour de justice de l'Union européenne. La question ne peut, en premier lieu, émaner que d'une juridiction nationale, ce qui exclut notamment les tribunaux arbitraux [15]. La question doit, en deuxième lieu, porter sur une norme ou un acte de

1. Y. Gaudemet, « Les questions préjudicielles devant les deux ordres de juridiction », *RFDA* 1991. 78.
2. T. confl. 16 juin 1923, Septfonds, *S.* 1923. 3. 49, note Hauriou; *D.* 1924. 3. 41, concl. Matter.
3. Cass., ch. réun., 26 févr. 1930, *DH* 1930. 226 – T. confl. 18 déc. 1943, *Lebon* 325 – Civ. 2e, 20 juin 1949, *Bull. civ.* II, n° 642; *Rec. Penant* 1951. 1. 1, note Luchaire.
4. T. confl. 30 oct. 1947, *Barinstein*, *S.* 1948. 3. 1. note Mestre; *D.* 1947. 476, note P.-L. J.; *JCP* 1947. II. 3966, note Fréjaville; *RD publ.* 1948. 48, note Waline.
5. T. confl. 16 juin 1923, Septfonds, *S.* 1923. 3. 49, note Hauriou; *D.* 1924. 3. 41, concl. Matter; préc. ss n° 142.53 – Civ. 1re, 27 janv. 1954, *Bull. civ.* I, n° 33 – Civ. 1re, 15 avr. 1953, *JCP* 1953. II. note Mihura.
6. Soc. 7 juin 2005, n° 02-47.374, *Bull. civ.* V, n° 190; *JCP S* 2005. 1158, note Morvan – Soc. 14 févr. 2007, n° 05-40.213, *Bull. civ.* V, n° 23; *JCP S* 2007. 1319, note Dauxerre – Soc. 12 juill. 2010, n° 08-44.642, *Bull. civ.* V, n° 170; *JCP S* 2010. 1445, note Brissy.
7. Ph. Malaurie, « L'interprétation par les tribunaux judiciaires, des traités internationaux », *D.* 1963. 518.
8. Cass., ch. réun., 27 avr. 1950, n° 31.935, *Bull. ch. réun.*, n° 1; *S.* 1950. 1. 65, note Niboyet; *JCP* 1950. II. 5650, note Lerebours-Pigeonnière.
9. CEDH 24 nov. 1994, req. n° 15287/89, *AJDA* 1995. 137, obs. Flauss; *JCP* 1995. I. 3823, obs. Sudre.
10. EN CE SENS, GUINCHARD, CHAINAIS et FERRAND, 31e éd., 2012, n° 1552, p. 1042.
11. CE 29 juin 1990, Gisti, req. n° 78519, *Lebon* 171 *GAJA*, 2013, n° 92, p. 673; *D.* 1990. 560, note Sabourin; *Rev. crit. DIP* 1991. 61, note Lagarde; *JDI* 1990. 965, obs. Julien-Laferrière; *AJDA* 1990. 621, concl. Abraham; *AJDA* 1990. 631, note Teboul; *RFDA* 1990. 923, note Lachaume; *RD publ.* 1990. 1579, note Sabiani; *JCP* 1990. II. 21579, note Tercinet; *RJF* 1990. 626, note; *LPA* 19 sept. 1990, note Flauss; *RGDIP* 1990. 879; *RGDIP* 1991. 109, comm. Buffet-Tchakaloff; *RGDIP* 1991. 753, note Rousseau; *RRJ* 1991. 441, comm. Ghevontian.
12. TFUE, art. 267 (Traité de Rome [TCE], anc. art. 177; puis Traité de l'Union européenne [TUE], anc. art. 234).
13. CJCE 16 juin 1981, Maria Solonia et Francia Giglio, aff. 126-80, *Rec. CJCE* 1563.
14. C.-J. Berr, « L'insertion dans les procès français du mécanisme européen des questions préjudicielles », *JCP* 1967. I. 2060 – F.-C. Jeantet, « Originalité de la procédure d'interprétation du Traité de Rome », *JCP* 1966. I. 1987 – M.-C. Bergerès, « *Vademecum* de la question préjudicielle », *D.* 1994. Chron. 181.
15. R. Kovar, « La notion de juridiction en droit européen », *Mél. Waline*, Dalloz, 2002, p. 607.

l'union (traités, actes pris par les institutions, organes ou organismes de l'Union et accords internationaux). La jurisprudence de la Cour de Luxembourg a, en troisième lieu, précisé que la question devait être utile pour la solution du litige, ce qui suppose notamment un litige réel et une question pertinente permettant à la Cour de donner une réponse utile. En quatrième lieu, le juge national est dispensé de saisir la Cour lorsque la question a déjà donné lieu à une réponse de la Cour, si elle fait l'objet d'une jurisprudence établie[1] ou si l'interprétation du droit communautaire est évidente[2].

2°
Questions préjudicielles spéciales

142.61 Domaine. Ce sont les questions préjudicielles qui supposent un renvoi d'une juridiction judiciaire à une autre juridiction du même ordre. La règle posée par l'article 49 C. pr. civ. ne distingue pas entre la juridiction de droit commun et les juridictions d'exception. Il appartient donc au TGI, comme aux tribunaux d'exception de surseoir à statuer et de renvoyer la connaissance de la question préjudicielle à la juridiction compétente, lorsqu'il est saisi d'un moyen de défense relevant de la compétence exclusive d'une autre juridiction. La seule différence est que la compétence du TGI étant plus étendue que celle des juridictions d'exception, le TGI peut conserver la connaissance d'un plus grand nombre de moyens de défense que les autres juridictions civiles.

Il convient dans chaque cas de se demander si le moyen de défense implique la connaissance d'une question relevant de la compétence exclusive d'une autre juridiction pour déterminer s'il y a lieu à renvoi ou non (v. s^s n°s 142.31 s.). Par exemple, le tribunal de commerce doit surseoir à statuer en raison de la compétence exclusive du conseil de prud'hommes pour trancher la question de la violation d'une clause de non-concurrence par un salarié[3].

142.62 Pouvoirs du juge. Il ne fait pas de doute que, face à un moyen de défense relevant de la compétence exclusive d'une autre juridiction et dont la solution influe sur celle du litige dont il est saisi, le juge peut d'office relever qu'il s'agit d'une question préjudicielle, surseoir à statuer et renvoyer l'examen de la question à la juridiction compétente. Par analogie avec les dispositions de l'article 92 C. pr. civ. et, *a fortiori*, il apparaît que le juge n'est pas tenu de relever d'office son incompétence même en cas de violation d'une règle d'ordre public[4], sauf si un texte particulier l'y oblige (ainsi pour la juridiction de proximité, pour les questions immobilières pétitoire et possessoire [COJ, art. L. 231-5]). Il en résulte notamment que le fait qu'un tribunal ne se soit pas dessaisi d'office d'une question relevant de la compétence d'ordre public d'une autre juridiction, ne fournit pas les bases d'un pourvoi en cassation[5].

3°
Question prioritaire de constitutionnalité

142.71 Contrôle incident de constitutionnalité des lois en vigueur. Depuis le 1er mars 2010, les particuliers peuvent contester la constitutionnalité des lois à l'occasion de procès auxquels ils sont parties. La loi constitutionnelle n° 2008-724 du 23 juillet 2008[6] a en effet inséré un article 61-1 dans la Constitution du 4 octobre 1958. Selon ce texte : « *Lorsqu'à l'occasion d'une instance en cours devant une juridiction, il est soutenu qu'une disposition législative porte atteinte aux droits et libertés que la Constitution garantit, le Conseil constitutionnel peut être saisi de cette question sur renvoi du Conseil d'État ou de la Cour de cassation qui se prononce dans un délai déterminé* ». Cette disposition a été complétée par la loi organique n° 2009-1523 du 10 décembre 2009[7] et par les décrets n° 2010-148 et n° 2010-149 du 16 février 2010[8] interprétés par deux circulaires du ministère de la Justice permettant l'application de cette réforme devant les juridictions judiciaires[9]. Le livre Ier du Code de

1. CJCE 6 oct. 1982, Cilfit, aff. 283/81, *Rec. CJCE* 1982. 1. 314.
2. V. NOT., C. Naômé, *Le renvoi préjudiciel en droit européen, guide pratique*, 2e éd., Larcier, 2010 – M. Broger et N. Fenger, *Le renvoi préjudiciel à la Cour de justice de l'Union européenne*, Larcier, 2013 – J. Pertek, *Coopération entre juges nationaux et Cour de justice de l'Union européenne. Le renvoi préjudiciel*, Bruylant, 2013 – G. Vandersanden, *La procédure préjudicielle devant la Cour de justice de l'Union européenne*, Bruylant, 2011, et *Renvoi préjudiciel en droit européen*, Bruylant, 2013 – V. Christianos, « Le déroulement de la procédure préjudicielle et le rôle de l'avocat », *Just. et cass.* 2009. 169.
3. Com. 6 mai 2003, n° 01-15.268, *Bull. civ.* IV, n° 67 ; *D.* 2004. 1154, obs. Bugada ; *Procédures* 2003, n° 258, obs. Croze – Com. 26 oct. 2010, n° 09-72.558, NP ; *JCP S* 2010. 1561, note Brissy.
4. Civ. 1re, 2 déc. 1975, n° 73-11.402, *Bull. civ.* I, n° 354 ; *JCP* 1976. II. 18390, note Chartier.
5. Com. 1er mars 1966, n° 63-13.583, *Bull. civ.* III, n° 126 ; *RTD civ.* 1967. 447, obs. Hébraud.
6. L. const. n° 2008-724, 23 juill. 2008, de modernisation des institutions de la Ve République, *JO* 24 juill., p. 11890.
7. L. org. n° 2009-1523, 10 déc. 2009, relative à l'application de l'article 61-1 de la Constitution, *JO* 11 déc., p. 21379.
8. Décr. n° 2010-148, 16 févr. 2010, portant application de la loi organique n° 2009-1523, 10 déc. 2009, *JO* 18 févr., p. 2969 – Décr. n° 2010-149, 16 févr. 2010, relatif à la continuité de l'aide juridictionnelle en cas d'examen de la question prioritaire de constitutionnalité par le Conseil d'État, la Cour de cassation et le Conseil constitutionnel, *JO* 18 févr., p. 2973.
9. Circ. n° CIV/04/10, 24 févr. 2010, relative à la présentation de la question prioritaire de constitutionnalité – Circ. n° SG/SADPV, 1er mars 2010, relative à la présentation de continuité de l'aide juridictionnelle en cas d'examen de la question prioritaire de constitutionnalité.

l'organisation judiciaire a ainsi été pourvu d'un titre sixième relatif à la question prioritaire de constitutionnalité (QPC) (COJ, art. LO. 461-1, LO. 461-2, R. 461-1) et le livre Ier du Code de procédure civile d'un titre 5 *bis* (C. pr. civ., art. 126-1 à 126-12). En application de ces textes, les parties peuvent, au cours d'une instance, soutenir qu'une disposition législative porte atteinte aux droits et libertés que la Constitution garantit (non seulement dans le texte constitutionnel du 4 octobre 1958, mais aussi dans le Préambule de cette Constitution, dans la Déclaration des droits de l'homme et du citoyen de 1789, le Préambule de la Constitution du 27 octobre 1946, la Charte de l'environnement, ainsi que dans les principes fondamentaux reconnus par les lois de la République). Si le Conseil déclare la loi contraire à la Constitution, celle-ci est abrogée à compter de la publication de la décision du Conseil au Journal officiel, sauf si celui-ci décide différer dans le temps les effets de l'abrogation (Const., art. 62) [1].

(Sur la question prioritaire de constitutionnalité, v. ss nos 553.881 s.)

142.72 Procédure devant les juridictions du fond. La QPC peut être soulevée devant toutes les juridictions civiles étatiques en première instance ou en appel, par toutes les parties au procès (à l'exception du ministère public lorsqu'il n'est que partie jointe). Elle ne peut être relevée d'office par le juge. Mais le moyen invoquant l'inconstitutionnalité doit être soulevé dans un **écrit distinct et motivé**, à peine d'irrecevabilité (Ord. n° 58-1067, 7 nov. 1958, art. 23-1 [2] - C. pr. civ., art. 126-2). Ce moyen est en effet prioritaire : il doit donc être présenté séparément des autres arguments [3]. Dans les procédures avec représentation obligatoire, l'écrit prendra la forme de **conclusions notifiées au juge et aux autres parties.** Cet écrit devra préciser la disposition législative arguée d'inconstitutionnalité, le droit ou la liberté auquel il serait porté atteinte et les arguments justifiants cette atteinte. La question est communiquée au ministère public. Elle donne lieu à un débat contradictoire entre parties avant que le juge statue, ce qu'il doit faire avec célérité, sans délai (C. pr. civ., art. 126-4). C'est en principe le juge qui connaît de l'instance au cours de laquelle la question est soulevée qui statue. La règle est cependant aménagée pour les magistrats chargés de la mise en état et pour les juges professionnels au sein des juridictions échevinales (C. pr. civ., art. 126-3).

La juridiction doit transmettre la question à la Cour de cassation si trois conditions sont réunies (Ord. 7 nov. 1958, art. 23-2) :

1° La disposition contestée est applicable au litige ou à la procédure ou constitue le fondement des poursuites;

2° Elle n'a pas déjà été déclarée conforme à la Constitution par le Conseil constitutionnel, sauf changement de circonstance;

3° La question n'est pas dépourvue de caractère sérieux.

Si le Conseil constitutionnel ou la Cour de cassation sont déjà saisis d'une QPC portant sur une disposition identique à celle critiquée, le juge n'est pas tenu de transmettre la question (C. pr. civ., art. 126-5).

Si les conditions sont réunies, le juge doit prendre une décision de transmission de la QPC à la Cour de cassation. Cette décision n'est pas susceptible de recours. Il doit aussi surseoir à statuer sur le fond jusqu'à réception de la décision de la Cour de cassation ou du Conseil constitutionnel (Ord. 7 nov. 1958, art. 23-3). L'instruction de l'affaire peut cependant continuer et des mesures provisoires ou conservatoires peuvent être prises. En cas d'urgence ou d'obligation de statuer dans un délai déterminé, il est fait exception à l'obligation de surseoir à statuer. Afin que ceci ne préjudicie pas aux parties, un recours en révision sera ouvert si l'inconstitutionnalité de la loi est prononcée [4].

1. V. NOT., H. Croze, « La question prioritaire de constitutionnalité : aspects procéduraux », *Procédures* 2010. Étude 2 – F. Jacquelot, « La procédure de la QPC », *Nouv. cah. Cons. const.* 2013/3. 7– Rép. pr. civ., v° *Question prioritaire de constitutionnalité*, par G. Deharo, mai 2013 – Ph. Flores, « Question prioritaire de constitutionnalité », *J.-Cl. Proc. civ.*, fasc. 156 – C. Maugüé et J.-H Stahl, *La question prioritaire de constitutionnalité*, 2e éd., « Connaissance du droit », Dalloz, 2012 – M. Disant, *Droit de la question prioritaire de constitutionnalité*, Lamy, 2011 – E. Cartier (dir.), *La QPC, le procès et ses juges. L'impact sur le procès et l'architecture juridictionnelle*, « Méthodes du droit », Dalloz, 2013 – D. Rousseau (dir.), *La question prioritaire de constitutionnalité : guide pratique*, 2e éd., *Gaz. Pal.*/Lextenso, 2012 –X. Magnon (dir.), *QPC – La question prioritaire de constitutionnalité, Pratique et contentieux,* 2e éd., Litec, 2013 – A. Lyon-Caen, *La question prioritaire de constitutionnalité*, « Que sais-je ? », PUF, 2011, n° 3906 – G. Drago, *Contentieux constitutionnel français*, 2e éd., PUF, 2011, p. 413 s.
2. Ord. n° 58-1067, 7 nov. 1958, portant loi organique sur le Conseil constitutionnel, *JO* 9 nov., p. 10129.
3. La priorité de la QPC doit cependant être articulée avec la primauté du droit de l'Union européenne et la question préjudicielle européenne; v. CJUE 22 juin 2010, Melki et Abdeli, aff. C-188/10 et C-18910, *AJDA* 2010. 1231 – F. Donnat, « La Cour de justice et la QPC : chronique d'un arrêt prévisible et imprévu », *D.* 2010. 1640 – H. Labayle, « Question prioritaire de constitutionnalité et question préjudicielle : ordonner le dialogue des juges ? », *RFDA* 2010. 659 – J. Barthélemy et L. Boré, « Les cas dans lesquels la question de constitutionnalité n'est pas prioritaire », *Constitutions* 2010. 549 – D. Simon, « Les juges et la priorité de la question prioritaire de constitutionnalité : discordance provisoire ou cacophonie durable ? », *Rev. crit. DIP* 2011. 1.
4. Cons. const. n° 2009-595 DC, 3 déc. 2009 (réserve d'interprétation § 18), *Gaz. Pal.* 9-10 déc. 2009, p. 4, note Rousseau; *RD publ.* 2010. 233, note Roux; *RFDA* 2010. 1, note Genevois.

142.73 Procédure devant la Cour de cassation. La Cour de cassation peut être saisie d'une question préjudicielle lors de la procédure de cassation par une partie, dans un mémoire distinct et motivé, ou par un juge du fond qui, estimant les conditions de recevabilité réunies, lui a renvoyé la question. Dans les deux cas, la décision de renvoyer ou non la QPC au Conseil constitutionnel est prise au terme d'une **procédure contradictoire** puisque les parties disposent d'un délai d'un mois pour faire valoir leurs observations, délai qui peut être réduit par le premier président (C. pr. civ., art. 126-9 à 126-11). La Cour de cassation dispose d'un délai de **trois mois** pour statuer. Si ce délai n'est pas respecté, la QPC est transmise directement au Conseil constitutionnel (Ord. 7 nov. 1958, art. 23-7).

La Haute juridiction judiciaire exerce un filtre beaucoup plus important que celui réalisé par les juges du fond. Elle vérifie, comme eux, que la disposition contestée est applicable au litige ou à la procédure ou constitue le fondement des poursuites et qu'elle n'a pas déjà été déclarée conforme à la Constitution par le Conseil constitutionnel. Elle doit surtout s'assurer que la **question** est **nouvelle** ou qu'elle présente un **caractère sérieux** (Ord. 7 nov. 1958, art. 23-4) [1]. Si c'est le cas, elle la transmet au Conseil constitutionnel.

142.74 Décision du Conseil constitutionnel. La QPC est transmise au Conseil constitutionnel avec les mémoires ou les conclusions déposés à ce sujet par les parties (Ord. 7 nov. 1958, art. 23-7). La procédure est ensuite régie par le règlement intérieur fixé par le Conseil constitutionnel lui-même dans une décision du 4 février 2010 [2]. L'**instruction contradictoire** se fait par voie électronique. La récusation des membres du Conseil est prévue pour certaines causes (Règl. intérieur, art. 4). Le Conseil dispose d'un délai de **trois mois** pour statuer (Ord. 7 nov. 1958, art. 23-10). Si le Conseil constitutionnel déclare inconstitutionnel une disposition législative, cette décision a un effet *erga omnes*. À compter de la publication de la décision au *Journal officiel*, la loi sera abrogée. Toutefois, le Conseil dispose de la faculté de reporter dans le temps les effets de l'abrogation (Const. 4 oct. 1958, art. 62, al. 1er) [3]. Dans ce cas, la partie qui a obtenu gain de cause ne bénéficiera pas de cette décision. La décision du Conseil constitutionnel est insusceptible de recours. Elle s'impose aux pouvoirs publics et à toutes les autorités administratives et juridictionnelles (Const. 4 oct. 1958, art. 62, al. 2) [4].

§ 2
Extension de compétence quant aux demandes incidentes

142.80 Plan. Les demandes incidentes sont des prétentions qui viennent se greffer sur un litige déjà né. Il peut s'agit de demandes additionnelles, reconventionnelles, ou en intervention. Le principe général est que ces demandes incidentes ne sont recevables « *que si elles se rattachent aux prétentions originaires par un lien suffisant* » (C. pr. civ., art. 70 et 325).

Mais une seconde question peut, au-delà de cette condition, se poser : celle de savoir si le tribunal est compétent pour statuer sur la demande incidente. Sur ce point, l'article 51 C. pr. civ. prévoit une règle différente pour le TGI (A) et les juridictions d'exception (B). L'extension de compétence n'est permise, non sans limites, que pour le TGI.

A.
Extension de compétence du tribunal de grande instance quant aux demandes incidentes

142.81 Texte et domaine. L'article 51 alinéa 1er C. pr. civ. dispose que : « *Le tribunal de grande instance connaît de toutes les demandes incidentes qui ne relèvent pas de la compétence exclusive d'une autre juridiction* ».

Cette disposition vise aussi bien la compétence matérielle ou la compétence territoriale, qui est rarement exclusive.

Le TGI peut ainsi connaître des demandes qui relèvent de la compétence du tribunal de commerce et qui n'entrent pas dans la compétence exclusive de cette dernière juridiction, ou encore de demandes qui sont inférieures à son taux de ressort et relèveraient de la compétence du TI (sauf s'il s'agit d'une compétence exclusive). En revanche, le TGI ne pourrait connaître de demandes incidentes relevant de la compétence du conseil de prud'hommes puisque la compétence de cette dernière juridiction est exclusive (v. ss no 124.362). Il en est de même de la compétence du tribunal paritaire de baux ruraux (v. ss no 124.420), du juge de l'expropriation (v. ss

1. J.-P. Gridel, « Question prioritaire de constitutionnalité. Le filtrage par la Cour de cassation », *BICC* 1er mai 2012, p. 6.
2. Cons. const. no 2010-601 DC, 4 févr. 2010, *JO* 18 févr., p. 2986 – M. Guillaume, « Le règlement intérieur de procédure suivie devant le Conseil constitutionnel pour les questions prioritaires de constitutionnalité », *LPA* 23 févr. 2010, p. 3, mod. Décr. 24 juin 2010, *JO* 23 juill., p. 13615 et Décr. 21 juin 2011, *JO* 29 juin, p. 10988.
3. M. Disant, « Les effets dans le temps des décisions QPC », *Nouv. cah. Cons. const.* 2013/3. 63.
4. M. Disant, « L'autorité de la chose interprétée », *JCP* 29 nov. 2010, suppl. au no 48, « La question prioritaire de constitutionnalité. Premier bilan et prospective », p. 66.

n° 124.502) et vraisemblablement du tribunal des affaires de sécurité sociale (v. s[s] n° 124.473).

142.82 Portée. La conséquence des dispositions de l'article 51, autorisant une extension de compétence au profit du TGI, est que le défendeur à la demande incidente ne peut soulever l'incompétence du tribunal, si la demande ne relève pas de la compétence exclusive d'une autre juridiction.

B. Interdiction des extensions de compétence pour les juridictions d'exception

142.91 Principe. L'alinéa 2 de l'article 51 C. pr. civ. dispose que : « *Les autres juridictions ne connaissent que des demandes qui entrent dans leur compétence d'attribution* ».

Il en résulte que la prorogation de la compétence d'attribution n'est pas possible pour les juridictions d'exception, même pour les demandes qui ne relèveraient pas de la compétence exclusive d'une autre juridiction. Ainsi, un TI ne peut connaître d'une demande en garantie qui relève de la compétence d'un tribunal de commerce, sauf indivisibilité[1].

Le défendeur à une telle demande peut donc soulever une exception d'incompétence et, à défaut, le juge peut se déclarer d'office incompétent pour en connaître. Il semble toutefois qu'il ne soit pas tenu de le faire (v. s[s] n° 142.62).

142.92 Tempéraments et exceptions. Ce principe souffre cependant quelques tempéraments ou exceptions.

Il résulte notamment de l'arrêt précité de la Cour de cassation du 3 mai 1978, qu'une juridiction d'exception pourrait connaître d'une demande en garantie lorsqu'il y a **indivisibilité**[2]. Une jurisprudence ancienne l'admettait déjà dans d'autres hypothèses que le simple appel en garantie, notamment pour permettre au tribunal de commerce de connaître de demandes reconventionnelles de nature civile, lorsqu'il y avait indivisibilité. L'indivisibilité tient à l'impossibilité absolue d'exécuter simultanément les décisions contraires ou divergentes qui seraient rendues par des juridictions différentes[3].

142.93 Compétence territoriale. L'article 51 alinéa 2 C. pr. civ. ne vise expressément que la compétence d'attribution. Il en résulte que les extensions de compétence sont possibles quant aux demandes incidentes qui relèveraient de la compétence territoriale d'une autre juridiction de même nature, sauf s'il s'agit d'une compétence exclusive. C'est au demeurant ce que confirme expressément l'article 333 C. pr. civ. au sujet des demandes en intervention forcée.

142.94 Exception en faveur du tribunal d'instance et de la juridiction de proximité quant au taux de compétence. L'article 38 C. pr. civ. permet à la juridiction saisie de connaître d'une demande reconventionnelle en dommages-intérêts excédant son taux de compétence, dès lors qu'elle est fondée exclusivement sur la demande initiale. Bien qu'énoncée sous une forme générale, cette disposition ne concerne en fait que le TI et la juridiction de proximité.

À l'inverse, pour les autres demandes excédant son taux de compétence, il n'y a pas d'extension de compétence, sinon à rebours. Selon l'article 38 alinéa 1er, le tribunal peut, si une partie soulève l'incompétence, soit ne statuer que sur la demande initiale, soit renvoyer les parties à se pouvoir pour le tout devant la juridiction compétente pour connaître de la demande incidente. En fait, cette disposition ne concerne que le TI et la juridiction de proximité.

SECTION 2 EXTENSIONS DE COMPÉTENCE SUR RENVOI

142.100 Plan. Dans un certain nombre d'hypothèses, une juridiction naturellement incompétente, que ce soit matériellement ou territorialement va se trouver chargée d'un litige sur renvoi d'une autre juridiction. Bien que s'effectuant sur décision judiciaire, il s'agit néanmoins de cas de prorogation légale, puisque c'est toujours en vertu de la loi que le renvoi a lieu.

Les cas de renvoi sont assez divers, mais n'appellent pas le plus souvent de développements particuliers (§ 1), à l'exception de la connexité et de la litispendance (§ 2).

§ 1 Généralités

A. Diversité des renvois

142.101 Distinction. Certains des renvois d'une juridiction à une autre peuvent être rattachés à la notion d'**administration judiciaire**.

Il en est ainsi du renvoi après cassation (COJ, art. L. 431-4), du renvoi pour cause de suspicion légitime ou de récusation de plusieurs juges, ou pour cause de sûreté publique (C. pr. civ., art. 341 à 366).

Ordonnés par une juridiction supérieure, ces renvois produisent bien une extension de compétence en renvoyant la connaissance du litige à une juridiction naturellement incompétente pour en connaître.

1. Civ. 3e, 3 mai 1978, n° 76-14.823, *Bull. civ.* III, n° 187.
2. Civ. 3e, 3 mai 1978, n° 76-14.823, préc. s[s] n° 142.91 ; *RTD civ.* 1978. 920, obs. Normand.
3. H. Solus et R. Perrot, *Droit judiciaire privé*, Sirey, 1961, t. 1, n° 555 – CORNU et FOYER, n° 39.

En revanche, le renvoi ordonné par la juridiction qui s'estime incompétente ou par la cour d'appel statuant sur un contredit n'entraîne pas en principe d'extension de compétence, puisqu'il aboutit, normalement, à désigner la juridiction réellement compétente. Mais, par erreur, cela peut aboutir à la désignation d'une juridiction incompétente qui ne peut alors contester sa compétence, pas plus que les parties (C. pr. civ., art. 86 et 96).

B. Régime juridique du renvoi

142.111 Conditions. Le renvoi ne peut être ordonné que dans les cas spécifiés par la loi (sinon il pourrait constituer un déni de justice). Il ne peut être ordonné qu'à l'intérieur de l'ordre judiciaire. Une juridiction de l'ordre judiciaire ne saurait renvoyer directement une affaire devant une juridiction administrative qu'elle aurait désignée pour connaître d'un litige. Le principe de la séparation des pouvoirs s'y oppose[1]. Seul le Tribunal des conflits peut le décider en cas de conflit de compétence.

142.112 Cas particuliers. Lorsque le renvoi est ordonné après cassation, la juridiction de renvoi n'est pas saisie directement du litige, elle l'est à l'initiative des parties (C. pr. civ., art. 1032).

Dans les cas de renvoi pour récusation, pour cause de suspicion légitime, ou de sûreté publique, il est procédé comme en matière d'incompétence (C. pr. civ., art. 362) : le dossier de l'affaire est transmis à la juridiction désignée par le secrétariat. Celui de la juridiction de renvoi invite par lettre recommandée les parties à poursuivre l'instance ou à constituer avoué ou avocat s'il y a lieu (C. pr. civ., art. 97).

142.113 Portée. La juridiction désignée ne peut en aucun cas refuser le renvoi ou contester sa compétence. La décision de renvoi s'impose aux parties et au juge du renvoi[2] et elle n'est susceptible d'aucun recours (C. pr. civ., art. 360). Il a ainsi été jugé que ne pouvait être frappé de pourvoi, l'arrêt qui accueille une demande de récusation de deux membres d'un conseil de prud'hommes et a renvoyé l'affaire devant un autre conseil de prud'hommes[3].

§ 2 Renvoi pour connexité ou litispendance

142.120 Plan. La connexité (A), et, à un moindre degré, la litispendance (B) conduisent à une prorogation de compétence d'une juridiction, sur décision d'une autre qui était normalement compétente, mais se dessaisit du litige pour une meilleure administration de la justice, et plus particulièrement pour éviter une éventuelle contrariété de décisions.

A. Connexité

142.130 Hypothèse. L'hypothèse est que deux juridictions distinctes sont saisies chacune d'un litige entrant dans sa compétence, mais qu'il existe un lien tel entre les affaires qu'il est « *de l'intérêt d'une bonne justice de les faire instruire et juger ensemble* » (C. pr. civ., art. 101). Il peut alors être demandé à l'une de ces juridictions « *de se dessaisir et de renvoyer en l'état la connaissance de l'affaire à l'autre juridiction* » (C. pr. civ., art. 101). Pour être reconnue, elle suppose qu'une exception de connexité soit soulevée par l'une au moins des parties.

La notion doit être présentée d'abord (1°), avant d'examiner l'exception de connexité (2°) et la décision sur la connexité (3°).

1° Notion de connexité

142.131 Conditions. Il n'est pas possible de déterminer un critère précis de la connexité.

Il faut que soient réunies les deux conditions posées par le texte : un lien entre deux affaires; et, en raison de ce lien, il apparaît utile ou préférable de les instruire et juger ensemble, parce que la solution d'une des affaires peut influer sur l'autre de sorte que l'on peut aboutir, à les juger séparément, à des décisions contradictoires ou du moins peu cohérentes entre elles.

142.132 Un lien entre deux affaires. Le lien entre les affaires peut être très divers. Il peut tenir à l'identité de parties, et partiellement (pas totalement, sinon il y aurait litispendance), à l'identité de cause ou d'objet. Par exemple, une partie demande l'exécution forcée d'un contrat devant une juridiction tandis que l'autre demande la résiliation du même contrat devant une autre juridiction[4]; une compagnie d'assurance demande la nomination d'un expert devant le TGI tandis que l'assuré saisit le tribunal de commerce d'une demande en paiement de l'indemnité d'assurance[5]. Mais l'identité de parties peut n'être que partielle voire même ne pas exister du tout. Ainsi, la connexité a été admise entre une action en responsabilité contre une personne et celle exercée par cette même personne contre son

1. Civ., 17 juill. 1930, *DH* 1930. 491.
2. Civ. 2e, 12 juin 2008, n° 07-13.901, *Bull. civ.* II, n° 138; *Procédures* 2008, n° 227, obs. Perrot.
3. Civ. 2e, 4 janv. 1989, n° 87-01.006, *Bull. civ.* II, n° 5; *D.* 1989. Somm. 278, obs. Julien; *JCP* 1989. IV. 79.
4. Paris, 17 févr. 1965, *D.* 1965. Somm. 100; *JCP A* 1965. II. 14250, concl. av. gén. Barnicaud.
5. Civ. 2e, 9 nov. 1971, n° 70-14.045, *Bull. civ.* II, n° 305.

assureur[1]; entre les actions engagées par un ancien employeur contre ses anciens salariés pour concurrence déloyale et celle contre le nouvel employeur[2].

Le plus souvent, le lien entre les affaires tient aux faits de l'espèce qui sont à l'origine du litige. Les litiges ont trait à un même contrat, un même fait dommageable, un même bien. Ainsi sont connexes l'action en contrefaçon et l'action en nullité ou déchéance du brevet portée par le défendeur devant une autre juridiction[3], l'action en résolution d'une promesse de vente par le promettant et celle introduite par le bénéficiaire de la promesse tendant à faire constater sa régularité[4] ou l'action en réparation formée par diverses victimes à la suite d'un même accident, ou d'une même avarie de transport[5].

142.133 Intérêt d'une bonne justice de les instruire et juger ensemble. Le lien entre les affaires ne suffit en soi à justifier le renvoi pour connexité. Aux termes de l'article 101 C. pr. civ., il faut qu'il en résulte, sinon une nécessité absolue qui est rare en pratique, du moins un intérêt rationnel à les juger ensemble parce que la décision sur l'une des affaires peut influer sur la solution de l'autre ou, *a fortiori*, parce que les décisions rendues séparément peuvent être inconciliables[6]. Cet intérêt d'une bonne justice de juger les affaires ensemble est évident par exemple entre la demande en exécution forcée d'un contrat et la demande en résiliation ou en nullité du même contrat. Il est encore évident que l'action principale en dommages-intérêts ou en revendication d'un bien et la demande en garantie contre l'assureur ou toute autre personne qui devrait sa garantie doivent être jugées ensemble.

142.134 Appréciation souveraine. La connexité, en l'absence de définition précise dans la loi, suppose évidemment une large marge d'appréciation et d'anticipation de la part des juges. Elle est considérée comme une question de fait que la Cour de cassation ne contrôle pas et laisse à l'appréciation souveraine des juges du fond[7].

2°
Exception de connexité

142.141 Nécessité d'une demande. Il résulte des articles 101 et 103 C. pr. civ. que le renvoi pour connexité doit être demandé par les parties. On admet que le juge ne peut relever d'office l'existence d'une connexité entre deux affaires[8].

L'exception de connexité peut être soulevée par l'une des parties, mais aussi par un tiers mis en cause ou intervenant volontairement au litige[9].

Elle peut en principe être soulevée devant l'une ou l'autre des juridictions distinctes saisies des litiges connexes. L'exception n'a pas à être soulevée nécessairement devant la juridiction saisie en second (C. pr. civ., art. 101). Toutefois, lorsque les juridictions sont de degré différent, la connexité ne peut être soulevée que devant la juridiction inférieure (C. pr. civ., art. 102). On admet encore, bien que les textes ne le précisent pas, que s'il existe un lien de connexité entre une juridiction de droit commun et une juridiction d'exception, c'est devant la juridiction d'exception que le renvoi pour connexité doit être demandé, sauf si l'une des demandes relève de la compétence exclusive d'une des juridictions. Dans ce cas, c'est la juridiction dont la compétence n'est pas exclusive qui doit se dessaisir[10].

142.142 Connexité internationale. Le règlement CE n° 44/2001, du 22 décembre 2000, prévoit soit que la juridiction saisie en second puisse surseoir à statuer, soit qu'elle se dessaisisse au profit de la première juridiction, si elles sont toutes deux du premier degré et à condition que le tribunal premier saisi soit compétent pour connaître des demandes en question et que sa loi permette leur jonction (Règl. 22 déc. 2000, art. 28). La Convention de Lugano révisée du 30 octobre 2007 adopte les mêmes règles (Conv. Lugano, 30 oct. 2007, art. 28 – Sur la Convention de Lugano, v. s[s] n°s 158.00 s.)[11]. La Convention de Bruxelles du 27 septembre 1968, désormais d'application très marginale, prévoit en revanche que seul le tribunal saisi en second a la faculté de se dessaisir au profit du premier, et à condition que ce tribunal « *soit compétent pour connaître des deux demandes* » (Conv. Bruxelles, 27 sept. 1968, art. 22). Des dispositions similaires figuraient dans la Convention de Lugano du 16 septembre 1988.

Le nouveau Règlement Bruxelles I *bis* du 12 décembre 2012, applicable à partir du 10 janvier 2015, confirme cette règle dans son article 30, mais il innove en envisageant la connexité et la litispendance entre

1. Civ., 12 juin 1942, *DP* 1944. 3; *RGAT* 1944. 61.
2. TGI Paris, 4 juill. 1972, *D.* 1974. 205, note Serra.
3. Lyon, 18 janv. 1956, *Ann. propr. ind.* 1956. 79.
4. Civ. 2e, 21 mai 1958, n° 57-10.762, *Bull. civ.* II, n° 349.
5. Civ., 16 janv. 1924, *DP* 1924. 1. 409.
6. V. L. Cadiet, « Introduction à la notion de bonne administration de la justice en droit privé », *Just. et cass.* 2013. 13.
7. Civ. 1re, 9 oct. 1974, n° 72-14.647, *Bull. civ.* I, n° 261 – Civ. 1re, 19 avr. 1983, n° 82-12.343, *Bull. civ.* I, n° 123 – Civ. 1re, 17 févr. 2010, n° 08-13.743, *Bull. civ.* I, n° 39.
8. H. Solus et R. Perrot, *Droit judiciaire privé*, Sirey, 1961, t. 1, nos 827 et 828 – GUINCHARD, CHAINAIS et FERRAND, 31e éd., 2012, n° 1776 – C. Giverdon, « La procédure de règlement des exceptions de compétence, de litispendance et de connexité d'après le décret n° 72-684 du 20 juillet 1972 », *D.* 1973. Chron. 155.
9. Civ. 2e, 5 juill. 1978, n° 77-12.514, *Bull. civ.* II, n° 174; *Gaz. Pal.* 1978. 624, note Viatte.
10. Civ. 2e, 12 oct. 1978, n° 77-12.779, *Bull. civ.* II, n° 208.
11. H. Gaudemet-Tallon, *Compétence et exécution des jugements en Europe*, 4e éd., LGDJ, 2010, nos 340 s., p. 340 s. et nos 519 s., p. 538 s.

juridictions d'États membres de l'Union et les juridictions d'États tiers, admettant que la juridiction d'un État membre sursoie à statuer ou mette fin à l'instance introduite devant elle en raison d'une procédure introduite dans un État tiers[1].

142.143 **Conditions.** Le renvoi pour connexité suppose que deux juridictions distinctes et compétentes aient été saisies. Si une connexité apparaît entre deux chambres ou sections d'une même juridiction, la question est réglée, sans formalité, par le président de la juridiction. Sa décision est une mesure d'administration judiciaire (C. pr. civ., art. 107)[2].

L'exception de connexité peut être soulevée **en tout état de cause** (C. pr. civ., art. 103). Il est d'ailleurs souvent nécessaire qu'il ait été conclu au fond pour apprécier s'il y a connexité.

L'article 103 C. pr. civ. y apporte toutefois une réserve : l'exception peut être écartée si « *elle a été soulevée tardivement dans une intention dilatoire* ». Le juge peut d'ailleurs dans cette hypothèse condamner l'auteur de l'exception tardive à des dommages-intérêts. Il a ainsi été jugé qu'est caractérisée la faute faisant dégénérer en abus le droit de résister à une action en justice et justifie une condamnation à des dommages-intérêts, le fait pour une partie de ne se prévaloir d'une exception de connexité que tardivement, dans le but de retarder le plus longtemps possible le paiement des sommes dues à l'adversaire[3] (mais il est arrivé que le juge ne constate pas que l'exception avait été soulevée tardivement[4]).

3°
Décision sur la connexité

142.151 **Pouvoirs du juge.** Saisi d'une exception de connexité, le juge doit statuer sur elle[5], soit pour la rejeter, soit pour y faire droit.

Il est de jurisprudence constante que ce n'est toutefois qu'une faculté pour le juge[6]. Mais il y aurait sans doute une contradiction dans le fait de reconnaître qu'il y a connexité et donc intérêt d'une bonne justice d'instruire et juger ensemble deux demandes, et à ne pas ordonner le renvoi sauf application du correctif de l'article 103, qui suppose une motivation expresse[7].

Si le juge saisi de l'exception estime qu'il est de l'intérêt d'une bonne justice de juger ensemble les deux affaires, il se dessaisit de l'affaire et ordonne le renvoi de la cause dont il est saisi devant l'autre juridiction. Il est alors procédé comme en matière d'incompétence : le dossier de l'affaire est transmis par le greffe de la juridiction à l'autre juridiction dont le secrétariat invite les parties à poursuivre l'instance et à constituer avocat ou avoué s'il y a lieu (C. pr. civ., art. 97).

La juridiction devant laquelle l'affaire est renvoyée doit accepter le renvoi qui s'impose à elle (C. pr. civ., art. 105).

142.152 **Limites tenant à la compétence exclusive.** Le renvoi pour connexité est une entorse faite aux règles de compétence d'attribution et territoriale (ou à l'une d'entre elles seulement). Une juridiction compétente par hypothèse est ainsi amenée à se dessaisir au profit d'une autre qui ne l'est pas nécessairement. Ce renvoi ne saurait être sans limite et ne saurait faire échec aux règles de compétence exclusive. Il est donc admis que si une des juridictions a compétence exclusive, et l'autre non, c'est devant la première que le renvoi doit s'opérer[8]. Et si les deux juridictions ont chacune compétence exclusive pour connaître respectivement de la demande dont elles sont saisies, il n'y a pas lieu à renvoi[9]. De même, lorsque deux litiges connexes sont pendants l'un devant le TGI, juridiction de droit commun, l'autre devant une juridiction d'exception dotée d'une compétence exclusive, chacune des deux juridictions saisies doit conserver la connaissance de l'affaire qui lui est soumise[10].

142.153 **Voies de recours.** Les décisions sur la connexité, qu'elles ordonnent le renvoi ou le refusent, sont susceptibles de recours comme en matière de compétence (C. pr. civ., art. 104 – V. s^s^ n°s 51.00 s.). La seule particularité ajoutée par l'article 104 au régime de règlement des incidents de compétence est qu'en cas de recours multiples, « *la décision appartient à la cour d'appel la première saisie qui, si elle fait droit à l'exception, attribue l'affaire à celle des juridictions qui, selon les circonstances, paraît la mieux placée pour en connaître* »[11]. Rien n'interdit par ailleurs à la cour d'appel, saisie d'un contredit, d'évoquer, par application de l'article 89 C. pr. civ., si elle estime de bonne justice de donner à l'affaire une

1. Règl. UE n° 1215/2012, 12 déc. 2012, art. 33 et 34; D. Alexandre et A. Huet, « Litispendance et connexité dans les relations entre un État membre de l'Union européenne et un État tiers », *D.* 2013. 1499.
2. Civ. 1re, 4 mars 1986, n° 84-15.769, *Bull. civ.* I, n° 53, *JCP* 1986. IV. 137; *Gaz. Pal.* 1987. Somm. 53, obs. Guinchard et Moussa.
3. Civ. 2e, 2 avr. 1974, n° 73-12.156, *Bull. civ.* II, n° 127; *RTD civ.* 1975. 359, obs. Normand.
4. Civ. 2e, 22 oct. 1975, n° 74-12.142, *Bull. civ.* II, n° 269; *D.* 1976. IR 7; *RTD civ.* 1976. 194, obs. Normand.
5. Civ. 2e, 5 juill. 1978, n° 77-12.514, préc. ss n° 142.141.
6. Civ. 1re, 20 oct. 1987, n° 85-18.877, *Bull. civ.* I, n° 275; *JDI* 1988. 447, note Huet; *Rev. crit. DIP* 1988. 540, note Lequette.
7. Civ. 2e, 5 juill. 1978, n° 77-12.514, préc. ss n° 142.141.
8. Civ. 2e, 12 oct. 1978, n° 77-12.779, préc. ss n° 142.141.
9. Lyon, 25 mai 1978, *JCP* 1978. II. 19026, obs. J. A.
10. Com. 7 avr. 2009, n° 08-16.884, *Bull. civ.* IV, n° 51; *D.* 2009. 1138; *RTD civ.* 2009. 775, obs. Théry.
11. Civ. 2e, 8 juin 1979, n° 77-15.933, *Bull. civ.* II, n° 170; *D.* 1979. IR 477, obs. Julien.

solution définitive[1]. Mais c'est à la condition que le jugement ait été rendu en premier ressort. Il a notamment été jugé que l'appel était la seule voie de recours contre un jugement ayant statué en dernier ressort sur une exception de connexité et sur le fond, mais que les pouvoirs de la cour étaient alors limités au chef de connexité[2].

B. Litispendance

142.160 Situation exceptionnelle. La litispendance est une situation exceptionnelle où deux juridictions distinctes, de même degré, et également compétentes, sont saisies simultanément d'un même litige. L'article 100 C. pr. civ. dispose que dans ce cas : « *La juridiction saisie en second lieu doit se dessaisir au profit de l'autre, si l'une des parties le demande. À défaut, elle peut le faire d'office* ».

La notion de litispendance (1°) doit être présentée avant la décision sur la litispendance (2°).

1° Notion de litispendance

142.170 Conditions. Trois conditions résultent de l'article 100 C. pr. civ. pour qu'il y ait litispendance :

- un litige identique;
- pendant devant deux juridictions de même degré;
- également compétentes pour en connaître.

a) Identité de litige

142.171 Identité de litige. L'identité de litige suppose une quadruple identité : de parties, d'objet, de fait générateur et de fondement juridique. Ce sont à peu près les conditions exigées pour qu'il y ait par ailleurs autorité de la chose jugée.

142.172 Identité de parties. Par exemple, il n'y a pas litispendance, mais éventuellement connexité, si les **parties** ne sont pas rigoureusement les mêmes[3]. Mais il y a litispendance entre la demande formée par une personne décédée en cours de procédure et celle formée devant une autre juridiction contre le même défendeur pour le même objet par son héritier, agissant en cette qualité[4].

142.173 Identité d'objet. Les prétentions soumises aux deux juridictions doivent avoir le même **objet** (une seule suffit à caractériser la litispendance). Il est toutefois admis qu'il peut y avoir litispendance entre deux demandes de montants différents, dès lors qu'elles sont formées entre les mêmes parties, et reposent sur le même fait générateur[5]. Ainsi, sur ce critère, il n'y a pas litispendance entre une demande en divorce et une demande en conversion de séparation de corps en divorce[6], entre une demande en liquidation de communauté dissoute par le divorce et une demande d'expulsion de l'ex-époux pour occupation illicite d'un bien acquis par l'autre époux[7], entre une demande au fond en dommages-intérêts et une demande de provision formée devant le juge des référés[8]. Plus généralement, il n'y a pas en principe litispendance entre une demande visant à obtenir des mesures provisoires et une demande au fond[9].

142.174 Identité de fait générateur. Il faut que les deux demandes pendantes devant des juridictions différentes procèdent des **mêmes faits**, de la **même cause.** Ainsi, s'il n'y a pas litispendance entre une demande tendant à obtenir l'expulsion d'un locataire pour occupation insuffisante et celle tendant également à l'expulsion du locataire, mais fondée sur la mauvaise foi[10]. Cette identité fait encore défaut entre l'action en divorce et celle en conversion de séparation de corps en divorce[11].

142.175 Identité de fondement juridique. La litispendance suppose que les deux demandes aient le même fondement juridique. Cette identité n'existe pas entre une demande en diffamation intentée contre l'auteur d'un ouvrage devant la Haute Cour de justice de Londres et l'action en responsabilité quasi délictuelle contre le même auteur engagée devant le tribunal de Paris[12]. Il n'y a pas non plus identité de fondement juridique entre une demande en déclaration de jugement commun de l'assureur devant le tribunal des affaires de sécurité sociale saisi par le salarié victime d'un accident du travail pour faire reconnaître la faute inexcusable de l'employeur et l'action en garantie de l'employeur contre son assureur devant le tribunal de grande instance[13].

b) Litige pendant devant deux juridictions de même degré

142.181 Litige pendant devant deux juridictions distinctes. La litispendance suppose que deux juridic-

1. Civ. 2e, 8 juin 1979, n° 77-15.933, préc. ss prést n°.
2. Civ. 1re, 9 mars 2004, n° 00-14.312, *Bull. civ.* I, n° 76; *Procédures* 2004, n° 9, obs. Perrot.
3. Rennes, 17 déc. 1980, *Gaz. Pal.* 1980. 400.
4. Soc. 8 mars 1961, n° 60-20.084, *Bull. civ.* V, n° 314.
5. Civ. 2e, 23 janv. 1958, n° 1.124, *Bull. civ.* II, n° 71.
6. Civ. 2e, 23 juin 1982, n° 81-11.700, *Bull. civ.* II, n° 93.
7. Civ. 1re, 20 mars 2013, n° 11-16.345, *Bull. civ.* I, [à paraître]; *D.* 2013. 844.
8. Civ. 2e, 17 mai 1982, n° 81-10.993, *Bull. civ.* II, n° 75.
9. CJUE 9 nov. 2010, aff. C-296/10, *Europe* 2011. Comm. 35, note Idot; *Procédures* 2011. Comm. 11, note Nourissat.
10. Colmar, 20 oct. 1950, *JCP A* 1951. IV. 1556, note Madray.
11. Civ. 2e, 23 juin 1982, n° 81-11.700, préc. ss n° 142.173.
12. TGI Paris, 13 févr. 1985, *D.* 1985. IR 10.
13. Civ. 2e 16 déc. 2011, n° 10-26.704, *Bull. civ.* II, n° 233; *RGDA* 2012. 874, note Schulz.

tions distinctes aient été saisies. Il ne peut y avoir de litispendance entre deux formations ou sections d'une même juridiction. La question se réglerait alors par une jonction des procédures décidée par le président de la juridiction.

Cela suppose que les affaires aient été mises au rôle[1].

142.182 **Instances en cours.** Il faut encore que les affaires soient pendantes, c'est-à-dire non terminées par un jugement définitif. Un jugement définitif dessaisit en effet la juridiction qui l'a rendu, même s'il est encore susceptible de recours[2]. Ce serait alors un problème d'autorité de la chose jugée qu'aurait à trancher la juridiction saisie en second, mais pas une question de litispendance. La litispendance ne peut davantage être invoquée lorsqu'une des instances a pris fin en raison d'un désistement[3], d'une irrecevabilité, d'une péremption d'instance, d'une caducité ou d'un acquiescement par exemple.

142.183 **Juridictions de même degré ou de degré différent.** L'article 100 C. pr. civ. prévoit d'abord le cas où les deux juridictions saisies simultanément du même litige sont de même degré, c'est alors la juridiction saisie en second qui doit se dessaisir[4]. Si une des juridictions est de degré différent, en vertu de l'article 102 C. pr. civ., c'est la juridiction inférieure qui doit se dessaisir au profit de la cour d'appel[5]. La litispendance peut aussi exister entre deux juridictions du second degré; c'est alors la juridiction saisie en second qui doit se dessaisir.

c) Litige pendant devant deux juridictions compétentes pour en connaître

142.191 **Juridictions également compétentes.** La litispendance ne peut avoir lieu en principe que lorsque le même litige est porté devant deux juridictions également compétentes. Si l'une des juridictions est incompétente, ce n'est pas une exception de litispendance qui doit être présentée, mais une exception d'incompétence devant la juridiction estimée incompétente[6]. Mais la litispendance pourrait être invoquée ensuite, si la juridiction se déclare compétente et si sa décision n'est pas contestée, ou encore si le renvoi pour incompétence est ordonné devant une juridiction différente de celle saisie de l'autre litige.

142.192 **Juridiction étrangère.** Il est admis aujourd'hui que la litispendance, comme la connexité d'ailleurs, peut être invoquée devant le juge français en raison de l'instance engagée devant un tribunal étranger également compétent. Ainsi, la Cour de cassation a précisé que l'exception de connexité internationale peut être admise devant le juge français aux seules conditions que deux juridictions relevant de deux États différents soient également et compétemment saisies de deux instances, en cours, faisant ressortir entre elles un lien de nature à créer une contrariété, approuvant ainsi la décision d'une cour d'appel qui avait souverainement relevé que la solution du litige - qui ne concernait pas une mesure d'exécution pratiquée en France - commandait d'apprécier la validité de la saisie dont connaissait la juridiction de l'Île Maurice et avait décidé de se dessaisir, en raison du risque de contrariété de décision, au profit de la juridiction étrangère, également compétente au titre du domicile d'un codéfendeur[7]. L'exception de litispendance est fréquemment admise en matière de divorce d'époux de nationalités différentes qui effectuent la même demande de dissolution du lien matrimonial dans des États distincts[8]. Il faut toutefois, en outre, que la décision à intervenir à l'étranger soit susceptible d'être reconnue en France[9].

Au surplus, les conventions de Bruxelles du 27 septembre 1968 et de Lugano du 16 septembre 1988 prévoient en leur article 21 que, en cas de litispendance internationale, la juridiction saisie en second doit, au besoin d'office, surseoir à statuer jusqu'à ce que la compétence du tribunal premier saisi soit établie. Lorsque cette compétence est établie, le tribunal saisi en second lieu se dessaisit en faveur du premier[10]. Pour le droit communautaire, la question se

1. Civ. 3e, 10 déc. 1985, 84-16.799, *Bull. civ.* III, n° 167; *D.* 1986. IR 225, obs. Julien; *Gaz. Pal.* 1982. Somm. 28, obs. Guinchard et Moussa; *RTD civ.* 1986. 634, obs. Perrot – Com. 4 oct. 1994, n° 92-16.676, *Bull. civ.* IV, n° 270; *JCP* 1995. I. 3846, obs. Cadiet.
2. Civ. 1re, 23 juin 2010, n° 09-14.807, NP.
3. Civ. 2e, 12 mai 1965, n° 62-13.410, *Bull. civ.* II, n° 416 – Toulouse, 9 mai 1970, *D.* 1971. Somm. 96.
4. Civ. 2e, 3 mars 1971, n° 70-10.179, *Bull. civ.* II, n° 87.
5. Civ. 2e, 22 avr. 1977, n° 75-14.272, *Bull. civ.* II, n° 106; *D.* 1977. IR 411, obs. Julien – EN CE SENS, GUINCHARD, CHAINAIS et FERRAND, 31e éd., 2012, n° 1774.
6. V. obs. Normand, *RTD civ.* 1978. 915.
7. Civ. 1re, 22 juin 1999, n° 96-22.546, *Bull. civ.* I, n° 208.
8. Civ. 1re, 17 juin 2009, n° 08-12.456, *Bull. civ.* I, n° 130; *Defrénois* 2009. 1722, note Crône; *Dr. fam.* 2009. Comm. 134, note Abadie; *D.* 2010. 121, note Sana-Chaillé de Néré; *D.* 2010. 1585, obs. Courbe et Jault-Seseke; *Rev. crit. DIP* 2010. 170, note Pataut; *JDI* 2010. 825, note Sinopoli – Civ. 1re, 1er déc. 2010, n° 09-70.132, *Bull. civ.* I, n° 247; *D.* 2011. 647, note Laazouzi; *D.* 2011. 1374, obs. Jault-Seseke; *AJ fam.* 2011. 50, note Boiché; *JCP* 2011. 172, note Devers; *Dr. fam.* 2011. Comm. 65, note Abadi; *LPA* 6 juill. 2011. 10, note Diaka.
9. Civ. 1re, 25 juin 1974, n° 73-12.452, *Bull. civ.* I, n° 201; *JDI* 1975. 102, note Huet – Civ. 1re, 26 nov. 1974, n° 73-13.820, *Bull. civ.* I, n° 312; *JDI* 1975. 108, note Ponsard; *Rev. crit. DIP* 1975. 491, note Holleaux – TGI Paris, 12 févr. 1980, *JDI* 1980. 653, note Huet – Civ. 1re, 23 févr. 2011, n° 10-14.101, *Bull. civ.* I, n° 33; *D.* 2011. 762; *Dr. fam.* 2011. Comm. 86, note Abadie – Com. 19 févr. 2013, n° 11-28.846, *Bull. civ.* IV, [à paraître]; *D.* 2013. 576 et 1512, obs. Jault-Seseke; *Rev crit. DIP* 2013. 638, rapp. Rémery.
10. D. Holleaux, « La litispendance internationale », *Travaux comité fr. DIP* 1971-1973, p. 205 – H. Gaudemet-Tallon, « La litispendance internationale dans la jurisprudence fran- ▶

trouve maintenant réglée par l'article 27 du règlement CE n° 44/2001, du 22 décembre 2000, qui prévoit **un sursis à statuer** de la juridiction saisie en second jusqu'à ce que la compétence du tribunal premier saisi soit établie, et **un dessaisissement** lorsque la compétence du tribunal premier saisi est établie. L'article 29 du nouveau Règlement Bruxelles I *bis* du 12 décembre 2012 (applicable à partir de 2015) confirme cette solution lorsque le litige concerne uniquement des juridictions d'États membres. L'article 33 envisage la litispendance avec les juridictions d'États tiers dans des conditions plus restrictives.

2°
Décision sur la litispendance

142.201 **Exception de litispendance.** La litispendance peut être demandée par l'une des parties au moyen d'une exception de procédure. Elle ne peut l'être que devant la juridiction saisie en second (C. pr. civ., art. 100) ou devant la juridiction inférieure si les deux juridictions ne sont pas de même degré (C. pr. civ., art. 102). L'exception serait irrecevable devant la juridiction saisie la première ou devant la juridiction de degré supérieur.

Le texte ne disant rien, on admet que l'exception de litispendance doit, selon les termes généraux de l'article 74 C. pr. civ., être soulevée *in limine litis*, soit avant toute fin de non-recevoir ou défense au fond[1]. Mais c'est peut-être assez peu conforme avec l'objet et l'esprit de l'institution. Il serait logique d'admettre que l'exception de litispendance puisse être soulevée en tout état de cause.

142.202 **Litispendance relevée d'office par le juge.** L'article 100 C. pr. civ. dit expressément que si le renvoi pour litispendance n'a pas été demandé par les parties, la juridiction saisie en second peut se dessaisir d'office. Cela suppose nécessairement que le juge ait été informé par les parties de la litispendance et qu'il ait constaté la chose. Le juge peut user des pouvoirs que lui confère l'article 13 C. pr. civ. pour ordonner au besoin la communication des actes de l'autre procédure. Le juge doit encore préalablement inviter les parties à présenter leurs observations avant de relever d'office le moyen en application de l'article 16 C. pr. civ.

142.203 **Renvoi.** S'il constate la litispendance, le juge saisi en second lorsque les juridictions concernées sont de même degré, doit se dessaisir au profit de l'autre juridiction. Le renvoi est opéré directement du secrétariat d'une juridiction à l'autre comme en matière de compétence (C. pr. civ., art. 97). La décision de renvoi s'impose à l'autre juridiction et aux parties (C. pr. civ., art. 105). Il a été jugé en application de ce texte qu'une cour d'appel ne peut décliner sa compétence, même si sa désignation est erronée, dès lors qu'elle n'a pas été frappée de pourvoi[2].

142.204 **Voies de recours.** Les recours contre les décisions admettant ou rejetant la litispendance sont jugés comme en matière d'incompétence (C. pr. civ., art. 104 - V. s[s] n°s 51.00 s.). Il en résulte notamment que le seul recours ouvert contre une décision admettant la litispendance et ordonnant le renvoi est le contredit, un appel serait irrecevable[3].

► çaise », *Mél. Holleaux*, Litec, 1990, p. 21 – P. Lagarde, « *Perpetuatio fori* et litispendance en matière internationale », *Mél. Holleaux*, préc., p. 237.

1. Com. 9 févr. 1970, n° 68-11.197, *Bull. civ.* IV, n° 46; *D.* 1970. Somm. 138 – H. Solus et R. Perrot, *Droit judiciaire privé*, Sirey, 1961, t. 1, n° 826 – Guinchard, Chainais et Ferrand, 31e éd., 2012, n° 1774 – Cadiet et Jeuland, n°s 285 s.

2. Com. 3 janv. 1991, n° 89-14.501, *Bull. civ.* IV, n° 3; *JCP* 1991. IV. 74.

3. Paris, 3 mars 1989, *Rev. huiss.* 1989. 786.

TITRE

15. La compétence européenne

SECTION 0

ORIENTEUR

15.00 **Plan du titre.**

15.01 Textes applicables.

Conv. Bruxelles, 27 sept. 1968, *JO* 17 janv. 1973.

Conv. Lugano, 16 sept. 1988,

et **Conv. Lugano** révisée, 30 oct. 2007 [*entrée en vigueur entre l'Union européenne, la Norvège et le Danemark le 1er janv. 2010*], *JOUE*, n° L 140, 8 juin 2010, p. 1.

Règl. UE n° 1215/2012, 12 déc. 2012, du Parlement européen et du Conseil, concernant la compétence judiciaire, la reconnaissance et l'exécution des décisions en matière civile et commerciale, *JOUE*, n° L 351, 20 déc., p. 1. Ce texte entrera en application le 10 janvier 2015.

Règl. CE n° 1393/2007, 13 nov. 2007, du Parlement européen et du Conseil, relatif à la signification et à la notification dans les États membres des actes judiciaires et extrajudiciaires en matière civile ou commerciale (« signification ou notification des actes »), [abrogeant le règlement CE n° 1348/2000 du Conseil, 29 mai 2000], *JOUE*, n° L 324, 10 déc., p. 79 [entré en application le 13 nov. 2008].

Règl. CE n° 2201/2003, 27 nov. 2003, dit « Bruxelles II *bis* », du Conseil, relatif à la compétence, la reconnaissance et l'exécution des décisions en matière matrimoniale et en matière de responsabilité parentale, *JOUE*, n° L 338, 23 déc., p. 1.

Règl. CE n° 44/2001, 22 déc. 2000, dit « Bruxelles I », du Conseil, sur la compétence judiciaire, la reconnaissance et l'exécution des décisions en matière civile et commerciale, *JOCE*, n° L 12, 16 janv. 2001, p. 1.

Le règlement Bruxelles I a été suivi par plusieurs règlements modifiant ses annexes I, II, III et IV.

Annexe I : règles de compétence visées à l'article 3 § 2 et à l'article 4 § 2[1].

Annexe II : liste des juridictions ou autorités compétentes auxquelles la demande visée à l'article 39 peut être présentée[2].

Annexe III : juridictions auxquelles les appels visés à l'article 43 § 2, peuvent être interjetés[3].

1. **Règlements modifiant l'annexe I du règl. Bruxelles I :**
– Règl. CE n° 1496/2002 de la Commission, 21 août 2002, modifiant l'annexe I (règles de compétence nationales visées à l'article 3, paragraphe 2, et à l'article 4, paragraphe 2) et l'annexe II (liste des juridictions ou autorités compétentes) du règlement (CE) n° 44/2001 du Conseil concernant la compétence judiciaire, la reconnaissance et l'exécution des décisions en matière civile et commerciale, *JOUE*, n° L 225, 22 août 2002, p. 13;
– Règl. CE n° 1937/2004 de la Commission, 9 nov. 2004, modifiant les annexes I, II, III et IV du règlement (CE) n° 44/2001 du Conseil concernant la compétence judiciaire, la reconnaissance et l'exécution des décisions en matière civile et commerciale, *JOUE*, n° L 334, 10 nov. 2004, p. 3-4;
– Règl. CE n° 2245/2004 de la Commission, 27 déc. 2004, modifiant les annexes I, II, III et IV du règlement (CE) n° 44/2001 du Conseil concernant la compétence judiciaire, la reconnaissance et l'exécution des décisions en matière civile et commerciale, *JOUE*, n° L 381, 28 déc. 2004, p. 458-459;
– Règl. CE n° 1791/2006 du Conseil, 20 nov. 2006, *JOUE*, n° L 363, 20 déc. 2006, p. 1 s.;
– Règl. CE n° 280/2009 de la Commission, 6 avr. 2009, modifiant les annexes I, II, III et IV du règlement (CE) n° 44/2001 concernant la compétence judiciaire, la reconnaissance et l'exécution des décisions en matière civile et commerciale, *JOUE*, n° L 93, 7 avr. 2009, p. 13-19;
– Règl. UE n° 416/2010 de la Commission, 12 mai 2010, modifiant les annexes I, II et III du règlement (CE) n° 44/2001 du Conseil concernant la compétence judiciaire, la reconnaissance et l'exécution des décisions en matière civile et commerciale, *JOUE*, n° L 119, 13 mai 2010, p. 7-13;
– Règl. UE n° 156/2012 du Parlement européen et du Conseil, 22 févr. 2012, concernant la compétence judiciaire, la reconnaissance et l'exécution des décisions en matière civile et commerciale, *JOUE,* n° L 50, 23 févr., p. 1.
2. **Règlements modifiant l'annexe II du règl. Bruxelles I :**
– Règl. CE n° 1496/2002, 21 août 2002, *JOUE*, n° L 225, 22 août 2002;
– Règl. CE n° 1937/2004, 9 nov. 2004, *JOUE*, n° L 334, 10 nov. 2004;
– Règl. CE n° 2245/2004, 27 déc. 2004, *JOUE*, n° L 381, 28 déc. 2004;
– Règl. CE n° 1791/2006, *JOUE*, n° L 363, 20 déc. 2006;
– Règl. CE n° 280/2009, 6 avr. 2009, *JOUE*, n° L 93, 7 avr. 2009;
– Règl. UE n° 416/2010, 12 mai 2010, *JOUE*, n° L 119, 13 mai 2010.
3. **Règlements modifiant l'annexe III du règl. Bruxelles I :**
– Règl. CE n° 1937/2004, 9 nov. 2004, *JOUE*, n° L 334, 10 nov. 2004;
– Règl. CE n° 2245/2004, 27 déc. 2004, *JOUE*, n° L 381, 28 déc. 2004;
– Règl. CE n° 1791/2006, *JOUE*, n° L 363, 20 déc. 2006;
– Règl. CE n° 280/2009, 6 avr. 2009, *JOUE*, n° L 93, 7 avr. 2009;
– Règl. UE n° 416/2010, 12 mai 2010, *JOUE*, n° L 119, 13 mai 2010.

Annexe IV : appels qui peuvent être interjetés conformément à l'article 44[1].

Les annexes I et IV ont fait l'objet d'un récent règlement de modification : Règl. UE n° 156/2012 du 22 février 2012[2].

15.03 Bibliographie indicative.

Ouvrages généraux. L. Cadiet, E. Jeuland et S. Amrani-Mekki, *Droit processuel civil de l'Union européenne*, LexisNexis, 2011 – M. Douchy-Oudot et E. Guinchard, *La justice civile européenne en marche*, « Thèmes et commentaires », Dalloz, 2012 – X. Kramer et C. H. van Rhee, *Civil Litigation in a Globalising World*, Springer, 2012 – A.-M. Leroyer et E. Jeuland (dir.), *Quelle cohérence pour l'espace judiciaire européen ?*, « Thèmes et commentaires », Dalloz, 2004.

> Sur la convention de Bruxelles et le règlement Bruxelles I du 22 décembre 2000.

Actualisables. Rép. pr. civ., v° *Bruxelles (Règlement de)*, par D. Alexandre et A. Huet, juin 2010 – *J.-Cl. Pr. civ.*, fasc. 52-1 s. – *J.-Cl. Europe*, fasc. 300 s.

Ouvrages. M. Berglund, *Cross-border enforcement of claims in the E.U. : history, present time and future*, Éd. Kluwer, 2009 – G. A. L. Droz, *Compétence judiciaire et effets des jugements dans le Marché commun*, Dalloz, 1972 – H. Gaudemet-Tallon, *Compétence et exécution des jugements en Europe*, 4e éd., LGDJ, 2010 – P. Gothot et D. Holleaux, *La convention de Bruxelles du 27 septembre 1968*, Éd. Jupiter, 1985 – *L'espace judiciaire européen*, Actes du colloque d'Avignon, Doc. fr., 1999 – B. Heß, *Europäisches Zivilprozessrecht*, Heidelberg, Éd. CF Müller, 2010 – B. Heß, Th. Pfeiffer et P. Schlosser, *Report on the Application of Regulation Brussels I in the Member States*, sept. 2007, (sur le site europa.eu.int, Study JLS/C4/2005/03, sept. 2007) – R. Geimer, *Internationales Zivilprozessrecht*, 6e éd., Cologne, Éd. Otto Schmidt, 2009 – P. Kaye, *Law of The European Judgments convention*, 5 vol., Chichester, Éd. Barry Rose, 1999 – U. Magnus et P. Mankowski (dir.), *European Commentaries on Private International Law. Brussels I Regulation*, 2007, Sellier European Law Publishers – A. Marmisse, *La libre circulation des décisions de justice en Europe*, PU Limoges, 2000 – Y. Palomo Herrero, *Reconocimiento y exequatur de resoluciones judiciales segun el Convenio de Bruselas de 27.09.68*, Madrid, Colex, 2000 – F. Salerno, *La Convenzione di Bruxelles del 1968 e la sua revisione*, Padoue, Éd. Cedam, 2000 – P. Schlosser, T. Pfeiffer et B. Heß, *The Brussels I Regulation (EC) n° 44/2001 : the Heidelberg Report on the Application of Regulation Brussels I in 25 Member States*, Éd. C.H. Beck et Nomos, 2009 – *Revision des EuGVÜ, Neues Schiedsverfahrensrecht*, P. Gottwald (dir.), *Veröffentlichungen der Wissenschaftlichen Vereinigung für Internationales Verfahrensrecht*, vol. 11, Bielefeld, Éd. Gieseking, 2000, p. 1 s. – P. Schlosser, *EU-Zivilprozessrecht : EuGVO, AVG, VTVO, MahnVO, BagatellVO, HZÜ, EuZVO, HBÜ, EuBVO*, 3e éd., Munich, Beck, 2009 – P. Véron, *Trente ans d'application de la convention de Bruxelles en droit des brevets d'invention*, coll. P. Roubier Lyon (Ceipi), mai 2000, Litec, t. 47, p. 127.

Thèse. F. Bernard, *Les clauses attributives de juridiction dans les conventions européennes*, th. Paris II, 2000.

Articles et études. S. Balthasar, « *Saving the anti-suit injunction* », *Int Comp. Comm. L Rev.* 2009, 255 – J.-P. Béraudo, « Le règlement (CE) du Conseil du 22 décembre 2000 concernant la compétence judiciaire, la reconnaissance et l'exécution des décisions en matière civile et commerciale », *JDI* 2001. 1033 – J.-B. Bosquet-Denis, « La localisation du refus de vente et ses conséquences sur la compétence des juridictions, particulièrement en droit communautaire », *D.* 1991. Chron. 21 – C. de Bouyalski, « L'espace judiciaire européen en matière civile. Vérification de compétence, prorogation de compétence et incidents de litispendance et de connexité dans le règlement Bruxelles I », *Ann. de droit de Louvain* 2009. 7-72 – Ch. Bruneau, « Les règles européennes de compétence en matière civile et commerciale », *JCP* 2001. I. 304; « La reconnaissance et l'exécution des décisions rendues dans l'Union européenne », *JCP* 2001. I. 314 – H. Croze, « Règlement (CE) n° 44/2001 du Conseil du 22 décembre 2000 concernant la compétence judiciaire, la reconnaissance et l'exécution des décisions en matière civile et commerciale », *Procédures* avr. 2001. Chron. 7 – R. Diet, G. Pluyette, A. Miele, D. Schroeder et a., « L'*exequatur* en Europe », *Gaz. Pal.* 1991, n° spécial, 3 janv. 1991, p. 2 – G. A. L. Droz, « Entrée en vigueur de la convention de Bruxelles révisée sur la compétence judiciaire et l'exécution des jugements », *Rev. crit. DIP* 1987. 251 ; « La convention de San Sebastian alignant la convention de Bruxelles sur la convention de Lugano », *Rev. crit. DIP* 1990. 1 ; « *Delendum est forum contractus ?* », *D.* 1997. Chron. 351 – G. A. L. Droz et H. Gaudemet-Tallon, « La transformation de la convention de Bruxelles du 27 septembre 1968 en règlement du Conseil concernant la compétence judiciaire, la reconnaissance et l'exécution des décisions en matière civile et commerciale », *Rev. crit. DIP* 2001. 601 – F. Ferrand, « Quelques aspects de l'application des conventions de Bruxelles et de Lugano dans divers États signataires », *Justices* juill.-sept. 1997, p. 1 – E. du Rusquec, « La reconnaissance et l'exécution des décisions de justice selon la convention de Bruxelles du 27 septembre 1968 », *Gaz. Pal.* 1992. Doctr. 420; « Les décisions judiciaires soumises à la convention de Bruxelles du 27 septembre 1968 », *Gaz. Pal.* 7 sept. 1990. Doctr. 18 – H. Gaudemet-Tallon, « Stratégies contentieuses des entreprises : les conventions européennes », *Dr. et affaires* mai 1993, p. 131 – V. Heuzé, « De quelques infirmités congénitales du droit uniforme : l'exemple de l'article 5 § 1 de la convention de Bruxelles du 27 septembre 1968 », *Rev. crit. DIP* 2000. 595 – B. Hohl et H. Letellier, « La signification et l'exécution des décisions rendues en France dans les pays de l'Union européenne »,

1. **Règlements modifiant l'annexe IV du règl. Bruxelles I :**
   – Règl. CE n° 1937/2004, 9 nov. 2004, *JOUE*, n° L 334, 10 nov. 2004;
   – Règl. CE n° 2245/2004, 27 déc. 2004, *JOUE*, n° L 381, 28 déc. 2004;
   – Règl. CE n° 1791/2006, *JOUE*, n° L 363, 20 déc. 2006;
   – Règl. CE n° 280/2009, 6 avr. 2009, *JOUE*, n° L 93, 7 avr. 2009;
   – Règl. UE n° 156/2012, 22 févr. 2012, *JOUE*, n° L 50, 23 févr. 2012.
2. Règl. UE n° 156/2012 de la Commission, 22 févr. 2012, modifiant les annexes I à IV du règlement CE n° 44/2001 du Conseil concernant la compétence judiciaire, la reconnaissance et l'exécution des décisions en matière civile et commerciale, *JOUE*, n° L 50, 23 févr., p. 3.

Gaz. Pal. 30-31 oct. 1998 – J. Isnard et D. Hector, « Les deux visages de l'esquisse d'un droit de l'exécution dans l'Union européenne : l'*exequatur* simplifié et le titre exécutoire européen », *Dr. et proc.* 2001. 11 – E. Jayme et Ch. Kohler, « L'interaction des règles de conflit contenues dans le droit dérivé de la communauté européenne et des conventions de Bruxelles et de Rome », *Rev. crit. DIP* 1995. 1 – P. Jenard, « Les développements attendus et inattendus de la convention de Bruxelles du 27 septembre 1968 concernant la compétence judiciaire et l'exécution des décisions en matière civile et commerciale », *JTDE* 1989. 173 ; « Principes fondamentaux de la convention CEE sur la compétence judiciaire et l'exécution des décisions », *JCP* 1973. I. 2593 – K. Juenger, « La convention de Bruxelles du 27 septembre 1968 et la courtoisie internationale, réflexion d'un Américain », *Rev. crit. DIP* 1983. 42 – C. Kessedjian, « Le règlement n° 44/2001 et l'arbitrage », *Rev. arb.* 2009. 699 – D. Leipold, « *Zuständigkeitsvereinbarungen in Europa* », in P. Gottwald, R. Greger et H. Prütting (dir.), *Dogmatische Grundfragen des Zivilprozesses im geeinten Europa*, Bielefeld, Gieseking éd., 2000, p. 51 – D. Lochouarn, « Le règlement CE n° 44/2001 du Conseil du 22 décembre 2000 concernant la compétence judiciaire, la reconnaissance et l'exécution des décisions en matière civile », *Dr. et proc.* 2001. 362 – P. Mankowski, « Die Brüssel I-Verordnung vor der Reform », B. Verschraegen (dir.), *Interdisziplinäre Studien zur Komparistik und zum Kollisionsrecht*, Jan Sramek éd., 2010, p. 31 – L. Merrett, « *Article 23 of the Brussels I Regulation : A comprehensive Code for jurisdiction agreements ?* », *58 Int'l & Comp. L. Q.* 545 (2009) – A. Mourre, « À propos de la portée de l'exclusion de l'arbitrage dans le règlement n° 44/2001, notamment après les arrêts West Tankers de la CJCE », *Gaz. Pal.* 2009. 2328 – H. Muir-Watt, « Peut-on sauver le for européen du contrat ? », *RG proc.* 1998. 371 – M.-L. Niboyet, « L'inextricable article 5 § 1 de la convention de Bruxelles : La première chambre civile rend les armes », *Gaz. Pal.*, n° spécial, contentieux judiciaire international et européen, 1er oct. 2000, p. 25 ; « La révision de la convention de Bruxelles du 27 septembre 1968 par le règlement du 22 décembre 2000 », *Gaz. Pal.* 1er-12 juin 2001, p. 10 ; « La révision de la convention de Bruxelles », *Gaz. Pal.* 2001. I. Doctr. 943 – J. Normand et E. Balate, « Relations transfrontalières et consommation : quel(s) juge(s) et quelle(s) loi(s) », *CDE.* 1990. 272 – P. A. Nielsen, « *European Contract Jurisdiction in Need of Reform* », *Liber Fausto Pocar*, 2009, p 773 – F. Panneau et C. Mourlaque, « L'*exequatur* des décisions étrangères en matière civile et commerciale : mode d'emploi », *Procédures* 2005, n° 4 – F.-J. Pansier, « Compétence judiciaire, reconnaissance et exécution des décisions en matière civile et commerciale : un règlement du 22 décembre 2000 remplace la convention de Bruxelles », *LPA* 29 janv. 2001, p. 5 – G. Pluyette, « La convention de Bruxelles et les droits de la défense », *Études offertes à P. Bellet*, Litec, 1991, p. 427 – C. Radtke, « L'exécution des décisions exécutoires par provision en vertu de la convention de Bruxelles du 27 septembre 1968 », *Gaz. Pal.* 19 avr. 1988. Doctr. 4 ; « Problèmes pratiques soulevés par l'application de la convention de Bruxelles du 27 septembre 1968 », *Gaz. Pal.* 13 sept. 1989. Doctr. 6 – W. H. Rechberger et U. Frauenberger-Pfeiler, « Premiers effets en Autriche des conventions européennes sur la compétence judiciaire et l'exécution », *Justices* juill-sept. 1997, p. 33 – J. Rideau, « Convention de San Sebastian du 26 mai 1989, Compétence judiciaire et exécution des décisions en matière civile et commerciale », *Rev. aff. eur.* 1991. 7 – A. V. M. Struycken, « Bruxelles I et le monde extérieur », *Liber Fausto Pocar*, 2009, p 893 – J. Thieffry, « Le contentieux, nouvel instrument stratégique sur le marché unique », *Cah. jur. fisc. exp.* 1991. 823 – N. Watte et V. Marquette, « La convention de Bruxelles et sa récente interprétation dans les matières commerciales », *RD com. belge* sept. 1996, p. 783 – A. Wittwe, « *Die EuGH-Rechtsprechung zum Europäischen Zivilprozessrecht aus den Jahren 2007 und 2008* », *ZEuP* 2009. 564.

> Sur le règlement n° 1215/2012 du 12 décembre 2012, Bruxelles I *bis*.

Ouvrage. A. Bonomi et C. Schmid (dir.), *La révision du règlement n° 44/2001 (Bruxelles I) : quelles conséquences pour la Convention de Lugano*, Schulthess, 2011.

Articles. L. d'Avout, « La refonte du règlement Bruxelles I », *D.* 2013. 1014 – G. Cuniberti, « La réforme du règlement Bruxelles I », *Dr. et proc.* 2013. 26 – P. Deumier, M. Laazouzi et E. Treppoz, « Le règlement Bruxelles I *bis* et la géométrie dans l'espace », *RDC* 2013. 1037 – H. Gaudemet-Tallon, « La refonte du règlement Bruxelles I », *in* M. Douchy-Oudot et E. Guinchard, *La justice civile européenne en marche*, « Thèmes et commentaires », Dalloz, 2012, p. 21 – P. Hay, « *Notes on the European Union's Brussels I "Recast" Regulation* », *EurLegForum* 2013. 1 – B. Heß, « *Die Reform der EuGVVO und die Zukunft des Europäischen Zivilprozessrechts* », *IPRax* 2011. 125 – C. Honorati, « *Provisional measures and the Recast of Brussels I Regulation : A missed opportunity for better ruling* », *Rivista di diritto internazionale privato e processuale* 2012. 525 – C. Kessedjian, « Le règlement "Bruxelles I révisé" : *Much ado about… what ?* », *Europe* 2013. Étude 3 ; « Commentaire de la refonte du règlement n° 44/2001 », *RTD eur.* 2011. 117 – H.-P. Mansel, K. Thorn et R. Wagner, « *Europäisches Kollisionsrecht 2012 : Voranschreiten des Kodifikationsprozesses – Flickenteppich des Einheitsrechts* », *IPRax* 2013. 1 – M.-L. Niboyet, in *Union européenne et droit international*, en l'honneur de P. Daillier, Pedone, 2013 – P. A. Nielsen, « *The new Brussels I Regulation* », *ComMLReview* 2013. 502 – C. Nourissat, « Refonte du règlement "Bruxelles I" : *much ado about nothing* », *Procédures* 2013. Focus 26 – A. Nuyts, « La refonte du règlement Bruxelles I », *Rev. crit. DIP* 2013. 1 – D. Schramm, « *Abolition of exequatur* », *in* A. Bonomi et C. Schmid (dir.), *La révision du règlement 44/2001 (Bruxelles I) : Quelles conséquences pour la Convention de Lugano*, Schulthess, 2011, p. 59 – K. Takahashi, « *Review of the Brussels I Regulation : A comment from the Perspectives of Non-Member-States (Third States)* », *Journal of Private International Law* 2012. 1 – G. Wagner, « *Aktuelle Entwicklungen in der justiziellen Zusammenarbeit in Zivilsachen* », *NJW* 2013. 1653.

> Sur la convention de Lugano

Ouvrages. A. Bonomi et C. Schmid (dir.), *La révision du règlement 44/2001 (Bruxelles I) : quelles conséquences pour la Convention de Lugano*, Schulthess, 2011 – F. Dasser et P. Oberhammer (dir.), Lugano-Übereinkommen, Kommentar, 2e éd., Berne, 2011 – *La convention de Lugano*, Zurich, publ. Institut suisse de droit comparé,

1991, vol. 1 : *Textes et rapport explicatif*; vol. 2 : *Travaux préparatoires – L'espace judiciaire européen, La convention de Lugano du 16 septembre 1988*, Lausanne, publ. du Cedidac, 1992.

Articles. G. A. L. Droz, « La convention de Lugano, parallèle à la convention de Bruxelles concernant la compétence judiciaire et l'exécution des décisions en matière civile et commerciale », *Rev. crit. DIP* 1989. 1 – R. Gallafior et C. Götz Staehelin, « *Überblick über de wichtigsten Änderungen des Lugano-Übereinkommens* », *SJZ* 2008. 105 – J. Herbots et G. Kremlis, « La convention parallèle concernant la compétence judiciaire et l'exécution des décisions en matière civile et commerciale », *CDE* 1990. 3 – G. Jegher, « *Rechtshängigkeit in der Schweiz nach Art. 21 Lugano-Übereinkommen* », *IPRax* 2000. 143 – D. Mavromati et R. Rodriguez, « *The Revised Lugano Convention from a Swiss Perspective* », *EurBusLRev.* 2009. 87 – I. Meier, « Les premières applications de la convention de Lugano en Suisse », *Justices* juill-sept. 1997, p. 51 – A. Tenenbaum, « Retombées de l'affaire Madoff sur la Convention de Lugano, La localisation du dommage financier », *Rev. crit. DIP* 2012. 45.

> Sur la convention de Bruxelles II et sa transformation en règlement CE du 29 mai 2000

Articles et études. B. Ancel et H. Muir Watt, « La dés-Union européenne : le règlement dit Bruxelles II », *Rev. crit. DIP* 2001. 403 – K. Boele-Woelki, « *Brüssel II : Die Verordnung über die Zuständigkeit und die Anerkennung von Entscheidungen in Ehesachen* », *ZfRV (Zeitschrift für Rechtsvergleichende Wissenschaften)* 2001, 121; « *Waarom Brussel II ?* », *Tijdschrift voor Familie-een Jeugdrecht* 1998, p. 125 – Th. M. de Boer, « *Brussel II : een eerste stap naar een communautair IPR* », *Tijdschrift voor Familie-een Jeugrecht* 1999, p. 244 – S. Drouet, « La communautarisation de "Bruxelles II", chronique d'une mutation juridique », *RMCUE* 2001. 247 – M. Freudenthal et J. F. A. Van der Velden, « *Het Brussel II – Verdrag in het licht van het VanUden-arrest* », in *Privaatrecht en Gros* (*Liber Amicorum F.W. Grosheide*), Instersentia éd., 1999, p. 242 – H. Gaudemet-Tallon, « Le règlement n° 1347/2000 du Conseil du 29 mai 2000 : "Compétence, reconnaissance et exécution des décisions en matière matrimoniale et en matière de responsabilité parentale des enfants communs" », *JDI* 2001. 381 – U. P. Gruber, « *Die neue "europäische Rechtshängigkeit" bei Scheidungsverfahren* », *FamRZ (Zeitschrift für Familienrecht)* 2000. 1129 – W. Hau, « *Internationales Eheverfahrensrecht in der Europäischen Union* », *FamRZ* 1999. 484; « *Das System der internationalen Entscheidungszuständigkeit im Europäischen Eheverfahrensrecht* », *FamRZ* 2000. 1333 – T. Helms, « *Die Anerkennung ausländischer Entscheidungen im europäischen Eheverfahrensrecht* », *FamRZ* 2001. 257 – T. Hub, « *Die Neuregelung der Anerkennung und Vollstreckung in Zivil – und Handelssachen und das familienrechtliche Anerkennungs – und Vollstreckungsverfahren* », *NJW (Neue Juristische Wochenschrift)* 2001. 3145 – M. Jäntera-Jareborg, « *Marriage Dissolution in an Integrated Europe : The 1998 European Union convention on Jurisdiction and the Recognition and Enforcement of Judgements in Matrimonial Matters (Brussels II convention)* », in *Yearbook of Private International Law* 1999, Kluwer International Law, 1999, p. 1 – Ch. Kohler, « *Internationales Verfahrensrecht für Ehesachen in der Europäischen Union : Die Verordnung « Brüssel II »* », *NJW* 2001. 10 – S. Motzer, « *Gerichtliche Zuständigkeit und anzuwendendes Recht bei grenzüberschreitenden Familienkonflikten* », *FamRB* 2002. 149 – J. Pirrung, « *Europäische justizielle Zusammenarbeit in Zivilsachen – insbesondere das neue Scheidungsübereinkommen* », *ZeuP (Zeitschrift für Europäisches Privatrecht)* 1999. 834 – K. P. Puszkajler, « *Das internationale Scheidungs – und Sorgerecht nach Inkrafttreten der Brüssel II – Verordnung* », *IPRax* 2001. 81 – M. Sumampouw, « *Parental responsibility under Brussels II* », in *Private Law in the International Arena (Liber Amicorum Kurt Siehr)*, TMC Asser Press, 2000, p. 729 – V. Van Den Eeckhout, « *"Europees" echtscheiden, Bevoegdheid en erkenning van beslissingen op basis van de EG Verordening 1347/2000 van 29 mei 2000* », in *Het nieuwe Europese IPR : van verdrag naar verordening*, Intersentia éd., 2001, p. 69 – F. J. A. Van der Velden, « *Een Europese Verordening betreffende bevoegdheid, erkenning en tenuitvorerlegging in familierechtelijke zaken* », *Weekblad voor Privaatrecht, Notariaat en Registratie*, 2001, n° 6444 – R. Wagner, « *Die Anerkennung und Vollstreckung von, Entscheidungen nach der Brüssel II – Verordnung* », *IPRax* 2000. 73.

> Sur le règlement CE Bruxelles II *bis* du 27 novembre 2003

Ouvrages. A. Barrière-Brousse et M. Douchy-Oudot (dir.), *Les contentieux familiaux. Droit interne, international et européen*, Lextenso, 2013 – S. Corneloup (dir.), *Droit européen du divorce*, LexisNexis, 2013 – P. Murat (dir.), Dalloz action *Droit de la famille* 2014/2015, livre 5 [droit international privé de la famille], par A. Devers et M. Farge.

Articles et études. V. not. B. Ancel et H. Muir Watt, « L'intérêt supérieur de l'enfant dans le concert des juridictions : le règlement Bruxelles II *bis* », *Rev. crit. DIP* 2005. 569 – A. Bigot, « Le nouveau règlement communautaire du 27 novembre 2003 en matière matrimoniale et de responsabilité parentale », *Dr. fam.* mars 2004, p. 12 – A. Boiché, « L'articulation des règles du nouveau droit communautaire du divorce avec les règles nationales de compétence directe », *Gaz. Pal.* 27-28 mai 2005, p. 23 – A. Dutta, « *Erste Meilensteine im europäischen Kindschaftsverfahrensrecht : Die Rechtsprechung des Europäischen Gerichtshofs zur Brüssel Iia-Verordnung von C bis Mercredi* », *ZEuP* 2012. 526 – H. Fulchiron et C. Nourissat (dir.), *Le nouveau droit du divorce et de la responsabilité parentale*, « Thèmes et commentaires », Dalloz, 2005 – C. Nourissat, « Le règlement Bruxelles II *bis* : conditions générales d'application », *RLDC* oct. 2005, p. 68 – « Internationalité du litige familial », dossier *AJ fam.* juin 2008, p. 232.

Site Internet. V. aussi le site de la Cour de justice de l'Union européennes : http://www.europa.eu

CHAPITRE PRÉLIMINAIRE

150. Genèse – Champ d'application – Interprétation

FRÉDÉRIQUE FERRAND
Professeur à l'Université Jean-Moulin (Lyon 3)
et à l'Université d'Augsbourg

SECTION 0
ORIENTEUR

150.00 **Plan du chapitre.**

SECTION 1
GENÈSE

§ 1
Historique

150.11 **Traité de Rome.** L'idée de créer un « *espace judiciaire européen* » était déjà contenue en germe dans le traité de Rome du 25 mars 1957 instituant la Communauté économique européenne, puisque l'article 220 de ce texte énonçait que : « *Les États membres engageront entre eux, en tant que de besoin, des négociations en vue d'assurer, en faveur de leurs ressortissants :* [...]

– La simplification des formalités auxquelles sont subordonnées la reconnaissance et l'exécution réciproques des décisions judiciaires ainsi que des sentences arbitrales ».

De ce texte, il résultait donc déjà la conception d'une Europe dans laquelle les jugements – et sentences arbitrales – circuleraient librement ou presque, ou du moins ne seraient soumis, pour leur reconnaissance et leur exécution dans un autre État membre, qu'à des formalités simplifiées [1].

150.12 **Genèse de la convention de Bruxelles.** C'est dans ce contexte qu'ont débuté les négociations à propos de ce qui allait devenir la convention de Bruxelles du 27 septembre 1968 [2]. Les États membres de la Communauté décidèrent de procéder à une négociation non dans le cadre des institutions communautaires (Commission, Conseil des ministres), mais dans celui de leur propre souveraineté. La convention de Bruxelles ne constitue donc pas du droit communautaire dérivé, mais une **convention internationale multilatérale** qui, toutefois, pour garantir une certaine unité, fut confiée, en vertu du protocole de Luxembourg du 3 juin 1971 [3], quant à son interprétation, à la compétence exclusive de la Cour de justice des Communautés européennes (CJCE, devenue Cour de justice [4] avec l'entrée en vigueur du traité de Lisbonne le 1er décembre 2009) selon un

1. CJCE 10 févr. 1994, Firma Mund & Fester c/Firma Hatrex International Transport, aff. C-398/92, *Rec. CJCE* 478, point 11.
2. Conv. Bruxelles, 27 sept. 1968, *JO* 17 janv. 1973.
3. Protocole Luxembourg, 3 juin 1971, *JO* 8 avr. 1976.
4. Depuis l'entrée en vigueur du traité de Lisbonne le 1er décembre 2009, la terminologie a changé : la Cour de justice de l'Union européenne englobe la Cour de justice (anct CJCE), le Tribunal (Trib. UE, anct Tribunal de première instance, TPICE), et les tribunaux spécialisés (tribunal de la fonction publique).

mécanisme assez semblable à celui de l'article 177 du traité de Rome (devenu ensuite article 234; ce texte n'étant pas applicable puisqu'il supposerait que la convention de Bruxelles soit du droit communautaire originaire ou dérivé, ce qu'elle n'est pas). D'ailleurs, comme le souligne Madame Gaudemet-Tallon, la Convention parle d'« *États contractants* » et non pas d'« *États membres* »[1]. En outre, la Cour de justice a affirmé à plusieurs reprises que la Convention devait être interprétée notamment en tenant compte de son lien avec le traité de Rome[2] (« *C'est sur le fondement de cet article* [traité Rome, art. 220] *et dans le cadre qu'il définit que les États membres ont conclu la convention de Bruxelles. Par conséquent, les dispositions de cette Convention ayant trait à la compétence judiciaire et à la simplification des formalités relatives à la reconnaissance et à l'exécution des jugements ainsi que les dispositions nationales auxquelles elle renvoie sont liées au traité CEE* »[3]).

Il fut plus tard envisagé de remplacer la convention de Bruxelles par un texte communautaire qui procéderait à une modernisation et une amélioration de la Convention actuellement en vigueur. Cette initiative résultait notamment de l'insertion dans la sphère de compétence communautaire de la coopération judiciaire civile (traité d'Amsterdam). Le traité instituant la Communauté européenne du 25 mars 1957, dans sa version consolidée issue du traité d'Amsterdam du 2 octobre 1997, prévoyait en effet dans son titre IV, article 61 qu'« *afin de mettre en place progressivement un espace de liberté, de sécurité et de justice, le Conseil arrête* [...] *c) des mesures dans le domaine de la coopération judiciaire en matière civile, visées à l'article 65* ». L'article 65, lui, énonçait que ces mesures visaient entre autres à :

« *a) améliorer et simplifier :*

– le système de signification et de notification transfrontière des actes judiciaires et extrajudiciaires;

– la coopération en matière d'obtention des preuves;

– la reconnaissance et l'exécution des décisions en matière civile et commerciale, y compris les décisions extrajudiciaires;

b) favoriser la compatibilité des règles applicables dans les États membres en matière de conflits de lois et de compétence;

c) éliminer les obstacles au bon déroulement des procédures civiles, au besoin en favorisant la compatibilité des règles des procédures civile applicables dans les États membres ».

Ce texte donne très clairement compétence au Conseil dans les domaines concernant notamment la compétence judiciaire européenne ainsi que la reconnaissance et l'exécution sur le territoire d'États membres des décisions rendues par les juridictions d'un autre État membre. Les décisions extrajudiciaires doivent elles aussi bénéficier de cette liberté de circulation recherchée pour les jugements.

150.13 De nouveaux règlements de l'Union européenne. Sur le fondement de l'article 65 du traité CE, furent adoptés depuis 2000 plusieurs règlements par le Conseil, puis par le Conseil et le Parlement européen dans le cadre de la **procédure de codécision.**

– Le **règlement CE nº 1346/2000 du 29 mai 2000,** relatif aux **procédures d'insolvabilité**[4] (dans le cadre de la première application de ce règlement en France, il avait ainsi été jugé que la procédure d'insolvabilité principale ouverte par une juridiction britannique contre une filiale française interdisait à toute juridiction française d'ouvrir une procédure de redressement judiciaire; la juridiction britannique était compétente selon le critère de l'article 3 du règlement : la société avait son centre d'intérêts principaux sur le sol anglais[5] – Ce « *texte de compromis* » a soulevé des difficultés d'interprétation[6]). Le règlement « insolvabilité » a donné lieu à de nombreux arrêts de la Cour de justice[7], qui ont notamment eu à trancher des problèmes de délimitation de son champ d'application par rapport au règlement « générique » Bruxelles I du 22 décembre 2000. Le règlement relatif aux procédures d'insolvabilité a fait, dix ans après son entrée en vigueur, l'objet d'une évaluation[8], puis d'une

1. H. Gaudemet-Tallon, *Compétence et exécution des jugements en Europe*, 4ᵉ éd., LGDJ, 2010, nº 3.
2. CJCE 6 oct. 1976, Tessili c/Dunlop AG, aff. 12/76, *Rec. CJCE* 1473.
3. CJCE 10 févr. 1994, Firma Mund & Fester c/Firma Hatrex International Transport, aff. C-398/92, *Rec. CJCE* I-467 et 478, point 12.
4. Règl. CE nº 1346/2000 du Conseil, 29 mai 2000, *JOCE*, nº L 160, 30 juin, p. 1.
5. Versailles, 4 sept. 2003, RG nº 03/05038, *Procédures* nov. 2003, p. 10, note C. N.
6. D. Jault-Seseke et D. Robine, « Le droit européen de la faillite », *D.* 2004. 1009.
7. V. PAR EX., sur renvoi préjudiciel de la Cour de cassation française : CJUE 15 déc. 2011, Rastelli, aff. C-191/10 – V. AUSSI, récemment, CJUE 22 nov. 2012, Bank Handlowy w Warszawie c/Christianapol sp. Z o.o., aff. C-116/11 – CJUE 19 sept. 2013, Christian Van Buggenhout et Ilse Van de Mierop c/Banque Internationale à Luxembourg SA, aff. C-251/12, *RLDA* oct. 2013, nº 4760, p. 20 (un paiement fait sur l'ordre d'un débiteur soumis à une procédure d'insolvabilité, à un créancier de celui-ci, ne relève pas du champ d'application de l'article 24 § 1 du règlement CE nº 1346/2000 du 29 mai 2000).
8. Les points faibles relevés étaient notamment : 1° le fait que le champ d'application du règlement ne couvre pas les procédures nationales prévoyant la restructuration d'une entreprise en situation de pré-insolvabilité ni les procédures qui maintiennent en place la direction existante *(« procédures hybrides »);* 2° certaines difficultés à déterminer le tribunal compétent; 3° des problèmes concernant les procédures secondaires; 4° certaines difficultés quant aux règles de publicité des procédures d'insolvabilité et à la production des ▶

proposition de révision par la Commission européenne[1].

– Le **règlement CE n° 1347/2000 du 29 mai 2000,** relatif à la **compétence, la reconnaissance et l'exécution des décisions en matière matrimoniale et en matière de responsabilité parentale des enfants communs**[2] (ce règlement remplaçait la convention Bruxelles II entre tous les États membres sauf le Danemark; ladite Convention n'était pas encore entrée en vigueur; le règlement CE n° 1347/2000 a été remplacé par le **règlement CE n° 2201/2003 du 27 novembre 2003 – Bruxelles II *bis*** –, qui est entré en application le 1er mars 2005[3]).

– Le **règlement CE n° 1348/2000 du 29 mai 2000,** relatif à la **signification et à la notification dans les États membres des actes judiciaires ou extrajudiciaires en matière civile et commerciale**[4], aujourd'hui remplacé, depuis le 13 novembre 2008, par le **règlement CE n° 1393/2007 du 13 novembre 2007, qui a procédé à diverses améliorations.**

– Un **quatrième règlement CE n° 44/2001 du 22 décembre 2000,** concerne la **compétence judiciaire et l'exécution des décisions en matière civile et commerciale**[5]. Ce dernier règlement est le successeur de la convention de Bruxelles de 1968, qui, jusqu'à il y a peu, continuait à s'appliquer entre le Danemark et tous les autres États membres, puisque le Danemark n'avait pas souhaité participer à ces nouveaux règlements (le Danemark, lors de la ratification du traité d'Amsterdam, tout comme le Royaume-Uni et l'Irlande, a en effet manifesté sa volonté de ne pas être systématiquement soumis au titre IV du traité CE et des textes de droit en dérivant. Deux protocoles ont ainsi été annexés au traité d'Amsterdam, l'un concernant le Royaume-Uni et l'Irlande[6], l'autre le Danemark[7], qui précisent que ces États « *ne participent pas à l'adoption par le Conseil des mesures proposées relevant du titre IV CE* ». Mais ces États ont la possibilité de manifester leur volonté de se soumettre à telle ou telle mesure prise par le Conseil sur ce fondement, ce qu'ont fait le Royaume-Uni et l'Irlande à propos de nombreux règlements : déclaration du Royaume-Uni par lettre du 2 août 1999 et de l'Irlande par lettre du 5 juillet 1999). Le **Danemark,** lui, a passé en 2005 un accord avec l'Union européenne pour que s'applique à lui le règlement Bruxelles I du 22 décembre 2000 ainsi que le règlement du 29 mai 2000 relatif à la signification et la notification des actes judiciaires et extrajudiciaires en matière civile et commerciale (v. Accord entre la Communauté européenne et le Royaume du Danemark sur la compétence judiciaire, la reconnaissance et l'exécution des décisions en matière civile et commerciale[8]). Les dispositions du règlement Bruxelles I ont donc été étendues au Danemark, l'accord étant entré en vigueur « *au premier jour du sixième mois suivant la notification par les parties contractantes de l'achèvement de leurs procédures respectives à cet effet* » (c'est-à-dire concrètement le 1er juillet 2007).

Le règlement dit Bruxelles II est entré en application le 1er mars 2001, alors que le règlement remplaçant la convention de Bruxelles I de 1968 est entré en application le 1er mars 2002[9]. Le règlement Bruxelles II

▶ créances; 5° l'absence de règles spécifiques concernant l'insolvabilité de groupes multinationaux d'entreprises – V. le bilan repris dans la proposition de la Commission de règlement du Parlement et du Conseil modifiant le règlement CE n° 1346/2000 du Conseil relatif aux procédures d'insolvabilité, 12 déc. 2012, COM 2012 (744) final – COMP. le rapport externe rédigé par des universitaires (not. des universités de Heidelberg et de Vienne), *External Evaluation of Regulation n° 1346/2999/EC on Insolvency Proceedings*, JUST/2011/JCIV/PR/0049/A4 – V. AUSSI, la résolution du Parlement européen du 15 novembre 2011 contenant des recommandations à la Commission sur les procédures d'insolvabilité dans le cadre du droit européen des sociétés, 2011/2006 (INI), consultable sur le site Internet du Parlement européen, www.europarl.europa.eu/sides/getDoc.do?pubRef=-//EP//TEXT+TA+P7-TA-2011-0484+0+DOC+XML+V0//FR

1. Proposition de règlement du Parlement et du Conseil modifiant le règlement CE n° 1346/2000 du Conseil relatif aux procédures d'insolvabilité, 12 déc. 2012, COM 2012 (744) final – V. AUSSI, F. Mélin, « La réforme du règlement du 29 mai 2000 relatif aux procédures d'insolvabilité », *RLDA* avr. 2012, p. 73 – J.-L. Vallens, « La révision du règlement communautaire n° 1346/2000 du 29 mai 2000 sur les procédures d'insolvabilité », *D.* 2013. 316.
2. Règl. CE n° 1347/2000 du Conseil, 29 mai 2000, *JOCE*, n° L 160, 30 juin 2000, p. 19.
3. Règl. CE n° 2201/2003 du Conseil, 27 nov. 2003, *JOUE*, n° L 338, 23 déc. 2003, p. 1.
4. Règl. CE n° 1348/2000 du Conseil, 29 mai 2000, *JOCE*, n° L 160, 30 juin 2000, p. 37.
5. Règl. CE n° 44/2001 du Conseil, 22 déc. 2000, *JOCE*, n° L 12, 16 janv. 2001, p. 1.
6. Protocole n° 4 annexé au traité de Lisbonne : les textes de coopération judiciaire civile ne sont pas opposables au Royaume-Uni et à l'Irlande, sauf si ces pays, par une décision spéciale, acceptent de se soumettre au texte adopté (règlement ou directive).
7. Protocole n° 5 annexé au traité de Lisbonne : le Danemark ne participe pas aux instruments de coopération judiciaire civile de l'Union européenne, peut toutefois, par convention internationale (passée avec l'Union européenne) s'engager à appliquer certaines de ces règles.
8. Accord entre la Communauté européenne et le Royaume de Danemark sur la compétence judiciaire, la reconnaissance et l'exécution des décisions en matière civile et commerciale, 19 oct. 2005, *JOUE*, n° L 299, 16 nov., p. 62 – Sur la formulation possible d'une question préjudicielle par une juridiction danoise dans le cadre de cet Accord, v. le préambule de l'Accord et son analyse dans l'arrêt de la Cour de justice du 12 sept. 2013, The Commissioners of Her Majesty's Revenue& Customs c/Sunico Aps, aff. C-49/12.
9. SUR CES TEXTES, v. Ch. Bruneau, « Le Traité d'Amsterdam et la coopération judiciaire en matière civile, Transformation en règlements communautaires de quatre conventions européennes », *JCP* 2000. I. 266.

est désormais remplacé par le règlement Bruxelles II *bis* du 27 novembre 2003, entré en application le 1er mars 2005.

– Le **règlement CE n° 1206/2001 du 28 mai 2001**, relatif à la **coopération entre les juridictions des États membres dans le domaine de l'obtention des preuves en matière civile et commerciale**[1] permet à une juridiction d'un État membre de demander à une juridiction d'un autre État membre de procéder à un acte d'instruction ou de procéder directement à un tel acte dans un autre État membre. Chaque État membre doit désigner une ou plusieurs autorités comme entités centrales chargées de fournir des informations aux juridictions, de résoudre les problèmes éventuels de transmission et de faire parvenir, dans des cas exceptionnels, des demandes étrangères aux juridictions compétentes. Afin de faciliter le recours à ces procédures d'information en matière probatoire, le règlement contient en annexe un certain nombre de formulaires à utiliser par les juridictions impliquées dans la procédure. Ce règlement est applicable depuis le 1er janvier 2004.

– La **décision n° 2001/470 du 28 mai 2001**[2] a en outre créé un **réseau judiciaire européen en matière civile et commerciale**[3] afin de faciliter la coopération judiciaire entre États membres, de concevoir et tenir à jour un système d'information, de permettre le bon déroulement des procédures ayant une incidence transfrontalière.

– Le **27 janvier 2003** a été adoptée la **directive** CE n° **2003/8**, visant à améliorer l'accès à la justice dans les affaires transfrontalières par l'établissement de règles minimales communes en matière d'aide judiciaire[4] (la directive devait être transposée par les États membres au plus tard le 30 novembre 2004[5]. La France l'a transposée tardivement par la loi n° 2005-750 du 29 novembre 2005 et par le décret n° 2005-1470 du 29 novembre 2005[6]).

– Le **règlement CE n° 805/2004 du 21 avril 2004**[7], instituant un **titre exécutoire européen (TEE) pour les créances incontestées**[8], supprime les mesures intermédiaires qui étaient jusqu'à présent des conditions préalables à l'exécution d'une décision sur le territoire d'un autre État membre. Une décision (relative à une créance incontestée) qui a été certifiée en tant que titre exécutoire européen dans l'État membre d'origine, est reconnue et exécutée dans les autres États membres sans qu'une procédure spéciale soit requise dans l'État membre d'exécution (ceci signifie donc suppression de l'*exequatur*, même simplifié). Un formulaire type de titre exécutoire européen est reproduit en annexe du règlement.

Le rythme s'est précipité et de nouveaux règlements ont été adoptés plus récemment :

– Le **règlement CE n° 1896/2006, du Parlement européen et du Conseil, du 12 décembre 2006**[9], instaurant une **procédure d'injonction de payer européenne**, qui est entré en application le 12 décembre 2008.

Le **règlement CE n° 1393/2007 du Parlement européen et du Conseil du 13 novembre 2007**[10] relatif à la **signification** et à la **notification des actes judiciaires et extrajudiciaires en matière civile et commerciale dans les États membres**, abrogeant le règlement antérieur CE n° 1348/2000 à compter du 13 novembre 2008.

– Ont également été adoptés, le **règlement CE n° 861/2007 du 11 juillet 2007**, instituant une **procédure européenne de règlement des petits litiges ne dépassant pas 2 000 euros**[11], et le même jour le **règlement CE n° 864/2007**, relatif à la **loi applicable aux obligations non contractuelles** (Rome II)[12]. Ces règlements concernent les litiges transfrontraliers au sein de l'Union, mais le juge national doit parfois, dans cette limite, appliquer des règles de procédure qui dérogent à celles prévues par le Code de procédure civile.

1. Règl. CE n° 1206/2001 du Conseil, 28 mai 2001, *JOCE*, n° L 174, 27 juin, p. 1.
2. Décis. CE n° 2001/470 du Conseil, 28 mai 2001, *JOCE*, n° L 174, 27 juin, p. 25.
3. V. M. Fornasier, « *Auf dem Weg zu einem europäischen Justizraum – Der Beitrag des Europäischen Justiziellen Netzes für Zivil und Handelssachen* », *ZEuP* 2010. 477.
4. Dir. CE n° 2003/8 du Conseil, 27 janv. 2003, *JOCE*, n° L 26, 21 janv.
5. C. Nourissat, « Directive n° 2003/8 CE du Conseil du 27 janvier 2003 visant à améliorer l'accès à la justice dans les affaires transfrontalières en matière civile et commerciale », *Procédures* août-sept. 2003, p. 3.
6. L. n° 2005-750, 4 juill. 2005, portant diverses dispositions d'adaptation au droit communautaire dans le domaine de la justice, *JO* 6 juill., p. 11136 – Décr. n° 2005-1470, 29 nov. 2005, relatif à l'aide juridictionnelle accordée dans les litiges transfrontaliers en matière civile ou commerciale et modifiant le décret n° 91-1266 du 19 déc. 1991, *JO* 30 nov. 2005, p. 18497.
7. Règl. CE n° 805/2004 du Parlement européen et du Conseil, 21 avr. 2004, *JOUE*, n° L 143, 30 avr., p. 15.
8. COM (2002) 159 final, 18 avr. 2002.
9. Règl. CE n° 1896/2006 du Parlement européen et du Conseil, 12 déc. 2006, instituant une procédure européenne d'injonction de payer, *JOUE*, n° L 399, 30 déc., p. 1.
10. Règl. CE n° 1393/2007 du Parlement européen et du Conseil, 13 nov. 2007, *JOUE*, n° L 324, 10 déc., p. 79.
11. Règl. CE n° 861/2007 du Parlement européen et du Conseil, 11 juill. 2007, *JOUE*, n° L 199, 31 juill., p. 1 [entré en application le 1er janv. 2009].
12. Règl. CE n° 864/2007 du Parlement européen et du Conseil, 11 juill. 2007, *JOUE*, n° L 199, 31 juill., p. 40 s. [entrée en application le 11 juill. 2009] – V. S. Corneloup, « Vers une réforme du règlement Rome II : la réparation des dommages causés par une violation du droit des marchés financiers nécessite-t-elle une règle de conflit spéciale ? », in M. Douchy-Oudot et E. Guinchard, *La justice civile européenne en marche*, « Thèmes et commentaires », Dalloz, 2012, p. 63.

– A également été adopté le **règlement CE n° 593/2008 du 17 juin 2008**[1], **dit Rome I**, sur la loi applicable aux **obligations contractuelles**[2], destiné à remplacer la convention de Rome de 1980 qu'avaient adoptée les États membres de la Communauté européenne il y a presque trente ans[3].

– Le Conseil et le Parlement européen ont adopté une **directive CE n° 2008/52 du 21 mai 2008** sur certains aspects de la **médiation en matière civile et commerciale**[4] qui devait être transposée d'ici le 21 mai 2011 en droit national.

– Le **règlement CE n° 4/2009 du 18 décembre 2008** relatif à la compétence, la loi applicable, la reconnaissance et l'exécution des décisions et la coopération en matière d'**obligations alimentaires**[5]. De plus en plus, plusieurs actes législatifs de l'Union ne distinguent plus entre loi applicable d'une part, compétence juridictionnelle, reconnaissance et exécution d'autre part, mais rassemblent en un même texte les différents aspects (c'est le cas du règlement en matière d'obligations alimentaires – il en allait également ainsi de la **proposition de règlement** sur le **droit applicable** et la **compétence en matière matrimoniale, dit Rome III**[6], qui a été abandonnée faute d'unanimité. Toutefois, neuf États membres ont demandé à être liés, dans le cadre de la **coopération renforcée**[7], par un règlement en matière de **loi applicable au divorce** qui a été adopté le 20 décembre 2010[8]. Ce nouveau **règlement, dit Rome III**[9], a dans un premier temps lié quatorze États membres[10], les autres États membres pouvant s'y joindre ultérieurement s'ils le souhaitaient; c'est ainsi que la Lituanie a décidé en novembre 2012 de participer également au règlement Rome III[11], qui lui sera applicable à compter du 22 mai 2014).

– Plusieurs livres verts ont été rédigés par la Commission européenne : le *Livre vert sur l'amélioration de l'exécution des décisions de justice au sein de l'Union européenne : la saisie des avoirs bancaires*[12], et *Livre vert sur la transparence du patrimoine des débiteurs*[13]. Le premier livre vert envisage une saisie conservatoire des avoirs bancaires au sein de l'Union européenne. La production de l'Union en matière de droit judiciaire privé devient considérable, ce qui impose de poser la question de sa cohérence interne. Il apparaît nécessaire que la Commission se penche sur le fonctionnement des différents instruments communautaires en la matière et vérifie leur compatibilité.

– De même, la Commission a publié en 2009 le *Livre vert sur la révision du règlement CE n° 44/2001 du Conseil concernant la compétence judiciaire, la reconnaissance et l'exécution des décisions en matière civile et*

1. Règl. CE n° 593/2008 du Parlement européen et du Conseil, 17 juin 2008,sur la loi applicable aux obligations contractuelles, *JOUE*, n° L 177, 4 juill. 2008, p. 6.
2. V. PAR EX., M.-E. Ancel, « Le règlement Rome I à l'épreuve du temps », *in* M. Douchy-Oudot et E. Guinchard, *La justice civile européenne en marche*, « Thèmes et commentaires », Dalloz, 2012, p. 51.
3. C. Nourissat, chron. « Droit civil de l'Union européenne », juin 2006-nov. 2007, *D.* 2008. 42.
4. Dir. CE n° 2008/52 du Parlement européen et du Conseil, 21 mai 2008, *JOUE*, n° L 136, 24 mai, p. 3.
5. Règl. CE n° 4/2009 du Conseil, 18 déc. 2008, *JOUE*, n° L 7, 10 janv. 2009, p. 1 – V. M. Farge, « Promotion transfrontière du droit à obtenir des aliments : l'apport du règlement CE n° 4/2009 du 18 décembre 2008 », *Dr. fam.* 2011. Étude 20 – C. Nourissat, « Le règlement CE n° 4/2009 du Conseil du 18 décembre 2008 relatif à la compétence, la loi applicable, la reconnaissance et l'exécution des décisions et la coopération en matière d'obligations alimentaires », *Procédures* 2009. Étude 5.
6. COM (2005) 649 final, 15 déc. 2005.
7. V. TFUE, art. 331 : la coopération renforcée permet à neuf pays au moins de l'Union d'adopter une mesure législative importante qui a été bloquée par certains États membres. Le projet de règlement Rome III a été approuvé par les ministres de la justice de l'Union le 4 juin 2010, puis par le Parlement européen. L'objectif du texte est de créer un cadre juridique clair et complet quant à la loi applicable au divorce et à la séparation de corps dans les États membres participants, en offrant aux époux une certaine autonomie dans le choix de la loi applicable (v. prop. régl. du Conseil, 14 juin 2010).
8. Règl. UE n° 1259/2010 du Conseil, 20 déc. 2010, mettant en œuvre une coopération renforcée dans le domaine de la loi applicable au divorce et à la séparation de corps, dit Rome III, *JOUE*, n° L 343, 29 déc.
9. V. K. Boele-Woelki, « *For better of for worse : The europanization of international divorce law* », *Yearbook of Private International Law*, vol. XII, 2010, p. 1 – C. Bridge, Le nouveau droit communautaire du divorce, *favor divorti* et risques d'insécurité juridique, *RLDC* 2013, n° 4980, p. 37 – A. Devers et M. Farge, « Le nouveau droit international privé du divorce, À propos du règlement Rome III sur la loi applicable au divorce », *JCP* 2012, n° 778; P. Hammje, « Le nouveau règlement UE n° 1259/2010 du Conseil du 20 décembre 2010 mettant en œuvre une coopération renforcée dans le domaine de la loi applicable au divorce et à la séparation de corps », *Rev. crit. DIP* 2011. 291; W. Hau, « *Zur Durchführung der Rom III-Verordnung in Deutschland* », *FamRZ* 2013. 249 (qui analyse la loi allemande d'application du règlement, *Gesetz zur Anpassung der Vorschriften des Internationalen Privatrechts an die Verordnung Nr. 1259/2010 und zur Änderung anderer Vorschriften des Internationalen Privatrechts* du 23 janv. 2013, *BGBl.* 2013. I. 101) – M. Revillard et R. Crône, « Le règlement Rome III sur les divorces internationaux », *Defrénois* 2012. 560.
10. Allemagne, Autriche, Belgique, Bulgarie, Espagne, France, Hongrie, Italie, Lettonie, Luxembourg, Malte, Portugal, Roumanie et Slovénie.
11. V. Décis. UE n° 2012/714 de la Commission européenne, 21 nov. 2012, confirmant la participation de la Lituanie à la coopération renforcée dans le domaine de la loi applicable au divorce et à la séparation de corps, *JOUE*, n° L 323, 22 nov., p. 18.
12. *Livre vert sur la saisie des avoirs bancaires*, COM (2006) 618 final, 24 oct. 2006.
13. *Livre vert sur l'exécution effective des décisions judiciaires dans l'Union européenne : la transparence du patrimoine des débiteurs*, COM (2008) 128, 6 mars 2008.

commerciale, dit Bruxelles I[1]. Ce livre vert fut suivi d'une proposition de règlement du Parlement européen et du Conseil concernant la compétence judiciaire, la reconnaissance et l'exécution des décisions en matière civile et commerciale (refonte du règlement Bruxelles I) en date du 14 décembre 2010[2]. Le règlement Bruxelles I a finalement fait l'objet d'une **révision par le règlement UE du Parlement européen et du Conseil n° 1215/2012 du 12 décembre 2012**[3] qui entrera en application le 10 janvier 2015, si bien que les développements de cet ouvrage traiteront tant de la Convention de Bruxelles de 1968, encore applicable sur certains territoires, que du règlement Bruxelles I du 22 décembre 2000 et du règlement Bruxelles I *bis* du 12 décembre 2012. Le Royaume du Danemark a déclaré à la Commission européenne, par courrier en date du 20 décembre 2012, qu'il accepterait l'application du règlement Bruxelles I *bis*[4].

– La Commission travaille depuis plusieurs années à l'élaboration de normes européennes en matière de **recours collectifs** dans le domaine du **droit de la consommation** et du **droit de la concurrence.** Elle a adopté en 2005 un *Livre vert sur les actions en dommages et intérêts pour infraction aux règles sur les ententes et les abus de position dominante*, suivi d'un Livre blanc en 2008, tous deux comportant un chapitre consacré aux recours collectifs. En 2008, elle a également publié un *Livre vert sur les recours collectifs pour les consommateurs*[5]. En février 2011, la Commission a lancé une consultation publique[6] afin de recenser les principes juridiques communs sur lesquels devraient reposer les recours collectifs dans toute l'Union (par exemple, en ce qui concerne l'effectivité et l'efficacité, l'information des citoyens et les garanties contre les procédures judiciaires abusives)[7].

Tout récemment, la Commission a publié plusieurs textes : une **recommandation** relative à des principes communs applicables aux mécanismes de recours collectif en cessation et en réparation dans les États membres en cas de violation de droits conférés par le droit de l'Union[8], une **proposition de directive** du Parlement européen et du Conseil relative à certaines règles régissant les actions en dommages et intérêts en droit interne pour les infractions aux dispositions du droit de la concurrence des États membres et de l'Union européenne[9], accompagnée d'une communication de la Commission relative à la quantification du préjudice dans les actions en dommages et intérêts fondées sur des infractions à l'article 101 ou 102 du TFUE (Traité sur le fonctionnement de l'Union européenne).

– Le **droit de la famille et des successions** n'est pas davantage ignoré de la Commission européenne, qui a présenté en 2009 une proposition de règlement du Parlement européen et du Conseil relatif à la compétence, la loi applicable, la reconnaissance et l'exécution des décisions et des actes authentiques en matière de successions et à la création d'un certificat successoral européen[10]. Le règlement UE n° 650/2012 du Parlement européen et du Conseil du 4 juillet 2012 relatif à la compétence, la loi applicable, la reconnaissance et l'exécution des décisions, et l'acceptation et l'exécution des actes authentiques en matière de successions et à la création d'un certificat successoral européen[11], sera applicable à partir du 17 août 2015.

1. COM (2009) 175 final, 21 avr. 2009.
2. COM (2010) 748 final, 14 déc. 2010 – V. E. Guinchard, *RTD eur.* 2011. 466.
3. Règl. UE n° 1215/2012 du Parlement et du Conseil, 12 déc. 2012, concernant la compétence judiciaire, la reconnaissance et l'exécution des décisions en matière civile et commerciale (refonte), *JOUE*, n° L 351, 20 déc., p. 1 – V. L. d'Avout, « La refonte du règlement Bruxelles I », *D.* 2013. 1014 – G. Cuniberti, « La réforme du règlement Bruxelles I », *Dr. et proc.* 2013. 26 – B. Heß, « *Die Reform der EuGVVO und die Zukunft des Europäischen Zivilprozessrechts* », *IPRax* 2011. 125 – M.-L. Niboyet, in *Union européenne et droit international, en l'honneur de P. Daillier*, Pedone, 2013 – C. Nourissat, « Refonte du règlement "Bruxelles I" : *much ado about nothing* », *Procédures* 2013. Focus 26 – A. Nuyts, « La refonte du règlement Bruxelles I », *Rev. crit. DIP* 2013. 1 – Dès le 26 juillet 2013, la Commission européenne a toutefois présenté une proposition de modification du règlement UE n° 1215/2012 Bruxelles I *bis* afin de tenir compte de l'accord sur le règlement créant le brevet unitaire; les modifications tendent à intégrer notamment le tribunal unitaire des brevets parmi les juridictions au sens du règlement Bruxelles I *bis* et de prévoir le jeu des règles de litispendance du règlement, v. *IPRax* 2013/5, II.
4. V. *IPRax* 2013/4, II.
5. COM (2008) 794 final, 27 nov. 2008.
6. V. http://www.europaforum.public.lu/fr/actualites/2011/02/comm-consultation-recours-collectifs/index.html
7. V. AUSSI, la résolution du Parlement européen du 2 février 2012, *Vers une approche européenne cohérente en matière de recours collectifs*, 2011/2089(INI).
8. Recomm. UE n° 2013/396 de la Commission, 11 juin 2013, *JOUE*, n° L 201, 27 juill., p. 60.
9. COM (2013) 404 final, 11 juin 2013.
10. COM (2009) 154 final, 14 oct. 2009 – V. la position du Max Planck Institut de Hambourg sur cette proposition, « *Comments on the European Commission's Proposal for a regulation of the European Parliament and of the Council on jurisdiction, applicable law, recognition and enforcement of decisions and authentic instruments in matters of succession and the creation of a European Certificate of Succession* », *RabelsZ* 74 (2010), 522 – D. Martel, « Les valeurs du droit français et la proposition de règlement sur les successions », *RLDC* déc. 2010, p. 51 – V. AUSSI, la réforme législative allemande ayant instauré un registre central des testaments (*zentrales Testamentsregister*, L. 22 déc. 2010, *BGBl.* I. 2010, 2255; Th. Diehn, « *Das Zentrale Testamentsregister* », *NJW* 2011. 481).
11. Règl.UE n° 650/2012 du Parlement européen et du Conseil, 4 juill. 2012, *JOUE*, n° L 201, 27 juill., p. 107 – Pour des analyses, v. G. Carducci, « Le règlement n° 650/2012 du 4 juillet 2012 : ses principales nouveautés pour les successions inter- ▶

– En outre, le 16 mars 2011, la Commission a présenté une **Communication** au Parlement européen, au Conseil, au Comité économique et social européen et au Comité des régions, intitulée *Lever les incertitudes liées aux droits patrimoniaux des couples internationaux*. Dans cette Communication, la Commission annonce et présente **deux propositions de règlement** : l'une relative à la compétence, la loi applicable, la reconnaissance et l'exécution des décisions en matière de **régimes matrimoniaux**[1], la seconde concernant la compétence, la loi applicable, la reconnaissance et l'exécution des décisions en matière d'**effets patrimoniaux des partenariats enregistrés**[2]. Les textes tendent à déterminer le tribunal compétent pour procéder à la liquidation du régime matrimonial ou des effets patrimoniaux du partenariat, la loi applicable à la liquidation et les conditions de reconnaissance et d'exécution des décisions en la matière au sein de l'Union européenne.

– Ont également été adoptés, en matière de **litiges de consommation**, la directive UE n° 2013/11, du Parlement européen et du Conseil du 21 mai 2013, relative au règlement extrajudiciaire des litiges de consommation et modifiant le règlement CE n° 2006/2004 et la directive CE n° 2009/22[3] et le règlement UE du Parlement européen et du Conseil n° 524/2013 du 21 mai 2013 relatif au **règlement en ligne des litiges de consommation** (RLLC[4]) et modifiant le règlement CE n° 2006/2004 et la directive CE n° 2009/22 (règlement relatif au RLLC)[5].

– En 2011 a été présentée une proposition de règlement relatif à la **reconnaissance mutuelle des mesures de protection en matière civile**[6]. Il s'agit là de permettre aux victimes d'actes de violence, lorsqu'elles se déplacent ou déménagent dans un autre État membre de l'Union, de continuer à bénéficier des mesures de protection adoptées à l'encontre de l'auteur des faits (interdiction de contact, interdiction de s'approcher...). Cette initiative de la Commission découle du programme de Stockholm, qui entendait renforcer la protection des victimes. Elle complète la directive UE n° 2011/99 du 13 décembre 2011 sur la décision de protection européenne[7] qui tend à assurer la reconnaissance mutuelle des mesures de protection prises en matière pénale et doit être transposée au 11 janvier 2015. Un règlement a finalement été adopté le 12 juin 2013, relatif à la reconnaissance mutuelle des mesures de protection en matière civile[8].

– La Commission européenne a en outre présenté le 25 juillet 2011 une proposition de règlement du Parlement européen et du Conseil portant création d'une **ordonnance européenne de saisie conservatoire des comptes bancaires** (OESC), destinée à faciliter le recouvrement transfrontière de créances en matière civile et commerciale[9]. C'est la première mesure d'exécution (en l'espèce mesure simplement **conservatoire**) proposée sur le plan de l'Union européenne dans le cadre de la coopération judiciaire civile. La Commission des affaires juridiques du Parlement européen a, avec quelques amendements, adopté le 13 juin 2013 cette proposition, qui permettrait un gain de rapidité et une baisse des coûts du recouvrement transfrontières (mais intra-Union) des créances[10]. Le texte est en cours d'examen par l'assemblé plénière du Parlement européen ainsi que par le Conseil de l'Union européenne suivant la procédure législative ordinaire de co-décision.

On le voit, la production est de plus en plus intense en matière de procédure civile européenne[11].

► nationales dans l'UE », *JCP* 2013, n° 550, p. 960 – P. Chassaing, « Successions internationales : brèves réflexions sur le règlement européen du 7 juin 2012 », *RLDC* 2012, n° 4749, p. 47 – U. Simon et M. Buschbaum, « *Die neue EU-Erbrechtsverordnung* », *NJW* 33/2012. 2393 – P. Lagarde, « Les principes de base du nouveau règlement européen sur les successions », *Rev. crit. DIP* 2012. 691.

1. COM (2011) 126/2, 16 mars 2011.
2. COM (2011) 127/2, 16 mars 2011.
3. Dir. UE n° 2013/11 du Parlement européen et du Conseil, 21 mai 2013, *JOUE*, n° L 165, 18 juin, p. 63.
4. En anglais *Consumer Online Dispute Resolution*, Consumer ODR.
5. Règl. UE n° 524/2013 du Parlement européen et du Conseil, 21 mai 2013, *JOUE*, n° L 165, 18 juin, p. 1 – Pour une critique de ces textes et la question de savoir si le prétendu accès à la justice qu'ils garantiraient est aussi protecteur qu'une procédure judiciaire, v. H. Roth, « *Bedeutungsverluste der Zivilgerichtsbarkeit durch Verbrauchermediation* », *JZ* 2013. 637.
6. COM (2011) 276 final.
7. Dir. UE n° 2011/99 du Parlement européen et du Conseil, 13 déc. 2011, *JOUE*, n° L 338, 21 déc., p. 2.
8. Règl. UE n° 606/2013 du Parlement européen et du Conseil, 12 juin 2013, relatif à la reconnaissance mutuelle des mesures de protection en matière civile, *JOUE*, n° L 181, 29 juin, p. 4.
9. COM (2011) 445 final – V. C. Brebion, « L'ordonnance de saisie conservatoire européenne des comptes bancaires à l'examen du Parlement européen : bref aperçu », *Dr. et proc.* avr. 2013, suppl. « Droit des procédures internationales », p. 8 – E. Guinchard, *RTD eur.* 2011. 871 – B. Heß, « *Der Vorschlag der EU-Kommission zur vorläufigen Kontenpfändung – ein wichtiger Integrationsschritt im Europäischen Zivilverfahrensrecht* », *DGVZ* 4/2012. 69 – POUR UNE APPROCHE CRITIQUE, v. T. Domej, « *Ein wackeliger Balanceakt, Die geplante Verordnung über die Europäische vorläufige Kontenpfändung* », *ZEuP* 2013. 497 – M. Zwickel, « Vers un règlement sur la saisie bancaire européenne », *in* M. Douchy-Oudot et E. Guinchard, *La justice civile européenne en marche*, « Thèmes et commentaires », Dalloz, 2012, p. 233.
10. La Commission européenne estime à 600 millions d'euros par an les sommes qui pourraient être recouvertes par l'intermédiaire de l'OESC.
11. F. Paulino Pereira, « La coopération judiciaire en matière civile dans l'Union européenne : bilan et perspectives », *Rev. crit. DIP* 2010. 1 – Sur une possible codification des tex-►

150.14 Incidences de l'entrée en vigueur du traité de Lisbonne. Avec l'entrée en vigueur du traité de Lisbonne[1] le 1er décembre 2009[2] (signé par les chefs d'État et de gouvernement des États membres de l'Union européenne le 13 décembre 2007), deux traités distincts sont maintenus : le **traité sur l'Union européenne (TUE)** et le second traité, désormais dénommé **traité sur le fonctionnement de l'Union européenne (TFUE, anc. traité CE).**

1) Nouveaux principes. La primauté du droit de l'Union n'est plus explicitement inscrite dans le traité. Toutefois, une déclaration (n° 17) rappelle que « *selon une jurisprudence constante de la Cour de justice de l'Union européenne, les traités et le droit adopté par l'Union sur la base des traités priment le droit des États membres, dans les conditions définies par ladite jurisprudence* »[3]. Le traité de Lisbonne pose en outre en règle **l'interprétation stricte des compétences de l'Union**[4], et le nouvel article 12 du traité sur l'Union européenne introduit pour la première fois une référence sur le rôle des **parlements nationaux,** qui « *contribuent activement au bon fonctionnement de l'Union* »[5], notamment en contrôlant le respect du **principe de subsidiarité**[6]. Les objectifs de l'Union sont définis dans le traité de Lisbonne de façon très large (et comprennent notamment « *la protection des droits de l'homme* »), les pouvoirs du **Parlement européen** sont renforcés (généralisation presque totale de la **procédure de codécision**, qui devient la « *procédure législative ordinaire* »), le rôle de la **Cour de justice** est accru car elle reçoit compétence générale dans le domaine de la **justice et des affaires intérieures** (JAI). Désormais, la Cour de justice de l'Union européenne se compose de la **Cour de justice,** du **Tribunal** (anc. Tribunal de première instance) et du **Tribunal de la fonction publique.** Le traité de Lisbonne supprime les trois piliers qu'avait instaurés le traité de Maastricht. L'actuel premier pilier (Communauté européenne) disparaît, seule demeure l'Union européenne avec une procédure de décision de droit commun (la « *procédure législative ordinaire* ») et, dans certains domaines, des procédures spécifiques[7].

2) Les compétences de l'Union européenne. L'Union a trois grands types de compétences : les **compétences exclusives** (TFUE, art. 2.1 et 3), les **compétences partagées** avec les États membres, qui sont compétents pour tout ce que l'Union n'a pas réglé elle-même (TFUE, art. 2.2 et 4, qui mentionne notamment en son point j) l'espace de liberté, de sécurité et de justice) et enfin les **compétences d'appui**, domaines dans lesquels l'Union ne peut intervenir que pour soutenir ou coordonner l'action des États membres, mais sans pouvoir législatif de l'Union (TFUE, art. 6 : protection de la santé humaine, tourisme, *etc.*).

3) Le rôle des parlements nationaux. Les parlements nationaux sont assez largement associés à la politique de l'espace de liberté, de sécurité et de justice, car le traité de Lisbonne prévoit qu'ils sont informés de la teneur et des résultats de cette politique, des travaux du comité permanent chargé de favoriser la coordination entre les autorités des États membres en matière de sécurité intérieure, et qu'ils sont associés à l'évaluation des activités d'Eurojust et au contrôle des activités d'Europol. Les parlements nationaux ont en outre un droit d'opposition lorsque le Conseil fixe la liste des aspects de droit de la famille ayant une incidence transfrontière et pouvant dès lors faire l'objet d'une législation de l'Union. Ils peuvent aussi faire valoir qu'un projet d'acte envisagé par les autorités européennes porte atteinte au prin-

▶ tes de coopération judiciaire civile de l'Union, v. C. Nourissat, « La codification de l'espace judiciaire civil européen », in M. Douchy-Oudot et E. Guinchard, *La justice civile européenne en marche*, « Thèmes et commentaires », Dalloz, 2012, p. 175.

1. PAR EX., v. J.-V. Louis, « Le Traité de Lisbonne », *JTDE* déc. 2007, p. 289 – F. Picod, « Le nouveau cadre institutionnel de l'Union européenne », *JCP* 2010, n° 400, p. 725 – V. AUSSI les nombreuses références bibliographiques citées dans *Europe* juill. 2008, n° 7, dossier spécial.
2. Traité de Lisbonne modifiant le traité sur l'Union européenne et le traité instituant la Communauté européenne, 13 déc. 2007, *JOUE*, C 306, 17 déc.
3. Est en outre annexé au traité un avis du service juridique du Conseil précisant que « le fait que le principe de primauté ne soit pas inscrit dans le futur traité ne modifiera en rien l'existence de ce principe ni la jurisprudence en vigueur de la Cour de justice ».
4. V. la nouvelle rédaction de l'article 5 TUE : « *L'Union n'agit que dans les limites des compétences que les États membres lui ont attribuées dans les traités pour atteindre les objectifs que ces traités établissent* ».
5. Les parlements nationaux le font en étant informés par les institutions de l'Union et en recevant notification des projets d'actes législatifs européens, en veillant au respect du principe de subsidiarité, en participant, dans le cadre de l'espace de liberté, de sécurité et de justice, aux mécanismes d'évaluation de la mise en œuvre des politiques de l'Union, en participant à la révision des traités, en étant informés sur toute demande d'adhésion à l'Union et en participant à la coopération interparlementaire entre parlements nationaux et avec le parlement européen (v. TUE, art. 8 C, issu du traité de Lisbonne).
6. Si la majorité simple des parlements nationaux conteste un projet d'acte législatif de l'Union sur le fondement du principe de subsidiarité et si la Commission veut le maintenir, le Conseil et le Parlement européen se prononcent; si le Conseil (à la majorité de 55 % de ses membres) ou le Parlement européen (à la majorité simple) estime que le principe de subsidiarité est atteint, le projet est écarté. Après l'adoption d'un texte, la Cour de justice peut aussi être saisie par un État membre d'un recours pour violation du principe de subsidiarité émanant d'un parlement national (le recours est présenté formellement par le gouvernement, mais il peut aussi être simplement transmis par ce dernier, l'auteur du recours étant le parlement national).
7. PAR EX., en matière de politique étrangère et de défense.

cipe de subsidiarité énoncé dans l'article 5 § 3 du traité sur l'Union européenne[1].

4) La Charte des droits fondamentaux. L'Union européenne se donne pour but « *de promouvoir la paix, ses valeurs et le bien-être des peuples* » (TUE, art. 3.1) ; elle « *offre à ses citoyens un espace de liberté, de sécurité et de justice sans frontières intérieures* » (TUE, art. 3.2) Dans son article 6, le traité sur l'Union européenne affirme que « *l'Union reconnaît les droits, les libertés et les principes énoncés dans la Charte des droits fondamentaux de l'Union européenne du 7 décembre 2000, telle qu'adaptée le 12 décembre 2007 à Strasbourg, laquelle a la même valeur juridique que les traités* ». La Charte a donc acquis, avec l'entrée en vigueur du traité de Lisbonne le 1er décembre 2009, valeur de **droit originaire**[2] et **force contraignante**[3]. Ainsi sont enrichies les sources européennes en matière de droits fondamentaux, même si certains États membres bénéficient d'un régime spécial quant à l'application de la Charte[4]. En outre, l'article 6 § 3 du traité sur l'Union européenne se réfère aux droits fondamentaux issus de la Charte et de la Convention européenne de sauvegarde des droits de l'homme et des libertés fondamentales (dite Conv. EDH), mais également à ceux qui « *résultent des traditions constitutionnelles communes aux États membres* » *et ajoute qu'ils font partie du droit de l'Union* « *en tant que principes généraux* ». La Cour de justice maintient sous l'empire du traité de Lisbonne, sa jurisprudence dynamique et créatrice en matière de droits fondamentaux[5]. Elle a notamment fait application de la Charte des droits fondamentaux dans une affaire mettant en cause un recours formé en vertu de l'article 43 du règlement Bruxelles I, contre une décision constatant le caractère exécutoire d'un jugement ordonnant une saisie conservatoire.

Dans cet arrêt du 13 juin 2012[6], la Cour de justice relève que le recours de l'article 43 « *constitue une mise en œuvre du droit de l'Union au sens de l'article 51 de la Charte des droits fondamentaux* » et que le principe de protection juridictionnelle effective, tel que consacré à l'article 47 de la Charte[7] « *peut comprendre le droit d'être dispensé du paiement des frais de procédure et/ou des honoraires dus*

1. En vertu de ce principe, l'Union intervient seulement si et dans la mesure où les objectifs de l'action envisagée ne peuvent pas être atteints de manière satisfaisante par les États membres, mais peuvent l'être mieux au niveau de l'Union (TUE, art. 5 § 3) – V. J.-L. Sauron, « Les institutions : la victoire de la complexité ? », *Europe* juill. 2008, dossier spécial, n° 7, p. 49 s.
2. F. Kauff-Gazin, *Europe* juill. 2008, dossier spécial, n° 5, p. 37, n° 1.
3. Cette évolution ne modifie pas la protection effective de ces droits car elle ne fait que confirmer la jurisprudence de la CJCE plaçant les principes fondamentaux au sein du bloc de constitutionnalité communautaire. La Cour de justice n'avait d'ailleurs pas attendu le traité de Lisbonne pour ériger la Charte des droits fondamentaux en source des droits fondamentaux de l'UE – V. CJCE 13 mars 2007, Unibet, aff. C-432/05, *Europe* 2007. Comm. 128, obs. Simon – CJCE 11 et 18 déc. 2007, Viking et Laval, aff. C-438/05 et aff. C-341/05, *Europe* 2008. Comm. 40, obs. Simon.
4. V. F. Kauff-Gazin, *Europe* juill. 2008, n° 7, dossier spécial, n° 5, p. 37, nos 7 s., pour le Royaume-Uni et la Pologne – Pour la République tchèque, un protocole sera soumis à la ratification des autres États membres, lors du prochain traité d'adhésion, v. S. van der Jeught, « Le traité de Lisbonne et la Cour de justice de l'Union européenne », *JDE* déc. 2009, n° 164, p. 301.
5. EN CE SENS, V. AUSSI, F. Kauff-Gazin, préc. ss prést n°, ainsi que les arrêts *Unibet*, *Viking* et *Laval*, préc. ss prést n° – Sur les possibles difficultés d'articulation de la Charte UE et de la Conv. EDH, v. C. Roth et F. Burgaud, « Charte des droits fondamentaux *vs* Convention européenne : dommages collatéraux en vue », *D.* 2013. 1977 (la CJUE a [gr. ch., 26 févr. 2013, Aklagaren c/Hans Akerberg Fransson, aff. C-617/10, *AJDA* 2013. 1154, chron. Aubert, *JCP* 2013. 550] affirmé l'autonomie de la Charte, l'Union n'ayant pas encore adhéré à la Conv. EDH, ce qui impose au juge national une conciliation parfois difficile. Dans cet arrêt, la Cour devait dire si elle était compétente pour interpréter une disposition de la Charte invoquée à l'encontre non pas d'une institution de l'Union, mais d'un État membre, l'article 51 de la Charte précisant que les droits qu'elle garantit doivent être respectés par les États membres « *uniquement lorsqu'ils mettent en œuvre le droit de l'Union* ». Dans une interprétation large allant au-delà de la simple mise en œuvre du droit de l'Union, la Cour de justice a jugé que les droits fondamentaux garantis par la Charte s'imposent « *lorsqu'une réglementation nationale entre dans le champ d'application du droit de l'Union* ») – Plus spécifiquement, sur le droit à un procès équitable au sens de la coopération judiciaire civile et pénale, v. J.-S. Bergé, « Le droit à un procès équitable au sens de la coopération judiciaire civile et pénale : l'hypothèse d'un rapport de mise en œuvre », *in* C. Picheral, *Le droit à un procès équitable au sens du droit de l'Union européenne*, Bruxelles, « Droit et justice », Némésis-Anthémis, 2012, p. 249.
6. CJUE 13 juin 2012, GREP GmbH c/Freistaat Bayern, aff. C-156/12.
7. Pour un autre renvoi préjudiciel à la Cour de justice à propos de l'article 47 de la Charte en relation avec l'article 34 du règlement Bruxelles I, par une juridiction lettone, le 25 juin 2013, v. Antonio Gramsci Shipping Corp. e. a. c/Aivars Lembergs, aff. C-350/13 (question de savoir si, dans le cadre de la procédure de reconnaissance d'une décision rendue par une juridiction étrangère, la lésion des droits de personnes qui ne sont pas impliquées dans la procédure au principal peut être un motif de mise en œuvre de la clause d'ordre public prévue à l'article 34 § 1, et de refus de reconnaître cette décision étrangère pour autant qu'elle affecte ces personnes qui ne sont pas impliquées dans la procédure au principal. Si oui, convient-il d'interpréter l'article 47 de la Charte en ce sens que les principes d'équité en matière juridictionnelle qui y sont consacrés permettent, lors de la détermination de mesures conservatoires dans un litige, de restreindre les droits de propriété de personnes qui ne sont pas impliquées en tant que parties dans ledit litige, même s'il est néanmoins prévu que toute personne qui est affectée par une décision relative à des mesures conservatoires a le droit de s'adresser à tout moment à la juridiction concernée pour demander la modification ou l'annulation de la décision, et de laisser aux requérants le soin de notifier la décision aux personnes intéressées ?).

pour obtenir l'assistance d'un avocat dans le cadre d'un tel recours ». La Cour ajoute toutefois qu'il appartient à la juridiction nationale de vérifier[1] si les conditions d'octroi d'une telle aide juridictionnelle, telles que prévues par le droit national, constituent « *une limitation du droit d'accès aux tribunaux qui porte atteinte à ce droit dans sa substance même, si elles tendent à un but légitime et s'il existe un rapport raisonnable de proportionnalité entre les moyens employés et le but visé* ». Il semble que la Cour de justice ait parfois déjà développé une jurisprudence des droits fondamentaux de la Charte pas toujours en harmonie avec celles du droit correspondant de la Conv. EDH[2].

5) L'adhésion à la Conv. EDH[3]. Enfin, l'article 6 § 2 du traité sur l'Union européenne prévoit que l'Union adhère à la Conv. EDH[4], adhésion qui ne modifiera pas les compétences de l'Union telles qu'elles sont définies dans les traités. Déjà sous l'empire du traité d'Amsterdam, l'Union était tenue de respecter les droits fondamentaux tels qu'ils sont garantis par la Conv. EDH[5]; le traité de Lisbonne va plus loin puisqu'il rend possible – et obligatoire – l'adhésion de l'Union européenne à la Convention, ce qui permettra d'organiser les rapports institutionnels entre les deux ordres juridiques européens. La décision du Conseil portant adoption de l'accord d'adhésion doit être prise à l'unanimité; les États membres devront approuver cet accord conformément à leurs règles constitutionnelles respectives (TFUE, art. 218.8). Les choses vont donc prendre leur temps, la procédure durera plusieurs années. L'adhésion doit s'effectuer selon des modalités permettant de préserver les spécificités de l'ordre juridique de l'Union; la Cour européenne des droits de l'homme (CEDH) aura la compétence de vérifier directement la compatibilité des actes législatifs de l'Union européenne avec la Conv. EDH. Les pourparlers entre le Conseil de l'Europe et l'Union européenne à propos de l'adhésion de cette dernière à la Convention ont été entamés le 7 juillet 2010[6].

Un **projet de traité portant adhésion de l'Union européenne à la Conv. EDH**, résultat de trois années de négociations entre les quarante-sept États membres du Conseil de l'Europe et la Commission européenne, a été adopté le 5 avril 2013 au niveau des négociateurs. Comme le relevait le président de la CEDH, Dean Spielmann, lors de la réunion conjointe de la CJUE et de la CEDH à Helsinki en septembre 2013[7], il importe « *de préserver la nature de ce contrôle quand il est exercé à l'égard de l'Union européenne et d'éviter tout ce qui pourrait passer pour un régime de faveur au bénéfice de celle-ci* ». Mais il faut quand même reconnaître que l'adhésion de l'Union ne pourra fonctionner « *sans un certain nombre d'aménagements destinés à tenir compte de la nature particulière, non étatique, de l'Union européenne* »[8]. C'est pourquoi le Protocole nº 8 au traité de Lisbonne prévoit que soient préservées « *les caractéristiques spécifiques de l'Union* ». Deux aménagements sont notamment envisagés par le projet de traité : le **mécanisme du codéfendeur** et la **possibilité d'une intervention dite préalable de la Cour de justice**, aménagements qui, aux yeux du président de la CEDH, « *représentent des modifications nécessaires de la Conventions, dans la mesure où ils l'adapteront aux nouvelles réalités juridiques et institutionnelles créées par le droit de l'Union* »[9].

1. Pour procéder à cette vérification, la juridiction nationale est invitée à tenir compte de l'objet du litige, des chances raisonnables de succès du demandeur, de la gravité de l'enjeu pour celui-ci, de la complexité du droit et de la procédure applicables ainsi que de la capacité de ce demandeur à défendre effectivement sa cause. La proportionnalité est appréciée en examinant l'importance des frais de procédure devant être avancés et le caractère insurmontable ou non de l'obstacle qu'ils constituent éventuellement pour accéder à la justice (point 46 de l'arrêt). Lorsqu'est en cause une personne morale, la Cour de justice invite le juge national à également tenir compte de la situation de celle-ci (forme, but lucratif ou non, capacité financière de ses associés ou actionnaires, possibilité pour ceux-ci ou non de se procurer les sommes nécessaires à l'introduction de l'action en justice, point 47).
2. PAR EX. le principe *ne bis in idem* de l'article 50 de la Charte, v. CJUE 26 févr. 2013, Åkerberg Fransson, aff. C-617/10, D. Ritleng, « De l'articulation des systèmes de protection des droits fondamentaux dans l'Union, Les enseignements des arrêts Åkerberg Fransson et Melloni », *RTD eur.* 2013. 286 s.
3. A. Potteau, « Quelle adhésion de l'UE à la Conv. EDH ? Pour quel niveau de protection des droits et de l'autonomie de l'ordre juridique. », *RGDIP* 2011. 77; « L'adhésion de l'UE à la Conv. EDH », *RTD eur.* 2011. 47, nº spécial, p. 7.
4. V. AUSSI, Conv. EDH, art. 59 § 2.
5. Pour la jurisprudence de la CEDH en matière de contrôle des actes de l'Union au regard de la Conv. EDH, v. CEDH 18 févr. 1999, Matthews c/Royaume-Uni, req. nº 24833/94 – CEDH 30 juin 2005, Bosphorus c/Irlande, req. nº 45036/98.
6. Le 17 mars 2010, la Commission européenne a proposé des directives de négociation en vue de l'adhésion. Le 4 juin 2010, les ministres de la Justice des États membres de l'Union ont mandaté la Commission pour conduire les négociations en leur nom. Le 26 mai 2010, le Comité des ministres du Conseil de l'Europe a donné à son Comité directeur pour les droits de l'homme un mandat occasionnel pour élaborer avec l'Union européenne l'instrument juridique requis en vue de l'adhésion de l'Union européenne à la Conv. EDH. Les pourparlers officiels ont débuté le 7 juillet 2010. Une déclaration commune a été formulée par les présidents de la CEDH et de la Cour de justice le 24 janv. 2011 (*EuGRZ* 2011. 95) – V. AUSSI, l'évolution des négociations sur le site du Conseil de l'Europe, www.coe.int/t/dghl/standardsetting/hrpolicy/accession/Working_documents_fr.asp
7. Discours consultable sur le site de la CEDH, www.echr.coe.int/Documents/Speech_20130906_Spielmann_Helsinki_FRA.pdf
8. Discours consultable sur le site de la CEDH, www.echr.coe.int/Documents/Speech_20130906_Spielmann_Helsinki_FRA.pdf
9. Discours consultable sur le site de la CEDH, www.echr.coe.int/Documents/Speech_20130906_Spielmann_Helsinki_FRA.pdf

Se pose et se posera la question de **l'articulation des différents systèmes de protection des droits fondamentaux dans l'Union européenne**[1].

Dans ses arrêts *Melloni*[2] et *Åkerberg Fransson*[3] du 26 février 2013, la Cour de justice a choisi une acception large du champ d'application de la Charte des droits fondamentaux de l'Union européenne, alors même que l'article 51 de ladite charte prévoit qu'elle s'impose aux États membres « *uniquement lorsqu'ils mettent en œuvre le droit de l'Union* », ce qui semblait limiter l'intervention de la Charte aux cas dans lesquels les États membres interviennent en quelque sorte comme « *agents* » de l'Union, par exemple en adoptant des mesures sur le fondement et en exécution de dispositions du droit européen dérivé ou primaire[4].

Ainsi, la plupart des États membres ayant déposé des observations dans l'affaire *Åkerberg Fransson* et la Commission européenne elle-même contestaient l'applicabilité de la Charte dans cette affaire de sanctions fiscales et de poursuites pénales pour défaut de déclaration de TVA. Pourtant, la Cour de justice décide qu'une mesure nationale constitue une mise en œuvre du droit de l'Union dès lors qu'elle se situe dans le cadre de ce dernier et qu'elle entre dans son champ d'application. La Cour considère en effet qu'« *il ne saurait exister de cas de figure qui relèvent ainsi du droit de l'Union sans que lesdits droits fondamentaux puissent être appliqués* » car « *l'applicabilité du droit de l'Union implique celle des droits fondamentaux garantis par la Charte* » (point 21 de l'arrêt).

Dans l'arrêt *Melloni*, la Cour de justice considère qu'un État membre peut appliquer ses instruments nationaux de protection des droits fondamentaux (cela vise en pratique la Constitution nationale mais aussi la Conv. EDH, intégrée dans l'ordre juridique de chaque État membre) s'ils offrent un niveau de protection équivalent ou supérieur à celui de la Charte, sauf toutefois si cette application porte atteinte à la primauté et à l'effectivité du droit de l'Union. La Cour admet ainsi que le droit le plus protecteur (même national) puisse s'appliquer, sauf si la primauté du droit de l'Union en pâtit. Ces deux arrêts récents amènent à s'interroger sur l'apparente réticence de la Cour de justice à suivre pour la Charte une interprétation conforme aux droits équivalents garantis par la Conv. EDH. Un auteur relève ainsi « *l'absence de toute référence à la CEDH dans certains arrêts de principe récents rendus dans des affaires où la problématique des droits fondamentaux était pourtant centrale* » et se demande si la Cour de justice redoute « *une perte d'autonomie du droit de l'Union* » et incite, donc, à la réaffirmer.

6) La coopération judiciaire. Avec le traité de Lisbonne[5], l'article 81 du traité sur le fonctionnement de l'Union européenne énonce que l'Union développe une **coopération judiciaire** « *dans les matières civiles ayant une incidence transfrontière, fondée sur le principe de reconnaissance mutuelle des décisions judiciaires et extrajudiciaires. Cette coopération peut inclure l'adoption de mesures de rapprochement des dispositions législatives et réglementaires des États membres* »; il ajoute que les mesures sont adoptées « *notamment lorsque cela est nécessaire au bon fonctionnement du marché intérieur* »; l'ajout de « *notamment* » semble ne pas imposer systématiquement cette condition et donc élargir les hypothèses possibles d'intervention des institutions européennes en matière de coopération judiciaire civile[6]. Les restrictions qu'avait apportées l'article 68 du traité CE quant aux juridictions nationales habilitées à saisir la Cour de justice d'un recours préjudiciel en interprétation ont été supprimées. Désormais, dans le domaine des textes de coopération judiciaire civile, toute juridiction nationale est habilitée à saisir la Cour de justice d'un renvoi préjudiciel en interprétation dans les conditions de l'article 267 du traité sur le fonctionnement de l'Union européenne.

150.15 Un projet de convention mondiale qui a échoué. Parallèlement, dans le cadre de la conférence de droit international privé de La Haye, un texte international fut en projet, qui tendait à l'extension à tout État signataire d'un certain nombre de principes retenus par la convention de Bruxelles en matière de compétence judiciaire et d'*exequatur* simplifié[7].

1. Sur cette question, v. D. Ritleng, « De l'articulation des systèmes de protection des droits fondamentaux dans l'Union, Les enseignements des arrêts Åkerberg Fransson et Melloni », *RTD eur.* 2013. 267.
2. CJUE 26 févr. 2013, Melloni, aff. C-399/11.
3. CJUE 26 févr. 2013, Åkerberg Fransson, aff. C-617/10.
4. V. D. Ritleng, préc. s^{s} prés^{t} n^{o}.
5. Le traité consolide l'espace de liberté, de sécurité et de justice (ELSJ) que l'Union constitue « *dans le respect des droits fondamentaux et des différents systèmes et traditions juridiques des États membres* » (TFUE, art. 67 § 1); l'Union « *facilite l'accès à la justice*, notamment par le principe de reconnaissance mutuelle des décisions judiciaires et extrajudiciaires en matière civile » (TFUE, art. 67.4).
6. V. d'ailleurs la liste des champs possibles d'intervention du Parlement européen et du Conseil en matière de coopération judiciaire civile, telle qu'établie par l'article 81 § 2 TFUE : a) reconnaissance mutuelle entre les États membres des décisions judiciaires et extrajudiciaires, et leur exécution; b) signification et notification transfrontièredes actes judiciaires et extrajudiciaires; c) compatibilité des règles applicables dans les États membres en matière de conflit de lois et de compétence; d) coopération en matière d'obtention de preuves; e) accès effectif à la justice; f) élimination des obstacles au bon déroulement des procédures civiles, au besoin en favorisant la compatibilité des règles de procédure civile applicables dans les États membres; g) développement de méthodes alternatives de résolution des litiges; h) soutien à la formation des magistrats et des personnels de justice. La liste est plus longue que celle que contenait l'article 65 traité CE.
7. A. von Mehren, « *The Case for a Convention-mixte Approach to Jurisdiction to Adjudicate and Recognition and Enforcement of Foreign Judgments* », *RabelsZ* 61 [1997], 86 – « *The Hague jurisdiction and enforcement convention project faces an impasse. A diagnosis and guideline for a cure* », *IPRax* 2000. 465 – F. K. Juenger, « *Eine Haager Konvention über die Urteilsanerkennung ?* », *GS Lüderitz* 2000. 329 – A. Bucher, « Vers une convention mondiale sur la compétence et les jugements étrangers », *Sem. jud.* 2000. 77.

La Commission spéciale compétente avait adopté le 30 octobre 1999 un avant-projet de convention sur la compétence et les jugements étrangers en matière civile et commerciale (avant-projet Conv., 30 oct. 1999). Cet avant-projet avait été révisé lors d'une réunion d'octobre 1999; la dix-neuvième session diplomatique de 2001 avait établi une nouvelle version du texte provisoire. Le bureau permanent de la Conférence de La Haye avait, en février 2002, rédigé un document faisant état de « *quelques réflexions sur l'état actuel des négociations du projet sur les jugements dans le contexte du programme de travail futur de la conférence* ». Manifestement, le projet était confronté à de lourdes difficultés dans les domaines de propriété intellectuelle, de compétence fondée sur l'activité, de droits des consommateurs et de droits des salariés; les rapports avec d'autres actes sur la compétence, la reconnaissance et l'exécution des jugements, notamment les actes régionaux et plus particulièrement les conventions de Bruxelles et de Lugano ainsi que les nouveaux règlements de l'Union européenne posaient également problème. L'impact considérable du commerce électronique avait entraîné des oppositions entre délégations quant au contenu des règles à adopter. Les fortes réticences américaines sur un certain nombre de points conduisirent à l'abandon d'un projet aussi ambitieux. Conformément à la décision de la Commission I de la 19e session de la Conférence de La Haye d'avril 2002, le Bureau permanent mit alors en place un groupe de travail informel qui choisit de commencer à travailler sur les accords d'élection de for en matière de transactions commerciales. Une convention sur les accords d'élection de for a finalement été adoptée le 30 juin 2005 [1]. Elle concerne la matière civile et commerciale, exclut un grand nombre de domaines de son champ d'application (Conv., art. 2), et établit des règles de compétence juridictionnelle (Conv., art. 5 : « *Le tribunal ou les tribunaux d'un État contractant désignés dans un accord exclusif de for sont compétents pour connaître d'un litige auquel l'accord s'applique, sauf si celui-ci est nul selon le droit de cet État* »), de reconnaissance et d'exécution (Conv., art. 8 s.). La convention de La Haye sur les accords d'élection de for a fait l'objet d'une décision CE n° 2009/397 du Conseil du 26 février 2009 relative à la signature, au nom de la Communauté européenne (devenue Union européenne), de ladite convention [2].

150.16 Adoption de *model-rules*. Les Principes ALI/Unidroit de procédure civile transnationale [3]. Dans le cadre d'Unidroit et de l'*American Law Institute* (ALI), des experts se sont rencontrés chaque année de 2000 à 2003 à Rome afin d'essayer de dégager des *model-rules* (règles modèles) en matière de procédure civile transnationale pour les litiges commerciaux transnationaux [4].

Ces principes et règles tendent à harmoniser l'introduction des instances, l'instruction et l'administration des preuves et à dégager certains principes quant aux rôles respectifs du tribunal et des parties; l'idée - louable - est de répandre le modèle du procès équitable dans le monde entier. Un certain nombre de principes dégagés reprennent ceux que consacre l'article 6 § 1 de la Conv. EDH du 4 novembre 1950; d'autres sont plus novateurs, notamment en matière de preuve et d'exécution immédiate du jugement de première instance. Ce projet ambitieux a été approuvé par le *council* de l'*American Law Institute* en octobre 2003, puis par son assemblée générale en mai 2004. Fin avril 2004, le conseil de direction d'Unidroit a également approuvé les Principes de procédure civile transnationale. Les principes sont donc désormais à la disposition des États intéressés à les adopter ou dans leur Code de procédure civile de façon extensive pour l'ensemble des procédures, ou de façon spécifique pour les litiges du commerce transnational.

Tout récemment, Unidroit et l'Institut de droit européen (*European Law Institute* [ELI]) ont envisagé de rédiger des **règles de procédure civile européennes** reposant sur des études comparatives préalables, ainsi que sur l'acquis communautaire et issu de la Conv. EDH en matière de procédure civile. L'avenir dira si un tel projet sera réalisable et pourra déboucher sur des règles détaillées acceptables par les États membres.

§ 2
Entrée en vigueur

A.
Convention de Bruxelles et nouveaux règlements

150.21 Entrée en vigueur de la convention de Bruxelles et du protocole de Luxembourg. La con-

1. V. texte de la Convention, *Rev. crit. DIP* 2005. 845.
2. Décis. CE n° 2009/397 du Conseil, 26 févr. 2009, *JOUE*, n° L 133, 28 mai, p. 1.
3. ALI/Unidroit, *Principles of Transnational Civil Procedure*, Cambridge Univ. Press, 2006.
4. R. Stürner, « Règles transnationales de procédure civile ? Quelques remarques d'un européen sur un nouveau projet commun de l'*American Law Institute* et d'Unidroit », *RID comp.* 2000. 845 – V. AUSSI, F. Ferrand, « Vers des règles transnationales de procédure civile ? Le projet de l'*American Law Institute* et d'Unidroit », *Dr. et proc.* 2002. 4; « Les principes de procédure civile transnationale sont-ils autosuffisants ? De la nécessité ou non de maintenir principes et règles dans le projet », *RD uniforme* 2001. 995; « Les principes ALI/Unidroit de procédure civile pour les litiges transnationaux en matière commerciale », *RD aff. int.* 2006. 21 – V. *RD uniforme* d'Unidroit, nos 2001-4 et 2004-1, qui contiennent un grand nombre d'articles portant une appréciation sur le texte des principes et règles transnationaux de procédure civile – V. AUSSI, F. Ferrand (dir.), « La procédure civile mondiale modélisée », *Actes colloque de Lyon*, 12 juin 2003, EJT éd., 2004.

vention de Bruxelles était entrée en vigueur - pour une durée illimitée (Conv. Bruxelles, art. 66; l'article 67 prévoyant que la Convention peut être révisée à la demande d'un État contractant) - le 1er février 1973 entre les six États membres initiaux de la CEE. Le protocole de Luxembourg du 3 juin 1971, dont la teneur principale était de confier le monopole de l'interprétation de la convention à la Cour de Luxembourg, est, lui, entré en vigueur le 1er septembre 1975. Ce texte établit deux types de recours en interprétation, devant la Cour. Ces textes n'ont désormais, avec l'application du nouveau règlement Bruxelles I du 22 décembre 2000 dans tous les États membres, qu'un domaine d'application très limité (v. Règl. Bruxelles I, 22 déc. 2000, art. 68 : le règlement « *remplace, entre les États membres, la convention de Bruxelles, sauf en ce qui concerne les territoires des États membres qui entrent dans le champ d'application territoriale de cette Convention et qui sont exclus du présent règlement en vertu de l'article 299 du traité CE* ».).

150.22 Le recours préjudiciel en interprétation relatif à la convention de Bruxelles. L'article 2 du protocole énonce qu'un certain nombre de juridictions ont le pouvoir de demander à la Cour de justice de statuer à titre préjudiciel sur une question d'interprétation de la Convention; il s'agit essentiellement des Cours suprêmes des États contractants (pour la France, le Conseil d'État et la Cour de cassation) et des juridictions d'appel de ces mêmes États.

L'article 3 précise que lorsqu'une question d'interprétation est soulevée dans une affaire pendante devant une juridiction suprême d'un État contractant, cette juridiction, si elle estime qu'une décision sur ce point est nécessaire pour rendre son jugement, **est tenue** de demander à la Cour de justice de statuer sur cette question **(saisine obligatoire)**.

En revanche, lorsqu'une telle question est soulevée devant une juridiction visée à l'article 2, points 2 et 3 (en pratique une juridiction d'appel), cette juridiction **peut** saisir la Cour de justice mais n'est pas tenue de le faire **(saisine facultative)**.

La juridiction qui saisit la Cour de justice formule de façon abstraite la question d'interprétation qu'elle se pose; si cette question est mal ou maladroitement formulée, la Cour de justice se reconnaît le droit de rectifier la formulation. Sur l'incompétence de la Cour de justice pour statuer sur le recours préjudiciel en interprétation émanant d'une juridiction de première instance (tribunal de commerce français[1] - tribunal de paix du Luxembourg[2]).

L'interprétation donnée par la Cour de justice à propos de la convention de Bruxelles s'impose aux juridictions nationales.

150.23 Le recours consultatif en interprétation et la convention de Bruxelles. Ce recours est envisagé par l'article 4 du protocole de Luxembourg, qui énonce que l'autorité compétente d'un État contractant (c'est-à-dire le procureur général près la Cour de cassation en France, ou toute autre autorité désignée par les États contractants, Protocole, art. 4, point 3) peut demander à la Cour de justice de se prononcer sur une question d'interprétation de la Convention si des décisions rendues par les juridictions de cet État sont en contradiction avec l'interprétation donnée soit par la Cour de justice, soit par une décision d'un autre État contractant (Cour suprême ou juridiction d'appel : il s'agit là des juridictions visées par Protocole Luxembourg, art. 2, points 1 et 2).

Cette technique ressemble à celle du pourvoi dans l'intérêt de la loi que connaît le droit français; la décision concernée doit être passée en force de chose jugée. La réponse apportée par la Cour de justice à la difficulté d'interprétation n'a aucun effet sur les décisions à l'occasion desquelles l'interprétation a été demandée (il s'agit donc éventuellement d'une simple censure platonique, comme c'est le cas aussi en matière de pourvoi dans l'intérêt de la loi devant la Cour de cassation française[3]). Ce sont les procureurs généraux près les Cours de cassation des États contractants qui prennent l'initiative de saisir la Cour de Luxembourg afin que soit mis fin à des divergences de jurisprudence dont ils ont pu avoir connaissance. Il semble toutefois que ce recours n'ait jamais été utilisé, sans doute d'abord parce que les procureurs ont rarement connaissance des décisions étrangères rendues à propos de la convention de Bruxelles, ensuite parce que l'interprétation de la Cour de justice est en général suivie par les tribunaux des États contractants, auxquels elle s'impose. Le protocole de Luxembourg du 3 juin 1971 s'applique pour toutes les actions intentées avant le 1er mars 2002 (date d'entrée en vigueur du règlement Bruxelles I).

150.24 Entrée en vigueur des nouveaux règlements de l'Union européenne. Les nouveaux règlements du Conseil en matière de compétence juridictionnelle civile (pour l'un en matière civile et commerciale, pour l'autre en matière de divorce, séparation de corps et annulation de mariage, pour le troisième dans le domaine des obligations alimentaires) sont entrés en vigueur :

– le 1er mars 2001, pour le règlement CE n° 1347/2000 du 29 mai 2000, dit Bruxelles II, en matière de **divorce** et de **responsabilité parentale**; néanmoins, ce règlement a été remplacé par le règlement CE

1. CJCE 22 mars 2002, Marseille Fret SA c/Seatrano Shipping Company Ltd, aff. C-24/02, *Rec. CJCE* I-3383.
2. CJCE 22 mars 2002, T. Reichling c/L. Wampach, aff. C-69/02, *Rec. CJCE* I-3393.
3. J. Boré et L. Boré, Dalloz action *La cassation en matière civile*, 2009/2010, nos 141.00 s.

n° 2201/2003 du 27 novembre 2003 dit règlement Bruxelles II *bis*, qui, selon sa formule même, est entré en vigueur le 1er août 2004, mais en application[1] seulement le 1er mars 2005;

– le 1er mars 2002, pour le règlement CE n° 44/2001 du 22 décembre 2000, dit Bruxelles I, se substituant à la convention de Bruxelles du 27 sept. 1968;

– le 18 juin 2011, pour le règlement CE n° 4/2009 du 18 décembre 2008, relatif à la compétence, la loi applicable, la reconnaissance et l'exécution des décisions et la coopération en matière d'**obligations alimentaires**, même si le protocole de La Haye de 2007 sur la loi applicable aux obligations alimentaires n'est pas encore entré en vigueur (l'Union, qui a déjà ratifié ledit Protocole, l'applique de façon anticipée). Dès que le règlement du 18 décembre 2008 est entré en application, il a remplacé l'article 5 § 2 du règlement Bruxelles I qui, jusque-là, déterminait la compétence judiciaire en matière d'obligations alimentaires;

– le règlement Bruxelles I *bis* du 12 décembre 2012, destiné à remplacer le règlement Bruxelles I, entrera en application le 10 janvier 2015.

Du fait même que ces nouveaux instruments sont des actes de droit dérivé de l'Union, ils ne relèvent plus d'un quelconque protocole confiant leur interprétation à la Cour de justice de Luxembourg. La compétence d'interprétation de cette dernière devient automatique. L'article 68[2] du traité CE énonçait que « *l'article 234 est applicable au présent titre* [titre consacré aux visas, asile, immigration et autres politiques liées à la libre circulation des personnes, dans lequel figure l'article 65 sur le fondement duquel ont été adoptés les nouveaux règlements mentionnés] *dans les circonstances et conditions suivantes : lorsqu'une question sur l'interprétation du présent titre ou sur la validité et l'interprétation des actes pris par les institutions de la Communauté sur la base du présent titre est soulevée dans une affaire pendante devant une juridiction nationale dont les décisions ne sont pas susceptibles d'un recours juridictionnel de droit interne, cette juridiction, si elle estime qu'une décision sur ce point est nécessaire pour rendre son jugement, demande à la Cour de justice de statuer sur cette question* ».

On le constate, le mécanisme était différent de celui qu'instaurait le protocole de Luxembourg du 3 juin 1971 à propos de la convention de Bruxelles du 27 septembre 1968 : les juridictions d'appel n'étaient plus habilitées à former un recours préjudiciel en interprétation devant la Cour de Luxembourg, ce qui était bien regrettable car elles n'hésitaient pas à le faire jusqu'alors et vivifiaient ainsi la jurisprudence européenne, tout en permettant un règlement plus tôt dans la procédure de la question d'interprétation, alors que – sous l'empire de l'article 68 traité CE – il fallait attendre l'instance de cassation pour que la Cour de justice des Communautés puisse être saisie (certains auteurs ont relevé à juste titre que la restriction apportée au recours préjudiciel en interprétation se justifie essentiellement par une volonté des auteurs du règlement d'éviter un engorgement de la Cour de justice[3]).

Avec **l'entrée en vigueur du traité de Lisbonne le 1er décembre 2009**, le traité CE a été remplacé par le traité sur le fonctionnement de l'Union européenne (TFUE). Les restrictions qu'avait apportées l'article 68 du traité CE quant aux juridictions nationales habilitées à saisir la Cour de justice d'un recours préjudiciel en interprétation ont été supprimées.

Désormais, dans le domaine des textes de coopération judiciaire civile, **toute juridiction nationale** est habilitée à saisir la Cour de justice d'un **renvoi préjudiciel en interprétation** dans les conditions de l'article 267 du traité sur le fonctionnement de l'Union européenne. L'article 68 du traité CE a été abrogé, son contenu n'a pas été repris dans le nouveau traité sur le fonctionnement de l'Union européenne. Désormais, le titre V du traité sur le fonctionnement de l'Union européenne est consacré à l'« *espace de liberté, de sécurité et de justice* » (ELSJ)[4] et, en son sein, le chapitre 3 aborde la coopération judiciaire en matière civile. Aucun texte ne restreint désormais le renvoi préjudiciel devant la Cour de justice, qui relève du texte général de l'article 267 TFUE : lorsque la question est soulevée devant une juridiction d'un État membre, cette juridiction peut, si elle estime qu'une décision sur ce point est nécessaire

1. C'est seulement à compter de son entrée en application, dans la terminologie du droit de l'Union, que le règlement peut être invoqué directement par un justiciable.
2. Sur le renvoi préjudiciel en interprétation de l'article 68 TCE, v. P. Girard, « L'article 68 CE. Un renvoi préjudiciel d'interprétation et d'application incertaine », *RTD eur.* 1999. 139.
3. G. A. L. Droz et H. Gaudemet-Tallon, « La transformation de la convention de Bruxelles du 27 septembre 1968 en règlement du Conseil concernant la compétence judiciaire, la reconnaissance et l'exécution des décisions en matière civile et commerciale », *Rev. crit. DIP* 2001. 601, not. 627 – V. AUSSI, J.-P. Béraudo, « Le règlement CE du Conseil du 22 décembre 2000 concernant la compétence judiciaire, la reconnaissance et l'exécution des décisions en matière civile et commerciale », *JDI* 2001. 1084.
4. Le chapitre 1er est consacré aux dispositions générales; le chapitre 2, aux politiques relatives aux contrôles aux frontières, à l'asile et à l'immigration; le chapitre 3, à la coopération judiciaire civile; le chapitre 4, à la coopération judiciaire pénale; et le chapitre 5, à la coopération policière. Dans le cadre de ce titre V, il est précisé que les parlements nationaux veillent au respect du principe de subsidiarité (TFUE, art. 69). En vertu de l'article 70 TFUE, le Conseil, sur proposition de la Commission, peut adopter des mesures fixant les modalités par lesquelles les États membres, en collaboration avec la Commission, évaluent de façon objective et impartiale la mise en œuvre, par les autorités des États membres, des politiques de l'Union du titre V, notamment afin de favoriser la « *pleine application du principe de reconnaissance mutuelle* ».

pour statuer, saisir la Cour d'une question préjudicielle sur ledit point de droit européen (**renvoi facultatif**) ; si la question est soulevée dans une affaire pendante devant une juridiction nationale dont les décisions ne sont pas susceptibles d'un recours juridictionnel de droit interne (par ex., en France, la Cour de cassation ou le Conseil d'État), cette juridiction est tenue de saisir la Cour (**renvoi obligatoire**). Par rapport au traité d'Amsterdam, les auteurs possibles d'un renvoi préjudiciel devant la Cour de justice pour une question de coopération judiciaire civile sont donc plus nombreux, ce qui est heureux.

150.25 États concernés. La convention de Bruxelles pouvait être considérée comme une réussite; elle avait unifié les règles de compétence judiciaire dans les matières qu'elle concernait et facilité la reconnaissance et l'*exequatur*, sur le territoire d'un État contractant, des décisions rendues dans un autre État contractant. Applicable d'abord entre les six États membres initiaux de la CEE, elle avait été étendue à la suite des élargissements successifs qu'avait connus la Communauté européenne : entrée du Danemark, de l'Irlande et du Royaume-Uni en 1973, qui avait donné lieu à une adaptation de la convention de Bruxelles par une convention de Luxembourg du 9 octobre 1978 [1] qui apporta quelques modifications au texte initial de 1968; adhésion de la Grèce en 1981, qui donna lieu à une convention du 25 octobre 1982 [2] qui ne contenait aucune modification de fond par rapport au texte de 1978; adhésion de l'Espagne et du Portugal en 1986, qui donna lieu à la convention de San Sebastian du 26 mai 1989 [3], texte qui modifia, pour l'améliorer et tenir compte de la signature de la convention de Lugano en 1988 – la convention de Bruxelles déjà modifiée en 1978. Enfin, l'adhésion de l'Autriche, de la Finlande et de la Suède à l'Union européenne et à la convention de Bruxelles le 29 novembre 1996 [4] avait donné lieu à publication d'une version consolidée de la convention de Bruxelles [5]. La Commission avait également publié une proposition d'une nouvelle version de la convention de Bruxelles qui aurait été fondée sur l'article K 3 (2) c du traité de l'Union européenne issu du traité de Maastricht, version accompagnée de trois annexes visant la révision des protocoles numéros 1 et 2 et des propositions pour la révision de la convention de Lugano [6] (proposition d'acte du Conseil établissant une convention sur la compétence, la reconnaissance et l'exécution des jugements en matière civile et commerciale dans les États membres de l'Union européenne). **Devant certaines difficultés apparues dans la pratique de la Convention, il fut en effet envisagé de réformer celle-ci.**

1. Conv. Luxembourg, 9 oct. 1978, *JO* 5 févr. 1987.
2. Conv. 25 oct. 1982, *JO* 4 mai 1989.
3. Conv. San Sebastian, 26 mai 1989, *JO* 19 févr. 1991.
4. Conv. Bruxelles, 29 nov. 1996, *JOCE*, n° C 15, 5 janv. 1997.
5. Conv. Bruxelles (version consolidée), *JOCE*, n° C 27, 26 janv. 1998.
6. Conv. Bruxelles (proposition nouvelle version), *JOCE*, n° C 33, 31 janv. 1998.

B. Conventions de Lugano

150.31 La convention de Lugano. Face au succès de la convention de Bruxelles dans la pratique, les États de l'Association européenne de libre-échange (AELE) qui en 1988 étaient l'Autriche, la Finlande, l'Islande, le Liechtenstein, la Norvège, la Suède et la Suisse proposèrent aux États membres de la Communauté européenne d'étendre cet espace judiciaire européen en signant avec eux une autre convention, dite aussi « *convention parallèle* », qui reviendrait à étendre le champ des stipulations de la convention de Bruxelles aux litiges mettant en cause des personnes domiciliées sur le territoire d'États de l'AELE ou d'un État de l'AELE et d'un État de la Communauté européenne. C'est ainsi que fut adoptée le **16 septembre 1988 la convention de Lugano**, signée par les États de l'AELE (sauf le Liechtenstein) et les États de la Communauté européenne (Conv. Lugano, 16 sept. 1988) [7].

Les conventions de Bruxelles et de Lugano (1988) eurent alors – à quelques exceptions près – le même contenu, ce qui présentait l'énorme avantage d'avoir des règles unitaires de compétence, de reconnaissance et d'*exequatur* sur le territoire de nombreux États (initialement, douze États de la Communauté européenne et sept États de l'AELE, États auxquels s'était rajoutée la Pologne en vertu d'une disposition spéciale de la Convention concernant les États tiers). Il s'agissait d'un mécanisme d'extension de la convention de Bruxelles aux pays de l'AELE. La convention de Lugano de 1988 est entrée en vigueur – pour une durée initiale de cinq ans (Conv. Lugano, art. 64) le 1er janvier 1992 entre la France, les Pays-Bas et la Suisse, car elle stipulait qu'elle deviendrait applicable – entre les États qui l'auraient ratifiée – le premier jour du troisième mois après la date à laquelle deux États, dont un État membre des Communautés européennes et un État membre de l'AELE, auraient déposé leurs instruments de ratification (Conv. Lugano, art. 61, point 3).

La Finlande et la Suède, qui ont ratifié la convention de Lugano, respectivement en 1993 et 1992, l'ont appliquée dans leurs rapports avec les États membres de la Communauté européenne jusqu'à ce qu'elles adhèrent à la convention de Bruxelles. L'Autriche, quant à elle, n'avait pas encore ratifié la convention de Lugano lorsqu'elle est devenue membre de l'Union européenne. L'Autriche a ratifié la convention de Lugano le 27 juin 1996, avec entrée en vigueur le

7. Conv. Lugano, 16 sept. 1988, *JO* 5 févr. 1992.

1er septembre 1996. Quant au Liechtenstein, il ne l'a toujours pas signée. En revanche, tous les autres États (de l'Union européenne comme de l'AELE) ont ratifié la convention de Lugano de 1988. Trois États de l'AELE sont devenus membres de l'Union européenne (l'Autriche, la Finlande et la Suède en 1996). La Pologne est également devenue membre de la Communauté européenne le 1er mai 2004.

150.31-1 Convention de Lugano du 16 septembre 1988.

État des signatures et des ratifications au 1er mars 2000			
État	**Signature**	**Ratification**	**Entrée en vigueur**
Allemagne*	23 oct. 1989	14 déc. 1994	1er mars 1995
Autriche*	26 févr. 1992	27 juin 1996	1er sept. 1996
Belgique	16 sept. 1988	31 juill. 1997	1er oct. 1997
Danemark*	16 sept. 1988	20 déc. 1995	1er mars 1996
Espagne	19 janv. 1994	30 août 1994	1er nov. 1994
Finlande	30 nov. 1988	27 avr. 1993	1er juill. 1993
France*	14 déc. 1989	3 août 1990	1er janv. 1992
Grèce*	16 sept. 1988	9 juin 1997	1er sept. 1997
Irlande	18 août 1993	27 sept. 1993	1er déc. 1993
Islande	16 sept. 1988	11 sept. 1995	1er déc. 1995
Italie	16 sept. 1988	22 sept. 1992	1er déc. 1992
Luxembourg	16 sept. 1988	5 nov. 1991	1er févr. 1992
Norvège	16 sept. 1988	2 févr. 1993	1er mai 1993
Pays-Bas*	7 févr. 1989	23 janv. 1990	1er janv. 1992
*Pologne**		1er nov. 1999	1er févr. 2000
Portugal	16 sept. 1988	14 avr. 1992	1er juill. 1992
Royaume-Uni*	18 sept. 1989	5 févr. 1992	1er mai 1992
Gibraltar	Déclaration d'extension accord Royaume-Uni/Espagne		
Suède*	16 sept. 1988	9 oct. 1992	1er janv. 1993
Suisse*	16 sept. 1988	18 oct. 1991	1er janv. 1992

* Réserves et déclarations

Réserves et déclarations	
Allemagne	La République fédérale d'Allemagne soulève l'objection prévue par l'article IV du Protocole n° 1.
Autriche	L'Autriche soulève l'objection prévue par l'article IV du Protocole n° 1.
Danemark	La Convention ne s'appliquera pas aux territoires des Îles Féroé et du Groenland.
France	En ratifiant cette Convention et les Protocoles qui l'accompagnent, conformément à l'article 1er du Protocole n° 1, la République française déclare qu'elle se réserve le droit de ne pas reconnaître ni exécuter les décisions rendues dans les États parties lorsque la compétence de la juridiction d'origine est fondée, en application de l'article 16 point 1 sous b, sur le seul domicile du défendeur dans l'État d'origine alors que l'immeuble est situé sur le territoire de la République française.
Grèce	La Grèce fait une réserve conformément à l'article 1b du Protocole n° 1 relatif à certains problèmes de compétence, de procédure et d'exécution.
Pays-Bas	La Convention est applicable au Royaume en Europe.
Royaume-Uni	Le Royaume-Uni de Grande-Bretagne et d'Irlande du Nord, ayant considéré la Convention ci-dessus, confirme par la présente la ratification pour le Royaume-Uni de Grande-Bretagne et d'Irlande du Nord seule ment, tout en se réservant le droit d'étendre ultérieurement la Convention à chaque territoire dont il assume la responsabilité des relations internationales.
Pologne	La Pologne fait une réserve conformément à l'article 1b du Protocole n° 1 relatif à certains problèmes de compétence, de procédure et d'exécution.
Suède	La Suède déclare qu'elle s'oppose à la procédure prévue à l'article IV, paragraphe 2 du Protocole n° 1 de la Convention par laquelle les actes peuvent aussi être envoyés directement par les officiers ministériels de l'État où les actes ont été dressés aux officiers ministériels de l'État sur le territoire duquel se trouve le destinataire de l'acte.
Suisse	Conformément à l'article 1 *bis* du Protocole n° 1, la Confédération suisse se réserve le droit de ne pas reconnaître ni exécuter en Suisse un jugement rendu dans un autre État contractant lorsque : a) la compétence du tribunal qui a prononcé la décision est fondée uniquement sur l'article 5, point 1, de la présente Convention; b) le défendeur avait son domicile en Suisse au moment de l'introduction de l'instance; aux fins du présent article, une société ou personne morale est considérée comme domiciliée en Suisse lorsqu'elle a son siège statutaire et le centre effectif de ses activités en Suisse; c) le défendeur s'oppose à la reconnaissance ou à l'exécution du jugement en Suisse, pour autant qu'il n'ait pas renoncé à se prévaloir de la déclaration prévue par le présent paragraphe. Conformément à l'article IV, 2e alinéa, du Protocole n° 1, la Confédération suisse se réserve le droit d'exiger l'observation d'autres modes de transmission, entre officiers ministériels, d'actes en provenance et à destination de la Suisse. **N'est plus en vigueur depuis le 31 déc. 1999.** Conformément à l'article IV, alinéa 2, du Protocole n° 1, la Confédération suisse se réserve le droit d'exiger l'observation d'autres modes de transmission, entre officiers ministériels, d'actes en provenance et à destination de la Suisse.

150.32 Possibilité des États tiers d'adhérer. Des États tiers peuvent également adhérer à la convention de Lugano (Conv. Lugano, art. 60 c) et 62), mais seulement à la demande d'un État contractant. L'État dépositaire des instruments de ratification (la Suisse) devra alors rassembler les informations nécessaires et ne pourra inviter l'État tiers à adhérer à la Convention qu'après avoir obtenu l'accord unanime des États signataires et des États contractants mentionnés à l'article 60 a) et b) (c'est-à-dire des États qui, au moment de l'ouverture à la signature de la convention de Lugano, sont membres de l'Union européenne ou de l'AELE, et des États qui, après l'ouverture à la signature de cette même Convention, deviennent membres de l'Union européenne ou de l'AELE). C'est cette technique qui a été utilisée afin de permettre à la Pologne (devenue depuis lors membre de l'Union européenne depuis le 1er mai 2004) de signer et de ratifier la convention de Lugano.

Les États de l'AELE considéraient certaines solutions contenues dans la convention de Bruxelles comme insatisfaisantes. Lors des négociations, ils ont donc fait valoir leur point de vue, ce qui a conduit à certaines modifications qui ont été seulement pour partie – et pas forcément tout à fait de la même façon – reprises par la convention de San Sebastian adoptée pour l'adhésion de l'Espagne et du Portugal à la convention de Bruxelles. Les textes des deux conventions (Conv. Bruxelles, mod. par la version de Conv. San Sebastian 26 mai 1989, et Conv. Lugano de 1988) sont presque identiques; certaines divergences existent toutefois, notamment dans les articles 5, 1°, 16, 1° b) et 17.

La convention de Lugano de 1988 s'appliquait entre tous les États AELE (sauf le Liechtenstein) et tous les États de l'Union européenne[1]. Elle a toutefois été révisée en 2007. La nouvelle convention de Lugano de 2007 est applicable depuis le 1er janvier 2010 entre les États membres de l'Union européenne, le Danemark et la Norvège, et depuis le 1er janvier 2011 pour la Suisse. Elle est entrée en vigueur le 1er mai 2011 pour l'Islande.

150.33 Révision de la convention de Lugano : la nouvelle convention de Lugano de 2007. Une révision de la convention de Lugano a eu lieu afin de tenir compte des modifications de fond qui avaient été réalisées par le règlement CE n° 44/2001 du 22 décembre 2000 qui se substitue à la convention de Bruxelles de 1968. La nouvelle convention de Lugano allait-elle être conclue entre les États AELE et la Communauté européenne pour les États membres soumis au règlement du 22 décembre 2000 (l'accord deviendrait alors du droit communautaire et la nouvelle convention de Lugano relèverait de la compétence de la Cour de justice lorsqu'elle serait appliquée par des juridictions de l'Union européenne) ? En mars 2003, la Cour de justice fut saisie d'une demande d'avis présentée par le Conseil, en application de l'article 300, paragraphe 6 du traité CE, sur la question de savoir si la conclusion de la nouvelle convention de Lugano relevait entièrement de la compétence exclusive de la Communauté ou d'une compétence partagée entre la Communauté et les États membres[2]. La Cour de justice rendit son avis le 7 février 2006[3]. La Cour estima que la conclusion de la nouvelle convention de Lugano concernant la compétence judiciaire, la reconnaissance et l'exécution des décisions en matière civile et commerciale, telle qu'envisagée aux points 8 à 12 de la demande d'avis, reproduits au point 26 du présent avis, relevait **entièrement** de la compétence exclusive de la Communauté européenne. C'était donc aux institutions communautaires de préparer la nouvelle version de la convention de Lugano et de l'adopter.

La convention de Lugano fit ainsi l'objet d'une révision en vue de l'aligner sur les modifications intervenues dans le règlement Bruxelles I du 22 décembre 2000 (« *eu égard au parallélisme qui existe entre les régimes instaurés par les conventions de Bruxelles et de Lugano* [...], *il convient d'aligner les dispositions de la seconde convention sur celles du règlement CE n° 44/2001, afin d'atteindre le même degré de circulation des décisions judiciaires entre les pays membres de l'Union européenne et les pays de l'AELE concernés* »)[4]. Une décision du Conseil du 15 octobre 2007[5] approuva la signature de la nouvelle convention de Lugano[6]. La ratification de la nouvelle convention de Lugano par la Communauté européenne requérait toutefois l'accord du Parlement européen, qui se prononça favorablement. La ratification par l'Union européenne de la convention de Lugano révisée eut lieu le 18 mai 2009. En ce qui concerne les États AELE, la Norvège procéda à la ratification le 1er juillet 2009; la Suisse avait annoncé qu'elle ratifierait un peu plus tardivement car elle souhaitait que la nouvelle convention entre en application en même temps que le Nouveau Code fédéral de procédure civile (le 1er janvier 2011; la Suisse ratifia la Convention le 20 octobre 2010, avec application à compter du 1er janvier 2011). Pour l'Islande, la nouvelle conven-

1. En outre, le 1er novembre 1999, la Pologne a ratifié la convention de Lugano, qui est entrée en vigueur sur son territoire le 1er février 2000.

2. Communication au *JOUE*, n° C 101, 26 avr. 2003, p. 1.
3. CJCE, ass., plén., 7 févr. 2006, avis n° 1/03; *Rec. CJCE* I-1145.
4. Décis. CE n° 2007/712 du Conseil, 15 oct. 2007, relative à la signature, au nom de la Communauté, de la convention sur la compétence judiciaire, la reconnaissance et l'exécution des décisions en matière civile et commerciale, *JOUE*, n° L 339, 21 déc., p. 1, consid. 4.
5. Décis. CE n° 2007/712 du Conseil, 15 oct. 2007.
6. Sur le texte de la convention de Lugano de 2007, v. *JOUE*, n° L 339, 21 déc. 2007, p. 41.

tion est entrée en vigueur le 1er mai 2011. La nouvelle convention de Lugano de 2007 est donc applicable depuis le 1er janvier 2010 entre les États membres de l'Union européenne, le Danemark et la Norvège, et depuis le 1er janvier 2011 pour la Suisse.

Le programme de Stockholm adopté par le Conseil européen pour la période 2010-2014 prévoyait qu'il convenait de déterminer quels États tiers pourraient être particulièrement invités à adhérer à la convention de Lugano 2007; il était également prévu d'approfondir les relations avec les partenaires à la convention de Lugano afin d'envisager des instruments en matière de signification et de notification des actes ainsi qu'en matière d'obtention de preuves[1].

150.33-1 Champ d'application de la convention de Lugano de 2007 (au 1er nov. 2013).

État des signatures et des ratifications au 1er novembre 2013		
État	Ratification	Entrée en vigueur
Danemark[a]	24 sept. 2009	1er janv. 2010
Islande	25 févr. 2011	1er mai 2011
Norvège	1er juill. 2009	1er janv. 2010
Suisse*	20 oct. 2010	1er janv. 2011
Union européenne*	18 mai 2009	1er janv. 2010

* Réserves et déclarations.
Les réserves et déclarations, à l'exception de celles de la Suisse, ne sont pas publiées au RO. Les textes en français pourront être consultés à l'adresse du site Internet du dépositaire : http://www.eda.admin.ch/eda/fr/home/topics/intla/intrea/chdep/miscel/cvlug2.html ou obtenus à la Direction du droit international public (DDIP), Section des traités internationaux, 3003 Berne.

[a] La Convention ne s'applique pas aux Îles Féroé ni au Groenland.

Réserves et déclarations	
Suisse	Conformément à l'article I § 2, du protocole n° 1, la Confédération suisse se réserve le droit d'exiger l'observation d'autres modes de transmission, entre officiers ministériels, d'actes en provenance et à destination de la Suisse. Conformément à l'article III § 1 du protocole n° 1, la Confédération suisse déclare qu'elle n'appliquera pas le passage suivant de l'article 34 § 2 : « *À moins qu'il n'ait pas exercé de recours à l'encontre de la décision alors qu'il était en mesure de le faire* ».

C. Intérêt des conventions de Bruxelles et Lugano, et des règlements de l'Union européenne, dans le contexte international

150.41 Portée. L'intérêt des conventions de Bruxelles et de Lugano, et aujourd'hui des règlements de l'Union européenne, est notamment de **remplacer les conventions bilatérales** qui avaient pu être **signées par les États contractants** (v. Conv. Bruxelles, art. 55, qui énumère un certain nombre de conventions qu'elle fait disparaître – V. aussi, Règl. Bruxelles I, 22 déc. 2000 et Règl. Bruxelles I *bis*, 12 déc. 2012, art. 69). En revanche, la convention de Bruxelles n'a aucune incidence sur les conventions qui ont pu être passées entre un État contractant et un État tiers, mais ces dernières ne doivent pas conduire à une violation par l'État contractant des obligations qu'il a souscrites en signant la convention de Bruxelles. Enfin, l'article 59 de la Convention admet qu'un État contractant s'engage envers un État tiers à ne pas reconnaître une décision rendue, notamment dans un autre État contractant, contre un défendeur qui avait son domicile ou sa résidence habituelle sur le territoire de l'État tiers lorsque, dans un cas prévu par l'article 4, la décision n'a pu être fondée que sur une compétence visée à l'article 3 alinéa 2, c'est-à-dire une compétence exorbitante, telle que celle découlant des articles 14 et 15 du Code civil français (sur les changements contenus sur ce point dans le règlement CE, v. ss n° 150.44).

Les conventions bilatérales remplacées par la convention de Bruxelles, puis par le règlement Bruxelles I du 22 décembre 2000 et à compter du 10 janvier 2015 par le règlement Bruxelles I *bis*, demeurent toutefois applicables dans la mesure où elles concernent des matières qui sont exclues du champ d'application de la convention de Bruxelles (Conv. Bruxelles, art. 56) ou du règlement (Règl. Bruxelles I et I *bis*, art. 70). De même, en vertu de son article 57, la convention de Bruxelles n'affecte pas le jeu des conventions conclues entre deux ou plusieurs États dans des matières particulières (par ex. Conv. sur les transports internationaux de marchandises, 19 mai 1956[2]); mais les jugements qu'aura rendus un tribu-

1. F. Paulino Pereira, « La coopération judiciaire en matière civile : bilan et perspectives », *Rev. crit. DIP* 2010. 36. Il est également envisagé de lancer des négociations dans la perspective de conclure un protocole à la convention de Lugano de 2007 en matière de compétence dans le champ des obligations alimentaires, pour tenir compte des modifications intervenues par le règlement CE n° 4/2009 sur les obligations alimentaires.

2. V. à propos de la convention CMR sur le contrat de transport international de marchandises du 19 mai 1956, CJUE 4 mai 2010, TNT Express Nederland, aff. C-533/08, *JDE* 2010. 191; *RTD eur.* 2010. 428, obs. Guinchard : les règles de compétence judiciaire, de reconnaissance et d'exécution prévues ▶

nal d'un État contractant en vertu d'une telle convention spéciale pourront bénéficier de la procédure simplifiée de reconnaissance et d'*exequatur* prévue par le titre III de la convention de Bruxelles (Conv. Bruxelles, art. 57 § 2, b).

L'article 54.2 de la convention de Bruxelles admet, pour favoriser l'*exequatur* communautaire simplifié, qu'une décision rendue après l'entrée en vigueur de la Convention, mais sur le fondement d'une action intentée avant cette entrée en vigueur, puisse bénéficier de l'*exequatur* simplifié envisagé au titre III de la Convention, mais à condition que le juge qui a statué ait été compétent en vertu des règles énoncées par la convention de Bruxelles dans son titre II ou par une autre convention internationale qui était alors en vigueur entre l'État d'origine et l'État requis.

L'article 66 du règlement Bruxelles I n° 44/2001 du 22 décembre 2000 prévoit une règle assez similaire (si l'action dans l'État membre d'origine a été intentée après l'entrée en vigueur du règlement, les décisions rendues après cette date sont reconnues et exécutées conformément aux dispositions du chapitre III :

– a) dès lors que l'action dans l'État membre d'origine a été intentée après l'entrée en vigueur de la convention de Bruxelles ou de la convention de Lugano à la fois dans l'État membre d'origine et dans l'État membre requis;

– b) dans tous les autres cas, dès lors que les règles de compétence appliquées sont conformes à celles prévues soit par le chapitre II, soit par une convention qui était en vigueur entre l'État membre d'origine et l'État membre requis au moment où l'action a été intentée).

L'article 66.2 du nouveau règlement Bruxelles I *bis* du 12 décembre 2012, en revanche, prévoit que le règlement Bruxelles I (n° 44/2001) continue à s'appliquer aux décisions rendues dans les actions judiciaires intentées, aux actes authentiques dressés ou enregistrés formellement et aux transactions judiciaires approuvées ou conclues avant le 10 janvier 2015 (date d'entrée en application du nouveau règlement) qui entrent dans le champ d'application du règlement Bruxelles I.

150.42 Conséquences de la transformation de la convention de Bruxelles en règlement. Selon le considérant 8 du règlement CE n° 44/2001 du 22 décembre 2000 remplaçant la convention de Bruxelles du 27 septembre 1968, il doit exister un lien entre les litiges couverts par ledit règlement et le territoire des États membres qu'il lie. Les dispositions du règlement doivent donc s'appliquer en principe *dès lors que le défendeur est domicilié dans un des États membres.* La convention de Bruxelles de 1968 continue donc de s'appliquer à certains territoires, puisque l'article 68.1 du règlement écarte les territoires des États membres qui entrent dans le champ d'application territorial de la convention de Bruxelles mais qui sont exclus du règlement en vertu de l'article 299 du traité CE[1], devenu l'article 355 TFUE[2]; l'article 68.1 du nouveau règlement Bruxelles I, qui entrera en application le 10 janvier 2015, contient des dispositions similaires. Sont exclus les Îles Féroé, les zones de souveraineté du Royaume-Uni et d'Irlande du Nord à Chypre (Akrotiri et Dhékelia), les Îles anglo-normandes, l'Île de Man, qui d'ailleurs étaient également[3] exclus du champ d'application de la convention de Bruxelles. Sont exclus également du champ d'application du règlement les territoires d'outre-mer français désormais dénommés collectivités d'outre-mer françaises[4] (Const. 1958, art. 72 s. – Polynésie, Nouvelle-Calédonie, Wallis-et-Futuna, Saint-Pierre-et-Miquelon, et initialement Mayotte[5] mais qui a changé récem-

► par une convention internationale relative à une matière particulière ne s'appliquent que si elles présentent un haut degré de prévisibilité, facilitent une bonne administration de la justice et permettent de réduire au maximum le risque de procédures concurrentes, et qu'elles assurent, dans des conditions au moins aussi favorables que celles prévues par le règlement Bruxelles I, la libre circulation des décisions en matière civile et commerciale et la confiance réciproque dans la justice au sein de l'Union.

1. Sur le caractère compliqué de la détermination de ces territoires, v. G. A. L. Droz et H. Gaudemet-Tallon, « La transformation de la convention de Bruxelles du 27 septembre 1968 en règlement du Conseil concernant la compétence judiciaire, la reconnaissance et l'exécution des décisions en matière civile et commerciale », *Rev. crit. DIP* 2001. 613 – V. AUSSI, M.-L. Niboyet et G. de Geouffre de la Pradelle, *Droit international privé*, LGDJ, 2007, n° 417.
2. En lien avec l'article 52 TUE et l'article 349 TFUE.
3. À propos des Antilles néerlandaises, v. Civ. 1re, 9 déc. 2009, n° 08-17.195, NP; *Rev. crit. DIP* 2010. 405, obs. B.A. : par un moyen relevé d'office, la Cour de cassation relève que les Pays-Bas n'ont pas étendu aux Antilles néerlandaises l'application du règlement Bruxelles I. En appliquant l'article 5 § 1 de ce texte au litige, la cour d'appel a violé la loi car, le règlement n'étant pas applicable, la compétence devait être déterminée selon le droit commun.
4. Il est précisé à l'article 355 § 2 TFUE que « *les pays et territoires d'outre-mer dont la liste figure à l'annexe II font l'objet du régime spécial d'association défini dans la quatrième partie* ».
5. Pour Mayotte, v. la déclaration relative à l'article 355 § 6 TFUE : le Conseil européen prendra une décision aboutissant à la modification du statut de Mayotte à l'égard de l'Union, « *de manière à ce que ce territoire devienne une région ultrapériphérique au sens de l'article 355 § 1 et de l'article 349 TFUE, lorsque les autorités françaises notifieront au Conseil européen et à la Commission que l'évolution en cours du statut interne de l'île le permet* ». Le projet de loi organique relatif au département de Mayotte a été adopté; Mayotte est devenue en mars 2011 le 5e département d'outre-mer et le 101e département français. Jusqu'à présent dotée du statut de collectivité d'outre-mer, Mayotte est donc depuis mars 2011 une collectivité unique, à la fois département et région, régie par l'article 73 de la Constitution. Le droit commun est progressivement appliqué dans ce nouveau département au ►

ment de statut)[1]. En revanche, les dispositions des traités européens sont applicables à la Guadeloupe, à la Guyane française, à la Martinique, à la Réunion, à Saint-Barthélémy[2], à Saint-Martin, aux Açores, à Madère et aux Îles Canaries (TFUE, art. 355 § 1), « *conformément à l'article 349 TFUE* »[3].

La convention de Bruxelles de 1968 continuera à s'appliquer dans deux hypothèses : lorsqu'est saisi un juge d'un pays sur le territoire duquel elle continue à s'appliquer (par ex. un tribunal de Polynésie française), et lorsque – alors qu'est saisi un tribunal d'un pays membre ayant accepté le règlement Bruxelles I –, le défendeur est domicilié dans un territoire sur lequel la convention de Bruxelles continue à s'appliquer. Le juge saisi devra, dans ces deux cas, appliquer la convention de Bruxelles pour apprécier sa compétence. Ces solutions sont également valables en matière de clause d'élection de for (Conv. Bruxelles, art. 17 – et Règl. 22 déc. 2000, art. 23) si est déclaré compétent un tribunal d'un territoire appliquant cette Convention. Il en ira de même si un cas de litispendance implique un tribunal d'un tel territoire. Enfin, les conditions de reconnaissance et d'*exequatur* relèveront de la convention de Bruxelles si la reconnaissance ou l'*exequatur* est demandée devant un tribunal d'un territoire continuant à appliquer la convention de Bruxelles, ou encore si est demandé dans un autre État membre l'*exequatur* d'un jugement émanant d'un territoire sur lequel s'applique encore ladite Convention. En cas de difficulté d'interprétation, ce sera alors également le protocole de Luxembourg qui trouvera à s'appliquer, permettant ainsi la saisine de la Cour de justice d'un renvoi préjudiciel en interprétation.

Dans un premier temps, le Danemark[4] avait refusé d'être partie au règlement Bruxelles I du 22 décembre 2000. La convention de Bruxelles de 1968 continuait donc à s'appliquer dès lors qu'était saisie une juridiction danoise ou dès lors que le défendeur était domicilié au Danemark, ou encore qu'en matière d'*exequatur*, le Danemark était État membre d'origine de la décision ou État membre requis. Toutefois, par deux accords en date du 19 octobre 2005, conclus entre la Communauté européenne et le Royaume du Danemark, il a été décidé que le règlement « *notification et signification* », du 29 mai 2000, et le règlement Bruxelles I, du 22 décembre 2000, s'appliqueraient

► moyen d'ordonnances. L'Union européenne compte neuf « *régions ultrapériphériques européennes* » (RUP). Il s'agit de territoires géographiquement éloignés du continent européen, mais qui font partie intégrante des États membres auxquels ils appartiennent. La législation de l'Union s'applique intégralement à ces RUP, contrairement aux pays et territoires d'outre-mer qui ont un statut différent. Sont des RUP : les quatre départements d'outre-mer français (Martinique, Guadeloupe, Guyane, Réunion) et les deux collectivités d'outre-mer Saint-Barthélémy et Saint-Martin; les deux régions autonomes portugaises Madère et Açores, ainsi que les Îles Canaries.

1. Sur la difficile question du Groenland, v. les interrogations de G. A. L. Droz et H. Gaudemet-Tallon, préc. s[s] prés[t] n[o].
2. Le Conseil européen a accepté, le 29 oct. 2010 à Bruxelles, à la demande du président de la République française, que Saint-Barthélemy devienne un pays et territoire d'outre-mer (PTOM), bénéficiant de ce fait d'un statut d'associé aux États membres de l'UE. Saint-Barthélemy, collectivité d'outre-mer dans les Antilles françaises, a donc cessé d'être considéré comme une RUP de l'UE depuis le 1er janvier 2012 (Décis. UE n° 2010/718 du Conseil, 29 oct. 2010, modifiant le statut à l'égard de l'Union européenne de l'île de Saint-Barthélemy, *JOUE*, n[o] L 325, 9 déc., p. 4).
3. L'article 349 TFUE énonce que « *compte tenu de la situation économique et sociale structurelle* » de ces territoires, « *qui est aggravée par leur éloignement, l'insularité, leur faible superficie, le relief et le climat difficiles, leur dépendance économique vis-à-vis d'un petit nombre de produits, facteurs dont la permanence et la combinaison nuisent gravement à leur développement, le Conseil, sur proposition de la Commission et après consultation du Parlement européen, arrête des mesures spécifiques visant, en particulier, à fixer les conditions de l'application des traités à ces régions, y compris les politiques communes* ».
4. Deux protocoles annexés au TUE et au traité CE avaient défini l'étendue du champ d'application territorial des instruments de coopération judiciaire civile : un protocole concernant le Royaume-Uni et l'Irlande, et un protocole relatif au Danemark. En vertu du 1er, Royaume-Uni et Irlande ne participent pas à l'adoption des actes relevant de la coopération judiciaire civile sauf si, dans un délai de trois mois, l'un ou l'autre de ces États notifie par écrit au président du Conseil son souhait d'être partie à l'instrument; si un tel souhait n'est pas immédiatement exprimé, il peut l'être ultérieurement, à tout moment. La conclusion du protocole de La Haye sur la loi applicable aux obligations alimentaires n'a ainsi pas été acceptée par le Royaume-Uni (alors que l'Irlande, elle, y a pris part); de même, le Royaume Uni n'a pris part ni au règlement UE n° 1259/2010 du 20 décembre 2010, Rome III, mettant en œuvre une coopération renforcée dans le domaine de la loi applicable en matière au divorce et à la séparation de corps, ni au règlement UE n° 650/2012 du 4 juillet 2012 relatif à la compétence, la loi applicable, la reconnaissance et l'exécution des décisions, et l'acceptation et l'exécution des actes authentiques en matière de successions et à la création d'un certificat successoral européen. Le protocole relatif au Danemark prévoit que ce dernier ne participe pas aux mesures de coopération judiciaire civile, mais peut à tout moment informer les autres États membres qu'il appliquera certains instruments européens en la matière; le Danemark est donc considéré comme un État tiers au regard des instruments de coopération judiciaire civile, mais par les deux accords précités du 19 octobre 2005 passés avec l'UE, il a accepté que lui soient appliqués les règlements signification et Bruxelles I. Le protocole n° 22 annexé au traité de Lisbonne prévoit pour le Danemark un régime parallèle à celui qui était prévu par le traité d'Amsterdam, en donnant toutefois la possibilité à cet État membre d'appliquer un régime similaire à celui du Royaume-Uni et de l'Irlande – Pour une application de l'accord du 19 octobre 2005 relatif à l'application du règlement CE n° 44/2001 Bruxelles I au Royaume du Danemark, v. CJUE 12 sept. 2013, The Commissioners of Her Majesty's Revenue & Customs c/Sunico Aps, aff. C-49/12.

au Danemark[1]. Le règlement Bruxelles I est applicable dans les relations avec le Danemark depuis le 1er juillet 2007[2].

150.43 Champ d'application dans le temps. En vertu de l'article 66 du règlement du 22 décembre 2000, le règlement n'est applicable qu'aux actions judiciaires intentées et aux actes authentiques reçus après son entrée en vigueur (c'est-à-dire après le 1er mars 2002). Pour la reconnaissance et l'exécution, si l'action a été intentée dans l'État membre d'origine avant l'entrée en vigueur du règlement, la décision rendue après cette entrée en vigueur sera reconnue et exécutée selon les dispositions du règlement si les règles de compétence qui ont été appliquées étaient conformes à celles du chapitre II du règlement, ou à celles d'une convention en vigueur entre l'État membre d'origine et l'État membre requis au moment où l'action a été intentée. Si la convention applicable entre les deux États était la convention de Bruxelles ou de Lugano, il n'est pas nécessaire de vérifier la compétence, puisque ces conventions retiennent la règle du non-contrôle de la compétence sauf cas exceptionnel (par ex. compétence exclusive au sens de Conv. Bruxelles, art. 16).

La Cour de justice s'est prononcée[3] sur la question de savoir si le **régime d'*exequatur* simplifié du règlement** s'appliquait à l'exécution en République tchèque d'une décision rendue par défaut en Autriche à l'encontre d'un débiteur tchèque avant que le règlement entre en vigueur en République tchèque. En cas d'élargissement de l'Union à un nouvel État membre, il est en effet possible qu'une décision juridictionnelle ait été rendue dans un État membre dans lequel le règlement était en vigueur alors qu'il ne l'était pas encore dans l'État dans lequel l'*exequatur* simplifié va ensuite être sollicité. La Cour de justice a répondu négativement, au motif que « *les règles de compétence et celles relatives à la reconnaissance et à l'exécution des décisions de justice, figurant dans le règlement n° 44/2001, ne constituent pas des ensembles distincts et autonomes, mais sont étroitement liées* ». Le mécanisme simplifié de reconnaissance et d'exécution, énoncé à l'article 33 § 1 dudit règlement, « *est justifié par la confiance réciproque entre les États membres et, en particulier, par celle faite au juge de l'État d'origine par le juge de l'État requis compte tenu notamment des règles de compétence directe énoncées dans le chapitre II dudit règlement* » (point 25). L'application des règles simplifiées de reconnaissance et d'exécution, « *qui protègent particulièrement la partie demanderesse en lui permettant d'obtenir une exécution rapide, sûre et efficace de la décision juridictionnelle prononcée en sa faveur dans l'État membre d'origine, ne se justifie que dans la mesure où la décision devant être reconnue ou exécutée a été adoptée conformément aux règles de compétence du même règlement, qui protègent les intérêts de la partie défenderesse, notamment en ce qu'elle ne peut, en principe, être attraite devant les juridictions dans un État membre autre que celui où elle est domiciliée qu'en vertu des règles de compétence d'exception énoncées aux articles 5 à 7 dudit règlement* » (point 27). « *Dans une situation telle que celle en cause au principal, où le défendeur est domicilié dans un État qui n'était pas encore membre de l'Union, tant à la date de l'introduction de l'action en justice qu'à la date du prononcé de la décision juridictionnelle, et est donc considéré comme domicilié dans un État tiers aux fins de l'applicabilité du règlement n° 44/2001, l'équilibre des intérêts entre les parties prévu par celui-ci, et décrit au point 27 du présent arrêt, n'est plus assuré. En effet, lorsque le défendeur n'est pas domicilié dans un État membre, la compétence juridictionnelle est déterminée, conformément à l'article 4, paragraphe 1, du règlement n° 44/2001, en application des lois de l'État d'origine* » (point 28). La Cour en déduit que « *pour fonder l'applicabilité de ce règlement aux fins de la reconnaissance et de l'exécution d'une décision juridictionnelle, il est nécessaire que, au moment du prononcé de cette décision, ledit règlement ait été en vigueur tant dans l'État membre d'origine que dans l'État membre requis* ».

L'article 66 du règlement Bruxelles I *bis* énonce, lui, que le règlement n'est applicable qu'aux actions judiciaires intentées, aux actes authentiques dressés ou enregistrés formellement et aux transactions judiciaires approuvées ou conclues à compter du 10 janvier 2015. En outre, le règlement Bruxelles I (n° 44/2001) continue à s'appliquer aux décisions rendues dans les actions judiciaires intentées, aux actes authentiques dressés ou enregistrés formellement et aux transactions judiciaires approuvées ou conclues avant le 10 janvier 2015.

150.44 Relations du règlement avec les autres instruments internationaux (Règl. Bruxelles I, 22 déc. 2000, art. 67 s.). L'article 67 du règlement du 22 décembre 2000 énonce tout d'abord que ledit règlement ne préjuge pas de l'application de textes de l'Union européenne réglant dans certaines matières la compétence judiciaire, la reconnaissance et l'exécution; les mêmes dispositions sont énoncées dans l'article 67 du règlement Bruxelles I *bis* du 12 décembre 2012. L'article 68 (Règl. Bruxelles I et Bruxelles I *bis*) ajoute que le règlement remplace entre les États membres la convention de Bruxelles (avec la réserve des territoires visés par le traité CE, art. 299, devenu TFUE, art. 355). L'article 69 du règlement Bruxelles I énonce les conventions entre États membres que le règlement remplace, alors que l'article 69 du règlement Bruxelles I *bis*

1. Accord entre la Communauté européenne et le Royaume de Danemark sur la compétence judiciaire, la reconnaissance et l'exécution des décisions en matière civile et commerciale, *JOUE*, n° L 299, 16 nov. 2005, p. 62.
2. V. Civ. 1re, 6 janv. 2010, n° 08-190.66, *Bull. civ.* I, n° 1; *Rev. crit. DIP* 2010. 405, obs. B.A. : applicabilité, en vertu de l'accord du 19 octobre 2005, du règlement Bruxelles I à une action intentée par une société française à l'encontre d'une société danoise.
3. CJUE 21 juin 2012, Wolf Naturprodukte c/Sewar spol, aff. C-514/10, JDE 2012. 302, obs. Nuyts et Boularbah.

prévoit, de façon synthétique, que les conventions « *figurant sur la liste établie par la Commission en vertu de l'article 76, paragraphe 1, point c), et de l'article 76, paragraphe 2, sont remplacées* ». Les conventions abrogées continuent toutefois à produire leurs effets pour les matières auxquelles le règlement ne s'applique pas (Règl. Bruxelles I, 22 déc. 2000, et Bruxelles I *bis*, 12 déc. 2012, art. 70); selon ce même texte, elles s'appliquent également aux décisions rendues et actes authentiques reçus avant l'entrée en vigueur du règlement (ce qui semble surprenant puisque ces conventions ont elles-mêmes d'ores et déjà été remplacées par la convention de Bruxelles de 1968 [1]). En vertu de l'article 71 des règlements Bruxelles I et Bruxelles I *bis*, les conventions dans des matières particulières auxquelles sont parties les États membres et réglant compétence judiciaire, reconnaissance et exécution ne sont pas affectées par le règlement (par ex. les conventions internationales en matière de transports). L'alinéa 2 de l'article 71 précise qu'une décision rendue dans un État membre sur le fondement d'une telle convention dans une matière particulière est reconnue et exécutée dans les autres États membres selon les modalités du règlement, si cette convention ne contient pas de règles spécifiques en matière de reconnaissance et d'exécution. La formulation de l'article 71 retire aux États membres, par rapport au texte de la convention de Bruxelles, la possibilité de conclure d'autres conventions internationales pour l'avenir, puisque ne sont plus envisagées que les conventions en matière particulière « *à laquelle sont parties l'État membre d'origine et l'État membre requis* » et non pas « *sont ou seront parties* ». Il en découle, et ceci ne paraît pas surprenant au vu du fonctionnement de la Communauté européenne puis de l'Union, que le règlement Bruxelles I qui a « *communautarisé* » les dispositions en matière de compétence judiciaire, reconnaissance et exécution des décisions en matière civile et commerciale, veut imposer comme conséquence politique une communautarisation de la négociation d'instruments internationaux à venir, ce qui signifie que la Communauté (aujourd'hui l'Union européenne) représente l'ensemble des États membres aux négociations de futures conventions, notamment dans le cadre de la conférence de La Haye de droit international privé. Les statuts de la conférence de La Haye ont d'ailleurs été modifiés afin qu'une organisation régionale (comme la Communauté européenne) puisse participer en tant qu'entité à ses travaux. L'adhésion de la Communauté européenne à la Conférence a pris effet au 3 avril 2007 [2].

Depuis l'entrée en vigueur du traité de Lisbonne le 1er décembre 2009, la Communauté européenne n'existe plus. Seule existe désormais l'Union européenne, dotée de la personnalité juridique (TUE, art. 47). Il est admis que l'Union européenne a une **compétence extérieure** – c'est-à-dire la compétence de négocier et conclure des conventions internationales qui lient les États membres –, dans les domaines où elle intervient dans le cadre de la coopération judiciaire civile.

C'est ainsi que les institutions de l'Union ont négocié tant la révision de la convention de Lugano que la conclusion de la convention de La Haye du 23 novembre 2007, sur le **recouvrement international des aliments** destinés aux enfants et à d'autres membres de la famille, ou encore le protocole de La Haye de 2007, sur la loi applicable aux **obligations alimentaires** [3], sur lesquels a été modelé le règlement CE n° 4/2009 du 19 décembre 2008, relatif aux obligations alimentaires. Les dispositions relatives aux relations avec les États tiers que la Commission proposait dans la proposition de révision du règlement Bruxelles I qu'elle avait publiée en décembre 2010 [4] témoignaient de cette volonté d'**extension géographique** de l'espace de liberté, de sécurité et de justice (ELSJ) [5]. Le Parlement européen n'a toutefois pas suivi entièrement la Commission sur ce terrain, si bien que le règlement Bruxelles I *bis* du 12 décembre 2012 révisant le règlement Bruxelles I ne dispose pas d'un champ d'application aussi étendu que le suggérait la Commission.

De même, deux règlements ont été adoptés en 2009 par le Conseil et le Parlement européen :

– le règlement CE n° 662/2009 du 13 juillet 2009 [6], instituant une procédure pour la négociation et la conclusion d'accords entre les États membres et des pays tiers sur des questions particulières concernant le droit applicable aux obligations contractuelles et non contractuelles,

– et le règlement CE n° 664/2009 du 7 juillet 2009 [7] instituant une procédure pour la négociation et la conclusion d'accords entre les États membres et des pays tiers concernant la compétence, la reconnaissance et l'exécution des jugements et des décisions en matière matrimoniale, de responsabilité parentale et

1. EN CE SENS, G. A. L. Droz et H. Gaudemet-Tallon, préc. s^s prés^t n° (p. 619).

2. Dans le plan d'action de la Commission [COM (2010) 171 final] mettant en œuvre le programme de Stockholm (approuvé les 10-11 déc. 2009) du Conseil Européen pour la période 2010-2014 (*JOUE*, n° C 115, 4 mai 2010, p. 1 s.; V. AUSSI, G. Mecarelli, *Dr. et proc.* 2010, n° 3, suppl. *Droit et procédures internationales*, p. 8), il était envisagé l'adhésion de l'UE à Unidroit également.
3. Le protocole de La Haye de 2007 a été conclu le 7 avril 2010 par l'UE au nom de tous les États membres sauf le Danemark et le Royaume-Uni.
4. COM (2010) 748 final, 14 déc. 2010.
5. EN CE SENS, V. AUSSI, E. Guinchard, *RTD eur.* 2010. 423 s.
6. Règl. CE n° 662/2009 du Parlement européen et du Conseil, 13 juill. 2009, *JOUE*, n° L 200, 31 juill., p. 25.
7. Règl. CE n° 664/2009 du Conseil, 7 juill. 2009, *JOUE*, n° L 200, 31 juill., p. 46.

d'obligations alimentaires, ainsi que sur le droit applicable en matière d'obligations alimentaires.

Ces règlements instituent une procédure en vue d'autoriser un État membre à modifier un accord existant ou à négocier et conclure un nouvel accord avec un pays tiers, sans toutefois affecter les compétences de l'Union. La Commission peut, sur demande de l'État membre, accorder ou au contraire refuser l'autorisation sollicitée d'ouvrir des négociations officielles avec un État tiers, puis – si les négociations ont été autorisées – délivrer une autorisation de conclure l'accord négocié. Les règlements de 2009 ne s'appliquent pas si la Commission a déjà conclu elle-même un accord sur le même sujet avec le pays tiers concerné (Règl. 7 juill. 2009 et Règl. 13 juill. 2009, art. 1.3).

En ce qui concerne les rapports avec les États tiers, l'article 72 du règlement Bruxelles I (repris par le règlement Bruxelles I *bis*, art. 72 également) interdit (contrairement à Conv. Bruxelles, art. 59) qu'un État contractant s'engage à l'avenir envers un État tiers à ne pas reconnaître une décision rendue dans un autre État membre contre un défendeur ayant son domicile ou sa résidence habituelle dans un pays tiers, lorsque la décision a été fondée sur une compétence exorbitante (par ex. les articles 14 et 15 du Code civil français). Les conventions antérieures seront en revanche respectées (ce qui paraît bien la moindre des choses !). Force est de constater, comme le font M. Droz et Mme Gaudemet-Tallon, que « *les États membres de l'Union européenne ont perdu de leur souveraineté sur le plan diplomatique et ne peuvent plus librement négocier avec un État tiers un régime d'entraide réciproque en matière de conflit de juridictions* »[1]. Ainsi, une décision du Conseil en date du 19 décembre 2002 autorisait les États membres à adhérer à la convention de La Haye de 1996 sur la compétence, la loi applicable, la reconnaissance, l'exécution et la coopération en matière de responsabilité parentale et de mesures de protection des enfants ou à ratifier cette Convention dans l'intérêt de la Communauté européenne[2]. De nombreux États membres ont signé ladite Convention (les Pays-Bas l'avaient déjà signée en 1997), qui a vocation à se substituer à celle de 1961. Les États membres ont juste formulé une réserve en vue de permettre de concilier droit de l'Union et droit conventionnel[3]. Le Conseil, le 6 juin 2008, a habilité les États membres qui n'avaient pas encore ratifié cette Convention, à le faire dans les deux ans au nom de la Communauté européenne. Il était prévu que les États membres qui n'avaient pas encore procédé à la ratification devaient déposer ensemble leurs instruments de ratification[4].

150.45 Rapport de la Commission sur l'application du règlement Bruxelles I. Le règlement Bruxelles I prévoit que tous les cinq ans, la Commission présente au Parlement européen, au Conseil et au Comité économique et social un rapport sur l'application du règlement, accompagné éventuellement de propositions d'adaptation (Règl. 22 déc. 2000, art. 73 – Règl. 29 mai 2000, art. 43 – Règl. 27 nov. 2003, art. 65). C'est ainsi qu'a été rédigé en 2007 le rapport *Report on the Application of Regulation Brussels I in the Member States*, par les professeurs allemands B. Heß, Th. Pfeiffer et P. Schlosser[5]. De façon générale, ce rapport – qui reposait sur des questionnaires et enquêtes de terrain ainsi que sur une analyse juridique des dispositions du règlement – constatait que le règlement Bruxelles I était un succès dans la pratique, et constituait même pour certains praticiens le meilleur règlement communautaire[6]. Il suggérait toutefois quelques améliorations relatives aux articles 1, 2, 5, 15, 22 § 4 et 31 du règlement Bruxelles I. À la suite de ce rapport, la Commission européenne présenta un rapport sur la possible révision du règlement Bruxelles I[7], puis un Livre vert[8]. Le 14 décembre 2010, elle publia une proposition de règlement[9] tendant à la révision du règlement CE n° 44/2001 Bruxelles I. Le débat fut lancé, qui se termina par l'adoption d'un texte bien en retrait des propositions de la Commission, le règlement UE n° 1215/2012 du 12 décembre 2012.

SECTION 2
CHAMP D'APPLICATION DES TEXTES EUROPÉENS

§ 1
Quant aux matières

A.
Matière civile et commerciale

150.51 Domaine. En vertu de l'article 1er des **conventions de Bruxelles et de Lugano, ainsi que des**

1. G. A. L. Droz et H. Gaudemet-Tallon, préc. ss prést n° (p. 623).
2. Décis. CE n° 2003/93 du Conseil, 19 déc. 2002, *JOUE*, n° L 48, 21 févr. 2003.
3. Sur les risques de contradiction entre instruments communautaires et instruments internationaux, v. Th.-M. de Boer, « *Jurisdiction and enforcement in international family law : a labyrinth of european and international legislation* », *NILR* 2002. 307.
4. V. R. Wagner, « *Aktuelle Entwicklungen in der europäischen Zusammenarbeit in Zivilsachen* », *NJW* 2010. 1710.
5. B. Heß, Th. Pfeiffer et P. Schlosser, *Report on the Application of Regulation Brussels I in the Member States*, Study JLS/C4/2005/03, sept. 2007.
6. Study JLS/C4/2005/03, rapp. sept. 2007, n° 60, préc. ss prést n°.
7. Rapport de la Commission au Parlement européen, au Conseil et Comité économique et social européen, sur l'application du règlement CE n° 44/2001 du Conseil, concernant la compétence judiciaire, la reconnaissance et l'exécution des décisions en matière civile et commerciale, COM (2009) 174 final, 21 avr. 2009.
8. COM (2009) 175 final, 21 avr. 2009.
9. COM (2010) 748 final, 14 déc. 2010.

règlements Bruxelles I et Bruxelles I *bis*, ces textes trouvent à s'appliquer « *en matière civile et commerciale et quelle que soit la nature de la juridiction* ». La question qui se posait était de savoir si cette notion devait faire l'objet d'une interprétation autonome par la Cour de justice ou bien si cette dernière allait s'inspirer des droits nationaux - assez divergents - pour clarifier le concept de matière civile et commerciale. Dans divers arrêts, la Cour a opté pour une définition autonome[1].

Dans l'arrêt *Eurocontrol* du 14 octobre 1976, la Cour affirme que, l'article 1er de la convention de Bruxelles « *servant à indiquer le champ d'application de la Convention, il importe - en vue d'assurer, dans la mesure du possible, l'égalité et l'uniformité des droits et obligations qui découlent de celle-ci pour les États contractants et les personnes intéressées - de ne pas interpréter les termes de cette disposition comme un simple renvoi au droit interne de l'un ou de l'autre des États concernés* », qu'il y a donc lieu de « *considérer la notion visée comme une notion autonome qu'il faut interpréter en se référant, d'une part aux objectifs et au système de convention, et d'autre part aux principes généraux qui se dégagent de l'ensemble des systèmes de droit nationaux* » (point 3). L'arrêt *Eurocontrol* du 14 juillet 1977 ajoute (point 4) que « *le principe de sécurité juridique dans l'ordre communautaire et les objectifs poursuivis par la Convention en vertu de l'article 220 du traité, sur lequel elle se fonde, exigent une application uniforme dans tous les États membres des notions et qualifications juridiques dégagées par la Cour dans le cadre de la Convention* ».

Comme dans l'arrêt ultérieur *Rüffer*, la Cour pose comme critère de distinction entre matière civile au sens large et droit public « *l'intervention d'une autorité publique agissant dans l'exercice de la puissance publique* » (v. aussi, l'arrêt *Volker Sonntag c/Hans Waidmann et a.* du 21 avril 1993 qui considère - dans une affaire mettant en cause un enseignant fonctionnaire dont la responsabilité civile et pénale était recherchée à la suite de l'accident mortel subi par un élève - que « *même s'il agit pour le compte de l'État, un fonctionnaire n'exerce pas toujours la puissance publique* », que dans la majorité des systèmes juridiques des États membres, le comportement d'un enseignant d'une école publique, dans sa fonction d'encadrement des élèves lors d'une excursion scolaire, ne constitue pas une manifestation de puissance publique et qu'en l'espèce, l'action en réparation de dommages relevait de la matière civile au sens de l'article 1er alinéa 1er de la Convention[2]). Dans l'affaire *Eurocontrol*, était en cause un litige concernant le recouvrement de redevances dues par une personne de droit privé à un organisme international de droit public en vertu de l'utilisation des installations et services de celui-ci (utilisation qui était obligatoire et exclusive; en outre, le taux des redevances, les modes de calcul et les procédures de perception étaient fixés de manière unilatérale vis-à-vis des usagers). *A contrario*, il résulte de ces critères que si le litige ne met en cause que des personnes privées, il ne saurait être question de prérogatives de puissance publique et la Convention trouverait dès lors à s'appliquer. Comme le rappelle régulièrement la Cour de justice, le champ de la matière civile et commerciale « *est délimité essentiellement en raison des éléments qui caractérisent la nature des rapports juridiques entre les parties au litige ou l'objet de celui-ci* »[3].

Sur l'action récursoire intentée contre un particulier, débiteur d'une obligation alimentaire, par un organisme public (néerlandais) qui a fourni une assistance financière au créancier de l'obligation alimentaire non payée et la question de savoir si elle constitue une procédure en matière civile au sens de la Convention[4] : relève de la matière civile (et non de la Sécurité sociale) une action récursoire par laquelle un organisme public poursuit auprès d'une personne de droit privé le recouvrement de sommes qu'il a versées à titre d'aides sociales au conjoint divorcé et à l'enfant de cette personne, pour autant que le fondement et les modalités d'exercice de cette action sont régis par les règles du droit commun en matière d'obligation alimentaire. En revanche, dès que l'action récursoire est fondée sur des dispositions par lesquelles le législateur a conféré à l'organisme public une prérogative propre, ladite action ne peut être considérée comme relevant de la matière civile.

De la même façon, la Cour de justice a considéré, dans une affaire dans laquelle des personnes ne résidant pas au Royaume-Uni et non tenues de payer la TVA dans cet État membre, avaient été attraites en justice par une autorité publique anglaise en paiement de dommages-intérêts en réparation d'un préjudice causé par une association de malfaiteurs ayant pour but une fraude à la taxe sur la valeur ajoutée due au Royaume-Uni (action délictuelle ou quasi délictuelle), qu'une telle action était comprise dans la « *matière civile et commerciale* » permettant de déterminer le champ d'application du règlement Bruxelles I[5] (sous réserve toutefois que la juridiction de renvoi vérifie si l'autorité publique anglaise se trouvait dans la même situation qu'une personne de droit privé dans le cadre de l'action à l'encontre de Sunico et des autres non-résidents assignés devant la *High Court of Justice*, arrêt point 43).

Dans un arrêt du 11avril 2013, *Land Berlin c/Ellen Mirjam Sapir et autres*[6], sur question préjudicielle de la Cour fédérale de justice allemande, la Cour de justice considère que l'article 1er du règlement Bruxelles I (« *matière civile et commerciale* ») « *englobe une action en répétition de l'indu dans le cas où un organisme public* [ici le *Land* de Berlin], *s'étant vu enjoindre, par une autorité créée par une loi réparatrice des persécutions exercées par un régime totalitaire, de reverser à une personne lésée, à titre de réparation, une partie du produit provenant de la vente d'un immeuble, a versé à cette personne, à la suite d'une erreur non intentionnelle, la*

1. CJCE 14 oct. 1976, Eurocontrol, aff. 29/76, *Rec. CJCE* 1541 – CJCE 14 juill. 1977, Eurocontrol, aff. 9/77 et aff. 10/77, *Rec. CJCE* 1517 – CJCE 16 déc. 1980, Rüffer, aff. 814/79, *Rec. CJCE* 3907 – COMP. Civ. 1re, 17 févr. 2010, nos 08-12.749 et 08-15.024, ASECNA, *Bull. civ.* I, n° 38; *Rev. crit. DIP* 2010. 525, obs. Joubert.
2. CJCE 21 avr. 1993, Volker Sonntag c/Hans Waidmann et a., aff. C-172/91, *Rec. CJCE* 1963.
3. CJUE 18 oct 2011, Realchemie Nederland, aff. C-406/09 – CJUE 12 sept. 2013, The Commissioners of Her Majesty's Revenue & Customs c/Sunico Aps, aff. C-49/12.
4. CJCE 14 nov. 2002, Gemeente Steenbergen c/Luc Baten, aff. C-271/00, *Rec. CJCE* I-10489.
5. CJUE 12 sept. 2013, The Commissioners of Her Majesty's Revenue & Customs c/Sunico Aps, aff. C-49/12.
6. V. AUSSI, CJUE 11 avr. 2013, Land Berlin c/Ellen Mirjam Sapir e. a., aff. C-645/11.

totalité du montant du prix de vente, et demande ensuite en justice la répétition de l'indu » sur le fondement du § 812, I du Code civil allemand (*Bürgerliches Gesetzbuch*, BGB), devant les juridictions civiles (point 37 de l'arrêt). Il s'agissait en l'espèce de l'application des lois allemandes issues de la réunification de 1990 (loi relative aux questions patrimoniales en suspens, *Gesetz zur Regelung offener Vermögensfragen*, et loi relative à la priorité aux investissements en cas de droit à rétrocession, *Gesetz über den Vorrang für Investitionen bei Rückübertragungsansprüchen nach dem Vermögensgesetz*) [1].

Dans un arrêt du 15 février 2007, *Lechouritou et autres* [2], la Cour de justice indique que : ne relève pas de la « *matière civile* », au sens de cette disposition, une action juridictionnelle intentée par des personnes physiques dans un État contractant à l'encontre d'un autre État contractant et visant à obtenir réparation du préjudice subi par les ayants droit des victimes des agissements de forces armées dans le cadre d'opérations de guerre sur le territoire du premier État. En effet, si des contestations procédant d'une manifestation de prérogatives de puissance publique par l'une des parties au litige, en raison de l'exercice par celle-ci de pouvoirs exorbitants par rapport aux règles de droit commun applicables dans les relations entre particuliers, sont exclues de la notion de « *matière civile et commerciale* », il en va à plus forte raison ainsi s'agissant d'une action juridictionnelle en réparation qui trouve sa source dans des opérations menées par des forces armées, de telles opérations constituant l'une des émanations caractéristiques de la souveraineté étatique, notamment en ce qu'elles sont décidées de façon unilatérale et contraignante par les autorités publiques compétentes et se présentent comme étant indissociablement liées à la politique étrangère et de défense des États.

Sur la question de savoir si une **condamnation à une amende civile** afin de faire respecter une décision judiciaire rendue en matière civile et commerciale relève elle-même de la matière civile et commerciale, dans un arrêt du 18 octobre 2011, *Realchemie Nederland* [3], la Cour décide que oui. Elle relève que si, selon le § 790 ZPO (*Zivilprozessordnung*, Code allemand de procédure civile), l'amende revêt en l'espèce un caractère punitif, il n'en demeure pas moins que, dans cette affaire, il s'agit d'un litige entre deux personnes privées, dont l'objet est l'autorisation d'exécution aux Pays-Bas de décisions rendues par une juridiction civile allemande qui interdisent à une société de détenir et de commercialiser certains produits en Allemagne, en raison d'une contrefaçon. « *L'action ainsi intentée a pour but de sauvegarder des droits privés et ne suppose pas une manifestation de prérogatives de puissance publique par l'une des parties au litige. En d'autres termes, le rapport juridique existant entre Bayer et Realchemie doit être qualifié de "rapport juridique de droit privé" et relève donc de la notion de'matière civile et commerciale"* » (point 41 de l'arrêt), même si l'amende doit être versée non pas à une partie privée, mais à l'État allemand, qu'elle est recouvrée non pas par la partie privée ou en son nom, mais d'office, et que le recouvrement effectif est réalisé par les autorités de la juridiction allemande. Ces aspects particuliers de la procédure d'exécution allemande ne sauraient toutefois être considérés comme déterminants en ce qui concerne la nature du droit à exécution (point 42).

Le **règlement règlement Bruxelles I du 22 décembre 2000**, reprend le même champ d'application dans son article 1er, qui – bien évidemment – bénéficie de la jurisprudence antérieure de la Cour de justice de Luxembourg déterminant le sens de la notion de « *matière civile et commerciale* ». Il en va de même pour le règlement Bruxelles I *bis* du 12 décembre 2012, qui entrera en application le 10 janvier 2015 et remplacera alors le règlement Bruxelles I.

150.52 **Exclusions.** L'article 1er de la convention de Bruxelles et du règlement Bruxelles I contiennent aussi une exclusion expresse de certaines matières de leur champ d'application. Il s'agit de :

« *a) l'état et de la capacité des personnes physiques, des régimes matrimoniaux, testaments et successions;*

b) les faillites, concordats et autres procédures analogues;

c) la sécurité sociale;

d) l'arbitrage ».

150.53 **1) Droit de la famille.** Le droit de la famille a été largement écarté du champ d'application de la convention de Bruxelles afin notamment de permettre l'adoption d'une autre convention internationale spécifique à ce domaine du droit et qui unifierait les règles de compétence et d'exécution d'une façon comparable à la méthode adoptée par la convention de Bruxelles. Cette Convention a été adoptée par les quinze États membres de l'Union européenne le 28 mai 1998 [4] (acte du Conseil du 28 mai 1998 établissant sur la base de l'article K 3 du traité de l'Union européenne, la convention concernant la compétence, la reconnaissance et l'exécution des décisions en matière matrimoniale). En 2000 s'est substitué à la convention de Bruxelles II un règlement du Conseil de l'Union européenne CE n° 1347/2000 en date du 29 mai 2000 (v. ss n° 150.61), qui a été lui-même remplacé par le règlement CE du 27 novembre 2003 dit Bruxelles II *bis* [5] qui est applicable depuis le 1er mars 2005.

Deux points ont été précisés par la Cour de justice. D'abord le fait que les obligations alimentaires, elles,

1. V. AUSSI, CJUE 19 juill. 2012, Mahamdia c/République algérienne, aff. C-154/11 (contrat de travail exécuté dans une ambassade).
2. CJCE 15 févr. 2007, Lechouritou e. a., aff. C-292/05, *Rec. CJCE* I-1519.
3. CJUE, gr. ch., 18 oct. 2011, Realchemie Nederland, aff. C-406/09, *Europe* 2011. Comm. 498, obs. Idot; *JDE* 2012. 301, obs. Nuyts et Boularbah.
4. Conv. Bruxelles II, 28 mai 1998, *JOCE*, n° C 221, 16 juill. 1998 – Sur cette convention, v. B. Sturlèse, « Premiers commentaires sur un événement juridique : la signature de la convention de Bruxelles II ou quand l'Europe se préoccupe des conflits familiaux », *JCP* 1998. I. 145 – N. Fontaine, « Bruxelles II », *Dr. et patr.* mars 1999, p. 22.
5. Règl. CE n° 2201/2003 du Conseil, 27 nov. 2003, dit Bruxelles II *bis*, *JOUE*, n° L 338, 23 déc., p. 1.

n'échappent pas à la convention de Bruxelles de 1968; ensuite la définition qu'il fallait retenir des « *régimes matrimoniaux* » en droit communautaire. L'absence d'exclusion des obligations alimentaires résultait notamment de l'article 5.2 qui prévoyait expressément une compétence possible, en matière d'obligations alimentaires, du tribunal du lieu où le créancier d'aliments a son domicile ou sa résidence habituelle, et de l'article V *bis* du protocole de 1978 annexé à la convention de Bruxelles[1]. En outre, dans un arrêt *De Cavel*, la Cour de justice a précisé que la prestation compensatoire du droit français – à laquelle la loi du 11 juillet 1975 voulait reconnaître un fondement davantage indemnitaire qu'alimentaire puisqu'elle est destinée à « *compenser les disparités dans les conditions de vie respectives* » des anciens époux – devait quand même être qualifiée d'obligation alimentaire au sens de la Convention du fait qu'elle est en général versée sous forme de rente mensuelle et est fixée selon les ressources et les besoins des intéressés[2].

Dans un arrêt récent, la Cour de justice a eu à se prononcer sur la priorité à accorder à l'exclusion de l'état et de la capacité des personnes physiques sur l'article 22.1 du règlement Bruxelles I[3] : M. Schneider, domicilié en Hongrie, fut placé sous le régime de la curatelle par une juridiction hongroise. Suite au décès de sa mère, il hérita d'une moitié d'un appartement situé en Bulgarie; il sollicita du tribunal bulgare l'autorisation de vendre la partie lui appartenant du bien immobilier, ce que les juges refusèrent au motif que cette aliénation n'était pas dans l'intérêt de la personne déclarée partiellement incapable. M. Schneider interjeta appel de cette décision. La juridiction d'appel bulgare demanda à la Cour de justice si l'article 22.1 du règlement (compétence exclusive du tribunal du lieu de situation de l'immeuble pour les litiges portant sur des droits réels immobiliers et des baux d'immeuble) s'appliquait également à une procédure gracieuse engagée par un ressortissant d'un État membre, déclaré partiellement incapable à la suite de son placement en curatelle conformément à la législation de cet État, devant une juridiction d'un autre État membre en vue d'obtenir l'autorisation judiciaire de vendre la partie dont il est propriétaire d'un bien immeuble situé sur le territoire de cet autre État membre. La Cour de justice répondit que l'article 22.1 ne s'appliquait pas dans un tel cas, « *dès lors qu'une telle procédure relève de la capacité des personnes physiques au sens de l'article 1er, paragraphe 2, sous a)* » du règlement, « *laquelle est exclue du champ d'application matériel de celui-ci* ».

150.54 **2) Quant aux régimes matrimoniaux.** Cette notion varie considérablement selon le droit interne des États membres.

La Cour de justice avait donc décidé d'en réaliser une définition autonome dans un premier arrêt *De Cavel* du 27 mars 1979 (le litige opposait Jacques de Cavel à son épouse allemande, à propos de mesures provisoires – apposition de scellés – au cours d'une procédure de divorce[4]). La Cour a décidé que la notion de régimes matrimoniaux comprenait non seulement les régimes de biens spécifiquement et exclusivement conçus par certaines législations nationales en vue du mariage, mais aussi tous les rapports patrimoniaux résultant directement du lien conjugal ou de la dissolution de celui-ci (point 7). En l'occurrence, les décisions judiciaires, autorisant des mesures provisoires sur le patrimoine d'un époux au cours d'une procédure de divorce, ne relevaient pas du champ d'application de la convention de Bruxelles, dès lors que ces mesures concernaient ou étaient étroitement liées à soit des questions d'état des personnes impliquées dans l'instance en divorce, soit des rapports juridiques patrimoniaux, résultant directement du lien conjugal ou de la dissolution de celui-ci (sauf attribution d'une pension alimentaire à l'un des époux divorcés). La Cour explique que des mesures provisoires de sauvegarde relatives à des biens sont aptes à sauvegarder des droits de nature fort variée et que leur appartenance au champ d'application de la Convention est déterminée, non par leur nature propre, mais par la nature des droits dont elles assurent la sauvegarde. Si ces droits entrent dans le champ d'application de la Convention, les décisions judiciaires relatives aux mesures provisoires y afférentes relèveront, elles aussi, de la convention de Bruxelles[5].

Dans un arrêt du 27 février 1997, la Cour de justice a en outre déterminé la **ligne de partage entre la notion d'obligation alimentaire et la notion de régime matrimonial**[6] : en l'occurrence, un couple néerlandais initialement marié sous le régime de la communauté, avait opté par la suite pour la séparation de biens. Les époux se sont ensuite installés à Londres et ont divorcé quelques années plus tard. La femme a alors formé une demande accessoire de règlement global, que le juge anglais lui a attribué en capital afin d'éviter le paiement périodique d'une pension alimentaire par l'ancien époux. La femme a demandé, sur le fondement de la convention de La Haye relative aux obligations alimentaires, l'*exequatur* du jugement aux Pays-Bas. Sur opposition du mari, la juridiction de renvoi s'est interrogée sur l'applicabilité de la convention de Bruxelles. Suivant la ligne de la jurisprudence *De Cavel*, la Cour de justice adopte à nouveau la qualification d'obligation alimentaire pour la somme pourtant versée en capital. Elle précise que constitue une obligation alimentaire la prestation qui est destinée à assurer l'entretien d'un époux dans le besoin ou qui prend en compte les besoins et ressources de chacun des époux. Peu importe que la prestation prenne une forme forfaitaire ou implique le transfert de biens d'un époux à l'autre (point 27 : « *Une décision rendue dans le contexte d'une procédure de divorce, qui ordonne le paiement d'une somme forfaitaire ainsi que le*

1. Toutefois, lorsque le Règl. CE n° 4/2009 du Conseil, 18 déc. 2008, relatif à la compétence, à la loi applicable, à la reconnaissance et à l'exécution ainsi qu'à la coopération en matière d'obligations alimentaires, est entré en application le 18 juin 2011, la matière est sortie du champ du Règl. Bruxelles I et par conséquent également de celui du règlement Bruxelles I *bis*, 12 déc. 2012, qui remplacera à compter du 10 janvier 2015 le règlement Bruxelles I.
2. CJCE 6 mars 1980, De Cavel, aff. 120/79, *Rec. CJCE* 731.
3. CJUE 3 oct. 2013, Siegfried János Schneider, aff. C-386/12.
4. CJCE 27 mars 1979, De Cavel, aff. 143/78, *Rec. CJCE* 1055.
5. EN CE SENS, CJCE 31 mars 1982, CHW c/GJH, aff. 25/81, *Rec. CJCE* 1189.
6. CJCE 27 févr. 1997, Antoniux van den Boogard c/ Mme P. Laumen, aff. C-220/95, *Rev. crit. DIP* 1998. 466, obs. Droz; *Europe* avr. 1997, p. 19.

transfert de propriété de certains biens d'un époux au profit de son ex-conjoint doit être considérée comme portant sur des obligations alimentaires et donc comme relevant du champ d'application de la convention de Bruxelles, dès lors qu'elle a pour objet d'assurer l'entretien de cet ex-conjoint. Le fait que le juge d'origine ait écarté, dans le cadre de sa décision, l'application d'un contrat de mariage est sans importance à cet égard ») (G. A. L. Droz critique cette formulation beaucoup trop large de la Cour et considère que si les besoins et les ressources de chacun des époux sont pris en compte sans que l'un des époux soit véritablement dans le besoin, on se trouve en présence d'une redistribution des biens familiaux dans un but d'égalité entre les époux, donc d'une décision ayant trait au régime matrimonial et non pas à une quelconque obligation alimentaire[1]). Force est de constater que les arguments de cet auteur sont convaincants, et ce d'autant plus que dans cette espèce le tribunal anglais avait fixé à 8 500 000 francs (1 295 816 euros) le montant dont l'ex-épouse devait disposer pour subvenir à ses besoins ! En revanche, lorsque la prestation vise uniquement à la répartition des biens entre les époux, la décision concerne les régimes matrimoniaux et n'est donc pas affectée par la convention de Bruxelles. Lorsqu'une même décision contient des mesures de ces deux types, il convient de procéder à un partage, certains points relevant de la convention de Bruxelles ou du règlement Bruxelles I (Règl. CE n° 44/2001, 22 déc. 2000) et d'autres non. Cet arrêt soulève également le problème des conflits de conventions (en l'occurrence Conv. La Haye sur les obligations alimentaires et Conv. Bruxelles). La Cour de justice (point 17 de l'arrêt) se contente de renvoyer aux conclusions de l'avocat général, et de considérer qu'en vertu de l'article 23 de la convention de La Haye (qui permet la référence à un autre instrument international liant les États concernés), celle-ci ne fait pas obstacle à l'application de la convention de Bruxelles. Ainsi, la Cour de justice estimait qu'en cas de divorce, le sort des mesures provisoires (relevant ou non de la Convention de Bruxelles ou du règlement Bruxelles I) dépendait de la nature des droits sue lesdites mesures devaient sauvegarder. **L'entrée en application le 1er mars 2005, du règlement CE n° 2201/2003 Bruxelles II *bis* du 29 novembre 2003, a supprimé la distinction que faisait la jurisprudence européenne entre attribution d'une pension alimentaire en cours d'instance (relevant du règlement Bruxelles I) et les mesures préparatoires en vue de la liquidation du régime matrimonial (par ex. apposition de scellés dans l'affaire De Cavel).**

Désormais, la compétence en matière d'obligations alimentaires ne relève plus du règlement Bruxelles I, puisqu'est entré en application le règlement CE **n° 4/2009 du 18 décembre 2008** relatif à la compétence, la loi applicable, la reconnaissance et l'exécution des décisions et la coopération en matière d'**obligations alimentaires.**

Un arrêt de la Cour de cassation de 2004 a considéré comme exclue du champ d'application de la convention de Bruxelles de 1968, l'action en nullité de la vente de parts sociales entre époux qui, n'étant que l'exécution immédiate de l'accord définissant les modalités de la séparation conjugale, a un lien direct avec la convention relative à la rupture du lien conjugal[2].

Échappent de même à la Convention et au règlement, uniquement s'ils sont institués dans le cadre d'une succession ou d'un régime matrimonial, **les trusts et les donations**. Rappelons ici que la **Commission européenne** a publié **deux propositions de règlement : une en 2009**, relative à la compétence, la loi applicable, la reconnaissance et l'exécution des décisions et des actes authentiques en matière de **successions** et à la création d'un **certificat successoral européen**[3], qui est devenue le règlement UE n° 650/2012 du Parlement européen et du Conseil, du 4 juillet 2012, relatif à la compétence, la loi applicable, la reconnaissance et l'exécution des décisions, et l'acceptation et l'exécution des actes authentiques en matière de successions et à la création d'un certificat successoral européen et dont l'entrée en application se fera le 17 août 2015; la seconde **en 2011**, relative à la compétence, la loi applicable, la reconnaissance et l'exécution des décisions en matière de **régimes matrimoniaux**[4].

150.55 3) Matière fiscale, douanière ou administrative. Cette exception avait été formulée dans la convention d'adhésion du Danemark, de l'Irlande et du Royaume-Uni de 1978. Elle vise uniquement à clarifier la notion de droit public par rapport à celle de matière civile et commerciale. Elle a été formulée ainsi parce que les droits anglo-saxons ne connaissent pas la distinction entre droit public et droit privé qui est classique pour le juriste continental (une décision de la CJCE du 15 mai 2003 a délimité la frontière entre matière civile et matière douanière à propos d'un contrat de cautionnement de droit privé conclu afin de garantir le paiement d'une dette douanière. La Cour retient que l'action d'un État en exécution, par une personne privée, de ses obligations issues de ce contrat de droit privé relève de la matière « *civile et commerciale* » dès lors que le rapport juridique entre le créancier et la caution ne correspond pas à l'exercice par l'État de pouvoirs exorbitants par rapport aux règles applicables dans les relations entre particuliers. Pour l'avocat général au contraire, l'objet du litige était une dette douanière. La solution retenue par la Cour conduit à des compétences internationales différentes selon que l'action en paiement

1. G. A. L. Droz, *Rev. crit. DIP* 1998. 474 s.

2. Civ. 1re, 8 juin 2004, n° 02-13.632, *Bull. civ.* I, n° 162; *D.* 2005. 1192, obs. Courbe et Chanteloup; *Rev. crit. DIP* 2005. 111, obs. de Vareilles-Sommières.

3. COM (2009) 154 final, 14 oct. 2009 – V. la position du Max Planck, Institut de Hambourg, sur cette proposition, « *Comments on the European Commission's Proposal for a regulation of the European Parliament and of the Council on jurisdiction, applicable law, recognition and enforcement of decisions and authentic instruments in matters of succession and the creation of a European Certificate of Succession* », *RabelsZ* 74 (2010), 522 – V. AUSSI, D. Martel, « Les valeurs du droit français et la proposition de règlement sur les successions », *RLDC* déc. 2010, p. 51.

4. COM (2011) 126/2, 16 mars 2011.

est engagée contre le débiteur principal ou contre la caution[1]).

150.56 **4) Faillites, concordats et procédures analogues.** Ces matières – qui concernent les procédures ouvertes dans les États membres en cas de cessation des paiements, d'insolvabilité ou d'ébranlement du crédit du débiteur et qui conduisent ou à une liquidation judiciaire des biens du débiteur, ou à un redressement contrôlé par l'autorité judiciaire[2] – ont été exclues du champ d'application de la Convention afin qu'elles bénéficient d'une réglementation spécifique. Depuis le 23 novembre 1995 existait une convention spécifique sur l'insolvabilité, qui a mis de nombreuses années avant de pouvoir être adoptée. Cette convention a été transformée en règlement CE n° 1346/2000 du 29 mai 2000 relatif aux procédures d'insolvabilité[3], entré en vigueur le 31 mai 2002, actuellement en cours de révision (v. s[s] n° 150.13).

Dans son important arrêt *Gourdain* du 22 février 1979[4], la Cour de justice a précisé que sortent du champ d'application de la convention de Bruxelles de 1968 les actions qui « *dérivent directement de la faillite et s'insèrent étroitement dans le cadre d'une procédure de liquidation de biens ou de règlement judiciaire* ». La Cour de cassation a eu l'occasion à plusieurs reprises d'appliquer ces critères pour décider si telle ou telle action en justice entrait dans la notion de procédures de faillite, concordat ou procédures analogues ou pas.

Pour des illustrations de l'exclusion et de ses limites, v. un arrêt de la chambre commerciale de la Cour de cassation du 5 mai 2004 selon lequel l'action prévue à l'article L. 624-3 du Code de commerce (action en comblement du passif social), qui trouve son fondement dans l'existence de fautes de gestion imputables au dirigeant, est indissociable de la procédure collective de la personne morale dès lors que la part du passif social mis à la charge du dirigeant trouve son origine dans les agissements incriminés et qu'elle relève de la compétence du tribunal qui a ouvert la procédure, même à l'égard du dirigeant de nationalité étrangère et dont le domicile est à l'étranger[5]. La même chambre décida le 24 mai 2005 que l'exclusion liée à l'article 1er de la convention de Bruxelles (ou du règlement Bruxelles I) ne s'étend pas à une action en recouvrement d'une créance de la société en liquidation judiciaire qui ne dérive pas directement de la faillite[6].

V. aussi, un arrêt de la chambre commerciale de la Cour de cassation du 18 décembre 2007[7] : l'action en recouvrement d'une créance admise au passif de la procédure collective du débiteur, introduite par le créancier après la clôture de la procédure, ne dérive pas directement de la faillite et ne s'insère pas étroitement dans le cadre de la procédure collective. L'exclusion des faillites de la convention de Lugano (de 1988 en l'espèce) ne concerne que les actions qui dérivent directement de la faillite et s'insèrent étroitement dans le cadre de la procédure collective.

V. encore, l'arrêt de la Cour de justice du 10 septembre 2009, *German Graphics Graphische Maschinen GmbH*[8] : l'action d'un vendeur, fondée sur une clause de réserve de propriété, contre un acheteur en situation de faillite, relève du champ matériel du règlement Bruxelles I. La Cour de justice suit là la position qu'elle avait dégagée dans l'arrêt *Gourdain*[9] selon laquelle une action se rattache à une procédure de faillite dès lors qu'elle dérive directement de la faillite et s'insère étroitement dans le cadre d'une procédure de liquidation des biens ou de règlement judiciaire. Une action tirée de la clause de réserve de propriété est considérée comme autonome, car elle ne trouve pas son fondement dans le droit des procédures d'insolvabilité et ne requiert pas l'ouverture d'une telle procédure. De même, la Cour de justice a considéré le 2 juillet 2009[10] que l'exception prévue à l'article 1er du règlement Bruxelles I (exclusion des faillites) s'applique à une décision rendue par une juridiction d'un État membre A relativement à l'inscription du droit de propriété sur des parts sociales émises par une société ayant son siège social dans l'État membre A, selon laquelle la cession desdites parts doit être considérée comme nulle au motif que la juridiction de l'État membre A ne reconnaît pas les pouvoirs d'un syndic d'un État membre B dans le cadre d'une procédure de faillite ouverte et clôturée dans l'État membre B.

1. CJCE 15 mai 2003, Préservatrice foncière TIARD SA c/Staat der Nederlanden, aff. C-266/01, *Rec. CJCE* I-4867 ; *Procédures* juill. 2003, p. 15, note C. N. – V. AUSSI, CJUE 12 sept. 2013, The Commissioners of Her Majesty's Revenue & Customs c/Sunico Aps, aff. C-49/12 (v. s[s] n° 150.51).
2. CJCE 22 févr. 1979, Gourdain c/Nadler, aff. 133/78, *Rec. CJCE* 733.
3. Règl. CE n° 1346/2000, 29 mai 2000, *JOCE*, n° L 160, 30 juin, p. 1.
4. CJCE 22 févr. 1979, aff. 133/78, *Rec.* 1979. 733 ; *Rev. crit. DIP* 1979. 657, note Lemontey.
5. Com. 5 mai 2004, n° 01-02.041, *Bull. civ.* IV, n° 82 ; *D.* 2004. 1796, note Vallens ; *RTD com.* 2004. 601, obs. Mascala ; *Rev. crit. DIP* 2005. 105, obs. Bureau.
6. Com. 24 mai 2005, n° 03-14.099, *Bull. civ.* IV, n° 108 ; *D.* 2005. 1553, obs. Lienhard ; *D.* 2005. 2394, note Kessler ; *D.* 2006. 1495, obs. Courbe et Jault-Seseke – V. AUSSI, pour une action en recouvrement d'une créance admise au passif, introduite par le créancier postérieurement à la clôture de la procédure collective : Com. 18 déc. 2007, n° 06-17.610, *Bull. civ.* IV, n° 266 ; *JDI* 2008. 53, 1re esp., note Martel ; *Rev. crit. DIP* 2008. 338, note Bureau – CJCE 12 févr. 2009, Christopher Seagon c/Deko Marty Belgium NV, aff. C-339/07, *D.* 2009. 1311, obs. Vallens (les juridictions de l'État membre sur le territoire duquel la procédure d'insolvabilité a été ouverte sont compétentes pour statuer sur une action révocatoire fondée sur l'insolvabilité et dirigée contre un défendeur ayant son siège statutaires dans un autre État membre).
7. Com. 18 déc. 2007, n° 06-17.610, *Bull. civ.* IV, n° 266 ; *Dr. et proc.*, cah. dr. int. n° 2, mars-avr. 2008, p. 8 ; *Rev. crit. DIP* 2008. 338, note Bureau – RAPPR. DÉJÀ : Civ. 1re, 13 avr. 1992, n° 90-17.497, *Bull. civ.* I, n° 122 ; *Rev. crit. DIP* 1993. 67 note Rémery.
8. CJCE 10 sept. 2009, German Graphics Graphische Maschinen GmbH, aff. C-292/08, *Procédures* nov. 2009. Comm. 360, obs. Nourissat.
9. CJCE 22 févr. 1979, aff. C-133/78, *Rec. CJCE* 1979. 733.
10. CJCE 2 juill. 2009, SCT Industri AB i likvidation c/Alpenblume AB, aff. C-111/08.

Des difficultés de délimitation existent entre les champs d'application respectifs du règlement du 29 mai 2000 relatif aux procédures d'insolvabilité et le règlement Bruxelles I[1]. Le rapport Heß, Pfeiffer et Schlosser, de septembre 2007, suggère donc de clarifier la délimitation entre les deux règlements.

150.57 **5) Sécurité sociale.** Son exclusion expresse a été justifiée par son caractère ambigu, à mi-chemin entre droit public et droit privé; c'est pourquoi les rédacteurs de la Convention puis du règlement ont préféré poser clairement la règle de son exclusion (une cour d'appel n'a pas considéré – à tort selon nous – l'obligation pour l'employeur de cotiser à un régime de retraite comme relevant de la matière sociale au sens de la Convention[2]).

150.58 **6) Arbitrage.** L'exclusion de l'arbitrage n'était pas initialement prévue dans l'article 220 du traité de Rome, norme sur laquelle se fonde l'adoption de la convention de Bruxelles. Nous avons vu en effet que ce texte fait aussi référence à la reconnaissance et à l'exécution simplifiée des sentences arbitrales. Toutefois, les rédacteurs de la Convention puis du règlement ont préféré écarter ce domaine, au motif qu'il existe déjà un nombre élevé de conventions internationales relatives à l'arbitrage (par ex. Conv. Genève, 26 sept. 1927, sur l'exécution des sentences arbitrales étrangères, largement remplacée aujourd'hui par Conv. New York, 10 juin 1958, sur la reconnaissance et l'exécution des sentences arbitrales étrangères, ratifiée par de nombreux États, dont la France[3]) et également parce qu'ils envisageaient à l'époque l'adoption d'un texte spécifique en matière d'arbitrage qui finalement n'a jamais vu le jour.

L'exclusion de l'arbitrage signifie tout d'abord que l'arbitre ne saurait saisir la Cour de justice d'une question préjudicielle en interprétation de la Convention ou du règlement, puisque ceux-ci ne s'appliquent pas à son activité. Ensuite, la Cour a également considéré que la Convention n'était pas applicable à un litige porté devant une juridiction étatique, mais relatif à la désignation d'un arbitre, litige soulevant au préalable la question de l'existence ou de la validité de la convention d'arbitrage[4] (Mme Gaudemet-Tallon pose la question de savoir si cette solution doit être étendue au cas où la validité de la convention d'arbitrage est contestée et où l'objet principal du litige relève de la convention de Bruxelles, ce qui n'était pas le cas dans l'affaire Marc Rich où l'objet du litige devant le juge étatique concernait la désignation d'un arbitre; cet auteur considère que la convention de Bruxelles doit là aussi être inapplicable tant que les arbitres n'ont pas décidé que la convention d'arbitrage – clause compromissoire ou compromis – était nulle ou inexistante[5]). Logiquement, la reconnaissance et l'*exequatur* des sentences arbitrales internationales et le contentieux y afférent ne relèvent pas davantage de la convention de Bruxelles. De même, seule une décision judiciaire (et non pas une sentence arbitrale) peut empêcher la reconnaissance ou l'*exequatur*, dans un État membre, d'un jugement émanant d'un autre État membre (cas d'inconciliabilité de l'art. 34, 3° et 4° du règlement). Des arrêts récents ont montré les difficultés existant entre arbitrage et règlement Bruxelles I, à tel point que certains auteurs se sont demandé s'il ne faudrait pas intégrer l'arbitrage dans le champ d'application du règlement lors de sa révision[6]. Des problèmes peuvent notamment surgir lorsque la validité d'une convention d'arbitrage est contestée et que l'objet principal du litige entre les parties entre dans le champ d'application du règlement Bruxelles I. Dans un arrêt du 10 février 2009, *Allianz Spa c/West Tankers*[7], la Cour de justice, suivant les conclusions de l'avocate générale Kokott, a déclaré qu'il était interdit à une juridiction d'un État membre de prononcer une injonction *anti-suit*[8] afin de protéger une procédure arbitrale[9]. La Cour estime que la question de la

1. Sur les nombreuses difficultés rencontrées en pratique, v. *Report on the Application of Regulation Brussels I in the Member States*, sept. 2007, n°s 88 s. – PAR EX., v. l'arrêt *Re Hayward* [1997], Ch. 45 Rattee J (arrêt de *la Chancery Division* anglaise), 1 All ER 32 – Com. 21 juin 2005, n° 04-10.868, NP.
2. Grenoble, 6 nov. 2000, *D.* 2001. 2547, note Devers : application de Conv. Bruxelles, art. 5 § 1 et détermination empirique (donc contraire à la jurisprudence *Tessili* du 6 octobre 1976 [v. s^s n° 152.41]) du lieu d'exécution – V. AUSSI, CJCE 14 nov. 2002, Gemeente Steenberger c/Baten, aff. C-271/00, *Rec. CJCE* I-10489.
3. Conv. New York, 10 juin 1958, *JO* 6 sept. 1959.
4. CJCE 25 juill. 1991, Marc Rich and Co AG c/Societa Italiana Impianti PA, aff. C-198/89, *Rec. CJCE* 3855.
5. H. Gaudemet-Tallon, *Compétence et exécution des jugements en Europe*, 4e éd., LGDJ, 2010, n° 48 *in fine*.
6. V. NOT. le rapport Heß, Pfeiffer et Schlosser, *Report on the Application of Regulation 44/2001 in the Member States*, 2007, Munich, Beck éd.; V. AUSSI les extraits aux *Cah. arb.* 2008/1, p. 5 – *CONTRA* : not. H. Gaudemet-Tallon, *Compétence et exécution des jugements en Europe*, 4e éd., LGDJ, 2010, n° 46; S. Lazareff, *Cah. arb.* 2008/1, p. 3.
7. CJCE 10 févr. 2009, Allianz Spa c/West Tankers, aff. C-185/07 – V. NOT. C. Kessedjian, *D.* 2009. 981; *JDI* 2009. 1281, obs. Audit; *Rev. crit. DIP* 2009. 373, obs. Muir-Watt.
8. Une injonction *anti-suit* est une ordonnance par laquelle un juge de *common law* interdit au défendeur de saisir une autre juridiction, ou de continuer une procédure entamée devant une autre juridiction – V. A. Dutta et Ch. Heinze, « *Anti-suit injunctions zum Schutz von Schiedsvereinbarungen* », *RIW* 2007. 411.
9. Une clause compromissoire avait été convenue; les assureurs subrogés dans les droits d'une partie à la convention d'arbitrage, saisirent pourtant les tribunaux étatiques italiens, en considérant que la convention d'arbitrage ne leur était pas opposable. L'autre partie, West Tankers, demanda au juge anglais de rendre une injonction *anti-suit* afin de mettre fin à la procédure étatique entamée en violation de la clause d'arbitrage. La Chambre des Lords anglaise demanda à la Cour de justice si le juge anglais pouvait formuler une telle injonction; la Cour de justice répondit par la négative en se fondant sur une motivation qui a été critiquée par divers auteurs – V. S. Dutson et M. Howarth, « *After West Tankers – Rise of the "Foreign Torpedo" ?* », *Arb.* 2009. 334 – M. Illmer, « *West Tankers reloaded - Vollstreckung eines feststellenden Schiedsspruchs zur Abwehr der Vollstreckung einer zukünftigen ausländischen Entscheidung* », *IPRax* 2012. 264 – M. Lehmann, « *Anti-suit injunctions zum Schutz internationaler Schiedsvereinbarungen und EuGVVO* », *NJW* 2009. 1645.

validité d'une clause d'arbitrage soulevée à titre d'exception devant un tribunal étatique compétent au fond selon les dispositions du règlement Bruxelles I, entre dans le champ d'application de ce dernier, ce qui rend une injonction *anti-suit* impossible. En matière d'arbitrage international pourtant, il est en général admis que c'est l'arbitre qui est juge de sa propre compétence[1]. La solution de l'arrêt *West Tankers* conduit à ne pas sanctionner le comportement de mauvaise foi d'une partie qui, en violation délibérée de la clause d'arbitrage, saisirait une juridiction étatique du litige. Il est difficile de trancher la question de savoir qui, dans l'Union européenne, doit apprécier la validité (ou l'efficacité) d'une clause d'arbitrage[2]; il est en effet aussi des cas dans lesquels la clause d'arbitrage est manifestement nulle, et dès lors, c'est beaucoup retarder la solution du litige que d'exiger que soit d'abord saisie une juridiction arbitrale qui ne pourra que constater cette nullité.

Le rapport Heß, Pfeiffer et Schlosser sur l'application du règlement Bruxelles I[3], souligne les interactions possibles entre arbitrage et règlement Bruxelles I, et notamment la question de la reconnaissance ou l'*exequatur* d'un jugement en présence d'une sentence arbitrale inconciliable. Il suggère notamment que soit ajouté au règlement un article 27 A qui disposerait que : « *A court of a Member State shall stay the proceedings once the defendant contests the jurisdiction of the court with respect to existence and scope of an arbitration agreement if a court of the Member State that is designated as place of arbitration in the arbitration agreement is seised for declaratory relief in respect to the existence, the validity, and/or the scope of that arbitration agreement* »[4]. [« *La juridiction d'un État membre sursoit à statuer si le défendeur conteste sa compétence en raison de l'existence et du champ d'application d'une convention d'arbitrage, dès lors qu'une juridiction de l'État membre qui est désigné comme lieu de l'arbitrage dans la convention d'arbitrage est saisie d'une action relative à l'existence, à la validité ou au champ d'application de la convention d'arbitrage* ».]

Dans sa proposition de révision du règlement Bruxelles I en date du 14 décembre 2010[5], la Commission européenne proposait d'améliorer les liens entre le règlement Bruxelles I et l'arbitrage en obligeant la juridiction saisie d'un litige à surseoir à statuer si sa compétence était contestée en vertu d'une convention d'arbitrage et si un tribunal arbitral avait été saisi de l'affaire, ou encore si une action en justice portant sur la convention d'arbitrage avait été engagée dans l'État membre du siège de l'arbitrage[6]. Le but d'une telle disposition était d'augmenter l'effectivité des conventions d'arbitrage en Europe, d'éviter les procédures judiciaire et arbitrale parallèles et de décourager les manœuvres dilatoires d'un plaideur[7]. Il semble en effet que les cas problématiques se multiplient, en raison de l'émergence d'une **notion d'ordre public européen**, renforcée notamment par la **compétence exclusive de l'Union européenne en matière d'investissements**[8].

Le règlement UE n° 1215/2012 du 12 décembre 2012, Bruxelles I *bis*, qui entrera en application le 10 janvier 2015 n'est pas allé aussi loin que la Commission européenne le préconisait. Seul son considérant 12 aborde la question des rapports entre le règlement et l'arbitrage. Il dispose que le règlement « *ne devrait pas s'appliquer à l'arbitrage* » et que « *rien dans le présent règlement ne devrait empêcher la juridiction d'un État membres, lorsqu'elle est saisie d'une demande faisant l'objet d'une convention d'arbitrage passée entre les parties, de renvoyer les parties à l'arbitrage, de surseoir à statuer, de mettre fin à l'instance ou d'examiner si la convention d'arbitrage est caduque, inopérante ou non susceptible d'être appliquée, conformément à son droit national* ». Il faut en déduire que la juridiction d'un État membre qui est saisie d'une demande faisant l'objet d'une convention d'arbitrage peut choisir son comportement[9] : statuer, surseoir à statuer, renvoyer les parties à l'arbitrage, décider si la convention doit ou non être appliquée (appréciation en vertu du droit national de la juridiction).

Il est logique que certaines demandes, étroitement liées à la procédure d'arbitrage, échappent par voie de conséquence à l'application du règlement Bruxelles I *bis* : il en va notamment ainsi des actions concernant la composition du tribunal arbitral (désignation, révocation ou remplacement d'un arbitre), des actions concernant la procédure arbitrale elle-même (par exemple l'extension de la durée initiale de l'arbitrage) ou encore des actions relatives à l'annulation de la sentence arbitrale ou à son exécution. C'est ce qu'admet le considérant 12 alinéa 4 du nouveau règlement UE n° 1215/2012 Bruxelles I *bis*[10].

Le considérant 12 alinéa 2 ajoute que la décision d'une juridiction d'un État membre relative à la caducité ou l'inapplicabilité d'une convention d'arbitrage « *ne devrait pas être soumise aux règles de reconnaissance et d'exécution* » prévues au règlement Bruxelles I *bis*, « *que la juridiction se soit prononcée sur cette question à titre principal ou incident* ».

L'alinéa 3 du considérant tente de résoudre la question qu'avait soulevée l'arrêt *West Tankers* de la Cour de justice du 10 février 2009 : interdisant l'usage d'une injonction par laquelle le tribunal d'un État membre, afin de protéger la procédure arbitrale devant se dérouler sur son territoire, interdirait à une partie d'engager ou de poursuivre une procédure devant les tribunaux d'un autre État membre, la

1. PAR EX., Civ. 1re, 23 janv. 2007, n° 06-11.157, NP; *Cah. arb.* 2007/1, p. 44.
2. EN CE SENS, H. Gaudemet-Tallon, *Compétence et exécution des jugements en Europe*, 4e éd., LGDJ, 2010, n° 48, p. 45.
3. *Report on the Application of Regulation Brussels I in the Member States*, sept. 2007, nos 106 s., préc. s[s] n° 150.56.
4. *Report on the Application of Regulation Brussels I in the Member States*, sept. 2007, n° 134, préc.
5. COM (2010) 748 final, 14 déc. 2010.
6. Prop. règl., art. 29 et 33.
7. Pour plus de détails sur la refonte projetée du règlement Bruxelles I, v. s[s] n° 159.24.
8. V. « L'arbitrage international et le droit de l'Union européenne : un dialogue constructif ou une collision inévitable ? », *Cah. dr. entr.* sept.-oct. 2013, n° 5, p. 9.
9. DANS LE MÊME SENS, B. Audit et L. d'Avout, *Droit international privé*, 7e éd., Economica, 2013, n° 573, p. 501.
10. Le règlement « *ne devrait pas s'appliquer à une action ou demande accessoire portant, en particulier, sur la constitution d'un tribunal arbitral, les compétences des arbitres, le déroulement d'une procédure arbitrale ou tout autre aspect de cette procédure ni à une action ou une décision concernant l'annulation, la révision, la reconnaissance ou l'exécution d'une sentence arbitrale, ou l'appel formé contre celle-ci* ».

Cour de justice semblait imposer ainsi aux tribunaux de l'État membre de se soumettre devant la décision au fond rendue par la juridiction d'un État membre ayant jugé la convention d'arbitrage caduque ou inapplicable. Le considérant 12 alinéa 3 affirme tout d'abord que si le tribunal d'un État membre, « *dans le cadre de l'exercice de sa compétence en vertu du présent règlement ou de son droit national* », a jugé la convention d'arbitrage caduque ou inapplicable, « *cela ne devrait pas empêcher que sa décision au fond soit reconnue ou, le cas échéant, exécutée conformément au présent règlement* », ce qui semble suivre les conséquences susceptibles d'être tirées de l'arrêt *West Tankers*. Toutefois, le considérant ajoute que « *cette règle devrait être sans préjudice du pouvoir des juridictions des États membres de statuer sur la reconnaissance et l'exécution des sentences arbitrales conformément à la convention* » de New York du 10 juin 1958, « *qui prime sur le présent règlement* ». L'article 73 § 2 du règlement Bruxelles I *bis* ajoute que le règlement « *n'affecte pas l'application de la convention de New York de 1958* ». Il faut en déduire que, si une partie a en vain opposé la convention d'arbitrage devant la juridiction étatique d'un État membre qui a statué au fond, cette partie peut tout à fait engager ou poursuivre la procédure arbitrale et pourra même demander la reconnaissance ou l'exécution de la sentence selon les conditions de la convention de New York. Il existe toutefois un risque, celui que soient rendus en parallèle une sentence arbitrale et un jugement étatique inconciliables, et que les parties entreprennent une course à l'exécution [1].

Une dernière question se pose : celle de la force contraignante des déclarations contenues dans les considérants des actes de l'Union. On ne peut en effet que s'étonner que la question difficile des rapports entre le règlement Bruxelles I *bis* et l'arbitrage ne fasse l'objet de développements que dans un simple considérant et qu'aucun article du règlement ne soit consacré à cette question, contrairement à ce que proposait la Commission européenne dans sa proposition de refonte du règlement Bruxelles I du 14 décembre 2010 [2].

B.
Matière matrimoniale, divorce et procédures assimilées, et responsabilité parentale des enfants communs

150.61 Convention Bruxelles II du 28 mai 1998 [concernant la compétence, la reconnaissance et l'exécution en matière matrimoniale], règlement CE nº 1347/2000 du 29 mai 2000 et règlement CE nº 2201/2003 du 27 novembre 2003 (Bruxelles II *bis*). Chaque année, au sein de l'Union européenne, environ 2,2 millions de mariages sont célébrés, dont 350 000 sont des mariages mixtes, internationaux. Chaque année sont prononcés environ 170 000 divorces présentant des éléments d'extranéité [3]. La Commission européenne, dans sa communication du 16 mars 2011, *Lever les incertitudes liées aux droits patrimoniaux des couples internationaux* [4], mentionne 122 millions de mariages dans l'Union, dont environ 16 millions (13 %) présentent une dimension transfrontière. En 2007, sur 2,4 millions de mariages célébrés dans l'Union européenne, 300 000 couples relevaient de cette catégorie; il en allait de même dans 13 % des divorces (140 000 sur 1 040 000 prononcés dans l'Union européenne) la même année.

La convention de Bruxelles II couvrait l'ensemble des procédures de divorce, séparation de corps, annulation du mariage des époux ainsi que les procédures civiles relatives à la responsabilité parentale à l'égard des enfants communs suite à une procédure de divorce (Conv. Bruxelles II, art. 3 § 1). Toutefois, le champ d'application de ce nouvel instrument international ne s'étendait pas à tous les conflits de nature familiale : ainsi y échappaient, par exemple, les questions de filiation ou encore de succession, de même que les effets patrimoniaux de la dissolution du lien matrimonial. Cette Convention a été remplacée dans un premier temps par un règlement CE nº 1347/2000 du 29 mai 2000 relatif à la compétence, la reconnaissance et l'exécution des décisions en matière matrimoniale et en matière de responsabilité parentale des enfants communs [5] qui reprenait presque mot pour mot son contenu et était entré en vigueur le 1er mars 2001. L'adoption de ce règlement se justifiait par le fait que la coopération judiciaire civile avait été transférée du domaine intergouvernemental au domaine communautaire depuis l'entrée en vigueur du traité d'Amsterdam (v. traité CE, titre IV, et not. art. 65 et 68) [6]. Le règlement du 29 mai 2000 a lui-même été remplacé depuis le 1er mars 2005 par le règlement Bruxelles II *bis* du

1. V. B. Audit et L. d'Avout, *Droit international privé,* 7e éd., Economica, 2013, nº 573, p. 502.
2. COM (2010) 748 final, 14 déc. 2010.
3. Sur ces statistiques, v. Ch. Kohler, « *Zur Gestaltung des europäischen Kollisionsrechts für Ehesachen, Der steinige Weg zu einheitlichen Vorschriften über das anwendbare Recht für Scheidung und Trennung* », *FamRZ* 2008. 1673 – Ainsi que le *Bull. Quotidien Europe*, nº 9589, 29 janv. 2008, p. 11.
4. COM (2011) 125 final, 16 mars 2011.
5. Règl. CE nº 1347/2000 du Conseil, 29 mai 2000, *JOCE*, nº L 160, 30 juin, p. 19; *D.* 2000. 379.
6. Sur Règl. 29 mai 2000, V. NOT., outre la bibliographie, B. Ancel et H. Muir-Watt, « La désUnion européenne : le règlement dit "Bruxelles I" », *Rev. crit. DIP* 2001. 403 – S. Drouet, « La communautarisation de Bruxelles II, chronique d'une mutation juridique », *RMCUE* 2000. 247 – Ch. Kohler, « *Internationales Verfahrensrecht für Ehesachen in der Europäischen Union : Die Verordnung "Brüssel II"* », *NJW* 2001. 10 – B. Sturlèse, « Les nouvelles règles du droit international privé européen du divorce, règlement CE nº 1347/2000 du Conseil », *JCP* 2000. I. 292 – N. Watté et H. Boularbah, « Le règlement communautaire en matière matrimoniale et de responsabilité parentale (règlement dit "Bruxelles II") », *RTD fam.* 2000. 539 – V. AUSSI P. Mac Eleavy, « *The Brussels Regulation : how the European Community has moved into Family Law* », *International and Comparative Law Quaterly (ICLQ)* 2002, p. 883.

27 novembre 2003[1]. Toutefois, le Danemark n'a pas souhaité participer à ces règlements.

Le règlement du 27 novembre 2003, Bruxelles II *bis*, aujourd'hui en vigueur est divisé de la façon suivante : I. Champ d'application; II. Compétence judiciaire; III. Reconnaissance et exécution; IV. Coopération entre les autorités centrales en matière de responsabilité parentale; V. Relations avec d'autres instruments; VI. Dispositions transitoires et VII. Dispositions finales. Six annexes complètent le document. Ce règlement s'est substitué à celui du 29 mai 2000; il s'applique aux instances intentées (ou aux actes authentiques reçus, aux transactions conclues) après le 1er mars 2005. Des dispositions de droit transitoire (art. 64) règlent le sort des situations juridiques ayant débuté avant la mise en application du règlement et se poursuivant après. Ce règlement aurait dû faire l'objet d'un rapport de la Commission européenne pour décembre 2012; ce rapport n'a toutefois toujours pas été présenté[2].

150.62 Bref aperçu sur le règlement Bruxelles II *bis* du 27 novembre 2003. Le règlement Bruxelles II *bis* faisant l'objet de développements dans le Dalloz action *Droit de la famille*[3], il ne sera donné ici que quelques indications sommaires sur son contenu[4]. Contrairement à la convention de Bruxelles de 1968 ou au règlement Bruxelles I de 2000, dont les règles de compétence directe ne sont en principe applicables que lorsque le défendeur est domicilié dans un État membre (ou si une compétence exclusive renvoie à un État membre, ou encore si une clause de prorogation de for donne compétence aux juridictions d'un État membre et qu'une des parties ait son domicile dans l'Union européenne), le règlement du 27 novembre 2003 ne comporte pas une telle restriction. Il est ***d'application universelle***. Le règlement s'applique dans les États membres (autres que le Danemark) dès qu'un des critères de compétence est situé sur le territoire d'un État membre. La Cour de cassation rappelle régulièrement la **primauté des règles de l'Union en matière de désunion** et donc l'obligation pour les juges d'appliquer le règlement Bruxelles II *bis* dès lors qu'il est applicable (pour de nombreuses illustrations[5] et un cas de cassation pour violation du règlement Bruxelles II de 2000, que les juges d'appel n'avaient à tort pas appliqué alors que la dernière résidence des époux était en France, où la demanderesse résidait[6]).

Le règlement Bruxelles II *bis* de 2003 a un **champ d'application plus large que le règlement Bruxelles II** de 2000. Il s'applique aux procédures de divorce, séparation de corps, annulation du mariage, mais aussi aux actions relatives à la responsabilité parentale (toutes procédures touchant à l'attribution, l'exercice, la délégation, le retrait partiel ou total de la responsabilité parentale, art. 1er, 1 b), indépendamment d'une éventuelle désunion des parents, et quelle que soit la situation familiale (parents mariés ou non) afin de garantir l'égalité de traitement de tous les enfants (v. consid. 5); les règles de compétence en matière de responsabilité parentale reposent sur l'intérêt de l'enfant et le critère de proximité (v. consid. 12). Le règlement s'applique donc non seulement aux procédures de désunion, mais aussi au cas des enfants naturels dont les parents se séparent sans s'entendre sur l'autorité parentale. Enfin, le règlement contient également des règles de compétence en cas d'enlèvement d'enfant et de retour de ce dernier (Règl. 27 nov. 2003, dit Règl. Bruxelles II *bis*, art. 10 et 11). Le texte énonce l'importance de l'audition de l'enfant (consid. 19), sans pour autant modifier les procédures nationales applicables en la matière.

150.63 Règles de compétence contenues dans le règlement Bruxelles II *bis*. Le règlement Bruxelles II *bis* énonce des règles de compétence en matière de **divorce, séparation de corps ou annulation du mariage** (Règl. 27 nov. 2003, art. 3). Il s'agit d'une série de critères de compétence non hiérarchisés[7] se fondant essentiellement sur la **résidence** (résidence habituelle des époux, ou dernière résidence habituelle, ou résidence habituelle du défendeur...) mais laissant aussi une place à la nationalité des deux époux.

En matière de responsabilité parentale (au sens de droit de garde, de visite, tutelle, curatelle, désignation et fonctions de toute personne ou organisme chargé de s'occuper de la personne de l'enfant ou de ses biens, de le représenter ou de l'assister, placement de l'enfant, mesures de protection de l'enfant liées à

1. SUR CE TEXTE, v. A. Bigot, « Le nouveau règlement communautaire du 27 novembre 2003 en matière matrimoniale et de responsabilité parentale », *Dr. fam.* mars 2004, p. 12 – C. Nourissat, « Le règlement Bruxelles II *bis* : conditions générales d'application », *RLDC* oct. 2005, p. 68 – H. Fulchiron et C. Nourissat (dir.), *Le nouveau droit du divorce et de la responsabilité parentale*, « Thèmes et commentaires », Dalloz, 2005.
2. À la date du 20 novembre 2013.
3. P. Murat (dir.), Dalloz action *Droit de la famille*, 2014/2015, Livre 5, par A. Devers et M. Farge.
4. V. AUSSI, V. Egéa, « Une source d'inspiration pour l'espace judiciaire civil européen : le Règlement Bruxelles II *bis* », in M. Douchy-Oudot et E. Guinchard, *La justice civile européenne en marche*, « Thèmes et commentaires », Dalloz, 2012, p. 35.
5. Civ. 1re, 25 avr. 2007, no 06-15.381, *Bull. civ.* I, no 157; *D.* 2007. AJ 1431 – V. AUSSI, Civ. 1re, 22 févr. 2005, no 02-14.758, *Bull. civ.* I, no 93; *AJ fam.* 2005. 277, obs. David; *D.* 2005. 1459, note Sana-Chaillé de Néré – Civ. 1re, 12 déc. 2006, no 05-16.705, *Bull. civ.* I, no 539; *AJ fam.* 2007. 226, obs. Boiché.
6. Civ. 1re, 28 nov. 2007, no 06-16.443, *Bull. civ.* I, no 373; *D.* 2008. 807, obs. Serra et Williatte-Pellitteri; *AJ fam.* 2008. 212, obs. Boiché.
7. Civ. 1re, 24 sept. 2008, no 07-20.248, *Bull. civ.* I, no 208; *Procédures* 2008. Comm. 296, obs. Nourissat.

l'administration, à la conservation ou à la disposition de ses biens, Règl. 27 nov. 2003, art. 1er), une compétence de base est prévue dans l'article 8 § 1 : celle du **tribunal de l'État membre sur le territoire duquel l'enfant réside habituellement** au moment où le tribunal est saisi. En vertu de l'article 20, en cas **d'urgence**, les juridictions d'un État membre peuvent toutefois prendre des mesures provisoires ou conservatoires sur les personnes ou les biens présents dans cet État même si le règlement confère compétence aux juridictions d'un autre État membre pour connaître du fond. Les articles 9, 10 et 11 du règlement apportent des correctifs à la règle de base de l'article 8 [1]. Le règlement prévoit enfin une **compétence subsidiaire** reposant sur le ***forum non conveniens*** (art. 15). À titre exceptionnel, la juridiction d'un État membre compétente pour statuer au fond peut considérer qu'une juridiction d'un autre État membre avec lequel l'enfant a un lien particulier est mieux placée pour connaître de tout ou partie de l'affaire. Si cela est dans **l'intérêt supérieur de l'enfant**, elle sursoit alors à statuer et invite les parties à saisir cette autre juridiction, ou bien elle demande elle-même à la juridiction d'un autre État membre d'exercer sa compétence.

En matière d'enlèvement international d'enfant, les dispositions du règlement concernent à la fois la compétence juridictionnelle et le retour de l'enfant dans l'État de sa résidence habituelle. En cas de déplacement ou de non-retour illicite d'un enfant, les tribunaux de l'État membre dans lequel l'enfant avait sa **résidence habituelle** immédiatement avant le déplacement demeurent compétents (Règl. 27 nov. 2003, art. 10). Cette compétence passe aux tribunaux de l'État dans lequel l'enfant a acquis une résidence habituelle lorsque certaines conditions sont remplies : ou le titulaire du droit de garde a acquiescé au déplacement ou au non-retour, ou bien l'enfant a résidé dans ce nouvel État pendant au moins un an après que le titulaire du droit de garde a eu ou aurait dû avoir connaissance du lieu où se trouvait l'enfant et ce dernier s'est intégré à son nouvel environnement, dès lors qu'une des conditions suivantes est remplie : aucune demande de retour dans le délai d'un an, ou demande de retour présentée et puis retirée, ou encore l'affaire présentée devant le tribunal de la résidence habituelle de l'enfant avant l'enlèvement a été close en vertu de l'article 11 § 7 du règlement, ou enfin une décision de garde n'impliquant pas le retour de l'enfant a été rendue par le tribunal de la résidence habituelle de l'enfant avant l'enlèvement. En ce qui concerne le retour de l'enfant, l'article 11 du règlement reprend des stipulations de la convention de La Haye de 1980 qui demeure applicable entre les États membres de l'Union européenne. **Le règlement ne permet pas aux tribunaux de l'État refuge de statuer sur le retour de l'enfant; la demande de retour doit être fondée sur la convention de La Haye** (v. son art. 13 qui prévoit à quelles conditions le retour de l'enfant peut être ordonné ou refusé par l'État requis). Le règlement s'articule donc avec cette Convention. Il énonce des **règles fondamentales de procédure en matière de retour de l'enfant :** audition de l'enfant au cours de la procédure « *à moins que cela n'apparaisse inapproprié eu égard à son âge ou à son degré de maturité* » (art. 11 § 2); décision rapide de la juridiction saisie de la demande de retour (en principe, elle doit juger dans les six semaines de sa saisine, art. 11 § 3); transmission du dossier de la juridiction de l'État refuge qui a rendu une décision de non-retour à celle de l'État membre dans lequel l'enfant avait sa résidence habituelle immédiatement avant l'enlèvement (art. 11 § 6 – cette dernière juridiction doit alors en principe notifier la décision aux parties et les inviter à présenter des observations dans un délai de trois mois à compter de la notification, afin que la juridiction puisse examiner la question de la garde de l'enfant). Sur le fond, l'article 11 § 4 du règlement énonce que le retour de l'enfant ne peut être exclu sur le

1. En cas de déménagement « *légal* » de l'enfant dans un autre État membre où il acquiert une résidence habituelle, les juridictions de l'État membre de l'ancienne résidence demeurent compétentes (art. 9 § 1) les trois mois suivant le déménagement pour modifier une décision sur le droit de visite rendue dans cet État membre avant le déménagement, à condition toutefois que le titulaire du droit de visite continue à résider habituellement dans l'État membre de l'ancienne résidence habituelle de l'enfant (sauf toutefois si ce titulaire a accepté la compétence du tribunal de la nouvelle résidence de l'enfant, art. 9 § 2). Le tribunal de l'ancienne résidence de l'enfant n'est pas habilité à statuer pour la première fois sur le droit de visite, mais seulement à, modifier une décision déjà rendue en la matière. Ensuite, l'article 12 donne compétence aux juridictions d'un État membre saisies d'une procédure de désunion pour statuer sur la responsabilité parentale liée à la procédure, mais à plusieurs conditions : il faut qu'un époux au moins exerce la responsabilité parentale à l'égard de l'enfant, et que la compétence ait été acceptée expressément ou de toute autre manière non équivoque par les époux et par les titulaires de la responsabilité parentale, à la date où la juridiction est saisie; il faut enfin que cette compétence soit « *dans l'intérêt supérieur de l'enfant* » (art. 12 § 1). Cette compétence de l'article 12 § 1 prend fin dans un certain nombre de circonstances envisagées (art. 12.1, § 2). En vertu de l'article 12 § 3, enfin, les juridictions d'un État membre seront également compétentes en matière de responsabilité parentale dans des procédures autres que de désunion, dès lors que l'enfant a un lien étroit avec cet État membre (par ex. s'il est ressortissant de cet État ou si un des titulaires de l'autorité parentale y a sa résidence habituelle et que la compétence est acceptée de façon non équivoque par toutes les parties à la procédure) et que cette compétence est dans l'intérêt supérieur de l'enfant. Lorsque la résidence de l'enfant ne peut être établie et que la compétence des juridictions ne peut être déterminée en vertu de l'article 12, sont compétentes les juridictions de l'État membre dans lequel l'enfant est présent (art. 13).

fondement du risque grave (Conv. La Haye 1980, art. 13) si des mesures ont été prises afin d'assurer la protection de l'enfant après son retour.

Le règlement contient un article relatif aux **mesures provisoires et conservatoires.** L'article 20 § 1 du règlement Bruxelles II *bis* du permet, en cas d'urgence, aux juridictions d'un État membre de prendre des mesures provisoires ou conservatoires relatives aux personnes ou aux biens présents dans cet État, dès lors que ces mesures sont prévues par la loi de cet État membre, et même si le règlement prévoit sur le fond la compétence des juridictions d'un autre État membre. Les mesures visées sont limitées aux matières entrant dans le champ du règlement; elles ont en revanche des effets extraterritoriaux. Les mesures prises sur le fondement de l'article 20 § 1 cessent de produire effet lorsque la juridiction de l'État membre compétente en vertu du règlement pour connaître du fond a pris les mesures qu'elle estime appropriées (Règl. 27 nov. 2003, art. 20 § 2).

150.71 Règlement UE n° 1259/2010 du Conseil, du 20 décembre 2010, dit Rome III, mettant en œuvre une coopération renforcée dans le domaine de la loi applicable au divorce et à la séparation de corps[1]. Une proposition de règlement dénommé Rome III avait été préparée par la Commission européenne en vue d'établir des règles quant à la **loi applicable en matière matrimoniale**[2]. La proposition de juillet 2006 ajoutait un article 3 *bis* relatif à la **prorogation de compétence dans les procédures de divorce et de séparation de corps,** permettant ainsi aux époux de convenir - dans certaines conditions et limites - de la juridiction compétente pour le divorce ou la séparation de corps. De même, la proposition de règlement contenait des dispositions relatives à la loi applicable et laissait aux époux la possibilité d'un choix parmi différentes lois (proposition règl., art. 20 *bis*). Toutefois, les États membres n'ont pu s'entendre à l'unanimité sur cette proposition de règlement Rome III[3], à laquelle d'ailleurs ni le Royaume-Uni ni l'Irlande n'ont exprimé le souhait d'être associés; le Conseil de l'Union européenne a donc constaté que les objectifs relatifs à l'adoption de ce règlement ne pourraient être atteints dans un délai raisonnable. Une **coopération renforcée** (TUE, art. 20)[4] entre États membres dans ce domaine a été mise à l'étude et a donné lieu à l'adoption du règlement UE n° 1259/2010 du 20 décembre 2010[5], qui ne porte que sur **la loi applicable au divorce ou à la séparation de corps** et est donc d'application parallèle au règlement Bruxelles II *bis* du 27 novembre 2003 qui, lui, porte sur la compétence judiciaire, la reconnaissance et l'exécution. Quatorze États[6] ont déclaré vouloir participer à ce règlement d'application universelle (Règl. 20 déc. 2010, art. 4), qui est entré en application le 21 juin 2012 et qui permet aux époux de choisir la loi applicable à leur divorce ou séparation de corps[7]. D'autres États membres pourront se joindre ultérieurement à la coopération renforcée[8]. C'est ainsi que la Lituanie a décidé en novembre 2012 de participer également au règlement Rome III[9], qui lui sera applicable à compter du 22 mai 2014.

150.81 Règlement CE n° 4/2009 du Conseil, du 18 décembre 2008, en matière d'obligations ali-

1. Règl. UE n° 1259/2010 du Conseil, 20 déc. 2010, mettant en œuvre une coopération renforcée dans le domaine de la loi applicable au divorce et à la séparation de corps, dit Rome III, *JOUE,* n° L 343, 29 déc., p. 10 – V. K. Boele-Woelki, « *For better of for worse : The europanization of international divorce law* », *Yearbook of Private International Law,* vol. XII 2010, p. 1 – C. Bridge, « Le nouveau droit communautaire du divorce, *favor divorti* et risques d'insécurité juridique », *RLDC* 2013, n° 4980, p. 37 – A. Devers et M. Farge, « Le nouveau droit international privé du divorce. À propos du règlement Rome III sur la loi applicable au divorce », *JCP* 2012, n° 778 – P. Hammje, « Le nouveau règlement UE n° 1259/2010 du Conseil du 20 décembre 2010 mettant en œuvre une coopération renforcée dans le domaine de la loi applicable au divorce et à la séparation de corps », *Rev. crit. DIP* 2011. 291.
2. Prop. règl. du Conseil, modifiant le règlement CE n° 2201/2003 du 27 novembre 2003 relatif à la compétence, la reconnaissance et l'exécution en matière matrimoniale et en matière de responsabilité parentale abrogeant le règlement CE n° 1347/2000, en ce qui concerne la compétence et le droit applicable en matière matrimoniale, suivie d'une nouvelle proposition du 17 juillet 2006, COM (2006) 339 final.
3. V. NOT. SUR L'OPPOSITION SUÉDOISE, Ch. Kohler, « *Zur Gestaltung des europäischen Kollisionsrechts für Ehesachen, Der steinige Weg zu einheitlichen Vorschriften über das anwendbare Recht für Scheidung und Trennung* », *FamRZ* 2008. 1673 et spéc[t] 1678.
4. Sur la procédure de coopération renforcée, V. AUSSI TFUE, art. 326 s.
5. V. PAR EX., A. Fiorini, « Rome III : un modèle à suivre ? », in M. Douchy-Oudot et E. Guinchard, *La justice civile européenne en marche,* « Thèmes et commentaires », Dalloz, 2012, p. 79.
6. Allemagne, Autriche, Belgique, Bulgarie, Espagne, France, Italie, Lettonie, Luxembourg, Hongrie, Malte, Portugal, Roumanie et Slovénie.
7. Le choix est toutefois limité : les époux doivent choisir entre la loi de l'État de la résidence habituelle des époux au moment de la conclusion de la convention, ou la loi de l'État de la dernière résidence des époux si l'un d'eux y réside encore lors de la conclusion de la convention, ou la loi de l'État de la nationalité d'un des époux au moment de la conclusion de la convention, ou encore la loi du for (Règl. 20 déc. 2010, art. 5 – sur la loi applicable en l'absence de choix des parties, v. Règl. 20 déc. 2010, art. 8).
8. V. TFUE, art. 331 § 1.
9. Pour une étude de droit comparé matériel et procédural, mais aussi de droit international privé du divorce dans des États membres participant au règlement Rome III et dans d'autres n'y participant pas, v. F. Ferrand et H. Fulchiron, « Le rupture du mariage en droit comparé et en droit international privé », *Rapport GIP Justice,* oct. 2013.

mentaires[1]. L'Union européenne est devenue membre de la Conférence de droit international privé de La Haye; elle a participé aux négociations de la convention du 23 novembre 2007 sur le **recouvrement international des aliments destinés aux enfants et à d'autres membres de la famille**, ainsi que du protocole de 2007 sur la loi applicable aux **obligations alimentaires.** Le règlement CE n° 4/2009 du 18 décembre 2008 porte sur la compétence, mais aussi sur la loi applicable, la reconnaissance et l'exécution des décisions ainsi que la coopération en matière d'obligations alimentaires. Ce texte, qui est entré en application le 18 juin 2012 entre tous les États membres sauf le Danemark[2], remplace, en matière d'obligations alimentaires, les dispositions du règlement Bruxelles I (not. l'art. 5 § 2); il applique le Protocole de La Haye de 2007 sur la loi applicable aux obligations alimentaires de façon anticipée, avant même que ce texte devienne applicable dans l'ordre juridique international. L'objectif est de **faciliter le recouvrement effectif des créances alimentaires dans des situations transfrontalières**[3]. Sont visées les obligations alimentaires découlant de relations de famille, de parenté, de mariage ou d'alliance. Le texte est révolutionnaire dans la mesure où **il dispensera le jugement de tout *exequatur* dans l'État membre requis** si la décision a été rendue dans un État membre lié par le protocole de La Haye du 23 novembre 2007 sur la loi applicable aux obligations alimentaires[4]. Le règlement impose en outre à chaque État membre de désigner une **Autorité centrale** se voyant confier des fonctions générales (coopérer avec les autorités centrales des autres États membres, favoriser la coopération dans l'application du règlement et la résolution des problèmes qu'il peut soulever) et des fonctions spécifiques (assister les parties pour les demandes prévues par le règlement, notamment en transmettant et recevant les demandes).

Le règlement du 18 décembre 2008 donne **compétence aux juridictions suivantes** (art. 3) :

– la juridiction du lieu où le défendeur a sa résidence habituelle (solution classique, *actor sequitur forum rei*);

– la juridiction du lieu où le créancier a sa résidence habituelle (solution très favorable au créancier)[5];

– la juridiction compétente selon la loi du for pour connaître d'une action d'état des personnes, si la demande d'obligation alimentaire est accessoire à cette action (sauf toutefois si la compétence est fondée uniquement sur la nationalité d'une des parties);

– la juridiction compétente selon la loi du for pour connaître d'une action relative à la responsabilité parentale, si la demande d'obligation alimentaire est accessoire à cette action (sauf là encore si la compétence est fondée uniquement sur la nationalité d'une des parties).

Il apparaît ainsi que le choix essentiel se fera entre le principe classique du **tribunal de la résidence habi-**

1. B. Ancel et H. Muir-Watt, « Aliments sans frontières », *Rev. crit. DIP* 481 – P. Beaumont, « *International Family Law in Europe : the Maintenance Project, the Hague Conference and the EC : a triumph of Reverse Subsidiarity* », *RabelsZ* 73 (2009) 598 – F. Ferrand, « *The Council Regulation (EC) n° 4/2009 of 18 décember 2008 on Jurisdiction, Applicable Law, Recognition and Enforcement of Decisions and Cooperatrion in Matters Relating to Maintenance Obligations* », in B. Campuzano Diaz, M. Czepelak, A. Rodriguez Benot et A. Rodriguez Vasquez, *Latest Developments in EU Private International Law*, Intersentia éd., 2011, p. 83 s. – F. Gascon Inchausti, « Le recouvrement des aliments en Europe », in M. Douchy-Oudot et E. Guinchard, *La justice civile européenne en marche*, « Thèmes et commentaires », Dalloz, 2012, p. 147 – B. Menut, *Le recouvrement des créances alimentaires*, EJT éd., 2010 – W. Hau, « *Die Zuständigkeitsgründe der Europäischen Unterhaltsverordnung* », *FamRZ* 2010. 516 – V. AUSSI, V. M. Farge, « Promotion transfrontière du droit à obtenir des aliments : l'apport du règlement CE n° 4/2009 du 18 décembre 2008 », *Dr. fam.* 2011. Étude 20 – C. Nourissat, « Le règlement CE n° 4/2009 du Conseil du 18 décembre 2008 relatif à la compétence, la loi applicable, la reconnaissance et l'exécution des décisions et la coopération en matière d'obligations alimentaires », *Procédures* 2009. Étude 5.
2. Toutefois, le Danemark ayant accepté que les modifications du règlement Bruxelles I lui soient opposables (accord 12 juin 2009 entre la Communauté européenne et le Royaume du Danemark, *Rev. crit. DIP* 2009. 624), il en découle que la disparition de l'article 5 § 2 du règlement entraînera pour cet État membre application des nouvelles règles de compétence contenues dans le règlement de 2008 sur les obligations alimentaires (mais seulement de ces dispositions).
3. Pour une condamnation de la France par la CEDH pour absence d'efforts suffisants, et partant, violation de l'article 6 § 1 de la Conv. EDH, pour assister une créancière polonaise dans l'exécution du jugement et le recouvrement de ses créances alimentaires en France, v. CEDH 18 nov. 2010, Romańczyk c/France, req. n° 7618/05.
4. Décis. CE n° 2009/941 du Conseil, 30 nov. 2009, relative à la conclusion, par l'Union du protocole de La Haye, *JOUE*, n° L 331, 16 déc., p. 17 : en vertu de cette décision, le protocole « *devrait être applicable entre les États membres au plus tard le 18 juin 2011* », date d'application du règlement CE n° 4/2009 (Décis. 30 nov. 2009, consid. 7); les règles du protocole devaient même être appliquées dans l'UE à titre provisoire si le protocole n'était pas encore entré en vigueur au 18 juin 2011. Le protocole de La Haye du 23 novembre 2007 prévoit dans son article 25 qu'il entrera en vigueur le premier jour du mois suivant l'expiration d'une période de trois mois après le dépôt du deuxième instrument de ratification, d'approbation ou d'adhésion. L'UE, elle, a déjà adhéré le 8 avril 2010.
5. En vertu de l'article 8 du règlement, si une décision a été rendue dans un État membre ou un État partie à la convention de La Haye de 2007 où le créancier a sa résidence habituelle, le débiteur ne peut introduire une procédure pour modifier la décision dans un autre État membres tant que le créancier continue à résider habituellement dans l'État dans lequel la décision a été rendue. Toutefois, l'article 8 § 2 prévoit quelques dérogations à ce principe.

tuelle du défendeur ou celui, qui avait déjà été admis dans l'article 5 § 2 du règlement Bruxelles I, du **tribunal de la résidence habituelle du créancier.** Si une procédure principale relative à l'état des personnes ou à la responsabilité parentale (au sens d'autorité parentale du droit français) est diligentée, le tribunal en connaissant pourra, en outre, statuer également sur une demande d'obligation alimentaire accessoire à l'action principale.

150.82 Clauses d'élection de for. En outre, le règlement du 18 décembre 2008 est favorable à une prise en compte de la **volonté des parties.** Son article 4 admet ainsi qu'elles peuvent convenir que la juridiction d'un État membre sera compétence pour régler les différends en matière d'obligations alimentaires nés ou à naître entre elles. Toutefois, le **choix** n'est pas entièrement libre. Il est **encadré.** En outre, une telle convention d'élection de for n'est pas admise lorsque le litige porte sur une obligation alimentaire à l'égard d'un enfant de moins de dix-huit ans (art. 4 § 3). Ne peuvent ainsi être choisies que les juridictions suivantes (art. 4 § 1) :

- une juridiction ou les juridictions d'un État membre dans lequel une des parties a sa résidence habituelle;
- une juridiction ou les juridictions d'un État membre dont l'une des parties a la nationalité;
- pour les obligations alimentaires entre époux ou ex-époux : la juridiction compétente pour connaître de leurs différends en matière matrimoniale, ou une juridiction ou les juridictions de l'État membre qui a été celui de leur dernière résidence habituelle commune pendant au moins un an[1].

150.83 Autres fondements de compétence. Comme dans le règlement Bruxelles I (et Bruxelles I *bis*), il est prévu au règlement du 18 décembre 2008 (art. 5) que, même si la juridiction saisie n'est pas compétente selon les dispositions du règlement, elle le devient dès lors que le défendeur comparaît devant elle, à condition que le défendeur accepte de défendre au fond et que sa comparution ne se limite donc pas à contester la compétence du tribunal saisi. La solution est logiquement la même dans le règlement Bruxelles I. En outre, si aucune juridiction d'un État membre n'est compétente en vertu du règlement, ni aucun État AELE sur le fondement de la convention de Lugano, une **compétence subsidiaire** est donnée aux juridictions de l'État membre de la nationalité commune des parties (Règl. 18 déc. 2008, art. 6). Enfin, le règlement du 18 décembre 2008 entend favoriser l'accès au juge pour les affaires d'obligations alimentaires. C'est pourquoi son article 7 dispose que si aucune juridiction d'un État membre n'est compétente sur le fondement des articles 3, 4, 5 et 6, les juridictions) d'un État membre « *peuvent, dans des cas exceptionnels* », connaître du litige « *si une procédure ne peut raisonnablement être introduite ou conduite, ou se révèle impossible dans un État tiers avec lequel le litige a un lien étroit* ». La juridiction de l'État membre saisie ne sera toutefois compétente que si le litige présente « *un lien suffisant avec l'État membre de la juridiction saisie* ». Cet article 7 vise à **éviter le déni de justice**[2].

Sur la mission de coopération des autorités centrales désignées par les États membres afin de faciliter le recouvrement transfrontalier des créances alimentaires, v. articles 48 s. du règlement.

§ 2
Dans l'espace

150.91 Évolution. Initialement, la convention de Bruxelles de 1968 énonçait (Conv. Bruxelles, art. 60, al. 1er) qu'elle s'appliquait au territoire européen des États contractants, aux départements français d'outre-mer ainsi qu'aux territoires français d'outre-mer; les Pays-Bas, eux, pouvaient décider que la Convention serait applicable au Surinam et aux Antilles néerlandaises (Conv. Bruxelles, art. 60, al. 2). À la suite de la convention d'adhésion de 1978, les Pays-Bas indiquèrent que désormais, la convention de Bruxelles ne serait applicable qu'à leur Royaume d'Europe, alors que le Danemark la déclarait applicable au Groenland (ce qui n'est plus le cas aujourd'hui), mais pas aux îles Féroé; le Royaume-Uni, lui, écarta l'application de la Convention aux territoires européens situés hors du Royaume-Uni mais dont celui-ci assume les relations internationales.

Depuis la convention de San Sebastian de 1989, l'article 60 de la Convention était supprimé, si bien qu'aucune référence n'était désormais faite au champ d'application de la convention de Bruxelles dans l'espace. Il convenait donc de tenir compte de la Constitution de chaque État membre dans la définition qu'elle donne du territoire national, afin de savoir à quels territoires s'étendait la convention de Bruxelles.

1. La réalisation de la condition (résidence habituelle, nationalité...) s'apprécie au moment de la conclusion de la convention d'élection de for ou au moment de l'introduction de l'instance (art. 41, *in fine*). La convention d'élection de for doit être conclue par écrit (ce qui englobe la forme électronique, Règl. 18 déc. 2008, art. 4.2).

2. Le règlement du 18 décembre 2008 contient également des dispositions relatives à la notion de saisine d'une juridiction (art. 9), à la vérification de sa compétence par le juge saisi (art. 10), à l'hypothèse d'absence de comparution du défendeur dans certaines hypothèses (art. 11), à la litispendance et à la connexité (art. 12 et 13). En outre, l'article 14 traite des mesures provisoires et conservatoires prévues par la loi d'un État membre qui peuvent être demandées aux autorités judiciaires de cet État même si, en vertu du règlement, ce sont les juridictions d'un autre État membre qui sont compétentes pour connaître du fond.

Selon le considérant 8 du règlement CE n° 44/2001 du 22 décembre 2000 remplaçant la convention de Bruxelles de 1968, il doit exister un lien entre les litiges couverts par ledit règlement et le territoire des États membres qu'il lie. Les dispositions du règlement doivent donc s'appliquer en principe dès lors que le défendeur est domicilié dans un des États membres. La convention de Bruxelles de 1968 continue donc de s'appliquer à certains territoires, puisque l'article 68 alinéa 1er du règlement écarte les territoires des États membres qui entrent dans le champ d'application territorial de la convention de Bruxelles mais qui sont exclus du règlement en vertu de l'article 299 du traité CE[1], devenu l'article 355 TFUE[2]. Sont exclues les Îles Féroé, les zones de souveraineté du Royaume-Uni et d'Irlande du Nord à Chypre (Akrotiri et Dhékelia), les Îles anglo-normandes, l'Île de Man, qui d'ailleurs étaient également[3] exclues du champ d'application de la convention de Bruxelles. Sont exclus également du champ d'application du règlement les territoires d'outre-mer français désormais dénommés collectivités d'outre-mer françaises[4] (Const. 1958, art. 72 s. – Polynésie, Nouvelle-Calédonie, Wallis-et-Futuna, Saint-Pierre-et-Miquelon, et initialement Mayotte mais qui a changé récemment de statut[5])[6]. En revanche, les dispositions des traités européens sont applicables à la Guadeloupe, à la Guyane française, à la Martinique, à la Réunion, à Saint-Barthélémy[7], à Saint-Martin, aux Açores, à Madère et aux Îles Canaries (TFUE, art. 355 § 1), « *conformément à l'article 349 TFUE* »[8].

150.92 **La convention de Bruxelles continuera à s'appliquer dans deux hypothèses :** lorsqu'est saisi un juge d'un territoire sur lequel elle continue à s'appliquer (par ex. un tribunal de Polynésie française), et lorsque – alors qu'est saisi un tribunal d'un État membre ayant accepté le règlement –, le défendeur est domicilié dans un territoire sur lequel la convention de Bruxelles continue à s'appliquer. Le juge saisi devra, dans ces deux cas, appliquer la convention de Bruxelles pour apprécier sa compétence. Ces solutions sont également valables en matière de clause d'élection de for (Conv. Bruxelles, art. 17 – et Règl. 22 déc. 2000, art. 23) si est déclaré compétent un tribunal d'un territoire appliquant cette convention. Il en ira de même si un cas de litispendance implique un tribunal d'un tel territoire. Enfin, les conditions de reconnaissance et d'*exequatur* relèveront de la convention de Bruxelles si la reconnaissance (ou l'*exequatur*) est demandée devant un tribunal d'un territoire continuant à appliquer la convention de Bruxelles, ou encore si est demandé dans un autre État membre l'*exequatur* d'un jugement rendu par une juridiction d'un tel territoire. En cas de difficulté d'interprétation, ce sera alors également le protocole de Luxembourg qui trouvera à s'appliquer, permettant ainsi la saisine de la Cour de

1. Sur le caractère compliqué de la détermination de ces territoires, v. G. A. L. Droz et H. Gaudemet-Tallon, « La transformation de la convention de Bruxelles du 27 septembre 1968 en règlement du Conseil concernant la compétence judiciaire, la reconnaissance et l'exécution des décisions en matière civile et commerciale », *Rev. crit. DIP* 2001. 613.
2. En lien avec l'article 52 TUE et l'article 349 TFUE.
3. À propos des Antilles néerlandaises, v. Civ. 1re, 9 déc. 2009, n° 08-17.195, NP; *Rev. crit. DIP* 2010. 405, obs. B.A. : par un moyen relevé d'office, la Cour de cassation relève que les Pays-Bas n'ont pas étendu aux Antilles néerlandaises l'application du règlement Bruxelles I. En appliquant l'article 5 § 1 de ce texte au litige, la cour d'appel a violé la loi car, le règlement n'étant pas applicable, la compétence devait être déterminée selon le droit commun.
4. Il est précisé à l'article 355.2 TFUE que « *les pays et territoires d'outre-mer dont la liste figure à l'annexe II font l'objet du régime spécial d'association défini dans la quatrième partie* ».
5. Pour Mayotte, v. la déclaration relative à l'article 355.6 TFUE : le Conseil européen prendra une décision aboutissant à la modification du statut de Mayotte à l'égard de l'Union, « de manière à ce que ce territoire devienne une région ultrapériphérique au sens de l'article 355 § 1 et de l'article 349 TFUE, lorsque les autorités françaises notifieront au Conseil européen et à la Commission que l'évolution en cours du statut interne de l'île le permet ». Le projet de loi organique relatif au département de Mayotte a été adopté; Mayotte est devenue en mars 2011 le 5e département d'outre-mer et le 101e département français. Jusqu'à présent dotée du statut de collectivité d'Outre-Mer, Mayotte est devenue fin mars 2011 une collectivité unique, à la fois département et région, régie par l'article 73 de la Constitution. Le droit commun sera progressivement appliqué dans ce nouveau département au moyen d'ordonnances. L'UE compte neuf « Régions ultrapériphériques européennes » (RUP). Il s'agit de territoires géographiquement éloignés du continent européen, mais qui font partie intégrante des États membres auxquels ils appartiennent. La législation de l'Union s'applique intégralement à ces RUP, contrairement aux pays et territoires d'outre-mer qui ont un statut différent. Sont des RUP : les quatre départements d'outre-mer français (Martinique, Guadeloupe, Guyane, Réunion) et les deux collectivités d'outre-mer Saint-Barthélémy et Saint-Martin; les deux régions autonomes portugaises Madère et Açores, ainsi que les Îles Canaries.
6. Sur la difficile question du Groenland, v. les interrogations de G. A. L. Droz et H. Gaudemet-Tallon, préc. ss prést n°.
7. Le Conseil européen a accepté, le 29 octobre 2010 à Bruxelles, à la demande du président de la République française, que Saint-Barthélemy devienne un pays et territoire d'outremer (PTOM), bénéficiant de ce fait d'un statut d'associé aux États membres de l'UE. Saint-Barthélemy, collectivité d'outremer dans les Antilles françaises, cessera donc d'être considérée à partir du 1er janv. 2012 comme une RUP de l'UE.
8. L'article 349 TFUE énonce que « *compte tenu de la situation économique et sociale structurelle* » de ces territoires, « *qui est aggravée par leur éloignement, l'insularité, leur faible superficie, le relief et le climat difficiles, leur dépendance économique vis-à-vis d'un petit nombre de produits, facteurs dont la permanence et la combinaison nuisent gravement à leur développement, le Conseil, sur proposition de la Commission et après consultation du Parlement européen, arrête des mesures spécifiques visant, en particulier, à fixer les conditions de l'application des traités à ces régions, y compris les politiques communes* ».

justice non seulement aux juridictions suprêmes, mais également aux cours d'appel des États membres.

150.93 **Pour que la convention de Bruxelles ou le règlement du 22 décembre 2000 la remplaçant soit applicable,** il suffit que **le défendeur soit domicilié dans un État membre,** même si le demandeur, lui, ne l'est pas[1] : « *Le titre II de la Convention* [...] *relatif à la compétence judiciaire trouve en principe à s'appliquer dès lors que le défendeur a son domicile ou son siège sur le territoire d'un État contractant, même si le demandeur est domicilié dans un pays tiers. Il n'en irait autrement que dans les cas exceptionnels où une disposition expresse de ladite Convention prévoit que l'application de la règle de compétence qu'elle énonce dépend de la localisation du domicile du demandeur sur le territoire d'un État contractant* ». La Convention ou le règlement est également applicable si les règles de compétence exclusive désignent les juridictions d'un État membre ou si une clause de prorogation de for donne compétence aux juridictions d'un État membre (à condition, dans ce dernier cas, que l'une des parties soit domiciliée dans un État membre).

Mais que se passe-t-il lorsque **le domicile du défendeur est inconnu** ? La Cour de justice a eu l'occasion de statuer sur une telle hypothèse dans deux arrêts récents.

Dans l'arrêt *Hypotecni Banka a. s. c/U.M. Lindner* du 17 novembre 2011[2], une banque tchèque agissait en remboursement d'un crédit hypothécaire contre un de ses clients, ressortissant allemand domicilié en République tchèque à l'époque de la conclusion du prêt. Le défendeur ne résidant à aucune des adresses connues de la juridiction, et celle-ci n'étant pas parvenue à déterminer un autre lieu de résidence du défendeur en République tchèque, ladite juridiction a appliqué le Code de procédure civile tchèque et désigné un tuteur au bénéfice du défendeur considéré comme une personne au domicile inconnu. Le tribunal tchèque a toutefois saisi la Cour de justice de questions préjudicielles tendant à vérifier s'il était compétent sur le fondement du règlement CE n° 44/2002, Bruxelles I, malgré l'absence de domicile connu du défendeur. La Cour a relevé que, « *dans une situation telle que celle au principal* », les juridictions de l'État membre dont le défendeur a la nationalité pourraient également s'estimer compétentes même en l'absence de domicile connu de ce dernier dans cet État. L'application du règlement suppose que la situation en cause dans le litige dont est saisie une juridiction d'un État membre est de nature à soulever des questions relatives à la détermination de la compétence internationale de cette juridiction (point 35 de l'arrêt). « *Dans ces circonstances, l'application des règles uniformes de compétence établies par le règlement n° 44/2001 à la place de celles en vigueur dans les différents États membres serait conforme à l'impératif de sécurité juridique et à l'objectif de ce règlement visant à garantir, dans toute la mesure du possible, la protection des défendeurs domiciliés sur le territoire de l'Union européenne* ». Dès lors, « *dans une situation telle que celle au principal, dans laquelle le défendeur est de nationalité étrangère et n'a pas de domicile connu dans l'État sur le territoire duquel se trouve la juridiction saisie de l'action, les règles de compétence du règlement n° 44/2001 sont susceptibles de s'appliquer* » (point 34). La Cour a ajouté que « *dans une situation telle que celle en cause au principal, dans laquelle un consommateur partie à un contrat de prêt immobilier de longue durée, assorti d'une obligation d'informer le cocontractant de tout changement d'adresse, renonce à son domicile avant l'introduction d'une action à son encontre pour violation de ses obligations contractuelles, les tribunaux de l'État membre sur le territoire duquel se trouve le dernier domicile connu du consommateur sont compétents, au titre de l'article 16, paragraphe 2, dudit règlement, pour connaître de cette action lorsqu'ils ne parviennent pas à déterminer, en application de l'article 59 du même règlement, le domicile actuel du défendeur et qu'ils ne disposent pas non plus d'indices probants leur permettant de conclure que celui-ci est effectivement domicilié en dehors du territoire de l'Union européenne* » (point 47). Le règlement, en outre, ne s'oppose pas à l'application d'une disposition du droit procédural interne d'un État membre qui, dans un souci d'éviter une situation de déni de justice, permet de mener une procédure à l'encontre et en l'absence d'une personne dont le domicile n'est pas connu, si la juridiction saisie du litige s'est assurée, avant de statuer sur celui-ci, que toutes les recherches requises par les principes de diligence et de bonne foi ont été entreprises pour retrouver le défendeur (point 55).

Dans un second arrêt du 15 mars 2012, *G. c/Cornelius de Visser*[3], la Cour de justice confirme cette analyse et admet que le fait que le domicile du défendeur soit inconnu ne fait pas obstacle à l'application du règlement Bruxelles I. L'article 4 § 1 du règlement Bruxelles I, qui prévoit que « *si le défendeur n'est pas domicilié sur le territoire d'un État membre, la compétence est, dans chaque État membre, réglée par la loi de cet État membre, sous réserve de l'application des dispositions des articles 22 et 23* », ne fait donc pas obstacle à l'application de l'article 5 § 1 du même règlement (for délictuel) à une action en responsabilité du fait de la gestion d'un site Internet à l'encontre d'un défendeur qui est probablement citoyen de l'Union, mais qui se trouve en un lieu inconnu, si la juridiction saisie ne dispose pas d'indices probants lui permettant de conclure que ledit défendeur est effectivement domicilié en dehors du territoire de l'Union européenne. Il apparaît ainsi qu'une sorte de présomption est posée en faveur du domicile au sein de l'Union, la juridiction nationale devant avoir, pour appliquer l'article 4 du règlement Bruxelles I, des « *indices probants* » en faveur d'un domicile dans un État tiers. Les textes européens ne prévoyant pas quelles sont les conséquences de l'absence d'information sur le domicile du défendeur en matière de notifications, la Cour admet qu'un jugement par défaut puisse

1. EN CE SENS, CJCE 13 juill. 2000, Group Josi Reinsurance Company SA c/Universal General Insurance Company (UGIC), aff. C-412/98, *Rec. CJCE* I-5925.
2. CJUE 17 nov. 2011, Hypotecni Banka a. s. c/U.M. Lindner, aff. C-327/10, *D.* 2011. 2876; *D.* 2912. 1236, obs. Jault-Seseke; *Europe* 2012. Comm. 53; *Rev. crit. DIP* 2012. 411, note Requejo et Cuniberti.
3. CJUE 15 mars 2012, G. c/Cornelius de Visser, aff. C-292/10, *D.* 2012. 952; *D.* 2013. 1508, obs. Jault-Seseke; *Europe* 2012. Comm. 173, note Idot.

être prononcé. Ces solutions devraient demeurer applicables sous l'empire du règlement UE n° 1215/2012 du 12 décembre 2012 (Bruxelles I *bis*) révisant le règlement Bruxelles I.

Le règlement UE n° 1215/2012 du 12 décembre 2012 procédant à la révision du règlement Bruxelles I, et qui entrera en application le 10 janvier 2015 (Bruxelles II *bis*), a en outre modifié légèrement le champ de compétence tel qu'envisagé par le règlement Bruxelles I, en rendant universelles certaines règles de compétence tendant à protéger les parties faibles. Il n'est toutefois pas allé aussi loin que le préconisait la Commission européenne dans sa proposition de révision du 14 décembre 2010, dans laquelle elle envisageait d'étendre l'applicabilité des règles de compétence du règlement sans que soit pris en compte désormais le domicile du défendeur (la Commission souhaitait rendre le texte applicable également dans le cas où le défendeur serait domicilié dans un État tiers, c'est-à-dire donner au règlement une portée universelle, telle que la possède déjà le **règlement CE n° 2201/2003 du 27 novembre 2003, Bruxelles II *bis*,** relatif à la compétence, la reconnaissance et l'exécution des décisions en matière matrimoniale et en matière de responsabilité parentale – V. s[s] n° 150.62). Les règles des sections 3 à 5 du Chapitre Ier du règlement Bruxelles I (règles visant à protéger les parties faibles que sont le preneur d'assurance, l'assuré ou le bénéficiaire de l'assurance, le consommateur et le travailleur) ne s'appliquaient en principe que si le défendeur à l'action avait son domicile sur le territoire d'un État membres. Le **règlement UE n° 1215/2012 du 12 décembre 2012, Bruxelles I *bis*,** modifie cela au regard des consommateurs et des travailleurs, qui peuvent saisir les juridictions compétentes en vertu du règlement même si l'autre partie au contrat n'est pas domiciliée dans l'Union européenne (art. 18.1 pour le consommateur, art. 21.2 pour le travailleur). Le Royaume du Danemark a déclaré à la Commission européenne, par courrier en date du 20 décembre 2012, qu'il accepterait l'application du règlement Bruxelles I *bis*[1], si bien que ce dernier s'appliquera dans tous les États membres de l'Union.

§ 3
Dans le temps

150.101 Principes. L'article 54 de la convention de Bruxelles énonçait qu'elle s'appliquait uniquement « *aux actions judiciaires intentées et aux actes authentiques reçus postérieurement* » à son entrée en vigueur dans l'État d'origine et, lorsque la reconnaissance ou l'exécution d'une décision ou d'un acte authentique est demandée, dans l'État requis. Il convenait donc de tenir compte du jour où l'action était intentée, et non du jour du prononcé du jugement. Le problème résidait dans le fait que les États contractants retenaient sur ce point les solutions les plus variées (en France, l'instance commence dès lors que l'acte introductif d'instance a été signifié au défendeur, mais en Belgique par exemple, c'est la date d'inscription au rôle du tribunal qui est déterminante). La Cour de justice avait donc décidé que la juridiction saisie devait déterminer s'il y avait saisine définitive en fonction de ses propres règles de procédure (c'est-à-dire celles de son droit national, la *lex fori*[2] – sur la notion de saisine d'une juridiction au sens du règlement de 2000 Bruxelles I, notion limitée semble-t-il à la section 9 du règlement consacrée à la litispendance et à la connexité, v. Règl. 22 déc. 2000, art. 30).

Il suffit que l'action en justice ait été intentée après l'entrée en vigueur de la convention ou du règlement, même si le contrat ou le fait juridique sur lequel se fonde ladite action est, lui, antérieur à cette entrée en vigueur (v. par ex. une affaire mettant en cause un contrat de travail franco-allemand qui contenait une clause de prorogation de juridiction[3]; la saisine de la Cour avait été provoquée par la Cour de cassation française).

Afin d'étendre dans le temps la simplification des procédures de reconnaissance et d'*exequatur* contenues dans le titre III de la convention de Bruxelles, **l'article 54 § 2** permettait de soumettre à ces dispositions les décisions rendues après l'entrée en vigueur de la convention, mais sur le fondement d'une action intentée avant cette entrée en vigueur. Pour que ce bénéfice fût possible, il fallait toutefois que la décision eût été rendue en conformité avec les règles de compétence énoncées dans le titre II de la convention ou au moins avec une convention qui était en vigueur entre l'État d'origine et l'État requis au moment où l'action a été intentée. Cette disposition libérale tend à accélérer ce qu'on a pu appeler la « *libre circulation des jugements* » dans l'Europe communautaire (et extracommunautaire depuis l'entrée en vigueur de la convention de Lugano).

Les **articles 54 § 3 et 54 *bis*** de la convention contenaient en outre des dispositions transitoires concernant plus spécialement le Danemark, l'Irlande et le Royaume-Uni.

• En vertu de **l'article 56 du règlement CE n° 44/2001 du 22 décembre 2000, dit règlement Bruxelles I,** ledit règlement n'est applicable qu'aux actions judiciaires intentées et aux actes authentiques reçus après son entrée en vigueur (c'est-à-dire après le 1er mars 2002). Pour la reconnaissance et l'exécution, si

1. V. *IPRax* 2013/4, II.

2. CJCE 7 juin 1984, Zelger c/Salinitri, aff. 129/83, *Rec. CJCE* 2397.
3. CJCE 13 nov. 1979, Sanicentral c/René Collin, aff. 25/79, *Rec. CJCE* 3423.

l'action a été intentée dans l'État membre d'origine avant l'entrée en vigueur du règlement, la décision rendue après cette entrée en vigueur sera reconnue et exécutée selon les dispositions du règlement si les règles de compétence qui ont été appliquées étaient conformes à celles du chapitre II du règlement, ou à celles d'une convention en vigueur entre l'État membre d'origine et l'État membre requis au moment où l'action a été intentée. Si la convention applicable entre les deux États était la convention de Bruxelles ou de Lugano, il n'est pas nécessaire de vérifier la compétence, puisque ces conventions retiennent la règle du non-contrôle de la compétence sauf cas exceptionnel (par ex. compétence exclusive au sens de Conv. Bruxelles, art. 16).

• **L'article 66 § 1 du règlement UE n° 1215/2012 du 12 décembre 2012, Bruxelles I *bis*,** prévoit également que ce règlement de refonte n'est applicable qu'aux actions judiciaires intentées, aux actes authentiques dressés et aux transactions judiciaire approuvées ou conclues à compter du 10 janvier 2015. Si le nouveau règlement abrogera alors à cette date le règlement CE n° 44/2001 Bruxelles I (Règl. Bruxelles I *bis*, art. 80), une réserve est toutefois formulée à l'article 66 § 2 : le règlement Bruxelles I continue à s'appliquer aux décisions rendues dans les actions judiciaires intentées, aux actes authentiques dressés ou enregistrés, et aux transactions judiciaires approuvées ou conclues avant le 10 janvier 2015, dès lors qu'ils entrent dans le champ d'application du règlement. Cela signifie que pour ces actes, la suppression de l'*exequatur* réalisée par le règlement de refonte (Bruxelles I *bis*) n'opérera pas. L'ancienne procédure de déclaration constatant la force exécutoire de l'acte devra être suivie.

150.102 Domaines respectifs des conventions de Bruxelles 1968 et de Lugano 1988 et 2007, et relations entre les deux conventions; apport du règlement du 22 décembre 2000, Bruxelles I. Le champ d'application de la convention de Bruxelles est en partie différent de celui des deux conventions de Lugano.

• **La convention de Bruxelles** s'appliquait chaque fois qu'était en cause un défendeur domicilié sur le territoire d'un État membre de l'Union européenne (même si le demandeur avait son domicile dans un État de l'AELE ou possédait la nationalité d'un tel État), ou dans les hypothèses de l'article 16 (compétences exclusives), ou encore lorsque État d'origine et État requis, en matière de reconnaissance et d'exécution, étaient tous deux membres de l'Union européenne.

• **La convention de Lugano de 1988, comme celle de 2007,** s'applique dans trois types d'hypothèses (Conv. Lugano 1988, art. 54 *ter*, al. 2; Conv. Lugano 2007, art. 64 § 2) : **1° en matière de compétence directe,** dès lors que le défendeur est domicilié dans un État de l'AELE, ou qu'en vertu des articles 16 ou 17 (devenus Conv. Lugano 2007, art. 22 et 23), les tribunaux d'un État de l'AELE sont compétents; **2° en matière de litispendance ou de connexité,** lorsque les demandes sont formées dans un État contractant qui n'est pas membre de l'Union européenne (c'est-à-dire un État de l'AELE ou un État tiers ayant adhéré à la convention de Lugano) et dans un État contractant qui en est membre; **3° en matière de reconnaissance et d'exécution,** lorsque soit l'État d'origine, soit l'État requis n'est pas membre de l'Union européenne (et est membre de l'AELE ou État tiers ayant adhéré à la convention de Lugano).

• **Le règlement CE n° 44/2001 du 22 décembre 2000** n'a rien changé à ces règles. Il s'applique, depuis le 1er mars 2002, sur le territoire des États membres de l'Union européenne (depuis le 1er juill. 2007 pour le Danemark) dans les limites géographiques résultant des traités (v. s[s] n° 150.91). Les territoires des États membres qui, en vertu de l'article 355 TFUE, n'en relèvent pas, continuent d'appliquer la convention de Bruxelles de 1968.

• Il en ira de même **lorsque le règlement UE n° 1215/2012 du 12 décembre 2012 (Bruxelles I *bis*)** entrera en application le 10 janvier 2015. Son article 73 précise qu'il n'affecte pas l'application de la convention de Lugano de 2007, dont le champ d'application demeure celui qui était le sien sous l'empire du règlement Bruxelles I.

SECTION 3
APPLICATION ET INTERPRÉTATION

150.111 Caractère d'ordre public. Les conventions de Bruxelles et de Lugano, comme les règlements Bruxelles I (et Bruxelles I *bis* à compter du 10 janvier 2015) lient les États qui y sont parties; ils ont donc l'obligation d'appliquer ces textes lorsque la situation – litige international ou décision étrangère dont la reconnaissance ou l'*exequatur* est sollicité – l'exige[1] (v. ainsi la position prise par la Cour de cassation française, qui affirme que les règles de droit interne ne sont pas applicables pour la détermination de la compétence internationale du juge saisi d'un litige d'ordre international intracommunautaire, soumis aux dispositions de la convention de Bruxelles de 1968[2]).

La Cour de justice juge que les questions relatives au champ d'application de la convention de Bruxelles, qui déterminent la compétence juridictionnelle

1. POUR UNE ILLUSTRATION, Civ. 1re, 6 janv. 2010, n° 08-19.066, *Bull. civ.* I, n° 1; *D.* 2010. 213; *Rev. crit. DIP* 2010. 405, obs. B. A.
2. Cass., ch. mixte, 11 mars 2005, n°s 02-41.371 et n° 02-41.372, *Bull. ch. mixte*, n° 2; *D.* 2005. 1332, note Mahinga; *Gaz. Pal.* 27-28 mai 2005, p. 28, avis Forest; *Procédures* 2006, n° 74, obs. Nourissat.

dans l'ordre international, doivent être considérées comme d'ordre public[1]. Cette solution demeure valable sous l'empire du règlement Bruxelles I du 22 décembre 2000, et le sera toujours lorsqu'entrera en application le règlement de refonte Bruxelles I *bis*.

Toutefois, un arrêt de la Cour de justice a tranché en faveur de la primauté de la convention CMR (en matière de transport international de marchandises) sur la convention de Bruxelles de 1968[2] (comp. cep. avec un autre arrêt[3]).

150.112 **Interprétation.** Une différence notable existe entre la convention de Bruxelles, le règlement Bruxelles I du 22 décembre 2000, le règlement Bruxelles I *bis* du 12 décembre 2012 d'une part, et la convention de Lugano (1988 comme 2007), d'autre part, quant à leur interprétation. Alors que, en vertu du protocole de Luxembourg de 1971, **l'interprétation de la convention de Bruxelles était réservée au monopole de la Cour de justice des Communautés européennes**, ce qui s'expliquait par le fait que tous les États signataires de cette convention étaient aussi membres de la Communauté européenne et pouvaient donc sans problème d'abandon de souveraineté confier à la Cour de justice le rôle d'unifier l'interprétation de la convention de Bruxelles (ce qui est *a fortiori* possible à propos des **règlements CE n° 44/2001 du 22 décembre 2000 et UE n° 1215/2012 du 12 décembre 2012 soumis pour leur interprétation à renvoi préjudiciel devant la Cour de justice** selon – depuis l'entrée en vigueur du traité de Lisbonne le 1er décembre 2009 – les dispositions générales de l'art. 267 TFUE), la convention de Lugano, elle, a en partie pour États signataires des pays de l'AELE qui ne sont pas membres de l'Union européenne. On voit dès lors mal comment ceux-ci, afin de garantir l'unité d'interprétation de la convention de Lugano et de la convention de Bruxelles ou du règlement Bruxelles I ou Bruxelles I *bis*, pourraient accepter de confier le monopole de l'interprétation à une juridiction avec laquelle ils n'ont aucun lien. C'est pourquoi **l'interprétation de la convention de Lugano**, 1988 comme 2007, **envisagée dans un protocole additionnel n° 2, ne relève pas d'une juridiction unique**. Un simple **mécanisme d'information** est mis en place afin que les États membres de l'AELE aient connaissance de la jurisprudence de la Cour de justice à propos de la convention de Bruxelles et du règlement Bruxelles I (et à l'avenir du règlement Bruxelles I *bis*) et inversement que la jurisprudence des États de l'AELE relative à la convention de Lugano ne soit pas ignorée par les États membres de l'Union européenne. Le protocole n° 2 fait référence au « *lien substantiel* » qui existe entre les deux conventions de Lugano, la convention de Bruxelles et le règlement Bruxelles I, relève que les négociations qui ont conduit à l'adoption de la première ont été fondées sur la seconde à la lumière des décisions de la Cour de justice; il prévoit notamment que chaque État contractant tiendra « *dûment compte* » des principes définis par toute « *décision pertinente rendue par les tribunaux des autres États contractants et de la Cour de justice* ». Cette expression, qui ne signifie pas grand-chose, ne permet pas de déduire l'existence d'une obligation pour ces États de respecter une quelconque doctrine. Les États liés par la convention de Lugano mais qui ne sont pas membres de l'Union européenne ont en outre le droit de déposer des mémoires devant la Cour de justice de l'Union lorsque celle-ci doit statuer sur un renvoi préjudiciel en interprétation de la convention de Lugano, de la convention de Bruxelles ou du règlement Bruxelles I. Le protocole n° 2 prévoit en outre un système d'échange d'informations sur les décisions rendues en application de la convention de Lugano et sur les décisions pertinentes rendues en application du règlement Bruxelles I (transmission à un **organisme central – le greffe de la Cour de justice des Communautés européennes** – des décisions rendues par les tribunaux de dernière instance et par la Cour de justice, ainsi que d'autres décisions particulièrement importantes passées en force de chose jugée et rendues en application de ces textes de coopération judiciaire civile; communication par l'organisme central du matériel documentaire relatif à ces décisions aux autorités nationales compétentes des États signataires et à la Commission). Enfin, le protocole n° 2 instaure un **comité permanent composé de représentants désignés par chaque État signataire**; ce comité se réunit à la demande d'une partie contractante afin de procéder à des échanges de vues sur le développement de la jurisprudence, de faire des recommandations ou de proposer la révision de certains articles de la convention de Lugano.

Suite à l'avis du 7 février 2006[4] (v. s^s n° 150.33) de la CJCE, énonçant que l'adoption de la nouvelle convention de Lugano modifiée relevait de la compétence exclusive de la Communauté européenne et

1. CJCE 19 janv. 1993, Shearson Lehman Hutton Inc. c/TVB Treuhangesellschaft, aff. C-89/91, *Rec. CJCE* 139.
2. CJCE 28 oct. 2004, Nürnberger Allgemeine Versicherungs AG c/Portbridge Transport International, aff. C-148/03, *JOUE*, n° C 6, 8 janv. 2005, p. 13; *D.* 2005. 547, obs. Brière.
3. CJUE 4 mai 2010, TNT Express Nederland, aff. *JDE* 2010. 191; *RTD eur.* 2010. 428, obs. Guinchard : les règles de compétence judiciaire, de reconnaissance et d'exécution prévues par une convention internationale relative à une matière particulière ne s'appliquent que si elles présentent un haut degré de prévisibilité, facilitent une bonne administration de la justice et permettent de réduire au maximum le risque de procédures concurrentes, et qu'elles assurent, dans des conditions au moins aussi favorables que celles prévues par le règlement Bruxelles I, la libre circulation des décisions en matière civile et commerciale et la confiance réciproque dans la justice au sein de l'Union.
4. CJCE, ass., plén., 7 févr. 2006, avis n° 1/03, *Rec. CJCE* I-1145.

non des États membres, la modification de la Convention intervenue en 2007 a été l'œuvre des institutions communautaires, si bien que la Cour de justice a compétence pour procéder à l'interprétation de la convention de Lugano 2007. Le protocole n° 2, sur l'interprétation uniforme de la Convention et sur le comité permanent, relève ainsi que « *la présente Convention fait partie intégrante du droit communautaire, et que la Cour de justice des Communautés européennes est par conséquence compétente pour statuer sur l'interprétation de ses dispositions, quant à leur application par les tribunaux des États membres de la Communauté européenne* ».

Les **techniques d'interprétation** de la convention de Bruxelles et du règlement Bruxelles I par la Cour de justice sont variées : référence aux objectifs du texte (interprétation téléologique), notamment celui de faciliter la libre circulation des personnes et des jugements et d'unifier les règles de compétence judiciaire, mais aussi nécessité de prévisibilité juridique[1], si bien que les compétences spéciales prévues par les textes doivent faire l'objet d'une interprétation stricte dans la mesure où elles dérogent à la compétence de principe du domicile du défendeur[2]; recours aux « *notions autonomes* », telles que celles de matière contractuelle (Conv. Bruxelles, art. 5 § 1) ou de matière civile et commerciale, ou parfois – plus rarement – renvoi au droit du juge saisi. Ces techniques seront également employées lorsque devra être interprété le règlement Bruxelles I *bis* lorsqu'il sera entré en application le 10 janvier 2015.

150.113 **Plan.** Les conventions de Bruxelles et de Lugano sont des conventions doubles, tout comme sont doubles les règlements CE n° 44/2001 du 22 décembre 2000 et UE n° 1215/2012 du 12 décembre 2012, en ce qu'ils contiennent à la fois des règles de compétence directe et des règles relatives à la reconnaissance et l'*exequatur* simplifié (ou, pour le règlement UE n° 1215/2012 Bruxelles *bis*, à la suppression de tout *exequatur*) des décisions de justice. En ce qui concerne les règles de compétence judiciaire, les textes posent d'abord le principe – habituel en matière de procédure internationale – de compétence des tribunaux de l'État du domicile du défendeur (chap. 151). Dans certaines hypothèses, ils ouvrent toutefois une option de compétence au demandeur, qui pourra choisir entre le tribunal du domicile du défendeur et une autre juridiction déterminée par l'article 5 (chap. 152). Parfois aussi, le demandeur n'aura aucun choix et devra respecter impérativement la liste de compétences exclusives (chap. 153). Les conventions et règlements prévoient aussi des règles particulières protectrices de la partie considérée comme la plus faible (chap. 155), ainsi que des règles de compétence dérivée (chap. 154). Des dispositions spéciales sont également consacrées aux mesures provisoires et conservatoires (chap. 156) et aux clauses de prorogation de juridiction (chap. 157). Sont aussi édictées certaines dispositions relatives au contrôle des règles de compétence instaurées (chap. 158). Enfin, sera étudiée la proposition de refonte du règlement Bruxelles I et les points essentiels de la refonte par le règlement UE n° 1215/2012 du 12 décembre 2012, dit Bruxelles *bis* (chap. 159).

Une remarque s'impose : la Cour de justice n'a jamais rendu autant d'arrêts en matière de coopération judiciaire civile que depuis 2012. Le rythme s'accélère, et le rôle central de la Cour en matière d'orientation de l'interprétation des différents règlements et directives apparaît encore plus fortement que jusqu'alors[3].

1. V. PAR EX., CJUE 12 juill. 2012, Solvay SA c/Honeywell Fluorine Products Europe BV, aff. C-616/10, point 20, qui fait reference au considérant 11 du règlement CE n° 44/2001, Bruxelles I *bis*.
2. EN CE SENS, parmi de nombreux arrêts, CJUE 12 juill. 2012, Solvay SA c/Honeywell Fluorine Products Europe BV, aff. C-616/10 – CJUE 11 avr. 2013, Land Berlin c/Elolen Mirjam Sapir, aff. C-645/11.
3. DANS LE MÊME SENS, H.-P. Mansel, K. Thorn et R. Wagner, « *Europäisches Kollisionsrecht 2012 : Voranschreiten des Kodifikationsprozesses – Flickenteppich des Einheitsrechts* », *IPRax* 2013. 13.

CHAPITRE

151. Principe : compétence des tribunaux de l'État du domicile du défendeur

FRÉDÉRIQUE FERRAND
Professeur à l'Université
Jean-Moulin (Lyon 3)
et à l'Université d'Augsbourg

SECTION 0
ORIENTEUR

151.00 Plan du chapitre.

151.01 Textes applicables.

Conv. Bruxelles et **Conv. Lugano,** art. 2, 3 et 4.

Règl. CE n° 44/2001, 22 déc. 2000, dit « Bruxelles I », du Conseil, sur la compétence judiciaire, la reconnaissance et l'exécution des décisions en matière civile et commerciale, art. 2, 3 et 4, *JOCE*, n° L 12, 16 janv. 2001, p. 1.

SECTION 1
COMPÉTENCE DU LIEU DU DOMICILE DU DÉFENDEUR

151.11 Compétence du tribunal du lieu du domicile du défendeur. Le principe général de compétence posé par les conventions de Bruxelles et de Lugano ainsi que par le règlement CE n° 44/2001 du 22 décembre 2000 dit règlement Bruxelles I est celui, classique en droit international privé mais aussi en droit interne, de la **compétence du tribunal du lieu du domicile du défendeur (art. 2).** Cette compétence de principe pourra toutefois être atténuée par une option de compétence conférée au demandeur dans certaines matières (art. 5) ou carrément être écartée par des règles de compétence exclusive qui s'imposent au demandeur et auxquelles il ne sera pas permis de déroger par une clause attributive de juridiction (Conv. Bruxelles, art. 16, par ex. - devenu Règl. 22 déc. 2000, art. 22).

Le critère du domicile du défendeur est donc considéré par la convention de Bruxelles comme le « *pivot des règles de compétence* »[1].

Cette référence au domicile du défendeur est à saluer dans la mesure où elle évite un critère qui, jadis, a souvent été retenu en droit international privé : celui de la nationalité du défendeur. Les conventions de Bruxelles et de Lugano, toutes deux adoptées dans l'objectif d'une Europe sans frontières dans laquelle les nationalités ne seraient plus déterminantes, ne pouvaient ni ne voulaient faire jouer un rôle quelconque à la nationalité d'une partie; cela eût été contraire à toute la philosophie de l'espace judiciaire européen. C'est donc le domicile du défendeur qui déterminera en principe le tribunal compétent. Mais ce sera - forcément est-on tenté de dire - le droit interne du juge saisi qui s'appliquera afin d'apprécier si le défendeur a son domicile sur le territoire de l'État dans lequel statue le juge (Conv. Bruxelles, art. 52 § 1 - Règl. 22 déc. 2000, art. 59 - Règl. 12 déc. 2012, art. 62 : « *Pour déterminer si une partie a un domicile sur le territoire de l'État contractant* [membre] *dont les tribunaux sont saisis, le juge applique sa loi*

1. P. Jenard, *Rapport sur la convention du 27 septembre 1968 concernant la compétence judiciaire et l'exécution des décisions en matière civile et commerciale, JOCE*, n° C 59, 5 mars 1979, p. 1; « Principes fondamentaux de la convention CEE sur la compétence judiciaire et l'exécution des décisions », *JCP* 1973. I. 2593.

interne »; si la réponse s'avère négative, le juge saisi, pour déterminer si une partie a un domicile dans un autre État contractant [membre], applique la loi de cet État, al. 2). La difficulté résulte du fait que la notion de domicile n'est pas définie et que les États membres en retiennent des conceptions fort variées. Le risque est moins celui d'un conflit positif de compétence entre les tribunaux de deux États membres (ce conflit pourrait en effet être résolu par les dispositions en matière de litispendance) que celui d'un conflit négatif de compétence qui pourrait conduire à un déni de justice (le lieu de résidence du défendeur en France a ainsi été retenu - afin d'éviter un tel conflit négatif - pour déclarer les tribunaux français compétents[1]).

Le rapport Jenard justifie le choix du critère du domicile plutôt que celui de la résidence habituelle par le fait que, dans les six États signataires à l'origine de la Convention en 1968, les règles de compétence de droit commun accordent la priorité au domicile du défendeur et ne retiennent qu'à titre subsidiaire la résidence habituelle[2]. Toutefois, devant la complexité de la tâche et l'impossibilité d'aboutir à une définition uniforme conventionnelle de la notion de domicile, les rédacteurs de la Convention ont renoncé à imposer une telle définition uniforme.

En ce qui concerne les **personnes morales**, Convention et règlement divergent quelque peu. **L'article 53 de la Convention précise que leur siège est assimilé au domicile pour l'application des règles de compétence qu'elle pose.** Le juge saisi déterminera toutefois si la société ou personne morale a son siège dans son État en appliquant les règles de son droit international privé (cette règle s'applique également en vertu de Conv. Bruxelles, art. 53 § 2, pour apprécier si un *trust* a son domicile sur le territoire d'un État contractant dont les tribunaux sont saisis - *idem*, pour le *trust* Règl. 22 déc. 2000, art. 60 § 3). Là encore, des différences notables existent dans le droit des États membres (référence tantôt au siège réel, tantôt au siège statutaire ou à d'autres critères encore).

Pour déterminer le siège des personnes morales, le juge saisi applique les règles de son droit international privé. Une cour d'appel qui relève qu'une fondation ne démontre pas que sa seule immatriculation en Italie entraîne une domiciliation dans ce pays, estime justement que cette personne morale, dont le siège incontesté est situé dans l'État de New York et qui n'a jamais soutenu que la loi de cet État lui conférait la possibilité d'avoir un autre siège dans un État étranger où elle possède des biens, n'est pas domiciliée sur le territoire d'un État partie à la convention de Bruxelles, de telle sorte que les articles 2 et 5.5 de celle-ci sont inapplicables[3].

Le règlement du 22 décembre 2000, lui, dans son article 60, énonce que les sociétés et personnes morales sont domiciliées là où est situé leur siège statutaire, leur administration centrale ou leur principal établissement. Il s'agit là d'une innovation par rapport à la convention de Bruxelles, qui renvoyait, comme cela a été dit, au droit international privé du juge saisi. Le règlement donne une définition communautaire du « *domicile* » des personnes morales; le demandeur pourra invoquer l'un ou l'autre des critères mentionnés à l'article 60. Cette définition autonome permet une uniformisation meilleure des solutions que le renvoi aux règles de droit international privé du tribunal saisi[4]. Cette disposition est reprise dans l'article 63 du nouveau règlement UE n° 1215/2012 du 12 décembre 2012[5], Bruxelles I *bis*, qui remplacera le règlement Bruxelles I à compter du 10 janvier 2015.

Pour une définition du lieu de l'administration centrale, v. l'arrêt de la Cour fédérale allemande du travail du 23 janvier 2008[6] : au sens de l'article 60 du règlement Bruxelles I, l'administration centrale est le lieu où se prennent les décisions et où a lieu la véritable direction d'entreprise de la personne morale.

La Cour de justice considère que les questions relatives au champ d'application de la convention de Bruxelles ou du règlement Bruxelles I, qui conditionnent la compétence juridictionnelle dans l'ordre international, doivent être considérées comme d'ordre public[7]. Elle refuse ainsi par exemple que les juges d'un État membre déclinent leur compétence tirée de l'article 2 au motif qu'une juridiction d'« *un État non membre serait un for plus approprié pour connaître du litige, même si la question de la compétence d'un autre État membre ne se pose pas ou que le litige n'a aucun autre lien de rattachement avec un autre État membre (le litige concernant un État membre et un État tiers)* »[8]. La Cour refuse ainsi la doctrine du *forum non conveniens* dans le cadre de la convention de Bruxelles (en l'espèce, le juge anglais demandait dans

1. Civ. 1re, 4 janv. 1984, n° 82-15.835, *Bull. civ.* I, n° 4; *Rev. crit. DIP* 1986. 123, note Courbe.
2. *Rapport Jenard*, n° 30, préc. s^s^ prés^t^ n°.
3. Civ. 1re, 3 juill. 1996, n° 94-12.428, *Bull. civ.* I, n° 289; *D.* 1998. Somm. 283, obs. Audit; *Rev. crit. DIP* 1997. 97, note Gaudemet-Tallon.
4. EN CE SENS, Ch. Bruneau, « Les règles de compétence internationale en matière civile et commerciale, règlement du Conseil n° 44/2001 du 22 décembre 2000 », *JCP* 2001. I. 304, n° 6.
5. Règl. UE n° 1215/2012 du Parlement et du Conseil, 12 déc. 2012, concernant la compétence judiciaire, la reconnaissance et l'exécution des décisions en matière civile et commerciale (refonte), *JOUE*, n° L 351, 20 déc., p. 1.
6. C. féd. all. Travail (BAG), 23 janv. 2008, n° 5 AZR 60/07, *IPRax* 2008, cahier 4, p. XI.
7. CJCE 19 janv. 1993, Shearson Lehman Hutton Inc. c/TVB Treuhangesellschaft, aff. C-89/91, *Rec. CJCE* 139; *D.* 1993. 214, obs. Kullmann.
8. V. l'important arrêt CJCE 1er mars 2005, Owusu c/Jackson, aff. C-281/02, *JOUE*, n° C 106, 30 avr., p. 2; *D.* 2006. 1259, obs. Nourissat; *D.* 2006. 1495, obs. Courbe et Jault-Seseke; *Rev. crit. DIP* 2005. 698, obs. crit. Chalas; *Gaz. Pal.* 27-28 mai 2005, p. 31, obs. Niboyet.

sa question préjudicielle si, lorsque le demandeur a saisi au Royaume-Uni les juridictions du domicile du défendeur selon l'article 2 de la Convention, la Convention s'opposait à ce que les juges britanniques usent de la faculté discrétionnaire qu'ils tiennent de leur droit national - tirée de la doctrine du *forum non conveniens* - de décliner leur compétence au motif que les juridictions d'un autre État, en l'espèce un État tiers, seraient mieux placées pour connaître du litige qui portait en l'espèce sur une demande de réparation d'un préjudice corporel suite à un plongeon dans des eaux insuffisamment profondes). Pour une décision anglaise postérieure appliquant cette doctrine dans un cas de clause de prorogation de compétence en faveur d'un État tiers [1].

La **Cour fédérale de justice allemande** (*Bundesgerichtshof*) a, dans un arrêt du 1er mars 2011 [2], jugé que pour fonder la compétence internationale des juridictions allemandes sur le fondement de l'article 2 du règlement CE n° 44/2001 Bruxelles I, il suffisait que la condition de l'existence d'un domicile du défendeur dans l'État membre dont le tribunal était saisi de l'action en justice, intervienne au cours du litige (en l'espèce après la saisine du tribunal mais avant la clôture de la première audience de débats). Elle a ajouté que la compétence internationale ainsi régulièrement établie de la juridiction saisie demeurait même si les circonstances qui l'avaient fondée (domicile du défendeur sur le territoire de l'État membre dont une juridiction avait été saisie de l'affaire) disparaissaient au cours de l'instance (*perpetuatio fori*).

SECTION 2
EXCLUSION DES RÈGLES NATIONALES DE COMPÉTENCE EXORBITANTES

151.21 Exclusion des règles nationales de compétence exorbitantes. Un des points forts des conventions de Bruxelles et de Lugano ainsi que du règlement Bruxelles I du 22 décembre 2000 est de refuser que soient invoquées contre une personne domiciliée sur le territoire d'un État contractant [membre] les règles de compétence exorbitantes du droit commun qu'ont pu instaurer les droits internes dans un souci de nationalisme et de protection des nationaux. Par exemple, les articles 14 et 15 du Code civil français permettent, pour l'article 14, de traduire un étranger, même non résidant en France, devant les tribunaux français pour l'exécution des obligations contractées par lui en France avec un Français (ou en pays étranger envers un Français), pour l'article 15 de traduire un Français devant un tribunal de France, pour des obligations par lui contractées en pays étranger, même avec un étranger; ou le paragraphe 23 ZPO (*Zivilprozessordnung*, Code allemande de procédure civile), qui prévoit que pour les actions patrimoniales formées contre une personne qui n'a pas de domicile en Allemagne, est compétent le tribunal dans le ressort duquel se trouvent des biens de cette personne ou l'objet revendiqué dans l'action en justice. Ces textes tendent manifestement à favoriser la compétence des juridictions nationales; ils sont, en ce sens, contraires à l'esprit européen ayant présidé à la rédaction des textes de coopération judiciaire civile. C'est pourquoi l'article 3 de la convention de Bruxelles et l'article 3 du règlement interdisent de les invoquer contre une personne domiciliée sur le territoire d'un État membre. En revanche, si le défendeur n'est pas domicilié sur le territoire d'un État membre, les règles internes de compétence exorbitantes lui seront applicables (et ce même s'il a la nationalité d'un État membre). Afin de limiter le traitement défavorable réservé aux personnes domiciliées dans un État tiers, l'**article 59 de la convention de Bruxelles** permettait toutefois à un État contractant de s'engager envers un État tiers, dans une convention bilatérale relative à la reconnaissance et l'exécution des décisions, à ne pas reconnaître une décision rendue, notamment dans un autre État contractant, contre un défendeur qui avait son domicile ou sa résidence habituelle dans l'État tiers lorsque, dans un cas prévu par l'article 4, la décision n'a pu être fondée que sur une compétence visée par l'article 3 alinéa 2 (c'est-à-dire sur une règle de compétence exorbitante). L'alinéa 2 de l'article 59 précisait cependant qu'un tel engagement d'un État contractant ne pouvait être pris en ce qui concernait les décisions rendues dans un autre État contractant par une juridiction dont la compétence était fondée sur l'existence dans cet État de biens appartenant au défendeur ou sur la saisie par le demandeur de biens qui y existaient, dès lors que la demande portait sur la propriété ou la possession desdits biens, visait à obtenir l'autorisation d'en disposer ou était relative à un litige les concernant, ou si les biens constituaient la garantie d'une créance qui faisait l'objet de la demande.

L'article 72 du règlement du 22 décembre 2000 ne permet plus aux États membres de conclure pour l'avenir de nouvelles conventions de ce type avec des États tiers. En effet, il énonce que le règlement n'affecte pas les accords par lesquels les États membres « *se sont engagés avant l'entrée en vigueur du présent règlement, en vertu de l'article 59 de la convention de Bruxelles, à ne pas reconnaître...* ». Il s'agit donc bien d'un maintien de ces accords conclus dans le passé, et d'une interdiction d'en passer de nouveaux hors le cadre institutionnel de l'Union européenne. D'ailleurs, **l'Union européenne a acquis la compétence extérieure pour négocier les conventions avec les États tiers** dans les matières dans lesquelles elle intervient **dans le cadre de la coopération judiciaire**

1. High Court of Justice, 10 mai 2005, *Rev. crit. DIP* 2005. 722, obs. Muir Watt.
2. C. féd. justice (BGH), 1er mars 2011, XI ZR 48/10, *MDR* 2011. 686.

civile. C'est ainsi qu'elle a négocié elle-même la révision de la convention de Lugano, ou encore la convention de La Haye et le protocole de La Haye de 2007 relatifs aux obligations alimentaires. Les États membres sont donc peu à peu dépossédés de leur pouvoir de négociation et de conclusion d'accords internationaux dans ce domaine. De plus, **deux règlements ont été adoptés en 2009 par le Conseil et le Parlement européen :** le règlement CE n° 662/2009 du 13 juillet 2009, instituant une procédure pour la négociation et la conclusion d'accords entre les États membres et des pays tiers sur des questions particulières concernant le droit applicable aux obligations contractuelles et non contractuelles[1], et le règlement CE n° 664/2009 du 7 juillet 2009 instituant une procédure pour la négociation et la conclusion d'accords entre les États membres et des pays tiers concernant la compétence, la reconnaissance et l'exécution des jugements et des décisions en matière matrimoniale, de responsabilité parentale et d'obligations alimentaires, ainsi que sur le droit applicable en matière d'obligations alimentaires[2]. Ces règlements instituent une **procédure** en vue d'autoriser un État membre à modifier un accord existant ou à négocier et conclure un nouvel accord avec un pays tiers, sans toutefois affecter les compétences de l'Union. La Commission peut, sur demande de l'État membre, accorder ou au contraire refuser l'autorisation sollicitée d'ouvrir des négociations officielles avec un État tiers, puis – si les négociations ont été autorisées – délivrer une autorisation de conclure l'accord négocié. Les règlements de 2009 ne s'appliquent pas si la Commission a déjà conclu elle-même un accord sur le même sujet avec le pays tiers concerné (art. 1 § 3 des deux règlements). Voilà la compétence internationale des États membres bien encadrée ! L'article 72 du nouveau règlement de refonte du règlement Bruxelles I (Règl. UE n° 1215/2012, 12 déc. 2012, Bruxelles I *bis*) reprend presque textuellement[3] les dispositions de l'article 72 du règlement Bruxelles I.

SECTION 3
CAS PARTICULIERS

151.31 Cas particuliers. Si le défendeur n'est pas domicilié sur le territoire d'un État membre, l'article 4 de la convention de Bruxelles et du règlement Bruxelles I prévoit que « *la compétence est, dans chaque État contractant [membre], réglée par la loi de cet État sous réserve des dispositions de l'article 16* [pour Conv. Bruxelles], *22 et 23 pour le règlement du 22 décembre 2000* ». Pour le règlement Bruxelles I *bis* n° 1215/2012 du 12 décembre 2012, cette règle est contenue dans l'article 6 (qui énonce « *sous réserve de l'application de l'article 18, paragraphe 1, de l'article 21 paragraphe 2, et des articles 24 et 25* » en raison du changement de numérotation par rapport aux deux textes antérieurs). Il conviendra donc d'appliquer dans cette hypothèse les règles de droit international privé de l'État dont les tribunaux sont saisis. Des exceptions sont toutefois réservées, qui sont allées en s'élargissant : celle des règles de compétence exclusive énoncées à l'article 16 de la Convention (Règl. Bruxelles I, art. 22; Règl. Bruxelles I *bis*, art. 24); les règlements Bruxelles I du 22 décembre 2000 et Bruxelles I *bis* du 12 décembre 2012 réservent également l'exception des clauses attributives de juridictions prévues à l'article 23 (Règl. Bruxelles I *bis*, art. 25). Cela signifie que ces compétences exclusives – ou l'accord de prorogation de for – trouvent à s'appliquer même si le défendeur n'est pas domicilié sur le territoire d'un État membre. L'**article 18** de la Convention et l'article 24 du règlement Bruxelles I (Règl. Bruxelles I *bis*, art. 26) prévoient également que le juge d'un État membre devant lequel le défendeur comparaît est compétent, quel que soit le lieu du domicile du défendeur et même si la Convention ou le règlement n'établissait pas une telle compétence[4]. Le règlement Bruxelles I *bis* n° 1215/2012 du 12 décembre 2012 introduit deux dérogations supplémentaires au jeu de l'article 4 : l'article 18 § 1 du nouveau règlement reprend l'énoncé de l'article 16 § 1 du règlement Bruxelles I (« *l'action intentée par un consommateur contre l'autre partie au contrat peut être portée soit devant les juridictions de l'État membre sur le territoire duquel est domiciliée cette partie, soit devant le tribunal du lieu où le consommateur est domicilié* »), mais y glisse une incidente importante : « *Soit,* ***quel que soit le domicile de l'autre partie****, devant la juridiction du lieu où le consommateur est domicilié* », ce qui revient à étendre le champ d'application du règlement aux hypothèses où le consommateur, considéré comme une partie faible, et donc digne de protection, agit contre un défendeur qui ne serait pas domicilié dans un État membre. Il en va de même au regard des travailleurs, également parties faibles : l'article 21 § 2 du nouveau règlement Bruxelles I *bis* énonce désormais qu'« ***un employeur qui n'est pas domicilié sur le territoire d'un État membre*** *peut être attrait devant les juridictions d'un État membre conformément au § 1, point b* » (c'est-à-dire devant la juridiction du lieu ou bien à partir duquel le travailleur accomplit ou a accompli habituellement son travail, ou lorsque le

1. Règl. CE n° 662/2009 du Parlement européen et du Conseil, 13 juill. 2009, *JOUE*, n° L 200, 31 juill., p. 25.
2. Règl. CE n° 664/2009 du Conseil, 7 juill. 2009, *JOUE*, n° L 200, 31 juill., p. 46.
3. Il ajoute juste « *avant l'entrée en vigueur du règlement CE n° 44/2001* », puisqu'il intervient postérieurement à ce règlement. Cela ne modifie aucunement la teneur de la disposition.
4. SUR L'ARTICLE 4, V. E. Pataut, « Qu'est-ce qu'un litige intracommunautaire ? Réflexions autour de l'article 4 du règlement Bruxelles I », *Mél. Normand*, Litec, 2003, p. 365.

travailleur n'accomplit pas ou n'a pas accompli habituellement son travail dans un même pays, devant la juridiction du lieu où se trouve ou se trouvait l'établissement qui a embauché le travailleur). Cette nouvelle disposition revient donc également à étendre le champ du règlement au cas où l'employeur défendeur à l'action intentée par le travailleur, ne serait pas domicilié dans un État membre de l'Union, dans un but de faveur au travailleur.

L'article 4 a suscité de nombreuses critiques, essentiellement celle de méconnaître les intérêts des parties domiciliées hors de l'Union européenne en accordant un effet international aux décisions rendues par des juridictions ayant une compétence exorbitante, ce qui ne serait pas conforme à la pratique internationale[1]. On peut imaginer que ces critiques pourront être réitérées avec l'extension du champ d'application réalisé par le nouveau règlement Bruxelles I *bis* du 12 décembre 2012, qui entrera en application le 10 janvier 2015. Mais cet article tend aussi à éviter des entorses à la libre circulation des jugements. En outre, l'article 59 de la Convention permettait aux États membres de s'engager envers un État tiers aux termes d'une convention sur la reconnaissance et l'exécution des jugements, à ne pas reconnaître une décision rendue, notamment dans un autre État contractant, contre un défendeur qui avait son domicile ou sa résidence habituelle sur le territoire de l'État tiers, lorsque, dans un cas prévu à l'article 4, la décision n'avait pu être fondée que sur une compétence exorbitante (du type de celle énoncée aux articles 14 et 15 du Code civil français) au sens de l'article 3 alinéa 2 de la Convention. Cependant, lors de la modification de la convention de Bruxelles du 9 octobre 1978, un second alinéa avait été ajouté à l'article 59, en vertu duquel aucun État contractant ne pouvait s'engager envers un État tiers à ne pas reconnaître une décision rendue dans un autre État contractant par une juridiction dont la compétence était fondée sur l'existence dans cet État de biens appartenant au défendeur ou sur la saisie par le demandeur de biens qui y existaient : **1.** si la demande portait sur la propriété ou la possession desdits biens, visait à obtenir l'autorisation d'en disposer ou était relative à un autre litige les concernant, ou **2.** si les biens constituaient la garantie d'une créance qui faisait l'objet de la demande.

La solution est plus critique pour les États hors de l'Union européenne sous l'empire du règlement Bruxelles I puisque celui-ci ne permet plus la conclusion individuelle par les États membres ou certains d'entre eux de nouveaux accords de non-reconnaissance de certaines décisions avec des pays tiers (v. texte du Règl. 22 déc. 2000, art. 72).

1. P. Jenard, « Principes fondamentaux de la convention CEE sur la compétence judiciaire et l'exécution des décisions », *JCP* 1973. I. 2593, n° 48.

La **révision du règlement Bruxelles I**[2] proposée par la Commission européenne (v. s[s] n°s 159.00 s.) envisageait une **extension importante des règles de compétence** énoncées dans le règlement aux litiges faisant intervenir des défendeurs originaires de pays tiers, et ce y compris pour les cas où une même action était pendante dans l'Union et à l'extérieur de l'Union[3]. Dans sa proposition de règlement, la Commission européenne justifiait cet **effet universel du règlement Bruxelles I** par la volonté de garantir aux entreprises et citoyens de l'Union la possibilité de poursuivre dans l'Union des défendeurs originaires de pays tiers et d'appliquer les règles de compétence visant à protéger les consommateurs, les salariés et les assurés également si le défendeur est domicilié dans un pays tiers. Deux lieux supplémentaires de compétence auraient été instaurés pour les **litiges impliquant un défendeur domicilié en dehors de l'Union :**

– 1° le **tribunal du lieu où ledit défendeur a des biens mobiliers** (à la condition que la valeur de ces biens ne soit pas disproportionnée par rapport à celle de la créance et que le litige ait un lien suffisant avec l'État membre dont la juridiction est ainsi saisie, prop. règl., art. 25);

– 2° un **for de nécessité** par lequel les juridictions d'un État membre pourront connaître d'un litige lorsque ce dernier a un lien suffisant avec cet État membre et qu'aucune autre instance garantissant le droit à un procès équitable n'est disponible (prop. règl., art. 26).

Le règlement UE n° 1215/2012 du 12 décembre 2012 (Bruxelles I *bis*) procédant à la révision du règlement Bruxelles I n'est pas allé aussi loin. Il n'a pas consacré les deux nouveaux fors précités. En matière d'élargissement de l'application du règlement aux défendeurs non domiciliés dans un État membre, il s'est limité à prévoir une telle extension aux **litiges dans lesquels un consommateur ou un travailleur est demandeur** (v. *supra*, et Règl. 12 déc. 2012, art. 18 § 1 et 21 § 2). Il s'est donc montré prudent et circonspect là où la Commission européenne, elle, prônait une démarche conquérante d'universalisation des règles de compétence prévues par le règlement.

2. V. prop. règl., du Parlement européen et du Conseil, concernant la compétence, la reconnaissance et l'exécution des décisions en matière civile et commerciale (refonte), COM (2010) 748 final, 14 déc. 2010.
3. V. prop. règl., préc., n° 3.1.2., consid. 16 et 17, ainsi que l'article 4.2 qui énonçait : « *Les personnes qui ne sont domiciliées dans aucun des États membres ne peuvent être attraites devant les juridictions d'un État membre qu'en vertu des règles énoncées aux sections 2 à 8 du présent chapitre* », ce qui revenait à donner une dimension universelle au règlement Bruxelles I révisé – COMP. l'analyse, antérieure à la publication de la proposition de refonte du règlement Bruxelles I, de P. Mankowski, « *Die Brüssel I – Verordnung vor der Reform* », *B. Verschraegen, Interdisziplinäre Studient zur Komparistik und zum Kollisionsrecht,* Jan Sramek éd., 2010, p. 40 s.

CHAPITRE

152. Compétences spéciales (art. 5) : options ouvertes au demandeur

FRÉDÉRIQUE FERRAND
Professeur à l'Université
Jean-Moulin (Lyon 3)
et à l'Université d'Augsbourg

SECTION 0
ORIENTEUR

152.00 Plan du chapitre.

Division. Les compétences spéciales énoncées à l'article 5 de la Convention et du règlement CE n° 44/2001 du 22 décembre 2000, dit règlement Bruxelles I, et à l'article 7 du règlement UE n° 1215/2012 du 12 décembre 2012, dit Bruxelles I *bis* (qui entrera en application le 10 janvier 2015 et remplacera à cette date le règlement Bruxelles I) [1] concernent divers domaines qu'il conviendra d'étudier successivement. L'intérêt du texte est d'ouvrir une option au demandeur, qui pourra ou saisir le tribunal compétent en application de la règle de l'article 2, ou s'adresser à la juridiction plus spécialement désignée envisagée dans l'article 5.

152.01 Textes applicables.
Conv. Bruxelles et **Conv. Lugano**, art. 5.

Règl. CE n° 44/2001, 22 déc. 2000, « Bruxelles I », du Conseil, sur la compétence judiciaire, la reconnaissance et l'exécution des décisions en matière civile et commerciale, art. 5, *JOCE*, n° L 12, 16 janv. 2001, p. 1.

À compter du 10 janvier 2015 :

Règl. UE n° 1215/2012, 12 déc. 2012, « Bruxelles I *bis* », du Parlement européen et du Conseil, concernant la compétence judiciaire, la reconnaissance et l'exécution des décisions en matière civile et commerciale, *JOUE,* n° L 351, 20 déc., p. 1.

SECTION 1
EN MATIÈRE CONTRACTUELLE (ART. 5 § 1 – RÈGL. 12 DÉC. 2012, ART. 7 § 1)

152.10 L'article 5 § 1 de la convention de Bruxelles. « *Le défendeur domicilié sur le territoire d'un*

1. Sous réserve de l'article 66 § 2 du règlement du 12 décembre 2012, qui prévoit que le règlement CE n° 44/2001 Bruxelles I continue à s'appliquer aux décisions rendues dans les actions judiciaires intentées, aux actes authentiques dressés ou enregistrés formellement et aux transactions judiciaires approuvées ou conclues avant le 10 janvier 2015.

État contractant peut être attrait, dans un autre État contractant :

1° en matière contractuelle, devant le tribunal du lieu où l'obligation qui sert de base à la demande a été ou doit être exécutée; en matière de contrat individuel de travail, ce lieu est celui où le travailleur accomplit habituellement son travail; lorsque le travailleur n'accomplit pas habituellement son travail dans un même pays, l'employeur peut être également attrait devant le tribunal du lieu où se trouve ou se trouvait l'établissement qui a embauché le travailleur ».

L'article 5 § 1 de la convention de Lugano de 1988 divergeait légèrement de cette rédaction (issue de la convention d'adhésion de 1989) puisqu'il énonçait que « *si le travailleur n'accomplit pas habituellement son travail dans un même pays, ce lieu est celui où se trouve l'établissement qui a embauché le travailleur* ».

Quant à **l'article 5 § 1 du règlement du 22 décembre 2000 Bruxelles I**, il énonce qu'« *une personne domiciliée sur le territoire d'un État membre peut être attraite, dans un autre État membre :*

1) a) en matière contractuelle, devant le tribunal du lieu où l'obligation qui sert de base à la demande a été ou doit être exécutée;

b) aux fins de l'application de la présente disposition, et sauf convention contraire, le lieu d'exécution de l'obligation qui sert de base à la demande est :

– pour la vente de marchandises, le lieu d'un État membre où, en vertu du contrat, les marchandises ont été ou auraient dû être livrées,

– pour la fourniture de services, le lieu d'un État membre où, en vertu du contrat, les services ont été ou auraient dû être fournis;

c) le point a) s'applique si le point b) ne s'applique pas ».

Ce texte a été repris par la convention de Lugano révisée de 2007, qui s'est alignée sur le règlement Bruxelles I du 22 décembre 2000. Le nouveau règlement UE n° 1215/2012 du 12 décembre 2012 (Bruxelles I *bis*) de refonte du règlement Bruxelles I, dans son article 7 § 1, reprend également la même formulation.

On verra que cette modification du règlement par rapport à la convention de Bruxelles poursuivait deux objectifs : essayer de simplifier la détermination du lieu d'exécution de l'obligation qui sert de base à la demande en évitant le détour par les règles de conflit du juge saisi, ce qu'imposait jusqu'à présent la jurisprudence *Tessili* de la Cour de justice; écarter de l'article 5 la réglementation en matière de conflits issus du contrat de travail, ceux-ci faisant à l'avenir l'objet d'une section spéciale (Règl. 22 déc. 2000, sect. 5, art. 18 à 21 – Règl. 12 déc. 2012, sect. 5, art. 20 à 23).

Dans deux arrêts rendus en chambre mixte le 11 mars 2005, la Cour de cassation a eu l'occasion de juger que les règles de droit interne ne sont pas applicables pour déterminer la compétence internationale du juge saisi d'un litige international intracommunautaire soumis aux dispositions de la convention de Bruxelles[1]. En l'occurrence, le défendeur invoquait l'applicabilité de l'article 5 § 1 de la Convention, mais la chambre mixte a précisé que cet article permet au seul demandeur d'attraire le défendeur dans un autre État membre, devant le tribunal du lieu d'exécution de l'obligation, ce qui signifie que la société défenderesse, dont le siège était situé en France et qui avait été assignée devant une juridiction de l'État de son domicile, n'était pas fondée à invoquer la compétence spéciale de l'article 5 § 1 du lieu d'exécution du contrat de travail pour revendiquer la compétence des juridictions néerlandaises.

§ 1
Compétence possible du tribunal du lieu où l'obligation qui sert de base à la demande a été ou doit être exécutée

152.11 Plusieurs questions se sont posées à la Cour de justice dans l'interprétation de cet alinéa : d'abord quels contours donner à la matière contractuelle, ensuite qu'entendre par « *obligation servant de base à la demande* » et enfin comment déterminer le lieu d'exécution de cette obligation servant de base à la demande ? Ce dernier point a été quelque peu clarifié par le règlement pour les contrats de vente de marchandises ou de fourniture de services; mais les nouvelles dispositions du règlement du 22 décembre 2000 ne sont pas non plus exemptes de critiques.

A.
Notion de « matière contractuelle »

152.21 Diversité des droits nationaux. La distinction entre matière contractuelle et matière délictuelle est envisagée de façon souvent divergente par les droits nationaux des États membres. Ainsi par exemple, alors que le droit français considère que l'action en responsabilité du sous-acquéreur contre le fabricant d'un bien est « *nécessairement de nature contractuelle* », le droit allemand, en l'absence de tout contrat entre ces personnes, considère que seules les règles de la responsabilité délictuelle peuvent trouver à s'appliquer. Inversement, alors que les fautes précontractuelles commises (par exemple lors de la négociation d'un contrat) sont, initialement par le jeu d'une fiction jurisprudentielle, aujourd'hui – depuis 2002, date d'entrée en vigueur de la grande réforme allemande du droit des obligations – par la

1. Cass., ch. mixte., 11 mars 2005, n°s 02-41.371 et 02-41.372, 2 esp., *Bull. ch. mixte*, n° 2; *D.* 2005. 1332, obs. Mahinga; *Gaz. Pal.* 27-28 mai 2005, p. 28, avis Forest; *Procédures* 2006, n° 74, obs. Nourissat.

loi (*Culpa in contrahendo*, BGB[1], § 311, al. 2, qui vise les rapports juridiques contractuels ou similaires), sanctionnées par une responsabilité de type quasi contractuel en Allemagne, les tribunaux français ne voient dans une telle hypothèse qu'un cas d'application de la responsabilité délictuelle de droit commun si les conditions en sont remplies. Face à ces incertitudes, la Cour de justice a donc décidé de procéder à une interprétation autonome de la notion de « *matière contractuelle* ».

152.22 Interprétation autonome de la notion. Dans un arrêt *Martin Peters c/ZNAV* du **22 mars 1983**, la Cour a refusé le renvoi au droit national d'un État membre et s'est donc nécessairement prononcée pour **une définition autonome de la « *matière contractuelle* »**, même si les contours de celle-ci n'ont toujours pas été précisés de façon absolument claire, la Cour n'ayant jusque-là pu dégager une définition générale détachée de tout cas d'espèce[2]. « *Il y a lieu de considérer la matière contractuelle comme une notion autonome qu'il faut interpréter, pour l'application de la Convention, en se référant principalement au système et aux objectifs de ladite Convention, en vue d'assurer à celle-ci sa pleine efficacité* » (point 10). En l'occurrence se posait la question de savoir si les rapports entre une association et ses membres pouvaient être considérés comme de nature contractuelle; la Cour juge que « *l'adhésion à une association crée entre les associés des liens étroits de même type que ceux qui s'établissent entre les parties à un contrat, et qu'il est, par suite, légitime de considérer comme des obligations contractuelles* [...] *les obligations auxquelles se réfère le juge de renvoi* » (point 13 - ici, recouvrement de sommes mises à la charge d'un adhérent en application d'une règle interne édictée par les organes de l'association et obligatoire pour les membres de celle-ci)[3].

Dans l'arrêt *Arcado* du **8 mars 1988** (litige relatif à la **rupture abusive d'un contrat de concession autonome** et demande d'indemnité de ce fait), la Cour justifie son recours à une interprétation autonome[4] : il s'agit d'assurer dans la mesure du possible l'égalité et l'uniformité des droits et obligations découlant de la Convention pour les États contractants et les intéressés (point 10); l'interprétation doit se faire au regard du système et des objectifs de la Convention (point 11)[5]. Relève donc de la matière contractuelle tout litige dans lequel est mise en évidence l'existence d'un contrat, et que la demande formulée « *trouve sa base dans le non-respect d'une obligation contractuelle* » (point 13, *in fine*). Pour qu'il y ait **fondement contractuel**, il faut, ajoute la Cour dans l'arrêt *Jacob Handte et Cie Gmbh c/TMCS* du **17 juin 1992**, qu'existe un « *engagement librement assumé par une partie envers l'autre* »[6] (un arrêt de la Cour en date du 5 février 2004[7] a précisé que « *ne relève pas de la matière contractuelle l'obligation dont la caution, qui a acquitté les droits de douane en vertu d'un contrat de cautionnement conclu avec l'entreprise de transport, demande l'exécution, en tant que subrogée dans les droits de l'administration douanière, dans le cadre d'une action récursoire exercée à l'encontre du propriétaire des marchandises, si ce dernier, qui n'est pas partie au contrat de cautionnement, n'a pas autorisé la conclusion dudit contrat* »[8]).

Cette définition de la « *matière contractuelle* » a été quelque peu modifiée par la Cour de justice dans un arrêt récent du **14 mai 2009** (arrêt *Ilsinger*[9]), en matière de **loterie publicitaire.** Concernant ce domaine, elle a rendu trois arrêts conduisant aux solutions suivantes.

Si le particulier pensant avoir gagné le prix que la société de vente par correspondance lui a promis, a passé commande en vue d'obtenir le gain, il est considéré comme un **consommateur** au sens du règlement Bruxelles I et peut donc bénéficier des règles de compétence de l'article 15 (et donc agir devant les tribunaux de son domicile) car un contrat existe entre lui et la société de vente[10].

Si en revanche le particulier n'a pas passé commande mais réclame le gain promis, la Cour de justice a considéré que les dispositions relatives aux consommateurs ne sont pas applicables mais que l'article 5 § 1 l'est si :

– 1° le document émanant de la société de vente par correspondance et de nature à faire croire au destinataire qu'il a bien gagné un prix constitue un engagement juridique de ladite société;

1. BGB : *Bürgerliches Gesetzbuch*, Code civil allemand.
2. CJCE 22 mars 1983, Martin Peters c/ZNAV, aff. 34/82, *Rec. CJCE* 987, point 9 – V. AUSSI, CJCE 8 mars 1988, Arcado c/SA Haviland, aff. 9/87, *Rec. CJCE* 1539.
3. EN CE SENS, à propos des rapports juridiques entre une société et ses associés, v. CJCE 10 mars 1992, Powell Duffryn plc c/ W. Petereit, aff. C-214/89, *Rec. CJCE* 1745 : saisine de la cour par le Tribunal régional supérieur de Coblence.
4. CJCE 8 mars 1988, Arcado, aff. 9-87, *Rec. CJCE* 1539.
5. V. AUSSI, CJUE 14 mars 2013, Ceska spontelna a. s. c/ G. Feichter, aff. C-419/11, point 45. Cet arrêt décide que l'article 5 § 1 trouve à s'appliquer aux fins de déterminer la juridiction compétente pour connaître d'une action judiciaire par laquelle le bénéficiaire d'un billet à ordre, établi dans un État membre, fait valoir les droits découlant d'un billet à ordre, incomplet à la date de sa signature et complété ultérieurement par le bénéficiaire, à l'encontre de l'avaliste domicilié dans un autre État membre.
6. CJCE 17 juin 1992, Jacob Handte et Cie Gmbh c/TMCS, aff. C-26/91, *Rec. CJCE* 3967.
7. CJCE 5 févr. 2004, Frahuil SA c/Assitalia SpA, aff. C-265/02, nos 22 s., *Rec. CJCE* 2001. I. 1543.
8. POUR UNE APPLICATION DE CE CRITÈRE, v. Civ. 1re, 6 juill. 1999, no 97-18.722, *Bull. civ.* I, no 226; *D.* 1999. 203; *Rev. crit. DIP* 2000. 67, obs. Pataut : action en responsabilité intentée par une société française contre une société informatique ayant un siège en France et la société anglaise du même nom avec laquelle la société française n'avait pas conclu de contrat.
9. CJUE 14 mai 2009, Ilsinger, aff. no C-180/06.
10. CJCE 1er oct. 2002, Gabriel, aff. C-96/00.

– 2° le destinataire a bien réclamé le prix[1].

Ces deux arrêts avaient été rendus sur le fondement de la convention de Bruxelles de 1968. Enfin, dans l'arrêt *Ilsinger* du 14 mai 2009, la Cour, sur le fondement du règlement Bruxelles I, a constaté – de façon très favorable au consommateur – que l'article 15 du règlement (contrat conclu par un consommateur) a un champ plus large que l'article 13 de la convention de Bruxelles et ne s'applique pas uniquement aux contrats synallagmatiques mais également aux contrats unilatéraux : l'article 15 est donc applicable si la société de vente a fait une offre ferme et s'est engagée juridiquement à payer le prix au destinataire, qui doit avoir réclamé ledit prix[2]. En revanche, si la société de vente n'a pas souscrit un tel engagement, l'article 5 § 1 s'applique si la situation peut être qualifiée de « *précontractuelle ou quasi contractuelle* » (arrêt *Ilsinger*, point 57). C'est en cela que la jurisprudence *Jakob Hante* subirait une inflexion, la Cour de justice n'ayant jamais jugé jusque-là qu'une situation précontractuelle ou quasi contractuelle relevait de l'article 5 § 1[3]. Comme le relève justement un auteur[4], une telle affirmation risque de conduire à des incohérences entre le règlement Bruxelles I et les règlements Rome I (loi applicable aux obligations contractuelles) et Rome II (loi applicable aux obligations non contractuelles)[5].

Comp. les quatre arrêts rendus par la Cour de cassation le 7 mai 2010[6].

La notion de matière contractuelle au sens de l'article 5 § 1 est une notion autonome qui ne se confond pas avec la qualification que la loi nationale applicable donne au rapport juridique en cause. Dès lors, une cour d'appel, qui n'avait pas, en vertu de l'article 3 de la Convention, à appliquer l'article 14 du Code civil ni à rechercher d'office si la compétence du tribunal saisi était justifiée par l'option de compétence prévue à l'article 5 § 3 dont le demandeur ne s'était pas prévalu, a exactement décidé que le mandat d'ester en justice donné par un crédit-bailleur à un crédit-preneur ne pouvait conférer à l'action engagée par ce dernier à l'encontre du fabricant sur le fondement d'un manquement à l'obligation de délivrance et subsidiairement de garantie des vices cachés, une nature contractuelle au sens de la Convention et que seul le tribunal du lieu du domicile du défendeur était compétent.[7]

V. AUSSI : « *Attendu que l'arrêt relève d'abord que la société Ford avait passé des commandes à la société Sotira en 1997 et 1998 pour la conception et la fabrication de moules destinés à la production de déflecteurs ainsi que de prototypes, elle avait rempli toutes ses obligations, puis, que la société Sotira n'établissait par aucun élément de preuve que ces commandes emportaient, pour la société Ford, l'engagement d'en passer d'autres pour la fabrication de pièces en série de déflecteurs, avant que celle-ci n'abandonne son projet d'équipement; que la cour d'appel a pu en déduire qu'il n'existait pas de contrat entre les parties à cet égard de sorte que le litige ne portant pas sur une matière contractuelle, elle a exactement décidé que la société Ford devait être attraite devant les juridictions allemandes en application de l'article 2 § 1 du règlement du 22 décembre 2000* »[8].

Pour une action en responsabilité précontractuelle, en 2002, la Cour de justice a jugé que « *dans des circonstances caractérisées par l'absence d'engagements librement assumés par une partie envers l'autre à l'occasion des négociations visant à la formation d'un contrat et par l'éventuelle violation de règles de droit, notamment celle qui impose aux parties d'agir de bonne foi dans le cadre de ces négociations, l'action par laquelle la responsabilité précontractuelle du défendeur est invoquée relève de la matière délictuelle ou quasi délictuelle au sens de l'article 5 point 3 de la Convention* »[9]. La Cour de justice retient cette solution en se fondant notamment sur l'absence d'engagement quelconque librement assumé par un des protagonistes envers l'autre.

Petit à petit, arrêt après arrêt, la Cour de justice précise donc les contours de cette notion floue et si diversement perçue par les droits nationaux. Elle a opté pour une construction lente et chaque décision apporte une nouvelle pierre utile à l'élaboration de la notion de « *matière contractuelle* ».

152.23 Cas difficiles. Un certain nombre d'hypothèses ont posé des difficultés, que la Cour a résolues

1. CJCE 20 janv. 2005, Engler, aff. C-27/02.
2. C'est au juge national qu'il appartient d'apprécier si un tel engagement existe.
3. EN CE SENS, v. H. Gaudemet-Tallon, *Rev. crit. DIP* 2010. 573.
4. H. Gaudemet-Tallon, préc.
5. Ainsi, sont exclues du champ du règlement Rome II les obligations découlant de tractations menées avant la conclusion d'un contrat, qui, dès lors, relèveraient sans soute du règlement Rome I (et donc de la matière contractuelle); au contraire, les quasi-contrats relèvent du règlement Rome II, si bien qu'il peut y avoir quelque illogisme à les faire entrer dans la « matière contractuelle » au sens de l'article 5 § 1 du règlement Bruxelles I; EN CE SENS, v. H. Gaudemet-Tallon, préc. s[s] prés[t] n°.
6. *Rev. crit. DIP* 2010. 558, obs. Gaudemet-Tallon. Dans le quatrième arrêt, en l'absence de commande du particulier destinataire du courrier le disant gagnant d'un prix (mais en présence d'un engagement juridique de la société de vente), la Cour de cassation applique la jurisprudence Engler de la Cour de justice et déclare l'article 5 § 1 applicable alors que, en application du règlement Bruxelles I, la Cour de justice décide dans l'arrêt *Ilsinger* que c'est l'article 15 du règlement et non l'article 5 § 1 qui a vocation à s'appliquer (dans les deux cas, la compétence était alors celle du tribunal du domicile du particulier).
7. Civ. 1re, 17 janv. 2006, n° 02-12.745, *Bull. civ.* I, n° 19; *BICC* n° 641, 1er juin 2006, n° 1070.
8. Civ. 1re, 23 mai 2006, n° 05-16.133, *Bull. civ.* I, n° 255.
9. V. CJCE 17 sept. 2002, Fonderie Officine Meccaniche Tacconi Spa c/Heinrich Wagner Sinto Maschinenfabrik Gmbh (HWS), aff. C-334/00, *Rec. CJCE* I-7357; *D.* 2002. IR 2774 : question préjudicielle de la *Corte suprema di cassazione*.

là encore de façon autonome et en tenant compte des objectifs poursuivis par la Convention.

152.24 **1. Objet de la contestation.** Lorsque le litige porte sur l'existence ou la validité même d'un contrat, certains se sont interrogés sur le point de savoir si le tribunal du lieu où l'obligation servant de base à la demande a été ou doit être exécutée conserve sa compétence.

La Cour de justice a répondu positivement à cette question dans un arrêt *Effer SpA c/Kantner* du **4 mars 1982**, notamment afin de ne pas priver l'article 5 § 1 de toute portée juridique (il suffirait en effet à une partie d'invoquer de façon dilatoire ou de mauvaise foi la nullité ou l'inexistence du contrat pour échapper à la compétence établie par ce texte)[1]. Certes, dans cet arrêt, l'existence du contrat était contestée seulement par le jeu d'une exception d'incompétence et non à titre principal, mais il paraît logique de ne pas distinguer selon ces deux hypothèses et de maintenir dans les deux cas la compétence possible du juge désigné par l'article 5 § 1[2] (v. aussi, art. 10, § 1-*e*) de la convention de Rome sur la loi applicable aux obligations contractuelles - Convention adoptée par les États de l'Union européenne dans les mêmes circonstances et selon les mêmes modalités que la convention de Bruxelles); ce texte prévoyait que la loi du contrat régissait les conséquences de la nullité dudit contrat. La convention de Rome a été remplacée par le règlement Rome I (Règl. CE n° 593/2008, 17 juin 2008, entré en application le 17 déc. 2009). V. aussi l'article 10 § 1 du règlement CE n° 593/2008 du 17 juin 2008 sur la loi applicable aux obligations contractuelles Rome I[3], qui énonce que « *l'existence et la validité du contrat ou d'une disposition de celui-ci sont soumises à la loi qui serait applicable en vertu du présent règlement si le contrat ou la disposition était valable* ».

Il n'est pas rare que la Cour de justice se fonde à la fois sur une analyse autonome de la notion de « *matière contractuelle* » et sur un examen comparatif des solutions retenues dans une telle hypothèse par les différents droits nationaux.

152.25 **2. Chaînes de contrats : l'arrêt *Jakob Handte* du 17 juin 1992.** Sur recours préjudiciel de la Cour de cassation française, la Cour de justice avait à se prononcer sur une hypothèse bien française de ce qu'on appelle les « *chaînes de contrats* »[4].

Une société française - sous-acquéreuse - avait engagé contre la société allemande Handte une action en responsabilité du fabricant pour vices affectant la chose vendue. La société allemande contestait l'applicabilité de l'article 5 § 3 de la Convention au motif qu'aucun contrat ne la liait à l'entreprise française. On sait que dans la jurisprudence de la Cour de cassation française, l'action du sous-acquéreur contre le fabricant est, par une fiction de la jurisprudence, « *nécessairement de nature contractuelle* ». La Cour de justice décida, après avoir constaté l'absence de tout lien contractuel entre le fabricant et le sous-acquéreur qui engageait contre celui-ci une action en réparation de son préjudice découlant de la non-conformité de la chose, qu'un tel litige ne relevait pas de la matière contractuelle au sens de l'article 5 § 3. Elle rappela que ces compétences spéciales de l'article 5, puisqu'elles dérogent au principe général de l'article 2, devaient être interprétées strictement afin de « *permettre à un défendeur normalement averti de prévoir raisonnablement devant quelle juridiction, autre que celle de l'État de son domicile, il pourrait être attrait* » (point 18). « *Outre la circonstance que le fabricant n'a aucune relation contractuelle avec le sous-acquéreur et n'assume aucune obligation de nature contractuelle à l'égard de cet acheteur dont il peut légitimement ignorer l'identité et le domicile, il apparaît que dans la grande majorité des États contractants, la responsabilité du fabricant à l'égard du sous-acquéreur pour vices de la chose vendue est considérée comme n'étant pas de nature contractuelle* » (point 20). En conséquence, l'article 5 § 1 « *doit être interprété en ce sens qu'il ne s'applique pas à un litige opposant le sous-acquéreur d'une chose au fabricant, qui n'est pas le vendeur, en raison des défauts de la chose ou de l'impropriété de celle-ci à l'usage auquel elle est destinée* » (dispositif de l'arrêt). L'avocat général F.-G. Jacobs proposait dans ses conclusions que la Cour se prononce en faveur de l'applicabilité, dans cette hypothèse, de l'article 5 § 3 (matière délictuelle). Mais la Cour a préféré ne rien dire de la norme applicable, si bien que le commentateur ne peut que se perdre en conjectures et hésiter sur l'applicabilité ou seulement de l'article 2 de la Convention (tribunal du domicile du défendeur) ou de celle de l'article 5 § 3[5].

Toutefois, dans un arrêt du 27 octobre 1998, *Réunion européenne SA*, la Cour de justice a répondu à la question[6] : dans une affaire relative à des avaries consécutives à un transport de fruits opéré par voie maritime d'Australie aux Pays-Bas, et saisie par la Cour de cassation française d'une demande préjudicielle en interprétation, la Cour de justice a rappelé ce qu'elle entendait par « *matière contractuelle* » et estimé qu'en l'espèce, l'action intentée sur le fondement d'un connaissement n'était pas de nature contractuelle, mais délictuelle; l'article 5 § 3 de la Convention est dès lors applicable, ce que la Cour de justice s'était abstenue de préciser dans l'arrêt *Jakob Handte* de 1992.

L'affaire *Réunion européenne c/Spliethoff's Bevrachtingskantoor BV* était assez compliquée. Elle concernait une action en **réparation exercée contre le transporteur** de fait par le destinataire (ou son assureur subrogé) de marchandises avariées à l'issue d'un transport maritime, action fondée sur le connaissement couvrant le transport. Les compagnies d'assurance subrogées dans les droits de l'acheteur domicilié en France, avaient assigné devant le tribunal de commerce de Créteil la société australienne qui

1. CJCE 4 mars 1982, Effer SpA c/Kantner, aff. 38/81, *Rec. CJCE* 825.
2. EN CE SENS, Civ. 1re, 25 janv. 1983, n° 81-16.415, *Bull. civ.* I, n° 31; *Rev. crit. DIP* 1983. 516.
3. Règl. CE n° 593/2008 du Parlement européen et du Conseil, 17 juin 2008, sur la loi applicable aux obligations contractuelles (Rome I), *JOUE,* n° L 177, 4 juill., p. 6.
4. CJCE 17 juin 1992, Jakob Handte, aff. C-26/91, *Rec. CJCE* I-3697.
5. EN FAVEUR DE CETTE SECONDE SOLUTION, v. Com. 18 oct. 1994, n° 92-16.926, NP; *Rev. crit. DIP* 1995. 721, note Sinay-Citermann.
6. CJCE 27 oct. 1998, Réunion européenne SA, aff. C-51/97, *Rec. CJCE* I-6511 ; *Europe* déc. 1998, p. 20; *Rev. crit. DIP* 1999. 322, note Gaudemet-Tallon.

avait émis le connaissement, la société néerlandaise qui avait effectivement assuré le transport maritime et le capitaine du navire domicilié aux Pays-Bas. Les juges français avaient retenu leur compétence envers la société australienne sur le fondement de la livraison finale des marchandises en France, mais s'étaient déclarés incompétents à l'égard des autres parties assignées. La chambre commerciale de la Cour de cassation, dans un arrêt du 28 janvier 1997[1], avait demandé à la Cour de justice si une telle action relevait de la matière contractuelle au sens de l'article 5 § 1 et si, dans l'éventualité d'une réponse négative, l'action relevait de la compétence de principe de l'article 2 ou bien appartenait à la matière délictuelle ou quasi délictuelle au sens de l'article 5 § 3, auquel cas il aurait fallu préciser si le lieu où le destinataire avait constaté l'existence des avaries aux marchandises qui lui avaient été livrées constituait le lieu où le fait dommageable s'était produit. La Cour de cassation posait en outre la question de savoir si un défendeur domicilié sur le territoire d'un État contractant peut être attrait dans un autre État contractant devant la juridiction saisie d'une demande dirigée contre un codéfendeur domicilié en dehors du territoire de tout État contractant, au motif que le litige présenterait un caractère indivisible et pas seulement connexe. Dans sa décision du **27 octobre 1998**, la Cour de justice trancha ces difficiles questions. Elle jugea tout d'abord que « *l'action par laquelle le destinataire de marchandises reconnues avariées à l'issue d'un transport maritime puis terrestre, ou son assureur subrogé dans ses droits pour l'avoir indemnisé, réclame réparation de son préjudice, en se fondant sur le connaissement couvrant le transport maritime non pas à l'encontre de celui qui a émis ce document mais à l'encontre de la personne que le demandeur tient pour être le transporteur maritime ne relève pas de la matière contractuelle au sens de l'article 5 § 1* [...], *mais de la matière délictuelle ou quasi délictuelle au sens de l'article 5 § 3 de ladite Convention* »[2]. Ensuite, le lieu où le destinataire de marchandises, après l'exécution du transport maritime puis du transport terrestre final, n'a fait que constater l'existence des avaries aux marchandises qui lui ont été livrées ne peut servir à déterminer le lieu où le fait dommageable s'est produit au sens de l'article 5 § 3. En effet, s'il est admis dans la jurisprudence de la Cour que la notion de « *lieu où le fait dommageable s'est produit* » peut viser à la fois le lieu où le dommage est survenu et le lieu de l'événement causal, cette notion ne doit pas être interprétée de façon extensive au point d'englober tout lieu où peuvent être ressenties les conséquences préjudiciables d'un fait ayant déjà causé un dommage effectivement survenu dans un autre lieu (point 30). Le lieu de survenance du dommage dans le cas d'un transport international ne peut donc être le lieu de livraison finale (qui peut être modifié à tout moment), ni le lieu de constatation du dommage, qui reviendrait dans la plupart des cas à reconnaître la compétence des tribunaux du domicile du demandeur; il ne peut être que le lieu où le transporteur maritime réel devait livrer les marchandises (points 33 à 35). Un tel lieu répond aux exigences de prévisibilité et de certitude posées par la Convention et présente un lien de rattachement particulièrement étroit avec le litige au principal.

Enfin, la Cour a précisé que l'article 6 § 1 de la Convention devait être interprété en ce sens qu'un défendeur domicilié sur le territoire d'un État contractant ne peut être attrait dans un autre État contractant devant la juridiction saisie d'une demande dirigée à l'encontre d'un codéfendeur domicilié en dehors du territoire de tout État contractant, au motif que le litige présenterait un caractère indivisible. La Cour a ainsi refusé qu'échappe aux règles de la convention de Bruxelles l'action intentée contre le défendeur domicilié dans un État contractant même en présence d'une indivisibilité de l'action intentée contre lui avec celle engagée contre un autre défendeur. L'article 6 § 1 suppose en outre que le litige soit porté devant le tribunal du domicile de l'un des défendeurs, ce qui n'était pas le cas ici, aucun des défendeurs n'ayant son domicile en France. La Cour considère en effet que l'article 6 § 1 doit être interprété de telle sorte que ne puisse être remise en question l'existence du principe de compétence des tribunaux du domicile du défendeur, notamment en permettant au requérant de former une demande dirigée contre plusieurs défendeurs à seule fin de soustraire l'un de ces défendeurs aux tribunaux de l'État membre dans lequel il est domicilié. Il faut pour que l'article 6 § 1 trouve à s'appliquer, un lien de connexité entre les actions contre les différents défendeurs, tel qu'il y a intérêt à les juger ensemble afin d'éviter des solutions qui pourraient être inconciliables. En l'occurrence, les demandes n'avaient pas les mêmes fondements juridiques (l'une reposait sur la responsabilité contractuelle, l'autre sur la responsabilité délictuelle) et ne présentaient donc pas de lien de connexité. Ce faisant, la Cour de justice va plus loin que dans sa jurisprudence antérieure[3], dans laquelle elle laissait au juge national le soin d'apprécier l'existence ou non d'un lien de connexité. Il eût sans doute été plus simple (et juridiquement plus correct) pour la Cour de justice de se contenter d'écarter l'application de l'article 6 § 1 au motif de son inapplicabilité envers un défendeur domicilié dans un État tiers[4].

Suite au recours préjudiciel en interprétation qu'elle avait formé, la Cour de cassation a – une fois la réponse de la Cour de justice obtenue – rendu un arrêt faisant application stricte des solutions énoncées par la juridiction européenne[5].

La jurisprudence de la Cour de cassation à propos des chaînes de contrats n'est pas pour autant condamnée par la Cour de Luxembourg, mais elle ne saura à l'avenir fonder la compétence d'une juridiction en vertu de l'article 5 § 1 du règlement (Règl. 12 déc. 2012, art. 7 § 1). Elle garde en revanche toute sa portée en droit interne.

1. Com. 28 janv. 1997, n° 95-12.136, *Bull. civ.* IV, n° 29; *Rev. crit. DIP* 1997. 101; *Rev. crit. DIP* 1999. 322, note Gaudemet-Tallon.
2. CJCE 27 oct. 1998, aff. C-51/97, *Rec. CJCE* I-6511; *Rev. crit. DIP* 1999. 322, note Gaudemet-Tallon; *Europe* déc. 1998, p. 20.
3. CJCE 27 sept. 1988, Kalfelis c/Banque Schröder, Münchmeyer, Hengst et Cie, aff. 189/87, *Rec. CJCE* 5565.
4. EN CE SENS, V. ÉGAL. obs. Gaudemet-Tallon, *Rev. crit. DIP* 1999. 340.
5. Com. 16 mars 1999, n° 95-12.136, *Bull. civ.* IV, n° 60; *D.* 1999. IR 108.

Pour une application de la jurisprudence *Jakob Handte* par la Cour de cassation française : ne donne pas de base légale à sa décision la cour d'appel qui, pour décider que la juridiction française est compétente à l'égard d'une société anglaise appartenant à un groupe de sociétés, venant aux droits d'une société française, donneur de licence, se borne à énoncer que l'action du preneur de licence tend à rechercher la responsabilité solidaire des sociétés française et anglaise appartenant au même groupe en raison de la mauvaise exécution du contrat conclu entre le donneur et le preneur de licence d'utilisation d'un programme informatique, impliquant à la charge du donneur de licence français certaines obligations devant être honorées dans les locaux du client en France, sans relever l'existence d'un lien contractuel librement assumé[1] entre le preneur de licence et la société anglaise[2].

152.26 **3. Actions à fondement mixte (délictuel et contractuel).** Dans l'arrêt du **27 septembre 1988**, la Cour avait à se prononcer sur une hypothèse un peu spéciale[3] : le demandeur agissait contre une banque allemande en réparation sur trois fondements différents : la responsabilité contractuelle (violation des obligations d'information de la banque envers son client), la responsabilité délictuelle (BGB, § 823 et 826 et C. pén. allemand, § 263) et sur l'enrichissement sans cause. La Cour fédérale de justice allemande demanda à la Cour de justice si un tribunal compétent pour connaître d'un litige en matière délictuelle en vertu de l'article 5 § 3 de la Convention pouvait connaître à titre accessoire et en raison de la connexité des faits, aussi d'une demande fondée sur la responsabilité contractuelle. La Cour de justice répondit par la négative en se fondant une fois de plus sur la nécessité d'interpréter strictement les règles de compétence spéciale de l'article 5. La conséquence de cette solution est le risque de voir un même litige – présentant plusieurs branches et des fondements juridiques différents – relever de la compétence de deux ou trois tribunaux différents, sis éventuellement dans des États membres divers. Ce danger pourrait toutefois être évité par le demandeur en saisissant pour le tout le tribunal du domicile du défendeur (Conv. et Règl. 22 déc. 2000, art. 2 – Règl. 12 déc. 2012, art. 4) ou en invoquant la connexité des demandes (Conv., art. 22; Règl. 22 déc. 2000, art. 28 – Règl. 12 déc. 2012, art. 30) et la nécessité, dans le but d'une bonne administration de la justice, de les faire trancher par un seul et même juge.

En ce qui concerne les actions fondées non sur un contrat, mais sur un **quasi-contrat** (la gestion d'affaires ou l'enrichissement sans cause, par ex.), il semble logique – malgré l'absence de décision de la Cour de justice sur ce point (la CJCE a toutefois implicitement tranché, en statuant sur une demande invoquant des fondements contractuels, délictuels et d'enrichissement sans cause[4]) – d'estimer que le principe d'interprétation stricte (et non restrictive) des compétences spéciales énoncées dans l'article 5 conduit à écarter à leur propos l'application de l'article 5 § 1, puisque ce dernier ne fait référence qu'à la matière contractuelle. Demeurerait alors uniquement applicable l'article 2 de la Convention.

Pour des évolutions en matière de détermination du lien de connexité par la Cour de justice elle-même lorsqu'elle est saisie d'une question préjudicielle, et non pas par les tribunaux saisis selon les critères de leur droit national, voir l'évolution réalisée par l'arrêt de la Cour de justice du **27 octobre 1998**[5] (v. s[s] n° 152.25).

B. Obligation qui sert de base à la demande

152.31 **Évolution du texte de la Convention.** Initialement, la convention de Bruxelles de 1968 faisait référence de façon fort sibylline au « *lieu où l'obligation a été ou doit être exécutée* », sans préciser de quelle obligation il s'agissait. L'**arrêt *De Bloos c/S[té] en commandite par actions Bouyer*** du **6 octobre 1976** avait donc précisé que devait être prise en compte l'obligation **servant de base à la demande en justice**[6]. Il convient de tenir compte du lieu où l'obligation initiale aurait dû être exécutée et ce lieu conditionnera la compétence du tribunal en vertu de l'article 5 § 1 même si ce n'est pas l'exécution de ladite obligation qui est demandée mais par exemple des dommages-intérêts. Dans l'hypothèse où le demandeur réclamerait une indemnité « *autonome* » par rapport à l'obligation initiale litigieuse, le juge compétent pour statuer sur celle-ci ne serait pas forcément le même que dans le cas d'une indemnité remplaçant l'exécution lacunaire ou défectueuse de l'obligation servant de base à la demande.

La convention d'adhésion de 1978 reprit la formulation issue de l'arrêt *De Bloos* (« *obligation qui sert de base à la demande* »). Il n'empêche que cette précision n'avait pas pour autant rendu les choses très faciles

1. V. AUSSI, CJUE 17 oct. 2013, OTP Bank Nyilvanosan Muködö Részvénytársasag c/Hochtief Solution AG, aff. C-519/12 : « *Il n'existe pas de lien contractuel direct entre OTP Bank et Hochtief qui serait à l'origine des dettes de la société débitrice, l'action intentée par OTP Bank contre Hochtief ne saurait, dès lors, relever de la matière contractuelle au sens de l'article 5 § 2, sous a)* » (point 25). En l'espèce, la législation nationale hongroise imposait à une personne de répondre des dettes d'une société qu'elle contrôlait, faute pour cette personne d'avoir satisfait aux obligations de déclaration consécutives à la prise de contrôle de la société.
2. Civ. 1re, 6 juill. 1999, n° 97-18.722, *Bull. civ.* I, n° 226; *D.* 1999. IR 203.
3. CJCE 27 sept. 1988, aff. 189/87, *Rec. CJCE* 5565.
4. CJCE 27 sept. 1988, aff. 189/87, *Rec. CJCE* 5565.
5. CJCE 27 oct. 1998, Réunion européenne SA, aff. C-51/97, *Rec. CJCE* I-6511; *Rev. crit. DIP* 1999. 322, note Gaudemet-Tallon; *Europe* déc. 1998, p. 20.
6. CJCE 6 oct. 1976, De Bloos c/S[té] en commandite par actions Bouyer, aff. 14/76, *Rec. CJCE* 1497.

aux tribunaux nationaux appelés à statuer sur leur compétence. En effet, dans l'hypothèse de pluralité d'obligations litigieuses (ne s'exécutant pas toutes au même endroit), les tribunaux compétents pouvaient être dispersés, ce qui risquait de nuire à un règlement harmonieux du litige où la cour d'appel s'est jugée compétente pour l'ensemble du litige, mais en violation d'une application stricte de la jurisprudence *De Bloos*.

Pour éviter d'obliger le demandeur à saisir plusieurs juridictions différentes compétentes selon les obligations qui servent de base à sa demande, la Cour de justice a affiné la solution de l'arrêt *De Bloos* dans **un arrêt *Shenavai c/Kreischer* du 15 janvier 1987**[1].

Le litige portait sur une action en recouvrement d'honoraires d'un architecte. Après avoir rappelé – conformément à l'arrêt *De Bloos* – que la compétence juridictionnelle se détermine au regard de l'obligation litigieuse qui sert concrètement de base à la demande en justice, la Cour précise que si le litige porte sur plusieurs obligations découlant d'un même contrat, le juge saisi tiendra compte, pour déterminer sa compétence, de la règle selon laquelle l'accessoire suit le principal. Sera donc compétent en vertu de l'article 5 § 1 le tribunal dans le ressort duquel a été ou aurait dû être exécutée l'obligation principale (arrêt, point 19)[2]. Cette solution a le mérite de réserver à un seul juge la connaissance de tous les aspects du litige; elle ne fait toutefois que déplacer le problème dans la mesure où ce juge devra préalablement, pour apprécier sa compétence, déterminer quelle est l'obligation principale dans le contrat litigieux[3].

Les règles formulées par **l'arrêt *Shenavai*** connaissent une exception en matière de **contrat de travail**. Cette décision a en effet jugé nécessaire de poser une autre solution pour ce type particulier de convention (v. s[s] n° 152.51).

Pour des exemples d'obligation servant de base à la demande dans la jurisprudence française. La cour d'appel a fixé en France le lieu d'exécution de l'obligation servant de base à la demande de la société française, fondée sur la rupture du contrat par la société écossaise – contrat par lequel la société écossaise avait confié à la société française la distribution exclusive de ses produits en France. La cour d'appel a retenu que la demande de rachat du stock était la conséquence de la rupture du contrat de distribution exclusive en France, fondement de la demande principale de la société française, de sorte que cette demande accessoire devait suivre le sort de la demande principale[4] – s'agissant de la compétence des juridictions pour statuer sur la demande d'indemnités résultant de la rupture du contrat d'agence commerciale par une société allemande à l'égard de son agent en France, l'obligation qui sert de base à la demande est la sanction du contrat d'agence, lequel était exécuté en France, et non le paiement en Allemagne retenu par les juges d'appel[5] – la cour d'appel a fait une exacte application de l'article 5 § 1 de la convention de Bruxelles en décidant que le lieu d'exécution de l'obligation de délivrance servant de base à la demande, en conséquence du contrat de location d'une machine par une société française à une société allemande, devait être déterminé conformément au droit allemand. C'est par une interprétation souveraine de l'article 269 du Code civil allemand que l'arrêt a énoncé qu'en l'absence d'indications contraires stipulées au contrat, l'obligation de délivrance de la machine litigieuse avait pour lieu d'exécution le domicile du débiteur de l'obligation, à savoir le siège en Allemagne de la société devant fournir la machine[6].

C.
Détermination du lieu d'exécution de l'obligation qui sert de base à la demande

152.41 Jurisprudence européenne. Comme la cour l'a décidé dans l'arrêt *Zelger c/Salinitri* du **17 janvier 1980**, les parties peuvent tout à fait s'entendre pour déterminer le lieu d'exécution de l'obligation qui, par la suite deviendra litigieuse[7]. Le juge compétent en vertu de cette stipulation conventionnelle devra alors vérifier que ladite stipulation couvre bien l'obligation qui est contestée devant lui. L'arrêt *Zelger* écarte donc dans une telle hypothèse l'application des conditions de forme de l'article 17 (de la convention – Règl. 22 déc. 2000, art. 23 – Règl. 12 déc. 2012, art. 25) relatif aux clauses attributives de juridiction[8]. Dans un arrêt du **20 février 1997**, la Cour de justice a toutefois modifié sa position[9]; elle était saisie d'une affaire dans laquelle une société allemande MSG demandait réparation des dégâts causés à un bateau qu'elle avait loué à une société française. La société MSG avait agi contre la société française

1. CJCE 15 janv. 1987, Shenavai c/Kreischer, aff. 266/85, *Rec. CJCE* 239.
2. V. CEP., l'arrêt de la Cour fédérale de justice allemande rendu sur le fondement de la convention de Lugano, C. féd. justice (BGH) 27 avr. 2010, IX ZR 108/09, *NJW* 2010. 2442 : il n'existe pas, pour une action en constatation de la validité d'un contrat comprenant plusieurs obligations principales de même rang à exécuter dans divers États membres, un for international unique du lieu d'exécution du contrat.
3. DANS LE MÊME SENS, Colmar, 19 oct. 1993, *RJ com.* 1994. 76, note Huet – Paris, 13 sept. 1995, RG n° 95/70192, *D.* 1996. Somm. 273, obs. Audit – COMP., toutefois, Civ. 1re, 8 févr. 2000, n° 97-21.542, *Bull. civ.* I, n° 226; *D.* 2000. IR 72 : compétence éclatée entre la France et les Pays-Bas pour connaître de la rupture d'un contrat d'agent commercial.
4. Civ. 1re, 8 févr. 2000, n° 96-20.568, *Bull. civ.* I, n° 39; *D.* 2000. 741, note Blanc; *JCP* 2000. IV. 1543.
5. Civ. 1re, 8 févr. 2000, n° 96-21.690, *Bull. civ.* I, n° 41; *JCP* 2000. IV. 1544.
6. Civ. 1re, 8 févr. 2000, n° 97-21.542, *Bull. civ.* I, n° 38; *JCP* 2000. IV. 1545.
7. CJCE 17 janv. 1980, Zelger c/Salinitri, aff. 56/79, *Rec. CJCE* 89.
8. COMP. CJCE 29 juin 1994, Custom made commercial, aff. C-299/92, *Rec. CJCE* 2913; *Rev. crit. DIP* 1994. 698, note Gaudemet-Tallon; *JDI* 1995. 461, obs. Huet.
9. CJCE 20 févr. 1997, Mainschiffahrts-Genossenschaft [MSG] Eg c/Les Gravières Rhénanes SARL, aff. C-106/95, *Rev. crit. DIP* 1997. 563, obs. Gaudemet-Tallon.

devant le tribunal de son propre siège social en invoquant une clause verbale fixant le lieu d'exécution de l'obligation au lieu dudit siège social, Würzburg, RFA (clause attributive de juridiction soumise dès lors aux conditions de Conv. Bruxelles, art. 17 - devenu Règl. 22 déc. 2000, art. 23). La Cour fédérale de justice allemande avait relevé que l'accord verbal avait été confirmé par écrit, la clause écrite énonçant que « *le lieu d'exécution et celui du for auquel toute compétence est attribuée est Würzburg* ». Les juges allemands demandèrent à la Cour de justice si cette clause écrite était applicable, c'est-à-dire si l'accord sur le lieu d'exécution est valable même lorsqu'il n'a pas pour but de fixer le lieu où le contrat sera exécuté mais uniquement de désigner le tribunal compétent (clause abstraite sur le lieu d'exécution); si la clause n'était pas valable, pouvait-on néanmoins retenir son application sur le fondement de l'article 17 de la Convention (Règl. 22 déc. 2000, art. 23 - Règl. 12 déc. 2012, art. 25) en tant que clause attributive de juridiction conforme aux usages du commerce international ?

La Cour de justice inversa l'ordre des questions et décida de répondre d'abord au sujet de l'article 17 de la Convention. Elle décida d'abord qu'il appartenait au juge national saisi de l'affaire de dire s'il y a ou non usage entre les parties et si les parties étaient censées ou non connaître cet usage; ne sachant pas comment le juge national statuerait, la Cour aborda la seconde question posée par la Haute juridiction allemande et, tout en rappelant que les parties étaient libres de convenir d'un lieu d'exécution des obligations contractuelles, décida qu'une clause ayant pour effet de déterminer un for compétent sans lien véritable avec le contrat était frauduleuse et dès lors inapplicable. Abandonnant la formulation trop générale de l'arrêt *Zelger*, la Cour de justice décida donc que si le lieu d'exécution convenu est « *fictif* » et que le contrat ne s'exécute donc aucunement en ce lieu, la clause le fixant ne saurait être invoquée pour faire produire des effets à l'article 5 § 1 et donner compétence au juge de cet endroit. Une telle solution tend notamment à éviter un « *détournement* » de l'article 17 de la Convention, dont les conditions qu'il énonce seraient écartées au profit d'une simple application de l'article 5 § 1[1].

Mais si les parties n'ont pas prédéterminé le lieu d'exécution de cette obligation, l'arrêt *Tessili c/Dunlop AG* du **6 octobre 1976** décide que ce lieu est déterminé conformément à la loi qui régit l'obligation litigieuse selon les règles de conflit de la juridiction saisie[2]. La démarche du juge consistera donc d'abord à vérifier quelle loi est applicable à l'obligation litigieuse; ensuite, il regardera quel lieu cette loi fixe à l'exécution de ladite obligation. Il sera alors en mesure de se juger compétent ou non pour connaître de l'affaire. Cette solution, rappelée depuis lors par la Cour, se justifie par des soucis de prévisibilité juridique.

Dans un arrêt du **5 octobre 1999**, *Leathertex Divisione Sintetici c/Bodetex BVBA*, la Cour de justice a eu l'occasion de juger que l'article 5 § 1 de la Convention doit être interprété en ce sens que le même juge n'est pas compétent pour connaître de l'ensemble d'une demande fondée sur deux obligations équivalentes découlant d'un même contrat lorsque, selon les règles de conflit de l'État de ce juge, ces obligations doivent être exécutées l'une dans cet État et l'autre dans un autre État contractant[3]. La Cour a d'abord écarté tous les motifs qui auraient pu justifier une centralisation de la compétence judiciaire : 1° le contrat en cause au principal ne constituait pas un contrat de travail, circonstance qui aurait justifié une centralisation au lieu de l'exécution de l'obligation caractérisant le contrat; 2° l'article 22 de la Convention, relatif au sort des demandes connexes, n'est pas attributif de compétence et ne permettait donc pas d'établir la compétence du juge saisi d'une demande pour statuer sur une demande connexe; 3° s'agissant d'obligations équivalentes, le principe selon lequel l'accessoire suit le principal ne pouvait être appliqué. En l'occurrence étaient en cause, suite à un contrat d'agence commerciale, une demande en paiement des arriérés de commissions et une demande d'indemnité compensatoire de préavis. Dans cette affaire, l'avocat général Léger proposait, s'agissant d'un contrat d'intermédiaire, de retenir le lieu d'exécution effectif car il permettait de concilier les deux critères du lien de rattachement et de la prévisibilité des règles de compétence; pour l'avocat général, les deux obligations en cause se localisaient au lieu d'exécution du contrat d'agence commerciale. Cette solution permettait d'éviter l'éclatement des contentieux. La Cour de justice s'en est toutefois, une fois de plus, tenue strictement à la jurisprudence *Tessili*, critiquée pourtant par de nombreux auteurs et même par les avocats généraux près la Cour de justice elle-même. Heureusement, le nouveau texte de l'article 5 § 1 du règlement du 22 décembre 2000 (confirmé par Règl. UE n° 1215/2012, 12 déc. 2012, art. 7 § 1, Bruxelles I *bis*, qui entrera en application et remplacera le règlement Bruxelles I le 10 janvier 2015) améliore quelque peu les choses. S'il avait été appliqué dans l'affaire *Leathertex*, il aurait conduit, le contrat portant sur un service, à la localisation là où les services ont été ou auraient dû être fournis. En l'occurrence, ce pouvait être la Belgique ou les Pays-Bas, et le juge saisi aurait alors examiné sur le territoire duquel de ces deux États l'activité de l'agent commercial se réalisait principalement. L'action aurait pu alors être portée pour les deux demandes devant le même juge. La dispersion des fors aurait ainsi pu être évitée.

1. COMP., H. Gaudemet-Tallon, *Rev. crit. DIP* 1997. 576 – EN CE SENS, Com. 27 févr. 1996, n° 94-15.205, Sté Gotz GmbH c/Sté Noge, NP; *Rev. crit. DIP* 1996. 736.
2. CJCE 6 oct. 1976, Tessili c/Dunlop AG, aff. 12/76, *Rec. CJCE* 1473.
3. CJCE 5 oct. 1999, Leathertex Divisione Sintetici c/Bodetex BVBA, aff. C-420-97, *D.* 1999. IR 270; *Rev. crit. DIP* 2000. 76, note crit. Gaudemet-Tallon qui définit cet arrêt comme « *la jurisprudence Tessili poussée jusqu'à l'absurde* ».

La Cour de justice a eu l'occasion de se prononcer au sujet du contrat d'agence commerciale dans le cadre du règlement Bruxelles I et de son nouvel article 5 § 1[1] : elle a jugé – faisant application des solutions énoncées dans l'arrêt *Color Drack* du 3 mai 2007[2] pour la vente de marchandises – que le fait qu'un contrat de fourniture de services (contrat d'agence commerciale en l'espèce) soit exécuté dans plusieurs États membres ne fait pas obstacle à l'application de l'article 5 § 1, b) et que, dans un tel cas, « *le tribunal compétent pour connaître de toutes les demandes fondées sur le contrat est celui dans le ressort duquel se trouve le lieu de la fourniture principale des services* » (point 43). « *Ce lieu est celui de la fourniture principale des services de l'agent, tel qu'il découle des dispositions du contrat ainsi que, à défaut de telles dispositions, de l'exécution effective de ce contrat et, en cas d'impossibilité de le déterminer sur cette base, celui où l'agent est domicilié* »[3].

En outre, le jeu combiné de l'article 5 § 1 de la convention de Bruxelles telle qu'interprété par la Cour de justice dans l'arrêt *Tessili* et de la convention de Vienne sur la vente internationale de marchandises (CVIM), conduit très souvent à déterminer le lieu d'exécution de l'obligation de paiement du prix au lieu de l'établissement du vendeur, comme le prévoit l'article 57 alinéa 1er de la convention de Vienne. Sont alors compétents les tribunaux de ce lieu pour connaître des demandes en paiement de prix, ce qui provoque une faveur au profit du vendeur, faveur dont la légitimité peut être contestée. Cette solution est en outre en contradiction avec le principe *actor sequitur forum rei*[4].

Pour une application combinée de la convention de Vienne et de l'article 5 § 1 du règlement CE n° 44/2001 Bruxelles I, v. un arrêt de la Cour de cassation du 9 mars 2011[5] : la livraison et l'installation en France du dispositif de dépoussiérage industriel par la société Cardin qui revendiquait l'application de la convention de Vienne du 11 avril 1980 a permis à la cour d'appel de déduire « *justement* » que le tribunal français était compétent en application de l'article 5 § 1, b) du règlement Bruxelles I[6].

Pour une hypothèse dans laquelle l'article 5 § 1 est déclaré inapplicable parce que l'obligation servant de base à la demande a vocation à s'appliquer dans le monde entier (en l'occurrence clause d'exclusivité dans le cadre d'un contrat portant sur un marché public) : « *La règle de compétence spéciale en matière contractuelle, énoncée à l'article 5, point 1, de la Convention* [...], *ne trouve pas à s'appliquer dans l'hypothèse où, comme dans l'affaire au principal, le lieu d'exécution de l'obligation qui sert de base à la demande en justice ne peut pas être déterminé, en raison du fait que l'obligation contractuelle litigieuse consiste en un engagement de ne pas faire qui ne comporte aucune limitation géographique et se caractérise, dès lors, par une multiplicité des endroits où elle a été ou devait être exécutée; dans un tel cas, la compétence ne peut être déterminée que par application du critère général de compétence prévu à l'article 2* »[7] [pour une intéressante critique de l'article 5 § 1 de la convention de Bruxelles et de la jurisprudence y afférente, v. V. Heuzé[8] – Sur les incidences de la convention de Rome du 19 juin 1980 en matière de loi applicable aux obligations contractuelles et de la convention de Vienne du 11 avril 1980 sur la vente internationale de marchandises, v. J.-P. Béraudo[9] (not. l'article 31 de cette dernière Convention, qui conduit bien souvent en pratique à l'assignation, sauf convention contraire des parties, du vendeur au lieu de son établissement, ou du lieu où il entrepose ou fabrique, ou encore du lieu où il remet les marchandises à un transporteur)]. Rappelons que les institutions de l'Union européenne ont adopté le règlement Rome I du 17 juin 2008 communautarisant, en la modifiant quelque peu, la convention de Rome de 1980 sur la loi applicable aux obligations contractuelles. Ce règlement est entré en application le 17 décembre 2009.

152.42 Jurisprudence française. Les tribunaux français ont été quelque peu divisés. Alors que certains appliquent strictement la jurisprudence *Tessili*, recherchant la loi applicable à l'obligation litigieuse afin de voir quel lieu d'exécution cette loi établit[10],

1. CJUE 11 mars 2010, aff. C-19/09; *D.* 2010. 2331, obs. S.B.; *JDE* 2010. 307, obs. Nuyts et Boularbah; *Europe* avr. 2010, n° 14, note Idot; *JCP* 2010, n° 24, p. 21, note Fernet; *Procédures* juill. 2010, n° 270, note Nourissat.
2. *D.* 2007. 1604; *D.* 2007. 2573, obs. Bollée; *D.* 2008. 40, obs. Nourissat.
3. Pour une illustration en matière de billet à ordre avalisé, v. CJUE 14 mars 2013, Ceska spontelna a. s. c/G. Feichter, aff. C-419/11 : cet arrêt juge que, eu égard à la circonstance que le lieu d'exécution de l'obligation en cause au principal est expressément indiqué sur le billet à ordre, la juridiction de renvoi est tenue, dans la mesure où le droit applicable permet ce choix de lieu d'exécution de l'obligation, de prendre en compte ledit lieu afin de déterminer la juridiction compétente en vertu de l'article 5 § 1, a).
4. Pour une application de cette solution, v. C. provinciale Barcelone, 7 juin 1999, *D.* 2000. Somm. 440, obs. Rosch.
5. Civ. 1re, 9 mars 2011, n° 09-68.708, NP; *Rev. crit. DIP* 2011. 915, obs. crit. Ancel, qui reproche à la Cour de cassation de ne pas s'orienter sur les directives d'interprétation données par la Cour de justice dans l'arrêt *Car Trim* (CJUE 25 févr. 2010, aff. C-381/08) et de se fonder en réalité sur une prétendue contradiction de la société italienne qui invoquait la qualification de vente de marchandises au regard de la prescription, et qui dès lors n'aurait pu avancer une autre qualification du contrat au regard de la compétence internationale des juridictions françaises.
6. Sur les difficultés soulevées par l'article 5 § 1, a) du règlement Bruxelles I au regard de la convention de Vienne du 11 avril 1980, v. C. Witz, *D.* 2010. 928.
7. CJCE 19 févr. 2002, Besix SA c/Wassereinigungsbau Alfred Kretzschmar GmbH & Co (WABAG), aff. C-256/00, *JOUE*, n° C 118, 18 mai, p. 13; www.curia.eu
8. V. Heuzé, « De quelques infirmités congénitales du droit uniforme : l'exemple de l'article 5 § 1 de la convention de Bruxelles du 27 septembre 1968 », *Rev. crit. DIP* 2000. 595.
9. J.-P. Béraudo, « Le règlement CE du Conseil du 22 décembre 2000 concernant la compétence judiciaire, la reconnaissance et l'exécution des décisions en matière civile et commerciale », *JDI* 2001. 1043 s.
10. EN CE SENS, PAR EX., parmi de nombreuses autres décisions tant de la Cour de cassation que de juridictions d'appel, Civ. 1re, 4 mars 1986, nos 83-11.270 et 83-12.418, *Bull. civ.* I, n° 57; *D.* 1987. Somm. 345, obs. Audit – Civ. 1re, 8 févr. 2000, nos 96-20.568 et 97-21.542, 2 esp., *Bull. civ.* I, ▶

d'autres ne vont pas à la recherche de la règle de conflit et de son contenu, appliquant la *lex fori* ou ne se référant pas même à une loi quelconque[1]. Quelques autres décisions décident purement et simplement de ne pas faire application de l'article 5 § 1 de la Convention au motif que le lieu d'exécution serait impossible à déterminer[2] (v. J.-B. Bosquet-Denis[3] et G. A. L. Droz[4] – V. aussi un arrêt de la première chambre civile de la Cour de cassation de 1998, décidant l'applicabilité de la convention de Vienne sur la vente internationale de marchandises et de la convention de Bruxelles; l'obligation de livraison de la chose vendue est réalisée par la remise des marchandises au premier transporteur pour acheminement à l'acheteur; cette obligation a été exécutée en Allemagne[5]). Dans un arrêt de 1997[6], la Cour de cassation a posé à la Cour de justice une question préjudicielle l'invitant à abandonner la jurisprudence *Tessili* imposant de passer par le détour de la règle de conflit pour déterminer le lieu d'exécution de l'obligation. La Cour de cassation se demande « *si ne pourrait être retenue une solution communautaire autonome suivant laquelle les juges nationaux détermineraient le lieu d'exécution de l'obligation, permettant de déterminer la compétence juridictionnelle, en recherchant, en fonction de la nature du rapport d'obligation et des circonstances de l'espèce, le lieu où la prestation a été, ou devait être effectivement fournie, sans qu'ils aient à se référer à la loi qui régit l'obligation litigieuse selon la règle de conflit du for* ».

Un arrêt de la première chambre civile de la Cour de cassation hostile à la jurisprudence *Tessili* avait d'ailleurs appliqué la solution préconisée par la chambre commerciale dans son arrêt de renvoi préjudiciel en interprétation (le lieu d'exécution de l'obligation qui sert de base à la demande que le juge recherche en application de l'article 5 § 1 de la convention de Bruxelles doit être défini, en fonction du rapport d'obligation et des circonstances de l'espèce, comme étant celui où la prestation a été ou doit être effectivement fournie[7]). Cet arrêt du **11 mars 1997** qui opérait un revirement brutal[8], écartait toute recherche de la loi applicable au rapport litigieux et approuvait les juges du fond d'avoir localisé en fait, en vertu de la nature du rapport d'obligation et des circonstances de l'espèce, le lieu « *où la prestation s'était effectuée ou devait s'effectuer* »; *comme le note un auteur*[9], « *la rupture est claire avec la méthode conflictuelle préconisée par la Cour de justice* ». Il faut reconnaître qu'interprété par la Cour de justice, « *l'article 5 § 1 aboutit soit à revenir à la compétence du for du défendeur* [et alors l'article 2 suffit], *soit à donner compétence au for du demandeur* [alors que les auteurs de la Convention se sont toujours prononcés contre le *forum actoris*] »[10].

En outre, l'article 5 § 1 a soulevé un abondant contentieux et donné lieu à de très nombreuses décisions nationales pas toujours conformes à la jurisprudence européenne. Comme le note H. Gaudemet-Tallon, la méthode retenue par la première chambre civile de la Cour de cassation est plus simple et plus réaliste, car le juge détermine le lieu d'exécution en fonction des circonstances de la cause, ce qui l'incite à rechercher le centre de gravité des obligations en cause. Ainsi, ce sera le juge le plus proche des données du litige qui sera compétent (ce qui était le but premier de l'article 5 § 1), et bien souvent, le litige bénéficiera d'une coïncidence entre compétence judiciaire et compétence législative. Au vu de ce contentieux nourri, il apparut nécessaire de réformer l'article 5 § 1[11].

La demande d'interprétation de la Cour de cassation conduisit la Cour de justice à rendre un arrêt du

▶ n°s 39 et 38; *JCP* 2000. IV. 1543; *D.* 2000. 741, note Blanc; *JCP* 2000. IV. 1545 – Paris, 10 nov. 1993, RG n° 93/7142, *JCP* 1994. II. 22314, Audit – Civ. 1re, 8 févr. 2000, n° 97-21.542, *Bull. civ.* I, n° 38; *D.* 2000. IR 72 – Civ. 1re, 30 mai 2000, n° 98-18.391, *Bull. civ.* I, n° 161; *D.* 2000. IR 168 – Pour ces arrêts du 8 février et du 30 mai 2000 et des arrêts du 27 juin 2000, v. aussi *Rev. crit. DIP* 2000. 148, note Ancel – pour une illustration récente mais qui en réalité conforme une analyse critiquable opérée par les juges du fond, v. Civ. 1re, 23 mars 2011, n° 10-30.210, NP; *Rev. crit. DIP* 2011. 915, obs. crit. Ancel : « *La cour d'appel a justement énoncé que pour l'application de l'article 5-1 du règlement Bruxelles I, il convenait de déterminer la nature du contrat en cause selon la loi du for, par référence au droit communautaire, ensuite, que, ne s'agissant ni d'un contrat de vente, ni d'un contrat de fourniture de services, elle a, en application de l'article 5-1 a) dudit Règlement, analysé les obligations des parties selon la loi polonaise applicable au contrat, pour déterminer le lieu de l'obligation litigieuse; qu'ayant relevé que celle-ci, liée aux commandes des marchandises, était localisée en France, elle a déduit, à bon droit, que la juridiction française était compétente* ».

1. not. Civ. 1re, 28 oct. 1986, *Rev. crit. DIP* 1987. 612, obs. Gaudemet-Tallon – Com. 23 mai 1989, n° 87-17.455, *Bull. civ.* IV, n° 159; *JCP* 1989. IV. 274 – Com. 12 janv. 1993, n° 91-11.102, *Bull. civ.* IV, n° 5; *JCP* 1993. IV. 644 – Civ. 1re, 11 mars 1997, n° 94-15.591, *Bull. civ.* I, n° 85; *D.* 1997. 562; *D.* 1997. 351, chron. Droz.
2. Paris, 18 déc. 1975, *D.* 1977. IR 41; *JCP* 1990. IV. 90.
3. J.-B. Bosquet-Denis, « La localisation du refus de vente et ses conséquences sur la compétence des juridictions particulièrement en droit communautaire », *D.* 1991. Chron. 21.
4. G. A. L. Droz, « *Delendum est forum contractus ?* », *D.* 1997. Chron. 351.
5. Civ. 1re, 16 juill. 1998, n° 96-11.984, *Bull. civ.* I, n° 252; *D.* 1999. 117, note Witz.
6. Com. 9 déc. 1997, n° 95-17.619, *Bull. civ.* IV, n° 33; *Europe* avr. 1998, p. 21; *D.* 1998. IR 28.
7. Civ. 1re, 11 mars 1997, n° 94-15.591, *Bull. civ.* IV, n° 85; *D.* 1997. 351, chron. Droz; *Rev. crit. DIP* 1997. 5885, note Gaudemet-Tallon.
8. Dans le sens du non-respect de la jurisprudence *Tessili*, v. Civ. 1re, 25 févr. 1997, n° 94-20.595, NP; *D.* 1997. 351, chron. Droz – Com. 18 mars 1997, n° 95-04.159, *Bull. civ.* IV, n° 97; *D.* 1997. IR 97; *Defrénois* 1997. 1131, note Piedelièvre.
9. H. Gaudemet-Tallon, obs. *Rev. crit. DIP* 1997. 590.
10. H. Gaudemet-Tallon, obs. *Rev. crit. DIP* 1997. 591.
11. Pour une critique de la jurisprudence issue de l'article 5 § 1 de la convention, v. aussi, G. A. L. Droz, « *Delendum est forum contractus ?* (vingt ans après les arrêts *De Bloos* et *Tessili* interprétant l'article 5 § 1 de la convention de Bruxelles du 27 septembre 1968) », *D.* 1997. Chron. 351.

28 septembre 1999[1]. La Cour refuse dans cet arrêt de suivre les propositions formulées par la chambre commerciale de la Cour de cassation dans son arrêt de renvoi préjudiciel du 19 décembre 1997. Elle rappelle que la notion de « *lieu où l'obligation qui sert de base à la demande a été ou doit être exécutée* » ne doit pas recevoir une interprétation autonome, mais doit être interprétée comme renvoyant à la loi qui régit l'obligation litigieuse selon les règles de conflit de la juridiction saisie. La Cour de justice rejette l'approche de la Cour de cassation en constatant que certaines des questions susceptibles de se poser dans le cadre de l'approche alternative suggérée, telles que l'identification de l'obligation contractuelle qui sert de base à l'action judiciaire tout comme, en cas de pluralité d'obligations, la recherche de l'obligation principale, ne pouvaient que difficilement être tranchées sans se référer à la loi applicable[2]. À la suite de cet arrêt, la chambre commerciale, le 14 décembre 1999, a suivi la position de la Cour de justice[3]. Dans un arrêt du 20 juin 2000 rendu dans l'affaire *GIE Groupe Concorde* après la réponse à la question préjudicielle, elle a également fait application de la solution *Tessili* qu'elle contestait pourtant initialement[4].

Il semble aujourd'hui que la jurisprudence française ait, de façon assez générale, réalisé un retour à l'orthodoxie en appliquant désormais la jurisprudence *Tessili* réaffirmée par la Cour de justice de Luxembourg, car la Cour de cassation n'hésite pas à censurer les juges du fond qui feraient fi de la solution *Tessili*[5]. Quelques juridictions de première instance et d'appel continuent cependant à faire une appréciation du lieu d'exécution fondée sur les circonstances de l'espèce et non sur les règles de conflit et la loi applicable à laquelle elles renvoient[6].

À titre de comparaison, v. un arrêt de la **chambre commerciale de la Cour de cassation** de 2001 qui décide l'application de l'article 5 § 1 dans un litige opposant une société néerlandaise à une banque néerlandaise au sujet d'une lettre de confort, l'obligation servant de base à la demande devant être exécutée en France au siège de la filiale à laquelle la société mère, par lettre de confort, avait promis de remplir ses obligations envers un prêteur[7].

Pour des difficultés d'application de l'article 5 § 1 et de la convention de Rome en matière de contrats de distribution, v. un arrêt de la **première chambre civile** du **15 mai 2001 :** une cour d'appel qui relève qu'une seule demande en dommages-intérêts qui tendait à la reconnaissance du caractère abusif de la rupture contractuelle avait été formée, caractérise ainsi l'obligation servant de base à la demande, et en déduit à bon droit, que le demandeur ne peut invoquer que les dispositions spéciales de l'article 5 § 1. La fourniture du produit étant la prestation caractéristique du contrat de distribution, fait une juste application des articles 4.1 et 4.2 de la convention de Rome du 19 juin 1980 la cour d'appel qui soumet un tel contrat à la loi du pays du siège de la société d'où émane la fourniture, pays avec lequel le contrat présente les liens les plus étroits. Le juge doit faire application de la loi qu'il a déclarée compétente[8].

V. AUSSI un arrêt de la **première chambre civile** de la Cour de cassation du **26 septembre 2007**[9], dans lequel la jurisprudence *Tessili* conduit à appliquer l'article 4 de la convention de Rome énonçant que le contrat est régi par la loi du pays avec lequel il présente les liens les plus étroits : encourt la cassation l'arrêt qui rejette l'exception d'incompétence soulevée par des sociétés suisses assignées par une société française devant un tribunal français en indemnisation du préjudice subi à la suite d'une rupture brusque de leurs relations portant sur la commercialisation et la distribution de produits en France, au motif qu'il s'agit d'un contrat de prestation de services pouvant s'apparenter au contrat de coopération commerciale de l'article L. 441-7 du Code de commerce, dont les prestations ont été réalisées en France par une société française en vue d'acquérir des marchés français, alors que la cour d'appel avait constaté que la société suisse avait refusé d'honorer de nouvelles commandes et avait désigné un nouveau distributeur de ses produits en France, de sorte que la prestation caractéristique consistait en la fourniture des produits par cette société, dont le siège social était en Suisse.

V. les observations de B. Audit à propos des différentes étapes à suivre par le juge avant de retenir sa compétence sur le fondement de l'article 5 § 1 en matière de contrats de concession et de distribution. Parfois, les juges font mine d'avoir fait le détour par la règle de conflit et affir-

1. CJCE 28 sept. 1999, GIE Groupe Concorde e. a. c/Capitaine commandant le navire « Suhadiwarn o Panjan » e. a., aff. C-440-97, *Rev. crit. DIP* 2000. 253, note Ancel.
2. SUR CETTE AFFAIRE, V. AUSSI *Rev. crit. DIP* 2000. 253, obs. Ancel.
3. Com. 14 déc. 1999, n° 95-21.374, *Bull. civ.* IV, n° 229.
4. Com. 20 juin 2000, n° 95-17.619, *Bull. civ.* IV, n° 127; *Rev. crit. DIP* 2000. 156, obs. Ancel; *DMF* 2000. 794, note Delebecque.
5. PAR EX., Civ. 1re, 15 mai 2001, n° 99-17.132, *Bull. civ.* I, n° 134; *D.* 2002. 198, note Diloy; *D.* 2002. 1397, obs. Audit; *JDI* 2001. 1121-1130, note Huet; *JCP* 2001. II. 10634, note Raynard – Civ. 1re, 26 juin 2001, n° 99-16.118, *Bull. civ.* I, n° 189; *D.* 2001. 2591 note Avena-Robardet; *D.* 2001. 3607, note Witz; *Gaz. Pal.* 2001. Doctr. 13-21, note Jobard-Bachellier.
6. PAR EX., Grenoble, 6 nov. 2000, *D.* 2001. 2547, note Devers – V. AUSSI, Civ. 1re, 19 mars 2008, n° 06-17.561, NP – Pour un arrêt d'appel qui ne semblait pas orthodoxe, mais contre lequel la Cour de cassation rejette le pourvoi avec une motivation apparemment déformante, v. Com. 23 mars 2011, n° 10-30.210, NP; *Rev. crit. DIP* 2011. 915, obs. crit. Ancel.
7. Com. 30 janv. 2001, n° 98-23.376, NP; *D.* 2002. Somm. 1392, obs. Audit.
8. Civ. 1re, 15 mai 2001, n° 99-17.132, *Bull. civ.* I, n° 134; *D.* 2002. 1397, obs. Audit; *D.* 2002. 198, note Diloy; *JDI* 2001. 1121-1130, note Huet; *JCP* 2001. 10634, note Raynard.
9. Civ. 1re, 26 sept. 2007, n° 06-19.709, *Bull. civ.* I, n° 304; *BICC* 15 janv. 2008, n° 674.

ment que la loi étrangère fixe le lieu d'exécution de l'obligation à tel ou tel endroit.

152.43 Modifications apportées par le règlement CE n° 44/2001 du 22 décembre 2000, Bruxelles I, et maintenues par le règlement UE n° 1215/2012 du 12 décembre 2012, Bruxelles I *bis*. Beaucoup souhaitaient une réforme radicale de l'article 5 § 1, voire même la suppression pure et simple du for contractuel si délicat à mettre en œuvre[1]. La doctrine et les praticiens ne seront toutefois sans doute pas enchantés par la nouvelle mouture de cet article. Désormais, l'article 5 § 1 du règlement s'efforce de procéder à une localisation autonome du lieu d'exécution de l'obligation dans deux types de situations : pour les contrats de vente de marchandises et pour les contrats de prestation de services. Pour la vente de marchandises, le lieu d'exécution est désormais le lieu d'un État membre où, en vertu du contrat, les marchandises ont été ou auraient dû être livrées. Pour les contrats de prestation de services, c'est le lieu de l'État membre où, en vertu du contrat, les services ont été ou auraient dû être fournis (Règl. 22 déc. 2000, art. 5 § 1, b). On s'attache donc ici au lieu d'exécution de la prestation caractéristique (et non pas de l'obligation litigieuse)[2], et on évite un détour par les règles de conflit et la recherche de la loi applicable, ce qui constitue une simplification appréciable pour le juge. La formule « *en vertu du contrat* » aurait pu signifier qu'il n'était pas là fait référence à la volonté exprimée des parties dans le contrat (solution qui a toujours été admise même sous l'empire de la convention de Bruxelles, et qui bien sûr continue à s'appliquer sous l'empire du règlement), mais plutôt, en l'absence de clause contractuelle localisant le lieu d'exécution, à l'économie du contrat telle que le juge saisi l'analyse afin d'en déduire le lieu d'exécution, en tenant compte du rapport d'obligation et des circonstances de l'espèce[3]. Il s'agit donc d'une désignation pragmatique du lieu d'exécution, en fonction de critères factuels (v. Heuzé, préc. – CONTRA : J.-P. Béraudo, préc., pour qui la formule « *en vertu du contrat* » conduit à ne pas modifier les solutions antérieures, si bien que si une clause contractuelle existe sur le lieu d'exécution, la compétence appartient au tribunal du lieu contractuellement fixé, alors que si une telle clause est absente, le point b est inapplicable et l'on en revient à la jurisprudence *Tessili*. Cette thèse nous paraît toutefois contraire à la volonté des rédacteurs du règlement, qui ont clairement voulu écarter la jurisprudence *Tessili* en matière de ventes de marchandises ou de fourniture de services). On peut aussi considérer que la formule « *en vertu du contrat* » renvoie à la volonté des parties sur le lieu d'exécution sans que soit exigé le respect des conditions posées à l'article 23 du règlement Bruxelles I (Règl. Bruxelles I *bis*, art. 25) en matière de clause attributive de juridiction (il faut alors que le litige porte sur l'exécution de l'obligation dont le lieu d'exécution est convenu entre les parties), à condition que ce lieu ne soit pas purement fictif, comme a pu le juger antérieurement la Cour de justice[4].

Ainsi, la Cour de justice a jugé le 9 juin 2011[5] que, pour vérifier si le lieu de livraison est déterminé « *en vertu du contrat* », la juridiction nationale saisie doit prendre en compte tous les termes et toutes les clauses pertinentes de ce contrat qui sont de nature à désigner de manière claire ce lieu, y compris les termes et les clauses généralement reconnus et consacrés par les usages du commerce international, tels que les Incoterms élaborés par la Chambre de commerce internationale[6]; s'il est impossible de déterminer le lieu de livraison sur cette base, sans se référer au droit matériel applicable au contrat, ce lieu est celui de la remise matérielle des marchandises par laquelle l'acheteur a acquis ou aurait dû acquérir le pouvoir de disposer effectivement des marchandises à la destination finale de l'opération de vente.

En cas de pluralité d'obligations, le litige pourra ainsi être soumis à un seul tribunal, ce qui évitera l'éclatement des fors illustré par exemple dans l'arrêt *Leathertex* de la Cour de justice du 5 octobre 1999[7]. Une des difficultés d'application de l'article 5 § 1, b)

1. V. Th. Rauscher, « *Internationaler Gerichtsstand des Erfüllungsorts – Abschied von Tessili und de Bloos* », *NJW* 2010. 2251.
2. POUR UNE APPLICATION à propos d'un contrat de prestation de services, v. Civ. 1re, 27 mars 2007, n° 06-14.402, *Bull. civ.* I, n° 130; *BICC* n° 665, 15 juill. 2007, n° 1510; *D.* 2007. 2562, obs. d'Avout et Bollée; *D.* 2008. 1507, obs. Courbe et Jault-Seseke.
3. SUR LES INCERTITUDES DE CETTE FORMULE, v. G. A. L. Droz et H. Gaudemet-Tallon, « La transformation de la convention de Bruxelles du 27 septembre 1968 en règlement du Conseil concernant la compétence judiciaire, la reconnaissance et l'exécution des décisions en matière civile et commerciale », *Rev. crit. DIP* 2001. 635.
4. CJUE 20 févr. 1997, Mainschiffahrts-Genossenschaft [MSG] Eg c/Les Gravières Rhénanes SARL, aff. C-106/95, *Rev. crit. DIP* 1997. 563, obs. Gaudemet-Tallon – EN CE SENS, B. Audit et L. d'Avout, *Droit international privé*, 7e éd., Economica, 2013, n° 588, p. 517.
5. CJUE 9 juin 2011, Électrosteel Europe SA, aff. C-87/10, *D.* 2011. 1694; *Europe* 2011. Comm. 335, obs. Idot; *Procédures* 2011. Comm. 304, obs. Nourissat – Pour un arrêt antérieur de la Cour de cassation, v. Com. 22 mars 2011, n° 10-16.993, *Bull. civ.* IV, n° 51; *D.* 2011. 1024 : la cour d'appel, après avoir énoncé les termes de l'article 5 § 1 du règlement Bruxelles I, relève que le lieu de livraison des marchandises au sens de ce texte ressortait d'une stipulation spéciale du contrat de vente matérialisant l'accord des parties et fixant ce lieu en France, de sorte que la mention de l'Incoterm « Ex-Works », qui ne détermine le lieu de livraison qu'à défaut de stipulation expresse sur ce point, était indifférente. La cour d'appel en a déduit à bon droit que les juridictions françaises étaient compétentes.
6. Les Incoterms (*International commercial terms*) sont des termes commerciaux internationaux définis par la Chambre de commerce internationale.
7. CJCE 5 oct. 1999, Leathertex Divisione Sintetici c/Bodetex BVBA, aff. C-420-97, *D.* 1999. IR 270; *Rev. crit. DIP* 2000. 76, note crit. Gaudemet-Tallon.

consiste toutefois en la délimitation des contrats de prestation de services[1], comme d'ailleurs de certains contrats de fourniture de marchandises complexes. Qu'en est-il par exemple des contrats de location, de crédit-bail, de concession exclusive[2] ?[3] La Cour de justice est petit à petit amenée à réaliser une définition autonome de la notion de contrat de fourniture de marchandises comme de prestation de services (pour un arrêt du 5 mars 2008 dans lequel la Cour de cassation a ainsi jugé que le contrat-cadre s'apparentant à un contrat de distribution exclusive n'est pas un contrat de fourniture de services[4]). Une autre difficulté concerne les contrats conclus par Internet et pour lesquels la prestation sera fournie exclusivement « *en ligne* ». Il sera difficile d'apprécier dans une telle hypothèse le lieu d'exécution d'une telle prestation[5]. Ainsi est-il possible de souligner « *la difficulté que pose l'édiction de règles de compétence fondées sur des catégories prétendument autonomes mais encore à l'état d'ectoplasme* »[6].

1. PAR EX., v. Civ. 1re, 23 janv. 2007, n° 05-12.166, *Bull. civ.* I, n° 30; *BICC* n° 661, 15 mai 2007, n° 1045; *D.* 2007. 1575, obs. Chevrier, note Kenfack; *D.* 2007. 2562, obs. d'Avout et Bollée; *D.* 2008. 1507, obs. Courbe et Jault-Seseke : un contrat de concession exclusive n'est ni un contrat de vente ni une fourniture de services au sens de l'article 5 § 1, b du règlement Bruxelles I. Dès lors, seul l'article 5 § 1, a est applicable et il appartient au juge français de rechercher la loi compétente selon l'article 4 de la convention de Rome du 18 juin 1980 sur la loi applicable aux obligations contractuelles.
2. V. AINSI, Civ. 1re, 23 janv. 2007, n° 05-12166, *Bull. civ.* I, n° 30; *JCP* 2007. II. 10 074, note Azzi; *RDC* 2007. 887, note Deumier; *JDI* 2008. 521, note Jacquet; *Rev. crit. DIP* 2008. 662 : « *Le contrat de concession exclusive n'est ni un contrat de vente, ni une fourniture de services, et que dès lors, en application de l'article 4 de la Convention de Rome du 19 juin 1980 sur la loi applicable aux obligations contractuelles, la loi compétente est celle du pays où se situe l'établissement qui doit fournir la prestation caractéristique, consistant aux termes du contrat-cadre, pour la société allemande, à assurer l'exclusivité de la distribution des produits à la partie française et qu'il appartenait donc au juge français de rechercher, selon la loi allemande applicable, le lieu où cette obligation servant de base à la demande s'exécutait, pour déterminer la compétence internationale* ».
3. SUR CES QUESTIONS, v. Ch. Bruneau, « Les règles européennes de compétence en matière civile et commerciale, règlement du Conseil n° 44/2001 du 22 décembre 2000 », *JCP* 2001. I. 304, n° 12.
4. Civ. 1re, 5 mars 2008, n° 06-21.949, *Bull. civ.* I, n° 61; *D.* 2008. 1729, obs. Delpech, note Kenfack; *JCP E* 2008. 1632; *Procédures* 2008, n° 143, obs. Nourissat.
5. V. G. A. L. Droz et H. Gaudemet-Tallon, « La transformation de la convention de Bruxelles du 27 septembre 1968 en règlement du Conseil concernant la compétence judiciaire, la reconnaissance et l'exécution des décisions en matière civile et commerciale », *Rev. crit. DIP* 2001. 636.
6. E.-M. Ancel, *Rev. crit. DIP* 2011. 922, qui relève « *l'agacement que le première chambre civile* [de la Cour de cassation] *éprouve à l'égard du contentieux que suscite l'article 5.1 du règlement de Bruxelles* ».

En ce qui concerne la ***délimitation des contrats de fourniture de marchandises*** : pour une interprétation de l'article 5 § 1, b) dans une hypothèse de pluralité de lieux de livraisons dans un même État membre, v. **l'arrêt de la CJCE du 3 mai 2007, *Color Drack GmbH c/Lexx International Vertriebs GmbH***[7] : l'article 5, point 1, b), premier tiret « *doit être interprété en ce sens que cette disposition est applicable en cas de pluralité de lieux de livraison dans un même État membre. En effet, cette disposition vise à unifier les règles de conflit de juridictions et, partant, à désigner directement le for compétent sans renvoyer aux règles internes des États membres, tout en sauvegardant les objectifs de prévisibilité des règles de compétence et de proximité entre le litige et le tribunal appelé à en connaître, poursuivis par le règlement. Toutefois, l'applicabilité de cette disposition ne confère pas nécessairement une compétence concurrente à tout tribunal dans le ressort duquel les marchandises ont été ou auraient dû être livrées. En désignant de façon autonome comme "lieu d'exécution" le lieu où l'obligation qui caractérise le contrat doit être exécutée, le législateur communautaire a entendu centraliser la compétence judiciaire au lieu d'exécution pour les litiges relatifs à toutes les obligations contractuelles et déterminer une compétence judiciaire unique pour toutes les demandes fondées sur le contrat. La compétence spéciale visée à ladite disposition se justifiant, en principe, par l'existence d'un lien de rattachement particulièrement étroit entre le contrat et la juridiction qui est appelée à en connaître, en vue de l'organisation utile du procès, il faut, en principe,* ***en cas de pluralité de lieux de livraison des marchandises,*** *entendre par lieu d'exécution, aux fins de l'application de la disposition sous examen,* ***le lieu qui assure le lien de rattachement le plus étroit entre le contrat et la juridiction compétente.*** *Dans un tel cas, le tribunal compétent pour connaître de toutes les demandes fondées sur le contrat de vente de marchandises est celui dans le ressort duquel se trouve le lieu de la livraison principale, laquelle doit être déterminée en fonction de critères économiques. À défaut de facteurs déterminants pour établir le lieu de la livraison principale, le demandeur peut attraire le défendeur devant le tribunal du lieu de livraison de son choix* ».

Dans un arrêt *Car Trim* du **25 février 2010**[8], la Cour de justice devait se prononcer sur la qualification de contrats dont l'objet portait sur la **livraison de marchandises à fabriquer ou à produire**[9]. Contrairement à la position jusque-là prise par la Cour de

7. CJCE 3 mai 2007, Color Drack GmbH c/Lexx International Vertriebs GmbH, aff. C-386/05, *Rec. CJCE* I-3699.
8. CJUE 25 févr. 2010, Car Trim, aff. C-381-08, *D.* 2010. 1837, note Azzi; *D.* 2010. 2231, obs. Bollée; *Europe* avr. 2010, n° 148, note Idot; *RLDA* 2010, n° 51, p. 69, obs. Queguiner.
9. Lorsque l'acheteur a formulé certaines exigences concernant l'obtention, la transformation et la livraison des marchandises.

cassation française[1], elle a jugé – s'inspirant de la directive CE n° 1999/44[2] sur certains aspects de la vente et des garanties et sur des textes de droit international tels que la convention de Vienne sur la vente internationale de marchandises – qu'une telle opération s'analyse en principe, si deux conditions sont réunies[3], en vente de marchandises et non en contrat de fourniture de services[4], sauf cas où des indices particuliers justifieraient de retenir la qualification contraire (par ex. le fait que le client ait fourni la majorité ou la totalité des matériaux utilisés pour fabriquer les marchandises, point 32 de l'arrêt). Comme le notent des auteurs[5], « *cette distinction sera vraisemblablement difficile à mettre en œuvre en pratique* ». La Cour précise que la formule « *sauf convention contraire des parties* » contenue dans l'article 5 § 1, b) signifie que « *les parties peuvent passer une convention afin de s'entendre sur le lieu d'exécution de l'obligation aux fins de l'application de cette disposition* » (point 46), ce qui permet ainsi aux cocontractants de fixer un lieu d'exécution de la prestation caractéristique qui serait autre que celui du lieu de livraison des marchandises ou de la fourniture du service; la primauté de l'autonomie de la volonté des parties est ainsi affirmée[6]. Dans ce même arrêt, la Cour a précisé que, pour déterminer le lieu de livraison des marchandises dans une vente à distance, il fallait tenir compte des dispositions du contrat et que, s'il est impossible sur cette base de le déterminer, « *sans se référer au droit matériel applicable au contrat*[7], *ce lieu est celui de la remise matérielle des marchandises par laquelle l'acheteur a acquis ou aurait dû acquérir le pouvoir de disposer effectivement de ces marchandises à la destination finale de l'opération de vente* » (point 62)[8].

En ce qui concerne la **délimitation des contrats de fourniture de services : le 27 janvier 2009**, la Cour suprême autrichienne (*Oberster Gerichtshof*) a soumis à la Cour de justice une question préjudicielle relative à l'article 5 § 1, b)[9] à propos d'un **contrat de licence.** La Cour de justice, dans l'arrêt *Falco* du **23 avril 2009**[10], répondant à cette question préjudicielle, jugé que le contrat de concession d'un droit de propriété intellectuelle n'est pas un contrat de fourniture de services au sens de l'article 5 § 1 du règlement Bruxelles I. Pour la Cour, la notion de services « *implique, pour le moins, que la partie qui les fournit effectue une activité déterminée en contrepartie d'une rémunération* ». Il s'agit là d'une définition restrictive qui a pu être critiquée[11].

Avec l'arrêt *Wood Floor* du **11 mars 2010**[12], la Cour de justice a eu l'occasion de se prononcer au sujet du **contrat d'agence commerciale**[13] dans le cadre du règlement Bruxelles I et de son nouvel article 5 § 1, b) : en ce qui concerne la détermination du lieu de fourniture principal de services par un agent commercial qui exerce ses activités sur le territoire de plusieurs États membres, la Cour de justice a jugé – faisant application des solutions énoncées dans l'arrêt *Color Drack* du 3 mai 2007[14] pour la vente de marchandises – que le fait qu'un contrat de fourniture de services (contrat d'agence commerciale en l'espèce) soit exécuté dans plusieurs États mem-

1. Civ. 1re, 27 mars 2007, *Bull. civ.* I, n° 130; *D.* 2007. 1085, obs. Gallmeister; *D.* 2008. 2573, obs. Bollée; *RTD com.* 2007. 629, obs. Delebecque – Civ. 1re, 14 nov. 2007, *Bull. civ.* I, n° 352; *D.* 2008. 2567, obs. Bollée; *Rev. crit. DIP* 2008. 139, obs. Muir-Watt.
2. Dir. CE n° 1999/44, du Parlement européen et du Conseil, 25 mai 1999, sur certains aspects de la vente et des garanties des biens de consommation, *JOUE,* n° L 171, 7 juill., p. 12-16.
3. Il faut que le vendeur fournisse la totalité ou la majorité des matériaux à partir desquels la marchandise est fabriquée, et qu'il soit responsable « de la qualité et non seulement de l'exécution correcte suivant les instructions de l'acheteur ».
4. La Cour constate que l'objet final du contrat porte tant sur une fourniture de services relative à la production de marchandises que sur la livraison suivante du produit fini (point 29 de l'arrêt).
5. A. Nuyts et H. Boularbah, *JDE* 2010. 307.
6. On peut néanmoins penser que l'arrêt de la Cour de justice du 20 février 1997, Mainschiffahrts-Genossenschaft [MSG] Eg c/Les Gravières Rhénanes SARL, aff. C-106/95 (v. ss n° 152.41) conserve son actualité et s'applique à l'article 5 § 1, b) – EN CE SENS AUSSI, v. A. Nuyts et H. Boularbah, *JDE* 2010. 308.
7. La Cour de justice souligne que les critères de rattachement de l'article 5 § 1, b) sont autonomes, ce qui « exclut le recours aux règles de droit international privé de l'État membre du for, ainsi qu'au droit matériel qui, en vertu de celui-ci, serait applicable » (point 53 de l'arrêt).
8. Pour une application de la jurisprudence *Car Trim* par la Cour fédérale de justice allemande, v. C. féd. justice (BGH), 23 juin 2010, VIII ZR 135/08, *MDR* 2008. 1074; *NJW* 2010. 3452. La Haute juridiction allemande reprend la formule de la CJCE pour définir le lieu d'exécution et ajoute que la compétence juridictionnelle fondée sur l'article 5 § 1, b) s'etend à toutes les demandes issues d'un même contrat de vente de choses mobilières et non pas seulement des obligations de livraison.
9. CJCE 27 janv. 2009, Falco Privatstiftung und Thomas Rabitsch c/Gisela Weller-Lindhorst, aff. C-533/07, *JOUE,* n° C-37/15, 9 févr. 2008.
10. CJCE 23 avr. 2009, Falco, aff. C-533/07, *D.* 2009. 1489; *D.* 2009. 2384, obs. d'Avout et Bollée; *RDC* 2009. 1558, note Treppoz.
11. P. Courbe et F. Jault-Seseke, *D.* 2010. 1592.
12. CJUE 11 mars 2010, Woodfloor, aff. C-19/09, *JDE* 2010. 307, obs. Nuyts et Boularbah; *D.* 2010. 2331, obs. S. B.; *Europe* avr. 2010, n° 14°, note Idot; *JCP* 2010, n° 24, p. 21, note Fernet; *Procédures* juill. 2010, n° 270, note Nourissat.
13. Pour un arrêt de la Cour de cassation française qualifiant le contrat d'agence commerciale de contrat de fourniture de services, v. Civ. 1re, 3 oct. 2006, n° 04-14.233, *Bull. civ.* I, n° 423; *D.* 2007. 1911, obs. Ferrier.
14. CJCE 3 mai 2007, Color Drack, aff. C-386/05, point 8; *D.* 2007. 1604; *D.* 2007. 2573, obs. Bollée; *D.* 2008. 40, obs. Nourissat.

bres ne fait pas obstacle à l'application de l'article 5 § 1, b) et que, dans un tel cas, « *le tribunal compétent pour connaître de toutes les demandes fondées sur le contrat est celui dans le ressort duquel se trouve le lieu de la fourniture principale des services* » (point 43). « *Ce lieu est celui de la fourniture principale des services de l'agent, tel qu'il découle des dispositions du contrat ainsi que, à défaut de telles dispositions, de l'exécution effective de ce contrat et, en cas d'impossibilité de le déterminer sur cette base, celui où l'agent est domicilié* ». La Cour adopte ainsi un raisonnement en trois temps :

- 1° il faut se référer aux dispositions du contrat, mais sans se référer au droit matériel applicable à celui-ci;

- 2° à défaut, il faut tenir compte du lieu d'exécution effective de l'obligation caractéristique en cause (pour l'agence commerciale, c'est le lieu où l'agent a « *effectivement déployé, de manière prépondérante, ses activités en exécution du contrat* », point 40 de l'arrêt), le critère du lieu effectif d'exécution jouant si le contrat a déjà été exécuté et à la condition que ledit lieu d'exécution ne soit pas contraire à la volonté des parties;

- 3° dans le cas où il n'est pas possible d'identifier le lieu d'exécution principal au vu des dispositions du contrat ou de l'exécution effective, la Cour adopte comme critère subsidiaire le lieu où l'agent est domicilié (point 42, ce lieu étant à la fois prévisible et présentant un lien de proximité avec le litige) [1].

Dans un arrêt *Rehder* du **9 juillet 2009** [2], la Cour de justice a également précisé ce qu'il fallait entendre, en matière de ***transport aérien***, par **lieu d'exécution de la prestation de services**. Pour elle, en cas de transport aérien de personnes d'un État membre à destination d'un autre État membre, effectué sur le fondement d'un contrat conclu avec une seule compagnie aérienne qui est le transporteur effectif, le tribunal compétent pour connaître d'une demande d'indemnisation fondée sur ce contrat de transport et sur le règlement CE n° 261/2004 du 11 février 2004, établissant des règles communes en matière d'indemnisation et d'assistance des passagers en cas de refus d'embarquement et d'annulation ou de retard important d'un vol [3], est « *celui, au choix du demandeur, dans le ressort duquel se trouve le lieu de départ ou le lieu d'arrivée de l'avion, tels que ces lieux sont convenus dans le contrat* » [4]. Ceci revient à dire que le lieu d'exécution de la prestation de services est à la fois le lieu de départ et celui d'arrivée de l'avion tels que prévus dans le contrat de transport [5].

En dehors des deux hypothèses visées par l'article 5 § 1, b) (c'est-à-dire par ex. pour des contrats de cession de biens incorporels, de donation, d'échange, *etc.*), on en revient à la solution classique du a) de l'article 5 § 1 : compétence du tribunal du lieu où l'obligation qui sert de base à la demande a été ou doit être exécutée. C'est par exemple ce qu'a jugé la Cour de cassation à propos d'un contrat de distribution exclusive [6], qui n'est ni contrat de vente, ni contrat de prestation de services; il en va de même d'un contrat de concession exclusive [7]. Sera donc applicable - sauf revirement de la Cour de justice - la jurisprudence *Tessili* imposant au juge saisi d'examiner ses règles de conflit et d'en tirer la loi applicable au litige (plus précisément à l'obligation litigieuse) afin de déterminer selon cette loi le lieu d'exécution de l'obligation servant de base à la demande. Force est de constater que la nouvelle teneur de l'article 5 § 1 du règlement ne règle pas toutes les difficultés qu'avait soulevées l'application de l'article 5 § 1 de la convention de Bruxelles [8]. Il est à craindre que la jurisprudence *Tessili* n'ait encore de beaux jours devant elle.

1. Pour une application de cette jurisprudence *Wood Floor* par la Cour de cassation française, v. Civ. 1re, 7 déc. 2011, n° 10-26.557, Sté EPN c/Sté Simax Trading, NP; *Rev. crit. DIP* 2012. 430, obs. Corneloup.
2. CJCE 9 juill. 2009, Rehder, aff. C-204/08, *D.* 2009. 1904; *D.* 2010. 1592, obs. Courbe et Jault-Seseke; *Procédures* oct. 2009, n° 312, obs. Nourissat – V. AUSSI, la décision de renvoi préjudiciel de la Cour fédérale de justice allemande, C. féd. justice (BGH), 22 avr. 2008, X ZR 76/07, *NJW* 2008. 2121.
3. Règl. CE n° 261/2004 du Parlement européen et du Conseil, 11 févr. 2004, établissant des règles communes en matière d'indemnisation et d'assistance des passagers en cas de refus d'embarquement et d'annulation ou de retard important d'un vol, *JOUE*, n° L 046, 17 févr. 2004, p. 1-8 – V. CJUE 19 nov. 2009, Sturgeon et Böck c/Condor e. a., aff. C-402/07 et aff. C-432/07, *JCP* 2009. Actu. 543, obs. Picod; *JCP* 2010, n° 201, p. 359, obs. Stuyck – V. AUSSI, G. Poissonnier et P. Osseland, « La mise en œuvre perfectible des droits des passagers donc les vols sont annulés », *D.* 2011. 962.
4. Pour une application par la Cour fédérale de justice allemande, v. C. féd. justice (BGH), 18 janv. 2011, X ZR 71/10, *NJW* 2011. 2056.
5. À propos d'un contrat de transport maritime, v. Com. 16 nov. 2010, n° 09-66.955, *Bull. civ.* IV, n° 181; *D.* 2010. 2917; *D.* 2011. 1374, obs. Jault-Seseke; *D.* 2011. 1445, obs. Kenfack; *D.* 2011. 2434, obs. d'Avout et Bollée : les juges du fond n'avaient pas tenu compte du caractère subsidiaire de l'article 5 § 1, a) du règlement Bruxelles I par rapport à l'article 5 § 1, b), qui s'applique aux contrats particuliers de vente de marchandises ou de prestation de services. La Cour de cassation reproche aux juges du fond de ne pas avoir recherché si le contrat de transport maritime n'était pas un contrat de fourniture de services auquel s'appliquait dès lors le b) de l'article 5 § 1.
6. Civ. 1re, 5 mars 2008, n° 06-21.949, *Bull. civ.* I, n° 61; *D.* 2008. 1729, note Kenfack; *Procédures* mai 2008, n° 143, obs. Nourissat.
7. Civ. 1re, 23 janv. 2007, n° 05-12.166, *Bull. civ.* I, n° 30; *D.* 2007. 1575, obs. Chevrier, note Kenfack; *D.* 2007. 2562, obs. d'Avout et Bollée; *D.* 2008. 1507, obs. Courbe et Jault-Seseke; *JCP* 2007. II. 10074, obs. Azzi.
8. COMP., S. Bollée, *D.* 2010. 2331, qui note à juste titre que « *l'abondante jurisprudence relative à l'article 5 § 1, b) confirme que cette disposition est loin d'avoir toutes les vertus simplificatrices que l'on voulait lui prêter* ».

§ 2
Règles particulières en matière de contrat de travail (conventions de Bruxelles et de Lugano de 1988)

152.51 Jurisprudence européenne. Les premières versions de la convention de Bruxelles ne contenaient aucune disposition spécifique au contrat de travail dans l'article 5 § 1. Il a fallu attendre la convention de San Sebastian de 1989 pour qu'un sort particulier soit réservé à ce type de convention, et ce à la suite des arrêts de la Cour de justice *Ivenel et Tessili.*

Dans l'**arrêt *Ivenel c/Schwab* du 26 mai 1982**, la Cour retient, en cas de demandes fondées sur différentes obligations résultant d'un contrat de travail (contrat de représentation en l'espèce), la compétence du tribunal dans le ressort duquel a été ou doit être exécutée l'obligation caractéristique du contrat[1]. La prise en compte de cette obligation - qui est en fait la prestation de service du travailleur - permet de protéger ce dernier en donnant compétence au tribunal du lieu d'exécution du travail.

Dans l'**arrêt *Shenavai***, la Cour rappelle que cette solution reposant sur l'obligation caractéristique demeure limitée au contrat de travail « *ainsi qu'à d'autres contrats concernant le travail dépendant* »[2], mais quelques années plus tard (en 1989)[3], elle ne fait plus référence à ces autres contrats.

152.52 L'évolution des textes. La convention de San Sebastian de 1989 a ajouté une phrase à l'article 5 § 1 : « *En matière de contrat individuel de travail, ce lieu est celui où le travailleur accomplit habituellement son travail; lorsque le travailleur n'accomplit pas habituellement son travail dans un même pays, l'employeur peut également être attrait devant le tribunal du lieu où se trouve ou se trouvait l'établissement qui a embauché le travailleur* ». Le demandeur - qu'il soit employeur ou salarié - peut donc assigner son adversaire ou devant le tribunal de son domicile (art. 2), ou devant celui dans le ressort duquel le travailleur accomplit habituellement son travail. En l'absence de lieu habituel d'accomplissement du travail, le salarié peut attraire l'employeur devant le tribunal dans le ressort duquel se trouve ou se trouvait l'établissement qui a embauché le travailleur (ou bien appliquer simplement l'article 2 de la Convention); l'employeur demandeur, lui, ne dispose pas de cette même prérogative et ne peut assigner le travailleur que devant le tribunal du domicile de ce dernier. Ce texte fait donc une faveur particulière au travailleur.

Dans un **arrêt *Mulox* du 13 juillet 1993**[4], confirmé le 9 janvier 1997[5], la Cour de justice a décidé que dans l'hypothèse d'un contrat de travail en exécution duquel le salarié exerce ses activités dans plus d'un État contractant, le lieu où le travailleur accomplit habituellement son travail, au sens de l'article 5 § 1 de la Convention, est celui où le travailleur a établi le centre effectif de ses activités professionnelles et pour la détermination concrète duquel il faut prendre en considération la circonstance que le travailleur accomplit la majeure partie de son temps de travail dans un des États contractants où il a un bureau à partir duquel il organise ses activités pour le compte de son employeur et où il retourne après chaque voyage professionnel à l'étranger. L'objectif de cette jurisprudence est d'assurer une protection adéquate du travailleur; le lieu du centre effectif de ses activités est pour lui le plus pratique pour intenter une action judiciaire contre son employeur ou défendre à l'action intentée par ce dernier.

Dans l'**arrêt *Rutten* du 9 janvier 1997**[6], un litige dû à la rupture d'un contrat de travail opposait un salarié néerlandais à son employeur britannique. Le salarié effectuait de nombreux voyages professionnels dans divers États membres, mais disposait d'un bureau aux Pays-Bas. La juridiction néerlandaise qui saisit la Cour de justice s'interrogeait sur la notion de « *lieu où le travailleur accomplit habituellement son travail* ». La Cour de justice rappela que dans l'hypothèse d'activités dans plusieurs États contractants, ce lieu désignait l'endroit où le travailleur s'acquittait principalement de ses obligations à l'égard de son employeur (« *centre effectif de ses activités professionnelles et où à partir duquel il s'acquitte en fait de l'essentiel de ses obligations à l'égard de son employeur* », point 23). La Cour ajoute qu'il faut tenir compte du fait que l'intéressé exerce principalement ses activités aux Pays-Bas où il dispose d'un bureau à partir duquel il organise ses activités et où il retourne après chaque voyage professionnel à l'étranger. Pour la Cour, l'objectif de l'article 5 § 1 *in fine* relatif au litige mettant en cause un travailleur est bien d'assurer une protection adéquate au salarié, et c'est au lieu du centre effectif de ses activités qu'il pourra exercer au moindre coût une action en justice contre son employeur.

Pour un arrêt postérieur aux décisions *Mulox* et *Rutten*, v. aussi l'arrêt *Herbert Weber c/Universal Ogden Services Ltd* de 2002[7], à propos d'une question préjudicielle posée par le Hoge Raad des Pays-Bas concernant le contrat de travail d'un cuisinier qui avait travaillé sur le plateau continental adjacent aux Pays-Bas à bord de navires ou d'installations minières, puis dans les eaux territoriales danoises : un travail accompli par un salarié sur des installations fixes ou flottantes situées sur ou au-dessus du plateau continental adjacent à un État contractant, doit être considéré comme un travail accompli sur le territoire dudit État pour l'application de l'article 5 § 1. Cet article doit être interprété en ce sens que, dans l'hypothèse où le salarié exécute les obligations résultant de son contrat de travail dans plusieurs

1. CJCE 26 mai 1982, Ivenel c/Schwab, aff. 133/81, *Rec. CJCE* 1891.
2. CJCE 15 janv. 1987, Shenavai c/Kreischer, aff. 266/85, *Rec. CJCE* 239.
3. CJCE 15 févr. 1989, Six Constructions Ltd c/Humbert, aff. 32/88, *Rec. CJCE* 34.
4. CJCE 13 juill. 1993, Mulox, aff. C-165/92, *Rec. CJCE* 4075.
5. CJCE 9 janv. 1997, P. W. Rutten c/Cross Medical Ltd, aff. C-383/95, *Rev. crit. DIP* 1997. 336, note Gaudemet-Tallon.
6. CJCE 9 janv. 1997, P. W. Rutten c/Cross Medical Ltd, aff. C-383/95 préc.
7. CJCE 27 févr. 2002, Herbert Weber c/Universal Ogden Services Ltd, aff. C-37/00, préc. s^s prés^t n^o.

États contractants, le lieu où il accomplit habituellement son travail est l'endroit où, ou à partir duquel, compte tenu de toutes les circonstances du cas d'espèce, il s'acquitte en fait de l'essentiel de ses obligations envers son employeur. Il faut en principe tenir compte de toute la durée de la relation de travail pour déterminer le lieu où l'intéressé accomplissait habituellement son travail au sens de l'article 5 § 1. À défaut d'autres critères, ce lieu est celui où le travailleur a accompli la plus grande partie de son temps de travail. Il n'en serait autrement que si, au regard des éléments de fait de l'espèce, l'objet de la contestation en cause présentait des liens de rattachement plus étroits avec un autre lieu de travail, cas dans lequel ce lieu serait pertinent aux fins de l'application de l'article 5 § 1. La Cour ajoute que si les critères qu'elle définit ne permettaient pas à la juridiction nationale de déterminer le lieu habituel du travail visé à l'article 5 § 1, le travailleur aurait le choix d'attraire son employeur soit devant le tribunal du lieu de l'établissement qui l'a embauché, soit devant les juridictions de l'État contractant sur le territoire duquel est situé le domicile de l'employeur. La Cour précise en outre que le droit national applicable au litige au principal n'a aucune incidence sur l'interprétation de la notion de lieu où le travailleur accomplit habituellement son travail au sens de l'article 5 § 1.

Pour une hypothèse particulière et complexe dans laquelle une salariée d'Aeritalia avait bénéficié d'un « *régime de mise en attente* » en raison de son transfert à un poste au sein d'une société de droit allemand établie à Munich, dans laquelle Aeritalia avait une participation de 21 %, puis s'était vu supprimer cette position d'attente et avait contesté devant le tribunal du travail de Munich les mesures disciplinaires prises à son encontre en demandant également remboursement de ses frais de loyer et de voyage par Aeritalia, comme cela avait été initialement convenu, v. la décision *Giulia Pugliese c/Finmeccanica SpA*[1] : la Cour décide que « *dans un litige opposant un salarié à un premier employeur, le lieu où le salarié s'acquitte de ses obligations vis-à-vis d'un second employeur peut être considéré comme le lieu où il accomplit habituellement son travail, dès lors que le premier employeur, à l'égard duquel les obligations du salarié sont suspendues, a lui-même au moment de la conclusion du second contrat, un intérêt à l'exécution de la prestation à fournir par le salarié au second employeur. Lorsqu'un tel intérêt fait défaut, le lieu où le travailleur accomplit son travail, au sens de l'article 5 § 1, est le seul lieu d'exécution d'une obligation qui puisse être pris en considération pour déterminer le tribunal compétent* ».

Un arrêt de la chambre sociale de la Cour de cassation a mis en cause l'article 5 § 1 de la Convention et retenu finalement la compétence des tribunaux français sur le fondement de l'article 2[2].

Si en revanche, le défendeur n'est pas domicilié sur le territoire d'un État contractant, l'article 5 § 1 sera inapplicable (ce texte n'ouvre en effet l'option de compétence qu'à la condition que le défendeur ait son domicile dans un État membre).

1. CJCE 10 avr. 2003, Giulia Pugliese c/Finmeccanica SpA, aff. C-437/00, *Rec. CJCE* I-3573.
2. Soc. 13 janv. 1998, n°s 93-44.339 et 95-42.700, *Bull. civ.* IV, n° 4.

152.53 Les divergences entre l'énoncé de la convention de Bruxelles et celui de la convention de Lugano de 1988. L'article 5 § 1 de la convention de Lugano de 1988 avait une teneur quelque peu différente en ce qui concerne le contrat de travail, puisqu'il énonçait, après avoir prévu la compétence possible du tribunal du lieu où le travailleur accomplit habituellement son travail, que « *si le travailleur n'accomplit pas habituellement son travail dans un même pays, ce lieu* [de l'obligation servant de base à la demande ou caractéristique] *est celui où se trouve l'établissement qui a embauché le travailleur* ». On voit que ce texte ne distinguait pas selon que l'action était intentée par le salarié ou l'employeur; il était moins favorable au travailleur que la version de la convention de Bruxelles. Désormais, la convention de Lugano révisée en 2007 s'aligne sur le règlement Bruxelles I et contient donc, comme ledit règlement, une section spéciale consacrée à la compétence juridictionnelle en matière de contrats de travail. Le contrat de travail ne fait donc plus l'objet de dispositions dans l'article 5 § 1. Il en va de même dans le règlement UE n° 1215/2012 du 12 décembre 2012 (Bruxelles I *bis*) qui remplacera le règlement Bruxelles I à compter du 10 janvier 2015.

152.54 Clause de prorogation de compétence. Il convient de préciser que la convention de Bruxelles permet aux parties de stipuler d'autres règles de compétence dans une clause de prorogation de juridiction (Conv. Bruxelles, art. 17). La validité d'une telle clause est toutefois soumise à des conditions précises, notamment lorsqu'elle est incluse dans un contrat de travail ou se rapporte à lui (sur Conv. Bruxelles, art. 17, devenu Règl. 22 déc. 2000, art. 23, v. s[s] n°s 157.01 s.).

152.55 Modifications apportées par le règlement du 22 décembre 2000 Bruxelles I. Le règlement Bruxelles I de 2000 ne traite plus des contrats de travail au sein de l'article 5 ni au sein de la disposition relative aux clauses de prorogation de compétence. En effet, le règlement a pris le parti de créer une section 5 relative à la « *compétence en matière de contrats individuels de travail* » qui regroupe les règles de compétence et la question de la validité des clauses attributives de juridiction (Règl. 22 déc. 2000, art. 18 à 21). Pour le règlement, les salariés font partie des personnes nécessitant une protection en qualité de parties présumées plus faibles que le cocontractant. La section consacrée aux salariés suit donc celles relatives aux contrats d'assurance et aux contrats conclus par les consommateurs. Les dispositions du règlement seront donc étudiées dans le chapitre 155 relatif aux dispositions destinées à protéger la partie réputée faible (v. s[s] n°s 155.31 s.). La convention de Lugano révisée de 2007 contient elle aussi une section spécifique pour la compétence en matière de litige né d'un contrat de travail. Il en va de même du règlement UE n° 1215/2012 du 12 décembre 2012 (Bruxelles I *bis*) qui remplacera le règlement Bruxelles I à compter du 10 janvier 2015.

SECTION 2

EN MATIÈRE DÉLICTUELLE ET QUASI DÉLICTUELLE (ART. 5 § 3 – RÈGL. 12 DÉC. 2012, ART. 7 § 2)

152.61 Plan. Le défendeur peut aussi être attrait « *3° en matière délictuelle ou quasi délictuelle, devant le tribunal où le fait dommageable s'est produit* ». Le règlement de 2000 (Bruxelles I) comme celui de 2012 (Bruxelles I *bis*) ajoutent « *ou risque de se produire* ». Cette règle de compétence est fondée sur « *l'existence d'un lien de rattachement particulièrement étroit entre la contestation et les juridictions du lieu où le fait dommageable s'est produit ou risque de se produire, qui justifie une attribution de compétence à ces dernières pour des raisons de bonne administration de la justice et d'organisation utile du procès* »[1]; le juge de ce lieu « *est normalement le plus apte à statuer, notamment pour des motifs de proximité du litige, de facilité d'administration des preuves* »[2].

Ce texte invite à se poser plusieurs questions : d'abord quels sont les contours de la « *matière délictuelle* », ensuite quel est le sens à donner à l'expression « *lieu où le fait dommageable s'est produit* » ?

152.62 Contours de la matière délictuelle. Comme à propos de la matière contractuelle, la Cour de justice a très tôt insisté sur la nécessité de procéder à une interprétation autonome de la notion de « *matière délictuelle* »[3] afin d'unifier la notion dans les différents États contractants et de favoriser la réalisation des objectifs de la Convention. Dans l'arrêt *Kalfelis*, la Cour fait entrer dans le domaine délictuel toute demande qui vise à mettre en jeu la responsabilité du défendeur, dès lors qu'elle ne se rattache pas à la matière contractuelle au sens de l'article 5 § 1 de la Convention. Il résulte de cette définition que le champ de la matière délictuelle se définit de façon négative, par l'absence de lien contractuel entre les parties. Toutefois, la jurisprudence de la Cour de justice n'a pas toujours, après avoir exclu l'application de l'article 5 § 1, estimé qu'il en découlait l'applicabilité de l'article 5 § 3 (compétence en matière délictuelle). Ainsi, l'action paulienne qui avait été engagée dans l'affaire *Reichert* du 26 mars 1992, action intentée par un créancier afin de se voir déclarer inopposable un acte passé par son débiteur en fraude de ses droits, a été jugée ne relever ni de l'article 5 § 1, ni du 5 § 3; cette exclusion est justifiée par le fait qu'une telle action ne tend pas à l'engagement de la responsabilité du défendeur et ne remplit donc pas les conditions posées par l'arrêt *Kalfelis* pour relever de la matière délictuelle[4].

De même, comme cela a déjà été vu dans le cadre de la matière contractuelle, la Cour de justice, en excluant le jeu de l'article 5 § 1 dans l'affaire ***Jacob Handte* du 17 juin 1992** mettant en cause l'action directe du sous-acquéreur contre le fabricant du bien atteint d'un vice, n'a pas pour autant expressément reconnu l'applicabilité de l'article 5 § 3 (compétence en matière délictuelle)[5]. Il est difficile de savoir si, par là, la Cour avait souhaité écarter le jeu de cette disposition et faire relever l'action uniquement de l'article 2 (compétence du tribunal du domicile du défendeur) ou si elle admettait implicitement que l'article 5 § 3 pouvait trouver application, comme l'avocat général Jacobs lui proposait de le faire dans ses conclusions. Il était souhaitable que la Cour de justice prît rapidement parti sur cette question.

Elle le fit le **27 octobre 1998** dans **l'arrêt *Réunion européenne***, dans lequel – tout en écartant l'applicabilité de l'article 5 § 1 de la Convention en raison du fait que le litige ne relevait pas de la matière contractuelle –, elle précisa qu'était applicable l'article 5 § 3[6]

1. CJUE 16 mai 2013, Melzer c/MF Global UK Ltd, aff. C-228/11, *D.* 2013. 1356; *Procédures* 2013. Comm. 213, obs. Nourissat (point 26 de l'arrêt).
2. CJUE 16 mai 2013, Melzer c/MF Global UK Ltd, aff. C-228/11, point 27 de l'arrêt.
3. CJCE 30 nov. 1976, Handelskwekerij G. J. Bier BV c/Mines de potasse d'Alsace, aff. 21/76, *Rec. CJCE* 1735 – CJCE 27 sept. 1988, Kalfelis c/Banque Schröder, Münchmeyer, Hengst et Cie, aff. 189/87, *Rec. CJCE* 5565.
4. CJCE 26 mars 1992, Reichert, aff. C-261/90, *Rec. CJCE* 2149.
5. CJCE 17 juin 1992, Jacob Handte, aff. C-26/91, *Rec. CJCE* 3967.
6. CJCE 27 oct. 1998, Réunion européenne SA, aff. C-51/97, *Rec. CJCE* I-6511; *Europe* déc. 1998, p. 20; *Rev. crit. DIP* 1999. 322, note Gaudemet-Tallon – V. AUSSI, Civ. 1re, 26 oct. 2011, n° 10-17.026, *Bull. civ.* I, n° 190; *D.* 2012. 2335, obs. Bollée (application de l'article 5 § 3 à une action en responsabilité fondée sur l'article 1382 du Code civil du fait de l'immixtion supposée de sociétés dans la gestion de la filiale) – COMP. CJUE 18 juill. 2013, ÖFAB c/Frank Koot et Evergreen Investments BV, aff. C-147/12 :
• la notion de « *matière délictuelle ou quasi délictuelle* » doit être comprise en ce sens qu'elle recouvre des actions telles que celles en cause au principal intentées par un créancier d'une société par actions visant à rendre responsables des dettes de cette société, d'une part, un membre du conseil d'administration de celle-ci et, d'autre part, un actionnaire de cette dernière, étant donné qu'ils ont permis à ladite société de continuer à fonctionner alors qu'elle était sous-capitalisée et tenue d'être mise en liquidation.
• La notion de « *lieu où le fait dommageable s'est produit ou risque de se produire* », figurant à l'article 5, point 3, du règlement CE n° 44/2001, doit être interprétée en ce sens que, en ce qui concerne des actions visant à rendre un membre du conseil d'administration ainsi qu'un actionnaire d'une société par actions responsables des dettes de cette société, ledit lieu se situe au lieu auquel s'attachent les activités ▶

(pour de nombreux détails sur cette affaire, v. s[s] n° 152.25)[1].

Pour la qualification d'une action intentée par une association de consommateurs en application de la législation nationale de protection des consommateurs afin d'obtenir une injonction visant à interdire l'utilisation de conditions générales illicites ou contraires aux bonnes mœurs, v. la décision *Verein für Konsumenteninformation c/Karl Heinz Henkel* de 2002[2] : une action juridictionnelle préventive (tendant à éviter la réalisation d'un dommage futur), introduite par une association de consommateurs en vue de faire interdire l'utilisation par un commerçant de clauses jugées abusives dans des contrats avec des particuliers, est de nature délictuelle ou quasi délictuelle au sens de l'article 5 § 3. En effet, l'association qui a pris l'initiative de l'action n'est jamais elle-même partie au contrat; elle « *agit sur la base d'un droit qui lui a été conféré par la loi aux fins de faire interdire l'utilisation de clauses que le législateur juge illicites dans les relations entre un professionnel et un consommateur final privé* »[3].

Le **règlement CE n° 44/2001 du 22 décembre 2000** a apporté une modification à l'article 5 § 3, maintenue par l'article 7 § 2 du nouveau règlement UE n° 1215/2012 du 12 décembre 2012, Bruxelles I *bis* : il donne désormais compétence non seulement au tribunal du **lieu où le fait dommageable** s'est produit, mais aussi à celui où il **risque de se produire.** Ceci permet ainsi de faire entrer dans le champ de l'article 5 § 3 les **actions préventives** qui peuvent avoir une grande utilité pratique. L'option qu'ouvre l'arrêt *Mines de Potasse d'Alsace* de 1976 entre lieu du fait générateur et lieu où le dommage est subi pourra également être utilisée en cas de simple risque de réalisation d'un dommage[4].

Récemment, la Cour de justice, dans un arrêt *Folien Fischer* du 25 octobre 2012[5], a précisé qu'une **action en constatation négative** (*negative Feststellungsklage* du droit allemand) visant à faire établir l'absence de responsabilité délictuelle ou quasi délictuelle relevait du champ d'application de l'article 5 § 3 du règlement Bruxelles I (Règl. 12 déc. 2012, art. 7 § 2)[6].

La Cour de justice a tranché un cas très particulier dans l'affaire *Danmarks Rederiforening*, agissant pour DFDS Torlina A/S *c/LO Landsorganisationen i Sverige* agissant pour Seko[7] : suite à un préavis d'action collective déposé par Seko à l'encontre de DFDS pour obtenir une convention collective en faveur des matelots polonais formant l'équipage du cargo Tor Caledonia, une fédération suédoise d'ouvriers de transport a déposé un préavis de manifestation de solidarité comportant refus de tout travail pour le Tor Caledonia. DFDS a agi en réparation contre Seko pour dépôt de préavis d'action collective illégale et provocation du préavis d'action de solidarité également illégal. La Cour a tout d'abord jugé que relève de la matière délictuelle ou quasi délictuelle une action juridictionnelle relative à la légalité d'une action collective dont la compétence exclusive appartient, conformément au droit de l'État contractant concerné, à une juridiction autre que celle qui est compétente pour juger les demandes d'indemnisation du préjudice. Il n'est pas indispensable que le dommage résulte certainement ou vraisemblablement de l'action collective, il suffit que cette dernière soit une condition nécessaire d'actions de solidarité susceptibles d'engendrer des dommages. L'application de l'article 5 § 3 n'est pas affectée par le fait que la mise en œuvre de l'action collective ait été suspendue par la partie ayant déposé le préavis dans l'attente de la décision se prononçant sur la légalité de l'action. Enfin, les dommages résultant de l'action collective mise en œuvre par un syndicat dans un État contractant où navigue un navire enregistré dans un autre État contractant ne doivent pas nécessairement être considérés comme intervenus dans l'État du pavillon.

152.63 Lieu où le fait dommageable s'est produit. Dans l'hypothèse la plus simple, le lieu où le fait dommageable s'est produit sera unique, englobant en un même lieu le fait générateur du dommage et le lieu de survenance du dommage. Mais il est des cas plus complexes dans lesquels ces deux lieux seront distincts, le fait générateur ayant pu être réalisé dans un État membre et le préjudice subi dans un autre État membre. Saisie de cette question, la Cour de justice a décidé qu'il n'était pas souhaitable de pri-

► déployées par ladite société ainsi que la situation financière liée à ces activités. Enfin, la circonstance que la créance en cause a été cédée par le créancier initial à un autre n'a pas, dans des circonstances telles que celles en cause au principal, d'incidences sur la détermination de la juridiction compétente en vertu de l'article 5, point 3.

1. Sur la soumission d'une action en responsabilité contractuelle à l'article 5 § 3 et non à l'article 5 § 1, v. CJCE 17 sept. 2002, Fonderie Officine Meccaniche Tacconi SpA c/Wagner Sinto Maschinenfabrik GmbH, aff. C-334/00, *Rec. CJCE* I-7357 (v. s[s] n° 152.22).
2. CJCE 1er oct. 2002, Verein für Konsumenteninformation c/ Karl Heinz Henkel, aff. C-167/00, *Rec. CJCE* I-8111.
3. COMP., C. féd. justice (BGH), 9 juill. 2009, Xa EZ 19/08, *NJW* 2009. 3371 : compétence des juridictions allemandes pour une action intentée par une association de consommateurs en vue de faire interdire à une compagnie aérienne installée dans un autre État membre, l'utilisation de clauses abusives dans des conditions générales de contrat en Allemagne.
4. EN CE SENS, G. A. L. Droz, « La transformation de la convention de Bruxelles du 27 septembre 1968 en règlement du Conseil concernant la compétence judiciaire, la reconnaissance et l'exécution des décisions en matière civile et commerciale », *Rev. crit. DIP* 2001. 637 – Sur une action préventive en interdiction de clauses abusives, v. CJCE 1er oct. 2002, Verein für Konsumenteninformation c/Karl Heinz Henkel, aff. C-167/00, *Rec. CJCE* I-8111.
5. CJUE 25 oct. 2012, Folien Fischer AG et Fififek AG c/Ritrama SpA, aff. C-133/11, *Europe* 2012. Comm. 519, obs. Idot; *RTD civ.* 2013. 166, obs. Théry.
6. Il s'agissait en l'espèce d'une action tendant à faire constater que Folien Fischer n'était pas tenue de mettre fin à sa pratique commerciale en matière de remises et de rédaction des contrats de distribution, ce qui revenait à constater que cette entreprise ne s'était pas rendue coupable de pratiques anticoncurrentielles.
7. CJCE 5 févr. 2004, Danmarks Rederiforening, agissant pour DFDS Torlina A/S c/LO Landsorganisationen i Sverige agissant pour Seko, aff. C-18/02, *JOUE*, n° C 71, 20 mars, p. 3; *Europe* avr. 2004, p. 18, note Idot.

vilégier l'un des deux lieux sur l'autre (« *L'expression "lieu où le fait dommageable s'est produit" doit être entendue en ce sens qu'elle vise à la fois le lieu où le dommage est survenu et le lieu de l'événement causal. Il en résulte que le défendeur peut être attrait, au choix du demandeur, devant le tribunal soit du lieu où le dommage est survenu, soit du lieu de l'événement causal qui est à l'origine de ce dommage* »[1]). Toutefois, la Cour de justice a jugé que l'article 5 § 3 ne permettait pas d'établir, au titre du lieu du fait générateur imputé à l'un des auteurs supposés du dommage, qui n'est pas partie au litige, une compétence juridictionnelle à l'encontre d'un autre auteur supposé dudit dommage qui n'a pas agi dans le ressort de la juridiction saisie[2].

Le demandeur a donc une option entre les juridictions de ces deux lieux, ou bien encore avec le tribunal du domicile du défendeur (art. 2). Il convient toutefois de tenir compte, pour l'application de cette jurisprudence, uniquement du dommage découlant immédiatement du fait générateur[3], et non pas des conséquences indirectes que subirait la victime. L'article 5 § 3 ne saurait concerner le « *lieu où la victime prétend avoir subi un préjudice patrimonial consécutif à un dommage initial survenu et subi par elle dans un autre État contractant* »[4] : le requérant avait déposé à la Lloyd's de Manchester des billets à ordre; la banque, refusant de restituer lesdits billets, avait prévenu la police de leur origine prétendument douteuse, ce qui avait provoqué l'arrestation de M. Marinari et la mise sous séquestre des billets. Relaxé par la justice anglaise, ce dernier agit devant un tribunal italien contre la banque anglaise en réparation (contre-valeur des billets à ordre, préjudice du fait de la détention, atteinte à sa réputation). La Cour de cassation italienne demanda à la Cour de justice si le lieu où le fait dommageable s'est produit s'entendait uniquement comme désignant le lieu où s'était produit le préjudice physique causé à des personnes ou à des choses, ou également comme désignant le lieu où se sont produits les préjudices patrimoniaux éprouvés par le demandeur. La Cour de justice refusa d'étendre la notion de « *lieu où le fait dommageable s'est produit* au point d'englober tout lieu où peuvent être ressenties les conséquences préjudiciables d'un fait ayant déjà causé un dommage effectivement survenu dans un autre lieu » (point 14).

L'article 5 § 3 de la convention de Bruxelles doit être interprété en ce sens que l'expression « *lieu où le fait dommageable s'est produit* » ne vise pas le lieu du domicile du demandeur où serait localisé le centre de son patrimoine au seul motif qu'il y aurait subi un préjudice financier découlant de la perte d'éléments de son patrimoine intervenue et subie dans un autre État contractant. En l'espèce, le demandeur avait perdu de l'argent en raison du comportement délictuel de conseillers en placement d'une société[5].

Pour une affaire portant sur des actions intentées par un créancier d'une société par actions visant à rendre responsables des dettes de cette société, d'une part, un membre du conseil d'administration de celle-ci et, d'autre part, un actionnaire de cette dernière, étant donné qu'ils ont permis à ladite société de continuer à fonctionner alors qu'elle était sous-capitalisée et tenue d'être mise en liquidation, v. l'arrêt *ÖFAB c/Frank Koot et Evergreen Investments BV* du 18 juillet 2013[6] : la notion de « *lieu où le fait dommageable s'est produit ou risque de se produire* », figurant

1. CJCE 30 nov. 1976, Mines de potasse d'Alsace, aff. 21/76, *Rec. CJCE* 1735 – POUR DES APPLICATIONS DE CE PRINCIPE, Civ. 2e, 3 avr. 1978, no 77-11.933, *Bull. civ.* II, no 106; *D.* 1978. IR 367, note Audit – Civ. 1re, 8 janv. 1991, no 89-16.578, *Bull. civ.* I, no 6; *JCP* 1991. IV. 83 – V. AUSSI CJCE 27 oct. 1998, La Réunion européenne SA, aff. C-51/97, *Rec. CJCE* I-6511; *Europe* déc. 1998, p. 20; *Rev. crit. DIP* 1999. 322, obs. Gaudemet-Tallon : délimitation de la matière délictuelle et détermination du lieu du fait dommageable – V. AUSSI, Com. 9 avr. 1996, no 94-14.649, *Bull. civ.* IV, no 117; *D.* 1997. 77, note Tichadou; *RTD civ.* 1997. 118, obs. Mestre.
2. CJUE 16 mai 2013, Melzer c/MF Global UK Ltd, aff. C-228/11, *D.* 2013. 1356; *Procédures* 2013. Comm. 213, obs. Nourissat : un ressortissant allemand domicilié en Allemagne avait été démarché par téléphone par une société ayant son siège en Allemagne également, qui a ensuite ouvert un compte au nom de ce client auprès d'une société de courtage de Londres. Suite à des résultats décevants des placements, le client avait saisi le tribunal allemand du lieu du siège de la société qui l'avait démarché, mais pour obtenir condamnation de la société londonienne pour défaut d'information sur les risques liés aux placements effectués. Le défendeur était donc domicilié au Royaume-Uni, et la juridiction saisie était celle du siège du coauteur du délit. La Cour de justice rejette la compétence de la juridiction allemande dans ce cas, au motif que l'article 5 § 3 repose sur un lien de proximité entre la contestation et la juridiction du lieu du fait dommageable, condition non remplie en l'espèce puisqu'un des coauteurs est attrait devant un tribunal dans le ressort duquel il n'a pas agi, si bien que « *le point de rattachement fondé sur l'agissement du défendeur fait par principe défaut* » (point 30 de l'arrêt).
3. Com. 28 févr. 2006, no 04-12.334, NP; *Procédures* 2006, no 271, obs. Nourissat : la présence de marchandises en France n'étant pas liée à leur mise sur le marché dans ce pays, la cour d'appel a statué à bon droit en écartant la compétence d'une juridiction dans le ressort de laquelle n'avait eu lieu aucun acte en relation avec le dommage prétendu.
4. V. CJCE 19 sept. 1995, Antonio Marinari c/Lloyd's Bank plc, aff. C-364/93, *Rec. CJCE* 2719 – EN CE SENS, Com. 8 juin 2010, no 09-13.381, *Bull. civ.* IV, no 104; *D.* 2010. 1566 : le fait dommageable consistant dans le versement des honoraires litigieux, ne s'est pas produit en France; la France, pays où les sommes virées pour un montant inférieur à celui attendu ont été inscrites en compte bancaire, ne constituait que le lieu où avaient été enregistrées les conséquences financières d'un fait ayant déjà causé un préjudice effectivement survenu au Pays-Bas, les tribunaux français n'étaient pas compétents sur le fondement de l'article 5 § 3.
5. CJCE 10 juin 2004, Rudolf Kronhofer c/Marianne Maier e. a., aff. C-168/02, *JOUE*, no C 190, 24 juill., p. 2; *Rev. crit. DIP* 2005. 327, obs. Muir Watt.
6. CJUE 18 juill. 2013, ÖFAB c/Frank Koot et Evergreen Investments BV, aff. C-147/12.

à l'article 5, point 3, du règlement CE n° 44/2001, doit être interprétée en ce sens que, en ce qui concerne des actions visant à rendre un membre du conseil d'administration ainsi qu'un actionnaire d'une société par actions responsables des dettes de cette société, ledit lieu se situe au lieu auquel s'attachent les activités déployées par ladite société ainsi que la situation financière liée à ces activités[1].

Pour un arrêt relatif à la notion de **lieu où le fait dommageable s'est produit** dans le cadre d'une **responsabilité du fait des produits,** v. l'arrêt *Zuid-Chemie* de la Cour de justice du **16 juillet 2009**[2] : la Cour juge que l'article 5 § 3 doit être interprété en ce sens que l'expression « *lieu où le fait dommageable s'est produit* » désigne le lieu où le dommage initial est survenu, nonobstant l'utilisation normale du produit aux fins auxquelles il était destiné. La Cour indique que « *le lieu de la survenance du dommage ne saurait se confondre avec celui où s'est réalisé le fait ayant endommagé le produit lui-même, ce lieu étant, en effet, celui où l'évènement causal est intervenu. En revanche, le lieu de la matérialisation du dommage est celui où le fait générateur déploie ses effets dommageables, c'est-à-dire où le dommage entraîné par le produit défectueux se manifeste concrètement* » (point 27). En pratique, cela conduit, dans cette espèce, à considérer que le lieu où le dommage est intervenu est l'usine de Zuid-Chemie sise aux Pays-Bas, où le micromix, qui est le produit défectueux, a été transformé en engrais, causant à ce dernier un dommage matériel subi par Zuid-Chemie et allant au-delà du dommage inhérent au micromix lui-même (point 29).

152.64 Difficultés. Délits de presse et cyberdélits. Il est parfois difficile de localiser précisément en un seul lieu le préjudice subi par la victime directe. Il en va notamment ainsi lorsqu'un délit, commis par voie de radio, télévision ou presse, résulte d'une publication ou émission dans un État membre, mais avec diffusion dans d'autres États membres alors que la victime est domiciliée dans un État membre encore différent. Comment dans un tel cas déterminer avec certitude le lieu où le fait dommageable s'est produit ? Alors que la jurisprudence française est assez divisée mais tend aujourd'hui à reconnaître compétence au tribunal du pays d'édition alors que les juridictions des pays de diffusion ne seraient compétentes que pour le préjudice causé par la diffusion dans l'État dont ils relèvent, la Cour de justice a clairement décidé le 7 mars 1995, dans le célèbre arrêt *Fiona Shevill*, que la victime peut intenter contre l'éditeur une action en réparation soit devant les juridictions de l'État membre du lieu d'établissement de l'éditeur de la publication diffamatoire, compétente pour réparer l'intégralité des dommages résultant de la diffamation, soit devant les juridictions de chaque État membre dans lequel la publication a été diffusée et où la victime prétend avoir subi une atteinte à sa réputation, compétentes pour connaître des seuls dommages causés dans l'État de la juridiction saisie[3] (à titre de comparaison, un arrêt de la cour d'appel de Paris de 1999[4]a appliqué l'article 5 § 3 de la convention de Lugano, le défendeur étant domicilié en Suisse. L'arrêt, après avoir précisé que l'expression « *lieu où le fait dommageable s'est produit* » comprenait à la fois le lieu de réalisation du dommage et le lieu de l'événement causal, considère que dans le cas d'une diffamation par voie de presse, le lieu de réalisation du dommage correspond à celui de la diffusion de la publication).

V. AUSSI, à propos de poursuites à l'encontre de l'auteur d'un article publié dans un journal anglais engagées par des ressortissants monégasques qui se plaignent d'avoir été victimes d'une atteinte à leur vie privée et à leur droit à l'image et demandent réparation du préjudice qu'ils estiment avoir subi en France, alors que le défendeur est domicilié au Royaume-Uni[5]. La cour de Paris considère que dans le cas d'une atteinte par voie de presse, le lieu de réalisation du dommage correspond à celui de la diffusion de la publication; le tribunal de chaque État membre dans lequel la publication incriminée a été diffusée et où la victime prétend avoir subi une atteinte, est territorialement le plus qualifié pour apprécier l'atteinte commise dans cet État et déterminer l'étendue du préjudice correspondant. En l'espèce, la juridiction parisienne est compétente pour statuer sur la demande en réparation des dommages causés en France, peu important que les intéressés y soient ou non connus, cet élément, qui a trait au fond du litige étant dénué de toute portée quant à la détermination de la compétence.

De façon plus générale, il peut exister – indépendamment de délits en matière de presse, radio ou télévision – plusieurs préjudices survenus dans des États membres différents ou plusieurs faits générateurs ayant pris place dans des États différents. En cas de pluralité de préjudices, il est logique que le tribunal de l'événement causal soit compétent pour statuer sur tous les préjudices, alors que les tribunaux du lieu de réalisation du préjudice pour la victime ne seront compétents que pour indemniser le dommage subi dans leur ressort. Il convient donc d'étendre la jurisprudence *Fiona Shevill* à tous les cas de pluralité de préjudices subis dans des États membres différents.

La Cour de justice a eu l'occasion de prendre position sur les **atteintes au droit de la personnalité par Internet.** Dans l'arrêt *eDate Advertising* et *Martinez* du 25 octobre 2011[6], étaient en cause des atteintes à

1. V. AUSSI, en matière de souscription d'actions à l'étranger et d'action fondée sur la responsabilité quasi délictuelle d'une société pour absence d'information des investisseurs sur certains points : Com. 12 juill. 2011, n° 10-24.006, NP; *Rev. crit. DIP* 2012. 168 (convention de Lugano).
2. CJCE 16 juill. 2009, Zuid-Chemie, aff. C-189/08, *Procédures* nov. 2009, n° 362, obs. Nourissat.
3. CJCE 7 mars 1995, Fiona Shevill c/Alliance, aff. C-68/93, *Rec. CJCE* I-415.
4. Paris, 6 oct. 1999, *D.* 1999. IR 270.
5. Paris, 5 nov. 1997, RG n° 97/02429, *D.* 1998. Somm. 281, obs. Audit.
6. CJUE 25 oct. 2011, eDate Advertising et Martinez, aff. jointes C-509/09 et C-161/10, *D.* 2012. 1279, note Azzi; *D.* 2012. 1285, note Bollée; *JDI* 2012. 197, note Guizou; ▶

la vie privée (d'un acteur dans une affaire, d'un meurtrier ayant purgé sa peine dans l'autre). Chaque demandeur avait assigné devant le tribunal de son domicile la société émettrice des contenus sur Internet, pourtant établie dans un autre État membre que celui du domicile du demandeur. La Cour de justice allait-elle se prononcer en faveur de la **théorie de l'accessibilité** ou en faveur de celle de la **focalisation** ? Elle avait consacré cette dernière théorie en 2009 dans l'arrêt *Pammer* et *Hotel Alpenhof*[1] en matière de contrats de consommation. Elle a toutefois opté, dans l'arrêt *eDate Advertising* et *Martinez*[2], pour une toute autre voie. Elle est tout d'abord partie de la jurisprudence *Fiona Shevill* de 1995 en matière de délits de presse, domaine relevant de la matière délictuelle ou quasi délictuelle au sens de l'article 5 § 3. La Cour transpose les critères de rattachement de la jurisprudence *Fiona Shevill* aux domaines de l'Internet, si bien qu'elle admet la compétence tant des tribunaux de l'État membre du lieu d'établissement de l'émetteur des contenus (compétents pour se prononcer sur l'intégralité du dommage) que des juridictions de chaque État membre sur le territoire duquel un contenu mis en ligne est accessible ou l'a été (ces dernières juridictions, comme dans la jurisprudence *Shevill*, ne sont alors compétentes que pour connaître du dommage causé sur le territoire de l'État membre sur lequel elle sont situées). Mais la Cour de justice ajoute un nouveau for, compétent pour connaître de l'intégralité du dommage causé : les juridictions de l'État membre dans lequel se trouve le « *centre des intérêts* » de la prétendue victime. Ceci est une innovation majeure par rapport à l'arrêt *Fiona Shevill*. La Cour la justifie par le fait que « *la mise en ligne de contenus sur un site Internet se distingue de la diffusion territorialisée d'un média tel un imprimé en ce qu'elle vise, dans son principe, à l'ubiquité desdits contenus* » (point 45 de l'arrêt) qui peuvent être consultés partout dans le monde, par un nombre indéfini et potentiellement très élevé d'internautes, « *indépendamment de toute intention de leur émetteur visant à leur consultation au-delà de son État membre d'établissement et en dehors de son contrôle* » (point 45). Dès lors, Internet réduit l'utilité du critère de la diffusion, puisque « *la portée de la diffusion de contenus mis en ligne est en principe universelle* » (point 46). La Cour souligne en outre la possible difficulté de quantifier la diffusion dans un État membre particulier et, partant, d'évaluer le dommage exclusivement causé dans cet État. Le critère de matérialisation du dommage retenu dans l'affaire *Shevill* devient dès lors difficile à mettre en œuvre. C'est pourquoi la Cour de justice décide « *d'adapter les critères de rattachement* [...] *en ce sens que la victime d'une atteinte à un droit de la personnalité au moyen d'Internet peut saisir, en fonction du lieu de la matérialisation du dommage causé dans l'Union européenne par ladite atteinte, un for au titre de l'intégralité du dommage. Étant donné que l'impact d'un contenu mis en ligne sur les droits de la personnalité d'une personne peut être le mieux apprécié par la juridiction du lieu où la prétendue victime a le centre de ses intérêts, l'attribution de compétence à cette juridiction correspond à l'objectif de bonne administration de la justice* » (point 48). Il s'agit donc de savoir où se trouve ce « *centre des intérêts* »; la Cour de justice suggère que ce sera en général le **lieu de la résidence habituelle** de la prétendue victime, mais qu'une personne peut aussi avoir le centre de ses intérêts dans un État membre dans lequel elle ne réside pas de façon habituelle (par ex., si elle y exerce son activité professionnelle, v. point 49 de l'arrêt). Ce **critère du centre des intérêts** est considéré par la Cour de justice comme « *conforme à l'objectif de prévisibilité des règles de compétence* » tant pour le demandeur que pour le défendeur (point 50). Cette solution qui s'écarte de l'arrêt *Shevill* (lequel ne donnait compétence au juge de la localisation du dommage que pour connaître de la demande d'indemnisation du dommage subi sur le territoire de la juridiction saisie) peut sembler favorable à la victime; il est en tout cas relativement simple à mettre en œuvre[3]. On peut en revanche se demander si le maintien de la compétence des tribunaux de chaque État membre sur le territoire duquel un contenu mis en ligne est accessible ou l'a été (mais seulement pour le dommage causé sur le territoire de cet État) conserve de l'intérêt. Certains auteurs[4] ont même jugé son maintien « *surprenant* » dès lors que la Cour de justice part du principe que le critère de la diffusion est difficile à mettre en œuvre dans le contexte d'Internet et qu'il convient donc de créer le critère du centre des intérêts de la prétendue victime. Vraisemblablement, la Cour de justice n'a pas voulu revenir complètement sur la jurisprudence *Shevill* mais simplement l'adapter au contexte spécifique d'Internet. Dès lors, la question qui se posait était de savoir si la solution formulée dans l'arrêt *eDate Advertising et Martinez* devait ou non être étendue à des hypothèses différentes de la violation de droits de la personnalité, par exemple au cas de contrefaçon. La Cour de justice

▶ *Rev. crit. DIP* 2012. 389, obs. Muir Watt; *JDE* 2012. 8, note Alvarez – Pour d'autres commentaires, v. W.-H. Roth, « *Persönlichkeitsschutz im Internet : Internationale Zuständigkeit und anwendbares Recht* », *IPRax* 2013. 215; S. Bollée et B. Haftel, « Les nouveaux (dés)équilibres de la compétence internationale en matière de cyberdélits après les arrêts *eDate Advertising et Martinez* », *D.* 2012. 1285.

1. CJUE 7 déc. 2010, Petra Pammer, aff. C-585/08, et Hotel Alpenhof, aff. C-144/09, *JCP* 2011, n° 129, note d'Avout.
2. V. L. Gillies, « *Jurisdiction for Cross-Border Breach of Personality and Defamation : eDate Advertising and Martinez* », *IntCompLQuart* 2012. 1007.
3. EN CE SENS ÉGAL., H. Muir Watt, *Rev. crit. DIP* 2012. 404.
4. V. A. Nuyts et H. Boularbah, « Droit international privé européen », *JDE* 2012. 303.

s'est ensuite prononcée sur cette hypothèse (v. s[s] n° 152.65).

152.65 Compétence en matière de contrefaçon et de droit d'auteur. Les juridictions françaises ont statué à diverses reprises sur l'application de l'article 5 § 3 du règlement Bruxelles I en matière de contrefaçon[1]. Il a par exemple été jugé par la Cour de cassation que l'option de compétence posée par l'article 5 § 3 doit s'entendre en ce que la victime peut exercer l'action en indemnisation soit devant la juridiction de l'État du lieu d'établissement de l'auteur de la contrefaçon, compétente pour réparer l'intégralité du préjudice, soit devant la juridiction de l'État contractant dans lequel l'objet de la contrefaçon est diffusé, compétente pour connaître seulement des dommages subis dans cet État. En l'espèce, il s'agissait d'une contrefaçon en partie réalisée en France, résultant de la diffusion de publications éditées en Grande-Bretagne et la compétence des tribunaux français a été retenue pour le seul dommage subi en France[2].

L'arrêt *Cristal* du 9 décembre 2003[3] a jugé également en ce sens à propos de dommages du fait de l'exploitation d'un site Internet en Espagne, en relevant que les juges d'appel avaient constaté que le site Internet, « *fût-il passif, était accessible sur tout le territoire français, de sorte que le préjudice allégué du seul fait de cette diffusion n'était ni virtuel, ni éventuel* ». Le tribunal français est donc compétent pour connaître de l'utilisation d'une marque déposée en France mais utilisée par un site Internet étranger. La défenderesse prétendait que son site était passif, critère que certaines juridictions outre-Atlantique ont retenu pour dire que le site Internet est ou non soumis à l'ordre juridique de l'État vers lequel il dirige ou non ses activités. La Cour de cassation consacrait alors la **théorie de l'accessibilité** qui conduisait à ce qu'un délit commis sur Internet, qui est accessible dans le monde entier, était localisé partout, ce qui permettait à tout juge de se déclarer compétent. À titre de comparaison, le tribunal de grande instance de Paris s'était déclaré compétent pour connaître des conséquences d'une contrefaçon par reproduction réalisée sur un site Internet étranger notamment parce que « *l'emploi de la langue française prouve que ce site est destiné aux clients situés notamment sur le territoire français* »[4].

Dans des arrêts plus récents de 2010 et 2011[5], la Cour de cassation, se prononçant sur l'application de l'article 5 § 3 du règlement Bruxelles I aux **faits de contrefaçon ou de concurrence déloyale commis par voie d'Internet**, est toutefois revenue sur sa jurisprudence et a opté pour une solution plus restrictive que celle jusque-là retenue, qui faisait de la simple accessibilité du site en France une condition suffisante pour fonder la compétence du juge français. Dans ces arrêts[6] en effet, la Cour de cassation semble fonder cette compétence non plus seulement sur le critère de l'accessibilité du site, mais également sur la

1. V. NOT., Civ. 1re, 31 janv. 2006, n° 03-16.980, *Bull. civ.* I, n° 42; *BICC* 1er juin 2006, n° 1075; *D.* 2006. 2923, obs. Picod, Auguet, Dorandeu, Gomy, Robinne et Valette : une cour d'appel a énoncé à bon droit que, s'agissant de l'option de compétence posée par l'article 5 § 3, l'expression « *lieu où le fait dommageable s'est produit* » doit s'entendre à la fois du lieu où le dommage est survenu et du lieu où l'événement causal à l'origine du dommage s'est produit. En conséquence, ayant relevé que l'objet argué de contrefaçon, fabriqué en Espagne, avait été exposé et proposé à la vente dans le ressort d'un tribunal de commerce situé en France et que cet événement était à l'origine du préjudice que le fabricant et le distributeur estimaient avoir subi sur le territoire français, la cour d'appel en a justement déduit que ce tribunal était compétent. La Cour de cassation ajoute que l'article 16 § 4, qui pose une règle exclusive de compétence en matière d'inscription de ou validité de brevets, marques, dessins et modèles et autres droits analogues donnant lieu à dépôt ou enregistrement, ne s'applique pas aux litiges portant sur l'appartenance de ces droits, et notamment l'action en contrefaçon.
2. Civ. 1re, 16 juill. 1997, n° 95-17.163, *Bull. civ.* I, n° 245; *D.* 1997. IR 179 – V. AUSSI, Civ. 1re, 25 mars 2009, n° 08-14.119, *Bull. civ.* I, n° 64; *D.* 2010. 1592, obs. Courbe et Jault-Seseke; *D.* 2009. 1014, obs. Delpech; *D.* 2009. 2384, obs. d'Avout et Bollée; *Rev. crit. DIP* 2009. 580, obs. Treppoz.
3. Civ. 1re, 9 déc. 2003, n° 01-03.225, *Bull. civ.* I, n° 245; *D.* 2004. 276, note Manara; *Procédures* mars 2004, p. 11 note C. N.; *Rev. crit. DIP* 2004. 632, note Cachard : « *En admettant la compétence des juridictions françaises pour connaître de la prévention et de la réparation de dommages subis en France du fait de l'exploitation d'un site Internet en Espagne, la cour d'appel qui a constaté que ce site, fût-il passif, était accessible sur le territoire français, de sorte que le préjudice allégué du seul fait de cette diffusion n'était ni virtuel ni éventuel, a légalement justifié sa décision* ».
4. TGI Paris, 11 févr. 2003, cité par Manara, *D.* 2004. 277.
5. V. NOT. Com. 9 mars 2010, n° 08-16.752, *Bull. civ.* IV, n° 46; *D.* 2010. 1183, note Lardeux; *D.* 2010. 2323, obs. d'Avout et Bollée; *D.* 2010. 2540, obs. Centre de droit de la concurrence Yves Serra; *D.* 2011. 1374, obs. Jault-Seseke.
6. Com. 13 juill. 2010, n°s 08-13.944, 06-15.136, 06-20.230 et 05-14.331, *Bull. civ.* IV, n°s 122 à 124 et NP; *D.* 2010. 1972, obs. Tréfigny-Goy; *D.* 2011. 909, obs. Durrande; *D.* 2011. 1379, obs. Jault-Seseke – Puis Com. 23 nov. 2010, n° 07-19.543, NP; *D.* 2011. 910, obs. Durrande; *D.* 2011. 1379, obs. Jault-Seseke; *D.* 2011. 2440, obs. Bollée – Com. 7 déc. 2010, n°s 09-16.811 et 09-14.545, *Bull. civ.* IV, n° 189 et NP; *D.* 2011. 910, obs. Durrande; *D.* 2011. 2440, obs. Bollée – Com. 29 mars 2011, n° 10-12.272, NP; *D.* 2011. 2373, obs. Tréfigny-Goy; *D.* 2011. 2440, obs. Bollée; *D.* 2012. 1237, obs. Jault-Seseke – Com. 20 sept. 2011, n° 10-16.569, NP – Il semble toutefois qu'un arrêt du 20 mars 2010 (Com. 20 mars 2010, n° 04-19.679, *Bull. civ.* IV, n° 91; *D.* 2008. 1507, obs. Courbe et Jault-Seseke; *Rev. crit. DIP* 2010. 322, note Treppoz) ait retenu à nouveau la conception large selon laquelle le dommage en matière de contrefaçon peut être localisé par la simple accessibilité du site Internet – Position que ne semble pas partager pas la cour d'appel de Paris qui intègre, au stade de la localisation du dommage, l'activité du site et évite ainsi des excès conduisant à la compétence universelle des juridictions françaises (V. NOT., Paris, 26 avr. 2006, RG n° 05/05038, *CCE* 2006. 106, obs. Caron; 6 juin 2007, *JCP* 2007. II. 10 151, note Ancel).

« *disponibilité en France des produits litigieux* »[1]. Elle a jugé qu'il convenait d'exiger davantage que la simple accessibilité du site et a même consacré la **théorie de la focalisation** en conditionnant la compétence des juridictions françaises à l'exigence que le site Internet soit destiné au public de France[2].

Récemment, la Cour de justice s'est prononcée à propos d'un litige relatif à une contrefaçon alléguée d'une marque nationale sur Internet. Il s'agit là d'un cyberdélit commercial. La question était de savoir si la Cour étendrait la solution formulée dans son arrêt *eDate Advertising et Martinez* (v. s^s n° 152.64) à des domaines autres que les atteintes aux droits de la personnalité. Dans un arrêt *Wintersteiger* du 19 avril 2012[3], dans un litige relatif à une contrefaçon de marque sur Internet, la Cour de justice a répondu par la négative. Elle a jugé que l'action relative à une contrefaçon commise par Internet pouvait être portée 1° au lieu du fait générateur (établissement de l'annonceur ayant recours au service de référencement[4]) ou 2° au lieu du dommage. Il convenait donc de déterminer ledit lieu du dommage. Pour la Cour, l'appréciation du dommage dans l'arrêt *eDate* était spécifique aux atteintes aux droits de la personnalité sur Internet et « *ne saurait valoir également pour la détermination de la compétence judiciaire en ce qui concerne les atteintes aux droits de la propriété intellectuelle* » (point 24 de l'arrêt). Le centre des intérêts de la victime et le lieu d'accessibilité au site ne sont donc pas retenus en matière de propriété intellectuelle. Le for du dommage, en cas d'atteinte à une marque nationale, est pour la Cour exclusivement l'État membre où la marque est enregistrée, car la protection conférée par une marque nationale est territoriale. « *S'agissant de la compétence pour connaître d'une allégation d'atteinte à une marque nationale dans une situation telle que celle au principal, il y a lieu de considérer que tant l'objectif de prévisibilité que celui de bonne administration de la justice militent en faveur d'une attribution de compétence, au titre de la matérialisation du dommage, aux juridictions de l'État membre dans lequel le droit en cause est protégé* » (point 27). Le demandeur a ainsi le choix entre ces juridictions et celles de l'État membre du lieu d'établissement de l'annonceur.

Très récemment, dans un arrêt *Pinckney* du 3 octobre 2013[5], la Cour de justice a prolongé son analyse de l'interprétation à faire de l'article 5 § 3 en matière, cette fois, **d'atteinte alléguée aux droits patrimoniaux d'auteur commise au moyen de contenus mis en ligne sur un site Internet.** Saisie d'une question préjudicielle par la Cour de cassation française, la Cour de justice a jugé qu'en cas d'atteinte alléguée aux droits patrimoniaux d'auteur garantis par l'État membre de la juridiction saisie, celle-ci était compétente pour connaître d'une action en responsabilité introduite par l'auteur d'une œuvre à l'encontre d'une société établie dans un autre État membre et ayant, dans celui-ci, reproduit l'œuvre sur un support matériel ensuite vendu par des sociétés établies dans un troisième État membre, par l'intermédiaire d'un site Internet accessible également dans le ressort de la juridiction saisie. Cette dernière n'est toutefois compétente que pour connaître du seul dommage causé sur le territoire de l'État membre dont elle relève. La Cour de justice écarte donc là encore la jurisprudence *eDate Advertising* et retient que les droits patrimoniaux d'auteur, comme **les droits attachés à une marque nationale, sont soumis au principe de territorialité** (point 39 de l'arrêt), même si ces droits doivent être protégés de manière automatique dans tous les États membres, si bien qu'ils sont susceptibles d'être violés, dans chacun d'eux, en fonction du droit matériel applicable.

Pour une illustration, dans le cadre de la convention de Lugano, du for délictuel en cas de cyber-délit de revente en dehors des réseaux de distribution sélective, v. un arrêt de la Cour de cassation du 3 mai 2012[6].

152.66 Victime par ricochet. En présence d'une victime par ricochet ou victime médiate, la Cour de justice permet à cette victime d'agir devant les tribunaux qui seraient compétents pour l'action de la victime directe (lieu du domicile du défendeur ou lieu où le fait dommageable s'est produit[7]). Seule la réfé-

1. COMP., CJUE 7 déc. 2010, Pammer, aff. C-585/08 et aff. C-144/09, à propos, en matière de contrat conclu par un consommateur, de la notion d'activité dirigée vers l'État membre où le consimmateur a son domicile – V. AUSSI, M.-E. Pancrazi, « D'utiles précisions sur les critères d'appréciation de la « direction d'une activité » vers un État membre », *D.* 2011. 990.
2. V. AUSSI plus récemment, Com. 3 mai 2012, n° 11-10.508, *Bull. civ.* IV, n° 89; *Rev. crit. DIP* 2013. 192, note Knetsch. Il semble que dans cet arrêt, la chambre commerciale, qui réitère son choix en faveur du critère de la focalisation, cherche à affiner l'application des règles de compétence en jugeant que la seule incitation à consulter le site Internet (en l'espèce ebay.fr) ne suffit pas pour caractériser la focalisation et en constatant une complémentarité d'un site étranger avec le site français d'ebay, le site français ayant à plusieurs reprises incité les internautes à consulter le site anglais. La première chambre civile ne s'est plus exprimé sur la question depuis l'arrêt *Cristal* de 2003, mais a posé une question préjudicielle à la Cour de justice (Civ. 1re, 5 avr. 2012, n° 10.15.890, *Bull. civ.* I, n° 88) – Sur la jurisprudence allemande, qui tend à exiger que l'auteur du site Internet ait eu l'intention de tirer profit d'une accessibilité depuis l'Allemagne, mais qui impose aux juges du fond de procéder à une appréciation glibale de la destination du site et des incidences commerciales, v. C. féd. justice (BGH), 13 oct. 2004, Hotel Maritime, *GRUR* 2005. 431; 8 mars 2012, Oscar, *GRUR* 2012. 621.
3. CJUE 19 avr. 2012, Wintersteiger AG c/Products 4U Sondermaschinenbau GmbH, aff. C-523/10, *Europe* 2012. Comm. 263, obs. Idot; *JDE* 2012. 304, obs. Nuyts et Boularbah.
4. La Cour relève que l'événement causal n'est pas l'affichage de la publicité elle-même, qui est faite par le prestataire de service de référencement (Google), mais le déclenchement par l'annonceur du processus technique d'affichage. En l'espèce, en tapant le mot Wintersteiger sur google.de, une annonce apparaissait, renvoyant au site de la société allemande vendant des accessoires Wintersteiger ni produits, ni autorisés par le fabriquant autrichien Wintersteiger.
5. CJUE 3 oct. 2012, Peter Pinckney c/KFG Mediatech AG, aff. C-170/12.
6. Com. 3 mai 2012, n° 11-10.508, *Bull. civ.* IV, n° 89; *Rev. crit. DIP* 2013. 192, note Knetsch.
7. CJCE 11 janv. 1990, S^té Dumez France et Tracoba c/Hessische Landesbank [Helaba] a., aff. C-220/88, *Rec. CJCE* I-49 : recours préjudiciel émanant de la Cour de cassation française.

rence au dommage initial direct subi par la victime immédiate est donc admise par la Cour, et le lieu où le préjudice est né au détriment de la victime par ricochet ne saurait être pris en considération (point 20 : « *lieu où le fait causal engageant la responsabilité délictuelle ou quasi délictuelle a produit directement ses effets dommageables à l'égard de celui qui en est la victime immédiate* »[1]).

SECTION 3
EN MATIÈRE D'OBLIGATIONS ALIMENTAIRES (ART. 5 § 2)

152.71 **Principe.** Le défendeur domicilié sur le territoire d'un État membre peut être attrait, dans un autre État membre « *2° en matière d'obligation alimentaire, devant le tribunal du lieu où le créancier d'aliments a son domicile ou sa résidence habituelle ou, s'il s'agit d'une demande accessoire à une action relative à l'état des personnes, devant le tribunal compétent selon la loi du for pour en connaître, sauf si cette compétence est uniquement fondée sur la nationalité d'une des parties* ». Ce texte est similaire dans la convention de Bruxelles, dans celle de Lugano 1988 et 2007 et dans le règlement du 22 décembre 2000. Toutefois, depuis l'entrée en application du règlement CE n° 4/2009 du 18 décembre 2008 sur la compétence, le droit applicable, la reconnaissance et l'exécution en matière alimentaire, le domaine des obligations alimentaires est sorti du règlement Bruxelles I. La disposition a ainsi été totalement supprimée du règlement procédant à la refonte du règlement Bruxelles I (Règl. UE n° 1215/2012, 12 déc. 2012, Bruxelles I *bis*, qui entrera en application le 10 janvier 2015). L'article 1er § 2, e) et f) du règlement Bruxelles I *bis* précise la portée de cette exclusion : échappent au champ d'application du règlement « *les obligations alimentaires découlant de relations de famille, de parenté, de mariage ou d'alliance* » ainsi que celles « *résultant du décès* », ce qui permet de considérer que les obligations alimentaires reposant sur un autre fondement (notamment le contrat) demeurent régies par le règlement Bruxelles I *bis*[2].

La compétence du tribunal du domicile ou de la résidence du créancier d'aliments existe depuis la version originaire de la convention de 1968; en 1978 fut ajouté le reste du texte, destiné à tenir compte du fait que la demande d'aliments est souvent formulée au cours d'une instance relative à l'état des personnes (demande en divorce ou en séparation de corps, ou encore action en matière de filiation). Dans ce dernier cas, le juge saisi de l'action portant sur l'état est également déclaré compétent par la convention pour connaître de l'action alimentaire, sauf si sa loi – retenant un critère nationaliste condamné dans l'espace judiciaire européen – lui donne compétence uniquement en raison de la nationalité d'une des parties. La convention de Bruxelles et le règlement de 2000 ne fondent en effet aucune règle de compétence sur ce critère de nationalité qui est complètement contraire à leur esprit.

La Cour de justice a donné une définition de la notion de « *créancier d'aliments* » au sens de l'article 5 § 2 : « *Le terme de créancier d'aliments vise tout demandeur d'aliments, y compris celui qui intente pour la première fois une action en matière d'aliments* »[3]. Un autre arrêt a défini la ligne de partage entre la notion d'obligation alimentaire et celle de régime matrimonial[4] : la décision, qui a été rendue dans le contexte d'une procédure de divorce, qui ordonne le paiement d'une somme forfaitaire ainsi que le transfert de la propriété de certains biens d'un époux au profit de son ex-conjoint, doit être considérée comme portant sur des obligations alimentaires et donc comme relevant du champ d'application de la convention, dès lors qu'elle a pour objet d'assurer l'entretien de cet ex-conjoint sans qu'importe à cet égard le fait que le juge d'origine ait écarté, dans le cadre de sa décision, l'application d'un contrat de mariage.

Dans l'arrêt *Antoniux van den Boogard*, la Cour de justice avait à se prononcer à partir de la situation de fait suivante : un couple néerlandais initialement marié sous le régime de la communauté, avait opté par la suite pour la séparation de biens. Les époux s'étaient ensuite installés à Londres et avaient divorcé quelques années plus tard. La femme avait alors formé une demande accessoire de règlement global, que le juge anglais lui avait attribué en capital. La femme avait demandé, sur le fondement de la convention de La Haye relative aux obligations alimentaires, l'*exequatur* du jugement aux Pays-Bas. Sur opposition du mari, la juridiction de renvoi s'était interrogée sur l'applicabilité de la convention de Bruxelles. Suivant la ligne de la jurisprudence *De Clavel*, la Cour de justice adopte dans cet arrêt de 1997 à nouveau la qualification d'obligation alimentaire bien que la somme fût pourtant versée en capital. Elle précise que constitue une obligation alimentaire la prestation qui est destinée à assurer l'entretien d'un époux dans le besoin ou qui prend en compte les besoins et ressources de chacun des époux. Peu importe que la prestation prenne une forme forfaitaire ou implique le transfert de biens d'un époux à l'autre (point 27 : « *Une décision rendue dans le contexte d'une procédure de divorce, qui ordonne le paiement d'une somme forfaitaire ainsi que le transfert de propriété de certains biens d'un époux au profit de son ex-conjoint doit être considérée comme portant sur des*

1. V. *Rec. CJCE* 1990. 652 s., ainsi que concl. av. gén. M. Darmon qui expose la doctrine des différents États contractants sur la question.
2. EN CE SENS, A. Nuyts, « La refonte du règlement Bruxelles I », *Rev. crit. DIP* 2013. 21.
3. CJCE 20 mars 1997, Jackie Farrell c/James Long, aff. C-295/95, *Rec. CJCE* 1683.
4. CJCE 27 févr. 1997, Antoniux van den Boogard c/ Mme P. Laumen, aff. C-220/95, *Rev. crit. DIP* 1998. 467, obs. Droz.

obligations alimentaires et donc comme relevant du champ d'application de la convention de Bruxelles, dès lors qu'elle a pour objet d'assurer l'entretien de cet ex-conjoint. Le fait que le juge d'origine ait écarté, dans le cadre de sa décision, l'application d'un contrat de mariage est sans importance à cet égard » – pour une critique sur cette formulation beaucoup trop large de la Cour, v. G. A. L. Droz[1]; cet auteur considère que si les besoins et les ressources de chacun des époux sont pris en compte sans que l'un des époux soit véritablement dans le besoin, on se trouve en présence d'une redistribution des biens familiaux dans un but d'égalité entre les époux, donc d'une décision ayant trait au régime matrimonial et non pas à une quelconque obligation alimentaire. En l'espèce, le tribunal anglais avait fixé à 8 500 000 francs [1 295 816 euros] le montant dont l'ex-épouse devait disposer pour subvenir à ses besoins !) En revanche, lorsque la prestation vise uniquement à la répartition des biens entre les époux, la décision concerne les régimes matrimoniaux et n'est donc pas affectée par la convention de Bruxelles. Lorsqu'une même décision contient des mesures de ces deux types, il convient de procéder à un partage, certains points relevant de la convention de Bruxelles et d'autres non. Cet arrêt soulève également le problème des conflits de conventions (en l'occurrence convention de La Haye sur les obligations alimentaires et convention de Bruxelles). La Cour de justice (arrêt, point 17) se contente de renvoyer aux conclusions de l'avocat général, et de considérer qu'en vertu de l'article 23 de la convention de La Haye (qui permet la référence à un autre instrument international liant les États concernés), celle-ci ne fait pas obstacle à l'application de la convention de Bruxelles.

L'option de compétence entre l'article 2 et l'article 5 § 2 bénéficie aux deux parties à l'instance (créancier et débiteur d'aliments. Le débiteur peut en effet agir par exemple en réduction du montant de la pension). Toute obligation alimentaire tombe sous le coup de l'article 5 § 2, quelle que soit la dénomination qui en est faite par le droit national (prestation compensatoire, pension alimentaire, action à fins de subsides, *etc.*). Ni la Convention ni le règlement ne précisent si les obligations alimentaires fondées sur un délit ou un contrat échappent à l'option de compétence offerte à l'article 5 § 2. Pour ce qui est des obligations reposant sur un fondement délictuel, il paraît plus logique de les soumettre à l'option de compétence – encore plus spécifique – contenue dans l'article 5 § 3. Quant aux obligations alimentaires nées en vertu d'un contrat, leur sort est incertain (relèvent-elles de l'article 5 § 1, de l'article 5 § 2 ou des deux concurremment ? La doctrine est divisée sur cette question).

Sur la question de savoir si l'article 5 § 2 est applicable dans le cadre d'une action récursoire (qui relève de la matière civile selon CJCE 14 nov. 2002[2] – V. s[s] n° 150.51) exercée par une administration publique dont les services ont, pendant une période déterminée, payé à un étudiant des aides à la formation (*BAföG* allemande) en application du droit public, et visant à faire valoir des créances alimentaires de droit civil dans lesquelles cette administration est légalement subrogée à l'encontre des parents du bénéficiaire de l'aide en question, la Cour a considéré que l'article 5 § 2, qui a pour objet d'offrir au demandeur d'aliments, considéré comme la partie la plus faible dans une telle procédure, une base alternative de compétence, ne peut être invoqué par un organisme public poursuivant, par l'action récursoire, le recouvrement de sommes versées à titre d'aides en application du droit public[3].

152.72 Règlement CE n° 4/2009 du 18 décembre 2008 sur la compétence, le droit applicable, la reconnaissance et l'exécution en matière alimentaire[4]. L'Union européenne est devenue membre de la Conférence de droit international privé de La Haye et a participé aux négociations de la convention du 2 novembre 2007 sur le recouvrement international des aliments destinés aux enfants et à d'autres membres de la famille ainsi que du protocole de 2007 sur la loi applicable aux obligations alimentaires. Le règlement CE n° 4/2009 du 18 décembre 2008, entré en application le 18 juin 2011 entre tous les États membres sauf le Danemark, remplace, en matière d'obligations alimentaires, les dispositions du règlement Bruxelles I (notamment son article 5 § 2, si bien que cette disposition n'apparaît plus dans le règlement Bruxelles I *bis* du 12 décembre 2012 qui remplacera le règlement Bruxelles I à compter du 10 janvier 2015). Sont visées les obligations alimentaires découlant de relations de famille, de parenté, de mariage ou d'alliance. Le texte entend rendre plus effectif le **recouvrement des créances vitales que constituent les aliments**; pour ce faire, le jugement rendu sera dispensé de tout *exequatur* dans l'État membre requis si toutefois il a été rendu dans un État membre lié par le protocole de La Haye du 23 novembre 2007 sur la loi applicable aux obligations alimentaires[5]; tous les États membres – sauf le Royaume-Uni et le Dane-

1. G. A. L. Droz, *Rev. crit. DIP* 1998. 474 s.
2. CJCE 14 nov. 2002, Gemeente Steenbergern c/Luc Baten, aff. C-271/00, *Rec. CJCE* I-10489; *Procédures* 2003. Comm. 13, obs. C. N.
3. CJCE 15 janv. 2004, Freistaat Bayern c/Jan Blijdenstein, aff. C-433/01, www.curia.europa.eu; *Procédures* mars 2004, p. 12, note C. N.
4. Règl. CE n° 4/2009 du Conseil, 18 déc. 2008, relatif à la compétence, la loi applicable, la reconnaissance et l'exécution des décisions et la coopération en matière d'obligations alimentaires, *JOUE*, n° L 7, 10 janv. 2009.
5. Le Conseil de l'UE a adopté une décision du 30 novembre 2009 relative à la conclusion, par l'Union du protocole de La Haye (*JOUE*, n° L 331, 16 déc. 2009, p. 17). En vertu de cette décision, le protocole « devrait être applicable entre les États membres au plus tard le 18 juin 2011 », date d'application du règlement CE n° 4/2009 (décis. Conseil, 30 nov. 2009, consid. 7); les règles du protocole sont même appliquées dans l'UE à titre provisoire si le protocole n'est pas ▶

mark (mais ce dernier n'est aucunement partie au règlement obligations alimentaires[1], alors que le Royaume-Uni l'est) – ont accepté d'être liés par ledit protocole. Pour les décisions en provenance du Royaume-Uni, un *exequatur* simplifié est donc maintenu. Il en va de même, sur le fondement du règlement Bruxelles I, pour les jugements en provenance du Danemark. À compter de l'entrée en vigueur du règlement Bruxelles I *bis*, le 10 janvier 2015, l'*exequatur* sera supprimé (v. toutefois Règl. 12 déc. 2012, art. 66 § 2, quant à son application dans le temps en matière de reconnaissance et d'exécution).

Le règlement du 18 décembre 2008 donne **compétence** aux juridictions suivantes (Règl. 18 déc. 2008, art. 3) :

– la juridiction du lieu où le défendeur a sa résidence habituelle (solution classique, *actor sequitur forum rei*), ou;

– la juridiction du lieu où le créancier a sa résidence habituelle (solution très favorable au créancier)[2], ou;

– la juridiction compétente selon la loi du for pour connaître d'une action d'état des personnes, si la demande d'obligation alimentaire est accessoire à cette action (sauf toutefois si la compétence est fondée uniquement sur la nationalité d'une des parties), ou;

– la juridiction compétente selon la loi du for pour connaître d'une action relative à la responsabilité parentale, si la demande d'obligation alimentaire est accessoire à cette action – sauf là encore si la compétence est fondée uniquement sur la nationalité d'une des parties.

Il apparaît ainsi que le choix essentiel se fera entre le principe classique du tribunal de la résidence habituelle du défendeur ou celui, qui avait déjà été admis dans l'article 5 § 2 du règlement Bruxelles I, du tribunal de la résidence habituelle du créancier. Si une procédure principale relative à l'état des personnes ou à la responsabilité parentale (au sens d'autorité parentale du droit français) est diligentée, le tribunal en connaissant pourra en outre statuer également sur une demande d'obligation alimentaire accessoire à l'action principale.

• **Clauses d'élection de for.** En outre, le règlement du 18 décembre 2008 est favorable à une prise en compte de la volonté des parties. Son article 4 admet ainsi qu'elles peuvent convenir que la juridiction d'un État membre sera compétence pour régler les différends en matière d'obligations alimentaires nés ou à naître entre elles. Toutefois, le choix n'est pas entièrement libre. Il est encadré[3]. Ne peuvent ainsi être choisies que les juridictions suivantes (art. 4 § 1) : une juridiction ou les juridictions d'un État membre dans lequel une des parties a sa résidence habituelle; une juridiction ou les juridictions d'un État membre dont l'une des parties a la nationalité; pour les obligations alimentaires entre époux ou ex-époux : la juridiction compétente pour connaître de leurs différends en matière matrimoniale, ou une juridiction ou les juridictions de l'État membre qui a été celui de leur dernière résidence habituelle commune pendant au moins un an[4].

• **Autres fondements de compétence.** Comme dans le règlement Bruxelles I, il est prévu au règlement du 18 décembre 2008 (art. 5) que, même si la juridiction saisie n'est pas compétente selon les dispositions du règlement, elle le devient dès lors que le défendeur comparaît devant elle, à condition que le défendeur accepte de défendre au fond et que sa comparution ne se limite donc pas à contester la compétence du tribunal saisi. En outre, si aucune juridiction d'un État membre n'est compétente en vertu du règlement ni aucun État AELE sur le fondement de la convention de Lugano, une compétence subsidiaire est donnée aux juridictions de l'État membre de la nationalité commune des parties (Règl. 18 déc. 2008, art. 6). Enfin, le règlement du 18 décembre 2008 entend favoriser l'accès au juge pour les affaires d'obligations alimentaires. C'est pourquoi son article 7 dispose que si aucune juridiction d'un État membre n'est compétente sur le fondement des articles 3, 4, 5 et 6, les juridictions d'un État membre « *peuvent, dans des cas exceptionnels* », connaître du litige « *si une procédure*

► encore entré en vigueur au 18 juin 2011. Le protocole de La Haye du 23 nov. 2007 prévoit dans son article 25 qu'il entrera en vigueur le premier jour du mois suivant l'expiration d'une période de trois mois après le dépôt du deuxième instrument de ratification, d'approbation ou d'adhésion. L'UE, elle, a déjà adhéré le 8 avril 2010.

1. Toutefois, le Danemark ayant accepté que les modifications du règlement Bruxelles I lui soient opposables (accord du 12 juin 2009 entre la Communauté européenne et le Royaume du Danemark, *Rev. crit. DIP* 2009. 624), il en découle que la disparition de l'article 5 § 2 du règlement entraînera pour cet État membre application des nouvelles règles de compétence contenues dans le règlement de 2008 sur les obligations alimentaires (mais seulement de ces dispositions).
2. En vertu de l'article 8 du règlement, si une décision a été rendue dans un État membre ou un État partie à la convention de La Haye de 2007 où la créancier a sa résidence habituelle, le débiteur ne peut introduire une procédure pour modifier la décision dans un autre État membre tant que le créancier continue à résider habituellement dans l'État dans lequel la décision a été rendue. Toutefois, l'article 8 § 2 prévoit quelques dérogations à ce principe.
3. En outre, une telle convention d'élection de for n'est pas admise lorsque le litige porte sur une obligation alimentaire à l'égard d'un enfant de moins de dix-huit ans (Règl. 18 déc. 2008, art. 4 § 3).
4. La réalisation de la condition (résidence habituelle, nationalité...) s'apprécie au moment de la conclusion de la convention d'élection de for ou au moment de l'introduction de l'instance (art. 4 § 1, *in fine*). La convention d'élection de for doit être conclue par écrit (ce qui englobe la forme électronique, Règl. 18 déc. 2008, art. 4 § 2).

ne peut raisonnablement être introduite ou conduite, ou se révèle impossible dans un État tiers avec lequel le litige a un lien étroit » (*forum necessitatis*). La juridiction de l'État membre saisie ne sera toutefois compétente que si le litige présente « *un lien suffisant avec l'État membre de la juridiction saisie* ». Cet article 7 vise à éviter le déni de justice[1].

SECTION 4
EN MATIÈRE DE RESTITUTION D'UN BIEN CULTUREL (RÈGL. 12 DÉC. 2012, ART. 7 § 4)

152.81 Restitution d'un bien culturel. Le règlement UE n° 1215/2012 du 12 décembre 2012 (Bruxelles I *bis*) a introduit une compétence spéciale supplémentaire dans l'article 7 § 4 : « *S'il s'agit d'une action civile fondée sur le droit de propriété, en restitution d'un bien culturel au sens de l'article 1er, point 1) de la directive 93/7/CEE, engagée par la personne revendiquant le droit de récupérer un tel bien, devant la juridiction du lieu où le bien culturel est situé au moment de la saisine* ».

La directive mentionnée dans cette disposition[2] porte sur la restitution des biens culturels ayant quitté illicitement le territoire d'un État membre. La question de cette nouvelle compétence est abordée dans le considérant 17 du règlement Bruxelles I *bis*, qui précise que le propriétaire d'un bien culturel au sens de la directive devrait avoir la faculté d'engager une procédure civile en récupération du bien, devant les juridictions du lieu où le bien culturel est situé au moment de la saisine du tribunal. Une telle procédure civile est toutefois sans préjudice de la procédure administrative qui peut être engagée sur le fondement de la directive.

Le 30 mai 2013, la Commission européenne a présenté une proposition de directive du Parlement européen et du Conseil sur la restitution des biens culturels ayant quitté illicitement le territoire d'un État membre[3]. Ce texte est destiné à renforcer la protection nationale des biens culturels et à améliorer la directive CEE n° 97/7 en procédant à sa refonte.

1. Le règlement du 18 déc. 2008 contient également des dispositions relatives à la notion de saisine d'une juridiction (art. 9), à la vérification de sa compétence par le juge saisi (art. 10), à l'hypothèse d'absence de comparution du défendeur dans certaines hypothèses (art. 11), à la litispendance et à la connexité (art. 12 et 13). En outre, l'article 14 traite des mesures provisoires et conservatoires prévues par la loi d'un État membre qui peuvent être demandées aux autorités judiciaires de cet État même si, en vertu du règlement, ce sont les juridictions d'un autre État membre qui sont compétentes pour connaître du fond.
2. Dir. CEE n° 93/7 du Conseil, 15 mars 1993, relative à la restitution de biens culturels ayant quitté illicitement le territoire d'un État membre, *JOCE*, n° L 74, 27 mars, p. 74.
3. COM (2013) 311 final.

SECTION 5
EN MATIÈRE D'INDEMNISATION DE LA VICTIME D'UNE INFRACTION PÉNALE (ART. 5 § 4 – RÈGL. 12 DÉC. 2012, ART. 7 § 3)

152.91 Principe. Outre devant le tribunal de son domicile (dans un État membre), le défendeur peut être attrait « *4° s'il s'agit d'une action en réparation du dommage ou d'une action en restitution fondées sur une infraction, devant le tribunal saisi de l'action publique, dans la mesure où, selon sa loi, ce tribunal peut connaître de l'action civile* ». Le texte est resté le même lors de l'adoption du règlement CE n° 44/2001 du 22 décembre 2000, puis de celle du règlement UE n° 1215/2012 du 12 décembre 2012.

L'hypothèse visée à cet alinéa est celle dans laquelle une action civile est fondée sur l'existence d'une infraction pénale. Alors, le tribunal répressif saisi de l'action pénale pourra connaître de l'action civile, à condition toutefois qu'une telle possibilité soit expressément prévue par le droit interne (il en a ainsi été jugé pour des poursuites pour homicide par imprudence contre un enseignant d'une école publique à la suite du décès accidentel d'un élève, et action civile en réparation portée également devant la juridiction pénale[4]).

152.92 Règle complémentaire. Le Protocole annexé à la convention de Bruxelles prévoyait en outre dans son article II que « *sans préjudice de dispositions nationales plus favorables, les personnes domiciliées dans un État contractant et poursuivies pour une infraction involontaire devant les juridictions répressives d'un autre État contractant dont elles ne sont pas nationales, peuvent se faire défendre par les personnes habilitées à cette fin, même si elles ne comparaissent pas personnellement. Toutefois, la juridiction saisie peut ordonner la comparution personnelle; si celle-ci n'a pas eu lieu, la décision rendue sur l'action civile sans que la personne en cause ait eu la possibilité de se faire défendre pourra ne pas être reconnue ni exécutée dans les autres États contractants* ».

Ce texte tend à éviter à la personne domiciliée dans un État contractant autre que celui dont les juridictions pénales sont saisies de devoir se présenter en personne devant le tribunal lorsqu'elle est poursuivie pour une infraction involontaire (d'imprudence par ex.[5] : il s'agit de « *toute infraction dont la définition légale n'exige pas, expressément ou par la nature même du délit qu'elle définit, l'existence dans le chef du prévenu de l'intention de commettre l'action ou l'omission pénalement sanctionnée* », dispositif de l'arrêt). Cette possibilité de ne pas comparaître per-

4. POUR UN EX., v. CJCE 21 avr. 1993, Volker Sonntag c/Hans Waidmann, aff. C-172/91, *Rec. CJCE* 1963.
5. CJCE 26 mai 1981, Rinkau [pr. pénale c/Rinkau], aff. 157/80, *Rec. CJCE* I-1391.

sonnellement suppose, d'après l'arrêt *Rinkau*, que la responsabilité civile du prévenu soit retenue ou susceptible d'être ultérieurement mise en cause. Les juges répressifs peuvent toutefois, vraisemblablement dans un souci de parfaire leur conviction, exiger cette comparution personnelle. Afin que le non-respect des droits de la défense ne reste pas sans sanction, une décision rendue sur l'action civile sans que le défendeur ait pu se (faire) défendre pourra ne pas bénéficier de la reconnaissance prévue dans le titre III de la Convention.

Cette règle du protocole annexé à la convention de Bruxelles figure également dans l'article 61 du règlement Bruxelles I et dans l'article 64 du règlement Bruxelles I *bis* qui se contentent de remplacer « *États contractants* » par « *États membres* ». La jurisprudence de la Cour de justice demeure donc d'actualité.

SECTION 6

EN MATIÈRE D'EXPLOITATION D'UNE SUCCURSALE (ART. 5 § 5 – RÈGL. 12 DÉC. 2012, ART. 7 § 5)

152.101 Principe. En vertu de l'article 5 § 5 (qui a exactement la même teneur dans la Convention et dans le règlement de 2000, et dont le contenu est textuellement repris par l'article 7 § 5 du règlement UE n° 1215/2012 du 12 décembre 2012, Bruxelles I *bis*), le défendeur peut aussi être attrait « 5° *s'il s'agit d'une contestation relative à l'exploitation d'une succursale d'une agence ou de tout autre établissement, devant le tribunal du lieu de leur situation* ».

Cet alinéa tend à élargir le champ des tribunaux compétents; ne sera pas exclusivement compétent le tribunal du lieu du siège de l'entreprise, mais éventuellement celui de la situation de la succursale, de l'agence ou de tout autre établissement (jurisprudence française des gares principales).

La Cour de justice procède à une interprétation autonome de ces notions. Il s'agit d'établissements secondaires. Initialement, elle ne distinguait pas clairement entre les trois concepts d'établissement, agence ou succursale[1] et considérait qu'ils supposaient tous une soumission à la société mère ainsi qu'une participation de l'établissement secondaire à l'activité réalisée; il semble toutefois que depuis 1987[2], elle distingue le terme d'« *établissement* » des deux autres et considère qu'un établissement – contrairement aux agences et succursales – peut avoir une personnalité juridique propre.

1. PAR EX., CJCE 6 oct. 1976, De Bloos c/Sté en commandite par actions Bouyer, aff. 14/76, *Rec. CJCE* 1497.
2. CJCE 9 déc. 1987, SARL Schotte GmbH c/Parfums Rotschild SARL, aff. 218/86, *Rec. CJCE* I-4905.

152.102 Conditions à remplir pour être succursale, agence ou autre établissement. Selon la jurisprudence initiale de la Cour de justice[3], l'établissement secondaire doit être soumis à la direction et au contrôle de la maison mère (dans cette affaire, ce lien de soumission faisait défaut au concessionnaire par rapport à la société pour laquelle il était actif, si bien que la Cour a nié l'existence d'un établissement secondaire). Dans l'*arrêt Schotte*, toutefois, la Cour semble avoir rompu avec cette jurisprudence, puisqu'elle a admis l'applicabilité de l'article 5 § 5 de la Convention pour une action contre la société mère Rotschild Allemagne, qui logiquement ne pouvait se situer dans un rapport de soumission avec sa société filiale Rotschild France[4].

L'établissement secondaire doit être installé de façon **durable** et présenter une **autonomie suffisante** par rapport à la maison mère[5]; il doit être perçu comme le « *prolongement de la maison mère* », disposer d'une direction et « *être matériellement équipé de façon à pouvoir négocier des affaires avec les tiers, de telle façon que ceux-ci, tout en sachant qu'un lien de droit éventuel s'établira avec la maison mère dont le siège est à l'étranger, sont dispensés de s'adresser directement à celle-ci et peuvent conclure des affaires au centre d'opérations qui en constitue le prolongement* ». Cet établissement secondaire doit intervenir tant dans la conclusion du contrat que lors de son exécution, faute de quoi il ne remplirait pas les conditions requises (par ex. établissement qui serait une simple boîte aux lettres faisant suivre les commandes[6]). En revanche, la Cour de justice ne pose plus de condition précise sur le lieu d'exécution des engagements; il n'est donc pas nécessaire qu'ils soient exécutés dans l'État membre dans lequel se trouve l'établissement secondaire qui les a souscrits[7] (pour une décision d'inapplicabilité de l'article 5 § 5 : c'est à bon droit que la cour d'appel a retenu que l'action en paiement intentée par une société française contre une société portugaise – son associée dans la succursale portugaise sise en France – fondée sur l'apurement des comptes de la succursale en liquidation, ne constituait pas une contestation relative à l'exploitation d'une succursale[8]).

Dans l'arrêt *Somafer* de **1978**, la Cour de justice, alors qu'elle n'avait pas été interrogée sur ce point, avait énoncé que la notion d'exploitation comprenait :

3. CJCE 6 oct. 1976, De Bloos c/Sté en commandite par actions Bouyer, aff. 14/76, préc. s^s n° 152.101.
4. CJCE 9 déc. 1987, SARL Schotte GmbH c/Parfums Rotschild SARL, aff. 218/86, préc. s^s n° 152.101.
5. V. CJCE 22 nov. 1978, Somafer SA c/Saar-Ferngas AG, aff. 33/78, *Rec. CJCE* 2183.
6. CJCE 18 mars 1981, Blanckaert et Willems PVBA c/Luise Trost, aff. 139/80, *Rec. CJCE* 819.
7. CJCE 6 avr. 1995, Lloyd's Register of Shipping c/Sté Campenon Bernard, aff. C-439/93, *Rec. CJCE* I-961.
8. V. Com. 25 janv. 2000, n° 97-19.638, *Bull. civ.* IV, n° 20; *D.* 2002. Somm. 1393, obs. Audit.

– les litiges portant sur les droits et obligations contractuels ou non contractuels relatifs à la gestion proprement dite de l'agence, de la succursale ou de l'établissement eux-mêmes, tels que ceux relatifs à la location de l'immeuble où ces entités seraient établies ou à l'engagement sur place du personnel qui y travaille;

– les litiges relatifs aux engagements pris par le centre d'opérations ci-dessus décrit au nom de la maison mère et qui doivent être exécutés dans l'État contractant où ce centre est établi, ainsi que les litiges relatifs aux obligations non contractuelles qui trouveraient leur origine dans les activités que la succursale, l'agence ou tout autre établissement, au sens ci-dessus déterminé, a assumées au lieu où il est établi pour le compte de la maison mère.

La doctrine avait vivement critiqué ces affirmations, relevant notamment l'erreur d'invoquer une affaire de location d'immeuble alors même que ce type de litige relèverait de la compétence exclusive instaurée à l'article 16 de la Convention. La doctrine avait également critiqué l'exigence que les engagements pris par la succursale soient exécutés dans l'État où elle est établie et que les litiges relatifs aux engagements non contractuels trouvent leur origine dans cet État, exigence qui vidait de son intérêt l'article 5 § 5, puisque les articles 5 § 1 (pour le domaine contractuel) et 5 § 3 (en matière délictuelle) permettaient déjà de saisir le tribunal du lieu d'établissement de la succursale. Dans l'arrêt *Lloyd's Register of Shipping* de **1995**, la Cour de justice opère donc un revirement sur saisine par la Cour de cassation française, qui lui avait demandé « *si la notion de contestation relative à l'exploitation d'une succursale visée à l'article 5, point 5, suppose nécessairement que les engagements litigieux pris par la succursale au nom de la maison mère doivent être exécutés dans l'État contractant où la succursale est établie* ». La Cour de justice répond à cette question par la négative, revenant ainsi sur la solution critiquable retenue dans l'arrêt *Somafer*. Ce revirement est à saluer, car il n'est pas rare qu'une société établie dans un État membre étende son activité internationale grâce à ses succursales et établissements, qui peuvent avoir une activité internationale à l'égard d'États tiers[1].

La jurisprudence *Schotte* précitée de **1987** constituait sans doute un arrêt isolé. La cour, dans cette espèce, ne tint pas compte du caractère durable de l'établissement et de sa manifestation vers l'extérieur, ni de la nécessité d'une soumission de l'établissement secondaire à la maison mère, puisqu'en l'occurrence, elle donna la qualification d'établissement secondaire à ladite maison mère ! En 1995, la Cour semble être revenue à son analyse antérieure des conditions à remplir pour être établissement secondaire[2].

152.103 Portée. La portée de l'article 5 § 5 est limitée[3] dans la mesure où sont seules concernées les « *contestations relatives à l'exploitation* ». Alors que l'arrêt *Somafer* de 1978 en envisageait deux catégories (litiges relatifs au fonctionnement interne de l'établissement secondaire – autrement dit gestion de ce dernier –, et litiges concernant son activité dirigée vers l'extérieur), il apparaît dans la pratique que seule la seconde catégorie relèvera réellement de l'article 5 § 5. Elle englobe les conflits relatifs aux engagements souscrits par l'établissement secondaire (appelé aussi par la Cour « *centre d'opérations* ») au nom de la maison mère, les litiges relatifs aux obligations non contractuelles ayant leur origine dans l'activité de l'établissement secondaire réalisée pour le compte de la maison mère. La matière contractuelle comme la matière délictuelle sera donc soumise à la règle de compétence énoncée à l'article 5 § 5 dès lors que la contestation concernera l'exploitation d'un établissement secondaire. Peu importe en revanche sur le territoire de quel État devra être exécuté l'engagement litigieux.

SECTION 7
EN MATIÈRE DE *TRUST* (ART. 5 § 6 – RÈGL. 12 DÉC. 2012, ART. 7 § 6)

152.111 Principe. Le défendeur peut aussi être attrait : « *6° en sa qualité de fondateur, de* trustee *ou de bénéficiaire d'un* trust *constitué soit en application de la loi, soit par écrit ou par une convention verbale, confirmée par écrit, devant les tribunaux de l'État membre sur le territoire duquel le trust a son domicile* ».

Ce texte a été introduit en 1978 dans la convention de Bruxelles, avec l'adhésion de pays de *Common law* à la Communauté européenne. Comme les relations juridiques nées du *trust* ne sont pas de nature contractuelle, l'article 5 § 1 ne pouvait trouver à s'appliquer. Le *trust* est une institution spéciale – typiquement anglo-saxonne – en vertu de laquelle une personne appelée *trustee* se voit confier des biens mobiliers ou immobiliers ou la titularité de droits afin d'en assurer la gestion dans l'intérêt d'une ou de plusieurs autres personnes appelées bénéficiaires (*beneficiary*). Le règlement du 22 décembre 2000 maintient exactement la même teneur à l'article 5 § 6.

L'article 5 § 6 donne compétence au tribunal sur le territoire duquel le *trust* a son domicile. L'article 60 § 3 du règlement du 22 décembre 2000 (Conv., art. 53 § 2 – Règl. 12 déc. 2012, art. 63 § 3), précise que pour déterminer si un *trust* a son domicile sur le territoire d'un État membre dont les tribu-

1. EN CE SENS, *Rev. crit. DIP* 1995. 776, obs. Droz.
2. CJCE 6 avr. 1995, Lloyd's Register of Shipping, aff. C-439/93, préc. s[s] prés[t] n[o].
3. DANS LE MÊME SENS, B. Audit et L. d'Avout, *Droit international privé*, 7e éd., Economica, 2013, Economica, n° 596.

naux sont saisis, le juge applique les règles de son droit international privé. Celles-ci risquent d'être absentes dans un pays de droit civil ne connaissant pas l'institution du *trust*. Une convention internationale a toutefois été établie en 1985 sur la loi applicable au *trust* et à sa reconnaissance.

L'article 5 § 6 ne s'applique qu'aux relations internes au *trust*, c'est-à-dire uniquement si le défendeur est assigné en qualité de fondateur, de *trustee* ou de bénéficiaire. Les relations du *trust* avec les tiers relèvent, elles, des autres dispositions de la Convention ou du règlement.

SECTION 8

EN MATIÈRE MARITIME (ART. 5 § 7 – RÈGL. 12 DÉC. 2012, ART. 7 § 7)

152.121 **Lieu de saisie.** En vertu de l'**article 5 § 7 (Règl. 12 déc. 2012, art. 7 § 7)**, le demandeur peut agir, « *s'il s'agit d'une contestation relative au paiement de la rémunération réclamée en raison de l'assistance ou du sauvetage dont a bénéficié une cargaison ou un fret, devant le tribunal dans le ressort duquel cette cargaison ou le fret s'y rapportant :*

a) a été saisi pour garantir ce paiement ou;

b) aurait pu être saisi à cet effet, mais une caution ou autre sûreté a été donnée;

c) cette disposition ne s'applique que s'il est prétendu que le défendeur a un droit sur la cargaison ou sur le fret ou qu'il avait un tel droit au moment de cette assistance ou de ce sauvetage ». L'article 5 § 7 du règlement Bruxelles I reprend exactement la même formulation.

Ce texte était issu de la convention d'adhésion de 1978 et fut introduit à la demande du Royaume-Uni, dans le but de compléter les stipulations de la convention de Bruxelles du 10 mai 1952 relative à l'unification de certaines règles sur la saisie conservatoire des navires de mer. Il donne à celui qui a assisté ou sauvé une cargaison ou un fret une option de compétence pour agir en paiement de la rémunération qu'il réclame : ou bien il saisit le tribunal du domicile du défendeur, ou bien il assigne le défendeur devant le tribunal dans le ressort duquel la cargaison ou le fret a été saisi pour garantir le paiement ou aurait pu être saisi à cette fin si aucune sûreté n'avait été donnée. Cette règle ne s'applique toutefois que si le défendeur est titulaire ou a été titulaire d'un droit sur la cargaison ou le fret.

V. aussi l'**article 6 *bis*** de la Convention (introduit en 1978) – devenu article 7 du règlement Bruxelles I, et article 9 du règlement Bruxelles I *bis* – selon lequel si, « *en vertu de la convention de Bruxelles de 1968* [« *en vertu du présent règlement* » énonce ce dernier], *un tribunal d'un État contractant* [membre] *est compétent pour connaître des actions en responsabilité du fait de l'utilisation ou de l'exploitation d'un navire, ce tribunal ou tout autre que lui substitue la loi interne de cet État, connaît aussi des demandes relatives à la limitation de cette responsabilité* ».

CHAPITRE

153. Compétences exclusives

FRÉDÉRIQUE FERRAND
Professeur à l'Université
Jean-Moulin (Lyon 3)
et à l'Université d'Augsbourg

SECTION 0
ORIENTEUR

153.00 **Plan du chapitre.**

Division. L'article 16 de la convention de Bruxelles (devenu Règl. 22 déc. 2000, art. 22) contient une série d'hypothèses dans lesquelles est écartée la compétence de principe du tribunal du domicile du défendeur, et ce au profit d'autres compétences jugées plus proches encore du litige et de sa nature. Le critère du domicile du défendeur, qu'il soit situé dans un État membre ou dans un État tiers n'aura donc aucune incidence. Les règles de compétence énoncées ici se caractérisent par leur **caractère impératif** : ce sont en effet les seules dispositions auxquelles les parties ne puissent pas déroger par une clause attributive de juridiction ou par la comparution volontaire du défendeur devant un autre tribunal. En outre, le juge d'un État membre qui serait saisi d'un litige pour lequel le tribunal d'un autre État membre serait compétent sur le fondement de l'article 16 de la Convention, 22 du règlement Bruxelles I ou 24 du règlement Bruxelles I *bis*, devrait d'office se déclarer incompétent (Conv. Bruxelles, art. 19 – Règl. 22 déc. 2000, art. 25 – Règl. 12 déc. 2012, art. 27). Cet effet particulièrement fort semble ne se produire que lorsque les règles de compétence exclusive donnent compétence aux tribunaux d'un État membre. Dans le cas contraire, il semble qu'il soit possible d'appliquer par exemple l'article 2 (tribunal du domicile du défendeur, Règl. 12 déc. 2012, art. 4) ou l'article 4 (si le défendeur est domicilié dans un État tiers, Règl. 12 déc. 2012, art. 6 – V. toutefois pour une opinion contraire[1]).

L'article 4 prévoit que si le défendeur n'est pas domicilié sur le territoire d'un État membre, la compétence est alors dans chaque État membre réglée par la loi de cet État, sous réserve toutefois de l'application de l'article 16 de la Convention, des articles 22 et 23 du règlement (Règl. 22 déc. 2000, art. 22 : compétences exclusives – Règl. 22 déc. 2000, art. 23 : clauses de prorogation, de compétence). L'article 4 du règlement comble ainsi une lacune de l'ancien article 4 de la Convention, qui omettait dans une telle hypothèse de permettre d'établir la compétence sur une clause attributive de compétence respectant les conditions de la Convention.

Le règlement UE n° 1215/2012 du 12 décembre 2012 de refonte du règlement Bruxelles I élargit dans son article 6 § 1 les cas d'exception au principe selon lequel si le défendeur n'est pas domicilié sur le territoire d'un État membre, la compétence est dans chaque État membre, réglée par la loi de cet État : en effet, outre les deux exceptions touchant aux règles sur les compétences exclusives (Règl. 12 déc. 2012, art. 24) et aux clauses attributives de juridictions (Règl. 12 déc. 2012, art. 25) et déjà consacrées par le règlement Bruxelles I du 20 décembre 2000, deux nouveaux cas sont ajoutés : 1° en vertu de l'article 18 § 1, les dispositions du règlement Bruxelles I *bis* s'appliquent à l'action intentée par le consommateur contre l'autre partie au contrat, **quel que soit le domicile de cette autre partie** (ce qui rend le règlement universel au profit du consommateur demandeur à l'action); 2° en vertu de l'article 21 § 2, l'employeur qui n'est pas domicilié sur le territoire d'un État membre

1. G. A. L. Droz, *Rev. crit. DIP* 1990. 14 – H. GAUDEMET-TALLON, n° 100 *in fine*.

peut néanmoins être attrait devant les juridictions d'un État membre (juridiction du lieu où ou à partir duquel le travailleur accomplit ou a accompli habituellement son travail, ou – dans le cas où le travailleur n'accomplit pas ou n'a pas accompli son travail dans un même pays – juridiction du lieu où se trouve ou se trouvait l'établissement qui a embauché le travailleur. Ces deux dernières dispositions tendent à favoriser les parties faibles que sont le consommateur et le travailleur, même lorsqu'ils intentent une action en justice contre un défendeur domicilié dans un État tiers.

153.01 Textes applicables.

Conv. Bruxelles, art. 16.

Conv. Lugano 2007, art. 22.

Règl. CE n° 44/2001, 22 déc. 2000, dit « Bruxelles I », du Conseil, sur la compétence judiciaire, la reconnaissance et l'exécution des décisions en matière civile et commerciale, art. 22, *JOCE*, n° L 12, 16 janv. 2001, p. 1.

À compter du 10 janvier 2015 :

Règl. UE n° 1215/2012, 12 déc. 2012, dit « Bruxelles I *bis* », du Parlement européen et du Conseil concernant la compétence judiciaire, la reconnaissance et l'exécution des décisions en matière civile et commerciale, art. 24, *JOUE*, n° L 351, 20 déc., p. 1.

SECTION 1

EN MATIÈRE IMMOBILIÈRE (CONV. BRUXELLES, ART. 16 § 1 – CONV. LUGANO ET RÈGL. 22 DÉC. 2000, ART. 22 § 1 – RÈGL. 12 DÉC. 2012, ART. 24 § 1)

153.10 Texte applicable. En vertu de l'**article 16 § 1 de la convention de Bruxelles :** « *Seuls sont compétents sans considération de domicile :*

1° a) en matière de droit réels immobiliers et de baux d'immeubles, les tribunaux de l'État contractant où l'immeuble est situé;

b) toutefois, en matière de baux d'immeubles conclus en vue d'un usage personnel temporaire pour une période maximale de six mois consécutifs, sont également compétents les tribunaux de l'État dans lequel le défendeur est domicilié, à condition que le propriétaire et le locataire soient des personnes physiques et qu'ils soient domiciliés dans le même État contractant ».

Le b) de cet article est rédigé de façon sensiblement différente dans la convention de Lugano de 1988 puisque la condition qu'il pose n'est pas que propriétaire et locataire soient des personnes physiques et aient leur domicile dans le même État contractant, mais « *que le locataire soit une personne physique et qu'aucune des parties ne soit domiciliée dans l'État contractant où l'immeuble est situé* ». La convention de Lugano révisée en 2007 s'aligne toutefois sur le texte du règlement Bruxelles I.

Le **règlement Bruxelles I** du 22 décembre 2000, lui, dans son **article 22 § 1**, énonce : « *Sont seuls compétents, sans considération de domicile :*

1) en matière de droits réels immobiliers et de baux d'immeubles, les tribunaux de l'État membre où l'immeuble est situé.

Toutefois, en matière de baux d'immeuble conclus en vue d'un usage personnel temporaire pour une période maximale de six mois consécutifs, sont également compétents les tribunaux de l'État membre dans lequel le défendeur est domicilié, à condition que le locataire soit une personne physique et que le propriétaire et le locataire soient domiciliés dans le même État membre ».

On le voit, cette version impose uniquement au locataire la qualité de personne physique (contrairement à la convention de Bruxelles, et conformément à la convention de Lugano de 1988). En revanche, conformément à la convention de Bruxelles et contrairement à celle de Lugano de 1988, le règlement exige que locataire et propriétaire soient domiciliés dans le même État membre. Il s'agit donc là d'une amélioration des solutions en prenant dans chacune des deux conventions ce que les auteurs du règlement ont jugé meilleur, une sorte de solution intermédiaire. La condition du domicile des deux parties dans un même État membre « *marque la convergence des liens avec un même pays et justifie la compétence de ses tribunaux* »[1]. Le texte du règlement Bruxelles I a été repris tant dans la **convention de Lugano révisée en 2007** (art. 22 § 1) que dans le **règlement UE n° 1215/2012 du 12 décembre 2012**, dit « Bruxelles I *bis* » (art. 24 § 1).

§ 1

Principe

153.11 Lieu de situation des biens. La compétence – classique dans les droits nationaux et en droit international privé – du lieu de situation du bien est énoncée dans le a) de l'article 16 de la convention de Bruxelles, dans l'article 22 § 1 du règlement du 22 décembre 2000 et de la convention de Lugano 2007, dans l'article 24 § 1 du règlement du 12 décembre 2012 pour les litiges relatifs à des droits réels immobiliers et à des baux d'immeuble. Elle se justifie par l'intérêt de la compétence d'un juge proche des lieux (notamment pour les éventuelles mesures d'instruction à réaliser, telles que la descente sur les lieux) et par le fait que le jugement portant sur l'immeuble sera logiquement exécuté au lieu de situation de ce dernier.

Échappent donc à ce texte les actions de nature personnelle relatives à des immeubles (par ex. une action fondée sur l'article 1386 du Code civil en matière de

1. Ch. Bruneau, « Les règles européennes de compétence en matière civile et commerciale », *JCP* 2001. I. 304, n° 26.

dommage causé par la ruine d'un immeuble ou son défaut d'entretien), ou les actions mixtes.

153.12 Droits réels immobiliers. La Cour de justice a eu l'occasion de s'exprimer sur le concept de « *droits réels immobiliers* »; elle en a fait une interprétation - autonome - stricte. Ainsi, elle considère[1] que « *ne relève pas du champ d'application de l'article 16 l'action qui, intentée par un créancier, tend à lui rendre inopposable un acte de disposition portant sur un droit réel immobilier qu'il soutient avoir été passé par son débiteur en fraude de ses droits* » (point 15, action paulienne). En effet, cette action trouve sa source dans un droit de créance, droit personnel du créancier vis-à-vis de son débiteur, et a pour objet de protéger le droit de gage dont peut disposer le premier sur le patrimoine du second (point 12). L'article 16 ne vise donc pas toutes les actions concernant des droits réels immobiliers, mais uniquement celles qui « *tout à la fois, entrent dans le champ d'application de la convention de Bruxelles et sont au nombre de celles qui tendent à déterminer l'étendue, la consistance, la propriété, la possession d'un bien immobilier ou l'existence d'autres droits réels sur ces biens et à assurer aux titulaires de ces droits la protection des prérogatives qui sont attachées à leur titre* » (point 11 - pour une confirmation de cette jurisprudence restrictive v. l'arrêt *Webb c/Webb*, à propos d'une action tendant à voir juger qu'une personne détenait un bien immeuble en qualité de *trustee*[2]; ou l'arrêt *Lieber c/Göbel*, à propos d'une demande en indemnité de jouissance d'un bien immeuble après annulation du transfert de propriété[3]). Il faut véritablement que l'action intentée repose sur le droit réel immobilier pour qu'elle puisse bénéficier de la compétence exclusive établie à l'article 16 § 1, a).

En revanche, on pourrait estimer qu'une **action oblique**, par laquelle un créancier exercerait une action réelle immobilière appartenant à son débiteur demeuré inactif, tomberait, elle, sous le coup de l'article 16 de la convention de Bruxelles ou de l'article 22 du règlement du 22 décembre 2000 (Règl. 12 déc. 2012, art. 24) puisque ladite action porterait **directement** sur le droit réel litigieux, alors que dans l'action paulienne, le but de l'action est seulement de faire tomber un acte frauduleux afin de faire revenir le bien dans le patrimoine du débiteur afin que le créancier bénéficie de son droit de gage général. Il en va ainsi, nous semble-t-il, même si l'on peut rétorquer que l'action oblique est elle aussi intentée en vertu du droit de créance qu'a le créancier envers son débiteur[4] (par ailleurs l'action en résolution d'un contrat de vente portant sur un immeuble et en paiement de dommages-intérêts en raison de cette résolution ne relève pas du champ d'application de la règle de compétence exclusive de l'article 16 § 1 de la convention de Bruxelles[5]).

La Cour de justice a jugé que l'article 16 de la convention de Bruxelles (Règl. Bruxelles I, art. 22 § 1 - Règl. Bruxelles I *bis*, art. 24 § 1) ne s'applique pas à un contrat de *time-share* (cet article ne s'applique pas à un contrat d'adhésion à un club qui, en contrepartie d'un droit d'adhésion représentant l'élément dominant du prix global, permet aux adhérents d'acquérir un droit d'utilisation à temps partiel sur un bien immobilier uniquement désigné par son type et sa situation et prévoit l'affiliation des adhérents à une organisation permettant l'échange de leur droit d'utilisation[6]; v. aussi, à propos d'une action tendant à faire cesser un trouble du voisinage[7]).

La Cour fédérale de justice allemande (*Bundesgerichtshof*) a, elle, jugé le 18 juillet 2008, qu'une action en cessation et en réparation (dommages-intérêts) fondée sur une violation du droit de propriété n'était pas soumise à la compétence exclusive édictée par l'article 22 § 1[8].

153.13 Baux immobiliers. L'article 16 § 1, a) de la Convention et l'article 22 du règlement Bruxelles I (Règl. Bruxelles I *bis*, art. 24 § 1) font également référence aux baux d'immeubles, qui relèvent aussi de la règle de compétence du tribunal du lieu de situation de l'immeuble. Cette règle se justifie essentiellement par le caractère d'ordre public, dans la plupart des États membres, de la législation en matière de baux d'immeubles : afin de garantir l'application de ces règles impératives, il est souhaitable que soit compétent le juge du lieu de situation de l'immeuble (en ce sens CJCE 15 janv. 1985, *Rössler :* la compétence exclusive énoncée à l'article 16 § 1, a) a sa raison d'être « *dans le rattachement étroit des baux au régime juridique de la propriété immobilière et aux dispositions, de caractère généralement impératif, qui règlent son usage, telles que les législations relatives au contrôle du niveau des loyers et à la protection des droits des locataires et des fermiers* »[9]). Peu importe la nature du

1. CJCE 10 janv. 1990, Reichert et a. c/Dresdner Bank, aff. C-115/88, *Rec. CJCE* I-27, saisine de la Cour par la cour d'appel d'Aix-en-Provence.
2. CJCE 17 mai 1994, Webb c/Webb, aff. C-294/92, *Rec. CJCE* I-1717.
3. CJCE 9 juin 1994, Lieber c/Göbel, aff. C-292/93, *Rec. CJCE* I-2535 – V. AUSSI, CJUE 3 oct. 2013, Siegfried János Schneider, aff. C-386/12, point 21.
4. EN CE SENS, H. Gaudemet-Tallon, *Compétence et exécution des jugements en Europe*, 4e éd., LGDJ, 2010, n° 102, note 7.
5. CJCE 5 avr. 2001, Richard Gaillard c/Alaya Chekili, aff. C-518/99, *Rec. CJCE* I-2771.
6. CJCE 13 oct. 2005, Époux Klein c/Rhodos Management, aff. C-73/04, *Rev. crit. DIP* 2006. 183, obs. Muir Watt; *Procédures* 2006, n° 81, obs. Nourissat – EN CE SENS, C. féd. justice (BGH), 25 juin 2008, VIII ZR 103/07, *MDR* 2008. 1027.
7. CJCE 18 mai 2006, Land Oberösterreich, aff. C-343/04.
8. C. féd. justice (BGH), 5e civ., 18 juill. 2008, *MDR* 2008. 1175.
9. CJCE 15 janv. 1985, Rössler c/Rottwinkel, aff. 241/83, *Rec. CJCE* 126.

litige : existence du contrat de bail, exécution de ce contrat[1]. Nous verrons toutefois que si le bail est d'une durée exceptionnellement courte, il est prévu une dérogation à la compétence du tribunal du lieu de situation de l'immeuble (cela vise essentiellement l'hypothèse des locations de vacances – V. CJCE 27 janv. 2000, *Dansommer*[2] : la règle prévue à l'article 16 § 1, a) de la Convention est applicable à une action en dommages-intérêts pour mauvais entretien des lieux et dégâts causés à un logement qu'un particulier avait loué pour y passer quelques semaines de vacances, même lorsqu'elle n'est pas intentée directement par le propriétaire de l'immeuble, mais par un organisateur professionnel de voyages auprès duquel l'intéressé avait loué le logement et qui agit en justice à la suite d'une subrogation dans les droits du propriétaire de l'immeuble – comp., avec la jurisprudence *Élisabeth Hacker* de 1992, v. s[s] n° 153.22)[3].

Si jamais l'immeuble sur lequel porte le bail est situé sur le territoire de deux États membres limitrophes, la Cour de justice estime que chaque État membre est compétent exclusivement pour connaître des immeubles situés sur son territoire[4]; toutefois, si une telle division de l'immeuble est impossible ou difficile à réaliser en pratique, la propriété pourra être considérée comme une unité située entièrement sur le territoire d'un des États dont les tribunaux seront alors exclusivement compétents pour statuer sur le litige en matière de bail d'immeuble (arrêt *Scherrens*, point 14).

§ 2
Exception pour les baux de courte durée

153.21 Option de compétence. Le b) de l'article 16 § 1 de la convention de Bruxelles a été ajouté au texte initial par la convention d'adhésion de San Sebastian de 1989. Un an plus tôt, il avait été introduit – dans une version quelque peu différente – dans la convention de Lugano sur demande des États nordiques. C'est l'arrêt *Rössler* de **1985** qui avait soulevé le problème des locations de courte durée. Dans cette affaire s'opposaient deux Allemands domiciliés en Allemagne et dont l'un avait loué à l'autre, pour quelques semaines, une maison située en Italie. Saisie par la Cour fédérale de justice allemande d'une question préjudicielle, la Cour de justice répondait le 15 janvier 1985 que l'article 16 est « *applicable à tout contrat de location d'un immeuble, même pour une durée limitée, et même s'il ne porte que sur une cession d'usage d'une maison de vacances* »[5]. Afin d'écarter pour l'avenir cette solution insatisfaisante obligeant deux résidents d'Allemagne à aller plaider en Italie, il fut décidé dans les deux conventions de 1988 et 1989 d'introduire une dérogation en matière de locations de courte durée : pour les contrats de bail conclus pour un usage temporaire ne dépassant pas six mois consécutifs, le demandeur se voit reconnaître une option de compétence entre le tribunal du lieu de situation de l'immeuble et le tribunal du domicile du défendeur (on peut donc en revenir à l'article 2 de la Convention). Ceci suppose toutefois :

– dans la **convention de Bruxelles modifiée**, que propriétaire et locataire soient tous deux des personnes physiques et soient domiciliés dans le même État contractant;

– dans la **convention de Lugano de 1988** (car la version révisée de 2007 reprend, elle, la formule du règlement Bruxelles I de 2000), que le locataire soit une personne physique et qu'aucune des parties ne soit domiciliée dans l'État contractant où l'immeuble est situé. On constate donc que les conditions sont moins sévères dans cette dernière Convention, puisque seul le locataire doit être une personne physique. En outre, alors que la convention de Bruxelles pose une condition positive (domicile des deux parties dans le même État contractant), la convention de Lugano se contente d'une condition plus faible négative (qu'aucune des parties ne soit domiciliée dans l'État du lieu de situation de l'immeuble). La version de la convention de Lugano de 1988 paraît meilleure, qui permet de faire échapper à la compétence du tribunal du lieu de situation de l'immeuble davantage de litiges portant sur des locations de vacances, dès lors que le lieu où l'immeuble est situé ne présente de rattachement suffisant avec aucune des parties;

– dans la **convention de Lugano de 2007**, le règlement du 22 décembre 2000 et le règlement du 12 décembre 2012 a été choisie une solution de transaction entre les préoccupations des États du Sud de l'Europe et ceux du Nord. L'article 22 § 1, second alinéa (Règl. 12 déc. 2012, art. 24 § 1, al. 2) exige, pour la compétence du tribunal du lieu du domicile du défendeur, que le locataire soit une personne physique (aucune exigence de ce type n'est posée pour le propriétaire) et que locataire et propriétaire soient domiciliés dans le même État membre.

153.22 Cas particulier. Une dernière question se pose : quel est le tribunal compétent si la location de vacances a été souscrite par l'intermédiaire d'une agence de voyages par exemple, qui a pu fournir au client plusieurs prestations et non pas seulement le

1. CJCE 14 déc. 1977, Sanders c/Van der Putte, aff. 73/77, *Rec. CJCE* 2383.
2. CJCE 27 janv. 2000, Dansommer AS c/Andreas Götz, aff. C-8/98, *D.* 2000. IR 49; *D.* 2000. 417, note Boulanger.
3. Pour une critique sur l'assimilation pure et simple du bail d'immeuble aux droits réels immobiliers, v. F. Boulanger, note préc., *D.* 2000. 420.
4. CJCE 6 juill. 1988, Scherrens c/Maenhout e. a., aff. 158/87, *Rec. CJCE* 3791.
5. CJCE 15 janv. 1985, Rössler, aff. 241/83, *Rec. CJCE* 127.

bail sur la résidence de vacances ? Dans l'arrêt *Élisabeth Hacker c/Euro-Relais GmbH* du **26 février 1992**, la Cour de justice, saisie par le tribunal régional de Cologne à propos d'un contrat passé entre une Allemande et un organisateur de voyages, tous deux domiciliés en Allemagne, et consistant pour l'organisateur à céder au client pour quelques semaines l'usage d'une maison de vacances dans une île des Pays-Bas et à réserver la traversée, a décidé que : « *Un tel contrat complexe portant sur un ensemble de prestations de services fournies contre un prix global payé par le client se situe en dehors du domaine dans lequel le principe de la compétence exclusive prévue par l'article 16 § 1 trouve sa raison d'être, et ne saurait constituer un contrat de bail proprement dit au sens de cet article* »[1]. L'article 16 de la Convention étant inapplicable en la cause, la compétence juridictionnelle devait donc être déterminée au regard des articles 2 et 5 (option de compétence en matière contractuelle) de la Convention[2].

La Cour de justice a eu l'occasion de préciser et d'affiner sa jurisprudence en la matière, dans un arrêt *Dansommer A/S c/Andreas Götz* du **27 janvier 2000**.

Le litige opposait une société de droit danois Dansommer A/S établie au Danemark, à un ressortissant allemand, Götz, domicilié en Allemagne[3]. Ce dernier avait loué à Dansommer une maison de vacances située au Danemark qui était la propriété d'un particulier domicilié au Danemark. Dansommer avait donc joué un rôle d'intermédiaire en tant qu'organisateur professionnel de voyages. Après le séjour du citoyen allemand dans la maison de vacances, Dansommer – qui avait été préalablement subrogé dans les droits du propriétaire de la maison – assigna M. Götz devant le tribunal cantonal de Heilbronn (Allemagne) en dommages-intérêts pour non-nettoyage des lieux et détérioration du sol et du four. En appel, le tribunal régional de Heilbronn posa à la Cour de justice une question préjudicielle : il demanda si la compétence exclusive en matière de baux d'immeubles était applicable à une action en dommages-intérêts pour mauvais entretien des lieux et dégâts causés à un logement qu'un particulier avait loué pour y passer quelques semaines de vacances, même lorsque l'action n'est pas intentée directement par le propriétaire de l'immeuble, mais par un organisateur professionnel de voyages auprès duquel l'intéressé avait loué le logement et qui agit en justice en tant que subrogé dans les droits du propriétaire. La Cour de justice répondit que relève de l'article 16 § 1, a) tout litige concernant les droits et obligations découlant d'un contrat de location d'un bien immobilier, peu important que l'action soit fondée sur un droit réel ou personnel. En l'occurrence, cela était le cas car l'action en justice était fondée sur l'obligation du locataire de maintenir en état l'immeuble loué et de réparer les dégâts qu'il a causés. La Cour précisa que les clauses accessoires du contrat entre Dansommer et M. Götz relatives à l'assurance en cas de résiliation et à la garantie du prix payé par le client en cas de faillite de l'organisme de voyage, qui figuraient aux conditions générales du contrat conclu entre cet organisateur et le locataire et ne faisaient pas partie du litige au principal, n'affectaient pas la nature du bail d'immeuble.

1. CJCE 26 févr. 1992, Élisabeth Hacker c/Euro-Relais GmbH, aff. C-280/90, *Rec. CJCE* 1111; *D.* 1992. 454, note Osman.
2. COMP., pour un contrat portant sur une chambre d'hôtel en Autriche avec demi-pension et toute une série d'autres prestations, T. rég. sup. (OLG) Düsseldorf, 21 févr. 2008, 1-10 U 142/07, *MDR* 2008. 1000 (inapplicabilité de Règl Bruxelles I, art. 22 § 1, n° 2).
3. CJCE 27 janv. 2000, Dansommer A/S c/Andreas Götz, aff. C-8/98, *Rec. CJCE* I-393; *D.* 2000. 417, note Boulanger.

SECTION 2

EN MATIÈRE DE SOCIÉTÉS OU AUTRES PERSONNES MORALES (CONV. BRUXELLES, ART. 16 § 2 – RÈGL. 22 DÉC. 2000, ART. 22 § 2 – RÈGL. 12 DÉC. 2012, ART. 24 § 2)

153.31 **Siège des sociétés.** En vertu de l'article 16 § 2 de la Convention, de l'article 22 § 2 du règlement du 22 décembre 2000 et de l'article 24 § 2 du règlement du 12 décembre 2012, sont seuls compétents sans considération de domicile : « *2° en matière de validité, de nullité ou de dissolution des sociétés ou personnes morales ayant leur siège sur le territoire d'un État contractant [membre], ou de validité des décisions de leurs organes, les tribunaux de cet État* »[4].

Le règlement ajoute que « *Pour déterminer le siège, le juge applique les règles de son droit international privé* », alors même que ce texte contient désormais dans son article 60 (Règl. 12 déc. 2012, art. 63) une règle matérielle de détermination du domicile des personnes morales (siège statutaire, administration centrale ou son principal établissement). Mais cette définition ne vaut pas pour l'article 22 § 2 (Règl. 12 déc. 2012, art. 24 § 2).

Ce texte vise deux types de groupements : les sociétés et autres personnes morales (telles que les associations par exemple). Pour que cet alinéa s'applique, il est nécessaire que le groupement ait son siège sur le territoire d'un État membre. Pour déterminer si tel est le cas, nous avons déjà signalé que le juge saisi fait application des règles de son droit international privé (Conv. Bruxelles, art. 53 – Règl. 22 déc. 2000, art. 22 § 2 *in fine;* Règl. 12 déc. 2012, art. 24 § 2 *in fine*). Ceci peut conduire à des conflits positifs de compétence, par exemple si le droit d'un État membre retient le siège statutaire alors que celui d'un autre État membre préfère le siège réel; dans une telle hypothèse, si deux juridictions sont saisies, celle qui l'aura été en second lieu devra se dessaisir au profit de la première (Conv. Bruxelles, art. 23 : « *Lorsque les*

4. POUR UNE ILLUSTRATION, v. Com. 15 mars 2011, n° 09-72.027, *Bull. civ.* IV, n° 47; *D.* 2011. 891; *D.* 2011. 2434, obs. d'Avout et Bollée; *D.* 2012. 1228, obs. Gaudemet-Tallon et Jault-Seseke.

demandes relèvent de la compétence exclusive de plusieurs juridictions, le dessaisissement a lieu en faveur de la juridiction première saisie » – même teneur pour Règl. 22 déc. 2000, art. 29 et Règl. 12 déc. 2012, art. 31).

En revanche, les textes sont muets sur le cas où un groupement aura son siège statutaire dans un État membre et son siège réel dans un État tiers; la Cour de justice n'a pas encore eu l'occasion de se prononcer sur cette difficulté. Certes, les tribunaux de l'État membre seraient compétents sur le fondement de l'article 16 § 2 de la Convention ou l'article 22 § 2 du règlement (Règl. 12 déc. 2012, art. 24 § 2), mais si une décision est rendue sur la même question dans un État tiers se posera le problème de la priorité à accorder à l'une des décisions si elles sont inconciliables.

La Cour de justice tend à interpréter strictement, voire restrictivement cette disposition[1]. La compétence exclusive ne concerne pas tous les litiges relatifs aux sociétés et autres groupements, mais uniquement ceux qui portent sur la validité, la nullité ou la dissolution du groupement ou des décisions prises par ses organes. La Cour de justice, dans un arrêt du **2 octobre 2008**, *Nicole Hassett/South Eastern Health Board*, a jugé que ne concerne pas la validité des décisions prises par les organes d'une société, au sens de l'article 22 § 2, une action dans le cadre de laquelle une partie allègue qu'une décision adoptée par un organe d'une société a violé les droits que ladite partie prétend tirer des statuts de la société[2]. En l'espèce était en cause un litige opposant les membres d'un syndicat professionnel audit syndicat à propos d'une décision concernant l'étendue de leurs droits. De même, dans un arrêt *Berliner Verkehrsbetriebe* du 12 mai 2011[3], la Cour de justice a également considéré que l'article 22 § 2 ne s'appliquait pas à un litige relatif à l'inopposabilité d'un contrat tirée d'une méconnaissance, par le contractant personne morale, de ses statuts (contentieux contractuel au cours duquel était contestée la validité de la décision de contracter des organes sociaux). Pour la Cour, une bonne administration de la justice ne requiert pas de centraliser la compétence pour connaître de tous les litiges ayant pour objet un contrat impliquant une personne morale qui invoque l'invalidité des décisions de ses propres organes comme moyen de défense. La Cour souligne que les dispositions de l'article 22 constituent une dérogation à la règle générale de compétence des tribunaux du domicile du défendeur et ne doivent dès lors pas être interprétées « *dans un sens plus étendu que ne le requiert leur objectif* » (points 30 s. de l'arrêt). Dès lors, l'article 22 § 2 ne peut couvrir tout litige dans lequel une question concernant la validité d'une décision des organes d'une société serait soulevée; dans le cas contraire, il suffirait à une société, pour bénéficier de la compétence exclusive du lieu de son siège, de faire valoir un moyen touchant à l'invalidité des décisions de ses organes. Il en découle que le seul critère à prendre en compte est l'objet du litige : si celui-ci porte exclusivement ou principalement sur la validité d'une telle décision, alors l'article 22 § 2 (Règl. 12 déc. 2012, art. 24 § 2) trouvera à s'appliquer.

1. V. B. Audit et L. d'Avout, *Droit international privé*, 7e éd., Economica, 2013, n° 618, note 2.
2. CJCE 2 oct. 2008, Nicole Hassett c/South Eastern Health Board, aff. C-372-07, http://curia.europa.eu; *D.* 2009. 2388, obs., d'Avout; *Procédures* 2008. Comm. 330, obs. Nourissat; *Rev. crit. DIP* 2009. 71, note Ancel.
3. CJUE 12 mai 2011, Berliner Verkehrsbetriebe (BVG) c/JP Morgan Chase Bank NA, aff. C-144/10, *D.* 2011. 2436, obs. Bollée; *Europe* 2011. Comm. 276, obs. Idot; *Procédures* 2011. Comm. 228, obs. Nourissat; *Rev. crit. DIP* 2011. 922, note Treppoz; *RTD eur.* 2011. 477, obs. Guinchard; Ch. Thole, « *Die Reichweite des Art. 22 Nr. 2 EuGVVO bei Rechtsstreitigkeiten über Organbeschlüsse* », *IPRax* 2011. 541.

SECTION 3

EN MATIÈRE D'INSCRIPTION SUR LES REGISTRES PUBLICS (CONV. BRUXELLES, ART. 16 § 3 – RÈGL. 22 DÉC. 2000, ART. 22 § 3 – RÈGL. 12 DÉC. 2012, ART. 24 § 3)

153.41 **Lieu de tenue des registres.** Sont exclusivement compétents « *3° en matière de validité des inscriptions sur les registres publics, les tribunaux de l'État contractant* [État membre dans le règlement] *sur le territoire duquel ces registres sont tenus* ».

L'application de ce texte n'a jusqu'à présent soulevé aucune difficulté. Il pose en effet une règle des plus logiques : celle de la compétence des tribunaux de l'État sur le territoire duquel les registres sont tenus, lorsque le litige porte sur la validité d'une inscription sur un registre public. La tenue des registres (registre foncier – *Grundbuch* – en Allemagne par ex., registres d'état civil, registre des régimes matrimoniaux, *etc.*) est en effet une activité très fortement reliée à la souveraineté d'un État sur son territoire et on voit mal quelle autre règle de compétence serait plus appropriée.

SECTION 4

EN MATIÈRE DE BREVETS, MARQUES, DESSINS ET MODÈLES (CONV. BRUXELLES, ART. 16 § 4 – RÈGL. 22 DÉC. 2000, ART. 22 § 4 – RÈGL. 12 DÉC. 2012, ART. 24 § 4)

153.51 **Lieu de dépôt et d'enregistrement.** Sont exclusivement compétents « *4° en matière d'inscription ou de validité des brevets, marques, dessins et modèles, et autres droits analogues donnant lieu à dépôt ou à enregistrement, les juridictions de l'État contractant* [État membre dans les règlements] *sur le territoire duquel le dépôt ou l'enregistrement a été demandé, a été* *effectué ou est réputé avoir été effectué aux termes d'une convention internationale [« d'un instrument communautaire ou d'une convention internationale »* selon le règlement] ».

Seuls sont concernés les litiges relatifs à l'inscription ou à la validité des droits intellectuels. Dans l'arrêt *Duinjstee c/Goderbauer*, la Cour de justice a délimité cette notion; elle a rappelé que la compétence exclusive du 4° se justifie « *par le fait que ces juridictions sont les mieux placées pour connaître des cas dans lesquels le litige porte lui-même sur la validité du brevet ou l'existence du dépôt ou de l'enregistrement* »[1], que « *pour les autres actions, y compris les actions en contrefaçon, les règles générales de la Convention sont applicables* » et que tombent donc sous le coup de l'article 16 § 4 notamment « *les litiges portant sur la validité, l'existence ou la déchéance du brevet ou sur la revendication d'un droit de priorité au titre d'un dépôt antérieur* ». En l'espèce, le litige portait sur la question de savoir qui était le titulaire du brevet (le salarié ou la société qui l'employait, depuis lors tombée en faillite). La règle de compétence exclusive ainsi édictée concerne tous les litiges portant sur l'inscription ou la validité d'un brevet, que la question soit soulevée par voie d'action ou d'exception[2]. « *En effet, d'une part, permettre au juge saisi d'une action principale portant sur un brevet, telle une action en contrefaçon ou en déclaration de non-contrefaçon, de constater à titre incident la nullité du brevet en cause porterait atteinte à la nature contraignante de la règle de compétence prévue à cette disposition et contournerait son caractère impératif. D'autre part, la possibilité ainsi offerte conduirait à une multiplication des chefs de compétence et serait de nature à affecter la prévisibilité des règles de compétence posées par la Convention, portant, par voie de conséquence, atteinte au principe de sécurité juridique en tant que fondement de celle-ci. Enfin, l'admission, dans le système de la Convention, de décisions dans lesquelles des juridictions autres que celles de l'État de délivrance d'un brevet statueraient à titre incident sur la validité de ce brevet multiplierait également le risque de contrariétés de décisions que la Convention vise précisément à éviter* ».

L'alinéa 2 de l'article 22 § 4 du règlement CE du 22 décembre 2000 (Règl. 12 déc. 2012, art. 24 § 4, al. 2) ajoute que « *sans préjudice de la compétence de l'Office européen des brevets (OEB) selon la convention sur la délivrance des brevets européens, signée à Munich le 5 octobre 1973, les juridictions de chaque État membre sont seules compétentes, sans considération de domicile, en matière d'inscription ou de validité d'un brevet européen délivré pour cet État* ».

Pour une détermination du champ d'application de cet article par la Cour de cassation française : l'article 16 § 4 Conv., qui pose une règle exclusive de compétence en matière d'inscription de ou validité de brevets, marques, dessins et modèles et autres droits analogues donnant lieu à dépôt ou enregistrement, ne s'applique pas aux litiges portant sur l'appartenance de ces droits, et notamment l'action en contrefaçon[3].

Sur la question de savoir si l'article 22 § 4 du règlement Bruxelles I s'oppose à l'application de l'article 31 permettant à une juridiction d'un État membre qui n'est pas compétente au fond du litige d'ordonner des mesures provisoires ou conservatoires, v. l'arrêt de la CJUE du 12 juillet 2012, *Solvay SA*[4] (réponse négative de la Cour de justice).

SECTION 5
EN MATIÈRE D'EXÉCUTION DES DÉCISIONS (CONV. BRUXELLES, ART. 16 § 5 – RÈGL. 22 DÉC. 2000, ART. 22 § 5 – RÈGL. 12 DÉC. 2012, ART. 24 § 5)

153.61 **Lieu d'exécution.** En la matière, sont exclusivement compétents « *5° en matière d'exécution des décisions, les tribunaux de l'État contractant [membre] du lieu d'exécution* ».

Ce texte a une portée réduite dans la mesure où il ne concerne que le contentieux de la réalisation des mesures d'exécution. En revanche, la compétence exclusive du juge du lieu d'exécution ne s'applique pas en matière d'autorisation de mesures conservatoires ou d'exécution (en ce sens l'arrêt *De Cavel* de **1979**, affaire dans laquelle le juge aux affaires familiales du TGI de Paris ayant autorisé l'apposition des scellés sur les meubles, effets et objets se trouvant dans l'appartement des époux à Francfort-sur-le-Main et sur le coffre-fort loué au nom de l'épouse dans une banque de la même ville[5]; ou également l'affaire *Denilauer c/SNC Couchet Frères*, dans laquelle le TGI de Montbrison avait autorisé une saisie conservatoire sur le compte du débiteur de la société Couchet Frères auprès d'une banque allemande de Francfort-sur-le-Main[6]).

La règle de compétence exclusive posée par l'article 16 § 5 de la Convention, l'article 22 § 5 du règlement Bruxelles I et l'article 24 § 5 du règlement Bruxelles I *bis*, s'explique par le caractère d'ordre public des dispositions procédurales en matière d'exécution

1. CJCE 15 nov. 1983, Duinjstee c/Goderbauer, aff. 288/82, *Rec. CJCE* 3663, point 22.
2. CJCE 13 juill. 2006, Gesellschaft für Antriebstechnik mbH & Co.KG c/Lamellen und Kupplungsbau Beteiligung KG, aff. C-4/03, *Rec. CJCE* I-6509.
3. Civ. 1re, 31 janv. 2006, no 03-16.980, *Bull. civ.* I, no 42; *D.* 2006. 2923, obs. Picod, Auguet, Dorandeu, Gomy, Robinne et Valette; *BICC* no 641, 1er juin 2006, no 1075.
4. CJUE, 12 juill. 2012, Solvay SA, aff. C-616-10.
5. CJCE 27 mars 1979, Jacques de Cavel c/Luise de Cavel, aff. 143/78, *Rec. CJCE* 1055.
6. CJCE 21 mai 1980, Denilauer c/SNC Couchet Frères, aff. 125/79, *Rec. CJCE* 1553.

forcée; il apparaît dès lors logique de confier la compétence du contentieux de l'exécution de telles mesures au juge du lieu où elles sont exécutées (ex. : l'action en opposition à exécution d'une mesure, action prévue au § 767 ZPO (*Zivilprozessordnung*, Code de procédure civile allemand), relève de l'article 16 § 5 mais ne donne pas pour autant le droit de demander devant le tribunal du lieu d'exécution, par la voie d'une action en opposition à exécution, la compensation entre le droit en vertu duquel l'exécution est poursuivie et une créance sur laquelle les tribunaux de l'État contractant ne seraient pas compétents pour statuer si elle faisait l'objet d'une action autonome[1]).

Pour un exemple d'inapplicabilité de l'article 16 § 5 de la Convention à propos d'une action paulienne, voir l'arrêt du 26 mars 1992 (action paulienne de la banque en annulation de la donation faite par les époux Reichert, propriétaires d'immeubles à Antibes, de la nue-propriété de ces biens à leur fils. La banque a agi devant le TGI de Grasse en se fondant sur l'article 165, mais la Cour de justice, saisie par la cour d'appel d'Aix-en-Provence, répond que l'action paulienne ne relève pas de ce texte[2]). La Cour estime en effet que l'article 16 « *ne doit pas être interprété dans un sens plus étendu que ne le requiert son objectif, dès lors qu'il a pour effet de priver les parties du choix du for qui autrement serait le leur et, dans certains cas, de les attraire devant une juridiction qui n'est la juridiction propre du domicile d'aucune d'entre elles* » (point 25), que le « *motif essentiel de la compétence exclusive du tribunal du lieu d'exécution du jugement est qu'il n'appartient qu'aux tribunaux de l'État membre sur le territoire duquel l'exécution est requise d'appliquer les règles concernant l'action, sur ce territoire, des autorités chargées de l'exécution forcée* » (point 26) et « *qu'il faut entendre par contestations relatives à l'exécution des jugements les contestations auxquelles peut donner lieu le recours à la force, à la contrainte ou à la dépossession de biens meubles et immeubles en vue d'assurer la mise en œuvre matérielle des décisions, des actes et que les difficultés nées de ces procédures sont de la compétence exclusive du tribunal du lieu d'exécution* » (point 27). Une action paulienne qui tend seulement à protéger le droit de gage général du créancier ne remplit pas ces conditions.

1. CJCE 4 juill. 1985, A. S. Autoteile Service GmbH c/Malhé, aff. 220/84, *Rec. CJCE* 2267.
2. CJCE 26 mars 1992, Reichert c/Dresdner Bank AG, aff. C-261/90, *Rec. CJCE* I-2149.

CHAPITRE

154. Compétences dérivées de l'article 6

FRÉDÉRIQUE FERRAND
Professeur à l'Université
Jean-Moulin (Lyon 3)
et à l'Université d'Augsbourg

SECTION 0
ORIENTEUR

154.00 **Plan du chapitre.**

Division. La convention de Bruxelles de 1968, la convention de Lugano, le règlement CE n° 44/2001 du 22 décembre 2000 et le règlement UE n° 1215/2012 du 12 décembre 2012 admettent dans quatre hypothèses envisagées dans l'article 6 (Règl. 12 déc. 2012, art. 8) que des affaires distinctes mais présentant un lien étroit puissent être soumises au même juge pour des raisons d'économie du procès et de bonne administration de la justice. Il en va ainsi en présence de pluralité de défendeurs, de demande en intervention, de demande reconventionnelle ou en cas d'action contractuelle jointe à une action réelle immobilière. Toutes ces hypothèses concernent donc des affaires connexes qu'il est souhaitable de confier à une seule juridiction dans un souci de simplification et d'effectivité de la décision.

154.01 **Textes applicables.**

Conv. Bruxelles, art. 6.

Règl. CE n° 44/2001, 22 déc. 2000, dit « Bruxelles I », du Conseil, sur la compétence judiciaire, la reconnaissance et l'exécution des décisions en matière civile et commerciale, art. 6, *JOCE*, n° L 12, 16 janv. 2001, p. 1.

À compter du 10 janvier 2015 :

Règl. UE n° 1215/2012, 12 déc. 2012, dit « Bruxelles I *bis* », du Parlement européen et du Conseil, sur la compétence judiciaire, la reconnaissance et l'exécution des décisions en matière civile et commerciale, art. 8, *JOUE*, n° L 351, 20 déc., p. 1.

SECTION 1
HYPOTHÈSE DE PLURALITÉS DE DÉFENDEURS (ART. 6 § 1 – RÈGL. 12 DÉC. 2012, ART. 8 § 1)

154.10 **Deux conditions.** Le défendeur peut aussi être attrait « *1° s'il y a plusieurs défendeurs, devant le tribunal du domicile de l'un d'eux* ».

Tel est le texte de la convention de Bruxelles. Les règlements de 2000 et 2012 ainsi que la convention de Lugano de 2007, ajoutent « *à condition que les demandes soient liées entre elles par un rapport si étroit qu'il y a intérêt à les instruire et à les juger en même temps afin d'éviter des solutions qui pourraient être inconciliables si les causes étaient jugées séparément* ». Cette formulation traduit les exigences qu'avait dégagées la pratique jurisprudentielle de la Cour de justice.

Selon la Cour, la règle de compétence de l'article 6 § 1 répond « *au souci de faciliter une bonne administration de la justice, de réduire au maximum la possibilité de procédures concurrentes, et d'éviter ainsi des solutions qui pourraient être inconciliables si les causes étaient jugées séparément* »[1].

154.11 **Première condition : le tribunal saisi doit être celui du domicile d'un des défendeurs.** Cela

1. CJUE 1er déc. 2011, E.M. Painer c/Standard Verlag GmbH, Axel Springer AG e. a., aff. C-145/10, point 77 – CJUE 12 juill. 2012, Solvay SA c/Honeywell Fluorine Products Europe BV, aff. C-616/10, point 19.

signifie que si le tribunal saisi est compétent[1] en vertu d'une règle de la Convention ou du règlement autre que l'article 2 (par ex. en vertu d'une clause de prorogation de compétence stipulée dans les conditions de Conv., art. 17, Règl. 22 déc. 2000, art. 23 - Règl. 12 déc. 2012, art. 25, ou bien en vertu de l'option offerte par Règl. 22 déc. 2000, art. 5 - Règl. 12 déc. 2012, art. 7 - dans le cadre de compétences spéciales), le ou les codéfendeurs ne pourront pas être assignés eux aussi devant ce tribunal. Cette règle tend à la protection des codéfendeurs. Toutefois, par le jeu de l'**article 18 de la Convention** devenu article 24 du règlement de 2000 et 26 du règlement de 2012 (prorogation de compétence par la comparution volontaire du défendeur devant le tribunal saisi par le demandeur), le tribunal saisi de l'action pourra être compétent alors même qu'il n'est pas celui du domicile d'un des défendeurs.

Si un des codéfendeurs n'a pas lui-même son domicile dans l'Union européenne (ou sur le territoire couvert par la convention de Lugano), il ne pourra pas non plus subir le jeu de l'article 6 § 1, car lui seront exclusivement applicables les règles classiques du droit international privé.

V. l'arrêt de la CJUE du 11 avril 2013, *Land Berlin c/ Ellen Mirjam Sapir et autres*[2] : l'article 6, point 1, du règlement CE n° 44/2001 doit être interprété en ce sens qu'il n'a pas vocation à s'appliquer à des défendeurs qui ne sont pas domiciliés sur le territoire d'un État membres[3] lorsque ceux-ci sont assignés dans le cadre d'une action intentée contre plusieurs défendeurs parmi lesquels se trouvent également des personnes domiciliées dans l'Union européenne. Dans cet arrêt, la Cour de justice a également précisé qu'il existe un lien étroit, au sens de l'article 6 § 1, entre les demandes introduites à l'encontre de plusieurs défendeurs domiciliés sur le territoire d'autres États membres dans le cas où ces derniers opposent des droits à réparation supplémentaires sur lesquels il est nécessaire de statuer de manière uniforme.

154.12 Seconde condition : il doit exister un lien de connexité entre les demandes formulées contre les codéfendeurs. Conformément à l'opinion de la majorité de la doctrine, la Cour de justice a décidé dans l'**arrêt *Kalfelis* du 27 septembre 1988** que l'article 6 § 1 n'est applicable que s'il existe entre les demandes émanant d'un même demandeur mais formulées contre différents défendeurs, « *un lien de connexité, tel qu'il y a intérêt à les juger ensemble afin d'éviter des solutions qui pourraient être inconciliables si les causes étaient jugées séparément* »[4]. Il suffit donc qu'un risque existe que les décisions séparées qui seraient rendues par des tribunaux différents soient inconciliables. Cette condition supplémentaire imposée par la jurisprudence de la Cour a été intégrée expressément dans le texte des règlements Bruxelles I et Bruxelles I *bis*, ainsi que dans la version révisée de 2007 de la convention de Lugano.

La Cour de cassation française a ainsi jugé que la demande que le tiers appelé en intervention forme contre la partie qui l'a appelé et contre la partie demanderesse au principal place celles-ci exactement dans une position équivalente à celle expressément prévue à l'article 6 § 1 de la convention de Lugano[5]. Pour l'application de cet article, il doit exister entre les différentes demandes formées par un même demandeur à l'encontre de différents défendeurs un lien de connexité tel qu'il y a intérêt à les juger ensemble afin d'éviter des solutions qui pourraient être inconciliables si les causes étaient jugées séparément - il n'y a pas de lien suffisant entre des demandes fondées sur un contrat de prêt et sur une garantie à première demande[6] (il a ainsi été jugé, à propos de l'article 6 § 1 de la convention de Lugano, que son applicabilité suppose l'existence d'un lien de connexité entre les demandes. Ce lien fait défaut lorsque la demande formée contre l'un des codéfendeurs se fonde sur une créance délictuelle alors que celle envers l'autre défendeur repose sur un fondement contractuel ou d'enrichissement sans cause[7]).

Dans un **arrêt *Réunion européenne* du 27 octobre 1998,** la Cour a précisé que l'article 6 § 1 de la Convention devait être interprété en ce sens qu'un défendeur domicilié sur le territoire d'un État contractant ne peut être attrait dans une autre État contractant devant la juridiction saisie d'une demande dirigée à l'encontre d'un codéfendeur domicilié en dehors du territoire de tout État contractant, au motif que le litige présenterait un caractère indivisible[8] (pour de plus amples détails sur les faits et les problèmes juridiques soulevés par cette affaire, v. s[s] n° 152.25). L'article 6 § 1 suppose en outre que le litige soit porté devant le tribunal du domicile de l'un des défendeurs, ce qui n'était pas le cas en l'espèce, aucun des défendeurs n'ayant son domicile en France. La Cour considère en effet que l'article 6 § 1 doit être interprété de telle sorte que ne puisse être remise en question l'existence du principe de compétence des tribunaux du domicile du défendeur, notamment en permettant au requérant de former une demande dirigée contre plusieurs défendeurs à seule fin de soustraire l'un de ces défendeurs aux tribunaux de l'État

1. CJCE 13 juill. 2006, Reisch Montage, aff. C-103/05, *Rev. crit. DIP* 2007. 175, obs. Pataut : l'article 6 § 1 peut être invoqué dans le cadre d'une action intentée dans un État membre contre un défendeur domicilié dans cet État et un codéfendeur domicilié dans un autre État membre, même lorsque ladite action est considérée comme étant, dès son introduction, irrecevable en vertu d'une réglementation nationale envers le premier défendeur.
2. CJUE du 11 avril 2013, *Land Berlin c/Ellen Mirjam Sapir et autres*, aff. C-645/11.
3. DANS LE MÊME SENS, Civ. 1re, 12 nov. 2009, n° 08-15.269, NP; *Rev. crit. DIP* 2009. 372, note Muir Watt.
4. Dispositif de l'arrêt CJCE 27 sept. 1988, Kalfelis c/Banque Schröder, Münchmeyer, Hengst et Cie, aff. 189/87, *Rec. CJCE* 5565.
5. Com. 31 janv. 1995, n° 92-20.375, *Bull. civ.* IV, n° 28 – Paris, 22 févr. 1995, *Rev. crit. DIP* 1995. 369, note Gaudemet-Tallon.
6. Civ. 1re, 27 juin 2000, n° 98-18.747, *Bull. civ.* I, n° 197.
7. T. régional supérieur Düsseldorf, 23 oct. 2001, *MDR* 2002. 288.
8. CJCE 27 oct. 1998, Réunion européenne, aff. C-51/97, *Rev. crit. DIP* 1999. 322, note Gaudemet-Tallon.

contractant dans lequel il est domicilié. Il faut pour que l'article 6 § 1 trouve à s'appliquer, un lien de connexité entre les actions contre les différents défendeurs tel qu'il y a intérêt à les juger ensemble afin d'éviter des solutions qui pourraient être inconciliables. En l'occurrence, les demandes n'avaient pas les mêmes fondements juridiques (l'une reposait sur la responsabilité contractuelle, l'autre sur la responsabilité délictuelle) et ne présentaient pas de lien de connexité. Ce faisant, la Cour de justice va plus loin que dans sa jurisprudence antérieure (arrêt *Kalfelis*) [1], dans laquelle elle laissait au juge national le soin d'apprécier l'existence ou non d'un lien de connexité. Il eût sans doute été plus simple (et juridiquement plus correct) pour la Cour de justice de se contenter d'écarter l'application de l'article 6 § 1 au motif de son inapplicabilité envers un défendeur domicilié dans un État tiers [2]. La Cour de cassation a statué en sens contraire, considérant que le fait qu'une action contre un codéfendeur soit contractuelle et que l'autre, contre un autre codéfendeur, soit délictuelle, n'empêchait pas l'application de l'article 6 § 1, dès lors qu'elles tendaient toutes deux à la réparation du même préjudice [3]. Le **11 octobre 2007** [4], la Cour est revenue sur sa jurisprudence et a jugé que le fait que les demandes introduites contre plusieurs défendeurs aient des fondements juridiques différents ne faisait pas obstacle à l'application de l'article 6 § 1; il convient en revanche de vérifier s'il existe entre les différentes demandes formées contre les défendeurs un lien de connexité tel qu'il y a intérêt à les juger ensemble afin d'éviter des solutions qui pourraient être inconciliables. L'existence d'une divergence dans la solution du litige ne suffit pas pour que des décisions puissent être considérées comme contradictoires. Il n'est pas nécessaire d'établir de manière distincte que les demandes n'ont pas été formées à seule fin de soustraire un des défendeurs aux tribunaux de l'État membres dans lequel il est domicilié. Un **arrêt Painer du 1er décembre 2011** [5] a confirmé que « *le seul fait que des demandes introduites à l'encontre de plusieurs défendeurs, en raison d'atteintes au droit d'auteur matériellement identiques, reposent sur des bases juridiques nationales qui diffèrent selon les États membres ne s'oppose pas à l'application de cette disposition. Il incombe à la juridiction nationale, au regard de tous les éléments du dossier, d'apprécier l'existence d'un risque de décisions inconciliables si les demandes étaient jugées séparément* ». Pour la Cour, « *lors de l'appréciation de l'existence du lien de connexité entre différentes demandes, c'est-à-dire du risque de décisions inconciliables si lesdites demandes étaient jugées séparément, l'identité des fondements juridiques des actions introduites n'est qu'un facteur pertinent parmi d'autres. Elle n'est pas une condition indispensable* » de l'application de l'article 6 § 1 (point 80 de l'arrêt). Une différence de fondements juridiques entre des actions introduites contre les différents défendeurs ne fait pas, en soi, obstacle à l'application de l'article 6 § 1 pour autant toutefois qu'il était prévisible pour les défendeurs qu'ils risquaient de pouvoir être attraits dans l'État membre où au moins l'un d'entre eux a son domicile (point 81). Il appartient à la juridiction nationale d'apprécier, au regard de tous les éléments du dossier, l'existence du lien de connexité entre les différentes demandes portées devant elle, c'est-à-dire du risque de décisions inconciliables si lesdites demandes étaient jugées séparément. Dans ce cadre, le fait que les défendeurs auxquels le titulaire d'un droit d'auteur reproche des atteintes matériellement identiques à son droit ont, ou non, agi de façon indépendante peut être pertinent (point 83 de l'arrêt).

V. AUSSI, l'arrêt de la CJUE du 11 avril 2013, *Land Berlin c/Ellen Mirjam Sapir et autres* [6] : il ne ressort pas du libellé de l'article 6 § 1, que l'identité des fondements juridiques des actions introduites contre les différents défendeurs fasse partie des conditions prévues pour l'application de cette disposition (point 44 de l'arrêt). En l'espèce, les actions au principal, fondées sur la répétition de l'indu pour la plupart des défendeurs, sur un agissement illicite pour l'un d'eux, « *puisent leur origine dans une situation unique en droit et en fait, à savoir le droit à réparation reconnu aux dix premiers défendeurs en vertu de la loi allemande de règlement des questions patrimoniale en suspens* [...] *ainsi que le virement de la somme litigieuse que le Land de Berlin a effectué par erreur en faveur de ce défendeur* »; « *il existe un lien étroit, au sens de l'article 6 § 1, entre les demandes introduites à l'encontre de plusieurs défendeurs domiciliés sur le territoire d'autres États membres dans le cas où ces derniers, dans des circonstances telles que celles de l'affaire au principal, opposent des droits à réparation supplémentaires sur lesquels il est nécessaire de statuer de manière uniforme* » (point 48 de l'arrêt).

• **Contrefaçon de brevet.** Dans un **arrêt du 13 juillet 2006** [7], elle a jugé que l'article 6 § 1 ne s'applique pas dans le cadre d'un litige en contrefaçon de brevet européen mettant en cause plusieurs sociétés établies dans des États membres différents, pour des faits qui auraient été commis sur le territoire d'un ou de plusieurs de ces États, même dans l'hypothèse où lesdites sociétés, appartenant à un même groupe, auraient agi de manière identique ou similaire, conformément à une politique commune élaborée par une seule d'entre elles. En revanche, dans un **arrêt ultérieur du 12 juillet 2012,** *Solvay* [8], la Cour a jugé qu'une situation dans laquelle deux ou plusieurs sociétés établies dans différents États membres sont accusées, chacune séparément, dans une procédure pendante devant une juridiction d'un de ces États membres, de contrefaçon à la même partie nationale d'un brevet européen, tel qu'en vigueur dans un autre État mem-

1. CJCE 27 sept. 1988, Kalfelis c/Banque Schröder, Münchmeyer, Hengst et Cie, aff. 189/87, *Rec. CJCE* 5565.
2. EN CE SENS ÉGAL., *Rev. crit. DIP* 1999. 340, obs. Gaudemet-Tallon.
3. Civ. 1re, 8 janv. 2002, n° 00-12.993, *Bull. civ.* I, n° 2; *Rev. crit. DIP* 2003. 127, note Gaudemet-Tallon.
4. CJCE 11 oct. 2007, Freeport plc c/Olle Arnoldson, aff. C-98/06, *Rec. CJCE* I-8319; *Procédures* déc. 2007, n° 364, obs. Idot.
5. CJUE 1er déc. 2011, Painer, aff. C-145/10.
6. CJUE, 11 avril 2013, Land Berlin c/Ellen Mirjam Sapir et autres, aff. C-645/11.
7. CJCE 1er juill. 2006, Roche Nederland BV e. a. c/Primus et Goldenberg, aff. C-539/03, *Rec. CJCE* I-6535; *Rev. crit. DIP* 2006. 904; *Rev. crit. DIP* 2006. 777, art. Wilderspin.
8. CJUE 12 juill. 2012, Solvay SA c/Honeywell Fluorine Products Europe BV, aff. C-616-10.

bre, en raison d'actes réservés concernant le même produit, était susceptible de conduire à des solutions inconciliables si les causes étaient jugées séparément. Il appartient donc à la juridiction qui a posé la question préjudicielle d'apprécier l'existence d'un tel risque en tenant compte de tous les éléments pertinents du dossier.

• **Contrat de travail.** Dans un **arrêt du 27 mai 2008,** ***Glaxosmithkline***[1], la Cour de justice a eu à trancher la question de l'applicabilité de l'article 6 § 1 aux litiges relatifs à un contrat individuel de travail. Elle était questionnée par la Cour de cassation française sur le point de savoir si un travailleur, qui agissait contre deux sociétés appartenant au même groupe (l'une ayant son siège statutaire en France, l'autre au Royaume-Uni) en vue d'obtenir des indemnités de licenciement et des dommages-intérêts, pouvait, sur le fondement de l'article 6 § 1, assigner les deux sociétés devant le tribunal du siège de l'une d'elles, ce qui revenait à écarter la section 5 relative à la compétence juridictionnelle en cas de litige relatif à un contrat individuel de travail. En l'espèce, le travailleur prétendait que les deux sociétés avaient été ses co-employeurs. La Cour de justice jugea que l'interprétation littérale de la section 5 conduisait à considérer que cette section excluait tout recours à l'article 6 § 1, ce qui est corroboré par les travaux préparatoires au règlement Bruxelles I. Dès lors, les règles de compétence spéciales du règlement étant d'interprétation stricte, il convient de décider que l'article 6 § 1 ne peut trouver à s'appliquer à un litige relevant de la section 5 du chapitre II du règlement.

SECTION 2

DEMANDE EN GARANTIE OU EN INTERVENTION (ART. 6 § 2 – RÈGL. 12 DÉC. 2012, ART. 8 § 2)

154.21 **Règle.** Le défendeur peut aussi être attrait « *2° s'il s'agit d'une demande en garantie ou d'une demande en intervention, devant le tribunal saisi de la demande originaire, à moins qu'elle n'ait été formée que pour traduire hors de son tribunal celui qui a été appelé* ». Le texte est le même dans la convention de Bruxelles et dans les règlements du 22 décembre 2000 et du 12 décembre 2012.

L'hypothèse est classique : le demandeur assigne un défendeur devant une juridiction d'un État membre, et ce défendeur appelle en garantie un tiers. Ou bien, de façon plus large, une des parties formule une demande en intervention d'un tiers (intervention forcée, C. pr. civ., art. 331 s. – sur le cas où le tiers souhaite lui-même s'associer à la procédure, demande en intervention volontaire, v. C. pr. civ., art. 328 s.). Dans ces hypothèses d'appel en garantie ou de demande en intervention forcée, l'article 6 § 2 permet que la personne appelée en intervention ou, plus précisément, en garantie, soit attraite devant le tribunal saisi de la demande originaire. Peu importe – contrairement à l'article 6 § 1 (Règl. 12 déc. 2012, art. 8 § 1) – en vertu de quelle disposition de la Convention ou du règlement CE tribunal a été saisi (il peut donc notamment. l'avoir été sur le fondement d'une clause de prorogation de compétence, Conv., art. 17 – Règl. 22 déc. 2000, art. 23 – Règl. 12 déc. 2012, art. 25).

Il semblait toutefois que, d'après la jurisprudence peu fournie de la Cour de justice à ce propos[2], un lien de connexité fût exigé entre la demande au fond et la demande en intervention ou en garantie. Un tel lien entre les deux demandes paraîtrait justifié puisque toutes les compétences dérivées établies par l'article 6 tendent à favoriser un déroulement rapide et économique de la procédure et à éviter les décisions inconciliables.

Pourtant, dans un **arrêt du 26 mai 2005**[3], la Cour de justice en a décidé autrement : la Cour de cassation demandait dans sa question préjudicielle, pour déterminer la juridiction compétente en cas d'appel en garantie ou en intervention formé entre assureurs, si l'article 6 § 2 de la convention de Bruxelles était applicable et, dans l'affirmative, si cette application était subordonnée à un lien de connexité entre les différentes demandes au sens de l'article 22 ou, à tout le moins, à la preuve de l'existence d'un lien suffisant entre ces demandes caractérisant l'absence de détournement de for. La Cour de justice répondit que l'article 6 § 2 était applicable, et qu'il suffisait qu'existât un lien suffisant entre la demande originaire et la demande en garantie. Elle écarta ainsi l'exigence d'un lien de connexité qui avait pourtant semblé être posé dans l'arrêt *Kongress Agentur Hagen*[4]. Cette position s'explique notamment par les conclusions de l'avocat général Jacobs, qui avait montré qu'il existait un lien intrinsèque de connexité entre d'une part l'action contre un assureur en indemnisation des conséquences d'un événement couvert par le contrat, et d'autre part la procédure par laquelle l'assureur entend obtenir la contribution d'un autre assureur. De ce fait,

1. CJCE 27 mai 2008, Glaxosmithkline, Laboratoires Glaxosmithkline, aff. C-462/06, http://curia.europa.eu; *D.* 2008. 1699.

2. CJCE 15 mai 1990, Kongress Agentur Hagen c/Zeehaghe BV, aff. C-365/88, *Rec. CJCE* 1845.
3. CJCE 26 mai 2005, GIE Réunion européenne a. c/Zurich Espana, Sté Pyrénéenne de transit automobile, aff. C-77/04, *JOUE*, n° C 182, 23 juill., p. 15; *Rev. crit. DIP* 2006. 168, obs. Sinay-Cytermann – En application de cette décision, v. Civ. 1re, 10 mai 2006, n° 01-11.229, *Bull. civ.* I, n° 222; *Rev. crit. DIP* 2006. 899, note Sinay-Cytermann.
4. CJCE 15 mai 1990, Kongress Agentur Hagen c/Zeehaghe BV, aff. C-365/88, préc. ss prést n°.

selon l'avocat général, il n'était pas utile d'exiger un lien de connexité plus étroit. Dans son arrêt, la Cour de justice semble laisser entendre - sans le dire expressément - que les conditions de la connexité au sens de l'article 22 de la convention de Bruxelles ne sont pas requises.

154.22 Exception. L'utilisation de l'article 6 § 2 (Règl. 12 déc. 2012, art. 8 § 2) est toutefois écartée si la demande en intervention ou en garantie n'a été formulée que dans le but - frauduleux et inacceptable - de traduire le défendeur à l'intervention hors de son tribunal. Logiquement, la bonne foi se présumant, c'est à celui qui prétend qu'on a voulu l'éloigner du tribunal qui aurait normalement été compétent dans son cas, de prouver cette intention de l'appelant en garantie ou en intervention (preuve qui sera souvent difficile à rapporter. Pour une exclusion du jeu de l'article 6 § 2 en cas de procès se déroulant en Allemagne du fait que le droit allemand ne connaît que la demande d'appel en jugement commun présentant des traits spécifiques, v. Protocole annexé à Conv. Bruxelles, art. V - et ZPO, *Streitverkündung*, § 68, 72 à 74).

La Cour de cassation française a jugé le 19 juin 2007, que le détournement de for permettant seul de déclarer incompétente la juridiction saisie d'une demande en intervention n'est caractérisé qu'en absence de lien suffisant entre cette demande et la demande originaire : « *La condition de connexité et la condition de non-détournement de for ne sont en réalité que deux façons de dire la même chose* »[1].

L'article 8 de la convention relative à l'adhésion de la République d'Autriche, de la République de Finlande et du Royaume de Suède à la convention de Bruxelles, signée le 29 novembre 1996, prévoit que l'article V du protocole annexé à la convention de 1968 est remplacé par le texte suivant :

« *La compétence judiciaire prévue à l'article 6, point 2 et à l'article 10 pour la demande en garantie ou en intervention ne peut être invoquée ni dans la République fédérale d'Allemagne, ni dans la République d'Autriche. Toute personne domiciliée sur le territoire d'un autre État contractant peut être appelée devant les tribunaux de :*

- la République fédérale d'Allemagne, en application des articles 68 et 72 à 74 du Code de procédure civile concernant la litis denuntiatio*;*

- la République d'Autriche, conformément à l'article 21 du Code de procédure civile concernant la litis denuntiatio.

Les décisions rendues dans les autres États contractants en vertu de l'article 6 § 2 et de l'article 10 sont reconnues et exécutées en Allemagne et en Autriche conformément au titre III de la convention de Bruxelles. Les effets produits à l'égard des tiers, en application de l'alinéa précédent, par des jugements rendus dans ces États, sont également reconnus dans les autres États contractants ».

Ce texte est aujourd'hui remplacé par l'article 65 du règlement du 22 décembre 2000, qui énonce - de façon très similaire mais avec quelques mineures modifications de forme ou de référence aux parties du règlement : « *1. La compétence judiciaire prévue à l'article 6, point 2, et à l'article 11 pour la demande en garantie ou la demande en intervention ne peut être invoquée ni en Allemagne, ni en Autriche. Toute personne domiciliée sur le territoire d'un autre État membre peut être appelée devant les tribunaux :*

a) d'Allemagne en application de l'article 68 et des articles 72 à 74 du Code de procédure civile (Zivilprozessordnung) *concernant la* litis denuntiatio*;*

b) d'Autriche, conformément à l'article 21 du Code de procédure civile (Zivilprozessordnung) *concernant la* litis denuntiatio.

2. Les décisions rendues dans les autres États membres en vertu de l'article 6, point 2, et de l'article 11 sont reconnues et exécutées en Allemagne et en Autriche conformément au chapitre III. Les effets produits à l'égard des tiers, en application du paragraphe 1, par des jugements rendus dans ces États sont également reconnus dans les autres États membres »[2].

L'article 65 du nouveau règlement UE n° 1215/2012 du 12 décembre 2012 (Bruxelles I *bis*) modifie légèrement cette formulation : « *1. La compétence prévue à l'article 8, point 2), et à l'article 13 pour la demande en garantie ou la demande en intervention ne peut être invoquée dans les États membres figurant sur la liste établie par la Commission en vertu de l'article 76, paragraphe 1, point b), et de l'article 76, paragraphe 2, que dans la mesure où leur droit national le permet. Une personne domiciliée sur le territoire d'un autre État membre peut être invitée à se joindre à la procédure devant les juridictions de ces États membres en application des règles concernant l'appel en cause* (litis denunciatio) *visées dans ladite liste.*

2. Les décisions rendues dans un État membre en vertu de l'article 8, point 2), et de l'article 13 sont reconnues et exécutées conformément au chapitre III dans tout autre État membre. Les effets que les décisions rendues dans les États membres figurant sur la liste visée au paragraphe 1 peuvent produire, conformément au

1. Civ. 1re, 19 juin 2007, nos 04-14.862, 04-16.154 et 04-16.979, *Bull. civ.* I, n° 240; *D.* 2008. 1507, obs. Courbe et Jault-Seseke; *Rev. crit. DIP* 2007. 847, obs. Pataut - Le détournement de for sera rarement constaté, « *l'existence d'un lien entre les demandes apparaissant inhérent à la notion de garantie* » (B. Audit et L. d'Avout, *Droit international privé*, 7e éd., Economica, 2013, n° 602).

2. Sur les difficultés causées par l'application de cet article 65, B. Heß, Th. Pfeiffer et P. Schlosser, *Report on the Application of Regulation Brussels I in the Member States*, sept. 2007, nos 236 s., préc. ss nos 150.56 et 150.58.

droit de ces États membres, à l'égard des tiers, en application du paragraphe 1, sont reconnus dans tous les États membres ».

Est en outre ajouté un paragraphe 3 à l'article 65, qui prévoit que dans le cadre du réseau judiciaire européen en matière civile et commerciale, les États membres figurant sur la liste visée au paragraphe 1 fournissent des informations sur les moyens permettant de déterminer, conformément à leur droit national, les effets des décisions visés dans la deuxième phrase du paragraphe 2. On retrouve dans le règlement Bruxelles I *bis* du 12 décembre 2012 cette faveur de la Commission européenne pour les annexes aux règlements dans lesquelles sont renvoyées diverses informations fournies par les États membres.

SECTION 3

DEMANDE RECONVENTIONNELLE (ART. 6 § 3 – RÈGL. 12 DÉC. 2012, ART. 8 § 3)

154.31 Notion. Le défendeur peut aussi être attrait « *3° s'il s'agit d'une demande reconventionnelle qui dérive du contrat ou du fait sur lequel est fondée la demande originaire, devant le tribunal saisi de celle-ci* ».

Le demandeur a saisi un tribunal d'un État compétent en vertu de quelque disposition de la convention de Bruxelles (ou de Lugano) ou du règlement du 22 décembre 2000 (ou, à compter du 10 janvier 2015, du règlement du 12 décembre 2012). Si le défendeur, comme il en a le droit, contre-attaque en formulant à son tour une demande, cette demande est dite reconventionnelle (v. C. pr. civ., art. 64, la définissant comme une demande « *par laquelle le défendeur originaire prétend obtenir un avantage autre que le simple rejet de la prétention de son adversaire* »). Pour la Cour de justice, il y a demande reconventionnelle lorsque le défendeur initial cherche à faire condamner le demandeur au paiement d'une dette envers lui, alors que ce n'est pas le cas lorsqu'il invoque, comme simple moyen de défense, l'existence d'une créance à l'encontre du demandeur initial à la procédure[1].

Dans l'affaire *Danvaern Production A/S*, un litige opposait l'entreprise Schuhfabriken Otterbeck établie en Allemagne à Danvaern Production sise au Danemark. Otterbeck avait conclu avec Danvaern un contrat d'agence par lequel elle désignait Danvaern comme agent exclusif au Danemark pour la vente de ses chaussures de sécurité. Elle résilia le contrat en arguant d'un abus de confiance dont se serait rendu coupable Danvaern. Otterbeck assigna Danvaern au Danemark en paiement d'une somme correspondant au matériel livré. Danvaern reconnut la créance, mais demanda la condamnation distincte d'Otterbeck en vertu de créances détenues par Danvaern, et notamment au titre du préjudice subi par la dénonciation abusive du contrat d'agence. La juridiction rejeta comme irrecevable la demande de Danvaern pour défaut du lien de connexité exigé à l'article 6 § 3 de la convention de Bruxelles. En appel, la juridiction demanda à la Cour de justice si l'article 6 § 3 vise les demandes reconventionnelles présentées en vue de la compensation, et si l'expression « *dérive du contrat ou de fait sur lequel est fondée la demande originaire* » figurant à l'article 6 § 3 doit être considérée comme plus restrictive que l'expression « *demandes connexes* » de l'article 22. La Cour de justice répondit tout d'abord que les droits nationaux distinguent en général deux situations : celle où le défendeur invoque comme moyen de défense l'existence d'une créance qui aurait pour effet d'éteindre totalement ou partiellement la créance du demandeur, et celle où le défendeur vise, par une demande distincte présentée dans le cadre du même procès, à faire condamner le demandeur au paiement d'une dette envers lui. Selon la Cour, l'article 6 § 3 n'est pas destiné à régler la première situation, mais la seconde car il énonce les conditions auxquelles un tribunal est compétent pour statuer sur une demande tendant au prononcé d'une condamnation distincte. L'article 6 § 3 ne vise donc « *que les demandes présentées par les défendeurs tendant au prononcé d'une condamnation distincte. Il ne vise pas la situation où un défendeur invoque comme simple moyen de défense une créance dont il serait titulaire à l'encontre du demandeur. Les moyens de défense susceptibles d'être invoqués et les conditions dans lesquelles ils peuvent l'être, sont régis par le droit national* ».

Le demandeur initial qui se voit opposer une demande reconventionnelle devient défendeur à la demande reconventionnelle et l'article 6 § 3 (Règl. 12 déc. 2012, art. 8 § 3) énonce qu'il peut être attrait devant le tribunal saisi de la demande originaire.

Là encore, comme à propos de l'article 6 § 2, peu importe sur quel article se fondait la compétence du tribunal saisi de la demande originaire (donc possibilité d'une saisine par clause de prorogation de compétence selon les conditions de Conv. Bruxelles, art. 17, devenu Règl. 22 déc. 2000, art. 23, puis Règl. 12 déc. 2012, art. 25).

154.32 Demande reconventionnelle dérivant du contrat ou du fait sur lequel est fondée la demande originaire. Cette exigence est expressément énoncée dans l'article 6 § 3. Cette formulation étroite – qui sera souvent contraire à la philosophie d'économie du procès qui sous-tend les quatre cas de compétence dérivée envisagés dans l'article 6[2] – n'a pas toujours été respectée par les juridictions nationales (le jeu de l'article 6 § 3 a par exemple été admis alors que la demande reconventionnelle reposait sur un contrat différent, bien que passé entre les mêmes parties, de

1. CJCE 13 juill. 1995, Danwaern Produktion A/S c/Schuhfabriken Otterbeck GmbH & Co, aff. C-341/93, *Rec. CJCE* 2053.

2. Pour une proposition d'interprétation plus large de l'article 6.3, v. M. Stürner, « *Zur Reichweite des Gerichtsstandes der Widerklage nach Art. 6 Nr. 3 EuGVVO* », *IPRax* 2007. 21.

celui servant de fondement à la demande originaire[1] – comp. : une demande en paiement d'une créance de liquidation, fût-elle qualifiée de demande reconventionnelle, ne se rattache pas par un lien suffisant à la demande originaire en paiement de marchandises livrées[2] – V. s^s n° 154.31). Il nous semble qu'il serait judicieux d'admettre que l'article 6 § 3 trouve à s'appliquer dans tous les cas d'identité de parties dans lesquelles la demande reconventionnelle, si elle avait été formée comme demande principale devant un tribunal compétent d'un État membre, aurait été connexe à la demande initiale et aurait dû donner lieu à sursis à statuer de la part de la seconde juridiction saisie, conformément à l'article 28 § 1 du règlement[3].

En tout état de cause, dès lors que le demandeur à la demande principale accepte de débattre de la demande reconventionnelle alors même que les conditions de compétence du tribunal saisi de la demande originaire formulées par l'article 6 § 3 (Règl. 12 déc. 2012, art. 8 § 3) ne seraient pas remplies, l'**article 18 de la Convention (devenu Règl. 22 déc. 2000, art. 24 – Règl. 12 déc. 2012, art. 26)** permet de considérer ledit tribunal comme compétent (hypothèse de prorogation de compétence par la comparution volontaire du défendeur devant un juge *a priori* non compétent[4]).

SECTION 4

ACTION CONTRACTUELLE POUVANT ÊTRE JOINTE À UNE ACTION IMMOBILIÈRE (ART. 6 § 4; RÈGL. 12 DÉC. 2012, ART. 8 § 4)

154.41 **Situation de l'immeuble.** Le défendeur peut aussi être attrait « *4° en matière contractuelle, si l'action peut être jointe à une action en matière de droits réels immobiliers dirigée contre le même défendeur, devant le tribunal de l'État membre où l'immeuble est situé* ».

La convention de Lugano en 1988, puis la convention de San Sebastian en 1989 ont introduit ce dernier alinéa à l'article 6, repris entièrement dans le règlement du 22 décembre 2000 et à l'article 8 § 4 du règlement du 12 décembre 2012. L'hypothèse envisagée est celle dans laquelle le défendeur a été attrait devant le tribunal du lieu de situation de l'immeuble (en vertu de la règle de compétence exclusive) dans le cadre d'une action portant sur un droit réel immobilier. Si sur cette action vient se greffer une action contractuelle (par nature personnelle) émanant du même demandeur contre le même défendeur et rattachée à l'action réelle par un lien suffisant, l'article 6 § 4 (Règl. 12 déc. 2012, art. 8 § 4) établit la compétence du tribunal du lieu de situation de l'immeuble pour connaître également de l'action contractuelle. Cette disposition peut être utile chaque fois qu'une créance de somme d'argent fondée sur un rapport contractuel a vu son paiement garanti par une sûreté (hypothèque ou autre) portant sur un bien immeuble.

Cette extension de compétence ne produira toutefois effet que si le droit national de procédure du tribunal saisi permet la jonction de telles actions.

154.42 **Conclusion sur l'article 6 (Règl. 12 déc. 2012, art. 8). Ce texte peut-il être écarté par une clause attributive de juridiction ?** Les règles de l'article 6 (Règl. 12 déc. 2012, art. 8) répondent à un souci de logique et d'économie; mais elles ne s'imposent pas obligatoirement et ne priment pas sur la volonté des parties. La Cour de justice admet qu'une clause de prorogation de juridiction puisse exclure le jeu de cette disposition[5]. Cette exclusion peut être expresse ou tacite. Si elle n'est pas formulée de façon expresse, il convient de rechercher la volonté des parties. Si cette volonté n'est pas réellement clairement extériorisée ou perceptible, les auteurs considèrent en général que les parties ont souhaité que la clause attributive de juridiction produise plein effet, ce qui conduit à écarter le jeu de l'article 6[6].

L'arrêt de la Cour de justice *Meeth c/Glacetal* a toutefois dû se prononcer dans une hypothèse particulière où une clause attributive de compétence stipulée par les parties prévoyait attribution réciproque

1. Cass., ass. plén., 18 févr. 1994, n° 90-12.454, *Bull. ass. plén.*, n° 2; *D.* 1994. 245, concl. Jéol; *RTD civ.* 1994. 411, obs. Normand; *JCP* 1994, n° 12, p. 118, note Jéol et du Rusquec; *Gaz. Pal.* 23 avr. 1994, n° 113, p. 14, concl. Jeol : le tribunal compétent pour statuer sur la demande en paiement de livraisons par un concédant à un concessionnaire, est également compétent en vertu de l'article 6 § 3 pour se prononcer sur la demande reconventionnelle en paiement de dommages-intérêt pour violation d'une clause d'exclusivité.
2. Com. 25 janv. 2000, n° 97-19.638, *Bull. civ.* IV, n° 20; *D.* 2002. Somm. 1393, obs. Audit – COMP. CJCE 13 juill. 1995, Danwaern Produktion A/S c/Schuhfabriken Otterbeck GmbH & Co, aff. C-341/93, *Rec. CJCE* I-2053.
3. EN CE SENS, M. Stürner, *IPRax* 2007. 24, préc. s^s prés^t n°.
4. EN CE SENS, CJCE 7 mars 1985, Hannelore Spitzley c/Sommer Exploitation SA, aff. 48/84, *Rec. CJCE* 787.
5. V. NOT., CJCE 9 nov. 1978, Meeth c/Glacetal, aff. 23/78, *Rec. CJCE* 2133; *JDI* 1979. 663, obs. Huet; *Rev. crit. DIP* 1981. 127, note Gaudemet-Tallon.
6. EN CE SENS, aussi, quelques décisions françaises, v. Civ. 1re, 12 juill. 1982, n° 81-13.035, *Bull. civ.* I, n° 258; *JCP* 1983. II. 20015, note Bourel – Civ. 1re, 18 oct. 1989, n° 88-14.432, *Bull. civ.* I, n° 321; *D.* 1989. IR 283; *JDI* 1991. 155, note Huet – Com. 12 mai 1992, n° 89-19.518, *Bull. civ.* IV, n° 179; *D.* 1993. Somm. 348, obs. Audit – Civ. 1re, 6 janv. 2004, n° 01-12.171, *Bull. civ.* I, n° 1 – La Cour de cassation admet toutefois que l'indivisibilité entre la demande principale et la demande en garantie conduise à écarter la clause attributive de juridiction, v. Civ. 1re, 2 mars 1999, n° 96-20.497, *Bull. civ.* I, n° 72; *JDI* 2000. 75, obs. Huet.

de compétence au tribunal du défendeur. Or, lorsque le litige éclata, le demandeur saisit bien la juridiction du domicile de son adversaire, mais ce dernier répliqua par une demande reconventionnelle qui – en vertu même de la clause de prorogation de juridiction remplissant les conditions de l'article 17 de la Convention – aurait dû être portée devant le tribunal du domicile du demandeur originaire (défendeur à la demande reconventionnelle). La Cour a tenu compte à la fois de l'autonomie de la volonté des parties et du souci d'économie du procès et de bonne administration de la justice pour décider que l'article 17 de la Convention (définissant les conditions de validité des clauses de prorogation de compétence) ne saurait empêcher le juge saisi de tenir compte d'une compensation connexe au rapport de droit litigieux, « *s'il estime cette prise en considération compatible avec les termes et le sens de la clause attributive de juridiction* ».

Il semble que la solution d'exclusion de l'article 6 (Règl. 12 déc. 2012, art. 8) par une telle clause doive également être retenue dans l'hypothèse visée par l'article 6 § 4 (Règl. 12 déc. 2012, art. 8 § 4), même si la Cour de justice ne s'est jamais prononcée sur cette question.

CHAPITRE

155. Dispositions instaurant des compétences destinées à protéger les parties faibles

FRÉDÉRIQUE FERRAND
Professeur à l'Université Jean-Moulin (Lyon 3)
et à l'Université d'Augsbourg

SECTION 0
ORIENTEUR

155.00 Plan du chapitre.

Division. Le titre II de la Convention de Bruxelles de 1968, consacré aux règles de compétence, contient deux sections consacrées plus spécialement à des hypothèses dans lesquelles l'une des parties au contrat est réputée économiquement faible par rapport à l'autre, et donc particulièrement digne de protection. Il s'agit des contrats en matière d'assurances (section 3) et des contrats conclus par les consommateurs (section 4). Depuis de nombreuses années déjà, tant les États membres, dans leur législation interne, que les textes européens, tendent à instaurer des régimes de protection spécifiques en faveur des consommateurs notamment. Les sections 3 et 4 du titre II constituent une réglementation autonome remplaçant les articles 2 et 5 de la Convention (sauf toutefois l'article 5 § 5 – V. s[s] n°s 152.101 à 152.103).

Le règlement CE n° 44/2001 du 22 décembre 2000 a repris les deux sections (numérotées 3 et 4) relatives aux contrats d'assurance et aux contrats conclus par les consommateurs. Mais il a ajouté une section 5 consacrée à la compétence en matière de contrats individuels de travail (Règl. 22 déc. 2000, art. 18 à 21). Dans cette section 5, les auteurs du règlement ont voulu rassembler toutes les dispositions spécifiques au contrat de travail qui étaient éparses dans la convention de Bruxelles (où elles figurent dans les articles 5 et 17). Le salarié est réputé partie faible au contrat, c'est pourquoi des règles de compétences protectrices ont été édictées à son profit. Cette présentation a été reprise dans la convention de Lugano révisée de 2007. Cette nouvelle construction a été reprise, avec quelques modifications dans le contenu des dispositions, par le règlement UE n° 1215/2012 du 12 décembre 2012, Bruxelles I *bis*, qui procède à la refonte du règlement Bruxelles I et entrera en application le 10 janvier 2015.

La volonté affichée est énoncée dans le considérant 13 du règlement Bruxelles I : « *S'agissant des contrats d'assurance, de consommation et de travail, il est opportun de protéger la partie la plus faible au moyen de règles de compétence plus favorables à ses intérêts que ne le sont les règles générales* ».

En principe, si le défendeur n'est pas domicilié dans un État membre, le règlement ne devrait pas s'appliquer (art. 4), mais s'il a néanmoins dans un État membre une succursale, agence ou autre établissement, il sera – en vertu des règles spéciales énoncées dans les **articles 8 alinéa 2 et 13 alinéa 2 de la Convention (devenus Règl. 22 déc. 2000, art. 9.2 et 15 § 2)** – considéré, pour les contestations relatives à leur exploitation, comme domicilié dans cet État. Il s'agit donc là d'une exception remarquable stipulée en faveur du preneur d'assurance et du consommateur afin de ne pas les voir obligés à assigner le défendeur devant un for lointain.

En outre, le règlement UE n° 1215/2012 du 12 décembre 2012, Bruxelles I *bis*, a étendu le champ d'application du règlement aux cas où le défendeur à l'action intentée par le consommateur ou le travailleur, est domicilié dans un État tiers, procédant ainsi à une certaine universalisation de l'instrument européen au profit de ces deux catégories de parties faibles (v. Règl. 12 déc. 2012, art. 18 § 1 et 21 § 2[1] – V. aussi le considérant 14 du règlement Bruxelles I *bis*). Il

1. Sur cette question, V. NOT., P. Deumier, M. Laazouzi et E. Treppoz, « Le règlement Bruxelles I *bis* et la géométrie dans l'espace », *RDC* 2013. 1044 s.

semble que cette innovation importante soit justifiée notamment par le fait de donner à la partie faible un accès plus aisé à la justice, mais aussi de permettre l'application de la législation européenne dans les situations dans lesquelles le défendeur est domicilié dans un État tiers. Comme le relèvent des auteurs, « *ainsi, dans les différents espaces du droit international privé européen, se dessine un espace réservé pour protéger les règles matérielles impératives de ce droit, en favorisant la saisine des juridictions (Bruxelles I bis) tenues d'écarter l'autonomie des parties au bénéfice des dispositions impératives européennes (Rome I)* »[1].

155.01 **Textes applicables.**

Conv. Bruxelles, art. 7 à 15.

Règl. CE n° 44/2001, 22 déc. 2000, dit « Bruxelles I », du Conseil, sur la compétence judiciaire, la reconnaissance et l'exécution des décisions en matière civile et commerciale, art. 8 à 21, *JOCE*, n° L 12, 16 janv. 2001, p. 1.

À compter du 10 janvier 2015 :

Règl. UE n° 1215/2012, 12 déc. 2012, dit « Bruxelles I *bis* », du Parlement européen et du Conseil, concernant la compétence judiciaire, la reconnaissance et l'exécution des décisions en matière civile et commerciale, art. 10 à 23, *JOUE*, n° L 351, 20 déc., p. 1.

SECTION 1
COMPÉTENCE EN MATIÈRE D'ASSURANCE

155.11 **Origine.** Les articles 7 à 12 de la Convention devenus articles 8 à 14 du règlement du 22 décembre 2000 instaurent un régime spécifique de compétence en matière d'assurances. Initialement, en 1968, les rédacteurs de la Convention considéraient que le preneur d'assurance, l'assuré ou le bénéficiaire de l'assurance étaient forcément la partie faible au contrat et c'est pourquoi des règles très sévères avaient été instaurées, notamment en ce qui concerne la validité limitée des clauses de prorogation de compétence. Mais peu à peu, et notamment avec l'adhésion du Royaume-Uni dont les grandes compagnies d'assurances sont bien connues, il est apparu que le contrat d'assurances pouvait tout à fait en pratique être conclu entre deux parties de force équivalente (cas de grande assurance, ou de réassurance entre professionnels du secteur – la Conv. Bruxelles, art. 7 à 12 *bis*, est inapplicable aux litiges entre un réassureur et un réassuré dans le cadre d'un traité de réassurance[2] : la réassurance n'est visée dans aucune des dispositions de la section consacrée à l'assurance; en outre, les dispositions de cette section « *ont été inspirées par un souci de protection de l'assuré, lequel, le plus souvent, se trouve confronté à un contrat prédéterminé dont les clauses ne sont plus négociables et constitue la personne économiquement la plus faible* [...]. *Or aucune protection particulière ne se justifie dans les rapports entre un réassuré et son réassureur. Les deux parties sont en effet des professionnels du secteur des assurances, dont aucun ne peut être présumé en faiblesse par rapport à son cocontractant* », points 62 s. de l'arrêt). C'est pourquoi, sous la pression britannique, les règles de la section 3 du titre II de la Convention ont connu quelques modifications.

155.12 **Règles de compétence spéciales.** Afin de favoriser la partie au contrat réputée la plus faible, les textes distinguent selon que la demande est formée par l'assureur ou selon que ce dernier est défendeur à l'instance.

• **Si l'assureur est demandeur**, il doit en vertu de **l'article 11 § 1 de la Convention (Règl. 22 déc. 2000, art. 12 § 1 – Règl. 12 déc. 2012, art. 14 § 1)** agir forcément devant le tribunal du domicile du défendeur, que ce défendeur soit le preneur d'assurance, l'assuré ou le bénéficiaire. Il ne dispose donc d'aucune option de compétence[3] et doit s'en tenir à la règle stricte similaire au principe contenu dans l'article 2 (Règl. 12 déc. 2012, art. 4). Le texte précise toutefois que ces principes ne portent pas atteinte au droit de former une demande reconventionnelle devant le tribunal saisi de la demande originaire (disposition logique justifiée par des raisons d'économie du procès).

• **Si l'assureur est défendeur**, le demandeur – jugé partie faible – va bénéficier de plusieurs options quant à la juridiction susceptible d'être saisie pour connaître du litige. En vertu des **articles 7, 8 § 1 et § 2, et 9** de la Convention (Règl. 22 déc. 2000, art. 8 s. – **Règl. 12 déc. 2012, art. 10 s.**), il pourra assigner l'assureur :

– devant les tribunaux du domicile de l'assureur (règle classique, **Conv. Bruxelles, art. 8 § 1, 1),** devenu **Règl. 22 déc. 2000, art. 9 § 1, a) – Règl. 12 déc. 2012, art. 11 § 1, a)**;

– devant le tribunal du domicile du preneur d'assurance, (ou bien également, depuis le règlement du 22 décembre 2000, de l'assuré ou du bénéficiaire), si celui-ci est domicilié dans un État membre différent de celui de l'assureur. Était compétent sous l'empire de la convention de Bruxelles uniquement le tribunal du domicile de celui qui a souscrit l'assurance, et non pas de l'assuré ou du bénéficiaire (ce peuvent en effet être des personnes distinctes). Le règlement du 22 décembre 2000 a élargi les solutions afin de protéger également l'assuré et le bénéficiaire

1. P. Deumier, M. Laazouzi et E. Treppoz, « Le règlement Bruxelles I *bis* et la géométrie dans l'espace », *RDC* 2013. 1046.
2. CJCE 13 juill. 2000, Group Josi Reinsurance Company SA c/ Universal General Insurance Company (UGIC), aff. C-412/98, *Rec. CJCE* I-5925.
3. POUR UNE ILLUSTRATION, v. Civ. 1re, 27 févr. 2013, n° 11-23.228, *Bull. civ.* I [à paraître]; *D.* 2013. 646 : une cour d'appel en a déduit exactement que ces règles impératives s'imposent à l'assureur qui agit contre la victime d'un dommage causé par l'assuré, peu important que celui-ci se joigne à l'action.

(v. un arrêt de la Cour de cassation du 22 févr. 2000 : ne bénéficient pas de cette option les héritiers du preneur d'assurance « *attendu que l'article 8 alinéa 1er, point 2, de la convention de Lugano ne donne compétence au tribunal du lieu où le preneur d'assurance a son domicile qu'au bénéfice de celui qui a contracté avec l'assureur; que, si ses héritiers ont qualité pour exercer les actions qui appartenaient au défunt, ils ne sont pas preneurs d'assurance au sens du texte précité* »[1]). Cette extension est maintenue par le règlement de refonte du 12 décembre 2012, Bruxelles I *bis*.

Bien que la Cour de justice ne se soit pas prononcée sur ce point, on peut estimer que ce domicile s'apprécie au moment où l'instance est introduite, même si l'on peut reprocher à une telle solution une certaine insécurité juridique pour le défendeur.

• devant le tribunal du lieu du fait dommageable **(Conv. Bruxelles, art. 9 – Règl. 22 déc. 2000, art. 10 – Règl. 12 déc. 2012, art. 12)**[2], dès lors qu'il s'agit d'une assurance de responsabilité ou d'une assurance portant sur des immeubles, ou bien sur des immeubles et des meubles couverts par une même police et atteints par le même sinistre. Sur la notion de « *lieu où le fait dommageable s'est produit* » dans la jurisprudence de la Cour de justice relative à l'article 5 § 3, sans doute susceptible de s'appliquer à l'article 9 – **Règl. 12 déc. 2012, art. 1er**, v. ss nos 152.63 s.; sur la question de savoir si la victime d'un dommage peut attraire l'assureur de l'assuré devant les tribunaux de son propre domicile, v. l'arrêt de la **CJCE du 13 décembre 2007**, *FBTO c/Jack Odenbreit*[3] : le renvoi effectué par l'article 11 § 2, du règlement CE no 44/2001 à l'article 9 § 1, b), de celui-ci doit être interprété en ce sens que la personne lésée peut intenter une action directement contre l'assureur devant le tribunal du lieu où elle est domiciliée dans un État membre, lorsqu'une telle action directe est possible et que l'assureur est domicilié sur le territoire d'un État membre[4]. En effet, ledit renvoi conduit à élargir le champ d'application de la règle de compétence du domicile du demandeur édictée par l'article 9 § 1, b), dudit règlement à des catégories de demandeurs, agissant contre l'assureur, autres que le preneur d'assurance, l'assuré ou le bénéficiaire du contrat d'assurance sans par ailleurs que la nature de l'action directe de la personne lésée contre l'assureur en droit national n'ait de pertinence pour une telle application. Cette interprétation est également fondée sur la finalité du règlement, qui vise à garantir une protection plus favorable aux parties faibles que ne le permettent les règles générales de compétence établies par le règlement CE no 44/2001. Cette extension a parfois été critiquée au motif que la juridiction du domicile de la victime ne serait pas la mieux placée en termes probatoires et serait souvent tenue de recourir à des expertises ou consultations en droit étranger[5]. La Cour fédérale de justice allemande[6] a appliqué cette même solution dans le cadre de la convention de Lugano, alors que le Tribunal régional supérieur (*Oberlandesgericht*) de Karlsruhe[7], lui, s'y est refusé.

• en vertu des **articles 5 § 5 et 8 alinéa 2 de la Convention (Règl. 22 déc. 2000, art. 5 § 5 et 9 § 2 – Règl. 12 déc. 2012, art. 7 § 5 et 11 § 2)**, le tribunal de l'État membre dans lequel l'assureur a une succursale, agence ou tout autre établissement peut être également saisi. L'article 7 de la Convention (Règl. 22 déc. 2000, art. 8) s'applique au cas dans lequel l'assureur est domicilié dans un État contractant ou membre (auquel cas l'article 5 § 5 – Règl. 12 déc. 2012, art. 7 § 5 – lui est applicable malgré l'instauration d'une section spéciale sur les contrats d'assurance). Si l'assureur est domicilié dans un État tiers, il pourra quand même – sur le fondement de l'article 8 § 2 de la Convention (Règl. 22 déc. 2000, art. 9 § 2 – Règl. 12 déc. 2012, art. 11 § 2) – être attrait devant les tribunaux de l'État membre sur le territoire duquel il a un établissement secondaire, car il sera alors (pour l'application de la convention) considéré comme ayant un domicile dans cet État.

155.13 Cas particulier du coassureur. En vertu de l'article 8 § 1, 3° de la convention (Règl. 22 déc. 2000, art. 9 § 1, c) – Règl. 12 déc. 2012, art. 11 § 1, c), si le défendeur est un des coassureurs (hypothèse de pluralité de défendeurs assureurs), il peut être assigné devant le tribunal de l'État membre qui est saisi de l'action formée contre l'apériteur de la coassurance. L'apériteur est l'assureur principalement intéressé à l'affaire.

155.14 Appel en intervention ou en garantie. L'article 10 § 1 de la Convention (Règl. 22 déc. 2000,

1. Civ. 1re, 22 févr. 2000, no 98-12.235, *Bull. civ.* I, no 55.
2. Civ. 1re, 10 mai 2006, no 02-20.272, *Bull. civ.* I, no 221; *Rev. crit. DIP* 2007. 157, obs. Sinay-Cytermann.
3. CJCE 13 déc. 2007, FBTO Schadeverzekeringen c/Jack Odenbreit, aff. C-463/06, *Rec. CJCE* I-8907.
4. V. C. féd. justice (BGH), 6 mai 2008, VI ZR 200/05, *MDR* 2008. 937; *NJW* 2009. 2343 : la victime qui a son domicile dans un État membre peut intenter, devant le tribunal de son domicile, une action directe contre l'assureur à condition qu'une telle action soit recevable et que l'assureur ait son domicile (ou siège social) sur le territoire d'un autre État membre.
5. EN CE SENS, E. Jayme, « *Der Klägergerichtsstand für Direktklagen am Wohnsitz des Geschädigten (Art. 11 Abs. 2 in Verbindung mit Art. 9 EuGVO); Ein Dauergeschenk des EuGH für Opfer von Verkehrsunfällen* », in *Festschrift für Bernd von Hoffmann*, 2011, p. 656 – H.-P. Mansel, K. Thorn et R. Wagner, « *Europäisches Kollisionsrecht 2012 : Voranschreiten des Kodifikationsprozesses – Flickenteppich des Einheitsrechts* », *IPRax* 2013. 24.
6. C. féd. justice (BGH), 23 oct. 2012, VI ZR 260/11.
7. OLG Karlsruhe, 3 févr. 2012, I-3 W 191/11, *IPRax* 2012. *Heft* 3, p. X. Le Tribunal régional supérieur est l'équivalent des cours d'appel françaises en matière civile.

art. 11 § 1 - Règl. 12 déc. 2012, art. 13 § 1) prévoit qu'en matière d'assurance de responsabilité, « *l'assureur peut également être appelé devant le tribunal saisi de l'action de la personne lésée* [Règl. 12 déc. 2012 : victime] *contre l'assuré si la loi de ce tribunal le permet* ». L'hypothèse est celle d'un dommage causé par un assuré; l'assuré est assigné par la victime du dommage; si l'assuré veut appeler en cause son assureur, ce dernier pourra être attrait devant le tribunal saisi de la demande initiale de la victime [1]. Cette solution, logique pour une bonne administration de la justice, peut conduire l'assureur à se défendre dans un État membre alors que l'assuré et lui-même sont domiciliés dans un autre État membre (peut-être dans le même). Toutefois, la Cour de justice a jugé en 2005 [2] qu'un appel en garantie **entre assureurs**, fondé sur un cumul d'assurances, n'est pas soumis aux dispositions de la section 3 du titre II de la convention de Bruxelles de 1968. Cette justification est justifiée par le souci de la protection de l'assuré. Pour une application de la solution de la Cour de justice par la Cour de cassation à la suite du renvoi préjudiciel en interprétation dans l'affaire *GIE Réunion européenne* [3] : l'arrêt de la cour d'appel française, qui avait déclaré les juridictions françaises incompétentes, est cassé pour application de l'article 11 de la convention de Bruxelles et pour avoir exigé un lien de connexité entre la demande originaire et l'appel en garantie, ce qui constitue une condition non prévue à l'article 6 § 2 de la Convention.

La victime peut aussi dans certains cas introduire une **action directe** contre l'assureur **(Conv. Bruxelles, art. 10 § 2 et 3 - Règl. 22 déc. 2000, art. 11 § 2 et 11 § 3 - Règl. 12 déc. 2012, art. 13 § 2 et 13 § 3).** Alors, les compétences établies aux articles 7, 8 et 9 de la Convention (Règl. 22 déc. 2000, art. 8, 9 et 10 - Règl. 12 déc. 2012, art. 10, 11 et 12) sont applicables pour l'action de la victime; ce sera toutefois au droit international privé de l'État dont le tribunal est saisi de dire si une telle action directe est permise. Logiquement, si la loi relative à l'action directe prévoit la mise en cause du preneur d'assurance ou de l'assuré, le même tribunal sera également compétent à leur égard (Conv. Bruxelles, art. 10 § 3 - Règl. 22 déc. 2000, art. 11 § 3 - Règl. 12 déc. 2012, art. 13 § 3).

1. La Cour de justice a jugé (CJCE 13 déc. 2007, FBTO Schadeverzerekingen, aff. C-463/06 [préc. s[s] nº 155.12], *Procédures* févr. 2008, nº 41) que la victime d'un accident de la circulation peut attraire l'assureur de l'auteur devant le tribunal du lieu de son propre domicile dans un État membre, lorsqu'une telle action directe est possible et que l'assureur est domicilié sur le territoire d'un État membre.
2. CJCE 16 mai 2005, GIE Réunion européenne et a. c/Zurich España, S[té] pyrénéenne de transit automobile, aff. C-77/04, *JOUE*, nº C 182, 23 juill., p. 15; *Rev. crit. DIP* 2006. 168, note Sinay-Cytermann.
3. Civ. 1re, 10 mai 2006, nº 01-11.229, *Bull. civ.* I, nº 222; *D.* 2007. 1751, obs. Courbe et Jault-Seseke.

155.15 Validité limitée des clauses de prorogation de compétence. Les clauses attributives de compétence en matière de contrat d'assurance ne sont valables que dans certaines hypothèses précises envisagées par les textes. Les textes ne distinguent pas selon que la clause renvoie aux tribunaux d'un État membre ou d'un État tiers (contrairement à Conv. Bruxelles, art. 17, devenu Règl. 22 déc. 2000, art. 23, texte général en matière de clauses de prorogation de compétence, qui s'applique uniquement aux clauses donnant compétence aux juridictions d'un État membre. Toutefois, le règlement de refonte du 12 décembre 2012, qui entrera en application le 10 janvier 2015, énonce désormais en son article 25 qu'il s'appliquera dès lors que la clause attribuera compétence aux juridictions d'un État membres, « *sans considération* » du domicile des parties, si bien que deux parties domiciliées dans des États tiers pourront voir appliquer le règlement Bruxelles I *bis* à la clause de prorogation de juridiction qu'elles ont conclue dès lors que cette clause donne compétence aux tribunaux d'un État membre). En vertu de l'article 12 de la Convention, 13 du règlement du 22 décembre 2000 et 15 du règlement du 12 décembre 2012, ces clauses sont autorisées si :

- elles sont postérieures à la naissance du différend : le défendeur avait alors connaissance du litige et a pu raisonnablement se méfier suffisamment **(Conv. Bruxelles, art. 12, 1° - Règl. 22 déc. 2000, art. 13, 1° - Règl. 12 déc. 2012, art. 15, 1°)**; il n'a donc pas besoin d'être protégé; il en va de même s'il comparaît volontairement au sens de Conv. Bruxelles, art. 18, Règl. 22 déc. 2000, art. 24, Règl. **12 déc. 2012, art. 26**, ou bien;

- elles permettent au preneur d'assurance, à l'assuré ou au bénéficiaire de saisir d'autres tribunaux que ceux indiqués dans la section 3 (alors, la partie réputée faible dispose d'options encore plus larges que celles que lui ouvrent les textes, la clause est donc en sa faveur - **Conv. Bruxelles, art. 12, 2°- Règl. 22 déc. 2000, art. 13, 2° - Règl. 12 déc. 2012, art. 15, 2°**), ou bien;

- elles sont passées entre un preneur d'assurance et un assureur ayant, au moment de la conclusion du contrat, leur domicile ou leur résidence habituelle dans un même État membre et ont pour effet, alors même que le fait dommageable se produirait à l'étranger, de donner compétence aux tribunaux de cet État (sauf si la loi de cet État interdit de telles conventions, réserve de l'ordre public national; **Conv. Bruxelles, art. 12, 3° - Règl. 22 déc. 2000, art. 13, 3° - Règl. 12 déc. 2012, art. 15, 3°**). Cette exception se justifie par le fait que la juridiction établie comme compétente est la plus proche des deux parties, puisqu'elle est située dans l'État de leur domicile, il ne s'agit donc pas d'un for lointain;

- une clause est également valable si elle a été conclue par un preneur d'assurance qui n'a pas son domicile dans un État membre (Conv. Bruxelles, art. 12, 4° – Règl. 22 déc. 2000, art. 13, 4° – **Règl. 12 déc. 2012, art. 15, 4°**). Il ne doit toutefois pas s'agir d'une assurance obligatoire ni d'une assurance portant sur un immeuble situé dans un État membre (dans ces deux hypothèses, la clause de prorogation de juridiction serait nulle) ;

– enfin, en vertu de l'**article 12, 5° de la Convention (Règl. 22 déc. 2000, art. 13, 5° – Règl. 12 déc. 2012, art. 15, 5°)**, la clause est valable si elle couvre un ou plusieurs des risques énumérés à l'**article 12 *bis* de la Convention (Règl. 22 déc. 2000, art. 14 – Règl. 12 déc. 2012, art. 16)**, qui envisage des cas de « *grande assurance* », c'est-à-dire des hypothèses dans lesquelles les parties sont à égalité et où aucune d'elle ne nécessite dès lors une protection accrue. Il s'agit essentiellement des dommages aux navires de mer, installations en mer et aéronefs, dommages causés par des événements survenus en relation avec leur utilisation à des fins commerciales, ou des dommages aux marchandises durant un transport réalisé par navire ou aéronef. Le texte exclut toutefois systématiquement les clauses de prorogation de compétence lorsque sont en cause des préjudices corporels des passagers ou des dommages relatifs à leurs bagages.

Enfin, la Cour de justice a eu l'occasion de s'exprimer au sujet de l'applicabilité de l'article 24[1] du règlement Bruxelles I (prorogation tacite de compétence – Règl. **12 déc. 2012, art. 26**) dans le cas où les dispositions du règlement Bruxelles I relatives à la compétence juridictionnelle en matière d'assurances (dispositions protectrices de la partie faible) auraient pourtant été applicables. Dans un arrêt *Michal Bilas* du **20 mai 2010**[2], la Cour de justice a considéré qu'alors qu'était applicable l'article 12 du règlement (compétence des tribunaux du domicile du défendeur assuré ou preneur d'assurance, en Slovaquie), la comparution volontaire de ce dernier devant les tribunaux tchèques (lieu du siège social de l'assureur) pour y défendre au fond donnait compétence aux juridictions tchèques « *dès lors que les règles de compétence énoncées à la section 3 du chapitre II du règlement n° 44/2001 ne sont pas des règles de compétence exclusive, le juge saisi, sans que lesdites règles de compétence soient respectées, doit se déclarer compétent lorsque le défendeur comparaît et qu'il ne soulève pas une exception d'incompétence* » (point 26 de l'arrêt), « *une telle comparution constituant une prorogation tacite de compétence* » (point 33). La solution semblait s'imposer au vu du texte de l'article 24, qui n'écarte toute prorogation tacite de compétence par comparution devant une juridiction incompétente que dans les cas de compétence exclusive de l'article 22. Néanmoins, on peut se demander si le défendeur est bien conscient de l'incompétence de la juridiction saisie lorsqu'il défend au fond devant elle[3]. En outre, la rédaction de l'article 24 conduit à interdire au juge saisi en violation des dispositions du règlement protectrices des parties faibles de relever d'office son incompétence[4]. Afin d'éviter que par ce biais, un défendeur partie faible ne perde le bénéfice des règles de compétence protectrices du règlement, le règlement UE n° 1215/2012 du 12 décembre 2012 (Bruxelles I *bis*) a ajouté un paragraphe 2 à son article 26. Ce paragraphe dispose que dans les matières visées aux sections 3, 4 ou 5[5], lorsque le preneur d'assurance, l'assuré, un bénéficiaire du contrat d'assurance, la victime, le consommateur ou le travailleur est le défendeur, avant de se déclarer compétente en vertu du § 1, la juridiction s'assure que le défendeur est informé de son droit de contester la compétence de la juridiction et des conséquences d'une comparution ou d'une absence de comparution. Cette information, que l'arrêt *Michal Bilas* de la Cour de justice déclarait possible (point 32 de l'arrêt) devient donc une obligation pour le juge de l'État membre qui ne serait pas compétent selon les règles protectrices des parties faibles.

SECTION 2
COMPÉTENCE EN MATIÈRE DE CONTRATS CONCLUS AVEC DES CONSOMMATEURS

155.21 **Évolution.** Là aussi, le texte de la convention de Bruxelles avait évolué avec les différentes conventions d'adhésion. Initialement, la protection du consommateur se limitait aux cas de vente à cré-

1. L'article 24 du règlement Bruxelles I (Règl. Bruxelles I *bis*, art. 26 § 1) énonce que, « *outre les cas où sa compétence résulte d'autres dispositions du présent règlement, le juge d'un État membre devant lequel le défendeur comparaît est compétent. Cette règle n'est pas applicable si la comparution a pour objet de contester la compétence ou s'il existe une autre juridiction exclusivement compétente en vertu de l'article 22* ».
2. CJUE 20 mai 2010, Michal Bilas, aff. C-111/09, *D.* 2010. 1492 ; *Rev. crit. DIP* 2010. 575, note Pataut, qui considère à juste titre que la règle de l'article 24 « *ne repose pas sur un introuvable accord des parties; la seule justification convaincante est la même que celle qui a été avancée en droit interne : l'efficacité procédurale* ».
3. EN CE SENS, *Rev. crit. DIP* 2010. 583 s., Pataut.
4. Certes, la Cour de justice ajoute au point 32 de son arrêt qu'« *il est toujours loisible au juge saisi de s'assurer, compte tenu de l'objectif des règles de compétence résultant des sections 3 à 5 du chapitre II de ce règlement qui est d'offrir une protection renforcée de la partie considérée comme la plus faible, de ce que le défendeur attrait devant lui dans ces conditions à pleine connaissance des conséquences de son acceptation de comparaître* », mais on voit mal comment, techniquement, le juge peut le faire dès lors qu'il n'a pas le droit de soulever d'office la question de la compétence !
5. Il s'agit des dispositions relatives aux compétences en matière d'assurance, de contrats conclus par les consommateurs et de contrats individuels de travail.

dit de biens meubles corporels et de prêt destiné à financer une telle vente. Devaient être protégés les consommateurs finaux dont la position de faiblesse par rapport au vendeur est avérée. Les **articles 13 à 15** actuels de la Convention (**section 4 du titre II**) ont élargi les cas de protection des consommateurs, suivant là le grand mouvement général qui traverse l'Europe et qui tend de plus en plus à instaurer un droit spécifique de la consommation. Les **articles 15 à 17 du règlement CE n° 44/2001 du 22 décembre 2000** ont conservé les règles de compétence protectrices du consommateur, tout en apportant certaines modifications dues notamment aux impératifs du commerce électronique. Le **règlement UE n° 1215/2012 du 12 décembre 2012, Bruxelles I *bis* (art. 17 à 19)** a maintenu l'essentiel des règles de compétence énoncées par le règlement CE n° 44/2001 Bruxelles I, mais a réalisé une innovation considérable : il a « *internationalisé* » ou « *universalisé* » les règles de compétence contenues dans la section 4 relative aux contrats conclus par les consommateurs (ainsi que la section 5 concernant les contrats individuels de travail), si bien que le règlement s'appliquera désormais (à compter du 10 janvier 2015) également dans le cas où le défendeur contre lequel le consommateur intente une action en justice est domicilié dans un État tiers. L'article 18 § 1 du nouveau règlement Bruxelles I *bis* énonce en effet que « *l'action intentée par un consommateur contre l'autre partie au contrat peut être portée soit devant les juridictions de l'État membre sur le territoire duquel est domiciliée cette partie, soit,* ***quel que soit le domicile de l'autre partie,*** *devant la juridiction du lieu où le consommateur a son domicile* ».

155.22 Champ d'application de la section 4 du titre II de la Convention (section 4 du chapitre II des règlements). L'article 13 de la Convention (Règl. 22 déc. 2000, art. 15 - Règl. 12 déc. 2012, art. 17), qui définit le consommateur comme « *une personne ayant conclu un contrat pour un usage pouvant être considéré comme étranger à son activité professionnelle* », rappelle tout d'abord - comme cela a été vu aussi en matière de contrat d'assurances - que les articles 4 et 5 § 5 (Règl. 12 déc. 2012, art. 7 § 5) s'appliquent malgré les règles spéciales de compétence énoncées à la section 4. De même, si le cocontractant du consommateur n'a pas de domicile dans un État membre mais y détient une succursale, agence ou autre établissement, il est réputé avoir son domicile dans cet État pour les contestations relatives à l'exploitation. L'arrêt *Benincasa* de la Cour de justice des Communautés européennes (CJCE) du 3 juillet 1997 précise la notion de consommateur à l'occasion d'un litige relatif à un contrat de franchise et en retient une conception stricte[1].

1. CJCE 3 juill. 1997, Francesco Benincasa, aff. C-269/95, *Europe* août-sept. 1997, p. 22.

L'**arrêt *Benincasa* de 1997** portait sur un litige relatif à un contrat de franchise. La société Dentalkit ayant son siège à Florence était opposée à M. Benincasa, ressortissant italien, qui avait conclu avec elle un contrat de franchise en vue de créer et d'exploiter un magasin à Munich. Les parties avaient notamment stipulé la compétence des juridictions de Florence pour connaître de tout litige sur l'interprétation, l'exécution ou d'autres aspects de leur contrat. M. Benincasa créa son magasin, versa la somme initiale stipulée au contrat, puis procéda à plusieurs achats qu'il ne régla pas. Il cessa ensuite son activité. Il saisit le tribunal de Munich pour faire constater la nullité du contrat de franchise et des contrats de vente subséquents. Il invoquait la compétence des tribunaux allemands de Munich en vertu de l'article 5 § 1 de la convention de Bruxelles, car son action en justice tendait à faire constater la nullité de tout le contrat de franchise, y compris la clause attributive de juridiction. Le demandeur faisait également valoir que, n'ayant pas encore commencé ses activités commerciales, il devait être considéré comme un consommateur au sens des articles 13 § 1 et 14 de la Convention. En appel, la cour de Munich posa à la Cour de justice les questions suivantes :

- 1° un demandeur doit-il être considéré comme consommateur lorsque la demande porte sur un contrat qu'il a conclu non pas pour les besoins d'une activité commerciale qu'il exerce déjà, mais en vue d'une activité commerciale future ?

- 2° en cas de réponse positive, l'article 13 § 1 s'applique-t-il aussi à un contrat de franchise comportant pour le demandeur l'obligation d'acheter auprès de son cocontractant (sans convention de prêt à tempérament) durant plusieurs années les marchandises nécessaires à l'exploitation d'un commerce, d'acquitter un droit d'entrée et de verser ensuite une redevance constituant un pourcentage du chiffre d'affaires ?

- 3° le tribunal désigné dans une clause attributive de juridiction est-il exclusivement compétent lorsque l'action vise notamment à faire constater la nullité du contrat contenant ladite clause de prorogation de juridiction ?

La Cour de justice répondit que le consommateur ne pouvait être que « *le consommateur final privé, non engagé dans des activités commerciales ou professionnelles* » (point 15) et qu'« *afin d'établir la qualité de consommateur d'une personne, notion qu'il convient d'interpréter de manière restrictive, il y a lieu de se référer à la position de cette personne dans un contrat déterminé, en rapport avec la nature et la finalité de celui-ci, et non pas à la situation subjective de cette même personne* » (point 16) ; « *seuls les contrats conclus aux fins de satisfaire aux propres besoins de consommation privée d'un individu relèvent des dispositions protectrices du consommateur en tant que partie réputée économiquement plus faible. La protection particulière voulue par ces dispositions ne se justifie pas en cas de contrats ayant comme but une activité professionnelle, fût-elle prévue pour l'avenir, étant donné que le caractère futur d'une activité n'enlève rien à sa nature professionnelle* ». La Cour précisa que la clause attributive de juridiction donnant compétence aux tribunaux de Florence était valable même si l'action visait notamment à faire constater la nullité du contrat contenant ladite clause. La solution contraire reviendrait en effet à compromettre la sécurité juridique puisqu'il suffirait à une partie contractante, pour déjouer l'article 17 de la Convention, d'alléguer la nullité de l'ensemble du contrat pour des raisons tirées du droit matériel applicable (point 29). Cet arrêt *Benincasa* confirme une interprétation sévère et étroite de la notion de consommateur (la Cour de justice emploie de façon erronée l'expression « *interprétation* restrictive » de la notion de consommateur. Une simple interprétation stricte eût suffi).

Ainsi, la Cour de justice a décidé le **14 mars 2013**[1] que lorsqu'un avaliste s'est porté garant pour les obligations de la société dont il est le gérant et dans laquelle il détient une participation majoritaire, cet aval d'une personne physique donné dans le cadre d'un billet à ordre émis afin de garantir les obligations d'une société commerciale, ne saurait être considéré comme ayant été donné en dehors et indépendamment de toute activité ou finalité d'ordre professionnel dès lors que la personne physique présente des liens professionnels étroits avec la société (point 37 de l'arrêt) – tels que la gérance ou une participation majoritaire dans la société. Dès lors, l'avaliste ne saurait être considéré comme un consommateur au sens de l'article 15 § 1 du règlement CE n° 44/2001 du 22 décembre 2000.

La Cour de justice a également jugé que les textes spécifiques relatifs aux contrats conclus par les consommateurs ne s'appliquent pas à un contrat portant sur un bien destiné à un usage en partie professionnel et en partie privé, sauf si l'usage professionnel est marginal au point d'avoir un rôle négligeable dans le contexte global de l'opération en cause, le fait que l'aspect extraprofessionnel prédomine étant sans incidence à cet égard[2]. Il appartient à la juridiction saisie de décider si le contrat en cause a été conclu pour couvrir, dans une mesure non négligeable, des besoins relevant de l'activité professionnelle de la personne concernée ou si, au contraire, l'usage professionnel ne revêtait qu'un rôle insignifiant. À cet effet, il y a lieu pour ladite juridiction de prendre en considération l'ensemble des éléments de fait pertinents résultant objectivement du dossier; en revanche, il ne convient pas de tenir compte de circonstances ou d'éléments dont le cocontractant aurait pu avoir connaissance lors de la conclusion du contrat, sauf si la personne qui invoque la qualité de consommateur s'est comportée de manière telle qu'elle a légitimement pu faire naître l'impression, dans le chef de l'autre partie au contrat, qu'elle agissait à des fins professionnelles.

Les règles spéciales de la section 4 s'appliquent :

– en matière de vente à tempérament d'objets mobiliers corporels;

– en matière de prêt à tempérament ou d'une autre opération de crédit liés au financement d'une vente d'objet mobilier corporel;

La première chambre civile de la Cour de cassation a par exemple statué en 2000 sur des prêts à tempérament ou autres opérations de crédit liés au financement d'une vente d'objets mobiliers corporels, crédit destiné pour moitié au remboursement par anticipation de crédits immobiliers étrangers à l'activité professionnelle de l'emprunteur[3].

– également, selon la convention de Bruxelles, pour tout autre contrat ayant pour objet une fourniture de services ou d'objets mobiliers corporels, dès lors que la conclusion du contrat a été précédée dans l'État du domicile du consommateur d'une proposition spécialement faite ou d'une publicité et que le consommateur a accompli dans cet État les actes nécessaires à la formation du contrat. Ce troisième cas a été modifié par le règlement de 2000 qui énonce, dans son article 15 § 1, c) « *dans tous les autres cas où le contrat a été conclu avec une personne qui exerce des activités commerciales ou professionnelles dans l'État membre sur le territoire duquel le consommateur a son domicile ou qui, par tout moyen, dirige ces activités vers cet État membre ou vers plusieurs États, dont cet État membre, et que le contrat entre dans le cadre de ces activités* ». Le règlement vise ainsi, beaucoup plus largement que la Convention, tout contrat, et les conditions de contrat précédé d'une proposition spécialement faite ou d'une publicité, et d'accomplissement par le consommateur des actes nécessaires à la conclusion du contrat dans l'État, disparaissent. Il suffit désormais que le contrat ait été conclu avec une personne exerçant des activités commerciales ou professionnelles dans l'État membre du domicile du consommateur ou dirigeant ces activités vers cet État. Ainsi a été étendue la protection du consommateur, et ont voulu être englobées les nouvelles formes de commerce (commerce en ligne, dit commerce électronique). Cette nouvelle version incite à se demander dans quelles circonstances il devra être admis que le professionnel dirige ou a dirigé ses activités vers l'État membre du domicile du consommateur. Sera-t-il suffisant qu'il ait ouvert un site Internet accessible de cet État membre ? Certains auteurs en doutent[4], confirmés par l'analyse de la Commission et du Conseil. Il faudrait sans doute que le site invite à la conclusion de contrats à distance et qu'un tel contrat ait effectivement été conclu. Voilà une question que la Cour de justice fut amenée à trancher en 2010.

1. CJUE 14 mars 2013, Ceska spontelna a. s. c/Gerald Feichter, aff. C-419/11.
2. CJCE 20 janv. 2005, Johan Gruber c/Bay Wa AG, aff. C-464/01, *JOUE*, n° C 57, 5 mars, p. 1; *D.* 2006. 1495, obs. Courbe et Jault-Seseke; *Rev. crit. DIP* 2000. 493, obs. J.-M. Jude.
3. Civ. 1re, 18 juill. 2000, n° 98-18.743, *Bull. civ.* I, n° 216; *D.* 2000. 374, obs. Rondey; *Euredia* 2000. 412, note Nourissat.
4. V. G. A. L. Droz et H. Gaudemet-Tallon, « La transformation de la convention de Bruxelles du 27 septembre 1968 en règlement du Conseil concernant la compétence judiciaire, la reconnaissance et l'exécution des décisions en matière civile et commerciale », *Rev. crit. DIP* 2001. 638.

Dans un arrêt du **7 décembre 2010**, *Peter Pammer et Hotel Alpenhof*[1], la Cour a jugé que la simple accessibilité au site Internet d'un commerçant pour le consommateur domicilié dans un autre État membre ne suffit pas à caractériser la notion d'« *activité dirigée vers l'État membre où le consommateur a son domicile* ». Afin de déterminer si un commerçant, dont l'activité est présentée sur son site Internet ou sur celui d'un intermédiaire, peut être considéré comme « *dirigeant* » son activité vers l'État membre sur le territoire duquel le consommateur a son domicile, au sens de l'article 15 § 1, c) du règlement CE n° 44/29001, « *il convient de rechercher si, avant la conclusion éventuelle d'un contrat avec le consommateur, il existait des indices démontrant que le commerçant envisageait de commercer avec des consommateurs domiciliés dans un ou plusieurs États membres, dont celui dans lequel ce consommateur a son domicile, en ce sens qu'il était disposé à conclure un contrat avec ces consommateurs* » (point 76 de l'arrêt). La Cour ajoute que « *ne figure pas au nombre de tels indices, la mention sur un site Internet de l'adresse électronique ou géographique du commerçant non plus que l'indication de ses coordonnées téléphoniques sans préfixe international. En effet, la mention de telles informations n'indique pas que le commerçant dirige son activité vers un ou plusieurs autres États membres, dès lors que ce type d'informations est, en tout état de cause, nécessaire pour permettre à un consommateur domicilié sur le territoire de l'État membre dans lequel est établi ce commerçant d'entrer en relation avec ce dernier* » (point 77); « *parmi les indices permettant de déterminer si une activité est dirigée vers l'État membre sur le territoire duquel le consommateur a son domicile, figurent toutes les expressions manifestes de la volonté de démarcher les consommateurs de cet État membre* » (point 80), et « *au nombre des expressions manifestes d'une telle volonté du commerçant figure la mention selon laquelle ce dernier offre ses services ou ses biens dans un ou plusieurs États membres nommément désignés. Il en va de même de l'engagement de dépenses dans un service de référencement sur Internet auprès de l'exploitant d'un moteur de recherche afin de faciliter aux consommateurs domiciliés dans différents États membres l'accès au site du commerçant, qui démontre également l'existence d'une telle volonté* » (point 81). « *Toutefois, la caractérisation d'une activité « dirigée vers » d'autres États membres ne dépend pas uniquement de l'existence d'indices aussi patents* » (point 82) et « *d'autres indices éventuellement combinés les uns aux autres sont susceptibles de démontrer l'existence d'une activité "dirigée vers" l'État membre du domicile du consommateur.* [...] *Il s'agit de la nature internationale de l'activité en cause, telle que certaines activités touristiques, la mention de coordonnées téléphoniques avec l'indication du préfixe international, l'utilisation d'un nom de domaine de premier niveau autre que celui de l'État membre où le commerçant est établi, par exemple "de" ou encore l'utilisation de noms de domaine de premier niveau neutres tels que ".com" ou ".eu" la description d'itinéraires à partir d'un ou de plusieurs autres États membres vers le lieu de la prestation de service ainsi que la mention d'une clientèle internationale composée de clients domiciliés dans différents États membres, notamment par la présentation de témoignages de tels clients* » (point 83)[2]. Ainsi, la Cour de justice ne se contente pas d'un site Internet passif accessible de l'État membre dans lequel est domicilié le consommateur. Elle écarte la théorie de l'accessibilité pour retenir celle de la focalisation. Il convient de relever des expressions manifestes de la volonté de démarcher les consommateurs de ce pays, ce qui a pu être dénommé un « *ciblage délibéré du pays du consommateur* »[3]. La Cour n'a en revanche pas précisé s'il doit exister un lien de causalité entre le fait de diriger ses activités et la conclusion du contrat; la Cour fédérale de justice allemande a, elle, jugé que cette causalité était nécessaire sous peine de faire perdre tout caractère exceptionnel à l'article 15 § 1, c) du règlement Bruxelles I[4], si bien que cette disposition ne s'applique pas lorsqu'un consommateur en voyage à l'étranger conclut « *par hasard* » un contrat avec une « *entreprise* » et se réclame ensuite du for de son domicile pour intenter une action contre le professionnel.

Ultérieurement ont été posées à la Cour de justice deux questions supplémentaires :

1° celle de savoir si, pour que l'article 15 § 1, c) (Règl. 12 déc. 2012, art. 17 § 1, c) trouve application, il était nécessaire que le contrat entre le consommateur et le professionnel ait été conclu à distance. Le considérant 24 du règlement Rome I relatif à la loi applicable en matière contractuelle, à propos des contrats de consommation, insiste en effet sur la nécessité de cohérence d'interprétation entre le règlement Bruxelles I et le règlement Rome I quant à la notion de consommateur et fait référence à une déclaration conjointe du Conseil et de la Commission relative à l'article 15 du règlement Bruxelles I, selon laquelle « *le simple fait qu'un site Internet soit accessible ne suffit pas pour rendre applicable l'article 15, encore faut-il que ce site Internet invite à la conclusion de contrats à distance et qu'un contrat ait effectivement été conclu à distance, par tout moyen* ».

1. CJUE 7 déc. 2010, Peter Pammer et Hotel Alpenhof, aff. jointes C-585/08 et C-144/09, *JCP* 2011. 226, note crit. d'Avout; *Europe* févr. 2011, n° 96, obs. Idot – M.-E. Pancrazi, « D'utiles précisions sur les critères d'appréciation de la « *direction d'une activité* » vers un État membre », *D.* 2011. 990; S. Leible et M. Müller, « *Die Bedeutung von Websites für die internationale Zuständigkeit in Verbrauchersachen* », *NJW* 2011. 495.

2. En revanche, la langue ou la monnaie utilisée ne constituent pas des éléments pertinents aux fins d'apprécier si une activité est dirigée vers un ou plusieurs autres États membres lorsqu'elles correspondent aux langues habituellement utilisées dans l'État membre à partir duquel le commerçant exerce son activité et à la monnaie de cet État membre. Si, en revanche, le site Internet permet aux consommateurs d'utiliser une autre langue ou une autre monnaie que celles-ci, la langue et/ou la monnaie peuvent être prises en considération et constituer un indice permettant de considérer que l'activité du commerçant est dirigée vers d'autres États membres (point 84 de l'arrêt).
3. *JCP* 2011 227, note d'Avout, qui critique les vices intrinsèques de motivation de l'arrêt de la Cour, mais également ses faiblesses extrinsèques (exploration insuffisante du contexte dans lequel se situe l'article 15 du règlement Bruxelles I, et le résultat pouvant conduire à ce que la protection à l'encontre du professionnel démarchant par Internet soit plus grande dans le cadre des règles ordinaires de compétence que dans celui du système dérogatoire de protection du consommateur). Force est de constater que les objections ici formulées sont convaincantes.
4. C. féd. justice (BGH), 17 sept. 2008, III ZR 71/08, *MDR* 2009. 44.

Dans **l'affaire *Mühlleitner* du 6 septembre 2012**[1], la consommatrice, domiciliée en Autriche, avait consulté un site Internet de vente de véhicules automobiles, puis contacté par téléphone le vendeur (domicilié à Hambourg) et s'était rendue en Allemagne pour signer le contrat de vente et prendre livraison du véhicule. Suite à la constatation de vices graves, l'acheteuse avait saisi les juridictions de son domicile, en Autriche, d'une action en résolution de la vente. La Cour de justice devait donc dire si l'article 15 § 1, c) nécessite, pour son application, que le contrat entre consommateur et professionnel ait été conclu à distance. Elle répondit par la négative : cette disposition « *ne conditionne pas explicitement son application au fait que les contrats soumis à son champ d'application aient été conclus à distance* » (point 35 de l'arrêt). Il suffit que deux conditions spécifiques soient remplies : 1° le commerçant exerce ses activités commerciales ou professionnelles dans l'État membre du domicile du consommateur ou, par tout moyen, dirige ses activités vers cet État membre ou vers plusieurs États, dont cet État membre; 2° le contrat en litige entre dans le cadre de telles activités (point 36). À juste titre, la Cour relève que « *l'adjonction d'une condition liée à la conclusion des contrats de consommation à distance irait à l'encontre de l'objectif poursuivi par cette disposition, dans sa nouvelle formulation moins restrictive, notamment celui de la protection des consommateurs, parties faibles au contrat* » (point 42).

2° celle de savoir s'il doit exister un lien de causalité entre le fait de diriger ses activités et la conclusion du contrat : **le 17 octobre 2013**, dans **l'arrêt *Emrek***[2], la Cour, saisie par une juridiction allemande, jugea que non, car « *l'adjonction de ladite condition non écrite concernant l'existence d'un lien de causalité* [...] *irait à l'encontre de l'objectif poursuivi par cette disposition* [art. 15 § 1, c)], *à savoir celui de la protection des consommateurs, qui sont considérés comme les parties faibles aux contrats conclus par ces derniers avec un professionnel* » (point 24 de l'arrêt). La Cour souligne en outre les problèmes probatoires que pourrait générer cette exigence supplémentaire, en particulier lorsque le contrat n'a pas été conclu à distance par l'intermédiaire du site Internet (point 25), ce qui risquerait de dissuader les consommateurs de saisir les juridictions de leur domicile et, dès lors, affaiblirait leur protection. La Cour précise toutefois que l'existence d'un tel lien causal « *est susceptible de constituer un indice qualifié pouvant être pris en considération par le juge national au moment de déterminer si l'activité est dirigée effectivement vers l'État membre dans lequel le consommateur est domicilié* » (point 26), au même titre que la prise de contact à distance conduisant à ce que le consommateur se trouve contractuellement engagé à distance (point 29). Il incombe donc à la juridiction nationale d'effectuer une appréciation globale des circonstances dans lesquelles le contrat de consommation en cause au principal a été conclu afin de décider si, en fonction de l'existence ou de l'absence d'indices figurant ou non sur la liste non exhaustive établie par la Cour de justice dans l'arrêt *Pammer et Hotel Alpenhof*, l'article 15 § 1, c) est applicable.

Dans le cadre d'une question préjudicielle émanant de *Oberster Gerichtshof* autrichien s'interrogeant sur l'applicabilité de l'article 13 § 3, 5 § 1 ou 5 § 3 à la cause[3], la Cour de justice a précisé en 2002 que l'action juridictionnelle par laquelle un consommateur vise à faire condamner, dans l'État contractant sur le territoire duquel il est domicilié et en application de la législation de cet État, une société de vente par correspondance, établie dans un autre État contractant, à la remise d'un gain (la société lui avait en effet adressé personnellement un envoi de nature à donner l'impression qu'un prix lui serait attribué à condition qu'il commande des marchandises pour un montant déterminé; le consommateur avait passé commande sans pourtant obtenir ledit gain) est de nature contractuelle au sens de l'article 13 § 1, point 3 de la convention de Bruxelles. La Cour considère les conditions de l'article 13 § 1, point 3 comme réunies en l'espèce (contrat ayant pour objet une fourniture de services ou d'objets mobiliers corporels; conclusion du contrat précédée dans l'État du domicile du consommateur d'une proposition spécialement faite ou d'une publicité; accomplissement par le consommateur dans cet État des actes nécessaires à la formation du contrat).

À titre de comparaison, dans une hypothèse similaire mais dans laquelle le consommateur n'avait pas passé commande, tout en réclamant le prix qu'il était censé avoir gagné, la Cour, dans un arrêt du 20 janvier 2005[4], se prononce à nouveau en faveur de la qualification contractuelle de l'action en réclamation de prix, prévue par le droit autrichien et exercée par un consommateur, en estimant que l'action juridictionnelle par laquelle un consommateur vise à faire condamner, en application de la législation de l'État contractant sur le territoire duquel il est domicilié, une société de vente par correspondance, établie dans un autre État contractant, à la remise d'un prix apparemment gagné par lui, est de nature contractuelle, au sens de l'article 5, point 1, de la Convention, à condition que, d'une part, cette société, dans le but d'inciter le consommateur à contracter, ait adressé à ce dernier nominativement désigné un envoi de nature à donner l'impression qu'un prix lui sera attribué dès lors que le « *bon de paiement* » joint à cet envoi est retourné par l'intéressé et que, d'autre part, le consommateur accepte les conditions stipulées par le vendeur et réclame effectivement le versement du gain promis. La Cour ajoute que, « *alors même que ledit envoi comporte en outre un catalogue publicitaire de produits de la même société accompagné d'un formulaire de "demande d'essai sans engagement", la double circonstance que l'attribution du prix ne dépend pas de la commande de marchandises et que le consommateur n'a, en fait, pas passé une telle commande est sans incidence sur l'interprétation susmentionnée* ».

Les deux arrêts précédents, *Gabriel et Engler*, avaient été rendus sur le fondement de la convention de Bruxelles de 1968. Dans un arrêt *Ilsinger* du 14 mai 2009, la Cour,

1. CJUE 6 sept. 2012, Daniela Mühlleitner c/Ahmad Yusufi et Wadat Yusufi, aff. C-190-11, *RLDA* 2012, n° 4280 – EN CE SENS, CJUE 17 oct. 2013, Lokman Emrek c/Vlado Sabranovic, aff. C-218/12, *D.* 2013. 2472.
2. CJUE 17 oct. 2013, Lokman Emrek c/Vlado Sabranovic, aff. C-218/12, *D.* 2013. 2472.
3. CJCE 11 juill. 2002, Rudolf Gabriel, aff. C-96/00, *Rec. CJCE* I-6367.
4. CJCE 20 janv. 2005, Petra Engler c/Janus Versand GmbH, aff. C-27/02, *Rec. CJCE* I-481.

sur le fondement du règlement Bruxelles I, a constaté - de façon très favorable au consommateur - que l'article 15 du règlement (contrat conclu par un consommateur) a un champ plus large que l'article 13 de la convention de Bruxelles et ne s'applique pas uniquement aux contrats synallagmatiques mais également aux contrats unilatéraux : l'article 15 est donc applicable si la société de vente a fait une offre ferme et s'est engagée juridiquement à payer le prix au destinataire, qui doit avoir réclamé ledit prix[1]. En revanche, si la société de vente n'a pas souscrit un tel engagement, l'article 5 § 1 s'applique si la situation peut être qualifiée de « *précontractuelle ou quasi contractuelle* » (arrêt *Ilsinger*, point 57). En cela, la jurisprudence *Jakob Hante* sur les contours de la « *matière contractuelle* » subirait une inflexion, la Cour de justice n'ayant jamais jugé jusque-là qu'une situation précontractuelle ou quasi-contractuelle relevait de l'article 5 § 1[2]. Comme le note justement un auteur[3], une telle affirmation risque de conduire à des incohérences entre le règlement Bruxelles I et les règlements Rome I (loi applicable aux obligations contractuelles) et Rome II (loi applicable aux obligations non contractuelles) (v. s[s] n° 152.22). Comp. les quatre arrêts rendus par la Cour de cassation le 7 mai 2010[4].

La Cour fédérale de justice allemande[5] a jugé, sur le fondement de la convention de Lugano de 1988, que les dispositions relatives au consommateur s'appliquaient également à une action en dommages-intérêts fondée sur le paragraphe 823 alinéa 2 du Code civil allemand (texte de responsabilité délictuelle)[6], une telle action pouvant « *découler d'un contrat* ». Il suffit que la responsabilité soit liée à un contrat et que la demande en justice présente un lien tellement étroit avec ledit contrat qu'elle ne puisse en être détachée.

En revanche, le contrat de transport est expressément exclu du champ d'application de la section 4. Dans le règlement du 22 décembre 2000 - confirmé par le règlement du 12 décembre 2012, art. 17 § 3 - toutefois, ces contrats relèvent de la section 4 s'ils combinent, pour un prix forfaitaire, voyage et hébergement (solution retenue par le règlement afin de contourner, en assurant une protection sur un autre moyen, la jurisprudence *Élisabeth Hacker c/Eurorelais* de 1992, qui refusait d'appliquer l'article 16 § 1 à un contrat passé entre un client et un organisateur de voyages, contrat portant sur la cession de l'usage d'une maison de vacances dans une île des Pays-Bas et sur les réservations pour la traversée en bateau). Il en va de même, logiquement, des contrats d'assurances, puisqu'ils font l'objet d'une section distincte de la Convention. De même, les contrats portant sur des immeubles relèvent exclusivement de l'article 16 de la Convention (devenu Règl. 22 déc. 2000, art. 22) et non de la section 4 relative au contrat conclu par un consommateur.

155.23 Règles de compétence édictées.

• **Si le consommateur est défendeur à l'action**, il ne peut être attrait que devant les juridictions de son domicile (Conv. Bruxelles, art. 14 § 2 - Règl. 22 déc. 2000, art. 16 § 2 - Règl. 12 déc. 2012, art. 18 § 2). Le paragraphe 3 précise toutefois que, en cas de demande reconventionnelle, sera compétent le tribunal qui est saisi de la demande originaire. Là encore, la logique impose cette solution de concentration des compétences. La Cour de justice a précisé le **17 novembre 2011**[7] que si le domicile actuel (au moment de l'action en justice) du consommateur est inconnu et que ledit consommateur, partie à un contrat de prêt immobilier de longue durée, assorti d'une obligation d'informer le cocontractant de tout changement d'adresse, a renoncé à son domicile avant l'introduction de l'action à son encontre pour violation de ses obligations contractuelles, les tribunaux de l'État membre sur le territoire duquel se trouve le dernier domicile du consommateur sont compétents, au titre de l'article 16 § 2 (Règl. 12 déc. 2012, art. 18 § 2) pour connaître de cette action lorsqu'ils ne parviennent pas à déterminer, en application de l'article 59 du règlement, le domicile actuel du défendeur et qu'ils ne disposent pas non plus d'indices probants leur permettant de conclure que celui-ci est effectivement domicilié en dehors du territoire de l'Union européenne.

• **Si le consommateur est demandeur à l'action,** il va bénéficier d'options de compétence (Règl. 22 déc. 2000, art. 16 § 1 - Règl. 12 déc. 2012, art. 18 § 1 - Conv., art. 14 § 1). Il peut agir :

- soit devant le tribunal de l'État membre du domicile du défendeur (règle classique);

- soit devant le tribunal de l'État membre sur le territoire duquel est domicilié le consommateur; on retrouve là la possibilité de saisir le *forum actoris* (for du demandeur), possibilité qui n'est qu'exceptionnelle dans la convention de Bruxelles et le règlement du 22 décembre 2000; cette compétence est disponible, à compter de l'entrée en application le 10 janvier 2015 du règlement de refonte Bruxelles I *bis*, même si le défendeur est domicilié dans un État tiers;

1. C'est au juge national qu'il appartient d'apprécier si un tel engagement existe.
2. EN CE SENS, v. H. Gaudemet-Tallon, *Rev. crit. DIP* 2010. 573.
3. H. Gaudemet-Tallon, préc.
4. *Rev. crit. DIP* 2010. 558, obs. Gaudemet-Tallon; *Rev. crit. DIP* 2010. 785, obs. Sinay-Cytermann - Dans le 4e arrêt, en l'absence de commande du particulier destinataire du courrier le disant gagnant d'un prix (mais en présence d'un engagement juridique de la société de vente), la Cour de cassation applique la jurisprudence *Engler* de la Cour de justice et déclare l'article 5 § 1 applicable alors que, en application du règlement Bruxelles I, la Cour de justice décide dans l'arrêt *Ilsinger* que c'est l'article 15 du règlement et non l'article 5 § 1 qui a vocation à s'appliquer (dans les deux cas, la compétence était alors celle du tribunal du domicile du particulier).
5. C. féd. justice (BGH), 5 oct. 2010, VI ZR 159/09, *NJW* 2011. 532.
6. En Allemagne, même en présence d'un contrat, le cocontractant peut agir sur le fondement délictuel ou contractuel, dès lors que les conditions légales de l'un ou l'autre sont réunies.
7. CJUE 17 nov. 2011, Hypote ni banka a. s. c/Udo Mike Linder, aff. C-327/10, *Rev. crit. DIP* 2012. 411, note Requejo et Cuniberti.

– si le défendeur n'a pas de domicile dans un État membre, il sera réputé domicilié au lieu de la succursale, agence ou autre établissement qu'il possède éventuellement sur le territoire d'un État membre (Conv. Bruxelles, art. 13 § 2 - Règl. 22 déc. 2000, art. 15 § 2 - Règl. 12 déc. 2012, art. 17 § 2).

Sur la question de savoir si les articles 15 et 16 de la convention de Lugano de 2007 (compétence en matière de contrats de consommation) s'appliquent à un litige portant sur un contrat de prêt conclu en Allemagne par deux contractants ayant à l'époque tous deux leur domicile sur le territoire allemand, dès lors qu'au moment de l'introduction de l'action en justice, le défendeur avait désormais son domicile en Suisse, v. la décision du Tribunal régional supérieur (*Oberlandesgericht*) de Munich du **19 juin 2012** [1] : dans la ligne de la jurisprudence de la Cour de justice [2], la juridiction munichoise a jugé suffisant, pour l'application de la convention de Lugano, que le lien d'extranéité, en matière de contrat de consommation, soit né postérieurement à la conclusion du contrat, mais antérieurement à l'introduction de l'action en justice [3].

155.24 Possibilité de déroger aux compétences de la section 4 - Clauses de prorogation de compétence. Les règlements (Règl. 22 décembre 2000, art. 17 - Règl. 12 déc. 2012, art. 19), comme la convention de Bruxelles (art. 15) n'admettent la validité de telles clauses que dans des cas limitatifs :

– lorsqu'elles sont postérieures à la naissance du différend, ou bien;

– lorsqu'elles permettent au consommateur de saisir d'autres tribunaux que ceux indiqués à la section 4, ou encore;

– lorsque, passées entre un consommateur et son cocontractant ayant, au moment de la conclusion du contrat, leur domicile ou leur résidence habituelle dans un même État membre, elles attribuent compétence aux tribunaux de cet État, à condition toutefois que la loi de cet État n'interdise pas de telles clauses (réserve de l'ordre public national de cet État - pour un ex. d'interdiction en France v. C. pr. civ., art. 48 - pour la justification de la validité de la clause attributive de compétence dans ces hypothèses, v. les développements en matière de contrat d'assurances s^s^ n° 155.15).

En ce qui concerne la prorogation de compétence par comparution volontaire du défendeur devant une juridiction d'un État membre non compétente selon les dispositions du règlement (Règl. 22 déc. 2000, art. 24 - Règl. 12 déc. 2012, art. 26), il convient de rappeler qu'afin d'éviter qu'un défendeur partie faible ne perde le bénéfice des règles de compétence protectrices du règlement, le règlement UE n° 1215/2012 du 12 décembre 2012 (Bruxelles I *bis*) a ajouté un paragraphe 2 à son article 26. Ce paragraphe dispose que dans les matières visées aux sections 3, 4 ou 5 [4], lorsque le preneur d'assurance, l'assuré, un bénéficiaire du contrat d'assurance, la victime, le consommateur ou le travailleur est le défendeur, avant de se déclarer compétente en vertu du § 1, la juridiction s'assure que le défendeur est informé de son droit de contester la compétence de la juridiction et des conséquences d'une comparution ou d'une absence de comparution. Cette information, que l'arrêt *Michal Bilas* de 2010 [5] de la Cour de justice déclarait possible (point 32 de l'arrêt) devient donc une obligation pour le juge de l'État membre qui ne serait pas compétent selon les règles protectrices des parties faibles.

SECTION 3

COMPÉTENCE EN MATIÈRE DE CONTRATS INDIVIDUELS DE TRAVAIL (RÈGL. CE N° 44-2001, 22 DÉC. 2000, ART. 18 À 21 – RÈGL. UE N° 1215/2012, 12 DÉC. 2012, ART. 20 À 23)

155.31 Règles de compétence. Le règlement CE n° 44/2001 du 22 décembre 2000 a instauré une section 5 consacrée à la compétence en matière de contrats individuels de travail (Règl. 22 déc. 2000, art. 18 à 21 - Règl. 12 déc. 2012, art. 20 à 23), sans préjudice de l'article 4 et de l'article 5 § 5 (Règl. 12 déc. 2012, art. 6 et 7 § 5).

Les textes énoncent que, lorsque le contrat de travail est souscrit avec un employeur non domicilié dans un État membre, mais qui y possède une succursale, une agence ou tout autre établissement, l'employeur est considéré, pour les contestations relatives à leur exploitation, comme ayant son domicile dans un État membre (Règl. 22 déc. 2000, art. 18 § 2 - Règl. 12 déc. 2012, art. 20 § 2) [6]. Cette même présentation a été reprise par la convention de Lugano révisée en 2007.

1. OLG Munich, 19 juin 2012, 5 U 1150/12, RIW 2012. 635; *IPRax* 2012. Heft 5, p. XII.
2. CJUE 17 nov. 2011, Hypotechni Banka a. s. c/Udo Mike Lindner, aff. C-327/10.
3. Approuvant cette solution comme « appropriée » (sachgerecht), v. H.-P. Mansel, K. Thorn et R. Wagner, « *Europäisches Kollisionsrecht 2012 : Voranschreiten des Kodifikationsprozesses – Flickenteppich des Einheitsrechts* », *IPRax* 2013. 24.
4. Il s'agit des dispositions relatives aux compétences en matière d'assurance, de contrats conclus par les consommateurs et de contrats individuels de travail.
5. CJUE 20 mai 2010, Michal Bilas, aff. C-111/09, *D.* 2010. 1492; *Rev. crit. DIP* 2010. 575, note Pataut – V. s^s^ n° 155.15.
6. Selon la Cour de justice (CJUE 19 juill. 2012, Ahmed Mahamdia c/République algérienne démocratique et populaire, aff. C-154/11, *Rev. crit. DIP* 2013. 217, note Pataut), l'ambassade d'un État tiers située sur le territoire d'un État membre, constitue un « établissement » au sens de l'article 18 § 2 du règlement Bruxelles I, dans un litige relatif à un contrat de travail conclu par l'ambassade au nom de l'État accréditant, lorsque les fonctions accomplies par le travailleur ne relèvent pas de l'exercice de la puissance publi- ▶

155.32 Action contre l'employeur ayant son domicile sur le territoire d'un État membre : l'employeur peut être attrait :

- devant les tribunaux de l'État où il a son domicile, ou

- dans un autre État membre :

a) devant le tribunal du lieu où le travailleur accomplit habituellement son travail ou devant le tribunal du dernier lieu où il a accompli habituellement son travail, ou;

b) lorsque le travailleur n'accomplit pas ou n'a pas accompli habituellement son travail dans un même pays, devant le tribunal du lieu où se trouve ou se trouvait l'établissement qui a embauché le travailleur.

Il s'agit là d'une présentation nouvelle et rassemblée des règles que contient l'article 5 § 1 *in fine* de la convention de Bruxelles. Il n'y a pas eu de changement dans la teneur de la réglementation.

155.33 Action contre l'employeur n'ayant pas son domicile sur le territoire d'un État membre : innovation réalisée par le règlement UE n° 1215/2012 du 12 décembre 2012, Bruxelles I *bis*, art. 21 § 2[1]. Le règlement Bruxelles I du 22 décembre 2000 énonçait déjà (art. 18 § 2) que lorsque le contrat de travail est souscrit avec un employeur non domicilié dans un État membre, mais qui y possède une succursale, une agence ou tout autre établissement, l'employeur est considéré, pour les contestations relatives à leur exploitation, comme ayant son domicile dans un État membre. Cette extension du champ d'application du règlement est maintenue par le règlement de refonte, Bruxelles I *bis*, dans son article 20 § 2. Ce texte ajoute, de manière novatrice, une disposition internationalisant (universalisant) l'application du règlement dans le cas où l'employeur est domicilié dans un État tiers : il « *peut être attrait devant les juridictions d'un État membre conformément au paragraphe 1, point b* » (art. 21 § 2). Cela renvoie, dans cette hypothèse d'action intentée par le travailleur contre l'employeur, à l'application des mêmes règles de compétence que si l'employeur était domicilié dans un État membre : compétence, dans un État membres, des juridictions du lieu où ou à partir duquel le travailleur accomplit habituellement son travail ou devant la juridiction du dernier lieu où il a accompli habituellement son travail. Lorsque le travailleur n'accomplit pas ou n'a pas accompli son travail dans un même pays, compétence de la juridiction du lieu où se trouve ou se trouvait l'établissement qui a embauché le travailleur.

Il ne semble toutefois pas que cette extension ait une influence sur l'application dans l'espace des clauses attributives de juridiction insérées dans les contrats de consommation ou les contrats de travail. L'article 6 du règlement Bruxelles I *bis* renvoie aux règles nationales de droit international privé des États membres lorsque le défendeur est domicilié dans un État tiers et contient une liste limitative d'exceptions à ce principe. Il ne vise pas les articles 19 et 23 relatifs aux clauses de prorogation de for dans les contrats de consommation ou de travail. Dès lors, il semble raisonnable d'en déduire que les dispositions du règlement Bruxelles I *bis* relatives à de telles clauses demeurent soumises au principe de domicile du défendeur dans un État membre[2] mais peuvent tout à fait, si cette condition est remplie, donner compétence aux juridictions d'un État tiers[3].

155.34 Jonction des actions contre les co-employeurs. La Cour de justice avait jugé, le **22 mai 2008**[4], que faute d'un renvoi à l'article 6 prévoyant la possibilité de joindre les actions contre les codéfendeurs, l'autonomie de la section 5 relative aux contrats individuels de travail ne permettait pas d'appliquer ledit article 6 à une action intentée par le travailleur contre ses co-employeurs, ce qui obligeait la partie faible à diviser ses recours et à saisir des juridictions d'États membres différents. Le règlement de refonte UE n° 1215/2012 du 12 décembre 2012 (Bruxelles I *bis*), qui entrera en application le 10 janvier 2015, a remédié à cette lacune dans son arti-

► que. Il appartient donc à la juridiction nationale saisie de déterminer la nature exacte des fonctions exercées par le travailleur. Pour arriver à cette solution, la Cour reprend les critères de l'établissement qu'elle avait posés dans l'arrêt Somafer du 22 nov. 1978, aff. 33/78, *Rec. CJCE* 2183 : l'existence d'un centre d'opérations qui se manifeste de façon durable vers l'extérieur, et un litige concernant soit des actes relatifs à l'exploitation, soit des engagements pris par l'établissement au nom de la maison mère. La Cour estime ces deux conditions réunies. Elle rappelle en outre que l'immunité juridictionnelle des États n'est pas absolue, qu'elle n'est en général reconnue que lorsque le litige concerne des actes de souveraineté accomplis jure imperii et qu'elle est en principe exclue si le recours juridictionnel porte sur des actes accomplis jure gestionis, qui ne relèvent pas de la puissance publique (point 55 de l'arrêt).

1. Pour une analyse de l'internationalisation du règlement Bruxelles I *bis* au profit de la partie faible salarié ou consommateur, v. P. Deumier, M. Laazouzi et E. Treppoz, « Le règlement Bruxelles I *bis* et la géométrie dans l'espace », *RDC* 2013. 1044 s.

2. DANS LE MÊME SENS, P. Deumier, M. Laazouzi et E. Treppoz, préc., p. 1045.

3. CJUE 19 juill. 2012, Ahmed Mahamdia c/République algérienne démocratique et populaire, aff. C-154/11, *JDI* 2012. 24, note El Sawah; *Procédures* 2012. Comm. 282, obs. Nourissat; *RDT* 2012. 588, obs. Jault-Seseke.

4. CJCE 22 mai 2008, GlaxoSmithKline c/Rouard, aff. C-462/06, *Europe* 2008. Comm. 250, obs. Idot; *Procédures* 2008. Comm. 208, obs. Nourissat; *Rev. crit. DIP* 2008. 847, note Jault-Seseke; *RDC* 2009. 221, obs. Deumier; *RDT* 2008. 747, note Pataut.

cle 20 § 1, qui fait expressément référence à l'article 8 § 1 (compétence en cas de codéfendeurs).

Pour un arrêt de la Cour de cassation appliquant le concept de co-employeurs, v. un arrêt de la Cour de cassation du **30 novembre 2011**[1] : il résulte de l'article 19 du règlement CE n° 44/2001 du Conseil du 22 décembre 2000 que l'employeur ayant son domicile dans le territoire d'un État membre peut être attrait dans un autre État membre, notamment devant le tribunal du lieu où le travailleur accomplit habituellement son travail; que selon l'interprétation faite par la Cour de justice des dispositions de la convention de Bruxelles du 27 septembre 1968, qui est transposable pour l'application de l'article 19 du règlement CE n° 44/2001, l'employeur est défini comme la personne pour le compte de laquelle le travailleur accomplit pendant un certain temps, en sa faveur et sous sa direction, des prestations en contrepartie desquelles elle verse une rémunération. La cour d'appel a constaté qu'il existait entre les sociétés composant le groupe Jungheinrich une unité de direction sous la conduite de la société Jungheinrich AG, que les décisions prises par cette dernière avaient privé la société MIC de toute autonomie industrielle, commerciale et administrative, au seul profit de la société mère du groupe, que celle-ci avait repris tous les brevets, marques et modèles de la société MIC et bénéficié de licences d'exploitation, que les choix stratégiques et de gestion de la société d'Argentan étaient décidés par la société Jungheinrich AG, laquelle assurait également la gestion des ressources humaines de la filiale et avait imposé la cessation d'activité, en organisant le licenciement des salariés et en attribuant elle-même une prime aux salariés de la société MIC. Le dirigeant de la société MIC ne disposait plus d'aucun pouvoir effectif et était entièrement soumis aux instructions et directives de la direction du groupe, au seul profit de celui-ci. La cour d'appel a pu en déduire qu'il existait ainsi, entre la société MIC (française) et la société Jungheinrich (allemande) une confusion d'activités, d'intérêts et de direction conduisant cette dernière à s'immiscer directement dans la gestion de la société MIC et dans la direction de son personnel. N'est donc pas fondé le moyen faisant grief à l'arrêt d'avoir rejeté l'exception d'incompétence opposée par la société allemande et d'avoir retenu sa qualité de co-employeur.

155.35 Action contre le travailleur. Elle ne peut être portée par l'employeur que devant les tribunaux de l'État membre du domicile du travailleur (Règl. 22 déc. 2000, art. 20 § 1).

Toutefois, ces règles de compétence ne portent pas atteinte au droit d'introduire une demande reconventionnelle devant le tribunal qui est saisi de la demande originaire selon les règles de cette section 5 du chapitre II du règlement.

Dans un **arrêt du 27 mai 2008**, *Glaxosmithkline, Laboratoires Glaxosmithkline*[2], la Cour de justice était questionnée par la Cour de cassation française sur le point de savoir si un travailleur, qui agissait contre deux sociétés appartenant au même groupe (l'une ayant son siège statutaire en France, l'autre au Royaume-Uni) en vue d'obtenir des indemnités de licenciement et des dommages-intérêts, pouvait, sur le fondement de l'article 6 § 1, assigner les deux sociétés devant le tribunal du siège de l'une d'elles, ce qui revenait à écarter la section 5 relative à la compétence juridictionnelle en cas de litige relatif à un contrat individuel de travail. En l'espèce, le travailleur prétendait que les deux sociétés avaient été ses coemployeurs. La Cour de justice jugea que l'interprétation littérale de la section 5 conduisait à considérer que cette section excluait tout recours à l'article 6 § 1, ce qui est corroboré par les travaux préparatoires au règlement Bruxelles I. Dès lors, les règles de compétence spéciales du règlement étant d'interprétation stricte, il convient de décider que l'article 6 § 1 ne peut trouver à s'appliquer à un litige relevant de la section 5 du chapitre II du règlement.

155.36 Clauses de prorogation de compétence. Les conventions attributives de juridiction dans les contrats de travail (Conv. Bruxelles, art. 17, dern. § – Règl. 22 déc. 2000, art. 21 – Règl. 22 déc. 2000, art. 23) ne sont valables que dans deux hypothèses :

– lorsqu'elles sont postérieures à la naissance du différend;

– ou lorsqu'elles permettent au travailleur de saisir d'autres tribunaux que ceux qui sont indiqués dans la section relative à la compétence juridictionnelle en matière de contrats individuels de travail.

Dans un arrêt du **19 juillet 2012,** *Mahamdia*[3], la Cour de justice a précisé qu'une convention attributive de compétence contenue dans un contrat de travail et conclue antérieurement à la naissance du différend, relève de l'article 21 § 2 du règlement Bruxelles I dans la mesure où elle offre la possibilité au travailleur de saisir, en sus des juridictions normalement compétentes en application des règles spéciales des articles 18 et 19 du règlement, d'autres juridictions, y compris, le cas échéant, des juridictions situées en dehors de l'Union européenne. Très clairement, la Cour énonce que lorsque la clause de prorogation de for est stipulée avant la naissance du litige, au regard de la finalité de l'article 21 du règlement Bruxelles I, il faut considérer que la clause « *attribue la compétence pour juger de l'action introduite par le tra-*

1. Soc. 30 nov. 2011, n° 10-22.964, *Bull. civ.* V, n° 284; *D.* 2011. 3004 – V. AUSSI, G. Dedessus Le Moustier, « Qualification de co-employeur et application des règles de compétence prévues par le règlement Bruxelles I », *JCP* 2012, n° 110, p. 201.

2. CJCE 27 mai 2008, Glaxosmithkline, Laboratoires Glaxosmithkline, aff. C-462/06, http://curia.europa.eu

3. CJUE 19 juill. 2012, Ahmed Mahamdia c/République algérienne démocratique et populaire, aff. C-154/11, *JDI* 2012. 24, note El Sawah; *Procédures* 2012. Comm. 282, obs. Nourissat; *RDT* 2012. 588, obs. Jault-Seseke.

*vailleur à des fors qui s'ajoutent à ceux prévus par les articles 18 et 19 du règlement n*o *44/2001. Cette convention a donc pour effet non pas d'exclure la compétence de ces derniers, mais d'élargir la possibilité du travailleur de choisir parmi plusieurs juridictions compétentes* » (point 62 de l'arrêt).

CHAPITRE

156. Compétence en matière de mesures provisoires et conservatoires

FRÉDÉRIQUE FERRAND
Professeur à l'Université Jean-Moulin (Lyon 3)
et à l'Université d'Augsbourg

SECTION 0
ORIENTEUR

156.00 **Plan du chapitre.**

156.01 **Textes applicables.**

Conv. Bruxelles, art. 24.

Règl. CE n° 44/2001, 22 déc. 2000, dit « Bruxelles I », du Conseil, sur la compétence judiciaire, la reconnaissance et l'exécution des décisions en matière civile et commerciale, art. 31, *JOCE*, n° L 12, 16 janv. 2001, p. 1.

À compter du 10 janvier 2015 :

Règl. UE n° 1215/2012, 12 déc. 2012, dit « Bruxelles I *bis* », du Parlement européen et du Conseil, concernant la compétence judiciaire, la reconnaissance et l'exécution des décisions en matière civile et commerciale, art. 10 à 23, *JOUE*, n° L 351, 20 déc., p. 1.

La **section 9** du titre II relatif à la compétence dans la convention de Bruxelles et le chapitre II, section 10 du règlement CE n° 44/2001, Bruxelles I sont spécialement consacrés aux mesures provisoires et conservatoires. L'article 24 de la Convention et l'article 31 du règlement Bruxelles I (Règl. UE n° 1215/2012, 12 déc. 2012, art. 35) énoncent que : « *Les mesures provisoires ou conservatoires prévues par la loi d'un État membre peuvent être demandées aux autorités judiciaires de cet État, même si en vertu du présent règlement, une juridiction d'un autre État membre est compétente pour connaître du fond* ». Le règlement de refonte UE n° 1215/2012 du 12 décembre 2012, Bruxelles I *bis*, modifie légèrement la formulation sans que le sens en soit transformé : « *Les mesures provisoires ou conservatoires prévues par la loi d'un État membre peuvent être demandées aux juridictions de cet État, même si les juridictions d'un autre État membre sont compétentes pour connaître du fond* ».

Il va sans dire que cet article ne saurait s'appliquer que dans les matières qui relèvent du domaine de la Convention ou du règlement. Il permet à la partie demandant la mesure de saisir d'autres juridictions que celles qui seraient compétentes pour connaître de l'instance au fond. Peuvent en effet être saisis les tribunaux d'un État membre dont le droit prévoit lesdites mesures conservatoires ou provisoires, ce qui permettra au demandeur de saisir une juridiction plus proche que celle qui serait compétente sur le fond de l'affaire. Cet article présente des dangers dans la mesure où, comme c'est souvent le cas en France en matière de référé-provision (ordonnance bénéficiant de l'exécution immédiate de droit), l'instance ordonnant une mesure provisoire peut rendre inutile une instance au fond et conduire ainsi, par le biais d'une instance ne tendant qu'à une mesure provisoire ou conservatoire, à écarter les règles de compétence édictées par la Convention pour les instances au fond.

SECTION 1
CONTOURS DE LA NOTION DE « MESURE PROVISOIRE OU CONSERVATOIRE »

156.11 **Contours de la notion de « mesure provisoire ou conservatoire ».** Dans un arrêt ***Mario Reichert c/Dresdner Bank AG* du 26 mars 1992,** la Cour de justice a défini les contours du concept auquel font référence l'article 24 de la Convention et l'article 31 du règlement[1].

En l'occurrence, la banque allemande avait intenté une action paulienne (C. civ., art. 1167) tendant à se voir déclarer inopposable un acte de donation passé sur des immeubles sis en France par les époux Reichert en faveur de leur fils. La Dresdner Bank faisait valoir que cette action avait pour objet de donner une garantie provisoire au créancier et constituait ainsi une « *mesure conservatoire* »

1. CJCE 26 mars 1992, Mario Reichert contre la Dresdner Bank AG, aff. C-261/90, *Rec. CJCE* 2149.

au sens de l'article 24 de la Convention. La Cour répondit qu'une telle action « *n'a pas pour objet de maintenir une situation de fait ou de droit de manière à sauvegarder des droits dont la reconnaissance est, par ailleurs, demandée au juge du fond, mais qu'elle tend à modifier la situation juridique d'un bien* » (point 31); elle ajouta qu'« *il y a lieu d'entendre par mesures provisoires ou conservatoires au sens de l'article 24 les mesures qui, dans les matières relevant du champ d'application de la Convention, sont destinées à maintenir une situation de fait ou de droit afin de sauvegarder des droits dont la reconnaissance est par ailleurs demandée au juge du fond* » (point 34).

Cette définition permet de s'interroger sur l'appartenance du référé-provision du droit français, par lequel le juge peut accorder au demandeur jusqu'à 100 % du montant de sa créance, aux mesures provisoires au sens de l'article 24 de la Convention ou 31 du règlement. Cette question a fait l'objet d'une clarification par la Cour de justice dans l'arrêt *Van Uden*[1]. L'arrêt de la Cour de justice énonce qu'un paiement à titre de provision ne constitue pas une mesure provisoire au sens de l'article 24 de la Convention, à moins que, d'une part, le remboursement au défendeur ne soit garanti dans l'hypothèse où le demandeur n'obtiendrait pas gain de cause au fond et, que d'autre part, la mesure sollicitée ne porte que sur des avoirs déterminés du défendeur, se situant ou devant se situer dans la sphère de compétence territoriale du juge saisi (pour une application de cette jurisprudence v. une affaire dans laquelle la cour d'appel de Paris avait confirmé l'ordonnance du juge des référés du tribunal de commerce, qui s'était déclaré compétent pour prononcer une condamnation au paiement d'une provision à l'encontre d'une société portugaise sise à Lisbonne, en considérant que la provision constituait une mesure provisoire au sens de l'article 24 de la convention de Bruxelles. Censure de la Cour de cassation, car la cour d'appel n'avait pas recherché si la condamnation à la provision sollicitée pouvait être exécutée en France[2]).

Dans l'arrêt *Van Uden* de 1998, la Cour de justice avait à connaître d'un certain nombre de questions préjudicielles posées par le Hoge Raad néerlandais (équivalent de notre Cour de cassation)[3]. Après avoir rappelé qu'une juridiction compétente pour connaître du fond d'une affaire selon les dispositions de la convention de Bruxelles reste compétente pour ordonner les mesures provisoires ou conservatoires qui s'avèrent nécessaires, la Cour aborde l'article 24 qui permet à une juridiction d'ordonner de telles mesures même si elle n'est pas compétente au fond. En l'occurrence, les parties avaient conclu une convention d'arbitrage, ce qui excluait la compétence des tribunaux étatiques pour connaître du fond du litige. La Cour de justice considère donc que les juridictions étatiques ne peuvent être dans ce cas habilitées à ordonner des mesures provisoires qu'en vertu de l'article 24. Les mesures provisoires sollicitées en l'espèce n'ayant pas pour objet de mettre en œuvre une procédure d'arbitrage, mais étant adoptées parallèlement à celle-ci, leur appartenance au champ d'application de la Convention devait être appréciée en fonction de la nature des droits dont elles assurent la sauvegarde. Si l'objet des mesures provisoires relève du domaine matériel d'application de la Convention, ces dernières peuvent être ordonnées sur le fondement de l'article 24. L'article 24 peut ainsi fonder la compétence du juge des référés même si une procédure au fond est déjà engagée et même si cette procédure doit se dérouler devant des arbitres. La Cour rappelle ensuite ce qu'est une mesure provisoire ou conservatoire, reprenant la définition de l'arrêt *Reichert* (mesures qui, dans les matières relevant du champ d'application de la Convention, sont destinées à maintenir une situation de fait ou de droit afin de sauvegarder des droits dont la reconnaissance est par ailleurs demandée au juge du fond). La Cour de justice exige qu'il existe un lien de rattachement réel entre l'objet des mesures sollicitées et la compétence territoriale de l'État contractant du juge saisi (la mesure provisoire ne peut porter que « *sur des avoirs déterminés du défendeur se situant ou devant se situer dans la sphère de compétence territoriale du juge saisi* »). Enfin, la Cour répond à la question de savoir si une ordonnance de référé ordonnant le paiement d'une contre prestation contractuelle peut être considérée comme une mesure provisoire au sens de l'article 24. Elle affirme de façon restrictive (point 47) que « *le paiement à titre de provision d'une contre-prestation contractuelle ne constitue pas une mesure provisoire au sens de cette disposition à moins que, d'une part, le remboursement au défendeur de la somme allouée ne soit garanti dans l'hypothèse où le demandeur n'obtiendrait pas gain de cause au fond de l'affaire et, d'autre part, la mesure sollicitée ne porte que sur des avoirs déterminés du défendeur se situant, ou devant se situer, dans la sphère de compétence territoriale du juge saisi* ». L'arrêt *Bachy* de 1999 rendu par la Cour de cassation reprend cette formule de principe. On constate que l'ordonnance de référé-provision du droit français ne relève donc pas des mesures provisoires au sens de l'article 24 de la Convention ou 31 du règlement Bruxelles I (Règl. Bruxelles I *bis*, art. 35), puisqu'elle ne remplit pas les deux conditions cumulatives exigées par la jurisprudence européenne[4].

La Cour de justice a également jugé[5] que ne relève pas de la notion de « *mesures provisoires ou conservatoires* »

1. CJCE 17 nov. 1998, Van Uden c/Deco-Line, aff. C-391/95, *JDI* 1999. 613, note Huet; *Rev. arb.* 1999. 152, note Gaudemet-Tallon.
2. Civ. 1re, 13 avr. 1999, no 97-17.626, *Bull. civ.* I, no 133; *D.* 1999. IR 128; *D.* 1999. 545, note Vuitton; *Rev. crit. DIP* 1999. 352, obs. Normand; *Procédures* 1999, no 10, p. 6, note Richerme-Bally.
3. POUR DES COMMENTAIRES, v. *D.* 2000. 378, note Cuniberti; *JDI* 1999. 613, note Huet; *Rev. arb.* 1999. 152, note Gaudemet-Tallon – F. Richerme-Bally, « Les mesures provisoires ou conservatoires selon la Cour de justice des Communautés européennes », *Procédures* oct. 1999, p. 6 – A. Schulz, « *Einstweilige Massnahmen nach dem Brüsseler Gerichtsstands – und Vollstreckungsübereinkommen in der Rechtsprechung des Gerichtshofes der Europäischen Gemeinschaften* », *ZEuP* 2001. 805.
4. Sur la jurisprudence française antérieure à ces deux arrêts de la Cour de justice v. J. Normand, *Rev. crit. DIP* 1999. 357 s.
5. CJCE 28 avr. 2005, St. Paul Dairy Industries NV c/Unibel Exser BVBA, aff. C-104/03, *Rec. CJCE* I-3481.

une mesure ordonnant l'audition d'un témoin dans le but de permettre au demandeur d'évaluer l'opportunité d'une action éventuelle, de déterminer le fondement d'une telle action et d'apprécier la pertinence des moyens pouvant être invoqués dans ce cadre. En effet, en l'absence de toute autre justification que l'intérêt du demandeur, l'octroi d'une telle mesure ne répond pas à la finalité de la compétence dérogatoire prévue à l'article 24 de la Convention (Règl. 22 déc. 2000, art. 31), qui est d'éviter aux parties un préjudice résultant de la longueur des délais inhérente à toute procédure internationale et de maintenir une situation de fait ou de droit afin de sauvegarder des droits dont la reconnaissance est par ailleurs demandée au juge du fond.

Pour des illustrations diverses de l'application ou non de l'article 24 de la convention de Bruxelles : selon la Cour de cassation, la cour d'appel a fait une exacte application de l'article 24 dès lors qu'elle a souverainement relevé que l'accident d'aviation était survenu en Angleterre, où des investigations devraient avoir lieu et qu'il n'était pas allégué que l'aéronef en cause se trouvât en France, non plus que les pièces utiles à l'expertise, de sorte que le lien de rattachement exigé entre la mesure demandée et le tribunal français saisi n'existait pas en l'espèce, ce qui justifiait la décision d'incompétence : application par la Cour de cassation de la jurisprudence *Van Uden* qui exige un rattachement entre le for et l'objet de la mesure demandée[1]. L'article 24 de la convention de Bruxelles a vocation à s'appliquer même en présence d'une clause compromissoire; est ainsi compétent le juge français des référés pour étendre à une société anglaise une mesure probatoire et conservatoire d'expertise *in futurum* sur des marchandises se trouvant en France, sans que l'urgence ne soit exigée, conformément à l'article 145 C. pr. civ.; une clause compromissoire qui soumet aux juridictions anglaises toute difficulté liée à la mise en œuvre de l'arbitrage n'a pas réservé à l'arbitrage les mesures provisoires ou conservatoires[2].

Sur le fait que l'article 22 § 4 du règlement Bruxelles I (compétence exclusive, en matière d'inscription ou de validité de brevets, marques, dessins et modèles et autres droits analogues donnant lieu à dépôt ou enregistrement, aux juridictions de l'État membre sur le territoire duquel le dépôt ou enregistrement a été demandé, effectué ou est réputé effectué) ne s'oppose pas à l'application de l'article 31 du règlement (procédure visant à obtenir une mesure provisoire fondée sur un brevet étranger, telle qu'une interdiction provisoire de contrefaçon transfrontalière), v. l'arrêt de la CJUE du 12 juillet 2012, *Solvay SA c/ Honeywell Fluorine Products Europe BV*[3]. Par cette affirmation, la Cour de justice revient quelque peu sur son arrêt *GAT* du 23 juillet 2006[4]. Elle admet que la compétence exclusive de l'article 22 § 4 puisse être remise en cause par le jeu de l'article 31, à condition que la décision prise par le juge du provisoire ne préjuge pas de la décision qui sera prise sur le fond par la juridiction exclusivement compétente sur le fondement de l'article 22 § 4. Le juge saisi d'une demande de mesure provisoire devra donc, selon la Cour de justice, évaluer comment le juge du fond statuerait sur la validité du brevet. Il devra refuser d'ordonner la mesure provisoire s'il considère qu'il existe une chance raisonnable et non négligeable que le brevet soit annulé par la juridiction compétente sur le fondement de l'article 22 § 4.

Sur la question de l'autorité de chose jugée d'une décision provisoire, v. l'arrêt de la Cour de cassation du **8 mars 2011**, *Société Bénéteau Entreprises Corporation c/Société Panagia Odigitria*[5] et M. Nioche[6].

SECTION 2
DOCTRINE

156.21 Doctrine. Face à ces incertitudes, certains auteurs ont proposé d'ajouter au texte de l'article 24 (ou à l'article 31 du règlement) deux conditions qui n'y figurent pas expressément : d'abord celle de l'urgence[7], ensuite celle selon laquelle le tribunal d'un État membre ne pourrait se prononcer sur une mesure provisoire ou conservatoire sur le fondement de l'article 24 que si sa décision pouvait ensuite être exécutée sans nécessité d'un *exequatur* (cela exclurait par ex. la compétence d'un tribunal français, même si la loi française admettait cette compétence, pour prononcer une mesure provisoire ou conservatoire exécutoire sur le territoire d'un autre État membre, l'Espagne par ex., ce qui supposerait que l'ordonnance rendue en France fasse l'objet d'une procédure d'*exequatur*, même simplifiée). Il semble bien nécessaire de faire une interprétation stricte de l'article 24

1. Civ. 1re, 11 déc. 2001, n° 00-1847, *Bull. civ.* I, n° 313; *Dr. et proc.* 2002. 130; *JCP* 2002. II. 10106, obs. du Rusquec; *Rev. crit. DIP* 2002. 371, note Muir Watt; *JDI* 2003. 152-157, note Huet.
2. Versailles, 29 juin 2000, RG n° 99/04069, *D.* 2002. Somm. 1390, obs. Audit.
3. CJUE 12 juill. 2012, Solvay SA c/Honeywell Fluorine Products Europe BV, aff. C-616/10, *Procédures* 2012. Comm. 281, obs. Nourissat.
4. CJCE 13 juill. 2006, Gesellschaft für Antriebstechnik (GAT) c/ Lamellen und Kupplungsbau Beteiligungs KG, aff. C-4/03, *Procédures* 2007. Comm. 188, obs. Nourissat.
5. Com. 8 mars 2011, n° 09-13.830, Sté Bénéteau Ent. Corp. c/ Sté Panagia Odigitria, *JDI* 2011. 631, note Cuniberti. La Cour de cassation, dans une affaire dans laquelle une société reprochait à la cour d'appel d'avoir ordonné la mainlevée d'une saisie conservatoire sur un navire au motif qu'une saisie conservatoire du même navire avait déjà été annulée par les juridictions grecques, affirme que « *saisie d'une demande de mesure conservatoire préalablement rejetée par une décision rendue dans un autre État membre, qu'elle était tenue de reconnaître en vertu de l'article 33, paragraphe 1, du règlement UE n° 44/2001 du 22 décembre 2000, dit Bruxelles I, c'est à bon droit que la cour d'appel, refusant de substituer son appréciation sur le bien-fondé de cette demande à celle déjà faite, a retenu qu'il ne pouvait être soutenu que la décision grecque n'aurait qu'une portée limitée au territoire grec* ».
6. M. Nioche, « Décision provisoire et autorité de chose jugée », *Rev. crit. DIP* 2012. 277.
7. H. Gaudemet-Tallon, *Compétence et exécution des jugements en Europe*, 4e éd., LGDJ, 2010, n° 310.

(Règl. 22 déc. 2000, art. 31 - Règl. 12 éc. 2012, art. 35). Mais on peut s'interroger sur la nécessité d'ajouter autant de conditions sévères à son texte en l'absence de preuve d'abus de la pratique et de véritable risque de contournement des autres règles de compétence de la Convention.

La Commission de l'Union européenne proposait de modifier le texte de l'article 24 de la Convention de la façon suivante :

« *1. Les mesures provisoires ou conservatoires prévues par la loi d'un État contractant, si elles doivent être exécutées sur son territoire, quel que soit le lieu où se produisent leurs effets peuvent être demandées dans cet État, même si, en vertu de la présente Convention, la juridiction d'un autre État contractant est compétente pour connaître du fond.*

2. Aux fins de la présente Convention, les mesures provisoires et conservatoires sont les mesures urgentes destinées à instruire un litige, à assurer la conservation de preuves ou de biens en vue de la décision ou de l'exécution forcée, ou à maintenir ou régler une situation de fait ou de droit afin de sauvegarder les droits dont la reconnaissance est ou pourra être demandée aux juges du fond ».

Il est permis de constater que cette nouvelle définition des mesures provisoire conservatoires aurait amélioré celle, contestable, de l'arrêt *Reichert* reprise par la Cour de justice dans l'arrêt *Van Uden* de 1998. Cependant, le règlement CE n° 44/2001 du 22 décembre 2000 se substituant à la convention de Bruxelles, n'a nullement entériné cette définition. Il reprend purement et simplement le texte de l'article 24 de la Convention sans lui apporter de quelconque amélioration, ce qui peut paraître regrettable. On attendait donc beaucoup de la proposition de refonte du règlement Bruxelles I présentée par la Commission.

156.22 Proposition de refonte du règlement Bruxelles I : suggestions de la Commission. En revanche, sensible aux critiques liées aux abus possibles d'utilisation de l'article 31 du règlement, la Commission, dans sa proposition de règlement[1] tendant à la refonte du règlement Bruxelles I (v. ss nos 159.00 s.), suggère le texte suivant pour le nouvel article 31 : « *Si la procédure au fond est pendante devant une juridiction d'un État membre et que les tribunaux d'un autre État membre sont saisis d'une demande de mesures provisoires ou conservatoires, les tribunaux concernés coopèrent afin d'assurer une bonne coordination entre la procédure au fond et la demande de mesures provisoires. En particulier, la juridiction saisie d'une demande de mesures provisoires ou conservatoires cherche à s'informer auprès de l'autre juridiction de toutes les circonstances pertinentes de l'espèce, telles que le caractère urgent de la mesure sollicitée ou un éventuel refus d'une mesure similaire prononcé par la juridiction saisie sur le fond* ». Cette nouvelle rédaction - qui instaure une coopération entre juridictions - montre bien le souci de la Commission d'empêcher que la demande de mesures provisoires ne vienne interférer de façon négative sur la procédure au fond. En outre, la proposition de règlement prévoyait la libre circulation (c'est-à-dire la suppression de l'*exequatur*) des décisions ordonnant des mesures provisoires ou conservatoires qui auraient été rendues par la juridiction compétente au fond, même s'il s'agissait d'une décision non contradictoire. Aurait en revanche été interdite la circulation des mesures provisoires ordonnées par une autre juridiction que celle qui était compétente au fond (la mesure aurait alors été limitée au territoire de l'État membre dans lequel elle aurait été accordée).

Ce texte progressiste et raisonnable n'a toutefois pas été accepté par le Parlement européen et le Conseil lors de l'adoption du texte de refonte du règlement Bruxelles I. Le nouveau règlement UE n° 1215/2012 du 12 décembre 2012 est décevant. Il ne fait que maintenir le *statu quo* en matière de mesures provisoires et conservatoires.

156.23 Règlement UE n° 1215/2012 du 12 décembre 2012, Bruxelles I *bis*. L'article 35 du nouveau règlement se contente d'un toilettage de style sans modifier le contenu de la disposition relative aux mesures provisoires et conservatoires : « *Les mesures provisoires ou conservatoires prévues par la loi d'un État membre peuvent être demandées aux juridictions de cet État, même si les juridictions d'un autre État membre sont compétentes pour connaître du fond* ».

En outre, le considérant 25 vise à préciser les contours de la notion de mesures provisoires et conservatoires : elle « *devrait englober, par exemple, les mesures conservatoires visant à obtenir des informations ou à conserver des éléments de preuve, visées aux articles 6 et 7 de la directive 2004/48/CE du Parlement européen et du Conseil du 29 avril 2004 relative au respect des droits de propriété intellectuelle* »[2]. En revanche, elle ne devrait pas inclure les mesures ne revêtant pas un

1. COM (2010) 748 final, 14 déc. 2010.

2. L'article 6 de la directive est relatif aux éléments de preuve. Il dispose que « 1. *Les États membres veillent à ce que, sur requête d'une partie qui a présenté des éléments de preuve raisonnablement accessibles et suffisants pour étayer ses allégations et précisé les éléments de preuve à l'appui de ses allégations qui se trouvent sous le contrôle de la partie adverse, les autorités judiciaires compétentes puissent ordonner que ces éléments de preuve soient produits par la partie adverse, sous réserve que la protection des renseignements confidentiels soit assurée. Aux fins du présent paragraphe, les États membres peuvent prévoir qu'un échantillon raisonnable d'un nombre substantiel de copies d'une œuvre ou de tout autre objet protégé est considéré par les autorités judiciaires compétentes comme constituant des éléments de preuve suffisants.* 2. *Dans les mêmes conditions, en cas d'atteinte commise à l'échelle commerciale, les États membres prennent les mesures nécessaires pour permettre aux* ▶

caractère conservatoire, par exemple celles qui ordonnent l'audition d'un témoin. Par cette dernière réserve, le considérant 25 confirme la jurisprudence de la Cour de justice[1] retenant une conception restrictive[2] de la mesure conservatoire ou provisoire, en en excluant les mesures d'instruction. Le considérant 25 précise que « *ceci devrait s'entendre sans préjudice de l'application du règlement (CE) n° 1206/2001 du Conseil du 28 mai 2001 relatif à la coopération entre les juridictions des États membres dans le domaine de l'obtention des preuves en matière civile et commerciale* ». Comment comprendre ces énonciations ? Il semble tout d'abord que la jurisprudence de la Cour de justice *(St. Paul Dairy)*[3] soit ainsi entérinée, qui avait jugé que ne relevait pas de la notion de mesures provisoires ou conservatoires une mesure ordonnant l'audition d'un témoin dans le but de permettre au demandeur d'évaluer l'opportunité de saisir ou non la justice. Il convient donc d'apprécier l'objectif de la mesure sollicitée et l'intérêt du demandeur à la solliciter. Il faudra, pour que la qualification de mesure provisoire ou conservatoire au sens de l'article 35 soit acquise, que celui qui réclame la mesure puisse démontrer qu'il entend ainsi **maintenir une situation de fait ou de droit** ou que son intérêt est autre que l'évaluation des chances de succès d'une éventuelle action en justice non encore engagée[4]. On pourrait ainsi imaginer que l'existence de **risques de dépérissement de la preuve** puisse justifier la mesure probatoire.

Par la formule selon laquelle la notion de mesure provisoire ou conservatoire doit être interprétée « *sans préjudice de l'application du règlement (CE) n° 1206/2001 du Conseil du 28 mai 2001 relatif à la coopération entre les juridictions des États membres dans le domaine de l'obtention des preuves en matière civile et commerciale* », le règlement Bruxelles I *bis* entend sans doute laisser intacte la jurisprudence de la Cour de justice à propos dudit règlement preuve, notamment dans ses relations avec les mesures probatoires nationales pouvant être ordonnées par la juridiction d'un État membre compétente pour connaître du fond du litige[5].

Le règlement de refonte Bruxelles I *bis* contient de nouvelles dispositions relatives à la **circulation des décisions ordonnant des mesures provisoires.** Ces dernières n'auront désormais qu'un effet strictement territorial, sauf si elles ont été ordonnées par un juge compétent au fond et que le défendeur a été informé de la décision antérieurement à l'exécution (conditions cumulatives). Ainsi, l'article 2 a) du nouveau règlement précise que, pour la reconnaissance et l'exécution, « *aux fins du chapitre III, le terme "décision" englobe les mesures provisoires ou les mesures conservatoires ordonnées par une juridiction qui, en vertu du présent règlement, est compétente au fond. Il ne vise pas une mesure provisoire ou conservatoire ordonnées par une telle juridiction sans que le défendeur soit cité à comparaître, à moins que la décision contenant la mesure n'ait été signifiée ou notifiée au défendeur avant l'exécution* ». Ceci revient à dire que ne bénéficieront du régime de reconnaissance automatique et de la libre circulation (suppression de l'*exequatur*) que les décisions ordonnant des mesures provisoires ou conservatoires qui sont rendues par le juge qui serait compétent au fond selon le règlement, et à condition – en cas de procédure sur requête unilatérale – que le défendeur se soit vu signifier ou notifier la décision avant l'exécution. Si le juge qui a accordé une telle mesure provisoire ou conservatoire n'est pas compétent au fond du litige, sa décision n'aura d'effets que sur le territoire de l'État membre dans lequel elle a été rendue. Pour des détails sur la reconnaissance et l'exécution des décisions ordonnant des mesures provisoires ou conservatoires, v. s[s] n° 441.191.

► *autorités judiciaires compétentes, le cas échéant, sur requête d'une partie, d'ordonner la communication de documents bancaires, financiers ou commerciaux, qui se trouvent sous le contrôle de la partie adverse, sous réserve que la protection des renseignements confidentiels soit assurée* ». L'article 7 concerne les mesures de conservation des preuves; il prévoit notamment qu'avant même l'engagement d'une action au fond, les États membres veillent à ce que les autorités judiciaires compétentes puissent, sur requête d'une partie qui a présenté des éléments de preuve raisonnablement accessibles pour étayer ses allégations selon lesquelles il a été porté atteinte à son droit de propriété intellectuelle ou qu'une telle atteinte est imminente, ordonner des mesures provisoires rapides et efficaces pour conserver les éléments de preuve pertinents, au regard de l'atteinte alléguée, sous réserve que la protection des renseignements confidentiels soit assurée.

1. CJCE 28 avr. 2005, St. Paul Dairy, aff. C-104/03, *Rec. CJCE* I-3481; *Rev. crit. DIP* 2005. 742, note Pataut.
2. Pour une conception de la décision provisoire fondée sur la nature de la décision davantage que sur son contenu, v. M. Nioche, *La décision provisoire en droit international privé européen,* Bruylant, 2012.
3. CJCE 28 avr. 2005, St. Paul Dairy, aff. C-104/03, *Rec. CJCE* I-3481.
4. DANS CE SENS, v. A. Nuyts, « La refonte du règlement Bruxelles I », *Rev. crit. DIP* 2013. 46, qui estime ainsi que « *les mesures probatoires exclues sont celles de type fishing expeditions par lesquelles le demandeur cherche à obtenir des informations en vue d'apprécier le fondement d'une action éventuelle, sans autre intérêt plus immédiat à agir* ».
5. V. CJCE 6 sept. 2012, Lippens c/Kortekaas e. a., aff. C-170/11 – V. s[s] n° 343.12.

CHAPITRE

157. Clauses de prorogation de compétence

FRÉDÉRIQUE FERRAND
Professeur à l'Université Jean-Moulin (Lyon 3) et à l'Université d'Augsbourg

SECTION 0 ORIENTEUR

157.00 Plan du chapitre.

157.01 Textes applicables.

Conv. Bruxelles, art. 17.

Règl. CE n° 44/2001, 22 déc. 2000, dit « Bruxelles I », du Conseil, sur la compétence judiciaire, la reconnaissance et l'exécution des décisions en matière civile et commerciale, art. 23, *JOCE*, n° L 12, 16 janv. 2001, p. 1.

À compter du 10 janvier 2015 :

Règl. UE n° 1215/2012, 12 déc. 2012, dit « Bruxelles I *bis* », du Parlement européen et du Conseil, concernant la compétence judiciaire, la reconnaissance et l'exécution des décisions en matière civile et commerciale, art. 10 à 23, *JOUE*, n° L 351, 20 déc., p. 1.

La convention de Bruxelles, le règlement CE n° 44/2001 du 22 décembre 2000, Bruxelles I, et le règlement de refonte UE n° 1215/2012 du 12 décembre 2012, Bruxelles I *bis*, ne sont aucunement hostiles à la prise en compte de la volonté des parties; celles-ci peuvent donc en principe s'entendre pour écarter les règles de compétence établies et déterminer librement le tribunal applicable[1]. L'article 17 de la Convention ou l'article 23 du règlement ne trouvera toutefois application que si les parties désignent comme compétentes les juridictions d'un État contractant [membre].

Le texte (Conv., art. 17 – Règl. 22 déc. 2000, art. 23 – Règl. 12 déc. 2012, art. 25) établit un certain nombre de conditions à son application; il pose aussi des conditions quant à la validité de la clause. Enfin, depuis la convention de San Sebastian de 1989, un alinéa spécial avait été ajouté dans la convention de Bruxelles pour réglementer les clauses de prorogation de juridiction dans les contrats de travail. Dans les deux règlements Bruxelles I et Bruxelles I *bis*, cet alinéa n'est plus contenu dans l'article 23. Il fait l'objet d'un article spécial, incorporé dans la section 5 consacrée spécifiquement à la compétence en matière de contrats individuels de travail (Règl. 22 déc. 2000, art. 21 – Règl. 12 déc. 2012, art. 23 – V. s[s] n°s 155.31 s.).

SECTION 1 CONDITIONS D'APPLICATION DE L'ARTICLE 23 DU RÈGLEMENT DU 22 DÉCEMBRE 2000 (CONV. BRUXELLES, ART. 17 – RÈGL. 12 DÉC. 2012, ART. 25)

157.11 Conditions quant au domicile des parties dans la convention de Bruxelles et le règlement du 22 décembre 2000, Bruxelles I. Il résulte du texte même qu'au moins une des parties doit avoir son domicile sur le territoire d'un État membre[2]. Le texte

1. F. Bernard, *Les clauses attributives de juridiction dans les conventions européennes*, th. Paris II, 2000 – J. Mark et O. Gärtner, « *Gerichtsstandsvereinbarungen zwischen Kaufleuten im internationalen Rechtsverkehr* », *MDR* 2009. 837 – Dans le cadre mondial, la Conférence de La Haye de droit international privé a adopté une convention sur les accords d'élection de for du 30 juin 2005, v. L. Usunier, « La convention de La Haye du 30 juin 2005 sur les accords d'élection de for – Beaucoup de bruit pour rien ? », *Rev. crit. DIP* 2010. 47 – La convention est limitée aux accords exclusifs d'élection de for entre professionnels. Elle a été signée par la Communauté européenne, engageant ainsi les États membres, le 1er avril 2009 (*JOUE*, n° L 133, 29 mai 2009, p. 1).
2. Cette exigence était toutefois supprimée dans la nouvelle version de l'article 23 proposée par la Commission européenne en vue de la refonte du règlement Bruxelles I, v. COM (2010) 748 final, 14 déc. 2010. Elle a également disparu du règlement de refonte du 12 décembre 2012, Bruxelles I *bis*.

ne distingue pas entre demandeur et défendeur, il suffit donc que l'un d'eux remplisse cette condition[1]. Comme cela a déjà été vu à propos de l'article 2 de la Convention et du règlement Bruxelles I, le juge saisi du litige appliquera sa loi interne pour déterminer si une partie a son domicile dans un État membre; si aucune partie n'a son domicile sur le territoire de l'État dont les juges sont saisis, ceux-ci – pour apprécier si l'une d'elles a un domicile dans un État membre – appliquent la loi de cet État (la clause attributive de juridiction est valable aux seules conditions que l'une des parties au moins soit domiciliée dans un pays signataire et que la juridiction désignée soit celle d'un État contractant[2]).

Peu importe que les parties soient domiciliées dans des États différents (État membre et État tiers, ou deux États membres) ou dans le même.

Si aucune des parties n'a son domicile dans un État membre et si la clause attributive de juridiction donne néanmoins compétence aux tribunaux d'un État membre, « *les tribunaux des autres États membres ne peuvent connaître du différend tant que le tribunal ou les tribunaux désignés n'ont pas décliné leur compétence* » (Règl. 22 déc. 2000, art. 23 § 3 – Conv., art. 17 § 2). Cette règle tend à éviter que des tribunaux d'autres États membres ne rendent une décision avant même que la juridiction désignée dans la clause ait eu le temps de se prononcer sur sa compétence, ce qui pourrait ensuite conduire à des contrariétés de décisions et à des difficultés de reconnaissance et d'exécution dans l'Europe judiciaire.

L'article 17 de la Convention, tout comme l'article 23 du règlement qui n'améliore pas ce point, posent un problème d'interprétation dans la mesure où ils ne précisent aucunement **à quel moment il convient de se placer pour apprécier si une partie a son domicile dans un État membre.** Deux moments sont envisageables : celui de la stipulation de la clause, et celui de l'introduction de l'instance (ce dernier moment étant apprécié variablement selon les droits nationaux). Retenir ce second critère porterait atteinte à la prévisibilité juridique du for pour les parties, l'une d'elles pouvant à tout moment, après la conclusion de la clause, changer de domicile. En même temps, retenir le premier critère supprimerait toute souplesse et ferait échapper à l'article 17 de la Convention et à l'article 23 du règlement des situations dans lesquelles une partie, après la signature de la clause, aurait établi son domicile dans la Communauté (ou un pays de l'AELE) alors qu'au moment de cette signature, les parties étaient toutes deux domiciliées dans des États tiers[3].

La Cour de justice n'a pas réellement pris position sur cette question. Elle a certes statué dans un arrêt *Sanicentral GmbH c/René Collin* du **13 novembre 1979** à propos d'une telle clause attributive de juridiction dans un contrat de travail, mais parce que cette clause avait été stipulée avant l'entrée en vigueur de la Convention, même si elle était invoquée par une partie après cette entrée en vigueur[4]. La Cour a décidé que « *dans les actions judiciaires introduites après l'entrée en vigueur de la Convention, les clauses attributives de juridiction, stipulées dans les contrats de travail conclus antérieurement à cette entrée en vigueur, doivent être tenues pour valables, même dans le cas où elles auraient été considérées comme nulles selon les règles nationales en vigueur au moment de la conclusion du contrat* ». Comme la Cour avait, dans ses motifs, déclaré qu'une telle clause était « *de par sa nature, une option de compétence qui n'a pas d'effet juridique tant qu'une instance judiciaire n'est pas déclenchée et qui ne tire à conséquence qu'au jour où l'action judiciaire est mise en mouvement* » (point 6), on pourrait en déduire que le domicile des parties ne devrait s'apprécier qu'au moment de l'introduction de l'instance, moment qui sera fixé par le droit national de la juridiction saisie par le demandeur[5]. Il semble toutefois un peu risqué d'étendre par analogie le motif de la Cour à une situation différente de celle qu'elle avait à trancher.

157.12 Modification apportée par le règlement du 12 décembre 2012, Bruxelles I *bis*. Suppression de l'exigence de domicile d'une partie dans un État membre. Le règlement de refonte énonce désormais dans son article 25 que si les parties, « *sans considération de leur domicile* », sont convenues d'une ou de juridictions d'un État membre pour connaître de leur différend né ou à naître, ces juridictions sont compétentes (le reste sans changement dans le § 1 de l'article). Le règlement procède ainsi à une extension spatiale du champ d'application du régime qu'il établit pour les clauses de prorogation de compétence. Il est ainsi possible qu'une clause de prorogation de for, donnant par exemple compétence aux juridictions

1. POUR UNE ILLUSTRATION, Civ. 1re, 30 janv. 2013, n° 11-24.723, *Bull. civ.* I, n° 8; *JCP* 2013, n° 166 : c'est à tort que la cour d'appel a déclaré la juridiction suisse compétente sur le fondement de l'article 42 alinéa 1er C. pr.civ., après avoir relevé que le seul élément d'extranéité était la résidence en Suisse de l'une des parties et en avoir déduit que la convention de Lugano n'était pas applicable. Même s'il s'agissait d'une clause attributive de juridiction conclue entre non-commerçants, l'article 17 de la convention de Lugano de 1988 était applicable dès lors que le défendeur était domicilié en Suisse.
2. Civ. 1re, 11 févr. 1997, n° 95-10.485, *Bull. civ.* I, n° 50.
3. COMP. B. Audit et L. d'Avout, *Droit international privé*, 7e éd., Economica, 2013, n° 624 : « *Le domicile des parties s'apprécie normalement au moment où la clause a été adoptée; afin de respecter la prévision nécessaire; cela empêche également qu'une partie ne change de domicile afin de se soustraire à l'application de la clause* ».
4. CJCE 13 nov. 1979, Sanicentral GmbH c/René Collin, aff. 25/79, *Rec. CJCE* 3423.
5. EN CE SENS, Versailles, 8 nov. 1990, *JCP* 1991. II. 21762, note Martin-Serf.

allemandes, et contenue dans un contrat passé entre une société ayant son siège en Russie et une société ayant son siège en Chine, soit soumise au régime de l'article 25 du règlement Bruxelles I *bis*.

Dès lors, le paragraphe 3 du règlement Bruxelles I, qui énonce que « *lorsqu'une telle convention est conclue par des parties dont aucune n'a son domicile sur le territoire d'un État membre, les tribunaux des autres États membres ne peuvent connaître du différend tant que le tribunal ou les tribunaux désignés n'ont pas décliné leur compétence* », est supprimé dans le règlement Bruxelles I *bis*.

En l'absence de précision sur ce point dans le texte, il semble raisonnable d'admettre que la suppression de cette condition d'une partie au moins domiciliée dans un État membre ne s'applique qu'aux clauses attributives de compétence conclues après l'entrée en application du règlement de refonte, soit à compter du 10 janvier 2015[1].

Certains auteurs[2] soulignent que la disparition de la condition de domicile pourrait également s'expliquer par la volonté de coordonner le règlement Bruxelles I *bis* et la convention de La Haye de 2005 sur les accords d'élection de for, que l'Union souhaite ratifier. L'article 26 § 6, a) de la convention énonce en substance que le règlement européen s'applique « *lorsqu'aucune des parties ne réside dans un État contractant qui n'est pas un État membre de l'Organisation régionale d'intégration économique* », formule qui conduit à donner un large champ d'application à la convention au détriment du règlement européen. Lorsque la convention de La Haye de 2005 aura été ratifiée, le règlement Bruxelles I *bis* ne s'appliquera, en matière de clauses de prorogation de compétence, que dans le cas où les parties à la clause sont toutes deux domiciliées dans un État membre de l'Union européenne (ou si la partie non domiciliée dans l'Union a son domicile dans un État non partie à la convention de La Haye, ou encore si la clause désigne les juridictions d'un État membre et que les parties à la clause sont domiciliées dans des États tiers non parties à la convention de La Haye).

157.13 Conditions quant aux tribunaux désignés. Toujours en vertu de l'article 17 § 1 de la Convention et de l'article 23 § 1 du règlement du 22 décembre 2000 (Règl. 12 déc. 2012, art. 25 § 1) il convient que les parties aient donné compétence aux juridictions d'un État membre. Si la compétence est conférée à un État tiers, la Convention ou le règlement n'a pas vocation à s'appliquer, sauf si la clause viole une compétence exclusive ou impérative édictée par la Convention ou le règlement.

Les parties peuvent désigner précisément la juridiction qui sera compétente (par ex. le tribunal de grande instance de Paris) ou se contenter de renvoyer de façon plus floue aux « *tribunaux français* » (dans ce dernier cas, ce sera à la loi française de déterminer le tribunal spécialement compétent par application des règles du Code de procédure civile). La Cour de justice a même admis les clauses attribuant réciproquement compétence aux tribunaux du domicile du défendeur, les parties ignorant, au moment de la rédaction de la clause, qui sera la partie demanderesse ou défenderesse à l'instance en cas de litige (en l'occurrence, la clause stipulait que si l'action était formée par la société allemande, elle devrait l'être devant les tribunaux français et qu'inversement, si c'était la société française qui agissait, elle devrait saisir les juridictions allemandes[3]).

Les parties peuvent aussi se contenter d'exclure certaines règles de compétence de la Convention ou du règlement qui leur déplaisent (mais pas les règles de compétence exclusive auxquelles il ne peut être dérogé[4]).

Les textes n'exigent pas de lien de rattachement entre les juridictions désignées dans la clause (ou l'État dans lequel elles sont situées) et le litige.

V. un arrêt de la Cour de cassation française du **20 septembre 2012** écartant une clause attributive de juridiction stipulée dans un contrat liant une banque luxembourgeoise à un client ayant son domicile en France (la clause prévoyait que la banque se réservait le droit d'agir au domicile du client ou devant tout autre tribunal compétent), au motif que la clause « *ne liait en réalité que Mme X, qui était seule tenue de saisir les tribunaux luxembourgeois* [...] *revêtait un caractère potestatif à l'égard de la banque, de sorte qu'elle était contraire à l'objet et à la finalité de la prorogation de compétence ouverte par l'article 23 du règlement Bruxelles I* »[5], dont on a pu se demander si la solution qu'il affirme n'est pas contextuelle et liée à la qualité de consommateur de la partie subissant les effets de la clause attributive[6]. Cette solution devrait toutefois être écartée sous l'empire du règlement Bruxelles I *bis*, qui entrera en application le 10 janvier 2015, et qui contient désormais une règle relative à l'appréciation de la validité de la clause (la validité devra être appréciée par la juridiction saisie conformément au droit de l'État membre des juridictions désignées dans la clause, y compris au regard des règles de conflit de cet État membre, art. 25 § 1 : « *Sauf si la validité de la convention attributive de juridiction est entachée de nullité suant au fond selon le droit de cet État*

1. DANS LE MÊME SENS, B. Audit et L. d'Avout, Droit international privé, 7e éd., Economica, 2013, no 624.
2. P. Deumier, M. Laazouzi et E. Treppoz, « Le règlement Bruxelles I *bis* et la géométrie dans l'espace », *RDC* 2013. 1047.
3. CJCE 9 nov. 1978, Meeth c/Glacetal, aff. 23/78, *Rec. CJCE* 2133.
4. V. CJCE 24 juin 1986, Anterist c/Crédit lyonnais, aff. 22/85, *Rec. CJCE* 1951.
5. Civ. 1re, 20 sept. 2012, no 11-26.022, *Bull. civ.* I, no 176; *D.* 2012. 2876, note crit. Martel; *D.* 2013. 2318; *JCP* 2013, no 1065; *JCP* 2013, no 105, note Degos et Akchoti; *RLDC* 2013, no 4480, obs. Le Gallou et no 4509, obs. Nourissat; *Rev. crit. DIP* 2013. 256, note crit. Bureau.
6. SUR CETTE QUESTION, v. D. Bureau, *Rev. crit. DIP* 2013. 265.

membre », c'est-à-dire l'État membre dont les juridictions sont déclarées compétentes dans la convention de prorogation de for – V. AUSSI, Règl. Bruxelles I *bis*, consid. 20[1]).

157.14 Nécessité d'une situation internationale ? La question se pose de savoir si – pour être applicable – l'article 17 de la Convention, 23 du règlement de 2000 ou 25 du règlement de 2012, requiert l'existence d'une **situation internationale.** Autrement dit, serait-il possible, par exemple pour un litige purement français, de stipuler la compétence d'une juridiction étrangère sur le fondement de ces textes afin d'écarter ainsi la réglementation sévère du Code de procédure civile ? Le préambule de la convention de Bruxelles se référait à la détermination de la compétence juridictionnelle « *dans l'ordre international* », mais l'article 17 ne contenait aucune précision expresse sur ce point. Les auteurs sont divisés[2] et la Cour de justice n'a pas encore eu l'occasion de se prononcer sur ce point. Il semble toutefois raisonnable de n'envisager le jeu de ce texte (et donc la licéité de la clause de prorogation de compétence selon les conditions de ce texte) que lorsque le contrat présente des aspects internationaux ou peut en présenter, tout en faisant une appréciation large de ce critère. Divers arrêts français se sont prononcés en faveur de l'application de l'article 17 de la convention de Bruxelles ou de l'article 23 du règlement Bruxelles I uniquement dans les cas de situation internationale[3].

Le règlement CE du 22 décembre 2000 ajoute dans son article 23 § 1 une phrase qui ne figure pas dans l'article 17 de la convention de Bruxelles : « *Cette compétence est exclusive sauf convention contraire des parties* ». Il s'agit là de la compétence prévue dans la clause attributive de juridiction. Cette phrase a été ajoutée afin de permettre aux parties de manifester leur volonté de ne pas faire produire effet exclusif à la clause, ce qui peut être critiqué sous l'angle du manque de prévisibilité juridique que risque de provoquer cette solution, mais constitue en même temps le respect de l'autonomie de la volonté des parties même si elle se manifeste ultérieurement (au moment de l'existence du litige) pour modifier la prorogation de compétence. Cet ajout figure également dans l'article 25 § 1 du règlement UE n° 1215/2012 du 12 décembre 2012, Bruxelles I *bis*.

1. « *Lorsque la question se pose de savoir si un accord d'élection de for en faveur d'une ou des juridictions d'un État membre est entaché de nullité quant à sa validité au fond, cette question devrait être tranchée conformément au droit de l'État membre de la ou des juridictions désignées dans l'accord, y compris conformément aux règles de conflit de lois de cet État membre.* »
2. POUR UNE OPINION, v. B. Audit et L. d'Avout, *Droit international privé*, 7e éd., Economica, 2013, n° 624, p. 546, qui considèrent qu'« *on peut hésiter à admettre que ce caractère* [international] *résulte de la seule prorogation de compétence en faveur d'un for étranger. Cela n'interdit pas d'apprécier libéralement le caractère international de la situation, notamment lorsque le contrat contenant la clause, à première vue "interne", est lié à une opération internationale* ».
3. Civ. 1re, 4 oct. 2005, n° 02-12.959, Keller, *Bull. civ.* I, n° 352; *JDI* 2006. 169, note Jacquet; *Rev. crit. DIP* 2006. 413, note Audit – Civ. 1re, 23 janv. 2008, n° 06-21.898, *Bull. civ.* I, n° 17.

SECTION 2

CONDITIONS DE VALIDITÉ DE LA CLAUSE DE PROROGATION DE COMPÉTENCE

§ 1

Quant à la forme

157.21 Évolution. L'article 17 de la convention de Bruxelles a considérablement évolué au fur et à mesure des conventions d'adhésion. Il admet aujourd'hui que l'attribution de compétence puisse prendre quatre formes différentes :

- celle d'une convention écrite;
- celle d'un accord verbal confirmé par écrit;
- une forme conforme aux habitudes que les parties ont établies entre elles, et enfin;
- une forme conforme aux usages du commerce international.

Ces quatre possibilités sont reprises mot pour mot dans l'article 23 § 1 du règlement CE du 22 décembre 2000 et dans l'article 25 § 1 du règlement UE du 12 décembre 2012. Ces derniers ajoutent toutefois dans un § 2 que « *toute transmission par voie électronique qui permet de consigner durablement la convention est considérée comme revêtant une forme écrite* ». Les règlements prennent là en compte l'importance pratique de l'écrit électronique et l'assimilent à un écrit pur et simple.

Dans un **arrêt du 24 juin 1981**, la Cour de justice a eu l'occasion de préciser que si les conditions de forme de l'article 17 de la Convention étaient respectées, un droit national – applicable au contrat litigieux – ne pouvait poser de conditions supplémentaires pour la validité de l'attribution de compétence[4].

4. CJCE 24 juin 1981, Elefanten Schuh GmbH c/Jacqmain, aff. 150/80, *Rec. CJCE* 1671 – V. AUSSI, Civ. 1re, 5 mars 2008, n° 06-20.338, *Bull. civ.* I, n° 60; *D.* 2008. 1739, note Kenfack : la cour d'appel, pour écarter la clause attributive de juridiction figurant au dos des factures passées entre une société française et une société luxembourgeoise, avait relevé que la société française ne pouvait prétendre que la société adverse n'avait pas émis d'objection à la clause, puisqu'elle avait assigné la société française devant le tribunal de Luxembourg et avait contesté l'ensemble des factures versées au débat. La Cour de cassation casse au motif qu'en se déterminant sans rechercher si la clause litigieuse satisfaisait aux conditions de l'article 23 du règlement Bruxelles I, la cour d'appel avait privé sa décision de base légale au regard de cet article 23. Ceci signifie que seules les conditions de l'article 23 étaient exigées.

L'article I alinéa 2 du protocole annexé à la convention de Bruxelles prévoit une règle particulière tendant à la protection des personnes domiciliées au Luxembourg : « *Toute convention attributive de juridiction au sens de l'article 17 ne produit ses effets à l'égard d'une personne domiciliée au Luxembourg que si celle-ci l'a expressément et spécialement acceptée* ». Cette règle tient au fait que de nombreux contrats conclus par des résidents de Luxembourg sont de nature internationale et échapperaient trop souvent aux juridictions luxembourgeoises. Il faut donc que l'acceptation soit *expresse*, ce qui suppose que la clause fasse l'objet d'une disposition qui lui soit exclusivement consacrée, et *spéciale* (la partie domiciliée au Luxembourg doit signer la clause spécialement, il ne suffit pas qu'elle ait apposé sa signature sur le contrat dans son ensemble[1]).

157.22 Première forme possible : la convention écrite. Il s'agit là de la forme soulevant le moins de difficultés, notamment probatoires. Peu importe que la clause soit incluse dans le contrat principal, ou bien fasse l'objet d'un accord écrit distinct, ou encore soit mentionnée dans les conditions générales d'une partie qui s'appliquent au contrat (il convient toutefois que le contrat renvoie expressément à ces conditions; si la clause est contenue dans un écrit différent de celui qui la stipule et renvoie à elle, la jurisprudence européenne exige en outre que chaque partie ait été en mesure d'en prendre connaissance[2]). Ainsi, ne saurait valablement lier les parties la clause attributive de juridiction stipulée au dos d'un connaissement, aucune preuve n'étant fournie que la partie envers laquelle cette clause était invoquée ait été en mesure d'en prendre connaissance[3]. Une exception doit toutefois être admise si les parties se trouvaient en « *rapports commerciaux courants* », « *dans la mesure où il est ainsi établi que ces rapports sont régis par des conditions générales comportant ladite clause* » (même arrêt, points 18 et 19).

En ce qui concerne une clause attributive de juridiction contenue dans les conditions générales d'une des parties[4], les tribunaux considèrent en général que le cocontractant doit avoir été en mesure d'en prendre connaissance, que la clause doit être lisible et clairement énoncée (une clause ne peut être considérée comme acceptée par le cocontractant, dès lors qu'elle figure dans les conditions générales de vente qui figurent au verso de la facture et alors que, en outre, le recto de la facture ne comporte pas de renvoi exprès aux conditions générales[5] – la clause est opposable à la société suisse dès lors que, si elle ne figure ni sur les bons de commande, ni sur les bons de livraison, elle est imprimée sur le recto des factures, au bas de la page, près du montant de la somme due, en caractères très lisibles, en deuxième rang des conditions générales de vente, dont chacune est bien détachée, de sorte que celui qui lit la facture pour en connaître le montant ne peut manquer de la lire et de la comprendre. Compte tenu de l'absence de convention écrite, de l'absence de mention du contenu contractuel sur les documents échangés entre les parties, tels que les bons de commande et de livraison, les conditions générales de vente qui figurent sur les très nombreuses factures depuis des années ont été connues et nécessairement acceptées de l'acquéreur. Il est de pratique courante en matière de vente nationale comme internationale, de faire figurer les clauses attributives de compétence parmi les conditions générales de vente sur les factures. Le défaut de lisibilité de la clause attributive de juridiction figurant dans les conditions générales du vendeur, auxquelles renvoyait la confirmation de commande non contestée par l'acheteur, et rédaction de la clause dans une langue étrangère inconnue de ce dernier et non utilisée entre les parties peut permettre de retenir que le vendeur n'a pas recueilli le consentement de l'acheteur, lequel, en sa qualité de non-commerçant, était d'ailleurs exclu des prévisions de la clause[6] (v. aussi pour une clause attributive de juridiction au profit des tribunaux anglais insérée dans la police d'assurance mais n'ayant jamais reçu l'accord du preneur d'assurance : invalidité de la clause[7]).

Selon la jurisprudence de la Cour de justice, l'article 17 (Règl. 22 déc. 2000, art. 23 – Règl. 12 déc.

1. CJCE 6 mai 1980, Porta Leasing GmbH c/Prestige International SA, aff. 784/79, *Rec. CJCE* 1517.
2. CJCE 14 déc. 1976, Estasis Salotti di Colzani c/RÜWA Polstereimaschinen GmbH, aff. 24/76, *Rec. CJCE* 1831 – AUSSI, EN CE SENS, la jurisprudence française, par ex. Civ. 1re, 3 déc. 1985, n° 84-14.335, *Bull. civ.* I, n° 331; *D.* 1987. IR 267, obs. Audit; *Gaz. Pal.* 19 juin 1986, n° 169, note Piedelièvre – Civ. 1re, 23 févr. 1994, n° 92-12.000, Sté Stork Colorproofing BV c/Stés Ofmag et Art. Nord, NP; *JDI* 1995. 154, obs. Huet.
3. CJCE 19 juin 1984, Partenreederei Tilly Russ c/NV Haven & Verwoederbedrijf Nova, aff. 71/83, *Rec. CJCE* 2417.
4. V. Civ. 1re, 17 févr. 2010, n° 08-12.749, *Bull. civ.* I, n° 38; *D.* 2010. 588, obs. Delpech; *Rev. crit. DIP* 2010. 525, note Joubert; *Procédures* avr. 2010, n° 117, obs. Nourissat : la clause attributive de juridiction stipulée dans un contrat d'adhésion conclu entre des parties entretenant des relations d'affaires anciennes est opposable auxdites parties (dès lors que sont respectées les conditions de l'article 23 du règlement Bruxelles I, dont on peut d'ailleurs se demander s'il était bien applicable en l'espèce au regard de la jurisprudence Eurocontrol de la Cour de justice) – V. AUSSI, Ch. Bruneau, « Forme d'une clause attributive de juridiction dans un contrat d'adhésion international », *JCP* 2010. 440; l'arrêt de la Cour de cassation semble admettre l'opposabilité d'une clause d'élection de for à laquelle le contrat ne ferait pas expressément référence, puisque tel semblait être le cas en l'espèce (clause affichée dans les aéroports, mais aussi reproduite sur les factures).
5. Paris, 15 oct. 1997, RG n° 97/08814, SARL Sodime-La Rosa, *D.* 1997. IR 240
6. Grenoble, 23 oct. 1996, *Rev. crit. DIP* 1997. 756, note Sinay-Citermann.
7. Com. 11 mars 1997, n° 95-13.926, *Bull. civ.* IV, n° 66; *DMF* 1997. 364, rapport Remery.

2012, art. 25) n'exige pas que la clause attributive de juridiction soit formulée de telle façon qu'il soit possible d'identifier la juridiction compétente par son seul libellé. Il suffit que la clause identifie les éléments objectifs sur lesquels les parties se sont mises d'accord pour choisir le tribunal ou les tribunaux auxquels elles entendent soumettre leurs différends nés ou à naître.

Dans un arrêt du **10 mars 1992**, la Cour de justice a dû se prononcer sur la question de savoir si des statuts de société pouvaient être assimilés à une « *convention écrite* » au sens de l'article 17 de la Convention[1]. On sait en effet que, selon les droits nationaux, la société est tantôt considérée comme un contrat, tantôt comme une institution, tantôt encore comme l'un puis l'autre au fur et à mesure du temps qui passe. Dans cet arrêt, la Cour a estimé que la clause attributive de compétence insérée dans les statuts d'une société déposés « *en un lieu auquel l'actionnaire peut avoir accès ou figurant dans un registre public* » remplit les conditions de forme posées par l'article 17; la clause est donc opposable non seulement aux associés fondateurs, mais également à tous ceux qui deviendront tôt ou tard membres de la société. Enfin, des difficultés peuvent affecter la validité de la clause.

1) Le contrat expiré. Dans l'**arrêt *SpA Iveco Fiat c/ Van Hool NV* du 11 novembre 1986**, la Cour de justice a été saisie de la question de savoir si, alors qu'un contrat contenant une clause attributive de compétence est parvenu à expiration, la clause continue à être valable si les parties sont toujours en relation d'affaires dans les termes dudit contrat expiré[2]. La Cour renvoie pour répondre au droit applicable au contrat litigieux; s'il permet la prorogation tacite de compétence, la clause continuera à produire effet. Dans le cas contraire, elle sera - curieusement - considérée comme une convention verbale nécessitant une confirmation par écrit.

Cependant, en l'état d'un contrat conclu pour une durée de deux années et prévoyant que si les parties veulent poursuivre leurs relations au-delà du terme fixé, elles pourront négocier les clauses et conditions d'un nouveau contrat, la clause attributive de juridiction prévue par le contrat originel ne peut être opposée à l'une des parties bien que celles-ci aient poursuivi leurs relations contractuelles au-delà du terme prévu[3]. En effet, d'une part, la commune intention des parties était, dans ce cas, de conclure un nouveau contrat et non de proroger le contrat initial, et d'autre part, dès lors qu'aucun écrit n'a été établi, on ne peut considérer qu'une convention attributive de juridiction ait été conclue sous une forme habituelle aux parties ou conforme à un usage du commerce international.

2) La pluralité de contrats. L'hypothèse est celle de plusieurs contrats connexes conclus entre les mêmes parties; l'un des contrats contient une clause attributive de juridiction alors que le ou les autres n'y font aucunement référence. La Cour de justice ne s'est pas encore prononcée sur un tel cas. La Cour de cassation française, elle, semble refuser que la clause produise effet envers le contrat qui ne la contient pas, même en cas d'indivisibilité entre les contrats conclus[4].

Comparez, pour un cas de pluralité de défendeurs dont un seul avait souscrit la clause de prorogation de juridiction : cassation pour violation des articles 6 § 1 et 17 de la convention de Bruxelles, de l'arrêt qui, pour déclarer la juridiction française compétente pour statuer sur les conséquences dommageables d'un transport de marchandises entre la Grande-Bretagne et l'Italie, a décidé que la clause attributive de compétence à la juridiction anglaise, souscrite par deux des parties en litige, doit être appliquée en cas de pluralité de défendeurs, en vertu de l'article 6 de la Convention, alors que la pluralité de défendeurs n'a pas pour effet d'étendre à des parties qui ne l'ont pas souscrite la clause attributive de juridiction[5]. Comparez, l'article 17 de la convention de Bruxelles ne fait pas obstacle en toute hypothèse à la compétence spéciale du for des codéfendeurs prévue par l'article 6 § 1 de la Convention, notamment au cas où les deux juridictions appartiennent au même ordre juridique et où le litige apparaît indivisible entre les codéfendeurs, au vu de l'indissociabilité des causes et des fautes dans la production du dommage[6].

157.23 Deuxième forme possible : l'accord verbal confirmé par écrit. L'accord verbal dont il s'agit doit avoir porté expressément sur la clause attributive de juridiction[7], et non pas de façon générale sur les conditions générales d'une des parties. Quant à la confirmation écrite, initialement, la Cour de justice exigeait que la confirmation écrite d'une partie soit suivie de l'acceptation écrite de l'autre (arrêt *Segoura*), mais elle a abandonné depuis lors cette jurisprudence sévère pour se contenter de la confirmation écrite d'une seule des parties[8] (dans le même sens, la CJCE ajoute qu'il suffit que la confirmation écrite d'une partie ait été reçue par l'autre partie et que cette dernière n'ait pas soulevé d'objections[9]).

157.24 Troisième forme possible : celle conforme aux habitudes établies entre les parties. Cette

1. CJCE 10 mars 1992, Powell Duffryn plc c/Petyereit, aff. C-214/89, *Rec. CJCE* I-1745.
2. CJCE 11 nov. 1986, SpA Iveco Fiat c/Van Hool NV, aff. 313/85, *Rec. CJCE* 3337.
3. Paris, 10 sept. 1997, RG n° 97/07772, *D.* 1998. Somm. 290, obs. Audit.
4. Com. 12 déc. 1989, n° 88-10.936, NP; *JDI* 1991. 158, obs. Huet.
5. Civ. 1re, 5 janv. 1999, n° 96-19.895, *Bull. civ.* I, n° 5; *D.* 1999. IR 32.
6. Civ. 1re, 2 mars 1999, n° 96-20.497, *Bull. civ.* I, n° 72; *D.* 1999. IR 86.
7. CJCE 14 déc. 1976, Galeries Segoura SPRL c/Bonakdarian, aff. 25/76, *Rec. CJCE* 1851.
8. CJCE 19 juin 1984, Partenreederei Tilly Russ c/NV Haven & Vervoerbedrijf Nova, aff. 71/83, *Rec. CJCE* 2417.
9. CJCE 11 juill. 1985, Berghoefer GmbH & Co KG c/ASA SA, aff. 221/84, *Rec. CJCE* 2699.

troisième forme possible a été insérée dans la convention de Bruxelles par la convention de San Sebastian de 1989, qui a purement et simplement consacré la jurisprudence de la Cour de justice relative aux rapports commerciaux courants entre les parties. Elle est reprise sans modification par l'article 23 du règlement Bruxelles I., et, récemment, par l'article 25 du règlement Bruxelles I *bis*.

Ne donne pas de base légale à sa décision la cour d'appel qui, pour rejeter une exception d'incompétence soulevée par un acheteur italien, retient que la page des conditions générales de vente figurant au verso des factures et sur laquelle est apposée la clause de juridiction italienne n'est pas signée par le vendeur français et ne lui est donc pas opposable, sans rechercher si la clause d'attribution de compétence ne satisfaisait pas aux conditions posées par l'article 17 de la convention de Bruxelles et notamment si, comme le soutenait l'acheteur italien, elle était conforme aux habitudes établies entre les parties[1].

157.25 Quatrième forme possible : une de celles conformes aux usages du commerce international. La formule de l'article 17.1 c) de la Convention, de l'article 23 § 1, c) du règlement de 2000 et de l'article 25 § 1, c) du règlement du 12 décembre 2012, énonce : « *Dans le commerce international, sous une forme qui soit conforme à un usage dont les parties ont connaissance ou étaient censées avoir connaissance et qui est largement connu et régulièrement observé dans ce type de commerce par les parties à des contrats du même type dans la branche commerciale considérée* ». Cette forme que la clause attributive de juridiction est susceptible d'adopter ne vaut que pour les contrats du commerce international[2].

Dans **l'arrêt *Transporti Castelletti* du 16 mars 1999**, la Cour de justice a énoncé un certain nombre de règles d'interprétation de l'article 17. Tout d'abord, le consentement des parties contractantes à la clause attributive de juridiction est présumé exister lorsque leur comportement correspond à un usage régissant le domaine du commerce international dans lequel elles opèrent et dont elles ont ou sont censées avoir connaissance. Ensuite, l'existence d'un usage, qui doit être constatée dans la branche commerciale dans laquelle les parties officient, est établie lorsqu'un certain comportement est généralement et régulièrement suivi par les opérateurs dans cette branche lors de la conclusion de contrats d'un certain type. Il n'est pas nécessaire qu'un tel comportement soit établi dans des pays déterminés ni en particulier dans tous les États membres. En outre, une forme de publicité ne peut être systématiquement requise. La Cour a ajouté que les exigences concrètes recouvertes par la notion de « *forme admise* » devaient être appréciées exclusivement au regard des usages commerciaux de la branche considérée du commerce international, sans tenir compte des exigences particulières que pourraient prévoir les dispositions nationales. Enfin, la connaissance de l'usage doit être appréciée dans le chef des parties originaires à la convention attributive de juridiction (cette connaissance est établie, indépendamment de toute forme spécifique de publicité, lorsque, dans la branche commerciale considérée, un certain comportement est généralement et régulièrement suivi lors de la conclusion d'un certain type de contrats, de sorte qu'il peut être considéré comme une pratique consolidée). La Cour termine en précisant que des considérations relatives aux liens entre le tribunal désigné et le rapport litigieux, au bien-fondé de la clause et aux règles matérielles de responsabilité applicables devant le tribunal choisi sont étrangères à ces exigences.

Dans **l'arrêt *Mainschiffahrts-Genossenschaft* du 20 février 1997**, la Cour de justice s'était déjà exprimée dans le même sens quant à la définition de l'usage du commerce international. Elle avait également considéré que la convention attributive de juridiction est censée être valablement conclue, du fait de l'absence de réaction de l'autre partie contractante à une lettre de confirmation commerciale que son cocontractant lui a envoyée, ou du paiement répété et sans contestation de factures, lorsque ces documents contiennent une mention pré-imprimée indiquant le lieu du for, si un tel comportement correspond à un usage régissant le domaine du commerce international dans lequel opèrent les parties en question. C'est au juge national de vérifier l'existence dudit usage et de la connaissance qu'en avaient les parties. La Cour termine en jugeant qu'un accord verbal sur le lieu d'exécution, qui vise non pas à déterminer l'endroit où le débiteur devra exécuter effectivement la prestation, mais exclusivement à établir un lieu de for déterminé, n'est pas régi par l'article 5 § 1 de la convention de Bruxelles, mais par l'article 17 et n'est valide que lorsque les conditions qui y sont énoncées sont respectées.

157.26 Circulation de la clause attributive de juridiction. La Cour de justice s'était dans un premier temps prononcée, le **9 novembre 2000** (arrêt *Coreck*)[3] sur les effets d'une clause attributive de juridiction, qui avait été convenue entre un transporteur et un chargeur et qui avait été insérée dans un connaissement. Elle a admis que la clause produisait ses effets à l'égard du tiers porteur du connaissement pour autant que, en acquérant ce dernier, il ait succédé aux droits et obligations du chargeur en vertu du droit national applicable. Si tel n'est pas le cas, selon l'arrêt *Coreck* de la Cour de justice, il convient de vérifier son consentement à ladite clause au regard de l'article 17 alinéa 1er (Règl. 22 déc. 2000, art. 23 § 1 – Règl. 12 déc. 2012, art. 25 § 1).

1. Civ. 1re, 6 juill. 1999, n° 97-17.578, *Bull. civ.* I, n° 227; *D.* 1999. IR 212.
2. POUR UNE APPLICATION de cette hypothèse, v. CJCE 20 févr. 1997, Mainschiffahrts-Genossenschaft [MSG] Eg c/Les Gravières rhénanes SARL, aff. C-106/95, *Rev. crit. DIP* 1997. 563, note Gaudemet-Tallon – V. AUSSI, pour des précisions, CJCE 16 mars 1999, Transporti Castelletti Spedizioni Internazionali SPA, aff. C-159/97, *D.* 1999. IR 100.
3. CJCE 9 nov. 2000, Coreck Maritime c/Handelsveem BV, aff. C-387/98, *D.* 2000. IR 298; *Rev. crit. DIP* 2001. 359, note Bernard-Fertier.

La chambre commerciale de la Cour de cassation a fait application de la jurisprudence *Coreck* dans un arrêt du **4 mars 2003**[1] : la Cour relève qu'il ne résulte d'aucun texte de droit interne – français – que le porteur du connaissement, en acceptant la livraison de la marchandise, succède aux droits et obligations du chargeur découlant de la clause attributive de juridiction acceptée par celui-ci. Elle ajoute que la Cour de justice a dit pour droit, dans un arrêt *Coreck* du 9 novembre 2000, qu'une telle clause convenue entre un transporteur et un chargeur et insérée dans un connaissement, produit ses effets à l'égard du tiers porteur du connaissement pour autant qu'il a donné son consentement à ladite clause au regard des exigences de l'article 17 de la convention de Bruxelles. La chambre commerciale en conclut que la cour d'appel a légalement justifié sa décision en retenant que la clause attributive de juridiction n'était pas opposable aux assureurs subrogés dans les droits du destinataire, porteur du connaissement, faute d'avoir été acceptée au plus tard lors de la livraison.

Récemment, la Cour de cassation française[2] a posé à la Cour de justice une question préjudicielle relative à la circulation de la clause de prorogation de compétence dans les chaînes de contrats. Une compagnie d'assurance subrogée dans les droits de maître de l'ouvrage, qu'elle avait indemnisé, avait assigné fabricant, assembleur et importateur des matériaux défectueux devant le tribunal de grande instance de Paris. Le fabricant (une société italienne) contesta la compétence de cette juridiction en invoquant la clause attributive de juridiction en faveur des tribunaux italiens contenue dans le contrat passé entre lui et l'importateur. L'exception d'incompétence fut rejetée, en première instance comme en appel, par le juge français, qui estima que la clause n'était pas opposable à l'assureur subrogé dans les droits du sous-acquéreur, qui n'avait pas accepté ladite clause, contenue dans le contrat passé entre fabricant et acquéreur. Il s'agissait donc de savoir si la clause attributive de juridiction convenue dans une « *chaîne communautaire de contrats* » entre un fabricant d'un bien et un acheteur, en vertu de l'article 23 du règlement Bruxelles I, produisait des effets à l'égard du sous-acquéreur et, si oui, sous quelles conditions. La Cour de justice a statué le **7 février 2013** dans un important arrêt *Refcomp*[3]. Elle a tout d'abord délimité le champ de sa réponse : il s'agit des cas de « *succession de contrats translatifs de propriété ayant été conclus entre des opérateurs économiques établis dans différents États membres de l'Union européenne* » (point 15 de l'arrêt), ce qui revient à ne viser que les chaînes de contrat intra-Union, c'est-à-dire présentant un élément d'extranéité mais au sein de l'Union européenne. Rompant avec sa jurisprudence en matière de connaissement, la Cour de justice affirme que l'article 23 § 1 du règlement indique « *clairement que son champ d'application se limite aux cas où les parties sont "convenues" d'un tribunal* » (point 26), que « *la réalité du consentement des intéressés est l'un des objectifs de cette disposition* » (point 28) et que « *la clause attributive de juridiction insérée dans un contrat ne peut, en principe, produire ses effets que dans les rapports entre les parties qui ont donné leur accord à la conclusion de ce contrat. Pour que la clause puisse être opposable à un tiers, il est, en principe, nécessaire que celui-ci ait donné son consentement à cet effet* » (point 29). La Cour se fonde sur son interprétation autonome de la « *matière contractuelle* »[4] et rappelle que sous-acquéreur et fabricant doivent être considérés comme n'étant pas unis par un lien contractuel et ne peuvent donc être considérés comme étant « *convenus* » au sens de l'article 23 du règlement Bruxelles I, du tribunal désigné comme compétent (point 33). La Cour revient sur son arrêt *Coreck* en matière de connaissement et précise que la portée de cette jurisprudence doit être appréciée « *en tenant compte du caractère très particulier du connaissement* » (point 35). Elle en déduit que « *dans une chaîne de contrats translatifs de propriété, le rapport de succession entre l'acquéreur initial et le sous-acquéreur ne s'analyse pas dans la transmission d'un contrat unique, ainsi que de l'intégralité des droits et obligations qu'il prévoit* » (point 37), contrairement à l'hypothèse du connaissement. Dès lors, « *une clause attributive de juridiction convenue dans le contrat conclu entre le fabricant d'un bien et l'acquéreur de celui-ci ne peut pas être opposée au tiers sous-acquéreur qui, au terme d'une succession de contrats translatifs de propriété conclus entre des parties établies dans différents États membres, a acquis ce bien et veut engager une action en responsabilité à l'encontre du fabricant, sauf s'il est établi que ce tiers a donné son consentement effectif à l'égard de ladite clause*[5] *dans les conditions énoncées* » à l'article 23 du règlement (point 41 de l'arrêt). Il semble que la Cour de justice écarte le recours au droit international privé des États membres (auquel elle faisait référence dans l'arrêt *Coreck*) et construise une conception auto-

1. Com. 4 mars 2003, n° 01-01.043, *Bull. civ.* IV, n° 33; *JCP* 2004. II. 10071, note Sinay-Cytermann; *DMF* 2003. 556, note Delebecque; *J.-Cl. Civil Code*, fasc. 72, Legier; *J.-Cl. Pr. civ.*, fasc. 52-25, Beraudo.
2. Civ. 1re, 17 nov. 2010, n° 09-12.442, *Bull. civ.* I, n° 240; *D.* 2010. 2829, obs. Delpech; *D.* 2010. 2933, obs. Clay; *JCP* 2010. 1307, concl. Chevalier; *RTD civ.* 2011. 667, obs. Delebecque.
3. CJUE 7 févr. 2013, Refcomp SpA c/Axa Corporate Solutions Assurance SA e. a., aff. C-543/10, *D.* 2013. 1110, obs. Bollée; *D.* 2013. 1509, obs. Jault-Seseke; *D.* 2013. 2105; *JCP* 2013. 1713; *RLDC* 2013, n° 4510, obs. Combet, et n° 5039; *RTD com.* 2013. 338, obs. Remy-Corlay; *RTD com.* 2013. 381, obs. Marmisse-d'Abbadie d'Arrast.
4. V. NOT. CJCE 17 juin 1992, Jacob Handte, aff. C-26/91, *D.* 1993. 214, obs. Kullmann; *RTD civ.* 1993. 131, obs. Jourdain; *JCP* 1992. II. 21927, note Larroumet.
5. COMP., Civ. 1re, 4 juin 2009, n° 08-12.482, Küttner, NP : « *La clause attributive de compétence est incluse dans le contrat passé entre la société Küttner Allemagne et Küttner France et il n'est pas démontré que la société AGF qui conteste sa propre garantie et a assigné la société Küttner Allemagne pour la voir garantir toute condamnation à son encontre à l'égard de la société FMGC, ait eu connaissance et ait accepté la clause lors de la formation du contrat; qu'elle en a justement déduit que cette clause inopposable aux demandeurs ne l'emporte pas sur les compétences spéciales prévues aux articles 6-1 et 6-2 du Règlement Bruxelles I et qu'en l'espèce, le lien de connexité existant entre les demandes justifie qu'elles soient jugées ensemble* ».

nome de la notion de consentement effectif à la clause attributive de juridiction.

Si **l'arrêt *Refcomp*** [1] s'intègre harmonieusement dans la jurisprudence de la Cour de justice au regard des contours qu'elle a dégagés de la matière contractuelle au sens de l'article 5 § 1 du règlement Bruxelles I (Règl. Bruxelles I *bis*, art. 7 § 1), il est en revanche contraire à la jurisprudence qui était jusqu'alors celle de la Cour de cassation française. La première chambre civile avait par exemple affirmé le **6 février 2001** [2], à propos d'une clause d'arbitrage, que dans une chaîne homogène de contrats translatifs de propriété, la clause d'arbitrage international se transmet avec l'action contractuelle, sauf preuve de l'ignorance raisonnable de l'existence de la clause. Toutefois, dans un arrêt du **11 septembre 2013** [3], la première chambre civile de la Cour de cassation, dans l'affaire qui avait donné lieu au renvoi préjudiciel, a appliqué mot pour mot la solution *Refcomp*, en reprenant expressément la formule de la Cour de justice.

1. Pour des analyses de cette décision, v. P. Guez, « L'inopposabilité de la clause attributive de juridiction au sous-acquéreur dans les chaînes européennes de contrats », *JCP* 2013, n° 516 – C. Nourissat, « De l'inopposabilité d'une clause attributive de juridiction au sous-acquéreur dans les chaines européennes de contrats translatifs de propriété », *JCP* 2013, n° 1129 – M. Weller, crit., « *Keine Drittwirkung von Gerichtsstandsvereinbarungen bei Vertragsketten* », *IPRax* 2013. 501.
2. Civ. 1re, 6 févr. 2001, n° 98-20.776, *Bull. civ.* I, n° 22; *D.* 2001. 1135, obs. Delebecque; *JCP E* 2001. 1238, note Mainguy et Seube; *Rev. crit. DIP* 2001. 522, note Jault-Seseke.
3. Civ. 1re, 11 sept. 2013, n° 09-12.442, *Bull. civ.* I, [à paraître]; *JCP* 2013, n° 981; *JCP* 2013, n° 1129, note Nourissat; *RLDC* 2013, n° 5962 : « *Mais attendu que la Cour de justice de l'Union européenne a dit pour droit* [CJUE 7 févr. 2013, aff. C-543/10] *que l'article 23 du Règlement (CE) n° 44/2001 du Conseil, du 22 décembre 2000, concernant la compétence judiciaire, la reconnaissance et l'exécution des décisions en matière civile et commerciale, doit être interprété en ce sens qu'une clause attributive de juridiction convenue dans le contrat conclu entre le fabricant d'un bien et l'acquéreur de celui-ci ne peut pas être opposée au tiers sous-acquéreur qui, au terme d'une succession de contrats translatifs de propriété conclus entre des parties établies dans différents États membres, a acquis ce bien et veut engager une action en responsabilité à l'encontre du fabricant, sauf s'il est établi que ce tiers a donné son consentement effectif à l'égard de ladite clause dans les conditions énoncées à cet article; Et attendu qu'après avoir constaté que le litige opposait l'assureur subrogé dans les droits de la SNC Doumer, sous-acquéreur des compresseurs des groupes de climatisation, à la société Refcomp, leur fabricant, qui n'en était pas le vendeur, et que celle-là n'avait pas accepté la clause attributive de juridiction convenue entre le fabricant et le vendeur intermédiaire, la cour d'appel, qui a décidé que cette clause ne pouvait pas être opposée à l'assureur, la société Axa Corporate solutions assurance, de sorte que le tribunal de grande instance de Paris était compétent, a, par ces seuls motifs, légalement justifié sa décision* ».

§ 2
Quant au fond

157.31 Rapport de droit déterminé. La Cour de justice affirme que la notion de « *convention attributive de juridiction* » doit être interprétée comme une notion autonome et qu'il convient de donner au principe de l'autonomie de la volonté, sur lequel est fondé l'article 23 du règlement Bruxelles I (Règl. Bruxelles I *bis*, art. 25), sa pleine application [4]. L'article 17 de la Convention, tout comme l'article 23 du règlement CE, ne fait référence qu'aux « *différends nés ou à naître à l'occasion d'un rapport de droit déterminé* ». La clause doit donc préciser à propos de quelle relation juridique elle est stipulée. Dans **l'arrêt *Powell Duffryn plc* du 10 mars 1992**, la Cour de justice a toutefois considéré que la clause attributive de compétence figurant dans les statuts d'une société et applicable à tout litige susceptible de naître entre les associés et la société avait un objet suffisamment déterminé au sens de l'article 17 de la Convention [5].

157.32 Nullité des clauses portant atteinte à certaines règles. L'article 17 de la Convention, l'article 23 du règlement Bruxelles I et l'article 25 du règlement Bruxelles I *bis* ne protègent pas les clauses qui seraient conclues en violation des règles de compétence exclusive (Règl. 22 déc. 2000, art. 22 - Règl. 12 déc. 2012, art. 24 - Conv., art. 16) ou des textes spécifiques que la Convention ou les règlements consacrent aux prorogations conventionnelles de compétence dans les contrats en matière d'assurances, de travail et dans ceux conclus avec des consommateurs.

De même, la clause attributive de juridiction contenue dans l'acte constitutif d'un *trust* est sans effet si elle est contraire aux dispositions spécifiques sur la validité d'une telle clause en matière d'assurances ou de contrat conclu avec un consommateur ou si les tribunaux à la compétence desquels elle déroge sont exclusivement compétents en vertu de l'article 16 de la Convention, de l'article 22 du règlement Bruxelles I ou de l'article 24 du règlement Bruxelles I *bis*.

157.33 Absence d'autre condition de fond. Apports du règlement UE n° 1215/2012 du 12 décembre 2012, Bruxelles I *bis* en matière d'appréciation de la validité de la clause. Hormis les conditions générales de validité des contrats, la clause attributive de juridiction n'est soumise à aucune autre condition de fond par

4. CJUE 7 févr. 2013, Refcomp SpA c/Axa Corporate Solutions Assurance SA e. a., aff. C-543/10, point 40 de l'arrêt, *D.* 2013. 1110, obs. Bollée; *D.* 2013. 1509, obs. Jault-Seseke; *D.* 2013. 2105; *JCP* 2013. 1713; *RLDC* 2013, n° 4510, obs. Combet, et n° 5039; *RTD com.* 2013. 338, obs. Remy-Corlay; *RTD com.* 2013. 381, obs. Marmisse-d'Abbadie d'Arrast.
5. CJCE 10 mars 1992, Powell Duffryn plc, aff. C-214/89, *Rec. CJCE* 1745.

exemple quant à un éventuel lien entre le tribunal choisi et le litige. L'article 17 de la Convention et l'article 23 du règlement Bruxelles I ne précisent pas davantage quelle loi est applicable à la clause, si bien que la jurisprudence française tantôt applique la *lex fori*, tantôt compare celle-ci à la loi du tribunal exclu[1]. Pour une illustration, on a pu se demander si la solution affirmée par un arrêt de la Cour de cassation le **20 septembre 2012**[2] n'est pas contextuelle et liée à la qualité de consommateur de la partie subissant les effets de la clause attributive[3]. Cet arrêt écarte pour potestativité une clause attributive de juridiction stipulée dans un contrat liant une banque luxembourgeoise à un client ayant son domicile en France (la clause prévoyait que la banque se réservait le droit d'agir au domicile du client ou devant tout autre tribunal compétent), au motif que la clause « *ne liait en réalité que Mme X, qui était seule tenue de saisir les tribunaux luxembourgeois* [...] *revêtait un caractère potestatif à l'égard de la banque, de sorte qu'elle était contraire à l'objet et à la finalité de la prorogation de compétence ouverte par l'article 23 du règlement Bruxelles I* ».

Le règlement UE n° 1215/2012 du 12 décembre 2012, Bruxelles I *bis*, qui entrera en application le 10 janvier 2015, contient désormais une règle relative à l'appréciation de la validité de la clause : en vertu de son article 25 § 1, les juridictions désignées dans la clause sont compétentes « *sauf si la validité de la convention attributive de juridiction est entachée de nullité* ***quant au fond selon le droit de cet État membre*** ». Le considérant 20 du nouveau règlement précise que « *lorsque la question se pose de savoir si un accord d'élection de for en faveur d'une ou des juridictions d'un État membre est entaché de nullité quant à sa validité au fond, cette question devrait être tranchée conformément au droit de l'État membres de la ou des juridictions désignées dans l'accord,* ***y compris conformément aux règles de conflit de lois de cet État membre*** ».

Il convient de distinguer **licéité et validité** de la clause[4] : la licéité dépend de la loi du juge saisi, et dans un contexte intra-union, cette loi sera le règlement Bruxelles I (Bruxelles I *bis* à compter du 10 janvier 2015) ; la validité de la clause porte sur la forme et sur le fond de cette dernière. Le nouveau règlement Bruxelles I *bis* affirme l'autonomie de la clause tant sur le plan matériel (autonomie de la clause par rapport au contrat la contenant) que sur le plan conflictuel (appréciation de la validité au regard du droit du tribunal désigné par la clause).

157.34 Clause stipulée dans l'intérêt exclusif d'une partie. L'article 17 § 5 de la Convention prévoit dans cette hypothèse que la partie dans l'intérêt exclusif de laquelle a été stipulée la clause « *conserve le droit de saisir tout autre tribunal compétent en vertu de la présente Convention* ». La Cour de justice a toutefois eu l'occasion de préciser[5] que l'attribution de compétence au tribunal du domicile d'une partie n'était pas forcément stipulée dans l'intérêt exclusif de cette partie. Elle ajoute qu'il convient de rechercher la volonté commune des parties, et cette volonté commune d'avantager l'une des parties doit ressortir clairement ou des termes de la clause, ou de l'ensemble des indices relevés dans le contrat ou des circonstances qui ont entouré la conclusion de celui-ci[6] (il a été jugé, à propos de la convention de Lugano, que si des parties commerçantes dont le siège est en Allemagne conviennent de la compétence de tribunaux étrangers dans l'intérêt d'une seule des parties, celle-ci est habilitée à intenter une action devant les tribunaux allemands, peu important que soit applicable en l'espèce l'article 17 de la convention de Lugano ou le paragraphe 38 ZPO (*Zivilprozessordnung*, Code de procédure civile allemand). Le paragraphe 38 ZPO prévoit à quelles conditions une clause attributive de juridiction est valable en droit allemand interne[7]).

Le règlement CE du 22 décembre 2000 a toutefois supprimé cette règle relative à l'hypothèse où la clause attributive de compétence aurait été stipulée dans l'intérêt exclusif d'une partie. Ceci peut paraître regrettable, même s'il faut bien reconnaître que la notion de « *clause stipulée dans l'intérêt exclusif d'une partie* » était source de contentieux. Cette suppression est confirmée par le règlement de refonte Bruxelles I *bis* (Règl. UE n° 1215/2012, 12 déc. 2012), qui entrera en application le 10 janvier 2015.

157.35 Cas de la stipulation pour autrui. Dans **un arrêt du 14 juillet 1983** ***Gerling Konzern c/Amministrazione del Tesoro dello Stato***, la Cour de justice a jugé que la clause attributive de compétence pouvait être invoquée par celui au profit duquel le contrat avait été stipulé (en l'espèce, cas d'un contrat d'assurance instaurant comme bénéficiaire une personne autre que le preneur d'assurance[8]). En revanche, la même clause ne pourrait pas être invoquée *à l'encontre* dudit bénéficiaire de la stipulation (à titre de

1. PAR EX., v. Paris, 10 oct. 1990, RG n° 90/4407, *Rev. crit. DIP* 1991. 605, note Gaudemet-Tallon.
2. Civ. 1re, 20 sept. 2012, n° 11-26.022, *Bull. civ.* I, n° 176 ; *D.* 2012. 2876, note crit. Martel ; *D.* 2013. 2318 ; *JCP* 2013, n° 1065 ; *JCP* 2013, n° 105, note Degos et Akchoti ; *RLDC* 2013, n° 4480, obs. Le Gallou, et n° 4509, obs. Nourissat ; *Rev. crit. DIP* 2013. 256, note crit. Bureau.
3. SUR CETTE QUESTION, v. D. Bureau, *Rev. crit. DIP* 2013. 265.
4. SUR CE POINT, v. P. Deumier, M. Laazouzi et E. Treppoz, « Le règlement Bruxelles I *bis* et la géométrie dans l'espace », *RDC* 2013. 1051.
5. CJCE 24 juin 1986, Anterist c/Crédit lyonnais, aff. 22/85, *Rec. CJCE* 1951.
6. PAR EX., Civ. 1re, 4 déc. 1990, n° 89-16.047, *Bull. civ.* I, n° 273 ; *Rev. crit. DIP* 1991. 613, note Gaudemet-Tallon.
7. C. féd. justice (BGH), 2e civ., 23 juill. 1998, *MDR* 1998. 496.
8. CJCE 14 juill. 1983, Gerling Konzern c/Amministrazione del Tesoro dello Stato, aff. 201/82, *Rec. CJCE* 2503.

comparaison, une clause attributive de juridiction, qui a été convenue entre un transporteur et un chargeur et qui a été insérée dans un connaissement, produit ses effets à l'égard du tiers porteur du connaissement pour autant que, en acquérant ce dernier, il ait succédé aux droits et obligations du chargeur en vertu du droit national applicable. Si tel n'est pas le cas, il convient de vérifier son consentement à ladite clause au regard de l'article 17 § 1[1]).

157.36 Clause attributive de juridiction et chaîne de contrats translatifs de propriété. Dans un arrêt du 17 novembre 2010[2], la première chambre civile de la Cour de cassation a posé à la Cour de justice les questions préjudicielles suivantes :

1° Une clause attributive de juridiction, qui a été convenue dans une chaîne communautaire de contrats, entre un fabricant d'une chose et un acheteur en application de l'article 23 du règlement produit-elle ses effets à l'égard du sous-acquéreur et, dans l'affirmative, sous quelles conditions ?

2° La clause attributive de juridiction produit-elle ses effets à l'égard du sous-acquéreur et de ses assureurs subrogés quand bien même l'article 5 § 1 du règlement ne s'appliquerait pas à l'action du sous-acquéreur contre le fabricant ainsi qu'en a jugé la Cour de justice dans son arrêt *Jacob Hante* du 17 juin 1992 ?

Dans cette affaire, le tribunal de grande instance de Paris avait jugé la clause inopposable à l'assureur subrogé dans les droits du sous-acquéreur au motif que l'article 5 § 1 (matière contractuelle) ne s'appliquait pas au litige opposant le sous-acquéreur d'une chose au fabricant qui n'était pas le vendeur, un tel litige se rattachant à la matière délictuelle ou quasi délictuelle (ce qui conduisait à la compétence des juridictions françaises comme tribunaux du lieu où s'est produit le fait dommageable). Mais on pouvait aussi considérer que l'assureur du sous-acquéreur ne faisait qu'exercer l'action en garantie de nature contractuelle appartenant à l'acheteur initial de la chose et qui avait été transmise aux propriétaires successifs de la chose; dès lors, effet pouvait être reconnu à la clause attributive de juridiction. La Cour de cassation[3] a donc soumis la question à la Cour de justice, comme le lui suggérait son avocat général[4] qui relevait, dans ses conclusions, qu'une résolution du Parlement européen du 7 septembre 2010 souligne les difficultés liées à l'opposabilité des clauses d'élection de for (« *considérant que des tiers peuvent être liés par un accord d'élection de for (par exemple dans le cas d'un connaissement) à l'égard duquel ils n'ont pas marqué leur consentement et que cette situation risque de compromettre leur accès à la justice et de déboucher sur une injustice manifeste* »).

Dans son **arrêt *Refcomp* du 7 février 2013**[5], la Cour de justice a décidé qu'« *une clause attributive de juridiction convenue dans le contrat conclu entre le fabricant d'un bien et l'acquéreur de celui-ci ne peut pas être opposée au tiers sous-acquéreur qui, au terme d'une succession de contrats translatifs de propriété conclus entre des parties établies dans différents États membres, a acquis ce bien et veut engager une action en responsabilité à l'encontre du fabricant,* ***sauf s'il est établi que ce tiers a donné son consentement effectif à l'égard de ladite clause***[6] ***dans les conditions énoncées*** » à l'article 23 du règlement (point 41 de l'arrêt). Il semble que la Cour de justice écarte le recours au droit international privé des États membres (auquel elle faisait référence dans l'arrêt *Coreck*) et construise une conception autonome de la notion de consentement effectif à la clause attributive de juridiction (pour des détails sur cet arrêt, v. s[s] n° 157.26).

157.37 Sort de la clause attributive de juridiction incluse dans un contrat dont un plaideur invoque la nullité. Apport du règlement UE n° 1215/2012 du 12 décembre 2012, Bruxelles I *bis*. Dans l'arrêt ***Francesco Benincasa c/Dentalkit Srl*** **du 3 juillet 1997**[7], la Cour de justice avait précisé que l'article 17 de la convention de Bruxelles avait pour objectif de « *désigner, de manière claire et précise, une juridiction d'un État contractant qui soit exclusivement compétente conformément à l'accord de volonté des parties, exprimé suivant les conditions de forme strictes énoncées. La sécurité juridique voulue par cette disposition pourrait être aisément compromise s'il était reconnu à une partie contractante la faculté de déjouer cette règle de la Convention par la seule allégation de la nullité de l'ensemble du contrat pour des raisons tirées du droit matériel*

1. CJCE 9 nov. 2000, Coreck Maritime c/Handelsveem BV, aff. C-387/98, *D.* 2000. IR 298.
2. Civ. 1re, 17 nov. 2010, n° 09-12.442, *Bull. civ.* I, n° 240; *D.* 2010. 2829; *D.* 2010. 2933, obs. Clay; *JCP* 2010. 2438, concl. Chevalier; *RLDC* janv. 2011, p. 13.
3. La Cour de cassation française semble favorable à un effet large de la clause attributive de juridiction, car elle a déjà jugé qu'une telle clause, si elle est valable au regard de l'article 23 du règlement, prime les règles de l'article 6 § 1 en cas de pluralité de défendeurs, v. Civ. 1re, 20 juin 2006, n° 05-16.706, *Bull. civ.* I, n° 304; *D.* 2006. IR 1842, obs. Delpech.
4. P. Chevalier, *JCP* 2010. 2438.
5. CJUE 7 févr. 2013, Refcomp SpA c/Axa Corp. Solutions Assurance SA e. a., aff. C-543/10, *D.* 2013. 1110, obs. Bollée; *D.* 2013. 1509, obs. Jault-Seseke; *D.* 2013. 2105; *JCP* 2013. 1713; *RLDC* 2013, n° 4510, obs. Combet, et n° 5039; *RTD com.* 2013. 338, obs. Remy-Corlay; *RTD com.* 2013. 381, obs. Marmisse-d'Abbadie d'Arrast – Pour de nombreux détails, v. s[s] n° 157.26.
6. COMP. Civ. 1re, 4 juin 2009, n° 08-12.482, Küttner, NP : « *La clause attributive de compétence est incluse dans le contrat passé entre la société Küttner Allemagne et Küttner France et il n'est pas démontré que la société AGF qui conteste sa propre garantie et a assigné la société Küttner Allemagne pour la voir garantir toute condamnation à son encontre à l'égard de la société FMGC, ait eu connaissance et ait accepté la clause lors de la formation du contrat; qu'elle en a justement déduit que cette clause inopposable aux demandeurs ne l'emporte pas sur les compétences spéciales prévues aux articles 6-1 et 6-2 du Règlement Bruxelles I et qu'en l'espèce, le lien de connexité existant entre les demandes justifie qu'elles soient jugées ensemble* ».
7. CJCE 3 juill. 1997, Francesco Benincasa c/Dentalkit Srl, aff. C-269/95, *Rec. CJCE* I-3767; *Europe* août-sept. 1997, p. 22.

applicable ». En conséquence, la juridiction d'un État contractant désignée dans une clause attributive de juridiction valablement conclue au regard de l'article 17 premier alinéa de la Convention (devenu article 23 du règlement), est également exclusivement compétente lorsque l'action vise notamment à faire constater la nullité du contrat qui contient ladite clause (v. aussi un arrêt selon lequel la clause attributive de juridiction visant en l'espèce toutes les contestations relatives au contrat, la juridiction d'un État contractant désignée par une clause conforme à l'article 17 de la convention de Bruxelles est exclusivement compétente même pour les actions tendant à contester la validité du contrat qui les stipule[1]).

Cette solution est expressément confirmée par l'article 25 § 5 du règlement UE n° 1215/2012 du 12 décembre 2012, Bruxelles I *bis*, en vertu duquel « *une convention attributive de juridiction faisant partie d'un contrat est considérée comme un accord distinct des autres clauses du contrat* » si bien que « *la validité de la convention attributive de juridiction ne peut être contestée au seul motif que le contrat n'est pas valable* ». Cette disposition opère clairement une déconnexion entre le **contrat** au principal et la clause de prorogation de for qu'il peut contenir, afin de renforcer l'efficacité de cette dernière en évitant qu'elle ne puisse subir l'invalidité du contrat et tomber par voie de conséquence. La règle consacrant l'autonomie de la clause de prorogation de compétence suit celle de la convention de La Haye de 2005 sur les accords d'élection de for (Conv., art. 3, d). Cette solution exprime une faveur pour les clauses attributives de juridiction qui existait certes déjà dans le règlement Bruxelles I du 22 décembre 2000, mais qui est très largement confortée[2] dans le règlement de refonte du 12 décembre 2012, Bruxelles I *bis*. Cette faveur à la convention de prorogation de for apparaît également à propos des relations entre une telle clause et les règles établies par le règlement en matière de litispendance. Le législateur de l'Union, dans le nouvel article 31 du règlement Bruxelles I *bis*, a entendu mettre fin à la jurisprudence *Gasser* de la Cour fédérale de justice.

157.38 Sur la relation entre clause attributive de juridiction (Conv., art. 17 – Règl. 22 déc. 2000, art. 23 – Règl. 12 déc. 2012, art. 25) et possible litispendance au sens de l'article 21 de la Convention (Règl. 22 déc. 2000, art. 28 – Règl. 12 déc. 2012, art. 31). V. l'arrêt *Erich Gasser c/MISAT Srl*, du 9 décembre 2003[3] : l'*Oberlandesgericht* d'Innsbruck demandait notamment à la Cour de justice si l'existence d'une clause attributive de juridiction permettait d'écarter l'application de l'article 21 sur la litispendance et à la juridiction saisie en second lieu, exclusivement compétente sur le fondement de la clause attributive de juridiction, de statuer sur le litige sans attendre que le juge saisi en premier lieu se soit déclaré incompétent. La Cour de justice considère que le fait que la compétence du tribunal saisi en second lieu soit fondée sur l'article 17 de la Convention n'est pas de nature à remettre en cause l'application de la règle procédurale contenue à l'article 21, laquelle se fonde clairement et uniquement sur l'ordre chronologique dans lequel les juridictions en cause ont été saisies (point 47). Le juge saisi en second lieu n'est en aucun cas mieux placé que le juge saisi en premier lieu pour se prononcer sur la compétence de ce dernier. En effet, cette compétence est déterminée directement par les règles de la Convention, qui sont communes aux deux juges et peuvent être interprétées et appliquées avec la même autorité pour chacun d'eux (point 48). En outre, les parties ont toujours la possibilité de renoncer à se prévaloir de la clause de prorogation de compétence; en particulier, le défendeur peut comparaître devant le juge saisi sans soulever l'incompétence de ce dernier, conformément à l'article 18 de la Convention (point 49). La Cour de justice souligne qu'il est essentiel pour la sécurité juridique voulue par la convention de Bruxelles qu'en cas de litispendance soit déterminé clairement et précisément quel juge établira s'il est compétent au regard de la Convention (point 51). En vertu de l'article 21, c'est le juge saisi en premier qui détient cette compétence. Il ne peut être dérogé à cette règle même si la durée des procédures devant les juridictions de l'État dans lequel le tribunal saisi en premier lieu a son siège (en l'occurrence l'Italie; le tribunal saisi en second était autrichien en l'espèce) est excessivement longue (points 70 s.). Cette jurisprudence revient à favoriser la partie qui, de façon dilatoire, saisit un tribunal incompétent du fait de l'existence d'une clause attributive de juridiction désignant les tribunaux d'un autre État.

Devant la situation insatisfaisante créée par l'arrêt *Gasser*, qui favorise ainsi les manœuvres dilatoires d'un plaideur par saisine d'une juridiction d'un État membre qui n'est pas compétente en raison d'une clause attributive de juridiction, la Commission européenne, dans sa proposition de refonte du règlement Bruxelles I[4], suggérait d'énoncer dans un nouvel article 32 § 2 qu'« *à l'exception des conventions régies par les sections 3, 4 et 5 du présent chapitre, lorsqu'une convention visée à l'article 23 attribue une compétence exclusive à une juridiction ou aux juridictions d'un État membre, les tribunaux des autres États membres ne peuvent connaître du litige tant que le tribunal ou les tribu-*

1. Civ. 1re, 19 mars 2002, n° 00-17.709, *Bull. civ.* I, n° 97; *JCP* 2002. IV. 1762; *JDI* 2003. 146, note Huet.
2. DANS LE MÊME SENS, v. P. Deumier, M. Laazouzi et E. Treppoz, « Le règlement Bruxelles I *bis* et la géométrie dans l'espace », *RDC* 2013. 1050 s.
3. CJCE 9 déc. 2003, Erich Gasser c/MISAT Srl, aff. C-116/02, *JOUE*, n° C 21, 24 janv. 2004, p. 7; www.curia.eu.int; *Procédures* mars 2004, p. 123, note C. N.
4. COM (2010) 748 final, 14 déc. 2010.

naux désignés n'ont pas décliné leur compétence ». Ceci reviendrait à faire primer la clause attributive de compétence, puisque le tribunal qu'elle désignerait serait prioritaire pour statuer, les juridictions des autres États membres devant attendre que le tribunal désigné dans la clause décline sa compétence.

C'est la voie dans laquelle s'est dirigé le règlement de refonte UE n° 1215/2012 du 12 décembre 2012, Bruxelles I *bis*. Il énonce dans son article 31 § 2 que « *sans préjudice de l'article 26, lorsqu'une juridiction d'un État membre à laquelle une convention visée à l'article 25 attribue une compétence exclusive est saisie, toute juridiction d'un autre État membre sursoit à statuer jusqu'à ce que la juridiction saisie sur le fondement de la convention déclare qu'elle n'est pas compétente en vertu de la convention* ». Si la juridiction désignée dans la convention se déclare, en revanche, compétente, toute juridiction d'un État membre se dessaisit en sa faveur (Règl. 12 déc. 2012, art. 31 § 3). Ces règles visent à assurer la primauté du juge élu en cas de conflit de procédures, car le tribunal saisi en premier lieu n'est tenu de surseoir à statuer que si le juge désigné par la clause est saisi. Dans le cas contraire, le tribunal du domicile du défendeur (règle de compétence de principe de Règl. Bruxelles I, art. 2, devenu Règl. Bruxelles I *bis*, art. 4) sera compétent pour se prononcer sur la validité de la clause de prorogation de juridiction, et l'appréciation qu'il portera sur ce point s'imposera au juge désigné par la clause[1]. Ce n'est pas le mécanisme retenu par la convention de La Haye de 2005 sur les accords d'élection de for qui, elle, dans son article 6, prévoit que le tribunal non désigné par la clause d'élection de for doit surseoir à statuer même si le juge élu n'a pas (encore) été saisi.

Une **réserve** est toutefois formulée dans l'article 31 § 4 du règlement du 12 décembre 2012 : les règles énoncées aux paragraphes 2 et 3 ne s'appliquent pas lorsque le litige porte sur un contrat d'assurance, un contrat de consommation ou un contrat de travail, lorsque le preneur d'assurance, un bénéficiaire du contrat d'assurance, la victime, le consommateur ou le travailleur est **demandeur à l'action et que la convention attributive de juridiction n'est pas valide en vertu d'une disposition figurant dans l'une des sections** du règlement protégeant ces parties faibles (Règl. 12 déc. 2012, sect. 3, 4 et 5).

157.39 Constatations d'un tribunal d'un État membre sur la validité de la clause attributive de juridiction – Effets envers les tribunaux d'un autre État membre. Dans un arrêt du 15 novembre 2012, *Gothaer Allgemeine Versicherung*[2], la Cour de justice, interrogée par une juridiction allemande, a jugé que la notion de « *décision* » devant faire l'objet d'une reconnaissance automatique dans les États membres ne devait pas tenir compte de la qualification par le droit d'un État membre d'un acte adopté par une juridiction nationale. Elle a estimé qu'il serait porté atteinte à la confiance réciproque entre États membres si une juridiction d'un État membre pouvait refuser de reconnaître une décision par laquelle une juridiction d'un autre État membre a décliné sa compétence sur le fondement d'une clause attributive de juridiction, car un tel refus compromettrait le fonctionnement efficace des règles de compétence établies par le règlement Bruxelles I. Elle a donc jugé que « *la décision par laquelle la juridiction d'un État membre a décliné sa compétence sur le fondement d'une clause attributive de juridiction, au motif que cette clause est valide, lie les juridictions des autres États membres tant en ce qui concerne la décision d'incompétence de cette juridiction, qu'en ce qui concerne la constatation relative à la validité de cette clause, contenue dans les motifs de cette décision, qui constituent le soutien nécessaire de ce dispositif* » (point 41 de l'arrêt). Par cette décision, la Cour de justice procède à une interprétation autonome de la notion d'autorité de la chose jugée et de ses contours. Elle relève notamment que la notion d'autorité de la chose jugée dans le droit de l'Union « *ne s'attache pas qu'au dispositif de la décision juridictionnelle en cause, mais s'étend aux motifs de celle-ci qui constituent le soutien nécessaire de son dispositif et sont, de ce fait, indissociables de ce dernier* » (point 40).

SECTION 3
CAS PARTICULIER DES CONTRATS DE TRAVAIL

157.41 Règle de la convention de Bruxelles. L'article 17 de la convention de Bruxelles contient depuis la convention de San Sebastian de 1989 un dernier alinéa qui est relatif au contrat individuel de travail. Stipulée pour un tel contrat, la clause attributive de compétence ne produit effet que si elle est postérieure à la naissance du différend, ou si le travailleur l'invoque pour saisir d'autres tribunaux que celui du domicile du défendeur ou celui indiqué à l'article 5 § 1 (compétence spéciale en matière contractuelle). Ces deux exceptions à la nullité de la clause s'expliquent par deux raisons : la clause stipulée après la naissance du différend a été souscrite en connaissance de l'existence du litige par le travailleur qui était à même de se méfier, il n'a donc pas besoin d'être protégé. Quant à la seconde exception, elle est énoncée dans l'intérêt exclusif du travailleur, puisque c'est lui qui invoque la prorogation conventionnelle de compétence qui lui permet de saisir une autre juri-

1. EN CE SENS, CJUE 15 nov. 2012, Gothaer Allgemeine Versicherung AG e. a. c/Samskip GmbH, aff. C-456/11, préc. s[s] n° 157.39.

2. CJUE 15 nov. 2012, Gothaer Allgemeine Versicherung AG e. a. c/Samskip GmbH, aff. C-456/11.

diction que celle qui serait normalement compétente[1]. Là encore, le travailleur ne nécessite pas de protection, puisque la clause lui est favorable. En revanche, dans tous les autres cas, une méfiance est édictée par la Convention à l'égard de clauses qui pourraient nuire aux intérêts du travailleur, partie souvent la plus faible au contrat de travail.

Le texte de la **convention de Lugano de 1988** est légèrement différent puisqu'il stipule que la convention attributive de juridiction relative à un contrat individuel de travail ne produit effet que si elle est postérieure à la naissance du différend. Seule une exception est donc admise à la nullité. Il semble que la version de la convention de Bruxelles, telle que modifiée par la convention de San Sebastian de 1989, soit meilleure, puisqu'elle tient également compte du cas dans lequel la clause est dans l'intérêt du travailleur et lui donne la possibilité de l'invoquer pour saisir une juridiction qui par exemple lui serait plus proche que celle dont la compétence résulterait des articles 2 et 5 § 1 de la Convention.

157.42 **Règlement CE du 22 décembre 2000 (Bruxelles I), convention de Lugano de 2007 et règlement UE du 12 décembre 2012 (Bruxelles I *bis*).** Le règlement Bruxelles I a supprimé ce dernier alinéa de son article 23 et en a fait un article autonome (Règl. 22 déc. 2000, art. 21) contenu dans la section spéciale consacrée à la compétence en matière de contrats individuels de travail. Le contenu est toutefois sensiblement le même que celui de la convention de Bruxelles (les clauses de prorogation de compétence ne sont valables que si elles sont « *1) postérieures à la naissance du différend, ou 2) permettent au travailleur de saisir d'autres tribunaux que ceux indiqués à la présente section* »). Il en va de même dans la version de la convention de Lugano révisée de 2007. L'article 23 du règlement UE n° 1215/2012 du 12 décembre 2012 a la même teneur.

157.43 **Annexe. La prorogation tacite de compétence découlant de l'article 18 de la Convention, de l'article 24 du règlement du 22 décembre 2000 et de l'article 26 du règlement du 12 décembre 2012 : la comparution volontaire du défendeur.** Ces textes énoncent que, « *outre les cas où sa compétence résulte d'autres dispositions de la présente Convention* [Règlement], *le juge d'un État contractant* [État membre] *devant lequel le défendeur comparaît est compétent. Cette règle n'est pas applicable si la comparution a pour objet de contester la compétence ou s'il existe une autre juridiction exclusivement compétente en vertu de l'article 16* [Règl. 22 déc. 2000, art. 22 – Règl. 12 déc. 2012, art. 24] ».

Ce texte signifie que la comparution volontaire du défendeur devant un tribunal qui ne serait pas compétent au sens de la Convention, du règlement ou du droit international privé applicable, rend ce tribunal compétent pour statuer sur l'affaire. Aucune condition n'est posée quant au domicile du défendeur ou du demandeur sur le territoire d'un État membre mais les auteurs sont divisés et certains considèrent que le défendeur doit être domicilié dans un État membre[2].

La disposition permet aux parties de proroger la compétence d'un tribunal d'un État membre en violation de **toutes** règles du règlement, sauf celle des compétences exclusives La Cour de justice considère même que la comparution volontaire du défendeur devant une juridiction autre que celle stipulée compétente dans une clause attributive de juridiction remplissant les conditions de l'article 17, l'emporte sur ladite clause[3].

La comparution du défendeur devant le tribunal – normalement incompétent – saisi par le demandeur n'entraînera pas prorogation de compétence si le défendeur s'est présenté ou a constitué avocat **uniquement aux fins de contester la compétence de la juridiction saisie.** Cette règle semble logique puisque, dans cette hypothèse, le défendeur vient demander au tribunal de se dire incompétent. Une question s'est posée : celle de savoir si la comparution du défendeur devait avoir pour seul objet de contester la compétence de la juridiction, ou bien si le défendeur pouvait contester la compétence du tribunal à titre principal et, à titre accessoire, défendre au fond. Cette question résulte des termes différents des versions linguistiques de la Convention. Alors que la version française ne distingue pas selon que la comparution du défendeur a pour objet ou pour seul objet de contester la compétence, les autres versions linguistiques exigent que ce soit le *seul* objet de la comparution (v. par ex. la version allemande : « *Wenn der Beklagte sich* nur *einläßt, um den Mangel der Zuständigkeit geltend zu machen* »). La Cour de justice a retenu une interprétation libérale (arrêt *Elefanten Schuh GmbH*, préc., point 17) et considère que la comparution volontaire du défendeur n'entraîne pas prorogation de compétence même si le défendeur conclut sur le fond du litige après avoir contesté la compétence, la défense au fond devant toutefois – a précisé la Cour dans un autre arrêt[4] – être subsidiaire. L'arrêt *Elefanten Schuh* de 1981 a en outre estimé que la contestation de la compétence, même si elle ne doit pas forcément être préalable à la défense au fond, ne peut en tout état de cause se situer après la première défense adressée au juge saisi. C'est le droit national

1. POUR UNE INTERPRÉTATION de cette formule, v. CJUE 19 juill. 2012, Ahmed Mahamdia c/République algérienne démocratique et populaire, aff. C-154/11, *Rev. crit. DIP* 2013. 217, note Pataut.

2. *J.-Cl. Europe*, fasc. 3030, n° 2, Béraudo.
3. CJCE 24 juin 1981, Elefanten Schuh GmbH c/Jacqmain, aff. 150/80, *Rec. CJCE* 1671.
4. CJCE 22 oct. 1981, Éts Rohr SA c/Ossberger, aff. 27/81, *Rec. CJCE* 2431.

de procédure applicable qui détermine à quel moment doit se faire cette première défense. En droit français, les exceptions doivent être invoquées avant toute défense au fond ou fin de non-recevoir (C. pr. civ., art. 74, al. 1er); il conviendra donc que le comparaissant volontaire, pour écarter le jeu de l'article 24 du règlement, soulève d'abord l'exception d'incompétence (accompagnée des autres exceptions qu'il pourrait faire valoir, puisque l'article 74 C. pr. civ. exige que les exceptions soient invoquées simultanément) avant de défendre au fond[1].

La Cour de justice a été interrogée sur l'applicabilité de l'article 24[2] du règlement Bruxelles I dans le cas où les dispositions dudit règlement relatives à la compétence juridictionnelle en matière d'assurances (dispositions protectrices de la partie faible) auraient pourtant été applicables. Dans un arrêt *Michal Bilas* du **20 mai 2010**[3], la Cour de justice a considéré qu'alors qu'était applicable l'article 12 du règlement (compétence des tribunaux du domicile du défendeur assuré ou preneur d'assurance, en Slovaquie), la comparution volontaire de ce dernier devant les tribunaux tchèques (lieu du siège social de l'assureur) pour y défendre au fond donnait compétence aux juridictions tchèques « *dès lors que les règles de compétence énoncées à la section 3 du chapitre II du règlement CE n° 44/2001 ne sont pas des règles de compétence exclusive, le juge saisi, sans que lesdites règles de compétence soient respectées, doit se déclarer compétent lorsque le défendeur comparaît et qu'il ne soulève pas une exception d'incompétence* » (point 26 de l'arrêt), « *une telle comparution constituant une prorogation tacite de compétence* » (point 33). La solution semblait s'imposer au vu du texte de l'article 24, qui n'écarte toute prorogation tacite de compétence par comparution devant une juridiction incompétente que dans les cas de compétence exclusive de l'article 22. Néanmoins, on peut se demander si le défendeur est bien conscient de l'incompétence de la juridiction saisie lorsqu'il défend au fond devant elle[4]; or, la rédaction de l'article 24 conduit à interdire au juge saisi en violation des dispositions du règlement protectrices des parties faibles de relever d'office son incompétence.

C'est pourquoi le règlement UE n° 1215/2012 du 12 décembre 2012, Bruxelles I *bis*, prévoit dans son article 26 § 2 que dans les matières visées aux sections 3, 4 ou 5 (contrats d'assurance, de consommation ou de travail), lorsque le preneur d'assurance, l'assuré, un bénéficiaire du contrat d'assurance, la victime, le consommateur ou le travailleur est le **défendeur**, avant de se déclarer compétente pour prorogation tacite de compétence par comparution volontaire du défendeur, la juridiction doit « *s'assurer que le défendeur est informé de son droit de contester la compétence de la juridiction et des conséquences d'une comparution ou d'une absence de comparution* ». Cette information, que la Cour de justice envisageait comme une simple possibilité dans son arrêt *Michal Bilas* de 2010, devient dont une *obligation* du juge saisi, et ce en vue de renforcer la liberté de choix du défendeur, partie faible, qui peut décider de se défendre devant la juridiction incompétente saisie, mais doit le décider en pleine et entière connaissance de cause.

Sur les dispositions protectrices des consommateurs et des cocontractants de l'assureur en matière de clauses de prorogation de compétence, v. ss nos 155.15 et 155.24.

Récemment la Cour de justice a eu à se prononcer sur les interactions possibles entre la procédure d'injonction de payer européenne (Règl. CE n° 1896/2006, 12 déc. 2006[5]) et l'article 24 du règlement Bruxelles I visant la prorogation tacite de compétence par comparution du défendeur. L'article 6 du règlement instaurant l'injonction de payer européenne (IPE) dispose que, aux fins d'appliquer ledit règlement, « *la compétence est déterminée conformément aux règles du droit communautaire applicables en la matière, notamment du règlement* » CE n° 44/2001 Bruxelles I. Cet article renvoie donc, pour apprécier quelle juridiction d'un État membre est compétente pour délivrer l'ordonnance d'injonction de payer, aux règles de compétence du règlement Bruxelles I. Dans l'affaire ayant donné lieu à l'arrêt de la Cour de justice du 13 juin 2013, *Goldbet Sportwetten*[6], une injonction de payer européenne avait été demandée devant une juridiction autrichienne, qui l'avait délivrée. Le défendeur avait formé opposition dans les délais, en contestant l'existence de la créance. La procédure avait donc été renvoyée devant une autre juridiction autrichienne (le *Landesgericht*), devant laquelle le défendeur souleva une exception d'incompétence au motif qu'il était domicilié en Italie. Les juridictions autrichiennes, en première instance comme en appel, se déclarèrent incompétentes. Saisi d'un recours, le *Oberster Gerichtshof* demanda à la Cour de justice si l'article 6 du règlement CE n° 1896/2006 IPE s'entend comme renvoyant également à l'article 24 du règlement Bruxelles I, et s'il fallait considé-

1. PAR EX., Civ. 1re, 9 juill. 1991, n° 89-20.410, *Bull. civ.* I, n° 231; *D.* 1991. IR 212, obs. Audit.
2. L'article 24 énonce que, « *outre les cas où sa compétence résulte d'autres dispositions du présent règlement, le juge d'un État membre devant lequel le défendeur comparaît est compétent. Cette règle n'est pas applicable si la comparution a pour objet de contester la compétence ou s'il existe une autre juridiction exclusivement compétente en vertu de l'article 22* ».
3. CJUE 20 mai 2010, Michal Bilas, aff. C-111/09, *Rev. crit. DIP* 2010. 575, note Pataut, qui considère à juste titre que la règle de l'article 24 « *ne repose pas sur un introuvable accord des parties; la seule justification convaincante est la même que celle qui a été avancée en droit interne : l'efficacité procédurale* » – V. sur cet arrêt, A. Staudinger, « *Wer nicht rügt, der nicht gewinnt – Grenzen der stillschweigenden Prorogation nach Art. 24 EuGVVO* », *IPRax* 2011. 548.
4. EN CE SENS, E. Pataut, *Rev. crit. DIP* 2010. 583 s.
5. Règl. CE n° 1896/2006 du Parlement européen et du Conseil, 12 déc. 2006, instituant une procédure européenne d'injonction de payer, *JOUE*, n° L 399, 30 déc., p. 1.
6. CJUE 13 juin 2013, Goldbet Sportwetten GmbH c/Massimo Sperindeo, aff. C-144/12.

rer que le seul fait de faire opposition à l'injonction de payer devant les juridictions autrichiennes valait comparution volontaire si l'opposition ne contenait pas de contestation de la compétence de ces tribunaux. La Cour de justice répondit par la négative : l'opposition du défendeur ne saurait avoir d'autres effets que ceux prévus dans l'article 17 du règlement CE n° 1896/2006 IPE (mettre fin à la procédure d'injonction et entraîner, sauf si le demandeur a demandé expressément qu'il soit mis un terme à la procédure dans ce cas, passage automatique à la procédure civile ordinaire). Ainsi, une opposition à injonction de payer qui ne contient pas contestation de compétence des juridictions de l'État membre d'origine et qui n'est pas assortie de moyens de fond, ne saurait être considérée comme une comparution volontaire au sens de l'article 24 du règlement Bruxelles I (point 34 de l'arrêt) [1]. La Cour ajoute que, d'ailleurs, la circonstance que le défendeur aurait présenté des moyens de fond dans le cadre de l'opposition à l'injonction de payer européenne qu'il a formée ne signifie pas qu'il a comparu au sens du même article 24 (point 38 de l'arrêt).

1. La Cour de justice relève que le formulaire d'opposition contenu dans l'annexe IV du règlement IPE n'offre aucune possibilité de contester la compétence des juridictions de l'État membre d'origine (point 33 de l'arrêt).

CHAPITRE

158. Contrôle des règles de compétence édictées par les conventions de Bruxelles et de Lugano, le règlement CE du 22 décembre 2000 et le règlement UE du 12 décembre 2012

FRÉDÉRIQUE FERRAND
Professeur à l'Université Jean-Moulin (Lyon 3)
et à l'Université d'Augsbourg

SECTION 0
ORIENTEUR

158.00 **Plan du chapitre.**

158.01 **Textes applicables.**

Conv. Bruxelles, art. 19 à 23.

Règl. CE n° 44/2001, 22 déc. 2000, dit « Bruxelles I », du Conseil, sur la compétence judiciaire, la reconnaissance et l'exécution des décisions en matière civile et commerciale, art. 25 à 30, *JOCE*, n° L 12, 16 janv. 2001, p. 1.

À compter du 10 janvier 2015 :

Règl. UE n° 1215/2012, 12 déc. 2012, dit « Bruxelles I *bis* », du Parlement européen et du Conseil, concernant la compétence judiciaire, la reconnaissance et l'exécution des décisions en matière civile et commerciale, art. 10 à 23, *JOUE,* n° L 351, 20 déc., p. 1.

Les **articles 19 à 23 de la Convention, 25 à 30 du règlement Bruxelles I et 29 à 34 du règlement Bruxelles I *bis*** sont destinés à régler les éventuels risques de conflit ou de violation de compétence entre juges de différents États membres. Ils permettent aussi, pour des raisons d'économie de procédure, de rassembler devant un seul et même juge des affaires connexes qu'il est souhaitable de juger ensemble (hypothèse de connexité). Ces règles ont été adoptées pour un fonctionnement harmonieux. Il n'en demeure pas moins qu'une fois qu'un tribunal d'un État membre est saisi, il suit la procédure en vigueur dans son État (principe international selon lequel la procédure suivie devant une juridiction relève de la *lex fori*, pour des raisons pratiques bien compréhensibles).

Une innovation importante est contenue dans le règlement UE n° 1215/2012 du 12 décembre 2012, Bruxelles I *bis*, qui entrera en application le 10 janvier 2015 : ce règlement de refonte ne se contente pas de régler les conflits de procédures entre juridictions d'États membres. Il contient également des dispositions spécifiques des cas de litispendance ou de connexité mettant en cause les juridictions d'un État tiers et celles d'un État membre (Règl. 12 déc. 2010, art. 33 et 34).

SECTION 1

SAISINE D'UN JUGE D'UN ÉTAT MEMBRE INCOMPÉTENT (CONV. BRUXELLES, ART. 19 ET 20 § 1 – RÈGL. 22 DÉC. 2000, ART. 25 ET 26 – RÈGL. 12 DÉC. 2012, ART. 27 ET 28)

158.11 **Deux cas.** La convention de Bruxelles prévoit seulement deux cas dans lesquels le juge d'un État contractant saisi d'un litige doit relever son incompétence d'office. Ces textes ont été repris par le règlement CE du 22 décembre 2000 et par le règlement UE du 12 décembre 2012.

Article 19 de la Convention (Règl. 22 déc. 2000, art. 25 – Règl. 12 déc. 2012, art. 27) : « *Le juge d'un État contractant* [membre], *saisi à titre principal d'un litige pour lequel une juridiction d'un autre État contractant* [État membre] *est exclusivement compétente en vertu de l'article 16* [Règl. 22 déc. 2000, art. 22 – **Règl. 12 déc. 2012, art. 24**], *se déclare d'office incompétent* »[1].

Article 20 alinéa 1er de la Convention (Règl. 22 déc. 2000, art. 26 § 1) : « *Lorsque le défendeur domicilié sur le territoire d'un État contractant* [État membre] *est attrait devant une juridiction d'un autre État contractant* [État membre] *et ne comparaît pas, le juge se déclare d'office incompétent si sa compétence n'est pas fondée aux termes de la présente Convention* [du présent règlement] »[2]. Le règlement UE n° 1215/2012 du 12 décembre 2012, Bruxelles I *bis*, dans son article 28 § 1, modifie légèrement la fin de ce texte et la remplace par « *la juridiction se déclare d'office incompétente, **sauf si sa compétence découle des dispositions du présent règlement*** ».

Le premier texte envisage l'hypothèse dans laquelle le juge saisi du litige est incompétent du fait même que les juges d'un autre État membre sont compétents en vertu d'une des règles de compétence exclusive. Il suffit de rappeler pour justifier cette disposition que celles-ci sont des normes absolument impératives pour le juge comme pour les parties, qui ne peuvent-elles non plus y déroger par le jeu d'une éventuelle clause attributive de juridiction.

Il n'est en revanche pas certain que l'article 19 de la Convention, 25 du règlement Bruxelles I ou 27 du règlement Bruxelles I *bis*, trouve application dans l'hypothèse où le juge d'un État membre serait saisi d'un litige relevant de la compétence exclusive d'un État tiers.

En vertu de l'**article 20 § 1** de la Convention, de l'article 26 § 1 du règlement de 2000 et de l'article 28 § 1 du règlement de 2012, en l'absence de comparution du défendeur - qui pourtant est domicilié dans un État membre - devant le tribunal d'un autre État membre, celui-ci doit se déclarer incompétent si la Convention ou le règlement ne prévoit pas sa compétence (par ex., tel est le cas d'une action en revendication de propriété mobilière, pour l'exercice de laquelle le demandeur ne peut se prévaloir d'aucune option de compétence de l'article 5 de la Convention[3]). L'idée qui guide cette disposition est que si le défendeur ne comparaît pas, il doit être protégé contre une procédure qui se déroulerait devant un juge incompétent[4]. Le tribunal saisi doit donc être particulièrement vigilant et vérifier sa propre compétence au regard de la Convention ou du règlement; si aucune règle ne fonde sa compétence, il doit - là encore d'office - se déclarer incompétent.

158.12 **Relevé d'office.** Dans ces deux cas, le juge relève d'office son incompétence[5]. Si la partie défenderesse soulève cette exception, elle doit le faire selon la procédure des exceptions régnant dans l'État dont le juge est saisi (*lex fori*). La procédure de ces exceptions reste donc régie par la loi interne de la juridiction saisie dans la mesure, tout au moins, où cette loi ne fait pas obstacle à l'application des textes européens. La partie soulevant l'exception d'incompétence a en France l'obligation d'indiquer la juridiction qu'elle estime compétente; elle peut revendiquer la compétence des tribunaux d'un État membre différent de celui dont le juge a été saisi ou même indiquer plusieurs tribunaux si elle dispose d'une option de compétence[6].

Cette obligation de se déclarer d'office incompétent s'applique à toutes les étapes de la procédure, ce qui signifie qu'elle doit également être respectée par la Cour de cassation si un pourvoi est formé devant elle.

La Cour de justice a eu à se prononcer sur la question de savoir si le principe de coopération découlant de l'article 10 du traité CE impose ou non à une juri-

1. Une modification de cet article était envisagée dans la proposition de refonte du règlement Bruxelles I, COM (2010) 748 final, 14 déc. 2010 : le nouvel article 27 aurait disposé que « *le juge d'un État membre, saisi à titre principal d'un litige pour lequel il n'est pas compétent en vertu du présent règlement, se déclare d'office incompétent* ».
2. COMP., l'article 28 contenu dans la proposition de refonte du règlement Bruxelles I, COM (2010) 748 final, 14 déc. 2010 : « *Lorsque le défendeur domicilié sur le territoire d'un État membre est attrait devant une juridiction d'un autre État membre et ne comparaît pas, le juge est tenu de surseoir à statuer aussi longtemps qu'il n'est pas établi que ce défendeur a été mis à même de recevoir l'acte introductif d'instance ou un acte équivalent en temps utile pour se défendre ou que toute diligence a été faite à cette fin* ».
3. Civ. 1re, 6 déc. 2005, n° 01-02.515, *Bull. civ.* I, n° 471.
4. POUR DES APPLICATIONS, v. Civ. 1re, 6 déc. 2005, n° 01-02.515, *Bull. civ.* I, n° 471; *Procédures* 2006, n° 82, obs. C. N. – Soc. 26 avr. 2006, n° 04-47.238, *Bull. civ.* V, n° 148; *D.* 2006. IR 1248.
5. POUR UN EX., v. Paris, 28 juin 1978, *Rev. crit. DIP* 1979. 444, note Santa-Croce.
6. Paris, 14 juin 1975, *D.* 1975. 399; *Rev. crit. DIP* 1976. 117, obs. Droz.

diction nationale d'écarter ses règles de procédure internes afin de réexaminer une décision judiciaire passée en force de chose jugée et de l'annuler, dès lors que ladite décision était contraire au droit communautaire[1]. En l'espèce, Mme Kapferer avait reçu des courriers publicitaires lui laissant croire à un gain; elle avait demandé en justice l'attribution dudit prix; la société adverse avait soulevé une exception d'incompétence au motif que les articles 15 et 16 du règlement Bruxelles I n'étaient pas applicables en l'absence d'un contrat à titre onéreux. La juridiction autrichienne avait rejeté l'exception et statué au fond en déboutant la demanderesse, qui interjeta appel. La juridiction d'appel eut des doutes sur la compétence du tribunal autrichien de première instance, mais les défendeurs n'ayant pas attaqué le rejet du déclinatoire de compétence, elle demanda à la Cour de justice si elle était néanmoins tenue d'annuler un jugement sur la compétence ayant acquis force de chose jugée si les règles communautaires de compétence avaient été violées. La Cour de justice répondit par la négative en jugeant que « *le droit communautaire n'impose pas à une juridiction nationale d'écarter des règles de procédure internes conférant l'autorité de chose jugée à une décision, même si cela permettrait de remédier à une violation du droit communautaire* » (point 21).

SECTION 2

CONSÉQUENCES DU DÉFAUT DE COMPARUTION DU DÉFENDEUR (CONV. BRUXELLES, ART. 20 § 2 – RÈGL. 22 DÉC. 2000, ART. 26 § 2 – RÈGL. 12 DÉC. 2012, ART. 28 § 2)

158.21 Texte applicable. Nous avons déjà signalé qu'en application de l'article 20.1 de la convention de Bruxelles et de l'article 26 § 1 du règlement Bruxelles I (Règl. Bruxelles I *bis*, art. 28 § 1), le juge saisi d'une affaire dans laquelle le défendeur ne comparaît pas doit se déclarer d'office incompétent si sa compétence n'est pas édictée par la Convention ou le règlement. Allant plus loin, le § 2 du même texte prévoit une vérification de la régularité de l'assignation adressée au défendeur qui ne comparaît pas : « *Le juge est tenu de surseoir à statuer aussi longtemps qu'il n'est pas établi que ce défendeur a été mis à même de recevoir l'acte introductif d'instance ou un acte équivalent en temps utile pour se défendre ou que toute diligence a été faite à cette fin* ».

Là encore, il s'agit du défendeur domicilié dans l'Union européenne (ou un État de l'AELE suivant le texte qui s'appliquera). Le juge saisi doit donc attendre avant de statuer et s'assurer que le défendeur a bien été prévenu de l'instance formée contre lui.

La mention « *ou un acte équivalent* » avait été ajoutée à la convention de Bruxelles par la convention d'adhésion de 1978 afin de tenir compte de règles spécifiques à la *Common law* en matière de signification d'une citation à comparaître à un défendeur domicilié à l'étranger.

158.22 Autres précisions concernant la convention de Bruxelles. L'alinéa 3 de l'article 20 de la convention de Bruxelles précise que : « *Les dispositions de l'alinéa précédent seront remplacées par celles de l'article 15 de la convention de La Haye du 15 novembre 1965 relative à la signification et à la notification à l'étranger des actes judiciaires et extrajudiciaires en matière civile ou commerciale, si l'acte introductif d'instance a dû être transmis en exécution de cette Convention* ».

La référence à cette convention de La Haye s'explique par le fait que la convention de Bruxelles ne contient pas de règles sur la transmission des actes. Le Protocole annexé (art. IV, al. 1er) fait uniquement référence aux modes prévus par les conventions signées par les États contractants. Le protocole (art. IV, al. 2) admet toutefois les transmissions directes d'actes entre officiers ministériels de l'État d'origine et de l'État de destination, sauf si l'État de destination a formulé expressément une opposition à ce mode de notification auprès du Conseil de l'Union européenne.

158.23 L'article 15 de la convention de La Haye. Cet article oblige le juge saisi à surseoir à statuer lorsque le défendeur ne comparaît pas, afin que soient sauvegardés les droits de la défense. Il doit surseoir à statuer tant qu'il n'est pas établi :

a) ou bien que l'acte a été signifié ou notifié selon les formes prescrites par la législation de l'État requis pour la signification ou la notification des actes dressés dans ce pays et qui sont destinés aux personnes se trouvant sur son territoire;

b) ou bien que l'acte a été effectivement remis au défendeur ou à sa demeure selon un autre procédé prévu par la convention (de La Haye). Il convient dans ces deux hypothèses que la signification, notification ou remise ait eu lieu en temps utile pour que le défendeur prépare sa défense.

Ce même texte autorise les États signataires à assouplir le contrôle du respect des droits de la défense en décidant que leurs juges pourront statuer, malgré l'absence de réception d'une attestation relative à la signification, notification ou remise, dès lors que plusieurs conditions sont remplies. Il faut que l'acte ait été transmis selon l'un des procédés prévus par la Convention, qu'un délai d'au moins six mois se soit écoulé depuis l'envoi de l'acte et que, malgré des diligences auprès des autorités de l'État requis, aucune attestation n'ait pu être obtenue. La France

1. CJCE 16 mars 2006, Rosmarie Kapferer, aff. C-234/04, *Rev. crit. DIP* 2007. 140, obs. Francq.

notamment (mais aussi l'Allemagne, la Belgique, le Royaume-Uni, l'Espagne, *etc.*) a signé cette déclaration allégeant le contrôle du respect des droits du défendeur.

158.24 **Le règlement du 22 décembre 2000, dans ses articles 26 § 3 et 26 § 4,** modifie ces références puisqu'a été entre-temps adopté par le Conseil de l'Union européenne un règlement CE nº 1348/2000 du 29 mai 2000 relatif à la signification et à la notification dans les États membres des actes judiciaires ou extrajudiciaires en matière civile et commerciale, règlement remplacé depuis le 13 novembre 2008 par le règlement CE nº 1393/2007 du 13 novembre 2007 [1] qui a procédé à diverses améliorations. Le paragraphe 3 de l'article 26 dispose ainsi que l'article 19 de ce règlement du 29 mai 2000 (devenu Règl. 13 nov. 2007) s'applique en lieu et place des dispositions du 2° si l'acte introductif d'instance ou un acte équivalent a dû être transmis d'un État membre à un autre en exécution de ce règlement. L'article 19 du règlement CE du 13 novembre 2007 (qui a la même teneur que l'article 19 du règlement du 29 mai 2000) est extrêmement long et énonce l'attitude à avoir lorsque le défendeur ne comparaît pas. Son 1° dispose que « *lorsqu'un acte introductif d'instance ou un acte équivalent a dû être transmis dans un autre État membre aux fins de signification ou de notification selon les dispositions du présent règlement et que le défendeur ne comparaît pas, le juge est tenu de surseoir à statuer aussi longtemps qu'il n'est pas établi :*

a) ou bien que l'acte a été signifié ou notifié selon les formes prescrites par la législation de l'État membre requis pour la signification ou la notification des actes dressés dans ce pays et qui sont destinés aux personnes se trouvant sur son territoire;

b) ou bien que l'acte a été effectivement remis au défendeur ou à sa résidence selon un autre mode prévu par le présent règlement » (formule similaire à celle de la convention de La Haye de 1965). Le 2° de cet article 19 prévoit que chaque État membre peut faire savoir que ses juges peuvent, malgré les dispositions du 1°, statuer si les conditions suivantes sont réunies, même si aucune attestation constatant soit la signification ou la notification, soit la remise n'a été reçue : 1. L'acte a été transmis selon un des modes prévus par le règlement; 2. Un délai, que le juge appréciera dans chaque cas particulier, s'est écoulé depuis la date d'envoi de l'acte; 3. Aucune attestation n'a pu être obtenue malgré les démarches effectuées auprès des autorités compétentes de l'État membre requis.

1. Règl. CE nº 1393/2007 du Parlement européen et du Conseil, 13 nov. 2007, relatif à la signification et à la notification dans les États membres des actes judiciaires et extrajudiciaires en matière civile ou commerciale (signification ou notification des actes), et abrogeant le règlement (CE) nº 1348/2000 du Conseil, *JOUE*, nº L 324, 10 déc., p. 79.

Le paragraphe 4 de l'article 26 du règlement du 22 décembre 2000 ajoute que lorsque les dispositions du règlement du 29 mai 2000 (devenu Règl. 13 nov. 2007, en application depuis le 13 nov. 2008) sur la signification et la notification ne sont pas applicables, l'article 15 de la convention de La Haye du 15 novembre 1965 s'applique si l'acte introductif d'instance ou un acte équivalent a dû être transmis en exécution de cette Convention.

L'article 28 § 4 et 5 du règlement de refonte UE nº 1215/2912 du 12 décembre 2012, Bruxelles I *bis*, qui entrera en application le 10 janvier 2015, ne modifie pas la teneur des paragraphes 3 et 4 de l'article 26 du règlement Bruxelles I. Désormais toutefois, la référence est faite directement au règlement européen actuellement applicable en matière de signification et notification des actes judiciaires et extrajudiciaires dans les États membres, c'est-à-dire le règlement CE nº 1393/2007 du 13 novembre 2007.

SECTION 3
LITISPENDANCE ET CONNEXITÉ

§ 1
Litispendance (Conv. Bruxelles, art. 21 et 23 – Règl. 22 déc. 2000, art. 27, 29 et 30 – Règl. 12 déc. 2012, art. 29, 31, 32 et 33)

158.31 **Conditions de la litispendance.** La litispendance suppose que le même litige (entre les mêmes parties, pour le même objet et la même cause) soit soumis à deux juges différents, ce qui fait craindre une contrariété de décisions et l'impossibilité d'exécuter l'une des deux décisions rendues. En droit français, l'article 100 C. pr. civ. dispose dans un tel cas que « *si le même litige est pendant devant deux juridictions de même degré également compétentes pour en connaître, la juridiction saisie en second lieu doit se dessaisir au profit de l'autre si l'une des parties le demande. À défaut, elle peut le faire d'office* ».

L'article 27 du règlement Bruxelles I énonce : « *Lorsque les demandes ayant le même objet et la même cause sont formées entre les mêmes parties devant des juridictions d'États membres différents, la juridiction saisie en second lieu sursoit d'office à statuer jusqu'à ce que la compétence du tribunal premier saisi soit établie. Lorsque la compétence du tribunal premier saisi est établie, le tribunal saisi en second lieu se dessaisit en faveur de celui-ci* ». **L'article 21 de la convention de Bruxelles** a le même contenu.

Le **règlement de refonte UE nº 1215/2912 du 12 décembre 2012**, Bruxelles I *bis*, reprend cet énoncé dans son **article 29 § 1**, mais ajoute au début « *sans préjudice de l'article 31 § 2* ». L'**article 31 § 2** prévoit une règle spécifique en matière de litispendance lorsqu'une clause attributive de juridiction a été stipulée : « *Sans préjudice de l'article 26, lorsqu'une juridiction d'un État membre à laquelle une convention visée à l'article 25 attribue une compétence exclusive est saisie, toute juridiction d'un autre État membre sursoit à statuer jusqu'à ce que la juridiction saisie sur le fondement de la convention déclare qu'elle n'est pas compétente en vertu de la convention* ». Si la juridiction désignée dans la convention se déclare, en revanche, compétente, toute juridiction d'un État membre se dessaisit en sa faveur (**art. 31 § 3**). Ces règles visent à assurer la primauté du juge élu en cas de conflit de procédures, car le tribunal saisi en premier lieu n'est tenu de surseoir à statuer que si le juge désigné par la clause est saisi. La juridiction élue, si elle est saisie, a donc priorité pour statuer sur sa compétence, et la juridiction d'un autre État membre, même si elle a été saisie en premier lieu, doit attendre que le tribunal désigné par la clause se prononce sur sa compétence. Cette disposition tend à défaire la jurisprudence *Gasser* de la Cour de justice qui conduisait à des résultats insatisfaisants et favorisait les manœuvres procédurales de plaideurs de mauvaise foi (v. s[s] n° 157.38).

La convention de Bruxelles de 1968 et le règlement Bruxelles I du 22 décembre 2000 ne visent que les cas de litispendance européenne, c'est-à-dire les hypothèses dans lesquelles les tribunaux saisis sont tous deux ceux d'États membres. Si l'un des tribunaux était celui d'un État tiers, les juges saisis appliqueraient les règles de leur droit international privé afin de déterminer la juridiction compétente.

En revanche, le règlement Bruxelles I *bis* du 12 décembre 2012 contient certaines dispositions relatives à la litispendance et à la connexité impliquant les juridictions d'un État tiers (Règl. 12 déc. 2012, art. 33 et 34 - à ce sujet, v. s[s] n° 158.38).

L'hypothèse visée par la convention de Bruxelles, le règlement Bruxelles I et certaines dispositions du règlement Bruxelles I *bis*, est celle où deux tribunaux d'État membres différents sont tous deux saisis d'une instance directe et qu'ils ont compétence pour statuer; il ne saurait donc s'agir par exemple d'une instance en *exequatur*[1]. Comme la Cour de justice a eu l'occasion de le signaler, les deux instances doivent se caractériser par une identité de parties, de cause et d'objet, notions qui selon la Cour doivent faire l'objet d'une interprétation autonome propre à la Convention[2].

Selon l'arrêt **Drouot assurances du 19 mai 1998** (dans lequel la demande de décision préjudicielle émanait de la Cour de cassation française), l'article 21 de la convention de Bruxelles n'est pas applicable dans le cas de deux demandes en contribution aux avaries communes, l'une opposant l'assureur sur corps d'un bateau qui a sombré au propriétaire de la cargaison se trouvant à bord au moment du naufrage et à son assureur, et l'autre opposant ces deux derniers au propriétaire du bateau et à son affréteur, à moins qu'il ne soit établi que, par rapport à l'objet des deux litiges, les intérêts de l'assureur sur corps du bateau, d'une part, et ceux de ses assurés, la propriétaire et l'affréteur du même bateau, d'autre part, sont identiques et indissociables. La Cour de justice s'est ainsi interrogée sur la notion de « *mêmes parties* » et, constatant que les parties aux deux demandes n'apparaissaient pas comme étant les mêmes, elle a examiné si en l'espèce, l'assureur sur corps du bateau devait être assimilé à son assuré aux fins de l'application de la notion de « *mêmes parties* » au sens de l'article 21 de la Convention. Elle rappelle que ces notions doivent faire l'objet d'une *interprétation autonome* et relève que dans certains cas, les intérêts d'un assureur et de son assuré peuvent être à ce point identiques qu'un jugement prononcé contre l'un aurait force de chose jugée à l'égard de l'autre (ex. : lorsque l'assureur, subrogé dans les droits de l'assuré, engage un recours au nom de son assuré). Mais dans cette affaire, l'assureur Drouot avait agi non pas en qualité de représentant de ses assurés, mais en qualité de participant direct au renflouement du bateau. Les intérêts de l'assureur et des assurés ne pouvaient dès lors être considérés comme « *identiques et indissociables* ». Le 22 juin 1999, la Cour de cassation[3] a fait application des solutions de la Cour de justice dans cette affaire Drouot et considéré que n'avaient pas des intérêts identiques et indissociables l'assureur corps d'un navire, qui ne peut être tenu au-delà de la contribution de celui-ci à une avarie commune, et le propriétaire du navire assuré à qui est imputé, en l'espèce, par le propriétaire de la cargaison et l'assureur des facultés, une faute à l'origine de l'événement ayant donné lieu à la déclaration d'avarie commune, les conséquences de cette faute éventuelle n'étant pas prises en charge par l'assurance corps.

En revanche, ni la convention de Bruxelles ni le règlement Bruxelles I ou le règlement Bruxelles I *bis* n'exigent que les parties soient domiciliées sur le territoire d'un État membre.

158.32 Identité de parties. En ce qui concerne l'identité de parties, peu importe quelle est leur position procédurale à chaque instance (demandeur ou défendeur), pourvu qu'elles s'affrontent à propos du même objet et pour la même cause. Il est possible qu'une des instances mette en cause deux parties alors que l'autre a davantage de protagonistes; dans ce cas d'identité seulement partielle de parties, la Cour de justice a décidé que le tribunal saisi en second lieu n'a l'obligation de se dessaisir qu'en ce qui concerne les parties déjà engagées dans le même

1. CJCE 20 janv. 1994, Owens Bank Ltd c/Bracco, aff. C-129/92, *Rec. CJCE* 117.
2. CJCE 8 déc. 1987, Gubisch Maschinenfabrik KG c/Palumbo, aff. 144/86, *Rec. CJCE* 4861 – V. AUSSI CJCE 19 mai 1998, Drouot assurances SA c/Consolidated metallurgical ind. [CMI industrial sites], aff. C-351/96, *Rec. CJCE* 3075.
3. Com. 22 juin 1999, n° 94-16.830, *Bull. civ.* I, n° 135; *D.* 2000. 211, note Ammar; *DMF* 2000. 16, rapp. et note Remery, Hubner et Latron.

litige devant l'autre juridiction; il peut en revanche continuer la procédure entre les autres parties[1] (on peut toutefois s'interroger sur l'utilité procédurale et la pertinence pratique d'une telle scission).

158.33 Identité de cause et d'objet. L'**identité de cause** soulève assez peu de difficultés (selon la Cour de justice, la cause comprend « *les faits et la règle juridique invoqués comme fondement de la demande* »[2]).

L'**identité d'objet** paraît, elle, plus difficile à cerner, même si la Cour de justice en a donné une définition, qui ne paraît d'ailleurs pas satisfaire la totalité de la doctrine. Pour la Cour[3], l'identité d'objet doit être conçue de façon extensive (où l'objet consiste dans le but de la demande[4]). Ainsi, ont le même objet la demande d'exécution d'un contrat et sa demande de résolution, car – selon la Cour – « *la force obligatoire du contrat se trouve ainsi au centre des deux litiges* ». Il semble donc que, dès que le même contrat sera en cause, la Cour de justice sera tentée de déceler une identité d'objet même si les demandes sont fondées sur des textes légaux différents ou tendent à des sanctions distinctes[5] (la Cour de cassation a affirmé que la litispendance européenne au sens de l'article 27 § 1 du règlement CE n° 44/2001 du Conseil du 22 décembre 2000, est une notion autonome, qui doit faire l'objet d'une interprétation extensive. Viole ce texte la cour d'appel qui, saisie d'une action en contrefaçon, rejette la demande de dessaisissement formée par la société défenderesse au profit d'une juridiction italienne saisie d'un litige opposant les mêmes parties, portant sur la résiliation de leur convention et le caractère licite de l'usage par la société des dessins fournis par son cocontractant[6]).

Dans **l'arrêt *The ship Tatry* du 6 décembre 1994,** la Cour de justice, saisie par la *Court of Appeal* d'Angleterre, avait à se prononcer à la fois sur une question de litispendance et sur un problème de connexité (sur les aspects de cet arrêt concernant la connexité, v. s[s] n°s 158.41 s.). La Cour rappela que la notion de « *mêmes parties* » devait faire l'objet d'une interprétation autonome, et devait être entendue indépendamment de la position des parties dans les deux procédures, le demandeur à la première procédure pouvant être le défendeur à la seconde. Dans les cas où les parties coïncident partiellement avec des parties à une procédure engagée antérieurement, l'article 21 n'impose au juge saisi en second lieu de se dessaisir que pour autant que les parties au litige pendant devant lui sont également parties à la procédure antérieurement engagée devant la juridiction d'un autre État contractant; il n'empêche pas que la procédure continue entre les autres parties. Certes, une telle solution peut conduire à un morcellement du litige (point 35), mais l'article 22 relatif à la litispendance atténue cet inconvénient. À propos de l'identité d'objet, la Cour de justice précise que le fait que les conclusions du demandeur soient formulées de manière négative dans la première demande, alors que dans la seconde demande, elles sont formulées de façon positive par le défendeur devenu demandeur, ne rend pas différent l'objet du litige. Une demande qui tend à faire juger que le défendeur est responsable d'un préjudice et à le faire condamner à verser des dommages-intérêts a la même cause et le même objet qu'une demande antérieure de ce défendeur tendant à faire juger qu'il n'est pas responsable dudit préjudice (point 45). Enfin, une demande ne cesse pas d'avoir la même cause et le même objet et d'opposer les mêmes parties qu'une demande précédente dans le cas où la première demande, introduite par le propriétaire d'un navire devant une juridiction d'un État contractant constitue une action *in personam* tendant à faire constater l'absence de responsabilité de ce propriétaire du chef d'un dommage allégué aux marchandises transportées par son navire, alors que la demande postérieure a été introduite par le propriétaire des marchandises devant une juridiction d'un autre État contractant sous la forme d'une action *in rem* concernant un navire saisi, et s'est poursuivie tant *in rem* que *in personam*, ou bien uniquement *in personam*, selon les distinctions opérées par le droit national d'un autre État contractant.

Dans une autre affaire, concernant la livraison d'horloges pour pigeons voyageurs livrées par Gantner, société de droit autrichien, à Basch, société de droit néerlandais, l'*Oberster Gerichtshof* autrichien avait questionné la Cour sur le point de savoir s'il y a identité d'objet et de cause au sens de l'article 21 en cas d'exception soulevée par le défendeur relative au remboursement par compensation extrajudiciaire d'une partie de la créance dont le recouvrement est recherché en justice, dès lors que la partie non encore remboursée de cette créance fait l'objet d'un litige entre les mêmes parties du fait d'une action introduite antérieurement devant les tribunaux d'un autre État contractant. La Cour de justice a insisté sur le caractère objectif et automatique du mécanisme de la litispendance, et a précisé que pour apprécier s'il y avait litispendance entre deux litiges, il ne fallait pas tenir compte des *moyens de défense* (notamment ceux tirés de la compensation) qu'un défendeur pouvait être amené à invoquer postérieurement à la saisine définitive de la juridiction selon les règles du droit nationales de celle-ci (point 31). Il convient de « *tenir compte uniquement des prétentions des demandeurs respectifs, à l'exclusion des moyens de défense soulevés par un défendeur* » (point 32). Cette solution semble d'autant plus logique que les moyens de défense du défendeur à la procédure sont présentés à un moment ultérieur de la procédure, par rapport aux demandes. Un risque d'incertitude apparaîtrait alors si contenu et nature des demandes pouvaient être modifiés par des conclusions ultérieures en défense[7].

1. CJCE 6 déc. 1994, The Ship Tatry, aff. C-406/92, *Rev. crit. DIP* 1995. 588, note Tichadou.
2. CJCE 6 déc. 1994, The Ship Tatry, aff. C-406/92, préc. s[s] n° 158.32.
3. CJCE 8 déc. 1987, Gubisch Maschinenfabrik KG c/Palumbo, aff. 144/86, *Rec. CJCE* 4861.
4. CJCE 6 déc. 1994, The Ship Tantry, aff. C-406/92, préc. s[s] n° 158.32.
5. V. AUSSI, CJCE 19 mai 1998, Drouot assurances SA, aff. C-351/96, *Rec. CJCE* 3075.
6. Civ. 1re, 17 janv. 2006, n° 04-16.845, *Bull. civ.* I, n° 16; *D.* 2007. 1751, obs. Courbe et Jault-Seseke; *BICC* n° 641, 1er juin 2006.
7. CJCE 8 mai 2003, Gantner Électronic GmbH c/Basch, aff. C-111/01, *Rec. CJCE* I-4207; *Procédures* juill. 2003, p. 14, note C. N.

En matière d'identité d'objet : l'action engagée en France est une action en contrefaçon de brevet visant à sanctionner l'atteinte aux droits des demanderesses en France, alors que l'action intentée devant le tribunal de Milan par les défenderesses est une action en déclaration de non-contrefaçon, visant à leur permettre l'exploitation de leur produit. Les deux actions n'ont pas le même objet et les dispositions de l'article 21 de la convention de Bruxelles ne sont donc pas applicables[1]. Il n'y a pas lieu non plus de faire application de l'article 22 relatif à la connexité (pour une critique, v. la note J. Raynard, qui considère que selon la jurisprudence *The Ship Tatry* du 6 décembre 1994, il faudrait en l'espèce admettre qu'il y a bien identité d'objet entre l'action en contrefaçon et l'action en déclaration de non-contrefaçon dès lors que les deux demandes portent sur le même brevet pour les mêmes revendications[2] - V. aussi une décision de la Cour fédérale de justice allemande du 6 février 2002[3], qui a considéré qu'il y avait identité d'objet entre une action par laquelle une partie demande au tribunal d'un État contractant de constater l'existence d'un motif sérieux de résiliation d'un contrat de représentation commerciale et une action par laquelle la partie adverse demande à une juridiction d'un autre État contractant des dommages-intérêts pour résiliation injustifiée; les deux actions opposaient une société allemande et une société italienne).

158.34 Mise en œuvre de l'exception de litispendance. En vertu de l'article 21 de la convention de Bruxelles, de l'article 27 du règlement du 22 décembre 2000 et de l'article 29 du règlement du 12 décembre 2012 (sous réserve, pour ce dernier règlement, du cas où une des juridictions saisies l'est en vertu d'une clause attributive de juridiction, v. Règl. 12 déc. 2012, art. 31 § 2 et 3 - V. s[s] n°s 157.38 et 158.31), la litispendance invoquée ne peut produire d'effets que si elle est soulevée devant le juge saisi en second lieu, puisque c'est lui et lui seul qui sursoit à statuer et, le cas échéant, se dessaisit ensuite au profit du tribunal précédemment saisi. Mais, comme les règles procédurales applicables devant les juges saisis sont celles de leur *lex fori*, c'était cette dernière qui déterminait le moment de la saisine du tribunal (nous avons en effet déjà signalé que le moment de la saisine varie selon les droits nationaux : la Cour de justice avait jugé, sous l'empire de la convention de Bruxelles, que « *la question de savoir à quel moment sont réunies les conditions d'une saisine définitive au sens de l'article 21 doit être appréciée et résolue, pour chaque juridiction, selon les règles de son propre droit national* »[4]). Cette position a été abandonnée par le règlement Bruxelles I, qui contient une disposition permettant la détermination matérielle de la date de saisine des juridictions (Règl. 22 déc. 2000, art. 30). Cette disposition a été reprise et enrichie dans l'article 32 du règlement Bruxelles I *bis* (v. s[s] n° 158.35).

Le règlement UE n° 1215/2012 du 12 décembre 2012, Bruxelles I *bis*, ajoute un mécanisme intéressant : en vertu du paragraphe 2 de son article 29, un échange d'informations est prévu entre juridictions, « *à la demande d'une juridiction saisie du litige, toute autre juridiction saisie informe sans tarder la première juridiction de la date à laquelle a été saisie conformément à l'article 32* ». L'article 32 formule une règle matérielle permettant de déterminer de façon autonome la date à laquelle une juridiction est considérée comme saisie en vertu du règlement. Les juridictions sont donc invitées à communiquer entre elles, et à s'informer « *sans tarder* » (formule vague et sans grande ambition !) de leur date respective de saisine.

En vertu de l'alinéa 1er de l'article 21 de la Convention, de l'article 27 du règlement Bruxelles I et de l'article 29 du règlement Bruxelles I *bis*, le juge saisi en second lieu commence par surseoir à statuer, afin de ne pas se dessaisir définitivement alors même que la compétence de la juridiction saisie en premier lieu n'est pas encore établie. Pendant ce temps, le juge premier saisi vérifie sa compétence. Si celle-ci est déterminée de façon certaine, alors le juge saisi en second lieu doit se dessaisir[5]. On pourrait imaginer que si le juge saisi en second lieu est exclusivement compétent en vertu d'une des dispositions de l'article 16 de la convention, 22 du règlement du 22 décembre 2000 ou 24 du règlement du 12 décembre 2012 (compétences exclusives), il ne soit pas obligé de se dessaisir au profit du premier juge (pas très clair à ce sujet, v. CJCE 27 juin 1991, qui semble réserver l'hypothèse où le juge saisi en second lieu disposerait d'une compétence exclusive prévue par la convention de Bruxelles « *et, notamment par son article 16* »[6]). On peut en effet admettre que la compétence du juge saisi en premier lieu ne pourrait être établie de façon certaine en présence d'une compétence exclusive de la juridiction saisie en second.

Le **2 avril 2007**, la Cour de justice a été saisie d'une question préjudicielle émanant de la *House of Lords* anglaise[7], qui demande à la Cour si le fait, pour une juri-

1. TGI Paris, 28 avr. 2000, *D.* 2002. Somm. 1193, obs. Raynard.
2. V. AUSSI, P. Véron, *Trente ans d'application de la convention de Bruxelles au droit des brevets d'invention*, centre P. Roubier, Lyon, mai 2000, « CEIPI », t. 47, Litec, 2001, p. 127.
3. C. féd. justice (BGH), 8e civ., 6 févr. 2002, *MDR* 2002. 656.
4. CJCE 7 juin 1984, Zelger c/Salinitri, aff. 129/83, *Rec. CJCE* 89, point 15.
5. Dans un arrêt du 19 décembre 2012 (Civ. 1re, 19 déc. 2012, n° 11-19.516, *Bull. civ.* I, n° 272; *JOUE*, n° C 63/13, 2 mars 2013), la Cour de cassation a posé à la Cour de justice la question préjudicielle suivante : l'article 27 § 2 du règlement doit-il être interprété en ce sens que la compétence du tribunal saisi en premier lieu est établie dès lors que, soit aucune partie n'a soulevé son incompétence, soit le tribunal a retenu sa compétence par une décision irrévocable pour quelque cause que ce soit, notamment l'épuisement des voies de recours ?
6. CJCE 27 juin 1991, Overseas Union Insurance Ltd c/New Hampshire Insurance Company, aff. C-351/89, *Rec. CJCE* I-3317, point 20.
7. A. Dutta et Ch. Heinze, « *Anti-suit injunctions zum Schutz von Schiedsvereinbarungen* », *RIW* 2007. 411.

diction d'un État membre, d'adopter une décision interdisant à une personne d'engager ou de poursuivre une procédure dans un autre État membre au motif qu'une telle procédure viole une convention d'arbitrage est incompatible avec le règlement Bruxelles I[1]. La question est un peu différente de celle résolue dans l'arrêt *Turner* dans la mesure où le règlement Bruxelles I n'est pas applicable à l'arbitrage. Toutefois, l'avocat général de la Cour de justice a proposé à cette dernière de juger que le règlement Bruxelles I « *s'oppose à l'injonction par laquelle une juridiction d'un État membre interdit à une personne d'engager ou de poursuivre une procédure judiciaire dans un autre État membre au motif qu'une telle procédure viole, de l'avis de cette juridiction, une convention d'arbitrage* ». Comme le relève l'avocat général, le fait de l'existence entre les parties d'une convention d'arbitrage ne suffit pas à faire échapper le rapport de droit au champ d'application du règlement Bruxelles I, qui est applicable lorsque l'objet matériel de la procédure en relève (en l'espèce action en responsabilité délictuelle). Une *anti-suit injunction* constitue donc une ingérence dans une procédure qui relève du règlement. La Cour de justice, dans un arrêt du **10 février 2009**, *Allianz Spa c/West Tankers*[2], a déclaré qu'il était interdit à une juridiction d'un État membre de prononcer une injonction *anti-suit* afin de protéger une procédure arbitrale[3]. La Cour estime que la question de la validité d'une clause d'arbitrage soulevée à titre exception devant un tribunal étatique compétent au fond selon les dispositions du règlement Bruxelles I entre dans le champ d'application de ce dernier, ce qui rend une injonction *anti-suit* impossible. En matière d'arbitrage international pourtant, il est en général admis que c'est l'arbitre qui est juge de sa propre compétence[4]. La solution de l'arrêt *West Tankers* conduit à ne pas sanctionner le comportement de mauvaise foi d'une partie qui, en violation délibérée de la clause d'arbitrage, saisirait une juridiction étatique du litige. Il est difficile de trancher la question de savoir qui, dans l'Union européenne, doit apprécier la validité (ou l'efficacité) d'une clause d'arbitrage[5]; il est en effet aussi des cas dans lesquels la clause d'arbitrage est manifestement nulle, et dès lors, c'est beaucoup retarder la solution du litige que d'exiger que soit d'abord saisie une juridiction arbitrale qui ne pourra que constater cette nullité. La proposition de refonte du règlement Bruxelles I formulée par la Commission européenne[6] prévoyait, dans un article 29 § 4 sur la litispendance remodelé, que « *lorsque le siège convenu ou désigné d'un arbitrage se situe dans un État membre, les juridictions d'un autre État membre dont la compétence est contestée en vertu d'une convention d'arbitrage sursoient à statuer dès que les juridictions de l'État membre où se trouve le siège d'arbitrage ou le tribunal arbitral ont été saisis d'un recours ayant pour objet de déterminer, à titre principal, l'existence, la validité ou les effets de ladite convention d'arbitrage* »[7]. Ce texte n'a toutefois pas été retenu et le règlement Bruxelles I *bis* du 12 décembre 2012 ne contient qu'un considérant, au demeurant assez long, relatif à l'arbitrage (consid. 12) ainsi qu'une phrase, dans l'article 73 § 2, en vertu de laquelle « *le présent règlement n'affecte pas l'application de la convention de New York de 1958* » relative à la reconnaissance et à l'exécution des sentences arbitrales étrangères. Sur l'analyse du considérant 12 et des principes – dotés de quelle force obligatoire ? – qu'il énonce, v. s[s] n° 150.58.

Sur une hypothèse de droit transitoire. Une décision de la Cour de justice du 9 octobre 1997 a énoncé que : « *L'article 29, paragraphe 1, de la convention de San Sebastian du 26 mai 1989 doit être interprété en ce sens que lorsque des demandes ayant le même objet et la même cause sont formées entre les mêmes parties dans deux États contractants différents, dont la première a été introduite avant la date d'entrée en vigueur de la convention de Bruxelles et la seconde après cette date, la juridiction saisie en second lieu doit appliquer l'article 21 de cette dernière Convention si la juridiction saisie en premier lieu s'est déclarée compétente sur la base d'une règle conforme aux dispositions du titre II de la même Convention ou aux dispositions d'une convention qui était en vigueur entre les deux États concernés lorsque l'action a été intentée et, à titre provisoire, surseoir à statuer, si la juridiction saisie en premier lieu ne s'est pas encore prononcée sur sa propre compétence, alors qu'en revanche la juridiction saisie en second lieu ne doit pas appliquer cet article 21 si la juridiction saisie en premier lieu s'est déclarée compétente sur la base d'une règle non conforme aux dispositions dudit titre II ou aux dispositions d'une convention qui était en vigueur entre ces deux États lorsque l'action a été intentée* »[8].

Le dessaisissement du second juge suppose donc simplement réunies les conditions d'identité de parties, d'objet, de cause et l'établissement de la compétence certaine du juge saisi en premier lieu.

1. CJCE 2 avr. 2007, Allianz spa, anc[t] Riunione Adriatica di Sicurta spA, aff. C-185/07, v. concl. av. gén. J. Kokott sur le site de la Cour, www.curia.europa.eu
2. CJUE 10 févr. 2009, Allianz Spa c/West Tankers, aff. C-185/07 – V. NOT. *D.* 2009. 981, obs. Kessedjian; *JDI* 2009. 1281, obs. Audit; *Rev. crit. DIP* 2009. 373, obs. Muir Watt.
3. Une clause compromissoire avait été convenue; les assureurs subrogés dans les droits d'une partie à la convention d'arbitrage, saisirent pourtant les tribunaux étatiques italiens, en considérant que la convention d'arbitrage ne leur était pas opposable. L'autre partie, *West Tankers,* demanda au juge anglais de rendre une injonction *anti-suit* afin de mettre fin à la procédure étatique entamée en violation de la clause d'arbitrage. La Chambre des Lords anglaise demanda à la Cour de justice si le juge anglais pouvait formuler une telle injonction; la Cour de justice répondit par la négative en se fondant sur une motivation qui a été critiquée par divers auteurs.
4. PAR EX., v. Civ. 1re, 23 janv. 2007, n° 06-11.157, NP; *Cah. arb.* 2007/1, p. 44.
5. EN CE SENS, H. GAUDEMET-TALLON, *Compétence et exécution des jugements en Europe*, 4e éd., LGDJ, 2010, n° 48, p. 45.
6. COM (2010) 748 final, 14 déc. 2010.
7. Ce même article 29 § 4 précise que le présent paragraphe ne fait pas obstacle à ce que la juridiction dont la compétence est contestée se dessaisisse dans le cas visé ci-dessus si sa législation nationale l'exige. Lorsque l'existence, la validité ou les effets de la convention d'arbitrage sont établis, la juridiction saisie décline sa compétence. Toutefois, l'article 29 § 4 ne s'applique pas aux litiges concernant les parties réputés faibles tels que visés aux sections 3, 4 et 5 du chapitre II du règlement.
8. CJCE 9 oct. 1997, Elsbeth Freifrau von Horn c/Kevin Cinnamond, aff. C-163/95, *Rev. crit. DIP* 1998. 105, note Gaudemet-Tallon.

158.35 Nouveauté dans le règlement CE du 22 décembre 2000 et le règlement UE du 12 décembre 2012 : règle matérielle permettant de déterminer la date de la saisine de la juridiction. L'article 30 du règlement Bruxelles I (Règl. Bruxelles I *bis*, art. 32) résout une difficulté pratique qui était apparue dans la mise en œuvre de la convention de Bruxelles, celle de la notion de saisine et de la disparité des droits européens en la matière. L'article 30 du règlement Bruxelles I (Règl. Bruxelles I *bis*, art. 32) énonce désormais que, pour apprécier les cas de litispendance et de connexité, « *une juridiction est réputée saisie :*

1) *à la date à laquelle l'acte introductif d'instance ou un acte équivalent est déposé auprès de la juridiction, à condition que le demandeur n'ait pas négligé par la suite de prendre les mesures qu'il était tenu de prendre pour que l'acte soit notifié au défendeur,*

ou **2)** *si l'acte doit être notifié ou signifié avant d'être déposé auprès de la juridiction, à la date à laquelle il est reçu par l'autorité chargée de la notification ou de la signification, à condition que le demandeur n'ait pas négligé par la suite de prendre les mesures qu'il était tenu de prendre pour que l'acte soit déposé auprès de la juridiction* ».

On le voit, ceci évite le recours antérieur à la *lex fori* de chaque tribunal, chargé de dire à quel moment il avait été saisi. Pour que le tribunal soit considéré comme saisi, il suffit désormais que soient remplies les conditions du 1) ou du 2) de l'article 30, alinéas qui décrivent les deux pratiques dominantes des pays de l'Union européenne en matière de saisine de la juridiction. Tantôt en effet le droit national impose de d'abord déposer l'acte introductif d'instance devant la juridiction, puis de dénoncer cet acte par signification au défendeur; tantôt est exigé de d'abord signifier au défendeur, puis de déposer l'acte auprès de la juridiction. Cette dernière est saisie à la date soit du dépôt de l'acte auprès de son secrétariat-greffe, soit de la réception de l'acte par l'autorité chargée de procéder à la signification (en France, l'huissier de justice), mais à condition que le demandeur ait bien ensuite procédé aux autres formalités nécessaires [1] (en France, Italie, Luxembourg et aux Pays-Bas, c'est à compter de la signification au défendeur de l'acte introductif d'instance que le litige est considéré comme pendant devant la juridiction; en Belgique, l'inscription de l'affaire sur le rôle général saisit le tribunal, cette inscription impliquant toutefois la signification préalable de l'exploit de citation au défendeur. En Allemagne, l'assignation est remise au greffe qui se charge de la notifier au défendeur).

Le règlement Bruxelles I *bis* du 12 décembre 2012 a procédé à quelques ajouts destinés à faciliter encore la détermination de la date de saisine de la juridiction. Il énonce ainsi dans son article 32 § 1 *in fine* que l'autorité chargée de la notification ou de la signification de l'acte introductif d'instance (lorsque cet acte doit être notifié au défendeur avant de pouvoir être déposé auprès de la juridiction, comme le prévoient certains droits nationaux) est **la première autorité ayant reçu les actes à notifier ou à signifier.** Cette disposition a des vertus clarificatrices dans les cas où deux autorités interviennent en matière de notification, une dans l'État de l'expéditeur de l'acte et une dans l'État membre dans lequel l'acte doit être signifié au défendeur. Pour des raisons de trace et donc de preuve, l'article 32 § 2 du règlement Bruxelles I *bis* dispose en outre que la juridiction ou l'autorité chargée de la signification ou de la notification de l'acte introductif d'instance, doit consigner, suivant le cas, la date du dépôt de l'acte introductif d'instance ou la date de réception des actes à notifier ou à signifier.

158.36 Mise en œuvre de l'exception de litispendance en présence d'une clause attributive de juridiction donnant compétence aux tribunaux d'un État membre. Les innovations du règlement UE nº 12175/2012 du 12 décembre 2012, Bruxelles I *bis*. La Cour de justice a jugé en 2003 que le fait que la compétence du tribunal saisi en second lieu soit fondée sur l'article 17 de la Convention n'est pas de nature à remettre en cause l'application de la règle procédurale contenue à l'article 21, laquelle se fonde clairement et uniquement sur l'ordre chronologique dans lequel les juridictions en cause ont été saisies (point 47) [2]. Le juge saisi en second lieu n'est en aucun cas mieux placé que le juge saisi en premier lieu pour se prononcer sur la compétence de ce dernier. En effet, cette compétence est déterminée directement par les règles de la Convention, qui sont communes aux deux juges et peuvent être interprétées et appliquées avec la même autorité pour chacun d'eux (point 48). En outre, les parties ont toujours la possibilité de renoncer à se prévaloir de la clause de prorogation de compétence; en particulier, le défendeur peut comparaître devant le juge saisi sans soulever l'incompétence de ce dernier, conformément à l'article 18 de la Convention (point 49). Il est essentiel pour la sécurité juridique qu'en cas de litispendance soit déterminé clairement et précisément quel juge établira s'il est compétent au regard de la Convention (point 51). En vertu de l'article 21, c'est le juge saisi en premier qui détient cette compétence. Il ne peut être dérogé à cette règle même si la durée des procédures devant les juridictions de l'État dans lequel le

1. En ce qui concerne les diversités des règles nationales, v. J.-P. Béraudo, « Le règlement (CE) du Conseil du 22 décembre 2000 concernant la compétence judiciaire, la reconnaissance et l'exécution des décisions en matière civile et commerciale », *JDI* 2001. 1067.

2. CJCE 9 déc. 2003, Erich Gasser c/MISAT Srl, aff. C-116/02, *JOUE*, nº C 21, 24 janv. 2004, p. 7; *D.* 2004. 1046, note Bruneau; *Europe* févr. 2004, p. 22, note Idot.

tribunal saisi en premier lieu a son siège (en l'occurrence l'Italie, dont le tribunal avait été saisi sur le fondement de l'article 5 § 1 de la convention de Bruxelles; le tribunal saisi en second était autrichien en l'espèce, saisi sur le fondement de l'article 17) est excessivement longue (points 70 s.). La solution retenue par la Cour est contraire à celle qu'avait préconisée l'avocat général Léger. Elle peut conduire à un danger de manœuvres dilatoires d'un plaideur qui engagerait le premier une action devant le tribunal d'un État membre qu'il saurait incompétent, afin d'obliger la juridiction saisie en second lieu à surseoir à statuer pour litispendance en attendant que le premier tribunal se prononce sur sa compétence. Dans ce type de circonstances, les tribunaux anglais peuvent rendre une *anti-suit injunction* ordonnant au défendeur à une procédure anglaise de se désister de toute action parallèle qu'il aurait engagée à l'étranger. Dans l'affaire *Turner c/Grovit*[1], l'avocat général Colomer avait proposé à la Cour de justice de juger que la convention de Bruxelles s'oppose à ce que les tribunaux d'un État contractant prononcent des injonctions interdisant à des plaideurs d'engager ou de poursuivre des procédures devant des tribunaux d'autres États contractants. La Cour a statué en ce sens « *quand bien même cette partie agit de mauvaise foi dans le but d'entraver la procédure déjà pendante* »[2].

Devant les conséquences néfastes de la jurisprudence *Gasser*[3] de la Cour de justice, la Commission européenne, dans sa proposition de refonte du règlement Bruxelles I[4], avait suggéré un nouvel article 32 § 2 qui énoncerait qu'« *à l'exception des conventions régies par les sections 3, 4 et 5 du présent chapitre, lorsqu'une convention visée à l'article 23 attribue une compétence exclusive à une juridiction ou aux juridictions d'un État membre, les tribunaux des autres États membres ne peuvent connaître du litige tant que le tribunal ou les tribunaux désignés n'ont pas décliné leur compétence* ». Cette voie a été suivie par le règlement de refonte UE n° 1215/2012 du 12 décembre 2012, Bruxelles I *bis*. Il énonce dans son article 31 § 2 que « *sans préjudice de l'article 26, lorsqu'une juridiction d'un État membre à laquelle une convention visée à l'article 25 attribue une compétence exclusive est saisie, toute juridiction d'un autre État membre sursoit à statuer jusqu'à ce que la juridiction saisie sur le fondement de la convention déclare qu'elle n'est pas compétente en vertu de la convention* ». Si la juridiction désignée dans la convention se déclare, en revanche, compétente, toute juridiction d'un État membre se dessaisit en sa faveur (Règl. 12 déc. 2012, art. 31 § 3). Ces règles visent à assurer la primauté du juge élu en cas de conflit de procédures, car le tribunal saisi en premier lieu n'est tenu de surseoir à statuer que si le juge désigné par la clause est saisi.

Une **réserve** est toutefois formulée dans l'article 31 § 4 du règlement du 12 décembre 2012 : les règles énoncées aux paragraphes 2 et 3 ne s'appliquent pas lorsque le litige porte sur un contrat d'assurance, un contrat de consommation ou un contrat de travail, lorsque le preneur d'assurance, un bénéficiaire du contrat d'assurance, la victime, le consommateur ou le travailleur est **demandeur à l'action** et que **la convention attributive de juridiction n'est pas valide en vertu d'une disposition** figurant dans l'une des sections du règlement protégeant ces parties faibles (Règl. 12 déc. 2012, sect. 3, 4 et 5).

158.37 Article 29 du règlement de 2000, article 31 § 1 du règlement de 2012, article 23 de la Convention et conflit de compétences exclusives. En vertu de ces articles, « *lorsque des demandes relèvent de la compétence exclusive de plusieurs juridictions, le dessaisissement a lieu en faveur de la juridiction première saisie* ».

Ce texte - qui s'applique aux cas de litispendance comme à ceux de connexité - donne donc compétence au juge premier saisi. Ce texte sera sans doute d'application assez rare, car on voit mal dans quelle hypothèse deux compétences exclusives s'opposeraient, si ce n'est peut-être le cas de la compétence du lieu du siège social d'une société ou autre groupement, si les deux États dont les tribunaux sont saisis ne retiennent pas la même notion de siège social (l'un retenant par ex. le critère du siège statutaire alors que l'autre privilégierait le siège réel).

158.38 Litispendance et procédure pendante devant les juridictions d'un État tiers : l'apport du règlement UE n° 1215/2012 du 12 décembre 2012, Bruxelles I *bis*[5]. Une nouveauté du règlement Bruxelles I *bis*, qui entrera en application le 10 janvier 2015, est qu'il n'ignore plus les conflits de procédure avec les États tiers, comme le faisaient la convention de Bruxelles et le règlement Bruxelles I du

1. CJCE 27 avr. 2004, Turner c/Grovit, aff. C-159/02, *JOUE*, n° C 118, 30 avr. 2004, p. 21 [www.curia.eu.int]; *D.* 2004. 1246; *D.* 2004. 1919, note Carrier; *RTD civ.* 2004. 549, obs. Théry – V. arrêt de renvoi à la Chambre des Lords, 13 déc. 2001, *Rev. crit. DIP* 2003. 116, note Muir Watt.
2. Sur ce type de manœuvres dans l'arbitrage international, v. E. Gaillard, « Il est interdit d'interdire, Réflexions sur l'utilisation des *anti-suit injunctions* dans l'arbitrage commercial international », *Rev. arb.* 2004. 47 – V. AUSSI, S. Clavel, *Le pouvoir d'injonction extraterritorial des juges pour le règlement des litiges privés internationaux*, th. Paris I, 1999 – M. Lenenbach, « *Antisuit Injunctions in England, Germany and the United States : Their Treatment Under European Civil Procedure and the Hague Convention* », *20 Loy. L. A. Int'l & Comp. LJ 257* (1998).
3. CJCE 9 déc. 2003, Erich Gasser c/MISAT Srl, aff. C-116/02, *JOUE*, n° C 21, 24 janv. 2004, p. 7; *Procédures* mars 2004, p. 123 note C. N.
4. COM (2010) 748 final, 14 déc. 2010.
5. V. D. Alexandre et A. Huet, « Litispendance et connexité dans les relations entre un État membre de l'Union européenne et un État tiers », *D.* 2013. 1499.

22 décembre 2000. Dans son article 33, le règlement de refonte envisage au contraire le cas où la compétence juridictionnelle est fondée sur l'article 4 (tribunaux du domicile du défendeur) ou sur les articles 7 (compétences spéciales), 8 (compétences dérivées) ou 9 (action en responsabilité du fait de l'utilisation ou de l'exploitation d'un navire) et où une procédure est pendante devant une juridiction d'un État tiers au moment où une juridiction d'un État membre est saisie d'une demande entre les mêmes parties, portant sur le même objet et ayant la même cause. Il apparaît donc que l'hypothèse réglementée dans l'article 33 est celle dans laquelle le juge d'un État tiers a été saisi en premier lieu et qu'ensuite seulement est saisi le tribunal d'un État membre. Dès lors que les demandes sont identiques, le juge saisi d'un État membre aura la faculté (et non pas l'obligation, comme c'est le cas en principe lorsque les deux juridictions saisies sont celles d'États membres) de surseoir à statuer. Il pourra décider le sursis à statuer s'il est attendu que la décision qui sera rendue dans l'État tiers sera susceptible d'être reconnue et /ou exécutée dans l'État membre, et si le juge de l'État membre saisi est « *convaincu que le sursis à statuer est nécessaire pour une bonne administration de la justice* » (Règl. 12 déc. 2012, art. 33 § 1), notamment au regard des faits de l'espèce, de l'état d'avancement de la procédure dans l'État tiers et de la vraisemblance du prononcé d'une décision dans un délai raisonnable. Pour les critères susceptibles d'être pris en compte par le juge de l'État membre afin de décider ce qu'exige une bonne administration de la justice, voir le considérant 24 du règlement Bruxelles I *bis* (ensemble des circonstances du cas d'espèce, liens entre les faits du cas d'espèce, les parties et l'État tiers concerné, état d'avancement de la procédure dans l'État tiers au moment où la procédure est engagée devant la juridiction de l'État membre, probabilité que la juridiction de l'État tiers rende une décision dans un délai raisonnable, possible prise en compte du fait que la juridiction de l'État tiers a une compétence exclusive dans le cas d'espèce). Une fois la décision rendue dans l'État tiers, le juge de l'État membre qui avait sursis à statuer se dessaisira.

Il découle de la formulation de l'article 33 qu'il ne s'applique pas dans les matières où une partie faible bénéficie de règles de compétence protectrices dans le règlement (assurance, consommation, contrat de travail). Ainsi, si l'adversaire d'une partie faible saisit une juridiction d'un État tiers et que la partie faible, par exemple un consommateur, dans un second temps, saisit par exemple le tribunal de son domicile, l'article 33 ne trouvera pas application et le tribunal du domicile du consommateur statuera sans s'interroger sur la nécessité de surseoir à statuer.

L'article 33 § 2 du règlement du 12 décembre 2012 précise toutefois que la procédure peut reprendre à tout moment devant le tribunal de l'État membre qui avait sursis à statuer, et ce dans trois hypothèses alternatives : 1° l'instance devant les tribunaux de l'État tiers a elle-même fait l'objet d'un sursis ou d'un désistement; 2° le juge de l'État membre estime que la procédure devant le tribunal de l'État tiers ne pourra pas être conclue dans un délai raisonnable; ou 3° une bonne administration de la justice requiert la poursuite de la procédure devant le tribunal de l'État membre qui avait sursis à statuer.

Il est précisé que les dispositions de l'article 33 peuvent être appliquées par le juge de l'État membre qui est saisi en second lieu, ou bien à la demande d'une partie, ou bien – si son droit national le permet – d'office (Règl. 12 déc. 2012, art. 33 § 3).

§ 2
Connexité (Conv. Bruxelles, art. 22 et 23 – Règl. 22 déc. 2000, art. 28 et 29 – Règl. 12 déc. 2012, art. 30, 31 et 34)

158.41 Conditions de la connexité. L'article 22 de la Convention, l'article 28 du règlement Bruxelles I et l'article 30 du règlement Bruxelles I *bis* envisagent le cas de demandes connexes. L'article 22 de la Convention énonce : « *Lorsque des demandes connexes sont formées devant des juridictions d'États contractants différents et sont pendantes au premier degré, la juridiction saisie en second lieu peut surseoir à statuer.*

Cette juridiction peut également se dessaisir, à la demande de l'une des parties, à condition que sa loi permette la jonction d'affaires connexes et que le tribunal premier saisi soit compétent pour connaître des deux demandes.

Sont connexes, au sens du présent article, les demandes liées entre elles par un rapport si étroit qu'il y a intérêt à les instruire et les juger en même temps afin d'éviter des solutions qui pourraient être inconciliables si les causes étaient jugées séparément ».

L'article 28 du règlement du 22 décembre 2000 s'éloigne du texte de la Convention dans son paragraphe 1er, car il ne reprend pas la condition que les demandes soient pendantes au premier degré, et dans son paragraphe 2, qui dispose : « *Lorsque ces demandes sont pendantes au premier degré, la juridiction saisie en second lieu peut également se dessaisir, à la demande de l'une des parties, à condition que le tribunal premier saisi soit compétent pour connaître des demandes en question et que sa loi permette leur jonction* ». La différence majeure réside dans la condition selon laquelle les demandes doivent être pendantes au premier degré, ce que n'exige pas la convention de Bruxelles. Le règlement Bruxelles I *bis* du 12 décembre 2012 modifie à son tour la formulation du paragraphe 2 (de ce qui devient Règl. 12 déc. 2012, art. 28) et énonce désormais : « *Lorsque la demande* ***devant la juridiction première saisie*** *est pendante au pre-*

mier degré, ***toute autre juridiction*** *peut également se dessaisir, à la demande de l'une des parties, à condition que la juridiction première saisie soit compétente pour connaître des demandes en question et que sa loi permette leur jonction* ». À compter du 10 janvier 2015, il ne sera donc plus exigé que les demandes connexes soient toutes deux pendantes au premier degré, il suffira que cela soit le cas pour la juridiction saisie en premier lieu.

Le dernier alinéa de l'article 22 de la Convention, de l'article 28 du règlement Bruxelles I et de l'article 30 du règlement Bruxelles I *bis* définit les demandes connexes; elles ne se caractérisent pas – contrairement au cas de litispendance – par une identité de parties, d'objet et de cause, mais par un rapport étroit qui justifie l'intérêt qu'il peut y avoir à statuer par une seule décision sur les différentes demandes (« *demandes liées entre elles par un rapport si étroit qu'il y a intérêt à les instruire et à les juger ensemble afin d'éviter des solutions qui pourraient être inconciliables si les causes étaient jugées séparément* »). D'après la Cour de justice[1], la notion doit faire l'objet d'une conception extensive englobant tous les cas dans lesquels il peut exister un risque de contrariété de décisions, « *même si les décisions peuvent être exécutées séparément et si leurs conséquences juridiques ne s'excluent pas mutuellement* ».

Plus précisément, la Cour de justice a, dans **l'arrêt du 6 décembre 1994** ***The Ship Tatry***, jugé que l'article 22 « *suppose, pour qu'il y ait connexité entre, d'une part, une demande formée dans un autre État contractant par un certain groupe de propriétaires de marchandises contre le propriétaire d'un navire en vue de la réparation d'un préjudice causé à une partie de la cargaison transportée en vrac dans le cadre de contrats distinct mais identiques, et d'autre part, une demande en réparation formée dans un autre État contractant contre le même propriétaire par les propriétaires d'une autre partie de la cargaison transportée dans les mêmes conditions et dans le cadre de contrats distincts mais identiques à ceux conclus entre le premier groupe et le propriétaire de navire, [...] que leur instruction et leur jugement séparés comportent le risque d'une contrariété de décisions, sans qu'il soit nécessaire qu'ils comportent le risque de conduire à des conséquences juridiques s'excluant mutuellement* ».

L'hypothèse visée est que deux demandes connexes ont été formées devant des tribunaux d'États membres différents, tous deux compétents au sens de la Convention ou du règlement (ou en vertu d'autres règles, de droit international privé commun ou conventionnel, par exemple – sur la question de savoir si l'article 22 de la Convention est applicable lorsqu'une seule des demandes relève des matières couvertes par la Convention, v. H. GAUDEMET-TALLON, qui opte pour une réponse positive tirée d'une argumentation téléologique : le but d'éviter des décisions inconciliables devrait également être poursuivi dans une telle hypothèse[2]). Sur la connexité entre une demande pendante devant une juridiction d'un État membre et une autre, dont est saisie une juridiction d'un État tiers, v. les innovations du règlement UE n° 1215/2012 du 12 décembre 2012, Bruxelles I *bis* s^s n° 158.44.

Il doit s'agir d'instances directes pendantes au sens national du terme (application de la *lex fori* pour déterminer à quel moment la juridiction est saisie de l'affaire selon la convention de Bruxelles, définition au contraire de la notion de saisine dans l'article 30 du règlement du 22 décembre 2000 et dans l'article 32 du règlement du 12 décembre 2012). En revanche, il n'est pas requis que les parties ou l'une d'elles ait son domicile sur le territoire d'un État membre.

Sur la date à laquelle le juge doit se placer pour apprécier l'exception de connexité, v. un arrêt de la Cour de cassation du 19 décembre 2012[3] : les dispositions identiques des articles 22 des Conventions de Bruxelles et de Lugano ayant pour objet d'assurer une meilleure coordination de l'exercice de la fonction juridictionnelle à l'intérieur de l'espace européen, le juge devant lequel est soulevée une exception de connexité, sur le fondement de ces dispositions, doit se placer à la date à laquelle il statue sur cette exception, et non à la date de l'introduction de la demande qui lui est soumise, pour examiner si une demande connexe est pendante devant une juridiction d'un autre État contractant.

158.42 Mise en œuvre de l'exception de connexité. La connexité ne peut être invoquée que par voie d'exception, afin que le tribunal saisi en second lieu décide de surseoir à statuer. La doctrine regrette parfois que la convention de Bruxelles n'ait pas fait de la connexité une cause de compétence[4].

Contrairement au cas de litispendance, dans lequel le second juge, une fois établie la compétence du premier, doit se dessaisir à son profit, l'existence d'une connexité donne seulement au juge saisi en second lieu la *faculté* de surseoir à statuer puis de se dessaisir, et ne lui crée aucunement l'obligation de le faire.

L'article 28 § 1 du règlement de 2000, l'article 30 § 1 du règlement de 2012 et l'article 22 § 1 de la Convention envisagent le ***sursis à statuer***. Les demandes doivent être pendantes au premier degré selon la Convention, pas selon les règlements; le juge peut – même d'office – surseoir à statuer et attendre le

1. CJCE 6 déc. 1994, The Ship Tatry, aff. C-406/92, préc. s^s n° 158.32.

2. H. GAUDEMET-TALLON, *Compétence et exécution des jugements en Europe*, 4e éd., LGDJ, 2010, n° 343 *in fine*.
3. V. Civ. 1re, 19 déc. 2012, n° 09-17.440, *Bull. civ.* I, n° 265; *D.* 2013. 94.
4. Mais rappelant ce principe, v. CJCE 24 juin 1981, Elefanten Schuh GmbH c/Jacqmain, aff. 150/80, *Rec. CJCE* 1671 – Civ. 1re, 24 mars 1987, n° 85-13.961, *Bull. civ.* I, n° 108; *Rev. crit. DIP* 1987. 577, note Gaudemet-Tallon; *JDI* 1988. 138, obs. Huet – Paris, 10 nov. 1993, RG n° 93/7142, *JCP* 1994. II. 22314, note Audit.

résultat de l'instance pendante devant l'autre juge afin de tenir si nécessaire compte de la décision de ce dernier dans son propre jugement de l'affaire connexe. On peut se demander pourquoi la Convention exige que les demandes soient toutes deux pendantes au premier degré, cette condition ne présentant un intérêt et une utilité véritables que dans le cas d'un dessaisissement du juge. C'est d'ailleurs pourquoi le règlement du 22 décembre 2000 a supprimé cette exigence et l'a placée dans l'alinéa 2 de son article 28, qui vise le cas de dessaisissement du juge. Il en va de même dans le règlement de refonte UE n° 1215/2012 du 12 décembre 2012, Bruxelles I *bis*.

L'article 22 § 2 de la Convention, l'article 28 § 2 du règlement Bruxelles I et l'article 30 § 2 du règlement Bruxelles I *bis*, envisagent le ***dessaisissement** du juge saisi en second lieu*. Le texte exige alors que le dessaisissement soit sollicité par une des parties (ce qui n'est pas nécessaire en matière de sursis à statuer) ; la doctrine considère en outre que les deux demandes doivent être pendantes au premier degré et que cette condition a été placée par erreur dans l'alinéa 1er relatif au sursis à statuer. La raison d'être de cette condition est d'éviter que l'une des parties ne soit privée d'un degré de juridiction si par exemple l'affaire confiée au juge saisi en premier lieu en était déjà à la phase d'appel[1]. C'est d'ailleurs ce qu'a décidé le règlement CE du 22 décembre 2000 qui a placé cette condition dans le paragraphe 2 de son article 28. Sous l'empire du règlement de refonte du 12 décembre 2012, qui entrera en application le 10 janvier 2015, il ne sera toutefois exigé que la demande soit pendante au premier degré *que devant la juridiction saisie en premier lieu*.

Le dessaisissement suppose également que le tribunal saisi en premier lieu soit compétent pour connaître des deux demandes et que la loi du tribunal saisi en second lieu permette la jonction d'affaires connexes.

Pour des illustrations. V. un **arrêt de la chambre commerciale du 25 janvier 2000**[2] et une décision de la cour d'appel de Paris qui considère qu'entre une action en contrefaçon introduite en France pour un brevet français et une action de même nature introduite en Italie pour un brevet italien couvrant la même invention, il n'y a pas connexité au sens de l'article 22 de la convention de Bruxelles, les demandes n'étant pas liées entre elles par un lien si étroit qu'il y a intérêt à les instruire et à les juger en même temps afin d'éviter des solutions qui pourraient être inconciliables[3]. En effet, outre que les brevets invoqués dans les procédures pendantes en France et en Italie sont des titres distincts et juridiquement indépendants, même s'ils se rapportent à la même invention, les faits de contrefaçon allégués devant les deux juridictions doivent être appréciés au regard de lois différentes, respectivement applicables à cet égard en France et en Italie. Les décisions pourraient ainsi être tout à fait divergentes, sans être pour autant inconciliables, les objets des deux litiges étant différents, de même que les lois applicables, et les décisions respectives s'appliquant sur les territoires d'États distincts.

Un **arrêt de la première chambre civile du 6 février 2008**[4] : une action en libération de dette intentée en Suisse et concernant l'apurement des créances entre deux sociétés ainsi que la reprise du stock découlant de la rupture des relations contractuelles est connexe, en vertu de l'article 22 de la convention de Lugano, à une action française intentée par l'autre société concernée aux fins de faire déclarer abusive la rupture unilatérale des relations contractuelles par la première société.

158.43 L'article 23 de la Convention, l'article 29 du règlement CE du 22 décembre 2000, l'article 31 § 1 du règlement UE du 12 décembre 2012 et les demandes connexes relevant de règles de compétence exclusive. Cette hypothèse paraît déjà moins rare en théorie que celle d'une litispendance avec applicabilité de règles diverses de compétence exclusive. Là encore, si dessaisissement il y a, il aura lieu en faveur de la juridiction saisie en premier lieu. Mais, en matière de demandes connexes, le dessaisissement n'est qu'une faculté pour le second juge, qui ne peut d'ailleurs l'entreprendre que sur demande de l'une des parties (à titre de comparaison un arrêt de la première chambre civile de la Cour de cassation considère que viole l'article 16 de la convention de Bruxelles – compétences exclusives – la juridiction qui fait droit à une demande de renvoi au profit du juge d'un autre État membre en raison d'une connexité supposée. En l'espèce, le juge belge saisi de la première demande était sans doute incompétent car l'immeuble dont le bail était en cause était situé en France[5]). Les dispositions nouvelles introduites par l'article 31 § 2, 3 et 4 du règlement de refonte du 12 décembre 2012 (clause attributive de juridiction) trouveront également à s'appliquer en matière de demandes connexes.

158.44 Connexité et procédure pendante devant les juridictions d'un État tiers : l'apport du règlement UE n° 1215/2012 du 12 décembre 2012, Bruxelles I *bis*. Le règlement de refonte contient une nouvelle disposition relative à la connexité entre une action pendante devant une juridiction d'un État tiers, saisie en premier lieu, et une juridiction d'un État membre (Règl. 12 déc. 2012, art. 34). Cette disposition ne s'applique que dans les cas envisagés à l'article 33 pour les cas de litispendance (Règl. 12 déc. 2012, art. 4 : tribunaux du domicile du

1. Civ. 1re, 27 oct. 1992, n° 90-21.661, *Bull. civ.* I, n° 263 ; *JDI* 1994. 171, obs. Huet.
2. Com. 25 janv. 2000, n° 97-19.638, *Bull. civ.* I, n° 20 ; *D.* 2002. Somm. 1393, obs. Audit.
3. TGI Paris, 28 avr. 2000 et Paris, 9 févr. 2001, RG n° 2000/10967, *D.* 2002. Somm. 1193, obs. Raynard.
4. Civ. 1re, 6 févr. 2008, n° 07-12.044, NP ; *The European Legal Forum* 1-2008, p. II-8.
5. Civ. 1re, 21 sept. 2005, n° 03-20.102, *Bull. civ.* I, n° 337 ; *Procédures* 2006, n° 78, obs. Nourissat.

défendeur; art. 7 : compétences spéciales; art. 8 : compétences dérivées; ou art. 9 : action en responsabilité du fait de l'utilisation ou de l'exploitation d'un navire). Les litiges donnant lieu à règles de compétence protectrices des parties faibles (assurance, contrat de consommation, contrat de travail) ne sont donc pas concernés par cette nouvelle disposition.

L'article 34 permet à la juridiction d'un État membre saisie en second lieu de surseoir à statuer si trois conditions cumulatives sont remplies :

1° intérêt d'instruire et de juger ensemble les demandes connexes afin d'éviter des solutions inconciliables si les causes étaient jugées séparément (cette formule est la même que celle contenue dans l'article 30 § 3 relatif aux demandes connexes pendantes devant les juridictions de deux États membres);

2° il est attendu que la juridiction de l'État tiers rende une décision susceptible d'être reconnue et/ou exécutée dans l'État membre dont le juge est saisi d'une demande connexe;

3° la juridiction de l'État membre est convaincue que le sursis à statuer est nécessaire pour une bonne administration de la justice.

Le juge de l'État membre saisi et qui a sursis à statuer peut poursuivre l'instance à tout moment (Règl. 12 déc. 2012, art. 34 § 2) dans trois cas semblables à ceux qui sont énoncés en matière de litispendance, et dans un quatrième cas. Les trois cas communs avec la litispendance sont les suivants : 1° l'instance devant les tribunaux de l'État tiers a elle-même fait l'objet d'un sursis ou d'un désistement; 2° le juge de l'État membre estime que la procédure devant le tribunal de l'État tiers ne pourra pas être conclue dans un délai raisonnable; ou 3° une bonne administration de la justice requiert la poursuite de la procédure devant le tribunal de l'État membre qui avait sursis à statuer. Un quatrième cas est également prévu : celui dans lequel la juridiction de l'État membre estime qu'il n'y a plus de risque que les décisions soient inconciliables, ce qui est logique puisqu'en l'absence de risque d'inconciliabilité, la connexité n'est pas constituée.

Comme en matière de litispendance, le juge de l'État membre peut appliquer l'article 34 du règlement Bruxelles I *bis* ou bien à la demande d'une partie, ou bien d'office si son droit national le lui permet (Règl. 12 déc. 2012, art. 34 § 4).

CHAPITRE

159. Révision du règlement CE, nº 44/2001, du 22 décembre 2000, Bruxelles I

FRÉDÉRIQUE FERRAND
Professeur à l'Université Jean-Moulin (Lyon 3)
et à l'Université d'Augsbourg

SECTION 0
ORIENTEUR

159.00 **Plan du chapitre.**

159.01 **Textes applicables.**
À compter du 10 janvier 2015 :

Règl. UE nº 1215/2012, 12 déc. 2012, dit « Bruxelles I *bis* », du Parlement européen et du Conseil, concernant la compétence judiciaire, la reconnaissance et l'exécution des décisions en matière civile et commerciale, art. 10 à 23, *JOUE,* nº L 351, 20 déc., p. 1.

Proposition de règlement, du Parlement européen et du Conseil, concernant la compétence judiciaire, la reconnaissance et l'exécution des décisions en matière civile et commerciale (refonte), COM (2010) 748 final, 14 déc. 2010.

Rapport de la Commission au Parlement européen, au Conseil et au Comité économique et social européen sur l'application du règlement (CE) nº 44/2001 du Conseil concernant la compétence judiciaire, la reconnaissance et l'exécution des décisions en matière civile et commerciale, COM (2009) 174 final, 21 avr. 2009.

Livre vert sur la révision du règlement (CE) nº 44/2001 du Conseil concernant la compétence judiciaire, la reconnaissance et l'exécution des décisions en matière civile et commerciale, COM (2009) 174 final, 21 avr. 2009; COM (2009) 175 final, 21 avr. 2009.

Study JLS/C4/2005/03, Report on the Application of Regulation Brussels I in the Member States, dit Rapport de Heidelberg, sept. 2007.

SECTION 1
PRÉMISSES

159.11 **Présentation.** Il convient de retracer brièvement les différentes études qui ont conduit à la **nécessité de procéder à la révision du règlement Bruxelles I afin d'en renforcer encore l'efficacité.** Rappelons tout d'abord qu'en vertu de l'article 73 dudit règlement, au plus tard cinq ans après l'entrée en vigueur de ce dernier, « *la Commission présente au Parlement européen, au Conseil et au Comité économique et social un rapport relatif à l'application du présent règlement. Ce rapport est accompagné, le cas échéant, de propositions visant à adapter le règlement* ». Sur le fondement de ce texte, la Commission a confié une étude aux professeurs Heß, Pfeiffer et Schlosser. Cette étude, dénommée *Heidelberg Report*, a été publiée en septembre 2007[1]; parallèlement était rédigée, sur mandat de la Commission, une seconde étude sur **les règles de compétence nationale exorbitantes qui s'appliquent dans le cas où le défendeur n'est pas domicilié dans un État membre**[2]. Les études ont été suivies de deux documents publiés le même jour par la Commission (le 21 avril 2009) : le *Rapport de la Commission au Parlement européen, au Conseil et au Comité économique et sociale européen, sur l'application du règlement (CE) nº 44/2001 du Conseil, concernant la compétence judiciaire, la reconnaissance et l'exécution des décisions en matière civile et commerciale*[3] et le *Livre*

1. *Study* JLS/C4/2005/03, *Report on the Application of Regulation Brussels I in the Member States*, sept. 2007.
2. Étude réalisée par A. Nuyts, v. http://ec.europa.eu/justice_home/doc_centre/civil/studies/doc_civil_studies_en.htm
3. COM (2009) 174 final, 21 avr. 2009.

vert sur la révision du même règlement[1]. De nombreuses suggestions et prises de position ont été adressées à la Commission à la suite des questions qu'elle formulait dans le Livre vert. Puis, le 14 décembre 2010, la Commission a présenté une proposition de règlement tendant à la refonte du règlement Bruxelles I[2].

159.12 **Le *Rapport de Heidelberg* (*Heidelberg Report*).** Tous les points développés dans le rapport ne seront pas abordés ici. Il ne sera pas davantage traité des questions relatives à la reconnaissance et à l'*exequatur* simplifié (voire à la suppression de l'*exequatur*) discutées dans le rapport de Heidelberg[3]. Seuls seront présentés les **points faibles du règlement en matière de compétence** qui ont pu être relevés et pour lesquels des solutions ont pu être suggérées. Il convient de noter que le règlement Bruxelles I a pu être considéré comme « *the most successful instrument on judicial cooperation in the European Judicial Aera* »[4]. Sont toutefois jugées problématiques les questions suivantes :

– les **contours de la « *matière civile et commerciale* »** dans certains cas dans lesquels interviennent à la procédure des autorités publiques;

– les **matières exclues du champ du règlement**, qui posent parfois des **problèmes de délimitation** (par exemple les obligations alimentaires, qui ont toutefois quitté le règlement Bruxelles I le 18 juin 2011 lorsqu'est entré en application le règlement CE n° 4/2009 du 18 décembre 2008[5]; les conventions d'arbitrage lorsqu'est saisi un tribunal sur le fondement du règlement Bruxelles I, en présence d'une convention d'arbitrage; délimitation entre champ d'application du règlement Bruxelles I et celui du règlement insolvabilité, domaine dans lequel la Cour de justice est déjà intervenue à plusieurs reprises pour déterminer si telle ou telle action était étroitement reliée à la procédure collective ou non). En ce qui concerne l'arbitrage, le rapport préconise de ne pas opérer de modifications majeures du règlement Bruxelles I, mais d'aborder quand même différents points : un nouvel article 22 § 6 disposerait ainsi que « *the following courts shall have exclusive jurisdiction, regardless of the domicile,* [...] *(6) in ancillary proceedings concerned with the support of arbitration the courts of the Member Stage in which the arbitration takes place* ». De même devrait être abordé le problème des conflits de procédures dans plusieurs États membres à propos de la validité de la convention d'arbitrage (il est conseillé un sursis à statuer obligatoire pour la juridiction d'un État membre saisie dès lors que le défendeur conteste sa compétence en raison de l'existence d'une convention d'arbitrage, si une juridiction de l'État membre du siège de l'arbitrage est saisie d'une action relative à l'existence, la validité ou le champ de l'arbitrage). Le rapport suggère enfin une disposition sur le siège de l'arbitrage;

– sur le plan de la **compétence judiciaire**, les dispositions du règlement Bruxelles I sont jugées globalement satisfaisantes par les États membres, qui suivent la jurisprudence de la Cour de justice. Il est toutefois proposé d'insérer une règle supplémentaire qui donnerait compétence au tribunal d'un État membre dans lequel se trouvent des biens mobiliers, à condition que le litige porte sur ces biens. De même, la question de l'application universelle du règlement est abordée, à l'article 4, pouvant être perçue comme une discrimination à l'encontre des défendeurs des États tiers. Le rapport envisage diverses pistes à propos de cette difficile question[6]. En outre, l'article 6 § 1 (pluralité de défendeurs) pourrait ne pas être limité au cas où la juridiction saisie est celle du domicile d'un des défendeurs[7]. Le rapport suggère aussi d'introduire une règle selon laquelle le tribunal saisi devrait statuer sans retard sur sa compétence. En revanche, il est jugé prématuré d'opérer quelque amendement que ce soit de l'article 5 § 1, b) malgré les difficultés de délimitation auxquelles il donne lieu. Est recommandée une approche plus flexible de la compétence exclusive en matière de location de vacances. De même, l'article 23 relatif aux clauses de prorogation de compétence pourrait exiger l'utilisation d'un formulaire standard. Les articles 27 sur la litispendance et 28 sur la connexité pourraient, eux aussi, être améliorés, le premier afin notamment de privilégier la juridiction désignée dans la clause d'élection de for, le second afin de favoriser une coopération entre les deux juridictions saisies.

159.13 **Le rapport de la Commission sur l'application du règlement Bruxelles I.** À la suite à la publication du rapport de Heidelberg, la doctrine a réagi aux suggestions contenues dans ce texte. Puis, en 2009, la Commission a présenté son rapport sur l'application du règlement Bruxelles I[8], dans lequel elle relève que « *le règlement est considéré comme un instrument hautement performant, qui a facilité les procès transfrontaliers, au moyen d'un système efficace de coopération judiciaire reposant sur des règles de compétence complètes, une coordination des procédures parallè-*

1. COM (2009) 175 final, 21 avr. 2009.
2. COM (2010) 748 final, 14 déc. 2010.
3. Sur les modifications prévues par la proposition de règlement en matière de suppression de l'*exequatur*, v. s[s] n°s 441.171 s.
4. *Report on the Application of Regulation Brussels I in the Member States*, préc., n° 60.
5. Règl. CE n° 4/2009 du Conseil, 18 déc. 2008, relatif à la compétence, la loi applicable, la reconnaissance et l'exécution des décisions et la coopération en matière d'obligations alimentaires, *JOUE*, n° L 7, 10 janv. 2009, p. 1.
6. *Report on the Application of Regulation Brussels I in the Member States*, préc., n°s 161 s.
7. *Report on the Application of Regulation Brussels I in the Member States*, préc., n°s 226 s.
8. COM (2009) 174 final, 21 avr. 2009.

les et la circulation des décisions »[1]. Toutefois, des améliorations sont encore possibles, notamment en matière de compétence subsidiaire : ainsi, « *l'absence de règles communes déterminant la compétence vis-à-vis des défendeurs de pays tiers risque de compromettre l'application de la législation communautaire obligatoire, notamment en ce qui concerne la protection des consommateurs* »[2]. Sont également notées des incertitudes quant au caractère exhaustif des conditions posées à l'article 23 en matière de clauses d'élection de for, et des solutions insatisfaisantes sur la litispendance en présence d'une telle clause (l'arrêt *Gasser* de la Cour de justice conduisant à favoriser les manœuvres dilatoires d'un plaideur). Des difficultés sont également soulignées en matière de propriété industrielle dans le cadre de la litispendance, une partie pouvant chercher à anticiper la compétence d'une juridiction en engageant une procédure devant un autre tribunal (parfois incompétent) dans un État où la procédure est réputée lente (torpillage par exercice d'une action déclaratoire avant que l'adversaire ait le temps de former une action en contrefaçon). La Commission relève des insuffisances en matière de mesures provisoires au regard de l'article 31 du règlement, mais aussi de la jurisprudence de la Cour de justice (et notamment la question de savoir comment interpréter l'exigence d'un « *lien de rattachement réel entre l'objet de la mesure recherchée et la compétence territoriale* »). L'interface entre le règlement et l'arbitrage est également abordée, comme dans le rapport de Heidelberg, notamment en cas d'existence parallèle d'une procédure judiciaire et d'une procédure arbitrale. Le 21 avril 2009, dans la suite de son rapport, la Commission a également présenté un Livre vert posant un certain nombre de questions en vue de la refonte du règlement Bruxelles I.

159.14 Le Livre vert sur la révision du règlement Bruxelles I[3]. La Commission invitait, dans ce document toutes les personnes intéressées à lui faire parvenir leurs observations sur les points abordés, et ce avant le 30 juin 2009. Elle reçut de très nombreuses réponses, qui furent publiées sur Internet. Le Livre vert aborde les points suivants :

– suppression de toutes les mesures intermédiaires nécessaires à la reconnaissance et à l'exécution des décisions rendues dans un autre État membre (*exequatur*) (sur cette question, v. s[s] n°s 441.171 s.);

– le fonctionnement du règlement dans l'ordre juridique international, et notamment la question de l'égal accès à la justice non seulement pour les défendeurs, mais également pour les demandeurs domiciliés dans l'Union européenne. De même doit être abordée la question de l'extension aux défendeurs domiciliés dans un pays tiers du champ d'application personnel des règles de compétence énoncées dans le règlement, ou de créer des motifs de compétence supplémentaires pour les litiges impliquant de tels défendeurs. La Commission envisage trois chefs de compétence : la compétence fondée sur l'exercice d'activités (si le litige porte sur lesdites activités) ; la localisation des biens (si l'action concerne ces biens) et enfin un *forum necessitatis* permettant d'engager une action en justice dans les cas où aucun autre accès à la justice ne pourrait être assuré. La Commission formule la question suivante : « *Estimez-vous que les règles de compétence spéciales du règlement pourraient être appliquées aux défendeurs de pays tiers ? Quels motifs de compétence supplémentaires jugez-vous nécessaires contre de tels défendeurs ? Comment le règlement devrait-il tenir compte de la compétence exclusive des juridictions des pays tiers et des procédures engagées devant ces juridictions ?* ». Se pose ensuite bien évidemment la question de la reconnaissance et de l'exécution, dans l'Union européenne, des décisions des pays tiers;

– l'élection de for, à laquelle l'effet le plus large possible devrait être donné. La Commission envisage diverses voies pour renforcer l'effet de tels accords, notamment en inversant la règle de priorité en cas de litispendance, ou en envisageant une coopération entre les deux juridictions saisies de procédures parallèles. Elle demande quelle solution paraît la plus apte à renforcer l'efficacité des accords d'élection de for dans l'Union européenne;

– le contentieux de la propriété industrielle est également abordé, sous l'angle de la coordination de procédures parallèles en contrefaçon et en nullité;

– les règles sur litispendance et connexité pourraient être améliorées de façon générale, notamment en renforçant la communication entre juridictions d'États membres différents;

– les mesures provisoires posent diverses difficultés, non seulement sous l'angle de leur circulation (notamment si elles ont été prononcées *ex parte*, c'est-à-dire sans que le défendeur soit entendu), mais aussi quant à la compétence en la matière d'un tribunal qui n'est pas compétent pour connaître du fond du litige;

– l'interface entre le règlement et l'arbitrage, déjà abordée dans les divers autres rapports mentionnés *supra*, donne lieu à la question de savoir quelle action paraît indiquée au niveau de l'Union afin de renforcer l'efficacité des conventions d'arbitrage, d'assurer une bonne coordination des procédures judiciaire et arbitrale, et d'accroître l'efficacité des sentences arbitrales;

– enfin, dans un point 8 dénommé « *autres aspects* », la Commission aborde notamment la question de l'opportunité de créer une compétence non exclusive fondée sur la situation d'actifs mobiliers « *en ce qui concerne la possession de droits réels relatifs à ces actifs* », celle de l'applicabilité de l'article 6 § 1

1. Rapport de la Commission au Parlement européen, p. 4.
2. Rapport de la Commission au Parlement européen, p. 5.
3. COM (2009) 175 final, 21 avr. 2009.

aux litiges portant sur des contrats de travail, et sur divers détails des compétences exclusives de l'article 22. Enfin, la Commission fait référence aux travaux en cours en matière de recours collectifs et s'interroge « *sur la nécessité de règles de compétence spécifiques pour ce type de recours* ».

En décembre 2010, après avoir étudié les nombreuses réponses adressées au Livre vert, la Commission a publié une proposition de refonte du règlement Bruxelles I qui concrétise un certain nombre des pistes qui avaient été énoncées dans le Rapport de Heidelberg, dans le rapport de la Commission elle-même ainsi que dans le Livre vert de 2009. D'importantes modifications sont suggérées, notamment quant au champ d'application spatial du règlement. Dans sa proposition, la Commission liste en effet quatre « *grands points faibles du règlement* » : 1° la procédure de reconnaissance et d'exécution demeurerait un obstacle à la libre circulation des décisions judiciaires, ce qui entraînerait des coûts inutiles et des retards; 2° l'accès à la justice dans l'Union serait peu satisfaisant lorsque les litiges font intervenir des défendeurs établis à l'extérieur de l'Union, le règlement ne s'appliquant – à quelques exceptions près – que lorsque le défendeur est domicilié dans un État membre : la diversité des droits nationaux créerait un accès inégal à la justice pour les entreprises des États membres traitant avec des partenaires de pays tiers; 3° l'efficacité des clauses d'élection de for pourrait être améliorée; 4° le lien entre l'arbitrage et le procès judiciaire devrait être amélioré également car même si l'arbitrage est exclu du champ d'application du règlement Bruxelles I, des procédures judiciaires parallèles intentées en violation de la convention d'arbitrage peuvent annihiler les effets de cette dernière. De façon générale, la Commission annonce que « *la révision a pour objectif général de poursuivre le développement de l'espace européen de justice, en supprimant les derniers obstacles à la libre circulation des décisions judiciaire, conformément au principe de reconnaissance mutuelle* [...]. *La révision devrait également contribuer à créer le cadre nécessaire à la relance de l'économie européenne* »[1].

SECTION 2
PROPOSITION DE REFONTE PRÉSENTÉE PAR LA COMMISSION EUROPÉENNE LE 14 DÉCEMBRE 2010

159.21 **Présentation.** La presse juridique[2], reprenant le mode de communication de la Commission, a présenté la proposition de refonte du règlement Bruxelles I, décrit comme « *la pierre angulaire de la coopération judiciaire en matière civile* »[3], sous quatre points essentiels : 1° la suppression de l'*exequatur*, un des points révolutionnaires – et controversés – du texte; 2° l'amélioration de la protection des consommateurs face aux litiges impliquant des pays tiers; 3° l'accroissement de la sécurité juridique dans le choix de la loi applicable aux entreprises[4]; 4° le renforcement de la compétitivité du secteur de l'arbitrage européen. Mais bien d'autres questions sont réformées dans la proposition présentée par la Commission. Sept points essentiels de modification sont proposés par la Commission. Seuls cinq seront abordés ici, les deux autres (suppression de l'*exequatur* et clarification des conditions auxquelles les mesures conservatoires et provisoires peuvent circuler dans l'Union) relevant du chapitre sur la reconnaissance et l'*exequatur* des jugements dans l'Union (v. s[s] n°s 441.161 s.).

159.22 **1. Proposition d'améliorer le fonctionnement du règlement dans l'ordre juridique international.** Il s'agissait là pour la Commission d'étendre les règles de compétence du règlement Bruxelles I aux litiges faisant intervenir des défendeurs domiciliés dans un pays tiers[5], et ce même dans le cas où une même action serait pendante devant une juridiction dans l'Union et devant une juridiction à l'extérieur de l'Union (litispendance internationale). L'objectif de la Commission était de renforcer la protection des consommateurs, salariés et assurés (autrement dit les parties réputées faibles dans le règlement) en appliquant les règles de compétence spécifiques du règlement même lorsque le défendeur est domicilié dans un pays tiers (prop. règl., art. 4 § 2). De façon générale, la proposition consacrait la compétence des juridictions d'un État membre, même si le défendeur était domicilié dans un État tiers, dès lors qu'un des chefs de compétence des sections 2 à 8 du chapitre II du règlement était localisé dans l'Union[6].

En outre, il était proposé de créer deux autres compétences pour les litiges impliquant des défendeurs domiciliés en dehors de l'Union : **1°** la compétence subsidiaire du tribunal du lieu où le défendeur possède des biens mobiliers, à condition que la valeur de ces biens ne soit pas disproportionnée par rapport à

1. Prop. Commission, COM (2010) 748 final, 14 déc. 2010, point 1.2.
2. *D.* 2011. 81 ; *RLDC* janv. 2011, p. 71.
3. Prop. Commission, COM (2010) 748 final, 14 déc. 2010, point 1.1.
4. Dans les relations entre entreprises, la juridiction retenue pour le choix de la loi applicable serait toujours la première à déterminer si ce choix est valable ou non.
5. V. E. Treppoz, « La promotion de l'espace judiciaire civil européen à l'externe », in M. Douchy-Oudot et E. Guinchard, *La justice civile européenne en marche,* Dalloz, 2012, p. 163.
6. L. Idot, « Refonte du règlement Bruxelles I et autres projets en matière d'actions collectives », *Europe* mars 2011, n° 19, p. 2.

celle de la créance et que le litige ait un lien suffisant avec l'État membre dont le tribunal est saisi (prop. règl., art. 25)[1]; **2°** un *forum necessitatis* donnant compétence aux juridictions d'un État membre lorsqu'aucune juridiction d'un État membre n'est compétente en vertu du règlement, mais que le droit à un procès équitable exige la compétence exceptionnelle d'une telle juridiction, notamment si une procédure ne peut raisonnablement être introduite ou conduite, ou se révèle impossible dans un État tiers avec lequel le litige a un lien étroit, ou si la décision rendue dans un État tiers ne peut être reconnue ou exécutée dans l'État membre de la juridiction saisie et que cette reconnaissance ou exécution est nécessaire pour garantir le respect du droit du demandeur; il était en outre exigé que « *le litige présente un lien suffisant avec l'État membre de la juridiction saisie* » (prop. règl., art. 26). La Commission justifiait ces aménagements de la compétence résiduelle par la garantie d'égalité d'accès des citoyens et des entreprises à un tribunal dans l'Union et par « *l'égalité des conditions de concurrence dans le marché intérieur à cet égard* »[2].

Enfin, une règle de litispendance facultative était proposée en cas de litige pendant devant des tribunaux de l'Union et d'un pays tiers. La juridiction d'un État membre aurait pu surseoir à statuer si le tribunal de l'État tiers avait été saisi en premier et qu'il était prévu qu'il statue dans un délai raisonnable et que sa décision puisse être reconnue et exécutée dans l'État membre (prop. règl., art. 34).

159.23 **2. Proposition de donner une effectivité accrue aux accords d'élection de for.** Suite aux conséquences critiquables de l'arrêt *Gasser* rendu par la Cour de justice, la Commission proposait - en présence d'une clause d'élection de for - de laisser en priorité la juridiction désignée par la clause se prononcer sur sa compétence, peu important qu'elle ait été saisie en premier ou en second lieu. L'autre juridiction saisie devrait donc surseoir à statuer jusqu'à ce que le tribunal désigné par l'accord des parties se saisisse ou, au contraire, si la convention de prorogation de compétence est invalide, se dessaisisse (prop. règl., art. 32 § 2)[3].

1. Cette compétence subsidiaire suppose qu'aucune juridiction d'un État membre ne soit compétente en vertu des articles 2 à 24 du règlement.
2. Prop. Commission, COM (2010) 748 final, 14 déc. 2010, point 3.1.2.
3. En outre, la Commission propose une règle harmonisée de conflit de lois sur la validité de l'accord d'élection de for (v. prop. règl., art. 23). Les deux modifications en la matière sont justifiées par le fait qu'elles correspondent aux solutions retenues dans la convention de La Haye de 2005 sur les accords d'élection de for, « *ce qui facilitera l'éventuelle adhésion de l'Union européenne à cette convention* » (prop. règl., point 3.1.3).

159.24 **3. Proposition d'améliorer le lien entre le règlement Bruxelles I et l'arbitrage.** Il s'agissait là pour la Commission de trouver une solution qui aurait évité les effets négatifs de la jurisprudence *West Tankers* de la Cour de justice, qui fait prévaloir les règles de litispendance du règlement sur la convention d'arbitrage. La Commission suggérait donc d'obliger une juridiction à surseoir à statuer si sa compétence était contestée en raison d'une convention d'arbitrage et si un tribunal arbitral avait été saisi de l'affaire ou si une action en justice portant sur la convention d'arbitrage avait été formée dans l'État membre du siège de l'arbitrage (prop. règl., art. 29 § 4). L'objectif était de renforcer l'effectivité des conventions d'arbitrage au sein de l'Union et d'éviter en outre des procédures judiciaire et arbitrale parallèles. L'Europe aurait ainsi été confortée comme place d'arbitrage attractive.

159.25 **4. Proposition de mieux coordonner les procédures devant les juridictions des États membres.** Il s'agissait là d'améliorer de façon générale le fonctionnement des règles de litispendance, notamment en prévoyant un délai dans lequel la juridiction saisie en premier lieu est tenue de statuer sur sa compétence (délai de six mois, « *sauf si cela s'avère impossible en raison de circonstances exceptionnelles* », prop. règl., art. 29 § 2). En outre, un échange d'informations était prévu entre les deux juridictions saisies d'un même litige : sur demande de toute autre juridiction saisie du litige, le tribunal saisi en premier lieu informait celle-ci de la date à laquelle il avait été saisi et lui indiquait s'il s'était déclaré compétent (ou le délai dans lequel il allait statuer sur sa compétence, prop. règl., art. 29 § 2). Cette coopération entre juridictions aurait favorisé la connaissance des situations de litispendance, de la chronologie des saisines et la résolution des questions de compétence.

En matière de connexité, la proposition de la Commission supprimait l'exigence que la loi d'une juridiction voulant se dessaisir permette la jonction des affaires, afin de faciliter la jonction d'affaires connexes dans l'intérêt d'une bonne justice. La connexité européenne n'aurait ainsi pas nécessairement répondu aux conditions de la connexité interne (prop. règl., art. 30 § 2).

De même, en matière de mesures provisoires, il était proposé que - lorsqu'une procédure au fond est pendante et qu'une autre juridiction est saisie d'une demande de mesures provisoires -, les deux juridictions coopèrent afin que soient pris en compte tous les éléments de l'affaire, et notamment le caractère urgent de la mesure sollicitée ou un éventuel refus de mesure similaire prononcé par la juridiction saisie au fond (prop. règl., art. 31 § 1). Là encore, il s'agissait de créer une véritable communication entre juridictions d'États membres différents.

159.26 **5. Proposition d'améliorer l'accès à la justice.** Sous cette rubrique, la Commission mentionnait la création d'une nouvelle compétence pour le règlement des litiges portant sur des droits réels, au lieu où sont situés les biens mobiliers (prop. règl., art. 5 § 3), mais également la possibilité – contrairement à la solution retenue par la Cour de justice (arrêt *Glaxosmithkline*, **27 mai 2008**[1]) – du salarié d'intenter des actions contre plusieurs défendeurs, en matière de contrat de travail, au titre de l'article 6 § 1 du règlement (v. s^s n°s 154.10 s. – intéressant en cas de co-employeurs établis dans des États membres différents)[2].

De même, il était suggéré de permettre la conclusion d'accords d'élection de for pour les litiges concernant la location de locaux à usage professionnel (proposition règl., art. 22 § 1, b), malgré la règle de principe selon laquelle les règles de compétence exclusive de l'article 22 ne peuvent subir de dérogations par des conventions de prorogation de compétence.

Enfin, il était prévu dans la proposition de la Commission (prop. règl., art. 24 § 2) que, dans les matières visées aux sections 3, 4 et 5 du chapitre II du règlement (assurances, contrats de consommation et contrats de travail), l'acte introductif d'instance doive comporter des indications informant le défendeur de son droit de contester la compétence de la juridiction et des conséquences d'une comparution. En outre, avant de se déclarer compétente sur le fondement de l'article 24 (comparution volontaire du défendeur), la juridiction devait veiller à ce que ces informations soient communiquées au défendeur. Cet ajout était destiné à prendre en compte la jurisprudence de la Cour de justice, qui a jugé (arrêt *Michal Bilas*, 20 mai 2010[3]) que l'article 24[4] du règlement Bruxelles I était applicable dans le cas où les dispositions dudit règlement relatives à la compétence juridictionnelle en matière d'assurances (dispositions protectrices de la partie faible) auraient pourtant eu vocation à s'appliquer. Sans remettre en cause cette jurisprudence, la Commission entendait l'entourer de garanties d'information du défendeur sur les conséquences de son acceptation de comparaître devant la juridiction saisie sans contester sa compétence.

1. CJCE 27 mai 2008, Laboratoires Glaxosmithkline, aff. C-462/06, http://curia.europa.eu; *D.* 2008. 1699; *D.* 2009. 1557, obs. Courbe et Jault-Seseke.
2. Prop. règl., art. 18 § 1.
3. CJUE 20 mai 2010, Michal Bilas, aff. C-111/09, *Rev. crit. DIP* 2010. 575, note Pataut; *D.* 2010. 1492.
4. L'article 24 énonce qu'« *outre les cas où sa compétence résulte d'autres dispositions du présent règlement, le juge d'un État membre devant lequel le défendeur comparaît est compétent. Cette règle n'est pas applicable si la comparution a pour objet de contester la compétence ou s'il existe une autre juridiction exclusivement compétente en vertu de l'article 22* ».

SECTION 3

RÈGLEMENT UE DU 12 DÉCEMBRE 2012, BRUXELLES I *BIS*

159.31 **Nouveau règlement.** La proposition de la Commission européenne du 14 décembre 2010 a donné lieu à de riches discussions. Le 28 juin 2011, le rapporteur de la Commission des affaires juridiques du Parlement européen, M. Zwiefka, a proposé des amendements importants par rapport au texte de la proposition. Le Parlement européen était notamment réservé au regard de l'extension du champ d'application du règlement de refonte lorsque le défendeur est domicilié dans un État tiers. Il a donc freiné les ardeurs réformatrices de la Commission et introduit de la prudence dans le texte. Le 1er juin 2012, le Conseil a pu arriver à un accord prenant largement en compte les amendements souhaités par le Parlement européen. Le nouveau règlement UE n° 1215/2012 du 12 décembre 2012 a été publié au *Journal officiel* de l'Union européenne le 20 décembre 2012 et entrera en application le 10 janvier 2015.

Le texte consacre une certaine prise en compte des rapports avec les États tiers tant en matière de compétence que dans le cadre d'une litispendance ou d'une connexité. Il maintient l'exclusion de l'arbitrage[5] (sur cette question, v. s^s n° 150.58 et Règl. Bruxelles I *bis*, consid. 12), tout en précisant que les États membres doivent appliquer la convention de New York de 1958 sur la reconnaissance et l'exécution des sentences arbitrales étrangères qui l'emporte donc sur le règlement (Règl. Bruxelles I *bis*, art. 73 § 2). Il formule aussi d'autres exclusions qui ne figuraient pas expressément dans le règlement Bruxelles I. Il renforce la place des clauses attributives de juridiction. Il crée un for spécifique en matière de restitution de biens culturels (v. s^s n° 152.81). Il renforce la protection des parties faibles, notamment en cas de comparution volontaire devant un tribunal d'un État membre non compétent en vertu du règlement. Il clarifie le fonctionnement des règles de litispendance et de connexité. Enfin, il supprime la procédure d'*exequatur*, mais maintient un contrôle sur les points

5. Le Parlement européen, lui, souhaitait élargir le champ de l'exclusion de l'arbitrage, qui aurait été exclu du règlement « *dans son ensemble* », y compris les demandes soumises par les parties à l'arbitrage et les mesures provisoires dans la cadre d'un litige soumis à arbitrage. Il aurait ainsi suffi qu'une partie invoque une convention d'arbitrage pour que le règlement devienne inapplicable, même en matière de mesures provisoires, ce qui aurait pu conduire à des excès et à des solutions contraires à la jurisprudence de la Cour de justice (CJCE 17 nov. 1998, Van Uden, aff. C-391/95 : les mesures provisoires relèvent du règlement si l'objet de la demande de mesure provisoire ou conservatoire porte sur une matière entant dans le domaine du règlement) – pour des détails, v. A. Nuyts, « La refonte du règlement Bruxelles I », *Rev. crit. DIP* 2013. 12 s.

prévus par le règlement Bruxelles I, contrôle retardé au stade de l'exécution (sur ce dernier point, v. s[s] n°s 441.161 s.).

159.32 Rapports avec les États tiers. Alors que la Commission européenne envisageait l'extension des règles de compétence du règlement aux défendeurs domiciliés dans un État tiers, le Parlement européen considérait cette mesure comme prématurée et faisait valoir que, la question étant mondiale, il serait plus utile d'en chercher la solution dans le cadre de la Conférence de La Haye de droit international privé. Toutefois, sur deux points, le règlement Bruxelles I *bis* acquiert un champ d'application plus étendu que son prédécesseur.

1° Application étendue des règles protectrices du consommateur et du travailleur. Désormais, si la partie faible (consommateur ou travailleur) est demandeur à l'action, les règles de compétence du règlement Bruxelles I *bis* visant à protéger ladite partie faible s'appliqueront même si le défendeur est domicilié dans un État tiers (Règl. Bruxelles I *bis*, consid. 14 : « *Sans considération du domicile du défendeur* »; v. aussi art. 18, pour les contrats de consommation et art. 21 § 2, pour les contrats de travail). Cette innovation tend à accroître la protection de ces catégories de plaideurs dans l'ordre international en évitant, dans le cas d'un défendeur domicilié en dehors de l'Union, un renvoi aux règles de droit international privé des États membres.

2° Litispendance et connexité : procédures parallèles dans un État membre et dans un État tiers. Le règlement Bruxelles I *bis* introduit pour la première fois des dispositions tendant à régler les cas de litispendance ou de connexité dans l'hypothèse où une juridiction d'un État tiers est saisie d'une affaire et qu'en second lieu, un tribunal d'un État membre est saisi de la même demande (même parties, même objet, même cause) ou d'une demande connexe. Les articles 33 (litispendance) et 34 (connexité) du nouveau règlement donnent au juge de l'État membre la faculté (et non l'obligation) de surseoir à statuer si certaines conditions sont remplies, mais lui reconnaissent aussi le droit de poursuivre à tout moment la procédure dans diverses hypothèses. Le sursis peut être ordonné par le juge de l'État membre saisi de l'affaire soit à la requête d'une des parties, soit d'office si son droit national de procédure le lui permet (pour des détails, v. s[s] n°s 158.38 et 158.44 - V. aussi, Règl. Bruxelles I *bis*, consid. 24, pour les critères à prendre en compte par le juge de l'État membre avant de décider de surseoir à statuer).

159.33 Nouvelles exclusions du domaine matériel du règlement Bruxelles I *bis*. Le règlement de refonte UE n° 1215/2012 clarifie la notion de « *matière civile et commerciale* » en excluant expressément de son champ la responsabilité de l'État pour des actes ou omissions commis dans l'exercice de la puissance publique *(acta jure imperii)*, art. 1 § 1, ce qui ne figurait pas dans le règlement Bruxelles I. Cet ajout s'explique par une volonté d'aligner la formulation sur celle qui avait été retenue dans les règlements CE n° 805/2004 du 21 mai 2004[1] sur le titre exécutoire européen, CE n° 1896/2006 du 12 décembre 2006 sur l'injonction de payer européenne[2] et CE n° 861/2007 du 11 juillet 2007 instaurant une procédure européenne de règlement des petits litiges[3].

Sont également exclus non seulement les **régimes matrimoniaux** (ce qui était déjà le cas dans la convention de Bruxelles et dans le règlement Bruxelles I), mais également les « ***régimes patrimoniaux** relatifs aux relations qui, selon la loi qui leur est applicable, sont réputés avoir des effets comparables au mariage* » (art. 1er § 2, a) *in fine*). Cette nouveauté suit la formulation qui se trouvait déjà dans le règlement CE n° 593/2008 du 17 juin 2008, Rome I sur la loi applicable aux obligations contractuelles[4], et dans le règlement UE n° 650/2012 du 4 juillet 2012 en matière de successions[5]. Il convient en outre de rappeler que la Commission a proposé, le 16 mars 2011[6], un règlement du Conseil relatif à la compétence, la loi applicable, la reconnaissance et l'exécution des décisions en matière d'effets patrimoniaux des partenariats enregistrés.

Logiquement sont également désormais exclus les litiges en matière d'obligations alimentaires, puisqu'ils relèvent désormais du règlement CE n° 4/2009 du 18 décembre 2008[7] qui est entré en application le 18 juin 2011. L'article 1 § 2, e) et f) du règlement Bruxelles I *bis* précise la portée de cette exclusion : « *Les obligations alimentaires découlant de relations de famille, de parenté, de mariage ou d'alliance* » ainsi que celles « *résultant du décès* », ce qui permet de considérer que les obligations alimentaires reposant sur un

1. Règl. CE n° 805/2004 du Parlement européen et du Conseil, 21 avr. 2004, instituant un titre exécutoire européen pour les créances incontestées, *JOUE*, n° L 143, 30 avr., p. 15.
2. Règl. CE n° 1896/2006 du Parlement européen et du Conseil, 12 déc. 2006, instituant une procédure européenne d'injonction de payer, *JOUE*, n° L 399, 30 déc., p. 1.
3. Règl. CE n° 861/2007 du Parlement européen et du Conseil, 11 juill. 2007, instituant une procédure européenne de règlement des petits litiges, *JOUE*, n° L 199, 31 juill., p. 1.
4. Règl. CE n° 593/2008 du Parlement européen et du Conseil, 17 juin 2008, sur la loi applicable aux obligations contractuelles, *JOUE*, n° L 177, 4 juill., p. 6.
5. Règl. UE n° 650/2012 du Parlement européen et du Conseil, 4 juill. 2012, relatif à la compétence, la loi applicable, la reconnaissance et l'exécution des décisions, et l'acceptation et l'exécution des actes authentiques en matière de successions et à la création d'un certificat successoral européen, *JOUE*, n° L 201, 27 juill., p. 107.
6. COM (2011) 127/2.
7. Règl. CE n° 4/2009 du Conseil, 18 déc. 2008, relatif à la compétence, la loi applicable, la reconnaissance et l'exécution des décisions et la coopération en matière d'obligations alimentaires, *JOUE*, n° L 7, 10 janv. 2009, p. 1.

autre fondement (notamment le contrat) demeurent régies par le règlement Bruxelles I *bis*[1].

159.34 Faveur à l'autonomie de la volonté des parties – Les clauses attributives de juridiction. Comme cela a été exposé (v. ss nos 157.12 s.), le règlement de refonte étend le champ spatial de ses dispositions en matière de prorogation de for; il énonce désormais dans son article 25 que si les parties, « *sans considération de leur domicile* », sont convenues d'une ou de juridictions d'un État membre pour connaître de leur différend né ou à naître, ces juridictions sont compétentes (le reste sans changement dans le paragraphe 1 de l'article). Il est ainsi possible qu'une clause de prorogation de for, donnant par exemple compétence aux juridictions allemandes, et contenue dans un contrat passé entre une société ayant son siège en Russie et une société ayant son siège en Chine, soit soumise au régime de l'article 25 du règlement Bruxelles I *bis*.

En outre, afin de renforcer l'efficacité de telles clauses, le règlement Bruxelles I *bis* pose une règle de priorité du juge d'un État membre désigné par la clause pour statuer sur sa propre compétence en cas de litispendance ou de connexité (art. 31, § 2 et 3), sauf toutefois dans le cas où une partie faible (assuré, bénéficiaire du contrat d'assurance, victime, consommateur ou travailleur) est demanderesse à l'action et que la convention attributive de juridiction n'est pas valide en vertu d'une disposition contenue dans les sections 3, 4 ou 5 du règlement (qui posent des règles de compétence juridictionnelle en matière de contrat d'assurance, de consommation ou de travail).

Le règlement Bruxelles I *bis* contient une disposition déterminant la loi applicable pour apprécier la validité de fond de la clause de prorogation de for (art. 25 § 1 : la loi applicable est celle de l'État membre dont les juridictions sont désignées par la clause – V. aussi consid. 20). Cette question, qui n'était tranchée ni par la convention de Bruxelles, ni par le règlement Bruxelles I, avait donné lieu à controverse et certains penchaient pour la loi choisie par les parties pour régir le contrat, d'autres pour la loi de la juridiction désignée par la clause. Pour déterminer cette validité, il conviendra donc désormais de se référer à la loi de l'État membre dont les juridictions sont désignées dans la clause, ce qui renvoie également aux règles de conflit de lois de cet État (en ce sens, consid. 20).

Enfin, le règlement de refonte pose le principe selon lequel la clause attributive de juridiction est autonome par rapport au contrat qui la contient. L'article 25 § 5 énonce en effet qu'« *une convention attributive de juridiction faisant partie d'un contrat est considérée comme un accord distinct des autres clauses du contrat* » et précise que « *la validité de la convention attributive de juridiction ne peut être contestée au seul motif que le contrat n'est pas valable* ». Cette déconnexion de la clause par rapport au contrat principal qui la contiendrait, a été inspirée par la convention de La Haye de 2005 sur les accords d'élection de for. Elle permet de maintenir la validité de la clause même si le contrat la contenant était nul.

159.35 Partie faible et prorogation tacite de compétence. Dans un arrêt *Michal Bilas* du **20 mai 2010**[2], la Cour de justice avait jugé qu'alors qu'était applicable l'article 12 du règlement (compétence des tribunaux du domicile du défendeur assuré ou preneur d'assurance, en Slovaquie), la comparution volontaire de ce dernier devant les tribunaux tchèques (lieu du siège social de l'assureur) pour y défendre au fond donnait compétence aux juridictions tchèques car elle entraînait une prorogation tacite de compétence. La solution semblait s'imposer au vu du texte de l'article 24 du règlement Bruxelles I, qui n'écarte toute prorogation tacite de compétence par comparution devant une juridiction incompétente que dans les cas de compétence exclusive de l'article 22. Le juge saisi en violation des dispositions du règlement protectrices des parties faibles ne pouvait donc relever d'office son incompétence. Afin de protéger davantage la partie faible sans doute ignorante de son droit de contester la compétence de la juridiction ainsi saisie, le règlement UE n° 1215/2012 du 12 décembre 2012, Bruxelles I *bis*, prévoit dans son article 26 § 2 que dans les matières visées aux sections 3, 4 ou 5 (contrats d'assurance, de consommation ou de travail), lorsque le preneur d'assurance, l'assuré, un bénéficiaire du contrat d'assurance, la victime, le consommateur ou le travailleur est le défendeur, avant de se déclarer compétente pour prorogation tacite de compétence par comparution volontaire du défendeur, la juridiction doit « *s'assurer que le défendeur est informé de son droit de contester la compétence de la juridiction et des conséquences d'une comparution ou d'une absence de comparution* ». Cette information, que la Cour de justice envisageait comme une simple possibilité dans son arrêt *Michal Bilas* de 2010, devient dont une obligation du juge saisi, et ce en vue de renforcer la liberté de choix du défendeur, partie faible, qui peut décider de se défendre devant la juridiction incompétente saisie, mais doit le décider en pleine et entière connaissance de cause.

1. EN CE SENS ÉGAL., v. A. Nuyts, « La refonte du règlement Bruxelles I », *Rev. crit. DIP* 2013. 21.

2. CJUE 20 mai 2010, Michal Bilas, aff. C-111/09, *Rev. crit. DIP* 2010. 575, note Pataut, qui considère à juste titre que la règle de l'article 24 « *ne repose pas sur un introuvable accord des parties; la seule justification convaincante est la même que celle qui a été avancée en droit interne : l'efficacité procédurale* ».

159.36 Clarifications en matière de date de saisine des juridictions. Le règlement Bruxelles I *bis* du 12 décembre 2012 a procédé à quelques ajouts destinés à faciliter encore la détermination de la date de saisine de la juridiction. Il énonce ainsi dans son article 32 § 1 *in fine* que l'autorité chargée de la notification ou de la signification de l'acte introductif d'instance (lorsque cet acte doit être notifié au défendeur avant de pouvoir être déposé auprès de la juridiction, comme le prévoient certains droits nationaux) est la première autorité ayant reçu les actes à notifier ou à signifier. Cette disposition a des vertus clarificatrices dans les cas où deux autorités interviennent en matière de notification, une dans l'État membre de l'expéditeur de l'acte et une dans l'État membre dans lequel l'acte doit être signifié au défendeur. Cette disposition devrait pouvoir s'appliquer également dans les cas de procédures parallèles se déroulant dans un État membre et dans un État tiers[1].

Pour des raisons de trace et donc de preuve, l'article 32 § 2 du règlement Bruxelles I *bis* dispose en outre que la juridiction ou l'autorité chargée de la signification ou de la notification de l'acte introductif d'instance, doit consigner, suivant le cas, la date du dépôt de l'acte introductif d'instance ou la date de réception des actes à notifier ou à signifier.

Le règlement de refonte introduit en outre un mécanisme d'échange d'informations entre juridictions sur leur date respective de saisine en cas de litispendance, mais pas semble-t-il[2] en cas de connexité (art. 29 § 2 : à la demande d'une juridiction saisie du litige, toute autre juridiction saisie informe sans tarder la première juridiction de la date à laquelle elle a été saisie conformément à l'article 32, qui définit un concept européen de saisine).

Ces deux derniers mécanismes (consignation et échange d'informations) ne semblent pas pouvoir être étendus aux juridictions d'États tiers qui ne sont pas liées par le règlement et ne peuvent donc pas se voir imposer d'obligations par ce dernier[3].

159.37 Entrée en application du règlement Bruxelles I *bis*. En vertu de son article 81 § 2, le règlement de refonte entrera en application le 10 janvier 2015. À compter de ce jour, les règles de compétence qu'il édicte entreront en vigueur. L'article 66 § 1 énonce que le règlement « *n'est applicable qu'aux actions judiciaires intentées, aux actes authentiques dressés ou enregistrés et aux transactions judiciaires approuvées ou conclues à compter du 10 janvier 2015* ». Ses dispositions étendant le champ du règlement en matière de clauses attributives de juridiction et celles qui sont relatives à l'autonomie de la clause et à la loi applicable à sa validité matérielle ne devraient sans doute s'appliquer qu'aux clauses conclues à compter du 10 janvier 2015.

En matière de suppression de l'*exequatur*, l'article 66 § 2 formule une réserve : le règlement Bruxelles I continuera à s'appliquer aux décisions rendues dans les actions judiciaires intentées, aux actes authentiques dressés ou enregistrés et aux transactions judiciaires approuvées ou conclues avant le 10 janvier 2015. Cela signifie que dès lors que l'acte a été exécuté, rendu, dressé, conclu ou approuvé avant cette date, il demeurera soumis à l'*exequatur* simplifié selon les dispositions du règlement Bruxelles I. La suppression de la procédure de déclaration constatant la force exécutoire (*exequatur* simplifié) n'opérera que pour les décisions judiciaires rendues à compter du 10 janvier 2015, pour les actes notariés dressés ou enregistrée et pour les transactions judiciaires approuvées ou conclues à partir de cette date.

1. EN CE SENS, A. Nuyts, « La refonte du règlement Bruxelles I », *Rev. crit. DIP* 2013. 62.
2. S'étonnant de l'absence d'extension de ce mécanisme aux cas de procédures connexes, v. A. Nuyts, préc.
3. V. A. Nuyts, préc.

TITRE

16. La formation des actes de procédure

SECTION 0
ORIENTEUR

16.00 Plan du titre.

Chap.	**161**	**Conditions de formation des actes de procédure**
Sect.	1	Conditions de forme
Sect.	2	Conditions de fond
Chap.	**162**	**Sanction des règles de formation des actes de procédure**
Sect.	1	Généralités
Sect.	2	Vices de forme
Sect.	3	Irrégularités de fond
Chap.	**163**	**Notification et signification des actes de procédure – droit de l'Union européenne**
Sect.	1	Champ d'application du règlement CE n° 1393/2007 du 13 novembre 2007
Sect.	2	Création d'entités spécifiques dans chaque État membre
Sect.	3	Modalités de transmission des actes
Sect.	4	Question de la traduction et refus de l'acte par le destinataire
Sect.	5	Réception de l'acte et action de l'entité requise
Sect.	6	Date de la signification ou de la notification
Sect.	7	Hypothèse spécifique du défendeur non comparant
Sect.	8	Aspects financiers
Sect.	9	Perspectives

160.06 Généralités. À l'occasion de toute procédure, il est nécessaire de savoir qui demande, ce qui est demandé, à qui la demande s'adresse, et sa raison d'être. Il y a là les conditions nécessaires à la sauvegarde des intérêts de chaque plaideur, chacun devant avoir la possibilité de se défendre utilement sur un litige défini.

Au-delà des différences ou particularismes spécifiques aux procédures, il y a dans ces exigences un creuset commun valant à titre de plus petit commun dénominateur.

Dès lors que ces éléments indispensables sont exigés, apparaît clairement la nécessité d'un formalisme, aussi mince soit-il, dans la conduite d'une procédure.

160.07 Actes de procédure, définition. Ce caractère formel va s'inscrire dans la mise en œuvre d'actes de procédure, soutiens indispensables à la conduite du procès.

L'acte de procédure peut être défini comme un écrit émanant d'un auxiliaire de justice (en cela, il écarte l'acte fait par le juge), et servant soit de support (ou *instrumentum*) à la mise en œuvre et à la conduite d'une procédure, soit à préparer ce procès ou à préserver des droits.

Parmi les actes de procédure, il est d'usage de distinguer les actes judiciaires, directement liés à la procédure, des actes extrajudiciaires, qui en sont souvent les prémices, mais qui se suffisent à eux-mêmes (ex., sommation, protêt, commandement, *etc.*). Selon la Cour de cassation, l'acte extrajudiciaire se caractérise par un double critère : il est extérieur à une instance et il est signifié par un huissier[1].

1. Civ. 2e, 27 nov. 1990, n° 88-12.719, *Bull. civ.* II, n° 253; *D.* 1991. 357, note Laroche de Roussane; *RTD civ.* 1991. 162, obs. Perrot – Com. 1er juin 1993, n° 91-16.687, NP; *Rev. huiss.* 1993. 1073, note Daigre; *RTD civ.* 1993. 884, obs. Perrot – V. AUSSI, GUINCHARD, CHAINAIS et FERRAND, 30e éd., 2010, n° 875 – M. Santa-Croce, *D.* 1992. Chron. 296.

CHAPITRE

161. Conditions de formation des actes de procédure

CORINNE BLÉRY
Maîtres de conférences-HDR
à l'Université de Caen Basse-Normandie

SECTION 0
ORIENTEUR

161.00 **Plan du chapitre.**

161.01 Principaux textes applicables.

C. pr. civ., art. 54 à 56, 112 à 121, 640 à 694, 748-1 à 748-7, 752, 836 et 837, 855 et 856, 901, 930-1.

161.03 Bibliographie indicative.

Actualisables. Rép. pr. civ., v^is *Actes de procédure*, par A. Leborgne, sept. 2005 [màj mars 2013]; *Communication électronique*, par E. de Leiris, sept. 2012 [màj oct. 2013]; Nullités, par L. Mayer, mars 2013 [màj oct. 2013] – *J.-Cl. Pr. civ.*, fasc. 141, par N. Fricero.

Ouvrages. D. d'Ambra, Dalloz référence *Droit et pratique de l'appel*, 2013/2014 – H. Croze et C. Laporte, *Guide pratique de procédure civile*, 4e éd., LexisNexis, 2012 – Ph. Gerbay et N. Gerbay, *Guide du procès en appel*, LexisNexis, 2013 – Rapport de la mission présidée par J.-C. Magendie, *Célérité et qualité de la justice devant la cour d'appel*, Doc. fr., 2008, p. 67.

Articles. C. Bléry, « Un pas en avant dans la dématérialisation du procès et dans l'utilité de l'écrit en procédure orale », *JCP* 2013. 792; « Procédure avec représentation obligatoire devant les cours d'appel et communication par voie électronique : panorama (sans doute non exhaustif) des difficultés », *Procédures* 2013. Dossier 4; « La dispense de présentation devant le tribunal de commerce. – De l'oral à l'écrit électronique… », *JCP G* 2013. 1390 – C. Bléry et L. Raschel, « Absence de signature d'un acte de procédure : petite mise au point sur sa sanction », *Procédures* 2011. Alerte 56 – C. Bléry et J.-P. Teboul, « La communication par voie électronique, de la procédure civile avant tout ! », *JCP* 2012. 1189; « Quelles conséquences procédurales pour une communication par voie électronique non autorisée ? », *JCP* 2012. 1360; « Dématérialisation du procès : trois pas en avant, deux pas en arrière ? », *Gaz. Pal.* 9 mars 2012, p. 12 – H. Croze, « La communication électronique procédurale devant les tribunaux de commerce », *JCP* 2012. Doctr. 1150 – N. Dessard, « Les premières significations par voie électronique en matière civile devant la Cour de cassation », *Gaz. Pal.* 23 avr. 2011, p. 13 – N. Fricero, chron. « Procédure civile » (janv.-déc. 2012), *D.* 2013. 269 – S. Grayot-Dirx, « La cause étrangère et l'usage des nouvelles technologies dans le procès civil », *Procédures* 2013. Étude 2 – L. Lauvergnat, « L'acte à pluralité de destinataires : la fin d'une controverse », *Procédures* 2011. Alerte 31; « Le décret n° 2012-366 du 15 mars 2012 : un souffle nouveau en matière de notifications », *Procédures* 2012. Étude 3; « Les actes du palais dématérialisés : une avancée ? », *Gaz. Pal.* 25 sept. 2012, p. 17; « La signification virtuelle est maintenant bien réelle ! », *Gaz. Pal.* 25-26 mai 2013, p. 8; « Signification électronique et contradictoire : une contradiction », *Gaz. Pal.* 24-26 mars 2013, p. 13 – C. Lhermitte, « Notifications des actes de procédure par voie électronique : fin de controverse », *Gaz. Pal.* 14 sept. 2013, p. 11 – G. Mecarelli et S. Poisson, « La signification par voie électronique : entre défi technologique et théorie du procès », *D.* 2012. 2533 – J.-P. Teboul, « Les actes du palais peuvent être signifiés électroniquement », *JCP* 2012. 955 – E. Vergès, « La recherche de l'efficacité procédurale, moteur de la modernisation de la procédure civile – À propos des ajustements procéduraux de l'année 2012 », *JCP* 2013. 95.

161.06 Actes d'auxiliaire et acte de juge. Juridiquement parlant, l'acte est à la fois le *negotium* et *l'instrumentum*. L'acte de procédure, c'est donc lui aussi, la manifestation d'une volonté et son support écrit; même si certains actes sont verbaux (déclarations au greffe ou prétentions et moyens en procédure orale, par exemple), ils font l'objet d'une transcription écrite.

Le Code de procédure civile ne définit pas ce qu'est un « acte de procédure », ce qui rend difficile la délimitation du domaine de ces actes [1].

Dans une conception large de la notion, l'acte de procédure, c'est tout acte accompli par un acteur de la procédure, ce qui inclut les actes du juge, sans que leur spécificité soit niée [2].

Dans une conception plus étroite, les actes de procédure regroupent tous les actes faits pour le compte des parties, par elles-mêmes ou par des auxiliaires de justice; ils s'opposent alors aux actes faits par le juge. Les auxiliaires appelés à rédiger des actes de procédure se répartissent, depuis la disparition des avoués [3], en trois catégories : avocats, greffiers et huissiers de justice. Nous retiendrons ici la conception étroite, dont nous exclurons les actes des greffiers : en effet, ils concernent essentiellement les actes des juges plus que des actes d'auxiliaires et la plupart du temps ont trait à des tâches internes à la juridiction.

161.07 Dématérialisation des actes juridiques. Depuis la fin des années 1990, et surtout, depuis la première moitié des années 2000, la tendance est à la dématérialisation des actes juridiques en droit privé [4].

Jusqu'à la loi n° 2000-230 du 13 mars 2000 [5], la preuve par écrit ou littérale était apportée par la présentation d'un document en papier sur lequel figuraient un texte manuscrit ou dactylographié et la signature, nécessairement manuscrite de celui qui s'engageait. Désormais, la preuve par écrit peut être dépourvue de support papier et la signature n'est plus seulement tracée à la main. Mais **au-delà de la question de la preuve, le législateur a défini l'écrit et la signature indépendamment d'un support ou d'une**

1. Rép. pr. civ., v° *Actes de procédure*, par A. Leborgne, sept. 2005 [màj mars 2013], n°s 1 à 10.
2. H. Croze et C. Laporte, *Guide pratique de procédure civile*, 4e éd., LexisNexis, 2012, n° 4.
3. La loi n° 2011-94 du 25 janvier 2011, portant réforme de la représentation devant les cours d'appel, a supprimé la profession d'avoué à compter du 1er janvier 2012 et a transféré la mission de représentation à l'avocat inscrit à l'un des barreaux de la cour d'appel.
4. Rép. pr. civ., v° *Communication électronique*, par E. de Leiris, sept. 2012 [màj oct. 2013], n° 1.
5. L. n° 2000-230, 13 mars 2000, portant adaptation du droit de la preuve aux technologies de l'information et relative à la signature électronique, *JO* 14 mars, p. 3968.

technique. Ainsi, est un écrit « *une suite de lettres, de caractères, de chiffres ou de tous autres signes ou symboles dotés d'une signification intelligible, quels que soient leur support et leurs modalités de transmission* » (C. civ., art. 1316) et est une signature électronique une donnée qui résulte de l'usage d'un procédé fiable d'identification garantissant son lien avec l'acte auquel elle s'attache (Décr. n° 2001-272, 30 mars 2001, art. 1er, et C. civ., art. 1316-4, al. 2).

La fiabilité du procédé est présumée si la signature remplit des conditions posées aux articles 1er et 2 du décret de 2001, notamment il y a **présomption de fiabilité** lorsqu'il est fait recours à la **signature dite sécurisée**; elle est établie grâce à un dispositif sécurisé de création de signature (qui suppose l'emploi de la cryptologie) et la vérification de cette signature doit reposer sur un certificat électronique sécurisé : le certificat associé à la signature est délivré par un prestataire de service de certification qui fait l'objet d'une qualification, délivré par un organisme de qualification[1]. Ce n'est toutefois qu'une présomption simple qui tombe donc devant la preuve contraire.

La fonction de l'acte écrit (*instrumentum*) est de prouver l'acte (*negotium*). Or, l'article 1316-1 du Code civil pose un **principe d'équivalence à titre de preuve de l'écrit électronique et l'écrit papier** – ce que redit l'article 1316-3 du même code. Mais pour servir valablement de preuve, l'écrit quel qu'il soit doit remplir deux conditions (C. civ., art. 1316-1) : son auteur doit pouvoir être identifié et l'acte doit être établi dans des conditions de nature à garantir son intégrité. C'est la signature qui sert à identifier la ou les personnes dont émane l'acte : quelle que soit sa forme, elle doit leur permettre de se faire connaître et d'être reconnues par ceux qui auront à interpréter la suite de signes. De plus, la signature manifeste le consentement des parties aux obligations qui découlent de cet acte et quand elle est apposée par un officier public, elle confère l'authenticité à l'acte (C. civ., art. 1316-4, al. 1er).

La loi pour la confiance dans l'économie numérique (LCEN) du 21 juin 2004[2] est venue compléter le système, en créant l'article 1108-1 du Code civil : lorsqu'un écrit est requis *ad validitatem*, il peut être électronique; il doit alors « *être établi et conservé sous forme électronique dans les conditions prévues aux articles 1316-1 et 1316-4 et, lorsqu'un acte authentique est requis, au second alinéa de l'article 1317* » (C. civ., art. 1108-1). Ce second alinéa, issu de la loi du 13 mars 2000, dispose également que l'acte authentique « *peut être dressé sur support électronique s'il est établi et conservé dans des conditions fixées par décret en Conseil d'État* » (C. civ., art. 1317, al. 2). En fait, ce sont deux décrets qui ont été pris le 10 août 2005 afin d'adapter les règles applicables aux écrits papier aux supports électroniques; l'un qui concerne les actes notariés[3] et le décret n° 2005-972 du 10 août 2005, modifiant le décret n° 56-222 du 29 février 1956 pris pour l'application de l'ordonnance du 2 novembre 1945 relative au statut des huissiers de justice.

161.08 Dématérialisation des actes de procédure. Les actes de procédure n'échappent pas au mouvement de dématérialisation. Ainsi, le décret n° 2005-972 du 10 août 2005 (préc. ss n° 161.07) a instauré un **régime propre à l'établissement et à la conservation des actes d'huissier de justice** (v. ss n° 161.22). Plus récemment, le décret n° 2012-1515 du 28 décembre 2012 a prévu **l'établissement du jugement sur support électronique**[4]. L'article 456 C. pr. civ., tel qu'issu du décret, dispose que le jugement peut être établi sur support électronique; il est alors signé électroniquement. Grâce à cette disposition spéciale, tous les jugements (au sens large) pourront bientôt être électroniques dès l'origine. Dès lors, d'une part, la minute pourra être valablement conservée électroniquement; d'autre part, la notification de la décision, éventuellement par voie de signification, pourra prendre place dans une chaîne « zéro papier ». La mise en œuvre de cette disposition nécessite la publication d'un arrêté par le garde des Sceaux afin que soit défini un **procédé de signature électronique sécurisé**, au sens de l'article 1316-4 du Code civil et du décret n° 2001-272 du 30 mars 2001. Au jour où nous écrivons ces lignes, un tel arrêté a été adopté pour la Cour de cassation[5] (v. ss n° 161.251, les conséquences de l'abandon du papier).

1. V. http://www.certeurope.fr/?hfsid=go269_239. Très exactement, l'article 1316-4 alinéa 2 du Code civil dispose que « *lorsqu'elle est électronique, elle consiste en l'usage d'un procédé fiable d'identification garantissant son lien avec l'acte auquel elle s'attache. La fiabilité de ce procédé est présumée, jusqu'à preuve contraire, lorsque la signature électronique est créée, l'identité du signataire assurée et l'intégrité de l'acte garantie, dans des conditions fixées par décret en Conseil d'État* ». En d'autres termes, une signature électronique sécurisée est une signature électronique qui satisfait, en outre, aux exigences suivantes : elle doit être propre au signataire, être créée par des moyens que le signataire puisse garder sous son contrôle exclusif et garantir avec l'acte auquel elle s'attache un lien tel que toute modification ultérieure de l'acte soit détectable. Les modalités de ce certificat ont été précisées par un décret n° 2002-535 du 18 avril 2002, relatif à l'évaluation et à la certification de la sécurité offerte par les produits et les systèmes des technologies de l'information.

2. L. n° 2004-575, 21 juin 2004, pour la confiance dans l'économie numérique, *JO* 22 juin, p. 11168.
3. Sur l'acte notarié sur support électronique (AAE), v. B. Reynis, « Actualité et avenir de l'acte authentique électronique », *Defrénois* 2013. 1022.
4. Décr. n° 2012-1515, 28 déc. 2012, portant diverses dispositions relatives à la procédure civile et à l'organisation judiciaire, *JO* 30 déc., p. 21018.
5. Arr. 18 oct. 2013, relatif à la signature électronique des décisions de justice rendues en matière civile par la Cour de cassation, *JO* 23 oct., p. 17329. Ce qui fait de la Cour de cassa- ▶

Cependant, **plus que l'établissement des actes, c'est leur transmission qui a retenu l'attention du législateur** (v. ss n° 161.221 s.).

- De manière générale, le décret n° 2005-1678 du 28 décembre 2005 (art. 73) a inséré à la fin du Livre premier du Code de procédure civile regroupant les dispositions communes à toutes les juridictions, un Titre XXIe, quelque peu retouché en 2008 et 2009, composé des articles 748-1 à 748-7 et intitulé **« La communication par voie électronique »** (il ne faut donc pas parler de « communication électronique » : c'est de l'informatique et non de la procédure civile).

- Le décret n° 2009-1524 du 9 décembre 2009 a ajouté un article 930-1 relatif à la communication par voie électronique devant les cours d'appel, dans les procédures avec représentation obligatoire.

- De son côté, le décret n° 2012-366 du 15 mars 2012 (en vigueur au 1er septembre 2012) a fait entrer la signification électronique dans le Code de procédure civile[1] : l'article 653 C. pr. civ. permet que la signification ait lieu « *sur support papier ou par voie électronique* » et les articles 662-1 à 664-1 règlementent cette nouvelle voie. Ces textes sont à compléter par des arrêtés propres aux différentes juridictions.

Sur un plan technique, disons ici brièvement que les actes dématérialisés transitent par un **système de messagerie sécurisée** entre avocats pour les notifications directes des actes du Palais (**RPVA** : réseau privé virtuel avocat) ou avec le tribunal de grande instance ou la cour d'appel (**RPVA/RPVJ** : réseau privé virtuel justice). Pour les transmissions avec le tribunal de commerce, le RPVA est interconnecté avec une plateforme (et non un réseau privé), à savoir **i-greffes.** Quant aux huissiers, ils utilisent en partie un réseau privé (**RPSH** : réseau privé sécurisé huissier), afin de déposer l'acte à transmettre dans un coffre-fort; pour en prendre connaissance, le destinataire doit s'identifier.

Précisons d'emblée que le législateur a mis en œuvre la dématérialisation des procédures selon une **démarche d'équivalence des conditions et du régime juridique de la dématérialisation**[2], qui consiste à adapter les exigences formelles posées par le Code de procédure civile pour les actes sur support papier aux actes sur support électronique (par ex., il faut trouver un équivalent électronique au visa ou au cachet apposé par l'avocat sur un acte du Palais).

À ce principe, qui « *procède d'une démarche d'économie de moyen, évitant de devoir compléter chaque disposition prescrivant l'accomplissement d'un acte de procédure par la fixation de la forme électronique alternative* »[3], aurait pu être préféré celui de l'adoption de garanties spécifiques aux actes sous forme électronique. Cela n'a pas été le choix du législateur; nous aborderons donc les règles traditionnelles, avant leur déclinaison dématérialisée.

SECTION 1 CONDITIONS DE FORME

§ 1 Rédaction des actes de procédure

161.10 Règles générales et spéciales aux actes d'huissiers de justice et du Palais. Chaque acte de procédure présente des formalités de rédaction spécifiques. Mais, malgré leur diversité, les actes d'huissier de justice - les plus représentatifs des actes de procédure - sont soumis à des règles générales de rédaction (A). Dans une moindre mesure les actes d'avocat à avocat obéissent aussi à quelques règles communes (B).

Précisons :

- d'une part, que d'autres actes de procédure tendent à saisir le juge, sans l'intermédiaire d'un huissier de justice; lorsque la représentation est obligatoire, ils doivent être accomplis par un avocat ou un avocat au Conseil d'État et à la Cour de cassation : c'est le cas de la déclaration d'appel (C. pr. civ., art. 901, v. ss nos 544.41 s.), de la déclaration de pourvoi (C. pr. civ., art. 975, v. ss nos 553.210 s.) ou encore des requêtes (requêtes contentieuses ou gracieuses : C. pr. civ., art. 57, 58, 60, 494, v. ss n° 122.391 s., 321.141 s., 322.00 s., 331.381); ils obéissent à des règles spécifiques;

- d'autre part, que la seule règle absolument commune à tous les actes est qu'ils doivent être rédigés en français[4].

A. Rédaction des actes d'huissier de justice

161.11 Dénomination et objet des actes d'huissier de justice. La dénomination donnée à un acte d'huissier n'a pas de valeur juridique contraignante et les évolutions de langage ont modifié la terminologie lors des vingt dernières années.

► tion, la première cour suprême d'Europe à se doter d'un tel dispositif. C'est le 20 décembre 2013 qu'un premier arrêt d'Assemblée plénière a ainsi été signé électroniquement : Cass., ass. plén., 20 déc. 2013, n° 12-24.706, P.

1. G. Mecarelli et S. Poisson, « La signification par voie électronique : entre défi technologique et théorie du procès », *D.* 2012. 2533.
2. Alors que le Code civil, lui, pose l'équivalence de la valeur probatoire de l'écrit, quel que soit son support (v. ss n° 161.07).
3. Rép. pr. civ., v° *Communication électronique*, par E. de Leiris, sept. 2012 [màj oct. 2013], n° 6.
4. V. Const. 1958, art. 2, al. 2, qui consacre le français comme langue de la République (réd. L. 25 juin 1992).

Ces actes, connus autrefois sous le terme générique d'exploit[1], se divisent en quelques grandes familles :

– les **assignations** qui ont pour objet d'appeler une personne devant une juridiction, le terme citation étant plus large, puisqu'il désigne les assignations et autres formes d'actes introductifs d'instance;

– les **significations,** notifications réalisées par l'huissier, qui ont pour but de porter un acte, par exemple, une assignation ou une décision de justice, à la connaissance d'une partie;

– les **sommations,** qui ne sont pas obligatoirement liées à une procédure et qui ont pour objet d'intimer un ordre ou une défense. Parmi elles, les commandements marquent une volonté plus contraignante;

– les **constats,** qui sont destinés à établir une situation de fait et à permettre d'apporter la preuve nécessaire au juge;

– les **procès-verbaux,** qui sont le rappel des démarches accomplies par l'huissier à l'occasion d'une mission (ex., procès-verbal de saisie-contrefaçon, *etc.*).

1°
Règles communes à tous les actes d'huissier de justice

161.20 Solennité et authenticité. Officier public et ministériel, l'huissier rédige des actes qui ont le double caractère d'authenticité et de solennité. Le caractère solennel de l'acte conduit à exiger de lui qu'il soit complet et autonome, devant se suffire à lui-même et devant à lui seul établir son existence et sa régularité. Son caractère authentique exige qu'il soit établi par une personne habilitée, dans des conditions précises.

La sanction des règles d'établissement des actes d'huissier est la **nullité** : celle-ci est régie par les dispositions qui gouvernent les actes de procédure (C. pr. civ., art. 649). Il s'agira le plus souvent de **nullités pour vice de forme,** d'autant que la tendance actuelle de la Cour de cassation est de soumettre à ce régime des articles 114 et suivants C. pr. civ. (presque) toutes les irrégularités qui ne figurent pas à l'article 117 (v. s[s] n°s 162.131 s.), donc de rendre plus difficile l'annulation d'un acte pourtant entaché d'irrégularité. Un arrêt récent illustre le danger de la conséquence de la règle posée à l'article 649 C. pr. civ. combinée à l'interprétation restrictive de l'article 117 : la troisième chambre civile de la Cour de cassation a en effet jugé que « *la nullité d'un congé ne pouvait être prononcée au motif que l'huissier aurait agi en dehors de son mandat, ou que cet acte aurait été délivré par erreur et en l'absence de consentement* » : l'huissier de justice avait certes « *mal exécuté le mandat qui lui avait été donné* », mais l'absence d'intention du bailleur de renouveler le bail « *ne constituait pas une irrégularité de fond de l'article 117 du Code de procédure civile* »[2]. Le numéro qui suit illustre aussi cette tendance.

a)
Modalités

161.21 Intervention de l'huissier compétent. L'acte doit être rédigé et signifié par un huissier de justice, que ce dernier instrumente personnellement ou par l'intermédiaire d'une personne légalement autorisée, telle que le clerc assermenté ou l'huissier suppléant.

L'acte lui-même doit révéler le nom de l'huissier instrumenteur; mais s'il a été jugé que l'absence de cette indication atteint directement la validité de l'*instrumentum*[3], la Cour de cassation y verrait sans doute aujourd'hui un vice de forme.

Notons que cette compétence est, dans des cas très particuliers, partagée avec d'autres personnes : les notaires pour les protêts, les préposés assermentés des Eaux et Forêts pour les citations et significations en matière forestière, les agents habilités à cet effet pour les poursuites en matière de contributions indirectes, les agents en douanes pour les besoins de leurs poursuites.

Dans la mesure où l'huissier a prêté serment pour exécuter sa mission dans une sphère géographique déterminée et où il perd son caractère d'officier ministériel et public dès qu'il en sort, il est nécessaire qu'un acte soit réalisé par un **huissier compétent dans le secteur intéressé**[4]. La jurisprudence a cependant évolué. Elle a considéré que le fait pour un huissier de signifier un acte d'appel hors de sa résidence est une **irrégularité de fond,** en tant que cette incompétence constitue la violation d'une règle d'organisation judiciaire[5] ou encore que « *les huissiers de justice ne peuvent, à peine de nullité, instrumenter à l'égard de leurs parents et alliés et de ceux de leur conjoint en ligne directe ni à l'égard de leurs parents et alliés collatéraux jusqu'au sixième degré; que la méconnaissance de cette prohibition est sanctionnée par la nullité de fond de*

1. Le Code de procédure civile n'a pas repris ce terme, encore utilisé dans la pratique.

2. Civ. 3e, 5 juin 2013, n° 12-12.065, *Bull. civ.* III, [à paraître]; *Gaz. Pal.* 1-3 sept. 2013, p. 32, obs. Mayer; *D.* 2013. 1473, obs. Rouquet; *RTD civ.* 2013. 665, obs. Perrot.

3. V. Civ. 2e, 22 mai 1996, n° 93-15.683, *Bull. civ.* II, n° 105; *BICC* 1996, n° 824, déclarant nulle la notification faite par le bureau des huissiers de Paris au motif que l'acte ne comporte que le tampon du groupement sans indication du nom de l'huissier.

4. Versailles, ch. civ. réunies, 6 mars 1996, RG n° 618/95, *Gaz. Pal.* 7 août 1996, 15 – Paris, 20e ch. A, 24 nov. 1994, *Gaz. Pal.* 7 août 1996, 15.

5. Civ. 2e, 20 mai 1976, n° 75-11.401, *Bull. civ.* II, n° 168. Cette solution – celle d'avant le code – a été affirmée dans les mêmes termes par un arrêt de 1995 : Civ. 2e, 29 nov. 1995, n° 94-11.902, *Paoli*, *Bull. civ.* II, n° 295; *Rev. huiss.* 1996. 225.

l'acte instrumenté »[1]. Désormais, **l'incompétence territoriale de l'huissier** est qualifiée de **vice de forme**[2] (v. s[s] n° 161.34), ce qui réduit considérablement la portée de cette règle; le lien de parenté n'a en revanche pas été qualifié de vice de forme alors qu'il s'agit dans les deux cas de la violation d'une règle d'organisation judiciaire. Il faut aussi signaler un arrêt plus récent qui ne se prononce pas sur la nature de la nullité de procès-verbaux établis par un huissier en dehors de sa compétence territoriale et dont la motivation renvoie aux **règles d'ordre public d'organisation judiciaire**, comme en référence avec la jurisprudence traditionnelle[3] (v. s[s] n° 162.32)...

Une certaine **loyauté** est aussi attendue de l'huissier, qui ne peut prendre une fausse qualité pour être reçu ou écouté puis dresser un acte des constatations qu'il a pu faire (a ainsi été déclaré nul un constat d'huissier rapportant le contenu d'une conversation, alors que l'huissier avait téléphoné en se présentant faussement comme un candidat[4]).

161.22 Un écrit. L'acte d'huissier est obligatoirement rédigé en langue française, sauf à ce que lui soit adjointe sa traduction dans la langue du destinataire, si une convention ou un texte (par ex., C. pr. civ., art. 670-3) l'exige. Depuis 2010, il obéit à une norme de présentation[5].

La forme des actes d'huissier est obligatoirement **écrite**, mais depuis la loi n° 200-230 du 13 mars 2000, l'écrit peut être **électronique** (v. s[s] n° 161.07). L'établissement sur support électronique des actes d'huissier relève d'un **régime spécifique**, distinct de celui de la communication par voie électronique (titre XXIe du Code de procédure civile).

Ainsi, le décret n° 2005-972 du 10 août 2005, modifiant l'article 26 du décret n° 56-222 du 29 février 1956, pris pour l'application de l'ordonnance du 2 novembre 1945 relative au statut des huissiers de justice, a-t-il organisé les conditions dans lesquelles un huissier peut recourir à la technique de l'acte électronique. Les originaux établis sur support électronique doivent l'être au moyen d'un système de traitement, de conservation et de transmission de l'information agréé par la Chambre nationale des huissiers de justice et garantissant l'intégrité et la confidentialité de leur contenu (art. 26, al. 1er).

L'article 26 alinéa 2 du décret n° 56-222 du 29 février 1956 précise que la **signature électronique sécurisée** apposée par l'huissier qui a dressé les originaux est celle définie par le décret n° 2001-272 du 30 mars 2001 pris pour l'application de l'article 1316-4 du Code civil et relatif à la signature électronique (v. s[s] n° 161.07).

161.23 Un original et des copies. Traditionnellement les huissiers de justice devaient établir leurs actes en **double original** (à l'exception des actes en matière pénale, d'avocat à avocat et d'avoué à avoué) : un conservé par l'huissier, l'autre remis au demandeur (éventuellement par voie électronique lorsqu'il est dématérialisé). La loi Béteille n° 2010-1609 du 22 décembre 2010 a supprimé cette exigence, rendue effective par le décret n° 2012-366 du 15 mars 2012 et l'arrêté du 28 août 2012 : le tout est entré en vigueur le 1er septembre 2012. L'original - papier ou électronique - est conservé par l'huissier (et envoyé à un **minutier central** établi et contrôlé par la Chambre nationale des huissiers de justice lorsqu'il est électronique).

L'huissier peut délivrer des expéditions (copies); le demandeur aura la « *première expédition* ». Il est établi autant de copies distinctes qu'il y a de parties concernées. En effet, chacune d'elles doit recevoir un exemplaire, par voie de signification ou de notification, sans qu'il soit possible de faire une remise unique à raison de communauté d'intérêts ou de famille (v. s[s] n° 161.132). Il a pu être jugé que si l'huissier méconnait cette obligation, il commet plus qu'une irrégularité de forme, puisqu'il omet un (ou plusieurs) acte(s), ce qui est passible d'une « nullité sans grief »; c'est un des rares cas où la Cour de cassation continue à prononcer une « nullité sans grief », donc à admettre l'inexistence[6] (v. s[s] n°s 161.171 s.).

En présence d'une contradiction entre copies et originaux, et sauf si celle-ci ne pouvait entraîner de grief à raison de l'élément sur lequel elle porte, l'acte est nul[7]. En outre, faisant une application stricte de l'article 663 C. pr. civ., la Cour de cassation n'exige pas que les diligences accomplies par l'huissier figurent sur la copie de l'acte de signification[8].

Jusqu'au 1er septembre 2012, même lorsque l'acte avait été dressé sur support électronique, ses copies, ainsi que celle des pièces annexées, devaient systématiquement être éditées sur support papier[9], pour leur signification. Désormais, **si le destinataire a consenti à la signification par voie électronique**, il n'est plus

1. Civ. 1re, 31 mai 2007, n° 06-12.173, *Bull. civ.* I, n° 214 – Civ. 2e, 29 nov. 1995, n° 94-11.902, *Paoli*, *Bull. civ.* II, n° 295; *Rev. huiss.* 1996. 225.
2. Civ. 2e, 27 sept. 2012, n° 11-23.159, NP; *Gaz. Pal.* 8 mars 2013, p. 39, obs. Mayer.
3. Civ. 2e, 6 juin 2013, n° 12-17.771, *Bull. civ.* II [à paraître]; *Gaz. Pal.* 1-3 sept. 2013, p. 34, obs. Lauvergnat; *RTD civ.* 2013. 666, obs. Perrot; *Dr. et proc.* 2013. 200, obs. Fricero.
4. Soc. 5 juill. 1995, n° 92-40.050, *Bull. civ.* IV, n° 237; *Rev. huiss.* 1996. 63 et 64.
5. V. Décr. n° 56-222, 29 févr. 1956, pris pour l'application de l'ordonnance du 2 novembre 1945 relative au statut des huissiers de justice, art. 24, mod. par Décr. n° 2010-433, 29 avr. 2010, portant diverses dispositions en matière de procédure civile et de procédures d'exécution et Arr. 29 juin 2010.
6. Civ. 2e, 15 janv. 2009, n° 07-20.472, *Bull. civ.* II, n° 18.
7. Paris, 2e ch. A, 3 oct. 1995, *Rev. huiss.* 1996. 739.
8. Civ. 2e, 18 oct. 2007, n° 07-11.421, *Bull. civ.* II, n° 233 – Civ. 2e, 21 mars 2013, n° 11-26.015, NP.
9. V. Guinchard, Chainais et Ferrand, n° 881.

nécessaire d'éditer la copie sous forme papier[1]. Le principe demeure que l'original et les expéditions peuvent être établis sur des supports différents (Décr. n° 56-222, 29 févr. 1956, art. 24, al. 2).

b) Mentions obligatoires

α. *Mentions intrinsèques de l'article 648 du Code de procédure civile*

161.31 Tout acte d'huissier. L'article 648 C. pr. civ. énonce les mentions obligatoires dans tous les actes d'huissier à peine de nullité, indépendamment des prescriptions complémentaires imposées pour chaque acte particulier.

161.32 Date de l'acte. Elle est nécessaire aussi bien sur l'original que sur la copie, puisque cette dernière sert d'original à celui qui la reçoit[2]. La date est rédigée en toutes lettres, année, mois, quantième[3]. L'indication de l'heure, elle, n'est pas requise[4], étant le plus souvent indifférente; elle est cependant utile en matière de référé à heure indiquée, par exemple, et elle pourrait permettre de contrôler si l'huissier a bien respecté les heures légales de signification de l'article 664 C. pr. civ. – « *règle de fond qui n'est doublée d'aucune prescription formelle* »[5].

Une date illisible ou erronée (v. not. « en début d'année ») équivaut à une absence de date[6]. Il ne s'agit toutefois que d'une nullité de forme qui nécessite la preuve d'un grief[7].

1. Décr. n° 56-222, 29 févr. 1956, mod. par Décr. n° 2012-366, 15 mars 2012 : – art. 27 : « *Lorsqu'elle est dressée sur support électronique, l'expédition est transmise par voie électronique. La transmission par voie électronique est faite dans des conditions garantissant sa confidentialité, son intégrité, l'identité de l'expéditeur et celle du destinataire à moins que la partie ou son représentant n'en demande une édition sur support papier* ».
   – art. 28, al. 1er : « *Lorsque l'acte a été dressé sur support électronique, une copie, ainsi que celle des pièces qui y sont annexées, sont éditées sur support papier, afin d'être remises au destinataire, selon les modalités prescrites par les textes en vigueur, à moins que celui-ci ait consenti à la signification par voie électronique de l'acte* ».
2. Com. 27 mars 1950, n° 40.752, *Bull. civ.* II, n° 119 – Civ. 1re, 5 juill. 1977, n° 75-15.156, *Bull. civ.* I, n° 312.
3. Rép. pr. civ., v° *Actes de procédure*, par A. Leborgne, sept. 2005 [màj mars 2013], n° 97.
4. Douai, 30 avr. 1980, *DI* 1980. 572, note J.-J. T.
5. Rép. pr. civ., v° *Actes de procédure*, par A. Leborgne, sept. 2005 [màj mars 2013], n° 97.
6. Paris, 24 oct. 1979, *Bull. avoués* 1979. 2. 20 – Paris, 17 avr. 1984, *Bull. avoués* 1984. 117.
7. Civ. 2e, 9 févr. 1983, n° 81-16.047, *Bull. civ.* II, n° 36; *Gaz. Pal.* 1983. Pan. 177, obs. Guinchard – Civ. 2e, 12 déc. 1990, n° 89-18.876, *Bull. civ.* II, n° 267.

Il n'est point utile d'insister sur l'importance de cette date qui, soit fait partir un délai de recours, soit prouve que le recours est fait dans le délai utile.

161.33 Indications relatives au requérant. L'article 648 C. pr. civ. exige l'indication des nom, prénom, domicile, nationalité, date et lieu de naissance, lorsque le requérant est une personne physique. S'agissant du nom de la femme mariée, la jurisprudence désormais unifiée considère que la règle définie par l'article 4 de la loi du 6 fructidor an II selon laquelle il est interdit à tous fonctionnaires publics de désigner les citoyens autrement que par le nom de famille porté à l'acte de naissance, n'est pas prescrite à peine de nullité[8]. S'il s'agit d'une personne morale, il convient d'indiquer sa forme, sa dénomination, son siège social et l'organe qui la représente. Ces exigences visent à permettre une identification précise du demandeur, afin de s'assurer qu'il est titulaire de droits, capable et susceptible d'obtenir une décision de justice; les manquements sont d'importance différente et n'auront donc pas tous les mêmes conséquences (sur les **nullités pour vices de forme**, v. ss nos 162.50 s.; ou **irrégularités de fond**, v. ss nos 162.120 s.). L'essentiel réside dans l'identification pour éviter la confusion et permettre de s'assurer de la capacité.

Pour ce qui est de l'identification, toutes les mentions sont requises, mais toutes n'ont pas la même force. Il est certain que l'absence d'indication du lieu de naissance du demandeur en paiement d'une traite acceptée n'empêche pas qu'une décision soit rendue et exécutée. En revanche, l'indication erronée des nom et prénom ne permet pas une définition du demandeur. Vérification faite grâce aux mentions, si une procédure se révèle être engagée par une personne dépourvue de personnalité juridique, elle est entachée d'une irrégularité de fond qui ne peut être couverte[9]. De même, une société dissoute, radiée du registre du commerce ne peut assigner valablement, et aucune régularisation postérieure ne peut intervenir[10]. Ces hypothèses sont même parfois sanctionnées par une fin de non-recevoir (v. ss n° 162.15).

Cependant l'utilité de ces mentions est très réduite compte tenu de la souplesse de l'article 648, 2°, b C. pr. civ. et de son application par la jurisprudence, qui cherche plutôt à éviter le prononcé d'une nullité[11]. Il est nécessaire d'indiquer l'organe qui représente une personne morale

8. Civ. 1re, 6 mars 2007, n° 05-18.898, *Bull. civ.* I, n° 97; *RTD civ.* 2007. 308, obs. Hauser; *JCP* 2007. II. 10094, note Loiseau.
9. Com. 20 juin 2006, n° 03-15.597, *Bull. civ.* IV, n° 146; *D.* 2006. 2238, obs. Delpech; *D.* 2006. AJ 1820, obs. Lienhard; *D.* 2007. Pan. 268, obs. Hallouin et Lamazerolles; *Rev. sociétés* 2007. 65, note Barbiéri; *RJDA* oct. 2006, n° 1023; *JCP* 2007. I. 107, n° 1 – Civ. 2e, 26 mars 1997, n° 94-15.528, *Bull. civ.* II, n° 96; *BICC* 1997, n° 767.
10. Versailles, 9 mai 1996, RG nos 9474/94 et 9475/94 et 9476/94, *Rev. huiss.* 1997. 268.
11. EN CE SENS, R. Perrot, obs. *RTD civ.* 2008. 720.

(par ex. un gérant), de telle sorte qu'une assignation délivrée au nom de « l'entreprise » ou de « l'établissement » est irrégulière (sauf précisions fournies ultérieurement[1]). En revanche, comme les textes ne font pas obligation de préciser le nom et l'adresse du représentant légal[2], il suffit de la rédiger au nom de la personne morale « *prise en la personne de son représentant* », pour que la Cour de cassation estime l'exigence de l'article 648, 2°, b C. pr. civ. remplie, alors même que cette formule passe-partout ne renseigne pas le défendeur. La Cour de cassation a même jugé que l'indication de la forme de la société qui agissait permettait à elle seule de déterminer l'organe habilité à la représenter[3]. Et l'indication (si elle est effectuée) erronée, dans un acte de procédure, de l'organe représentatif de la personne morale, ne constitue qu'un vice de forme : un grief est dès lors nécessaire pour prononcer la nullité[4].

Précaution : lorsqu'il n'y a pas d'organe légal, il faut préciser celui qui représente la personne morale (par ex., association dont les statuts doivent préciser l'organe représentatif, celui-ci n'étant pas visé par la loi[5]. *Idem* pour un « *pool* bancaire », mais l'omission est alors un vice de forme[6].

Un arrêt curieux, en date du 6 décembre 2012[7], est à signaler : la deuxième chambre civile estime que la mention d'un numéro d'immatriculation au registre du commerce erroné, dans l'assignation délivrée par une société exactement désignée par ses forme et dénomination sociales ainsi que par son siège social, constitue un vice de forme, qui n'est sanctionné par la nullité que sur justification d'un grief; or, ainsi que le disait le pourvoi, l'indication du numéro d'immatriculation au registre du commerce et des sociétés de la personne morale requérante n'est pas une mention prescrite à peine de nullité de l'assignation.

Si l'acte est délivré à la requête de plusieurs personnes, il est nécessaire que les mentions prescrites par l'article 648 C. pr. civ. soient portées pour chacune d'elles, et la formule « et consorts » ou « et autres » ne peut être tenue pour satisfaisante[8]. Lorsque l'acte est établi à la demande d'un mandataire agissant au nom de son mandant, l'identité du mandant doit également y figurer. Il s'agit d'une application de la règle « nul en France ne plaide par procureur » (v. s[s] n° 161.331).

161.34 Indications relatives à l'huissier. Les nom, prénom et demeure de l'huissier doivent être mentionnés et sa signature doit être portée sur l'acte. Ces mentions permettent au destinataire de vérifier que l'huissier de justice est capable d'instrumenter et qu'il est compétent territorialement; une telle incompétence étant aujourd'hui un vice de forme (v. s[s] n° 161.21).

S'il exerce en société, l'identité de l'huissier qui a instrumenté doit être mentionnée en plus de celle de la personne morale, mais l'omission des nom et prénom de l'huissier qui a instrumenté, s'agissant d'un acte établi par une société civile professionnelle, constitue un vice de forme[9].

S'agissant de la signature, elle est nécessaire, car confirmant la paternité du document, elle lui donne sa force authentique. La signature peut être électronique - si l'acte est lui-même dématérialisé -, étant rappelé que la signature électronique sécurisée est celle définie par le décret n° 2001-272 du 30 mars 2001 pris pour l'application de l'article 1316-4 du Code civil et relatif à la signature électronique (Décr. n° 56-222, art. 26, al. 2; v. s[s] n° 161.07). Néanmoins, l'absence de signature - papier ou électronique - ne rend pas l'acte « *légalement inexistant* », et seule la nullité peut en être recherchée sous les conditions requises par les articles 114 et suivants C. pr. civ.[10] Régime qui n'est guère adapté[11].

161.35 Indications relatives au destinataire. L'article 648 C. pr. civ. exige l'indication des nom et domicile du destinataire personne physique (à cet égard l'assignation délivrée à une femme mariée sous son propre prénom et le nom patronymique de son mari est valable, dès lors qu'elle ne laisse aucun doute sur l'identité de la destinataire[12]), et de la dénomination du siège social s'il s'agit d'une per-

1. Civ. 3e, 30 mars 2011, n° 10-10.997, NP.
2. Civ. 2e, 14 janv. 1987, n° 85-15.200, *Bull. civ.* II, n° 4; *JCP* 1987. IV. 93; *RTD civ.* 1987. 399, obs. Perrot; *D.* 1987. IR 17 – Com. 6 févr. 2001, n° 99-10.527, NP, pour une déclaration d'appel – Civ. 2e, 8 févr. 2006, n° 04-13.000, NP – Civ. 2e, 1er oct. 2009, n° 08-19.399, NP, ajoutant que la mention du nom du représentant personne physique n'est pas une formalité ayant un caractère substantiel ou d'ordre public.
3. Civ. 1re, 30 sept. 2008, n° 06-20.298, *Bull. civ.* I, n° 217; *RTD civ.* 2008. 720, obs. Perrot : « *Acte de procédure : désignation de l'organe représentatif de la personne morale* ».
4. Civ. 2e, 28 févr. 2006, n° 03-17.849, *Bull. civ.* II, n° 55 : un appel est interjeté pour le compte d'une société de droit israélien par son président directeur général, alors que la fonction de président directeur général n'existe pas en droit israélien des sociétés; ce n'est qu'un vice de forme – Civ. 2e, 31 janv. 2013, n° 12-10.041, NP : indication que le gérant était M. Y alors qu'il s'agissait de Mme Y.
5. Civ. 2e, 22 mai 1996, n° 93-15.683, *Bull. civ.* II, n° 105; *BICC* 1996, n° 824.
6. Cass., ch. mixte, 22 févr. 2002, nos 00-19.639 et 00-19.742, *Bull. ch. mixte*, n° 1.
7. Civ. 2e, 6 déc. 2012, n° 11-19.814, NP.
8. Civ. 2 août 1921, *Gaz. Pal.* 1921. 2. 56.
9. Com. 20 oct. 1998, n° 95-15.804, *Bull. civ.* IV, n° 252; *Gaz. Pal.* 22-24 nov. 1998, p. 12; *Gaz. Pal.* 14-15 avr. 2000 – Civ. 2e, 7 nov. 2002, n° 01-00.379, *Bull. civ.* II, n° 245; *Dr. et proc.* 2003. 115, obs. Hoonakker – Civ. 2e, 27 mai 2004, n° 02-20.160, *Bull. civ.* II, n° 249; *JCP* 2004. IV. 2475.
10. Civ. 2e, 19 janv. 1977, n° 75-40.578, *Bull. civ.* II, n° 13; *Gaz. Pal.* 1977. 348, note J. V. – Civ. 2e, 15 janv. 2009, n° 08-11.446, NP; *Procédures* 2009. Comm. 79, obs. Perrot.
11. Rép. pr. civ., v° *Nullités*, par Mayer, mars 2013 [màj oct. 2013], n° 50.
12. Civ. 3e, 24 janv. 2001, n° 99-14.310, *Bull. civ.* III, n° 9; *D.* 2003. 633, chron. Laroche-Gisserot; *RTD civ.* 2001. 327, obs. Hauser – Civ. 1re, 6 mars 2007, n° 05-18.898, *Bull. civ.* I, n° 97, préc.

sonne morale. Les praticiens dénomment cette mention le nom de « *parlant à* ».

Le législateur exige l'identification du défendeur. Il est normal que le demandeur dénomme son adversaire et il est indispensable que celui-ci, désigné sans ambiguïté, puisse ainsi comparaître. Ces mentions sont prescrites à peine de nullité, mais ne sont constitutives que de simples vices de forme, de telle sorte que, outre leur absence, est requise la preuve d'un grief[1].

L'identification de la personne morale assignée est nécessaire mais la mention de l'identité du représentant légal de la personne morale n'est pas une formalité substantielle[2]. Il peut déjà être précisé que l'huissier, délivrant l'acte à une personne morale et parlant à une personne se disant habilitée à le recevoir, n'a pas à vérifier la qualité déclarée par celle-ci (v. s^s^ n° 161.132).

L'avènement de la **théorie des vices de forme** et de la **notion de grief** a eu le mérite d'effacer les arguties procédurales non pertinentes des débiteurs de mauvaise foi. Mais elle a souvent déplacé le problème vers l'exécution et conduit ces mêmes plaideurs à réserver pour un temps ultérieur mais plus utile, leurs arguments relatifs à l'identification[3].

Il ne faut cependant pas oublier que certaines informations, qui peuvent être inconnues du requérant au moment où il assigne son adversaire, seront fournies ultérieurement, dans le cadre de la présentation des moyens de défense. Ainsi l'article 59 C. pr. civ., impose-t-il, à peine d'irrecevabilité de sa défense, prononcée même d'office que le défendeur indique « *a) S'il s'agit d'une personne physique, ses nom, prénoms, profession, domicile, nationalité, date et lieu de naissance; b) S'il s'agit d'une personne morale, sa forme, sa dénomination, son siège social et l'organe qui le représente* ».

β. *Mentions extrinsèques*

161.41 Mentions des pièces annexées et annexes. Sans être commune à tous les actes d'huissier, une exigence concerne plusieurs d'entre eux, à savoir l'indication des pièces sur lesquelles la demande est fondée : ainsi en est-il de l'assignation (C. pr. civ., art. 56, al. 2; la liste des pièces visée dans les motifs figure en outre sur un bordereau annexé à l'assignation) ou de la requête aux fins d'être autorisé à assigner à jour fixe (C. pr. civ., art. 788 : outre les motifs de l'urgence, doit figurer le visa des pièces justificatives).

Certaines dispositions particulières peuvent imposer d'annexer des pièces à l'acte. À titre d'exemple, l'article 837 C. pr. civ. (modifié par le décret n° 2010-1165 du 1er octobre 2010) dispose, sans toutefois soumettre cette obligation au régime de la nullité, que l'assignation délivrée devant le tribunal d'instance ou la juridiction de proximité est accompagnée des pièces énumérées dans le bordereau annexé. De même, l'objet d'une signification étant de porter un document ou un acte à la connaissance du destinataire, ce document doit nécessairement être joint à l'exploit; l'acte de signification y fait référence mais aucun article ne prévoit en quels termes. Il est aussi fréquent en matière de procédures civiles d'exécution que des documents soient annexés aux actes d'huissiers. En effet, il arrive souvent qu'un acte ne se comprenne qu'à la lecture d'un ou plusieurs autres. L'huissier, en même temps qu'il délivre l'acte, dénonce les autres et les annexe à son exploit.

161.42 Libellé de l'acte et coût de l'acte. Doit encore figurer le libellé de l'exploit, dans lequel l'objet de l'acte – variable selon la nature de celui-ci – est exposé et chaque acte d'huissier doit comporter au bas de l'original et de la copie, mention de son coût, étant précisé que le détail, article par article, et sans abréviation doit apparaître.

2° Règles particulières à certains actes d'huissiers de justice

a) Assignation

161.51 Contenu. Il sera seulement indiqué ici que, outre les mentions communes à tous les actes d'huissier[4], l'assignation, qui permet d'introduire l'instance devant le tribunal de grande instance, le tribunal d'instance, la juridiction de proximité et le tribunal de commerce, doit comporter des mentions propres. Celles-ci sont exigées à l'article 56 alinéa 1er, à savoir : « *1° L'indication de la juridiction devant laquelle la demande est portée; 2° L'objet de la demande avec un exposé des moyens en fait et en droit; 3° L'indication des modalités de comparution devant la juridiction et la précision que, faute pour le défendeur de comparaître, il s'expose à ce qu'un jugement soit rendu contre lui sur les seuls éléments fournis par son adversaire; 4° Le cas échéant, les mentions relatives à la désignation des immeubles exigées pour la publication au fichier immobilier* ». Sachant, selon les alinéas 2 et 3

1. Com. 15 févr. 1983, n° 81-14.313, *Bull. civ.* IV, n° 64 – Com. 19 nov. 1985, n° 83-16.769, *Bull. civ.* IV, n° 276; *JCP* 1986. IV. 49 – Civ. 3e, 21 févr. 1996, n° 94-13.538, NP; *Rev. huiss.* 1996. 482.
2. Civ. 3e, 6 mai 1998, n° 96-15.696, *Bull. civ.* III, n° 96; *D.* 1999. 75, obs. Atias.
3. Civ. 2e, 17 nov. 2005, n° 04-14.604, *Bull. civ.* II, n° 298; *Procédures* 2006. Comm. 31, obs. Perrot.
4. En pratique, lorsqu'un plaideur est assisté ou représenté par un avocat, c'est cet auxiliaire de justice qui élabore un projet d'assignation (puisqu'elle vaut conclusions); il transmet le projet à l'huissier qui en vérifie la régularité formelle, le complète (apposition de la date – celle de la signification –, de son identité) et le signe.

de ce texte, que : « *Elle comprend en outre l'indication des pièces sur lesquelles la demande est fondée. Ces pièces sont énumérées sur un bordereau qui lui est annexé* » et « *qu'elle vaut conclusions* ». (v. s[s] n°s 172.20 s.)

Pour certaines procédures, l'assignation comprend d'autres mentions, ainsi en matière de saisie immobilière (C. pr. exéc., art. R. 322-5).

161.52 Sanction. Signalons tout aussi brièvement que la sanction du non-respect des mentions prévues à l'alinéa 1er est la nullité des actes de procédure pour vice de forme. L'alinéa 2 n'est en revanche pas prescrit à peine de nullité (v. s[s] n° 172.23).

b)
Autres actes

161.61 Significations. V. s[s] n°s 161.121 s.

161.62 Procès-verbaux et actes relevant des procédures civiles d'exécution. Les premiers n'obéissent qu'aux règles communes à tous les actes d'huissier.

En revanche, certains actes d'huissiers doivent comporter des indications à peine de nullité de forme, comme le commandement de payer (C. pr. exéc., art. R. 221-3 pour la saisie-vente ou C. pr. exéc., art. R. 321-3 pour la saisie-immobilière), ou l'acte de saisie (C. pr. exéc., art. R. 211-1 pour la saisie-attribution). Nous renvoyons aux ouvrages spécialisés[1].

B.
Rédaction des actes d'avocat à avocat

161.70 Actes du palais. Depuis la suppression de la profession d'avoué - et la disparition consécutive des actes d'avoué à avoué -, les actes du palais sont les actes d'avocat à avocat que ces auxiliaires de justice s'adressent en cours d'instance, à l'intérieur du palais. Ces actes sont les constitutions d'avocat, les conclusions, les bordereaux de communication de pièces, les sommations de communiquer les pièces, les demandes de mesures d'instruction, les actes de désistement, de reprise d'instance...

Devant les juridictions où a été institué un **juge en charge de mettre l'affaire en état,** certains actes, auparavant accomplis par l'avocat (ou l'avoué) sont l'œuvre de ce juge (ainsi les sommations de conclure ou de communiquer); mais d'une part, il n'y a pas toujours de juge de la mise en état; d'autre part, le représentant de la partie doit toujours se constituer, conclure et communiquer ses pièces, une telle représentation étant imposée devant le tribunal de grande instance et devant la cour d'appel dans les procédures avec représentation obligatoire.

Signalons aussi que devant la Cour de cassation, l'instruction du pourvoi est faite au moyen d'écrits qui sont dénommés mémoires et non conclusions; bien qu'étant des « actes d'avocat aux Conseils à avocat aux Conseils », des « actes du palais » (lorsque la représentation est obligatoire), il n'est pas usuel de les désigner ainsi; leur rédaction est précisément réglementée (C. pr. civ., art. 978 - V. s[s] n°s 553.390 s.).

En revanche, alors que les actes du palais n'étaient pas utilisés dans les **procédures orales** - les avocats (lorsqu'ils représentaient une partie) devant soutenir leurs prétentions et moyens à l'audience -, ils ont désormais un rôle à jouer : depuis le 1er décembre 2010, date d'entrée en vigueur du décret n° 2010-1165 du 1er octobre 2010, les parties peuvent être dispensées de présentation[2] (v. s[s] n° 321.122) et autorisées à échanger par écrit; ces échanges peuvent emprunter la forme de notification entre avocats (C. pr. civ., art. 847-1 et 861-1).

Les actes d'avocat à avocat n'obéissent qu'à un très petit nombre de règles communes, qui ne font pas l'objet d'une disposition générale dans le Code de procédure civile : les exigences sur lesquelles chacun s'accorde pour la rédaction de ces actes sont celles de l'indication de leur date, la désignation des avocats entre lesquels ils interviennent, la désignation des parties et la signature de l'avocat qui les a rédigés.

1°
Principes généraux

161.71 Écrit. Les actes du palais peuvent désormais être dressés électroniquement, mais cela n'a de véritable intérêt que s'ils peuvent être envoyés, remis ou notifiés par voie électronique. Les constitutions ou les conclusions font partie de la catégorie des actes dits « récepticess » : en tant que telles, elles « *n'accèdent à l'existence juridique que par leur transmission à un destinataire* », seule leur notification entre avocats produit un effet juridique; autrement dit, il est impossible « *de séparer l'établissement de ces actes de leur transmission* »[3]. Par conséquent, alors que l'article 748-1 C. pr. civ., qui énumère les actes susceptibles d'être effectués par voie électronique, « *n'envisage* [...] *pas le processus de dématérialisation isolément de la communication des actes* », alors qu'il « *ne concerne que la dématérialisation de la transmission des actes, sans évoquer l'établissement de ces actes*

1. R. Perrot et Ph. Théry, *Procédures civiles d'exécution*, 3e éd., Dalloz, 2013 – S. Guinchard et T. Moussa (dir.), Dalloz action *Droit et pratique des voies d'exécution*, 2013/2014 – N. Cayrol, *Droit de l'exécution*, LGDJ, 2013.

2. C. Bléry « La dispense de présentation devant le tribunal de commerce. De l'oral à l'écrit électronique... », *JCP* 2013. 1390.

3. Rép. pr. civ., v° *Communication électronique*, par E. de Leiris, sept. 2012 [màj oct. 2013], n° 19.

eux-mêmes »[1], l'établissement des actes réceptices apparaît nécessairement régi par le Titre XXIe du Livre Ier du Code de procédure civile relatif à la communication par voie électronique.

Or la transmission électronique d'un acte suppose qu'un arrêté technique l'autorise (C. pr. civ., art. 748-6) : un tel arrêté a été pris pour la Cour de cassation, les tribunaux de grande instance, les cours d'appel et les tribunaux de commerce (v. s[s] n° 161.243), mais pas encore pour les tribunaux d'instance et les juridictions de proximité[2], ni les juridictions de sécurité sociale, par exemple. Toutefois, en l'absence d'arrêté, rien n'empêche un avocat d'adresser des prétentions et moyens par le biais du RPVA au greffe des juridictions d'exception et de venir ensuite à l'audience pour s'y référer[3].

161.72 Signature. Il a pu être jugé qu'à défaut de signature, l'acte élaboré par un avocat est dépourvu de toute valeur : ainsi d'un document intitulé « conclusions », mais ne comportant aucune signature[4]. Avec la condamnation de la théorie de l'inexistence (v. s[s] n° 162.14)[5], cette jurisprudence doit cependant être considérée comme abandonnée, au profit de la **nullité pour vice de forme**.

De fait, la deuxième chambre civile a estimé, au visa des articles 114 et 815 C. pr. civ., que « *l'omission de la signature de l'avocat postulant dans les conclusions constituait une irrégularité de forme qui devait être invoquée avant toute défense au fond et ne pouvait entraîner la nullité des conclusions qu'au cas où elle avait causé un grief à l'autre partie* »[6].

Bien qu'inédit, l'arrêt se prononce clairement sur la nature de la sanction de l'absence de signature de l'avocat. Sans doute peut-on l'étendre à l'omission des autres mentions. C'est, d'ailleurs, la sanction qui est prévue pour l'omission ou l'inexactitude des mentions de la déclaration d'appel, dont la signature de l'avocat (C. pr. civ., art. 901)[7].

Si l'acte du palais est destiné à être transmis par voie électronique, **la signature est électronique**, mais pour de simples raisons techniques, pas au sens du décret n° 2001-272 du 30 mars 2001 (v. s[s] n° 161.07). En effet, à la différence de la Cour de cassation où la dématérialisation est achevée[8], les juridictions judiciaires du fond ne disposent pas actuellement d'un procédé de décryptage de signature électronique. Un décret n° 2010-434 du 29 avril 2010[9] a donc assimilé à une signature l'identification réalisée par l'auxiliaire de justice lors de sa connexion au réseau privé virtuel de sa profession[10]. Au sens du décret de 2010, la signature consiste en un dispositif prévu par les divers arrêtés techniques : il repose sur l'utilisation couplée d'un certificat électronique et d'une adresse de messagerie en la forme « cnbf.nomprénom@avocat-conseil.fr » délivrés à l'avocat adhérent. Il s'agit tout à la fois d'assurer la sécurité de la connexion des avocats au RPVA, leur identification et leur signature électronique[11]. Cette assimilation de l'identification à une signature électronique est tou-

1. Rép. pr. civ., v° *Communication électronique*, par E. de Leiris, sept. 2012 [màj oct. 2013], n° 18.
2. Sauf dans des matières particulières comme la protection judiciaire des majeurs : Arr. 22 févr. 2011 – ou la transmission des données personnelles à l'occasion d'une procédure d'injonction de payer : Arr. 24 déc. 2012, mais les avocats ne sont pas concernés.
3. *Adde*, Rép. pr. civ., v° *Communication électronique*, par E. de Leiris, sept. 2012 [màj oct. 2013], n° 15 – C. Bléry et J.-P. Teboul, « Quelles conséquences procédurales pour une communication par voie électronique non autorisée ? », *JCP* 2012. 1360.
4. Civ. 2e, 11 oct. 1995, n° 93-15.415, *Bull. civ.* II, n° 232; *RTD civ.* 1996. 141, obs. Hauser – V. AUSSI, Civ. 2e, 13 janv. 2000, n° 98-12.204, *Bull. civ.* II, n° 6 (seul le cachet de l'avocat, à l'exclusion de la signature, figurait sur les conclusions) – Civ. 2e, 13 déc. 2001, n° 99-18.692, *Bull. civ.* II, n° 195 : un document dépourvu de la signature de l'avocat n'a pas valeur de conclusions et ne peut constituer un acte de poursuite, susceptible d'interrompre le délai de prescription de l'article 65 de la loi du 29 juillet 1881 – Civ. 2e, 24 févr. 2005, n° 03-11.718, *Bull. civ.* II, n° 49; *D.* 2006. 545, obs. Julien et Fricero; *RTD civ.* 2005. 630, obs. Théry : la Cour de cassation a considéré que l'absence de signature d'un avocat postulant sur une requête constitue une irrégularité de fond de l'acte litigieux « *dont les mentions ne pouvaient servir à établir la réalité de la postulation* ».
5. Cass., ch. mixte, 7 juill. 2006, n° 03-20.026, *Bull. ch. mixte*, n° 6; *RTD civ.* 2006. 820, obs. Perrot.
6. Civ. 2e, 9 sept. 2010, n° 09-68.621, NP.
7. V. récemment : Civ. 2e, 23 mai 2013, n° 12-16.933, *Bull. civ.* II, n° 100; *Gaz. Pal.* 1-3 sept. 2013, p. 31, obs. Mayer – *Adde*, C. Bléry et L. Raschel, « Absence de signature d'un acte de procédure : petite mise au point sur sa sanction », *Procédures* 2011. Alerte 56.
8. V. Arr. 17 juin 2008, art. 4 : « *Les actes de procédure transmis par voie électronique sont signés par leur auteur au moyen d'un dispositif sécurisé de création de signature électronique remplissant les exigences du décret du 30 mars 2001 susvisé. La signature électronique est contrôlée par le prestataire de services de certification électronique au moment de l'envoi de l'acte ou par la juridiction au moment de la réception de l'acte. Elle peut être contrôlée à tout moment par la juridiction lorsque l'acte est conservé par celle-ci* » – *Adde*, Rép. pr. civ., v° *Communication électronique*, par E. de Leiris, sept. 2012 [màj oct. 2013], n°s 30 et 74.
9. H. Croze, « Le décret du 29 avril 2010 relatif à la communication par voie électronique en matière de procédure civile : les significations d'un texte insignifiant », *Gaz. Pal.* 9-11 mai 2010, n° 131, p. 7.
10. Decr. n° 2010-434, art. 1er : « *Vaut signature, pour l'application des dispositions du Code de procédure civile aux actes que les auxiliaires de justice assistant ou représentant les parties notifient ou remettent à l'occasion des procédures suivies devant les juridictions des premier et second degrés, l'identification réalisée, lors de la transmission par voie électronique, selon les modalités prévues par les arrêtés ministériels pris en application de l'article 748-6 du Code de procédure civile* ».
11. V. : pour les TGI : Arr. 7 avr. 2009, art. 9 et 12 – pour les T. com. : Arr. 21 juin 2013, art. 7 et 9 – pour les CA (représentation non obligatoire), Arr. 5 mai 2010, art. 14 et 17 – pour les CA (représentation obligatoire), Arr. 30 mars 2011, consolidé, art. 18 et 21 (ces deux arrêtés ne décrivent pas la forme de l'adresse de messagerie).

tefois seulement temporaire : elle concerne toutes les identifications accomplies jusqu'au 31 décembre 2014 (Décr. n° 2010-434, 29 avr. 2010, art. 2); à compter de cette date (sauf report si la technique n'est toujours pas au rendez-vous), une signature électronique conforme au décret du 30 mars 2001 sera exigée devant toutes les juridictions judiciaires.

161.73 **Date.** L'acte doit être daté, mais cette exigence mérite des nuances. L'acte, parce qu'il est réceptice, est notifié et, dans ces circonstances, la date de notification y est apposée. Or, c'est cette **date de notification** qui est utile et non celle à laquelle le document a été élaboré.

Par ailleurs, **l'absence de date doit causer un grief,** et très souvent, au regard des circonstances procédurales qui l'entourent, une telle omission ou une erreur sera sans conséquence, car elle ne causera pas un grief. Il peut évidemment en être autrement s'il s'agissait d'interrompre une forclusion ou une prescription, car alors l'absence de date, si elle est de nature à justifier un contentieux sur le moment de l'interruption, peut être lourde de conséquences.

161.74 **Désignation des parties.** Il est évident que les parties représentées par l'auxiliaire de justice doivent être désignées pour éviter toute ambiguïté.

Mais là encore, les conséquences d'une insuffisance formelle sont à apprécier au vu des circonstances, et de l'**existence d'un grief**. Si la désignation insuffisante d'une partie affecte des secondes ou troisièmes conclusions, et qu'il n'y a pas de doute sur la personne qui conclut, il n'y a point de grief et il ne peut être tiré de conséquence de cette erreur. Si c'est la constitution qui ne précise pas le nom de la partie représentée, ou les conclusions qui n'indiquent pas la partie qui conclut, alors que plusieurs sont représentées, il peut y avoir une difficulté[1], encore que le plus souvent ces erreurs dans le formalisme sont réparées dès qu'elles sont relevées par le juge ou l'adversaire.

161.75 **Désignation des avocats.** Il est également nécessaire que l'auteur du document et le destinataire soient identifiés. Mais là encore, au-delà de l'exigence théorique, la pratique épure ces difficultés. Le cachet de l'avocat est suffisant. Au surplus, la nécessité de connaître le destinataire pour la notification rend le problème plus théorique que réel.

2° Règles particulières

a) Constitution

161.81 **Généralités.** Lorsque la **représentation** est **obligatoire**, un plaideur doit pour diligenter un procès en demande ou en défense, charger un avocat de faire et recevoir en son nom tous les actes de procédure (C. pr. civ., art. 751 pour le TGI et C. pr. civ., art. 899 pour la cour d'appel); ce qui doit être indiqué, sous peine de sanction. Devant les juridictions où la **représentation** est **facultative**, un représentant peut intervenir; en raison de ce caractère facultatif, l'absence de mention de constitution, dans l'assignation comme dans un acte du palais, ne saurait être cause de nullité de l'acte[2] (sur la représentation, v. s[s] n°s 171.00 s.).

La constitution peut être rédigée sur support papier ou électronique devant le tribunal de grande instance (Arr. 7 avr. 2009) ou le tribunal de commerce (Arr. 21 juin 2013[3]) ou la cour d'appel lorsque la procédure est sans représentation obligatoire, puisque devant ces trois juridictions, c'est la totalité des actes prévus à l'article 748-1 C. pr. civ., qui peut être **remise** ou **notifiée** par voie électronique et donc **établie** sur support électronique. Elle doit l'être par cette voie devant la cour d'appel lorsque la procédure est avec représentation obligatoire (Arr. 30 mars 2011, art. 930, al. 1er, consolidé), à moins qu'une cause étrangère empêche la transmission par voie électronique et que l'acte soit alors établi sur support papier (Arr. 30 mars 2011, art. 930-1, al. 2; v. s[s] n°s 161.252 et 544.21 s.).

Sur la sanction de l'utilisation de la voie papier lorsque la voie électronique est obligatoire, v. s[s] n° 161.261.

161.82 **Constitution d'avocat en première instance.** La constitution, qui manifeste la représentation du plaideur, s'opère dans l'assignation lorsqu'il s'agit du demandeur (C. pr. civ., art. 752). Il s'agit le plus souvent d'une simple mention selon laquelle Maître X... s'est constitué et est chargé d'occuper pour son client. Là encore, ce formalisme est souple et il suffit que le nom de l'avocat soit mentionné. L'omission ou l'inexactitude de la mention relève du régime des **nullités pour vice de forme** (en ce sens l'arrêt exigeant la preuve d'un grief pour la nullité d'une constitution mentionnant une adresse inexacte[4]).

La constitution par le défendeur, qui est un acte d'avocat à avocat, doit indiquer :

– si le défendeur est une personne physique, ses nom, prénoms, profession, domicile, nationalité, date et lieu de naissance;

1. Pour une illustration, certains défendeurs étant décédés en cours d'instance : Civ. 2e, 22 mars 2012, n° 10-27.103, NP.

2. Rép. pr. civ., v° *Actes de procédure*, par A. Leborgne, sept. 2005 [màj mars 2013], n° 196.

3. C. Bléry, « Un pas en avant dans la dématérialisation du procès et dans l'utilité de l'écrit en procédure orale », *JCP* 2013. 792.

4. Civ. 2e, 16 déc. 1999, n° 98-11.410, NP.

– si c'est une personne morale, sa forme, sa dénomination, son siège social et l'organe qui la représente (C. pr. civ., art. 814).

Le défaut d'indication des mentions, notamment celle du domicile du défendeur, n'entraîne cependant pas la nullité de l'acte de constitution mais seulement **l'irrecevabilité des conclusions** déposées au nom du défendeur (C. pr. civ., art. 815, al. 1er). Il est également admis que la constitution de l'avocat ressorte de l'existence de conclusions notifiées sous son nom[1].

Pour le demandeur comme pour le défendeur, la mention du représentant a une double utilité : l'adversaire sait à quelle personne seront adressés les actes de procédure et il peut vérifier la capacité et le pouvoir de l'avocat constitué, notamment s'il est bien inscrit au barreau dans le ressort du tribunal de grande instance concerné. La constitution d'un avocat non habilité à représenter une partie est une cause de nullité affectant au fond la validité de la constitution (v. ss no 162.163).

Il est renvoyé ici aux développements sur la procédure devant le TGI (v. ss nos 331.00 s.).

161.83 Constitution d'avocat en appel. S'agissant du demandeur, la constitution de l'avocat s'inscrit dans l'acte d'appel, qu'il s'agisse selon les matières d'une déclaration unilatérale (C. pr. civ., art. 901, procédure avec représentation obligatoire; C. pr. civ., art. 933, procédure sans représentation obligatoire) ou d'une requête conjointe (C. pr. civ., art. 927). Comme en première instance, l'omission ou l'inexactitude de la mention relève du régime des **nullités pour vice de forme.** S'agissant du défendeur, il est procédé à la rédaction d'une constitution autonome.

Il est renvoyé aux développements sur la procédure d'appel avec représentation obligatoire.

b) Conclusions

161.91 Terminologie. Dans tout procès, les plaideurs doivent se faire connaître mutuellement et indiquer au tribunal leurs prétentions et moyens respectifs, ainsi que leurs pièces et documents, dont le nombre peut varier selon la nature et la complexité de l'affaire. C'est par des actes de procédure dénommés « **conclusions** » que les plaideurs font ainsi connaître les questions de fait et de droit qui seront débattues devant le tribunal. Ce sont des actes d'avocat à avocat. Le terme « conclusions » est employé par le Code pour le tribunal de grande instance (C. pr. civ., art. 815 et 753) ou la cour d'appel, que la représentation soit obligatoire ou non (C. pr. civ., art. 954). Malgré la place de l'article 954 (dans les dispositions communes aux deux procédures), il est certain que les « conclusions » ne sont obligatoires que dans les **procédures écrites**[2]. Les conclusions peuvent exceptionnellement être **verbales** : c'est ainsi permis par l'article 792 alinéa 2 C. pr. civ., devant le tribunal de grande instance, lorsque la **procédure est à jour fixe**[3]. En procédure orale, si l'écrit peut aussi avoir un rôle à jouer, il est alors question d'« écritures » et non de « conclusions ».

En procédure écrite, seules les conclusions écrites lient les parties et le juge, à l'exclusion des arguments développés oralement, sous la réserve des conclusions verbales de l'article 790 C. pr. civ.

161.92 Formalisme originellement réduit des conclusions écrites. À l'origine leur formalisme était réduit (C. pr. civ., art. 815, al. 1er) : ces conclusions doivent être signées par le représentant de la partie dont elles émanent; à défaut elles seraient nulles si cette absence causait un grief (v. ss no 161.72). Elles sont irrecevables tant que les indications devant figurer dans la constitution ne sont pas fournies (C. pr. civ., art. 814). Une telle **irrecevabilité** serait couverte si le plaideur faisait connaître les mentions manquantes avant que le juge ne statue.

Les conclusions doivent remplir l'objet qui leur est assigné, lequel est l'exposé de l'**argumentation** et des **demandes**[4] : ce n'est pas le cas de « conclusions » qui ne présentent pas de demande chiffrée, laissant au juge le soin d'arbitrer une évaluation et le juge n'est alors saisi d'aucune prétention[5].

La rédaction est libre, en ce sens qu'elle n'est pas soumise au formalisme de rédaction des jugements. Le plus souvent, elles contiennent une série de motifs et un dispositif, mais il n'est pas nécessaire de reprendre formellement la demande dans le dispositif, il suffit qu'elle existe dans le corps de l'écrit (dans les motifs)[6]. Le rédacteur doit cependant respecter la **chronologie des moyens** à soulever (exceptions de procédure, fin de non-recevoir, défenses au fond, même si elles figurent dans les mêmes conclusions[7]).

1. Civ. 3e, 29 oct. 1979, no 78-13.282, *Bull. civ.* III, no 191; *D.* 1980. IR 464, obs. Julien : la péremption d'instance se trouve couverte par des conclusions déposées par un avocat, non préalablement constitué, dès lors que ces conclusions mentionnent que cet avocat est celui des concluants, et que la partie adverse ne rapporte pas la preuve contraire.

2. Et devant la Cour de cassation, les parties déposent des mémoires (v. ss no 161.70).
3. C. pr. civ., art. 792, al. 2 : « *Si le défendeur a constitué avocat, l'affaire est plaidée sur-le-champ en l'état où elle se trouve, même en l'absence de conclusions du défendeur ou sur simples conclusions verbales* ».
4. Com. 10 mai 1989, no 87-15.797, *Bull. civ.* IV, no 144.
5. Civ. 2e, 10 févr. 2000, no 98-15.287, *Bull. civ.* II, no 27; *JCP* 2000. IV. 1550; *JCP* 2000. 1927, note du Rusquec.
6. Civ. 3e, 6 nov. 2001, no 00-13.780, NP – Civ. 1re, 10 juin 1997, no 95-15.117, NP – Civ. 2e, 1er juin 1983, no 82-11.574, *Bull. civ.* II, no 118 – Soc. 10 mai 1989, no 86-42.773, *Bull. civ.* V, no 347.
7. Civ. 2e, 8 juill. 2004, no 02-19.694, *Bull. civ.* II, no 377.

En outre, son expression doit respecter l'**obligation de réserve** visée à l'article 24 C. pr. civ. et il est possible au juge d'ordonner la suppression d'un passage offensant, voire de condamner à des dommages et intérêts l'auteur d'une diffamation ou d'injures, l'appréciation se faisant évidemment dans le cadre de la liberté dont bénéficie tout plaideur de faire valoir sa défense, étant précisé que la suppression de certains passages relève de son pouvoir souverain [1]. Mais si l'article 24 C. pr. civ. permet au juge, selon la gravité du manquement, d'ordonner même d'office la suppression des écrits ou de certains passages, son pouvoir est limité aux seuls passages offensants. Ainsi, il ne peut écarter des conclusions en totalité sans rechercher si les mentions injurieuses affectent l'ensemble du contenu des écritures [2].

161.93 Formalisme renforcé depuis 1998 et 2009. De nouvelles exigences ont été posées à leur égard par le décret n° 98-1231 du 28 décembre 1998, modifiant les articles 753 et 954 C. pr. civ., puis par le décret n° 2009-1524 du 9 décembre 2009, modifiant à nouveau l'article 954 C. pr. civ.

Depuis 1998, les parties doivent formuler expressément « *les moyens en fait et en droit* » sur lesquels leurs prétentions sont fondées (comme déjà l'assignation); les parties doivent récapituler leurs prétentions et leurs moyens dans leurs dernières conclusions – sous peine qu'ils soient considérés comme abandonnés; enfin, elles ont l'obligation d'annexer aux conclusions un bordereau récapitulatif des pièces utilisées, étant précisé que la différence de vocabulaire entre les articles 753 et 954 n'est pas bien compréhensible : l'article 753 C. pr. civ. gouvernant la procédure devant le TGI exige que soit annexé « *un bordereau énumérant les pièces justifiant les prétentions* », tandis que l'article 954 C. pr. civ. gouvernant la procédure devant la cour indique « *qu'elles* [les conclusions] *comprennent en outre l'indication des pièces invoquées. À cet effet, un bordereau récapitulatif leur est annexé* ». Si la sanction du non-respect de l'exigence des **conclusions récapitulatives** est claire, celles du non-respect des **conclusions qualificatives** et de l'absence de **bordereau** ne sont pas prévues. De même que faut-il entendre par la « reprise » des prétentions et des moyens présentés et invoqués dans des conclusions antérieures dans les « dernières écritures » ? (v. s^{s} n° 161.94).

En outre, **depuis 2009,** l'article 954 alinéa 2 C. pr. civ., conforme aux recommandations du rapport du groupe de travail Magendie sur la procédure d'appel [3], exige désormais que les conclusions d'appel récapitulent dans le dispositif les prétentions des parties, précisant que la cour ne statue que sur les **prétentions énoncées dans le dispositif** [4]. Peu importe dès lors qu'une demande figurant au dispositif soit contradictoire avec d'autres qui figurent dans le corps des écritures : celles qui sont seulement dans les motifs ne comptent pas [5]. Selon l'alinéa 1er, c'est « *pour chaque prétention* » qu'il faut indiquer les pièces invoquées (sur les conclusions d'appel, v. s^{s} n°s 544.72 s.).

Allant plus loin que le Code, le protocole relatif à la mise en œuvre des principes de **concentration et de structuration des écritures,** signé le 13 décembre 2012, entre la cour d'appel de Paris et les ordres des avocats des barreaux de Paris, du Val-de-Marne, de l'Essonne, de Meaux, de Melun et de Fontainebleau [6] se veut un guide de bonnes pratiques, encourageant les avocats à s'auto-discipliner pour plus d'efficacité; il s'agit aussi d'anticiper plutôt que « *de se voir un jour imposer par le législateur des pratiques beaucoup plus contraignantes* » [7]. Il propose un « *plan-type d'écritures devant la cour en corrélation avec les rubriques des jugements* » (sur les protocoles, v. s^{s} n°s 300.14, 300.31 et 300.63). De fait, une délibération de la conférence des premiers présidents de cour d'appel, intervenue le 31 mai 2013, sur l'accès au droit, l'office du juge, l'organisation judiciaire et processuelle « *souhaite également la codification de l'obligation de structurer les écritures. La numérotation des prétentions ainsi que des moyens et pièces à l'appui de celles ci permettra à tous les acteurs du procès de circonscrire facilement et rapidement le périmètre du litige et de fiabiliser le processus judiciaire. Cette nouvelle obligation devra être sanctionnée par une irrecevabilité* » [8].

Ce renforcement des exigences de structuration est lié au développement des nouvelles technologies, qui appelle des documents uniformisés, composés d'une succession de champs devant être renseignés et échangés de façon structurée. Le nouvel article 954 C. pr. civ. est l'illustration de cette conception [9].

1. Civ. 2e, 22 mars 2006, n° 04-13.933; *Bull. civ.* II, n° 78; *D.* 2007. 1380, obs. Julien.
2. Civ. 2e, 2 mars 2000, n° 97-21.165, *Bull. civ.* II, n° 40.
3. Rapport de la mission présidée par J.-C. Magendie, *Célérité et qualité de la justice devant la cour d'appel*, Doc. fr., 2008, p. 67.
4. Décr. n° 2009-1524, 9 déc. 2009, relatif à la procédure d'appel avec représentation obligatoire en matière civile, *JO* 11 déc., p. 21386.
5. Civ. 1re, 24 oct. 2012, n° 11-22.358, NP.
6. Le texte est disponible en intégralité sur le site www.droitetprocedure.com – V. S. Lataste, « Le protocole sur la mise en œuvre des principes de concentration et de structuration des écritures est un guide de bonnes pratiques pour les avocats », *Gaz. Pal.* 2 mars 2012, p. 5; J.-P. Grandjean, « Réflexions d'un praticien sur le principe de concentration des moyens », *Gaz. Pal.* 8-9 mars 2013, p. 21.
7. S. Lataste, *Gaz. Pal.* 2 mars 2012, p. 5.
8. http://avocats.fr/space/jean.devalon/content/--les-premiers-presidents-de-cour-d-appel-sont-ils-hostiles-aux-avocats----_9F238905-44B6-454D-AB91-C75725F88EF4.
9. *Adde*, Rép. pr. civ., v° *Communication électronique*, par E. de Leiris, sept. 2012 [màj oct. 2013], n° 5.

161.94 Formalisme sanctionné. Trois questions :

1°) *Quid* si les conclusions ne sont pas qualificatives ? Selon l'article 56 C. pr. civ., l'assignation non qualificative est susceptible d'être annulée. La jurisprudence a eu l'occasion de préciser que l'adversaire devait établir un **grief**. Il s'agit donc d'une **nullité pour vice de forme**[1]. Le juge, de son côté, doit statuer en vertu de l'article 12 C. pr. civ.[2] Par analogie, ne pas indiquer les moyens en droit dans les conclusions serait une irrégularité de forme, cela constituerait la violation d'une formalité substantielle, à défaut d'une cause textuelle (v. s^s n°s 162.51 s., les conditions du prononcé d'une nullité pour vice de forme)[3]. Mais la Cour de cassation, il est vrai dans un arrêt inédit, a récemment jugé que cette obligation était dépourvue de sanction[4].

2°) *Quid* si les conclusions ne sont pas récapitulatives ? La Cour de cassation a rendu un avis le **10 juillet 2000**[5], selon lequel « *dans les conclusions soumises aux prescriptions de l'article 954 alinéa 2 du* [...] *Code de procédure civile, toute formule de renvoi ou de référence à des écritures précédentes ne satisfait pas aux exigences du texte et est dépourvue de portée* »; autrement dit, il s'agit d'une **reprise**, non pas seulement matérielle, mais **intellectuelle**, des conclusions. Il faut que les **dernières conclusions** dispensent totalement le juge de se reporter à quelque écriture antérieure que ce soit, et pour éviter qu'il ait à se reporter à plusieurs jeux de conclusions, il ne saurait être recouru davantage à un renvoi particulier à tel ou tel point de précédentes écritures que par voie de référence générale. Cette solution est transposable à l'article 753 C. pr. civ. qui pose la même règle que l'article 954 C. pr. civ. devant la cour d'appel.

Par ailleurs, c'est seulement dans leurs dernières conclusions (*instrumentum*) que les parties doivent mettre leurs conclusions (*negotium*) en conformité avec l'article 753 C. pr. civ. et non pas dans toutes les conclusions qu'elles peuvent déposer, même si l'avis de 2000 semble cependant dire le contraire et si une récapitulation systématique des prétentions et moyens, d'un jeu sur l'autre, aurait présenté l'avantage de rendre plus facile leur réorganisation matérielle et intellectuelle. La solution retenue a pour conséquence logique d'obliger le juge ou le conseiller de la mise en état à indiquer aux parties qu'il envisage de clore l'instruction; d'ailleurs, le juge de la mise en état a toujours la possibilité d'inviter les parties à mettre en conformité leurs écritures (C. pr. civ., art. 761 et 765), avant d'appliquer la sanction prévue.

En outre, dès lors qu'en première instance une demande n'a pas été reprise dans les dernières écritures et se trouve ainsi abandonnée, elle ne peut être reprise en appel sans se heurter aux prohibitions des demandes nouvelles[6]. Les **conclusions précédentes** ne sont cependant pas dépourvues de toute valeur : le juge peut les examiner « *pour vérifier, s'il y a lieu, les effets de droit que le dépôt de ces écritures, au regard notamment de l'interruption de la prescription ou de la péremption, a pu entraîner* »[7], pour s'assurer, le cas échéant, de l'ordre des arguments (ex. vérifier qu'une exception d'incompétence ou de nullité pour vice de forme a été soulevée dès les premières écritures, *etc.*) ou pour y déceler l'existence d'un aveu[8].

Il reste à préciser que les « ***dernières écritures*** » sont celles qui déterminent l'objet du litige ou soulèvent un incident de nature à mettre fin à l'instance : ce n'est pas le cas par exemple, de conclusions déposées simplement pour répondre à une exception de nullité d'un acte soulevée par l'adversaire[9], pour obtenir une mesure d'instruction[10] ou pour s'opposer à une demande de retrait de pièces[11]... S'agissant des procédures conduites devant le juge de la mise en état ou le conseiller de la mise en état, il semble qu'elles soient autonomes, de telle sorte que la règle s'applique au litige qui en est l'objet, sans que les conclusions noti-

1. V. récemment : Civ. 2e, 27 juin 2013, n° 12-20.929, NP – Civ. 2e, 21 mars 2013, n° 12-12.690, NP – Civ. 2e, 16 mai 2012, n° 11-15.604, NP – *Adde*, *J.-Cl. Pr. civ.*, fasc. 152, n° 38, Normand et Bléry.
2. V. des réaffirmations récentes : Civ. 1re, 26 juin 2013, n° 12-14.463, NP – Civ. 1re, 15 mai 2013, n° 11-20.026, NP – Civ. 3e, 13 déc. 2011, n° 10-18.037, NP – Soc. 23 nov. 2011, n° 10-24.279, NP – Soc. 28 sept. 2010, n° 09-41.276, NP – *Adde*, le protocole de procédure signé le 11 juillet 2012 entre le tribunal de grande instance de Paris et l'Ordre des avocats du Barreau de Paris, n° 2, p. 4 – C. Bléry, « Réflexions à partir de la jurisprudence récente sur l'article 12 du Code de procédure civile », *Procédures* 2012. Étude 7.
3. EN CE SENS, HÉRON et LE BARS, n° 585 – *Adde*, plus dubitatifs, GUINCHARD, CHAINAIS et FERRAND, n° 1821.
4. Civ. 1re, 16 oct. 2013, n° 12-17.909, NP : « *Attendu que si l'article 954, alinéa 1er, du Code de procédure civile exige des parties qu'elles formulent expressément, dans leurs conclusions d'appel, les moyens de droit fondant chacune de leurs prétentions, il n'assortit cette obligation d'aucune sanction; que c'est donc par une exacte application des dispositions de l'article 12 du Code de procédure civile, et sans relever un moyen d'office, que la cour d'appel, ayant constaté que les consorts X... ne précisaient pas le fondement juridique des demandes qu'ils formaient, par voie d'appel incident, contre la société Club Méditerranée, a fondé sa décision sur l'article 23 de la loi du 13 juillet 1992, devenu l'article L. 211-16 du Code de tourisme, dont l'application, dans sa rédaction alors en vigueur, découlait des faits allégués; que le moyen n'est donc fondé en aucune de ses branches* ».
5. Cass., avis, 10 juill. 2000, n° 20-20.007, *Bull. civ. avis*, n° 6.
6. Civ. 2e, 8 déc. 2005, n° 04-11.668, *Bull. civ.* II, n° 311; *BICC* 2006, n° 523; *RTD civ.* 2006. 153, obs. Perrot.
7. Cass., avis, 10 juill. 2000, n° 20-20.007, P, préc. s^s prés^t n°.
8. Civ. 1re, 20 mai 2003, n° 00-18.295; *Bull. civ.* I, n° 117; *RTD civ.* 2003. 543, obs. Perrot; *RTD civ.* 2003. 293, note Mestre et Fages.
9. Civ. 2e, 20 oct. 2005, n° 03-18.931, *Bull. civ.* II, n° 265.
10. Civ. 2e, 18 déc. 2008, n° 07-20.238, *Bull. civ.* II, n° 273; *Procédures* 2009. Comm. 36, obs. Perrot.
11. Civ. 2e, 26 mai 2011, n° 10-18.436, NP.

fiées par ailleurs devant la juridiction au fond en soient affectées. Mais il est nécessaire que devant cette juridiction autonome, soit respecté le principe des conclusions soumises à l'article 954 C. pr. civ., si elles visent à mettre fin à l'instance.

Cette règle est appliquée dans un souci d'efficacité par la Cour de cassation, qui fait preuve en l'espèce d'esprit pratique.

Ainsi, dès lors que des conclusions n'ont pour objet que de répondre à une question précise posée par une juridiction, il n'est point besoin de reprendre moyens et arguments[1]. Il semble utile à ce propos de rappeler deux éléments trop souvent méconnus par les praticiens ou les juges : d'une part, une **jonction d'instance** ne crée pas une procédure unique de telle sorte que des conclusions visant l'une des instances n'entraînent aucun abandon dans l'autre[2]; d'autre part, des **demandes même non reprises dans le dispositif** doivent être prises en considération[3], mais cette jurisprudence n'est plus valable que devant le tribunal de grande instance.

3°) *Quid* de l'absence de bordereau de pièces ? Il apparaît, sous réserve de ce que la jurisprudence pourra décider, que cette exigence n'est pas du même ordre que celle relative à la récapitulation des moyens et demandes. Il s'agit ici de formalité, dont l'objet est d'une part de permettre au juge de vérifier les pièces communiquées et alléguées, et d'autre part de s'assurer de leur communication. La Cour de cassation a eu l'occasion de relever que cette règle n'était assortie d'aucune sanction[4], si ce n'est l'obligation faite au juge de s'enquérir d'une pièce absente de son dossier, alors qu'elle est visée dans le bordereau et discutée par les parties (sur la cassation, v. s[s] n°s 553.00 s.).

Il ne semble pas possible d'écarter des pièces qui auraient été effectivement communiquées au seul motif qu'elles ne figureraient pas dans un bordereau annexé aux conclusions, dès lors, d'une part, qu'aucun texte ne prévoit une telle nullité, d'autre part, qu'aucun grief n'est établi et, enfin, qu'une telle sanction dénaturerait la finalité du texte, s'éloignerait de la notion de procès équitable et imposerait à un plaideur qui n'a plus rien à conclure mais qui veut communiquer de nouvelles pièces, de renotifier à l'infini les mêmes écritures.

Il faut d'ailleurs observer que les textes prévoient que si l'argument n'est pas repris dans les dernières écritures, il est réputé abandonné, mais fort heureusement rien de tel n'est prévu pour les pièces.

En outre, même en présence d'un texte mal rédigé, il n'est pas possible de s'éloigner de la réalité pratique d'un procès, qui commande souvent la production de pièces complémentaires dont le seul objet est de conforter une argumentation et une demande déjà exposées.

Ajoutons que dès qu'une pièce est communiquée de façon respectant le contradictoire, elle est dans le débat et elle peut servir tant à celui qui la produit qu'à son adversaire, qui pourtant ne l'aura pas fait figurer dans son propre bordereau, n'étant pas l'auteur de la production.

Si la jurisprudence s'orientait vers l'exclusion de pièces régulièrement communiquées au seul motif qu'elles ne sont pas dans un bordereau annexé aux conclusions, elle donnerait au simple confort du juge un effet sur le litige contraire aux droits fondamentaux et nous paraîtrait enfreindre l'article 6 de la Convention européenne de sauvegarde des droits du citoyen (tel l'arrêt raisonnant, à notre sens, à tort de la même façon s'agissant du contenu des conclusions et du bordereau[5]) dès lors qu'aucun texte ne dit qu'une pièce communiquée n'est pas dans le débat au motif qu'elle n'est pas mentionnée dans le bordereau agrafé aux conclusions. Il sera d'ailleurs observé (v. s[s] n° 544.72) que le texte existe pour la procédure orale en appel !

161.95 Place de l'écrit en procédure orale. La procédure orale s'est révélée pleine de chausse-trappes alors qu'elle a été conçue comme devant être simple. Classiquement, les demandes et argumentations sont présentées oralement – le greffier devant les consigner (v. C. pr. civ., anc. art. 843, 871 et 882). Il était cependant habituel de se référer à des **écritures** qui ne constituaient pas pour autant une pièce de procédure relevant du seul pouvoir de l'auxiliaire et leur nullité ne pouvait être recherchée sous le seul prétexte d'une absence de signature. Et ces écritures ne pouvaient dispenser une partie de venir à l'audience, en personne ou en étant représentée[6]. La Cour de cassation avait cependant donné **une certaine valeur à certains écrits** : ainsi les conclusions déposées interrompent la prescription à la date de leur dépôt, et non pas à la date de l'audience, sous la réserve de la comparution ultérieure de la partie à l'audience[7] (sur cette construction jurisprudentielle de l'oralité, v. s[s] n° 321.113).

Le décret n° 2010-1165 du 1er octobre 2010 a, notamment, doté les procédures orales d'un **socle de règles communes** et a décliné celles-ci **devant chaque juridiction d'exception** (v. s[s] n° 321.101 s.). Le principe même de l'oralité n'a toutefois pas été remis en cause : en effet, l'article 846 C. pr. civ., pour le tribunal d'instance et la juridiction de proximité, l'article 860-1 C. pr. civ. pour le tribunal de commerce, l'article 946

1. Civ. 2e, 21 avr. 2005, n° 02-14.675, *Bull. civ.* II, n° 115; *Procédures* 2005, n° 176.
2. Civ. 2e, 17 mai 2001, n° 99-18.509, *Bull. civ.* II, n° 98.
3. Civ. 3e, 6 nov. 2001, n° 00-13.790, NP; *RTD civ.* 2002. 145, obs. Perrot.
4. Civ. 2e, 3 avr. 2003, n° 00-22.066, *Bull. civ.* II, n° 94; *Procédures* 2003. Comm. 132, obs. Perrot.
5. Paris, 1re ch., 16 juin 1999, RG n° 98/07089, inédit.
6. PAR EX., v. Civ. 2e, 17 janv. 2013, n° 11-28.495, *Bull. civ.* II, n° 9; *Gaz. Pal.* 25 mai 2013, p. 23, obs. Bléry.
7. Civ. 2e, 26 nov. 1998, n° 96-12.262, *Bull. civ.* II, n° 283; *RTD civ.* 1999. 200, obs. Perrot.

alinéa 1er C. pr. civ. pour la cour d'appel (lorsque la procédure est sans représentation obligatoire)... réaffirment que « *la procédure est orale* » et l'article 446-1 alinéa 1er C. pr. civ. définit ce qu'est l'oralité : « *Les parties présentent oralement à l'audience leurs prétentions et les moyens à leur soutien* »; c'est seulement une exception que pose l'alinéa 2 : « *Lorsqu'une disposition particulière le prévoit, les parties peuvent être autorisées à formuler leurs prétentions et leurs moyens par écrit sans se présenter à l'audience. Le jugement rendu dans ces conditions est contradictoire* [...] ». La construction jurisprudentielle de l'oralité élaborée sous l'empire du droit antérieur est donc toujours d'actualité.

En revanche, **lorsqu'une disposition le prévoit** (ce qui est le cas devant la cour d'appel lorsque la procédure est sans représentation obligatoire et devant toutes les juridictions d'exception sauf le conseil de prud'hommes, sachant qu'il n'y a pas non plus de disposition spéciale pour la procédure de référé) et si les parties ont été dispensées de se présenter après une première audience lors de laquelle sont organisés les échanges (C. pr. civ., art. 446-2, al. 1er), **les écritures deviennent de vrais actes de procédure**; et nous pensons qu'en conséquence les règles de rédaction des conclusions écrites doivent pouvoir leur être appliquées[1]. L'article 446-2 alinéa 2 C. pr. civ., prévoit même que « *lorsque les parties formulent leurs prétentions et moyens par écrit, le juge peut, avec leur accord, prévoir qu'elles seront réputées avoir abandonné les prétentions et moyens non repris dans leurs dernières écritures communiquées* » : **les écritures peuvent donc être récapitulatives, mais seulement si les parties l'acceptent.** La jurisprudence relative aux conclusions récapitulatives devant le tribunal de grande instance et la cour d'appel est très certainement transposable lorsqu'est mis en œuvre l'article 446-2 alinéa 2 C. pr. civ.

161.96 Support papier ou électronique. Les conclusions peuvent être rédigées sur support papier ou électronique devant le tribunal de grande instance (Arr. 7 avr. 2009). Il en est de même des écritures devant le tribunal de commerce (Arr. 21 juin 2013[2]) ou la cour d'appel lorsque la procédure est sans représentation obligatoire, puisque devant ces trois juridictions, c'est la totalité des actes prévus à l'article 748-1 C. pr. civ. qui peut être **remise** ou **notifiée** par voie électronique et donc **établie** sur support électronique. Elle doit l'être par cette voie devant la cour d'appel lorsque la procédure est avec représentation obligatoire (C. pr. civ., art. 930, al. 1er et Arr. 30 mars 2011, consolidé), à moins qu'une cause étrangère empêche la transmission par voie électronique et que l'acte soit alors établi sur support papier (C. pr. civ., art. 930-1, al. 2 - V. ss no 161.252) : en effet, si les notifications des conclusions entre avocats sont seulement (en principe, sous réserve de protocoles ou de pratiques : v. ss nos 300.61) facultatives, leur remise auprès de la juridiction doit se faire par voie électronique à la cour d'appel, d'où un établissement nécessairement dématérialisée.

Sur la sanction de l'utilisation de la voie papier lorsque la voie électronique est obligatoire, v. ss no 161.261.

§ 2
Notification des actes de procédure – droit interne

161.100 Nécessité d'une notification. Notifier un acte, c'est le porter à la connaissance des personnes concernées par la procédure en leur en remettant une copie (C. pr. civ., art. 651, al. 1er). La notification est indispensable pour officialiser et rendre incontestable la connaissance des destinataires de l'acte, peu important que ces personnes soient officieusement au courant de l'acte[3]. Elle est en outre souvent le point de départ du calcul de certains délais, notamment des voies de recours.

La notification peut être l'œuvre de l'huissier, du greffe, des parties elles-mêmes ou de leurs représentants (notamment avocats). Chaque fois qu'un acte est notifié par ministère d'huissier, il est signifié (C. pr. civ., art. 651, al. 2).

Le Code de procédure civile contient quelques dispositions communes (A), il règlemente deux voies de notification de droit commun (B) et prévoit un régime particulier pour certaines notifications (C). Ces différentes règles ont été déclinées « en mode électronique », ceci au sein du titre XXI du livre Ier du Code de procédure civile relatif à la communication

1. En faveur de cette vision des choses, v. Civ. 2e, 26 sept. 2013, nos 12-22.422 et 12-24.791, NP : « *Attendu qu'en procédure orale, les dispositions de l'article 954 du Code de procédure civile sont sans application et que, hors les cas visés au second alinéa de l'article 446-1 du même code, le juge n'est tenu de répondre qu'aux moyens et prétentions présentés à l'audience; que les juges n'étant astreints à observer aucune règle de forme particulière pour l'exposé des moyens et prétentions des parties, il a été, en l'espèce, satisfait aux exigences de l'article 455 du même code par le rappel qu'en a fait le juge, sans que celui-ci soit tenu de viser les conclusions écrites prises par les parties et leur date* ». *A contrario*, les exigences de l'article 954 s'appliquent aux écrits régulièrement présentés en procédure orale.

2. C. Bléry, « Un pas en avant dans la dématérialisation du procès et dans l'utilité de l'écrit en procédure orale », *JCP* 2013. 792. Plus exactement, les écritures pourront être dématérialisées devant le tribunal de commerce dès que l'interconnexion entre « i-greffes » et le RPVA sera opérationnelle, ce qui ne saurait tarder.

3. Rép. pr. civ., vo *Actes de procédure*, par A. Leborgne, sept. 2005 [màj mars 2013], no 250 : *Paria sunt non esse et non significari* – Pour une illustration, v. Soc. 29 juin 2010, no 08-70.455, NP.

par voie électronique (C. pr. civ., art. 748-1 à 748-7; v. s[s] n° 161.08 et n° 161.221) en 2005[1], tandis que la signification électronique a été intégrée au titre XVII de ce même livre (C. pr. civ., art. 653, 662-1, 663 et 664-1 - V. s[s] n° 161.08 et n° 161.281) en 2012[2] (D).

Notons aussi que les articles 675 à 682 C. pr. civ. envisagent les règles particulières à la notification des jugements : celles-ci seront vues avec les règles relatives à la confection des jugements.

A. Dispositions générales

1° Représentation en justice

161.101 **Notification au représentant.** En application de l'article 652 C. pr. civ. lorsqu'une partie a chargé une personne de la représenter en justice, les actes sont notifiés au représentant : avocat ou avocat aux Conseils dans les procédures où la représentation est obligatoire (la constitution officialise la mission de représentation et le nom du représentant); mais aussi toute personne habilitée à représenter autrui en justice dans les procédures où la représentation n'est pas obligatoire. Dès lors que le représentant est connu, c'est-à-dire qu'il s'est manifesté à la suite de l'assignation, c'est à lui que les notifications des actes qui se rattachent à l'instance[3] doivent être faites. Il est renvoyé ici aux développements sur la représentation et le choix du mandataire (v. s[s] n°s 171.10 s.), car la notification au représentant suppose que le mandat soit valable; or tel n'est pas le cas du mandat donné à un professionnel du recouvrement pour représenter à titre habituel des plaideurs devant le tribunal de commerce[4].

Il faut noter que l'huissier, en dépit de la clause de style figurant généralement sur les actes selon laquelle la partie a « *élu domicile* » chez l'huissier significateur, ne représente pas (sauf exception[5]) les parties devant la juridiction, de telle sorte que les actes ne peuvent pas utilement lui être notifiés.

2° Lieu de la notification

161.111 **Textes.** Ce problème est régi par les articles 689, 690, 691 et 692 C. pr. civ. qui opèrent des distinctions selon le destinataire de l'acte.

161.112 **Notifications destinées à une personne physique.** L'article 689 C. pr. civ. pose une triple règle :

- la notification est faite au **lieu où demeure le destinataire** (C. pr. civ., art. 689, al. 1er). Cette méthode présente l'avantage d'être facile, car il suffit de s'adresser au domicile ou à une autre résidence sous réserve que le destinataire ait des chances d'y être joint[6] et il est possible de délivrer l'acte, alors même que le destinataire n'est pas trouvé en personne (sur les significations, v. s[s] n°s 161.132 s.);
- ensuite, la notification peut être également faite sur le **lieu de travail du destinataire ou en tout autre lieu**, à la condition qu'elle aboutisse à la remise de l'acte en mains propres[7] (C. pr. civ., art. 689, al. 2);
- enfin, lorsque la loi l'admet ou l'impose, la notification peut également être faite **au domicile élu** (au cabinet de l'avocat, ou au lieu de l'exécution d'un contrat, par exemple) (C. pr. civ., art. 689, al. 3). Mais, en dehors des exceptions précisées par les textes, l'élection de domicile née de la constitution faite en application de l'article 751 C. pr. civ. n'emporte pas pouvoir pour l'avocat de recevoir les significations destinées à la partie elle-même[8]. La Cour de cassation semble toutefois admettre que la signification puisse être opérée au domicile élu dans la procédure lorsque la signification à personne s'avère impossible[9].

161.113 **Notifications destinées à une personne morale de droit privé ou à un établissement public à**

1. V. Décr. n° 2005-1678, 28 déc. 2005, *JO* 29 déc., p. 20350.
2. V. Décr. n° 2012-366, 15 mars 2012, *JO* 17 mars, p. 4899.
3. Ce qui exclut les actes et mesures d'exécution qui ne donnent pas lieu à une procédure devant le juge de l'exécution, v. Rép. pr. civ., v° *Actes de procédure*, par A. Leborgne, sept. 2005 [màj mars 2013], n°s 267 et 268.
4. Civ. 1re, 7 avr. 1999, n° 97-10.656, *Bull. civ.* I, n° 120; *RTD civ.* 1999. 698, obs. Perrot; *JCP* 1999. II. 10107 : un agent de recouvrement de créances pour le compte d'autrui ne peut prolonger ses activités devant le tribunal de commerce, « *seuls les avocats pouvant assumer ces missions à titre habituel* » - *Adde*, Civ. 1re, 21 janv. 2003, n° 01-14.383, *Bull. civ.* I, n° 17.
5. Il est habilité à représenter les parties devant le tribunal paritaire des baux ruraux (C. pr. civ., art. 883), devant le tribunal de commerce où la représentation est libre (sous la réserve vue note préc.).
6. Ainsi n'est pas valablement réalisée une signification à domicile diligentée au lieu de la résidence secondaire du destinataire, résidence inoccupée, d'un accès difficile et sans boîte aux lettres, alors qu'il a un domicile ailleurs : Civ. 2e, 7 nov. 1994, n° 93-10.203, *Bull. civ.* II, n° 227).
7. TGI Clermont-Ferrand, 26 avr. 1977, *JCP* 1977. II. 18176, note Almairac – Aix-en-Provence, 29 mai 1990, RG n° 89/8898, *RTD civ.* 1991. 163, obs. Perrot.
8. Civ. 2e, 13 nov. 1996, n° 94-19.913, *Bull. civ.* II, n° 249; *RJDA* 1997, n° 980; *Rev. huiss.* 1997. 395 – Civ. 3e, 9 juin 1999, n° 98-70.207, *Bull. civ.* III, n° 138. Et, si le créancier qui délivre un commandement de saisie immobilière doit faire élection de domicile chez son avocat (auj., C. pr. exéc., art. R. 321-3, al. 1er, 1°), la loi n'impose pas, pour le débiteur saisi, une signification à domicile élu des actes afférents à la saisie immobilière : Civ. 2e, 16 nov. 1988, n° 87-16.307, *Bull. civ.* II, n° 224; *JCP* 1989. IV. 23; *Gaz. Pal.* 1989. Somm. 261.
9. Civ. 2e, 30 mai 2002, n° 00-20.588, n° 00-20.589, 2 esp., NP : dans les deux espèces, domicile avait été élu dans les lieux loués.

caractère industriel ou commercial. L'article 690 pose une double règle :

– le principe est celui d'une **notification au lieu de l'établissement** (C. pr. civ., art. 690, al. 1er). Le terme d'établissement n'est pas à confondre avec celui de siège social et une notification peut, en dehors du siège social, être valablement faite au **domicile de fait de la personne morale**[1] ou à l'une des **agences**[2] : la jurisprudence dite des gares principales (sur laquelle, v. ss no 131.61) est transposable ici[3].

A contrario, est nulle une notification effectuée à une adresse qui n'était pas celle du siège social d'une société ou de l'un de ses établissements, mais qui était celle d'un tiers qui ne la représentait pas dans la procédure[4]. La jurisprudence est cependant tolérante et juge qu'une assignation destinée à une personne morale et délivrée, non pas à son siège social mais au domicile de ses associés et gérants, est valable, dans la mesure où ceux-ci en avaient eu immédiatement connaissance et que la société n'établissait pas de grief relatif à ce mode de délivrance[5].

Une difficulté peut provenir de ce qu'une société n'a pas d'établissement connu à l'adresse indiquée comme le siège social par le registre du commerce : la signification effectuée à cette adresse (à l'époque par remise en mairie) n'est pas régulière[6]; et si la personne morale est en liquidation, la notification doit être faite soit sur le lieu de l'établissement, mais en la personne du liquidateur, soit au domicile de ce dernier[7];

– une solution de remplacement est prévue dans l'hypothèse où il n'y aurait **pas de lieu d'établissement**[8] : « *à défaut d'un tel lieu* », la notification est faite à l'un des membres de la personne morale ou de l'établissement « *habilité à recevoir l'acte* » (C. pr. civ., art. 690, al. 2). Si la société n'a pas la personnalité morale (société de fait) et donc pas de siège social, la notification est faite à chacun des associés[9].

L'article 654 C. pr. civ. (propre aux significations) détermine la personne habilitée (v. ss no 161.132); pour ce qui est des notifications en la forme ordinaire, la jurisprudence pose une présomption d'habilitation de la personne qui a signé l'avis de réception[10]... même si la signature est celle d'un préposé de la société ne faisant pas partie des personnes habilitées à recevoir le courrier recommandé[11] (v. ss no 161.161).

Ainsi, soit la personne morale a un établissement géographiquement localisé et la notification s'y effectue (entre les mains de toute personne présente qui se déclare habilitée[12]), soit elle n'a pas d'établissement et la notification sera alors faite à l'une des personnes physiques qui composent la personne morale, mais seulement si elle est habilitée pour cela; tenter de notifier à l'un des membres de la personne morale, à défaut de lieu d'établissement, est obligatoire[13].

Il faut noter que le terme de dirigeant exclut le domicile élu, sauf cas particulier[14] et qu'une jurisprudence bienveillante permet l'utilisation de la solution de notification à une personne habilitée lorsque le lieu de l'établissement est à l'étranger[15].

161.114 Notifications destinées au ministère public ou faites au parquet. Le parquet est amené à recevoir non seulement les notifications qui sont destinées au ministère public, mais aussi celles qu'il est chargé d'acheminer en direction de personnes domiciliées en dehors du territoire national, à l'exclusion des actes délivrés en matière civile et commerciale dans les États membres de l'Union européenne, pour lesquels le règlement du Parlement et du Conseil no 1393/2007 du 13 novembre 2007, s'applique depuis le 13 novembre 2008, en remplacement du règlement no 1348/2000 (à ce sujet, v. ss nos 163.00 s.).

1. Com. 31 juill. 1952, *D.* 1953. 54.
2. Civ. 2e, 27 nov. 1985, no 84-13.740, *Bull. civ.* II, no 179; *D.* 1987. Somm. 184, note Groutel; *Gaz. Pal.* 1986. Somm. 413, obs. Croze et Morel – Civ. 2e, 21 févr. 1990, no 88-17.230, *Bull. civ.*, no 40; *RTD civ.* 1990. 555, obs. Perrot – Civ. 3e, 16 mai 1990, no 88-18.931, *Bull. civ.*, no 121; *RTD civ.* 1990. 555, obs. Perrot.
3. Héron et Le Bars, no 177.
4. Civ. 2e, 10 juill. 2008, no 07-10.524, NP, pour une assignation faite non pas au siège mais chez le concessionnaire.
5. Civ. 3e, 24 oct. 2007, no 06-19.379, *Bull. civ.* III, no 184; *D.* 2007. AJ 2812; *Procédures* 2007. Comm. 272, note Perrot.
6. Civ. 2e, 16 mars 2000, no 95-13.210, *Bull. civ.* II, no 48 (v. aussi ss no 161.135).
7. Civ. 1re, 16 juin 1987, *JCP* 1987. IV. 295 – Civ. 2e, 17 mai 1983, no 81-14.262, *Bull. civ.* II, no 112.
8. Lorsqu'une personne morale n'a plus d'établissement connu au lieu indiqué comme siège social par le registre du commerce et des sociétés, c'est en revanche l'article 659 qu'il faudra appliquer, v. Guinchard, Chainais et Ferrand, no 893 et Rép. pr. civ., vo *Actes de procédure*, par A. Leborgne, sept. 2005 [màj mars 2013], no 281 (v. ss ss no 161.137).
9. Civ. 2e, 7 janv. 1960, no 2.160, *Bull. civ.* II, no 10.
10. Civ. 3e, 2 févr. 1994, no 92-70.325, *Bull. civ.* III, no 16; *D.* 1994.18, note Bonneau; *Justices* 1995. 1. 240, obs. Héron – Soc. 10 mars 1988, no 86-42.018, *Bull. civ.* V, no 176; *RTD civ.* 1988. 573, obs. Perrot.
11. Civ. 2e, 22 janv. 1997, no 95-11.877, *Bull. civ.* II, no 18; *RTD civ.* 1997. 505, obs. Perrot; *JCP* 1997. II. 22874; *RJDA* 1997, no 511.
12. Si une personne présente n'était pas habilitée, la signification ne serait pas nulle, mais elle serait à domicile.
13. Rép. pr. civ., vo *Actes de procédure*, par A. Leborgne, sept. 2005 [màj mars 2013], no 283.
14. Civ. 3e, 4 mai 1994, no 92-13.039, *Bull. civ.* III, no 88; *Dr. et patr.* janv. 1995, no 825, 82, obs. Lissarague – Civ. 2e, 16 nov. 1988, no 87-16.307, *Bull. civ.* II, no 224; *JCP* 1989. 21377, note Prevault; *JCP N* 1990, no 50, 285, note Prevault.
15. Civ. 2e, 12 mai 1975, no 74-12.241, *Bull. civ.* II, no 144; *RTD civ.* 1976. 175, obs. Perrot – v. aussi, Com. 20 nov. 2012, no 11-17.653, *Bull. civ.* IV, no 207 : la délivrance d'une assignation destinée à une personne morale dont le siège est situé à Londres est régulière dès lors qu'elle est faite à la personne de son représentant légal domicilié en France.

L'article 691 C. pr. civ. pose une double règle :

– selon le cas, l'acte est délivré au parquet de la juridiction devant laquelle la demande est faite (pour un acte introductif d'instance) au parquet de la juridiction qui a statué (pour un acte consécutif à une procédure) ou à celui du dernier domicile connu[1] (C. pr. civ., art. 691, al. 1er);

– dans l'hypothèse où il n'y aurait pas de parquet près la juridiction, la notification est faite au parquet du tribunal de grande instance (TGI) dans le ressort duquel cette juridiction a son siège (C. pr. civ., art. 691, al. 2).

161.115 Notifications destinées aux collectivités publiques et aux établissements publics. L'article 692 C. pr. civ. pose une règle unique et simple, en ce qu'elle prescrit la notification sur le lieu de l'établissement et à toute personne habilitée à la recevoir. Sous l'empire de l'ancien Code de procédure, le fonctionnaire qui recevait l'acte devait signer l'original, cette signature devenant un élément de l'exploit. Si l'article 692 C. pr. civ. n'évoque pas cette formalité, il semble toutefois que les services publics aient conservé l'habitude de viser l'original : dès lors, si l'acte, bien que remis au lieu d'établissement, ne l'est pas à une personne habilitée, il convient de respecter les prescriptions des articles 655 et 658 C. pr. civ., la signification étant à domicile[2].

Quant aux personnes habilitées, elles sont déterminées par les règles de droit public organisant les collectivités publiques et les établissements publics (agent judiciaire du Trésor pour l'État, maire[3] pour une commune, président de l'établissement public ou toute personne régulièrement habilitée par lui pour recevoir les notifications...).

B. Deux voies de notification de droit commun et traditionnelles

161.120 Signification et notification en la forme ordinaire. Ainsi que déjà dit (v. ss n° 161.100) la notification est la formalité par laquelle on porte connaissance d'un acte à une personne (v. C. pr. civ., art. 651). Elle est de **droit commun** lorsqu'elle n'est pas un acte du palais (v. ss nos 161.191 s.), qu'elle n'est pas celle d'un jugement (v. ss nos 423.00 s.) ou celle d'un acte destiné ou en provenance de l'étranger (v. ss nos 161.200 s.). La notification est **traditionnelle** lorsqu'elle réalisée à l'aide d'un support papier, et qu'elle n'est donc pas électronique (v. ss nos 161.221 s.).

Rappelons encore que la signification (1°) est le nom donné à la notification lorsqu'elle est faite par huissier; mais la notification peut être réalisée en la forme ordinaire (2°).

La signification est le mode normal de notification – même si, en pratique, des modes plus simples lui sont souvent préférés –, car elle présente davantage de garanties pour le destinataire de l'acte : elle suppose que l'huissier essaie de lui remettre l'acte, en mains propres. En conséquence, lorsque la loi autorise le recours à une autre voie, il est toujours possible de notifier par voie de signification (C. pr. civ., art. 651, al. 3)[4]. À l'inverse, chaque fois qu'une loi exige le recours à une signification, toute autre voie est interdite[5]; en particulier, selon l'article 675 C. pr. civ., en matière contentieuse, « *les jugements sont notifiés par voie de signification à moins que la loi n'en dispose autrement* », de telle sorte qu'il n'est possible de procéder par une notification envoyée par le greffe que si un texte le prévoit[6].

1° Signification

161.121 Intervention de l'huissier de justice. L'article 1er de l'ordonnance du 2 novembre 1945 relative au statut des huissiers leur confère le monopole de signification des actes, même si, pour celle-ci, ils sont autorisés à faire signifier par des clercs assermentés. S'agissant d'une règle d'organisation judiciaire d'ordre public, elle est impérative, de telle sorte qu'est nul tout acte signifié par une personne qui n'a pas qualité.

L'huissier compétent est celui dans le **ressort du tribunal de grande instance** (au lieu du tribunal

1. En réalité, la signification à parquet, s'agissant d'une personne dont l'adresse est inconnue, a été remplacée par le procès-verbal de recherches infructueuses de l'article 659 C. pr. civ. (Décr. n° 86-585, 14 mars 1986).
2. Bordeaux, 19 mars 1992, RG nos 5979/91 et 5884/91, *Gaz. Pal.* 22 mai 1993, note Renard – Et l'arrêt de rejet, Civ. 3e, 30 nov. 1994, n° 92-15.877, NP – Rép. pr. civ., v° *Actes de procédure*, par A. Leborgne, sept. 2005 [màj mars 2013], n° 285 – GUINCHARD, CHAINAIS et FERRAND, n° 895.
3. À défaut un adjoint dans l'ordre du tableau ou ayant reçu délégation régulière pour recevoir les actes en cause.
4. En application de l'article 651 alinéa 3 C. pr. civ. qui prévoit que la notification peut toujours se faire par voie de signification, une partie peut choisir de notifier un certificat de vérification de dépens par acte d'huissier de justice dont le coût incombe à la partie qui supporte les dépens : Civ. 2e, 14 févr. 2008, n° 06-19.894, *Bull. civ.* II, n° 32 – Civ. 2e, 5 mai 2011, n° 10-15.977, NP; *Procédures* 2011. Comm. 22, obs. Perrot – V. AUSSI, Civ. 3e, 16 oct. 2013, n° 12-19.352, [à paraître].
5. Selon la Cour de cassation, l'utilisation de la voie ordinaire alors qu'elle n'est pas autorisée est un vice de forme; le destinataire doit prouver le grief que l'emploi de cette voie lui a causé pour obtenir le prononcé de la nullité de la notification : Com. 24 avr. 2007, n° 06-10.273, *Bull. civ.* IV, n° 112; *D.* 2007. 2430, obs. Fricero.
6. Tel n'est pas le cas à titre d'exemple pour la notification d'une ordonnance de référé rendue par le président du tribunal paritaire des baux ruraux : Civ. 2e, 8 juill. 2004, n° 02-19.612, *Bull. civ.* II, n° 357; *D.* 2005. 332, obs. Julien et Fricero.

d'instance avant le 1er janvier 2009) duquel se trouve le destinataire (Décr. n° 56-222, 29 févr. 1956, art. 5 - sauf exceptions : art. 6). Le décret n° 2010-433 du 29 avril 2010 a permis aux huissiers de justice, à la suite de l'élargissement de leur compétence territoriale, de confier la signification d'un acte à un confrère plus proche du lieu de signification (Décr. n° 56-222, 29 févr. 1956, art. 16, al. 2, créé par Décr. n° 2010-433, 29 avr. 2010, art. 2, 1°)[1].

a) Procédés de signification

161.131 Obligation de remise. La signification emporte la seule obligation de remettre l'acte, sans que l'huissier n'ait à le lire ou le commenter. La remise à la personne même du destinataire est évidemment la solution la meilleure[2]. Mais les horaires de travail des huissiers, ceux des destinataires, la mouvance de plus en plus fréquente des lieux de résidence, sont autant d'obstacles à la délivrance à personne. Le législateur a dû envisager des solutions de remplacement, afin que la remise des actes puisse intervenir en toutes hypothèses. Les rédacteurs du Code de procédure civile avaient en outre établi une hiérarchie dans les modes de signification. Si certaines modalités ont été modifiées, le principe est maintenu : si la signification à personne n'est pas réalisable, la signification peut être faite au domicile, à défaut à la résidence ou, enfin, à la dernière adresse connue.

161.132 Signification à personne. C'est en droit le mode normal et de principe de la signification. En application de l'article 654 alinéa 1er C. pr. civ., l'acte doit être remis au destinataire lui-même. Plus exactement, l'huissier a l'obligation d'essayer d'y procéder.

– Pour une **personne physique**, il s'agit de lui **remettre l'acte en mains propres**, quel que soit le lieu de cette remise (C. pr. civ., art. 689 – V. ss n° 161.112) : domicile, lieu de travail, rue... S'il y a plusieurs personnes, la signification doit être faite à chacune nommément, leur lien de parenté étant indifférent à cette obligation[3]. À défaut, la signification est nulle : aujourd'hui, en dépit du refus de la notion d'inexistence, il s'agit toujours d'une nullité sans grief. Les arrêts sont rendus à propos de la signification de jugements, soit au visa de l'article 677, soit au visa général des articles 654 s. dans des hypothèses où l'huissier n'a pas pu remettre l'acte en mains propres, mais il faut généraliser la règle à toute signification, y compris à personne, de tout acte de procédure.

Le plus souvent, il n'est pas nécessaire de procéder par acte séparé (supposant qu'une minute et une copie soient dressés pour chaque destinataire) et un acte unique suffit : dans ce cas, s'ajoutent à l'unique original autant de copies qu'il y a de destinataires (pour cette raison la pratique l'appelle remise par « *copie séparée* »), « *la matérialisation de la remise s'opèr*[ant] *ici par la rédaction de procès-verbaux de signification distincts pour chaque destinataire* »[4].

Cette règle vaut également lorsque, en application de certains textes spécifiques la signification se fait à l'avocat : dans ce cas, la signification remise à l'avocat doit être faite en autant de copies que de parties représentées[5]. **L'huissier n'a pas à faire accepter l'acte par son destinataire**[6] et, en cas de refus de celui-ci, peut laisser la copie sur un meuble. L'acte, directement remis au destinataire, peut être en copie ouverte ou sous enveloppe fermée[7]. Si la personne physique est incapable, la signification à personne s'entend de la personne de son représentant (ex., parents, tuteur et subrogé tuteur, *etc.*).

– Pour une **personne morale** de droit privé ou un établissement public à caractère industriel ou commercial, il s'agit de remettre l'acte « *à son représentant légal, à un fondé de pouvoir de ce dernier ou à toute autre personne habilitée à cet effet* » (C. pr. civ., art. 654, al. 2)[8]. L'ordre énoncé par le texte n'est pas préférentiel. En pratique, l'huissier se rend au siège social et se contente de demander une **personne habilitée à recevoir les actes**; il n'a même pas à vérifier que la personne qui se présente est effectivement habilitée, il suffit qu'elle déclare l'être[9]. Mais encore faut-il que la mention figure dans l'acte[10]. Il faut bien reconnaître que souvent l'huissier, sans interrogation particulière, déduit de l'acceptation de l'acte

1. Les émoluments relatifs à cet acte, versés à l'huissier initialement saisi, sont ensuite partagés entre les intéressés à raison d'un tiers pour l'huissier de justice qui a rédigé l'acte et de deux tiers pour celui qui l'a signifié (Décr. n° 96-1080, 12 déc. 1996, art. 5-1, créé par Décr. n° 2010-433, 29 avr. 2010, art. 3).
2. Le tarif des huissiers est incitatif à cet égard en ce qu'il prévoit une majoration de l'émolument en cas de remise à personne.
3. Civ. 2e, 11 oct. 1995, n° 92-18.799, *Bull. civ.* II, n° 238; *Rev. huiss.* 1996. 243 – Civ. 2e, 15 janv. 2009, n° 07-20.472, *Bull. civ.* II, n° 18; *D.* 2009. 378; *D.* 2009. 757, chron. Sommer et Nicolétis; *D.* 2010. 169, obs. Fricero – Civ. 2e, 31 mars 2011, n° 09-17.376, *Bull. civ.* II, n° 78; *Procédures* 2011. Alerte 31, obs. Lauvergnat.
4. L. Lauvergnat, « L'acte à pluralité de destinataires : la fin d'une controverse », *Procédures* 2011. Alerte 31, n° 1.
5. Civ. 2e, 22 nov. 2001, n° 99-20.964, NP; *Procédures* 2002, n° 55.
6. Paris, 12 déc. 1906, *DP* 1907. 215.
7. Civ. 1re, 26 avr. 1963, *Bull. civ.* I, n° 218.
8. Alors que pour une collectivité publique ou un établissement public, la notification est faite « *à toute personne habilitée à la recevoir* » (C. pr. civ., art. 692 – V. ss n° 161.115).
9. Civ. 2e, 6 oct. 1971, n° 69-13.259, *Bull. civ.* II, n° 264; *Gaz. Pal.* 1972. 192 – Civ. 2e, 18 janv. 1978, *JCP* 1978. IV. 93 – Civ. 2e, 14 déc. 1981, NP; *Gaz. Pal.* 1982. 191, note Viatte – Soc. 26 juin 1975, n° 74-40.669, *Bull. civ.* V, n° 358 – Soc. 4 avr. 1978, n° 76-13.410, *Bull. civ.* V, n° 278; *JCP* 1978. IV. 186 – Com. 12 nov. 2008, n° 08-12.544, NP; *Procédures* 2009. Comm. 7, obs. Perrot.
10. Civ. 3e, 30 nov. 1994, n° 92-15.877, n° 1904, NP.

que la personne est habilitée[1]. Cependant, pour que les organes légaux de la personne morale soit avertis de la signification - éventuellement faite à une personne non habilitée –, l'article 658 C. pr. civ. prévoit l'envoi d'une lettre simple, le jour même ou le jour ouvrable suivant; une copie de l'acte de signification y est jointe. Toutefois, l'omission de cette formalité ne constitue qu'un vice de forme[2].

L'huissier n'est jamais tenu d'essayer de signifier ailleurs qu'au lieu d'établissement (connu) de la personne morale; notamment, même s'il connaît le domicile personnel du représentant légal, il n'a pas l'obligation de s'y rendre[3]. S'il le fait, par exemple parce que la personne morale a son siège social à l'étranger mais que des dirigeants de la société sont domiciliés en France, l'huissier ne peut alors remettre l'acte qu'à la personne habilitée - ce que n'est pas un parent, un employé - et ce qu'il doit vérifier (C. pr. civ., art. 690). Il peut donc se contenter d'une signification à domicile (si une personne non habilitée accepte de recevoir l'acte au lieu d'établissement), voire d'une signification par dépôt en son étude (s'il ne trouve personne au lieu d'établissement pour recevoir l'acte)[4].

L'article 654 alinéa 2 C. pr. civ. ne s'applique qu'aux personnes morales, ce qui exclut les personnes physiques exerçant une activité professionnelle et pouvant avoir de nombreux préposés (ex., une signification destinée à un avocat n'est pas faite à personne, par sa remise à l'une de ses secrétaires, même habilitée à recevoir les documents)[5] et en présence d'une liquidation, le représentant légal est le liquidateur et c'est à lui que doit être remis l'acte[6] (v. s[s] n° 161.113).

Rappelons qu'il ne peut être fait de signification à élection de domicile en dehors des cas prévus par la loi et, hors ces cas, cette démarche parfois tentante pour les huissiers, est à écarter[7].

161.133 **Impossibilité d'une signification à personne.** L'article 655 C. pr. civ. rappelle avec vigueur que ce n'est que dans le cas où la signification à personne est impossible que peut être envisagée une autre méthode. La difficulté réside évidemment dans la définition du terme « impossible »,. En application de l'alinéa 2 du même article[8], l'huissier doit relater dans l'acte les **diligences accomplies** pour remettre l'acte à personne et les circonstances caractérisant l'impossibilité d'une telle remise[9]. À défaut, et à condition d'avoir causé un grief, la signification serait nulle pour vice de forme[10].

Un certain nombre de lignes de force peuvent être dégagées d'une jurisprudence nourrie.

Il est ainsi acquis que l'impossibilité de délivrer à personne doive ressortir des mentions de l'acte lui-même, les références à des considérations, déclarations ou éléments extérieurs à l'acte étant inopérantes[11]. Il est nécessaire que l'huissier explique pourquoi il était impossible de remettre l'acte et le fait de cocher des cases, rappelant la présence d'une boîte aux lettres, d'une plaque de porte ne suffit pas à expliquer pourquoi l'acte n'a pu être remis à personne[12].

Par ailleurs, il a pu être jugé que l'absence momentanée du destinataire consacre l'impossibilité de lui délivrer l'acte à domicile[13]. De même, le refus, par la personne présente au domicile, de prendre l'acte destiné à une autre personne justifie sa remise à la mairie (aujourd'hui, dépôt en l'étude d'huissier), sans qu'il soit nécessaire pour l'huissier de se présenter à nouveau[14].

Néanmoins, **une certaine jurisprudence est parfois plus exigeante**, essentiellement dans le cas où l'huissier savait exactement à quelle heure il pouvait rencontrer son interlocuteur (ce qui oblige l'huissier à revenir à l'heure d'ouverture indiquée sur la plaque

1. C'est en quelque sorte le fait de prendre le pli qui vaut déclaration d'habilitation. Cette pratique est d'ailleurs en général confortée par le fait que très souvent l'acte comporte une phrase pré-imprimée indiquant que le récipiendaire a déclaré être habilité. Or, il arrive que des gens, peu avertis de l'importance de l'acte, le prennent, croyant rendre service au destinataire, alors même qu'ils ne sont pas habilités. La discussion sur l'habilitation devient alors difficile : Paris, ord. CME, 12 févr. 1991 – Et sur déféré : Paris, 29 mai 1991, *Bull. avoués* 1991. 2. 5).
2. Civ. 2e, 1er févr. 1995, n° 93-15.203, *Bull. civ.* II, n° 38.
3. Civ. 2e, 21 févr. 1990, n° 88-17.230, *Bull. civ.* II, n° 40.
4. Civ. 2e, 11 mars 2010, n° 09-65.498, *Bull. civ.* II, n° 52; *Loyer et copr.* 2010. Comm. 138, obs. Chavance.
5. Versailles, 15 nov. 1991, *D.* 1992. IR 57.
6. Civ. 2e, 17 mai 1983, n° 81-14.262, *Bull. civ.* II, n° 112 – Civ. 1re, 16 juin 1987, n° 85-12.515, *Bull. civ.* I, n° 199; *JCP* 1987. IV. 295.
7. Civ. 2e, 13 nov. 1996, n° 94-19.913, *Bull. civ.* II, n° 249.
8. Le décret n° 2005-1678 du 28 décembre 2005 a entériné une exigence auparavant seulement jurisprudentielle.
9. V. Civ. 2e, 10 janv. 2013, n° 11-27.228, NP.
10. A ainsi été censuré l'arrêt ayant annulé une signification au motif qu'il ne résultait pas des mentions de l'acte la preuve de l'impossibilité de sa délivrance à personne, sans rechercher si cette irrégularité avait causé un grief : Civ. 2e, 11 mars 1999, n° 95-21.119, NP.
11. Civ. 2e, 10 déc. 1975, n° 74-10.816, *Bull. civ.* II, n° 330 – Civ. 2e, 24 févr. 1982, n° 79-16.717, *Bull. civ.* II, n° 29 – Paris, 6e ch. B, 29 sept. 1983, *Gaz. Pal.* 1984. 1. Somm. 122 – Civ. 2e, 26 nov. 1986, n° 85-13.834, n° 85-14.417, 2 esp., *Bull. civ.* II, n° 175; *JCP* 1987. IV. 43 – Versailles, 7 févr. 1990, *JCP* 1991. II. 21660 – Paris, ord. CME, 21 nov. 1985, *Bull. avoués* 1986. 4.
12. Civ. 2e, 18 janv. 2001, n° 99-15.621, NP – Civ. 2e, 15 janv. 2009, n° 07-20.472, *Bull. civ.* II, n° 18; *Gaz. Pal.* 18 juin 2009, p. 20, note Lauvergnat; *Procédures* 2009. Comm. 78, obs. Perrot – Civ. 2e, 10 janv. 2013, n° 11-27.228, NP.
13. Lyon, 8 févr. 1980, *RTD civ.* 1981. 207, obs. Perrot – Paris, 19 déc. 1980, *D.* 1982. 501, note Decheix – Civ. 2e, 28 mars 1984, n° 82-16.779, *Bull. civ.* II, n° 56; *JCP* 1984. IV. 179 – Paris, ord. 1er prés., 27 sept. 1985, *Bull. avoués* 1986. 1. 27 – Paris, ord. CME, 31 oct. 1985, *Bull. avoués* 1986. 1. 2 – Paris, 21 nov. 1985, *Bull. avoués* 1986. 1. 3 – Civ. 2e, 3 mai 1990, n° 89-12.519, NP; *JCP* 1990. IV. 244 – Civ. 3e, 20 mars 2012, n° 10-28.777, NP – Civ. 2e, 30 oct. 2012, n° 11-22.071, NP.
14. Civ. 2e, 26 févr. 1997, n° 95-15.377, *Bull. civ.* II, n° 63; *JCP* 1997. IV. 873.

du cabinet médical[1]) où à quel endroit il le trouverait (a été approuvée la cour d'appel qui a annulé un acte déposé en mairie, alors que l'huissier savait que le requis était hospitalisé dans un établissement qui lui était connu[2]). Il en est de même si **l'importance de l'acte** était telle qu'elle imposait à l'huissier de revenir après avoir laissé un avis de son passage prochain[3]. Cette jurisprudence, attachée à la notion très relative de l'importance de l'acte, est évidemment très peu rassurante. Elle reste néanmoins minoritaire, par l'effet heureux de la **notion de grief** qui impose au destinataire d'expliquer en quoi le fait d'aller chercher l'acte en mairie (aujourd'hui à l'étude de l'huissier) est constitutif d'un grief.

161.134 Signification à domicile ou à résidence. En application de l'article 655 C. pr. civ., si la signification à personne est impossible, l'acte peut être délivré à domicile ou, à défaut de domicile connu en France, à résidence, la copie étant remise à toute personne présente. **Cette remise implique l'acceptation de celui qui reçoit le pli,** dans la mesure où il donne ses nom, prénom et qualité. Est nul et ne fait pas courir le délai d'appel l'acte délivré à une personne présente dans les lieux sans indication de son identité[4] (cette identité sera mentionnée sur l'original de l'acte de signification, v. s[s] n° 161.141).

Souvent le signifié se plaint du zèle mis par celui qui a accepté de recevoir l'acte et conteste sa capacité à le faire. Il faut tout d'abord que l'acte soit remis au **domicile ou à la résidence du requis,** et non pas en un autre lieu[5]. Dès lors que la personne est présente dans les lieux et qu'elle accepte de recevoir la copie, la remise est valable[6], la discussion sur sa qualité étant peu utile, à l'exception de deux hypothèses particulières : si l'acte est remis à un enfant, il appartient à l'huissier de vérifier qu'il a un discernement suffisant[7] et si, (comme cela arrive parfois en matière de divorce) la personne présente est le requérant, l'huissier ne peut lui laisser l'acte sans méconnaître les droits de la défense[8].

Depuis le décret du 28 décembre 2005, il n'est plus possible de remettre l'acte à une personne non présente dans le logement, tel un gardien d'immeuble ou un voisin.

Antérieurement à cette réforme, la Cour de cassation avait admis, s'agissant d'une **personne morale,** que l'acte pouvait aussi être remis à un voisin, concierge ou autre personne acceptant de recevoir l'acte : dans une telle hypothèse, elle considérait que la signification n'était pas à personne au sens de l'article 654 C. pr. civ., mais à domicile au sens de l'article 655 C. pr. civ., ce qui lui permettait de considérer que l'exigence de l'article 654 alinéa 2 C. pr. civ., d'une signification « *au représentant légal, à un fondé de pouvoir de ce dernier ou à toute personne habilitée à cet effet* », n'était pas en cause et que l'habilitation à recevoir l'acte était alors indifférente[9]; en l'absence de toute disposition spécifique aux personnes morales dans cette hypothèse, la réforme issue du décret du 28 décembre 2005 s'applique et la solution admise en 1998 par la Cour de cassation ne vaut plus, la possibilité d'une signification à une personne non présente dans le logement (un voisin par exemple) ayant disparu; désormais, personne morale ou personne physique, la signification à personne et à domicile s'avérant impossibles, l'huissier doit laisser un avis de passage, conformément au dernier alinéa de l'article 655; c'est d'ailleurs la solution admise par la deuxième chambre civile, le 11 mars 2010 : « *Ayant relevé que le commandement de payer avait été délivré au lieu où la société avait son établissement lequel correspondait au lieu de son siège social tel que figurant au Kbis, la cour d'appel en a exactement déduit, en l'absence sur place de toute personne susceptible de recevoir l'acte, que la signification faite selon les modalités de l'article 656 du Code de procédure civile était régulière* »[10].

Ayant remis l'acte, l'huissier doit impérativement laisser un avis de passage, daté, précisant la nature de l'acte et la personne à laquelle il a été remis. Cet avis est essentiel et son existence doit ressortir de l'acte[11]. Mais, cette démarche étant accomplie, rien n'impose de justifier ultérieurement que cet avis soit parvenu à son destinataire[12].

161.135 Dépôt de l'acte en l'étude de l'huissier. En application de l'article 656 alinéa 1er C. pr. civ. (issu du décret préc. du 28 déc. 2005), si personne ne peut ou ne veut recevoir l'acte et s'il résulte des vérifications faites par l'huissier de justice, dont il sera fait mention dans l'acte de signification, que le destinataire demeure bien à l'adresse indiquée[13],

1. Paris, 28 févr. 1991, RG n° 90/008144.
2. Civ. 3e, 14 déc. 1994, n° 92-13.929, n° 1979, NP – Civ. 2e, 24 mars 2005, n° 04-12.704, *Bull. civ.* II, n° 79; *D.* 2005. 1051.
3. Paris, 1er févr. 1984, *Gaz. Pal.* 1984. 386, note Fiselier.
4. Civ. 2e, 22 oct. 1997, n° 95-20.542, *Bull. civ.* II, n° 257; *JCP* 1997. IV. 2378.
5. Civ. 2e, 26 févr. 1992, n° 90-19.981, *Bull. civ.* II, n° 71; *RTD civ.* 1992. 744, obs. Hauser; *Gaz. Pal.* 1993. Somm. 8, obs. Croze et Morel.
6. Civ. 2e, 28 mars 1984, n° 82-16.779, *Bull. civ.* II, n° 56.
7. Lyon, 15 avr. 1975, *JCP* 1975. IV. 379, obs. J. A. – Crim. 19 déc. 1956, *D.* 1957. 93; *RTD civ.* 1957. 394, obs. Raynaud – Paris, 16 janv. 1984, *Bull. avoués* 1984. 95 – Civ. 2e, 21 juin 1995, n° 93-10.326, *Bull. civ.* II, n° 197; *D.* 1996. Somm. 242, note Descamps-Dubaele.
8. Civ. 2e, 19 déc. 1973, n° 72-13.183, *Bull. civ.* II, n° 337; *JCP* 1974. IV. 6416; *RTD civ.* 1974. 454, obs. Perrot.
9. Civ. 2e, 10 nov. 1998, n° 96-17.149, NP; *Procédures* 2000, n° 33.
10. Civ. 2e, 11 mars 2010, n° 09-65.498, *Bull. civ.* II, n° 52; *Loyer et copr.* 2010. Comm. 138, obs. Chavance (v. s[s] n° 161.132).
11. Nîmes, 19 mars 1975, *Gaz. Pal.* 1975. Somm. 237 – Rennes, 12 nov. 1987, *Gaz. Pal.* 1988. 341, note du Rusquec.
12. Civ. 2e, 12 nov. 1980, n° 79-15.199, *Bull. civ.* II, n° 231 – Civ. 2e, 18 janv. 1984, n° 82-15.456, *Bull. civ.* II, n° 11.
13. Civ. 2e, 12 févr. 1975, n° 73-13.942, *Bull. civ.* II, n° 44 – Com. 29 nov. 1982, n° 80-15.585, *Bull. civ.* IV, n° 376 – Civ. 1re, 12 janv. 1988, n° 86-16.473, *Bull. civ.* I, n° 3; *Gaz. Pal.* 1988. Somm. 318, obs. Guinchard et Moussa.

l'huissier laisse un avis de passage; celui-ci doit être conforme aux prescriptions de l'article 655 alinéa 5 et mentionner que l'acte doit être retiré par le requis ou toute personne spécialement mandatée dans le plus bref délai, contre récépissé ou émargement.

L'huissier conserve l'acte à son étude pendant trois mois, délai à l'expiration duquel il est déchargé (C. pr. civ., art. 656, al. 2).

Il est possible au destinataire de demander que cet acte soit adressé à une autre étude aux fins de retrait (C. pr. civ., art. 656, al. 3).

Une telle signification « est faite à domicile » (C. pr. civ., art. 655, al. 1er, mod. par Décr. n° 2006-1805, 23 déc. 2006).

S'il ne réussit pas à trouver l'adresse d'une **personne morale**, l'huissier doit s'efforcer de signifier à une personne physique habilitée à la représenter ou établir un procès-verbal de recherches; serait donc nulle la signification à domicile par dépôt de la copie de l'acte en l'étude de l'huissier (et auparavant en mairie).

161.136 Formalités complémentaires des articles 657 et 658 du Code de procédure civile. Outre l'avis de passage que l'huissier doit laisser chaque fois que l'acte n'a pas été remis à personne et a fait l'objet, conformément aux articles 655 et 656 C. pr. civ., d'une remise à un autre que le destinataire ou à l'étude, des formalités complémentaires sont prévues :

- « *l'huissier de justice mentionne sur la copie les conditions dans lesquelles la remise a été effectuée* » (C. pr. civ., art. 657, al. 1er), c'est-à-dire remise à une personne présente au domicile ou à la résidence ou en l'étude de l'huissier;

- dans un souci de discrétion, « *la copie de l'acte signifié doit être placée sous enveloppe fermée ne portant que l'indication des nom et adresse du destinataire de l'acte, et le cachet de l'huissier apposé sur la fermeture du pli* » (C. pr. civ., art. 657, al. 2);

- « *dans tous les cas prévus aux articles 655 et 656, l'huissier de justice doit aviser l'intéressé de la signification, le jour même ou au plus tard le premier jour ouvrable, par lettre simple*[1] *comportant les mêmes mentions que l'avis de passage et rappelant, si la copie de l'acte a été déposée en son étude, les dispositions du dernier alinéa de l'article 656. La lettre contient en outre une copie de l'acte de signification.* » (C. pr. civ., art. 658, al. 1er). L'alinéa 2 du texte étend cette obligation au « *cas de signification à domicile élu ou lorsque la signification est faite à une personne morale* », même si elle a été faite « *à personne* »; l'objectif est que les organes légaux de la personne morale soit avertis de la signification – éventuellement faite à une personne non habilitée (v. ss n° 161.113).

1. Et non plus recommandée depuis le décret n° 2005-1678 du 29 décembre 2005.

- enfin, « *le cachet de l'huissier est apposé sur l'enveloppe* » (C. pr. civ., art. 658, al. 3).

161.137 Signification par procès-verbal de recherches infructueuses. Dans l'hypothèse où le destinataire ne peut être trouvé, son domicile, sa résidence ou son lieu de travail ayant été effectivement mais vainement recherchés, il est nécessaire de passer outre et de délivrer l'acte. À défaut, cette impossibilité de retrouver le requis interdirait tout procès. Remplaçant depuis 1986 la signification à parquet, la signification a désormais lieu par procès-verbal.

L'article 659 C. pr. civ. s'articule autour de deux axes :

- **en premier lieu**, l'huissier doit impérativement rechercher le destinataire et indiquer avec précision les diligences qu'il a accomplies en ce sens dans un procès-verbal (C. pr. civ., art. 659, al. 1er). La jurisprudence est exigeante quant aux diligences effectuées et à la relation de celles-ci sur le procès-verbal[2];

- **en second lieu**, les investigations ayant été vaines, l'huissier adresse le jour même ou le premier jour ouvrable suivant à la dernière adresse connue du destinataire, par pli recommandé avec avis de réception, une copie du procès-verbal et de l'acte objet de la signification (C. pr. civ., art. 659, al. 2). Le jour même, il envoie une lettre simple de l'accomplissement de cette formalité (C. pr. civ., art. 659, al. 3).

Précisons que :

- c'est le procès-verbal lui-même qui vaut signification;

- en cas de pluralité de destinataires, l'huissier doit adresser la lettre recommandée à chacun. Ainsi, une lettre unique adressée au couple ne vaut pas signification régulière[3]. Il est ainsi espéré que le destinataire, qui a souvent fait un changement d'adresse, resté inconnu du requérant, sera informé de la signification de l'acte (sur le problème du refus des PTT de communiquer la nouvelle adresse[4]);

- la sanction des prescriptions de l'article 659 C. pr. civ. est la **nullité pour vice de forme**, le grief du demandeur à la nullité tenant dans le fait qu'il aurait pu être retrouvé si l'huissier avait accompli des recherches plus sérieuses;

- selon l'alinéa 4 de l'article 659 C. pr. civ., « *les dispositions du présent article sont applicables à la signification d'un acte concernant une personne morale qui n'a plus d'établissement connu au lieu indiqué comme siège social par le registre du commerce et des sociétés* ». Si l'huissier se réfère nécessairement à l'adresse figurant au registre du commerce, ceci ne l'autorise pas à rédiger un procès-verbal de recherches en visant

2. Pour des diligences jugées suffisantes, v. Civ. 1re, 17 nov. 2010, n° 09-68.013, *Bull. civ.* I, n° 237.
3. Civ. 2e, 31 mai 2001, n° 99-20.665, NP.
4. Rép. min. n° 15999, *JCP* 1987. IV. 269.

l'adresse figurant au registre du commerce alors qu'il connaît l'endroit où il peut joindre le requis[1];

- enfin, selon l'article 662 C. pr. civ., s'il « *n'est pas établi que le destinataire a été effectivement avisé, le juge peut prescrire d'office toutes diligences complémentaires, sauf à ordonner les mesures provisoires ou conservatoires nécessaires à la sauvegarde des droits du demandeur* ».

161.138 Signification hors du ressort territorial de l'huissier. Lorsqu'un huissier est sollicité afin d'effectuer une signification hors de son ressort territorial, il transmet la demande et les pièces à un confrère compétent *ratione loci*. Ce dernier procédera à la signification, à personne ou selon une modalité subsidiaire « *en dégradé* »[2]. Cela ne pose pas de difficulté lorsqu'il s'agit de signifier en métropole ou dans un département d'outre-mer. Il se peut en revanche que les règles locales et l'organisation spécifique du territoire ne permettent pas une telle signification. L'article 660 C. pr. civ., alinéa 1er, règle cette situation : « *L'huissier de justice expédie l'acte à l'autorité compétente aux fins de sa remise à l'intéressé selon les modalités applicables dans la collectivité où il demeure* ». C'est donc l'huissier métropolitain qui signifie[3], ce que corrobore l'alinéa 2 de l'article 660 : « *L'huissier de justice doit, le jour même ou, au plus tard, le premier jour ouvrable suivant, expédier au destinataire, par lettre recommandée avec demande d'avis de réception, la copie certifiée conforme de l'acte* ». De son côté, « *l'autorité compétente informe l'huissier de justice des diligences faites; elle lui transmet, le cas échéant, tout procès-verbal ou récépissé constatant la remise de l'acte. Ces documents sont tenus par l'huissier de justice à la disposition de la juridiction* » (C. pr. civ., art. 661).

L'article 660 réserve le cas où la signification a pu être faite à personne. Cela vise l'hypothèse, pas forcément très fréquente, où le destinataire se serait rendu en métropole ou dans un département d'outre-mer et où l'huissier local aurait pu lui remettre l'acte en main propre à cette occasion; en effet, la remise de l'acte peut en effet s'effectuer en n'importe quel lieu, dès lors qu'elle est le fait d'un huissier régulièrement investi[4].

Précisons que :

- cette procédure a remplacé, depuis l'entrée en vigueur du décret n° 2005-1678 du 28 décembre 2005 (au 1er mars 2006), la signification à parquet;

- depuis l'entrée en vigueur du décret n° 2008-452 du 13 mai 2008, elle ne concerne plus l'ensemble des collectivités d'outre-mer, mais joue seulement « *si l'acte est destiné à une personne qui demeure, en Polynésie française, dans les îles Wallis-et-Futuna, en Nouvelle-Calédonie et dans les Terres australes et antarctiques françaises* »; les collectivités d'outre-mer de Saint-Pierre-et-Miquelon, Saint-Martin et Saint Barthélemy sont donc traitées comme un département d'outre-mer[5];

- le retour au juge prévu par l'article 662 C. pr. civ. joue aussi dans l'hypothèse de l'article 660.

b)

Mentions de la signification

161.141 Compte rendu des diligences et formalités accomplies par l'huissier. Selon l'article 663 alinéa 1er C. pr. civ. les originaux (à l'exclusion des copies : v. ss n° 161.23) des actes d'huissier de justice doivent porter mention des **formalités** (c'est-à-dire remise d'un avis de passage, envoi de la lettre simple ou recommandée selon les cas) et **diligences** auxquelles a donné lieu la signification; leurs **dates** doivent aussi être indiquées (C. pr. civ., art. 663, al. 1er)[6]. Selon l'alinéa 2, « *lorsque la signification n'a pas été faite à personne, l'original de l'acte doit préciser les nom et qualité de la personne à laquelle la copie a été laissée. Il en est de même dans le cas prévu à l'article 654 (alinéa 2)* », c'est-à-dire lorsque la signification a été délivrée à la personne habilitée à représenter une personne morale.

Les mentions font foi jusqu'à inscription de faux, les actes d'huissier étant des actes authentiques (C. civ., art. 1317)[7].

Le non-respect de ce texte est sanctionné par la nullité (C. pr. civ., art. 693), qui obéit au régime de nullité des actes de procédure (C. pr. civ., art. 694) : il s'agit ici de **nullités pour vice de forme.**

c)

Époque de la signification

161.151 Moment de la signification. En application de l'article 664 C. pr. civ., la signification ne peut être faite avant 6 heures et après 21 heures, ni les dimanches, jours fériés et chômés. L'article L. 3133-1 du Code du travail en fournit la liste : ce sont : « *1° Le 1er janvier, 2° Le lundi de Pâques, 3° Le 1er mai, 4° Le 8 mai, 5° L'Ascension, 6° Le lundi de*

1. Civ. 2e, 20 oct. 2005, n° 03-19.489, *Bull. civ.* II, n° 266 – Civ. 2e, 14 oct. 2004, n° 02-18.540, *Bull. civ.* II, n° 460; *Procédures* 2005. Comm. 6, obs. Perrot.
2. GUINCHARD, CHAINAIS et FERRAND, n° 901.
3. HÉRON et LE BARS, n° 175.
4. Rép. pr. civ., v° *Actes de procédure*, par A. Leborgne, sept. 2005 [màj mars 2013], n° 358.
5. Pour une présentation des différentes collectivités d'outre-mer, au sens large, c'est-à-dire départements d'outre-mer/régions d'outre-mer, collectivités d'outre-mer au sens strict et collectivités *sui generis* (qui ont remplacé, depuis 2003, les territoires d'outre-mer), v. Rép. pr. civ., v° *Juridictions civiles d'outre-mer*, par C. Bléry, sept. 2012, spéct nos 1 s.
6. Cet alinéa 1er a adapté la règle pour le cas où la signification a été faite par voie électronique (v. ss n° 161.284).
7. Com. 30 oct. 2012, n° 11-22.071, NP – Civ. 2e, 27 sept. 2012, n° 11-17.513, NP – Civ. 3e, 22 févr. 2006, n° 05-12.521, *Bull. civ.* I, n° 44; *Procédures* 2006. Comm. 109, obs. Perrot.

Pentecôte, 7° Le 14 juillet, 8° L'Assomption, 9° La Toussaint, 10° Le 11 novembre, 11° Le jour de Noël. »[1]

Les congés annuels d'une entreprise n'empêchent pas la signification[2]. Les « ponts » ne sont pas des jours chômés[3].

Mais l'article 664 C. pr. civ. permet au juge, en cas de nécessité d'autoriser une signification en dehors des périodes légales. Le juge a un pouvoir souverain à cet égard et en usera, notamment lorsqu'une urgence extrême l'impose. Il semblerait également que l'on puisse, sans autorisation, délivrer une signification en dehors des heures légales, s'il s'agit d'un lieu ouvert au public[4].

Il est également possible de rencontrer porte fermée alors que la signification est opérée aux heures légales, les administrations étant rarement accessibles jusqu'à 21 heures. Il est généralement admis que, si l'huissier de justice établit dans son acte qu'il s'est présenté en temps et heures utiles et n'a pu avoir accès au bureau, il puisse accomplir la formalité le premier jour ouvrable suivant[5].

161.152 Date de la signification. L'article 664-1 C. pr. civ. prévoit la date la signification selon la façon dont elle a été réalisée : c'est « *celle du jour où elle est faite à personne, à domicile, à résidence ou, dans le cas mentionné à l'article 659, celle de l'établissement du procès-verbal* ». Plus précisément, pour l'hypothèse visée à l'article 654, c'est la date de la remise au destinataire, pour celle de l'article 655, c'est celle de la remise à la personne présente au domicile ou à la résidence et pour celle de l'article 656, c'est celle de l'avis du passage de l'huissier; *a contrario* il ne faut pas s'attacher à la date de l'envoi des lettres simples (C. pr. civ., art. 658) et/ou recommandée (C. pr. civ., art. 659).

L'article 664-1 C. pr. civ. réserve l'article 647-1 qui prévoit une règle pour les notifications dans certaines collectivités d'outre-mer, ainsi qu'à l'étranger, (v. s^s n° 161.201), d'un acte judiciaire ou extrajudiciaire : ainsi « *en Polynésie française, dans les îles Wallis et Futuna, en Nouvelle-Calédonie et dans les Terres australes et antarctiques françaises* », la date de la notification « *est, à l'égard de celui qui y procède, la date d'expédition de l'acte par l'huissier de justice ou le greffe, ou, à défaut, la date de réception par le parquet compétent* »; *a contrario* (encore), à l'égard du destinataire, la date est celle à laquelle l'autorité locale lui notifie l'acte[6].

2°

Notifications en la forme ordinaire

161.160 Généralités. La notification en la forme ordinaire est régie par les articles 665 et suivants C. pr. civ. Si pour des raisons de coût ou de simplicité diverses procédures prévoient des notifications en la forme ordinaire, la signification reste la méthode privilégiée et la plus sûre. On sait qu'en application de l'article 651 C. pr. civ., il est toujours possible de procéder par voie de signification, même quand la loi prévoit la notification sous une autre forme.

Il convient de rappeler que la méthode normale de notification est la signification (v. s^s n° 161.120, les conséquences de ce principe).

a)

Procédés de notification en la forme ordinaire

161.161 Envoi postal ou remise. Deux procédés peuvent être utilisés : la voie postale ou la simple remise au destinataire contre émargement ou récépissé – cette notification étant faite sous pli fermé[7] (C. pr. civ., art. 667, al. 1er). En pratique, c'est l'envoi postal, et plus précisément la lettre recommandée avec demande d'avis de réception, qui est utilisé. Pourtant la remise directe (qui suppose que le destinataire se trouve en personne au greffe ou à l'audience) est plus sûre, ce qui explique sans doute que « *La notification en la forme ordinaire peut toujours être faite par remise contre émargement ou récépissé alors même que la loi n'aurait prévu que la notification par la voie postale* » (C. pr. civ., art. 667, al. 2, aj. par Décr. n° 2012-66, 20 janv. 2012)[8].

Lorsque l'avis de réception est signé par le destinataire, la notification est réputée faite à personne (C. pr. civ., art. 670, al. 1er); mais l'apposition du cachet du destinataire ne supplée pas l'omission de la signature de celui-ci[9]. S'il est signé par une personne munie d'un pouvoir à cet effet, la notification est réputée faite à domicile ou à résidence (C. pr. civ.,

1. Par ailleurs, certaines fêtes locales ou professionnelles sont également des jours fériés, comme les fêtes suivantes : le Vendredi saint en Alsace-Moselle, dans les communes ayant un temple protestant ou une église mixte, le 26 décembre en Alsace et en Moselle, le jour de la commémoration de l'abolition de l'esclavage dans les départements d'outre-mer, la Saint Éloi, reconnue jour férié par certaines conventions collectives dans la métallurgie. V. http://vosdroits.service-public.fr/particuliers/F2405.xhtml
2. Lyon, 6 nov. 1972, *JCP* 1973. IV. 6272, obs. J. A.
3. Civ. 3e, 13 juin 1984, n° 82-12.510, *Bull. civ.* III, n° 13; *Gaz. Pal.* 1984. Pan. 290, obs. Guinchard – Civ. 2e, 16 juill. 1976, n° 75-12.260, *Bull. civ.* II, n° 242; *D.* 1976. IR 281.
4. Paris, 11 mai 1905, *DP* 1905. 2. 369.
5. H. Solus et R. Perrot, *Droit judiciaire privé*, Sirey, 1961, t. I, n° 359.
6. Héron et Le Bars, n° 181.
7. Une notification faite à pli ouvert (une carte postale !) par une agence de recouvrement a pu être considérée comme une faute ayant entraîné un préjudice moral : Civ. 2e, 7 janv. 1970, n° 68-12.158, *Bull. civ.* II, n° 7; *D.* 1970. 287.
8. Héron et Le Bars, n° 184.
9. Civ. 2e, 24 mai 2006, n° 04-18.928, *Bull. civ.* II, n° 135; *BICC* 2006, n° 1862; *Procédures* 2006. Comm. 153, obs. Perrot; *JCP* 2006. IV. 2332. Il semble même que le seul tam- ►

art. 670, al. 2, issu de Décr. n° 2005-1678, 28 déc. 2005)[1].

Il appartiendra donc à la partie qui voudra contester la régularité de la notification d'établir que la personne qui a signé l'avis de réception n'était pas munie d'un pouvoir à cet effet. Une telle démonstration ne sera pas toujours facile à établir[2]. En outre, selon la Cour de cassation, « *la signature figurant sur l'avis de réception d'une lettre recommandée adressée à une* ***personne physique*** *est présumée être jusqu'à preuve du contraire, celle de son destinataire ou de son mandataire* »[3], preuve contraire qui, là encore, risque d'être difficile à rapporter. S'agissant de la notification à une **personne morale**, les choses sont plus simples, car la signature sur l'avis de réception est réputée avoir été apposée par le représentant légal ou une personne habilitée[4]. La Cour de cassation, par une décision critiquée, a même considéré qu'était régulière la notification dont l'avis de réception était signé par un préposé ne faisant pas partie des personnes habilitées à recevoir le courrier recommandé[5].

La notification en la forme ordinaire par la voie postale peut cependant être réalisée au moyen d'une lettre simple (C. pr. civ., art. 977 : notification de la déclaration de pourvoi en cassation par le greffier aux défendeurs) ou d'une lettre recommandée sans demande d'avis de réception : la recommandation de la lettre n'est destinée qu'à régler toute contestation sur la date de l'acte[6], mais elle est très utile car c'est à celui qui a été à l'origine de la notification d'apporter la preuve de sa réception par son adversaire[7].

Comme pour la signification, il faut la notification d'autant de copies que de parties concernées, sous peine de nullité (sans grief, encore aujourd'hui)[8].

161.162 Absence de réception par le destinataire. Selon l'article 670-1 C. pr. civ. (modifié en 2005), « *en cas de retour au secrétariat de la juridiction d'une lettre de notification dont l'avis de réception n'a pas été signé dans les conditions prévues à l'article 670, le secrétaire invite la partie à procéder par voie de signification* ». L'article 670-1 C. pr. civ. est général : il prescrit le retour à la signification, dès lors que la notification en la forme ordinaire n'a pas touché son destinataire[9] et ce même dans l'hypothèse où le destinataire n'a pas retiré l'acte[10] ou même l'a refusé[11]. Il n'est donc plus utile aujourd'hui, au regard de la nouvelle rédaction du texte, de rechercher si la non-remise du pli provient ou non du fait du destinataire qui aurait refusé le pli ou ne serait pas allé le rechercher. Dès lors qu'il n'y a pas remise au destinataire, et quelle que soit la cause de cette absence de remise, il convient de procéder par voie de signification.

Une difficulté persiste en pratique. Au regard de l'article 670-1 C. pr. civ., c'est au greffe, qui reçoit en retour le pli non distribué ou l'avis de réception, d'inviter le cas échéant, la partie à procéder par signification. Si le greffe reçoit l'acte non distribué, il n'y a pas difficulté. S'il reçoit l'avis de réception signé, il sera assez difficile au greffe de s'assurer que c'est bien le destinataire (ou une personne munie d'un pouvoir à cet effet) qui a signé. Dès lors, généralement, il n'invite pas la partie à signifier, de telle sorte qu'en cas de non-présentation et en l'absence de certitude sur l'auteur de la signature de l'avis de réception, il est conseillé d'assigner.

161.163 Destinataire domicilié dans certaines collectivités d'outre-mer au sens large du terme. (v. s^{s} n° 161.138 en note 5). L'article 670-2 C. pr. civ. adapte, comme pour les significations, la procédure au droit local. « *Si l'acte est destiné à une personne qui demeure en Polynésie française, dans les îles Wallis et Futuna, en Nouvelle-Calédonie et dans les Terres australes et antarctiques françaises, et à moins que la notification ait pu être faite par lettre recommandée avec demande d'avis de réception, le secrétaire de la juridiction expédie l'acte à l'autorité compétente aux fins de sa remise à l'intéressé selon les modalités applicables dans la collectivité où il demeure.*

► pon de la Poste accompagné d'une signature illisible ne soit pas suffisant pour démontrer que l'acte a été remis à son destinataire : Lyon, ch. soc., 30 avr. 2008, RG n° 07/03300.

1. Auparavant la jurisprudence était stricte et exigeait une remise au destinataire (refusant une notification faite au conjoint qui avait procuration) : Civ. 2e, 27 mai 1988, n° 87-13.251, *Bull. civ.* II, n° 125; *JCP* 1988. IV. 265; *RTD civ.* 1988. 573, obs. Perrot. Il fallait alors refaire la notification par acte d'huissier.
2. Mais pas impossible comme le montre deux espèces : Civ. 2e, 17 déc. 2009, n° 09-11.393, NP – Soc. 5 mai 2011, n° 10-12.153, NP.
3. Civ. 2e, 15 déc. 2011, n° 10-26.618, NP; *RTD civ.* 2012. 146, obs. Perrot.
4. Civ. 3e, 2 févr. 1994, n° 92-70.325, *Bull. civ.* III, n° 16; *D.* 1994.18, note Bonneau; *Justices* 1995. 1. 240, obs. Héron – Soc. 10 mars 1988, n° 86-42.018, *Bull. civ.* V, n° 176; *RTD civ.* 1988. 573, obs. Perrot.
5. Civ. 2e, 22 janv. 1997, n° 95-11.877, *Bull. civ.* II, n° 18; *RTD civ.* 1997. 505, obs. Perrot; *JCP* 1997. II. 22874; *RJDA* 1997, n° 511.
6. Rappelant ce principe, v. Civ. 2e, 11 juill. 2013, n° 12-23.091, *Bull. civ.* II [à paraître] : en conséquence, l'appel d'une décision du juge des tutelles statuant sur une mesure de protection peut être formé par lettre simple [...] alors même que l'article 1242 C. pr. civ. prévoit qu'un tel appel est « *formé par déclaration faite ou adressée par lettre recommandée avec demande d'avis de réception au greffe de la juridiction de première instance* ».
7. Civ. 2e, 21 oct. 2004, n° 02-21.343, *Bull. civ.* II, n° 472.
8. Civ. 2e, 8 juin 1995, n° 93-19.339, *Bull. civ.* I, n° 177 (à l'époque, il s'agissait d'une nullité sans grief).
9. Civ. 2e, 18 déc. 1996, n° 94-19.940, *Bull. civ.* II, n° 301; *JCP* 1997. IV. 336 – Civ. 2e, 31 mai 2000, n° 98-20.165, NP.
10. Civ. 1re, 12 févr. 2002, n° 00-11.296, NP; *JCP* 2002. I. 172, 1797.
11. Soc. 31 mars 2003, n° 02-30.765, *Bull. civ.* V, n° 123; *Procédures* 2003. Comm. 164, note Perrot.

L'autorité compétente informe la juridiction des diligences faites; elle lui transmet, le cas échéant, tout procès-verbal ou récépissé constatant la remise de l'acte ».

b)
Mentions de la notification en la forme ordinaire

161.171 Mentions générales et particulières. Toute notification doit comporter les indications de nom, prénom ou dénomination sociale et domicile ou siège de la personne dont elle émane. Elle doit de même désigner le destinataire, ce que nécessite l'envoi avec accusé de réception. Un article 665-1 C. pr. civ. (issu de Décr. nº 2005-1678, 28 déc. 2005) a posé des exigences supplémentaires - similaires à celles de l'article 648 - lorsque la notification d'un acte introductif d'instance est effectuée à la diligence du greffe : ainsi doivent être portées de manière très apparente sur l'acte de notification sa date, la juridiction saisie, l'indication que, faute pour le défendeur de comparaître, il s'expose à ce qu'un jugement soit rendu contre lui sur les seuls éléments fournis par son adversaire et, le cas échéant, la date de l'audience à laquelle le défendeur est convoqué ainsi que les conditions dans lesquelles il peut se faire assister ou représenter. Outre les mentions générales précitées, la notification doit répondre aux règles propres à chaque acte et à chaque procédure (C. pr. civ., art. 666).

Ces prescriptions sont régies par les **règles sur les vices de forme** (C. pr. civ., art. 693).

c)
Époque de la notification en la forme ordinaire

161.181 Moment de la notification. Il n'y a pas de conditions de temps, jour ou heure : il suffit que la poste soit ouverte.

161.182 Date de la notification. Pour la date de la notification, il faut distinguer.

En cas de **remise**, la date est celle de l'émargement ou du récépissé (C. pr. civ., art. 669, al. 2).

En cas d'utilisation de la **voie postale**, la date varie selon la personne considérée - ce qui est heureux tant il peut y avoir, pour de multiples raisons, un délai important entre expédition et réception :

- pour l'**expéditeur**, c'est la **date de l'expédition** (C. pr. civ., art. 668), c'est-à-dire celle qui figure sur le cachet du bureau d'émission (C. pr. civ., art. 669, al. 1er), qui compte[1]. Dans la mesure où celui qui notifie fait courir le délai contre lui, il est normal de faire courir le délai de la notification à dater du jour de l'expédition, car ce moment est connu du notifiant et concrétise sa volonté de faire courir le délai ou d'exercer un recours : a été ainsi censurée une cour ayant considéré la date d'arrivée au greffe et non la date d'expédition[2]; et une autre, qui, pour déclarer irrecevable comme tardif l'appel interjeté par l'exproprié contre le jugement fixant son indemnité, a retenu que l'appelant avait formé son appel par lettre recommandée expédiée le dernier jour du délai et que cet appel ne pouvait être reçu qu'hors délai[3]);

- pour le **destinataire**, c'est la **date de la réception de la lettre** (C. pr. civ., art. 668); lorsque la lettre est recommandée avec demande d'avis de réception, c'est la date qui est apposée par l'administration des postes lors de sa remise au destinataire (C. pr. civ., art. 669, al. 3) qui compte et seule cette date est prise en considération en cas de conflit entre le cachet de la poste et la date apposée par le destinataire[4]. Plus exactement, la date de réception est celle du jour où le destinataire a effectivement connaissance de l'acte et non celle du jour de la première présentation, si celle-ci n'est pas efficace[5]. L'inconvénient est que si le destinataire refuse ou néglige d'aller retirer au bureau de poste la lettre pour qu'une notification en la forme ordinaire soit dépourvue de toute efficacité, en l'absence de remise, l'acte notifié ne fait pas courir un délai[6] ou n'interrompt pas un tel délai[7].

Rappelons que l'article 647-1 C. pr. civ. prévoit une règle pour la date des notifications dans certaines collectivités d'outre-mer, ainsi qu'à l'étranger (v. s^s nº 161.201), d'un acte judiciaire ou extrajudiciaire : ainsi « *en Polynésie française, dans les îles Wallis et Futuna, en Nouvelle-Calédonie et dans les Terres australes et antarctiques françaises* », la date de la notification « *est, à l'égard de celui qui y procède, la date d'expédition de l'acte par l'huissier de justice ou le greffe, ou, à défaut, la date de réception par le parquet compétent* »; *a contrario* (encore), à l'égard du destinataire, la date est celle à laquelle l'autorité locale lui notifie l'acte[8].

1. Soc. 5 déc. 1985, nº 84-60.994, *Bull. civ.* V, nº 574; *RTD civ.* 1986. 633, obs. Perrot – Soc. 11 janv. 1989, nº 86-15.886, *Bull. civ.* V, nº 9; *JCP* 1989. IV. 89.
2. Civ. 1re, 10 oct. 1995, nº 94-05.112, *Bull. civ.* I, nº 344; *D.* 1996. 131, obs. Julien – V. AUSSI, Civ. 1re, 12 oct. 2011, nº 10-24.469, NP.
3. Civ. 3e, 9 déc. 1998, nº 97-70.227, *Bull. civ.* III, nº 240; *JCP* 1999. II. 10063 – V. AUSSI, Soc. 11 janv. 1989, nº 86-15.886, *Bull. civ.* V, nº 9; *JCP* 1989. IV. 89.
4. Soc. 19 juill. 1988, nº 85-45.208, *Bull. civ.* V, nº 474; *D.* 1989. Somm. 271, obs. Julien – Civ. 1re, 4 févr. 1986, nº 84-03.045, *Bull. civ.* I, nº 3; *D.* 1986. IR 223, obs. Julien; *RTD civ.* 1986. 633, obs. Perrot.
5. Civ. 2e, 30 mai 2013, nº 12-17.059, NP – Soc. 3 nov. 2011, nº 10-21.841, NP – Com. 18 mars 2008, nº 07-10.028, NP – Civ. 2e, 10 mars 2005, nº 03-11.033, *Bull. civ.* I, nº 64; *Procédures* 2005. Comm. 121, obs. Perrot – Civ. 3e, 10 janv. 1996, nº 93-17.725, *Bull. civ.* III, nº 10; *D.* 1996. 369, obs. CRDP Nancy II – Civ. 3e, 5 juill. 1995, nº 93-20.148, *Bull. civ.* III, nº 171.
6. À propos d'un délai de préavis applicable à un congé en matière locative : Civ. 3e, 13 juill. 2011, nº 10-20.478, *Bull. civ.* III, nº 129; *Procédures* 2011. Comm. 295, obs. Perrot.
7. À propos d'un délai de prescription : Civ. 2e, 9 juin 2005, nº 03-11.185, *Bull. civ.* III, nº 129; *RTD civ* 2005. 632, obs. Perrot.
8. HÉRON et LE BARS, nº 181.

C. Notifications particulières

161.190 Notion. Les notifications envisagées ici s'opposent aux notifications de droit commun (signification et notifications en la forme ordinaire, v. s^s^ n°s 161.120 s.) : nous nous attacherons aux notifications des actes du palais et à celles des actes destinés ou en provenance de l'étranger, à l'exclusion de celles d'un jugement (v. s^s^ n°s 423.00 s.), réalisées de manière traditionnelle à l'aide d'un support papier; il est cependant possible de notifier les actes de palais par voie électronique (v. s^s^ n°s 161.290 s.).

1° Notification entre avocats

161.191 Allégement du formalisme. Le législateur a envisagé deux méthodes simples et dérogatoires au droit commun des notifications[1] (C. pr. civ., art. 671), afin de réaliser la notification des actes que les avocats s'adressent les uns aux autres en cours d'instance (sur la notion d'actes du palais, v. s^s^ n° 161.10). Au choix de l'avocat qui veut transmettre un acte, la notification peut être faite par voie de **signification simplifiée** - donc par acte d'huissier (C. pr. civ., art. 672) - ou par **remise directe** (C. pr. civ., art. 673).

L'article 674 C. pr. civ., qui soumettait aux mêmes règles les notifications entre avoués a été abrogé par le décret n° 2012-634 du 3 mai 2012. Les autres auxiliaires de justice (notaires, administrateurs de justice...) ne sont pas concernés. En revanche, la Cour de cassation a jugé que « *le procureur général près la cour d'appel, dispensé de constituer avocat au Conseil d'État et à la Cour de cassation, était en droit de signifier son mémoire par l'intermédiaire du procureur général près la Cour de cassation à l'avocat constitué par la partie adverse selon les dispositions propres aux significations entre avocats* »[2]. Plus rigoureusement, il convient de parler de notification, puisque la transmission ne se fait pas par huissier audiencier.

La notification entre avocats s'accompagne souvent de formalités complémentaires : ainsi une copie de l'acte de constitution du défendeur doit-elle être remise au greffe du tribunal de grande instance (C. pr. civ., art. 756); *idem* d'une copie des conclusions avec justification de leur notification (C. pr. civ., art. 753, al. 4).

1. Dès lors, notamment, la remise n'a pas à être effectuée sous enveloppe fermée. *Adde*, *J.-Cl. Pr. civ.*, fasc. 141, spéc^t^ n° 148, Fricero – GUINCHARD, CHAINAIS et FERRAND, n° 927.
2. Cass., ch. mixte, 6 févr. 2004, n° 00-19.107, *Bull. ch. mixte*, n° 1; *JCP* 2004. IV. 1613; *BICC* 1er avr. 2004, p. 32 et 34, rapp. Bezombes, avis Sainte Rose; *D.* 2004. 2824.

161.192 Signification simplifiée. Il résulte de l'article 672 C. pr. civ. que la signification simplifiée est opérée par la simple apposition du cachet et de la signature de l'huissier sur l'acte et sa copie, avec l'indication de la date et du nom de l'auxiliaire destinataire. En pratique, le requérant remet **deux exemplaires** à signifier à l'huissier : un destiné à son contradicteur et que l'huissier déposera dans le casier du destinataire et un second que l'huissier lui restitue. Le cachet et la signature de l'huissier compétent permettent d'authentifier la date de l'acte et sa remise à l'intéressé. L'huissier se charge également de remettre au greffe la copie qui lui est destinée.

Mais, aussi simple soit-elle, cette formule ne peut s'accommoder d'une pratique trop laxiste. Ainsi, la date apposée par l'avoué (aujourd'hui l'avocat) lui-même est sans portée, seul l'huissier pouvant l'authentifier[3]. De même, la notification comportant le cachet du groupement des huissiers et la signature de son président aux lieu et place des cachet et signature d'un huissier est irrégulière[4].

La signification de l'article 672 peut[5] être effectuée par voie électronique devant certaines juridictions (v. s^s^ n° 161.281).

161.193 Remise contre visa. L'article 673 C. pr. civ. permet d'utiliser une formule encore plus souple : l'avocat du requérant remet à l'avocat du destinataire l'acte en double exemplaire; le second restitue aussitôt au premier un des exemplaires signé et daté.

La notification directe de l'article 673 a son équivalent électronique devant certaines juridictions (v. s^s^ n° 161.290).

161.194 Sanction. Les actes d'avocat à avocat ne peuvent être régulièrement notifiés que selon les formes prévues par les articles 671 à 673 C. pr. civ. Il faut donc se méfier de l'usage local selon lequel les conclusions sont transmises par le secrétariat de l'Ordre des avocats, sans être signifiées selon les formes de l'article 672 C. pr. civ. ou sans avoir fait l'objet d'une notification directe entre avocats selon l'article 673 du même Code : la notification est alors dépourvue de valeur et n'interrompt pas le délai de prescription de trois mois prévu par l'article 65 de la loi du 29 juillet 1881[6].

3. Civ. 2e, 6 oct. 1971, n° 70-14.223, *Bull. civ.* II, n° 265; *JCP* 1971. IV. 256.
4. Civ. 2e, 22 mai 1996, n° 93-15.683, *Bull. civ.* II, n° 105; *BICC* 1996, n° 824.
5. Voire doit, en raison de la pratique devant les cours d'appel : v. C. Bléry, « Procédure avec représentation obligatoire devant les cours d'appel et communication par voie électronique : panorama (sans doute non exhaustif) des difficultés », *Procédures* 2013. Dossier 4, préc., n° 12.
6. Civ. 2e, 29 avr. 2004, n° 02-14.970, *Bull. civ.* II, n° 199; *Procédures* 2004. Comm. 125, obs. Perrot – Civ. 2e, 18 janv. 1995, n° 93-14.940, NP.

La nullité obéit au régime des **nullités de forme** : faute de grief, la nullité ne peut être prononcée[1].

2°
Notifications internationales

161.200 Notification des actes à l'étranger et en provenance de l'étranger. Le Code de procédure civile prévoit deux séries de dispositions, selon que le destinataire d'une notification demeure à l'étranger (C. pr. civ., art. 683 à 688, réécrits par Décr. n° 2005-1678, 28 déc. 2005, et modifiés en dernier lieu par Décr. n° 2012-366, 15 mars 2012) ou que la notification est celle d'un acte en provenance d'un État étranger (C. pr. civ., art. 688-1 à 688-8, issus de Décr. n° 76-1236, 28 déc. 1976 et retouchés en 2012).

a)
Notification des actes à l'étranger

161.201 Principe et exceptions. Selon l'article 683 C. pr. civ., « *sous réserve de l'application des règlements communautaires et des traités internationaux, la transmission des actes judiciaires et extrajudiciaires à l'étranger est faite par voie de notification ou de signification internationales dans les conditions prévues par la présente sous-section* ». Et l'article 684 alinéa 1er C. pr. civ., pose le principe de la remise au Parquet : « *L'acte destiné à être notifié à une personne ayant sa résidence habituelle à l'étranger est remis au parquet* »; par exception – dans le prolongement de l'article 683 –, une signification ou une notification directe peut être utilisée : ainsi en est-il des « *cas où un règlement communautaire ou un traité international autorise l'huissier de justice ou le greffe à transmettre directement cet acte à son destinataire ou à une autorité compétente de l'État de destination* ».

Précisons d'emblée que selon l'article 693 C. pr. civ., « *ce qui est prescrit par les articles* [...] *683 à 684-1, 686, le premier alinéa de l'article 688* [...] *est observé à peine de nullité* » (pour vice de forme).

Sur les notifications en droit de l'Union européenne, v. ss nos 163.00 s.

161.202 Conventions internationales. L'article 683 C. pr. civ. posant le principe d'une signification vise le cas des conventions et traités. Sans qu'il soit possible de viser tous les accords, il convient de relever l'existence de conventions cadre et d'accords bilatéraux ou multilatéraux spécifiques.

Par la convention de La Haye relative à la procédure civile, du 1er mars 1954, publiée en France par décret n° 59-1122 du 19 septembre 1959[2], les pays signataires s'engagent, sous réserve de conventions bilatérales permettant la communication directe, à faciliter la remise des actes aux destinataires. La France a également signé la convention de La Haye du 15 novembre 1965, publiée par décret n° 72-1019 du 9 novembre 1972[3], relative à la notification et à la signification des actes judiciaires et extrajudiciaires en matière civile et commerciale.

Elle a en outre signé environ soixante-dix conventions d'entraide et environ cinquante accords bilatéraux, dont l'objet a trait à la signification entre les pays. Il est renvoyé à l'étude de chaque convention, dont l'objet peut être de définir la nécessité d'une traduction dans la langue du destinataire, ou au contraire permettre la signification directe par un huissier du pays destinataire (ex. sur ce point : accord franco-monégasque, 21 sept. 1949 et Décr. n° 53-253, 24 mars 1953[4]).

Notons cependant que les traités ne prévoient pas toujours un allègement du système. Ainsi, il résulte des « *articles 14, 684 du Code de procédure civile et 21 du Protocole judiciaire entre la France et l'Algérie annexé au décret n° 62-1020 du 29 août 1962 que l'acte destiné à être notifié par le secrétaire d'une juridiction à une personne qui demeure en Algérie, est notifié par la transmission de l'acte au parquet du lieu où se trouve le destinataire* », tout au plus « *lorsque l'intéressé est de nationalité française, il peut l'être aussi par une autorité consulaire française* »; une convocation par voie postale est donc irrégulière[5].

161.203 Signification ou notification à parquet : champ d'application. En application de l'article 684, alinéa 2, C. pr. civ., « *l'acte destiné à être notifié à un État étranger, à un agent diplomatique étranger en France ou à tout autre bénéficiaire de l'immunité de juridiction est remis au parquet et transmis par l'intermédiaire du ministre de la justice aux fins de signification par voie diplomatique, à moins qu'en vertu d'un règlement communautaire ou d'un traité international la transmission puisse être faite par une autre voie* ». Dans une telle hypothèse, la transmission se fait nécessaire par la voie diplomatique, ce qui est expressément prévu depuis le décret n° 2005-1678. Est dès lors nulle toute notification effectuée directement au consulat, à l'ambassade ou même au domicile personnel d'un agent diplomatique[6].

Les articles 683 s. C. pr. civ. traitent de la **signification à l'étranger et non pas de la signification à un**

1. Civ. 2e, 13 mai 1987, n° 85-14.028, *Bull. civ.* II, n° 110.
2. Décr. n° 59-1122, 19 sept. 1959, *D.* 1959. 608.
3. Décr. n° 72-1019, 9 nov. 1972, *JO* 14 nov.
4. Accord franco-monégasque, 21 sept. 1949, Décr. n° 53-253, 24 mars 1953, *JO* 2 avr., p. 3121 – V. tableau récapitulatif des conventions, *J.-Cl. pr. civ.*, fasc. 124-1.
5. Civ. 2e, 20 juin 2013, n° 12-23.889, NP ou Civ. 1re, 19 déc. 2012, n° 11-21.688, *Bull. civ.* I, n° 268; *Gaz. Pal.* 8-9 mars 2013, p. 39, obs. Raschel (parmi de nombreuses autres décisions rappelant ce principe).
6. Paris, 30 juin 1981, *Rev. crit. DIP* 1982. 129, note Bourel – Civ. 1re, 15 avr. 1986, n° 84-13.422, *Bull. civ.* I, n° 87; *JCP* 1986. IV. 170.

étranger. Dès lors peu importe la nationalité du destinataire, qu'il soit ressortissant français ou étranger, seul étant significatif le lieu de son domicile. Le ressortissant étranger demeurant en France doit être assigné selon le mode normal, alors que le Français demeurant à l'étranger doit être assigné par la voie du parquet. Par conséquent, lorsque la notification par le secrétariat de la juridiction est faite à une personne demeurant à l'étranger, elle doit être adressée au parquet; et la convocation adressée directement à la personne demeurant à l'étranger par voie postale n'est pas régulière [1].

Mais **la remise au parquet reste une méthode subsidiaire**, qui s'efface devant les modes de significations traditionnels, lorsque cela est possible. Ainsi, la signification peut-elle être faite en France si le destinataire a en France un domicile élu ou une résidence connue. Elle peut de même être faite à l'occasion du passage en France du destinataire ou au domicile en France du représentant légal d'une personne morale étrangère [2]. Ce n'est cependant pas une obligation : un acte destiné à une personne morale ayant son siège social à l'étranger peut être signifié à parquet, alors même que cette personne morale aurait en France une domiciliation où la signification aurait pu être effectuée [3].

161.204 Signification ou notification à parquet : procédure et date. L'article 684 alinéa 3 C. pr. civ. précise que : « *Le parquet auquel la remise doit être faite est, selon le cas, celui de la juridiction devant laquelle la demande est portée, celui de la juridiction qui a statué ou celui de la juridiction dans le ressort de laquelle demeure le requérant. S'il n'existe pas de parquet près la juridiction, l'acte est remis au parquet du tribunal de grande instance dans le ressort duquel cette juridiction a son siège* ».

Les articles 684-1 à 688 C. pr. civ. prévoient les démarches que doivent accomplir différents intervenants (autorité chargée de la notification, procureur, ministre de la justice, autorité compétentes dans l'État destinataire et juge) et qui visent à atteindre effectivement le destinataire.

Ainsi, « *l'huissier de justice ou le greffier relate dans l'acte les modalités de son expédition, de sa transmission ou de sa remise* » (C. pr. civ., art. 684-1, issu de Décr. n° 2012-366); il « *remet deux copies de l'acte au procureur de la République qui vise l'original* » (C. pr. civ., art. 685, al. 1er) et « *fait parvenir sans délai les copies de l'acte au ministre de la justice aux fins de transmission ou à l'autorité désignée en vertu du règlement communautaire ou du traité international applicable* » (C. pr. civ., art. 685, al. 2); « *une ordonnance du juge prescrivant la transmission de l'acte lorsque l'intervention du juge est exigée par le pays destinataire* » est jointe à cet envoi (C. pr. civ., art. 685, al. 3).

L'article 686 C. pr. civ. prévoit une information supplémentaire à l'égard du destinataire : « *À moins que la notification ait pu être faite par voie postale, l'autorité chargée de la notification doit, le jour même ou, au plus tard, le premier jour ouvrable suivant, expédier au destinataire, par lettre recommandée avec demande d'avis de réception, une copie certifiée conforme de l'acte à notifier indiquant de manière très apparente qu'elle en constitue une simple copie* ».

De son côté, l'article 687 C. pr. civ. prévoit l'information du demandeur : « *Le procureur de la République informe l'autorité requérante des diligences faites; il lui transmet, le cas échéant, tout procès-verbal ou récépissé constatant la remise de la copie de l'acte, pour être annexé au premier original. Si la notification a été requise par un huissier de justice, celui-ci tient ces documents à la disposition de la juridiction* ».

Des démarches doivent également être effectuées auprès des autorités compétentes de l'État destinataire... dont le législateur est conscient qu'elles peuvent être vaines. L'article 687-1 C. pr. civ. (créé par le Décr. n° 2012-366) prévoit ainsi que « *s'il ressort des éléments transmis par l'autorité requise ou les services postaux que le destinataire n'habite pas à l'adresse indiquée et que celui-ci n'a plus ni domicile ni résidence connus, l'huissier de justice relate dans l'acte les indications ainsi fournies et procède à la signification comme il est dit aux alinéas 2 à 5 de l'article 659* » (*sic :* l'article 659 n'a que quatre alinéas) : autrement dit, il doit envoyer une LRAR et une lettre simple comme lorsqu'il signifie par procès-verbal de recherches infructueuses.

Toutes ces démarches ayant été accomplies, la juridiction peut alors être saisie selon des modalités prévues à l'alinéa premier de l'article 688 C. pr. civ. (aj. par Décr. n° 2012-366, 15 mars 2012) : « *La juridiction est saisie de la demande formée par assignation par la remise qui lui est faite de l'acte complété par les indications prévues à l'article 684-1 ou selon le cas, à l'article 687-1, le cas échéant accompagné des justificatifs des diligences accomplies en vue de sa notification au destinataire* ».

Or, la procédure étant très longue, il n'est pas exclu que l'acte parvienne trop tard à son destinataire (par ex. après l'audience à laquelle il est assigné à comparaitre), d'où :

– la possibilité offerte au juge de « *prescrire d'office toutes diligences complémentaires, notamment donner commission rogatoire à toute autorité compétente aux fins de s'assurer que le destinataire a eu connaissance de l'acte et de l'informer des conséquences d'une abstention de sa part* » (C. pr. civ., art. 688, al. 3);

– et « *s'il n'est pas établi que le destinataire d'un acte en a eu connaissance en temps utile* », l'interdiction de statuer au fond sauf si trois conditions sont réunies, à savoir que « *1° L'acte a été transmis selon les modes*

1. Civ. 2e, 18 févr. 2010, n° 09-10.557, *Bull. civ.* II, n° 41.
2. Civ. 2e, 12 mai 1975, n° 74-12.241, *Bull. civ.* II, n° 144; *D.* 1975. IR 177; *RTD civ.* 1976. 195, obs. Perrot.
3. Civ. 2e, 30 mars 2000, n° 98-15.286, *Bull. civ.* II, n° 57.

prévus par les règlements communautaires ou les traités internationaux applicables ou, à défaut de ceux-ci, selon les prescriptions des articles 684 à 687, 2° Un délai d'au moins six mois s'est écoulé depuis l'envoi de l'acte, 3 Aucun justificatif de remise de l'acte n'a pu être obtenu nonobstant les démarches effectuées auprès des autorités compétentes de l'État où l'acte doit être remis » (C. pr. civ., art. 688, al. 4). Sachant que « *toutefois, le juge peut ordonner immédiatement les mesures provisoires ou conservatoires nécessaires à la sauvegarde des droits du demandeur* » (C. pr. civ., art. 688, al. 5).

La date de la notification est prévue par l'article 647-1 C. pr. civ. : comme lorsqu'elle est effectuée en Polynésie française, dans les îles Wallis-et-Futuna, en Nouvelle-Calédonie et dans les Terres australes et antarctiques françaises, la date de notification à l'étranger « *est, à l'égard de celui qui y procède, la date d'expédition de l'acte par l'huissier de justice ou le greffe*[1], *ou, à défaut, la date de réception par le parquet compétent* ».

161.205 Langue. Selon l'article 670-3 alinéa 1er C. pr. civ. (créé par Décr. n° 2004-836, 20 août 2004), « *lorsque, pour la notification à l'étranger accomplie à la diligence du secrétariat de la juridiction, la traduction de l'acte, ou de toute autre pièce, paraît nécessaire, le traducteur est requis par le greffier en chef ou le responsable du secrétariat de la juridiction* »[2]. Aucune nullité n'est toutefois encourue, l'article 670-3 ne figurant pas dans la liste des articles visés à l'article 693.

Il n'y a pas d'équivalent à l'article 670-3 dans l'hypothèse où l'acte doit être signifié. Mais, un certain nombre de conventions internationales prévoient qu'une traduction peut être demandée, comme la convention de La Haye du 15 novembre 1965 (conv. La Haye, 15 nov. 1965, art. 5, al. 4)[3].

b)
Notification des actes en provenance de l'étranger

161.211 Coopération judiciaire internationale : champ d'application. Les articles 688-1 à 688-8 C. pr. civ. réglementent les conditions de notification d'actes en provenance de l'étranger et dont la notification est demandée par les autorités de cet État en France, parce que le destinataire se trouve sur le sol français. C'est donc une question « *de coopération judiciaire internationale qui, si elle ne passe pas par le cadre d'un traité, est régie par le* [...] *code qui a prévu des intervenants spécifiques et des modalités simplifiées* »[4].

En effet, ces dispositions jouent « *sauf dans l'hypothèse où, en vertu d'un traité, la transmission pourrait être effectuée directement par les autorités étrangères au ministère public ou à la Chambre nationale des huissiers de justice, et sous réserve de tout autre mode de notification* » (C. pr. civ., art. 688-2, al. 1er).

Par ailleurs, il a été jugé que ces textes ne font pas obstacle à l'augmentation des délais de recours en raison des distances, lorsque la personne domiciliée à l'étranger notifie un jugement français en France et interjette appel[5].

161.212 Remise, signification ou lettre recommandée avec avis de réception (LRAR). Deux modes de notification sont annoncés à l'article 688-1 C. pr. civ. : simple remise ou signification; la remise étant effectuée (sans frais) par le ministère public[6] (C. pr. civ., art. 688-2, al. 1er et art. 688-3) et la signification par un huissier de justice territorialement compétent pour ce faire (C. pr. civ., art. 688-2, al. 1er, et 688-4), le requérant étant alors tenu de faire l'avance des frais (C. pr. civ., art. 688-5). Dans les deux cas, c'est au **ministre de la Justice** que sont adressés les actes en provenance de l'étranger (C. pr. civ., art. 688-2, al. 1er), il est donc le **premier intermédiaire.** Ensuite, selon le cas, « *il transmet les actes au ministère public près le tribunal de grande instance dans le ressort duquel ils doivent être notifiés ou à la chambre nationale des huissiers de justice* » (il y a donc ici un **second intermédiaire**) (C. pr. civ., art. 688-2, al. 1er). En réalité, une troisième voie peut désormais être utilisée : selon l'alinéa 2 de l'article 688-2 C. pr. civ. (créé par Décr. n° 2012-366, 15 mars 2012), le ministre « *peut également notifier ces actes à leur destinataire par lettre recommandée avec demande d'avis de réception* ».

Une fois la notification réalisée par l'autorité compétente, les pièces constatant l'exécution ou le défaut d'exécution de la demande de notification sont transmises en retour par le ministère de la Justice (C. pr. civ., art. 688-7). Le garde des Sceaux est donc à nouveau l'intermédiaire entre les autorités susceptibles de procéder à une notification, mais en sens

1. En cas de transmission directe, donc.
2. Les alinéas 2 et 3 s'occupent de l'aspect financier de la question : « *la traduction est rémunérée en application de l'article R. 122 du code de procédure pénale* » et « *les frais occasionnés par la notification d'un acte à l'étranger à la diligence du secrétariat de la juridiction sont taxés, avancés et recouvrés au titre des frais prévus par l'article R. 93 (16°) du code de procédure pénale* ».
3. Avant 2004, ces conventions internationales étaient les seules dispositions prévoyant une traduction : Civ. 2e, 14 nov. 1990, n° 89-13.378, *Bull. civ.* II, n° 236; *JCP* 1991. IV. 12.
4. Rép. pr. civ., v° *Actes de procédure*, par A. Leborgne, sept. 2005 [màj mars 2013], n° 472.
5. Versailles, 26 mars 2002, *Dr. et proc.* 2002. 296, obs. Douchy.
6. « *Il semble qu'en pratique le parquet charge les commissariats de police dans les villes et les services de gendarmerie ou les mairies dans les campagnes d'effectuer cette remise. La preuve en sera établie par un certificat dressé par l'autorité qui a procédé à la remise (pouvant expliciter les raisons de l'impossibilité d'effectuer la remise), par une décharge donnée par le destinataire ou par un récépissé* », v. Rép. pr. civ., v° *Actes de procédure*, par A. Leborgne, sept. 2005 [màj mars 2013], n° 479.

inverse. « *L'intérêt du passage par le ministère de la Justice permet de mettre en œuvre la protection accordée par l'article 688-8* »[1]. Ce texte dispose en effet que « *l'exécution d'une demande de notification ou de signification peut être refusée par l'autorité française si elle est de nature à porter atteinte à la souveraineté ou à la sécurité de l'État* ». Elle peut en outre être refusée « *si la demande n'est pas présentée conformément aux dispositions du présent code* ».

161.213 **Langue.** Par exception à la règle selon laquelle les actes doivent être rédigés en français, l'article 688-6 alinéa 1er C. pr. civ. prévoit que « *l'acte est notifié dans la langue de l'État d'origine* ». Pour prévenir les difficultés de compréhensions, l'alinéa ajoute que « *toutefois le destinataire qui ne connaît pas la langue dans laquelle l'acte est établi peut en refuser la notification et demander que celui-ci soit traduit ou accompagné d'une traduction en langue française, à la diligence et aux frais de la partie requérante* ».

D.
Transmissions par voie électronique

161.221 **Régime général et dispositions spéciales.** Ainsi que nous l'avons dit (v. ss no 161.08), le décret no 2005-1678 du 28 décembre 2005 (art. 73) a inséré à la fin du livre Ier du Code de procédure civile regroupant les dispositions communes à toutes les juridictions, un titre XXI, quelque peu retouché en 2008 et 2009, composé des articles 748-1 à 748-7 et intitulé « La communication par voie électronique ». Ces sept articles établissent un régime général de la communication par voie électronique. Au sein du Code de procédure civile, les transmissions par voie électronique sont aussi régies par l'article 930-1, créé par le décret no 2009-1524 du 9 décembre 2009, qui concerne les cours d'appel, dans les procédures avec représentation obligatoire, lui-même complété par un arrêté du garde des Sceaux (C. pr. civ., art. 930-1, al. 4 - Arr. 30 mars 2011, consolidé au 1er janv. 2013). Les articles 653 et 662-1 à 664-1 C. pr. civ., issus du décret no 2012-366 du 15 mars 2012 relatif à la signification par voie électronique posent des règles spéciales à ces actes. Ces différents textes sont à compléter par des arrêtés techniques (C. pr. civ., art. 748-6), de telle sorte qu'il y a des régimes spéciaux à certaines juridictions, procédures ou actes. Il faut encore ajouter une convention nationale, signée le 16 juin 2010, prorogée pour deux ans, par un avenant du 21 juin 2013, et des conventions locales qui mettent en œuvre la communication par voie électronique au sein des juridictions (v. ss nos 161.08 et nos 300.00 s.). Nous nous attacherons ici au régime général issu du Code de procédure civile (1°) et présenterons ensuite certains régimes spéciaux (2°), dont celui des significations par voie électronique.

Rappelons aussi que les règles, tant générales que spéciales, ont été adoptées afin de se plier au principe d'équivalence.

161.222 **Technique.** Les modalités techniques retenues l'ont été dans un souci de sécurisation et de partage des coûts. À la différence du commerce électronique où le contrat électronique est un contrat sur site, les actes de procédure sont transmis par des courriels, au sein d'un système de messagerie sécurisée entre avocats et entre avocats et juridictions.

Les avocats utilisent un réseau privé virtuel : le **RPVA (réseau privé virtuel avocat)**, financé par le Conseil national des Barreaux (CNB) et opéré sous sa responsabilité. Ce réseau est interconnecté avec le réseau privé virtuel du tribunal de grande instance ou de la cour d'appel (**RPVJ : réseau privé virtuel justice**) par un point de terminaison sécurisé. Chacun accède à son réseau par une interface sécurisée : « e-barreau » pour les avocats, logiciels « ComCi-TGI » et « ComCi-CA » pour les agents du ministère de la justice « *chargés du traitement et de l'exploitation des informations recueillies ou expédiées par la voie électronique* », soit les magistrats et les greffiers (Arr. 7 avr. 2009, art. 2, et Arr. 30 mars 2011, art. 11, consolidé).

Le RPVA est aussi interconnecté avec le greffe du tribunal de commerce par un point de terminaison sécurisé : la plate-forme d'échange et de suivi sécurisée à laquelle accèdent les greffiers des tribunaux de commerce est dénommée « i-greffes »; si les messages ne transitent pas par un réseau privé, la liaison entre la plate-forme et le point d'interconnexion est également sécurisée. Ce système de communication électronique est opéré sous la responsabilité du Conseil national des tribunaux de commerce.

Pour la Cour de cassation, les échanges entre avocats aux Conseil d'État et à la Cour de cassation se font *via* un extranet.

Quant aux huissiers, ils utilisent en partie un réseau privé (**RPSH : réseau privé sécurisé huissier**), afin de déposer l'acte à transmettre dans un coffre-fort; pour en prendre connaissance, le destinataire doit s'identifier; v. ss no 161.282).

Précisons que :

- d'autres systèmes sont propres à certaines matières, comme la transmission de données en matière d'**injonction de payer** devant les tribunaux d'instance et les juridictions de proximité (Arr. 24 déc. 2012) ou la communication par voie électronique en matière de **protection judiciaire des majeurs** (Arr. 22 févr. 2011);

- l'accès aux différentes plates-formes suppose une **identification** règlementée par les arrêtés.

1. Rép. pr. civ., vo *Actes de procédure*, par A. Leborgne, sept. 2005 [màj mars 2013], no 476.

1°
Régime général de la communication par voie électronique

a)
Champ d'application de la communication par voie électronique

161.231 **Application dans le temps.** L'article 88 du décret de 2005 (modifié par l'article 21 du décret n° 2008-484 du 22 mai 2008) fixait la date du 1er janvier 2009 pour l'entrée en vigueur de l'article 73, sous une réserve : « *Toutefois, un arrêté du garde des Sceaux, ministre de la justice, peut prévoir une application anticipée de l'article 73 dans le ressort des juridictions et pour les actes de procédure qu'il désigne. Pour les procédures avec représentation obligatoire, cet arrêté est pris après conclusion de conventions passées entre le président de la juridiction et une ou plusieurs catégories d'auxiliaires de justice et organisant le recours à la communication électronique dans les conditions prévues par cet article* ». Il s'agissait de permettre aux juridictions et auxiliaires de justice d'être matériellement en mesure de participer à cette communication par voie électronique. Un tel arrêté a été pris le 25 septembre 2008 pour une application anticipée dans 68 tribunaux de grande instance. En outre, un arrêté du 17 juin 2008 est venu porter application anticipée de l'article 73 pour la procédure applicable devant la Cour de cassation : la communication électronique est donc une réalité devant la Cour de cassation depuis le 1er juillet 2008; si les parties sont représentées par un avocat aux Conseils, il est possible d'effectuer les différents actes de procédure par voie électronique.

En revanche, même à compter du 1er janvier 2009, la mise en œuvre de la communication par voie électronique est subordonnée à la prise d'arrêtés « *techniques* », exigés à l'article 748-6 C. pr. civ. Or, le législateur a fait le choix (sans doute pas totalement libre) d'un déploiement progressif de la communication électronique[1] qui est loin d'être achevé. Ainsi, tous les actes énumérés à l'article 748-1 C. pr. civ. devraient désormais pouvoir être effectués par voie électronique devant toutes les juridictions, ce n'est le cas que devant la Cour de cassation (Arr. 17 juin 2008, préc.), devant les tribunaux de grande instance (Arr. 7 avr. 2009) et devant les tribunaux de commerce (Arr. 21 juin 2013). D'autres arrêtés « 748-6 » sont plus ponctuels qui concernent seulement certaines matières et autorisent la communication par voie électronique pour les transmissions qu'ils visent : par exemple, la transmission de données documentaires dans le cadre d'une **procédure d'injonction de payer** (v. ss n° 161.222); de même, devant les cours d'appel, lorsque la procédure est sans représentation obligatoire, sont seuls susceptibles d'être effectués par voie électronique « *les envois et remises des déclarations d'appel, des actes de constitution et des pièces qui leur sont associées* » (Arr. 5 mai 2010). En revanche, la plupart des transmissions doivent emprunter la voie électronique lorsque la procédure d'appel est avec représentation obligatoire (v. ss nos 161.232 et 161.241).

161.232 **Actes concernés.** L'article 748-1 C. pr. civ. détermine le périmètre de la communication par voie électronique : ces transmissions concernent « *les envois, remises et notifications des actes de procédure, des pièces, avis, avertissements ou convocations, des rapports, des procès-verbaux ainsi que des copies et expéditions revêtues de la formule exécutoire des décisions juridictionnelles* ». Il s'agit donc de tous les actes susceptibles d'être accomplis lors d'un procès.

Les notions d'**envoi** et de **remise**, bien qu'évoquées dans des dispositions spéciales (remise de l'assignation : C. pr. civ., art. 757, 857..., envoi des pièces : art. 1043) ne sont pas définies par le Code de procédure civile. Traditionnellement, un écrit sur support papier était envoyé (adressé[2]) par voie postale, par lettre simple (par ex., C. pr. civ., art. 658 et 667) ou par LRAR (par ex., C. pr. civ., art. 667 et 675, al. 2). La remise était aussi celle d'un papier à son destinataire (par ex., C. pr. civ., art. 667 et 673), éventuellement contre récépissé ou visa. Désormais, les envois et les remises peuvent être effectués par voie électronique.

Il en est de même des **notifications**, définies par l'article 651 alinéa 1er C. pr. civ.[3], qu'elles soient des significations (donc des notifications faites par acte d'huissier de justice : v. ss nos 161.121 s.) ou non (notifications en la forme ordinaire : v. ss nos 161.160 s., par actes du palais : v. ss nos 161.191 s., *etc.*).

1. Rép. pr. civ., v° *Communication électronique*, par E. de Leiris, sept. 2012 [màj oct. 2013], spéct nos 4 et 5 – N. Fricero, chron. « Procédure civile » (janv.-déc. 2012), *D.* 2013. 269 – E. Vergès, « La recherche de l'efficacité procédurale, moteur de la modernisation de la procédure civile – À propos des ajustements procéduraux de l'année 2012 », *JCP* 2013. 95 – C. Bléry et J.- P. Teboul, « La communication par voie électronique, de la procédure civile avant tout ! », *JCP* 2012. 1189 – H. Croze, « La communication électronique procédurale devant les tribunaux de commerce », *JCP* 2012. Doctr. 1150.

2. Si l'article 748-1 ne parle pas d'« *adresse* », ce terme n'est pas ignoré du Code : ainsi, l'article 1407 alinéa 1er dispose « *la demande* [en injonction de payer] *est formée par requête remise ou adressée, selon le cas, au greffe par le créancier ou par tout mandataire* ». Les actions d'envoyer et d'adresser sont très certainement les mêmes – EN CE SENS, AUSSI : Rép. pr. civ., v° *Communication électronique*, par E. de Leiris, sept. 2012 [màj oct. 2013], n° 11.

3. C. pr. civ., art. 651, al. 1er : « *Les actes sont portés à la connaissance des intéressés par la notification qui leur en est faite* ». Selon le Petit Larousse, la « notification », c'est « *l'action de notifier; l'avis* » et « notifier », c'est « *faire connaître quelque chose à quelqu'un dans les formes légales ou* ▶

Précisons que :

- les notions sont inchangées : il ne faut donc pas parler de « *signification des conclusions par le canal du RPVA* », de « *signification directe des actes entre avocats* » par voie électronique [1], puisque ce sont des notifications sans ministère d'huissier;

- par ailleurs, la notification électronique n'est pas une quatrième forme de notification, s'ajoutant à la signification, la notification en la forme ordinaire et la notification des actes du palais. Elle n'est pas davantage une troisième voie pour notifier ces actes du palais. **La voie électronique n'est qu'une modalité d'exécution des notifications du Code de procédure civile.**

Toujours selon l'article 748-1 C. pr. civ., tous ces actes **peuvent** désormais « *être effectués par voie électronique* ***dans les conditions et modalités fixées par le présent titre*** », à moins que ces actes ne **doivent** l'être par cette voie en vertu d'une disposition spéciale. L'article 930-1 C. pr. civ. est une telle disposition spéciale.

b) Conditions

161.241 Consentement des parties à la communication par voie électronique. L'article 748-2 C. pr. civ. soumet la communication par voie électronique à la condition du **consentement exprès** à son usage par le destinataire des envois, remises et notifications - à moins que l'usage de cette voie ne soit imposé par des dispositions spéciales.

Divers arrêts ont montré que des avocats ont argué de nullité des notifications effectuées par voie électronique, au motif qu'ils n'y avaient pas consenti - et ce, alors qu'ils étaient adhérents au RPVA, mais qu'une telle notification n'est imposée par aucune disposition spéciale. Fallait-il admettre que l'adhésion au RPVA valait consentement **exprès** à la communication par voie électronique ? La cour d'appel de Bordeaux a répondu positivement [2], celle de Toulouse, négativement [3]; d'autres cours d'appel ont aussi statué dans le sens de Bordeaux - y compris Toulouse, dans un arrêt du 5 septembre 2012 [4]. Or, en refusant un consentement tacite ou présumé, par adhésion au RPVA, la cour ne fait qu'adopter « *une interprétation stricte mais assez juste* » [5] alors que « *la solution bordelaise a le mérite d'être plus respectueuse de la loyauté et de la cohérence - sans parler de la confraternité - attendue d'un auxiliaire de justice : s'inscrire au RPVA pour ensuite donner son accord au cas par cas (selon quel critère ?) paraît peu honnête* [...] » [6].

Saisie de la question, la Cour de cassation avait « botté en touche » [7]. En réponse à la demande d'avis d'un conseiller de la mise en état toulousain, la Cour de cassation a estimé que « *l'adhésion d'un avocat au* "réseau privé virtuel avocat" *(RPVA) emporte nécessairement consentement de sa part à recevoir la notification d'actes de procédure par la voie électronique* », en dépit des conclusions de l'avocat général [8].

Il serait opportun que la Chancellerie intervienne « *afin, non seulement, d'insérer cet avis dans un alinéa 2 à l'article 748-2, mais aussi de généraliser l'exclusion du consentement exprès de l'alinéa 1er à tout auxiliaire de justice, actuel ou futur utilisateur de la communication par voie électronique : huissier, expert, mandataire judiciaire à la protection des majeurs* » [9].

Notons aussi qu'un consentement exprès n'a plus à être donné devant la cour d'appel, dans la mesure où l'article 930-1 C. pr. civ. - disposition spéciale - impose la **remise** par voie électronique des actes à et par la juridiction. Et que la pratique des cours d'appel est de rendre obligatoire la communication par voie électronique de toutes les transmissions, que ce soit

▶ *usitées; faire part, avertir de* ». Il y a donc un sens juridique et un sens courant (sans parler d'un sens plus actuel employé par les utilisateurs de Facebook).

1. PAR EX., v. un protocole toulousain « *concernant la signification des actes* » qui reprend la confusion dans son intitulé même : C. Bléry, « Convention interbarreaux de la Cour d'appel de Toulouse du 20 mars 2013 : et un protocole de plus ! », *JCP* 2013. 556.
2. Bordeaux, 5 mars 2012, RG n° 11/04968, *JCP* 2012. 406, note Croze et Bordeaux, 1er mars 2013, RG n° 12/07142.
3. Toulouse, 4 déc. 2012, RG n° 12/04955, *JCP* 2013. 69, nos obs.
4. Sur ces arrêts, v. concl. av. gén. P. Mucchielli en vue de l'avis rendu le 9 sept. 2013 (n° 13-70005), p. 5 : http://www.courdecassation.fr/IMG///Conclusions%20de%20Monsieur%20Mucchielli_avgnl.pdf - V. AUSSI, - non mentionné -, Nîmes, 4 déc. 2012, RG n° 11/05606.
5. V. nos obs. sur Toulouse, 4 déc. 2012, RG n° 12/04955, *JCP* 2013. 69.
6. Obs. préc.
7. Civ. 2e, 16 mai 2013, n° 12-19.086, NP; *Gaz. Pal.* 1-3 sept. 2013, p. 38, nos obs.; *JCP* 2013. 763, note Croze : « *L'irrégularité de la notification préalable à avocat est un vice de forme qui n'entraîne la nullité de la signification destinée à la partie que sur justification d'un grief* ».
8. Cass., avis, 9 sept. 2013, n° 13-70.005, *Bull. civ. avis*, [à paraître] - C. Lhermitte, « Notifications des actes de procédure par voie électronique : fin de controverse », *Gaz. Pal.* 14 sept. 2013, p. 11.; *JCP* 2013. Actu. 979, nos obs. : « *La Cour de cassation valide le consentement exprès tacite* »; *Gaz. Pal.* 14 sept. 2013, p. 11, obs. Lhermitte; concl. av. gén. Mucchielli, p. 5 (http://www.courdecassation.fr/IMG///Conclusions%20de%20Monsieur%20Mucchielli_avgnl.pdf); rapp. Vasseur (http://www.courdecassation.fr/IMG///rap_vasseur_1370005.pdf) - *Adde*, F. G'sell, « La dématérialisation n'est pas un long fleuve tranquille », *JCP* 2013. Doctr. 1087, n° 6.
9. V. Arr. 22 févr. 2011, relatif à la communication par voie électronique en matière de protection judicaire des majeurs - *Adde*, L. Raschel, « Le mandataire judiciaire à la protection des majeurs est-il un auxiliaire de justice ? », *Dr. fam.* 2012. Dossier 14 : l'auteur répond par l'affirmative à la question qu'il pose. Nous parlons d'utilisateur car l'huissier n'est pas destinataire de la communication par voie électronique.

prévu par un protocole de procédure[1]... ou non[2], sous peine de se heurter à une fin de non-recevoir[3].

161.242 Envoi d'un avis électronique de réception. L'article 748-3 alinéa 1er C. pr. civ. prévoit l'envoi d'un avis électronique de réception par le destinataire qui indique la date et éventuellement l'heure de la réception. Même si le texte dispose que cet avis est « *adressé par le destinataire* », il est en fait généré automatiquement et immédiatement[4] (en principe, car les avocats doivent parfois attendre assez longtemps pour que cet avis leur parvienne).

Cet avis, « *équivalent fonctionnel* »[5] remplace toute autre formalité - visa, cachet ou signature - qui serait prévue pour la communication papier (C. pr. civ., art. 748-3, al. 2); un tel envoi électronique est même généré là où, traditionnellement, il n'y avait pas d'avis de réception, ainsi lorsque le greffe envoyait, par lettre simple, un avis ou un avertissement[6]. De la même manière, l'alinéa 3 dispense de certaines formalités propres à la voie papier : transmission en plusieurs exemplaires, restitution matérielle d'actes ou de pièces.

161.243 Nécessité d'un arrêté technique. L'article 748-6 C. pr. civ. impose l'utilisation de procédés techniques qui apportent des **garanties particulières**, à savoir « *la fiabilité de l'identification des parties à la communication électronique, l'intégrité des documents adressés, la sécurité et la confidentialité des échanges, la conservation des transmissions opérées* »; ces procédés doivent « *permettre d'établir de manière certaine la date d'envoi et celle de la réception par le destinataire* ». Or les conditions dans lesquelles sont apportées ces garanties sont fixées par **arrêté du garde des Sceaux** - ce sont les arrêtés « techniques ». Les arrêtés actuellement applicables sont les suivants :

- **arrêté du 17 juin 2008,** portant application anticipée pour la procédure devant la Cour de cassation des dispositions relatives à la communication par voie électronique;

- **arrêté du 7 avril 2009,** relatif à la communication par voie électronique devant les tribunaux de grande instance;

- **arrêté du 5 mai 2010,** relatif à la communication par voie électronique dans la procédure sans représentation obligatoire devant les cours d'appel[7];

- **arrêté du 22 février 2011,** relatif à la communication par voie électronique en matière de protection judiciaire des majeurs[8];

- **arrêté du 30 mars 2011** (consolidé au 22 avr. 2013), relatif à la communication par voie électronique dans les procédures avec représentation obligatoire devant les cours d'appel;

- **arrêté du 22 mai 2012** (modifié le 1er oct. 2012) fixant la liste des pièces justifiant de l'identité de l'auteur de la déclaration de consentement à la signification par voie électronique d'un acte d'huissier de justice et **arrêté du 28 août 2012,** portant application des dispositions du Titre XXI du Livre Ier du Code de procédure civile aux huissiers de justice;

- **arrêté du 24 décembre 2012,** relatif à la communication par voie électronique devant les tribunaux d'instance et les juridictions de proximité pour les procédures d'injonction de payer;

- **arrêté du 21 juin 2013,** portant communication par voie électronique entre les avocats et entre les avocats et la juridiction dans les procédures devant les tribunaux de commerce[9].

c) Modalités

161.251 Conséquences de l'abandon du papier. L'article 748-4 C. pr. civ. dispose que « *lorsqu'un document*[10] *communiqué par voie électronique a été établi en original sur support papier, le juge peut en exiger la production* ». « *C'est donc que la communication élec-*

1. V. Annexe 1 au « *protocole de mise en œuvre de la communication électronique entre les avocats et les chambres civiles de la cour d'appel de Lyon* », 9 janv. 2012, p. 8 (http://www.ca-lyon.justice.fr/fichiers/Protocole%20communication%20electronique/annexe_1_-_contrat_de_procdure.pdf).
2. Selon M. M. Bencimon, chargé de mission auprès du bureau d'aide à la procédure d'appel.
3. V. Annexe 1, p. 8, préc. : « *Toute transmission, autrement que par voie électronique, pourra être déclarée d'office irrecevable par le conseiller de la mise en état* [C. pr. civ., art. 930-1] » – *Adde*, C. Bléry, « Procédure avec représentation obligatoire devant les cours d'appel et communication par voie électronique : panorama (sans doute non exhaustif) des difficultés », *Procédures* 2013. Dossier 4, n° 12.
4. Rép. pr. civ., v° *Communication électronique*, par E. de Leiris, sept. 2012 [màj oct. 2013], n° 48.
5. Rép. pr. civ., v° *Communication électronique*, par E. de Leiris, sept. 2012 [màj oct. 2013], n° 49.
6. Rép. pr. civ., v° *Communication électronique*, par E. de Leiris, sept. 2012 [màj oct. 2013], n° 11.
7. Cet arrêté a été contesté, en ce qu'il conduisait à abandonner l'usage de la solution technique précédemment développée par la Chambre nationale des avoués au profit de e-barreau, mais le Conseil d'État a validé le choix d'une plateforme unique au nom de la bonne administration de la justice : CE 15 mai 2013, req. nos 341598 et 343742, *JCP* 2013. 1087, n° 6, obs. G'sell; *Gaz. Pal.* 27 juin 2013, p. 12, obs. Guyomar.
8. Curieusement, cet arrêté permet que tous les actes prévus à l'article 748-1 C. pr. civ. soient accomplis par voie électronique « *entre un mandataire judiciaire à la protection des majeurs ou une personne désignée en application de l'article 449 du Code civil et un tribunal d'instance, dans le cadre d'une mesure de protection judiciaire des majeurs* ». Or, seuls les « MJPM » sont des professionnels. Si cette communication par voie électronique était pratiquée (ce qui n'est pas le cas), elle serait susceptible de concerner de simples particuliers (conjoint, parent...) !
9. C. Bléry, « Un pas en avant dans la dématérialisation du procès et dans l'utilité de l'écrit en procédure orale », *JCP* 2013. 792.
10. L'un de ceux énumérés à l'article 748-1.

tronique d'une pièce établie sur support papier apparaît pouvoir être régulièrement faite par l'envoi d'une version numérisée, sans pour autant que cette numérisation réponde à des exigences particulières »[1]. Des pièces, à l'origine papier peuvent être scannées et communiquées pas RPVA (sans que cela soit obligatoire).

Il résulte de l'article 748-5 C. pr. civ. que les parties peuvent solliciter la délivrance sur support papier de l'expédition de la décision juridictionnelle revêtue de la formule exécutoire[2]. Cette disposition a largement anticipé le cas de figure, qui n'est encore qu'à moitié du droit positif : en effet, l'article 456 alinéa 2 C. pr. civ., tel qu'issu du décret n° 2012-1515 du 28 décembre 2012 prévoit que le jugement pourra être établi sur support électronique et qu'il sera signé électroniquement. Il en résultera un élargissement du champ de la communication par voie électronique, puisque la dématérialisation du procès ne sera plus cantonnée au régime des articles 748-1 et s. C. pr. civ. qui, rappelons-le, ne concerne que la transmission des actes. Un arrêté du garde des Sceaux doit définir un procédé de signature électronique sécurisé, au sens de l'article 1316-4 du Code civil et du décret n° 2001-272 du 30 mars 2001 (C. pr. civ., nouv. art. 456, al. 3; v. s^s n° 161.07). En fait, là encore, le déploiement sera progressif, car si un tel arrêté a été adopté, il ne concerne que la Cour de cassation : l'arrêté du 18 octobre 2013 relatif à la signature électronique des décisions de justice rendues en matière civile par la Cour de cassation[3] est donc une première étape : combien seront nécessaires avant une généralisation aux autres juridictions ?

161.252 Dysfonctionnement et remède. L'article 748-7 C. pr. civ., lui, envisage un dysfonctionnement de la communication par voie électronique et son remède : « *Lorsqu'un acte doit être accompli avant l'expiration d'un délai et ne peut être transmis par voie électronique le dernier jour du délai pour une cause étrangère à celui qui l'accomplit, le délai est prorogé jusqu'au premier jour ouvrable suivant* ». Le texte est bienvenu en ce sens qu'un tel dysfonctionnement n'est pas une hypothèse d'école. Le remède n'est en revanche pas très satisfaisant. D'une part, il n'est pas forcément simple d'apporter la preuve de la **cause étrangère**[4]. Ensuite, repousser au premier jour ouvrable risque de ne pas apporter de solution au cas où un bogue de grande ampleur se poursuivrait ce jour là : la seule porte de sortie est alors le retour au papier. C'est d'ailleurs le remède que l'article 930-1 alinéa 2 C. pr. civ. offre dans les procédures avec représentation obligatoire devant les cours d'appel... ce qui suscite une autre difficulté[5]. La disposition spéciale écarte-t-elle - ou non - la disposition générale ? Ce serait une bonne chose, car, pour une fois, la solution adoptée devant les cours d'appel est plus favorable que celle du droit commun (même s'il est pénalisant pour l'avocat dont l'adresse professionnelle est éloignée de la cour d'appel[6]). La doctrine semble plutôt considérer que les deux ne seraient pas incompatibles[7]. S'il faut combiner les deux, l'avocat qui se heurte à une cause étrangère et recourt au papier avant le dernier jour du délai s'expose au risque d'une irrecevabilité de sa déclaration d'appel (C. pr. civ., art. 930-1, al. 1er). Dès lors, il serait bon de prévoir expressément que l'auxiliaire de justice peut tenter de remettre son acte par voie électronique jusqu'à l'ultime limite du délai qui lui est imparti pour ce faire. Peut - mais pas doit - car s'il a besoin de faire rapidement appel, il ne doit pas être obligé d'attendre le dernier jour du délai[8]. Un avis de la Cour de cassation sur ce point serait le bienvenu. Au-delà, il fau-

1. Rép. pr. civ., v° *Communication électronique*, par E. de Leiris, sept. 2012 [màj oct. 2013], n° 51.
2. Rép. pr. civ., v° *Communication électronique*, par E. de Leiris, sept. 2012 [màj oct. 2013], n°s 52 et 53.
3. Arr. 18 oct. 2013, *JO* 23 oct., p. 17329.
4. S. Grayot-Dirx, « La cause étrangère et l'usage des nouvelles technologies dans le procès civil 1 », *Procédures* 2013. Étude 2 – D. d'Ambra, Dalloz référence *Droit et pratique de l'appel*, 2013/2014, 1re éd., n° 232.41 – Ph. Gerbay et N. Gerbay, *Guide du procès en appel*, LexisNexis, 2013, n°s 539 s. – V. CEP. un arrêt de la cour d'appel de Versailles du 19 novembre 2013 (RG n° 13/04919, http://avocats.fr/space/gilles.huvelin/content/dematerialisation-et-preuve-papier_62419857-2714-4A0C-9DC1-A23BEB8135D1) qui admet – par présomption – l'existence d'une cause étrangère ayant empêché la transmission de divers actes de procédure dont des conclusions : l'avocat n'avait pas eu connaissance de l'échec de la transmission et n'avait pas été mis en demeure de régulariser la procédure par le greffe qui n'avait rien reçu dans le délai de l'article 908 C. pr. civ. Pour admettre « *l'hypothèse d'une défaillance technique à l'origine de la non-transmission ou de la réception des conclusions* », la cour d'appel s'appuie sur un bordereau d'envoi au greffe et un extrait du site « e-barreau » relatif au dossier en question qui « *retrace la liste des événements RPVA et mentionne* [les pièces jointes transmises] » produits par l'avocat. La cour d'appel constate que les « *dates et événements relatés sur l'extrait* [du] *site "e-barreau"* [de l'avocat] *sont exacts* », « *ce qui permet de supposer que la mention* [de la transmission des conclusions] *l'est également* ». La cour d'appel en déduit que la déclaration d'appel n'est pas caduque... mais condamne la cliente de l'avocat aux dépens du déféré « *dont la transmission défectueuse de ses pièces a rendu nécessaire la procédure* » !
5. V. C. Bléry, « Procédure avec représentation obligatoire devant les cours d'appel et communication par voie électronique : panorama (sans doute non exhaustif) des difficultés », *Procédures* 2013. Dossier 4, n° 13.
6. V. Ph. Gerbay et N. Gerbay, *Guide du procès en appel*, LexisNexis, 2013, n° 538.
7. Rép. pr. civ., v° *Communication électronique*, par E. de Leiris, sept. 2012 [màj oct. 2013], n° 71.
8. V. Ph. Gerbay et N. Gerbay, *Guide du procès en appel*, LexisNexis, 2013, n° 538 : « *on ne peut exiger de l'avocat qu'il renouvelle ses tentatives autant de fois que possible jusqu'à l'expiration du délai* ». Et (*loc. cit.*) : « *La formule papier, s'il y va de l'intérêt du justiciable, doit pouvoir être mise en œuvre immédiatement, en cas de dysfonctionnement de la communication électronique* ».

drait généraliser le remède de l'article 930-1, en l'inscrivant à l'article 748-7[1].

d)
Sanctions

161.261 Fin de non-recevoir et nullité pour vice de forme. Les sanctions des règles de procédure n'ont pas été modifiées et il convient de recourir aux possibilités offertes par le Code de procédure civile[2].

Ainsi, si un acte doit être fait par voie électronique et est effectué par voie papier (hors hypothèse d'une cause étrangère) ou si un acte ne peut pas être accompli par voie électronique (faute d'arrêté technique l'autorisant) et qu'il emprunte pourtant cette voie, il ne sera pas régulier. La question qui a pu se poser est celle de la nature de la sanction du non-respect du Code et/ou des arrêtés techniques : **exception de nullité ? Fin de non-recevoir ?**

Depuis qu'elle a condamné la notion d'inexistence en 2006 et déclaré limitative la liste des irrégularités de fond[3], la Cour de cassation juge désormais que lorsqu'un acte a été accompli à la place d'un autre la sanction est une fin de non-recevoir (v. s[s] n° 162.175). Par analogie avec cette jurisprudence, l'utilisation de la forme électronique au lieu de la forme papier se heurte à une **fin de non-recevoir.** La jurisprudence des cours d'appel[4] est en ce sens, ainsi que les protocoles de procédure et la pratique[5]. Ce qui est très sévère, surtout en raison de l'imprécision des textes. Le choix d'une nullité de forme (pour inobservation d'une formalité substantielle) serait plus approprié et une décision en ce sens de la Cour de cassation serait la bienvenue.

D'autres irrégularités appellent cette sanction : ainsi, le défaut d'indication dans la déclaration d'appel de l'identification de l'intimé constitue seulement une irrégularité de forme, dont la nullité ne être prononcée qu'à charge pour l'adversaire qui l'invoque de prouver le grief que lui cause l'irrégularité (C. pr. civ., art. 114). La nullité pour vice de forme ne peut être relevée d'office par le juge : le conseiller de la mise en état qui prononce d'office la nullité de la déclaration d'appel verra nécessairement sa décision infirmée... ainsi qu'en a heureusement décidé la cour d'appel de Bordeaux, le 11 janvier 2013[6]. Mais, devons-nous constater avec un auteur[7], « *un arrêt de la cour d'appel de Lyon du 30 octobre 2012*[8] *précise que l'erreur d'indication du numéro de la chambre entraîne l'irrecevabilité des conclusions, par référence au protocole signé entre le barreau et la cour d'appel... Cette solution n'est pas conforme au Code de procédure civile : la nullité comme l'irrecevabilité peuvent être régularisées avant que le juge statue (C. pr. civ., art. 115, 121 et 126)* [...] » (v. s[s] n° 300.12)...

2°
Régimes spéciaux de la communication par voie électronique

a)
Régimes propres à certaines juridictions et à certains actes

161.271 Renvoi. Nous nous contenterons ici de renvoyer à la liste des divers arrêtés techniques et aux procédures propres à la Cour de cassation, aux tribunaux de grande instance, aux cours d'appel et aux tribunaux de commerce (v. s[s] n° 161.243).

b)
Significations par voie électronique

161.281 Mise en place de la signification par voie électronique. La signification entre dans le champ d'application de l'article 748-1 C. pr. civ., puisqu'il s'agit d'une notification par ministère d'huissier. L'arrêté du 17 juin 2008, portant application anticipée pour la procédure devant la Cour de cassation des dispositions relatives à la communication par voie électronique, a permis que des significa-

1. V. C. Bléry, art. préc., n° 13.
2. C. Bléry et J.-P. Teboul, « Quelles conséquences procédurales pour une communication par voie électronique non autorisée ? », *JCP* 2012. 1360 – Rép. pr. civ., v° *Communication électronique*, par E. de Leiris, sept. 2012 [màj oct. 2013], n° 26 – Pour une réflexion menée à propos de la cour d'appel, v. J. Pellerin, « La procédure d'appel en question », *Gaz. Pal.* 7-8 sept. 2012, p. 11, n°s 3 et 4.
3. Cass., ch. mixte, 7 juill. 2006, n° 03-20.026, *Bull. ch. mixte*, n° 6; *Procédures* 2006. Comm. 200, obs. Perrot.
4. Toulouse, 4 déc. 2012, RG n° 12/04955, *JCP* 2013. Actu. 69, nos obs. : le défaut d'acceptation par le destinataire d'une notification rendait irrecevables les conclusions notifiées par RPVA – Reims, 27 nov. 2012, RG n° 12/02121, sur lequel, v. H. Croze, « Irrecevabilité des conclusions pour violation d'une convention de procédure », *JCP* 2012. 1394. M. P. Mucchielli, (concl. sur l'avis du 9 septembre 2013, p. 12) cite aussi deux autres arrêts de cours d'appel ayant admis que la convention conclue avec la cour d'appel contraint les avocats : Orléans, 17 janv. 2013 et Pau, 19 mars 2013 – EN CE SENS, Rép. pr. civ., v° *Communication électronique*, par E. de Leiris, sept. 2012 [màj oct. 2013], n°s 26 et 36.
5. V. C. Bléry, « Procédure avec représentation obligatoire devant les cours d'appel et communication par voie électronique : panorama (sans doute non exhaustif) des difficultés », *Procédures* 2013. Dossier 4, n°s 12 et 14 – V. Annexe 1, « *protocole de mise en œuvre de la communication électronique entre les avocats et les chambres civiles de la cour d'appel de Lyon* », 9 janv. 2012, p. 8 (http://www.ca-lyon.justice.fr/fichiers/Protocole%20communication%20electronique/annexe_1_-_contrat_de_procdure.pdf).
6. Bordeaux, 11 janv. 2013, RG n° 12/06415.
7. N. Fricero, « Les nouvelles sanctions du défaut de diligence des avocats en appel », *Procédures* 2013. Dossier 6, n° 9.
8. Lyon, 30 oct. 2012, RG n° 11/08437 – J. Junillon et R. Laffly, « Deux ans de jurisprudence », *JCP* 2013, 249, n° 9.

tions dématérialisées soient effectuées par les huissiers audienciers devant la Haute juridiction[1]. Hors ce cas particulier, il a cependant fallu attendre 2012 pour que des textes autorisent la signification par voie électronique[2]. Le décret n° 2012-366 du 15 mars 2012 a fait entrer la signification électronique au Code de procédure civile : selon l'article 653 C. pr. civ., tel qu'issu de ce texte, « *la signification est faite sur support papier ou par voie électronique* » et les articles 662-1 à 664-1 règlementent cette nouvelle voie. Les dispositions du décret sont applicables depuis 1er septembre 2012, en même temps que l'arrêté du garde des Sceaux définissant les garanties que doivent présenter les procédés utilisés par les huissiers de justice pour signifier les actes par voie électronique, ceci en application de l'article 748-6 C. pr. civ. Cet arrêté est celui du 28 août 2012 portant application des dispositions du Titre XXI du Livre Ier du Code de procédure civile aux huissiers de justice. En outre un arrêté du 22 mai 2012 (modifié le 1er octobre 2012) fixe la liste des pièces justifiant de l'identité de l'auteur de la déclaration de consentement à la signification par voie électronique d'un acte d'huissier de justice. Mis à part le cas de la Cour de cassation, la signification par voie électronique est cependant encore expérimentale.

Le décret a institué un **régime original de la signification par voie électronique**, la démarche d'équivalence n'étant pas totalement possible à son égard : l'article 662-1 alinéa 1er C. pr. civ. exclut donc l'application des articles 654 à 662. Toujours selon l'article 662-1 alinéa 1er, la signification par voie électronique est aussi soumise au régime général de la communication par voie électronique : « *La signification par voie électronique est faite par la transmission de l'acte à son destinataire dans les conditions prévues par le titre XXI du présent livre* ». Des règles gouvernant la signification papier s'étendent désormais à son double dématérialisé : ainsi des articles 648, 649, 652, 664 (v. ss nos 161.31 s, 161.101 et 161.151) et 680 (v. ss n° 423.102). Quelques règles sont particulières à l'injonction de payer (C. pr. civ., art. 1414 et 1424-6) et aux procédures civiles d'exécution (C. pr. exéc., art. R. 221-4 et R. 162-1). Il faut encore ajouter des dispositions inscrites au décret n° 56-222 du 29 février 1956 relatif au statut des huissiers de justice.

C'est un mode de signification facultatif, l'huissier se conformant aux instructions données pour son mandant sous réserve de l'accord du destinataire, conformément à l'article 748-2 C. pr. civ.

161.282 Consentement du destinataire. Concrètement, la signification par voie électronique s'opère en trois temps : l'acceptation de la personne destinataire de l'acte listée sur le registre des consentements tenu par la Chambre nationale des huissiers de justice[3], la vérification par l'huissier instrumentaire que le destinataire a accepté la signification virtuelle, et enfin, l'envoi de l'acte par la voie dématérialisée.

Le consentement préalable du destinataire est une application de l'article 748-2 C. pr. civ.[4] L'article 662-1 alinéa 2 C. pr. civ. indique que « *l'acte de signification porte mention du consentement du destinataire à ce mode de signification* » : ce consentement est donné par une déclaration que son auteur adresse par voie électronique à **la Chambre nationale des huissiers de justice**[5] et qui comporte diverses mentions : l'identité du déclarant[6], la nature des actes sur lesquels porte le consentement, la durée pour laquelle le consentement est donné et les modalités selon lesquelles il peut être révoqué (Décr. n° 56-222, 29 févr. 1956, art. 73-1). Cette possibilité de cantonner à une certaine durée le consentement et de le révoquer risque de laisser planer une certaine insécurité; plus encore peut-être la limitation à certains actes. L'huissier devra être particulièrement vigilant en vérifiant l'étendue du consentement.

Il est vrai qu'aucune sanction n'a été prévue en cas de signification effectuée en l'absence d'un tel consentement. Pour autant il est exclu de ne pas faire respecter cette condition fondamentale. À l'évidence, la jurisprudence ne retiendra pas la qualification de nullité pour vice de fond, pas plus que celle d'inexistence, puisque la Cour de cassation proclame le

1. N. Dessard, « Les premières significations par voie électronique en matière civile devant la Cour de cassation », *Gaz. Pal.* 23 avr. 2011, p. 13 – Rép. pr. civ., v° *Communication électronique*, par E. de Leiris, sept. 2012 [màj oct. 2013], n° 74.
2. G. Mecarelli et S. Poisson, « La signification par voie électronique : entre défi technologique et théorie du procès », *D.* 2012. 2533 – J.-P. Teboul, *JCP* 2012. 955 – Rép. pr. civ., v° *Communication électronique*, par E. de Leiris, sept. 2012 [màj oct. 2013], nos 75 s. – L. Lauvergnat, « Le décret n° 2012-366 du 15 mars 2012 : un souffle nouveau en matière de notifications », *Procédures* 2012. Étude 3; « La signification virtuelle est maintenant bien réelle ! », *Gaz. Pal.* 25-26 mai 2013, p. 8.
3. C'est l'article 8 de l'ordonnance n° 45-2592 du 2 novembre 1945 modifié par la loi n° 2010-1609 du 22 décembre 2010, qui confère à la Chambre nationale des huissiers de justice la mission de tenir à jour la liste des personnes ayant consenti à recevoir un acte de signification par voie électronique.
4. Il en résulte qu'en pratique les simples particuliers ne sont pas (actuellement) concernés.
5. C'est l'article 8 de l'ordonnance n° 45-2592 du 2 novembre 1945 modifié par la loi n° 2010-1609 du 22 décembre 2010, qui confère à la Chambre nationale des huissiers de justice la mission de tenir à jour la liste des personnes ayant consenti à recevoir un acte de signification par voie électronique. Les articles 73-2 et 73-3 du décret du 29 février 1956 précisent que la Chambre nationale conserve les données recueillies, en s'assurant de leur confidentialité et les rend accessibles aux huissiers de justice et à l'autorité judiciaire pour les besoins d'une procédure.
6. Dont il est justifié par des pièces dont la liste est fixée par l'arrêté du 22 mai 2012 consolidé.

caractère limitatif des premières et condamne l'autre depuis 2006[1]. Alors s'agira-t-il d'une nullité de forme ? L'article 662-1 C. pr. civ. n'étant pas mentionné à l'article 693 parmi les articles dont le formalisme est observé à peine de nullité, il faudrait voir dans le consentement une formalité substantielle (C. pr. civ., art. 114, al. 1er) ; le destinataire non consentant devrait en outre justifier d'un grief[2]. À moins que la sanction ne soit une irrecevabilité de la signification ? On peut cependant se demander si une telle qualification a un sens ici.

Afin de pouvoir être signifié par voie électronique, un acte est élaboré à l'aide du logiciel de l'étude; il est scellé et signé par l'huissier de justice, puis mis à la disposition du destinataire, dans un coffre-fort électronique placé sous la responsabilité de la Chambre nationale des huissiers de justice (Arr. 28 août 2012, art. 8, al. 1er), sachant que « *le dépôt dans le coffre-fort électronique du destinataire s'effectue par liaison privée et sécurisée* » (Arr. 28 août 2012, art. 8, al. 2). Ainsi, entre l'huissier et le coffre-fort, la communication est accomplie par un réseau privé virtuel, placé sous la responsabilité de la Chambre nationale des huissiers de justice, dénommé « réseau privé sécurisé huissiers » (RPSH), auquel il est accédé par une plateforme de services de communication électronique sécurisée dénommée « e-huissier » (Arr. 28 août 2012, art. 2) ou par le réseau ouvert au public internet, mais en utilisant dans ce cas des moyens de cryptologie, mis à la disposition des huissiers de justice par un prestataire de services de confiance (Arr. 28 août 2012, art. 3). En revanche, il n'y a pas interconnexion avec un autre réseau.

Selon les alinéas 3 et 4 de l'article 8 de l'arrêté, « *le destinataire est averti de la remise de l'acte dans son coffre-fort électronique par le moyen d'un courrier électronique ou par un message (SMS) mis en forme et expédié par l'huissier de justice à travers une plate-forme dédiée à la signification par voie électronique (dénommée* « SECURACT ») » et « *le destinataire accède à son coffre-fort électronique par une authentification sur le mode login/mot de passe* ».

Ce destinataire adresse alors un avis de réception électronique qui atteste de sa prise de connaissance de l'acte.

161.283 Signification à personne ou à domicile. L'article 662-1 alinéa 3 C. pr. civ. précise que « *la signification par voie électronique est une signification faite à personne si le destinataire de l'acte en a pris connaissance le jour de la transmission de l'acte* »; lorsqu'il en est ainsi, les date et heure auxquelles le destinataire de l'acte en a pris connaissance sont reportés sur l'original de l'acte de signification (C. pr. civ., art. 663, al. 1er). L'article 662-1 alinéa 3, poursuit : « *Dans les autres cas, la signification est une signification faite à domicile* ».

Ainsi, si le message a été ouvert le jour de sa transmission, peu important d'ailleurs l'identité de la personne qui en a pris connaissance, la signification par voie électronique est faite à personne; et si le message est lu après ce délai ou n'est même jamais lu, la signification est faite à domicile. Autant dire qu'un acte signifié de la sorte, alors même qu'il n'aurait pas touché le destinataire, aura pleine valeur. On peut se demander si la signification dématérialisée est apte à remplir les fonctions d'une signification papier et si elle est compatible avec le principe du contradictoire[3].

161.284 Date de la signification. Le nouvel article 664-1 alinéa 2 C. pr. civ. dispose que « *la date et l'heure de la signification par voie électronique sont celles de l'envoi de l'acte à son destinataire* ». Étant précisé qu'« *en cas de signification par voie électronique faite à personne,* [les originaux des actes d'huissier de justice] *mentionnent les date et heure auxquelles le destinataire de l'acte en a pris connaissance* » (C. pr. civ., art. 663, al. 1er *in fine*, ajouté en 2012).

161.285 Compétence territoriale de l'huissier instrumentaire. Depuis le 1er septembre 2012, pour un acte à pluralité de destinataires, mais à la condition que tous les destinataires aient consenti au mécanisme de la signification dématérialisée, un seul significateur peut se charger d'instrumenter, alors même que les destinataires se trouveraient dans des ressorts différents. Ainsi, selon l'article 5-1 du décret n° 56-222 du 29 février 1956, « *les actes signifiés par voie électronique peuvent également être faits concurremment par les huissiers de justice du ressort du tribunal de grande instance où l'un quelconque des destinataires de l'acte a son domicile ou sa résidence; la dénonciation par la voie électronique d'un acte peut être faite par l'huissier de justice compétent pour signifier ou établir l'acte* ».

L'article 5-2 du même décret détache aussi la compétence du domicile du destinataire pour certaines procédures civiles d'exécution : « *Les actes signifiés par voie électronique à un tiers dans le cadre d'une procédure d'exécution ou d'une mesure conservatoire au sens de l'article 1er de la loi n° 91-650 du 9 juillet 1991 portant réforme des procédures civiles d'exécution sont faits concurremment par les huissiers de justice du ressort du tribunal de grande instance où le débiteur a son domicile ou sa résidence sauf lorsque ceux-ci sont situés à l'étranger* ».

1. Cass., ch. mixte, 7 juill. 2006, n° 03-20.026, *Bull. ch. mixte*, n° 6.
2. *Adde*, Rép. pr. civ., v° *Communication électronique*, par E. de Leiris, sept. 2012 [màj oct. 2013], sept. 2012 [màj oct. 2013], n° 77.
3. Pour une réponse négative, v. L. Lauvergnat, « Signification électronique et contradictoire : une contradiction », *Gaz. Pal.* 24-26 mars 2013, p. 13.

3°
Notifications entre avocats par voie électronique

161.290 Notifications directes de l'article 673 ou signification de l'article 672 du Code de procédure civile. La notification peut emprunter la voie électronique lorsqu'un arrêté le prévoit (cours d'appel, tribunaux de grande instance). Devant les **tribunaux de commerce,** cette permission a été donnée en deux temps : c'est d'abord la **signification par voie électronique,** par huissier audiencier, qui a été autorisée (v. Arr. 28 août 2012)... à défaut d'être pratiquée; puis la **remise directe** a été admise (v. Arr. 21 juin 2013) - elle est en cours de déploiement. À Versailles, le RPVA est ouvert depuis le 5 février 2014 et la communication par voie électronique sera progressivement mise en œuvre, barreau par barreau.

Il faut pourtant noter qu'une inadvertance du législateur pourrait faire douter de la possibilité d'utiliser la voie électronique pour les significations de l'article 672 C. pr. civ.

En effet, avant d'indiquer quelles sont les deux modalités de notification entre avocats, l'article 671 C. pr. civ.dispose que « *Les dispositions des sections I et II ne sont pas applicables à la notification des actes entre avocats* »... ce qui exclut l'article 653 C. pr. civ., prévoyant que la signification est « *papier* » ou « *par voie électronique* »...

Il faudrait ajouter une précision aux articles 671 et 672 C. pr. civ. :

– le premier deviendrait « *les dispositions des sections I et II,* ***à l'exception de l'article 653,*** *ne sont pas applicables à la notification des actes entre avocats. Celle-ci se fait par signification ou par notification directe* »;

– le second serait ainsi rédigé : « *La signification est constatée par l'apposition du cachet et de la signature de l'huissier de justice sur l'acte et sa copie avec l'indication de la date et du nom de l'avocat destinataire* ***ou, en cas de signification par voie électronique, par son équivalent de l'article 748-3*** ».

a)
Notification par RPVA

161.291 Notification facultative des conclusions, voire des pièces. Les actes sur support électronique consistent en des pièces jointes à des courriels qui transitent les messageries sécurisées, les concepteurs ont imaginé un système très lourd à la charge des avocats. Ceux-ci devraient pouvoir se contenter d'envoyer ainsi une déclaration d'appel en PDF (après conversion d'un fichier Word), mais ce n'est pas le cas et ils doivent en outre remplir des champs précis : le nom des parties, l'adresse, ... afin que le greffe n'ait pas, lui, à saisir lesdites mentions. Cela leur impose une tâche de pure saisie de données, qui n'est pas leur travail[1]. Un auteur, magistrat, approuve cette « *mutualisation des énergies de tous les professionnels* »[2]. « *Ainsi, l'avocat préinscrit-il, dans le cadre de la procédure ordinaire devant le tribunal de grande instance, le projet d'assignation sur la chaîne bureautique de la juridiction dont le greffe n'aura pas à reprendre les données informatiques mais simplement à les vérifier* »[3].

Cette tâche de saisie n'est en outre pas facilitée par les informaticiens. En effet, la technique n'est pas performante, ce qui peut conduire à des situations ubuesques[4] : ainsi un avocat interjette appel par déclaration transmise au greffe de la cour d'appel de Toulouse le dernier jour du délai; le greffe en accuse réception mais, le lendemain matin, le greffe informe l'avocat que sa déclaration était en réalité irrecevable[5] : en effet le champ « raison sociale » de l'intimé comportait plus de cinquante caractères et la déclaration n'était pas enregistrable. L'avocat de l'appelant réitère immédiatement, mais alors que le délai est expiré, sa déclaration d'appel en réduisant le nombre de caractères. Le conseiller de la mise en état a jugé que « *l'appel a été interjeté dans le délai d'un mois et que seule une contrainte technique a été la cause de l'impossibilité d'enregistrer informatiquement la déclaration* ». Mais un autre juge pourrait être moins accommodant... Ne faudrait-il pas prévoir l'impossibilité d'envoyer l'acte de procédure non conforme ? D'un autre côté, « *tout blocage de l'acte d'appel provoquant une irrecevabilité (fin de non-recevoir) est procéduralement inacceptable. Seul le conseiller de la mise en état ou la cour peut apprécier la nullité de l'acte d'appel.* »[6].

1. G. Huvelin, « Le masque et la plume », *Gaz. Pal.* 26 juill. 2012, p. 9.
2. V. T. Ghera, « Dématérialisation des procédures judiciaires : l'équilibre entre professions à l'épreuve de l'évolution culturelle », *Gaz. Pal.* 20 sept. 2011, p. 9.
3. *Loc. cit.*
4. V. Toulouse, ord., 2e ch., 1re sect., 23 mai 2013, RG n° 13/117, *JCP* 2013. Actu. 633, obs. Attal – V. AUSSI, Bordeaux, 11 janv. 2013, RG n° 12/06415 : la déclaration d'appel ne comportait pas l'identification de l'intimé car le RPVA n'avait pas permis de la renseigner complètement la déclaration d'appel qui a été néanmoins validée par le logiciel. Selon l'avocate victime du bogue, « *le défaut d'identification de l'intimé aurait dû être un champ bloquant de la déclaration qui était en train d'être effectuée et aurait dû empêcher la validation de celle-ci, que ce défaut de renseignements est imputable à la défaillance du système de communication électronique qui n'a pas offert à son avocate la possibilité de procéder au renseignement de cette mention obligatoire* ». Dans l'affaire en question, l'avocate s'est rendue au greffe de la cour pour compléter de manière manuscrite sa déclaration d'appel en y ajoutant l'identification de l'intimé et le greffe avait accepté cette validation « bricolée ».
5. Au passage, notons que le greffe se substitue au juge : or c'est à lui seul qu'il incombe de prononcer une irrecevabilité. Des protocoles prévoient cependant une telle « irrecevabilité-greffe » (v. ss nos 300.63 et 161.261).
6. Ph. Gerbay et N. Gerbay, *Guide du procès en appel*, LexisNexis, 2013, n° 530 – V. CEP. http://www.ca-lyon.jus- ▶

Quoi qu'il en soit, pour être utile[1], « *l'irrecevabilité-machine* »[2] devrait jouer de manière immédiate, afin que l'avocat puisse tout aussi immédiatement rectifier l'erreur. Mais les capacités de l'outil informatique sont trop limitées pour une telle réactivité, ce qui rend la situation des praticiens très inconfortable...

La nécessité de la saisie des données se retrouve devant le **tribunal de grande instance** ou le **tribunal de commerce**, alors même que ces juridictions sont saisies par la remise d'une assignation (le plus souvent), donc par un acte d'huissier. On pourrait penser que l'avocat envoie son projet d'assignation en fichier Word, voire en PDF (la transmission entre avocat et huissier n'étant pas sécurisée) et que l'huissier se chargerait de renseigner les champs, mais ce n'est pas le cas. Il faut toutefois rappeler que, hormis devant la cour d'appel lorsque la procédure est avec représentation obligatoire, l'avocat peut remettre au greffe une assignation papier; ce choix n'empêche pas ensuite que la procédure soit dématérialisée et que l'avocat puisse consulter en ligne ses dossiers.

Pour ce qui est des pièces, elles peuvent être communiquées par voie électronique (ce qui suppose qu'elles soient scannées si elles sont originairement sur support papier); mais là encore la technique s'y oppose car le poids des fichiers est limité.

b)
Signification des actes entre avocats

161.301 Significations devant la Cour de cassation et certaines juridictions du fond. Elles sont praticables et pratiquées devant la Cour de cassation. Elles restent en revanche encore théoriques pour les procédures se déroulant devant la cour d'appel, le tribunal de grande instance et le tribunal de commerce, malgré l'arrêté du 28 août 2012[3].

► tice.fr/fichiers/Protocole%20communication%20electronique/annexe_3_-_motifs_de_refus.pdf et Lyon, 30 oct. 2012, RG n° 11/08437 (préc. s^s n° 161.261).

1. Après avoir critiqué le manque de souplesse du contrôle automatique des champs des actes de procédure, M. de Leiris leur reconnaît un avantage : « *à l'inverse, ces contrôles automatiques sont autant d'aides à l'établissement des actes de procédure* [...] », v. Rép. pr. civ., v° *Communication électronique*, par E. de Leiris, sept. 2012 [màj oct. 2013], n° 5.
2. V. *RLDC* 2012/93, n° 4686, p. 68, nos obs.; Rép. pr. civ., v° *Communication électronique*, par E. de Leiris, sept. 2012 [màj oct. 2013], n° 5.
3. J.-P. Teboul, « Les actes du palais peuvent être signifiés électroniquement », *JCP* 2012. 955; L. Lauvergnat, « Les actes du palais dématérialisés : une avancée ? », *Gaz. Pal.* 25 sept. 2012, p. 17.

SECTION 2
CONDITIONS DE FOND

§ 1
Capacité

161.311 Capacité de jouissance. La capacité de jouissance, à la différence de la capacité d'exercice, est une question d'existence de l'action. Le rattachement du défaut de capacité de jouissance aux **irrégularités de fond** est donc discutable et la jurisprudence est fluctuante[4].

Les décisions de la Cour de cassation concernent surtout les **personnes morales** : elles sanctionnent leur défaut d'existence, donc leur incapacité de jouissance, tantôt par une **fin de non-recevoir** sur le fondement de l'article 32 C. pr. civ.[5], tantôt par la **nullité pour irrégularité de fond**[6].

La même hésitation existe pour l'action intentée au nom d'une personne physique décédée. La Cour de cassation a déjà tranché en faveur d'une irrégula-

4. Rép. pr. civ., v° *Nullités*, par L. Mayer, mars 2013 [màj oct. 2013], n°s 105 s. et 180.
5. PAR EX., v. Com. 7 déc. 1993, n° 91-19.339, *Bull. civ.* IV, n° 462 : l'inexistence de la personne morale qui agit en justice n'est pas une irrégularité susceptible d'être couverte en cause d'appel; viole en conséquence l'article 32 du Code de procédure civile la cour d'appel qui accueille la demande d'indemnisation du préjudice subi par une société, au motif que l'irrégularité de l'assignation délivrée par cette société, inexistante en fait et en droit, a été couverte en cause d'appel par l'intervention volontaire de la société absorbante substituée dans les droits et obligations de la société victime – Com. 20 juin 2006, n° 03-15.957, *Bull. civ.* IV, n° 146; *RJDA* oct. 2006, n° 1023; *Rev. sociétés* 2007. 65, obs. Barbièri : une société a assigné une société en cours de formation; la demande est déclarée irrecevable, au visa des articles 32 et 126, car une société en formation n'a pas de personnalité juridique – Com. 15 nov. 2011, n° 10-21.701, NP : un groupe de sociétés ne peut, faute de personnalité morale, être titulaire de droits et d'obligations et se voir infliger une condamnation.
6. PAR EX., v. CIV. 2e, 9 juin 2011, n° 10-19.241, *Bull. civ.* II, n° 129 : le commandement de quitter les lieux délivré au nom d'une indivision, qui n'a pas la personnalité juridique, est affecté d'une irrégularité de fond entraînant sa nullité à défaut de régularisation – Com. 3 oct. 2006, n° 05-12.410, *Bull. civ.* IV, n° 205 : le conseil d'administration, s'il a qualité, aux termes des articles L. 225-233 du Code de commerce et 188 du décret n° 67-236 du 23 mars 1967, *JO* 24 mars 1967, pour décider le relèvement des fonctions de commissaire aux comptes de la société, doit, en l'absence de personnalité morale, agir en justice par l'intermédiaire du représentant légal de la société. De même est nul l'acte de procédure dressé par ou contre, une société qui a cessé d'exister du fait de la réunion de toutes les parts entre les mains d'une société de personnes : Com. 29 mai 1972, n° 70-11.525, *Bull. civ.* IV, n° 160 – une société qui a été absorbée : Civ. 2e, 5 juill. 2006, n° 04-11.900, NP – Com. 22 févr. 2005, n° 01-11.667, NP; *Bull. Joly* 1er juill. 2005, n° 7, note Scholer – ►

rité de fond[1]. Mais elle a aussi retenu la qualification de fin de non-recevoir[2]. C'est cependant à nouveau une nullité de fond qui est la sanction retenue dans un arrêt récent[3].

Il faut souligner quelques cas particuliers :

– la jurisprudence a créé la notion de « *capacité passive* » : cela vise l'hypothèse où la personne assignée n'a pas la capacité, mais doit être admise à se défendre : ont ainsi été rejetées les conclusions visant à l'irrecevabilité des écritures prises par un « cabinet » qui n'avait pas la personnalité morale, en soulignant que, étant assigné, il devait pouvoir se défendre[4];

– alors que la survie de la personne morale pour les besoins de la liquidation cesse « *à la publication de la clôture de celle-ci* » (C. civ., art. 1847-8, al. 3), une jurisprudence admet « *une forme de résurrection de la personne morale pour les besoins d'une action en justice exercée en son nom ou à son encontre à raison d'un droit ou d'une obligation qui lui incomberait* »[5], tant en première instance qu'en appel[6];

– enfin, il peut arriver qu'une personne morale n'ait pas au regard d'un texte particulier le droit d'ester en justice en France. La Cour de cassation, au visa des articles 1, 14 et 6 de la Convention européenne des droits de l'homme et des articles 1 et 5 du protocole additionnel prévoyant que toute personne a le droit de voir sa cause entendue, écarte ce moyen de nullité[7].

► Civ. 2e, 20 janv. 2005, no 01-11.491, NP – Civ. 2e, 12 févr. 2004, no 02-13.672, *Bull. civ.* II, no 52; *RTD civ.* 2004. 766, obs. Théry; *RJDA* 2004, no 707 – Une personne dénommée « entreprise... », laquelle n'a pas de personnalité juridique : Civ. 1re, 4 nov. 2003, no 02-16.269, *Bull. civ.* I, no 221 – *Idem* pour un appel interjeté par une société en participation, puisqu'elle n'a pas de personnalité juridique : Civ. 2e, 26 mars 1997, no 94-15.528, *Bull. civ.* II, no 96; *Gaz. Pal.* 13-14 oct. 1999, p. 7, no 1624 – Est de même entaché d'une irrégularité de fond l'acte rédigé sous une dénomination juridiquement inconnue du droit, par ex., congé donné au nom de « la famille X » : Civ. 3e, 10 juin 1998, no 96-17.975, NP – Appel rédigé au nom de « la famille X » : Versailles, 12 déc. 1996, RG no 113/96, *Gaz. Pal.* 30 avr. 1997. Somm. 9.

1. Civ. 2e, 13 janv. 1993, no 91-17.175, *Bull. civ.* II, no 15; *D.* 1993. Somm. 181, obs. Julien.
2. V. Civ. 3e, 4 mars 1987, no 85-10.655, *Bull. civ.* III, no 42, qui casse, au visa de l'article 1984 C. civ., ensemble l'article 32 C. pr. civ., l'arrêt qui constate la représentation devant la cour d'appel d'une partie décédée lors de l'instance devant les premiers juges.
3. Civ. 2e, 21 mars 2013, no 12-17.107, *Bull. civ.* II, no 58; *RLDC* 2013/106, no 5178, p. 64, nos obs.
4. Civ. 2e, 24 mars 1993, no 91-18.611, *Bull. civ.* II, no 125; *JCP* 1993. IV. 1337.
5. Héron et Le Bars, no 218.
6. V. Com. 2 nov. 2011, no 10-25.130, *Bull. civ.* IV, no 175; *Gaz. Pal.* 2-3 mars 2012, p. 41, note Herman.
7. Com. 8 juill. 2003, no 00-21.591, *Bull. civ.* IV, no 121; *RTD civ.* 2005. 78, obs. Deumier; *Defrénois* 2003. 1058, no 17, art. 37800, note Crone; *D. Affaires* 2004. 692, note Khairallah.

161.312 Capacité d'exercice. La capacité d'exercice est régie par le **droit substantiel** : de ce fait, toute personne morale est, par sa nature, frappée d'incapacité; au contraire, toute personne physique majeure a la capacité d'exercice nécessaire pour accomplir un acte de procédure, à moins d'être déclarée incapable par la loi.

Ainsi « *la personne en tutelle est représentée en justice par le tuteur* » (C. civ., art. 475); l'assistance du curateur est « *requise pour introduire une action en justice ou y défendre* » (C. civ., art. 468, al. 3, issu de L. no 2007-308, 5 mars 2007[8]) – en outre toute signification faite au majeur protégé doit l'être également au curateur à peine de nullité (C. civ., art. 467, al. 3). L'appel formé par une personne en curatelle, malgré le refus du curateur, et sans l'autorisation supplétive de l'article 469 du Code civil, est irrecevable pour défaut de capacité[9]. L'appel interjeté contre un majeur en curatelle en l'absence du curateur, est affecté d'une irrégularité sanctionnée par la nullité[10]. Un curateur ne peut représenter le curatélaire[11].

Le tuteur lui-même doit se munir d'une autorisation du conseil de famille pour exercer une action extrapatrimoniale au nom du mineur (C. civ., art. 408) ou du majeur en tutelle (C. civ., art. 475) : une telle action est en effet considérée comme un acte de disposition[12]. En revanche, il agit seul en justice pour faire valoir les droits patrimoniaux de la personne protégée (C. civ., art. 504). De même, c'est seulement avec l'autorisation du juge, ou du conseil de famille s'il a été constitué, que le curateur ou le tuteur peut engager seul l'action en nullité, en rescision ou en réduction des actes irréguliers accomplis par la personne protégée (C. civ., art. 475). Il en est encore ainsi pour les actes de procédure qui emportent « *perte du droit d'action* » (comme un désistement d'action par ex.)[13] : il s'agit là encore d'actes de disposition[14].

Le débiteur en redressement judiciaire doit être assisté (C. com., art. L. 631-12), cependant que le débiteur en liquidation judiciaire est dessaisi de ses droits et actions (C. com., art. L. 641-9-I)[15].

Cependant, il existe quelques **règles de capacité spéciales au procès**; par exemple, les articles 327 alinéa 2 et 328 alinéa 1er du Code civil pour l'action en recherche de paternité ou de maternité[16] : le pre-

8. Auparavant, le curatélaire pouvait agir seul en matière patrimoniale.
9. Civ. 1re, 9 déc. 2009, no 08-16.835, *Bull. civ.* I, no 243; *D.* 2010. 636, note Norguin; *D.* 2010. 2115, obs. Lemouland, Noguéro et Plazy; *AJ fam.* 2010. 87, obs. Pécaut-Rivolier; *RTD civ.* 2010. 82, obs. Hauser.
10. Civ. 2e, 25 févr. 2010, no 08-20.345, NP; *D.* 2011. 2501, obs. Lemouland, Noguéro et Plazy.
11. Civ. 1re, 23 oct. 2013, no 12-21.751, NP.
12. V. Décr. no 2008-1484, 22 déc. 2008, relatif aux actes de gestion du patrimoine des personnes placées en curatelle ou en tutelle, et pris en application des articles 452, 496 et 502 du Code civil.
13. Annexe 1 (VI), Décr. no 2008-1484, préc.
14. V. Héron et Le Bars, no 193 – *Adde*, Guinchard, Chainais et Ferrand, nos 262 s.
15. Guinchard, Chainais et Ferrand, no 265.
16. C. civ., art. 327, al. 2 et 328, al. 1er, issus de Ord. no 2005-759, 4 juill. 2005, en vigueur le 1er juillet 2006.

mier texte dispose que l'action en recherche de paternité n'appartient qu'à l'enfant; le second prévoit que, pendant la minorité de celui-ci, le parent à l'égard duquel la filiation est établi a seul qualité pour exercer l'une ou l'autre action, même s'il est mineur. Ce dernier texte est mal rédigé : il faut comprendre que seul l'enfant a qualité pour intenter une telle action mais que, étant mineur, il doit être représenté par son parent[1], en vertu d'un pouvoir qui lui est exclusivement conféré par la loi. Or, si le père ou la mère est lui-même mineur, ce parent est incapable, au regard du droit civil, pour être représentant (la représentation est un acte juridique); pourtant le droit judiciaire privé le reconnaît capable d'exercer ce pouvoir. Selon l'article 342-6 du Code civil, ce parent est également capable d'exercer l'action à fins de subsides.

De même, le **mineur**[2], le **majeur en tutelle**[3] ou le **débiteur en liquidation judiciaire**, ont la **capacité de contester certaines décisions qui portent atteinte à leurs droits** : par ex., l'article L. 641-9-I du Code de commerce permet au débiteur d'interjeter appel du jugement qui le place en liquidation judiciaire Ce texte consacre l'idée qu'il y a un domaine où la capacité civile d'ester en justice ne se confond pas exactement avec la notion de capacité traditionnelle, qu'il existe une distinction entre capacité de faire un acte conservatoire et capacité civile pleine[4].

§ 2
Pouvoir

161.321 **Plusieurs sortes de mandats.** Le pouvoir est d'abord un remède à l'incapacité d'exercice. C'est la loi, le juge ou le contrat qui confère à une personne le mandat pour agir au nom du plaideur incapable. Ce mandat (pouvoir) est dit *ad agendum.* Ainsi le tuteur, le titulaire de l'autorité parentale, le mandataire *ad hoc* de l'article 388-2 du Code civil, le président directeur général ou le directeur général[5] d'une société anonyme ou d'une société par actions simplifiée[6], le gérant d'une société à responsabilité limitée, le président du conseil d'administration d'une coopérative agricole (C. rur., art. R. 524-5, 6 et 8)... ont un **pouvoir légal**; un époux habilité en vertu de l'article 219 du Code civil a un **pouvoir judiciaire** (en fait, c'est s'abord prévu par la loi). Pour les groupements dont l'organe de représentation n'est pas déterminé par la loi (associations...), le pouvoir appartient à la personne qui est désignée par les statuts; une délégation peut même être consentie à un préposé. Un **pouvoir spécial** peut aussi être confié à un tiers, par un mandat spécial et écrit. Enfin, c'est le liquidateur qui représente une société en liquidation judiciaire.

Par ailleurs, en dehors même de toute incapacité, l'action peut être exercée par un représentant, en vertu d'un mandat conventionnel : c'est aussi un mandat *ad agendum*. Le mandat peut être assez général et donner mission, par exemple, à un administra-

1. Et non plus seulement sa mère, comme avant le 1er juillet 2006.
2. Il peut faire appel d'un jugement d'assistance éducative, s'il possède un discernement suffisant : C. civ., art. 1191 – Civ. 1re, 21 nov. 1995, n° 94-05.102, *Bull. civ.* I, n° 418; *D.* 1996. 420, note Gouttenoire; *RTD civ.* 1996. 140, obs. Hauser – V. AUSSI, C. civ., art. 26-3, al. 2. Il peut agir en référé. De même, en droit du travail, l'article L. 1453-1 du Code du travail offre au mineur la possibilité d'agir en justice relativement à l'exercice de sa profession : « *les mineurs qui ne peuvent être assistés de leur père, mère ou tuteur peuvent être autorisés par le conseil de prud'hommes à agir devant lui* ».
3. L'incapacité d'ester en justice qui résulte d'un jugement de mise sous tutelle ne peut avoir pour effet de priver la personne protégée du droit de former seule un pourvoi en cassation contre la décision qui a ouvert sa tutelle : Civ. 1re, 11 juill. 2006, n° 05-10.945, *Bull. civ.* I, n° 370 – De même, l'appel d'une décision du juge des enfants qui restreint l'exercice des droits de l'autorité parentale d'un majeur protégé constitue un acte strictement personnel que celui-ci peut accomplir sans assistance ni représentation : Civ. 1re, 6 nov. 2013, n° 12-23.766, *Bull. civ.* I, [à paraître].
4. V. R. Perrot, *RTD civ.* 1981. 217 – *Adde*, GUINCHARD, CHAINAIS et FERRAND, n° 265.
5. Ainsi qu'en a jugé la Cour de cassation en assemblée plénière, pour clore des débats : Cass., ass. plén., 18 nov. 1994, n° 90-44.754, *Bull. ass. plén.*, n° 6; *D.* 1995. 101, concl. Jéol, note Cohen – v. aujourd'hui, C. com., art. L. 225-51-1 s. – *Adde*, CADIET et JEULAND, n° 451, note 41.
6. Cette question du pouvoir de représentation du directeur général d'une société par actions simplifiée vient d'être tranchée; une chambre mixte de la Cour de cassation avait mis un terme à des controverses en décidant que le DG n'est pas un délégataire du président mais un représentant légal de la société : Cass., ch. mixte, 19 nov. 2010, nos 10-10.095 et 10-30.215, *Bull. ch. mixte*, nos 1 et 2; *Dr. sociétés* 2011. Comm. 30, obs. Gallois-Cochet; *JCP E* 2010. 2049, note Couret et Dondero; *JCP* 2011. 21, obs. Corrignan-Carsin; *D.* 2011. 344, note Marmoz; *D.* 2011. 2763, obs. Hallouin; *Rev. sociétés* 2011. 34, obs. Le Cannu; *Rev. sociétés* 2011. 100, obs. Lienhard. Mais la question s'est posée de savoir si ce pouvoir devait être prévu par les statuts pour que la SAS soit valablement représentée par son DG à l'égard des tiers. La chambre commerciale de la Cour de cassation a répondu par la négative dans un arrêt publié du 9 juillet 2013, selon lequel les tiers peuvent se prévaloir des engagements pris pour le compte d'une SAS par une personne portant le titre de DG. En d'autres termes, le pouvoir de représentation du DG ne relève pas de la liberté statutaire dans les rapports de la SAS à l'égard des tiers : Com. 9 juill. 2013, n° 12-22.627, *Bull. civ.* IV, [à paraître]; *JCP* 2013. 1018, note Gallois-Cochet; *D.* 2013. 2503, note Ait-Ahmed : « *il résulte des dispositions de l'article L. 227-6 du Code de commerce, lesquelles doivent être mises en œuvre à la lumière de celles de l'article 10 de la directive 2009/101 du Parlement européen et du Conseil du 16 septembre 2009, que les tiers peuvent se prévaloir à l'égard d'une société par actions simplifiée des engagements pris pour le compte de cette dernière par une personne portant le titre de directeur général ou de directeur général délégué de la société* »).

teur de gérer des biens; agir en justice pour défendre le patrimoine du mandant entre alors dans les attributions du mandataire. Le mandat peut être plus étroit et se contenter de conférer pouvoir au mandataire d'agir en justice dans le cadre d'un procès déterminé[1] : c'est un mandat *ad litem* (sur la représentation des parties, v. s[s] n°s 171.00 s.).

Parfois, la loi prévoit la possibilité d'un mandat conventionnel donné par deux ou plusieurs personnes à une association (sur une telle action en représentation conjointe, v. s[s] n°s 102.91 s.).

§ 3
Règle « nul en France ne plaide par procureur »

161.331 **Une règle non écrite.** La règle est apparue au Moyen-Âge[2] et bien que non écrite, est passée dans le droit positif de 1806, puis actuel[3]. Elle traite d'un problème distinct de la qualité et du pouvoir pour agir et, lorsqu'il se pose, c'est à l'adage qu'il faut se référer, à l'exclusion de tout texte.

Le contenu de la règle est le suivant : lorsqu'une personne exerce une action ès qualités de représentant d'une autre personne, le mandataire doit indiquer à l'adversaire le nom du représenté. La difficulté se présente lorsqu'une personne agit pour un groupe, non doté de la personnalité morale, tels que des cohéritiers, des coindivisaires, un groupe (au sens de l'action de groupe). De même, lorsqu'un syndicat défend les intérêts individuels de ses membres, il doit préciser l'identité des personnes en cause. Elle ne se rencontre pas lorsqu'un représentant agit pour le compte d'une personne physique ou d'une personne morale; en pratique, le mandataire indique toujours qu'il représente « M. Ernest Bigoudi » ou la société « Gontrand Michu »[4].

Si une personne agissait sans dire que c'était pour autrui, son action devrait être déclarée irrecevable faute de qualité, le droit ne lui appartenant pas. La règle « Nul en France... » ne trouverait à s'appliquer que si une personne admettait agir pour autrui tout en refusant de dire pour qui ou en n'indiquant pas son nom : c'est ainsi que la Cour de cassation a déclaré nul un congé délivré « *au nom et pour le compte du propriétaire* » sans autre précision[5].

La règle permet de vérifier que **le représentant a pouvoir** et que **le représenté a qualité**. C'est donc une **règle de fond**. Pourtant, la majorité de la doctrine et la jurisprudence y voient une simple règle de forme, sanctionnée par une **nullité de forme**[6].

1. Le président d'une mutuelle peut valablement proposer au conseil d'administration de déléguer à un administrateur le pouvoir de représenter la mutuelle en justice pour les procédures dispensées du ministère d'avocat : Civ. 2e, 13 sept. 2012, no 11-23.335, *Bull. civ.* I, no 142.
2. Elle impose alors aux plaideurs de comparaître en personne devant le juge, le procureur étant l'équivalent de l'avocat actuel. Au XVe siècle, la règle change de sens : elle signifie que nul, même un seigneur, ne peut se faire représenter sans que le représentant indique le nom du présenté; la seule exception est prévue au profit du roi, d'où la formule « *nul ne plaide par procureur, hormis le roi* ».
3. Le sens est resté très proche de celui du XVe siècle.
4. Il est évidemment inutile de faire connaître le nom de tous les associés, puisque la société constitue une personne morale distincte de ses membres; c'est la personne morale qui agit en son nom propre.
5. Cass., ass. plén., 13 févr. 1998, no 95-10.378, *Bull. ass. plén.*, no 1; *AJDI* 1998. 535, obs. Blatter et Giverdon; *Rev. loyers* 1998, no 90.
6. V. toutefois Cass., ass. plén., 13 févr. 1998, préc., qui n'exige pas de grief.

CHAPITRE

162. Sanction des règles de formation des actes de procédure

CORINNE BLÉRY
Maître de conférences-HDR
à l'Université de Caen Basse-Normandie

SECTION 0
ORIENTEUR

162.00 **Plan du chapitre.**

162.01 **Principaux textes applicables.**
C. pr. civ., art. 112 à 121.

162.03 **Bibliographie indicative.**
Actualisables. Rép. pr. civ., v[is] *Actes de procédure*, par A. Leborgne, sept. 2005 [màj mars 2013]; *Communication électronique*, par E. de Leiris, sept. 2012 [màj oct. 2013]; Nullités, par L. Mayer, mars 2013 [màj oct. 2013] – *J.-Cl. Pr. civ.*, fasc. 141, par N. Fricero.

Ouvrages. G. Cornu et J. Foyer, *Procédure civile*, « Thémis », 2e éd., PUF, 1996 – L. Mayer, *Actes du procès et théorie de l'acte juridique* (préf. L. Cadiet), IRJS éd., 2009 – H. Solus et R. Perrot, *Droit judiciaire privé*, t. 1, Sirey, 1961.

Articles. C. Bléry et L. Raschel, « Absence de signature d'un acte de procédure : petite mise au point sur sa sanction », *Procédures* 2011. Alerte 56 – C. Bléry et J.-P. Teboul, « Quelles conséquences procédurales pour une communication par voie électronique non autorisée ? », *JCP* 2012. 1360 – D. Cholet, « L'erreur de désignation du syndic de copropriété dans l'acte d'appel constitue un vice de forme », *JCP* 2013. 1335 – J. Junillon, « Conséquence de la loi réformant la prescription : une déclaration d'appel irrégulière peut-elle interrompre le délai d'appel ? », *Procédures* 2009. Prat. 2 – C. Lhermitte, « La caducité de la déclaration d'appel doit-elle être soulevée *in limine litis* par la partie qui l'invoque ? » (à propos de Rennes, 4e ch., ord., 4 sept. 2013, RG nos 12/06502 et 12/03777), *Gaz. Pal.* 12 oct. 2013, p. 20.

162.06 Procès juste et équitable. Chacun s'accorde à reconnaître l'utilité des règles de procédure dont l'objet essentiel doit être de permettre le déroulement d'un procès juste et équitable garantissant les droits des parties. Trop longtemps, la procédure a été une fin en soi, un véritable parcours d'obstacles que tout plaideur devait franchir avant de voir sa cause jugée, compte tenu du régime des nullités des actes de procédure. En effet, l'ancien Code de procédure civile posait deux règles, à savoir « *pas de nullité sans texte* » et le prononcé automatique de la sanction en présence d'une cause de nullité.

Or, la première règle était inapplicable étant donné la rédaction lacunaire du Code de 1806 (par ex., rien n'était prévu en cas de défaut de signature de l'huissier de justice) : la jurisprudence a dû pallier ces insuffisances par la création de la catégorie des « *formalités substantielles* » ou « *essentielles* », c'est-à-dire qui tiennent à la raison d'être d'un acte et qui lui sont indispensables pour accomplir son objet[1] : la violation de ces formalités pouvait être sanctionnée même sans texte, à la différence du non-respect des formalités secondaires. La seconde règle n'était pas plus satisfaisante, en ce qu'elle encourageait la chicane; en effet, même sans conséquence pour le demandeur à l'exception de nullité, elle entraînait systématiquement l'anéantissement de l'acte.

Pour remédier à ce dernier inconvénient, le décret-loi du 30 octobre 1935 a posé la règle nouvelle « *pas de nullité sans grief* », en vertu de laquelle le demandeur à l'exception de nullité doit justifier d'un trouble particulier - le grief - pour obtenir le prononcé de la sanction; le juge se voyait ainsi doté d'un pouvoir d'appréciation. Cependant, la jurisprudence - des cours d'appel, puis de la Cour de cassation - a tourné cette règle en réintroduisant la distinction entre les formalités substantielles et secondaires et en décidant que la preuve d'un grief n'a pas à être rapportée dans le cas de la violation d'une formalité importante, car celle-ci cause toujours, par principe, un grief.

Le Code de procédure civile[2] a, de ce point de vue, apporté des changements importants et bousculé les mentalités, permettant au juge de rendre une décision juste et équitable. Il est possible aujourd'hui de distinguer ce qui, dans les règles de procédure, est essentiel parce que protecteur des droits de la défense, de ce qui est secondaire parce que formaliste, ce qui est irrémédiable de ce qui peut aisément se rectifier. Cette réforme essentielle, qui a eu pour conséquence immédiate, le ralentissement des argumentations procédurales purement dilatoires et l'accès plus rapide du juge au fond du litige, a posé une distinction essentielle entre les **vices de forme** (C. pr. civ., art. 112 à 116) et les **irrégularités de fond** (C. pr. civ., art. 117 à 121).

Pour autant, le système retenu n'est pas idéal. Ainsi certaines irrégularités très graves comme l'absence de signature d'un acte par l'huissier de justice ou la violation d'une règle d'organisation juridictionnelle (incompétence territoriale de l'huissier) ne sont pas énoncées à l'article 117 C. pr. civ. comme étant des vices de fond. Ce n'est guère opportun car le régime des vices de forme ne leur est pas adapté tant elles sont peu susceptibles de causer un grief[3]. La jurisprudence admettait donc que certaines irrégularités soient qualifiées de vices de fond ou de « *nullité sans grief* » : par exemple, quand un seul acte a été effectué alors qu'il en aurait fallu plusieurs ou qu'un acte a été omis. Mais cela n'allait pas sans incertitudes.

Par un **arrêt de chambre mixte rendu le 7 juillet 2006, la Cour de cassation a condamné la théorie de l'inexistence** (v. ss nos 161.72, 162.14 et 162.171) et affirmé que les irrégularités de fond sont limitativement énumérées à l'article 117 C. pr. civ.[4]. Depuis lors, la Cour de cassation soumet au régime des articles 114 s (presque) toutes les irrégularités qui ne figurent pas à l'article 117. Elle recourt cependant parfois à la fin de non-recevoir pour sanctionner certaines irrégularités.

SECTION 1
GÉNÉRALITÉS

162.10 Division. La nullité (§ 2) se distingue d'autres notions (§ 1).

§ 1
Distinction de la nullité et d'autres sanctions

162.11 Nullité. La nullité sanctionne la violation des règles de formation des actes de procédure (et assimilés, v. ss nos 162.20 s.) : règles de forme (l'acte étant pris au sens d'*instrumentum*) et de fond (l'acte

1. Civ. 2e, 3 mars 1955, *JCP* 1955. II. 8654 – *Adde*, H. Solus et R. Perrot, *Droit judiciaire privé*, t. 1, Sirey, 1961, nos 395 s.
2. Décr. no 72-684, 20 juill. 1972, instituant de nouvelles dispositions destinées à s'intégrer dans la partie générale d'un Nouveau Code de procédure civile, *JO* 25 juill.
3. *Adde*, L. Mayer, *Actes du procès et théorie de l'acte juridique* (préf. L. Cadiet), IRJS éd., 2009, nos 20 s.; Rép. pr. civ., vo *Nullités*, par L. Mayer, mars 2013 [màj oct. 2013].
4. Cass. ch. mixte, 7 juill. 2006, no 03-20.026, *Bull. ch. mixte*, no 6.

étant pris au sens de *negotium*). Elle se distingue en ce sens d'autres notions.

162.12 Déchéance ou forclusion. La déchéance ou la forclusion sanctionne **l'inobservation d'un délai** : l'acte accompli hors délai sera déclaré irrecevable, automatiquement, sans grief. C'est, de plus, une fin de non-recevoir d'ordre public et l'article 125 fait obligation au juge de la relever d'office, c'est-à-dire de sa propre initiative, même si l'adversaire ne l'a pas sollicité en ce sens.

Cependant, il est évident que les **délais d'attente** ne sont pas sanctionnés par la forclusion, car ils sont faits en faveur d'une personne : ainsi l'expiration du délai de quinze jours pour comparaître devant le tribunal de grande instance n'entraîne pas la perte, pour le défendeur, du droit de constituer avocat. Si le demandeur ne respectait pas la trêve, les actes accomplis devraient être déclarés irrecevables, mais la jurisprudence considère plutôt qu'ils sont entachés d'une nullité de forme[1] : c'est tout à fait illogique.

162.13 Caducité. Par la caducité, un acte juridique en général et de procédure en particulier perd la validité qui était la sienne du fait de la survenance d'un événement postérieur à sa formation (défaut d'enrôlement de l'assignation dans le délai légal, non-respect des délais pour conclure en appel [C. pr. civ., art. 908])[2]. Alors que **l'acte caduc est un acte qui a perdu sa validité**, l'acte entaché de nullité, de forme ou de fond, n'a jamais été valide. Ce sont des sanctions distinctes pour une cause différente et dont le régime procédural n'est pas le même[3]. Le législateur et la jurisprudence confondent parfois les deux : le défaut de saisine efficace de la juridiction du fond dans le délai (prévu à CPI, art. R. 332-4) après une saisie-contrefaçon entraîne, non pas la nullité de celle-ci (comme le dit l'article L. 332-4, al. 3, CPI), mais sa caducité, dans la mesure où il s'agit d'une carence postérieure à l'acte[4] (v. s[s] n° 162.175).

162.14 Inexistence. Un acte doit exister pour encourir la nullité. Cependant, il arrive qu'une violation importante d'une règle de formation conduise le juge à considérer que l'acte n'existe pas juridiquement, alors même qu'il existe matériellement[5]. Ainsi, un acte a pu être considéré, – tant en doctrine qu'en jurisprudence – comme inexistant s'il lui manque un élément constitutif, s'il est entaché d'un vice particulièrement grave, ne permettant pas d'être sûr de la manifestation de volonté de l'auteur d'un acte : c'est, par exemple, le cas d'un acte non signé par son auteur.

Mais par arrêt du 7 juillet 2006, une chambre mixte a abandonné la théorie même de l'inexistence d'un acte, revenant ainsi à une conception plus logique des choses dès lors qu'il était singulier de prétendre qu'un acte qui existait était inexistant. Par l'arrêt précité, la Cour de cassation censurant la cour de Versailles qui avait retenu l'inexistence d'un acte, dit que « *quelle que soit la gravité des irrégularités alléguées, seuls affectent la validité d'un acte de procédure, soit les vices de forme faisant grief, soit les irrégularités de fond limitativement énumérées à l'article 117* [C. pr. civ.] »[6]. Depuis, la nullité s'est appréciée dans le cadre strict du régime des vices de forme et irrégularités de fond[7]. Ainsi, notamment, alors qu'elle avait considéré qu'une signification faite sans notification préalable entre avocats dans le cadre d'une représentation obligatoire constituait une inexistence ou une omission d'un acte[8], la Cour de cassation considère aujourd'hui, à la suite de l'abandon de la théorie de l'inexistence que la même situation ne constitue qu'un vice de forme nécessitant la preuve d'un grief pour entraîner la nullité[9].

Ceci... sous réserve du recours à la fin de non-recevoir lorsque le régime des vices de forme est par trop

1. Civ. 2e, 19 nov. 2009, n° 06-20.476, NP; *Procédures* 2010. Comm. 29, obs. Perrot : « Assimilation d'un délai de comparution inexact au régime de la nullité des actes de procédure; examen critique ».
2. *Adde*, Rép. pr. civ., v° *Nullités*, par L. Mayer, mars 2013 [màj oct. 2013], n° 9.
3. C. Lhermitte, « La caducité de la déclaration d'appel doit-elle être soulevée *in limine litis* par la partie qui l'invoque ? », (à propos de Rennes, 4e ch., ord., 4 sept. 2013, RG n°s 12/06502 et 12/03777), *Gaz. Pal.* 12 oct. 2013, p. 20.
4. Civ. 1re, 26 mai 2011, n° 10-14.495, *Bull. civ.* I, n° 97; *RLDC* 2011/84, n° 4323, p. 64, obs. Bléry; *JCP* 2011, n° 748, obs. Croze et Fradin; *RTD civ.* 2011. 589, obs. Perrot – *Adde*, C. Lhermitte, art. préc. : « *En considérant que la caducité de la déclaration d'appel devait être soulevée in limine litis, il apparaît que le juge a opéré une confusion entre deux notions juridiques, certes proches, mais cependant distinctes* ».
5. Rép. pr. civ., v° *Nullités*, par L. Mayer, mars 2013 [màj oct. 2013], n°s 10, 63 s., 185 s.
6. Cass., ch. mixte, 7 juill. 2006, n° 03-20.026, *Bull. ch. mixte*, n° 6; *RTD civ.* 2006. 820, obs. Perrot.
7. Soc. 7 nov. 2012, n° 11-60.233, NP – Civ. 3e, 30 sept. 2009, n° 08-13.756, *Bull. civ.* III, n° 205; *D.* 2009. 2424, obs. Rouquet – Civ. 3e, 24 oct. 2007, n° 06-19.379, *Bull. civ.* III, n° 184, *D.* 2007. AJ 2812; *Procédures* 2007. Comm. 272, obs. Perrot.
8. Civ. 3e, 6 déc. 1978, n° 77-12.650, *Bull. civ.* III, n° 365 – Cass., ass. plén., 15 mai 1992, n° 90-12.705, *Bull. ass. plén.*, n° 6 – Civ. 2e, 27 nov. 1996, n° 94-16.399, *Bull. civ.* II, n° 267 – Civ. 2e, 17 déc. 1997, n° 95-17.345, NP.
9. Civ. 2e, 7 janv. 2010, n° 08-20.206, NP – V. AUSSI, Civ. 2e, 16 mai 2013, n° 12-19.086, NP; *JCP* 2013. 763, note Croze; *Gaz. Pal.* 1-3 sept. 2013, p. 30, obs. Bléry.
En outre, la Cour de cassation considère que l'irrégularité de la signification préalable à avocat est un vice de forme qui n'entraîne la nullité de la signification destinée à la partie que sur justification d'un grief : Civ. 2e, 12 avr. 2012, n° 11-12.017, *Bull. civ.* II, n° 74; et Civ. 2e, 12 juill. 2012, n° 11-23.471, NP; *RLDC* 2012/98, p. 67, obs. Bléry; *Gaz. Pal.* 7 déc. 2012, p. 37, obs. Mayer. Sur ces deux arrêts, v. chron. jurisprudence C. cass., (deuxième chambre civile), *D.* 2012. 2057 s., n° 7, obs. Leroy-Gissinger et Renault-Malignac – V. AUSSI s[s] n° 162.174.

inadapté (v. s[s] n°s 162.171 s.) et de quelques inévitables exceptions (par ex., la notification faite à un seul des époux au lieu des deux). Il faut aussi signaler un arrêt récent[1] qui ne se prononce pas sur la nature de la nullité de procès-verbaux établis par un huissier de justice en dehors de sa compétence territoriale, qui n'évoque pas le grief et dont la motivation renvoie aux règles d'ordre public d'organisation judiciaire, comme en référence avec la jurisprudence traditionnelle : destiné à une publication, il laisse planer un doute sur le maintien ou sur une remise en cause de la jurisprudence de 2006, tout au moins en ce qu'elle cantonne (en principe) la liste des irrégularités de fond à celles de l'article 117.

162.15 Fin de non-recevoir. Il résulte de l'article 122 C. pr. civ. que la fin de non-recevoir (v. s[s] n°s 193.00 s.) est relative au droit de faire le procès et affecte donc l'action elle-même : plus rigoureusement, la fin de non-recevoir permet de rejeter sans examen au fond une demande ou une défense qui ne remplit pas les conditions de recevabilité exigées par la loi; elle entraîne le rejet de l'acte processuel soumis au juge, sans examen du bien-fondé de la prétention contenue dans cet acte, dans l'hypothèse où une des conditions exigées par la loi pour qu'une personne puisse présenter une demande ou une défense (la qualité ou l'intérêt du demandeur...) fait défaut[2]. La **fin de non-recevoir** se distingue, d'une part de **l'inexistence** en ce qu'elle laisse place à régularisation (et que la notion est prévue au Code), d'autre part de la **nullité pour vice de forme** en ce qu'elle n'exige pas la preuve d'un grief; en revanche, il y a assimilation avec le régime des nullités de fond.

La fin de non-recevoir est d'origne légale ou jurisprudentielle, voire conventionnelle; certaines sont même prévues - de manière contestable - par des protocoles de procédure (v. s[s] n°s 161.261, 300.63 et 300.64).

Pour ce qui est de **la loi**, elle sanctionne certaines irrégularités de l'acte de procédure comme des causes d'irrecevabilité, ne supposant donc pas la preuve d'un grief : ainsi, les articles 75, 82, 126-2 et 1360 C. pr. civ. exigent-ils la motivation, respectivement, d'un déclinatoire de compétence, d'un contredit, de l'écrit distinct au soutien d'une question prioritaire de constitutionnalité et d'une assignation en partage[3]; selon l'article 930-1 alinéa 1er C. pr. civ : « *À peine d'irrecevabilité relevée d'office, les actes de procédure sont remis à la juridiction par voie électronique.* »[4], la fin de non-recevoir sanctionne l'absence d'ouverture d'une action en réféfé, à l'exclusion de la nullité[5]...

Pour ce qui est de **la jurisprudence**, il semble qu'après avoir indiqué qu'il n'y avait pas place à inexistence mais seulement à nullité pour vices de forme ou irrégularités de fond, elle ouvre plus largement le domaine de l'irrecevabilité. Plus précisément, il est permis de penser que la Cour de cassation va plutôt vers la nullité lorsque la procédure, même comportant une erreur, respecte le cadre fixé pour saisir - par une demande initiale ou incidente - une juridiction et s'oriente vers l'irrecevabilité lorsque le processus de saisine de la juridiction n'est pas respecté; de ce fait, la Haute juridiction allonge la liste des fin de non-recevoir d'origine jurisprudentielle.

Ainsi, à titre d'exemples, sont irrecevables :

- la déclaration de saisine par voie postale au lieu et place d'une déclaration au greffe[6];
- l'appel fait par télécopie, car une telle méthode ne saisit pas valablement la cour[7];
- le recours contre une ordonnance fixant la rémunération d'un expert dès lors qu'il est fait au greffe du service du contrôle des expertises et non au greffe de la cour d'appel[8];
- la saisine du tribunal d'instance par une déclaration au greffe pour une demande supérieure au taux du ressort, puisque en dessus du taux de ressort, la méthode de saisine du tribunal d'instance est la citation en application de l'article 843 C. pr. civ. (C. pr. civ., anc. art. 847-1)[9];
- l'appel adressé à tort au greffe du tribunal au lieu de l'être à celui de la cour d'appel[10];
- l'assignation sur saisine d'office aux fins d'ouverture d'une procédure collective sans que le rapport du président ne soit joint[11];
- la saisine irrégulière d'un tribunal paritaire des baux ruraux[12];
- l'appel fait selon la procédure gracieuse alors qu'il s'agissait d'une procédure contentieuse[13];

1. Civ. 2e, 6 juin 2013, n° 12-17.771, *Bull. civ.* II, [à paraître]; *Gaz. Pal.* 1-3 sept. 2013, p. 34, obs. Lauvergnat; *RTD civ.* 2013. 666, obs. Perrot; *Dr. et proc.* 2013/8, 200, obs. Fricero.
2. *Adde,* Héron et Le Bars, n° 144.
3. Cass. avis, 13 févr. 2012, n° 11-00.008, *Bull. civ. avis*, n° 1; *RLDC* 2012/93, n° 4686, p. 70, obs. Bléry; *Gaz. Pal.* 25-26 mai 2012, p. 29, obs. Mayer – Héron et Le Bars, n° 225.
4. V. Rép. pr. civ., v° *Nullités*, par L. Mayer, mars 2013 [màj oct. 2013], n°s 175 s.
5. Civ. 2e, 16 mai 2012, n° 11-11.998, *Bull. civ.* II, n° 90; *Gaz. Pal.* 7-8 sept. 2012, p. 41, obs. Mayer.
6. Civ. 2e, 25 mars 2010, n° 09-14.910, NP.
7. Civ. 2e, 6 mai 2010, n° 09-66.523, *Bull. civ.* II, n° 86; *D.* 2010. 1291; *D.* 2011. 265, obs. Fricero.
8. Civ. 2e, 16 sept 2010, n° 09-69.800, NP.
9. Civ. 2e, 6 mai 2010, n° 09-10.974, *Bull. civ.* II, n° 93.
10. Civ. 2e, 17 déc. 2009, n° 07-44.302, *Bull. civ.* II, n° 289; *D.* 2010. 99; *D.* 2010. 532, chron. Sommer, Leroy-Gissinger, Adida-Canac et Grignon Dumoulin – Civ. 2e, 8 juill. 2010, n° 09-14.459, NP – Civ. 2e, 10 nov. 2011, n° 10-23.377, NP.
11. Com. 9 févr. 2010, n° 09-10.925, *Bull. civ.* IV, n° 37; *D.* 2010. 500.
12. Civ. 2e, 6 janv. 2011, n° 09-72.506, *Bull. civ.* II, n° 5; *D.* 2011. 247.
13. Civ. 1re, 19 mars 2008, n° 05-21.924, *Bull. civ.* I, n° 87; *D.* 2008. 2042, note Le Ninivin; *RTD civ.* 2008. 725, obs. Perrot.

– la saisine, par une demande incidente, irrégulière faute d'avoir été faite dans les formes prévues par l'article 68 alinéa 2 C. pr. civ.[1];

– l'absence du pouvoir qui doit accompagner la déclaration d'inscription de faux (C. pr. civ., art. 306, al. 1er), l'irrecevabilité ne pouvant être couverte[2].

Par ailleurs, la Cour de cassation a estimé qu'était irrecevable une demande en résiliation de bail non précédée de sa notification au représentant de l'État[3]. Elle a fait de même en raison de l'absence de convocation régulière d'un dirigeant aux fins de supporter les dettes sociales, qu'il ait ou non comparu[4]. Elle a aussi jugé que la récusation d'un magistrat de la Cour de cassation ne peut être présentée que par un avocat au Conseil d'État et à la Cour de cassation : elle la déclare donc irrecevable si elle l'est par la partie elle-même[5].

En outre, Il a déjà été dit que la Cour de cassation sanctionne le défaut de capacité de jouissance, tantôt par une nullité pour irrégularité de fond, tantôt par une fin de non-recevoir (v. ss no 161.311, sur la capacité de jouissance)[6].

Mais il faut rester prudent car, dans des hypothèses proches, des arrêts statuent en faveur de la nullité pour vice de forme, ainsi :

– pour une assignation délivrée un jour où il n'y a pas d'audience[7];

– pour un commandement de quitter les lieux ne contenant pas les mentions prescrites tant par le décret no 92-755 du 31 juillet 1992[8] que par la loi no 91-650 du 9 juillet 1991[9] ni celles imposées par le Code de la construction et de l'habitation[10];

– le fait pour un salarié demandeur contre la CPAM ou la CAF de ne pas mettre en cause le préfet comme le texte l'impose[11];

– la convocation faite par voie de notification et non par acte d'huissier de justice[12].

162.16 **Absence de pleine efficacité de la signification.** La Cour de cassation a rappelé à maintes reprises que l'absence d'indication dans la notification, de la voie de recours, de son délai ou de ses modalités a pour effet de ne pas faire courir le délai de recours[13]. Il n'y a donc pas lieu à nullité de l'acte, celui-ci ne perdant qu'une partie de son efficacité. Cette distinction est importante car elle empêche de soutenir l'absence de toute signification pour prétendre au caractère non avenu du jugement, ou l'absence de notification préalable à une mesure d'exécution[14]. Cette sanction « allégée » n'exclut pas cependant le prononcé de la nullité dans l'hypothèse où la preuve d'un grief serait rapportée, mais une telle preuve ne ressort pas de l'impossibilité d'user de la voie de recours puisque précisément le délai n'a pas couru.

1. Civ. 2e, 21 juin 2012, no 12-40.036, *Bull. civ.* II, no 109 – Cass., ass. plén., 22 avr. 2011, no 09-16.008, *Bull. ass. plén.*, no 4; *D.* 2011. 1870, note Deshayes et Laithier; *D.* 2012. 244, obs. Fricero; *RTD civ.* 2011. 795 et 798, obs. Théry; *RLDC* 2011/84, no 4323, p. 62, obs. Raschel – *A CONTRARIO*, pour une demande recevable car faite dans le respect de l'article 68 : v. Civ. 2e, 19 févr. 2009, no 08-11.869, *Bull. civ.* II, no 57.
2. Civ. 2e, 13 juill. 1999, no 97-12.116, *Bull. civ.* II, no 135.
3. Civ. 3e, 16 avr. 2008, no 07-12.264, *Bull. civ.* III, no 73.
4. Com. 28 oct. 2008, no 07-16.056, *Bull. civ.* IV, no 183 : « *La convocation du dirigeant de la personne morale, poursuivi en paiement des dettes sociales, pour être entendu personnellement par le tribunal, est un préalable obligatoire aux débats*; [...] *l'omission de cet acte qui fait obstacle à toute condamnation constitue une fin de non-recevoir* » – Com. 28 oct. 2008, no 07-13.133, *Bull. civ.* IV, no 182 – Com. 12 mai 2009, no 08-10.278, NP – Com. 17 févr. 2009, nos 07-20.061 et 08-10.911, NP – Com. 10 juill. 2012, no 11-19.470, NP – Com. 19 nov. 2013, no 12-25.068, NP – Cette convocation ne doit pas nécessairement être faite dans l'acte introductif d'instance, mais peut résulter d'un acte distinct : Com. 12 juill. 2011, no 09-72.406, NP.
5. Civ. 2e, 9 juin 2011, no 11-01.221, *Bull. civ.* II, no 130.
6. Pour quelques autres exemples, v. Rép. pr. civ., vo *Nullités*, par L. Mayer, mars 2013 [màj oct. 2013], no 184.
7. Civ. 2e, 16 déc. 2010, no 10-10.625, NP.
8. Aujourd'hui, C. pr. exéc., art. R. 411-1.
9. Aujourd'hui, C. pr. exéc., art. L. 412-1 s.
10. Civ. 3e, 30 sept 2009, no 08-15.203, *Bull. civ.* III, no 208; *D.* 2010. 1307, obs. Leborgne; *Procédures* 2009. Comm. 395, obs. Perrot.
11. Soc. 27 janv. 2010, no 08-44.098, *Bull. civ.* V, no 24 – Soc. 16 avr. 2008, no 06-44.539, *Bull. civ.* V, no 91 – Soc. 24 févr. 2009, no 07-44.488, *Bull. civ.* V, no 49; *D.* 2009. 817; *D.* 2009. 2128.
12. Com. 24 avr. 2007, no 06-10.273, *Bull. civ.* IV, no 112; *D.* 2007. 1267; *D.* 2007. 2427, obs. Fricero; *D.* 2007. 2764, chron. Bélaval, Orsini et Salomon; *JCP E* 2007. 1981, note Pétel-Teyssié, obs. Lienhard; *Procédures* 2007. Comm. 195, obs. Croze – V. AUSSI, Civ. 1re, 17 janv. 2008, no 06-14.380, *Bull. civ.* I, no 13; *D.* 2008. 638, obs. Chauvin et Creton; *Procédures* 2008. Comm. 70, obs. Perrot, pour un simple dépôt au destinataire au lieu et place d'une lettre recommandée avec accusé de réception – Ou : Civ. 2e, 19 mars 2009, no 08-15.838, *Bull. civ.* II, no 76; *Procédures* 2009. Comm. 136, obs. Perrot, pour le dépôt au greffe d'un recours devant le premier président contre une décision du bâtonnier, au lieu de la lettre recommandée avec demande d'accusé de réception exigée par la loi – *Adde*, Rép. pr. civ., vo *Nullités*, par L. Mayer, mars 2013 [màj oct. 2013], no 147.
13. Civ. 2e, 3 mai 2001, no 99-18.326, *Bull. civ.* II, no 85; *Procédures* 2001. Comm. 147, obs. Perrot – Civ. 2e, 12 févr. 2004, no 02-13.332, *Bull. civ.* II, no 57 – Civ. 2e, 15 nov. 2007, no 04-11.163, NP – Civ. 2e, 14 févr. 2008, no 06-20.988, *Bull. civ.* II, no 33; *RTD civ.* 2008. 544, obs. Théry – Civ. 2e, 19 nov. 2009, no 08-12.134, NP – Civ. 2e, 11 avr. 2013, no 12-14.567, NP. En particulier, en l'absence d'indication du lieu où le recours doit être exercé, le délai n'a pu courir : Soc. 29 mai 2013, no 12-13.357, *Bull. civ.* V, no 140 – V. AUSSI, rendu au visa de l'article 680 du C. pr. civ. de Nouvelle-Calédonie : Civ. 2e, 14 nov. 2013, no 12-25.454, *Bull. civ.* II, [à paraître] : la mention de la possibilité de faire appel d'un jugement de tribunal de première instance sans constitution d'avocat faisant défaut, le délai d'appel n'a pas couru – *Adde*, Rép. pr. civ., vo *Nullités*, par L. Mayer, mars 2013 [màj oct. 2013], no 11.
14. Civ. 2e, 14 févr. 2008, no 06-20.988, *Bull. civ.* II, no 33; *RTD civ.* 2008. 544.

§ 2
Nullités

A.
Domaine d'application quant aux actes

162.20 **Actes judiciaires et extra-judiciaires.** Un acte est **judiciaire** lorsqu'il est lié au déroulement d'une procédure; il peut être effectué par le plaideur lui-même ou un auxiliaire de justice - le plus souvent; par exemple : la citation en justice, la convocation d'un témoin, la rédaction de conclusions et la signification de ces actes. Un acte est **extrajudiciaire** lorsqu'il produit des effets en dehors de toute procédure engagée devant une juridiction; par exemple : une sommation de payer, un commandement de saisie-exécution. **Pour la Cour de cassation,** il est en outre signifié par huissier de justice[1]. La nullité des actes judiciaires est régie par les articles 112 à 121 C. pr. civ. (1°). Une hésitation est permise en revanche à l'égard des actes extrajudiciaires (2°).

1°
Actes judiciaires

162.21 **Acte de l'auxiliaire ou d'un plaideur.** L'acte judiciaire est un acte lié au déroulement d'une procédure gracieuse ou contentieuse. Pris au sens large, il va de l'exploit introductif d'instance aux mesures d'exécution, en passant par les actes relatifs aux voies de recours. L'acte judiciaire est accompli par un plaideur (ainsi, si la procédure est sans représentation obligatoire) ou, plus souvent par un auxiliaire de justice (avocat, greffier, huissier). Le régime de la nullité des actes de procédure s'appliquera, sauf particularités législatives, à tous les actes du processus judiciaire, à l'exception des actes faits par le juge (C. pr. civ., art. 458 à 460; sur la notification des jugements, v. s^s^ n°s 423.31 s.).

Deux textes généraux, dont le champ d'application se recoupe en partie, le prévoient expressément :

- d'une part, l'article 649 C. pr. civ. dispose que la nullité des actes d'huissiers de justice est régie par les règles de nullité des actes de procédure;

- d'autre part, en vertu de l'article 694 C. pr. civ., il en est de même pour la nullité des notifications. Qu'il s'agisse des actes d'huissier de justice visant à introduire la demande, ou à mettre en cause une partie, ou de ceux destinés à porter connaissance d'une décision, ou à l'exécuter, ils sont donc tous soumis au régime des nullités des articles 112 et suivants C. pr. civ.[2]; il en est de même de la notification par huissier, en la forme ordinaire, par remise directe, *etc.* et y compris celle des jugements.

Au Code de procédure civile, l'article 175 fait aussi application de ce régime de nullité aux « *décisions et actes d'exécution relatifs aux mesures d'instruction* », pendant que l'article 116 dispose (sans grande utilité) que « *la sanction de l'inobservation d'une formalité de procédure antérieure aux débats est soumise aux règles prévues à la présente sous-section* », soit au régime des nullités de forme.

Au Code des procédures civiles d'exécution, l'article R. 121-5 dispose de manière générale que « *sauf dispositions contraires, les dispositions communes du Livre Ier du Code de procédure civile sont applicables, devant le juge de l'exécution, aux procédures civiles d'exécution à l'exclusion des articles 484 à 492-1* », ce qui englobe bien sûr les articles 112 à 121; l'article R. 311-10 C. pr. exéc. pose spécifiquement la règle pour la saisie immobilière : « *La nullité des actes de la procédure de saisie immobilière est régie par la section IV du chapitre II du titre V du Livre Ier du Code de procédure civile* »[3].

162.22 **Procédures particulières.** Il n'est évidemment pas possible d'envisager toutes les procédures spécifiques. Il faut néanmoins souligner la volonté de la Cour de cassation d'appliquer la théorie des nullités à la **procédure d'expropriation**[4] et aux contraintes décernées par l'administration des contributions indirectes[5]. S'agissant des **procédures fiscales,** il sera fait application des articles 112 et suivants C. pr. civ. chaque fois qu'il n'en sera pas disposé autrement par un texte fiscal particulier[6].

Reste comme une exception symbolique, tant elle marque les privilèges de son administration, la **procédure en matière douanière** que la Cour de cassation écarte du régime des nullités[7].

1. Civ. 2e, 27 nov. 1990, n° 88-12.719, *Bull. civ.* II, n° 253; *D.* 1991. 357, note Laroche de Roussane; *RTD civ.* 1991. 162, obs. Perrot – Com. 1er juin 1993, n° 91-16.687, NP; *Rev. huiss.* 1993. 1073, note Daigre; *RTD civ.* 1993. 884, obs. Perrot – V. AUSSI, GUINCHARD, CHAINAIS et FERRAND, n° 875; Santa-Croce, *D.* 1992. Chron. 296.

2. Civ. 2e, 6 mai 1999, n° 96-10.407, *Bull. civ.* II, n° 78; *RTD civ.* 1999. 685, obs. Normand; *RTD civ.* 1999. 704, obs. Perrot.
3. Civ. 2e, 1er oct. 2009, n° 08-19.104, *Bull. civ.* II, n° 235; *D.* 2009. 2974, note Leborgne; *Procédures* 2009. Comm. 397, obs. Perrot; en conséquence, la contestation de la validité du commandement de payer valant saisie soulevée après l'assignation par le créancier poursuivant, constitue une exception de procédure : Civ. 2e, 25 mars 2010, n° 08-17.196, *Bull. civ.* II, n° 72; *D.* 2010. Actu. 669 et 2108, obs. Sommer et Leroy-Gissinger.
4. Civ. 3e, 30 avr. 1975, n° 74-70.231, *Bull. civ.* III, n° 145.
5. Com. 28 juin 1977, n° 76-10.341, *Bull. civ.* IV, n° 187.
6. Com. 1er déc. 1987, n° 86-12.729, *Bull. civ.* IV, n° 254 – Com. 9 déc. 1965, *Bull. civ.* III, n° 634.
7. Com. 6 déc. 1976, n° 75-11.824, *Bull. civ.* IV, n° 305 – J. Pannier, « Les nullités de procédure en matière douanière », *Gaz. Pal.* 1989. I. Doctr. 131.

2°
Actes extrajudiciaires

162.31 Acte d'huissier de justice. Ainsi, l'acte extrajudiciaire, selon la Cour de cassation, est un acte signifié par un huissier de justice, qui produit ses effets en dehors de toute instance - il en est souvent le préliminaire ou la suite - et qui tend à la manifestation, la revendication ou la conservation d'un droit ou d'une prétention. Il peut donc émaner d'un **avocat**, d'un **notaire** ou d'un particulier dès lors, selon la Cour de cassation, qu'il est signifié. Pourtant, une notification ordinaire tendant à l'exercice ou à l'accomplissement d'un droit en dehors de toute instance devrait également être qualifiée d'acte extrajudiciaire (dans un sens plus large que rien n'interdit d'adopter). En outre (v. s[s] n°s 162.21, 162.32 et 162.52), l'article 694 C. pr. civ. soumet la nullité des notifications au régime de la nullité des actes de procédure, ce qui vide en grande partie la discussion pour toutes les notifications[1], ou tout au moins cela devrait vider la discussion.

La Cour de cassation semble traiter différemment les actes accomplis à l'occasion d'un contrat de bail et les autres.

162.32 Bail. En matière de bail, la Cour de cassation a pris position en faveur de l'application des **nullités des actes de procédure**, qu'il s'agisse d'un acte extrajudiciaire au sens où elle l'entend (acte signifié par huissier de justice) ou au sens large. Ainsi, à propos du **congé** (acte unilatéral par lequel une partie au contrat de louage marque sa volonté de mettre un terme au contrat ou de ne pas le renouveler) ou de la **proposition de renouveler le bail** sous certaines conditions.

Chaque fois que l'acte est notifié par un huissier, il est soumis au régime de nullité en application de l'article 649 C. pr. civ., car le congé, bien qu'étant un acte extrajudiciaire, est assimilé à un acte de procédure[2]. Il en est de même s'agissant d'un **congé notifié par lettre recommandée** : la Cour de cassation a rappelé que le congé est assimilé à un acte de procédure et se trouve régi par le régime des nullités de l'article 114 C. pr. civ.[3]; en outre, une nouvelle fois, la lettre recommandée constitue une notification, laquelle selon l'article 694 C. pr. civ. est également soumise au régime des nullités de procédure. En conséquence, les actes et notifications effectués dans le cadre d'un contrat de bail notifiés par acte d'huissier ou autrement ne doivent pas être annulés en l'absence de démonstration d'un **grief**[4].

162.33 Autres matières. En 2002, la Cour de cassation a jugé que l'article 114 C. pr. civ. ne peut recevoir application concernant « *un acte extrajudiciaire* »[5] : méconnaît ce texte et les articles 815-14 et 815-16 du Code civil qui disposent que le prix et les conditions de la cession projetée de droits indivis doivent, à peine de nullité de la cession, être notifiés par acte extrajudiciaire aux autres coïndivisaires, la cour d'appel qui rejette la demande en nullité d'une telle cession, dont les actes avaient été simplement remis par le notaire à l'administrateur légal sous contrôle judiciaire d'un coïndivisaire alors mineur, au motif que l'irrégularité relevée n'avait causé aucun grief. Cette solution, qui semble cependant isolée, n'est guère conforme à l'article 649 C. pr. civ.[6]

B.
Effets de la nullité

162.41 Effets quant à l'auteur de l'acte annulé. En application de l'article 650 C. pr. civ., les frais afférents aux actes nuls par l'effet de leur faute sont à charge des huissiers, sans préjudice des dommages-intérêts qui peuvent leur être réclamés. Il y a là une simple application d'un principe de responsabilité contractuelle, qui doit de même conduire à la recherche de responsabilité et réparation à l'égard de tous auxiliaires de justice ayant rédigé des actes déclarés nuls.

162.42 Effets quant aux actes. L'effet de la nullité est l'anéantissement rétroactif de l'acte, étant précisé que la nullité peut concerner éventuellement seulement une partie de l'acte et que celui-ci peut parfois être refait. Outre l'acte lui-même, sont anéantis tous ceux qui en sont la suite et la conséquence, ce qui implique qu'il y ait un lien entre eux[7]. La nullité étant prononcée, la procédure se poursuit sur ses derniers errements ou, selon le cas, doit être reprise depuis l'acte introductif d'instance.

Jusqu'en 2008, une nouvelle action ne pouvait être introduite qu'autant qu'elle l'était dans les délais : si une prescription ou une forclusion était intervenue - l'acte introductif d'instance nul n'ayant pas d'effet

1. Guinchard, Chainais et Ferrand, n° 953.
2. Civ. 3e, 5 juin 2013, n° 12-12.065, *Bull. civ.* III [à paraître]; *Gaz. Pal.* 1-3 sept. 2013, p. 32, obs. Mayer; *D.* 2013. 1473, obs. Rouquet (signification d'un congé) – Civ. 3e, 2 juin 2010, n° 09-14.194, *Bull. civ.* III, n° 109 (signification d'une sommation) – Civ. 3e, 1er avr. 1987, n° 85-18.477, *Bull. civ.* III, n° 65; *JCP* 1987. IV. 201 : « *Le congé à fin de reprise, préliminaire indispensable de l'action en justice, participe du caractère d'acte de procedure* ».
3. Civ. 3e, 15 mai 2008, n° 07-10.243, *Bull. civ.* III, n° 83; *AJDI* 2008. 852, obs. de La Vaissière; *Loyers et copr.* 2008, n° 149, note Vial-Pedroletti.
4. Civ. 3e, 23 mars 2011, n° 10-13.540, NP (pour un congé signifié).
5. Civ. 1re, 5 mars 2002, n° 00-13.511, *Bull. civ.* I, n° 77; *Rev. loyers* 2002. 431, n° 829, obs. Canu.
6. Rép. pr. civ., v° *Nullités*, par L. Mayer, mars 2013 [màj oct. 2013], n° 36.
7. Civ. 2e, 21 déc. 1961, *Bull. civ.* II, n° 911.

interruptif –, il n'était plus possible de former une nouvelle demande en justice[1]; de même une déclaration d'appel irrégulière n'avait pu interrompre le délai de forclusion et l'appel n'était recevable que si la régularisation était intervenue avant l'expiration du délai courant à compter de la notification du jugement[2].

Mais la loi n° 2008-561 du 17 juin 2008[3], sur la prescription, prévoyant en l'article 2241 du Code civil le maintien de l'effet interruptif d'un acte de saisine d'une juridiction en cas d'annulation de celui-ci pour vice de procédure a changé la donne : comment, désormais, une prescription et même une forclusion pourrait-elle se produire et empêcher une régularisation ? (v. s^s n°s 162.92 et 162.185).

Malgré la gravité (certes atténuée depuis 2008) des conséquences de la nullité, il est exclu de ne pas sanctionner des irrégularités dans la formation des actes. Toute la difficulté est de trouver un équilibre entre deux impératifs contraires : ne pas retarder le procès à l'excès, ne pas nuire à la loyauté des débats. Pour essayer de parvenir à cet équilibre, les articles 112 à 121 C. pr. civ. opèrent une distinction nette entre deux types de nullité : les nullités pour vice de forme (v. s^s n°s 162.50 s.) et les nullités pour vice de fond (v. s^s n°s 162.120 s.). L'effet des deux types de nullité est identique mais leur régime est différent, plus strict pour les premières que pour les secondes.

SECTION 2
VICES DE FORME

162.50 **Présentation.** Le vice de forme est l'omission ou le non-respect d'une règle formelle de rédaction ou de notification d'un acte[4]. Il est sanctionné lorsqu'il remplit certaines conditions (§ 1) et obéit à un régime assez strict (§ 2).

§ 1
Conditions de la nullité

A.
Cause de nullité

1°
Exigence d'un texte

162.51 **« Pas de nullité sans texte ».** Selon l'article 114 C. pr. civ., « *aucun acte de procédure ne peut être déclaré nul pour vice de forme si la nullité n'en est pas expressément prévue par la loi* [...] ». Il ne suffit donc pas que soit décelé un vice de forme, encore faut-il que le législateur ait, par un texte approprié, prévu la sanction de la nullité. Il est donc clair que des erreurs ou omissions, portant sur des actes que le législateur n'a pas voulu soumettre à la nullité, doivent rester sans incidence sur le cours du procès : ainsi en est-il, par exemple, de l'absence de la mention du domicile réel de l'appelant dans des conclusions[5].

Il semble en outre nécessaire, pour que l'erreur puisse être sanctionnée, qu'elle ne soit pas la conséquence de l'erreur de l'adversaire.

Ainsi, la Cour de cassation a considéré que l'irrégularité affectant la désignation de l'intimé (une commission départementale) dans une déclaration d'appel n'est pas sanctionnée par la nullité lorsque la décision de la commission et son acte de notification ne mentionnaient pas d'autre partie que celle qui a interjeté appel. L'irrégularité de la désignation de l'intimé, pourtant prévue à peine de nullité par l'article 901 C. pr. civ., ne serait dès lors qu'une erreur sans conséquence[6].

162.52 **Textes.** Rappelons que, parmi ces textes, l'article 649 C. pr. civ. dispose que « *la nullité des actes d'huissiers de justice est régie par les dispositions qui gouvernent la nullité des actes de procédure* ». Or, l'article 648 C. pr. civ. (v. s^s n°s 161.31 s.) contient une réglementation de forme : il fournit donc une liste de causes de nullité de forme. En revanche, vérification faite grâce aux mentions de l'article 648, si une procédure se révèle être engagée par une personne dépourvue de personnalité juridique, elle est entachée d'une irrégularité de fond qui ne peut être couverte, voire l'acte est irrecevable (v. s^s n°s 161.331, 162.15 et 162.142).

De même, l'article 694 C. pr. civ. prévoit que « *la nullité des notifications est régie par les dispositions qui gouvernent la nullité des actes de procédure* »; et l'article 693 alinéa 1er[7] énumère des textes qui prescrivent des règles de forme : « *ce qui est prescrit par les articles 654 à 659, 663 à 665-1, 672, 675, 678, 680,*

1. C. civ., art. 2246 s. – Com. 21 avr. 1980, n° 78-14.382, *Bull. civ.* IV, n° 157 – Civ. 3e, 20 déc. 1983, n° 82-15.812, *Bull. civ.* III, n° 275.
2. PAR EX. : Civ. 2e, 4 juin 2009, n° 08-13.668, NP.
3. L. n° 2008-561, 17 juin 2008, portant réforme de la prescription en matière civile, *JO* 18 juin, p. 9856.
4. Rép. pr. civ., v° *Nullités*, par L. Mayer, mars 2013 [màj oct. 2013], n° 42.
5. Civ. 2e, 10 oct. 1990, n° 89-13.854, n° 1032, *Bull. civ.* III, n° 182; *RTD civ.* 1991. 171, obs. Perrot; *D.* 1991. 85, obs. Giverdon, Bouyeure et Lafond : « *Attendu que pour annuler les premières conclusions, l'arrêt retient que celles-ci ne comportent pas la mention du domicile réel de l'appelant et que l'irrégularité de forme des conclusions fait grief aux intimés; Qu'en statuant ainsi, alors que l'irrégularité retenue par la cour d'appel n'est assortie d'aucune nullité, la cour d'appel a violé les textes susvisés* ».
6. Civ. 2e, 17 avr. 2008, n° 07-12.743, *Bull. civ.* II, n° 83; *JCP* 2008. IV. 1946.
7. C. pr. civ., art. 693, al. 1er, mod. par Décr. n° 2012-366, 15 mars 2012, relatif à la signification des actes d'huissier de justice par voie électronique et aux notifications internationales, *JO* 17 mars, p. 4899, pour tenir compte de la signification par voie électronique.

683 à 684-1, 686, le premier alinéa de l'article 688 et les articles 689 à 692 est observé à peine de nullité ».

Rappelons aussi que l'absence de mention de la voie de recours, de son délai ou de ses modalités n'entraîne pas la nullité de l'acte à défaut de grief, mais ne fait pas courir le délai de recours (v. s[s] n° 162.16).

162.53 Absence de textes. Mais, en l'absence de texte, la nullité n'est pas encourue :

– si l'assignation est délivrée par un huissier audiencier autre que celui désigné par l'ordonnance[1];

– en cas d'absence du paraphe de l'huissier dans la procédure d'injonction[2];

– en cas d'absence d'énumération des pièces[3];

– en cas de défaut de signature de l'avocat qui notifie un jugement par voie de notification directe entre avocats[4]. En effet, l'article 693 C. pr. civ. ne mentionne pas l'article 673 comme cause de nullité textuelle, alors qu'il cite l'article 672. Le non-respect des formalités prévues à ce texte n'est donc pas sanctionné par la nullité, ce dont il est permis de s'étonner;

– si les règles de l'article 202 C. pr. civ. relatives aux attestations ne sont pas respectées[5];

– si la notification a été faite en un lieu autre que ceux prévus par la loi[6].

2°
Inobservation d'une formalité substantielle ou d'ordre public

162.61 Exception au principe d'exigence d'un texte visant la nullité. L'article 114 C. pr. civ. indique *in fine* par exception au principe de l'exigence d'un texte visant la nullité, que la nullité peut être prononcée pour vice de forme en cas d'inobservation d'une formalité substantielle ou d'ordre public. La formalité substantielle est celle qui donne à l'acte sa nature, ses caractères, qui en constitue sa raison d'être[7]; la notion de formalité a été créée par la jurisprudence et consacrée par le Code, qui y a ajouté la formalité d'ordre public[8]. Elle s'oppose à la formalité secondaire, à qui seule s'applique donc la règle « *pas de nullité sans texte* ».

Ainsi, pour des exemples de formalités substantielles ou d'ordre public :

– la prestation de serment de l'expert[9];

– l'absence de signature de l'expert au bas de son rapport[10];

– l'inobservation des formalités prescrites par l'article 276 du Code de procédure civile en matière d'expertise[11];

– l'absence d'établissement d'un pré-rapport qui incombait à l'expert aux termes de sa mission[12].

En revanche, d'autres formalités, non prescrites à peine de nullité, sont seulement secondaires et leur absence ou leur irrespect n'est pas sanctionné :

– l'existence d'un bordereau de pièces annexé à l'assignation n'est pas une formalité substantielle ou d'ordre public[13];

– l'absence de publicité d'une vente sur saisie[14];

– l'indication, dans l'assignation ou dans l'acte d'appel, du nom de la personne physique qui agit pour une personne morale[15].

Si la formalité substantielle ou d'ordre public constitue une catégorie particulière soumise au régime des nullités, elle exige aussi comme tout vice de forme la preuve d'un grief. La circonstance selon laquelle la formalité omise était essentielle ou d'ordre public n'est pas en soi suffisante pour entraîner la nullité[16].

Le demandeur à l'exception de nullité de forme doit établir le vice formel ou l'inobservation d'une formalité substantielle ou d'ordre public. Cette première preuve ne présente pas, sauf cas particulier où le plaideur se heurte à des énonciations d'un acte

1. Civ. 2e, 7 mars 1973, n° 72-10.120, *Bull. civ.* II, n° 90.
2. Civ. 2e, 11 oct. 1989, n° 88-15.552, *Bull. civ.* II, n° 172.
3. Civ. 2e, 3 avr. 2003, n° 00-22.066, *Bull. civ.* II, n° 94; *Procédures* 2003. Comm. 132, obs. Perrot.
4. Civ. 2e, 23 sept. 2004, n° 99-21.000, *Bull. civ.* II, n° 418.
5. Civ. 2e, 14 mars 1979, n° 77-144.66, *Bull. civ.* II, n° 82; *Gaz. Pal.* 1979. 2. 419, Viatte – Com. 7 nov. 1989, n° 88-10.216, *Bull. civ.* IV, n° 282; *JCP* 1990. IV. 3 – Civ. 1re, 30 nov. 2004, n° 03-19.190, *Bull. civ.* I, n° 292; *D.* 2005. Somm. 335, obs. Julien et Fricero; *RTD civ.* 2005. 108, obs. Hauser; *D.* 2005. Pan. 1824, obs. Douchy-Oudot.
6. Civ. 3e, 24 oct. 2007, n° 06-19.379, *Bull. civ.* III, n° 184; *D.* 2007. AJ 2812; *Procédures* 2007. Comm. 272, obs. Perrot.
7. Guinchard, Chainais et Ferrand, n° 957 – Civ. 2e, 3 mars 1955, *JCP* 1955. II. 8654.
8. Arrêt préc. s[s] prés[t] n° : Civ. 2e, 3 mars 1955, *JCP* 1955. II. 8654 – Héron et Le Bars, n° 212.
9. Civ. 2e, 5 janv. 1978, *Gaz. Pal.* 1978. 1. Somm. 77.
10. Paris, 20 juin 1994, RG n° 92/012901, *D.* 1995. 71, concl. Fortin.
11. Civ. 3e, 3 oct. 1991, n° 89-12.943, *Bull. civ.* III, n° 227; *D.* 1992. Somm. 123, obs. Julien; *JCP* 1992. I. 3629, n° 10, obs. Cadiet – Com. 18 févr. 1992, n° 89-19.330, *Bull. civ.* IV, n° 79; *JCP* 1992. I. 3629, n° 10, obs. Cadiet.
12. Civ. 2e, 29 nov. 2012, n° 11-10.805, *Bull. civ.* II, n° 192 : « *Les irrégularités affectant le déroulement des opérations d'expertise sont sanctionnées selon les dispositions de l'article 175 du Code de procédure civile, qui renvoient aux règles régissant les nullités des actes de procédure; que l'absence d'établissement d'un pré-rapport, en méconnaissance des termes de la mission d'expertise, constitue l'inobservation d'une formalité substantielle, sanctionnée par une nullité pour vice de forme qui ne peut être prononcée qu'à charge pour celui qui l'invoque de prouver le grief que lui cause l'irrégularité* ».
13. Civ. 2e, 3 avr. 2003, n° 00-22.066, *Bull. civ.* II, n° 94; *Procédures* 2003. Comm. 132, obs. Perrot.
14. Civ. 2e, 30 avr. 2002, n° 99-17.111, *Bull. civ.* II, n° 86.
15. Civ. 2e, 1er oct. 2009, n° 08-19.399, NP.
16. Civ. 3e, 3 oct. 1991, n° 89-12.943, *Bull. civ.* III, n° 227 et Com. 18 févr. 1992, n° 89-19.330, préc. s[s] prés[t] n° : l'inobservation des formalités prescrites par l'article 276 C. pr. civ. ayant un caractère substantiel n'entraîne la nullité de l'expertise qu'à charge pour la partie qui l'invoque de prouver le grief que lui cause cette irrégularité.

d'huissier qu'il conteste, de difficultés particulières, l'examen des actes étant généralement suffisant. Encore faut-il ne pas négliger le moyen, même apparaissant dilatoire d'un adversaire alléguant une irrégularité et y répondre utilement. La Cour de cassation considère que, dès lors qu'est opposée l'inobservation d'une formalité, il appartient à l'auteur de l'acte de justifier de sa régularité[1].

Le vice étant établi, il convient de prouver le grief qu'il a engendré et c'est sur cette deuxième partie de la preuve que les choses sont plus délicates. Le grief doit être établi, ainsi que sa relation avec le vice allégué.

B.
Existence d'un grief

162.70 **« Pas de nullité sans grief ».** L'article 114 alinéa 2 C. pr. civ. subordonne le prononcé de la nullité d'un acte pour vice de forme à la preuve de l'existence d'un grief causé à celui qui l'invoque, même lorsqu'il s'agit d'une formalité substantielle ou d'ordre public[2].

Cette exigence est sans cesse rappelée par une jurisprudence très ferme de la Cour de cassation qui censure sans relâche toutes les décisions qui, prononçant une nullité pour un vice de forme, ne s'expliquent pas sur l'existence d'un grief[3], rappelant le principe également dans l'hypothèse d'une formalité substantielle ou d'ordre public[4].

1°
Définition du grief

162.71 **Notion de grief.** Le grief, c'est l'importante perturbation dans le déroulement du procès, perturbation subie par le plaideur qui l'invoque; le grief résulte de la désorganisation des moyens de défense provoquée par l'irrégularité. C'est donc un préjudice, mais un **préjudice particulier** au droit judiciaire privé[5]. Tout plaideur a droit à un procès juste et équitable et doit pouvoir présenter ses moyens de défense. Le formalisme est, parmi d'autres obligations, un moyen de permettre le déroulement équitable du procès. S'il n'est pas respecté, il convient de rechercher si l'erreur ou le manquement a eu des répercussions sur la possibilité de se défendre. Dans l'hypothèse où le vice n'a pas privé celui qui s'en prévaut des garanties auxquelles un procès équitable lui donne droit, il n'y a pas de grief.

Par exemple, l'erreur si évidente, qu'elle ne peut atteindre les droits des autres parties à se défendre, ne peut être constitutive d'un grief et ne peut donner lieu à nullité : ainsi l'action intentée contre une personne morale inexistante par confusion avec le nom de la personne physique exerçant en nom propre est recevable. Cette erreur, alors qu'aucun doute n'est possible quant à l'identité du défendeur qui ne subit aucun grief, ne constitue qu'un vice de forme et non une irrégularité de fond[6]; dans le même ordre d'idée, la Cour de cassation refuse d'annuler un acte d'appel inscrit sous le simple nom d'enseigne au motif, qu'au même titre que la dénomination sociale, il s'agit d'un élément, permettant une identification précise du plaideur, qui avait d'ailleurs été utilisé sans protestation en première instance[7].

En revanche, si, sur le plan de la procédure et de la défense d'une partie, la situation eût été ou eût pu être favorablement différente en l'absence de vice, l'existence d'un grief pourra être retenue. Par conséquent, une irrégularité grave mais sans conséquence ne sera pas sanctionnée, alors que la violation d'une règle moins importante entraînera la nullité, si elle a causé un grief.

Le grief né du vice de procédure et du dérangement ainsi occasionné dans l'organisation de la défense est étranger à l'intérêt que tout plaideur a de faire déclarer nul le procès intenté par son adversaire, ne seraitce que pour retarder la consécration de ses droits, ou bénéficier ultérieurement d'une forclusion ou d'une prescription. Le grief n'est pas non plus l'intérêt de la partie qui a formé tardivement appel de faire annuler la signification du jugement[8]. Le grief concerne la possibilité de se défendre et non le fond du droit[9].

1. Civ. 2e, 22 mars 2001, n° 99-18.303, *Bull. civ.* II, n° 62 – Civ. 2e, 20 déc. 2001, n° 00-11.850, NP (pour la preuve de l'inobservation d'un délai).
2. Com. 24 avr. 2007, n° 06-10.273, *Bull. civ.* IV, n° 112; *D.* 2007. 1267, obs. Lienhard; *D.* 2007. 2427, obs. Fricero; *D.* 2007. 2764, chron. Bélaval, Orsini et Salomon; *JCP E* 2009. 1141, note Legros – Civ. 3e, 14 mars 2006, n° 05-12.167, NP – Civ. 2e, 6 oct. 2005, n° 03-17.680, *Bull. civ.* II, n° 239 – Civ. 2e, 10 févr. 2005, n° 03-11.802, *Bull. civ.* II, n° 29 – Civ. 2e, 16 mars 2004, n° 02-30.834, *Bull. civ.* II, n° 122; *RTD civ.* 2004. 766, obs. Théry.
3. Civ. 2e, 28 févr. 1974, n° 72-14.707, *Bull. civ.* II, n° 80; *JCP* 1974. IV. 6434, obs. J. A. – Civ. 2e, 22 nov. 1989, n° 88-14.002, *Bull. civ.* II, n° 211; *Gaz. Pal.* 1990. Somm. 360, obs. Guinchard et Moussa.
4. Civ. 3e, 3 oct. 1991, n° 89-12.943, *Bull. civ.* III, n° 227 et Com. 18 févr. 1992, n° 89-19.330, préc. s[s] n° 162.61 : l'inobservation des formalités prescrites par l'article 276 du [Nouveau] Code de procédure civile ayant un caractère substantiel n'entraîne la nullité de l'expertise qu'à charge pour la partie qui l'invoque de prouver le grief que lui cause cette irrégularité.
5. HÉRON et LE BARS, n° 214 – Rép. pr. civ., v° *Nullités*, par L. Mayer, mars 2013 [màj oct. 2013], n° 199 – V. Civ. 2e, 27 juin 2013, n° 12-20.929, NP : l'argumentation confuse d'une assignation (aucun moyen de droit au soutien de ses demandes) cause ainsi aux défendeurs « *un grief en les empêchant d'organiser utilement leur défense* ».
6. V. AUSSI, Civ. 2e, 16 mars 2004, n° 02-30.834, *Bull. civ.* II, n° 122; *RTD civ.* 2004. 766, obs. Théry.
7. Com. 11 févr. 2003, n° 00-15.149, *Bull. civ.* IV, n° 17.
8. HÉRON et LE BARS, n° 214.
9. Pour des exemples de griefs, v. Rép. pr. civ., v° *Nullités*, par L. Mayer, mars 2013 [màj oct. 2013], n°s 204 s.

2°
Preuve du grief

162.81 Charge de la preuve du grief. Une fois le vice de forme établi, il convient d'alléguer et de prouver le grief qu'il a engendré, ainsi que sa relation avec le vice allégué[1]. Cette charge de l'allégation (sur l'absence de pouvoir d'office du juge, v. s[s] n° 162.102) et de la preuve du grief incombe au demandeur à la nullité de l'acte[2]. La Cour de cassation censure les décisions qui admettent une présomption de grief, voire le renversement de la charge de la preuve[3]. Cependant, il semble qu'il soit nécessaire pour le défendeur d'alléguer l'absence de grief. S'il s'en abstient, le juge pourra déduire de l'absence de discussion la preuve de l'existence du grief[4].

162.82 Appréciation du grief. L'appréciation du grief[5] est abandonnée au pouvoir souverain des juges du fond[6], qui ont l'obligation de vérifier que l'irrégularité a causé un tel grief. Ce grief doit être apprécié *in concreto*, c'est-à-dire que c'est la défense du demandeur à l'exception de nullité qui est examinée, et non celle d'un plaideur « ordinaire » (appréciation *in abstracto*). Par exemple, les juges refusent légitimement de prononcer l'annulation d'un acte irrégulier si la victime avait une connaissance personnelle des renseignements que l'acte devait lui fournir[7]; en revanche, ils estimeront qu'il y a grief si c'est à cause d'une absence d'information ou d'une information erronée que le plaideur n'a pas comparu ou n'a pu exercer une voie de recours[8]. Les juges doivent donc caractériser le grief[9].

Aucune irrégularité de forme ne « *fait nécessairement grief* »[10]; car la Cour de cassation, n'admet pas la preuve d'un grief du seul fait de la gravité du vice. Ceci explique que pour des vices de forme identiques, et parfois d'une gravité indéniable, des solutions opposées soient apportées. Très souvent des arrêts prétendument contraires s'expliquent par la présence ou l'absence du demandeur ou d'une démarche utile à ses intérêts.

En revanche, depuis 2011, la Cour de cassation ne refuse plus de prononcer la nullité si le grief est la conséquence du comportement des destinataires de l'acte précédant sa délivrance : ce comportement « *est impropre à caractériser l'absence de grief résultant de l'irrégularité alléguée* »[11], ce qui est une prime à la déloyauté...

C.
Absence de régularisation

162.91 Possibilité de régularisation. L'article 115 C. pr. civ. envisage la possibilité d'une régularisation de l'acte vicié, à la discrétion de son auteur (il peut préférer argumenter sur l'absence de grief plutôt que régulariser). Cette régularisation agit rétroactivement et permet ainsi de reprendre la procédure, ou de la poursuivre, après avoir ôté tout intérêt à la discussion procédurale (pour un acte d'appel ne comportant pas d'adresse[12]). S'agissant d'un vice de forme, la régularisation est matériellement possible, soit qu'il suffise de compléter une indication insuffisante, soit qu'il faille refaire l'acte (comme pour une régularisation d'une assignation par une seconde assignation[13]; le complément d'un acte d'appel imprécis par assignation[14]; ou la précision par conclusions de l'organe représentant une personne morale absente que l'appel ne mentionnait pas[15]). En revanche, en cas

1. Civ. 2e, 17 juill. 1985, n° 84-12.964, *Bull. civ.* II, n° 140; *Gaz. Pal.* 1986. 1. Somm. 83, obs. Croze et Morel – Civ. 2e, 10 juill. 1991, n° 90-13.671, *Bull. civ.* II, n° 220; *RTD civ.* 1992. 637, obs. Perrot : « *N'encourt pas la cassation l'arrêt qui déclare régulières la signification de l'assignation introductive d'instance effectuée à parquet et celle du jugement réputé contradictoire effectuée aussi à parquet et irrecevable l'appel comme tardif dès lors qu'il résulte du dossier de la procédure que l'appelant s'est borné, devant la cour d'appel, à soutenir que du fait de l'absence de délivrance de l'assignation à son domicile, il n'a pu faire valoir ses moyens devant les premiers juges et s'est trouvé privé d'un degré de juridiction, sans expliciter le lien existant entre les prétendues irrégularités des significations et tant son défaut de comparution devant le Tribunal que la tardiveté de son appel* » – Civ. 1re, 6 janv. 2004, n° 01-15.668, *Procédures* 2004. Comm. 70, obs. Perrot.
2. Civ. 2e, 13 déc. 1995, n° 94-12.805, Procrédit, NP – Civ. 2e, 23 nov. 2006, n° 05-17.272, NP – Civ. 2e, 10 nov. 2010, n° 09-16.475, NP.
3. Civ. 3e, 7 mars 1978, n° 76-14.004, *Bull. civ.* III, n° 105 – Civ. 2e, 3 mai 1990, n° 88-20.484, *Bull. civ.* II, n° 87.
4. Civ. 2e, 9 mai 1988, n° 86-11.071, *Bull. civ.* II, n° 109.
5. Rép. pr. civ., v° *Nullités*, par L. Mayer, mars 2013 [màj oct. 2013], n°s 199 s.
6. Civ. 3e, 30 sept. 2009, n° 08-15.203, *Bull. civ.* III, n° 208; *D.* 2010. 1307, obs. Leborgne; *AJDI* 2010. 65 – Civ. 2e, 13 juill. 2005, n° 03-14.980, *Bull. civ.* II, n° 193 – Civ. 3e, 26 janv. 1994, n° 91-21.672 – Civ. 2e, 21 oct. 1982, n° 81-13.543, *Bull. civ.* II, n° 129 – Civ. 2e, 18 févr. 1987, n°s 85-14.910 et 85-17.836, *Bull. civ.* II, n°s 50 et 51 – Civ. 2e, 17 juill. 1978, n° 76-13.279, *Bull. civ.* II, n° 195 – Civ. 2e, 8 avr. 1998, n° 96-11.704, NP.
7. Civ. 2e, 7 févr. 1973, n° 71-14.423, *Bull. civ.* II, n° 43 – Com. 24 avr. 2007, n° 06-10.273, *Bull. civ.* IV, n° 112; *D.* 2007. Chron. 2427, obs. Fricero : l'irrégularité n'a pas empêché le demandeur à l'exception de comparaître ou d'exercer un recours – V. AUSSI, Com. 9 juill. 2013, n° 12-17.976, NP.
8. V. Civ. 2e, 17 déc. 2009, n° 08-18.646, NP : la mention d'un domicile inexact fait grief.
9. Civ. 2e, 2 juill. 2009, n° 07-19.474, NP.
10. Civ. 2e, 20 oct. 2011, n° 10-24.109, *Bull. civ.* II, n° 194; *Gaz. Pal.* 2-3 mars 2012, p. 33, obs. Mayer.
11. Civ. 2e, 9 juin 2011, n°s 10-11.004, 10-16.863 et 10-19.173, NP : dans les trois affaires le demandeur à l'exception de nullité avait dissimulé sa nouvelle adresse à son créancier.
12. Civ. 2e, 14 déc. 2006, n° 05-15.792, NP.
13. Poitiers, 6 août 1981, *D.* 1983. IR 139, obs. Julien.
14. Civ. 2e, 17 juill. 1974, n° 73-10.134, *Bull. civ.* II, n° 232.
15. TGI Paris, 12 janv. 1983, *Dr. prat. jud.* 1983. 638.

d'absence de régularisation, le juge pourra prononcer la nullité pour vice de forme.

162.92 Conditions de la régularisation. Selon l'article 115 C. pr. civ., la nullité est couverte par la régularisation de l'acte si aucune forclusion n'est intervenue et s'il ne subsiste aucun grief. La jurisprudence étend l'exigence de l'absence de forclusion à celle de l'absence de prescription[1].

La **seconde condition (aucun grief)** ne fait guère de difficulté : la régularisation doit remettre l'adversaire dans une situation analogue à celle qui aurait été la sienne si l'acte avait été régulier dès le départ[2]; il se trouve ainsi protégé contre une régularisation trop tardive ou trop discrète : il doit en avoir pris connaissance avant d'avoir organisé sa défense ou à ses débuts. Le demandeur à l'exception de nullité doit contester, le cas échéant, la disparition du grief[3]. C'est souverainement que le juge constate qu'il subsiste ou non un grief causé par une irrégularité[4].

Quant à la **première condition (aucune forclusion)** elle était assez simple jusqu'en 2008. Ainsi, si l'acte entaché d'irrégularité était un acte d'appel, la régularisation devait intervenir avant l'expiration du délai d'appel[5]. Or, en pratique, cette possibilité était souvent fermée car les voies de recours sont fréquemment exercées *in extremis*. Pour une assignation, c'est le délai de prescription de l'action qui courrait à compter du point de départ de l'action : là encore si, l'assignation était annulée, elle n'avait pas pu interrompre la prescription et celle-ci risquait d'être acquise au moment où une réassignation était effectuée[6].

Cependant, la loi n° 2008-561 du 17 juin 2008 a modifié les choses. Désormais l'article 2241 du Code civil dispose que « *la demande en justice, même en référé, interrompt le délai de prescription ainsi que le délai de forclusion.* » (C. civ., art. 2241, al. 1er); mais surtout qu'« *il en est de même lorsqu'elle est portée devant une juridiction incompétente ou lorsque **l'acte de saisine de la juridiction est annulé par l'effet d'un vice de procédure*** » (C. civ., art. 2241, al. 2). Quant à l'article 2242 du Code civil, il dispose que « *l'interruption résultant de la demande en justice produit ses effets jusqu'à l'extinction de l'instance.* », étant entendu que « *par* "extinction de l'instance", *il faut, semble-t-il, entendre l'extinction du procès, en d'autres termes la fin du litige.* »[7]. Autant dire qu'aucune forclusion ne peut plus intervenir avant que l'acte vicié n'ait été régularisé, tout au moins lorsque l'acte de saisine contient une demande en justice : « *Si l'acte de procédure est une demande en justice contenue dans une assignation, une requête conjointe ou des conclusions* [...], *il interrompt les délais de prescription et de forclusion même s'il est ultérieurement annulé pour vice de forme* (C. civ., art. 2241). *Et le nouveau délai, de même durée que l'ancien* (C. civ., art. 2231), *qui fait suite à l'interruption, ne commence à courir qu'à compter de l'extinction de l'instance* (C. civ., art. 2242). *Il en résulte que, si une régularisation est opérée, elle interviendra par hypothèse avant l'expiration du délai de prescription ou de forclusion interrompu par la demande en justice entachée d'un vice.* »[8]. La loi de 2008 a donc vidé cette partie de l'article 115 C. pr. civ. de sa substance.

En est-il de même si l'acte de procédure est un **acte de saisine d'une juridiction** qui n'est pas pour autant une demande en justice, tel un acte d'exercice d'une voie de recours, une déclaration d'appel ou de pourvoi en cassation, par exemple, ou encore une déclaration de saisine d'une cour d'appel de renvoi ? Plus exactement, un tel acte – nul – a interrompu le délai de forclusion dans lequel il faut interjeter ces recours : mais dans quel délai faut-il régulariser ? Il semblerait qu'un nouveau délai de forclusion de durée identique courre immédiatement à compter de l'acte nul[9].

L'article 115 C. pr. civ. ne précise pas si la régularisation peut intervenir en cause d'appel; la Cour de cassation l'a admis dans l'hypothèse où la juridiction de première instance avait annulé la procédure et où la régularisation était intervenue devant la juridiction du second degré[10] ou lorsque l'exception n'avait été

1. Rép. pr. civ., v° *Nullités*, par L. Mayer, mars 2013 [màj oct. 2013], n° 213 – GUINCHARD, CHAINAIS et FERRAND, n° 966. Les auteurs citent un arrêt, rendu à propos d'une fin de non-recevoir, qui procède à cette extension : Com. 24 sept. 2003, n° 00-11.010, *Bull. civ.* IV, n° 143 – V. AUSSI, Com. 4 janv. 2000, n° 97-13.251, NP : une assignation interrompt une courte prescription, mais elle n'est pas placée dans le délai d'un mois; la prescription court donc; une réassignation après que la prescription n'a pu empêcher l'effet extinctif de celle-ci.
2. HÉRON et LE BARS, n° 215.
3. Soc. 25 oct. 1995, n° 92-41.751, NP.
4. Pour la subsistance d'un grief malgré la production de références complémentaires en cours d'instance : Civ. 3e, 30 juin 2010, n° 09-67.749, NP.
5. Civ. 2e, 4 juin 2009, n° 08-13.668, NP.
6. V. Com. 4 janv. 2000, n° 97-13.251, préc. ss prést n°.
7. Rép. pr. civ., v° *Nullités*, par L. Mayer, mars 2013 [màj oct. 2013], n° 215 et les réf.
8. Rép. pr. civ., v° *Nullités*, par L. Mayer, mars 2013 [màj oct. 2013], n° 216 et les réf. – Pour une illustration, v. Civ. 1re, 25 nov. 2010, n° 09-69.124, NP; *Procédures* 2011. Comm. 50, obs. Perrot.
9. EN CE SENS, J. Junillon, « Conséquence de la loi réformant la prescription : une déclaration d'appel irrégulière peut-elle interrompre le délai d'appel ? », *Procédures* 2009. Prat. 2 – V. AUSSI, Rép. pr. civ., v° *Nullités*, par L. Mayer, mars 2013 [màj oct. 2013], n° 217 : « *C'est ce que semble admettre la chambre commerciale de la Cour de cassation dans un arrêt du 20 novembre 2012* », arrêt rendu à propos d'une déclaration de saisine d'une cour d'appel de renvoi entachée d'un vice de fond que l'auteur a commenté : Com. 20 nov. 2012, n° 11-26.581, *Bull. civ.* IV, n° 206; *Gaz. Pal.* 8-9 mars 2013, p. 40.
10. Soc. 27 janv. 2010, n° 08-44.098, *Bull. civ.* V, n° 24 : « *Le défaut de mise en cause du préfet de région ne constituant* ▶

invoquée qu'en cause d'appel[1]. Elle l'a cependant refusé récemment : la nullité d'une assignation avait été prononcée par un juge de la mise en état, en raison d'une argumentation confuse faisant grief : or, la demanderesse « *n'avait pas déposé devant le tribunal, après l'introduction de l'instance, des conclusions précisant les moyens juridiques sur lesquels s'appuyaient ses demandes et [...] aucune régularisation ne pouvait résulter de conclusions prises en cause d'appel.* »[2]...

§ 2
Régime de la nullité

A.
Titulaire de l'exception

162.101 Seule la victime peut invoquer la nullité. L'exception de nullité n'appartient qu'à la partie contre laquelle l'acte a été fait, et peu important sa qualité de demanderesse ou défenderesse au procès[3].

Ce principe a pour conséquence d'interdire :

– à l'auteur de l'acte litigieux d'en soulever la nullité, même s'il lui cause un grief[4];

– à une partie au procès de soulever la nullité d'un acte concernant une autre personne, sauf cas d'indivisibilité[5].

162.102 Le juge ne peut soulever d'office le moyen de nullité. S'agissant d'une exception à laquelle il peut être renoncé, l'usage du moyen est exclusivement réservé à son titulaire et le juge ne peut d'office prononcer la nullité d'un acte pour vice de forme. La Cour de cassation, par un grand nombre d'arrêts, rappelle avec fermeté l'interdiction faite au juge d'ajouter à l'argumentation d'une partie et de soulever d'office le moyen de nullité, insistant sur le fait que seule la partie peut alléguer l'existence d'un grief : « *Attendu qu'il résulte de ces textes qu'un acte de procédure ne peut être annulé pour vice de forme que sur la demande de la partie intéressée et sur justification par elle du préjudice que lui a causé l'irrégularité; Qu'en relevant ainsi d'office un moyen de nullité pour vice de forme, le tribunal a violé les textes susvisés* »[6].

Néanmoins, cette règle ne dispense pas le juge en l'absence du défendeur de s'assurer qu'il a été assigné dans des conditions formelles lui permettant de se présenter.

B.
Formulation de l'exception

162.111 Exception présentée avant toute défense au fond ou fin de non-recevoir. L'article 74 C. pr. civ. pose un principe consistant à concentrer le contentieux des exceptions de procédure au début de l'instance, permettant d'éviter l'apparition tardive de débats procéduraux annexes : les exceptions de procédure doivent être soulevées avant toute autre défense, à savoir défense au fond ou fin de non-recevoir, à peine d'irrecevabilité. Ce principe permet d'assurer la régularité de la procédure, sans trop perturber le procès au fond. Cependant, il est nécessaire d'aménager cette règle pour les actes de procédure : en effet, lorsqu'un acte de procédure est réalisé en cours d'instance, il est évident qu'il est impossible de soulever sa nullité *in limine litis*, c'est-à-dire avant qu'il ait été accompli. L'article 112 C. pr. civ. prévoit donc que les causes de nullité de forme doivent être soulevées au fur et à mesure de l'accomplissement des actes. Mais, toujours selon ce texte, la nullité est couverte si celui qui l'invoque a, postérieurement à l'acte critiqué, fait valoir une défense au fond ou avancé une fin de non-recevoir[7].

Or, cette antériorité s'apprécie strictement et les conclusions doivent chronologiquement soulever d'abord le moyen de nullité pour vice de forme, avant les fins de non-recevoir ou les défenses au fond. Il importe peu qu'il soit conclu subsidiairement au fond, mais il est nécessaire que l'exception précède l'argument au fond[8]. De plus les conclusions aux fins de nullité doivent viser clairement un moyen et ne pas être de forme : par conséquent, les conclusions d'appel qui se bornent à invoquer la nullité d'un acte sans en préciser la cause ne soulèvent pas régulièrement une exception de procédure[9].

▶ *qu'un vice de forme, la nullité qui en résulte peut être couverte en tout état de la procédure, par une régularisation, en application de l'article 115 du Code de procédure civile. Viole le texte précité la cour d'appel qui prononce la nullité de la procédure alors que le préfet avait été appelé à l'instance se poursuivant devant elle » – Adde,* Rép. pr. civ., v° *Nullités*, par L. Mayer, mars 2013 [màj oct. 2013], n° 218.

1. Soc. 16 avr. 2008, n° 06-44.539, *Bull. civ.* V, n° 91.
2. Civ. 2e, 27 juin 2013, n° 12-20.929, préc. ss n° 162.71.
3. Com. 9 mai 1950, *S.* 1950. I. 129.
4. Civ. 2e, 22 nov. 1957, *Bull. civ.* II, n° 720 – Civ. 2e, 7 nov. 1956, *Bull. civ.* II, n° 568.
5. Civ. 23 déc. 1828, *S.* 1928, 30. I. 205.
6. Soc. 5 janv. 1995, nos 92-14.988 et 92-16.135, 2 esp., NP – Civ. 3e, 22 mars 1995, n° 93-18.111, *Bull. civ.* III, n° 82 [près de 60 décisions]; *D.* 1996. 375, obs. CRDP Nancy II – Civ. 3e, 21 nov. 1995, n° 93-18.131, Omnium de gestion, NP – Soc. 17 juin 2009, n° 08-41.358, NP – Bordeaux, 11 janv. 2013, RG n° 12/06415, préc. ss n° 161.261.
7. Civ. 3e, 2 juin 2010, n° 09-14.194, *Bull. civ.* III, n° 109 – Civ. 2e, 1er oct. 2009, n° 08-14.135, *Bull. civ.* II, n° 233; *RTD civ.* 2010. 153, obs. Perrot – Com. 27 mai 2008, n° 06-20.762, NP.
8. Civ. 2e, 1er oct. 2009, n° 08-19.104, *Bull. civ.* II, n° 235; *D.* 2009. 2973, note Leborgne; *D.* 2010. 1307, obs. Leborgne Civ. 2e, 8 juill. 2004, n° 02-19.694, *Bull. civ.* II, n° 377; *D.* 2004. 2610, note Beignier; *D.* 2005. 332, obs. Julien et Fricero; *Procédures* 2004. Comm. 194, obs. Perrot; *RTD civ.* 2005. 181-182, obs. Perrot.
9. Civ. 2e, 19 mai 1999, n° 97-11.373, *Bull. civ.* II, n° 93; n° 765, *Audijuris* juill. 1999. 13.

En revanche, tout acte n'interdit pas l'argument ultérieur de nullité : ainsi l'article 74 alinéa 2 prévoit-il que : « *La demande de communication de pièces ne constitue pas une cause d'irrecevabilité des exceptions* ». Et la jurisprudence, de son côté, apporte une nuance à l'article 112. En effet, il peut arriver qu'une partie n'apprenne l'existence d'un acte vicié qu'après avoir conclu au fond. L'application stricte de l'article 112 C. pr. civ. conduirait à considérer qu'elle ne peut plus invoquer le moyen de nullité, alors que le plaideur doit pouvoir discuter la validité d'un acte qui lui est révélé, même après avoir conclu au fond. C'est au terme d'un flottement la position qu'adopte, heureusement, la Cour de cassation [1].

À noter que :

- en matière de procédure orale, des écritures sur le fond déposées au greffe avant l'audience n'empêchent pas de soulever oralement, lors de l'audience une exception de procédure, à condition que ce soit **liminairement**, avant toute référence aux écritures sur le fond [2] (v. s^s n° 321.113). Ce qui n'est pas très conforme à l'article 74 [3];

- dès lors que l'exception de nullité a été présentée avant toute défense au fond en première instance, elle peut être reprise, y compris en appel, jusqu'aux dernières conclusions [4]. Il est de même possible à celui qui n'a pas comparu en première instance, ou qui n'a pas présenté de moyen de défense au fond, de soulever l'argument de nullité en appel. L'efficacité de cette démarche dépendra du moyen, de sa force et des possibilités de régularisation, mais aussi de l'effet dévolutif (sur l'effet dévolutif de l'appel, v. s^s n°s 541.331 s.), car la cour d'appel, après avoir annulé l'acte, pourra trancher au fond, si les parties ont conclu au fond ou ont reçu injonction de le faire [5];

- devant le tribunal de grande instance et la cour d'appel, c'est, respectivement, au juge de la mise en état et au conseiller de la mise en état qu'il faut présenter l'exception de nullité pour vice de forme (C. pr. civ., art. 771 et 907) [6]. Mais la Cour de cassation a considéré dans un avis de 2007 [7] et un arrêt de 2008 [8] que les attributions du conseiller de la mise en état ne concernent que les exceptions de procédure (dont les exceptions pour nullité de forme – pour les nullités de fond, v. s^s n° 162.201) et les incidents relatifs à l'instance d'appel : le conseiller de la mise en état n'est donc pas compétent pour statuer sur une exception de procédure ou un incident relatif à la première instance; la formation de jugement est seule compétente.

1. Civ. 1re, 15 janv. 1991, n° 89-05.003, *Bull. civ.* I, n° 18 – Civ. 2e, 1er juill. 1987, n° 86-12.710, *Bull. civ.* II, n° 144.
2. Civ. 2e, 1er oct. 2009, n° 08-14.135, *Bull. civ.* II, n° 233; *RTD civ.* 2010. 153, obs. Perrot.
3. EN CE SENS, CADIET et JEULAND, n°s 278 – Et nos obs. sur Civ. 2e, 12 avr. 2012, n° 11-14.741, *Bull. civ.* II, n° 75; *RLDC* 2012, n° 4760, p. 70.
4. Civ. 2e, 8 févr. 2001, n° 98-20.840, *Bull. civ.* II, n° 25.
5. Civ. 2e, 13 juill. 2000, n°s 98-18.026 et 98-15.648, *Bull. civ.* II, n°s 121 et 125; *RTD civ.* 2001. 957, obs. Perrot; *D.* 2000. 499, note Bolard – Civ. 2e, 20 déc. 2001, n° 98-16.860, NP; *Procédures* 2002. Comm. 43, obs. Perrot – Civ. 2e, 26 juin 2003, n° 00-12.773, *Bull. civ.* II, n° 209 – *Adde, J.-Cl. Proc. civ.*, Fasc. 151, n° 105, par J. Normand, refondu par C. Bléry.
6. Rép. pr. civ., v° *Nullités*, par L. Mayer, mars 2013 [màj oct. 2013], n° 223 – GUINCHARD, CHAINAIS et FERRAND, n° 971.

162.112 Présentation simultanée de tous les moyens de nullité. L'article 113 C. pr. civ. exige que tous les moyens de nullité affectant les actes déjà faits soient présentés simultanément. Le législateur a ainsi voulu éviter qu'un plaideur ne retarde à volonté la procédure.Il résulte de ce texte que les nullités relatives à certains actes non visés dans l'argumentation d'origine sont couvertes : a été approuvée une cour d'avoir déclaré irrecevable un moyen de nullité de l'assignation présenté devant la juridiction de renvoi désigné sur une première exception d'incompétence [9].

SECTION 3

IRRÉGULARITÉS DE FOND

162.120 Présentation. Les irrégularités de fond touchent l'acte de procédure au sens de *negotium*. Comme elles sont plus graves que les irrégularités de forme, les conditions du prononcé et le régime des nullités pour vices de fond sont différents de celui pour vices de forme : d'une part la preuve d'un grief n'est pas exigée (C. pr. civ., art. 119); d'autre part le moyen peut être proposé en tout état de la procédure (C. pr. civ., art. 118). Il y a donc alignement des nullités pour vice de fond sur les fins de non-recevoir. La qualification de la nullité n'est donc pas anodine : le demandeur à l'exception de nullité peut prétendre qu'il s'agit d'un vice de fond pour ne pas avoir à prouver le grief que l'irrégularité lui cause; et il y a là un espace pour le juge, selon la solution qu'il veut donner à l'incident : requalifier un vice de fond en vice de forme lui permet de sauver l'acte de la nullité en l'absence de grief. Il est vrai que cette démarche, peu rigoureuse intellectuellement peut être inquiétante, mais elle est induite par l'absence de définition très précise des uns et des autres [10].

7. Cass., avis, 2 avr. 2007, n° 07-00.007, *Bull. civ. avis*, n° 4; *RTD civ.* 2007. 639, obs. Perrot.
8. Civ. 2e, 18 déc. 2008, n° 07-17.299, NP, pour une péremption de l'instance.
9. Civ. 2e, 13 mai 2004, n° 02-10.534, *Bull. civ.* II, n° 229; *Procédures* 2004. Comm. 177, obs. Perrot.
10. GUINCHARD, CHAINAIS et FERRAND, n° 960 – HÉRON et LE BARS, n° 216.

§ 1
Conditions de la nullité

162.130 **Deux conditions.** Seules deux conditions sont exigées : l'existence d'une cause de nullité et l'absence de régularisation. Les adages « *pas de nullité sans texte* » et « *pas de nullité sans grief* » ne s'appliquent pas aux irrégularités de fond [1].

A.
Causes de nullité

162.131 **Ambiguïté.** Le législateur a défini, dans l'article 117 C. pr. civ., trois groupes d'hypothèses constitutives d'irrégularités de fond, sans reprendre l'exigence d'une prévison textuelle d'un vice de fond, comme le fait l'article 114 pour les vices de forme; autrement dit, l'article 117 texte se suffit à lui-même. Il était permis d'espérer qu'une énonciation anéantissait toute discussion. En réalité ce texte est source d'ambiguïté, tant en raison de ce qu'il dit, que de ce qu'il ne dit pas. Ainsi peut-on constater une plus grande bienveillance de la jurisprudence, à la lecture d'arrêts retenant l'existence d'un **simple vice de forme** dans des situations où dans le passé, était retenue l'irrégularité de fond : ceci s'explique parce que la jurisprudence disqualifie parfois des irrégularités de fond en vice de forme [2], mais surtout par la « chasse » aux « *nullités sans grief* » et à l'inexistence entreprise depuis 2006 (v. s[s] n° 162.06).

À titre d'exemples [3], la Cour de cassation a eu l'occasion de ranger désormais dans la simple catégorie des vices de forme, les irrégularités suivantes :

- appel fait au nom « du client » sans énonciation précise de celui-ci [4];
- erreur dans la désignation de l'organe représentant légalement la personne morale [5];
- signification à partie ne mentionnant pas la cessation des fonctions de l'avocat postulant [6];
- erreur de dénomination dans la désignation d'une personne morale [7];
- défaut de mention de la qualité de liquidateur [8];
- absence d'indication dans l'assignation du nom de l'avocat, personne physique, par le ministère duquel une société d'avocats a postulé [9] ou absence d'indication de l'avocat postulant dans une assignation ne mentionnant que l'association d'avocats [10];
- dénomination de la personne morale par son nom commercial [11];
- appel signé illisible et précédé de la mention « PO » [12];
- absence de signature de l'acte d'appel formé au nom d'une personne identifiée [13].

1°
Causes de nullité de l'article 117 du Code de procédure civile

a)
Défaut de capacité d'ester en justice (C. pr. civ., art. 117, 1°)

162.141 **Notion.** Il est difficile de savoir quelle capacité est désignée [14]. Faut-il comprendre « défaut de capacité de jouissance » – parce que le « *défaut de pouvoir d'une partie* » visé au 2° (v. s[s] n°s 162.151 s.) viserait en fait le défaut de capacité d'exercice de cette partie [15] ? Faut-il préférer « défaut de capacité d'exercice » [16] ? Ou n'est-ce pas plutôt les deux [17] ? En l'absence de precision, il ne doit pas y avoir lieu à distinguer.

162.142 **Défaut de capacité de jouissance.** Rappelons (v. s[s] n° 161.311 et les références) qu'elle n'a qu'un champ d'application limité et qu'il est difficile de la distinguer d'un défaut de qualité.

1. *Adde* Rép. pr. civ., v° *Nullités*, par L. Mayer, mars 2013 [màj oct. 2013], n° 226 – GUINCHARD, CHAINAIS et FERRAND, n° 958.
2. GUINCHARD, CHAINAIS et FERRAND, n° 960.
3. Pour d'autres hypothèses, v. Rép. pr. civ., v° *Nullités*, par L. Mayer, mars 2013 [màj oct. 2013], n° 145.
4. Civ. 3e, 27 janv. 2010, n°s 08-21.324 et 08-21.325, 2 esp., *Bull. civ.* III, n° 25.
5. Civ. 2e, 31 janv. 2013, n° 12-10.041, NP – Civ. 1re, 21 nov. 2012, n° 10-23.985, NP – Civ. 2e, 24 juin 2010, n° 09-13.458, NP – Civ. 2e, 4 juin 2009, n° 08-12.639, NP.
6. Civ. 2e, 19 mars 2009, n° 08-15.869, NP.
7. Civ. 2e, 23 sept 2010, n° 09-70.143, NP.
8. Civ. 2e, 4 juill. 2007, n° 05-20.362, *Bull. civ.* II, n° 200.
9. Civ. 2e, 1er févr. 2006, n° 05-17.742, *Bull. civ.* II, n° 34 – V. AUSSI, Civ. 1re, 11 déc. 2013, n° 12-29.923, *Bull. civ.* I, [à paraître] : la régularité de la constitution comme avocat d'une SCP d'avocats n'est pas subordonnée à l'identification de l'avocat appartenant à cette SCP appelé à représenter la partie au nom de laquelle la constitution est effectuée.
10. Civ. 2e, 30 avr. 2009, n° 08-16.236, *Bull. civ.* II, n° 110. Cela va encore moins de soi que pour une société pourvue de la personnalité morale, mais cela illustre bien la démarche de disqualification d'irrégularités de fond en vices de forme de la jurisprudence.
11. Civ. 2e, 11 déc. 2008, n° 07-18.511, *Bull. civ.* II, n° 267; *D.* 2009. 174.
12. Soc. 26 juin 2012, n° 11-19.838, NP – Soc. 15 juin 2010, n° 08-43.043, NP. Mais cette jurisprudence n'est pas rétroactive : Civ. 1re, 30 mai 2013, n° 12-22.910, NP.
13. Soc. 13 juin 2012, n° 11-12.315, NP – Soc. 29 févr. 2012, n° 10-18.442, NP – Soc. 4 oct. 2011, n°s 10-10.911 et 10-23.677, *Bull. civ.* V, n° 222; *JCP* 2011, n° 1317, note Deharo; *Dr. et proc.* 2011. 298, obs. Boulmier; *Gaz. Pal.* 2-3 mars 2012, p. 32, obs. Mayer – Soc. 5 janv. 2011, n° 09-71.333, NP – *Adde*, C. Bléry et L. Raschel, « Absence de signature d'un acte de procédure : petite mise au point sur sa sanction », *Procédures* 2011. Alerte 56.
14. Et G. Cornu et J. Foyer sont muets sur la question dans leur ouvrage *Procédure civile*, « Thémis », 2e éd., PUF, 1996.
15. HÉRON et LE BARS, n° 218.
16. GUINCHARD, FERRAND et CHAINAIS, n° 958.
17. Rép. pr. civ., v° *Nullités*, par L. Mayer, mars 2013 [màj oct. 2013], n° 55 – CADIET et JEULAND, n° 451.

Ce défaut de capacité vise d'abord le cas d'**absence de personnalité juridique d'un groupement** : ainsi les sociétés en participation ne peuvent accomplir d'actes de procédure, puisqu'elles n'ont pas la personnalité juridique; les associations doivent être déclarées et rendues publiques pour avoir la capacité juridique; les syndicats professionnels doivent déposer à la mairie leurs statuts et les noms de ceux qui sont chargés de l'administration ou de la direction; de même, les actes accomplis par les groupements en voie d'acquisition de la personnalité morale ou ayant perdu cette personnalité morale sont entachés d'irrégularité de fond... sachant qu'un groupement, même non doté de la personnalité morale, dispose d'une « *capacité passive* », qui lui permet et qui l'oblige à se défendre en justice s'il est poursuivi, par exemple pour manquement à ses obligations.

Le défaut de capacité peut aussi se rencontrer en cas d'**inexistence d'une personne physique**, ce qui est rare en pratique; mais la jurisprudence a eu à connaître de demandes en justice formées au nom d'une personne décédée.

162.143 Défaut de capacité d'exercice. Rappelons aussi (v. s^s n° 161.312 et les références) que **la capacité d'exercice est régie par le droit substantiel** : si un mineur, un majeur en tutelle, une personne en liquidation judiciaire... agit, son action est entachée d'une nullité pour défaut de capacité d'ester en justice; et qu'il existe des règles de capacité spéciales au procès, telle la « *capacité passive* », qui permet - et impose - à la personne - incapable - assignée de se défendre.

b)
Défaut de pouvoir d'une partie ou d'une personne figurant au procès comme représentant soit d'une personne morale, soit d'une personne atteinte d'une incapacité d'exercice (C. pr. civ., art. 117, 2°)

162.151 Notion. Le texte, qui concerne le mandat *ad agendum*, est à la fois mal rédigé et incomplet :

- il n'est guère logique de parler de « *défaut de pouvoir d'une partie* »[1]; d'où la « traduction » en « défaut de capacité d'exercice », proposée par des auteurs (v. s^s n° 162.141), mais ce défaut semble plutôt englobé dans les prévisons de l'article 117, 1° C. pr. civ. et sauf à voir le défaut de pouvoir d'une partie dans un cas si particulier qu'on ne voit même pas comment il a pu se présenter : un plaideur agit devant le tribunal de grande instance sans constituer avocat alors que la représentation par cet auxiliaire de justice est obligatoire[2]; le problème est que le mandat dont est dépourvu le plaideur étant *ad litem*, il devrait relever de l'article 117, 3° C. pr. civ. mais qu'il ne rentre pas non plus dans ses prévisions... Il s'agit plutôt alors d'une « *nullité sans grief* », donc d'une extension de l'article 117[3];

- le défaut de pouvoir d'un mandataire *ad agendum* conventionnel, c'est-à-dire d'une personne agissant en représentation d'une personne physique capable, n'est pas prévu à l'article 117 C. pr. civ. La jurisprudence y supplée : ainsi la Cour de cassation a sanctionné le défaut de pouvoir d'un indivisaire sur le fondement de l'article 117 C. pr. civ.[4]

En réalité, lorsqu'une personne agit sans avoir qualité mais sans présenter de mandat *ad agendum*, il y a deux possibilités : soit elle a un mandat au sens de *negotium*, soit elle n'en a pas. Dans le premier cas, il lui suffit de produire une procuration écrite, c'est-à-dire le mandat au sens d'*instrumentum*, pour que la procédure soit régulière; dans le second cas, la jurisprudence considère alors qu'elle agit pour son compte; comme elle n'a pas qualité, sa demande se heurte à une fin de non-recevoir[5]. Il se peut encore que le *negotium* soit irrégulier, le mandat est alors entaché d'un vice de fond, qui consiste en un défaut de pouvoir du mandataire : c'est le cas, par exemple, de l'indivisaire qui n'a pas recueilli le consentement des co-indivisaires dans les conditions de l'article 815-3 du Code civil. C'est le cas aussi si c'est un mineur ou si ce n'est pas le gérant en exercice qui agit pour le compte d'une SARL : ces deux dernières hypothèses sont expressément envisagées à l'article 117, 2° C. pr. civ.

162.152 Cas concernant la représentation d'une personne physique incapable. Il peut s'agir d'une personne qui n'est pas ou n'est plus le représentant légal habilité pour ester en justice.

1. Rép. pr. civ., v° *Nullités*, par L. Mayer, mars 2013 [màj oct. 2013] : « *On peine à comprendre en quoi peut bien consister le "défaut de pouvoir d'une partie"* ».
2. Civ. 2e, 10 nov. 2010, n° 08-18.809, *Bull. civ.* II, n° 184; *Procédures* 2011. Comm. 6, obs. Perrot.
3. EN CE SENS, v. aussi, Rép. pr. civ., v° *Nullités*, par L. Mayer, mars 2013 [màj oct. 2013], n° 131.
4. Civ. 3e, 13 févr. 1991, n° 89-14.958, *Bull. civ.* III, n° 56; *RTD civ.* 1992. 804, obs. Patarin : un indivisaire n'a pas le pouvoir de représenter l'indivision sans mandat des co-indivisaires ou autorisation du juge – Civ. 3e, 19 juin 2002, n° 00-21.869, *Bull. civ.* II, n° 146 : l'appel d'une décision portant sur un bien indivis est un acte d'administration requérant l'unanimité des indivisaires (aujourd'hui la majorité des deux tiers en application de l'article 815-3 du Code civil, tel que modifié, à compter du 1er janvier 2007, par la loi n° 2006-728 du 23 juin 2006, portant réforme des successions et des libéralités, *JO* 24 juin, p. 9513.
À noter que des auteurs considèrent que ce cas relève de l'article 117, 3° (v. CADIET et JEULAND, n° 451) et qu'il entre dans les pouvoirs que le président du tribunal de grande instance tient de l'article 815-6 du Code civil d'autoriser un indivisaire à conclure seul un acte de vente d'un bien indivis pourvu qu'une telle mesure soit justifiée par l'urgence et l'intérêt commun : Civ. 1re, 4 déc. 2013, n° 12-20.158, *Bull. civ.* I, [à paraître] : l'autorisation remplace alors le mandat.
5. Civ. 3e, 12 mai 1976, n° 75-70.142, *Bull. civ.* III, n° 203.

Ainsi la mère ne peut-elle faire un procès au nom de sa fille émancipée par le mariage[1]; un parent, auquel a été retirée totalement l'autorité parentale, ne pourrait pas davantage agir au nom de l'enfant; un tuteur ne peut intenter une action extrapatrimoniale sans autorisation, le tuteur d'une personne protégée à laquelle a été dévolue la fonction de gérant d'une société n'est pas investi du pouvoir de représenter celle-ci[2], un majeur en tutelle ne peut présenter une requête en adoption[3], un curateur ne peut représenter le curatélaire[4]... (sur le pouvoir, v. s^s n° 161.321).

162.153 Situations fréquentes concernent la représentation des personnes morales. Le défaut de pouvoir d'une personne figurant au procès comme représentant d'une personne morale constitue une irrégularité de fond. Selon les cas (v. s^s n° 161.321), c'est la loi, les statuts, voire une délégation à un préposé, qui donnent le pouvoir; un mandat spécial et écrit pour agir (C. pr. civ., art. 416) peut également être donné. La vérification de l'étendue des pouvoirs se fait en considération de la source du mandat. Le pouvoir doit en outre s'apprécier au regard du droit national applicable à la société et à ses dirigeants (par ex., pour une société espagnole[5], ou par les lois de l'État du Delaware (États-Unis d'Amérique)[6].

Mais les tiers ne peuvent invoquer les statuts d'une personne morale pour critiquer la désignation de son représentant en vue de contester le pouvoir d'agir de celui-ci[7], pas plus qu'ils ne peuvent critiquer la régularité de la délégation de pouvoir en vertu de laquelle le préposé d'une société a donné mandat à une autre société, pour agir en justice au nom de la première[8].

162.154 Sociétés. Le contentieux est abondant, en droit des sociétés, alors pourtant que la loi désigne les organes qui sont dotés d'un pouvoir de représentation. Dès lors qu'une action est intentée par, ou dirigée contre, une personne n'ayant aucun pouvoir pour représenter la société, elle est entachée de nullité. En outre, « *il faut tenir compte des éventuelles modifications qui sont liées aux événements suceptibles d'émailler la vie de la société* »[9], notamment des procédures collectives.

Il en est ainsi :

- de l'appel formé par un employé[10];
- du pouvoir aux fins de saisie immobilière par une personne qui n'avait pas délégation[11];
- de la signification au liquidateur d'une société dont les pouvoirs ont pris fin[12];
- de l'acte fait par le PDG démissionnaire[13];
- du recours du liquidé en dehors du liquidateur[14];
- du pourvoi, non valablement formé au nom de la société par sa gérante qui était privée de tout pouvoir de représentation par l'effet du jugement de liquidation judiciaire[15];
- du commandement de payer, délivré à la requête d'une personne morale dont le représentant était décédé à la date de la délivrance de l'acte[16];
- de l'assignation délivrée par un mandataire spécial d'une société coopérative agricole, alors que le conseil d'administration n'a pas le pouvoir de déléguer lui même l'exercice du pouvoir de représentation par mandat spécial (seul le président du conseil d'administration peut représenter la coopérative en justice : C. rur., art. R. 524-5, R. 524-6 et R. 524-8)[17].

Il a aussi été jugé qu'en matière de procédure sans représentation obligatoire, une société, personne morale, ne peut être représentée que par son représentant légal ou le titulaire d'un pouvoir spécial donné à cet effet par celui-ci.

Doit en conséquence être approuvé l'arrêt qui déclare irrecevable l'appel formé par le directeur juridique d'une société à qui n'avait pas été donné pouvoir spécial[18], ou celui qui considère que le mandat de gérer et indemniser les sinistres confiés par l'assureur à un agent général d'assurance implique par lui-même le pouvoir de représenter l'assureur en justice[19].

Rappelons (v. s^s n° 161.321) que la Cour de cassation, après un flottement, a décidé que le **directeur général** pouvait représenter la société anonyme, au même titre que le **président directeur général**[20], solution aujourd'hui confortée par la nouvelle législation sur le droit des sociétés; il en est de même du directeur général d'une société par actions simplifiée.

La représentation dans le cadre de la procédure collective pose un problème particulier, car la multi-

1. Civ. 2e, 23 oct. 1985, n° 84-10.511, *Bull. civ.* II, n° 161.
2. Civ. 1re, 12 juill. 2012, n° 11-13.161, *Bull. civ.* I, n° 163.
3. Civ. 1re, 4 juin 2007, n° 05-20.243, *Bull. civ.* I, n° 218; *D.* 2007. Chron. Chauvin et Creton; *RTD civ.* 2007. 547, obs. Hauser.
4. Civ. 1re, 23 oct. 2013, n° 12-21.751, NP. Mais, dans une hypothèse similaire (l'action était portée devant un juge des tutelles et non un tribunal de grande instance), la cour d'appel y a vu un défaut de qualité du curateur à agir, ce que n'a pas critiqué la Cour de cassation : Civ. 2e, 6 déc. 2012, n° 11-27.193, NP.
5. Versailles, 30 mai 2002, RG n° 98/06298, *BICC* 2003, n° 233.
6. Civ. 2e, 12 juill. 2012, n° 11-17.487, NP.
7. Com. 26 févr. 2008, n° 07-15.416, NP; *Rev. sociétés* 2008. 582, obs. Thomas – V. AUSSI, Com. 13 nov. 2013, n° 12-25.675, NP.
8. Civ. 1re, 29 mai 2013, n° 11-24.278, *Bull. civ.* I, n° 106.
9. HÉRON et LE BARS, n° 195.
10. Civ. 2e, 18 nov. 1981, NP; *Gaz. Pal.* 1982. I. 209, note Viatte.
11. Civ. 2e, 25 oct. 1995, n° 93-21.774, NP.
12. Civ. 2e, 25 mars 1985, n° 83-14.080, *Bull. civ.* II, n° 77.
13. Civ. 2e, 13 oct. 1976, n° 75-13.244, *Bull. civ.* II, n° 274.
14. Civ. 1re, 9 mars 1982, n° 80-16.163, *Bull. civ.* I, n° 104.
15. Com. 4 mars 2008, n° 06-16.340, NP; *Gaz. Pal.* 27-29 juill. 2008, p. 35, obs. Fricero.
16. Civ. 2e, 21mars 2013, n° 12-17.107, *Bull. civ.* II, n° 58.
17. Com. 8 oct. 2013, n° 12-14.181, NP.
18. Soc. 2 déc. 2008, n° 07-44.097, *Bull. civ.* V, n° 236.
19. Civ. 2e, 13 juin 2013, n° 12-20.140, NP.
20. Com. 9 mai 1995, n° 93-16.976, *Bull. civ.* IV, n° 138; *RTD civ.* 1996. 208, obs. Crocq.

plication des organes, voire parfois leur absence, entraîne des difficultés réelles de délimitation des pouvoirs. Nous renvoyons aux ouvrages spécialisés [1].

162.155 Associations. Aucun organe n'est désigné par la loi. Le président d'une association aura donc pouvoir d'agir en vertu, soit d'une **autorisation**, soit des **statuts** [2].

Ainsi la Cour de cassation a-t-elle approuvé une cour d'appel d'avoir considéré souverainement que les statuts d'une association, donnant au président pouvoir de la représenter dans tous les actes de la vie civile et devant le tribunal, lui conféraient pouvoir d'intenter une action en justice faute d'une disposition statutaire contraire, ou d'une délibération d'assemblée générale retirant un tel pouvoir au président [3]. Mais le président, qui n'est pas investi par les statuts d'un pouvoir de représentation et qui ne justifie pas d'un mandat spécial est irrecevable à interjeter appel [4].

Et, en l'absence, dans les statuts d'une association, de stipulations réservant expressément à un autre organe la capacité de former une action en justice, celle-ci est régulièrement engagée par la personne tenant des mêmes statuts le pouvoir de représenter en justice l'association, étant précisé qu'en l'absence de dispositions, l'action ne peut être décidée que par l'assemblée générale [5].

162.156 Copropriétés. Il arrive assez souvent que des actes de procédure soient accomplis à la requête d'un **syndic de copropriété non autorisé par une assemblée générale**, en dehors des cas où la loi lui en donne le pouvoir ou s'il agit en défense [6]. La jurisprudence est sévère en ce sens que le mandat donné au syndic doit être précis et déterminer les dommages pour lesquels le syndicat de copropriété lui donne mandat d'agir en justice [7]. La Cour de cassation a, par deux arrêts du 22 mai 1997, refusé la validité d'un mandat donné en termes généraux, voire en des termes larges, qui laissaient au syndic toute possibilité pour englober les désordres qu'il souhaitait [8] ; n'échapperait à cette sévérité que la réparation demandée de désordres qui seraient la suite, la conséquence ou l'extension de désordres pour lesquels une autorisation a déjà été donnée.

La Cour de cassation a estimé que cette absence d'autorisation du syndic d'agir en justice constitue une **irrégularité de fond** et non une fin de non-recevoir [9], mais un arrêt récent fait planer un doute sur cette qualification [10].

À noter :

– si les tiers peuvent se prévaloir d'une absence d'autorisation pour soulever l'irrecevabilité de la demande, seul un copropriétaire peut discuter de la validité de l'autorisation [11] ;

– le mandat doit être présenté même en appel pour que la cour d'appel puisse vérifier le pouvoir par elle-même [12].

162.157 Acte de procédure fait au nom d'une personne morale sans indication complète de l'organe qui la représente. Il convient de ne pas confondre le **défaut de pouvoir** du représentant et le simple **défaut d'indication**, dans un acte de procédure et notamment dans l'assignation, de l'organe représentatif de la personne morale qui agit (v. s[s] n° 161.33). Cette dernière irrégularité constitue un simple vice de forme : par deux arrêts du 22 février 2002 [13], une chambre mixte a décidé que « *le défaut de désignation de l'organe représentant légalement une personne morale*

1. P.-M. Le Corre, Dalloz action *Droit et pratique des procédures collectives*, 2013/2014 – C. Saint-Alary-Houin, *Droit des entreprises en difficulté*, 8e éd., « Précis Domat », LGDJ, 2013.
2. Civ. 1re, 7 nov. 1995, n° 93-15.468, *Bull. civ.* I, n° 389.
3. Civ. 1re, 2 mars 1999, n° 97-15.007, *Bull. civ.* I, n° 69.
4. Soc. 5 déc. 2007, nos 06-43.365 et 06-43.366, NP; *Procédures* 2008. Comm. 33, obs. Perrot – Civ. 1re, 19 nov. 2002, n° 00-18.946, *Bull. civ.* I, n° 272.
5. Soc. 16 janv. 2008, n° 07-60.126, *Bull. civ.* V, n° 1; *D.* 2008. 2051, obs. Rodriguez.
6. Civ. 3e, 2 oct. 2013, n° 12-19.481, *Bull. civ.* III, [à paraître] : « *Le syndic ne peut agir en justice au nom du syndicat sans y avoir été autorisé par une décision de l'assemblée générale; qu'une telle autorisation n'est pas nécessaire pour les actions en recouvrement de créance, la mise en œuvre des voies d'exécution forcée à l'exception de la saisie en vue de la vente d'un lot, les mesures conservatoires et les demandes qui relèvent des pouvoirs du juge des référés, ainsi que pour défendre aux actions intentées contre le syndicat.* »
   L'action du syndic en remboursement d'une facture de travaux étant une action en réparation du préjudice causé au syndicat par une violation du règlement de copropriété ou une atteinte aux parties communes, elle nécessitait une autorisation de l'assemblée générale – Civ. 3e, 7 janv. 1981, n° 79-12.508, *Bull. civ.* III, n° 6 – Civ. 3e, 7 déc. 1988, n° 87-12.947, *Bull. civ.* III, n° 178.
7. Paris, 5 mars 1997, RG n° 95/13536, *Juris-Data* n° 020558 – Paris, 19 oct. 1997, *Juris-Data* n° 022718.
8. Civ. 3e, 22 mai 1997, n° 95-15.351, *Bull. civ.* III, n° 109; *D.* 1997. 565, concl. et note Weber et Capoulade – Civ. 3e, 22 mai 1997, n° 95-12.682, *Bull. civ.* III, n° 112; *D.* 1997. 331, obs. Atias.
9. Cass., ass. plén., 15 mai 1992, n° 89-18.021, *Bull. ass. plén.*, n° 5 – Civ. 3e, 19 nov. 1997, n° 96-10.827, NP; *Rev. loyers* 1998, n° 45 – Civ. 3e, 9 avr. 2008, n° 07-13.236, *Bull. civ.* III, n° 67; *D.* 2008. 2690, obs. Atias et Capoulade; *AJDI* 2008. 562, obs. Tomasin; *Loyers et copr.* 2008, n° 138.
10. Civ. 3e, 2 oct. 2013, n° 12-19.481, préc. ss prést n° : violation des articles 55 alinéa 2 du décret du 17 mars 1967 et 117 du Code de procédure civile par la cour d'appel qui rejette **le moyen d'irrecevabilité présenté par le défendeur,** en retenant que le syndic n'avait pas à être autorisé par l'assemblée générale à agir en justice pour une telle action.
11. Civ. 3e, 9 avr. 2008, n° 07-13.236, *Bull. civ.* III, n° 67 et Cass., ass. plén., 15 mai 1992, n° 89-18.021, préc. ss prést n° – Civ. 3e, 17 avr. 1984, n° 83-10.377, *Bull. civ.* III, n° 85 – Civ. 3e, 27 janv. 1988, n° 86-13.451, *Bull. civ.* III, n° 20; *Gaz. Pal.* 1988. 2. Somm. 319, note Souleau.
12. Civ. 3e, 4 mai 1995, n° 93-14.442, NP; *D.* 1998. 277, obs. Capoulade.
13. Cass., ch. mixte, 22 févr. 2002, n° 00-19.639, n° 00-19.742, *Bull. ch. mixte*, n° 1; *D.* 2002. 3261, obs. Hallouin; *RTD civ.* 2002. 358, note Perrot; *Rev. sociétés* 2002. 293, note Chartier; *Procédures* 2002. Comm. 69, obs. Perrot.

dans un acte de procédure, lorsque cette mention est prévue à peine de nullité, ne constitue qu'un ***vice de forme*** ». Et l'indication (si elle est effectuée) erronée, dans un acte de procédure, de l'organe représentatif de la personne morale, ne constitue qu'un vice de forme : un grief est dès lors nécessaire pour prononcer la nullité[1]. La Cour de cassation a même jugé que l'indication de la forme de la société qui agissait permettait à elle seule de déterminer l'organe habilité à la représenter[2]. Mais, si une assignation est délivrée au nom d'une société « *prise en la personne de son représentant légal* » dont le nom est indiqué et que ce représentant (par ex., PDG d'une SA) était une autre personne, il est possible d'hésiter : est-ce une erreur matérielle (vice de forme) ou l'assignation est-elle entachée d'un vice de fond ? Mieux vaut ne pas être trop précis !

c)
Défaut de capacité ou de pouvoir d'une personne assurant la représentation d'une partie en justice (C. pr. civ., art. 117, 3°)

162.161 Notion. C'est l'application du cas précédent au mandat *ad litem*. Le défaut de capacité vise le cas où un plaideur confie un mandat *ad litem* à une personne non habilitée à exercer une mission de représentation en justice devant telle juridiction. Le défaut de pouvoir désigne l'absence de mandat conféré à une personne susceptible d'en recevoir un.

162.162 Défaut de capacité. Les hypothèses se présentent tant en procedure avec que sans représentation obligatoire.

Jusqu'au 1er janvier 2012, un avocat n'avait pas capacité pour postuler devant la cour d'appel. Un avocat n'a pas capacité à postuler hors du ressort du tribunal de grande instance auquel est rattaché son barreau, la constitution d'un avocat non habilité à représenter une partie en justice serait une cause de nullité affectant au fond la validité de l'assignation[3]. Dans les procédures sans représentation obligatoire, si une personne non habilitée à représenter le plaideur représente en demande ou en défense, il s'agit d'une une irrégularité de fond. De même un notaire n'a pas pouvoir pour faire délivrer un commandement de payer[4].

La Cour de cassation rappelle la distinction nécessaire entre une règle déontologique passible de sanction disciplinaire et une absence de pouvoir de représenter (v. par ex., pour un avocat ayant pris la suite d'un confrère sans respecter le règlement[5]).

162.163 Défaut de pouvoir. Par exemple, un mandataire - autre qu'auxiliaire de justice, devant une juridiction où la représentation n'est pas obligatoire - ne peut justifier du pouvoir qu'il aurait reçu (C. pr. civ., art. 416, al. 1er), il y a donc défaut de mandat de celui-ci; de même, le mandataire avocat (C. pr. civ., art. 416, al. 2) ou huissier (C. pr. civ., art. 416, al. 3) est présumé avoir reçu pouvoir, mais cette présomption souffre la preuve contraire[6], alors si une telle preuve est rapportée, il y a irrégularité de fond.

La Cour de cassation considère que la déclaration de **créance à une procédure collective** est une demande en justice et exige donc, dans l'hypothèse où elle est conduite par un tiers, que celui-ci justifie, s'il n'est avocat, d'un pouvoir écrit. Par arrêt du 4 février 2011, l'Assemblée plénière, tout en confirmant la nécessité de détenir un pouvoir écrit dans le délai de la déclaration de créance, a jugé qu'il pouvait être justifié de cette détention jusqu'au jour où le juge statue[7] (v. ss no 162.184).

En **matière prud'homale**, la Cour de cassation a jugé que pour exercer une voie de recours le représentant devait avoir obtenu un pouvoir spécial postérieur à la décision justifiant ledit recours[8]. Toutefois, s'agissant du comité d'entreprise qui décide de donner mandat à l'un de ses membres pour agir en justice, la Cour de cassation a considéré qu'un tel mandat l'habilite à intenter les voies de recours contre le jugement rendu sur l'action pour laquelle il avait reçu pouvoir[9]. Il faut certainement expliquer cette différence de traitement des représentants par le fait

1. Civ. 2e, 28 févr. 2006, no 03-17.849, *Bull. civ.* II, no 55 : un appel est interjeté pour le compte d'une société de droit israélien par son président directeur général, alors que la fonction de président directeur général n'existant pas en droit israélien des sociétés; ce n'est qu'un vice de forme – Civ. 2e, 31 janv. 2013, no 12-10.041, NP : indication que le gérant était M. Y alors qu'il s'agissait de Mme Y – V. ENCORE, Civ. 3e, 13 nov. 2013, no 12-24.870, *Bull. civ.* III, [à paraître]; D. Cholet, « L'erreur de désignation du syndic de copropriété dans l'acte d'appel constitue un vice de forme », *JCP* 2013. 1335 : l'auteur considère, à juste titre, que « *cet arrêt énonce sous forme de principe une règle applicable à de nombreux actes de procédure et confirme la réticence de la jurisprudence à sanctionner certaines irrégularités* ».
2. V. Civ. 1re, 30 sept. 2008, no 06-20.298, *Bull. civ.* I, no 217; *RTD civ.* 2008. 720, obs. Perrot : « Acte de procédure : désignation de l'organe représentatif de la personne morale ».
3. Civ. 2e, 9 janv. 1991, no 89-12.457, *Bull. civ.* II, no 13; *RTD civ.* 1991. 598, obs. Perrot; *JCP* 1992. II. 21831, note du Rusquec – Civ. 2e, 23 oct. 2003, no 01-17.806, *Bull. civ.* II, no 325.
4. Civ. 1re, 19 janv. 1999, no 96-13.509, NP.
5. Civ. 2e, 21 oct. 2010, no 09-12.078, *Bull. civ.* II, no 172; *D.* 2010. 2590.
6. Com. 19 oct. 1993, no 91-15.795, no 1545, *Bull. civ.* IV, no 339; *RTD civ.* 1994. 160, obs. Perrot; *Gaz. Pal.* 28-30 nov. 1993.
7. Cass., ass. plén., 4 févr. 2011, no 09-14.619, *Bull. ass. plén.*, no 2; *D.* 2011. 439, obs. Lienhard; *D.* 2011. 2069, obs. Le Corre et Lucas; *Rev. sociétés* 2011. 387, obs. Roussel Galle.
8. Soc. 2 avr. 1992, nos 87-44.229 et 87-44.230, 2 esp., *Bull. civ.* V, no 246 – Soc. 10 déc. 1996, no 93-41.737, *Bull. civ.* V, no 435.
9. Soc. 12 janv. 1999, no 96-22.279, *Bull. civ.* V, no 18.

que le comité d'entreprise mandate l'un de ses membres alors que, dans l'hypothèse précédente, il s'agit d'un pouvoir de représentation donné par un véritable tiers.

2°
Autres causes de nullité ?

162.171 **Problématique.** Compte tenu du caractère limité de l'énumération des irrégularités de fond donnée par l'article 117 C. pr. civ., la question s'est posée de savoir s'il existait une place pour d'autres causes de nullité de fond : en effet, **l'exigence du grief conduit à ne pas sanctionner certains vices de forme pourtant très graves.** Pendant trente ans, la Cour de cassation a admis que certaines irrégularités soient qualifiées de vices de fond ou de « *nullité sans grief* » : par exemple, quand un seul acte a été effectué alors qu'il en aurait fallu plusieurs ou qu'un acte a été omis.

Cela n'allait pas sans incertitudes. Témoin la qualification d'une hypothèse d'omission d'un acte, à savoir celle où l'auteur d'un acte de procédure ne signifie celui-ci qu'à la personne placée en curatelle, alors que l'article 467 alinéa 3 du Code civil exige que toute signification au majeur incapable le soit aussi à son curateur à peine de nullité. La première chambre civile de la Cour de cassation y a vu une vraie irrégularité de fond[1], puis de forme[2], puis à nouveau de fond[3].

Par un **arrêt de Chambre mixte rendu le 7 juillet 2006**[4], **la Cour de cassation a condamné la théorie de l'inexistence** (v. s^s^ n° 162.14) et affirmé très nettement – dans une incise non nécessaire – que les irrégularités de fond sont limitativement énumérées à l'article 117 C. pr. civ. Depuis lors, la Cour de cassation soumet au régime des articles 114 s. C. pr. civ. les irrégularités qui ne figurent pas à l'article 117[5]. Cependant, quelques hypothèses de nullités sans grief n'ont pas été condamnées. Pour certaines, il s'agit peut-être seulement d'un sursis, pour d'autres, cela semble plutôt un choix délibéré.

En effet, tout ce qui touche au *negotium* de l'acte de procédure ne se réduit pas à la capacité et au pouvoir, tout n'est donc pas envisagé par l'article 117 C. pr. civ. Cela rend dès lors difficile le maintien du caractère limitatif des irrégularités visées à cet article et n'avait d'ailleurs pas été souhaité par les rédacteurs du Code de procédure civile[6].

Par ailleurs, le régime des vices de forme n'est pas adapté à certaines irrégularités, qui sont peu susceptibles de causer un grief (ainsi du défaut de signature de la copie de l'acte de signification d'un appel, par l'huissier de justice instrumentaire). La Cour de cassation a toujours jugé qu'il ne fait pas perdre à cet acte son authenticité; c'est un simple vice de forme dont le prononcé suppose la preuve d'un grief[7]; et plus généralement du défaut de signature d'un acte[8].

162.172 **Bilan (provisoire) des principales évolutions.** La plupart des « *nullités sans grief* », ou des cas d'inexistence (comme l'omission ou l'absence d'acte), ont donc aujourd'hui disparu, mais il en subsiste quelques unes. Il est donc nécessaire de faire un bilan des évolutions pour les différents cas, sans que ce bilan puisse être considéré comme exhaustif et définitif. Force est d'admettre que si l'insécurité a diminué, elle n'a pas totalement disparu.

162.173 **1°) Violation d'une règle d'organisation judiciaire.** La Cour de cassation a d'abord jugé que le fait, pour un huissier de justice, de signifier un acte d'appel hors de sa résidence est une **irrégularité de fond**, en tant que cette incompétence constitue la violation d'une règle d'organisation judiciaire[9]. Cette solution – celle d'avant le code – a été affirmée dans les mêmes termes par un arrêt de 1995[10]. Mais un revirement est intervenu à la suite de l'arrêt de 2006 : un arrêt de 2012 a vu dans l'incompétence territoriale de l'huissier une **nullité pour vice de forme**[11]. La Cour de cassation avait également pu voir une irrégularité de fond dans le fait qu'un acte de la compétence exclusive de l'huissier de justice ait été effectué par un clerc assermenté[12] : cette jurisprudence doit sans doute être considérée comme abandonnée, alors qu'il s'agit dans les deux cas de la violation d'une règle d'organisation judiciaire.

1. Civ. 1re, 6 févr. 1996, n° 93-21.053, *Bull. civ.* I, n° 65.
2. Civ. 1re, 8 juill. 2009, n° 07-19.465, *Bull. civ.* I, n° 160.
3. Civ. 1re, 23 févr. 2011, n° 09-13.867, *Bull. civ.* I, n° 37 – Civ. 2e, 28 févr. 2013, n° 11-19.685, NP.
4. Cass., ch. mixte, 7 juill. 2006, n° 03-20.026, *Bull. ch. mixte*, n° 6; *RTD civ.* 2006. 820, obs. Perrot – Civ. 2e, 15 févr. 1995, n° 93-15.459, *Bull. civ.* II, n° 52 – Civ. 2e, 17 déc. 1997, n° 95-17.345, NP – Civ. 2e, 7 janv. 2010, n° 08-20.206, NP.
5. Sur l'évolution du régime de la nullité des actes de procédure, v. Rép. pr. civ., v° *Nullités*, par L. Mayer, mars 2013 [màj oct. 2013], n° 18.
6. V. G. Cornu et J. Foyer, *Procédure civile*, « Thémis », 2e éd., PUF, 1996, n° 130, p. 556 s. : « *Ces irrégularités sont-elles les seules qui puissent affecter la validité du fond d'un acte de procédure ? L'affirmer reviendrait à dire que les nullités pour irrégularités de fond seraient toutes textuelles. Le code ne le dit nulle part, comme il le fait pour les vices de forme* ».
7. Civ. 2e, 19 janv. 1977, n° 75-40.578, *Bull. civ.* II, n° 13.
8. C. Bléry et L. Raschel, « Absence de signature d'un acte de procédure : petite mise au point sur sa sanction », *Procédures* 2011. Alerte 56.
9. Civ. 2e, 20 mai 1976, n° 75-11.401, *Bull. civ.* II, n° 168; *JCP* 1976. IV. 305, obs. J. A.
10. Civ. 2e, 29 nov. 1995, n° 94-11.902, *Bull. civ.* II, n° 295.
11. Civ. 2e, 27 sept. 2012, n° 11-23.159, NP; *Gaz. Pal.* 8 mars 2013, p. 39, obs. Mayer.
12. Com. 17 déc. 2003, n° 02-14.840, *Bull. civ.* IV, n° 207; *D.* 2004. Somm. 1492, obs. approb. Julien.

Toutefois, d'une part, **en 2007**[1], la Cour de cassation, rappelant que « *les huissiers de justice ne peuvent, à peine de nullité, instrumenter à l'égard de leurs parents et alliés et de ceux de leur conjoint en ligne directe ni à l'égard de leurs parents et alliés collatéraux jusqu'au sixième degré* », a estimé que « *la méconnaissance de cette prohibition est sanctionnée par la nullité de fond de l'acte instrumenté* », alors que cette irrégularité entre dans la même catégorie. C'est donc une hypothèse d'allongement de la liste de l'article 117 C. pr. civ. D'autre part, il faut rappeler que la **deuxième chambre civile** a jugé, le **6 juin 2013**[2] (v. s^s n° 162.14), que dès lors qu'un huissier de justice s'était présenté dans les locaux d'une partie saisie en dehors du ressort de sa compétence territoriale, « *c'est par une appréciation souveraine des éléments de preuve qui lui étaient soumis que la cour d'appel a pu décider que ses procès-verbaux établis en violation des règles d'organisation judiciaire, devaient être annulés* ». En statuant ainsi, la deuxième chambre contredit l'arrêt rendu en chambre mixte et semble admettre que la liste des nullités de fond de l'article 117 C. pr. civ. n'est pas limitative, revenant ainsi à la solution admise dans les arrêts de 1976 et 1995.

162.174 2°) Omission d'un acte de procédure. En cas d'omission de la notification préalable au représentant d'une partie, lorsque la représentation est obligatoire, notification prévue à l'article 678 C. pr. civ., la jurisprudence y voyait traditionnellement une « *nullité sans grief* » : dès 1976, elle affirme que « *l'absence de notification au représentant constituant l'omission d'un acte et non un vice de forme dont un acte de procédure accompli serait entaché, les dispositions du second alinéa de l'article 114 du* [...] *Code de procédure civile ne sont pas applicables et la nullité de la signification faite à la partie est acquise à celle-ci sans qu'elle ait à justifier d'un grief résultant de cette omission.* »[3]. Depuis 2010, elle en juge différemment[4]. En outre, la Cour de cassation considère que l'irrégularité de la notification préalable à avocat est un vice de forme qui n'entraîne la nullité de la signification destinée à la partie que sur justification d'un grief[5], ce qui est justifié. De même, il y avait omission d'un acte, donc « *nullité sans grief* » quand une citation convoquait une partie pour une date qui n'était pas un jour d'audience[6]. Cette jurisprudence a été abandonnée avec l'arrêt de Chambre mixte de 2006[7].

En revanche, demeure une « *nullité sans grief* » l'absence de la signification au curateur d'un majeur incapable exigée par l'article 467 du Code civil (v. s^s n° 162.171)[8]. Ou encore l'hypothèse où un seul acte a été effectué alors qu'il en aurait fallu plusieurs : par exemple, une seule notification a été faite à deux époux alors qu'une notification pour le mari et une pour la femme auraient été nécessaires[9]. Cette jurisprudence n'a pas été remise en cause depuis 2006[10]. Il semble que ce soit aussi le cas de l'omission de la constitution de l'avocat dans l'assignation par le demandeur[11], à laquelle il ne faut pas assimiler l'absence d'indication du nom de l'avocat dans l'assignation, qui n'est qu'un vice forme[12] : il s'agit bien d'une extension de la liste de l'article 117 C. pr. civ., en ce sens que « *la règle violée n'est pas celle qui impose au représentant de disposer d'un pouvoir, mais celle qui rend obligatoire, en amont, le recours à un représentant* ad litem »[13].

162.175 3°) Accomplissement d'un acte de procédure à la place d'un autre. L'évolution – d'ailleurs amorcée antérieurement à 2006 – ne s'est pas faite ici vers le vice de forme, mais vers la **fin de non-rece-**

1. Civ. 1re, 31 mai 2007, n° 06-12.173, *Bull. civ.* I, n° 214; *JCP* 2007. I. 200, n° 16, note Serinet.
2. Civ. 2e, 6 juin 2013, n° 12-17.771, *Bull. civ.* II, [à paraître]; *Gaz. Pal.* 1-3 sept. 2013, p. 34, obs. Lauvergnat; *RTD civ.* 2013. 666, obs. Perrot; *Dr. et proc.* 2013/8, 200, obs. Fricero.
3. Civ. 3e, 6 déc. 1978, n° 77-12.650, *Bull. civ.* III, n° 365 – *Adde,* Cass., ass. plén., 15 mai 1992, n° 90-12.705, *Bull. ass. plén.*, n° 6 – Civ. 2e, 27 nov. 1996, n° 94-16.399, *Bull. civ.* II, n° 267.
4. Civ. 2e, 7 janv. 2010, n° 08-20.206, NP – V. AUSSI, Civ. 2e, 16 mai 2013, n° 12-19.086, NP; *JCP* 2013, 763, note Croze; *Gaz. Pal.* 1-3 sept. 2013, p. 30, nos obs.
5. Civ. 2e, 12 avr. 2012, n° 11-12.017, *Bull. civ.* II, n° 74; *Procédures* 2012. Comm. 169, obs. Perrot – Civ. 2e, 12 juill. 2012, n° 11-23.471, NP; *RLDC* 2012/98, p. 67, obs. Bléry; *Gaz. Pal.* 7 déc. 2012, p. 37, obs. Mayer – Sur ces deux arrêts (préc. s^s n° 162.14), v. chron. jurisprudence C. cass., (deuxième chambre civile), *D.* 2012. 2057 s., n° 7, obs. Leroy-Gissinger et Renault-Malignac.
6. Civ. 2e, 22 mai 1995, n° 93-15.283, NP; l'article 114 « *n'est pas applicable au cas où un acte a été omis* ».
7. Cass., ch. mixte, 7 juill. 2006, n° 03-20.026, *Bull. ch. mixte*, n° 6 (préc. s^s n°s 162.14 et 162.171) : l'assignation portait mention d'une date correspondant à un jour férié et où la juridiction ne siégeait pas – *Adde,* Civ. 2e, 16 déc. 2010, n° 10-10.625, NP : l'audience était inexistante pour cause de vacation.
8. Il en est de même dans une hypothèse proche, à savoir celle de l'omission de la signification de la sommation de prendre connaissance du cahier des charges au curateur du débiteur saisi : Civ. 2e, 27 juin 2013, n° 12-20.880, NP.
9. Notification en la forme ordinaire : Civ. 2e, 8 juin 1995, n° 93-19.339, *Bull. civ.* II, n° 177 – Signification : Civ. 2e, 8 juin 1995, n° 93-13.707, *Bull. civ.* II, n° 179 – Civ. 2e, 11 oct. 1995, n° 92-18.799, *Bull. civ.* II, n° 238 – Civ. 2^e, 31 mai 2001, n° 99-20.665, NP – Civ. 2^e, 3 mai 2006, n° 05-10.979, NP.
10. Civ. 2^e, 15 janv. 2009, n° 07-20.472, *Bull. civ.* II, n° 18 (pour une signification).
11. Com. 23 avr. 1985, n° 81-16.048, *Bull. civ.* IV, n° 126 – Com. 19 juin 2007, n° 06-12.150, *Bull. civ.* IV, n° 165 – Com. 20 nov. 2012, n° 11-26.581, *Bull. civ.* IV, n° 206 – Mais dans un autre arrêt, la Cour de cassation juge que la demande en nullité de l'assignation pour défaut de constitution d'avocat constitue une exception de procédure (et non une fin de non-recevoir) qui, donc, relève de la compétence exclusive du juge de la mise en état; mais elle ne qualifie pas la nullité : Civ. 2e, 10 nov. 2010, n° 08-18.809, préc. s^s n° 162.151.
12. Civ. 1re, 14 mai 1991, n° 89-20.718, NP – Civ. 2e, 17 avr. 2008, n° 07-14.298, NP.
13. Rép. pr. civ., v° *Nullités*, par L. Mayer, mars 2013 [màj oct. 2013], n° 131.

voir (v. s[s] n° 162.15). Ainsi, lorsqu'un appel était formé dans des conditions non prévues pour une procédure donnée, en ce sens qu'il est effectué au greffe de la cour d'appel au lieu de l'être par une déclaration au greffe du tribunal (comme c'est exigé dans certaines procédures particulières), la Cour de cassation a pu y voir une irrégularité de fond[1]. C'est désormais l'irrecevabilité qui sanctionne ce type d'irrégularité[2]... À l'inverse, la Cour de cassation a pu dire que la convocation faite par voie de notification et non par acte d'huissier de justice est seulement un vice de forme[3]. C'est aussi la sanction d'un acte effectué par voie électronique alors que l'utilisation de ce vecteur de transmission n'était pas autorisée et *vice versa* (v. s[s] n° 161.261)[4].

162.176 4°) Autres cas. Plusieurs arrêts se sont prononcés en faveur de la **nullité de fond** en cas de **non-respect de l'obligation de déposer et notifier un mémoire devant le juge des loyers commerciaux** : ainsi, en 2009 la Cour de cassation juge que « *les conclusions déposées après une mesure d'instruction devant le juge des loyers commerciaux aux lieu et place de la notification d'un mémoire sont affectées d'une nullité de fond entraînant interruption définitive et extinction de la procédure en fixation du loyer renouvelé* »[5]. La motivation d'un arrêt, pourtant inédit, de 2011, est intéressante, en ce qu'elle rattache la formalité à l'organisation juridictionnelle et la bonne administration de la justice : la procédure devant le juge des loyers commerciaux, en ce qu'elle impose le dépôt des mémoires et leur notification, s'impose aux justiciables avant saisine du juge a « *été édictée* ***dans le cadre de l'organisation judiciaire et dans l'intérêt d'une bonne administration de la justice et non dans l'intérêt de l'une ou l'autre des parties*** [...] *la notification préalable à la saisine du juge du mémoire du demandeur ou du défendeur ne peut être remplacée par aucun acte même extrajudiciaire* » et « *les conclusions déposées devant le juge des loyers commerciaux ne peuvent suppléer l'absence de mémoire* », l'assignation et les conclusions des demandeurs étaient affectées d'une nullité de fond[6]. En revanche, la formalité de notification du mémoire en fixation du prix est remplie lorsque son destinataire est à même de retirer la lettre recommandée présentée à son domicile, sans qu'une remise effective de la lettre recommandée soit imposée par les articles R. 145-26 et R. 145-27 alinéa 1er du Code de commerce[7].

Serait également une irrégularité de fond **l'absence de délivrance de l'assignation au fond** dans le délai prévu par les articles L. 332-4 et R. 332-4 du Code de la propriété intellectuelle **à compter de la saisie-contrefaçon,** qui entraîne la nullité de ladite saisie[8] : en réalité, « *l'absence de saisine d'une juridiction au fond dans le délai imparti par l'article L. 332-4 est sanctionné, non par la nullité de la saisie-contrefaçon (probatoire ou réelle), mais par sa caducité. Si le saisissant agit au fond et veut se prévaloir de la saisie, le saisi est alors en mesure de faire constater la caducité de la saisie au moyen d'une défense au fond - voire d'une demande reconventionnelle hybride, et pas d'une nullité de fond* »[9].

L'irrégularité de fond peut aussi s'apprécier du côté du **défendeur, qui n'aurait pas d'existence juridique** ou **pas de capacité à représenter la personne assignée** : cela a été jugé antérieurement l'arrêt de juillet 2006, par exemple, à propos d'un consulat qui ne peut représenter un État[10]; jurisprudence non remise en cause depuis : ainsi, est entachée d'une irrégularité de fond l'assignation délivrée à l'encontre d'une société qui n'avait plus d'existence juridique pour avoir été radiée du registre du commerce et des sociétés : cette nullité de fond ne pouvait être couverte par l'intervention volontaire de la personne morale qui aurait dû être assignée[11].

Par ailleurs, lorsqu'est en cause une **atteinte au contradictoire,** la Cour de cassation ne subordonne pas l'annulation de l'acte irrégulier à l'exigence de la démonstration d'un grief; ainsi en matière de saisine d'office d'une procédure collective, ou dans le cadre d'une expertise[12]. Des hésitations sont permises en cas d'absence de signature d'une requête par l'avocat postulant : il a été jugé que l'absence de signature de l'avocat postulant au pied de la requête affecte celle-ci d'une nullité de fond, la réalité de la postulation ne pouvant résulter des seules mentions figurant en

1. Civ. 2e, 9 mai 1985, n° 83-15.986, *Bull. civ.* II, n° 94 – Civ. 2e, 29 mars 1995, n° 93-13.849, *Bull. civ.* II, n° 109.
2. Soc. 9 mars 1989, n° 87-16.095, *Bull. civ.* V, n° 205 – Civ. 2e, 17 déc. 2009, n° 07-44.302, *Bull. civ.* II, n° 289 : est irrecevable, en application de l'article 932 C. pr. civ., la déclaration d'appel faite au greffe de la juridiction ayant rendu la décision – V. AUSSI, Civ. 2e, 8 juill. 2010, n° 09-14.459, NP – Civ. 2e, 10 nov. 2011, n° 10-23.377, NP.
3. Com. 24 avr. 2007, n° 06-10.273, *Bull. civ.* IV, n° 112; *Procédures* 2007. Comm. 195, obs. crit. Croze.
4. C. Bléry et J.-P. Teboul, « Quelles conséquences procédurales pour une communication par voie électronique non autorisée ? », *JCP* 2012. 1360 – Rép. pr. civ., v° *Communication électronique*, par E. de Leiris, sept. 2012 [màj oct. 2013], n° 26.
5. Civ. 3e, 4 févr. 2009, n° 08-10.723, *Bull. civ.* III, n° 29.
6. Civ. 3e, 26 oct. 2011, n° 10-18.858, NP – *Adde,* Civ. 3e, 22 nov. 2011, n° 10-25.686, NP : « *L'absence de mémoire régulièrement notifié constitue une nullité de fond qui entraîne l'extinction de la procédure en fixation du loyer du bail renouvelé* ».
7. Civ. 3e, 16 oct. 2013, n° 12-20.103, *Bull. civ.* III, [à paraître].
8. Civ. 1re, 26 mai 2011, n° 10-14.495, *Bull. civ.* I, n° 97; *RLDC* 2011/84, n° 4323, p. 64, nos obs.; *JCP* 2011, n° 748, obs. Croze et Fradin; *RTD civ.* 2011. 589, obs. Perrot.
9. V. *RLDC* 2011/84, n° 4323, obs. Bléry, p. 66.
10. Toulouse, 9 mai 2006, RG n° 05/03020, *JCP* 2007. II. 10021, note Thominette et Le Quillec.
11. Civ. 2e, 23 sept. 2010, n° 09-70.355, NP – *Adde,* Rép. pr. civ., v° *Nullités*, par L. Mayer, mars 2013 [màj oct. 2013], n°s 120 s.
12. Civ. 3e, 2 mars 2010, n° 09-12.418, NP.

tête de l'acte[1] : on peut se demander si la solution est due à la mise à l'écart du contradictoire, auquel cas elle serait maintenue aujourd'hui ou s'il faut désormais y voir un simple vice de forme[2]. Mais la Cour de cassation n'assure pas toujours le respect des droits de la défense ! Si elle a pu approuver une cour d'appel d'avoir annulé une procédure pour non-respect du délai de quinzaine prévu pour l'assignation devant le tribunal de commerce par l'article 856 C. pr. civ., au motif qu'il ne s'agit pas d'un vice de forme[3], elle en juge différement aujourd'hui[4]. Il serait pourtant beaucoup plus logique de sanctionner les actes effectués au mépris du délai de trève par une fin de non-recevoir[5]... Seule consolation : la preuve du grief sera facile à rapporter...

B. Absence de régularisation

162.181 **Possibilité de régularisation.** Conduite dans un esprit pragmatique, la réforme de 1972 a permis, dans certaines circonstances, de régulariser la procédure, afin que le litige puisse être jugé. Selon le cas, le praticien aura intérêt à recommencer sa procédure ou refaire l'acte critiquable ou cherchera à obtenir la régularisation avant que le jugement n'intervienne. Ce n'est qu'en cas d'absence de régularisation que la nullité sera susceptible d'être prononcée.

162.182 **Conditions de la régularisation.** L'article 121 C. pr. civ. prévoit la possibilité de sauver des procédures mal engagées, à condition que la nullité soit susceptible d'être couverte et que sa cause ait disparu au moment où le juge statue. De plus, la jurisprudence a appliqué aux irrégularités de fond la condition de l'article 115 C. pr. civ. : la régularisation doit intervenir avant toute forclusion. En revanche, contrairement à la régularisation du vice de forme, celle de l'irrégularité de fond n'exige point qu'il ne subsiste pas de grief (C. pr. civ., art. 119); c'est évident, puisqu'il n'est pas une condition du prononcé de la nullité.

162.183 **Nullité susceptible d'être couverte.** Il est rare, mais pas exclu, que la nullité ne puisse pas être couverte. Ainsi, la régularisation est impossible lorsque l'acte a été accompli par une personne qui n'existait pas au jour de celui-ci, par une personne décédée[6] ou par un groupement dépourvu de personnalité juridique : ainsi en est-il d'une personne morale absorbée[7], une SCI en formation[8]; une SCI dissoute[9]; une société non immatriculée[10]; une société radiée[11], une association dont les statuts n'étaient pas publiés au jour de l'assignation[12]... La nullité est encore irrémédiable dans une autre hypothèse : ainsi de la nullité constatée en appel d'une assignation délivrée devant le tribunal de grande instance sous une constitution d'avocat irrégulière[13].

Cependant :

– il semble nécessaire de ne pas confondre irrégularité et erreur matérielle, tel le fait d'interjeter appel sous l'ancienne dénomination sans que ce fait ait pu conduire à une méprise[14]. Il faut ainsi davantage regarder si la capacité d'ester, qui est attachée à la personne, existe, la désignation erronée n'étant alors qu'un vice de forme[15];

– il y a une divergence de jurisprudence entre la troisième chambre civile, d'une part, et la deuxième chambre civile et la chambre commerciale, d'autre part : pour la troisième chambre civile, l'irrégularité de fond tirée de ce que la société demanderesse était en formation est susceptible d'être couverte[16];

– « *il faut par ailleurs signaler un arrêt récent et publié dont la rédaction jette un doute sur le maintien du refus de toute régularisation en cas d'inexistence de la*

1. Civ. 2e, 24 févr. 2005, n° 03-11.718, *Bull. civ.* II, n° 49; *D.* 2006. 545, obs. Julien et Fricero; *RTD civ.* 2005. 630, obs. Théry.
2. Rép. pr. civ., v° *Nullités*, par L. Mayer, mars 2013 [màj oct. 2013], nos 138 s.
3. Civ. 2e, 12 juin 2003, n° 01-11.441, *Bull. civ.* II, n° 196; *Procédures* 2003. Comm. 190, obs. Perrot.
4. Civ. 2e, 19 nov. 2009, n° 06-20.476, NP; *Procédures* 2010. Comm. 29, obs. (justement crit.) Perrot.
5. EN CE SENS, v. aussi, HÉRON et LE BARS, n° 251.
6. Civ. 2e, 13 janv. 1993, n° 91-17.175, *Bull. civ.* II, n° 15; *D.* 1993. Somm. 181 – Civ. 2e, 21 mars 2013, n° 12-17.107, *Bull. civ.* II, n° 58.
7. Civ. 2e, 27 sept. 2012, n° 11-22.278, NP – Com. 7 déc. 1993, n° 91-19.339, *Bull. civ.* IV, n° 462; *JCP* 1994. IV. 418; *JCP* 1994. II. 22285 – Com. 20 juin 2000, n° 97-17.791, NP – Civ. 2e, 23 oct. 1996, n° 94-21.971, *Bull. civ.* II, n° 238 – Com. 20 juin 2006, n° 03-15.957, *Bull. civ.* IV, n° 156; *RJDA* oct. 2006, n° 1023; *Rev. sociétés* 2007. 65, obs. Barbièri – Civ. 2e, 20 janv. 2005, n° 01-11.491, NP – Civ. 2e, 26 mars 1997, n° 94-15.528, *Bull. civ.* II, n° 96 – Com. 30 nov. 1999, n° 97-14.595, *Bull. civ.* IV, n° 218; *D.* 2000. 627, note Lamazerolles; *D.* 2000. 37, obs. M. B.
8. Civ. 2e, 30 mars 2000, n° 98-16.648, NP.
9. Civ. 2e, 30 mars 2000, n° 98-13.180, NP.
10. Com. 20 juin 2006, n° 03-15.957, *Bull. civ.* IV, n° 146; *Rev. sociétés* 2007. 65, obs. Barbièri; *RJDA* oct. 2006, n° 1023 – Com. 30 nov. 1999, n° 97-14.595, *Bull. civ.* IV, n° 218; *D.* 2000. 37, obs. M. B.; *RLDA* 2000, n° 25, p. 3, note Grossi; *JCP E* 2000, n° 9, p. 369, note Croze et Cayre; *Defrénois* 2000. 1295, note Beaubrun; *D. Affaires* 2000. 627, note Lamazerolles; *Gaz. Pal.* 2001, n° 13, p. 29, note du Rusquec.
11. Civ. 2e, 23 sept. 2010, n° 09-70.355, NP – Civ. 2e, 11 sept 2003, n° 01-14.493, *Bull. civ.* II, n° 253; *RTD civ.* 2004. 766, obs. Théry.
12. Civ. 3e, 24 oct. 2012, nos 11-11.778 et 11-13.169, NP.
13. Com. 19 juin 2007, n° 06-12.150, *Bull. civ.* IV, n° 165 – Civ. 2e, 23 oct. 2003, n° 01-17.806, *Bull. civ.* II, n° 325.
14. Civ. 1re, 14 nov. 2007, n° 04-15.388, *Bull. civ.* I, n° 355.
15. Civ. 2e, 5 mars 2009, n° 07-21.139, NP – Civ. 3e, 17 oct. 2012, n° 11-22.193, NP.
16. Civ. 3e, 9 oct. 1996, n° 93-10.225, NP; *Procédures* 1996. Comm. 348, obs. Perrot : la nullité avait effectivement été couverte avant que le juge statue, en raison de l'immatriculation de la société au registre du commerce et des sociétés.

*personne : la deuxième chambre civile énonce en effet dans cette décision qu'un commandement de payer délivré par une indivision, entité privée de la personnalité juridique, "était affecté d'une irrégularité de fond entraînant sa nullité à **défaut de régularisation**"* »[1].

La plupart des vices peuvent au contraire être régularisés.

Par exemple, l'irrégularité tirée du défaut de capacité du demandeur placé en liquidation peut être régularisée par la reprise de la procédure par le mandataire[2]. Le défaut de pouvoir de la supérieure générale d'une congrégation existante est régularisé par une modification des statuts, modification qui lui donne un pouvoir d'agir qu'elle n'avait pas auparavant[3]. Le dépôt des conclusions prises par le syndic représentant le syndicat des copropriétaires et habilité à exercer l'action régularise la procédure introduite au nom du syndicat par une autre personne qui ne pouvait agir comme représentant de celui-ci[4]. L'irrégularité peut de même être couverte par l'intervention de celui qui aurait dû être appelé[5]. La délibération du conseil municipal intervenue en cours d'instance permet de faire disparaître la cause de nullité entachant l'assignation formée par le maire au nom de la commune[6]. La constitution d'un avocat qui n'est pas inscrit au barreau du ressort du tribunal peut être régularisée par la constitution et le dépôt de conclusions rédigées par un avocat habilité[7]. L'irrégularité de fond tirée du défaut de capacité du représentant d'une partie en justice peut-être couverte, ainsi celle tenant à ce que le demandeur s'était fait irrégulièrement représenter par son ex-épouse devant devant le tribunal des affaires de sécurité sociale est régularisée par la représentation devant la cour d'appel par un avocat[8]...

À noter que :

– la régularisation doit effacer l'irrégularité; c'est pourquoi la représentation en appel par un avoué à la cour (dépourvu de capacité pour assurer la représentation d'une partie en première instance) ne régularise pas l'irrégularité née du défaut de représentation par un avocat en première instance[9];

– l'intervention à fin de faire constater une nullité de fond ne vaut pas régularisation de la nullité[10].

1. Rép. pr. civ., v° *Nullités*, par L. Mayer, mars 2013 [màj oct. 2013], n° 229, à propos de Civ. 2e, 9 juin 2011, n° 10-19.241, *Bull. civ.* II, n° 129; *D.* 2011. 2188, note Julienne; *Procédures* 2011. Comm. 262, obs. Perrot.
2. Civ. 2e, 3 nov. 2005, n° 03-20.797, *Bull. civ.* II, n° 277.
3. Civ. 2e, 10 nov. 1998, n° 96-20.560, NP; *Gaz. Pal.* 1999. Pan. 135.
4. Civ. 3e, 4 nov. 2009, n° 07-17.618, *Bull. civ.* III, n° 241; *D.* 2009. 2752, obs. Rouquet; *AJDI* 2010. 475, obs. Tomasin.
5. Com. 3 déc. 2003, n° 01-00.485, *Bull. civ.* IV, n° 194.
6. Civ. 2e, 20 oct. 2011, n° 10-16.443, *Bull. civ.* II, n° 193; *Gaz. Pal.* 2-3 mars 2012, p. 34, obs. Mayer.
7. Civ. 2e, 20 mai 2010, n° 06-22.024, *Bull. civ.* II, n° 98; *Procédures* 2010. Comm. 306, obs. Perrot – Civ. 2e, 5 mai 2011, n° 10-14.066, *Bull. civ.* II, n° 105; *D.* 2012. Chron. 1509, obs. Leborgne; *RTD civ.* 2011. 585, obs. Théry.
8. Civ. 2e, 25 mars 2010, n° 09-13.672, *Bull. civ.* II, n° 70.
9. Com. 19 juin 2007, n° 06-12.150, *Bull. civ.* IV, n° 165 et Civ. 2e, 23 oct. 2003, n° 01-17.806, *Bull. civ.* II, n° 325, (préc. ss prést n°).

162.184 Régularisation avant que le juge statue. L'article 121 C. pr. civ. exige que la régularisation intervienne avant que le juge statue[11]. Plus exactement, il faut que la régularisation intervienne, non pas seulement avant le jugement, mais aussi avant la clôture des débats ou avant l'ordonnance de clôture de l'instruction, selon le cas[12].

Les choses sont compliquées par le fait que le moyen de nullité peut être proposé pour la première fois en appel. Dès lors, le vice peut-il encore être couvert en appel ? La réponse est positive si l'exception de nullité est soulevée pour la première fois en appel car aucun juge n'a encore statué sur la question (si la régularisation est possible[13] et si un acte de régularisation est effectué[14]). Mais *quid* si le juge a déjà statué en première instance ? La réponse a toujours été controversée en jurisprudence. Il y a des arrêts qui admettent que la régularisation d'un vice de fond peut intervenir en cause d'appel[15]; d'autres le refusent[16]. Le jeu de l'effet dévolutif de l'appel[17] et la possibilité d'évacuer plus rapidement les litiges (la

10. Civ. 2e, 26 sept. 2013, n° 12-25.875, *Bull. civ.* II, [à paraître]; *Gaz. Pal.* 10 déc. 2013, p. 31, nos obs.
11. Civ. 2e, 20 mai 2010, n° 06-22.024, *Bull. civ.* II, n° 98; *D.* 2011. 265, obs. Fricero; *D.* 2011. 552, obs. Blanchard – Civ. 3e, 9 oct. 1996, n° 93-10.225, NP; *Procédures* 1996. 348.
12. Civ. 2e, 3 juin 1998, n° 96-21.173, *Bull. civ.* II, n° 173; *RTD civ.* 1998. 740, obs. Perrot : en l'espèce, un maire avait pris l'initiative d'agir en justice sans avoir obtenu l'autorisation préalable de son conseil municipal : il était dépourvu de pouvoir. Afin de réparer cette irrégularité, le maire obtint ultérieurement l'autorisation qui faisait défaut qu'il communiqua au tribunal après la clôture des débats, au moyen d'une note en délibéré. Selon la cour d'appel, approuvée par la Cour de cassation, c'était trop tard. En revanche, manque de base légale l'arrêt d'une cour d'appel qui n'a pas vérifié si des conclusions, déposées avant que le juge de la mise en état ne statue, et dans lesquelles l'ancien curateur d'un curatélaire indiquait intervenir en qualité de tuteur, ne couvraient pas l'irrégularité de fond affectant l'assignation : Civ. 1re, 23 oct. 2013, n° 12-21.751, *Bull. civ.* I, [à paraître].
13. Rappel (v. ss n° 162.183), la représentation en appel par un avoué à la cour ne régularise pas l'irrégularité née du défaut de représentation par un avocat en première instance. En outre, aucune forclusion ou prescription ne doit être intervenue entre temps (v. ss n° 162.185).
14. Pour une telle régularisation : Com. 21 févr. 2012, n° 10-28.254, NP. Ce n'est pas le cas si le mandataire liquidateur du défendeur de première instance, non assigné en première instance, n'est pas appelé en intervention forcée en appel : le mandataire avait lui-même interjeté appel, et donc conclu, mais il aurait fallu que le demandeur de première instance, intimé, le fasse intervenir à la procédure en appel : Civ. 2e, 6 juin 2013, n° 12-20.959, NP.
15. Nous citerons seulement les arrêts les plus récents : Civ. 2e, 25 mars 2010, n° 09-13.672, *Bull. civ.* II, n° 70 – Civ. 2e, 21 avr. 2005, n° 02-20.183, *Bull. civ.* II, n° 114; *RTD civ.* 2005. 631, obs. Perrot.
16. V. Civ. 1re, 23 févr. 2011, n° 09-13.867, *Bull. civ.* I, n° 37; *D.* 2011. 1265, note Loir; *RTD civ.* 2011. 324, obs. Hauser.
17. Com. 5 déc. 1995, n° 93-20.151, NP.

régularisation évite la nécessité de reprendre la procédure à l'origine) justifient les premiers[1], le même effet dévolutif justifie tout autant les seconds : « *l'appel est essentiellement une voie de recours destinée à corriger les erreurs qu'auraient pu commettre les juges du premier degré. Les juges du premier degré ayant eu à statuer sur l'irrégularité, les juges d'appel doivent seulement examiner si, compte tenu des faits qui leur étaient soumis, ils ont bien ou mal jugé* »[2].

En revanche, la justification du pouvoir spécial nécessaire pour représenter *ad litem* (C. pr. civ., art. 416) peut être apportée jusqu'à ce que le juge statue, lorsque le pouvoir spécial existait au moment de l'accomplissement de l'acte de procédure : parfois un tel pouvoir spécial ne peut être donné que dans un délai de forclusion. Ainsi la justification du pouvoir spécial de celui qui procède à une déclaration de créance au nom du créancier peut être apportée jusqu'au jour où le juge statue : s'il a été donné avant l'expiration du délai de déclaration de créance, le pouvoir existait bien et sa preuve peut être rapportée plus tard[3].

162.185 Régularisation dans les délais. Si la régularisation est possible, encore faut-il que, juridiquement, elle puisse être entreprise, ce qui n'est pas le cas si, entre-temps, une forclusion ou une prescription sont intervenues. La règle n'est pas écrite à l'article 121 C. pr. civ., mais la jurisprudence en a toujours fait application[4]. Il a ainsi été jugé que l'irrégularité de fond entachant un acte d'appel ne peut être régularisée après l'expiration du délai d'appel[5], que la régularisation d'une opposition à injonction ne peut être faite après le délai pour faire opposition[6] ou que la régularisation du mandat du syndic intervenue après l'expiration de la prescription décennale ne permettait de couvrir l'irrégularité[7]. Cette exigence de régularisation dans les délais utiles conduisait souvent celui qui soulèvait la nullité à ne présenter le moyen qu'au moment où la régularisation ne pouvait plus intervenir.

La loi n° 2008-561 du 17 juin 2008, en modifiant les articles 2241 et 2242 du Code civil (v. s^s n°s 162.42 et 162.92), n'a-t-elle pas vidé de sa substance la jurisprudence qui étendait la règle à l'article 121 C. pr. civ. : comment l'expiration d'un délai de prescription ou de forclusion pourrait-elle survenir alors que l'effet interruptif attaché à la demande est maintenu « *lorsque l'acte de saisine de la juridiction est annulé par l'effet d'un vice de procédure* » (C. civ., art. 2241, issu de la loi de 2008) ?

Il est vrai que cette question ne se pose que si le « *vice de procédure* » (expression ignorée du Code de procédure civile) englobe le vice de fond.

La doctrine est divisée (faut-il s'appuyer sur les travaux préparatoires qui paraissent limiter le « vice de procédure » au vice de forme, ou ne pas distinguer là où la loi ne distingue pas ?[8]).

La jurisprudence n'est-elle pas tout autant hésitante ? Certains arrêts admettraient l'effet interruptif même lqe l'acte est entaché d'une nullité de fond[9], auquel cas les difficultés suscitées par les articles 2241 et 2242 évoquées à propos des irrégularités de forme (v. s^s n° 162.92), se poseraient alors pour les irrégularités de fond. Mais il semble que d'autres ne soient pas en ce sens, car la Cour de cassation exige toujours de la cour d'appel qu'elle vérifie que la régularisation a bien eu lieu avant l'expiration du délai[10].

En outre, il a été jugé, sous l'empire du droit antérieur à 2008, que, dans une procédure sans représentation obligatoire, si le pouvoir spécial doit être donné dans le délai d'appel, il n'est pas nécessaire

1. EN CE SENS, J. Junillon, dans Dalloz action *Droit et pratique des procédures collectives*, 2013/2014, n° 164.183 (la solution a également notre faveur).
2. HÉRON et LE BARS, n° 219.
3. Cass., ass. plén., 4 févr. 2011, n° 09-14.619, *Bull. ass. plén.*, n° 2; *D.* 2011. 439, obs. Lienhard; *D.* 2011. 2069, obs. Le Corre et Lucas; *Rev. sociétés* 2011. 387, obs. Roussel Galle (v. s^s n° 162.163) – Civ. 2e, 21 mars 2013, n° 12-13.381, *Bull. civ.* II, n° 52.
4. Civ. 3e, 13 janv. 2010, n° 09-10.398, *Bull. civ.* III, n° 11; *D.* 2010. 267, obs. Rouquet – Civ. 2e, 22 oct. 2009, n° 08-15.034, NP – Civ. 2e, 19 oct. 1983, n° 82-13.030, *Bull. civ.* II, n° 167; *Gaz. Pal.* 1984. Pan. 34, obs. Guinchard – Civ. 3e, 16 janv. 1985, n° 83-14.466, *Bull. civ.* III, n° 13; *JCP* 1987. II. 207, note Blaise.
5. Com. 10 déc. 2003, n° 00-19.230, *Bull. civ.* IV, n° 204 – Com. 12 juin 2001, n° 97-20.623, *Bull. civ.* IV, n° 117; *D.* 2001. 2301, obs. Lienhard; *RTD civ.* 2001. 956-957, note Perrot – Soc. 20 nov. 1985, n° 84-14.698, *Bull. civ.* V, n° 543; *D.* 1986. IR 222, obs. Julien – Civ. 2e, 18 nov. 1981, NP; *Rev. huiss.* 1983. 151 – Civ. 2e, 19 oct. 1983, n° 82-13.030, *Bull. civ.* II, n° 167 – Civ. 2e, 13 juin 2002, n° 00-18.701, NP.
6. Civ. 2e, 18 nov. 1987, n° 85-15.817, *Bull. civ.* II, n° 238.
7. Civ. 3e, 27 janv. 1988, n° 86-13.451, *Bull. civ.* III, n° 20.
8. La deuxième branche de l'alterntive a notre faveur.
9. Com. 20 nov. 2012, n° 11-26.581, *Bull. civ.* IV, n° 206; *Gaz. Pal.* 8-9 mars 2013, p. 40, obs. Mayer – *Adde*, Rép. pr. civ., v° *Nullités*, par L. Mayer, mars 2013 [màj oct. 2013], n° 238 – V. DÉJÀ, un arrêt où la Cour de cassation a appliqué la règle posée en 2008 à une assignation de 2007 : Civ. 2e, 8 sept. 2011, n° 10-18.342, NP; *RLDC* 2011/87, p. 67, nos obs. : « *Irrégularité de fond entachant une assignation : incidence de sa régularisation après l'expiration du délai pour agir* ».
10. V., PAR EX. : Soc. 13 févr. 2013, n° 12-16.575, NP : « *En statuant comme il a fait, sans constater qu'à la date de la délibération du conseil syndical, le délai pour agir était expiré, le tribunal a violé* [l'article 121] » – Civ. 3e, 2 nov. 2011, n° 09-70.852, NP : « *En statuant ainsi, sans constater que le nouveau syndic est intervenu à l'instance avant l'expiration du délai d'appel, la cour d'appel n'a pas donné de base légale à sa décision* », au regard des articles 117 et 121 – Civ. 3e, 6 sept. 2011, n° 10-19.327, NP : « *L'autorisation donnée après l'expiration du délai de prescription de l'action en garantie décennale n'avait pu avoir pour effet de couvrir la nullité de fond affectant l'assignation pour défaut de pouvoir du syndic* ».

d'en justifier dans le délai de recours; il est encore moins nécessaire d'annexer le pouvoir à l'acte d'appel et **la cour d'appel n'est tenue que de vérifier que le pouvoir spécial a été donné avant l'expiration du délai d'appel** [1]. Mais la Cour de cassation continue à distinguer entre justification et obtention - nécessairement dans le délai de forclusion - du mandat : le pouvoir spécial délivré à une salariée pour représenter une personne morale qui conteste la désignation d'un représentant syndical (C. trav., art. L. 2327-8 et R. 2327-6); ce pouvoir n'avait pas à être annexé à la requête introductive d'instance et il appartenait seulement au tribunal d'instance de vérifier que le pouvoir de représenter la personne morale avait été donné au mandataire avant l'expiration d'un délai de forclusion de quinze jours pour exercer l'action en contestation de la désignation (C. trav., art. R. 2327-24, al. 3) [2].

Conclusion : une modification du Code de procédure civile « *pour harmoniser sa solution avec celle du Code civil* » serait la bienvenue [3], à moins que le législateur ne remplace « vice de procédure » à l'article 2241 par « vice de forme » pour cantonner de manière certaine le jeu de cet article.

§ 2 Régime de la nullité

162.190 Un régime permettant plus facilement le prononcé de la nullité que celui des nullités de forme. Une des différences essentielles avec le régime des vices de forme tient au moment où l'exception pour irrégularité de fond peut être soulevée (C. pr. civ., art. 118; v. s[s] n°s 162.201 s.), ainsi que dans les plus grands pouvoirs d'office du juge à l'égard de l'exception de nullité de fond (C. pr. civ., art. 120, v. s[s] n°s 162.191 s.). Rappelons, une nouvelle fois, que la nullité pour irrégularité de fond peut être soulevée, sans qu'il soit nécessaire de justifier d'un grief (C. pr. civ., art. 119).

A. Titulaire de l'exception

162.191 Juge. L'article 120 C. pr. civ. distingue l'hypothèse où le juge a l'obligation de relever d'office une exception de nullité, de l'hypothèse où il en a la simple faculté [4] :

- selon l'article 120 alinéa 1er C. pr. civ. « *les exceptions de nullité fondées sur l'inobservation des règles de fond relatives aux actes de procédure doivent être relevées d'office lorsqu'elles ont un caractère d'ordre public* » : en pratique, cela ne concerne que le défaut de pouvoir d'un représentant de l'État ou d'une collectivité publique (sinon le défaut de capacité ou de pouvoir n'est pas d'ordre public). Ainsi, l'irrégularité de fond tenant au défaut de pouvoir de l'avocat d'agir en justice ne revêt pas un caractère d'ordre public [5], pas plus que l'irrégularité de fond tenant au défaut de pouvoir d'une personne figurant au procès comme représentant d'une personne morale [6];

- selon l'article 120 alinéa 2 C. pr. civ. « *le juge peut relever d'office la nullité pour défaut de capacité d'ester en justice* », ce qui permet de considérer *a contrario* qu'un tel manquement n'est pas d'ordre public [7].

Mais en dehors de cette dérogation née de l'alinéa 2 de l'article 120 précité, le juge a l'interdiction de relever d'office les exceptions de nullité fondées sur l'inobservation des règles de fond relatives aux actes de procédure lorsqu'elles n'ont pas un caractère d'ordre public [8] : c'est pourquoi, par exemple, il ne peut relever d'office le défaut de pouvoir de l'avocat d'agir en justice [9].

Notons que, mettant en œuvre son pouvoir de relever d'office un moyen, le juge doit inviter les parties à s'expliquer, et instaurer un débat contradictoire (C. pr. civ., art. 16) [10].

162.192 Parties. L'exception de nullité fondée sur une irrégularité de fond ne profite qu'à celui qui l'a soulevée [11].

1. Civ. 2e, 17 avr. 2008, n° 07-11.333, *Bull. civ.* II, n° 85 - Civ. 2e, 15 mai 2008, n° 07-11.334, NP; *Procédures* 2008. Comm. 195.
2. Soc. 12 juin 2013, n° 12-21.714, NP - V. AUSSI, Cass., ass. plén., 4 févr. 2011, n° 09-14.619, préc. s[s] n°s 162.163 et 162.184.
3. GUINCHARD, CHAINAIS et FERRAND, n° 968.
4. *Adde, J.-Cl. Proc. civ.*, Fasc. 152, par Normand, refondu par Bléry, n°s 52 s.
5. Civ. 1re, 19 sept. 2007, n° 06-17.408, *Bull. civ.* I, n° 274; *JCP* 2008. I. 138, obs. Amrani-Mekki : le client n'était pas au courant de l'appel formé par son avocat.
6. Com. 14 déc. 2010, n° 09-71.712, *Bull. civ.* IV, n° 205; *D.* 2011. 75, obs. Lienhard - Com. 5 nov. 1985, n° 84-14.671, *Bull. civ.* IV, n° 262.
7. Le champ d'application de cet alinéa est plus ou moins limité selon que ce l'on entend par « capacité d'ester en justice (v. s[s] n°s 162.141 s.).
8. Civ. 1re, 20 juin 2006, n° 05-14.034, NP - Soc. 1er mars 2001, n° 99-15.442, NP.
9. Civ. 1re, 19 sept. 2007, n° 06-17.408, *Bull. civ.* I, n° 274; *JCP* 2008. I. 138, obs. Amrani-Mekki, préc. - Civ. 1re, 20 juin 2006, n° 05-14.034, NP - Soc. 1er mars 2001, n° 99-15.442, NP.
10. *Adde, J.-Cl. Proc. civ.*, Fasc. 152, par Normand, refondu par C. Bléry, n°s 63 s.
11. Civ. 3e, 10 juill. 2012, n° 11-16.245, NP; *Procédures* 2012. Comm. 269, obs. Perrot : l'arrêt mélange les notions de défaut de pouvoir et de défaut de qualité, mais il s'agissait bien d'un défaut de pouvoir - Civ. 3e, 9 avr. 2008, n° 07-13.236, *Bull. civ.* III, n° 67; *D.* 2008. 2690, obs. Atias et Capoulade; *AJDI* 2008. 862, obs. Tomasin; *Loyers et copr.* 2008, n° 138; *JCP* 2008. IV. 1903 - Com. 14 déc. 2010, n° 09-71.712, *Bull. civ.* IV, n° 205; *D.* 2011. 75, obs. Lienhard.

Or, selon une doctrine, l'exception ne peut être soulevée que par la partie qui y a intérêt, alors même que, lorsque l'irrégularité a un caratère d'ordre public, l'exception devrait pouvoir être soulevée par les deux parties afin que l'instance soit régularisée[1]. Selon une autre doctrine, la généralité des termes des articles 118 et 119 C. pr. civ. permet que la nullité soit soulevée aussi par l'adversaire[2]. Mais la jurisprudence n'est pas en ce sens : ainsi, l'exception tirée du défaut d'autorisation d'agir en justice au nom du département donnée par le conseil général à son président existe seulement dans l'intérêt de la collectivité territoriale et que, dès lors, la partie adverse n'est pas autorisée à s'en prévaloir[3].

B. Formulation de l'exception

162.201 Exception présentable en tout état de cause. Ici réside une des différences essentielles avec le régime des vices de forme. L'exception de nullité, fondée sur l'inobservation d'une règle de fond peut, aux termes de l'article 118 C. pr. civ., être proposée en tout état de cause. Elle peut donc être soulevée alors même que des conclusions au fond ont été notifiées[4]. Elle pouvait même être proposée pour la première fois en cause d'appel[5].

Le décret n° 2005-1678 du 28 décembre 2005[6] modifiant l'article 771 C. pr. civ. a quelque peu compliqué la situation. Désormais, les parties ne sont plus recevables à soulever une exception de procédure après le dessaisissement du juge de la mise en état – et le conseiller de la mise en état en appel (C. pr. civ., art. 907) –, qui est seul compétent, à l'exclusion de toute autre formation du tribunal, pour en traiter. En outre, l'article 771 C. pr. civ. précise que les exceptions de procédure ne sont plus recevables à être soulevées ultérieurement à moins qu'elles ne surviennent ou ne soient révélées postérieurement au dessaisissement du juge. Dans ce cas le juge pourrait ordonner le rabat de l'ordonnance de clôture, car il s'agirait d'une cause grave révélée après l'ordonnance et justifiant la révocation de la clôture (C. pr. civ., art. 784). Autrement dit, désormais, la nullité devra en réalité (sauf révélation tardive de la cause de nullité) être invoquée avant le dessaisissement du juge de la mise en état, c'est-à-dire avant l'ouverture des débats (C. pr. civ., art. 779) et non pas « *en tout état de cause* », sous peine d'irrecevabilté : ainsi d'une demande de nullité de l'assignation pour défaut de constitution d'avocat qui n'a pas été présentée au juge de la mise en état avant son dessaisissement[7]. « *Il devrait en être de même lorsque c'est un acte accompli en appel qui est entaché d'un vice de fond et que la nullité est en conséquence soulevée au stade de l'appel : l'article 771, applicable en vertu de l'article 907 du code, impose d'invoquer l'exception de nullité pour vice de fond avant le dessaisissement du conseiller de la mise en état* »[8].

Il nous semble qu'un partage des compétences entre le juge de la mise en état et le tribunal de grande instance ou le conseiller de la mise en état et la cour d'appel à l'égard des exceptions de nullité de fond (partage étendu aux fins de non-recevoir, dont connaît aujourd'hui la formation de jugement) pourrait opportunément être inscrit à l'article 771 C. pr. civ.[9].

Qu'en est-il, depuis 2005, si l'irrégularité n'a pas été invoquée en première instance ? La réponse a fait l'objet de divergences doctrinales, certains auteurs pensant qu'il est possible d'en déduire que ce texte spécial, visant les procédures avec mise en état prime la disposition générale, de telle sorte que toute irrégularité de fond existant déjà en première instance et non soulevée devant le juge de la mise en état ne pourrait plus l'être en appel; d'autres estimant qu'il n'est pas concevable qu'une irrégularité de fond, tenant parfois à l'absence même de droit de conduire un procès, puisse ne pas être soulevée en appel. La Cour de cassation a tranché ce problème, né d'une rédaction médiocre du texte[10], dans un avis de 2007 et un arrêt de 2008[11] (v. s^s^ n° 162.111). Elle a ainsi considéré que les attributions du conseiller de la mise en état ne concernent que les exceptions de procédure (dont les exceptions pour nullité de fond) et les incidents relatifs à l'instance d'appel : il n'est donc pas compétent pour statuer sur une exception de procédure ou un incident relatif à la première instance. La formation de jugement est seule compétente. « *La solution se justifie, dès lors que la procédure de première instance étant terminée, "c'est l'objet même de l'appel qui*

1. EN CE SENS, GUINCHARD, CHAINAIS et FERRAND, n° 972.
2. EN CE SENS, CADIET et JEULAND, n° 452.
3. Civ. 2e, 16 mai 2013, n° 12-20.317, *Bull. civ.* II, n° 88.
4. Civ. 1re, 15 janv. 1991, n° 89-05.003, *Bull. civ.* I, n° 18; *JCP* 1991. IV. 95.
5. Versailles, 3 mars 1989, RG n° 6900/87, *D.* 1990. 51, note Prévault.
6. Décr. n° 2005-1678, 28 déc. 2005, relatif à la procédure civile, à certaines procédures d'exécution et à la procédure de changement de nom, *JO* 29 déc., p. 20350.
7. Civ. 2e, 10 nov. 2010, n° 08-18.809, *Bull. civ.* II, n° 184; *D.* 2011. Chron. 265, obs. Fricero – V. AUSSI, Soc. 11 janv. 2012, n° 10-21.207, NP.
8. Rép. pr. civ., v° *Nullités*, par L. Mayer, mars 2013 [màj oct. 2013], n° 246.
9. En faveur d'une compétence exclusive de la formation de jugement, v. GUINCHARD, CHAINAIS et FERRAND, n° 971.
10. *Adde*, GUINCHARD, CHAINAIS et FERRAND, n° 971 – Rép. pr. civ., v° *Nullités*, par L. Mayer, mars 2013 [màj oct. 2013], n° 247 et 248.
11. Cass. avis, 2 avr. 2007, n° 07-00.007, *Bull. civ. avis*, n° 4; *RTD civ.* 2007. 639, obs. Perrot – Pour une péremption de l'instance : Civ. 2e, 18 déc. 2008, n° 07-17299, NP.

est en cause, et non point une simple exception de procédure au sens strict"[1] »[2].

162.202 Intention dilatoire dans la présentation du moyen. La nullité pouvant être présentée en tout état de cause (dans les limites vues s[s] n° 162.201), une partie peut être tentée d'attendre le plus longtemps possible pour soulever le moyen et différer ainsi le moment de la solution du litige. L'article 118 C. pr. civ. permet au juge, néanmoins contraint d'accepter le moyen, de condamner à des dommages et intérêts celui qui s'est abstenu dans une intention dilatoire de le soulever plus tôt, étant précisé qu'il ressort de son pouvoir souverain d'apprécier si les conditions d'octroi de dommages-intérêts sont réunies[3]. Or, le seul fait de soulever tardivement le moyen ne consacre pas l'intention dilatoire, mais peut s'expliquer par un impératif de stratégie, tel la nécessité d'attendre que la régularisation de l'acte annulé ne soit plus possible, ou que le droit soit prescrit ou le délai forclos, *etc.*

1. R. Perrot, *RTD civ.* 2007. 640.
2. Héron et Le Bars, n° 786.
3. Civ. 2e, 23 oct. 2003, n° 01-17.806, *Bull. civ.* II, n° 325.

CHAPITRE

163. Notification et signification des actes de procédure – droit de l'Union européenne

Frédérique FERRAND
Professeur à l'Université Jean-Moulin (Lyon 3)
et à l'Université d'Augsbourg

SECTION 0
ORIENTEUR

163.00 **Plan du chapitre.**

163.01 **Textes applicables.**
Jusqu'au 12 novembre 2008 :

Règl. CE n° 1348/2000 du Conseil, 29 mai 2000, relatif à la signification et à la notification dans les États membres des actes judiciaires et extrajudiciaires en matières civile et commerciale, *JOCE*, n° L 160, 30 juin, p. 37.

Depuis le 13 novembre 2008 :

Règl. CE n° 1393/2007 du Parlement européen et du Conseil, 13 nov. 2007, relatif à la signification et à la notification dans les États membres des actes judiciaires et extrajudiciaires en matière civile ou commerciale (signification ou notification des actes), et abrogeant le règlement (CE) n° 1348/2000 du Conseil, *JOUE*, n° L 324, 10 déc., p. 79-120.

163.03 **Bibliographie indicative.**

Ouvrage. M. Douchy et B. Menut, *Transmission, signification ou notification des actes*, Litec, 2002.

Articles. M. Chardon, « Une toilette de chat pour le nouveau règlement sur la signification et la notification des actes transfrontières dans l'Union européenne », *Dr. et proc.* mars-avr. 2008, cahier *Droit et procédures internationales*, n° 2 – M. Douchy, « Le règlement CE n° 1348/2000 du 29 mai 2000... de nouvelles charges en perspective pour les huissiers de justice », *Rev. huiss.* 2001. 77 – R. Dujardin, « "Qui cite, visite." Aspects pratiques du règlement (CE) n° 1393/2007 relatif à la signification, examinés du point de vue belge », *Liber Amicorum Jacques Isnard*, Éd. Dujardin, 2009, p. 65 – J. Isnard, « Le destin de la signification... entre méthode d'aujourd'hui et techniques de demain », *Dr. et proc.* 2004. 6; « Nouvel espace européen de justice : l'assignation, clé de voûte du procès », *Dr. et proc.* 2002. 264 – C. Laporte, « Signification et notification des actes dans les États membres de la Communauté européenne », *JCP* 2000. I. 1947; *Procédures* 2000, n° 235; *Procédures* 2001, n° 170; *Procédures* 2002, n° 5 – G. Mecarelli, « La signification et la notification transfrontières des actes judiciaires et extrajudiciaires en Europe, dix ans après », in M. Douchy-Oudot et E. Guinchard, *La justice civile européenne en marche*, « Thèmes et commentaires », Dalloz, 2012, p. 95 – C. Nourissat, *Procédures* 2008, n° 207; « Droit civil de l'Union européenne », *D.* 2005. Pan. 608 – J.-P. Rémy, « Règlement (CE) n° 1393/2007 du

13 novembre 2007 relatif à la signification et à la notification dans les États membres des actes judiciaires et extrajudiciaires en matière civile et commerciale et abrogeant le règlement (CE) nº 1348/2000 du Conseil », in L. Cadiet, E. Jeuland et S. Amrani-Mekki, *Droit processuel civil de l'Union européenne*, LexisNexis, 2011, p. 217 – J. Sampieri-Marceau, « Les significations d'actes judiciaires et extrajudiciaires dans l'Union européenne », *D.* 2009. 1434; « Signification au domicile élu par la partie demeurant à l'étranger (CE) », *D.* 2011. 526 – B. Sujecki, « *Die reformierte Zustellungsverordnung* », *NJW* 2008. 1628.

163.05 Genèse des textes. Le 26 mai 1997 avait été adoptée par le Conseil, sur le fondement du traité sur l'Union européenne, une proposition de convention en matière de signification et de notification dans les États membres des actes judiciaires et extrajudiciaires en matière civile et commerciale, ainsi qu'un protocole conférant à la Cour de justice des Communautés européennes l'interprétation de cette convention [1]. Le Conseil en avait recommandé l'adoption aux États membres, selon leurs règles constitutionnelles respectives. La convention ne fut jamais ratifiée par les États membres, car le traité d'Amsterdam modifia la base juridique de la coopération judiciaire en matière civile.

En effet, lors de son entrée en vigueur en 1999, le traité d'Amsterdam de 1997 fit passer dans le champ de compétence législative communautaire la coopération judiciaire en matière civile. Les institutions communautaires (devenues institutions de l'Union européenne depuis l'entrée en vigueur du traité de Lisbonne le 1er décembre 2009) ont alors adopté divers textes tendant à unifier la compétence juridictionnelle dans les litiges intracommunautaires, à faciliter la libre circulation des décisions, parfois même en supprimant tout obstacle à l'exécution d'un jugement rendu dans un État membre sur le territoire d'un autre État membre (titre exécutoire européen, TEE – V. ss nos 442.00 s.).

Dans ce même mouvement fut établi un **règlement CE nº 1348/2000 du Conseil du 29 mai 2000,** « *relatif à la signification et à la notification dans les États membres des actes judiciaires et extrajudiciaires en matières civile et commerciale* » [2], qui reprit en substance le contenu de la Convention de 1997 [3]. Ce texte était destiné à améliorer et accélérer la notification des actes au sein de l'Europe communautaire. Il entra en vigueur le 31 mai 2001 [4]. Il prévalait sur les conventions internationales conclues par les États membres (notamment la convention de La Haye de 1965).

Dans un premier temps, le Danemark refusa d'être partie à ce règlement. En 2005 toutefois, le Royaume du Danemark conclut un accord avec la Communauté européenne, par lequel il accepta que le règlement signification lui fût appliqué [5].

Le règlement CE nº 1348/2000 du 29 mai 2000 instaurait des mécanismes spécifiques afin que – dans un but d'efficacité et de rapidité des procédures judiciaires –, la transmission des actes fût effectuée directement et par des moyens rapides entre les entités locales désignées par les États membres [6].

Devant certaines lacunes et insuffisances du texte, les instances communautaires proposèrent sa modification, ce qui conduisit à l'adoption d'un **nouveau règlement CE nº 1393/2007 du 13 novembre 2007,** entré en application le 13 novembre 2008. Afin que ce texte s'applique également au Royaume du Danemark, ce dernier a notifié à la Commission européenne, par lettre du 20 novembre 2007, sa décision d'appliquer le contenu du nouveau règlement CE nº 1393/2007 [7]. Au 13 novembre 2008, le règlement

1. Convention établie sur la base de l'article K. 3 du traité sur l'Union européenne, relative à la signification et à la notification dans les États membres de l'Union européenne des actes judiciaires et extrajudiciaires en matière civile ou commerciale, 26 mai 1997, *JOCE*, nº C 261, 27 août 1997 – Protocole établi sur la base de l'article K. 3 du traité sur l'Union européenne, concernant l'interprétation, par la Cour de justice des Communautés européennes, de la convention relative à la signification et à la notification dans les États membres de l'Union européenne des actes judiciaires et extrajudiciaires en matière civile ou commerciale, 26 mai 1997, *JOCE*, nº C 261, 27 août 1997.
2. Règl. CE nº 1348/2000 du Conseil, 29 mai 2000, relatif à la signification et à la notification dans les États membres des actes judiciaires et extrajudiciaires en matières civile et commerciale, *JOCE*, nº L 160, 30 juin, p. 37; *D.* 2000. 385 – M. Douchy, « Le règlement CE nº 1348/2000 du 29 mai 2000... De nouvelles charges en perspective pour les huissiers de justice », *Rev. huiss.* 2001. 77 – M. Douchy et B. Menut, *Transmission, signification ou notification des actes*, Litec, 2002 – C. Laporte, « Signification et notification des actes dans les États membres de la CE », *JCP* 2000. I. 1947; *Procédures* 2000, nº 235; *Procédures* 2001, nº 170 et *Procédures* 2002, nº 5 – J. Isnard, « Le destin de la signification... entre méthode d'aujourd'hui et techniques de demain », *Dr. et proc.* 2004. 6; « Nouvel espace européen de justice : l'assignation, clé de voûte du procès », *Dr. et proc.* 2002. 264. La Commission avait tout d'abord présenté une proposition de directive, mais le Parlement européen souhaita l'adoption d'un règlement, afin que la mise en œuvre en soit rapide, claire et homogène, ce qui correspondait à l'objectif poursuivi.
3. V. Règl. CE nº 1348/2000, 29 mai 2000, consid. 5.
4. POUR UN EXEMPLE D'APPLICATION, v. Com. 11 févr. 2004, nº 01-16.651, *Bull. civ.* IV, nº 24; *D.* 2004. 699; *RTD civ.* 2004. 346, obs. Perrot; *RTD com.* 2004. 395, obs. Delebecque.
5. V. Accord entre la Communauté européenne et le Royaume de Danemark sur la signification et la notification des actes judiciaires et extrajudiciaires en matière civile et commerciale, 19 oct. 2005, *JOUE*, nº L 300, 17 nov., p. 55 s. Cet accord est entré en vigueur le premier jour du sixième mois suivant la notification par les parties contractantes de l'achèvement des procédures respectives requises à cet effet.
6. V. Règl. CE nº 1348/2000, 29 mai 2000, consid. 6.
7. Dans un accord conclu entre le Royaume du Danemark et la Communauté européenne du 27 avril 2006 sur la signification et la notification des actes judiciaires et extrajudiciaires en matière civile et commerciale, il avait été stipulé que lors- ▶

du 29 mai 2000 a donc été remplacé par celui du 13 novembre 2007[1], qui a apporté quelques améliorations au fonctionnement du système.

Le règlement CE n° 1393/2007 du 13 novembre 2007 est accompagné de **diverses annexes : l'annexe I** contient un formulaire type de demande de signification ou de notification d'actes, d'accusé de réception, d'avis de retour de la demande et de l'acte, d'avis de retransmission de la demande ou de l'acte à l'entité requise compétente, d'avis de réception de l'entité requise territorialement compétente à l'entité d'origine et d'attestation d'accomplissement ou de non-accomplissement de la signification ou de la notification de l'acte. **L'annexe II** contient un formulaire type « Information du destinataire sur son droit de refuser de recevoir un acte ». Enfin dans **l'annexe III** figure un tableau de correspondances entre les dispositions de l'ancien règlement CE n° 1348/2000 du 29 mai 2000 et celles du règlement de refonte CE n° 1393/2007 du 13 novembre 2007.

163.06 Objectifs. Les objectifs poursuivis par les deux règlements successifs en matière de signification et de notification des actes judiciaires et extrajudiciaires au sein de l'Union européenne sont les suivants :

– **accélérer la rapidité des transmissions de tels actes entre États membres :** tout comme dans le règlement antérieur du 29 mai 2000, cette volonté est énoncée à plusieurs reprises dans le règlement CE n° 2393/2007 du 13 novembre 2007. Ainsi, selon le considérant 6, « *l'efficacité et la rapidité des procédures judiciaires en matière civile impliquent que la transmission des actes judiciaires et extrajudiciaires soit effectuée directement et par des moyens rapides entre les entités locales désignées par les États membres* ». « *La rapidité de la transmission justifie l'utilisation de tout moyen approprié, pour autant que soient respectées certaines conditions quant à la lisibilité et à la fidélité du document reçu* » (consid. 7). Le considérant 9 fait également référence à une signification ou notification « *dans les meilleurs délais* » en précisant « *en tout état de cause, dans un délai d'un mois à compter de la réception par l'entité requise* ». Cette recherche de célérité est également exprimée dans les articles 4, 6 et 7 du règlement, comme cela sera exposé.

– **garantir la sécurité de la transmission des actes judiciaires et extrajudiciaires :** selon le règlement, ceci exige que l'acte à transmettre soit accompagné d'un formulaire type devant être rempli dans la langue officielle ou l'une des langues officielles du lieu où la signification ou la notification doit être effectuée ou dans une autre langue acceptée par l'État membre concerné (consid. 7). Le formulaire type tend également à faciliter la transmission entre États membres en écartant les barrières linguistiques par l'usage d'un formulaire disponible dans toutes les langues de l'Union et subdivisé selon les mêmes rubriques dans toutes ses versions linguistiques. Sécurité et fiabilité sont également atteintes par l'intervention d'entités des États membres qui sont des professionnels compétents désignés par les États membres, comme par exemple en France les huissiers de justice.

– **assurer autant que faire se peut l'efficacité du règlement,** notamment en limitant à des situations exceptionnelles la possibilité de refuser la signification ou la notification d'un acte (consid. 10).

163.07 Révision du règlement CE n° 1348/2000 du 29 mai 2000. Le 11 juillet 2005, il fut présenté par la Commission la proposition de règlement du Conseil modifiant le règlement CE n° 1348/2000 du 29 mai 2000[2], proposition qui devint le règlement CE n° 1393/2007 du 13 novembre 2007. À la suite des études et rapports réalisés[3] ainsi qu'à une audition publique en février 2005, la Commission s'était rendu compte que les professionnels qui participaient à l'application du règlement se trouvaient encore dans une phase d'adaptation et n'avaient pas une connaissance suffisante du règlement. Les résultats d'un rapport de 2004[4] révélaient que la communication entre entités connaissait parfois des ratés, que les entités régionales ne maîtrisaient pas suffisamment le règlement, que les délais n'étaient pas toujours respectés, qu'il existait un manque de transparence sur les frais de signification ou notification. La

▶ que des modifications du règl. CE n° 1348/2000 seraient adoptées, le Danemark notifierait à la Commission européenne sa décision d'en appliquer ou non le contenu – Pour l'application du règl. CE n° 1393/2007 du 13 novembre 2007 au Danemark, v. Accord entre la Communauté européenne et le Royaume du Danemark sur la signification et la notification des actes judiciaires et extrajudiciaires en matière civile et commerciale, *JOUE,* n° L 331/21, 10 déc. 2008, accord formalisé avant l'entrée en vigueur dudit règlement, ce qui a permis au règlement signification du 13 novembre 2007 d'entrer en application au Danemark en même temps que dans les autres États membres. Le Danemark a manifesté à la Commission sa volonté d'appliquer ce texte par lettre du 20 novembre 2007.

1. M. Chardon, « Une toilette de chat pour le nouveau règlement sur la signification et la notification des actes transfrontières dans l'Union européenne », *Dr. et proc.* mars-avr. 2008, cahier *Droit et procédures internationales,* n° 2, p. 1.

2. Doc. Cons. CE n° 305 final, 11 juill. 2005, proposition de règlement du Conseil modifiant le règlement CE n° 1348/2000 du 29 mai 2000, NP.
3. C. Nourissat, « Droit civil de l'Union européenne », *D.* 2005. Pan. 608 – V. AUSSI, Doc. COM CE n° 603 final, 1er oct. 2004, *Commission Staff Working Paper,* SEC (2004) 1145, qui contient le rapport (et annexes statistiques) de la Commission européenne sur l'application du règlement signification du 29 mai 2000, rapport destiné au Parlement européen et au Comité économique et social européen.
4. V. *supra* ss prést n°.

Commission européenne avait convoqué en avril 2004 une réunion du Comité consultatif en matière de signification et de notification d'actes prévues à l'article 18 du règlement du 29 mai 2000 afin de discuter des résultats de l'étude entreprise et de réfléchir à des adaptations éventuelles. À la suite du rapport d'octobre 2004, il était apparu que le règlement avait accéléré et amélioré la transmission, la signification et la notification des actes entre États membres, mais que certaines dispositions dudit règlement n'étaient pas complètement satisfaisantes.

La Commission proposa donc un certain nombre de modifications[1]. Son objectif était avant tout de raccourcir les délais de signification et notification en créant une obligation de procéder à la notification ou à la signification dans le mois suivant la réception de l'acte par l'entité requise. Elle voulait également harmoniser les délais en supprimant la référence à la législation des États membres. Ainsi, par exemple, serait instauré un délai d'une semaine pendant lequel le destinataire de l'acte pourrait refuser de recevoir celui-ci en le renvoyant. Des modifications proposées tendaient aussi à renforcer la sécurité juridique pour le requérant et pour le destinataire.

163.08 Modifications réalisées par le règlement CE n° 1393/2007 du 13 novembre 2007. Le règlement du 13 novembre 2007 a avant tout procédé aux améliorations suivantes :

– il prévoit que l'entité requise procède à la notification ou à la signification en tout état de cause dans un délai d'un mois à compter de la réception du dossier[2] et qu'elle continue, en cas de difficulté, à prendre toutes les mesures nécessaires pour assurer la signification ou notification, dès lors que celle-ci semble possible dans un délai raisonnable;

– il crée un nouveau formulaire tendant à informer le destinataire de l'acte de la possibilité de refuser, pour des raisons linguistiques, un acte remis dans un délai d'une semaine à compter de la signification ou de la notification[3];

– il clarifie la question de la date de signification ou de notification[4];

– il impose que les frais de signification ou de notification occasionnés par l'intervention d'un officier ministériel ou de toute autre personne compétente selon la loi de l'État membre requis correspondent à un droit forfaitaire déterminé par avance par le droit de l'État membre requis (en respectant deux règles, celle de proportionnalité et celle de non-discrimination)[5];

– enfin, il édicte des conditions uniformes concernant la signification ou la notification des actes judiciaires par l'intermédiaire des services postaux (lettre recommandée avec accusé de réception ou envoi équivalent)[6]. Désormais, la lettre recommandée est soumise aux principes de la langue, de la double date et doit comprendre les nombreuses pages du formulaire de l'annexe II, relatif au droit de refuser un acte en raison de l'absence de traduction. Les États membres ne peuvent plus s'opposer à ce type de notification. Le règlement du 13 novembre 2007 ne renforce donc pas la sécurité juridique en étendant le champ possible de la notification par lettre recommandée avec accusé de réception[7]. Un auteur huissier a ainsi pu remarquer avec regret que le nouveau règlement « *n'apporte aucune réponse aux attentes des professionnels praticiens de la signification dans leur gestion quotidienne* »[8], et ce alors même que la Cour européenne des droits de l'homme (CEDH) exige des États signataires qu'ils mettent en place des procédés

1. V. Doc. COM CE n° 305 final/2, 11 juill. 2005, proposition de règlement du Parlement européen et du Conseil modifiant le règlement CE n° 1348/2000 du 29 mai 2000 relatif à la signification et à la notification dans les États membres des actes judiciaires et extrajudiciaires en matière civile et commerciale.
2. L'article 7 § 2 du règlement du 13 novembre 2007 énonce que s'il n'a pas été possible de procéder à la signification ou à la notification, l'entité requise en informe immédiatement l'entité d'origine au moyen d'une attestation sous forme de formulaire type.
3. V. Règl. CE n° 1393/2007, 13 nov. 2007, art. 8 § 1, qui dispose que « *l'entité requise informe le destinataire, au moyen du formulaire type figurant en annexe, qu'il peut refuser de recevoir l'acte à signifier ou à notifier, soit au moment de la signification ou de la notification, soit en renvoyant l'acte dans un délai d'une semaine, si celui-ci est établi dans une langue autre que l'une des langues suivantes...* ».
4. Ainsi, si une traduction de l'acte est signifiée ou notifiée postérieurement, comme l'a admis la Cour de justice dans l'arrêt CJCE 8 nov. 2005, Götz Leffler c/Berlin Chemie AG, aff. C-443/03, la date de signification ou de notification sera cella à laquelle la traduction a été signifiée ou notifiée conformément à la législation de l'État membre requis, sauf exception prévue *in fine* dans l'article 8 § 3 – V. AUSSI, Règl. CE n° 1393/2007, art. 9 § 2.
5. V. Règl. CE n° 1393/2007, 13 nov. 2007, art. 11 § 2, qui bénéficie de l'ajout suivant : « *Les frais occasionnés par l'intervention d'un officier ministériel ou d'une personne compétente selon la loi de l'État membre requis correspondent à un droit forfaitaire dont le montant est fixé à l'avance par cet État membre et qui respecte les principes de proportionnalité et de non-discrimination. Les États membres communiquent le montant de ce droit forfaitaire à la Commission* ».
6. V. Règl. CE n° 1393/2007, 13 nov. 2007, art. 14 : « *Tout État membre a la faculté de procéder directement par l'intermédiaire des services postaux, par lettre recommandée avec accusé de réception ou envoi équivalent, à la signification ou à la notification des actes judiciaires aux personnes résidant dans un autre État membre* ».
7. V. les difficultés pratiques pointées par M. Chardon, « Une toilette de chat pour le nouveau règlement sur la signification et la notification des actes transfrontières dans l'Union européenne », *Dr. et proc.* mars-avr. 2008, cahier *Droit et procédures internationales*, n° 2, p. 4 : accusés de réception fréquemment non retournés, incertitudes, *etc.*
8. V. M. Chardon, préc. s^s prés^t n°.

de notification efficaces, « *permettant d'assurer la notification de la date des audiences aux parties en temps voulu* »[1].

SECTION 1

CHAMP D'APPLICATION DU RÈGLEMENT CE N° 1393/2007 DU 13 NOVEMBRE 2007

163.11 Même champ d'application matériel que l'ancien règlement CE n° 1348/2000 du 29 mai 2000. Le règlement du 13 novembre 2007, comme son prédécesseur du 29 mai 2000 avant d'être abrogé, s'applique *en matière civile ou commerciale* lorsqu'un **acte judiciaire ou extrajudiciaire** doit être transmis d'un État membre à un autre pour y être **signifié** ou **notifié** (Règl., art. 1er). Diverses matières sont exclues du champ d'application du règlement : il s'agit des matières fiscales, douanières ou administratives, ainsi que la responsabilité de l'État pour des actes ou des omissions commis dans l'exercice de la puissance publique (« *acta jure imperii* » – Règl., art. 1 § 1). Rappelons que, si initialement l'article 1 § 3 du règlement CE n° 1393/2007 du 13 novembre 2007 énonçait que, « *aux fins du présent règlement, on entend par "État membre", les États membres, à l'exception du Danemark* », le Danemark a depuis lors manifesté sa volonté d'être lié par ce règlement comme il avait accepté de l'être par le règlement signification précédent (v. ss n° 163.05).

Le règlement ne trouve toutefois pas application lorsque l'adresse du destinataire de l'acte est inconnue (Règl., art. 1 § 2). Dans ce cas, l'huissier devra alors procéder à une signification de droit commun selon les règles de son Code de procédure civile ou selon les stipulations d'une éventuelle convention bilatérale. Dans l'affaire *G... c/Cornelius de Visser*[2], la Cour de justice admet que cette circonstance ne fait pas obstacle à l'application du règlement Bruxelles I n° 44/2001 du 22 décembre 2000[3] (Règl., art. 5 § 3) si la juridiction saisie ne dispose pas d'indices probants lui permettant de conclure que le défendeur est effectivement domicilié en dehors du territoire de l'Union européenne. En l'absence de règles européennes sur les conséquences de l'ignorance quant à l'adresse du défendeur sur la notification, la Cour estime que le droit de l'Union ne s'oppose pas au prononcé d'un jugement par défaut (comme le prévoyait en l'espèce la législation allemande) à l'encontre d'un défendeur auquel, à défaut de pouvoir le localiser, l'acte introductif d'instance a été signifié par voie de publication selon le droit national, à condition toutefois que la juridiction saisie se soit auparavant assurée que toutes les recherches requises par les principes de diligence et de bonne foi ont été entreprises pour retrouver le défendeur.

Dans un arrêt du 25 juin 2009, *Roda Golf & Beach Resort*[4], la Cour de justice a eu à préciser la **notion d'acte extrajudiciaire** pouvant relever du règlement au sens de l'article 16 de ce dernier. Elle a jugé que la notion d'acte extrajudiciaire est une notion de droit communautaire qui relève du **principe d'une interprétation autonome.** La signification ou la notification, en dehors d'une procédure judiciaire, d'un acte notarié, relève du champ d'application du règlement signification : « *Étant donné que le système de signification et de notification intracommunautaire a pour finalité le bon fonctionnement du marché intérieur, la coopération judiciaire visée par l'article 65 CE et le règlement n° 1348/2000 ne saurait être circonscrite aux seules procédures judiciaires, mais est susceptible de se manifester également en dehors d'une telle procédure dans la mesure où ladite coopération a une incidence transfrontière et est nécessaire au bon fonctionnement du marché intérieur* ». Cette analyse s'applique également au règlement CE n° 1393/2007 qui a remplacé le règlement CE n° 1348/2000.

Le règlement énonce sa priorité sur les autres normes susceptibles d'application : selon le considérant 23, il prévaut, dans les rapports entre les États membres qui y sont parties, sur les dispositions contenues dans des accords ou arrangements bilatéraux ou multilatéraux ayant le même champ d'application, conclus par les États membres, notamment la convention de La Haye du 15 novembre 1965 relative à la signification et la notification à l'étranger des actes judiciaires et extrajudiciaires en matière civile et commerciale (v. aussi, Règl., art. 20 § 1). Il ne fait toutefois pas obstacle au maintien ou à la conclusion par les États membres d'accords ou d'arrangements visant à accélérer ou à simplifier la transmission des actes, pour autant qu'ils soient compatibles avec le présent règlement. Si les États membres peuvent en théorie s'engager par des accords bilatéraux ou multilatéraux, c'est donc sous réserve que ces derniers ne portent pas atteinte aux dispositions du règlement européen (Règl., art. 20 § 2). Les États membres sont d'ailleurs tenus de transmettre à la Commission copie des « *accords ou arrangements* » qu'ils ont conclus ou qu'ils entendent conclure (Règl., art. 20 § 3).

Pour un cas de non-application du règlement CE n° 1393/2007 du 13 novembre 2007, car la signification d'un acte destiné à une société étrangère (anglaise) peut

1. CEDH 10 mai 2007, Gospodinov c/Bulgarie, req. n° 62722/00, § 40, *Dr. et proc.* 2007, n° 5, cahier *Droit et procédures internationales*, p. 27, obs. Fricero.
2. CJUE 15 mars 2012, G. c/Cornelius de Visser, aff. C-292/10, *D.* 2012. 952; *Europe* 2012. Comm. 173, obs. Idot.
3. Règl. CE n° 44/2001, dit Bruxelles I, du Conseil, 22 déc. 2000, concernant la compétence judiciaire, la reconnaissance et l'exécution des décisions en matière civile et commercial, *JOCE*, n° L 12, p. 1-23.
4. CJCE 25 juin 2009, Roda Golf & Beach Resort, aff. C-14/08, *D.* 2009. 1836.

être faite valablement à son représentant dont le domicile est en France, v. l'arrêt du 20 novembre 2012 de la Cour de cassation[1] : alors que la société anglaise prétendait que la signification de l'acte d'appel et de l'assignation à jour fixe effectuée en France ne pouvait être régulièrement faite au domicile d'un de ses cogérants et qu'il convenait d'appliquer le règlement du 13 novembre 2007, la Cour de cassation répond d'abord que la délivrance d'une assignation destinée à une personne morale est régulière dès lors qu'elle est faite à la personne de son représentant légal, ensuite que le règlement signification n'est applicable que lorsqu'un acte doit être transmis d'un État membre à l'autre, ce qui n'était pas le cas en l'espèce (dans le même sens, v. une décision du tribunal régional [*Landgericht*] de Hambourg du 12 mars 2013)[2].

La Cour de justice a eu à se prononcer sur le caractère obligatoire du règlement : dans un **arrêt du 19 décembre 2012, *Krystina Alder***[3], des demandeurs domiciliés en Allemagne, qui agissaient en paiement d'une créance devant les juridictions polonaises, avaient été informés qu'ils devaient communiquer dans le délai d'un mois le nom d'un représentant en Pologne, faute de quoi les actes qui leur seraient adressés seraient versés au dossier et réputés leur avoir été signifiés (C. pr. civ. polonais, art. 1135 § 2). Les demandeurs ne comparurent pas à l'audience et demandèrent ensuite une réouverture de la procédure, car ils prétendaient ne pas avoir été convoqués à l'audience. La juridiction polonaise demanda à la Cour de justice si les actes judiciaires destinés à une partie dont la résidence ou le lieu de séjour habituel se trouve dans un autre État membre peuvent être conservés au dossier, en étant réputés signifiés, lorsque ladite partie n'a pas désigné un représentant en Pologne autorisé à recevoir les significations.

La Cour de justice rappelle tout d'abord les deux cas dans lesquels le règlement signification ne s'applique pas : 1° lorsque l'adresse du destinataire de l'acte n'est pas connue (Règl., art. 1 § 2), ou 2° lorsqu'un acte est signifié ou notifié au représentant mandaté d'une partie dans l'État membre où l'instance a lieu, quel que soit le lieu de résidence de cette partie (consid. 8). Elle en déduit que « *dans les autres hypothèses, [...] dès que le destinataire d'un acte judiciaire réside à l'étranger, la signification ou la notification de cet acte relèvent nécessairement du champ d'application du règlement n° 1393/2007, et doivent* [...] *être réalisés par des moyens mis en place par le règlement lui-même* ». La Cour liste les moyens de transmission d'actes prévus par le règlement et en déduit que « *force est de constater que celui-ci ne réserve aucune place et s'oppose donc à une procédure de signification ou de notification fictive telle que celle en vigueur en Pologne en vertu de l'article 1135 5 du Code de procédure civile* » (point 33). Les objectifs d'améliorer et d'accélérer la transmission des actes « *ne sauraient être atteints en affaiblissant, de quelque manière que ce soit, les droits de la défense de leurs destinataires, qui dérivent du droit à un procès équitable, consacré aux articles 47, deuxième alinéa, de la Charte des droits fondamentaux de l'Union européenne et 6, paragraphe 1, de la Convention de sauvegarde des droits de l'homme et des libertés fondamentales* » (point 35). La Cour souligne que, d'ailleurs, le règlement du 13 novembre 2007 oblige le juge de l'État membre d'origine à surseoir à statuer si le défendeur ne comparaît pas, aussi longtemps qu'il n'est pas établi que l'acte introductif d'instance a été signifié ou notifié en temps utile selon un mode prescrit par la loi de l'État membre requis ou bien que cet acte a été effectivement remis au défendeur ou à sa résidence, selon un autre mode prévu par le règlement. Dès lors, un mécanisme de signification ou notification fictive est incompatible avec la réalisation des objectifs de protection des droits de la défense visée par le règlement du 13 novembre 2007 (point 40). Pour la Cour, le règlement doit donc être regardé comme **exhaustif**, si bien que lorsqu'il est applicable, il faut recourir à l'un des modes de signification ou notification qu'il prévoit et donc écarter toute règle de droit nationale, notamment contraire aux droits de la défense. La Cour fédérale de justice allemande a adopté une position similaire dans un arrêt pourtant rendu antérieurement à celui de la Cour de justice de l'Union européenne[4].

SECTION 2
CRÉATION D'ENTITÉS SPÉCIFIQUES DANS CHAQUE ÉTAT MEMBRE

163.21 Objectif : une transmission accélérée des actes judiciaires ou extrajudiciaires. Pour accélérer la transmission des actes judiciaires ou extrajudiciaires, le règlement du 13 novembre 2007, comme le faisait également le règlement antérieur du 29 mai 2000, établit des relations plus directes entre les personnes ou les autorités responsables de leur transmission et celles chargées de procéder ou de faire pro-

1. Com. 20 nov. 2012, n° 11-17.653, *Bull. civ.* IV, n° 207; *D.* 2012. 2811; *Dr. et proc.* 2012. 307; *Dr. et proc.* 2023. 19.
2. LG Hambourg, 12 mars 2013, 325 O 224/12, *IPRax* 2013. *Heft* 4, p. IX – COMP. Règl. CE n° 1393/2007, 13 nov. 2007, consid. 8 : « *Le présent règlement ne devrait pas s'appliquer à la signification et à la notification d'un acte au représentant mandaté d'une partie dans l'État membre où l'instance a lieu, quel que soit le lieu de résidence de cette partie* ».
3. CJUE 19 déc. 2012, Krystina et Ewald Alder c/Sabina Orlowska et Czeslaw Orlowski, aff. C-325/11, *Europe* 2013. Comm. 107, obs. Idot – V. AUSSI, C. Heinze, « *Keine Zustellung durch Aufgabe zur Post im Anwendungsbereich der Europäischen Zustellungsverordnung* », *IPRax* 2013. 132.
4. C. féd. Justice (BGH), 2 févr. 2011, VIII ZR 190/10, NJW 2011. 1885.

céder à leur signification ou notification. Pour ce faire, chaque État membre a dû désigner des **entités d'origine** et des **entités requises**, chargées respectivement de transmettre et de recevoir les actes en question. En outre, une **entité centrale** existe dans chaque État membre, dont la mission consiste notamment à fournir des informations et à résoudre les possibles difficultés liées à la transmission des actes (pour la France, Bureau d'entraide internationale du ministère de la Justice).

163.22 Entités d'origine. Chaque État membre doit désigner des officiers ministériels ou autres autorités ou personnes compétentes pour transmettre les actes judiciaires ou extrajudiciaires afin qu'ils soient signifiés ou notifiés dans un autre État membre (Règl., art. 2 § 1). Dans le système du règlement, ces entités d'origine sont en principe exclusivement compétentes pour procéder à la transmission, sauf toutefois dans les hypothèses spécifiques visées aux articles 12 à 15, qui prévoient des modes de transmission particuliers ne faisant pas intervenir les entités d'origine.

En **France**, l'entité d'origine est **l'huissier de justice**[1]. Ce peut également être les services de greffe ou secrétariat-greffe des juridictions compétentes en matière de notification des actes (cela vise en France le conseil de prud'hommes et le tribunal d'instance).

En **Allemagne**, les entités d'origine sont les **juridictions chargées de signifier les actes.** Pour les actes extrajudiciaires, il s'agit du tribunal cantonal *(Amtsgericht)* dans le ressort duquel la personne qui signifie ou notifie les actes a son domicile ou sa résidence permanente[2].

En **Espagne**, les entités d'origine sont les **greffiers** *(secretarios judiciales)* des diverses juridictions à juge unique *(juzgados)* ou collégiales *(tribunales)*.

En **Italie**, ce sont les **services uniques des officiers judiciaires** près les cours d'appel *(Uffici Unici degli Ufficiali Giudiziari costituiti presso le Corti di Appello)*, ainsi que les services uniques des officiers judiciaires auprès des tribunaux ordinaires qui ne sont pas sièges de cour d'appel et auprès de leurs sections détachées *(Uffici Unici degli Ufficiali Giudiziari costituiti presso i Tribunali Ordinari che non siano sede di Corte di Appello e presso le relative Sezioni distaccate)*.

Au **Royaume-Uni**, l'entité d'origine est, pour l'Angleterre et le Pays de Galles, le *Senior Master, for the Attention of the Foreign Process Department, Royal Courts of Justice.* Pour l'Écosse, ce sont les *Messengers-at-Arms* (huissiers de justice), pour l'Irlande du Nord, le *Master (Queen's Bench and Appeals), Royal Courts of Justice*[3].

La Commission européenne a établi un *Manuel des entités requises* qui est disponible sur le site de l'Atlas judiciaire européen en matière civile[4] dans lequel figurent adresse, numéros de téléphone et fax ainsi qu'adresses de courrier électronique des études d'huissiers de justice en lien avec le code postal des localités. Rappelons que depuis le décret n° 2007-813 du 11 mai 2007 (entré en vigueur le 1er janvier 2009)[5], la compétence territoriale de l'huissier de justice a été étendue en France au département.

La désignation des entités d'origine opérée par les États membres est valable pour une première période de cinq ans et peut être renouvelée tous les cinq ans (Règl., art. 2 § 3 *in fine*). En cas de modification, les États membres sont tenus d'aviser la Commission afin que puisse être mis à jour le Manuel (Règl., art. 2 § 4 *in fine*).

163.23 Entités requises. Les entités requises, désignées par chaque État membre, sont les **officiers ministériels, autorités ou autres** personnes qui sont compétents pour recevoir les actes judiciaires ou extrajudiciaires en provenance d'un autre État membre[6]. Chaque État membre a dû communiquer à la Commission le nom et l'adresse de ses entités requises, leur ressort de compétence territoriale, les moyens de réception dont elles disposent[7], ainsi que les langues[8] pouvant être utilisées pour compléter le formulaire type devant accompagner l'acte à signifier ou notifier.

1. Ainsi, en France, l'huissier de justice transmet l'acte à signifier ou notifier dans un autre État membre, à l'entité requise de cet autre État membre dit État requis. L'huissier peut aussi adresser l'acte par la voie postale si le droit de l'État membre requis l'admet.
2. Pour les actes notariés, il peut aussi s'agir du tribunal cantonal (*Amtsgericht*) dans le ressort duquel le notaire qui a dressé l'acte a son étude. Les *Länder* ont la possibilité d'attribuer à un seul tribunal cantonal les compétences de l'entité d'origine pour les ressorts de plusieurs tribunaux cantonaux.
3. Pour Gibraltar, c'est le *Registrator of the Supreme Court of Gibraltar.*
4. http://ec.europa.eu/justice_home/judicialatlascivil/html/index_fr.htm
5. Décr. n° 2007-813, 11 mai 2007, modifiant la compétence territoriale des huissiers de justice, *JO* 12 mai, p. 8712.
6. Les deux règlements de 2000 et 2007 prévoient (Règl., art. 2.3) que si un État membre le souhaite, la même autorité peut être à la fois entité d'origine et entité requise. Il est aussi, au contraire, possible de désigner plusieurs de chaque catégorie, par exemple dans les États fédéraux.
7. Le moyen de réception adopté par la France pour la transmission des actes à signifier est le courrier postal.
8. La France a accepté le français, l'anglais, l'allemand, l'espagnol et l'italien tant pour le formulaire type de transmission des actes (Règl., ann. I) que pour l'attestation de signification ou de notification et copie de l'acte signifié ou notifié. Plusieurs pays, dont l'Allemagne, l'Autriche, la Belgique, Chypre, la Lettonie, la Slovaquie, la Slovénie, la Suède ont accepté leur(s) langue(s) nationale(s) et l'anglais. La Bulgarie a même admise outre le bulgare, le français et l'anglais, tout comme la Roumanie. Le Danemark, la Grèce, l'Italie, la Lituanie également. L'Espagne a admis, outre l'espagnol, le français, l'anglais et le portugais (il en va de même pour le Portugal). La Hongrie admet, outre sa langue, l'allemand, l'anglais et le français; Malte n'admet que l'anglais; les Pays-Bas l'anglais et l'allemand, tout comme la Pologne. La Finlande admet le finnois, le suédois et l'anglais. Le Royaume-Uni admet l'anglais et le français.

En **France**, l'État a décidé de désigner une même entité d'origine et entité requise : l'huissier de justice (initialement, l'entité requise était la Chambre nationale des huissiers de justice mais la France a fait une communication à la Commission européenne pour désigner ensuite les huissiers de justice). Est donc compétent pour recevoir les actes judiciaires ou extrajudiciaires en provenance d'un autre État membre l'huissier de justice territorialement compétent.

L'**Espagne**, l'**Italie** et le **Royaume-Uni** ont également fait le choix de désigner les mêmes greffiers comme entité d'origine et entité requise.

En **Allemagne**, l'entité requise est la juridiction dans le ressort de laquelle l'acte est signifié ou notifié; là encore, les gouvernements des *Länder* peuvent attribuer compétence à un tribunal cantonal (*Amtsgericht*) en tant qu'entité requise pour le ressort de plusieurs tribunaux cantonaux.

L'article 22 du règlement CE n° 1393/2007 du 13 novembre 2007 précise que les informations (notamment les données à caractère personnel) transmises dans le cadre de la signification ou de la notification ne peuvent être utilisées par les entités requises qu'aux fins pour lesquelles elles ont été transmises. Les entités requises sont tenues d'assurer la confidentialité de ces informations « *conformément à leur législation nationale* ». L'article 22 § 4 fait référence à des directives européennes en matière de protection des données à caractère personnel et précise que le règlement ne « *préjuge pas* » de leur application.

163.24 Entité centrale. L'entité centrale désignée par chaque État membre est chargée de fournir des informations aux entités d'origine, de rechercher des solutions aux difficultés pouvant se présenter lors d'une transmission d'acte et, de faire parvenir elle-même, dans des cas exceptionnels, à la requête de l'entité d'origine, une demande de signification ou notification à l'entité requise compétente (Règl., art. 3).

La Commission européenne a établi un **manuel** contenant les adresses des entités et des langues pouvant être utilisées dans tous les États membres parties au règlement[1].

Pour la **France**, l'entité centrale est le ministère de la Justice[2].

En **Allemagne**, État fédéral, il existe une entité centrale dans chaque État fédéré *(Land)*. Pour le Bade-Wurtemberg par exemple, c'est le tribunal cantonal *(Amtsgericht)* de Fribourg, alors que pour la Bavière, c'est le *Bayerisches Staatsministerium der Justiz* (Ministère bavarois de la justice) et à Berlin l'administration de la justice du sénat *(Senatsverwaltung der Justiz)*.

L'**Espagne** en revanche, malgré ses communautés autonomes (qui ont très peu de compétences législatives en matière de procédure civile), a désigné une seule entité centrale : la *Subdirección Genram de Cooperación Jurídica Internacional del Ministerio de Justicia de Madrid*. Il en va de même en **Italie**, où l'entité centrale est le Service unique des officiers judiciaires auprès de la cour d'appel de Rome (*Ufficio Unico degli Ufficiali Giudiziari presso la Corte di Appello di Roma*).

Au **Royaume-Uni**, il existe une entité centrale pour l'Angleterre et le Pays de Galles (le *Senior Master for the attention of the Foreign Process Section, Royal Courts of Justice* à Londres), une pour l'Écosse (*Scottish Government, Constitution, Law and Courts Directorate, EU and International Law Branch* à Edimbourg), une pour l'Irlande du Nord (*Master, Queen's Bench and Appeals, Royal Courts of Justice*, à Belfast) et une pour Gibraltar (*Registrat of the Supreme Court of Gibraltar*).

SECTION 3
MODALITÉS DE TRANSMISSION DES ACTES

163.31 De la souplesse mais des délais à respecter. Dans un libéralisme assez marqué, le règlement du 29 mai 2000 d'abord, puis le règlement CE n° 1393/2007 du 13 novembre 2007, admettent tout moyen de transmission des actes, dès lors que le contenu en est lisible[3]. Afin de favoriser la sécurité des échanges entre États membres, l'acte à signifier ou à notifier est accompagné d'un formulaire dont le modèle figure en annexe du règlement. De même, pour que le règlement puisse développer son efficacité, les motifs de refus de la signification ou de la notification sont limités à des situations exceptionnelles. Celles-ci concernent avant tout la garantie des droits de la défense du destinataire de l'acte.

1. V. http://ec.europa.eu/justice_home/judicialatlascivil/html/pdf/manual_sd.pdf (dernière consultation : 9 déc. 2013).
2. Direction des affaires civiles et du Sceau (DACS), Bureau de l'entraide civile et commerciale internationale, 13 place Vendôme F. 75042 Paris CEDEX 01; téléphone : 0033 (0) 1 44 77 61 05; fax : 0033 (0) 1 44 77 61 22, courrier électronique : entraide-civile-internationale@justice.gouv.fr
3. V. Règl. CE n° 1393/2007, 13 nov. 2007, consid. 7, dont le contenu est très proche du considérant 7 du règlement du 29 mai 2000 : « *La rapidité de la transmission justifie l'utilisation de tout moyen approprié, pour autant que soient respectées certaines conditions quant à la lisibilité et la fidélité du document reçu* » – Sur la signification au domicile élu en France par une partie demeurant dans un autre État membre de l'Union européenne, v. Civ. 2e, 2 déc. 2010, n° 09-65.987, *Bull. civ.* II, n° 195; *D.* 2011. 526, point de vue Sampieri-Marceau; *D.* 2011. 632, chron. Sommer, Leroy-Gissinger, Adida-Canac et Grignon Dumoulin; *RTD civ.* 2011. 174, obs. Perrot. Selon cet arrêt : « *L'élection de domicile imposée par l'article 855 C. pr. civ. n'emporte pas pouvoir pour la personne chez laquelle domicile a été élu de recevoir la signification du jugement destiné à la partie elle-même* », sans distinguer entre droit interne et droit international, ce qui signifie que celui qui signifie n'a pas d'option entre signification en France à domicile élu et signification à partie à l'étranger; v. J.-F. Sampieri-Marceau, « Signification au domicile élu en France par la partie demeurant à l'étranger (CE) », *D.* 2011. 526.

Le chapitre II du règlement traite de la **transmission des actes judiciaires aux fins de signification ou notification**, mais le chapitre III (Règl., art. 16) précise que pour les actes extrajudiciaires, la transmission peut également avoir lieu selon le règlement.

Il est certain que les transmissions et significations ou notifications ne se font pas encore assez rapidement, et que l'emploi des nouvelles technologies (dématérialisation des actes de procédures, transmission, signification ou notification sous forme électronique) devrait être étendu, comme cela est promu par divers projets financés par l'Union européenne en la matière (eCodex, E-Justice *service of process*).

163.32 Principe : une transmission directe entre entité d'origine et entité requise. Le principe est celui d'une transmission « *directe et dans les meilleurs délais* » entre l'entité d'origine et l'entité requise (Règl., art. 4 § 1). La transmission peut se faire par tout « *moyen approprié* »[1], dès lors que le contenu du document reçu est fidèle et conforme à celui du document expédié et que toutes les mentions sont aisément lisibles (Règl., art. 4 § 2). L'acte à transmettre doit être accompagné d'une demande établie sur formulaire type dont le modèle figure en annexe du règlement[2]. Aucune légalisation n'est requise (Règl., art. 4 § 4). Le formulaire type qui doit accompagner l'acte à transmettre est à rédiger dans une des langues que l'État membre requis a déclaré pouvoir accepter. Toutes ces informations se trouvent sur le **site de l'Atlas judiciaire européen** à l'onglet « Signification et notification d'actes ».

L'entité d'origine doit vérifier la régularité formelle de l'acte; elle doit joindre à l'acte de transmission divers éléments : le formulaire d'envoi, une copie de l'acte transmis, les pièces éventuellement jointes. Lorsqu'elle souhaite que lui soit retourné un exemplaire de l'acte avec attestation de l'accomplissement des formalités de notification ou signification, elle doit adresser les actes en double exemplaire (Règl., art. 10).

1. Courrier postal, électronique, télécopie. Ce peuvent donc être des écrits dématérialisés, dès lors que la fidélité est bien garantie au regard de l'acte reçu pour être transmis. L'écrit électronique ne peut être utilisé que si l'État membre requis l'a accepté. Or la France, contrairement à d'autres États membres, n'avait admis que la voie du courrier postal, ce qui signifie en pratique lettre recommandée avec accusé de réception. Encore aujourd'hui, sur le site de l'Atlas judiciaire européen (dernière consultation : 9 déc. 2013) ne figure pour la France comme moyen de réception autorisé que le courrier postal (v. http://ec.europa.eu/justice_home/judicialatlascivil/html/ds_otherinfostate_fr_fr.jsp).
2. Le formulaire est rempli dans la langue officielle de l'État membre requis ou dans toute autre langue que cet État aura déclaré pouvoir accepter. Chaque État membre doit indiquer à la Commission européenne la ou les langues officielles de l'Union européenne autres que les siennes, dans lesquelles il accepte que le formulaire soit complété (Règl., art. 4.3).

Le règlement CE n° 1393/2007 du 13 novembre 2007 qui est entré en application le 13 novembre 2008 impose divers délais : d'abord, l'entité requise doit, dans un délai de sept jours à compter de la réception de l'acte à signifier, accuser réception à l'entité d'origine en utilisant le formulaire type de l'annexe I du règlement (Règl., art. 6 § 1). Ensuite, le règlement du 13 novembre 2007 impose également que l'entité requise assure la signification ou la notification de l'acte dans le délai d'un mois (Règl., art. 7 § 2) à compter de sa réception. Il ne semble pas toutefois que la méconnaissance de cette exigence puisse donner lieu à sanction.

163.33 Autres modes de transmission possibles. Une section 2 du chapitre II du règlement du 13 novembre 2007[3] prévoit à titre spécifique d'autres moyens de transmission et de signification ou notification des actes judiciaires :

– **transmission par voie consulaire ou diplomatique dans des circonstances exceptionnelles** (Règl., art. 12), et possible signification ou notification par les agents diplomatiques ou consulaires (Règl., art. 13)[4]. Le texte ne précise toutefois aucunement ce qu'il fait entendre par « *circonstances exceptionnelles* »;

– **signification ou notification par la Poste** (Règl., art. 14)[5] : cela signifie qu'il est permis aux États membres de procéder à la transmission d'un acte judiciaire ou extrajudiciaire directement par la voie

3. Cela était déjà le cas dans le règlement du 29 mai 2000.
4. Tout État membre peut faire procéder directement et sans contrainte par les soins de ses agents diplomatiques ou consulaires à la signification ou notification d'actes judiciaires aux personnes résidant sur le territoire d'un autre État membre, mais tout État membre peut faire savoir qu'il est opposé à l'usage de cette faculté sur son territoire, sauf si l'acte doit être signifié ou notifié à un ressortissant de l'État membre d'origine.
5. Là encore, c'est une faculté pour tout État membre de procéder directement par la Poste à de telles significations ou notifications à des personnes résidant dans un autre État membre, mais tout État membre pouvait, sous l'empire du règlement du 29 mai 2000, préciser sous quelles conditions il accepterait cette forme de notification des actes judiciaires. Il semble, d'après le rapport de 2004 de la Commission européenne adressée au Parlement européen (Doc. COM CE n° 603 final, 1er oct. 2004, *Commission Staff Working Paper*, SEC (2004) 1145) que dans 55 % des cas, la notification se fasse par la voie postale, ce qui crée parfois des difficultés en cas de signature illisible, d'absence de retour de l'accusé de réception ou encore d'accusé de réception rempli de façon incomplète. La France a admis une transmission de l'acte par voie postale (lettre recommandée avec demande d'avis de réception). Dans le règlement CE n° 1393/2007 du 13 novembre 2007 qui est entré en application le 13 novembre 2008, l'article 14 ne permet plus à un État membre de refuser une notification par lettre recommandée avec accusé de réception. Le nouveau règlement n'instaure aucune hiérarchie entre la signification par huissier et la notification par lettre recommandée et le requérant peut choisir librement entre ces deux modes.

des services postaux (lettre recommandée avec accusé de réception). Ce mode ne fait pas intervenir les entités prévues par le règlement. On peut s'interroger sur sa fiabilité, surtout dans des procédures transfrontières[1];

– **transmission par officiers ministériels, fonctionnaires ou autres personnes compétentes :** toute personne impliquée dans une instance judiciaire peut faire procéder à une notification ou signification d'actes judiciaires directement par le biais d'un officier ministériel, d'un fonctionnaire ou d'autres personnes compétentes dans l'État membre requis (Règl., art. 15). La condition posée par l'article 15 du règlement est que le mode de signification ou de notification utilisé soit admis dans l'État membre requis. Cela signifie qu'il n'est en principe pas indispensable de passer par l'entité d'origine de l'État membre duquel l'expéditeur souhaite transmettre l'acte aux fins de signification ou notification. La Cour de justice[2] a précisé que le règlement devait être interprété en ce sens qu'il n'établissait aucune hiérarchie entre le moyen de transmission et de signification prévue à ses articles 4 à 11 (transmission et signification par la voie de l'entité requise) et celui prévu à son article 14 (signification par la Poste) et que, par conséquent, il était possible de signifier un acte judiciaire par l'un ou l'autre de ces deux moyens ou de manière cumulative. Elle a ajouté que, en cas de cumul du moyen de transmission et de signification prévu aux articles 4 à 11 (transmission et signification par la voie de l'entité requise) et celui prévu à l'article 14 (notification par la Poste), il convenait, pour déterminer à l'égard du destinataire le point de départ d'un délai de procédure lié à l'accomplissement d'une notification, de se référer à la date de la première notification valablement effectuée.

SECTION 4

QUESTION DE LA TRADUCTION ET REFUS DE L'ACTE PAR LE DESTINATAIRE

163.41 Langue de l'acte et traduction. Lorsque le requérant adresse à l'entité d'origine l'acte qu'il souhaite voir signifier ou notifier dans un autre État membre, cette autorité doit lui indiquer que le destinataire peut refuser de l'accepter s'il n'est pas établi dans une des langues prévues à l'article 8 du règlement (Règl., art. 5). Le requérant peut alors décider de procéder à une traduction préalable de l'acte, dont il prend en charge les frais dans un premier temps[3]. L'article 8 énonce que l'entité requise qui notifie ou signifie l'acte au destinataire doit aviser ce dernier qu'il a le droit de refuser l'acte si celui-ci est établi dans une langue autre que l'une des langues suivantes, sans être accompagné d'une traduction : une langue comprise du destinataire ou la langue officielle de l'État membre requis[4]. La nouvelle formule textuelle est plus large et plus pragmatique[5]; le règlement CE n° 1393/2007 du 13 novembre 2007 permet en outre au destinataire de l'acte de le refuser ou immédiatement lorsque l'acte lui est présenté, ou dans un délai d'une semaine (Règl., art. 8 § 1). Le refus du destinataire de l'acte fondé sur l'absence de traduction de ce dernier a donné lieu à une clarification de la part de la Cour de justice.

La Cour de cassation française a jugé[6] que, dans le cadre de l'article 8 § 1 du règlement CE n° 1393/2007 du 13 novembre 2007 prévoyant la possibilité d'un refus de réception du destinataire de l'acte pour des raisons d'absence de traduction, lorsque le formulaire n'est pas rempli et ne précise pas où le refus doit être adressé, la notification ne peut être considérée comme régulière.

163.42 Jurisprudence de la Cour de justice. La Cour de justice – saisie par une question préjudicielle du *Hoge Raad*[7] néerlandais – a rendu en 2005 un arrêt relatif au règlement CE n° 1348/2000 du 29 mai 2000 en matière de signification et de notification des actes (**arrêt *Götz Leffler***)[8]. Elle était saisie à propos d'une apparente lacune du règlement. L'article 8 de ce dernier prévoyait en effet que le destinataire d'un acte pouvait le refuser lorsque ce dernier n'était pas rédigé dans une langue officielle de l'État membre requis ou dans une langue de l'État membre d'origine que le destinataire comprend. Mais

1. DANS LE MÊME SENS, v. J.-P. Rémy, « Règlement (CE) n° 1393/2007 du 13 novembre 2007 relatif à la signification et à la notification dans les États membres des actes judiciaires et extrajudiciaires en matière civile et commerciale et abrogeant le règlement (CE) n° 1348/2000 du Conseil », in L. Cadiet, E. Jeuland et S. Amrani-Mekki, *Droit processuel civil de l'Union européenne*, LexisNexis, 2011, p. 225.
2. CJCE 9 févr. 2006, Plumex c/Young sports NV, aff. C-473/04 (sur le site internet de la Cour de justice www.curia.europa.eu) : « *Il convient, pour déterminer à l'égard du destinataire le point de départ d'un délai de procédure lié à l'accomplissement d'une signification, de se référer à la date de la première signification valablement effectuée* ». – V. AUSSI, *Procédures* 2006, n° 66; B. Heiderhoff, « *Keine Rangordnung der Zustellungsarten* », *IPRax* 2007. 293.
3. « *Sans préjudice d'une éventuelle décision ultérieure de la juridiction ou de l'autorité compétente sur la prise en charge de ces frais* » (Règl., art. 5 § 2).
4. Ou, s'il existe plusieurs langues officielles de l'État membre requis, la langue officielle ou l'une des langues officielles du lieu où il doit être procédé à la signification ou à la notification.
5. Selon le règlement du 29 mai 2000, il s'agissait de la langue officielle de l'État membre requis (ou, s'il existe plusieurs langues officielles dans cet État, la langue officielle ou l'une des langues officielles du lieu où il doit être procédé à la signification ou à la notification), ou d'une langue de l'État membre d'origine connue du destinataire.
6. Civ. 2e, 18 oct. 2012, n° 11-22.673, *Bull. civ.* II, n° 179; *D.* 2012. 2528; *D.* 2013. 1508, obs. Jault-Seseke.
7. Équivalent de la Cour de cassation française.
8. CJCE 8 nov. 2005, Götz Leffler c/Berlin Chemie AG, aff. C-443/03, *D.* 2006. 1259, obs. Nourissat – V. www.curia.europa.eu

rien n'était dit quant aux conséquences de ce refus. Il convenait donc de savoir si la notification (ou signification) était frappée de nullité, ou si l'expéditeur de l'acte était autorisé à remédier à l'absence de traduction par une nouvelle signification ou notification (de la traduction cette fois-ci). Dans son arrêt du 8 novembre 2005, la Cour de justice, utilisant un raisonnement marqué d'interprétation téléologique, considéra que l'objectif du règlement d'assurer la rapidité et l'efficacité de la transmission des actes et l'effet utile qui devait être reconnu à la possibilité de ne pas faire traduire ledit acte dans la langue officielle de l'État requis, justifiaient que « *soit exclue la nullité de l'acte lorsque ce dernier a été refusé par le destinataire* »; en effet, selon la cour, « *lorsque le destinataire d'un acte a refusé celui-ci au motif que cet acte n'est pas rédigé dans une langue officielle de l'État membre requis ou dans une langue de l'État membre d'origine que ce destinataire comprend, l'expéditeur a la possibilité d'y remédier en envoyant la traduction demandée* », *selon* « *les modalités prévues par le règlement n° 1348/2000 et dans les meilleurs délais* »[1]. Ceci permet de ne pas laisser sans solution la première notification faite de façon irrégulière et paraît logique au vu des objectifs que s'assigne le règlement du 29 mai 2000. Comme le relève justement la Cour de justice, s'il ne pouvait être remédié au refus par la notification postérieure d'une traduction de l'acte, cela conduirait l'expéditeur à toujours prendre la précaution de joindre cette traduction, mettant ainsi en cause l'utilité des dispositions du règlement relatives à l'absence de nécessité de traduction des actes, dispositions qui concourent à l'objectif de rapidité de transmission. Cette jurisprudence *Götz Leffler* a été consacrée par le règlement CE n° 1393/2007 du 13 novembre 2007 (Règl., art. 8 § 3[2]).

Dans un **arrêt du 8 mai 2008, affaire *Weiss und Partner***[3], la Cour de justice avait à se prononcer sur la question de savoir quels documents requéraient une traduction. Elle a jugé que le destinataire d'un acte introductif d'instance n'a pas le droit de refuser la réception de cet acte dès lors que celui-ci met le destinataire en mesure de faire valoir ses droits dans le cadre d'une procédure judiciaire dans l'État membre d'origine bien que l'acte soit accompagné d'annexes constituées de pièces qui ne sont pas rédigées dans la langue de l'État membre requis ou dans une langue de l'État membre d'origine comprise du destinataire. Les annexes ont en l'espèce été considérées comme ayant uniquement une fonction de preuve et comme n'étant pas indispensables pour comprendre l'objet et la cause de la demande en justice. La cour ajoute qu'il appartient au juge national de vérifier si le contenu de l'acte introductif d'instance est suffisant pour permettre au défendeur de faire valoir ses droits ou s'il incombe au demandeur de remédier à l'absence de traduction d'une annexe indispensable. Elle précise également que le fait que le défendeur soit convenu, dans un contrat conclu avec le requérant dans le cadre de son activité professionnelle, que la langue de correspondance serait celle de l'État membre d'origine, ne peut constituer une présomption de connaissance de cette langue, mais un simple indice que le juge peut prendre en considération au moment où il vérifie si le destinataire de l'acte comprend la langue de l'État membre d'origine. Le défendeur ne peut refuser l'acte signifié ou notifié au motif que les annexes ne sont pas rédigées dans la langue de l'État membre requis ou une langue de l'État membre d'origine que le défendeur comprend, dès lors qu'il a – dans le cadre de son activité professionnelle –, conclu un contrat dans lequel est convenu que la langue de correspondance est celle de l'État membre d'origine, et que les annexes concernent cette correspondance et sont rédigées dans la langue convenue. Dans cet arrêt, la Cour de justice limite la notion d'acte introductif d'instance à l'acte ou aux actes dont la notification au défendeur, en temps utile, permet à ce dernier de faire valoir ses droits dans la procédure judiciaire ouverte dans l'État membre d'origine.

SECTION 5
RÉCEPTION DE L'ACTE ET ACTION DE L'ENTITÉ REQUISE

163.51 Rapidité de réaction requise de l'entité requise. L'entité requise, lorsqu'elle reçoit l'acte à

1. La Cour, statuant en Grande chambre, ajoute que « *pour résoudre les problèmes liés à la façon dont il convient de remédier à l'absence de traduction, non prévus par le règlement, il appartient au juge national d'appliquer son droit procédural national tout en veillant à assurer la pleine efficacité dudit règlement, dans le respect de sa finalité* », qui est d'« *améliorer l'efficacité et la rapidité des procédures judiciaires en établissant le principe d'une transmission directe des actes judiciaires et extrajudiciaires* » (CJCE 8 nov. 2005, Götz Leffler c/Berlin Chemie AG, aff. C-443/03, point 3 [préc. s^s prés^t n^o]).

2. Règl., art. 8 § 3 : « *Si le destinataire a refusé de recevoir l'acte en vertu du paragraphe 1, il est possible de remédier à la situation qui en résulte en signifiant ou en notifiant au destinataire, conformément aux dispositions du présent règlement, l'acte accompagné d'une traduction dans l'une des langues visées au paragraphe 1. Dans ce cas, la date de signification ou de notification de l'acte est celle à laquelle l'acte accompagné de la traduction a été signifié ou notifié conformément à la législation de l'État membre requis. Toutefois, lorsque, conformément à la législation d'un État membre, un acte doit être signifié ou notifié dans un délai déterminé, la date à prendre en considération à l'égard du requérant est celle de la signification ou de la notification de l'acte initial, fixée conformément à l'article 9, paragraphe 2* ».

3. CJCE 8 mai 2008, Weiss und Partner, aff. C-14/07, *D.* 2008. 1560; *Rev. crit. DIP* 2008. 665, note Cornette – V. AUSSI, C. Nourissat, *Procédures* 2008, n° 207.

faire signifier ou notifier, adresse au plus vite un **accusé de réception à l'entité d'origine** (au plus tard dans les sept jours suivant cette réception, Règl., art. 6 § 1) [1]. L'article 6 envisage le cas où la demande de signification ou notification sortirait manifestement du cadre du règlement (Règl., art. 6 § 3) [2] et celui où la demande ne peut aboutir sur la base des informations ou pièces transmises (Règl., art. 6 § 2) [3]. Dans l'hypothèse où toutes les conditions sont remplies, **l'entité requise procède ou fait procéder à la signification ou à la notification.** Deux formes sont possibles : ou bien selon la législation de l'État membre requis, ou bien selon la forme particulière demandée par l'entité d'origine (toutefois, dans ce dernier cas, il ne faut pas que cette forme soit incompatible avec le droit de l'État membre requis, Règl., art. 7 § 1).

163.52 Possibles incidents de réception. L'article 6 du règlement envisage trois possibles incidents :

1° La demande de signification ou de notification ne peut aboutir en l'**état des documents transmis** (par ex., parce que les documents sont incomplets) : dans ce cas, l'entité requise se met en relation, par les moyens les plus rapides, avec l'entité d'origine afin d'obtenir les informations ou les pièces qui font défaut (Règl., art. 6 § 2). Cela se fait par formulaire type.

2° La demande de signification ou de notification ne rentre manifestement pas dans le **champ d'application du règlement** ou le non-respect des conditions de forme imposées rend impossible la signification ou la notification (Règl., art. 6 § 3) : dans ce cas, la demande et les actes transmis sont retournés, dès leur réception, à l'entité d'origine, accompagnés de l'avis de retour dont le formulaire type figure à l'annexe I.

3° Enfin, il peut se produire que l'entité requise reçoive un acte pour la signification ou la notification duquel elle n'est **pas territorialement compétente** (Règl., art. 6 § 4) : elle doit alors transmettre cet acte, ainsi que la demande, à l'entité requise territorialement compétente du même État membre si la demande remplit les conditions prévues à l'article 4 § 3, et elle en informe l'entité d'origine au moyen du formulaire type figurant à l'annexe I. L'entité requise territorialement compétente avise l'entité d'origine de la réception de l'acte.

1. Là aussi, un formulaire type est utilisé.
2. Dans ce cas, l'entité requise doit retourner le dossier, dès réception, à l'entité d'origine, avec l'avis de retour sous forme de formulaire type. Il en va de même si le non-respect des conditions de forme requises rend impossible la signification ou la notification.
3. L'entité requise se met alors en relation avec l'entité d'origine, par les moyens les plus rapides, afin d'obtenir les renseignements ou pièces lui faisant défaut. Pour le cas où l'entité requise ne serait pas territorialement compétente, v. Règl., art. 6.4.

163.53 Signification ou notification de l'acte dans l'État membre requis. Procédure de droit commun. Comme cela a déjà été mentionné, l'entité requise peut procéder à la notification ou à la signification de l'acte selon les formes de la législation de l'État membre requis, ou bien selon un mode spécifique demandé spécialement par l'entité d'origine, à condition toutefois que ce mode ne soit pas incompatible avec la loi de l'État membre requis.

Comme l'objectif du règlement l'exige, toutes les formalités doivent être faites « *dans les meilleurs délais* » (Règl., art. 7 § 2). Le règlement CE n° 1393/2007 du 13 novembre 2007 impose même un **délai d'un mois**, sans que des sanctions soient prévues en cas de violation de ce délai. Si la signification ou notification n'a pu être réalisée dans le délai d'un mois à compter de la réception du dossier par l'entité requise, cette dernière doit informer l'entité d'origine par attestation sous forme de **formulaire type**, et continuer à prendre toutes mesures nécessaires pour assurer la signification ou notification.

De même, lorsque les formalités de signification ou de notification ont été accomplies, l'entité requise adresse une **attestation** en ce sens à l'entité d'origine (Règl., art. 10).

En cas d'inaction de l'entité requise, l'entité d'origine peut saisir l'entité centrale de l'État membre requis de la difficulté, puisque ceci relève de la mission des entités centrales désignées par les États de l'Union.

Rappelons, comme cela a été évoqué s[s] n°s 163.41 s., que **le destinataire de l'acte peut refuser de recevoir** ce dernier lorsqu'il n'est pas rédigé dans une langue qu'il comprend ni dans la langue officielle de l'État membre requis (ou, s'il existe plusieurs langues officielles dans cet État membre, par exemple en Belgique, dans la langue officielle ou l'une des langues officielles du lieu où il doit être procédé à la signification ou à la notification – Règl., art. 8 § 1). Lorsque l'entité requise est informée d'un tel refus du destinataire de recevoir l'acte, elle doit en **informer immédiatement l'entité d'origine au moyen d'une attestation** sur formulaire type, en lui retournant la demande et les actes dont la traduction est demandée (Règl., art. 8 § 2). En effet, comme l'a ajouté le règlement CE n° 1393/2007 du 13 novembre 2007 par rapport au règlement antérieur du 29 mai 2000, il est possible de remédier au refus du destinataire en lui signifiant ou notifiant l'acte accompagné d'une traduction dans l'une des langues visées à l'article 8 § 1.

Le contrôle de la régularité de la signification ou de la notification au destinataire se fait selon le droit interne de l'État membre requis.

163.54 Autres modes de signification ou de notification. Si dans une section 1 de son chapitre II, le règlement CE n° 1393/2007 du 13 novembre 2007 prévoit une procédure de droit commun pour la transmission des actes judiciaires (l'article 16 ajoutant que les actes extrajudiciaires peuvent être – également – transmis aux fins de signification ou de notification dans un autre État membre conformément aux dispositions du règlement), une section 2 envisage d'autres moyens de transmission et de signification ou notification. Cette section 2 contient quatre articles (Règl., art. 12 à 15) dont trois prévoient d'autres modes possibles de signification ou de notification :

– **signification ou notification par voie consulaire ou diplomatique** (Règl., art. 13) : comme cela a été vu à propos de la transmission des actes (v. s[s] n° 163.33), ce sont alors les agents diplomatiques ou consulaires (Règl., art. 13)[1] qui procèdent à la signification ou notification d'actes aux personnes résidant sur le territoire d'autres États membres. Les États membres peuvent signaler à la Commission qu'ils s'opposent à l'usage de cette faculté sur leur territoire (sauf toutefois lorsque l'acte doit être signifié ou notifié à des ressortissants de l'État membre d'origine, Règl., art. 13 § 2);

– **signification ou notification par la Poste** (Règl., art. 14)[2] : cela signifie qu'il est permis aux États membres de procéder à la notification d'un acte judiciaire ou extrajudiciaire directement par la voie des services postaux (lettre recommandée avec accusé de réception ou « *envoi équivalent* ») aux personnes résidant dans un autre État membre;

– **signification ou notification directe** (Règl., art. 15) **par officiers ministériels, fonctionnaires ou autres** personnes compétentes : toute personne impliquée dans une instance judiciaire peut faire procéder à une notification ou signification d'actes judiciaires directement par le biais d'un officier ministériel, d'un fonctionnaire ou d'autres personnes compétentes dans l'État membre requis. La condition posée par l'article 15 du règlement est que le mode de signification ou de notification utilisé soit admis dans l'État membre requis.

1. Tout État membre peut faire procéder directement et sans contrainte par les soins de ses agents diplomatiques ou consulaires à la signification ou notification d'actes judiciaires aux personnes résidant sur le territoire d'un autre État membre, mais tout État membre peut faire savoir qu'il est opposé à l'usage de cette faculté sur son territoire, sauf si l'acte doit être signifié ou notifié à un ressortissant de l'État membre d'origine.
2. Là encore, c'est une faculté pour tout État membre de procéder directement par la Poste à de telles significations ou notifications à des personnes résidant dans un autre État membre, mais tout État membre pouvait, sous l'empire du règlement du 29 mai 2000, préciser sous quelles conditions il accepterait cette forme de notification des actes judiciaires. Il semble, d'après le rapport de 2004 de la Commission européenne adressée au Parlement européen (Doc. COM CE n° 603 final, 1er oct. 2004, *Commission Staff Working Paper,* SEC [2004] 1145) que dans 55 % des cas la notification se fasse par la voie postale, ce qui crée parfois des difficultés en cas de signature illisible, d'absence de retour de l'accusé de réception ou encore d'accusé de réception rempli de façon incomplète. La France a admis une transmission de l'acte par voie postale (lettre recommandée avec demande d'avis de réception). Dans le règlement CE n° 1393/2007 du 13 novembre 2007 qui est entré en application le 13 novembre 2008, l'article 14 ne permet plus à un État membre de refuser une notification par lettre recommandée avec accusé de réception. Le nouveau règlement n'instaure aucune hiérarchie entre la signification par huissier et la notification par lettre recommandée et le requérant peut choisir librement entre ces deux modes.

SECTION 6
DATE DE LA SIGNIFICATION OU DE LA NOTIFICATION

163.61 Détermination de la date à laquelle la notification est réputée intervenue. Le règlement CE n° 1393/2007 du 13 novembre 2007 fixe la date à laquelle la signification ou notification est réputée intervenue : il s'agit de la « *date à laquelle l'acte a été notifié ou signifié conformément à la législation de l'État membre requis* » (Règl., art. 9 § 1). Ceci constitue un renvoi à la loi nationale de l'État membre requis. Pour la France, ce sont les articles 653 et suivants (signification) et 665 et suivants (notification) C. pr. civ. qu'il convient de prendre en compte. En vertu de l'article 664-1 C. pr. civ., la date de la signification d'un acte d'huissier de justice, sous réserve de l'article 647-1 C. pr. civ.[3], est celle du jour où elle est faite à personne, à domicile, à résidence ou, dans le cas mentionné à l'article 659 C. pr. civ., celle de l'établissement du procès-verbal. Le Code de procédure civile prévoyant désormais la possibilité d'une signification par voie électronique (si le destinataire a préalablement consenti à ce type de signification), la date et l'heure d'une telle signification sont celles de l'envoi de l'acte à son destinataire. En matière de notification, l'article 669 C. pr. civ. établit une double date : la date de l'expédition d'une notification par voie postale est celle qui figure sur le cachet du bureau d'émission; la date de remise est celle du récépissé ou de l'émargement. En outre, la date de réception d'une notification faite par lettre recommandée avec demande d'avis de réception est celle qui est apposée par l'administration des postes lors de la remise de la lettre à son destinataire.

Toutefois, une exception est réservée : lorsque l'acte doit être signifié ou notifié dans un délai déterminé dans le cadre d'une procédure à introduire ou en cours dans l'État membre d'origine, la date à rete-

3. Selon l'article 647-1 C. pr. civ., la date de notification, y compris lorsqu'elle doit être faite dans un délai déterminé, d'un acte judiciaire ou extrajudiciaire, en Polynésie française, dans les îles Wallis et Futuna, en Nouvelle-Calédonie et dans les Terres australes et antarctiques françaises ainsi qu'à l'étranger est, à l'égard de celui qui y procède, la date d'expédition de l'acte par l'huissier de justice ou le greffe, ou, à défaut, la date de réception par le parquet compétent.

nir comme date de signification (ou notification) pour le requérant est celle qui est fixée par la loi de cet État membre (Règl., art. 9 § 2)[1].

Dans le règlement du 13 novembre 2007, l'article 8 § 3 précise qu'en cas de refus de réception d'un acte pour des raisons linguistiques, la date de signification ou notification de l'acte est en principe celle à laquelle l'acte accompagné de sa traduction a été signifié ou notifié conformément à la législation de l'État membre requis; toutefois, si la signification ou notification doit avoir lieu dans un délai déterminé, la date à prendre en considération à l'égard du requérant sera celle de la signification ou notification de l'acte initial. Il apparaît ainsi dans le règlement du 13 novembre 2007 une généralisation du principe de la double date[2]; la France a choisi d'étendre ce principe à l'ensemble des actes.

SECTION 7
HYPOTHÈSE SPÉCIFIQUE DU DÉFENDEUR NON COMPARANT

163.71 Recherche de garantie des droits de la défense. Le règlement CE n° 1348/2000 du 29 mai 2000 d'abord, et désormais le règlement CE n° 1393/2007 du 13 novembre 2007 envisagent, dans un dernier chapitre (chapitre IV), le cas spécifique du défendeur qui ne comparaît pas alors qu'un acte introductif d'instance a dû être transmis dans un autre État membre pour y être signifié ou notifié. Dans ce cas, afin de garantir les droits de la défense, le juge doit surseoir à statuer tant qu'il n'est pas établi :

– ou bien que l'acte a été signifié ou notifié selon les formes prescrites par la loi de l'État membre requis pour la signification ou la notification des actes dressés dans ce pays et qui sont destinés aux personnes se trouvant sur son territoire;

– ou bien que l'acte a été effectivement remis au défendeur ou à sa résidence selon un autre mode prévu par le règlement.

Dans chacune de ces deux situations, le juge sursoit à statuer tant qu'il n'est pas établi que signification, notification ou remise de l'acte a eu lieu en temps utile pour que le défendeur ait pu se défendre (Règl., art. 19 § 1).

Cependant, l'article 19 § 2 prévoit que tout État membre peut faire savoir à la Commission européenne que ses juges pourront malgré tout statuer au fond si un certain nombre de conditions précises sont réunies, même si aucune attestation constatant signification, notification ou remise de l'acte n'a été reçue[3].

Si un acte introductif d'instance (ou acte équivalent) a été transmis dans un autre État membre pour signification ou notification selon la procédure du règlement et qu'une décision a été rendue contre un défendeur n'ayant pas comparu, l'article 19 § 4 du règlement prévoit que le juge a la faculté de relever le défendeur de la forclusion résultant de l'expiration des délais pour former recours, à condition que :

– le défendeur, sans faute de sa part, n'ait pas eu connaissance de l'acte en temps utile pour se défendre et de la décision en temps utile pour former un recours, et que;

– les moyens du défendeur ne paraissent pas dénués de tout fondement.

En outre, il faut que la demande de relevé de forclusion soit formée dans un « *délai raisonnable à partir du moment où le défendeur a eu connaissance de la décision* »[4].

Dans **l'affaire du 13 décembre 2011, *Trudov c./ Russie***[5], la CEDH a remis en cause la notification par voie postale au regard de l'article 6 § 1 de la Convention de sauvegarde des droits de l'homme et des libertés fondamentales.

En vertu de l'article 113 du Code russe de procédure civile, les parties au procès sont informées ou convoquées au tribunal par une lettre recommandée avec avis de réception, par une convocation avec avis de réception, par un message téléphonique ou par un télégramme, par fax ou avec utilisation d'autres moyens de communication qui garantissent leur remise au destinataire. Les convocations doivent être délivrées aux parties au procès de manière à leur laisser suffisamment de temps pour se préparer à l'audience et pour comparaître. La CEDH juge que le tribunal peut examiner l'affaire en l'absence d'une partie dûment informée de la date et du lieu de l'audience, si

1. Le règlement CE n° 1348/2000 du 29 mai 2000 prévoyait dans son article 9 § 3 que, pendant une période de transition de cinq ans, tout État membre pouvait déroger aux dispositions des alinéas 1er et 2 concernant la date de signification ou notification de l'acte, mais uniquement pour des « *motifs valables* ». Sur cette question de la « *double date* » prévue à l'article 9 § 3 du règlement du 29 mai 2000, v. M. Douchy et B. Menut, *Transmission, signification ou notification des actes,* Litec, 2002, nos 643 s.
2. EN CE SENS, v. M. Chardon, « Une toilette de chat pour le nouveau règlement sur la signification et la notification des actes transfrontières dans l'Union européenne », *Dr. et proc.* mars-avr. 2008, cahier *Droit et procédures internationales,* n° 2, p. 3.
3. V. Règl., art. 19.2 : il faut pour ceci que l'acte ait été transmis selon un mode prévu au règlement; qu'un délai d'au moins six mois – et que le juge appréciera dans chaque cas particulier – se soit écoulé depuis la date d'envoi de l'acte, et qu'aucune attestation n'ait pu être obtenue malgré toutes les démarches effectuées auprès des autorités ou entités compétentes de l'État requis.
4. L'article 19 § 4 du règlement ne s'applique pas aux décisions en matière d'état ou de capacité des personnes. En outre, tout État membre, dans les cas où l'article 19 § 4 trouve application, peut préciser que la demande de relevé de forclusion sera irrecevable si elle n'est pas formée dans un délai précis (ce délai ne pouvant toutefois être inférieur à un an à compter du prononcé de la décision).
5. CEDH 13 déc. 2011, Trudov c/Russie, req. n° 43330/09.

cette partie n'explique pas les raisons de sa non-comparution ou si le tribunal trouve ses raisons non valables. L'analyse des dispositions du droit russe concernant la convocation des parties aux audiences permet de conclure que, quel que soit le moyen de la convocation, les tribunaux internes doivent avoir une preuve de la remise de la convocation aux parties. En l'espèce, aucun justificatif, tel qu'un accusé de réception ou une enveloppe avec un cachet, prouvant la remise de l'avis d'audience au requérant et à son représentant n'a pu être fourni. La Cour rappelle que l'article 6 § 1 ne prévoit pas une forme spécifique d'envoi des documents judiciaires, tel que par exemple l'usage de lettres recommandées[1]. La Cour considère néanmoins que, dans l'intérêt d'une bonne administration de la justice, chaque partie au procès doit être informée de l'audience non seulement pour en connaître la date et le lieu, mais aussi de façon à disposer d'assez de temps pour s'y préparer et pour y comparaître. Le simple envoi formel d'une convocation sans aucune certitude de sa remise au requérant ne saurait être considéré par la Cour comme une due information selon les voies légales. La Cour en conclut que le requérant n'a pas été dûment convoqué à l'audience d'appel.

SECTION 8
ASPECTS FINANCIERS

163.81 **Quelques principes posés.** En ce qui concerne l'aspect financier, l'article 11 du règlement énonce que les significations ou notifications d'actes judiciaires en provenance d'un autre État membre ne peuvent donner lieu au paiement de taxes ou frais pour les services de l'État membre requis[2]. En revanche, le requérant doit payer les frais dus à l'intervention d'un officier ministériel ou d'une personne compétente selon la loi de l'État membre requis, ainsi que l'emploi d'une forme particulière de notification. La France a prévu un droit forfaitaire de 50 euros en cas d'intervention d'un huissier de justice.

SECTION 9
PERSPECTIVES

163.91 **Conclusion.** Il semble que l'application du règlement soit globalement satisfaisante[3], même si certaines difficultés ont pu être relevées[4]. En vertu de l'article 24 du règlement CE n° 1393/2007 du 13 novembre 2007, la Commission devait présenter, pour le 1er juin 2011 au plus tard, au Parlement européen, au Conseil et au Comité économique et social européen un rapport relatif à l'application dudit règlement, notamment au regard de l'efficacité des entités d'origine et des entités requises, ainsi que sur l'application pratique de l'article 3, point c)[5] et de l'article 9 (date de la signification ou de la notification). C'est ainsi qu'a été lancé un appel d'offres portant sur une étude du fonctionnement du règlement du 13 novembre 2007. L'étude, qui avait également pour mission d'évaluer la nécessité d'établir des normes minimales communes ou des règles types de procédure civile pour la transmission transfrontière des actes, devait notamment envisager des solutions permettant de faire en sorte que les frontières entre les États membres de l'Union européenne ne constituent pas un obstacle, par exemple, à l'engagement de procédures judiciaires. Le programme de Stockholm relève que l'efficacité des instruments de l'Union dans ce domaine doit encore être améliorée et insiste sur la nécessité de prendre en considération le rapprochement nécessaire des législations, qui faciliterait la coopération entre autorités et la protection judiciaire des droits de la personne, et peut à présent se fonder sur l'article 81 du traité sur le fonctionnement de l'Union européenne. L'appel d'offres pour la rédaction de l'étude a été remporté par la société Mainstrat, mais il ne semble pas que le rapport ait été publié (nov. 2013).

1. CEDH 5 févr. 2004, Bogonos c/Russie (déc.), req. n° 68798/01.
2. Le manuel établi par la Commission prévoit toutefois, pour la France, qu'une perception d'une provision de 50 euros (dernière consultation du manuel le 9 déc. 2013) doit accompagner la transmission de l'acte en vue de sa signification en France, sauf si le demandeur bénéficie de l'assistance judiciaire. Cela s'explique par le fait qu'en France, l'acte est systématiquement signifié par un huissier de justice.
3. V. G. Mecarelli, « La signification et la notification transfrontières des actes judiciaires et extrajudiciaires en Europe, dix ans après », in M. Douchy-Oudot et E. Guinchard, *La justice civile européenne en marche*, « Thèmes et commentaires », Dalloz, 2012, p. 96.
4. V. B. Heß, « *Kommunikation im europäischen Zivilprozess* », *Anwaltsblatt* 2011. 321 s., qui relève que la notification directe par voie postale a augmenté de façon importante entre États membres, mais que des difficultés surgissent lorsque, en Allemagne, le destinataire refuse de recevoir la lettre recommandée sans invoquer l'article 8 du règlement (absence de traduction). Selon la jurisprudence allemande, très généreuse, un tel refus du destinataire de prendre le courrier fait échouer la notification par voie postale; il en va différemment en cas de notification formelle avec certificat. Les services allemands compétents retournent à l'entité d'origine un document comportant la mention « *Annahme verweigert* » (refus de réception) qui n'éclaire guère l'entité d'origine sur les motifs de cette attitude du destinataire.
5. Cette disposition prévoit que l'entité centrale fait parvenir, dans des cas exceptionnels, à la requête de l'entité d'origine, une demande de signification ou de notification à l'entité requise compétente.

TITRE

17. Par qui et comment introduire l'instance ?

SECTION 0

ORIENTEUR

17.00 Plan du titre.

Division. Deux questions se posent à tout justiciable qui veut introduire une instance pour exercer l'action dont il dispose :

– avec qui agir : seul ou aidé d'un tiers ? C'est la question de l'assistance et de la représentation en justice (chap. 171);

– comment agir ? C'est la question des actes introductifs d'instance (chap. 172).

Pour répondre à chacune de ces questions, le Code de procédure civile pose deux séries de règles : les unes communes à toutes les juridictions, les autres propres à chaque type de juridiction.

CHAPITRE

171. Assistance et représentation des parties

PHILIPPE HOONAKKER
Professeur à l'Université de Strasbourg
Avocat

SECTION 0
ORIENTEUR

171.00 Plan du chapitre.

171.01 Principaux textes applicables.
C. pr. civ., art. 411 à 420, 751, 797, 813, 828, 853, 883 et 884, 1084, 1136-1 et 1136-6, 1139, 1203, 1287, 1301.
C. pr. exéc., art. L. 121-4, R. 121-7, R. 121-23.
COJ, art. L. 213-3.
CSS, art. R. 142-20.
C. trav., art. L. 1453-1 à L. 1453-3, R. 1453-1, R. 1453-2.

SECTION 1
RÈGLES COMMUNES À TOUTES LES JURIDICTIONS

171.10 Deux techniques complémentaires. Une partie qui veut introduire une instance n'agit pas nécessairement seule. En principe, elle peut toujours recourir à l'intervention d'un tiers, parfois elle y est même obligée. Le Code de procédure civile prévoit à ce titre, deux techniques complémentaires : la représentation (§ 1) et l'assistance (§ 2).

§ 1
Représentation

171.11 Notion. Aux termes de l'article 411 C. pr. civ., « *le mandat de représentation en justice emporte pouvoir et devoir d'accomplir au nom du mandant les actes de la procédure* ».

En principe, selon l'article 18 C. pr. civ., une partie reste toujours libre de se faire représenter, et peut donc préférer se défendre elle-même (de plus, le fait de désigner un mandataire ne prive pas la partie du droit d'agir elle-même[1]). Mais ce texte réserve immédiatement les cas dans lesquels la représentation est obligatoire. Ces cas sont prévus par les règles particulières applicables devant chaque type de juridiction (v. s[s] n°s 171.50 s.). C'est ainsi, par exemple, que la représentation est, en principe, obligatoire devant le tribunal de grande instance (TGI – Sur la sanction du défaut de représentation lorsqu'elle est obligatoire, v. s[s] n° 171.50).

Mais qu'elle soit obligatoire ou facultative, la représentation fait toujours appel à la technique du mandat, et obéit donc, en principe, aux règles de droit commun qui gouvernent ce contrat (C. civ., art. 1984 s.). Il en résulte, en particulier, que la partie représentée est toujours engagée par les actes accomplis en son nom par son mandataire, ce qui différencie fondamentalement la représentation de l'assistance (v. s[s] n° 171.41). Mais du fait de son objet particulier de représenter une partie en justice, ce mandat, traditionnellement qualifié de **mandat *ad litem*** (il ne faut pas confondre le mandat *ad litem*,

1. Soc. 17 déc. 2002, n° 01-60.747, *Bull. civ.* V, n° 386.

ou représentation à l'instance, avec le mandat *ad agendum*, ou représentation à l'action, qui confère un pouvoir de décision et concerne essentiellement les personnes physiques frappées d'une incapacité d'exercice et les personnes morales qui agissent par leurs organes légaux ou les préposés bénéficiant d'une délégation[1]; à ce sujet, la délégation de représenter une société en justice consentie à un préposée peut être à durée indéterminée[2]) est aussi soumis à des règles particulières, qu'il s'agisse du choix du mandataire (A) ou du régime du mandat (B).

A.
Choix du mandataire *ad litem*

171.21 **Conditions.** L'article 19 C. pr. civ. consacre le principe selon lequel chaque partie choisit librement son représentant. Mais cette liberté est loin d'être absolue. Elle ne peut s'exercer que dans le cadre doublement limité par l'article 414 C. pr. civ.

En premier lieu, la représentation n'est possible que par une **personne habilitée** par la loi. En principe, il devrait s'agir d'un **avocat** car l'article 4 alinéa 1er de la loi du 31 décembre 1971[3] confère à cette profession un **monopole** de la représentation devant les juridictions et les organismes juridictionnels ou disciplinaires, de quelque nature que ce soit. Mais ce monopole n'est pas absolu. En fait, il joue essentiellement devant les tribunaux de grande instance, car devant les autres juridictions bien d'autres personnes sont habilitées à représenter les parties (v. ss nos 171.70 s.). En cas de représentation par une personne non habilitée, la sanction est **une nullité de fond** qui atteint l'acte introductif d'instance et toute la procédure subséquente[4].

En second lieu, chaque partie ne peut choisir qu'**un seul** mandataire alors que l'assistance est toujours possible par plusieurs personnes (v. ss n° 171.42 – à ce sujet, il a été jugé que « *lorsqu'une partie déclare avoir plusieurs avocats, l'élection de domicile, faite auprès d'un seul d'entre eux, désigne cet avocat comme le représentant de la partie* », les autres ayant nécessairement une simple mission d'assistance[5]). Certes, il peut s'agir d'une personne physique ou d'une personne morale. Mais dans ce dernier cas, il doit s'agir d'une personne spécialement habilitée à ce titre, telle une société civile professionnelle (SCP) ou une société d'exercice libérale (SEL – dans ce cas, chaque associé exerce les fonctions d'avocat au nom de la société : pour les SCP, Décr. n° 92-680, 20 juill. 1992, art. 44; pour les SEL, Décr. n° 93-492, 25 mars 1993, art. 21 – il a ainsi été jugé que le mandat donné à une SEL ou à l'un des associés peut être exécuté par l'un quelconque de ses associés[6]; solution évidemment transposable aux SCP d'avocats). En revanche, il ne peut s'agir d'une association d'avocats où seuls les associés sont personnellement habilités et non la structure qu'ils ont choisie pour exercer leur profession[7] (jugé ainsi à propos d'un acte d'appel régularisé sur papier à en-tête d'une association d'avocats, signé d'un avocat non expressément identifié, qui a été jugé entaché d'un simple vice de forme ne pouvant emporter la nullité faute de grief[8]).

Quel que soit le choix ainsi opéré, il devra toujours être porté à la connaissance du juge par déclaration au greffe du nom du représentant et de sa qualité (C. pr. civ., art. 415). Dans l'hypothèse qui nous intéresse d'introduction de l'instance, cette information figurera dans l'acte introductif régularisé par le mandataire *ad litem*. Rappelons qu'inversement, ce dernier ne peut jamais agir sans indiquer l'identité de la partie qu'il représente, en vertu de la maxime : « *Nul ne plaide par procureur* ».[9]

B.
Régime du mandat *ad litem*

171.31 **Preuve.** L'article 416 C. pr. civ. impose à quiconque entend représenter une partie en justice de justifier qu'il en a reçu le mandat, lequel doit toujours être spécial. Cette justification s'opère par la production d'un mandat écrit souscrit par la partie représentée qui pourra être joint à l'acte introductif d'instance, et en tout cas, devra être remis au juge au plus tard avant qu'il ne statue.

Il est néanmoins dérogé à cette règle au profit des avocats, des avoués et des huissiers de justice lorsque ces derniers sont habilités à représenter les parties (par ex. devant les tribunaux paritaires des baux ruraux, v. ss n° 171.112 – mais non pour déclarer une créance dans une procédure collective où ils doivent justifier d'un mandat spécial[10]). Ces profession-

1. V. NOT., *J.-Cl. Pr. civ.*, fasc. 126-4, Lobin et Desdevises – GUINCHARD, CHAINAIS et FERRAND, 31e éd., 2012, nos 743 s.
2. Com. 17 janv. 2012, n° 10-24.811, *Bull. civ.* IV, n° 9.
3. L. n° 71-1130, 31 déc. 1971, portant réforme de certaines professions judiciaires et juridiques, *JO* 5 janv. 1972, p. 131.
4. Aix-en-Provence, 18 juill. 1995, *D.* 1996. Somm. 136, obs. Julien.
5. Civ. 2e, 10 nov. 1998, n° 96-17.360, *Bull. civ.* II, n° 267; *Procédures* 1999, n° 5, obs. Perrot.
6. Soc. 24 juin 1998, nos 96-41.242, 96-40.513 et 96-43.046, *Bull. civ.* V, n° 342.
7. Soc. 16 déc. 1987, n° 86-43.630, *Bull. civ.* V, n° 729 – V. AUSSI, Paris, 17 nov. 1975, *Gaz. Pal.* 1976. 779; *RTD civ.* 1977. 185, obs. Perrot.
8. Colmar, 18 sept. 1996, RG n° 1B9502006, *Rev. jur. de l'Est* 1997. 29.
9. V. NOT., H.-P. Glenn, « À propos de la maxime "nul ne plaide par procureur" », *RTD civ.* 1988. 59 – Pour une critique de cette interprétation de la maxime, v. F. Caballero, « Plaidons par procureur : de l'archaïsme procédural à l'action de groupe », *RTD civ.* 1985. 247.
10. Com. 13 nov. 2002, n° 99-19.421, *Bull. civ.* IV, n° 163; *Dr. et proc.* 2004. 90, obs. Le Corre.

nels n'ont donc pas à justifier du mandat qui leur a été conféré, il est présumé. Mais il faut sur ce point apporter deux précisions importantes.

D'une part, cette présomption n'est que simple, si bien que la partie représentée à tort peut toujours apporter la preuve contraire pour être déliée des actes qui auraient été accomplis en son nom par une personne qu'elle n'a jamais mandatée[1].

D'autre part, la dispense dont bénéficient les huissiers de justice ne joue que devant les juridictions situées dans leur ressort territorial[2].

171.32 **Étendue.** Selon l'article 411 C. pr. civ., le mandat *ad litem* « *emporte pouvoir et devoir d'accomplir au nom du mandant les actes de la procédure* ». Il en résulte d'abord au profit du représentant, un mandat général d'accomplir tous les actes de procédure nécessaires au prononcé d'un jugement (acte introductif d'instance qui nous occupe ici, mais aussi saisine du tribunal, conclusions incluant toutes exceptions de procédure, fins de non-recevoir et défenses au fond; lorsque la représentation est obligatoire, les conclusions doivent obligatoirement être signées par l'avocat constitué, faute de quoi les écrits déposés ne sauraient valoir conclusions[3]). Puis le moment venu, sa notification[4] et son exécution à condition qu'elle soit entreprise moins d'un an après qu'il soit passé en force de chose jugée (C. pr. civ., art. 420 – V. s^s^ n° 171.33). Comme le rappelle fort justement l'article 411 C. pr. civ., le représentant étant un mandataire a non seulement le pouvoir, mais aussi le devoir, d'accomplir ces actes indispensables à la défense des intérêts de son mandant (v. C. civ., art. 1984 et 1991).

Néanmoins, pour les actes de procédure les plus graves, le mandat *ad litem* ordinaire est insuffisant, il faut au mandataire, quel qu'il soit, un **pouvoir spécial**. Ainsi en est-il pour régulariser une inscription de faux (C. pr. civ., art. 306, al. 1er), déférer ou référer le serment (C. pr. civ., art. 322) et récuser un juge (C. pr. civ., art. 343, al. 2). De même, un pouvoir spécial est requis pour faire ou accepter un désistement, acquiescer, faire, accepter ou donner des offres, un aveu ou un consentement (en revanche, aucun pouvoir spécial n'est requis pour consentir à la prorogation d'un délai d'arbitrage[5]). Mais dans ces cas, l'article 417 C. pr. civ. protège le juge et la partie adverse, en réputant, à leur égard, le mandataire *ad litem*, avoir reçu un tel pouvoir (ce texte n'est pas applicable au mandat *ad agendum* – en ce sens, un arrêt à propos d'un tuteur qui avait acquiescé à un jugement sans autorisation du conseil de famille[6]). Pour bien comprendre la portée de cette règle qui ne peut être assimilée à une présomption au sens probatoire du terme[7], il faut distinguer les rapports externes des rapports internes engendrés par le mandat *ad litem*.

À l'égard du juge et de la partie adverse, la règle est absolue, si bien que la partie représentée est irrévocablement engagée par l'un quelconque des actes de procédure visés à l'article 417 C. pr. civ. (mais encore faut-il qu'un tel acte soit en cause – il a ainsi été jugé que l'article 417 n'est pas applicable aux mentions relatives à la domiciliation de l'appelant portées sur l'acte d'appel, dont il a été constaté qu'elles ne constituaient pas un aveu[8]), accompli par son mandataire *ad litem*[9], sans qu'elle puisse s'en défaire en démontrant qu'elle n'aurait pas investi son représentant du pouvoir spécial requis (not. à propos de l'acquiescement[10]). Dans ces rapports, la seule solution pour la partie représentée serait de remettre en cause l'existence même du mandat *ad litem*.

En revanche, dans les rapports entre les parties au mandat s'appliquent les règles de droit commun, si bien que le représentant qui aurait agi sans pouvoir spécial de son mandant, engagerait sa responsabilité contractuelle à son égard. Mais celui-ci ne pourra obtenir que des dommages et intérêts et jamais la remise en cause de l'acte de procédure accompli sans pouvoir[11].

Enfin, il semble que la jurisprudence limite tout mandat *ad litem* à la procédure pour laquelle il a été donné, si bien qu'en particulier, il ne saurait couvrir, sans mandat spécial, l'exercice des voies de recours (not. à propos de l'appel[12]). Mais dans les matières où la représentation n'est pas obligatoire, le mandat donné par une partie de la représenter devant la cour

1. Com. 19 oct. 1993, n° 91-15.795, *Bull. civ.* IV, n° 339; *D.* 1993. IR 242; *RTD civ.* 1994. 160, obs. Perrot; *JCP* 1993. IV. 2678.
2. Civ. 2e, 10 mai 1995, n° 93-16.028, *Bull. civ.* II, n° 136; *D.* 1996. Somm. 136, obs. Julien; *RTD civ.* 1995. 956, obs. Perrot; *Gaz. Pal.* 1996. Pan. 23 – TI Toulouse, 23 mai 1975, *Gaz. Pal.* 1976. 684, note Barbier; *RTD civ.* 1976. 204, obs. Perrot.
3. Civ. 2e, 13 janv. 2000, n° 98-12.204, *Bull. civ.* II, n° 6.
4. Civ. 2e, 27 févr. 1980, n° 78-14.761, *Bull. civ.* II, n° 42; *D.* 1980. IR 464, obs. Julien.
5. Civ. 2e, 21 nov. 2002, n° 00-22.465, *Bull. civ.* II, n° 263; *Procédures* 2003. Comm. 35, obs. Perrot.
6. Civ. 1re, 7 mars 2000, n° 97-20.650, *Bull. civ.* I, n° 78; *D.* 2001. 1513, obs. Lemouland; *D.* 2000. IR 87; *RTD civ.* 2000. 397, obs. Perrot; *RTD civ.* 2000. 294, obs. Hauser.
7. R. Perrot, *RTD civ.* 1980. 815.
8. Civ. 2e, 8 oct. 1997, n° 94-16.684, NP; *Procédures* 1998, n° 288, obs. Perrot.
9. Soc. 23 mai 1996, n° 94-16.949, *Bull. civ.* V, n° 209.
10. Civ. 2e, 29 mai 1979, n° 78-11.527, *Bull. civ.* II, n° 159 – Civ. 2e, 27 févr. 1980, n° 78-15.142, *Bull. civ.* II, n° 43; *D.* 1980. IR 464, obs. Julien; *RTD civ.* 1980. 815, obs. Perrot – Civ. 2e, 24 mai 1984, n° 83-13.253, *Bull. civ.* II, n° 92.
11. V. NOT., HÉRON et LE BARS, 5e éd., 2012, n° 204 – R. Perrot, *RTD civ.* 1980. 815.
12. Soc. 13 mai 1986, n° 85-41.654, *Bull. civ.* V, n° 217 – V. AUSSI, J. Viatte, « Le mandat *ad litem* », *Gaz. Pal.* 1976. Doctr. 393.

d'appel implique le pouvoir de relever appel en son nom[1].

171.33 Durée. En principe, le mandat *ad litem* ne prend fin que par l'exécution du jugement, à condition néanmoins que celle-ci soit entreprise moins d'un an après qu'il soit passé en force de chose jugée. À défaut, un nouveau mandat serait nécessaire aux termes de l'article 420 C. pr. civ.

Mais cette règle n'est que supplétive et n'empêche pas évidemment qu'il soit mis fin au mandat par anticipation. À ce titre, les articles 418 et 419 C. pr. civ. contiennent des règles particulières qui se justifient par l'idée que le mandat *ad litem* affecte la marche de l'instance. Elles concernent d'une part la révocation, et d'autre part la renonciation.

La **révocation** du mandataire par le mandant est soumise aux conditions suivantes (C. pr. civ., art. 418) :

- si la représentation est obligatoire, la partie doit pourvoir immédiatement à son remplacement;

- si la représentation est facultative, elle doit soit pourvoir à son remplacement immédiat, soit informer le juge et la partie adverse de son intention de se défendre elle-même.

À défaut, la révocation est inopposable à la partie adverse qui peut donc continuer la procédure jusqu'à son terme, le jugement, en ne connaissant que le mandataire révoqué.

La **renonciation** au mandat par le mandataire est quant à elle soumise aux distinctions suivantes (C. pr. civ., art. 419) :

- lorsque la représentation est facultative, elle ne prend effet qu'à compter de l'information du mandant, du juge et de la partie adverse;

- lorsque la représentation est obligatoire, le mandant n'est déchargé qu'à compter de son remplacement, soit par le mandant, soit, à défaut, par le bâtonnier (cas de l'avocat) ou par le président de la chambre de discipline (cas de l'avoué); mais encore faut-il que le nouvel avocat (ou avoué) ait régularisé un acte de constitution[2].

Bien entendu dans tous les cas, le nom et la qualité du nouveau représentant devront, le cas échéant, être portés à la connaissance du juge (C. pr. civ., art. 415 - V. s[s] n° 171.21).

171.34 Mission d'assistance. Il faut préciser enfin que la représentation emporte aussi mission d'assistance, sauf disposition ou convention contraires (C. pr. civ., art. 413). Mais alors la personne désignée est soumise, à ce titre, aux règles propres à cette seconde technique, ce qui ne va pas toujours sans difficulté.

§ 2
Assistance

171.41 Notion. Selon l'article 412 C. pr. civ., « *la mission d'assistance en justice emporte pouvoir et devoir de conseiller la partie et de présenter sa défense sans l'obliger* ». Elle se distingue ainsi de la représentation tant par son objet que par sa portée.

L'**objet** de l'assistance est double :

- d'une part, elle comporte une fonction de **conseil** qui peut s'exercer dès l'origine du procès (opportunité, réunion des moyens de preuve, juridiction à saisir, *etc.*) et se prolonger tout au long de l'instruction; mais en aucun cas, elle n'inclut l'accomplissement d'actes de procédure, tel l'acte introductif d'instance, réservé exclusivement à la représentation;

- d'autre part, et surtout, elle porte sur la **plaidoirie** à l'audience qui constitue son objet essentiel auquel elle est souvent assimilée.

Quant à la **portée,** l'assistance, contrairement à la représentation, n'engage jamais la partie assistée. Ainsi par exemple, les propos tenus à l'occasion d'une plaidoirie n'obligent pas la partie défendue. Elle relève donc du contrat de louage d'ouvrage et non du contrat de mandat. Cette opposition fondamentale contraint à distinguer avec soin ces deux techniques pour déterminer les actes susceptibles d'engager une partie dans une procédure.

Lorsqu'elles sont assumées par deux personnes différentes, la distinction ne pose aucune difficulté. Par exemple, si une partie fait le choix d'un avocat plaidant et d'un avocat postulant, seul le second, qui remplit le mandat *ad litem*, peut l'obliger[3]. De même, une personne qui comparaît personnellement, en se contentant de se faire assister à l'audience par la personne qu'elle a choisie, ne peut être engagée par celle-ci, non seulement pour ses propos à l'occasion de la plaidoirie, mais aussi ultérieurement pour acquiescer au jugement, par exemple[4].

En revanche, lorsqu'une même personne remplit ces deux fonctions en même temps, la situation peut parfois être plus délicate. Précisons d'abord que ce cumul n'est possible que sur la tête du mandataire *ad litem*, car si la représentation emporte, en principe, assistance, l'inverse n'est pas vrai. Cette situation se rencontre surtout pour les avocats qui généralement, sauf postulation séparée, représentent et assistent leurs clients. Lorsque la procédure est écrite, la distinction est encore relativement simple. Le domaine de la représentation étant essentiellement limité à la phase écrite de la procédure (acte introductif d'instance, conclusions, *etc.*), la partie ne peut donc être engagée qu'à ce titre, et non par les propos tenus par son avocat à l'occasion de sa plaidoirie; en

1. Civ. 1re, 26 nov. 2002, n° 00-11.934, *Bull. civ.* I, n° 282.
2. Civ. 2e, 21 févr. 2008, n° 07-11.487, *Bull. civ.* II, n° 42; *D.* 2008. AJ 697.
3. Versailles, 23 sept. 1982, *Gaz. Pal.* 1983. 174, note A. D.
4. Paris, 17 mars 1980, *D.* 1980. IR 464, obs. Julien.

particulier, ceux-ci ne sauraient valoir aveu judiciaire[1]. Lorsque la procédure est orale, la distinction est plus délicate car il faut toujours rechercher si les propos tenus à l'audience, l'ont été au titre de la fonction du mandataire *ad litem* (par ex., pour modifier les conclusions écrites antérieures; il est vrai que pour éviter toute ambiguïté, l'avocat prend en général soin de faire noter de telles modifications), ou au titre de la fonction d'assistant (propos constituant la plaidoirie proprement dite[2]).

171.42 Régime. La portée beaucoup plus limitée de l'assistance explique aussi que les règles qui la régissent sont moins nombreuses et moins contraignantes.

Ainsi aucune règle générale ne limite l'assistance aux seules personnes habilitées. Mais l'article 4 alinéa 1er de la loi du 31 décembre 1971 confère aussi aux avocats un monopole de l'assistance devant les juridictions et les organismes juridictionnels ou disciplinaires, de quelque nature que ce soit. Ce monopole étant identique à celui de la représentation (v. ss no 171.21), il joue essentiellement devant les tribunaux de grande instance, alors que pour les autres juridictions, les règles particulières qui les concernent, habilitent les mêmes personnes pour l'assistance et la représentation, sans distinguer, sur ce point, entre ces deux fonctions (v. ss nos 171.70 s.). Autrement dit, l'assistance, comme la représentation, ne peut être confiée qu'à un avocat ou l'une des personnes spécialement désignées pour chaque type de juridiction. De même, l'assistant devra justifier de sa mission tout comme le mandataire *ad litem* (C. pr. civ., art. 416 – V. ss no 171.31).

En revanche, l'assistance est toujours possible par plusieurs personnes et le nom comme la qualité de l'assistant n'ont pas à être déclarés au secrétariat de la juridiction, contrairement à la représentation (v. ss no 171.21).

SECTION 2
RÈGLES PROPRES À CHAQUE TYPE DE JURIDICTION

§ 1
Devant le tribunal de grande instance

171.50 Principes. L'assistance et la représentation sont régies par deux principes devant le TGI :

– la représentation est obligatoire et le défaut de constitution d'avocat est une irrégularité de fond au sens de l'article 117 C. pr. civ.[3], régularisable dans les conditions de l'article 121 C. pr. civ., même pour la première fois en appel[4];

– le monopole des avocats s'applique avec cette nuance : alors que l'assistance peut être confiée à tout avocat (dit « avocat plaidant »), la représentation n'est possible que par un avocat inscrit au barreau du tribunal à saisir (dit « avocat postulant » – v. L. 31 déc. 1971, art. 5 – s'il s'agit d'un avocat salarié, il ne peut postuler pour le compte de son employeur que devant le TGI dans le ressort duquel est fixé le barreau où ce dernier est inscrit[5]; s'il s'agit d'une SCP, elle agit obligatoirement par l'un des ses associés, avocat personne physique inscrit au barreau du tribunal à saisir, et son nom doit être indiqué dans l'assignation sous peine de nullité pour irrégularité de forme[6]).

Mais ces principes ne sont pas absolus. Leur portée diffère selon la matière, contentieuse (A) ou gracieuse (B).

A.
En matière contentieuse

171.51 Règle. La règle est posée par l'article 751 C. pr. civ. prévoyant que « *les parties sont, sauf disposition contraire, tenues de constituer avocat* ». Les exceptions sont relativement rares mais très diverses. Elles touchent à la fois des matières de droit public, de droit commercial et de droit de la famille. Par ailleurs, se pose une difficulté quant au domaine d'application de cette disposition.

171.52 En matière publique. Les parties sont dispensées de constituer avocat dans les instances intéressant les biens domaniaux de l'État (C. dom. Ét., art. R. 162)[7], et en matière fiscale, dans celles relatives aux droits d'enregistrement, à la taxe de publicité foncière, aux droits de timbre et aux contributions indirectes et taxes assimilées, relevant de la compétence du TGI en vertu de l'article L. 199 du Livre des procédures fiscales (LPF, art. R. 202-2, al. 3 – en revanche aucune dérogation n'existe en matière de contributions directes[8]).

171.53 En matière commerciale. « *Les parties peuvent se faire assister ou représenter par un avocat* » (C. com., art. R. 145-29[9]), devant le juge des loyers commerciaux (c'est-à-dire le président du TGI, com-

1. Civ. 1re, 14 janv. 1981, no 78-15.288, *Bull. civ.* I, no 13; *RTD civ.* 1981. 446, obs. Perrot.
2. SUR L'ENSEMBLE DE LA QUESTION, V. NOT. : HÉRON et LE BARS, 5e éd., 2012, no 201 – R. Perrot, *RTD civ.* 1981. 446.
3. Com. 23 avr. 1985, no 81-16.048, *Bull. civ.* IV, no 126.
4. Civ. 1re, 6 oct. 1998, no 95-17.412, *Bull. civ.* I, no 272; *Gaz. Pal.* 25-26 août 1999. Somm. 10, obs. Massip.
5. EN CE SENS, Civ. 3e, 7 nov. 2001, no 99-12.383, *Bull. civ.* III, no 120; *Procédures* 2002. Comm. 2, obs. Perrot.
6. Civ. 2e, 1er févr. 2006, no 05-17.742, *Bull. civ.* II, no 35; *D.* 2007. 1038, obs. Dupeux et Massis; *Gaz. Pal.* 2006. 490.
7. Paris, 5 juin 1981, *D.* 1982. IR 159, obs. Julien.
8. Com. 23 avr. 1985, no 81-16.048, *Bull. civ.* IV, no 126.
9. Anct Décr. no 53-960, 30 sept. 1953, réglant les rapports entre bailleurs et locataires en ce qui concerne le renouvellement des baux à loyer d'immeubles ou de locaux à usage commercial, industriel ou artisanal, *JO* 1er oct., p. 8618, art. 29-2.

pétent pour connaître des contestations relatives à la fixation du prix du bail commercial révisé ou renouvelé, C. com., art. R. 145-23[1]). Autrement dit, la représentation n'est pas obligatoire, les parties peuvent se défendre elles-mêmes. Mais si elles veulent se faire représenter ou assister, elles doivent recourir à un avocat. De même, dans les procédures de conciliation, de sauvegarde, de redressement et de liquidation judiciaires relevant de la compétence du TGI (c'est-à-dire celles intéressant les agriculteurs [sauf pour la conciliation qui relève des articles L. 351-1 à L. 351-7 du Code rural et de la pêche maritime], les personnes physiques exerçant une profession indépendante, y compris une profession libérale soumise à un statut législatif ou réglementaire ou dont le titre est protégé et les personnes morales de droit privé non commerçantes, C. com., art. L. 611-5 pour la conciliation; C. com., art. L. 621-2, pour la sauvegarde, applicable au redressement judiciaire sur renvoi de l'art. L. 631-7 et à la liquidation judiciaire sur renvoi de l'art. L. 641-1), « *toute partie qui ne se présente pas personnellement ne peut être représentée que par avocat* » (C. com. art. R. 662-2[2], solution déjà admise antérieurement par Décr. n° 85-1388, 27 déc. 1985, art. 175, al. 2)[3]. Cependant pour la déclaration de cessation des paiements, l'avocat qui agit seul doit, contrairement à l'article 416 C. pr. civ. (v. s^s^ n° 171.31), justifier d'un pouvoir spécial, en raison de la gravité de cet acte[4].

Mais, en la matière, il faut réserver le cas particulier des tribunaux de grande instance d'Alsace et Moselle (v. s^s^ n°s 722.71 et 722.72).

171.54 En matière familiale. Les parties sont dispensées du ministère d'avocat devant le tribunal, dans les procédures en déchéance ou en retrait partiel de l'autorité parentale (C. pr. civ., art. 1203) et en déclaration d'abandon (C. pr. civ., art. 1161, réd. Décr. n° 84-618, 13 juill. 1984, ayant mis fin à la controverse qui était née, sur ce point, après l'introduction des articles 1158 à 1164 dans le Code de procédure civile par le Décr. n° 81-500, 12 mai 1981)[5]. Par ailleurs, il faut tenir compte de l'institution du juge aux affaires familiales (JAF) dont la compétence a encore été élargie par la loi n° 2009-526, du 12 mai 2009[6], de simplification du droit et d'allègement des procédures, répondant à la proposition de la commission Guinchard d'élaborer un véritable « réseau famille »[7] et la loi n° 2010-769, du 9 juillet 2010[8], relative aux violences faites spécifiquement aux femmes, aux violences au sein des couples et aux incidences de ces dernières sur les enfants.

Devant le JAF, les parties sont **dispensées du ministère d'avocat**, et peuvent donc se défendre elles-mêmes (mais si elles veulent se faire assister ou représenter, elles doivent recourir à un avocat), dans les procédures suivantes : celles relatives aux obligations pécuniaires dans le cadre familial (obligation alimentaire, contribution aux charges du mariage ou du pacte civil de solidarité, contribution à l'entretien et à l'éducation des enfants, révision ou modalités de paiement de la prestation compensatoire) et à l'exercice de l'autorité parentale (C. pr. civ., art. 1139, applicable « *aux autres procédures relevant de la compétence du juge aux affaires familiales* », c'est-à-dire les procédures contentieuses autres que les procédures de divorce ou de séparation de corps, les procédures relatives aux intérêts patrimoniaux des personnes vivant en couple et la procédure aux fins de mesures de protection des victimes de violences – V. aussi, C. pr. civ., art. 1084, relatif aux mesures de l'après-divorce qui renvoie notamment à l'article 1139 C. pr. civ.); la procédure en délégation de l'autorité parentale (C. pr. civ., art. 1203); la procédure aux fins de mesures de protection des victimes de violences (C. pr. civ., art. 1136-6, issu de Décr. n° 2010-1134, 29 sept. 2010[9]).

En revanche, **la représentation reste obligatoire** devant cette juridiction pour les procédures de divorce et de séparation de corps, pour les procédures relatives aux intérêts patrimoniaux des personnes vivant en couple (C. pr. civ., art. 1136-1 [réd. Décr. n° 2009-1591, 17 déc. 2009[10]]; il renvoie aux règles de la procédure en matière contentieuse devant le TGI et s'applique aux demandes relatives au fonctionnement des régimes matrimoniaux et des indivisions entre personnes liées par un pacte civil de solidarité ou entre concubins ainsi qu'à celles relatives à

1. Anc^t^ Décr. 30 sept. 1953, art. 29.
2. Anc^t^ Décr. n° 2005-1677, 28 déc. 2005, art. 337, pris en application de la loi n° 2005-845 du 26 juillet 2005 de sauvegarde des entreprises, *JO* 29 déc., p. 20324, art. 337.
3. M. Créange, « Le rôle de l'avocat dans la procédure de redressement judiciaire et de liquidation judiciaire », *RJ com.*, n° spéc. févr. 1987. 116 s., spéc^t^ p. 120-122.
4. Com. 19 juill. 1988, n° 86-15.389, *Bull. civ.* IV, n° 252; *D.* 1989. Somm. 5, obs. Derrida.
5. A.-M. Fournié, « La procédure de déclaration d'abandon exige-t-elle l'intervention de l'avocat en première instance et de l'avoué en appel », *JCP* 1982. I. 3063 – Rép. pr. civ., v° *Adoption*, par Larribau-Terneyre, déc. 2010 [màj juin 2013], n° 129.
6. L. n° 2009-526, 12 mai 2009, de simplification et de clarification du droit et d'allègement des procédures, *JO* 13 mai, p. 7920.
7. V. M. Douchy-Oudot, « Contentieux familial », *D.* 2010. 989.
8. L. n° 2010-769, 9 juill. 2010, relative aux violences faites spécifiquement aux femmes, aux violences au sein des couples et aux incidences de ces dernières sur les enfants, *JO* 10 juill., p. 12762.
9. Décr. n° 2010-1134, 29 sept. 2010, relatif à la procédure civile de protection des victimes de violence au sein des couples, *JO* 30 sept., p. 17738.
10. Décr. n° 2009-1591, 17 déc. 2009, relatif à la procédure devant le juge aux affaires familiales en matière de régimes matrimoniaux et d'indivisions, *JO* 20 déc., p. 22025.

la liquidation et au partage des intérêts patrimoniaux des époux, des personnes liées par un pacte civil de solidarité et des concubins - C. pr. civ., art. 1292, issu du même décret et applicable à la demande en séparation de biens, qui renvoie à l'article 1136-1 du même code), ainsi que pour la procédure en fixation des relations entre l'enfant et ses ascendants ou un tiers, prévue à l'article 371-4 du Code civil, et celle en fixation de la résidence de l'enfant chez un tiers, prévue aux articles 373-2-8 et 373-3 alinéa 2 du Code civil[1].

171.55 En matière de référé. Nonobstant les dérogations ainsi admises, une question se pose quant au domaine de l'article 751 C. pr. civ. : est-il applicable aux procédures de référé dans la mesure où aucune disposition expresse, tant aux articles 484 à 492 C. pr. civ. applicables devant toutes les juridictions, qu'aux articles 808 à 810 C. pr. civ. consacrés au président du TGI, ne régit la représentation et l'assistance des parties en la matière. De rares décisions l'ont admis et ont donc imposé la constitution d'avocat en référé devant le président du TGI[2]. Certes le référé est une procédure contentieuse, mais l'article 751 s'applique exclusivement aux procédures devant le tribunal et non à celles devant son président (ce texte est situé dans le sous-titre premier consacré à la procédure devant le tribunal, alors que les dispositions particulières applicables au référé sont insérées dans le sous-titre second relatif aux pouvoirs du président). Il faut donc revenir, en la matière, au principe général posé par l'article 18 C. pr. civ. selon lequel, sauf les cas de représentation obligatoire, les parties peuvent se défendre elles-mêmes. Aussi la pratique majoritairement suivie, approuvée par une doctrine quasi unanime[3], est-elle fixée contre la représentation obligatoire et permet-elle aux parties de comparaître elles-mêmes, tant en demande qu'en défense.

Mais si une partie décide de se faire assister ou représenter en référé devant le président d'un TGI, elle devra obligatoirement choisir un avocat, aucune dérogation au monopole de cette profession n'étant *a fortiori* prévue en la matière[4] (v. s^s n° 171.21 - solution approuvée par une doctrine unanime[5]).

171.56 En matière d'injonction de payer. Depuis le 1er janvier 2013, la procédure d'injonction de payer relève, en matière civile, de la compétence du président du tribunal de grande instance au-delà de 10 000 euros (v. s^s n° 122.413). Mais, comme devant les autres juridictions compétentes, la requête en injonction de payer peut être présentée par tout mandataire (C. pr. civ., art. 1417, al. 1er).

B.
En matière gracieuse

171.61 Tribunal et juge aux affaires familiales. Les parties pouvaient agir seules ou par tout mandataire à l'origine du Nouveau Code de procédure civile, devant le **tribunal** en **matière gracieuse.** Mais en raison des critiques suscitées par cette solution[6], le décret n° 76-714 du 29 juillet 1976[7] a institué la **représentation obligatoire**, en modifiant l'article 797 C. pr. civ. qui prévoit désormais que « *la demande est formée par un avocat, ou par un officier public ou ministériel dans le cas où ce dernier y est habilité par les dispositions en vigueur* »[8]. La possibilité pour les officiers publics ou ministériels de représenter les parties en matière gracieuse étant restée, à ce jour, lettre morte, les avocats bénéficiant, en fait, du monopole de la représentation des parties, en matière gracieuse, devant le TGI. De surcroît, ce monopole est limité aux seuls avocats inscrits au barreau du tribunal à saisir[9]. Il faut cependant réserver la **procédure d'adoption** qui peut être introduite directement par l'intéressé lui-même lorsque l'enfant à adopter a été recueilli à son foyer avant l'âge de quinze ans, au moyen d'une simple requête adressée au procureur de la République qui doit la transmettre au tribunal (C. pr. civ., art. 1168, al. 2)[10].

1. Circ. CIV/16/04, 23 nov. 2004, de présentation de la loi relative au divorce, du décret portant réforme de la procédure en matière familiale et du décret fixant les modalités de substitution d'un capital à une rente allouée au titre de la prestation compensatoire, *BOMJ*, n 96, § 136 et 137, 57 et 58.
2. TGI Draguignan, 8 avr. 1987, inédit, cité par M. Doucède et M. Eymard, auteurs qui approuvent cette solution, *Gaz. Pal.* 1990. Doctr. 223 – TGI Puy-en-Velay, 30 janv. 1991, reproduite *in extenso* à la fin de l'article critique de P. Bertin, « Vingt ans après !... Faut-il un avocat en référé ? », *Gaz. Pal.* 1992. Doctr. 359.
3. Rép. pr. civ., v° *Référé civil*, par N. Cayrol, mai 2011 [màj janv. 2013], n°s 521 s. – *J.-Cl. Pr. civ.*, fasc. 232, n° 46, Giverdon – J. Normand, *RTD civ.* 1983. 384, n° 3 – F. Ruellan, « À propos de la représentation des parties devant le juge des référés du tribunal de grande instance », *Gaz. Pal.* 1992. Doctr. 119 – GUINCHARD, CHAINAIS et FERRAND, 31e éd., 2012, n° 2100.
4. TGI Agen, 25 févr. 1982, *Gaz. Pal.* 1983. Somm. 15; *RTD civ.* 1983. 384, obs. Normand.
5. V. auteurs préc. s^s prés^t n°.
6. V. NOT., P. Bertin, « Le grand Noël du procédurier », *Gaz. Pal.* 1976. Doctr. 115, n°s 67 s.
7. Décr. n° 76-714, 29 juill. 1976, modifiant certaines dispositions du Nouveau Code de procédure civile et du décret n° 75-1124 du 5 décembre 1975 portant réforme de la procédure du divorce et de la séparation de corps, *JO* 30 juill., p. 4644.
8. Sur la portée de cette modification, v. R. Martin, « La formulation de la demande gracieuse et de la requête au président du tribunal de grande instance après le décret n° 76-714 du 29 juillet 1976 », *JCP* 1976. I. 2819.
9. Rennes, 30 mai 1983, *Gaz. Pal.* 1984. Somm. 10.
10. Paris, 23 juin 1983, *D.* 1983. IR 349 – Rép. pr. civ., v° *Adoption*, par V. Larribau-Terneyre, déc. 2010 [màj juin 2013], n° 127.

La **représentation** est aussi **obligatoire**, dans les mêmes conditions, devant le JAF pour les procédures relevant de sa compétence en matière gracieuse. Il s'agit de la procédure de **changement de prénom** (COJ, art. L. 213-3, 3°, d[1]), ainsi que des procédures transférées à cette juridiction par la loi n° 2009-526 du 12 mai 2009 : la procédure d'homologation de **changement de régime matrimonial** (C. pr. civ., art. 1301 [réd. Décr. 17 déc. 2009], qui renvoie aux règles de la procédure gracieuse devant le TGI) ainsi que les **procédures d'habilitation et d'autorisation** prévues par la loi, notamment aux articles 217, 1426 alinéa 2, 2405, 2406 et 2446 du Code civil (C. pr. civ., art. 1287, al. 1er, issu du même décret et qui renvoie à la même procédure).

171.62 **Ordonnance sur requête.** Pour les ordonnances sur requêtes, l'article 813 C. pr. civ. reprend exactement les termes de l'article 797 C. pr. civ., c'est dire que les règles sont identiques à celles de la matière gracieuse devant le TGI[2] (règle applicable également aux mesures urgentes de l'article 220-1 du Code civil ordonnées sur requête par le JAF[3]). Aucun texte particulier n'ayant davantage habilité, à ce jour, un officier public ou ministériel à saisir le président du TGI sur requête, les parties doivent toujours se faire représenter par un avocat postulant devant le tribunal dont le président est saisi[4].

En revanche, l'article 813 n'est pas applicable aux ordonnances de l'article 64 du Code des douanes concernant les visites domiciliaires[5]. La demande d'autorisation, prévue à l'article R. 160-6 du Code des assurances, doit, elle, être formée par un avocat conformément à l'article 813 C. pr. civ., dès lors qu'elle relève de la compétence du président du TGI et non du tribunal d'instance (TI)[6].

§ 2
Devant les autres juridictions

171.70 **Assistance libre.** Devant toutes les autres juridictions, la représentation n'est jamais obligatoire. Les parties peuvent donc toujours se défendre elles-mêmes, parfois elles sont même tenues de comparaître personnellement, sauf motif légitime. Autrement dit, la représentation est tantôt simplement facultative (A), tantôt conditionnelle (B). En revanche, l'assistance est toujours libre, c'est dire que même les parties qui doivent comparaître personnellement, peuvent se faire assister. Enfin, conformément aux règles communes, seules les personnes habilitées, qui varient d'une juridiction à l'autre, peuvent se voir confier l'assistance ou la représentation d'une partie.

A.
Représentation facultative

171.71 **Plan.** Elle intéresse les juridictions suivantes : le tribunal de commerce, le TI, la juridiction de proximité, le juge de l'exécution et le tribunal des affaires de sécurité sociale. Elle repose sur des principes communs à toutes ces juridictions (1°), seules les personnes habilitées à assister ou représenter les parties (2°) variant de l'une à l'autre, sous réserve du TI, de la juridiction de proximité et du juge de l'exécution où toutes les règles sont identiques (C. pr. exéc., art. L. 121-4).

1°
Principes communs

171.81 **Énoncé.** De manière identique, les textes applicables devant chacune de ces juridictions prévoient que les parties se défendent elles-mêmes et qu'elles ont la faculté de se faire assister ou représenter (pour le tribunal de commerce, C. pr. civ., art. 853 - pour le TI et la juridiction de proximité, C. pr. civ., art. 827 - pour le juge de l'exécution, C. pr. exéc., art. R. 121-7 - et pour le tribunal des affaires de sécurité sociale, CSS, art. R. 142-20).

Si une partie décide de se défendre elle-même, elle doit comparaître devant le juge en personne sous les réserves et précisions suivantes. Pour les personnes physiques, il faut tenir compte, le cas échéant, de la représentation conventionnelle ou légale à l'action. En particulier, une partie frappée d'une incapacité d'exercice comparaîtra par son représentant légal. Quant aux personnes morales, elles comparaissent toujours par leurs organes légaux ou un préposé bénéficiant d'une délégation.

Si une partie veut se faire assister ou représenter, elle peut le décider librement, sans aucune limitation, mais elle doit choisir obligatoirement l'une des personnes habilitées devant la juridiction concernée. Parmi ces personnes figurent toujours les avocats, mais leur monopole est ici largement amputé. Quoi qu'il en soit et dans tous les cas, une personne qui assiste ou représente une partie à l'instance, sans être avocat, doit justifier d'un pouvoir spécial (pour le tribunal de commerce, C. pr. civ., art. 853, al. 3 - pour le TI et la juridiction de proximité, C. pr. civ., art. 828, al. 3 - pour le juge de l'exécution, C. pr. exéc., art. R. 121-7, al. 3 - en revanche, cette précision n'a pas été incluse

1. Circ. CIV/16/04, 23 nov. 2004, n° 138, p. 58.
2. R. Martin, « La formulation de la demande gracieuse et de la requête au président du tribunal de grande instance après le décret n° 76-714 du 29 juillet 1976 », *JCP* 1976. I. 2819, préc. ss n° 171.61.
3. Circ. CIV/16/04, 23 nov. 2004, n° 139, p. 59.
4. Civ. 2e, 13 nov. 1985, n° 84-11.077, *Bull. civ.* II, n° 171; *Gaz. Pal.* 1986. 696, obs. du Rusquec; *RTD civ.* 1986. 421, obs. Perrot – V. AUSSI, E. du Rusquec, « Ordonnances sur requête et représentation », *Gaz. Pal.* 1986. Doctr. 643.
5. Com. 24 juin 1997, n° 95-30.072, *Bull. civ.* IV, n° 200.
6. Cass., avis, 23 mars 1998, n° 09-70.014, *Bull. civ. avis*, n° 5.

dans CSS, art. R. 142-20). Il s'agit de la reprise de la règle générale de l'article 416 C. pr. civ. (v. s[s] n° 171.31) qui appelle ici les observations complémentaires suivantes (lesquelles ne concernent pas le tribunal des affaires de sécurité sociale où l'article 416 C. pr. civ. s'applique directement sans restriction faute de toute disposition particulière).

Un pouvoir spécial étant requis, le mandat devra viser expressément l'instance pour laquelle elle est donnée. Le représenté étant absent par hypothèse, le mandat devra résulter d'un acte écrit dont toutefois la forme est indifférente.

Bien qu'aucun des textes spécifiques aux juridictions concernées ne vise l'assistance, sa justification s'impose aussi lorsque l'intéressé n'est pas avocat, en vertu de l'article 416 C. pr. civ. applicable devant toutes les juridictions (v. s[s] n° 171.42).

Enfin, l'article 416 alinéa 2 C. pr. civ. dispense aussi l'huissier de justice de la justification du mandat de représentation ou de la mission d'assistance, lorsqu'il est habilité à intervenir, et à condition, ajoute la jurisprudence (v. s[s] n° 171.31), qu'il agisse dans la limite de son ressort territorial. Or aucune des dispositions particulières ne le vise. Que faut-il en conclure ? En réalité, la question ne se pose que pour le tribunal de commerce comme nous le verrons (v. s[s] n° 171.91).

2°
Personnes habilitées

171.91 **Devant le tribunal de commerce.** Les parties peuvent se faire assister ou représenter « *par toute personne de leur choix* » (C. pr. civ., art. 853, al. 2). Ainsi toute personne est habilitée devant le tribunal de commerce, quelle qu'elle soit, à condition, si elle n'est avocat, d'agir à titre occasionnel et non professionnel. En effet, « *seuls les avocats peuvent assurer, de façon habituelle, les missions d'assistance et de représentation en justice* » (ce qui exclut les agents ou les sociétés de recouvrement exerçant, à titre habituel et rémunéré, une activité d'assistance et de représentation des parties devant des tribunaux de commerce[1]). Mais leur constitution n'emportera pas de plein droit élection de domicile, l'article 751 C. pr. civ., en vigueur devant le TGI, n'étant pas applicable devant le tribunal de commerce[2].

Traditionnellement, il fallait cependant excepter les huissiers de justice que l'article 627 du Code de commerce interdisait d'assistance et de représentation devant les tribunaux de commerce. Mais cette limitation a été supprimée par la loi n° 87-550 du 16 juillet 1987[3] dont l'article 25 a abrogé l'article 627 du Code de commerce. Si les huissiers peuvent donc désormais assister ou représenter les parties devant les tribunaux de commerce, comme toutes autres personnes, reste la question de la justification de leur mandat ou de leur mission, du moins lorsqu'ils agissent dans la limite de leur ressort territorial (sur ce point, v. s[s] n° 171.31). L'article 853 alinéa 3 C. pr. civ. étant un texte particulier, il devrait l'emporter sur les dispositions générales de l'article 416 et imposer la justification en toutes circonstances[4]. Mais en réalité, cette disposition date de l'époque où les huissiers de justice n'étaient pas habilités, et l'on peut donc considérer que le législateur a simplement omis de la mettre à jour suite à l'abrogation de l'article 627 du Code de commerce.

171.92 **Devant le tribunal d'instance, la juridiction de proximité et le juge de l'exécution.** Aux termes de l'article L. 121-4 C. pr. exéc.[5], l'assistance et la représentation devant le juge de l'exécution obéissent aux règles applicables devant le TI. Aussi, l'article R. 121-7 C. pr. exéc. reprend l'article 828 C. pr. civ. qui détermine les personnes habilitées devant le TI.

De même, les règles d'assistance et de représentation des parties sont identiques devant le TI et la juridiction de proximité (Décr. n° 2003-542, 23 juin 2003, art. 17[6], qui a complété l'intitulé du titre II du livre II du C. pr. civ. pour y inclure cette juridiction nouvelle à laquelle s'applique ainsi toutes les règles particulières propres au TI, et en particulier, l'article 828 C. pr. civ. - sur l'ensemble des règles de procédure, v. s[s] n°s 332.00 s.).

Aux termes de ces dispositions, les parties peuvent choisir de se faire assister ou représenter par :

- un avocat;
- leur conjoint;
- leur concubin ou la personne avec laquelle elles ont conclu un pacte civil de solidarité[7];
- leurs parents ou alliés en ligne directe;

1. Civ. 1re, 7 avr. 1999, n° 97-10.656, *Bull. civ.* I, n° 120; *RTD civ.* 1999. 698, obs. Perrot – Civ. 1re, 21 janv. 2003, n° 01-14.383, n° 01-14.547, *Bull. civ.* I, n° 17; *D.* 2003. 1400, obs. Taormina – EN CE SENS, Orléans, 11 janv. 2001, *Dr. et proc.* 2001. 245, obs. Fricero et Lefort – Paris, 21 mai 2001, *Gaz. Pal.* 2001. 791, obs. orales Gizardin, substitut général.
2. Civ. 2e, 24 févr. 1988, n° 86-18.451, NP; *JCP* 1988. II. 21094, obs. Cadiet.
3. L. n° 87-550, 16 juill. 1987, relative aux juridictions commerciales et au mode d'élection des délégués consulaires et des membres des chambres de commerce et d'industrie, *JO* 19 juill., p. 8071.
4. EN CE SENS, *J.-Cl. Pr. civ.*, fasc. 410, n° 17, Lebeau.
5. Anct L. n° 91-650, 9 juill. 1991, portant réforme des procédures civiles d'exécution, *JO* 14 juill., p. 9228, art. 10.
6. Décr. n° 2003-542, 23 juin 2003, relatif à la juridiction de proximité, et modifiant le Code de l'organisation judiciaire, le Nouveau Code de procédure civile, le Code de procédure pénale et le décret n° 91-1266 du 19 décembre 1991 portant application de la loi n° 91-647 du 10 juillet 1991 relative à l'aide juridique, *JO* 25 juin, p. 10632.
7. Ajoutés par L. n° 2007-1787, 20 déc. 2007, relative à la simplification du droit, *JO* 21 déc., p. 20639, art. 2, et Décr. 22 mai 2008, art. 18.

– leurs parents ou alliés en ligne collatérale jusqu'au troisième degré inclus;

– les personnes exclusivement attachées à leur service personnel ou à leur entreprise (il ne peut donc s'agir du salarié d'une autre société, même si celle-ci appartient au même groupe de sociétés que la société partie à la procédure[1]).

L'huissier de justice ne figurant pas sur cette liste, ne peut donc assister ou représenter les parties devant le TI[2]. Il faut cependant réserver les ordonnances sur requête, celle-ci pouvant être présentée par le requérant ou « *tout mandataire* », tant devant le TI (C. pr. civ., art. 852), que devant le juge de l'exécution (C. pr. exéc., art. R. 121-23, al. 2). De même, la requête en injonction de payer peut être présentée, devant le TI et la juridiction de proximité, par « *tout mandataire* » (C. pr. civ., art. 1407, al. 1er - en revanche, selon l'article 1425-3 C. pr. civ., la requête en injonction de faire ne peut être présentée que par la partie elle-même ou l'une des personnes visées à l'article 828 C. pr. civ.), et donc, en particulier, par un huissier de justice[3] (mais en cas d'opposition du débiteur, l'huissier ne pourra plus intervenir dans le cadre de la procédure qui s'en suivra devant le tribunal). De plus, le mandataire, quel qu'il soit, n'a pas à justifier d'un mandat, contrairement aux règles de droit commun (v. ss no 171.31), car le dépôt de la requête n'introduit pas d'instance[4].

Ajoutons enfin, que les personnes morales de droit public (État, régions, départements, communes et leurs établissements publics) peuvent se faire représenter ou assister par un fonctionnaire ou un agent de leur administration.

171.93 Devant le tribunal des affaires de sécurité sociale. L'article R. 142-20 du Code de la sécurité sociale habilite pour assister ou représenter les parties, outre les avocats :

– leur conjoint, ascendant, ou descendant en ligne directe;

– suivant le cas, les salariés, employeurs et travailleurs indépendants exerçant la même profession;

– suivant le cas, les représentants qualifiés des organisations syndicales de salariés et d'employeurs;

– les délégués des associations de mutilés et invalides du travail les plus représentatives (la jurisprudence apprécie la représentativité, non seulement au plan national, mais aussi au plan régional[5]);

– les administrateurs et employés de l'organisme parties à l'instance ou les employés d'un autre organisme de sécurité sociale.

B. Représentation conditionnelle

171.100 Plan. Si les personnes habilitées à assister ou représenter les parties devant les conseils de prud'hommes et les tribunaux paritaires des baux ruraux ne sont pas les mêmes (2°), les textes applicables tentent d'imposer, en des termes identiques, la comparution des parties en personne et n'autorisent donc la représentation qu'à titre normalement exceptionnel (1°).

1° Principes communs

171.101 Comparution personnelle et représentation. Tant l'article R. 1453-1 du Code du travail[6] pour le conseil de prud'hommes que l'article 883 C. pr. civ. pour le tribunal paritaire des baux ruraux prévoient que « *les parties sont tenues de comparaître en personne, sauf à se faire représenter en cas de motif légitime* ».

L'objectif recherché est clair, imposer la présence personnelle des parties pour créer une relation directe avec les juges et favoriser ainsi la possibilité d'une conciliation. Cette volonté législative est tellement forte que le conseil de prud'hommes peut même autoriser les mineurs à comparaître seuls si leur père, mère ou tuteur ne peut les assister (C. trav., L. 1453-1[7]).

La représentation n'est donc conçue que de manière restrictive. Elle suppose que la partie concernée justifie d'un **motif légitime** qui ne saurait en aucun cas résulter de la seule procuration, du reste inutile (v. ss no 171.31), donnée à l'avocat chargé de la représenter[8]. Les motifs ainsi invoqués sont soumis à l'appréciation souveraine des juges du fond[9], lesquels doivent toujours constater dans leur décision l'existence du motif retenu ou inversement la présence des parties qui rend cette justification inutile[10] (une décision retenant que de telles mentions valent pour toutes les audiences[11]). L'appréciation des premiers juges est évidemment soumise au contrôle de la cour d'appel, et ce même si la décision émane du

1. Soc. 5 mars 2008, no 06-60.125, *Procédures* 2008. Comm. 138, obs. Perrot.
2. Civ. 2e, 1er juill. 1981, no 80-12.360, *Bull. civ.* II, no 145.
3. Civ. 2e, 5 nov. 1975, no 73-14.636, *Bull. civ.* II, no 285; *JCP* 1975. IV. 384; *RTD civ.* 1976. 204, obs. Perrot.
4. Civ. 2e, 27 juin 2002, no 98-17.028, *Bull. civ.* II, no 147; *D.* 2002. IR 2381; *D.* 2002. 3333, obs. Aynès.
5. Soc. 19 nov. 1980, no 79-12.138, *Bull. civ.* V, no 831; *Gaz. Pal.* 1981. Pan. 96; *JCP* 1981. IV. 52.
6. Anct C. trav., art. R. 516-4.
7. Anct C. trav., art. L. 516-1.
8. Soc. 6 juill. 1978, no 76-40.728, *Bull. civ.* V, no 577 – Paris, 10 mai 1976, *Gaz. Pal.* 1976. 424, concl. Kirsch.
9. Soc. 29 juin 1956, *Bull. civ.* V, no 605.
10. Soc. 20 déc. 1947, *D.* 1948. 113 – Soc. 15 janv. 1959, *Bull. civ.* V, no 78 – V. AUSSI, Cass., ass. plén., 31 oct. 1996, no 91-44.770, *Bull. ass. plén.*, no 7.
11. Soc. 24 avr. 1959, *Bull. civ.* V, no 525.

bureau de conciliation d'un conseil de prud'hommes, l'appel immédiat étant admis lorsque la représentation a été refusée faute de motif légitime, car une telle décision met directement en cause les droits de la défense[1]. De manière générale, les juges admettent pour motif légitime non seulement les empêchements personnels (état de santé, éloignement[2]), mais aussi les empêchements professionnels, qu'ils concernent le salarié (nouvel emploi dont il ne peut s'absenter) ou le chef d'entreprise (charges d'autant plus lourdes que l'entreprise est de taille importante[3] – il ne faut cependant pas confondre le motif légitime autorisant la représentation avec le motif légitime que doit invoquer la partie, absente et non représentée, pour éviter la caducité quant au demandeur et l'intervention d'une décision en son absence quant au défendeur; dans ces cas, la jurisprudence semble plus exigeante[4]). Ceci étant, la pratique suivie par les tribunaux est très variable, les plus importants se montrant de moins en moins exigeants, à tout le moins, en l'absence de toute contestation de la partie adverse qui, de surcroît, doit être soulevée sur le champ[5], devant les juges du fond[6].

En revanche, l'assistance n'est jamais restreinte, une partie, qui comparaît personnellement, pouvant toujours se faire assister (C. trav., art. R. 1453-1, al. 2[7]; C. pr. civ., art. 883, al. 2). Mais qu'elles décident de recourir à l'assistance ou à la représentation lorsqu'elle est possible, les parties doivent toujours désigner l'une des personnes habilitées, laquelle devra, le cas échéant, justifier de son mandat ou de sa mission dans les conditions de droit commun (C. pr. civ., art. 416).

2°
Personnes habilitées

171.111 Devant le conseil de prud'hommes. Les personnes habilitées sont énumérées à l'article R. 1453-2 du Code du travail[8] qui prévoit, outre les **avocats**, cités en dernier :

– les **salariés ou employeurs** appartenant à la **même branche d'activité**; la jurisprudence exige, à ce titre, qu'il s'agisse d'une personne toujours en activité, ce qui exclut les retraités[9];

– les **délégués** permanents ou non permanents des **organisations syndicales** ouvrières ou patronales (il doit s'agir d'un syndicat au sens de C. trav., art. L. 2132-2[10]) et non d'une simple association professionnelle ouverte à tout salarié, quel que soit le type de son travail ou sa branche d'activité[11]); le délégué doit être lui-même membre de l'organisation syndicale et non son salarié[12]; mais pour le surplus la jurisprudence se montre particulièrement souple : le salarié représenté ou assisté n'a pas besoin d'appartenir à la même organisation syndicale, ni même être syndiqué[13]; quant au délégué, il n'a pas à appartenir à la même branche d'activité[14] et ne connaît aucune limitation territoriale[15];

– le **conjoint**; seul le conjoint étant visé, la représentation est refusée à tout autre proche, parent ou allié (par ex. au sujet du père d'un salarié[16]);

– le concubin ou la personne avec laquelle la partie a conclu un pacte civil de solidarité[17];

– un **membre de l'entreprise** ou de l'établissement pour assister ou représenter l'employeur.

Mais toutes ces personnes peuvent se voir privées de leur habilitation si elles exercent la fonction de conseiller prud'hommes. Sur ce point, les articles L. 1453-2 et L. 1453-3 du Code du travail[18] opèrent les distinctions suivantes qui relativisent substantiellement cette **incompatibilité.** Le conseiller prud'hommes est seulement interdit d'assistance et de représentation devant la section ou, le cas échéant, la chambre du conseil de prud'hommes à laquelle il appartient, de même que devant la formation de référé s'il a été désigné pour tenir des audiences de référé. Seuls les présidents et vice-présidents ne peu-

1. Paris, 10 mai 1976, préc. s[s] n° 171.101 – Paris, 23 mai 1977, *Gaz. Pal.* 1977. 415, note Rayroux – V. AUSSI, M. Rayroux, « La représentation des parties en matière prud'homale », *Gaz. Pal.* 1977. Doctr. 373.
2. V. PAR ex., Soc. 24 avr. 1959, *Bull. civ.* V, n° 525.
3. V. NOT., Paris, 23 mai 1977, *Gaz. Pal.* 1977. 415, note Rayroux.
4. V. NOT., Soc. 13 mars 1967, *Bull. civ.* V, n° 245 – Soc. 11 oct. 1972, n° 71-40.352, *Bull. civ.* V, n° 539.
5. Soc. 13 mai 1980, n° 78-41.128, *Bull. civ.* V, n° 426.
6. Soc. 19 févr. 1976, *D.* 1976. IR 113.
7. Anc[t] C. trav., art. R. 516-4, al. 2.
8. Anc[t] C. trav., art. R. 516-5.
9. Soc. 9 déc. 1970, n° 69-40.485, *Bull. civ.* V, n° 702; *D.* 1971. Somm. 70.
10. Anc[t] C. trav., art. L. 411-2.
11. Soc. 8 oct. 1996, n° 95-40.521, *Bull. civ.* V, n° 316; *D.* 1996. IR 234; *Gaz. Pal.* 1996. Pan. 265; *JCP* 1996. IV. 2328.
12. Soc. 17 juin 1954, *D.* 1954. 698; *RTD civ.* 1954. 690, obs. Raynaud – Soc. 11 juill. 1958, *JCP* 1958. II. 10841, note G. B. – Soc. 26 sept. 1990, n° 88-40.060, *Bull. civ.* V, n° 399; *Dr. trav.* déc. 1990. 29 – V. AUSSI, T. civ. Marseille, 26 juin 1951, *JCP* 1951. II. 6499, note G. B.
13. Soc. 26 sept. 1990, n° 88-40.060, préc. s[s] prés[t] n° – Soc. 16 nov. 1995, n° 94-40.381, *Bull. civ.* V, n° 301; *RTD civ.* 1996. 470, obs. Perrot; *Gaz. Pal.* 1996. Pan. 25; *JCP* 1996. IV. 36 – Paris, 11 mars 1993, RG n° 92/30879, *JCP E* 1993. Pan. 679; *Dr. trav.* 1993, n° 306; *Procédures* mars 1996. Comm. 78, obs. Croze.
14. Soc. 16 nov. 1995, n° 94-40.381, préc. s[s] prés[t] n° – Paris, 11 mars 1993, RG n° 92/30879, préc. s[s] prés[t] n°.
15. Soc. 16 nov. 1995, n° 94-40.381, préc. – SUR L'ENSEMBLE DE LA QUESTION, V. « Droit du travail », *JCP* 1996. I. 3923, n° 2, chron. Teyssié.
16. Soc. 11 mai 1993, n° 88-44.230, NP; *Gaz. Pal.* 1993. Pan. 157.
17. Ajoutés par L. 20 déc. 2007, art. 2, et Décr. n° 2008-244, 7 mars 2008, relatif au Code du travail, *JO* 12 mars, p. 37003.
18. Anc[t] C. trav., art. L. 516-3.

vent intervenir devant toutes les formations du conseil de prud'hommes.

171.112 Devant le tribunal paritaire des baux ruraux. Aux termes de l'article 884 C. pr. civ., les personnes habilitées à représenter ou assister les parties sont, outre l'**avocat** :

– l'huissier de justice;

– un membre de la famille; faute de précision, il peut s'agir de tout parent ou allié, sans limitation de degré, tel le conjoint, les père ou mère, frères ou sœurs, cousins ou cousines, les beaux-parents, *etc.*;

– le concubin ou la personne avec laquelle la partie a conclu un pacte civil de solidarité[1];

– un membre ou un salarié d'une organisation professionnelle agricole (comme pour les délégués en matière prud'homale (v. s^s n° 171.111), la jurisprudence exigeait qu'il s'agisse d'une personne adhérente qui exerce effectivement une activité agricole et non un simple salarié de l'organisation[2]; mais l'article 83 de la loi n° 90-85 du 23 janvier 1990 a anéanti cette jurisprudence en prévoyant expressément que les parties peuvent se faire assister ou représenter par un membre ou un salarié d'une telle organisation[3]).

1. Ajoutés par L. n° 2007-1787, 20 déc. 2007, art. 2; Décr. 22 mai 2008, art. 19.
2. Soc. 28 juin 1988, n° 86-14.665, *Bull. civ.* V, n° 207; *Gaz. Pal.* 1988. 867, note Lachaud; J. Lachaud, « La procédure, sans représentation devant la cour, marque-t-elle la fin des avocats ? », *Gaz. Pal.* 1988. Doctr. 753; *RTD civ.* 1989. 142, obs. Perrot – Rennes, 19 févr. 1980, *Gaz. Pal.* 1980. 601, note de Silguy, Cadiou et Druais – Grenoble, 27 oct. 1981, *Gaz. Pal.* 1982. 50, note Lachaud.
3. J. Lachaud, « La loi complémentaire de 1990 et le droit judiciaire : la représentation des parties », *Gaz. Pal.* 1990. Doctr. 336.

CHAPITRE

172. Actes introductifs d'instance

PHILIPPE HOONAKKER
Professeur à l'Université de Strasbourg
Avocat

SECTION 0
ORIENTEUR

172.00 Plan du chapitre.

172.01 Principaux textes applicables.
C. pr. civ., art. 53 à 62, 415, 485, 750, 752, 757, 788 à 796, 829, 837 à 840, 847-1 à 847-3, 855 à 860, 861-2, 885 et 886, 1136-1 à 1136-13, 1137 à 1141, 1211 s., 1287.

C. pr. exéc., art. R. 121-5 à R. 121-13, R. 121-23, R. 121-24, R. 151-1 à R. 151-3, R. 442-2 à R. 442-4.

COJ, art. L. 213-3, L. 213-3-1, L. 221-3, L. 221-4, L. 221-7.

C. civ., art. 515-9 à 515-13, 2241.

C. trav., art. R. 1452-1 à R. 1452-6, R. 1455-9, R. 1455-10.

CSS, art. R. 142-18, R. 142-19.

172.04 Formulaire : renvois.

Form. pr. civ. *Assignation – Assignation devant le juge de l'exécution*

Assignation – Assignation à toutes fins (Assignation à toutes fins devant le juge de proximité)

Assignation – Assignation à toutes fins (Assignation à toutes fins devant le tribunal d'instance)

Assignation – Assignation au fond (Assignation au fond devant le tribunal de grande instance)

Assignation – Assignation jour fixe (TGI) (Assignation à jour fixe devant le tribunal de grande instance)

Requête conjointe – Juge de proximité (Saisine du juge de proximité par requête conjointe [C. pr. civ., art. 845 à 847])

172.06 Demande initiale. La demande en justice qui introduit l'instance est appelée demande initiale (C. pr. civ., art. 53), par opposition aux demandes incidentes qui peuvent venir s'y greffer en cours de procédure. Comme toute demande en justice, elle interrompt le délai de prescription ainsi que le délai de forclusion (C. civ., art. 2241) et vaut mise en demeure, faisant donc courir les intérêts moratoires (C. civ., art. 1153). Au plan procédural, elle saisit le juge de l'instance qu'elle introduit et l'oblige à statuer sous peine de déni de justice.

Mais la date précise à laquelle ces effets se produisent dépend de l'acte de procédure utilisé pour formaliser la demande initiale. Ces actes sont les actes introductifs d'instance qui obéissent à des règles communes à toutes les juridictions (sect. 1) et à des règles propres à chaque type de juridiction (sect. 2).

SECTION 1
RÈGLES COMMUNES À TOUTES LES JURIDICTIONS

172.10 Division. Ces actes, commandant matériellement l'introduction de l'instance, diffèrent logiquement selon que celle-ci est contentieuse (§ 1), c'est-à-dire dirigée contre un adversaire, ou gracieuse (§ 2).

§ 1
En matière contentieuse

172.11 Plan. L'article 54 C. pr. civ.[1] pose en principe que, sous réserve des cas où l'instance est introduite par présentation volontaire des parties devant le juge, la demande initiale est formée, en matière contentieuse, par assignation (A), par requête conjointe (B) ou par requête ou déclaration qui sont nécessairement unilatérales (C).

A.
Assignation

172.20 Annonce. Les règles communes à toutes les juridictions se divisent en deux catégories : celles générales, applicables quel que soit le type de procédure (C. pr. civ., art. 55 et 56, 1°) et celles propres à la procédure de référé (C. pr. civ., art. 485 et 486).

1°
Règles générales

172.21 Définition. L'article 55 C. pr. civ. définit l'assignation comme « *l'acte d'huissier par lequel le demandeur cite son adversaire à comparaître devant le juge* ». Cette définition emporte au moins les trois conséquences suivantes. S'agissant de citer un adversaire, l'assignation n'est concevable qu'en matière contentieuse. Elle doit nécessairement être portée à sa connaissance par l'huissier qui devra donc procéder à sa signification (sur les règles particulières lorsque l'assignation est destinée à un ressortissant demeurant à l'étranger, v. s^s^ n°s 163.00 s. pour l'Union européenne et s^s^ n°s 161.201 s. hors l'Union européenne). Enfin et dans cette perspective, elle doit contenir toutes les informations indispensables à l'organisation de sa défense.

172.22 Contenu. Outre les mentions propres à tous les actes d'huissier (C. pr. civ., art. 648 – V. s^s^ n°s 161.31 à 161.42), l'assignation doit comporter celles prévues à l'article 56 C. pr. civ. qui sont les suivantes[2].

L'indication de la **juridiction**[3] devant laquelle la demande est portée (C. pr. civ., art. 56, 1°). Elle doit être précisée quant à sa nature[4] et quant à son siège. Sur ce point, il est sans doute prudent d'indiquer non seulement la ville, mais aussi de donner l'adresse complète. Cette solution, généralement suivie par la pratique, est sans doute la plus appropriée à l'objectif d'information du défendeur.

1. Mod. par Décr. n° 2005-1678, 28 déc. 2005, relatif à la procédure civile, à certaines procédures d'exécution et à la procédure de changement de nom, *JO* 29 déc., p. 20350, entré en vigueur le 1er mars 2006, art. 2.
2. Pour des modèles d'assignation, v. Circ. min. 2 mai 1974, *JCP* 1974. III. 41668.
3. Rép. pr. civ., v° *Assignation*, par G. Maugain, déc. 2012, n° 18.
4. Civ. 2e, 21 oct. 1976, n° 75-10.481, *Bull. civ.* II, n° 285; *Gaz. Pal.* 1977. 1. Pan. 10.

Dans sa rédaction issue de l'article 3 du décret n° 98-1231 du 28 décembre 1998, entré en vigueur le 1er mars 1999[1], l'article 56, 2° C. pr. civ. prévoit désormais que l'assignation doit contenir : « *L'objet de la demande avec un exposé des moyens en fait et en droit* ». Bien qu'aucun formalisme ne soit imposé, l'assignation est généralement construite comme un jugement. Elle se termine par le dispositif qui suit la formule habituelle « *Par ces motifs* » et précise **l'objet de la demande**. Celui-ci doit être suffisamment précis, l'assignation valant conclusions (C. pr. civ., art. 56, dern. al.), pour permettre au défendeur de connaître exactement les prétentions du demandeur et surtout au tribunal de trancher le litige sur cette seule base si le défendeur ne comparaît pas (ainsi une assignation par laquelle le demandeur entendait se faire donner acte de la réserve de formuler ultérieurement ses prétentions a-t-elle été annulée[2]; en revanche, une demande non chiffrée n'est pas irrecevable de ce seul fait[3]; mais encore faut-il que le montant de la demande soit déterminable par les éléments qu'elle contient[4]). Le dispositif est généralement précédé de l'exposé des moyens qui désormais devra porter tant sur les faits que sur le droit (le style employé doit répondre au respect dû à la justice - sur cette question un arrêt avait constaté un style « *pour le moins relâché* », une « *phraséologie péjorative, voire blessante et malveillante* »[5]). Le demandeur ne pourra donc plus se contenter d'une relation plus ou moins sommaire des faits, laissant au juge le soin de décrypter le fondement juridique de ses prétentions. Il devra obligatoirement préciser lui-même l'argumentation juridique sur laquelle il entend se fonder, en visant normalement les textes auxquels il se réfère (cette innovation destinée à faciliter la tâche du juge ne lui retire évidemment aucune de ses prérogatives en la matière, prescrites notamment à l'article 12 C. pr. civ., resté inchangé[6]). En outre, l'assignation doit comprendre l'indication des pièces sur lesquelles la demande est fondée et comporter désormais, en annexe, un bordereau les énumérant (C. pr. civ., art. 56, al. 2, issu de Décr. 28 déc. 1998, art. 3).

L'indication que, faute pour le défendeur de comparaître, il s'expose à ce qu'un **jugement soit rendu contre lui** sur les seuls éléments fournis par son adversaire (C. pr. civ., art. 56, 3°). Cette mention vise à inciter le défendeur à réagir, en attirant son attention sur le danger qu'il court s'il laissait la procédure se dérouler sans se manifester. De plus, elle devra être complétée, pour chaque type de juridiction, par l'indication des **modalités de comparution** qui dépendent des règles d'assistance et de représentation applicables.

Le cas échéant, les mentions relatives à la **désignation des immeubles** exigées pour la publication au fichier immobilier (C. pr. civ., art. 56, 4°). Il faut rappeler sur ce point qu'aux termes de l'article 28, 4°, c du décret n° 55-22 du 4 janvier 1955[7], les demandes en justice tendant à obtenir la résolution, la révocation, l'annulation ou la rescision d'une convention ou d'une disposition à cause de mort portant sur des droits soumis à publicité foncière, doivent obligatoirement être publiées au bureau des hypothèques de la situation des immeubles concernés (cette publication est possible bien que l'assignation ne corresponde à aucun des actes prévus au premier alinéa de l'article 710-1 du Code civil, issu de la loi n° 2011-331 du 28 mars 2011[8], conformément à la dérogation prévue au troisième alinéa de ce texte). Les mentions exigées à ce titre sont prévues à l'article 7 du décret du 4 janvier 1955, à savoir : la nature, la situation, la contenance et la désignation cadastrale de chacun des immeubles concernés par la demande. En revanche, la mention de la date, du volume et du numéro de la publicité des actes contestés n'est pas exigée[9]. Conformément à l'article 30, 5° du décret du 4 janvier 1955, il doit être justifié de cette publication par un **certificat du conservateur** ou la production d'une copie de la demande revêtue de la mention de la publicité. Ces modes de preuve sont impératifs et, à défaut, la demande est irrecevable[10] (sur l'application de ces règles en Alsace-Moselle, v. ss nos 722.00 s.).

172.23 **Sanction.** Toutes les mentions prévues à l'article 56 alinéa 1er C. pr. civ. sont imposées à peine de **nullité**. Le régime applicable est celui de la nullité des actes de procédure pour vice de forme. En particulier, la nullité ne sera donc encourue que si le défendeur établit que l'omission lui a causé un

1. Décr. n° 98-1231, 28 déc. 1998, modifiant le Code de l'organisation judiciaire et le Nouveau Code de procédure civile, *JO* 30 déc., p. 19904.
2. Civ. 3e, 14 juin 1989, n° 87-17.088, *Bull. civ.* III, n° 137.
3. Civ. 2e, 25 oct. 1995, n° 93-14.080, *Bull. civ.* II, n° 259; *Gaz. Pal.* 1996. 1. Pan. 153 – Soc. 18 mars 1997, n° 93-41.828, NP; *Procédures* 1997. Comm. 152, note Sportouch – Soc. 7 oct. 1997, n° 95-44.162, *Bull. civ.* V, n° 302 – Civ. 2e, 8 mars 2008, n° 04-20.033, NP; *Procédures* 2008. Comm. 95, obs. Perrot.
4. Civ. 2e, 10 févr. 2000, n° 98-15.287, *Bull. civ.* II, n° 27.
5. Rouen, 20 juin 2000, *Gaz. Pal.* 2001. 1068, infirmant T. com. Rouen, ord. réf., 2 nov. 1998, *Gaz. Pal.* 1999. 32.
6. Sur l'ensemble de la question, v. A. Perdriau, « De la découverte par le juge civil du fondement juridique de la demande », *Gaz. Pal.* 30 avr.-1er mai 1999, p. 10.
7. Décr. n° 55-22, 4 janv. 1955, réforme de la publicite foncière, *JO* 7 janv., p. 346.
8. L. n° 2011-331, 28 mars 2011, de modernisation des professions judiciaires ou juridiques et certaines professions réglementées, *JO* 29 mars, p. 5447.
9. Civ. 3e, 10 nov. 1982, n° 81-13.408, *Bull. civ.* III, n° 221; *JCP* 1983. IV. 33.
10. Civ. 3e, 10 févr. 2010, n° 07-19.228, *Bull. civ.* III, n° 40; *RJDA* 2010, n° 790 – Civ. 3e, 5 nov. 2008, n° 07-15.179, *RJDA* 2009, n° 394.

grief[1] (v. à propos d'erreurs affectant les mentions d'une assignation délivrée à une société sur sa forme et le lieu de son siège social[2]) et à condition que l'exception soit soulevée *in limine litis* (une décision s'est prononcée à propos de conclusions au fond déposées préalablement[3]). Mais en cas de pluralité de défendeurs, la nullité de l'assignation délivrée à l'un d'eux ne rend pas nul le jugement rendu à l'égard des autres, régulièrement assignés, dès lors qu'il n'existe aucun lien de dépendance avec les chefs du jugement qui les concernent[4]. Toutes les mentions sont concernées, à l'exception de celles des pièces et désormais du bordereau les énumérant, pour lesquelles aucune sanction n'est prescrite par l'article 56 alinéa 2 C. pr. civ. et qui ne sont pas considérées comme des formalités substantielles ou d'ordre public[5]. Ceci étant, il pourrait être admis, désormais, qu'avec l'exigence d'un bordereau il y ait renversement de l'ancienne présomption, de sorte que seules seraient réputées avoir été régulièrement communiquées, sauf preuve contraire, les pièces énumérées au bordereau, et non plus toutes celles visées dans le jugement[6]; mais encore faut-il que le défendeur ait comparu car sinon il ne saurait se plaindre d'un défaut de communication de pièces, quelles qu'elles soient[7].

Il faut encore réserver le cas particulier des assignations qui doivent être publiées au fichier immobilier (v. s^s^ n° 172.22). La sanction de cette formalité est l'irrecevabilité de la demande, selon l'article 30, 5° du décret du 4 janvier 1955 (sur le droit particulier du droit local d'Alsace-Moselle où ce texte n'est pas applicable, v. s^s^ n° 722.11). Il s'agit d'une **fin de non-recevoir** qui peut être invoquée en tout état de cause[8], mais uniquement par les parties[9], et régularisée jusqu'à ce que le juge statue (C. pr. civ., art. 126), c'est-à-dire jusqu'à la clôture des débats[10].

1. PAR ex., Paris, 1er juin 1995, RG n° 94/14498, *Juris-Data* n° 023214; *Procédures* 1996. Comm. 83, note Croze.
2. Civ. 3e, 26 nov. 2008, n° 07-18.634, *Bull. civ.* III, n° 191; *RJDA* 2009, n° 217.
3. Civ. 3e, 26 nov. 2003, n° 01-16.126, *Bull. civ.* III, n° 205; *Procédures* 2004. Comm. 46, obs. Perrot; *JCP* 2004. IV. 1148.
4. Civ. 2e, 23 juin 2005, n° 03-14.040, *Bull. civ.* II, n° 172; *Procédures* 2005. Comm. 202, obs. Perrot.
5. Civ. 2e, 3 avr. 2003, n° 00-22.066, *Bull. civ.* II, n° 94; *Procédures* 2003. Comm. 132, obs. Perrot – V. CEP., Civ. 1re, 13 nov. 2002, n° 00-21.301, NP; *Gaz. Pal.* 2003. Somm. 3236 – TGI Marseille, 26 févr. 1973, *Gaz. Pal.* 1973. 348, note Candas, qui pour autant ne prononce pas la nullité, faute de grief – TGI Dijon, 12 mai 2000, *Gaz. Pal.* 2001. Somm. 289.
6. EN CE SENS, A. Perdriau, « Le décret n° 98-1231 du 28 décembre 1998 au regard du juge de cassation », *JCP* 1999. I. 115, n° 29.
7. Civ. 2e, 3 avr. 2003, n° 00-22.066, préc. s^s^ prés^t^ n°.
8. Civ. 3e, 12 févr. 1985, n° 83-17.153, *Bull. civ.* III, n° 32; *Gaz. Pal.* 1985. Pan. 171, obs. Guinchard et Moussa.
9. Civ. 3e, 18 janv. 1995, n° 92-10.655, *Bull. civ.* III, n° 22.
10. Civ. 3e, 26 nov. 2003, n° 02-13.438, *Bull. civ.* III, n° 212.

172.24 **Effets.** Au fond, l'assignation vaut mise en demeure et interrompt le délai de prescription ainsi que le délai de forclusion (C. civ., art. 2241). Au plan procédural, elle introduit l'instance et crée donc un lien d'instance entre les parties. Mais ce lien est fragile car il suppose la saisine ultérieure du tribunal. Pour ce faire, elle doit être enrôlée, c'est-à-dire déposée au greffe du tribunal, et ce dans les délais fixés pour chaque type de juridiction. Cette formalité est d'autant plus importante qu'elle est parfois prescrite à peine de caducité de l'assignation avec toutes les conséquences qui s'y attachent. De plus, elle devra parfois être accomplie dans le délai fixé. Il faut sur ce point distinguer :

– ou bien, une action doit être introduite ou exercée dans un certain délai et c'est alors la date de délivrance de l'assignation qui compte, peu importe que son enrôlement intervienne après l'expiration du délai (par ex. à propos d'une action en annulation de résolutions d'une assemblée générale de copropriétaires[11]), pourvu qu'elle intervienne effectivement (à propos de C. pr. civ., art. 1113, al. 2, réd. Décr. n° 2004-1158, 29 oct. 2004[12], imposant que l'instance en divorce soit « introduite » dans les trente mois du prononcé de l'ordonnance de non-conciliation à peine de caducité de toutes ses dispositions, y compris l'autorisation d'assigner[13] – à propos de la procédure au fond qui doit être introduite, à peine de nullité, dans un certain délai à compter de l'ordonnance autorisant la saisie-contrefaçon de logiciels ou de bases de données, v. s^s^ n° 112.22);

– ou bien, c'est un tribunal qui doit être saisi dans le délai fixé et il faut alors que l'enrôlement de l'assignation soit fait avant son expiration (par ex. à propos de la caducité des mesures provisoires prescrites par une ordonnance de non-conciliation faute de saisine du juge aux affaires familiales [JAF] dans le délai de six mois prévu à l'article 1113, al. 2, C. pr. civ., réd. antérieure Décr. 29 oct. 2004[14]).

2°
Règles propres à la procédure de référé

172.31 **Énoncé.** La procédure de référé est introduite par assignation, laquelle peut être ordinaire ou d'heure à heure (C. pr. civ., art. 485), mais dans les deux cas elle obéit, par ailleurs, à des règles communes.

11. Civ. 3e, 15 mai 2002, n° 00-22.175, *Bull. civ.* III, n° 101; *D.* 2002. 2499, note Atias; *D.* 2003. 1326, obs. Giverdon; *Dr. et proc.* 2002. 288, obs. Atias.
12. Décr. n° 2004-1158, 29 oct. 2004, portant réforme de la procédure en matière familiale, *JO* 31 oct., p. 18492.
13. Cass., avis, 4 mai 2010, n° 10-00.002, *Bull. civ. avis*, n° 2; *D.* 2010. 1347; *D.* 2011. 1107, obs. Douchy-Oudot; *RTD civ.* 2010. 535, obs. Hauser; *RTD civ.* 2010. 614, obs. Perrot.
14. Civ. 2e, 26 juin 2003, n° 01-14.317, *Bull. civ.* II, n° 211; *RTD civ.* 2003. 688, obs. Hauser; *Procédures* 2003. Comm. 234, obs. Perrot.

172.32 **Assignation ordinaire.** L'assignation ordinaire est celle qui est délivrée pour une audience habituelle tenue par le juge des référés (C. pr. civ., art. 485, al. 1er). Elle doit donc contenir les date et heure de l'audience, en principe librement choisie par le demandeur (il faut néanmoins souligner une pratique de plus en plus imposée par les juridictions, malgré l'absence de tout texte, consistant à exiger du demandeur qu'il « prenne » une date d'audience au greffe avant d'assigner). Pour le surplus, l'assignation obéit aux règles habituelles (C. pr. civ., art. 56 et 648 – V. ss no 172.22). À cet égard, un soin particulier doit être apporté à l'indication de la juridiction devant laquelle la demande est portée (C. pr. civ., art. 56, 1°). En effet, dans la mesure où le litige est susceptible d'être plaidé dès la première audience, le défendeur doit trouver dans l'assignation des informations précises lui permettant de se rendre effectivement à l'audience fixée. Elle devra donc non seulement comporter la désignation et l'adresse du tribunal saisi, mais aussi indiquer le bureau ou la salle où l'audience se tient, voire si nécessaire, le nom du magistrat[1].

172.33 **Assignation d'heure à heure.** Aux termes de l'article 485 alinéa 2 C. pr. civ., lorsque « *le cas requiert célérité, le juge des référés peut permettre d'assigner, à heure indiquée, mêmes les jours fériés ou chômés, soit à l'audience, soit à son domicile portes ouvertes* ».

Une telle assignation doit donc être nécessairement précédée d'une requête adressée au juge des référés pour obtenir l'autorisation d'assigner à heure indiquée, en justifiant de la célérité, c'est-à-dire de l'urgence requise. En pratique, le demandeur joint généralement à sa requête, son projet d'assignation ainsi qu'une copie de ses pièces. Si le juge des référés retient l'urgence, il rend une ordonnance d'autorisation fixant les jour, heure et lieu de l'audience. L'assignation devra alors être délivrée pour cette audience avec les mêmes mentions que l'assignation ordinaire, sauf qu'il est d'usage d'y joindre l'ordonnance rendue pour assurer une parfaite information du défendeur.

Quelle est la sanction d'une assignation délivrée à un jour et une heure autres que ceux des audiences ordinaires sans permission préalable du juge ? Il a été jugé que ce manquement ne constitue qu'un vice de forme qui ne peut entraîner la nullité de l'assignation dès lors que le défendeur n'a subi aucun grief, ayant pu comparaître et assurer sa défense[2].

172.34 **Règles communes.** Que l'assignation soit ordinaire ou d'heure à heure, elle obéit à des règles communes dont l'appréciation devra, le cas échéant, être adaptée aux circonstances.

Aucun **délai** n'est imposé pour la délivrance de l'assignation. Mais le juge doit, dans tous les cas, s'assurer « *qu'il s'est écoulé un temps suffisant entre l'assignation et l'audience pour que la partie assignée ait pu préparer sa défense* ». Deux précisions s'imposent sur ce point. D'une part, il a été jugé que les délais de distance prévus aux articles 644 et 645 C. pr. civ. ne sont pas applicables à l'assignation en référé[3]. D'autre part, les juges apprécient souverainement le temps suffisant requis[4], si bien qu'il est impossible de dégager des règles précises de la jurisprudence. Mais en moyenne, le délai jugé suffisant pour l'assignation ordinaire se situe entre trois et huit jours. Quant à l'assignation d'heure à heure, tout dépend évidemment des circonstances : modalités de la signification, distance, âge et état de santé du défendeur, degré d'urgence... (ainsi des délais de 0 h 45[5], 6 h 30[6], 22 h 15[7] ont été jugés suffisants; en sens contraire : 0 h 20[8], 1 h[9], 17 h[10]). Mais la sagesse commande, à tout le moins, de faire délivrer l'assignation sans retard dès que l'ordonnance est rendue.

Bien qu'aucun texte ne le prévoit expressément, le juge des référés ne peut être **saisi** que par la remise d'une copie de l'assignation au secrétariat-greffe. Aucun délai n'est évidemment prévu, *a fortiori*, mais la raison commande qu'elle intervienne avant l'audience. En pratique, il est d'usage de déposer un placet qui reproduit les termes de l'assignation, voire une copie du projet adressé à l'huissier pour signification, la copie de l'assignation étant alors remise au juge à l'audience. En tout cas, le refus largement répandu d'évoquer un litige à une audience pour laquelle l'assignation a été régulièrement délivrée, au motif que le greffe n'a pas été en mesure d'ouvrir un dossier faute de remise préalable du placet ou au moins d'un projet de l'assignation, ne repose sur aucun texte.

Enfin, il ne fait plus de doute que l'assignation en référé interrompt le délai de prescription ainsi que le délai de forclusion (C. civ., art. 2241, issu de L. no 2008-561, 17 juin 2008[11], qui reprend la solution qu'avait introduite L. no 85-677, 5 juillet 1985[12],

1. Paris, 18 févr. 1992, RG no 91/24079, *D.* 1992. IR 111.
2. Paris, 4 févr. 1975, *JCP* 1976. IV. 88.
3. Saint-Denis de La Réunion, 27 oct. 1989, *Gaz. Pal.* 1991. 69, note Putman.
4. Civ. 1re, 4 mars 1975, no 73-14.940, *Bull. civ.* I, no 93 – Civ. 2e, 19 déc 1973, no 72-13.103, *Bull. civ.* II, no 341; *JCP* 1974. II. 17790, note Assouline – Soc. 14 janv. 1988, no 86-45.409, *Bull. civ.* V, no 47.
5. Paris, 24 oct. 1991, *D.* 1992. 244, note Debbasch.
6. Civ. 2e, 19 déc. 1973, no 72-13.103, préc. ss prést no.
7. Soc. 14 janv. 1988, no 86-45.409, préc. ss prést no.
8. Chambéry, 20 mai 1968, *JCP* 1968. IV. 184.
9. Colmar, 2 juill. 1958, *D.* 1959. 100; *JCP* 1959. II. 11045, note Seignolle.
10. Chambéry, 4 nov. 1988, *Gaz. Pal.* 1989. Somm. 259, obs. Guinchard et Moussa.
11. L. no 2008-561, 17 juin 2008, portant réforme de la prescription en matière civile, *JO* 18 juin, p. 9856.
12. L. no 85-677, 5 juill. 1985, tendant à l'amélioration de la situation des victimes d'accidents de la circulation et à l'accélération des procédures d'indemnisation, *JO* 6 juill., p. 7584.

à C. civ., anc. art. 2444). Cet effet joue même si l'assignation n'est pas placée, sa caducité n'étant pas prescrite, mais alors les délais interrompus recommencent immédiatement à courir, faute d'une instance ouverte[1]. Dans le cas contraire, l'effet interruptif se prolonge sans doute durant toute l'instance jusqu'à l'ordonnance, mais peut-elle encore jouer au-delà ? La question est d'autant plus importante que la procédure de référé est généralement de courte durée.

Il faut distinguer entre le référé-provision (auquel il faut sans doute assimiler, à cet égard, le référé-injonction de faire) et le référé-expertise. S'agissant du référé-provision, la Cour de cassation a toujours jugé que l'effet interruptif attaché à l'assignation se poursuit au-delà de l'ordonnance jusqu'à ce que le litige ait été tranché au fond[2]. Mais encore fallait-il que le demandeur n'ait pas été débouté pour contestation sérieuse, car dans ce cas l'effet interruptif était considéré comme non avenu en vertu de l'article 2247 du Code civil[3]. Cette solution a été reprise par la loi du 17 juin 2008, portant réforme de la prescription en matière civile, à l'article 2243 du Code civil, mais ce texte vise désormais une « *demande définitivement rejetée* ». Or une ordonnance de référé qui déboute le demandeur vaut-elle rejet définitif de la demande au sens de ce texte ? Si la réponse était négative, il faudrait alors considérer que l'effet interruptif se poursuivrait jusqu'au rejet définitif par une décision rendue au fond. En revanche, aucun doute n'existe pour le référé-expertise car la réforme règle expressément le sort de la prescription en présence d'une mesure d'instruction. Avant la réforme, la Cour de cassation jugeait qu'en cas de référé-expertise, l'effet interruptif cessait au moment du prononcé de l'ordonnance, et qu'en conséquence, il ne pouvait en aucun cas se prolonger pendant les opérations d'expertise[4]. Au contraire, l'article 2239 du Code civil prévoit que la prescription est suspendue lorsque le juge fait droit à une demande de mesure d'instruction présentée avant tout procès, et donc en particulier en cas de référé-expertise, et qu'elle ne recommence à courir qu'à compter du jour où la mesure a été exécutée, de surcroît pour une durée qui ne peut être inférieure à six mois.

1. Com. 10 oct. 1995, n° 93-21.400, *Bull. civ.* IV, n° 229; *RJ com.* 1996. 52, rapp. Rémery.
2. Civ. 1re, 12 févr. 1991, n° 88-19.826, *Bull. civ.* I, n° 61; *RTD civ.* 1991. 797, obs. Perrot – Civ. 3e, 5 déc. 1995, n° 94-10.952, *Bull. civ.* III, n° 288; *Procédures* 1996. Comm. 71, obs. Perrot.
3. Civ. 1re, 30 mars 1994, n° 90-20.612, *Bull. civ.* I, n° 133 – Civ. 1re, 27 févr. 1996, n° 93-21.436, *Bull. civ.* I, n° 111; *D.* 1996. 354, obs. Julien; *D.* 1998. 47, obs. Groutel; *D.* 1996. IR 81; *Gaz. Pal.* 26-27 juin 1996, p. 17; *Procédures* 1996, n° 107, note Perrot; *Procédures* 1996, n° 108, note Croze – Civ. 2e, 14 mai 2009, n° 07-21.094, *Bull. civ.* II, n° 121; *D.* 2009. 1545; *D.* 2010. 169, obs. Fricero; *Procédures* 2009. Comm. 268, obs. Perrot.
4. Civ. 2e, 6 mars 1991, n° 89-16.995, *Bull. civ.* II, n° 77; *RTD civ.* 1991. 595, obs. Perrot; *D.* 1995. 429, obs. Normand.

B.
Requête conjointe

172.41 Notion. Elle est définie par l'article 57 C. pr. civ. comme « *l'acte commun par lequel les parties soumettent au juge leurs prétentions respectives* ». Elle procède ainsi d'une toute autre logique que l'assignation. Elle suppose, en effet, un accord des parties en litige pour le soumettre ensemble au juge en lui précisant l'étendue de leur désaccord.

Cette innovation introduite par le décret n° 71-740 du 9 septembre 1971[5] et généralisée par le Code de procédure civile, qui a supprimé la limitation initiale aux seuls droits dont les parties ont la libre disposition, est manifestement inspirée du compromis d'arbitrage. Mais elle n'a jamais connu le succès espéré par un législateur convaincu et une doctrine souvent enthousiaste.

Il est vrai que le procédé est intellectuellement séduisant dans la mesure où il donne l'occasion aux parties de maîtriser elles-mêmes leur litige et de le soumettre au juge en toute sérénité, dépouillé de toute agressivité inutile. Mais il néglige les aspects psychologiques qui entourent en fait l'essentiel des litiges, quels que soient du reste leur domaine ou les personnes en conflit. La passion l'emporte alors souvent sur la raison, si bien que les parties ne peuvent plus concevoir une quelconque forme d'accord, pire encore, par l'intermédiaire de leurs conseils éventuels. C'est que la requête conjointe suppose non seulement un accord de principe sur la saisine commune d'une juridiction, mais elle implique aussi une collaboration effective des parties pour sa rédaction, conformément aux dispositions des articles 57 et 58 C. pr. civ. qui prescrivent les mentions qu'elle comporte, les unes étant obligatoires, les autres facultatives.

172.42 Mentions obligatoires. Certaines sont identiques à celles requises pour l'assignation et n'appellent donc aucun commentaire particulier. Il s'agit de l'indication de la juridiction à saisir et de la désignation éventuelle des immeubles.

Les autres s'en inspirent mais ont été adaptées aux spécificités de cet acte introductif d'instance. C'est ainsi que la requête conjointe doit indiquer l'identité complète de chacune des parties. Pour les personnes physiques, il s'agit des nom, prénoms, profession, domicile, nationalité, date et lieu de naissance; pour les personnes morales, de leur forme, leur dénomination, leur siège social et l'organe qui les représente

5. Décr. n° 71-740, 9 sept. 1971, instituant de nouvelles règles de procédure destinées à constituer partie d'un Nouveau Code de procédure civile, *JO* 11 sept., p. 9072.

légalement. Quant au fond, la requête doit indiquer les prétentions respectives des parties, les points sur lesquels ils sont en désaccord ainsi que leurs moyens respectifs. La formulation est beaucoup plus précise que pour l'assignation (v. s^s n° 172.22). C'est qu'en la matière, l'objectif est de saisir le juge, *ab initio*, du litige dans toute sa dimension, tant factuelle que juridique. La requête devrait donc se suffire à elle-même et ne nécessiter d'autres écritures des parties; *a fortiori* vaut-elle conclusions. Elle devra également indiquer les pièces qui seront remises au juge au plus tard le jour où il sera amené à statuer, après avoir été communiquées entre les parties conformément au principe du contradictoire.

La requête conjointe, régularisée pour saisir le juge aux fins de régler le **différend résiduel** lorsque les parties ne sont parvenues qu'à un **accord partiel dans le cadre d'une procédure participative,** doit comporter outre les mentions prévues à l'article 1560 C. pr. civ. : d'une part, les points faisant l'objet d'un accord (dont les parties peuvent solliciter, dans la même requête, l'homologation prévue aux articles 1565 à 1567 C. pr. civ.); d'autre part, les prétentions respectives des parties relativement au différend résiduel accompagnées de leurs moyens de fait et de droit avec l'indication des pièces invoquées. Il doit être annexé à cette requête conjointe, la convention de procédure participative, les pièces qui y sont citées conformément à l'article 2063 du Code civil et celles communiquées au cours de la procédure participative, ainsi que, le cas échéant, le rapport du technicien.

172.43 Sanction. Aucune des mentions n'est prescrite à peine de nullité car la requête conjointe étant l'œuvre commune des parties, une telle sanction eut paru inappropriée. En revanche, l'article 57 C. pr. civ. prescrit l'**irrecevabilité** de la requête en cas d'omission de l'identification des parties, de l'indication du tribunal à saisir ou de la désignation des immeubles. La même sanction est prévue par l'article 1560 C. pr. civ. en cas d'omission des mentions ou des annexes prescrites. S'agissant d'une fin de non-recevoir, elle peut être soulevée en tout état de cause (C. pr. civ., art. 123) et ne nécessite la justification d'aucun grief (C. pr. civ., art. 124), mais elle ne peut aboutir que faute de régularisation avant que le juge ne statue (C. pr. civ., art. 126). Quant aux pouvoirs du juge, la doctrine considère en général qu'il peut la soulever d'office, ce qui suppose normalement qu'elle soit qualifiée d'ordre public selon l'article 125 C. pr. civ.[1] Quoi qu'il en soit, elle ne devrait s'appliquer qu'aux mentions expressément visées, si bien que les autres semblent dépourvues de toute sanction[2].

172.44 Mentions facultatives. La requête conjointe naissant de la commune volonté des parties, celles-ci peuvent en profiter pour y exercer des droits dont elles ont la libre disposition. Ainsi peuvent-elles stipuler une clause attributive de compétence à condition de respecter les exigences de l'article 648 C. pr. civ. (v. s^s n° 172.22) ou renoncer à leur faculté d'interjeter appel, la requête intervenant par hypothèse postérieurement à la naissance du litige (C. pr. civ., art. 557)[3]. De même, comme le prévoit expressément l'article 57-1 C. pr. civ., les parties peuvent conférer au juge la mission de statuer comme amiable compositeur ou le lier par les qualifications et points de droit auxquels elles entendent limiter le débat.

172.45 Effets. Contrairement à l'assignation, la requête en elle-même, ne produit aucun effet au plan procédural, puisque selon l'article 54 C. pr. civ., l'instance n'est introduite que par la remise de la requête au secrétariat de la juridiction. C'est donc à cette date que se produisent à la fois l'introduction de l'instance et la saisine du tribunal qui, en la matière, sont ainsi concomitantes.

C'est aussi à ce moment que devraient se produire les mêmes effets que ceux attachés au **fond** à l'assignation (v. s^s n° 172.24), savoir la mise en demeure et l'interruption de la prescription[4].

C.
Requête ou déclaration unilatérales

172.51 Définition. Selon l'article 58 C. pr. civ. (issu de Décr. 28 déc. 2005), la requête et la déclaration sont définies comme « *l'acte par lequel le demandeur saisit la juridiction sans que son adversaire en ait été préalablement informé* ». Il s'agit d'actes introductifs d'instance traditionnels devant certaines juridictions ou en certaines matières dont le domaine n'est pas modifié. Mais désormais elles sont soumises à des dispositions communes quant à leur contenu et à la convocation du défendeur.

172.52 Contenu. Ce contenu est prévu à l'article 58 C. pr. civ. qui énumère les mentions imposées à peine de nullité. Il s'agit de l'objet de la demande et des éléments d'identification suivants des parties : pour le demandeur, personne physique, les nom, prénoms, profession, domicile, nationalité, date et lieu de naissance, et pour les personnes morales, leur forme, leur dénomination, leur siège social et l'organe qui les représente légalement; quant à l'adversaire, s'il est une personne physique, ses nom

1. V. NOT., GUINCHARD, CHAINAIS et FERRAND, 31e éd., 2012, n°s 336 s.
2. V. CEP., *J.-Cl. Pr. civ.,* fasc. 126-6, n° 37, Desdevises – HÉRON et LE BARS, 5e éd., 2012, n° 462, note 1.
3. Civ. 2e, 27 mai 1986, n° 84-14.154, *Bull. civ.* II, n° 144; *D.* 1987. 209, note Gautier.
4. EN CE SENS, Rép. pr. civ., v° *Requête conjointe*, par S. Pierre-Maurice avr. 2008, n° 71.

et domicile, et s'il est une personne morale, sa dénomination et son siège social. En outre, la requête comme la déclaration doivent être datées et signées, mais ces mentions ne sont pas expressément prescrites à peine de nullité.

172.53 Convocation du défendeur. Ces actes introductifs d'instance sont notifiés au défendeur à la diligence du greffe et cette notification doit comprendre de manière très apparente les mentions prévues par l'article 665-1 C. pr. civ. (issu de Décr. 28 déc. 2005) :

– sa date;

– l'indication de la juridiction devant laquelle la demande est portée;

– l'indication que, faute pour le défendeur de comparaître, il s'expose à ce qu'un jugement soit rendu contre lui sur les seuls éléments fournis par son adversaire;

– le cas échéant, la date de l'audience à laquelle le défendeur est convoqué ainsi que les conditions dans lesquelles il peut se faire assister ou représenter.

§ 2
En matière gracieuse

172.61 Règles générales. La **requête** est l'acte introductif d'instance traditionnel en matière gracieuse, quelles que soient la juridiction ou la matière. Mais elle n'y joue pas un rôle exclusif car devant certaines juridictions et en certaines matières, elle peut aussi servir à introduire une instance contentieuse.

L'article 60 C. pr. civ. qui la prescrit ne prévoit ni sa forme ni son contenu. Les parties jouissent donc d'une grande liberté sous réserve des dispositions particulières applicables éventuellement à chaque type de juridiction (v. s[s] n°s 172.70 s.). Mais en tout état de cause, elle doit permettre au juge saisi de statuer en connaissance de cause. Elle devra donc à tout le moins identifier le tribunal, le requérant (ou les requérants, une requête pouvant aussi être collective en matière gracieuse), ainsi que ses prétentions, et comporter en annexe les pièces justificatives. Certes aucune de ces mentions n'étant expressément prescrite, leur omission n'est pas sanctionnée en droit. Mais en fait, elles conditionneront directement la décision du juge saisi que le requérant doit convaincre de la légitimité de ses prétentions, même s'il est vrai qu'il peut toujours, en matière gracieuse, se fonder sur tous les faits relatifs au cas qui lui est soumis, y compris ceux qui n'auraient pas été allégués (C. pr. civ., art. 26).

La requête étant un acte unilatéral, elle ne produit par elle-même aucun effet. Elle n'accède à la vie juridique que par sa **remise** au secrétariat de la juridiction qui saisit le juge (C. pr. civ., art. 61).

Mais si la requête est le principe, elle n'est pas toujours le seul acte introductif d'instance possible. Ainsi, devant le tribunal d'instance (TI), une procédure gracieuse peut aussi être introduite par déclaration verbale (C. pr. civ., art. 62).

172.62 Ordonnance sur requête. S'il est admis aujourd'hui par une doctrine quasi unanime que cette procédure présidentielle relève de la matière gracieuse, la requête qui l'introduit obéit aux règles communes prévues à l'article 58 C. pr. civ. (v. s[s] n°s 172.51 et 172.52) et aux règles particulières prévues à l'article 494 C. pr. civ., applicables quelle que soit la juridiction dont le président est compétent[1].

Elle doit être motivée et comporter l'indication précise des pièces invoquées (C. pr. civ., art. 494, al. 1er - la mention relative aux pièces a été ajoutée[2] par le Décr. n° 89-511, 20 juill. 1989[3], s'inspirant de la règle analogue prévue pour l'assignation, v. s[s] n°s 172.22 et 172.23; mais en la matière, cette mention est imposée à peine d'irrecevabilité de la requête[4]). Par ailleurs, « *si elle est présentée à l'occasion d'une instance, elle doit indiquer la juridiction saisie* » (C. pr. civ., art. 494, al. 2). Mais la jurisprudence semble interpréter restrictivement cette disposition, exigeant un lien de causalité entre l'instance et la requête. Ainsi a-t-il été considéré qu'une requête en constat d'adultère n'avait pas à indiquer la juridiction saisie d'une procédure de divorce sur demande conjointe « *exclusive de tous griefs* »[5].

Elle est présentée en **double exemplaire** (C. pr. civ., art. 494, al. 1er), directement au magistrat, soit au siège du tribunal où il exerce, soit, en cas d'urgence, à son domicile (C. pr. civ., art. 494, al. 3). Contrairement à la matière gracieuse devant le tribunal, le secrétariat n'intervient donc pas normalement lors de la présentation de la requête[6]. Mais en fait, il arrive souvent que la requête soit déposée, en l'absence du magistrat, au greffe qui la lui transmet.

Aucune de ces mentions, pas plus que la formalité du double exemplaire, n'est imposée à peine d'irrece-

1. Sur l'ensemble de la question de la rédaction de la requête, v. M. Foulon et Y. Strickler, « Conséquences d'une requête mal rédigée et pouvoirs du juge saisi », *Gaz. Pal.* 2013. 1504.
2. Sur cette modification, v. A. Dorsner-Dolivet, « Premières réflexions sur le décret n° 89-511 du 20 juillet 1989 modifiant certaines dispositions de procédure civile », *JCP* 1989. I. 3419, n° 24.
3. Décr. n° 89-511, 20 juill. 1989, modifiant certaines dispositions de procédure civile, *JO* 25 juill., p. 9280.
4. Civ. 2e, 11 févr. 2010, n° 08-21.469, *Bull. civ.* II, n° 34; *D.* 2010. 507; *D.* 2010. 2103, obs. Sommer et Leroy-Gissinger; *RTD civ.* 2010. 374, obs. Perrot; *Procédures* 2010. Comm. 112, obs. Perrot.
5. Paris, 23 avr. 1980, *JCP* 1980. II. 19539, note crit. Lindon et Bertin.
6. Sur ce point, v. J. Viatte, « Matière gracieuse et ordonnances sur requête », *Gaz. Pal.* 1976. Doctr. 622 s., spéc[t] 623.

vabilité ou de nullité de la requête. Dans ces conditions, les seules sanctions envisageables sont le **rejet** de la requête lorsque, par exemple, le président s'estime insuffisamment informé, faute de motivation ou de pièces, ou encore la **rétractation** sur recours, en référé (C. pr. civ., art. 496, al. 2) de tout intéressé, dans l'hypothèse où la requête n'aurait pas indiqué la juridiction saisie du litige à l'occasion duquel elle a été présentée[1].

Sous l'empire de l'article 2244 du Code civil dans sa rédaction antérieure à la loi n° 2008-561 du 17 juin 2008, qui désignait notamment comme acte interruptif de la prescription « *une citation en justice* [...] *signifiée à celui qu'on veut empêcher de prescrire* », la Cour de cassation jugeait qu'une simple requête adressée au juge ne pouvait interrompre la prescription[2] (à propos de la requête en injonction de payer, v. s[s] n° 172.271). Des auteurs soutiennent que cette solution ne vaudrait plus sous l'empire de l'actuel article 2241 du Code civil, issu de cette loi de réforme de la prescription civile, car il ne vise plus la citation en justice comme l'ancien article 2244, mais la demande en justice; or une requête devrait recevoir cette qualification dès lors qu'elle a été consacrée comme un mode ordinaire d'introduction de l'instance par le décret n° 2005-1678 du 28 décembre 2005[3] (v. C. pr. civ., art. 54 et 58) et cette idée qu'un acte doit être porté à la connaissance de celui qu'on veut empêcher de prescrire pour produire un effet interruptif correspondrait à une conception « *révolue, voire passéiste* »[4].

SECTION 2
Règles propres à chaque type de juridiction

§ 1
Devant le tribunal de grande instance

172.70 **Plan.** En matière gracieuse, seule la requête permet d'introduire une procédure devant le tribunal de grande instance (A). En revanche, en matière contentieuse, l'article 750 C. pr. civ. prévoit à la fois des actes généraux et des actes spéciaux. Les actes généraux (B) sont l'assignation et la requête conjointe (v. aussi, s[s] n° 722.81, pour les trois départements de l'Est, l'acte introductif d'instance). Ces actes permettent d'introduire toute procédure, sous réserve des cas dans lesquels il est expressément prévu l'un des actes spéciaux : requête ou déclaration (C).

A.
Requête en matière gracieuse

172.80 **Règles générales.** La requête en matière gracieuse est soumise aux règles générales applicables devant toutes les juridictions, qu'il s'agisse d'une procédure relevant de la compétence du tribunal de grande instance (TGI) ou du juge aux affaires familiales (en particulier la procédure de changement de prénom selon l'art. 1055-2 C. pr. civ. qui renvoie à la matière gracieuse sans autre précision) ou d'une ordonnance sur requête (v. s[s] n°s 172.61 et 172.62), sous une réserve. La représentation étant obligatoire, la requête doit être présentée par un avocat ou, le cas échéant, par un officier public ou ministériel lorsqu'il y est habilité (C. pr. civ., art. 797 et 813, al. 1er, pour les ordonnances sur requête; précisons que, dans ce dernier cas, l'alinéa second de l'article 813 reprend aussi, mais inutilement, la disposition générale de l'article 494 alinéa 2 imposant d'indiquer la juridiction saisie, lorsque la requête est présentée à l'occasion d'une instance – V. s[s] n° 172.62).

Mais outre ces règles générales, applicables devant le TGI quelle que soit la matière, il existe parfois des règles particulières applicables devant le tribunal (1°) ou le JAF (2°).

1°
Règles particulières devant le tribunal

172.81 **Adoption.** En matière d'**adoption**, l'article 1169 C. pr. civ. prévoit que la requête doit préciser si la demande tend à une adoption simple ou plénière. Mais aucune sanction n'étant prescrite, cette omission est sans doute régularisable à tout moment. Rappelons, par ailleurs, que si en principe, la requête est déposée au greffe, elle peut aussi être adressée directement au procureur de la République, par le demandeur lui-même, ainsi dispensé de la représentation obligatoire par avocat, lorsqu'il a accueilli l'enfant dont il demande l'adoption, avant l'âge de quinze ans (C. pr. civ., art. 1168, al. 2).

2°
Règles particulières devant le juge aux affaires familiales

172.91 **Divorce et séparation de corps par consentement mutuel.** Les procédures gracieuses en divorce ou en séparation de corps sont introduites par une requête, soumise aux modalités suivantes imposées à peine de sanctions. Depuis l'entrée en vigueur, le 1er janvier 2005, de la loi n° 2004-439 du

1. Paris, 23 avr. 1980, préc. s[s] prés[t] n°.
2. Civ. 3e, 14 déc. 2011, n° 10-25.178, *Bull. civ.* III, n° 214.
3. Décr. n° 2005-1678, 28 déc. 2005, relatif à la procédure civile, à certaines procédures d'exécution et à la procédure de changement de nom, *JO* 29 déc., p. 20350.
4. Guinchard, Chainais et Ferrand, 31e éd., 2012, n° 293, a) – *contra* : M. Foulon et Y. Strickler, « Qu'est-ce qu'une requête (ou la polysémie du mot requête) », *Gaz. Pal.* 2012. 3240, spéc[t] n°s 27 à 29.

26 mai 2004, relative au divorce[1], le divorce par consentement mutuel s'est substitué à l'ancien divorce sur requête conjointe. Comme il ne comporte plus qu'une seule étape, il est introduit par une requête unique, qui n'aura plus à être réitérée, présentée par les avocats respectifs des parties ou par un avocat choisi d'un commun accord (C. civ., art. 250, mod. par L. 26 mai 2004). Elle n'est plus soumise à aucun délai, la prohibition de la demande dans les six premiers mois du mariage étant aussi supprimée. Le détail des règles applicables à cette requête unique a été inscrit par le décret n° 2004-1158 du 29 octobre 2004 aux articles 1088 à 1092 C. pr. civ., qui sont applicables aussi à la procédure identique en séparation de corps (C. pr. civ., art. 1129).

La requête unique, qui vaut conclusions et dont la remise au greffe saisit le JAF (C. pr. civ., art. 1092), n'indique pas les faits qui sont à l'origine de la demande, mais comporte obligatoirement les mêmes mentions que celles de l'ancienne requête initiale (C. pr. civ., art. 1090), savoir :

- l'**identité complète** (nom, prénom, profession, résidence, nationalité, date et lieu de naissance, et les date et lieu de mariage) des époux et des enfants, le cas échéant;

- les mentions prévues à l'article **1075 C. pr. civ.** (il s'agit des mentions aussi requises dans les divorces contentieux, v. s[s] n° 172.163);

- l'indication de la **juridiction**;

- le nom des **avocats** des époux ou de l'avocat commun;

- les **date et signature** de chacun des époux et de leur(s) avocat(s).

En outre, il doit être joint à la requête unique (C. pr. civ., art. 1091), une convention portant règlement complet des effets du divorce et incluant notamment un état liquidatif du régime matrimonial, passé en la forme authentique devant notaire lorsque la liquidation porte sur des biens soumis à publicité foncière, ou la déclaration qu'il n'y a pas lieu à liquidation.

Le divorce sur conversion de la séparation de corps par consentement mutuel est introduit par une requête aux fins de conversion qui comporte, outre les mentions prescrites par l'article 1090 C. pr. civ. (v. ci-dessus), l'indication de la décision qui a prononcé la séparation de corps, et est accompagnée d'une convention sur les conséquences du divorce (C. pr. civ., art. 1132).

Toutes ces mentions et annexes sont prescrites à peine d'irrecevabilité de la requête (C. pr. civ., art. 1090, 1091 et 1132). Il s'agit d'une fin de non-recevoir qui, à défaut de dispositions contraires, est soumise aux règles de droit commun. Elle devrait donc pouvoir être soulevée en tout état de cause, sans justification d'un grief, et régularisée jusqu'à ce que le juge statue.

172.92 Changement de régime matrimonial. Depuis la loi n° 2007-308 du 5 mars 2007[2], le changement de régime matrimonial n'est plus soumis à homologation qu'en présence d'enfants mineurs ou en cas d'opposition de créanciers ou d'enfants majeurs (C. civ., art. 1397). De plus, cette compétence a été transférée au JAF par la loi n° 2009-526 du 12 mai 2009[3] (COJ, art. L. 213-3, 1°). Mais la procédure est inchangée. Elle relève toujours de la matière gracieuse et obéit aux règles applicables à cette procédure devant le TGI (C. pr. civ., art. 1301, mod. par Décr. n° 2009-1591, 17 déc. 2009[4]; déjà sous l'empire des textes antérieurs, la Cour de cassation avait jugé que le seule opposition d'un enfant majeur au changement de régime matrimonial de ses parents ne suffit pas à rendre contentieuse la procédure d'homologation qui était alors requise en toute hypothèse[5] – sur la notion d'élévation du contentieux, v. s[s] n° 322.12). Elle est donc introduite par voie de requête à laquelle il faut joindre une expédition de l'acte notarié (C. pr. civ., art. 1302). Au lendemain de la réforme, la requête n'était plus soumise à aucune mesure de publicité car celle-ci a lieu désormais en amont, au stade du projet de changement de régime matrimonial (C. civ., art. 1397; C. pr. civ., art. 1300). Mais depuis le 23 janvier 2012, un extrait de la demande en homologation doit être transmis par l'avocat des demandeurs aux greffes des tribunaux de grande instance dans le ressort desquels sont nés l'un et l'autre des époux, à fin de conservation au répertoire civil et de publicité par mention en marge de l'acte de naissance (C. pr. civ., art. 1300-4, al. 2, introduit par Décr. n° 2012-66, 20 janv. 2012[6]).

172.93 Autorisations et habilitations. Les procédures d'habilitation et d'autorisation prévues par la loi, notamment aux articles 217, 1426, alinéa 2, 2405, 2406 et 2446 du Code civil, relèvent désormais de la compétence du JAF. Mais elles obéissent aux règles applicables à la procédure gracieuse devant le TGI (C. pr. civ., art. 1287, al. 1er, mod. par Décr. 17 déc. 2009). Elles sont donc introduites par voie de

1. L. n° 2004-439, 26 mai 2004, relative au divorce, *JO* 27 mai, p. 9319.
2. L. n° 2007-308, 5 mars 2007, portant réforme de la protection juridique des majeurs, *JO* 7 mars, p. 4325.
3. L. n° 2009-526, 12 mai 2009, de simplification et de clarification du droit et d'allègement des procédures, *JO* 13 mai, p. 7920.
4. Décr. n° 2009-1591, 17 déc. 2009, relatif à la procédure devant le juge aux affaires familiales en matière de régimes matrimoniaux et d'indivisions, *JO* 20 déc., p. 22025.
5. Civ. 1re, 19 mars 2008, n° 05-21.924, *Bull. civ.* I, n° 87; *D.* 2008. 2042, note (crit.) Le Ninivin; *RTD civ.* 2008. 725, obs. Perrot.
6. Décr. n° 2012-66, 20 janv. 2012, relatif à la résolution amiable des différends, *JO* 22 janv., p. 1280.

requête (C. pr. civ., art. 1286), laquelle obéit aux règles de droit commun (v. s[s] n° 172.80).

Mais lorsqu'une demande d'autorisation tend à passer outre au refus du conjoint, la procédure est contentieuse. Elle est alors soumise aux articles 788 à 792 C. pr. civ., qui régissent la procédure à jour fixe devant le TGI (C. pr. civ., art. 1287, al. 2). Il s'ensuit qu'une telle demande est introduite par voie d'assignation selon les règles propres à cette procédure (v. s[s] n°s 172.111 à 172.113). Elle devra donc être précédée d'une autorisation préalable, mais celle-ci devrait relever de la compétence du JAF et non du président du TGI cité par l'article 788, auquel il est renvoyé.

B. Actes généraux en matière contentieuse

1° Assignation

172.100 **Plan.** Ses modalités varient parfois selon la matière (b) et toujours selon le type de procédure à introduire : ordinaire ou à jour fixe (a). S'agissant de la procédure de référé, il suffit de faire application des règles communes à toutes les juridictions, les articles 808 à 810 C. pr. civ., spécifiques au président du TGI, ne réglant que ses pouvoirs.

a) Selon le type de procédure

α. *En procédure ordinaire*

172.101 **Contenu.** Outre les mentions imposées pour toute assignation, elle doit comporter, à peine de nullité, les deux indications complémentaires prévues à l'article 752 C. pr. civ., découlant de la représentation obligatoire des parties devant le TGI.

D'une part, elle doit contenir la constitution de l'avocat du demandeur. Aucune forme particulière n'est imposée (il a ainsi été jugé que l'expression « *ayant pour avocat* » est suffisante dès lors qu'il n'y a aucun doute sur l'identité de l'avocat constitué[1]). Mais il doit obligatoirement s'agir d'un avocat admis à postuler devant le tribunal à saisir (s'il s'agit d'une société d'avocats, SEL[2] ou SCP[3], le nom de l'avocat, personne physique, par laquelle elle postule, doit être indiqué, mais son omission n'est qu'un irrégularité de forme; de même, si l'assignation porte le nom de plusieurs avocats admis à postuler, elle n'est affectée que d'une irrégularité de forme[4]). La constitution emporte, par ailleurs, élection de domicile (C. pr. civ., art. 751, al. 2), ce qui permettra de notifier, en principe, les actes de procédure au cabinet de l'avocat constitué. Précisons enfin que le défaut de constitution ou la constitution d'un avocat non habilité est une irrégularité de fond qui peut donc être soulevée en tout état de cause et ne suppose pas la démonstration d'un grief[5] (v. cep. en faveur de la nullité pour irrégularité de forme, à propos d'une société d'avocats inter-barreaux où l'avocat personne physique, dont le nom a été porté sur l'acte d'assignation, n'était pas habilité à postuler devant le TGI saisi[6]). Mais elle peut être régularisée avant que le juge ne statue, en vertu de l'article 121 C. pr. civ.[7].

D'autre part, l'assignation doit indiquer le délai dans lequel le défendeur doit constituer avocat. Il s'agit de l'indication du **délai de comparution** étant rappelé que, devant le TGI, la représentation étant obligatoire, les parties comparaissent par l'avocat qu'elles constituent. En procédure ordinaire, ce délai est de **quinze jours** à compter de l'assignation (C. pr. civ., art. 755 - sauf allongement à raison de la distance par application de C. pr. civ., art. 643 s.). Mais en fait ce délai n'est qu'un minimum, car le défaut de constitution, à son expiration, reste sans conséquence, la constitution de l'avocat du défendeur pouvant intervenir utilement jusqu'à la première conférence qui généralement se tient bien au-delà. En revanche, l'omission de cette mention relative au délai de comparution constitue un vice de forme susceptible d'entraîner la nullité de l'assignation dès lors qu'il en résulte un préjudice pour le défendeur (par exemple si un jugement était prononcé en l'absence du défendeur qui n'a pas constitué avocat en temps utile).

172.102 **Enrôlement.** L'assignation, qui produit les effets habituels, ne suffit pas à saisir le tribunal. Pour ce faire, elle doit être enrôlée - on dit aussi mise au rôle - dans les conditions fixées par l'article 757 C. pr. civ. qui répond aux trois questions suivantes.

1. Civ. 2e, 23 oct. 2008, n° 07-19.700, *Bull. civ.* II, n° 223; *D.* 2008. 2878.
2. Civ. 2e, 1er févr. 2006, n° 05-17.742, *Bull. civ.* II, n° 35; *D.* 2006. 465, obs. Avena-Robardet; *D.* 2007. 1038, obs. Dupeux et Massis; *Dr. et proc.* 2006. 267, obs. Douchy-Oudot.
3. Civ. 2e, 5 avr. 2007, n° 06-14.818, *Bull. civ.* II, n° 86; *D.* 2007. AJ 1208; *D.* 2007. 2336, chron. Vigneau.
4. Civ. 3e, 20 mai 2009, n° 08-12.820, *Bull. civ.* II, n° 114; *D.* 2009. 1545 – Paris, 13 oct. 2010, RG n° 09/24003, *JCP* 2011. 73.
5. Com. 23 avr. 1985, n° 81-16.048, *Bull. civ.* IV, n° 126 – Civ. 2[e], 9 janv. 1991, n° 89-12.457 *Bull. civ.* II, n° 13; *RTD civ.* 1991. 598, obs. Perrot; *Gaz. Pal.* 1991. Pan. 124; *JCP* 1992. II. 21831, note du Rusquec.
6. TGI Roanne, 9 nov. 2007, *Dr. et proc.* 2009. 88, obs. Desmarthon.
7. Poitiers, 6 août 1981, *D.* 1983. IR 139, obs. Julien – Versailles, 15 déc. 1989, RG n° 1349/88, *D.* 1990. 349, note Prévault – Versailles, 25 janv. 1991, RG n° 3866/89, *D.* 1991. IR 129; *RTD civ.* 1991. 598, obs. Perrot.

Par qui ? En principe, c'est le demandeur qui enrôle l'assignation dont il a pris l'initiative, mais le défendeur peut aussi y procéder s'il y trouve un intérêt.

Comment ? L'enrôlement s'opère par la remise d'une copie de l'assignation au greffe du tribunal. Cette remise obéit aux règles générales posées par l'article 821 C. pr. civ. Elle est donc constatée par la mention de sa date et le visa du greffier apposés sur la copie et sur l'original de l'acte, en l'occurrence le second original de l'assignation, lequel est immédiatement restitué. Mais les pratiques suivies sont assez variables d'un tribunal à l'autre. Ainsi il arrive souvent que le greffe conserve l'original ou inversement que seules deux copies soient présentées, l'une étant restituée dûment complétée par le greffe. Cette dernière solution est d'ailleurs la seule possible lorsque c'est le défendeur qui procède à l'enrôlement.

Quand ? L'enrôlement peut intervenir dès la délivrance de l'assignation, ce qui du reste correspond à la pratique la plus usuelle. Le délai de comparution empêche certainement le tribunal de statuer avant son expiration – risque théorique même dans l'hypothèse où l'assignation est enrôlée le jour même de la signification – mais certainement pas de le saisir[1]. En tout état de cause, il devra intervenir dans les **quatre mois** de l'assignation sous peine de **caducité** de celle-ci (C. pr. civ., art. 757, al. 2).

Lorsque l'enrôlement est tardif, la caducité doit être constatée d'office par ordonnance du président (qui tient la première conférence) ou de tout autre juge du tribunal amené à connaître de l'affaire ultérieurement (C. pr. civ., art. 757, al. 3)[2]. Mais qu'en est-il lorsque le juge omet de statuer d'office et que le défendeur ne soulève pas ce moyen ? Cette irrégularité est-elle alors couverte ou pourra-t-elle être soulevée en appel ? La Cour de cassation s'est prononcée expressément en faveur de la constatation de la caducité en appel, même lorsque des conclusions au fond ont été déposées[3]. Mais le juge d'appel, contrairement au premier juge, n'est pas tenu de la soulever d'office[4]. À l'inverse, si l'assignation n'est jamais enrôlée, une requête peut être présentée au président en vue de la faire constater (C. pr. civ., art. 757, al. 3). Cette possibilité concerne surtout le défendeur qui peut être gêné par l'existence d'une assignation non enrôlée, mais dont la caducité n'a pas été constatée judiciairement. Il en est ainsi tout particulièrement si l'assignation a fait l'objet d'une publication à la conservation des hypothèques. L'ordonnance qui constate la caducité de l'assignation dans l'une de ces hypothèses, est-elle susceptible de recours ? Cette question est aujourd'hui réglée par l'article 407 C. pr. civ. qui prévoit qu'elle peut être rapportée par le juge qui l'a rendue, en cas d'erreur[5].

Un tel recours est d'autant plus précieux que la caducité produit des **effets** particulièrement graves. L'assignation ne peut plus créer de lien d'instance et devra donc être renouvelée, le cas échéant. Mais la question s'était posée de savoir si l'effet interruptif de prescription, attachée à l'assignation, survit à sa caducité. La Cour de cassation s'était d'abord prononcée en faveur de la conservation de l'effet interruptif nonobstant la caducité[6]. Mais cette solution était critiquée en doctrine[7] et n'était pas toujours suivie par les juges du fond[8]. Finalement la controverse a été tranchée par l'Assemblée plénière, saisie du pourvoi dirigée contre l'arrêt dissident de la cour d'appel d'Angers, qui a condamné la solution antérieure en décidant qu'une assignation, dont la caducité a été constatée, **ne peut avoir interrompu la prescription**[9]. Le demandeur perd donc le bénéfice de l'assignation s'il ne veille pas à son enrôlement dans le délai de quatre mois, et ne pourra pas la renouveler si entre-temps la prescription était acquise. Tout se passe comme si l'assignation non placée ou placée tardivement n'avait jamais existé.

β.
En procédure à jour fixe

172.111 Autorisation préalable. La procédure à jour fixe permet à une partie, en cas d'urgence, de faire trancher un litige, sur le fond, dans des délais relativement courts. Pour en bénéficier, le demandeur doit y être autorisé par le président du tribunal, saisi sur **requête.** Celle-ci, obligatoirement présentée par avocat, doit exposer les motifs de l'urgence, contenir les conclusions du demandeur et viser les pièces justificatives (C. pr. civ., art. 788, al. 2). Mais aucune forme sacramentelle n'est imposée, la jurisprudence se montrant particulièrement libérale. Ainsi a-t-elle approuvé la pratique largement répandue consistant à annexer à la requête, le projet de l'acte d'assignation contenant un exposé complet de tous les élé-

1. CONTRA, *J.-Cl. Pr. civ.*, fasc. 2188, n° 8, Giverdon.
2. Civ. 2e, 2 déc. 1982, n° 80-15.998, *Bull. civ.* II, n° 158.
3. Civ. 1re, 10 oct. 1995, n° 93-20.701, *Bull. civ.* I, n° 355; *D.* 1996. 534, note Bottiau; *Gaz. Pal.* 1996. Pan. 119.
4. Civ. 1re, 18 janv. 1989, n° 87-11.304, *Bull. civ.* I, n° 29; *RTD civ.* 1989. 614, obs. Perrot.
5. Sur la situation antérieure, v. Civ. 2e, 21 oct. 1976, nos 75-11.782 et 75-12.916, *Bull. civ.* I, nos 281 et 284; *D.* 1977. IR 51; *RTD civ.* 1977. 186, Perrot.
6. Civ. 2e, 2 déc. 1982, n° 80-15.998, *Bull. civ.* II, n° 158; *RTD civ.* 1983. 593, obs. Perrot – Civ. 2e, 11 juill. 1983, *Gaz. Pal.* 1983. Pan. 309; *RTD civ.* 1984. 166, obs. Perrot – Civ. 2e, 13 févr. 1985, n° 83-16.628, *Bull. civ.* II, n° 36.
7. R. Perrot, *RTD civ.* 1984. 166.
8. Angers, 4 oct. 1985, *RTD civ.* 1986. 182, obs. Perrot – Statuant sur renvoi de Civ. 2e, 2 déc. 1982, n° 80-15.998, préc. ss prést n°.
9. Cass., ass. plén., 3 avr. 1987, n° 86-11.536, *Bull. ass. plén.*, n° 2; *D.* 1988. IR 122, obs. Julien; *JCP* 1987. II. 20792, concl. Cabannes; *Gaz. Pal.* 1987. Somm. 486, obs. Guinchard et Moussa; *RTD civ.* 1987. 401, Perrot – V. AUSSI, Civ. 1re, 17 mai 1988, n° 86-10.817, *Bull. civ.* I, n° 147.

ments de fait et de droit du litige, y compris les motifs de l'urgence et les conclusions, si bien que la requête peut se contenter d'y renvoyer expressément[1]. De même, pour les pièces, elle considère qu'aucun texte n'impose de les viser sous la forme d'une liste jointe à la requête[2], et ce d'autant plus que l'omission même de cette mention peut difficilement conduire à l'annulation en l'absence de grief (v. ss no 172.112). Le cas échéant, l'autorisation est donnée par ordonnance qui fixe la date et l'heure de l'audience et désigne, s'il y a lieu, la chambre à laquelle l'affaire est distribuée. Le greffe ouvre alors immédiatement un dossier auquel il verse une copie de l'ordonnance rendue ainsi que de la requête et des pièces remises par le demandeur (C. pr. civ., art. 788, al. 3).

Cette autorisation pouvait aussi être donnée, même d'office, par le président saisi d'une procédure de référé en vertu de l'article 788 alinéa 4 C. pr. civ. (institué par Décr. no 89-511, 20 juill. 1989, art. 18 et 34, consacrant la pratique parisienne de la passerelle). Mais ce texte a été abrogé par l'article 20 du décret du 28 décembre 1998 au profit de l'article 811 C. pr. civ. qui améliore la technique de la passerelle sans le détour de l'autorisation d'assigner à jour fixe (v. ss no 323.75).

La décision prise sur la requête du demandeur est considérée désormais comme une mesure d'administration judiciaire, soustraite, en conséquence, à tout recours (C. pr. civ., art. 537)[3]. Cependant la jurisprudence ne retient pas la même analyse pour l'autorisation voisine d'assigner à jour fixe, donnée en appel par le premier président en vertu de l'article 917 C. pr. civ. (v. ss no 544.194). Dans ce cas, en effet, elle écarte certes tout contrôle par la cour d'appel, mais elle admet la rétractation par le premier président sur le fondement des articles 496 alinéa 2, et 497 C. pr. civ., l'autorisation n'étant pas alors qualifiée de mesure d'administration judiciaire[4].

172.112 Assignation à jour fixe. En cas d'autorisation, le demandeur devra faire délivrer au défendeur, une assignation pour l'audience fixée, d'où l'expression d'assignation à jour fixe. Les textes n'imposent aucun délai pour ce faire, le président devant simplement s'assurer, à l'audience, qu'il s'est écoulé un délai suffisant depuis l'assignation (C. pr. civ., art. 792, al. 2). Mais lorsque la date d'audience est relativement éloignée, il arrive souvent que le président assure ce contrôle, *a priori*, en imposant dans son ordonnance, le délai dans lequel l'assignation devra être délivrée. Quelle est alors la sanction si l'assignation est hors délai ? Il a été jugé qu'elle n'est pas nulle, mais que la demande est irrecevable (dans un arrêt qui approuve le principe d'une telle autorisation conditionnelle, mais critique la sanction de l'irrecevabilité de la demande qui dispense de la justification d'un grief[5]). Dans une autre espèce, la Cour de cassation, sans se prononcer sur la recevabilité qui, *a priori*, n'était pas mise en cause, a retenu la caducité de l'autorisation, mais non de l'assignation régulièrement enrôlée avant l'audience[6] (sur ce point, v. ss no 172.113).

Outre les mentions habituelles, cette assignation devra indiquer, à peine de nullité, les jour et heure fixés pour l'audience, ainsi que, le cas échéant, la chambre à laquelle elle est distribuée. Elle doit aussi comporter, en annexe, une copie de la requête (C. pr. civ., art. 789, al. 3). Bien que l'article 789 ne le prévoit pas expressément, il est d'usage de joindre également une copie de l'autorisation présidentielle qui, du reste, se trouve généralement au pied de la requête. En outre, l'assignation doit informer le défendeur qu'il peut prendre connaissance au greffe des pièces visées dans la requête. Lorsque cette mention est présente, le demandeur pourra difficilement justifier d'un préjudice en cas d'omission du visa des pièces dans la requête ou dans l'assignation[7]; *a fortiori*, une telle omission ou même celle du dépôt au greffe ne peuvent-elles causer un grief au défendeur s'il a reçu communication des pièces[8]. Enfin, l'assignation devra faire sommation au défendeur de communiquer ses pièces avant l'audience.

172.113 Enrôlement. Le tribunal n'est saisi que par la remise au greffe d'une copie de l'assignation selon les mêmes modalités que l'assignation ordinaire (v. ss no 172.102), avant le jour de l'audience,

1. Com. 9 déc. 1980, no 79-10.877, *Bull. civ.* IV, no 418; *JCP* 1981. IV. 79.
2. TGI Paris, 28 févr. 1973, *JCP* 1973. II. 17401, obs. Lindon – TGI Lyon, 21 févr. 1978, *Gaz. Pal.* 1978. Somm. 397 – Confirmé par Lyon, 14 déc. 1978, *Gaz. Pal.* 1979. Somm. 279 – Confirmé par Com. 9 déc. 1980, no 79-10.877, préc. ss prést no.
3. V. NOT., Com. 7 juin 1988, no 86-19.253, *Bull. civ.* IV, no 196; *JCP* 1988. IV. 286; *Gaz. Pal.* 1989. Somm. 258, note approb. Guinchard et Moussa – *CONTRA,* Grenoble, 14 févr. 1985, *Gaz. Pal.* 1986. Somm. 458 – V. AUSSI, en faveur de cette jurisprudence, TGI Paris, 3 août 1983, préc., note Blaisse – GUINCHARD, CHAINAIS et FERRAND, 31e éd., 2012, no 1889.
4. Civ. 3e, 3 mai 1983, no 81-14.617, *Bull. civ.* III, no 101; *JCP* 1983. IV. 216; *RTD civ.* 1983. 795, obs. Perrot – DANS LE MÊME SENS, Rennes, 11 févr. 1982, *Gaz. Pal.* 1982. 410, note E. R. – Aix-en-Provence, 11 et 14 févr. 1985, *Gaz. Pal.* 1985. 352, note Dureuil – Bordeaux, 29 mars 1995, RG no 95/546, *D.* 1996. Somm. 132, obs. Julien – Lyon, 20 mai 1997, *Gaz. Pal.* 1998. Somm. 149, obs. Vray – Grenoble, 16 sept. 1997, *D.* 1998. 54. note Julien.
5. TGI Lyon, 30 nov. 1994, *JCP* 1995. II. 22440, note Croze.
6. Civ. 2e, 19 mai 1999, no 97-17.577, *Bull. civ.* II, no 96; *JCP* 1999. IV. 2288.
7. Com. 9 déc. 1980, no 79-10.877, préc. ss no 172.111 – Lyon, 14 déc. 1978, préc. ss no 172.112 – TGI Lyon, 21 févr. 1978, préc. ss no 172.111.
8. Paris, 7 nov. 2001, RG no 01/02057, *Gaz. Pal.* 2002. Somm. 891.

sous peine de caducité (C. pr. civ., art. 791, al. 2). Dans ce cas, la caducité, qui produit les mêmes effets, est constatée d'office à l'audience fixée par le président (C. pr. civ., art. 791, al. 3). Il n'est pas à craindre ici que la caducité ne puisse être constatée faute d'enrôlement, car l'affaire est obligatoirement appelée à l'audience, un dossier étant constitué du reste dès l'autorisation.

b)

Selon la matière

172.120 **Plan.** Il faut réserver les règles particulières applicables en matière domaniale et fiscale (α), en matière de baux commerciaux (β), en matière de procédures collectives (γ) et en matière familiale (δ).

α.

En matière domaniale et fiscale

172.121 **Régime juridique de l'assignation.** En ces matières, l'assignation devant le TGI obéit à deux séries de règles particulières.

Quant au **contenu**, il doit être adapté à la dispense de représentation obligatoire. En conséquence, l'assignation n'a pas à comporter obligatoirement la constitution de l'avocat du demandeur. S'agissant du défendeur, elle doit l'inviter à comparaître personnellement ou à constituer un avocat s'il désire se faire représenter. Mais comment les parties qui ne constituent pas avocat sont-elles informées de la date d'audience ? Deux solutions sont envisageables : d'une part, le greffier peut adresser directement aux parties concernées l'avis aux avocats prévu à l'article 758 alinéa 2 C. pr. civ.; d'autre part, le demandeur peut prendre préalablement une date d'audience au greffe pour laquelle l'assignation sera alors délivrée. Chacune de ces solutions se situe en marge des textes, mais la seconde, de loin la plus usitée, paraît plus efficace et plus protectrice des droits de la défense. Quoi qu'il en soit, l'audience devra se tenir plus de quinze jours après la date de l'assignation pour respecter le délai de comparution prévue à l'article 755 C. pr. civ., auquel aucun texte ne déroge en la matière. Pour le surplus, l'assignation contient les mentions requises en la procédure ordinaire.

Quant au **moment** de l'assignation, il faut distinguer entre chacune de ces deux matières. En matière **domaniale**, l'assignation doit toujours être précédée d'une demande préalable déposée sous forme de simple mémoire entre les mains du directeur départemental compétent (C. dom. Ét., art. R. 161). En matière **fiscale**, plus précisément d'enregistrement et d'impôts indirects visés à l'article L. 199 alinéa 2 du Livre des procédures fiscales (v. s^{s} n° 171.52), l'assignation doit être délivrée, sous peine d'irrecevabilité, dans le délai de deux mois à compter du jour de la réception de l'avis portant notification de la décision du service des impôts (LPF, art. R. 199-1 – la prorogation de délai prévue à l'article 643 C. pr. civ. n'est pas applicable[1]). L'assignation délivrée après l'expiration de ce délai est tardive et donc irrecevable. Mais si aucune décision n'a été notifiée au contribuable dans le délai de six mois, il peut agir dès l'expiration de ce délai et sans aucune contrainte de temps (LPF, art. R. 199-1). Une assignation délivrée avant l'expiration du délai de six mois ou avant la décision si elle est intervenue avant ce terme, serait prématurée et donc aussi irrecevable[2].

β.

En matière de baux commerciaux

172.131 **Formalités préalables.** L'instance ne peut être introduite devant le juge des loyers commerciaux (le président du TGI, compétent pour connaître des contestations relatives à la fixation du prix du bail révisé ou renouvelé, C. com., art. L. 145-27) qu'après l'accomplissement de formalités préalables prévues aux articles L. 145-37 à L. 145-39 du Code de commerce[3].

La procédure commence nécessairement par une demande initiale en fixation du loyer. En cas de révision, elle est formée par acte extrajudiciaire ou par lettre recommandée avec demande d'avis de réception (C. com., art. R. 145-20[4]). En cas de renouvellement, elle figure dans le congé notifié par le bailleur ou dans la réponse qu'il adresse à la demande de renouvellement du preneur. Dans tous les cas, elle doit préciser le prix du nouveau loyer proposé.

En cas de désaccord entre les parties, la procédure se poursuit par la notification du mémoire préalable qui se distingue toujours de la demande initiale[5]. Il comporte les mentions obligatoires prévues aux articles R. 145-24 à R. 145-26 du Code de commerce[6] : l'identification des parties et de l'immeuble ainsi que les explications de fait et de droit justifiant les prétentions de l'auteur du mémoire; en outre, il doit être accompagné d'une copie de la demande initiale. Il est signé par la partie ou son représentant, qui doit aussi certifier conforme à l'original les pièces produites (le défaut de signature ne constitue pas une irrégularité de fond[7]). À ce stade de la procédure, le représentant peut être toute personne dûment man-

1. Com. 27 févr. 1996, n° 92-18.146, *Bull. civ.* IV, n° 67.
2. SUR L'ENSEMBLE DE LA QUESTION, v. J.-M. Priol, « Le contentieux de l'assiette devant le tribunal de grande instance », *Procédures* avr. 1996. 1, spéc^{t} n° 8.
3. Anc^{t} Décr. 30 sept. 1953, art. 26 s.
4. Anc^{t} Décr. 30 sept. 1953, art. 26, al. 2.
5. Civ. 3e, 5 juill. 1983, n° 81-15.725, *Bull. civ.* III, n° 156; *Rev. loyers* 1983. 445.
6. Anc^{t} Décr. 30 sept. 1953, art. 29-1.
7. Civ. 3e, 13 févr. 2002, n° 00-18.671, *Bull. civ.* III, n° 38; *JCP E* 2002. Pan. 511.

datée, le choix d'un avocat pour représenter une partie n'étant obligatoire que devant le juge des loyers (v. s[s] n° 171.53)[1].

Il est notifié par lettre recommandée avec demande d'avis de réception au locataire (C. com., art. R. 145-26[2]; il doit évidemment s'agir du titulaire du bail à la date du mémoire - il a ainsi été jugé, dans une espèce où le destinataire de la notification n'était plus locataire et était même décédé, « *qu'aucun mémoire adressé au locataire n'a précédé l'assignation* » et, en conséquence, l'irrecevabilité de la demande a été approuvée[3]), cette notification produisant deux effets importants :

– elle interrompt le délai de prescription de deux ans (Décr. 30 sept. 1953, art. 33, al. 2), lequel reste suspendu, après l'assignation, durant toute l'instance[4];

– elle fait courir le délai d'un mois pendant lequel aucune des parties ne peut saisir le juge des loyers commerciaux (C. com., art. R. 145-27, al. 1[er][5]).

Il appelle normalement un mémoire en réponse de son destinataire, lequel peut lui-même engendrer un échange de mémoires complémentaires si nécessaire. Tous ces mémoires obéissent aux mêmes règles que le mémoire préalable, en particulier quant à leur notification (C. com., art. R. 145-25 et R. 145-26[6]; cet échange préalable de mémoires conditionne la régularité de toute la procédure judiciaire car son absence constitue une irrégularité de fond qui n'est plus régularisable après l'expiration des délais de prescription et elle rend irrecevable toute défense au fond, même devant la cour d'appel, de la partie qui n'a pas notifié de mémoire préalable[7]).

C'est après cette phase préliminaire que la partie la plus diligente pourra obtenir une date d'audience et donc introduire l'instance devant le juge des loyers commerciaux. Pour ce faire, elle doit remettre au greffe, elle-même ou représentée par son avocat (à partir de ce moment, seule la représentation par avocat est possible, C. com., art. R. 145-29[8] - V. s[s] n° 171.53), son mémoire auquel sont joints ses pièces, un plan des locaux ainsi que l'original ou une copie des mémoires échangés, le cas échéant (C. com., art. R. 145-27, al. 2 et 3[9]). Lorsque la date d'audience est fixée, il y aura lieu enfin à assignation devant le juge des loyers commerciaux. Mais l'omission du dépôt du mémoire ne constitue pas une fin de non-recevoir (jugé ainsi à propos d'une affaire où l'audiencement avait été accepté et l'assignation enrôlée bien que le mémoire en demande ne fut pas déposé au greffe[10]).

172.132 **Assignation.** L'assignation (tout comme la procédure subséquente) obéit « *en tant que de raison* », aux règles gouvernant la procédure à jour fixe, mais elle n'a pas à reproduire ou à contenir des éléments déjà portés à la connaissance du défendeur (C. com., art. R. 145-28[11]; sur la possibilité en Alsace-Moselle de recourir à l'acte introductif d'instance, v. s[s] n°s 722.81 [à] 722.83). Il en résulte les conséquences suivantes.

Quant au contenu, il faut l'adapter aux règles particulières de représentation devant le juge des loyers commerciaux. Elle ne comportera donc la constitution de l'avocat du demandeur que si celui-ci, plutôt que d'agir seul, a décidé de se faire représenter. De même, elle n'invitera pas le défendeur à constituer obligatoirement un avocat pour l'audience, mais l'informera qu'il peut se présenter lui-même et qu'à défaut, il devra faire le choix d'un avocat pour le représenter. L'assignation devra aussi comporter les jour, heure et lieu de l'audience à laquelle l'affaire sera appelée. S'agissant des moyens et prétentions des parties, tout comme des pièces (sur ce point, Barbier est d'avis contraire[12]), l'assignation pourra se contenter de renvoyer aux mémoires échangés dont elle contiendra généralement un bref résumé.

Quant à la saisine du juge, elle résulte de la remise d'une copie de l'assignation au greffe, faite avant l'audience sous peine de caducité constatée d'office par le juge à l'audience (C. pr. civ., art. 791). La pratique consistant à fixer la saisine au jour du dépôt du mémoire (C. com., art. R. 145-27[13]) ne semble donc pas fondée. La conséquence est d'importance pour l'appréciation du délai d'un mois fixé par l'article R. 145-27 alinéa 1er du Code de commerce[14]. En effet, ce n'est pas le dépôt qui ne pourra intervenir avant l'expiration du délai d'un mois courant à compter de la notification du mémoire préalable, mais seulement la remise au greffe d'une copie de l'assignation, ce texte interdisant expressément la seule saisine du juge avant l'expiration du délai fixé.

172.133 **Commission départementale de conciliation.** Il faut encore préciser qu'en cas de fixation du **prix du bail renouvelé**, lorsque le litige porte sur l'application de l'article L. 145-34 du Code de com-

1. Civ. 3e, 10 févr. 1981, n° 79-14.364, *Bull. civ.* III, n° 27; *Rev. loyers* 1981. 257, note J. V.
2. Anc[t] Décr. 30 sept. 1953, art. 29-1, al. 10.
3. Civ. 3e, 18 nov. 1998, n° 96-22.547, NP; *RJDA* 1999, n° 22.
4. Civ. 3e, 7 févr. 1996, n° 94-11.654, *Bull. civ.* III, n° 38.
5. Anc[t] Décr. 30 sept. 1953, art. 29-2, al. 1er.
6. Anc[t] Décr. 30 sept. 1953, art. 29-1.
7. Civ. 3e, 13 déc. 2006, n° 05-20.281, *Bull. civ.* III, n° 247; *RJDA* 2007, n° 233.
8. Anc[t] Décr. 30 sept. 1953, art. 29-2, al. 3.
9. Anc[t] Décr. 30 sept. 1953, art. 29-2, al. 2 et 3.
10. Cass., ass. plén., 23 févr. 2001, n° 99-15.541, *Bull. ass. plén.*, n° 4; *D.* 2001. 1028, concl. av. gén. Weber; *Loyers et copr.* 2001. Comm. 120, obs. Brault.
11. Anc[t] Décr. 30 sept. 1953, art. 29-2, al. 4.
12. J.-D. Barbier, « Le décret du 28 décembre 1998 est-il applicable à la procédure en matière de baux commerciaux », *Gaz. Pal.* 2001. Doctr. 1210.
13. Anc[t] Décr. 30 sept. 1953, art. 29-2, al. 2.
14. Anc[t] Décr. 30 sept. 1953, art. 29-2, al. 1er.

merce[1], les parties doivent saisir la commission départementale de conciliation instituée par la loi n° 88-18 du 5 janvier 1988[2] (C. com., art. L. 145-35[3]). Mais le défaut de saisine de la commission n'entrave pas l'introduction de l'instance devant le juge des loyers commerciaux, dès lors que :

– aucun moment n'est imposé pour la saisine de la commission;

– si aucune des parties ne saisit la commission, la demande portée directement devant le juge des loyers commerciaux est recevable[4] et il n'a pas à surseoir à statuer[5].

En revanche, la saisine de la commission produit deux effets au regard de l'instance devant le juge des loyers commerciaux :

– si le juge est déjà saisi, il ne pourra statuer avant qu'elle n'ait rendu son avis et à condition qu'elle se prononce dans un délai maximum de trois mois à compter de sa saisine (C. com., art. L. 145-35[6]);

– si le juge n'est pas encore saisi, la prescription devrait être préservée depuis l'entrée en vigueur de la loi du 17 juin 2008[7]; auparavant la saisine de la commission de conciliation ne produisait aucun effet interruptif de prescription[8]; mais désormais l'article 2238 du Code civil prévoit la suspension de la prescription en cas de recours à la conciliation après la survenance d'un litige et ce texte paraît bien devoir s'appliquer à la procédure de conciliation devant la commission départementale[9]; en conséquence, la saisine de cette commission devrait emporter suspension des délais de prescription jusqu'à l'échec de la conciliation, sans que le délai restant à courir puisse être inférieur à six mois.

γ.
En matière de procédures collectives

172.141 Régime de l'assignation. Le TGI, compétent à l'égard des agriculteurs, des personnes physiques exerçant une profession indépendante, y compris une profession libérale soumise à un statut législatif ou réglementaire ou dont le titre est protégé, et des personnes morales de droit privé non commerçantes (C. com., art. L. 621-2, relatif à la sauvegarde et applicable au redressement judiciaire sur renvoi de l'article L. 631-7 et à la liquidation judiciaire sur renvoi de l'article L. 641-1), peut être saisi sur assignation par un créancier en vue de l'ouverture d'une procédure de redressement ou de liquidation judiciaire (C. com., art. L. 631-5, relatif au redressement judiciaire, et L. 640-5, relatif à la liquidation judiciaire – et C. com., art. R. 631-2[10], relatif au redressement judiciaire et applicable à la liquidation judiciaire sur renvoi de l'art. R. 640-1[11]; en revanche, la sauvegarde ne peut être ouverte qu'à la demande du débiteur et non sur assignation du créancier : C. com., art. L. 620-1). Cette assignation obéit aux règles applicables devant le tribunal de commerce, l'article R. 662-2 du Code de commerce[12], renvoyant aux articles 853 et suivants C. pr. civ. pour tout ce qui n'est pas réglé par le livre VI du Code de commerce et ce décret. En conséquence, il faut réserver les trois points suivants.

En premier lieu, il faut tenir compte des règles particulières de représentation des parties (v. s^s^ n° 171.53). Aussi l'assignation doit-elle indiquer au défendeur que s'il veut se faire représenter, il devra obligatoirement constituer un avocat.

En second lieu, lorsque la procédure est envisagée à l'encontre d'une exploitation agricole (non constituée sous la forme d'une société commerciale), elle ne peut être ouverte que si préalablement le président du TGI a été saisi d'une demande tendant à la désignation d'un conciliateur présentée en application de l'article L. 351-2 du Code rural et de la pêche maritime (C. com., art. L. 631-5, pour le redressement judiciaire – C. com., art. L. 640-5, pour la liquidation judiciaire). Aussi l'assignation doit-elle comporter en annexe, dans ce cas, une attestation, délivrée par le greffier, de la saisine du président à cette fin (C. com., art. R. 631-2[13], pour le redressement judiciaire et applicable à la liquidation judiciaire sur renvoi de l'article R. 640-1[14]).

En troisième lieu, l'assignation doit obéir aux autres prescriptions particulières prévues aux articles R. 631-2[15] et R. 640-1 du Code de commerce[16], applicables quelle que soit la juridiction compétente (v. s^s^ n° 172.202).

δ.
En matière familiale

172.151 Divorces et séparations de corps contentieux. Dans toutes les procédures contentieuses

1. Anc^t^ Décr. 30 sept. 1953, art. 23-6.
2. L. n° 88-18, 5 janv. 1988, relative au renouvellement des baux commerciaux, *JO* 6 janv., p. 230.
3. Anc^t^ Décr. 30 sept. 1953, art. 23-6-1.
4. Civ. 3e, 10 mars 2010, n° 09-10.344, *Bull. civ.* III, n° 59; *D.* 2010. 763, obs. Rouquet; *JCP E* 2010. 1046.
5. Paris, 13 mai 1993, RG n° 92/002740, *Gaz. Pal.* 1993. 2. Somm. 587, note Barbier.
6. Anc^t^ Décr. 30 sept. 1953, art. 23-6-1.
7. L. n° 2008-561, 17 juin 2008, portant réforme de la prescription en matière civile, *JO* 18 juin, p. 9856.
8. Civ. 3e, 18 févr. 1998, n° 96-14.525, *Bull. civ.* III, n° 38; *RJDA* 1998, n° 396.
9. EN CE SENS, J. Kayser, « La loi portant réforme de la prescription en matière civile et les modes alternatifs de résolution des conflits », *JCP E* 2008, n° 1938, spéc^t^ n° 20.
10. Décr. n° 2005-1677, 28 déc. 2005, pris en application de la loi n° 2005-845 du 26 juillet 2005 de sauvegarde des entreprises, *JO* 29 déc., p. 20324, art. 171.
11. Anc^t^ Décr. 28 déc. 2005, art. 212.
12. Décr. 28 déc. 2005, art. 337.
13. Anc^t^ Décr. 28 déc. 2005, art. 171.
14. Anc^t^ Décr. 28 déc. 2005, art. 212.
15. Anc^t^ Décr. 28 déc. 2005, art. 171.
16. Anc^t^ Décr. 28 déc. 2005, art. 212.

en divorce, l'assignation obéit aux règles particulières instituées ou modifiées par le décret n° 2004-1158 du 29 octobre 2004 entré en vigueur le 1er janvier 2005.

L'assignation ne peut être délivrée que sur autorisation donnée par le JAF dans l'ordonnance de non-conciliation. Mais désormais elle est donnée aux deux époux et plus seulement au demandeur (C. pr. civ., art. 1111, mod. par Décr. 29 oct. 2004). L'objet de ce permis d'assigner doit être strictement respecté sous peine d'irrecevabilité de l'assignation. Ainsi en cas d'autorisation d'assigner en séparation de corps, un époux ne peut-il assigner en divorce[1] (solution qui devrait continuer à valoir sous l'empire des textes nouveaux).

Dans les trois premiers mois de l'ordonnance, seul l'époux requérant peut la faire délivrer (C. pr. civ., art. 1113). Passé ce délai, chacun des époux pourra assigner (antérieurement, l'article 1113 autorisait expressément le conjoint du requérant, mais la jurisprudence admettait que le requérant ne perdait que l'exclusivité et non le droit d'assigner). Si aucun des époux n'a saisi le JAF dans le délai de trente mois, les dispositions de l'ordonnance de non-conciliation sont caduques, y compris l'autorisation d'introduire l'instance (C. pr. civ., art. 1113; antérieurement ce délai était de six mois et la jurisprudence considérait que le permis d'assigner subsistait). De plus ce délai ne devrait jamais être suspendu par l'appel formé contre l'ordonnance de non-conciliation (en ce sens sous l'empire des textes anciens[2] – cette solution devrait continuer à s'appliquer).

L'assignation doit, à peine d'irrecevabilité, comporter une proposition de règlement des intérêts pécuniaires et patrimoniaux des époux (C. civ., art. 257-2, mod. par L. 26 mai 2004). Selon l'article 1115 C. pr. civ., cette proposition contient un descriptif sommaire de leur patrimoine et précise les intentions du demandeur quant à la liquidation de la communauté ou de l'indivision, et, le cas échéant, quant à la répartition des biens. Mais il ne s'agit que d'une proposition et non d'une prétention au sens de l'article 4 C. pr. civ. et par dérogation à l'article 123 C. pr. civ., cette fin de non-recevoir doit être invoquée avant toute défense au fond (C. pr. civ., art. 1115).

Enfin, c'est dans l'assignation que le demandeur doit pour la première fois choisir le type de divorce contentieux qu'il entend faire prononcer, c'est-à-dire pour acceptation du principe de la rupture du mariage, pour altération définitive du lien conjugal ou pour faute. En principe, ce choix est libre et unique, si bien que toute demande subsidiaire est irrecevable (C. pr. civ., art. 1077). Mais cette liberté est écartée si les époux ont déclaré, lors de l'audience de conciliation, accepter le principe de la rupture du mariage et le prononcé du divorce sur le fondement de l'article 233 du Code civil. Dans ce cas, en effet, l'assignation ne pourra être délivrée que sur ce fondement (C. pr. civ., art. 1123, al. 2).

172.152 Intérêts patrimoniaux des personnes vivant en couple. La loi n° 2009-526 du 12 mai 2009, de simplification du droit et d'allègement des procédures, a transféré au JAF le contentieux des intérêts patrimoniaux des personnes vivant en couple. Ce contentieux porte :

– sur les demandes relatives au fonctionnement des régimes matrimoniaux et des indivisions entre personnes liées par un pacte civil de solidarité ou entre concubins,

– sur la séparation de biens judiciaire ainsi que la liquidation et le partage des intérêts patrimoniaux des époux, des personnes liées par un pacte civil de solidarité et des concubins (COJ, art. L. 213-3, 1° et 2°).

Toutes ces procédures obéissent aux règles de la **procédure contentieuse applicable devant le TGI** (C. pr. civ., art. 1136-1, issu de Décr. n° 2009-1591, 17 déc. 2009, qui s'applique à toutes ces demandes à l'exception de la séparation de biens judiciaire – C. pr. civ., art. 1292, issu du même décret et applicable à cette dernière demande, qui renvoie à l'article 1136-1). Il s'ensuit que le JAF est saisi par voie d'**assignation** selon les règles de droit commun (v. ss nos 172.102 s.); ou le cas échéant par une **requête conjointe** (v. ss nos 172.161 s.); mais en aucun cas, par une simple requête déposée ou adressée au greffe[3].

Mais il faut tenir compte de l'article 1136-2 C. pr. civ. (issu aussi de Décr. 17 déc. 2009) qui étend aux partages des intérêts patrimoniaux des époux, des personnes liées par un pacte civil de solidarité et des concubins, les dispositions des articles 1358 à 1378 C. pr. civ. relatifs au partage en matière de successions et de libéralités. Il s'ensuit que l'assignation en partage doit comporter les mentions prescrites par l'article 1360 à peine d'irrecevabilité (v. ss n° 172.153).

172.153 Successions et libéralités. L'assignation en partage judiciaire en matière de successions et de

1. Civ. 2e, 7 juill. 1983, n° 82-10.352, *Bull. civ.* II, n° 148; *JCP* 1983. IV. 298.
2. Basse-Terre, 24 janv. 1983, *JCP* 1983. II. 20001, note Lindon et Bertin – Angers, 21 mars 1989, *D.* 1990. Somm. 98, obs. Groslière – TGI Basse-Terre, 26 oct. 1982, *D.* 1983. 92, note Groslière.
3. Sur ce point, v. Circ. CIV/10/10, 18 juin 2010, de présentation de l'article 14 de la loi n° 2009-526 du 12 mai 2009 de simplification et de clarification du droit et d'allègement des procédures et du décret n° 2009-1591 du 17 décembre 2009 relatif à la procédure devant le juge aux affaires familiales en matière de régimes matrimoniaux et d'indivisions – J. Casey, « Liquidation et pouvoir du juge aux affaires familiales : une circulaire discrète mais ferme », *Gaz. Pal.* 2010. 2637.

libéralités doit comprendre, à peine d'irrecevabilité, les mentions prévues par l'article 1360 C. pr. civ., en l'occurrence :

– une description sommaire du patrimoine à partager;

– les intentions du demandeur quant à la répartition des biens;

– les diligences entreprises en vue de parvenir à un partage amiable.

172.154 Protection des victimes de violence. La loi n° 2010-769 du 9 juillet 2010, relative aux violences faites spécifiquement aux femmes, aux violences au sein des couples et aux incidences de ces dernières sur les enfants[1] a investi le JAF de nouveaux chefs de compétence inscrits au 3°, e) et f) de l'article L. 213-3 du COJ. Ils sont régis par les articles 515-9 à 515-13 du Code civil et 1136-3 à 1136-13 C. pr. civ., issus du décret n° 2010-1134 du 29 septembre 2010[2], relatif à la procédure civile de protection des victimes de violence au sein des couples. La demande aux fins de mesures de protection, en cas de mise en danger (C. civ., art. 515-9) ou en cas de menace de mariage forcé (C. civ., art. 515-13), est introduite par requête ou par assignation en la forme des référés. Selon l'article 1136-4 C. pr. civ., cette assignation doit contenir outre les mentions prescrites par l'article 56 (v. s^s n°s 172.22 et 172.23) et l'indication de la date d'audience en application de l'article 485 (v. s^s n° 172.32), en annexe et à peine de nullité, les pièces sur lesquelles la demande est fondée. Mais comme il s'agit d'une nullité pour vice de forme, le défendeur devra établir l'existence d'un grief.

Lorsque le demandeur sollicite l'autorisation de dissimuler son domicile ou sa résidence en vertu du 6° de l'article 515-11 du Code civil, il est dispensé d'indiquer son adresse, par dérogation à l'article 648 auquel renvoie l'article 56. Mais il doit alors la porter à la connaissance, soit de l'avocat qui l'assiste ou le représente, soit du procureur de la République près du TGI, et élire domicile auprès de lui, cette élection de domicile étant mentionnée dans l'acte d'assignation (C. pr. civ., art. 1136-5, al. 1er). L'avocat ou le procureur en informe le juge sans délai. Mais cette adresse lui étant communiquée pour les besoins de la procédure, il ne peut, pas plus que le greffe, la divulguer au défendeur ou à son représentant (C. pr. civ., art. 1136-5, al. 2).

1. L. n° 2010-769, 9 juill. 2010, relative aux violences faites spécifiquement aux femmes, aux violences au sein des couples et aux incidences de ces dernières sur les enfants, *JO* 10 juill., p. 12762.
2. Décr. n° 2010-1134, 29 sept. 2010, relatif à la procédure civile de protection des victimes de violence au sein des couples, *JO* 30 sept., p. 17738.

2°
Requête conjointe

172.161 Domaine. L'article 750 C. pr. civ. traite la requête conjointe au même titre que l'assignation, laissant ainsi un libre choix aux parties entre ces deux actes introductifs pour engager une instance contentieuse. Mais en droit comme en fait, la requête conjointe est loin d'égaler l'assignation.

En droit, la question se pose d'abord de savoir si la requête conjointe est possible dans les cas où un texte particulier prévoit exclusivement l'assignation pour introduire l'instance (il s'agit essentiellement des cas visés plus haut, v. s^s n°s 172.120 s.). Nous aurions tendance à répondre négativement par application du principe classique d'interprétation : *specialia generalibus derogant*. De même, une procédure de référé peut-elle être introduite par requête conjointe ? Outre que l'article 485 C. pr. civ. ne prévoit que l'assignation, l'article 750 C. pr. civ. ne devrait pas être plus applicable à la procédure de référé que l'article 751 C. pr. civ. Ceci étant, la sanction encourue ne devrait être qu'une nullité pour vice de forme qui doit être soulevée *in limine litis* et suppose la preuve d'un grief, selon les articles 112 et suivants C. pr. civ.[3]

Quoi qu'il en soit, ces questions risqueront de rester sans réponse en jurisprudence, car en fait, pour les raisons déjà exposées (v. s^s n° 172.41), la requête conjointe est quasiment ignorée par la pratique. De plus, il n'est pas même possible de corriger ce constat par la pratique abondante du divorce sur demande conjointe, s'agissant en l'occurrence d'une procédure gracieuse (C. pr. civ., art. 1088). D'ailleurs l'article 1089 C. pr. civ. qualifie expressément la requête initiale, en la matière, de requête unique et non de requête conjointe.

172.162 Modalités. La représentation devant le TGI étant, en principe, obligatoire, la requête conjointe doit comprendre, à peine d'irrecevabilité, outre les mentions habituelles, la constitution des avocats des parties (C. pr. civ., art. 793, al. 1er). Ceux-ci doivent aussi signer la requête, mais cette formalité n'est pas requise à peine d'irrecevabilité (C. pr. civ., art. 793, al. 2).

Le tribunal est saisi par la remise de la requête conjointe au secrétariat-greffe (C. pr. civ., art. 795). Il y est généralement procédé par l'un des avocats, mais rien n'empêche les parties d'y pourvoir directement[4]. Aucun délai n'est évidemment imposé à peine de forclusion.

172.163 En matière de divorce. Chacune des procédures contentieuses en divorce peut être introduite

3. EN CE SENS, v. not., Rép. pr. civ., v° *Référé civil*, par N. Cayrol, mai 2011 [màj janv. 2013], n° 476.
4. Rép. pr. civ., v° *Requête conjointe*, Pierre-Maurice, avr. 2008, n° 29.

par une requête conjointe. Cette forme est même obligatoire pour le divorce accepté lorsque l'acceptation des époux a été formalisée entre l'audience de conciliation et l'introduction de l'instance (combinaison des articles 1114 et 1123 C. pr. civ.). La déclaration d'acceptation de chacun des époux, établie par écrit et signée de sa main avec la reproduction du second alinéa de l'article 233 du Code civil, doit alors être annexée à la requête conjointe. Dans tous les cas, la requête conjointe peut être déposée dès le prononcé de l'ordonnance de non conciliation et au plus tard, comme l'assignation, dans les trente mois sous peine de caducité. De même, elle doit comporter la proposition de règlement des intérêts pécuniaires et patrimoniaux des époux et indiquer le cas de divorce contentieux choisi (v. s^s n° 172.151).

C.
Actes spéciaux en matière contentieuse

172.170 Il s'agit de la simple requête (1°) et de la déclaration (2°) qui, par hypothèse, ne sont ouvertes que dans les cas où un texte particulier les prévoit.

1°
Simple requête

172.171 **Tribunal.** Le TGI est saisi sur requête pour introduire une procédure en déclaration d'abandon (C. pr. civ., art. 1260) et en déchéance ou retrait partiel de l'autorité parentale (C. pr. civ., art. 1203). Depuis le 1er mars 2006, date d'entrée en vigueur du décret n° 2005-1678 du 28 décembre 2005, il faut faire application de l'article 58 C. pr. civ. qui énumère les mentions prescrites à peine de nullité (v. s^s n° 172.62). Pour le surplus, la requête est remise au greffe, date à laquelle il faut sans doute considérer que l'instance est introduite. Mais elle peut aussi être adressée au procureur de la République qui doit la transmettre au juge ou au tribunal (C. pr. civ., art. 1160 et 1203). Faut-il alors considérer l'instance introduite à la date de la présentation de la requête au procureur ou à celle de sa transmission ? Pour la demande en déclaration d'abandon, la Cour de cassation s'est prononcée en faveur du jour de sa présentation au procureur car ce dernier n'est en aucun cas partie requérante[1].

172.172 **Juge aux affaires familiales.** Toutes les procédures relevant de la compétence du JAF, autres que celles relatives aux intérêts patrimoniaux des personnes vivant en couple (v. s^s n° 172.152), sont ou peuvent être introduites par simple requête dont le contenu varie selon la matière en cause.

172.173 **Divorces et séparations de corps contentieux.** Toutes les procédures contentieuses en divorce débutent nécessairement par une requête initiale présentée par l'avocat de l'un des époux. Elle est prévue par l'article 1106 C. pr. civ. et identique pour chacun des trois cas de divorce contentieux (pour acceptation du principe de la rupture du mariage, pour altération définitive du lien conjugal ou pour faute). Elle n'indique ni le fondement juridique de la demande (*a fortiori*, elle n'a plus à indiquer les moyens par lesquels sera assuré le devoir de secours qui était prévu en cas de divorce pour rupture de la vie commune), ni les faits qui en sont à l'origine. En revanche, elle contient les demandes formées au titre des mesures provisoires et un exposé sommaire de leurs motifs, ainsi que les informations d'ordre social prévues à l'article 1075 C. pr. civ. (à défaut, la requête encourt l'annulation pour vice de forme, ce qui suppose la justification d'un grief[2]). Ces règles sont aussi applicables aux procédures en séparation de corps (C. pr. civ., art. 1129).

172.174 **Obligations pécuniaires et autorité parentale.** Les procédures relatives aux obligations pécuniaires dans le cadre familial (obligation alimentaire, contribution aux charges du mariage ou du pacte civil de solidarité, contribution à l'entretien et à l'éducation des enfants, révision ou modalités de paiement de la prestation compensatoire) et à l'exercice de l'autorité parentale correspondent « *aux autres procédures relevant de la compétence du juge aux affaires familiales* », qui sont régies par les articles 1137 à 1141 C. pr. civ. Selon l'article 1137 C. pr. civ., elles sont introduites dans les formes prévues pour les référés (v. s^s n°s 172.31 s.) ou par requête. Celle-ci est remise ou adressée au greffe conjointement par les parties ou par l'une d'elles. Elle comporte leurs nom, prénom et adresse, ou le cas échéant, la dernière adresse connue du défendeur, et un exposé sommaire de ses motifs. Elle est datée et signée par son auteur, partie elle-même ou son avocat.

En revanche, la demande en délégation de l'autorité parentale est formée par une requête dont les règles sont identiques à celles applicables devant le tribunal en matière de déchéance et de retrait de l'autorité parentale (v. s^s n° 172.171 – C. pr. civ., art. 1203).

172.175 **Protection des victimes de violence.** (V. s^s n° 172.154).

172.176 **Tutelle des mineurs.** La loi n° 2009-526 du 12 mai 2009, de simplification du droit et d'allègement des procédures, a transféré au JAF le contentieux de la tutelle des mineurs, de sorte que le juge d'instance ne conserve que la tutelle des majeurs

1. Civ. 1re, 1er mars 1977, n° 74-15.144, *Bull. civ.* I, n° 111 ; *JCP* 1977. II. 18763, note Fournié ; *RTD civ.* 1977. 321, obs. Raynaud.

2. Civ. 2e, 4 févr. 1981, n° 79-12.670, NP ; *Gaz. Pal.* 1981. 800, note Viatte.

(COJ, art. L. 221-3 mod.). Ainsi, selon le nouvel article L. 213-3-1 du COJ, le JAF exerce les fonctions de juge des tutelles des mineurs et connaît à ce titre, de l'émancipation, de l'administration légale et de la tutelle des mineurs ainsi que de la tutelle des pupilles de la nation. La procédure est régie par les articles 1211 et suivants C. pr. civ., toilettés par le décret n° 2009-1628 du 23 décembre 2009[1], où le juge des tutelles désigne le JAF pour toutes les procédures relevant de sa compétence. Il s'ensuit que l'instance est introduite en la matière, selon l'article 1287 C. pr. civ., par requête remise ou adressée au greffe. Mais les mentions particulières prévues aux articles 1218 et 1218-1 ne lui sont pas applicables, car elles ne concernent que la tutelle des majeurs. Les seules mentions requises sont donc celles communes à toutes les juridictions prévues à l'article 58 C. pr. civ. (v. s[s] n° 172.52).

172.177 **Difficultés des entreprises – Conciliation.** La procédure de conciliation instituée par la loi du 26 juillet 2005[2], de sauvegarde des entreprises, est également introduite par voie de requête. Elle relève de la compétence du président du TGI lorsque le débiteur est une personne morale de droit privé non commerçante ou une personne physique exerçant une profession indépendante, y compris une profession libérale soumise à un statut législatif ou réglementaire ou dont le titre est protégé (C. com., art. L. 611-5). Mais cette requête obéit aux mêmes règles que celles applicables devant le président du tribunal de commerce compétent pour les autres débiteurs (v. s[s] n° 172.222), sous la seule réserve des règles de représentation des parties (v. s[s] n° 171.53).

2°
Déclaration

172.181 **Harmonisation.** Elle a été ajoutée à l'article 750 C. pr. civ. par le décret n° 94-92 du 14 janvier 1994 qui voulait harmoniser ce texte général avec les dispositions particulières, introduites parallèlement, qui permettait parfois de saisir le JAF par déclaration. Mais ce mode de saisine a été supprimé par le décret n° 2004-1158 du 29 octobre 2004 entré en vigueur le 1er janvier 2005[3]. Ceci étant, ce texte aurait pu être complété bien avant, dans la mesure où le TGI pouvait, de longue date, être saisi, en matière de procédures collectives, par déclaration du débiteur. Mais elle est peut-être dépassée aujourd'hui car la réforme des procédures collectives retient à présent le terme de demande pour l'acte introductif émanant du débiteur.

172.182 **Procédures collectives.** L'ouverture d'une procédure de redressement ou de liquidation judiciaire ne peut être sollicitée par le débiteur (agriculteur, personne morale de droit privé non commerçante ou personne physique exerçant une profession indépendante, y compris une profession libérale soumise à un statut législatif ou réglementaire ou dont le titre est protégé) que par le dépôt au greffe du TGI compétent, d'une demande comportant notamment en annexe une déclaration de cessation des paiements (avant la réforme de 2005, c'est la demande elle-même qui était qualifiée de cessation des paiements). Mais celle-ci est strictement réglementée dans sa forme et son contenu, lesquels seront exposés ci-après, dans le cadre de l'introduction de l'instance devant le tribunal de commerce, car les règles applicables sont rigoureusement identiques (v. s[s] n° 172.224).

De même, la procédure de sauvegarde instituée par la loi du 26 juillet 2005 de sauvegarde des entreprises ne peut être ouverte que sur une demande particulière du débiteur qui doit être portée devant le TGI lorsque le débiteur est l'une des personnes susvisées. Mais elle obéit également aux règles applicables devant le tribunal de commerce (v. s[s] n° 172.223).

La seule réserve pour chacune de ces procédures tient à la représentation éventuelle du débiteur (v. s[s] n° 171.53).

§ 2
Devant les autres juridictions

172.190 **Plan.** Devant toutes les autres juridictions de l'ordre judiciaire, la procédure étant orale, il est normal que le formalisme soit beaucoup moins rigoureux pour introduire l'instance. Aussi tantôt l'assignation coexiste-t-elle avec d'autres actes plus souples, tantôt est-elle même proscrite. Par ordre décroissant de formalisme, on peut envisager successivement : le tribunal de commerce (A), le TI et la juridiction de proximité (B), le juge de l'exécution (C), le tribunal paritaire des baux ruraux (D), le conseil de prud'hommes (E) et le tribunal aux affaires de sécurité sociale (F).

A.
Devant le tribunal de commerce

172.200 **Plan.** Il n'existe aucune règle particulière en matière gracieuse ou présidentielle (ordonnances

1. Décr. n° 2009-1628, 23 déc. 2009, relatif à l'appel contre les décisions du juge des tutelles et les délibérations du conseil de famille et modifiant diverses dispositions concernant la protection juridique des mineurs et des majeurs, *JO* 29 déc., p. 22311.
2. L. n° 2005-845, 26 juill. 2005, de sauvegarde des entreprises, *JO* 27 juill., p. 12187.
3. V. Circ. CIV/16/04, 23 nov. 2004, de présentation de la loi relative au divorce, du décret portant réforme de la procédure en matière familiale et du décret fixant les modalités de substitution d'un capital à une rente allouée au titre de la prestation compensatoire, *BOMJ*, n° 96, § 125.

sur requête et de référé), pour introduire l'instance. Il faut donc appliquer les règles de droit commun.

Quant à la procédure ordinaire contentieuse, les articles 855 s. C. pr. civ. ouvrent aux parties le choix entre l'assignation, un acte introductif unilatéral (1°), et des actes communs (2°). Mais à côté de ces actes généraux, applicables en toute matière, il existe aussi des actes particuliers spécifiques à certaines procédures (3°).

1°
Assignation

172.201 Mentions générales. Outre les mentions habituelles (v. s[s] n° 172.22), l'assignation devant le tribunal de commerce doit comporter celles prescrites par l'article 855 C. pr. civ. :

– les lieu, jour et heure de l'audience à laquelle l'affaire sera appelée; c'est dire que devant le tribunal de commerce, l'assignation est toujours délivrée pour une audience déterminée, et non à quinzaine comme devant le TGI;

– si le demandeur réside à l'étranger, les nom, prénoms et adresse de la personne chez laquelle il élit domicile en France; rappelons que la seule constitution d'un avocat devant le tribunal de commerce n'emporte pas de plein droit élection de domicile (v. s[s] n° 171.91); celle-ci doit donc toujours être expresse et la seule mention du nom de l'avocat est insuffisante[1]; par ailleurs, cette élection de domicile imposée par l'article 855 C. pr. civ. n'emporte pas pouvoir pour la personne chez laquelle domicile a été élu de recevoir la signification du jugement destinée à la partie elle-même[2]; aussi, la signification du jugement doit toujours se faire à la partie elle-même, demeurant par hypothèse à l'étranger, conformément à l'article 677 C. pr. civ.;

– le nom du représentant du demandeur, le cas échéant; il ne s'agit là que de la reprise de la règle générale prévue à l'article 415 C. pr. civ.;

– les conditions dans lesquelles le défendeur peut se faire représenter ou assister; c'est-à-dire l'indication qu'il peut choisir tout mandataire pour ce faire, mais que celui-ci, s'il n'est avocat, devra justifier d'un pouvoir spécial;

– le rappel des dispositions de l'article 861-2 C. pr. civ. (mention ajoutée par le décret n° 1165-2010, du 1er oct. 2010, issu des travaux de la commission Guinchard et entré en vigueur le 1er déc. 2010); ce texte prévoit les conditions dans lesquelles une demande incidente tendant à l'octroi d'un délai de paiement peut être présentée par écrit sans comparution à l'audience (v. s[s] n° 333.15); c'est la raison pour laquelle le décret n° 2011-1043 du 1er septembre 2011[3] a modifié l'article 855 C. pr. civ. pour circonscrire ce rappel aux seules assignations qui contiennent une demande en paiement.

Seules les deux premières mentions (audience et élection de domicile) sont expressément prescrites à peine de nullité, laquelle, s'agissant de vices de forme, doit être soulevée *in limine litis* et suppose la démonstration d'un grief. En revanche, aucune sanction n'est prévue pour les autres mentions. La nullité ne serait donc envisageable que si elles étaient considérées comme des formalités substantielles ou d'ordre public (C. pr. civ., art. 114). Tel devrait être le cas des mentions relatives aux modalités de la comparution du défendeur (assistance et représentation ainsi que les dispositions de l'article 861-2 C. pr. civ.), car elles ne font que compléter la mention générale, prescrite à peine de nullité par l'article 56, 3° C. pr. civ., qu'à défaut de comparaître à l'audience le défendeur s'expose à ce qu'un jugement soit rendu contre lui sur les seuls éléments fournis par son adversaire (v. s[s] n°s 172.22 et 172.23). De plus, ces mentions touchent directement aux droits de la défense.

172.202 Mentions particulières. Un créancier peut solliciter d'un tribunal de commerce, si aucune procédure de conciliation n'est en cours, l'ouverture d'une procédure de redressement ou de liquidation judiciaire à l'encontre de son débiteur (C. com., art. L. 631-5 pour le redressement judiciaire et L. 640-5 pour la liquidation judiciaire; en revanche, il ne peut pas solliciter l'ouverture d'une procédure de sauvegarde réservée à la seule demande du débiteur, C. com., art. L. 620-1). Pour ce faire, il doit obligatoirement procéder par voie d'assignation (et en aucun cas par voie de requête[4]), laquelle doit alors comporter en outre les mentions prévues à l'article R. 631-2 du Code de commerce[5], savoir :

– la nature et le montant de la créance; seuls les créanciers peuvent agir, mais tous les créanciers, « *quelle que soit la nature de* [leur] *créance* » (C. com., art. L. 631-5 et L. 640-5); cependant cette voie est **exclusive** de toute autre si bien que le créancier est irrecevable, et cette fin de non-recevoir doit être soulevée d'office, à former toute autre demande, notamment en paiement de sa créance et subsidiairement en ouverture d'une procédure de redressement ou de liquidation judiciaire; en revanche, une demande en ouverture d'une procédure de liquidation judiciaire peut toujours être formée subsidiairement à une demande en ouverture d'une procédure de redresse-

1. Civ. 2e, 19 nov. 2009, n° 08-14.632, *Procédures* 2010. Comm. 5, obs. Perrot.
2. Civ. 2e, 2 déc. 2010, n° 09-65.987, *Bull. civ.* II, n° 195; *D.* 2011. 526, note Sampieri-Marceau.
3. Décr. n° 2011-1043, 1er sept. 2011, relatif aux mesures conservatoires prises après l'ouverture d'une succession et à la procédure en la forme des référés, *JO* 2 sept., p. 14884.
4. Versailles, 6 mars 1997, RG n° 6394/96, *Gaz. Pal.* 1997. Somm. 352.
5. Anc[t] Décr. n° 2005-1677, 28 déc. 2005, art. 171.

ment judiciaire et inversement (C. com., art. R. 631-2, al. 2, et R. 640-1, al. 2) ;

– tout élément de preuve de nature à établir la cessation des paiements du débiteur;

– lorsque la demande du créancier tend à la **liquidation judiciaire**, elle doit être accompagnée des **éléments** de nature à établir que le redressement est manifestement impossible (C. com., art. R. 640-1, al. 3[1]).

Mais ces mentions et annexes ne sont prescrites ni à peine de nullité, ni à peine d'irrecevabilité, de sorte que la jurisprudence considérait, sous l'empire des textes anciens, qu'elles ont pour seule fonction l'information du tribunal et que leur omission ne peut entraîner, par elle-même, l'irrégularité de l'assignation[2].

En revanche, la demande du créancier sera sans doute irrecevable si l'assignation n'est pas délivrée dans le délai d'un an prescrit de manière identique par les articles L. 631-5 (pour le redressement judiciaire) et L. 640-5 du Code de commerce (pour la liquidation judiciaire) lorsque le débiteur a cessé son activité professionnelle.

172.203 Délai de comparution. L'assignation ainsi rédigée doit être délivrée quinze jours au moins avant l'audience. Il s'agit du délai de comparution, autrefois de huit jours seulement, qui doit permettre au défendeur de préparer sa défense (C. pr. civ., art. 856).

A priori, la violation de ce délai devrait être sanctionnée automatiquement sans qu'il soit nécessaire de justifier d'un grief, conformément à la jurisprudence habituelle en matière de délais de procédure[3]. Mais fort curieusement la Cour de cassation décide aujourd'hui de manière constante que le délai de comparution n'est sanctionné que par une **nullité pour vice de forme** qui suppose donc la justification d'un grief[4].

172.204 Enrôlement. L'assignation ainsi délivrée ne suffit pas à saisir le tribunal. Pour ce faire, une copie doit en être remise au greffe, à la diligence de l'une des parties, au plus tard huit jours avant l'audience (C. pr. civ., art. 857).

Il est désormais acquis en jurisprudence que cette mise au rôle ou enrôlement de l'assignation ne constitue pas une simple formalité administrative, mais conditionne directement la naissance de l'instance, si bien qu'à défaut le tribunal n'est pas saisi et l'instance n'est pas liée[5] (également concernant le TI, car les règles applicables, en la matière, y sont identiques[6]). Mais peut-on considérer l'enrôlement comme une condition suspensive de la saisine, de sorte que sa réalisation rétroagirait au jour de l'assignation[7] ? La Cour de cassation ne l'a pas admis, jugeant que la date de la saisine du tribunal est toujours celle de la mise au rôle (également concernant un TI, car les règles applicables y sont identiques[8]). Une telle analyse n'est pas sans conséquence sur la sanction d'un enrôlement tardif ou omis.

Mais encore faut-il que l'enrôlement intervienne dans le délai fixé. À défaut et depuis le 1er mars 2006, date d'entrée en vigueur du décret nº 2005-1678 du 28 décembre 2005, l'assignation est frappée de caducité, laquelle est constatée d'office par ordonnance, selon le cas, du président ou du juge rapporteur, ou à défaut, à la requête d'une partie (C. pr. civ., art. 857, al. 2, complété par Décr. 28 déc. 2005, art. 21). Il s'agit de l'extension des règles applicables devant le TGI qui peuvent ainsi être reprises pour le tribunal de commerce (v. ss nº 172.102). En conséquence, si la caducité n'a pas été constatée en première instance, elle peut l'être en appel, sauf que le juge d'appel n'est pas tenu de la soulever d'office. Par ailleurs et surtout, elle produit un effet rétroactif de sorte que non seulement l'assignation ne peut avoir créé un lien d'instance, mais elle ne peut pas non plus avoir interrompu la prescription (avant cette réforme, la Cour de cassation jugeait de manière constante que le défaut d'enrôlement ne pouvait faire échec à l'interruption de la prescription[9]). Le demandeur perd donc le bénéfice de l'assignation s'il ne veille pas à son enrôlement dans le délai et ne pourra pas la renouveler si entre-temps la prescription est acquise. Tout se passe comme si l'assignation non placée ou placée tardivement n'avait jamais existé.

172.205 Réduction des délais – Passerelle. En cas d'urgence, tant le délai de comparution que le délai d'enrôlement peuvent être réduits. En principe, la réduction doit être sollicitée du président du tribunal de commerce qui, dans le silence de l'article 858

1. Anct Décr. nº 2005-1677, 28 déc. 2005, art. 212, al. 2.
2. Paris, 22 janv. 1987, RG nº 71/9286, *D.* 1987. IR 42.
3. Civ. 2e, 16 juill. 1979, nº 78-11.915, *Bull. civ.* II, nº 226; *D.* 1979. IR 524 – Civ. 2e, 28 nov. 1979, nº 78-12.547, *Bull. civ.* II, nº 279; *Gaz. Pal.* 1980. 192, obs. Viatte – Civ. 2e, 12 mars 1980, nº 78-15.104, *Bull. civ.* II, nº 57; *Gaz. Pal.* 1980. 613, obs. Viatte – SUR L'ENSEMBLE DE LA QUESTION, R. Perrot, *RTD civ.* 1980. 409.
4. Com. 15 oct. 1980, nº 79-12.084, *Bull. civ.* IV, nº 337; *RTD civ.* 1981. 208, obs. Perrot – Civ. 2e, 26 juin 1991, nº 90-13.770, NP; *Gaz. Pal.* 1991. Pan. 299.
5. Civ. 2e, 29 févr. 1984, nº 82-12.259, *Bull. civ.* II, nº 43; *RTD civ.* 1984. 559, obs. Perrot; *RTD com.* 1985. 91, obs. Bénabent et Dubarry – Com. 18 déc. 1984, nº 83-10.664, *Bull. civ.* IV, nº 356; *RTD civ.* 1985. 445, obs. Perrot.
6. Civ. 3e, 10 déc. 1985, nº 84-16.799, *Bull. civ.* III, nº 167; *D.* 1986. IR 225, obs. Julien; *Gaz. Pal.* 1986. Somm. 328, obs. Guinchard et Moussa; *RTD civ.* 1986. 634, obs. Perrot.
7. EN CE SENS, S. Guinchard et T. Moussa, *Gaz. Pal.* 1986. Somm. 328.
8. Civ. 3e, 23 juin 1993, nº 91-16.971, *Bull. civ.* III, nº 97; *RTD civ.* 1993. 885, obs. crit. Perrot.
9. V. NOT., Civ. 2e, 14 oct. 2004, nº 02-21.372, *Bull. civ.* II, nº 462.

alinéa 2 C. pr. civ., est saisi sur requête, laquelle doit évidemment justifier de l'urgence invoquée[1]. Néanmoins en pratique, il arrivait aussi que l'autorisation fut donnée en référé, selon la technique de la passerelle, bien qu'elle n'était prévue par les textes que devant le TGI[2]. Mais cette pratique a été consacrée par le décret du 28 décembre 2005 qui l'a introduite à l'article 873-1 C. pr. civ. Depuis le 1er mars 2006, le président, saisi en référé, peut, à la demande de l'une des parties et s'il y a urgence, renvoyer l'affaire à une audience dont il fixe la date pour qu'il soit statué au fond, l'ordonnance emportant alors saisine du tribunal. Mais dans le choix de la date d'audience, il doit veiller à ce que le défendeur dispose d'un délai suffisant pour préparer sa défense.

Dans les **affaires maritimes et aériennes,** la réduction de ces délais joue de **plein droit** et l'assignation peut être donnée, même d'heure à heure, sans autorisation, dans les cas suivants (C. pr. civ., art. 858, al. 2) :

– lorsqu'il existe des **parties non domiciliées**; la doctrine est divisée sur l'interprétation de ce premier cas : pour certains auteurs, il concerne les parties qui ne sont pas domiciliées dans le ressort du tribunal[3], pour d'autres, celles non domiciliées en France, compte tenu du caractère éminemment international des affaires considérées[4];

– s'il s'agit de matières urgentes et provisoires.

2°
Actes communs

172.211 Généralités. Il s'agit d'actes introductifs d'instance qui procèdent de la volonté commune des parties en litige de saisir ensemble le tribunal pour qu'il tranche leur différend. La procédure étant orale devant le tribunal de commerce, il existe deux formes : l'une écrite, la requête conjointe, et l'autre orale, la présentation volontaire des parties (C. pr. civ., art. 859). Mais l'une est aussi rarement utilisée que l'autre pour les raisons déjà exposées à propos des règles communes à la requête conjointe.

172.212 Requête conjointe. En l'absence de toute disposition particulière devant le tribunal de commerce, il faut faire intégralement application des dispositions communes applicables devant toutes les juridictions.

172.213 Présentation volontaire des parties. Ce mode de saisine suppose que les parties se présentent ensemble devant le tribunal pour se faire juger (C. pr. civ., art. 859). Elles doivent donc nécessairement choisir une audience régulière du tribunal. Compte tenu de l'encombrement chronique des rôles, les tribunaux n'encouragent évidemment pas ce mode de saisine qui désorganiserait les audiences déjà si difficile à préparer, ce qui explique, *a fortiori*, la rareté, sinon l'inexistence, en fait, de cet acte introductif. Si des parties décidaient néanmoins d'y recourir, la question se pose de savoir si elles pourraient comparaître par leur représentant. Certes la représentation devant le tribunal de commerce est possible par tout mandataire, mais il s'agit ici d'un mode spécifique de saisine du tribunal qui requiert expressément la présence personnelle des parties[5]. L'introduction de l'instance n'est donc pas possible, dans ce cas, hors la présence des parties, mais rien n'empêche évidemment celles-ci de se faire représenter ou assister postérieurement, une fois le tribunal régulièrement saisi.

La saisine du tribunal résulte, dans ce cas, de la signature par les parties d'un procès-verbal constatant qu'elles se sont présentées volontairement pour faire juger leurs prétentions (C. pr. civ., art. 860, al. 1er – à défaut, il y a absence d'acte introductif d'instance ce qui constitue une irrégularité de fond, la seule comparution volontaire des parties semblant insuffisante : ainsi a-t-il été jugé à propos d'une espèce où les parties ont comparu à l'audience du tribunal de commerce fixée par le juge des référés qui a renvoyé les parties à s'y pourvoir au principal[6]). Ce procès-verbal, établi par le greffe, doit contenir toutes les mentions prévues pour la requête conjointe par l'article 57 C. pr. civ. (v. s[s] n° 172.42).

3°
Actes particuliers

172.220 Plan. En certaines matières, le tribunal de commerce ne peut être saisi par l'un de ces actes généraux (v. s[s] n°s 172.201 à 172.212), mais doit l'être par l'acte particulier spécialement institué. Il en est ainsi essentiellement en matière de difficultés des entreprises (a) et en matière d'injonction de payer (b).

a)
En matière de difficultés des entreprises

172.221 Demandes, requêtes et saisine d'office. L'introduction des procédures prévues par le livre VI du Code de commerce relatif aux difficultés des entreprises, modifié en dernier lieu par la loi du 26 juillet 2005 de sauvegarde des entreprises, se réa-

1. Sur un exemple d'application de cette disposition, Com. 3 janv. 1989, *JCP* 1989. IV. 81.
2. T. com. Paris, 3 janv. 1990, *Gaz. Pal.* 1992. 213, note Benezra – SUR L'ENSEMBLE DE LA QUESTION, v. P. Benezra, « La passerelle devant le tribunal de commerce », *Gaz. Pal.* 1990. Doctr. 400 – P. Grandjean, « L'évolution du référé commercial », *RJ com.* 1993. 177.
3. EN CE SENS, *J.-Cl. Pr. civ.*, fasc. 410, n° 37, Lebeau.
4. EN CE SENS, Rép. pr. civ., v° *Procédure commerciale*, par M. Bruschi, avr. 2008 [màj janv. 2013], n° 59.
5. EN CE SENS, *J.-Cl. Pr. civ.*, fasc. 410, n° 44, Lebeau.
6. Civ. 2e, 3 avr. 2003, n° 01-03.254; *Bull. civ.* II, n° 95; *RTD civ.* 2003. 545, obs. Perrot; *Dr. et proc.* 2003. 295, obs. Vinckel.

lise par des actes particuliers qui varient selon la procédure et l'auteur de la saisine : la conciliation est ouverte sur requête du débiteur, la sauvegarde sur demande du débiteur et les procédures de redressement et de liquidation judiciaires sur demande du débiteur comportant en annexe une déclaration de cessation des paiements, sur requête du procureur de la République ou sur saisine d'office du tribunal.

172.222 **Requête en conciliation.** Elle est prévue aux articles L. 611-6 et R. 611-22[1] du Code de commerce qui prévoient qu'elle est adressée ou remise au président du tribunal et doit comporter les mentions suivantes :

– un exposé de la situation économique, sociale et financière du débiteur, ses besoins de financement, ainsi que le cas échéant, les moyens d'y faire face;

– l'identité et l'adresse du conciliateur proposé par le débiteur, le cas échéant;

– le cas échéant, la date de cessation des paiements, étant rappelé que le débiteur peut demander l'ouverture d'une procédure de conciliation s'il ne se trouve pas en cessation des paiements depuis plus de quarante-cinq jours (C. com., art. L. 611-4);

– lorsque le débiteur exerce une profession libérale soumise à un statut législatif ou réglementaire ou dont le titre est protégé, l'ordre professionnel ou l'autorité dont il relève (mention réservée à la requête présentée au président du TGI, seul compétent, C. com., art. L. 611-5);

– l'identité et l'adresse du conciliateur proposé, le cas échéant.

Elle doit, par ailleurs, être accompagnée des pièces listées à l'article R. 611-22 du Code de commerce, savoir :

1° un extrait d'immatriculation aux registres et répertoires mentionnés à l'article R. 621-8 du Code de commerce ou, le cas échéant, le numéro unique d'identification;

2° l'état des créances et des dettes accompagné d'un échéancier ainsi que la liste des principaux créanciers;

3° l'état actif et passif des sûretés ainsi que celui des engagements hors bilan;

4° les comptes annuels, le tableau de financement ainsi que la situation de l'actif réalisable et disponible, valeurs d'exploitation exclues, et du passif exigible des trois derniers exercices, si ces documents ont été établis;

5° une attestation sur l'honneur certifiant l'absence de procédure de conciliation dans les trois mois précédant la date de la demande.

172.223 **Demande en sauvegarde.** Elle est réservée au seul débiteur qui n'est pas encore en cessation des paiements, mais qui justifie de difficultés, qu'il n'est pas en mesure de surmonter, de nature à l'y conduire (C. com., art. L. 620-1). Ses modalités sont prévues à l'article R. 621-1 du Code de commerce[2]. Selon ce texte, elle est déposée au greffe du tribunal compétent et expose la nature des difficultés rencontrées par le débiteur et les raisons pour lesquelles il n'est pas en mesure de les surmonter. Elle précise également si le débiteur s'engage à établir lui-même l'inventaire dans les conditions prévues à l'article L. 622-6-1 du Code de commerce (certifié par un commissaire aux comptes ou attesté par un expert comptable) ainsi que le délai qui lui sera nécessaire, ou s'il demande la désignation par le tribunal d'une personne chargée de le réaliser en application de l'article L. 621-4 alinéa 6 du Code de commerce (selon ce texte, il peut s'agir, en considération de leurs attributions respectives, d'un commissaire-priseur judiciaire, d'un huissier de justice, d'un notaire ou d'un courtier en marchandises assermenté). Elle doit être accompagnée de toutes les pièces énumérées par cet article, savoir :

1° un extrait d'immatriculation aux registres et répertoires mentionnés à l'article R. 621-8 du Code de commerce[3] ou, le cas échéant, le numéro unique d'identification;

2° une situation de trésorerie;

3° un compte de résultat prévisionnel;

4° le nombre des salariés employés à la date de la demande et le montant du chiffre d'affaires, défini conformément aux dispositions du cinquième alinéa de l'article R. 123-200 du Code de commerce[4], apprécié à la date de clôture du dernier exercice comptable;

5° l'état chiffré des créances et des dettes avec l'indication des noms et du domicile des créanciers ainsi que, par créancier ou débiteur, le montant total des sommes à payer et à recouvrer au cours d'une période de trente jours à compter de la demande;

6° l'état actif et passif des sûretés ainsi que celui des engagements hors bilan;

7° l'inventaire sommaire des biens du débiteur;

8° le nom et l'adresse des représentants du comité d'entreprise ou des délégués du personnel habilités à être entendus par le tribunal s'ils ont déjà été désignés;

9° une attestation sur l'honneur certifiant l'absence de désignation d'un mandataire *ad hoc* ou d'ouverture d'une procédure de conciliation dans les dix-huit mois précédant la date de la demande ou, dans le cas contraire, faisant état d'une telle désigna-

1. Anc[t] Décr. 28 déc. 2005, art. 15.

2. Anc[t] Décr. 28 déc. 2005, art. 50.
3. Anc[t] Décr. 28 déc. 2005, art. 63.
4. Anc[t] Décr. n° 83-1020, 29 nov. 1983, pris en application de la loi n° 83353 du 30 avril 1983, relatif aux obligations comptables des commerçants et de certaines sociétés, *JO* 1er déc., p. 3461, art. 17.

tion ou de l'ouverture de la procédure et mentionnant sa date ainsi que l'autorité qui y a procédé;

10° lorsque le débiteur exerce une profession libérale soumise à un statut législatif ou réglementaire ou dont le titre est protégé, la désignation de l'ordre professionnel ou de l'autorité dont il relève;

11° lorsque le débiteur exploite une ou des installations classées au sens du titre Ier du livre V du Code de l'environnement, la copie de la décision d'autorisation ou la déclaration;

12° lorsque le débiteur propose un administrateur à la désignation du tribunal, son identité et son adresse.

Tous ces documents doivent être datés, signés et certifiés sincères par le demandeur et établis à la date de la demande ou dans les sept jours qui précèdent pour ceux mentionnés aux 1° à 7°, à l'exception du 4°. Si certains de ces documents ne peuvent être joints totalement ou partiellement, la déclaration doit en indiquer les motifs.

172.224 Demande en redressement ou en liquidation judiciaire. Le débiteur doit, dans un délai de quarante-cinq jours de sa cessation des paiements, demander au tribunal de commerce compétent l'ouverture d'une procédure de redressement ou de liquidation judiciaire, s'il n'a pas dans ce délai demandé l'ouverture d'une procédure de conciliation (C. com., art. L. 631-4, pour le redressement judiciaire, et C. com., art. L. 640-4, pour la liquidation judiciaire).

La demande du débiteur est prévue à l'article R. 631-1 du Code de commerce[1] (relatif au redressement judiciaire et applicable à la liquidation judiciaire sur renvoi de l'article R. 640-1[2]). Elle est déposée au greffe du tribunal compétent et il faut admettre que cette formalité saisit le tribunal bien que le texte ne le prévoit pas expressément.

Le contenu de cette demande n'est pas réglementé, mais elle devra, à tout le moins, comporter les indications que la raison commande : identification complète du débiteur et des explications sur sa situation et ses éventuelles perspectives d'avenir.

En revanche, l'article R. 631-1 du Code de commerce[3] fournit avec précision la liste des annexes qui doivent être jointes à la demande. Il s'agit, outre les comptes annuels du dernier exercice, des documents suivants :

1° l'état du passif exigible et de l'actif disponible ainsi qu'une déclaration de cassation des paiements;

2° un extrait d'immatriculation aux registres et répertoires mentionnés à l'article R. 621-8 du Code de commerce[4];

3° une situation de **trésorerie** datant de moins de trois mois;

4° le nombre de **salariés** employés à la date de la demande, avec le nom et l'adresse de chacun d'eux et le montant du **chiffre d'affaires**, défini conformément aux dispositions du cinquième alinéa de l'article R. 123-200 du Code de commerce[5], apprécié à la date de clôture du dernier exercice comptable;

5° l'état chiffré des **créances** et des **dettes** avec l'indication des noms et du domicile des créanciers et, pour les salariés, le montant global des sommes impayées;

6° l'état actif et passif des **sûretés** ainsi que celui des **engagements hors bilan**;

7° l'**inventaire** sommaire des biens du débiteur;

8° le cas échéant, la liste, comprenant les noms et domicile des **membres** de la personne morale débitrice, **responsables solidairement** des dettes sociales;

9° les nom et adresse des **représentants du comité d'entreprise** ou des **délégués du personnel** habilités à être entendus par le tribunal s'ils ont déjà été désignés;

10° une attestation sur l'honneur certifiant l'absence de désignation d'un mandataire *ad hoc* ou d'ouverture d'une procédure de conciliation dans les dix-huit mois précédant la date de la demande ou, dans le cas contraire, faisant état d'une telle désignation ou de l'ouverture de la procédure et mentionnant sa date ainsi que l'autorité qui y a procédé;

11° lorsque le débiteur exerce une profession libérale soumise à un statut législatif ou réglementaire ou dont le titre est protégé, la désignation de l'ordre professionnel ou de l'autorité dont il relève;

12° lorsque le débiteur exploite une ou des installations classées au sens du titre Ier du livre V du Code de l'environnement, la copie de la décision d'autorisation ou la déclaration.

Tous ces documents doivent être datés signés et certifiés sincères par le déclarant et établis à la date de la demande ou dans les sept jours qui précèdent pour ceux mentionnés aux 1° et 2° et aux 5° à 8°. Si certains de ces documents ne peuvent être joints totalement ou partiellement, la déclaration doit en indiquer les motifs. Mais dans tous les cas, l'omission de documents ne saurait justifier un rejet de la déclaration par le greffe, seul le tribunal pouvant en tirer des conséquences juridiques[6].

172.225 Requête du procureur. Le procureur de la République peut aussi demander au tribunal l'ouverture d'une procédure de redressement ou de liquidation judiciaire s'il n'y a pas de procédure de conciliation en cours (C. com., art. L. 631-5, pour le redressement judiciaire, et C. com., art. L. 640-5, pour la liquidation judiciaire – en pratique, il est

1. Anct Décr. 28 déc. 2005, art. 170.
2. Anct Décr. 28 déc. 2005, art. 212.
3. Anct Décr. 28 déc. 2005, art. 170.
4. Anct Décr. 28 déc. 2005, art. 63.
5. Anct Décr. 29 nov. 1983, art. 17.
6. Rép. min., *JOAN Q* 22 juill. 1985, p. 3434 qui devrait aussi valoir sous l'empire des textes nouveaux.

généralement alerté par l'administration, et tout particulièrement par l'Urssaf, ou les salariés).

Pour ce faire, il adresse au tribunal une requête dûment motivée (C. com., art. R. 631-4[1], relatif au redressement judiciaire et applicable à la liquidation judiciaire sur renvoi de l'article R. 640-1[2]). Le président doit alors faire convoquer le débiteur dans le délai qu'il fixe. Autrement dit, il choisit librement l'audience sans être lié par le délai de comparution de quinze jours prévu à l'article 856 C. pr. civ. (v. s^s^ n° 172.203). Cette convocation incombe au greffier qui doit y faire procéder par acte d'huissier auquel doit être jointe la requête du procureur. Par analogie avec la solution retenue en cas de saisine d'office (v. s^s^ n° 172.226), il faut sans doute considérer ces formalités comme substantielles, si bien que leur omission est sanctionnée par la nullité pour vice de forme. Bien entendu, le tribunal, ainsi saisi, reste libre de sa décision et n'ouvrira une procédure collective que si le parquet rapporte la preuve de la cessation des paiements requise[3].

172.226 **Saisine d'office.** Le tribunal de commerce peut aussi se saisir d'office si aucune procédure de conciliation n'est en cours. (C. com., art. L. 631-5). Il doit même se saisir d'office, en cas d'échec de la procédure de conciliation lorsqu'il ressort du rapport du conciliateur que le débiteur est en cassation des paiements (C. com., art. L. 631-4 et L. 640-4).

L'initiative appartient au président qui, le cas échéant, fait convoquer le débiteur, comme précédemment, c'est-à-dire par les soins du greffier, par acte d'huissier de justice, à comparaître dans le délai qu'il fixe (C. com., art. R. 631-3[4], relatif au redressement judiciaire et applicable à la liquidation judiciaire sur renvoi de l'art. R. 640-1[5]). À cette convocation doit obligatoirement être jointe une **note** du président exposant les faits qui justifient la saisine d'office. Il a été jugé que ces formalités sont substantielles, et qu'en conséquence, une procédure engagée par simple lettre sans indication des motifs est préjudiciable au débiteur et doit être annulée[6] (mais la note requise peut aussi consister en une ordonnance du président[7]; ces solutions devraient continuer à valoir sous l'empire des textes nouveaux, identiques sur ces points).

b)
En matière d'injonction de payer

172.231 **Mode de saisine.** Le président du tribunal de commerce est compétent pour connaître, en matière d'injonction de payer, du recouvrement des créances définies à l'article 1405 C. pr. civ., relevant de la compétence d'attribution de sa juridiction (C. pr. civ., art. 1406, al. 1er – sur la compétence territoriale en matière d'injonction de payer, C. pr. civ., art. 1406, al. 2; v. s^s^ n° 172.271).

Il faut cependant excepter l'Alsace et la Moselle où le président de la chambre commerciale du TGI ne peut être saisi de telles demandes que si la créance est supérieure à 10 000 euros, les tribunaux d'instance étant compétents jusqu'à ce seuil nonobstant le caractère commercial de la créance (v. s^s^ n°s 711.23 et 711.41).

Le président est saisi sur **requête** exactement dans les mêmes conditions que le TI (v. s^s^ n° 172.271).

B.
Devant le tribunal d'instance et la juridiction de proximité

172.241 **Matière gracieuse et ordonnances.** En **matière gracieuse**, l'instance peut être introduite, comme devant toutes les juridictions, par requête. Mais elle peut aussi l'être par **déclaration verbale** enregistrée au secrétariat-greffe qui saisit en même temps le tribunal (C. pr. civ., art. 62). Cette déclaration, exclusivement verbale, ne doit pas être confondue avec celle instituée récemment en matière contentieuse et dont le régime est précisément défini. Il faut cependant excepter les tribunaux d'instance d'Alsace et de Moselle où l'instance gracieuse peut être introduite et le tribunal saisi comme en matière contentieuse, par la même déclaration (C. pr. civ., ann. art. 36 – V. s^s^ n° 722.131).

En revanche, pour les ordonnances sur **requête** (C. pr. civ., art. 851 et 852) et les ordonnances de **référé** (C. pr. civ., art. 848 et 849), l'introduction de l'instance ne présente aucune particularité, il suffit donc d'appliquer les règles communes.

Ces règles ne concernent que le TI car la juridiction de proximité n'a pas de compétence en matière gracieuse et les procédures de référé et sur requête n'ont pas été étendues à cette juridiction (l'article 24 du décret n° 2003-542 du 23 juin 2003[8] relatif à la juridiction de proximité a complété les intitulés des sous-titres II, consacré aux ordonnances de référé, et III, consacré aux ordonnances sur requête, de manière à les limiter expressément au seul juge d'instance[9]).

1. Anc^t^ Décr. 28 déc. 2005, art. 173.
2. Anc^t^ Décr. 28 déc. 2005, art. 212.
3. Aix-en-Provence, 26 janv. 1987, *D.* 1988. Somm. 41, obs. Honorat.
4. Anc^t^ Décr. 28 déc. 2005, art. 172.
5. Anc^t^ Décr. 28 déc. 2005, art. 212.
6. Limoges, 1er sept. 1987, *Gaz. Pal.* 1988. Somm. 381.
7. Riom, 13 mars 1991, *Gaz. Pal.* 1992. Somm. 537.
8. Décr. n° 2003-542, 23 juin 2003, relatif à la juridiction de proximité, et modifiant le Code de l'organisation judiciaire, le Nouveau Code de procédure civile, le Code de procédure pénale et le décret n° 91-1266 du 19 décembre 1991 portant application de la loi n° 91-647 du 10 juillet 1991 relative à l'aide juridique, *JO* 25 juin, p. 10632.
9. V. NOT., P. Chevalier et T. Moussa, « Le décret du 23 juin 2003 relatif à la juridiction de proximité », *Procédures* 2003. Chron. 12.

172.242 Matière contentieuse ordinaire. En revanche, la procédure ordinaire contentieuse qui fait l'objet du sous-titre I, composé des articles 829 à 847-3, est applicable tant au TI qu'à la juridiction de proximité (v. s[s] n°s 332.00 s.). Le demandeur peut toujours, avant d'introduire l'instance devant l'une de ces juridictions, solliciter une tentative préalable de conciliation, par déclaration faite, remise ou adressée au greffe, en indiquant l'identité, la profession et l'adresse des parties ainsi que l'objet de sa prétention (C. pr. civ., art. 830 – sur la procédure de conciliation, v. s[s] n°s 332.12 s.). À défaut de conciliation par le juge (cette solution n'est évidemment pas possible lorsque la tentative de conciliation a été menée par un conciliateur de justice) l'affaire est jugée immédiatement selon les modalités de la présentation volontaire, si les parties y consentent (C. pr. civ., art. 835). Sinon, il appartient au demandeur d'introduire l'instance devant le tribunal, ce qu'il peut aussi faire immédiatement car la tentative de conciliation est purement facultative.

172.243 Plan. Dans tous les cas, l'instance est introduite par l'un des actes énumérés à l'article 829 C. pr. civ. qui prévoit des actes unilatéraux, procédant de la seule volonté du demandeur (1°) et des actes communs (2°).

1°
Actes unilatéraux

172.250 Annonce. Il s'agit de l'assignation à toutes fins qui, en principe, est possible en toute matière (a), de la déclaration au greffe dont le domaine est plus limité (b) et des requêtes en injonction (c).

a)
Assignation à toutes fins

172.251 Notion et régime. Devant le TI et la juridiction de proximité, l'assignation est dite à toutes fins car elle tend à la conciliation et à défaut au jugement. Son régime est prévu aux articles 837 à 840 C. pr. civ. selon la nouvelle numérotation résultant du décret n° 2010-1165 du 1er octobre 2010[1], issu des travaux de la commission Guinchard et entré en vigueur le 1er décembre 2010. Outre les mentions habituelles (v. s[s] n° 172.22), elle doit comporter celles prescrites par l'article 837 C. pr. civ. :

– les lieu, jour et heure de l'audience à laquelle la conciliation sera tentée, si elle ne l'a déjà été, et, le cas échéant, l'affaire jugée (ainsi, devant le TI et la juridiction de proximité, l'assignation est toujours délivrée pour une audience déterminée, et non à quinzaine comme devant le TGI) ;

– si le demandeur réside à l'étranger, les nom, prénoms et adresse de la personne chez laquelle il élit domicile en France (comme devant le tribunal de commerce [v. s[s] n° 172.201], la seule constitution d'un avocat n'emporte pas de plein droit élection de domicile, celle-ci doit donc toujours être expresse et la seule mention du nom de l'avocat est insuffisante) ;

– le nom du représentant du demandeur, le cas échéant; il ne s'agit là que de la reprise de la règle générale prévue à l'article 415 C. pr. civ. ;

– les conditions dans lesquelles le défendeur peut se faire représenter ou assister; c'est-à-dire l'indication qu'il peut choisir un avocat ou l'une des personnes habilitées par l'article 828 C. pr. civ. (v. s[s] n° 171.92), laquelle devra justifier d'un pouvoir spécial (v. s[s] n° 171.81) ;

– le rappel des dispositions de l'article 847-2 C. pr. civ. (mention ajoutée par le décret du 1er oct. 2010, précité) ; ce texte prévoit les conditions dans lesquelles une demande incidente tendant à l'octroi d'un délai de paiement peut être présentée par écrit sans comparution à l'audience (v. s[s] n° 332.44) ; c'est la raison pour laquelle le décret n° 2011-1043 du 1er septembre 2011 a modifié l'article 837 pour circonscrire ce rappel aux seules assignations qui contiennent une demande en paiement.

En outre, l'assignation doit être accompagnée des pièces énumérées dans le bordereau annexé conformément aux dispositions communes de l'article 56 C. pr. civ. (v. s[s] n° 172.22) formalité ajoutée par le décret du 1er oct. 2010, précité.

Seules les deux premières mentions (audience et élection de domicile) sont expressément prescrites à peine de nullité, laquelle, s'agissant de vices de forme, doit être soulevée *in limine litis* et suppose la démonstration d'un grief (telle, par ex., la nullité d'une assignation qui n'a pas été délivrée pour une audience utile d'un TI[2]). Ainsi, aucune sanction n'est prévue pour les autres mentions. La nullité ne serait donc envisageable que si ces mentions étaient considérées comme des formalités substantielles ou d'ordre public (C. pr. civ., art. 114). Tel devrait être le cas des mentions relatives aux modalités de la comparution du défendeur (assistance et représentation ainsi que les dispositions de l'article 847-2), car elles ne font que compléter la mention générale, prescrite à peine de nullité par l'article 56, 3° C. pr. civ., qu'à défaut de comparaître à l'audience le défendeur s'expose à ce qu'un jugement soit rendu contre lui sur les seuls éléments fournis par son adversaire (v. s[s] n°s 172.22 et 172.23). De plus, ces mentions touchent directement aux droits de la défense. En revanche, pour les pièces à joindre, la solution est plus douteuse alors surtout que la Cour de cassation

1. Décr. n° 2010-1165, 1er oct. 2010, relatif à la conciliation et à la procédure orale en matière civile, commerciale et sociale, *JO* 3 oct., p. 17986.

2. Civ. 2e, 15 nov. 1995, n° 93-17.053, *Bull. civ.* II, n° 280; *Gaz. Pal.* 12-13 juill. 1996, p. 22, note du Rusquec.

a déjà eu l'occasion de juger que le bordereau des pièces invoquées prévu à l'article 56 C. pr. civ. n'est pas une formalité substantielle ou d'ordre public (v. s[s] n° 172.23).

Comme devant le tribunal de commerce (v. s[s] n°s 172.203 et 172.204), l'assignation doit être délivrée quinze jours au moins avant la date de l'audience et le tribunal n'est saisi que par la remise au greffe d'une copie de l'assignation au plus tard huit jours avant l'audience, sous peine de caducité constatée d'office ou à la requête d'une partie (C. pr. civ., art. 838 et 839). Il s'agit de l'extension des règles applicables devant le TGI, qui peuvent ainsi être reprises pour le TI et la juridiction de proximité (v. s[s] n° 172.102). En conséquence, si la caducité n'a pas été constatée en première instance, elle peut l'être en appel, sauf que le juge d'appel n'est pas tenu de la soulever d'office.

Par ailleurs et surtout, elle produit un effet rétroactif de sorte que non seulement l'assignation ne peut avoir créé un lien d'instance, mais elle ne peut pas non plus avoir interrompu la prescription. Le demandeur perd donc le bénéfice de l'assignation s'il ne veille pas à son enrôlement dans le délai et ne pourra pas la renouveler si entre-temps la prescription est acquise. Tout se passe comme si l'assignation non placée ou placée tardivement n'avait jamais existé.

Les règles relatives à la réduction des délais de comparution et d'enrôlement sont aussi celles applicables devant le tribunal de commerce (v. s[s] n° 172.205) sous les deux réserves suivantes. D'une part, la réduction des délais est toujours judiciaire, il n'existe aucun cas de réduction de plein droit (C. pr. civ., art. 830). D'autre part, la technique de la passerelle n'y existe pas davantage.

b)
Déclaration au greffe

172.261 Domaine. Depuis le décret n° 2010-1165 du 1er octobre 2010, issu des travaux de la commission Guinchard, la déclaration au greffe est prévue aux articles 843 et 844 C. pr. civ. Mais elle n'est possible que pour introduire les demandes qui n'excèdent pas le taux de 4 000 euros actuellement (C. pr. civ., art. 843, al. 1er; à défaut, la déclaration n'est pas entachée d'un vice de forme, mais d'une fin de non-recevoir, et elle ne saisit pas le tribunal[1]). Devant le TI, elle n'est donc qu'un acte introductif d'instance particulier, réservé aux petits litiges et dont il connaît au premier euro (v. cep. pour l'Alsace-Moselle s[s] n° 722.131). En revanche, devant la juridiction de proximité qui ne connaît que de demandes dont la valeur en litige n'excède pas 4 000 euros (COJ, art. L. 231-3), ce mode de saisine est toujours possible.

1. Civ. 2e, 6 mai 2010, n° 09-10.974, *Bull. civ.* II, n° 93.

Mais en cas d'échec total ou partiel d'une tentative préalable de conciliation (v. s[s] n°s 332.23 et 332.31), la déclaration au greffe est ouverte pour saisir la juridiction aux fins de jugement, quelle que soit la valeur en litige, si elle est formée dans le mois suivant la réunion devant le conciliateur de justice ou de l'audience devant le juge à l'issue de laquelle l'échec a été constaté. Toutefois, dans ce cas, le tribunal peut renvoyer le demandeur à mieux se pourvoir, s'il lui apparaît que l'affaire ne relève pas de sa compétence, ou à le saisir autrement, si la déclaration est tardive ou ne mentionne pas son fondement juridique. Cette décision est une mesure d'administration judiciaire qui peut être prise par simple mention au dossier (C. pr. civ., art. 836, al. 3 – cette dérogation, introduite par le décret du 1er octobre 2010, précité, est applicable aux instances introduites à compter du 1er décembre 2010, selon l'article 17, 1° de ce décret).

172.262 Modalités. La déclaration est faite au greffe, soit verbalement, soir par écrit. Dans le premier cas, le greffe doit sans doute établir un procès-verbal. Quant à la déclaration écrite, elle peut être remise ou adressée au greffe, l'envoi pouvant se faire par lettre simple faute de précision dans les textes, mais pour plus de sûreté, la lettre recommandée est préférable, du moins dans les cas où la prescription menace.

La déclaration est toujours enregistrée par le greffe à réception. Elle doit comporter, outre les mentions prescrites par l'article 58 (réd. issue du décret du 28 déc. 2005, v. s[s] n° 172.62), un exposé sommaire des motifs de la demande et être accompagnée des pièces que le demandeur souhaite invoquer à l'appui de ses prétentions en autant de copies que de personnes dont la convocation est demandée (C. pr. civ., art. 843, al. 2; cette dernière formalité a été introduite par le décret du 1er oct. 2010, précité, entré en vigueur le 1er déc. 2010).

Les mentions de l'article 58 sont prescrites à peine de nullité par ce texte et désormais cette sanction est aussi applicable à l'exposé des motifs (C. pr. civ., art. 843, al. 2). En revanche, elle n'a pas été étendue à l'annexion des pièces invoquées, qui ne devrait pas constituer davantage une formalité substantielle ou d'ordre public (à propos de l'assignation à toutes fins, v. s[s] n° 172.251).

172.263 Convocation des parties. Les parties sont convoquées à l'audience par le greffier au moyen d'une lettre recommandée avec demande d'avis de réception, confirmée le même jour par lettre simple (C. pr. civ., art. 844, al. 1er), sous les réserves suivantes.

Le demandeur peut aussi être convoqué verbalement contre émargement (C. pr. civ., art. 844, al. 1er *in fine*). Quant au défendeur, sa convocation doit comporter les mentions communes prévues à l'article 665-1 C. pr. civ. (v. s[s] n° 172.53), le rappel des dispositions de l'article 847-2 C. pr. civ. qui prévoient les conditions dans lesquelles une demande incidente tendant à l'octroi d'un délai de paiement peut être présentée par écrit sans comparution à l'audience (v. s[s] n° 332.44 – contrairement à l'assignation, v. s[s] n° 172.251, ce rappel n'a pas été limité aux seules hypothèses où la déclaration comporte une demande en paiement) et en annexe une copie de la déclaration et des pièces qui y sont jointes (C. pr. civ., art. 844, al. 2; ces deux dernières formalités ont été ajoutées par le décret du 1er octobre 2010, précité, entré en vigueur le 1er décembre 2010). La convocation du défendeur vaut citation (C. pr. civ., art. 844, al. 2 *in fine*), mais certains effets attachés traditionnellement à cet acte de procédure se produisent ici plus tôt.

172.264 **Effets.** La déclaration saisit la juridiction et lie donc l'instance (C. pr. civ., art. 843, al. 1er). Bien que le texte ne le précise pas expressément, il faut sans doute considérer que cet effet ne se produit qu'au jour de la réception de la déclaration matérialisée par son enregistrement.

C'est à cette date aussi que sont interrompus la prescription et les délais pour agir (C. pr. civ., art. 843, al. 1er, *in fine*).

c)
Requêtes en injonction

172.271 **Requête en injonction de payer.** Le TI et la juridiction de proximité peuvent connaître, en la matière, du recouvrement des créances définies à l'article 1405 C. pr. civ. dans la limite de leur compétence d'attribution (C. pr. civ., art. 1406, al. 1er). Le TI est donc compétent pour les créances supérieure à 4 000 euros et n'excédant pas 10 000 euros, ainsi que pour les créances, quel que soit leur montant, relevant de sa compétence exclusive, comme en matière de baux d'habitation (COJ, art. R. 221-38) ou de crédit à la consommation (COJ, art. R. 221-39 – C. consom, art. L. 311-3, 2°); au-delà de 10 000 euros et sous ces réserves, la compétence revient désormais au président du TGI (v. s[s] n° 122.413). Quant à la juridiction de proximité, elle est compétente pour les créances inférieures ou égales à 4 000 euros, sous réserve de celles relevant de la compétence exclusive du TI. La compétence territoriale revient au juge du lieu où demeure le débiteur ou l'un d'eux, le cas échéant (C. pr. civ., art. 1406, al. 2 – sauf pour les créances dues à un syndicat de copropriétaires où le juge compétent est celui du lieu de situation de l'immeuble : Décr. n° 67-223, 17 mars 1967[1], art. 60). Les créances définies à l'article 1405 C. pr. civ. sont les suivantes :

– celles ayant une cause **contractuelle** d'un montant déterminé en vertu des stipulations du contrat y compris, le cas échéant, la clause pénale (par ex. à propos d'une injonction de payer prononcée contre une caution alors que le montant de son engagement ne résultait pas du contrat, en l'occurrence l'acte de caution de type « omnibus », mais de documents établis dans les relations entre le créancier et le débiteur[2]); sont exclues, en conséquence, les créances délictuelles ou quasi délictuelles[3] et celles de dommages-intérêts fondées sur l'inexécution du contrat[4];

– celles d'un montant déterminé résultant d'une obligation à caractère **statutaire** (créances dues à certains organismes, ordres professionnels, caisses de retraite, *etc.*);

– celles résultant de **certains titres**, savoir de l'acceptation ou du tirage d'une lettre de change, de la souscription d'un billet à ordre, de l'endossement ou de l'aval de l'un de ces titres ou de l'acceptation d'une cession de créance professionnelle par bordereau **Dailly**; cette liste étant limitative, le recouvrement d'un chèque impayé, en particulier, ne peut se faire par cette procédure[5].

Chacune de ces juridictions compétentes est obligatoirement saisie par **requête**, remise ou adressée au greffe (il existe aussi désormais une procédure d'injonction de payer dématérialisée reposant sur un système d'information dénommé « IPWEB » créé par un arrêté du 3 mars 2011 et sécurisé par un arrêté du 24 décembre 2012[6]), par le créancier, la caution (par l'effet subrogatoire[7]) ou tout mandataire (sur ce point, v. s[s] n° 171.92). Elle doit obligatoirement comporter, outre les mentions prescrites par l'article 58 (réd. Décr. 28 déc. 2005, v. s[s] n° 172.62 – C. pr. civ., art. 1407, al. 2 et 3, mod. par Décr. 28 déc. 2005) :

– l'indication précise du montant, avec un décompte de ses différents éléments, ainsi que du fondement de la créance;

– en annexe, les documents justificatifs.

Par ailleurs, le créancier peut aussi demander, dans sa requête, qu'en cas d'opposition, l'affaire soit immédiatement renvoyée devant le tribunal qu'il

1. Décr. n° 67-223, 17 mars 1967, portant RAP pour l'application de la loi n° 65-557 du 10 juillet 1965 fixant le statut de la copropriété des immeubles bâtis, *JO* 22 mars, p. 2742.
2. Civ. 2e, 8 févr. 1989, n° 87-20.264, *Bull. civ.* II, n° 34.
3. Com. 4 déc. 1967, *Bull. civ.* IV, n° 397; *JCP* 1969. II. 15373, obs. J. A.
4. Com. 14 juin 1971, n° 70-11.077, *Bull. civ.* IV, n° 169; *D.* 1971. 629.
5. Com. 12 juill. 1961, *Bull. civ.* IV, n° 331; *RTD civ.* 1962. 547, obs. Hébraud – Orléans, 28 oct. 1976, *JCP* 1978. II. 18896, obs. J. A.; *Rev. huiss.* 1978. 879, obs. Lescaillon.
6. N. Fricero, « "Le petit Noël du procédurier" : le retour ! », *Dr. et proc.* 2013. 2, spéc[t] n° 5 – V. AUSSI : H. Croze, « Injonction de payer électronique », *Procédures* 2006. Comm. 185.
7. Civ. 2e, 4 mars 2004, n° 02-12.723, *Bull. civ.* II, n° 90; *D.* 2004. IR 852.

estime compétent (C. pr. civ., art. 1408). Mais cette disposition a perdu beaucoup de son intérêt depuis l'introduction de la procédure d'injonction de payer devant le TGI (v. s^s n° 332.74). Désormais elle ne sera utile qu'en matière commerciale lorsque les parties ont stipulé une clause attributive de juridiction (v. s^s n° 172.231).

Si les mentions de l'article 58 sont prescrites à peine de nullité, celles ajoutées par l'article 1407 ne le sont pas. Mais le requérant a évidemment intérêt à présenter une demande qui soit la plus complète possible, car il risque son rejet, lequel n'est susceptible d'aucun recours, le créancier devant alors engager une procédure de recouvrement de droit commun (C. pr. civ., art. 1409, al. 2[1]).

La requête ne vaut pas citation en justice[2], cette qualification n'est attachée par la jurisprudence qu'à la signification de l'ordonnance d'injonction de payer; aussi faute de disposition contraire, la prescription n'est-elle interrompue qu'à cette date[3]. Des auteurs soutiennent que cette solution ne vaudrait plus sous l'empire de l'actuel article 2241 du Code civil, issu de la loi n° 2008-561 du 17 juin 2008, car il ne vise plus la citation en justice comme l'ancien article 2244, mais la demande en justice; or une requête en injonction de payer devrait recevoir cette qualification dès lors que la requête a été consacrée comme un mode ordinaire d'introduction de l'instance par le décret n° 2005-1678 du 28 décembre 2005 (v. C. pr. civ., art. 54 et 58[4]).

Réforme des contentieux et des procédures. La loi n° 2011-1862 du 13 décembre 2011, relative à la répartition des contentieux et à l'allègement de certaines procédures juridictionnelles, issue des travaux de la commission présidée par le recteur Serge Guinchard, a supprimé les juridictions de proximité (v. s^s n°s 332.00 s.) et répartit la compétence civile en matière d'ordonnance d'injonction de payer entre le juge d'instance et le président du TGI, selon la valeur en litige, fixée pour les actions personnelles ou mobilières par l'article L. 221-4 à la somme de 10 000 euros (art. 3, I, 2°, remplaçant les dispositions actuelles de l'article L. 221-7 du COJ qui donnent compétence au juge d'instance en matière d'ordonnance d'injonction de payer « *à quelque valeur que la demande puisse s'élever* », sous réserve de la compétence de la juridiction de proximité). Mais le juge de proximité, qui subsistera, pourra lui-même recevoir compétence pour rendre des ordonnances d'injonction de payer tant au sein du TGI que du TI; en revanche, il ne pourra pas statuer sur l'opposition du débiteur (COJ, art. L. 212-3-1, 1°, et L. 222-1-1, issus de L. 13 déc. 2011, art. 1er, I, 2° et 5°). À l'origine, toutes ces modifications devaient entrer en vigueur le 1er janvier 2013, mais la loi n° 2012-1441 du 24 décembre 2012[5] a repoussé la suppression des juridictions de proximité au 1er janvier 2015. En attendant, la procédure d'injonction de payer continue donc de relever, en matière civile, de la compétence de la juridiction de proximité jusqu'à 4 000 euros.

172.272 Requête en injonction de faire. L'injonction de faire a été instituée par le décret n° 88-209 du 4 mars 1988 qui a introduit les articles 1425-1 à 1425-9 dans le Code de procédure civile. Son objectif était d'offrir aux consommateurs une procédure simple, rapide et peu coûteuse pour régler les petits litiges portant sur l'exécution en nature d'obligations de faire, telles la livraison ou la réparation d'un bien. Aussi n'a-t-elle été instituée d'abord que devant les tribunaux d'instance pour les obligations suivantes, définies par l'article 1425-1 C. pr. civ. :

– les **obligations de faire**, ce qui exclut tant les obligations de ne pas faire que les obligations de sommes d'argent, ces dernières pouvant, le cas échéant, faire l'objet d'une procédure d'injonction de payer (v. s^s n° 172.271);

– nées d'un **contrat** conclu entre des personnes n'ayant pas toutes la qualité de commerçant; l'injonction de faire est donc limitée aux **obligations civiles** ou **mixtes** et ne s'applique jamais aux obligations commerciales;

– lorsque la **valeur de la prestation** dont l'exécution est réclamée n'excède pas le **taux de compétence** du TI, actuellement de 10 000 euros (COJ, art. L. 221-4); à ce stade de la procédure, seule la compétence *ratione valoris* limite le recours à l'injonction de faire; mais l'évaluation ne porte pas sur l'obligation contractuelle prise dans son ensemble, elle ne concerne que la prestation précise laissée inexécutée.

Désormais cette procédure relève des juridictions de proximité dans la limite de leur compétence d'attribution (C. pr. civ., art. 1425-1, mod. par Décr. 23 juin 2003, relatif à la juridiction de proximité, art. 23), c'est-à-dire pour les demandes formées en matière civile et dont le montant n'excède pas 4 000 euros (COJ, art. L. 221-4). Mais la saisine de cette juridiction, tout comme la procédure applicable (v. s^s n°s 332.80 s.), sont identiques.

1. Sur un modèle de requête devant la juridiction de proximité, v. H. Croze, *Procédures* 2004. Comm. 58.
2. Paris, 27 janv. 1988, *D.* 1988. IR 57.
3. Civ. 1re, 10 juill. 1990, n° 89-13.345, *Bull. civ.* I, n° 194; *RTD civ.* 1991. 341, obs. Mestre; *Gaz. Pal.* 1991. Somm. 98, obs. Croze et Morel; *JCP* 1990. IV. 343 – Com. 9 avr. 1991, n° 89-16.923, *Bull. civ.* IV, n° 136; *Gaz. Pal.* 1991. Pan. 268 – Com. 23 mai 2000, n° 97-17.512, NP – Civ. 1re, 5 nov. 2009, n° 08-18.095, NP; *Gaz. Pal.* 2010. 1594, obs. Amrani-Mekki – Civ. 1re, 11 févr. 2010, n° 08-18.802, NP; *Procédures* 2010. Comm. 109, obs. Perrot.
4. C. Chainais et G. Tapie, « L'injonction de payer : maniement et remaniements », *D.* 2009. 860.
5. L. n° 2012-1441, 24 déc. 2012, relative aux juridictions de proximité, *JO* 26 déc., p. 20395.

Comme la procédure d'injonction de payer, elle est introduite devant chacune de ces juridictions sur **requête**, mais son régime est loin d'être identique. Ainsi ne peut-elle être déposée ou adressée au greffe que par le bénéficiaire de l'obligation ou l'une des personnes visées à l'article 828 C. pr. civ. (C. pr. civ., art. 1425-3, al. 1er - sur les personnes habilitées, v. ss nº 171.92). En revanche, son contenu est similaire puisqu'elle doit comporter, outre les mentions prescrites par l'article 58 (réd. Décr. 28 déc. 2005, v. ss nº 172.62 - C. pr. civ., art. 1425-3, al. 2 à 4, mod. par Décr. 28 déc. 2005) :

– l'indication précise de la nature de l'obligation dont l'exécution est poursuivie ainsi que de son fondement;

– éventuellement les dommages-intérêts qui seront réclamés en cas d'inexécution de l'injonction de faire (cette mention facultative a été ajoutée par le Décr. nº 2004-836, 20 août 2004[1]; mais son but est purement dissuasif car ces dommages-intérêts ne pourront en aucun cas être alloués par l'ordonnance d'injonction de faire, ils devront être réclamés dans le cadre de la procédure qui s'ouvrira en cas de refus d'exécution de l'injonction; v. ss nº 332.93);

– en annexe, les documents justificatifs.

Si les mentions de l'article 58 sont prescrites à peine de nullité, celles ajoutées par l'article 1425-3 ne le sont pas. Mais là aussi, le requérant doit être le plus précis possible car il encourt le rejet de sa demande, sans possibilité de recours, sauf à introduire une procédure de droit commun (C. pr. civ., art. 1425-9).

Contrairement à la requête en injonction de payer, la requête en injonction de faire, comme la déclaration au greffe, **interrompt la prescription** et les délais pour agir dès son enregistrement au greffe (C. pr. civ., art. 1425-3, al. 4).

2°
Actes communs

172.281 **Actes généraux.** Deux formes sont prévues, l'une écrite, la requête conjointe, et l'autre orale, la **présentation volontaire des parties.** Il s'agit d'actes généraux auxquels les parties peuvent donc recourir, en principe, en toute matière, mais qui, en fait, ne sont quasiment jamais utilisés. Ils sont régis par les articles 841 et 842 C. pr. civ. qui sont identiques, mot pour mot, aux articles 859 et 860 C. pr. civ. applicables devant le tribunal de commerce, sous la réserve suivante introduite par le décret nº 2010-1165 du 1er octobre 2010, précité, issu des travaux de la commission Guinchard et entré en vigueur le 1er décembre 2010.

Lorsque les parties ont soumis leur différend à un conciliateur de justice sans parvenir à un accord, leur requête conjointe peut également être transmise au greffe à leur demande par le conciliateur (C. pr. civ., art. 842, al. 3).

C.
Devant le juge de l'exécution

172.291 **Ordonnances sur requête.** Le juge de l'exécution est compétent pour rendre des ordonnances sur requête. Cette procédure est prévue aux articles R. 121-23 et R. 121-24 C. pr. exéc. qui complètent les dispositions communes prévues aux articles 493 à 498 C. pr. civ., aussi applicables devant le juge de l'exécution (C. pr. exéc., art. R. 121-5). Aucune règle particulière n'étant instituée pour l'introduction de l'instance, il faut mettre en œuvre les règles de droit commun, étant néanmoins rappelé que la requête peut être présentée par tout mandataire.

172.292 **Procédure ordinaire.** Le juge de l'exécution est généralement saisi par les parties (1°), mais il peut l'être aussi, en cas de difficultés d'exécution, par l'huissier de justice instrumentaire (2°).

1°
Saisine par les parties

172.300 **Évolution.** À l'origine, le juge de l'exécution, conçu comme un juge de proximité, pouvait être saisi par déclaration au greffe ou par assignation. Mais devant l'engorgement croissant de cette juridiction, la déclaration au greffe, forme simplifiée de saisine, a été supprimée par le décret nº 96-1130 du 18 décembre 1996.

L'assignation avait ainsi été érigée en mode unique et obligatoire d'introduction de l'instance devant le juge de l'exécution. Mais l'article 118 de la loi nº 98-657 du 29 juillet 1998 d'orientation relative à la lutte contre les exclusions[2] a réintroduit la forme simplifiée de saisine pour les demandes relatives à l'exécution d'une décision de justice ordonnant l'expulsion.

En conséquence, depuis cette réforme, il existe à nouveau deux modes d'introduction de l'instance devant le juge de l'exécution, prévues désormais par le Code des procédures civiles d'exécution : l'assignation, mode normal (a), et la saisine simplifiée, mode exceptionnel (b).

a)
Assignation

172.301 **Domaine.** L'assignation reste le mode normal de saisine du juge de l'exécution, possible

1. Décr. nº 2004-836, 20 août 2004, portant modification de la procédure civile, *JO* 22 août, p. 15032.

2. L. nº 98-657, 29 juill. 1998, d'orientation relative à la lutte contre les exclusions, *JO* 31 juill., p. 11679.

pour l'introduction de toutes les demandes, quelles qu'elles soient, et obligatoire pour toutes celles qui ne sont pas relatives à l'exécution d'une décision de justice ordonnant l'expulsion.

Elle est régie par les articles R. 121-11 à R. 121-13 C. pr. exéc. s'inspirant des règles applicables à la procédure de référé qui n'ont pas été introduites devant le juge de l'exécution (C. pr. exéc., art. R. 121-5). L'assignation peut ainsi être ordinaire ou d'heure à heure; elle est soumise, par ailleurs, dans tous les cas, à des règles communes.

172.302 **Assignation ordinaire.** Il s'agit de l'assignation délivrée, conformément à l'article R. 121-11 C. pr. exéc., pour « *la première audience utile du juge de l'exécution* ». En principe, le demandeur devrait pouvoir choisir librement une audience habituelle, en veillant simplement à ce qu'elle ne soit pas trop rapprochée pour laisser au défendeur un délai suffisant à la préparation de sa défense [1]. Mais comme en matière de référé notamment, la pratique se répand, de plus en plus, d'obliger le demandeur à prendre une date au greffe avant d'assigner. Il est vrai cependant que devant le juge de l'exécution cette pratique peut s'appuyer sur une interprétation particulière de la notion d'audience utile, entendue comme une audience disponible à laquelle l'affaire pourra effectivement être appelée compte tenu du nombre de procédures déjà prévues, ce qui suppose nécessairement l'interrogation préalable du greffe, seul en mesure d'indiquer les audiences utiles dans cette acception de la notion [2].

Quoi qu'il en soit, en cas d'assignation ordinaire, l'audience pour laquelle elle est délivrée est toujours une audience habituelle du juge de l'exécution, ce qui la distingue précisément de l'assignation d'heure à heure.

172.303 **Assignation d'heure à heure.** Elle est prévue à l'article R. 121-12 C. pr. exéc. qui reprend pour l'essentiel les termes de l'article 485 alinéa 2 C. pr. civ. Ce texte prévoit ainsi qu'en cas d'urgence (seule différence par rapport à l'article 485 alinéa 2 C. pr. civ. qui vise les cas qui requièrent « *célérité* » [3]), « *le juge de l'exécution peut permettre d'assigner à l'heure qu'il indique, même d'heure à heure et les jours fériés ou chômés, soit au tribunal, soit à son domicile, portes ouvertes* ».

Comme pour le référé d'heure à heure, le juge de l'exécution est saisi sur requête qui doit justifier de l'urgence requise. S'il y fait droit, son ordonnance fixe les date, lieu et heure de l'audience pour laquelle l'assignation sera alors délivrée, en même temps qu'une copie de l'ordonnance ainsi rendue.

172.304 **Règles communes.** Dans tous les cas, l'assignation doit comporter, outre les mentions habituelles, la reproduction, à peine de nullité, des articles R. 121-6 à R. 121-10 C. pr. exéc. (C. pr. exéc., art. R. 121-11, al. 2). Il s'agit évidemment d'une nullité pour vice de forme qui suppose la justification d'un grief.

Aucun délai n'est prescrit pour la délivrance de l'assignation, mais le juge de l'exécution devra toujours vérifier qu'il s'est écoulé un temps suffisant entre l'assignation et l'audience pour que la partie convoquée ait pu préparer sa défense (C. pr. exéc., art. R. 121-13).

Comme en matière de référé, aucun texte ne précise comment et à quel moment s'opère la saisine du juge. Par analogie, il faut sans doute considérer qu'elle s'opère par la remise d'une copie de l'assignation au secrétariat-greffe. Aucun délai n'est *a fortiori* prévu, mais la raison commande qu'elle intervienne avant l'audience.

Une assignation devant le juge de l'exécution, constituant certainement une demande en justice au sens de l'article 2241 du Code civil, **interrompt la prescription** et les délais pour agir. Cet effet n'est pas remis en cause si l'assignation n'est pas enrôlée, car aucune caducité n'est prévue, mais la prescription et les délais recommencent alors à courir immédiatement, faute d'une instance ouverte, comme en matière de référé. Dans le cas contraire, l'interruption se prolonge durant toute l'instance dans les conditions du droit commun (C. civ., art. 2241 s. – V. not. l'exemple de la procédure de référé s^s n° 172.34).

b)
Saisine simplifiée

172.311 **Domaine et modalités.** La saisine simplifiée, régie par les articles R. 442-2 à R. 442-4 C. pr. exéc., est possible pour toutes les demandes présentées au juge de l'exécution relatives à l'exécution d'une décision de justice ordonnant l'expulsion [4]. Elle est formée au secrétariat-greffe du juge de l'exécution par lettre recommandée avec demande d'avis de réception ou par déclaration faite ou remise contre récépissé.

Lorsque le juge de l'exécution exerce aussi les fonctions de juge d'instance et que la demande a été formée par erreur au secrétariat-greffe du TGI, celle-ci est réputée faite valablement et elle est immédiatement transmise au secrétariat-greffe du TI. Avis en est donné au demandeur par lettre simple (C. pr. exéc., art. R. 442-2, al. 2).

1. EN CE SENS, J. Normand, *RTD civ.* 1983. 384, n°s 41 et 43.
2. EN CE SENS, P. Julien et G. Taormina, *Voies d'exécution et procédures de distribution*, LGDJ, 2000, n° 51, p. 54.
3. Sur cette différence qui restera sans doute sans conséquences pratiques, v. J. Normand, *RTD civ.* 1983. 384, n° 45.
4. SUR L'ENSEMBLE DE LA QUESTION, v. C. Laporte, « Expulsion : dérogation au principe de saisine du juge de l'exécution par voie d'assignation », *Procédures* 1999. Chron. 2.

À peine de nullité, la demande doit préciser, conformément à l'article 58 C. pr. civ., son objet et indiquer les nom, prénoms, profession et adresse du demandeur ou, s'il s'agit d'une personne morale, sa dénomination et son siège social. Elle contient, en outre, un exposé sommaire des motifs et mentionne le nom et l'adresse du défendeur ou, s'il s'agit d'une personne morale, sa dénomination et son siège social (C. pr. exéc., art. R. 442-3).

172.312 Convocation des parties. Le greffe informe le demandeur des lieu, jour et heure de l'audience par lettre recommandée avec demande d'avis de réception. Les dispositions des articles R. 121-6 à R. 121-10 C. pr. exéc. doivent être reproduites et une copie est envoyée le même jour par lettre simple. Le demandeur peut également être convoqué verbalement contre émargement lors de la présentation de la demande. Dans ce cas, le greffe lui remet un avis qui reproduit les articles R. 121-6 à R. 121-10 C. pr. exéc. (C. pr. exéc., art. R. 442-4, al. 1er et 2).

Le défendeur est convoqué par lettre recommandée avec demande d'avis de réception. Cette lettre contient une copie de la demande et informe l'intéressé qu'il s'expose, faute de se présenter ou de faire connaître ses moyens de défense, à être jugé sur les seuls éléments fournis par le demandeur. Elle reproduit en outre les dispositions des articles R. 121-6 à R. 121-10 C. pr. exéc. et une copie de la convocation est envoyée le même jour par lettre simple. Comme pour le demandeur, cette convocation peut également être faite verbalement contre émargement (C. pr. exéc., art. R. 442-4, al. 3).

En cas de retour des convocations au secrétariat-greffe, il y aura lieu, pour le greffe, conformément à l'article 670-1 C. pr. civ., d'inviter le demandeur à procéder par voie de signification (C. pr. exéc., art. R. 442-4, al. 4).

2°
Saisine par l'huissier de justice

172.321 Difficultés d'exécution. Aux termes de l'article R. 151-1 C. pr. exéc., « *lorsque l'huissier de justice chargé de l'exécution d'un titre exécutoire se heurte à une difficulté qui entrave le cours de ses opérations, il en dresse procès-verbal et peut, à son initiative, saisir le juge de l'exécution* ». Cette difficulté peut être d'ordre matériel ou juridique (v. à propos de fonds virés à un huissier de justice sur instruction d'un débiteur à la suite d'un commandement de payer dont la banque réclamait la restitution au motif qu'elle aurait été victime d'une escroquerie[1]; ou à propos d'une incertitude sur la portée rétroactive d'une ordonnance d'un conseiller de la mise en état ayant assorti de l'exécution provisoire des mesures accessoires prononcées par un jugement de divorce[2]). Mais il s'agit, dans tous les cas, d'une **simple faculté** pour l'huissier de justice, la partie intéressée pouvant toujours porter elle-même la difficulté devant le juge de l'exécution, ce qui correspond du reste à la pratique la plus courante.

Si l'huissier de justice décide néanmoins de saisir lui-même le juge, il devra procéder selon les règles de la procédure ordinaire sous réserve des dispositions particulières prévues aux articles R. 151-2 et R. 151-3 C. pr. exéc. (C. pr. exéc., art. R. 151-1, al. 2). Ainsi, la demande est formée par déclaration écrite au greffe, accompagnée de la présentation du titre, d'un exposé de la difficulté rencontrée et, le cas échéant, des pièces qui lui ont été communiquées (C. pr. exéc., art. R. 151-2). Mais ces formalités ne sont pas prescrites à peine de nullité ou d'irrecevabilité.

Contrairement aux autres hypothèses de saisine par déclaration ce n'est pas le secrétariat-greffe, mais l'huissier de justice lui-même qui doit procéder aux convocations. Pour ce faire, il doit immédiatement informer les parties intéressées de la difficulté rencontrée et des lieu, jour et heure de l'audience (C. pr. exéc., art. R. 151-3, al. 1er). Comme pour l'assignation, la date d'audience est le plus souvent fixée par l'huissier de justice sur interrogation du greffe où il doit prendre date (v. ss no 172.302). Il est aussi donné connaissance aux parties des dispositions des articles R. 121-6 à R. 121-10 C. pr. exéc. et du fait qu'une décision peut être rendue en leur absence. Ces informations sont transmises, soit par déclaration verbale consignée au procès-verbal, soit par lettre recommandée avec demande d'avis de réception, chacune de ces deux formes de convocation valant assignation à comparaître. À l'audience l'huissier devra être entendu en ses observations (C. pr. exéc., art. R. 151-3, al. 2 et 3).

D.
Devant le tribunal paritaire des baux ruraux

172.331 Principes. Le président est compétent pour rendre des ordonnances de référé (C. pr. civ., art. 893 à 896) et sur requête (C. pr. civ., art. 897 et 898). Mais sa saisine n'est soumise à aucune règle particulière, il suffit donc de faire application des règles communes (en référé, v. ss no 172.31 – sur requête, v. ss no 172.62).

Quant à la procédure ordinaire contentieuse, les règles applicables sont celles en vigueur devant le TI, sous réserve des dispositions spécifiques au tribunal paritaire des baux ruraux, prévues aux articles 883 à 892 C. pr. civ. (C. pr. civ., art. 882). À ce titre, il est

1. Aix-en-Provence, 30 janv. 2008, *Dr. et proc.* 2008. 220, obs. Leborgne.

2. Civ. 1re, 22 mars 2012, no 10-25.811, *Bull. civ.* I, no 65; *D.* 2013. 1576, obs. Leborgne.

prévu aux articles 885 et 886 C. pr. civ., pour l'introduction de l'instance, deux formes particulières soumises à des règles communes quant au contenu, à la convocation des parties et aux effets.

172.332 Formes. Traditionnellement, la demande pouvait d'abord être formée par lettre recommandée avec demande d'avis de réception adressée au greffe du tribunal (C. pr. civ., art. 885, al. 1er). La jurisprudence considérait que le défaut de recommandation constituait un vice de forme et non une irrégularité de fond, admettant ainsi implicitement qu'il s'agissait d'une formalité substantielle, car elle n'était pas prescrite à peine de nullité. En conséquence, la nullité d'une demande formée par lettre simple ne pouvait être prononcée que si le moyen était soulevé *in limine litis* et s'il est justifié d'un grief[1]. Mais le décret no 2010-1165 du 1er octobre 2010 précité, issu des travaux de la commission Guinchard et entré en vigueur le 1er décembre 2010, a substitué à cette forme exclusivement épistolaire, la déclaration faite, remise ou adressée au greffe du tribunal (C. pr. civ., art. 885, al. 1er, mod.). Il s'agit de l'acte introductif d'instance prévu en des termes identiques devant le TI par l'article 844 C. pr. civ. (v. ss nos 172.261 s.), mais il est ouvert sans considération de la valeur en litige. Aucune forme particulière n'est donc plus imposée, de sorte qu'*a fortiori* aucune sanction n'est plus encourue de ce chef.

La demande peut aussi être formée par acte d'huissier de justice (C. pr. civ., art. 885, al. 1er). Mais il ne faut pas confondre cet acte avec une assignation, car il est toujours délivré au greffe. Aussi, une demande formée par un acte d'huissier de justice directement délivré au défendeur est irrecevable[2], cette exception constituant une fin de non-recevoir qui peut être soulevée en tout état de cause et sans justification d'un grief[3].

En principe, les parties disposent d'un libre choix entre ces deux formes d'introduction de l'instance. Mais l'acte d'huissier de justice est obligatoire lorsque la demande est soumise à publication au fichier immobilier (C. pr. civ., art. 885, al. 4 – sur ces cas de publication, v. ss no 172.22 – sur l'exclusion de l'article 885 alinéa 2, en Alsace-Moselle, v. ss no 722.141). Dans ce cas, la demande formée par déclaration au greffe est irrecevable, s'agissant d'un acte de procédure qui n'est pas simplement irrégulier, mais non prévu (en ce sens, à propos de l'ancienne saisine par lettre recommandée avec demande d'avis de réception[4]).

172.333 Contenu. Lorsque la demande est formée par acte d'huissier de justice, celui-ci doit contenir les mentions obligatoires prévues à l'article 648 C. pr. civ. et, en cas de recours à la déclaration au greffe, celle-ci doit comporter les mentions de l'article 58 (réd. Décr. 28 déc. 2005, v. ss no 172.52 – C. pr. civ., art. 885, al. 2.). De plus, dans les deux cas, elle doit indiquer, même de façon sommaire, les motifs sur lesquels elle repose (C. pr. civ., art. 885, al. 3). Si les mentions des articles 648 et 58 sont prescrites à peine de nullité, aucune sanction n'est prévue pour l'indication des motifs.

172.334 Convocation des parties. Les parties sont convoquées par le greffe du tribunal au moyen d'une lettre recommandée avec demande d'avis de réception, confirmée le même jour par lettre simple (C. pr. civ., art. 886).

Il est regrettable que le décret du 1er octobre 2010 n'ait pas réglé la question du contenu de cette convocation. Mais dans le strict respect du contradictoire, elle doit sans doute comporter en annexe une copie de la demande. Elle revient ainsi à notifier au défendeur, à la diligence du greffe, un acte introductif d'instance. Il s'ensuit que la convocation devrait comporter les mentions prescrites par l'article 665-1 C. pr. civ. (sur ces mentions, v. ss no 172.53).

Quoi qu'il en soit, la convocation devra toujours intervenir au moins quinze jours avant la date fixée par le président (C. pr. civ., art. 886).

172.335 Effets. Au plan procédural, le tribunal est saisi en même temps que la demande est formée (C. pr. civ., art. 885). En cas de déclaration au greffe, il faut sans doute retenir, selon le cas, la date où elle est faite ou remise et celle où elle est expédiée lorsqu'elle est adressée au greffe (C. pr. civ., art. 668). En cas d'acte d'huissier de justice, la saisine s'opère le jour de la signification faite par hypothèse au secrétariat du tribunal.

En revanche, la question de l'interruption de la prescription et des délais pour agir n'est réglée par aucun des textes spécifiques au tribunal paritaire des baux ruraux, lesquels ne prévoient pas même que la convocation du défendeur vaille citation. Il semble cependant que l'on puisse attacher cet effet à la saisine de la juridiction[5]. Cette solution peut s'appuyer désormais, au moins pour la déclaration au greffe, sur l'article 843 C. pr. civ. régissant cet acte intro-

1. Civ. 2e, 15 mars 1989, nos 87-19.599 et 87-45.773, *Bull. civ.* II, no 72; *RTD civ.* 1990. 141, obs. Perrot; *D.* 1989. Somm. 275, obs. Julien; *JCP* 1989. IV. 183.
2. T. par. baux rur. Salon-de-Provence, 8 mars 1978, *Gaz. Pal.* 1978. 636, obs. Lachaud – V. AUSSI, J.-F. Lepetit, ss Agen, 1er févr. 1984, *Gaz. Pal.* 1985. 383.
3. Civ. 3e, 2 oct. 1996, no 94-18.535, *Bull. civ.* III, no 202; *JCP* 1996. IV. 2245 – Civ. 3e, 29 mars 2000, no 98-14.937, *Bull. civ.* III, no 72.
4. Civ. 3e, 21 nov. 1968, *Bull. civ.* III, no 480 – Civ. 3e, 10 juill. 1978, no 77-10.314, *Bull. civ.* III, no 291; *Rev. loyers* 1978. 544, obs. J. V. – Agen, 1er févr. 1984, *Gaz. Pal.* 1985. 383, note Lepetit; *JCP* 1985. IV. 92 – Civ. 2e, 6 janv. 2011, no 09-72.506, *Bull. civ.* II, no 5; *Procédures* 2011. Comm. 85, obs. Perrot.
5. EN CE SENS, *J.-Cl. Pr. civ.*, fasc. 455, no 48, Guénin-Méric.

ductif d'instance devant le TI (v. s[s] n° 172.264). Mais elle peut se réclamer aussi de la jurisprudence actuelle qui fait remonter ces effets à la date de la citation, avant même qu'elle ne soit portée à la connaissance du débiteur[1] (sur un exemple d'application à l'acte introductif d'instance devant les tribunaux de grande instance en Alsace-Moselle, v. s[s] n° 722.82).

172.336 **Passerelle.** Depuis le 1er mars 2006, la procédure ordinaire peut aussi être introduite par la technique de la passerelle prévue par le nouvel article 896 C. pr. civ. issu du décret n° 2005-1678 du 28 décembre 2005 (anc. art. 896 devenu art. 895 inutilisé depuis 1972). Désormais le président saisi en référé, comme celui du TGI (C. pr. civ., art. 811), peut, à la demande des parties et si l'urgence le justifie, renvoyer l'affaire à une audience dont il fixe la date pour qu'il soit statué au fond et son ordonnance emporte alors saisine du tribunal. Mais il doit veiller, dans le choix de la date d'audience, à ce que le défendeur dispose d'un délai suffisant pour préparer sa défense.

E. Devant le conseil de prud'hommes

172.340 **Plan.** Le conseil de prud'hommes ne peut être saisi qu'en matière contentieuse, soit en procédure ordinaire (1°), soit en référé (2°).

1° En procédure ordinaire

172.350 **Plan.** L'instance peut être introduite, soit par un acte unilatéral, la demande (b), soit par un acte commun, la présentation volontaire des parties (c). Mais dans les deux cas, il existe des règles communes touchant à la recevabilité - c'est la règle de l'unicité de l'instance - et aux effets (a).

a) Règles communes

172.351 **Unicité de l'instance.** Selon l'article R. 1452-6 du Code du travail[2], toutes les demandes dérivant d'un même contrat de travail, qu'elles émanent de l'employeur ou du salarié, doivent être réunies dans une même instance (c'est la raison pour laquelle les demandes nouvelles sont recevables en appel conformément à C. trav., art. R. 1452-27). Elles ne peuvent donc être soumises à un conseil de prud'hommes dans deux instances successives (cette règle n'est pas applicable au litige qui trouve son fondement dans le refus de l'AGS de garantir tout ou partie d'une créance salariale[3]). Mais encore faut-il que le juge soit dessaisi de l'instance primitive, car tant qu'il en reste saisi, la règle de l'unicité de l'instance ne joue pas. Il en est ainsi en cas de sursis à statuer[4] ou de radiation[5]. Dans ces cas, une partie peut toujours présenter des demandes nouvelles dérivant d'un même contrat de travail, soit dans le cadre de la même instance, soit même en introduisant une instance parallèlement[6] (même devant un autre conseil de prud'hommes que celui devant lequel l'instance primitive a été radiée[7]). De plus l'instance doit être entendue largement en ce sens qu'une demande nouvelle dérivant d'un même contrat de travail peut être formée en tout état de cause, même pour la première fois devant la cour d'appel, ou en cas de cassation, devant la juridiction de renvoi[8]. Toute la question est donc de savoir à partir de quel moment le juge est dessaisi de l'instance primitive. Traditionnellement la jurisprudence attachait cet effet à toute cause d'extinction de l'instance : jugement définitif, même s'il n'a pas statué au fond, mais a annulé la procédure[9], conciliation[10] ou transaction[11] (sauf en cas d'annulation ultérieure[12]), péremption[13], caducité, à moins que celle-ci n'ait été constatée à tort[14], ou désistement (ainsi à propos d'une demande en dommages-intérêts, introduite après désistement de la demande antérieure en réintégration, procédant du même licenciement[15]). Mais, dans ce dernier cas, la jurisprudence était plus nuancée, car elle exigeait que le désistement ait été constaté par le conseil de prud'hommes[16] et semblait rechercher si sa motivation était fondée sur la volonté de mettre fin à l'instance (tel le désistement intervenu car l'assignation

1. R. Perrot, *RTD civ.* 1996. 465.
2. Anc[t] C. trav., art. R. 516-1.
3. Soc. 4 juin 2003, n° 01-42.338, *Bull. civ.* V, n° 188; *D.* 2003. IR 1734.
4. Soc. 2 mars 2004, n° 01-46.886, *Bull. civ.* V, n° 70.
5. Soc. 26 nov. 2003, n° 01-45.221, NP; *Procédures* 2004. Comm. 57, obs. Sportouch – Soc. 22 juin 2004, n° 02-43.198, *Bull. civ.* V, n° 178.
6. Soc. 15 mai 1968, *Bull. civ.* V, n° 242 – Soc. 4 juill. 1968, *Bull. civ.* V, n° 364 – Soc. 19 mai 1969, *Bull. civ.* V, n° 335 – Soc. 9 déc. 1992, n° 88-41.488, *Bull. civ.* V, n° 589; *JCP* 1993. IV. 52.
7. Soc. 9 févr. 2010, n° 08-45.124, NP; *Procédures* 2010. Comm. 187, obs. Perrot.
8. Soc. 9 juill. 1996, n° 93-40.767, *Bull. civ.* V, n° 270; *RTD civ.* 1996. 983, obs. Perrot.
9. Soc. 12 nov. 2003, n° 01-41.901, *Bull. civ.* V, n° 279; *Procédures* 2004. Comm. 57, obs. Sportouch.
10. Soc. 16 déc. 1976, n° 75-40.885, *Bull. civ.* V, n° 685.
11. Soc. 25 mai 2004, n° 01-47.134, NP.
12. Soc. 28 oct. 2008, n° 07-43.250, NP.
13. Soc. 4 janv. 1974, n° 72-40.467, *Bull. civ.* V, n° 16.
14. Soc. 14 mai 1987, n° 85-46.483, *Bull. civ.* V, n° 335; *Gaz. Pal.* 1987. Pan. 189; *JCP* 1987. IV. 244; *RTD civ.* 1987. 596, obs. Perrot.
15. Par ex., Rouen, 18 nov. 1997, RG n° 96/01259, *Gaz. Pal.* 1998. Somm. 353, obs. du Rusquec.
16. Soc. 21 janv. 1987, n° 85-42.628, *Bull. civ.* V, n° 37; *Gaz. Pal.* 1987. Pan. 92; *RTD civ.* 1987. 596, obs. Perrot.

était imprécise et incomplète, si bien que la nouvelle instance introduite consécutivement a été déclarée recevable[1]; cependant, en sens contraire, le désistement retenu bien qu'il fut motivé exclusivement par l'incompétence du conseil de prud'hommes saisi[2]).

Ces hésitations ne devraient plus se poser à l'avenir, car la Cour de cassation a opéré un revirement important de jurisprudence en décidant que la règle de l'unicité de l'instance « *n'est applicable que lorsque l'instance précédente s'est achevée par un jugement sur le fond* » (à propos d'un jugement qui avait mis fin à l'instance précédente en prononçant la nullité de la procédure en raison de l'absence du préliminaire de conciliation[3]). Cette décision pourrait être interprétée en ce sens que, désormais, seules les causes d'extinction de l'action précédemment introduite empêcheraient de former de nouvelles demandes dérivant du même contrat de travail, en vertu de la règle de l'unicité de l'instance. Tel devrait être le cas, non seulement d'une décision définitive sur le fond, mais aussi, comme auparavant, de la conciliation ou de la transaction. En revanche, cette règle ne devrait plus jouer en cas d'extinction de la seule instance primitive, notamment par péremption, caducité ou désistement d'instance.

Toute demande, quelle que soit sa forme, qui méconnaît la règle ainsi posée, est irrecevable (ainsi jugé à propos d'une demande au fond[4] ou encore en référé présentée après un jugement rendu au fond et dérivant du même contrat de travail[5]). S'agissant d'une fin de non-recevoir, la jurisprudence admet désormais qu'elle peut être invoquée en tout état de cause[6]. En revanche, elle n'est pas jugée d'ordre public et ne peut donc être relevée d'office par le juge[7].

En principe, cette règle de l'unicité de l'instance ne devrait s'appliquer qu'aux demandes fondées sur des faits antérieurs à la demande initiale dès lors que l'article R. 1452-6 du Code du travail[8] du Code du travail exclut expressément les prétentions dont le fondement est né ou a été révélé « *postérieurement à la saisine du conseil de prud'hommes* ». Mais s'agissant, en réalité, d'une maladresse de rédaction[9], la Cour de cassation l'applique de manière constante à toutes les prétentions dont le fondement est apparu alors que l'instance était encore pendante et qu'une demande additionnelle pouvait encore utilement être formée, c'est-à-dire avant la clôture des débats en première instance[10] (cep., une décision applique cette règle à propos de faits survenus postérieurement à la clôture des débats et avant l'expiration du délai d'appel[11]), et en cas d'appel, avant la clôture des débats devant la cour[12]. En revanche, elle n'est jamais applicable aux demandes formées contre le nouvel employeur auquel le contrat de travail a été transféré en vertu de l'ancien article L. 122-12 alinéa 2 du Code du travail (devenu C. trav., art. L. 1224-1)[13].

172.352 **Effets.** Aux termes de l'article R. 1452-1 alinéa 2 du Code du travail[14], la saisine du conseil de prud'hommes interrompt la prescription. Bien entendu, le régime de cette interruption répond aux règles de droit commun des articles 2241 et suivants du Code civil; en particulier, elle se produit même si la juridiction saisie est incompétente (C. trav., art. R. 1452-1, al. 2[15], qui reprend sur ce point C. civ., art. 2241, al. 2) et doit être considérée comme non avenue, notamment si la demande est rejetée (C. civ., art. 2243)[16] ou déclarée caduque[17].

La date précise à laquelle se produit l'interruption de la prescription est donc celle de la saisine du conseil de prud'hommes qui varie selon la forme d'introduction de l'instance choisie, demande ou présentation volontaire des parties.

b)
Demande

172.361 **Modalités.** Elles sont prévues par l'article R. 1452-2 du Code du travail[18] qui privilégie le minimum de formalisme. La demande peut ainsi être adressée au greffe par **lettre recommandée.** Non seulement, l'avis de réception n'est pas requis, mais de plus il faut sans doute considérer, à l'image de la solution admise devant le tribunal paritaire des baux ruraux (v. s[s] n° 172.332) que la forme recommandée n'est sanctionnée que par une nullité pour vice de

1. Soc. 2 juin 1966, *Bull. civ.* V, n° 532 – V. AUSSI, Soc. 2 avr. 1987, n° 84-40.351, *Bull. civ.* V, n° 186; *Gaz. Pal.* 1987. Pan. 175; *RTD civ.* 1987.
2. Soc. 21 janv. 1961, *Bull. civ.* V, n° 130.
3. Soc. 16 nov. 2010, n° 09-70.404, *Bull. civ.* V, n° 260; *D.* 2011. 227, note Orif; *D.* 2011. 265, obs. Fricero; *RTD civ.* 2011. 173, obs. Perrot; *Procédures* 2011. Comm. 51, obs. Perrot.
4. Par ex., Soc. 6 juill. 1982, n° 80-40.983, *Bull. civ.* V, n° 458.
5. Soc. 25 janv. 2006, n° 03-47.058, *Bull. civ.* V, n° 33; *D.* 2006. IR 469.
6. Soc. 23 avr. 1986, n° 83-41.517, *Bull. civ.* V, n° 167.
7. Soc. 12 mars 1969, *Bull. civ.* V, n° 179 – Soc. 1er févr. 2011, n° 08-44.568, NP; *Procédures* 2011. Comm. 133, obs. Perrot.
8. Anc[t] C. trav., art. R. 516-1.
9. EN CE SENS, R. Perrot, *RTD civ.* 1989. 142.
10. PAR EX., V. Soc. 17 juill. 1991, n° 88-42.942, *Bull. civ.* V, n° 372 – Soc. 21 juill. 1994, n° 91-41.942, *Bull. civ.* V, n° 252 – Limoges, 15 oct. 2001, *Gaz. Pal.* 16-17 janv. 2002, p. 40.
11. Rennes, 15 juin 2000, *JCP E* 2000. 2009, note Desdevises.
12. Soc. 27 mai 1998, n°s 96-42.196 et 96-42.205, *Bull. civ.* V, n° 286.
13. Soc. 20 juin 2000, n° 98-42.734, *Bull. civ.* V, n° 240; *Procédures* 2001. Chron. 4, obs. Flichy et Gamet.
14. Anc[t] C. trav., art. R. 516-8, al. 2.
15. Anc[t] C. trav., art. R. 516-8, al. 2.
16. Soc. 27 mai 1992, n° 89-40.581, *Bull. civ.* V, n° 353.
17. Soc. 21 mai 1996, n° 92-44.347, *Bull. civ.* V, n° 193.
18. Anc[t] C. trav., art. R. 516-9.

forme qui suppose toujours la justification d'un grief. Elle peut aussi être formée directement au greffe. Elle pourra alors être **écrite** ou **verbale**. Le demandeur ou son représentant peut donc se présenter au secrétariat-greffe pour lui remettre directement la demande écrite qu'il a préparée au lieu de l'expédier par la poste. À défaut, le secrétariat-greffe lui remettra généralement un **formulaire** à remplir ou enregistrera sa déclaration verbale, ce qui est plus rare en pratique, mais nullement exclu par les textes.

Quelle que soit sa forme, elle doit mentionner, depuis le 1er mars 2006, outre les mentions prescrites par l'article 58 C. pr. civ. (réd. Décr. 28 déc. 2005, v. ss no 172.62); les différents **chefs** de la demande, le cas échéant (C. trav., art. R. 1452-2, al. 2[1] - se fondant sur C. pr. civ., art. 53, plutôt que sur C. trav., art. R. 516-9, devenu C. trav., art. R. 1452-2, la Cour de cassation a déclaré irrecevable une demande se contentant d'indiquer « *litige entre licenciement et démission* », sans autre précision[2]). Il est recommandé aussi de motiver les chefs de demande, même s'il est vrai que la procédure est orale, ce qui permettra toujours au demandeur de compléter et d'étayer son acte introductif, d'ailleurs les formulaires remis aux demandeurs qui se présentent au secrétariat-greffe ne comportent aucune partie réservée à la motivation. En tout état de cause, aucune de ces mentions n'est prescrite à peine de nullité ou d'irrecevabilité.

Enfin, dans tous les cas, le greffe doit émettre un **récépissé** comportant, ou renvoyant à un document annexé qui comporte, la reproduction des articles R. 1453-1, R. 1453-2, R. 1454-10 et R. 1454-12 à R. 1454-18[3] du Code du travail. Ce récépissé est remis directement à la partie qui se présente au secrétariat-greffe pour former sa demande; dans le cas contraire, elle lui est expédiée immédiatement. En l'absence de toute précision à l'article R. 1452-2 alinéa 3 il peut s'agir d'un courrier simple.

172.362 Convocation des parties. Le demandeur est avisé par le secrétariat-greffe, des lieu, jour et heure de la séance du bureau de conciliation à laquelle l'affaire sera appelée. Cet avis, qui invite également le demandeur à se munir de toutes les pièces utiles à ses prétentions, est donné soit verbalement lorsque la demande est formée au secrétariat-greffe, soit expédiée par courrier simple qui bénéficie de la franchise postale. Mais en pratique, les secrétariats-greffes se contentent rarement d'un simple avis verbal et prennent généralement la précaution de remettre en mains propres un avis écrit contre émargement.

Le **défendeur** est également convoqué par le secrétariat-greffe, mais plus de formalisme est exigé pour préserver au mieux les droits de la défense. Cette convocation doit ainsi être expédiée par **lettre recommandée** avec demande d'avis de réception, confirmée le même jour par lettre simple qui, elle, jouit de la franchise postale (C. trav., art. R. 1452-4[4]). Si cette convocation n'a pu joindre le défendeur, il n'est pas fait application de la règle générale prévue à l'article 670-1 C. pr. civ., mais des dispositions particulières de l'article R. 1454-13 alinéa 3 du Code du travail[5]. Ce texte vise exclusivement l'hypothèse où le défendeur n'a pu être joint par la première convocation, « *sans faute de sa part* », ce qui devrait exclure, à tout le moins, le cas où la lettre recommandée est refusée par son destinataire (v. un arrêt sur l'application critiquée de C. pr. civ., art. 670-1 dans cette hypothèse[6]). Dans ce cas, il appartient au bureau de conciliation de décider que le défendeur sera à nouveau convoqué à une prochaine séance, soit dans les mêmes formes que la première convocation, soit par **acte d'huissier** de justice à la diligence du demandeur qui devra donc en avancer les frais. Dans ce dernier cas, l'acte d'huissier devra intervenir dans les six mois de la décision du bureau de conciliation sous peine de caducité de la demande.

Dans tous les cas, la convocation du défendeur doit contenir les informations suivantes :

- les nom, profession et domicile du demandeur;
- les lieu, jour et heure de la séance du bureau de conciliation à laquelle l'affaire sera appelée;
- les chefs de la demande; à ce titre, il est généralement joint une copie de la demande;
- l'avertissement que le bureau de conciliation peut rendre des décisions exécutoires à titre provisoire, même en l'absence du défendeur, au vu des seuls éléments fournis par son adversaire;
- l'invitation au défendeur de se munir de toutes les pièces utiles;
- la reproduction des articles R. 1453-1, R. 1453-2, R. 1454-10 et R. 1454-12 à R. 1454-18[7] du Code du travail.

Aucun **délai de comparution** n'est prévu et la jurisprudence considère, à juste titre, que le délai de quinze jours prescrit à l'article 837 C. pr. civ., concernant le TI, n'est pas applicable devant le conseil de prud'hommes. Mais il appartient néanmoins aux conseillers, dans le respect du principe du contradictoire, de veiller à ce que le défendeur ait disposé d'un

1. Anct C. trav., art. R. 516-9, al. 2 (mod. par Décr. no 2005-1678, 28 déc. 2005).
2. Soc. 10 juill. 1996, no 93-40.392, *Bull. civ.* V, no 279; *RTD civ.* 1996. 981, obs. Perrot; *Gaz. Pal.* 1996. Pan. 217.
3. Anct C. trav., art. R. 516-4, R. 516-5 et R. 516-13 à R. 516-20-1.
4. Anct C. trav., art. R. 516-11.
5. Anct C. trav., art. R. 516-17, al. 3.
6. Soc. 4 oct. 1989, nos 88-40.308 et 88-40.307, *Bull. civ.* V, no 566; *RTD civ.* 1990. 140, obs. Perrot.
7. Anct C. trav., art. R. 516-4, R. 516-5 et R. 516-13 à R. 516-20-1.

délai suffisant pour préparer sa défense (jugé ainsi par une décision rendue à propos d'une convocation devant le bureau de jugement, mais la solution peut évidemment être transposée à la convocation devant le bureau de conciliation, sauf à remarquer que ce contrôle s'impose surtout si une condamnation est sollicitée dès ce stade[1]).

172.363 **Effets.** La demande **saisit** le conseil de prud'hommes dès sa formation (C. trav., art. 1452-1[2] et R. 1452-2[3]). Aussi lorsque le demandeur l'expédie par lettre recommandée, la saisine devrait intervenir le jour de son expédition (C. pr. civ., art. 668). Dans tous les autres cas, elle se produit le jour où elle est formée au greffe.

Quant à la convocation du défendeur, elle vaut **citation en justice** avec toutes les conséquences y attachées au fond. Il faut cependant réserver l'interruption de la prescription qui joue dès la saisine (C. trav., art. 1452-1, al. 2[4]).

c) Présentation volontaire des parties

172.371 **Texte.** Elle est prévue à l'article R. 1452-1 alinéa 1er du Code du travail[5] qui permet aussi la saisine du conseil de prud'hommes par la présentation volontaire des parties devant le bureau de conciliation. Mais elle ne fait l'objet d'aucune réglementation particulière. Cette saisine suppose, à tout le moins, que les parties se présentent ensemble devant le bureau de conciliation à l'une de ses séances habituelles. Comme devant les tribunaux de commerce, la question peut se poser de savoir si elles doivent être présentes personnellement ou si elles peuvent se faire représenter. Mais, *a fortiori*, ce mode de saisine suppose la présence personnelle des parties, alors que la représentation à l'instance, elle-même, n'est que conditionnelle.

Quoi qu'il en soit, ce mode de saisine est encore plus rare, voire inexistant, devant les conseils de prud'hommes où les litiges sont généralement bien plus passionnels encore que devant les tribunaux d'instance ou de commerce.

2° En procédure de référé

172.381 **Texte.** La règle de l'unicité de l'instance, prévue à l'article R. 1452-6 du Code du travail[6] (v. ss no 172.351), s'applique aussi à l'instance de référé[7].

Une telle instance peut être introduite, soit par demande ou présentation volontaire des parties, soit par assignation.

172.382 **Demande ou présentation volontaire des parties.** La formation des référés peut d'abord être saisie dans les conditions prévues par l'article R. 1452-1 du Code du travail[8], c'est-à-dire par demande ou présentation volontaire des parties. Dans ces cas, les articles R. 1452-2 à R. 1452-4[9] du même code sont applicables (C. trav., art. R. 1455-9, al. 1er[10]). Il suffit donc de faire application des règles qui viennent d'être exposées pour la procédure ordinaire (v. ss nos 172.362 s.) à une réserve près.

En cas de demande, si la lettre de convocation n'a pu être remise au défendeur, le recours à l'article R. 1454-13[11] du Code du travail (v. ss no 172.362) est impossible, car il n'est pas étendu à la procédure de référé. Il faudra donc faire application de la règle de droit commun prévue à l'article 670-1 C. pr. civ. et inviter le demandeur à procéder par voie de signification, ce qu'il peut faire *ab initio* en référé.

172.383 **Assignation.** Aux termes de l'article R. 1455-9 alinéa 1er du Code du travail[12] (la demande en référé peut aussi être formée par acte d'huissier de justice, immédiatement qualifié d'assignation. Faute de dispositions particulières, celle-ci doit contenir les mentions habituelles).

L'article 485 C. pr. civ. n'étant pas déclaré applicable devant le conseil de prud'hommes (C. trav., art. R. 1455-10[13] qui ne renvoie qu'aux articles 484, 486 et 488 à 492 C. pr. civ.), l'assignation en référé ne peut être délivrée d'heure à heure, mais devra toujours l'être pour l'une des audiences habituelles, fixées conformément à l'article R. 1455-4 du Code du travail[14]. Aucun délai n'est imposé, mais la formation des référés devra s'assurer qu'un temps suffisant s'est écoulé entre l'assignation et l'audience pour permettre au défendeur de préparer sa défense (C. pr. civ., art. 486 – et C. trav., art. R. 1455-10[15]).

Le conseil de prud'hommes est **saisi** par la remise d'une copie de l'assignation au greffe, laquelle doit intervenir au plus tard la veille de l'audience (C. trav., art. R. 1455-9, al. 2[16]). Aucune sanction n'étant prescrite, il faut sans doute appliquer les mêmes règles que devant les tribunaux de commerce et d'instance en cas de remise tardive ou omise : le conseil n'est pas saisi, mais la prescription reste interrom-

1. Soc. 5 juin 1984, no 80-41.726, *Bull. civ.* V, no 232.
2. Anct C. trav., art. R. 516-8.
3. Anct C. trav., art. R. 516-9.
4. Anct C. trav., art. R. 516-8, al. 2.
5. Anct C. trav., art. R. 516-8, al. 1er.
6. Anct C. trav., art. R. 516-1.
7. Soc. 6 févr. 1996, no 92-43.232, *Bull. civ.* V, no 46.
8. Anct C. trav., art. R. 516-8.
9. Anct C. trav., art. R. 516-9 à R. 516-11.
10. Anct C. trav., art. R. 516-32, al. 1er.
11. Anct C. trav., art. R. 516-17.
12. Anct C. trav., art. R. 516-32, al. 1er.
13. Anct C. trav., art. R. 516-33, al. 1er.
14. Anct C. trav., art. R. 516-32, al. 2.
15. Anct C. trav., art. R. 516-33, al. 1er.
16. Anct C. trav., art. R. 516-32, al. 1er.

pue. C'est que la prescription et les délais ne sont pas interrompus par la saisine, l'article R. 1452-1 [1] du Code du travail n'étant pas applicable, mais par l'assignation elle-même, conformément aux règles de droit commun des articles 2241 et suivants du Code civil.

F.
Devant le tribunal des affaires de sécurité sociale

172.390 **Plan.** Le décret n° 2010-1165 du 1er octobre 2010, issu des travaux de la commission Guinchard et entré en vigueur le 1er décembre 2010, ayant introduit la procédure d'injonction de payer devant le tribunal aux affaires de sécurité sociale, il faut désormais distinguer cette procédure (3°), de la procédure ordinaire (1°) et de la procédure de référé introduite par le décret n° 86-658 du 18 mars 1986 [2] (2°).

1°
En procédure ordinaire

172.391 **Délais.** Ce tribunal est toujours saisi sur recours dirigé contre une décision d'un organisme de sécurité sociale qui doit être formé dans le délai prescrit sous peine de forclusion, laquelle constitue une fin de non-recevoir soumise aux règles de droit commun des articles 123 à 126 C. pr. civ.

En général, ce délai est de **deux mois** courant, soit à compter de la notification de la décision de l'organisme lui-même, ou, le cas échéant, de la commission de recours amiable saisie dans les conditions prévues aux articles R. 142-1 et suivants du Code de la sécurité sociale, soit à compter de l'expiration du délai d'un mois laissé par l'article R. 142-6 du même code à la commission de recours amiable pour se prononcer à compter de la réclamation qui lui a été adressée, le cas échéant (CSS, art. R. 142-18).

Mais ce délai n'est que d'**un mois** ou de **quinze jours.**

Il est d'**un mois** courant à compter de la notification de la mise en demeure pour les contestations formées à l'encontre des décisions prises par les organismes chargés du recouvrement des cotisations, des majorations et des pénalités de retard ainsi que par les organismes d'assurance maladie en ce qui concerne le recouvrement des indus prévus à l'article L. 133-4 et des pénalités financières prévues à l'article L. 162-1-14 (CSS, art. R. 142-1, al. 3).

Il est de **quinze jours** dans les cas suivants : en matière de procédure sommaire de recouvrement des cotisations où ce délai abrégé court à compter de l'avertissement ou de la mise en demeure adressée par la direction régionale des affaires sanitaires et sociales (CSS, art. R. 133-2) ; en cas d'opposition à contrainte où ce délai court à compter de la signification de la contrainte (CSS, art. R. 133-3).

172.392 **Modalités.** Le tribunal aux affaires de sécurité sociale est toujours saisi par simple requête prévue à l'article R. 142-18 du Code de la sécurité sociale qui n'en précise pas le contenu et qui curieusement n'a pas été modifié par le décret n° 2005-1678 du 28 décembre 2005. Mais le nouvel article 58 consacré à la requête et à la déclaration et introduit par ce décret dans le livre premier du Code de procédure civile contenant les dispositions communes à toutes les juridictions de l'ordre judiciaire, devrait recevoir application. En conséquence, la requête devrait comporter depuis l'entrée en vigueur de ce décret, le 1er mars 2006, toutes les mentions imposées à peine de nullité par l'article 58 C. pr. civ. (v. ss n° 172.62).

Elle peut être soit **déposée**, soit adressée par **lettre recommandée**, au secrétariat du tribunal (l'opposition à contrainte obéit à des règles de forme similaires, sauf que la lettre recommandée doit être avec demande d'avis de réception, CSS, art. R. 133-3, al. 3). La **lettre simple** n'est pas proscrite, mais elle est assimilée à une requête déposée au secrétariat, ce qui suppose qu'elle y parvienne avant l'expiration du délai de recours [3].

172.393 **Effets.** La requête saisit sans doute le tribunal et interrompt le délai de recours [4]. Mais à quelle date précise ? En cas de déclaration déposée au secrétariat, à laquelle il faut donc assimiler la requête adressée par lettre simple (v. ss n° 172.392), il ne peut s'agir que de la date du dépôt. En revanche, en cas de lettre recommandée, il faut retenir la date d'expédition conformément à la règle commune prévue à l'article 668 C. pr. civ., faute de quoi il n'y aurait aucune différence avec la lettre simple.

172.394 **Convocation des parties.** Les modalités de la convocation des parties sont prévues à l'article R. 142-19 du Code de la sécurité sociale qui a été modifié par le décret n° 99-449 du 2 juin 1999 [5] et le

1. Anct C. trav., art. R. 516-8.
2. Décr. n° 86-658, 18 mars 1986, modifiant diverses dispositions de procédure administrative et contentieuse du Code de la sécurite sociale (2e partie : décrets en Conseil d'État), *JO* 20 mars, p. 4788.
3. Soc. 21 févr. 1963, *Bull. civ.* V, n° 190 – Soc. 5 juill. 1965, 2 esp., *Bull. civ.* V, nos 547 et 551 – Soc. 31 janv. 1974, n° 72-10.306, *Bull. civ.* V, n° 92 ; *JCP* 1974. IV. 95 – Soc. 19 janv. 1983, NP ; *Gaz. Pal.* 1983. Pan. 154 – Civ. 2e, 25 févr. 1966, *Bull. civ.* II, n° 275.
4. Soc. 26 sept. 2002, n° 00-18.361, *Bull. civ.* V, n° 292 ; *Procédures* 2003. Comm. 197, obs. Croze.
5. Décr. n° 99-449, 2 juin 1999, relatif aux contrôles sur les organismes de sécurité sociale et aux contentieux général et technique de la sécurité sociale et modifiant le Code de la ▶

décret n° 2005-1224 du 29 septembre 2005[1]. Comme auparavant, la convocation incombe normalement au secrétariat du tribunal, mais le délai de comparution, qui doit être respecté, est passé de **huit** à quinze jours (CSS, art. R. 142-19, al. 1er). Quant aux mentions prescrites, elles sont, elles aussi, inchangées, savoir : les nom, profession et adresse du réclamant et l'objet de la demande ainsi que la date et l'heure de l'audience (CSS, art. R. 142-19, al. 2).

Le décret du 2 juin 1999 a modifié, par ailleurs, les conditions d'acheminement de la convocation. Désormais, elle est adressée aux parties par **lettre recommandée** avec demande d'avis de réception ou remise au destinataire contre émargement ou récépissé, copie de la convocation étant toujours envoyée le même jour par lettre simple. Toutefois, les organismes de Sécurité sociale pourront toujours continuer à être convoqués par lettre simple (CSS, art. R. 142-19, al. 1er).

Lorsque l'avis de réception de la lettre recommandée est signé par son destinataire ou son mandataire, la convocation est réputée faite à personne, et il n'y aura donc pas lieu à nouvelle convocation (CSS, art. R. 142-19, al. 3).

En revanche, lorsque la lettre recommandée n'aura pas pu être remise à son destinataire, le décret n° 2005-1224 du 29 mai 2005 a substitué aux anciens alinéas 4 à 6, un nouvel alinéa 4 qui prévoit une règle simple et précise. Désormais le secrétaire invite le demandeur à procéder par voie de signification en lui indiquant la date de l'audience pour laquelle elle doit être délivrée.

2°
En procédure de référé

172.401 **Modalités.** L'introduction de l'instance en référé devant le président du tribunal des affaires de sécurité sociale, désormais compétent (CSS, art. R. 142-21-1, al. 1er à 3), obéit aux mêmes principes que ceux en vigueur devant la formation des référés du conseil de prud'hommes (v. ss n° 172.383). Le président peut donc d'abord être saisi comme le tribunal en procédure ordinaire, c'est dire par la **simple requête** prévue à l'article R. 142-18 alinéa 1er du Code de la sécurité sociale, toutes les règles prévues à l'article R. 142-19 sont alors applicables à la procédure de référé (v. ss nos 172.393 s.).

Mais le président peut aussi être saisi par acte d'huissier de justice, c'est-à-dire par **assignation**, à laquelle s'appliquent les articles 484 et 486 à 492 C. pr. civ., comme devant le conseil de prud'hommes (v. ss n° 172.383). Il faut cependant réserver l'article 487 qui n'est pas applicable devant le conseil de prud'hommes (C. trav., art. R. 1455-10[2]); mais ce texte n'intéresse pas l'introduction de l'instance, il concerne la faculté de renvoyer l'affaire en état de référé devant la formation collégiale.

3°
En procédure d'injonction de payer

172.411 **Renvoi.** Selon l'article R. 142-27-1 du Code de la sécurité sociale, introduit par le décret n° 2010-1165 du 1er octobre 2010, le recouvrement d'une créance peut être demandé suivant la procédure d'injonction de payer lorsqu'elle résulte d'une prise en charge injustifiée ou d'un indu de prestation. Elle relève de la compétence du président du tribunal des affaires de sécurité sociale, lequel peut déléguer cette fonction à un ou plusieurs présidents de formation de jugement de ce tribunal (CSS, art. R. 142-10, al. 5).

La demande est portée devant le président du tribunal du lieu où demeure le débiteur et tout autre juge doit se déclarer d'office incompétent (CSS, art. R. 142-27-1, al. 2). Elle est formée par voie de requête conformément aux dispositions de l'article 1407 C. pr. civ. (CSS, art. 142-27-1, al. 3, qui renvoie à C. pr. civ., art. 1407 s. – V. ss n° 172.271).

► sécurité sociale (2e partie : décrets en Conseil d'État), *JO* 4 juin., p. 8223 – V. NOT., M. Pierchon, « À propos du décret du 2 juin 1999 relatif au contentieux de la Sécurité sociale », *Procédures* 1999. Chron. 11.

1. Décr. n° 2005-1224, 29 sept. 2005, relatif au contentieux de la sécurité sociale et modifiant le Code de la sécurité sociale, *JO* 30 sept., p. 15656.

2. Anct C. trav., art. R. 516-33, al. 1er.

TITRE

18. L'aide juridique

SECTION 0

ORIENTEUR

18.00 **Plan du titre.**

18.01 **Textes applicables.** La loi n° 91-647 du 10 juillet 1991[1] et le décret n° 91-1266 du 19 décembre 1991[2], tous deux modifiés à plusieurs reprises fixent en détail le régime de l'aide juridictionnelle dont le financement est assuré exclusivement par l'État. En revanche, c'est essentiellement la loi qui fixe les principes relatifs à l'aide à l'accès aux droits.

18.06 **Historique.** Sous l'intitulé synthétique d'aide juridique la loi du 10 juillet 1991 a élargi le domaine de l'ancienne aide judiciaire de 1972 (L. n° 72-11, 3 janv. 1972[3]) en généralisant l'aide juridictionnelle et en rehaussant les plafonds de ressources au-dessous desquels peut être accordée une aide totale ou partielle, mais surtout en étendant l'aide à l'accès au droit qui comprend désormais l'aide à la consultation et l'assistance au cours de procédures non juridictionnelles.

La loi a également créé de nouvelles institutions.

18.07 **Le Conseil national de l'aide juridique.** C'est un organisme pluripartite présidé par un conseiller d'État ou un conseiller à la Cour de cassation et dont la moitié au moins des membres doit appartenir aux représentants des professions judiciaires et juridiques. Cet organisme consultatif est principalement « *chargé de recueillir toutes informations quantitatives et qualitatives sur le fonctionnement de l'aide juridictionnelle, et de l'aide à l'accès aux droits et de proposer aux pouvoirs publics toutes mesures propres à l'améliorer (ainsi que) d'établir chaque année un rapport sur l'activité de l'aide juridique* » rapport qui a pour vocation d'être publié (L. 10 juill. 1991, art. 65). Sa composition et son fonctionnement ont été précisés par décret (Décr. 19 déc. 1991, art. 134 s.).

18.08 **Les conseils départementaux de l'accès au droit.** La loi du 10 juillet 1991 avait créé les conseils départementaux de l'aide juridique qui n'ont pu être constitués en nombre suffisant. La loi n° 98-1163 du 18 décembre 1998[4] les a remplacés par les conseils départementaux de l'accès au droit, chargés « *de recenser les besoins, de définir une politique locale, de dresser et diffuser l'inventaire de l'ensemble des actions menées* » et qui devront établir chaque année un rapport sur leur activité.

Ces groupements d'intérêt public, auxquels sont applicables les dispositions de l'article 21 de la loi

1. L. n° 91-647, 10 juill. 1991, relative à l'aide juridique, *JO* 13 juill., p. 9170.
2. Décr. n° 91-1266, 19 déc. 1991, portant application de la loi n° 91-647 du 10 juillet 1991 relative à l'aide juridique, *JO* 20 déc., p. 16609.
3. L. n° 72-11, 3 janv. 1972, instituant l'aide judiciaire, *JO* 5 janv., p. 164.
4. L. n° 98-1163, 18 déc. 1998, relative à l'accès au droit et à la résolution amiable des conflits, modifiant la loi du 10 juillet 1991, *JO* 22 déc., p. 19343.

n° 82-610 du 15 juillet 1982[1] d'orientation et de programmation pour la recherche et le développement technologique de la France, sont constitués obligatoirement : de l'État, du département, de l'association départementale des maires, de l'ordre des avocats du département ou si le département compte plus d'un barreau, de l'un des ordres des avocats établi dans le département choisi par leur bâtonnier respectif, de la caisse de règlement pécuniaire de ce barreau, de la chambre départementale des huissiers de justice, de la chambre départementale des notaires, le cas échéant, de la chambre de discipline des avoués de la cour d'appel et à Paris de l'ordre des avocats au Conseil d'État et à la Cour de cassation, enfin d'une association œuvrant dans le domaine de l'accès au droit désignée par le président du tribunal de grande instance du chef-lieu du département et les membres du conseil départemental à l'exception du représentant de l'État, sur la proposition du préfet. Ils sont présidés par le président du tribunal de grande instance du chef-lieu du département. Le procureur de la République près de ce même tribunal exerce la fonction de commissaire du gouvernement. La convention constitutive détermine les modalités de participation des membres au financement des activités ou celles de l'association des moyens de toutes natures mis par chacun à la disposition du groupement ainsi que les conditions dans lesquelles ce dernier peut accueillir en son sein d'autres membres. La loi prévoit ainsi que peuvent être appelés par le président à siéger au conseil départemental de l'accès au droit avec voix consultatives des représentants des communes ou groupements de communes du département, si le département compte plus d'un barreau des ordres des avocats et de leur caisse de règlement pécuniaire n'ayant pas la qualité de membres ainsi que toute personne physique ou morale qualifiée. Le décret du 19 avril 2000 est venu préciser la composition de l'assemblée générale annuelle et du conseil d'administration des conseils départementaux de l'accès au droit (Décr. 19 juill 1991, art. 144 s.)

1. L. n° 82-610, 15 juill. 1982, d'orientation et de programmation pour la recherche et le développement technologique de la France (loi Chevènement), *JO* 16 juill. 1982, p. 2270.

CHAPITRE

181. Aide juridictionnelle – droit interne

HENRI GERPHAGNON
Avocat

SECTION 0

ORIENTEUR

181.00 Plan du chapitre.

181.01 Principaux textes applicables.

L. n° 91-647, 10 juill. 1991, relative à l'aide juridique, *JO* 13 juill., p. 9170.

Décr. n° 91-1266, 19 déc. 1991, portant application de la loi n° 91-647 du 10 juillet 1991 relative à l'aide juridique, *JO* 20 déc., p. 16609.

Décr. n° 2013-1280, 29 déc. 2013, relatif à la suppression de la contribution pour l'aide juridique et à diverses dispositions relatives à l'aide juridique, *JO* 30 déc., p. 22242.

181.06 Domaine de l'aide juridictionnelle. L'aide juridictionnelle est destinée aux personnes physiques et morales dont les ressources sont insuffisantes pour faire valoir leurs droits en justice. Elle est aujourd'hui **généralisée** et peut être accordée en matière gracieuse ou contentieuse, en demande ou en défense devant **toute juridiction française** – en sont exclues les juridictions internationales comme la Cour européenne des droits de l'homme ou la Cour de justice des Communautés européennes – y compris les commissions juridictionnelles, ainsi qu'à l'occasion de la procédure d'audition du mineur prévue par l'article 388-1 du Code civil. Elle peut être accordée pour **tout ou partie de l'instance**, ainsi qu'en vue de parvenir à une **transaction** avant l'introduction de l'instance. L'aide juridictionnelle peut également être accordée à l'occasion de l'**exécution** d'une décision de justice ou de tout autre titre exécutoire y compris s'ils émanent d'un autre État membre de l'Union européenne à l'exception du Danemark (L. 10 juill. 1991, art. 10). La loi n° 2005-750 du 4 juillet 2005 portant diverses dispositions d'adaptation au droit communautaire dans le domaine de la justice, a étendu l'aide juridictionnelle aux litiges transfrontières, c'est-à-dire ceux dans lesquels la partie qui sollicite l'aide a sa résidence habituelle ou son domicile dans un état membre autre que celui où siège la juridiction compétente sur le fond du litige ou celui dans lequel la décision doit être exécutée (L. 10 juill. 1991, art. 3-1, inséré par L. n° 2005-750, 4 juill. 2005) [1]. Il s'agit toutefois d'un droit subsidiaire pour le cas où les frais couverts par l'aide ne sont pas pris en charge au titre d'un contrat d'assurance ou tout autre système de protection.

L'aide juridictionnelle s'étend de plein droit aux procédures et actes d'exécution des décisions de justice obtenues elles-mêmes avec l'aide juridictionnelle lorsque leur exécution n'a pas été suspendue plus d'une année pour une cause autre que l'exercice du droit de recours ou d'une décision de sursis à exécution (L. 10 juill. 1991, art. 11). D'une manière plus générale, le droit à l'aide juridictionnelle doit s'apprécier au regard des dispositions de l'article 6 § 1 de la Convention européenne de sauvegarde des droits de l'homme et des libertés fondamentales du 4 novembre 1950 (dite Conv. EDH) [2], des principes d'accès à un tribunal civil, de contradiction et d'égalité des armes.

SECTION 1
ADMISSION À L'AIDE JURIDICTIONNELLE

181.10 Bureau unique. L'admission à l'aide juridictionnelle est prononcée par un bureau d'aide juridictionnelle **unique** institué au siège de chaque tribunal de grande instance à l'exception des bureaux établis près de la Cour de cassation et le Conseil d'État.

§ 1
Bureaux d'aide juridictionnelle

A.
Nature et organisation des bureaux

181.11 Nature. La Cour de cassation a eu l'occasion de préciser que les bureaux d'aide juridictionnelle ne sont pas des juridictions, ce qui leur interdit notamment de saisir cette juridiction d'une demande d'avis [3].

181.12 Organisation. Les bureaux peuvent être organisés en sections notamment si une cour d'appel a son siège dans le ressort du tribunal de grande instance où ils sont établis. Quatre sections sont ainsi prévues par les textes, une que nous appellerons « *générale* » chargée d'examiner les demandes relatives aux affaires portées devant les juridictions de première instance de l'ordre judiciaire et qui existe dans tous les cas, ainsi que trois sections spécialisées selon, le cas échéant, la présence d'une cour d'appel, d'un tribunal administratif ou d'une cour administrative d'appel, dans le ressort du tribunal de grande instance concerné (L. 10 juill. 1991, art. 13 – Décr. 19 déc. 1991, art. 6).

Enfin, les sections peuvent être **subdivisées** par décision du président de la juridiction compétent pour désigner le Président du bureau ou de la section si le nombre des affaires l'exige (Décr. 19 déc. 1991, art. 8).

1. L. n° 2005-750, 4 juill. 2005, portant diverses dispositions d'adaptation au droit communautaire dans le domaine de la justice, *JO* 6 juill., p. 11136.
2. Conv. EDH, 4 nov. 1950, *JO* 4 mai 1974.
3. Cass., avis, 9 juill. 1993, n° 09-30.010, *Bull. civ. avis*, n° 9; *D.* 1994. 137, note Laroche de Roussane.

B.
Composition des bureaux

181.21 **Présidence.** Chaque bureau ou section est présidé, selon les cas, par un magistrat ou un membre honoraire du siège du tribunal de grande instance, de la cour d'appel, de la Cour de cassation ou du Conseil d'État, nommés par les présidents de ces juridictions. Le greffier en chef de ces juridictions est le vice-président du bureau ou de la section qui y correspond et il les préside en cas d'empêchement ou d'absence du président (L. 10 juill. 1991, art. 16).

Lorsque le bureau comporte des sections, il est présidé par le président de la section « *générale* » (Décr. 19 déc. 1991, art. 7).

181.22 **Membres.** Le bureau ou chaque section comprend outre le président : **deux fonctionnaires** (le directeur départemental des services fiscaux et celui des affaires sanitaires et sociales ou leur représentant pour la section « *générale* » et celle chargée d'examiner les demandes devant la cour d'appel, un représentant du ministre chargé du Budget et un du ministre chargé de l'Aide sociale pour les bureaux établis près la Cour de cassation ou le Conseil d'État), **deux auxiliaires de justice** titulaires ou honoraires (respectivement un avocat du barreau près le tribunal de grande instance et un huissier choisi parmi les huissiers en résidence dans le ressort de ce tribunal, un avocat établi dans le ressort de la cour d'appel, deux avocats au Conseil d'État et à la Cour de cassation) désignés par leurs organismes professionnels, **un membre désigné au titre des usagers** par le conseil départemental de l'aide juridique (L. 10 juill. 1991, art. 16 - Décr. 19 déc. 1991, art. 12 et 14).

D'autre part, les bureaux établis près la Cour de cassation et le Conseil d'État comprennent en outre deux membres choisis par la juridiction. Pour ce dernier, lorsque la demande concerne le Tribunal des conflits, ces deux membres sont choisis respectivement par chacune des deux juridictions (Décr. 19 déc. 1991, art. 16 et 17).

Les présidents et membres des bureaux et sections sont nommés ou désignés pour une période de trois années renouvelables une fois.

181.23 **Secret professionnel.** Les membres des bureaux d'aide juridictionnelle et le personnel de leurs services sont soumis au secret professionnel défini par les articles 226-13 et 226-14 du Code pénal (L. 10 juill. 1991, art. 17).

C.
Compétence des bureaux

1°
Compétence matérielle

181.31 **Contenu.** Les bureaux de l'aide juridictionnelle sont chargés de se prononcer sur les demandes d'admission à l'aide juridictionnelle. Les bureaux examinent selon leur compétence :

– les bureaux simples ou la section « *générale* » : les demandes portées devant les juridictions de première instance de l'ordre judiciaire quelles qu'elles soient;

– la section spécialisée : les demandes relatives aux affaires portées devant la cour d'appel;

– le bureau d'aide juridictionnelle établi près la Cour de cassation : les demandes relatives aux affaires portées devant la Cour de cassation;

– le bureau établi près le Conseil d'État : les demandes relevant notamment du Tribunal des conflits et de la Cour supérieure d'arbitrage.

Les **conflits de compétence** négatifs opposant une section administrative à une section « *générale* » ou à un bureau sans section sont réglés par le bureau établi près le Conseil d'État dans une composition particulière (L. 10 juill. 1991, art. 15).

2°
Compétence territoriale des bureaux

181.41 **Principes.** Pour les affaires relevant d'une juridiction de première instance de l'ordre judiciaire c'est le **bureau établi auprès du tribunal de grande instance du lieu où demeure le demandeur** qui est compétent pour statuer sur la demande d'aide juridictionnelle. **S'il n'a pas de domicile**, le demandeur peut adresser sa demande au bureau établi au siège de la juridiction dans le ressort de laquelle se trouve l'organisme d'accueil où il aura élu domicile conformément aux articles L. 264-1 s. du Code de l'action sociale et des familles (L. 10 juill. 1991, art. 13.). Dès lors qu'il s'agit d'une instance devant l'une des juridictions déterminant la création d'une section spécialisée, c'est le bureau établi auprès de cette juridiction qui est compétent. Ainsi, c'est le bureau établi au siège du tribunal de grande instance dans le ressort duquel la cour d'appel a son siège qui est compétent pour statuer sur une demande relative à une affaire portée devant la cour d'appel (Décr. 19 déc. 1991, art. 26-2°, al. 3). Les bureaux établis près la Cour de cassation et le Conseil d'État ont une compétence exclusive (Décr. 19 déc. 1991, art. 29).

181.42 **Cas particuliers.** Lorsque le demandeur ne demeure pas en France ou lorsque, demeurant à Mayotte, dans les Îles Wallis-et-Futuna ou en Nouvelle-Calédonie, il a saisi ou envisage de saisir une juridiction ayant son siège en métropole, dans un département d'outre-mer, à Saint-Barthélémy, Saint-Martin, Saint-Pierre-et-Miquelon ou en Polynésie Française, le bureau territorialement compétent est celui qui est établi au siège du tribunal de grande instance dans le ressort duquel est installée la juridiction devant laquelle l'affaire est ou doit être portée. Il en est de même lorsque l'aide juridictionnelle est demandée en vue de parvenir à une transaction avant l'introduction de l'instance ou pour l'accomplissement d'un acte conservatoire ou l'exercice d'une voie d'exécution. (Décr. 19 déc. 1991, art. 27).

La demande d'aide juridictionnelle formée après qu'une **juridiction** a été **saisie**, est présentée devant le bureau ou la section de bureau dont relève cette juridiction (Décr. 19 déc. 1991, art. 28).

Les demandes d'aide juridictionnelle relatives à des **désignations d'office** sont examinées par le bureau d'aide juridictionnelle établi près la juridiction qui a procédé à la désignation d'office dont relève cette juridiction (Décr. 19 déc. 1991, art. 28).

La demande d'aide juridictionnelle pour l'accomplissement d'un **acte conservatoire** ou l'exercice d'une **voie d'exécution**, même relative à un arrêt d'une cour d'appel, relève toujours du bureau établi près le tribunal de grande instance du lieu où demeure le demandeur (Décr. 19 déc. 1991, art. 26).

181.43 Conflits de compétence. Deux hypothèses de **conflits négatifs** sont retenues par les textes.

• **Conflit entre bureaux ou sections d'un même ordre de juridiction :** Le bureau ou la section de bureau qui se déclare incompétent renvoie la demande par décision motivée devant le bureau ou la section de bureau qu'il désigne (Décr. 19 déc. 1991, art. 32). S'il s'agit d'un renvoi au sein d'un même ordre de juridiction, la décision de renvoi s'impose au bureau ou à la section désignée, à moins que le bureau ou la section désignée ne soit « *d'un niveau supérieur* ». Il faut vraisemblablement entendre par là, le bureau établi près la Cour de cassation.

• **Conflit entre les bureaux ou sections d'ordres de juridiction différents :** Le bureau ou la section qui se déclare incompétent transmet le dossier au bureau établi près le Conseil d'État (v. s[s] n° 181.31) qui statue sur la demande d'aide juridictionnelle (Décr. 19 déc. 1991, art. 32).

§ 2
Demande d'aide juridictionnelle

A.
Demandeur

181.50 Plan. L'admission au bénéfice de l'aide juridictionnelle suppose que soient réunies diverses conditions relatives à la personne du demandeur, à ses ressources et à l'action elle-même. Par exception, le **mineur** entendu en application de l'article 388-1 du Code civil en bénéficie de droit (L. 10 juill. 1991, art. 9-1), ainsi que les personnes formulant une demande devant les juridictions des pensions militaires (L. n° 98-1163, 18 déc. 1998, art. 8 – et Décr. n° 2001-728, 31 juill. 2001[1]).

1°
Conditions relatives à la personne du demandeur (L. 10 juill. 1991, art. 3)

181.51 Personnes physiques, principalement. Peuvent être admis au bénéfice de l'aide juridictionnelle :

– les personnes physiques de nationalité française;

– les ressortissants des états membres de l'Union européenne;

– les personnes physiques de nationalité étrangère (hors UE) **résidant habituellement et régulièrement** en France; les conditions de résidence peuvent être exceptionnellement écartées lorsque la situation des demandeurs « *apparaît particulièrement digne d'intérêt au regard de l'objet du litige ou des charges prévisibles du procès* ».

181.52 Personnes morales, à titre exceptionnel.

– à titre exceptionnel, les personnes morales à but non lucratif ayant leur siège social en France peuvent se voir attribuer l'aide juridictionnelle (L. 10 juill. 1991, art. 2);

– les syndicats des copropriétaires en difficulté lorsque l'immeuble fait l'objet d'un plan de sauvegarde en application de l'article L. 615-1 du Code de la construction et de l'habitation ou lorsqu'un administrateur provisoire est désigné en application de l'article 29-1 de la loi du 10 juillet 1965. Cette attribution est limitée à l'exercice des actions en recouvrement des créances en demande ou en défense (L. n° 2003-710, 1er août 2003[2] – L. 10 juill. 1991, art. 2).

2°
Conditions relatives aux ressources du demandeur ou à d'autres personnes vivant à son foyer

181.60 Plan. L'aide juridictionnelle ne peut être accordée qu'à la condition pour le demandeur de justifier que ses **ressources mensuelles** ne dépassent pas des plafonds légaux.

Là encore, la condition de ressources peut être écartée exceptionnellement pour les demandeurs dont la situation « *apparaît particulièrement digne d'intérêt au regard de l'objet du litige ou des charges prévisibles du procès* ». Pour un litige transfrontalier, le demandeur doit rapporter la preuve qu'il ne peut faire face aux dépenses qu'il entraîne en raison de la différence du coût de la vie entre la France et l'État membre où il a son domicile ou sa résidence habituelle (L. 10 juill. 1991, art. 6).

1. Décr. n° 2001-728, 31 juill. 2001, modifiant le décret n° 59-327 du 20 février 1959 relatif aux juridictions des pensions, *JO* 5 août, p. 12748.
2. L. n° 2003-710, 1er août 2003, d'orientation et de programmation pour la ville et la rénovation urbaine, *JO* 2 août.

a)
Plafonds de ressources

181.61 Ressources mensuelles. Les plafonds de ressources ont été fixés par la loi du 10 juillet 1991 à 4 400 francs pour bénéficier de l'aide juridictionnelle totale et à 6 600 francs pour bénéficier de l'aide juridictionnelle partielle (L. 10 juill. 1991, art. 4). Ils correspondaient alors au salaire minimum de croissance (Smic) et à une fois et demi celui-ci.

La loi n° 2000-1352 du 30 décembre 2000 est venue préciser que « *ces plafonds sont revalorisés chaque année comme la tranche la plus basse du barème de l'impôt sur le revenu* »[1]. Les plafonds d'admission au 1er janvier 2014 applicables aux ressources 2013 sont les suivants :

– pour l'aide juridictionnelle totale, 936 euros;

– pour l'aide juridictionnelle partielle, 1 404 euros.

Le décret n° 93-192 du 8 février 1993[2] a étendu l'application de ces plafonds aux **Français hors de France.**

181.62 Départements d'outre-mer – Saint-Pierre-et-Miquelon. Dans les départements d'outre-mer et la collectivité territoriale de Saint-Pierre-et-Miquelon, la loi a prévu que les modalités particulières d'application de la loi et notamment les plafonds de ressources seraient fixés par décret (L. 10 juill. 1991, art. 70). Mais le décret n° 2001-729 du 2 avril 2001 aligne désormais le montant des plafonds d'aide juridictionnelle des départements d'outre-mer sur ceux de métropole[3].

181.63 Correctifs. Ces plafonds de ressources sont affectés de correctifs soit pour charges de famille, soit lorsqu'il est tenu compte dans l'appréciation des ressources du demandeur à l'aide juridictionnelle de celles d'autres personnes.

Sont considérés comme à charge :

– le conjoint ou le concubin ou le partenaire d'un pacte civil de solidarité dépourvu de ressources personnelles;

– le descendant qui, au 1er janvier de l'année en cours, est âgé de moins de dix-huit ans ou, s'il poursuit ses études, de moins de vingt-cinq ans, ou qui est titulaire de la carte d'invalidité prévue à l'article L. 241-3 du Code de l'action sociale et des familles et vit sous le toit du demandeur à l'aide juridictionnelle;

– l'ascendant qui habite avec le demandeur à l'aide juridictionnelle et dont les ressources n'excèdent pas le montant de l'allocation de solidarité aux personnes âgées mentionnée à l'article L. 815-4 du Code de la sécurité sociale ou dans l'hypothèse mentionnée à l'article 2 de l'ordonnance n° 2004-605 du 24 juin 2004[4], le montant cumulé de l'allocation spéciale vieillesse ou de l'allocation supplémentaire mentionnée à cet article ou, s'il ne peut prétendre à ces allocations, le montant du revenu de solidarité active.

Dans ces cas, ou lorsqu'il est tenu compte des ressources du conjoint, du concubin ou des personnes vivant habituellement au foyer du demandeur à l'aide juridictionnelle (v. ss n° 181.73), les plafonds de ressources de l'aide juridictionnelle totale ou partielle sont **majorés**, de 167 euros pour chacune des deux premières personnes à charge et 106 euros pour chacune des personnes suivantes.

b)
Détermination des ressources

181.71 Ressources du demandeur. Le montant des ressources mensuelles est déterminé par la moyenne des ressources perçues par le demandeur au cours de la dernière année civile (Décr. 19 déc. 1991, art. 1er). Cependant, il peut être tenu compte de la moyenne mensuelle des ressources perçues depuis le 1er janvier de l'année en cours, si des modifications du niveau des ressources le justifient (Décr. 19 déc. 1991, art. 1er, al. 2). Ce principe correcteur permet notamment d'allouer l'aide juridictionnelle à un demandeur dont les revenus ont diminué brutalement de manière importante.

Pour apprécier les ressources du demandeur, le bureau doit tenir compte des ressources de toute nature dont le demandeur a directement ou indirectement la jouissance ou la libre disposition. Il est tenu compte des éléments extérieurs du train de vie, de l'existence de biens, meubles ou immeubles, même non productifs de revenus. Il n'est pas tenu compte en revanche des biens, meubles ou immeubles dont la vente ou la mise en gage entraînerait un trouble grave pour le demandeur (L. 10 juill. 1991, art. 5).

181.72 Exclusions. Sont exclues de l'appréciation de ces ressources (Décr. 19 déc. 1991, art. 2) :

a) les prestations familiales énumérées à l'article L. 511-1 du Code de la sécurité sociale, soit :

– la prestation accueil jeune enfant;

– les allocations familiales;

– le complément familial;

– l'allocation de logement;

– l'allocation d'éducation de l'enfant handicapé;

– l'allocation de soutien familial;

– l'allocation de rentrée scolaire;

1. L. n° 2000-1352, 30 déc. 2000, de finances pour 2001, *JO* 31 déc., p. 21119.
2. Décr. n° 93-192, 8 févr. 1993, portant application des dispositions de l'article 4 de la loi n° 91-847 du 10 juillet 1991 relative à l'aide juridique, *JO* 12 févr., p. 2340.
3. Décr. n° 2001-279, 2 avr. 2001, relatif au montant de l'allocation de parent isolé dans les départements d'outre-mer et modifiant le Code de la sécurité sociale, *JO* 3 avr., p. 5189.
4. Ord. n° 2004-605, 24 juin 2004, simplifiant le minimum vieillesse, *JO* 26 juin.

– l'allocation journalière de présence parentale.

b) les prestations sociales à objet spécialisé énumérées à l'article R. 262-11 du Code de l'action sociale et des familles;

c) l'aide personnalisée au logement prévue à l'article L. 351-1 du Code de la construction et de l'habitation;

d) l'allocation de logement prévue à l'article L. 831-1 du Code de la sécurité sociale;

e) le revenu de solidarité active mentionné à l'article L. 262-1 du Code de l'action sociale et des familles.

181.73 Ressources d'autres personnes. Il est tenu compte dans l'appréciation des ressources du demandeur à l'aide juridictionnelle de celles de son conjoint ou de son concubin ainsi que de celles des personnes vivant habituellement à son foyer sauf :

– si la procédure oppose le demandeur à l'une de ces personnes, ou;

– s'il existe entre ces mêmes personnes une divergence d'intérêts, eu égard à l'objet du litige, « *qui rende nécessaire une appréciation distincte des ressources* » (L. 10 juill. 1991, art. 5). Cette dernière hypothèse vise en particulier les instances où l'intérêt du mineur peut diverger de celui de l'un ou l'autre de ses parents ou de son tuteur, ce qui peut être notamment le cas en matière d'assistance éducative.

Cela a pour effet de majorer des plafonds de ressources comme il a été indiqué précédemment (v. s[s] n° 181.63).

181.74 Personnes morales à but non lucratif. S'agissant du cas particulier des personnes morales à but non lucratif ayant leur siège social en France, elles peuvent se voir attribuer exceptionnellement l'aide juridictionnelle si elles ne disposent pas de ressources suffisantes. Pour cette appréciation, il est tenu compte des ressources de toute nature perçues au cours de la dernière année civile après déduction des dépenses nécessaires à leur fonctionnement (Décr. 19 déc. 1991, art. 5). La circulaire d'application du 23 décembre 1991 recommande aux bureaux, afin de connaître plus précisément le montant des ressources dont une personne morale peut disposer, de vérifier dans tous les cas combien elle comprend de membres, le montant des cotisations et le cas échéant, d'obtenir tout renseignement utile sur les facultés contributives des adhérents et des dirigeants.

3°
Conditions relatives à la recevabilité et au fondement de l'action

181.81 Portée. L'action ou la transaction pour laquelle l'aide juridictionnelle est sollicitée ne doit pas être manifestement irrecevable ou dénuée de fondement. Cette condition n'est pas applicable au défendeur à l'action, ni à la personne civilement responsable.

En outre, **en matière de cassation**, l'aide juridictionnelle est refusée au demandeur si aucun moyen de cassation sérieux ne peut être relevé (L. 10 juill. 1991, art. 7). Ces dispositions semblent incompatibles avec le droit d'accès à un tribunal en matière civile, même si le droit pour une personne de bénéficier d'une aide juridictionnelle gratuite n'est mentionné dans la convention qu'à propos de la « *matière pénale* ». Si « *la convention ne renferme aucune clause relative à l'aide judiciaire en matière civile* »[1], la Cour européenne des droits de l'homme a toutefois admis le principe selon lequel l'article 6 § 1 de la Convention européenne des droits de l'homme peut parfois astreindre un État à instaurer un système d'assistance judiciaire « *soit parce que la loi prescrit la représentation par avocat* [...], *soit en raison de la complexité de la procédure en cause* ». Ainsi, elle a estimé qu'une disposition comparable en droit belge violait l'article 6 § 1 de la Convention car « *en rejetant la demande au motif que la prétention ne paraissait pas juste, le bureau d'assistance judiciaire a porté atteinte à la substance même du droit de M. A... à un tribunal* »[2]. Par contre, **en matière d'assistance éducative**, sous le régime des anciennes dispositions de l'article 1196 C. pr. civ. qui dispensait les parties de l'obligation de représentation par un avocat devant la Cour de cassation, la Cour a jugé que le rejet d'une demande d'aide juridictionnelle pour défaut de moyen sérieux ne privait pas le requérant du droit d'accès à un tribunal et ne violait pas l'article 6 de la Convention[3].

Saisie d'une question prioritaire de constitutionnalité portant sur la compatibilité de l'article 7 de la loi du 10 juillet 1991 avec les articles 1er, 6 et 16 de la Déclaration des droits de l'homme et du citoyen et l'article 1er de la Constitution, la deuxième chambre de la Cour de cassation a jugé que « *le fait de réserver le bénéfice de l'aide juridictionnelle à la personne dont l'action n'apparaît pas, manifestement, irrecevable et dénuée de fondement, d'une part, ne porte pas atteinte au principe d'égalité qui ne s'oppose ni à ce que le législateur règle de façon différente des situation différentes, ni à ce qu'il déroge à l'égalité pour des raisons d'intérêt général pourvu que, dans l'un et l'autre cas, la différence de traitement qui en résulte soit en rapport direct avec l'objet de la loi qu'il l'établie et que, dans l'exercice de ce pouvoir, il ne prive de garanties des exigences constitutionnelles et, d'autre part, n'en porte d'atteinte substantielle au droit à un recours effectif dès lors que la personne à laquelle le bénéfice de l'aide juridictionnelle n'a pas été accordée dispose d'une voie de recours contre la décision de refus de cette aide, conserve le droit d'agir*

1. CEDH 9 oct. 1979, Airey c/ Irlande, req. n° 6289/73, *Série A*, n° 32.
2. CEDH 30 juill. 1998, Aerts c/ Belgique, req. n° 25357/94, *D.* 1999. Somm. 270, obs. Fricero.
3. CEDH 19 sept. 2000 Gnahore c/ France, req. n° 40031/98, *D.* 2001. 725, note Rolin; *D.* 2001. 1063, obs. Fricero.

devant une juridiction pour soutenir sa réclamation et, dans le cas où le Juge a fait droit à son action, d'obtenir le remboursement des frais, dépens et honoraires qu'elle a exposés ou versés, à concurrence de l'aide juridictionnelle dont elle aurait bénéficié compte tenu de ses ressources »[1].

B. Dépôt de la demande d'aide juridictionnelle

1° Délais

181.91 **Moment.** L'aide juridictionnelle peut être demandée avant ou pendant l'instance. Seuls les effets de l'aide juridictionnelle en seront modifiés (v. s[s] n°s 181.220 s.).

2° Formalisme

181.101 **Modèle.** L'aide juridictionnelle est demandée par écrit sur un **modèle** qui s'impose au demandeur (formulaire CERFA 12467*01 disponible également en ligne sur le site du ministère de la Justice [www.justice.gouv.fr]). Elle peut être demandée par l'avocat désigné d'office au lieu et place de la personne qu'il assiste ou qu'il a assistée. Le décret énonce les **pièces** qui doivent être jointes à la demande (Décr. 19 déc. 1991, art. 34).

181.102 **Pièces à joindre :**

– copie du dernier avis d'imposition prévu à l'article L. 253 du Livre des procédures fiscales ou d'un avis de non-imposition;

– une **déclaration de ressources** conforme au modèle fixé par le formulaire type de la demande (v. s[s] n° 181.101). Ce document permet de compléter et d'actualiser les informations résultant du dernier avis d'imposition. Dans le cas où le demandeur bénéficie de l'allocation supplémentaire du Fonds national de solidarité ou du revenu minimum d'insertion, la déclaration de ressources est remplacée par tout document justifiant de la perception de la prestation. La déclaration de ressources des personnes morales à but non lucratif est faite sur un imprimé dont le modèle est établi dans les mêmes conditions. À défaut, elle indique notamment : l'identité de la personne morale et celle de son représentant légal, l'énumération complète et détaillée des ressources de toute nature perçues par la personne morale au cours de la dernière année civile, la nature et l'importance de ses biens mobiliers et immobiliers, même non productifs de revenus, les éléments extérieurs de son train de vie. Il est joint à la déclaration de ressources une copie du compte annuel ou du budget prévisionnel, selon le cas, afférent à la dernière année civile; si le requérant bénéficie de l'allocation supplémentaire du fonds social de solidarité ou du revenu minimum d'insertion, la déclaration de ressources est remplacée par tout document justifiant de la prestation; il en est de même pour le demandeur d'asile bénéficiant de l'allocation temporaire d'attente, prévue aux articles L. 5423-8, L. 5423-9 et R. 5423-18 du Code du travail;

– le cas échéant, copie de la décision contre laquelle le demandeur entend exercer un recours ou du titre dont il veut poursuivre l'exécution;

– la justification de la nationalité déclarée par la production de tout document approprié;

– si le demandeur est de nationalité étrangère et non ressortissant d'un état membre de l'Union européenne, les pièces et documents sous le couvert desquels il est autorisé à résider en France et une justification du caractère habituel de cette résidence, sous réserve de l'admission à l'aide juridictionnelle à titre exceptionnel (v. s[s] n° 181.52);

– le cas échéant, la justification de sa situation familiale par la production d'une copie de sa carte nationale d'identité ou de son passeport;

– lorsque l'aide juridictionnelle est demandée en vue de parvenir à une transaction avant l'introduction de l'instance, tout document propre à établir la nature et l'objet du différend;

– lorsque l'aide juridictionnelle est demandée pour un litige transfrontalier, les pièces et documents sous le couvert desquels le demandeur est autorisé à résider dans un État membre de l'Union européenne, ainsi qu'un justificatif de son domicile ou du caractère habituel de cette résidence et le cas échéant, copie de tout contrat d'assurance ou acte relatif à un autre système de protection permettant la prise en charge des frais de procédure;

– la justification de l'assurance de protection juridique ou système de protection dont il a déclaré le bénéfice par la production de tout document approprié, ainsi que la décision de prise en charge ou de non-prise en charge notifiée, selon le cas, par l'assureur à la suite de la déclaration de sinistre faite en application de l'article L. 113-2 du Code des assurances, ou par l'employeur, précisant le montant des plafonds des garanties et de remboursement des frais, émoluments et honoraires couverts;

– le cas échéant, la justification du versement de la pension alimentaire;

– le cas échéant, une lettre d'acceptation de la désignation à venir au titre de l'aide juridictionnelle de l'avocat choisi (v. s[s] n° 181.103).

181.103 **Indications.** Il doit être indiqué l'objet de la demande en justice ou de la transaction avec un exposé sommaire de ses motifs ou du différend existant, le cas échéant, la juridiction saisie ou celle qui doit être saisie de l'affaire ou, s'il s'agit d'un acte

1. Civ. 2e, 21 juin 2012, n° 12-40.036, *Bull. civ.* II, n° 109.

conservatoire ou d'un acte d'exécution, le lieu où ils doivent être exécutés. Toutefois, l'absence de la part du requérant d'indication sur la qualification juridique des faits qui font l'objet de l'instance ou des pourparlers transactionnels, sur la nature de l'acte conservatoire ou de la procédure d'exécution ou sur la juridiction compétente ne fait pas obstacle à l'admission à l'aide juridictionnelle, dans tous les cas, le requérant doit préciser s'il a ou non antérieurement bénéficié de l'aide juridictionnelle pour le même différend (Décr. 19 déc. 1991, art. 49).

Le requérant peut dans sa demande indiquer le nom et l'adresse de l'avocat et des officiers publics ou ministériels qui lui prêtent déjà leur concours ou qu'il a choisis et qui ont accepté de le lui prêter au titre de l'aide juridictionnelle (v. s^s n° 181.231). Dans ce cas, une **lettre d'acceptation** de l'auxiliaire de justice doit être jointe à la demande (Décr. 19 déc. 1991, art. 75). Le demandeur devra préciser s'il y a lieu le montant des honoraires, émoluments et provisions qu'il a déjà versés à l'auxiliaire de justice.

C.

Instruction des demandes d'aide juridictionnelle par les bureaux

181.111 **Obligation.** Le bureau saisi a l'obligation de vérifier que le dossier déposé est complet. Ce n'est qu'alors que, le cas échéant, il le transmettra au bureau compétent pour statuer sur la demande (v. ss nos 181.41 s.). À cette fin, il pourra être imparti au demandeur de produire tout document – même en original – ou tout renseignement, avant l'expiration d'un délai même si, sous réserve des conventions internationales, il demeure hors de France ou est de nationalité étrangère. Le bureau peut tirer toute conséquence du défaut de production dans le délai imparti. Lorsque l'aide juridictionnelle a été précédemment accordée au requérant par un autre bureau pour le même différend, le bureau saisi en second demande au premier la copie de la décision d'admission et des éléments du dossier. (Décr. 19 déc. 1991, art. 42).

Plus généralement, afin de vérifier que le demandeur remplit les conditions exigées pour bénéficier de l'aide juridictionnelle, le bureau peut « *faire recueillir tout renseignement et faire procéder à toutes auditions* » y compris celle du demandeur lui-même. Ce pouvoir d'enquête n'est pas précisé par les textes. Par contre, le bureau peut s'adresser aux services de l'État et des collectivités publiques, aux organismes de Sécurité sociale et autres organismes qui assurent la gestion des prestations sociales qui sont tenus d'une obligation de communication à son égard (L. 10 juill. 1991, art. 21).

Lorsque la demande est formée en cours d'instance, le secrétaire du bureau saisi en avise le président de la juridiction saisie ou de la juridiction devant laquelle le recours doit être porté lorsque la demande est faite en vue d'exercer une voie de recours.

§ 3

Décision des bureaux d'aide juridictionnelle

A.

Pouvoirs respectifs du président et du bureau

181.121 **Règle de répartition.** Afin d'alléger la procédure d'attribution de l'aide juridictionnelle, l'article 22 de la loi du 10 juillet 1991 confère au président du bureau ou de la section compétente ainsi qu'au vice-président en cas d'absence ou d'empêchement du président, le pouvoir de rejeter seul des demandes relatives à une action manifestement irrecevable ou dénuée de fondement ainsi que les demandes d'une personne dont les ressources excèdent manifestement le plafond d'admission à l'aide juridictionnelle (v. ss nos 181.61 s.). À l'inverse, le président peut seul constater le maintien du bénéfice de l'aide juridictionnelle en cas de déclaration d'incompétence de la juridiction initialement saisie (v. ss n° 181.352) ainsi qu'en cas d'exercice d'une voie de recours (v. ss n° 181.351). Dans tous les autres cas, les décisions sont prises par le bureau, la section ou la division à la majorité des voix des président et membres présents (deux au moins pour tous les bureaux ou sections et trois au moins pour les bureaux établis près la Cour de cassation et le Conseil d'État). En cas de partage, celle du président est prépondérante (Décr. 19 déc. 1991, art. 47). En matière de cassation, les décisions prises en application du premier alinéa de l'article 47 du décret du 19 décembre 1991 le sont après examen d'un rapport sur l'existence ou non d'un moyen de cassation sérieux (Décr. 19 déc. 1991, art. 47, al. 2).

B.

Nature et contenu des décisions

181.131 **Nature.** Le bureau, la section ou la division de bureau peut se déclarer incompétent ou s'il est compétent pour statuer, prononcer soit l'admission à l'aide juridictionnelle totale, soit l'admission à l'aide juridictionnelle partielle, soit le rejet de la demande d'aide juridictionnelle, soit l'admission à l'aide juridictionnelle provisoire.

181.132 **Contenu.** Toute décision doit nécessairement contenir (Décr. 19 déc. 1991, art. 48) :

- en cas **d'incompétence** : les motifs de cette incompétence et la désignation du bureau compétent;

• en cas d'**admission totale ou partielle :**

– le montant des ressources ainsi que les correctifs pour charges de famille et tous autres éléments pris en considération;

– la mention d'admission totale ou partielle;

– la nature des procédures ou des actes ou l'objet des pourparlers en vue ou à l'occasion desquels l'aide juridictionnelle est accordée ainsi que, le cas échéant, le moment auquel le requérant en bénéficiera;

– dans le cas où plusieurs professions sont habilitées à présenter le bénéficiaire de l'aide, celle de ces professions au sein de laquelle sera choisi le représentant du bénéficiaire;

– s'il y a lieu, le nom et la résidence de l'avocat et des officiers publics ou ministériels qui prêtaient leurs concours au requérant avant la mission ou qui acceptent de lui prêter au titre de l'aide juridictionnelle ainsi que le montant des honoraires, émoluments ou provisions déjà versés et qui devront être imputés sur le montant de la rétribution;

– s'il y a lieu, le nom et la résidence de l'avocat et des officiers publics ou ministériels dans le cas où ces derniers ont été désignés;

– si l'aide juridictionnelle est accordée en vue d'une instance, la mention que son bénéfice reste acquis si une transaction intervient avant que celle-ci soit introduite;

– le cas échéant, la mention que l'aide juridictionnelle a déjà été accordée pour le même différend dans le cadre de pourparlers transactionnels ayant échoué, le nom de l'avocat intervenu à ce titre et le montant de l'indemnité qui lui a été allouée;

• en cas d'admission à l'aide juridictionnelle **partielle :** le montant de la part contributive de l'État (v. s[s] n° 181.261);

• en cas de **rejet :** le montant des ressources et les correctifs retenus ainsi que les motifs du rejet.

C.
Notification et communication des décisions

1°
Notification au demandeur (Décr. 19 déc. 1991, art. 50)

181.141 **Portée.** La copie intégrale de la décision doit être notifiée au demandeur par lettre simple en cas d'admission à l'aide juridictionnelle et au moyen de tout dispositif permettant d'assurer la date de réception dans les autres cas.

Elle doit indiquer les modalités selon lesquelles l'intéressé peut former un recours contre la décision rendue.

Dans le cas où la décision prononce l'admission à l'aide juridictionnelle, la notification qui en est faite reproduit les dispositions de l'article 42 (perte du procès, condamnation aux dépens, v. s[s] n° 181.341), et de l'article 46 (procédure décisive ou dilatoire) de la loi (v. s[s] n°s 181.345 s.).

En outre, elle mentionne les dispositions des articles 38 et 39 du décret d'application relatives à l'effet interruptif de la demande (v. s[s] n°s 181.211 s.) et celles de l'article 54 du décret instituant la caducité de l'admission si dans l'année de la notification, la juridiction n'a pas été saisie de l'instance au fond.

Enfin, en matière de transaction, la notification de la décision du bureau comporte l'indication qu'en cas d'échec des pourparlers transactionnels au titre desquels l'aide juridictionnelle a été accordée, aucune autre demande d'aide ne pourra être formée en vue de parvenir à une transaction avant l'introduction de l'instance à raison du même différend.

2°
Transmission à diverses personnes et organismes

181.151 **Énumération.** Les copies des décisions sont adressées au bâtonnier et à l'avocat désigné, au président de l'organisme chargé de désigner l'officier public ou ministériel et à celui-ci s'il est désigné, au trésorier-payeur général, à la Caisse de règlement pécuniaire des avocats (Carpa) lorsqu'un avocat est désigné ou choisi, au greffier ou aux secrétaires de la juridiction compétente si l'aide a été accordée pour une instance; lorsque l'aide juridictionnelle est accordée en vue de parvenir à une transaction avant l'introduction de l'instance, au bureau d'aide juridictionnelle de la juridiction susceptible d'être saisie en cas d'échec des pourparlers transactionnels s'il est différent (Décr. 19 déc. 1991, art. 51).

Lorsque l'aide juridictionnelle est accordée dans un litige transfrontalier, la décision est adressée à l'autorité réceptrice et expéditrice désignée par la France, conformément à l'article 14 de la directive CE n° 2003/8 du Conseil du 27 janvier 2003[1] (pour plus de précisions sur l'aide judiciaire communautaire, v. s[s] n°s 182.00 s.).

Copie des décisions prononçant le rejet de la demande d'aide juridictionnelle est également adressée à l'auxiliaire de justice désigné dans la demande et ayant accepté de prêter son concours.

3°
Communication des décisions (et des pièces du dossier)

181.161 **Communication restreinte.** Outre les personnes et organismes à qui les décisions sont notifiées ou transmises, les décisions du bureau

1. Dir. CE n° 2003/8 du Conseil, 27 janv. 2003, visant à améliorer l'accès à la justice dans les affaires transfrontalières par l'établissement de règles minimales communes relatives à l'aide judiciaire accordée dans le cadre de telles affaires, *JOCE*, n° L 26, 31 janv. 2003, p. 41-47.

d'aide juridictionnelle ne peuvent être communiquées qu'aux autorités habilitées à exercer un recours. Les décisions ne peuvent être ni produites, ni discutées en justice à l'appui des conclusions de l'une ou l'autre des parties, à moins qu'elles ne soient intervenues à la suite d'agissements ayant donné lieu à des poursuites pénales (Décr. 19 déc. 1991, art. 52).

D. Voies de recours contre les décisions des bureaux d'aide juridictionnelle – Responsabilité de l'État

1° Ouverture des voies de recours

181.171 **Voies de recours ouvertes au requérant.** Le requérant dont la demande a été rejetée, ou ne lui a été accordée que partiellement ou dont le bénéfice lui a été retiré, dispose d'un droit de recours désormais unique (L. 10 juill. 1991, art. 23).

L'intéressé dispose d'un délai de quinze jours à compter de la notification de la décision qui lui a été faite (Décr. 19 déc. 1991, art. 56). Le recours est formé par simple déclaration remise ou adressée par lettre recommandée avec accusé de réception au bureau d'aide juridictionnelle qui a rendu la décision contestée. Il doit contenir, à peine de rejet, l'exposé du fait et des motifs sur lesquels il est fondé (Décr. 19 déc. 1991, art. 59).

181.172 **Voies de recours offertes à certaines autorités.** Certaines autorités disposent également du droit d'exercer un recours contre les décisions du bureau et président, dans tous les cas (L. 10 juill. 1991, art. 23). Il s'agit :

– du ministère public (lorsque la décision contestée est relative à une affaire portée devant une juridiction du 1er degré de l'ordre judiciaire, c'est le procureur de la république près le tribunal de grande instance auprès duquel le bureau est institué qui est compétent; lorsque la décision contestée est relative à une affaire portée devant une cour d'appel, c'est le procureur général près cette cour qui est compétent; lorsque la décision contestée émane du bureau établi près la Cour de cassation ou son président, c'est le procureur général près cette cour qui est compétent);

– du président de l'ordre des avocats au Conseil d'État et à la Cour de cassation pour ceux qui sont intentés contre le bureau institué près la Cour de cassation;

– du bâtonnier de l'ordre des avocats concerné (lorsque la décision contestée est relative à une affaire portée devant une juridiction du premier degré de l'ordre judiciaire, c'est le bâtonnier de l'ordre des avocats dont relève l'avocat choisi ou désigné au titre de l'aide juridictionnelle ou, en l'absence de choix ou de désignation, par le bâtonnier de l'ordre des avocats établi près ce tribunal; lorsque la décision est relative à une affaire portée devant la cour d'appel c'est le bâtonnier de l'ordre des avocats dont relève l'avocat choisi ou désigné au titre de l'aide juridictionnelle ou, en l'absence de choix ou de désignation, le bâtonnier de l'ordre des avocats établi près le tribunal de grande instance dans le ressort duquel la cour d'appel a son siège; Décr. 19 déc. 1991, art. 58).

Ces autorités disposent d'un délai de deux mois à compter du jour de la décision pour exercer leurs recours (Décr. 19 déc. 1991, art. 56).

2° Instruction du recours et décision

181.181 **Recours.** Les recours sont déférés selon les cas :

– au premier président de la cour d'appel dans le ressort de laquelle le bureau d'aide juridictionnelle est institué pour les demandes portées ou susceptibles de l'être devant les juridictions de première instance ou devant la cour d'appel ainsi que les décisions de leur président;

– au premier président de la Cour de cassation pour les décisions du bureau d'aide juridictionnelle établi près la Cour de cassation (Décr. 19 déc. 1991, art. 57).

Lorsqu'une décision est déférée, le dossier est transmis à l'autorité compétente pour statuer sur le recours. Le demandeur à l'aide juridictionnelle est informé du recours lorsqu'il n'en est pas l'auteur et il peut présenter des observations écrites. Il est statué par voie d'ordonnance (Décr. 19 déc. 1991, art. 60).

181.182 **Responsabilité de l'État.** Un rejet injustifié d'une demande d'aide juridictionnelle peut être constitutif d'une faute lourde du bureau d'aide juridictionnelle et est susceptible d'engager la responsabilité de l'État du fait du fonctionnement défectueux du service public de la justice sur le fondement de l'article L. 141-1 du COJ[1].

E. Caducité des décisions des bureaux d'aide juridictionnelle

181.191 **Caducité annale.** La décision d'admission à l'aide juridictionnelle est caduque si, dans l'année de sa notification, la juridiction n'a pas été saisie de l'instance en vue de laquelle l'admission a été prononcée (Décr. 19 déc. 1991, art. 54). Cependant, cette caducité ne peut affecter que le seul bénéfice de cette admission et ne saurait venir retirer à la demande d'aide juridictionnelle son effet interruptif du délai de prescription[2].

1. Civ. 1re, 14 déc. 2004, n° 03-10.271, *Bull. civ.* I, n° 318; *JCP Adm. et CI* 2005, n° 4, p. 296.
2. Toulouse, 13 déc. 2001, RG n° 2000/05102, *D.* 2002. Somm. 2651, obs. Julien.

§ 4
Admission provisoire

181.201 **Hypothèses.** La loi et le décret prévoient plusieurs cas d'admission provisoire à l'aide juridictionnelle.

Deux sont **facultatifs** : dans tous les cas **d'urgence**, sous réserve de l'application des règles relatives à la désignation d'office, **ou** lorsque la procédure met en **péril** les conditions essentielles de la vie de l'intéressé, notamment en cas d'exécution forcée emportant saisie des biens ou expulsion (L. 10 juill. 1991, art. 20).

Un troisième cas est **obligatoire** lorsque la demande d'aide juridictionnelle est formée après que la partie concernée ou son mandataire a eu connaissance de la date d'audience et moins d'un mois avant celle-ci (Décr. 19 déc. 1991, art. 41).

181.202 **Demande.** L'admission provisoire est demandée sans forme au président du bureau ou de la section compétente ou au président de la juridiction saisie. Elle peut même être prononcée d'office si l'intéressé a formé une demande d'aide juridictionnelle sur laquelle il n'a pas encore été statué (Décr. 19 déc. 1991, art. 62).

181.203 **Décision.** La décision du président du bureau ou la juridiction saisie est notifiée immédiatement à l'intéressé sans forme particulière, éventuellement verbalement lorsque celui-ci est présent et contre émargement au dossier. Les dispositions relatives à la communication des décisions (v. s^s n°s 181.151 et 181.161) sont applicables à la décision d'aide provisoire. La décision favorable est transmise sans délai au bureau ou à la section compétente afin qu'il soit statué définitivement sur la demande d'aide juridictionnelle (Décr. 19 déc. 1991, art. 64).

La décision statuant sur la demande d'aide provisoire est **sans recours.**

La décision qui refuse l'aide juridictionnelle après une admission provisoire produit les effets d'une décision de retrait (Décr. 19 déc. 1991, art. 65).

SECTION 2
EFFETS DE L'AIDE JURIDICTIONNELLE

§ 1
Effet attaché à la demande d'aide juridictionnelle

181.211 **Effet interruptif dans deux cas.** Le décret a prévu deux cas dans lesquels la demande d'aide juridictionnelle produit un effet **interruptif** du délai pour agir et pour se pourvoir en cassation.

181.212 **Interruption du délai d'action.** Lorsqu'une action en justice doit être intentée devant la juridiction du premier degré avant l'expiration d'un délai, l'action est réputée avoir été intentée dans le délai si la demande d'aide juridictionnelle est déposée ou adressée au bureau avant son expiration **et** si la demande en justice est introduite dans un **nouveau délai de même durée** à compter de la décision d'admission provisoire, ou de la notification de la décision constatant la caducité de la demande, ou de la date à laquelle la décision d'admission ou de rejet est devenue définitive – c'est-à-dire après l'expiration des voies de recours (v. s^s n°s 181.171 s.) – ou, lorsqu'un auxiliaire de justice a été désigné, à compter de la date à laquelle il a été désigné (Décr. 19 déc. 1991, art. 38).

Lorsque la demande est adressée à un bureau par voie postale, sa date est celle de l'expédition de la lettre, c'est-à-dire celle qui figure sur le cachet du bureau de poste d'émission (Décr. 19 déc. 1991, art. 40).

Le délai interrompu peut être un **délai de procédure** ou un **délai préfix**[1]. Il en est ainsi pour le délai de six mois prévu pour engager une action en nullité de mariage sur le fondement de l'article 181 du Code civil[2]; de même en ce qui concerne le délai de deux mois prévu par l'article 596 C. pr. civ. pour exercer un recours en révision[3]; de même pour le délai d'opposition à une ordonnance d'injonction de payer prévu par l'article 1416 C. pr. civ.[4] ou encore en ce qui concerne un délai de prescription[5].

181.213 **Interruption du délai de pourvoi en cassation.** Lorsqu'une demande d'aide juridictionnelle en vue de se pourvoir en matière civile devant la Cour de cassation est adressée au bureau d'aide juridictionnelle compétent avant l'expiration du délai imparti pour le dépôt du pourvoi ou des mémoires, le délai est interrompu et un nouveau délai court à compter du jour de la réception par l'intéressé de la notification de la décision du bureau d'aide juridictionnelle ou, si elle est plus tardive, de la date à laquelle un auxiliaire de justice a été désigné. Ce dernier délai est interrompu lorsque le recours prévu à l'article 23 de la loi (v. s^s n° 181.171) est régulièrement formé par l'intéressé. Il en va de même lorsque la décision déférée rendue sur le seul fondement des articles 4 et 5 de la loi est réformée et que le bureau est alors saisi sur renvoi pour apprécier l'existence d'un moyen sérieux de cassation. Le délai alors imparti pour le dépôt du pourvoi ou des mémoires court à compter de la date de la réception par l'intéressé de la notification de la

1. Civ. 1re, 30 janv. 1979, n° 76-15.494, *Bull. civ.* I, n° 38; *D.* 1980. 65, note Laroche de Roussane.
2. Civ. 2e, 22 mars 2006, n° 04-15.232, NP.
3. Soc. 8 févr. 2005, n° 02-46.044, *Bull. civ.* V, n° 49; *D.* 2005. 798.
4. Civ. 2e, 19 nov. 2009, n° 08-19.364, *Bull. civ.* II, n° 267; *D.* 2010. 532, chron. Sommer, Leroy-Gissinger, Adida-Canac et Grignon Dumoulin.
5. Civ. 2e, 3 juill. 2008, n° 06-14.293, NP.

décision prise sur recours confirmant la décision déférée ou, si elle est plus tardive, de la date à laquelle un auxiliaire de justice a été désigné (Décr. 19 déc. 1991, art. 39).

181.214 **Autres cas.** En dehors de ces deux cas, les **autres délais** ne sont pas interrompus par la demande d'aide juridictionnelle. Il en est ainsi notamment pour les délais d'appel (Décr. 19 déc. 1991, art. 38-1), de péremption d'instance[1] et de consignation de la provision due à l'expert[2]. Par contre la juridiction avisée d'une demande d'aide juridictionnelle est tenue de surseoir à statuer en attente de la décision sur la demande. Il en est de même lorsqu'elle est saisie d'une telle demande qu'elle transmet sans délai au bureau d'aide juridictionnelle compétent. Toutefois, ces dispositions ne sont pas applicables en cas d'irrecevabilité manifeste de l'action du demandeur insusceptible d'être couverte en cours d'instance (Décr. 19 déc. 1991, art. 43-1).

181.215 **Procédure devant la cour d'appel.** La jurisprudence et les pratiques judiciaires s'attachent à faire reconnaître le droit effectif à l'assistance d'un avocat devant la Cour (v. s[s] n° 181.220). Ainsi une demande d'aide juridictionnelle en appel justifie un renvoi de l'audience au fond en attente de la décision du bureau. La deuxième chambre de la Cour de cassation a censuré une cour qui avait estimé une demande tardive et dilatoire[3]. En ce qui concerne la mise en état, les délais impartis pour conclure, mentionnés aux articles 908 et 910 C. pr. civ. courent à compter de la notification de la décision constatant la caducité de la demande, ou de la date à laquelle la décision d'admission ou de rejet de la demande est devenue définitive, ou en cas d'admission, de la date, si elle est plus tardive, à laquelle un auxiliaire de justice a été désigné (Décr. 19 déc. 1991, art. 38-1).

En matière d'expropriation, l'introduction d'une demande d'aide juridictionnelle dans le délai d'appel interrompt les délais fixés à l'article R. 13-49 du Code de l'expropriation[4].

§ 2
Effet de l'admission à l'aide juridictionnelle

181.220 **Plan.** L'admission à l'aide juridictionnelle donne droit « *à l'assistance d'un avocat* » (L. 10 juill. 1991, art. 25) et plus généralement **au concours des auxiliaires de justice** respectivement compétents pour représenter le bénéficiaire de l'aide, l'assister à l'occasion d'une transaction avant l'introduction de l'instance et après celle-ci, pour procéder aux actes et formalités nécessaires à l'instance, à l'acte conservatoire, à la procédure d'exécution pour lesquels cette aide a été accordée, ainsi que **la prise en charge totale ou partielle par l'État de l'ensemble des dépenses qu'elle entraîne.** Il appartient aux juridictions de faire respecter ce principe, au besoin d'office. Une série d'arrêts rappelle cette obligation précisant que les juges doivent transmettre, le cas échéant, eux-mêmes la demande au bureau d'aide juridictionnelle lorsqu'il est établi qu'elle est restée sans effet[5] (not. un arrêt où la censure est prononcée au visa des textes de la loi du 10 juillet 1991, mais également de l'article 6 Conv. EDH[6]). La demande d'aide juridictionnelle peut être formulée utilement jusqu'au jour de l'audience[7], mais pas au-delà, notamment en cours de délibéré[8]. Enfin, lorsque l'aide juridictionnelle a été accordée, il appartient aux juridictions saisies de s'assurer que le bénéficiaire a effectivement disposé de l'assistance d'un avocat[9], y compris en appel lorsqu'un avoué a été désigné[10]et dans une procédure sans ministère d'avoué[11]. D'une manière générale, l'aide juridictionnelle est un droit effectif que les tribunaux doivent faire respecter[12].

A.
Concours des auxiliaires de justice

181.221 **Libre choix.** Le bénéficiaire de l'aide juridictionnelle dispose d'un **libre choix** dans la désignation des auxiliaires de justice dont il requiert le concours étant précisé que lorsque l'aide juridictionnelle est demandée ou accordée en vue de parvenir à une transaction avant l'introduction de l'instance, seul un avocat peut être choisi ou désigné pour y procéder À défaut de choix ou en cas de refus de la part de l'auxiliaire de justice choisi, celui-ci est **désigné** par le bâtonnier ou par le président de l'organisme profes-

1. Civ. 2e, 14 juin 1989, n° 88-13.354, NP; *D.* 1989. 543, note N. S.
2. Civ. 2e, 8 avr. 1981, n° 79-13.676, *Bull. civ.* II, n° 86; *Gaz. Pal.* 1981. 2. 578, note Viatte.
3. Civ. 2e, 18 janv. 2007, n° 06-10.294, *Bull. civ.* II, n° 9; *D.* 2007. 2336, obs. Vigneau; *Just. et cass.* 2008. 359, rapp. Sommer.
4. Civ. 3e, 7 nov. 2012, n° 11-22.947, *Bull. civ.* III, n° 164.
5. Soc. 19 juill. 2000, n° 98-20.844, *Bull. civ.* V, n° 311; *D.* 2000. 227 – Civ. 2e, 28 mai 2003, n° 01-20.878, *Bull. civ.* II, n° 158; *D.* 2003. 1804 – Soc. 23 sept. 2008, n° 07-42.657, NP.
6. Civ. 2e, 1er avr. 2004, n° 02-04.108, *Bull. civ.* II, n° 145; *D.* 2004. 1349.
7. Civ. 2e, 14 janv. 2010, n° 08-20.964, NP – Civ. 2e, 11 avr. 2012, n° 12-15.035, *Bull. civ.* II, n° 75.
8. Civ. 2e, 5 mars 2009, n° 08-13.749, *Bull. civ.* II, n° 63.
9. Civ. 2e, 24 juin 2010, n° 08-19.974, *Bull. civ.* II, n° 120; *D.* 2010. 1800; *D.* 2011. 265, obs. Fricero; *D.* 2011. 1509, obs. Leborgne.
10. Civ. 3e, 7 mai 2003, n° 01-16.936, *Bull. civ.* III, n° 98; *D.* 2003. 1476.
11. Civ. 2e, 17 déc. 2009, nos 08-17.225 et 09-10.190, NP.
12. V. Ph. Waquet, « L'office du juge en matière d'aide juridictionnelle », *D.* 2005. Chron. 2827.

sionnel dont il dépend (L. 10 juill. 1991, art. 25). Le choix de son avocat par le bénéficiaire de l'aide juridictionnelle après qu'il lui en a été désigné un n'emporte pas renonciation à cette aide[1]. Dans tous les cas, l'auxiliaire de justice est **rétribué par l'État**.

1°

Choix ou désignation des auxiliaires de justice

181.231 **Choix.** Le choix de l'avocat, de l'officier public ou ministériel appartient principalement au bénéficiaire de l'aide juridictionnelle et secondairement à l'auxiliaire de justice premier choisi (L. 10 juill. 1991, art. 25). L'auxiliaire qui prêtait son concours au bénéficiaire de l'aide juridictionnelle avant que celle-ci lui ait été accordée a l'obligation de continuer de le lui prêter sauf à en être déchargé exceptionnellement par son bâtonnier ou le président de l'organisme dont il dépend qui se prononce par une décision motivée (Décr. 19 déc. 1991, art. 83).

Par contre, l'auxiliaire choisi qui ne prêtait pas son concours au bénéficiaire de l'aide juridictionnelle avant qu'elle lui ait été accordée n'est pas tenu d'accepter. C'est pourquoi le décret prévoit que celui-ci en informe son bâtonnier ou le président de l'organisme dont il dépend et remet au demandeur un document écrit attestant son acceptation à joindre à la demande d'aide juridictionnelle (Décr. 19 déc. 1991, art. 75 – V. ss no 181.103).

181.232 **Désignation.** **À défaut de choix** ou en cas de **refus** de l'auxiliaire de justice choisi, un avocat ou un officier public ou ministériel est désigné par le bâtonnier, le président de l'organisme dont il dépend ou leur délégué. À cette fin, le secrétaire du bureau d'aide juridictionnelle adresse, dès l'admission à l'aide juridictionnelle, une copie de la décision au bâtonnier ou au président de chacun des organismes professionnels dont dépendent les divers auxiliaires de justice compétents qui désigneront l'auxiliaire de justice chargé de prêter son concours au bénéficiaire de l'aide juridictionnelle. La même procédure est suivie lorsqu'il apparaît nécessaire de recourir à un nouvel avocat ou à un nouvel officier public ou ministériel (Décr. 19 déc. 1991, art. 79).

Dans les bureaux ou sections de bureaux d'aide juridictionnelle établis auprès de la juridiction compétente, le décret a prévu une possibilité de désignation en amont aussitôt l'admission au bénéfice de l'aide juridictionnelle prononcée, effectuée par le membre du bureau représentant la profession et ayant reçu délégation à cet effet de son bâtonnier ou du président de l'organisme dont il dépend (Décr. 19 déc. 1991, art. 76 et 78).

1. Civ. 1re, 1er juin 1999, no 96-20.406, *Bull. civ.* I, no 179; *D.* 1999. 197.

L'avocat ou l'officier public ou ministériel **désigné d'office** en application des articles 1186 et 1209 C. pr. civ., ainsi que de l'article 35 *quater* de l'ordonnance du 2 novembre 1945 est valablement désigné au titre de l'aide juridictionnelle si la personne pour le compte de laquelle il intervient bénéficie de l'aide juridictionnelle (Décr. 19 déc. 1991, art. 81).

181.233 **Mineurs.** Dans toute procédure le concernant, le mineur entendu dans les conditions de l'article 388-1 du Code civil, s'il choisit d'être entendu avec un avocat ou si le juge procède à la désignation d'un avocat, bénéficie de droit de l'aide juridictionnelle (L. 10 juill. 1991, art. 9-1).

181.234 **Règles communes aux auxiliaires choisis ou désignés.**

– **En cas d'appel**, le bénéficiaire de l'aide juridictionnelle est assisté ou représenté par l'avocat qui lui avait prêté son concours en première instance, à ce titre, sauf choix contraire de la partie qui doit alors en informer dès le dépôt de sa demande d'aide juridictionnelle le secrétaire du bureau d'aide juridictionnelle, ou refus de l'avocat (L. 10 juill. 1991, art. 26 – et Décr. 19 déc. 1991, art. 85).

– Dans tous les cas où un auxiliaire de justice qui prêtait son concours au bénéficiaire de l'aide juridictionnelle est déchargé de sa mission, un remplaçant lui est immédiatement désigné (Décr. 19 déc. 1991, art. 84).

– Dans tous les cas où il est nécessaire de désigner des auxiliaires de justice en matière de procédure ou actes d'exécution ordonnés ou autorisés par une décision de justice obtenue avec le bénéfice de l'aide juridictionnelle mais devant être poursuivie ou avoir lieu dans le ressort d'une autre juridiction, ainsi que dans le cas où la juridiction saisie du litige s'est déclarée incompétente, ou de recours exercé contre une décision qui profite au bénéficiaire de l'aide juridictionnelle **et** s'il est nécessaire de désigner de nouveaux auxiliaires de justice, c'est au bénéficiaire de l'aide juridictionnelle qu'il appartient d'en faire la demande auprès du bureau qui aurait été compétent pour prononcer l'admission si celle-ci n'avait pas été de plein droit. La demande est alors formée par simple lettre par laquelle sont jointes copie de la décision d'admission y compris provisoire et selon les cas, copie de la décision d'incompétence, de la notification ou dénonciation de la voie de recours, de la décision autorisant la procédure ou l'acte d'exécution (Décr. 19 déc. 1991, art. 87 et 88).

2°

Rétribution des auxiliaires de justice

181.240 **Rémunération de l'État.** Les auxiliaires de justice et officier ministériels ou publics qui prêtent leurs concours au bénéficiaire de l'aide juridictionnelle perçoivent une **rémunération de l'État**.

a)

Aide juridictionnelle totale

181.241 Caractère exclusif. La contribution due à l'auxiliaire de justice est **exclusive de toute autre rémunération par le bénéficiaire de l'aide.** C'est pourquoi, les honoraires ou émoluments ainsi que les provisions versés à ce titre avant l'admission à l'aide juridictionnelle totale par un bénéficiaire viennent en déduction de la contribution de l'État (L. 10 juill. 1991, art. 33). **Le principe ne connaît d'exception que s'il s'agit de ses diligences accomplies avant la demande d'aide**[1]. Lorsque la rémunération versée à l'auxiliaire de justice, avant la demande d'aide juridictionnelle, est au moins égale à la contribution de l'État, aucune autre contribution n'est plus due. Par contre, lorsque cette rémunération est inférieure à la contribution de l'État, l'auxiliaire ne peut prétendre qu'à un complément qui ne peut en aucun cas avoir pour effet de dépasser la contribution. Enfin, l'avocat initialement désigné, puis déchargé de la défense d'un bénéficiaire de l'aide juridictionnelle qui a fait usage du libre choix de son conseil, ne peut percevoir d'autre rémunération que la contribution due au titre de l'aide juridictionnelle (v. s[s] n° 181.245)[2].

181.242 Exceptions : ressources procurées par la condamnation. Les avocats et avocats à la Cour de cassation désignés peuvent demander des honoraires à leur client lorsque la décision passée en force de chose jugée rendue au profit du bénéficiaire de l'aide juridictionnelle a procuré à celui-ci des ressources telles que si elles avaient existé au jour de la demande d'aide juridictionnelle, celle-ci ne lui aurait pas été accordée, même partiellement. Ces honoraires ne peuvent être demandés qu'après que le bureau d'aide juridictionnelle a prononcé le retrait de l'aide juridictionnelle (L. 10 juill. 1991, art. 36). Saisie pour avis, la Cour de cassation a précisé que « *même en cas d'application de l'article 36 de la loi du 10 juillet 1991, aucun honoraire de résultat n'est dû s'il n'a été expressément stipulé dans une convention préalablement conclue entre l'avocat et son client* »[3].

181.243 Exceptions : partie condamnée aux dépens. Les auxiliaires de justice rémunérés selon un tarif peuvent renoncer à percevoir la somme correspondante à la part contributive de l'État et poursuivre contre la partie condamnée aux dépens et non bénéficiaire de l'aide judiciaire le recouvrement des émoluments auxquels ils peuvent prétendre. Cette renonciation peut intervenir à tout moment et au plus tard dans les quatre mois qui suivent, selon le cas, la délivrance de l'attestation de mission ou l'accomplissement de l'acte par l'auxiliaire de justice. Avis de la renonciation est donné au greffier en chef ou au secrétaire de la juridiction concernée (L. 10 juill. 1991, art. 37 – et Décr. 19 déc. 1991, art. 108).

181.244 Exceptions : partie condamnée au titre des frais non compris dans les dépens. Le décret n° 2013-1280 du 29 décembre 2013 relatif à la suppression de la contribution pour l'aide juridique[4] a modifié la rédaction de l'article 700 C. pr. civ. ainsi qu'il suit : « *Le juge condamne la partie tenue aux dépens ou qui perd son procès à payer :*

1° à l'autre partie la somme qu'il détermine, au titre des frais exposés et non compris dans les dépens;

2° et, le cas échéant, à l'avocat du bénéficiaire de l'aide juridictionnelle partielle ou totale une somme au titre des honoraires et frais, non compris dans les dépens, que le bénéficiaire de l'aide aurait exposés s'il n'avait pas eu cette aide. Dans ce cas, il est procédé comme il est dit aux alinéas 3 et 4 de l'article 37 de la loi du 10 juillet 1991.

Dans tous les cas, le juge tient compte de l'équité ou de la situation économique de la partie condamnée. Il peut, même d'office, pour des raisons tirées des mêmes considérations, dire qu'il n'y a pas lieu à ces condamnations. Néanmoins, s'il alloue une somme au titre du 2° du présent article, celle-ci ne peut être inférieure à la partie contributive de l'État ».

L'article 37 de la loi du 10 juillet 1991 a été modifié par l'article 128 de la loi n° 2013-1278 du 29 décembre 2013 de finances pour 2014[5] qui reprend les dispositions du 2° de l'article 700 C. pr. civ. dans sa nouvelle rédaction.

La circulaire du 12 septembre 2007 (Circ. NOR JUS J 07 90 004 C) précisait ce qu'il fallait entendre par la notion d'honoraires et frais non compris dans les dépens. Elle reste à ce titre d'actualité. Il s'agit des honoraires que l'avocat aurait facturés à son client pour le travail de consultation, d'assistance, de conseil, de rédaction d'actes juridiques et de plaidoiries, à l'exclusion de la postulation et des actes de procédure dont la tarification est régie par les dispositions sur la procédure civile, ainsi que les frais que l'avocat a engagés pour la défense de son client (téléphone, photocopie, papeterie, secrétariat, frais de transport et de séjour, *etc.*). La justification peut en être faite notamment par le compte détaillé établi en application de l'article 12 du décret n° 2005-790 du 12 juillet 2005[6], faisant ressortir distinctement les

1. Civ. 1re, 22 mai 2001, n° 98-14.738, *Bull. civ.* I, n° 144; *D.* 2002. 852, obs. Blanchard – Civ. 2e, 22 sept. 2005, n° 04-16.117, NP – Civ. 2e, 15 oct. 2009, n° 08-19.532, NP.
2. Civ. 1re, 1er juin 1999, n° 96-20.406, *Bull. civ.* I, n° 179; *D.* 1999. 197 – Civ. 2e, 11 févr. 2010, n° 09-65.078, NP.
3. Cass., avis, 27 sept. 1999, n° 09-90.011, *Bull. civ. avis*, n° 9; *BICC* 1er déc. 1999; *D.* 2000. 151, obs. Blanchard.
4. Décr. n° 2013-1280, 29 déc. 2013, relatif à la suppression de la contribution pour l'aide juridique et à diverses dispositions relatives à l'aide juridique, *JO* 30 déc., p. 22242.
5. L. n° 2013-1278, 29 déc. 2013, de finances pour 2014, *JO* 30 déc., p. 21829.
6. Décr. n° 2005-790, 12 juill. 2005, relatif aux règles déontologiques de la profession d'avocat, *JO* 16 juill., p. 11688.

frais et débours, les émoluments tarifés et les honoraires.

La circulaire précisait expressément que l'indemnité allouée sur le fondement de l'article 37, dans sa rédaction précédente, n'était pas exclusive des honoraires que l'avocat peut demander à son client sur le fondement de l'article 36 (v. s[s] n° 181.242), étant précisé qu'il ne peut s'agir que des honoraires de résultat puisque les diligences de l'avocat sont rémunérées au moyen de l'indemnité prévue par l'article 37.

La circulaire précisait encore que l'indemnité prévue à l'article 37 ne se confond pas avec l'indemnité sollicitée sur le fondement de l'article 700 C. pr. civ. sur lequel le juge devra statuer distinctement.

Le décret du 29 décembre 2013 précité a modifié la rédaction de l'article 108 du décret du 19 décembre 1991 prévoyant désormais que, « *lorsque l'avocat du bénéficiaire de l'aide juridictionnelle a recouvré la somme allouée sur le fondement de l'article 37 de la loi du 10 juillet 1991 dans le délai de douze mois à compter du jour où la décision est passée en force jugée, il en avise sans délai le greffier ou le secrétaire de la juridiction qui a rendu la décision, ainsi que la caisse des règlements pécuniaires dont il relève. Lorsqu'il renonce dans ce même délai à recouvrer cette somme ou qu'il n'en recouvre qu'une partie et que la fraction recouvrée n'excède pas la partie contributive de l'État, il demande au greffe ou au secrétaire de la juridiction la délivrance d'une attestation de mission laquelle mentionne, le cas échéant, le montant des sommes recouvrées. À l'expiration du délai précité, l'avocat qui n'a pas sollicité la délivrance d'une attestation de mission, est réputé avoir renoncé à la part contributive de l'État* ».

181.245 Montant de la rétribution des avocats. La contribution de l'État à la rétribution des avocats qui prêtent leur concours au bénéficiaire de l'aide juridictionnelle totale était déterminée en fonction du **produit** : de **l'unité de valeur** fixée par la loi de finances, montant fixé à 22,50 euros hors taxes par la loi de finances pour l'année 2007 et non réévalué depuis, des diverses majorations (v. s[s] n° 181.322 ou n° 181.323) et des **coefficients** fixés par le décret du 19 décembre 1991 selon le tableau ci-contre (v. s[s] n° 181.245-1). L'article 128 de la loi de finances pour 2014 supprime toute référence à une fixation de l'unité de valeur par la loi de finances. Sa valeur a été fixée à 22,84 euros à compter du 1er janvier 2015, ce qui laisse donc sa valeur de base pour l'année 2014 à 22,50 euros, hors une éventuelle majoration (v. s[s] n°s 181.322 et 181.323).

181.245-1 Barème de la contribution de l'État à la rétribution des missions d'aide juridictionnelle au 20 juin 2013 (Décr. n° 2013-325, 20 juin 2013[1]).

	Procédures	Coefficient de base	Majorations possibles cumulables dans la limite de 16 UV					
			Incidents (1) (dans la limite de 3 majorations)	Mesures de médiation ordonnées par le juge	Expertises – Sans déplacement	Expertises – Avec déplacement	Vérifications personnelles du juge	Autres mesures d'instruction dont enquêtes sociales
I.	*Droits des personnes*							
I. 1.	Divorce par consentement mutuel	30 (2)	3	2	4	9	5	2
I. 2.	Autres cas de divorce	34 (8)	3	2	4	9	5	2
I. 3.	Procédure après divorce devant le juge aux affaires familiales (JAF)	14		2	4	9	5	2
I. 4.	Autres instances devant le JAF	16		2	4	9	5	2
I. 5.	Incapacités	10			4	9	5	2
I. 6.	Assistance éducative	16						
I. 7.	Autres demandes (cf. IV)							
II.	*Droit social*							
II. 1.	Prud'hommes	30			4	9	5	2
II. 2.	Prud'hommes avec départage	36			4	9	5	2
II. 3.	Référé prud'homal	16			4	9	5	2

(Suite tableau page suivante)

1. Décr. n° 2013-325, 20 juin 2013, relatif aux rétributions des missions d'aide juridictionnelle accomplies par les avocats devant la Cour nationale du droit d'asile et les juridictions administratives en matière de contentieux des étrangers, *JO* 22 juin, p. 10400.

(Suite tableau)

Procédures	Coefficient de base	Majorations possibles cumulables dans la limite de 16 UV					
		Incidents (1) (dans la limite de 3 majorations)	Mesures de médiation ordonnées par le juge	Expertises		Vérifications personnelles du juge	Autres mesures d'instruction dont enquêtes sociales
				Sans déplacement	Avec déplacement		
II. 4. Référé prud'homal avec départage	24			4	9	5	2
II. 5. Contentieux général de la sécurité sociale	14			4	9	5	2
II. 6. Autres demandes (cf. IV)							
III. *Baux d'habitation*							
III. 1. Instance au fond	21			4	9	5	2
III. 2 Référé	16			4	9	5	2
IV. *Autres matières civiles*							
IV. 1. Tribunal de grande instance et tribunal de commerce, instance au fond (3)	26 (4)	3		4	9	5	2
IV. 2. Autres juridictions, instance au fond (5)	16			4	9	5	2
IV. 3. Référés	8			4	9	5	2
IV. 4. Matière gracieuse	8						
IV. 5. Requête	4 (9)						
IV. 6. Difficultés d'exécution devant le juge de l'exécution	4						
IV. 7. Demande de réparation d'une détention provisoire	6 (6)						
IV. 8. Procédure judiciaire de mainlevée et de contrôle des mesures de soins psychiatriques	4 (10)						
V. *Appel*							
V. 1. Appel et contredit dans les procédures d'appel avec représentation obligatoire	26 (7)	3		4	9	5	2
V. 2. Appel avec référé dans les procédures d'appel avec représentation obligatoire	30 (7)	3		4	9	5	2
V. 3. Appel et contredit dans les procédures d'appel sans représentation obligatoire	20	3		4	9	5	2
V. 4. Appel avec référé dans les procédures d'appel sans représentation obligatoire	24	3		4	9	5	2

1. Ces incidents sont ceux qui donnent lieu, après discussion contradictoire, à une décision du magistrat chargé de l'instruction de l'affaire, dans les cas prévus aux 1° à 4° de l'article 771 C. pr. civ. et aux articles 911, 912 et 944 du même code.

2. Porté à 50 UV quand le même avocat représente deux époux et que ceux-ci ont tous deux l'aide juridictionnelle.

3. Ainsi qu'en cas de renvoi à la formation collégiale (COJ, art. L. 311-12-2).

4. Le nombre d'UV est de 26 pour les missions d'aide juridictionnelles achevées à compter du 1er janvier 2004; il est de 24 pour les missions achevées entre la date de publication du décret n° 2003-853 du 5 septembre 2003[a] et le 31 décembre 2003.

a. Décr. n° 2003-853, 5 sept. 2003, modifiant le décret n° 91-1266 du 19 décembre 1991 portant application de la loi n° 91-647 du 10 juillet 1991 relative à l'aide juridique, *JO* 7 sept., p. 15447.

5. Y compris le juge de l'exécution et le juge de proximité.
6. Ce coefficient est porté à 8 lorsque l'avocat intervenant au cours de la procédure de demande de réparation n'est pas l'avocat qui est intervenu au cours de la procédure pénale clôturée par la décision de non-lieu, de relaxe ou d'acquittement.
7. Ces coefficients sont applicables aux procédures introduites devant la cour d'appel à compter du 1er janvier 2012.
Pour les procédures en cours devant la cour d'appel au 1er janvier 2012, la rétribution de l'avocat est fixée à 14 UV et 18 UV ; elle peut être majorée en fonction des diligences accomplies par l'avocat :
– de 8 UV dans le cas où l'avocat reprend les fonctions de postulation et que seule la déclaration d'appel ou la constitution d'intimé a été déposée par l'avoué dessaisi au 31 décembre 2011 ;
– de 3 UV dans le cas où l'avocat reprend les fonctions de postulation et que les premières conclusions ont été déposées par l'avoué dessaisi au 31 décembre 2011.
8. Ce coefficient est porté à 36 UV en cas de projet d'acte notarié de liquidation du régime matrimonial homologué par le juge aux affaires familiales lors du prononcé du divorce.
9. Y compris l'ouverture d'une mesure judiciaire d'aide à la gestion du budget familial sur requête ou saisine d'office du juge.
10. Y compris en appel devant le premier président.

Lorsqu'un avocat désigné ou choisi au titre de l'aide juridictionnelle totale est, en cours de procédure, remplacé au même titre pour raisons légitimes par un autre avocat, la contribution de l'État est **partagée** entre eux, à défaut d'accord, dans la proportion fixée par le bâtonnier. Dans le cas où les avocats n'appartiennent pas au même barreau, la décision est prise conjointement par les bâtonniers des barreaux intéressés.

181.246 Montant de la rétribution des avocats en cas d'intervention devant le Conseil constitutionnel. La rétribution allouée aux avocats selon le barème précédent (v. ss no 181.245-1) est majorée d'un coefficient de 16 UV en cas d'intervention devant le Conseil constitutionnel saisi d'une **question prioritaire de constitutionnalité**. (Décr. 19 déc. 1991, art. 90-1).

181.247 Montant de la rétribution des avocats à la Cour de cassation. La rétribution versée par l'État aux avocats au Conseil d'État et à la Cour de cassation qui prêtent leur concours au bénéficiaire de l'aide juridictionnelle devant cette juridiction ou le Tribunal des conflits est de 382 euros. En cas de demande de sursis à exécution ayant donné lieu à une décision distincte, la rétribution est de 115 euros et en cas de demande adressée au juge des référés, la rétribution est de 153 euros.

En cas d'intervention dans la procédure de **saisine pour avis de la Cour de cassation**, la rétribution est de 191 euros. En cas d'intervention devant les autres juridictions, les avocats à la Cour de cassation perçoivent une rétribution égale à celle des avocats (Décr. 19 déc. 1991, art. 93).

En cas d'intervention dans le cadre de **l'examen d'une question prioritaire de constitutionnalité par la Cour de cassation**, la rétribution versée par l'État à l'avocat à la Cour de cassation est de 191 euros. Cette rétribution est majorée de 382 euros en cas d'intervention devant le Conseil constitutionnel (Décr. 19 déc. 1991, art. 93-1).

181.248 Montant de la rétribution des huissiers de justice. La rétribution versée par l'État est de 10 euros par acte effectivement délivré et de 22 euros par procès-verbal ou pour l'exécution d'une décision relative à l'exercice de l'autorité parentale. Toutefois, cette indemnité est de 42 euros pour l'exécution d'une **décision ordonnant une expulsion** et du montant de la rétribution visée au III. 6 du tableau pour la procédure de **distribution des deniers.**

Pour les **commandements à fin de saisie**, il est ajouté à l'indemnité prévue ci-dessus la moitié du droit proportionnel alloué pour ces actes par le tarif des huissiers de justice en matière civile et commerciale. Les indemnités sont majorées de 3,50 euros lorsque les copies de pièces sont établies par l'huissier de justice pour être annexées à l'acte ou au procès-verbal. Ces mêmes indemnités sont indépendantes du remboursement des frais de transport et des frais d'affranchissement des correspondances postales (Décr. 19 déc. 1991, art. 94 – V. ss nos 181.341 s.).

181.249 Montant de la rétribution des notaires. La rétribution versée par l'État aux notaires qui prêtent leur concours au bénéficiaire de l'aide juridictionnelle est de 18 euros pour les actes soumis au droit fixe et de 54 euros pour les actes soumis au droit proportionnel (Décr. 19 déc. 1991, art. 95).

181.251 Montant de la rétribution des commissaires-priseurs. La rétribution versée par l'État aux commissaires-priseurs ou aux officiers publics ou ministériels qui procèdent à une prisée est de 23 euros. Pour la procédure de distribution des deniers, elle est égale au montant de la rétribution correspondant à la procédure III. 6 du tableau (Décr. 19 déc. 1991, art. 96).

b)

Aide juridictionnelle partielle

181.261 Honoraire ou émolument. L'aide juridictionnelle partielle laisse à son bénéficiaire la charge d'un honoraire fixé par **convention** avec l'avocat ou d'un **émolument** au profit des officiers publics ou ministériels qui prêtent leur concours.

En cas d'aide juridictionnelle partielle, la part contributive de l'État est « *inversement proportionnelle aux ressources du bénéficiaire* » (L. 10 juill. 1991, art. 34).

Le décret fixe le mode de calcul des tranches de ressources auxquelles correspond un pourcentage de la contribution de l'État qui aurait été accordée au titre de l'aide juridictionnelle totale, étant précisé que l'unité de valeur de référence pour le calcul de la contribution qui aurait été accordée au titre de l'aide juridictionnelle totale est l'unité de valeur non majorée (22,50 euros).

Les tranches de ressources pour l'aide partielle évoluent conformément au tableau suivant :

181.261-1 Tranches de ressources pour l'aide juridictionnelle partielle.

Ressources (en euros)	Part contributive de l'État (en pourcentage)
937 à 979	85 %
980 à 1 032	70 %
1 033 à 1 107	55 %
1 108 à 1 191	40 %
1 192 à 1 298	25 %
1 299 à 1 404	15 %

181.262 Avocats. L'avocat a droit, de la part du bénéficiaire à l'aide juridictionnelle partielle, a un honoraire complémentaire « *librement négocié* » qui fait l'objet d'une convention (L. 10 juill. 1991, art. 35 - et Décr. 19 déc. 1991, art. 99).

La **convention** est écrite, elle fixe en tenant compte de la complexité du dossier, des diligences et des frais imposés par la nature de l'affaire, le montant et les modalités de paiement du complément d'honoraires, dans des conditions compatibles avec les ressources et le patrimoine du bénéficiaire. Elle rappelle le montant de la part contributive de l'État et, le cas échéant, précise le montant de la provision qui a pu être versée à l'avocat par le bénéficiaire de l'aide avant son admission à l'aide provisoire.

Elle indique les voies de recours ouvertes en cas de contestation. **À peine de nullité**, elle est communiquée dans les quinze jours de sa signature au bâtonnier qui contrôle sa régularité ainsi que le montant du complément d'honoraires. Si le barreau dont relève l'avocat a établi une méthode d'évaluation des honoraires, le montant du complément est calculé selon celle-ci.

À défaut d'accord sur le montant d'honoraires complémentaires entre le bénéficiaire de l'aide et l'avocat, le bâtonnier se prononce selon les formes prévues pour la contestation des honoraires d'avocat. Il en est de même pour les contestations relatives à la convention. Lorsque c'est le bâtonnier qui est choisi ou désigné au titre de l'aide juridictionnelle, c'est le plus ancien bâtonnier dans l'ordre du tableau, membre du conseil de l'Ordre, qui se prononce à la place du bâtonnier.

181.263 Avocats à la Cour de cassation. Ils ont droit à un honoraire complémentaire déterminé selon les mêmes principes.

Les pouvoirs conférés au barreau sont exercés par l'ordre des avocats à la Cour de cassation et ceux qu'elle confère au bâtonnier par le président de l'Ordre. En matière de contestation des honoraires, la décision du président peut, dans le mois de sa notification, être portée devant le président de la juridiction concernée ou son délégué qui est saisi et statue sans forme.

Lorsque le président de l'Ordre est lui-même choisi ou désigné, ces pouvoirs sont exercés par le plus ancien président de l'Ordre, dans l'ordre du tableau, membre du conseil de l'Ordre (Décr. 19 déc. 1991, art. 99).

181.264 Officiers publics ou ministériels. Ils ont droit, de la part du bénéficiaire, à un émolument complémentaire calculé sur la base de leur tarif, minoré, selon les tranches ci-dessus exposées (v. s^s n° 181.261), de 50, 45, 35, 30 ou 25 % et déduction faite de la rétribution de l'État.

Dans tous les cas, cet émolument complémentaire ne peut être supérieur au montant du plafond de ressources fixé par la loi pour l'attribution de l'aide juridictionnelle totale (Décr. 19 déc. 1991, art. 100).

Les honoraires ou émoluments ainsi que les provisions versées à ce titre avant l'admission à l'aide juridictionnelle par un bénéficiaire viennent en déduction de la contribution du bénéficiaire et de celle de l'État pour le surplus éventuel (Décr. 19 déc. 1991, art. 102).

c)

Réduction de la contribution

181.271 Premier cas. La contribution de l'État rétribuant des avocats, avoués ou avocats à la Cour de cassation choisis ou désignés pour assister plusieurs personnes dans un litige reposant sur les mêmes faits et comportant des prétentions et un objet similaire est réduite dans une proportion minimum de 30 % pour la deuxième affaire, 40 % pour la troisième, 50 % pour la quatrième, 60 % pour la cinquième et s'il y a lieu pour les affaires supplémentaires. Dans ce cas, l'avocat concerné est mis à même de présenter ses observations (L. 10 juill. 1991, art. 38 - Décr. 19 déc. 1991, art. 109 et 113).

181.272 Extinction de l'instance. Lorsqu'elle a lieu pour une autre cause qu'un jugement ou une transaction et notamment lorsque le bénéficiaire de l'aide juridictionnelle renonce à poursuivre l'instance engagée, le président du tribunal de grande instance ou le président de la juridiction saisie peut, sur la demande de l'avocat, de l'avoué ou de l'avocat à la Cour de cassation, allouer à celui-ci une rétribution dont il fixe le montant en fonction de l'état de la procédure et des diligences accomplies. Dans tous les cas, le montant de cette rétribution ne peut excéder la moitié de celle fixée par le barème applicable en aide juridictionnelle totale (L. 10 juill. 1991, art. 39 – Décr. 19 déc. 1991, art. 111 à 113).

181.273 **Radiation, retrait du rôle.** La même règle que précédemment exposée s'applique dans ces cas. Le rétablissement ultérieur ne donne pas lieu à une nouvelle contribution de l'État mais au complément de sa rétribution pour l'avocat, l'avoué ou l'avocat à la Cour de cassation qui a perçu une rétribution réduite (Décr. 19 déc. 1991, art. 114).

d) Contribution complémentaire

181.281 **Hypothèse.** Dans le cas où une instance est reprise ou poursuivie devant une juridiction après que la juridiction saisie initialement du litige pour lequel l'aide juridictionnelle avait été accordée s'est déclarée incompétente, l'avocat qui prête son concours au bénéficiaire de l'aide peut solliciter une nouvelle contribution de l'État. Le président de la juridiction devant laquelle l'affaire est requise ou poursuivie se prononce sur cette demande et fixe le montant de la contribution complémentaire éventuellement due en tenant compte des diligences effectuées par l'avocat (Décr. 19 déc. 1991, art. 115).

e) Transaction

181.291 **Domaine.** Pour toute affaire terminée par une transaction avec le concours d'un avocat avant ou pendant l'instance, il est attribué à l'auxiliaire de justice une rétribution égale à celle due par l'État au titre de l'aide juridictionnelle lorsque l'instance s'éteint par l'effet d'un jugement. Toutefois, lorsque l'aide a été accordée en vue de parvenir à une transaction avant l'introduction de l'instance et qu'elle n'a pu être conclue, le versement de la rétribution due à l'avocat est subordonné à la justification, avant l'expiration du délai de six mois qui suit la décision d'admission, de l'importance et du sérieux des diligences accomplies par ce professionnel. Enfin, lorsque l'instance est engagée après l'échec de pourparlers transactionnels, la rétribution versée à l'avocat à raison des diligences accomplies durant ces pourparlers s'impute dans des conditions qui seront fixées par décret en Conseil d'État sur celle qui lui est due pour l'instance (L. 10 juill. 1991, art. 39).

f) Taxe sur la valeur ajoutée

181.301 **Imposition des prestations d'avocats.** L'article 279, f, désormais abrogé, du Code général des impôts précisait antérieurement que les prestations pour lesquelles les avocats étaient indemnisés totalement ou partiellement par l'État dans le cadre de l'aide juridictionnelle bénéficiaient du taux réduit à 5,5 %, lequel s'appliquait aussi bien pour l'indemnité reçue par l'État qu'à la contribution versée par le bénéficiaire de l'aide. Dans un arrêt du 17 juin 2010[1], introduit sur recours en manquement de la Commission européenne, la Cour de justice de l'Union européenne a estimé que ce taux réduit de TVA était contraire au droit communautaire, les avocats et les avoués ne pouvant être considérés comme des « *organismes ayant un caractère social et étant engagés dans des œuvres d'aide et de sécurité sociale* » qui seuls peuvent bénéficier de ce taux réduit en application de l'annexe III à la directive CE n° 2006/112[2]. Au regard de cette condamnation, la loi de finances rectificative pour 2010 a supprimé le taux réduit de TVA dont bénéficiaient les prestations des avocats dans le cadre de l'aide juridictionnelle. Ces prestations sont donc désormais soumises au taux normal de 20 % à compter du 1er janvier 2014.

B. Règlement des auxiliaires de justice

1° Achèvement de la mission

181.311 **Attestation de mission – Transaction avant l'introduction d'une instance.** L'avocat choisi ou désigné doit informer, par écrit, la partie adverse et, le cas échéant, son avocat et mentionner dans sa lettre que les courriers, pièces et documents élaborés ou échangés au cours des pourparlers transactionnels pourront être communiqués au président du bureau d'aide juridictionnelle et, le cas échéant, au président de la juridiction lors de l'examen de sa demande de paiement de la contribution qui lui est due par l'État au titre de l'aide juridictionnelle. Lorsque la transaction est intervenue, l'avocat qui sollicite le paiement de la contribution de l'État remet au président du bureau d'aide juridictionnelle une copie de l'acte conclu, certifiée conforme par le bâtonnier. En cas d'échec des pourparlers transactionnels, l'avocat communique au président les lettres, pièces et documents élaborés ou échangés au cours des pourparlers transactionnels et de nature à établir l'importance et le sérieux des diligences accomplies. Ces justificatifs ne peuvent être utilisés par le président que pour le traitement de la demande de paiement et les vérifications que celle-ci appelle. Le président du bureau d'aide juridictionnelle délivre ensuite une attestation de fin de mission transactionnelle qui précise la nature du différend et indique le montant de la contribution de l'État à la rétribution de l'avocat. Les éventuelles difficultés et contestations auxquelles donnerait lieu cette estimation sont tranchées sans

1. CJUE 17 juin 2010, Commission c/ France, aff. C-492/08.
2. Dir. CE n° 2006/112 du Conseil, 28 nov. 2010, relative au système commun de taxe sur la valeur ajoutée, *JOUE*, n° L 347, p. 1-118.

forme par le président de la juridiction. Lorsqu'une transaction est intervenue, la contribution de l'État est déterminée, selon la nature du différend, en fonction du produit de l'unité de valeur et des coefficients de base prévus aux rubriques II-1, II-5, III-1, IV-1, IV-2, V-1 (v. s[s] n°s 181.245 à 181.251). En cas d'échec des pourparlers transactionnels, la contribution due est égale à la moitié de ce montant. Toutefois le président du bureau d'aide juridictionnelle peut à titre exceptionnel augmenter cette contribution sans qu'elle puisse excéder les ¾ de ce montant sur justification par l'avocat de la difficulté de l'affaire, de la complexité particulière des pourparlers et de l'étendue des diligences accomplies. Lorsque l'aide juridictionnelle est accordée pour une instance et qu'une transaction intervient avant que celle-ci soit introduite, le bénéfice de l'aide juridictionnelle reste acquis pour la seule rétribution de l'avocat choisi ou désigné. En cas d'aide juridictionnelle partielle, la contribution de l'État est affectée d'un pourcentage calculé en fonction du tableau de l'article 98 et les dispositions de l'article 99 sont en outre applicables (v. s[s] n°s 181.262 et 181.263). La rétribution accordée à l'avocat au titre de l'aide juridictionnelle pour des pourparlers transactionnels ayant échoué est déduite de celle qui lui est allouée à ce titre lorsqu'il apporte son concours dans le cadre d'une instance engagée entre les mêmes parties à raison du même différend. Lorsque la contribution de l'État est réduite dans les conditions prévues aux articles 98 et 109, la contribution versée au titre de l'aide juridictionnelle accordée pour des pourparlers transactionnels ayant échoué est réduite dans la même proportion.

181.312 À l'issue de l'instance. Les sommes revenant aux avocats, aux avoués, aux avocats à la Cour de cassation et aux officiers publics ou ministériels sont réglées sur justification de la désignation au titre de l'aide juridictionnelle et la production d'une attestation de mission délivrée par le greffier en chef au secrétaire de la juridiction saisie. Cette attestation mentionne la nature de la procédure, les diligences effectuées et selon le cas, le montant de la contribution de l'État à la rétribution de l'avocat après s'il y a lieu, imputation de la somme perçue par lui au titre de l'aide juridictionnelle pour des pourparlers transactionnels ayant échoué ou la somme à régler à l'officier public ou ministériel. Elle est délivrée ou remise à l'auxiliaire de justice au moment où le juge rend sa décision ou, au plus tard, en même temps que lui en est adressée une expédition. L'avocat du bénéficiaire de l'aide qui ne demande pas le versement de la part contributive de l'État dans les douze mois à compter du jour où la décision est passée en force de chose jugée est réputé avoir renoncé à la perception de cette contribution (L. 10 juill. 1991, art. 37).

Les demandes d'attestations relatives aux actes des officiers publics ou ministériels intervenus pour introduire une instance ou qui, au cours de l'instance, ont été accomplis pour la signification d'une décision ou pour son exécution doivent être faites dans les deux mois qui suivent l'accomplissement de l'acte (Décr. 19 déc. 1991, art. 104).

2°
Avocats

181.321 Dotation au barreau. L'État affecte annuellement à chaque barreau une dotation représentant sa part contributive aux missions d'aide juridictionnelle accomplies par les avocats du barreau. Le montant de cette dotation résulte, d'une part, du nombre de missions d'assistance juridictionnelle accomplies par les avocats du barreau et, d'autre part, du produit du coefficient par type de procédure (v. tableau s[s] n° 181.245-1) et de l'unité de valeur de référence éventuellement majorée (L. 10 juill. 1991, art. 27).

181.322 Majoration de l'unité de valeur selon le volume annuel des missions d'aide juridictionnelle. Pour les aides juridictionnelles totales seulement, l'unité de valeur de référence pouvait être majorée en fonction du volume des missions effectuées au cours de l'année précédente au regard du nombre d'avocats inscrits au barreau dans la limite de 30 % du montant fixé par la loi de finances. L'ensemble des majorations possibles à ce titre donnait lieu à l'établissement de dix tranches égales fixées par un arrêté conjoint du garde des Sceaux, ministre de la Justice et du ministre chargé du Budget (Décr. 19 déc. 1991, art. 116). Ainsi l'arrêté du 28 décembre 2006 avait réparti les barreaux en dix groupes en fonction du rapport du volume des missions d'aide juridictionnelle effectuées en 2005 et du nombre d'avocats inscrits au barreau cette année-là[1]. La majoration de l'UV pour les missions d'aide juridictionnelle totale avait été fixée à 34 centimes d'euro par tranche (0,34 euro [groupe 1] à 3,40 euros [groupe 10]), pour les missions achevées à compter du 1er janvier 2007. Cette règle est aujourd'hui supprimée par l'article 128 de la loi de finances pour 2014 (v. s[s] n° 181.245) qui fixe uniformément le montant de l'unité de valeur, « *pour les missions achevées à compter du 1er janvier 2015, à 22,84 euros* ». La majoration modulée restera donc applicable en 2014.

181.323 Majoration du barème. Les rétributions allouées pour les missions d'aide juridictionnelle relatives aux procédures d'assistance éducative et celles prévues par les articles 35 *bis* et 35 *quater* de l'ordonnance n° 45-2658 du 2 novembre 1945 peuvent être majorées dans une proportion maximum de 20 % au bénéfice des barreaux qui ont souscrit des engagements d'objectifs assortis de procédures d'évaluation visant à assurer une meilleure organisation

1. Arr. 28 déc. 2006, *JO* 30 déc. 2006, p. 20088.

de la défense. Ces engagements sont l'objet d'un protocole passé avec le tribunal de grande instance près lequel le barreau est établi. Ces protocoles sont homologués par un arrêté du garde des Sceaux, ministre de la Justice, qui fixe le montant de la majoration accordée lors de la liquidation annuelle (Décr. 19 déc. 1991, art. 91).

La dotation due au titre de chaque année donne lieu au versement d'une provision initiale versée en début d'année et ajustée en fonction de l'évolution du nombre d'admission à l'aide juridictionnelle. Elle est liquidée en fin d'année sur la base du nombre des missions achevées (L. 10 juill. 1991, art. 28).

La dotation est versée sur un compte spécial de la Caisse de règlement pécuniaire des avocats (Carpa). Elle est intégralement affectée au paiement des avocats effectuant des missions d'aide juridictionnelle.

En ce qui concerne les règles de gestion financière et comptable des fonds, les Carpa doivent tenir une comptabilité annuelle, désigner un commissaire aux comptes et intégrer dans leur règlement intérieur un règlement type fixé par décret en Conseil d'État.

181.324 Règlement intérieur. Le décret n° 96-887 du 10 octobre 1996 impose à chaque barreau, au plus tard trois mois après sa publication, d'introduire dans son règlement intérieur un titre particulier relatif aux règles de gestion financière et comptable des fonds versés par l'État au titre de l'aide juridictionnelle conformément à un règlement type annexé au décret.

Par ailleurs, le règlement intérieur prévoit les modalités et le montant du paiement des avocats effectuant des missions d'aide juridictionnelle par la Carpa et le cas échéant, le versement de provisions ainsi que les éventuelles conventions prévoyant les modalités d'intervention d'avocats prêtant leur concours à temps partiel à l'aide juridictionnelle (Décr. 19 déc. 1991, art. 116). Mais un Conseil de l'Ordre ne peut imposer à un plaideur, bénéficiaire de l'aide juridictionnelle, qui exerce sa liberté de choix de son avocat, une renonciation rétroactive à cette aide par une disposition de son règlement intérieur, alors qu'elle n'est pas prévue par la loi sur l'aide juridique[1].

3°
Paiement des auxiliaires de justice

181.331 Comptable assignataire. La part contributive due par l'État aux avoués, aux avocats à la Cour de cassation, aux huissiers de justice, aux notaires et aux commissaires-priseurs, liquidée et ordonnée par l'ordonnateur compétent est payée par le comptable assignataire.

Dans les départements du Bas-Rhin, Haut-Rhin et Moselle, où les attributions d'avoués sont exercées par les avocats plaidants près la cour d'appel, c'est le receveur des impôts de la recette des actes judiciaires qui remplit les fonctions du trésorier-payeur général.

181.332 Taxe sur la valeur ajoutée. À la suite de l'arrêt rendu par la Cour de justice de l'Union européenne le 17 juin 2010 (v. s^{s} n° 181.301), les prestations pour lesquelles les avocats à la Cour de cassation et les avoués sont indemnisés totalement ou partiellement par l'État, sont soumises au taux normal de la TVA à compter du 31 décembre 2010[2].

C.
Prise en charge des frais

181.341 Principe. La loi dans son article 24 pose en principe que « *les dépenses qui incomberaient au bénéficiaire de l'aide juridictionnelle s'il n'avait pas eu cette aide sont à la charge de l'État* ». Cependant, lorsque le bénéficiaire de l'aide juridictionnelle est condamné aux dépens ou perd son procès, il supporte exclusivement la charge des dépens effectivement exposés par son adversaire sans préjudice des frais exposés non compris dans les dépens[3].

Toutefois, le juge peut, même d'office, laisser une partie des dépens à la charge de l'État (L. 10 juill. 1991, art. 42).

181.342 Frais couverts par l'aide juridictionnelle : délivrance gratuite des copies par les dépositaires publics. Le bénéficiaire de l'aide juridictionnelle obtient gratuitement des dépositaires publics, notamment des greffiers, les actes et expéditions de pièces nécessaires à la procédure ou à la mesure d'exécution en vue desquels l'aide juridictionnelle a été accordée (L. 10 juill. 1991, art. 41). Le bénéficiaire doit présenter au greffier copie de la décision d'admission à l'aide juridictionnelle. Il est statué sur les difficultés nées à l'occasion de cette délivrance par le président de la juridiction pour les actes et expéditions délivrés par le greffe et dans les autres cas, par le président du tribunal de grande instance. Les magistrats ainsi saisis statuent sans forme.

181.343 Frais couverts par l'aide juridictionnelle : exonération de certains frais fiscaux. Pour ce qui concerne le bénéficiaire de l'aide juridictionnelle, les actes de procédure faits à sa requête et les décisions judiciaires rendues sont exonérés du droit de timbre, du droit d'enregistrement notamment pour les actes d'huissier, ainsi que de la contribution pour l'aide juridique créée par l'article 54 de la loi n° 2011-900 du 29 juillet 2011 de finances rectificative pour

1. Civ. 1re, 4 avr. 1995, n° 93-10.818, *Bull. civ.* I, n° 156; *D.* 1995. 125.
2. V. Instr. DGF n° 3C-I-II, *BODI* n° 17, 3 mars 2011.
3. Civ. 3e, 3 oct. 1991, n° 90-10.917, *Bull. civ.* III, n° 229; *D.* 1991. 235.

2011, et reprise à l'article 1635 *bis* Q du Code général des impôts qui a été supprimée à compter du 1er janvier 2014 par l'article 128 de la loi de finances pour 2014. Il en est de même du droit de 150,00 euros dû par les parties à l'instance d'appel lorsque la constitution d'avocat est obligatoire devant la cour, fixé par l'article 1635 *bis* P du Code général des impôts. Toutes ces exonérations sont définitives. Les droits ne sont jamais recouvrés même si l'adversaire du bénéficiaire de l'aide juridictionnelle est condamné aux dépens. Par contre, la loi de finances pour 2011 a exclu les **droits de plaidoiries** de la prise en charge par l'État du droit dû par le bénéficiaire de l'aide juridictionnelle (L. 10 juill. 1991, art. 40).

181.344 Frais couverts par l'aide juridictionnelle : dispense de l'avance des frais de procédure. Le bénéficiaire de l'aide juridictionnelle est dispensé de l'avance ou de la consignation de tous les frais afférents à l'instance ou à l'accomplissement des actes pour lesquels l'aide a été accordée (L. 10 juill. 1991, art. 40) (not. l'expertise) [1] même si la demande d'aide juridictionnelle n'a été faite et son bénéfice obtenu qu'en appel [2].

Il n'y a pas lieu à consignation par l'État lorsque celle-ci eut incombé au bénéficiaire de l'aide juridictionnelle.

Les rémunérations afférentes aux différentes mesures d'instruction - constatations, consultations, expertises - sont avancées par l'État. Il en est de même pour les acomptes accordés par le juge sur justification des avances faites par l'expert, les indemnités de témoins, les frais de transport lorsque ces frais entrent dans les dépens, les frais de correspondance postale expressément prévus par la loi lorsqu'ils sont à charge des parties, les droits d'enregistrement et les taxes assimilées et en général tous les frais dus à des tiers (Décr. 19 déc. 1991, art. 119).

181.345 Remboursement des sommes avancées par l'État et des dépens (adversaire du bénéficiaire de l'aide judiciaire). L'adversaire du bénéficiaire de l'aide juridictionnelle condamné aux dépens et qui ne bénéficie pas lui-même de l'aide juridictionnelle est tenu de rembourser au Trésor dans la proportion des dépens mis à sa charge, les sommes avancées par l'État au titre de l'aide juridictionnelle tant pour l'instance que, le cas échéant, pour les pourparlers transactionnels (Décr. 19 déc. 1991, art. 123). Dès lors qu'elle est prise en charge au titre de l'aide juridictionnelle, la rémunération de l'avocat est comprise dans les sommes taxées relevant des dépens [3]. Toutefois, le juge peut toujours le dispenser en tout ou en partie de ce remboursement pour des considérations tirées de l'équité ou de la situation économique de cette partie (L. 10 juill. 1991, art. 43).

181.346 Remboursement des sommes avancées par l'État et des dépens (bénéficiaire de l'aide judiciaire). Lorsque le bénéficiaire de l'aide juridictionnelle est condamné aux dépens ou perd son procès, il supporte exclusivement la charge des dépens effectivement exposés par son adversaire, sans préjudice de l'application éventuelle des dispositions de l'article 75 de la loi (v. ss no 181.244). Le juge peut toutefois, même d'office, laisser une partie des dépens à la charge de l'État.

Le bénéficiaire de l'aide juridictionnelle totale condamné aux dépens est néanmoins dispensé de rembourser au Trésor public les sommes remboursées par l'État au titre de l'aide juridictionnelle accordées à son adversaire [4].

Le bénéficiaire de l'aide juridictionnelle partielle condamné aux dépens ou qui perd son procès pour lequel il était demandeur peut voir mettre à sa charge par le juge le remboursement d'une fraction des sommes exposées par l'État autres que la part contributive de l'État à la mission d'aide juridictionnelle des avocats et des officiers publics et ministériels (L. 10 juill. 1991, art. 42).

181.347 Recouvrement des sommes avancées par l'État. Afin d'adapter la procédure de recouvrement et de la rendre plus efficace, la loi de finances pour 2011 applique à l'aide juridictionnelle un nouveau régime de recouvrement : celui des produits divers de l'État ou encore des **créances *« ordinaires »*** (L. 10 juill. 1991, art. 40). Le recouvrement de ce type de créances nécessite l'émission d'un **titre exécutoire** qui pourra être exécuté par voie de **saisie à tiers détenteur**. Ainsi, le recouvrement des sommes avancées par l'État au titre de l'aide juridictionnelle est effectué par le comptable assignataire au vu d'un titre de perception établi et rendu exécutoire par l'ordonnateur compétent. Le titre de perception est notifié à la personne contre qui les sommes sont à recouvrer par les comptables publics (Décr. 19 déc. 1991, art. 124). Le titre de perception peut faire l'objet de la part du redevable d'une opposition. (Décr. 19 déc. 1991, art. 128).

181.348 Charge des dépens entre parties. En cas de **désistement** mettant fin à l'instance, les dépens ne peuvent être mis à la charge du défendeur bénéficiaire de l'aide juridictionnelle et toute stipulation contraire est réputée non-écrite (Décr. 19 déc. 191, art. 123-1).

1. Civ. 2e, 26 févr. 1992, no 90-20.821, *Bull. civ.* II, no 66; *D.* 1992. 495, note Laroche de Roussane – Civ. 2e, 8 juil. 2004, no 02-19.801, *Bull. civ.* II, no 369 – Civ. 2e, 21 mars 2013, no 11-27.208, *Bull. civ.* II, [à paraître].
2. Civ. 2e, 15 nov. 1995, no 94-12.453, *Bull. civ.* II, no 279; *D.* 1995. 1.
3. Civ. 2e, 2 févr. 2009, no 08-14.586, *Bull. civ.* II, no 180; *D.* 2009. 1903, obs. Avena-Robardet.
4. Civ. 2e, 17févr. 2011, no 10-12.174, *Bull. civ.* II, no 41.

En cas d'**accord des parties** tendant à mettre fin à une instance les opposant, il ne peut être mis à la charge de la partie bénéficiaire de l'aide juridictionnelle plus de la moitié des dépens de cette instance. Il en est de même de la convention des époux en cas de divorce par consentement mutuel (Décr. 19 déc. 1991, art. 123-2).

D.
Maintien du bénéfice de l'aide juridictionnelle

181.351 **Voies de recours.** Toute personne admise à l'aide juridictionnelle en conserve de plein droit le bénéfice pour se défendre en cas d'exercice d'une voie de recours (L. 10 juill. 1991, art. 8).

181.352 **Juridiction incompétente.** Si la juridiction saisie d'un litige pour lequel le bénéfice de l'aide juridictionnelle a été accordé est incompétente, ce bénéfice subsiste devant la nouvelle juridiction sans qu'il soit besoin d'une nouvelle admission (L. 10 juill. 1991, art. 9).

SECTION 3
RETRAIT DE L'AIDE JURIDICTIONNELLE

181.361 **Domaine.** Le retrait peut intervenir dans quatre cas :

– lorsque l'aide juridictionnelle a été obtenue à l'aide de fausses déclarations ou au vu de pièces inexactes, que cette inexactitude soit commise de bonne foi ou dans une intention frauduleuse;

– s'il survient au bénéficiaire de l'aide juridictionnelle des ressources nouvelles qui, si elles avaient existé au jour de la demande, n'auraient pas permis à celle-ci d'être accordée;

– lorsque la décision passée en force de chose jugée a procuré au bénéficiaire des ressources telles que si elles avaient existé au jour de la demande d'aide juridictionnelle, celle-ci n'aurait pas été accordée;

– lorsque la procédure engagée par le demandeur bénéficiant de l'aide juridictionnelle a été jugée dilatoire ou abusive (L. 10 juill. 1991, art. 50).

Dans le premier cas, le bénéfice de l'aide est retiré obligatoirement et à tout moment même après l'instance. Ce retrait peut intervenir d'office ou à la demande de tout intéressé et sans préjudice de poursuites pénales.

Les trois autres cas sont facultatifs.

181.362 **Procédure de retrait de l'aide juridictionnelle.** Le retrait est prononcé par la section du bureau qui a accordé l'aide juridictionnelle et seulement par eux (L. 10 juill. 1991, art. 51)[1].

Ce retrait peut intervenir d'office soit à la demande de la juridiction qui a eu à connaître de l'affaire, de tout intéressé ou du ministère public (Décr. 19 déc. 1991, art. 71).

La demande est adressée au président du bureau qui a accordé l'aide juridictionnelle. Le bureau d'aide juridictionnelle, la section ou la division peut faire recueillir tout renseignement et faire procéder à toutes auditions complémentaires. Le bénéficiaire de l'aide doit être entendu ou appelé à s'expliquer oralement. Il est statué après communication au ministère public lorsque la demande de retrait repose sur des déclarations ou la production de pièces inexactes (Décr. 19 déc. 1991, art. 72 et 73).

Le retrait peut être **partiel** ou **total.** En cas de retrait partiel de l'aide juridictionnelle, la décision indique la proportion du retrait et s'il y a lieu le moment de l'instance à compter duquel il s'applique (Décr. 19 déc. 1991, art. 74).

La décision est **motivée** et elle est notifiée comme les autres décisions du bureau. Elle peut donner lieu aux mêmes recours.

181.363 **Effet du retrait de l'aide juridictionnelle.** En cas de retrait, l'intéressé doit payer ou rembourser, en tout ou partie, les droits, redevances, honoraires, émoluments, consignations et avances de toute nature dont il avait été dispensé ou que l'État avait avancés (L. 10 juill. 1991, art. 52).

Le retrait partiel peut concerner un pourcentage de l'ensemble des frais ou ne concerner qu'une partie des frais de l'instance. Les limites en sont fixées par la décision du bureau.

Lorsque la représentation est obligatoire, l'avocat désigné au titre de l'aide juridictionnelle ne peut se décharger de son mandat tant qu'il n'est pas remplacé par un nouvel avocat constitué par l'intéressé[2].

1. Civ. 2e, 21 nov. 2002, n° 01-03.435, *Bull. civ.* II, n° 261; *D.* 2002. 3241.
2. Civ. 2e, 16 févr. 1984, n° 82-13.572, *Bull. civ.* II, n° 31; *Gaz. Pal.* 21 mars 1985, n° 79-80, note du Rusquec.

CHAPITRE

182. Aide judiciaire – droit de l'Union européenne

FRÉDÉRIQUE FERRAND
Professeur à l'Université Jean-Moulin (Lyon 3) et à l'Université d'Augsbourg

SECTION 0 ORIENTEUR

182.00 **Plan du chapitre.**

182.01 **Textes applicables.**

Dir. CE n° 2003/8 du Conseil, 27 janv. 2003, visant à améliorer l'accès à la justice dans les affaires transfrontalières par l'établissement de règles minimales communes relatives à l'aide judiciaire accordée dans le cadre de telles affaires, *JOCE*, n° L 26, 31 janv., p. 41-47.

Charte des droits fondamentaux de l'Union européenne, art. 47, al. 3.

L. n° 2005-750, 4 juill. 2005, portant diverses dispositions d'adaptation au droit communautaire dans le domaine de la justice, *JO* 6 juill., p. 11136.

Décr. n° 2005-1470, 29 nov. 2005, relatif à l'aide juridictionnelle accordée dans les litiges transfrontaliers en matière civile ou commerciale et modifiant le décret n° 91-1266 du 19 décembre 1991 [1], *JO* 30 nov., p. 18497.

182.09 **Plan.** Dans les litiges impliquant des parties domiciliées ou résidant sur le territoire d'États membres différents, les institutions de l'Union ont entendu imposer aux États membres [2] des standards minimaux en matière d'aide dénommée aide judiciaire [3]. L'aide judiciaire – car telle est l'expression consacrée en droit de l'Union, alors que le droit français, lui, retient celle d'« *aide juridictionnelle* » – est en effet un élément essentiel de garantie de l'accès au tribunal, comme la jurisprudence de la Cour européenne des droits de l'homme a eu l'occasion de le

1. Décr. n° 91-1266, 19 déc. 1991, portant application de la loi n° 91-647 du 10 juillet 1991 relative à l'aide juridique, *JO* 20 déc., p. 16609.

2. Sauf au Danemark qui a refusé d'être partie à la législation de l'Union en matière de coopération judiciaire civile. Toutefois, le Danemark a signé et ratifié un autre texte, l'Accord européen sur la transmission des demandes d'assistance judiciaire qui a été ouvert à la signature à Strasbourg le 27 janv. 1977, dans le cadre du Conseil de l'Europe (STCE, n° 092), et qui s'applique dès lors dans les rapports entre ce pays et de nombreux autres États membres également signataires de cet accord (notamment, la Belgique, la Bulgarie, l'Espagne, l'Estonie, la Finlande, la France, la Grèce, l'Irlande, l'Italie, la Lettonie, la Lituanie, le Luxembourg, les Pays-Bas, la Pologne, le Portugal, la République tchèque, le Royaume-Uni et la Suède).

3. V. AUSSI, CJUE 22 déc. 2010, DEB Deutsche Energiehandels- und Beratungsgesellschaft mbH, aff. C-279/09 (*Europe* févr. 2011. Comm. 38, obs. Simon; *RTD eur.* 2011. 173, chron. Coutron), qui a jugé que l'invocation du principe de protection juridictionnelle effective (Charte UE, art. 47) par une personne morale n'est pas exclue et que l'aide octroyée en application de ce principe peut couvrir, notamment, la dispense du paiement de l'avance des frais de procédure et/ou l'assistance d'un avocat. « Il incombe à cet égard au juge national de vérifier si les conditions d'octroi de l'aide judiciaire constituent une limitation du droit d'accès aux tribunaux qui porte atteinte à ce droit dans sa substance même, si elles tendent à un but légitime et s'il existe un rapport raisonnable de proportionnalité entre les moyens employés et le but visé. Dans le cadre de cette appréciation, le juge national peut prendre en considération l'objet du litige, les chances raisonnables de succès du demandeur, la gravité de l'enjeu pour celui-ci, la complexité du droit et de la procédure applicables ainsi que la capacité de ce demandeur à défendre effectivement sa cause. Pour apprécier la proportionnalité, le juge national peut également tenir compte de l'importance des frais de procédure devant être avancés et du caractère insurmontable ou non de l'obstacle qu'ils constituent éventuellement pour l'accès à la justice. S'agissant plus spécialement des personnes morales, le juge national peut tenir compte de la situation de celles-ci. Ainsi, il peut prendre en considération, notamment, la forme et le but lucratif ou non ▶

juger[1]. C'est ainsi qu'a été adoptée la directive CE n° 2003/8 du Conseil du 27 janvier 2003 (sect. 1). Ce texte a été transposé tardivement en droit français (sect. 2). En outre, depuis l'entrée en vigueur du traité de Lisbonne en décembre 2009, la Charte des droits fondamentaux de l'Union européenne a acquis la même force obligatoire que les traités de l'Union. Dans son article 47 alinéa 3, elle énonce qu'« *une aide juridictionnelle est accordée à ceux qui ne disposent pas de ressources suffisantes dans la mesure où cette aide serait nécessaire pour assurer l'effectivité de l'accès à la justice* ».

SECTION 1
DIRECTIVE EUROPÉENNE DU 27 JANVIER 2003

182.10 Genèse et objectifs. Le 27 janvier 2003 a été adoptée une directive[2] « *visant à améliorer l'accès à la justice dans les affaires transfrontalières par l'établissement de règles minimales communes en matière d'aide judiciaire* »[3]; la directive devait être transposée par les États membres au plus tard au 30 novembre 2004.

Ce texte vise à promouvoir l'octroi d'une aide judiciaire pour les litiges transfrontaliers à toute personne qui ne dispose pas de ressources suffisantes, dès lors que cette aide est nécessaire pour assurer un accès effectif à la justice[4]. L'accès à la justice est donc un droit généralement reconnu (v. d'ailleurs Charte UE, art. 47, al. 3).

La directive entend « *garantir un niveau approprié d'aide judiciaire dans les litiges transfrontaliers, par l'établissement de certaines normes minimales communes* »[5]. Elle ne veut pas pour autant être trop détaillée et laisse aux États membres la liberté d'établir des seuils au-dessus desquels une personne est présumée pouvoir faire face aux frais de justice, à condition que les seuils soient établis en tenant compte d'éléments objectifs tels que revenus, capital de la personne ou sa situation familiale[6].

L'aide judiciaire est également envisagée de façon détaillée dans le règlement CE n° 4/2009 du 18 décembre 2008 sur la compétence, la loi applicable, la reconnaissance et l'exécution des décisions et la coopération en matière d'obligation alimentaire[7], car la créance à recouvrer présente alors souvent un caractère vital[8].

▶ de la personne morale en cause ainsi que la capacité financière de ses associés ou actionnaires et la possibilité, pour ceux-ci, de se procurer les sommes nécessaires à l'introduction de l'action en justice ».

1. V. PAR EX., CEDH 12 juin 2003, Gutfreund c/France, req. n° 45681/99, *D.* 2003. 2268, obs. Fricero – CEDH 10 juill. 2008, Blandeau c/France, req. n° 9090/06, *Dr. et proc.* sept.-oct. 2008, cahier *Droit des procédures internationales*, p. 21, obs. Fricero : « *L'article 6 § 1 s'applique en principe à une procédure portant sur l'aide juridictionnelle lorsque cette procédure peut être considérée comme déterminante pour le droit d'accès à un tribunal* (CEDH 12 sept. 2003, Gutfreund c/France, req. n° 45681/99, § 44, *Rec. CEDH* 2003-VII), *ce qui semble être le cas en l'espèce : le pourvoi de la requérante fut déclaré non admis pour défaut d'avocat, alors que la représentation par un avocat était obligatoire* ».
2. C. Nourissat, « Directive n° 2003/8/CE du Conseil du 27 janvier 2003 visant à améliorer l'accès à la justice dans les affaires transfrontalières en matière civile et commerciale », *Procédures* août-sept. 2003.
3. Dir. CE n° 2003/8 du Conseil, 27 janv. 2003, visant à améliorer l'accès à la justice dans les affaires transfrontalières par l'établissement de règles minimales communes relatives à l'aide judiciaire accordée dans le cadre de telles affaires, *JOUE*, n° L 26, 31 janv., p. 41-47.
4. Dir. CE n° 2003/8 du Conseil, 27 janv. 2003, consid. 5.
5. Dir. CE n° 2003/8 du Conseil, 27 janv. 2003, consid. 8 et art. 1er.
6. Dir. CE n° 2003/8 du Conseil, 27 janv. 2003, consid. 14.
7. Règl. CE n° 4/2009 du Conseil, 18 déc. 2008, *JOUE*, n° L 7, 10 janv. 2009, p. 1.
8. Ainsi, l'article 44 du règlement dispose que les parties à un litige en matière d'obligations alimentaires « *bénéficient d'un accès effectif à la justice dans un autre État membre, y compris dans le cadre des procédures d'exécution et des recours* ». Pour assurer un tel accès effectif, les États membres doivent fournir une aide judiciaire dont les conditions d'attribution ne doivent pas être plus restrictives que celles fixées pour les affaires internes équivalentes (art. 44 § 4). Le contenu de l'aide judiciaire est listé dans l'article 45 du règlement : il s'agit de « *l'assistance nécessaire pour permettre aux parties de connaître et de faire valoir leurs droits et pour garantir leurs demandes* ». Cette aide judiciaire inclut : a) des conseils précontentieux en vue d'arriver à un règlement avant d'intenter une procédure judiciaire; b) l'assistance juridique en vue de saisie une autorité ou une juridiction, et la représentation en justice; c) l'exonération ou la prise en charge des frais de justice, des honoraires des mandataires désignés pour accomplir les actes de procédure; d) dans les États membres où la partie perdante doit régler les frais de la partie adverse, si le bénéficiaire de l'aide judiciaire succombe, les frais de la partie adverse (à certaines conditions, v. art. 45, d); e) l'interprétation; f) la traduction des documents exigés par la juridiction ou l'autorité compétente et présentés par la partie bénéficiant de l'aide judiciaire, qui sont nécessaires au règlement du litige; g) les frais de déplacement du bénéficiaire de l'aide judiciaire si sa présence physique est requise à l'audience. L'article 46 est spécifiquement consacré au cas des demandes d'aliments en faveur d'enfants et qui sont, comme le règlement le permet, introduites par l'autorité centrale d'un État membre (cette autorité est désignée par chaque État membre qui en informe la Commission européenne). Dans une telle hypothèse, l'État membre requis doit fournir une « *aide judiciaire gratuite* » pour toutes les demandes d'obligation alimentaire résultant d'une relation entre parent et enfant envers une personne âgée de moins de vingt-et-un ans, présentée par un créancier. Dans certains cas toutefois l'autorité compétente de l'État membre requis peut ▶

182.11 Champ d'application. La directive s'applique aux litiges transfrontaliers en matière civile et commerciale, quelle que soit la nature de la juridiction. Sont en revanche exclues les matières fiscales, douanières ou administratives (Dir., art. 1er). Un litige transfrontalier est un litige dans lequel la partie demandant l'aide judiciaire « *a son domicile ou sa résidence dans un État membre autre que l'État du for ou que l'État dans lequel la décision doit être exécutée* » (Dir., art. 2) [1]. Le lieu du domicile ou de la résidence s'apprécie au moment où la demande en justice est introduite (Dir., art. 2 § 3).

182.12 Bénéficiaires de l'aide judiciaire. La directive entend faire bénéficier du mécanisme (que les États membres doivent mettre en place) aussi bien les citoyens de l'Union, où que soit situé leur domicile ou leur résidence habituelle sur le territoire d'un État membre, que les ressortissants de pays tiers ayant leur résidence habituelle dans un État membre dans lequel ils sont en situation régulière de séjour[2]. Ne sont concernées que les **personnes physiques.** Les personnes remplissant les conditions de revenus édictées par l'État membre ont alors un véritable droit à l'aide judiciaire (Dir., art. 3); cette dernière doit être appropriée, ce qui signifie qu'elle doit garantir des conseils précontentieux[3] (en vue d'aboutir à un règlement amiable et d'éviter ainsi la procédure judiciaire)[4], et une assistance juridique, ainsi qu'une représentation en justice, de même que l'exonération ou la prise en charge des frais de justice du bénéficiaire, ainsi que les honoraires des mandataires chargés par le juge d'accomplir certains actes durant le cours de la procédure (Dir., art. 3 § 2). Enfin, si la partie bénéficiaire de l'aide judiciaire succombe – dans les États membres imposant à la partie succombante de régler les frais de justice de l'adversaire –, l'aide judiciaire englobe également les frais de la partie adverse[5].

La directive autorise les États membres à exiger du bénéficiaire de l'aide une « *contribution raisonnable aux frais de justice* » (Dir., art. 3 § 4)[6]. Ceci est une position réaliste admise au regard du coût élevé que représente l'aide juridictionnelle dans le budget de la justice.

Est également énoncé le principe de la **continuité de l'aide judiciaire,** qui signifie que ladite aide continue à être accordée (en totalité ou en partie) pour

► refuser l'octroi de l'aide judiciaire si elle considère que la demande ou le recours est « manifestement dépourvu de fondement » (art. 46 § 2). Pour les autres cas, v. art. 47.

1. Le domicile est déterminé selon l'article 59 du règlement CE n° 44/2001, Bruxelles I, du 22 déc. 2000; c'est-à-dire que pour déterminer si une partie a son domicile sur le territoire de l'État membre dont les tribunaux sont saisis, le juge applique sa loi interne, alors que pour déterminer si elle a son domicile dans un autre État membre, il applique la loi de cet État membre.
2. Dir. CE n° 2003/8 du Conseil, 27 janv. 2003, consid. 13 et art. 4, intitulé « non-discrimination ».
3. La Cour constitutionnelle fédérale allemande a ainsi jugé (C. const. féd., 2e ch. du 1er sénat, 30 juin 2009, 1 BvR 470/09, *FamRZ* 2009. 1655) que l'article 3 alinéa 1er, GG (principe d'égalité) combiné avec l'article 20 alinéas 1er et 3 GG (principe d'État de droit social et obligation pour le pouvoir-législatif de respecter la Constitution) garantit également dans le domaine extrajudiciaire du conseil juridique une égalité dans la réalisation des droits (*Rechtswahrnehmungsgleichheit*); il convient donc de mettre à la disposition du justiciable démuni des moyens d'aide par consultation juridique lui permettant une égalité des armes avec le plaideur aux revenus plus élevés. En l'espèce, les tribunaux avaient considéré que la plaignante n'avait qu'à s'adresser pour information à l'administration contre laquelle, justement, elle entendait diriger son recours !
4. DE MÊME, les procédures extrajudiciaires peuvent donner lieu à une aide judiciaire lorsque la loi fait obligation aux parties d'y recourir, ou lorsque le juge y renvoie les parties (Dir., art. 10; par ex., conciliation ou médiation préalable ordonnée par la loi ou décidée par le tribunal saisi de l'affaire).
5. L'article 3 § 3 pose la condition selon laquelle l'aide judiciaire aurait couvert ces frais si le bénéficiaire avait eu son domicile ou sa résidence habituelle dans l'État membre du for.
6. Les États membres peuvent, de même, prévoir un remboursement total ou partiel de l'aide judiciaire par le bénéficiaire si la situation financière de ce dernier s'est entre-temps considérablement améliorée. Il en va de même dans le cas où l'aide judiciaire n'a été accordée qu'en raison d'informations inexactes fournies par le bénéficiaire (Dir., art. 3 § 5). Les États membres souffrent du coût que représente l'aide juridictionnelle. En France par exemple, en 2012, 779 895 missions d'aide juridictionnelles ont été effectuées par 25 098 avocats (sur les 56 176 que comptait la profession). Le coût de l'aide juridictionnelle était estimé à 379 millions d'euros pour 2013 en France. En Allemagne également, les *Länder* (États fédérés), représentés au sein du *Bundesrat* (qui est la seconde chambre du Parlement allemand), ploient sous la charge financière que constitue l'aide juridictionnelle (*Prozesskostenhilfe*); le Bundestag a relevé qu'alors qu'en 1998, 280 millions d'euros avaient été déboursés par les *Länder* pour l'aide juridictionnelle, le montant avait en 2003 atteint 360 millions d'euros. Les *Länder* ont donc formulé diverses propositions de loi tendant notamment à prendre en compte davantage de ressources du demandeur à l'aide, notamment des ressources exceptionnelles consistant en un seul versement, comme certaines prestations sociales; la demande d'aide pourrait être rejetée dès lors que le demandeur ne serait pas en mesure de mentionner des moyens de preuve permettant d'en déduire les chances de succès de la demande. Prononcerait à l'avenir la décision en matière d'aide juridictionnelle non plus un magistrat ou un collège de magistrats, mais un *Rechtspfleger* (sorte de super greffier auquel sont confiées certaines attributions qui normalement relèveraient du juge) spécialement formé à cet effet. Ce fonctionnaire pourrait vérifier les déclarations du demandeur à l'aide en consultant les banques de données des services fiscaux, sociaux, *etc.* Le demandeur à l'aide serait tenu de verser une somme forfaitaire de 50 euros, quels que soient ses revenus, pour frais de traitement de sa demande d'aide juridictionnelle. Il avait même été envisagé que le bénéficiaire de l'aide, s'il gagnait son procès, serait choquante et vraisemblablement inconstitutionnelle ait été maintenue dans la dernière version du texte ►

les frais exposés en vue de l'exécution d'un jugement[1] dans l'État membre du for (Dir., art. 9 § 1). De même, celui qui a bénéficié d'une aide judiciaire dans l'État membre du for obtient également une aide financière dans l'État membre dans lequel le jugement doit être déclaré exécutoire, reconnu ou exécuté[2].

182.13 Conditions d'attribution de l'aide. Ressources financières. L'aide ne sera accordée qu'aux personnes « *dans l'incapacité totale ou partielle de faire face aux frais de justice visés à l'article 3, paragraphe 2, en raison de leur situation économique* » (Dir., art. 5 § 1). Les autorités compétentes de l'État membre du for apprécient cette situation au regard de divers éléments objectifs tels que revenus, capital, situation familiale (Dir., art. 5 § 2). Les États membres peuvent établir des seuils au-dessus desquels le demandeur d'aide est présumé pouvoir faire face aux frais du procès, mais le candidat à l'aide dont les ressources seraient supérieures au seuil doit avoir le droit de prouver qu'il ne pourrait pas faire face aux frais de justice, en raison de la différence de coût de la vie entre l'État membre de son domicile (ou de sa résidence habituelle) et l'État du for (Dir., art. 5 § 4). Cette disposition tend judicieusement à prendre en compte les différences de niveau de vie entre États membres.

Afin d'éviter des charges financières inutiles à l'État du for, l'article 5 § 5 de la directive précise que l'aide peut ne pas être accordée au demandeur s'il a un accès effectif à d'autres mécanismes par lesquels les frais de justice sont pris en charge (par exemple, assurance protection juridique).

182.14 Conditions d'attribution de l'aide relatives au fond du litige. La directive autorise les États membres à refuser l'aide judiciaire lorsque l'action paraît « *manifestement infondée* » (Dir., art. 6 § 1)[3]. Lorsqu'elle statue sur le bien-fondé de la demande, l'autorité compétente de l'État membre tient compte de l'importance de l'affaire pour le demandeur (et éventuellement également de la nature de l'affaire, Dir., art. 6 § 3).

182.15 Frais couverts par l'aide judiciaire. La directive distingue entre État membre du for et État membre dans lequel le demandeur à l'aide a son domicile ou sa résidence habituelle. Le **premier** accorde une aide judiciaire comprenant frais d'interprétariat, traduction des documents exigés par le juge ou l'autorité compétente, frais de déplacement que le demandeur doit exposer si est exigée, à l'audience, la présence physique de personnes concernées par la demande (Dir., art. 7). Le **second** État, lui, fournit l'aide judiciaire nécessaire pour couvrir les frais exposés dans cet État pour l'assistance d'un avocat local jusqu'à ce que la demande d'aide judiciaire ait été reçue dans l'État du for, ainsi que les frais de traduction de la demande d'aide et des documents nécessaires, si la demande est introduite auprès des autorités de cet État du domicile ou de la résidence du demandeur à l'aide (Dir., art. 8).

182.16 Procédure en vue d'obtenir l'aide judiciaire. La directive précise que la demande d'aide est

▶ proposé au vote des assemblées. En revanche, la proposition de loi prévoit que, dès lors que le demandeur à l'aide a des revenus supérieurs au minimum vital (qui correspond au montant de la *Sozialhilfe*, comparable quant à sa nature au revenu de solidarité active [RSA] du droit français), l'aide juridictionnelle ne lui est accordée qu'à titre de prêt. Cette proposition de loi restrictive en matière d'aide juridictionnelle avait suscité la forte opposition des avocats allemands, ainsi que celle du SPD, qui bloqua le projet au sein du *Bundestag*. On aurait ainsi pu espérer que ce projet de loi ne prospérât pas. Toutefois, il a été de nouveau mis dans le circuit législatif le 25 janv. 2010 par une demande émanant des Länder de Bade-Wurtemberg, Hesse et Schleswig-Holstein (BR-Dr. 37/10, 25 janv. 2010; ce sont en effet les *Länder* qui supportent le poids financier de l'aide juridictionnelle). Le gouvernement fédéral a ensuite repris l'initiative en présentant un projet de loi *zur effizienten Gestaltung der Prozesskosten – und Beratungshilfe* (en vue d'une organisation efficace de l'aide juridictionnelle et de l'aide juridique) qu'il a adressé en avril 2012 à divers groupements (*NJW* 22/2012. 6; *NJW* 24/2012. 16; et *BRAK-Newsletter* n° 9/2012, 10 mai 2012; la Chambre nationale des avocats – *Bundesrechtsanwaltskammer* – a critiqué la possible atteinte à l'égalité des armes, notamment dans les procédures de divorce où, à l'avenir, le défendeur ne bénéficierait plus automatiquement de l'aide juridictionnelle lorsque le demandeur est représenté par un avocat). L'objectif est de faire baisser de 71 millions d'euros le budget des *Länder* en matière d'aide juridique et juridictionnelle (*NJW* 24/2012. 16) sans pour autant mettre en danger l'accès des personnes démunies à la justice. La procédure d'octroi de l'aide juridictionnelle est modifiée pour garantir que l'état de besoin (*Bedürftigkeit*) du demandeur à l'aide soit établi de façon précise; les conditions d'attribution de l'aide sont formulées de façon plus concrète afin d'éviter les abus, et les demandeurs à l'aide sont tenus d'une obligation de communiquer en détail leurs revenus ainsi que leurs augmentations de revenus (*Mitteilungspflicht*); en revanche, la proposition du gouvernement de permettre au tribunal devant statuer sur l'attribution de l'aide, de solliciter de tiers, avec l'accord de la personne sollicitant l'aide juridictionnelle, des renseignements sur la situation financière de cette dernière, a été rejetée. Le bénéficiaire de l'aide devra participer davantage au financement du procès (diminution des sommes exonérées). La loi du 31 août 2013 (*Gesetz zur Änderung des Prozesskostenhilfe – und Beratungshilferechts*) a été publiée au Journal officiel de la RFA (*BGBl.* I. 3533) et est entrée en vigueur le 1er janvier 2014.

1. Il en va de même pour l'exécution d'un acte authentique (Dir., art. 11).
2. L'aide est également maintenue en cas d'exercice d'une voie de recours exercée par ou contre le bénéficiaire de ladite aide (Dir., art. 9 § 3). Mais la directive autorise les États membres à réexaminer la demande d'aide à tous les stades de la procédure.
3. Il est également possible qu'une aide judiciaire soit accordée pour des conseils précontentieux et qu'ensuite soit refusée une aide supplémentaire en raison de l'absence de bien-fondé de la demande (Dir., art. 6 § 2).

soumise à l'autorité compétente de l'État membre du domicile ou de la résidence du demandeur[1], ou bien à l'autorité compétente de l'État membre du for[2] (Dir., art. 13). La demande doit être établie dans la langue officielle de l'État du for ou toute autre langue que cet État a déclaré pouvoir accepter. Un formulaire standard est prévu par la directive pour la formulation et la transmission de la demande d'aide judiciaire (Dir., art. 16).

L'autorité compétente de l'État membre du for doit motiver sa décision en cas de rejet partiel ou total de la demande d'aide (Dir., art. 15 § 2). Les États membres doivent garantir l'existence d'un recours contre la décision de rejet[3].

182.17 Aide juridique. La directive du 27 janvier 2003 précise clairement que l'aide judiciaire devrait couvrir les conseils précontentieux afin de parvenir à un règlement avant d'engager une procédure judiciaire[4]. Comme dans de nombreux droits internes, l'idée est là de favoriser un règlement amiable du litige en « *finançant* » si nécessaire une phase précontentieuse (conciliation, médiation ou autre).

182.18 Aide juridictionnelle et Charte européenne des droits fondamentaux de l'Union européenne. L'article 47 de la Charte garantit le droit à un recours effectif à toute personne dons les droits et libertés « *garantis par le droit de l'Union* » auraient été violés (Charte UE, al. 1er)[5]. En vertu de l'alinéa 3 de ce même article 47, « *une aide juridictionnelle est accordée à ceux qui ne disposent pas de ressources suffisantes, dans la mesure où cette aide serait nécessaire pour assurer l'effectivité de l'accès à la justice* ». Il convient de préciser qu'en vertu de l'article 51 de la Charte, cette dernière s'impose aux « *institutions et organes de l'Union dans le respect du principe de subsidiarité, ainsi qu'aux États membres* ***uniquement lorsqu'ils mettent en œuvre le droit de l'Union*** ».

Récemment, la Cour de justice a eu à se prononcer sur les possibles implications de la Charte des droits fondamentaux en matière d'**aide juridictionnelle au profit d'une personne morale.**

L'affaire portait sur une procédure sur recours formé en vertu de l'article 43 du règlement Bruxelles I, contre une décision constatant le caractère exécutoire d'un jugement ordonnant une saisie conservatoire. Dans cet **arrêt du 13 juin 2012, *GREP GmbH c/Freistaat Bayern***[6], la Cour de justice relève que le recours de l'article 43 « *constitue une mise en œuvre du droit de l'Union au sens de l'article 51 de la Charte des droits fondamentaux* » et que le principe de protection juridictionnelle effective, tel que consacré à l'article 47 de la Charte « *peut comprendre le droit d'être dispensé du paiement des frais de procédure et/ou des honoraires dus pour obtenir l'assistance d'un avocat dans le cadre d'un tel recours* ». La Cour ajoute toutefois qu'il appartient à la juridiction nationale de vérifier[7] si les conditions d'octroi d'une telle aide juridictionnelle, telles que prévues par le droit national, constituent « *une limitation du droit d'accès aux tribunaux qui porte atteinte à ce droit dans sa substance même, si elles tendent à un but légitime et s'il existe un rapport raisonnable de proportionnalité entre les moyens employés et le but visé* ».

182.19 Appréciation de la directive et avenir. Dans un rapport du 23 février 2012[8] relatif à l'application de la directive sur l'aide judiciaire, la Commission européenne a relevé l'absence de difficultés dans la transposition de ce texte par les États membres. La directive elle-même semble d'ailleurs n'avoir donné lieu qu'à une seule question préjudicielle jusqu'en 2012[9]. La Commission invite toutefois les États membres à faire davantage connaître les possibilités offertes par la directive dans le cadre de **litiges intra-Union.**

En ce qui concerne l'aide judiciaire dans les rapports avec des **États tiers**, la Commission européenne

1. Dite « *autorité expéditrice* ». Dans ce cas, l'autorité expéditrice peut refuser de transmettre la demande à l'État membre du for si elle est manifestement non fondée ou hors du champ d'application de la directive (Dir., art. 13 § 3). Cette autorité expéditrice doit aider le demandeur dans la formulation de la demande; puis elle la transmet à l'autorité réceptrice compétente dans un délai de quinze jours à compter de la réception de la demande. Elle ne peut réclamer aucune rémunération pour ce service envers le demandeur (Dir., art. 13 § 6, avec une réserve).
2. Dite « *autorité réceptrice* ».
3. V. Dir. CE no 2003/8 du Conseil, 27 janv. 2003, art. 15 § 3, qui contient une exception à cette règle.
4. Dir. CE no 2003/8 du Conseil, 27 janv. 2003, consid. 11 et art. 3 § 2, a).
5. L'alinéa 2 de l'article 47 de la Charte prévoit que « *toute personne a droit à ce que sa cause soit entendue équitablement, publiquement et dans un délai raisonnable par un tribunal indépendant et impartial, établi préalablement part la loi. Toute personne a la possibilité de se faire conseiller, défendre et représenter* ».
6. CJUE 13 juin 2012, GREP GmbH c/Freistaat Bayern, aff. C-156/12.
7. Pour procéder à cette vérification, la juridiction nationale est invitée à tenir compte de l'objet du litige, des chances raisonnables de succès du demandeur, de la gravité de l'enjeu pour celui-ci, de la complexité du droit et de la procédure applicables ainsi que de la capacité de ce demandeur à défendre effectivement sa cause. La proportionnalité est appréciée en examinant l'importance des frais de procédure devant être avancés et le caractère insurmontable ou non de l'obstacle qu'ils constituent éventuellement pour accéder à la justice (point 46 de l'arrêt). Lorsqu'est en cause une personne morale, la Cour de justice invite le juge national à également tenir compte de la situation de celle-ci (forme, but lucratif ou non, capacité financière de ses associés ou actionnaires, possibilité pour ceux-ci ou non de se procurer les sommes nécessaires à l'introduction de l'action en justice, point 47 de l'arrêt).
8. COM (2012) 71 final.
9. CJUE 22 déc. 2010, DEB Deutsche Energiehandels- und Beratungsgesellschaft mbH, aff. C-279/09, *Europe* févr. 2011. Comm. 38, obs. Simon; *RTD eur.* 2011. 173, chron. Coutron.

envisage dans son rapport l'adhésion possible de l'Union à la convention de La Haye du 25 octobre 1980 tendant à faciliter l'accès international à la justice. Cette convention vise à assurer que la seule qualité d'étranger ou le défaut de résidence ou de domicile dans un État ne constitue pas un facteur de discrimination en matière d'accès à la justice dans cet État. La convention, qui est considérée comme additionnelle aux conventions de La Haye notification et obtention des preuves, prévoit donc la non-discrimination en matière d'assistance judiciaire et de consultation juridique, de *cautio judicatum solvi*, de copies d'actes et de décisions de justice ainsi que de contrainte par corps et de sauf-conduit. Si la plupart des États membres ont signé cette convention, un certain nombre d'entre eux ne l'ont toujours pas signée ou ratifiée (c'est le cas de l'Allemagne, de l'Autriche, de la Belgique, du Danemark, de la Grèce, de la Hongrie, de l'Irlande, de l'Italie, du Portugal et du Royaume-Uni). En France, cette convention est entrée en vigueur le 1er mai 1998.

SECTION 2
TRANSPOSITION DE LA DIRECTIVE EN DROIT FRANÇAIS

182.21 **Retard dans la transposition.** Alors que la directive devait être transposée par les États membres au plus tard le 30 novembre 2004, la France n'a procédé à cette transposition que tardivement par une loi n° 2005-750 du 4 juillet 2005 et par un décret n° 2005-1470 du 29 novembre 2005 (soit avec environ un an de retard) [1].

1. V. AUSSI, Circ. Service de l'accès au droit et à la justice et de la politique de la ville n° JUSJ0690002C, présentant les dispositions de la loi n° 2005-750 du 4 juillet 2005 portant diverses dispositions d'adaptation au droit communautaire dans le domaine de la justice et du décret n° 2005-1470 du 29 novembre 2005 relatif à l'aide juridictionnelle dans les litiges transfrontaliers en matière civile ou commerciale et modifiant le décret n° 91-1266 du 19 décembre 1991, *BOMJ,* n° 102. L'Allemagne a transposé la directive par une loi du 15 décembre 2004 (*BGBl* 2004. I. 3392), *Gesetz zur Umsetzung gemeinschaftsrechtlicher Vorschriften über die grenzüberschreitende Prozesskostenhilfe in Zivil- und Handelssachen in den Mitgliedstaaten (EG-Prozesskostenhilfefegesetz).* L'Autriche, elle, a adopté une loi (*Zivilverfahrens-Novelle* 2004*)* publiée le 18 nov. 2004 dans le *Journal officiel* de la République autrichienne. Au Royaume-Uni, aucune transposition n'a été jugée nécessaire; pour l'Angleterre et le Pays de Galle, c'est la *Legal Services Commissionla Legal Services Commission qui* décide de l'octroi de l'aide judiciaire dans les litiges transfrontaliers appelés à être tranchés par les juridictions d'Angleterre ou du Pays de Galles. Pour plus de détails sur les dispositions adoptées par les différents États membres et la procédure à suivre, v. les informations détaillées par pays sur le site Internet de l'Atlas judiciaire européen : ec.europa.eu/justice_home/judicialatlascivil

182.22 **Bénéficiaires de l'aide et litige transfrontalier.** La loi du 4 juillet 2005 a ajouté à la loi n° 91-647 du 10 juillet 1991, relative à l'aide juridique, un article 3-1 concernant l'aide juridictionnelle dans les litiges transfrontaliers en matière civile et commerciale. L'article 3-1 énonce que l'aide juridictionnelle est accordée, dans ce type de litiges, aux personnes qui, quelle que soit leur nationalité, sont en situation régulière de séjour et résident habituellement dans un État membre de l'Union européenne, à l'exception du Danemark [2], ou y ont leur domicile. L'article précise ce qu'est un litige transfrontalier : il s'agit de celui « *dans lequel la partie qui sollicite l'aide a sa résidence habituelle ou son domicile dans un État membre autre que celui où siège la juridiction compétente sur le fond du litige ou que celui dans lequel la décision doit être exécutée* ». Il convient d'apprécier ces éléments au moment où la demande d'aide est présentée.

L'alinéa 3 de l'article 3-1, qui énonçait que « *l'aide juridictionnelle n'est pas accordée lorsque les frais couverts par cette aide sont pris en charge, soit au titre d'un contrat d'assurance, soit par d'autres systèmes de protection* », a été déplacé par une loi n° 2007-210 du 19 février 2007 portant réforme de l'assurance protection juridique, et figure désormais à la fin de l'article 2 alinéa 4 de la loi du 10 juillet 1991.

Sur le site Internet de l'Atlas judiciaire européen, la France a communiqué les renseignements suivants : la langue pour établir la demande d'aide judiciaire est exclusivement le français; les moyens de réception pour recevoir les demandes en France sont les courriers postaux à l'adresse du ministère de la Justice (13, Place Vendôme, 75042, Paris, CEDEX 01) ou, en cas d'urgence et afin de permettre un traitement accéléré, l'envoi par télécopie (+ 33 1 44 77 70 50), mais la transmission par télécopie doit être suivie dans les meilleurs délais de l'envoi postal de l'original de la demande.

182.23 **Frais couverts par l'aide.** L'aide doit couvrir les frais de traduction de la demande et des documents exigés pour l'instruction, ainsi que les documents que le juge estime indispensables d'examiner pour apprécier les moyens soulevés par le bénéficiaire de l'aide, les frais d'interprète et les frais de déplacement des personnes dont la présence est requise par le juge.

182.24 **Frais avancés par l'État.** Le décret n° 2005-1470 du 29 novembre 2005, qui a modifié le décret n° 91-1266 du 19 novembre 1991, prévoit que lorsque l'instance se déroule en France, ces frais sont avancés par l'État, au vu – selon le cas – d'une attestation du greffier en chef ou du chef de la juridiction, d'une décision de taxe ou de la justification par l'auxiliaire de justice de l'exécution de sa mission (Décr. n° 91-1266, 19 nov. 1991, art. 119-1, al. 1er, inséré par le décret du 29 nov. 2005). Si le procès a lieu à l'étranger, les frais sont également avancés par

2. Le Danemark n'a pas souhaité être associé à cette directive.

l'État au vu d'une ordonnance du garde des Sceaux (Décr. nº 91-1266, 19 nov. 1991, art. 119-1, al. 2).

La rémunération des traducteurs et les frais de déplacement des personnes dont la présence est requise par le juge français pour l'audience en France, relèvent des articles R. 122 et R. 133 du Code de procédure pénale (Décr. nº 91-1266, 19 nov. 1991, art. 119-1, al. 3 et 4).

Le décret énumère aussi les pièces que le requérant doit fournir dans sa demande d'aide juridictionnelle en cas de litige transfrontalier (pièces justificatives de son domicile ou de sa résidence...; v. Décr. nº 91-1266, 19 nov. 1991, art. 34, 8°, tel qu'inséré par le décret du 29 nov. 2005).

Si la demande d'aide est rejetée, les frais de traduction de cette demande et des documents exigés pour son instruction seront recouvrés contre le demandeur de l'aide par un comptable public (Décr. nº 91-1266, 19 nov. 1991, art. 124, al. 2, tel que complété par Décr. 29 nov. 2005).

CHAPITRE

183. Aide à l'accès au droit

HENRI GERPHAGNON
Avocat

SECTION 0

ORIENTEUR

183.00 **Plan du chapitre.**

183.01 **Textes applicables.** La prise en charge de l'aide à l'accès au droit a été créée par la loi du 10 juillet 1991 afin de faciliter l'accès des plus démunis à l'information juridique et à la connaissance de leurs droits en dehors de toute phase contentieuse. La loi du 18 décembre 1998 est venue préciser en quoi consistait cette aide et les modalités de sa mise en œuvre.

L. n° 91-647, 10 juill. 1991, relative à l'aide juridique, *JO* 13 juill., p. 9170.

L. n° 98-1163, 18 déc. 1998, relative à l'accès au droit et à la résolution amiable des conflits, *JO* 22 déc., p. 19343.

SECTION 1

DÉFINITION DE L'AIDE À L'ACCÈS AU DROIT

183.11 **Définition de l'aide à l'accès au droit.** La loi définit désormais expressément l'aide à l'accès au droit qui comporte :

1° l'information générale des personnes sur leurs droits et obligations ainsi que leur orientation vers les organismes chargés de la mise en œuvre de ces droits;

2° l'aide dans l'accomplissement de toute démarche en vue de l'exercice d'un droit ou de l'exécution d'une obligation de nature juridique et l'assistance au cours des procédures non juridictionnelles;

3° la consultation en matière juridique;

4° l'assistance à la rédaction et à la conclusion des actes juridiques (L. 10 juill. 1991, art. 53).

SECTION 2

MISE EN ŒUVRE DE L'AIDE À L'ACCÈS AU DROIT

183.21 **Conseils départementaux de l'accès au droit.** Afin de mettre en œuvre une politique d'aide à l'accès au droit, la loi a créé dans chaque département un conseil départemental de l'accès au droit, qui se substitue aux conseils départementaux de l'aide juridique créés par la loi du 10 juillet 1991. Ce conseil, chargé de recenser les besoins, de définir une politique locale, de dresser et diffuser l'inventaire de l'ensemble des actions menées est saisi « pour information, de tout projet d'action préalablement à sa mise en œuvre et pour avis, de toute demande de concours financier de l'État préalablement à son attribution. Il procède à l'évaluation de la qualité et de l'efficacité des dispositifs auxquels il apporte son concours. Il peut participer au financement des actions poursuivies. Il établit chaque année un rapport sur son activité ».

Le conseil départemental de l'accès au droit reçoit et répartit les ressources définies par la loi et il peut à cette fin conclure diverses conventions.

183.22 **Conventions.** Le conseil départemental de l'accès au droit peut conclure des conventions :

1° avec des membres des professions juridiques ou judiciaires réglementées ou leurs organismes professionnels ou avec des personnes répondant aux exigences du titre II de la loi n° 71-1130 du 31 décembre 1971 en vue de définir les modalités de leur participation aux actions d'aide à l'accès au droit;

2° avec les centres communaux d'action sociale ou tout autre organisme public ou privé en vue d'obtenir leur concours pour la mise en œuvre de l'aide à l'accès au droit (L. 10 juill. 1991, art. 57).

183.23 **Financement des actions.** Alors que le financement de l'aide juridictionnelle incombe exclusivement à l'État, le financement de l'aide à l'accès au droit est en revanche diversifié. Il est notamment assuré par :

- les participations de l'État, du département et des autres membres du groupement d'intérêt public prévus par la convention constitutive du conseil;

- les contributions des caisses des règlements pécuniaires des barreaux du ressort;

- les participations des organismes professionnels des professions judiciaires et juridiques;

- les subventions accordées par les collectivités territoriales, les établissements publics, les organismes de Sécurité sociale et toute autre participation (L. 10 juill. 1991, art. 68).

L'État peut en outre, pour compenser les disparités entre les départements et soutenir les activités d'intérêt général, participer par voie de convention à la prise en charge d'actions mises en œuvre par le conseil départemental de l'accès au droit (L. 10 juill. 1991, art. 69).

183.24 Bénéficiaires de l'aide à l'accès au droit. Le Conseil départemental de l'accès au droit décide du montant des frais de consultation qui peuvent rester à la charge du bénéficiaire selon un barème qu'il établit en fonction des ressources de l'intéressé et de la nature de la consultation (L. 10 juill. 1991, art. 58). Le bénéfice des mesures prises par les conseils départementaux de l'accès au droit ne peut être refusé aux Français établis hors de France en raison de leur résidence à l'étranger et les questions qui les intéressent relèvent, en l'absence de lien avec un autre département, du conseil départemental de l'accès au droit de Paris. Le ministre des Affaires étrangères et les chefs des postes diplomatiques ou consulaires exercent leurs attributions en matière d'aide à l'accès au droit pour les Français établis hors de France, concurremment, le cas échéant, avec les autres aides ou mesures d'assistance prévues par les conseils départementaux de l'accès au droit (L. 10 juill. 1991, art. 60).

183.25 Rétribution des consultations juridiques. L'article 69-1 de la loi du 10 juillet 1991 modifiée par la loi du 18 décembre 1998 prévoit une tarification réglementaire pour les consultations juridiques faisant l'objet d'un financement par le Conseil départemental de l'accès au droit.

Le décret n° 2000-4 du 4 janvier 2000 a fixé le plafond de l'honoraire horaire qui ne peut excéder trois fois l'unité de référence de l'unité de valeur de référence en matière d'aide juridictionnelle[1] (v. s^s n° 181.245).

1. Décr. n° 2000-4, 4 janv. 2000, *JO* 6 janv.

TITRE

19. Être défendeur

SECTION 0
ORIENTEUR

19.00 Plan du titre.

19.05 Avantages et inconvénients d'être défendeur. La qualité de défendeur entraîne certaines conséquences procédurales, mais le défendeur ne choisit pas sa qualité dans le procès qui s'ouvre; elle lui est imposée par les circonstances, parfois par la loi. Une stratégie peut consister à se laisser acculer à cette position pour ne pas supporter, par exemple, la charge de la preuve, encore que le défendeur doive prouver ce qu'il allègue. Il perd en revanche, toute option de compétence, tant du point de vue de l'attribution que territoriale, d'où l'importance de ce qui suit.

19.06 Penser aux exceptions d'incompétence – Renvoi. Le défendeur aura tout intérêt à examiner de près la compétence qui lui est imposée et, au besoin, à la contester avant toute défense au fond, selon la procédure qui sera indiquée (v. s[s] n°s 351.10 s.).

19.07 Justifier de la qualité et d'un l'intérêt à agir – Capacité – Délais – Renvois. Le défendeur, comme le demandeur, doit justifier d'une qualité à d'un intérêt à agir; il doit aussi être capable d'ester en justice et vérifier les délais qu'il lui incombe de respecter (v. s[s] n°s 103.00 s. et 104.00 s.).

19.08 Les diverses variétés de moyens de défense. Plus généralement, et comme leur nom l'indique, les défenses appartiennent (mais pas exclusivement) au défendeur.

Sous le terme général de **défenses** (le titre V du Code de procédure civile envisage « *les moyens de défense* »), on regroupe tous les procédés qui permettent au défendeur de réagir contre l'attaque dont il est l'objet. Ceux-ci se ramènent à quatre, qu'il importe de soigneusement distinguer :

– **la défense au fond** (qui permet à l'adversaire de répondre en se plaçant sur le terrain du fond du droit);

– **l'exception de procédure** (qui permet de discuter de la régularité de la procédure suivie);

– **la fin de non-recevoir** (qui permet de contester l'action elle-même au motif, par exemple et aux termes de l'article 122 C. pr. civ., que l'action est prescrite, que la chose a déjà été jugée, que le demandeur ne dispose pas du droit d'agir ou n'a pas qualité ou intérêt pour ce faire, qu'un délai préfix s'est écoulé);

– **la demande reconventionnelle.** Cette dernière étant, comme son nom l'indique, une demande formée par le défendeur en réponse à celle du demandeur, il n'en sera pas parlé davantage à cette place (v. s[s] n°s 311.00 s.), sinon pour préciser son caractère ambigu et l'intérêt qu'il peut y avoir à la classer parmi les défenses au sens large, notamment au point de vue de la capacité de son auteur[1].

1. Grenoble, 18 févr. 1963, *D.* 1964. 73, note Prévault – Civ. 2e, 12 févr. 1965, *D.* 1965. 258; *RTD civ.* 1965. 398, obs. Hébraud – Sur le rôle que peut jouer, afin de paralyser des poursuites, une demande reconventionnelle en compensation, v. Hébraud, obs. *RTD civ.* 1966. 341.

Le Code de procédure civile, reprenant les termes du décret du 20 juillet 1972, réglemente avec précision les **défenses au fond** (C. pr. civ., art. 71 et 72), les **exceptions de procédure** (C. pr. civ., art. 73 à 121) et les **fins de non-recevoir** (C. pr. civ., art. 122 à 126). Ces textes mettent un terme aux incertitudes antérieures, notamment en ce qui concerne les fins de non-recevoir, que le Code de 1806 ne mentionnait pas (v. s[s] n° 193.10). Relançant le débat, un auteur contemporain a mis en lumière une classification dualiste des défenses en opposant les défenses au fond aux « *défenses procédurales* » qui regrouperaient les exceptions de procédure et les fins de non-recevoir[1]; l'inconvénient de cette présentation dualiste est de gommer la différence d'effets et de régime entre les exceptions de procédure (qui, accueillies favorablement, ne font que différer l'examen du litige au fond) et les fins de non-recevoir (qui, si elles réussissent, sont de nature à produire un effet définitif), différence que, précisément, les rédacteurs du Code de procédure civile ont voulu souligner en établissant une sorte de hiérarchie entre ces deux catégories de « *défenses procédurales* » pour reprendre l'expression de Jacques Héron. Dans le prolongement de cette distinction et de la pensée de Jacques Héron, un auteur contemporain oppose le « *moyen de défense direct* » (la défense au fond) aux « *moyens de défense indirects* » (exceptions de procédure et fins de non-recevoir)[2], tout en reconnaissant que les deux moyens de défense indirects ne produisent pas les mêmes effets[3], ce qui atténue considérablement, en pratique, l'effort de clarification voulu par les rédacteurs du Code de procédure civile. Par ailleurs, un autre auteur considère que ni les défenses au fond ni les défenses procédurales ne constituent l'exercice d'une action en justice[4].

En revanche, il est vrai que les rédacteurs du Code ont eu en vue, à ce stade de leur exposé de la matière, les défenses qui peuvent être opposées aux demandes dès le début de l'instance, en occultant quelque peu les défenses de procédure qui peuvent être mises en œuvre tout au long de l'instance et qui constituent, ce que l'on a coutume d'appeler, les « *incidents d'instance* » (ce qui sera précisé à propos des exceptions de procédure, v. s[s] n° 192.13). C'est cet aspect qu'il convient de souligner avec l'évolution vers un procès divisé en deux phases.

19.09 La division de l'instance en deux phases successives. De plus en plus, le procès civil tend à se diviser en deux phases. Durant la première d'entre elles, la juridiction examine les moyens de défense qui ne touchent pas le fond du droit (exceptions de procédure et fins de non-recevoir). Durant la seconde phase, elle examine les moyens de défense au fond.

En 1935, déjà, on avait accentué la division de l'instance en deux phases : la première était destinée à régler tous les incidents ne concernant pas le fond du débat et relatifs aux exceptions, aux fins de non-recevoir; la seconde était réservée à l'examen du fond. Ce système dont une illustration très remarquable se trouvait encore dans l'ancienne procédure de saisie immobilière, présente des avantages incontestés, mais il était promu avec une trop grande rigueur. La jurisprudence avait essayé d'introduire fort opportunément une certaine souplesse dans sa mise en œuvre. Mais le décret n° 58-1289 du 22 décembre 1958 avait marqué la volonté d'un retour à la rigueur : les auteurs de ce décret ont clairement voulu réagir contre cette jurisprudence, en imposant que toutes les exceptions, toutes les fins de non-recevoir fussent invoquées avant que le fond fût abordé (ACPC, art. 192). Si les décrets du 20 juillet et du 28 août 1972 avaient réintroduit plus de souplesse dans les débats, le Nouveau Code de procédure avait conservé la tendance de 1935 et de 1958; il l'avait même développée en accroissant les pouvoirs du juge et en freinant certaines possibilités de recours (ainsi en matière de **jugement rendu par défaut**, de jugement relatif à une **mesure d'instruction**). Le décret n° 98-1231 du 28 décembre 1998 reprend cette idée; il accroît même la distinction entre le procès des incidents et le procès au fond. En reconnaissant autorité de la chose jugée à certaines décisions du juge de la mise en état, le décret du 28 décembre 2005 va encore plus loin dans cette scission du procès en deux phases[5]. Les principes directeurs d'Unidroit pour des règles transnationales de procédure civile retiennent aussi ces deux phases (en plus de la phase dite d'introduction de l'instance).

Pour autant, il n'est pas certain que l'on puisse aller plus loin en cette direction, par voie réglementaire en tout cas, car le Conseil d'État a jugé que si un décret pouvait accorder certains pouvoirs au juge chargé du contrôle des expertises, c'était à condition que soit respectée la compétence du tribunal quant à la régularité de la procédure d'expertise et quant au fond des affaires, sinon il y aurait création d'un nouvel ordre de juridiction (donc compétence législative)[6].

1. Héron et Le Bars, 2e éd., 2004, n° 124.
2. Rép. pr. civ., v° *Défenses, exceptions, fins de non-recevoir*, par I. Pétel-Teyssié, juin 2013, n° 8.
3. Rép. pr. civ., v° *Défenses, exceptions, fins de non-recevoir*, par I. Pétel-Teyssié, juin 2013, n° 7, *in fine*.
4. L. Mayer, *Actes du procès et théorie de l'acte juridique*, th. Paris I, 2007, éd. IRJS, 2009 (préf. L. Cadiet), n°s 212 s.
5. E. Putman, « Le décret du 28 décembre 2005 et les principes directeurs du procès civil », *Bull. Aix* 2006/2, p. 31.
6. CE 16 janv. 1976 (sur Décr. n° 73-1122, 17 déc. 1973, instituant une quatrième série de dispositions destinées à s'intégrer dans le Nouveau Code de procédure civile, *JO* 22 déc., p. 13660).

CHAPITRE

191. Défenses au fond

SERGE GUINCHARD
Professeur émérite
de l'Université Panthéon-Assas (Paris II)

SECTION 0 ORIENTEUR

191.00 **Plan du chapitre.**

191.01 **Principaux textes applicables.**
C. pr. civ., art. 71 et 72.

SECTION 1 NOTION

191.11 **Définition.** L'article 71 C. pr. civ. adopte la définition suivante : « Constitue une défense au fond tout moyen qui tend à faire rejeter comme ***non justifiée, après examen au fond du droit,*** *la prétention de l'adversaire* ». La défense au fond[1] est donc un moyen dirigé directement à l'encontre de la prétention du demandeur pour établir qu'elle est injustifiée, non fondée; c'est la dénégation du droit du demandeur. Ainsi, le défendeur à qui l'on réclame une somme d'argent, répondra que son adversaire ne lui a jamais rien prêté ou qu'il s'est acquitté. Cette attitude prouve que le défendeur accepte la lutte sur le terrain choisi par le demandeur pour en discuter les mérites. Mais le défendeur n'engage pas le débat au fond s'il se borne à exposer des faits sans en tirer aucune conséquence pratique sur le fondement de la demande[2].

191.12 **Difficultés de qualification du moyen de défense invoqué.** La notion prête parfois à difficultés et on peut alors douter de la qualification à donner à certains moyens de défense. Toute une jurisprudence s'est progressivement construite sur des moyens de défense qui prêtaient à contestation, voire à certaines confusions, ce qui prouve que la procédure civile n'est pas une mécanique toujours parfaitement huilée !

1° Dans le sens de la qualification du moyen en défense au fond.

– Selon une jurisprudence constante de la Cour de cassation, le fait de demander un renvoi pour appeler un tiers en garantie est une défense au fond et non pas une exception de procédure, bien que l'article 109 C. pr. civ., qui vise cette exception de garantie, soit inséré dans la section 3 consacrée aux « *exceptions dilatoires* », elle-même partie intégrante du chapitre 2 sur « *les exceptions de procédure* »; c'est d'ailleurs pour cette raison formelle que nous étudierons ce moyen de défense avec les autres exceptions dilatoires (v. s^s n° 192.40).

– Le fait de « *s'en rapporter à la justice* » est assimilé à une défense au fond et ne constitue pas une fin de non-recevoir; dès lors, le déclinatoire de compétence ultérieurement présenté est irrecevable, par application de l'article 74 C. pr. civ. (v. s^s n°s 192.60 s.)[3]; c'est l'application d'une règle plus générale, à savoir que le « *rapport à justice* » sur le mérite d'une demande n'est pas une attitude neutre : pour la Cour de cassation ce rapport s'analyse au contraire en une contestation de celle-ci[4], n'impliquant ni abandon de ses prétentions[5], ni acquiescement[6], ni renonciation à l'appel[7], ni sup-

1. Y. Desdevises, « Variations sur le fond en procédure civile », *Mél. Cosnard*, Economica, 1990, p. 325 – X. Lagarde, *Réflexion critique sur le droit de la preuve*, th., LGDJ, 1994, spéc^t p. 93 s., sur la distinction de la recevabilité et du fond.
2. Civ. 1re, 8 juill. 2010, n° 07-17.788, *Bull. civ.* I, n° 161; *D.* 2010. 1869, obs. Delpech; *D.* 2010. 2323, obs. d'Avout et Bollée; *RTD civ.* 2010. 780, obs. Fages; *Procédures* oct. 2010, n° 337, obs. Perrot.
3. Civ. 2e, 7 juin 2007, n° 07-15.920, *D.* 2008. 649, n° 2, obs. Sommer et Nicoletis; *Procédures* oct. 2007, n° 218, obs. Perrot.
4. Civ. 1re, 27 oct. 1993, n° 91-15.611, *Bull. civ.* I, n° 301; *RTD civ.* 1994. 676, obs. Perrot.
5. Civ. 2e, 23 janv. 1991, n° 89-20.024, *Bull. civ.* II, n° 29; *RTD civ.* 1991. 407, obs. Perrot.
6. Civ. 1re, 21 oct. 1997, n° 95-16.224, *Bull. civ.* I, n° 283 – Civ. 1re, 24 oct. 2000, n° 98-19.606, NP.
7. Civ. 2e, 5 juill. 2006, n° 05-12.365, NP.

pression de l'intérêt à exercer un pourvoi en cassation contre la décision qui sera rendue[1]; en revanche, ce « *rapport à justice* » interdira à celui qui l'a exprimé, d'invoquer devant la Cour de cassation un moyen critiquant un chef de la décision ayant donné lieu à ce rapport[2].

– De même, l'incident de faux, qui consiste à contester une preuve littérale invoquée au soutien d'une prétention, constitue une défense au fond et non pas une exception de procédure, défense qui peut donc être soulevée *in limine litis* et qui échappe à la compétence exclusive du juge de la mise en état[3].

– L'assignation en intervention forcée peut, **exceptionnellement**, être qualifiée de défense au fond lorsqu'elle est présentée par le défendeur initial (et non pas par le demandeur initial) qui veut éviter d'être condamné deux fois pour la même dette, l'une en référé, l'autre au fond; mais normalement une telle assignation reste une demande[4].

2° Dans le sens du rejet de la qualification du moyen en défense au fond.

La simple demande de renvoi à une audience ultérieure ne constitue pas une défense au fond[5], de même que se défendre en invoquant la méthode médicale dite des empreintes génétiques, en matière de contestation de paternité[6]. D'autres moyens, en revanche, ont donné lieu à quelques hésitations en doctrine et en jurisprudence et les solutions données par la Cour de cassation ne se caractérisent pas par leur lisibilité.

3° Dans le sens du rejet de la qualification du moyen en défense au fond, au motif « *des conséquences à tirer de ce qui est demandé* ».

– Si, en principe, le moyen pris par le défendeur de la nullité de l'acte juridique sur lequel se fonde le demandeur, constitue une défense au fond et non pas une exception de procédure[7], la Cour de cassation a considéré, par un arrêt de son Assemblée plénière en date du 22 avril 2011, que *la demande en nullité du contrat invoquée par le défendeur* à l'action en exécution de ce contrat constitue, une demande reconventionnelle et non pas une défense au fond, « *dès lors que ce défendeur ne se bornait pas à invoquer cette nullité, mais entendait voir tirer les conséquences de cette nullité* »; dès lors, cette demande est irrecevable, faute d'avoir été faite à l'encontre des autres parties à l'acte, tiers à l'instance, dans les formes prévues par l'article 68 alinéa 2 C. pr. civ.[8]

– Dans la même ligne jurisprudentielle fondée sur les conséquences à tirer de ce qui est demandé, invoquer la **résolution du contrat** sera considéré comme une demande reconventionnelle et non pas comme une défense au fond, puisque des restitutions seront demandées, alors que la **demande en résiliation**, qui ne joue que pour l'avenir si elle aboutit, sera envisagée comme une défense en fond...

– C'est la même prise en considération « *des conséquences à tirer de la nullité* » qui détermine aujourd'hui la Cour de cassation dans le choix de la qualification à donner au moyen par lequel la caution répond à sa mise en cause par **une demande en nullité de l'acte de caution.** On se contentera d'indiquer ici que, sous le regard de la notion de défense au fond et par rapport à la solution préconisée en faveur de cette qualification par un auteur pour le cautionnement[9], la Cour de cassation considère, en Assemblée plénière, que, si la demande en nullité s'accompagne de restitutions, elle constitue, une demande reconventionnelle, puisque la Cour voit dans la demande de « *tirer les conséquences de la nullité* » un avantage autre que le seul rejet de la demande; mais si l'exécution n'a pas eu lieu, on ne peut envisager des restitutions et la demande en nullité est alors une défense au fond (sur l'utilisation de la défense au fond ou de la demande reconventionnelle en matière de cautionnement, v. s[s] n°s 311.00 s.).

Appréciation critique de cette jurisprudence : toutes ces solutions inspirées du concept « *de conséquences à tirer de la sanction qui est demandée* » ne vont guère dans le sens d'une simplification et d'une lisibilité améliorée pour le justiciable (alors que cela devrait être l'objectif de toute jurisprudence), puisque la

1. Civ. 2e, 3 mai 2001, n° 98-23.347, *Bull. civ.* II, n° 84; *D.* 2001. 1667 *JCP* 2001. 349, par Perdriau : conséquences d'un rapport à justice au regard du juge de cassation.
2. Civ. 2e, 3 mai 2001, n° 98-23.347, préc. s[s] prés[t] n° – Soc. 25 oct. 2007, n° 06-42.661, *Bull. civ.* V, n° 176.
3. Civ. 1re, 24 oct. 2006, n° 05-21.282, *Bull. civ.* I, n° 434; *D.* 2007. 192, note Cholet; *D.* 2007. 2431, obs. Fricero; *D.* 2007. 2427, obs. Fricero.
4. Civ. 2e, 6 mai 1999, n° 96-22.143, *Bull. civ.* II, n° 82; *RTD civ.* 1999. 700, obs. Perrot; *JCP* 2000. II. 10291, note Auclair.
5. Civ. 2e, 27 janv. 1993, n° 91-14.395, *Bull. civ.* II, n° 29.
6. Civ. 1re, 12 janv. 1994, n° 92-13.570, *Bull. civ.* I, n° 14; *D.* 1994. 449, note Massip; *D.* 1994. Somm. 113, obs. Granet-Lambrecht; *Justices* 1995. 1. 243, obs. Héron – SOLUTION CONTRAIRE en matière de filiation naturelle, C. civ., anc. art. 340-1, qui y voyait une fin de non-recevoir.
7. Civ. 3e, 16 mars 2010, n° 09-13.187, NP; *D.* 2010. 902; *RTD civ.* 2010. 374, obs. Perrot.
8. Cass., ass. plén., 22 avr. 2011, n° 09-16.008, *Bull. ass. plén.*, n° 4; *BICC* 15 juin 2011, rapport Frouin et avis Azibert; *D.* 2011. 1870, note Deshayes et Laithier; *D.* 2012. 244, obs. Fricero; *RTD civ.* 2011. 795, obs. Thery; *RTD civ.* 2011. 798, obs. Thery; *RLDC* juill.-août 2011, p. 61, obs. Raschel; *JCP* 2011. Doctr. 715, Sérinet.
9. S. Guinchard, « Le droit a-t-il encore un avenir à la Cour de cassation ? – Qui cassera les arrêts de la Cour de cassation ? », *Mél. Terré*, Dalloz/Litec/PUF, 1999, 765 : « *Si cette défense est accueillie et réussit, le résultat unique pour la caution est le débouté du créancier, sans qu'elle obtienne aucun autre avantage, ce qui correspond très exactement à la définition de la défense au fond en droit processuel* » – CONTRA : HÉRON et LE BARS, n° 128 : « *La caution ne se borne pas à dénier l'existence du droit de créance que le banquier prétend avoir contre elle* ».

qualification du moyen va finalement dépendre de l'étendue de ce qui est demandé. On peut se demander d'ailleurs, au-delà de l'argument d'opportunité quant à la lisibilité des conditions d'exercice des actions en justice, si le fait de demander à la juridiction saisie de tirer les conséquences de la nullité obtenue constitue bien un « *avantage autre que le simple rejet de la prétention* » : une lecture moins littérale de l'article 71 C. pr. civ. permet de considérer que ces conséquences, ces restitutions, sont incluses dans la demande en nullité, font corps avec elle, puisque la finalité d'une nullité est de tout remettre en l'état.

SECTION 2
RÉGIME JURIDIQUE

191.21 **Moment de sa présentation.** En raison de son importance, de ses caractères, la défense au fond peut être présentée **à toute hauteur de la procédure**[1], en première instance, en appel, même en cassation, dans la mesure où elle ne constitue pas un moyen nouveau. C'est la solution consacrée par l'article 72 C. pr. civ. Elle est traditionnelle. Jusqu'à ce texte, ce trait imposait de distinguer soigneusement la défense au fond de la fin de non-recevoir qui obéissait à un régime beaucoup plus rigoureux. Mais la distinction des régimes entre la défense au fond et la fin de non-recevoir a été sérieusement atténuée par le Code de procédure civile (v. s^s^ n°s 192.71 s.). L'interrogation demeure de savoir si le fait d'attendre le second degré de juridiction ou la cassation pour présenter une défense au fond ne constitue pas un abus de droit; la Cour de cassation n'a pas exclu cette qualification, tout en ne la retenant pas en l'espèce, faute de caractérisation de l'abus par la cour d'appel, dans une affaire où le défendeur n'avait soulevé la nullité de la convention, objet du litige, qu'en appel[2].

1. Civ. 1re, 6 janv. 1976, n° 74-13.448, *Bull. civ.* I, n° 5.
2. Com. 15 nov. 1982, n° 80-17.202, *Bull. civ.* IV, n° 351; *JCP* 1983. IV. 41.

CHAPITRE

192. Exceptions de procédure

SERGE GUINCHARD
Professeur émérite de l'Université Panthéon-Assas (Paris II)

SECTION 0
ORIENTEUR

192.00 Plan du chapitre.

192.01 Principaux textes applicables.
C. pr. civ., art. 73 et 74; 108 à 111; 334 à 338.

SECTION 1
NOTION ET CLASSIFICATION

192.11 Notion. Le terme d'**exception**, qui est utilisé fréquemment par les civilistes, par exemple l'exception de minorité ou, dans le droit des contrats, l'exception *non adimpleti contractus*[1], possède un sens très précis en procédure et, notamment, dans le Code de procédure civile qui, d'ailleurs, utilise l'expression complète « *exception de procédure* » (C. pr. civ., art. 73).

L'exception de procédure est un **obstacle** à l'action, le plus souvent **temporaire**, qui est dirigé uniquement contre la procédure, contre sa régularité, afin de paralyser l'instance qui est en cours. Sans discuter le fond du droit, le défendeur se borne à dire que le débat est engagé d'une manière incorrecte. C'est pourquoi, un auteur les avait qualifiées de « *défenses procédurales* » (v. s^{s} n° 19.08).

La définition initialement adoptée dans le décret n° 72-684 du 20 juillet 1972[2] (art. 13) a ensuite été modifiée dans un sens extensif par le décret de codification n° 75-1123 du 5 décembre 1975[3] et c'est pourquoi, aujourd'hui, l'article 73 C. pr. civ. est ainsi rédigé : « *Constitue une exception de procédure tout moyen qui tend soit à déclarer la procédure irrégulière ou éteinte, soit à en suspendre le cours* »[4].

Ainsi, le défendeur soutient que le tribunal est incompétent (exception d'**incompétence**), que l'exploit d'ajournement qui l'a assigné est nul (exception de **nullité**), qu'il a un délai pour faire inventaire et délibérer (exception **dilatoire**).

En droit français actuel, toutes les exceptions de procédure n'aboutissent donc qu'à un arrêt momen-

1. Ch. Jubault, « Les exceptions dans le Code civil, à la frontière de la procédure et du fond », *LPA* 15-17 janv. 2003 – J.-M. de Moy, *L'exception en droit privé,* th. Rennes, PUAM, 2011.
2. Décr. n° 72-684, 20 juill. 1972, instituant de nouvelles dispositions destinées à s'intégrer dans la partie générale d'un Nouveau Code de procédure civile, *JO* 25 juill., p. 7860.
3. Décr. n° 75-1123, 5 déc. 1975, instituant un nouveau Code de procédure civile, *JO* 9 déc., p. 12521.
4. Le texte de 1972 ne visait que l'irrégularité de la procédure ou la suspension de son cours, pas son extinction; mais il énumérait les différentes catégories d'exception.

tané de la procédure, à moins que l'acte introductif d'instance ayant été annulé, la prescription n'ait fait son œuvre et empêche de le rédiger à nouveau d'une manière correcte.

Sur les hésitations de qualification entre exception de procédure et défense au fond, v. s[s] n° 191.12 et entre exception de procédure et fin de non-recevoir, v. s[s] n°s 193.21 s.

192.12 **Les différentes catégories d'exceptions de procédure.** Le Code de procédure civile (ancien), dans ses articles 166 et suivants, énumérait formellement cinq catégories d'exceptions, de même que le décret n° 72-684 du 20 juillet 1972 dans son article 13. Si le Code de procédure civile n'a pas expressément énuméré dans son article 73 les exceptions de procédure, il réglemente le régime juridique de cinq d'entre elles en quatre sections du chapitre 2, ce qui revient au même :

- les exceptions d'incompétence (v. s[s] n°s 351.11 s.);
- les exceptions de litispendance et de connexité (v. s[s] n°s 142.160 s. et 142.130 s.);
- les exceptions dilatoires (v. s[s] n°s 192.20 s.);
- les exceptions de nullité (v. s[s] n°s 162.101 s.).

Les trois premières ont pour effet de mettre fin à l'instance et devront être représentées devant un autre juge, celui qui, précisément, sera compétent; la quatrième suspend l'instance, alors que la cinquième met fin à l'instance et devra être représentée devant le même juge.

Si l'on effectue une comparaison avec la liste proposée par les textes désormais abrogés de l'ancien Code, on s'aperçoit que deux exceptions ont disparu :

- celle de ***cautio judicatum solvi*** qui permettait d'obtenir d'un demandeur de nationalité étrangère qu'il fournisse caution pour le cas où il perdrait son procès et serait l'objet d'une condamnation en faveur de son adversaire français (l'ancien article 16 du Code civil sur l'exigence de la caution a été abrogé par L. n° 75-596, 9 juill. 1975)[1];
- l'exception de **communication de pièces** qui avait donné lieu à une jurisprudence embarrassée; le texte y met fin en précisant (C. pr. civ., art. 74, al. 2) que la demande de communication de pièces ne constitue pas une cause d'irrecevabilité des exceptions de procédure, alors que c'était le cas auparavant; dès lors, peu importe, dans une procédure orale, qu'au cours d'une audience de cabinet tenue préalablement à l'audience proprement dite, un incident de communication de pièce ait été présenté; cette présentation ne rend pas irrecevable l'exception d'incompétence soulevée postérieurement et oralement à l'audience[2].

1. À ce propos, v. Ph. Bihr (dir.), *Le Code civil français. Évolution des textes depuis 1804*, Dalloz, 2000.
2. Lyon, 22 févr. 2001, RG n° 2000/05767, *Procédures* déc. 2001, n° 235, obs. Croze.

192.13 **Caractère limitatif ?** Reste la question du caractère limitatif ou non des cinq exceptions de procédure réglementées dans le chapitre 2. Sous l'empire de l'Ancien Code de 1806 et du décret précité du 20 juillet 1972, cette énumération était considérée comme non limitative et l'on s'accordait à dénommer exception tout obstacle temporaire à l'action; en particulier, c'est par une exception que l'on devait naguère, semble-t-il, soulever le moyen tiré de l'incapacité de l'adversaire ou de ce qu'il ne respectait pas la règle « *nul ne plaide par procureur* » (le décret du 20 juillet 1972 et actuellement l'article 117 C. pr. civ. confirment cette analyse). Aujourd'hui, on penchera aussi en faveur du caractère non limitatif, en raison de la définition très large donnée à l'article 73 (« *constitue une exception de procédure tout moyen qui tend à* [...] ») et de la pratique jurisprudentielle qui qualifie d'exception de procédure tout court des moyens qui ne rentrent manifestement dans aucune des cinq catégories réglementées par le Code, mais qui tendent bien à l'une des finalités données à l'article 73; ainsi, la règle « *le criminel tient le civil en l'état* » est envisagée comme une exception de procédure et non pas comme une fin de non-recevoir (v. s[s] n° 192.24). Sur la sanction d'une clause de conciliation, analysée, un temps, comme une exception de procédure, de sursis à statuer, v. aussi s[s] n° 193.15; et à propos de la controverse sur l'existence d'une clause compromissoire, v. s[s] n° 193.23. Il semble bien que les rédacteurs du Code de procédure civile aient voulu, en deux articles préliminaires aux exceptions de procédure qu'ils envisagent expressément à ce stade de leur exposé (parce qu'elles ont en commun d'être opposables à une demande dès le début de l'instance), donner une définition (C. pr. civ., art. 73) et un régime (C. pr. civ., art. 74) qui dépassent l'énumération qui va suivre et qui va pouvoir s'appliquer à des exceptions de procédure qui n'apparaîtront que plus tard dans l'instance. Ainsi, la jurisprudence n'a-t-elle pas hésité à voir dans l'incident de péremption d'instance une exception de procédure soumise à la règle de l'article 74[3] et qui doit donc être soumise, en appel, au conseiller de la mise en état et non pas à la cour (C. pr. civ., art. 771)[4]. Même solution pour le moyen de défense tiré de la caducité de l'assignation

3. Civ. 2e, 17 mars 1982, n° 79-12.686, *Bull. civ.* II, n° 46; *Gaz. Pal.* 1982. 405, note Viatte – Civ. 2e, 31 janv. 1996, n° 93-11.246, *Bull. civ.* II, n° 28 – V. AUSSI, Civ. 1re, 18 févr. 2003, n° 99-10.505, *Bull. civ.* I, n° 51; *Procédures* 2003, n° 84, obs. Perrot; qui, dans l'exposé des faits, parle « *d'exception de péremption* », qu'elle range ensuite, dans sa réponse au moyen, dans la catégorie des « *incidents d'instance* » – *CONTRA*, Civ. 2e, 27 mars 1996, n° 94-12.003, *Bull. civ.* II, n° 78, qui parle de « *fin de non-recevoir* », mais sans en tirer de conséquences.
4. Versailles, 27 mai 1988, RG n° 7182/86, *D.* 1989. Somm. 181, obs. Julien – Bordeaux, 10 mars 2003, RG n° 00/02958, NP.

ou à propos du caractère non avenu du jugement résultant de l'article 478 C. pr. civ.[1] L'avantage d'y voir une catégorie ouverte est de permettre de donner un régime juridique stable à des moyens qui n'entrent dans aucune des autres catégories de moyens de défense, alors que leur objectif est le même que celui des exceptions de procédure données en exemple dans le code. Pour autant, on ne peut y faire tout et n'importe quoi : ainsi, lorsque le renvoi d'une affaire est ordonné devant une juridiction limitrophe pour délocaliser le litige dans lequel un magistrat ou un auxiliaire de justice est partie (C. pr. civ., art. 47), ce renvoi est un instrument procédural *suis generis*, qui n'est pas soumis au régime des exceptions d'incompétence[2]; il peut donc être soulevé en tout état de cause et est de droit lorsque le juge l'ordonne, l'adversaire ne pouvant s'y opposer par un contredit[3]. De même, si la demande en nullité d'une expertise est soumise au régime des nullités de procédure en application de l'article 175 C. pr. civ., « *elle ne constitue pas une exception de procédure au sens de l'article 73 du même code* »[4].

SECTION 2
UNE EXCEPTION DE PROCÉDURE PARTICULIÈRE : L'EXCEPTION DILATOIRE

192.20 Définition. Classification. L'exception dilatoire est celle qui a pour but direct et immédiat d'obtenir un délai.

On en distinguait traditionnellement deux : la première destinée à permettre à l'héritier de faire inventaire et délibérer, la seconde relative à l'appel en garantie. Le décret du 20 juillet 1972 a essayé de donner un tableau plus complet de ces exceptions et propose d'en distinguer trois catégories qui feront chacune l'objet d'un paragraphe (v. C. pr. civ., art. 108 à 111).

§ 1
Exception tirée du délai établi en faveur d'une partie (C. pr. civ., art. 108 et 111)

192.21 Une exception, trois hypothèses. Cette exception couvre elle-même trois hypothèses, toutes visées à l'article 108 C. pr. civ. Elles ont en commun que le juge ne peut les relever d'office[5], mais la première obéit à un régime particulier de présentation.

192.22 1°) Délai reconnu à l'héritier pour faire inventaire et délibérer (C. pr. civ., art. 108 et 111). Cette exception (C. pr. civ., art. 108) peut être invoquée par l'héritier. Celui-ci a une option entre acceptation pure et simple, acceptation à concurrence de l'actif net et renonciation.

Il dispose d'un délai de quatre mois, à compter de l'ouverture de la succession, pour opter entre ces trois facultés (C. civ., art. 771, al. 1er). Passé ce délai, il peut être sommé de prendre parti (C. civ., art. 771, al. 2). Il dispose alors de deux mois supplémentaires à compter de cette sommation pour opter ou demander une prolongation de ce délai (C. civ., art. 772).

Si, pendant ce délai de quatre mois ou pendant le délai supplémentaire qui lui aurait été accordé, il était mis en demeure de se décider par une demande en justice, émanant par exemple d'un créancier, il pourrait, grâce à l'exception, exiger la suspension de la procédure pendant les délais de la loi.

L'exception se forme par requête au tribunal, sous forme de conclusions et, surtout, elle n'interfère pas sur le régime de présentation des autres exceptions; en effet, selon l'article 111, « *le bénéficiaire d'un délai pour faire inventaire et délibérer peut ne proposer ses autres exceptions qu'après l'expiration de ce délai* » (v. ss no 192.73).

192.23 2°) Délai pour invoquer le bénéfice de discussion ou de division. L'article 108 C. pr. civ. accorde également une exception à la partie qui jouit « *du bénéfice de discussion ou de division* ». Le premier concerne la caution qui exige que l'on se tourne d'abord vers le débiteur; le second joue en cas de cautions multiples, la caution poursuivie pour le tout demandant au juge que l'action en paiement soit fractionnée entre les cautions solvables au jour des poursuites. Son bénéficiaire doit la demander au juge qui ne peut la relever d'office.

192.24 3°) Délai accordé à un plaideur en vertu de la loi. La dernière formule de l'article 108 vise la partie qui jouit « *de quelques autre délai d'attente en vertu de la loi* ». Elle est donc très générale et ainsi, toutes les fois que le défendeur bénéficie d'un délai pour adopter une certaine attitude juridique, exercer une option, il peut invoquer une exception dilatoire. Ce sera le cas de celui qui bénéficie de la règle « *le criminel tient le civil en l'état* », la jurisprudence y voyant désormais une exception de procédure soumise au régime de l'article 74 (sur ce régime, v. ss

1. Civ. 2e, 22 nov. 2001, no 99-17.875, *Bull. civ.* II, no 171; *Dr. et proc.* 2002. 163, obs. Douchy – Toulouse, 28 mars 1995, RG no 2733/94, *D.* 1996. Somm. 137, obs. Julien – Besançon, 23 oct. 2001, *JCP* 2002. IV. 1804.
2. Civ. 2e, 13 févr. 2003, no 01-03.113, *Bull. civ.* II, no 37; *D.* 2003. IR 737.
3. Limoges, 11 déc. 2006, RG no 06/0950, *D.* 2007. 315; *D.* 2007. 2431, obs. Fricero; *Gaz. Pal.* 30 janv. 2007, note Vray.
4. Civ. 2e, 31 janv. 2013, no 10-16.910, *Bull. civ.* II, no 20; *JCP* 2013. Doctr. 263, obs. Vuitton; *Dr. et proc.* 2013. 55, obs. Fricero.
5. Soc. 16 nov. 1977, no 76-40.477, *Bull. civ.* V, no 617.

nos 192.611 s.) et non plus une fin de non-recevoir[1], quelle que soit la partie qui la soulève[2].

§ 2
Exception tendant à suspendre l'instance en cas d'exercice de voies de recours extraordinaires (C. pr. civ., art. 110)

192.31 **Tierce-opposition. Recours en révision. Pourvoi en cassation.** Ces voies de recours n'ont pas, en principe, en raison de leur caractère exceptionnel, un effet suspensif de l'instance (C. pr. civ., art. 579). L'article 110 C. pr. civ. précise que « *le juge peut suspendre l'instance lorsque l'une des parties invoque une décision frappée de tierce-opposition, de recours en révision ou de pourvoi en cassation* ». Il s'agit là de la mise en œuvre d'une exception dilatoire, qui permettra d'attendre ce qui sera décidé par la juridiction qui connaît de l'un de ces trois recours[3]. On note une divergence de jurisprudence entre la Cour de cassation et les juridictions du fond, à propos des pouvoirs du juge des référés :

– la deuxième chambre civile accepte qu'il puisse ordonner la discontinuation des poursuites, lorsque celles-ci sont exercées sur le fondement d'un jugement frappé de tierce-opposition[4];

– les juridictions du fond s'y opposent, estimant, par exemple « *qu'il n'appartient pas au premier président statuant en référé d'ordonner, en application de l'article 110, la suspension de l'instance* »[5].

§ 3
Exception de garantie pour mise en cause d'un garant (C. pr. civ., art. 109 et 334 à 338)

192.40 **Garantie incidente.** La garantie ne donne lieu à un incident que lorsque le garanti, au lieu d'attendre la fin du procès que lui fait le tiers pour recourir contre son garant, met immédiatement en cause ce dernier. On parle alors de garantie incidente.

On réunit ainsi dans la même instance deux procès, le garanti jouant dans l'un le rôle de défendeur contre le tiers, dans l'autre le rôle de demandeur contre le garant. Le garanti ayant la faculté d'appeler en cause son garant, a le droit d'obliger son adversaire à attendre, pour continuer le procès, l'expiration du délai imparti au garant pour comparaître; de ce fait la garantie est la source d'une exception et peut aboutir à un arrêt momentané de la procédure (A); l'appel en garantie produira des effets distincts selon qu'il y a garantie simple ou garantie formelle (B).

A.
La garantie source d'une exception de procédure (C. pr. civ., art. 109)

192.41 **L'appel en garantie, défense au fond selon la jurisprudence – Conséquence sur la recevabilité de l'exception d'incompétence.** Selon une jurisprudence constante de la Cour de cassation, l'appel d'un tiers en garantie est une défense au fond et non pas une exception de procédure au sens de l'article 73 C. pr. civ.[6], à condition, toutefois, que l'assignation du tiers ait été enrôlée[7]. En conséquence, si le défendeur, après avoir appelé en garantie un tiers, soulève une exception d'incompétence, celle-ci est irrecevable, par application de la règle de l'article 74 C. pr. civ., qui exige que les exceptions soient soulevées avant toute défense au fond, à peine d'irrecevabilité (v. ss no 192.60). La règle vaut aussi dans une procédure orale[8], ce qui, de prime abord, n'allait pas de soi; en effet, dans ce type de procédure, il est admis qu'est recevable l'exception d'incompétence soulevée oralement après le dépôt par écrit des prétentions au fond, mais avant leur reprise orale à l'audience par référence à ce dépôt (v. ss no 192.64)[9]; mais il est aussi admis, dans ce même type de procédure orale, qu'une assignation en intervention forcée contenant des moyens opposables au demandeur principal vaut, dès qu'elle a été placée au greffe et malgré l'oralité des débats, défense au fond; dès lors, l'appel en garantie étant une inter-

1. Civ. 1re, 28 avr. 1982, no 80-16.546, *Bull. civ.* I, no 152 – Soc. 4 oct. 1989, no 86-43.750, *Bull. civ.* V, no 565 – Cass., avis, 29 sept. 2008, no 08-00.007, *Bull. civ. avis*, no 6; *Gaz. Pal.* 30 oct. 2008, doctr., obs. Cholet – Sur la JURISPRUDENCE ANCIENNE ET CONTRAIRE, V. *RTD civ.* 1967. 695, obs. Hébraud; et *Dr. soc.* 1966. 355, note Giverdon, ss Soc. 25 mai 1966.
2. Civ. 2e, 27 sept. 2012, no 11-16.361, *Bull. civ.* II, no 156; *Gaz. Pal.* 8 déc. 2012, note Pellerin; *Dr. et proc.* 2012. 293, obs. Douchy-Oudot; *RLDC* nov. 2012, p. 71, obs. Bléry; *D.* 2013. 605, obs. Leroy-Gissinger et Renault-Malignac.
3. Versailles, 20 nov. 1997, *Procédures* sept. 1999, no 196, obs. Perrot.
4. Civ. 2e, 16 mai 1984, no 82-16.563, *Bull. civ.* II, no 87; *RTD civ.* 1985. 219, obs. crit. Perrot.
5. Nîmes, 23 févr. 1982, *Gaz. Pal.* 1982. 265, note Lachaud – TGI Marseille, 25 janv. 1983, *Gaz. Pal.* 1983. Somm. 132 – Paris, 22 oct. 1987, *Bull. ch. avoués* 1987. 195.
6. Civ. 2e, 12 déc. 1973, no 72-13.899, *Bull. civ.* II, no 333; *D.* 1974. IR 61.
7. Civ. 2e, 6 avr. 2006, no 04-13.172, *Bull. civ.* II, no 108; *Procédures* 2006, no 181, obs. Perrot.
8. Civ. 2e, 6 mai 1999, no 96-22.143, *Bull. civ.* II, no 82; *RTD civ.* 1999. 700, obs. Perrot – Civ. 2e, 12 juin 2003, no 01-11.824, *Bull. civ.* II, no 190 – Civ. 2e, 12 avr. 2012, no 11-14.741, *Bull. civ.* II, no 75; *Dr. et proc.* 2012. 165; *RLDC* juill-août 2012, no 95, p. 70, obs. crit. Bléry – Com. 16 oct. 2012, no 11-13.658, *Bull. civ.* IV, no 188; *Procédures* 2012, no 345, obs. Perrot.
9. PAR EX., Civ. 2e, 16 oct. 2003, no 01-13.036, *Bull. civ.* II, no 311, *D.* 2004. 454, note Mary, *RTD civ.* 2004. 138, obs. Perrot).

vention forcée qualifiée de défense au fond, il rend irrecevable toute exception d'incompétence formée après lui. La double solution n'a pas le mérite de la clarté pour le justiciable d'une procédure orale (donc sans représentation obligatoire), puisqu'il peut soulever une exception d'incompétence malgré le dépôt antérieur de conclusions écrites au fond (tout au moins s'il soulève oralement cette exception avant de faire référence à ses prétentions au fond formulées par écrit) et qu'il ne peut pas le faire après un appel en garantie ! Le décret n° 2010-1165 du 1er octobre 2010[1], qui permet une meilleure prise en compte des écrits dans les procédures orales, ne remettant pas en cause cette jurisprudence (sauf si les parties sont dispensées de comparution et ont recours à une mise en état écrite), il serait sans doute préférable d'unifier le régime des exceptions d'incompétence et de les interdire, dans tous les cas, dès que des prétentions au fond ont été émises, que ce soit par un dépôt écrit ou par un appel en garantie. On soulignera que la qualification jurisprudentielle en défense au fond de l'appel en garantie, vaut pour toutes les formes d'interventions forcées dès lors qu'elles émanent du défendeur initial et non pas du demandeur initial[2], alors que selon les articles 63 et 66 C. pr. civ. les interventions forcées entrent normalement dans la catégorie des demandes incidentes.

192.42 Délai et formes. L'article 109 C. pr. civ. est conçu en termes très larges : « *Le juge peut accorder un délai au défendeur pour appeler un garant* ». Le juge dispose, à ce titre, d'un pouvoir discrétionnaire[3].

Comme toute intervention forcée, l'appel en garantie est exercé en première instance dans les formes prévues pour l'introduction de l'instance devant la juridiction saisie et en appel par assignation. Il faut cependant réserver l'hypothèse particulière où une demande en garantie est formée entre codéfendeurs. Une telle demande incidente entre parties à l'instance est formée de la même manière que les moyens de défense (C. pr. civ., art. 68 - V. ss n° 312.07)[4]. De même, comme pour les interventions forcées, le tiers doit être appelé en garantie en temps utile pour faire valoir sa défense (C. pr. civ., art. 331, al. 3 - V. ss n° 312.45).

La loi ne s'est occupée que de l'exception de garantie soulevée par le **défendeur,** alors qu'il peut y avoir exception de garantie soulevée par le **demandeur**.

EXEMPLE

Le cessionnaire d'une créance agit en payement contre le cédé. Celui-ci prétend n'avoir jamais été débiteur du cédant. Le cessionnaire va appeler en cause le cédant qui doit lui garantir l'existence de la créance au moment de la cession (C. civ., art. 1693). Or, le cessionnaire joue le rôle de demandeur dans l'instance originaire.

Étant donné le silence de la loi à l'égard de cette hypothèse, on admet que le délai de l'appel en garantie sera fixé d'accord par les deux parties, ou sinon que le tribunal le déterminera. Mais attention, l'exception de garantie est soumise aux dispositions de l'article 74 qui impose de soulever les exceptions simultanément et avant toute défense au fond ou fin de non-recevoir. En conséquence, si le défendeur a le droit d'appeler en garantie à toute hauteur de la procédure, cet appel n'aura d'effet suspensif que s'il est exercé sous forme d'exception de procédure, dans les conditions de l'article 74.

192.43 Effets. L'exception entraîne deux effets.

a) Lorsque le délai est accordé, l'instance est suspendue. L'exception de garantie oblige le demandeur à **surseoir** à la continuation de l'instance; mais il faut qu'on l'avertisse qu'un garant a été appelé en cause par un acte d'avocat à avocat.

Il convient en effet de préciser que l'appel en garantie d'un tiers peut être effectué **en tout état de cause**; mais il n'aura pour conséquence de **suspendre** la procédure que s'il se manifeste sous la forme d'une **exception avant toute conclusion au fond** (v. C. pr. civ., art. 74).

Le demandeur peut s'opposer à l'exception, soutenant qu'il n'y a pas lieu à garantie; l'incident était naguère jugé **sommairement** (art. 180, actuellement abrogé).

b) L'exception de garantie entraîne un second effet; elle rend **compétent**, pour la garantie, le tribunal saisi du procès originaire.

Cette prorogation de juridiction connaît cependant des limites : elle ne jouerait pas tout d'abord s'il apparaissait que la demande originaire n'a été formée que pour traduire le garant hors de son tribunal. En outre, lorsque le tribunal qui connaît de la demande originaire est un tribunal d'exception, il ne peut pas connaître de la demande en garantie, si elle n'est pas de sa compétence d'attribution (C. pr. civ., art. 51)[5].

La clause attributive de juridiction convenue dans le cadre de l'article 17 de la Convention de Bruxelles du 27 septembre 1968 (aujourd'hui, Règl. CE n° 44/2001, 22 déc. 2000[6], art. 23) s'applique en cas d'appel en garantie[7].

192.44 Reprise de l'instance. Si le défendeur forme son appel en garantie dans le délai fixé, l'instance est reprise à l'expiration du délai dont dispose l'appelé en garantie pour comparaître (C. pr. civ.,

1. Décr. n° 2010-1165, 1er oct. 2010, relatif à la conciliation et à la procédure orale en matière civile, commerciale et sociale, *JO* 3 oct., p. 17986.
2. Guinchard, Chainais et Ferrand, n° 317.
3. Civ. 1re, 22 avr. 1976, n° 74-14.606, *Bull. civ.* I, n° 136.
4. Civ. 3e, 3 févr. 1999, n° 97-12.223, *Bull. civ.* III, n° 30.
5. T. com. Seine, 2 juin 1947, *S.* 1948. 2. 5.
6. Règl. CE n° 44/2001 du Conseil, 22 déc. 2000, concernant la compétence judiciaire, la reconnaissance et l'exécution des décisions en matière civile et commerciale, *JOCE*, n° L 012, 16 janv. 2001, p. 1-23.
7. Civ. 1re, 12 juill. 1982, n° 81-13.035, *Bull. civ.* I, n° 258; *Gaz. Pal.* 1983. Doctr. 179, obs. Delgrange.

art. 109, al. 2). Dans le cas contraire, l'instance est reprise dès l'expiration du délai accordé en vain par le juge et si le défendeur régularise un appel en garantie postérieurement, le juge statuera séparément sur cette demande incidente (C. pr. civ., art. 109, al. 2 *in fine*).

B.
Les suites à donner à l'appel en garantie (C. pr. civ., art. 334 à 338)

192.51 Garantie simple, garantie formelle : la distinction de l'article 334 du Code de procédure civile. L'appel en garantie est une forme particulière de la mise en cause aux fins de condamnation, le tiers étant appelé dans la procédure pour relever la partie originaire de toutes condamnations pouvant être prononcées à son encontre. L'appel en garantie obéit donc à toutes les règles applicables à cette forme d'intervention forcée (v. s^{s} n° 312.41), sous réserve de quelques dispositions particulières qui reposent, en partie, sur la distinction opérée par l'article 334 C. pr. civ. entre deux types de garantie : la garantie simple et la garantie formelle. Il y a lieu à **garantie simple** lorsque la demande originaire formée par le tiers est une action **personnelle fondée sur un droit de créance**, tandis qu'il y a lieu à **garantie formelle** lorsque cette demande ordinaire est une action **réelle fondée sur un droit réel :**

– Dans la **garantie simple,** le garanti n'est tenu que d'une chose : indemniser le garanti du préjudice qu'il subira. Ainsi, c'est une garantie simple que doit le débiteur principal à la caution poursuivie à sa place par le créancier. Celle-ci a le droit d'appeler en cause, comme garant, le débiteur principal, non pas pour l'obliger à défendre à sa place, car la caution s'est obligée à subir personnellement la poursuite du créancier, mais pour aménager son recours. Elle obtiendra ainsi contre son garant un titre exécutoire[1].

– Dans la **garantie formelle,** au contraire, le garant est tenu de deux obligations : défendre le garant contre le préjudice qui n'est pas encore réalisé et qui le menace, l'indemniser si ce préjudice vient à se réaliser. L'exemple typique de la garantie formelle est celle qui est due à l'acheteur. Le cas échéant, il a le droit, en effet, de se retourner contre le vendeur, son garant, pour lui demander de le défendre contre la menace d'éviction et de l'indemniser si l'éviction vient à être réalisée.

Cette distinction classique conditionne directement les effets propres à l'appel en garantie. Sous l'empire de l'article 184 ancien, on procédait ainsi : si les demandes originaires et en garantie étaient en état d'être jugées en même temps, il y était fait droit conjointement; sinon le demandeur originaire pouvait faire juger sa demande séparément; le jugement même prononçait sur la disjonction, si les deux instances avaient été jointes; sauf, après le jugement du principal, à faire droit sur la garantie, s'il y échet. Ce texte contenait un véritable résumé de la procédure de l'exception de garantie, et pouvait se passer de commentaire; les solutions qu'il propose peuvent être maintenues, mais les articles 335 à 338 C. pr. civ., relatifs au rôle du garant en justice, selon qu'il y a garantie simple ou garantie formelle, nécessitent, en revanche, quelques développements.

1. Com. 18 avr. 1951, *JCP A* 1951. IV. 1711 – Civ. 3 juin 1955, *D.* 1956. Somm. 67 – Civ. 2e, 9 oct. 1975, *JCP* 1977. II. 18580, note Martin.

192.52 Effets de la garantie simple (C. pr. civ., art. 335). En cas de garantie simple, le demandeur en garantie est lui-même tenu personnellement à l'égard du demandeur originaire, aussi demeure-t-il partie principale, selon l'article 334 C. pr. civ. Cela signifie que le rapport procédural né de l'appel en garantie ne se substitue pas au rapport originaire, mais s'y ajoute. Il en résulte les conséquences suivantes :

– Chacune des parties doit conclure personnellement dans le rapport procédural qui la concerne. En particulier, l'appelant en garantie ne peut laisser le soin au garant de le défendre à l'égard du demandeur originaire. Il a même été jugé que le garant n'est pas recevable à critiquer la recevabilité de l'action principale engagée contre le garanti car il n'est pas partie à cette demande, alors qu'à l'évidence le sort de celle-ci conditionne directement sa mise en cause[2].

– Le juge doit statuer successivement sur chacune de ces demandes, en commençant par la demande principale sur laquelle il ne peut surseoir à statuer jusqu'au résultat de l'appel en garantie[3].

– Enfin, le juge ne saurait, en aucun cas, condamner directement l'appelé en garantie au profit du demandeur originaire[4].

Quant aux voies de recours, la signification du jugement ne fait courir les délais de recours que dans le rapport procédural qu'elle concerne. Ainsi la signification du jugement par le demandeur originaire à l'appelant en garantie ne fait pas courir le délai d'appel à l'égard de ce dernier dans ses rapports avec le garant[5]. De même, l'opposition formée par l'appelé en garantie ne peut avoir d'influence sur la décision intervenue contradictoirement entre le demandeur originaire et le défendeur principal qui a formé l'appel en garantie[6].

2. Civ. 3e, 9 févr. 1982, NP; *Gaz. Pal.* 1982. 613, note crit. Plancqueel.
3. Civ. 1re, 19 nov. 1985, *D.* 1986. 246.
4. Civ. 2e, 18 févr. 1987, n° 85-17.520, *Bull. civ.* II, n° 47.
5. Civ. 2e, 5 mai 1982, n° 81-11.055, *Bull. civ.* II, n° 70.
6. Toulouse, 16 nov. 1983, *JCP* 1985. IV. 93.

192.53 Différents partis que peut prendre le garanti dans la garantie formelle (C. pr. civ., art. 336 à 338). On raisonnera sur le cas d'un vendeur appelé en garantie par l'acheteur. Une fois le garant mis en cause, l'acheteur garanti peut prendre plusieurs attitudes.

1° **Rester partie à l'instance principale comme défendeur et à la demande incidente en garantie comme demandeur**; alors le vendeur se joint à lui pour repousser en commun l'éviction et lutter contre le tiers revendiquant. Dans ce premier cas, l'acheteur continue alors à assurer personnellement la défense de ses intérêts à l'égard du demandeur originaire : l'avocat du garanti fait des actes de procédure dans la demande originaire, ainsi que dans la demande en garantie, et il en reçoit. Mais du coup l'acheteur assume aussi tous les risques de son maintien à l'instance principale. Le jugement est rendu à son encontre, et en cas d'échec, il supporte les dépens (C. pr. civ., art. 338) et peut en outre être condamné à des dommages-intérêts. Dans cette hypothèse, le rôle du garant formel consiste seulement à seconder le garanti dans la défense de ses intérêts pour repousser la demande principale, et si celle-ci aboutit néanmoins, il doit indemniser le garanti de l'entier préjudice qu'il subit.

2° L'acheteur garanti peut, en déclarant son intention avant qu'aucun jugement ne soit intervenu, **obliger le vendeur garant à prendre son fait et cause dans la demande principale formée par le tiers revendiquant et à y défendre à sa place.** Puisque c'est une action réelle et que le défendeur en principal n'est tenu d'aucune obligation particulière envers le demandeur, qu'importe au tiers revendiquant d'avoir à revendiquer contre le garant ou contre le garanti (C. pr. civ., art. 336) ?

Ici, trois observations :

– La première, c'est qu'il n'y a mise hors de cause que pour la demande originaire formée par le tiers revendiquant, mais non pour la demande en garantie formée par l'acheteur contre le vendeur. Le garanti conserve donc son avocat dans cette deuxième instance, jointe à la première dans le même procès. En conséquence, l'avocat du garanti disparaît de la demande principale, il ne fait des actes de procédure et n'en reçoit que dans la demande incidente en garantie.

– Tout en disparaissant de la première instance principale, le garanti n'y devient pas pour cela étranger, et la preuve, c'est que, si le jugement donne raison au tiers revendiquant, ce jugement n'a pas seulement effet à l'égard du garant vendeur qui a pris la place de l'acheteur garanti, mais à l'égard du garanti qui s'est fait mettre hors de cause (C. pr. civ., art. 337).

– Si donc le garanti peut se voir opposer le jugement, alors qu'il s'est fait mettre hors de cause, c'est qu'on le considère comme représenté par le garant dans l'instance principale; et, comme cependant le garant figure seul et en son nom dans les actes de procédure, sans qu'il y ait, à côté du sien, le nom du garanti acheteur, on doit en conclure que nous sommes en présence d'une exception à la fameuse règle : « *Nul ne plaide par procureur* ».

3° Le troisième parti que peut prendre le garanti est expressément prévu par l'article 336 alinéa 2 C. pr. civ. Le garanti peut, tout en se faisant mettre hors de cause dans l'instance principale, y garder un avocat pour la conservation de ses droits et afin d'empêcher toute collusion frauduleuse entre le tiers et le garant. Dans ce cas, l'avocat du garanti fait des actes de procédure et en reçoit dans la demande incidente en garantie, mais, dans la demande principale, il n'en fait pas et se contente de recevoir signification des actes faits par le tiers revendiquant et le garant. En principe, le tiers, demandeur originaire, ne peut pas mettre obstacle à la liberté du garanti de prendre le parti qui lui plaît; il ne peut pas, notamment, le forcer à rester en cause. Cependant, si ce demandeur se propose de demander contre le garanti une condamnation personnelle, s'il fait grief, par exemple, au garanti d'avoir commis des dégradations sur l'immeuble, il peut s'opposer à ce que ce dernier se fasse mettre hors de cause (C. pr. civ., art. 336, al. 2).

Dans les deux derniers choix, si le demandeur originaire triomphe, toutes les condamnations portent sur le garant.

SECTION 3
RÉGIME JURIDIQUE DES EXCEPTIONS DE PROCÉDURE

§ 1
Ordre et moment de présentation des exceptions de procédure

192.60 La double règle de l'article 74 du Code de procédure civile. Alors que la défense au fond peut, en principe, être présentée à toute hauteur du débat, au contraire, le législateur, dans le dessein d'éviter la chicane et de dissuader les plaideurs de présenter des moyens dilatoires, a soumis les exceptions de procédure à un régime rigoureux, aménagé, dans ses grandes lignes, par des textes de 1935 et de 1958, mais qui ont été repris par le décret du 20 juillet 1972 et, aujourd'hui, par l'article 74 C. pr. civ. : les exceptions de procédure doivent être, en principe, invoquées toutes ensemble (exigence de simultanéité) [1] et **avant**

1. Civ. 2e, 13 mai 2004, n° 02-10.534, *Bull. civ.* II, n° 229; *Procédures* août-sept. 2004, n° 177, obs. Perrot.

toute défense au fond ou fin de non-recevoir (exigence d'antériorité) (v. s[s] n° 192.61).

Cependant, l'alinéa 3 de l'article 74 réserve quelques atténuations au principe qui sont dictées par les circonstances, v. s[s] n°s 192.71 s.

A. Principe : sanction et modalités d'application

192.61 Le principe. D'après l'article 74 C. pr. civ., les exceptions doivent donc être soulevées simultanément et avant toute défense au fond ou fin de non-recevoir.

192.62 Sanction. Cette double exigence de simultanéité et d'antériorité est sanctionnée par l'irrecevabilité du moyen, irrecevabilité qui est opérante **même dans le cas où les règles invoquées au soutien de l'exception sont d'ordre public** (jurisprudence constante)[1]. Le moyen pris de la violation de la double règle de l'article 74 étant ainsi introduit par une fin de non-recevoir, il peut être opposé pour la première fois en appel[2].

192.63 Modalités d'application : formalisme ? Ces exceptions de procédure doivent être soulevées normalement dans les conclusions déposées à l'audience de liaison de l'instance. *Quid* si l'exception est présentée dans les mêmes conclusions qui invoquent une défense au fond, mais après cette défense au fond ? Y a-t-il violation de la règle de l'antériorité ? Réponse affirmative pour les deuxième et troisième chambres civiles, ainsi que pour la chambre commerciale[3]; réponse négative – et plus conforme à une conception plus substantielle que formelle de la règle – pour la première chambre civile[4]; cette dernière solution a pour elle que les conclusions ne sont pas soumises dans leur rédaction aux formes très strictes des jugements, mais il ne paraît pas anormal d'exiger des parties et des professionnels du droit qui les représentent de présenter dans l'ordre, d'abord les exceptions, puis les défenses au fond et les fins de non-recevoir. Dans le même ordre d'idée d'exigence souple de présentation formelle des exceptions, il a été admis que l'exception d'incompétence soit présentée dans les motifs des conclusions et non pas dans le dispositif (il est vrai dans une procédure orale où l'exception avait été reprise oralement à l'audience[5]).

192.64 Modalités particulières dans les procédures orales. Évolutions récentes. Lorsque la procédure est orale, le fait de déposer des conclusions au fond, avant l'audience des plaidoiries, n'empêche pas la partie de soulever ce jour-là une exception de procédure, en l'occurrence d'incompétence[6], pourvu que cela soit dans l'ordre de l'article 74[7]. En effet, dans ce type de procédure, c'est au jour de l'audience des plaidoiries qu'il convient d'apprécier l'ordre des moyens de défense; par conséquent, l'exception d'incompétence peut encore être soulevée *in limine litis*, lors des plaidoiries[8] (telle une exception de communication de pièces présentée en audience de cabinet qui ne fait pas obstacle à la présentation d'une exception d'incompétence à la fois dans des conclusions et oralement à l'audience du tribunal de commerce[9]).

Pour autant, la deuxième chambre civile privilégie l'article 74 sur toute autre considération dans l'hypothèse d'une exception en garantie, en considérant que « *malgré l'oralité des débats* », la présentation d'un appel en intervention forcée d'un tiers par voie d'assignation (considérée comme une défense au fond, v. s[s] n° 192.41) rend irrecevable le déclinatoire de compétence présentée ensuite à l'audience[10]; en réalité, c'était sans doute parce que la loi elle-même exigeant que les demandes incidentes soient présentées dans les formes d'introduction de l'instance (C. pr. civ., art. 68, al. 2), donc ici par un écrit (l'assignation), le conflit d'antériorité entre l'oral et l'écrit devait se résoudre en fonction de la date réelle de chacun d'eux. Depuis ces arrêts, la deuxième chambre a eu l'occasion de préciser à nouveau, solu-

1. V. NOT., Cass., ch. mixte, 24 mai 1975, n° 73-13.556, *Bull. ch. mixte*, n° 4.
2. Civ. 2e, 10 janv. 1968, *Bull. civ.* II, n° 10 – Colmar, 8 mai 1981, *Rev. Alsace-Lorraine* 1981. 136.
3. Civ. 2e, 2 avr. 1979, n° 77-15.150, Moltke Huitfeld c/ Michaellès et Cie, *Bull. civ.* II, n° 107; *Gaz. Pal.* 1979. Somm. 409; *D.* 1979. IR 478 (5e esp.), obs. Julien – Com. 8 juill. 2004, n° 02-19.694, *Bull. civ.* II, n° 377; *D.* 2004. 2610, note Beignier; *D.* 2005. 332, obs. Julien et Fricero; *D.* 2005. 335, obs. Julien et Fricero; *RTD civ.* 2005. 181, obs. Perrot; *JCP* 2004. II. 10176, note Croze; *Procédures* oct. 2004, n° 199, obs. Perrot – Civ. 3e, 8 mars 1977, n° 75-14.834, *Bull. civ.* II, n° 110; *D.* 1977. IR 389, obs. Julien – Com. 13 déc. 1994, n° 92-15.091, *Bull. civ.* IV, n° 378.
4. Civ. 1re, 18 nov. 1986, n° 85-11.324, *Bull. civ.* I, n° 269; *Gaz. Pal.* 1987. Somm. 336, obs. Guinchard et Moussa – Civ. 1re, 27 janv. 1993, n° 91-13.217, *Bull. civ.* I, n° 40.
5. Lyon, 22 févr. 2001, RG n° 2000/05767, *Procédures* déc. 2001, n° 235, obs. Croze.
6. J.-D. Bretzner, « Exceptions d'incompétence et oralité des débats : le triomphe de la parole sur l'écrit ? », *Gaz. Pal.* 1997. Doctr. 222.
7. Toulouse, 12 févr. 1992, RG n° 4963/91, *RTD civ.* 1993. 192, obs. Perrot.
8. Com. 9 avr. 1991, n° 89-17.564, *Bull. civ.* IV, n° 140; avec T. com. Pontoise, 23 mai et 14 sept. 1996, *Gaz. Pal.* 3 févr. 1998.
9. Lyon, 22 févr. 2001, RG n° 2000/05767, *Procédures* déc. 2001, n° 235, obs. Croze.
10. Civ. 2e, 6 mai 1999, n° 96-22.143, ITT Sheraton, *Bull. civ.* II, n° 82; *Procédures* juill. 1999, n° 183, obs. Croze; *RTD civ.* 1999. 700, obs. Perrot – MÊME SOLUTION : Com. 6 juin 2000, n° 97-22.330, *Bull. civ.* IV, n° 120; *Procédures* août-sept. 2000, n° 181, obs. Perrot – Paris, 19 janv. 2000, RG n° 1999/16108, *Procédures* août-sept. 2000, n° 187, obs. Croze – *CONTRA* : Paris, 11 févr. 1976, *JCP* 1976. II. 18464, note Assouline.

tion traditionnelle, que, dans les procédures orales, si le défendeur dépose des écritures au fond avant l'audience, rien ne lui interdit de soulever, à l'audience, une exception d'incompétence, tout au moins si, oralement, il respecte l'ordre imposé par l'article 74, c'est-à-dire s'il la présente avant toute défense au fond et s'il n'a pas encore fait reprise orale des écritures déposées[1]. Mais la jurisprudence qui vient d'être évoquée sur l'appel en garantie reste valable (v. s[s] n° 192.41). Le décret n° 2010-1165 du 1er octobre 2010 qui permet une meilleure prise en compte des écrits dans les procédures orales ne remet pas en cause cette jurisprudence, sauf si les parties sont dispensées de comparution et ont recours à une mise en état écrite.

192.65 **Présentation en cause d'appel.** Si l'exception a été présentée en première instance conformément à la double règle de l'article 74, notamment avant toute défense au fond, elle peut ensuite être reprise en appel jusqu'aux dernières conclusions, même après avoir conclu au fond à l'infirmation du jugement[2].

B.
Atténuations et limites

192.71 **Trois facteurs d'atténuation.** La rigueur de l'article 74 alinéa 1er se trouve pourtant atténuée sous l'influence de trois facteurs que l'on trouve exposés à l'article 74 alinéa 3 C. pr. civ., sous la forme d'un renvoi aux articles 103, 111, 112 et 118 C. pr. civ.

192.72 **Exception de nullité.** S'agissant de l'exception de nullité d'un acte de procédure pour une raison de forme, il est indispensable, les actes étant rédigés et élaborés tout au long de l'instance, que l'esprit de la règle soit adapté à cette situation. Aussi, l'article 112 C. pr. civ. pose-t-il que cette nullité peut être invoquée au fur et à mesure de l'accomplissement des actes. Mais la nullité est couverte toutes les fois que la partie, postérieurement à l'acte nul, a d'abord proposé un moyen de défense au fond ou une fin de non-recevoir, avant de présenter une exception de nullité, même si celle-ci n'a été soulevée qu'à titre subsidiaire[3]. Jusqu'ici on se borne à appliquer le régime général en l'adaptant.

192.73 **Exception dilatoire.** Avec l'exception dilatoire qui est destinée en particulier à réserver un délai à un héritier avant de subir un procès relatif aux biens successoraux, nous sommes en présence d'un véritable aménagement du régime. Le bénéficiaire d'un délai pour faire l'inventaire et délibérer a la faculté de demander, par une exception, un délai de réflexion de **quatre mois à compter de l'ouverture de la succession** pour prendre parti (C. pr. civ., art. 108 et C. civ., art. 771 - V. s[s] n° 192.22). L'article 111 C. pr. civ. accorde une autre faveur à l'héritier, celle de pouvoir, après ce premier délai, présenter, sans être forclos, d'autres exceptions.

192.74 **Exception de connexité et nullités de procédure pour raison de fond.** Il existe deux hypothèses dans lesquelles on a renoncé à enfermer dans un délai aussi bref le jeu de l'exception de procédure.

• Il s'agit du cas où des affaires pendantes devant deux tribunaux différents ont entre elles des liens tels qu'il est de l'intérêt d'une bonne justice de les faire instruire et juger ensemble. On demandera à l'une des juridictions de se dessaisir en soulevant une exception de **connexité**. Or, celle-ci peut être soulevée en **tout état de cause** (C. pr. civ., art. 103), comme une défense au fond.

• La même solution est donnée par l'article 118 C. pr. civ. pour les **nullités de procédure** qui touchent à des **raisons de fond** (par exemple la violation du principe du respect des droits de la défense[4]).

En bref, le vœu de la loi vise à enfermer le mécanisme des exceptions dans la phase préliminaire du débat. Le plaideur qui laisse passer le temps et organise sa défense, devient irrecevable à soulever l'exception, parce qu'il est censé y avoir renoncé.

Mais le nouveau régime adopté depuis 1972 est plus nuancé que celui qui le précédait.

Un contraste plus fort entre le régime ancien et les dispositions nouvelles se manifeste en ce qui concerne les fins de non-recevoir, que le législateur avait injustement négligées et dont il avait traité, dans des tentatives antérieures, d'une façon fort peu adroite, inspirée avant tout par le désir de régler préalablement le problème des exceptions et celui des fins de non-recevoir, avant d'aborder le fond.

§ 2
Portée de la chose jugée sur une exception de procédure

192.81 **Étendue de la chose jugée.** Si le défendeur a opposé avec succès une défense au fond, il y a chose jugée sur le fond du droit.

Si, au contraire, le défendeur a opposé une exception de procédure, il n'y a chose jugée que sur celle-

1. Civ. 2e, 16 oct. 2003, n° 01-13.036, *Bull. civ.* II, n° 311; *D.* 2004. 454, note Mary; *RTD civ.* 2004. 138, obs. Perrot; *Procédures* déc. 2003, n° 248, obs. Perrot.
2. Civ. 2e, 8 févr. 2001, n° 98-20.840, *Bull. civ.* II, n° 25; *JCP* 2001. II. 10633, note du Rusquec.
3. Civ. 2e, 14 avr. 2005, n° 03-16.682, *Bull. civ.* II, n° 95; *D.* 2005. 1250.
4. Civ. 1re, 15 janv. 1991, n° 89-05.003, *Bull. civ.* I, n° 18; *JCP* 1991. IV. 95.

ci; le demandeur, soit après un délai (exception dilatoire), soit après régularisation de la procédure (exception d'incompétence ou de nullité), pourra réitérer sa demande et poursuivre l'instance.

On aperçoit immédiatement que l'exception en procédure civile moderne ne s'identifie point avec l'*exceptio* du droit romain. En droit romain, l'exception pouvait produire un échec définitif de la demande. Il en était même toujours ainsi lorsqu'une fois insérée dans la formule, elle était reconnue fondée, à l'époque où la *litis contestatio* entraînait l'extinction du droit déduit en justice. Elle se distinguait alors de la défense, non point par la durée de ses effets, mais par la manière dont elle procédait. L'exception paralysait la demande sans la contredire. Elle impliquait la plupart du temps un droit de formation plus récente qui avait prévu et réagi contre un droit plus ancien, mais non abrogé.

CHAPITRE

193. Fins de non-recevoir

SERGE GUINCHARD
Professeur émérite de l'Université Panthéon-Assas (Paris II)

SECTION 0 ORIENTEUR

193.00 Plan du chapitre.

193.01 Principaux textes applicables.
C. pr. civ., art. 122 à 126.

SECTION 1 NOTION

193.10 Nature mixte. Historique. La pratique prouve tous les jours qu'il existe, entre la défense proprement dite (la défense au fond) et l'exception de procédure, des moyens de défense d'une nature **mixte** : ils ressemblent, d'une part, à la défense au fond par leurs effets, car, s'ils sont acceptés par le juge, ils entraînent un échec définitif de la demande; ils ressemblent d'autre part, aux exceptions de procédure, par le terrain sur lequel ils placent le débat, le défendeur ne contredisant pas la demande sur le fond, mais la paralysant, sans engager ouvertement le conflit avec elle[1].

Ces moyens de défense étaient bien connus en droit romain et dans notre ancien droit, où ils portaient un nom spécial, celui d'« *exceptions péremptoires* ». Pourtant, le Code de 1806 ne les mentionnait pas, ne connaissait que les défenses (au fond) et les exceptions (de procédure); c'est la doctrine qui isola, au sein des exceptions de procédure prévues par le Code, des exceptions « *péremptoires* » (de fond), que la jurisprudence assimila aux défenses au fond[2]. C'est le décret-loi du 30 octobre 1935 qui fit entrer dans le Code l'expression « *fin de non-recevoir* » (ACPC, art. 192), tout en soumettant expressément le moyen au régime des... exceptions (de procédure) ! Mais la jurisprudence résista, en interprétant restrictivement le texte[3] et en tenant certaines fins de non-recevoir, comme par le passé, pour des défenses au fond[4]; le décret du 22 décembre 1958[5] retoucha le texte, sans que la jurisprudence ne modifie sa position. Finalement, le décret n° 72-684 du 20 juillet 1972[6] consacra l'existence d'un régime propre aux fins de non-recevoir et, depuis cette date, on ne peut plus conserver l'ancienne terminologie d'« *exceptions péremptoires* », puisque l'exception est, avant tout, un obstacle temporaire à l'action. On parle désormais, depuis 1972, de fin de non-recevoir, l'expression « *fin de non-valoir* » étant tombée en désuétude[7].

1. J.-P. Béguet, « Étude critique de la notion de fin de non-recevoir en droit privé », *RTD civ.* 1947. 133 – V. Normand, « Les excroissances des fins de non-recevoir », *RTD civ.* 1981. 684 – Rapp. Giverdon, Magnan, Fontaine-Tranchant, *Les nullités et les fins de non-recevoir dans la procédure d'appel*, Journées études avoués, Riom, 16-17 oct. 1981, *Gaz. Pal.* 14-15 juill. 1982 – X. Lagarde, *Réflexion critique sur le droit de la preuve*, LGDJ, 1994 (préf. Ghestin), spéc[t] p. 93 s. – G. Block, *Les fins de non-recevoir*, th. Nice, juin 2002, Bruylant/LGDJ, nov. 2002 (préf. Fricero et Martin) – S. Jahel, « Fins de non-recevoir et ordre processuel », *Mél. Guinchard*, Dalloz, 2010, p. 723.
2. Req. 26 juin 1860, *DP* 1860. 1. 440.
3. Civ. 17 déc. 1941, *DC* 1942. 113, note Carbonnier.
4. Civ. 1re, 6 oct. 1953, *RTD civ.* 1954. 138, obs. Hébraud.
5. Décr. n° 58-1289, 22 déc. 1958, relatif à certaines modifications en matière de procédure civile, *JO* 23 déc., p. 11608.
6. Décr. n° 72-684, 20 juill. 1972, instituant de nouvelles dispositions destinées à s'intégrer dans la partie générale d'un Nouveau Code de procédure civile, *JO* 25 juill., p. 7860.
7. L'expression « *fin de non-valoir* » avait d'abord été réservée au défaut de qualité, puis étendue à d'autres causes; on retrouve une trace, plus ou moins consciente, de cette distinction dans l'article 126 alinéa 2 C. pr. civ., qui traite à part la régularisation de la situation pour défaut de qualité.

§ 1
Sources des fins de non-recevoir

193.11 La liste de l'article 122 du Code de procédure civile. Selon ce texte, « *constitue une fin de non-recevoir tout moyen qui tend à faire déclarer l'adversaire irrecevable en sa demande sans examen du fond pour défaut de* ***droit d'agir****, tel le défaut de* ***qualité***[1]*, le défaut d'intérêt, la prescription, le* ***délai préfix***[2]*, la* ***chose jugée*** ». À s'en tenir à ce texte, la fin de non-recevoir se caractérise donc par trois éléments :

– c'est un moyen qui tend à faire déclarer irrecevable l'adversaire;

– sans examen au fond de sa prétention;

– et pour défaut de droit d'agir : il faut donc mettre cet article en corrélation avec l'article 32 C. pr. civ. qui vise aussi le droit d'agir.

Dans toutes ces hypothèses visées à l'article 122 C. pr. civ., le droit d'agir n'existe pas ou n'existe plus. La jurisprudence fourmille d'exemples où le défaut du droit d'agir est sanctionné par une irrecevabilité soulevée par le moyen d'une fin de non-recevoir. On renvoie aux chapitres consacrés à chacune de ces notions. On observera simplement que le mot « *demande* » ne doit pas être pris dans un sens trop étroit, qui ne viserait que le demandeur; la notion de fin de non-recevoir s'applique aussi au défendeur; ainsi constitue une fin de non-recevoir, le moyen qui tend à faire déclarer que le défendeur attaqué n'est pas la personne contre laquelle il fallait agir, n'a donc pas la qualité requise pour être défendeur (le demandeur avait attaqué le courtier au lieu de l'assureur)[3]; on appliqua ici la notion d'irrecevabilité de la « *demande* », sans examen au fond, pour défaut du droit d'agir.

En réalité, la jurisprudence consacre, on va le constater, des fins de non-recevoir sans lien avec le droit d'agir.

193.12 Caractère non limitatif de la liste. La formule du Code est excellente, mais il ne faut pas croire qu'elle épuise la liste des fins de non-recevoir.

1° Fins de non-recevoir au-delà du texte de la liste de l'article 122 C. pr. civ.

– On trouve des exemples importants de fins de non-recevoir dans le droit de la famille (procédure de la réconciliation des époux dans la procédure de divorce, fins de non-recevoir prévues par les textes sur la filiation).

– En matière de publicité foncière, c'est une fin de non-recevoir qui est opposée au plaideur qui ne publie pas sa demande au bureau des hypothèques, dans les actions en nullité ou en résolution affectant des droits immobiliers (Décr. n° 55-22, 4 janv. 1955[4], art. 30, § 5, qui renvoie à l'article 28, 4°[5] – irrecevabilité qui n'est pas d'ordre public, qui peut être soulevée en appel et dont la régularisation est possible en cours d'instance[6]); il semble difficile de considérer que le droit d'agir est ici concerné.

– Ou encore dans les procédures de surendettement des particuliers : le moyen qui tend à faire déclarer irrecevable la demande d'ouverture d'une procédure de redressement judiciaire civil, faute pour les demandeurs d'être de bonne foi, constitue une fin de non-recevoir[7]; là encore, on sort du champ de l'article 122 C. pr. civ., fondé sur le défaut du droit d'agir.

– Dans le cas assez rare d'un appel porté devant une cour dans le ressort de laquelle n'était pas située la juridiction dont émanait la décision attaquée, la Cour de cassation confirme l'irrecevabilité de cet appel, sans s'expliquer sur son fondement juridique; selon les commentateurs avertis de la décision, ce serait en raison du caractère non limitatif des fins de non-recevoir énumérées à l'article 122 C. pr. civ. et du caractère manifestement d'ordre public de l'organisation judiciaire[8].

– De même, « *le défaut de saisine régulière d'un tribunal ne constitue pas un vice de forme, mais une fin de non-recevoir* »[9] (sur la distinction des fins de non-recevoir et des vices de forme, v. s^{s} n° 193.21).

2° La fin de non-recevoir peut résulter indirectement d'un texte. Ainsi, la première chambre civile de

1. Soc. 8 juill. 2003, n° 02-60.800, *Bull. civ.* V, n° 215; *D.* 2003. 2207.
2. A. Trescases, « Les délais préfix », *LPA* 30 janv. 2008, n° 22, p. 6.
3. Civ. 1re, 9 mai 2001, n° 98-19.145, *Bull. civ.* I, n° 128; *RTD civ.* 2001. 653, obs. Perrot – Même solution lorsque, pour l'exercice de l'action paulienne, le tiers acquéreur n'a pas été appelé à l'instance : Civ. 1re, 6 nov. 1990, n° 89-14.948, *Bull. civ.* I, n° 229.
4. Décr. n° 55-22, 4 janv. 1955, portant réforme de la publicité foncière, *JO* 7 janv., p. 346.
5. « *Les demandes tendant à faire prononcer la résolution, la révocation, l'annulation ou la rescision de droits résultant d'actes soumis à publicité ne sont pas recevables devant les tribunaux que si elles ont été elles-mêmes publiées conformément aux dispositions de l'article 28, 4°, c, et s'il est justifié de cette publication par un certificat du service chargé de la publicité foncière ou la production d'une copie de la demande revêtue de la mention de publicité.* »
6. Civ. 3e, 10 juin 1970, n° 68-12.884, *Bull. civ.* III, n° 397; *JCP* 1971. II. 16673, note M. D.; *RTD civ.* 1971. 412, obs. Hébraud – Civ. 1re, 20 oct. 1981, n° 80-14.741, *Bull. civ.* I, n° 301; *RTD civ.* 1982. 437, obs. Perrot – Civ. 3e, 12 févr. 1985, *Gaz. Pal.* 1985. 2. Pan. 171, obs. Guinchard et Moussa – Civ. 3e, 26 nov. 2003, n° 02-13.438, *Bull. civ.* III, n° 212.
7. Civ. 1re, 31 mars 1992, n° 91-04.051, *Bull. civ.* I, n° 104; *D.* 1993. 149, note Ancel et Rondeau-Rivier.
8. Civ. 2e, 9 juill. 2009, n°s 06-46.220, 08-41.465 et 08-40.541, *Bull. civ.* II, n°s 186 à 188; *D.* 2010. 532, obs. Sommer et Leroy-Gissinger; *RTD civ.* 2010. 370, obs. Théry.
9. Civ. 2e, 6 janv. 2011, n° 09-72.506, *Bull. civ.* II, n° 5; *D.* 2011. 247; *Procédures*, mars 2011, n° 85, obs. Perrot.

la Cour de cassation l'a-t-elle admis en droit des assurances : l'annexe II à l'article A. 243-1 du Code des assurances contient une clause type pour l'assurance-dommage selon laquelle, en cas de sinistre susceptible de mettre en jeu les garanties du contrat, l'assuré est tenu d'en faire la déclaration à l'assureur, par écrit et lettre recommandée, l'assureur devant alors désigner un expert; à défaut, ce dernier sera désigné par le juge des référés, mais l'assuré ne peut pas saisir directement une juridiction aux fins de désignation d'un expert, disposition d'ordre public, que la Cour de cassation sanctionne par l'irrecevabilité soulevée par une fin de non-recevoir [1] (sur l'origine contractuelle de fins de non-recevoir en droit des assurances, v. s^s n° 193.14).

3° **En revanche, le juge ne peut pas créer lui-même une fin de non-recevoir, sans la volonté des parties**; c'est ainsi qu'il faut comprendre l'arrêt qui avait sanctionné un juge pour avoir opposé une fin de non-recevoir « *qui ne résulte pas des textes* » [2]; le juge ayant lui-même créé la cause de fin de non-recevoir, la Cour relève qu'il ne pouvait déclarer irrecevable un appel au prétendu motif que les appelants n'ont pas déféré à l'injonction de faire connaître leur nouveau domicile depuis l'acte d'appel.

193.13 Autre conception doctrinale. Un auteur a présenté une autre conception de la fin de non-recevoir, ne retenant que cinq cas à partir d'une définition en trois propositions : la fin de non-recevoir est un moyen de défense lié à une prétention; elle empêche le juge de statuer sur le fond de la prétention; elle s'intègre dans la structure logique du procès, en ce sens qu'elle présuppose un juge compétent et régulièrement saisi. Les cinq cas (exclusifs) seraient donc : le défaut d'intérêt, le défaut de qualité, « *l'exception* » de chose jugée, « *l'exception* » de transaction et les liens entre plusieurs prétentions (lien suffisant, unicité de l'instance et indivisibilité) [3].

193.14 Possibilité d'une origine contractuelle. Il serait inexact de penser que la loi constitue la seule source des fins de non-recevoir. Des contrats comme le contrat d'assurance démontrent qu'une fin de non-recevoir peut parfaitement être aménagée par une convention [4]. Surtout, le développement, dans les contrats, des clauses de conciliation ou de médiation et le courant qui se manifeste de nos jours pour favoriser et développer ce modes alternatifs de règlement des litiges (les MARL), a fait apparaître une nouvelle source contractuelle de fin de non-recevoir. La seule limite est qu'en l'absence de texte, le juge ne peut pas créer lui-même une fin de non-recevoir si celle-ci ne s'enracine pas dans la volonté des parties (v. s^s n° 193.12, 3°).

193.15 Les clauses de conciliation ou de médiation préalable. La clause de conciliation avait donné lieu à une **divergence de jurisprudence entre les chambres civiles** de la Cour de cassation, aujourd'hui tranchée en **chambre mixte**; lorsque l'une des parties à la clause refuse d'engager une procédure de conciliation et agit en justice, son cocontractant peut-il invoquer une fin de non-recevoir pour faire déclarer son action irrecevable ? La deuxième chambre civile, avait d'abord considéré que ce type de clause n'est pas sanctionné par une fin de non-recevoir, mais par une exception de procédure [5], comme une cause de sursis à statuer (un auteur avait proposé, fort astucieusement, d'y voir une clause permettant au juge d'entreprendre lui-même la conciliation ou de la confier à un tiers, sans recueillir un nouvel accord des parties, avec sursis à statuer, prolongement d'une exception de procédure [6]), puis avait accepté d'y voir une fin de non-recevoir [7], alors que la première chambre civile refusait cette qualification de fin de non-recevoir et ajoutait que cette clause « *n'est assortie d'aucune sanction* » [8]; c'est la fin de non-recevoir qui a finalement été retenue en chambre mixte [9]

1. Civ. 1re, 28 oct. 1997, n° 95-20.421, *Bull. civ.* I, n° 293; *JCP* 1997. II. 22962, rapp. Sargos.
2. Civ. 2e, 10 févr. 1988, n° 86-18.190, *Bull. civ.* II, n° 41; *RTD civ.* 1988. 577, obs. Perrot.
3. G. Block, *Les fins de non-recevoir*, th. Nice, juin 2002, Bruylant/LGDJ, nov. 2002 (préf. Fricero et Martin), p. 30 s.
4. Civ. 24 oct. 1951, *D.* 1952. 105, note Besson – COMP. Civ. 2e, 10 févr. 1988, n° 86-18.190, *Bull. civ.* II, n° 41; *JCP* 1988. IV. 143; *RTD civ.* 1988. 577, obs. Perrot : pas de fin de non-recevoir sans texte, mais dans une espèce où le juge avait créé la cause d'une telle fin.
5. Civ. 2e, 15 janv. 1992, n° 90-19.097, NP; *Rev. arb.* 1992. 646, note Cohen – Fort-de-France, 20 déc. 1996, RG n° 787/95, *RGDP* 1998. 174, obs. Jarrosson – EN CE SENS, G. Block, *Les fins de non-recevoir*, th., Bruylant/LGDJ, nov. 2002 (préf. Fricero et Martin), n° 176.
6. X. Lagarde, *Rev. arb.* 2000. 377 – S. Guinchard (dir.), *Précis de droit processuel/Droits fondamentaux du procès*, 6e éd., « Précis », Dalloz, janv. 2011, n° 593.
7. Civ. 2e, 6 juill. 2000, n° 98-17.827, NP; *D.* 2001. 3088, obs. Penneau; *RTD civ.* 2001. 359, obs. Mestre et Fages; *CCC* janv. 2001, n° 2, obs. Leveneur; *Rev. arb.* 2001. 749, obs. approb. Jarrosson.
8. Civ. 1re, 23 janv. 2001, n° 98-18.679, *Bull. civ.* I, n° 11; *D.* 2001. 3088, obs. Penneau; *RTD civ.* 2001. 359, obs. Mestre et Fages; *Rev. arb.* 2001. 749, obs. crit. Jarrosson.
9. Cass., ch. mixte, 14 févr. 2003, n° 00-19.423, NP; *LPA* 12 mars 2003, p. 13, note Bernheim; *Procédures* avr. 2003, n° 96, obs. Croze; *BICC* 1er mai 2003, avis Benmakhlouf et rapp. Bailly; *D.* 2003. 1386, chron. Ancel et Cottin; *D.* 2003. Somm. 2480, obs. Clay; *RTD civ.* 2003. 349 obs. Perrot; *RTD civ.* 2003. 294, obs. Mestre et Fages; *Rev. arb.* 2003. 403, note Jarrosson; *RDC* 2003. 182, obs. Cadiet; *RDC* 2003. 189, obs. Lagarde; *JCP* 2003. I. 142, n° 13, obs. Virassamy; *JCP* 2003. I. 164, n° 9, obs. Ch. Seraglini; *Defrénois* 2003. 1158, note Libchaber – Rapp. Bénabent et Lagarde aux Deuxièmes rencontres de procédure civile, Université-Cour de cassation, 23 janv. 2004, *BICC* 2005, HS n° 3, p. 31 et 33 – Solution adoptée par Com. 17 juin 2003, n° 99-16.001, *Bull. civ.* IV, n° 101; *Procédures* oct. 2003, n° 213, obs. Perrot; *D.* 2003. Somm. 2480, obs. Clay; *RTD civ.* 2004. ▶

(d'où l'importance d'une juste qualification de la clause de conciliation obligatoire[1]). Reste que la partie pourra se livrer à un simulacre de conciliation pour ne pas se voir opposer une telle sanction à son action en justice, que le simple sursis à statuer présenté par voie d'exception tendant à obtenir un délai ne défigure pas la notion d'exception de procédure (v. la définition donnée à l'article 73, qui vise la suspension du cours de l'instance) et offre l'avantage de la souplesse; la Cour de cassation ne dit rien du pouvoir du juge de relever d'office cette fin de non-recevoir, sauf à remarquer que l'arrêt énonce que la clause s'impose au juge « *si les parties l'invoquent* »; il en résulte que si les parties ne l'invoquent pas, le juge n'a pas l'obligation de relever d'office cette fin de non-recevoir; du moins en a-t-il alors la faculté (C. pr. civ., art. 125, al. 2)[2]. Six ans après cette décision, la Cour de cassation consacre la sanction de l'irrecevabilité de la demande devant un juge étatique en cas d'existence d'une clause de médiation[3]. En tout cas, cette clause n'exclut pas la saisine du juge des référés en cas d'urgence[4] et sa présence dans un contrat (d'architecte) est opposable à tous ceux qui invoquent le contrat en dépit du fait qu'ils n'en auraient pas eu personnellement connaissance[5] (sur la présentation en cause d'appel, v. s^s^ nº 193.32; et sur la régularisation de la situation, v. s^s^ nº 193.37). On soulignera qu'en matière prud'homale où a été instaurée une tentative préalable de conciliation devant le juge, une telle clause ne peut avoir pour effet d'empêcher de saisir directement le juge[6], l'organisation d'une conciliation judiciaire l'emportant sur une conciliation contractuelle.

Ce régime juridique pose la question de la malice du plaideur, partie à une clause de conciliation (ou médiation) qui se réserverait la possibilité de soulever la fin de non-recevoir qui la sanctionne en appel seulement; la malice, n'est pas absente des prétoires et Solus avait déjà défini le plaideur malicieux comme celui qui « *s'en être de mauvaise foi, entend tirer parti des ressources que lui offre le droit judiciaire pour gêner son adversaire sinon lui nuire, pour se dérober et échapper, en la tournant, à une disposition légale, pour gagner du temps, pour s'assurer certaines possibilités qu'il mettra en œuvre à l'heure et de la manière qu'il aura choisie comme étant particulièrement défavorables à son adversaire* »[7]. La doctrine s'est penchée sur cette question pour relever les dangers de cette véritable « *bombe à retardement* » qui constitue « *une arme d'une efficacité redoutable* » entre les mains de plaideurs de mauvaise foi[8]. Ne peut-on pas déduire de ce comportement tardif, la volonté du défendeur de renoncer à l'application de cette clause, le raisonnement valant aussi pour le demandeur qui délivre une assignation sans invoquer la clause ? Il y aurait, en quelque sorte, présomption de renonciation, les parties pouvant toujours la faire tomber en justifiant de circonstances propres à établir que leur démarche contentieuse n'a pas le sens d'une démarche abdicative. Le tout sans préjudice de la menace de sanction contenue dans l'article 123 C. pr. civ. qui prévoit que le juge peut accorder des dommages-intérêts à la partie qui s'estimerait victime de la stratégie dilatoire de son adversaire. C'est aussi sur le plan de la cohérence du comportement processuel, donc de la loyauté dans le débat procédural, qu'il faut envisager cette question assez semblable, au demeurant, à celle où une partie s'oppose à l'*exequatur* d'une sentence arbitrale, après avoir participé, sans aucune réserve, pendant plus de neuf ans, à la procédure dont elle conteste, soudainement et tardivement, la régularité en invoquant la nullité de la clause compromissoire (v. s^s^ nº 193.17).

193.16 Clause de recours préalable à une expertise. Même solution lorsqu'une clause d'un contrat prévoit un recours préalable à une expertise avant de pouvoir saisir le juge : irrecevabilité de la demande en cas de non-respect de cette clause[9].

► 136, obs. Perrot; *CCC* oct. 2003, nº 134, obs. Leveneur – G. Block, « La sanction attachée au non-respect d'une clause de conciliation ou de médiation obligatoire », *Mél. Martin*, Bruylant/LGDJ, 2004, p. 71 – COMP. EN MATIÈRE ADMINISTRATIVE, TA Rouen, 28 déc. 2001, *D.* 2002. 2710, obs. Breillat.

1. Civ. 1re, 6 févr. 2007, nº 05-17.573, *Bull. civ.* I, nº 55; *Procédures* avr. 2007, nº 76, obs. Perrot.
2. Com. 22 févr. 2005, nº 02-11.519, NP; *RDC* 2005. 1141, note Lagarde; *RTD civ.* 2995. 450, obs. Perrot.
3. Civ. 1re, 8 avr. 2009, nº 08-10.866, *Bull. civ.* I, nº 78; *D.* 2009. 1284, obs. Delpech; *D.* 2009. 2959, obs. Clay; *D.* 2010. 170, obs. Fricero; *RTD civ.* 2009. 774, obs. Théry; *Rev. arb.* 2009. 220, chron. Tricoit.
4. Paris, 23 mai 2001, RG nº 2001/01790, *Rev. arb.* 2003, note Jarrosson – C. Chainais, *La protection juridictionnelle provisoire dans le procès civil en droits français et italien*, Dalloz, 2007 (préf. Guinchard), n°s 202 et 203.
5. Civ. 3e, 28 avr. 2011, nº 10-30.721, *Bull. civ.* II, nº 58; *D.* 2011. 1282; *D.* 2012. 244, obs. Fricero; *Procédures* juill. 2011, nº 220, obs. Perrot.
6. Soc. 5 déc. 2012, nº 11-20.004, *Bull. civ.* V, nº 326; *JCP* 2012. Doctr. 1406, obs. Dedessus-Le-Moustier; *Gaz. Pal.* 9 mars 2013, note Amrani-Mekki; *RTD civ.* 2013. 171, obs. Perrot; *Procédures* 2013, nº 106, obs. Bugada – V. DÉJÀ, Soc. 7 déc. 2011, nº 10-16.425, *Bull. civ.* V, nº 285; *JCP* 2012. Doctr. 372, obs. Pellier, qui casse une décision prud'homale conforme à la jurisprudence de la Cour de cassation du 14 février 2013 (irrecevabilité de la demande du salarié licencié qui n'avait pas engagé la procédure de conciliation contractuellement prévue avant d'agir en justice), au motif que c'était l'employeur qui était à l'origine de la rupture du contrat de travail et non pas le salarié.
7. H. Solus, « Les préoccupations d'ordre psychologique dans le Code de procédure civile », *Mél. Julliot de la Morandière*, Dalloz, 1964, p. 511 s., spéc^t^ p. 517.
8. X. Lagarde, note s^s^ Com. 22 févr. 2005, nº 02-11.519, préc. s^s^ prés^t^ nº; *RDC* 2005. 1141, spéc^t^ p. 1144 – G. Huchet, note s^s^ Civ. 1re, 30 oct. 2007, nº 06-13.366, *Bull. civ.* I, nº 329; *D.* 2008. 506, obs. J. Penneau; *LPA* 20 mars 2008, nº 58, p. 13.
9. Com. 22 oct. 2012, nº 11-23.864, NP; *Procédures* 2013, nº 3, obs. Perrot.

193.17 Source jurisprudentielle : la sanction d'une obligation de loyauté procédurale et la fin de non-recevoir tirée de l'*estoppel*. En vertu de la jurisprudence, la notion de fin de non-recevoir s'étend désormais à la sanction d'une obligation de loyauté que constitue l'interdiction de se contredire au détriment d'autrui, dont on trouve déjà une illustration dans l'interdiction, en cassation, de soutenir un moyen contraire à ses précédentes écritures [1].

1° En effet, sont récemment apparues en droit interne français des hypothèses, où le juge a rejeté la prétention d'un plaideur à remettre en cause, devant les tribunaux, une situation qu'il avait lui-même provoquée, sans que ce rejet ne soit fondé sur les théories traditionnelles de la fraude à la loi, de l'apparence ou de la règle *nemo auditur*... : ainsi lorsqu'une « *mère* » adoptive sollicita la révocation de l'adoption du jeune homme qu'elle n'avait en fait adopté que pour échapper en tant que bailleur à la législation sur les baux ruraux [2]; ou encore lorsque le cédant d'actions sociales n'ayant pas notifié cette cession invoque l'absence d'agrément des cessionnaires [3].

Cette interdiction de se contredire au détriment d'autrui, véritable principe général du droit du commerce international [4] et qui tend à être sanctionnée par l'irrecevabilité en droit privé interne pouvait, selon un auteur, être systématisée, formalisée, par l'institution anglaise de l'*estoppel* [5], « *mécanisme purement défensif, enraciné dans l'équité et tendant à la moralisation des comportements processuels* » [6]. Ce mécanisme pouvait même, dans l'ordre international, « *prendre le relais de la fraude au jugement* » [7]. La Cour de cassation a pris cette voie en déclarant qu'une partie est irrecevable, « *en vertu de la règle de l'*estoppel » (qui entre ainsi en droit français), après avoir elle-même formé une demande d'arbitrage et participé pendant neuf ans à la procédure « *à soutenir, par un moyen contraire, que cette juridiction aurait statué sans convention d'arbitrage ou sur convention nulle* » [8]. Inversement, si le litigeant a soulevé à plusieurs reprises, devant le tribunal arbitral, sans attendre l'issue de la sentence, l'incompétence de l'arbitre, ainsi que la qualification de la clause compromissoire (il y voyait une clause de conciliation obligatoire avant toute saisine d'un juge), la Cour de cassation valide l'arrêt qui a annulé cette sentence au motif de l'inexistence manifeste de la clause compromissoire, sans invoquer ici, la règle de l'*estoppel* [9]. Même jurisprudence dans la condamnation du comportement d'une partie qui, après avoir expressément sollicité que l'affaire soit jugée au vu des écritures postérieures à l'ordonnance de clôture et que celle-ci soit rapportée, critique la révocation de l'ordonnance [10]; ou encore qui, après s'être interrogée sur l'indépendance d'un arbitre par un courrier adressé aux arbitres, n'introduit sa demande de récusation devant le juge

1. N. Dupont, « L'interdiction de se contredire au détriment d'autrui en procédure civile », *RTD civ.* 2010. 459; et note s^s Civ. 2e, 9 sept. 2010, n° 09-68.120, *Bull. civ.* II, n° 148; *D.* 2011. 145 – G. Bolard, « Le moyen contraire aux précédentes écritures », *Mél. Buffet*, Montchrestien/EJA/*LPA* éd., 2004, p. 51.
2. Civ. 1re, 19 nov. 1991, n° 90-16.950, *Bull. civ.* I, n° 316; *RTD civ.* 1992. 376, obs. Huet-Weiller.
3. Com. 27 mars 1990, n° 88-19.566, NP; *D.* 1991. 503, note Bonnard – V. O. Hillel et M.-N. Jobard-Bachelier, *Les applications du principe en droit du contentieux interne et international*, actes du colloque Université Paris V, 13 janv. 2000, Economica, 2001, p. 53.
4. E. Gaillard, *Rev. arb.* 1985. 241 – Ph. Pinsolle, « Distinction entre le principe de l'*estoppel* et le principe de bonne foi dans le commerce international », *JDI* 1998. 905.
5. Il s'agit d'un *estoppel by representation*, indépendant de la bonne ou mauvaise foi de la partie; elle vise à protéger la confiance légitime que la partie qui invoque l'*estoppel* a pu avoir dans le comportement procédural de son adversaire, peu important que ce dernier ait été de bonne ou de mauvaise foi – O. Moreteau, *L'estoppel et la protection de la confiance légitime*, th. dactyl., Lyon III, 1990. – D. Houtcieff, « Essai de maïeutique juridique : la mise au jour du principe de l'estoppel », *JCP* 2009. Doctr. 463 – E. Agostini, « L'*estoppel* et les trois unités », *D.* 2010. 285 – O. Baldes, « L'*estoppel* ou l'approche renouvelée des systèmes d'interdiction de l'auto-contradiction en procédure civile », *Procédures* 2013. Étude 5 – Sur l'*estoppel* dans le droit des contrats : D. Mazeaud, « La confiance légitime et l'*estoppel* », *RID comp.* 2006/2. 363 – B. Fauvarque-Cosson [dir.], Soc. lég. comp. Éd., *Dr. privé comp. et européen*, vol. 4, mars 2007 (rapports présentés au 17e congrès Académie intern. de dr. comp., Utrecht, juill. 2006).
6. H. Muir Watt, « Pour l'accueil de l'*estoppel* en droit privé français », *Mél. Loussouarn*, Dalloz, 1994, 303 – CONTRA O. Hillel et M.-N. Jobard-Bachelier, *Les applications du principe en droit du contentieux interne et international,* actes du colloque Université Paris V, 13 janv. 2000, Economica, 2001, 53.
7. H. Muir Watt, préc. s^s prés^t n°, *Mél. Loussouarn*, Dalloz, 1994, 303, n° 6 – V. TOUTEFOIS, *infra*, ce numéro, 2°, l'arrêt de la première chambre civile du 19 décembre 2012, qui considère que si la méconnaissance de la règle de l'*estoppel* constitue une violation de l'ordre public international, cette violation, à la supposer démontrée, ne caractérise pas, en l'absence de toute fraude procédurale, l'un des cas d'annulation ouverts par l'article 1502 C. pr. civ.
8. Civ. 1re, 6 juill. 2005, n° 01-15.912, Golshani [affaire du tribunal franco-iranien], *Bull. civ.* I, n° 302; *D.* 2005. 2174 et 3050, obs. Clay; *D.* 2006. 1424, note Agostini; *RTD com.* 2006. 309, obs. Loquin; *Rev. crit. DIP* 2006. 602, note Muir Watt; *JCP* 2005. I. 179, n° 6, obs. Ortscheidt; *Rev. arb.* 2005. 993, note Pinsolle; *Gaz. Pal.* 25 févr. 2005, note Train – RAPPR. Paris, 3 juin 2004, *Rev. arb.* 2004. 683, note Callé – MÊME SOLUTION Paris, 20 sept. 2007, RG n° 05/21985, Soc. Baste SA, *JCP* 2007. I. 216, n° 4, obs. Béguin; *D.* 2008. 188, obs. Clay (avec Paris, 8 nov. 2007, RG n° 06/07417, Selafa MJA).
9. Civ. 1re, 11 juill. 2006, n° 03-20.802, *Bull. civ.* I, n° 369.
10. Civ. 2e, 20 oct. 2005, n° 03-13.932, *Bull. civ.* II, n° 257; *JCP* 2006. I. 133, n° 14, obs. Cadiet, qui parle de « *cohérence du comportement procédural* », tout en niant l'existence d'un principe de loyauté qui n'en est pourtant que l'expression générique.

d'appel que plus d'un an après et alors que la sentence avait déjà été rendue[1]; les juges sanctionnent aussi par une fin de non-recevoir au titre de l'*estoppel*, le comportement déloyal d'une partie qui ne critique pas une ordonnance de prolongation du délai d'arbitrage et qui, ensuite, soutient que les arbitres ont statué sur convention expirée[2]. On voit ainsi poindre en droit français une technique d'irrecevabilité fondée sur l'idée plus générale de loyauté dans le pouvoir d'agir en justice, tant en procédure civile[3] qu'en droit processuel[4]. Et la Cour de cassation y voit désormais (ainsi que nous l'avions pressenti dans les éditions antérieures de cet ouvrage), une cause d'irrecevabilité, une nouvelle fin de non-recevoir, plutôt qu'une défense au fond (d'ailleurs, le *Lexique anglo-français du Conseil de l'Europe*, 1993, donne trois équivalents à l'*estoppel*, dont la fin de non-recevoir).

2° La Cour de cassation se réserve le droit de contrôler les conditions d'application de la règle de l'*estoppel* : dans un arrêt de son assemblée plénière, elle a limité la portée de ce principe de loyauté en décidant que « *la seule circonstance qu'une partie se contredise au détriment d'autrui n'emporte pas nécessairement une fin de non-recevoir* »[5]. De fait, la deuxième chambre civile est prudente dans sa reconnaissance de ce principe[6], alors que la première chambre l'admet plus largement en matière d'arbitrage international[7], même si elle en contrôle les conditions d'application[8] et préfère parfois se référer à l'obligation de ne pas se contredire au détriment d'autrui et au principe de loyauté des débats plutôt qu'à l'*estoppel*[9]. La chambre commerciale érige l'*estoppel* en principe général du droit en décidant que la partie qui a elle-même formé et instruit un pourvoi en cassation ayant abouti à la cassation partielle de l'arrêt, ne peut, sans se contredire au détriment des parties adverses, se prévaloir devant la cour de renvoi de la circonstance qu'elle aurait été dépourvue de la personnalité juridique lors des instances ayant conduit à ces décisions[10]. Et le décret n° 2011-48 du 13 janvier 2011[11] portant réforme de l'arbitrage consacre l'*estoppel* dans l'article 1466 C. pr. civ. : « *La partie qui, en connaissance de cause et sans motif légitime, s'abstient d'invoquer en temps utile une irrégularité devant le tribunal arbitral est réputée avoir renoncé à s'en prévaloir* ».

3° Encore ne faut-il pas se méprendre sur la règle et bien distinguer ce qui relève spécifiquement de l'*estoppel* par rapport à d'autres comportements incohérents ou de mauvaise foi : « *c'est le fait que l'argument juridique contradictoire tend à aller à l'encontre d'une représentation adoptée de la réalité, en dehors du prétoire* »[12]. Ainsi, lorsqu'un plaideur invoque la nullité d'une procédure arbitrale à laquelle il a participé activement (ce que nous venons de voir) ou lorsqu'un époux demande la nullité procédurale d'un jugement de divorce, alors qu'il en recherche active-

1. Paris, 7 févr. 2008, RG n° 06/01279, *Rev. arb.* 2008. 501, note Racine.
2. Paris, 1re ch. C, 3 juill. 2008, *Rev. arb.* 2009. 759, obs. Chainais.
3. Guinchard, Chainais et Ferrand, nos 331, c (juridictions étatiques) et 2301 (arbitrage).
4. S. Guinchard, « Vers une démocratie procédurale », *Justices* 1999, n° 1, p. 91; « Les métamorphoses de la procédure », *Clefs pour le siècle*, Dalloz, mai 2000 – M.-E. Boursier, *La loyauté en droit processuel*, « Nouvelle bibliothèque de thèses », Dalloz, 2003 (préf. Guinchard) – S. Guinchard et a., *Droit processuel. Droits fondamentaux du procès*, 6e éd., « Précis », Dalloz, 2011, n° 538 – Guinchard, Chainais et Ferrand, n° 331, pour la sanction; n° 372, comme principe directeur de l'instance; n° 557, pour une application dans le droit de la preuve; nos 763 et 767, comme expression des droits de la défense.
5. Cass., ass. plén., 27 févr. 2009, n° 07-19.841, *Bull. ass. plén.*, n° 1; *Gaz. Pal.* 19 mars 2009, note Janville; *D.* 2009. 723, Delpech; *D.* 2009. 1245, note Houtcieff; *D.* 2010. 169, obs. Fricero; *JCP* 2009. II. 10073, note Callé; *JCP* 2009. I. 142, n° 7, obs. Sérinet; *BICC* 15 avr. 2009, rapp. Boval et avis De Gouttes; *Procédures* 2010.Repère 4, obs. Croze; *Dr. et proc.* 2009. 263, obs. Douchy-Oudot; *LPA* 13 mai 2009, p. 7, avis De Gouttes; N. Dupont, « L'interdiction de se contredire au détriment d'autrui en procédure civile française », *RTD civ.* 2010. 459.
6. Civ. 2e, 30 avr. 2009, nos 08-14.883, 08-15.187, 08-15.273 et 08-15.326, 4 arrêts, *Bull. civ.* II, n° 107; *D.* 2009. 1489; *JCP* 2009. Doctr. 162, note Attal.
7. Civ. 1re, 6 mai 2009, n° 08-10.281, *Bull. civ.* I, n° 86; *D.* 2009. 1423, obs. Delpech; *D.* 2009. 2959, obs. Clay; *JCP* 2009. Doctr. 534, obs. Bolard; *Dr. et proc.* 2009. 270, obs. Cuniberti; *Procédures* 2009, n° 236, obs. Rolland; *LPA* 21 juill. 2009, n° 144, obs. Mouralis; *RTD com.* 2009. 546, obs. Loquin – Civ. 1re, 6 juill. 2005, n° 01-15.912, Golshani c/ République islamique d'Iran, *Bull. civ.* I, n° 302; *D.* 2005. 2174; *JCP* 2005. I. 179, n° 6, obs. Ortscheidt.
8. Civ. 1re, 3 févr. 2010, n° 08-21.288, *Bull. civ.* I, n° 25; *D.* 2010. 448, obs. Delpech; *D.* 2010. 2933, obs. Clay; *D.* 2011. 271, obs. Fricero; *Gaz. Pal.* 29 mai 2010, note Train; *JCP* 2010. Doctr. 626, obs. Houtcieff; *Rev. arb.* 2010. 93, note Weiller – La méconnaissance de la règle de l'*estoppel* constitue une violation de l'ordre public international, mais cette violation, à la supposer démontrée, ne caractérise pas, en l'absence de toute fraude procédurale, l'un des cas d'annulation ouverts par l'article 1502 C. pr. civ. : Civ. 1re, 19 déc. 2012, n° 11-13.269, NP; *Gaz. Pal.* 22 janv. 2013, doctr., obs. Raskin.
9. Civ. 1re, 8 juill. 2010, n° 09-14.280, *Bull. civ.* I, n° 157; *D.* 2010. 1886, obs. Delpech; *D.* 2010. 2933, obs. Clay; *Dr. et proc.* 2010. 291, obs. Cuniberti – Civ. 1re, 19 déc. 2012, n° 11-13.269, préc. ss prést n° : la première chambre revient à la notion d'*estoppel*.
10. Com. 20 sept. 2011, n° 10-22.888, *Bull. civ.* IV, n° 132; *D.* 2011. 2345, obs. Delpech; *D.* 2012. 167, note Maréchal; *Procédures* 2011. Repère 11, obs. Croze; *JCP* 2011. Doctr. 1250, obs. Houtcieff; *JCP* 2012. Doctr. 780, obs. Lafarge-Sarkozy et Ansaloni; *Dr. et proc.* 2011. 293, obs. Putman; *LPA* 23 juin 2012, p. 7, note Boillot.
11. Décr. n° 2011-48, 13 janv. 2011, portant réforme de l'arbitrage, *JO* 14 janv., p. 777.
12. H. Muir Watt, note ss Civ. 1re, 21 nov. 2006, n° 05-22.002, *Bull. civ.* I, n° 500; *D.* 2007. 1751, obs. Courbe et Jault-Seseke; *Rev. crit. DIP* 2007. 575.

ment le prononcé. En revanche, « *le changement d'argumentaire au sein même du prétoire, ressortit du champ de l'obligation de concentration des moyens. Le comportement qui est stigmatisé alors, n'est pas le fait que les moyens successivement invoqués soient théoriquement contradictoires (par ex., plaider sur le fondement de la loi française, puis de la loi étrangère). C'est au contraire le fait pour le plaideur d'avoir omis - délibérément, afin de s'en réserver l'occasion d'une nouvelle arme dilatoire ou par simple négligence - à l'occasion de la première instance, d'invoquer un moyen qu'il avait parfaitement la possibilité de faire valoir dès l'origine, fût-ce à titre subsidiaire* »[1]. Malheureusement, la confusion règne au niveau de la Cour de cassation, car la définition que la première chambre civile donne de l'*estoppel* correspond davantage à cette seconde situation qu'à la première : « *Comportement procédural constitutif d'un changement de position, en droit, de nature à induire l'adversaire en erreur sur ses intentions* »[2], ce qui a permis à un auteur de relever, à juste titre, que « *l'introduction de cette exigence de loyauté procédurale se heurte à l'obligation de concentration des moyens de droit qui pèse sur les parties et peut les mener à des changements de position en droit qu'il est délicat de leur reprocher* »[3].

§ 2
Pratique jurisprudentielle : distinction avec les exceptions de procédure

193.21 Fin de non-recevoir et exception de nullité. La pratique jurisprudentielle révèle que de grandes incertitudes règnent parfois pour savoir si un moyen de défense constitue une fin de non-recevoir au sens exact de l'expression, ou une exception de nullité touchant au fond, ou même seulement une exception de nullité relative à la forme. Les deux concepts, dans la pureté des principes, recouvrent deux situations bien différentes : la nullité affecte la validité de la procédure pour inobservation des formes (C. pr. civ., art. 114) ou pour l'une des irrégularités de fond visées à l'article 117. L'irrecevabilité, sanctionnée par une fin de non-recevoir, touche au droit d'agir en justice et atteint l'action elle-même (C. pr. civ., art. 32 et 122). Pourtant, on peut parfois hésiter[4] et la confusion est fréquente entre les nullités pour vice de forme ou de fond et les fins de non-recevoir, confusion entretenue par le législateur.

1° Il arrive en effet qu'un texte mentionne expressément que l'omission de certaines mentions dans un acte est une cause d'irrecevabilité de l'acte, qui sera donc sanctionnée par le moyen d'une fin de non-recevoir. Dans ces cas, l'acte échappe au régime des nullités des articles 112 et suivants.

Il en est ainsi du défaut de motivation d'un contredit de compétence, l'article 82 C. pr. civ. prévoyant expressément l'irrecevabilité comme sanction[5]. Il en est de même de l'absence d'indication dans la requête initiale en divorce par consentement mutuel, des mentions exigées par l'article 1090 C. pr. civ., le texte visant expressément l'irrecevabilité de la requête... Ou du défaut de publication d'une demande en nullité d'une vente immobilière (v. s^s^ n° 193.12, 1°). Même solution pour non-respect des prescriptions de l'article 1360 C. pr. civ. : le moyen qui tend à faire déclarer irrecevable une assignation en partage, faute de comporter un descriptif sommaire du patrimoine à partager, de préciser les intentions du demandeur quant à la répartition des biens et d'indiquer les diligences entreprises en vue de parvenir à un partage amiable, constitue une fin de non-recevoir et non pas une exception de nullité, comme la juridiction à l'origine de la demande d'avis à la Cour de cassation avait pu le suggérer dans l'exposé de ses motifs; ce qui a pour effet d'exclure la compétence du juge de la mise en état pour en connaître[6].

2° Mais chaque fois qu'aucun texte ne vise l'irrecevabilité de l'acte pour absence d'une mention, il est préférable d'y voir une exception de nullité[7]. Ainsi, de l'absence de motivation de l'appel d'une décision du juge des tutelles, du défaut d'énonciation, par le demandeur en revendication d'objets saisis, des preuves de la propriété qu'exige l'article 608 du Code de procédure civile (ancien), de la non-indication, dans l'acte d'opposition, des moyens du défaillant.

3° Il est parfois permis d'hésiter sur certaines solutions retenues par la jurisprudence. Cela concerne des exceptions de nullité, aussi bien pour vices de forme que pour vices de fond, que l'on a du mal à distinguer des fins de non-recevoir :

1. H. Muir Watt, note s^s^ Civ. 1re, 21 nov. 2006, n° 05-22.002, préc. s^s^ prés^t^ n° – *Adde*, note 2, p. 580 : « *L'estoppel et l'obligation de concentration des moyens partagent tous deux, bien sûr, un double fondement à la fois moral et économique. Ils visent en effet tous deux à la fois à empêcher la déloyauté procédurale et à répondre aux exigences de l'économie procédurale. Au demeurant, il n'est pas inintéressant de relever qu'en droit anglais, dont nous vient l'inspiration d'ordre équitable de la règle de l'*estoppel*, l'autorité de chose jugée n'a pas un fondement distinct de celui-ci, dont elle constitue tout simplement l'une des variantes* ».
2. Civ. 1re, 3 févr. 2010, n° 08-21.288, préc. s^s^ prés^t^ n°.
3. N. Fricero s^s^ Civ. 1re, 3 févr. 2010, n° 08-21.288, préc. s^s^ prés^t^ n°; *D.* 2011. 271.
4. Civ. 3e, 9 avr. 2008, n° 07-13.236, *Bull. civ.* III, n° 67; *D.* 2008. 1277, obs. Rouquet; *D.* 2008. 2690, obs. Atias et Capoulade : le défaut d'habilitation du syndic d'agir en justice pour le compte du syndicat des copropriétaires constitue un défaut de pouvoir sanctionné par une nullité de fond qui ne profite qu'à celui qui l'invoque et non une fin de non-recevoir que le juge peut relever d'office.
5. Civ. 2e, 7 juin 1974, n° 73-40.509, *Bull. civ.* II, n° 185; *RTD civ.* 1974. 953, obs. Perrot.
6. Cass., avis, 13 févr. 2012, n° 01-20.0001P, *BICC* 15 mars 2012, rapp. Leroy-Gisinger, avis Lathoud; *Gaz. Pal.* 26 mai 2012, note Mayer, *Dr. et proc.* 2012 130; note Poisson.
7. CONTRA : Soc. 6 févr. 2003, n° 01-20.534, *Bull. civ.* V, n° 47; *RTD civ.* 2003. 350, obs. Perrot, qui voit dans l'omission d'une mention, l'omission d'un acte.

– Des fins de non-recevoir sont ainsi disqualifiées en vice de forme[1], notamment en cas d'absence de personnalité juridique du défendeur[2]; mais des arrêts ont sanctionné par l'irrecevabilité l'absence de personnalité du défendeur[3] sur le fondement de l'article 32 C. pr. civ., qui déclare irrecevable « *toute prétention émise par ou contre une personne dépourvue du droit d'agir* »; prise à la lettre, cette formule sanctionne par une fin de non-recevoir un défaut du droit d'agir; or, la capacité de jouissance étant antérieure au droit d'action (puisqu'elle est indispensable pour ouvrir l'accès à la justice), ne peut-on pas considérer que la sanction ne peut être que celle de l'article 32 ? (v. s[s] n° 103.14).

– Pour des exemples de disqualification d'une fin de non-recevoir en vice de fond : ainsi de la sanction de la demande formée ***au nom*** d'une personne décédée, la jurisprudence dominante y voyant une nullité pour vice de fond par défaut de capacité d'agir en justice[4], alors qu'il s'agit plutôt d'une cause d'irrecevabilité, pour défaut de droit d'agir, sanctionnée par une fin de non-recevoir[5]. On remarquera que la jurisprudence antérieure au Code de procédure civile, ne s'arrêtait pas à cette distinction car elle admettait, en application de l'article 2008 du Code civil, que lorsque le mandataire avait agi pour la personne décédée, la procédure était valable comme ayant été faite au nom des ayants cause du défunt[6]. Même solution (vice de fond) lorsque l'assignation est délivrée *contre* une personne décédée[7]. De même pour la demande formée au nom d'une personne mineure, mais émancipée par mariage, donc pleinement capable, la jurisprudence a considéré que cette demande était nulle pour vice de fond (défaut de pouvoir d'une personne représentant une partie en justice) alors qu'il s'agit d'une absence totale de droit d'agir au nom d'une personne capable, donc d'une cause d'irrecevabilité qui aurait dû être sanctionnée par une fin de non-recevoir, la personne émancipée n'ayant pas besoin d'être représentée[8].

– À l'inverse, la Cour de cassation voit, contrairement à la solution donnée par l'article 117 alinéa 2 (vice de fond pour défaut de capacité en justice), une cause d'irrecevabilité sanctionnée par une fin de non-recevoir dans le cas du majeur en curatelle qui exerce seul une action extrapatrimoniale, alors qu'il devait, à cette occasion, être assisté de son curateur[9]. Il est vrai que certains auteurs ont critiqué les exemples donnés par le Code de procédure civile, considérant que le défaut de capacité devrait être un moyen d'irrecevabilité sanctionné par une fin de non-recevoir[10]. De même, lorsque le ministre de l'Économie se borne à viser la décision du Conseil de la concurrence pour saisir à nouveau la cour de Paris après cassation, sans formuler aucune critique contre l'arrêt cassé, ce défaut de mentions requises pour la saisine de la cour est sanctionné par une fin de non-recevoir et non pas par une nullité[11].

193.22 Fin de non-recevoir et autre exception de procédure (notamment dilatoire). C'est d'abord la règle « *le criminel tient le civil en l'état* » qui a donné lieu à des variations de qualification. Après y avoir vu, en 1966, une fin de non-recevoir, la Cour de cassation a retenu la qualification d'exception de procédure (v. s[s] n° 192.24 – sur l'évolution, en sens contraire, de la sanction d'une clause de conciliation ou de médiation qui est désormais vue comme une fin de non-recevoir, v. s[s] n° 193.15). De même, lorsque la caution excipe, dans une procédure de redressement judiciaire, la suspension, jusqu'au jugement qui arrête le plan de redressement ou prononce la liquidation, de toute action contre les cautions (C. com., anc. art. L. 621-48, al. 2; devenu C. com., art. L. 622-28), il faut y voir, selon une chambre mixte, une fin de non-recevoir et non pas une exception dilatoire[12]. Sur la notion d'exception de procédure,

1. Civ. 2e, 21 oct. 1976, n° 75-10.481, *Bull. civ.* II, n° 285; *RTD civ.* 1977. 633, obs. Perrot – Civ. 2e, 16 nov. 1983, n° 82-12.900, *Bull. civ.* II, n° 181; *D.* 1984. 370, note Julien – V. AUSSI, J. Normand, *RTD civ.* 1981. 684 – Et Civ. 2e, 21 oct. 1982, n° 81-13.543, *Bull. civ.* II, n° 129; *D.* 1983. IR 139, obs. Julien.
2. Civ. 2e, 17 févr. 1988, n° 73-40.509, *Bull. civ.* II, n° 47; *RTD civ.* 1988. 574, note Perrot – Civ. 2e, 16 mars 2004, n° 02-30.834, *Bull. civ.* II, n° 122; *RTD civ.* 2004. 766, obs. Théry – Civ. 3e, 10 mai 1991, n° 89-16.057, *Bull. civ.* III, n° 132 – Com. 25 avr. 1972, n° 70-11.005, *Bull. civ.* IV, n° 122 – Com. 15 févr. 1983, n° 81-14.313, *Bull. civ.* IV, n° 64.
3. Civ. 1re, 2 nov. 1994, n° 92-18.345, *Bull. civ.* I, n° 309 (section locale d'une association, sans personnalité morale) – Civ. 2e, 20 mars 1989, n° 88-11.585, *Bull. civ.* II, n° 76 (action en réparation dirigée contre une amicale, de fait, de locataires).
4. Civ. 2e, 19 juin 1991, n° 90-15.334, *Bull. civ.* II, n° 199; *D.* 1992. Somm. 123, obs. Julien – Civ. 2e, 13 janv. 1993, n° 91-17.175, *Bull. civ.* II, n° 15; *D.* 1993. Somm. 181, obs. crit. Julien – Civ. 2e, 27 juin 2002, n° 00-22.694, *Bull. civ.* II, n° 149; *D.* 2003. 1402, obs. crit. Julien.
5. Solution retenue par Paris, 19 avr. 1992, *Bull. ch. avoués* 1992. 3. 87.
6. Amiens, 28 juill. 1947, *S.* 1948. 2. 21, note Solus – Et, sur pourvoi, Com. 19 juill. 1950, *JCP* 1951. II. 5952, note Motulsky – Com. 26 juill. 1948, *JCP* 1948. II. 4473, note Lescot; *RTD civ.* 1949. 126, obs. Raynaud – Paris, 11 avr. 1951, *Gaz. Pal.* 1951. 1. 320.
7. Civ. 2e, 23 oct. 1996, n° 94-21.971, *Bull. civ.* II, n° 238; *JCP* 1996. IV. 2457.
8. Civ. 2e, 23 oct. 1985, n° 84-10.511, *Bull. civ.* II, n° 161; *JCP* 1986. IV. 13.
9. Civ. 1re, 2 nov. 1994, n° 92-14.642, *Bull. civ.* I, n° 313; *RTD civ.* 1995. 327, obs. Hauser; *JCP* 1995. II. 22555, note Fossier.
10. P. Julien, conférence au TGI de Paris, 13 mai 1982; et obs. s[s] Paris, 26 févr. 1988, *D.* 1989. Somm. 177 – V. AUSSI, S. Guinchard, obs. s[s] Com. 25 oct. 1983, n° 82-11.389, *Bull. civ.* IV, n° 276; *Gaz. Pal.* 1984. Pan. 65 – Sur la distinction des nullités de procédure et des fins de non-recevoir, v. J. Normand, *RTD civ.* 1981. 684; obs. Perrot, *RTD civ.* 1978. 419.
11. Com. 26 mars 2002, n° 99-20.703, *Bull. civ.* IV, n° 59; *D.* 2002. 1830, obs. E. Chevrier; *LPA* 22 août 2002, chron. Arhel, n° XIV, p. 8.
12. Cass., ch. mixte, 16 nov. 2007, n° 03-14.409, *Bull. ch. mixte*, n° 11; *D.* 2007. 3009, obs. Lienhard; *D.* 2008. 2104, note Crocq; *RTD civ.* 2008. 716, obs. Théry; *RTD com.* 2008. 168, obs. Legeais; *JCP* 2008. II. 10019, note Salati; *JCP* 2008. I. 138, n° 17, obs. Sérinet; *Procédures* janv. 2008, n° 17, obs. Rolland; *Dr. et proc.* 2008/2, 79, obs. Putman.

sans autre précision, à propos de la clause compromissoire, v. s[s] n° 193.23, 1°, c).

193.23 Fin de non-recevoir et exception d'incompétence. La question se pose dans les hypothèses suivantes (non exhaustives).

1° À propos du pouvoir de juger. L'incompétence implique une hésitation entre deux juridictions devant lesquelles la même demande aurait pu être portée, en vue de la même fin; les deux juridictions ont le pouvoir de juger, le pouvoir juridictionnel, mais l'une est incompétente au sens strict et exact du mot, territorialement ou *ratione materiae*. L'incompétence est sanctionnée par une exception. Au contraire, il arrive que le juge n'a pas le pouvoir de juridiction : la situation se rencontre notamment[1], avec des nuances d'appréciation en jurisprudence et en doctrine, à propos des pouvoirs du juge des référés (a), des immunités de juridiction et de la contestation de la compétence internationale du juge français (b), de la clause compromissoire (c) et lorsqu'aucune autre juridiction ne peut connaître de la demande (d)[2].

***a)* Fin de non-recevoir pour défaut de pouvoir de juger du juge des référés.** Le juge des référés n'a pas le pouvoir de juger, par exemple, si la demande touche au fond, parce qu'il est juge du provisoire; il n'y a pas dans ce cas de concours entre la juridiction du provisoire et celle du fond; il n'y a donc pas incompétence mais défaut de pouvoir de juger, sanctionnée par une fin de non-recevoir. Même solution lorsque le juge des référés constate que les conditions du référé ne sont pas réunies, par exemple, s'il existe une contestation sérieuse (référé de C. pr. civ., art. 808) ou si, dans le référé-provision (C. pr. civ., art. 809, al. 2), l'obligation est sérieusement contestable, *etc.* C'est par un abus de langage et de façon tout à fait impropre que l'on parle ici de son « *incompétence* », alors qu'il est inapte à se prononcer sur la demande, quel que soit le juge des référés qui serait saisi. Dans tous ces cas, c'est une fin de non-recevoir qui sera opposée à la demande et, si elle aboutit, le juge y répondra par un « *il n'y a lieu à référer* », par une décision de rejet, sans renvoyer à une autre juridiction. La principale conséquence en est que le moyen tiré de l'existence d'une contestation sérieuse, obstacle au référé de l'article 808, est une fin de non-recevoir pour laquelle la règle de l'article 74 n'est pas d'application et qui peut, par conséquent, être présentée à toute hauteur de la procédure[3]. De même, le moyen tiré du caractère sérieusement contestable de l'obligation dans le référé de l'article 809 alinéa 2 est une fin de non-recevoir et la décision de rejet ne constitue pas une décision sur la compétence mais une décision sur le fond même du référé[4]. Même solution pour le trouble manifestement illicite[5]. Il en résulte cette conséquence qu'à chaque fois que le juge des référés se déclare « *incompétent* », dans les conditions qui viennent d'être indiquées, au profit d'une autre juridiction, par exemple le TGI statuant au fond, il y a défaut de pouvoir de juger et les dispositions de l'article 97 C. pr. civ. sur le renvoi à une juridiction désignée, ne sont pas applicables[6]. De même, le jeu de l'article 79 alinéa 1er a été exclu dans le cas où la cour d'appel déclare le juge des référés « *incompétent* » au profit d'une compétence exclusive du juge du fond; la cour ne peut pas connaître du litige au titre de l'article 79 alinéa 1er, car elle ne peut statuer que dans les limites des pouvoirs du juge des référés; or, il n'avait pas le pouvoir de juger et il ne s'agissait pas, à proprement parler, d'un problème de compétence[7]. Tout autre est la situation dans laquelle le juge des référés a le pouvoir de juridiction, mais est incompétent au sens exact du mot, territorialement ou *ratione materiae*. Dans cette hypothèse, l'incompétence est sanctionnée par une exception.

***b)* Fin de non-recevoir dans les immunités de juridiction, mais exception de procédure dans la contestation de la compétence internationale du juge français.** L'immunité de juridiction provoque une irrecevabilité d'ordre public, pour défaut de pouvoir de juger *ratione personae*, à laquelle d'ailleurs, l'intéressé peut renoncer[8] et non pas pour une question de compétence[9]. Le moyen tiré de l'immunité de juridiction s'analyse donc, selon la jurisprudence

1. Mais pas exclusivement, tel le cas où un TGI n'a pas le pouvoir de trancher une question relative à une créance fiscale pour la délivrance d'un titre exécutoire, parce que la procédure judiciaire ne pouvait être engagée qu'à l'issue d'une procédure de réclamation devant l'administration fiscale belge : Civ. 2e, 21 avr. 2005, n° 03-15.607, *Bull. civ.* II, n° 116; *Dr. et proc.* 2005. 291, obs. Douchy-Oudot.
2. À propos de cette distinction entre la notion de compétence et celle de pouvoir de juger, ou pouvoir juridictionnel, outre la doctrine citée dans les notes suivantes à propos de son application à des cas particuliers, v. H. Motulsky, *JCP* 1954. I. 1194, à propos de l'arbitrage; *JCP* 1957. I. 1383 – Et, d'une manière plus générale, Ph. Théry, *Pouvoir juridictionnel et compétence, étude de dr. int. privé*, th. dactyl., Paris II, 1981 – G. Block, *Les fins de non-recevoir*, th. Nice, juin 2002, Bruylant/LGDJ, nov. 2002 (préf. Fricero et Martin), 106 s.
3. Civ. 3e, 19 mars 1986, n° 84-17.524, *Bull. civ.* III, n° 34; *Gaz. Pal.* 1987. Somm. 55, obs. Guinchard et Moussa – Civ. 1re, 30 mars 1994, n° 90-20.612, *Bull. civ.* I, n° 133.
4. Civ. 1re, 27 févr. 1996, n° 93-21.436, *Bull. civ.* I, n° 111; *D.* 1996. Somm. 354, obs. Julien; *D.* 1998. Somm. 47, obs. Groutel; *Justices* 1996, n° 4, p. 262, obs. Héron; *Procédures* 1996, n° 107, obs. Perrot – Civ. 1re, 7 janv. 1997, n° 94-21.636, *Bull. civ.* I, n° 4; *Procédures* 1997, n° 53, obs. Perrot.
5. Soc. 21 oct. 1982, *RTD civ.* 1983. 781, obs. Normand.
6. Besançon, 22 nov. 1995 et 22 mai 1996, *Bull. ch. avoués* 1997. 3. 97.
7. Com. 3 nov. 1992, n° 90-16.842, *Bull. civ.* IV, n° 334.
8. Paris, 17 mars 1978, *D.* 1978. IR 370, obs. Audit.
9. EN DOCTRINE : P. Hébraud, s[s] Paris, 30 janv. 1963, *Rev. crit.* 1963. 805 : « *Le défendeur rejette ses juges sans en réclamer d'autres* » – F. Terré, s[s] Paris, 10 févr. 1961, *Rev. crit.* 1963. 590 – Ph. Théry, *Pouvoir juridictionnel et compétence, étude de dr. int. privé*, th. dactyl., Paris II, 1981 : « *L'abstention du juge saisi trouve son fondement dans le respect de la souveraineté étrangère qui entraîne l'absence de pouvoir* » – H. Motulsky, s[s] Civ. 1re, 27 janv. 1969, *Rev. crit. DIP* 1969. 538 : « *L'accès aux tribunaux ne s'identifie assurément pas avec la compétence, mais lui est logiquement antérieur* » – EN JURISPRUDENCE : Civ. 1re, 20 oct. 1987, n° 85-18.608, *Bull. civ.* I, n° 274; *Rev. crit. DIP* 1988. 727, note Mayer : « Le juge français perd son pouvoir de juger. » – Civ. 1re, 24 oct. 2000, n° 98-43.052, *Bull. civ.* I, n° 265 – Soc. 5 juin 2001, n° 98-44.996, *Bull. civ.* V, n° 204.

aujourd'hui constante[1] et en doctrine[2] en une fin de non-recevoir et non pas en une exception d'incompétence, car il tend à fermer l'accès au pouvoir juridictionnel du juge, à son pouvoir de juger, même si certains auteurs y ont vu[3] ou y voient encore[4] une « *exception de procédure* », sans autre précision, comme en matière d'arbitrage. Par l'immunité de juridiction qu'oppose le défendeur au demandeur, ce dernier se retrouve dans la situation de ne pouvoir agir contre lui; cette impossibilité d'agir est typique de la fin de non-recevoir au sens de l'article 122 C. pr. civ., qui suppose un défaut du droit d'agir. Il devrait en aller de même pour le moyen tiré de la simple compétence internationale, mais le pouvoir réglementaire en a décidé autrement.

En effet, la contestation de la compétence internationale du juge français relève de la qualification d'exception de procédure et non pas de celle de fin de non-recevoir, car les articles 92 alinéa 2 et 96 C. pr. civ. traduisent clairement la volonté du pouvoir réglementaire de les inclure dans les exceptions de compétence. Jurisprudence ancienne[5] et confirmée en mai 2012[6], alors que des arrêts du 7 mai 2010[7] avaient conduit à douter de sa pérennité, en retenant, par une analyse non dénuée de pertinence, « *qu'en matière internationale, la contestation élevée sur la compétence du juge français saisi ne concerne pas une répartition de compétence entre les tribunaux nationaux mais tend à lui retirer le pouvoir de trancher le litige au profit d'une juridiction de droit étranger* » et que, « *dès lors, le pourvoi en cassation contre le jugement ayant statué sur cette exception de procédure a pour fin de prévenir un excès de pouvoir, immédiatement recevable* »; l'explication est sans doute à rechercher dans l'idée qu'en matière de compétence internationale, les plaideurs doivent être plus rapidement fixés sur la juridiction compétente (Paris ou Tokyo) que les parties à un procès interne (Lyon ou Marseille), les difficultés rencontrées n'étant pas les mêmes[8]; c'est finalement une question d'opportunité plus de droit qui a conduit la Cour de cassation, en mai 2010, tout à la fois, à retenir la qualification « *d'exception de procédure* » (l'expression figure expressément dans l'arrêt, en contradiction avec l'analyse retenue d'une question de pouvoir de juger et non pas de répartition de compétence) et à écarter les effets de cette qualification au nom de l'excès de pouvoir pour considérer que, bien que l'arrêt d'appel n'ait pas mis fin à l'instance (seule hypothèse visée à l'article 607 C. pr. civ. pour admettre la recevabilité immédiate du pourvoi), le pourvoi était immédiatement recevable. Sans les articles 92 et 96 C. pr. civ., il faut bien reconnaître que l'horizon du juge français s'arrêtant aux frontières de notre État, parce qu'il n'a pas le pouvoir de s'interroger sur la compétence des juridictions étrangères[9], c'est la fin de non-recevoir qui devrait être ici retenue, le plaideur étant démuni du droit d'agir au sens de demander au juge français de se prononcer sur la compétence d'un tribunal étranger.

c) **Exception de procédure dans le défaut de pouvoir de juger du juge étatique en cas de clause compromissoire.** Quelle qualification retenir lorsqu'une clause compromissoire s'oppose à ce que le juge étatique connaisse de l'affaire (C. pr. civ., art. 1458 et 1466) ? Logiquement le défaut de pouvoir juridictionnel du juge étatique devrait ici être sanctionné par une fin de non-recevoir, comme en matière de référé lorsque la demande touche au fond; la terminologie de la Cour de cassation est pour le moins hésitante.

La première chambre civile de la Cour de cassation a nettement pris position en faveur du « *pouvoir de juger* » et non pas d'une incompétence, lorsqu'une clause compromissoire s'oppose à la compétence du juge étatique. Pour autant, elle ne va pas jusqu'à parler de fin de non-recevoir pour qualifier le moyen procédural permettant de sanctionner ce défaut de pouvoir de juger. Elle se contente de l'expression « *exception de procédure* », ce qui n'est guère précis, semblant s'arrêter à mi-chemin, en abandonnant l'expression « *exception d'incompétence* ». En revanche, la motivation est sans ambiguïté : lorsqu'une exception de procédure est fondée sur l'existence d'une clause compromissoire insérée dans un contrat relevant du commerce international, la Cour de cassation admet la recevabilité

1. Civ. 1re, 15 avr. 1986, no 84-13.422, *Bull. civ.* I, no 87; *Gaz. Pal.* 1987. Somm. 53, obs. Guinchard et Moussa; *Rev. crit. DIP* 1986. 723, note Couchez; *JDI* 1987. 632, note Kahn – Civ. 1re, 14 nov 1995, no 90-43-633, *Rev. crit. DIP* 1996. 337, note H. Muir Watt – Civ. 1re, 24 oct. 2000, no 98-43.053, *Bull. civ.* I, no 265 – Soc. 5 juin 2001, no 98-44.996, *Bull. civ.* V, no 204 – Civ. 1re, 27 avr. 2004, no 01-12.442, *Bull. civ.* I, no 114; *RTD civ.* 2004. 769, obs. Théry – Civ. 1re, 9 mars 2011, no 10-10.044, *Bull. civ.* I, no 54; *Gaz. Pal.* 18 oct. 2011, note Loiseau; *RTD civ.* 2011. 382, obs. Théry.
2. P. Hébraud, note préc. ss prést no – H. Solus et R. Perrot, *Droit judiciaire privé*, Sirey, 1961, t. II, 1973, no 632 – Ph. Théry, *Pouvoir juridictionnel et compétence, étude de dr. int. privé*, th. dactyl., Paris II, 1981, no 259 – Ch. Jarrosson, note ss TGI Paris, 20 oct. 1997, *Rev. arb.* 1997, spéct p. 578 – S. Guinchard et T. Moussa, obs. préc. ss prést no. (Civ. 1re, 15 avr. 1986, no 84-13.422, *Gaz. Pal.* 1987. Somm. 53).
3. H. Motulsky, note préc. ss prést no, spéct p. 539 : « *Mais si, de la sorte, l'immunité de juridiction ne peut se ramener à un problème de compétence, il n'en résulte pas, quoi qu'en disent certains arrêts, que l'on se trouve en présence d'une fin de non-recevoir;* [...] *c'est la régularité de l'instance qui est en jeu* » – G. Couchez, note préc. ss Civ. 1re, 15 avr. 1986, no 84-13.422, *Bull. civ.* I, no 87 : « *La question d'un éventuel défaut de pouvoir juridictionnel étant elle-même logiquement antérieure, il semble assez incohérent d'admettre qu'elle soit soulevée au moyen d'une fin de non-recevoir (laquelle peut être soulevée en tout état de cause)* ».
4. G. Block, *Les fins de non-recevoir,* th. Nice, juin 2002, Bruylan/LGDJ, nov. 2002 (préf. Fricero et Martin) : « *Problème d'antériorité qui conduit à une exception de procédure* ».
5. Civ. 1re, 20 nov. 1984, *JCP* 1985, IV, 38. 9 oct. 1990, no 89-12.561, *Bull.*civ. I, no 205; *Gaz. Pal.* 1991. 2. Somm. 348, obs. Croze et Morel – Civ. 1re, 9 juill. 1991, no 89-20.410, *Bull.* civ. I, no 231.
6. Civ. 1re, 23 mai 2012, no 10-26.188, *Bull. civ.* I, no 110; *Procédures* 2012, no 209, obs. Perrot; *RTD civ.* 2012. 566, obs. Théry; *RLDC* juill.-août 2012, p. 73, obs. Raschel.
7. Civ. 1re, 7 mai 2010, nos 09-11.177, 09-14.324 et 09-11.178, *Bull. civ.* I, no 106 et 107; *D.* 2010. 2196, note Bolze et Perreau-Saussine; *RTD civ.* 2010. 617, obs. Perrot, et p. 808, obs. Théry; *Rev. crit. DIP* 2010. 558, note Gaudemet-Tallon; *JDI* 2011. 139, note Brière.
8. EN CE SENS, v. H. Gaudemet-Tallon, note ss Civ. 1re, 7 mai 2010, préc.; *Rev. crit. DIP* 2010. 558.
9. EN CE SENS, v. Rép. pr. civ., vo *Défenses, exceptions, fins de non-recevoir,* par I. Pétel-Teyssié, juin 2013, no 30 – B. Audit et L. d'Avout, *Droit international privé*, 6e éd., Economica, 2010, no 326.

du pourvoi immédiatement (nonobstant la combinaison des articles 607 et 608 qui interdit un tel pourvoi contre les jugements statuant sur une exception de procédure, ou une fin de non-recevoir, ou tout autre incident, sans mettre fin à l'instance) au motif que « *cette exception ne concerne pas la répartition de la compétence entre les tribunaux étatiques des différents pays, mais tend à retirer à ces tribunaux le pouvoir de juger les différends relatifs à ce contrat* »[1]. La première chambre adopte ainsi la terminologie de Motulsky, qui parlait de défaut de pouvoir juridictionnel[2] et illustre la distinction proposée par un auteur entre une notion primitive de la compétence et une notion dérivée : « *Deux notions sont en réalité confondues dans la compétence; une notion primitive : les tribunaux sont institués pour exercer, chacun à l'égard des autres, un pouvoir spécifique, celui de statuer sur les demandes qui leur sont soumises par les plaideurs; une notion dérivée : chaque juridiction n'exerce ce pouvoir qu'en un domaine et une aire géographique préétablis* »[3]. En effet, les règles de compétence ne jouent qu'une fois admis le principe de l'intervention judiciaire, qu'une fois reconnu le pouvoir de juger, de statuer sur les demandes des plaideurs; c'est seulement si un organe peut exercer la fonction de juger sur ces demandes de tous les justiciables, que la question de sa compétence par rapport aux autres organes ayant le même pouvoir, se pose. Or, le tribunal arbitral ne constitue pas une juridiction étatique et la distribution d'une affaire entre les deux ne relève pas d'un problème de compétence, mais du pouvoir de juger.

La deuxième chambre civile s'est ralliée à cette terminologie ambiguë « *d'exception de procédure* »[4], après avoir parlé d'exception d'incompétence, ce qui nous semble inexact[5]. En effet, le pouvoir juridictionnel de l'arbitre et celui du juge étatique ne procèdent pas de la même origine : il n'y a pas, entre eux, un partage de compétence, mais une répartition du pouvoir juridictionnel comme c'est le cas entre des juridictions de deux États souverains. La position de la Cour de cassation est sans doute inspirée par cette idée qu'après tout, si le juge étatique ne peut connaître d'une affaire en raison d'une clause compromissoire, les parties à cette clause ne sont pas démunis du droit d'agir, puisqu'elles peuvent saisir le tribunal arbitral; finalement, tout dépend de l'étendue que l'on reconnaît à la notion de défaut d'agir : si l'on gomme la différence d'origine du pouvoir juridictionnel du juge étatique et du juge arbitral, on penchera vers la qualification d'exception de procédure, le droit d'agir pouvant toujours s'exercer auprès de l'un des deux; si l'on insiste au contraire sur cette différence d'origine, le droit d'agir sera cantonné à l'un ou à l'autre et induira son défaut, sanctionné par une fin de non-recevoir, pour le cas où le choix aurait été erroné.

***d)* Fin de non-recevoir lorsqu'aucune autre juridiction ne peut connaître de la demande.** Selon une ancienne jurisprudence, lorsqu'une personne physique n'est pas commerçante, le moyen par lequel il est prétendu qu'elle ne peut faire l'objet d'une procédure collective n'est pas une exception d'incompétence mais une fin de non-recevoir[6]. Cette jurisprudence se prolonge aujourd'hui dans le défaut de pouvoir de juger des pratiques anticoncurrentielles : ainsi jugé par la Cour de cassation « *qu'aux termes des articles L. 420-7 et R. 420-5 du Code de commerce, la cour d'appel étant la seule investie du pouvoir de statuer sur les appels formés contre les décisions rendues sur les litiges relatifs à l'application des articles L. 420-1 à L. 420-5du Code de commerce, ainsi qu'à l'application des articles 81 et 82 du Traité devenus les articles 101 et 102 du Traité sur le fonctionnement de l'Union européenne, l'inobservation de ces textes est sanctionnée par une fin de non-recevoir* »[7].

2° La distinction entre les fins de non-recevoir et les exceptions d'incompétence peut aussi se poser (et est discutée) lorsqu'une procédure dérogatoire au droit commun a été suivie en dehors des conditions prescrites[8].

1. Civ. 1re, 9 oct. 1990, n° 89-12.561, *Bull. civ.* I, n° 205; *D.* 1991. 571, note Santa-Croce; *RTD civ.* 1991. 603, obs. Perrot – Civ. 1re, 6 nov. 1990, n° 88-14.865, NP; *Rev. arb.* 1991. 73, chron. Delebecque; *Gaz. Pal.* 1991. Somm. 348, obs. Croze et Morel – Civ. 1re, 19 nov. 1991, n° 90-14.869, *Bull. civ.* I, n° 313; *Rev. arb.* 1992. 462, note Hascher.
2. H. Motulsky, *JCP* 1954. I. 1194; *JCP* 1957. I. 1383.
3. Ph. Théry, *Pouvoir juridictionnel et compétence, étude de dr. int. privé*, th. dactyl., Paris II, 1981, spéct n° 10.
4. Civ. 2e, 22 nov. 2001, n° 99-21.662, *Bull. civ.* II, n° 168; *D.* 2002. 42; *RTD com.* 2002. 46, obs. Loquin; *Dr. et proc.* 2002. 108, obs. Douchy; *CCC* mars 2002, obs. Leveneur; *Rev. arb.* 2002. 371, obs. Théry; *JCP* 2002. II. 10174, note Boillot; *Procédures* 2002, n° 1, obs. Perrot.
5. Civ. 2e, 17 janv. 1996, n° 93-18.361, *Bull. civ.* II, n° 3; *Procédures* 1996, n° 70, obs. Perrot; *Rev. arb.* 1996. 620, note Cadiet, qui considérait, dans cet arrêt, que la règle selon laquelle le déclinatoire de compétence ne doit pas désigner deux juridictions subsidiairement compétentes (à peine d'irrecevabilité) ne s'applique pas lorsque l'exception d'incompétence est fondée sur l'existence d'une clause compromissoire, mais elle l'avait fait en des termes qui ne sont pas ceux de la première chambre. Nulle allusion au « *pouvoir de juger* », ni à « *l'exception de procédure* ». Tout au contraire, la deuxième chambre utilisait l'expression d'exception d'incompétence. Enfin, elle ne déclarait pas que l'article 75 C. pr. civ. est inapplicable aux relations entre les juridictions étatiques et un tribunal arbitral; si elle l'avait fait, la deuxième chambre civile aurait pu laisser entendre qu'elle quittait le terrain de l'incompétence pour celui du pouvoir de juger. Or, la deuxième chambre déclarait inapplicable à l'hypothèse envisagée, uniquement la règle de la désignation d'une seule juridiction devant laquelle le requérant demande que l'affaire soit portée, entendant marquer, sans doute, l'incompétence absolue des juridictions étatiques dans ce cas; c'est parce que la règle de l'unique désignation est sanctionnée par l'irrecevabilité du déclinatoire de compétence que la Cour de cassation l'avait écartée dans ce cas. D'ailleurs, l'arrêt a été rendu au visa de l'article 75 et de l'ancien article 1458 (devenu C. pr. civ., art. 1447), ce dernier l'emportant sur le premier.
6. Com. 28 mars 1966, *JCP A* 1966. IV. 4877, obs. J.A.; *RTD civ.* 1966. 591, obs. Hébraud – Com. 23 janv. 1967, *RTD com.* 1967. 571, obs. Houin.
7. Com. 21 févr. 2012, n° 11-13.276, *Bull. civ.* IV, n° 38; *D.* 2012. 677, obs. Chevrier; *Gaz. Pal.* 2012, note Mayer; *RTD civ.* 2012. 566, obs. Théry.
8. Com. 16 juill. 1985, n° 84-11.416, *Bull. civ.* II, n° 214; *JCP* 1985. IV. 332; *RTD civ.* 1986. 192, obs. Perrot : à propos de la procédure d'injonction de payer.

SECTION 2
RÉGIME JURIDIQUE

193.31 Régime mixte. Théoriquement, on ne peut pas classer les fins de non-recevoir dans les défenses proprement dites, car il n'y a pas conflit au fond, ni dans les exceptions, puisqu'il y a un obstacle définitif à l'action telle qu'elle avait été engagée. Une nouvelle demande pourrait, en effet, être intentée avec succès si l'obstacle primitif venait à être levé : ainsi, le plaideur se trouve investi de la qualité qui lui faisait défaut; ou encore le préjudice éventuel qu'il redoutait se précise et il peut justifier d'un intérêt actuel; de même, en matière immobilière, le plaideur pourra-t-il reprendre l'instance s'il a effectué la publicité requise par la loi pour sa demande. Dans ces diverses éventualités, en dépit d'une décision d'irrecevabilité, le procès pourra être repris parce que le fond du droit n'aura pas été encore examiné.

Les fins de non-recevoir sont aujourd'hui soumises au même régime que les défenses au fond.

193.32 Présentation en tout état de cause (C. pr. civ., art. 123). Les fins de non-recevoir peuvent être proposées **en tout état de cause** (C. pr. civ., art. 123)[1], sauf la possibilité pour le juge de condamner à des dommages-intérêts ceux qui se seraient abstenus, dans une intention dilatoire, de les soulever plus tôt[2]. La règle est applicable à la méconnaissance d'une clause de conciliation obligatoire : fin de non-recevoir admise alors que le défendeur qui l'invoquait pour la première fois en appel, avait comparu et conclu au fond en première instance[3].

Les spécificités de la procédure orale permettent aux parties de présenter valablement leurs fins de non-recevoir au cours de l'audience[4].

193.33 Absence de justification d'un grief (C. pr. civ., art. 124). À moins qu'une disposition expresse ne le précise, le plaideur qui soulève une fin de non-recevoir *n'a pas à justifier de l'existence d'un grief* (C. pr. civ., art. 124)[5].

193.34 Obligation de la relever d'office lorsqu'elle a un caractère d'ordre public (C. pr. civ., art. 125, al. 1er). Mais, et cela révèle bien l'importance de ces moyens de défense, les juges doivent les soulever d'office lorsqu'ils ont un caractère d'ordre public, et, en particulier, lorsque la forclusion d'un plaideur résulte de ce qu'il a laissé passer le délai dans lequel il aurait dû exercer une voie de recours (C. pr. civ., art. 125, al. 1er) ou de l'absence d'ouverture d'une voie de recours (même texte, mais complété par Décr. n° 78-941, 7 nov. 1979, art. 5)[6]. Ces deux cas ne sont pas exhaustifs. Pour autant, si le défendeur s'abstient d'invoquer les faits propres à caractériser la fin de non-recevoir, il ne peut reprocher au juge de ne pas l'avoir soulevée d'office[7].

On ajoutera que la matière de l'état des personnes étant d'ordre public, les fins de non-recevoir tirées de cette matière doivent être relevées d'office par le juge[8], alors même que le moyen ne serait pas, par lui-même, d'ordre public, par exemple celui tiré de l'autorité de chose jugée[9]. Et que doit être relevée d'office la fin de non-recevoir tirée de l'irrecevabilité de l'appel contre une décision rectificative lorsque la décision rectifiée est passée en force de chose jugée (C. pr. civ., art. 462, al. 5)[10].

193.35 Faculté de la relever d'office pour défaut d'intérêt, défaut de qualité ou chose jugée. L'article 125 alinéa 2 C. pr. civ. (réd. Décr. n° 2004-836, 20 août 2004[11]) ajoute, afin que le juge ait le moyen de mettre fin à des instances un peu fantaisis-

1. Civ. 3e, 12 févr. 1985, n° 83-17.153, *Bull. civ.* III, n° 32; *Gaz. Pal.* 1985. Pan. 171, obs. Guinchard et Moussa – Com. 22 févr. 2005, n° 02-11.519, NP; *Procédures* 2005, n° 120, obs. crit. Perrot; *RTD civ.* 2005. 450, obs. crit. Perrot; *JCP* 2005. I. 183, n° 3, obs. Clay (application à la méconnaissance d'une clause de conciliation obligatoire : fin de non-recevoir admise alors que le défendeur qui l'invoquait pour la première fois en appel, avait comparu et conclu au fond en première instance).
2. Civ. 2e, 1er juill. 1981, n° 80-12.356, *Bull. civ.* II, n° 144; *Gaz. Pal.* 1981. 750, note Viatte – Civ. 2e, 27 févr. 2003, n° 01-11.975, *Bull. civ.* II, n° 44; *Procédures*, mai 2003, n° 111, obs. Perrot.
3. Com. 22 févr. 2005, n° 02-11.519, NP; *RTD civ.* 2005. 450, obs. crit. Perrot; *Procédures* mai 2005, n° 120, obs. crit. Perrot; *JCP* 2005. I. 183, n° 3, obs. Clay; *Rev. arb.* 2008. 142, note Tricot.
4. Com. 10 oct. 1989, n° 87-20.141, *Bull. civ.* IV, n° 249; *D.* 1990. 371, note Bouloc.
5. Civ. 2e, 11 juill. 1977, n° 75-15.640, *Bull. civ.* II, n° 182; *D.* 1978. IR 57, obs. Julien; *RTD civ.* 1978. 419, obs. Perrot – Civ. 2e, 25 févr. 1981 n° 79-10.520, *Bull. civ.* II, n° 42; *JCP* 1982. II. 19737, note Lindon; *Gaz. Pal.* 1982. 112, note Massip; *RTD civ.* 1981. 685, obs. Normand.
6. Bertin, « Une naissance difficile », *Gaz. Pal.* 23 janv. 1980, spéct n° 2 – Civ. 2e, 8 oct. 1986, n° 85-12.829, *Bull. civ.* II, n° 145; *Gaz. Pal.* 1987. Somm. 279, obs. Guinchard et Moussa – Civ. 2e, 21 sept. 2000, n° 98-17.400, *Bull. civ.* II, n° 131; *Procédures* janv. 2001, n° 10, obs. Junillon – Civ. 2e, 19 oct. 2000, n° 99-10.482, NP; *Procédures*, mars 2001, n° 65, obs. Junillon.
7. Civ. 1re, 18 sept. 2008, n° 07-15.473, *Bull. civ.* I, n° 207; *D.* 2009. 2714, obs. Delebecque, Bretzner et Vasseur; *Procédures* déc. 2008, n° 324, obs. Perrot.
8. TGI Paris, 26 mars 1991, *D.* 1993. Somm. 326, obs. Granet-Lambrechts.
9. Civ. 1re, 19 mai 1976, n° 74-13.821, *Bull. civ.* I, n° 184; *RTD civ.* 1976. 820, obs. Normand.
10. Civ. 2e, 8 oct. 1986, n° 85-12.829, *Bull. civ.* II, n° 145; *Gaz. Pal.* 1987. Somm. 279, obs. Guinchard et Moussa – Sur l'ordre public procédural : *Journées libanaises de l'association H. Capitant*, Beyrouth, 25-28 mai 1998 : rapp. français, par J. Héron; rapp. général, par K.-D. Karameus; rapp. de synthèse, par P. Catala.
11. Décr. n° 2004-836, 20 août 2004, portant modification de la procédure civile, *JO* 22 août, p. 15032.

tes, que le tribunal peut relever d'office la fin de non-recevoir tirée du défaut d'intérêt (c'est une application de la règle : pas d'intérêt, pas d'action[1]), du défaut de qualité ou de la chose jugée[2], ce qui, pour les deux derniers cas cités, est une nouveauté et fait de l'autorité de chose jugée une règle d'ordre public. Les autres fins de non-recevoir ne peuvent pas être relevées d'office par le juge, ainsi de la prescription, en raison de l'interdiction faite au juge de suppléer d'office le moyen tiré de celle-ci (C. civ., art. 2247). Il faut bien sûr réserver le cas où un texte particulier viendrait permettre au juge de relever d'office une fin de non-recevoir; ainsi de l'article 564 C. pr. civ., qui énonce (réd. Décr. n° 2009-1524, 9 déc. 2009[3]) « *à peine d'irrecevabilité relevée d'office, les parties ne peuvent soumettre à la cour* [d'appel] *de nouvelles prétentions, si ce n'est* [...] »; malgré la rédaction de ce texte qui semble induire une obligation pour le juge, la Cour de cassation, sans doute en se fondant sur le droit commun des fins de non-recevoir (C. pr. civ., art. 125, al. 1er), considère qu'il ne confère au juge que la simple faculté de relever d'office cette fin de non-recevoir[4].

193.36 Respect du contradictoire. Chaque fois que le juge soulève d'office une fin de non-recevoir, il doit au préalable provoquer l'explication des parties[5].

193.37 Régularisation de la situation donnant lieu à la fin de non-recevoir (C. pr. civ., art. 126). Si au moment où le juge statue, la situation qui a provoqué le recours à une fin de non-recevoir est susceptible d'une **régularisation**, **l'irrecevabilité** de l'action sera écartée (C. pr. civ., art. 126, al. 2). Et le texte fournit (C. pr. civ., art. 126, al. 2) un exemple qui est, à la fois, fréquent et typique. Il faut imaginer que l'instance a été engagée par une personne qui n'avait pas qualité. Dans ces circonstances l'irrecevabilité est certaine, si elle est soulevée par l'adversaire. Cette irrecevabilité sera pourtant écartée si, avant que la forclusion ait été acquise, la personne qui avait qualité pour agir, devient partie à l'instance. La solution est bonne, car elle évite une décision d'irrecevabilité suivie d'une instance nouvelle, entamée par ou contre la partie qui pouvait invoquer le défaut de qualité[6].

La jurisprudence a dégagé les axes forts suivants :

– La régularisation peut intervenir en première instance, mais avant que le juge ne statue[7]. Plus précisément, la régularisation doit être faite non seulement avant le jugement, mais avant la clôture des débats (si la procédure est orale) ou avant l'ordonnance de clôture (si la procédure est avec représentation obligatoire)[8]. Néanmoins, la Cour de cassation a estimé que la mise en œuvre d'une clause de conciliation obligatoire, postérieurement à un jugement constatant l'irrecevabilité de la demande pour absence de tentative de conciliation, n'interdisait pas, en cas d'échec de cette tentative, et malgré l'autorité qui s'attache aux jugements, de déclarer recevable la demande en appel; se plaçant sur le terrain de la cause, la Cour de cassation estime que cette mise en œuvre constitue une circonstance nouvelle privant le jugement d'irrecevabilité de toute autorité[9]; toujours en cas de clause de conciliation obligatoire, la Cour de cassation considère qu'une tentative de conciliation ayant eu lieu en cours d'instance et non pas avant la saisine du tribunal (elle était prévue dans un compromis de vente) et s'étant soldée par un échec, la régularisation avait eu lieu et rendait recevable la réitération des demandes des demandeurs dans leurs dernières écritures[10].

– Elle peut aussi intervenir en cause d'appel[11], nonobstant le prononcé de l'ordonnance de clôture[12], même si la fin de non-recevoir avait déjà été examinée et retenue par le tribunal[13]. La régularisation du défaut de qualité peut se faire, en appel, par voie d'intervention : ainsi, la procédure commencée irrégulièrement par l'actionnaire d'une société, aux nom et place de celle-ci, peut être régularisée par l'intervention volontaire de la société en cause d'appel (C. pr. civ., art. 783)[14]. De même, pour la régularisation de l'appel par l'intervention à l'ins-

1. Civ. 2e, 18 janv. 1984, n° 82-15.832, *Bull. civ.* II, n° 9; *Gaz. Pal.* 1984. Pan. 144, obs. Guinchard.
2. Civ. 2e, 15 sept. 2005, n° 01-16.762, *Bull. civ.* II, n° 218; *RTD civ.* 2005. 824, obs. Perrot; *Procédures* nov. 2005, n° 248, obs. Perrot.
3. Décr. n° 2009-1524, 9 déc. 2009, relatif à la procédure d'appel avec représentation obligatoire en matière civile, *JO* 11 déc., p. 21386.
4. Civ. 2e, 10 janv. 2013, n° 12-11.667, *Bull. civ.* II, n° 1; *Dr. et proc.* 2013. 109, obs. Douchy-Oudot.
5. Cass., ch. mixte, 10 juill. 1981, nos 77-10.745 et 78-10.425, *Bull. ch. mixte*, n° 6; *Gaz. Pal.* 1981. 627, note Viatte; *D.* 1981. 637, concl. Cabannes; *RTD civ.* 1981. 677, obs. Normand; *D.* 1981. 905, obs. Perrot – A. Bénabent, « L'article 16, version 1981 », *D.* 1982. Chron. 55.
6. Com. 9 juill. 1980, n° 78-14.133, *Bull. civ.* III, n° 292; *D.* 1981. IR 146, obs. Julien; *RTD civ.* 1981. 217, obs. Perrot – Pau, 3 févr. 1981, *D.* 1982. IR 258, obs. Huet-Weiller.
7. Soc. 5 juill. 1978, Soc. Promomag Continent c/ Fournier, *Gaz. Pal.* 1978. Pan. 442 – Civ. 3e, 20 févr. 1979, n° 77-12.863, *Bull. civ.* III, n° 45 – Civ. 3e, 29 févr. 1984, n° 82-15.993, *Bull. civ.* III, n° 56 – Paris, 15 juin 1984, *Bull. ch. avoués* 1984, 97.
8. Civ. 2e, 3 juin 1998, n° 96-21.173, *Bull. civ.* II, n° 173; *RTD civ.* 1998. 740, obs. Perrot.
9. Civ. 2e, 21 avr. 2005, n° 03-10.237, NP; *JCP* 2005. II. 10153, note Croze; *Procédures* déc. 2005, n° 267, obs. Perrot.
10. Civ. 2e, 16 déc. 2010, n° 09-71.575, *Bull. civ.* II, n° 212; *D.* 2011. 172; *RTD civ.* 2011. 170, obs. Perrot.
11. Civ. 3e, 15 nov. 1989, n° 88-10.441, *Bull. civ.* III, n° 215.
12. Paris, 28 mai 1982, *Gaz. Pal.* 1982. 2. Somm. 367.
13. Civ. 3e, 15 nov. 1989, n° 88-10.441, *Bull. civ.* III, n° 215 – Civ. 1re, 12 juin 2008, n° 07-12.510, *Procédures* oct. 2008, n° 260, obs. Perrot (avec cette conséquence que le fond n'aura pas été examiné en première instance et ne le sera, pour la première fois, que devant le juge d'appel).
14. Paris, 29 mars 1991, *Bull. ch. avoués* 1991. 106.

tance de la personne ayant qualité pour agir (mandataire à la liquidation judiciaire d'une société) [1].

– La régularisation doit intervenir avant que la forclusion n'ait joué [2]. Encore faut-il que la personne qui prétend devenir partie à l'instance avant toute forclusion soit celle qui avait qualité pour agir : ainsi, dans l'ancienne procédure de redressement judiciaire (avant la loi du 26 juillet 2005), il ne pouvait y avoir régularisation lorsque c'était le débiteur en état de redressement judiciaire qui relevait appel (dans le délai d'un mois) d'un jugement qu'il n'avait pas le droit de critiquer seul du fait de son dessaisissement (C. com., anc. art. L. 623-1 [anc^{t} L. 25 janv. 1985, art. 171]); si l'administrateur judiciaire s'associait à l'instance d'appel plus de dix mois après (donc après l'expiration du délai d'appel d'un mois), en vue de régulariser l'instance, cet appel n'était pas recevable [3]. Et la régularisation n'est possible que si elle n'est pas exclue par une disposition contraire [4].

193.38 Portée de la décision du juge. L'irrecevabilité déclarée ne permet plus au juge d'examiner le fond [5].

Le rejet d'une fin de non-recevoir par un premier juge ne lie le juge devant lequel elle serait présentée en second lieu que si la décision du premier n'avait pas un caractère provisoire. Voilà un juge aux affaires matrimoniales qui autorise un époux à assigner son conjoint en divorce, qui ordonne tout ou partie des mesures provisoires demandées et qui rejette l'exception de chose jugée fondée sur l'existence d'un jugement de divorce en Algérie. Le tribunal prononce le divorce aux torts exclusifs du mari et déclare irrecevable cette « *exception d'irrecevabilité* » présente devant lui, au motif qu'elle a été rejetée définitivement par l'ordonnance et par un arrêt confirmatif non frappé de pourvoi. L'arrêt de la cour d'appel qui confirme ce jugement est cassé car l'ordonnance qui avait statué sur la recevabilité de la requête en divorce à laquelle était opposée une fin de non-recevoir, n'a qu'un caractère provisoire et ne lie donc pas le juge du fond saisi ensuite de ce moyen de défense [6].

1. Paris, 18 févr. 1993, *Bull. ch. avoués* 1994. 52.
2. Com. 2 oct. 1985, n° 82-14.124, *Bull. civ.* IV, n° 225 – Com. 5 mai 1987, n° 85-15.602, *Bull. civ.* IV, n° 105 – Civ. 1re, 14 janv. 1997, n° 94-19.367, *Bull. civ.* IV, n° 11; *Gaz. Pal.* 1998. 2. 783, note du Rusquec – Com. 24 sept. 2003, n° 00-11.010, *Bull. civ.* IV, n° 143; *D.* 2003. 2438, obs. Lienhard; *Procédures* déc. 2003, n° 251, obs. Perrot.
3. Com. 12 juin 2001, n° 97-20.623, *Bull. civ.* IV, n° 117; *D.* 2001. 2301, note Lienhard; *RTD civ.* 2001. 956, obs. Perrot, qui revient sur Com. 9 juill. 1980, n° 78-14.133, *Bull. civ.* IV, n° 292; *D.* 1981. Somm. 146, obs. Julien; *RTD civ.* 1981. 217, obs. crit. Perrot.
4. Com. 30 mai 2007, n° 05-21.134, *Bull. civ.* IV, n° 148; *Procédures* août-sept. 2007, n° 179, obs. Perrot (CPI, art. R. 712-15).
5. Civ. 2e, 20 juin 1985, n° 84-12.702, *Bull. civ.* II, n° 125 – Civ. 3e, 4 oct. 1995, n° 94-10.299, *Bull. civ.* III, n° 214; *Procédures* nov. 1995, n° 293, obs. Perrot. – CONTRA Com. 26 janv. 1988, n° 85-17.135, *Bull. civ.* IV, n° 53; *RTD civ.* 1988. 575, obs. crit. Perrot.
6. Civ. 2e, 4 mars 1998, n° 96-14.230, *Bull. civ.* II, n° 70; *RTD civ.* 1998. 661, obs. Hauser; *JCP* 1998. IV. 1917.

LIVRE

2. LES PRINCIPES FONDAMENTAUX COMMUNS À TOUS LES PROCÈS

SECTION 0
ORIENTEUR

2.00 Plan du livre.

Division. Issus essentiellement de la Convention européenne des droits de l'homme (Conv. EDH, art. 6) et des dispositions liminaires du Code de procédure civile (C. pr. civ., art. 1er à 29), ils prennent une importance considérable à l'époque contemporaine. On peut les regrouper autour de deux rubriques : les garanties d'une bonne justice (titre 21, nos 21.00 à 212.203) et les garanties du procès civil (titre 22, nos 22.00 à 223.22).

TITRE

21. Les garanties d'une bonne justice

SECTION 0

ORIENTEUR

21.00 **Plan du titre.**

21.03 **Bibliographie indicative.**

Ouvrage fréquemment cité (par le seul nom de l'auteur). BERGER, *Jurisprudence de la Cour européenne des droits de l'homme*, 12e éd., Sirey, 2011.

Ouvrages. S. Amrani-Mekki, *Le temps et le procès civil*, Dalloz, 2002 – M.-A. Boursier, *Le principe de loyauté en droit processuel*, « Nouvelle bibliothèque de thèses », Dalloz, 2003 – G. Cohen-Jonathan, *La Convention européenne des droits de l'homme*, Economica, 1989 – I. Delicostopoulos, *Le procès civil à l'épreuve du droit processuel européen*, « Bibliothèque de droit privé », LGDJ, 2003 – M. Fabre et A. Gouron-Mazel, *Convention européenne des droits de l'homme. Application par le juge français (10 ans de jurisprudence)*, Litec, 1998 – S. Guinchard *et alii*, *Droit processuel. Droits fondamentaux du procès*, 6e éd., « Précis », Dalloz, 2011 – L. E. Pettiti, E. Decaux et P.-H. Imbert, *La Convention européenne des droits de l'homme. Commentaire article par article*, Economica, 1995 – J.-F. Renucci, *Traité de droit européen des droits de l'homme*, 1re éd., LGDJ, 2007 – C. Robin, *La langue du procès*, LGDJ, 2000. – F. Sudre, *Le droit français et la Convention européenne des droits de l'homme*, 1974-1992, Éd. Engel, 1994 – F. Sudre, J.-P. Marguénaud, J. Andriantsimbazovina, A. Gouttenoire et M. Levinet, *Les grands arrêts de la Cour européenne des droits de l'homme*, « Thémis », PUF, 2003 – J. Velu et R. Ergec, *La Convention européenne des droits de l'homme*, Bruylant, 1990.

Rapports. *Rapport annuel de la Cour européenne des droits de l'homme*, 2010 – *Rapport du Comité des ministres sur l'exécution des arrêts de la Cour européenne des droits de l'homme*, 2010 [rapports disponibles sur www.echr.coe.int].

Articles et études. G. Canivet, « Économie de la justice et procès équitable », *JCP* 2001. I. 361 – M. Fabre, « Le droit à un procès équitable », *JCP* 1998. I. 157 – Colloque, « L'actualité de la Cour européenne des droits de l'homme : nouveaux défis et pratiques », Nice, 2005, *LPA* n° spécial, n° 44, 2 mars 2006 – G. Flécheux, « Les procédures disciplinaires et la Convention européenne des droits de l'homme », *Mél. Lambert*, Bruylant, 2000, p. 363 s. – M. Franchimont, « Loyauté, proportionnalité et procès équitable », *Mél. Lambert*, Bruylant, 2000, p. 375 s. – A. Gouron-Mazel, « La Cour de cassation face à la Convention européenne des droits de l'homme », *JCP* 1996. I. 3937 – S. Guinchard, « L'influence de la Convention européenne et de la jurisprudence de la Cour européenne sur la procédure civile », *LPA* 12 avr. 1999; *Gaz. Pal.* 31 août 1999; « L'ambition d'une justice civile rénovée… », *D.* 1999. Chron. 65; « Le droit a-t-il encore un avenir à la Cour de cassation ? Qui cassera les arrêts de la Cour de cassation ? », *Mél. Terré*, Dalloz/Litec/PUF, 1999; « Vers une démocratie procédurale », *Ce qui a changé dans la justice depuis 20 ans*, *Justices* 1999, nouvelle série – J.-P. Marguénaud, « La Cour européenne des droits de l'homme renouvelée », *D.* 1999. Chron. 221 – B. Menut, « Les technologies de l'information et de la communication au service du procès équitable, défis processuels et technologiques », *Mél. Guinchard*, Dalloz, 2010, p. 341 – J. Pralus-Dupuy, « L'article 6 de la Convention européenne des droits de l'homme et les contentieux de la répression disciplinaire », *RSC* 1995. 723 s. – J. Van Compernolle, « Impartialité du juge et cumul de fonctions au fond et au provisoire : réflexions sur des arrêts récents », *Mél. Lambert*, Bruylant, 2000, p. 935 s.

21.11 Consécration d'un droit au juge. Tout État de droit tend à assurer la réalisation de la valeur justice dans la société. Les institutions chargées de régler les contestations par le biais de jugements rendus au terme d'une procédure équitable contribuent à cet objectif. Cependant, le droit pour le citoyen d'obtenir une solution à une situation contentieuse est susceptible d'acceptations diverses.

– On peut l'envisager sous l'angle du « *droit au juge naturel* »[1]. Bien que ces termes ne figurent dans aucune disposition, il est possible de considérer que ce droit est « *inclus dans le principe d'égalité devant la loi, proclamé dans la Déclaration des droits de l'homme de 1789 et solennellement réaffirmé par le Préambule de la Constitution* » (en l'espèce, à propos du juge unique)[2]. Il signifie que tous les justiciables ont droit à être jugés de manière égale, devant les mêmes juridictions, statuant selon les mêmes règles de procédure, appliquant les mêmes règles de droit. Ayant valeur constitutionnelle, ce droit interdit aux pouvoirs exécutif et législatif d'instaurer des juridictions spéciales, ou d'instituer un traitement juridique inégalitaire des justiciables en ce qui concerne les règles de procédure et d'organisation des juridictions.

– On peut ensuite considérer le « *droit au juge* »[3], ou le « *droit à un tribunal* » (ou parfois le « *droit d'accès à un tribunal* », au sens de Conv. EDH, art. 6 § 1)[4], le « *droit à un recours juridictionnel* »[5], ou le « *droit d'exercer un recours effectif devant une juridiction* »[6]. Ces divers termes recouvrent une même réalité : le justiciable doit pouvoir bénéficier d'un règlement juridictionnel de ses différends, il a droit à ce que l'État remplisse sa mission d'organisation du service public de la justice et lui confère un droit effectif d'obtenir un jugement. Le droit d'agir en justice est alors l'expression d'une liberté publique, d'un droit fondamental, en ce sens qu'il marque une limite à la puissance de l'État, qu'il est protégé contre le pouvoir étatique et qu'il crée des « *obligations positives* » à la charge de l'État, pour que sa réalisation soit concrète[7].

L'accès au juge est alors un des éléments clés de l'accès au droit, conçu comme un attribut majeur de la citoyenneté : il offre à chacun la possibilité d'une considération pour ses revendications et ne doit pas être considéré comme la simple « *consommation* » d'une institution publique[8].

21.12 Garanties complémentaires du droit au juge. Il est vain d'affirmer l'existence d'un droit au juge si les conditions dans lesquelles les jugements sont rendus ne satisfont pas la valeur justice. Pour cela, un certain nombre de principes processuels fondamentaux sont proclamés par des dispositions internationales : pour assurer au justiciable un procès équitable, les exigences d'impartialité et d'indépendance du juge, les garanties d'une procédure équitable, publique, et raisonnablement rapide, sont affirmées (v. aussi, la Déclaration universelle des droits de l'homme : DUDH 10 déc. 1948, art. 10) dans l'article 6 § 1 de la Convention européenne de sauvegarde des droits de l'homme et des libertés fondamentales (Conv. EDH, 4 nov. 1950, ratifiée le 3 mai 1974) et dans l'article 14 du Pacte international relatif aux droits civils et politiques (PIDCP, 19 déc. 1966, ratifié le 25 juin 1980).

À certains égards, ces principes communs à tous les procès jugés par les États signataires de ces engagements internationaux, font apparaître l'émergence d'un modèle universel de procès : l'édification d'un fonds commun procédural conduit à la mondialisation des procédures, des standards d'une bonne justice[9].

21.13 Domaine d'application des garanties issues de la Convention européenne des droits de l'homme. L'article 6 § 1 concerne les « *contestations sur les droits et obligations de caractère civil* », soumises aux tribunaux par toute personne physique ou morale (reconnaissant, dans une affaire de la CEDH, que le siège social et les locaux professionnels doivent être considérés comme un domicile au sens de la Convention)[10] qui se trouve sous la juridiction d'un État signataire. La Cour européenne des droits de l'homme interprète ces notions de façon « *autonome* » :

1) La « *contestation* » ne doit pas recevoir une acception trop technique[11]. Elle doit être comprise comme un différend réel et sérieux qui peut porter sur l'existence, l'étendue, ou les modalités d'exercice d'un droit (par exemple, à une protection contre la pollution de l'eau d'un puits par les activités d'une société autorisée à stocker et traiter des déchets ménagers et industriels[12]). Peu importe que

1. T. Renoux, « Le droit au juge naturel, droit fondamental », *RTD civ.* 1993. 33.
2. Cons. const. 23 juill. 1975, n° 75-56 DC, *Rec. Cons. const.* 22.
3. Ph. Terneyre, « Le droit constitutionnel au juge », *LPA* 1991, n° 145, p. 4.
4. CEDH 21 févr. 1975, Golder c/Royaume-Uni, req. n° 4451/70, *Série A*, n° 18 – Berger, 12e éd., 2011, n° 63, p. 203.
5. T. Renoux, « Le droit au recours juridictionnel », *JCP* 1993. I. 3675.
6. Cons. const. 9 avr. 1996, n° 96-373 DC, *JO* 13 avr., p. 5724; *AJDA* 1996. 371, obs. Schrameck.
7. F. Sudre, « Les obligations positives dans la jurisprudence européenne des droits de l'homme », *RTDH* 1995. 363.
8. v. aussi, M.-A. Frison-Roche et W. Baranès, « Le principe constitutionnel de l'accessibilité et de l'intelligibilité de la loi », *D.* 2000. Chron. 361.
9. S. Guinchard, « Vers une démocratie procédurale ? », *Ce qui a changé dans la justice depuis 20 ans, Justices* 1999, nouvelle série, n° 1.
10. CEDH 16 avr. 2002, Stés Colas Est a. c/France, req. n° 37971/97, inédit; www.echr.coe.int
11. CEDH 23 oct. 1985, Benthem c/Pays-Bas, req. n° 8848/80, *Série A*, n° 97 – Berger, 12e éd., 2011, n° 65, p. 210.
12. CEDH 25 nov. 1993, Zander c/Suède, req. n° 14282/88, *Série A*, n° 279-B; *Gaz. Pal.* 1994. 2. 462, note Clément.

la contestation porte sur des questions de droit ou des points de fait[1], dès lors que l'issue du procès est déterminante pour le droit ou l'obligation de caractère civil[2]. En revanche, l'article 6 § 1 ne trouve pas à s'appliquer aux procédures portant sur l'octroi de l'aide juridictionnelle en matière civile[3].

2) La contestation doit porter sur « *un droit ou une obligation de caractère civil* ». Si les notions de droit et d'obligation sont définies par les systèmes juridiques des États membres, l'article 6 § 1 de la Convention européenne des droits de l'homme ne donnant aucun contenu matériel déterminé à ces termes[4], il arrive que la Cour européenne des droits de l'homme admette que le requérant peut soutenir « *de manière défendable* » l'existence d'un droit, alors que ce dernier n'est pas expressément reconnu par le droit positif de l'État (à propos du « *droit d'exercer à nouveau la profession d'avocat* » après une radiation, en dépit du pouvoir discrétionnaire du Conseil de l'Ordre[5]; ou pour le droit de demander une autorisation d'exercer la médecine à titre libéral, droit que l'on peut « *dire d'une façon défendable, reconnu dans la législation interne* »[6]).

Le **caractère civil** du droit ou de l'obligation est difficile à apprécier, et la Cour européenne des droits de l'homme s'est refusée à le définir, tout en affirmant son aspect autonome. Elle adopte une interprétation matérielle extensive, en tenant compte de la nature du droit en conflit, et non de la nature de la loi civile, commerciale ou administrative, suivant laquelle la contestation doit être tranchée, ou de l'autorité compétente pour statuer (juridiction de droit commun, d'exception, organe administratif, *etc.*[7]). Certaines contestations ne soulèvent pas de difficultés, le caractère civil du droit étant facilement admis (droit des personnes, de la famille, de propriété, droit du travail, *etc.*[8]).

D'autres mettent en jeu une **opposition d'intérêts entre un particulier et l'autorité publique**, et la difficulté de qualification est alors plus délicate à trancher. Pour la Cour européenne des droits de l'homme, si l'enjeu personnel du requérant a un objet patrimonial, et se fonde sur une atteinte alléguée à un droit patrimonial, la contestation a un caractère civil même si elle l'oppose à l'État et relève de la compétence des juridictions administratives (tel le droit à indemnité fondé sur la faute de l'administration, consistant en une application discriminatoire de l'octroi d'avantages fiscaux et postaux[9]; du droit d'un gendarme à une « *pension privilégiée ordinaire* » et pour le droit d'un magistrat à une révision du montant de sa pension[10]; ou du droit à une aide sociale, la requérante alléguant une atteinte à ses moyens d'existence, invoquait un droit subjectif de caractère patrimonial[11]). Pour les autres contentieux publics, la Cour européenne ne s'est pas départie d'une interprétation toujours extensive de la notion de droit et obligation de caractère civil.

Dans l'arrêt *Pellegrin c/France* du 8 décembre 1999[12], la Cour a décidé que seuls les litiges opposant l'Administration à des personnes qui occupent des emplois impliquant une participation à l'exercice de la puissance publique échappent au champ d'application du procès équitable; en revanche, si l'agent était à la retraite, ayant rompu le lien particulier qui l'unit à l'Administration, les litiges en matière de pensions relèvent de l'article 6 § 1[13]; de même, le maire de la commune ne participant pas à l'exercice de la puissance publique en tant que président d'une association bénéficiaire de subventions communales, il relevait du procès équitable[14]. La Cour européenne avait réaffirmé sa **conception restrictive des exceptions aux garanties de l'article 6 § 1** en décidant qu'un agent comptable d'un lycée ne participait pas à l'exercice de la puissance publique, ce qui autorisait à appliquer les exigences du procès équitable à la procédure devant la Cour des comptes saisie d'un appel d'un jugement d'une chambre régionale mettant ce comptable public en débet (en l'espèce, la CEDH condamne pour violation de la publicité des débats, le requérant n'ayant pas eu la possibilité de solliciter la tenue de débats publics devant la Cour des comptes, puis, pour violation de l'article 6 en raison de la présence du commissaire du gouvernement devant le Conseil d'État saisi sur recours[15]).

1. CEDH 27 oct. 1987, Pudas c/Suède, req. n° 10426/83, *Série A*, n° 125-A.
2. CEDH 24 oct. 1989, H. c/France, req. n° 10073/82, *Série A*, n° 162-A.
3. CEDH 9 févr. 2006, Barillon c/France, req. n° 22897/02.
4. CEDH 27 oct. 1987, req. n° 10426/83, Pudas c/Suède, *Série A*, n° 125-A; v. s^s^ prés^t^ n°.
5. CEDH 30 nov. 1987, H. c/Belgique, req. n° 8950/80, *Série A*, n° 127-B – Berger, 12e éd., 2011, n° 84, p. 263.
6. CEDH 19 avr. 1993, Kraska c/Suisse, req. n° 13942/88, *Série A*, n° 254-B; *Gaz. Pal.* 1994. 2. 451, obs. Clément.
7. CEDH 16 juill. 1971, Ringeisen c/Autriche, req. n° 2614/65, *Série A*, n° 13 – Berger, 12e éd., 2011, n° 119, p. 334.
8. V. J. Velu et R. Ergec, *La Convention européenne des droits de l'homme*, Bruxelles, Bruylant, 1990, p. 379 – A. Debet, *L'influence de la Convention européenne des droits de l'homme sur le droit civil*, « Nouvelle bibliothèque de thèses », Dalloz, 2001.
9. CEDH 26 mars 1992, Éd. Périscope c/France, req. n° 11760/85, *Série A*, n° 234-B; *D.* 1993. 385, obs. Renucci.
10. CEDH 26 nov. 1992, Francesco Lombardo c/Italie, req. n° 11519/85, *Série A*, n° 249-B – CEDH 26 nov. 1992, Giancarlo Lombardo c/Italie, req. n° 12490/86, *Série A*, n° 249-C – Berger, 2009, n°s 92 et 93, p. 267.
11. CEDH 26 févr. 1993, Salesi c/Italie, req. n° 13023/87, *Série A*, n° 257-E – Berger, 2009, n° 94, p. 269.
12. CEDH 8 déc. 1999, Pellegrin c/France, req. n° 28541/95, *D.* 2000. Somm. 181, obs. Renucci; *AJDA* 2000. 530, obs. Flauss; *JCP* 2000. I. 203, n° 7, obs. Sudre; *JDI* 2000. 139, obs. Tavernier.
13. CEDH 8 déc. 1999, Pellegrin c/France, req. n° 28541/95, *D.* 2000. Somm. 181, obs. Renucci.
14. CEDH 7 oct. 2003, Richard-Dubarry c/France, req. n° 53929/00, *D.* 2004. Somm. 990, obs. Bîrsan.
15. CEDH 12 avr. 2006, Martinie c/France, req. n° 58675/00, *D.* 2006. 1121, tribune Guillemin.

Avec l'arrêt *Vilho Eskelinen et a. c/Finlande* du 19 avril 2007[1], la Cour revient sur cette jurisprudence. Pour que l'État puisse soustraire un fonctionnaire de la protection de l'article 6, **deux conditions** doivent être remplies :

– d'abord, le droit interne doit avoir expressément exclu l'accès à un tribunal s'agissant du poste ou de la catégorie de salariés en question; ensuite, cette dérogation doit reposer sur des motifs objectifs liés à l'intérêt de l'État.

– Mais cela n'est pas suffisant : même si le fonctionnaire participe à l'exercice de la puissance publique, même s'il existe un « *lien spécial de confiance et de loyauté* » entre l'intéressé et l'État employeur, encore faut-il que l'objet du litige soit lié à l'exercice de l'autorité étatique ou remette en cause le lien spécial de confiance. Dans ces conditions, les litiges ordinaires de travail (relatifs aux salaires, indemnités et autres droits de ce type) entrent dans le champ du procès équitable.

Dans l'affaire *Özoguz c/Turquie* du 20 janvier 2009[2], la Cour européenne fait application de ces critères à un directeur administratif de préfecture, qui avait disposé d'un recours interne pour contester l'indice de référence de son traitement : puisque le requérant fonctionnaire avait eu accès à une juridiction administrative, il n'y avait pas lieu de le priver du procès équitable. La Cour n'a pas modifié sa jurisprudence : dans l'arrêt *Özpinar c/Turquie* du 19 octobre 2010[3], une magistrate se plaignait de l'absence de recours interne lui permettant de contester la décision de révocation du Conseil supérieur de la magistrature (CSM), des atteintes à ses droits de la défense dans le cadre de l'instance disciplinaire; la Cour rappelle qu'en vertu des critères définis par la décision Vilho Eskelinen, et dans la mesure où le droit interne italien n'ouvre à la requérante aucune possibilité de former un recours judiciaire contre la décision du CSM, sa qualité de magistrat fait en principe obstacle à l'applicabilité de l'article 6 (§ 30).

Échappe à la sphère des garanties de bonne justice de l'article 6 § 1 ce qui relève de ***l'imperium* étatique**, des prérogatives discrétionnaires de l'État : le contentieux de la nationalité, la police des étrangers[4], le droit de vote[5], le droit fiscal (ainsi, à propos de la durée d'une procédure de paiement d'une taxe sur la plus-value, la Cour estime que « *la matière fiscale ressortit encore au noyau dur des prérogatives de la puissance publique* »[6] – mais les incidences patrimoniales de la législation fiscale sont parfois soumises aux exigences de l'article 6 § 1, ce qui complique la situation[7]), ou encore le contentieux né du refus de reconnaissance de la qualité de réfugié[8], le contentieux relatif à une immunité parlementaire[9] ou le droit de siéger dans une assemblée législative ou le contentieux électoral[10].

21.14 Application du procès équitable aux seules procédures déterminantes pour un droit civil. La Cour juge depuis longtemps que les garanties du procès équitable ne s'appliquent pas à toutes les situations dans lesquelles un tribunal intervient. Il est nécessaire, en principe, que l'issue de la procédure soit directement déterminante pour le droit en question, un lien ténu ou des répercussions lointaines ne suffisent pas à faire entrer en jeu l'article 6 § 1[11]. Pour cette raison, les procédures préliminaires, comme celles qui conduisent à l'adoption d'une mesure provisoire (telle qu'une injonction), ont longtemps posé problème. La Cour européenne des droits de l'homme a jugé que le procès équitable est applicable lorsque la procédure en référé est déterminante pour les droits civils du requérant[12], ou lorsque la mesure provisoire s'avère radicale, qu'elle règle dans une large mesure l'action au principal et qu'elle a des conséquences sur les droits des parties pendant un délai assez long[13].

Dans l'arrêt *Micallef c/Malte* du 15 octobre 2009[14], la Cour européenne fait évoluer sa jurisprudence et **applique les exigences du procès équitable aux mesures provisoires**. Elle se fonde sur plusieurs arguments. D'abord, elle observe un large consensus au sein des États membres quant à l'applicabilité de l'article 6 § 1 aux mesures provisoires. Ensuite, elle note que la Cour de justice de l'Union européenne elle-même décide que les mesures provisoires doivent être entourées de garanties, notamment, du respect des droits de la défense[15] et que l'article 47 de la

1. CEDH 19 avr. 2007, Vilho Eskelinen et a. c/Finlande, req. n° 63235/00.
2. CEDH 20 janv. 2009, Özoguz c/Turquie, req. n° 17533/04.
3. CEDH 19 oct. 2010, Özpinar c/Turquie, req. n° 20999/04.
4. CEDH 5 oct. 2000, Maaouia c/France, req. n° 39652/98, *D.* 2001. 2346, obs. de Lamy.
5. CEDH 13 avr. 1989, Desmeules c/France, req. n° 12897/87 (DR n° 67).
6. CEDH 12 juill. 2001, Ferrazzini c/Italie, req. n° 44759/98, *JCP* 2002. I. 105, n° 6, obs. Sudre.
7. CEDH 24 févr. 1994, Bendedoun c/France, req. n° 12547/86, *JCP* 1995. I. 3823, n° 6, obs. Sudre.
8. CE 28 avr. 2000, req. n° 187078, *D.* 2000. IR 163.
9. Comm. EDH, 17 déc. 1976, n° 7/164, Agee c/Royaume-Uni, DR.
10. Comm. EDH, 30 juin 1995, n° 24359/94, Estrosi c/France, DR – CEDH 21 oct. 1997, Pierre Bloch c/France, req. n°s 24194/94 et 120/1996/732/938, *D.* 1998. Somm. 208, Perez; *AJDA* 1998. 65, obs. Burgorgue-Larsen; *JCP* 1998. I. 107, obs. Sudre; *JDI* 1998. 221, obs. Tavernier.
11. CEDH 5 oct. 2000, Mennitto c/Italie, req. n° 33804/96 – CEDH 20 mai 2008, Gülmez c/Turquie, req. n° 16330/02, *AJDA* 2008. 1929, chron. Flauss.
12. CEDH 30 juill. 1998, Aerts c/Belgique, req. n° 25357/94, *Rec. CEDH*-V; *D.* 1999. 270, obs. Fricero – CEDH 15 nov. 2002, Boca c/Belgique, req. n° 50615/99, *Rec. CEDH*-VI.
13. CEDH 23 oct. 2001, Markass Car Hire Ltd c/Chypre, req. n° 51591.
14. CEDH 15 oct. 2009, Micallef c/Malte, req. n° 17056/06, *RTD civ.* 2010. 285, obs. Marguénaud; *AJDA* 2010. 997, chron. Flauss.
15. CJUE 21 mai 1980, Denilauler c/Couchet Frères, aff. C-125/79.

Charte des droits fondamentaux ne distingue pas selon le type de procédure. Enfin, elle observe la réalité juridique : de très nombreuses décisions provisoires ne sont jamais suivies d'instances au fond, et la procédure provisoire tient souvent lieu de procédure définitive sur le droit civil ! Dans ces conditions, la Cour « *juge qu'il ne se justifie plus de considérer automatiquement que les procédures d'injonction ne sont pas déterminantes pour des droits ou obligations de caractère civil* ». Elle dégage **plusieurs conditions permettant de faire entrer les mesures provisoires dans le champ de l'article 6 § 1 :**

– le droit en jeu, tant dans la procédure au principal que dans la procédure d'injonction, doit être de caractère civil au sens autonome que revêt cette notion dans le cadre de l'article 6 § 1 de la Convention;

– la nature, l'objet et le but de la mesure provisoire, ainsi que ses effets sur le droit en question, doivent être déterminants pour le droit;

– si le respect de l'indépendance et de l'impartialité du tribunal s'impose toujours, parce que ces caractéristiques « *constituent des garanties inaliénables qu'il est indispensable de respecter en pareille procédure* » (§ 86), les autres garanties procédurales peuvent ne pas être respectées si la nature ou le but de la mesure le justifie (on peut penser aux mesures dont l'efficacité est conditionnée par l'absence de contradictoire).

Cette décision amène à reconsidérer les solutions adoptées par la Cour de cassation, qui décide depuis un arrêt d'assemblée plénière du 6 novembre 1998[1] que les mesures conservatoires ou provisoires ne sont pas soumises à l'exigence d'impartialité du juge...

21.15 Exclusion du procès équitable pour les procédures non déterminantes pour un droit civil. L'article 6 § 1 reste exclu dans de nombreuses hypothèses, chaque fois que l'issue de la procédure n'est pas déterminante pour le droit contesté. Par exemple, la procédure de récusation d'un juge ou de renvoi pour cause de suspicion légitime ne porte pas sur une accusation en matière pénale et ne concerne pas une contestation sur un droit privé[2]. De même, l'article 6 § 1 n'est pas applicable à l'organe disciplinaire d'un établissement privé examinant la violation du règlement intérieur par un élève[3].

21.16 Application du Pacte des droits civils et politiques. Si l'article 14 du Pacte reprend les mêmes termes, ceux-ci n'ont pas donné lieu à un contentieux aussi important. La conception du Comité des droits de l'homme semble s'orienter vers une détermination extensive des droits et obligations à caractère civil. Dans l'affaire *Y. L. c/Canada*[4], à propos d'une procédure devant le conseil de révision des pensions, le Comité considère que la notion de droits et obligations de caractère civil (*rights and obligations in a suit at law*) est fondamentalement liée à la nature du droit en question, et non au statut de l'une des parties, non plus qu'à l'organisme devant lequel les différents systèmes juridiques peuvent prévoir qu'il sera statué sur le droit en question (mais la décision déclare la communication irrecevable pour d'autres raisons, sans prendre parti sur une définition du caractère civil des droits).

21.17 Droit d'accès au tribunal et Charte des droits fondamentaux de l'Union européenne. L'article 47 de la Charte, intégrée dans le traité de Lisbonne avec une valeur coercitive, consacre le **droit à une protection juridictionnelle effective**. L'ancienne Cour de justice des Communautés européennes avait déjà consacré le droit à un recours effectif devant un juge comme un principe général du droit de l'Union[5], qui s'appliquait aux États membres lorsqu'ils appliquaient le droit de l'Union. **La Charte confère au droit d'accès à un tribunal un domaine beaucoup plus étendu que la Convention européenne** : en effet, on ne trouve pas à l'article 47 la restriction relative à l'accès au juge pour qu'il décide sur une contestation ou un droit de nature civile. En conséquence, l'accès au juge est ouvert, dès lors que le droit de l'Union doit être appliqué, quelle que soit la nature de la procédure (qui décide sur le fond ou qui conduit à une mesure provisoire), et quel que soit l'objet du procès (il n'est pas nécessaire de caractériser l'existence d'une contestation sur un droit civil). Sous ces réserves importantes, par application des dispositions contenues à l'article 52 de la Charte, le sens et la portée des garanties accordées par l'article 47 de la Charte sont les mêmes que ceux que leur confère la Convention européenne des droits de l'homme.

L'article 47 de la Charte formule expressément un **droit à une aide juridictionnelle**, accordé « *à ceux qui ne disposent pas de ressources suffisantes, dans la mesure où cette aide serait nécessaire pour assurer l'effectivité de l'accès à la justice* » (la Cour européenne intègre cette exigence dans l'effectivité du procès équitable). La Cour de justice de l'Union, dans une décision du 22 décembre 2010[6], a jugé que le principe de protection juridictionnelle effectif peut être invoqué par une personne morale et doit être inter-

1. Cass., ass. plén., 6 nov. 1998, n° 95-11.006, 2e esp., *Bull. ass. plén.*, n° 4; *D.* 1999. 1, concl. Burgelin; *RTD civ.* 1999. 177, obs. Normand; *RTD civ.* 1999. 193, obs. Perrot; *JCP* 1998. II. 10198, rapp. Sargos; *Gaz. Pal.* 13-15 déc. 1998, p. 12, note Guigue.
2. NOT. Civ. 2e, 10 juin 2010, n° 09-15.445, *Bull. civ.* II, n° 111; *D.* 2011. 265, obs. Fricero; *RTD civ.* 2010. 615, obs. Perrot.
3. Civ. 1re, 11 mars 2010, n° 09-12.453, *Bull. civ.* I, n° 60; *D.* 2010. 831.
4. Comité DH, 8 avr. 1986, n° 112/1981, Y. L. c/Canada, *Sélection de décisions,* vol. 2, p. 30.
5. CJCE 15 mai 1986, Johnston, aff. C-222/84, *Rec. CJCE* 1651.
6. CJUE 22 déc. 2010, DEB Deutsche Energiehandels und Beratungsgesellschaft, aff. C-279/09, *Procédures* févr. 2011. Comm. 57, obs. Nourissat.

prété en ce sens qu'il n'est pas exclu que l'aide octroyée en application de ce principe peut couvrir, notamment, la dispense du paiement de l'avance des frais de procédure et/ou l'assistance d'un avocat. Le juge national doit donc vérifier si les conditions d'octroi de l'aide judiciaire constituent une limitation au droit d'accès aux tribunaux qui porte atteinte à ce droit dans sa substance même, si elles tendent à un but légitime et s'il existe un rapport de proportionnalité entre les moyens employés et le but visé.

21.18 Applicabilité directe des garanties d'une bonne justice. Les exigences du Pacte international des droits civils et politiques et de la Convention européenne des droits de l'homme sont directement applicables en droit interne[1]. La Convention européenne des droits de l'homme n'est pas soumise au principe de réciprocité prévu par l'article 55 de la Constitution du 4 octobre 1958, puisque les obligations souscrites par les États ont essentiellement un caractère objectif, et visent à protéger les droits fondamentaux des particuliers contre les empiétements des États contractants, plutôt qu'à créer des droits réciproques entre ces derniers (ainsi à propos de l'application de la publicité des débats dans une instance disciplinaire dirigée contre un avocat[2]). Étant ratifiée, la Convention européenne des droits de l'homme s'intègre directement en droit interne, avec une « *autorité supérieure à celle des lois* » (Const. 4 oct. 1958, art. 55), mais inférieure à la Constitution. La Cour de cassation a admis que le Pacte est également d'applicabilité directe[3].

21.19 Mise en œuvre des garanties par les juridictions françaises. En raison de cette applicabilité directe, les garanties accordées au justiciable peuvent être utilement invoquées devant le juge interne. On doit même observer qu'il appartient d'abord aux juges nationaux d'assurer la sanction des droits garantis par les dispositions intégrées au droit français[4], le contrôle par les organes internationaux revêtant un aspect subsidiaire : l'article 35 de la Convention, conditionnant la recevabilité de la requête devant la Cour européenne à l'épuisement des recours internes affirme le rôle fondamental et prioritaire du juge interne dans la garantie des droits reconnus par la Convention. Le Protocole n° 14, entré en vigueur le 1er juin 2010[5], restreint encore les possibilités de saisine de la Cour européenne, puisque la requête individuelle peut être déclarée irrecevable si « *le requérant n'a subi aucun préjudice important, sauf si le respect des droits de l'homme garantis par la Convention et ses Protocoles exige un examen de la requête au fond et à condition de ne rejeter pour ce motif aucune affaire qui n'a pas été dûment examinée par un tribunal interne* ». Dans l'arrêt *Jean-Jacques Rinck c/France* du 19 octobre 2010[6], la Cour européenne décide que le requérant (avocat condamné à 150 euros d'amende et au retrait d'un point de permis de conduire pour excès de vitesse) ne démontre pas que ce préjudice, qui n'est pas important, aurait des conséquences significatives sur sa situation personnelle. La Cour considère **concrètement l'importance du préjudice** : elle admet que le critère purement économique doit être apprécié au regard de la situation personnelle du requérant. Appliquant la clause de sauvegarde, la Cour décide qu'en l'espèce, le respect des droits de l'homme n'exige pas que la requête soit examinée (aucune question non résolue d'intérêt général n'était posée), et constate que l'affaire avait été dûment examinée par les juridictions internes[7]. La Cour s'intéresse aussi à **l'importance subjective du préjudice**, en dépit de sa faible valeur pécuniaire, notamment lorsqu'il porte sur une question de principe[8]. Le Protocole n° 15, ouvert à la signature le 24 juin 2013, affirme « *qu'il incombe au premier chef aux hautes parties contractantes, conformément au principe de subsidiarité, de garantir le respect des droits et libertés définis dans la présente Convention et ses Protocoles, et que, ce faisant, elles jouissent d'une marge d'appréciation, sous le contrôle de la Cour européenne des droits de l'homme instituée par la présente Convention* » : l'introduction officielle de la marge d'appréciation des États risque d'affaiblir la protection des droits[9]. Le Protocole n° 16, ouvert à la signature le 2 octobre 2013, ouvrira la possibilité pour les plus hautes juridictions de l'État, de demander un avis à la

1. G. Cohen-Jonathan, « La place de la Convention européenne des droits de l'homme dans l'ordre juridique français », dans *Le droit français et la Convention européenne des droits de l'homme 1974-1992*, Éd. Engel, 1994, p. 1.
2. Civ. 1re, 15 nov. 1989, n° 87-20.045, *Bull. civ.* I, n° 346; *D.* 1991. Somm. 295.
3. Civ. 1re, 13 déc. 1989, n° 88-15.655, *Bull. civ.* I, n° 387; *D.* 1990. 273, note Massip; *RTD civ.* 1990. 254, obs. Rubellin-Devichi; *RTD civ.* 1992. 88, obs. Mestre – Civ. 1re, 31 janv. 1990, n° 87-18.955, *Bull. civ.* I, n° 29, et n° 87-18.956, NP; *Rev. crit. DIP* 1990. 519, note Poisson-Drocourt.
4. V. Coussirat-Coustère, « Convention européenne des droits de l'homme et droit interne : primauté et effet direct », *La convention européenne des droits de l'homme*, Éd. Némésis, 1992 – F. Marchadier et J.-P. Marguénaud, « La dimension internationale et européenne libertés et droits fondamentaux » [*in* R. Cabrillac (dir.), *Droits et libertés fondamentaux*, 19e éd., Dalloz, 2013, p. 37].
5. C. Birsan et N. Fricero, « Du Protocole n° 14 *bis* au Protocole n° 14 : une efficacité toujours accrue ! », *Procédures* oct. 2010. Étude 7.
6. CEDH 19 oct. 2010, req. n° 18774/09, *D.* 2011. 265, obs. Fricero; *D.* 2012. 123, obs. Renucci et Ramona Toma; *Procédures* 2011. Comm. 12, obs. Fricero.
7. CEDH 1er juin 2010, Adrian Mihai Ionescu c/Roumanie, req. n° 36659/04, pour un préjudice de 90 euros, *D.* 2012. 123, obs. Renucci et Ramona Toma; *RTD civ.* 2010. 741, obs. Marguénaud; *Procédures* 2010. Comm. 315, Fricero.
8. CEDH 14 mars 2013, Eon c/France, req. n° 26118, *Procédures* 2013. Comm. 149, obs. Fricero.
9. F. Sudre, « La subsidiarité, "nouvelle frontière" de la Cour européenne des droits de l'homme », *JCP* 2013. 1912.

Grande chambre de la Cour européenne sur une question de principe relative à l'interprétation ou à l'application des droits et libertés définis par la Convention ou ses Protocoles, à l'occasion d'une affaire pendante.

La Convention européenne des droits de l'homme et le Pacte font partie de la légalité que le juge doit respecter et appliquer. L'effet direct des droits garantis est autant vertical (en principe, ne sont concernées que les relations entre les particuliers et les autorités publiques) qu'horizontal (les juridictions civiles françaises ont appliqué les dispositions de la Convention entre les particuliers [1] comme la Cour européenne des droits de l'homme [2]). Il en est de même du Pacte des droits civils et politiques « *dont les dispositions prennent rang au-dessus de la loi interne* » [3].

Les juges internes peuvent appliquer la Convention européenne des droits de l'homme pour combler une lacune du droit national (ainsi à propos du droit pour les sociétés étrangères d'ester en justice devant les juridictions françaises, fondé sur les art. 6 et 14 de la Convention européenne des droits de l'homme [4]), ou encore compléter le droit national si la Convention européenne des droits de l'homme apporte des garanties supplémentaires (not., pour l'applicabilité de la publicité des débats devant les juridictions disciplinaires [5], v. s^s^ n°s 212.102 s.), ou enfin pour sanctionner une méconnaissance des exigences prévues (par ex. en annulant un jugement qui ne respecte pas les garanties procédurales, v. s^s^ n°s 211.60 s. et 212.00 s.). De même, lorsqu'ils statuent sur l'*exequatur* d'un jugement étranger, les juges nationaux doivent vérifier sa régularité au regard de l'article 6 § 1 [6].

Ils peuvent ainsi établir l'effectivité des droits garantis. Par exemple, les juges peuvent ouvrir un droit concret de recourir aux tribunaux, même si les textes applicables à la contestation ne le prévoient pas : la cour d'appel de Paris a considéré que, s'il ne lui appartenait pas d'écarter les statuts ou le règlement intérieur d'une caisse de congés payés du bâtiment, elle pouvait néanmoins s'attribuer une plénitude de pouvoir juridictionnel pour appliquer, ou moduler la sanction automatique prévue, par application de l'article 6 § 1 [7]. Ils ont également le pouvoir de mettre à l'écart une disposition interne qu'ils estiment contraire à l'article 6 § 1. Ainsi, le président de la cour d'appel de Lyon, en référé, a décidé d'arrêter une exécution provisoire de droit contrairement aux prévisions de l'article 524 C. pr. civ. et de faire cesser une exécution ordonnée par le juge en dehors des cas limitatifs prévus par le même article, en se fondant sur l'application directe de l'article 6 § 1, qui est d'une valeur normative hiérarchiquement plus élevée [8].

Si l'article 14 du Pacte international des droits civils et politiques est très peu invoqué devant les juridictions internes [9] (l'article 14 est parfois invoqué cumulativement avec Conv. EDH, art. 6 § 1 [10]), il n'en est pas de même de l'article 6 § 1 de la Convention européenne des droits de l'homme (près du tiers du contentieux de la Convention européenne des droits de l'homme est fondé sur l'article 6 § 1 entre 1990 et 1994, soit 89 arrêts sur 282, avec 18 violations de l'article 6 § 1 constatées sur un total de 49 pour l'ensemble de la Convention européenne des droits de l'homme [11]). Le contentieux soumis aux organes compétents révèle également un accroissement constant des demandes [12]. Cela démontre que le droit à un procès équitable (ces termes constituent l'intitulé de Conv. EDH, art. 6 § 1 depuis l'entrée en vigueur du Protocole n° 11, 11 mai 1994, ratifié par la France par L. n° 96-127, 21 févr. 1996 [13]) correspond à un besoin essentiel dans les sociétés démocratiques : tout justiciable est en droit d'obtenir qu'un jugement soit rendu par un tribunal indépendant et impartial, à la suite d'une procédure équitable, publique, raisonnablement rapide, et laïque, et que le titre exécutoire soit effectivement exécuté dans un délai raisonnable.

1. Civ. 1re, 23 oct. 1990, n° 89-13.163, *Bull. civ.* I, n° 222 – Civ. 3e, 27 févr. 1991, n° 89-18.729, *Bull. civ.* III, n° 67; *D.* 1992. 364, obs. Rozès; *RTD civ.* 1992. 88, obs. Mestre.
2. CEDH 25 mars 1993, Castello Roberts c/Royaume-Uni, req. n° 13134/87, *Série A,* n° 247C, *AJDA* 1993. 486, note Flauss – CEDH 20 avr. 1993, Sibson c/Royaume-Uni, n° 14327/88, *Série A,* n° 258-A; *AJDA* 1993. 486.
3. Soc. 6 juin 1991, n° 88-41.500, *Bull. civ.* V, n° 290.
4. Crim. 12 nov. 1990, n° 89-81.851, *Bull. crim.* n° 377; *D.* 1992. 29, note Bouloc. – V. AUSSI, Com. 15 nov. 1994, n° 92-20.809, *Bull. civ.* IV, n° 335; *JCP* 1995. IV. 121 – Civ. 1re, 25 juin 1991, n° 90-13.849, *Bull. civ.* I, n° 207; *D.* 1992. 163, obs. Audit; *RTD civ.* 1992. 396, obs. Mestre; *JCP* 1991. IV. 337.
5. CE, ass., 14 févr. 1996, req. n° 132369, *JCP* 1996. II. 22669, note Lascombe et Vion.
6. CEDH 20 juill. 2001, Pellegrini c/Italie, n° 30882/96 *(déf. 20 oct. 2001), JCP* 2002. I. 105, n° 7, obs. Sudre.
7. Paris, 24 nov. 1999, *D.* 2000. IR 12.
8. Lyon, ord. 1er prés., 24 juill. 2002, *Dr. et proc.* 2003. 95, obs. Fricero.
9. P. Tavernier, « Le droit à un procès équitable dans la jurisprudence du Comité des droits de l'homme des Nations unies », *RTDH* 1996. 3.
10. Com. 25 janv. 1994, n° 91-20.236, *Bull. civ.* IV, n° 31 – Civ. 1re, 26 févr. 1991, n° 90-10.453, NP – Crim. 9 déc. 1987, n° 87-80.072, NP – Civ. 1re, 17 juill. 1996, n° 93-10.662, n° 93-11.683, *Bull. civ.* I, n° 320; *D.* 1996. IR 214.
11. A. Gouron-Mazel, « La Cour de cassation face à la Convention européenne des droits de l'homme », *JCP* 1996. I. 3937.
12. P. Tavernier, « Le droit à un procès équitable dans la jurisprudence du Comité des droits de l'homme des Nations unies », *RTDH* 1996. 3 et 4 – F. Sudre et B. Peyrot, *État des requêtes introduites contre la France devant la Commission européenne des droits de l'homme,* 2 oct. 1981-31 déc. 1992, Montpellier, *IDEDH* 1991. 211; et mise à jour 31 déc. 1994, *Cah. IDEDH* n° 4, 1995, p. 122.
13. L. n° 96-127, 21 févr. 1996, autorisant la ratification du Protocole n° 11 à la Convention de sauvegarde des droits de l'homme et des libertés fondamentales, portant restructuration du mécanisme de contrôle établi par la Convention, *JO* 22 févr., p. 2864.

CHAPITRE

211. Droit à un tribunal indépendant et impartial

NATALIE FRICERO
Professeure à la Faculté de droit
de l'Université de Nice Sophia-Antipolis (CERDP)

SECTION 0
ORIENTEUR

211.00 **Plan du chapitre.**

211.01 **Principaux textes applicables.**

C. pr. civ., art. 341 à 364.

COJ, art. L. 111-5 à L. 111-11.

C. trav., art. L. 1457-1.

Recommandation du Comité des ministres, CM/Rec (2010) 12, 17 nov. 2010, aux États membres sur les juges : indépendance, efficacité et responsabilités [disponible sur le site du Conseil de l'Europe https://wcd.coe.int].

Magna Carta du Conseil consultatif des juges européens (CCJE), 17 nov. 2010 [disponible sur le site du Conseil de l'Europe https://wcd.coe.int].

211.03 **Bibliographie indicative.**

Ouvrages. M. Cappelletti, *Accès à la justice et État providence*, Economica, 1984 – Conseil supérieur de la magistrature, *Recueil des obligations déontologiques des magistrats*, Dalloz, 2010 – A. Rials, *L'accès à la justice*, « Que sais-je ? », PUF, 1993 – S. Delicostopoulos, *Le procès civil à l'épreuve du droit processuel européen*, « Bibliothèque de droit privé », LGDJ, 2003 – L. Milano, *Le droit à un tribunal au sens de la convention européenne des droits de l'homme*, « Nouvelle bibliothèque de thèses », Dalloz, 2006.

Articles et études. M. Bandrac, « L'action en justice, droit fondamental », *Mél. Perrot*, Dalloz, 1996, p. 1 – W. Baranes et M.-A. Frison-Roche, « Le souci d'effectivité du droit », *D.* 1996. Chron. 301 – J. Normand, obs. *RTD civ.* 1993. 874 – R. Pelloux, « L'affaire *Golder* devant la Cour européenne des droits de l'homme », *AFDI* 1975. 330 – L. E. Pettiti, « Les droits de l'homme et l'accès à la justice », *RTDH* 1990. 25 – T. Renoux, « Le droit au recours juridictionnel », *JCP* 1993. I. 3675; « Le droit au juge naturel, droit fondamental », *RTD civ.* 1993. 33 – Ph. Terneyre, « Le droit constitutionnel au juge », *LPA* 1991, n° 145, p. 4.

211.05 **Délimitation.** Pour assurer un procès équitable, l'article 6 § 1 de la Convention européenne des droits de l'homme et l'article 14 du Pacte des droits civils et politiques, comme l'article 47 de la Charte des droits fondamentaux de l'Union européenne, posent des conditions relatives au juge appelé à statuer sur les droits à caractère civil : le tribunal doit être établi par la loi, indépendant et impartial (sect. 2). Cependant, le recours à un tribunal doté de ces caractéristiques suppose, au préalable, que soit assuré un droit effectif au tribunal (sect. 1).

SECTION 1
DROIT À UN TRIBUNAL

211.10 **Problématique.** Aucune disposition ne consacre expressément un droit au juge. Cependant la Cour européenne des droits de l'homme, comme les juridictions françaises, ont admis l'existence de ce droit au juge et ont affirmé sa nécessaire effectivité.

§ 1
Consécration du droit au tribunal

A.
Accès au tribunal

211.11 Reconnaissance européenne du droit au tribunal. C'est dans l'arrêt *Golder c/Royaume-Uni* que la Cour européenne des droits de l'homme s'est prononcée pour la première fois sur le point de savoir si les garanties d'un procès équitable prévues par l'article 6 § 1 de la Convention permettaient de reconnaître l'existence préalable d'un droit d'accès au juge [1] : la Cour considère qu'en dépit de l'absence de disposition expresse, le droit d'accès au tribunal est un élément inhérent au procès équitable [2]. Elle se fonde sur plusieurs arguments :

– la « *prééminence du droit* », que l'on trouve dans le Préambule de la Convention européenne des droits de l'homme, qui ne saurait être respectée sans un droit d'accès au juge, lequel est le seul habilité à reconnaître et sanctionner les droits accordés aux particuliers (§ 34);

– les principes généraux du droit, parmi lesquels « *le principe selon lequel une contestation civile doit pouvoir être portée devant un juge compte au nombre des principes fondamentaux de droit universellement reconnus* » (§ 35); on peut noter à cet égard que la Cour de cassation considère que le droit de chacun d'accéder au juge chargé de statuer sur sa prétention « *relève de l'ordre public international* » au sens de l'article 27-1° de la convention de Bruxelles du 27 septembre 1968 [3];

– le texte même de l'article 6 § 1 : « *Aux yeux de la Cour, on ne comprendrait pas que l'article 6 § 1 décrive en détail les garanties de procédure accordées aux parties à une action civile en cours et qu'il ne protège pas d'abord ce qui seul permet d'en bénéficier en réalité : l'accès au juge. Équité, publicité et célérité du procès n'offrent point d'intérêt en l'absence de procès* » (§ 35).

Le droit au tribunal a été réaffirmé de manière constante par la Cour européenne des droits de l'homme [4].

1. CEDH 21 févr. 1975, Golder c/Royaume-Uni, req. n° 4451/70, *Série A,* n° 18 – Berger, 12e éd., 2011, n° 63, p. 203 – R. Pelloux, « L'affaire Golder devant la Cour européenne des droits de l'homme », *AFDI* 1975. 330.
2. L. E. Pettiti, *La Convention européenne des droits de l'homme, Commentaire article par article,* Economica, 1995, p. 258.
3. Civ. 1re, 16 mars 1999, n° 97-17.598, *Bull. civ.* I, n° 92; *D.* 1999. IR 101; *RTD civ.* 1999. 469, obs. Perrot; *RTD civ.* 2000. 944, obs. Raynard.

211.12 Droit à l'exécution des décisions de justice. La Cour a considérablement étendu le contenu du droit au juge, qui comporte le droit d'accéder à un tribunal, le droit d'obtenir un jugement et le droit à l'exécution du jugement dans un délai raisonnable [5]. La Cour a développé ce droit à l'exécution en affirmant son existence indépendamment du délai raisonnable du procès : l'obligation positive des États de garantir l'exécution est sanctionnée soit sur le fondement de l'article 6 § 1, soit sur celui de l'article 1 du Protocole 1 (les deux fondements ont été invoqués et analysés par la Cour : en n'exécutant que très tardivement une décision exécutoire, l'État a privé le requérant du droit à la protection de ses biens [6]).

Le droit à l'exécution fait l'objet de **nombreuses dispositions en droit européen.**

– La recommandation n° 17 (2003) en matière d'exécution des décisions de justice, adoptée le 9 septembre 2003 par le Comité des ministres du Conseil de l'Europe, a précisé les standards européens relatifs aux procédures d'exécution et aux agents d'exécution.

– La Commission européenne pour l'efficacité de la justice (CEPEJ) a adopté les 9 et 10 décembre 2009 les lignes directrices pour une meilleure mise en œuvre de la recommandation existante sur l'exécution, afin de préciser ces standards.

– Plus récemment, le Conseil consultatif des juges européens (CCJE) a adopté le 19 novembre 2010 un avis n° 13 (2010) sur le rôle des juges dans l'exécution des décisions de justice : il précise, notamment, que le processus d'exécution doit être encadré et que les justiciables doivent pouvoir recourir à un juge pour faire valoir leurs droits fondamentaux (particulièrement lorsqu'il s'agit de protéger les intérêts des membres de la famille, et des enfants).

4. CEDH 25 mars 1983, Silver c/Royaume-Uni, req. nos 5947/72, 6205/73, 7052/75, 7061/75, 7107/75, 7113/75 et 7136/75, *Série A,* n° 61 – Berger, 12e éd., 2011, n° 202, p. 549 – CEDH 28 juin 1984, Campbell et Fell c/Royaume-Uni, req. nos 7819/77 et 7878/77, *Série A,* n° 80 – Berger, 12e éd., 2011, n° 81, p. 254 – CEDH 16 déc. 1992, de Geouffre de La Pradelle c/France, req. n° 12964/87, *Série A,* n° 253-B; *RUDH* 1993. 164 – CEDH 25 nov. 1993, Zander c/Suède, req. n° 14282/88, *Série A,* n° 279-B; *RUDH* 1993. 383, obs. Sudre – CEDH 26 avr. 1995, Fischer c/Autriche, req. n° 16922/90, *Série A,* n° 312; *RUDH* 1996. 12, chron. Sudre – CEDH 25 nov. 1994, Ortenberg c/Autriche, req. n° 12884/87, *Série A,* n° 295-B; *RUDH* 1995. 107, obs. Sudre – CEDH 26 mai 1994, Keegan c/Irlande, req. n° 16969/90, *Série A,* n° 290; *RUDH* 1994. 261, obs. Sudre – CEDH 9 déc. 1994, Les Saints Monastères c/Grèce, req. nos 13092/87 et 13984/88, *Gaz. Pal.* 1995. 2. 537, note Worms.
5. CEDH 19 mars 1997, Hornsby c/Grèce, req. n° 18357/91, *D.* 1998. 74, note Fricero; *JCP* 1997. II. 22949, obs. Dugrip et Sudre – G. Payan, *Pour un droit européen de l'exécution en matière civile et commerciale,* th. dactyl. Toulon, nov. 2008.
6. CEDH 7 mai 2002, Burdov c/Russie, req. n° 59498/00, *D.* 2002. Somm. 2574.

Mais le justiciable ne peut alléguer un droit à l'exécution qu'en présence d'une **décision exécutoire** : la Cour admet logiquement qu'une telle prérogative ne peut pas jouer pour une décision rendue en première instance et susceptible d'appel[1]. C'est finalement vers un **droit à une protection judiciaire effective** que la Cour s'oriente, qui comprend les droits traditionnellement attachés au procès, et ceux qui en constituent le prolongement, à savoir la mise à exécution effective des décisions juridictionnelles[2], même lorsqu'elles comportent une obligation exécutoire en nature, comme c'est le cas pour le retour d'un enfant, ou sa remise aux parents adoptifs (ainsi un arrêt affirme que les huissiers sont un élément essentiel de l'État de droit, ce qui oblige l'État à prendre toutes les mesures nécessaires pour qu'ils puissent mener à bien l'exécution des décisions de justice[3]). En revanche, l'existence d'un jugement assorti de l'exécution provisoire, donc non définitif, peut permettre de considérer que le requérant est titulaire d'un intérêt patrimonial qui constitue, sinon une créance à l'égard de son adversaire, du moins une « *espérance légitime* » de pouvoir obtenir le remboursement de la somme litigieuse, qui a le caractère d'un « *bien* » au sens de la première phrase de l'article 1er du Protocole n° 1[4]. La Cour européenne fait entrer dans le champ des exigences de l'article 6 § 1 la procédure d'*exequatur* des jugements étrangers[5].

Dans l'arrêt *Dinu c/Roumanie et France* du 4 novembre 2008[6], la requérante se plaignait du manque de diligences des autorités roumaines et françaises compétentes pour l'assister dans l'exécution de décisions fixant une pension alimentaire pour son fils : la Cour rappelle l'enjeu particulièrement important du paiement de la pension alimentaire nécessaire pour faire face aux besoins quotidiens de l'enfant mineur, et sanctionne les deux États; elle relève en particulier « *quant au ministère français, la Cour n'estime pas raisonnable la lenteur avec laquelle celui-ci a complété le dossier de l'*exequatur » (§ 57).

Le décret n° 2005-1678 du 28 décembre 2005[7] traduit l'objectif du législateur de **contraindre le perdant à exécuter certaines décisions** : ainsi, lorsque le jugement rendu est assorti de l'exécution provisoire (C. pr. civ., art. 514 s.) ou est exécutoire de plein droit à titre provisoire (C. pr. civ., art. 489, pour les ordonnances de référé), l'intimé peut demander **au premier président** ou **au conseiller de la mise en état de radier l'instance d'appel** si l'appelant ne justifie pas avoir exécuté la totalité des condamnations (C. pr. civ., art. 526). Le rétablissement de l'affaire est prévu, si la péremption n'est pas acquise, sur justification de l'exécution par l'appelant. La radiation peut être refusée si l'exécution est de nature à entraîner des conséquences manifestement excessives ou si l'appelant est dans l'impossibilité d'exécuter la décision. Ce dispositif, mis en œuvre dans le cadre du pourvoi en cassation (C. pr. civ., art. 1009-1 s.) et jugé conforme aux dispositions de l'article 6[8], ménage les intérêts du titulaire du titre exécutoire à titre provisoire, mais il constitue une entrave au droit d'appel : la question reste posée de savoir si cette entrave n'est pas disproportionnée, et donc, non conforme à la Convention européenne ? À propos de la radiation appliquée devant la Cour de cassation, la Cour européenne a jugé que l'impossibilité de réenrôler l'affaire constitue une mesure disproportionnée entravant l'accès effectif à la Cour de cassation, lorsque le défendeur a fait des efforts pour exécuter, mais que sa situation personnelle rend impossible l'exécution de condamnations d'un montant important[9]. S'agissant de la **radiation de l'appel**, la Cour européenne a jugé le dispositif conforme à l'article 6 § 1 dans **l'arrêt *Chatellier c/France* du 31 mars 2011**[10], à propos d'une instance d'appel radiée, puis périmée faute d'exécution du jugement attaqué dans le délai de deux ans. Elle rappelle que les États ne sont pas tenus d'instituer des cours d'appel mais que s'ils décident de le faire, la procédure d'appel doit respecter les exigences du procès équitable. Elle réaffirme que la radiation faute d'exécution du jugement attaqué poursuit un objectif légitime, éviter les appels dilatoires et garantir la bonne administration de la justice. Mais il s'agit néanmoins d'une entrave à l'accès au juge d'appel : elle doit donc demeurer proportionnée à ce but légitime. Cela n'était pas le cas en l'espèce selon la Cour, qui déclare la violation de l'article 6 § 1; en effet, la Cour insiste sur le fait qu'en l'espèce, la radiation puis la péremption ont constitué une double entrave : au double degré de juridiction, par la pri-

1. CEDH 18 avr. 2002, Ouzounis a. c/Grèce, req. n° 49144/99, *D.* 2002. Somm. 2572.
2. N. Fricero, « Le droit européen à l'exécution des jugements », *Dr. et proc.* 2001. 6.
3. CEDH 22 juin 2004, Pini, Bertani et Manera Atripaldi c/Roumanie, req. nos 78028/01 et 78030/01 (déf. 22 sept. 2004), *Dr. et proc.* 2006. 02, Cahier droit et procédures internationales, chron. Isnard et Stoïca.
4. CEDH 14 févr. 2006, Lecarpentier et a. c/France, req. n° 67847/01, § 37 et 38 (déf. 14 mai 2006).
5. CEDH 20 juill. 2001, Pellegrini c/Italie, req. n° 30882/96, *RTD civ.* 2001. 987 – CEDH 29 avr. 2008, Jackson Mc Donald c/France, req. n° 18648/04, *RTD civ.* 2008. 646, note Marguénaud.
6. CEDH 4 nov. 2008, Dinu c/Roumanie et France, req. n° 6152/02, *AJDA* 2009. 872, chron. Flauss.
7. Décr. n° 2005-1678, 28 déc. 2005, relatif à la procédure civile, à certaines procédures d'exécution et à la procédure de changement de nom, *JO* 29 déc., p. 20350.
8. CEDH 14 nov. 2000, Annoni Di Gussola c/France, req. nos 31919/96 et 33293/96, *D.* 2001. Somm. 1061, obs. Fricero; *RTD civ.* 2001. 445, obs. Marguénaud; *Dr. et proc.* 2001. 167, note Hugon; *Procédures* 2001. Comm. 41, Croze – CEDH 25 sept. 2003, Pagès c/France, req. n° 50343/99.
9. CEDH 25 sept. 2003, Bayle c/France, req. n° 45840/99, *D.* 2004. Somm. 988, obs. Fricero.
10. CEDH 31 mars 2011, Chatellier c/France, req. n° 34658/07, *D.* 2011. 1089, et obs.; *RTD civ.* 2011. 313, obs. Marguénaud; *Procédures* 2011. Comm. 171, obs. Fricero.

vation de l'appel, mais aussi au contrôle de la légalité, par l'impossibilité ultérieure de former un pourvoi en cassation contre l'arrêt d'appel ! Dans ce contexte, la Cour examine les conditions de la radiation avec rigueur : comme le requérant avait démontré au juge que ses revenus étaient deux cent quarante fois inférieurs au montant de la condamnation, le conseiller de la mise en état n'aurait pas dû radier l'affaire... Il s'était fondé sur d'anciens avis à tiers détenteur de l'administration fiscale, pour en déduire que le requérant devait disposer d'un patrimoine suffisant, alors que la fraude fiscale n'était pas établie... La Cour européenne valide donc le dispositif, à condition que les juges apprécient équitablement les possibilités financières de l'appelant, et rejettent la radiation si la sanction paraît disproportionnée.

Elle a rappelé cette exigence dans l'arrêt *Pompey c/France* du 10 octobre 2013[1] : l'entrave au droit d'accès à la cour d'appel en cas de péremption de l'instance après radiation (C. pr. civ., art. 386 et 526) peut être considérée comme substantielle uniquement si le requérant peut justifier qu'il était dans l'impossibilité d'exécuter et que la décision de péremption n'a pas suffisamment pris en compte cette situation. Dans la décision d'irrecevabilité *Gray c/France* du 3 septembre 2013[2], le magistrat délégué du premier président avait examiné les ressources du demandeur au pourvoi et vérifié qu'il n'était pas dans l'impossibilité d'exécuter (alors même que certains de ses comptes en banque faisaient l'objet d'une saisie-attribution au profit d'un tiers). La constatation de la péremption de l'instance n'était donc pas une mesure disproportionnée.

211.13 Consécration interne du droit au juge. Si le droit au tribunal ne résulte d'aucune disposition expresse du droit français, cela ne signifie pas qu'il ne constitue pas un droit fondamental.

On a d'abord pu considérer que **le Conseil constitutionnel** avait constitutionnalisé le principe du droit à un recours au juge, en se fondant sur le principe de l'égalité devant la loi (contenu dans DDH, 26 août 1789, art. 6; intégré dans le bloc de constitutionnalité par Cons. const. 27 déc. 1973, n° 73-51 DC, taxation d'office[3]) : il a déclaré contraire à la Constitution les dispositions législatives qui excluent certaines catégories d'individus de l'exercice des recours[4], ou qui offrent des garanties différentes devant le juge d'appel[5].

D'autres fondements ont été proposés en vue de la consécration directe d'un droit au juge :

– l'article 66 de la Constitution du 4 octobre 1958, selon lequel « *l'autorité judiciaire est gardienne de la liberté individuelle* », reposerait nécessairement sur la reconnaissance d'un droit au recours juridictionnel, en vue d'assurer la protection de la liberté et des droits fondamentaux[6];

– l'article 4 du Code civil a été proposé : interdisant tout déni de justice[7], le texte crée une obligation pour le magistrat de se prononcer, ce qui ne se conçoit que s'il existe au profit du justiciable un droit de saisir un juge[8];

– c'est finalement l'article 16 de la Déclaration des droits de l'homme et du citoyen de 1789, selon lequel « *toute société dans laquelle la garantie des droits n'est pas assurée, ni la séparation des pouvoirs déterminée, n'a point de constitution* » qui a servi de fondement[9] au Conseil constitutionnel pour « *constitutionnaliser* » le droit au juge[10]. Dans la décision du 9 avril 1996, le Conseil constitutionnel a estimé, sur le fondement de l'article 16 de la Déclaration de 1789, qu'il « *ne doit pas être porté d'atteintes substantielles au droit des personnes intéressées d'exercer un recours effectif devant une juridiction* » (en l'espèce, la loi avait prévu un recours pour excès de pouvoir contre les actes pris en application des délibérations de l'Assemblée de la Polynésie-Française : le délai de quatre mois avait pour point de départ la date de la délibération, de sorte que si les actes d'application étaient pris plus de quatre mois après cette délibération, le délai du recours était expiré avant d'avoir été ouvert !)[11].

Le caractère constitutionnel du droit au juge permet au justiciable d'invoquer une **question prioritaire de constitutionnalité (QPC)** à l'encontre d'une règle de procédure civile qui méconnaîtrait ce droit. Mais ce contrôle ne peut porter que sur une **loi de procédure** : or, compte tenu de l'article 37 de la Constitution, la matière de la procédure civile résulte presque entièrement de décrets autonomes. En revanche, les dispositions de procédures collectives, dont la réglementation figure partiellement dans des lois, peuvent faire l'objet d'une QPC. Par exemple, la chambre commerciale de la Cour de cassation a été saisie d'une demande de transmission au Conseil constitutionnel d'une QPC portant sur l'article

1. CEDH 10 oct. 2013, Pompey c/France, req. n° 37640/11.
2. CEDH 3 sept. 2013, Gray c/France, req. n° 27338/11.
3. Cons. const. 27 déc. 1973, n° 73-51 DC, taxation d'office, in L. Favoreu et L. Philip, *GDCC*, 17e éd., Dalloz, 2013, n° 21.
4. Cons. const. 27 déc. 1973, n° 73-51 DC, préc.
5. Cons. const. 18 janv. 1985, n° 84-183 DC, *D.* 1986. 425, note Renoux; *Rec. Cons. const.* 32; *RD publ.* 1986. 395, obs. Favoreu; *AIJC* 1985. 413 et 419, note Genevois.
6. T. Renoux, « Le droit au recours juridictionnel », *JCP* 1993. I. 3675.
7. L. Favoreu, *Le déni de justice en droit public français*, LGDJ, 1964.
8. T. Renoux, « Le droit au recours juridictionnel », n° 4.
9. T. Renoux, *Le Conseil constitutionnel et l'autorité judiciaire*, Economica, 1984; « L'apport du Conseil constitutionnel à la théorie de la séparation des pouvoirs en France », *D.* 1991. Chron. 169 – F. Luchaire, *La protection constitutionnelle des droits et des libertés*, Economica, 1987, p. 343 – Ph. Terneyre, « Le droit constitutionnel du juge et ses limites », *LPA* 1991, n° 145, spécᵗ 6.
10. Cons. const. 21 janv. 1994, n° 93-335 DC, *JO* 25 janv., p. 1382.
11. Cons. const. 9 avr. 1996, n° 96-373 DC, *JO* 13 avr., p. 5724; *AJDA* 1996. 371, obs. Schrameck.

L. 621-9 du Code de commerce[1], relatif aux expertises ordonnées par le juge commissaire que la Cour de cassation ne soumet pas aux dispositions du Code de procédure civile et, notamment, au respect du contradictoire (la chambre commerciale refuse de transmettre parce que la difficulté soulevée résulte de sa propre jurisprudence, et non de la lettre du texte elle-même).

La Cour de cassation admet le caractère fondamental du droit au juge. **L'assemblée plénière,** à l'occasion de la commission d'office d'un avocat dans le cadre d'une demande en rabat d'arrêt devant la Cour de cassation, a décidé que l'exercice effectif de la défense « *exige que soit assuré l'accès de chacun, avec l'assistance d'un défenseur, au juge chargé de statuer sur sa prétention* » (les conclusions de l'avocat général mettent, notamment, l'accent sur la consécration d'un droit irréductible d'accès au juge dans les meilleures conditions, c'est-à-dire avec l'assistance d'un défenseur)[2]. Cela lui permet d'écarter le droit national procédural qui réalise une entrave substantielle à l'accès au juge : par exemple, il a été jugé sur le fondement de l'article 6 § 1 et du règlement CE n° 1346/2000, du 29 mai 2000[3], que les créanciers domiciliés dans un État membre autre que celui de la juridiction qui a ouvert la procédure principale d'insolvabilité, ne peuvent être privés du droit de contester la compétence assumée par cette juridiction : leur tierce-opposition doit être déclarée recevable[4].

211.14 Reconnaissance par les juges du fond. Le droit au juge est logiquement reconnu par les juridictions du fond, par application de l'article 6 § 1. La cour d'appel de Paris a considéré que le délai d'exercice d'un recours formé contre une décision du juge-commissaire rendue à l'insu de l'intéressé ne peut courir qu'à compter de la notification régulière de cette décision, à peine de supprimer le droit à un juge pour cette personne[5].

B.
Notion de tribunal accessible

211.21 Définition autonome dans le cadre de l'article 6 § 1 de la Convention européenne des droits de l'homme. Le tribunal auquel le droit d'accès est garanti, ne doit pas être défini par référence aux divers droits nationaux des États signataires. Il s'agit, selon la Cour européenne des droits de l'homme, d'une notion autonome que plusieurs critères permettent de déterminer.

Le rôle juridictionnel de l'organe considéré est essentiel : un tribunal a pour mission de « *trancher, sur la base de normes de droit et à l'issue d'une procédure organisée, toute question relevant de sa compétence* »[6].

Cette conception correspond au droit positif interne :

Le Conseil d'État, saisi de la conformité des décisions de la Commission nationale de l'informatique et des libertés (CNIL) aux exigences de l'article 6 § 1, considère que la CNIL qui rappelle à un établissement de crédit les règles relatives aux informations nominatives, lui demande de procéder à l'effacement des informations contraires à ces règles et lui adresse un avertissement, ne peut pas être considérée comme un « *tribunal* » au sens de l'article 6 § 1[7]. En conséquence, le rapporteur peut participer aux débats et au vote sans que soient méconnus les principes d'impartialité et les droits de la défense.

Il n'y a donc de véritable accès à un tribunal que si ce tribunal est nanti d'une compétence de pleine juridiction, lui permettant d'examiner la cause au fond, aussi bien en ce qui concerne les questions de fait qu'en ce qui a trait aux questions de droit (si cet accès n'est pas réalisé en première instance, l'État doit organiser une procédure débouchant sur un contrôle de pleine juridiction[8]).

La Cour européenne des droits de l'homme se réfère à d'autres éléments :

– **le statut organique** de l'autorité[9] appelée à statuer, qui doit avoir un caractère judiciaire;

– **la procédure suivie**[10], qui doit être « *organisée* » selon les principes d'équité, de publicité et de célérité;

1. Com., QPC, 1er févr. 2011, n° 10-40.057, NP; *D.* 2011. 513, obs. Lienhard; *Rev. sociétés* 2011. 193, obs. Roussel Galle.
2. Cass., ass. plén., 30 juin 1995, n° 94-20.302, *Bull. ass. plén.*, n° 4; *D.* 1995. 513, concl. Jéol.
3. Règl. CE n° 1346/2000, 29 mai 2000, *JOCE*, n° L 160, 30 juin 2000.
4. Com. 30 juin 2009, n° 08-11.902, *Bull. civ.* IV, n° 88; *D.* 2009. 2591, note Moreil; *D.* 2009. 1886, obs. Lienhard; *D.* 2009. 2580, chron. Bélaval, Orsini et Salomon; *D.* 2010. 169, obs. Fricero; *D.* 2011. 513, obs. Lienhard; *RTD civ.* 2009. 776, obs. Thery; *Rev. sociétés* 2011. 193, obs. Roussel Galle.
5. Paris, 19 mai 1995, RG n° 93/27149, *D.* 1996. Somm. 87, obs. Honorat.
6. CEDH 30 nov. 1987, H. c/Suisse, req. n° 8950/80, *Série A,* n° 127 – BERGER, 2009, N° 56, p. 175 – CEDH 22 oct. 1984, Sramek c/Autriche, req. n° 8790/79, *Série A,* n° 84 – BERGER, 12e éd., 2011, n° 75, p. 239 – CEDH 28 juin 1984, Campbell et Fell c/Royaume-Uni, req. nos 7819/77 et 7878/77, *Série A,* n° 80 – BERGER, 12e éd., 2011, n° 81, p. 254 – RAPPR., en droit français : « Les critères de l'acte juridictionnel », in GUINCHARD, CHAINAIS et FERRAND, 31e éd., 2012, nos 1006 s., p. 693.
7. CE, ass. 3 déc. 1999, req. nos 197060 et 197061, *D.* 2000. IR 22; *JCP* 2000. II. 10267, note Sudre.
8. CEDH 23 juin 1981, Le Compte, Van Leuven, de Meyere c/ Belgique, req. nos 6878/75 et 7238/75, *Série A,* n° 43 – BERGER, 12e éd., 2011, n° 73, p. 232 – Et CEDH 10 févr. 1983, req. nos 7299/75 et 7496/76, *Série A,* n° 58.
9. CEDH 27 juin 1968, Neumeister c/Autriche, req. n° 1936/63, *Série A,* n° 8.
10. CEDH 23 juin 1981, Le Compte, Van Leuven, de Meyere c/ Belgique, req. nos 6878/75 et 7238/75, préc. ss prést n°.

– **les effets attachés aux décisions rendues**[1] (rappr., en droit français, O. Gohin qui indique que le critère formel d'une juridiction « *peut se résumer à l'autorité de l'institution juridictionnelle, dont l'autorité de la chose jugée n'est du reste qu'un élément* »[2]).

La notion de tribunal est donc complexe, et s'apprécie au cas par cas : une institution qualifiée de tribunal par un droit interne peut ne pas être un tribunal au sens de l'article 6 § 1 de la Convention européenne des droits de l'homme (la cour administrative de Suède ne dispose pas de pouvoirs juridictionnels, et n'est pas un tribunal[3]) et, à l'inverse, un organe qui n'est pas intégré dans le système juridictionnel d'un État peut être qualifié de tribunal au sens de l'article 6 § 1 de la Convention européenne des droits de l'homme (tels pour un « *comité de visiteurs* »[4]; du Conseil de l'Ordre des avocats du barreau d'Anvers statuant sur la demande de réinscription d'un avocat radié[5]; ou d'une autorité régionale des transactions immobilières : le « *tribunal n'est pas nécessairement une juridiction de type classique, intégrée aux structures judiciaires ordinaires du pays* »[6]). Mais les dispositions de l'article 6 § 1 ne sont pas applicables si la procédure suivie ne concerne pas l'institution juridictionnelle.

Ainsi, lorsque la procédure d'exécution est diligentée par un notaire, l'application du procès équitable dépend de l'intégration de ladite procédure dans une instance juridictionnelle. Si le notaire procède à la vente d'un bien, précédemment ordonnée par une juridiction, mais sans contrôle du juge qui a ordonné cette vente, l'article 6 § 1 ne s'applique pas[7]; au contraire, si le notaire procède à un partage successoral sous le contrôle du tribunal d'instance, qui rend le jugement ordonnant le partage, désigne le notaire liquidateur et homologue l'état liquidatif dressé par ce dernier, l'article 6 § 1 s'applique à la procédure dans son ensemble[8].

1. CEDH 8 déc. 1982, Sramek c/Autriche, req. n° 8790/79, rapp. Comm., *Série B,* n° 69, p. 30.
2. O. Gohin, « Qu'est-ce qu'une juridiction pour le juge français ? », *Droits* 1989, n° 9, p. 93, spéc^t^ 105 – V. AUSSI, R. Chapus, « Qu'est-ce qu'une juridiction ? La réponse de la jurisprudence administrative », *Mél. Eisenmann,* Cujas, 1975, p. 265.
3. CEDH 23 sept. 1982, Sporrong et Lönnroth c/Suède, req. n°s 7151/75 et 7152/75, *Série A,* n° 52 – BERGER, 12e éd., 2011, n° 269, p. 755.
4. CEDH 28 juin 1984, Campbell et Fell c/Royaume-Uni, req. n°s 7819/77 et 7878/77, préc. s^s^ prés^t^ n°.
5. CEDH 30 nov. 1987, H. c/Belgique, req. n° 8950/80, *Série A,* n° 127-B.
6. CEDH 22 oct. 1984, Sramek c/Autriche, req. n° 8790/79, *Série A,* n° 84 – BERGER, 12e éd., 2011, n° 75, p. 239.
7. Civ. 2e, 21 mars 2002, n° 00-14.700, S. c/Banque populaire de la région économique de Strasbourg, *Bull. civ.* II, n° 48; *D.* 2002. 2643, obs. Fricero.
8. CEDH 28 nov. 2000, Siegle c/France, req. n° 36350/97 (déf. 28 févr. 2001), *Procédures* 2001. Comm. 83, obs. Fricero.

211.22 Tribunal établi par la loi. L'accès au juge ne constitue une garantie pour le justiciable que dans la mesure où l'organe qui tranche sa contestation est « *établi par la loi* » (Conv. EDH, art. 6 § 1 – et PIDCP, art. 14). Cette exigence a pour objectif de tendre à la suppression des juridictions d'exception, *ad hoc,* créées pour répondre à des circonstances spécifiques, peu compatibles avec un État de droit[9].

Le terme de « *loi* » correspond à une notion autonome extensive. La Cour européenne des droits de l'homme vérifie que l'État a déterminé le statut des juges en assurant l'indépendance par rapport aux pouvoirs législatif et exécutif, mais la « *loi* » qui instaure le tribunal n'a pas besoin d'être celle que définit la Constitution nationale : peu importe qu'il s'agisse d'un acte réglementaire ou législatif, d'un droit écrit ou non écrit (une création de la *common law* est équivalente à celle de la législation[10]). Toutefois, dans le but d'éviter des créations aisées de juridictions d'exception, les organes européens ont pu considérer le terme « *loi* » de façon restrictive : dans l'affaire *Zand c/Autriche,* la Commission[11] a indiqué que « *la clause de l'article 6 § 1* [...] *a pour objet d'éviter que l'organisation du système judiciaire dans une société démocratique soit laissée à la discrétion de l'exécutif, et de faire en sorte que cette matière soit régie par une loi du Parlement* »; elle admet toutefois des délégations de pouvoirs, lorsqu'il s'agit de question touchant à l'organisation judiciaire, l'exécutif intervenant pour régler le détail d'un schéma établi par la loi (Const., 4 oct. 1958, art. 34 : la loi fixe les règles concernant la création de nouveaux ordres de juridiction et le statut des magistrats). Ainsi, une juridiction fondée sur des actes exclusivement réglementaires n'est pas conforme à l'article 6 § 1, en ce sens qu'elle n'est pas établie par la « *loi* ».

C'est en se fondant sur le fait qu'un tribunal soumis aux exigences de l'article 6 § 1 doit nécessairement être « *établi par la loi* » que la doctrine exclut généralement l'**arbitre** du domaine du procès équitable[12] : l'arbitre étant un particulier choisi par les parties, dont la juridiction ne se conçoit qu'en présence d'un accord d'arbitrage, la Convention euro-

9. J. Velu et R. Ergec, *La Convention européenne des droits de l'homme,* Bruylant, 1990, p. 453.
10. CEDH 26 avr. 1979, Sunday Times c/Royaume-Uni, req. n° 6538/74, *Série A,* n° 30 – BERGER, 12e éd., 2011, n° 217, p. 596.
11. Comm. EDH, 12 oct. 1978, n° 7360/76, rapp. Comm., cité par L. Sermet, *Convention européenne des droits de l'homme et contentieux administratif français,* Economica, 1996, p. 212.
12. C. Jarrosson, « L'arbitrage et la convention européenne des droits de l'homme », *Rev. arb.* 1989. 573 – P. Courbe, note s^s^ Civ. 1re, 16 mars 1999, n° 97-17.598, *Bull. civ.* I, n° 92; *D.* 1999. 497 v. s^s^ n° 211.11 – J.-F. Renucci, *Traité de droit européen des droits de l'homme*, LGDJ, 2007, n° 283 et réf. citées.

péenne ne peut s'appliquer. On pourrait objecter que le tribunal arbitral est « *établi par la loi* », dans la mesure où sa composition, ses pouvoirs, le régime de la sentence et des voies de recours, sont déterminés par les dispositions du Code de procédure civile (C. pr. civ., art. 1442 s.), et que c'est la loi elle-même qui permet aux colitigants de recourir à l'arbitrage au lieu de saisir un juge étatique. Le fait que l'arbitre soit un particulier ne devrait pas empêcher l'application de la Convention européenne : la cour européenne a déjà admis l'applicabilité des droits garantis dans les relations interindividuelles, et l'on pourrait reprocher à l'État de ne pas prévoir un mécanisme d'arbitrage suffisant pour empêcher l'arbitre de porter atteinte aux droits inhérents au procès équitable. Certains auteurs contestent le fait que les parties qui rédigent une clause compromissoire ou un compromis entendent renoncer aux exigences du procès équitable[1]. Mais cela ne signifie pas que l'arbitrage soit totalement hors du champ du procès équitable. La Cour européenne a jugé dans l'affaire *Regent Company c/ Ukraine*, du 3 avril 2008[2], que dans la mesure où le droit national assimile la sentence arbitrale à un jugement, le gagnant a un droit à l'exécution de ce titre exécutoire sur le fondement de l'article 6 § 1 de la Convention européenne. C'est le cas du droit français, qui confère à la sentence arbitrale les mêmes attributs qu'un jugement : autorité de la chose jugée (C. pr. civ., art. 1484), dessaisissement du tribunal arbitral (C. pr. civ., art. 1485), exécution provisoire ordonnée par l'arbitre (C. pr. civ., art. 1484). L'exécution forcée est expressément prévue par l'article 1487, après qu'une ordonnance d'*exequatur* a été rendue. La Cour de cassation a admis l'applicabilité de l'article 6 § 1 de la Convention européenne à l'arbitrage : la première chambre civile, dans un arrêt du 6 octobre 2010[3], a admis pour la première fois que l'article 6 § 1 de la Convention européenne pouvait concerner l'arbitrage, tout en approuvant la cour d'appel qui avait constaté qu'aucune méconnaissance de l'article 6 n'était caractérisée.

Lorsque l'**arbitrage** est **international,** et intéresse un État non signataire de la Convention européenne, les garanties essentielles du procès sont soumises à l'ordre public international, qui impose, notamment, l'obligation d'indépendance et d'impartialité de l'arbitre (une cour d'appel, saisie d'un recours en annulation, a apprécié les circonstances pour en déduire l'absence de partialité, ce que la Cour de cassation approuve, mais aucune référence n'est faite aux dispositions de la Conv. EDH, art. 6 § 1[4]).

La même difficulté d'applicabilité de l'article 6 § 1 concerne les **modes amiables de résolution des différends** (MARD : conciliation, médiation, procédure participative assistée d'un avocat) : il est certain que le procès équitable n'est pas applicable au processus amiable. Mais il est possible que la Cour européenne intègre dans le champ de l'article 6 les procédures d'homologation des accords devant le juge, ainsi que les procédures d'exécution du titre exécutoire. En effet, en droit interne, l'article 1565 C. pr. civ. précise que l'accord auquel les parties parviennent à l'issue d'un mode amiable (C. pr. civ., art. 1567 : conciliation, médiation ou procédure participative, ou transaction) peut être homologué par le juge compétent pour connaître du contentieux dans la matière considérée. **Cet accord homologué constitue un titre exécutoire** aux termes de l'article L. 111-3, 1° C. pr. exéc. Il n'y a pas de raison d'exclure un droit à l'exécution de ce titre exécutoire, conforme au procès équitable, dans la mesure où la force exécutoire résulte de la manifestation de l'*imperium* d'un tribunal.

§ 2
Effectivité du droit au tribunal

211.31 Garantie concrète d'accès au tribunal. Il ne suffit pas que la législation d'un État prévoit un droit d'accès aux tribunaux : le justiciable doit bénéficier d'un droit effectivement assuré. L'effectivité est la relation entre un état de fait et un titre juridique[5]. La Cour européenne des droits de l'homme a souvent affirmé que « *la Convention a pour but de protéger des droits non pas théoriques et illusoires, mais concrets et effectifs* » (tel, à propos des incidences des frais de procédure sur le droit d'accès au juge)[6]. En conséquence, des considérations de fait ne sauraient entraver l'exercice concret d'un recours juridictionnel : ce souci d'effectivité résulte des dispositions de la Convention européenne des droits de l'homme et de celles du Pacte des droits civils et politiques.

211.32 Effectivité du recours au juge dans la Convention européenne des droits de l'homme. L'article 13 dispose que « *toute personne dont les droits et libertés reconnus dans la présente Convention ont été violés, a droit à l'octroi d'un recours effectif devant une*

1. A. Mourre, « Le droit français de l'arbitrage international face à la Convention européenne des droits de l'homme », *Gaz. Pal.* 1er-2 déc. 2000, p. 16 s., spéct nos 4, 10 et 14 – L. Matray, « Quelques problèmes de l'arbitrage commercial international », *Mél. Feittweis, L'arbitrage*, Éd. Story-Scientia, Bruxelles, 1999, p. 289.
2. CEDH 3 avr. 2008, Regent Company c/Ukraine, req. n° 773/03.
3. Civ. 1re, 6 oct. 2010, n° 09-10.530, *Bull. civ.* I, n° 184; *D.* 2010. 2442, note Delpech; *D.* 2011. Pan. 270, obs. Fricero.
4. Civ. 1re, 16 mars 1999, n° 97-17.598, *Bull. civ.* I, n° 92; *D.* 1999. 497; v. ss n° 211.11.
5. J. Touscoz, *Le principe d'effectivité dans l'ordre international*, LGDJ, 1964, p. 1.
6. CEDH 9 oct. 1979, Airey c/Irlande, req. n° 6289/73, *Série A*, n° 32 – BERGER, 12e éd., 2011, n° 64, p. 206.

instance nationale [...] ». Ceci correspond au besoin d'une protection effective des droits et libertés fondamentaux reconnus par la Convention européenne des droits de l'homme[1]. Cependant, le **domaine du recours effectif de l'article 13** ne coïncide pas avec celui du recours effectif de l'article 6 § 1 : le recours effectif de l'article 13 vise à assurer une protection réelle des droits reconnus par la Convention dans les États contractants, alors que le recours au juge de l'article 6 § 1 concerne la possibilité de faire trancher un différend de nature civile devant une juridiction interne, ce qui ne met pas nécessairement en cause la violation d'un droit reconnu par la Convention européenne des droits de l'homme. De plus, le recours de l'article 13 doit être ouvert devant « *une instance nationale* », qui peut ne pas être un « *tribunal* » au sens de l'article 6 § 1 (même s'il doit s'agir d'une autorité compétente, indépendante et impartiale[2]).

La Cour européenne des droits de l'homme a longtemps considéré que les dispositions de l'article 13 étaient « *absorbées* » par celles de l'article 6 § 1[3]. En conséquence, les deux textes ne pouvaient pas être appliqués simultanément et, lorsque l'article 6 § 1 était méconnu, le moyen tiré de la violation de l'article 13 n'avait pas besoin d'être examiné parce qu'il était surabondant, l'article 6 § 1 étant appréhendé comme une *lex specialis* par rapport à l'article 13. La jurisprudence de la Cour européenne a évolué à partir de l'arrêt *Kudla c/Pologne*[4].

Le requérant se plaignait d'une violation de l'article 6 § 1 en ce qui concerne la durée non raisonnable de son procès et d'une méconnaissance de l'article 13, en ce sens que le droit polonais ne lui offrait aucun recours interne permettant de faire sanctionner la durée excessive de la procédure, soit en empêchant la continuation de la violation alléguée, soit en réparant de manière adéquate les retards déjà accusés. Après avoir déclaré la violation de l'article 6 § 1, la Cour juge qu'il y a néanmoins lieu d'examiner le grief tiré de l'article 13 : elle considère que les deux dispositions se superposent, se complètent tout en étant distinctes.

Ainsi, l'article 13 permet de vérifier que l'État offre aux justiciables un mécanisme effectif de recours à une instance nationale pour se plaindre de la méconnaissance d'un droit reconnu par la Convention. Pour la Cour, l'article 13 est une manifestation du caractère subsidiaire du recours européen : l'article 35 de la Convention impose l'épuisement des recours internes, ce qui présuppose l'existence de tels recours.

S'agissant de la violation du délai raisonnable, la Cour a renforcé cette position dans l'arrêt *Brusco c/ Italie*[5].

En se fondant sur la loi Pinto (L. n° 2001-89, 24 mars 2001) qui offre une réparation interne en cas de procès d'une durée excessive, la Cour a précisé que la condition de l'épuisement du recours interne doit s'apprécier lors de l'introduction de la requête. En l'espèce, elle admet que des exceptions peuvent se justifier en matière de sanction du dépassement du délai raisonnable : elle considère donc que le requérant devait introduire un recours fondé sur la loi Pinto pour obtenir réparation, alors même que la loi est entrée en vigueur après qu'il ait introduit sa requête devant la Cour européenne. Cette jurisprudence semble limitée à l'exigence du délai raisonnable, et se justifie par le souci de mettre fin au nombre toujours croissant de requêtes fondées sur ce grief. Mais elle pourrait être étendue aux autres garanties : la Cour elle-même note qu'elle « *ne décèle rien dans la lettre de l'article 13 dont on puisse dégager un principe en vertu duquel il ne serait possible d'appliquer l'article 13 à aucun des aspects du "droit à un tribunal" consacré par l'article 6 § 1* ». En revanche, l'article 13 ne peut être interprété comme exigeant la mise à disposition d'un recours effectif permettant de se plaindre de l'absence en droit interne de tout accès à un tribunal au sens de l'article 6 § 1[6].

211.33 Effectivité du droit d'accès au juge dans le Pacte des droits civils et politiques. L'article 2 alinéa 3 du Pacte précise que les États au présent pacte s'engagent « *à garantir que toute personne dont les droits et libertés reconnus dans le présent pacte auront été violés disposera d'un recours utile* » : ces dispositions sont très proches de celles de l'article 13 de la Convention, et l'utilité du recours sous-entend son caractère concret et effectif.

Le Comité des droits de l'homme reconnaît également que l'effectivité du droit au tribunal résulte des dispositions de l'article 14, qui contiennent les exigences que l'on retrouve dans l'article 6 § 1 de la Convention. Mais, contrairement à la Cour européenne des droits de l'homme, il sanctionne simultanément les violations des articles 2 alinéa 3 et 14 du pacte.

Dans l'affaire *Anthony Currie c/Jamaïque*, le Comité a relié l'article 14 à l'article 2 alinéa 3 du pacte[7]. Il décide que, en vertu de l'alinéa 3 de l'article 2, l'État-partie est tenu de faire en sorte que les recours à la Cour constitutionnelle, s'agissant des cas de violation fondamentaux, soient disponibles et efficaces. De plus, l'application de ce droit doit être conforme aux principes énoncés dans l'article 14 : il s'ensuit que si un condamné souhaitant faire réexaminer par la Cour constitutionnelle des irrégularités constatées au cours d'un procès pénal ne dispose pas de moyens suffisants pour faire face aux dépenses

1. J.-F. Flauss, « Le droit à un recours effectif. L'article 13 de la Convention européenne des droits de l'homme », *RUDH* 1991. 324.
2. CEDH 6 sept. 1978, Klass a. c/Allemagne, req. n° 5029/71, *Série A,* n° 28 – Berger, 12e éd., 2011, n° 204, p. 556.
3. CEDH 9 oct. 1979, Airey c/Irlande, req. n° 6289/73, *Série A,* n° 32 – Berger, 12e éd., 2011, n° 64, p. 206; v. ss n° 211.31 – CEDH 8 juill. 1987, O. c/Royaume-Uni, n° 9276/81, *Série A,* n° 120 – CEDH 27 oct. 1987, Pudas c/Suède, n° 10426/83, *Série A,* n° 125.
4. CEDH 26 oct. 2000, Kudla c/Pologne, req. n° 30210/96.
5. CEDH 6 sept. 2001, Brusco c/Italie, req. n° 69789/01, *D.* 2002. Somm. 685, obs. Renucci.
6. CEDH 26 oct. 2000, Kudla c/Pologne, req. n° 30210/96 préc. ss prést n°.
7. Comité DH, n° 377/1989, *Rapp. Comité pour 1994,* A/49/40, vol. 1, p. 83.

qu'implique une telle procédure, et si l'intérêt de la justice l'exige, l'État devra lui fournir une assistance judiciaire.

211.34 Effectivité d'accès au juge dans l'Union européenne (droit à une protection juridictionnelle effective). L'article 47 de la Charte des droits fondamentaux de l'Union prévoit un droit d'accès à un tribunal indépendant et impartial, et consacre le droit à une protection juridictionnelle effective. La Cour de justice de l'Union, le 22 décembre 2010[1], a jugé **qu'une personne morale a le droit de solliciter le bénéfice de l'aide juridictionnelle** pour saisir un juge. Elle fournit à cette occasion au juge national les critères à retenir pour que les conditions d'octroi de l'aide judiciaire ne constituent pas une entrave substantielle à l'accès au tribunal, en analysant de manière comparative les critères retenus par la Cour européenne de Strasbourg (l'article 52 de la Charte rappelle que lorsque les droits et libertés garantis par la Charte sont aussi protégés par la Convention européenne, leur sens et leur portée doivent être les mêmes, sauf à ce que le droit de l'Union puisse conduire à une protection plus étendue).

L'article 47 alinéa 1er de la Charte reprend les dispositions de l'article 13 de la Convention européenne : toute personne dont les droits garantis par le droit de l'Union ont été violés a droit à un recours effectif devant un tribunal.

211.35 Appréciation de l'effectivité du droit au juge. Selon la Cour européenne des droits de l'homme, il convient d'apprécier le caractère effectif du droit d'accès au juge cas par cas, en fonction des faits de l'espèce[2]. Dans l'affaire *Bellet c/France*[3], *la Cour européenne des droits de l'homme précise que « l'effectivité du droit d'accès demande qu'un individu jouisse d'une possibilité claire et concrète de contester un acte »*, exigence que l'on trouve déjà dans la décision *De Geouffre de La Pradelle c/France*[4] qui décide que le recours pour contester la légalité d'un décret de classement d'un site comme pittoresque n'est ni concret ni effectif, le système prévu ne présentant pas une cohérence et une clarté suffisante, notamment quant à la computation du délai du recours devant le Conseil d'État. Affirmer que le droit au juge doit être effectif conduit à imposer aux États des « *obligations actives* »[5] : « *L'exécution d'un engagement assumé en vertu de la Convention appelle parfois des mesures positives de l'État* [...] *celui-ci ne saurait se borner à demeurer passif* [...] *or l'obligation d'assurer un droit effectif d'accès à la justice se range dans cette catégorie d'engagements* »[6]. L'État signataire doit donc « *adopter des mesures raisonnables et adéquates pour protéger les droits* » que l'individu tient de la Convention[7], il a l'obligation de s'abstenir d'apporter des entraves à l'accès à un tribunal. L'État doit par exemple prévoir un recours effectif permettant au détenu de contester devant une instance juridictionnelle, aussi bien la forme que le fond, et donc les motifs, de la décision qui le place en cellule disciplinaire[8].

À cet égard, la Cour européenne a été amenée à sanctionner des violations répétées de certaines exigences de l'article 6 § 1. Notamment, elle a sanctionné la méconnaissance par l'Italie du délai raisonnable des procès, en constatant « *une accumulation de manquements constitutifs d'une pratique incompatible avec la Convention* »[9], ce qu'elle considère comme une circonstance aggravante de la violation de l'article 6 § 1[10]. La Cour européenne utilise dans ce cas **la procédure de l'arrêt pilote,** qui lui permet de traiter les affaires répétitives (règlement de la Cour, art. 61) : dans une première décision, la Cour déclare la violation et met en évidence le problème systémique auquel l'État défendeur est confronté, et offre à ce dernier une possibilité de redresser la situation, en mettant les requêtes en attente pendant un délai déterminé. Ensuite, la Cour vérifie les mesures prises par l'État et, en cas de persistance de la difficulté, traite les requêtes pendantes. Par exemple, dans l'affaire *Glykantzi c/Grèce* du 30 octobre 2012[11], la Cour européenne a constaté le dysfonctionnement de l'ordre juridique grec à l'origine de durées excessives des procédures devant les juridictions civiles (300 arrêts de 1999 à 2009, et plus de 250 affaires pendantes à la date du 30 octobre 2012 !).

211.36 Contenu des obligations positives des États signataires. L'obligation d'assurer l'effectivité du droit d'accès au tribunal a conduit la Cour européenne des droits de l'homme à imposer aux États l'adoption de mesures d'ordre matériel et d'ordre normatif. Avant de préciser le contenu de ces obligations positives, il convient toutefois de rappeler la

1. CJUE 22 déc. 2010, DEB Deutsche Energiehandels und Beratungsgesellschaft, aff. C-279/09, *Procédures* 2011. Comm. 57, obs. Nourissat; *RTD eur.* 2011. 173, chron. Coutron.
2. CEDH 20 nov. 1995, British American Tobacco Co. Ltd c/Pays-Bas, req. n° 19589/92, *Série A,* n° 331; *RUDH* 1996. 13, obs. Sudre – CEDH 22 nov. 1995, Bryan c/Royaume-Uni, req. n° 19178/91, *Série A,* n° 335-1; *RUDH* 1996. 13, obs. Sudre.
3. CEDH 4 déc. 1995, Bellet c/France, req. n° 23805/94, *Série A,* n° 333-B; *D.* 1996. 357, note Collin-Demunieux; *RUDH* 1996. 14, obs. Sudre; *JCP* 1996. II. 22648, note Harichaux; *R* 1996. 51, chron. Groutel, p. 6.
4. CEDH 16 déc. 1992, de Geouffre de La Pradelle c/France, req. n° 12964/87, *Série A,* n° 253-B; *RUDH* 1993. 164 – CE 9 févr. 2000, req. n° 198413, *D.* 2000. IR 75.
5. G. Cohen-Jonathan, *La Convention européenne des droits de l'homme,* Economica, 1989, p. 414.
6. CEDH 9 oct. 1979, req. n° 6289/73, Airey c/Irlande, *Série A,* n° 32 – Berger, 12e éd., 2011, n° 64, p. 206.
7. CEDH 21 févr. 1990, Powel et Rayner c/Royaume-Uni, req. n° 9310/81, *Série A,* n° 172.
8. CEDH 20 janv. 2011, Payet c/France, req. n° 19606/08, *D.* 2011. 643, obs. Lavric, note Céré; *D.* 2011. 1306, obs. Céré, Herzog-Evans et Péchillon; *AJ pénal* 2011. 88, note Herzog-Evans; *Procédures* 2011. Comm. 94, obs. Fricero.
9. CEDH 28 juill. 1999, Bottazzi c/Italie, req. n° 34884/97, *D.* 2000. Somm. 185, obs. Fricero.
10. CEDH 25 févr. 2000, Paderni c/Italie, req. n° 35994/97, *D.* 2000. Somm. 185, obs. Fricero.
11. CEDH 30 oct. 2012, Glykantzi c/Grèce, req. n° 40150/09.

portée des décisions de la Cour européenne des droits de l'homme : sans doute, l'arrêt de la Cour est revêtu de l'autorité de la chose jugée et, aux termes de l'article 46 de la Convention européenne des droits de l'homme, modifié par le Protocole n° 14, les parties s'engagent à se conformer aux arrêts définitifs de la Cour dans les litiges auxquels elles sont parties. Mais ces décisions n'ont pas force exécutoire sur les territoires des États : comme le précise la Cour depuis l'arrêt *Marckx c/Belgique* [1], ses décisions, déclaratoires pour l'essentiel, laissent à l'État le choix des moyens à utiliser dans son ordre juridique interne pour s'acquitter de l'obligation qui découle de l'article 53 de la Convention européenne des droits de l'homme (même si la cour indique, à titre d'exemples, certains de ces moyens, not. à propos de la durée des procédures [2]). Il reste que la perspective de recours multiples encourage les autorités nationales à respecter la jurisprudence de la Cour et à harmoniser leur droit avec l'ordre public européen des droits de l'homme, même si elles n'y sont pas juridiquement contraintes. En matière pénale, la loi du 15 juin 2000, renforçant la présomption d'innocence et les droits des victimes, a prévu une possibilité de réexamen d'une décision pénale consécutive au prononcé d'un arrêt de la Cour européenne (C. pr. pén., titre III, art. 626-1 à 626-7) : une commission de sept magistrats de la Cour de cassation, saisie d'une demande de réexamen, peut décider de renvoyer l'affaire à la Cour de cassation en assemblée plénière ou à la juridiction de même ordre et de même degré que celle qui a rendu la décision litigieuse. Cette procédure permet une remise en question de l'autorité de la chose jugée par les juridictions internes elles-mêmes. Il est opportun qu'une réforme législative ouvre une procédure analogue pour les procès civils : la méconnaissance des exigences des standards d'une bonne justice ne doit pas avoir des incidences différentes selon la matière, pénale ou civile, à juger (avec le Protocole n° 14, le Comité des ministres a reçu le pouvoir, après avoir mis en demeure l'État qui ne se conforme pas aux décisions de la Cour, de saisir la Cour de la question du respect par cette partie de son obligation; la Cour européenne peut alors renvoyer l'affaire au Comité des ministres afin qu'il examine les mesures à prendre). Le renforcement de l'effectivité du droit à un recours peut également être observé à travers la jurisprudence de la Cour européenne sur l'obligation des États de respecter les mesures provisoires ordonnées sur le fondement de l'article 39 de la Convention. Dans l'arrêt *Aoulmi c/France* du 17 janvier 2006 la Cour sanctionne la France sur le fondement de l'article 34 de la Convention, parce qu'elle ne s'est pas conformée aux mesures provisoires ordonnées par application de l'article 39 du règlement de la Cour [3] (cette sanction résulte d'un arrêt *Mamatkulov et Askarov c/Turquie* du 4 février 2005 [4]) : l'existence d'un préjudice irréparable à la jouissance par le requérant de l'un de ses droits, qui relèvent du noyau dur des droits protégés par la Convention (en l'espèce, expulsion vers l'étranger d'une personne qui invoque des raisons de santé pour s'y opposer), autorise la Cour à ordonner des mesures qui permettent au requérant de sauvegarder ses droits en attendant la décision de la Cour européenne, et qui garantit par là même le recours européen. L'État qui ne s'y conforme pas est sanctionné pour violation de l'article 34, puisqu'il entrave l'exercice effectif du droit au recours du requérant.

S'agissant de l'effectivité du droit au juge, plusieurs obligations positives pèsent sur les États [5].

211.37 On peut citer l'obligation de prévoir une aide destinée à permettre la saisine du juge par tous les justiciables. Cet impératif peut également trouver un fondement dans le principe d'égalité formulé par les articles 1er et 6 de la Déclaration des droits de l'homme et du citoyen de 1789, ainsi que par l'article 14 du Pacte des droits civils et politiques (« *Tous sont égaux devant les tribunaux et les cours de justice* »). Si la Convention européenne des droits de l'homme ne prévoit l'aide à l'accès au juge qu'en matière pénale (Conv. EDH, art. 6 § 3), la Cour européenne des droits de l'homme l'a consacrée en matière civile en se fondant sur l'impératif d'effectivité du recours au tribunal [6].

Cependant, la Cour européenne des droits de l'homme ne reconnaît pas un droit absolu et général à l'aide juridictionnelle en matière civile : l'effectivité du recours au juge conduit seulement à imposer un système offrant un réel accès au juge. L'aide en constitue un moyen, mais l'État peut l'adapter en fonction des ressources de la communauté. Il a été jugé que la condition de plafond de ressources du bénéficiaire (prévue en droit français par L. n° 91-647, 10 juill. 1991, art. 4 – et par Décr. n° 91-1266, 19 déc. 1991, art. 1er s. – L. n° 98-1163, 18 déc. 1998 [7]) est con-

1. CEDH 13 juin 1979, Marckx c/Belgique, req. n° 6833/74, *Série A,* n° 31 – BERGER, 12e éd., 2011, n° 160, p. 441.
2. CEDH 13 juill. 1983, Zimmerman et Steiner c/Suisse, req. n° 8737/79, *Série A,* n° 66.
3. CEDH 17 janv. 2006, Aoulmi c/France, req. n° 50278/99 (déf. 17 avr. 2006), *D.* 2006. 1151, note Lazaud.
4. CEDH 4 févr. 2005, Mamatkulov et Askarov c/Turquie, req. nos 46827/99 et 46951/99.
5. F. Sudre, « Les obligations positives dans la jurisprudence européenne des droits de l'homme », *RTDH* 1995. 363.
6. CEDH 7 juill. 1977, Airey c/Irlande, req. n° 6289/73, DR 8-50 – CEDH 9 oct. 1979, Airey c/Irlande, req. n° 6289/73, *Série A,* n° 32 – BERGER, 12e éd., 2011, n° 64, p. 206.
7. L. n° 91-647, 10 juill. 1991, relative à l'aide juridique, *JO* 13 juill., p. 9170 – Décr. n° 91-1266, 19 déc. 1991, portant application de la loi n° 91-647 du 10 juillet 1991 relative à l'aide juridique, *JO* 20 déc., p. 16609 – L. n° 98-1163, 18 déc. 1998, relative à l'accès au droit et à la résolution amiable des conflits, *JO* 22 déc, p. 19343.

forme à la Convention européenne des droits de l'homme : l'aide à l'accès à la justice est conditionnée par les finances de l'État, ce qui suppose une sélection des bénéficiaires [1]. La question se pose de savoir si des éléments afférents à l'action en justice peuvent motiver un refus d'octroi de l'aide juridique, ou si ce dernier ne peut être motivé que par des considérations tirées des ressources de l'intéressé.

La Cour européenne des droits de l'homme a considéré qu'en rejetant une demande d'aide judiciaire, au motif que la prétention ne paraît pas actuellement juste, un bureau d'assistance judiciaire a porté atteinte à la substance même du droit au tribunal du requérant, puisque seul le juge (en l'espèce, la Cour de cassation) peut décider des chances de succès du recours envisagé [2]. Mais elle est revenue sur sa position en considérant que ce dispositif est conforme, dans la mesure où il offre au demandeur à l'aide juridictionnelle des recours contre la décision et des garanties procédurales contre les abus [3].

L'**aide juridictionnelle** fait l'objet de réflexions et de réformes tendant à en assurer la survie [4]. Le décret n° 2011-272 du 15 mars 2011 [5] prévoit, notamment, que le juge saisi doit surseoir à statuer dans l'attente de la décision sur l'aide juridictionnelle (Décr. 19 déc. 1991, art. 43-1) afin de garantir les droits de la défense. À la suite de l'adoption de la réforme de la garde à vue, l'article 1635 *bis* Q-I du Code général des impôts (loi de finances rectificative pour 2011) prévoit qu'un **droit fixe de trente cinq euros** doit être acquitté par tous les justiciables engageant une action en justice en matière civile et administrative, depuis le 1er octobre 2011, afin de couvrir les dépenses engagées en raison de l'assistance d'un avocat (cette taxe est supprimée à partir du 1er janvier 2014). De plus, une disposition particulière a été introduite par la loi de finances pour 2011 en ce qui concerne les **droits de plaidoirie** (d'un montant de 8,84 euros) : ils sont à la charge du justiciable et destinés à financer le régime d'assurance-vieillesse de base des avocats (CSS, art. L. 723-3; ils font partie des dépens (C. pr. civ., art. 695, 7°), sauf dans les procédures sans représentation obligatoire par avocat, où les droits de plaidoirie sont exclus des dépens, leur remboursement peut être demandé au titre de l'article 700 C. pr. civ.). Depuis le 1er janvier 2011, l'État n'assume plus ce droit de plaidoirie pour le bénéficiaire de l'aide juridictionnelle, qui doit donc l'acquitter (à défaut de « *plaidoirie* », est considéré comme ayant plaidé l'avocat qui a représenté la partie à l'audience).

211.38 On peut également citer l'obligation pour l'État de mettre en œuvre tous les moyens appropriés pour assurer l'accès au juge dans les meilleures conditions, c'est-à-dire dans le respect des droits de la défense [6] (dans le même sens un arrêt d'assemblée plénière de la Cour de cassation reconnaissant le droit à la commission d'office d'un avocat aux Conseils pour un rabat d'arrêt de cassation [7]).

Par exemple, dans l'arrêt *Faniel c/Belgique* du 1er mars 2011 [8], la Cour constate que le requérant avait été condamné par un jugement par défaut et n'avait pas pu exercer à temps une opposition : elle estime que « *l'irrecevabilité pour tardiveté de l'opposition formée par le requérant contre le jugement le condamnant, alors qu'il n'avait pas été informé des délais et modalités pour l'introduire, a porté atteinte à son droit d'accès à un tribunal, tel que garanti par l'article 6 § 1* » (§ 34).

Le formalisme procédural mis en place par les États doit garantir l'information effective des parties, notamment celle du défendeur qui doit recevoir la signification de l'acte introductif d'instance (les autorités doivent mettre en œuvre toutes les diligences utiles pour retrouver l'adresse du destinataire [9]).

211.40 Relativité du droit au tribunal. L'effectivité du droit d'accès au juge ne suppose pas l'existence d'un droit absolu. Dans l'arrêt *Golder c/Royaume-Uni*, la Cour européenne des droits de l'homme admet que les États peuvent limiter l'accès au juge, dans des proportions qu'elle contrôle [10].

C'est ainsi que la Cour a admis des limites fondées sur l'intérêt général, sur le respect d'une bonne administration de la justice. Elle reconnaît aux États une certaine marge d'appréciation, tout en vérifiant que le droit à un tribunal n'a pas été atteint dans sa substance même, que le but poursuivi par la limitation est légitime, et qu'il existe un rapport raisonnable de proportionnalité entre les moyens employés et le but visé [11]. La Cour et la Commission EDH ont donc admis de nombreuses limites au droit d'accès au juge qui concernent, notamment :

1. Comm. EDH, 10 juill. 1980, n° 8158/78, X. c/Royaume-Uni, DR, qui précise que les décisions prises en matière d'octroi ou de refus d'aide judiciaire au civil engagent la responsabilité de l'État.
2. CEDH 30 juill. 1998, Aerts c/Belgique, req. n° 61-1997-845-1051, *D.* 1999. Somm. 270, obs. Fricero.
3. CEDH 14 déc. 2000, Kroliczek c/France, req. n° 43969/98, partielle sur la recevabilité.
4. Rép. min. n° 63773, *JOAN Q* 24 août 2010, p. 9351; *D.* 2010. 2004; *D.* 2011. Pan. 272, obs. Fricero.
5. Décr. n° 2011-272, 15 mars 2011, portant diverses dispositions en matière d'aide juridictionnelle et d'aide à l'intervention de l'avocat, *JO* 17 mars, p. 4825 – *JCP* 2011. 368, note G'sell-Macrez.
6. CEDH 6 déc. 1988, Barbera, Messegué et Jabardo c/Espagne, req. n° 43969/98, *Série A,* n° 146 – Berger, 12e éd., 2011, n° 91, p. 284 – CEDH 22 sept. 1994, Lala c/Pays-Bas, req. n° 14861/89, *Série A,* n° 297-A.
7. Cass., ass. plén., 30 juin 1995, n° 94-20.302, *Bull. ass. plén.*, n° 4; *D.* 1995. 513, concl. Jéol.
8. CEDH 1er mars 2011, Faniel c/Belgique, req. n° 11892/08.
9. CEDH 14 janv. 2010, Popovitsi c/Grèce, req. n° 533451/07, *Procédures* 2010. Comm. 70, obs. Fricero.
10. CEDH 21 févr. 1975, Golder c/Royaume-Uni, req. n° 4451/70, *Série A,* n° 18 – Berger, 12e éd., 2011, n° 63, p. 203.
11. CEDH 28 mai 1985, Ashingdane c/Royaume-Uni, req. n° 8225/78, *Série A,* n° 93.

211.41 **Réglementation des délais pour agir.** La réglementation des délais pour agir[1] et, plus généralement, les délais de prescription et de forclusion prévus pour agir, sont jugés conformes à l'article 6 § 1 par les juridictions internes[2], pourvu qu'ils soient raisonnables[3], comme c'est le cas pour le « *bref délai* » énoncé à l'article 1648 du Code civil, pour agir en garantie des vices cachés, qui correspond à une notion claire dans son objectif et ne constitue pas une restriction inadmissible au droit d'agir[4]; la Cour admet la fixation d'un délai pour le dépôt de documents conditionnant la recevabilité d'un recours, qu'elle estime conforme à un but de sécurité juridique à condition que la brièveté du délai n'entraîne pas la privation du droit au recours et ne constitue pas une atteinte à la substance même du droit d'accès au tribunal (tel, à propos du pourvoi en cassation en matière pénale pour un requérant habitant en Polynésie française)[5]. En revanche, viole l'article 6 § 1 de la Conv. EDH l'arrêt de la Cour de cassation qui déclare irrecevable comme tardif (C. pr. pén., art. 568) le pourvoi formé plus de cinq jours francs après la date de notification de l'arrêt de la chambre « *d'accusation* » inscrite sur cet arrêt, et non après la date effective d'envoi de cette notification telle qu'attestée par le cachet de la poste, ce qui a eu pour effet singulièrement rigoureux de réduire de moitié le délai dont auraient dû disposer les requérants pour former leur pourvoi[6].

S'agissant des **délais de prescription**, la Cour européenne opère un **contrôle de proportionnalité** : elle admet que la prescription répond à un but légitime de sécurité juridique, à condition que le délai prévu ne soit pas excessivement court.

D'abord, la **prescription extinctive des droits** est conforme au procès équitable de l'article 6 § 1 de la Convention européenne. Dans l'arrêt *Stubbings et autres c/ Royaume-Uni* du 22 octobre 1996[7], la Cour européenne des droits de l'homme a été saisie de la violation de l'article 6 § 1 fondée sur la prescription qui avait empêché la requérante de saisir un tribunal pour obtenir réparation des atteintes à l'intégrité de sa personne. La Cour estime que les délais de prescription poursuivent un but légitime, la garantie de la sécurité juridique et que, s'ils ne sont pas exagérément courts, ils ne constituent pas une entrave à l'accès au juge (en l'espèce le délai de prescription était de six ans). Dans l'arrêt *Stagno c/Belgique* du 7 juillet 2009[8], la Cour statue sur l'entrave à l'accès au juge résultant du fait que la prescription n'avait pas été suspendue pendant la minorité du requérant et juge que l'application rigide du délai de prescription l'avait empêché de faire usage du recours qui lui était disponible : le régime de la prescription doit donc éviter d'entraver de manière substantielle l'accès au juge. Dans l'affaire *Baroul Partner-A c/Moldova* du 16 juillet 2009[9], la violation du principe de sécurité juridique inhérent au procès équitable (art. 6 § 1) et du droit au respect des biens (Prot. 1er, art. 1er) est constatée dans le cas où l'affaire avait été jugée, à l'initiative du parquet, par les juridictions internes après l'écoulement du délai de prescription (la prescription de trois ans ne s'appliquait pas à l'action intentée par le procureur sur demande du gouvernement). Déjà, dans l'affaire *Atanasova c/Bulgarie* du 2 octobre 2008[10], la Cour avait statué sur la question de savoir si le refus des juridictions pénales d'examiner l'action civile au motif de la prescription de l'action publique, avait porté atteinte au droit d'avoir un accès au tribunal en matière civile : elle aboutit à une déclaration de violation de l'article 6, parce que la clôture des poursuites pénales et le défaut d'examen de l'action civile étaient dus à des circonstances imputables aux autorités judiciaires, notamment des retards excessifs dans le cours de la procédure ayant entraîné la prescription de l'infraction (§ 44).

Ensuite, lorsque **la prescription affecte un droit de l'Union européenne,** elle est soumise à des **règles particulières.** Dans un arrêt du 24 mars 2009[11], la Cour de justice de l'Union européenne a jugé que la fixation des délais de prescription des actions en justice visant à obtenir la garantie des droits issus du droit communautaire relève de l'autonomie procédurale des droits nationaux[12]; sous réserve de l'application de deux principes d'équivalence (les situations communautaires sont traitées de la même manière que les situations internes) et d'effectivité (l'exercice des droits garantis par l'Union ne doit pas être rendu impossible ou excessivement difficile). Pour l'effectivité, l'arrêt rappelle qu'un délai de trois ans est en soi raisonnable[13] et précise qu'une incertitude juridique importante est incompatible avec le principe de sécurité juridique et peut donc constituer une violation du principe d'effectivité dès lors que le délai de prescription n'est pas prévu par le droit national avec « *un degré de certitude raisonnable* ». Les juges nationaux saisis de la compatibilité du délai de prescription national avec le droit communautaire doivent donc vérifier la prévisibilité de l'application du délai. La Cour de justice de l'Union européenne a également validé le fait que l'introduction d'un recours en manquement par la

1. Comm. EDH, n° 11-122/84, Victor Welter c/Suède, DR [décision de recevabilité] n° 45, 2 déc. 1985 – Comm. EDH, n° 10.857/84, Georges et Louise Bricmont c/Belgique, DR n° 48, 15 juill. 1986.
2. Com. 8 mars 1994, n° 92-14.394, *Bull. civ.* IV, n° 101; *D.* 1996. 215, obs. Pérochon; *RTD civ.* 1996. 653, obs. Zenati; *Rev. proc. coll.* 1994. 412, n° 14, note Soinne; *Quot. jur.* 19 mai 1994, note P. M. – Com. 9 mai 1995, n° 92-20.565, *Bull. civ.* IV, n° 135; *D.* 1996. Somm. 215, obs. Pérochon; *RTD civ.* 1996. 208, obs. Crocq; *RTD civ.* 1996. 653, obs. Zenati; *Rev. proc. coll.* 1995. 479, n° 17, obs. Soinne.
3. Comm. EDH, 6 oct. 1982, n° 9707.82, DR, vol. 31.
4. Civ. 1re, 21 mars 2000, n° 98-11.982, *Bull. civ.* I, n° 97; *D.* 2000. IR 115; *D.* 2000. 593, note Atias; *RTD civ.* 2000. 592, obs. Gautier; *RTD civ.* 2000. 666, obs. Molfessis; *JCP* 2000. IV. 1816.
5. CEDH 10 juill. 2001, Tricard c/France, req. n° 40472/98.
6. CEDH 10 janv. 2006, Gruais et Bousquet c/France, req. n° 67881/01, *BICC* 1er avr. 2006, n° 569.
7. CEDH 22 oct. 1996, Stubbings et a. c/Royaume-Uni, req. nos 22083/93 et 22095/93, § 49 et 53.
8. CEDH 7 juill. 2009, Stagno c/Belgique, req. n° 1062/07.
9. CEDH 16 juill. 2009, Baroul Partner-A c/Moldova, req. n° 39815/07.
10. CEDH 2 oct. 2008, Astano c/Bulgarie, req. n° 72001/01.
11. CJUE 24 mars 2009, Danske Slagterier c/Allemagne, aff. C. 445/06, *Europe* mai 2009, n° 5, étude Simon et Rigaux.
12. CJCE 10 juill. 1997, Palmisani, aff. C-261/95, § 27.
13. V. DÉJÀ, CJCE 11 juill. 2002, Marks et Spencer, aff. C-62/00, § 35, *RTD eur.* 2004. 135, chron. Berlin.

Commission n'a pas pour effet d'interrompre ou de suspendre la prescription de l'action en réparation formée par la justiciable contre l'État : elle considère que ceci « *ne rend pas impossible ou excessivement difficile l'exercice, par le justiciable, des droits qu'il tire du droit communautaire* ».

211.42 **Obligation de constituer avocat.** L'obligation de constituer avocat n'est pas une entrave disproportionnée au droit au juge[1].

211.43 **Obligation, à peine d'irrecevabilité de la demande, de constituer une sûreté.** L'obligation, à peine d'irrecevabilité de la demande, de constituer une sûreté, au prorata de la valeur de l'objet de la contestation et des frais prévisibles est conforme au procès équitable[2] (la *cautio judicatum solvi*, imposée à un étranger, pose problème[3]); en revanche, lorsque l'obligation financière est disproportionnée par rapport aux ressources du requérant, l'atteinte au droit au tribunal est réalisée. Ainsi, la Cour européenne des droits de l'homme a estimé que la fixation d'une somme de 12 200 euros par le doyen des juges d'instruction pour la recevabilité de la constitution de partie civile constitue une obligation disproportionnée étant donné l'absence totale de ressources financières du requérant : ceci revient à le priver de son recours devant le juge d'instruction et porte atteinte au droit d'accès à un tribunal au sens de l'article 6, paragraphe 1er (notons, en l'espèce, que l'intéressé avait formé une demande d'aide juridictionnelle restée sans réponse)[4].

211.44 **Obligation d'exécuter la décision frappée de pourvoi en cassation.** L'obligation pour le demandeur d'exécuter la décision frappée de pourvoi en cassation à peine de radiation de l'affaire du rôle, puis de péremption de l'instance à défaut d'exécution dans le délai de deux ans (C. pr. civ., art. 1009-2 et 1009-3), a été jugée conforme au procès équitable (C. pr. civ., art. 1009-1)[5]; la Cour rappelle que le droit à l'exécution d'un jugement fait partie intégrante du procès équitable, et que le dispositif de l'article 1009-1 C. pr. civ. obéit à des buts légitimes (protection du créancier, lutte contre les pourvois dilatoires, contre l'engorgement de la Cour de cassation, renforcement de l'autorité des juges du fond). La Cour européenne l'a rappelé récemment dans la décision d'irrecevabilité *Gray c/France* du 3 septembre 2013[6]. Encore faut-il que le premier président de la Cour de cassation examine suffisamment la situation et qu'il prenne en compte le surendettement des demandeurs au pourvoi[7]; et que la péremption, qui suit la radiation, ne constitue pas une mesure disproportionnée, ce qui est le cas en raison des chances sérieuses de succès du pourvoi en cassation et de la situation matérielle de la requérante[8]. La Cour européenne procède à **une appréciation *in concreto* des sanctions** : si le demandeur au pourvoi n'a pas fait d'effort pour exécuter, fût-ce partiellement, la décision attaquée, s'il n'arrive pas à démontrer qu'il était réellement dans l'impossibilité de s'exécuter, et si le juge a procédé à une analyse motivée des éléments fournis aux débats, l'entrave n'est pas jugée disproportionnée.

Il en va de même pour la radiation prévue en appel. Le décret n° 2005-1678 du 28 décembre 2005 a modifié l'article 526 C. pr. civ. pour prévoir que l'inexécution d'un jugement exécutoire de plein droit (ex. une ordonnance de référé) ou bénéficiant de l'exécution provisoire ordonnée par le juge, peut donner lieu, à la demande de l'intimé, à la radiation de l'instance du rôle[9]. Le premier président peut refuser la radiation si l'appelant est dans l'impossibilité d'exécuter ou si l'exécution serait de nature à entraîner des conséquences manifestement excessives. Cette sanction prive l'appelant de la possibilité d'obtenir un arrêt d'appel, sous réserve de la possibilité de réinscrire l'affaire au rôle de la cour, sur justification de l'exécution de la décision attaquée, et en l'absence de péremption de l'instance.

La Cour européenne, dans l'affaire *Chatellier c/France* du 31 mars 2011[10] a procédé à une appréciation plus rigoureuse de la sanction de la radiation, puis de la péremption de l'instance d'appel. Elle juge au paragraphe 37 que « *la Cour constate que cette mesure de radiation a privé le requérant du double degré de juridiction, c'est-à-dire de la possibilité de faire rejuger son affaire tant en fait qu'en droit. Le requérant a donc été privé de la possibilité de saisir la cour d'appel, et, le cas échéant, la Cour de cassation de son litige ce qui, par la suite, a eu pour conséquence de rendre définitif le jugement de première instance. Compte tenu de la gravité de l'atteinte au droit à un tribunal à ce stade de la procédure, la Cour estime que l'État disposait en l'espèce d'une marge d'appréciation plus restreinte que dans les affaires portant sur l'article 1009-1 C. pr. civ. pour juger de l'opportunité de la mesure de radiaiton* ». Elle condamne la France, eu égard au fait que l'appelant était dans l'impossibilité absolue d'exécuter (les condamnations dépassaient ses revenus dans une proportion de 1 à 240 !), ce dont le magistrat n'avait pas tenu compte. Au contraire, dans l'arrêt *Pompey c/ France* du 10 octobre 2013[11], la Cour juge que l'absence d'effort de paiement de la part des appelants, en dépit de leurs ressources suffisantes, justifie la radiation puis la péremption de l'instance.

211.45 **Exigence d'une capacité d'ester en justice.** L'exigence d'une capacité d'ester en justice n'est pas contraire à l'article 6 § 1 de la Convention (la Commission justifie les interdictions d'accès direct au tribunal faites

1. CEDH 24 nov. 1986, *Gillow c/Royaume-Uni*, req. n° 9063/80, *Série A*, n° 109 – Berger, 12e éd., 2011, n° 193, p. 525 – CEDH 27 févr. 2001, *Adoud et Bosoni c/France*, req. nos 35237/97 et 34595/97, *D.* 2002. Somm. 688, obs. Fricero – Et CEDH 26 avr. 2001, Meftah c/France, req. n° 32911/96 (déf. 26 juill. 2002), *D.* 2002. Somm. 688, obs. Fricero.
2. Comm. EDH, 10 déc. 1975, n° 6958/75, DR, vol. 3, p. 155.
3. Comm. EDH, 28 févr. 1979, n° 7973/77, DR, vol. 17, p. 74.
4. CEDH 28 oct. 1998, Aït-Mouhoub c/France, req. n° 22924/93, *D.* 1999. Somm. 268, obs. Renucci.
5. CEDH 9 janv. 1995, M. c/France, req. n° 20-373/92.
6. CEDH 3 sept. 2013, *Gray c/France*, req. n° 27338/11.
7. CEDH 14 nov. 2000, Annoni Di Gussola c/France, req. nos 31819/96 et 33293/96, *D.* 2001. Somm. 1062, obs. Fricero.
8. CEDH 25 sept. 2003, Bayle c/France, req. n° 45840/99 (déf. 25 déc. 2003), *D.* 2004. Somm. 988, obs. Fricero.
9. Décr. n° 2005-1678, 28 déc. 2005, relatif à la procédure civile, à certaines procédures d'exécution et à la procédure de changement de nom, *JO* 29 déc.
10. CEDH 31 mars 2011, Chatellier c/France, req. n° 34658/07.
11. CEDH 10 oct. 2013, *Pompey c/France*, req. n° 37640/11.

aux mineurs et aux déséquilibrés mentaux[1]); dans le même ordre d'idées, l'obligation pour une association de la loi de 1901 de respecter les dispositions de l'article 5 (déclaration préalable à la préfecture) pour obtenir la capacité juridique et donc, la capacité d'ester en justice, est également conforme à l'article 6 § 1 de la Convention (not. pour l'irrecevabilité d'une constitution de partie civile devant une juridiction pénale[2]).

211.46 Amende pour recours abusif. La possibilité pour le juge de condamner à une amende pour recours abusif est justifiée[3] (dans une affaire, le requérant « *précise en outre que la Cour de cassation a de plus en plus tendance à infliger de manière quasi systématique des amendes civiles pour tenter de limiter ainsi le recours* [...] »[4]; dans une autre affaire la loi limitait l'action à la mauvaise foi et à la négligence des autorités pour éviter les actions abusives et répétées)[5].

211.47 Obligation de produire une copie de la décision attaquée. L'obligation de produire une copie de la décision attaquée à peine d'irrecevabilité du pourvoi en cassation ne constitue pas une entrave substantielle (C. pr. civ., art. 979 – la Cour européenne des droits de l'homme, après avoir relevé que la jurisprudence en cause était accessible et prévisible pour un avocat au Conseil d'État et à la Cour de cassation, estime que le formalisme de la procédure suivie devant la Cour de cassation, vu la spécificité du rôle de cette juridiction, n'a pas fait subir d'entrave substantielle au droit d'accès à un tribunal[6]). Mais toutes les limites à l'accès du requérant à la Cour de cassation ne sont pas admises : la Cour européenne a décidé que l'obligation pour le demandeur de se constituer prisonnier en exécution de la décision pénale, objet du pourvoi, à peine d'irrecevabilité du recours, n'est pas conforme à l'article 6 § 1[7] : la législation française comporte une atteinte à la substance même du droit au recours, en imposant au demandeur une charge disproportionnée, rompant le juste équilibre qui doit exister entre l'exécution des décisions de justice, le droit d'accès au juge de cassation et l'exercice des droits de la défense[8] (même sanction en droit belge[9]).

1. CEDH 1er juin 1973, Golder c/Royaume-Uni, req. n° 4451/70, Rapp. Comm. EDH, *Série B*, n° 16.
2. Crim. 16 nov. 1999, n° 98-84.800, *Bull. crim.* n° 259; *D.* 2000. IR 22.
3. CEDH 2 juill. 1991, req. n° 13-487/88, Rio c/France – Comm. EDH, 16 mai 1997, n° 7674/76, *Digest.* vol. II, p. 329.
4. Comm. EDH, 14 juill. 1987, n° 10-412/83, P. c/France, DR 52.
5. V. AUSSI, CEDH 28 mai 1985, Ashingdane c/Royaume-Uni, req. n° 8225/78, *Série A*, n° 93; v. s[s] n° 211.40.
6. CEDH 23 oct. 1996, Levages Prestations Services c/France, req. n° 21920/93, *D.* 1997. Somm. 209, obs. Fricero.
7. CEDH 29 juill. 1998, Omar c/France, req. n° 24767/94, *D.* 1998. Somm. 364, obs. Renucci.
8. Solution reprise dans CEDH 13 févr. 2001, Krombach c/ France, req. n° 29731/96 – Et CEDH 16 mai 2002, Goth c/ France, req. n° 53613/99.
9. CEDH 20 mars 2001, Goedhart c/Belgique, req. n° 34989/97 – Et CEDH 20 mars 2001, Stroek c/Belgique, req. n° 36449/97.

211.48 Taux du ressort. La possibilité pour le législateur de fixer des taux du ressort pour limiter l'accès à la Cour de cassation, même si une modification législative intervient après l'arrêt d'appel et prive le plaideur du pourvoi en cassation, doit être admise[10].

211.49 Nouvelles technologies et procès équitable. Dans l'arrêt *Lawer Partners A.S. c/Slovaquie* du 16 juin 2009[11], la Cour européenne des droits de l'homme décide que, lorsque le Code de procédure civile prévoit la possibilité de saisir un juge par la voie électronique, si une société se voit refuser l'enregistrement de plus de 70 000 demandes qu'elle forme sur un DVD, il y a entrave à l'accès au tribunal. L'État a donc l'obligation positive d'équiper les juridictions de telle sorte que le recours aux TIC soit possible. Le recours aux nouvelles technologies contribue à l'amélioration de la qualité de la justice, à condition qu'il ne heurte pas les exigences du procès équitable (sécurité juridique, confidentialité, accès effectif du citoyen au juge...).

211.50 Conclusion. La Cour européenne des droits de l'homme veille à ce que les limitations à l'accès au juge ne constituent pas de véritables obstacles juridiques à l'exercice de l'action (un arrêt de la cour d'appel de Paris décide également que le délai du recours d'une partie contre la décision judiciaire, qui affecte directement ses droits et ses obligations et qui a été rendue à son insu, ne peut courir tant que la décision n'a pas été régulièrement portée à sa connaissance, sous peine de la priver du droit à un procès équitable issu de l'art. 6 § 1[12]). Elle effectue un **contrôle de proportionnalité**, dont le principe a été posé dans l'arrêt *Ashingdane c/Royaume-Uni :* les limitations ne sont conformes aux dispositions de l'article 6 § 1 que « *si elles poursuivent un but légitime* »[13] et s'il « *existe un rapport raisonnable de proportionnalité entre les moyens employés et le but visé* » (ainsi, lorsque le recours exercé s'est traduit par une irrecevabilité due au non-respect de règles de forme et de délais, et que cette irrecevabilité a conduit à la prescription du droit prononcée tardivement, il y a atteinte à la substance même du droit à un tribunal[14]).

Ainsi, l'absence de procédure judiciaire, permettant de contester les résultats du rapport d'enquête sur les sociétés faisant appel public à l'épargne, est conforme à l'article 6 § 1, dans la mesure où cette situation est justifiée par la nécessité de laisser la liberté d'enquête aux inspecteurs, et où le déroulement de l'enquête est entouré de garanties[15]; de même, la mesure qui soumet le recours en appel du requérant au versement préalable d'une importante cau-

10. CEDH 19 déc. 1997, Brualla Gomez de la Torre c/Espagne, req. n° 26737/95, *D.* 1998. Somm. 210, obs. Fricero.
11. CEDH 16 juin 2009, A.S. c/Slovaquie, req. n° 54242/07.
12. V. AUSSI, Paris, 19 mai 1995, RG n° 93/27149, *D.* 1996. Somm. 87, obs. Honorat.
13. CEDH 28 mai 1985, Ashingdane c/Royaume-Uni, req. n° 8225/78, *Série A*, n° 83.
14. CEDH 6 déc. 2001, Yagtzilar a. c/Grèce, req. n° 41727/98.
15. CEDH 21 sept. 1994, Fayed c/Royaume-Uni, req. n° 17101/90, *Série A*, n° 294-B; *RUDH* 1995. 107, chron. Sudre.

tion sous quatorze jours, n'atteint pas dans sa substance même son droit d'accès à un tribunal[1]. Si une décision est signifiée « *à domicile inconnu* » de manière abusive, ce dysfonctionnement n'ayant pas permis l'information de la requérante sur l'existence de la procédure et ayant conduit à sa condamnation, il y a entrave à l'accès au juge[2].

En revanche, dès lors que l'entrave est disproportionnée, l'État fait l'objet d'une **déclaration de violation**. Dans l'arrêt *Ravon et a. c/France* du 21 février 2008[3], la Cour européenne admet que les visites domiciliaires et les saisies opérées par l'administration fiscale entrent dans le champ de l'article 6 § 1 (le siège social d'une personne morale constitue un domicile au sens de l'article 8, et une ingérence dans le domicile n'est conforme à la Convention européenne que si elle est entourée de garanties, notamment par un recours juridictionnel effectif et conforme à l'article 6 § 1[4]). Comme, en l'espèce, le droit positif applicable prévoyait seulement un pourvoi en cassation pour contester l'autorisation des mesures en cause, la Cour juge que ce recours ne constitue pas une garantie suffisante, parce qu'il ne permet pas un contrôle juridictionnel en fait et en droit (un appel est maintenant ouvert).

La Cour de cassation a décidé que la Conv. EDH « *n'interdit pas aux législations nationales d'imposer* [...] *une forme de représentation* » et que, en conséquence, l'obligation pour une partie de constituer avocat aux conseils à peine d'irrecevabilité du pourvoi (C. pr. civ., art. 975, 3°, et 983) ne peut être considérée comme contraire au droit d'accès à un procès équitable[5].

La protection de la compétence d'attribution de certaines juridictions peut également légitimer des dérogations au droit de saisir un tribunal : ainsi, pour le Tribunal des conflits, l'article 6 § 1 de la Convention européenne des droits de l'homme n'a pas pour objet de limiter les conditions dans lesquelles le préfet use de la prérogative qu'ouvre à l'État l'ordonnance du 1er juin 1948 pour dessaisir la juridiction civile devant laquelle l'action a été engagée, lorsque celle-ci ressortit de la compétence de la juridiction administrative[6]. Au contraire, lorsque l'internement d'un aliéné entraîne de plein droit la perte de son droit d'administrer son patrimoine, et que cette décision n'est assortie d'aucune procédure judiciaire, cette privation du droit à un tribunal constitue une violation de l'article 6 § 1[7].

La question de l'accès au juge se pose également lorsque les dispositions législatives imposent au justiciable l'obligation préalable de recourir à un arbitrage. Ainsi, l'article L. 7112-4 du Code du travail prévoit qu'une commission arbitrale est obligatoirement saisie pour déterminer l'indemnité due en cas de congédiement d'un journaliste par l'employeur, si la durée des services excède quinze années. La cour d'appel de Paris a estimé que cette obligation n'est pas incompatible avec les exigences de l'article 6 § 1, dès lors que les parties y trouvent les garanties d'un procès équitable[8]; elle ajoute que l'exclusion de l'appel contre les décisions de la Commission ne contredit pas l'article 6 § 1, dès lors que le contrôle de l'annulation prévu par l'ancien article 1484 C. pr. civ. (C. pr. civ., art. 1491 s., depuis Décr. n° 2011-48, 1er janv. 2011) est suffisant et effectif. L'article L. 7112-5 du Code du travail rend ce dispositif applicable en cas de rupture du contrat de travail à l'initiative du journaliste, dans les hypothèses qu'il énumère.

Dans un arrêt du 18 mars 2010, la Cour de justice de l'Union européenne a dit pour droit[9], à propos d'une législation nationale qui conditionnait la recevabilité des actions en justice à une tentative préalable de conciliation extrajudiciaire, que les principes d'équivalence et d'effectivité ainsi que le principe de protection juridictionnelle effective ne s'opposent pas à cette obligation, à condition toutefois qu'elle n'entrave pas de manière substantielle l'accès au juge (notamment, par des retards et des frais conséquents), qu'elle assure la conservation des droits des parties (par exemple, en suspendant la prescription et en autorisant la prise de mesures provisoires en cas d'urgence).

211.51 Droit d'accès au tribunal et droit à l'exercice d'une voie de recours (à un contrôle juridictionnel). La possibilité d'exercer une voie de recours contre une décision juridictionnelle constitue une garantie évidente de bonne justice[10] : elle permet de sanctionner des irrégularités dans la procédure d'élaboration du jugement ou de réformer une solution sur le fond, résultant d'une mauvaise application de la loi ou d'une appréciation erronée des faits... Pourtant, l'article 6 § 1 de la Convention européenne des droits de l'homme est muet sur ce point.

La Cour européenne des droits de l'homme précise qu'il n'incombe pas aux États, par application de ce texte, de créer des cours d'appel ou de cassation[11] : le double degré de juridiction n'est pas un droit garanti par la Convention européenne en matière civile (il est garanti pour les personnes coupables d'infraction pénale : Protocole additionnel, n° 7, art. 2-1), et le pourvoi en cassation n'est pas une

1. CEDH 13 juill. 1995, Tolstoy Milslavsky c/Royaume-Uni, req. n° 18139/91, *Série A*, n° 316-B; *RUDH* 1996. 11 et 13, obs. Sudre.
2. CEDH 14 janv. 2010, Popovitsi c/Grèce, req. n° 53451/07.
3. CEDH 21 févr. 2008, Ravon et a. c/France, req. n° 18497/03, *Procédures* 2008. Comm. 108, Fricero.
4. CEDH 16 avr. 2002, Sté Colas Est et a. c/France, req. n° 37971/97.
5. Civ. 1re, 21 janv. 1992, n° 89-21.709, *Bull. civ.* I, n° 17; *D.* 1992. 498, note Massip.
6. T. confl. 15 janv. 1990, req. n° 02607, *D.* 1990. IR 58.
7. CEDH 24 oct. 1979, WinterWerp c/Pays-Bas, req. n° 6301/73, *Série A*, n° 33 – Berger, 12e éd., 2011, n° 54, p. 172.
8. Paris, 13 janv. 2000, *D.* 2000. IR 51.
9. CJUE 18 mars 2010, aff. C-317/08, *RTD eur.* 2010. 599, chron. Coutron; *D.* 2011. Pan. 268, obs. Fricero.
10. « Justice et double degré de juridiction », *Justices* 1996.
11. CEDH 17 janv. 1970, Delcourt c/Belgique, req. n° 2689/65, *Série A*, n° 11 – CEDH 22 févr. 1984, Sutter c/Suisse, req. n° 8209/78, *Série A*, n° 74 – CEDH 31 mars 2011, Chatellier c/France, req. n° 34658/07, *RTD civ.* 2011. 313, obs. Marguénaud; *Procédures* 2011. Comm. 171, Fricero – CEDH 3 sept. 2013, Gray c/France, req. n° 27338/11.

prérogative inhérente à l'article 6 § 1. On peut supposer que des raisons pragmatiques motivent cette position : l'instauration de voies de recours conformes au procès équitable aurait pour les États un coût auquel ils ne pourraient sans doute pas faire face !

La jurisprudence européenne pourrait évoluer. Le refus persistant d'intégrer le droit à l'exercice d'une voie de recours contre les décisions peut s'expliquer par des considérations pragmatiques. Les États ne sauraient être tenus d'offrir aux justiciables le système juridictionnel le plus performant, compte tenu des moyens matériels nécessairement limités dont ils disposent[1]. L'organisation de la justice doit concilier les attentes légitimes des citoyens et les ressources de l'État avec les exigences du procès équitable communes à tous les systèmes juridiques démocratiques. La Cour pose des standards exigeants pour le droit au juge de première instance, mais relativise les obligations de l'État quant à l'organisation de juridictions de recours. L'intégration du droit à l'exercice d'un recours constitue néanmoins un élément essentiel d'amélioration du système. Elle pourrait trouver un fondement dans le texte même de l'article 6 § 1, par référence à une interprétation avant-gardiste de l'équité du procès. En effet, la Cour européenne a donné à cette exigence un contenu extensif, qui englobe l'égalité des armes, la contradiction et, généralement, les droits de la défense (dans un arrêt *X. c/ France* du 29 juillet 1998, la Cour se réfère au droit d'accès au juge et à l'exercice des droits de la défense à propos du pourvoi en cassation[2]). Une telle intégration coïnciderait avec la conception interne des droits de la défense, qui, selon la doctrine, englobent également le droit de critiquer les décisions de justice[3]. Elle serait la traduction de la recommandation R(95)5 du 7 février 1995, adoptée par le Comité des ministres du Conseil de l'Europe, sur l'instauration de systèmes et de procédures de recours en matières civile et commerciale et sur l'amélioration de leur fonctionnement (éd. du Conseil de l'Europe, 1995). Cette recommandation prévoit la consécration du « *droit à un contrôle juridictionnel* » de toute décision rendue par un premier tribunal (droit qui n'existe dans la Convention européenne qu'en matière pénale, Conv. EDH, art. 5, § 4) en matière civile. Les exceptions devront être fondées sur la loi et être conformes aux principes généraux du droit, ce qui interdit, notamment, d'exclure toute voie de recours en présence d'un excès de pouvoir du juge, d'un déni de justice, de violations manifestes de règles fondamentales de fond ou de procédure, ou d'erreurs manifestes du juge. Le contrôle juridictionnel devrait contenir un second degré de juridiction, permettant une nouvelle appréciation de l'affaire en fait et en droit et un recours devant un troisième tribunal qui statuerait en droit pour exercer un contrôle de la conformité des jugements aux règles de droit, et contribuerait au développement du droit et à l'uniformisation de l'interprétation de la loi. Certes, le dispositif français a déjà devancé la mise en œuvre du droit à l'exercice d'une voie de recours juridictionnelle : néanmoins, si ce droit était intégré dans le procès équitable, il faudrait alors vérifier la conformité du système aux exigences européennes et, notamment, contrôler l'absence d'atteintes substantielles à l'exercice effectif des voies de recours, telles que l'appel ou la cassation (on peut songer aux conditions de plus en plus nombreuses de recevabilité du pourvoi en cassation, aux diverses sanctions d'irrecevabilité et de caducité de l'appel pour défaut de respect des diligences).

Mais la Cour rappelle souvent que la Convention n'oblige pas les États à instituer des cours d'appel ou de cassation, mais que « *toutefois, si de telles juridictions sont instituées, la procédure qui s'y déroule doit présenter les garanties prévues à l'article 6, notamment en ce qu'il assure aux plaideurs un droit effectif d'accès aux tribunaux pour les décisions relatives à leurs droits et obligations de caractère civil* »[4]. Comme la plupart des États ouvrent des voies de recours, celles-ci tombent dans le champ de l'article 6 § 1, et la Cour européenne contrôle que les entraves ne constituent pas des obstacles substantiels à l'exercice de ces voies de recours. Néanmoins, l'appréciation des obligations positives de l'État s'effectue alors avec plus de souplesse qu'en ce qui concerne l'accès au tribunal[5]. La spécificité des voies de recours, le fait que l'affaire a déjà fait l'objet d'un examen en fait et en droit, la nécessité de permettre l'exécution des décisions dans un délai raisonnable, autorisent les États à poser des restrictions plus nombreuses, tenant à la recevabilité des recours, au formalisme procédural, aux délais d'exercice, à l'exécution de la décision attaquée, à l'obligation de constituer avocat, *etc.* Néanmoins, ces restrictions sont soumises au **contrôle de proportionnalité** exercé par la Cour européenne : elles ne doivent pas générer des entraves substantielles au

1. G. Canivet, « Économie de la justice et procès équitable », *JCP* 2001. I. 361.
2. CEDH 29 juill. 1998, req. n° 24767/94, X. c/France, *D.* 1998. Somm. 364, obs. Renucci.
3. H. Motulsky, « Le droit naturel dans la pratique jurisprudentielle : le respect des droits de la défense en procédure civile », *Écrits. Études et notes de procédure civile*, « Bibliothèque Dalloz », Dalloz, 2009, p. 60 s. – G. Bolard, « Les juges et les droits de la défense », *Mél. Bellet*, Litec, 1991, p. 49; « Les principes directeurs du procès civil : le droit positif depuis Motulsky », *JCP* 1993. I. 3693 – G. Wiederkehr, « Droits de la défense et procédure civile », *D.* 1989. Chron. 36.
4. CEDH 31 mars 2011, Chatellier c/France, req. n° 34658/07, § 35, *RTD civ.* 2011. 313, obs. Marguénaud – CEDH 23 oct. 1996, Levages Prestations Services c/France, req. n° 21920/93, *Rec. CEDH*-V; *D.* 1997. 209, obs. Fricero.
5. *Rapport Magendie (célérité et qualité de la justice devant la cour d'appel)*, Doc. fr., sept. 2008.

droit, sous peine d'entraîner la condamnation de l'État. C'est déjà le cas à propos de l'accès aux voies de recours organisées par le droit national : par exemple, lorsque le requérant a reçu la citation à comparaître à l'audience devant la juridiction d'appel... un jour après qu'elle se soit déroulée, et que les juges n'ont pas vérifié la réalité de la convocation du plaideur, et n'ont pas posé la question du renvoi à une autre audience, la Cour constate la violation du procès équitable[1].

Avec l'arrêt *Chatellier c/France* du 31 mars 2011, la jurisprudence de la Cour semble nuancer son appréciation en fonction de la **nature de la voie de recours critiquée** : les restrictions à l'accès au juge d'appel doivent être examinées avec plus de rigueur que les entraves à l'accès à la cassation. En effet, la CEDH note, au paragraphe 37 de l'arrêt, qu'en ayant été privé de son appel, le requérant a été privé de la possibilité de saisir la cour d'appel et, le cas échéant, la Cour de cassation de son litige, ce qui par la suite, a eu pour conséquence de rendre définitif le jugement de première instance. La CEDH ajoute que l'État « *disposait en l'espèce d'une marge d'appréciation plus restreinte que dans les affaires portant sur l'article 1009-1 du Code de procédure civile pour juger de l'opportunité de la radiation* » (§ 37).

SECTION 2
Droit à l'indépendance et à l'impartialité du tribunal

211.60 Garanties de bonne justice inhérentes au juge. L'article 6 § 1 de la Convention européenne des droits de l'homme comme l'article 14 du Pacte des droits civils et politiques disposent que le tribunal n'est apte à trancher les contestations que dans la mesure où il est indépendant et impartial. L'indépendance du juge se détermine par rapport aux autres pouvoirs, législatif et exécutif (§ 1), alors que l'impartialité interdit au juge tout parti pris, tout préjugé à l'égard de l'une des parties (§ 2). La mise en œuvre de ces deux caractères essentiels montre que la distinction n'est pas toujours aussi nettement affirmée.

§ 1
Caractéristique d'indépendance du tribunal

211.70 Aspects de la notion d'indépendance. L'interprétation donnée à l'article 6 § 1 de la Convention européenne des droits de l'homme par la CEDH permet de conclure à l'existence de deux aspects distincts de l'indépendance du tribunal : un aspect **organique**, puisque les juges doivent bénéficier d'un statut légal organisant leur indépendance, et un aspect **fonctionnel**, puisque les règles nationales doivent assurer la protection des pouvoirs juridictionnels du tribunal. Seuls ces aspects seront envisagés[2]. Ces caractéristiques ne concernent que les **juges du siège**, qui « *décident* » sur une contestation portant sur un droit ou une obligation de nature civile, ou sur le bien-fondé d'une accusation en matière pénale. Elles n'intéressent pas directement les magistrats du parquet, que la Cour européenne ne considère pas comme des « *autorités judiciaires* » indépendantes au sens de l'article 5 de la Convention européenne[3].

A.
Indépendance organique

211.71 Obligation d'instaurer un statut d'indépendance. Le tribunal qui décide des contestations doit être établi par la loi : celle-ci doit organiser un statut d'indépendance des juges qui composent la juridiction. Sans doute, la Convention européenne des droits de l'homme ne précise pas le régime exact de ce statut, qui relève de la compétence des États signataires, mais elle opère un contrôle[4] en se référant à plusieurs critères, qui lui paraissent essentiels pour garantir l'absence de subordination aux divers pouvoirs. La Cour de cassation fait également application de l'exigence d'indépendance en s'attachant à la composition de la juridiction[5] : la loi n° 2002-73 du 17 janvier 2002[6] a modifié la composition de la Cour nationale de l'incapacité et de la tarification de l'assurance des accidents du travail, pour ôter les médecins et fonctionnaires qui la composaient.

211.72 Critères de l'indépendance. La Cour européenne des droits de l'homme se réfère au mode de désignation des juges. Dans l'affaire *Campbell et Fell*, elle précise que « *pour déterminer si un organe peut passer pour indépendant, notamment à l'égard de l'exé-*

1. CEDH 20 oct. 2005, Groshev c/Russie, req. n° 69889/01.

2. Pour l'étude des règles françaises relatives à l'indépendance des juges, v. S. Guinchard, G. Montagnier, A. Varinard et T. Debard, *Institutions juridictionnelles*, 10e éd., « Précis », Dalloz, 2009, nos 89 s. – C. Atias, « Pouvoir et autorité judiciaires », *D.* 1992. Chron. 180 ; « Justice et pouvoirs », *Justices* 1996, n° 3 – *Rapp. Commission de réflexion sur la justice*, présidée par P. Truche, Doc. fr., juill. 1997, spéct 17 s., « Les relations entre les pouvoirs et la justice ».
3. CEDH 23 nov. 2010, France Moulin c/France, req. n° 37104/06, *D.* 2011. 277, obs. Renucci et les réf. citées.
4. CEDH 28 juin 1984, Campbell et Fell c/Royaume-Uni, req. nos 7819/77 et 7878/77, *Série A*, n° 80 – Berger, 12e éd., 2011, n° 81, p. 254.
5. Cass., ass. plén., 22 déc. 2000, nos 99-11.303, 98-21.238, 98-19.376, 99-11.615 et 98-15.567, *Bull. ass. plén.*, n° 12 ; *D.* 2001. 1652, note Saint-Jours ; *D.* 2001. 2454, obs. Prétot ; *JCP* 2001. I. 311, n° 3, obs. Cadiet.
6. L. n° 2002-73, 17 janv. 2002, de modernisation sociale, *JO* 18 janv., p. 1008 ; *JCP* 2002. Actu. 805, obs. Tacquet.

cutif et des parties, la Cour a égard au mode de désignation »[1]. Ce critère a été repris à de nombreuses reprises[2] : il faut que le mode de désignation des membres du tribunal ne soit pas laissé à la discrétion du pouvoir exécutif. Cependant, le fait que les membres d'un organe juridictionnel soient nommés par l'administration ne suffit pas pour jeter un doute sur son indépendance et son impartialité : la Cour européenne des droits de l'homme vérifie qu'en l'espèce, le justiciable pouvait légitimement éprouver des doutes quant à l'indépendance structurelle du tribunal[3].

Les conditions statutaires dans lesquelles le juge exerce son mandat constituent des critères de référence. Ainsi, la **durée du mandat** est un élément essentiel : sans doute, la brièveté du mandat n'est pas, *a priori*, de nature à jeter un doute sur l'indépendance du juge[4], mais il est alors nécessaire que d'autres garanties d'indépendance soient prévues. **L'inamovibilité** peut corriger les incidences négatives d'un mandat de brève durée (not. le mandat des membres de la Commission de réforme agraire qui était de cinq ans, mais qui était assorti d'une quasi-inamovibilité des membres pendant cette période[5]; ou le mandat qui était de trois ans renouvelable pour les membres de l'Autorité régionale, mais où les possibilités de révocation étaient limitées[6]). Le droit français reprend cette exigence d'indépendance des juges : ainsi, le membre d'une juridiction qui est un fonctionnaire soumis à l'autorité hiérarchique d'une des parties au litige n'est pas considéré comme indépendant[7].

B.
Indépendance fonctionnelle

211.81 Libre exercice de la fonction de juger. Dans la mesure où la notion même de tribunal est liée au pouvoir de trancher, sur le fondement de règles de droit et à l'issue d'une procédure organisée, toute question relevant de sa compétence (il faut noter à cet égard que l'article 14 du Pacte des droits civils et politiques instaure le droit à un tribunal « *compétent* », indépendant et impartial, terme que l'art. 6 § 1 de la Conv. EDH ne comporte pas), il est nécessaire que ni le pouvoir exécutif (si un tribunal est composé de fonctionnaires, cette circonstance n'est pas, en soi, contraire à l'indépendance du tribunal, dans la mesure où le statut légal des juges interdit aux autorités publiques de leur adresser des instructions relatives à leurs activités juridictionnelles, les liens hiérarchiques existant entre les divers fonctionnaires ne méconnaissant pas les exigences de l'article 6 § 1[8]), ni le pouvoir législatif (telle l'annulation par un acte législatif, d'une sentence arbitrale constatant l'existence d'une dette de l'État)[9] n'aient la possibilité de s'immiscer dans la fonction juridictionnelle. La Cour européenne des droits de l'homme sanctionne certaines pratiques législatives qui ont pour conséquence d'exercer une influence directe sur la prise de décision par le juge. Il en est ainsi des lois rétroactives, qui interviennent en cours d'instance pour modifier l'issue du procès :

La Cour a condamné la France pour non-respect du procès équitable, en raison d'une loi adoptée en matière sociale (L. n° 94-43, 18 janv. 1994[10]), dont la rétroactivité a permis d'éviter à l'État un risque financier important (le gouvernement avançait la somme de 53,36 millions d'euros de pertes pour les organismes de Sécurité sociale concernés en cas de succès généralisé des recours formés par les bénéficiaires de l'indemnité) en modifiant la solution au fond des litiges, au profit de l'État, et en rendant vaines les continuations des poursuites contre les organismes de Sécurité sociale en raison de la rétroactivité de la loi nouvelle[11]. La Cour européenne des droits de l'homme réaffirme que, si le législateur n'est pas empêché de réglementer en matière civile par des dispositions à portée rétroactive (la cour d'appel de Paris avait admis que la loi du 15 mai 2001[12] qui rétablit rétroactivement la compétence du tribunal de commerce au COJ, anc. art. L. 411-4 s., ne viole pas l'article 6 § 1 puisqu'elle ne fait que réparer une erreur du législateur qui avait lors de la codification, oublié de reprendre la compétence de ce tribunal[13]) le principe de

1. CEDH 28 juin 1984, Campbell et Fell c/Royaume-Uni, req. n°s 7819/77 et 7878/77, *Série A*, n° 80 – BERGER, 12e éd., 2011, n° 81, p. 254; v. s^s^ n° 211.71.
2. CEDH 22 oct. 1984, Sramek c/Autriche, req. n° 8790/79, *Série A*, n° 84 – BERGER, 12e éd., 2011, n° 75, p. 239 – CEDH 12 déc. 1983, Bramelid et Malmström c/Suède, req. n°s 8588/79 et 8589/79, rapp. Commission.
3. CEDH 29 avr. 1988, Belilos c/Suisse, req. n° 10328/83, *Série A*, n° 132 – BERGER, 12e éd., 2011, n° 72, p. 227.
4. CEDH 28 juin 1984, Campbell et Fell c/Royaume-Uni, req. n°s 7819/77 et 7878/77, *Série A*, n° 80 – BERGER, 12e éd., 2011, n° 81, p. 254; v. s^s^ n° 211.71.
5. CEDH 23 avr. 1987, Ettl c/Autriche, req. n° 9273/81, *Série A*, n° 117.
6. CEDH 22 oct. 1984, Sramek c/Autriche, req. n° 8790/79 préc. s^s^ prés^t^ n°.
7. Cons. const. 25 mars 2011, n° 2010-110 QPC, composition de la commission départementale d'aide sociale, *JO* 26 mars, p. 5406 – Cass., ass. plén., 22 déc. 2000, n° 98-19.376, Cour nationale de l'incapacité et de la tarification des accidents du travail, *Bull. ass. plén.*, n° 12 – CE, ass., 3 déc. 2003, Lazennec, req. n° 246134.
8. CEDH 23 avr. 1987, Ettl. c/Autriche, req. n° 9273/81, *Série A*, n° 117 – BERGER, 2009, n° 61, p. 190; v. s^s^ n° 211.72.
9. CEDH 9 déc. 1994, Raffineries grecques Stran et Stratis Andréadis c/Grèce, req. n° 13427/87, *Série A*, n° 301-B; *Gaz. Pal.* 1995. 2. 540, note Vorms.
10. L. n° 94-43, 18 janv. 1994, relative à la santé publique et à la protection sociale, *JO* 19 janv., p. 960.
11. CEDH 28 oct. 1999, Zielinski et Pradal, Gonzalez a. c/France, req. n°s 24846/94, 34173/96 à 34173/96, *D.* 2000. Somm. 184, obs. Fricero; *Procédures* déc. 2000, n° 94, obs. Fricero.
12. L. n° 2001-420, 15 mai 2001, relative aux nouvelles régulations économiques, *JO* 16 mai, p. 7776.
13. Paris, 17 oct. 2001, RG n° 2000/21085, *Dr. et proc.* 2002, n° 2, p. 102, obs. Desdevises.

la prééminence du droit et la notion de procès équitable consacrés par l'article 6 s'opposent à l'ingérence du pouvoir législatif dans l'administration de la justice dans le but d'influer sur le dénouement judiciaire du litige, sauf pour d'impérieux motifs d'intérêt général non constitués en l'espèce. Elle précise également que la décision du Conseil constitutionnel français déclarant la conformité de la loi à la Constitution ne suffit pas à établir la conformité de la loi à la Convention européenne et déclare la violation de l'article 6 § 1.

La cour d'appel de Limoges a repris cette argumentation à propos d'une validation législative rétroactive d'un arrêté annulé par le Conseil d'État pour excès de pouvoir et a considéré que le fait que le Conseil constitutionnel ait déclaré ce texte conforme à la Constitution est indifférent et n'empêche pas l'atteinte au droit à un procès équitable, en privant de base juridique toute action en justice régulièrement engagée sur le fondement de cette annulation avant l'entrée en vigueur de la loi[1]. Il faut noter qu'afin de préciser la hiérarchie des normes, l'assemblée plénière de la Cour de cassation a décidé que la suprématie conférée aux engagements internationaux ne s'appliquant pas dans l'ordre interne aux dispositions de valeur constitutionnelle, le moyen tiré de ce que les dispositions de l'article 188 de la loi organique du 19 mars 1999[2] seraient contraires au Pacte international relatif aux droits civils et politiques et à la Convention européenne doit être écarté[3].

La Cour européenne s'est prononcée sur les conséquences de la rétroactivité d'une loi concernant des dispositions du Code de la consommation relatives aux offres de prêt[4] (L. n° 96-314, 12 avr. 1996). Les requérants fondaient leur grief sur l'article 6 § 1 et l'ingérence du pouvoir législatif dans l'administration de la justice, alors même que la loi n'avait pas pour objectif direct de favoriser les intérêts de l'État qui n'était pas partie à la procédure. Néanmoins, « *la Cour estime que sa jurisprudence va au-delà des litiges dans lesquels l'État est partie* » (§ 29). Elle estime que « *le problème posé en l'espèce relève fondamentalement du procès équitable et, de l'avis de la Cour, la responsabilité de l'État est encourue tant en sa qualité de législateur, s'il fausse le procès ou influe sur le dénouement judiciaire du litige, qu'en sa qualité d'autorité judiciaire, du fait des atteintes au procès équitable et ce, y compris dans le cadre des litiges opposant des intérêts de caractère privé* » (§ 30). La Cour condamne la France pour violation de l'égalité des armes entre les deux parties privées l'État ayant donné raison à l'une d'elles en faisant adopter la loi litigieuse (§ 34), non justifiée par d'impérieux motifs d'intérêt général. Il s'agit là d'un nouveau fondement pour sanctionner les lois rétroactives qui permet une extension du domaine du procès équitable (la rétroactivité est le plus souvent sanctionnée sous l'angle de l'article 1er du Protocole n° 1, parce qu'elle réalise une atteinte aux biens ou à une espérance légitime de créance[5]).

La Cour considère d'une façon générale que le libre exercice de la fonction juridictionnelle est inhérent à la notion même de tribunal, ce que confirment les termes « *qui décidera* », contenus dans l'article 6 § 1 : cette exigence conduit à interdire que le pouvoir de rendre une décision soit remis en cause par une autorité non juridictionnelle au détriment d'une partie (comme le pouvoir exécutif[6]). De même, le fait pour une juridiction de s'en remettre à une autorité relevant du pouvoir exécutif pour résoudre un problème juridique, alors que la décision de l'autorité ministérielle, décisive pour l'issue du contentieux juridictionnel, ne se prête à aucun recours de la part des intéressés, démontre que la cause n'a pas été entendue par un « *tribunal* » au sens de l'article 6 § 1, jouissant de la plénitude de juridiction et indépendant à l'égard de l'exécutif (le Conseil d'État avait, dans une espèce, renvoyé la question de l'interprétation d'un Protocole d'accord franco-marocain au ministre des Affaires étrangères, et avait débouté les requérants en « *s'estimant lié par la décision ministérielle* »[7]).

Certains auteurs sont plus extensifs, et considèrent que le respect de l'article 6 § 1 de la Convention européenne des droits de l'homme suppose la protection de la fonction juridictionnelle contre l'influence de pouvoirs de fait (groupes de pression politiques, économiques ou sociaux, médias)[8], contre le pouvoir des experts[9].

211.82 Indépendance du tribunal dans le cadre de l'article 14 du Pacte des droits civils et politiques. Le Comité des droits de l'homme considère également que l'indépendance du tribunal est un élément essentiel de garantie d'une bonne justice, et qu'il repose sur une séparation des pouvoirs : dans une décision *Angel N. Olo Bahamonde c/Guinée Équatoriale*, le Comité a considéré qu'une situation dans laquelle les fonctions et les attributions du pouvoir judiciaire et du pouvoir exécutif ne peuvent être clairement distinguées, ou dans lesquelles le second est en

1. Limoges, 13 mars 2000, RG n° 98/748, *D.* 2000. IR 127.
2. L. org. n° 99-209, 19 mars 1999, relative à la Nouvelle-Calédonie, *JO* 21 mars, p. 4197.
3. Cass., ass. plén., 2 juin 2000, n° 99-60.274, *Bull. ass. plén.*, n° 4; *D.* 2000. 865, note Mathieu et Verpeaux; *D.* 2001. 1636, chron. Beignier et Mouton; *RTD civ.* 2000. 672, obs. Libchaber; *JCP* 2000. Actu. 1109.
4. CEDH 11 avr. 2006, Cabourdin c/France, req. n° 60796/00 – L. n° 96-314, 12 avr. 1996, portant diverses dispositions d'ordre économique et financier, *JO* 13 avr., p. 5707.
5. CEDH 6 oct. 2005, Maurice c/France, req. n° 11810/03 et Draon c/France, req. n° 1513/03, *Dr. fam.* 2005. Comm. 258; *R.* 2005. Comm. 327 – Civ. 1re, 24 janv. 2006, nos 01-16.684, 02-12.260 et 02-13.775, *Bull. civ.* I, nos 29, 30 et 31; *RTD civ.* 2006. 263, obs. Marguénaud; *R.* mars 2006, p. 22, comm. Radé.
6. CEDH 19 avr. 1994, Cornelis Petrus Maria Van de Hurk c/ Pays-Bas, req. n° 16034/90, *Série A*, n° 228-A; *RUDH* 1994. 261 et 272, obs. Sudre; *Gaz. Pal.* 1995. 2. 518, note Pettiti.
7. CEDH 24 nov. 1994, Beaumartin c/France, req. n° 15287/89, *Série A*, n° 296-B; *D.* 1995. 273, note Pretot; *RUDH* 1994. 405; *Gaz. Pal.* 1995. 2. 524, note Puechavy.
8. R. Ergec, « La liberté d'expression, l'autorité et l'impartialité du pouvoir judiciaire », *RTDH* 1993. 171.
9. C. Labrusse-Riou, « Pouvoirs scientifiques sur la vie et justice », *Justices* 1996, n° 3, p. 133, spéct 149 s.

mesure de contrôler ou de diriger le premier, est incompatible avec le principe d'un tribunal indépendant et impartial au sens de l'article 14 du Pacte[1].

211.83 L'indépendance fonctionnelle, principe à valeur constitutionnelle. En droit français, le principe d'indépendance du tribunal a une valeur constitutionnelle, ce qui le situe dans la hiérarchie des normes, à une place supérieure au principe d'indépendance contenu dans l'article 6 § 1 de la Conv. EDH. Dans une décision du 22 juillet 1980, rendue à propos d'un texte de loi portant validation d'actes administratifs[2], le Conseil constitutionnel a décidé qu'il résulte de l'article 64 de la Constitution de 1958, en ce qui concerne l'autorité judiciaire, et des principes fondamentaux reconnus par les lois de la République, en ce qui concerne la juridiction administrative, que l'indépendance des juridictions est garantie, ainsi que « *le caractère spécifique de leurs fonctions sur lesquelles ne peuvent empiéter ni le législateur, ni le gouvernement* » : en conséquence, ni le législateur, ni le gouvernement ne peuvent censurer les décisions des juridictions ou porter atteinte à l'autorité de la chose jugée, ou adresser des injonctions aux juges, ou se substituer à eux dans le jugement des litiges relevant de leur compétence.

211.84 L'indépendance, obligation déontologique. Le *Recueil des obligations déontologiques des magistrats* précise que l'indépendance de l'autorité judiciaire garantit l'égalité de tous les citoyens devant la loi[3], et doit être assurée sur les plans fonctionnel et personnel.

§ 2 Caractéristique d'impartialité du tribunal

211.90 Spécificité de l'impartialité. Les articles 6 § 1 de la Convention européenne des droits de l'homme et 14 du Pacte des droits civils et politiques exigent qu'un tribunal indépendant « *et impartial* » statue sur les contestations civiles. Même si le grief d'impartialité est souvent allégué cumulativement avec le manque d'indépendance, la condition d'impartialité correspond, selon la Cour européenne des droits de l'homme, à une notion autonome. Elle traduit en effet le principe de neutralité du juge, qui s'oppose à ce qu'un magistrat tienne compte, dans la décision qu'il rend, de l'inclination ou de la réserve qu'il éprouve à l'égard de l'un des plaideurs, ou d'une opinion préconçue qu'il a de la solution au fond. La sécurité juridique des justiciables impose le caractère prévisible de la solution, qui doit être fonction de l'état du droit positif, et non de la seule subjectivité du juge. Depuis l'ordonnance n° 2006-673 du 8 juin 2006[4], on retrouve cette exigence dans l'article L. 111-5 du COJ, qui prévoit « *l'impartialité des juridictions judiciaires* ». Avant d'analyser la mise en œuvre de l'exigence d'impartialité du juge, il faut préciser la notion d'impartialité.

Mais il faut limiter l'analyse aux juges du siège : l'exigence d'impartialité de l'article 6 ne concerne que le « *tribunal qui décidera* » sur la contestation. Cela ne signifie pas que le ministère public n'est pas soumis à une exigence d'impartialité, mais celle-ci ne saurait avoir pour fondement le dispositif de la Convention européenne (la Cour ne considère pas le ministère public comme une « *autorité judiciaire* » au sens de l'article 5 de la Convention[5]).

A. Notion d'impartialité

211.91 Les deux conceptions de la Cour européenne des droits de l'homme. La Cour européenne a opposé deux types d'impartialité.

– L'impartialité subjective, qui permet de déterminer « *ce que tel juge pensait dans son for intérieur en telle circonstance* »[6]. La Cour décide que le justiciable doit être protégé contre les convictions personnelles, les engagements du juge, fondés sur des éléments personnels étrangers au débat judiciaire (la doctrine a mis en évidence la nécessité pour le juge de savoir résister à ses inclinations personnelles, politiques ou autres dans les affaires qu'il doit juger[7]).

– L'impartialité objective, « *amenant à rechercher si le juge offrait des garanties suffisantes pour exclure tout doute légitime* »[8] (ce qui n'est pas le cas, notamment, si le juge qui siège au fond a déjà rendu dans l'affaire une décision qui l'a amené à préjuger[9]), ce qui inter-

1. Comité DH, n° 468, 1991, A/49/40, p. 84, cité par P. Tavernier, « Le droit à un procès équitable dans la jurisprudence du Comité des droits de l'homme des Nations unies », *RTDH* 1996, spéc[t] 13.
2. Cons. const. 22 juill. 1980, n° 119 DC, *Rec. Cons. const.* 46; *GDCC,* 15e éd., Dalloz, 2009, p. 324.
3. Conseil supérieur de la magistrature, *Le Recueil des obligations déontologiques des magistrats*, Dalloz, 2010, p. 1 s.
4. Ord. n° 2006-673, 8 juin 2006, portant refonte du COJ et modifiant le Code de commerce, le Code rural et le Code de procédure pénale (partie Législative), *JO* 9 juin, p. 8710.
5. CEDH 10 juill. 2008, Medvedyev et a. c/France, req. n° 3394/03, *D.* 2010. 898, Lavric; *D.* 2010. 1386, obs. Renucci; *D.* 2010. 952, entretien Spinosi; *D.* 2010. Point de vue 970, obs. Rebut; *D.* 2010. 1390, note Hennion-Jacquet – CEDH 23 nov. 2010, Moulin c/France, req. n° 37104/06, *D.* 2011. 277, obs. Renucci et les réf. citées – S. Guinchard *et alii*, *Droit processuel, Droits fondamentaux du procès*, 6e éd., « Précis », Dalloz, 2011, p. 761, n° 352.
6. CEDH 1er oct. 1982, Piersack c/Belgique, req. n° 8692/79, *Série A,* n° 53 – Berger, 12e éd., 2011, n° 77, p. 244.
7. J.-D. Bredin, « Qu'est-ce que l'indépendance du juge ? », *Justices* 1996. 161.
8. CEDH 1er oct. 1982, Piersack c/Belgique, req. n° 8692/79, préc. s[s] prés[t] n°.
9. CEDH 1er oct. 1982, Piersack c/Belgique, req. n° 8692/79, préc. s[s] prés[t] n°.

dit au juge de participer deux fois à la prise d'une décision juridictionnelle dans le même litige, sur les mêmes faits. Le préjugé qui en résulte peut alors susciter des craintes légitimes dans l'esprit du justiciable.

211.92 Une distinction non satisfaisante et ambiguë. En réalité, l'impartialité du juge est toujours subjective. La notion d'impartialité doit être définie au regard de la mission du juge, qui est de trancher les contestations en respectant la neutralité nécessaire à un débat contradictoire. Il y a partialité lorsque le juge ne respecte pas une démarche de remise en cause pour prendre sa décision [1], ou encore lorsque le juge remplit sa mission en se fondant sur des considérations étrangères à la cause [2]. Le juge est partial lorsqu'il a déjà pris parti, que son jugement est déjà fait avant tout débat contradictoire avec les parties : il n'est plus apte à être convaincu par les arguments des plaideurs.

Les causes de cette partialité peuvent être personnelles (on en trouve des exemples dans les cas de récusation prévus par l'article L. 111-6 du COJ : amitié ou inimitié notoire entre le juge et l'une des parties, lien d'alliance ou de parenté entre le juge et l'une des parties...) ou fonctionnelles (le juge a précédemment connu de l'affaire comme juge ou comme arbitre ou a conseillé l'une des parties, COJ, art. L. 111-6, 5°). Néanmoins, la partialité comme l'impartialité ne sont pas, en elles-mêmes, subjectives ou objectives : il s'agit toujours là d'un phénomène subjectif, parce qu'il affecte l'opération de la réflexion, l'activité de juger du tribunal.

211.93 La preuve de la partialité suppose une démarche objective. Si la partialité du juge reste un phénomène subjectif, son appréhension juridique repose nécessairement sur une démarche objective. Seule la partialité extériorisée, prouvée par des éléments objectifs est susceptible de recevoir une sanction juridique. La Cour européenne des droits de l'homme l'a admis : elle pose une présomption simple d'impartialité du juge et décide qu'il appartient au requérant qui se prétend victime d'un juge partial de rapporter la preuve du grief [3] (en matière civile : la Cour estime que l'élection de certains membres du tribunal ne saurait suffire à étayer une accusation de partialité, l'impartialité personnelle de chacun des membres devant être présumée jusqu'à preuve du contraire) [4].

Les **difficultés de preuve** expliquent la rareté des décisions constatant la partialité des juges : dans une affaire *De Moor c/Belgique* [5], la Commission a admis qu'un refus d'inscrire le requérant sur la liste des stagiaires avocats avait pu être motivé par des intérêts personnels aux membres du Conseil de l'Ordre, mais la Cour n'a pas relevé d'impartialité personnelle [6].

Néanmoins, la **théorie des apparences** a permis à la Cour européenne de faciliter la tâche probatoire des requérants. En effet, certaines circonstances ayant entouré la prise de la décision peuvent justifier un soupçon légitime de partialité du juge dans l'esprit du justiciable. Ce soupçon suffit à considérer que la violation de l'article 6 § 1 est réalisée : *Justice must not only be done, it must also be seen to be done* [7]. Si la justice n'apparaît pas objectivement comme ayant été rendue de manière impartiale, le procès équitable n'a pas été reconnu au justiciable, et la preuve d'éléments objectifs permettant de générer une crainte légitime de partialité suffit.

La Cour de cassation adopte une démarche identique : seule la preuve d'éléments objectifs, intéressant l'affaire en cause, peut justifier une récusation. Ces imputations précises sont laissées à l'appréciation souveraine des juges du fond [8].

211.94 Évolution de la jurisprudence européenne. La Cour elle-même considère que ces deux démarches d'appréciation de l'impartialité ne sont pas autonomes.

Dans l'arrêt *Micallef c/Malte* du 15 janvier 2008, n° 17056/06, § 73, solution reprise par la Grande chambre le 15 octobre 2009, § 95, la Cour admet que la frontière entre l'impartialité subjective et l'impartialité objective n'est « *pas hermétique car non seulement la conduite même d'un juge peut, du point de vue d'un observateur extérieur, entraîner des doutes objectivement justifiés quant à son impartialité (démarche objective) mais elle peut également toucher à la question de sa conviction personnelle (démarche subjective)* ».

À propos d'une banale affaire de troubles de voisinage (une personne reprochait à sa voisine son habitude de mettre du linge mouillé à sécher au-dessus de sa cour, ce qui, selon elle, portait atteinte à son droit de propriété...), la Cour considère qu'il y a violation de l'exigence d'impartialité objective lorsque la juridiction est composée de trois

1. S. Josserand, *L'impartialité du magistrat en procédure pénale,* LGDJ, 1998, p. 590, n° 5.
2. D. Roets, *Impartialité et justice pénale,* Cujas, 1997, p. 18, n° 9.
3. CEDH 24 mai 1989, Hauschild c/Danemark, req. n° 10486/83, *Série A,* n° 154 – BERGER, 12e éd., 2011, n° 78, p. 246, en matière pénale.
4. CEDH 23 juin 1981, Le Compte, Van Leuven et de Meyere c/Belgique, req. n°s 6878/75 et 7238/75, *Série A,* n° 43 – BERGER, 12e éd., 2011, n° 73, p. 232.
5. Comm. EDH, 8 janv. 1993, n° 16-997/90, De Moor c/Belgique, rapp. Commission.
6. CEDH 23 juin 1994, De Moor c/Belgique, req. n° 16997/90, *Série A,* n° 292-A; *RUDH* 1995. 107, obs. Sudre.
7. CEDH 22 oct. 1984, Sramek c/Autriche, req. n° 8790/79, *Série A,* n° 84, BERGER, 12e éd., 2011, n° 75, p. 239 – CEDH 1er oct. 1982, Piersack c/Belgique, req. n° 8692/79, *Série A,* n° 53 – BERGER, 12e éd., 2011, n° 77, p. 244; v. ss n° 211.91.
8. Civ. 2e, 6 nov. 2008, n° 07-15.666, NP – Pour le rappel de la nécessité d'une imputation précise, Civ. 2e, 13 juill. 2005, n° 04-19.962, *Bull. civ.* II, n° 206; *D.* 2005. 2657, avis Kessous; *Dr. et proc.* 2006. 40, obs. Fricero.

juges dont l'un est le frère de l'avocat de la partie adverse : elle estime que l'étroitesse du lien familial qui unissait l'avocat de la partie adverse et le juge suffit à justifier de manière objective les craintes du requérant quant au manque d'impartialité du président du tribunal (§ 79). On observe que les articles L. 111-6 et L. 111-11 du COJ et 341 C. pr. civ. ne mentionnent pas le lien de parenté entre le juge et l'avocat de la partie, mais la Cour de cassation a jugé que la liste donnée par le Code de procédure civile n'épuise pas l'exigence d'impartialité issue de l'article 6 de la Convention européenne[1], ce qui rend parfaitement transposable cette décision en droit français.

Dans le cadre de l'**impartialité dite fonctionnelle**, cette approche mixte de l'impartialité signifie que la seule composition de la juridiction ne suffit pas à justifier, en soi, « *objectivement* », les craintes du justiciable. Il faut encore démontrer par des **éléments extériorisés, objectivement constatables**, que le juge pouvait avoir dans l'affaire une opinion préconçue. Cette position est logique : l'impartialité est toujours un phénomène « *subjectif* », puisque le juge, dans son for intérieur, n'est plus apte à être convaincu par une argumentation contradictoire. Peu importe que la cause de cette partialité, soit liée aux caractéristiques personnelles au juge (lien de parenté, d'alliance, ou amitié notoire avec l'une des parties) ou tienne au fait que la procédure, ou une procédure antérieure, a déjà conduit ce juge à se faire une opinion sur les faits. Les « *apparences* » (tirées de la composition irrégulière du tribunal) sont utilisées par la Cour européenne comme l'un des éléments probants, qu'il faut corroborer par d'autres preuves adaptées à l'affaire.

211.95 Recommandations européennes. Deux textes récents du Conseil de l'Europe intéressent l'exigence d'impartialité, même s'ils n'ont pas de valeur coercitive directe.

Il s'agit d'abord de la **recommandation CM/Rec(2010)12, adoptée le 17 novembre 2010 par le Comité des ministres**, aux États membres sur les juges (qui envisage également l'efficacité de l'activité judiciaire, les ressources qui lui sont allouées, le statut des juges, y compris des juges non professionnels, leurs devoirs et leur éthique) avec pour objectif de « *délivrer des décisions de qualité dans un délai raisonnable et sur la base d'une considération équitable des éléments* ». Parmi les diverses recommandations auxquelles les États membres doivent se conformer, on retrouve au chapitre 1, point 5, l'exigence que « *les juges devraient être absolument libres de statuer impartialement sur les affaires, conformément à la loi et à leur appréciation des faits* ». Une telle exigence est d'ailleurs développée dans le *Recueil des obligations déontologiques des magistrats*[2] : il est indiqué aux pages 7 et suivantes, que l'impartialité est un droit garanti aux justiciables par l'article 6 de la Convention européenne, et qu'elle constitue pour le magistrat « *un devoir absolu, destiné à rendre effectif l'un des principes fondateurs de la République : l'égalité des citoyens devant le loi* », et qu'elle est « *un élément essentiel de la confiance du public dans la justice* ». Plus particulièrement, dans les commentaires et recommandations à la page 11, le point b. 19 insiste sur le fait que « *la participation d'un juge, exerçant habituellement des fonctions spécialisées, à une audience correctionnelle concernant un justiciable avec lequel il a connu des difficultés dans un contentieux antérieur, doit être évitée* ».

Le second texte européen résulte de **l'adoption par le Conseil consultatif de juges européens, le 17 novembre 2010, de la Magna Carta des juges** (principes fondamentaux), intéressant, notamment, l'indépendance statutaire, fonctionnelle et financière des juges et les garanties (de recrutement, de nomination, de formation, d'immunité judiciaire, de discipline, d'inamovibilité), l'accès à la justice et la transparence, l'éthique et la responsabilité. Elle préconise que le juge doit agir en vue d'assurer l'accès à un règlement rapide, efficace et à un coût raisonnable des litiges.

B. Mise en œuvre de l'impartialité

211.100 Pluralité des critères objectifs de partialité. La Cour européenne n'a pas énoncé de liste limitative des critères de la partialité des juges. Elle opère un contrôle pragmatique en se référant, eu égard aux circonstances de l'espèce, à la composition du tribunal, qui peut révéler que certains juges ne présentent pas toutes les garanties d'impartialité, ou au fonctionnement de l'organe juridictionnel, qui peut démontrer que les juges ont déjà connu de l'affaire et pris une décision impliquant de leur part un préjugé au fond. L'étude de la mise en œuvre de l'impartialité peut se faire en opposant les causes de la partialité du juge : certaines tiennent à la personne même du juge, d'autres au seul exercice de fonctions juridictionnelles successives dans la même affaire.

1° Critères tirés de la personne du juge

211.101 Causes personnelles susceptibles d'engendrer un risque de partialité. La Cour européenne des droits de l'homme se réfère à des éléments extérieurs à l'affaire, de nature strictement personnelle au juge, pour admettre la partialité du tribunal.

1. Civ. 1re, 28 avr. 1998, n° 96-11.637, *Bull. civ.* I, n° 155 ; *RTD civ.* 1998. 744, obs. Perrot ; *Gaz. Pal.* 1998. 2. Somm. 586 ; *JCP* 1999. II. 10102, note Pralus-Dupuy.

2. Conseil supérieur de la magistrature, *Recueil des obligations déontologiques des magistrats*, Dalloz, 2010.

C'est le cas lorsque le tribunal appelé à statuer n'est pas composé de juges disposant d'un statut d'indépendance vis-à-vis de l'une des parties ou des autorités publiques : certes, la Cour admet que les États membres peuvent organiser des juridictions spécialisées, qui comportent, au côté des magistrats professionnels, des personnes spécialisées dans telle ou telle matière, dont les connaissances sont souhaitables pour la résolution des litiges (telle une commission de réforme agraire composée de trois magistrats et de cinq fonctionnaires [1]), sans que la caractéristique d'impartialité soit affectée *a priori*. La Cour de cassation française se réfère aux mêmes principes : en matière prud'homale, elle juge que l'impartialité au sens de l'article 6 § 1 est assurée par la composition paritaire des conseils de prud'hommes, par la prohibition d'ordre public de tout mandat impératif, par la faculté de recourir à un juge départiteur extérieur aux membres élus et par la possibilité de former un recours contre la décision, appel ou pourvoi en cassation et qu'il en résulte que la circonstance que la composition de la juridiction soit fondée sur l'origine sociale de ses membres n'est pas de nature à affecter l'équilibre d'intérêts inhérent au fonctionnement de la juridiction ou à mettre en cause l'impartialité de ses membres [2]. Mais la Cour européenne vérifie concrètement que ces personnes n'ont pas manifesté de partialité dans la prise de la décision et admet que la composition de la juridiction est un critère de vérification de l'impartialité, surtout lorsqu'est élevée sur ce point une contestation qui n'apparaît pas dépourvue de sérieux (la Cour a admis que le refus d'une cour d'assises de donner acte à la défense de propos racistes qu'aurait tenus un juré hors de la salle d'audience constitue une violation de l'article 6 § 1, eu égard « *à la confiance que les tribunaux d'une société démocratique se doivent d'inspirer aux justiciables* » [3]).

De même, lorsque le justiciable peut tirer argument de la **composition du tribunal** pour suspecter une rupture d'équilibre des intérêts, la violation de l'article 6 § 1 est réalisée.

Ce n'est pas le cas, si trois des sept membres de la section disciplinaire du Conseil national de l'Ordre des médecins ont déjà pris part à la décision et statuent sur recours, dans la mesure où il s'agit d'une formation de renvoi et qu'il y a impossibilité de renvoyer devant la même juridiction autrement composée, en raison de l'unicité de la section disciplinaire en cause [4].

En revanche, des liens étroits entre certains juges (même non professionnels, comme c'est le cas de membres d'un jury [5]) et l'une des parties justifient la violation de l'article 6 § 1 (dans le cas de la composition d'un tribunal des locations, les assesseurs échevins étant composés par des représentants d'associations de propriétaires et de locataires, nommés par le gouvernement [6]; ou la chambre des représentants statuant sur la sanction d'un journaliste n'est pas impartiale, en raison de la participation à l'ensemble de la procédure, de deux députés dont l'article litigieux critiquait le comportement [7]). Ainsi, le fait que le tribunal du contentieux de l'incapacité soit présidé par un représentant du directeur des affaires sanitaires et sociales soumis à son autorité hiérarchique, entretenant des liens avec la caisse primaire partie au litige, n'est pas conforme aux exigences de l'article 6 § 1 de la Convention [8]. Parfois, le soupçon de partialité est justifié par les liens entretenus par le tribunal avec le représentant *ad litem* de l'une des parties : c'est le cas lorsque la demande a été formée devant le conseil des prud'hommes par une partie représentée par un délégué syndical qui était membre du conseil des prud'hommes lors de l'introduction de la demande, cette irrégularité ne pouvant d'ailleurs pas être régularisée sur le fondement de l'article 121 C. pr. civ [9].

Le **conflit d'intérêts** doit reposer sur des **éléments objectifs**, des faits vérifiables, autorisant à suspecter l'impartialité des juges concernés [10] (le fait que l'un des quinze jurés soit le salarié d'un témoin à charge ne suffit pas à justifier objectivement les appréhensions du requérant quant à l'impartialité du tribunal [11]).

C'est parfois le **comportement personnel** du juge qui permet de suspecter sa partialité. Ainsi, lorsque le président du tribunal pour enfants, qui doit juger d'un éventuel retrait de l'autorité parentale du requérant, fait publier dans la presse un article contenant des expressions sous-entendant un jugement défavorable au requérant, cela n'est pas compatible avec les impératifs d'impartialité du tribunal [12].

211.102 Droit positif interne. On retrouve la même exigence d'impartialité tenant à la personne du juge dans le dispositif français de la **récusation** et du **renvoi**. Ainsi, aux termes de l'article L. 111-6 du COJ, auquel renvoie l'article 341 C. pr. civ. (pour le conseil de prud'hommes, C. trav., art. L. 1457-1), le juge peut être récusé si lui-même ou son conjoint a un

1. CEDH 23 avr. 1987, Ettl. c/Autriche, req. n° 9273/81, *Série A*, n° 117 – Berger, 2009, n° 60, p. 190.
2. Civ. 2e, 20 oct. 2005, n° 03-19.979, *Bull. civ.* II, n° 271; *BICC* 1er avr. 2006, n° 593.
3. CEDH 23 avr. 1996, Remli c/France, req. n° 16839/90, *JCP* 1997. I. 4000, n° 26, obs. Sudre.
4. CEDH 26 sept. 1995, Diennet c/France, req. n° 18160/91, *Série A*, n° 325-A; *Gaz. Pal.* 11-12 oct. 1996, p. 26, obs. Fléchеux.
5. CEDH 25 nov. 1993, Holm c/Suède, req. n° 14191/88, *RUDH* 1993. 349.
6. CEDH 22 juin 1989, Langborger c/Suède, req. n° 11179/84, *Série A*, n° 155.
7. CEDH 27 août 1991, Demicoli c/Malte, req. n° 13057/87, *Série A*, n° 210; *RUDH* 1991. 493 – Berger, 12e éd., 2011, n° 82, p. 257.
8. Soc. 9 mars 2000, n° 98-22.435, *Bull. civ.* V, n° 97; *D.* 2000. IR 136; *RTD civ.* 2000. 618, obs. Normand.
9. Soc. 16 sept. 2008, n° 06-45.334, *Bull. civ.* V, n° 160.
10. CEDH 24 mai 1989, Hauschildt c/Danemark, req. n° 10486/83, *Série A*, n° 154 – Berger, 12e éd., 2011, n° 78, p. 246.
11. CEDH 10 juin 1996, Pullar c/Royaume-Uni, req. n° 22399/93, *JCP* 1997. I. 4000, n° 26, obs. Sudre.
12. CEDH 16 sept. 1999, Buscemi c/Italie, req. n° 29569/95, *D.* 2000. Somm. 184, obs. Fricero.

intérêt personnel à la contestation, si lui-même ou son conjoint est parent ou allié ou partenaire d'un PACS de l'une des parties ou de son conjoint jusqu'au quatrième degré inclusivement, s'il y a amitié ou inimitié notoire entre le juge et l'une des parties...

Par application directe de l'article 6 § 1 de la Convention européenne, la jurisprudence décide que les huit cas de récusation prévus à l'article 341 C. pr. civ. (repris à l'article L. 111-6 du COJ) n'épuisent pas nécessairement l'exigence d'impartialité requise de toute juridiction [1] (telles les demandes de récusation et de renvoi formées contre des membres d'un Conseil de l'Ordre des avocats statuant disciplinairement) [2]. En conséquence, les juges peuvent sanctionner des causes permettant objectivement de douter de l'impartialité des juges, même si la loi ne les a pas expressément prévues. Il en est ainsi lorsque des liens d'alliance unissent deux magistrats qui interviennent dans la même affaire (le mari, substitut, et l'épouse, juge d'instance, intervenant dans la même affaire [3] – le représentant du ministère public auquel la cause a été communiquée est le conjoint de l'un des magistrats composant la formation du jugement [4]) ou lorsque le juge, sans avoir un intérêt direct à la contestation, a pu entretenir des rapports patrimoniaux avec une partie (ainsi lorsque certains membres du tribunal de commerce statuant sur une cession d'entreprise avaient détenu des parts dans la société en cause [5]). Dans le même ordre d'idées, l'article 6 § 1 a permis à la chambre sociale de la Cour de cassation de casser un arrêt de cour d'appel qui avait refusé la récusation d'un conseiller prud'homme qui vivait en concubinage avec la nièce du demandeur, en appliquant littéralement les dispositions de l'article L. 518-1 (devenu C. trav., art. L. 1457-1) du Code du travail [6]. La Cour de cassation fait grief à l'arrêt de n'avoir pas examiné si les circonstances invoquées par le défendeur ne constituaient pas une violation du principe d'impartialité énoncé à l'article 6 § 1 de la Convention. Encore faut-il que les imputations du justiciable soient précises pour constituer des éléments de nature à jeter un doute sur l'impartialité du juge : ainsi, la seule circonstance que les juges aient été élèves de la même école, fût-ce Polytechnique, ou encore appartiennent au même secteur d'activités bancaires que l'une des parties, ne suffit pas à mettre en cause leur impartialité [7]. Il en est de même pour la seule appartenance d'un magistrat au syndicat de la magistrature [8].

2°
Critères tirés des fonctions du juge

211.111 **Principe.** Il est admis que la connaissance que le juge peut avoir du litige à l'occasion de fonctions antérieures, et les actes qu'il a accomplis, peuvent susciter chez le justiciable la crainte que ce magistrat, et le tribunal dont il est membre, n'offrent pas de garanties suffisantes d'impartialité.

Le **principe de la séparation des fonctions** permet d'éviter cette situation.

La Cour européenne des droits de l'homme l'a d'abord considéré comme une règle absolue, surtout en matière pénale (tel le cas d'un magistrat du siège qui avait occupé les fonctions de parquetier dans la même affaire) [9].

Puis, la Cour a assoupli sa position [10], en développant une **jurisprudence pragmatique**, refusant d'affirmer que l'intervention antérieure dans l'affaire, à l'occasion d'autres fonctions, constitue automatiquement une violation de l'exigence d'impartialité. Elle apprécie les situations cas par cas, et procède à l'analyse des mesures prises la première fois par le juge, pour en déterminer la portée, afin de rechercher si l'activité du juge a pu faire naître dans son esprit un préjugé, une **opinion préconçue sur l'affaire.**

Ainsi, dans l'arrêt *Fey c/Autriche*, la Cour européenne des droits de l'homme décide que l'impartialité du juge n'est pas remise en cause lorsque les diverses mesures prises au cours de la phase antérieure du procès ne l'ont pas amené à préjuger du fond [11] : c'est le cas, notamment, lorsque le juge n'a accompli que des actes d'instruction sommaire et qu'il juge au fond ultérieurement [12], lorsqu'il

1. Civ. 1re, 28 avr. 1998, n° 96-11.637, *Bull. civ.* I, n° 155; *D.* 1998. IR 131; *RTD civ.* 1998. 744, obs. Perrot.
2. Civ. 1re, 31 mars 1998, n° 95-17.430, *Bull. civ.* I, n° 133.
3. Crim. 6 sept. 1988, n° 88-80.478, *Bull. crim.* n° 319; *Gaz. Pal.* 1989, n° 105.
4. Nancy, 17 févr. 1992, RG n° 426/92.
5. Montpellier, 8 juill. 1992, *Juris-Data* n° 0334312 – M. Fabre et A. Gouron-Mazel, *Convention européenne des droits de l'homme. Application par le juge français (10 ans de jurisprudence),* Litec, 1998, n° 217, p. 81.
6. Soc. 18 nov. 1998, n° 94-43.840, *Bull. civ.* V, n° 506; *JCP E* 1999, n° 2, p. 62 et comm. 755 – D. Boulmier, « Procédure prud'homale et concubin, une mise en ménage difficile », *JCP E* 1999, n° 17, p. 755.
7. Civ. 2e, 13 juill. 2005, n° 04-19.962, *Bull. civ.* II, n° 206; *D.* 2005. 2656, avis Kessous; *Dr. et proc.* 2006. 40, obs. Fricero.
8. Civ. 2e, 24 juin 2004, n° 02-14.509, *Bull. civ.* II, n° 325; *D.* 2005. Somm. 332, obs. Julien et Fricero.
9. CEDH 1er oct. 1982, Piersack c/Belgique, req. n° 8692/79, *Série A,* n° 53 – Berger, 12e éd., 2011, n° 77, p. 244 – J. Pradel, « La notion européenne de tribunal impartial et indépendant selon le droit français », *RSC* 1990. 692 – R. Koering-Joulin, « La notion européenne de tribunal indépendant et impartial au sens de l'article 6 § 1 de la Convention européenne des droits de l'homme », *RSC* 1990. 765.
10. J. Van Compernolle, « Évolution et assouplissement de la notion d'impartialité objective », *RTDH* 1994. 437.
11. CEDH 24 févr. 1993, Fey c/Autriche, req. n° 14396/88, *Série A,* n° 255-A; *JCP* 1994. I. 3742, n° 18, obs. Sudre.
12. CEDH 26 févr. 1993, Padovani c/Italie, req. n° 13396/87, *Série A,* n° 257-B; *JCP* 1994. I. 3742, n° 18 – CEDH 22 févr. 1996, n° 17358/90, Bulut c/Autriche, *JCP* 1997. I. 4000, n° 25, obs. Sudre.

s'est borné à vérifier l'existence d'indices suffisants de culpabilité et qu'il préside ensuite la formation de jugement[1]. De même, un juge pour enfant qui n'a pas usé de ses pouvoirs d'instruction et qui n'a fait que se prononcer sur la détention d'un mineur, n'a pas eu à trancher des questions coïncidant avec celles sur lesquelles il a dû se prononcer au fond, et est donc impartial[2].

La jurisprudence a étendu le principe de séparation des fonctions d'instruction et de jugement aux autorités qui, bien que de nature administrative, prononcent des sanctions qui visent, comme en matière pénale, par leur montant élevé et la publicité qui leur est donnée, à punir les auteurs de faits contraires aux normes générales édictées par les règlements[3].

211.112 Évolution jurisprudentielle : absence d'opinion préconçue. La Cour européenne a adopté une conception apparemment plus extensive de l'impartialité objective dans l'arrêt *Le Stum* du 4 octobre 2007[4]. Elle sanctionne le juge-commissaire qui avait suivi la procédure, puis siégé comme président de la formation qui statuait sur une sanction personnelle contre le dirigeant de la société en liquidation judiciaire. La Cour considère que « *le juge-commissaire était tout particulièrement susceptible de se forger une opinion sur la question de fautes de gestion imputables au requérant en sa qualité de dirigeant de l'entreprise concernée, même s'il ne s'est pas prononcé sur la question* » (§ 31; cette possibilité a disparu dans la loi nouvelle [C. com., art. L. 651-3], le juge-commissaire ne pouvant ni siéger dans la formation de jugement, ni participer au délibéré). L'ajout de la formule « *même s'il ne s'est pas prononcé sur la question* » diffère sensiblement de la position que la Cour avait adoptée dans l'arrêt *Morel c/France* du 6 juin 2000[5], dans lequel elle avait précisé que la partialité du juge était liée au fait qu'il avait déjà apprécié les mêmes faits et pris une décision juridictionnelle. En effet, dans l'affaire *Morel c/France*, après examen des différents actes accomplis par le juge-commissaire dans la procédure collective[6] (actes destinés à assurer la gestion courante de la société), la Cour européenne avait considéré qu'il n'y avait aucun motif objectif de croire qu'un préjugé existe sur la question de la régularité et de la viabilité du plan de continuation. Elle procédait alors à une appréciation casuistique, en prenant en compte l'identité de la matière litigieuse que le juge avait appréciée successivement, ainsi que la nature et l'étendue des mesures prises (conservatoires, d'administration, ou, au contraire, des décisions juridictionnelles). Ce n'était que si le juge avait été amené à prendre successivement plusieurs décisions juridictionnelles sur les mêmes faits que l'exigence d'impartialité était méconnue. Il faut, mais il suffit, depuis l'arrêt *Le Stum*, que le juge ait été en mesure de se forger une opinion sur les faits, cette opinion préconçue doit reposer sur des éléments de preuve objectivement extériorisés. La Cour européenne se fonde souvent sur la motivation d'une précédente décision rendue par le même juge pour en déduire une opinion préconçue.

Par exemple, en matière pénale, il n'y a pas de difficulté pour considérer que l'impartialité fonctionnelle interdit au juge de cumuler les fonctions d'instruction et de jugement[7] : « *Il y va de la confiance que les tribunaux, dans une société démocratique, doivent aux justiciables, à commencer, au pénal, aux prévenus* »[8], à condition toutefois, conformément aux principes définis par la Cour européenne, que les appréhensions de l'intéressé puissent passer pour objectivement justifiées, ce qui suppose toujours la démonstration que dans les circonstances de la cause, le juge qui est intervenu la seconde fois avait pu avoir une opinion préconçue[9].

Dans l'affaire *Adamkiewicz c/Pologne* du 2 mars 2010[10], la Cour a statué sur l'impartialité du tribunal pour enfants, comprenant le magistrat qui avait procédé à l'instruction de l'affaire : elle rappelle (§ 101) que « *le simple fait pour un juge d'avoir pris des décisions avant le procès ne peut justifier, en soi, des appréhensions relativement à son impartialité* ». Ce qui importe, c'est l'étendue des mesures adoptées par le juge avant le procès.

De même, « *la connaissance approfondie du dossier par le juge n'implique pas un préjugé empêchant de le considérer comme impartial au moment du jugement sur le fond* ». Mais la Cour recherche dans les éléments procéduraux une preuve de l'opinion préconçue du juge à l'égard du mineur qu'il a jugé ensuite (§ 102 de l'arrêt) : elle « *observe que l'ordonnance rendue à l'issue de l'instruction préliminaire et par laquelle le juge aux affaires familiales a déféré le requérant au tribunal pour enfants se fondait sur le constat que ce magistrat selon lequel* "les éléments rassemblés au cours de l'instruction indiquaient que le requérant était l'auteur des faits". *Vu la teneur de cette ordonnance, force est de constater*

1. CEDH 22 avr. 1994, Saraiva de Carvalho c/Portugal, req. n° 15651/89, *Série A,* n° 286-B; *JCP* 1995. I. 3823, n° 26, obs. Sudre.
2. CEDH 24 août 1993, Nortier c/Pays-Bas, req. n° 13924/88, *Série A,* n° 267; *D.* 1994. Somm. 37, obs. Becquerelle; *D.* 1995. Somm. 105, obs. Renucci – Berger, 12e éd., 2011, n° 79, p. 249; *JCP* 1994. I. 3742, n° 19, obs. Sudre.
3. Pour l'ancienne COB, Paris, 7 mars 2000, *D.* 2000. AJ 212, obs. Boizard.
4. CEDH 4 oct. 2007, Le Stum c/France, req. n° 17997/02.
5. CEDH 6 juin 2000, Morel c/France, req. n° 34130/96.
6. CEDH 6 juin 2000, Morel c/France, req. n° 34130/96 (déf. 18 oct. 2000), *D.* 2001. Somm. 1062, obs. Fricero.
7. S. Guinchard et J. Buisson, *Procédure pénale*, 6e éd., Litec, 2010, p. 420, n° 422.
8. CEDH 26 oct. 1984, Cubber c/Belgique, req. n° 9186/80, *Série A*, n° 86, § 24.
9. CEDH 24 mai 1989, Hauschildt c/Danemark, req. n° 10486/83, *Série A*, n° 154, § 50; *JDI* 1990. 727, obs. Rolland et Tavernier – V. Berger, 12e éd., 2011, p. 204 s. : le fait que la juridiction de jugement se soit prononcée antérieurement sur la détention provisoire de l'intéressé au cours de l'instruction préparatoire ne suffit pas, en l'absence d'autres preuves, à établir une opinion préconçue desdits juges.
10. CEDH 2 mars 2010, Adamkiewicz c/Pologne, req. n° 54729/00.

que la question sur laquelle ce magistrat avait statué avant l'ouverture de la phase juridictionnelle de la procédure coïncidait dans une large mesure avec celle sur laquelle il a dû ensuite se prononcer en tant que membre de la formation de jugement du tribunal pour enfants. Ainsi, il peut difficilement être affirmé que ledit magistrat n'avait pas d'idée préconçue sur la question sur laquelle il a été appelé à se prononcer ultérieurement en tant que président de la formation de jugement du tribunal pour enfants », d'autant que le juge « *a fait durant l'instruction un ample usage des attributions étendues que lui conférait la loi sur la procédure applicable aux mineurs* » (§ 104). Les arguments tirés de la spécificité de la procédure pour mineurs, et de la protection de l'intérêt supérieur de l'enfant, ne sont pas jugés suffisants par la Cour, pour écarter cette exigence d'impartialité.

Dans l'arrêt *Chesne c/France* du 22 avril 2010[1], la Cour conclut à la violation de l'article 6 § 1, en se plaçant sur le terrain de l'impartialité objective, en se situant parfaitement dans cette démarche. La Cour rappelle « *que le simple fait qu'un juge ait déjà pris des décisions avant le procès, notamment au sujet de la détention provisoire, ne peut justifier en soi des appréhensions quant à son impartialité* [...]. *Toutefois, des circonstances particulières peuvent, dans une affaire donnée, mener à une conclusion différente* » (§ 36 de l'arrêt). C'est en se fondant sur la motivation retenue par la chambre de l'instruction de la cour d'appel, qui constitue selon elle « *davantage une idée préconçue de la culpabilité du requérant* » que la simple description d'un « *état de suspicion* » au sens de la jurisprudence de la Cour, qu'une déclaration de violation est prise (l'arrêt de la chambre de l'instruction indiquait dans ses motifs que le requérant « *agissait en véritable professionnel du trafic* », qu'il était considéré comme « *l'un des principaux trafiquants* » : la Cour admet qu'elle ne s'était pas limitée à une appréciation sommaire des faits reprochés pour justifier la pertinence d'un maintien en détention provisoire). En d'autres termes, même si les juges ne sont pas amenés à prendre des décisions successives sur le fond, le fait que, dans la motivation, on ne puisse pas conclure que les décisions ne comportent aucune motivation ou appréciation quelconque de la culpabilité au regard des faits reprochés au requérant, conduit à ce que l'impartialité objective des deux magistrats de la chambre des appels correctionnels de la cour d'appel, qui avaient fait partie de la chambre de l'instruction de la même cour d'appel ayant rendu les arrêts antérieurs, pouvait paraître sujette à caution (§ 39 de l'arrêt).

211.113 Identité des faits appréciés successivement par le même juge. L'opinion préconçue du juge résulte le plus souvent de l'identité des faits qu'il est amené à apprécier successivement.

Par exemple, dans l'arrêt *Affaire Mancel et Branquart c/ France* du 24 juin 2010[2], la Cour européenne considère qu'il y a violation de l'article 6 § 1, par la chambre criminelle de la Cour de cassation, composée sur le deuxième pourvoi par sept des neuf membres qui avaient statué sur le premier pourvoi, dès lors que cette même chambre a été amenée sur deuxième pourvoi une nouvelle fois à vérifier l'appréciation, par la cour d'appel de renvoi, des éléments constitutifs de l'infraction (en l'espèce, de prise illégale d'intérêts) : il existait des raisons objectives de craindre que la Cour de cassation ait fait preuve d'un parti pris ou de préjugés quant à la décision qu'elle devait rendre lors du second pourvoi formé par les requérants (§ 40 de l'arrêt). Mais le soupçon de partialité peut être démontré même dans des situations dans lesquelles il n'y a pas identité totale de faits ou de personnes mise en cause.

Ainsi, dans l'arrêt *Rojas Morales c/Italie* du 16 novembre 2000[3], la Cour juge qu'il y a violation de l'impartialité (§ 33 de l'arrêt) lorsque deux membres d'un tribunal participent à la formation de jugement de ce même tribunal, pour juger une personne alors qu'ils ont pris part à un jugement antérieur concernant des tiers, jugement dans lequel figuraient « *de nombreuses références au requérant et à son rôle au sein de l'organisation criminelle de laquelle il était soupçonné faire partie* ». « *En particulier, plusieurs passages se réfèrent au requérant comme étant l'organisateur ou le promoteur d'un trafic de stupéfiants entre l'Italie et l'Amérique latine* »; et les juges ont ensuite « *été appelés à décider sur le bien fondé des accusations portées à l'encontre du requérant qui concernaient, au moins en partie, les mêmes faits qui étaient à la base de la condamnation* » du requérant. La condition essentielle est que les éléments procéduraux (ici un jugement antérieur), démontrent que le juge a pu avoir une opinion préconçue.

211.114 Application de l'exigence d'impartialité en procédure civile. Le principe d'impartialité entraîne deux séries de conséquences : la séparation des fonctions de saisine du juge et de jugement de l'affaire, et l'interdiction faite au même juge de connaître deux fois la même affaire.

211.115 1°) Séparation fonctionnelle entre la saisine et le jugement. En procédure civile, ce sont les parties qui décident de la saisine du juge (C. pr. civ., art. 1er), et qui en fixent les limites (C. pr. civ., art. 4). La saisine d'office est admise, mais reste exceptionnelle : en tout état de cause, le juge doit alors agir de telle sorte que le plaideur ne puisse pas douter de son impartialité. **La Cour de cassation** a censuré, par l'application de l'article 6 § 1[4], des présidents de tribunaux de grande instance statuant commercialement qui avaient cité des dirigeants sociaux en comblement du passif social et en extension de procédures collectives, parce que le libellé des citations et le contenu des notes annexées pouvaient « *apparemment laisser penser que le président de la juridiction de jugement ne disposait pas de l'impartialité objective du juge* »[5].

1. CEDH 22 avril 2010, Chesne c/France, req. n° 29808/06.
2. CEDH 24 juin 201, Mancel et Branquart c/France0, req. n° 22349/06.
3. CEDH 16 nov. 2000, Rojas Morales c/Italie, req. n° 39676/98.
4. Com. 3 nov. 1992, n° 90-16.751, *Bull. civ.* IV, n° 345; *D.* 1993. 538, note Vallens; *RTD civ.* 1993. 874-882, obs. Normand; *JCP* 1993. IV. 100; *Gal. Pal.* 1991. 1. Pan. 93 – Com. 16 mars 1993, n° 91-10.314, NP; *D.* 1993. 538, note Vallens.
5. J. Normand, obs. *RTD civ.* 1993. 882.

C'est donc à l'occasion des actes accomplis par le juge qu'il convient de vérifier objectivement son impartialité, mais le seul pouvoir de saisine d'office prévu par une disposition légale ne constitue pas une atteinte aux principes d'indépendance et d'impartialité prévus par l'article 6 § 1 : en conséquence, c'est à bon droit qu'un arrêt énonce qu'un Conseil de l'Ordre des avocats ne peut modifier dans son règlement intérieur, les dispositions d'ordre public relatives à la discipline des avocats, en y faisant figurer « *aux fins de demeurer la juridiction indépendante et impartiale visée à l'article 6 § 1 de la Convention européenne des droits de l'homme, le Conseil de l'Ordre s'interdit de se saisir d'office, de procéder à une enquête ou de désigner un de ses membres pour y procéder* [...] »[1].

Le Conseil constitutionnel, dans la décision rendue sur question prioritaire de constitutionnalité le 4 mai 2012[2] a considéré que l'indépendance, l'impartialité et les capacités à exercer des fonctions juridictionnelles des juges des tribunaux de commerce étaient garanties par leur statut. En revanche, par une décision du 7 décembre 2012[3], le Conseil constitutionnel a jugé que la saisine d'office du tribunal de commerce d'une procédure de redressement judiciaire prévue à l'article L. 631-5 du Code de commerce n'est pas conforme à l'article 16 de la Déclaration de 1789, aucune garantie légale n'étant fixée pour permettre d'assurer qu'en se saisissant d'office, le tribunal ne préjuge pas de sa position lorsqu'il sera appelé à statuer sur le fond du dossier.

211.116 2°) Interdiction de connaître deux fois de la même affaire. Certaines circonstances peuvent conduire un juge à statuer plusieurs fois sur la même affaire : un changement d'affectation au sein du même tribunal, une mutation auprès d'une juridiction de degré supérieur intervenant sur recours contre la décision rendue initialement par le juge, l'exercice de fonctions de mise en état, puis de jugement, *etc.* La jurisprudence française s'est prononcée sur ces diverses hypothèses et a renforcé la garantie d'impartialité du juge.

211.117 Un juge ne peut pas statuer sur un recours formé contre sa propre décision. Cette conséquence garantit l'impartialité du tribunal, mais également l'effectivité même de la voie de recours : comment concevoir qu'un justiciable dispose d'une garantie de correction d'une éventuelle erreur de procédure ou d'appréciation s'il est jugé par le même juge ? La notion de recours repose sur la possibilité d'un contrôle hiérarchique, qui n'est pas assuré si la décision de justice est réexaminée par les juges qui l'ont rendue. L'ordonnance n° 2006-673 du 8 juin 2006 a modifié l'article L. 111-9 du COJ pour préciser cette exigence. Ne peut faire partie d'une formation de jugement du second degré le juge qui a précédemment connu de l'affaire en premier ressort. Ne peut faire partie de la formation de jugement de la Cour de cassation le juge qui a précédemment connu de l'affaire en premier ou en dernier ressort.

C'est pourquoi un magistrat qui a siégé en première instance ne peut plus statuer en appel au sein de la juridiction du second degré[4] : la Cour de cassation fonde cette interdiction sur l'article 6 § 1 de la Convention européenne des droits de l'homme[5] (auparavant, la Cour de cassation se fondait sur l'article 341, 5°, C. pr. civ. prévoyant la récusation du juge qui a précédemment connu de l'affaire comme juge, pour annuler l'arrêt d'appel[6]; mais, dans une espèce, cette solution se heurtait au fait que la demande de récusation doit être présentée dans des conditions restrictives, et que certaines décisions avaient conclu que, en l'absence de demande de récusation, l'arrêt d'appel ne pouvait pas être annulé sur le fondement de l'article 341, 5°[7]).

De même, méconnaît l'article 6 § 1 le tribunal de grande instance qui statue sur recours contre une décision du juge des tutelles avec, en son sein, le juge des tutelles qui a rendu la décision attaquée[8]. Il y a également violation de l'article 6 § 1 lorsqu'un magistrat, qui a participé au jugement du tribunal de grande instance, statue sur le recours en révision de l'arrêt rendu sur appel de ce jugement[9], ou encore sur l'appel formé contre ce jugement[10].

L'interdiction de siéger au sein de la formation statuant sur recours a une portée générale et concerne tout organe portant une appréciation sur l'affaire.

Par exemple, lorsqu'un magistrat a participé à la décision de l'assemblée générale de la cour d'appel qui a radié une personne de la liste des experts judiciaires pour faute professionnelle, il ne peut pas siéger au sein de la cour qui statue sur recours formé contre la décision de l'assemblée générale[11] (même solution pour trois conseillers qui siègent sur recours formé contre la décision de l'assemblée

1. Civ. 1re, 13 nov. 1996, n° 94-15.252, *Bull. civ.* I, n° 391; *D.* 1996. IR 42; *JCP* 1997. II. 22816, note Martin.
2. Cons. const. 4 mai 2012, n° 2012-241 QPC, mandat et discipline des juges consulaires, *JO* 5 mai, p. 8016.
3. Cons. const. 7 déc. 2012, n° 2012-286 QPC, saisine d'office du tribunal pour l'ouverture de la procédure de redressement judiciaire, *JO* 8 déc., p. 19279.
4. CEDH 23 mai 1991, Oberschlick c/Autriche, req. n° 11662/85, *Série A*, n° 204.
5. Civ. 1re, 16 juill. 1991, n° 90-15.487, *Bull. civ.* I, n° 247; *D.* 1992. Somm. 129, obs. Julien; *JCP* 1991. IV. 364.
6. Civ. 2e, 25 févr. 1981, n° 79-14.758, *Bull. civ.* II, n° 39; *D.* 1981. IR 375, obs. Julien – Civ. 2e, 18 mai 1982, n° 81-14.068, *Bull. civ.* II, n° 77 – Civ. 2e, 3 juill. 1985, n° 84-10.356, *Bull. civ.* II, n° 133; *D.* 1986. IR 228, obs. Julien; *Gaz. Pal.* 1986. Somm. 88, obs. Guinchard et Moussa.
7. Civ. 2e, 24 mars 1994, n° 91-11.514, *Bull. civ.* II, n° 123.
8. Civ. 2e, 5 mai 1993, n° 91-19.099, *Bull. civ.* II, n° 159; *D.* 1993. IR 137; *RTD civ.* 1993. 561, obs. Hauser; *RTD civ.* 874, obs. Normand; *JCP* 1993. IV. 1661.
9. Civ. 2e, 3 nov. 1993, n° 92-11.725, *Bull. civ.* II, n° 307.
10. Civ. 2e, 11 mars 2010, n° 08-19.320, *Bull. civ.* II, n° 59; *D.* 2010. 771.
11. Civ. 1re, 16 juill. 1991, n° 90-15.487, *Bull. civ.* I, n° 247; *D.* 1992. 129, obs. Julien.

générale qui révise la liste des experts près la cour d'appel[1]).

De plus, l'interdiction s'applique quelles que soient les modalités procédurales qui conduisent un juge à connaître d'un recours contre sa propre décision.

Ainsi, un juge de l'exécution qui est amené à statuer sur recours formé contre une décision de la Commission de surendettement qui appliquait ce qu'il avait précédemment jugé comme juge d'instance[2].

211.118 Interdiction de siéger deux fois dans la formation de la Cour de cassation statuant sur deux pourvois successifs. Dans l'affaire *Mancel et Branquart c/France* du 24 juin 2010[3], le requérant se plaignait du fait que sept des neuf juges ayant siégé à la chambre criminelle de la Cour de cassation, avaient auparavant siégé à la chambre qui s'était prononcée sur un pourvoi antérieur dans la même affaire pénale. La Cour recherche si les doutes du requérant quant à l'impartialité des juges pouvaient être objectivement justifiés. Elle conclut par l'affirmative, en constatant que la Cour de cassation avait effectué un contrôle sur la légalité de l'arrêt attaqué et s'était prononcée au regard des éléments factuels sur la réalité de l'infraction de prise illégale d'intérêts reprochée aux requérants, en caractérisant, à la fois, l'élément matériel et moral du délit. Ceci la conduit à une déclaration de violation de l'article 6 § 1 de la Convention.

211.119 Exclusion des voies de rétractation. La Cour de cassation a toujours exclu du champ d'application de la prohibition de statuer sur recours, les hypothèses de voies de rétractation, comme **l'opposition**, le **recours en révision** ou la **tierce-opposition** lorsqu'elle est une voie de rétractation. Il faudrait ajouter à ces hypothèses l'opposition formée contre une ordonnance portant injonction de payer, devant le juge d'instance qui a rendu l'ordonnance ou le tribunal de commerce qui peut comprendre le président qui a rendu l'ordonnance (C. pr. civ., art. 1415), ou les mécanismes par lesquels un juge rend une ordonnance sur requête qu'il peut ensuite modifier ou rétracter (C. pr. civ., art. 496 et 497).

La deuxième chambre civile de la Cour de cassation affirme que « *l'opposition étant une voie de rétractation qui remet en question devant le même juge les points jugés par défaut, c'est sans méconnaître l'obligation d'impartialité édictée par l'article 6 § 1 de la Convention* » que la cour d'appel peut être composée par des magistrats ayant délibéré de la décision objet de l'opposition[4] (l'opposition peut être portée devant le même juge, C. pr. civ., art. 572 – la tierce-opposition peut être jugée par les mêmes magistrats, C. pr. civ., art. 587). Cette solution a été admise par la chambre criminelle[5]. Elle est fondée sur la nature particulière de l'opposition qui est plus une modalité de rétablissement de la contradiction qu'un véritable recours : dans l'instance qui recommence (C. pr. civ., art. 577), les parties conservent la même position procédurale de demandeur ou défendeur, et le défendeur défaillant a la possibilité d'exposer ses arguments en fait et en droit.

La Cour de cassation a repris la même position à propos du recours en révision[6], alors que la décision avait été rendue avec le concours d'un magistrat ayant participé à l'arrêt attaqué par le recours en révision. Dans cette situation, on peut observer l'absence de contrôle hiérarchique du juge appelé à statuer sur la révision, qui se borne à « *parachever simplement un travail dont l'imperfection initiale a pour origine une mauvaise information* »[7]. Au visa des articles 6 § 1 de la Convention et 593 C. pr. civ., la deuxième chambre civile a considéré qu'un magistrat qui a fait partie de la composition de la cour d'appel ayant rendu un arrêt ultérieurement cassé, ne peut siéger dans la formation appelée à connaître du recours en révision formé à l'encontre de l'arrêt rendu après cassation[8]. Il est vrai que le recours en révision implique « *qu'il soit à nouveau statué en fait et en droit* » (C. pr. civ., art. 593), ce qui amène le magistrat qui a déjà jugé le fond à le rejuger en fait et en droit. Mais cette solution ne remet peut-être pas en question les positions adoptées par la Cour de cassation pour les autres voies de rétractation (opposition et tierce-opposition parfois).

On conçoit les difficultés matérielles auxquelles se heurterait une solution plus rigoureuse, qui consisterait à interdire aux magistrats de siéger lorsqu'il s'agit de statuer, notamment, sur opposition contre une décision à laquelle ils ont participé. Néanmoins, le défendeur défaillant qui a été condamné par défaut ne peut-il pas légitimement suspecter les magistrats qui l'ont condamné d'avoir un « *a priori* » au fond qui lui est défavorable ?

211.120 Intégration du déféré dans les exigences d'impartialité du juge. Au motif que le déféré dont peuvent être frappées certaines ordonnances du conseiller de la mise en état (C. pr. civ., art. 916) n'a pas le caractère d'un appel, la Cour de cassation avait admis que la cour d'appel peut valablement com-

1. Poitiers, 15 juill. 1993, RG n° 155/93.
2. Civ. 1re, 26 janv. 1999, n° 96-04.230, *Bull. civ.* I, n° 29; *RTD civ.* 2000. 618, obs. Normand; *Procédures* avr. 1999, p. 16, n° 101, obs. Croze.
3. CEDH 24 juin 2010, Mancel et Branquart c/France, req. n° 22349/06, *Procédures* 2010. Comm. 314, obs. Fricero.
4. Civ. 2e, 5 févr. 1997, n° 95-13.504, *Bull. civ.* II, n° 33; *D.* 1999. 24, note Denoix de Saint-Marc; *RTD civ.* 1997. 513, obs. Perrot; *JCP* 1997. IV. 690.
5. Crim. 25 juill. 1989, n° 88-87.658, *Bull. crim.* n° 296; *D.* 1990. Somm. 226, obs. Pradel – Crim. 23 oct. 1996, n° 95-85.585, *Bull. crim.* n° 370; *D.* 1997. IR 13.
6. Civ. 2e, 5 févr. 1997, n° 95-10.622, *Bull. civ.* II, n° 34; *RTD civ.* 1997. 513, obs. Perrot; *D. Affaires* 1997. 313, n° 9; *JCP* 1997. IV. 691; *Procédures* 1997, n° 87, obs. Perrot.
7. R. Perrot, *Procédures* 1997, n° 85.
8. Civ. 2e, 12 juill. 2001, n° 99-21.822, *Bull. civ.* II, n° 142; *Dr. et proc.* 2002. 36, obs. Fricero.

prendre dans sa composition le conseiller qui a rendu la décision[1]. Le revirement a été opéré par un arrêt du 6 mai 1999 : la Cour de cassation rejette le pourvoi au motif que l'intéressé n'est pas recevable à invoquer la violation de l'article 6 § 1 devant la Cour de cassation, « *dès lors qu'il avait la possibilité de récuser le conseiller de la mise en état par application de l'article 341, 5° C. pr. civ.* [cas repris à l'article L. 111-6, 5° du COJ] *et qu'il s'en est abstenu* »[2]. Elle admet donc que le conseiller de la mise en état a précédemment connu de l'affaire comme juge, ce qui lui interdit de siéger ensuite sur le déféré, même si elle ne sanctionne pas l'absence d'impartialité en l'espèce (sur les sanctions, v. s[s] n° 211.133).

211.121 Le juge qui a rendu une décision cassée ne peut plus connaître de l'affaire en tant que juge de renvoi. Cette interdiction est posée par l'article L. 431-4 du COJ (repris par C. pr. civ., art. 626 – ainsi lorsqu'un des magistrats composant la cour d'appel avait participé à la décision attaquée). En cas de cassation, l'affaire est renvoyée devant une autre juridiction de même nature que celle dont émane l'arrêt ou le jugement cassé ou devant la même juridiction composée d'autres magistrats. La Cour de cassation motive parfois la cassation sur le double fondement des articles 6 § 1 de la Convention européenne des droits de l'homme et L. 131-4 du COJ (devenu COJ, art. L. 431-4)[3].

211.122 Impartialité de l'assemblée plénière de la Cour de cassation. Dans l'arrêt *Golinelli et Freymuth c/ France* du 22 novembre 2005, la Cour européenne était saisie de la question de la partialité objective des magistrats de la Cour de cassation statuant sur second pourvoi formé dans la même affaire[4]. Le requérant prétendait que trois des magistrats ayant déjà siégé lors du premier pourvoi ne pouvaient plus siéger sur second pourvoi : la Cour européenne déclare ce grief infondé en analysant les questions soumises successivement aux mêmes conseillers : elle constate que, sur premier pourvoi, la Cour de cassation avait statué sur la motivation de l'arrêt de la cour d'appel, puis, sur second pourvoi, sur l'irrecevabilité des moyens soulevés en cassation; en conséquence, elle observe qu'il n'y avait pas de raisons objectives de craindre que la Cour de cassation ait fait preuve de parti pris ou de préjugés quant à la décision qu'elle devait prendre lors du second pourvoi. *A contrario,* si les deux moyens successifs de pourvoi sont identiques (parce que la cour d'appel de renvoi résiste à la solution de la première cassation), la Cour européenne pourrait sanctionner la composition de la Cour de cassation. Cela signifie que, dans la composition de l'assemblée plénière (COJ, art. R. 431-12 et R. 431-13), il convient d'éviter de faire siéger des magistrats qui ont pu participer au premier pourvoi.

211.123 Le juge qui a jugé au fond ne peut pas rejuger. D'une façon générale, la jurisprudence considère comme **nulle toute décision rendue par un magistrat qui avait préalablement apprécié les faits qui doivent être jugés en participant à une décision de caractère juridictionnel**[5] (tel pour un juge des tutelles qui ne peut plus statuer comme juge d'instance)[6]. Le justiciable peut alors avoir des raisons légitimes et objectives de craindre que le juge ne se « *déjuge* » pas, et que le débat soit dès lors faussé (tel le président de la juridiction qui avait joint à l'assignation, à fins de sanctions personnelles contre le dirigeant, une note prenant très nettement parti sur la façon d'apprécier la situation : ceci pouvait apparemment laisser penser qu'il ne disposait pas de l'impartialité objective d'un juge[7]).

La Cour de cassation s'est ainsi fondée sur l'article 6 § 1 pour décider que « *lorsqu'un juge a statué en référé sur une demande tendant à l'attribution d'une provision en raison du caractère non sérieusement contestable d'une obligation, il ne peut ensuite statuer sur le fond du litige afférent à cette obligation* »[8]. Elle a adopté le **critère du préjugé au fond** comme élément objectif d'un risque de partialité du juge, pour l'appliquer au référé-provision que la doctrine avait qualifié d'anticipation au fond[9] : le juge appelé à ordonner le versement d'une provision doit apprécier, en fait et en droit, le caractère incontestable de l'obligation invoquée, ce qui est susceptible d'engendrer dans l'esprit du justiciable, qui retrouve le juge au sein de la formation de jugement, une crainte légitime d'un risque de partialité. Toutes les situations dans lesquelles le juge est conduit à ordonner le versement d'une provision sur une obligation non sérieusement contestable sont concernées par cette solution : il s'agit du juge de la mise en état devant le tribunal de

1. Civ. 1re, 3 mars 1992, n° 90-11.088, *Bull. civ.* I, n° 73; *RTD civ.* 1993. 101, obs. Hauser; *RTD civ.* 1993. 199, obs. Perrot; *JCP* 1993. II. 21977, note du Rusquec – Civ. 2e, 13 mars 1996, n° 93-20.557, *Bull. civ.* II, n° 65; *D.* 1996. Somm. 356, obs. Julien, qui qualifie le déféré d'incident.
2. Civ. 2e, 6 mai 1999, n° 96-12.964, *Bull. civ.* II, n° 77; *RTD civ.* 1999. 685, obs. Normand; *RTD civ.* 1999. 704, obs. Perrot; *JCP* 1999. IV. 2149; *Procédures* 1999, n° 201, obs. Perrot.
3. Civ. 3e, 11 juin 1987, n° 85-14.785, *Bull. civ.* III, n° 122; *D.* 1988. 527, note Bailly; *Gaz. Pal.* 1988. 1. Somm. 36, obs. Guinchard et Moussa.
4. CEDH 22 nov. 2005, Golinelli et Freymuth c/France, req. nos 65823/01 et 65273/01 (déf. 12 avr. 2006).
5. Civ. 1re, 18 mai 1989, n° 87-11.426, *Bull. civ.* I, n° 198; *D.* 1990. 113, note Bailly – Civ. 3e, 27 mars 1991, n° 89-13.239, *Bull. civ.* III, n° 105; *D.* 1992. Somm. 129, obs. Julien.
6. TI Gonesse, 26 avr. 2000, inédit.
7. Com. 3 nov. 1992, n° 90-16.751, *Bull. civ.* IV, n° 345; *D.* 1993. 538, note Vallens; *RTD civ.* 1993. 874, obs. Normand; *RTD civ.* 1993. 882, obs. Normand.
8. Cass., ass. plén., 6 nov. 1998, n° 94-17.709, 1re esp., *Bull. ass. plén.*, n° 5; *D.* 1999. 1, concl. Burgelin; *RTD civ.* 1999. 177, obs. Normand; *RTD civ.* 1999. 193, obs. Perrot; *RTD civ.* 1999. 494, obs. Marguénaud; *JCP* 1998. II. 10198, rapp. Sargos; *Gaz. Pal.* 13-15 déc. 1998, p. 12, note Guigue.
9. Y. Strickler, *Le juge des référés, juge du provisoire,* th. Strasbourg, 1993.

grande instance (C. pr. civ., art. 771), du conseiller de la mise en état devant la cour d'appel (C. pr. civ., art. 905), du bureau de conciliation du conseil de prud'hommes (C. trav., art. R. 1454-14 et R. 1454-15) et de la formation des référés de ce même conseil (C. trav., art. R. 1455-5). Encore faut-il que le juge des référés ait véritablement décidé de la contestation sur les droits et obligations en litige : ce n'est pas le cas s'il a écarté les demandes par refus de se prononcer sur elles, en retenant qu'elles relevaient exclusivement des pouvoirs du juge du fond, et, dans ce cas, le juge des référés peut statuer ultérieurement au fond [1].

Au contraire, « *la circonstance qu'un magistrat statue sur le fond d'une affaire dans laquelle il a pris préalablement une mesure conservatoire n'implique pas une atteinte à l'exigence d'impartialité appréciée objectivement* » (tel un juge des référés qui avait statué sur une demande de mainlevée d'une saisie conservatoire et rejeté une autre demande en référé, puis siégé au sein de la cour d'appel sur l'appel formé contre les ordonnances qu'il avait rendues [2]). Cette solution est conforme à la jurisprudence de la Cour européenne des droits de l'homme qui, selon une approche concrète, vérifie que l'acte pris par le juge n'implique pas une anticipation au fond, une opinion préconçue, pour admettre que l'impartialité du tribunal auquel il participe ultérieurement est sauvegardée. Néanmoins, elle suscite de très nombreuses interrogations.

211.124 Difficultés de mise en œuvre du critère du pré-jugé au fond. La difficulté majeure consiste à déterminer le degré exact de préjugé au fond susceptible de générer un soupçon légitime de partialité. Certaines mesures sont seulement préparatoires, et n'impliquent pas de la part du juge qui les prend une appréciation des faits qui seront discutés ultérieurement au fond : c'est le cas des décisions qui prescrivent des mesures d'instruction ou une mesure d'attente, comme une autorisation de faire ou de ne pas faire... Mais toutes les mesures ne peuvent pas être aisément qualifiées : lorsqu'un juge des référés prescrit une mesure conservatoire pour faire cesser un trouble manifestement illicite, faut-il considérer qu'en abordant le caractère manifestement illicite du trouble, il a préjugé au fond, qu'il a pu particulièrement se forger une opinion relativement à la responsabilité de l'auteur de ce trouble ? Lorsque le juge des référés prend une mesure urgente qui ne se heurte à aucune contestation sérieuse, faut-il admettre que le débat sur le caractère sérieux de la contestation constitue une anticipation au fond ? Il est certain que la nature provisoire de **l'ordonnance de référé** ou la qualification de **mesure conservatoire** ne peuvent, en elles-mêmes, constituer des critères suffisants pour répondre à ces questions : une décision rendue en référé est toujours provisoire (C. pr. civ., art. 484 et 489), mais son prononcé peut amener le juge à ne plus donner une **apparence d'impartialité** au regard de l'article 6 § 1 de la Convention européenne des droits de l'homme (dans l'arrêt *Le Stum*, la Cour insiste sur l'importance des apparences en la matière, § 32) [3].

211.125 Généralité du domaine du critère du pré-jugé au fond. La solution adoptée par l'assemblée plénière de la Cour de cassation ne saurait être limitée aux juges des référés, l'exigence d'impartialité s'appliquant à toutes les juridictions. Observons qu'elle s'applique au juge des référés administratif qui, ayant statué sur une demande tendant au versement d'une provision à raison d'une faute commise par le centre hospitalier, ne peut plus siéger ultérieurement au fond de cette affaire devant le tribunal administratif [4]. Néanmoins, les incertitudes inhérentes à la définition du préjugé au fond se retrouvent pour les **autres juges.** Ainsi, en cas d'appel formé contre une décision du **juge de l'exécution**, un sursis à exécution peut être demandé au premier président de la cour d'appel [5] (C. pr. exéc., art. R. 121-22) : or, ce magistrat n'accorde le sursis que « *s'il existe des moyens sérieux d'annulation ou de réformation de la décision déférée à la cour* » [6] (C. pr. exéc., art. R. 121-22). Dans le même ordre d'idées, l'article R. 661-1 du code de commerce (Décr. n° 85-1388, 27 déc. 1985 [7], anc. art. 155) prévoit que **l'exécution provisoire de certains jugements rendus en matière de procédures collectives** peut être arrêtée en cas d'appel par le premier président de la cour « *si les moyens invoqués à l'appui de l'appel apparaissent sérieux* ». Ne doit-on pas considérer que ces magistrats ont émis un préjugé sur le fond du recours en prenant leur décision, ce qui leur interdit ultérieurement de siéger au fond ? On devrait également pouvoir conclure à l'impossibilité pour le juge-commissaire de siéger au sein du tribunal de commerce dans le cadre d'un redressement ou d'une liquidation judiciaires, compte

1. Civ. 1re, 15 nov. 2005, n° 02-21.366, *Bull. civ.* I, n° 413; *D.* 2006. 587, note Mekki; *D.* 2006. 2638, obs. Amrani Mekki et Fauvarque-Cosson; *RTD civ.* 2006. 114, obs. Mestre et Fages; *BICC* 1er avr. 2006, n° 637.
2. Cass., ass. plén., 6 nov. 1998, n° 95-11.006, 2e esp., *Bull. ass. plén.*, n° 4; *D.* 1999. 1, concl. Burgelin; *RTD civ.* 1999. 177, obs. Normand; *RTD civ.* 1999. 193, obs. Perrot; *JCP* 1998. II. 10198, rapp. Sargos; *Gaz. Pal.* 13-15 déc. 1998, p. 12, note Guigue.
3. CEDH 4 oct. 2007, Le Stum c/France, req. n° 17997/02 préc. ss n° 211.112.
4. CAA Marseille, 9 mars 2006, *D.* 2006. IR 949.
5. Décr. n° 92-755, 31 juill. 1992, instituant de nouvelles règles relatives aux procédures civiles d'exécution pour l'application de la loi n° 91-650 du 9 juillet 1991, portant réforme des procédures civiles d'exécution, *JO* 5 août, p. 10530.
6. Civ. 2e, 6 déc. 2001, nos 00-16.870 et 00-13.402, *Bull. civ.* II, n° 185; *D.* 2002. IR 139; *Procédures* 2002. Comm. 25, Perrot; *RD banc. fin.* 2002, n° 107, obs. Deleci.
7. Décr. n° 85-1388, 27 déc. 1985, relatif au redressement et à la liquidation judiciaire des entreprises, *JO* 29 déc., p. 15281.

tenu de l'appréciation des faits que ce magistrat est amené à effectuer dans le cadre de ses attributions juridictionnelles[1] (la cour d'appel de Grenoble a fait application de l'article 6 § 1 pour considérer que la présence du juge-commissaire au sein du tribunal de commerce n'est pas conforme à l'exigence d'impartialité, ce juge assumant des fonctions de contrôle et d'instruction, et que le justiciable, cité pour le prononcé d'une sanction personnelle à la suite de l'ouverture du redressement judiciaire puis de la liquidation de la société qu'il dirigeait, « *pouvait avoir l'impression qu'il comparaissait plutôt devant un adversaire que devant un juge* »[2]). À propos des notes que les juges joignent aux convocations devant le tribunal de commerce, la Cour de cassation laisse aux juges du fond un pourvoi souverain pour apprécier la preuve de la partialité du juge récusé[3].

Des difficultés insurmontables ne manqueront pas de surgir lorsqu'un même juge cumule toutes les fonctions dans le traitement procédural d'une même affaire : c'est le cas du **juge aux affaires familiales**, qui est aussi **juge de la mise en état**, et exerce les fonctions de **juge des référés** (C. pr. civ., art. 1073). Il devient **nécessaire d'admettre des exceptions au principe d'impartialité**, comme l'a déjà admis la Cour européenne des droits de l'homme à propos du juge pour enfants[4] : la spécificité du contentieux, la nécessité d'assurer un suivi de l'affaire et le respect du délai raisonnable du procès peuvent justifier un cumul des fonctions par un juge unique, et des entorses à l'exigence d'impartialité.

211.126 Nécessité d'une identité des faits successivement jugés. Pour la Cour européenne des droits de l'homme comme pour la Cour de cassation, la participation à une décision juridictionnelle antérieure ne crée un préjugé au fond que si le juge est amené à apprécier les mêmes faits. À défaut d'identité de faits, au moins partielle, aucun risque de partialité n'est démontré (il en est de même si les parties ne sont pas identiques : tel un même conseiller de la chambre des appels correctionnels statuant sur deux poursuites portant sur les mêmes faits mais dirigées contre deux prévenus différents[5]). La Cour de cassation adopte les mêmes principes : ainsi, le fait que des magistrats d'une cour d'appel aient statué sur l'ouverture d'une procédure de redressement judiciaire à l'égard d'une entreprise n'est pas, en soi, de nature à faire peser sur eux un soupçon légitime de partialité leur interdisant de connaître de l'appel du jugement qui a converti le redressement judiciaire de la même entreprise en liquidation judiciaire dans le cadre d'une procédure collective[6].

Par exemple, un même magistrat peut prononcer le divorce d'une personne à ses torts exclusifs, puis statuer sur un viol commis par cette personne sur son ex-conjoint[7]; statuer sur l'existence d'une faute inexcusable de l'employeur à la suite d'un accident du travail, puis juger dans un procès distinct la responsabilité de l'employeur résultant d'une autre faute[8]; ou prononcer le divorce de deux époux puis refuser d'ordonner un complément d'expertise dans un litige au sujet de la liquidation de la communauté ayant existé entre les époux[9].

Cette limite à l'exigence d'impartialité est source d'incertitudes supplémentaires et n'est pas systématiquement mise en œuvre par la jurisprudence : s'il paraît rationnel d'autoriser un magistrat à juger les mêmes plaideurs à l'occasion de litiges différents sans le suspecter de partialité, la question n'est pas résolue de savoir quel degré d'identité exact les faits doivent présenter. Notamment, les faits qui sont discutés lors d'une décision rendue en référé sur l'octroi d'une provision ne sont pas nécessairement identiques lors du débat au fond : ils ont pu évoluer, être complétés par d'autres éléments ou demandes incidentes. Il sera difficile de déterminer avec précision si l'identité constatée est suffisante ou non pour admettre ou rejeter le risque de partialité des juges. Des difficultés apparaissent également lorsque les mêmes faits sont soumis, successivement, à une juridiction civile, puis à une juridiction pénale.

Ainsi, un magistrat qui, à l'occasion d'une instance civile (devant la chambre sociale de la cour d'appel), s'est déjà prononcé sur les faits qui justifient le renvoi du prévenu devant le juge pénal, ne peut présider la chambre correctionnelle appelée à juger l'intéressé[10].

211.127 Extension du risque de pré-jugé à la formulation d'une opinion sur le fond. La question se pose de savoir si le risque de partialité doit être limité à la prise d'une décision de nature juridictionnelle, ou si le justiciable peut craindre que le tribunal qui va le juger n'est pas impartial, parce que le juge a déjà émis une opinion sur le fond (par ex. en donnant son **avis dans un rapport** destiné à éclairer la juridiction, ou en proposant une solution transactionnelle lors d'une **tentative de conciliation**).

1. B. Soinne, *Traité des procédures collectives,* 2e éd., Litec, 1995, p. 520, nos 734 s.
2. Grenoble, 11 sept. 1997, *D.* 1998. 128, note Renucci.
3. Civ. 2e, 11 déc. 2008, no 07-18.648, NP.
4. CEDH 24 août 1993, Nortier c/Pays-Bas, req. no 13924/88, *D.* 1995. Somm. 105, obs. Renucci.
5. Crim. 29 févr. 2000, no 99-83.241, *Bull. crim.* no 89; *D.* 2000. IR 151.
6. Civ. 2e, 27 janv. 2011, no 10-01.182, *Bull. civ.* II; *D.* 2011. 2150, chron. Sommer, Leroy-Gissinger, Adida-Canac et Bouvier.
7. Crim. 5 juill. 1994, no 93-83.845, *Bull. crim.* no 264; *BICC* no 397 – Crim. 19 mars 1997, no 95-84.377, *Bull. crim.* no 114; *JCP* 1997. IV. 1217.
8. Soc. 15 juin 1999, no 96-43.309, *Bull. civ.* V, no 286, *JCP* 1999. IV. 2497.
9. Civ. 2e, 12 janv. 1994, no 92-16.357, *Bull. civ.* II, no 20 – Civ. 1re, 19 nov. 1996, no 94-21.000, *Bull. civ.* I, no 405.
10. Crim. 24 nov. 1999, no 98-85.327, *Bull. crim.* no 275; *D.* 2000. IR 59; *RTD civ.* 2000. 618, obs. Normand.

La doctrine a suggéré que l'activité de conciliation du juge est de nature à faire naître chez le justiciable un sentiment légitime de partialité, lorsque le juge joue un rôle actif et fait des propositions de solution transactionnelle[1] : selon une conception rigoureuse de l'impartialité, il ne devrait pas juger au fond après échec de la conciliation. Cette solution paraît pour le moins difficile à mettre en œuvre, pour des raisons matérielles évidentes, mais également parce qu'elle suppose l'examen, dans chaque cas, du rôle exact tenu par le juge lors de la tentative de conciliation : seules les conciliations au cours desquelles le juge a joué un rôle actif, en proposant des solutions révélant une opinion sur le fond de l'affaire pourraient entraîner une interdiction de statuer au fond. Le recours à la médiation est certainement la solution à ces difficultés : en cas d'échec, l'instance reprend devant le juge, sans que les constatations du médiateur et les déclarations faites puissent être produites (sauf accord des parties, C. pr. civ., art. 131-14), ce qui empêche tout soupçon de préjugé. Le décret du 1er octobre 2010[2] permet d'éviter toute difficulté en permettant au **juge d'instance** (C. pr. civ., art. 831 s. et 845) et au **tribunal de commerce** (C. pr. civ., art. 860-2) de déléguer leur mission de conciliation à un **conciliateur de justice.**

Dans le même ordre d'idées, un juge est susceptible de se faire une opinion préconçue sur le fond en recueillant de manière non contradictoire des informations sur la situation de l'une des parties. Cela fait référence aux **cellules de « *prévention détection* »**, que les tribunaux de commerce avaient développées en dehors de tout cadre légal, pour procéder à l'examen des entreprises dont les comptes révélaient des difficultés financières passagères ou durables. Ces cellules soulevaient des difficultés au regard des exigences du procès équitable, parce que le président de la juridiction en faisait partie, et qu'il siégeait ultérieurement dans la formation du tribunal statuant sur une éventuelle ouverture d'une procédure collective. Le débiteur en revanche n'était ni appelé ni entendu par la cellule. En réponse à une question parlementaire[3], le ministère de la Justice a rappelé que les informations ainsi recueillies ne peuvent pas être utilisées dans le cadre d'une procédure judiciaire, en raison de leur caractère non contradictoire, et que le président de la juridiction ne peut pas siéger successivement dans une cellule et dans la juridiction, sans que cela jette un doute légitime sur son impartialité objective[4]. Les tribunaux de commerce ont mis fin à ces pratiques.

1. J. Van Compernolle, « Le juge et la conciliation en droit judiciaire belge », *Mél. Perrot,* Dalloz, 1996, p. 523, spéct 527 s.
2. Décr. n° 2010-1165, 1er oct. 2010, relatif à la conciliation et à la procédure orale en matière civile, commerciale et sociale, *JO* 3 oct., p. 17986.
3. *JOAN Q* 11 mai 2010, p. 5356; *D.* 2010. 1551.

211.128 Juges rapporteurs. En ce qui concerne les juges rapporteurs, la Cour de cassation a considérablement renforcé l'exigence d'impartialité. L'assemblée plénière a approuvé la cour d'appel qui, ayant relevé qu'un membre de l'ancienne Commission des opérations de Bourse (COB), nommé rapporteur, avait été chargé de procéder à une instruction sur les faits et à toutes les investigations utiles, a décidé qu'il ne pouvait pas participer au délibéré[5]. Cette décision avait d'ailleurs entraîné une modification du règlement intérieur de la COB, dont l'article 9 prévoyait que « *ni le président, ni aucun membre de la commission ne peut délibérer dans une affaire dans laquelle il a exercé les fonctions de rapporteur* »[6]. La première chambre civile de la Cour de cassation a décidé, sur le fondement de l'article 6 § 1 de la Convention, qu'après avoir constaté que deux rapporteurs désignés par le bâtonnier pour enquêter sur les faits objets de la poursuite avaient participé à la délibération du Conseil de l'Ordre des avocats statuant en matière disciplinaire, la cour d'appel n'a pas tiré les conséquences légales de ses constatations, en rejetant le recours formé contre la décision[7] (on peut observer, non sans un certain paradoxe, que la Cour européenne a admis la présence au sein du Conseil de l'Ordre des médecins statuant disciplinairement d'un membre qui avait rédigé un rapport sur l'affaire *Dienet c/France*[8]). Ces décisions démontrent qu'une appréciation objective des fonctions des rapporteurs conduit à leur refuser toute participation au délibéré pour préserver l'impartialité du tribunal. Le plus souvent, le rapporteur accomplit des actes d'instruction, procède à des investigations qui laissent à penser qu'il a une opinion sur le fond, ce qui peut faire naître chez le justiciable une crainte légitime de partialité.

211.129 Juges rapporteurs établis auprès des juridictions étatiques. En sera-t-il de même pour les juges rapporteurs établis auprès des juridictions étatiques ?

Depuis le décret n° 2005-1678 du 28 décembre 2005[9], **le juge de la mise en état devant le tribunal de grande instance** fait un rapport oral de l'affaire avant les plaidoiries, mais ce rapport expose la demande et les moyens des parties, précise les questions de fait et de droit soulevées par le litige, fait mention des éléments propres à élever le débat « *sans faire connaître l'avis du magistrat qui en est l'auteur* » pour supprimer toute difficulté (C. pr. civ., art. 785). Depuis les réformes des procédures collectives (L. n° 2005-

4. J.-L. Vallens, « Les tribunaux de commerce peuvent-ils instituer des cellules de « prévention-détection » ? », *D.* 2010. 1723.
5. Cass., ass. plén., 5 févr. 1999, n° 97-16.440, *Bull. ass. plén.*, n° 1; *D.* 1999. Somm. 249, obs. Bon-Garcin; *Gaz. Pal.* 24-25 févr. 1999, p. 8, concl. av. gén. Lafortune; *JCP* 1999. II. 10060, note Matsopoulou; *LPA* 10 févr. 1999, p. 14, obs. Ducouloux-Favard; *LPA* 10 févr. 1999, p. 17, obs. Frison-Roche.
6. *D. Affaires* 1999. 411.
7. Civ. 1re, 5 oct. 1999, n° 97-15.277 (2e esp.), *Bull. civ.* I, n° 257; *JCP* 1999. II. 10203, concl. Sainte Rose; *D.* 2000. 312, note Blanchard; *RTD civ.* 2000. 618, obs. Normand.
8. CEDH 26 sept. 1995, Diennet c/France, req. n° 18160/91, *RUDH* 1996. 14, obs. Sudre.
9. Décr. n° 2005-1678, 28 déc. 2005, relatif à la procédure civile, à certaines procédures d'exécution et à la procédure de changement de nom, *JO* 29 déc., p. 20350, texte n° 67.

845, 26 juill. 2005 et Décr. n° 2005-1677, 28 déc. 2005[1]), **le juge-commissaire doit faire un rapport écrit ou oral sur toutes les questions soumises au tribunal de commerce** (C. com., art. R. 662-112). La Cour de cassation a considéré, à propos d'un juge-commissaire ayant rédigé un rapport puis siégé à la formation du tribunal de commerce, que cette présence n'est pas, en soi, contraire aux dispositions de l'article 6 § 1 de la Convention européenne des droits de l'homme[2] (la chambre commerciale de la Cour de cassation avait précisé, que le recours en nullité fondé sur l'article 6 § 1 doit prendre la forme d'un appel, non d'un pourvoi irrecevable)[3]. Une telle solution s'explique, notamment, par le faible nombre de juges et les difficultés pratiques dans la détermination de la composition des formations appelées à statuer successivement dans la même affaire. Elle est justifiée : les fonctions de juge rapporteur ne constituent pas, en elles-mêmes, un facteur de partialité. Seule la preuve de circonstances spéciales pouvant nuire objectivement au déroulement d'un procès équitable peut conduire à écarter la possibilité pour ce juge de participer à la formation de jugement. Par exemple, lorsque, dans son rapport, le juge-commissaire donne son avis personnel, qui est de prononcer « *une sanction d'interdiction de gérer de cinq ans pour le liquidateur amiable et de quinze ans à l'encontre du dirigeant de droit* », il en résulte que, dès avant les débats, le juge considérait comme établi le comportement fautif des intéressés et il y a lieu d'annuler le jugement sur le fondement de l'article 6 § 1[4] (ou pour l'annulation de l'ordonnance de saisine par laquelle le président du tribunal avait convoqué le dirigeant « *en vue d'une mesure de faillite personnelle ou d'interdiction de gérer* »)[5]. Depuis la loi du 26 juillet 2005, ces difficultés ont disparu, puisque le juge-commissaire ne peut plus siéger au sein de la juridiction lorsque celle-ci statue en matière de responsabilité des dirigeants et de sanctions (C. com., art. L. 651-3 et L. 653-7).

On peut observer que les juridictions administratives font une application de plus en plus étendue de l'exigence d'impartialité, en considérant que la participation au sein de la juridiction de jugement, de membres du tribunal administratif qui avaient exercé une fonction consultative en donnant un avis sur l'affaire, peut être regardée comme une atteinte aux apparences nécessaires de l'impartialité du juge, conformément à l'article 6 § 1 de la Convention[6]. Cette solution est conforme à la décision de la Cour européenne rendue dans l'affaire *Procola c/Luxembourg* qui admet que l'exercice successif, par quatre membres du Conseil d'État, de fonctions consultatives puis de fonctions juridictionnelles à propos des mêmes décisions est de nature à mettre en cause l'impartialité structurelle de la juridiction[7].

En revanche, le Conseil d'État apprécie beaucoup plus souplement l'impartialité des **juges rapporteurs au sein des autorités administratives indépendantes.** Il a décidé que la présence du rapporteur au délibéré et au vote à l'issue desquels une sanction est infligée par **le Conseil des marchés financiers** n'est pas contraire au principe d'impartialité, aux motifs que le rapporteur n'est pas à l'origine de la saisine, qu'il ne participe pas à la formulation des griefs, n'a pas le pouvoir de classer l'affaire, que ses pouvoirs d'investigation ne l'habilitent pas à faire des perquisitions, saisies ou à procéder à une mesure de contrainte au cours de l'instruction[8]. La même solution a été adoptée pour **le Conseil national de l'Ordre des médecins**[9], aux motifs que le rapporteur n'a pas le pouvoir de décider par lui-même de modifier le champ de la saisine de la juridiction et que ses pouvoirs d'instruction ne diffèrent pas de ceux de la formation collégiale; cette même solution vaut pour la **Commission nationale de l'informatique et des libertés** (en l'espèce, il est vrai, la CNIL n'avait adressé qu'un avertissement, mesure qui ne constitue pas une accusation en matière pénale et ne relève pas de l'article 6 § 1, mais le Conseil d'État fait application du principe général d'impartialité pour déclarer compatible la présence du rapporteur au cours du délibéré[10]). Au contraire, le Conseil d'État décide qu'eu égard à la nature des pouvoirs du juge des comptes, et aux conséquences de ses décisions pour les intéressés, le principe d'impartialité et les droits de la défense font obstacle à ce que la **Cour des comptes** évoque une affaire dans un rapport public relevant l'irrégularité des faits, puis rende une décision juridictionnelle prononçant la gestion de fait[11].

La démarche du Conseil d'État est pragmatique : l'impartialité du rapporteur est fonction du caractère rudimentaire des actes qu'il accomplit pendant l'instruction. Ainsi, dès lors que le rapporteur n'intervient pas dans la saisine et le classement de l'affaire, qu'il n'a pas de pouvoir pour ordonner des mesures de contrainte, ceci l'autorise à délibérer sur la sanction disciplinaire. Si on peut approuver cette position, elle est loin de régler les difficultés concrètes d'application, notamment quant au degré exact d'implication du rapporteur dans l'examen de l'affaire[12].

1. L. n° 2005-845, 26 juill. 2005, de sauvegarde des entreprises, *JO* 27 juill. et rectif *JO* 22 oct. – Et Décr. n° 2005-1677, 28 déc. 2005, d'application de la loi n° 2005-845 du 26 juillet 2005, *JO* 29 déc.
2. Com. 3 nov. 1992, n° 90-17.054, *Bull. civ.* IV, n° 342 – Com. 16 mars 1993, n° 89-16484, NP; *D.* 1993. 538, note Vallens – Paris, 28 juin 1994, RG n° 92/015973 – Com. 23 janv. 1996, n° 94-13.391, *Bull. civ.* IV, n° 23; *D.* 1997. 6, obs. Derrida – CONTRA : Grenoble, 11 sept. 1997, *D.* 1998. 128, obs. Renucci.
3. Com. 11 janv. 1994, n° 91-19.958, *Bull. civ.* IV, n° 14.
4. Versailles, 18 nov. 1999, *D.* 2000. AJ 49.
5. V. DÉJÀ, Metz, 9 sept. 1997, *LPA* 15 déc. 1997, p. 21, note Vallens.
6. Concl. commissaire du gouvernement Heers, sur CAA Paris, 23 mars 1999, Sarran, *Procédures* 1999. 3 s.
7. CEDH 28 sept. 1995, Procola c/Luxembourg, req. n° 14570/89, *Série A,* n° 326.
8. CE, ass., 3 déc. 1999, Didier, req. n° 207434, *Lebon; D.* 2000. AJ 62, obs. Boizard; *JCP* 1999. Actu. 2237.
9. CE, sect., 3 déc. 1999, Leriche, req. n° 195512, *Lebon; D.* 2000. IR 22; *JCP* 1999. Actu. 2238.
10. CE, ass., 3 déc. 1999, Caisse de crédit mutuel de Bain-Tresbœuf et a., req. n° 197060, n° 197061, *Lebon*; *JCP* 1999. Actu. 2238.
11. CE, ass., 23 févr. 2000, req. n° 195715, *Lebon; D.* 2000. IR 97.
12. C. Ducouloux-Favard, « Où en est-on avec le contradictoire et l'impartialité dans les procès boursiers ? », *LPA* 3 janv. 2000, n° 1, p. 12 s.

211.130 Actes d'administration et actes juridictionnels. Dans l'affaire *DMD Group a.s. c/Slovaquie* du 5 octobre 2010[1], la CEDH a déclaré la violation de l'article 6 pour un président de tribunal qui avait décidé, en vertu de ses pouvoirs administratifs, de s'attribuer l'affaire en cours et de la trancher. Cette attribution ne reposait sur aucune règle suffisante, était insusceptible de recours, et une récusation était impossible. La CEDH rappelle l'importance de l'indépendance et de l'impartialité du juge, et précise que les pouvoirs administratifs et juridictionnels des juges doivent être encadrés par des règles particulièrement claires, et des garanties doivent être mises en place pour empêcher les abus.

211.131 Limites au caractère absolu de l'exigence d'impartialité. Des considérations d'opportunité tenant aux contraintes des juridictions à faible effectif, dans lesquelles les magistrats sont amenés à exercer diverses fonctions, et au souci d'éviter de la part des plaideurs des contestations purement dilatoires, ont conduit la Cour européenne des droits de l'homme et les juridictions internes à des solutions nuancées en procédure civile (et en matière pénale[2]; ainsi qu'à propos du juge pour enfants, dont l'intervention successive dans l'instance et l'élaboration du jugement est jugée conforme à l'article 6 § 1, en raison de la spécificité de la procédure relative aux mineurs[3]). Il suffit, pour que la règle d'impartialité soit considérée comme respectée, que la liberté d'appréciation des faits et la liberté de jugement ne soient pas atteintes par une crainte de se « *déjuger* ».

211.132 Cas d'une décision qui constitue la suite logique et obligatoire d'une autre décision rendue par le même juge. Il s'agit là d'une dérogation admise à l'interdiction pour un même juge d'intervenir deux fois dans le même litige, fondée sur l'idée d'une meilleure justice : le juge qui est le plus apte à décider des conséquences d'une décision est bien celui qui a prononcé cette décision.

Ainsi, les mêmes juges peuvent statuer sur les aspects civils (transfert de l'autorité parentale) et pénaux (enlèvement d'enfant) d'un même litige sans méconnaître l'exigence d'impartialité prévue à l'article 6 § 1 de la Convention européenne des droits de l'homme[4]; de même, un juge peut tirer les conséquences civiles ou pénales de l'inobservation d'une décision qu'il a précédemment rendue[5].

211.133 Sanctions de l'atteinte à l'exigence d'impartialité. La protection du justiciable victime d'un tribunal qui ne respecte pas l'exigence d'impartialité est assurée par l'application de l'article 6 § 1 et par un mécanisme interne : l'application cumulative des systèmes soulève d'importantes difficultés. En effet, le Code de procédure civile prévoit des cas et une procédure de récusation et de renvoi devant un autre tribunal lorsque certaines causes, dont la liste est établie par l'article L. 111-6 du COJ, permettent de suspecter l'impartialité du juge. Pour éviter des manœuvres dilatoires, le Code de procédure civile enferme la procédure de récusation dans un cadre procédural très restrictif : la partie qui veut récuser un juge doit, à peine d'irrecevabilité, le faire dès qu'elle a connaissance de la cause de récusation et, en aucun cas, ne peut former sa demande après la clôture des débats (C. pr. civ., art. 342). L'applicabilité directe de l'article 6 § 1, qui prévoit la nécessité d'une impartialité mais ne précise pas les modalités de sa sanction, a soulevé deux catégories de difficultés d'harmonisation avec le dispositif interne.

D'abord, la jurisprudence a dû trancher la question du **domaine respectif du dispositif interne et de l'article 6 § 1.** Elle a décidé que les huit causes de récusation envisagées par l'article 341 C. pr. civ. (actuellement COJ, art. L. 111-6) n'épuisent pas l'exigence d'impartialité de l'article 6 § 1[6] (la jurisprudence s'est prononcée aussi dans les cas de récusation des experts[7]) : le juge saisi d'une demande de récusation et de renvoi ne peut se limiter aux causes prévues par le Code de procédure civile, mais doit rechercher s'il existe, compte tenu des circonstances, une cause permettant objectivement de douter de l'impartialité des juges[8]. Le recours à l'article 6 § 1 permet de renforcer considérablement la portée de l'exigence d'impartialité : par exemple, la chambre sociale de la Cour de cassation a décidé que cette disposition interdit à un membre du conseil des prud'hommes de représenter son conjoint devant ce même conseil, alors que les dispositions de l'(ancien) article L. 518-1 du Code du travail ne prévoient pas cette hypothèse[9]; de même, la récusation d'un conseiller prud'hommes est possible dès lors que le demandeur vit

1. CEDH 5 oct. 2010, DMD Group a.s. c/Slovaquie, req. n° 19334/03.
2. CEDH 24 août 1993, Nortier c/Pays-Bas, req. n° 13924/88, *D.* 1994. Somm. 37, obs. Becquerelle.
3. Crim. 7 avr. 1993, n° 92-84.725, *Bull. crim.* n° 152; *D.* 1993. 553, note Pradel; *D.* 1994. 37, obs. Becquerelle; *RTD civ.* 1993. 561, obs. Hauser.
4. Civ. 1re, 29 mars 1989, n° 87-13.520, *Bull. civ.* I, n° 143; *D.* 1989. IR 134; *JCP* 1989. IV. 204.
5. Crim. 19 avr. 1983, n° 80-93.436, *Bull. crim.* n° 110 – Crim. 6 févr. 1989, n° 86-96.875, *Bull. crim.* n° 46; *D.* 1989. Somm. 176, obs. Pradel – Crim. 6 nov. 1986, nos 85-95.597 et 85-93.055, *Bull. crim.* n° 328; *D.* 1987. 237, obs. Pradel.
6. Civ. 2e, 28 avr. 1998, n° 96-11.637, *Bull. civ.* II, n° 155; *D.* 1998. IR 131; *RTD civ.* 1998. 744, obs. Perrot; *JCP* 1998. IV. 2313 – N. Fricero, « L'impartialité des juges à travers la jurisprudence de la Cour de cassation », *Mél. Boré (La création du droit jurisprudentiel),* Dalloz, 2007, p. 181 s.
7. Civ. 2e, 5 déc. 2002, n° 01-00.224, *Bull. civ.* II, n° 275; *D.* 2003. 2260, note Penneau.
8. Civ. 1re, 31 mars 1998, n° 95-17.430, *Bull. civ.* I, n° 133; *JCP* 1999. II. 10102, note Pralus-Dupuy.
9. Soc. 3 juill. 2001, n° 99-42.735, *Bull. civ.* V, n° 247; *D.* 2001. Somm. 2712, obs. Fricero; *JCP* 2002. II. 10046, obs. du Rusquec.

maritalement avec la nièce de ce conseiller[1], ou que le conseiller siège après avoir assisté l'une des parties dans la constitution du dossier qu'elle soumet à la formation collégiale[2] (même solution en cas d'appartenance au même syndicat que l'une des parties[3]).

Ensuite, la jurisprudence a dû trancher la question des **modalités procédurales de sanction** du risque de partialité avéré. Il s'agit de savoir s'il convient d'appliquer les restrictions temporelles que le Code de procédure civile impose à la possibilité de récusation ou si le justiciable victime d'une situation de partialité peut demander l'annulation du jugement, en appel ou en cassation, en se fondant sur l'article 6 § 1 de la Convention. La Cour de cassation a répondu à cette question au bénéfice d'une distinction. Par deux arrêts[4], la deuxième chambre civile de la Cour de cassation a rejeté le grief tiré de la partialité du juge en relevant que la composition de la formation de jugement était connue du plaideur (1re esp.) et qu'elle pouvait être connue du plaideur (2e esp.), qui n'est donc plus recevable à invoquer devant la Cour de cassation la violation de l'article 6 § 1, dès lors qu'il a eu la possibilité de récuser le magistrat en cause et qu'il s'en est abstenu. Ainsi, la connaissance de la composition irrégulière de la formation de jugement avant la clôture des débats rend le moyen irrecevable devant la Cour de cassation, et cette jurisprudence est restée inchangée[5]. Ce critère avait déjà été utilisé par la Cour de cassation pour l'application de l'article 430 C. pr. civ. Dès lors que le plaideur prétend que la partialité de l'un des juges constitue une irrégularité dans la composition de la juridiction, l'article 430 l'oblige, à peine d'irrecevabilité, à présenter sa contestation dès l'ouverture des débats (ou dès la révélation de l'irrégularité si celle-ci survient postérieurement) : la Cour de cassation a précisé à cet égard que le moyen devient recevable si la composition de la juridiction ne pouvait en fait être invoquée avant la clôture des débats[6].

Cette solution repose sur le caractère subsidiaire du dispositif de l'article 6 § 1 de la Convention : si le plaideur est victime d'une situation d'impartialité, il doit au préalable épuiser le système protecteur interne, sous peine de ne plus pouvoir invoquer ultérieurement l'article 6 § 1. Elle permet d'éviter les manœuvres dilatoires d'un plaideur qui, conscient de la cause objective de partialité, se réserve la possibilité de l'invoquer après le prononcé du jugement dans l'éventualité où la décision lui serait défavorable. Ce n'est que dans la mesure où il n'a pas pu disposer d'une réelle possibilité de contester la partialité du juge, parce qu'il n'a pas eu connaissance de la composition de la formation de jugement, que le dispositif interne est écarté et que l'allégation du grief tiré de l'article 6 § 1 devient recevable, même pour la première fois devant la Cour de cassation[7]. Ainsi, la Cour de cassation admet que l'on ne peut pas reprocher au plaideur de n'avoir pas récusé le magistrat dans les conditions légales, dès lors « *qu'en raison de l'ancienneté de l'affaire et de son changement de conseil, il ne pouvait avoir une connaissance suffisante de cette cause de récusation* » (en l'espèce, neuf ans séparaient les deux instances, en raison des multiples recours, et le plaideur avait changé de conseil, ce qui gênait la parfaite connaissance de la composition des formations successives de la cour d'appel)[8]. La Cour de cassation attache une grande importance à la présence d'un auxiliaire de justice (avocat, avoué) qui permet de considérer que la partie représentée a pu être informée de la composition de la juridiction[9]. Les juges du fond adoptent cette position : lorsqu'un plaideur salarié réside hors de France pour son travail, n'a donc pas pu assister à l'audience devant le conseil de prud'hommes, et n'a pas récusé le conseiller prud'hommes qui avait entretenu des liens de subordination avec l'employeur partie au litige, on doit admettre qu'il puisse solliciter en appel l'annulation du jugement, fondée sur l'article 6 § 1[10] (un arrêt de la cour d'appel de Toulouse du 25 octobre 2001 déclare le moyen irrecevable devant la cour d'appel dès lors que les plaideurs avaient eu connaissance de la cause de récusation avant les débats[11]). La Cour européenne des droits de l'homme apprécie la recevabilité du moyen tiré de la partialité des juges en se référant au comportement du requérant face à la composition de la juridiction, pour en déduire ou non l'existence d'une renonciation à invoquer la partialité du tribunal : dans l'arrêt *Oberschlick c/Autriche*, la Cour a considéré que la renonciation à un droit garanti par la Convention doit se trouver établie de manière non équivoque, et que l'absence de récusation de la part du plaideur ne peut pas être interprétée comme une renonciation à voir sa cause tranchée par un tribunal impartial[12]; au contraire, dans l'arrêt *Bulut c/Autriche*, en matière pénale, la Cour constate le caractère non équivoque de la renonciation à invoquer la nullité résultant du fait que l'un des juges avait interrogé deux témoins lors de l'instruction préliminaire, et elle fonde le rejet de la violation de l'article 6 § 1 sur le fait que le requérant ne saurait prétendre avoir des motifs légitimes de douter de l'impartialité du tribunal qui l'a jugé, alors qu'il pouvait en récuser la composition mais s'en est abstenu[13]. On retrouve cette référence à la renonciation du

1. Soc. 18 nov. 1998, n° 94-43.840, *Bull. civ.* V, n° 506; *JCP* 1999. IV. 1032.
2. Paris, 31 oct. 1991, *D.* 1992. 431, note Quétant.
3. Soc. 19 déc. 2003, n° 02-41.429, *Bull. civ.* V, n° 321; *D.* 2004. 1688, note Keller.
4. Civ. 2e, 6 mai 1999, nos 96-12.964 et n° 96-10.407, *Bull. civ.* II, nos 77 et 78; *D.* 1999. IR 152; *RTD civ.* 1999. 685, obs. Normand; *JCP* 1999. IV. 2149.
5. Com. 22 juin 2010, n° 09-13.711, NP.
6. Civ. 2e, 6 févr. 1991, n° 89-20.123, *Bull. civ.* II, n° 49; *JCP* 1991. IV. 126; *Gaz. Pal.* 1991. 1. Pan. 144 – Com. 23 févr. 1993, n° 91-10.460, NP; *D.* 1993. Somm. 188, obs. Julien.
7. EN CE SENS, concl. av. gén. Charbonnier, ss Civ. 2e, 3 juill. 1985, n° 84-10.356, *Bull. civ.* II, n° 133; *D.* 1986. 547. IR 22, obs. Julien; *Gaz. Pal.* 1986. Somm. 88, obs. Guinchard et Moussa.
8. Civ. 2e, 12 juill. 2001, n° 99-21.822, *Bull. civ.* II, n° 142; *Dr. et proc.* 2002. 36, obs. Fricero.
9. Cass., ass. plén., 24 nov. 2000, n° 99-12.412, *Bull. ass. plén.*, n° 10; *D.* 2001. Somm. 1067, obs. Fricero; *D.* 2001. 2427, chron. Beignier et Bléry; *RTD civ.* 2001. 192, obs. Normand; *RTD civ.* 2001. 204, obs. Perrot.
10. Toulouse, 9 mars 2001, RG n° 2000/00724, *D.* 2002. 359, obs. Beignier.
11. Toulouse, 25 oct. 2001, RG n° 2001/00266, *D.* 2002. 359.
12. CEDH 23 mai 1991, Oberschlick c/Autriche, req. n° 11662/85, *Série A*, n° 204.
13. CEDH 22 févr. 1996, Bulut c/Autriche, req. n° 17358/90, *Rec. CEDH*-II. 351 s.

plaideur dans une décision de l'assemblée plénière du 24 novembre 2000[1] et dans la jurisprudence ultérieure[2] : les magistrats estiment qu'en s'abstenant de soulever la récusation avant la clôture des débats, la partie a renoncé sans équivoque à se prévaloir de son droit à un tribunal impartial. Si cette solution permet sans conteste de lutter contre les manœuvres dilatoires, elle peut paraître bien rigoureuse : l'inaction du plaideur peut-elle être interprétée comme une renonciation non équivoque à une exigence aussi fondamentale que l'impartialité des juges ?

Le critère de la connaissance de la composition permet de ménager les intérêts légitimes du plaideur et celui d'une bonne administration de la justice. Mais il suscite des interrogations relatives à son contenu : la Cour de cassation se contentera-t-elle d'une connaissance théorique (le plaideur pouvait connaître la composition de la formation de jugement) ou exigera-t-elle la preuve d'une réelle connaissance de cette composition ? Étendra-t-elle la recevabilité du moyen aux cas dans lesquels le plaideur n'a eu connaissance de la cause de partialité qu'après la clôture des débats, ce qui l'a empêché de se prévaloir du grief dans les délais prévus, même s'il connaissait la composition de la juridiction. De telles incertitudes vont à l'encontre de la lisibilité du système de sanction de l'impartialité du juge. Elles posent un problème plus général : est-il admissible que les juridictions internes des États signataires d'une convention directement applicable puissent restreindre l'effectivité des droits garantis en posant des conditions que le texte n'impose pas ? Les modalités procédurales de la sanction de l'impartialité sont si drastiques qu'il est raisonnable de considérer qu'il y a là une atteinte substantielle au droit du procès équitable, que la Cour européenne devrait logiquement sanctionner.

Pourtant, la Cour de cassation a déjà admis la recevabilité du moyen tiré de la violation de l'article 6 § 1, alors qu'il était invoqué pour la première fois dans le cadre d'un pourvoi : dans le second arrêt du 6 novembre 1998 (affaire *Guillotel*[3]), le demandeur au pourvoi n'avait ni contesté la composition de la cour d'appel dès l'ouverture des débats, ni demandé la récusation du conseiller dont l'impartialité était en cause. Le rapporteur[4] conclut qu'il appartient à l'assemblée plénière de décider si elle entend ou non soulever d'office l'irrecevabilité du moyen : si elle ne le fait pas, il s'en déduirait que le moyen tiré de la violation de l'exigence d'impartialité résultant de l'article 6 § 1 de la Convention, peut être soulevé pour la première fois devant la Cour de cassation. Dans ses conclusions, le Procureur général[5] considère que le pourvoi en cassation doit demeurer ouvert sur le fondement de l'article 6 § 1 de la Convention européenne, quand bien même la récusation aurait été possible : il justifie cette position par la nécessité de reconnaître à l'exigence d'impartialité la place primordiale qui doit lui être attribuée, et par le fait que le devoir d'impartialité du juge possède un caractère en quelque sorte d'ordre public, de telle sorte que les parties ne sauraient, par leur silence ou leur inaction, en affranchir le juge. On sait que l'assemblée plénière n'a pas soulevé d'office l'irrecevabilité du moyen, et qu'elle a, au contraire, fait application directe de l'article 6 § 1.

On devrait admettre que la règle de l'impartialité du juge constitue un moyen d'ordre public, que les parties peuvent invoquer pour la première fois devant la Cour de cassation, et que cette juridiction peut relever d'office[6]. Afin de respecter la technique de la cassation, la recevabilité du moyen suppose que le grief soit appuyé sur des faits ou pièces qui avaient été soumis aux juges du fond, et qui étaient dans le débat (le moyen serait irrecevable si les juges du fond n'avaient pas été mis à même d'en connaître les éléments, selon J. et L. Boré)[7]. Cette exigence ne devrait pas poser problème en présence d'une impartialité objectivement appréciée, les causes résultant des pièces du dossier (décision antérieure du juge dans la même affaire, participation au délibéré sur le fond, *etc.*).

La procédure de récusation soulève quelques difficultés au regard de l'article 6 § 1 de la Convention, en raison de son caractère non contradictoire : l'article 351 C. pr. civ. précise que « *l'affaire est examinée sans qu'il soit nécessaire d'appeler les parties ni le juge récusé* ». La Cour de cassation juge de manière constante que les procédures de récusation et de renvoi pour cause de suspicion légitime, qui ne portent pas sur le bien-fondé d'une accusation en matière pénale et ne concernent pas une contestation sur un droit ou une obligation de caractère civil, n'entrent pas dans le champ d'application de l'article 6 § 1 de la Convention européenne des droits de l'homme (en l'absence de débat, le ministère public n'a pas à communiquer ses conclusions ou à les mettre à la disposition des parties[8]). Mais plusieurs décisions refusent au juge victime de la récusation toute possibilité d'assurer sa défense en exerçant une voie de recours contre la décision de récusation : ainsi, le juge récusé ne pouvant pas être qualifié de « *partie* » à l'instance, son pourvoi en cassation formé contre la décision le récusant est irrecevable[9]. Dans le même ordre d'idées, un expert récusé (C. pr. civ., art. 234 et 235) ne peut pas former tierce-opposition, puisqu'un

1. Cass., ass. plén., 24 nov. 2000, n° 99-12.412, *Bull. ass. plén.*, n° 10; *D.* 2001. Somm. 1067, obs. Fricero; *D.* 2001. 2427, chron. Beignier et Bléry; *RTD civ.* 2001. 192, obs. Normand; *RTD civ.* 204, obs. Perrot.
2. PAR EX., Com. 22 juin 2010, n° 09-13.711, NP.
3. Cass., ass. plén., 6 nov. 1998, n° 95-11.006, Guillotel, *Bull. ass. plén.*, n° 4; *D.* 1999. 1; *RTD civ.* 1999. 177, obs. Normand; *RTD civ.* 1999. 193, obs. Perrot.
4. P. Sargos, *JCP* 1998. II. 10198.
5. J.-F. Burgelin, *D.* 1999. 1.
6. Sur la notion de moyen d'ordre public, J. et L. Boré, Dalloz action *La cassation en matière civile*, 2009/2010, nos 82.291 à 82.362.
7. J. et L. Boré, Dalloz action *La cassation en matière civile*, 2009/2010, nos 82.01 s. – Req. 12 déc. 1871, *DP* 1872. 1. 316, rapp. Rau – Civ. 1re, 20 mai 1966, *Bull. civ.* I, n° 223.
8. Civ. 2e, 15 déc. 2005, nos 04-17.166, *Bull. civ.* II, n° 328, et 04-10.329, NP; *BICC* 1er avr. 2006, n° 632.
9. Soc. 19 déc. 2003, n° 03-10.014, *Bull. civ.* V, n° 320; *D.* 2004. IR 398.

auxiliaire de justice n'a pas la qualité de tiers[1]; il ne peut pas non plus former un pourvoi en cassation contre la décision qui le récuse, puisqu'il n'est pas partie à l'instance et qu'aucune condamnation n'a été prononcée à son encontre[2]. Certes, le refus d'application des exigences de l'article 6 § 1 est justifié : la procédure de récusation n'est pas une instance au cours de laquelle le tribunal « *décide* » de la contestation. Néanmoins, il serait équitable que la personne qui fait l'objet d'une récusation puisse assurer de manière satisfaisante ses droits de la défense, et qu'un recours approprié lui soit ouvert.

1. Civ. 2e, 24 juin 2004, nos 02-10.200, *Bull. civ.* II, no 314, et 02-10.198 et 02-10.199, NP; *D.* 2004. IR 2011; *RTD civ.* 2004. 555, obs. Perrot.
2. Civ. 2e, 24 juin 2004, nos 02-10.817, *Bull. civ.* II, no 313, et 02-12.991 et 02-12.992, NP; *D.* 2004. IR 2011.

CHAPITRE

212. Garanties de nature procédurale : équité, publicité, célérité et laïcité

NATALIE FRICERO
Professeure à la Faculté de droit
de l'Université de Nice Sophia-Antipolis (CERDP)

SECTION 0
ORIENTEUR

212.00 Plan du chapitre.

212.01 Principaux textes applicables.

C. pr. civ., art. 9 à 12, 22, 433 à 437, 450 à 455.

COJ, art. L. 111-3, L. 111-6, L. 141-1.

L. n° 72-626, 5 juill. 1972, instituant un juge de l'exécution et relative à la réforme de la procédure civile, art. 11-1, *JO* 9 juill., p. 7181.

212.05 Droits du justiciable pendant l'instance. Dès lors qu'un justiciable a recours à un tribunal, il doit bénéficier, dans le déroulement du procès, de garanties fondamentales de procédure, de nature à renforcer les mécanismes de protection des droits que lui confèrent la Convention européenne des droits de l'homme et le Pacte des droits civils et politiques. La notion même de procès équitable ne se trouve pas définie dans la Convention. La jurisprudence de la Cour européenne des droits de l'homme joue donc un rôle capital, puisqu'elle doit dégager des règles communes aux États. Ces exigences communes doivent permettre la mise en œuvre de la prééminence du droit et coïncider avec les valeurs d'une société démocratique. Les règles ainsi dégagées par une interprétation autonome des notions énoncées par l'article 6 § 1 sont essentiellement de nature procédurale, en ce sens qu'elles sont totalement étrangères à la justesse de la solution au fond du litige civil, même si l'on doit considérer que l'aspect procédural est l'une des garanties essentielles d'une solution juste. Ces garanties procédurales offrent au justiciable le droit d'être entendu équitablement, publiquement, dans un délai raisonnable (les dispositions propres au procès pénal ne sont pas envisagées), et selon une procédure organisée dans le respect de la laïcité. Comme les décisions de la Cour européenne ont pour les juges nationaux une autorité morale certaine (que certains auteurs qualifient d'autorité de la chose interprétée [1]), on constate que les notions autonomes pénètrent le droit interne où elles sont aménagées en fonction des spécificités : par exemple, ni la notion d'équité, ni celle d'égalité des armes ne figurent expressément dans le Code de procédure civile, mais la jurisprudence interne en fait application soit pour compléter le principe directeur de la contradiction, soit pour instaurer des règles originales.

SECTION 1
EXIGENCE D'ÉQUITÉ

212.10 Notion. Les instances de la Convention européenne des droits de l'homme ont conféré à l'équité son sens étymologique : *aequitas* « égalité ». Elles considèrent qu'un procès ne serait pas équitable s'il se déroulait « *dans des conditions de nature à placer injustement une partie dans une situation désavantageuse* » par rapport à l'autre partie [2] (la CEDH a eu à se prononcer à propos de la participation au délibéré de l'avocat général) [3].

Le Pacte des droits civils et politiques met l'accent sur **le principe d'égalité**, qui semble même prendre le pas sur l'équité. L'article 14 débute par ces termes : « *Tous sont égaux devant les tribunaux et les cours de justice* », puis énonce le principe selon lequel toute personne a droit à ce que sa cause soit entendue équitablement. Le principe d'égalité contenu dans l'article 14 peut être rattaché à celui de l'égalité devant la loi que proclame l'article 26 du même Pacte, selon lequel : « *Toutes les personnes sont égales devant la loi et ont droit sans discrimination à une égale protection de la loi* » (ce lien a été fait par le Comité [4]). L'analyse de la jurisprudence du Comité relative à l'article 14 du Pacte montre que l'allégation d'une violation du principe d'égalité « *apparaît comme un leitmotiv* » [5], ce qui permet de considérer l'égalité comme le fondement du procès équitable : en ce sens, la jurisprudence du Comité rejoint celle de la Cour européenne des droits de l'homme, qui intègre dans le principe d'équité la nécessaire égalité des parties, même si le terme d'égalité ne figure pas expressément dans l'article 6 § 1.

Selon la jurisprudence de la Cour européenne des droits de l'homme, **le contenu du principe d'équité en matière civile** n'est pas identique à celui de l'équité dans un procès pénal. Dans l'arrêt *Dombo Beheer BV c/Pays-Bas*, la Cour européenne des droits de l'homme considère que « *les impératifs inhérents à la notion de procès équitable ne sont pas nécessairement les mêmes dans les litiges relatifs à ces droits et obligations de caractère civil que dans les affaires concernant des accusations en matière pénale* » [6] : il est certain que c'est dans le procès pénal que la nécessité de maintenir un équilibre entre la défense et l'accusation présente le plus d'acuité [7]. L'article préliminaire Ier alinéa 1er du Code de procédure pénale, dans la rédaction que lui a donnée la loi n° 2000-516 du 15 juin 2000, prévoit expressément que la procédure pénale doit « *être équitable et contradictoire et prévoir l'équilibre des parties* » : les termes d'équité et d'équilibre apparaissent pour la première fois dans un texte législatif interne. L'absence de disposition légale dans le Code de procédure civile ne doit pas conduire à minorer le rôle de l'égalité des parties dans le procès civil, le principe d'équité ayant un contenu (§ 2) spécifique, alors que son appréciation (§ 1) repose sur les mêmes règles que celles qui sont mises en œuvre dans le procès pénal [8].

§ 1
Appréciation du respect de l'équité

212.11 Appréciation globale. La Cour européenne des droits de l'homme reprend de façon constante le principe d'une appréciation de l'ensemble du procès en cause au regard de l'exigence d'équité. Il faut donc prendre en compte « *l'ensemble du procès mené dans l'ordre juridique interne* » [9], avoir égard « *à l'ensem-*

1. J. Boulouis, « À propos de la fonction normative de la jurisprudence, remarques sur l'œuvre jurisprudentielle de la CJCE », *Mél. Waline,* t. I, LGDJ, 1974, p. 149 – J. Velu, « Les effets des arrêts de la CEDH », dans *Introduire un recours à Strasbourg,* Éd. Nemesis, Bruxelles, 1986, p. 186.
2. CEDH 30 oct. 1991, Borgers c/Belgique, req. n° 12005/86, *Série A,* n° 214-A – BERGER, 12e éd., 2011, n° 92, p. 291 – P. Lambert, « De la participation du ministère public au délibéré de la Cour de cassation... à l'erreur de menuiserie », *JTDE* 1992. 167.
3. CEDH 17 janv. 1970, Delcourt c/Belgique, req. n° 2689/65, *Série A,* n° 11.
4. Comité DH, 30 mars 1989, B. de B. a. c/Pays-Bas, A/44/40, p. 298.
5. P. Tavernier, « Le droit à un procès équitable dans la jurisprudence du Comité des droits de l'homme des Nations unies », *RTDH* 1996, spéct 16.
6. CEDH 27 oct. 1993, Dombo Beheer BV c/Pays-Bas, req. n° 14448/88, *Série A,* n° 274 – BERGER, 12e éd., 2011, n° 87, p. 273.
7. D. Jean-Pierre et F. Mélin-Soucramanien, « Le principe d'égalité des armes », *RRJ* 1993. 489.
8. Pour les applications en matière constitutionnelle, CEDH 23 juin 1993, Ruiz-Matéos c/Espagne, req. n° 12952/87, *Série A,* n° 262; *RUDH* 1993. 314 – BERGER, 12e éd., 2011, n° 85, p. 266 – G. Malinverni, « Droit à un procès équitable et cours constitutionnelles », *RUDH* 1994. Doctr. 389 – G. Cohen-Jonathan, « Justice constitutionnelle et Convention européenne des droits de l'homme », *RFDC* 1994. 175.
9. CEDH 2 mars 1987, Monnel et Morris c/Royaume-Uni, req. nos 9562/81 et 9818/82, *Série A,* n° 115.

ble de l'affaire »[1], « *rechercher si, dans les circonstances de l'espèce, les particularités de la procédure nationale, envisagée en bloc* », justifient des dérogations à l'article 6 § 1[2]. Une telle appréciation ne contribue pas à renforcer le principe d'équité : dans la mesure où l'on doit se situer à la fin de la procédure, cela conduit à admettre qu'un aspect inéquitable de l'une des phases du procès peut être compensé à un stade ultérieur, par exemple devant la juridiction statuant sur recours (une éventuelle violation du principe de l'égalité des armes devant le Conseil de la concurrence ne peut pas entraîner l'annulation de la décision, dans la mesure où ce principe est respecté devant la cour d'appel de Paris saisie sur recours[3]).

212.12 **Prise en compte des « *apparences* ».** La Cour européenne des droits de l'homme vérifie que les apparences démontrent le respect du principe d'équité. L'arrêt *Borgers c/Belgique* traduit à cet égard une nouvelle approche de la notion de procès équitable[4] : contrairement à l'arrêt *Delcourt c/Belgique*[5], la Cour européenne des droits de l'homme considère que la notion de procès équitable a connu une évolution des plus notables, marquée par l'importance attribuée aux apparences et à la sensibilité accrue du public aux garanties d'une bonne justice. Elle considère donc que le parquet de la Cour de cassation « *devient l'allié ou l'adversaire objectif de l'accusé* » en recommandant l'admission ou le rejet de son pourvoi, et que le fait que les parties ne puissent pas répondre au ministère public constitue une violation de l'article 6 § 1 au regard des droits de la défense et de l'égalité des armes, et au regard du « *rôle des apparences dans l'appréciation de leur respect* » (qui « *se fonde pour beaucoup sur la théorie des apparences* », à propos de la présence du commissaire du gouvernement au délibéré du Conseil d'État)[6]. Le décret n° 2009-14 du 7 janvier 2009[7] instaure un « *rapporteur public* » des juridictions administratives (remplaçant le commissaire du gouvernement) pour renforcer la contradiction. Dans la décision de recevabilité *Marc-Antoine c/France* du 4 juin 2013[8], la Cour européenne valide les particularités procédurales du Conseil d'État : notamment, elle considère que la communication du projet de décision au rapporteur public n'a pas placé le requérant dans une situation de désavantage par rapport à quiconque, pas plus qu'il n'a été préjudiciable pour la défense de ses intérêts civils dans le cadre de la procédure administrative.

212.13 **Appréciation concrète.** Le droit à ce que sa cause soit entendue équitablement doit être effectivement appliqué, ce qui suppose une vérification de la situation concrète du justiciable dans le déroulement du procès interne.

La Cour européenne des droits de l'homme considère que l'État signataire doit prendre les mesures qui s'imposent pour qu'un **droit effectif à un procès équitable** soit garanti[9]. La Commission décide que le rôle du juge devant lequel se déroule le procès est essentiel : il a la responsabilité ultime d'assurer l'équité de la procédure, que les parties soient représentées ou non[10]. Sans doute, la Convention européenne des droits de l'homme ne privilégie-t-elle aucun système, accusatoire ou inquisitoire, mais elle suppose que le juge joue un rôle actif dans la garantie d'équité, puisqu'il peut compenser les éventuelles inégalités. Le juge peut même, indirectement, sanctionner le non-respect du principe d'équité par un juge étranger : il a la possibilité de refuser d'ordonner l'*exequatur* à une décision étrangère qui méconnaît l'exigence de l'article 6 § 1 (telle la cour d'appel de Colmar qui a refusé l'*exequatur* à une ordonnance de taxation de frais d'avocat allemande, qui n'a pas respecté l'article 6 § 1 en raison de la violation du principe de la contradiction[11]).

§ 2
Contenu du principe d'équité

212.20 **Pluralité des critères d'équité.** La Cour européenne des droits de l'homme a indiqué, au fil des arrêts, les principes qui découlent de l'équité, sans que la liste donnée soit considérée comme limitative[12]. En ce qui concerne le procès civil, il est possible de les regrouper en trois catégories essentielles : l'égalité des armes (A), la contradiction (B) et la moti-

1. CEDH 28 mars 1990, Granger c/Royaume-Uni, req. n° 11932/86, *Série A,* n° 174 – CEDH 6 déc. 1988, req. n° 10590/83, Barbéra, Mességué et Jabardo c/Espagne, *Série A,* n° 146 – Berger, 12e éd., 2011, n° 91, p. 284.
2. CEDH 26 mai 1988, Ekbatani c/Suède, req. n° 10563/83, *Série A,* n° 134 – Berger, 12e éd., 2011, n° 100, p. 309.
3. Paris, ch. conc., 26 avr. 1994, RG n° 93/18274.
4. CEDH 30 oct. 1991, Borgers c/Belgique, req. n° 12005/86, *Série A,* n° 214-A; *RUDH* 1992. 6, obs. Sudre.
5. CEDH 17 janv. 1970, Delcourt c/Belgique, req. n° 2689/65, *Série A,* n° 11 – J. Velu, *L'affaire Delcourt,* Éd. Univ. Bruxelles, 1972.
6. En dernier lieu, CEDH, gr. ch., 12 avr. 2006, Martinie c/ France, req. n° 58675/00, § 53.
7. Décr. n° 2009-14, 7 janv. 2009, relatif au rapporteur public des juridictions administratives et au déroulement de l'audience devant ces juridictions, *JO* 8 janv., p. 479.
8. CEDH 4 juin 2013, Marc-Antoine c/France, req. n° 54984/09, DR, *Procédures* 2013. Comm. 241, obs. Fricero.
9. CEDH 6 déc. 1988, Barbéra, Mességué et Jabardo c/Espagne, req. n° 10590/83, *Série A,* n° 146 – Berger, 12e éd., 2011, n° 91, p. 284; v. ss n° 212.11.
10. Comm. EDH, 11 mai 1983, n° 9353/81, Weeb c/Royaume-Uni, DR 33.150.
11. Colmar, 24 oct. 1990, RG n° 3203/88.
12. J. Velu et R. Ergec, *La Convention européenne des droits de l'homme,* Bruylant, 1990, p. 408, note 2.

vation des décisions (C). La langue du procès (D) a également des incidences sur le principe d'équité.

A. Égalité des armes

212.21 Affirmation de la nécessaire égalité des armes. Pour la Cour européenne des droits de l'homme, l'égalité des armes constitue une exigence essentielle du procès équitable et elle se définit par la formule suivante : chaque partie doit avoir « *la possibilité raisonnable d'exposer sa cause dans des conditions qui ne la désavantagent pas d'une manière appréciable par rapport à la partie adverse* »[1].

Cette formule a souvent été reprise dans les arrêts de la Cour européenne des droits de l'homme[2].

212.22 Portée générale à toutes les procédures. Le principe de l'égalité des armes s'applique à toutes les procédures mettant en cause des droits ou obligations à caractère civil. Il concerne même les juridictions constitutionnelles, dans la mesure où la décision à rendre peut influer sur l'issue du litige civil dont il est débattu devant les juridictions ordinaires[3]. Sont concernées par cette exigence d'équité toutes les juridictions étatiques, ainsi que les organes qui peuvent décider des droits et obligations à caractère civil au sens de l'article 6 § 1 de la Convention européenne des droits de l'homme. Il en était ainsi pour l'ancienne Commission des opérations de bourse (COB)[4].

La chambre commerciale de la Cour de cassation a précisé que la participation du rapporteur au délibéré du Conseil de la concurrence, serait-ce sans voix délibérative, dès lors qu'il a procédé aux investigations utiles pour l'instruction des faits dont le conseil est saisi, est contraire au principe d'égalité des armes et qu'il en est de même pour la présence du rapporteur général, qui contrôle l'instruction effectuée par le rapporteur[5] (la présence du rapporteur et du rapporteur général au délibéré leur a permis d'exprimer, en l'absence des parties, des positions sur lesquelles celles-ci n'ont pas été en mesure de répondre, ce qui méconnaît l'article 6 § 1, les garanties de la défense et l'article L. 463-1 du Code de commerce [anc^{t} Ord. n° 86-1243, 1er déc. 1986, art. 18][6]).

212.23 Caractère non absolu de l'égalité des armes. La généralité du domaine ne signifie pas que le principe a un caractère absolu : les États signataires n'ont pas l'obligation d'établir une stricte égalité procédurale entre les parties; il suffit que ces dernières bénéficient d'une situation raisonnablement égalitaire. Mais toutes les parties, qu'il s'agisse de particuliers ou de l'État lui-même qui ne doit pas bénéficier d'une situation privilégiée, doivent se trouver sur un raisonnable pied d'égalité dans le procès. La Cour de cassation a dû statuer à de multiples reprises sur la conformité des dispositions de l'article 85 de la loi n° 94-43 du 18 janvier 1994 relative à la santé publique et à la protection sociale aux exigences des articles 6 § 1 et 13 de la Convention européenne des droits de l'homme. Les particuliers considéraient que ce texte ne respecte pas le principe d'égalité des armes, en ce qu'il confère à l'État un avantage substantiel (l'article 85, applicable aux instances en cours, permet de suppléer, en l'absence d'accord des parties, la disparition d'un indice de référence, et autorise ainsi le calcul du montant de la prime, ce qui constituerait une intervention de l'État dans les procédures l'opposant à des particuliers). Il y a violation de l'égalité des armes si le droit accorde un traitement préférentiel à l'État quant à la fixation des délais de prescription dans une affaire de caractère privé l'opposant à une partie privée[7].

La chambre sociale a estimé que le principe de l'égalité des armes et celui du droit au recours juridictionnel sont respectés, puisque le texte ne remet pas en cause des décisions de justice irrévocables[8]. La Cour de cassation a également statué à propos de l'intervention du bâtonnier de l'Ordre des avocats auprès de la cour d'appel statuant sur recours contre une décision du Conseil de l'Ordre : le fait qu'il présente des « *observations destinées à éclairer la cour d'appel* » n'est pas contraire à l'exigence de procès équitable de l'article 6 § 1, même s'il peut, à cette occasion, faire connaître son opinion sur la sanction à prononcer[9].

1. CEDH 16 juill. 1968, Struppat c/RFA, req. n° 2804/66, DR, *Annuaire de la Conv.*, vol. XI, p. 400.
2. CEDH 23 juin 1993, Ruiz Matéos c/Espagne, req. n° 12952/87, *Série A*, n° 262; *RUDH* 1993. 314 – BERGER, 12e éd., 2011, n° 91, p. 284; v. s^{s} n° 212.10 – CEDH 27 oct. 1993, n° 14448/88, Dombo Beheer c/Pays-Bas, *Série A*, n° 274 – BERGER, 12e éd., 2011, n° 87, p. 273, v. s^{s} n° 212.10 – CEDH 22 sept. 1994, Hentrich c/France, req. n° 13616/88, *JCP E* 1995. Pan. 7, n° 20 – CEDH 23 oct. 1996, Ankerl c/Suisse, req. n° 17748/91, *JCP* 1997. I. 4000, n° 21, obs. Sudre.
3. CEDH 23 juin 1993, Ruiz Matéos c/Espagne, req. n° 12952/87, *Série A*, n° 262; *RUDH* 1993. 314 – BERGER, 12e éd., 2011, n° 85, p. 266; v. s^{s} n° 212.21.
4. Cass., ass. plén., 5 févr. 1999, n° 97-16.440, *Bull. ass. plén.*, n° 1; *Gaz. Pal.* 24-25 févr. 1999, concl. av. gén. Lafortune; *JCP* 1999. II. 10060, note Matsopoulou; *LPA* 10 févr. 1999, n° 29, p. 17, obs. Frison-Roche – N. Fricero, « Nouvelles applications de la CEDH aux procédures adaptées aux affaires », *Dr. et patr.* 1999. 73 s.
5. Com. 5 oct. 1999, n°s 97-15.617, 97-16.330, 97-16.004, 97-15.932, 97-15.871, 97-15.852, 97-15.836, 97-15.826, 97-15.805, 97-15.777, 97-15.760, 97-15.673, 97-15.632 et 97-15.626, *Bull. civ.* IV, n° 158; *D.* 1999. 44, obs. A. M.; *D.* 2000. 9, obs. Niboyet; *RTD civ.* 2000. 618, obs. Normand; *JCP* 1999. IV. 2893.
6. V. DÉJÀ, Paris, 15 juin 1999, *D.* 2000. Somm. 202, obs. Hassier et Lapp.
7. CEDH 28 mai 2009, Varnima Corporation International S.A. c/Grèc, req. n° 48906/06e, *AJDA* 2009. 1936, chron. Flauss.
8. Soc. 15 juin 1995, n° 93-43.442, NP – Soc. 2 mars 1995, n° 93-42.889, NP; un arrêt rendu après jonction de 127 pourvois contre des arrêts de la cour d'appel de Metz – Soc. 2 mars 1995, n°s 94-43.588, 94-43.591 et 94-43.601, NP – Soc. 15 févr. 1995, n° 93-42.888, NP – Soc. 15 févr. 1995, n°s 93-46.693 et 94-42.843, *Bull. civ.* V, n° 58.
9. Civ. 1re, 12 févr. 1991, n° 89-16.142, *Bull. civ.* I, n° 60; *D.* 1991. IR 57.

L'équité procédurale rejoint ainsi l'idée d'un équilibre raisonnable entre les parties, que l'on retrouve dans la jurisprudence du Comité des droits de l'homme de l'ONU, qui précise que le refus du président d'un tribunal pénal d'accorder un renvoi pour permettre à l'intéressé de trouver un défenseur soulève des questions d'équité et d'égalité des armes au regard de l'article 14 § 1 du Pacte[1]. L'équilibre entre les parties suppose que l'accusation et la défense, le demandeur et le défendeur, disposent d'une égalité de moyens, c'est-à-dire bénéficient réellement d'une égalité des armes.

212.24 Extension de l'égalité des armes à tous les intervenants du procès. La Cour européenne des droits de l'homme a adopté une conception très extensive du domaine de l'égalité des armes. Si les parties au sens strict, demandeur et défendeur, doivent bénéficier d'un traitement procédural égalitaire, la Cour européenne des droits de l'homme considère que l'exigence d'égalité concerne aussi les rapports entre les parties et toute personne qui intervient dans la procédure avec la possibilité d'influer sur la décision du juge. Il en est ainsi du parquet qui, en toute indépendance, a pour fonction de conseiller le juge sur l'interprétation de la loi (si des éléments relatifs à l'affaire sont communiqués à l'avocat général, ils doivent être communiqués dans les mêmes conditions aux parties, pour respecter l'égalité des armes[2]).

Cette exigence a conduit la Cour européenne des droits de l'homme à condamner la France pour la procédure devant la chambre criminelle de la Cour de cassation[3] : le rapport du conseiller rapporteur est communiqué à l'avocat général, qui conseille les juges sur l'interprétation de la loi qui lui paraît conforme à l'intérêt général, mais il n'est pas communiqué dans les mêmes conditions aux parties (la Cour européenne prend acte d'une pratique, qui n'était pas en vigueur lors de la requête, selon laquelle le rôle diffusé huit jours avant la date de l'audience à l'Ordre des avocats aux conseils mentionne le sens du rapport).

Les mêmes observations peuvent être formulées à propos des procédures devant les chambres civiles de la Cour de cassation, qui ne prévoient pas de communication du rapport du conseiller aux parties. La mise en conformité des procédures au principe de l'égalité des armes s'avère délicate : soit le rapport réalisé par le conseiller n'est communiqué ni aux parties ni au ministère public, ce qui risque de compliquer à l'excès la tâche de ce dernier[4], soit le rapport est communiqué dans les mêmes conditions aux parties et au ministère public. Cela impliquerait que seul le premier volet (exposé des faits, de la procédure, énoncé des moyens de cassation) soit communiqué : le second volet (analyse juridique, avis sur les mérites du pourvoi et projet d'arrêt) est couvert par le secret du délibéré parce qu'il est réalisé par un membre de la formation de jugement, ce qui interdit sa communication aux parties, et donc au parquet. C'est en ce sens que se prononcent les juridictions administratives (surtout le Conseil d'État qui précise que les conclusions du commissaire du gouvernement n'ont pas à être communiquées aux parties, le commissaire étant membre de la juridiction et participant à la fonction de juger même s'il ne vote pas lors du délibéré, ce qui permet de couvrir par le secret du délibéré les conclusions élaborées[5]) et le Conseil constitutionnel (qui décide que le rapport présenté devant la section d'instruction du Conseil constitutionnel est couvert par le secret qui s'attache aux délibérations du Conseil et ne peut, par suite, être donné en communication aux parties[6]).

Avec l'arrêt *Kress c/France*, la Cour admet la spécificité de la juridiction administrative tout en rappelant le principe de l'égalité des armes : elle constate que les parties peuvent répliquer par une note en délibéré aux conclusions du Commissaire du gouvernement, et que les avocats qui le souhaitent peuvent demander avant l'audience le sens général des conclusions du Commissaire[7]. Dans ces conditions, elle estime que la procédure suivie est régulière. Ce n'est pas le cas pour la présence du Commissaire du gouvernement au délibéré de la juridiction : un plaideur peut « *éprouver un sentiment d'inégalité si, après avoir entendu les conclusions du Commissaire dans un sens défavorable à sa thèse à l'issue de l'audience publique, il le voit se retirer avec les juges de la formation de jugement afin d'assister au délibéré dans le secret de la chambre du conseil* » (§ 81). Les mêmes solutions ont été reprises dans les affaires *Immeubles Groupe Kosser c/France*[8], *APBP c/France*[9] *et Loyen c/France*[10] *la Cour se référant expressis verbis* aux § 77 à 87 de l'arrêt Kress. Le décret n° 2005-1586 du 19 décembre 2005[11] intègre partiellement les exigences européennes en précisant que « *le commissaire du gouvernement assiste au délibéré. Il n'y prend pas part* ». Mais la Cour européenne sanctionne à nouveau cette assistance : dans l'arrêt *Martinie c/France* du 12 avril 2006[12]. La Cour européenne statue sur la procédure devant la Cour des comptes, avec recours devant le Conseil d'État, à propos d'un agent comptable d'un lycée, dont elle estime que les fonctions ne participent pas à l'exercice de la puissance publi-

1. Comité DH, constatation du 30 mars 1989, Robinson c/ Jamaïque, aff. 223/1987, A/44/40, p. 250.
2. CEDH 27 mars 1998, X. c/Pays-Bas, req. n° 21981/93, *D.* 1998. Somm. 368, obs. Fricero.
3. CEDH 31 mars 1998, Reinhardt et Slimane Kaïd c/France, req. n°s 23043/93 et 2921/93, *D.* 1998. Somm. 366, obs. Baudoux; *JCP* 1999. II. 10074, note Soler – CEDH 26 juill. 2002, Meftah c/France, req. n°s 32911/96, 35237/97 et 34595/97, *D.* 2003. Somm. 594, obs. Fricero.
4. J.-P. Marguénaud, obs. *RTD civ.* 1998. 511.
5. CE 29 juill. 1998, req. n° 179635, *D.* 1999. 85, concl. Chauvaux.
6. Cons. const. 10 nov. 1998, Mme Perdrix, *JO* 13 nov., p. 17114; *D.* 1999. 253, note Jan.
7. CEDH 7 juin 2001, Kress c/France, req. n° 39594/98, *JCP* 2001. 10578.
8. CEDH 21 mars 2002, Immeubles Groupe Kosser c/France, req. n° 38-748/97.
9. CEDH 21 mars 2002, APBP c/France, req. n° 38-436/97.
10. CEDH 5 juill. 2005, Loyen c/France, req. n° 55929/00.
11. Décr. n° 2005-1586, 19 décembre 2005, modifiant la partie réglementaire du Code de justice administrative, *JO* 20 déc., p. 19578.
12. CEDH, gr. ch, 12 avr. 2006, Martinie c/France, req. n° 58675/00, *D.* 2006. Tribune 1121, obs. Guillemin; *D.* 2006. IR 1129, obs. de Montecler.

que, ce qui rend le procès équitable applicable (§ 30). À propos de l'équité de la procédure devant le Conseil d'État, elle indique que l'exclusion du Commissaire du gouvernement du délibéré doit s'entendre aussi bien de sa « *participation* » que de sa « *présence* » ou son « *assistance* », parce que ces termes sont considérés comme synonymes dans l'arrêt *Kress* et qu'ils conduisent à condamner la seule présence du Commissaire du gouvernement au délibéré, qu'elle soit active ou passive (§ 53). La même décision sanctionne la violation de l'équité de la procédure devant la Cour des comptes, en raison du déséquilibre existant entre le procureur de la République et le comptable poursuivi, puisque le procureur participe aux débats et peut exprimer son point de vue sans être contredit par le comptable qui n'est pas présent à l'audience, et donc, influencer la décision de la formation de jugement de manière inéquitable (§ 46 et 50). La procédure devant les juridictions administratives a été modifiée pour mettre le dispositif en conformité avec les exigences européennes. Le **rapporteur public** a remplacé le commissaire du gouvernement[1], l'article R. 733-3 du Code de justice administrative prévoit qu'une demande d'exclusion du rapporteur public du délibéré peut être présentée par écrit à tout moment de la procédure avant le délibéré et le Code de justice administrative prévoit que les parties sont mises en mesure de connaître, avant la tenue de l'audience, le sens de conclusions sur l'affaire qui les concerne, et de présenter de brèves observations orales[2].

Lorsque la procédure n'impose pas la représentation obligatoire par un avocat aux Conseils, la Cour européenne considère que l'égalité des armes doit viser le plaideur lui-même et impose qu'il puisse prendre connaissance personnellement avant l'audience, du rapport du conseiller rapporteur[3]. Une pratique s'est instaurée en ce sens devant la Cour de cassation (pour la contradiction, v. s^s n°s 212.31 s.).

Si les pratiques procédurales devant la Cour de cassation sont devenues conformes à ces exigences, encore faut-il que la procédure contestée ait effectivement permis aux parties de consulter le rapport du conseiller rapporteur[4] mis à leur disposition : si cela n'est pas le cas, la rupture de l'égalité des armes doit entraîner un constat de violation.

212.25 Incidences sur l'administration judiciaire des preuves. L'égalité des armes a nécessairement des incidences sur le système probatoire. Elle implique que les parties aient des possibilités égales de présenter leurs preuves (telle l'interdiction faite à une partie de faire entendre son propre témoin)[5]. Même si la Cour européenne des droits de l'homme reconnaît qu'elle n'a pas à examiner le droit national de la preuve en matière civile, tant du point de vue des règles de fond que du point de vue de la recevabilité des modes de preuve, qui relèvent du droit interne, elle contrôle néanmoins le fait de savoir si la procédure, dans son ensemble, a revêtu un caractère équitable en ce qui concerne la possibilité de présenter les preuves. La jurisprudence du Comité des droits de l'homme va dans le même sens, par application de l'article 14 du Pacte des droits civils et politiques : cet organe considère que les parties doivent disposer d'une égalité de moyens, c'est-à-dire d'une égalité de possibilités juridiques et d'une égalité dans les conditions réelles dans lesquelles elles sont amenées à les utiliser (en l'espèce, le Comité estime que la détention de témoins est une mesure exceptionnelle, notamment, s'il s'agit du fils mineur de l'auteur de la communication, ce qui viole les dispositions du procès équitable en laissant supposer l'éventualité d'un témoignage extorqué ou d'une intimidation[6]).

212.26 Pouvoir du juge de refuser une mesure d'instruction et égalité des armes. Le principe de l'égalité des armes a soulevé des difficultés en droit français, en ce qui concerne la possibilité pour le juge administratif de refuser d'ordonner une mesure d'expertise ou toute mesure d'instruction en dépit de la demande de l'un des plaideurs.

Dans l'affaire *H. c/France*, le requérant prétendait que cette possibilité le plaçait dans une situation d'inégalité par rapport à la partie adverse, en l'espèce l'Administration[7]. La Cour européenne des droits de l'homme n'a pas retenu le grief d'iniquité de la procédure devant le tribunal administratif, aux motifs qu'aucun commencement de preuve n'avait été rapporté par le requérant.

La même question peut se poser en procédure civile : le juge a « *le pouvoir d'ordonner d'office toutes les mesures d'instruction légalement admissibles* » (C. pr. civ., art. 10), et il dispose de cette même faculté d'ordonner ou de refuser une mesure d'instruction lorsque l'un des plaideurs la lui demande (C. pr. civ., art. 143 et 144). Ne peut-on pas considérer que le fait pour le juge de prononcer d'office, ou de refuser à l'une des parties une mesure d'instruction, place cette partie dans une position désavantageuse par rapport à l'adversaire, et rompt l'équilibre devant régner dans l'administration des preuves ? Il est théoriquement concevable de considérer que la norme européenne rend obligatoires les mesures d'instruction au regard

1. Décr. n° 2009-14, 7 janv. 2009, relatif au rapporteur public des juridictions administratives et au déroulement de l'audience devant ces juridictions, *JO* 8 janv., p. 479 – S. Caylet, « Le rapporteur public ou le dépérissement du commissaire du gouvernement », *RD publ.* 2010. 5 – CEDH 4 juin 2013, Marc-Antoine c/France, req. n° 54984/09, DR.
2. CJA, art. R. 712-1, R. 711-3 et R. 733-1.
3. CEDH 25 janv. 2000, Slimane Kaïdi c/France, req. n° 29507/95 (déf. 15 mai 2000), *D.* 2000. Somm. 186, obs. Fricero.
4. CEDH 22 mai 2008, Rémy Garnier c/France, req. n° 38984/04, *Procédures* 2008. Comm. 236, Fricero.
5. CEDH 27 oct. 1993, Dombo Beheer c/Pays-Bas, req. n° 14448/88, *Série A*, n° 274 – BERGER, 12e éd., 2011, n° 87, p. 273 ; v. s^s n° 212.21.
6. CEDH 24 mars 1993, John Campbell c/Jamaïque, req. n° 307/1988, A/48.40.
7. CEDH 24 oct. 1989, H. c/France, req. n° 10073/82, *Série A*, n° 162-A.

des exigences d'équité (v. dans l'affaire *H. c/France*, l'opinion dissidente des juges Gözübüyük et Martinez[1], et l'opinion partiellement dissidente des juges Mac Donald et Carillo Salcedo dans l'arrêt CEDH du 24 octobre 1989[2]). Toutefois, considérer que le juge a l'obligation d'ordonner une mesure d'instruction se heurterait à deux séries d'obstacles majeurs : le coût de la mesure, et le principe selon lequel la charge de la preuve des faits allégués au soutien des prétentions incombe aux parties (C. pr. civ., art. 9). Certes, le juge peut rendre effectif le droit à la preuve et venir en aide à l'une des parties en ordonnant une mesure d'instruction, mais on ne saurait faire peser sur lui une obligation de procéder à la recherche de la véracité des éléments factuels sur le seul fondement d'une égalité des armes absolue entre les plaideurs.

La Cour de cassation a admis[3] au visa de l'article 6 § 1, qu'en statuant ainsi, « *en se fondant exclusivement sur une expertise non contradictoire établie à la demande d'une des parties* », la cour d'appel a « *méconnu le principe d'égalité des armes* ».

212.27 Pouvoir du juge de relever d'office les moyens de droit et égalité des armes. L'article 12 C. pr. civ. confère au juge la mission de trancher le litige conformément aux règles de droit qui lui sont applicables. Il précise également que le juge « *doit donner ou restituer leur exacte qualification aux faits et actes litigieux* [...] ». La question de la qualification du pouvoir du juge de relever d'office les moyens de droit que les parties se sont abstenues de soulever, en une obligation ou une faculté, a suscité de nombreuses confusions et contradictions[4], auxquelles la décision de l'assemblée plénière du 21 décembre 2007 a provisoirement mis fin, en décidant que le juge est tenu de requalifier les faits pour vérifier si la règle de droit invoquée est applicable ou non, mais qu'il n'est pas tenu de rechercher une autre règle de droit pertinente (il peut faire application d'office d'une autre règle de droit)[5].

Dans ce contexte, et dans la mesure où le juge dispose du pouvoir d'office de relever ou non les moyens de droit en vue d'une requalification, on peut considérer qu'il y a atteinte au principe d'égalité des armes, puisque le juge peut favoriser une partie, et défavoriser l'adversaire[6], et rupture d'égalité des parties devant l'application de la loi. Si le reproche peut paraître justifié, il faut remarquer que sa portée est limitée aux seules hypothèses dans lesquelles le juge dispose d'une faculté d'initiative (c'est-à-dire en présence de dispositions légales expresses : C. pr. civ., art. 92, 93, 100 et 120, al. 2, et art. 125, al. 2...), ou lorsque le juge décide, dans le cadre de l'article 7 alinéa 2 C. pr. civ. de prendre en considération des faits que les parties n'ont pas spécialement invoqués au soutien de leurs prétentions, ou encore lorsque le juge peut, ou non, relever d'office un moyen de droit (C. pr. civ., art. 12, tel qu'interprété par la jurisprudence). Cependant, on peut considérer que le reproche de méconnaissance du procès équitable formulé contre cette faculté d'initiative du juge est excessif : les parties ne sont pas soumises à l'arbitraire du juge, elles ont au contraire la possibilité d'invoquer elles-mêmes le fondement juridique de leurs prétentions, et les moyens de droit qu'elles estiment utiles au bien-fondé de leurs demandes ou défenses[7]; elles ont même l'obligation processuelle d'alléguer les moyens de droit lorsque la demande prend la forme d'une assignation (C. pr. civ., art. 56, 2°) et dans leurs conclusions dites « *qualificatives* » (C. pr. civ., art. 753, al. 1er, pour le TGI – et C. pr. civ., art. 954, al. 1er, pour la cour d'appel). La partie qui est déboutée ou condamnée peut-elle reprocher au juge de n'avoir pas vu ce qu'elle n'avait pas elle-même remarqué ? Peut-elle se prétendre en situation d'inégalité par rapport à un plaideur qui a eu affaire à un juge plus perspicace ? La Cour européenne des droits de l'homme n'a jamais considéré que le principe d'égalité des armes devait conduire à une égalité rigoureuse, elle admet qu'une égalité raisonnable suffit : en intervenant spontanément pour rectifier les erreurs ou combler les omissions, le juge joue un rôle suffisant dans la sauvegarde de cette égalité des armes, même si son pouvoir d'initiative a seulement une fonction de suppléance de la carence des parties. Ce rôle paraît d'autant plus suffisant qu'il s'exerce nécessairement dans le respect du principe de la contradiction, qui est un autre aspect de l'égalité des armes.

212.28 Égalité des armes et application immédiate des lois nouvelles aux instances en cours. L'application immédiate des lois nouvelles aux instances en cours a donné un nouveau champ d'application au principe d'égalité des armes. En effet, c'est souvent pour avantager l'une des parties, l'État ou un particulier, que le législateur prévoit une mise en œuvre immédiate d'une nouvelle disposition législative : selon la Cour européenne, cette situation rompt l'égalité des armes si elle n'est pas fondée sur d'impérieux motifs d'intérêt général. Dans l'arrêt

1. Dans rapp. Commission, 4 mars 1988.
2. CEDH 24 oct. 1989, H. c/France, req. n° 10073/82, préc. s^s^ prés^t^ n°.
3. Civ. 3e, 3 févr. 2010, n° 09-10.631, *Bull. civ.* III, n° 31; *D.* 2010. 439, obs. Rouquet – À propos du statut des experts judiciaires dans l'Union européenne, v. CJUE 17 mars 2011, Josep Penarroja Fa, aff. C-372/09 et C-337/09.
4. J. Normand, *RTD civ.* 1996. 689, et les très nombreuses références citées.
5. Cass., ass. plén., 21 déc. 2007, n° 06-11.343, *Bull. ass. plén.*, n° 10; *D.* 2008. 1102, chron. Deshayes; *RTD civ.* 2008. 317, obs. Gautier.
6. R. Martin, « L'article 6 § 1 de la Convention européenne de sauvegarde des droits de l'homme contre l'article 12 du Code de procédure civile », *D.* 1996. Chron. 20.
7. J. Normand, *RTD civ.* 1996. 689.

Javaugue c/France du 11 février 2010[1], la Cour rappelle qu'en principe, le pouvoir législatif n'est pas empêché de réglementer en matière civile, par de nouvelles dispositions à portée rétroactive. Mais le principe de prééminence du droit et la notion de procès équitable consacrés par l'article 6 s'opposent, sauf pour d'impérieux motifs d'intérêt général, à l'ingérence du pouvoir législatif dans l'administraiton de la justice dans le but d'influer sur le dénouement judiciaire du litige. Or, en l'espèce, la Cour considère que la disposition nouvelle vise « *à réduire le nombre de mises à la retraite anticipée et ainsi à préserver le seul intérêt financier de l'État en diminuant le nombre de pensions versées aux fonctionnaires parents de trois enfants* » (§ 41). Or, elle rappelle qu'en principe, le seul intérêt financier de l'État ne permet pas de justifier l'intervention rétroactive d'une loi de validation, ce qu'elle a jugé à maintes reprises[2].

Lorsque la loi nouvelle qui est appliquée à la procédure est entrée en vigueur lors du délibéré, le requérant est même dispensé de la condition de l'épuisement des recours internes pour saisir la Cour européenne, puisqu'il ne peut pas savoir que le tribunal va faire une application immédiate de ladite loi[3].

B. Principe de la contradiction

212.31 Contenu de la contradiction. Considéré par la Cour européenne des droits de l'homme comme un élément fondamental du procès équitable, le droit à une procédure contradictoire « *implique, pour une partie, la faculté de prendre connaissance des observations ou pièces produites par l'autre, ainsi que d'en discuter* »[4].

En matière de droits et obligations de nature civile, l'arrêt *Feldbrugge c/Pays-Bas* précise que la contradiction repose sur une possibilité de discussion avec le juge, ainsi que sur la faculté de consulter et de critiquer le dossier de l'affaire[5]. Si une décision est prise sans que la partie ait eu communication des documents essentiels, le droit à un procès équitable contradictoire est violé[6] (not. pour les rapports des services sociaux non communiqués à la requérante[7]; ou pour la désignation d'un administrateur provisoire pour gérer une société qui n'a pas été entendue par le juge, en violation de l'article 6 § 1)[8].

Le droit d'accès direct au dossier a soulevé des difficultés en matière d'assistance éducative, avant que le décret n° 2002-361 du 15 mars 2002[9] ne modifie l'article 1187 C. pr. civ. : l'accès au dossier est directement ouvert à l'avocat (qui peut se faire délivrer des copies), aux père et mère, tuteur, personne ou service à qui l'enfant a été confié, aux services éducatifs judiciaires ainsi qu'au mineur capable de discernement, en présence d'un adulte parent ou de l'avocat. Cette réforme met en conformité la procédure d'assistance éducative avec la position de la Cour européenne qui, dans l'arrêt *Mc Michael c/Royaume-Uni* reconnaît un droit d'accès direct si l'intéressé estime opportun de se défendre seul[10].

Le contradictoire impose que le requérant, partie défenderesse à une procédure disciplinaire, ait la possibilité de soumettre ses commentaires en réponse au contenu du pré-rapport de l'expert ou, pour le moins, qu'il en soit informé pour décider, le cas échéant, d'y répondre[11].

212.32 Renforcement de la contradiction à l'égard du juge. La contradiction implique plusieurs charges pour le tribunal saisi. À l'évidence, les parties ne peuvent pas être jugées sans que le juge vérifie qu'elles ont bien été convoquées, et informées de l'existence d'une procédure. La Cour européenne affirme que le droit à un tribunal exige un juste équilibre entre les parties, et que les principes du procès équitable s'appliquent aussi « *dans le domaine particulier qu'est la signification et la notification des actes judiciaires aux parties* », de sorte que « *les tribunaux doivent faire tout ce que l'on peut raisonnablement attendre d'eux pour citer les requérants et s'assurer que ces derniers sont au courant des procédures auxquelles ils sont partie* »[12]. En cours d'instance, le juge doit procéder à une discussion contradictoire avec chacun des plaideurs pour élaborer son raisonnement syllogistique : il doit écouter les prétentions, y répondre, discuter avec les parties les différents moyens de fait et de droit invo-

1. CEDH 11 févr. 2010, Javaugue c/France, req. n° 39730/06.
2. CEDH 25 nov. 2010, Lilly c/France, req. n° 20429/07 – N. Fricero, « Procédures internationales », *Dr. et proc.* mars 2011.
3. CEDH 11 févr. 2010, Javaugue c/France, req. n° 39730/06, *Procédures* 2010. Comm. 120, obs. Fricero.
4. CEDH 23 juin 1993, Ruiz Matéos c/Espagne, req. n° 12952/87, *Série A*, n° 262 – Berger, 12e éd., 2011, n° 85, p. 266 – CEDH 28 août 1991, Brandstetter c/Autriche, req. nos 11170/84, 12876/87 et 13468/87, *Série A*, n° 211.
5. CEDH 29 mai 1986, Feldbrugge c/Pays-Bas, req. n° 8562/79, *Série A*, n° 99 – Berger, 12e éd., 2011, n° 83, p. 260.
6. CEDH 19 juill. 1995, Kerojärvi c/Finlande, req. n° 17506/90, *Série A*, n° 322; *RUDH* 1996. 15, obs. Sudre.
7. CEDH 24 févr. 1995, Mc Michael c/Royaume-Uni, req. n° 16424/90, *Série A*, n° 307-B; *D.* 1995. 449, note Huyette; *RUDH* 1996. 15, obs. Sudre.
8. Versailles 28 juin 1989, RG n° 1435/89.
9. Décr. n° 2002-361, 15 mars 2002, modifiant le Nouveau Code de procédure civile et relatif à l'assistance éducative, *JO* 17 mars, p. 4860; *D.* 2002. 1244 – M. Huyette, « La nouvelle procédure d'assistance éducative », *D.* 2002. 1433.
10. CEDH 24 févr. 1995, Mc Michael c/Royaume-Uni, req. n° 16424/90, *Série A*, n° 307-B; *D.* 1995. 449, note Huyette; *RUDH* 1996. 15, obs. Sudre.
11. CEDH 18 févr. 2010, Baccichetti c/France, req. n° 22584/06, *Procédures* 2010. Comm. 119, obs. Fricero.
12. CEDH 8 janv. 2013, SC Raisa M. Shipping SRL c/Roumanie, req. n° 37576/05, *Procédures* 2013. Comm. 70, obs. Fricero, pour une absence de notification de l'appel interjeté contre la requérante.

qués. Cette discussion doit s'instaurer même lorsque le juge décide de faire application d'office d'une règle de droit, de disqualifier ou de requalifier des faits et actes litigieux. On retrouve cette même exigence dans l'exercice du pouvoir d'évocation du juge : à propos du Conseil d'État qui, s'il prononce l'annulation d'une décision d'une juridiction administrative statuant en dernier ressort, peut régler l'affaire au fond si l'intérêt d'une bonne administration de la justice le justifie (CJA, art. L. 821-2), la Cour européenne a rappelé l'obligation de respecter la contradiction.

Dans l'affaire *APBP c/France*, elle précise que les éléments de fait et de droit retenus par le Conseil d'État avaient été débattus devant le tribunal administratif et que le Conseil d'État s'était borné à corriger l'erreur commise par la cour administrative d'appel et, partant, à rétablir la position de droit et de fait établie contradictoirement devant le tribunal administratif : dès lors aucun manquement au principe du contradictoire ne se trouvait établi[1].

La Cour européenne a précisé la portée qu'il faut attacher à la contradiction entre le juge et les parties, dans l'affaire *Dulaurans c/France*[2]. Le procès équitable englobe le droit des parties au procès de présenter les observations qu'elles estiment pertinentes pour leur affaire. Néanmoins, ce droit ne peut passer pour effectif que si ces observations sont vraiment « *entendues* », c'est-à-dire dûment examinées par le tribunal. Autrement dit, l'article 6 § 1 implique, notamment, à la charge du tribunal, l'obligation de se livrer à un examen effectif des moyens, arguments et offres de preuve des parties, sauf à en apprécier la pertinence. Dans l'affaire *Dulaurans*, la Cour européenne s'est reconnue le droit de s'assurer que l'irrecevabilité de l'unique moyen produit par la requérante à l'appui de son pourvoi ne fut pas « *le résultat d'une erreur manifeste d'appréciation de la part de la Cour de cassation* » : observant que les conclusions présentées devant les juges du fond, et que le dispositif de l'arrêt d'appel attaqué faisaient référence à ce moyen, la Cour européenne en a déduit que les juges ont raisonné sur la base de constatations manifestement inexactes et que la requérante n'a pas été effectivement entendue par les juges.

212.33 Application à tous les plaideurs. Il est certain que l'exigence de la contradiction concerne aussi bien les plaideurs personnes physiques, que les justiciables personnes morales (la cour d'appel de Versailles a jugé que « *l'exigence d'un procès auquel peut prétendre aussi bien une personne physique qu'une personne morale, implique l'observation du principe de la contradiction* »[3]).

L'égalité dans la contradiction concerne également les relations avec l'État, partie à un litige qui l'oppose à un particulier dans le cadre d'une procédure civile.

Ainsi la cour d'appel de Paris a décidé que le ministre de l'Économie ne peut faire usage de ses prérogatives de puissance publique sans méconnaître le principe du procès équitable : en conséquence, les rapports d'enquête et pièces annexes établis postérieurement à la décision du Conseil de la concurrence et avant l'audience devant la cour, doivent être écartés des débats[4].

212.34 Présence des parties aux audiences. Pour qu'un débat contradictoire puisse s'instaurer, il faut reconnaître aux plaideurs un droit de comparaître aux audiences, et de plaider leur cause sur le fond devant le juge (encore faut-il que le requérant prouve qu'il n'a pas été à même de plaider sa cause)[5]. Ce droit, inhérent au procès équitable, a été reconnu par la Cour européenne des droits de l'homme dans l'affaire *Feldbrugge c/Pays-Bas* : l'arrêt précise que la procédure suivie devant le président de la commission de recours n'a manifestement pas revêtu un caractère contradictoire, puisque « *le président n'a pas entendu la requérante et ne l'a pas invitée à déposer des conclusions écrites* »[6].

La question s'est également posée de savoir si les parties ont, en matière civile, le droit de comparaître en personne, en dépit du silence de l'article 6 § 1 sur ce point. La Commission européenne des droits de l'homme a admis que, dans certaines catégories d'affaires, et dans certaines circonstances, le droit au procès équitable implique le droit de comparaître en personne.

Il en est ainsi, notamment, dans les litiges relatifs au droit de visite accordé aux parents séparés ou divorcés[7] : le comportement personnel des intéressés contribuant directement à former l'opinion des juges sur le problème à trancher, il est nécessaire d'accorder aux parties un droit de s'expliquer personnellement. Cette nécessité de participer à la procédure explique le fait que le Code de procédure civile impose parfois une comparution en personne des plaideurs. C'est le cas lors des tentatives de conciliation

1. CEDH 21 mars 2002, APBP c/France, req. n° 38-436/97.
2. CEDH 21 mars 2000, Dulaurans c/France, req. n° 34553/97, *Procédures* 2000, obs. Fricero; *JCP* 2000. Actu. 948.
3. Versailles, 28 juin 1989, RG n° 1435/89.
4. Paris, 25 mai 1994, *D.* 1996. Somm. 182, obs. Gavalda et Lucas de Meyssac – Sur l'application de l'article 6 § 1 au Conseil de la concurrence, v. J. Blaise et F. Jenny, « Le droit de la concurrence. Les années récentes : bilan et perspectives », *RID éco.* 1995. 115 – G. Canivet, « L'obligation du procès équitable et les règles du contradictoire dans les procédures de sanctions en matière de concurrence », *CCC* 1995, n° 86, p. 37.
5. CEDH 20 sept. 1993, Pardo c/France, req. n° 13416/87, *D.* 1995. Somm. 103 – *Gaz. Pal.* 1994. 2. 454.
6. CEDH 29 mai 1986, Feldbrugge c/Pays-Bas, req. n° 8562/79, *Série A*, n° 99 – BERGER, 12e éd., 2011, n° 83, p. 260 – Pour le procès pénal, D. Jean-Pierre et F. Mélin-Soucramanien, « Le principe d'égalité des armes », *RRJ* 1993. 489, spéct 498 s.
7. Comm. EDH, 24 sept. 1963, n° 1169/61, *Annales de la conv.*, vol. VI, p. 521 – Comm. EDH, 23 mai 1966, n° 1794/63, *Rec. CEDH*, n° 20, p. 8.

obligatoires, la présence des parties constituant un gage évident d'aboutissement à un accord (pour le tribunal d'instance, C. pr. civ., art. 831). Les parties peuvent se faire représenter uniquement si elles justifient d'un motif légitime (pour le tribunal paritaire des baux ruraux, C. pr. civ., art. 883).

L'exercice effectif de la contradiction pose également le problème de l'obligation de constituer un avocat dans certaines procédures. La Cour européenne admet que les exigences d'une bonne administration de la justice autorisent les États à imposer aux justiciables l'obligation de se faire représenter par un conseil. Plusieurs décisions sont intervenues à propos du pourvoi en cassation : la Cour considère que la spécificité de la procédure peut justifier de réserver aux seuls avocats spécialisés le monopole de la prise de parole[1].

212.35 Appréciation du respect de la contradiction. La Cour européenne des droits de l'homme procède à une appréciation concrète du respect de la contradiction. Par exemple, le défaut de communication en temps utile d'une copie de l'arrêt de la cour d'appel, des délais de dépôt d'un mémoire ampliatif en cassation ou de la date de l'audience, ne constitue pas une violation de l'article 6 § 1, dans la mesure où le requérant, ancien avocat, aurait pu prendre des dispositions pour assurer sa défense[2]. Ce ne sera pas le cas si le requérant est un profane du droit, qui n'a pas été averti du délai imparti pour présenter son mémoire ampliatif de cassation, et n'a pas été convoqué à l'audience au cours de laquelle son pourvoi allait être jugé[3] (ou pour une non-communication des pièces d'un dossier douanier)[4]. Dans le même ordre d'idées, l'absence de convocation du demandeur au pourvoi à l'audience, et donc l'impossibilité de répondre aux conclusions de l'avocat général par une note en délibéré, ne porte pas atteinte au procès équitable dans la mesure où, dans le cadre de la procédure d'admission préalable d'admission du pourvoi, un éventuel mémoire n'aurait eu aucune incidence sur l'issue du litige, la solution juridique (en l'espèce l'irrecevabilité) ne prêtant à aucune discussion[5].

L'appréciation s'effectue également **de manière globale** : ainsi, le défaut d'accès suffisant au dossier dans les phases initiales peut être corrigé par le tribunal compétent saisi ultérieurement[6].

212.36 La contradiction, principe directeur du procès civil. Le Code de procédure civile prévoit dans son article 16 que le juge doit, en toutes circonstances, faire observer et observer lui-même le principe de la contradiction (v. les garanties du procès civil, s[s] n°s 22.00 à 223.22). Il convient à cet égard de rappeler que le Conseil constitutionnel a décidé que doivent être censurées les dispositions législatives « *contraires tant dans la personne de l'avocat que dans celle du justiciable, aux droits de la défense qui résultent des principes fondamentaux reconnus par les lois de la République* »[7]. Il a ainsi conféré aux droits de la défense une valeur constitutionnelle, aussi bien pour les procédures pénales que pour les procédures civiles[8] (cela ne signifie pas que ce droit est absolu : le droit de la défense peut se heurter à d'autres droits fondamentaux, comme le droit au secret de l'instruction). La jurisprudence ultérieure a confirmé cette position en la renforçant dans la mesure où le Conseil constitutionnel qualifie les droits de la défense de « *droit fondamental à caractère constitutionnel* », sans recourir à la référence aux principes fondamentaux reconnus par les lois de la République[9].

On retrouve cette exigence du respect de la contradiction dans d'autres dispositions. Ainsi, l'article 1015 C. pr. civ. prévoit que « *le président de la formation doit aviser les parties des moyens susceptibles d'être relevés d'office et les inviter à présenter leurs observations dans le délai qu'il fixe* ». La Cour européenne a considéré que cette disposition avait été violée dès lors que les parties n'avaient pas été averties des moyens de pur droit relevés d'office par la Cour de cassation pour rejeter le pourvoi[10].

212.37 Effectivité de la contradiction : le droit à l'assistance d'un avocat. En matière civile, la Cour de cassation considère que le droit à l'assistance d'un avocat constitue un élément essentiel pour garantir au justiciable un recours au juge dans les meilleures conditions (« *attendu que la défense constitue pour toute personne un droit fondamental à caractère constitutionnel, que son exercice effectif exige que soit assuré l'accès de chacun, avec l'assistance d'un défenseur, au juge chargé de statuer sur sa prétention* »[11]). Elle procède, comme la Cour européenne des droits de l'homme, à une appréciation globale du respect de ce

1. CEDH 8 févr. 2000, Voisine c/France, req. n° 27362/95, *D.* 2000. 651, note Thierry; *D.* 2000. Somm. 186, obs. Fricero.
2. CEDH 22 juin 1993, Mélin c/France, req. n° 12914/87, *Série A,* n° 262-A; *RUDH* 1993. 383, obs. Sudre.
3. Comm. EDH, DR 11 avr. 1991, n° 12914/87, *RUDH* 1991. 595.
4. V. AUSSI, CEDH 24 févr. 1994, Bendenoun c/France, req. n° 12547/86, *Série A,* n° 284; *RUDH* 1994. 14.
5. CEDH 20 déc. 2005, P.D. c/France, req. n° 54730/00, *Dr. et proc.* 2006. 15, obs. Fricero et Chardon.
6. CEDH 24 juin 199, Schuler-Zgraggen c/Suisse3, req. n° 14518/89, *Série A,* n° 263 – BERGER, 12e éd., 2011, n° 86, p. 270; *RUDH* 1993. 383, obs. Sudre.
7. Cons. const. 19-20 janv. 1981, n° 80-127 DC, *JO* 21 janv., p. 308; *RD publ.* 1981. 651, chron. Philip; *AJDA* 1981. 275, Rivero.
8. L. Favoreu et L. Philip, *GDCC,* 17e éd., Dalloz, 2013, p. 433 – T. Renoux, *Le Conseil constitutionnel et l'autorité judiciaire,* Economica, p. 373 s.
9. Cons. const. 13 août 1993, n° 93-325 DC, *Justices* 1995, n° 1, p. 201, note Molfessis.
10. CEDH 13 oct. 2005, Clinique des Acacias c/France, req. n°s 65399/01, 65406/01, 65405/01 et 65407/01, *Dr. et proc.* 2006. 14, obs. Fricero et Chardon.
11. Cass., ass. plén., 30 juin 1995, n° 94-20.302, *Bull. ass. plén.*, n° 4; *D.* 1995. 513.

droit. Ainsi, elle a considéré que l'exclusion d'un sociétaire par l'assemblée générale d'une coopérative agricole, l'intéressé s'étant vu interdire l'assistance d'un avocat, constitue une mesure disciplinaire prise par un organe de gestion interne qui n'est ni un organisme juridictionnel, ni un organe disciplinaire : comme la décision relève d'un contrôle juridictionnel assuré par le tribunal de grande instance, puis par la cour d'appel, et que, devant ces juridictions, l'intéressé a été régulièrement assisté, il n'y a pas eu violation de l'article 6 § 1 de la Convention européenne des droits de l'homme[1]. Notons qu'en matière pénale, la Cour européenne a considéré que le droit français doit permettre à une personne d'être défendue par un avocat, même lorsqu'elle ne comparaît pas à l'audience[2].

212.38 Possibilité de répondre au ministère public dans les procédures civiles. Étendant à une procédure civile la solution retenue dans la décision *Borgers c/Belgique*[3], la Cour européenne des droits de l'homme a décidé que l'impossibilité pour l'intéressé de répondre aux conclusions du ministère public avant la clôture de l'audience, ainsi que la participation de ce magistrat avec voie consultative à la délibération violent « *le droit à une procédure contradictoire* »[4]. Cette solution repose sur le fait que l'avocat général exerce un rôle influent sur la décision du juge : les parties doivent donc être en mesure de lui répondre dans des conditions satisfaisantes. La Cour européenne adopte du domaine de la contradiction une conception extensive originale : au lieu de la limiter aux « *parties* » au sens strict (demandeur, défendeur, intervenant, qui figurent dans les actes de procédure et émettent une prétention), elle l'applique à toute personne susceptible d'exercer un rôle influent sur la prise de décision par le juge. Sans doute, l'avocat général ne devient pas, au sens procédural, une « *partie* » au procès, mais ses fonctions l'obligent au respect de la contradiction : puisqu'il influe sur la décision du juge, il est soumis aux exigences du procès équitable, afin que les parties puissent convaincre le juge du bien fondé de leurs prétentions à armes égales avec lui.

Cette exigence a conduit à la condamnation de la France en raison de la procédure suivant devant la chambre criminelle de la Cour de cassation[5], les conclusions de l'avocat général n'étant pas communiquées aux parties avant l'audience (la Belgique, le Portugal, l'Autriche et les Pays-Bas ont également été condamnés[6]). Néanmoins, une nouvelle condamnation de la France paraît fort peu probable sur ce fondement, dans le cadre des procédures avec représentation obligatoire par avocat aux Conseils : la Cour européenne constate dans l'arrêt qu'une pratique s'est instaurée qui consiste à informer les avocats aux Conseils constitués avant l'audience du sens des conclusions de l'avocat général, ce qui leur permet soit d'y répondre oralement à l'audience avec l'autorisation des juges (C. pr. pén., art. 602 - et C. pr. civ., art. 1018 - l'autorisation peut être refusée[7]), soit de déposer une note en délibéré complémentaire à leur mémoire initial (les notes en délibéré sont recevables lorsqu'elles ont pour objet de répondre aux arguments développés par le ministère public, C. pr. civ., art. 445). Elle considère que la possibilité pour des avocats hautement spécialisés, abordant des questions de pur droit, de répliquer aux conclusions oralement ou par une note en délibéré est conforme aux exigences de la contradiction prévues par l'article 6 § 1 de la Convention européenne des droits de l'homme. Sans doute peut-on regretter que la conformité de la procédure résulte de pratiques, et non de dispositions législatives organisant de façon expresse une communication plus complète et faite en temps utile aux avocats aux conseils, ainsi qu'un droit de réponse, non soumis à une autorisation des magistrats. La Cour européenne a précisé, à propos de la non-communication préalable des conclusions du Commissaire du gouvernement et de l'impossibilité d'y répondre devant le Conseil d'État, que « *le dépôt d'une note en délibéré contribue au respect du principe du contradictoire à certaines conditions. En particulier, les justiciables doivent pouvoir déposer une telle note indépendamment de la décision éventuelle du président d'ajourner l'affaire, tout en disposant d'un délai suffisant pour la rédiger* »[8]. Elle estime que l'arrêt du Conseil d'État devrait expressément viser l'existence d'une note en délibéré afin d'éviter tout litige quant à sa prise en compte par la juridiction (§ 26). Le décret nº 2009-14 du 7 janvier 2009 a modifié la procédure devant les juridictions administratives et le déroulement de l'audience. Il prévoit, notamment, que les parties ou leur mandataire peuvent prendre connaissance du sens des conclusions du rapporteur public, avant la tenue de l'audience, sur l'affaire qui les concerne. Les parties (ou les avocats qui les représentent devant le Conseil d'État) peuvent présenter de brèves observations orales après le prononcé des conclusions du rapporteur public.

1. Civ. 1re, 16 juin 1993, nº 91-15.649, *Bull. civ.* I, nº 222.
2. CEDH 23 mai 2000, Van Pelt c/France, req. nº 31070/96, *BICC* 15 juill. 2000, nº 880, p. 33.
3. CEDH 30 oct. 1991, Borgers c/Belgique, req. nº 12005/86, *Série A*, nº 214-A – BERGER, 12e éd., 2011, nº 92, p. 291.
4. CEDH 20 févr. 1996, Lobo Machado c/Portugal, req. nº 21/1994/468/549, *JCP* 1997. I. 4000, nº 19, obs. Sudre – CEDH 20 févr. 1996, Vermeulen c/Belgique, req. nº 19075/91, *D.* 1997. Somm. 208, obs. Fricero; *JCP* 1997. I. 4000, obs. Sudre – CEDH 24 nov. 1997, Werner c/Autriche, req. nº 21835/93, *JCP* 1998. I. 107, nº 27, obs. Sudre.
5. CEDH 31 mars 1998, Reinhardt et Slimane Kaïd, req. nos 23043/93 et 22921/93, *D.* 1998. Somm. 366, obs. Baudoux.
6. CEDH 20 févr. 1996, Vermeulen c/Belgique et Lobo Machado c/Portugal, req. nº 19075/91, *D.* 1997. Somm. 208, obs. Fricero; *RTD civ.* 1997. 992, obs. Perrot – CEDH 25 juin 1997, Van Orshoven c/Belgique, req. nº 20122/92, *D.* 1997. Somm. 359, obs. Fricero; *RTD civ.* 1997. 1006, obs. Marguénaud – CEDH 27 mars 1998, J. J. c/Pays-Bas, req. nº 21351/93, *JDI* 1999. 232, obs. Ascensio – CEDH 27 mars 1998, K. D. B. c/Pays-Bas, req. nº 21981/93, *D.* 1998. Somm. 368, obs. Fricero.
7. Crim. 3 mai 1990, nº 90-81.002, *Bull. crim.* nº 166.
8. CEDH 21 mars 2002, Immeubles Groupe Kosser c/France, req. nº 38748/97, § 26.

Dans le cadre de procédures sans la représentation obligatoire par un avocat aux Conseils (chambre criminelle, chambre sociale de la Cour de cassation), la Cour européenne a réitéré la condamnation de la France pour défaut de communication des conclusions de l'avocat général au demandeur lui-même[1]. La spécificité de la procédure devant la Cour de cassation ne peut pas justifier, pour la Cour européenne, que le demandeur en cassation, auquel il est reconnu le droit de se défendre personnellement, ne dispose pas de moyens procéduraux qui lui assurent un droit à un procès équitable et contradictoire. La pratique devant la Cour de cassation consiste à communiquer directement à la partie non représentée le sens des conclusions de l'avocat général avant l'audience.

L'impératif de contradiction a été étendu par la Cour de cassation à d'autres procédures. Ainsi, par une décision du 4 décembre 2001, la première chambre civile a décidé qu'une cour d'appel, statuant en matière disciplinaire à l'encontre d'un huissier de justice, a méconnu l'article 6 § 1 en énonçant que le ministère public avait déposé des conclusions écrites tendant à la confirmation de la décision entreprise, alors que l'arrêt n'a pas constaté que l'intéressé avait eu communication desdites conclusions, et ne précise pas que l'huissier de justice avait eu la possibilité d'y répondre[2].

C. Obligation de motivation des jugements

212.51 Principe inhérent au procès équitable. La Commission comme la Cour ont considéré que le droit à un procès équitable englobe le droit à la motivation des décisions juridictionnelles[3].

212.52 Fondements. On peut justifier l'obligation pour le juge de motiver ses décisions par plusieurs raisons : l'énoncé des motifs permet au justiciable de vérifier que le juge a bien examiné ses prétentions et les moyens qu'il a allégués et qu'il a été effectivement « *entendu* » au sens de l'article 6 § 1; il permet aussi aux parties intéressées d'exercer un recours contre la décision et de soumettre au contrôle d'une juridiction de degré supérieur la motivation de la décision.

Le Conseil consultatif des juges européens (CCJE), dans son avis n° 11 (2008) sur la qualité des décisions de justice, reprend ces fondements en les précisant. Il indique que la motivation permet une meilleure compréhension et acceptation de la décision par le justiciable; elle est surtout une garantie contre l'arbitraire. Elle oblige le juge à « *entendre* » les moyens de défense des parties et à préciser les éléments qui justifient la décision et rendent celle-ci conforme à la loi. Elle permet une compréhension du fonctionnement de la justice par la société.

212.53 Étendue de l'obligation de motivation. La Cour européenne des droits de l'homme envisage la motivation à la lumière des circonstances de chaque espèce et l'apprécie « *raisonnablement* ». Elle se réfère, notamment, à la nature de la décision (par ex. la décision par laquelle l'assemblée générale de la cour d'appel refuse d'inscrire une personne sur la liste des experts ne tranche pas une contestation et n'inflige aucune sanction : elle n'est pas soumise à l'obligation de motivation issue de l'article 6 § 1 de la Convention européenne des droits de l'homme[4]), en tenant compte de la diversité des moyens susceptibles d'être soulevés, et aux dispositions législatives nationales relatives à la rédaction et à la présentation des jugements[5].

Le juge n'a pas l'obligation de répondre de façon complète à tous les arguments présentés (les parties n'ont pas un droit absolu d'exiger du tribunal qu'il énonce les motifs pour lesquels il rejette chacun de leurs arguments[6]) : il doit répondre aux moyens formulés de manière claire et précise, et étayés par des preuves, ainsi qu'aux moyens pertinents, c'est-à-dire susceptibles d'exercer une influence sur la solution du litige (*Hiro-Balani* et *Ruiz Torija*, préc.[7]).

Dans l'affaire *Dulaurans c/France*, la Cour européenne se fonde, notamment, sur la motivation d'un arrêt de la Cour de cassation pour en déduire que le rejet du moyen unique de cassation, tiré de son caractère nouveau, était le résultat d'une erreur manifeste d'appréciation des juges (l'arrêt déclare irrecevable ce moyen, sur le fondement de l'article 619 C. pr. civ., alors que le dispositif de l'arrêt d'appel attaqué et les conclusions de la requérante prouvaient que ce moyen avait bien été invoqué devant les juges du fond, et ne pouvait pas être qualifié de « *nouveau* »)[8]. Elle réaffirme ainsi que la motivation du jugement est un

1. CEDH 8 févr. 2000, Voisine c/France, req. n° 27362/95, *D.* 2000. Somm. 186, obs. Fricero – CEDH 27 févr. 2001, Adoud et Bosoni c/France, req. n°s 35237/97 et 34595/97 – Et CEDH 26 avr. 2001, Meftah c/France, req. n° 32911/96 (déf. 26 juill. 2002), *D.* 2002. Somm. 688, obs. Fricero.
2. Civ. 1re, 4 déc. 2001, n° 98-12.598, *Bull. civ.* I, n° 304; *D.* 2002. IR 456.
3. Comm. EDH, n° 8769/79, X. c/RFA, DR 16 juill. 1981, 25-240 – CEDH 9 déc. 1994, Hiro Balani c/Espagne, req. n° 18064/91, *D.* 1996. Somm. 202, obs. Fricero – CEDH 9 déc. 1994, Ruiz Torija c/Espagne, req. n° 18390/91, *D.* 1996. Somm. 202, obs. Fricero – En matière pénale, CEDH 10 janv. 2013, A. c/France, req. n° 61198/08, *Procédures* 2013. Comm. 72, obs. Fricero.
4. Civ. 1re, 26 févr. 1991, n° 90-10.453, NP.
5. CEDH 9 déc. 1994, Hiro Balani c/Espagne, req. n° 18064/91, *D.* 1996. Somm. 202, obs. Fricero v. s^{s} n° 212.51 – CEDH 9 déc. 1994, Ruiz Torija c/Espagne, req. n° 18390/91, *D.* 1996. Somm. 202, obs. Fricero.
6. Comm. EDH, 15 juill. 1986, n° 10857/84.
7. CEDH 9 déc. 1994, Hiro Balani c/Espagne, req. n° 18064/91, *D.* 1996. Somm. 202, obs. Fricero v. s^{s} n° 212.51 – CEDH 9 déc. 1994, Ruiz Torija c/Espagne, req. n° 18390/91, *D.* 1996. Somm. 202, obs. Fricero v. s^{s} n° 212.51.
8. CEDH 21 mars 2000, Dulaurans c/France, req. n° 34553/97, *Procédures* 2000, obs. Fricero, *JCP* 2000. Actu. 948.

des éléments du procès équitable, en ce qu'il permet de vérifier que le plaideur a été effectivement « *entendu* » par le juge dans ses moyens de fait et de droit (la motivation est aussi la traduction, dans le jugement, de la réalité de la contradiction). Ainsi, l'obligation de motivation perd tout son sens si la motivation elle-même démontre que les juges n'ont pas lu les pièces essentielles du dossier (par ex. dans l'affaire *Fouquet c/France*, l'erreur avait conduit le Cour de cassation à rejeter le pourvoi [1]). Le juge peut aussi satisfaire à l'exigence de l'article 6 § 1 par incorporation des motifs fournis par une juridiction inférieure, à la double condition que les questions essentielles aient été réellement examinées et que la juridiction ne se soit pas contentée d'entériner purement et simplement les conclusions de la juridiction ayant statué antérieurement [2].

En principe, **la motivation doit être expresse** pour être conforme aux exigences du procès équitable. À cet égard, la Cour européenne des droits de l'homme a sanctionné la France à l'occasion d'une décision de la Cour de cassation qui, statuant sur plusieurs moyens concernant plusieurs procédures, était expressément motivée sur deux demandes et non sur une troisième procédure pourtant visée au début de l'arrêt [3] : cette décision ne remet pas en cause les dispositions de l'article 455 C. pr. civ., applicables aux arrêts de la Cour de cassation, mais s'explique probablement par l'extrême complexité des procédures en cause.

Mais la Cour européenne des droits de l'homme admet qu'une motivation puisse être **implicite**, dès lors qu'un raisonnement tiré des motifs exprès de la décision permet de dégager une motivation implicite, ou que la décision procède par référence et s'approprie les motifs de la décision attaquée. La Cour européenne des droits de l'homme exige que la motivation soit « ***adéquate*** », spécialement lorsque le juge fait application de notions légales dont le contenu n'est pas précis : par exemple, lorsque la réinscription d'un avocat au tableau est subordonnée à l'existence de « *circonstances exceptionnelles* », la Cour impose aux organes compétents de préciser ce qu'il faut entendre par cette condition, de manière à ce que le requérant sache exactement pourquoi sa demande a été rejetée et pour éviter un certain risque d'arbitraire [4].

212.54 Application en droit interne civil. Les dispositions du Code de procédure civile prévoient que le jugement doit, à peine de nullité, contenir un exposé des prétentions respectives des parties et de leurs moyens, et être motivé (C. pr. civ., art. 455, mod. par Décr. nº 98-1231, 28 déc. 1998 [5] – et C. pr. civ., art. 458). Bien que cette norme soit de valeur décrétale dans le Code de procédure civile, le Conseil constitutionnel a jugé le 3 novembre 1977 [6] qu'il s'agit d'un principe fondamental qui relève du domaine de la loi [7].

La Cour de cassation, en assemblée plénière, a considéré qu'une absence de motifs ne peut donner lieu à annulation du jugement sur le fondement de l'article 455 C. pr. civ. que dans la mesure où le dispositif contient une réponse précise aux différents chefs de prétentions; au contraire, si le jugement n'est pas motivé, et que le dispositif comprend seulement une formule générale « *déboutant les parties de leurs demandes plus amples ou contraires* », on doit considérer qu'il y a omission de statuer, réparable selon la procédure prévue par l'article 463 C. pr. civ. [8].

Le défaut de comparution du défendeur ne dispense pas le juge de motiver, puisqu'il ne peut faire droit à la demande que s'il l'estime régulière, recevable et bien fondée (C. pr. civ., art. 472) [9].

Les **exceptions à l'obligation de motiver** sont destinées à protéger d'autres droits fondamentaux (vie privée notamment). Par exemple, les jugements d'adoption ne sont pas motivés, les jugements de divorce peuvent ne pas énoncer les torts et griefs, à la demande des parties (C. civ., art. 353 et 245-1; C. pr. civ., art. 1128). La jurisprudence dispense aussi de motivation les ordonnances portant injonction de payer [10].

Certaines exceptions tiennent à la nature « *non juridictionnelle* » de la décision, qui ne prend pas partie sur une contestation sur un droit civil. Par exemple, les mesures d'administration judiciaire ne sont pas motivées (C. pr. civ., art. 499) : elles concernent la radiation de l'instance, le sursis à statuer pour bonne administration de la justice, le prononcé d'une astreinte, la charge des dépens à la partie perdante...

212.55 Liens entre motivation et impartialité. Il arrive que la motivation de la décision traduise la partialité du juge. La cassation peut intervenir sur le fondement de l'article 6 § 1 de la Convention européenne. Ainsi, en énonçant que le plaideur « *en formant appel, sans motifs sérieux, d'une décision qui ne pouvait qu'être confirmée, conteste l'incontestable, accumule les contrevérités* »; la cour d'appel, en statuant comme elle l'a fait « *en des termes incompatibles avec l'exigence d'impartialité, a violé l'article 6 § 1* » [11]. La motivation de la décision ne peut pas consisterdans la reproduction littérale des conclusions de l'une des

1. CEDH 12 oct. 1994, Fouquet c/France, req. nº 20398/92 et CEDH 31 janv. 1996, Fouquet c/France, req. nº 20398/02, *Justices* 1997, nº 5, p. 200, obs. Cohen-Jonathan et Flauss.
2. CEDH 19 déc. 1997, Helle c/Finlande, req. nº 20772/92, *RTD civ.* 1998. 516, obs. Marguénaud.
3. CEDH 19 févr. 1998, Higgins c/France, req. nº 20124/92, *D.* 1998. Somm. 369, obs. Fricero; *RTD civ.* 1998. 516, obs. Marguénaud; *AJDA* 1998. 990, obs. Flauss; *RD publ.* 1999. 875, obs. Hugon.
4. CEDH 30 nov. 1987, H. c/Belgique, req. nº 8950/80, *Série A*, nº 127-B – Berger, 12e éd., 2011, nº 84, p. 263.
5. Décr. nº 98-1231, 28 déc. 1998, modifiant le Code de l'organisation judiciaire et le Nouveau Code de procédure civile, *JO* 30 déc., p. 19904.
6. Cons. const. 3 nov. 1977, nº 77-101 L, *JO* 6 nov.
7. En matière pénale, v. not. « L'obligation de motivation », spéct « La motivation dans le procès pénal », *R.* 2010 et réf. citées.
8. Cass., ass. plén., 2 nov. 1999, nº 97-17.107, *Bull. ass. plén.*, nº 8; *JCP* 1999. II. 10213, concl. av. gén. Weber.
9. Civ. 2e, 8 juill. 2010, nº 09-16.074, NP.
10. Civ. 2e, 16 mai 1990, nº 88-20.377, *Bull. civ.* II, nº 103 – « L'obligation de motivation », *R.* 2010.
11. Soc. 21 oct. 2008, nº 07-40.312, NP.

parties, cette apparence de motivation générant un soupçon légitime de partialité[1].

D.
Langue du procès civil

212.61 La question du droit à la liberté linguistique en justice. La Convention européenne des droits de l'homme ne fournit aucune précision relative à la langue du procès civil (en matière pénale, Conv. EDH, art. 5 § 2 et 6 § 3 [a et e], pour le droit à un interprète et à une information dans une langue comprise). Ce mutisme ne signifie pas que des considérations linguistiques ne constituent pas des éléments d'appréciation du procès équitable en matière civile. Mais, d'une façon générale, la Cour et la Commission ne confèrent aucune garantie au justiciable, privilégiant le souci d'une bonne administration de la justice plutôt que l'égalité des armes et la lisibilité du procès :

– ainsi, une personne qui reçoit une citation à comparaître dans une langue qu'elle ne comprend pas ne peut se plaindre d'une violation du droit à un procès équitable, si elle dispose du temps et des facilités nécessaires pour en obtenir une traduction[2];

– le défendeur à un procès civil ne peut prétendre à une méconnaissance du procès équitable s'il était assisté d'un avocat connaissant la langue de la procédure et que la nature de l'affaire ne rendait pas indispensable la participation personnelle dudit défendeur[3].

212.62 Obligation de rédiger les actes de procédure en langue française. Cette obligation a un fondement constitutionnel, puisque l'article 2 de la Constitution du 4 octobre 1958 précise que « *la langue de la République est le français* ». La question se pose de savoir si cette exigence ne prive pas certains justiciables d'un procès équitable. Le Comité des droits de l'homme des Nations unies a tranché à propos d'une requête adressée au tribunal administratif, qui n'avait pas été enregistrée aux motifs qu'elle était rédigée en breton[4]. Le Comité note que la question à examiner est celle de l'utilisation exclusive du français pour intenter une action en justice, et constate que « *comme l'auteur a montré qu'il connaissait cette langue, le Comité estime qu'il ne serait pas déraisonnable qu'il adresse sa requête en français aux tribunaux français* ». En conséquence, l'obligation d'utiliser le français, et non le breton, n'enfreint pas l'effectivité des recours internes.

212.63 Régime linguistique de la procédure devant la Cour européenne des droits de l'homme. Des difficultés originales apparaissent devant la Cour européenne, en raison de la diversité linguistique des États signataires. L'article 34 du règlement de la Cour (Règl. CEDH 4 nov. 1998) précise que les langues officielles sont le français et l'anglais. Mais l'usage d'une langue non officielle est également prévu, dans des conditions limitatives. D'abord, la langue utilisée doit être l'une des langues officielles des parties contractantes (Règl. CEDH, art. 34-2). Ensuite, des dérogations sont prévues.

Le président de la chambre peut accorder l'autorisation de continuer à employer la langue officielle d'une partie contractante pour toutes communications avec un requérant ou son représentant (Règl. CEDH, art. 34-3, a). Le greffier prend alors les dispositions nécessaires pour l'interprétation ou la traduction des déclarations ou observations du requérant (Règl. CEDH, art. 34-3, b).

Le président de la chambre peut aussi autoriser l'emploi d'une langue non officielle pour toutes communications avec les parties contractantes ou les tiers intervenants. La partie qui a sollicité cette dérogation doit fournir l'interprétation ou la traduction en anglais ou en français des observations écrites ou orales et assumer les frais y afférents (Règl. CEDH, art. 34-4, a et b).

Le président de la chambre peut enfin inviter la partie contractante défenderesse à fournir une traduction de ses observations écrites dans sa langue officielle ou dans l'une de ses langues officielles, afin d'en faciliter la compréhension par le requérant.

Tout témoin, expert ou personne comparaissant devant la Cour doit s'exprimer en anglais ou en français. Si l'intéressé n'a une connaissance suffisante d'aucune de ces deux langues officielles, il peut employer sa propre langue. Le greffier prend alors les dispositions en vue de l'interprétation et de la traduction (Règl. CEDH, art. 34-6).

212.64 Langue des décisions de la Cour européenne des droits de l'homme. L'article 57 du règlement de la Cour précise que toutes les décisions sont rendues en français ou en anglais, ou exceptionnellement dans les deux langues officielles. L'article 76 du règlement de la Cour reprend ces dispositions pour les arrêts de la Cour. La publication des décisions dans le Recueil officiel de la Cour a lieu dans les langues officielles (Règl. CEDH, art. 57-2). Ce dispositif restrictif pose le problème de l'accessibilité à la jurisprudence de la Cour : il serait opportun pour les justiciables et les juges internes des différents États qui ne maîtrisent ni l'anglais ni le français, de pouvoir obtenir une traduction des décisions dans la langue officielle de leur État[5].

1. Com. 5 oct. 2010, n° 09-71.679, NP; *D.* 2011. Pan. 272, obs. Fricero et réf. citées.
2. Comm. EDH, 9 déc. 1981, n° 9099/80, DR n° 27, p. 212.
3. Comm. EDH, 23 mai 1966, n° 1794/63, *Annales de la Conv.*, vol. IX, p. 179.
4. Comité DH, 8 nov. 1989, *RUDH* 1991. 167.
5. G. Malinverni, « Le régime linguistique de la procédure devant la nouvelle Cour européenne des droits de l'homme », *Mél. Lambert,* Bruylant, 2000, p. 541 s.

SECTION 2
EXIGENCE DE PUBLICITÉ

212.70 **Division.** Les dispositions de l'article 14 du Pacte des droits civils et politiques et de l'article 6 § 1 de la Convention européenne des droits de l'homme imposent le principe de la publicité des débats et du jugement (on retrouve l'exigence de publicité dans la Déclaration universelle des droits de l'homme : DUDH, 10 déc. 1948, art. 10 - et dans le Code de procédure civile : C. pr. civ., art. 22, pour la publicité des débats, et C. pr. civ., art. 451, pour la publicité du prononcé des jugements). Mais les mêmes textes, qui sont parfois invoqués cumulativement (par ex. à propos de la publicité devant le Conseil de l'Ordre des avocats statuant disciplinairement[1]), prévoient des exceptions importantes.

Ces dispositions seules sont étudiées, parce qu'elles intéressent la publicité envisagée comme une garantie du procès équitable. Mais la justice peut être l'objet de relations plus larges avec la publicité[2]. Il faut également noter que les audiences publiques des juridictions des ordres administratif et judiciaire peuvent faire l'objet d'un enregistrement, lorsque cet enregistrement présente un intérêt pour la constitution d'archives historiques de la justice (L. n° 85-699, 11 juill. 1985 - et Décr. n° 86-74, 15 janv. 1986[3], organisant la constitution d'archives audiovisuelles de la justice - C. patr., art. L. 221-1 à L. 222-3), avec l'avis de la Commission consultative des archives audiovisuelles de la Justice. Ces enregistrements sont conservés par la Direction générale des Archives de France, et peuvent être consultés à des fins scientifiques ou historiques. Ils peuvent être reproduits et diffusés avec l'autorisation du président du tribunal de grande instance de Paris. Hormis cette exception, toute médiatisation de la justice est prohibée : l'article 38 *ter* de la loi du 29 juillet 1881[4] sur la liberté de la presse précise que « *dès l'ouverture de l'audience des juridictions administratives et judiciaires, l'emploi de tout appareil permettant d'enregistrer, de fixer ou de transmettre la parole ou l'image est interdit* ». Le président de la juridiction peut, sur demande présentée avant l'audience, autoriser des prises de vue, mais seulement quand les débats ne sont pas commencés et à la condition que les parties ou leur représentant et le ministère public y consentent. Les comptes rendus fidèles faits de bonne foi des débats judiciaires sont autorisés par l'article 41 de la loi du 29 juillet 1881, qui précise qu'ils ne donneront lieu à aucune action en diffamation.

La situation pourrait évoluer vers une plus grande transparence de la justice. Le rapport Linden[5] préconise l'ouverture des prétoires aux médias audiovisuels, à condition que des mesures permettent de protéger les personnes et de préserver la qualité des débats judiciaires.

§ 1
Principe : publicité obligatoire

212.71 **Fondement.** Selon l'adage, *Justice is not only to be done, but to be seen to be done* (« *la justice ne doit pas seulement être rendue, il faut aussi que chacun puisse voir qu'elle est rendue* »), la publicité est un élément essentiel du procès équitable, et son fondement est exprimé de la façon suivante par la Cour européenne des droits de l'homme : la publicité de la procédure protège les justiciables contre une justice secrète échappant au contrôle du public; elle constitue l'un des moyens qui contribuent à préserver la confiance dans les cours et tribunaux. Par la transparence qu'elle donne à l'administration de la justice, elle aide à réaliser le but de l'article 6 § 1, à savoir, le procès équitable[6] (la publicité des débats s'impose en matière de récusation de magistrat, à peine de nullité de la décision rendue)[7]. On retrouve ce fondement en droit interne français : pour le Conseil d'État, même si le jugement concerne des intérêts privés, la publicité permet aux citoyens de se convaincre qu'il a été rendu conformément au droit[8] (CJA, art. L. 6).

La publicité de la procédure est également prévue devant la Cour européenne elle-même : les articles 40 de la Convention et 33 du règlement de la Cour reprennent le principe selon lequel « *l'audience est publique* ».

212.72 **Application à tous les « *tribunaux* » au sens de l'article 6 § 1.** L'exigence de publicité a un domaine général. La Cour européenne l'impose à tous les organes qui décident sur une contestation portant sur un droit civil. Par exemple, dans l'arrêt *Vernes c/France* du 20 janvier 2011[9], la Cour rappelle que la publicité des débats constitue un principe fon-

1. Civ. 1re, 17 juill. 1996, n° 94-20.326, *Bull. civ.* I, n° 321; *D.* 1996. IR 214.
2. V. NOT., « Justice et Médias », n° spécial *Rev. Juger,* sept. 1995, Bruylant.
3. L. n° 85-699, 11 juill. 1985, tendant a la constitution d'archives audiovisuelles de la justice, *JO* 12 juill., p. 7865 – Décr. n° 86-74, 15 janv. 1986, pris pour l'application de L. n° 85-699, 11 juill. 1985, tendant à la constitution d'archives audiovisuelles de la justice, *JO* 17 janv., p. 824.
4. L. 29 juill. 1881, sur la liberté de la presse, *JO* 30 juill., p. 4201.
5. Rapport Linden, 22 févr. 2005, www.justice.gouv.fr; « Les procès filmés », *Les Annonces de la Seine* 3 mars 2005; *Gaz. Pal.* 24 févr. 2005, p. 34.
6. CEDH 8 déc. 1983, Axen c/République fédérale d'Allemagne, req. n° 8273/78, *Série A*, n° 72 – BERGER, 12e éd., 2011, n° 98, p. 303 – CEDH 24 nov. 1997, Werner c/Autriche, req. n° 21835/93, *JCP* 1998. I. 107, note Sudre.
7. Civ. 2e, 20 nov. 1991, n° 90-15.428, *Bull. civ.* II, n° 310.
8. CE 4 oct. 1974, Dame David, req. n° 88930, *Lebon* 470, concl. Gentot.
9. CEDH 20 janv. 2011, Vernes c/France, req. n° 30183/06, *Procédures* 2011. Comm. 93, Fricero.

damental, et que la seule réticence que pourraient avoir les professionnels de la finance à voir leur gestion contrôlée par le public ne saurait justifier une absence de publicité des débats, devant la COB, même si ces derniers revêtent un caractère technique.

212.73 Appréciation du respect de la publicité. La Cour européenne des droits de l'homme procède à une appréciation *in concreto*, en tenant compte de la diversité des systèmes législatifs et des pratiques judiciaires des États [1].

En conséquence, elle admet que les modalités d'application de l'exigence de publicité dépendent des particularités de l'instance qui s'est déroulée dans l'ordre juridique interne : le défaut d'audience publique n'enfreint la règle de la publicité que dans la mesure où il n'a pas assuré la garantie des principes fondamentaux qui sous-tendent l'article 6 § 1. La Cour considère qu'un tribunal qui statue uniquement en droit peut être dispensé de la publicité des audiences, parce que cette dernière n'aurait pas permis un meilleur contrôle du fonctionnement de la justice [2].

Ces mêmes aménagements jouent pour la publicité du jugement : la Cour européenne des droits de l'homme constate que certains États instaurent d'autres moyens de rendre publiques les décisions de leurs juridictions, à côté de la lecture à haute voix (dans la version anglaise, l'article 6 § 1 est ainsi rédigé : *Judgement shall be pronounced publicity*, ce qui traduit l'idée d'une lecture publique). Elle estime donc qu'il échet, dans chaque cas, d'apprécier, à la lumière des particularités de la procédure et en fonction du but de l'article 6 § 1, la forme de publicité du jugement prévue en droit interne. Un dépôt au greffe, permettant à chacun d'avoir accès au texte intégral de la décision, offre les mêmes garanties qu'une lecture en audience publique [3] (en l'espèce, la consultation du registre du tribunal militaire n'était possible que pour les personnes justifiant d'un intérêt, ce qui a motivé l'opinion dissidente de quatre juges) [4]. Le décret du 20 août 2004 a introduit cette possibilité dans le Code de procédure civile : le jugement est soit prononcé publiquement, soit prononcé par mise à disposition au greffe à la date indiquée par le président de la juridiction (C. pr. civ., art. 450).

212.74 Appréciation globale. La Cour européenne des droits de l'homme tient compte de l'ensemble du procès pour vérifier la conformité à l'article 6 § 1. Dans les arrêts *Le Comte c/Belgique*, la Cour examine le point de savoir si la publicité de la procédure devant la Cour de cassation a pu remédier à l'absence de publicité devant le Conseil de l'Ordre des médecins (pour conclure que ce n'était pas le cas, la Cour de cassation n'exerçant pas un contrôle de pleine juridiction) [5]. Elle procède au même examen à propos du Conseil d'État statuant sur recours contre les décisions prises par les instances disciplinaires des médecins [6] ou des vétérinaires [7].

212.75 Validité des restrictions à la mise en œuvre des sanctions du non-respect de la publicité. La Cour de cassation a dû statuer sur la conformité de l'article 446 C. pr. civ. à l'article 6 § 1 de la Convention européenne des droits de l'homme [8]. Ce texte du Code de procédure civile prévoit en effet des conditions très restrictives pour obtenir la mise en œuvre de la sanction de la méconnaissance par le juge de la publicité des débats : la nullité ne peut pas être soulevée si elle n'a pas été invoquée avant la clôture des débats (C. pr. civ., art. 446, 433 et 435). La Cour de cassation a décidé que cette règle n'est pas contraire à l'article 6 § 1 de la Convention européenne des droits de l'homme, renforçant ainsi le caractère relatif du droit à la publicité. La chambre criminelle de la Cour de cassation adopte la même position : elle a décidé que si l'affaire a été débattue à tort en chambre du Conseil, l'irrégularité commise ne doit pas entraîner l'annulation de la décision, dès lors qu'il n'est pas établi qu'elle ait porté atteinte aux intérêts du demandeur [9].

§ 2
Exceptions : publicité écartée ou aménagée

A.
Débats à huis clos

212.80 Domaines. L'article 6 § 1 de la Convention européenne des droits de l'homme, comme l'article 14 du Pacte des droits civils et politiques prévoient

1. CEDH 22 févr. 1984, Sutter c/Suisse, req. nº 8209/78, *Série A,* nº 74.
2. CEDH 22 févr. 1984, Sutter c/Suisse, req. nº 8209/78, *Série A,* nº 74, préc. s^s prés^t nº – CEDH 26 oct. 1984, Cubber c/Belgique, req. nº 9186/80, *Série A,* nº 86 – CEDH 8 déc. 1983, Axen c/Allemagne, req. nº 8273/78, *Série A,* nº 72 – BERGER, 12e éd., 2011, nº 98, p. 303.
3. CEDH 8 déc. 1983, Pretto c/Italie, req. nº 7984/77, *Série A,* nº 71 – BERGER, 12e éd., 2011, nº 97, p. 301.
4. CEDH 22 févr. 1984, Sutter c/Suisse, req. nº 8209/78, *Série A,* nº 74, préc. s^s prés^t nº).
5. CEDH 23 juin 1981, Le Compte, Van Leuven et de Meyere c/ Belgique, req. nº^os 6878/75 et 7238/75, *Série A,* nº 43 – BERGER, 12e éd., 2011, nº 73, p. 232 – Et CEDH 10 févr. 1983, Albert et Le Comte c/Belgique, req. nº^os 7299/75 et 7496/76, *Série A,* nº 58, préc.
6. CEDH 20 mai 1998, Gautrin c/France, req. nº^os 21257/93, 21258/93, 21259/93 et 21260/93, *JDI* 1998. 239, obs. Muscat; *AJDA* 1998. 991, obs. Flauss.
7. CEDH 29 sept. 1999, Serre c/France, req. nº 29718/96, *D.* 2000. Somm. 182, obs. Fricero; *RD publ.* 2000. 710, obs. Huglon.
8. Civ. 2e, 17 mai 1993, nº 91-18.997, *Bull. civ.* II, nº 174; *D.* 1993. IR 145.
9. Crim. 15 juin 1999, nº^os 98-85.349 et 98-85.722, *Bull. crim.* nº^os 135 et 136; *D.* 1999. 689, note Mayer et Chassaing.

une série d'exceptions au principe de la publicité des audiences. Les jurisprudences de la Cour européenne des droits de l'homme et des juridictions internes ont encore étendu le champ des dérogations.

1°
Par application des dérogations prévues par les textes

212.81 Diversité des hypothèses de huis clos. « *L'accès à la salle d'audience peut être interdit à la presse et au public* » dans plusieurs séries de situations.

212.82 Moralité, ordre public ou sécurité nationale. Dans l'intérêt de la moralité, de l'ordre public ou de la sécurité nationale dans une société démocratique (Conv. EDH, art. 6 § 1 – et PIDCP, art. 14; on retrouve ces limites à l'exercice des droits reconnus par les articles 8 à 11 Conv. EDH), les débats ont lieu à huis clos; ces hypothèses intéressent davantage le procès pénal (la chambre criminelle a admis qu'une cour d'assises ait pu ordonner le huis clos après avoir constaté que la publicité des débats serait dangereuse pour l'ordre public et les mœurs, sans méconnaître les dispositions de l'article 6 § 1; D. Mayer et J.-F. Chassaing estiment que l'article 802 du Code de procédure pénale est incompatible avec l'article 6 § 1, ce texte interdisant l'application de la règle « *pas de nullité sans grief* »[1]).

212.83 Intérêts des mineurs ou protection de la vie privée. Lorsque les intérêts des mineurs ou la protection de la vie privée des parties au procès l'exigent. L'article 435 C. pr. civ. donne au juge le pouvoir de décider l'absence de publicité des débats s'il doit résulter de la publicité « *une atteinte à l'intimité de la vie privée* », c'est-à-dire un risque d'atteinte grave à la vie privée. Ce motif, tiré de la protection de la vie privée, a été invoqué à l'occasion d'instances dirigées contre des médecins devant la section disciplinaire du Conseil national de l'Ordre des médecins : la vie privée inclut le secret professionnel, dont le secret médical fait partie.

Dans l'affaire *Guenoun c/France*, l'exception fondée sur la vie privée a été invoquée, et la commission a considéré que « le législateur peut décider qu'en matière disciplinaire, compte tenu des intérêts en présence et des nécessités de protéger le secret médical, les audiences se tiendront en principe à huis clos »[2].

Au contraire, dans l'affaire *Diennet c/France*, la Cour européenne des droits de l'homme rappelle le caractère fondamental de la publicité des débats et n'admet pas l'allégation du secret professionnel ou de la vie privée pour motiver un huis clos, les données du litige ne permettant pas de craindre de telles violations et un huis clos en cours d'audience pouvant toujours être ordonné[3] : le décret n° 93-181 du 5 février 1993[4] supprime la difficulté et harmonise les dispositions internes avec la jurisprudence de la Cour européenne des droits de l'homme. L'audience devant l'organe disciplinaire est publique, mais le président peut, d'office ou à la demande de l'une des parties ou de la personne dont la plainte a provoqué la saisine du conseil régional, interdire au public l'accès de la salle dans l'intérêt de l'ordre public ou lorsque le respect de la vie privée ou du secret médical le justifie[5].

La Cour de cassation a décidé que si la publicité est un principe général du droit, la loi peut en limiter la portée en exigeant ou en permettant que les débats aient lieu en chambre du Conseil : elle fait application de l'exception, prévue par l'article 359 alinéa 2 C. pr. civ., à l'hypothèse d'une demande de récusation de deux membres du Conseil de l'Ordre des avocats statuant disciplinairement[6].

212.84 Circonstances spéciales. Dans la mesure jugée strictement nécessaire par le tribunal, lorsque, dans des circonstances spéciales, la publicité serait de nature à porter atteinte aux intérêts de la justice. La doctrine a insisté sur le domaine quasi illimité de cette dernière exception[7], dont on retrouve la teneur dans l'article 435 C. pr. civ., accordant au juge le pouvoir de décider que les débats auront lieu ou se poursuivront à huis clos « *s'il survient des désordres de nature à troubler la sérénité de la justice* »[8].

212.85 Cour européenne. Devant la Cour européenne elle-même, des dérogations sont prévues, sur décision de la chambre en raison de circonstances exceptionnelles, soit d'office, soit à la demande d'une partie ou de toute autre personne intéressée (Règl. CEDH, art. 33-1) : la demande de confidentialité doit être motivée et indiquer si l'absence de publicité s'applique à tout ou partie de l'audience. De plus,

1. Crim. 10 mai 1995, n° 95-81.057, NP; *D.* 1995. IR 187.
2. Comm. EDH, DR, 2 juill. 1990, n° 66-181, n° 13.562/88, Guenoun c/France.
3. CEDH 26 sept. 1995, Diennet c/France, req. n° 18160/91, *Série A*, n° 325-A; *RUDH* 1996. 15, obs. Sudre.
4. Décr. n° 93-181, 5 févr. 1993, modifiant Décr. n° 48-1671, 26 oct. 1948 modifié, relatif au fonctionnement des conseils de l'Ordre des médecins, des chirurgiens-dentistes et des sages-femmes et de la section disciplinaire du Conseil national de l'Ordre des médecins, *JO* 8 févr., p. 2136.
5. C. Debbasch, « L'institution de la publicité des instances disciplinaires dans les professions libérales », *JCP* 1993. I. 3663.
6. Civ. 1re, 28 avr. 1998, n° 96-11.637, *Bull. civ.* I, n° 155; *RTD civ.* 1998. 744, obs. Perrot; *JCP* 1999. II. 10102, note Pralus-Dupuy.
7. J. Velu et R. Ergec, *La Convention européenne des droits de l'homme*, Bruylant, 1990, n° 509, p. 436.
8. Sur la légalité du texte initial, résultant d'un décret, CE, ass., 4 oct. 1974, req. n° 88930, *Lebon*; *D.* 1975. 369, note Aubry; *JCP* 1975. II. 17967, note Drago; *RTD civ.* 1975. 355, obs. Normand – L. n° 75-596, 9 juill. 1975, portant diverses dispositions relatives à la réforme de la procédure civile, art. 11-1, *JO* 10 juill., p. 7076, reprise ensuite par C. pr. civ., art. 435 – Ce dernier texte étant alors jugé légal par CE, ass., 12 oct. 1979, req. nos 01875, 01905, et 01948 à 01951, *Lebon; D.* 1979. 606, note Bénabent; *JCP* 1980. II. 19288, concl. Franc et note Boré; *RTD civ.* 1980. 145, obs. Normand; *Gaz. Pal.* 1980. 1. 6, note Julien.

l'accès de la salle peut être interdit à la presse ou au public, dans l'intérêt de la moralité, de l'ordre public ou de la sécurité nationale dans une société démocratique, lorsque l'intérêt des mineurs ou la protection de la vie privée des parties au procès l'exigent, ou dans la mesure jugée strictement nécessaire par la chambre, lorsque la publicité serait de nature à porter atteinte aux intérêts de la justice dans des circonstances spéciales (Règl. CEDH, art. 33-2).

212.86 Contrôle des exceptions au principe de la publicité. Si le juge interne dispose du pouvoir de décider de faire application d'une exception au principe de publicité, sa décision doit être fondée sur des circonstances spéciales et être strictement nécessaire[1]. La Cour de cassation exige également une motivation précise : la première chambre civile a cassé une décision de la cour d'appel de Bordeaux qui avait refusé à deux avocats poursuivis disciplinairement le droit à la publicité de l'audience par une motivation générale et abstraite[2], aux motifs « *qu'en se prononçant par de tels motifs, alors qu'elle aurait dû rechercher si la publicité des débats de la procédure disciplinaire suivie était de nature à porter atteinte aux intérêts protégés par l'article 6 § 1 de la Convention européenne des droits de l'homme, la cour d'appel a violé le texte susvisé* »[3].

2°
En raison de limites jurisprudentielles

212.90 Extension jurisprudentielle des dérogations à la publicité des audiences. La Cour européenne des droits de l'homme a atténué la portée de la publicité, en permettant aux justiciables d'y renoncer, et en excluant son application à certains litiges.

a)
Faculté de renonciation à la publicité des audiences

212.91 Relativité du droit à publicité. La Cour européenne des droits de l'homme a établi que le plaideur intéressé peut renoncer à la publicité des audiences : « *Ni la lettre, ni l'esprit de l'article 6 § 1* » n'empêchent une renonciation[4].

212.92 Conditions de régularité de la renonciation. La Cour européenne des droits de l'homme précise que la volonté du renonçant doit être libre, et qu'il doit être établi que le plaideur a renoncé de son plein gré et sans *équivoque*[5] (la renonciation ne doit pas contrarier un intérêt public supérieur, ce qui semble interdire notamment toute renonciation à un tribunal impartial[6]).

212.93 Modalités de la renonciation. La Cour européenne des droits de l'homme admet que le plaideur peut renoncer à la publicité des débats de manière expresse ou implicite[7]. Ainsi, l'absence de demande de publicité de la part du plaideur peut être considérée comme valant renonciation non équivoque à la publicité des débats[8].

b)
Exceptions à la publicité des audiences fondées sur la nature du litige

212.101 Caractère technique du différend. Dans l'arrêt *Schuler-Zgraggen c/Suisse*, la Cour européenne des droits de l'homme a admis que, devant un tribunal fédéral des assurances statuant sur recours, l'absence de débats publics est légitime : elle se fonde sur le fait que le différend ne soulevait pas de question d'intérêt public et que, étant hautement technique, il se prêtait mieux à des écritures qu'à des plaidoiries[9]. La Cour européenne des droits de l'homme ajoute un autre élément justifiant l'absence de publicité : les autorités nationales peuvent tenir compte d'impératifs d'efficacité et d'économie, et l'organisation systématique de débats peut à cet égard constituer un obstacle à la particulière diligence requise en matière de sécurité sociale. Ces considérations paraissent fondées sur le principe de proportionnalité : lorsque la publicité des audiences est de nature à ralentir le déroulement de la procédure, et n'a pas pour conséquence de clarifier le débat, le droit à la publicité peut être refusé au justiciable.

Cependant, cette exception n'est pas sans limites. Elle ne concerne que les juridictions statuant sur recours : si le tribunal examine le litige pour la première fois, la publicité des débats doit être assurée[10],

1. Comm. EDH, 2 juill. 1990, n° 13562/88, Guenoun c/France, DR.
2. Bordeaux, 23 oct. 1987, *RGDIP* 1990. 160.
3. Civ. 1re, 15 nov. 1989, n° 87-20.045, *Bull. civ.* I, n° 346; *D.* 1991. 295; *JDI* 1990. 611, n° 3, note Julien-Laferrière.
4. CEDH 23 juin 1981, Le Compte, Van Leuven et De Meyere c/ Belgique, req. nos 6878/75 et 7238/75, *Série A,* n° 43 – BERGER, 12e éd., 2011, n° 73, p. 232.
5. CEDH 23 juin 1981, Le Compte, Van Leuven et De Meyere c/ Belgique, req. nos 6878/75 et 7238/75, préc. ss n° 212.91.
6. CEDH 25 févr. 1992, Pfeifer et Plankl c/Autriche, req. n° 10802/84, *Série A,* n° 227.
7. CEDH 23 juin 1981, Le Compte, Van Leuven et De Meyere c/ Belgique, req. nos 6878/75 et 7238/75, *Série A,* n° 43 – BERGER, 12e éd., 2011, n° 73, p. 232; v. ss n° 212.91 – CEDH 21 févr. 1990, Hakanssen et Sturesson c/Suède, req. n° 11855/85, *Série A,* n° 171 – J.-F. Flauss, « De la renonciation à la publicité des débats judiciaires dans le cadre de la Convention européenne des droits de l'homme », *LPA* 1991, n° 130, p. 20 – F. Bueb, « Poursuites disciplinaires et publicité des débats », *Gaz. Pal.* 1984. Doctr. 456.
8. CEDH 21 sept. 1993, Zumbotel c/Autriche, req. n° 12235/86, *Série A,* n° 268-A; *Gaz. Pal.* 1984. 2. 456, note Clément.
9. CEDH 24 juin 1993, Schuler-Zgraggen c/Suisse, req. n° 14518/89, *Série A,* n° 263 – BERGER, 12e éd., 2011, n° 86, p. 270 – J.-F. Flauss, « Actualité de la Cour européenne des droits de l'homme », *AJDA* 1993. 492.
10. CEDH 23 févr. 1994, Fredin c/Suède (n° 2), req. n° 18928/91, *Série A,* n° 283-A.

il en est de même lorsque le tribunal statue en premier et dernier ressort[1]. Elle ne s'applique qu'aux litiges techniques : si, statuant sur recours, le tribunal réexamine les questions de fait et de droit, les débats doivent être publics[2]. En tout état de cause, l'absence de publicité n'est pas concevable lorsque le tribunal *tranche une question d'intérêt public, qui rend nécessaires des débats publics*[3].

212.102 La question du contentieux disciplinaire. Pour la Cour européenne des droits de l'homme, l'article 6 § 1 doit s'appliquer aux instances disciplinaires, dès lors que la peine encourue est une suspension du droit d'exercer une profession libérale, qui constitue un droit à caractère privé[4]. Le principe doit donc être celui de la publicité des débats, sous réserve des exceptions admises par l'article 6 § 1 et la jurisprudence de la Cour européenne des droits de l'homme.

Ainsi, dans l'affaire *Serre c/France,* la Cour rappelle l'applicabilité de l'article 6 § 1 aux instances ordinales : elle considère qu'il y a violation de cette disposition, les textes instaurant une audience à huis clos devant la chambre régionale et la chambre supérieure de discipline de l'Ordre des vétérinaires[5].

212.103 Application au contentieux disciplinaire des avocats. L'article 194 du décret n° 91-1197 du 27 novembre 1991[6] précise que les débats devant l'instance disciplinaire sont publics. Toutefois, l'organe disciplinaire peut décider que les débats auront lieu et se poursuivront en chambre du conseil, à la demande de l'une des parties ou s'il doit résulter de leur publicité une atteinte à l'intimité de la vie privée. En appel, la publicité des débats est assurée devant la cour conformément à ce dispositif (l'article 197 du décret du 27 novembre 1991 renvoie à l'article 194).

L'extension du principe de publicité des débats aux organes disciplinaires des autres professions a été inévitable (Conseil supérieur des chambres régionales des comptes : C. jur. fin., art. L. 223-9 - juridictions universitaires exerçant un pouvoir disciplinaire à l'égard des enseignants[7]).

Il en est ainsi pour la discipline des experts-comptables[8], pour les conseils en propriété intellectuelle[9], pour la discipline des géomètres-experts[10], pour les sanctions disciplinaires applicables aux usagers des établissements publics d'enseignement supérieur, le Conseil d'État décidant que les dispositions de l'article 14 du décret n° 90-1011 du 14 novembre 1990, qui prévoit que les séances des formations de jugement du Conseil national de l'enseignement supérieur et de la recherche ne sont pas publiques, méconnaissent les exigences de l'article 6 § 1 de la Convention[11], pour la procédure disciplinaire des personnels enseignants et hospitaliers des centres hospitaliers et universitaires[12]; celle poursuivie devant la chambre nationale et les chambres régionales de discipline de l'Ordre des architectes[13]; devant la commission bancaire compétente pour prononcer une sanction disciplinaire à l'encontre d'un changeur manuel[14]; pour les séances du CNESER statuant en matière disciplinaire (le Conseil d'État annule deux décisions et renvoie les deux affaires devant la même juridiction)[15].

La Cour de cassation et les juridictions du fond avaient depuis longtemps admis, avec certaines hésitations, l'application de la publicité des débats aux instances disciplinaires[16] (not. pour les avocats[17]; et les notaires[18]; en revanche, l'article 6 § 1 est exclu pour le Conseil des bourses de valeurs statuant disciplinairement[19]). La cour d'appel de Poitiers a même décidé qu'il y a lieu d'annuler la décision du Conseil de l'Ordre des avocats ayant refusé d'accéder à la demande de publicité formée par l'avocat mis en cause, en se fondant sur le fait que l'article 192 du décret de 1991 est manifestement contraire, dans son principe, à celui proclamé par l'article 6 § 1 de la Convention européenne des droits de l'homme[20].

Il serait souhaitable qu'une réforme législative vienne harmoniser les divers régimes de publicité devant les juridictions disciplinaires, et les mettre en

1. CEDH 10 déc. 2009, Koottummel c/Autriche, req. n° 49616/06 – CEDH 8 janv. 2009, Schlumpf c/Suisse, req. n° 29002/06, *RTD civ.* 2009. 291, obs. Marguénaud; *AJDA* 2009. 872, chron. Flauss, pour une absence de publicité des débats.
2. CEDH 29 oct. 1991, Helmers c/Suède, req. n° 11826/85, *Série A,* n° 212-A; *RUDH* 1991. 504.
3. CEDH 21 sept. 1993, Zumbotel c/Autriche, req. n° 12235/86, *Série A,* n° 268-A; *Gaz. Pal.* 1984. 2. 456, note Clément.
4. CEDH 10 févr. 1983, Le Compte, Van Leuven et de Meyere c/Belgique, req. n°s 7299/75 et 7496/76, *Série A,* n° 5 – BERGER, 12e éd., 2011, n° 73, p. 232.
5. CEDH 29 sept. 1999, Serre c/France, req. n° 29718/96, *D.* 2000. Somm. 182, obs. Fricero.
6. Décr. n° 91-1197, 27 nov. 1991, organisant la profession d'avocat, *JO* 28 nov., p. 1502.
7. CE 19 mai 1993, Notin, req. n° 125948, *Lebon* 161; *JCP* 1993. IV. 1837, obs. Rouault.
8. CE 3 févr. 1999, req. n° 161541, *D.* 1999. IR 60.
9. CE 17 mai 1999, req. n° 180537, *Lebon*; *D.* 1999. IR 157.
10. CE, sect., 28 juill. 1999, req. n° 165523, *Lebon; D.* 1999. IR 235.
11. CE 3 nov. 1999, req. n° 203748, *Lebon; D.* 1999. IR 271.
12. CE 23 févr. 2000, req. n° 192480, *Lebon*; *D.* 2000. IR 137.
13. CE 20 mars 2000, req. n° 198085, *D.* 2000. IR 128.
14. CE 29 nov. 1999, req. n° 194721, *Lebon; D.* 2000. AJ 52, obs. Avena-Robardet.
15. CE 19 janv. 2000, req. n° 187353, n° 187352, *JCP* 2000. Actu. 285.
16. Aix-en-Provence, 24 oct. 1983, *Gaz. Pal.* 1984. 86, note Damien; *JCP* 1985. II. 20324, note Labroque et Charrier – Civ. 1re, 10 janv. 1984, n° 82-16.968, *Bull. civ.* I, n° 8; *D.* 1985. IR 105, obs. Brunois; *JCP* 1984. II. 20210, concl. Gulphe; *Gaz. Pal.* 1984. 702, note A. D.; *RTD civ.* 1984. 771, obs. Perrot.
17. Civ. 1re, 22 janv. 1985, n° 84-10.160, *Bull. civ.* I, n° 29; *JCP* 1985. IV. 126; *Gaz. Pal.* 1985. Pan. 179, obs. Guinchard et Moussa.
18. Civ. 1re, 10 déc. 1985, n° 84-16.033, *Bull. civ.* I, n° 341; *JCP* 1987. II. 20749, note Pillebout.
19. CE, ass., 1er mars 1991, req. n° 112820, *Lebon; D.* 1991. IR 162.
20. Poitiers, 3 oct. 1994, RG n° 0446/96, *D.* 1995. 596, note Lay; *JCP* 1996. II. 22591, note Martin.

conformité avec les dispositions de l'article 6 § 1 (l'assemblée plénière de la Cour de cassation a refusé d'appliquer l'article 6 § 1 et la publicité des débats à la Commission nationale de discipline des membres des tribunaux de commerce[1]; le Conseil d'État a rejeté l'application des dispositions de l'article 6 § 1 et la publicité des débats, aux instances disciplinaires du Conseil national de l'Ordre des pharmaciens[2]), à savoir, une publicité de principe des débats et une faculté de prononcer le huis clos, si les circonstances le justifient, pour protéger le secret professionnel ou la vie privée. C'est en ce sens que le législateur s'est dirigé avec la loi organique n° 2001-539 du 25 juin 2001 qui a modifié l'ordonnance n° 58-1270 du 22 décembre 1958[3] : l'audience du conseil de discipline des magistrats du siège est publique (Ord. 22 déc. 1958, art. 57), comme celle de la formation compétente pour les magistrats du parquet (Ord. 22 déc. 1958, art. 65). Le huis clos est prévu lorsqu'il est justifié par la protection de l'ordre public, de la vie privée ou s'il existe des circonstances spéciales de nature à porter atteinte aux intérêts de la justice.

B. Appréciation nuancée de la publicité du jugement

212.111 Notion de publicité du jugement. Aux termes de l'article 6 § 1 de la Convention européenne des droits de l'homme, « *le jugement doit être rendu publiquement* » (PIDCP, art. 14, précisant que « *tout jugement rendu en matière pénale ou civile sera public* »). Compte tenu de l'importance des conséquences du prononcé du jugement, la publicité est essentielle au contrôle du bon fonctionnement de la justice. Si les débats ont eu lieu à huis clos, la publicité du prononcé du jugement reste « *le dernier bastion du principe de la publicité de la justice* »[4]. Le Code de procédure civile impose également cette publicité : les articles 451 et 1016 C. pr. civ. (L. n° 75-596, 9 juill. 1975, art. 11-1) prévoient que les jugements contentieux et les arrêts de la Cour de cassation sont prononcés en audience publique (Décr. n° 2004-836, 20 août 2004[5]).

Devant la Cour européenne, il est prévu que tous les documents déposés au greffe sont accessibles au public (Conv. EDH, art. 40-2 - et Règl. CEDH, art. 33-3), à moins que le président de la chambre ne décide autrement pour des raisons exceptionnelles (Règl. CEDH, art. 33-3 et 33-4). Les arrêts définitifs sont publiés sous l'autorité du greffier, lequel est également responsable de la publication du recueil officiel contenant les décisions et tous les documents que le président de la Cour juge utile de publier (Règl. CEDH, art. 78).

212.112 Appréciation des modalités de la publicité du jugement par référence au but de l'article 6. Le texte de la Convention européenne des droits de l'homme impose la lecture à haute voix de la décision juridictionnelle, lors d'une audience publique : il confère à cette exigence une portée absolue, puisqu'aucune exception n'est prévue[6]. Sans doute, la commission a-t-elle indiqué que seule la lecture du dispositif, et non celle de la totalité de la décision, est impérative[7]. On retrouve une lecture limitée au dispositif dans l'article 452 alinéa 2 C. pr. civ., même si le juge a la possibilité de procéder à une lecture de l'intégralité de la décision.

Cependant, la Cour européenne des droits de l'homme apprécie le respect de la publicité du jugement « *à la lumière des particularités de la procédure* », et « *en fonction du but et de l'objet de l'article 6 § 1* ».

Dans l'arrêt *Sutter c/Suisse*, la Cour européenne des droits de l'homme a admis qu'une interprétation littérale de l'article 6 § 1 quant au prononcé du jugement semble trop rigide et peut ne pas s'imposer pour la réalisation des buts de l'article 6 § 1[8].

En conséquence, lorsque la lecture publique du jugement n'est d'aucune utilité, notamment lors d'une procédure de cassation, le dispositif se limitant à la déclaration du rejet du pourvoi, ou d'admission avec renvoi de la cause, et qu'elle ne concourt pas à l'un des buts du principe de la publicité, l'exception est légitime[9].

Au contraire, le prononcé public de la décision d'une cour d'appel s'imposait, dans le cadre d'une procédure en demande d'indemnité pour une détention subie, dès lors que le libre accès de chacun au texte intégral du jugement n'était pas organisé[10].

212.113 Pluralité des modes de publicité du jugement. Dès lors qu'il assure un contrôle suffisant par le public du respect du droit à un procès équita-

1. Cass., ass. plén., 8 févr. 1993, n° 92-14.281, *Bull. ass. plén.*, n° 5; *D.* 1993. Somm. 190.
2. CE 1er mars 1993, req. n° 100495, *D.* 1995. Somm. 251.
3. L. org. n° 2001-539, 25 juin 2001, relative au statut des magistrats et au Conseil supérieur de la magistrature, *JO* 26 juin, p. 10119 – Ord. n° 58-1270, 22 déc. 1958, portant loi organique relative au statut de la magistrature, *JO* 23 déc., p. 11551.
4. P. Kayser, « Le principe de la publicité de la justice dans la procédure civile », *Mél. Hébraud,* Dalloz, 1981, p. 515.
5. Décr. n° 2004-836, 20 août 2004, portant modification de la procédure civile, *JO* 22 août, p. 15032.
6. CEDH 28 juin 1984, Campbell et Fell c/Royaume-Uni, req. nos 7819/77 et 7878/77, *Série A,* n° 80 – Berger, 12e éd., 2011, n° 81, p. 254.
7. Comm. EDH, 8 déc. 1980, n° 603/79, n° 722/79, n° 729/79, Crociani a. c/Italie, DR n° 22-188.
8. CEDH 22 févr. 1984, Sutter c/Suisse req. n° 8209/78, *Série A,* n° 74.
9. CEDH 8 déc. 1983, Axen c/Allemagne, req. n° 8273/78, *Série A,* n° 72 – Berger, 12e éd., 2011, n° 98, p. 303.
10. CEDH 24 nov. 1997, Szücs et Werner c/Autriche, req. n° 20602/92, *JCP* 1998. I. 107, obs. Sudre.

ble, tout mode de publicité est admis. Ainsi, dans l'arrêt *Pretto et a. c/Italie,* le défaut de prononcé public de l'arrêt de la Cour de cassation n'a pas enfreint l'article 6 § 1, dans la mesure où toute personne peut consulter l'arrêt et s'en procurer une copie auprès du greffe[1]. Depuis le décret du 20 août 2004, le jugement peut être prononcé par sa mise à disposition au greffe de la juridiction (C. pr. civ., art. 450, 451 et 453). On constate ainsi que la publicité du jugement ne permet pas uniquement d'assurer la protection des intérêts du justiciable concerné, mais également celle des tiers, par la délivrance d'une copie du jugement. Ce dernier aspect est essentiel, puisqu'il contribue à la réalisation d'un des buts de l'article 6 § 1, en ouvrant la jurisprudence « *dans une certaine mesure au contrôle du public* »[2]. L'article 11-3 de la loi n° 75-596 du 9 juillet 1975 précise à cet égard que « *les tiers sont en droit de se faire délivrer copie des jugements prononcés publiquement* ». Dans le même ordre d'idées, le Conseil d'État, relevant que les décisions disciplinaires de Conseil supérieur de l'Éducation nationale sont publiées au *Bulletin officiel de l'Éducation nationale,* ce qui permet l'accès du public à ces décisions, considère que la publicité est suffisante pour satisfaire aux exigences de l'article 6 § 1[3].

La plus large publicité devrait être réservée aux jugements, particulièrement aux arrêts de la Cour de cassation et à ceux de la Cour européenne, afin que les citoyens puissent avoir accès au droit et pour garantir une meilleure lisibilité du système juridique dans son ensemble, ce qui constitue un gage de sécurité et d'égalité. Il ne s'agit plus de publicité au sens classique du terme, mais de diffusion de la jurisprudence au plus large public (*via* Internet notamment), à la communauté des juristes et aux juges eux-mêmes. Cette diffusion devrait s'accompagner de l'anonymisation des décisions de justice, afin qu'aucune contestation ne puisse être formée relativement aux droits de la personne[4].

SECTION 3
EXIGENCE DE CÉLÉRITÉ

212.121 Le droit à un jugement dans un délai raisonnable, élément du procès équitable. La justice ne serait ni équitable, ni crédible, ni efficace, sur un plan humain comme sur un plan économique, si la décision mettant fin à la contestation était rendue à l'issue d'une procédure trop longue : le jugement perdrait tout intérêt pour le justiciable. Cette raison d'être est exprimée par l'adage anglais : *justice delayed, justice denied.*

Si la durée est inséparable de la notion de procès[5], une bonne administration de la justice repose sur l'absence de retard excessif dans l'obtention du jugement. L'ordonnance n° 2006-673 du 8 juin 2006 a ajouté un article L. 111-3 au COJ pour préciser que « *les décisions de justice sont rendues dans un délai raisonnable* ». La notion même de « *délai raisonnable* » n'est pas aisée à définir[6]. Le « *raisonnable* » est un concept à contenu variable[7], réfractaire à toute approche dogmatique. La Cour européenne des droits de l'homme, considérant qu'il s'agit d'une question de fait, détermine *in concreto* les éléments du caractère non excessif du délai, et a posé des critères dont la conjugaison peut conduire au constat de la violation de l'article 6 § 1. Avant d'aborder l'analyse du contenu de ces critères, il faut observer la spécificité du grief tiré du délai non raisonnable de la procédure.

212.122 Spécificité du grief tiré de la méconnaissance du délai raisonnable. Des études statistiques révèlent le faible nombre de cas d'allégation d'une durée excessive de la procédure devant les juridictions internes (cinq décisions seulement visent le droit à un délai raisonnable, sur un total de quatre-vingt neuf arrêts fondés sur la violation de l'article 6 § 1 pour la période de 1990 à 1994 - en 2009, seulement deux condamnations de la France pour durée excessive de la procédure)[8]. Cela s'explique certainement par plusieurs raisons. Selon la jurisprudence, le moyen tiré de la durée excessive de la procédure n'est pas susceptible d'entraîner la nullité de la décision rendue ou de la procédure.

En matière civile, la violation de la condition du délai raisonnable « *ne peut servir de fondement à l'annulation d'une décision judiciaire* »[9] (la solution est la même en matière pénale[10]), mais peut seulement fonder une

1. CEDH 8 déc. 1983, Pretto c/Italie, req. n° 7984/77, *Série A,* n° 71.
2. CEDH 22 févr. 1984, Sutter c/Suisse, req. n° 8209/78, *Série A,* n° 74; v. s^{s} n° 212.112.
3. CE, sect., 19 janv. 2000, req. n°s 187352 et 187353 (1re esp.), req. n° 190041 (2e esp.), *JCP* 2000. Actu. 285.
4. A. Perdriau, « L'anonymisation des jugements civils », *JCP* 1999. I. 163 – CNIL, délib. n° 01-057, 29 nov. 2001; *JCP* 2001. Actu. 50; *JCP* 2001. Actu. 82.
5. S. Guinchard, *Le temps en procédure civile,* Annales de la faculté de Clermont-Ferrand, LGDJ, 1983, fasc. 20, p. 21 – S. Amrani-Mekki, *Le temps et le procès civil,* Dalloz, 2002.
6. P. Lambert, « Les notions de délai raisonnable dans la jurisprudence de la Cour européenne des droits de l'homme », *RTDH* 1991. 3 – J.-F. Flauss, « Le délai raisonnable au sens des art. 5-3° et T-1 de la Convention européenne des droits de l'homme dans la jurisprudence française », *RTDH* 1991. 49.
7. J. Salmon, « Le concept de raisonnable en droit international public », *Mél. Reuter,* Pedone, 1982, p. 448.
8. A. Gouron-Mazel, « La Cour de cassation face à la Convention européenne des droits de l'homme », *JCP* 1996. I. 3937, pour la période de 1990 à 1994.
9. Com. 11 juin 1985, n° 84-11.224, *Bull. civ.* IV, n° 185 – Civ. 1re, 4 janv. 1995, n° 92-20.966, *Bull. civ.* I, n° 49 – Soc. 29 mai 1991, n° 90-60.411, *Bull. civ.* V, n° 278; *D.* 1991. IR 168.
10. Crim. 24 oct. 1989, n° 89-84.811, *Bull. crim.* n° 378; *JCP* 1990. IV. 47 – Crim. 3 mai 1993, n° 93-80.780, *Bull. crim.* n° 160.

demande de réparation [1]. Même si la Cour européenne des droits de l'homme a constaté la violation par l'État français de son obligation de rendre la justice dans un délai raisonnable, la Cour de cassation considère que si l'arrêt « *permet à celui qui s'en prévaut de demander réparation* » (la demande de réparation pouvant être formée devant les juridictions nationales ou, s'il y a lieu, devant la Cour européenne des droits de l'homme [2]), il « *est sans incidence sur la validité des procédures relevant du droit interne* » [3].

Le moyen fondé sur la violation du délai raisonnable ne peut pas être soulevé pour la première fois devant la Cour de cassation : il est déclaré irrecevable comme mélangé de fait et de droit [4]. Au contraire, devant la Cour européenne, le grief tiré du délai déraisonnable de la procédure est l'un des plus fréquemment mis en œuvre. Certains États, confrontés à l'insoluble question de la lenteur de leur justice, sont mis en cause régulièrement devant la Cour (l'Italie et la France sont concernées au premier chef. Pour la France, sur 81 condamnations prononcées en 2000, 57 concernent la durée des procédures devant les juridictions civiles [11], pénales [14], administratives [22] et prud'homales [10] [5]). On peut également noter que les requêtes fondées sur ce grief font souvent l'objet d'une radiation pour règlement amiable (Conv. EDH, art. 39 – Règl. CEDH, art. 62) : devant le caractère inéluctable de la déclaration de violation, les États préfèrent transiger avec le requérant et lui offrir une réparation pécuniaire.

212.123 Recevabilité du grief devant la Cour européenne. L'article 35 de la Convention impose au requérant d'épuiser les recours internes avant de saisir l'instance européenne. Appliquée au délai raisonnable, cette condition a posé problème. En effet, telle qu'elle est interprétée par la Cour européenne, la notion de recours à exercer désigne toute voie de droit susceptible d'aboutir à un résultat satisfaisant au regard de la violation alléguée [6]. Or, Les États n'ont pas organisé de recours utile et efficace pour remédier à la lenteur de la justice : dès lors, la Cour a longtemps considéré que le requérant pouvait invoquer le grief tiré du délai non raisonnable de la première instance, alors même que l'instance sur recours, notamment sur appel, est encore pendante (la CEDH note qu'après le jugement du tribunal civil, un appel fut formé devant la cour d'appel et que, selon les renseignements fournis, la juridiction d'appel n'a pas encore statué [7]; également dans une espèce, où le délai d'appel n'était pas encore expiré [8]).

Cette situation a entraîné un encombrement insupportable pour la Cour européenne, auquel l'arrêt *Kudla c/Pologne* a entendu porter remède [9]. En effet, la Cour européenne modifie sa jurisprudence en admettant l'autonomie de l'article 13 de la Convention (précisant que l'État doit fournir un recours effectif devant une instance nationale pour protéger les droits garantis par la Convention, dont le droit à un jugement dans un délai raisonnable) par rapport à l'article 6 § 1. En conséquence, en sanctionnant cumulativement, la violation du délai raisonnable prévu par l'article 6 § 1, et l'absence de recours interne pour réparer la violation du même délai prévue par l'article 13, la Cour européenne veut inciter les États à instaurer des remèdes internes aux lenteurs de la justice, et des recours permettant de mettre fin ou de réparer les conséquences d'une lenteur excessive de la justice civile. Dès lors qu'un tel recours est organisé, le requérant sera tenu de l'exercer au préalable pour que sa requête soit déclarée recevable. En revanche, si le recours en réparation n'est pas instauré par l'État, le justiciable peut obtenir, comme dans l'affaire *Kudla*, une double déclaration de violation : celle de l'article 13, pour absence de recours effectif, et celle de l'article 6 § 1, pour méconnaissance du délai raisonnable, et ce sans même avoir à attendre la fin de la première instance, ou de l'instance sur appel ou cassation.

On peut citer deux exemples de recours internes indemnitaires.

212.124 Recours internes indemnitaires en France. L'article L. 141-1 du COJ (COJ, anc. art. L. 781-1) prévoit la mise en œuvre de la responsabilité de l'État pour faute lourde ou déni de justice. La jurisprudence a intégré la méconnaissance du délai raisonnable dans le domaine de cette responsabilité directe, en considérant que l'absence de prononcé d'un jugement dans un temps raisonnable caractérise le déni de justice :

L'État a un devoir de protection juridictionnelle auquel il ne répond pas si la justice est anormalement lente [10] (un arrêt a admis qu'il y a déni de justice lorsque la formation de départage d'un conseil de prud'hommes met plus de dix

1. Civ. 1re, 27 janv. 1993, n° 91-16.072, NP.
2. Soc. 29 mai 1991, n° 90-60.411, *Bull. civ.* V, n° 278; *D.* 1991. IR 168.
3. Crim. 3 févr. 1993, n° 92-83.443, *Bull. crim.* n° 57; *D.* 1993. 515; *JCP* 1994. II. 22197, note Chambond.
4. J.-F. Flauss, « Le *délai raisonnable* au sens des articles 5-3° et 6 § 1 de la Convention européenne des droits de l'homme dans la jurisprudence française », *RTDH* 1991, spéct 56 – Crim. 19 nov. 1987, n° 86-91.592, *Bull. crim.* n° 420; *Gaz. Pal.* 1988. 1. 334, obs. M. R. – Crim. 13 nov. 1989, n° 88-80.801, *Bull. crim.* n° 408; *D.* 1991. 173, obs. Pannier.
5. V. aperçu 2000 sur www.echr.coe.int – « La France et la Cour européenne des droits de l'homme », *Cah. du CREDHO* n° 7, 2001.
6. *Les exceptions préliminaires dans la Convention européenne des droits de l'homme,* « Droit et justice », Bruylant, 1997.
7. CEDH 19 févr. 1991, Zanghi c/Italie, req. n° 11491/85, *Série A,* n° 194-C – CEDH 31 mars 1992, X. c/France, req. n° 18020/91, *Série A,* n° 234-C; *RUDH* 1992. 243.
8. CEDH 26 avr. 1994, A. V. c/France, req. n° 22121/93, *Série A,* n° 289-A; *RUDH* 1994. 183.
9. CEDH 26 oct. 2000, Kudla c/Pologne, req. n° 30210/96.
10. TGI Paris, 6 juill. 1994, *Gaz. Pal.* 1994. 37, obs. Petit; *JCP* 1994. I. 3805, n° 2, obs. Cadiet – TGI Paris, 5 nov. 1997, *D.* 1998. 9, note Frison-Roche – Paris, 20 janv. 1999, RG n° 1998/08511, *D.* 1999. IR 125.

mois à se saisir de l'affaire)[1]. Comme la Cour de cassation a également étendu le domaine de la faute lourde de l'État, en décidant que constitue une faute lourde toute déficience caractérisée par un fait ou une série de faits traduisant l'inaptitude du service public de la justice à remplir la mission dont il est investi[2], on peut légitimement considérer que ce recours constitue un instrument effectif de réparation que le justiciable doit épuiser avant de saisir la Cour européenne. Cette juridiction a d'ailleurs considéré que le recours de l'ancien article L. 781-1 du COJ a acquis un degré de certitude suffisant pour constituer un recours utile au sens de l'article 35 de la Convention[3]. Cette solution est devenue constante[4]. Le recours fondé sur l'article L. 141-1 du COJ est lui-même soumis au délai raisonnable[5]. Par exemple, si la procédure d'indemnisation du requérant pour lenteur des juridictions administratives a elle-même duré plus de quatre ans, ce retard n'étant pas imputable au requérant, il y a lieu de déclarer la violation de l'article 6 § 1[6].

212.125 **Recours internes indemnitaires en Italie.** La loi Pinto du 24 mars 2001 a introduit un recours pour obtenir réparation du préjudice dû à une longueur excessive des procédures judiciaires.

La Cour européenne a repris la règle selon laquelle l'épuisement des recours internes s'apprécie à la date de l'introduction de la requête devant elle, sauf circonstances exceptionnelles[7]. En l'espèce, la loi Pinto était entrée en vigueur après que le requérant ait saisi la Cour européenne. Mais la Cour, après avoir informé le requérant de l'existence de cette loi, l'invite à soumettre son grief aux juridictions nationales : le requérant ayant refusé, sa requête a été déclarée irrecevable pour non-épuisement des recours internes. La Cour note qu'aucune raison ne permettait de dispenser le requérant de l'obligation d'épuiser le recours interne.

Certes, ces recours ne constituent qu'une réparation indirecte de la lenteur excessive, puisqu'elle dédommage le préjudice moral subi sans remettre en cause la décision rendue. De plus, ils ont l'inconvénient d'encombrer encore les juridictions internes.

1. Paris, 10 nov. 1999, RG n° 1999/01726, *D.* 2000. IR 31.
2. Cass., ass. plén., 23 févr. 2001, n° 99-16.165, *Bull. ass. plén.*, n° 5; *D.* 2001. 1752, note Debbasch; *JCP* 2001. I. 340, n° 26, obs. Viney; *JCP* 2001. II. 10583, note Ménuret; *Gaz. Pal.* 27-28 juill. 2001, p. 28, concl. de Gouttes et note Collomp.
3. CEDH 26 sept. 2000, Zannouti c/France, req. n° 42211/98 (déf. 21 oct. 2001), *JCP* 2001. II. 10491, note Boré, sol. impl. – CEDH 12 juin 2001, Giummarra a. c/France, req. n° 61.166/00, DR, *JCP* 2002. I. 105, n° 9, chron. Sudre.
4. CEDH 9 juill. 2002, Nouhaud c/France, req. n° 33424/96, *D.* 2003. Somm. 593, obs. Fricero – CEDH 21 oct. 2003, Broca et Texier-Micault France, req. n°s 27928/02 et 31694/02 (déf. 21 janv. 2004), *D.* 2004. Somm. 1061, obs. Fricero – EN MATIÈRE ADMINISTRATIVE, J.-P. Marguénaud, obs. *RTD civ.* 2004. 365.
5. CEDH 3 déc. 2002, D. R. c/France, req. n° 42407/98, *D.* 2003. Somm. 592, obs. Fricero.
6. CEDH 24 sept. 2009, Sartory c/France, req. n° 40589/07, *Procédures* 2009. Comm. 359, obs. Fricero.
7. CEDH 6 sept. 2001, Brusco c/Italie req. n° 69789/01, *D.* 2002. Somm. 686, obs. Renucci.

Mais leur nécessaire généralisation dans les États signataires aura dans l'immédiat pour résultat de désencombrer la Cour européenne et de lui permettre, à son tour, de respecter l'exigence d'un délai raisonnable.

Pour que la méconnaissance de l'exigence de délai raisonnable soit réalisée, il suffit que la procédure, envisagée de manière globale (§ 1) révèle une durée excessive par référence aux critères proposés (§ 2) par la Cour européenne des droits de l'homme.

§ 1
Appréciation globale de la durée du délai

212.131 **Prise en compte de la totalité de la procédure.** La Cour européenne des droits de l'homme apprécie le procès dans sa globalité pour en calculer la durée[8] (d'une procédure civile)[9] : cette dernière part du jour de la formation de la demande, pour expirer en principe le jour où le tribunal a tranché la contestation (ou s'est déclaré incompétent[10]). Elle englobe toutes les phases de la procédure (dans une instruction pénale[11]; ou une procédure en annulation de refus de communication par le CHU de documents administratifs et médicaux concernant l'internement du requérant, devant la Commission d'accès aux documents administratifs (CADA) puis les juridictions administratives, six ans pour un recours préalable et deux degrés d'instance[12]), mais elle ne s'applique pas à la procédure qui tend à obtenir une autorisation d'assigner à jour fixe, qui n'affecte pas le fond de l'affaire[13].

212.132 **Le *dies a quo*.** En matière civile, le point de départ de la période prise en considération coïncide avec la date de la saisine de la juridiction[14] (cela a été jugé à propos de la durée d'une procédure devant une juridiction du travail[15]; de la procédure en matière civile devant la Cour de cassation[16]; ou de procédures civiles[17]).

8. CEDH 17 juill. 2001, Pogorzelec c/Pologne., req. n° 29455/95
9. CEDH 26 févr. 1993, Pizzetti Demicheli Salesi Trevisan Billi c/Italie, req. n° 12444/86, *Série A*, n° 257-C.
10. CEDH 13 nov. 2001, Francisco c/France, req. n° 38945/97.
11. CEDH 6 janv. 2004, Rouille c/France, req. n° 50268/99 (déf. 6 avr. 2004), *D.* 2004. Somm. 988, obs. Mehdi.
12. CEDH 7 févr. 2006, Donnadieu c/France, req. n° 19249/02.
13. CEDH 3 déc. 2002, D. R. c/France, req. n° 42407/98, *D.* 2003. Somm. 592, obs. Fricero.
14. CEDH 10 juill. 1984, Guincho c/Portugal, req. n° 8990/80, *Série A*, n° 81.
15. CEDH 6 mai 1981, Bucchholz c/Allemagne, req. n° 7759/77, *Série A*, n° 42.
16. CEDH 8 déc. 1983, Pretto et a. c/Italie, req. n° 7984/77, *Série A*, n° 71 – BERGER, 12e éd., 2011, n° 97, p. 301.
17. CEDH 25 juin 1987, Capuano c/Italie, req. n° 9381/81, *Série A*, n° 119.

Ainsi, la détermination du *dies a quo* suppose la prise en compte des spécificités de chaque procédure nationale. Devant le tribunal de grande instance, le point de départ de la procédure civile a pu être fixé à la date de l'assignation[1]. Mais la Cour européenne de justice a également fixé le point de départ du délai avant l'acte introductif d'instance (la cour part de la date à laquelle le médecin a fait opposition au retrait administratif de l'autorisation d'exploiter sa clinique auprès du préfet[2]). La date d'introduction d'un recours hiérarchique ou gracieux formé devant un organe administratif peut être prise en compte[3].

212.133 **Le *dies ad quem*.** La détermination de l'échéance du procès équitable suppose de distinguer plusieurs situations.

212.134 **Décision définitive.** Si le procès s'est éteint par le prononcé d'une décision définitive, devenue irrévocable après épuisement des voies de recours internes, la Cour européenne prend en compte la période qui sépare la demande initiale de la dernière décision qui « *vide la contestation* »[4] (telles de procédures de remembrement foncier ayant duré plus de seize ans et demi[5], et plus de dix-neuf ans ![6]) période qui peut s'avérer d'une durée déraisonnable.

212.135 **Première instance.** Le souci de sanctionner efficacement la lenteur de la justice a conduit la Cour européenne à prendre en compte la durée non raisonnable d'une première instance (c'est le cas lorsqu'une instance dure plus de dix-sept ans et dix mois, sans qu'un jugement sur le fond ait été rendu, la quasi-totalité de la durée coïncidant avec le déroulement d'une expertise[7]). Le justiciable n'est pas tenu d'attendre le prononcé de la décision sur le fond de la contestation pour solliciter le constat de la violation de l'article 6 § 1. Dans l'affaire *Marques Gomes Galo c/Portugal*, la Cour européenne constate que le requérant avait introduit une demande en réparation des dommages résultant d'un accident de la circulation contre la compagnie d'assurances et que, huit ans et huit mois plus tard, la procédure est toujours pendante[8] : la quasi-totalité de la durée de la procédure coïncide avec la durée de l'expertise médicale, le rapport définitif d'expertise n'ayant pas été déposé, ce qui autorise la déclaration de violation de l'article 6 § 1 (pour un appel de un an et sept mois)[9]. Le requérant doit épuiser le recours interne expressément prévu pour réparer les conséquences d'une durée excessive de la procédure.

212.136 **Instance sur voie de recours.** La Cour européenne sanctionne également la durée déraisonnable d'une instance sur recours, même si la décision n'a pas encore été rendue[10], et même si le délai d'appel contre la décision tardivement rendue n'est pas encore expiré (la durée de la première instance ayant excédé quatre ans[11]). Elle prend alors en compte la durée globale depuis la demande initiale[12]. La durée de la cassation est un facteur important de condamnation[13] (tant pour une procédure d'admission du pourvoi devant le Conseil d'État qui a duré plus de un an et dix mois[14]; que pour un pourvoi en cassation de plus de trois ans[15]; ou pour deux pourvois consécutifs de cinq ans, trois mois et vingt-sept jours[16]).

212.137 **Procédures liées par un lien de connexité.** La Cour prend en compte dans certains litiges, la durée globale de deux procédures liées par un lien de connexité. Par exemple, dans un procès relatif à un licenciement pour motif économique, le requérant ayant sollicité l'annulation de l'autorisation de l'inspecteur du travail devant les juridictions administratives, et saisi le conseil des prud'hommes de demandes de réintégration et de versement d'une indemnité de non-concurrence, la Cour européenne décide de prendre en considération la durée totale des procédures (douze ans et neuf mois devant les juridictions administratives et judiciaires[17]), dès lors que la solution définitive sur le droit à caractère civil dépendait de l'issue de ces deux procès. De même, lorsque le juge saisi de la demande principale doit surseoir à statuer en raison de l'existence d'une question préjudicielle, la Cour européenne intègre logiquement la durée du sursis et celle de l'instance devant la juridiction compétente pour statuer sur le moyen de défense (par ex. lorsque le requérant avait

1. CEDH 20 févr. 1991, Vernillo c/France, req. n° 11889/85, *D.* 1992. Somm. 333.
2. CEDH 28 juin 1978, König c/Allemagne, req. n° 6232/73, *Série A,* n° 27 – BERGER, 12ᵉ éd., 2011, n° 102, p. 312.
3. Comm. EDH, 13 déc. 1979, n° 7987/77, DR vol. 18, p. 31.
4. CEDH 10 juill. 1984, Guincho c/Portugal, req. n° 8990/80, *Série A,* n° 81 – BERGER, 2009, nᵒˢ 62 et 63, p. 190; v. sˢ n° 212.132.
5. CEDH 23 avr. 1987, Erkner et Hofauer c/Autriche, req. n° 9616/81 – BERGER, 2009, nᵒˢ 62 et 63, p. 190.
6. CEDH 23 avr. 1987, Poiss c/Autriche, req. n° 9816/82, *Série A,* n° 117 – BERGER, 2009, nᵒˢ 62 et 63, p. 190.
7. CEDH 15 févr. 2000, Roselli (n° 1) c/Italie, req. n° 38480/97.
8. CEDH 23 nov. 1999, Marques Gomes Galo c/Portugal, req. n° 35-592/97.
9. CEDH 14 juin 2001, Adelino Santos c/Portugal, req. n° 41598/98 (déf. 14 sept. 2001), *D.* 2002. Somm. 688, obs. Fricero.
10. CEDH 31 mars 1992, X. c/France, req. n° 18020/91, *Série A,* n° 234-C; *D.* 1992. Somm. 334; v. sˢ n° 212.123.
11. CEDH 26 avr. 1994, Alain Vallée c/France, req. n° 22121/93, *Série A,* n° 289-A; *RUDH* 1994. 183.
12. CEDH 21 mars 2000, Boudier c/France, req. n° 41857/98 – CEDH 21 mars 2000, Castell c/France, req. n° 38783/97, *Procédures* 2000, obs. Fricero.
13. CEDH 12 juin 2001, Brochu c/France, req. n° 41333/98 (déf. 12 sept. 2001), *D.* 2002. Somm. 688, obs. Fricero.
14. CEDH 16 avr. 2002, Ouendeno c/France, req. n° 39996/98.
15. CEDH 7 févr. 2002, Langlois c/France, req. n° 39278/98.
16. CEDH 27 mars 2001, Joly c/France, req. n° 43713/98.
17. CEDH 12 avr. 2002, Seguin c/France, req. n° 42400/98.

formé une demande devant le TGI qui avait prononcé un sursis à statuer jusqu'à la décision de la juridiction administrative, pour une durée totale de neuf ans et demi[1]).

212.138 **Procédure ultérieure de l'exécution de la décision.** Enfin, la Cour européenne a décidé que le délai pris en compte en matière civile inclut la procédure ultérieure de l'exécution de la décision[2]. La Cour européenne des droits de l'homme refuse de trancher sur la controverse soulevée par le gouvernement, relative au problème de l'autonomie de la procédure d'exécution en droit italien[3] : elle considère que, au regard de la Convention, le droit revendiqué par le requérant a trouvé sa réalisation effective au moment de l'exécution, et que c'est donc à ce moment qu'il y a détermination d'un droit de caractère civil, donc décision définitive au sens de l'article 26[4]. Le justiciable a donc un droit à l'exécution du jugement dans un délai raisonnable[5]. Cette disposition a été réaffirmée de manière constante : l'appréciation de la durée d'un procès doit englober la phase qui s'achève lors de la « *complète exécution* » de la décision (not. à propos d'une procédure administrative de cinq ans, trois mois et huit jours jusqu'à l'exécution de la décision)[6]. La durée raisonnable concerne donc les procédures d'exécution des jugements elles-mêmes[7], et cette même exigence concerne les procédures judiciaires d'exécution des actes notariés[8]. L'excessive durée d'exécution est sanctionnée sur un double fondement[9]. Le recours à l'article 6 § 1 permet de condamner la méconnaissance du délai raisonnable du procès[10] : un tribunal avait condamné l'État à verser au requérant une indemnité en réparation des préjudices issus d'une exposition importante à des émissions radioactives après la catastrophe de Tchernobyl en 1999. Cette indemnité n'avait été versée que le 5 mars 2001, date de communication au gouvernement de la requête introduite auprès de la Cour européenne par le requérant, et la Cour estime que la violation de l'article 6 § 1 est réalisée. Mais le retard dans l'exécution méconnaît également le droit au respect de ses biens garanti par l'article 1er du Protocole n° 1[11] (not. pour le paiement par l'Administration des indemnités d'expropriation avec dix-neuf et trente mois de retard, dans un contexte de forte dépréciation monétaire)[12].

Dans le même ordre d'idées, la Cour européenne applique l'exigence du délai raisonnable à la procédure d'*exequatur* des décisions étrangères : dans l'arrêt de *Hohenzollern c/Roumanie* du 27 mai 2010[13], la Cour note qu'elle applique l'article 6 § 1 aux procédures d'*exequatur* et qu'une durée de plus de quinze ans est particulièrement longue et ne respecte pas la Convention.

§ 2
Appréciation concrète du caractère raisonnable du délai

212.150 **Principe issu d'une jurisprudence constante.** La Cour européenne des droits de l'homme considère que le caractère raisonnable d'une procédure relevant de l'article 6 § 1 de la Convention européenne des droits de l'homme doit s'apprécier dans chaque espèce « *en fonction des circonstances particulières de la cause* » (dans une procédure civile[14]; devant un tribunal civil de première instance[15]; une procédure civile de première instance, et sur recours en appel, puis en cassation, puis devant la juridiction de renvoi après cassation, qui a duré plus de dix-sept ans[16]; dans une procédure administrative[17]; devant une juridiction du travail[18]; devant les juridictions sociales[19]; dans une procédure de plus de

1. CEDH 19 mars 2002, Granata c/France, req. n° 39626/98.
2. CEDH 26 oct. 1988, Martins Moreira c/Portuga, req. n° 11371/85l, *Série A*, n° 143.
3. CEDH 26 sept. 1996, Di Pede c/Italie, req. n° 83/1995/589-675 – CEDH 26 sept. 1996, Zappia c/Italie, req. n° 85/1995/591-677, *JCP* 1997. I. 4000, n° 28, obs. Sudre.
4. V. AUSSI, CEDH 23 mars 1994, Silva Pontes c/Portugal, req. n° 14940/89, *Série A*, n° 286-A.
5. CEDH 19 mars 1997, Hornsby c/Grèce, req. n° 107/1995/613/701.
6. CEDH 7 déc. 1999, Bouilly c/France, req. n° 38952/97, § 18.
7. CEDH 8 mars 2001, Pinto De Oliveira c/Portugal, req. n° 39297/98 (déf. 8 juin 2001), *D.* 2002. Somm. 687, obs. Fricero – CEDH 13 janv. 2009, Yavuz Sarikaya c/Turquie, req. n° 11098/04.
8. CEDH 21 avr. 1998, Estima Jorge c/Portugal, req. n° 24550/94, *D.* 1998. Somm. 369, obs. Fricero – CEDH 28 juill. 1999, Immobiliare Saffi c/Italie, req. n° 22774/93, *D.* 2000. Somm. 187, obs. Fricero.
9. CEDH 18 déc. 2008, Ziabreva c/Russie, req. n° 23567/06.
10. CEDH 7 mai 2002, Bourdov c/Russie, req. n° 59498/00, *D.* 2002. Somm. 2574, obs. Fricero.
11. CEDH 7 mai 2002, Bourdov c/Russie, req. n° 59498/00, *D.* 2002. Somm. 2574, obs. Fricero.
12. CEDH 5 juin 2001, Gaganus a. c/Turquie, req. n° 39335/98 – CEDH 11 déc. 2003, Frascino c/Italie, req. n° 35227/97 (déf. 11 mars 2004), *D.* 2004. Somm. 993, obs. Haumont.
13. CEDH 27 mai 2010, Hohenzollern c/Roumanie, req. n° 18811/02, *Procédures* 2010. Comm. 271, obs. Fricero – CEDH 3 mai 2007, Ern Makina Sanayi ve Ticaret c/Turquie, req. n° 70830/01, pour une application de l'article 6 § 1 à la procédure d'*exequatur* d'une sentence arbitrale.
14. CEDH 10 juill. 1984, Guincho c/Portugal, req. n° 8990/80, *Série A*, n° 81.
15. CEDH 19 févr. 1991, Zanghi c/Italie, req. n° 11491/85, *Série A*, n° 194-C ; *RUDH* 1991. 131.
16. CEDH 19 févr. 1991, Brigandi c/Italie, req. n° 11460/85, *Série A*, n° 194-B ; *RUDH* 1991. 128.
17. V. CEDH 28 juin 1978, König c/Allemagne, req. n° 6232/73, *Série A*, n° 27 – BERGER, 12e éd., 2011, n° 102, p. 312.
18. CEDH 6 mai 1981, Buchholz c/Allemagne, req. n° 7759/77, *Série A*, n° 42.
19. CEDH 29 mai 1986, Deumeland c/Allemagne, req. n° 9384/81, *Série A*, n° 81.

huit ans devant un tribunal des affaires de sécurité sociale[1]; une procédure collective de seize ans et neuf mois[2]; et en considération des règles de procédure applicables, par ex., devant une cour constitutionnelle, l'exigence de célérité ne s'apprécie pas comme devant les juridictions ordinaires[3]).

Pour conférer à cette appréciation *in concreto* une certaine homogénéité, la Cour européenne des droits de l'homme a défini des critères du caractère raisonnable du délai : le degré de complexité de l'affaire, le comportement du requérant, la nature de l'affaire et le comportement des autorités nationales.

A. Critère tenant au degré de complexité de l'affaire

212.151 La complexité de l'affaire, élément de justification de la lenteur de la procédure. Selon une jurisprudence constante, la complexité du litige peut légitimement prolonger la durée normale d'une procédure : les faits de la cause, les règles de droit applicables, peuvent se révéler délicats à appréhender. Si ce n'est pas le cas, on ne saurait considérer comme raisonnable la durée de neuf ans d'une procédure civile[4] ou celle de dix-sept ans[5], ou celle de neuf ans devant les juridictions administratives (six ans devant le tribunal, trois ans devant la cour d'appel[6]).

212.152 Limites. La complexité certaine de l'affaire ne permet pas toujours de justifier une durée importante de la procédure. Il arrive qu'elle n'explique pas les « *longues périodes de stagnation qui marquèrent la procédure* »[7], ou le fait que « *la juridiction de première instance ménagea de trop longs délais entre les audiences et témoigna d'une totale inactivité pendant près de deux ans* » (telle une procédure civile dépassant six ans et neuf mois[8]).

Dans une affaire *Gaude c/France*, le requérant officier mécanicien d'Air France s'était plaint de la durée de plus de onze ans des procédures contentieuses relatives à la rupture de son contrat de travail[9] : la Commission a déclaré recevable le grief tiré de la méconnaissance du droit à un délai raisonnable, en dépit de la difficulté des questions de droit relatives aux limites de la compétence du juge administratif et du juge judiciaire.

B. Critère tiré du comportement du requérant

212.161 Impératif de diligence. En matière civile, la Cour européenne des droits de l'homme estime que l'exercice du droit à ce que sa cause soit entendue dans un délai raisonnable est subordonné à la diligence de la partie intéressée[10], qu'il s'agisse du demandeur, du défendeur ou de toute autre partie[11] : seules les lenteurs imputables à l'État peuvent amener à constater un dépassement du délai raisonnable[12].

En conséquence, si le comportement du justiciable a contribué dans une large mesure à allonger la durée de la procédure, le délai sera considéré comme raisonnable au sens de l'article 6 § 1 de la Convention européenne des droits de l'homme[13]. À l'inverse, si le requérant a été particulièrement diligent, en « *s'efforçant maintes fois d'obtenir un dépôt plus rapide des mémoires* », un laps de temps supérieur à huit ans pour une procédure en responsabilité civile contre l'État dépasse le délai raisonnable[14]. D'une façon générale, la Cour européenne reste bienveillante dans l'appréciation du comportement du requérant, elle tolère une certaine négligence : elle observe parfois « *que, même s'il pourrait être reproché au requérant un comportement peu diligent quant à la production de mémoire en première instance, un tel comportement ne saurait en aucun cas expliquer le délai au stade de l'appel* » (tel un délai de plus de six ans et deux mois pour deux instances administratives)[15].

212.162 Manifestations du comportement dilatoire du requérant. La jurisprudence de la Cour européenne des droits de l'homme illustre une grande diversité de comportements dilatoires :

1. CEDH 17 déc. 1996, Duclos c/France, req. n°s 20940/92, 20941/92 et 20942/92, *JCP* 1997. I. 4000, n° 27, obs. Sudre.
2. CEDH 17 janv. 2002, Laine c/France, req. n° 41476/98.
3. CEDH 16 sept. 1996, Süsmann c/Allemagne, req. n° 20024/92, *JCP* 1997. I. 4000, n° 15, obs. Sudre.
4. CEDH 19 févr. 1991, Zanghi c/Italie, req. n° 11491/85, *Série A*, n° 194-C ; *RUDH* 1991. 131 ; v. s^s n° 212.150.
5. CEDH 19 févr. 1991, Brigandi c/Italie, req. n° 11460/85, *Série A*, n° 194-B ; *RUDH* 1991. 128.
6. CEDH 4 avr. 2006, Demir c/France, req. n° 3041/02.
7. CEDH 19 févr. 1991, Adiletta c/Italie, req. n°s 13978/88, 14236/88 et 14237/88, *Série A*, n° 197-E – Et CEDH 19 févr. 1991, Angelucci c/Italie, req. n° 12666/87, *Série A*, n° 196-C ; *RUDH* 1991. 233 et 234 – CEDH 19 févr. 1991, Brigandi c/Italie, req. n° 11460/85, *D.* 1992. Somm. 333.
8. CEDH 19 févr. 1991, Santilli c/Italie, req. n° 11634/85, *Série A*, n° 194-D ; *RUDH* 1991. 132.
9. Comm. EDH, 30 juin 1993, n° 20040/92, Gaude c/France, DR.
10. CEDH 25 juin 1987, Capuano c/Italie, req. n° 9381/81, *Série A*, n° 119.
11. M.-A. Eissen, « La durée des procédures civiles, ressortissant de la jurisprudence de la Cour européenne des droits de l'homme », *Gaz. Pal.* 1988. 2. Doctr. 642.
12. CEDH 24 oct. 1989, H. c/France, req. n° 10073/82, *Série A*, n° 162 ; *RUDH* 1989. 141 – CEDH 27 oct. 1993, Monnet c/France, req. n° 13675/88, *Série A*, n° 273-A ; *RUDH* 1994. 414.
13. CEDH 20 févr. 1991, Vernillo c/France, req. n° 11889/85, *D.* 1992. Somm. 333.
14. CEDH 26 mars 1992, Éd. Périscope c/France, req. n° 11760/85, *RUDH* 1992. 249 ; *D.* 1993. Somm. 385.
15. CEDH 11 avr. 2006, Oberling c/France, req. n° 31520/02.

– utilisation de la totalité des voies de recours ou exercice de nombreux recours entraînant un chevauchement de procédures[1];

– présentation tardive d'offres de preuves ou allégations de faits nouveaux qui se sont révélés inexacts[2];

– formulation d'incidents de procédure (pour une procédure de divorce[3]), ou multiples demandes de renvois à des audiences ultérieures (pour dix-sept demandes de renvois d'audience dans une procédure civile[4] – pour plus de 20 demandes de renvois, mais la violation de l'article 6 § 1 n'est pas constatée en raison de l'inaction des juges pour une procédure civile de plus de dix-huit ans ![5]);

– changements répétés d'avocats[6] (le requérant, en l'espèce, ayant changé trois fois d'avocat au cours de la procédure de divorce)[7];

– non-comparution aux audiences (ce qui peut entraîner la caducité de la demande et l'obligation de réintroduire une instance subséquente[8]).

Toutes les initiatives « *traduisant, sinon une volonté d'obstruction, du moins une attitude de non-coopération* » de la part du plaideur peuvent légitimer un allongement de la procédure (refus de produire des pièces, de signer un procès-verbal, retard dans le dépôt des conclusions, opposition à la communication du dossier, *etc.*) et empêcher la constatation de la violation de l'article 6 § 1. Le comportement du plaideur constitue un élément objectif à la décharge de l'État : il n'y a pas à rechercher la faute ou l'abus de la part du justiciable.

Cependant, même dans les systèmes juridiques consacrant le principe dispositif, les parties disposant alors d'une maîtrise certaine du déroulement de l'instance (C. pr. civ., art. 2), l'attitude des plaideurs ne dispense pas les juges d'assurer la célérité voulue par l'article 6 § 1[9]. La Cour européenne peut reprocher aux juges de ne pas avoir utilisé leurs pouvoirs de veiller au respect d'une durée raisonnable de la procédure, en rejetant certaines demandes injustifiées d'ajournement ou de prorogation[10], ou en contrôlant que l'expert remplit sa mission avec la diligence requise[11] : la violation de l'article 6 § 1 sera constatée en dépit du comportement dilatoire du plaideur.

C.
Critère de la nature du litige

212.171 Prise en compte de « *l'enjeu de la procédure* » pour le justiciable. Dans les affaires *X. c/ France*[12] et *Alain Vallée c/France*[13], concernant des hémophiles contaminés par le virus du sida, la Cour européenne des droits de l'homme considère que l'enjeu de la procédure revêtait une importance extrême pour les requérants, eu égard au mal incurable qui les minait et à leur espérance de vie réduite : tout retard risquait de priver d'objet utile la question de la réparation. En conséquence, une diligence exceptionnelle s'imposait aux juridictions saisies, qui auraient dû utiliser les moyens permettant un échange contradictoire rapide.

D'une façon générale, lorsque l'enjeu du litige rend urgente une décision mettant fin à la contestation, le délai « *raisonnable* » est plus bref, et le comportement des juridictions est apprécié plus sévèrement. Tous les moyens procéduraux existants doivent être utilisés par les juges pour accélérer le déroulement normal de la procédure. La Cour européenne des droits de l'homme a précisé les domaines dans lesquels une diligence particulière s'impose aux autorités publiques.

• Cela concerne **les litiges du travail** qui « *par nature appellent en général une décision rapide* »[14] (not. une procédure d'annulation d'un licenciement et de reconnaissance d'un droit à une qualification professionnelle, d'une durée de plus de neuf ans et neuf mois[15]; la Cour rappelle, d'ailleurs, le principe et décide qu'une procédure de sept ans, sept mois et cinq jours, dont deux ans de cassation, méconnaît l'art. 6 § 1)[16].

• Cela concerne aussi les **litiges relatifs à l'état des personnes.** Notamment, les procès relatifs à la séparation de corps ou au divorce et à la garde des enfants ou au droit de visite[17] ou encore au placement d'un enfant en vue d'une adoption (procès d'une durée de sept ans)[18] ou à l'adop-

1. CEDH 29 mai 1986, Deumeland c/Allemagne, req. n° 9384/81, *Série A,* n° 100 – CEDH 23 avr. 1987, Lechner et Hess c/ Autriche, req. n° 9316/81, *Série A,* n° 118.
2. CEDH 6 mai 1981, Buchholz c/Allemagne, req. n° 7759/77, *Série A,* n° 42.
3. CEDH 27 oct. 1993, Monnet c/France, req. n° 13675/88, *Série A,* n° 273-A; *Gaz. Pal.* 1994. 2. 457.
4. CEDH 4 déc. 1995, Ciricosta et Viola c/Italie, req. n° 19753/92, *Série A,* n° 337-A.
5. CEDH 26 sept. 1996, Di Pede c/Italie, req. n° 83/1995/589/675, préc. s[s] n° 212.138.
6. CEDH 28 juin 1978, König c/Allemagne, req. n° 6232/73, *Série A,* n° 27 – Berger, 12e éd., 2011, n° 102, p. 312 – CEDH 23 avr. 1987, Lechner et Hess c/Autriche, req. n° 9316/81, *Série A,* n° 118; préc. s[s] prés[t] n°.
7. CEDH 27 oct. 1993, Monnet c/France, req. n° 13675/88, préc. s[s] prés[t] n°.
8. CEDH 9 avr. 2002, Mangual de Pinto c/France, req. n° 43491/98.
9. CEDH 10 juill. 1984, Guincho c/Portugal, req. n° 8990/80, *Série A,* n° 81 – CEDH 25 juin 1987, Capuano c/Italie, req. n° 9381/81, *Série A,* n° 119.
10. CEDH 8 juill. 1987, Baraona c/Portugal, req. n° 10092/82, *Série A,* n° 122.
11. CEDH 25 juin 1987, Capuano c/Italie, req. n° 9381/81, préc. s[s] prés[t] n°.
12. CEDH 31 mars 1992, X. c/France, req. n° 18020/91, *Série A,* n° 234-C; *D.* 1992. Somm. 334.
13. CEDH 26 avr. 1994, Vallée c/France, req. n° 22121/93, *Série A,* n° 289-A; *D.* 1995. Somm. 103.
14. CEDH 24 mai 1991, Vocaturo c/Italie, req. n° 11891/85, *RUDH* 1991. 402 – CEDH 21 mars 2000, Gergouil c/France, req. n° 40111/98 (déf. 21 juin 2000), *Procédures* 2000. 10, n° 121.
15. CEDH 9 nov. 1999, Aprile de Puoti c/Italie, req. n° 32-375/96.
16. CEDH 19 mars 2002, Vallar c/France, req. n° 42406/98.
17. CEDH 18 févr. 1999, Laino c/Italie, req. n° 33-158/96, *D.* 1999. Somm. 271, obs. Fricero – CEDH 16 nov. 1999, E. P. c/Italie, req. n° 31127/96, *D.* 2000. Somm. 183, obs. Fricero.
18. CEDH 16 nov. 1999, E. P. c/Italie, req. n° 31-127/96.

tion elle-même[1]. Ainsi, les jugements condamnant au paiement d'une pension alimentaire mettent en jeu des intérêts importants pour les enfants mineurs : ils doivent donc être mis à exécution dans des délais raisonnables et, lorsqu'ils doivent faire l'objet d'une procédure d'*exequatur*, les autorités des États concernés doivent faire preuve de diligences effectives[2].

• Cela intéresse également les **affaires dont l'enjeu économique est essentiel pour le requérant**[3] compte tenu, notamment, de la gravité du dommage et des risques pour la santé du requérant[4] (telle une procédure de cinq ans et neuf mois en réparation du dommage dû à la contamination par le virus de l'hépatite C à la suite d'une transfusion sanguine)[5].

• Cela concerne plus généralement les procès mettant en jeu la **réparation de préjudices corporels** ou l'indemnisation du décès d'une personne[6].

• Enfin, la diligence particulière intéresse les **procédures d'urgence.** La violation de l'article 6 § 1 doit être déclarée, en présence d'une instance en référé devant un juge d'instance, qui a duré plus de dix ans et deux mois (pour s'éteindre par une décision d'incompétence ![7]).

D. Critère tenant au comportement des autorités nationales

1° Rôle des juridictions saisies de l'affaire

212.181 Célérité du juge. Pour la Cour européenne des droits de l'homme, le rôle du juge saisi de l'affaire est essentiel à l'égard de la durée de la procédure. L'analyse des diverses phases de la procédure permet de vérifier que le juge a ou n'a pas contribué à retarder le déroulement du procès. La Cour européenne des droits de l'homme insiste sur l'usage que les juges font ou omettent de faire des procédés prévus par le droit interne pour que le déroulement de la procédure se situe dans un délai raisonnable. Elle impose au juge un véritable devoir déontologique d'utiliser ses pouvoirs procéduraux pour accélérer le déroulement de la procédure.

Dans l'affaire *Monnet c/France*, la Cour se réfère à l'article 2 C. pr. civ., laissant aux parties l'initiative de la conduite de l'instance, ainsi qu'à l'article 3 C. pr. civ., qui prescrit au juge de veiller au bon déroulement de l'instance et l'investit du pouvoir d'impartir des délais et d'ordonner les mesures nécessaires[8] (la Cour applique aussi cet impératif de diligence dans les procédures administratives, dont elle note le caractère inquisitorial, ce qui impose au juge administratif d'exercer ses pouvoirs relatifs au déroulement rapide et loyal de la procédure[9]).

Dans les affaires *Gozalvo c/France*[10] *et L. L. c/France*[11], la Cour relève que « le magistrat de la mise en état ne semble pas avoir fait plein usage des pouvoirs que lui donne le Code de procédure civile en matière de conduite de la procédure, notamment en donnant aux parties injonction de conclure » (même si la procédure est régie par le principe d'initiative des parties, les tribunaux doivent être plus attentifs lorsqu'il s'agit d'ajourner la procédure, de consentir à une demande d'ajournement, de faire examiner les témoins ou de suivre les délais pour l'établissement d'un rapport d'expertise[12]). Les réformes mises en place par le décret du 28 décembre tendent à augmenter les instruments procéduraux permettant de lutter contre les lenteurs de la justice, mais l'objectif n'est pas d'augmenter les pouvoirs du juge, il est d'instaurer un déroulement consensuel de la mise en état : ainsi, le calendrier de la mise en état, qui prévoit le nombre prévisible et la date des échanges de conclusions, est établi avec l'accord des avocats devant le tribunal de grande instance (C. pr. civ., art. 764).

C'est ainsi que le comportement des juges internes permet de conclure à la violation de l'article 6 § 1, si ces derniers :

– ont tardé à prendre des mesures d'instruction (telle une procédure de huit ans et un mois devant la Cour des comptes de Rome[13]) ou à transmettre le dossier[14], ou à accéder aux demandes du requérant tendant à la production d'un élément de preuve essentiel[15];

– ont tenu des audiences trop nombreuses en ménageant entre elles des intervalles excessifs[16];

– ont décidé, sans raison impérieuse, de surseoir à statuer[17];

– ont ajourné des audiences à de nombreuses reprises (telle une procédure civile suivie d'une procédure d'exécu-

1. CEDH 27 avr. 2010, Moretti et Benedetti c/Italie, req. n° 16-318/07, *Procédures* 2010. Comm. 231, obs. Fricero.
2. CEDH 4 nov. 2008, Dinu c/Roumanie et France, req. n° 6152/02, *Procédures* 2008. Comm. 333, obs. Fricero.
3. CEDH 30 oct. 1998, Podbielski c/Pologne, req. n° 27916/95, *D.* 1999. Somm. 271, obs. Fricero.
4. CEDH 30 oct. 1998, Podbielski c/Pologne, req. n° 27916/95, *D.* 1999. Somm. 269, obs. Fricero et Pérez, et les réf. citées – CEDH 9 nov. 1999, Gozalvo c/France, req. n° 38894/97, *D.* 2000. Somm. 183, obs. Fricero.
5. CEDH 9 nov. 1999, Gozalvo c/France, req. n° 38-894/97, *D.* 2000. Somm. 183, obs. Fricero, préc. s^s prés^t n°.
6. CEDH 20 déc. 2001, Leroy a. c/France, req. n° 44617/98.
7. CEDH 26 oct. 1999, Ceriello c/Italie, req. n° 36-620/97, *D.* 2000. Somm. 183, obs. Fricero.
8. CEDH 27 oct. 1993, Monnet c/France, req. n° 13675/88, *Série A*, n° 273-A, *D.* 1995. Somm. 102.
9. CEDH 19 juin 2001, Mahieu c/France, req. n° 43288/98.
10. CEDH 9 nov. 1999, Gozalvo c/France, req. n° 38-894/97.
11. CEDH 7 févr. 2002, L. L. c/France, req. n° 41943/98.
12. CEDH 20 déc. 2001, LSI information technologies c/Grèce, req. n° 46380/99.
13. CEDH 28 juin 1978, König c/Allemagne, req. n° 6232/73, *Série A*, n° 27 – CEDH 4 déc. 1995, Terranova c/Italie, req. n° 17156/90, *Série A*, n° 337-B.
14. CEDH 23 avr. 1987, Lechner et Hess c/Autriche, req. n° 9316/81, *Série A*, n° 118.
15. CEDH 10 févr. 1995, Allenet de Ribemont c/France, req. n° 15175/89, *D.* 1996. Somm. 196.
16. CEDH 6 mai 1981, Buchholz c/Allemagne, req. n° 7759/77, *Série A*, n° 42.
17. CEDH 28 juin 1978, König c/Allemagne, req. n° 6232/73, *Série A*, n° 27; v. s^s n° 212.132.

tion, encore pendante, et ayant déjà duré plus de vingt-trois ans : la Cour constate que « *pas moins de treize audiences furent ajournées, tantôt en raison de la mutation du juge, tantôt d'office ou sans motif, tantôt à cause de dysfonctionnement du greffe* »... [1]) ou avec des intervalles trop longs [2];

– d'une façon générale, sont restés inactifs pendant de longues périodes [3]; c'est le cas d'un juge-commissaire désigné dans une procédure collective, qui est resté inactif pendant dix ans et quatre mois... (dans l'affaire *Laine c/ France,* la Cour note « *une période de latence aussi longue qu'inexpliquée par le gouvernement français qui regrette simplement la mansuétude du syndic* » [4]);

– ont laissé s'écouler un délai excessivement long entre le dépôt des dernières conclusions et l'audience des débats (not. des délais d'audiencement de trois ans et un mois, et deux ans et sept mois devant la cour d'appel d'Aix-en-Provence [5]). De même, il y a violation du délai raisonnable si le premier président de la Cour de cassation saisi d'une requête en interprétation d'une ordonnance de retrait du rôle le 18 mai 1994, n'a statué que le 29 janvier 1997 [6];

– n'ont pas pris de mesure pour faire en sorte que le rapport d'expertise soit déposé (dans un procès civil d'une durée de sept ans et six mois, en réparation du dommage résultant d'un accident de la circulation, le juge ayant ordonné une expertise le 30 sept. 1994, le rapport ayant été déposé le 12 janv. 1998, suivi d'une nouvelle demande d'expertise médicale le 20 mars 1998, le rapport n'ayant pas été déposé en nov. 1999 [7]). La Cour rappelle que l'expert, indépendant dans l'établissement de son rapport, reste néanmoins soumis au contrôle des autorités juridictionnelles, tenues d'assurer le bon déroulement de l'expertise [8] (également pour une procédure de plus de huit ans et quatre mois, due essentiellement à la carence du juge de la mise en état dans le cadre de l'expertise [9]). C'est essentiellement à propos des juges de la mise en état que la Cour européenne rappelle l'exigence de célérité et de vigilance : si une instance demeure pendante durant plus de neuf ans devant un tribunal de grande instance, le juge rapporteur ayant laissé la procédure d'audition des témoins s'éterniser plus de cinq ans, la Cour considère que de tels délais ne sont pas raisonnables « *d'autant que la fixation des actes relève de la compétence du juge rapporteur* » [10]. Le décret du 28 décembre 2005 confère à l'expert lui-même des attributs permettant d'accélérer le cours de l'expertise : ainsi, il peut fixer des délais aux parties pour formuler des observations, et, à défaut de respect de ces délais, ne pas prendre les observations en compte (C. pr. civ., art. 276, al. 2).

En revanche, lorsque le juge a été diligent, et que la durée s'explique par les particularités de la procédure, il n'y a pas violation de l'article 6 § 1 (telle une procédure devant la Cour de cassation qui avait duré trois ans, durée justifiée par la nécessité d'un renvoi de l'affaire devant l'assemblée plénière [11]). Dans le même ordre d'idées, un délai de vingt mois entre l'ouverture des débats devant la chambre sociale de la cour d'appel et le prononcé de l'arrêt, n'est pas un délai excessif au regard de l'article 6 § 1 et de l'article 14 du Pacte des droits civils et politiques, si le juge a respecté toutes les prescriptions légales [12].

2°
Obligations des autorités étatiques

212.191 Obligations positives des pouvoirs législatif et exécutif. Pour se défendre contre le grief de non-respect du délai raisonnable, les États opposent souvent les réelles difficultés que rencontrent leurs juridictions : augmentation importante du volume du contentieux du travail en Allemagne, à la suite d'une récession économique [13], encombrement du rôle du tribunal [14] (le tribunal fédéral suisse [15]; ou la cour d'appel de Rome statuant en droit du travail [16]), crise économique et pénurie de magistrats [17]. Mais la Cour rejette toujours ces arguments parce qu'ils ne permettent pas aux États de se dérober à leurs obligations positives (not. pour une procédure en expulsion d'un locataire d'une durée de neuf ans et neuf mois) [18].

La Cour européenne des droits de l'homme estime que la Convention européenne des droits de l'homme astreint les États contractants à organiser leurs juridictions de manière à leur permettre de répondre aux

1. CEDH 26 sept. 1996, Zappia c/Italie, req. n° 24295/94, *JCP* 1997. I. 4000, n° 28, obs. Sudre; v. s[s] n° 212.138.
2. CEDH 25 oct. 2001, Pires c/Portugal, req. n° 43654/98.
3. CEDH 13 juill. 1983, Zimmermann et Steiner c/Suisse, n° 8737/79, *Série A,* n° 66 – CEDH 23 avr. 1987, Poiss c/ Autriche, req. n° 9816/82, *Série A,* n° 117 – BERGER, 2009, n° 63, p. 190 – CEDH 19 févr. 1991, Ficara c/Italie, req. n° 12176/86, *Série A,* n° 196-A.
4. CEDH 17 janv. 2002, Laine c/France, req. n° 41476/98§ 34.
5. CEDH 19 mars 2002, Van Der Kar c/France et Lissaur Van West c/France, req. jointes, req. n° 44952/98.
6. CEDH 10 juill. 2001, Charles c/France, req. n° 41145/98.
7. CEDH 23 nov. 1999, Galinho Carvalho Matos c/Portugal, req. n° 35-593/97, *D.* 2000. Somm. 182, obs. Fricero – V. AUSSI, CEDH 23 nov. 1999, Marques Gomes Galo c/Portugal, req. n° 35592/97 (déf. 23 févr. 2000), *D.* 2000. Somm. 182, obs. Fricero.
8. CEDH 25 juin 1987, Capuano c/Italie, req. n° 9381/81, *Série A,* n° 119.
9. CEDH 10 juill. 2001, Versini c/France, req. n° 40096/98.
10. CEDH 21 mars 2002, Entreprises Meton et Etep c/Grèce, req. n° 47730/99, § 22.
11. CEDH 9 déc. 1994, Raffineries grecques Stan et Stratis Andreadis c/Grèce, req. n° 13427/87, *Série A,* n° 301-B; *Gaz. Pal.* 1995. 2. 540, note Vorms.
12. Soc. 6 juin 1991, n° 88-41.500, *Bull. civ.* V, n° 290.
13. CEDH 6 mai 1981, Buchholz c/Allemagne, req. n° 7759/77, *Série A,* n° 42; v. s[s] n° 212.150.
14. CEDH 6 déc. 2001, Martins Serra et Andrade Cancio c/Portugal, req. n° 43999/98 – CEDH 8 mars 2001, Minnema c/Portugal, req. n° 39300/98.
15. CEDH 13 juill. 1983, Zimmermann et Steiner c/Suisse, req. n° 8737/79, *Série A,* n° 66; v. s[s] n° 212.181.
16. CEDH 24 mai 1991, Vocaturo c/Italie, req. n° 11891/85, *RUDH* 1991. 402; v. s[s] n° 212.171.
17. CEDH 10 juill. 1984, Guincho c/Portugal, req. n° 8990/80, *Série A,* n° 81; v. s[s] n° 212.132.
18. CEDH 18 avr. 2002, Fernandes c/Portugal, req. n° 47459/99.

exigences de l'article 6 § 1, notamment quant au délai raisonnable[1], puisque seules les lenteurs imputables à l'État sont sanctionnées[2] (la Cour n'a pas à rechercher une éventuelle faute de l'État[3]; du Parlement[4]; ou l'absence de levée de l'immunité parlementaire de l'intéressé[5]). Sans doute, il n'entre pas dans les attributions de la Cour d'imposer les moyens à utiliser à cette fin : en vertu de leur marge d'appréciation, les États doivent décider des mesures les plus appropriées. Mais la Cour européenne des droits de l'homme se réserve de contrôler l'efficacité des mesures prises (la Cour reconnaît les efforts déployés sur les plans législatif et administratif, mais, à ses yeux, la situation devant laquelle se trouvaient les autorités compétentes n'avait rien d'exceptionnel, ce qui justifie la constatation de la violation de l'article 6 § 1[6]).

Ainsi, un engorgement passager du rôle d'un tribunal n'engage pas la responsabilité d'un État si ce dernier a pris, avec une promptitude adéquate, des mesures propres à redresser pareille situation exceptionnelle[7].

Au contraire, l'inertie des autorités publiques peut amener la Cour européenne à des condamnations réitérées de certains États. Par exemple, en 1999, la Cour européenne a rappelé à plusieurs reprises « *avoir constaté l'existence en Italie d'une pratique contraire à la Convention résultant d'une accumulation de manquements à l'exigence d'un délai raisonnable* », ce qui a abouti à de nombreuses déclarations de violation (pour une durée de plus de dix-huit ans[8]; un procès civil de douze ans et trois mois[9]; un procès civil de onze ans et neuf mois[10]; un procès civil de dix ans et trois mois[11]; un procès civil de neuf ans et sept mois[12]; de huit ans et quatre mois[13]; un procès civil de huit ans et trois mois[14]; de six ans et onze mois[15])[16].

La Cour y voit une « *circonstance aggravante de la violation de l'article 6 § 1* », ce qui lui permet de prononcer des déclarations quasi systématiques de violation contre l'État défendeur, sans véritable motivation de la décision[17]. De même, si le système juridictionnel permet un enchevêtrement de recours, que le requérant utilise pour ralentir la procédure, il appartient à l'État de simplifier le fonctionnement de ces recours[18]. D'une manière générale, la Cour tente de garantir l'exécution par les États de ses propres arrêts : le premier rapport annuel du Comité des ministres publié en mars 2008[19] fournit des informations statistiques sur le taux d'exécution par les États et indique les mesures générales prises, notamment par la France, pour mettre fin à des violations structurelles.

Parmi les remèdes utilisés et préconisés dans les nombreux arrêts pilotes rendus en cette matière[20], on peut citer : l'augmentation du budget de la justice, la création de postes de magistrats, de greffiers et de secrétaires, l'institution de chambres supplémentaires ou de mécanismes procéduraux permettant d'accélérer le déroulement du procès (ordre de priorité, procédure d'urgence comme le référé), la simplification des procédures. Tous ces remèdes passent par des réformes législatives[21] (v. par ex. la suite donnée par l'Espagne à l'arrêt *Union Alimentaria Sanders SA c/ Espagne*[22] qui a conclu à la durée excessive d'une procédure civile : une nouvelle loi a décidé une réorganisation de la compétence territoriale des juridictions et décidé la création de 1570 postes dans ces juridictions entre 1989 et 1992; v. Résolution du Comité des ministres[23]).

SECTION 4
DROIT À UN PROCÈS LAÏC

212.201 Laïcisation des droits de l'homme. La doctrine a mis en évidence le phénomène de laïcisation des droits de l'homme, à travers l'étude des différentes sources, notamment occidentales : on constate que l'invocation de la divinité, ou de l'origine de

1. CEDH 24 mai 1991, Vocaturo c/Italie, req. n° 11891/85, *RUDH* 1991. 402; v. s[s] n° 212.171.
2. CEDH 8 juill. 1987, H. c/Royaume-Uni, req. n° 9580/81, *Série A*, n° 120.
3. CEDH 26 oct. 1988, Martens Moreira c/Portugal, req. n° 11371/85, *Série A*, n° 143.
4. CEDH 10 déc. 1982, Foti a. c/Italie, req. n°s 7604/76, 7719/76, 7781/77 et 7913/77 – Et CEDH 21 nov. 1983, Foti a. c/Italie, *Série A*, n°s 56 et 69.
5. CEDH 21 nov. 1983, req. n°s 7604/76, 7719/76, 7781/77 et 7913/77, *Série A*, n°s 56 et 69.
6. CEDH 13 juill. 1982, Eckle c/Allemagne, req. n° 8130/78, *Série A*, n° 51 – BERGER, 12e éd., 2011, n° 120, p. 338.
7. CEDH 6 mai 1981, Buchholz c/Allemagne, req. n° 7759/77, *Série A*, n° 42; v. s[s] n° 212.150.
8. CEDH 2 nov. 1999, G. M. N. c/Italie, req. n° 37131/97.
9. CEDH 26 oct. 1999, Calor Sud c/Italie, req. n° 36624/97.
10. CEDH 9 nov. 1999, Arno c/Italie, req. n° 38398/97.
11. CEDH 26 oct. 1999, Scalvini c/Italie, req. n° 36-621/97.
12. CEDH 9 nov. 1999, M. C. c/Italie, req. n° 38478/97.
13. CEDH 9 nov. 1999, Bargali c/Italie, req. n° 38109/97.
14. CEDH 2 nov. 1999, Ghilino c/Italie, req. n° 38116/97.
15. CEDH 2 nov. 1999, Vitale a. c/Italie, req. n° 37166/97.
16. CEDH 28 juill. 1999, Bottazzi c/Italie, req. n° 34884/97, *D.* 2000. Somm. 185, obs. Fricero.
17. CEDH 25 janv. 2000, Paderni c/Italie, req. n° 35994/97, *D.* 2000. Somm. 185, obs. Fricero.
18. CEDH 20 déc. 2001, Bayrak c/Allemagne, req. n° 27937/95.
19. Rapport du Comité des ministres pour l'année 2007, intitulé « Surveillance de l'exécution des arrêts de la Cour européenne des droits de l'homme », *Procédures* 2008. Comm. 173, obs. Fricero; *Dr. et proc.* 2008, obs. Fricero.
20. PAR EX. : pour la durée d'exécution des jugements, CEDH 15 janv. 2009, Bourdov c/Russie, req. n° 33509/04 – pour la durée des procédures administratives, CEDH 21 déc. 2010, Athanasiou et a. c/Grèce, req. n° 50973/08 – pour la durée des procédures civiles et pénales, CEDH 10 mai 2011, Dimitrov et Hamanov c/Bulgarie, req. n°s 48059/06 et 2708/09 et CEDH 30 oct. 2012, Glykantzi c/Grèce, req. n° 40150/09.
21. CEDH 6 mai 1981, Buchholz c/Allemagne, req. n° 7759/77, *Série A*, n° 42; v. s[s] n° 212.150 – CEDH 10 juill. 1984, Guincho c/Portugal, req. n° 8990/80, *Série A*, n° 81; v. s[s] n° 212.132.
22. CEDH 7 juill. 1989, Union Alimentaria Sanders SA c/Espagne, req. n° 11681/85, *Série A*, n° 157.
23. Résolution du Comité des ministres, *DH* 90 du 13 déc. 1990.

l'Homme comme œuvre divine a disparu au fur et à mesure des déclarations[1].

212.202 Concept juridique de laïcité. Aucun texte ne propose une définition juridique de la laïcité. La doctrine admet que la laïcité est l'expression juridique d'une conception politique de l'État, qui implique la séparation de la société civile et de la société religieuse[2]. L'article 1er de la Constitution du 4 octobre 1958 proclame que « *La France est une République indivisible, laïque, démocratique et sociale* » : comme la laïcité est un principe d'organisation et de fonctionnement des services de l'État, ses incidences sur le service public de la justice sont inévitables.

Dans l'arrêt *Leyyla Sahin c/Turquie* du 10 novembre 2005, la Cour européenne admet que la laïcité interdit à l'État de témoigner une préférence pour une religion ou une croyance précise, guidant ainsi l'État dans son rôle d'arbitre impartial et qu'elle implique nécessairement la liberté de religion et de conscience[3]. La laïcité vise également à prémunir l'individu non seulement contre les ingérences arbitraires de l'État mais aussi contre des pressions extérieures émanant de mouvements extrémistes (§ 113).

212.203 Incidences de la laïcité sur le droit du procès. Le principe de laïcité ne signifie pas l'absence de prise en compte des convictions religieuses par le droit français des services publics (un auteur[4] montre les incidences de la liberté religieuse, protégée par Conv. EDH, art. 9 et PIDCP, art. 18, sur le fonctionnement des services publics, dans le cadre des autorisations d'absence pour motifs religieux[5] – ou encore dans le domaine de la détention pénitentiaire, avec la question du droit des détenus d'obtenir une alimentation conforme aux principes de leur religion[6], ou celle du droit de respecter certaines coutumes[7]). Le droit en prison s'intéresse plus particulièrement à cet aspect : parmi les droits culturels accordés aux détenus figure le droit à une pratique religieuse qui suppose des aménagements particuliers[8] (C. pr. pén., art. D. 439 à D. 439-5).

En ce qui concerne le fonctionnement du service public de la justice, les décisions sont fort rares. La tendance qui semble se manifester va dans le sens du refus d'une logique d'hypertrophie du respect des convictions religieuses : la Cour européenne des droits de l'homme, comme la Commission, laissent au législateur national une grande marge d'appréciation, et admettent le caractère relatif de la liberté religieuse, qui doit céder devant le respect d'autres principes fondamentaux. Plusieurs exemples traduisant cette tendance peuvent être donnés.

Dans l'affaire *F. c/RFA*, la Commission a refusé d'admettre l'invocabilité des droits procéduraux consacrés par l'article 6 § 1 de la Convention européenne des droits de l'homme dans le cadre d'un contentieux opposant un ecclésiastique à son Église[9].

Dans une affaire *H. Demeester c/Belgique*, les instances européennes ont admis qu'un prêtre catholique ne saurait se plaindre du rejet de sa candidature à un poste de juge, au motif que cette fonction est incompatible avec l'état ecclésiastique[10]. Le recrutement des juges doit permettre de sauvegarder les apparences d'impartialité exigée de tout tribunal, et la Cour européenne estime logiquement que l'état ecclésiastique constitue un engagement incompatible avec les fonctions juridictionnelles.

S'agissant des règles de déroulement des procédures, dans une affaire *S. H. et H. V. c/Autriche*, la Commission[11] a considéré que la demande de report d'audience présentée pour cause de fête religieuse juive neuf jours avant la date de l'audience (qui avait été notifiée quatre mois auparavant), ne constitue ni une violation des droits garantis par l'article 6 § 1, ni une mesure attentatoire à la liberté de religion des requérants[12]. En l'espèce, l'attitude dilatoire du plaideur justifie la solution. Néanmoins, comme le juge est maître du rôle de sa juridiction, on peut admettre sans difficulté qu'il prononce un renvoi fondé sur des considérations religieuses. La décision est laissée à son pouvoir discrétionnaire, et la réponse dépend de la conciliation des intérêts d'une bonne administration de la justice et de ceux des parties.

C'est parfois la décision judiciaire elle-même qui, en se fondant pour l'essentiel sur des considérations religieuses, méconnaît un droit de nature non procédurale reconnu par la Convention européenne des droits de l'homme.

Ainsi, dans l'affaire *Hoffman c/Autriche*, la Cour européenne des droits de l'homme a admis que la décision qui, après divorce, oblige la mère devenue témoin de Jéhovah à restituer les enfants au père catholique, à raison des risques courus par les enfants éduqués sous la doctrine de la confession religieuse de la mère, viole l'article 8 de la Convention européenne des droits de l'homme (droit à la vie privée) combiné avec l'article 14 (interdiction de discrimi-

1. R. Vander Elst, « La laïcisation, les trois générations et les trois niveaux de protection internationale des droits de l'homme », *RTDH* 1992. 131.
2. C. Durand-Prinborgne, *La laïcité*, 2e éd., « Connaissance du droit », Dalloz, 2004, p. 10 – J. Rivero, « La notion juridique de laïcité », *D.* 1949. 1. 30.
3. CEDH 10 nov. 2005, Leyyla Sahin c/Turquie, req. no 44774/98.
4. J.-F. Flauss, « Les sources internationales du droit français des religions », *LPA* 1992, no 95, p. 19.
5. Comm. EDH, 12 mars 1981, no 8160/78, X. c/Royaume-Uni, DR.
6. Comm. EDH, DR 7 mars 1990, S. c/Royaume-Uni.
7. Comm. EDH, 15 févr. 1965, no 1753/63, X. c/Autriche, DR.
8. O. Cligman, L. Gratiot et J.-C. Haneteau, *Le droit en prison*, « États de droits », Dalloz, 2001, p. 16 et 255 – V. AUSSI, M. Herzog-Evans, *Droit de la sanction pénitentiaire*, « Dalloz Référence », Dalloz, 2004, nos 64.43 et 91.93.
9. Comm. EDH, 8 mai 1985, no 10901/84, F. c/RFA, DR.
10. Comm. EDH, 8 oct. 1981, no 8493/79, H. Demeester c/Belgique, t. 25, p. 210, citée dans concl. Aguila, ss CE 14 avr. 1995, req. no 157653, *Lebon* 171.
11. Comm. EDH, 13 janv. 1993, no 18960/91, S. H. et H. c/Autriche, DR.
12. J.-F. Flauss, obs. *AJDA* 1993. 493.

nation fondée sur la religion)[1]. « *Nonobstant tout argument contraire possible, on ne saurait tolérer une distinction dictée pour l'essentiel par des considérations de religion* »[2]. Mais ces hypothèses visent la protection de la liberté religieuse dans la prise de décision par le juge, et ne concernent pas directement les garanties procédurales de l'article 6 § 1 de la Convention européenne des droits de l'homme. Dans l'affaire *Vojnity c/Hongrie* du 12 février 2013[3], la Cour européenne décide que la suppression totale du droit de visite d'un père en raison de ses convictions religieuses constitue une mesure discriminatoire incompatible avec les exigences de l'article 8 de la Convention européenne des droits de l'homme.

1. CEDH 23 juin 1993, Hoffman c/Autriche, req. n° 12875/87, *Série A*, n° 225-C – Berger, 2009, n° 143, p. 386 ; *RUDH* 1993. 377, obs. Sudre.
2. CEDH 23 juin 1993, Hoffman c/Autriche, req. n° 12875/87, *D.* 1994. 327, note Hauser – J. Morange, « Liberté religieuse et garde d'enfants », *RTDH* 1994. 414 – I. Rouvière-Perrier, « Les témoins de Jéhovah devant la Cour européenne des droits de l'homme », *LPA* 1993, n° 138, p. 24 – B. Jorion, « Jurisprudence de la Cour européenne des droits de l'homme en matière de droit de la famille et d'exercice public du culte », *LPA* 1994. 53.
3. CEDH 12 févr. 2013, *Vojnity c/Hongrie*, req. n° 29617/07.

TITRE

22. Les garanties du procès civil

SECTION 0 ORIENTEUR

22.00 Plan du titre.

Division. Tout procès doit offrir aux parties les garanties d'une justice adaptée à la nature des litiges à trancher. En matière civile, il faut ainsi prendre en compte la maîtrise des parties sur leurs droits subjectifs : même s'ils sont bafoués, elles peuvent renoncer à les soumettre au juge. Dans cette perspective le procès civil est entendu au sens large, conformément à l'article 749 C. pr. civ. : « *Les dispositions du présent livre s'appliquent devant toutes les juridictions de l'ordre judiciaire statuant en matière civile, commerciale, sociale, rurale ou prud'homale, sous réserve des règles spéciales à chaque matière et des dispositions particulières à chaque juridiction* »[1].

Les besoins spécifiques du procès civil sont satisfaits selon des principes directeurs, énoncés aux articles 1 à 29 C. pr. civ. Principe le plus original du procès civil, comparé au procès pénal ou administratif, le principe dispositif donne aux parties la maîtrise de la matière du procès (chap. 221). Il est évidemment associé au principe des droits de la défense (chap. 222). Le principe relatif aux initiatives procédurales, du juge ou des parties, est plus difficile à déterminer (chap. 223).

Très probablement rédigés par le Doyen G. Cornu, les articles 1er à 29 du Code de procédure civile sont directement inspirés des travaux de H. Motulsky, notamment de sa thèse de doctorat, intitulée *Les principes d'une réalisation méthodique du droit privé*, éditée en 1947 et rééditée par Dalloz en 1991.

22.03 Bibliographie générale et thématique.

Ouvrages. L. Cadiet et E. Jeuland, *Droit judiciaire privé*, 7e éd., « Manuels », Litec, 2011 – G. Cornu et J. Foyer, *Procédure civile*, 3e éd., « Thémis – Droit privé », PUF, 1996 – G. Couchez et X. Lagarde, *Procédure civile*, « Université », 16e éd., Sirey, 2011 – J. Héron et Th. le Bars, *Droit judiciaire privé*, 5e éd. (par Th. Le Bars), « Précis Domat », Montchrestien, 2012 – S. Guinchard, C. Chainais et F. Ferrand, *Procédure civile, Droit interne et droit de l'Union européenne*, 31e éd., « Précis », Dalloz, 2012 – Morel, *Traité élémentaire de procédure civile*, 2e éd., Sirey, 1949 – H. Motulsky, *Principes d'une réalisation méthodique du droit privé*, Sirey, 1948; Dalloz, 1991; *Droit processuel*, textes recueillis par Mme Capel, Cours Saint-Jacques – H. Solus et R. Perrot, *Droit judiciaire privé*, t. I, Sirey, 1961 – H. Vizioz, *Études de procédure*, Dalloz, 1956 (rééd. 2011, préf. S. Guinchard).

Articles. H. Motulsky, « Le manque de base légale, pierre de touche de la technique juridique », *JCP* 1949. I. 775; et *Écrits*, t. I, Dalloz, 1973 (rééd. 2010, préf. G. Bolard), p. 31; « Le droit naturel dans la pratique jurisprudentielle : le respect des droits de la défense en procédure civile », *Mél. Roubier*, t. II, Dalloz, 1961, p. 175, et *Écrits*, t. I, Dalloz, 1973, p. 60; « La cause de la demande dans la délimitation de l'office du juge », *D.* 1964. Chron. 235, et *Écrits*, t. I, Dalloz, 1973, p. 101; « Prolégomènes pour un futur Code de procédure civile : la consécration des principes directeurs du procès civil par le décret du 9 septembre 1971 », *D.* 1972. Chron. 91, et *Écrits*, t. I, p. 275 – G. Cornu, « Les

1. V. L. Cadiet, *JCP* 1989. II. 21476, et réf. citées.

principes directeurs du procès civil par eux-mêmes », *Mél. Bellet*, Litec, 1991, p. 83 – G. Bolard, « Les juges et les droits de la défense », *Mél. Bellet*, Litec, 1991, p. 49; « Les principes directeurs du procès civil : le droit positif depuis H. Motulsky », *JCP* 1993. I. 3693.

> Sur les principes directeurs du procès civil.
Actualisable. Dans une perspective différente de celle proposée au texte, Rép. pr. civ., v° *Principes directeurs du procès*, par R. Martin, mai 2009 [màj déc. 2010].

Ouvrages. Guinchard, Chainais et Ferrand, 31e éd., 2012, nos 358 s. – Cornu et Foyer, *Procédure civile*, 3e éd., 1996, nos 94 s. – Cadiet et Jeuland, 7e éd., 2011, nos 515 s. – Couchez et Lagarde, 16e éd., 2011, nos 227 s. – Héron et Le Bars, 5e éd., 2012, nos 258 s.

Articles. G. Cornu, « Les principes directeurs du procès civil par eux-mêmes », *Mél. Bellet*, Litec, 1991, p. 83 – G. Bolard, « Les principes directeurs du procès civil : le droit positif depuis H. Motulsky », *JCP* 1993. I. 3693.

> Sur la notion de « principe directeur du procès ».
Ouvrage. Cornu et Foyer, 3e éd., 1996, n° 96.

Articles. G. Bolard, « Les principes directeurs du procès arbitral », *Rev. arb.* 2004. 511, nos 4 et 5; et note ss Civ. 2e, 8 juill. 2004, *Rev. arb.* 2005. 663 – L. Cadiet, « Jalons pour une théorie des principes directeurs du procès », *Mél. Normand*, Litec, 2003, p. 71. – S. Guinchard, « La procédure mondiale modélisée : le projet de l'*American Law Institute* et d'Unidroit de principes et règles transnationaux de procédure civile », *D.* 2003. Chron. 2183.

Avertissement. Le présent titre n'appelle qu'une présentation synthétique des garanties du procès civil. N'y sont retenus que les éléments immédiatement nécessaires à la conduite avisée d'un procès, à l'exclusion notamment de controverses qui seront au mieux signalées dans la mesure où elles auraient une incidence directe sur les solutions énoncées. La bibliographie citée sera elle-même réduite à l'essentiel.

CHAPITRE

221. La matière du procès et le principe dispositif

GEORGES BOLARD
Professeur émérite
de la Faculté de droit
de l'Université de Dijon

SECTION 0
ORIENTEUR

221.00 Plan du chapitre.

221.01 Principaux textes applicables.
C. pr. civ., art. 4 à 15, art. 25 à 29.

221.03 Bibliographie. V. s^s n° 22.03.

221.05 Définition. Au sens premier la matière du procès, encore dénommée matière litigieuse, est constituée du litige en son entier ou, si l'on préfère, de tous les éléments de la contestation. En ce sens il faut donc y ranger les prétentions du demandeur, les arguments de fait et de droit censés les justifier, les arguments de fait et de droit que lui oppose le défendeur.

Ce **sens premier** n'est pas retenu en droit positif. Car les éléments de la contestation doivent être classés en deux catégories, selon qu'ils relèvent de la maîtrise des parties ou du juge. Ainsi considère-t-on traditionnellement qu'au **sens technique** la matière du procès, ce sont, parmi les éléments de la contestation, ceux qui relèvent de la maîtrise des parties. C'est pourquoi la définition de la matière litigieuse est essentielle pour le praticien : le juge et les parties y trouvent la mesure de leurs pouvoirs respectifs.

Au sens technique la matière du procès est définie en application du principe dispositif (sect. 1). Aux parties il donne la maîtrise de l'objet et de la cause de la demande, mais il leur impute des charges processuelles (sect. 2). Il a une incidence directe sur le droit des preuves (sect. 3) ou les prérogatives du juge et des parties dans la qualification des faits (sect. 4). Il est inapplicable en matière gracieuse (sect. 5).

SECTION 1
LE PRINCIPE DISPOSITIF

221.11 Matière du procès. Le principe dispositif donne aux plaideurs, à l'exclusion du juge, la maîtrise de **la matière du procès.** Il n'a jamais été contesté que les parties **disposent** de la matière litigieuse. La dénomination de « principe dispositif » est récente[1] mais la jurisprudence a toujours admis la maîtrise des parties sur l'objet et la cause de la demande (v. s^s n°s 221.20 s.). La solution est aujourd'hui énoncée aux articles 4, 5 et 7 C. pr. civ.

1. G. Bolard, « Les principes directeurs du procès civil... », *JCP* 1993. I. 3693 [n° 3 et réf. citées].

Le principe dispositif ne doit pas être confondu avec le principe accusatoire, qui donnerait aux parties la maîtrise de la conduite du procès[1]. Ainsi, en droit positif les pouvoirs du juge dans la conduite du procès (v. s^s n°s 223.11 s.) ne lui donnent en aucune manière le pouvoir de déterminer la matière litigieuse, l'objet et la cause de la demande. Si le juge peut être appelé à décider du rythme de l'instance, il n'a pas pour autant le pouvoir de déterminer la matière litigieuse sur laquelle il doit statuer.

Le principe dispositif n'est pas non plus lié au principe de contradiction. Il est vrai que la libre contradiction facilite l'énoncé de la matière litigieuse par les parties[2] (v. s^s n°s 223.11 s.). Mais même si les parties n'avaient pas seules le pouvoir de définir la matière litigieuse le principe de contradiction s'imposerait, comme c'est le cas en procédure pénale ou administrative.

L'analyse traditionnelle appliquait volontiers le principe accusatoire tant à la conduite qu'à la matière du procès. Les deux questions doivent d'autant plus être distinguées que le droit positif les distingue effectivement[3] (sur le principe accusatoire, v. s^s n°s 223.11 s.).

221.12 **Qualification des faits.** Il ne suffit pas d'affirmer que les parties en ont la maîtrise, il faut encore définir la matière litigieuse. C'est sur ce point que la controverse a été vive et persiste. La matière litigieuse comporte-t-elle, outre les faits de l'espèce apportés par les plaideurs, la qualification qu'ils en donnent ? Dans l'affirmative le juge serait lié par les qualifications des plaideurs, dans la négative il pourrait requalifier les faits.

En ses deux premiers alinéas et sauf l'exception strictement définie à l'alinéa 3, l'article 12 C. pr. civ. donne expressément au juge le pouvoir de requalifier les faits. Même si la controverse n'est pas éteinte (v. s^s n°s 221.40 s.), il faut ainsi retenir que comme l'avait soutenu Henri Motulsky la matière litigieuse est constituée des faits de l'espèce, apportés par les plaideurs[4]. On n'en déduira pas que les plaideurs ne pourraient pas qualifier les faits. Mais leurs qualifications ne lient pas le juge, il les écartera si elles sont inexactes (v. s^s n°s 221.110 s.)

221.13 **Maîtrise par les deux parties.** Pour traditionnelle qu'elle soit la maîtrise de la matière litigieuse par les parties pourrait étonner. Le juge, en outre le juge étatique, n'est-il pas ainsi soumis au bon vouloir des parties ? Car les parties peuvent limiter ce qu'elles lui révèlent du litige, et l'inviter à statuer sur un dossier incomplet ou inexact.

La question appelle une double réponse (v. s^s n° 221.93).

D'abord, c'est **aux deux parties** que le principe dispositif donne la maîtrise de la matière litigieuse.

Le litige n'est pas défini arbitrairement par une partie, mais ensemble par toutes les parties. Chacune y ajoute les éléments qu'elle juge appropriés au soutien de sa prétention ou de sa défense. Chaque partie souhaitant gagner le procès la définition de la matière litigieuse n'est pas arbitraire.

Ensuite, en matière civile la mission du juge est naturellement délimitée par les plaideurs.

Les parties ne sont pas contraintes d'exiger le respect ou l'exécution de leurs droits subjectifs. Elles pourraient, même lorsque leurs droits sont indisponibles, ne pas saisir le juge. Si elles décident de le saisir il est donc naturel qu'elles puissent limiter leurs prétentions et choisir les faits propres à les fonder : qui peut le plus peut le moins, les parties pourraient tout aussi bien s'abstenir de toute démarche judiciaire.

SECTION 2
OBJET DE LA DEMANDE – CAUSE DE LA DEMANDE – CHARGES DES PARTIES

221.20 **Objet et cause.** Les allégations des parties comprennent nécessairement deux éléments.

D'une part tout demandeur émet une prétention, souvent désignée par l'expression « objet de la demande ». Autrement dit le demandeur réclame du juge qu'il lui attribue l'avantage refusé par le défendeur. D'autre part, pour justifier sa prétention le demandeur avance des arguments, les raisons de sa prétention, tandis qu'inversement le défendeur les conteste. Ces raisons de la prétention, et les contestations du défendeur, sont traditionnellement dénommées « cause de la demande ».

221.21 **Termes du litige.** Souvent désignés ensemble par l'expression « termes du litige », l'objet de la demande et la cause de la demande sont déterminés par les parties.

C'est en ce sens que l'on évoque parfois la **neutralité du juge** ou le **principe de neutralité du juge**, corollaire du principe dispositif. La neutralité du juge ne se confond pas avec son impartialité, élément des droits de la défense (v. s^s n° 222.14). Elle signifie que le juge est neutre vis-à-vis du débat tel qu'il est déterminé par les parties. Conformément aux articles 4, 5 et 7 C. pr. civ., il est lié par le débat tel que l'ont délimité les parties.

L'objet et la cause de la demande sont des notions factuelles, si le principe dispositif donne aux parties seulement la maîtrise du fait et laisse au juge le pou-

1. COMP. CADIET et JEULAND, 7e éd., 2011, n° 523.
2. VIZIOZ, n°s 234 et 240.
3. G. Bolard, « Les principes directeurs du procès civil… », *JCP* 1993. I. 3693 [n°s 4-5].
4. V. NOT., H. Motulsky, « La cause de la demande dans la délimitation de l'office du juge », *D.* 1964. 235.

voir de rectifier leurs qualifications juridiques. Ce seraient des notions mixtes, à la fois factuelles et juridiques, si le juge ne pouvait pas requalifier les faits. C'est le cœur de la controverse. Elle tend à s'estomper en droit positif tant pour l'objet (§ 1) que pour la cause de la demande (§ 2). La maîtrise des parties sur le fait engendre aussi des charges processuelles (§ 3).

§ 1
Objet de la demande

221.31 **Indisponibilité de l'objet. L'indisponibilité de l'objet de la demande** n'est pas discutée. Dans la terminologie traditionnelle le juge ne peut statuer ni *infra* ni *ultra petita.* Aujourd'hui l'article 4 C. pr. civ. dispose que « *l'objet du litige est déterminé par les prétentions respectives des parties* » et selon l'article 5 « *le juge* **doit** *se prononcer sur tout ce qui est demandé et seulement sur ce qui est demandé* ». Ainsi le juge a-t-il **l'obligation** de se limiter à l'objet de la demande déterminé par les parties, et de statuer sur cet objet dans son intégralité[1].

L'indisponibilité de l'objet apparaît comme absolue. Il n'appartient pas au juge de définir la prétention, il lui appartient de l'admettre ou de la rejeter[2]. La seule exception concerne les rares cas de saisine d'office (C. pr. civ., art. 1er). Les articles 463 et 464 C. pr. civ. offrent même aux parties une procédure simple et rapide pour obtenir la rectification d'un *infra* ou d'un *ultra petita.*

En application du principe dispositif le classement des demandes s'impose au juge. Il ne peut examiner la demande subsidiaire que s'il rejette la demande principale[3].

221.32 **Terminologie.** La terminologie doit toutefois être précisée.

D'abord, l'immutabilité de l'objet est généralement affirmée, plutôt que son indisponibilité.

1. Com. 28 juin 2005, n° 04-11.543, *Bull. civ.* IV, n° 148; *JCP* 2005. IV. 2896 – Civ. 3e, 8 déc. 2009, n° 08-11.911, NP; *Procédures* 2010. Comm. 30, obs. Perrot.
2. Sauf au besoin à la faire préciser par le plaideur, v. C. pr. civ., art. 8 et Civ. 2e, 21 oct. 2004, n° 02-30.903, *Bull. civ.* II, n° 470; *RTD civ.* 2005. 182, obs. Perrot; *JCP* 2005. I. 125, n° 8, obs. Serinet.
3. Cass., ass. plén., 29 mai 2009, n° 07-20.913, *Bull. ass. plén.*, n° 6; *JCP* 2009. 29. 129, note Salati; *D.* 2009. 1618; *D.* 2009. 2714, obs. Delebecque, Bretzner et Vasseur; *Gaz. Pal.* 2009. 2580, note Fricero; *Procédures* 2009. 223 obs. Perrot – Civ. 3e, 11 mai 2011, n° 10-14.651, *Bull. civ.* II; *D.* 2011. AJ 1425; *D.* 2012. 244, obs. Fricero. Formée pour le cas où le juge rejette la demande principale, la demande subsidiaire est recevable même si elle contredit la demande principale : Com. 30 oct. 2012, n° 11-23.868, NP; *Gaz. Pal.* 2013. 1. 409, obs. Montéran.

Mais la notion d'immutabilité introduit au débat un facteur chronologique injustifié. Car du début à la fin du procès le juge est tenu par l'objet de la demande tel que les parties le déterminent, à tout moment et dans les mêmes conditions l'objet est indisponible pour le juge. La notion d'indisponibilité paraît donc plus exacte pour définir **l'office du juge.** Elle n'est pas exclusive d'une notion complémentaire d'immutabilité à l'égard des parties, si leur était refusée la faculté de modifier l'objet en cours de procès (v. ss n° 221.38)[4].

Ensuite l'article 4 C. pr. civ. vise, au lieu de l'objet de la demande, « l'objet du litige ».

Dans l'objet du litige on peut voir « *la somme des prétentions soumises au juge* »[5]. *L'expression « objet de la demande »* paraît pourtant préférable. Car à proprement parler l'objet du litige inclut également les défenses à la demande, que le juge peut en partie négliger (le rejet de la demande par un motif tiré d'une seule défense suffit si aucune autre règle n'est applicable). En outre les charges des parties sont déterminées en fonction de chaque demande isolément considérée, non du litige dans son ensemble (v. ss nos 221.81 et 221.94).

L'objet de la demande est encore dénommé « prétention » (v. C. pr. civ., art. 4, 53, 64 s., art. 563 s.). Les deux appellations semblent synonymes (« *La demande est l'acte par lequel on saisit le juge d'une prétention; la prétention est l'objet de la demande* [...][6] »).

221.33 **Qualification de la prétention.** Indisponible à l'égard du juge, la prétention est-elle factuelle ou juridique ?

Elle comporte évidemment des éléments de fait, à défaut elle serait abstraite et sans intérêt concret pour les plaideurs. Inclut-elle aussi la qualification qu'en donnent les plaideurs ? Dans l'affirmative le juge ne pourra pas requalifier la prétention, et inversement.

C'est un premier aspect de la définition de la matière litigieuse (v. ss n° 221.12). La controverse est moins vive sur l'objet que sur la cause de la demande (v. ss nos 221.41 s.). Au regard de l'objet elle semble appeler trois constatations (1° à 3°).

221.34 **1° Prétention factuelle ou fait qualifié.** Dans le langage courant on distingue volontiers une demande en nullité d'une demande en résolution ou en résiliation, *a fortiori* d'une demande en exécution d'un acte juridique, ou encore une demande possessoire d'une demande pétitoire, la revendication d'une servitude de la revendication d'une propriété. De cette terminologie on peut déduire une notion juridique de la prétention, incluant sa qualification juridi-

4. V. AUSSI, G. Bolard, « L'arbitraire du juge », *Mél. Drai,* Dalloz, 2000, p. 225.
5. CORNU et FOYER, 1996, nos 98 et 119.
6. MOREL, p. 287, note 1.

que (v. par ex. MOREL : « *L'objet de la demande, c'est la mesure que l'on demande au juge, connaissance d'un droit, établissement d'une situation nouvelle [divorce, séparation de corps], condamnation du défendeur*[1] »; ou encore : « *La prétention est l'objet de la demande : c'est la reconnaissance du droit du demandeur qui conduire soit à une condamnation, soit à l'établissement d'une situation juridique nouvelle*[2] »). On peut aussi n'y voir que la description, commode grâce à des notions juridiques connues, du résultat de fait visé par le demandeur.

Quoi qu'on fasse, l'élément décisif ne peut être que le pouvoir donné ou refusé au juge de modifier la qualification retenue par les parties. Il n'est pas discuté que les parties ont la maîtrise de la prétention. En conséquence ou bien le juge peut en modifier la qualification juridique et la prétention, laissée à la maîtrise des parties, est seulement factuelle; ou bien le juge ne peut pas la requalifier et elle constitue du fait qualifié.

221.35 Requalification par le juge. Comme l'avait relevé Henri Motulsky en droit positif la jurisprudence depuis longtemps ne laisse pas place au doute.

Le juge peut requalifier même les voies de recours[3]. Il est autorisé à requalifier en demande en nullité une demande en résolution d'un acte juridique[4], en demande en nullité pour donation déguisée les prétendues demandes en nullité, résolution ou rescision d'un partage[5], en demande en inopposabilité la demande en nullité[6], ou encore en tierce-opposition la prétendue demande paulienne formée en application de l'article 1167 du Code civil[7]. Le juge peut aussi requalifier les moyens de défense[8].

Ces solutions sont déterminantes. Il serait illusoire d'affirmer la maîtrise des parties sur la qualification de la prétention et d'admettre le pouvoir de requalification du juge. Si le juge peut requalifier la prétention dont les parties ont pourtant la maîtrise, c'est que ladite prétention n'inclut pas de qualification juridique. Elle est le « *résultat économique ou social* » réclamé par le demandeur[9].

221.36 2° Limites. Il n'en résulte pas que le juge puisse requalifier la prétention sans limites.

Outre le principe de contradiction (v. s^s n°s 222.31 s.), le juge doit respecter les limites factuelles données à la prétention par les parties. En conséquence si les parties ont exprimé leur prétention à l'aide d'une notion juridique, le juge qui la requalifie doit d'abord en déterminer les éléments factuels, par exemple l'« *anéantissement* » de l'acte litigieux[10], qui seuls peuvent être pris en compte dans la nouvelle qualification[11]. C'est à ce titre que, sauf interprétation de la prétention, une demande en nullité ne peut pas être requalifiée en demande en résolution ou en résiliation, la requalification entraînant modification du résultat factuel réclamé par le demandeur (la résiliation n'a d'effet que pour l'avenir, la résolution pour inexécution engendre un dédommagement étranger à la nullité). La jurisprudence hésite parfois dans la détermination du résultat factuel d'une demande[12].

221.37 3° Les textes. Les solutions jurisprudentielles ont aujourd'hui un fondement exégétique.

C'est sans distinguer entre l'objet et la cause de la demande que l'article 12 C. pr. civ. autorise le juge à « *donner ou restituer leur exacte qualification aux faits et aux actes litigieux* ». Les articles 563 à 565 C. pr. civ. visent les « prétentions » des parties tout en les distinguant des « moyens » ou du « fondement juridique » qui les soutiennent. Même confirmée par le premier juge la qualification du jugement donné par les parties ne s'impose pas au juge du second degré (C. pr. civ., art. 536).

221.38 Immutabilité de l'objet. De l'indisponibilité de la prétention à l'égard du juge il faut distinguer son immutabilité à l'égard des parties (v. s^s n° 221.32).

Traditionnel, le principe de l'immutabilité de l'objet est rappelé à l'article 4 alinéa 2 C. pr. civ. : les prétentions sont fixées « *par **l'acte introductif d'instance** et par les conclusions en défense* ». Toutefois la portée du principe est relative. Au premier degré les demandes incidentes sont recevables à la seule condi-

1. MOREL, n° 348.
2. MOREL, n° 287, note 1.
3. MOTULSKY, *Droit processuel*, p. 203, et réf. citées : Civ. 2e, 30 avr. 1970, n° 69-11.203, *Bull. civ.* II, n° 151; *D.* 1970. 521; *RTD civ.* 1970. 826, obs. Raynaud – Com. 27 janv. 1981, n° 79-11.825, *Bull. civ.* IV, n° 50 – Civ. 2e, 9 janv. 1991, n° 89-18.877, *Bull. civ.* II, n° 15; *D.* 1992. Somm. 129, obs. Julien.
4. Com. 12 janv. 1993, n° 90-17.764, *Bull. civ.* IV, n° 4 – Civ. 1re, 22 avr. 1997, n° 95-12.152, *Bull. civ.* I, n° 129; *D.* 1998. 272, note Martin; *D.* 1999. 15, obs. Tournafond; *RTD civ.* 1998. 461, obs. Normand; *JCP* 1997. II. 22944, note Bolard.
5. Civ. 2e, 9 févr. 1994, n° 92-15.515, *Bull. civ.* II, n° 48; *D.* 1994. 57; *JCP* 1994. IV. 959.
6. Com. 10 juill. 1989, n° 87-12.621, *Bull. civ.* IV, n° 218.
7. Civ. 2e, 9 janv. 1991, n° 89-18.877, *Bull. civ.* II, n° 15; *D.* 1992. Somm. 129, obs. Julien.
8. Soc. 17 janv. 1996, n° 91-43.757, *Bull. civ.* V, n° 12.
9. H. Motulsky, *Droit processuel*, p. 202; et sur la controverse, v. s^s n°s 221.41 s.
10. Civ. 2e, 9 févr. 1994, n° 92-15.515 (préc. s^s prés^t n°).
11. G. Bolard, *JCP* 1997. II. 22944, I-B et réf. citées.
12. POUR LA DISTINCTION DE LA NULLITÉ ET DE LA RESCISION POUR LÉSION, v. Civ., 3 janv. 1951, *S.* 1952. 1. 58; *RTD civ.* 1952. 235, obs. Carbonnier – Civ. 3e, 19 déc. 1977, n° 76-15.078, *Bull. civ.* III, n° 452; *RTD civ.* 1978. 738, obs. Perrot – Civ. 3e, 21 mai 1979, n° 78-10.578, *Bull. civ.* III, n° 110 – *CONTRA* : Civ. 1re, 13 oct. 1976, n° 74-15.011, *Bull. civ.* I, n° 294; *RTD civ.* 1977. 628, obs. Perrot – Sur la précision nécessaire de la demande, v. Civ. 1re, 26 mai 2011, n° 10-17.109, NP; *Procédures* 2011. Comm. 153, obs. Perrot.

tion, énoncée aux articles 4 et 70, d'un « *lien suffisant* » avec les prétentions initiales. Même en appel des demandes nouvelles sont recevables, dans les conditions des articles 564, 566 et 567.

Selon toute apparence l'immutabilité de l'objet, dans la signification restreinte ici retenue, n'est pas un corollaire du principe dispositif.

Car le principe dispositif conférant aux plaideurs la maîtrise de la prétention, on voit mal qu'il puisse limiter leur pouvoir. L'immutabilité de la prétention résulte plutôt des exigences d'une bonne administration de la justice, l'introduction tardive de nouvelles prétentions risquant de perturber l'instruction des demandes initiales et retarder le jugement. Ce fondement de l'immutabilité justifie les exceptions qui lui sont apportées. Notamment, grâce à leur « lien suffisant » avec les prétentions initiales les prétentions incidentes bénéficieront de l'instruction jusque-là diligentée, elles seront jugées à moindres frais dans la même instance.

221.39 Importance pratique. Pour le praticien l'objet de la demande est évidemment essentiel. En déterminant avec précision les limites factuelles de la prétention le demandeur les impose au juge. Il ne s'interdit pas ni n'interdit à son adversaire d'ajouter d'autres prétentions en cours d'instance, mais seulement dans la mesure du lien suffisant exigé par les articles 4 et 70 C. pr. civ., en appel dans la mesure définie par les articles 564, 566 et 567 du même Code.

§ 2
Cause de la demande

221.40 Plan. Le demandeur pour étayer ses prétentions, le défendeur pour les combattre, avancent des arguments, de fait et de droit. Nul ne conteste que ces arguments constituent, en tout ou en partie, la cause de la demande. La controverse classique concerne l'inclusion dans la cause des qualifications juridiques proposées par les parties (A). La cause de la demande est indisponible pour le juge (B) mais les parties peuvent la modifier (C).

A.
Controverse

221.41 Notion de cause de la demande. Les faits allégués par les parties au soutien de leurs prétentions ou de leurs défenses font sûrement partie intégrante de la cause de la demande. On ne soutient plus, en effet, que la cause puisse être constituée de la règle de droit, de la catégorie ou du principe juridiques invoqués. Le débat est circonscrit à l'inclusion dans la cause, outre les arguments de fait, des éléments de droit ou des qualifications juridiques avancés par les parties[1].

Ici encore la clé du débat est manifeste. La maîtrise des parties sur la cause de la demande n'étant pas contestée, la qualification juridique est exclue de la cause si le juge peut requalifier les faits, elle y est incluse dans le cas contraire. Longtemps hésitant, le droit positif semble aujourd'hui fixé.

La controverse n'est pas éteinte, en tout cas l'hésitation persiste en doctrine[2] (v. s^s^ n° 221.112). Seul importe au débat le pouvoir du juge de requalifier les faits, car ce pouvoir exclut la maîtrise des parties (sur le pouvoir et le devoir du juge de qualifier ou de requalifier, v. s^s^ n°s 221.113 et 221.114).

221.42 Requalification par le juge. Le droit positif est d'abord fixé par les textes.

Si l'article 7 C. pr. civ. interdit au juge de « *fonder sa décision sur des faits qui ne sont pas dans le débat* », l'article 12 lui donne le pouvoir, voire le devoir (v. s^s^ n°s 221.113 et 221.114), de trancher « *le litige conformément aux règles de droit qui lui sont applicables* », de « *donner ou restituer leur exacte qualification aux faits et actes litigieux sans s'arrêter à la dénomination que les parties en auraient proposée* ». Ainsi la maîtrise des parties sur les faits ne s'étend-elle pas à leur qualification juridique. Si rien n'interdit aux parties et tout leur conseille de qualifier les faits allégués[3], leurs qualifications ne s'imposent pas au juge. Indisponible pour le juge la cause de la demande est donc limitée aux faits allégués par les parties.

Deux textes, il est vrai, ont suscité l'hésitation.

• L'article 12 alinéa 3 autorisant les parties, sous les conditions énoncées, à lier le juge « *par les qualifications et points de droit auxquels elles entendent limiter le débat* », la maîtrise des parties ne s'étendrait-elle pas aux qualifications juridiques ? Mais, selon la lettre même de l'article 12 alinéa 3 – l'alinéa débute par le mot « *toutefois* » –, la « *qualification liée* » (v. s^s^ n°s 221.131 s.) apporte à la règle générale une exception, rigoureusement maintenue dans les conditions et cas définis[4]. La règle générale demeure donc que le juge a le pouvoir de requalifier les faits[5].

1. H. Motulsky, « La cause de la demande dans la délimitation de l'office du juge », *D.* 1964. 235 [n° 4].
2. V. les analyses de : GUINCHARD, CHAINAIS et FERRAND, 31e éd., 2012, n° 494 – CADIET et JEULAND, 7e éd., 2011, n°s 512 s. – On néglige ici la remise en cause du Nouveau Code de procédure civile, sur laquelle, dans ses aspects les plus extrêmes : R. Martin, « Un autre procès possible ou est-il interdit de rêver ? », *RTD civ.* 1994. 557 s.; « L'article 6 § 1 de la Conv. EDH contre l'article 12 du Nouveau Code de procédure civile », *D.* 1996. Chron. 20 – V. la CRITIQUE du doyen Normand, *RTD civ.* 1996. 689 s.
3. G. Bolard et G. Flécheux, « L'avocat, le juge et le droit », *D.* 1995. Chron. 221.
4. Civ. 3e, 10 oct. 1979, n° 77-15.737, *Bull. civ.* III, n° 175; *JCP* 1979. IV. 370.
5. G. Bolard, « Les principes directeurs du procès civil… », *JCP* 1993. I. 3693 [n° 7 et réf. citées].

• Inversement, l'article 8 l'autorisant à « *inviter les parties à fournir les explications de fait qu'il estime nécessaires à la solution du litige* », le juge y trouverait-il le biais par lequel il modifierait ou compléterait les faits allégués ?

En aucun cas, si l'on veut bien interpréter l'article 8 à la lumière de l'article 7 qui le précède immédiatement. Le juge étant selon l'article 7 tenu par les faits dans le débat, c'est relativement à ces faits déjà au débat que le juge peut demander des explications. L'article 444 le dit expressément, visant « *les **éclaircissements**... de fait* » : le juge demande aux parties de clarifier les faits qu'elles ont allégués [1]. La solution est depuis toujours applicable aux mesures d'instruction, alors même qu'elles peuvent être ordonnées d'office : comme le rappelle l'article 146 elles ne peuvent être ordonnées « *sur un fait que si la partie qui **l'allègue** ne dispose pas d'éléments suffisants pour le prouver* » (v. s[s] n° 221.121).

Instituées par le décret du 28 décembre 1998, les écritures qualificatives (C. pr. civ., art. 56, 753 et 954) et les « *dernières conclusions* » ne retirent pas au juge son pouvoir ou son devoir de requalifier les faits (v. s[s] n° 221.111).

221.43 Jurisprudence. La notion factuelle de la cause de la demande semble également admise par la jurisprudence.

Elle a longtemps hésité. Avant le Nouveau Code de procédure civile tout à la fois elle affirmait le pouvoir du juge de requalifier et le lui refusait en matière de responsabilité civile [2]. Au lendemain du Nouveau Code l'hésitation a persisté. Depuis 1984, la Cour de cassation admet le pouvoir du juge de requalifier les faits même en matière de responsabilité civile [3]. La Cour de cassation requalifie même par substitution de motifs [4].

On s'est inquiété d'une jurisprudence, vivement critiquée, qui refuserait au juge le pouvoir de requalifier selon les règles de la conformité de la chose vendue une demande fondée sur un vice rédhibitoire [5] : sans doute s'expliquerait-elle par l'hésitation de la Cour de cassation quant à la faculté de cumuler les deux qualifications.

221.44 Terminologie. Ainsi la maîtrise du juge sur le droit et la qualification juridique conduit-elle à retenir, en droit positif, une conception factuelle de la cause de la demande. La solution sera appréciée avec l'office du juge, dont elle est un corollaire (v. s[s] n°s 221.112 s.).

Toutefois sa portée, et la terminologie retenue, appellent aussitôt une triple remarque.

La cause de la demande est visée à l'article 1351 du Code civil pour délimiter l'autorité de chose jugée. La notion ici retenue pour la détermination de l'office du juge et du rôle des parties est nécessairement distincte.

Car la chose jugée purge tous les vices du jugement, et donc une éventuelle violation du principe dispositif. Même si le juge a empiété sur les prérogatives des parties, sa décision n'en a pas moins autorité de chose jugée, sauf l'exercice des voies de recours ouvertes par la loi. L'observation vaut tant pour l'objet que la cause de la demande, à tel point, s'agissant de l'objet, que sa violation peut être corrigée par un recours spécial (C. pr. civ., art. 463 et 464). Définissant l'office du juge et le rôle des parties les notions d'objet et de cause de la demande ne peuvent pas être assimilées aux notions retenues pour délimiter la chose jugée, ladite chose jugée pouvant résulter d'une violation des règles de procédure qu'il s'agit précisément d'appliquer [6]. La distinction n'est pas toujours admise [7].

L'ambiguïté terminologique ainsi relevée explique sans doute que le Nouveau Code de procédure civile ait éludé l'expression « *cause de la demande* » [8]. Pour l'application du principe dispositif H. Motulsky avait suggéré de lui substituer l'expression « *fondement des prétentions* » [9]. Mais c'en serait un fondement factuel alors que le Nouveau Code de procédure civile, aux articles 12 et 565, en vise le fondement juridique. L'expression traditionnelle semble d'autant plus devoir être conservée que son maintien dans la délimitation de la chose jugée devient hypothétique [10].

La distinction de deux notions, l'une relative à la détermination de l'office du juge et du rôle des parties, l'autre éventuellement maintenue pour la délimitation de la chose jugée, permet d'écarter ici le

1. V. HÉRON et LE BARS, n° 274.
2. H. Motulsky, « La cause de la demande dans la délimitation de l'office du juge », *D.* 1964. 235 [n°s 14 s.].
3. Civ. 2e, 26 avr. 1984, n° 82-16.936, *Bull. civ.* II, n° 71 – Com. 26 févr. 1985, n° 83-11.353, *Bull. civ.* IV, n° 78 – Civ. 1re, 19 mars 1985, n° 83-14.949, *Bull. civ.* I, n° 96 – Civ. 1re, 18 janv. 1989, n° 86-16.268, *Bull. civ.* I, n° 18 – V. GUINCHARD, CHAINAIS et FERRAND, 31e éd., 2012, n°s 525 s. – G. Bolard, « Les principes directeurs du procès civil... », *JCP* 1993. I. 3693 [n° 10].
4. Civ. 1re, 31 oct. 1989, *JCP* 1990. II. 21568, note De Quénaudon.
5. PAR EX., V. J. NORMAND *RTD civ.* 1993. 413.
6. V. DÉJÀ, H. Motulsky, « La cause de la demande dans la délimitation de l'office du juge », *D.* 1964. 235 [n° 2] – COUCHEZ, n° 226.
7. COMP. CADIET et JEULAND, 7e éd., 2011, n° 512.
8. CORNU et FOYER, 1996, n° 120 – G. Cornu, « Les principes directeurs du procès civil par eux-mêmes », *Mél. Bellet*, p. 97-8.
9. H. Motulsky, « Prolégomènes pour un futur code de procédure civile : la consécration des principes directeurs du procès civil par le décret du 9 septembre 1971 », *D.* 1972. 91 [n° 39]; *Droit processuel*, p. 201.
10. Cass., ass. plén., 3 juin 1994, n° 92-12.157, *Bull. ass. plén.*, n° 4; *D.* 1994. 395, concl. Jéol; *RTD civ.* 1995. 177, obs. Normand; *RTD civ.* 1995. 367, obs. Mestre; *JCP* 1994. II. 22309, note Lagarde – Et, sur la réapparition de l'analyse antérieure, Civ. 1re, 21 sept. 2005, n° 02-15.586, *Bull. civ.* I, n° 340; *LPA* 20 mars 2006, note Massip.

débat relatif à la notion de moyen. C'est pour délimiter la chose jugée qu'on a tenté, avec des difficultés apparemment insurmontables, de distinguer cause et moyens de la demande ou du jugement[1]. Pour délimiter l'office du juge et le rôle des parties il semble plus exact d'opposer les éléments de droit et les éléments de fait du litige, sauf à dénommer les premiers « *moyens de fait* » et les seconds « *moyens de droit* ».

Sur la notion de moyen, la terminologie de l'article 563 C. pr. civ. est significative. Strictement entendu le « moyen », de nature à modifier la solution du litige, comporte nécessairement à la fois des éléments de fait et de droit. C'est la signification du « moyen » dans un pourvoi en cassation : il est constitué d'une argumentation juridique appliquée aux faits retenus par l'arrêt attaqué, le moyen « *mélangé de fait et de droit* » intégrant des faits non retenus par les juges du fond.

B. Indisponibilité de la cause

221.51 Indisponibilité de la cause à l'égard du juge. Traditionnelle, l'indisponibilité de la cause de la demande à l'égard du juge est établie par l'article 7 C. pr. civ. : « *Le juge ne peut fonder sa décision sur des faits qui ne sont pas dans le débat* »[2]. Sous la dénomination d'immutabilité (v. s[s] n°s 221.32, 221.38 et 221.61) elle n'est pas plus contestée que l'indisponibilité de l'objet. Le juge doit retenir du litige l'édifice de fait qu'en apportent les parties, toutes les parties ensemble (v. s[s] n° 221.13). En revanche il n'est pas tenu par les arguments et qualifications juridiques des parties, les qualifications ne sont pas incluses dans la cause de la demande (v. s[s] n°s 221.41 s.).

221.52 Faits *adventices*. Cependant l'indisponibilité de la cause de la demande est moins rigoureuse que celle de l'objet. Selon l'article 7 alinéa 2 C. pr. civ. « *parmi les éléments du débat, le juge peut prendre en considération même les faits que les parties n'auraient pas spécialement invoqués au soutien de leurs prétentions* ».

Le texte consacre une jurisprudence relevée par Morel, selon laquelle « *à la condition de rester dans les limites de la demande, le tribunal peut puiser les motifs de sa décision dans les divers éléments du débat, lors même que les faits sur lesquels il s'appuie n'ont pas été spécialement invoqués par les parties dans leurs conclusions* »[3]. Spontanément les parties allèguent deux catégories de faits. De certains faits elles prétendent tirer - à tort ou à raison - des effets juridiques : ce sont les faits, aux termes de l'article 7, expressément ou spécialement invoqués. Les parties y ajoutent volontiers d'autres faits plus ou moins explicatifs des premiers mais dont elles ne tirent pas de conséquences juridiques. Ces faits allégués par les parties sans qu'elles les invoquent spécialement au soutien de leurs prétentions, H. Motulsky les avait dénommés les faits « *adventices* »[4].

Selon l'article 7 alinéa 2 le juge « peut prendre en considération » les faits adventices sauf application du principe de contradiction (v. s[s] n° 222.33). Il n'en a pas l'obligation. Car on ne saurait imposer au juge d'appréhender des faits sur lesquels les parties n'ont pas attiré son attention. Si la procédure est écrite seules les écritures des parties déterminent l'étendue du débat[5]. Le juge ne peut évidemment pas nier son pouvoir d'appréhender un fait adventice[6].

Les « *dernières conclusions* » instituées par le décret du 28 décembre 1998 ne modifient pas l'office du juge au regard des faits adventices. Le juge a la faculté de relever les faits adventices soit dans les dernières conclusions soit dans les conclusions antérieures qui, faute d'être annulées, sont au dossier[7] (v. s[s] n° 221.53).

221.53 Faits tirés du dossier. Aux faits adventices faut-il assimiler les « *faits tirés du dossier* », soit les faits découverts par le juge non pas dans les écritures des parties, mais dans les pièces produites ou les documents d'instruction ?[8]

Si dans leurs écritures les parties reprennent un fait tiré du dossier, il devient un fait allégué, et probablement même un fait expressément invoqué : il n'est donc plus à proprement parler simplement « tiré du dossier ». Si en revanche les parties ne l'ont pas repris dans leurs conclusions, la jurisprudence traditionnelle donnait au juge la **faculté** de s'en saisir.

C'est même à propos de faits tirés du dossier que s'est constituée la jurisprudence à l'origine de la notion de fait

1. PAR EX., v. H. Solus et R. Perrot, *Droit judiciaire privé*, Sirey, 1961, t. III, n° 73.
2. Bien sûr il ne saurait retenir le fruit de ses investigations personnelles. PAR EX. sur internet, v. Soc. 5 déc. 2012, n° 11-21.113, *Bull. civ.* V, n° 325; *Procédures* 2013. Comm. 154, obs. Bugada.
3. MOREL, n° 352 – V. Civ. 19 juin 1929, *Gaz. Pal.* 1929. 2. 312 – Req. 2 mars 1852, *DP* 1852. 5. 208 – Req. 15 janv. 1894, *DP* 1894. 1. 207 – Civ. 3 févr. 1904, *DP* 1905. 1. 315, 4e esp.; *Gaz. Pal.* 1904. 1. 305, 1re esp.
4. H. Motulsky, « La cause de la demande dans la délimitation de l'office du juge », *D.* 1964. 235 [n° 12] – GUINCHARD, CHAINAIS et FERRAND, 31e éd., 2012, n°s 491 – G. Bolard, « Les principes directeurs du procès civil... », *JCP* 1993. I. 3693 [n° 7].
5. PAR EX., v. Civ. 2e, 28 févr. 1973, n° 72-10.221, *Bull. civ.* II, n° 82 – Com. 23 févr. 1976, n° 74-13.950, *Bull. civ.* IV, n° 61 – Com. 15 mai 1979, n° 78-10.709, *Bull. civ.* IV, n° 159 – Civ. 3e, 29 oct. 1985, n° 84-10.055, *Bull. civ.* III, n° 137; *Gaz. Pal.* 1986. 1. Somm. 245, obs. Croze et Morel – Civ. 2e, 15 nov. 1995, n° 93-19.324, *Bull. civ.* II, n° 281.
6. Civ. 3e, 20 nov. 1985, n° 84-13.353, *Bull. civ.* III, n° 153; *D.* 1986. 195; *Gaz. Pal.* 1986. 2. Somm. 421, note Croze et Morel.
7. G. Bolard, « Les dernières conclusions », *JCP* 2001. I. 297, n°s 2 et 20.
8. G. Bolard, « Les faits tirés du dossier », *Mél. Normand*, Litec, 2003, p. 43 s.

adventice[1]. Encore qu'aucun attendu de principe n'ait jamais été relevé la solution semble maintenue[2]. La Cour de cassation vérifie volontiers la présence d'un fait dans « le dossier de la procédure »[3]. L'initiative du juge suppose évidemment l'application du principe de contradiction (v. s^s n° 222.33).

L'assimilation aux faits adventices des faits tirés du dossier n'est pas déraisonnable. Il est vrai que le juge puise ces faits ailleurs que dans les allégations des parties. Mais il ne les déduit pas de ses recherches ou connaissances personnelles, il les trouve dans le dossier de la procédure. S'ils sont concluants, ne faut-il pas *a priori* penser que les parties ne les ont pas invoqués faute d'en avoir perçu la portée ? Si toutes les parties avaient choisi de les écarter du débat, elles l'indiqueraient au juge en réponse à la question par lui posée en application des articles 8 et 16 C. pr. civ.[4] (sur l'incidence des « dernières conclusions », v. s^s n° 221.52 *in fine*).

221.54 Faits adventices et contestations. Des faits adventices, y compris les faits tirés du dossier, le juge pourrait-il tirer une contestation ?

La question se pose dans la mesure où la jurisprudence classique retient à juste titre que l'allégation non contestée est tenue pour vraie (v. s^s n°s 221.83 et 221.84). La jurisprudence ne semble pas avoir été invitée à y répondre. On peut souhaiter une réponse affirmative. Le juge étant autorisé à puiser dans les faits adventices un fait positif, il semble difficile de lui interdire d'y puiser une contestation, c'est-à-dire un fait négatif[5]. L'application du principe de contradiction, des articles 8 et 16 C. pr. civ., garantirait que la contestation n'est pas relevée contre la volonté de toutes les parties, ou ne résulte pas d'une interprétation inexacte de la pièce ou des écritures d'où elle est tirée.

221.55 Importance pratique. L'indisponibilité de la cause de la demande appelle spécialement l'attention du praticien.

Elle invite le juge à s'en tenir au dossier de la procédure, selon l'expression traditionnelle à statuer « dans les termes du débat ». Elle est décisive aussi pour les plaideurs. Les faits qu'ils ne diront pas au juge, et qui ne résulteront pas des pièces produites, le juge n'en pourra pas tenir compte. Les faits qu'ils allégueront sans en tirer de conséquences juridiques, le juge pourra les négliger.

C. Mutabilité de la cause

221.61 Les parties et la modification de la cause de la demande. Distinguée de l'indisponibilité à l'égard du juge, l'immutabilité de la cause de la demande ne semble pas pouvoir être affirmée. C'est au contraire la **mutabilité de la cause** que paraît retenir le droit positif.

La solution résulte de plusieurs textes. C'est d'abord l'article 72 C. pr. civ., qui autorise les défenses au fond « *en tout état de cause* », sans distinguer entre leurs éléments de droit et leurs éléments de fait. Ce sont encore les articles 8, 144 et 444, applicables eux aussi « *en tout état de cause* » pour permettre aux parties d'alléguer de nouveaux faits. C'est encore l'article 563, qui autorise en appel les « *moyens nouveaux* » sans limitation aucune, les « *nouvelles pièces* » ou les « *nouvelles preuves* ». Dans la procédure de droit commun c'est donc jusqu'à l'ordonnance de clôture que peuvent être allégués de nouveaux faits.

En outre la solution s'impose rationnellement.

Quand elle n'est pas écartée l'immutabilité de l'objet renvoie le demandeur à un nouveau procès, par lequel il soumettra au juge la prétention incidente déclarée irrecevable faute de lien suffisant avec la prétention initiale (v. s^s n° 221.38). L'immutabilité de l'objet n'entraîne donc pas l'irrecevabilité définitive ou irrémédiable de la prétention. En revanche l'immutabilité de la cause interdirait irrévocablement aux parties d'alléguer les faits frappés d'irrecevabilité. La prétention serait jugée définitivement, puis irrévocablement, sans que ces faits soient pris en compte. Le juge serait donc invité à statuer sur un dossier tronqué malgré la volonté contraire des parties, les faits déclarés irrecevables feraient l'objet d'une sorte de déni de justice. Un tel résultat ne peut évidemment être admis, sauf exigences impérieuses propres à certains types de litiges[6].

221.62 Allégations tardives. De la mutabilité de la cause les parties ne déduiront pas la permission d'un certain laxisme des allégations. Outre leur effet dilatoire les allégations tardives peuvent révéler

1. V. Req. 15 janv. 1894, *DP* 1894. 1. 207 – Civ. 3 févr. 1904, *DP* 1905. 1. 315, 4e esp.; *Gaz. Pal.* 1904. 1. 305, 1re esp. – Civ., 19 juin 1929, *Gaz. Pal.* 1929. 2. 312, préc. (v. s^s n° 221.52).
2. Civ. 3e, 19 juin 1973, n° 72-11.041, *Bull. civ.* III, n° 415 – Com. 20 déc. 1988, n° 86-17.084, *Bull. civ.* IV, n° 354 – Civ. 1re, 10 juill. 1990, n° 87-16.773, *Bull. civ.* I, n° 192; *RTD civ.* 1991. 141, obs. Zenati; *RTD civ.* 1991. 580, obs. Patarin – Civ. 1re, 10 juill. 1995, n° 92-19.378, *Bull. civ.* I, n° 314; *S.* 1995. 4. 2244 – Civ. 3e, 11 mai 2000, n° 98-18581, *Bull. civ.* III, n° 105.
3. Com. 6 juin 1989, n° 87-19.861, *Bull. civ.* IV, n° 180.
4. La jurisprudence hésite parfois : Civ. 2e, 10 oct. 1973, n° 72-13.642, *Bull. civ.* II, n° 251, faisant grief à la cour d'appel d'avoir retenu un fait allégué seulement au premier degré – et COMP. Civ. 1re, 16 juin 1982, n° 81-11.752, *Bull. civ.* I, n° 231.
5. G. Bolard, « Les principes directeurs du procès civil… », *JCP* 1993. I. 3693 [n° 12].
6. Sur l'application de C. trav., art. L. 122-41, v. Soc. 27 mai 1992, n° 89-43.498, *Bull. civ.* V, n° 340; *D.* 1992. 411, note Karaquillo.

l'inexactitude ou la maladresse d'allégations antérieures, ou encore l'inopportunité de prétentions précédemment émises. Elles peuvent aussi suggérer de nouvelles prétentions dont la recevabilité pourrait être contestée (v. s[s] n°s 221.38 s.).

§ 3
Charges des parties

221.71 Charges processuelles. Accordant aux parties des prérogatives exclusives le principe dispositif leur impose aussi, **inéluctablement**, des charges. Car la maîtrise des parties sur l'objet et la cause de la demande emporte pour le juge interdiction de combler les insuffisances constatées. La maîtrise des parties sur la matière litigieuse a pour **corollaire** les charges processuelles ou un certain régime de ces charges.

Les charges processuelles sont mal connues, leur analyse est récente[1]. Malgré le Code de procédure civile, qui les vise expressément aux articles 6 et 9, elles sont le plus souvent négligées par la doctrine[2]. Elles concernent surtout les faits constitutifs de la cause de la demande, le défaut d'émission d'une prétention ne pouvant guère qu'être constaté. Elles constituent une nécessité logique[3].

221.72 Notion. La notion de charge processuelle doit être précisée.

Elle apparaît dans la notion traditionnelle de charge de la preuve, qu'on présente parfois comme « *le risque de la preuve* »[4]. Il n'est pas rare que faute de preuve un fait contesté demeure douteux, son existence n'étant pas mieux établie que son absence. Dans un tel cas, que doit faire le juge ? Soucieux d'écarter l'arbitraire du juge le législateur ne l'autorise pas à statuer selon son bon vouloir. Selon les articles 9 C. pr. civ. et 1315 du Code civil, le juge doit rejeter la prétention ou la défense du plaideur qui a la charge de la preuve, c'est sur ce plaideur que pèse le risque du défaut de preuve.

Ainsi les charges processuelles déterminent-elles **le plaideur qui perdra le procès** si l'édifice de fait apparaît comme insuffisant. Ce ne sont pas des obligations, que sanctionnerait par exemple l'allocation de dommages-intérêts. Ce sont des charges, sanctionnées par la perte du procès (v. s[s] n° 221.91).

1. H. Motulsky, *Principes d'une réalisation méthodique du droit privé,* n°s 83 s.
2. Mais, v. CORNU et FOYER, 1996, n° 98 – GUINCHARD, CHAINAIS et FERRAND, 31e éd., 2012, n°s 480 s.
3. H. Motulsky, *Principes d'une réalisation méthodique du droit privé,* n° 86.
4. Ghestin, Goubeaux et Fabre-Magnan, *Traité de droit civil,* t. I, 4e éd., n° 645, et les réf. citées.

221.73 Charge de l'allégation et charge de la preuve. En procédure civile elles sont un corollaire du principe dispositif. Les parties ayant la maîtrise du fait, le juge ne peut pas suppléer leur défaillance. Il doit statuer sur les faits qui lui sont soumis, sans pouvoir les compléter. Si ces faits ne suffisent pas à justifier la prétention ou la défense, il doit la rejeter. L'observation vaut tant pour la charge de l'allégation (A) que pour la charge de la preuve (B).

A.
Charge de l'allégation

221.81 Les faits concluants. Selon l'article 6 C. pr. civ. « *à l'appui de leurs prétentions, les parties ont la charge d'alléguer les faits propres à les fonder* ». Il ne peut en être autrement, sauf à remettre en cause le principe dispositif ou à tolérer l'arbitraire du juge.

L'admission de la prétention – il faut le répéter – n'est pas à la libre appréciation du juge. La règle de droit **s'impose** au juge comme aux parties. Pour admettre la prétention du demandeur, il doit **constater** qu'elle résulte de l'application d'une règle de droit aux faits de l'espèce. La prétention est donc nécessairement et immédiatement rejetée, sans examen de la véracité des faits allégués, si de toute façon ces faits allégués ne suffisent pas à la justifier par application d'une règle de droit[5].

Les faits « *propres à* [...] *fonder la prétention* » (C. pr. civ., art. 6), ou « *nécessaires au succès de* [la] *prétention* » (C. pr. civ., art. 9), ou encore « *les faits dont dépend la solution du litige* » (C. pr. civ., art. 143) sont généralement dénommés faits concluants, ou pertinents (C. pr. civ., art. 222), ou relevants. Ce sont les faits dont la réunion permet de donner satisfaction au demandeur. Qu'au débat il en manque un et le demandeur a nécessairement perdu son procès. Il est débouté immédiatement ou *de plano*, sans qu'il soit besoin de vérifier la véracité des faits allégués, insuffisants à fonder la prétention.

Ainsi l'article 6 C. pr. civ. trouve-t-il son explication dans l'interdiction faite au juge de compléter l'édifice de fait dressé par les parties. Si les faits au débat sont insuffisants, point n'est besoin d'aller plus loin : la prétention ne peut qu'être rejetée.

C'est pourquoi la charge de l'allégation positive pèse sur le demandeur à la prétention, **à chaque prétention.** Il perdra son procès, la prétention étant nécessairement rejetée, si tous les faits concluants, nécessaires au succès de la prétention, ne sont pas réunis. La tâche initiale du demandeur consiste donc à vérifier si les faits allégués suffisent à justifier

5. V. PAR EX., Civ. 2e, 8 févr. 2007, n° 05-22.113, *Bull. civ.* II, n° 21 ; *JCP* 2007. IV. 1524 – Com. 27 févr. 2007, n° 06-10.170, *Bull. civ.* IV, n° 65 ; *D.* 2007. AJ 872, obs. Lienhard – G. Bolard, « Qualité ou intérêt pour agir ? », *Mél. Guinchard,* Dalloz, 2010, n° 9, et réf. citées.

l'application de la règle qu'il croit applicable[1]. Comme la charge de la preuve, cependant, la charge de l'allégation pèserait sur le défendeur, s'il alléguait la **disparition** du droit du demandeur : considéré par hypothèse comme régulièrement né le droit du demandeur ne pourrait avoir disparu que par la survenance de faits nouveaux (v. s^s n° 221.95).

Chevallier évoque « le défaut de pertinence du fait dont la décision ne saurait dépendre s'il était établi »[2]. Motulsky qualifie les faits concluants d'« éléments générateurs des droits subjectifs » et les rapproche des éléments constitutifs de l'infraction en droit pénal[3] (à part les hésitations de la terminologie traditionnelle)[4].

Rendu par l'assemblée plénière le 7 juillet 2006, un arrêt maladroit pourrait suggérer une charge de « *concentration des moyens* »[5], un arrêt de la première chambre civile y ajoutant même une charge de « *concentration des demandes* »[6]. Mais selon toute apparence les deux arrêts ne concernent que la délimitation de la chose jugée et, même dans cette analyse, ils butent sur des exceptions dirimantes[7]. On doit même se demander si la Cour de cassation ne les a pas déjà corrigés[8].

221.82 Intérêt pratique – Le manque de base légale. La charge de l'allégation instituée par l'article 6 C. pr. civ. trouve un écho direct dans le manque de base légale, sous sa forme première depuis longtemps retenue par la Cour de cassation.

Schématiquement, le jugement est cassé si ses constatations de fait ne suffisent pas à justifier l'application de la règle de droit retenue ou, si l'on préfère, si la décision ne constate pas tous les faits concluants au regard de la règle de droit appliquée[9]. Or en application du principe dispositif et de l'article 7 C. pr. civ., le juge ne peut trouver ces constatations de fait que dans les faits allégués ou tirés du dossier (v. s^s n°s 221.51 s.). En conséquence et sauf à compléter ses allégations par celles du défendeur, le demandeur a nécessairement perdu son procès s'il n'allègue pas tous les faits concluants au regard de la règle applicable : le jugement, s'il admettait la prétention sans constater **tous** les faits concluants, manquerait de base légale, c'est-à-dire des faits nécessaires à l'application de la loi.

La constatation est aussi essentielle pour les plaideurs que pour le juge.

S'il n'allègue pas tous les faits concluants au regard de la règle invoquée, le demandeur prend le risque d'un rejet immédiat de la prétention, sauf à espérer l'application d'office d'une autre règle moins exigeante ou la collaboration naïve du défendeur à l'allégation des faits concluants. Faute d'allégation de tous les faits concluants selon les règles propres à justifier la prétention, le juge n'a pas à rechercher la vérité des faits allégués : seraient-ils vrais que de toute façon ils ne suffiraient pas à justifier la demande et le juge ne peut pas les compléter. Le défendeur à la prétention ne manquerait pas de relever l'insuffisance des allégations adverses. Selon toute apparence le moyen de défense constituerait une fin de non-recevoir, car l'insuffisance des faits allégués ne permettrait pas au juge de statuer au fond (v. la définition de la fin de non-recevoir énoncée à l'article 122 C. pr. civ.).

221.83 Charge de la contestation. Même s'il n'allègue pas de fait nouveau propre à le libérer (v. s^s n° 221.73 *in fine*), le défendeur à la prétention n'est pas à l'abri de toute charge de l'allégation. Si le demandeur a allégué tous les faits concluants le défendeur subit à son tour la charge de l'allégation sous la forme de la charge de la contestation.

Il faut entendre par là que le défendeur doit être condamné immédiatement, *de plano*, s'il ne conteste aucun des faits concluants selon la règle de droit reconnue applicable par le juge. Car même si ses autres contestations sont exactes elles sont aussi bien

1. G. Bolard et G. Flécheux, « L'avocat, le juge et le droit », *D.* 1995. Chron. 221, n°s 5 et 8.
2. J. Chevallier, « Le contrôle de la Cour de cassation sur la pertinence de l'offre de preuve », *D.* 1956. Chron. 37.
3. H. Motulsky, *Principes d'une réalisation méthodique du droit privé,* n°s 84 s.
4. H. Motulsky, *Principes d'une réalisation méthodique du droit privé,* n° 86, note 3.
5. Cass., ass. plén., 7 juill. 2006, n° 04-10.672, *Bull. ass. plén.*, n° 8; *D.* 2006. 2135, note Weiller; *RTD civ.* 2006. 825, obs. Perrot; *JCP* 2007. II. 10070, note Wiederkehr; *Procédures* 2006. Comm. 201, obs. Perrot; *Bull. ch. avoués* 2007. 3, note Bencimon; *JCP* 2006. I. 183, n° 15, obs. Amrani-Mekki; *Gaz. Pal.* 2006. 2. 2515; *Dr. et proc.* 2006. 348, note Fricero.
6. Civ. 1re, 28 mai 2008, n° 07-13.266, *Bull. civ.* I, n° 153; *D.* 2008. 3111, obs. Clay; *RTD civ.* 2008. 551, obs. Perrot; *JCP* 2008. II. 10157, note Chabot; *JCP* 2008. II. 10170, note Bolard; *JCP* 2008. I. 164, n° 3, obs. Béguin et rectif. n° 30, p. 2; *Rev. arb.* 2008. 461, note Weiller.
7. Notes préc. (v. s^s prés^t n°) et G. Bolard, « L'office du juge et le rôle des parties : entre arbitraire et laxisme », *JCP* 2008. I. 156.
8. V. NOT., Civ. 3e, 15 sept. 2010, n° 09-68.452, *Bull. civ.* III, n° 159; *D.* 2011. 1181, obs. Damas – Civ. 2e, 23 sept. 2010, n° 09-69.730, *Bull. civ.* II, n° 157; *D.* 2010. 2300; *D.* 2011. 265, obs. Fricero; *D.* 2011. 632, chron. Sommer, Leroy-Gissinger, Adida-Canac et Grignon Dumoulin; *RTD civ.* 2011. 586, obs. Thery; *JCP* 2010. 48. 1052, note Jeuland – Civ. 1^e, 30 sept. 2010, n° 09-11.552, *Bull. civ.* I, n° 177; *D.* 2010. 2372 – Civ. 2^e, 10 nov. 2010, n° 09-14.948, *Bull. civ.* II, n° 181; *D.* 2011. 632, chron. Sommer, Leroy-Gissinger, Adida-Canac et Grignon Dumoulin; *JCP* 2010, n° 1270, note Barbieri – Soc. 16 nov. 2010, n° 09-70.404, *Bull. civ.* V, n° 260; *D.* 2011. 227, obs. C. cass., note Orif; *D.* 2011. 265, obs. Fricero; *RDT* 2011. 55, obs. Serverin; *RTD civ.* 2011. 173, obs. Perrot – Soc. 12 janv. 2011, n° 09-11.132, *Bull. civ.* V; *JCP* 2011. 8. 220 note Beyneix et Rovinski.
9. V. PAR EX., Civ., 24 mai 1927, *DH* 1927. 400 – Civ. 2e, 12 nov. 1980, n° 79-11.823, *Bull. civ.* II, n° 229 – Com. 20 févr. 1990, n° 88-11.073, NP; *JCP* 1900. II. 21509, note Perdriau – J. et L. Boré, Dalloz action *La cassation en matière civile*, 2009/2010, n°s 78.02 s.

sans portée. Elles n'atteignent pas l'application de la règle dont l'effet juridique est recherché.

Précisément la solution est traditionnellement admise en jurisprudence que l'allégation non contestée est tenue pour vraie [1]. Le juge n'a pas à justifier l'exactitude d'un fait allégué s'il n'est pas contesté [2].

Ces solutions sont nécessaires.

Nier un fait revient à alléguer un autre fait, contraire à celui précédemment allégué. En outre en introduisant lui-même au débat une contestation le juge non seulement pourrait remettre en cause l'accord des parties sur un fait et les surprendre en écartant un fait tenu pour constant, mais aussi il susciterait un problème de preuve [3] : autrement dit de son propre chef il imputerait la charge de la preuve à un plaideur alors que la détermination légale de la charge de la preuve s'impose au juge et tend précisément à écarter son arbitraire (v. s^s^ n°s 221.92 et 221.93) [4]. Le procès serait aussi bien inutilement compliqué, voire impossible à conduire hors l'arbitraire du juge, si toute allégation non constatée devait être prouvée [5] : le simple bon sens conduit généralement le défendeur à admettre une partie des allégations du demandeur.

1. V. NOT., Civ. 1re, 11 janv. 1977, n° 74-13.868, *Bull. civ.* I, n° 24 – Civ. 1re, 11 janv. 1978, n° 76-13.780, *Bull. civ.* I, n° 16 – Civ. 1re, 10 juill. 1979, n° 77-15.637, *Bull. civ.* I, n° 203 – Com. 24 nov. 1980, n° 79-11.036, *Bull. civ.* IV, n° 390 – Soc. 15 juin 1983, n° 81-13.379, *Bull. civ.* V, n° 335 – Com. 14 févr. 1984, n° 82-16.127, *Bull. civ.* IV, n° 64 – Civ. 2e, 8 févr. 1989, n° 87-14.525, *Bull. civ.* II, n° 41; *JCP* 1989. IV. 133 – Com. 2 mai 1989, n° 87-17.159, *Bull. civ.* IV, n° 137 – Com. 28 mai 1991, n° 89-10.750, *Bull. civ.* IV, n° 188 – Civ. 1re, 27 oct. 1993, n° 91-15.611, *Bull. civ.* I, n° 301; *RTD civ.* 1994. 676, obs. Perrot – Com. 14 oct. 1997, n° 95-15.384, *Bull. civ.* IV, n° 254 – Com. 2 déc. 1997, n° 95-14.251, *Bull. civ.* IV, n° 315; *D.* 1998. 192, note Martin – Com. 9 déc. 1997, n° 94-21.392, *Bull. civ.* IV, n° 323 – Com. 13 avr. 1999, n° 96-19.428, *Bull. civ.* IV, n° 86; *D.* 2000. 65-72, obs. Mainguy; *RTD civ.* 1999. 885, obs. Crocq – Civ. 1re, 2 avr. 2008, n° 07-15.820, *Bull. civ.* I, n° 100; *JCP* 2008. IV. 1862; *RTD civ.* 2008. 353, obs. Perrot; *RTD civ.* 2008. 452, obs. Hauser – Sur le débat, v. Ghestin, Goubeaux et Fabre-Magnan, t. I, 4e éd., n° 638-9 – GUINCHARD, CHAINAIS et FERRAND, 31e éd., 2012, n° 489 – HÉRON et LE BARS, n° 277 – Th. Le Bars, « La théorie du fait constant », *JCP* 1999. I. 178 – G. Bolard, « Les principes directeurs du procès civil… », *JCP* 1993. I. 3693 [n° 12] – G. Bolard, « L'arbitraire du juge », *Mél. Drai*, Dalloz, 2000, p. 225.
2. Soc. 23 avr. 1986, n° 84-40.186, *Bull. civ.* V, n° 159; *JCP* 1986. II. 182 – Civ. 2e, 10 févr. 2011, n° 10-30.008, *Bull. civ.* II, n° 38 : « *Qu'en statuant ainsi, alors qu'il appartenait au créancier poursuivant d'établir que son débiteur était créancier du tiers saisi,* **qui le contestait**, *la cour d'appel a violé l'article 1315 du Code civil* ».
3. Civ. 1re, 10 juill. 1979, n° 77-15.637 (préc. s^s^ prés^t^ n°) – Civ. 2e, 8 févr. 1989, n° 87-14.525 (préc. s^s^ prés^t^ n°) – Com. 2 mai 1989, n° 87-17.159 (préc. s^s^ prés^t^ n°).
4. V. AUSSI, G. Bolard, « L'arbitraire du juge », n° 10, préc.
5. V. Ghestin, Goubeaux et Fabre-Magnan, *Traité de droit civil*, t. I, 4e éd., n° 639 *in fine*.

221.84 Contestation implicite. La contestation peut être implicite, comme le relèvent de rares arrêts [6]. On voit mal qu'il puisse en être autrement, sauf à retirer au juge le pouvoir d'interpréter les écritures des parties quand elles ne sont ni claires ni précises. La solution pose toutefois le problème de la libre contradiction [7].

En application des articles 8 et 16 C. pr. civ., en effet, le juge ne devrait-il pas inviter les parties à s'expliquer sur la contestation implicite qu'il croit pouvoir constater ? Il vérifierait ainsi l'interprétation par lui retenue des écritures des parties (v. s^s^ n° 222.33), ou obtiendrait d'elles d'utiles informations complémentaires. C'est pourquoi la question posée semble devoir appeler une réponse affirmative [8]. Il en irait peut-être autrement si la contestation implicite était à ce point évidente qu'elle n'aurait pu échapper à aucun des plaideurs.

221.85 Dispenses d'allégation. La charge de l'allégation peut être perturbée par les dispenses d'allégation. Rarement relevées par les arrêts, tant leur mécanisme paraît naturel [9], elles doivent être brièvement décrites [10].

Certaines dispenses peuvent être dénommées **dispenses rationnelles ou de décomposition.** Il n'est pas rare, en effet, que pour décrire les faits de l'espèce les parties utilisent des notions globales, notamment des notions juridiques, dont elles ne décomposent pas en l'espèce les différents éléments. Par exemple les plaideurs invoquent une vente ou un contrat de travail, un mariage, sans en détailler les éléments constitutifs. Il est naturel, et combien commode, d'admettre sans autre précision une telle allégation globale, pour autant qu'en l'état des écritures elle soit **évidente** et **ne soit pas contestée.**

H. Motulsky a aussi relevé en droit positif des **dispenses légales.** Elles constituent sans doute l'effet procédural des présomptions légales. Elles sont parfois **expresses**, comme la dispense d'alléguer la bonne foi : « *La bonne foi est toujours présumée, énonce l'article 2274 du Code civil, et c'est à celui qui* **allègue** *la*

6. Civ. 1re, 3 janv. 1980, n° 78-11.616, *Bull. civ.* I, n° 7 – Civ. 2e, 10 mai 1991, n° 89-10.460, *Bull. civ.* II, n° 142; *RTD civ.* 1992. 447, obs. Normand – V. A. Ponsard, « Vérité et Justice », Rapp. français dans *Travaux Capitant,* t. 38, 1987, p. 673 s. – G. Bolard, « Les principes directeurs du procès civil… », *JCP* 1993. I. 3693 [n° 12].
7. COMP. HÉRON et LE BARS, n° 277 – La contestation implicite d'un détail peut résulter de la contestation globale : Soc. 20 juin 2012, n° 10-28.029, NP.
8. GUINCHARD, CHAINAIS et FERRAND, 31e éd., 2012, n° 489 – G. Bolard, « Les principes directeurs du procès civil… », *JCP* 1993. I. 3693 [n° 12].
9. Mais COMP., Civ. 1re, 21 juin 2005, n° 04-10.673, *Bull. civ.* I, n° 270; *JCP* 2005. IV. 2803.
10. Sur ce mécanisme, v. H. Motulsky, *Principes d'une réalisation méthodique du droit privé,* n°s 89 s., p. 107 s.

mauvaise foi à la prouver ». Elles sont souvent plutôt implicites.

Ainsi les articles 1109 et suivants du Code civil visent les vices du consentement, soit l'inverse de l'intégrité du consentement. On en déduit généralement que s'il invoque un contrat, le plaideur n'a pas à alléguer les faits justifiant l'intégrité du consentement, il laisse à son adversaire le soin, éventuellement, de soulever l'un des vices visés au Code. Ou bien les articles 1123 et suivants du Code civil visant les incapacités, le plaideur invoquant un acte juridique est dispensé d'alléguer les faits propres à établir la capacité des auteurs de l'acte, c'est à son adversaire d'alléguer une éventuelle incapacité. La convention étant valable, « quoique la cause n'en soit pas exprimée » (C. civ., art. 1132), c'est au demandeur à la nullité d'alléguer « *l'absence ou l'illicéité de la cause* »[1]. De la même manière le plaideur qui invoque une prescription est dispensé d'établir la continuité de la possession, c'est à son adversaire d'alléguer l'une des causes d'interruption ou de suspension énoncées aux articles 2242 et suivants du Code civil. Ou encore les conditions du droit d'action sont présumées réunies, c'est au défendeur d'alléguer une fin de non-recevoir, conformément aux articles 122 et suivants C. pr. civ.

Les dispenses d'allégation allègent d'autant la **motivation** du jugement.

On relève volontiers, dans l'appréciation du défaut de base légale (c'est-à-dire dans l'appréciation de l'énoncé des faits nécessaires à l'application de la règle retenue, v. s^{s} n° 221.82) que « *l'insuffisance des motifs est appréciée en tenant compte des contestations élevées par les conclusions* »[2]. Précisément et sauf contestation par une partie le juge du fond n'a pas à justifier la situation factuelle qui fait l'objet d'une dispense. La Cour de cassation l'a clairement dit en matière de prescription : la cour d'appel n'était pas tenue « *de relever l'existence de tous les caractères exigés par la loi pour que la possession puisse conduire à l'usucapion en l'absence d'une contestation portant sur chacun d'eux* »[3]. Nul n'a jamais songé à imposer au juge de constater la capacité des contractants si aucune incapacité n'a été opposée, ou les faits constitutifs de l'intégrité du consentement si aucun vice du consentement n'a été allégué. La remarque vaut également pour les fins de non-recevoir sauf la faculté ou l'obligation du juge de les relever d'office, (v. C. pr. civ., art. 125; le juge doit évidemment motiver la fin de non-recevoir admise, qu'il l'ait relevée lui-même ou qu'une partie l'ait soulevée).

1. Civ. 1re, 21 juin 2005, n° 04-10.673 (préc. s^{s} prés^{t} n°).
2. J. et L. Boré, Dalloz action *La cassation en matière civile*, 2009/2010, n° 78.81.
3. Civ. 3e, 22 févr. 1968, *Bull. civ.* III, n° 73 – V. DÉJÀ, Req. 7 juin 1901, *DP* 1902. 1. 79 – Et, sur un cas où la contestation avait été soulevée, Civ. 3e, 17 avr. 1969, *Bull. civ.* III, n° 303 – V. AUSSI, J. et L. Boré, Dalloz action *La cassation en matière civile*, 2009/2010, n° 78.83 – H. Motulsky, *Principes d'une réalisation méthodique du droit privé*, n° 147; « Le manque de base légale », *Écrits*, p. 35.

B.
Charge de la preuve

221.91 Charge processuelle. La charge de la preuve est beaucoup mieux connue que la charge de l'allégation. Ce n'est pas une obligation mais une charge (v. s^{s} n° 221.72). Les articles 9 C. pr. civ. et 1315 du Code civil n'évoquent ni de près ni de loin une obligation dont l'inexécution serait sanctionnée en nature ou par équivalent. La sanction de la charge de la preuve, c'est, dans le cas où la preuve n'est pas rapportée, la perte du procès par le plaideur à qui la charge est imputable.

La perspective limitée ici retenue, des garanties du procès civil, exclut une présentation exhaustive de la charge de la preuve. Mais plusieurs observations ne peuvent être éludées (sur l'administration de la preuve, v. s^{s} n° 221.102).

221.92 Détermination légale. Dans le procès civil la loi détermine elle-même le plaideur sur qui pèse la charge de la preuve[4]. S'appliquent aujourd'hui les articles 9 C. pr. civ. et 1315 du Code civil. La détermination légale de la charge de la preuve a un fondement et une signification trop souvent occultés.

Elle complète le caractère obligatoire de la règle de droit et limite le risque d'arbitraire du juge. Car la charge de la preuve désigne légalement le plaideur qui perd son procès si le fait concluant contesté demeure incertain. Laisser au juge le soin de désigner ce plaideur reviendrait à lui laisser la faculté, chaque fois qu'un fait concluant est incertain, de désigner à sa guise le gagnant et le perdant, hors application de la règle de droit. Le caractère obligatoire, général et abstrait de la règle de droit postule ainsi la détermination **légale** de la charge de la preuve[5].

221.93 Contestation du fait allégué. Précisément et comme on l'a relevé (v. s^{s} n°s 221.83 s.), dans le procès civil l'allégation non contestée est tenue pour vraie. Autrement dit c'est la contestation émise par un plaideur qui jette le doute sur un fait allégué, pose le problème de preuve et fait naître la charge de la preuve. Ainsi dès l'origine la charge de la preuve échappe au juge, ce sont les parties qui la font naître. Sous cet aspect encore le principe dispositif apparaît comme une garantie essentielle des parties.

4. COMP., en matière administrative, C. Debbasch et J.-C. Ricci, *Contentieux administratif*, 6e éd., « Précis », Dalloz, 1994, n° 543.
5. G. Bolard, « L'arbitraire du juge », *Mél. Drai*, Dalloz, 2000, p. 225, n° 10.

221.94 **Principe dispositif.** L'attribution légale de la charge de la preuve n'est pas non plus arbitraire.

Les articles 1315 alinéa 1er du Code civil et 9 C. pr. civ. énoncent la règle traditionnelle. « *Celui qui réclame l'exécution d'une obligation doit la prouver* » dispose l'article 1315, « *il incombe à chaque partie de prouver conformément à la loi les faits nécessaires au succès de sa prétention* » dispose l'article 9. Tout au plus le libellé de l'article 9 est-il plus général, l'article 1315 visant la preuve des seules obligations.

La règle satisfait la logique juridique[1]. Car sauf à violer la loi le juge ne peut pas admettre la prétention si les faits de l'espèce, tels qu'ils sont établis, ne la justifient pas. Pour admettre la prétention, le juge doit constater qu'elle coïncide avec l'effet juridique d'une règle de droit et que les faits concluants selon cette règle sont établis ou tenus pour tels. Manque-t-il un fait concluant, la prétention ne peut pas être admise et le demandeur perd son procès.

La règle satisfait aussi le principe dispositif. Car l'attribution de la charge de la preuve au défendeur aboutirait à tenir pour vrai un fait allégué contesté, ou si l'on préfère à permettre au juge d'écarter, de sa propre initiative et en tout arbitraire, la contestation d'un plaideur. Ainsi en procédure civile le droit positif ne connaît-il que des renversements légaux et ponctuels de la charge de la preuve (C. civ., art. 1352 – V. AUSSI ss no 221.96).

Comme la charge de l'allégation c'est au regard de chaque prétention que s'apprécie la charge de la preuve (v. ss no 221.81). Car le succès de **chaque prétention** suppose qu'elle coïncide avec l'effet juridique d'une règle de droit et que les faits concluants au regard de cette règle soient réunis. La règle traditionnelle selon laquelle la charge de la preuve pèse sur le demandeur ne vise pas le demandeur au procès dans son ensemble mais **le demandeur à chaque prétention**. L'article 9 C. pr. civ. vise les faits nécessaires au succès de « la » (sa) prétention du demandeur, l'article 1315 alinéa 1er, le plaideur qui réclame l'exécution « d'une » obligation.

221.95 **Obligation éteinte.** Selon l'article 1315 alinéa 2 du Code civil la charge de la preuve incombe parfois au défendeur à la prétention. « *Réciproquement, énonce l'alinéa second, celui qui se prétend libéré, doit justifier le paiement ou le fait qui a produit l'extinction de son obligation.* »

Il faut supposer qu'ont été établis (par preuve, absence de contestation ou dispense) les faits nécessaires à la naissance du droit litigieux. Mais le défendeur à la prétention prétend (à titre principal ou subsidiaire) que le droit a disparu, que l'obligation est éteinte. Pas plus que la naissance du droit sa disparition ne relève de la libre appréciation du juge. Pour admettre que le droit a disparu le juge doit constater les faits qui légalement entraînent son extinction. Si ces faits ne sont pas allégués, ou s'ils sont contestés sans être prouvés, la prétention ne peut qu'être admise, le défendeur a perdu faute de disparition du droit dont la naissance a été préalablement établie[2].

221.96 **Dispense de preuve.** La charge de la preuve peut-elle être modifiée par des dispenses ? Ou si l'on préfère les dispenses d'allégation entraînent-elles dispenses de preuve ?

Deux points ne semblent pas douteux. D'abord les dispenses rationnelles ou de décomposition ne s'étendent pas à la preuve. Car elles supposent l'absence de contestation. Or le problème de preuve naît de la contestation, laquelle ruine ainsi la dispense (v. ss nos 221.85 et 221.93). Ensuite, la portée des dispenses légales expresses dépend évidemment de la loi. Dans cette perspective, on constate que la dispense relative à la bonne foi, énoncée à l'article 2274 du Code civil, vaut expressément pour la preuve et il en va sans doute ainsi de la plupart des présomptions légales[3].

Par interprétation de la loi il semble qu'il faille aussi étendre à la preuve les dispenses légales implicites[4]. Si le législateur vise les incapacités plutôt que la capacité ou les vices de consentement plutôt que son intégrité, ne doit-on pas en déduire qu'il laisse à l'auteur de la défense, si elle est contestée, la charge de la preuve y afférente ? Quand le demandeur invoque la prescription, le défendeur peut lui opposer une cause d'interruption ou de suspension : faute que l'interruption ou la suspension soit établie la prescription ne doit-elle pas être considérée comme acquise ?

SECTION 3
LE PRINCIPE DISPOSITIF ET LA PREUVE

221.101 **Incidence moindre.** Sur la preuve, l'incidence du principe dispositif est moindre que sur l'allégation.

La raison en est simple. La maîtrise des parties sur la matière litigieuse s'entend d'une maîtrise de toutes les parties ensemble, elles imposent au juge leur délimitation commune de la matière litigieuse (v. ss no 221.13). Or si se pose un problème de preuve c'est

1. H. Motulsky, *Principes d'une réalisation méthodique du droit privé,* nos 115 s.

2. Civ. 2e, 24 févr. 2005, no 02-18.173, *Bull. civ.* II, no 42; *JCP* 2005. IV. 1729.

3. PAR EX., v. J.-L. Aubert, *Introduction au droit,* 4e éd., A. Colin, no 210 – Sur la comparaison de la dispense légale de preuve et de la présomption légale, v. H. Motulsky, *Principes d'une réalisation méthodique du droit privé,* no 119.

4. Civ. 1re, 7 janv. 1971, no 68-13.992, *Bull. civ.* I, no 11 – Civ. 1re, 20 oct. 1982, no 81-13.482, *Bull. civ.* I, no 298; *D.* 1983. 32.

que les parties sont en désaccord sur la matière litigieuse. Le juge ne peut donc pas être lié par des faits avancés par une partie mais récusés par l'autre.

Pour autant le principe dispositif ne peut être totalement évacué du débat relatif à la preuve (I et II).

221.102 I. Charge et administration de la preuve. En vertu du principe dispositif la **charge de la preuve** naît de la contestation de faits concluants (v. s^s^ n°s 221.92 et 221.93). À l'évidence la preuve d'un fait n'est utile qu'à deux conditions. D'une part, il doit être concluant selon la règle qu'on prétend appliquer. D'autre part, il doit être contesté puisqu'à défaut le fait, tenu pour vrai, n'a pas à être prouvé (v. s^s^ n°s 221.83 et 221.84).

Dans **l'administration de la preuve** ces solutions ont une incidence directe, que la pratique gagnerait à mettre en œuvre avec une plus grande rigueur.

Selon l'article 143 C. pr. civ. les mesures d'instruction, qu'elles soient ordonnées d'office ou à la demande des parties, peuvent porter seulement sur « *les faits dont dépend la solution du litige* ». La demande d'une mesure d'instruction et la décision l'ordonnant devraient donc être **précédées** de la détermination des faits concluants selon la règle dont l'application est envisagée, et de la constatation que l'un ou l'autre de ces faits est contesté.

La mesure d'instruction serait ainsi limitée aux faits concluants contestés et la mission du technicien, par exemple, déterminée en conséquence, avec les précisions et limitations requises. On sait que, en pratique et malgré les articles 143, 145 et 147 C. pr. civ., les mesures d'instruction sont souvent demandées, puis ordonnées, sans que les faits à prouver soient clairement délimités. Parfois même on donne à l'expert, en violation de l'article 238 C. pr. civ., mission de proposer la solution juridique du litige.

La rigueur devrait aussi être de règle dans les mesures d'instruction à futur. « *Avant tout procès* » l'article 145 C. pr. civ. autorise « *la preuve de faits dont pourrait dépendre la solution d'un litige* », autrement dit la preuve de faits qui pourraient être concluants dans un éventuel litige. Ainsi le demandeur de preuves selon l'article 145 devrait-il établir que les faits à prouver seraient concluants dans le procès qu'il envisage. La jurisprudence manque de fermeté. Dans un arrêt non publié au *Bulletin des arrêts de la Cour de cassation*, la chambre commerciale a même reproché à une cour d'appel d'avoir exigé du demandeur à la preuve qu'il indique la nature et le fondement juridique du litige éventuel[1] (la chambre mixte avait été plus prudente, en autorisant l'application de l'art. 145 au motif que les demanderesses « *pouvaient avoir subi le préjudice par elles invoqué* »[2]).

1. Com. 28 janv. 1992, n° 90-16.748, NP; *Rev. sociétés* 1992. 508, Y. G.

221.103 II. Production forcée des éléments de preuve. Le principe dispositif a encore une autre incidence dans l'administration de la preuve.

Selon les articles 10 du Code civil et 11 C. pr. civ. « *chacun est tenu d'apporter son concours à la justice en vue de la manifestation de la vérité* », le juge peut ordonner tant aux parties qu'aux tiers de produire les éléments de preuve qu'ils détiennent (C. pr. civ., art. 138 s. et 142). Or, selon l'article 11 alinéa 2 C. pr. civ., c'est seulement **à la requête d'une partie** que le juge peut ordonner la production forcée des pièces. La règle préserve les parties d'une violation biaisée du principe dispositif.

Car de la pièce produite à sa seule initiative le juge prétendrait évidemment tenir compte, alors que les parties l'ont exclue du débat. Ou encore par assimilation des faits tirés du dossier aux faits adventices (v. s^s^ n° 221.53) il introduirait au débat des faits tirés d'une pièce qu'il a spontanément exigée. En violation de l'article 7 C. pr. civ., il modifierait les « *termes du litige* ». C'est ainsi le principe dispositif qui subordonne à la requête d'une partie la production forcée d'une pièce.

221.104 Domaine de la règle. Selon le principe énoncé à l'article 749 C. pr. civ. la règle est applicable devant toute juridiction de l'ordre judiciaire civil. La doctrine dominante ne relève pas de disposition qui l'écarterait devant certaines juridictions[3]. On ne voit pas pourquoi, en effet, le principe dispositif ne trouverait pas une application pleine et entière devant toutes les juridictions civiles au sens de l'article 749.

On a pourtant soutenu que devant les juridictions d'exception le juge pourrait d'office ordonner la production forcée d'une pièce détenue par une partie[4] (v. s^s^ n° 341.42). La solution est tirée d'un argument de texte. Le juge d'instance (C. pr. civ., art. 446-3, [anc. art. 844]), le juge rapporteur au tribunal de commerce (C. pr. civ., art. 862, par renvoi à l'art. 446-3 C. pr. civ.), le tribunal paritaire des baux ruraux (C. pr. civ., art. 882), le conseiller prud'homme rapporteur (C. trav., art. R. 1454-3 [anc. art. 516-23]), ou encore à la cour d'appel le conseiller chargé d'instruire l'affaire dans la procédure sans représentation obligatoire (C. pr. civ., art. 940), peuvent inviter les parties « *à fournir les explications qu'il estime nécessaires à la solution du litige et les mettre en demeure de produire dans*

2. Cass., ch. mixte, 7 mai 1982, n°s 79-11.814, 79-12.006 et 79-11.974, *Bull. ch. mixte*, n° 2; *D.* 1982. 541, concl. Cabannes; *RTD civ.* 1983. 185, obs. Normand.
3. *J.-Cl. Pr. civ.*, fasc. 623, n° 22, Couchez – H. Solus et R. Perrot, *Droit judiciaire privé*, Sirey, 1961, t. III, n° 656 – GUINCHARD, CHAINAIS et FERRAND, 31e éd., 2012, n° 568 – HÉRON et LE BARS, n° 1069 – CADIET et JEULAND, 7e éd., 2011, n°s 571 s.
4. J.-J. Daigre, *La production forcée des pièces dans le procès civil*, PUF, 1979, p. 205 s. – Rép. pr. civ., v° *Production forcée de pièces*, par C. Brahic-Lambrey, sept. 2012, n° 12.

un délai qu'il détermine tous documents ou justifications propres » à l'éclairer ou à éclairer la juridiction collégiale. Les textes ne faisant pas état d'une demande des parties le juge pourrait agir d'office.

Une telle interprétation ne convainc pas. Car si les textes, dans la version commune précitée, ne font pas état de la demande d'une des parties, ils ne l'écartent pas non plus. Il convient donc de les interpréter par application du livre I du Code de procédure, expressément applicable devant les juridictions visées à l'article 749. Or, précisément l'article 11 C. pr. civ. subordonne le pouvoir du juge à la demande d'une des parties [1].

D'autres arguments exégétiques conduisent à la même conclusion.

Ainsi, interprétés comme écartant l'exigence d'une demande des parties les textes précités deviennent incompréhensibles. Trois d'entre eux, en effet, visent le **juge rapporteur** (C. pr. civ., art. 862 – C. trav., art. R. 1454-3 [anc. art. 516-23]) ou le **juge chargé de l'instruction** (C. pr. civ., art. 940). Comme dans l'interprétation étudiée les textes énonceraient des exceptions à l'article 11 C. pr. civ., le juge rapporteur ou le conseiller chargé de l'instruction disposerait d'un pouvoir refusé à la formation collégiale, toujours soumise audit article 11. Ou encore les exceptions prétendues vaudraient seulement pour la production forcée des pièces détenues par les parties, seules visées aux textes spéciaux précités, à l'exclusion de la production des pièces détenues par des tiers : comment justifier pareille différence, que précisément ne retiennent pas les articles 10 du Code civil et 11 C. pr. civ. ? On peut aussi noter que si l'ancien article 15 du Code de commerce permettait au juge d'ordonner d'office la production forcée des livres de commerce, la règle a été abrogée par la loi du 30 avril 1983 (C. com., art. L. 123-23 [anc. « nouvel » art. 17]).

Les textes spéciaux aux tribunaux d'exception n'impliquent pas non plus une exclusion partielle du principe dispositif. Pour justifier la solution critiquée on a bien soutenu que dans une procédure sans représentation obligatoire le juge devait secourir le plaideur dépourvu d'assistance [2]. Il faudrait admettre que par une interprétation biaisée de textes qui n'en soufflent mot le juge s'arroge, au profit d'une partie et au préjudice de l'autre, un pouvoir que lui refusent le principe dispositif et l'article 7 C. pr. civ. En outre le juge qui redoute la maladresse d'une partie a le moyen d'attirer son attention. Les articles 8, 13 et 444 C. pr. civ., applicables devant toutes les juridictions visées à l'article 749, lui permettent de poser les questions suggérées par les faits allégués, les parties conservant toute liberté, en application du principe dispositif et de l'article 7, de lui donner les réponses qu'elles jugent appropriées.

Dans une hypothèse où le conseiller prud'homme rapporteur avait d'office demandé à l'employeur le dossier d'un salarié, la Cour de cassation a décidé que « *s'il est autorisé à mettre les parties en demeure de produire dans le délai qu'il détermine tous documents propres à éclairer le conseil de prud'hommes, le conseiller rapporteur n'a pas reçu pouvoir de se faire remettre ces documents contre le gré de leur détenteur* » [3].

En revanche, il n'est pas exclu que le juge puisse agir d'office dans des procédures très spécifiques (en matière de faillite, v. le pouvoir conféré au juge-commissaire par C. com., art. L. 623-2 [anc. C. com., art. L. 621-55; anc^{t} L. 25 janv. 1985, art. 19]). L'article 288 C. pr. civ., relatif à la vérification d'écriture, n'est sans doute pas une véritable exception : car la demande de vérification d'écriture semble bien emporter nécessairement une demande de comparaison de l'écriture contestée.

SECTION 4

PRÉROGATIVES DU JUGE ET DES PARTIES DANS LA QUALIFICATION DES FAITS

221.110 Devoir déontologique. Les parties qualifient généralement les faits qu'elles allèguent, aussi bien l'objet que la cause de la demande (v. s^{s} n° 221.42). Au besoin elles proposent au juge plusieurs qualifications, dans l'espoir qu'au moins l'une d'entre elles leur permettra d'obtenir satisfaction.

Contrairement à une opinion parfois soutenue, le Nouveau Code de procédure civile n'a nullement remis en cause ces pratiques aussi générales que traditionnelles. Non seulement il ne les interdit pas mais il en fait état expressément. Car si selon l'article 12 alinéa 2, le juge « doit donner ou **restituer** leur exacte qualification aux faits et actes litigieux sans s'arrêter à la dénomination que les **parties en auraient proposée** », c'est bien que les parties ont pu préalablement qualifier (not. C. pr. civ., art. 13, 15, 444 et 565) [4]. La qualification des faits apparaît même comme un devoir déontologique des auxiliaires de justice [5], voire – depuis le décret du 28 décembre 1998 – comme une obligation légale (v. s^{s} n° 221.111).

Si les parties peuvent ainsi invoquer une règle de droit et qualifier les faits allégués, le problème est de

1. H. Solus et R. Perrot, *Droit judiciaire privé*, Sirey, 1961, t. III, n° 656 – *J.-Cl. Pr. civ.*, fasc. 623, n° 22, Couchez.
2. J.-J. Daigre, *La production forcée des pièces dans le procès civil*, PUF, 1979, p. 205 s.
3. Soc. 17 oct. 1990, n° 87-45.853, *Bull. civ.* V, n° 482 – COMP. Soc. 28 mai 1991, n° 88-41.410, *Bull. civ.* V, n° 267.
4. V. AUSSI, H. Motulsky, « Prolégomènes pour un futur code de procédure civile : la consécration des principes directeurs du procès civil par le décret du 9 septembre 1971 », *D.* 1972. 91 [n° 34] – J. Normand, « Le juge et le fondement du litige », *Mél. Hébraud,* Université des sciences sociales de Toulouse, 1981, p. 595 s. – J. Normand, obs. *RTD civ.* 1996. 698 – G. Bolard, « Les principes directeurs du procès civil… », *JCP* 1993. I. 3693 [n° 8].
5. G. Bolard et G. Flécheux, « L'avocat, le juge et le droit », *D.* 1995. Chron. 221.

savoir si leurs qualifications s'imposent au juge. Le droit positif suggère la recherche du fondement de la qualification par le juge (§ 1), l'étude des conditions de la qualification (§ 2), et de la qualification liée (§ 3).

Les développements qui suivent négligent la remise en cause du droit positif, notamment de l'article 12 C. pr. civ., parfois proposée (v. ss nos 221.41 et 221.111).

§ 1
Fondement de la qualification par le juge

221.111 Exégèse. D'un point de vue exégétique le pouvoir du juge de qualifier ou requalifier les faits n'est pas douteux.

Selon l'article 12 C. pr. civ., en ses deux premiers alinéas, « *le juge tranche le litige conformément aux règles de droit qui lui sont applicables* », il « *doit donner ou restituer leur exacte qualification aux faits et actes litigieux sans s'arrêter à la dénomination que les parties en auraient proposée* ». Sauf remise en cause de l'article 12 ce **pouvoir** du juge n'est plus contesté en droit positif (v. ss nos 221.42 et 221.43). Avant le Nouveau Code de procédure la doctrine invoquait l'article 4 du Code civil : « *Le juge qui refusera de juger, sous prétexte du silence, de l'obscurité ou de l'insuffisance de la loi, pourra être poursuivi comme coupable de déni de justice* »[1].

Les nouveaux articles 56, 753 et 954 C. pr. civ. (Décr. no 98-1231, 28 déc. 1998[2]) n'ont pas modifié la solution. S'ils exigent des parties qu'elles qualifient les faits dans leurs assignations et conclusions, ils ne modifient pas le pouvoir du juge qui, selon l'article 12, peut ou doit (v. ss no 221.113) rectifier les qualifications inexactes[3]. Les « *dernières conclusions* » ne modifient pas plus l'office du juge dans la qualification ou la requalification des faits[4].

221.112 Fondement rationnel. On s'interroge plus rarement sur le fondement rationnel de la règle.

On peut penser qu'elle est directement liée à l'interdiction faite au juge de statuer en équité. La règle de droit est obligatoire pour le juge comme pour les parties, à défaut les parties seraient livrées à l'arbitraire du juge. Le vieil adage « *Préservez-nous de l'équité des Parlements* » ne doit pas être oublié, le caractère obligatoire de la règle de droit constitue une garantie essentielle du justiciable et la condition de l'égalité des citoyens devant la loi générale et abstraite. La règle est obligatoire pour le juge même en matière supplétive, s'il ne constate pas l'accord des parties pour l'écarter[5].

Le fondement rationnel ainsi proposé ne contredit pas le pouvoir créateur de droit de la jurisprudence. Car la règle jurisprudentielle est elle aussi une règle générale et abstraite. Elle est obligatoire pour le juge sous une seule réserve : par ses décisions il peut provoquer son émergence ou son évolution. Dans cette perspective le juge du fond ne devrait pas s'écarter de la règle légale ou jurisprudentielle admise sans justifier par des motifs précis et généraux la règle nouvelle qu'il prétend appliquer. Il faut aussi souhaiter que désavoué par les juridictions supérieures le juge du fond s'incline plutôt qu'entretenir une jurisprudence locale devenue arbitraire.

On sait que l'effectivité de la jurisprudence source de droit, ou sa légitimité, sont discutées, notamment au regard de l'article 5 du Code civil. Sans entrer dans la controverse on peut seulement admettre qu'il est difficile d'y échapper.

Il est en revanche inquiétant que la Cour de cassation doive si souvent rappeler l'interdiction de statuer en équité[6].

221.113 Devoir ou faculté. Investi du pouvoir de qualifier et requalifier les faits, le juge en a-t-il aussi le devoir ? La jurisprudence était divisée, la doctrine hésitante[7]. La solution la plus souvent admise repose sur une distinction opérée parmi les faits litigieux[8].

Selon l'article 7 alinéa 2 C. pr. civ. le juge n'a pas l'obligation mais la faculté d'appréhender les faits adventices, soit à la fois les faits allégués par les par-

1. V. H. Motulsky, « La cause de la demande dans la délimitation de l'office du juge », *D.* 1964. 235 [no 5] – Aj. PAR EX., Soc. 11 oct. 2005, no 02-14.912, NP; *D.* 2006. 214, note Wacquet.
2. Décr. no 98-1231, 28 déc. 1998, modifiant le code de l'organisation judiciaire et le nouveau code de procédure civile, *JO* 30 déc., p. 19904.
3. G. Bolard, « Les écritures qualificatives », *JCP* 2000. I. 214, no 3, et réf. citées note 5 – Sur le champ d'application de la réforme, v. G. Bolard, art. préc., no 1, et S. Guinchard, « L'ambition d'une justice rénovée… », *D.* 1999. Chron. 65, no 24.
4. V. G. Bolard, « Les dernières conclusions », *JCP* 2001. I. 297, nos 8 et 20.
5. EN MATIÈRE CONTRACTUELLE par ex., v. Com. 4 janv. 1967, *Bull. civ.* IV, no 11 – Com. 12 déc. 1978, no 77-11.742, *Bull. civ.* IV, no 306; *D.* 1980. 161, obs. Bousquet – Com. 2 mars 1982, no 80-13.790, *Bull. civ.* IV, no 85 – Civ. 1re, 22 juin 1982, no 81-13.655, *Bull. civ.* I, no 233 – Com. 21 déc. 1987, no 85-13.173, *Bull. civ.* IV, no 281; *JCP* 1988. II. 23113, concl. Montanier – Civ. 1re, 18 janv. 1989, no 86-16.268, *Bull. civ.* I, no 18.
6. PAR EX., v. Civ. 2e, 22 avr. 1992, no 91-21.298, *Bull. civ.* II, no 129; *JCP* 1992. IV. 1880 – Soc. 11 mai 1994, no 91-40.275, NP; *D.* 1995. 626, note Puigelier – Civ. 3e, 22 mars 1995, no 93-14.590, *Bull. civ.* III, no 78; *JCP* 1995. IV. 1258 – *Adde* : A. Perdriau, « Le juge doit-il se méfier de la simplicité comme de l'équité ? », *Gaz. Pal.* 1996. 2. Doctr. 1388.
7. Civ. 1re, 22 avr. 1997, no 95-13.975, no 95-12.152, 2 esp., *Bull. civ.* I, nos 78 et 129; *D.* 1998. 272, note Martin; *RTD civ.* 1998. 465, obs. Normand; *JCP* 1997. II. 22944, note Bolard – GUINCHARD, CHAINAIS et FERRAND, 31e éd., 2012, nos 523 s. – *RTD civ.* 1996. 689, obs. Normand, et la jurisprudence citée.
8. J. Normand, *RTD civ.* 1996. 693. 4 – GUINCHARD, CHAINAIS et FERRAND, 31e éd., 2012, no 531 – G. BOLARD, « Les principes directeurs du procès civil… », *JCP* 1993. I. 3693 [no 11] – COMP. HÉRON et LE BARS, no 283; mais HÉRON, 3e éd., no 230.

ties sans qu'elles en tirent de conséquences juridiques et – selon toute apparence (v. s[s] n° 221.53) – les faits tirés des pièces du dossier. Investi de la faculté d'appréhender de tels faits le juge ne saurait avoir l'obligation de les qualifier. À deux reprises au moins la Cour de cassation a relevé que « *le devoir de requalifier les faits, imposé au juge par l'article 12 alinéa 2 du Code de procédure civile, ne concerne que les faits qui ont été invoqués par une partie au soutien de ses prétentions* »[1].

En revanche le juge ne saurait prétendre ignorer ni les faits expressément invoqués par les plaideurs à l'appui de leurs prétentions ou défenses, ni les faits adventices qu'il relève. Ces faits, il doit les qualifier correctement. À défaut il violerait la loi puisqu'aux faits par lui pris en considération il n'appliquerait pas la règle adéquate[2].

221.114 **Règle adéquate.** La jurisprudence la plus récente est chaotique.

Le 21 février 2003, la chambre mixte a admis le devoir du juge de requalifier les faits invoqués. Elle a cassé l'arrêt qui n'avait pas requalifié une défense en demande reconventionnelle. La cour d'appel « *devait répondre à la demande* [...] *quelle qu'en fût la qualification procédurale* »[3]. En revanche le 21 décembre 2007, l'assemblée plénière a écarté, au moins partiellement, le devoir du juge de requalifier les faits. « *Si* [...] *l'article 12 du Nouveau Code de procédure civile oblige le juge à donner ou restituer leur exacte qualification aux faits et actes litigieux invoqués par les parties au soutien de leurs prétentions, il ne lui fait pas obligation, sauf règles particulières, de changer la dénomination ou le fondement juridique de leurs demandes* »[4].

L'arrêt du 21 décembre 2007 a été sévèrement critiqué[5].

Le juge aurait-il le privilège de pouvoir ignorer la loi[6] ? En outre, quelle différence y a-t-il entre statuer en équité, ce que la Cour de cassation interdit (v. s[s] n° 221.112), et ne pas appliquer la règle légale, ce que certains arrêts semblent tolérer ? Ne pas appliquer la règle adéquate revient à ne pas appliquer la règle du tout. La règle de droit générale et abstraite, et l'égalité des citoyens devant la loi, sont privées de signification si l'application de la règle dépend du bon vouloir du juge.

Aussi bien, si aucune des parties n'a qualifié les faits, il faut bien imposer au juge de les qualifier d'office et si la qualification retenue est inexacte nul ne doute que l'arrêt sera cassé pour violation de la loi[7]. Faudrait-il comprendre que l'erreur de droit du juge, inexcusable si les parties ne proposent aucune qualification, serait absoute si les parties, plus diligentes, en ont proposé une ? Il serait paradoxal que pour obtenir une solution exacte les parties doivent plutôt, à l'encontre de toute déontologie[8], s'abstenir de qualifier les faits.

Énoncée par l'arrêt du 21 décembre 2007, la distinction entre la qualification qui serait obligatoire, et le changement de dénomination ou de fondement juridique qui serait facultatif, est vide de sens. Donner aux faits et actes litigieux une nouvelle qualification juridique, c'est inéluctablement modifier leur dénomination juridique et le fondement juridique de la demande. La formule de l'arrêt du 21 décembre 2007 n'est pas seulement artificielle. Elle renvoie à l'arbitraire du juge : pour passer d'un devoir à une faculté, il lui suffit de glisser d'un terme à l'autre d'une distinction dépourvue de justification[9].

1. Civ. 1re, 16 févr. 1988, n° 86-14.858, *Bull. civ.* I, n° 38 – Soc. 25 oct. 1990, n° 87-40.703, *Bull. civ.* V, n° 502; *JCP* 1990. II. 414 – Civ. 1re, 18 sept. 2008, n° 07-15.473, *Bull. civ.* I, n° 207; *D.* 2009. 1476, obs. Avena-Robardet; *D.* 2009. 2714, obs. Delebecque, Bretzner et Vasseur; *RTD com.* 2009. 608, obs. Bouloc; *Gaz. Pal.* 2009. 1251, note Poissonnier; *Procédures* 2008. 324 obs. Perrot – Civ. 1re, 13 nov. 2008, n° 07-19.282, *Bull. civ.* I, n° 261; *JCP* 2009. 2. 10036, note Monachon-Duchêne; *D.* 2009. 2714, obs. Delebecque, Bretzner et Vasseur – Civ. 1re, 14 mai 2009, n° 08-12.836, *Bull. civ.* I, n° 94; *D.* 2009. 1476, obs. Avena-Robardet; *RTD com.* 2009. 608, obs. Bouloc.
2. Outre les réf. citées, v. Cadiet et Jeuland, 7e éd., 2011, n° 547.
3. Cass., ch. mixte, 21 févr. 2003, n° 99-18.759, *Bull. ch. mixte*, n° 3; *D.* 2003. 829, obs. Avena-Robardet – Com. 19 févr. 2008, n° 07-10.078, *Bull. civ.* IV, n° 41; *D.* 2008. AJ 688, obs. Delpech; *RTD com.* 2008. 844, obs. Bouloc.
4. Cass., ass. plén., 21 déc. 2007, n° 06-11.343, *Bull. ass. plén.*, n° 10; *Gaz. Pal.* 2008. 1. 290, avis de Gouttes; *JCP* 2008. II. 10006, note Weiller; *D.* 2008. 228, obs. Dargent; *D.* 2008. 1102, chron. Deshayes; *RTD civ.* 2008. 317, obs. Gautier; *Procédures* 2008. Comm. 71, obs. Perrot.
5. O. Deshayes, « L'office du juge à la recherche de sens », *D.* 2008. Chron. 1102 – G. Bolard, « L'office du juge et le rôle des parties : entre arbitraire et laxisme », *JCP* 2008. I. 156, n°s 13 s.
6. G. Bolard, « L'arbitraire du juge », *Mél. Drai*, Dalloz, 2000, p. 225, n° 14.
7. Civ. 10 févr. 1854, *DP* 1854. 1. 62 – Civ. 14 mars 1881, *DP* 1881. 1. 378 – Civ. 3e, 14 juin 1989, n° 87-19.333, *Bull. civ.* III, n° 138 – Com. 15 oct. 1991, n° 90-12.819, *Bull. civ.* IV, n° 294; *JCP* 1991. IV. 438 – Com. 26 oct. 1993, n° 91-19.086, *Bull. civ.* IV, n° 365; *JCP* 1993. IV. 2736; *D.* 1993. 252 – Civ. 2e, 23 mars 2004, n° 02-30.119, *Bull. civ.* II, n° 143.
8. G. Bolard et G. Flécheux, « L'avocat, le juge et le droit », *D.* 1995. Chron. 221.
9. G. Bolard, *JCP* 2008. I. 156, n°s 18 et 19 et les réf. citées, not. Motulsky, « Prolégomènes pour un Nouveau Code de procédure civile : la consécration des principes directeurs du procès civil par le décret du 9 sept. 1971 », *D.* 1971. 91; *Écrits*, p. 275 s., not. n° 37 – C. Bléry, « Office du juge : entre activité exigée et passivité », *Procédures* 2012. Étude 6 – comp., par ex., Civ. 1re, 5 juin 2008, n° 06-18.967, *Bull. civ.* I, n° 164; *JCP* 2008. 4. 2222; *RTD com.* 2009. 431, obs. Bouloc – Civ. 3e, 1er avr. 2009, n° 07-16.551, *Bull. civ.* III, n° 70; *AJDI* 2010. 160, obs. Prigent – La contradiction affleure parfois à l'intérieur d'un même arrêt : Civ. 1re, 31 oct. 2012, n° 11-15.462, *Bull. civ.* I, n° 225; *D.* 2013. Jur. 209, note ►

§ 2
Conditions de la qualification ou requalification par le juge

221.121 Les termes du débat. Appelé à qualifier ou requalifier les faits comme il vient d'être dit, le juge est évidemment tenu par le principe dispositif. Il ne peut modifier ni l'objet[1] ni la cause de la demande[2] (v. s[s] n°s 221.20 s.).

Mais le principe dispositif n'empêche pas le juge d'interpréter les écritures des parties si elles ne sont pas claires et précises, sauf en cas de difficulté à provoquer les explications des parties (v. s[s] n° 221.84). La détermination des termes du débat, et notamment de l'objet de la demande, appelle aussi parfois la prise en compte des qualifications proposées par les parties, dans la mesure où ces qualifications, par les faits qu'elles visent, entraînent une délimitation factuelle du litige (v. s[s] n° 221.36).

Exceptionnellement, les termes du débat, que le juge ne peut pas modifier, incluent un élément juridique. Outre l'hypothèse de la qualification liée (v. s[s] n°s 221.131 s.), c'est le cas quand il est interdit au juge de relever d'office un moyen de défense : ainsi de la plupart des fins de non-recevoir (C. pr. civ., art. 125) et spécialement de la prescription (C. civ., art. 2223)[3], des nullités de forme (C. pr. civ., art. 114, al. 2), le plus souvent des nullités de fond (C. pr. civ., art. 120), généralement des déclinatoires de compétence (v. C. pr. civ., art. 92 et 93) et de toutes autres exceptions de procédure (C. pr. civ., art. 74). Le droit de la consommation et le droit du travail livrent aussi quelques hypothèses spécifiques[4]. Dans de tels cas et sauf à violer la loi, le juge ne peut évidemment pas appliquer d'office la règle génératrice d'une défense que la loi réserve à l'initiative des plaideurs. Il ne pourrait pas mieux, en application des articles 8, 13 et 444 C. pr. civ., demander aux plaideurs des « *explications de fait* » ou « *de droit* » afférentes à la défense réservée aux plaideurs : les seules explications que le juge peut demander, ce sont « *les éclaircissements de droit ou de fait* » (C. pr. civ., art. 444) sur les éléments du débat et, dans les hypothèses envisagées, la défense n'est pas au débat (v. s[s] n° 221.42).

221.122 Le principe de contradiction. Requalifiant les faits de l'espèce le juge doit inviter les parties à s'expliquer sur la nouvelle qualification envisagée. La règle, dont l'étendue a été contestée, résulte au moins des articles 16 et 444 C. pr. civ. (v. s[s] n°s 222.31 s.). Qu'elle soit essentielle n'empêche pas qu'elle soit écartée, sans doute à juste titre, dans le cas où le juge ne requalifie pas mais qualifie en l'absence de toute qualification proposée par l'une ou l'autre des parties (v. s[s] n° 222.36).

§ 3
Qualification liée

221.131 Exception. Toutefois, énonce l'article 12 alinéa 3 C. pr. civ., le juge « *ne peut changer la dénomination ou le fondement juridique lorsque les parties, en vertu d'un accord exprès et pour les droits dont elles ont la libre disposition, l'ont lié par les qualifications et points de droit auxquels elles entendent limiter le débat* ». Introduit par l'adverbe « *toutefois* », le texte constitue une exception au pouvoir du juge de requalifier les faits.

Rarement mis en œuvre, il est souvent négligé par la doctrine. Son intérêt dans la perspective d'un développement de la conciliation, aujourd'hui souhaité, suggère une étude au moins sommaire de ses conditions d'application (I), de l'intérêt pratique de la solution (II), des précautions à prendre (III).

Traités et manuels font à peine état de la qualification liée, et deux articles manifestent un certain scepticisme[5].

La qualification liée donne au principe dispositif une extension singulière. *De lege ferenda*, il faut se demander si elle est compatible avec l'office du juge, chargé d'appliquer la règle générale et abstraite, égale pour tous (v. s[s] n° 221.112). Il faut sûrement répondre par l'affirmative. Car la qualification liée supposant la libre disponibilité des

► Lardeux – Ce, bien sûr, sans préjudice de matières ou règles spéciales : V. PAR EX., CJUE 5 oct. 2010, aff. C-173-09, *JCP* 2010. 1061, obs. Picod – CJUE 4 juin 2012, aff. C-618/10, *D.* 2012. 1607 – RAPPR., CE 15 mai 2013, req. n° 340554, *JCP* 2013. 645, obs. Erstein.

1. Soc. 27 mars 1996, n° 93-42.660, *Bull. civ.* V, n° 122; *JCP* 1996. IV. 1201.
2. Civ. 1re, 28 juin 1988, n° 87-12.104, *Bull. civ.* I, n° 210; *D.* 1988. 125 – Com. 22 oct. 1996, n° 93-12.291, *Bull. civ.* IV, n° 244; *JCP* 1996. IV. 2458.
3. Sur le bref délai de l'article 1648 du Code civil, Civ. 1re, 6 nov. 2002, n° 00-10.192, *Bull. civ.* I, n° 260; *LPA* 28 juill. 2003, note Staeger.
4. Civ. 1re, 15 févr. 2000, n° 98-12.713, *Bull. civ.* I, n° 49; *D.* 2000. AJ 275, obs. Rondey – Civ. 1re, 16 mars 2004, n° 99-17.955, *Bull. civ.* I, n° 91; *D.* 2004. 947, obs. Avena-Robardet; *LPA* 30 juin 2004, note Tellier – Soc. 30 oct. 2002, n° 00-45.572, *Bull. civ.* V, n° 332; *Procédures* 2003. 38, obs. Perrot – V. F. Canut, « Le relevé d'office de moyens d'ordre public de protection », *D.* 2007. Chron. 2257.
5. J. Miguet, « Réflexions sur le pouvoir des parties de lier le juge par les qualifications et points de droit », *Mél. Hébraud*, USS Toulouse, 1981, p. 567 s. – D. Bureau, « L'accord procédural à l'épreuve », *Rev. crit. DIP* 1996. 587 – En jurisprudence v. Civ. 1re, 19 avr. 1988, n° 85-18.715, *Bull. civ.* I, n° 104; *Rev. crit. DIP* 1989. 68, note Battifol; *D.* 1988. Somm. 345, obs. Audit – Civ. 1re, 6 avr. 1994, n° 92-16.240, *Bull. civ.* I, n° 135; *Rev. arb.* 1995. 263, 1re esp., note Level – Civ. 1re, 22 févr. 2005, n° 02-17.587, *Bull. civ.* I, n° 90; *Rev. crit. DIP* 2005. 304, note Lagarde – COMP. Paris, 15 mars 1994, RG n° 93/04020, *D.* 1994. 121 – TGI Tours, 22 mars 1974, *JCP* 1974. IV. 6452, obs. J. A.

droits litigieux (v. s[s] n° 221.133), les parties pourraient transiger sur ces droits : à quel titre leur refuser la possibilité d'en disposer d'une manière moins complète que par une transaction ?[1]

221.132 **I. Conditions : accord exprès.** L'article 12 alinéa 3 C. pr. civ. subordonne la qualification liée à deux conditions.

L'accord des parties pour lier le juge doit d'abord être exprès. La Cour de cassation a justement décidé qu'« *une simple concordance entre les conclusions des parties ne constitue pas l'accord exprès par lequel celles-ci peuvent, en vertu de l'article 12 C. pr. civ., lier le juge par les qualifications et points de droit auxquels elles entendent limiter le débat* »[2]. La solution peut être rapprochée d'une autre, selon laquelle un pouvoir juridictionnel ne peut être conféré par convention arbitrale à un tiers, serait-il un juge étatique, « *que par la volonté commune* [des parties] *exprimée en ce sens de manière certaine dans les termes des articles 12 et 58 C. pr. civ.* »[3]. On peut encore noter que la transaction (C. civ., art. 2044) ou la convention arbitrale (C. pr. civ., art. 1443) doivent être rédigées par écrit.

Selon toute apparence cette première condition de la qualification liée a une incidence sur l'application de l'article 7 alinéa 2 C. pr. civ. Selon ce texte, on l'a précédemment relevé, le juge a la faculté d'appréhender les faits adventices ou tirés du dossier (v. s[s] n°s 221.52 s.). La qualification liée ne supprime pas nécessairement cette faculté, que l'article 12 alinéa 3 n'évoque pas. Mais elle la supprime implicitement chaque fois que l'utilisation des faits adventices conduirait à modifier la qualification retenue par les parties et imposée au juge selon l'article 12 alinéa 3.

La jurisprudence[4] a été considérée comme rigoureuse, et on lui a opposé un arrêt du 2 mai 1983[5]. Mais l'arrêt du 2 mai 1983 statue en fonction de l'article 4 C. pr. civ., non de l'article 12 dont il ne souffle mot. En outre il est bien difficile à justifier[6]. Il retient comme une violation de l'objet de la demande la requalification d'un contrat au motif que seule sa nullité était demandée : faudrait-il comprendre qu'un juge peut annuler un contrat sans l'avoir qualifié ?

L'exigence légale d'un accord exprès se comprend aisément. La qualification liée emporte l'éventuelle renonciation des plaideurs à la règle de droit générale et abstraite, peut-être applicable aux faits de l'espèce sans qu'ils y aient su le découvrir. Pareille renonciation est trop grave pour être implicite. En outre, déduire la qualification liée de simples conclusions concordantes des parties anéantirait le pouvoir de requalification du juge (v. s[s] n°s 221.111 s.) : à l'encontre de l'article 12 alinéas 1 et 2 C. pr. civ., le juge ne pourrait plus rectifier l'erreur commise par toutes les parties.

La réticence de la Cour de cassation à admettre l'application d'office de la loi étrangère pourrait lui avoir suggéré d'admettre corrélativement, dans l'application de la règle de rattachement, la qualification liée par conclusions concordantes des parties[7]. Si elle était effective[8] la solution buterait tout aussi bien sur les objections ci-dessus[9].

221.133 **Droits disponibles.** L'article 12 alinéa 3 C. pr. civ. énonce une seconde condition. La qualification liée n'est possible que pour les droits dont les parties « *ont la libre disposition* ». Cette seconde condition se subdivise.

La libre disposition des droits peut en effet tenir à l'incapacité d'exercice de son titulaire, ou à son dessaisissement, par exemple en droit des faillites. Elle peut aussi tenir à la nature des droits litigieux. Ce second aspect de la libre disponibilité des droits semble renvoyer aux conditions de la transaction, selon les articles 1028 et 2046 du Code civil[10]. Il ne doit pas être confondu avec les conditions de l'arbitrage, plus rigoureuses dans la mesure où l'article 2059 du Code civil, relatif à la libre disponibilité des droits soumis à l'arbitrage, est complété de l'article 2060 exclusif de l'arbitrage dans certains litiges. Notamment l'ordre public du droit applicable, dans une certaine mesure exclusif de l'arbitrage selon l'article 2060 du Code civil, n'interdit ni la transaction ni la qualification liée s'il ne va pas jusqu'à frapper d'indisponibilité les droits litigieux[11].

La jurisprudence a admis la qualification liée en matière de responsabilité délictuelle, pour écarter la loi étrangère désignée par la règle de rattachement d'une convention internationale[12]. Elle l'a écartée relativement au régime

1. Sur l'article 12 alinéa 4 C. pr. civ. et l'amiable composition judiciaire, v. J.-P. Brouillaud, « Plaidoyer pour une naissance de l'amiable composition judiciaire », *D.* 1997. Chron. 234.
2. Civ. 3e, 10 oct. 1979, n° 77-15.737, *Bull. civ.* III, n° 175; *JCP* 1979. IV. 370 – Civ. 1re, 27 oct. 1992, n° 91-10.054, *Bull. civ.* I, n° 261 – Civ. 2e, 14 sept. 2006, n° 05-10.086, *Bull. civ.* II, n° 217; *D.* 2007. 1182, obs. Julien; *D.* 2007. 1380, obs. Julien; *RTD civ.* 2008. 353, obs. Perrot; *JCP* 2007. I. 139, n° 16, obs. Clay.
3. Civ. 2e, 16 juin 1993, n° 91-15.332, *Bull. civ.* II, n° 211.
4. Civ. 3e, 10 oct. 1979, n° 77-15.737 (préc. s[s] prés[t] n°).
5. Com. 2 mai 1983, n° 81-10.555, *Bull. civ.* IV, n° 126; *D.* 1985. 368, note Joly; *JCP* 1986. II. 20691, note Martin – V. H. Solus et R. Perrot, *Droit judiciaire privé*, Sirey, 1961, t. III, n° 105.
6. V. A. Joly, note préc.
7. V. B. Fauvarque-Casson, « Le juge français et le droit étranger », *D.* 2000. Chron. 125 s., n°s 4 s. – Et les réf. citées par M.-L. Niboyet, *Gaz. Pal.* 1er mars 2000, note s[s] Civ. 1re, 26 mai 1999, n° 96-16.361.
8. CONTRA : Civ. 1re, 27 oct. 1992, n° 91-10.054 (préc. s[s] prés[t] n°).
9. V. G. Bolard, « Les tribulations de la loi étrangère devant le juge français », *Mél. Ponsard,* Litec, 2003, p. 103 s.
10. PAR EX., v. Rép. civ., v° *Transaction,* par P. Chauvel, sept. 2011 [màj sept. 2012].
11. V. Rép. civ., v° *Transaction,* par P. Chauvel, sept. 2011 [màj sept. 2012] – G. Bolard, « De la déception à l'espoir : la conciliation », *Mél. Hébraud,* PUSS Toulouse, 1981, p. 47 s.
12. Civ. 1re, 19 avr. 1988, n° 85-18.715, *Bull. civ.* I, n° 104; *Rev. crit. DIP* 1989. 68, note Battifol; *D.* 1988. Somm. 345, obs. Audit – En matière de prestation compensatoire, Civ. 1re, 11 mars 2009, n° 08-13.431, *Bull. civ.* I, n° 50; ▶

des voies de recours, interne ou international, contre la sentence arbitrale[1].

221.134 **II. Transactions partielles.** Autorisée dès le décret du 9 septembre 1971 (Décr. 9 sept. 1971, art. 12, al. 4) la qualification liée n'a pas rencontré la faveur des praticiens. C'est peut-être par incompréhension. Car elle est de nature à favoriser les transactions partielles.

La négociation entre les parties peut échouer alors même qu'elles sont d'accord sur une partie du litige. Or, la transaction partielle est parfois dangereuse. Car les parties transigent le plus souvent en considération d'une analyse **juridique** du litige : de la qualification juridique des faits elles déduisent les obligations et droits potentiels auxquels elles renoncent. Ainsi l'équilibre économique de la transaction peut-il être bouleversé si le juge appelé à trancher le solde du litige retient une qualification nouvelle. Par exemple les parties auraient traité en considération d'une vente et le juge qualifierait la convention de contrat d'entreprise ou d'usage pour un temps déterminé.

La qualification liée écarte le danger d'une requalification perturbatrice de la transaction. Précisément selon l'article 58 C. pr. civ. elle peut être introduite dans une requête conjointe, par laquelle les deux parties saisissent ensemble le juge de ce qui reste de leur litige[2]. Elle est tout aussi bien possible en cours de procès, quand les écritures signifiées, une mesure d'instruction ou un jugement ont relevé la fragilité d'une partie des prétentions. Elle résulterait alors de conclusions communes ou parallèles, par lesquelles les parties feraient état expressément (v. s[s] n° 221.132) de leur accord.

À de telles pratiques les parties trouveraient l'avantage d'**un litige allégé et mieux maîtrisé.** Le juge serait lui-même libéré de la connaissance de prétentions annexes, auxquelles les parties ne croient pas vraiment. Il pourrait plus facilement appliquer sa science et son art. au véritable litige.

221.135 **III. Qualification erronée.** Même si l'hypothèse est peu vraisemblable, l'erreur commune des parties sur la qualification des faits litigieux serait plus grave encore. La qualification liée qu'elles voudraient imposer au juge se révélerait impossible. Par exemple, la qualification liée serait celle d'une vente mais le juge ne parviendrait pas à découvrir dans les faits de l'espèce la stipulation d'un prix, ou celle d'un escompte et les faits révéleraient un mandat d'encaissement[3]. Que devrait faire le juge dans une telle hypothèse ?

La réponse, qui n'est pas énoncée à l'article 12 C. pr. civ., doit être déduite des règles générales de procédure. S'il estimait impossible - au regard des faits allégués - la qualification liée, le juge constaterait qu'il ne peut pas la mettre en œuvre, donc qu'il ne peut pas statuer au fond sauf à statuer hors la loi. La demande serait donc irrecevable, faute de droit d'action ou si l'on préfère faute que les parties puissent exiger du juge une décision sur le fond (C. pr. civ., art. 30). L'irrecevabilité de la demande serait en outre complétée, selon toute apparence, par la nullité de la convention des parties faute d'objet (C. civ., art. 1126 s.).

Cependant dans le silence de l'article 12 une stipulation, que le juge en soit ou non informé, pourrait être introduite dans la qualification liée. Le contrat serait considéré comme résolu de plein droit par l'effet d'un jugement la considérant comme impossible. Pour éluder toute manœuvre dilatoire les parties à la qualification liée subordonneraient à leur consentement unanime la recevabilité d'un recours contre un tel jugement.

SECTION 5
PROCÉDURE GRACIEUSE

221.141 **Pouvoirs du juge.** Le principe dispositif n'est pas applicable en matière gracieuse.

Selon l'article 26 C. pr. civ. « *le juge peut fonder sa décision sur tous les faits relatifs au cas qui lui est soumis, **y compris ceux qui n'auraient pas été allégués*** ». Selon l'article 27, il « *procède, même d'office, à toutes les investigations utiles. Il a la faculté d'entendre sans formalités les personnes qui peuvent l'éclairer* ». L'article 332 alinéa 2 lui permet d'« ***ordonner** la mise en cause des personnes dont les droits ou les charges risquent d'être affectés par la décision à prendre* », alors que selon l'alinéa premier en matière contentieuse il peut seulement « ***inviter*** » les parties à mettre en cause des tiers. L'article 26 C. pr. civ., énonce la Cour de cassation, est « *dérogatoire à l'article 7 du même Code* »[4].

► *D.* 2009. 2084, note Devers; *D.* 2010. 1585, obs. Courbe et Jault-Seseke; *AJ fam.* 2009. 220, obs. Boiché; *Rev. crit. DIP* 2010. 344, note Hammje.

1. Civ. 1re, 6 avr. 1994, n° 92-16.240, *Bull. civ.* I, n° 135; *Rev. arb.* 1995. 263, note Level – RAPPR., en matière d'état des personnes, Paris, 15 mars 1994, RG n° 93/04020, et TGI Tours, 22 mars 1974 (préc. s[s] n° 221.131).
2. V. G. Bolard, « De la déception à l'espoir : la conciliation », *Mél. Hébraud,* USS Toulouse, 1981, n° 17, n°s 14-15.
3. Rappr. Com. 29 oct. 1973, n° 72-12.783, *Bull. civ.* IV, n° 295.
4. Civ. 1re, 20 mai 1980, n° 79-10.244, *Bull. civ.* I, n° 153; *JCP* 1981. II. 19549, note D. L. N.; *RTD civ.* 1980. 803, obs. Normand; *RTD civ.* 1981. 212, obs. Perrot – Civ. 3e, 26 juin 1984, n° 83-12.103, *Bull. civ.* III, n° 123 – V. AUSSI, Civ. 1re, 16 févr. 1999, n° 96-21.223, *Bull. civ.* I, n° 53; *D.* 1999. Somm. 201, obs. Granet; *D.* 1999. 692, note Massip; *D.* 2000. 170, obs. Vasseur-Lambry; *RTD civ.* 1999. 372, obs. Hauser; *JCP* 1999. II. 10117, note V. B.

La solution, qui n'écarte pas le principe de contradiction (v. s^s^ n° 221.143), est ancienne[1]. Elle n'est pas discutée[2]. Elle ne peut qu'être approuvée.

Le principe dispositif, en effet, donne **aux deux parties** ensemble la maîtrise de la matière litigieuse. Ainsi peut-on ne pas craindre outre mesure les allégations arbitraires d'un plaideur : s'il prétendait imposer des allégations inexactes préjudiciables à d'autres, ses adversaires ne manqueraient pas de les rectifier (v. s^s^ n° 221.13). Mais en matière gracieuse le juge ne connaît qu'un seul plaideur. Il ne peut donc pas lui faire nécessairement confiance, il le peut d'autant moins que l'instance gracieuse occulte parfois, provisoirement, un véritable litige, ou met en cause le statut des personnes ou le fonctionnement d'un service public (en matière de rectification d'état civil v. C. civ., art. 99 – en matière d'adoption v. C. civ., art. 343 s.). Précisément le ministère public en matière gracieuse doit son concours au juge (C. pr. civ., art. 798 et 800).

Le Conseil d'État a reconnu la légalité des articles 26 et 27 C. pr. civ.[3], mais par des motifs partiellement contestables (v. s^s^ n° 221.143).

221.142 Toutes investigations utiles. Le juge gracieux a-t-il le pouvoir ou le devoir de rechercher les faits nécessaires à sa décision ?

Rédigé à l'indicatif l'article 27 alinéa 1er C. pr. civ. suggère un devoir : « *Le juge procède, même d'office, à toutes les investigations utiles.* » Le texte fait douter de la légalité d'une décision que le juge prendrait dans le « brouillard » ou l'incertitude des faits litigieux, au seul motif que le plaideur unique ne l'a pas suffisamment éclairé. Si le législateur lui donne mission de procéder « *à toutes investigations utiles* » le juge doit déduire l'admission ou le rejet de la demande soit de la constatation que les documents présentés par le requérant lèvent toute incertitude, soit du résultat des investigations complémentaires raisonnablement possibles. Il ne justifierait pas sa décision au seul motif de l'insuffisance des allégations et preuves du requérant[4].

Bien sûr, sauf à violer la loi le juge n'admettra pas la demande si les faits nécessaires à sa justification, c'est-à-dire les faits concluants, ne sont pas établis ou considérés comme tels. Le requérant ou demandeur sera donc bien avisé d'alléguer et prouver les faits concluants au regard de sa requête. Le concours du ministère public (v. s^s^ n° 221.141 *in fine*) pourrait alléger sa tâche et celle du juge.

En revanche l'article 27 semble reconnaître au juge la libre appréciation des modalités de ses investigations. Car selon le texte le juge a seulement la « *faculté* » d'entendre des tiers. Sans doute devrait-il motiver son refus d'admettre la mesure d'instruction ou d'investigation demandée par le requérant (mais non par un tiers, même intéressé, qui n'élèverait pas le contentieux[5]).

221.143 Principes directeurs. Les articles 26 et 27 C. pr. civ. n'écartent pas d'autre principe directeur du procès que le principe dispositif (sur les débats et l'article 28, v. s^s^ n° 222.62). Avec quelque maladresse le Conseil d'État a affirmé qu'en matière gracieuse « *les principes directeurs du procès, qui sont d'ailleurs énoncés dans un chapitre différent du même titre, ne peuvent s'appliquer* »[6]. Autrement dit, les principes directeurs énoncés au chapitre I du Code ne vaudraient que pour la juridiction contentieuse, la procédure gracieuse étant soumise au seul chapitre II. L'argument n'est pas exact.

Car au titre I du Code, intitulé « Dispositions liminaires », le chapitre premier est intitulé « Les principes directeurs du procès » et le chapitre second « Les règles propres à la matière gracieuse ». Ainsi le chapitre premier ne vise-t-il pas spécialement ni seulement la matière contentieuse mais toutes procédures visées à l'article 749 C. pr. civ. Faute d'être limité à la matière contentieuse le chapitre premier s'applique en matière gracieuse sauf les exceptions énoncées au chapitre second propre à la matière gracieuse. La Cour de cassation applique heureusement à la procédure gracieuse le **principe de contradiction** et l'**article 16 C. pr. civ.**, le juge ne pouvant « *retenir des faits que* [le requérant] *n'a pas allégués sans provoquer ses explications* »[7].

1. J. Normand, *RTD civ.* 1980. 803 – Planiol, *DP* 1906. 1. 338, et les réf. citées.
2. GUINCHARD, CHAINAIS et FERRAND, 31e éd., 2012, n° 2068 – CADIET et JEULAND, 7e éd., 2011, n° 661 – HÉRON et LE BARS, n° 558 – H. Solus et R. Perrot, *Droit judiciaire privé*, Sirey, 1961, t. 1, n° 1248 – P. Hébraud, « La vérité dans le procès et les pouvoirs d'office du juge », *Ann. Fac. Toulouse*, t. XXVI, p. 395 – Normand et Perrot, obs. préc. – D. Le Ninivin, *La juridiction gracieuse dans le Nouveau Code de procédure civile*, Litec, 1983, n°s 335 s. – J.-L. Bergel, « Juridiction gracieuse et matière contentieuse », *D.* 1983. Chron. 169 – G. Bolard, « La liberté des plaideurs dans la procédure gracieuse », *D.* 1976. Chron. 54.
3. CE, ass., 12 oct. 1979, req. n° 01875, req. n° 01905, req. n° 01948 à req. n° 01951, *D.* 1979. 606, note Bénabent; *AJDA* 1980. 2. 19288, concl. Franck et note Boré; *Gaz. Pal.* 1980. 1. 6, note Julien; *RTD civ.* 1980. 145, obs. Normand.
4. COMP., Civ. 1re, 16 févr. 1999, n° 96-21.223, *Bull. civ.* I, n° 53; *D.* 1999. Somm. 201, obs. Granet; *JCP* 1999. II. 10117, note V. B.
5. Civ. 1re, 4 oct. 1988, n° 86-18.816, *Bull. civ.* I, n° 262.
6. CE 12 oct. 1979, req. n°s 01875, req. n° 01905, req. n° 01948 à req. n° 01951 (v. s^s^ n° 221.141).
7. Civ. 1re, 13 janv. 1993, n° 91-04.135, *Bull. civ.* I, n° 17; *RTD civ.* 1993. 647, obs. Perrot – GUINCHARD, CHAINAIS et FERRAND, 31e éd., 2012, n° 2067 – H. Solus et R. Perrot, *Droit judiciaire privé*, Sirey, 1961, t. 1, n° 1248 (v. aussi s^s^ n° 222.42) – COMP. Le Ninivin, *La juridiction gracieuse dans le Nouveau Code de procédure civile*, Litec, 1983, n° 343.

CHAPITRE

222. Principe des droits de la défense

GEORGES BOLARD
Professeur émérite de la Faculté de droit de l'Université de Dijon

SECTION 0 ORIENTEUR

222.00 **Plan du chapitre.**

222.01 **Principaux textes applicables.**
C. pr. civ., art. 14 à 17, art. 18 à 22, art. 28.

222.03 **Bibliographie.** V. s[s] n° 22.03.

222.04 **Procès civil.** Le « *principe du respect des droits de la défense* », ou plus brièvement le **principe des droits de la défense**, régit évidemment toutes les procédures juridictionnelles. Son application doit simplement être adaptée, ou « ajustée », aux particularités et besoins de chaque type de procédure. Le présent chapitre vise les droits de la défense dans **le procès civil** (v. s[s] n° 22.00).

222.05 **Droit naturel.** L'affirmation générale des droits de la défense n'est pas plus contestée en procédure civile qu'en procédure pénale ou administrative. En procédure civile on a même insisté sur leur caractère de droit naturel[1] (v. s[s] n° 222.09), et le Code de procédure civile les vise expressément aux articles 14 à 17, consacrés au principe de contradiction (v. s[s] n°s 222.20 s.). Ce sont plutôt leurs modalités d'application, et leur étendue, qui parfois suscitent la controverse.

1. H. Motulsky, « Le droit naturel dans la pratique jurisprudentielle : le respect des droits de la défense en procédure civile », *Mél. Roubier*, p. 175.

Il est d'autant plus utile de rechercher leurs raisons. En procédure civile les droits de la défense semblent avoir **un triple fondement.**

222.06 **Respect de l'adversaire.** Les droits de la défense ont d'abord pour objet le respect dû à la personne des plaideurs.

Le procès civil contentieux a sa source dans un conflit parfois exacerbé, de toute façon assez aigu pour avoir provoqué la saisine du juge. Sauf exceptionnelle vertu ou rare accoutumance un tel conflit engendre chez chacun des plaideurs des sentiments peu amènes à l'égard de l'autre. Le respect de l'adversaire, dont le plaideur n'imagine pas qu'il puisse avoir raison, n'est pas spontané. Il faut donc protéger les plaideurs l'un contre l'autre, protéger chacun d'entreprises ou d'initiatives excessives de l'autre.

Le risque n'est pas non plus négligeable que le juge, au vu des turpitudes des plaideurs complaisamment étalées devant lui, ou animé d'un réflexe de censeur voire d'un réflexe inconscient de puissance, oublie plus ou moins le caractère **extraordinaire de son pouvoir juridictionnel**, ou néglige les prérogatives irréductibles des parties en leur qualité de personnes juridiques et au moins indirectement de personnes physiques. Il faut ainsi préserver les plaideurs d'éventuels **préjugés** ou **excès** du juge, garantir l'examen **objectif** et **rationnel** de leurs prétentions, imposer dans la procédure le respect des prérogatives inhérentes à la qualité de sujet de droit ou, si l'on préfère, à la personnalité juridique des plaideurs.

222.07 **Processus policé.** Même réduit à son aspect civil le procès constitue aussi un substitut de la vengeance privée. Si nul ne peut se faire justice à soi-même, ce n'est pas seulement pour paralyser l'appréciation subjective ou unilatérale du litige, c'est encore pour imposer dans son règlement un processus policé, conforme aux principes fondamentaux de la société.

Le procès civil est une institution d'une société civilisée. La fin n'y justifie pas tous les moyens. Il n'est pas le champ clos d'un combat où tous les coups - même intellectuels - seraient permis. Dans son déroulement même il doit satisfaire les valeurs de la civilisation (sauf à admettre, en dernière analyse, l'aveu sous la torture).

Sous ce second aspect les droits de la défense confirment la liberté de chaque plaideur, à l'égard de son adversaire et à l'égard du juge. La liberté de sa défense est d'autant plus essentielle que même dans l'exercice de ses droits indisponibles il aurait pu renoncer à saisir le juge. Mais elle s'exerce dans les limites et conditions d'une société civilisée.

222.08 Instrument de vérité. Dans le procès civil les droits de la défense sont encore un instrument de vérité.

En application du principe dispositif le juge ne peut pas, de sa propre initiative, introduire un fait dans le procès (v. s^s n°s 221.51 s.). C'est à travers les allégations et contestations des parties qu'il va d'abord connaître la vérité des faits. En outre la mesure d'instruction qu'il ordonne doit porter sur un fait concluant, allégué et contesté. Ainsi seule la libre défense permet aux parties de satisfaire leurs charges et d'éclairer le juge - dans la mesure qu'elles déterminent (v. s^s n°s 221.40 s.) - sur les faits contestés.

C'est dans l'exercice du principe de contradiction que la jurisprudence a révélé ce troisième aspect des droits de la défense (v. s^s n° 222.34). H. Vizioz avait clairement perçu l'incidence du principe dispositif sur les droits de la défense : « *Le principe du contradictoire, écrivait-il, revêt une importance particulière avec une procédure de type dispositif, dirigée par les parties. C'est par l'exposé contradictoire de leurs prétentions, par la libre discussion des moyens invoqués et des preuves offertes, que le juge acquerra une connaissance aussi exacte et aussi complète qu'il se peut du litige.* »[1]

222.09 Corollaires. Si l'on admet le triple fondement ainsi proposé, le principe des droits de la défense conduit à reconnaître aux plaideurs, dans le respect de leurs personnes et selon les valeurs fondamentales de notre civilisation, toutes facilités dans l'organisation de leur défense. Le rattachement des droits de la défense au droit naturel s'explique en outre aisément[2] : même les facilités accordées à la recherche de la vérité, dans les conditions ouvertes par le principe dispositif, semblent bien relever d'une saine raison. La découverte des droits de la défense dans l'article 6 § 1 de la Convention européenne de sauvegarde des droits de l'homme et des libertés fondamentales[3], la valeur de principe constitutionnel qui leur est reconnue[4] (v. s^s n°s 222.12 et 222.13), le refus constant de l'*exequatur* aux jugements étrangers ou sentences arbitrales qui les ont violés, confirment l'analyse.

Le fondement des droits de la défense a deux autres conséquences.

Les droits de la défense ne concernent pas seulement le défendeur mais **toutes les parties**. En procédure civile, « *si l'on parle* [...] *des droits de la défense, il faut prendre le terme dans l'acception large de défense des intérêts de chacune des parties* »[5]. Car sont en jeu les prérogatives de chaque plaideur. Ces prérogatives s'affirmant aussi à l'égard du juge, les droits de la défense s'imposent même dans les procédures unilatérales et gracieuses (la Cour de cassation l'a expressément décidé s'agissant du principe de contradiction, v. s^s n° 222.42).

Les prérogatives irréductibles des plaideurs et leur droit à une procédure civilisée ne concernent pas non plus la seule contradiction. On tend aujourd'hui à inclure dans les droits de la défense, outre le principe de contradiction, d'autres exigences. Il faut ainsi déterminer l'étendue des droits de la défense (sect. 1), puis leurs manifestations les plus importantes en droit positif, soit le principe de contradiction (sect. 2), la loyauté des débats et l'immunité de la défense (sect. 3), la publicité des débats (sect. 4).

SECTION 1
ÉTENDUE DES DROITS DE LA DÉFENSE

222.11 Droits de la défense et principe de contradiction. À la suite de H. Motulsky la doctrine contemporaine tend à remettre en cause l'assimilation traditionnelle du principe des droits de la défense et du principe de contradiction. Le principe de contradiction est plus souvent retenu comme un élément des droits de la défense, plus étendus[6].

1. Vizioz, n° 240.
2. V. H. Motulsky, « Le droit naturel dans la pratique jurisprudentielle : le respect des droits de la défense en procédure civile », *Mél. Roubier*, p. 175 [n°s 2 s., 9 s.].
3. v. not., Guinchard, Chainais et Ferrand, 31e éd., 2012, n°s 731 s.
4. Guinchard, Chainais et Ferrand, 31e éd., 2012, n° 734 – G. Bolard, « Les principes directeurs du procès civil... », *JCP* 1993. I. 3693 [n° 17].
5. V. H. Motulsky, « Le droit naturel dans la pratique jurisprudentielle : le respect des droits de la défense en procédure civile », *Mél. Roubier*, p. 175 [n° 12] – Guinchard, Chainais et Ferrand, 31e éd., 2012, n° 735 – G. Bolard, « Les principes directeurs du procès civil... », *JCP* 1993. I. 3693 [n° 14] – Sur le principe de contradiction v. Cadiet et Jeuland, 7e éd., 2011, n°s 516 s. – Couchez et Lagarde, 16e éd., 2011, n°s 238 s. – Héron et Le Bars, n°s 290 s.
6. V. H. Motulsky, « Le droit naturel dans la pratique jurisprudentielle : le respect des droits de la défense en procédure civile », *Mél. Roubier*, p. 175 [n°s 11 s.] – G. Wiederkehr, « Droits de la défense et procédure civile », *D.* 1978. Chron. 36 – G. Bolard, « Les principes directeurs du procès civil... », *JCP* 1993. I. 3693 [n°s 14 s.] – Guinchard, Chainais et Ferrand, 31e éd., 2012, n°s 731 s. – Couchez et Lagarde, 16e éd., 2011, n° 238 – Héron et Le Bars, n° 291 – H. Solus et R. Perrot, *Droit judiciaire privé*, Sirey, 1961, t. III, ▶

L'analyse nouvelle trouve peut-être sa source dans la procédure arbitrale, dont l'allergie à des règles textuelles détaillées renvoie inéluctablement aux principes généraux. Il est frappant que la distinction ait d'abord été proposée par les spécialistes de l'arbitrage[1]. Le droit positif semble l'adopter.

222.12 **Sources constitutionnelles.** Le Conseil constitutionnel admet expressément la conception large des droits de la défense.

Du principe de contradiction il fait un « corollaire » des droits de la défense, au regard desquels il apprécie le régime juridique des voies de recours[2]. Il récuse l'absence de sursis à statuer contre les décisions du Conseil de la concurrence, au motif qu'elle aurait « *pour effet de priver les justiciables d'une des **garanties essentielles à leur défense*** »[3]. Au principe des droits de la défense il rattache « *l'existence d'une procédure juste et équitable garantissant les droits des parties* »[4] et à ce titre dénie à la Commission des opérations de bourse la faculté, « *à l'égard d'une même personne et s'agissant des mêmes faits* », de disposer concurremment d'un pouvoir propre de sanction et de saisine du juge pénal.

Les décisions du Conseil constitutionnel posent le problème de la mesure du contrôle exercé. Elles ne l'évoquent ni ne le résolvent. Il faut mais il suffit, peut-on penser, que le principe des droits de la défense soit satisfait, les modalités de sa mise en œuvre relevant du pouvoir législatif.

222.13 **Sources jurisprudentielles.** La Cour de cassation reconnaît elle aussi à la fois le caractère constitutionnel des droits de la défense et leur étendue au-delà du principe de contradiction.

« *La défense, décide l'assemblée plénière, constitue pour toute personne un droit fondamental à caractère constitutionnel; son exercice effectif exige que soit assuré l'accès de chacun, avec l'assistance d'un défenseur, au juge chargé de statuer sur sa prétention* »[5]. Au nom d'un principe constitutionnel l'assemblée plénière range ainsi parmi les prérogatives de la défense l'assistance d'un défenseur. D'autres solutions relèvent de la même inspiration. La Cour de cassation vise aussi les droits de la défense pour justifier l'immunité de la défense[6] (v. s^s n° 222.52) ou écarter les preuves irrégulièrement obtenues par le plaideur[7] (v. s^s n° 222.51). Il est encore significatif qu'en jurisprudence la violation des droits de la défense suffise à ouvrir une voie de recours malgré une interdiction légale[8].

La Cour de cassation réunit parfois dans un même visa les droits de la défense et l'article 6 § 1 de la Convention européenne de sauvegarde des droits de l'homme[9], lequel ne vise pas le principe de contradiction. Les articles 17 et 19 C. pr. civ. confortent la jurisprudence. Rangé dans la section relative à la « contradiction » le premier vise les voies de recours et le second, sous l'intitulé « la défense », le libre choix du défenseur. Les recours nullités non seulement soulignent le lien des voies de recours et des droits de la défense (C. pr. civ., art. 17)[10], mais en outre ils sont ouverts pour sanctionner aussi d'autres règles que le principe de contradiction[11].

222.14 **Classement.** La doctrine a tenté de classer les droits de la défense[12]. Elle y rattache, outre le principe de contradiction, l'impartialité du juge, le principe de publicité des débats (v. s^s n°s 222.61 s.), les immunités de la défense (v. s^s n° 222.52), l'obligation d'un minimum de loyauté dans les débats (v. s^s n° 222.51), l'obligation de motiver les jugements et la nécessité d'un système cohérent des voies de recours, parfois la relativité de la chose jugée[13].

▶ n° 106 – Sur la conception traditionnelle v. par ex. Morel, n° 426; et sur la doctrine contemporaine, qui n'est pas unanime, v. l'analyse particulière de Cadiet et Jeuland, 7e éd., 2011, n° 516; ou l'hésitation de Martin, v° *Principes directeurs du procès,* n°s 18 s., n°s 176 s.

1. Outre v. H. Motulsky, *Mél. Roubier* (préc. s^s prés^t n°) – V. J. Robert, *Traité de l'arbitrage civil et commercial,* 4e éd., 1967, n° 257, p. 320 s. – *Adde* : C. pr. civ., art. 1464.
2. Cons. const. 29 déc. 1989, n° 89-268 DC, consid. 57 à 60, *Rec. Cons. const.* 100 – Cons. const. 13 août 1993, n° 93-325 DC, consid. 95, *Rec. Cons. const.* 224 – V. G. Bolard, « Les principes directeurs du procès civil... », *JCP* 1993. I. 3693 [n° 17] – Et, sur les voies de recours, v. déjà H. Motulsky, « Le droit naturel dans la pratique jurisprudentielle : le respect des droits de la défense en procédure civile », *Mél. Roubier,* p. 175 [n°s 30 s.].
3. Cons. const. 23 janv. 1987, n° 86-224 DC, consid. 19 s., *Rec. Cons. const.* 8; *D.* 1988. 117, note Luchaire; *JCP* 1987. II. 20854, note Sestier.
4. Cons. const. 28 juill. 1989, n° 89-260 DC, consid. 43 s., *Rec. Cons. const.* 71; Décis. Cons. const. 20 janv. 2005, consid. 22; *JCP* 2005. III. 20007.
5. Cass., ass. plén., 30 juin 1995, n° 94-20.302, *Bull. ass. plén.*, n° 4; *D.* 1995. 513, concl. Jéol, note Drago; *JCP* 1995. II. 22478, concl. Jéol, note Perdriau.
6. Civ. 1re, 4 déc. 1979, n° 78-13.967, *Bull. civ.* I, n° 301; *D.* 1981. 328, note Brunois – Soc. 15 nov. 1990, n° 87-45.862, *Bull. civ.* V, n° 560; *D.* 1990. 291.
7. Soc. 11 févr. 1981, n° 79-40.084, *Bull. civ.* V, n° 121.
8. Guinchard, Chainais et Ferrand, 31e éd., 2012, n° 733 – G. Bolard, « L'appel nullité », *D.* 1998. Chron. 177, et réf. *cit.* n° 13 et note 40; « Les recours nullité en procédure civile », *Justices* 1996, n° 4, p. 119 s.
9. Soc. 15 nov. 1990, n° 87-45.862 (préc. s^s prés^t n°).
10. V. aussi, H. Motulsky, « Le droit naturel dans la pratique jurisprudentielle : le respect des droits de la défense en procédure civile », *Mél. Roubier,* p. 175 [n°s 30 s.].
11. V. not., Com. 6 mars 1984, n° 82-16.892, *Bull. civ.* IV, n° 86; *D.* 1984. 566, note Honorat et Mas; *D.* 1989. 237, obs. Julien; *RTD civ.* 1984. 568, obs. Perrot – Civ. 2e, 24 juin 2010, n° 08-19.974, *Bull. civ.* II, n° 120; *D.* 2011. 265, obs. Fricero; *D.* 2011. 1509, obs. Leborgne; *Gaz. Pal.* 2010. 2860, note Fricero.
12. G. Wiederkehr, « Droits de la défense et procédure civile », *D.* 1978. Chron. 36.
13. V. réf. citées s^s n° 222.11 et not. H. Motulsky, « Le droit naturel dans la pratique jurisprudentielle : le respect des droits de la défense en procédure civile », *Mél. Roubier,* p. 175 [n°s 12 s.] – Guinchard, Chainais et Ferrand, 31e éd., 2012, n° 735 – G. Bolard, « Les principes directeurs du procès civil... », *JCP* 1993. I. 3693 [n° 16] – Sur l'obligation de motiver les jugements, v. Civ. 2e, 12 juill. 2012, n° 12-60.002, *Bull. civ.* II, n° 131; *LPA* 18 oct. 2012, note Dupré – CEDH 25 juill. 2013, req. n° 46460/10, *JCP* 2013. 966, note Milano.

On se gardera de considérer comme superfétatoire le rattachement aux droits de la défense de règles ou d'institutions de toute façon retenues par des dispositions textuelles ou jurisprudentielles ponctuelles.

Le fondement rationnel donné à ces institutions et règles permet en effet de les confirmer, en outre d'en déterminer la portée ou les limites. Le principe nourrit les règles qu'il engendre. Ainsi c'est en application de la Convention européenne de sauvegarde des droits de l'homme qu'a été consolidée la jurisprudence excluant la participation à la juridiction d'appel d'un juge qui avait connu de l'affaire au premier degré[1]. Les droits de la défense révèlent aussi la fonction et la nécessité du contrôle de motivation progressivement mis en place par la Cour de cassation[2]. Comme on le verra à propos de la loyauté ou de la publicité des débats un même principe peut engendrer à la fois la règle générale et l'exception (v. s[s] n°s 222.53 et 222.62). Les variations textuelles et jurisprudentielles sur les exigences de la contradiction (v. s[s] n°s 222.32 s.) auraient sans doute été évitées si l'on avait mieux perçu les raisons du principe.

SECTION 2
PRINCIPE DE CONTRADICTION

222.20 Plan. Selon l'article 14 C. pr. civ. « *nulle partie ne peut être jugée sans avoir été entendue ou appelée* ». C'est le principe classique du contradictoire. Sous l'intitulé « la contradiction », les articles 14 et suivants C. pr. civ. invitent à retenir plutôt l'expression « *principe de la contradiction* », énoncée à l'article 16, ou brièvement « *principe de contradiction* » (en doctrine, les trois expressions sont utilisées[3]).

Des droits de la défense c'est évidemment le plus connu et le plus développé en droit positif. On ne conteste plus (v. les réf. citées) qu'il s'applique entre les parties, d'une part (§ 1), entre les parties et le juge, d'autre part (§ 2).

Le principe de contradiction est-il le plus important des droits de la défense ? Pour autant qu'un classement soit possible il faut sans doute préférer l'impartialité du juge. Mais l'impartialité du juge sans la libre contradiction serait boiteuse et inversement.

1. V. J. Normand, *RTD civ.* 1993. 876 s. – Guinchard, Chainais et Ferrand, 31e éd., 2012, n°s 1031 s. – G. Flécheux, « Le droit d'être entendu », *Mél. Bellet*, Litec, 1991, p. 149, I.
2. H. Motulsky, « Le droit naturel dans la pratique jurisprudentielle : le respect des droits de la défense en procédure civile », *Mél. Roubier*, p. 175 [n°s 29-30].
3. V. Cadiet et Jeuland, 7e éd., 2011, n°s 516 s. – Guinchard, Chainais et Ferrand, 31e éd., 2012, n°s 768 s. – Et, pour l'expression nouvelle, Cornu et Foyer, 1996, n° 101 – Héron et Le Bars, n°s 290 s. – Couchez et Lagarde, 16e éd., 2011, n°s 238 s. – G. Bolard, « Les juges et les droits de la défense », *Mél. Bellet*, p. 49.

§ 1
Principe de contradiction entre les parties

222.21 En temps utile. L'article 15 C. pr. civ. enjoint aux parties « *de se faire connaître **mutuellement en temps utile** les moyens de fait sur lesquels elles fondent leurs prétentions, les éléments de preuve qu'elles produisent et les moyens de droit qu'elles invoquent* ». Ainsi les parties doivent-elles se communiquer, en temps utile pour que « *chacune soit à même d'organiser sa défense* », tous les éléments de nature à avoir une incidence sur la solution du litige.

La solution est générale. Elle est un corollaire de l'article 14. Car si « *nulle partie ne peut être jugée sans avoir été entendue ou appelée* », la règle n'a de sens que si chaque partie est appelée à donner son avis sur les **éléments déterminants** du procès, soit les faits concluants, la règle de droit applicable, les preuves des faits contestés.

222.22 Les preuves. L'article 15 fait l'objet de précisions textuelles en matière de preuve. Les articles 160, 162, 173 et 276 en assurent l'application aux mesures d'instruction, les articles 132 et suivants à la communication des pièces. Selon l'article 132 la communication des pièces « *doit être spontanée* ». L'article 276 donne valeur légale à la pratique des observations adressées à l'expert, lesquelles, lorsqu'elles sont écrites, doivent être jointes au rapport d'expertise si les parties le demandent[4].

Les articles 189 et 208 C. pr. civ. ont inquiété. Ils énoncent la règle que le juge, dans la comparution personnelle des parties entend les parties l'une en présence de l'autre, ou encore entend les témoins en présence des parties ou les parties appelées. Mais « *par exception* » et « *si les circonstances l'exigent* » une partie ou un témoin peut être entendu sans que toutes les parties aient été appelées. Le principe de contradiction subirait-il ainsi « *d'imperceptibles et inquiétantes atteintes* »[5] ? Il ne semble pas. Car les articles 189 et 208 donnent au plaideur absent le droit « *d'avoir immédiatement connaissance* » des déclarations de son adversaire ou du témoin. Ainsi les textes visent-ils seulement à préserver la liberté de parole, quand exceptionnellement la présence d'une des parties risque de l'altérer. Les exceptions énoncées aux articles 189 et 208 constituent en réalité une application du principe des droits de la défense, lesquels, s'ils incluent le principe de contradiction, imposent aussi son aménagement dans des circonstances exceptionnelles. C'est le propre des principes généraux que de générer à la fois des règles, ou

4. V. Morel, n° 504 – H. Solus et R. Perrot, *Droit judiciaire privé*, Sirey, 1961, t. III, n° 979.
5. R. Merle, « Le secret et la procédure en droit français », *Travaux Capitant*, t. XXV, 1974, p. 764.

d'autres principes subordonnés, et des exceptions (v. s^s n°s 222.14, 222.53 et 222.62).

222.23 Conclusions, productions et communications tardives. Au principe de contradiction entre les parties la jurisprudence donne toute sa portée. Trois solutions sont significatives (v. s^s n° 222.38).

Même « *produite entre les mains du conseiller de la mise en état* » une pièce doit être rejetée du débat si elle « *n'avait pas été communiquée à la partie adverse avant la clôture de l'instruction* »[1]. Pour justifier la solution contraire la cour d'appel avait pourtant relevé qu'une fois la pièce versée au dossier l'adversaire avait pu en « *prendre connaissance* » et « *s'en expliquer contradictoirement* ». L'article 16 C. pr. civ. impose encore l'irrecevabilité de conclusions qui n'ont pas été signifiées à toutes les parties[2]. Est ainsi confirmée l'assertion traditionnelle selon laquelle un acte de procédure n'a d'existence juridique qu'après avoir été porté à la connaissance de l'autre partie.

La Cour de cassation a eu aussi à concilier les articles 132 et 135 C. pr. civ. L'article 132 alinéa 1er dispose que « *la partie qui fait état d'une pièce s'oblige à la communiquer* », alors que selon l'article 135 « *le juge peut écarter du débat* » les pièces non communiquées. Privilégiant le principe sur l'énoncé formel de l'article 135 la Cour de cassation interdit au juge de fonder « *sa décision sur une pièce produite par une partie et non communiquée à la partie adverse* »[3].

Le principe de contradiction gouverne encore le sort des conclusions et pièces signifiées quelques jours avant l'ordonnance de clôture. Pour être antérieures à la clôture elles seraient recevables dans une interprétation littérale de l'article 783 C. pr. civ. Mais faute pour l'adversaire d'avoir pu les discuter la Cour de cassation les écarte, sauf réouverture des débats[4]. Selon l'article 15 les parties « *doivent se faire connaître* [...] *en temps utile* » leurs moyens et preuves.

Les conditions du rejet de conclusions ou pièces tardives ont toutefois suscité une hésitation en jurisprudence. La tardiveté des conclusions ou productions a d'abord suffi[5]. Puis la Cour de cassation a exigé des juges du fond qu'ils précisent les « *circonstances particulières* » qui ont empêché l'adversaire de discuter pièces et conclusions tardives[6] : la tardiveté des conclusions ou productions n'était-elle pas assez probante ? Aujourd'hui la chambre mixte n'exige plus de « *circonstances particulières* » et se satisfait « *des constatations souveraines de l'arrêt que les pièces n'avaient pas été communiquées en temps utile au sens des articles 15 et 135 C. pr. civ.* »[7]. Les « *constatations souveraines* » du juge du fond ne le dispensent pas de motiver sa décision.

En jurisprudence persiste aussi un débat sur la possibilité d'une admission tacite des conclusions tardives[8]. Mais peut-on croire à l'admission tacite de conclusions dont le destinataire n'a pas perçu – faute de temps – le caractère décisif ? En outre le flottement jurisprudentiel, même résiduel, ouvre la porte aux pires abus.

L'oralité de la procédure ne justifierait pas des conclusions ou productions tardives[9].

§ 2
Principe de contradiction entre le juge et les parties

222.31 Libre discussion. Pour fonder sa décision sur un fait adventice (v. s^s n°s 221.52 s.) ou appliquer une règle de droit qu'aucune des parties n'a invoquée, le juge doit-il provoquer la libre discussion des parties ? Très pratique, la question a fait l'objet d'une longue et difficile controverse. Siège de la matière, l'article 16 C. pr. civ. a été plusieurs fois modifié. La Cour de cassation a montré quelque hésitation[10].

La controverse semble aujourd'hui apaisée. Le principe de contradiction s'applique aussi entre le juge et les parties.

222.32 « Observer lui-même ». La solution est imposée par les textes.

Selon l'article 16 alinéa 1er C. pr. civ. repris du décret du 9 septembre 1971, « *le juge doit, en toutes circonstances, faire observer et observer lui-même le*

1. Civ. 2e, 23 févr. 1994, n° 92-10.046, *Bull. civ.* II, n° 73; *JCP* 1994. IV. 1111; *D.* 1994. 75.
2. Civ. 3e, 1er avr. 1992, n° 90-17.700, *Bull. civ.* III, n° 114; *JCP* 1992. IV. 1643.
3. Civ. 3e, 16 mars 1976, n° 74-14.730, *Bull. civ.* III, n° 120 – Civ. 2e, 23 févr. 1994, n° 92-10.046 (préc. s^s prés^t n°) – Civ. 2e, 8 avr. 2004, n° 02-18.769, *Bull. civ.* II, n° 169; *JCP* 2004. IV. 2163.
4. V. PAR EX., Civ. 2e, 27 févr. 1985, n° 83-16.725, *Bull. civ.* II, n° 51; *D.* 1985. 338; *Gaz. Pal.* 1985. 2. Somm. 253, note Guinchard et Moussa – Civ. 2e, 20 juill. 1987, n° 86-12.257, *Bull. civ.* II, n° 177.
5. Civ. 2e, 27 févr. 1985, n° 83-16.725, *Bull. civ.* II, n° 51; *Gaz. Pal.* 1985. 2. Somm. 253, obs. Guinchard et Moussa; *D.* 1985. 338 – Civ. 2e, 20 juill. 1987, n° 86-12.257, *Bull. civ.* II, n° 177; *Gaz. Pal.* 1988. 1. Somm. 39, obs. Guinchard et Moussa.
6. Com. 2 févr. 1993, n° 91-12.431, *Bull. civ.* IV, n° 45 – Civ. 2e, 31 mai 2000, n° 98-17.896, *Bull. civ.* II, n° 93.
7. Cass., ch. mixte, 3 févr. 2006, n° 04-30.592, *Bull. ch. mixte*, n° 2; *D.* 2006. 1268, note Bolze; *RTD civ.* 2006. 376, obs. Perrot; *Gaz. Pal.* 17 févr. 2006, avis Lafortune; *JCP* 2006. 2. 10088, note Salati – Civ. 3e, 1er mars 2006, n° 04-18.327, *Bull. civ.* III, n° 55; *JCP* 2006. IV. 1681.
8. GUINCHARD, CHAINAIS et FERRAND, 31e éd., 2012, n° 1872.
9. Civ. 2e, 1er févr. 2006, n° 03-15.738, *Bull. civ.* II, n° 29; *JCP* 2006. IV. 1392 – Dijon, 29 janv. 2004, RG n° 03/01163, *JCP* 2005. II. 10137, note Urion; *Procédures* 2005. 249, obs. Perrot – *CONTRA :* Civ. 3e, 30 janv. 2002, n° 00-13.486, *Bull. civ.* III, n° 16; *Gaz. Pal.* 2002. 2. 991, note Lachaud.
10. G. Bolard, « Les juges et les droits de la défense », *Mél. Bellet*, p. 49, not. n°s 6 s. – L'application du principe de la contradiction dans l'expertise n'est pas discutée, v. P. Julien, « Principe de la contradiction et expertise en droit privé », *Mél. Buffet*, 2004, p. 293.

principe de la contradiction ». Supprimés par le décret du 5 décembre 1975, puis rétablis par un arrêt du Conseil d'État rendu le 12 octobre 1979 [1], les mots « *observer lui-même* » ne laissent aucun doute sur l'obligation du juge de s'appliquer à lui-même le principe de contradiction. Il ne saurait donc requalifier les faits, ou prendre en compte un fait adventice, sans permettre aux parties de s'expliquer.

L'article 16 alinéa 1er constitue aussi la mise en œuvre de l'article 14 (v. ss nos 222.20 et 222.21). Chaque partie doit être « *entendue ou appelée* » sur tout élément nouveau de nature à modifier la solution du litige.

Pour autant qu'il en soit besoin, l'article 16 alinéa 2 précise l'alinéa premier. Le juge « *ne peut retenir, dans sa décision, les moyens, les explications et les documents invoqués ou produits par les parties que si celles-ci ont été à même d'en débattre contradictoirement* ». L'alinéa 3 ajoute que tout moyen de droit relevé d'office doit aussi être soumis au débat contradictoire. Ainsi ce sont bien tous les faits adventices ou tirés du dossier, toutes les qualifications nouvelles aussi qui exigent l'ouverture du débat. Visant les explications demandées par le juge en application des articles 8 et 13 C. pr. civ. (v. ss no 221.42), l'article 444 impose même « *la réouverture des débats* [...] *sur les éclaircissements de droit ou de fait* » nouvellement obtenus.

Les écritures qualificatives et les « *dernières conclusions* » ne dispensent évidemment pas le juge de l'application de l'article 16 quand il requalifie les faits ou relève un fait adventice [2].

222.33 Jurisprudence. La réticence jurisprudentielle est elle-même tombée.

Elle s'était manifestée de curieuse façon. Alors qu'avant le décret du 9 septembre 1971 et le [Nouveau] Code de procédure civile la Cour de cassation avait maintenu sans texte le principe de contradiction [3], les articles 14 à 16 C. pr. civ. l'ont frappée de timidité, comme si elle hésitait à en déduire toutes les exigences, voire comme si elle les refusait. La réticence jurisprudentielle fut manifeste après l'arrêt du 12 octobre 1979, par lequel le Conseil d'État, annulant sur ce point le décret du 5 décembre 1975, rétablissait dans l'article 16 alinéa 1er les mots « *observer lui-même* » (v. ss no 222.32). La seconde chambre civile de la Cour de cassation tenta alors de limiter la portée de l'article 16 restauré, en en éludant l'application quand le juge soulevait une fin de non-recevoir d'ordre public [4]. Peut-être fallait-il comprendre : quand le juge relevait un moyen d'ordre public [5].

Les arrêts étaient catégoriques : « *Le juge qui relève d'office, conformément à l'article 125 alinéa 2 C. pr. civ., la fin de non-recevoir d'ordre public tirée du délai imparti pour sa saisine, n'est pas tenu de provoquer préalablement les explications des parties.* [6] »

Rendus le 10 juillet 1981 deux arrêts de la chambre mixte mirent un terme à cette tentative restrictive. « *En relevant d'office une fin de non-recevoir, sans inviter à présenter leurs observations* », les juges du fond violent l'article 16 C. pr. civ. Les arrêts sont d'autant plus significatifs que l'irrecevabilité d'ordre public était imputable dans l'un à l'absence de signification d'un jugement et dans l'autre à la suspension des poursuites individuelles en matière de faillite [7]. La jurisprudence de la chambre mixte n'a pas été remise en cause [8], sauf l'une ou l'autre hésitation résiduelle (v. ss nos 222.36 s.). Le juge doit provoquer la discussion des parties quand il requalifie les faits ou applique d'office une règle de droit, mais aussi quand il appréhende un fait adventice (tel pour l'application de l'article 16 en cas de requalification [9]; ou en cas d'appréhension d'un fait adventice *a fortiori* tiré d'une pièce non communiquée [10]; et, en cas de prise

1. CE, ass., 12 oct. 1979, req. no 01875, req. no 01905, req. no 01948 à req. no 01951, *D.* 1979. 606, note Bénabent; *JCP* 1980. II. 19288, concl. Franc, note Boré; *Gaz. Pal.* 1980. 1. 6, note Julien; *RTD civ.* 1980. 145, obs. Normand – P. Delvolvé, « Le Nouveau Code de procédure civile devant le Conseil d'État », *D.* 1979. Chron. 281 – Viatte, « Les moyens de droit relevés d'office et le principe de la contradiction », *Gaz. Pal.* 1980. 1. Doctr. 21 – Sur l'évolution de l'article 16 C. pr. civ., v. not. Héron et Le Bars, nos 303 s. – H. Solus et R. Perrot, *Droit judiciaire privé*, Sirey, 1961, t. III, no 118 – R. Martin, nos 196 s.
2. G. Bolard, « Les écritures qualificatives », *JCP* 2000. I. 214, no 9; et « Les dernières conclusions », *JCP* 2001. I. 297, no 20.
3. H. Motulsky, « Le droit naturel dans la pratique jurisprudentielle : le respect des droits de la défense en procédure civile », *Mél. Roubier*, p. 175.
4. Civ. 2e, 31 janv. 1980, no 77-13.908, NP; *Gaz. Pal.* 1980. 1. 299, note Viatte; *RTD civ.* 1980. 598, obs. Normand; *RTD civ.* 1981. 454, obs. Perrot – Civ. 2e, 16 juill. 1980, no 78-15.603, *Bull. civ.* II, no 186; *RTD civ.* 1981. 203, obs. Normand; *RTD civ.* 1981. 454, obs. Perrot – Civ. 2e, 4 mars 1981, no 80-11.243, *Bull. civ.* II, no 47.
5. J. Normand, *RTD civ.* 1980. 599, obs. ss Civ. 1re, 16 janv. 1980, no 78-14.985.
6. Civ. 2e, 16 juill. 1980, no 78-15.603, *Bull. civ.* II, no 186 – Sur l'évolution jurisprudentielle, v. G. Bolard, « Les juges et les droits de la défense », *Mél. Bellet*, p. 49.
7. Cass., ch. mixte, 10 juill. 1981, no 77-10.745, no 78-10.425, 2 esp., *Bull. ch. mixte*, no 6; *D.* 1981. 637, concl. Cabannes; *Gaz. Pal.* 1981. 2. 627, note Viatte; *RTD civ.* 1981. 677, obs. Normand.
8. Guinchard, Chainais et Ferrand, 31e éd., 2012, nos 817 s. – Cadiet et Jeuland, 6e éd., 2009, nos 517 s. – Héron et Le Bars, no 306.
9. Civ. 1re, 27 oct. 1993, no 90-20.932, *Bull. civ.* I, no 302; *D.* 1994. 211; *D.* 1994. 115, chron. Bénabent – Civ. 2e, 15 mars 1995, no 93-14.164, *Bull. civ.* II, no 91; *D.* 1996. 138, obs. Julien; *JCP* 1995. IV. 1181 – Et Civ. 2e, 19 févr. 1997, no 95-11.174, *Bull. civ.* II, no 46; *JCP* 1997. IV. 826.
10. Civ. 2e, 28 juin 1995, no 93-14.506, no 93-14.507, *Bull. civ.* II, no 219; *JCP* 1995. IV. 2119 – Civ. 1re, 10 juill. 1995, no 92-19.378, *Bull. civ.* I, no 314; *JCP* 1995. IV. 2244 – Civ. 2e, 19 juin 1996, no 94-11.090, *Bull. civ.* II, no 152.

en compte à la fois d'un fait adventice et d'une nouvelle requalification [1]) [2].

La Cour de cassation condamne fermement les violations de l'article 16 [3]. L'ordre public de la règle appliquée d'office n'a pas d'incidence [4]. Avant d'écarter une pièce visée au bordereau, le juge doit, sous peine de violer l'article 16, inviter les parties à s'expliquer sur son absence du dossier [5].

Aujourd'hui rares, les réticences de la Cour de cassation dans l'application de l'article 16 ne durent pas [6]. Un flottement récent [7] a été rapidement suivi de la réaffirmation de la solution orthodoxe [8].

Sur la mise en œuvre de l'article 16 par notes en délibéré sans réouverture des débats, la jurisprudence semble hésiter [9].

222.34 Double fondement. La règle désormais établie est nécessaire, dans une double perspective.

Les parties sont des **sujets de droit**. Elles doivent connaître les éléments qui se révéleront déterminants pour l'issue du litige, elles doivent avoir la faculté de les discuter (v. s^{s} n° 222.06). L'opinion selon laquelle la justice étatique étant « fondée sur la confiance dans le juge », le principe de contradiction « *ne saurait jouer entre le juge et les parties* » [10], ne peut être admise. Car si confiance il y a elle repose sur l'exécution correcte de l'office du juge, dans le respect du droit des parties de défendre leurs prérogatives vraies ou supposées. L'initiative secrète du juge ruinerait légitimement la confiance des parties. Sujets de droit les parties ne sont ni sujets du juge ni objets de droit.

Sous ce premier aspect l'article 16 doit évidemment être appliqué à tous les éléments décisifs du procès, qu'ils soient de fait ou de droit. Un moment manifeste [11] l'hésitation jurisprudentielle a heureusement disparu (v. s^{s} n° 222.33). La Cour européenne des droits de l'homme a retenu comme une violation de l'article 6 § 1 de la Convention la violation de l'article 1015 C. pr. civ., expression de l'article 16 dans la procédure de cassation [12].

La limitation de l'article 16 soit aux faits adventices, soit aux règles de droit relevées d'office ruinerait en outre une autre fonction du principe de contradiction.

La jurisprudence l'a révélé, quand avant les arrêts rendus par la chambre mixte le 10 juillet 1981, elle a refusé d'appliquer l'article 16 aux fins de non-recevoir d'ordre public relevées d'office (v. s^{s} n° 222.33). L'arrêt rendu par la seconde chambre civile le 16 juillet 1980 concernait une fin de non-recevoir d'ordre public tirée de l'expiration du délai d'appel (C. pr. civ., art. 125). Or en l'espèce la signification du jugement ayant été irrégulière, le délai d'appel n'avait pas couru. Mais faute d'avoir provoqué les explications des parties les juges d'appel n'en ont rien su [13].

L'espèce confirme ainsi que le **principe de contradiction** constitue un **instrument de la vérité du procès** (v. s^{s} n° 222.08). Le fait adventice appréhendé

1. Civ. 2e, 19 juin 1996, n° 96-60.132, *Bull. civ.* II, n° 158 – Civ. 2e, 20 juin 1996, n° 94-18.961, *Bull. civ.* II, n° 174.
2. V. AUSSI, G. Bolard, « Les juges et les droits de la défense », *Mél. Bellet*, p. 49, n°s 26 et 30, et réf. citées.
3. Parmi les arrêts récents, par ex., v. Civ. 1re, 27 oct. 1993, n° 90-20.932, *Bull. civ.* I, n° 302; *D.* 1994. 211; *D.* 1994. 115, chron. Bénabent – Civ. 2e, 15 mars 1995, n° 93-14.164, *Bull. civ.* II, n° 91; *D.* 1996. 138, obs. Julien; *JCP* 1995. IV. 1181 – Civ. 2e, 28 juin 1995, n° 93-14.506, *Bull. civ.* II, n° 219; *JCP* 1995. IV. 2119 – Civ. 1re, 10 juill. 1995, n° 92-19.378, *Bull. civ.* I, n° 314; *JCP* 1995. IV. 2244 – Civ. 2e, 19 juin 1996, n° 94-11.090, n° 96-60.132, 2 esp., *Bull. civ.* II, n°s 152 et 158; *JCP* 1996. IV. 1876 – Civ. 2e, 20 juin 1996, n° 94-18.961, *Bull. civ.* II, n° 174 – Civ. 2e, 19 févr. 1997, n° 93-15.994, *Bull. civ.* II, n° 45; *RTD civ.* 1997. 644, obs. Hauser; *JCP* 1997. IV. 826 – Civ. 3e, 11 mai 2000, n° 98-18.581, *Bull. civ.* III, n° 105.
4. Cass., ch. mixte, 10 juill. 1981, n°s 77-10.745 et 78-10.425 (préc. s^{s} prés^{t} n°) – Civ. 2e, 7 mai 2003, n° 01-50.079, *Bull. civ.* II, n° 136; *D.* 2003. 1547 – Com. 9 déc. 2008, n° 07-18.597, NP; *Rev. crit. DIP* 2009. 748, note d'Avout.
5. Civ. 2e, 11 janv. 2006, n° 03-17.381, *Bull. civ.* II, n° 10; *D.* 2006. 252; *JCP* 2006. IV. 1220 – Civ. 2e, 30 avr. 2009, n° 08-14.564, *Bull. civ.* II, n° 109; *D.* 2010. 989, obs. Douchy-Oudot; *JCP* 2009. 4. 1905.
6. Com. 19 avr. 2005, n° 05-10094, *Bull. civ.* IV, n° 92; *D.* 2005. AJ 1225, obs. A. Lienhard, corrigé par Com. 14 juin 2005, n° 04-14.329, *Bull. civ.* IV, n° 128; *D.* 2005. 2601, obs. Reinhard et Thomasset-Pierre; *JCP* 2005. IV. 2754.
7. Soc. 17 janv. 2002, n° 99-20.750, *Bull. civ.* V, n° 21; *D.* 2002. 2704, note Bolard; *RTD civ.* 2002. 799, obs. Hauser – Civ. 2e, 3 oct. 2002, n° 00-21.567, NP; *Rev. arb.* 2004. 585; *Procédures* 2002. 227, obs. Perrot – Civ. 2e, 19 déc. 2002, n° 01-02.583, *Bull. civ.* II, n° 295, motifs; *D.* 2003. 1398, obs. Julien.
8. Civ. 3e, 19 juin 2002, n° 00-21.869, *Bull. civ.* III, n° 146 – Civ. 2e, 20 nov. 2003, n° 02-11.272, *Bull. civ.* II, n° 349 – Civ. 2e, 23 sept. 2004, n° 01-16832, n° 01-12.964, 2 esp., *Bull. civ.* II, n°s 425 et 427 – Soc. 11 mai 2005, n° 03-40.916, *Bull. civ.* V, n° 157; *JCP* 2005. IV. 2426 – COMP., Civ. 1re, 18 sept. 2008, n° 06-17.859, *Bull. civ.* I, n° 204; *D.* 2008. 2351, obs. Avena-Robardet; *D.* 2009. 747, chron. Chauvin et Creton; *D.* 2009. 1044, obs. Martin et Synvet; *D.* 2010. 1740, obs. Groutel – Corrigé par Civ. 1re, 13 nov. 2008, n° 07-18.101, *Bull. civ.* I, n° 257; *D.* 2009. 747, chron. Chauvin et Creton; *JCP* 2008. 4. 2985 – Civ. 1re, 1er juill. 2009, n° 08-17.721, NP; *RJ com.* 2010. 50, note Moreau – G. Bolard, « Les faits tirés du dossier », *Mél. Normand,* Litec, 2003, p. 43 s.
9. G. Bolard, « Les juges et les droits de la défense », *Mél. Bellet*, p. 49, n°s 31 s., et réf. citées – Civ. 3e, 22 mars 1995, n° 93-15.233, *Bull. civ.* III, n° 80; *D.* 1995. 103 – Et, sur l'application de l'art. 16 dans les procédures orales, G. Bolard, *op. cit.*, n°s 37 s., et les réf. citées – Com. 31 janv. 1995, n° 92-21.743, *Bull. civ.* IV, n° 30; *Gaz. Pal.* 1995. 2. 370, note Perdriau (v. s^{s} n° 222.23 *in fine*).
10. C. Parodi, *L'esprit général et les innovations du Nouveau Code de procédure civile, Defrénois* 1976. 82-3.
11. COMP., dans la jurisprudence ancienne, pour l'exclusion de l'article 16 en cas de requalification, Civ. 1re, 15 janv. 1980, n° 78-11.833, *Bull. civ.* I, n° 27 – Et, en cas d'appréhension d'un fait adventice, Civ. 2e, 3 mai 1974, n° 72-14.559, *Bull. civ.* II, n° 150.
12. CEDH 13 oct. 2005, req. n° 65399/01, req. n° 65405/01, req. n° 65407/01, req. n° 65406/01, Clinique des acacias, *BICC* 15 janv. 2006, n° 2; *JCP* 2006. I. 109, n° 6, obs. Sudre.
13. Civ. 2e, 16 juill. 1980, n° 78-15.603 (préc. s^{s} n° 222.33) – V. G. Bolard, « Les juges et les droits de la défense », *Mél. Bellet*, p. 49, n°s 15-16.

par le juge sera peut-être corrigé ou complété par de nouvelles allégations ou de nouvelles preuves. La qualification nouvelle conduira peut-être les plaideurs à introduire au débat de nouveaux faits, concluants au regard de la règle dont l'application n'avait pas encore été envisagée.

222.35 Application générale. La règle est d'application générale.

Ce n'est pas seulement parce qu'elle est déduite du principe de contradiction, c'est aussi en application de l'article 16 C. pr. civ. Le libellé de l'article 16 alinéa 1er est général, il énonce un principe dont les modalités d'application, aux termes exprès des alinéas 2 et 3, embrassent tous les éléments que le juge peut être amené à prendre en considération : éléments de fait, éléments de droit, preuves. L'article 14 confirme la généralité des solutions nécessaires. « *Nulle partie ne peut être jugée sans avoir été entendue ou appelée* » : autrement dit tout élément décisif pour l'issue du procès doit avoir été soumis à la contradiction des parties (v. ss nos 222.21 s. et 222.31 s.).

Une interprétation restrictive du principe de contradiction et de l'article 16 C. pr. civ. ne serait pas de mise. La Cour de cassation n'y songe plus. Ainsi, au visa de l'article 16, alors même que le texte n'envisage pas ponctuellement l'hypothèse, elle écarte - sauf injonction de conclure au fond - toute décision au fond sur des conclusions limitées à une fin de non-recevoir ou à une exception[1]. Ou encore « *la cour d'appel doit, lorsqu'elle entend faire usage de son droit d'évocation, mettre les parties en mesure de conclure sur les points qu'elle se propose d'évoquer* »[2]. S'il en allait autrement le juge n'aurait ni fait observer ni observé lui-même le principe de contradiction, en outre en violation de l'article 14 les parties auraient été jugées « *sans avoir été entendues ou appelées* ».

L'arrêt rendu par l'assemblée plénière le 18 février 1994 ne contredit pas l'irrégularité de la décision au fond rendue sur conclusions limitées à des moyens de procédure[3]. Car l'arrêt relève que l'un des plaideurs avait conclu au fond et que son adversaire, malgré une injonction générale de conclure, lui avait répondu par des conclusions sans réserves, sur la seule compétence (« *la société a, par ces conclusions qui n'étaient assorties d'aucune réserve, limité la portée de son appel et ne s'est pas opposée aux conclusions* ***antérieures*** *par lesquelles la société Montesori avait sollicité la confirmation du jugement et fait appel incident sur le montant des dommages-intérêts* »). Un plaideur ne peut évidemment pas, par son abstention, paralyser les conclusions au fond de son adversaire.

222.36 Limites. En jurisprudence quatre limites résiduelles ont seulement été envisagées.

Encore que la solution soit contestée la Cour de cassation tolère que l'article 16 ne soit pas appliqué à la qualification retenue par le juge **en l'absence de toute qualification proposée par les parties**[4]. La solution n'est pas nécessairement sans fondement. Sauf à admettre leur négligence coupable l'attitude des plaideurs, s'ils ne qualifient pas, ne révèle-t-elle pas leur confiance totale dans la mission du juge, auquel ils s'en remettent de la qualification ? En outre l'administration de la justice ne doit pas être alourdie ou compliquée du seul fait d'une négligence aussi manifeste des plaideurs[5].

Encore faut-il qu'aucun des plaideurs n'ait proposé de qualification. La qualification par un seul des plaideurs le réintroduit dans le débat juridique, il ne peut être considéré comme y ayant renoncé[6]. C'est peut-être pourquoi l'objection adressée à la jurisprudence, et tirée du sort du défendeur qui ne peut pas mieux s'expliquer que le demandeur[7], peut ne pas être retenue. S'il ne qualifie pas le défendeur n'est-il pas dans la même situation que le demandeur ?

222.37 Absence d'une condition d'application. La jurisprudence écarte aussi l'article 16 quand le juge constate dans les faits de l'espèce l'absence d'une des conditions d'application de la règle débattue[8]. Sauf à retenir l'inconséquence des plaideurs on voit mal en effet comment ne pas inclure dans le débat les faits nécessaires à l'application de la règle invoquée.

De façon contestable, un arrêt a étendu la solution à la règle de droit introduite au débat par le juge pour en écarter une autre[9] (la solution est contestable, au moins dans la mesure où les parties n'ont pas pu discuter l'application de la règle qui a conduit à en exclure une autre).

222.38 Conclusions tardives. La Cour de cassation n'exige pas non plus un débat contradictoire sur

1. Civ. 2e, 23 oct. 1991, no 89-21.304, *Bull. civ.* II, no 277; *JCP* 1991. IV. 453 – Civ. 1re, 28 févr. 1995, no 93-11.310, *Bull. civ.* I, no 102.
2. Civ. 2e, 16 juill. 1992, no 90-21.050, *Bull. civ.* II, no 206; *JCP* 1992. 2698.
3. Cass., ass. plén., 18 févr. 1994, no 90-12.454, *Bull. ass. plén.*, no 2; *D.* 1994. 245, concl. Jeol; *RTD civ.* 1994. 411, obs. Normand; *JCP* 1994. 22232, concl. contraires Jéol, note du Rusquec; *Gaz. Pal.* 1994. 2. Somm. 403, obs. Croze et Morel.
4. Civ. 2e, 11 févr. 1981, no 79-14.612, *Bull. civ.* II, no 30 – Civ. 3e, 28 mai 1986, no 85-11.402, *Bull. civ.* III, no 82; *Gaz. Pal.* 1987. 1. Somm. 55, obs. Croze et Morel; *RTD civ.* 1987. 391, obs. Normand – Civ. 3e, 14 juin 1989, no 87-19.333, *Bull. civ.* III, no 138.
5. EN CE SENS, G. Bolard, « Les juges et les droits de la défense », *Mél. Bellet*, p. 49, no 19 – *CONTRA* : HÉRON et LE BARS, no 307 – GUINCHARD, CHAINAIS et FERRAND, 31e éd., 2012, no 822.
6. G. Bolard, « Les juges et les droits de la défense », *Mél. Bellet*, p. 49, no 19.
7. HÉRON et LE BARS, No 307 – GUINCHARD, CHAINAIS et FERRAND, 31e éd., 2012, nos 820 s.
8. Civ. 2e, 18 mars 1975, no 74-10.455, *Bull. civ.* II, no 96 – Civ. 3e, 3 mars 1981, no 79-16.684, *Bull. civ.* III, no 44; *RTD civ.* 1981. 461, obs. Normand – Civ. 1re, 4 mai 1994, no 92-10.671, *Bull. civ.* I, no 161 – Civ. 3e, 25 mars 1998, no 96-12.410, *Bull. civ.* III, no 75; *JCP* 1998. IV. 2232.
9. Civ. 3e, 22 juill. 1992, no 90-17.792, *Bull. civ.* III, no 261; *JCP* 1992. 2747.

l'irrecevabilité de conclusions tardives (v. s[s] n° 222.23), signifiées à une date trop proche de l'ordonnance de clôture pour permettre une réponse adverse[1] (même si une solution contraire a été suggérée par la deuxième chambre civile)[2]. La solution n'a pas convaincu[3]. Elle n'est pourtant pas sans fondement.

L'exigence d'un débat écrit sur la recevabilité des conclusions tardives ouvrirait inévitablement à leur auteur un moyen dilatoire. À l'audience même de plaidoiries le plaideur fautif **imposerait** le renvoi de l'affaire, sauf à son adversaire à tolérer les conclusions tardives et à renoncer lui-même à la libre contradiction. Une telle prime au plaideur négligent, ou de mauvaise foi, doit être éludée[4]. Elle peut l'être sans dommage. Car la date des conclusions peut être vérifiée à l'audience, oralement et brièvement. En application même du principe de contradiction, des articles 14 à 16 C. pr. civ., les conclusions tardives, exclusives de toute réponse adverse, sont irrecevables et la vérification orale de leur date en début d'audience doit suffire à les écarter.

Les pratiques douteuses de certains conseils - pourquoi pas des conclusions en début d'audience ? - ne prospèrent que par la complaisance de certains juges; les uns et les autres violent le principe de contradiction.

222.39 Moyen nécessairement dans la cause. Quelques arrêts ont encore évoqué le « *moyen nécessairement dans la cause* », que le juge pourrait mettre en œuvre sans inviter les parties à s'expliquer. Ont reçu cette curieuse qualification des règles de preuve, substituées par le juge aux règles débattues, une disposition transitoire évoquée au premier degré mais oubliée aux écritures d'appel, la déduction juridique de faits débattus au regard d'une autre règle de droit[5]. Le refus d'appliquer l'article 16 à la déduction juridique selon une nouvelle règle de droit[6] est directement contraire à la jurisprudence développée à la suite des arrêts rendus par la chambre mixte le 10 juillet 1981 (v. s[s] n°s 222.33 s.). La jurisprudence récente ne mentionne plus la solution et semble même l'avoir exclue[7].

Critiquée par une doctrine unanime[8], elle était sans doute un résidu des hésitations relatives à l'application au juge du principe de contradiction, et levées par la chambre mixte dans ses arrêts du 10 juillet 1981 (v. s[s] n° 222.33). Car elle est sans justification possible. Ou bien le moyen a été soumis au débat et il est dans la cause, sans qu'il soit besoin de l'adverbe « *nécessairement* ». Ou bien l'expression « *nécessairement dans la cause* » constitue l'aveu, par l'adjonction du mot « *nécessairement* », que le moyen n'était pas - notamment pour les parties - dans la cause, qu'il n'a pas été soumis au débat contradictoire, et que son insertion « *nécessaire* » dans la cause constitue un artifice dissimulant une violation du principe de contradiction.

Un arrêt rendu le 2 décembre 1992 par la seconde chambre civile semble bien écarter le moyen nécessairement dans la cause. La cour d'appel ayant débouté l'appelante au motif qu'elle avait « *implicitement et nécessairement reconnu la validité de la signification* », l'arrêt est cassé au motif « *qu'en relevant d'office un tel moyen, sans avoir recueilli les observations des parties, la cour d'appel a violé le texte susvisé* »[9]. La justification tirée du « *moyen nécessairement dans la cause* » a été expressément rejetée par la chambre sociale[10], écartée aussi par la Cour européenne des droits de l'homme[11]. Sans doute par inadvertance la chambre commerciale a qualifié de « *moyen nécessairement inclus dans la cause* » un moyen qui s'y trouvait effectivement, pour avoir été débattu dans les écritures[12].

222.41 Pratiques déficientes. Les difficultés rencontrées par la jurisprudence ont sans doute pour origine les pratiques parfois détestables de plaideurs négligents dans l'instruction de leurs dossiers, ou de quelques conseils réticents à l'endroit des exigences de la contradiction (v. s[s] n° 222.38)[13]. Ferme dans l'application des articles 14 à 16 C. pr. civ. la Cour de cassation préserve le procès civil de la généralisation d'abus intolérables.

1. Civ. 2e, 20 mars 1991, n° 89-20.210, *Bull. civ.* II, n° 92; *RTD civ.* 1991. 798, obs. Perrot; *JCP* 1991. 191 – Civ. 2e, 6 nov. 1991, n° 90-12.873, *Bull. civ.* II, n° 295 – Civ. 2e, 2 déc. 1992, n° 91-12.500, *Bull. civ.* II, n° 294; *D.* 1993. Somm. 187, obs. Julien – Civ. 3e, 7 mai 1997, n° 93-15.372, NP; *BICC* n° 976; *JCP* 1997. IV. 1341.
2. Civ. 2e, 27 févr. 1985, n° 83-16.725, *Bull. civ.* II, n° 51; *D.* 1985. 338; *RTD civ.* 1985. 447, obs. Perrot.
3. Julien, obs. préc. s[s] prés[t] n°.
4. COMP., S. Guinchard, *Mégacode NCPC*, s[s] art. 17, n° 015-C.
5. Civ. 1re, 8 oct. 1980, n° 79-12.728, *Bull. civ.* I, n° 250; *RTD civ.* 1980. 201, obs. Normand – Civ. 3e, 25 janv. 1984, n° 82-16.045, *Bull. civ.* III, n° 20; *D.* 1985. 117, note Héron – Civ. 1re, 20 janv. 1981, n° 79-10.638, *Bull. civ.* I, n° 23 – Civ. 1re, 12 juill. 1982, n° 81-12.256, *Bull. civ.* I, n° 260.
6. Civ. 1re, 12 juill. 1982 n° 81-12.256, *Bull. civ.* I, n° 260.
7. EN CE SENS, GUINCHARD, CHAINAIS et FERRAND, 31e éd., 2012, n° 823 – R. MARTIN, n° 207 – G. Bolard, « Les juges et les droits de la défense », *Mél. Bellet*, p. 49, n° 23 – *CONTRA*, HÉRON et LE BARS, n° 307.
8. Héron et Normand, obs. préc. s[s] prés[t] n° – GUINCHARD, CHAINAIS et FERRAND, 31e éd., 2012, n° 823 – H. Solus et R. Perrot, *Droit judiciaire privé*, Sirey, 1961, t. III, n° 119, et PERROT, *RTD civ.* 1993. 890. 1 – Guinchard, *Rev. arb.* 1997. 193 – G. Bolard, « Les juges et les droits de la défense », *Mél. Bellet*, p. 49, n°s 21 s.
9. Civ. 2e, 2 déc. 1992, n° 91-12.500, *Bull. civ.* II, n° 288.
10. Soc. 11 mai 2005, n° 03-40.916, *Bull. civ.* V, n° 157.
11. CEDH 13 oct. 2005, req. n°s 65399/01, 65405/01, 65407/01 et 65406/01, Clinique des acacias, (v. s[s] n° 222.34).
12. Com. 17 déc. 1991, n° 89-21.194, *Bull. civ.* IV, n° 397 – GUINCHARD, CHAINAIS et FERRAND, 30e éd., 2010, n° 823.
13. G. BOLARD et G. FLÉCHEUX, « L'avocat, le juge et le droit », *D.* 1995. 221.

La persistance d'une jurisprudence abondante (sur une brève période, v. les arrêts publiés cités s[s] n° 222.33 *in fine*) fait toutefois craindre la résignation de certains juges du fond, qui pour ne pas prolonger la procédure seraient tentés de tolérer la violation de la contradiction. La mise en œuvre de solutions rigoureuses, conformes à la jurisprudence de la Cour de cassation et nécessaires à la qualité de la justice (v. s[s] n°s 222.33 et 222.34), ne serait-elle pas au contraire dissuasive à l'égard des plaideurs indélicats ? Pour inciter à de meilleures instructions les juges ont encore à leur disposition les articles 8 et 13 C. pr. civ. (v. s[s] n°s 221.42 et 222.32)[1].

222.42 Procédure gracieuse. Applicable entre le juge et les parties le principe de contradiction trouve aussi sa place en **procédure gracieuse.** « *Si en matière gracieuse, décide la Cour de cassation, le juge peut se prononcer sans débats lorsqu'il se fonde sur des éléments que le requérant lui soumet, il ne peut retenir des faits que ce dernier n'a pas allégués sans provoquer ses explications* »[2]. Les articles 14 et 16 C. pr. civ. imposent évidemment la même solution si le juge gracieux applique aux faits une règle non invoquée par le requérant (v. s[s] n°s 222.32 à 222.36).

Ainsi la procédure gracieuse pour exclure le principe dispositif (v. s[s] n°s 221.141 s.) maintient l'application des articles 14 et 16 C. pr. civ. (v. s[s] n° 221.143). Le principe de contradiction régit aussi le débat entre le juge et les parties. Si dans une procédure unilatérale il n'y a pas de débat entre les parties faute qu'il y ait deux parties, il y a nécessairement un débat entre le requérant et le juge, « *faute de quoi le juge ne saurait pas ce qu'on lui demande ni pourquoi on le lui demande* »[3]. En matière gracieuse le juge ne peut prendre en compte ni nouveaux faits ni nouveaux moyens juridiques sans permettre au requérant de les discuter. L'avis du requérant est d'autant plus précieux qu'il complétera ou rectifiera peut-être le résultat des investigations du juge (v. s[s] n° 222.34). L'application en matière gracieuse de l'article 16 C. pr. civ. avait été contestée, mais dans une conception de la contradiction limitée aux rapports entre les parties[4].

SECTION 3

LOYAUTÉ DES DÉBATS ET IMMUNITÉ DE LA DÉFENSE

222.51 Preuves frauduleusement obtenues. L'obligation des parties de conserver aux débats un minimum de loyauté n'est guère douteuse[5]. L'obligation de loyauté est parfois prise dans un autre sens, plus restreint, relatif à la communication loyale des pièces[6].

La jurisprudence la sanctionne en matière de preuve. Pour écarter du débat des conversations téléphoniques, enregistrées à l'insu de leurs auteurs, l'assemblée plénière de la Cour de cassation vient d'affirmer « *le principe de loyauté dans l'administration de la preuve* »[7]. Il n'est pas permis de produire des preuves frauduleusement obtenues, par exemple par vol, détournement ou violence[8], ou par voie anonyme[9], ou grâce à la filature organisée par un employeur au préjudice du salarié[10].

Les solutions jurisprudentielles et légales sont justifiées par la nécessité d'un procès conforme aux valeurs qui soutiennent l'organisation sociale (v. s[s] n° 222.07). Elles trouvent un écho dans l'article 24 C. pr. civ., relatif à l'obligation de réserve des plaideurs (v. s[s] n° 222.52).

Les solutions jurisprudentielles ont des fondements légaux ponctuels. Selon les articles 259-1 et 259-2 du Code civil applicables au divorce sont écartés du débat les constats dressés en violation du domicile ou par atteinte illicite à l'intimité de la vie privée, et les lettres obtenues par violence ou fraude. L'article 11 C. pr. civ. subordonne à l'absence d'« *empêchement légitime* » la production forcée de documents détenus par un tiers au procès.

L'article 11 C. pr. civ. vise l'empêchement légitime du seul tiers, alors que l'article 10 du Code civil vise l'absence de motif légitime sans distinguer entre les parties et les tiers. La réserve de l'article 11 précité s'explique sans doute par la difficulté de concevoir le

1. G. BOLARD et G. FLÉCHEUX, « L'avocat, le juge et le droit », *D.* 1995. 221.
2. Civ. 1re, 13 janv. 1993, n° 91-04.135, *Bull. civ.* I, n° 17; *RTD civ.* 1993. 647, obs. Perrot – H. Solus et R. Perrot, *Droit judiciaire privé*, Sirey, 1961, t. III, n° 1248 – G. Bolard, « La liberté des plaideurs dans la procédure gracieuse », *D.* 1976. Chron. 54, et note 2.
3. G. BOLARD, *D.* 1976. Chron. 54.
4. M. Bandrac, « Indications sommaires sur les principales modifications introduites dans les règles antérieures par le décret du 5 décembre 1975 », *JCP* 1976. I. 2799, n° 49 *in fine.*
5. H. Motulsky, « Le droit naturel dans la pratique jurisprudentielle : le respect des droits de la défense en procédure civile », *Mél. Roubier*, p. 175 [n°s 17-18]; *Droit processuel*, p. 150-151 – GUINCHARD, CHAINAIS et FERRAND, 31e éd., 2012, n°s 763 s.
6. CORNU et FOYER, 1996, n° 102.
7. Cass., ass. plén., 7 janv. 2011, n° 09-14.316, *Bull. ass. plén.*; *D.* 2011. 157, obs. Chevrier; *D.* 2011. 562, note Fourment; *D.* 2011. 618, chron. Vigneau; *D.* 2011. 2891, obs. Delebecque, Bretzner et Gelbard-Le Dauphin; *RTD civ.* 2011. 127, obs. Fages; *RTD civ.* 2011. 383, obs. Thery; *JCP* 2011. 3. 43, obs. Malaurie-Vignal; *JCP* 2011. 8. 208, note Ruy; *Gaz. Pal.* 16 févr. 2011, note Régnault; *Gaz. Pal.* 22 mars 2011, obs. Amrani-Meeki – COMP. Com. 13 oct. 2009, n° 08-19.525, NP; *D.* 2010. 2671, obs. Delebecque, Bretzner et Gelbard-Le Dauphin; *Procédures* 2009. 390 obs. Perrot.
8. Civ. 2e, 19 déc. 1960, *Bull. civ.* II, n° 786 – Soc. 11 févr. 1981, n° 79-40.084, *Bull. civ.* V, n° 121 – Civ. 2e, 18 mars 1955, *D.* 1955. 573, note Savatier; *JCP* 1955. II. 8909, note Esmein; *Gaz. Pal.* 1955. 1. 249.
9. Com. 27 nov. 1991, n° 90-10.579, *Bull. civ.* IV, n° 366; *D.* 1992. 122, concl. Jeol, note Texidor.
10. Soc. 22 mai 1995, n° 93-44.078, *Bull. civ.* IV, n° 164; *RTD civ.* 1995. 862, obs. Hauser; *RTD civ.* 1996. 166, obs. Mestre; *RTD civ.* 1996. 197, obs. Gautier.

motif légitime d'une partie. Mais si un tel motif légitime apparaissait dans une espèce, comment n'en pas tenir compte, au moins en application de l'article 10 du Code civil ? Imagine-t-on contraindre un médecin ou un notaire, au motif qu'il serait partie, à la violation du secret professionnel ?

Le débat contemporain est paradoxal (1° et 2°).

1° Un **principe général de loyauté procédurale** est parfois affirmé[1]. Mais c'est au prix de difficultés sérieuses[2], imputables notamment à d'autres principes directeurs du procès[3] (v. s[s] n° 222.52). C'est de façon intempestive qu'un arrêt a cru pouvoir le retenir[4] (l'une des parties n'avait pas participé à une expertise, mais y avait été dûment convoquée, ce qui suffisait à lui rendre opposable l'expertise, dans une application classique du principe de la contradiction).

La notion anglaise ou anglo-saxonne d'*estoppel* est elle aussi volontiers retenue en doctrine et en jurisprudence, ce malgré son imprécision[5], mais comme un sésame substitué à toute analyse, au point d'avoir été opposé à un prétendu plaideur étranger à l'instance[6]. La Cour de cassation a senti le danger. L'assemblée plénière, qui récuse la dénomination d'*estoppel*, a affirmé « *que la seule circonstance qu'une partie se contredise au détriment d'autrui n'emporte pas nécessairement fin de non-recevoir* »[7]. La première chambre civile a tenté une définition restrictive de l'*estoppel*[8].

2° À l'encontre de l'exigence traditionnelle de preuves loyales, des arrêts, que l'on veut croire isolés, ont récemment admis des **preuves frauduleusement obtenues** (ainsi pour une dénonciation anonyme en matière fiscale[9]; ou des documents détournés par un salarié[10]).

De telles solutions sont incompatibles avec les droits de la défense, qui impliquent un processus policé d'administration de la justice (v. s[s] n° 222.07), la chambre criminelle rappelant en outre que le détournement de pièces peut constituer une infraction pénale[11]. Elles suggèrent que pour parvenir à ses fins un plaideur peut retenir que « la fin justifie les moyens ». Elles méconnaissent que, notamment grâce à la production forcée des pièces (v. s[s] n°s 221.103 s. et 341.30 s.), le plaideur peut vaincre la réticence de son adversaire et le juge tirer les conséquences d'une réticence maintenue (C. civ., art. 10, et C. pr. civ., art. 11). La jurisprudence antérieure était plus sage[12].

La Cour de cassation a récemment tenté de concilier les solutions de la chambre sociale et de la chambre criminelle, en admettant comme preuve le document détourné par le salarié lorsqu'il « *est strictement nécessaire à l'exercice des droits de sa défense dans le litige l'opposant à son employeur* »[13]. La solution est un faux-semblant. Au motif qu'il est engagé dans un procès, un plaideur serait-il autorisé à cambrioler bureaux ou domicile de son adversaire pour y trouver les preuves « *strictement nécessaires* » à sa défense ? En outre le salarié aura sans doute détourné les pièces avant le procès : comment savait-il qu'elles lui seraient nécessaires dans un procès hypothétique ? En jurisprudence les difficultés persistent[14], malgré l'arrêt

1. V. NOT., S. Guinchard, « Le principe de loyauté », *Justices* 1999. 115 s.; « L'autorité de la chose qui n'a pas été jugée à l'épreuve des nouveaux principes du procès civil », *Mél. Wiederkehr*, Dalloz, 2009, p. 379 – Pour un principe de loyauté en droit processuel, v. M. E. Boursier, *Le principe de loyauté en droit processuel*, « Bibliothèque des thèses », Dalloz, 2003.
2. V. S. Guinchard, « De la loyauté de la concurrence à la loyauté de la procédure : ou les dangers de la proclamation d'un principe conçu exclusivement comme l'instrument d'une politique de gestion des flux judiciaires », *Mél. Serra*, Dalloz, 2006, p. 229.
3. H. Motulsky, « Le droit naturel dans la pratique jurisprudentielle : le respect des droits de la défense en procédure civile », *Mél. Roubier*, p. 175 [n° 16] – G. Bolard, « La procédure civile en appel : des réformes et des spécificités », Colloque avoués Montpellier, *Gaz. Pal.* 2008. Doctr. 3053, n° 9.
4. Civ. 1re, 4 oct. 2005, n° 02-15.981, *Bull. civ.* I, n° 360; *JCP* 2005. 4. 3342; *D.* 2007. 530, obs. Witz; *RTD civ.* 2006. 272, obs. Remy-Corlay; *RTD com.* 2006. 250, obs. Delebecque.
5. V. B. Fauvarque-Cosson, *La confiance légitime et l'estoppel*, Société législation comparée, vol. 4, 2007, not. p. 59 – Ph. Pinsolle, *Rev. arb.* 2005. 1002 – E. Loquin, *RTD com.* 2006. 309 – R. de Gouttes, *LPA* 13 mai 2009, p. 7 – *RJ com.* 2010. 383 s., note Lagarde.
6. Civ. 1re, 6 mai 2009, n° 08-10.281, *Bull. civ.* I, n° 86; *JCP* 2009. 50. 534, note Bolard; *D.* 2009. 1422, obs. Delpech; *D.* 2009. 2959, obs. Clay; les faits de l'espèce et la procédure suivie sont si mal exposés par l'arrêt que le plus souvent les commentateurs ont été abusés, v. *Procédures* 2009. 236 obs. Rolland; *RTD com.* 2009. 546, obs. Loquin; *LPA* 21 juill. 2009, note Mouralis; *Rev. arb.* 2010. 299, note Cohen.
7. Cass., ass. plén., 27 févr. 2009, n° 07-19.841, *Bull. ass. plén.*, n° 1; *D.* 2009. 169, obs. Fricero; *D.* 2009. 723, obs. Delpech; *D.* 2009. 1245, note Houtcieff; *RTD civ.* 2010. 459, étude Dupont; *JCP* 2009. 2. 10073, note Callé; *LPA* 13 mai 2009, obs. de Gouttes; *Gaz. Pal.* 2009. 1261, note Janville; *RJ com.* 2010. 383, note Lagarde.
8. Civ. 1re, 3 févr. 2010, n° 08-21.288, *Bull. civ.* I, n° 25; *D.* 2010. 448 obs. Delpech; *D.* 2010. 1149; *D.* 2010. 2933, obs. Clay; *D.* 2011. 265, obs. Fricero; *JCP* 2010. Actu. 178, obs. Ortscheidt; *JCP* 2010. 23. 626, note Houtcieff; *JCP* 2010. 23. 644, n° 7, obs. Béguin; *Rev. arb.* 2010. 93, note Weiller; *LPA* 22 févr. 2010, note Mouralis – Dans le contentieux fiscal, le Conseil d'État a écarté l'*estoppel*, CE, avis, 1er avr. 2010, req. n° 334465, *D.* 2010. 1149; *Procédures* 2010. 256, obs. Ayrault; *LPA* 12 mai 2010, obs. Pérotin.
9. Com. 16 juin 1998, n° 96-30.135, *Bull. civ.* IV, n° 202; *Gaz. Pal.* 1998. 2. 458, note Michaud.
10. Soc. 2 déc. 1998, n° 96-44.258, *Bull. civ.* V, n° 535; *D.* 1999. 431, note Gaba; *D.* 2000. 87, obs. Frossard; *JCP* 1999. II. 10166, 1er esp., note Bouretz – P. Michaud, « Le point sur les dénonciations anonymes : l'avocat, le juge et le corbeau », *Gaz. Pal.* 1999. Doctr. 2044 – V. AUSSI, V. Perrocheau, « Les fluctuations du principe de loyauté dans la recherche des preuves », *LPA* 17 mai 2002.
11. Crim. 16 mars 1999, n° 97-85.358, NP; *JCP* 1999. II. 10166, 2e esp.
12. Civ. 2e, 19 déc. 1960, *Bull. civ.* II, n° 786 – Soc. 11 févr. 1981, n° 79-40.084, *Bull. civ.* V, n° 121 – Com. 27 nov. 1991, n° 90-10.579, *Bull. civ.* IV, n° 366; *D.* 1992. 122, concl. Jéol, note Texidor; *JCP E* 1992. II. 248, concl. Jéol.
13. Soc. 30 juin 2004, n° 02-41.720, *Bull. civ.* V, n° 187; *D.* 2004. 2326, note Gaba; *D.* 2004. 2760, obs. Roujou de Boubée – Crim. 11 mai 2004, n° 04-81.039, n° 03-85.521, 2 esp., *Bull. crim.* n°s 114 et 117.
14. V. Crim. 10 mai 2005, n° 04-85.349, *Bull. crim.* n° 145; *D.* 2005. 2986, obs. Roujou de Boubée, Garé et Mascala; ►

précité rendu par l'Assemblée plénière le 7 janvier 2011 (v. *supra* s^s prés^t n^o).

222.52 Immunité de la défense. La loyauté des débats ne signifie pas que les parties doivent la vérité au juge. L'obligation de vérité serait incompatible avec le principe dispositif, qui autorise les plaideurs à fixer ensemble, par leurs allégations réciproques, les faits du procès (v. s^s n°s 221.05 s. et 221.40 s.). Elle emporterait aussi violation de l'immunité de la défense.

Au visa des droits de la défense, la Cour de cassation a reconnu au plaideur le droit de nier la vérité devant le juge : « *Ne fait qu'user du droit de se défendre en justice le plaideur qui conteste devant la juridiction du second degré avoir tenu devant les premiers juges des propos qui ont été retenus contre lui,* ***alors même que ces propos auraient été effectivement tenus*** »[1]. Au nom des droits de la défense encore on ne saurait non plus retenir comme cause réelle et sérieuse de licenciement les griefs graves énoncés par le salarié, à l'égard de l'employeur et de son encadrement, dans une instance judiciaire[2]. Précisément selon l'article 41 alinéa 3 de la loi du 29 juillet 1881 sur la liberté de la presse, « *ne donneront lieu à aucune action en diffamation, injure ou outrage* [...] *les discours prononcés ou les écrits produits devant les tribunaux* ».

L'immunité de la défense a deux limites. D'abord les « *termes employés* » ne doivent pas excéder « *les limites d'une défense légitime* »[3] et l'obligation de réserve des parties énoncée à l'article 24 C. pr. civ. permettrait au juge, outre les sanctions disciplinaires à l'égard du conseil fautif, de supprimer de la procédure les écrits excessifs. Ensuite l'immunité est subordonnée au lien avec le litige des allégations contestées[4].

L'immunité de la défense est qualifiée de « *liberté fondamentale* »[5]. La loyauté totale dans la procédure ne peut pas être exigée des parties. Car devraient être éliminés les risques inéluctables d'erreur, d'appréciation unilatérale du litige ou d'une passion trop compréhensible des plaideurs, en outre les risques d'erreur ou de faiblesse du juge. À ces conditions y aurait-il encore des procès ? Dans le procès civil aussi la faiblesse humaine a sa part irréductible. À propos du devoir de dire la vérité, H. Motulsky écrivait : « *Nous craignons que cette qualification ne dépasse l'état actuel de l'évolution humaine.*[6] »

Si le juge a parfois quelque peine à supporter l'immunité de la défense (tel l'arrêt très contestable rendu par la première chambre civile qui maintient la faute disciplinaire de l'avocat malgré l'immunité de la défense[7]), la cour d'appel de Paris a clairement disculpé un avocat dont les propos « *ne s'interprètent pas comme une attaque spécifiquement dirigée contre les membres* » de la juridiction « *dans l'intention de les outrager mais comme une critique d'ordre général du fonctionnement de la justice dans l'affaire sus-évoquée, participant, en tant que telle, de l'exercice des droits de la défense et de la liberté de parole qui en est l'expression* »[8].

222.53 Droits de la défense, principes et règles. Articulées l'une à l'autre en droit positif la loyauté des débats et l'immunité de la défense illustrent l'incidence du principe des droits de la défense. Le même principe engendre des règles ou des principes subordonnés distincts, qui se limitent l'un l'autre. C'est sans doute une des originalités des principes juridiques, comparés aux règles. Elle est en tout cas manifeste s'agissant du principe des droits de la défense (v. s^s n° 222.62).

▶ *LPA* 31 oct. 2005, note Barbieri – Soc. 17 mai 2005, n° 03-40.017, *Bull. civ.* IV, n° 165; *D.* 2005. 1873, tribune de Quenaudon; *D.* 2055. 2643, obs. Lepage, Marino et Bigot; *D.* 2006. 29, obs. Centre de recherche en droit social de l'IETL – *Adde* : pour la réaffirmation de la solution classique : Civ. 2e, 7 oct. 2004, n° 03-12.653, *Bull. civ.* II, n° 447; *D.* 2005. 122, note Bonfils; *D.* 2005. 2643, obs. Lepage, Marino et Bigot; *RTD civ.* 2005. 135, obs. Mestre et Fages; *JCP* 2005. II. 10025, note Léger.
La jurisprudence est aléatoire; COMP., après l'arrêt de l'Assemblée plénière du 7 janvier 2011 : Com. 31 janv. 2012 n° 11-13.097, *Bull. civ.* IV, n° 22 – Civ. 1re, 5 avr. 2012 n° 11-14.177, *Bull. civ.* I, n° 85; *D.* 2012. 1596, note Lardeux; *D.* 2012. 2826, obs. Bretzner; *D.* 2013. 174, obs. Fricero; *RTD com.* 2012. 506, obs. Hauseret – Soc. 4 juill. 2012, n° 11-30.266, *Bull. civ.* V, n° 208; *LPA* 9 oct. 2012, note Peschaud; *JCP* 2012. 804, obs. Corrigan-Carsin.
Il est des arrêts stupéfiants, v. Crim. 9 juin 2009, 08-86.843, *Bull. crim.* n° 118; *D.* 2009. 1714, chron. Chaumont et Degorce; *D.* 2009. 2825, obs. Roujou de Boubée, Garé et Mirabail; *D.* 2010. 306, note Gaba, qui retient le vol du salarié au motif que les documents détournés n'ont pas été utilisés dans une procédure prud'homale mais en défense lors d'une audition sur plainte pour diffamation; *Gaz. Pal.* 2009. 2613, note Detraz; *AJ pénal* 2009. 361; *RTD com.* 2009. 814, obs. Bouloc; *RSC* 2010. 128, obs. Fortis.

1. Civ. 1re, 4 déc. 1979, n° 78-13.967, *Bull. civ.* I, n° 301; *D.* 1981. 328, note Brunois.
2. Soc. 15 nov. 1990, n° 87-45.862, *Bull. civ.* V, n° 560; *D.* 1990. 291.
3. Soc. 15 nov. 1990, n° 87-45.862 (préc. s^s prés^t n^o).
4. Civ. 1re, 11 juill. 1972, n° 71-10.782, *Bull. civ.* I, n° 181; *D.* 1974. 129, note Brunois – Civ. 1re, 28 mars 2008, n° 05-18.598, NP; *Gaz. Pal.* 2008. 1001; *JCP* 2008. 2. 10123, note Lefebvre.
5. Soc. 15 nov. 1990, n° 87-45.862 (préc. s^s prés^t n^o).
6. H. Motulsky, « Le droit naturel dans la pratique jurisprudentielle : le respect des droits de la défense en procédure civile », *Mél. Roubier*, p. 175 [n° 16].
7. Civ. 1re, 16 déc. 2003, n° 03-13.353, *Bull. civ.* I, n° 256; *D.* 2004. 977, note Beignier; *D.* 2004. 2826, obs. Blanchard; *Gaz. Pal.* 2004. 1. 520 – V. AUSSI, le curieux arrêt rendu par Com. 21 oct. 1997, n° 95-17.183, NP; omis au *Bull. civ.* mais rapporté à la *Gaz. Pal.* 1998. 2. 366, note Perdriau; *D.* 1998. 280, chron. Atias; *Procédures* 1998. 84, note Croze – V. AUSSI, C. Atias, « L'erreur grossière du juge », *D.* 1998. 280.
8. Paris, 27 janv. 1999, *D.* 2000. 101, note Hodebar – *Adde* : Crim. 11 oct. 2005, n° 05-80.545, *Bull. crim.* n° 255; *D.* 2006. 1272, note Beignier.

SECTION 4
PUBLICITÉ DES DÉBATS

222.61 Débats oraux. Le principe de la publicité des débats est aujourd'hui volontiers rattaché aux droits de la défense[1]. Sont bien sûr visés les débats oraux.

Le principe de la publicité des débats est une exigence des droits de la défense. Car la publicité tend à préserver les plaideurs d'influences occultes. « *La contradiction s'opère au grand jour* [...] coram populo, in facie societatis », la justice est rendue « *sous le contrôle de l'opinion* »[2]. La publicité de la justice est « *une garantie fondamentale des droits et des libertés des citoyens. L'opinion publique apparaît en quelque sorte comme la caution virtuelle d'une bonne administration de la justice* » alors que le secret « *ferait peser une suspicion sur l'indépendance et l'impartialité des juges* »[3].

Il est encore moins douteux que la publicité des débats soit un principe général du droit. C'est à ce titre que le Conseil d'État l'a soustraite au pouvoir réglementaire[4]. Elle est notamment visée par l'article 6 § 1 de la Convention européenne de sauvegarde des droits de l'homme et des libertés fondamentales[5] (v. N. Fricero, s^s^ n°s 212.34 s.). La publicité des débats est prolongée par la publicité du jugement (C. pr. civ., art. 451 et 452 - L. 5 juill. 1972, art. 11-2 et 11-3). Dans l'arrêt du 4 octobre 1974, le Conseil d'État aurait pu rattacher la solution à l'article 34 de la Constitution selon lequel la loi fixe les règles concernant « *les garanties fondamentales accordées aux citoyens pour l'exercice des libertés publiques* ».

En application des articles 446 et 458 C. pr. civ., « *la nullité pour inobservation de la publicité des débats ne peut être ultérieurement soulevée si elle n'a pas été invoquée avant la clôture des débats, et celle relative à la non-publicité de la décision, au moment de son prononcé* »[6].

222.62 Exceptions traditionnelles. Le rattachement aux droits de la défense permet de comprendre et le principe de la publicité des débats et les exceptions qui lui sont traditionnellement apportées.

Car si la publicité des débats contribue à garantir l'impartialité du juge, elle se révèle aussi parfois contraire à la liberté de la défense. La nature de l'affaire peut conduire les parties à souhaiter écarter la publicité des débats. Ainsi l'article 435 C. pr. civ. permet-il au juge de tenir les débats en chambre du conseil si leur publicité peut porter « *atteinte à l'intimité de la vie privée, ou si toutes les parties le demandent* ». La même solution est souhaitable du point de vue même des parties « *s'il survient des désordres de nature à troubler la sérénité de la justice* ».

La publicité des débats est encore écartée en certaines matières, pour protéger l'intimité de la vie privée comme en matière de divorce (C. civ., art. 248), ou pour éviter une publicité prématurée comme il en est de l'audience préalable à l'ouverture du redressement ou de la liquidation judiciaires (C. com., art. L. 621-4 [anc^t^ L. 25 janv. 1985, art. 6] - Décr. 27 déc. 1985, art. 8). Mais le jugement est rendu publiquement, du moins s'il prononce la mesure demandée (C. pr. civ., art. 1081 - Décr. 27 déc. 1985, art. 14, al. 2). Traditionnellement, l'audience gracieuse se tient, elle aussi, en chambre du conseil, où le jugement est également rendu (C. pr. civ., art. 434 et 451 - L. 5 juill. 1972, art. 11-2). Les décisions gracieuses relèvent en effet souvent de l'intimité de la vie privée. En outre faute de litige les influences occultes peuvent être négligées plus aisément. En matière gracieuse et selon l'article 28 C. pr. civ., le juge peut même « *se prononcer sans débat* »[7].

Le principe de la publicité des débats et ses exceptions sont rationnellement déduits des droits de la défense. L'observation, si elle est admise, confirme l'incidence du principe des droits de la défense, comparé à une règle de droit (v. s^s^ n° 222.53)[8].

1. G. Wiederkehr, « Droit de la défense et procédure civile », *D.* 1978. 36 – G. Flécheux, « Le droit d'être entendu », *Mél. Bellet,* Litec, 1991, p. 149 s., III – G. Bolard, *Les principes directeurs...*, n° 16 – CORNU et FOYER, 1996, n° 105.
2. CORNU et FOYER, 1996, p. 478.
3. H. Solus et R. Perrot, *Droit judiciaire privé*, Sirey, 1961, t. III, n° 248.
4. CE 4 oct. 1974, dame David, req. n° 88930, *D.* 1975. 369, note Auby; *JCP* 1975. 17967, note Drago; *Gaz. Pal.* 1975. 1. 117, note Amson; *RTD civ.* 1975. 353, obs. Normand.
5. H. Solus et R. Perrot, *Droit judiciaire privé*, Sirey, 1961, t. III, n° 248.
6. Civ. 2e, 27 mai 2004, n° 02-13.483, *Bull. civ.* II, n° 259; *D.* 2004. 1863.
7. D. Le Ninivin, *La juridiction gracieuse dans le Nouveau Code de procédure civile,* Litec, 1983, n° 397 – G. Bolard, « La liberté des plaideurs dans la procédure gracieuse », *D.* 1976. Chron. 54.
8. G. Bolard, « Les principes directeurs du procès arbitral », *Rev. arb.* 2004. 511, n°s 4 et 5.

CHAPITRE

223. Initiatives procédurales

GEORGES BOLARD
Professeur émérite de la Faculté de droit de l'Université de Dijon

223.01 Principaux textes applicables.
C. pr. civ., art. 1 à 3.

223.03 Bibliographie. V. s[s] n° 22.03.

223.11 Conduite du procès. De la saisine du juge au jugement définitif l'instance suppose l'accomplissement d'actes juridiques divers, comme les conclusions, les productions de pièces, les jugements avant dire droit. Ces actes du procès sont-ils accomplis selon le rythme fixé par les parties ou par le juge ?

Tel est le problème de l'initiative procédurale, ou des initiatives procédurales si l'on admet qu'elles puissent émaner à la fois du juge et des parties. Il est aisé à résoudre quand les parties s'entendent entre elles et avec le juge pour conduire le procès. Il se pose de façon aiguë s'il y a conflit ou divergence, l'une des parties souhaitant par exemple accélérer une procédure que l'autre préférerait freiner.

223.12 Terminologie. L'analyse classique oppose le principe accusatoire et le principe inquisitorial. Selon le principe accusatoire les parties auraient la maîtrise de la conduite du procès (par opposition au principe dispositif qui leur donne la maîtrise de la matière du procès), selon le principe inquisitorial le procès serait conduit par le juge. On soutenait traditionnellement que la procédure civile relevait du principe accusatoire, contrairement aux procédures administrative et pénale.

La terminologie classique a été remise en cause, pour trop évoquer la procédure pénale[1]. En outre les deux principes, accusatoire et inquisitorial, peuvent être interprétés comme concernant à la fois la conduite et la matière du procès[2] : or en procédure civile la matière du procès est de toute façon gouvernée par le principe dispositif (v. s[s] n°s 221.11 s.) et l'état du droit positif confirme que la maîtrise des parties sur la matière litigieuse n'est pas incompatible avec un certain pouvoir du juge dans la direction de l'instance[3]. On a ainsi proposé une autre terminologie, retenant le principe d'initiative ou d'impulsion, principe d'initiative des parties ou principe d'initiative du juge[4]. Avant le Nouveau Code de procédure civile, la pratique tendait à retenir le seul principe accusatoire. Les textes suggéraient des solutions plus nuancées (v. Décr. 30 mars 1808, art. 28 et 29)[5].

223.21 Pouvoirs complémentaires. Il n'est plus discuté que dans la conduite de l'instance le droit positif donne des pouvoirs d'initiative à la fois au juge et aux parties[6].

Les pouvoirs d'injonction du juge de la mise en état (C. pr. civ., art. 764), son pouvoir de clore l'instruction (C. pr. civ., art. 782), ne laissent pas le moindre doute sur l'existence d'initiatives du juge (au tribunal d'instance, C. pr. civ., art. 446-3 [anc. art. 844]; et au tribunal de commerce, C. pr. civ., art. 862, al. 2, qui renvoie à l'art. 446-3 C. pr. civ.)

1. CORNU et FOYER, 1996, n° 140-B – HÉRON et LE BARS, n° 245 – Rép. pr. civ., v° *Principes directeurs du procès*, par R. Martin, mai 2000 [màj déc. 2010], n°s 10 s.

2. H. Motulsky, « Prolégomènes pour un futur code de procédure civile : la consécration des principes directeurs du procès civil par le décret du 9 septembre 1971 », *D.* 1972. 91 [n° 12].

3. H. Motulsky, *Droit processuel,* p. 173 – G. Bolard, « Les principes directeurs du procès civil... », *JCP* 1993. I. 3693 [n°s 4 et 5] – COMP., sur la conception du principe accusatoire étendue à la matière du procès, CROZE et MOREL, n°s 160 s. – H. Solus et R. Perrot, *Droit judiciaire privé*, Sirey, 1961, t. III, n°s 77 s.

4. CORNU et FOYER, 1996, n° 97 – H. Motulsky, « Prolégomènes pour un futur code de procédure civile : la consécration des principes directeurs du procès civil par le décret du 9 septembre 1971 », *D.* 1972. 91 [n° 12]; *Droit processuel,* p. 173 – GUINCHARD, CHAINAIS et FERRAND, 31e éd., 2012, n°s 403 s.

5. MOREL, n° 425.

6. V. NOT., GUINCHARD, CHAINAIS et FERRAND, 31e éd., 2012, n°s 403 s. – H. Solus et R. Perrot, *Droit judiciaire privé*, Sirey, 1961, t. III, n°s 79, 83 s. – CORNU et FOYER, 1996, n° 97 – CADIET et JEULAND, n°s 523 s.

tandis que les parties « *instruisent* » elles-mêmes le litige « *sous le contrôle* » du juge (C. pr. civ., art. 763). Dans des dispositions générales, les articles 1er à 3 C. pr. civ. distribuent des pouvoirs d'initiative ou d'impulsion à la fois au juge et aux parties. Ainsi en l'état des textes et quant aux initiatives procédurales la procédure civile est mixte.

223.22 **Le principe.** Il n'en est que plus important de savoir à qui le pouvoir d'initiative appartient en l'absence d'une disposition ponctuelle.

On admet généralement que le principe est celui de l'initiative des parties, le juge disposant seulement des pouvoirs de direction que lui confèrent des textes ponctuels. On dit encore que le principe d'initiative des parties est simplement tempéré par le pouvoir régulateur du juge[1]. La Cour de cassation semble partager l'analyse. « *Si les parties ont* ***la libre disposition de l'instance****, énonce l'assemblée plénière, l'office du juge est de veiller au bon déroulement de celle-ci dans un délai raisonnable* »[2].

Un **principe d'initiative privée** semble en effet devoir être affirmé[3].

Selon toute apparence il résulte des articles 1er à 3 C. pr. civ. Les articles 1er et 2 donnent aux parties des pouvoirs généraux d'initiative dans la conduite de l'instance, l'article 2 dispose même que « *les parties conduisent l'instance* ». En revanche selon l'article 3 le juge « *veille au bon déroulement de l'instance* ». La formule suggère que l'instance se déroule sous l'impulsion des parties, la mission du juge tendant seulement à garantir l'harmonie du processus. En outre sauf à ruiner l'unité et la cohérence du texte « *le pouvoir d'impartir des délais et d'ordonner les mesures nécessaires* », énoncé dans la même phrase, doit être limité à la mission du juge d'abord définie, selon laquelle il « *veille au bon déroulement de l'instance* ».

L'interprétation dominante présente aussi un intérêt pratique. Maîtresses de leurs droits en ce sens qu'elles auraient pu ne pas les soumettre au juge, les parties peuvent s'entendre pour donner au procès un rythme conforme à leurs intérêts communs, et peut-être à la recherche d'une transaction (v. aussi, C. pr. civ., art. 382).

Doit être réservée la bonne administration du service public de la justice, que les parties ne sauraient perturber. C'est à ce titre, sans doute, que l'assemblée plénière a donné au juge le pouvoir d'accepter ou de refuser le renvoi convenu par les parties[4]. Le pouvoir de radiation conféré au juge par l'article 381 C. pr. civ., faute « *de diligence des parties* » et sauf rétablissement de l'affaire (C. pr. civ., art. 383) pourrait relever de la même inspiration. Dans l'analyse ici retenue, de telles initiatives du juge ne devraient être admises sans texte que pour d'impérieuses raisons, dûment établies.

1. Cornu et Foyer, 1996, n° 97 – H. Solus et R. Perrot, *Droit judiciaire privé*, Sirey, 1961, t. III, n° 85.
2. Cass., ass. plén., 24 nov. 1989, n° 88-18.188, *Bull. ass. plén.*, n° 3; *D.* 1990. 25, concl. Cabanes; *D.* 1990. 429, 1re esp., note Julien; *RTD civ.* 1990. 145, obs. Perrot; *JCP* 1990. II. 21407, note Cadiet; *Gaz. Pal.* 1990. 2. Somm. 358, obs. Guinchard et Moussa.
3. V. H. Motulsky, « Prolégomènes pour un futur code de procédure civile : la consécration des principes directeurs du procès civil par le décret du 9 septembre 1971 », *D.* 1972. 91 [n° 18].
4. Cass., ass. plén., 24 nov. 1989, n° 88-18.188 (préc. s^s^ prés^t^ n°).

LIVRE

3. LE DÉROULEMENT DES PROCÉDURES

SECTION 0 ORIENTEUR

3.00 Plan du livre.

Titre	**30**	**Les protocoles**
Chap.	300	Protocoles de procédure
Titre	**31**	**Les demandes incidentes**
Chap.	311	Demandes additionnelle et reconventionnelle
Chap.	312	Intervention
Titre	**32**	**Les procédures types quelle que soit la juridiction**
Chap.	321	Procédure contentieuse
Chap.	322	Procédure gracieuse
Chap.	323	Référé
Chap.	324	Ordonnances sur requête
Chap.	325	Conciliation et médiation – droit interne
Chap.	326	Médiation – droit de l'Union européenne et du Conseil de l'Europe
Chap.	327	Procédure participative assistée par avocat
Titre	**33**	**Les procédures de première instance selon les types de juridiction**
Chap.	331	Procédure devant le tribunal de grande instance
Chap.	332	Procédure devant le tribunal d'instance et la juridiction de proximité
Chap.	333	Procédure devant le tribunal de commerce
Chap.	334	Procédure devant le juge de l'exécution
Chap.	335	Procédure devant le conseil de prud'hommes
Chap.	336	Procédure devant les juridictions de la sécurité sociale
Chap.	337	Procédure devant le tribunal paritaire de baux ruraux
Chap.	338	Injonction de payer européenne
Chap.	339	Procédure européenne de règlement des petits litiges
Titre	**34**	**L'administration judiciaire de la preuve**
Chap.	341	Pièces
Chap.	342	Mesures d'instruction – droit interne
Chap.	343	Mesures d'instruction – droit de l'Union européenne
Chap.	344	Serment judiciaire
Titre	**35**	**Les incidents de procédure**
Chap.	351	Incidents de compétence
Chap.	352	Incidents relatifs au cours de l'instance
Chap.	353	Incidents relatifs au personnel judiciaire

Division. Avant de parvenir au jugement qui mettra fin à l'instance et dessaisira le juge, la procédure doit être instruite pour permettre aux parties de faire valoir leurs prétentions respectives dans le respect des droits de la défense. Ce déroulement de la procédure obéit à trois séries de règles : les premières sont communes à toutes les juridictions et à tous les types de procédure, elles concernent les demandes incidentes; les secondes sont communes à toutes les juridictions mais varient d'un type de procédure à l'autre; les troisièmes sont propres à chaque type de juridiction. Mais, il sera présenté d'abord des instruments juridiques qui se développent considérablement depuis quelques années, à savoir les protocoles de procédure, qui ont pour vocation d'organiser le déroulement du procès, en plus des règles communes et particulières (v. s^{s} n°s 300.00 à 300.65).

Enfin, après les règles de l'instruction, il y aura lieu d'étudier le régime de l'administration de la preuve ainsi que celui des incidents qui peuvent émailler le déroulement de cette instruction.

Seront donc étudiés les demandes incidentes (titre 31; v. s^{s} n°s 31.00 à 312.46); les procédures types quelle que soit la juridiction, y compris la médiation en droit communautaire ou européen, et la procédure participative de négociation assistée par avocat (titre 32; n°s 32.00 à 327.93); les procédures de première instance selon les types de juridiction, y compris la procédure communautaire d'injonction de payer et la procédure européenne de règlement des petits litiges (titre 33; n°s 33.00 à 339.53), l'administration judiciaire de la preuve (titre 34; v. s^{s} n°s 34.00 à 344.21) et les incidents de procédure (titre 35; v. s^{s} n°s 35.00 à 353.161).

30.11 Répertoire général – Constitution du dossier. Dès l'introduction de l'instance et la saisine du tribunal, il incombe au secrétariat de la juridiction saisie, quelle qu'elle soit, et quel que soit le type de procédure engagée, d'accomplir les deux formalités suivantes : l'inscription de l'affaire au répertoire général et la constitution du dossier.

Dans toute juridiction, le secrétariat doit tenir un **répertoire général** où sont inscrites toutes les affaires dont elle est saisie (C. pr. civ., art. 726, al. 1er). Concrètement le secrétariat porte au répertoire général chaque nouvelle affaire, en indiquant pour chacune d'elle, la date de la saisine, le numéro d'inscription, le nom des parties, la nature de l'affaire, et s'il y a lieu, la chambre à laquelle est distribuée (C. pr. civ., art. 726, al. 2). Le moment venu, il y portera également la nature et la date de la décision (C. pr. civ., art. 726, al. 2).

Parallèlement, pour chaque nouvelle affaire ainsi inscrite au répertoire général, le secrétariat constitue un **dossier** qui comprend à l'origine les mêmes indications que le répertoire général, ainsi que l'acte introductif d'instance adressé au secrétariat-greffe ou éventuellement dressé par lui. Ensuite, ce dossier sera complété, au fur et à mesure du déroulement de la procédure, par les indications et pièces suivantes (C. pr. civ., art. 727) :

- le nom du ou des juges ayant à connaître de l'affaire, et, le cas échéant, celui des personnes qui représentent ou assistent les parties;
- les actes, notes et documents relatifs à l'affaire, après avoir été visés par le juge ou le secrétaire;
- les mentions ou copies, selon le cas, des décisions auxquelles donne lieu l'affaire;
- les avis et les lettres adressés par la juridiction;
- lorsque la procédure est orale, les notes ou le procès-verbal consignant les prétentions des parties.

TITRE

30. Les protocoles

SECTION 0

ORIENTEUR

300.00 Plan du titre.

CHAPITRE

300. Protocoles de procédure

CORINNE BLÉRY
Maître de conférences-HDR
à l'Université de Caen Basse-Normandie

SECTION 0
ORIENTEUR

300.00 **Plan du chapitre.**

300.01 **Principaux textes applicables.** La matière, issue de la pratique, n'est régie par aucun texte; comp. C. pr. pén., art. D. 591.

300.03 **Bibliographie indicative.**

Actualisable. Rép. pr. civ., v° *Communication électronique*, par E. de Leiris, sept. 2012 [màj oct. 2013].

Ouvrages. P. Deumier, *Le droit spontané* (préf. J.-M. Jacquet), Economica, 2002 – Conseil d'État, *Sécurité juridique et complexité du droit,* Rapport public 2006, Doc. fr.; *Le droit souple* (avant-propos J.-M. Sauvé), Étude annuelle 2013, Doc. fr.

Articles. C. Bléry, « De la contractualisation à la réglementation unilatérale », *Procédures* 2012. Alerte 5; « Protocole relatif à la mise en état devant le tribunal de commerce de Bobigny : un exemple à suivre ? », *JCP* 2012. 1109; « Protocole relatif à la mise en état devant le tribunal de commerce de Lyon : un exemple qui interroge », *JCP* 2012. 1357; « Convention interbarreaux de la cour d'appel de Toulouse du 20 mars 2013 : et un protocole de plus ! », *JCP* 2013. 556 – H. Croze, « Irrecevabilité de conclusions pour violation d'une convention de procédure », obs. sur Reims, 27 nov. 2012, RG n° 12/02121, *JCP* 2012. 1394; « Napoléon reviens, ils sont devenus fous ! », *Procédures* 2012. Repère 11 – N. Fricero, chron. « Procédure civile » (janv.-déc. 2012), *D.* 2013. 269 – G. Huvelin et C. Bléry, « Mais que fait la Chancellerie ? », *Gaz. Pal.* 24-26 mars 2013, p. 9 – S. Lataste, « Le protocole sur la mise en œuvre des principes de concentration et de structuration des écritures est un guide de bonnes pratiques pour les avocats », *Gaz. Pal.* 2-3 mars 2012, p. 5 – B. Travier et R. Guichard, « Les protocoles sur les écritures judiciaires. Justice coutumière ou justice moderne ? », *JCP* 2012. 692.

SECTION 1
PRÉSENTATION

300.11 **Un phénomène nouveau.** Avec un auteur, il faut constater que « *depuis le début des années 2000, sont apparus et se sont multipliés les protocoles de procédure, négociés et signés entre les juridictions et les barreaux* »[1] et ajouter que « *qu'on les critique ou qu'on les loue, ces protocoles doivent être connus* [des] *confrères* »[2] et au-delà de tous les professionnels du droit. D'autres auteurs écrivent « *qu'il est grand temps de s'intéresser à ces sources spontanées et, peut-être, d'en institutionnaliser l'existence comme c'est le cas à l'étranger* »[3]. Opinion partagée, puisque le droit souple fait l'objet de l'étude annuelle 2013 du Conseil d'État, qui « *en publiant une étude sur ce thème* [...] *nourrit une double ambition. Il entend d'abord contribuer à la prise de conscience de la production et de l'utilisation croissantes du droit souple tant par les acteurs publics que par les entreprises en France et dans le monde.* [...] *En second lieu, l'étude vise à donner aux pouvoirs publics une doctrine et des outils pour l'action. Le Conseil d'État formule vingt-cinq propositions pour un emploi raisonné du droit souple* »[4].

1. J. Couturier, « Les protocoles de procédure » : http://www.droitetprocedure.com/fr/pag19-Documentation.html. Sur la « *multiplication des conventions ou protocoles, signés par les différents interlocuteurs du procès civil* » – V. AUSSI, N. Fricero, chron. « Procédure civile » (janv.-déc. 2012), *D.* 2013. 269.
2. « Les protocoles de procédure » : http://www.droitetprocedure.com/fr/pag19-Documentation.html.
3. CADIET et JEULAND, 8e éd., LexisNexis, 2013, n° 28 – *Adde*, sur le droit spontané, P. Deumier, *Le droit spontané* (préf. J.-M. Jacquet), Economica, 2002.
4. *Le droit souple* (avant-propos J.-M. Sauvé), Étude annuelle du Conseil d'État, Doc. fr., 2013 (*adde* http://www.conseil-etat.fr/fr/rapports-et-etudes/etude_annuelle_2013_le_droit_souple.html.) – *Adde*, J. Richard, « Droit souple : pour une doctrine de recours et d'emploi », *D.* 2013. 2512.

Un protocole ? C'est une sorte de convention collective de procédure civile, conclue entre la juridiction et ses partenaires et qui tend à encadrer la mise en état des affaires, tant en procédure écrite qu'orale. Sans être totalement nouveau, le phénomène des protocoles se généralise, ce à quoi contribue – notamment – le déploiement de la communication par voie électronique [1].

300.12 Communication par voie électronique. C'est le législateur lui-même qui a incité les acteurs du procès à signer de tels protocoles pour le déploiement de la communication par voie électronique (v. s^s n°s 161.08 et 161.221).

L'article 73 du décret n° 2005-1678 du 28 décembre 2005 a inséré à la fin du livre Ier du Code de procédure civile regroupant les dispositions communes à toutes les juridictions, un titre XXI, composé des articles 748-1 à 748-7. Ce titre intitulé « La communication par voie électronique », établit un régime général de la communication par voie électronique.

Or, l'article 88 du décret de 2005 fixait la date du 1er janvier 2009 pour l'entrée en vigueur de l'article 73, sous une réserve : « *toutefois, un arrêté du garde des Sceaux, ministre de la Justice, peut prévoir une application anticipée de l'article 73 dans le ressort des juridictions et pour les actes de procédure qu'il désigne, **après approbation de conventions passées entre le président de la juridiction et une ou plusieurs catégories d'auxiliaires de justice et organisant le recours à la communication électronique dans les conditions prévues par cet article. Ces conventions doivent être approuvées par le garde des Sceaux, ministre de la justice, ou, à défaut, être conformes aux conventions-cadre nationales conclues entre le ministre et les instances représentatives, au niveau national, des auxiliaires de justice de la catégorie considérée*** ».

Cet article 88 a été modifié par l'article 21 du décret n° 2008-484 du 22 mai 2008 relatif à la procédure devant la Cour de cassation [2] : « [...] *Toutefois, un arrêté du garde des sceaux, ministre de la justice, peut prévoir une application anticipée de l'article 73 dans le ressort des juridictions et pour les actes de procédure qu'il désigne. **Pour les procédures avec représentation obligatoire, cet arrêté est pris après conclusion de conventions passées entre le président de la juridiction et une ou plusieurs catégories d'auxiliaires de justice et organisant le recours à la communication électronique dans les conditions prévues par cet article*** ». L'exigence de conformité aux conventions-cadres n'est donc plus mentionnée (v. s^s n° 300.33).

De nombreuses conventions ont été signées : « *Les praticiens ont ressenti le besoin de sécuriser la communication par voie électronique, en précisant les modalités pratiques de sa mise en place. Par exemple, jusqu'à quelle heure exacte le greffe de la juridiction peut-il admettre un message, sachant que la technique permet de l'envoyer 24 heures sur 24, mais que le greffier est tenu à des horaires précis. Que peut-on entendre par cause étrangère empêchant de recourir à la communication électronique et justifiant la prorogation du délai ou une élaboration de l'acte sous forme papier (C. pr. civ., art. 748-7 et 930-1) ?* » [3].

Si l'article 88 a donné « *une base textuelle à ces conventions* » [4], c'est aujourd'hui de l'histoire du droit, puisqu'il ne s'agissait que de permettre une **application anticipée** de la communication par voie électronique, donc antérieure au 1er janvier 2009. Pourtant, de telles conventions continuent à voir le jour et « *semblent désormais être très nombreuses* » [5] : ainsi de la « *convention entre le tribunal de grande instance de Paris et l'Ordre des avocats à la cour d'appel de Paris concernant le protocole de communication électronique entre le tribunal de grande instance et les avocats* » (*sic*), signée le 28 janvier 2009 [6], de la « *convention locale régissant le protocole de communication électronique* » (re-*sic*), en date du 20 juin 2012, devant le tribunal de grande instance de Marseille (ou plutôt plusieurs chambres : 5 au lieu de 2, depuis un avenant en date du 12 décembre 2013, applicable depuis le 15 janvier 2014) [7], du « *protocole de mise en œuvre de la communication électronique entre les avocats et les chambres civiles de la cour d'appel de Lyon* », signé le 9 janvier 2012 [8], de « *l'avenant au protocole de procédure civile* [du tribunal de grande instance de Paris] *du 11 juillet 2012* », signé le 12 décembre 2012 [9], de la « *convention interbarreaux de la cour d'appel de Toulouse* », du 20 mars 2013 [10]...

1. EN CE SENS, aussi, CADIET et JEULAND, 8e éd., LexisNexis, 2013, n° 28.
2. T. Vasseur, *Rapport sur l'avis du 9 sept. 2013* : v. http://www.courdecassation.fr/IMG///rap_vasseur_1370005.pdf, p. 13.
3. N. Fricero, chron. « Procédure civile » (janv.-déc. 2012), *D.* 2013. 269.
4. Malgré son propos principal, le décret contenait des dispositions diverses ne concernant pas la Cour de cassation, tel l'article 21, équivalent d'un « cavalier législatif ».
5. *Rapport sur l'avis du 9 sept. 2013* : v. http://www.courdecassation.fr/IMG///rap_vasseur_1370005.pdf, p. 27.
6. http://proxy.siteo.com.s3.amazonaws.com/www.droitetprocedure.com/file/conventioncommunicationelectroniquetgibarreau28-01-2009.pdf
7. http://www.barreau-marseille.avocat.fr/upload/ebarreau/convention-tgi-marseille-ordre-du-20-juin-2012-3^e-et-4^e-ch-civiles.pdf et http://www.barreau-marseille.avocat.fr/upload/ebarreau/avenanttgi-mars.pdf
8. http://www.ca-lyon.justice.fr/fichiers/Protocole%20communication%20^electronique/annexe_1_-_contrat_de_procdure.pdf
9. http://dl.avocatparis.org/ebarreau/pdf/Avenant%2012_12_2012_PROTOCOLE_PROC_CIVILE_11_07_2012.pdf
10. C. Bléry, « Convention interbarreaux de la cour d'appel de Toulouse du 20 mars 2013 : et un protocole de plus ! », *JCP* 2013. 556 – M. Attal, « Heurts et malheurs de la dématérialisation de la procédure d'appel », *JCP* 2013. 490 (le texte de la convention est publié avec le libre propos de l'auteur).

300.13 **Réforme de la procédure orale.** C'est encore la Chancellerie qui a incité les acteurs du procès à recourir à des protocoles à l'occasion de la réforme de la procédure orale, de manière toutefois moins officielle qu'en 2005. C'est en effet la circulaire du 24 janvier 2011, relative à la présentation du décret n° 2010-1165 du 1er octobre 2010, relatif à la conciliation et à la procédure orale en matière civile, commerciale et sociale, qui est porteuse de cette invitation : après avoir évoqué le recours individuel à un calendrier de procédure, la circulaire précise que « *le recours à ce type de calendrier de procédure pourra également être discuté, voire modélisé, dans le cadre des démarches partenariales conduites par la juridiction, que celles-ci prennent la forme d'"accords-cadres" conclus avec le barreau ou d'échanges informels avec ce dernier* ». Le décret ne l'imposait pas. La circulaire y a ajouté.

De son côté, la garde des Sceaux Mme Taubira, a, le 14 décembre 2012, devant l'assemblée générale du Conseil national des tribunaux de commerce, insisté sur la nécessaire harmonisation des procédures d'instruction et l'amélioration du traitement procédural des dossiers; et la ministre de proposer pour y parvenir l'adoption de « contrats » et de « calendriers » de procédure[1]. Cependant, à la suite de cette invitation, le Conseil national des tribunaux de commerce a rédigé un *Guide de l'instruction des affaires de contentieux devant le tribunal de commerce*. En introduction, ce guide qui a pour but de faciliter l'application de la réforme issue du décret de 2010 en huit fiches thématiques, incite à éviter des contrats types. Il recommande ainsi à chaque juridiction de « ***concevoir ou repenser des modalités d'instruction adaptées à chaque tribunal*** »[2].

300.14 **Mode ?** Au-delà, devant nombre de juridictions (faute d'affichage officiel, il est impossible de faire une recension exhaustive : v. ss n° 300.41) ont été élaborés et (plus ou moins) mis en application des protocoles relatifs à la procédure civile; ils mêlent procédure civile et communication par voie électronique : c'est le cas notamment du **protocole de procédure civile du tribunal de grande instance de Paris** du 11 juillet 2012[3], du **protocole relatif à la mise en état devant le tribunal de commerce de Bobigny** du 4 octobre 2012[4] ou de l'avenant n° 2 à la **convention relative au contentieux général devant le tribunal de commerce de Lyon du 26 novembre 2012**[5]... Mais ils peuvent aussi se contenter de fixer les modalités du déroulement d'une procédure sans évoquer la communication par voie électronique : ainsi en est-il du **protocole entre le barreau de Paris, le tribunal de commerce et le greffe** du 18 décembre 2009 et de son avenant signé le 16 janvier 2013[6] ou de la **convention relative au contentieux général devant le tribunal de commerce de Toulouse signée le 19 juin 2013 (et applicable au 1er septembre 2013)**[7].

Il faut encore signaler un protocole d'une nature différente puisqu'il ne se veut que **guide de bonnes pratiques**, à savoir le « *protocole entre la cour d'appel de Paris et les Ordres des avocats des barreaux de Paris, du Val-de-Marne, de l'Essonne, de Meaux, de Melun, de Fontainebleau et de Sens sur la mise en œuvre des principes de concentration et de structuration des écritures* », daté du 13 décembre 2011[8] (v. ss nos 300.31 et 300.33; et n° 161.94).

300.15 **Avantages/inconvénients : questions.** L'idée qui sous-tend cette contractualisation de la procédure est celle d'un souci de bonne justice. Ainsi est-il constaté que « *parce qu'elle est l'affaire de tous,* [la justice] *a vocation à s'exprimer sur le terrain des conventions* »[9]; la multiplication des protocoles, qui « *n'est pas une mauvaise chose, participe d'une conception coopérative du procès qui recherche l'adhésion de l'ensemble des acteurs de la justice pour en améliorer l'efficacité* »[10]. Les protocoles présentent certainement l'avantage de permettre une réflexion conjointe, une collaboration entre les acteurs du procès lors de leur élaboration. Ils

1. Min. Justice, 14 déc. 2012, communiqué. V. C. Bléry et J.-P. Teboul, « Instruction des affaires devant le tribunal de commerce. À propos du décret du 24 décembre 2012 (chap. IV) », *JCP* 2013. 67, p. 111.
2. Compte tenu de son objectif, ce guide est destiné à une large diffusion. À l'heure où nous écrivons ces lignes, il peut seulement être consulté sur le bloc-notes électronique d'un avocat : http://avocats.fr/space/gilles.huvelin/content/guide-l-instruction-des-affaires-de-contentieux-devant-le-tribunal-de-commerce_B217B1C4-F576-42AA-8389-342A1D728E94.
3. http://proxy.siteo.com.s3.amazonaws.com/www.droitetprocedure.com/file/protocoleprocedurecivile2012.pdf
4. http://www.greffe-tc-bobigny.fr/modeles/contentieux/G9301/protocole.pdf; C. Bléry, « Protocole relatif à la mise en état devant le tribunal de commerce de Bobigny : un exemple à suivre ? », *JCP* 2012. 1109.
5. http://www.greffe-tc-lyon.fr/commun/baseconnaissance/public/publication.asp?idp=646; C. Bléry : « Protocole relatif à la mise en état devant le tribunal de commerce de Lyon : un exemple qui interroge », *JCP* 2012. 1357.
6. Sur lequel, v. L. Mongin-Archambeaud, « Un nouveau calendrier de procédure devant le Tribunal de commerce de Paris », *Procédures* 2013. Alerte 60.
7. http://www.greffe-tc-toulouse.fr/commun/Rubriques_Permanentes/Presentation_Greffe/documents/Convention_tribunal_barreau_du_2013-06-19.pdf. La convention s'emploie principalement à organiser les échanges et une audience interactive.
8. http://proxy.siteo.com.s3.amazonaws.com/www.droitetprocedure.com/file/protocolestructurationdesecritures01-2012.pdf – *Adde,* S. Lataste, « Le protocole sur la mise en œuvre des principes de concentration et de structuration des écritures est un guide de bonnes pratiques pour les avocats », *Gaz. Pal.* 2-3 mars 2012, p. 5; J.-P. Grandjean, « Réflexions d'un praticien sur le principe de concentration des moyens », *Gaz. Pal.* 8-9 mars 2013, p. 21.
9. L. Cadiet, J. Normand et S. Amrani-Mekki, *Théorie générale du procès*, 2e éd., PUF, 2013, n° 147, « Pratique judiciaire », p. 555, b.
10. Cadiet et Jeuland, 8e éd., LexisNexis, 2013, n° 28.

essaient de répondre à un souci de célérité et donc de rationalisation.

Il n'empêche que ces protocoles suscitent des interrogations quant à la représentativité de leurs signataires (sect. 2), leur valeur (sect. 3), leur accessibilité (sect. 4), leur localisme (sect. 5) ou leur contenu (sect. 6).

SECTION 2
REPRÉSENTATIVITÉ

300.21 Compétence des signataires. Le plus souvent, il y a accord entre le tribunal, le barreau, voire le greffe et la signature du président de la juridiction, du bâtonnier et du greffier en atteste.

Personne n'a émis de doute quant à la **compétence des chefs de juridiction** pour signer un tel accord. Pourtant quel est le fondement d'une telle compétence ? Cela ne fait partie ni des attributions juridictionnelles, ni des attributions administratives du président de la juridiction, qui n'est pas mandaté par les autres magistrats ou juges. Par ailleurs, la signature d'une convention par le président d'une juridiction engage-t-elle le juge lorsqu'il doit apprécier une fin de non-recevoir ou une nullité, ou qu'il signe un protocole comportant des dispositions *contra legem* (v. s[s] n° 300.612) ?

De même, il est généralement admis que les **bâtonniers** ont aussi une telle compétence : les professionnels du droit sont signataires des conventions de procédure « *par l'intermédiaire de ceux que l'on considérera ici comme leurs représentants naturels, soit leurs bâtonniers* »[1]. « *L'assise textuelle* »[2] figurerait à l'article 18 alinéa 1er de la loi n° 71-1130 du 31 décembre 1971 : « *Les ordres des avocats mettent en œuvre, par délibération conjointe et dans le cadre des dispositions législatives et réglementaires, les moyens appropriés pour régler les problèmes d'intérêt commun, tels : l'informatique, la communication électronique*[3]*, la formation professionnelle, la représentation de la profession, le régime de la garantie* »; elle figurerait aussi à l'article 21 alinéa 2 de la même loi : « *le bâtonnier représente le barreau dans tous les actes de la vie civile* », de telle sorte que « *le bâtonnier n'excède pas ses pouvoirs en signant de telles conventions* »[4].

Il est cependant permis de s'interroger :

- l'article 18 donne une **compétence à l'ordre** (n'est-ce pas d'ailleurs plutôt le barreau ?) et non au bâtonnier et suppose une délibération conjointe...

- il permet de régler des **problèmes d'intérêt commun** dont la « *communication électronique* », mais pas d'aménager le Code de procédure civile;

- et que faut-il entendre exactement par « *communication électronique* » ? Les textes des arrêtés techniques souffrent certes d'imperfections de rédaction, mais tous les textes relatifs à la communication par voie électronique prennent soin d'utiliser la formule correcte : ne serait-ce pas plutôt des questions techniques qui sont visées ici ? Il est vrai qu'alors « *communication électronique* » et « *informatique* » sont redondants...

- un protocole de procédure est-il un des « *actes de la vie civile* » visés à l'article 21 ? Si ce n'était pas le cas, un mandat des avocats du barreau serait nécessaire;

- un bâtonnier peut-il être considéré comme représentant les avocats de son barreau alors qu'il accepte de signer un protocole comportant des dispositions *contra legem* (v. s[s] n° 300.61) ?

- à tout le moins, les parties (non représentées par avocats) ne peuvent être liées par de tels protocoles, ni, *a priori*, les avocats extérieurs au barreau; si c'était bien le cas (v. s[s] n° 300.32), cela entraînerait une rupture d'égalité : serait-elle justifiée ?

- par ailleurs, selon les juridictions, les protocoles s'avèrent être plus ou moins un **contrat d'adhésion,** imposé par le chef d'une juridiction qui cherche à fixer un cadre contraignant et « rassurant » pour tel ou tel type d'affaire. Il a même pu y avoir des tentatives pour imposer de manière unilatérale un tel protocole, ce qui est encore pire[5]. Or, l'article 17, 7° de la loi de 1971 prévoit que le conseil de l'Ordre a pour tâche « *d'autoriser le bâtonnier à ester en justice, à accepter tous dons et legs faits à l'ordre,* ***à transiger ou à compromettre,*** *à consentir toutes aliénations ou hypothèques et à contracter tous emprunts* ». S'il ne s'agit pas exactement d'une transaction de l'article 2244 du Code civil, n'est-on pas ici dans un cas de figure similaire ? Quoi qu'il en soit, les bâtonniers signataires ne semblent pas solliciter d'autorisation du conseil de l'Ordre...

1. H. Croze, « Irrecevabilité de conclusions pour violation d'une convention de procédure », obs. sur CA Reims, 27 nov. 2012, RG n° 12/02121, *JCP* 2012. 1394 – V. AUSSI, Rép. pr. civ., v° *Communication électronique*, par E. de Leiris, sept. 2012 [màj oct. 2013], n° 46 – N. Fricero, chron. « Procédure civile » (janv.-déc. 2012), *D.* 2013. 269.
2. T. Vasseur, *Rapport sur l'avis du 9 sept. 2013* : v. http://www.courdecassation.fr/IMG///rap_vasseur_1370005.pdf, p. 13.
3. Ajouté par L. n° 2011-94, 25 janv. 2011, portant réforme de la représentation devant les cours d'appel, art. 6 (*JO* 26 janv., p. 1544).
4. T. Vasseur, *Rapport sur l'avis du 9 sept. 2013* : v. http://www.courdecassation.fr/IMG///rap_vasseur_1370005.pdf, p. 28. Le conseiller rapporteur nuance toutefois immédiatement son propos : « *en outre, même en considérant que la signature d'une telle convention n'engage pas les avocats de son barreau* [...] ».
5. C. Bléry, « De la contractualisation à la règlementation unilatérale », *Procédures* 2012, alerte 5, spéc[t] n° 5 – GUINCHARD, CHAINAIS et FERRAND, 31e éd., « Précis », Dalloz, 2012, n° 59.

Alors, représentatifs les signataires ? La question mérite d'être posée; elle l'a été, d'ailleurs, par un avocat marseillais agissant en nullité de la convention locale, à propos de la signature du bâtonnier[1]. À suivre...

SECTION 3
VALEUR

300.31 Force obligatoire. Si le protocole se veut un guide, une charte de bonnes pratiques, il n'a pas la moindre valeur impérative : c'est de la « *soft law* »[2] – du droit mou ou souple[3]. C'est tout à fait la perspective dans laquelle a été pensé le protocole sur la mise en œuvre des principes de concentration et de structuration des écritures du 13 décembre 2011 (v. s[s] n°s 300.14 et 161.94). Selon l'un de ses promoteurs, « *il est préférable pour les avocats de s'auto-discipliner, grâce à un protocole qui n'est en définitive qu'un guide de bonnes pratiques, plutôt que de ne pas réagir et de se voir un jour imposer par le législateur des pratiques beaucoup plus contraignantes. Il s'agit donc d'un encouragement et non d'une obligation. Nous traçons la voie aux avocats afin qu'ils soient plus efficaces, mieux écoutés, et donc incontournables. Rien d'autre* »[4]. Afin d'inculquer ces bonnes pratiques aux avocats et aux magistrats, les signataires « *insist*[ent] *beaucoup sur la pédagogie afin que ce protocole soit compris et appliqué loyalement par les avocats, mais aussi par les magistrats* »[5], ne pouvant qu'espérer que « *les avocats vont s'approprier ce protocole* »[6]. D'autres protocoles de ce type devraient être rédigés selon les matières jugées dans les différentes chambres, pour la rédaction desquels ils seront « *des "facilitateurs" et des pédagogues* »[7].

Mais plus souvent, **le protocole se veut contraignant** : or, il est indéniable qu'« *une convention n'a* [...] *pas de valeur réglementaire et ne peut donc pas s'imposer d'une façon générale, absolue et coercitive* »[8]... mais que « *comme l'écrivait Loysel, "on lie les bœufs par les cornes et les hommes par les paroles". La signature du bâtonnier engage l'ordre des avocats et celle du président, la juridiction* »[9]. Est-ce à dire que les conventions ont une « *force obligatoire de fait* » ? L'impérativité de ces conventions ne semble en effet pas, jusqu'à présent[10], remise en cause par les avocats. Une explication a pu être proposée, à savoir que « *l'approche contractuelle est sans doute réductrice : ce n'est pas qu'une question de force obligatoire des conventions, fussent-elles collectives, c'est aussi une question de statut et de discipline professionnels. Est-il bien raisonnable qu'un membre d'une profession juridique réglementée puisse prétendre ne pas respecter "la loi" de sa profession, en particulier qu'un avocat prétende rester en-dehors du RPVA et ne pas se soumettre à la convention conclue par son bâtonnier avec le chef de la juridiction correspondante ?* »[11]. Certes. Il n'empêche que le fondement juridique de l'impérativité des protocoles n'est pas très net.

Quoi qu'il en soit, les plaideurs qui agissent sans être ni représentés, ni assistés par un avocat ne sont pas tenus par ces conventions, dont la « *force obligatoire* » est relative (C. civ., art. 1165); ils ne sont en outre pas soumis à la « loi » de la profession. *Quid* des avocats extérieurs au barreau ? Si l'on raisonne en termes de force obligatoire des conventions, sa relativité les exclut tout autant de l'application des protocoles. Mais la « loi » de la profession ne justifie-t'-elle pas qu'un avocat extérieur se soumette à la convention conclue par un bâtonnier (certes pas le sien, mais bâtonnier quand même) avec le chef de la juridiction devant laquelle il vient plaider ou représenter un plaideur (par ex. devant un tribunal de commerce; le principe de territorialité de la postulation excluant ce dernier cas de figure devant un tribunal de grande instance ou une cour d'appel [loi n° 71-1130, 31 déc. 1971, art. 5]) ?

300.32 Sanction. La doctrine s'accorde pour dire que la sanction du non-respect de ces conventions ne devrait pas pouvoir être une nullité, ni une

1. http://avocats.fr/space/bernard.kuchukian/content/dossier-numerique---l-attaque-des-conventions-locales_2E672A69-2C6C-4E21-9C5D-C7774D601C04.
2. N. Fricero, chron. « Procédure civile » (janv.-déc. 2012), *D.* 2013. 269, qui ajoute que « *c'est ce que l'on admet pour les guides de bonnes pratiques ou recommandations résultant de conférences de consensus dans le domaine de la santé* ».
3. V. l'étude annuelle 2013 du Conseil d'État (http://www.conseil-etat.fr/fr/rapports-et-etudes/etude_annuelle_2013_le_droit_souple.html.)
4. S. Lataste, « Le protocole sur la mise en œuvre des principes de concentration et de structuration des écritures est un guide de bonnes pratiques pour les avocats », *Gaz. Pal.* 2-3 mars 2012, p. 5.
5. S. Lataste, « Le protocole sur la mise en œuvre des principes de concentration et de structuration des écritures est un guide de bonnes pratiques pour les avocats », *Gaz. Pal.* 2-3 mars 2012, p. 5.
6. S. Lataste, « Le protocole sur la mise en œuvre des principes de concentration et de structuration des écritures est un guide de bonnes pratiques pour les avocats », *Gaz. Pal.* 2-3 mars 2012, p. 6.
7. S. Lataste, « Le protocole sur la mise en œuvre des principes de concentration et de structuration des écritures est un guide de bonnes pratiques pour les avocats », *Gaz. Pal.* 2-3 mars 2012, p. 7.
8. N. Fricero, chron. « Procédure civile » (janv.-déc. 2012), *D.* 2013. 269.
9. N. Fricero, chron. « Procédure civile » (janv.-déc. 2012), *D.* 2013. 269.
10. À l'exception de l'auteur de l'action en nullité évoquée s[s] n° 300.21.
11. H. Croze, « De ce qu'il faut rendre la communication électronique procédurale obligatoire (ou pas ?) », *JCP* 2013. 763 – *Adde*, T. Vasseur, *Rapport sur l'avis du 9 sept. 2013* : v. http://www.courdecassation.fr/IMG///rap_vasseur _1370005.pdf, p. 28.

irrecevabilité; elle ne devrait être que disciplinaire, déontologique[1]; éventuellement engager la responsabilité professionnelle de l'avocat du barreau concerné[2]. Pourtant, des protocoles de procédure rendent obligatoire la communication par voie électronique de toutes les transmissions devant les cours d'appel (alors que juridiquement la généralisation de cette communication par voie électronique n'est pas totale), sous peine de se heurter à une fin de non-recevoir[3] ! Et un arrêt a pu sanctionner par une irrecevabilité le dépôt de conclusions pour violation d'un tel protocole : cette sanction était elle-même inscrite au protocole et la cour d'appel de Reims en a admis la validité[4]. De même, un arrêt de la cour d'appel de Lyon[5] a admis que l'erreur d'indication du numéro de la chambre entraîne l'irrecevabilité des conclusions, par référence au protocole signé entre le barreau et la cour d'appel (v. s[s] n° 161.261). Il est vrai que des fins de non-recevoir d'origine conventionnelle ont pu être validées par la jurisprudence, mais il s'agissait seulement de clauses de conciliation préalable[6] ou de clauses aménageant des délais[7]...

Entre ce qui devrait être et ce qui est, il y a une marge. Il faut donc être **prudent** : « *En l'état actuel de la jurisprudence des cours d'appel, l'avocat qui ne se soumettrait pas à un protocole de procédure subirait certainement le même sort que dans l'arrêt rémois* »[8]. Ou alors, il faut être **audacieux** et contester la validité de la sanction prévue, en allant jusqu'à se pourvoir en cassation : « *Une condamnation par la Cour de cassation de cette jurisprudence des juges du fond serait appréciable et appréciée* [...] »[9].

300.33 Conventions locales inscrites dans la continuité de la convention nationale. On l'a dit (v. s[s] n° 300.12), l'article 88 du décret n° 2005-1678 du 28 décembre 2005 avait prévu une **application anticipée de la communication par voie électronique** à condition que des conventions locales soient adoptées, après approbation du ministre de la Justice ou, à défaut à condition d'« *être conformes aux conventions-cadre nationales conclues entre le ministre et les instances représentatives, au niveau national, des auxiliaires de justice de la catégorie considérée* ». Or, d'une part, il n'est plus question d'application anticipée depuis le 1er janvier 2009 et d'autre part, à la suite de la modification de l'article 88 du décret n° 2005-1678 du 28 décembre 2005 par l'article 21 du décret n° 2008-484 du 22 mai 2008, l'exigence de conformité aux conventions-cadres n'est plus mentionnée.

Pourtant, il est habituellement considéré que les conventions locales sont prises en application de cet article 88[10] (ce qui est contestable) et d'une convention-cadre nationale[11]. Aucun texte ne l'impose plus, aucun ne semble non plus ni le permettre, ni l'interdire. Et il faut observer que « *l'ensemble des conventions se réfère expressément à la convention nationale* [...], *signée le 16 juin 2010*[12], *concernant la communication électronique entre les juridictions ordinaires du premier et second degré et les avocats* »[13]. Tout au moins, ce sont « *les conventions locales conclues aux niveaux des différentes cour d'appel* [qui] *s'inscrivent dans la continuité de la convention conclue le 16 juin 2010 entre le Conseil national des barreaux et la Chancellerie* »[14]. Par exemple, le protocole de la cour

1. H. Croze, « Irrecevabilité des conclusions pour violation d'une convention de procédure », obs. sur Reims, 27 nov. 2012, RG n° 12/02121, *JCP* 2012. 1394 – Rép. pr. civ., v° *Communication électronique*, par de E. Leiris, sept. 2012 [màj oct. 2013], n° 46 – N. Fricero, chron. « Procédure civile » (janv.-déc. 2012), *D.* 2013. 269 – P. Mucchielli, concl. sur avis CE, 9 sept. 2013 : http://www.courdecassation.fr/IMG///Conclusions%20de%20Monsieur%20Mucchielli_avgnl.pdf – C. Bléry, « Procédure avec représentation obligatoire devant les cours d'appel et communication par voie électronique : panorama (sans doute non exhaustif) des difficultés », *Procédures* 2013. Dossier 4, spéc[t] n° 14.
2. N. Fricero, chron. « Procédure civile » (janv.-déc. 2012), *D.* 2013. 269.
3. C. Bléry, « Procédure avec représentation obligatoire [...] », *Procédures* 2013. Dossier 4, spéc[t] n° 12.
4. Reims, 27 nov. 2012, RG n° 12/02121, *JCP* 2012. 1394, obs. Croze, préc. – P. Mucchielli (concl. sur CE, avis, 9 sept. 2013, p. 12, préc. s[s] n° 300.32) cite aussi deux autres arrêts de cours d'appel ayant admis que la convention conclue avec la cour d'appel contraint les avocats (Orléans, 17 janv. 2013 et Pau, 19 mars 2013).
5. Lyon, 30 oct. 2012, RG n° 11/08437 – J. Junillon et R. Laffly, « Deux ans de jurisprudence », *JCP* 2013. 249, n° 9 – N. Fricero, « Les nouvelles sanctions du défaut de diligence des avocats en appel », *Procédures* 2013. Dossier 6, n° 9.
6. V. Cadiet et Jeuland, n° 486 – Guinchard, Chainais et Ferrand, 31e éd., 2012, n° 330.
7. V. Cadiet et Jeuland, n° 486.
8. C. Bléry, « Procédure avec représentation obligatoire [...] », *Procédures* 2013. Dossier 4, spéc[t] n° 14.
9. C. Bléry, « Procédure avec représentation obligatoire [...] », *Procédures* 2013. Dossier 4, spéc[t] n° 14.
10. N. Fricero, chron. « Procédure civile » (janv.-déc. 2012), *D.* 2013. 269 – P. Mucchielli, concl. sur CE, avis, 9 sept. 2013, p. 11 (préc. s[s] n° 300.32) – T. Vasseur, *Rapport sur l'avis du 9 sept. 2013* : v. http://www.courdecassation.fr/IMG///rap_vasseur_1370005.pdf, p. 24 – L. Cadiet, *Code de procédure civile*, LexisNexis, 2014, p. 568-569 [1) conventions institutives].
11. P. Mucchielli, concl. sur avis CE, 9 sept. 2013, p. 12 (préc. s[s] n° 300.32) – T. Vasseur, *Rapport sur l'avis du 9 sept. 2013* : v. http://www.courdecassation.fr/IMG///rap_vasseur_1370005.pdf, p. 26 – L. Cadiet, *Code de procédure civile*, LexisNexis, 2014, p. 568-569 [1) conventions institutives].
12. Elle a remplacé une première convention-cadre du 28 septembre 2007 pour tenir compte de la dématérialisation de la procédure en appel (L. Cadiet, *Code de procédure civile*, LexisNexis, 2014, p. 568-569 [1) conventions institutives]).
13. P. Mucchielli, concl. sur CE, avis, 9 sept. 2013, p. 12 (préc. s[s] n° 300.32).
14. T. Vasseur, *Rapport sur l'avis du 9 sept. 2013* : v. http://www.courdecassation.fr/IMG///rap_vasseur_1370005.pdf, p. 26.

d'appel de Lyon (v. s[s] n° 300.12) annonce que « *la mise en œuvre du protocole de communication électronique "ComCi CA" tend, conformément à la convention nationale signée le 16 juin 2010 entre le garde des Sceaux, ministre de la Justice et des Libertés, et le président du Conseil national des barreaux, à améliorer les échanges entre la juridiction et les avocats par un accès à l'application civile "WinCi CA", à réduire les déplacements et les temps d'attente de ces derniers ainsi qu'à optimiser les délais de mise en état et de jugement des affaires* ». Plus généralement, l'inscription dans la continuité de la convention-cadre concerne les conventions qui définissent « *l'usage des outils numériques dans les procédures judiciaires* »[1]. Les conventions de pure procédure ou le guide de bonnes pratiques n'ont guère de raison de se référer à la convention-cadre.

En raison de cette continuité, si la convention-cadre devait être annulée ou reconnue caduque, les conventions locales devraient l'être aussi, par perte de fondement juridique. Or **cette convention-cadre fait effectivement l'objet d'un contentieux** : la légalité de cette convention a été contestée par le barreau de Marseille[2], notamment au motif que le président du Conseil national des barreaux aurait été incompétent pour signer l'accord, faute de vote préalable de l'assemblée générale en ce sens. Le Conseil d'État a tranché en faveur de la légalité interne de la convention : les clauses de la convention concernant la communication électronique entre les juridictions judiciaires ordinaires du premier et du second degré et les avocats, signée le 16 juin 2010, ont pour objet de régir, en application des articles 748-1 et 748-6 du Code de procédure civile et du 1er alinéa de l'article 21-1 de la loi n° 71-1130 du 31 décembre 1971, et dans le cadre de l'organisation du service public de la Justice, les conditions de mise en œuvre des échanges électroniques entre les juridictions judiciaires ordinaires du premier et du second degré et les avocats, revêtent un caractère réglementaire; le Conseil national des barreaux est compétent pour définir de telles dispositions à caractère réglementaires. En revanche, le Conseil d'État a jugé que l'interprétation des dispositions du règlement intérieur du Conseil national des barreaux (RIN, art. 7-3, 7-4 et 8-2) sur ce point constituait une difficulté sérieuse relevant de la compétence de l'autorité judiciaire et décidé de surseoir à statuer jusqu'à ce que celle-ci se prononce sur cette question[3]. Le 19 juin 2013, le barreau de Marseille a assigné le Conseil national des barreaux devant le tribunal de grande instance de Paris pour contester la compétence du président du Conseil national des barreaux, faute de pouvoir propre ou de mandat, à signer la convention nationale du 16 juin 2010, faire juger que la procédure prévue pour l'adoption de décisions à caractère normatif n'a pas été respectée et « *en tant que de besoin, déclarer nulle et non avenue la convention nationale du 16 juin 2010 signée entre le garde des Sceaux, ministre de la Justice et le président du Conseil national des barreaux, ainsi que ses éventuels avenants* »[4]. « *À cet égard, l'avenir du RPVA est donc toujours en suspens* »[5]; ainsi que celui des conventions locales qui se réfèrent à la convention nationale et donc qui en dépendent : en cas d'annulation de celle-ci, celles-là perdraient leur fondement.

Notons que l'article VII alinéa 1er de la convention du 16 juin 2010 prévoyait qu'elle était « *conclue pour une durée de trois années civiles à compter de son entrée en vigueur matérialisées par la signature des parties* », mais aussi (articulation un peu curieuse) que selon l'alinéa 2, « *elle est renouvelable par tacite reconduction, sauf dénonciation* [...] ». La convention de 2010 a fait l'objet d'un avenant la prorogeant pour deux années civiles à compter de la date de signature du présent avenant par les parties, à savoir le 21 juin 2013 : l'article 1 de l'avenant prévoit un renouvellement à l'identique des obligations juridiques et techniques des parties à la convention et des personnes participant à la communication électronique, l'article 2 précisant que l'adhésion au RPVA emporte consentement exprès à recevoir les actes par voie électronique (solution depuis consacrée par la Cour de cassation[6]; v. s[s] n° 161.241). À défaut de publication officielle, l'avenant peut être consulté sur le bloc-note électronique d'un avocat[7].

300.34 Conventions locales « *secundum legem* » en procédure pénale. À la différence du Code de procédure civile, muet sur la question, le Code de procédure pénale valide, lui, les protocoles. Un article

1. C. Berrebi, « RPVA : l'arrêt dangereux de la cour d'appel de Toulouse », *Gaz. Pal.* 24-26 févr. 2013, pp. 19-20, spéc[t] p. 20 – V. PAR EX., le protocole de communication électronique parisien (s[s] n° 300.12), qui fait référence à la convention nationale (de 2007 !).
2. Le barreau est intervenu volontairement.
3. CE 15 mai 2013, req. n° 342500, *Juris-Data* n° 2013-009400; *JCP* 2013. 628, obs. Erstein; *JCP* 2013. 1087, n° 6, obs. G'sell; *Gaz. Pal.* 28 mai 2013, p. 21, obs. Berrebi; *Gaz. Pal.* 27 juin 2013, p. 13, obs. Guyomar – T. Vasseur, *Rapport sur l'avis du 9 sept. 2013* : v. http://www.courdecassation.fr/IMG///rap_vasseur_1370005.pdf, p. 26 – P. Mucchielli, concl. sur CE, avis, 9 sept. 2013, p. 12 (préc. s[s] n° 300.32).
4. http://avocats.fr/space/bernard.kuchukian/content/dossier-numerique--bof--voici-l--39-assignation-du-barreau-de-marseille_865EF09F-6EE5-44A2-91CA-53F8B663B9F1.
5. F. G'sell, « La dématérialisation des procédures n'est pas un long fleuve tranquille », *JCP* 2013. 1087, n° 6, obs. préc.
6. Cass. avis, 9 sept. 2013, n° 13-70005, *Bull. avis* [à paraître].
7. V. http://avocats.fr/space/jansolin.marseille/content/rpva---l-avenant-du-21-juin-2013----_79861EAC-36C0-472C-A6B5-BBF295A6FA8C – V. P. Mucchielli, concl. sur CE, avis, 9 sept. 2013, p. 12 (préc. s[s] n° 300.32); T. Vasseur, *Rapport sur l'avis du 9 sept. 2013* : v. http://www.courdecassation.fr/IMG///rap_vasseur_1370005.pdf, p. 23 – C. Bléry, « La Cour de cassation valide le consentement exprès tacite ! », *JCP* 2013, n° 979.

D. 591 (créé par Décr. n° 2007-1620, 15 nov. 2007, modifiant le Code de procédure pénale [...] et relatif à l'utilisation des nouvelles technologies[1])[2] y fait expressément référence, à l'image des usages *secundum legem* auxquels renvoient certains articles du Code civil (par ex, C. civ., art. 671). Ce texte prévoit ainsi que, « *lorsqu'un protocole a été passé à cette fin entre, d'une part, le président et le procureur de la République du tribunal de grande instance et, d'autre part, le barreau de la juridiction représenté par son bâtonnier, les avocats de ce barreau peuvent transmettre à la juridiction par un moyen de télécommunication à l'adresse électronique de la juridiction ou du service de la juridiction compétent, et dont il est conservé une trace écrite, les demandes, déclarations et observations suivantes :* [1° à 4°] 5° *Les demandes d'actes prévues par l'article 82-15* [6° à 20°].

Ces transmissions sont effectuées, en respectant les modalités prévues par le protocole, à partir de l'adresse électronique professionnelle de l'avocat, préalablement communiquée à la juridiction, et après que les documents joints ont fait l'objet d'une numérisation.

Les messages ainsi adressés font l'objet d'un accusé électronique de lecture par la juridiction.

Ils sont considérés comme reçus par la juridiction à la date d'envoi de cet accusé, et cette date fait, s'il y a lieu, courir les délais prévus par les dispositions du présent code ».

La chambre criminelle de la Cour de cassation a, le 11 décembre 2013, fait application de cet article, dans un arrêt destiné à une large diffusion[3] : elle a jugé que la demande d'actes d'un avocat du barreau de Paris au juge d'instruction, fondée sur l'article 82-1 C. pr. pén., faite « *à partir de son adresse électronique sécurisée, par un moyen de télécommunication* », « *à l'adresse structurelle de la juridiction d'instruction de Paris* », est recevable. Le président de la chambre de l'instruction avait jugé le contraire, la transmission de telles demandes par la voie électronique n'étant pas prévue par le Code de procédure pénale. Or, « *depuis le 7 janvier 2013, l'avenant du 25 juin 2012 à la convention conclue entre le TGI et l'Ordre des avocats de Paris le 28 janvier 2009*[4]*, pris en application de l'article D. 591 du Code de procédure pénale, permet aux avocats de ce barreau de transmettre, à partir de leur adresse électronique sécurisée, par un moyen de télécommunication, à l'adresse électronique de ce tribunal les demandes d'actes prévues par l'article 82-1 de ce code, selon les modalités prévues à ladite convention* ». En fait, l'avenant susmentionné avait prévu une période expérimentale concernant des cabinets d'instruction et des avocats volontaires dont la liste était annexée. Un courrier du 5 novembre 2012, émanant de la bâtonnière de l'ordre des avocats de Paris a exprimé son accord à la généralisation du RPVA à la matière pénale entre la juridiction et le barreau, à compter du 7 janvier 2013. Accord officialisé dans un autre avenant du 5 novembre 2012 (et non 2013, comme indiqué sur l'avenant)[5]. C'est très simple de s'y retrouver (v. s^s^ n° 300.41) !

La référence effectuée par le Code de procédure pénale, mise en œuvre dans l'arrêt du 11 décembre 2013, confère une valeur aux conventions locales. Cependant, **cette valeur (force obligatoire de droit) n'est pas autonome**, puisqu'elle dépend de l'article D. 591; on ne doit pas en déduire qu'une convention – éventuellement la même – régissant la procédure civile s'imposerait autrement qu'avec une « *force obligatoire de fait* » (v. s^s^ n° 300.31).

Notons que l'article D. 591 confère sans hésitation pouvoir pour signer de tels protocoles aux signataires dont nous doutons qu'ils soient parfaitement représentatifs (v. s^s^ n° 300.21)...

SECTION 4
ACCESSIBILITÉ

300.41 Principe élémentaire de justice... non respecté. S'« *il est essentiel que ces conventions fassent l'objet de publicité, afin de garantir un égal accès au juge* »[6], cela n'est absolument pas conforme à la situation actuelle. L'accessibilité des conventions est une vraie difficulté.

État, non exhaustif, des lieux :

– certains protocoles font l'objet d'une **diffusion sur le site de la juridiction** : c'est le cas de certaines conventions adoptées par des cours d'appel (v. réf. s^s^ n° 300.12)[7], du protocole entre le barreau de Paris, le tribunal de commerce et le greffe, signé le 18 décembre 2009 et de son avenant du 16 janvier 2013[8], ou du

1. Décr. n° 2007-1620, 15 nov. 2007, modifiant le Code de procédure pénale [...] et relatif à l'utilisation des nouvelles technologies, *JO* 17 nov., p. 18865.
2. L'article D. 591 figure dans une division intitulée « Chapitre Ier : Des transmissions de demandes ou des notifications par un moyen de télécommunication électronique » : celle-ci a été créée par le décret n° 2013-958 du 25 octobre 2013 portant application des dispositions de l'article préliminaire et de l'article 803-5 C. pr. pén. relatives au droit à l'interprétation et à la traduction.
3. Crim. 11 déc. 2013, n° 13-84.319, *Bull. crim.*, [à paraître].
4. V. s^s^ n° 300.12 : elle concerne tant la procédure civile que la procédure pénale.
5. http://www.avocatparis.org/tout-savoir-sur-ebarreau/168-eservices/1859-e-barreau-et-la-communication-penale.html, spéc^t^ : http://dl.avocatparis.org//ebarreau/pdf/avenant_protocole_communication_eleectronique_penale_5_novembre_2013.pdf
6. N. Fricero, chron. « Procédure civile » (janv.-déc. 2012), *D.* 2013. 269.
7. MM. P. Mucchielli (concl. sur avis CE, 9 sept. 2013, p. 11 [préc. s^s^ n° 300.32]) et T. Vasseur (*Rapport sur l'avis du 9 sept. 2013* : v. http://www.courdecassation.fr/IMG///rap_vasseur_1370005.pdf, p. 24 s. du rapport).
8. http://www.greffe-tc-paris.fr/fr/fond-referes-requetes/protocole _barreau_paris.html.

protocole du tribunal de commerce de Caen[1], de Bobigny (v. s[s] n° 300.14). Le professionnel ou le plaideur (? !) qui les cherchent peut donc y accéder, s'il a fait preuve de curiosité et de persévérance, car – à défaut de rubrique bien apparente dans le menu du site – il faut penser au bon mot-clé (protocole, mise en état...) pour arriver au précieux document : ainsi celui du tribunal de commerce de Lyon; pourtant ses signataires considèrent que la convention du 7 décembre 2009 et ses avenants du 18 octobre 2011 (n° 1) et du 26 novembre 2012 (n° 2), qui « *forment un tout* »[2], doivent être facilement accessibles par tout justiciable et avocat; il est même précisé que ces documents « *seront librement accessibles par le public sur les sites du greffe du tribunal de commerce de Lyon et du barreau de Lyon, dès l'entrée en vigueur du présent avenant* »[3];

– d'autres ne sont **pas accessibles en ligne** : ainsi certaines annexes au « *protocole de mise en œuvre de la communication électronique entre les avocats et les chambres civiles de la cour d'appel de Lyon* », signé le 9 janvier 2012(v. s[s] n° 300.33). Le « *protocole relatif à la mise en état devant le tribunal de commerce de Créteil* » du 29 septembre 2011, celui du tribunal de commerce de Nantes, modifié le 25 novembre 2013 – et prenant effet à cette date –, sont tout aussi introuvables pour un « non initié »...

Devant une recherche infructueuse, l'hésitation est permise : un protocole existe-t-il devant la juridiction ? Il n'y a d'autre solution que de s'adresser à un professionnel local[4]. Et une recherche fructueuse laisse planer un doute : le texte découvert par un moteur de recherche est-il encore en vigueur ? Ne lui manque-t-il pas un avenant ?

Consciente de ces difficultés, l'association *Droit et Procédure* « *a collecté ceux qui ont été portés à sa connaissance et les a mis en ligne sur son site* »[5]. De son côté, l'ordre des avocats de Paris en recense certains[6]. On peut aussi en glaner sur des bloc-notes électroniques d'avocats; ainsi le **protocole de la cour d'appel de Lyon du 9 janvier 2012** peut-il être téléchargé avec toutes ses annexes[7]; ainsi en est-il aussi du **protocole de procédure du tribunal de commerce de Nanterre du 20 janvier 2012**[8] : il est vrai qu'*in fine*, il est prévu que « *la présente note soit affichée à la porte de la salle d'audience et mise à disposition des parties* » (voilà une diffusion moderne et efficace !). Ces initiatives, essentiellement privées, sont louables, mais ne comblent que très insuffisamment les besoins de transparence en la matière. L'accès égal de tous au juge n'est donc absolument pas garanti.

Cet état de fait est assez paradoxal, alors que depuis 1989 a été entreprise une codification à droit constant de la quasi-totalité des droits, essentiellement dans le but de rendre les textes facilement accessibles à tous[9]... La proposition n° 15 de l'étude sur le droit souple est justement d'« *assurer la publication des instruments de droit souple émis par les pouvoirs publics, notamment par la voie d'internet* »[10].

SECTION 5
LOCALISME

300.51 France coutumière ou « balkanisation ». Nombre de protocoles érigent des pratiques purement locales en règles, dans un vocabulaire tout aussi local (qu'est-ce qu'une « *chambre de l'orientation* » ou un « *juge de l'orientation* », une « *chambre de placement* » ou « *de contentieux* », les « *feuilles du tribunal* » ?)[11], d'où le risque de voir la justice régie par des coutumes[12], comme si l'on revenait sous l'Ancien régime !

1. http://www.greffe-tc-caen.fr/modeles/contentieux/contrat_procedure/convention_procedure_G1402.pdf.
2. Convention relative au contentieux général devant le tribunal de commerce de Lyon, avenant n° 2, p. 3 – C. Bléry : « Protocole relatif à la mise en état devant le tribunal de commerce de Lyon : un exemple qui interroge », *JCP* 2012. 1357 (préc. s[s] n° 300.14).
3. Convention relative au contentieux général devant le tribunal de commerce de Lyon, avenant n° 2, p. 6. Il y a certes un lien – et il apparaît même sur la page d'accueil du site du greffe (http://www.greffe-tc-lyon.fr/default.asp) – mais la consultation aboutit au résultat suivant : « *Vous n'êtes pas autorisé à afficher cette page* »... En revanche, en passant par un moteur de recherche (en désespoir de cause), on atteint bien le fameux avenant : http://www.greffe-tc-lyon.fr/commun/baseconnaissance/public/publication.asp?idp=646 ! Mais rien ne semble figurer sur le site du barreau.
4. C'est ainsi que l'auteur a eu accès, dans un premier temps, au protocole de Lyon.
5. http://www.droitetprocedure.com/fr/pag19-Documentation.html.
6. http://www.avocatparis.org/procedures.html.
7. http://avocats.fr/space/jansolin.marseille/tag/jansolin%20avocat?searchText=convention+aix&orderBy=creationDate
8. http://avocats.fr/space/gilles.huvelin/content/protocole-de-procedure-devant-le-tribunal-de-commerce-de-nanterre_5CD09D37-CD7D-4987-8788-E8104402542D
9. Sur cette codification, v. B. Beignier et C. Bléry, *Introduction au droit*, 3e éd., « Cours », Lextenso, 2011, n°s 105 s. (par B. Beignier) – *Adde*, B. Oppetit, « De la codification », *in* B. Beignier (dir.), *La codification*, Dalloz, « Thèmes et commentaires », 1996, p. 7 – G. Braibant, « La commission supérieure de codification », *La codification, op. cit.*, p. 97.
10. http://www.conseil-etat.fr/media/document/RAPPORT%20ETUDES/droit_souple_4-propositions_021013.pdf
11. Dans son introduction, le *Guide de l'instruction des affaires de contentieux devant le tribunal de commerce* (v. s[s] n° 300.13) préconise de « *privilégier les termes et les dénominations contenus dans ce guide afin de prévenir la création d'institutions et de vocabulaires locaux* »; il va sans dire que le guide n'emploie que les termes et les dénominations du Code de procédure civile.
12. C. Bléry, « De la contractualisation à la règlementation unilatérale », *Procédures* 2012, alerte 5, spéc[t] n° 5 (préc. s[s] n° 300.21) – B. Travier et R. Guichard, « Les protocoles sur les écritures judiciaires. Justice coutumière ou justice moderne ? », *JCP* 2012, 692 – G. Huvelin et C. Bléry, « Mais que fait la Chancellerie ? », *Gaz. Pal.* 24-26 mars 2013, p. 9.

Un auteur parle de son côté de « *balkanisation* »[1]. Ce qui est un comble à l'heure de l'internet et où il est question d'abandonner la territorialité de la postulation.

La voie de la convention locale de procédure, « *pourrait même s'avérer, au plan international, facteur de détérioration de la compétitivité de notre droit continental en lui faisant perdre* "l'avantage comparatif dont on pourrait *a priori* le créditer par rapport aux systèmes de *common law*, dans lesquels le recours permanent aux contrats amène à s'entourer d'une assistance juridique adaptée" » (V. *Conseil d'État, Rapport d'activité 2006,* Sécurité juridique et complexité du droit, 2.2.2, p. 277)[2].

Une nouvelle fois, le phénomène de contractualisation constitue un paradoxe : alors que l'utile et « sécurisante » codification à droit constant (codification compilation) permet de « *rationaliser un doit existant, sans le modifier, en le versant dans un code unique* »[3], les protocoles rendent complexe et incertaine la procédure civile. Et pourtant, cette matière est régie par un code résultat d'une vraie codification[4]. Même si le code n'est pas parfait et se dégrade avec les réformes incessantes qui lui font perdre de sa cohérence[5], il est unique, applicable sur l'ensemble du territoire (si l'on excepte la Polynésie française, Wallis-et-Futuna et la Nouvelle-Calédonie).

Pensons, en particulier, à l'avocat de la région parisienne qui intervient devant plusieurs tribunaux de commerce : « *il doit en effet connaître le protocole de Créteil, le calendrier de procédure de Bobigny, d'autres (?)... la jurisprudence et - quand même et avant tout - le Code de procédure civile* ! »[6]. S'il postule devant le tribunal de grande instance et la cour d'appel, il doit aussi connaître leurs protocoles, avec leurs avenants, sans parler de la convention nationale.

1. H. Croze, « Napoléon reviens, ils sont devenus fous ! », *Procédures* 2012, repère 11.
2. V. C. Bléry et J.-P. Teboul, « Instruction des affaires devant le tribunal de commerce [...] », *JCP* 2013. 67, p. 111 (préc. s[s] n° 300.13) – *Adde*, J. de Claussade, « La loi protège-t-elle encore le faible lorsqu'elle est aussi complexe, foisonnante et instable ? », *JCP* 2006. I. 1140. Il est vrai que le rapport 2013 va plutôt à l'encontre (malheureusement) de cette affirmation qui nous semble des plus pertinentes.
3. B. Beignier et C. Bléry, *Introduction au droit*, 3e éd., « Cours », Lextenso, 2011, n°s 105 s. (par B. Beignier).
4. G. Huvelin et C. Bléry, « Mais que fait la Chancellerie ? », préc. – G. Cornu, « L'élaboration du Code de procédure civile », *La codification*, Dalloz 1996, p. 71 s. – Héron et Le Bars, 5e éd., 2012, n°s 13 s. – Guinchard, Chainais et Ferrand, 31e éd., 2012, n°s 46 s.
5. Sur la dégradation de la codification, v. déjà, J. Héron, « Le nouveau Code de procédure civile », *La codification*, Dalloz 1996, spréc., p. 81 s., spéc^t^ n°s 5 à 11.
6. C. Bléry, « De la contractualisation à la règlementation unilatérale », *Procédures* 2012. Alerte 5, spéc^t^ n° 5 (préc. s[s] n° 300.21).

SECTION 6
CONTENU

300.61 Contre et outre le Code de procédure civile. « *Reste qu'une convention ne peut pas contenir de dispositions* contra legem »; c'est la conclusion d'un auteur[7], avec laquelle nous sommes bien d'accord. Le souci est que la réalité est autre, car les conventions contiennent des règles plus ou moins *contra legem*, alors même qu'on ne peut soupçonner leurs rédacteurs d'être de mauvais juristes.

Quelques exemples :

- le **protocole du tribunal de commerce de Lyon** (v. s[s] n° 300.14) a autorisé la communication par voie électronique, alors que l'arrêté du garde des Sceaux nécessaire - car imposé par l'article 748-6 C. pr. civ. (v. s[s] n° 161.243) - n'était pas encore pris[8];

- l'article 1-1-2 du **protocole de procédure civile du tribunal de grande instance de Paris du 11 juillet 2012** (v. s[s] n° 300.14) organise la « *transmission obligatoire par voie électronique* » : en particulier, selon l'alinéa 1er, « *le tribunal de grande instance transmet à l'avocat inscrit à e-barreau systématiquement et au moyen d'un courrier électronique tous les actes, avis émis, mesures prises visées au premier alinéa de l'article 773 du Code de procédure civile*[9], *en ce compris la copie de la décision, pour information* » (pourquoi cette référence à l'article 773 plutôt qu'à l'article 748-1 qui définit le périmètre de la communication par voie électronique - v. s[s] n° 161.232) et selon l'alinéa 3 l'avocat « *s'engage, au sens de l'article 748-2 du Code de procédure civile, à transmettre aux avocats inscrits, systématiquement et exclusivement au moyen d'un courrier électronique, à compter du 2 avril 2012, l'ensemble des actes et documents produits dans le cadre de la mise en état et définis par le présent protocole. Sur ce point, il convient de préciser que la communication électronique mise en œuvre n'est pas une messagerie entre le tribunal et les avocats* » (pourquoi cette dernière précision, qui n'est pas une règle de droit, à la différence du reste ?). Or, devant les tribunaux de grande instance, tous les actes énumérés à l'article 748-1 C. pr. civ. peuvent être effectués par voie électronique, mais cette communication par voie électronique n'est que facultative;

- curieusement **l'avenant au protocole de procédure civile du 11 juillet 2012**, signé le 12 décembre 2012 (v. s[s] n° 300.12), s'occupe de « *permettre aux avocats inscrits à e-barreau, à compter du 21 janvier 2013, de saisir le tribunal de grande instance de Paris par la transmission d'une copie de l'assignation par voie*

7. N. Fricero, chron. « Procédure civile » (janv.-déc. 2012), *D.* 2013. 269.
8. Un tel arrêté a été adopté le 21 juin 2013.
9. « *Les mesures prises par le juge de la mise en état sont l'objet d'une simple mention au dossier; avis en est donné aux avocats* ».

électronique, conformément aux dispositions des article 748-1 et suivants du Code de procédure civile qui permettent la remise par voie électronique des copies d'actes de procédure » : une telle transmission aurait dû être permise dès 2009 (sur l'arrêté technique, v. s^s^ n°s 161.231 et 161.243), mais l'avenant (1.) en exclut encore certaines procédures comme celles qui se déroulent devant le juge des référés ou des requêtes, en matière de procédure collectives;

– le **protocole de mise en œuvre de la communication électronique entre les avocats et les chambres civiles de la cour d'appel de Lyon**, ou la **convention interbarreaux de la cour d'appel de Toulouse** (v. s^s^ n° 300.12) prévoient aussi une généralisation de la communication par voie électronique obligatoire, alors qu'actuellement ce n'est juridiquement fondé que pour la majorité des actes à remettre, envoyer ou notifier dans les procédures avec représentation obligatoire;

– **l'article 2 du protocole parisien du 11 juillet 2012** consacre expressément les jurisprudences *Dauvin*[1] (v. s^s^ n°s 212.27 et 221.114) et *Cesareo*[2] (v. s^s^ n°s 221.81, 421.111 et 421.112), reprenant donc l'exigence de concentration substantielle imposée par ce dernier arrêt; il met aussi en œuvre le principe de concentration processuelle, en ce qu'il prévoit de « *limiter les conclusions, dans les relations entre deux parties, à une assignation, une défense, une réplique et une duplique*[3] *suivie de la clotûre, sauf circonstances particulières à justifier. À cet égard, il y a lieu de rappeler que le principe de concentration postule que les parties ne prennent qu'un nombre déterminé de conclusions, fixé dans le cadre de la mise en état* ». Or, si cette concentration processuelle avait été envisagée par la commission Magendie, elle n'a finalement pas été inscrite au Code[4].

– **la célérité est une préoccupation commune des protocoles** : tous encadrent de manière plus ou moins contraignante les échanges et cherchent à limiter le nombre d'audiences (physiques). Pour y parvenir, certains prévoient un **calendrier de procédure-type** ou un « ***calendrier par défaut*** ». Par exemple, le protocole du tribunal de grande instance de Paris prévoit qu'« *une audience ne sera pas nécessaire à l'occasion de la fixation du calendrier de procédure, si l'on admet que le juge de la mise en état définit un calendrier par défaut, sur lequel les avocats pourront toujours demander à être entendus* ». Le protocole du tribunal de commerce de Créteil, non publié (v. s^s^ n° 300.41) précise qu'« *un calendrier de procédure sera systématiquement mis en place à l'audience de placement (1re audience) et les parties en seront avisées par la remise à cette audience du calendrier de procédure fixé par le juge, signé par ce dernier et le greffe. Ce calendrier a pour objectif de réduire le nombre de renvois, et les parties ne reviendront devant le tribunal qu'au bout de seize semaines* ». Or, un tel calendrier doit au contraire être, d'une part, accepté par les parties (C. pr. civ., art. 446-2, al. 2) et d'autre part, décliné affaire par affaire. Il est vrai, que, même en l'absence de protocole, la pratique des tribunaux tend à imposer des calendriers, plus ou moins types, aux avocats et aux plaideurs...

300.62 En-deçà du Code. Alors que le Code de procédure civile régit précisément l'ensemble de la procédure, et notamment la mise en état, par des principes généraux et des dispositions spéciales à chaque juridiction, les praticiens éprouvent cependant le besoin d'y ajouter ces protocoles. Ils constituent une « réduction » du Code de procédure civile, puisqu'ils n'en reprennent que certaines règles, se privant de la souplesse offerte par celui-ci – tout particulièrement devant les tribunaux de commerce.

300.63 « Cuisine » et bonnes pratiques. De manière assez déroutante, le lecteur découvre au milieu des règles de droit (au sens vu ci-dessus), d'une part des indications qui tendent seulement à l'organisation pratique des procédures, d'autre part du « droit mou »... En fait, c'est à de telles indications que devraient être limités les protocoles.

À titre d'**illustration des indications pratiques,** signalons que :

– le protocole de la cour d'appel de Lyon prévoit que « *le délai imparti aux avocats pour accomplir leurs diligences ou formuler leurs souhaits, au-delà duquel leurs messages électroniques seront rejetés par le greffe en raison de leur tardiveté, sera fixé à la veille, à minuit, de l'audience "virtuelle"* » – ce qui introduit une notion d'« irrecevabilité-greffe » ou « irrecevabilité-machine » juridiquement discutable (v. s^s^ n° 161.291); dans le même ordre d'idée, celui du tribunal de commerce de Lyon informe les avocats : « *les parties au présent avenant considèrent que les notifications des actes de procédure et des bordereaux de communication de pièces par la voie électronique doivent parvenir au greffe du tribunal de commerce avant le jeudi midi, veille de l'audience d'orientation du vendredi matin* »;

– celui du tribunal de grande instance de Paris explique où se procurer un timbre fiscal dématérialisé, afin de s'acquitter par voie électronique, de la contribution pour l'aide juridique de 35 euros : ce timbre sera « *consommé* » par le greffe du tribunal à

1. Cass. ass. plén., 21 déc. 2007, n° 06-11.343, *Bull. ass. plén.*, n° 10; *JCP* 2008. I. 138, n° 9, obs. Amrani-Mekki; *RDC* 2008. 435, obs. Serinet – O. Deshayes, « L'office du juge à la recherche de sens à propos de l'arrêt d'Assemblée plénière du 21 décembre 2007 » : *D.* 2008. 1102.
2. Cass. ass. plén., 7 juill. 2006, n° 04-10.672, *Bull. ass. plén.*, n° 8; *Procédures* 2006. Comm. 21, note Perrot.
3. Deux termes utilisés par la pratique mais qui ne figurent pas au Code.
4. Sur cette rétractation de la commission, v. S. Lataste : « Le protocole sur la mise en œuvre des principes de concentration et de structuration des écritures est un guide de bonnes pratiques pour les avocats », *Gaz. Pal.* 2-3 mars 2012, p. 5.

l'aide d'un lecteur de code barre et il est même précisé qu'« *une procédure de remboursement est prévue au cas où le timbre acheté n'est, en définitive, pas utilisé* »;

- l'avenant à ce protocole (10.) prévoit qu'« *en cas de difficulté, le greffe du tribunal de grande instance peut être appelé aux numéros suivants : 01.44.32.57.47 ou 01.44.32.50.64* » et qu'« *en cas de problème informatique, l'avocat doit prendre l'attache des services techniques de l'Ordre* ». De la pratique, on bascule ici dans la technique (v. s[s] n°s 300.64 s.).

Pour ce qui est du « **droit mou** »,

- rappelons que le protocole sur la mise en œuvre des principes de concentration et de structuration des écritures est entièrement et seulement un guide de bonnes pratiques pour les avocats : il s'agit d'aider les avocats à « *convaincre le juge et de lui faciliter le travail en lui apportant des écritures qu'il peut exploiter, quitte à procéder à des "copier-coller"* », de leur proposer d'« *écrire de façon plus concise, mieux organisée, en fait et en droit, et selon un plan somme toute assez simple et assez logique* [...] »[1]; après un rappel des principes de concentration et structuration, le protocole présente donc un plan-type des conclusions (v. aussi, s[s] n° 161.94);

- le protocole du tribunal de grande instance de Paris contient aussi expressément ce type de dispositions. Morceaux choisis : « *Pour assurer le bon fonctionnement de la communication électronique, il est important d'observer certaines règles de bonne pratique : - les jeux successifs de conclusions sont numérotés et datés à la date d'établissement des conclusions; - les conclusions font apparaître par un trait rouge en marge leurs modifications successives et l'indication des pièces citées* [...] »; « *les citations de jurisprudence, articles ou commentaires de doctrine sont suivies des mentions relatives à leur publication. Lorsque la jurisprudence est inédite, la copie intégrale de la décision doit figurer au nombre des pièces communiquées* ». Le souhait de voir le travail du juge facilité, sans sanction apparente, est explicite. « *Mais, il ne s'agit pas que de cela. Car derrière cette "standardisation", y compris dans la numérotation des prétentions et des moyens, il y a désormais la sanction de la jurisprudence Cesareo*[2] *qui impose aujourd'hui l'exhaustivité des moyens, si ce n'est celle des demandes* »[3].

De plus, est-il précisé, les conclusions saisissant le juge de la mise en état (qui sont notifiées par la voie électronique) « *doivent très spécifiquement indiquer dans leur en-tête qu'elles sont adressées au juge de la mise en état. Le message de transmission indique clairement en objet qu'il s'agit de conclusions d'incident* [...] » et le même régime s'applique aux conclusions aux fins de révocation de l'ordonnance de clôture. Mais est-on encore dans la bonne pratique ou n'est-on pas déjà dans la règle de droit ? Il serait alors tentant de sanctionner le non-respect de ces règles par une fin de non-recevoir ?

La proposition n° 13 de l'étude sur le droit souple relaie cette difficulté : « *Lorsqu'un même instrument rassemble des dispositions impératives et d'autres qui n'ont qu'une valeur de recommandation, les distinguer clairement par des règles de présentation ne laissant pas de place à l'ambiguïté* »[4].

300.64 Technique (informatique). De manière générale, dès lors que les protocoles s'intéressent à la communication par voie électronique, ils comportent nombre de dispositions techniques. À condition de ne pas contredire le Code de procédure civile et les arrêtés techniques – et sous réserve de la disparité des pratiques locales –, sans doute faut-il admettre qu'elles sont difficilement évitables et qu'elles peuvent aider le praticien : aux annexes de la convention entre le tribunal de grande instance de Paris et l'Ordre des avocats à la cour d'appel de Paris concernant le protocole de communication électronique entre le tribunal de grande instance et les avocats, signée le 28 janvier 2009, on trouve comment s'inscrire aux services de communication, quelles données peuvent être consultées par l'avocat du barreau local régulièrement constitué, par l'avocat du barreau local non constitué, par l'avocat extérieur au barreau local dans le cas de la multipostulation (Paris, Bobigny, Créteil et Nanterre – L. 31 déc. 1971, art. 1er, art. 8-2). Mais, on l'a dit (v. s[s] n° 300.63), ces protocoles prévoient souvent des « *irrecevabilités machines/greffe* », alors qu'il appartient au juge et à lui seul de se prononcer sur la recevabilité ou la régularité d'un acte de procédure.

300.65 Avantages/inconvénients : réponses. Difficilement évitables pour les questions techniques, utiles en termes de concertation (sauf contrat d'adhésion imposé aux avocats ou, pire, règlement unilatéral de la juridiction), mais critiquables sur bien des points, ce sont les **protocoles de procédure**.

Sont-ils au moins efficaces ? Rien n'est moins sûr ! Par exemple, les calendriers de procédure types des tribunaux de commerce ne fonctionnent pas : souvent, ils ne sont pas respectés[5]; les exigences relatives aux

1. S. Lataste : « Le protocole sur la mise en œuvre des principes de concentration et de structuration des écritures est un guide de bonnes pratiques pour les avocats », *Gaz. Pal.* 2-3 mars 2012, p. 5 – V. AUSSI, J.-P. Grandjean, « Réflexions d'un praticien sur le principe de concentration des moyens », *Gaz. Pal.* 8-9 mars 2013, p. 23.
2. Cass., ass. plén., 7 juill. 2006, n° 04-10.672, *Bull. ass.* plén., n° 8; *Procédures* 2006. Comm. 21, note Perrot, préc. s[s] n° 300.61.
3. J.-P. Grandjean, « Réflexions d'un praticien sur le principe de concentration des moyens », *Gaz. Pal.* 8-9 mars 2013, p. 24.
4. http://www.conseil-etat.fr/media/document/RAPPORT%20ETUDES/droit_souple_4-propositions_021013.pdf.
5. G. Huvelin et C. Bléry, « Pourquoi des protocoles de procédure alors qu'il y a un Code de procédure civile ? », *Gaz. Pal.* 7-8 sept. 2012, p. 9. L'auteur a pu le constater à l'occasion d'audiences de mise en état.

conclusions d'incident devant le tribunal de grande instance (de Paris) ne semblent pas toujours obéies...

Le bilan est donc, en l'état, plutôt négatif. On ne peut s'en passer ? C'est ce qu'admet le Conseil d'État dans son étude 2013 sur le droit souple (sans convaincre totalement l'auteur). Il faut alors les rendre véritablement accessibles, en supprimer les dispositions contraires au Code de procédure civile et, de manière générale, réfléchir à un encadrement de ces sources. C'est ce que fait tout autant le Conseil d'État, sans inclure spécialement les protocoles de procédure.

TITRE

31. Les demandes incidentes

SECTION 0
ORIENTEUR

31.00 Plan du titre.

Chap.	**311**	**Demandes additionnelle et reconventionnelle**
Sect.	1	Recevabilité
Sect.	2	Mise en œuvre
Chap.	**312**	**Intervention**
Sect.	1	Intervention volontaire
Sect.	2	Intervention forcée

Division. Les demandes incidentes sont les demandes en justice formées en cours de procédure qui se greffent sur l'instance introduite par la demande initiale. L'article 63 C. pr. civ. distingue la demande additionnelle, la demande reconventionnelle et l'intervention. Les deux premières sont circonscrites aux parties à l'instance (chap. 311) et la troisième est ouverte aux tiers ou dirigée contre eux (chap. 312).

CHAPITRE

311. Demandes additionnelle et reconventionnelle

PHILIPPE HOONAKKER
Professeur à l'Université de Strasbourg
Avocat

SECTION 0
ORIENTEUR

311.00 Plan du chapitre.

Division. En raison du principe classique de l'immutabilité du litige, les demandes incidentes ont toujours été subordonnées à des conditions particulières de recevabilité (sect. 1). En revanche, lorsque cet obstacle est franchi, leur mise en œuvre est largement facilitée (sect. 2).

311.01 Principaux textes applicables.
C. pr. civ., art. 63 à 70.

311.05 Demande reconventionnelle – Définition. Elle est définie comme « *la demande par laquelle le défendeur originaire prétend obtenir un avantage autre que le simple rejet de la prétention de son adversaire* » (C. pr. civ., art. 64). Elle se caractérise ainsi par son but et par son auteur.

Quant à son but, elle doit tendre vers un **avantage autre** que le simple rejet de la demande à laquelle elle répond. Elle doit donc être soigneusement distinguée de la défense au fond qui se limite à développer une argumentation de fait ou de droit s'opposant aux prétentions adverses[1]. Pour autant, la demande reconventionnelle n'est pas toujours étrangère à toute idée de défense. Il faut, à cet égard, comme l'a démontré un auteur[2], distinguer deux types de demandes reconventionnelles : les hybrides et les pures et simples.

Ce sont les demandes reconventionnelles hybrides, de loin les plus nombreuses, qui constituent à la fois une défense et une demande. Par exemple, le défendeur poursuivi en exécution forcée d'un contrat, demande reconventionnellement sa nullité ou sa résolution (pour un autre ex., à propos d'une demande reconventionnelle contestant la représentativité d'un groupement professionnel qui sur demande initiale sollicitait l'annulation du premier tour des élections des membres d'un comité d'établissement[3]; pourtant dans une hypothèse de même nature, des juges du fond ont considéré que constitue une simple défense au fond l'invocation de la nullité partielle d'un règlement de copropriété pour résister à une demande principale en paiement de charges[4]). S'agissant de l'exception de compensation, souvent opposée à une demande principale en paiement, il faut distinguer. La **compensation légale** constitue une simple défense au fond, car elle ne requiert d'autre intervention du juge que la constatation de la réunion des conditions requises. En revanche, la **compensation judiciaire** doit faire l'objet d'une demande reconventionnelle, car elle requiert la fixation par le juge de la contre-créance invoquée[5] (à propos, par ex., d'une demande en dommages et intérêts opposée par des débiteurs principaux poursuivis en paiement d'un prêt ou d'un compte bancaire[6]). Mais la Cour de cassation considère désormais que dans le cas particulier de la caution qui, pour s'opposer à la demande formée contre elle, invoque la responsabilité du banquier, « *sans prétendre obtenir un avantage autre que le simple rejet de la prétention de son adversaire* », celle-ci peut procéder, soit par voie de défense

1. PAR EX., Soc. 10 déc. 1986, n° 85-40.786, *Bull. civ.* V, n° 588.
2. HÉRON et LE BARS, n° 110.
3. V. Soc. 16 oct. 1984, n° 84-60.373, *Bull. civ.* V, n° 379; *JCP* 1984. IV. 356.
4. Paris, 24 sept. 1992, RG n° 92/2408, *D.* 1992. 261.
5. V. NOT., S. Guinchard, *Mégacode de procédure civile*, Dalloz, 2001, s[s] art. 70, note n° 011 [a].
6. Civ. 2e, 8 mars 2007, n° 05-21.685, *Bull. civ.* II, n° 60; *Gaz. Pal.* 2008. Somm. 497, obs. du Rusquec.

au fond, soit par voie de demande reconventionnelle, laquelle est alors nécessairement hybride puisqu'elle consistera à solliciter des dommages-intérêts à compenser avec les montants réclamés sur demande principale[1] (solution confirmée par une chambre mixte[2]; la Cour de cassation suit ainsi les vives critiques qu'un auteur avait opposées à sa jurisprudence antérieure, imposant de procéder par voie reconventionnelle[3]).

En revanche, les demandes reconventionnelles pures et simples ont un objet propre qui n'exerce aucune influence sur le sort de la demande adverse (ainsi à propos d'une demande reconventionnelle en communication des résultats d'une analyse médicale formée par le client d'un laboratoire auquel celui-ci réclamait le paiement de sa facture[4]; ou encore à propos d'une demande reconventionnelle en interprétation d'un règlement de copropriété dans une instance en nullité d'une décision d'assemblée générale[5]). Mais ce type de demandes pose avec beaucoup plus d'acuité la question de leur recevabilité (v. s^s^ n° 311.33).

Quant à son auteur, elle doit émaner du défendeur originaire. L'expression vise sans aucun doute le défendeur à la demande initiale. Mais elle semble pouvoir profiter également au tiers mis en cause qui peut être considéré comme le défendeur originaire à l'intervention forcée dirigée contre lui[6] (sur cette demande incidente, v. s^s^ n°s 312.00 s.). En revanche, la question était plus controversée au sujet du défendeur à la reconvention, c'est-à-dire la partie contre laquelle la demande reconventionnelle est formée. Il était généralement admis que cette partie ne pouvait à son tour former une telle demande contre son auteur[7], en vertu du vieil adage « *reconvention sur reconvention ne vaut* »[8] que l'article 64 C. pr. civ. semblait confirmer. Pourtant la doctrine était souvent plus nuancée, admettant que le défendeur à la reconvention puisse former une demande reconventionnelle dans certains cas : lorsqu'elle est fondée sur le même titre que celle dirigée contre lui[9] ou lorsqu'elle est de nature purement défensive[10]. Mais l'on pouvait se demander s'il ne s'agissait pas là d'un faux débat car il n'est pas douteux que toute partie qui a formé une demande, quelle qu'elle soit, peut la modifier, en cours de procédure, par le biais d'une demande additionnelle (v. s^s^ n° 311.06). Pourquoi en irait-il différemment lorsqu'il s'agit de réagir, de cette manière, à une demande reconventionnelle ? Toute cette discussion est aujourd'hui dépassée, car la deuxième chambre civile de la Cour de cassation a clairement écarté cet adage en jugeant, par un attendu de principe, que « *les demandes reconventionnelles, en première instance comme en appel, peuvent être formées tant par le défendeur sur la demande initiale que par le demandeur initial en défense aux prétentions reconventionnelles de son adversaire* »[11]. Ainsi, reconvention sur reconvention vaut désormais.

311.06 Demande additionnelle – Définition. Elle est définie comme « *la demande par laquelle une partie modifie ses prétentions antérieures* ». Elle suppose donc une modification de l'objet de la demande à laquelle elle se rapporte. Il peut s'agir d'une simple augmentation de cet objet (par ex., des dommages-intérêts mis en compte à l'origine) ou même d'une diminution (dans ce cas, on parlera plutôt de conclusions modificatives en pratique, rien n'étant additionné, au contraire). Mais il peut s'agir aussi d'un objet de nature différente ajouté au précédent (par ex., en sus du paiement de factures, il est demandé postérieurement l'allocation de dommages-intérêts). En tout cas, il ne faut pas confondre la demande additionnelle avec l'invocation de moyens nouveaux, de fait ou de droit, à l'appui de la demande originaire dont l'objet reste identique.

Compte tenu de la généralité des termes de l'article 65 C. pr. civ., il est admis que la demande additionnelle peut émaner de toute partie à l'instance qui a antérieurement formé une demande, quelle qu'elle soit. C'est dire qu'elle peut modifier tant la demande initiale, qu'une demande reconventionnelle ou une demande en intervention (sur cette demande, v. s^s^ n°s 312.00 s.).

311.07 Frais irrépétibles. La question s'est posée de savoir si une demande formée au titre de l'article 700 C. pr. civ. peut constituer une demande inci-

1. Com. 26 oct. 1999, n° 96-16.837, *Bull. civ.* IV, n° 182; *D.* 2000. 340, obs. Jobard-Bachellier; *JCP E* 2000. 271, note Legeais; *JCP E* 2000. 412, obs. Simler – Com. 26 avr. 2000, n° 96-21.941, *Bull. civ.* IV, n° 80; *D.* 2000. 665, note Grimaldi; *RTD com.* 2000. 157, obs. Cabrillac; *D. Affaires* 2000. 665, note Grimaldi – Civ. 1re, 4 oct. 2000, n° 98-10.075, *Bull. civ.* I, n° 233; *D.* 2001. 698, obs. Aynès; *RTD civ.* 2001. 629, obs. Crocq; *D. Affaires* 2000. 401, obs. Avena-Robardet; *Dr. et proc.* 2001. 96, obs. Picod; *JCP* 2000. IV, n° 2716.
2. Cass., ch. mixte, 21 févr. 2003, n° 99-18.759, *Bull. ch. mixte*, n° 3; *D.* 2003. 829, obs. Avena-Robardet; *JCP E* 2003. 1194, note Legeais; *Procédures* 2003. Comm. 118, obs. Croze; *RJDA* 2003. Doctr. 495, concl. av. gén. de Gouttes.
3. S. Guinchard, « Le droit a-t-il encore un avenir à la Cour de cassation ? », *L'avenir du droit, Mél. offerts à F. Terré*, PUF, 1999, p. 764.
4. Civ. 1re, 4 oct. 1989, n° 88-14.236, *Bull. civ.* I, n° 306; *D.* 1989. 259; *D.* 1991. 179, obs. Penneau.
5. Paris, 28 nov. 1984, *D.* 1985. 431, obs. Giverdon.
6. EN CE SENS, *J.-Cl. Pr. civ.*, fasc. 132, n° 18, Génin-Méric.
7. EN CE SENS, CADIET ET JEULAND, n° 803.
8. V. NOT., R. Genin-Méric, fasc. 132, n°s 19 et 20, préc. s^s^ prés^t^ n° – P. Raynaud, *RTD civ.* 1969. 373.
9. GUINCHARD, CHAINAIS et FERRAND, 31e éd., 2012, n° 306.
10. R. Genin-Méric, fasc. 132, n° 21, préc. s^s^ prés^t^ n°.
11. Civ. 2e, 10 janv. 2013, n° 10-28.735, *Bull. civ.* II, n° 3; *D.* 2013. 877, note Pallier; *Dr. et proc.* 2013. 89, obs. Vinckel.

dente : additionnelle ou reconventionnelle selon les cas. Les chambres de la Cour de cassation sont divisées. Certaines ont répondu par l'affirmative (à propos de l'application de l'article 68 C. pr. civ. réglant la forme des demandes incidentes[1]; à propos de C. pr. civ., art. 1010, concernant le délai ouvert pour former une demande incidente en cassation[2]). Au contraire, la deuxième chambre, qui a statué sur la question en dernier lieu au sujet de la vive controverse ayant opposé les juges du fond sur l'application de l'article 401 C. pr. civ., a jugé qu'une telle demande ne constitue pas une demande incidente si bien que le désistement d'appel n'a pas besoin d'être accepté par l'intimé qui n'a conclu qu'à l'allocation d'une indemnité au titre des frais irrépétibles[3]. Cette solution peut se justifier par le fait qu'une telle prétention, comme celle portant sur les dépens, constitue l'accessoire obligé, non seulement de toute demande, mais aussi d'une défense au fond tendant seulement au débouté de la demande à laquelle elle s'oppose.

SECTION 1
RECEVABILITÉ

311.11 Droit commun. Les demandes additionnelles ou reconventionnelles sont d'abord soumises aux conditions habituelles de toutes les demandes en justice. En particulier, leur auteur doit avoir qualité et intérêt et il doit agir dans les délais fixés. Sur ce dernier point, deux précisions s'imposent quant à la demande reconventionnelle. D'une part, cette demande ne bénéficie pas de l'interruption de la prescription opérée par la demande initiale[4]. D'autre part, s'agissant par hypothèse, d'une véritable demande en justice et non d'une simple défense au fond, elle ne profite pas non plus de la règle de la perpétuité de l'exception : *quae temporalia sunt ad agendum, perpetua sunt ad excipiendum*[5].

311.12 Lien suffisant. Une application stricte du principe de l'immutabilité du litige conduirait à interdire toutes les demandes incidentes. Mais cette solution extrême n'a jamais été admise. Certes de telles demandes pourraient parfois retarder à l'excès le procès, voire être utilisées à des fins dilatoires. Mais à l'inverse, elles évitent aux parties de devoir engager de nouvelles instances et permettent au juge d'avoir une connaissance plus complète de l'ensemble du contentieux les opposant. C'est la raison pour laquelle les demandes additionnelles et reconventionnelles ont toujours été admises dans tous les types de procédure, gracieuse comme contentieuse, y compris la procédure de référé (ainsi d'une demande d'expertise formulée par voie reconventionnelle devant un juge des référés[6]), en première instance comme en appel. Mais elles ne sont recevables, aux termes de l'article 70 C. pr. civ., reprenant les termes de l'article 4 C. pr. civ., que si elles « *se rattachent aux prétentions originaires par un lien suffisant* ». Cette condition de recevabilité doit être précisée dans son domaine (§ 1) et sa notion (§ 2).

§ 1
Domaine du lien suffisant

311.21 Principe. À l'exception des demandes en compensation (v. s[s] n° 311.22), l'exigence d'un lien suffisant avec les prétentions originaires joue pour toutes les demandes additionnelles et reconventionnelles, sans distinction (C. pr. civ., art. 70). Mais le juge doit-il vérifier d'office l'existence de ce lien ? La jurisprudence de la Cour de cassation a longtemps semblé hésitante. Tantôt les premiers juges étaient censurés d'avoir omis de rechercher l'existence d'un lien suffisant[7] ou de constater son absence[8], tantôt approuvés de ne pas avoir vérifié d'office sa recevabilité en l'absence de toute contestation[9]. Mais aujourd'hui elle considère sans détour que la fin de non-recevoir tirée de l'absence de lien suffisant ne peut être soulevée d'office par le juge[10]. Elle doit donc être soulevée par une partie, mais elle ne peut jamais l'être pour la première fois devant la Cour de cassation[11].

Cette exigence joue tant en première instance qu'en appel pour les demandes incidentes présentées à hauteur de cour. Mais dans ce dernier cas, la question se complique du fait des conditions particulières de recevabilité des demandes nouvelles prévues aux articles 564 et suivants C. pr. civ. La Cour de cassation

1. Soc. 9 juill. 1985, n° 84-40.927, *Bull. civ.* V, n° 420; *Gaz. Pal.* 1986. Somm. 182, obs. Croze et Morel.
2. Civ. 3e, 13 nov. 1986, n° 85-13.228, *Bull. civ.* III, n° 159.
3. Civ. 2e, 10 déc. 1986, n° 85-16.359, *Bull. civ.* II, n° 179; *D.* 1987. Somm. 227, obs. Julien; *Gaz. Pal.* 1987. Somm. 335, obs. Croze et Morel; *RTD civ.* 1987. 153, obs. Perrot.
4. Soc. 18 nov. 1965, *Bull. civ.* V, n° 804 – Civ. 2e, 17 avr. 1969, *Bull. civ.* II, n° 102 – Com. 1er oct. 1991, n° 89-21.869, *Bull. civ.* IV, n° 276; *RTD civ.* 1992. 562, obs. Mestre; *DMF* 1991. 713, note Tassel; *Gaz. Pal.* 1992. Pan. 250.
5. Com. 9 oct. 1970, n° 69-11.787, *Bull. civ.* IV, n° 508 – Civ. 3e, 5 févr. 1971, n° 69-12.040, *Bull. civ.* III, n° 85; *RTD civ.* 1970. 170, obs. Hébraud.
6. Com. 2 avr. 1996, n° 93-20.901, *Bull. civ.* IV, n° 112.
7. Com. 26 mai 1981, n° 78-11.376, *Bull. civ.* IV, n° 249; *Gaz. Pal.* 1981. 741, note Viatte.
8. Soc. 16 oct. 1984, n° 84-60.373, *Bull. civ.* V, n° 379; *JCP* 1984. IV. 356.
9. Civ. 3e, 15 juin 1976, n° 75-10.196, *Bull. civ.* III, n° 267.
10. Soc. 23 nov. 1995, n° 92-14.887, *Bull. civ.* V, n° 314; *D.* 1996. 135, obs. P. Julien; *JCP* 1996, n° 41, note Dagorne-Labbe; *Gaz. Pal.* 1996. Pan. 216 – Civ. 2e, 28 févr. 2006, n° 04-15.983, *Bull. civ.* II, n° 56; *D.* 2006. 810; *Gaz. Pal.* 2006. Somm. 4144.
11. Civ. 3e, 15 avr. 1980, n° 78-15.836, *Bull. civ.* III, n° 73.

a clairement affranchi les demandes reconventionnelles de ces conditions en se fondant sur l'article 567 C. pr. civ. qui prévoit expressément qu'elles sont « *également recevables en appel* », sans autre précision [1]. Les demandes reconventionnelles sont donc recevables pour la première fois en appel à la seule condition qu'elles présentent un lien suffisant avec les prétentions originaires. En revanche, les demandes additionnelles, faute de toute disposition particulière, devraient répondre aux conditions posées pour les demandes nouvelles en appel. Pourtant des décisions se sont contentées aussi de constater l'existence d'un lien suffisant avec la demande initiale pour retenir la recevabilité de telles demandes présentées pour la première fois en appel [2].

311.22 Exception. L'exigence d'un lien suffisant est expressément écartée par l'article 70 alinéa 2 C. pr. civ. pour la demande en compensation. Cette dérogation ne vaut évidemment que pour la compensation judiciaire, car si les conditions de la compensation légale sont remplies, il s'agit d'une défense au fond qui, en tout état de cause, n'est pas soumise à cette condition. Cette dérogation signifie que les demandes en compensation judiciaire présentées reconventionnellement sont recevables même si elles ne présentent strictement aucun lien avec les prétentions originaires [3].

Ainsi saisi, le juge doit obligatoirement statuer sur la demande en compensation qui lui est soumise et ne saurait se contenter de la rejeter au motif que la créance invoquée ne serait pas sérieuse [4]. Mais si l'examen de cette demande risque de retarder à l'excès le jugement sur le tout, le juge peut la disjoindre et statuer d'abord sur la demande initiale (C. pr. civ., art. 70, al. 2 *in fine*) [5]. Il ne s'agit d'ailleurs là que d'une application du pouvoir général accordé au juge de disjoindre une instance en plusieurs, prévu à l'article 367 C. pr. civ.

§ 2
Notion de lien suffisant

311.31 Appréciation souveraine. L'exigence d'un lien suffisant, notion large et souple, est abandonnée par la Cour de cassation au pouvoir souverain d'appréciation des juges du fond [6].

Il est donc impossible de dégager des critères précis de la jurisprudence publiée, tout est souvent affaire d'espèces. Il vaut mieux procéder par voie d'exemples, en distinguant le cas des demandes additionnelles de celui des demandes reconventionnelles.

311.32 Demandes additionnelles. Il est des hypothèses où l'existence d'un lien suffisant est évidente car elle découle de la nature même des demandes en présence. Sans remettre en cause l'appréciation souveraine des juges du fond, la Cour de cassation se donne alors la peine de constater directement l'existence du lien requis. Elle a ainsi considéré que la demande additionnelle à fins de subsides se rattache par un lien suffisant, « *en raison de sa nature même* », à la demande initiale en recherche de paternité [7] (il en va de même d'une demande additionnelle modifiant l'assiette de la demande initiale en remboursement de cotisations compte tenu de la prescription et des versements effectués ultérieurement [8]).

En dehors de ces cas, l'appréciation du lien requis est plus aléatoire. Il a par exemple été admis qu'une demande additionnelle en résolution d'un marché de travaux se rattache par un lien suffisant à la demande initiale en réparation des désordres dans une espèce où les défauts constatés étaient tels que de simples réparations auraient été inefficaces [9]. De même, une demande additionnelle en expulsion d'une parcelle de terre, prétendument occupée sans droit ni titre, est rattachée par un lien suffisant à une demande en exercice de la servitude du « tour d'échelle » car la ques-

1. Civ. 3e, 27 mars 1979, *D.* 1979. 473, obs. Julien – Civ. 2e, 29 mai 1979, no 76-12.543, *Bull. civ.* II, no 162; *D.* 1979. 473, obs. Julien; *JCP* 1979. IV. 256 – Civ. 1re, 13 déc. 1988, no 87-10.269, *Bull. civ.* I, no 362; *D.* 1989. 4 – Civ. 3e, 29 mars 1995, no 92-21.131, no 92-21.132, *Bull. civ.* III, no 92; *JCP* 1995. IV. 1315 – Civ. 3e, 8 janv. 1997, no 95-12.314, *Bull. civ.* III, no 9 – Civ. 3e, 30 juin 1999, no 97-11.491, *Bull. civ.* III, no 51; *D. Affaires* 2000. 559, note Ancel – Civ. 3e, 10 mars 2010, no 09-10.412, *Bull. civ.* III, no 57; *D.* 2010. 1531, obs. Rouquet, note Brigant; *AJDI* 2010. 808, obs. Damas; *RTD civ.* 2010. 343, obs. Gautier; *Procédures* 2010. Comm. 169, obs. Perrot.
2. Bordeaux, 20 déc. 1979, *JCP* 1980. IV. 229 – Civ. 2e, 16 janv. 1980, no 78-15.364, *Bull. civ.* II, no 10; *JCP* 1980. IV. 122 – SUR L'ENSEMBLE DE LA QUESTION, R. Perrot, « Les demandes nouvelles et la notion de « lien suffisant » : que reste-t-il de la prohibition des demandes nouvelles en cause d'appel ? », *RTD civ.* 1980. 624.
3. Civ. 2e, 14 juin 1989, no 88-13.365, *Bull. civ.* II, no 127 – Civ. 3e, 21 oct. 1992, no 90-16.275, *Bull. civ.* III, no 278; *JCP N* 1994, no 7, p. 59, note Moreau.
4. Com. 25 juin 1980, *Bull. civ.* IV, no 274.
5. PAR EX., Civ. 1re, 8 nov. 1954, *Bull. civ.* I, no 312.
6. V. NOT., Civ. 1re, 6 juin 1978, no 77-10.835, *Bull. civ.* I, no 214 – Civ. 1re, 15 avr. 1980, no 78-15.244, *Bull. civ.* I, no 114 – Civ. 1re, 21 nov. 1995, no 93-17.468, *Bull. civ.* I, no 419; *Gaz. Pal.* 1996. Pan. 186 – Civ. 2e, 14 janv. 1987, no 85-15.691, *Bull. civ.* II, no 12 – Civ. 3e, 21 mai 1979, no 78-10.578, *Bull. civ.* III, no 110; *D.* 1979. 509, obs. Julien – Civ. 3e, 18 févr. 1981, *Gaz. Pal.* 1981. Pan. 248 – Com. 30 nov. 1982, no 80-11.851, *Bull. civ.* IV, no 389 – Civ. 3e, 8 janv. 1997, no 95-12.314, *Bull. civ.* III, no 9; *Gaz. Pal.* 1997. Pan. 226 – Civ. 1re, 10 janv. 2006, no 03-17.839, *Bull. civ.* I, no 6; *D.* 2006. 365, obs. Delpech; *D.* 2006. 2129, chron. Bert; *RTD civ.* 2006. 552, obs. Mestre et Fages.
7. Civ. 1re, 14 mars 1978, no 76-13.113, *Bull. civ.* I, no 105.
8. Soc. 1er juill. 1999, no 97-21.039, *Bull. civ.* V, no 320.
9. Civ. 2e, 25 juin 1981, no 80-11.015, *Bull. civ.* II, no 142.

tion du droit de propriété qu'elle pose est, en l'espèce, préjudicielle à la demande initiale[1] ou encore une demande additionnelle en nullité d'une assemblée générale de copropriétaires peut être associée à une demande initiale en annulation d'une précédente assemblée[2]. En revanche, il a été jugé qu'une demande additionnelle en répétition de l'indu ne peut être substituée, en cours d'instance, à une demande initiale fondée sur une obligation contractuelle nulle[3], ou encore, qu'une demande en suppression d'une petite construction abritant une cuve à mazout est sans lien avec une demande initiale en suppression d'une plantation[4].

311.33 Demandes reconventionnelles. Il ne fait d'abord guère de doute que les demandes reconventionnelles **hybrides** (sur cette notion, v. s[s] n° 311.05) se rattachent par un lien suffisant à la demande initiale dès lors que par définition, elles constituent notamment une défense qui lui est opposée[5]. Ainsi en est-il, par exemple, de la demande en nullité d'un contrat formé reconventionnellement à une demande initiale en exécution de ce contrat (ainsi à propos d'un legs[6]), ou encore de la demande reconventionnelle d'un coloti en nullité de l'association syndicale qui l'a assigné[7].

En revanche, la question d'un lien suffisant est beaucoup plus délicate pour les demandes reconventionnelles **pures et simples** (sur cette notion, v. s[s] n° 311.05), sous réserve de celles en dommages-intérêts fondées exclusivement sur la demande initiale qui, par définition, présentent toujours un lien suffisant[8]. Pour les autres demandes, les juges du fond apprécient souverainement, au cas par cas, l'existence d'un lien suffisant avec la demande originaire. Ce lien a, par exemple, été admis dans les espèces suivantes : entre une demande initiale en nullité d'une cession d'actions et une demande reconventionnelle en indemnisation du préjudice subi par les cédants du fait de la perte de capital imputable aux fautes commises par les acquéreurs qui ont conduit la société à la ruine, à tel point que les actions à restituer en cas de nullité ne présentent plus d'intérêt[9]; entre une demande initiale en référé aux fins d'expertise et une demande reconventionnelle en paiement d'un chèque sans provision remis en règlement des réparations contestées justifiant l'expertise sollicitée[10]. À l'inverse, il a été rejeté dans les cas suivants : entre une demande initiale en expulsion et en paiement d'une indemnité d'occupation et une demande reconventionnelle en dommages-intérêts pour inexécution d'un contrat liant les parties[11]; entre une demande initiale en retrait successoral et une demande reconventionnelle portant sur des difficultés entre coïndivisaires[12]; entre une demande initiale en nullité d'une décision d'assemblée générale de copropriétaires et une demande reconventionnelle en interprétation du règlement de copropriété dans le sens de l'inhabitabilité des locaux annexes[13].

SECTION 2
MISE EN ŒUVRE

311.40 Annonce. Pour produire les effets attachés par la loi aux demandes incidentes (§ 2), elles doivent être formées conformément aux règles prescrites (§ 1).

§ 1
Règles de forme

311.41 Principe. Les demandes additionnelles et reconventionnelles, étant, par définition, formées à l'encontre de parties à l'instance, sont présentées comme les **moyens de défense** (C. pr. civ., art. 68, al. 1er). C'est dire que devant le tribunal de grande instance et la cour d'appel, où la procédure est, en principe, écrite, elles sont formées par **conclusions** écrites, notifiées entre avocats ou avoués et déposées au greffe. Devant les autres juridictions, où la procédure est en principe orale, elles peuvent être présentées verbalement à l'audience jusqu'à la clôture des débats. Bien entendu, l'oralité n'empêche en rien l'écrit que, du reste, les avocats emploient toujours, quelle que soit la juridiction saisie, pour présenter les moyens de défense de leur mandant et, *a fortiori*, pour former une demande additionnelle ou reconventionnelle.

Cette forme simplifiée vaut à l'égard de toutes les parties à l'instance, en l'absence de toute distinction à l'article 68 alinéa 1er C. pr. civ. Il peut s'agir d'une partie originaire, demandeur ou défendeur, ou d'un tiers intervenant (sur cette notion, v. s[s] n°s 312.00 s.), volontaire (par ex. un intervenant volontaire accessoire[14]) ou forcé (ainsi d'un tiers appelé en garantie[15]; v. cep., sous l'empire de l'Ancien Code de procédure

1. Civ. 3e, 15 juin 1976, n° 75-10.196, *Bull. civ.* III, n° 267.
2. Civ. 3e, 4 avr. 2002, n° 96-12.284, *Bull. civ.* III, n° 79.
3. Paris, 28 janv. 1982, *Gaz. Pal.* 1982. Somm. 107.
4. Civ. 3e, 21 mai 1979, n° 78-10.578, *Bull. civ.* III, n° 110; *D.* 1979. 509, obs. Julien.
5. V. HÉRON et LE BARS, 5e éd., 2012, n° 116.
6. Req. 27 nov. 1948, *S.* 1949. 1. 12.
7. Civ. 3e, 18 déc. 1991, n° 90-11.048, *Bull. civ.* III, n° 320, *Gaz. Pal.* 1992. Pan. 98.
8. V. NOT., Com. 19 juill. 1971, n° 70-11.599, *Bull. civ.* IV, n° 213.
9. Civ. 2e, 29 mai 1979, n° 76-12.543, *Bull. civ.* II, n° 162; *D.* 1979. 473, obs. Julien.
10. Civ. 2e, 14 janv. 1987, n° 85-15.691, *Bull. civ.* II, n° 12.
11. Civ. 3e, 23 juin 1971, n° 70-10.603, *Bull. civ.* III, n° 402.
12. Civ. 1re, 15 avr. 1980, n° 78-15.244, *Bull. civ.* I, n° 114.
13. Paris, 28 nov. 1984, *D.* 1985. 431, obs. Giverdon.
14. Civ. 3e, 16 nov. 1988, n° 87-19.925, *Bull. civ.* III, n° 161.
15. Civ. 2e, 12 déc. 1973, n° 72-11.894, *Bull. civ.* II, n° 328 – Com. 3 mai 1983, n° 81-15.337, *Bull. civ.* IV, n° 131.

civile, un arrêt, déclarant irrecevable une demande additionnelle formée par voie de conclusions contre une partie appelée seulement en déclaration de jugement commun[1]). Elle joue aussi en cas de jonction d'instances. Toutes les parties aux instances primitives, étant désormais parties à une seule et même instance, elles peuvent former une demande additionnelle ou reconventionnelle selon les règles applicables aux moyens de défense[2]. Mais encore faut-il que la partie contre laquelle elle est formée, comparaisse, car si elle est défaillante cette forme simplifiée est exclue.

311.42 Parties défaillantes. À l'égard des parties défaillantes, le recours à la forme simplifiée des moyens de défense ne permettrait pas de garantir leur information, indispensable lorsqu'il s'agit d'élever des prétentions nouvelles. Aussi l'article 68 alinéa 2 C. pr. civ. impose-t-il des règles particulières dans ces cas.

En première instance, ces demandes incidentes doivent être formées contre les parties défaillantes dans les formes prévues pour l'**introduction de l'instance** devant la juridiction saisie. En pratique, cette exception concerne surtout les demandes additionnelles formées contre le défendeur, plus fréquemment défaillant que le demandeur. Elle joue évidemment lorsque le demandeur entend augmenter ou modifier l'objet de la demande initiale. Il devra alors obligatoirement présenter sa demande additionnelle dans les mêmes formes que l'acte introductif d'instance porté devant la juridiction saisie et ne pourra, par exemple, se contenter, devant un conseil de prud'hommes de la présenter verbalement à l'audience sans que le défendeur absent n'en ait été avisé, que ce soit devant le bureau de conciliation[3] ou devant le bureau de jugement[4]. Mais qu'en est-il lorsque la demande additionnelle diminue l'objet de la demande initiale ? Il est en général admis qu'une telle demande est recevable même lorsqu'elle n'est pas présentée comme un acte introductif d'instance car les droits de la défense sont préservés (v. s^s n° 321.153) Mais si cette réduction, résultant d'une demande additionnelle formée irrégulièrement, conduit à une valeur en litige inférieure au taux du dernier ressort, elle ne privera pas le défendeur de l'appel ouvert compte tenu de la demande initiale[5].

En appel, les demandes additionnelles et reconventionnelles dirigées contre des parties défaillantes doivent toujours être formées par voie d'**assignation** (C. pr. civ., art. 68, al. 2, *in fine* – cette disposition ne s'applique évidemment pas aux demandes incidentes formées à l'encontre des parties comparantes; à leur égard, elles sont formées en appel, conformément à l'alinéa 1er, par simples conclusions[6]). À défaut, la cour d'appel n'est pas saisie et elle peut le constater d'office sans avoir à provoquer les explications de la partie concernée[7].

311.43 Modalités communes. Dans tous les cas, quelle que soit sa forme, la demande additionnelle ou reconventionnelle doit exposer les prétentions et les moyens de la partie qui la présente et indiquer les pièces justificatives (C. pr. civ., art. 67). Ces mentions ne sont pas prescrites à peine de nullité, mais leur présence est indispensable tant à la qualification de la demande qu'à son aboutissement.

Par ailleurs, ces demandes doivent toujours être **dénoncées** aux autres parties (C. pr. civ., art. 69). Cette dénonciation se fait selon les règles de procédure applicables devant la juridiction saisie.

§ 2 Effets

311.50 Plan. Les demandes additionnelles et reconventionnelles produisent au plan procédural (A) comme au fond (B), les effets habituellement attachés aux demandes en justice sous réserve de quelques particularités liées à la présence d'une demande initiale sur laquelle elles se greffent.

A. Au plan procédural

311.51 Extension de l'instance. Ces demandes incidentes étendent le lien d'instance créé par la demande initiale et obligent donc le juge à statuer, sous peine de déni de justice, sur les nouvelles prétentions dont il se trouve saisi par l'acte de procédure correspondant qui vaut conclusions (C. pr. civ., art. 69). En principe, il statue sur les demandes dans l'ordre de leur présentation, en commençant par la demande initiale telle que modifiée le cas échéant, avant d'examiner la demande reconventionnelle.

Il faut cependant réserver le cas particulier de la demande reconventionnelle en divorce pour faute opposée à une demande initiale en divorce pour rupture de la vie commune. Aux termes de l'ancien article 241 alinéa 2 du Code civil cette demande reconventionnelle doit être examinée en premier lieu et son admission conduit obligatoirement au rejet de la demande initiale. Mais qu'en est-il lorsque le défen-

1. Civ. 2e, 14 oct. 1970, n° 69-11.149, *Bull. civ.* II, n° 269.
2. Civ. 3e, 11 oct. 1989, n° 88-14.324, *Bull. civ.* III, n° 190; *D.* 1990. 71, obs. Honorat; *RTD civ.* 1990. 498, obs. Jourdain.
3. Soc. 25 janv. 1989, n° 86-40.749, *Bull. civ.* V, n° 63.
4. Soc. 28 nov. 1984, n° 82-40.352, *Bull. civ.* V, n° 462 – Soc. 19 juin 1986, n° 83-42.862, *Bull. civ.* V, n° 326.
5. Soc. 21 juin 1989, n° 86-40.102, *Bull. civ.* V, n° 458.
6. Com. 4 janv. 1984, n° 82-12.056, *Bull. civ.* IV, n° 8; *Gaz. Pal.* 1985. 118, note du Rusquec – V. AUSSI, Perrot, *RTD civ.* 1984. 776.
7. Civ. 3e, 10 mai 1989, n° 87-16.761, *Bull. civ.* III, n° 107; *RTD civ.* 1991. 350, obs. Jourdain.

deur ne forme sa demande reconventionnelle qu'à titre subsidiaire, faisant principalement valoir des défenses à la demande principale ? Dans ce cas, le juge examine d'abord les défenses invoquées et s'il les retient, il déboute le demandeur sans avoir à statuer sur la demande reconventionnelle subsidiaire[1]. En revanche, s'il les rejette, il doit alors examiner, en priorité, la demande reconventionnelle et ne pourra prononcer le divorce pour rupture de la vie commune que s'il écarte celle-là[2].

L'article 241 a été abrogé par la loi n° 2004-439 du 26 mai 2004 relative au divorce[3], applicable à partir du 1er janvier 2005. Mais une solution similaire a été inscrite au nouvel article 246 qui prévoit qu'en cas de présentations concurrentes d'une demande en divorce pour faute et d'une demande pour altération définitive du lien conjugal, le juge doit se prononcer d'abord sur la demande pour faute. En conséquence, si celle-ci est formée à titre reconventionnel, elle sera bien examinée en premier lieu, comme sous l'empire de l'ancien article 241, et la même solution devrait valoir si elle n'était formée qu'à titre subsidiaire. Ajoutons que si c'est la demande pour altération qui est formée à titre reconventionnel, le juge prononcera le divorce sur ce fondement, sans condition de délai, s'il rejette la demande initiale pour faute (C. civ., art. 238, al. 2).

311.52 **Autonomie.** La question se pose de savoir si le juge doit encore statuer sur les demandes incidentes dont il est saisi en cas de disparition de la demande initiale en cours de procédure, cette disparition pouvant résulter soit de l'incompétence de la juridiction saisie, soit de l'irrecevabilité ou de l'extinction de la demande initiale. Autrement dit, la disparition de la demande initiale entraîne-t-elle celle de la demande incidente ou celle-ci bénéficie-t-elle d'une autonomie suffisante pour lui survivre ? S'agissant des **demandes additionnelles**, elles suivent certainement le sort de la demande initiale lorsqu'elles se contentent d'en modifier le *quantum*. En revanche, lorsqu'elles portent sur un objet de nature différente, elles devraient, à l'image des solutions admises pour l'intervention volontaire (v. ss n° 312.23), être considérées comme autonomes et survivre à la disparition de la demande initiale. S'agissant des **demandes reconventionnelles**, les solutions sont plus complexes. Il faut distinguer d'abord quant à l'objet de la demande reconventionnelle, puis le cas échéant, quant à la cause de la « disparition » de la demande initiale.

C'est l'objet de la demande reconventionnelle qui peut lui conférer une certaine autonomie, selon qu'il tend essentiellement au rejet de la demande initiale ou s'en distingue pour poursuivre un objectif propre. L'on retrouve ainsi la distinction entre les demandes reconventionnelles hybrides et les demandes reconventionnelles pures et simples (v. ss n° 311.05). Les premières ne disposent d'aucune autonomie, leur sort est lié à celui de la demande initiale car sa disparition les prive d'objet (ainsi not. d'une demande reconventionnelle en dommages-intérêts formée pour réduire, par compensation, la créance de transport invoquée sur demande initiale, celle-ci étant déclarée irrecevable l'autre devient sans objet[4]; d'une demande reconventionnelle en maintien dans l'indivision déclarée sans objet suite au désistement de la demande initiale en partage, si bien d'ailleurs que le refus de ce désistement du défendeur est déclaré sans motif légitime[5]). Au contraire, les demandes reconventionnelles pures et simples, qui ont un objet propre indifférent au rejet de la demande initiale, sont autonomes et peuvent lui survivre, mais il faut alors distinguer selon la cause de sa disparition.

Quant à la cause de la disparition de la demande initiale, il peut s'agir d'abord de son **irrecevabilité**. À cet égard, la Cour de cassation a clairement posé le principe selon lequel l'irrecevabilité de la demande initiale n'entraîne pas nécessairement celle de la demande reconventionnelle[6]. C'est que tout dépend de l'objet de la demande. Si elle est hybride, elle disparaît automatiquement, faute d'objet (v. ci-dessus)[7]. Si elle est pure et simple, elle subsiste nonobstant l'irrecevabilité de la demande initiale et oblige le juge à statuer, à condition cependant que le demandeur et défendeur reconventionnel aient accepté la juridiction du tribunal saisi. Il en est ainsi lorsqu'il ne s'est pas contenté de conclure à l'irrecevabilité de la demande reconventionnelle comme conséquence de celle de la demande initiale[8], mais a conclu sur le fond de cette demande[9] (cep. certaines décisions admettent la survie et la recevabilité de la demande reconventionnelle pure et simple en cas d'irrecevabilité de la demande principale sans constater l'acceptation du défendeur reconventionnel[10]). En cas d'**incompétence** du juge sur la demande initiale, la

1. Civ. 2e, 20 mai 1981, n° 80-12.284, *Bull. civ.* II, n° 125; *Gaz. Pal.* 1982. 124, note Massip – V. AUSSI, Civ. 2e, 16 janv. 1980, *Bull. civ.* II, n° 12; *JCP* 1980. II. 19487, note Lindon; *RTD civ.* 1980. 754, obs. Nerson et Rubellin-Devichi.
2. Civ. 2e, 10 oct. 1984, n° 83-13.271, *Bull. civ.* II, n° 145; *JCP* 1984. II. 20453, note Bénabent.
3. L. n° 2004-439, 26 mai 2004, relative au divorce, *JO* 27 mai, p. 9319.
4. Aix-en-Provence, 23 avr. 1974, *D.* 1974. Somm. 86.
5. Civ. 1re, 16 déc. 1986, n° 83-10.501, *Bull. civ.* I, n° 303; *Gaz. Pal.* 1987. Pan. 60.
6. Civ. 3e, 31 janv. 1990, n° 88-15.738, *Bull. civ.* III, n° 35 – Soc. 23 mai 1996, n° 92-11.025, *Bull. civ.* V, n° 198.
7. V. AUSSI, Aix-en-Provence, 7 mai 1974, *D.* 1974. Somm. 85.
8. Civ. 2e, 7 juill. 1983, n° 82-10.352, *Bull. civ.* II, n° 148.
9. Com. 27 nov. 1951, *D.* 1952. 71.
10. Com. 23 févr. 1983, n° 81-11.012, *Bull. civ.* IV, n° 83 – Confirmant Aix-en-Provence, 18 nov. 1980, *D.* 1982. Somm. 67 – Aix-en-Provence, 23 avr. 1974, *D.* 1974. Somm. 86.

solution est exactement identique[1]. Mais en matière de divorce, toutes ces discussions sont inutiles car la Cour de cassation considère que les demandes principale et reconventionnelle en divorce sont indivisibles si bien que la seconde ne peut être examinée que si la première est recevable[2]. Quant au **désistement**, la situation est plus compliquée. En présence d'une demande reconventionnelle, le désistement du demandeur doit être accepté par le défendeur et son refus est normalement légitime (sauf dans l'hypothèse d'une demande reconventionnelle hybride totalement privée d'objet par la disparition de la demande initiale[3]). Mais s'il accepte le désistement que devient sa demande reconventionnelle ? Si elle est hybride, elle disparaît évidemment. Mais si elle est pure et simple, il semble qu'elle reste pendante devant le juge saisi qui devra la trancher[4]. À défaut, il faudrait admettre que l'acceptation du désistement de la demande initiale emporterait désistement implicite de la demande reconventionnelle[5].

B.
Au fond

311.61 **Effets.** Comme toute demande en justice, les demandes reconventionnelles et additionnelles valent sommation de payer et font donc courir les intérêts moratoires (C. civ., art. 1153)[6]. De même, elles emportent interruption de la prescription et des délais pour agir (C. civ., art. 2241 - ainsi par ex., d'une demande d'expertise formée par voie reconventionnelle devant le juge des référés[7]; d'une demande reconventionnelle formée oralement devant un tribunal de commerce[8]; d'une demande additionnelle en nullité d'une assemblée générale de copropriétaires formée dans le délai de l'article 42 de la loi du 10 juillet 1965[9]). Mais cette interruption est évidemment non avenue si la demande incidente est rejetée (C. civ., art. 2243), fut-ce pour défaut de lien suffisant avec la demande initiale[10] (cep. l'interruption reste suspendue entre la présentation de la demande et son rejet[11]). Mais à quelle date ces effets se produisent-ils ?

311.62 **Date d'effet.** Lorsque ces demandes incidentes sont formées comme la demande initiale par un acte introductif d'instance, il suffit d'appliquer les règles attachées à ce type d'actes. Mais qu'en est-il lorsqu'elles sont présentées comme les moyens de défense ? Si elles sont formées verbalement à l'audience, c'est sans doute à cette date qu'il faut se placer, mais leur efficacité dépend alors de la précision avec laquelle le greffier les a pris en procès-verbal. Dans l'hypothèse, la plus fréquente en pratique, où ces demandes font l'objet de conclusions écrites, faut-il retenir la date de leur notification à la partie adverse ou celle de leur dépôt au greffe ? Dans une procédure pendante devant un tribunal de commerce, la Cour de cassation s'est prononcée en faveur de la date de la notification[12]. Mais cette décision s'étant expressément appuyée sur le caractère oral de la procédure, la solution est-elle transposable aux procédures écrites ?[13]

1. Req. 23 mai 1940, *S.* 1940. 119 – Civ. 2e, 7 janv. 1965, *Bull. civ.* II, no 12.
2. Civ. 1re, 19 avr. 2005, no 02-19.881, *Bull. civ.* I, no 188; *D.* 2006. 336, obs. Serra et Williatte-Pellitteri; *RTD civ.* 2005. 578, obs. Hauser; *Procédures* 2005. Comm. 201, obs. Perrot.
3. Civ. 1re, 16 déc. 1986, no 83-10.501, préc. ss no 311.52.
4. Colmar, 13 avr. 1951, *D.* 1952. 604, note Carbonnier.
5. Sur l'ensemble de la question, V. NOT. *J.-Cl. Pr. civ.*, fasc. 132, no 73, Génin-Méric, préc. ss no 311.05.
6. V. NOT., Civ. 1re, 30 nov. 1977, no 76-12.946, *Bull. civ.* I, no 453.
7. Com. 2 avr. 1996, no 93-20.901, *Bull. civ.* IV, no 112.
8. Paris 14 oct. 1994, RG nos 92/20772 et 92/20340, *RJ com.* 1996. 18, note François.
9. Civ. 3e, 4 avr. 2002, no 96-12.284, *Bull. civ.* III, no 79.
10. V. *J.-Cl. Pr. civ.*, fasc. 126-7, nos 24 et 25, Desdevises.
11. Paris, 29 sept. 1981, *JCP* 1983. IV. 218.
12. Com. 24 nov. 1982, no 81-10.337, *Bull. civ.* IV, no 372; *RTD civ.* 1983. 387, obs. Perrot.
13. EN CE SENS, R. Perrot, *RTD civ.* 1983. 387, préc. ss prést no.

CHAPITRE

312. Intervention

PHILIPPE HOONAKKER
Professeur à l'Université de Strasbourg
Avocat

SECTION 0
ORIENTEUR

312.00 **Plan du chapitre.**

312.01 **Principaux textes applicables.**
C. pr. civ., art. 63 à 70, 325 à 338.

312.04 **Formulaire : renvois.**

Form. pr. civ. *Intervention* (Assignation à fin d'appel en garantie devant le tribunal de grande instance [C. pr. civ., art. 331, al. 1])

Intervention – Déclaration de jugement commun (Assignation en déclaration de jugement commun devant le tribunal de grande instance [C. pr. civ., art. 331, al. 2])

Intervention – Conclusions en intervention volontaire (Conclusions en intervention volontaire devant le tribunal de grande instance)

312.05 **Définitions.** L'intervention est la troisième demande incidente citée par l'article 63 C. pr. civ. Elle est définie par l'article 66 alinéa 1er C. pr. civ. comme « *la demande dont l'objet est de rendre un tiers partie au procès engagé entre les parties originaires* ». Sa caractéristique essentielle est donc d'étendre l'instance à un tiers, notion qui doit être définie à son tour.

Le tiers est une personne qui n'est ni présente, ni représentée à l'instance (par ex. la compagnie d'assurance étrangère est un tiers par rapport à sa correspondante nationale et peut donc intervenir, à ce titre, même si cette dernière est partie à la procédure[1]). En conséquence, le représentant d'une partie, même s'il est physiquement présent à l'instance, est un tiers relevant, le cas échéant, des règles de l'intervention. Comme l'a relevé un auteur, le tiers « *se définit moins par sa personne que* ***par sa qualité****, en ce sens qu'une partie déjà en cause physiquement est considérée comme un tiers si elle est appelée à l'instance en une autre qualité* »[2]. Ainsi en est-il, par exemple, d'une personne présente à une instance comme liquidateur judiciaire d'un débiteur[3] (solution identique antérieurement pour le syndic d'un règlement judiciaire ou d'une liquidation des biens[4]) ou comme gérant d'une société (gérant d'une SCI par ex.[5]). Mais tout tiers ne peut devenir partie à une instance, encore faut-il réserver la règle « *nul ne peut être juge et partie* ». Aussi une personne qui est apparue dans une instance comme juge, ne peut-elle ultérieurement intervenir dans l'instance ouverte sur le recours formé contre la décision rendue (ainsi de membres d'une commission administrative en matière électorale qui étaient intervenus devant le tribunal d'instance saisi de contestations élevées contre des décisions de cette commission[6]; ou de l'intervention d'un conseil de l'ordre devant la cour saisie de l'appel de l'avocat qu'il avait sanctionné en première instance[7] – d'ailleurs, le décret n° 91-1197 du 27 novembre 1991, art. 16, prévoit aujourd'hui expressément que le conseil de l'ordre n'est pas partie à l'instance d'appel en matière disciplinaire[8]).

L'intervention peut émaner du tiers lui-même qui décide de se joindre à une instance pendante, elle est

1. Civ. 1re, 2 avr. 1996, n° 94-15.565, *Bull. civ.* I, n° 164.

2. R. Perrot, *RTD civ.* 1994. 425.
3. Com. 22 mars 1994, n° 91-15.348, *Bull. civ.* IV, n° 123.
4. Civ. 2e, 1er déc. 1993, n° 92-12.401, *Bull. civ.* II, n° 350; *RTD civ.* 1994. 425, obs. Perrot.
5. Civ. 2e, 10 mai 1984, n° 82-15.548, *Bull. civ.* II, n° 82; *RTD civ.* 1984. 775, obs. Perrot.
6. Civ. 2e, 8 mars 1978, n° 78-60.102, *Bull. civ.* II, n° 57; *D.* 1978. 369, note Cortial.
7. Civ. 1re, 16 juin 1981, n° 80-12.764, *Bull. civ.* I, n° 214; *RTD civ.* 1982. 468, obs. Perrot.
8. Décr. n° 91-1197, 27 nov. 1991, organisant la profession d'avocat, *JO* 28 nov., p. 15502, art. 16.

alors volontaire. Dans le cas contraire, lorsque c'est une partie à l'instance qui met en cause un tiers, l'intervention est forcée (C. pr. civ., art. 66, al. 2). Avant d'envisager chacun de ces types d'intervention, il convient d'exposer les quelques **règles générales** relatives à la recevabilité, à l'acte d'intervention et aux effets.

312.06 Recevabilité. L'intervention étant une **demande en justice**, elle est soumise aux conditions de recevabilité de droit commun requises à ce titre : capacité, intérêt et, le cas échéant, qualité. Mais selon le type d'intervention et son objet, ces conditions, en particulier l'intérêt, sont appréciées plus ou moins rigoureusement.

L'intervention est aussi une demande incidente qui vient se greffer sur une instance existante et remet donc en cause le principe de l'immutabilité du litige. Aussi comme les autres demandes incidentes (v. s[s] n°s 311.12 s.), l'intervention n'est-elle recevable que si elle se rattache aux prétentions des parties par un **lien suffisant** (C. pr. civ., art. 325, qui reprend les termes de l'article 70 C. pr. civ. applicable aux demandes additionnelle et reconventionnelle). Dans certains cas, cette condition est nécessairement remplie à raison de l'objet même de l'intervention (intervention accessoire, v. s[s] n° 312.31 - appel en déclaration de jugement commun, v. s[s] n° 312.41); dans les autres, il dépendra des circonstances de fait de chaque espèce et des prétentions respectivement émises. Comme pour les demandes additionnelle et reconventionnelle, il relève de l'appréciation souveraine des juges du fond de sorte qu'il est ici aussi impossible de prétendre à la moindre exhaustivité, mieux valant illustrer cette condition par des exemples qui seront cités pour chaque type d'intervention (cep., à propos de la divergence de jurisprudence qui avait opposé des chambres de la Cour de cassation, v. s[s] n° 312.22).

En principe, l'intervention peut se produire dans tout type de procédure, gracieuse comme contentieuse, y compris la procédure de référé[1] ou un recours en révision (ainsi, à propos d'une intervention volontaire[2]). De même, elle est possible en première instance comme en appel, sauf dans ce dernier cas à être soumise parfois à des conditions plus rigoureuses. En revanche, devant la Cour de cassation une seule forme d'intervention est recevable, l'intervention volontaire formée à titre accessoire (C. pr. civ., art. 327, al. 2 - V. s[s] n° 312.32).

1. PAR EX., Com. 16 juill. 1951, *D.* 1961. 683 – Paris, 20 déc. 1974, *D.* 1975. 312, concl. av. gén. Franck, note Lindon; *Gaz. Pal.* 1975. 45, concl. av. gén. Franck; *JCP* 1975. II. 18056, note Nguyen-Thanh-Bourgeais.
2. Civ. 2e, 4 juill. 2007, n° 06-18.335, *Bull. civ.* II, n° 198; *D.* 2008. 648, chron. Sommer et Nicoletis; *RTD civ.* 2007. 812, obs. Perrot.

312.07 Acte d'intervention. La forme de l'acte résulte des règles communes à toutes les demandes incidentes prévues à l'article 68 C. pr. civ. Ainsi lorsque l'intervention est dirigée à l'encontre de parties à l'instance, elle est formée de la même manière que les moyens de défense. Mais elle requiert en première instance les formes prévues pour l'introduction de l'instance et en appel celles de l'assignation, lorsqu'elle est dirigée contre un tiers ou une partie défaillante. C'est la raison pour laquelle, l'intervention volontaire peut généralement être formée par de simples conclusions (v. s[s] n° 312.11), alors que l'intervention forcée suppose presque toujours un acte introductif d'instance en première instance et une assignation en appel (v. s[s] n° 312.45).

Quelle que soit sa forme, l'acte d'intervention doit exposer les prétentions et les moyens de la partie qui en prend l'initiative et indiquer les pièces justificatives (C. pr. civ., art. 67 - disposition aussi applicable aux autres demandes incidentes, v. s[s] n° 311.43 - cette solution était déjà appliquée par la jurisprudence sous l'empire de l'ancien Code de procédure civile[3]). Il vaut conclusions et doit être dénoncé aux autres parties (C. pr. civ., art. 69). Cette dénonciation se fait conformément aux règles de procédures applicables devant la juridiction saisie (v. par ex., oralement à l'audience devant un tribunal de commerce[4]).

312.08 Effets. L'intervention étend l'instance au tiers qui devient partie et oblige le juge à statuer sous peine de déni de justice. Mais il n'est pas nécessaire qu'il statue sur l'intervention en même temps que sur les demandes originaires. En effet, si elle risque de retarder à l'excès le jugement sur le tout, le juge peut disjoindre et statuer d'abord sur la demande principale avant de statuer ultérieurement, par décision séparée, sur l'intervention (C. pr. civ., art. 326).

Mais le juge doit-il encore statuer sur une intervention en cas de disparition de la demande sur laquelle elle se greffe ? Que l'intervention soit volontaire ou forcée, la réponse dépend de son objet seul susceptible de lui conférer une autonomie suffisante lui permettant de survivre éventuellement.

SECTION 1
INTERVENTION VOLONTAIRE

312.11 Règles communes. L'intervention volontaire est celle dont un tiers prend l'initiative luimême pour s'associer à une instance pendante. Comme par hypothèse elle est dirigée contre une partie à cette instance, elle est normalement formée

3. Req. 18 déc. 1891, *D.* 1893. 1. 284.
4. Civ. 1re, 2 févr. 1994, n°s 91-22.054 et 92-10.215, *Bull. civ.* I, n° 49.

comme les moyens de défense (C. pr. civ., art. 68, al. 1er). Dans les procédures écrites, elle fait donc l'objet de simples conclusions notifiées entre avocats et déposées au greffe (sur ces règles identiques appliquées aux demandes additionnelles et reconventionnelles, v. ss no 311.41), y compris évidemment en appel où elles sont notifiées entre avoués [1]. En revanche, si la partie visée est défaillante, l'intervention volontaire doit se faire en première instance dans formes de l'introduction de l'instance et devant la cour d'appel par assignation (C. pr. civ., art. 68, al. 2).

C'est que l'intervention volontaire est recevable tant en première instance qu'en appel (C. pr. civ., art. 553), sauf dans ce dernier cas l'interdiction de soumettre à la cour un litige nouveau en la saisissant de prétentions qui n'ont pas subi le premier degré de juridiction. À chacun de ces degrés, l'intervention volontaire est possible en tout état de cause, même après l'ordonnance de clôture dans les procédures écrites (C. pr. civ., art. 783, applicable devant le tribunal de grande instance et devant la cour d'appel en vertu de l'article 907 C. pr. civ. renvoyant notamment à cette disposition). Mais plus l'intervention est tardive et plus l'intervenant s'expose à ce que le juge décide de disjoindre et de statuer séparément sur sa demande (C. pr. civ., art. 326 - V. ss no 312.08) [2]. En revanche, l'intervention ne semble plus possible après la clôture des débats [3].

Sous réserve de ces règles communes s'appliquant à toutes les interventions volontaires, des dispositions particulières régissent chacune des deux formes d'intervention volontaire prévues à l'article 328 C. pr. civ. : l'intervention principale (§ 1) et l'intervention accessoire (§ 2).

§ 1
Intervention principale

312.21 Définition. Aux termes de l'article 329 C. pr. civ., « *l'intervention est principale lorsqu'elle élève une prétention au profit de celui qui la forme* ». Dans ce cas, l'intervenant soumet donc au juge une prétention qui lui est propre pour la faire trancher à son profit dans l'instance déjà pendante entre les parties originaires. L'existence d'une **prétention propre** qui caractérise ainsi l'intervention principale justifie à la fois ses conditions de recevabilité et ses effets.

1. Com. 4 janv. 1984, no 82-12.056, *Bull. civ.* IV, no 8; *Gaz. Pal.* 1985. 118, note du Rusquec.
2. PAR EX., Civ. 2e, 27 mai 1988, no 87-13.560, *Bull. civ.* II, no 127; *D.* 1989. Somm. 277, obs. Julien; *Gaz. Pal.* 1989. Somm. 257, obs. Guinchard et Moussa.
3. EN CE SENS, T. Moussa et S. Guinchard, *Gaz. Pal.* 1989. Somm. 257, préc. ss prést no.

312.22 Recevabilité. Logiquement l'article 329 alinéa 2 C. pr. civ. exige que l'intervenant dispose du droit d'agir relativement à la prétention qu'il élève. C'est dire qu'il doit remplir toutes les conditions de droit commun : capacité, intérêt et qualité. Celles-ci sont appréciées, sans exclusive ni aménagement, dans les mêmes conditions que si l'intervenant avait soumis sa prétention à un tribunal en prenant lui-même l'initiative de l'instance (v. un ex. concernant l'intervention principale d'une compagnie d'assurances étrangère [4]).

Mais comme de plus sa prétention se greffe sur une instance déjà pendante, d'autres conditions sont requises de ce chef. D'abord, l'instance ne doit pas être radiée car sa reprise ne peut être sollicitée que par les parties à l'instance. En conséquence, une intervention volontaire dans une instance radiée ne peut produire aucun effet [5]. Ensuite toute intervention principale est exclue dans une instance mettant en œuvre une **action strictement personnelle** au demandeur originaire; dans ce cas seule une intervention accessoire est envisageable (ainsi pour une action principale en révocation de donation pour cause d'ingratitude [6]). Enfin et surtout, l'intervention principale doit se rattacher aux prétentions des parties originaires par un **lien suffisant** (C. pr. civ., art. 325). Ce lien est apprécié souverainement par les juges du fond, y compris en appel (cette solution a été consacrée par un arrêt de la chambre mixte [7] dont l'intervention a été nécessaire pour mettre fin à la divergence entre la deuxième chambre civile qui contrôlait le lien suffisant pour l'intervention en appel [8] et la troisième chambre civile qui statuait en sens contraire [9]).

Il existe sans contestation possible lorsque l'intervenant évoque le **même droit**, soit qu'il en est également titulaire (ainsi d'une demande d'annulation d'une élection professionnelle formée sur demande initiale par une candidate malheureuse, puis sur intervention par le syndicat qui l'avait soutenue [10]), soit qu'il le conteste aux parties originaires (par ex. dans le cas d'un litige portant sur la propriété d'un bien que se disputent les parties originaires et que l'intervenant revendique à son tour [11]), soit qu'il a seul qualité pour agir contrairement au demandeur

4. Civ. 1re, 2 avr. 1996, no 94-15.565, *Bull. civ.* I, no 164.
5. Civ. 2e, 21 juin 2007, no 06-12.233, *Bull. civ.* II, no 169; *D.* 2008. 648, chron. Sommer et Nicoletis.
6. Civ. 1re, 8 mars 1988, no 86-11.144, *Bull. civ.* I, no 68; *RTD civ.* 1990. 278, obs. Mestre.
7. Cass., ch. mixte, 9 nov. 2007, no 06-19.508, *Bull. ch. mixte*, no 10; *Dr. et proc.* 2008. 90, obs. Douchy-Oudot; *Procédures* 2008. Comm. 5, obs. Perrot.
8. Civ. 2e, 24 mai 2006, no 05-18.049, *Bull. civ.* II, no 132.
9. Civ. 3e, 12 juin 2001, no 99-19.814, NP – Civ. 3e, 9 oct. 1991, no 89-13.299, *Bull. civ.* III, no 236.
10. Soc. 19 juill. 1983, no 83-60.829, *Bull. civ.* V, no 444.
11. Civ. 1re, 1er avr. 1987, no 85-17.511, *Bull. civ.* I, no 78.

qui a pris l'initiative de l'instance, auquel cas, l'intervention vient au secours d'une procédure mal engagée (v. s^{s} n° 312.23 et réf. cit.). En revanche, l'appréciation d'un lien suffisant est plus délicate lorsque l'intervenant invoque un **droit différent**. La solution dépend alors de chaque cas d'espèce. Ainsi l'existence d'un lien suffisant a été reconnue à l'intervention principale d'un tiers tendant au retrait d'écrits diffamatoires d'une procédure et à la réparation du préjudice subi de ce chef[1]. En revanche, il a été dénié à l'intervention principale d'une caisse d'assurance-maladie en remboursement de dépenses avancées à la victime d'un accident de la circulation dans la procédure en indemnisation engagée par celle-ci contre le tiers responsable[2].

312.23 **Effets. L'intervention principale** confère à son auteur la **qualité de demandeur** relativement à la prétention qu'il élève, sans qu'il soit subordonné à l'une des parties déjà dans la procédure. Il peut donc, sans limitation, invoquer tous moyens de fait ou de droit à l'appui de sa prétention et solliciter toute mesure d'instruction utile que du reste le juge peut aussi ordonner d'office comme pour toutes les demandes originaires dont il est saisi.

Dans la mesure où l'intervenant principal exerce un droit qui lui est propre, sa demande est autonome et doit survivre à la disparition de la demande initiale. C'est ainsi, par exemple, que la jurisprudence considère que l'intervention principale n'est affectée ni par le désistement qui éteint la demande initiale (mais encore faut-il que l'intervention ne soit pas prescrite elle-même[3]), ni par la nullité[4] ou l'irrecevabilité de celle-ci (v. un arrêt censurant les juges du fond d'avoir déclaré irrecevable l'intervention principale au motif que la demande principale étant irrecevable, l'intervention n'a plus de support[5]; v. cep. un autre arrêt déclarant irrecevable l'intervention formée devant la cour en raison de l'irrecevabilité de l'appel[6]). Cette dernière solution est tout particulièrement appliquée à l'intervention formée par la personne ayant qualité pour élever la prétention originaire et qui peut ainsi sauver la procédure mal engagée par un demandeur ayant agi sans qualité, à condition qu'il agisse avec la volonté de reprendre les prétentions à son compte (ainsi de l'intervention de copropriétaires dans une instance engagée sans qualité par le syndic[7]; de l'intervention du donataire d'un bien revendiqué par un demandeur ayant agi sans qualité[8]; de l'intervention d'un Office helvétique des faillites dans l'instance en *exequatur* d'un jugement de liquidation des biens engagée sans qualité par le procureur de la République[9]; de l'intervention volontaire du liquidateur dans une instance engagée par la débitrice en liquidation judiciaire agissant seule[10] ou de l'administrateur qui n'avait pas qualité pour agir en justice[11]; de l'intervention volontaire de la société ayant acquis en cours de procédure le terrain et le bail à construction dans une instance où figurait le preneur à bail à construction qui n'avait pas la qualité de bailleur[12]). Mais est irrecevable l'intervention volontaire qui n'est pas formée dans l'objectif de sauver la procédure mal engagée (à propos de l'intervention à titre d'information et conservatoire, en sa seule qualité de représentant de la masse des créanciers, du syndic de la liquidation des biens d'une société dans la procédure engagée irrégulièrement contre celle-ci et non contre le syndic ès qualités[13]; de même, a été déclarée irrecevable l'intervention volontaire d'une compagnie d'assurance qui avait d'abord introduit l'instance au nom des assurés indemnisés, mais à leur insu[14]). De même, une procédure engagée au nom d'une personne existante par une entité dépourvue du droit d'agir faute d'être dotée de la personnalité morale, peut aussi être régularisée par l'intervention volontaire de la personne morale elle-même, correctement représentée (c'est le cas de procédures engagées par une succursale et de l'intervention volontaire de la société propriétaire pourvue de la personnalité morale[15]).

En revanche, **l'inexistence d'une partie à l'instance** ne peut être régularisée. Selon une formule devenue classique, une procédure engagée par ou contre une partie dépourvue de personnalité juridique ne peut être couverte. La seule divergence qui oppose les chambres de la Cour de cassation porte sur la sanction de cette irrégularité. À l'origine, elle n'était pas qualifiée et, à présent, elle est considérée tantôt comme une nullité de fond[16], tantôt comme

1. Req. 2 juill. 1866, *S.* 1866. 317.
2. Civ. 2e, 17 nov. 1955, *Bull. civ.* II, n° 517.
3. Com. 21 oct. 1975, n° 74-11.667, *Bull. civ.* IV, n° 237; *D.* 1976. 67, note Derrida.
4. Civ. 2e, 13 juill. 2006, n° 05-16.579, *Bull. civ.* II, n° 213; *D.* 2006. 2211; *D.* 2007. 1380, obs. Julien.
5. Civ. 3e, 21 févr. 1990, n° 88-13.188, *Bull. civ.* III, n° 61.
6. Rouen, 15 févr. 1979, *Gaz. Pal.* 1980. Somm. 277.
7. Civ. 1re, 20 mai 1969, *Bull. civ.* I, n° 195; *JCP* 1969. III. 15982, note R. L.; *RTD civ.* 1969. 835, obs. Raynaud.
8. Civ. 3e, 14 juin 1972, n° 71-11.637, *Bull. civ.* III, n° 400.
9. Civ. 1re, 7 nov. 1978, n° 77-11.288, *Bull. civ.* I, n° 332.
10. Civ. 2^{e}, 3 nov. 2005, n° 03-20.797, *Bull. civ.* II, n° 277.
11. Com. 21 sept. 2010, n° 09-16.565, NP; *RJDA* 2011, n° 66.
12. Civ. 3^{e}, 13 juill. 2010, n° 09-15.474, *Bull. civ.* III, n° 145; *RJDA* 2010, n° 1138.
13. Com. 11 janv. 1983, n° 81-13.478, *Bull. civ.* IV, n° 15.
14. Civ. 2^{e}, 6 mai 2004, n° 02-14.070, *Bull. civ.* II, n° 215; *RTD civ.* 2004. 552, obs. Perrot.
15. Civ. 1re, 16 avr. 1996, n° 94-14.923; *Bull. civ.* I, n° 182; *RJDA* 1996, n° 1416 – Civ. 1re, 11 mars 1997, n° 94-15.591, *Bull. civ.* I, n° 85; *D.* 1997. 562; *D.* 1997. 351, chron. Droz; *JCP* 1997. IV. 967.
16. Civ. 3e, 9 oct. 1996, n° 93-10.225, NP; *Procédures* 1996, n° 348, note Perrot; *RJ com.* 1998. 16, note Velardocchio; *RJDA* 1997, n° 54 – Civ. 2e, 26 mars 1997, n° 94-15.528, *Bull. civ.* II, n° 96; *JCP* 1997. IV. 1089 – Civ. 2e, 11 sept. ▶

une fin de non-recevoir[1]. Mais toutes les décisions rendues écartent la régularisation de la procédure par l'intervention volontaire de la personne pourvue de la personnalité juridique et du droit d'agir en justice. Ainsi en est-il d'une procédure engagée par ou contre une société absorbée[2] (mais la solution ne vaut pas pour la procédure engagée avant l'absorption car elle bénéficie alors de plein de droit à la société absorbante après la fusion[3]), une société en participation[4], une société radiée[5] (v. cep. un arrêt ancien qui avait statué en sens contraire[6]), ou encore une unité économique et sociale[7]). La question est plus délicate pour les procédures engagées, avant immatriculation, au nom d'une société en formation : alors que la chambre commerciale écarte toute régularisation par l'intervention ultérieure de la société immatriculée[8], la troisième chambre civile, au contraire, l'a admise[9]. De même, la jurisprudence est moins tranchée s'agissant des personnes physiques exerçant en nom propre sous une enseigne commerciale : ainsi, la régularisation a été écartée pour une procédure engagée au nom d'une partie qualifié de « société » et dénommée par l'enseigne commerciale d'une personne physique[10]; en revanche, il a été jugé que la désignation du défendeur dans l'assignation par l'enseigne sous laquelle il exerce son activité n'est qu'une irrégularité de forme susceptible d'être régularisée par l'intervention volontaire de cette personne à l'instance[11].

Enfin, l'intervenant principal peut, relativement à sa prétention, exercer toutes les voies de recours ouvertes indépendamment de l'attitude des parties originaires[12].

Aucune de ces solutions n'est transposable à l'intervention accessoire.

§ 2 Intervention accessoire

312.31 **Définition.** L'article 330 C. pr. civ. définit l'intervention accessoire comme celle « *qui appuie les prétentions d'une partie* ». L'intervenant accessoire n'élève donc aucune prétention pour son propre compte, il se contente d'apporter son soutien à l'une des parties à la procédure.

Il est ainsi aisé de comprendre que l'intervention accessoire est soumise à des conditions de recevabilité plus souples que l'intervention principale et qu'en même temps ses effets sont moins étendus.

312.32 **Recevabilité.** Cet objet nécessairement limité de l'intervention accessoire explique d'abord qu'elle est seule recevable devant la Cour de cassation, à l'exception de toute autre forme d'intervention (C. pr. civ., art. 327, al. 2). Mais encore faut-il qu'elle émane effectivement d'un tiers et non d'une partie qui aurait omis de former un pourvoi dans les délais[13].

Quel que soit le stade de la procédure à laquelle elle est formée, elle doit, selon l'article 325 C. pr. civ. qui vise toute intervention sans distinction (v. s[s] n° 312.06), se rattacher aux prétentions des parties par un **lien suffisant.** Mais cette condition ne pose ici aucune difficulté dès lors que l'intervention accessoire se rattache nécessairement, par un lien suffisant, à la prétention qu'elle appuie. Enfin et surtout, l'intervention accessoire est soumise aux conditions de recevabilité de droit commun. C'est sur ce point que se manifeste la spécificité de l'intervention accessoire, ces conditions étant notablement assouplies compte tenu de son objet limité au seul soutien des prétentions de l'une des parties.

L'intervenant à titre accessoire n'a pas à justifier de la **capacité** et du **pouvoir** de disposer du droit en

► 2003, n° 01-14.493, *Bull. civ.* II, n° 253; *RTD civ.* 2004. 766, obs. Théry – Civ. 2e, 23 sept. 2010, n° 09-70.355, NP; *RJDA* 2010, n° 1155 – Civ. 2e, 27 sept. 2012, n° 11-22.278, NP; *RJDA* 2013, n° 33.

1. Com. 20 juin 2006, n° 03-15.957, *Bull. civ.* IV, n° 146; *D.* 2006. 1820, obs. Lienhard; *Rev. sociétés* 2007. 65, note Barbièri; *JCP E* 2007, n° 1049, obs. Caussin, Deboissy et Wicker – Soc. 23 juin 2010, n° 09-60.341, *Bull. civ.* V, n° 148; *D.* 2010. 1798.
2. V. Com. 7 déc. 1993, n° 91-19.339, *Bull. civ.* IV, n° 462; *JCP* 1994. II, n° 22285, note Putman – Com. 6 mai 2003, n° 00-17.344, NP; *RJDA* 2003, n° 833 – Civ. 2e, 12 févr. 2004, n° 02-13.672, *Bull. civ.* II, n° 52; *D.* 2004. 731; *RTD civ.* 2004. 766, obs. Théry – Civ. 2e, 27 sept. 2012, n° 11-22.278, préc. s[s] prés[t] n°.
3. Com. 21 oct. 2008, n° 07-19.102, *RLDA* 2008, n° 1974; *RTD civ.* 2009. 323, obs. Fages; *RTD civ.* 2009. 362, obs. Théry.
4. Civ. 2e, 26 mars 1997, n° 94-15.528, *Bull. civ.* II, n° 96; *JCP* 1997. IV. 1089.
5. Soc. 23 juin 2010, n° 09-60.341, *Bull. civ.* V, n° 148; *D.* 2010. 1798.
6. Com, 14 nov. 1977, n° 76-10.939, *Bull. civ.* IV, n° 254.
7. Soc. 23 juin 2010, n° 09-60.341, préc. s[s] prés[t] n°.
8. Com. 30 nov. 1999, n° 97-14.595, *Bull. civ.* IV, n° 218; *D. Affaires* 2000. 37, obs. M. B.; *D. Affaires* 2000. Comm. 627, Lamazerolles – *Lamy Sociétés commerciales* févr. 2000, p. 2 s., note Grossi; *JCP E* 2000. 369, note Croze et Cayre; *Defrénois* 2000. 1295, note Beaubrun – Com. 20 juin 2006, n° 03-15.957, préc. s[s] prés[t] n° – V. AUSSI, D. Gibirila, « L'incapacité d'ester en justice d'une société en formation et ses enjeux », *RJDA* 2006. 915 – C. Bourgeois, « Société en formation et exercice d'une action en justice : enjeux théoriques et pratiques », *D.* 2008. 1160.
9. Civ. 3e, 9 oct. 1996, n° 93-10.225, NP; *Procédures* 1996, n° 348, note Perrot; *RJ com.* 1998. 16, note Velardocchio; *RJDA* 1997, n° 54.
10. Civ. 2e, 11 sept. 2003, n° 01-14.493, préc. s[s] prés[t] n° – Versailles, 16 sept. 1999, RG n° 9816/96, *Gaz. Pal.* 2000. Somm. 857.
11. Civ. 2e, 14 mai 2009, n° 08-10.292, *Bull. civ.* II, n° 121; *D.* 2009. 1544.
12. Com. 14 mai 1991, n° 89-16.696, *Bull. civ.* IV, n° 160.
13. Com. 31 janv. 1977, n° 75-14.828, *Bull. civ.* IV, n° 30 – Soc. 27 juin 1979, n° 77-41.701, *Bull. civ.* V, n° 588; *JCP* 1979. IV. 294.

litige, son acte d'intervention étant considéré comme un acte d'administration[1]. Il doit, en revanche, avoir **intérêt**, mais cette condition est définie plus souplement par l'article 330 alinéa 2 C. pr. civ., comme l'intérêt de l'intervenant à soutenir la partie concernée « *pour la conservation de ses droits* ». Cette notion est plus large que celle de l'intérêt à agir requise en droit commun pour toute demande en justice et, en particulier, pour l'intervention volontaire. Elle est soumise à l'**appréciation souveraine** des juges du fond[2]. Cependant la Cour de cassation contrôle la définition de l'intérêt retenue pour sanctionner toute décision qui aurait exigé un intérêt plus restrictif qui se rapprocherait de l'intérêt de droit commun. Elle a ainsi censuré une décision ayant rejeté une intervention accessoire au motif que son auteur ne justifiait pas d'un « *intérêt direct inséparable de celui de l'une des parties* »[3].

L'intérêt invoqué peut d'abord être **propre à l'intervenant** qui entend donc assurer la conservation de ses droits individuels. Il peut s'agir d'un intérêt purement moral (c'est le cas de l'intervention accessoire de la mère dans la procédure en reconnaissance de paternité engagée par son fils, majeur, pour défendre sa réputation et son honneur mis en cause par le défendeur[4]; ou de l'intervention accessoire d'un locataire, médecin et père de famille, aux côtés du bailleur dans la procédure engagée à l'encontre d'un autre locataire qui avait installé une maison de débauche dans les lieux loués[5]). Mais le plus souvent, l'intérêt invoqué est **patrimonial**, soit **direct et certain** (cas de l'intervention accessoire d'une Assedic en cassation aux côtés de salariés dans la procédure les opposants à leur employeur, justifiée par l'engagement qu'ils ont pris de rembourser des allocations à cet organisme à concurrence des sommes que l'employeur serait condamné à leur payer[6]); soit même **indirect** (cas de l'intervention accessoire d'associés d'une SCI dans une procédure engagée par celle-ci en révocation des cessions frauduleuses de parts sociales consenties par le précédent gérant, justifiée par le fait que ces intervenants sont tenus au passif social à concurrence de leur participation dans le capital de la société[7]) ou seulement **éventuel** (par ex. : interventions accessoires d'un comité d'entreprise et de salariés dans une procédure en révocation de donation pour cause d'ingratitude portant sur des parts sociales de la société employeur, justifiées par le fait que l'aboutissement de la demande ainsi soutenue permettrait éventuellement d'atteindre une majorité qualifiée au sein de la société et donnerait alors aux intervenants une chance de voir se poursuivre la pleine activité de l'employeur[8]). En tout cas, moral ou patrimonial, l'intérêt invoqué doit **exister**, sous peine d'irrecevabilité de l'intervention accessoire (ainsi a-t-il été dénié à un employeur qui était intervenu dans l'instance engagée par l'un de ses préposés en réparation du préjudice attribué à une prise de sang effectuée à l'occasion d'une séance collective organisée par le Centre national de transfusion sanguine dans les locaux de cet employeur, au motif que la seule utilisation des locaux était insuffisante à caractériser l'intérêt requis, faute de tout préjudice moral ou patrimonial dûment établi[9]).

Mais il arrive souvent aussi que l'intervenant accessoire invoque la défense d'un intérêt collectif. Il s'agit là de la question de l'intervention, très fréquente, de groupements constitués pour la défense d'intérêts communs à leurs membres. Les groupements, habilités par la loi à agir en justice pour défendre l'intérêt collectif qu'ils représentant, sont *a fortiori* recevables à intervenir accessoirement[10]. Mais encore faut-il que le groupement habilité intervienne effectivement dans l'intérêt collectif de ses adhérents, c'est-à-dire, selon une jurisprudence aujourd'hui constante, que le litige en cause pose une **question de principe** susceptible d'entraîner des conséquences pour l'ensemble des adhérents[11]. Inversement, un groupement même habilité, est irrecevable à intervenir dans le seul but de défendre l'intérêt individuel de l'une des parties (ainsi de l'intervention accessoire d'un syndicat faisant exclusivement siennes les conclusions de la partie appuyée tendant à la réparation de son dommage[12]). Pour les groupements non habilités ou ceux agissant en dehors de leur habilitation, l'intervention accessoire n'est pas nécessairement irrecevable, mais l'intérêt collectif sera souvent difficile à caractériser. Ainsi une décision a-t-elle déclaré irrecevable l'intervention accessoire

1. Rép. pr. civ., v° *Intervention*, par G. Wiederkehr et D. d'Ambra, sept. 2009 [màj mars 2012], n° 51.
2. Civ. 3e, 22 mai 1975, n° 73-14.483, *Bull. civ.* III, n° 174; *JCP* 1975. IV. 220 – Civ. 3e, 31 oct. 1989, *Gaz. Pal.* 1990. Pan. 13.
3. Civ. 1re, 8 févr. 1978, nos 76-12.909 et n° 76-13.290, *Bull. civ.* I, n° 50; *D.* 1979. 509, obs. Julien.
4. Req. 9 juill. 1934, *Gaz. Pal.* 1934. 475.
5. T. civ. Nice, 29 nov. 1950, *D.* 1951. 106.
6. Soc. 16 déc. 1980, n° 78-41.504, *Bull. civ.* V, n° 899.
7. Civ. 3e, 3 mai 1973, n° 72-10.933, *Bull. civ.* III, n° 306.
8. Civ. 1re, 8 mars 1988, n° 86-11.144, *Bull. civ.* I, n° 67; *RTD civ.* 1990. 278, obs. Mestre.
9. Paris, 12 mai 1959, *D.* 1960. 305, note Savatier.
10. Rép. pr. civ., v° *Intervention*, par G. Wiederkehr et D. d'Ambra, sept. 2009 [màj mars 2012], nos 71 s.
11. Soc. 2 juin 1983, n° 81-40.103, n° 81-40.489, *Bull. civ.* V, n° 305 – Civ. 3e, 24 nov. 1987, n° 86-15.488, *Bull. civ.* III, n° 188 – Implicitement dans le même sens, Civ. 1re, 8 févr. 1978, n° 76-12.909, n° 76-13.290, *Bull. civ.* I, n° 50; *D.* 1979. 509, obs. Julien – Paris, 20 déc. 1974, *D.* 1975. 312, concl. av. gén. Franck, note Lindon; *Gaz. Pal.* 1975. 145, concl. av. gén. Franck; *JCP* 1975. II. 18056, note Nguyen-Thanh-Bourgeais.
12. Civ. 2e, 21 mai 1979, n° 77-14.679, *Bull. civ.* II, n° 149 – V. AUSSI, Paris, 10 juill. 1957, *Gaz. Pal.* 1957. 261, concl. av. gén. Lindon – T. civ. Montpellier, 27 avr. 1945, *Gaz. Pal.* 1945. 23.

d'une association agréée de consommateurs dans une procédure de surendettement au double motif que d'une part, l'association ne pouvait se prévaloir de l'habilitation prévue à l'article 5 de la loi n° 88-14 du 5 janvier 1988, la procédure n'ayant pas pour objet la réparation d'un préjudice subi par un consommateur, et que d'autre part, elle ne justifiait pas avoir autrement intérêt à intervenir pour la conservation de ses droits[1].

312.33 Effets. Il a été jugé que l'intervention accessoire interrompt la péremption de l'instance sur laquelle elle se greffe[2]. Mais l'objet de cette instance n'est jamais modifié par l'intervention accessoire qui ne fait qu'étendre l'instance à une partie nouvelle, l'intervenant. De plus, celui-ci ne dispose pas des mêmes prérogatives que les autres parties car il reste toujours subordonné à celle qu'il soutient, d'où les conséquences suivantes.

Il ne peut d'abord élever de prétentions nouvelles, quelles qu'elles soient. Il doit se contenter d'appuyer celles de la partie aux côtés de laquelle il est intervenu. À ce titre, il peut normalement développer des moyens nouveaux, pourvu qu'ils renforcent les prétentions dont il souhaite le succès. C'est la raison pour laquelle l'exception d'incompétence soulevée à son encontre par le défendeur, après qu'il ait conclu au fond contre le demandeur, est irrecevable[3]. Cependant dans le cas particulier de l'intervention accessoire en cassation, la Cour n'autorise l'intervenant qu'à s'associer aux moyens de la partie soutenue sans pouvoir invoquer de moyens distincts[4].

De même, **l'intervention accessoire ne jouit d'aucune autonomie**, elle subit nécessairement le sort de la demande originaire. En conséquence, son irrecevabilité (cas d'une intervention accessoire greffée sur une procédure engagée pour le compte d'une personne décédée[5]) ou son extinction (ex. du désistement de la partie soutenue[6]) s'étend automatiquement à l'intervention accessoire. Mais en contrepartie, l'intervenant accessoire peut se désister unilatéralement sans l'accord d'aucune des parties à l'instance (C. pr. civ., art. 330, al. 3).

Enfin, les **voies de recours ouvertes à l'intervenant accessoire** sont pour le moins **limitées.** Le jugement rendu ayant l'autorité de la chose jugée à son égard, il ne peut évidemment former tierce-opposition. Mais de plus, il ne peut exercer aucune autre voie de recours indépendamment de la partie originaire qu'il a soutenue. En particulier, tant l'appel[7] que le pourvoi en cassation[8] sont irrecevables de la part de l'intervenant accessoire si la partie principale y renonce. Mais cette irrecevabilité n'est pas d'ordre public et n'a donc pas à être soulevée d'office (à propos d'un appel interjeté exclusivement par l'intervenant accessoire[9]). En définitive, l'intervenant accessoire ne peut former de recours que pour contester la décision en tant qu'elle rejetterait son intervention.

SECTION 2
INTERVENTION FORCÉE

312.40 Présentation. L'intervention forcée fait l'objet de dispositions communes prévues aux articles 331 à 333 C. pr. civ. qui sont exposées ci-après. Les dispositions particulières relatives à l'appel en garantie (C. pr. civ., art. 334 à 338) sont traitées au titre de l'exception dilatoire de garantie (v. s^s n°s 192.40 s.).

312.41 Définitions. Alors que l'intervention volontaire est formée par un tiers contre une partie (v. s^s n° 312.11), l'intervention forcée ou mise en cause (expression synonyme dans le Code de procédure civile) émane nécessairement d'une partie qui entend attraire un tiers à l'instance. L'article 331 C. pr. civ. distingue deux types d'intervention forcée.

L'intervention forcée **aux fins de condamnation** par laquelle une partie forme contre un tiers une action qu'il aurait aussi pu diriger contre lui à titre principal, c'est-à-dire en dehors de l'instance en cours (C. pr. civ., art. 331, al. 1er). L'appel en garantie constitue ainsi une forme particulière de la mise en cause aux fins de condamnation.

L'intervention forcée peut aussi être formée pour étendre au tiers l'autorité de la chose jugée attachée au jugement qui doit être prononcé (C. pr. civ., art. 331, al. 2). On parle alors d'appel en déclaration de jugement (ou d'arrêt) commun.

En dehors de ces deux objectifs légaux, la condamnation et l'opposabilité du jugement, toute intervention forcée est exclue. En particulier, une partie ne saurait mettre en cause un tiers simplement pour

1. Civ. 1re, 4 avr. 1991, n° 90-04.008, *Bull. civ.* I, n° 123; *D.* 1991. 307, note Bouloc; *RJDA* 1991, n° 5; *JCP* 1991. 21702, concl. et note Flipo et Picod.
2. Civ. 2e, 3 janv. 1980, n° 78-12.486, *Bull. civ.* II, n° 3; *RTD civ.* 1980. 618, obs. Perrot.
3. Civ. 2e, 3 févr. 2010, n° 09-13.618, *Bull. civ.* II, n° 31; *Procédures* 2010. Comm. 110, obs. Perrot.
4. Com. 22 mai 1978, n° 76-14.836, *Bull. civ.* IV, n° 142; *D.* 1978. 497, obs. crit. Julien – Com. 6 mars 1979, *Bull. civ.* IV, n° 77.
5. Civ. 1re, 10 mars 1982, n° 80-16.679, *Bull. civ.* I, n° 108.
6. Soc. 9 oct. 1986, n° 83-45.747, *Bull. civ.* V, n° 488 – TGI Alès, 21 févr. 1979, *JCP* 1980. IV. 399.
7. Lyon, 20 mai 1980, *Gaz. Pal.* 1980. 93, note Hanine.
8. Civ. 1re, 6 mars 1979, n° 77-15.901, *Bull. civ.* I, n° 77 – Civ. 1re, 7 juill. 1991, n° 90-12.498, *Bull. civ.* I, n° 220; *JCP* 1992. IV. 2607 – Com. 29 mai 1984, n° 83-11.014, *Bull. civ.* IV, n° 179 – Com. 3 févr. 1987, n° 85-15.844, *Bull. civ.* IV, n° 31 – Civ. 2e, 9 oct. 1991, n° 89-19.316, *Bull. civ.* II, n° 240; *Gaz. Pal.* 1992. Pan. 12.
9. Civ. 2e, 24 févr. 1993, n° 91-15.532, *Bull. civ.* II, n° 71.

obtenir des explications de nature à éclairer la juridiction saisie, il suffit dans ce cas qu'une mesure d'enquête soit ordonnée[1].

312.42 **Recevabilité.** L'intervention forcée étant une demande incidente, elle doit se rattacher aux prétentions des parties par un **lien suffisant** (C. pr. civ., art. 325). Cette condition ne pose aucune difficulté pour l'appel en déclaration de jugement commun où elle est nécessairement remplie. En revanche, elle joue pleinement son rôle pour la mise en cause aux fins de condamnation. Elle est alors appréciée comme l'intervention volontaire principale (v. s^s^ n° 312.22). C'est sans doute sur ce fondement qu'il faut comprendre un arrêt de la Cour de cassation bien qu'il n'y soit pas formulé[2]. Dans cette espèce, le conducteur d'un véhicule impliqué dans un accident de la circulation survenu en Italie est assigné en France par sa passagère en réparation du préjudice qu'elle a subi. Il met en cause le conducteur, le propriétaire et l'assureur du second véhicule impliqué dans l'accident, non seulement en garantie de toutes condamnations pouvant être prononcées à son encontre, mais aussi en réparation de son propre préjudice. Sur ce second objet, l'arrêt justifie l'incompétence retenue par les premiers juges au motif que cette demande ne tendait pas à rendre les appelés en cause parties au procès engagé par la passagère car elle avait pour but la réparation du préjudice personnel de son auteur. Cette motivation curieuse ne peut s'expliquer que par l'absence de lien suffisant entre les prétentions de l'appelant en cause et celles du demandeur originaire. Mais elle aurait dû conduire plutôt à l'irrecevabilité de la mise en cause sur ce point, qu'à l'incompétence de la juridiction saisie, même si en définitive la solution eut été identique, cette demande formée à titre principal ne relevant pas de la juridiction saisie.

De plus, l'intervention forcée, formée pour la première fois en appel, n'est recevable qu'en cas d'évolution du litige impliquant la mise en cause du tiers concerné (C. pr. civ., art. 555).

312.43 **Recevabilité (suite).** L'intervention forcée étant une demande incidente en justice, elle doit aussi répondre aux conditions de recevabilité de droit commun. Celles-ci s'appliquent sans nuance à la mise en cause aux fins de condamnation. En effet, selon l'article 331 alinéa 1er C. pr. civ., celle-ci n'est recevable que si la partie qui la forme est en droit d'agir contre le tiers à titre principal. En revanche, ces conditions sont assouplies pour l'appel en déclaration de jugement commun qui ne requiert pas l'intérêt à agir, mais seulement l'intérêt à rendre commun le jugement. Cet intérêt est apprécié souverainement par les juges du fond[3]. Il peut se rencontrer dans deux hypothèses distinctes.

Une partie peut d'abord recourir à cette forme d'intervention forcée dans la perspective d'une défense anticipée. Nonobstant l'effet relatif des jugements, une décision peut faire grief à un tiers qui est alors fondé à former tierce-opposition. C'est pour éviter cette voie de recours qu'une partie peut appeler ce tiers dans la cause ce qui lui permettra de faire valoir immédiatement ses objections et lui rendra opposable le jugement. L'intérêt requis pour l'appel en déclaration de jugement commun est alors symétrique à celui exigé pour la tierce-opposition. Il suppose que le jugement soit susceptible de faire grief au tiers mis en cause.

Mais inversement, une partie peut aussi mettre en cause un tiers sous cette forme dans la perspective d'une action future. Il se peut, en effet, que la solution du litige en cours conditionne l'aboutissement d'une action, généralement récursoire, dont l'une des parties dispose à l'encontre d'un tiers. Aussi a-t-elle intérêt à appeler ce tiers en déclaration de jugement commun pour pouvoir invoquer directement à son encontre, le cas échéant, à l'appui de l'action dont elle dispose, la décision qui sera rendue, sans qu'il puisse se retrancher derrière l'effet relatif de la chose jugée (à propos de la mise en cause dans une procédure portant sur l'existence d'une faute inexcusable, d'un substitué, directeur de l'usine où l'accident s'est produit, par l'employeur disposant d'une action récursoire contre le préposé auteur de la faute inexcusable[4]).

312.44 **Compétence (renvoi).** L'intervention forcée déroge aux règles de compétence territoriale, le tiers mis en cause devant obligatoirement procéder devant la juridiction saisie, sans même pouvoir invoquer une clause attributive de compétence (C. pr. civ., art. 333).

312.45 **Acte d'intervention forcée.** La partie qui veut mettre en cause un tiers forme à son encontre un acte d'intervention forcée dont la réglementation répond aux trois questions suivantes.

Qui ? Seules les **parties** à une procédure peuvent mettre en cause un tiers que ce soit aux fins de condamnation ou en déclaration de jugement commun. Mais toutes les parties disposent de cette prérogative, y compris celles intervenues ou mises en cause précédemment. Elles peuvent agir spontanément ou à l'**initiative du juge**. En effet, si le juge ne peut pas lui-même mettre en cause un tiers dans la procédure dont il est saisi, il dispose désormais, en la matière,

1. Civ. 3e, 12 juill. 1977, n° 75-14.701, *Bull. civ.* III, n° 311 ; *RTD civ.* 1978. 424, obs. Perrot.
2. Civ. 1re, 24 mars 1987, n° 85-13.961, *Bull. civ.* I, n° 108.
3. Civ. 3e, 20 janv. 1976, n° 74-13.290, *Bull. civ.* III, n° 22 – Com. 10 mars 1987, n° 85-11.607, *Bull. civ.* IV, n° 68.
4. Soc. 21 juill. 1986, n° 85-11.405, *Bull. civ.* V, n° 416 – V. AUSSI, Com. 10 mars 1987, n° 85-11.607, *Bull. civ.* IV, n° 68.

d'un large pouvoir d'initiative prévu à l'article 332 C. pr. civ. En matière **gracieuse**, il peut toujours **ordonner** la mise en cause des personnes dont les droits ou les charges risquent d'être affectés par la décision à prendre (C. pr. civ., art. 332, al. 2 - personnes qu'il peut aussi entendre d'office, C. pr. civ., art. 27 - V. s[s] n°s 322.32 et 322.33). En matière **contentieuse**, l'article 332 alinéa 2 C. pr. civ. est plus prudent. Il n'autorise le juge qu'à **inviter** les parties à mettre en cause tous les intéressés dont la présence lui paraît nécessaire à la solution du litige (v. cep., C. civ., art. 324 qui permet au juge en matière de filiation d'ordonner la mise en cause de tous les intéressés auxquels il estime que le jugement doit être rendu commun). Une décision pourtant a approuvé un juge d'avoir décerné une injonction sur ce point au lieu d'une simple invitation[1]. Mais il est vrai qu'en tout état de cause, l'invitation comme l'injonction pourront difficilement être sanctionnées dès lors qu'il est aujourd'hui de jurisprudence constante que le juge ne peut jamais prononcer de condamnation contre un tiers dont il a souhaité la mise en cause s'il n'est saisi d'aucune demande en ce sens de l'une des parties[2] (la solution est évidemment identique en présence d'une intervention forcée décidée spontanément par une partie[3]). En tout cas, il s'agit d'une simple faculté pour le juge auquel il ne peut être reproché de ne pas avoir invité une partie à appeler un tiers en intervention forcée[4].

Il faut cependant réserver les cas où la mise en cause d'un tiers est rendue obligatoire par la loi sous la sanction qu'elle édicte généralement. Ainsi la mise en cause d'un tiers peut conditionner la **reprise** d'une instance suspendue (C. com., art. L. 622-22 et L. 622-23, imposant la mise en cause du représentant des créanciers et, le cas échéant, de l'administrateur en vue de la reprise d'instances suspendues du fait de l'ouverture d'une procédure de redressement ou de liquidation judiciaire) ou encore être imposée sous peine de **nullité** du jugement (CSS, art. L. 376-1, al. 8, imposant à la victime ou ses ayants droit d'appeler les caisses en déclaration de jugement commun en matière d'accidents non professionnels - CSS, art. L. 455-2, al. 3, mod. par Ord. n° 2010-177, 23 févr. 2010[5], imposant, en matière d'accidents du travail et de maladies professionnelles, une obligation réciproque d'appel en déclaration de jugement commun à la victime ou ses ayants droit et à la caisse; mais à l'origine ce texte ne prévoyait aucune sanction si bien que la jurisprudence considérait que la décision rendue en méconnaissance de cette obligation était seulement inopposable à l'intéressé non appelé[6] - V. cep., CSS, art. R. 123-3, al. 1er, mod. par Décr. n° 2009-1596, 18 déc. 2009[7], imposant simplement à l'organisme employeur d'informer, selon le cas, le service mentionné à l'article R. 155-1 ou R. 155-2, de toute instance l'opposant à l'un de ses agents au sujet de son contrat de travail, sans prévoir de sanction). De même, il arrive que la mise en cause d'un tiers soit imposée par la jurisprudence. Ainsi la Cour de cassation impose-t-elle, en matière de conflits d'affiliation, la mise en cause de tous les organismes de sécurité sociale susceptibles d'être intéressés et censure systématiquement toutes les décisions tranchant de tels conflits sans avoir fait mettre en cause ces tiers[8].

Comment ? L'intervention forcée étant, par définition, dirigée contre un tiers, doit en première instance être présentée dans les formes prévues pour l'introduction de l'instance devant la juridiction saisie et, en appel, toujours par assignation (C. pr. civ., art. 68, al. 2). En conséquence, une telle demande formée par de simples conclusions, fût-ce contre une partie qui figure déjà à l'instance en une autre qualité, et qui est donc bien un tiers, est irrecevable[9] (mais si le tiers s'abstient de soulever l'irrégularité de sa mise en cause et dépose des conclusions au fond par lesquelles il forme plusieurs demandes à l'encontre des parties, sa présence à l'instance constitue alors une intervention volontaire[10]).

Quand ? Aux termes de l'article 331 alinéa 3 C. pr. civ., « *le tiers doit être appelé en **temps utile** pour faire valoir sa défense* ». Ce texte impose à tout le moins le respect du délai de comparution de sorte que le juge ne saurait, par exemple, dans une procédure écrite, prononcer l'ordonnance de clôture avant l'expiration de ce délai[11]. Plus généralement, le juge

1. Civ. 3e, 6 oct. 1993, n° 91-15.728, *Bull. civ.* III, n° 118; *RTD civ.* 1994. 163, obs. Perrot; *JCP* 1993. IV. 2540.
2. Civ. 2e, 5 oct. 1983, n° 82-14.161, *Bull. civ.* II, n° 159; *Gaz. Pal.* 1984. Pan. 44; *RTD civ.* 1984. 387, obs. Normand; *RTD civ.* 1984. 364, obs. Perrot.
3. Civ. 1re, 25 nov. 1986, n° 84-15.378, *Bull. civ.* I, n° 276; *Gaz. Pal.* 1987. Pan. 13.
4. Com. 11 déc. 2007, n° 06-18.618, NP; *RTD civ.* 2008. 154, obs. Perrot.
5. Ord. n° 2010-177, 23 févr. 2010, de coordination avec la loi n° 2009-879 du 21 juillet 2009 portant réforme de l'hôpital et relative aux patients, à la santé et aux territoires, *JO* 25 févr., p. 3585.
6. Soc. 12 juin 1981, n° 80-11.850, *Bull. civ.* V, n° 553.
7. Décr. n° 2009-1596, 18 déc. 2009, relatif au contrôle des organismes de sécurité sociale, *JO* 20 déc., p. 22031.
8. Soc. 19 juin 1975, n° 74-10.548, *Bull. civ.* V, n° 343 – Soc. 8 avr. 1976, n° 74-11.229, *Bull. civ.* V, n° 206 – Soc. 6 juill. 1976, n° 75-10.370, *Bull. civ.* V, n° 425 – Soc. 13 janv. 1977, n° 75-13.382, *Bull. civ.* V, n° 30 – Soc. 12 janv. 1978, n° 76-12.450, n° 76-12.485, *Bull. civ.* V, n° 41 – Soc. 30 mars 1978, n° 77-10.908, *Bull. civ.* V, n° 255.
9. Civ. 2e, 10 mai 1984, n° 82-15.548, *Bull. civ.* II, n° 82; *RTD civ.* 1984. 775, obs. Perrot – Civ. 2e, 1er déc. 1993, n° 92-12.401, *Bull. civ.* II, n° 350; *RTD civ.* 1994. 425, obs. Perrot – Com. 22 mars 1994, n° 91-15.348, *Bull. civ.* IV, n° 123; *JCP* 1994. IV. 1365.
10. Civ. 2e, 6 mars 2003, n° 01-12.474, *Bull. civ.* II, n° 55.
11. Civ. 1re, 28 nov. 1978, n° 77-13.357, *Bull. civ.* I, n° 364.

doit vérifier d'office que le mis en cause a disposé d'un temps suffisant, à tout le moins lorsqu'il ne comparaît pas[1]. Enfin, il est certainement trop tard d'appeler un tiers en déclaration de jugement commun lorsque la décision tranchant le principal a déjà été rendue[2].

312.46 **Effets.** Quant à l'instance, l'intervention forcée l'étend aux prétentions nouvelles qu'elle contient et au tiers qu'elle met en cause. Celui-ci devient une partie à l'instance qui doit comparaître en constituant, le cas échéant, avocat ou avoué. Il s'agit d'une partie autonome qui dispose des mêmes prérogatives que toutes les autres parties. En particulier, il peut à son tour former toute demande incidente, fût-il seulement appelé en déclaration de jugement[3]. Le juge doit statuer sur l'intervention forcée sous peine de déni de justice, mais si elle risque de retarder à l'excès le jugement, il peut la disjoindre (C. pr. civ., art. 326).

Quant à l'auteur, l'intervention forcée vaut défense au fond et rend ainsi irrecevable toute exception de procédure soulevée ultérieurement (v. à propos d'un appel en garantie formée avant une exception d'incompétence[4]).

Quant au jugement, il a l'autorité de chose jugée à l'égard du tiers appelé en déclaration de jugement commun, mais il ne constitue jamais, à son égard, un titre exécutoire[5]. Une telle limitation n'existe évidemment pas pour le mis en cause aux fins de condamnation.

Enfin, quant aux voies de recours, la tierce-opposition est toujours fermée, mais le défendeur à l'intervention forcée peut former les mêmes recours que toutes les autres parties, sans exclusive.

1. Civ. 2e, 11 juill. 1990, no 89-12.560, *Bull. civ.* II, no 172.
2. Civ. 2e, 17 nov. 1982, no 80-41.248, *Bull. civ.* II, no 147; *Gaz. Pal.* 1983. Pan. 103, obs. Guinchard.
3. Civ. 3e, 18 févr. 1981, *Gaz. Pal.* 1981. Pan. 248.
4. Civ. 2e, 12 avr. 2012, no 11-14.741, *Bull. civ.* II, no 75.
5. Civ. 3e, 23 juin 1981, no 79-17.108, *Bull. civ.* III, no 132.

TITRE

32. Les procédures types quelle que soit la juridiction

SECTION 0
ORIENTEUR

32.00 **Plan du titre.**

Division. Il existe depuis toujours deux grands types de procédure : la procédure contentieuse (chap. 321) et la procédure gracieuse (chap. 322). Il faut y ajouter les procédures présidentielles qui ont pris une importance considérable en pratique : le référé (chap. 323) et les ordonnances sur requête (chap. 324). Enfin devront être abordées la conciliation et la médiation (chap. 325). Pour des raisons de commodité, ces procédures seront étudiées séparément, bien que la première constitue sans doute une procédure contentieuse et la seconde une procédure gracieuse, encore que cette dernière qualification soit parfois contestée. Seront enfin présentées la médiation en droit de l'Union européenne et en droit européen (chap. 326) et la procédure participative assistée par avocat (chap. 327).

CHAPITRE

321. Procédure contentieuse

PHILIPPE HOONAKKER
Professeur à l'Université de Strasbourg
Avocat

SECTION 0
ORIENTEUR

321.00 Plan du chapitre.

321.01 Principaux textes applicables.
C. pr. civ., art. 421 à 446, 467 à 479.

321.05 Principe du contradictoire. La caractéristique essentielle de la procédure contentieuse est l'existence effective d'un litige, opposant au moins deux parties, que le tribunal saisi doit trancher. Ce caractère influe directement sur le déroulement de la procédure qui doit permettre, en toutes circonstances, à chacune des parties en conflit, de faire valoir ses prétentions, dans le strict respect des droits de la défense, et tout particulièrement du principe du contradictoire. Celui-ci est au centre des règles particulières qui organisent le déroulement de ce type de procédure devant chaque juridiction. Mais il explique aussi les règles communes que le Code de procédure civile consacre, d'une part, aux débats (sect. 1) et, d'autre part, à la carence des parties (sect. 2).

SECTION 1
DÉBATS

321.10 Généralités. Toute procédure contentieuse se termine normalement par les débats qui se tiennent à l'audience et permettent aux parties de présenter oralement au tribunal l'ensemble de leurs prétentions et moyens, dans le cadre de la **plaidoirie**. Lorsque la **procédure** est **écrite**, ils constituent la seule phase orale, toute l'instruction préalable se faisant par un échange de **conclusions** et de **mémoires** selon les règles propres à chaque type de juridiction. En revanche, lorsque la procédure est orale, l'instruction de la demande se fait aussi à l'audience. Mais comme l'oralité n'a jamais empêché l'écrit, la place des écritures des parties dans ce type de procédure a suscité nombre d'incertitudes et de controverses. C'est la raison pour laquelle le décret nº 2010-1165 du 1er octobre 2010[1], reprenant les propositions de la commission Guinchard, a introduit au sein des dispositions communes à toutes les juridictions et relatives aux débats, des dispositions spécifiques à la procédure orale dont l'objet est de redéfinir la place de l'écrit dans ce type de procédure. Il faut donc désormais distinguer entre les dispositions générales (§ 1) et les dispositions propres à la procédure orale (§ 2).

1. Décr. nº 2010-1165, 1er oct. 2010, relatif à la conciliation et à la procédure orale en matière civile, commerciale et sociale, *JO* 3 oct., p. 17986.

§ 1
Dispositions générales

321.20 **Forme des débats.** Les dispositions générales sont constituées des articles 430 à 446 C. pr. civ. auxquels il n'a pas été touché, mais ils ont été regroupés par le décret n° 2010-1165 du 1er octobre 2010 dans un paragraphe 1. Elles ont vocation à s'appliquer devant toutes les juridictions et quel que soit le type de procédure applicable, écrite ou orale. Elles régissent les **débats** qui constituent toujours l'étape ultime de la procédure à laquelle participent les parties, située avant le délibéré et le jugement. En principe, ils doivent **obligatoirement** se tenir, sous peine de nullité du jugement pour violation du principe du contradictoire[1]. Mais devant l'engorgement croissant et chronique des juridictions, ils jouent un rôle de plus en plus réduit en pratique. Ainsi, dans les affaires courantes ou de moindre importance, ils se réduisent souvent à la remise au juge d'un dossier de plaidoirie par chacune des parties, ce que les praticiens appellent la « mise en délibéré ». Cette pratique a été consacrée par le décret n° 2005-1678 du 28 décembre 2005[2], en procédure écrite devant le tribunal de grande instance, sous la forme du dépôt des dossiers au greffe (C. pr. civ., art. 779, al. 3 - V. ss nos 331.241 s.). Quant à la procédure orale, les débats peuvent désormais être écartés par le recours à la dispense de comparution (v. ss nos 321.111 s.). Sous ces réserves, les débats, lorsqu'ils ont lieu, obéissent aux règles générales prévues aux articles 430 à 446 C. pr. civ., qui intéressent les acteurs (A) et le déroulement des débats (B).

A.
Acteurs

321.30 **Plan.** Les débats mettent toujours en présence le tribunal (1°) et les parties (2°), auxquelles s'ajoute parfois le ministère public (3°).

1°
Tribunal

321.31 **Composition.** Le tribunal devant lequel les débats se déroulent doit être composé selon les règles relatives à l'organisation judiciaire (C. pr. civ., art. 430, al. 1er), c'est-à-dire selon les dispositions du Code de l'organisation judiciaire spécifiques à chaque type de juridiction. Par ailleurs, la composition ainsi retenue doit rester inchangée durant tous les débats. Aussi en cas d'irrégularités ou de changement dans la composition, la nullité du jugement est-elle encourue, mais à des conditions particulièrement restrictives compte tenu de la gravité d'une telle sanction et pour éviter les manœuvres purement dilatoires.

321.32 **Irrégularités.** Les règles relatives à la composition de la juridiction sont expressément prescrites à peine de nullité par l'article 430 alinéa 1er C. pr. civ., mais une telle exception doit être soulevée sans délai selon les distinctions suivantes, prévues à l'alinéa second. Elle doit être invoquée dès l'ouverture des débats, si l'irrégularité existe à cet instant (tel le cas d'un tribunal de grande instance siégeant à tort à juge unique[3] ou celui d'un conseil de prud'hommes siégeant à trois conseillers en violation de la règle de la parité[4]). Mais si l'irrégularité ne survient que postérieurement, c'est à ce moment-là que l'exception de nullité devra être soulevée. Il en résulte qu'une irrégularité dans la composition du tribunal ne peut être invoquée pour la première fois devant la juridiction supérieure, en appel[5] ou en cassation[6] (telle par ex. l'exception de partialité fondée sur la participation à la formation de jugement du conseiller de la mise en état qui avait rendu la décision dont il s'agissait d'apprécier le bien-fondé[7]), à moins qu'elle ne survienne ou n'apparaisse après la clôture des débats (comme par ex. pour un jugement rendu par un tribunal de commerce qui a méconnu la règle de l'imparité en délibéré[8] ou pour une affaire débattue devant une formation collégiale dont il est apparu postérieurement aux parties que la présidente était l'épouse du magistrat qui tenait le siège du ministère public[9]). Une telle exception soutenue tardivement est irrecevable si bien qu'aucune nullité ne pourra plus être prononcée de ce chef, même d'office.

Il est cependant dérogé à ces règles lorsqu'il est fait appel « *à une personne dont la profession ou les fonctions ne sont pas de celles qui l'habilitent à faire partie de la juridiction* » (C. pr. civ., art. 430, al. 3). Ainsi en est-il par exemple, d'un auditeur de justice appelé à rendre un jugement[10], d'une personne faisant fonction de greffier alors qu'elle n'a pas prêté serment[11]

1. Com. 14 févr. 1995, n° 92-20.941, *Bull. civ.* IV, n° 45.
2. Décr. n° 2005-1678, 28 déc. 2005, relatif à la procédure civile, à certaines procédures d'exécution et à la procédure de changement de nom, *JO* 29 déc., p. 20350.
3. Civ. 2e, 5 janv. 1978, *Gaz. Pal.* 1978. Pan. 76.
4. Soc. 5 juin 1984, n° 80-41.726, *Bull. civ.* V, n° 232.
5. Soc. 5 janv. 1978, préc. ss prést n° - Soc. 25 mai 1989, n° 86-44.415, *Bull. civ.* V, n° 402.
6. Civ. 2e, 29 sept. 1982, n° 81-14.015, *Bull. civ.* II, n° 114 - Civ. 1re, 15 mai 1984, n° 83-12.721, *Bull. civ.* I, n° 161; *JCP* 1984. IV. 235.
7. Civ. 2e, 6 mai 1999, n° 96-10.407, *Bull. civ.* II, n° 78; *RTD civ.* 1999. 685, obs. Normand; *RTD civ.* 1999. 704, obs. crit. Perrot; *Gaz. Pal.* 1999. Pan. 2000.
8. Civ. 2e, 6 févr. 1991, n° 89-20.123, *Bull. civ.* II, n° 49; *Gaz. Pal.* 1991. Pan. 144.
9. Com. 23 févr. 1993, n° 91-10.460, NP; *D.* 1993. Somm. 188, obs. Julien.
10. Paris, 1er juin 1979, *Gaz. Pal.* 1979. 357.
11. Com. 13 nov. 1978, n° 77-13.551, *Bull. civ.* IV, n° 256; *JCP* 1979. IV. 29.

ou encore d'un avocat invité à compléter le tribunal dans une affaire où il était aussi partie en qualité de syndic[1]; mais en dehors de cette hypothèse exceptionnelle, l'avocat appelé à compléter une juridiction n'est pas considéré comme une personne non habilitée selon l'article 430 alinéa 3 C. pr. civ.[2]. Dans ces cas, la nullité peut être invoquée en tout état de cause, même pour la première fois devant la juridiction supérieure, ou prononcée d'office.

321.33 **Changement.** En cas de changement dans la composition du tribunal postérieurement à l'ouverture des débats, ceux-ci doivent être repris (C. pr. civ., art. 432, al. 2). La jurisprudence a inscrit cette règle dans les deux limites suivantes. D'une part, l'article 432 alinéa 2 C. pr. civ. ne s'applique qu'en cas de changement survenu pendant les débats, c'est-à-dire avant leur clôture. Il n'impose donc nullement que le jugement soit prononcé par tous les magistrats ayant assisté aux débats[3]; quant au délibéré, c'est l'article 447 C. pr. civ. qui prescrit aux magistrats ayant siégé pendant les débats l'obligation d'en délibérer. D'autre part, la permanence requise dans la composition de la juridiction ne joue pas collectivement pour tous les débats tenus dans une même affaire, mais seulement isolément pour chacune des décisions auxquelles ils peuvent donner lieu. Ainsi une juridiction qui statue au fond peut avoir une composition différente de celle qui a ordonné antérieurement, dans la même affaire, une mesure d'information[4].

La violation de cette disposition est sanctionnée par la nullité du jugement (C. pr. civ., art. 446, al. 1er), mais son régime est tout aussi restrictif que celui applicable aux irrégularités affectant la composition de la juridiction (v. s[s] n° 321.32). En effet, elle doit être invoquée avant la clôture des débats et ne peut jamais être prononcée d'office (C. pr. civ., art. 446, al. 2).

2°
Parties

321.41 **Modalités d'intervention.** Les parties comparaissent personnellement ou assistées ou représentées par la personne habilitée qu'elles ont choisie selon les règles applicables devant la juridiction saisie. Lorsque la représentation est obligatoire, c'est à leur mandataire *ad litem* de plaider pour eux. Mais elles peuvent néanmoins être autorisées à présenter elles-mêmes des observations orales dans les conditions prévues à l'article 441 C. pr. civ.

Une partie ne peut intervenir aux débats que si elle est assistée de son représentant (C. pr. civ., art. 441, al. 1er) et si elle y est autorisée par le président qui agit dans le cadre de ses pouvoirs de direction des débats (v. s[s] n°s 321.81 s.). Selon la jurisprudence, le président n'est jamais tenu de déférer à une telle demande[5], même en cas de réouverture des débats lorsque la partie avait été autorisée à intervenir auparavant[6]. De plus, il a toujours la faculté de retirer aux parties la parole donnée, « *si la passion ou l'inexpérience les empêche de discuter leur cause avec la décence convenable ou la clarté nécessaire* » (C. pr. civ., art. 441, al. 2). Le président peut même présumer l'inexpérience ou la passion, à partir, par exemple, des écrits versés aux débats, pour refuser *ab initio* l'intervention d'une partie aux débats[7].

3°
Ministère public

321.51 **Qualité d'intervention.** Le ministère public peut être amené à intervenir dans un procès civil en trois qualités différentes prévues aux articles 421 et suivants C. pr. civ.

1°) Il peut agir comme **partie principale** dans deux séries d'hypothèses.

– D'une part, dans tous les cas spécifiés par la loi (C. pr. civ., art. 422 - par ex., en matière de nationalité, C. pr. civ., art. 1040 - pour la demande en nullité de mariage dans les cas énumérés à l'article 184 C. civ. - pour la modification des mesures relatives à l'autorité parentale en cas de divorce, C. civ., art. 373-2-13 - en matière d'assistance éducative, C. civ., art. 375-5 - en matière de déchéance de l'autorité parentale, C. civ., art. 378-1 - pour les demandes en dissolution d'une association, L. 1er juill. 1901, art. 7 - pour les demandes en redressement ou liquidation judiciaire lorsqu'il n'y a pas de procédure de conciliation en cours, C. com., art. L. 631-5 et L. 640-5).

– D'autre part, et plus généralement, le ministère public peut toujours agir d'office « *pour la défense de l'ordre public à l'occasion des faits qui portent atteinte à celui-ci* » (C. pr. civ., art. 423 - tel le cas d'un appel du ministère public, déclaré recevable bien que non partie à l'instance, contre un jugement d'un conseil de prud'hommes ayant méconnu l'immunité de juridiction dont bénéficiait l'employeur[8] - ou encore une demande en nullité d'un mariage en dehors des

1. Com. 6 mars 1984, n° 82-16.892, *Bull. civ.* IV, n° 86; *D.* 1984. 566, note Honorat et Mas.
2. EN CE SENS, Civ. 2e, 11 juill. 2002, n° 01-01.174, *Bull. civ.* II, n° 163 – V. AUSSI, Rép. pr. civ., v° *Jugement*, par F. Eudier, sept. 2011 [màj juin 2013], n° 161.
3. Civ. 2e, 5 févr. 1975, n° 73-14.552, *Bull. civ.* II, n° 34.
4. Soc. 4 mars 1976, n° 75-60.177, *Bull. civ.* V, n° 139.
5. Soc. 9 janv. 1980, n° 78-41.721, *Bull. civ.* V, n° 23.
6. Civ. 3e, 29 janv. 1975, n° 73-14.295, *Bull. civ.* III, n° 35.
7. Civ. 1re, 9 avr. 1975, n° 73-14.676, *Bull. civ.* I, n° 122 – sur une CRITIQUE DE CETTE SOLUTION, Rép. pr. civ., v° *Jugement*, par F. Eudier, sept. 2011 [màj juin 2013], n° 169.
8. Civ. 1re, 29 mai 1990, n° 88-45.425, *Bull. civ.* I, n° 126.

cas prévus à l'article 184 du Code civil, célébré entre deux personnes de même sexe au mépris de l'opposition du ministère public[1] – V. à propos de la transcription en France d'un acte de naissance d'un enfant né par gestation pour autrui aux États-Unis, dressé par les autorités légales compétentes de l'État du Minnesota en constatation des jugements d'abandon et d'adoption[2]).

2)° Le ministère public peut aussi être amené à intervenir comme **représentant d'une partie à l'instance.** Ainsi le ministère public est-il chargé par le préfet de représenter l'État en matière de conflit positif d'attribution (Ord. 1er juin 1828, art. 6).

3)° Enfin, le ministère public doit faire connaître son **avis sur l'application de la loi dans les affaires dont il a communication**; il intervient alors comme partie jointe (C. pr. civ., art. 424). Il reçoit communication d'affaires civiles dans les trois séries d'hypothèses prévues aux articles 425 à 427 C. pr. civ. :

– **obligatoirement dans les cas prévus à l'article 425 C. pr. civ.** et cette règle est d'**ordre public** (v. à propos des affaires relatives à la filiation[3] – le 2° relatif aux procédures collectives a été modifié par Décr. n° 2005-1677, 28 déc. 2005[4], pris en application de L. n° 2005-845, 26 juill. 2005, de sauvegarde des entreprises[5], art. 357) : les affaires relatives à la filiation (y compris l'action à fin de subsides[6], à l'exception de celles qui portent exclusivement sur la majoration de subsides dont le principe avait été admis dans le cadre d'une autre procédure[7]), à l'organisation de la tutelle des mineurs, à l'ouverture ou à la modification de la tutelle des majeurs; les procédures de sauvegarde, de redressement judiciaire et de liquidation judiciaire (ce cas n'est pas applicable en matière de surendettement; v. à propos des anciens articles L. 332-1 et suivants du Code de la consommation[8]) ainsi que les causes relatives à la responsabilité pécuniaire des dirigeants sociaux et les procédures de faillite personnelle ou relatives aux interdictions prévues par l'article L. 653-8 du Code de commerce; enfin, plus généralement, toutes les affaires dans lesquelles la loi dispose que le ministère public doit faire connaître son avis (par ex., en matière d'absence, C. civ., art. 117 – en matière disciplinaire contre les notaires et certains officiers ministériels, Ord. n° 45-141, 28 juin 1945, art. 10 – en matière de suspicion légitime, C. pr. civ., art. 359 – en matière de rectification et d'annulation judiciaires des actes de l'état civil, C. pr. civ., art. 1052, issu de Décr. n° 2004-836, 20 août 2004[9], art. 14);

– **à l'initiative du juge** qui peut toujours décider d'office de communiquer au ministère public une affaire dont il est saisi (C. pr. civ., art. 427);

– **à l'initiative du ministère public lui-même** qui peut prendre communication de toutes les affaires qui ne lui sont pas adressées par ailleurs et dans lesquelles il estime devoir intervenir (C. pr. civ., art. 426).

Lorsqu'il agit comme partie jointe, il n'est pas considéré comme une partie à l'instance et ne peut donc, en particulier, exercer de voie de recours, sauf si un texte l'y autorise expressément (par ex., en matière de rectification des actes d'état civil, C. pr. civ., art. 1054 – en matière de redressement et de liquidation judiciaires, C. com., art. L. 661-1, L. 661-6 et L. 661-7 [anct L. 623-1, L. 623-6 et L. 623-7 et anct L. n° 85-98, 25 janv. 1985[10], art. 171 et 174 et 175]) ou pour la défense de l'ordre public méconnu par la décision rendue (mais encore faut-il que l'atteinte à l'ordre public soit caractérisée : un appel du ministère public, partie jointe dans une procédure en faillite personnelle, a été déclaré irrecevable faute d'atteinte à l'ordre public[11]; à défaut d'atteinte à l'ordre public, le juge d'appel doit relever d'office la fin de non-recevoir tirée de ce que le ministère public était dépourvu du droit d'appel[12]). Sous ces réserves, son rôle est limité à faire connaître son avis sur les causes qui lui sont communiquées. Cette communication incombe, sauf disposition contraire, au juge et non aux parties ou à leur représentant (C. pr. civ., art. 428, al. 1er). Dans tous les cas où elle est obligatoire, le juge – président, juge de la mise en état, juge rapporteur ou juge unique – devra y procéder, à tous les degrés, sous peine de nullité de la décision à intervenir, laquelle sera prononcée à chaque fois que la communication ne résultera ni des mentions de la décision, ni des pièces de la procédure, ni

1. Civ. 1re, 13 mars 2007, n° 05-16.627, *Bull. civ.* I, n° 113; *D.* 2007. 1389, rapp. Pluyette; *D.* 2007. 935, obs. Gallmeister; *D.* 2007. 1375, point de vue Fulchiron; *D.* 2007. 1395, note Agostini; *D.* 2007. 1561, obs. Lemouland et Vigneau; *RTD civ.* 2007. 287, obs. Marguénaud; *RTD civ.* 2007. 315, obs. Hauser; *RTD civ.* 2008. 438, obs. Deumier.
2. Paris, 24 févr. 2009, *Gaz. Pal.* 2009. 1286, concl. av. gén. Rouchereau.
3. Civ. 1re, 25 juin 2008, n° 07-18.029, NP; *D.* 2009. 773, obs. Granet-Lambrechts.
4. Décr. n° 2005-1677, 28 déc. 2005, pris en application de la loi n° 2005-845, 26 juill. 2005 de sauvegarde des entreprises, *JO* 29 déc., p. 203240.
5. L. n° 2005-845, 26 juill. 2005, de sauvegarde des entreprises, *JO* 27 juill., p. 12187.
6. Civ. 1re, 17 oct. 2007, n° 06-16.923, *Bull. civ.* I, n° 325.
7. Civ. 1re, 5 janv. 1999, n° 97-11.121, *Bull. civ.* I, n° 8; *Gaz. Pal.* 1999. Somm. 443, obs. Massip.
8. Civ. 1re, 18 févr. 1997, n° 96-04.015, *Bull. civ.* I, n° 63; *D.* 1999. 205, obs. Chatain et Ferrière; *JCP* 1997. IV. 825.
9. Décr. n° 2004-836, 20 août 2004, portant modification de la procédure civile, *JO* 22 août, p. 15032.
10. L. n° 85-98, 25 janv. 1985, relative au redressement et à la liquidation judiciaires des entreprises, *JO* 26 janv., p. 1097.
11. Com. 20 janv. 1998, n° 94-20.177, *Bull. civ.* IV, n° 33; *D.* 1998. 125, rapp. cons. Pasturel.
12. Com. 20 oct. 2009, n° 08-14.468, NP; *Procédures* 2009. Comm. 384, obs. Perrot.

d'aucun autre moyen de preuve [1]. Aucun délai précis n'est imposé, il suffit qu'elle ait lieu en temps voulu pour ne pas retarder le jugement (C. pr. civ., art. 428, al. 2). L'idéal serait donc qu'elle se fasse le plus tôt possible, dès la saisine du tribunal et, en tout cas avant l'ouverture des débats. Le moment venu, le ministère public, ayant ainsi reçu communication, devra être informé de la date d'audience (C. pr. civ., art. 429), pour lui permettre d'y assister, sa présence étant tantôt obligatoire, tantôt facultative.

321.52 Présence obligatoire. La présence du ministère public aux débats est obligatoire dans les trois cas prévus à l'article 431 alinéa 1er C. pr. civ. :

- lorsqu'il agit comme **partie principale**; bien que l'article 431 C. pr. civ. ne règle que la présence aux débats, la jurisprudence en déduit que le ministère public n'a pas, contrairement aux autres parties, l'obligation de déposer de conclusions même lorsque la procédure est écrite [2];

- lorsqu'il **représente une partie**;

- lorsque sa **présence** est rendue **obligatoire par la loi**; ce troisième cas concerne nécessairement les hypothèses où le ministère public agit comme partie jointe car les deux autres qualités d'intervention possibles sont traitées précédemment; autrement dit, lorsque le ministère public agit comme partie jointe sa présence aux débats n'est obligatoire que si elle est expressément prévue par la loi (par ex. en matière d'assistance éducative, C. pr. civ., art. 1189 – et en matière de délégation, de déchéance et de retrait partiel de l'autorité parentale, C. pr. civ., art. 1208 [3]), ces textes imposant la présence du ministère public sans distinction, (c'est-à-dire qu'il agisse comme partie principale ou comme partie jointe); mais en aucun cas, cette exigence ne saurait être déduite de la seule obligation de communication d'une affaire au ministère public [4].

Si la présence du ministère public est ainsi obligatoire, il peut comparaître aux débats par l'un quelconque de ses membres en raison de son indivisibilité [5]. Mais dans tous les cas, sa présence doit être établie par mention portée dans la décision (par ex. le nom du représentant présent [6]) ou par tout autre moyen, telle une mention au registre d'audience (v. ss no 321.61) [7].

321.53 Présence facultative. La présence aux débats du ministère public n'est que facultative « *dans tous les autres cas* » (C. pr. civ., art. 431, al. 2), c'est-à-dire à chaque fois qu'il agit comme partie jointe et que sa présence n'est pas expressément requise par un texte. Dans ces cas, une option est ouverte au ministère public pour donner son avis à la juridiction saisie : ou oralement à l'audience, c'est-à-dire à l'occasion des débats auxquels il assiste; ou en lui adressant des conclusions écrites qui sont mises à la disposition des parties. La jurisprudence n'exige pas que cette mise à disposition se fasse avant l'audience [8], mais elle doit se faire le jour de l'audience sous peine de nullité de la décision (il en a ainsi été jugé pour une décision dont il ne ressortait pas que les conclusions avaient été mises à la disposition des parties le jour de l'audience car elle s'était contentée d'un visa sans indication de leur date [9]).

L'application de ces dispositions suppose de bien vérifier la qualité d'intervention du ministère public, surtout lorsque dans un même type d'affaire, il peut agir tantôt comme partie principale, tantôt comme partie jointe. Ainsi en est-il tout particulièrement en matière de redressement et de liquidation judiciaires où le ministère public n'est partie principale que lorsqu'il requiert lui-même l'ouverture d'une procédure collective et partie jointe dans les autres cas, notamment lorsque le tribunal a été saisi sur assignation d'un créancier [10].

B.
Déroulement des débats

321.61 Registre d'audience. Les débats se déroulent devant le tribunal saisi à l'audience fixée, laquelle se tient, en principe, **publiquement**. À chacune des audiences, le secrétaire tient un **registre**, appelé aussi **plumitif**, sur lequel il porte les indications suivantes, prévues à l'article 728 C. pr. civ. :

- la date de l'audience;
- le nom des juges et du secrétaire;

1. V. NOT., Civ. 1re, 21 mai 1997, no 95-13.883, *Bull. civ.* I, no 166; *D.* 1998. 25, obs. Granet; *Gaz. Pal.* 1997. Pan. 297 – Civ. 1re, 3 juin 1997, no 95-18.431, *Bull. civ.* I, no 183; *Gaz. Pal.* 1998. Somm. 558, 1311, obs. Massip – Civ. 2e, 12 mars 1997, no 95-12.308, *Bull. civ.* II, no 73.
2. Civ. 1re, 3 mars 1993, no 91-13.648, *Bull. civ.* I, no 94; *RTD civ.* 1993. 640, obs. crit. Perrot.
3. Civ. 1re, 29 oct. 1996, no 96-13.346, *Bull. civ.* I, no 367; *D.* 1997. 160, obs. Granet; *Dr. fam.* 1997, no 27, obs. Murat.
4. Com. 4 mai 1976, *D.* 1976. IR 231.
5. Civ. 1re, 14 juin 1988, no 86-80.050, *Bull. civ.* I, no 192.
6. Civ. 3e, 17 avr. 1974, no 73-10.359, *Bull. civ.* III, no 147, *a contrario.*
7. SUR L'EXIGENCE DE CES MENTIONS, Civ. 1re, 18 janv. 1989, no 86-18.802, *Bull. civ.* I, no 27.
8. Civ. 1re, 20 juill. 1994, no 92-14.665, *Bull. civ.* I, no 259; *Defrénois* 1994. 1316, note Sargos – Com. 11 mai 1999, no 98-11.392, *Bull. civ.* IV, no 101; *D.* 2000. 96, obs. Honorat; *RTD com.* 1999. 761, obs. crit. Vallens; *Gaz. Pal.* 1999. Pan. 200 – Civ. 2e, 21 nov. 2006, no 04-20.020, *Bull. civ.* II, no 370 – Com. 30 oct. 2007, no 05-20.363, NP; *Procédures* 2007. Comm. 277, obs. Perrot.
9. Civ. 3e, 8 oct. 2003, no 01-14.561, *Bull. civ.* III, no 174; *RTD civ.* 2004. 137, obs. Perrot.
10. Com. 9 mai 1985, no 84-12.754, *Bull. civ.* IV, no 145 – V. AUSSI, SOUS LE RÉGIME ANTÉRIEUR, Com. 11 juill. 1977, no 76-10.739, no 76-10.991, *Bull. civ.* IV, no 200.

– le nom des parties et la nature de l'affaire; il faut sans doute ajouter, à ce titre, le nom du représentant du ministère public comparaissant, le cas échéant, comme partie principale, représentant d'une partie ou partie jointe (v. s[s] n°s 321.51 à 321.53);

– l'indication des parties qui comparaissent elles-mêmes dans les affaires où la représentation n'est pas obligatoire;

– le nom des personnes qui représentent ou assistent les parties à l'audience.

En outre, le secrétaire doit y mentionner les informations essentielles concernant le déroulement de l'audience : son caractère public ou non, les incidents qui s'y sont éventuellement produits et les décisions prises à ce titre. Enfin, il comporte les jugements qui y ont été prononcés.

Ce registre, signé par le président et le secrétaire après chaque audience, pourra servir de preuve à la juridiction supérieure, notamment quant au déroulement des débats.

321.62 Date d'audience. Pour chaque affaire, la date de l'audience, et si possible l'heure, auxquelles se dérouleront les débats, sont fixées par le tribunal selon les règles propres à la juridiction saisie (C. pr. civ., art. 432, al. 2); ils pourront même se dérouler sur plusieurs audiences (C. pr. civ., art. 432, al. 2). Mais dans tous les cas, le juge dispose d'un **pouvoir discrétionnaire** pour accorder ou refuser le renvoi des débats à une audience ultérieure, même si la demande en est faite conjointement par toutes les parties, et sa décision constitue une mesure d'administration judiciaire soustraite à tout recours[1].

Pour autant, le juge qui refuse le renvoi ne saurait contraindre les parties à plaider ou, à défaut, à déposer leur dossier et mettre l'affaire en délibéré. Si les parties, malgré le refus du renvoi sollicité, maintiennent leur décision de ne pas plaider, elles peuvent suspendre le cours de l'instance en formant une demande conjointe de radiation qui s'impose au juge[2], solution prétorienne désormais consacrée sous la forme du retrait du rôle, instituée par le décret n° 98-1231 du 28 décembre 1998 à l'article 382 C. pr. civ. (v. s[s] n° 352.63). Mais celui-ci peut aussi prendre une telle décision d'office en tirant toutes les conséquences de cette carence des parties[3] (sur la radiation, v. s[s] n° 321.144).

À l'inverse, lorsque le juge ordonne le renvoi des débats à une audience ultérieure, il doit s'assurer que toutes les parties ont été informées de la nouvelle date selon les règles applicables devant la juridiction saisie[4].

À l'audience finalement retenue, les débats se déroulent sous l'autorité du président qui assure la police de l'audience (1°), leur direction (2°) et en prononce la clôture, le moment venu (3°).

1°
Police de l'audience

321.71 Obligations des personnes présentes. Toutes les personnes qui assistent à l'audience doivent observer une attitude digne et garder le respect dû à la justice. En particulier, il leur est interdit de parler sans y avoir été invitées, de donner des signes d'approbation ou de désapprobation, ou de causer du désordre de quelque nature que ce soit (C. pr. civ., art. 439, al. 1er). Ces prescriptions visent à garantir la dignité et la sérénité des débats, indispensables à une bonne justice.

321.72 Pouvoirs du président. C'est au président qu'il appartient d'assurer l'ordre de l'audience. Aussi tout ce qu'il ordonne, à ce titre, doit être immédiatement exécuté (C. pr. civ., art. 438, al. 1er). Pour ce faire, il peut donner des injonctions à toute personne qui manque aux obligations lui incombant, et si elle n'obtempère pas, il peut la faire expulser, sans préjudice des poursuites pénales ou disciplinaires auxquelles elle s'expose, le cas échéant (C. pr. civ., art. 439, al. 2 – sur les sanctions disciplinaires encourues par les avocats v. L. n° 71-1130, 31 déc. 1971[5], art. 25, mod. par L. n° 82-506, 15 juin 1982[6] – par les officiers publics ou ministériels, Décr. n° 73-1202, 28 déc. 1973[7], art. 19).

2°
Direction des débats

321.81 Rôle du président. Aux termes de l'article 440 alinéa 1er C. pr. civ., il appartient au président de diriger les débats. À ce titre, il doit les ouvrir, puis donner et retirer la parole aux

1. Soc. 23 mars 1983, n° 81-40.148, *Bull. civ.* V, n° 190 – Civ. 2e, 9 oct. 1985, n° 84-13.730, *Bull. civ.* II, n° 148 – Civ. 2e, 6 mai 1987, n° 86-10.581, *Bull. civ.* II, n° 106 – Cass., ass. plén., 24 nov. 1989, n° 88-18.188, *Bull. ass. plén.*, n° 3; *D.* 1990. 25, concl. av. gén. Cabannes; *D.* 1990. 429, note Julien; *RTD civ.* 1990. 145, obs. Perrot; *Gaz. Pal.* 1990. Somm. 358, obs. Guinchard et Moussa; *JCP* 1990. II. 21407, note Cadiet.
2. Cass., ass. plén., 24 nov. 1989, n° 88-18.188, préc. s[s] prés[t] n°.
3. Paris, 30 mars 1990, *D.* 1990. 429, note Julien.
4. POUR LE TRIBUNAL D'INSTANCE, v. Civ. 2e, 14 mars 1984, n° 82-14.176, *Bull. civ.* II, n° 51; *Gaz. Pal.* 1984. Pan. 223; *RTD civ.* 1984. 564, obs. Perrot – POUR LE TRIBUNAL DE COMMERCE, v. Com. 30 juin 1987, n° 84-17.051, *Bull. civ.* IV, n° 170.
5. L. n° 71-1130, 31 déc. 1971, portant réforme de certaines professions judiciaires et juridiques, *JO* 5 janv., p. 131.
6. L. n° 82-506, 15 juin 1982, relative à la procédure applicable en cas de faute professionnelle commise à l'audience par un avocat, *JO* 16 juin, p. 1899.
7. Décr. n° 73-1202, 28 déc. 1973, relatif a la discipline et au statut des offices publics et ministériels, *JO* 30 déc., p. 14153.

intervenants; il peut aussi interroger les parties s'il l'estime nécessaire.

321.82 **Ouverture des débats.** Le président peut prononcer expressément l'ouverture des débats après avoir appelé l'affaire, mais cela n'arrive que rarement en pratique. Aussi, à défaut, une décision l'a-t-elle fixée au moment où le président donne la parole au demandeur[1].

La détermination de cet instant est très importante car la loi attache de nombreux effets à l'ouverture des débats :

- quant à la **composition de la juridiction** : c'est à ce moment que doivent être soulevées toutes les irrégularités existantes la concernant (C. pr. civ., art. 430, al. 2); par ailleurs, si elle est modifiée postérieurement, les débats doivent être repris (C. pr. civ., art. 444, al. 2 - V. s[s] n° 321.33);

- quant à **l'interruption de l'instance** : elle ne peut plus intervenir, selon le cas, si l'événement survient[2] (C. pr. civ., art. 369) ou est notifié[3] (C. pr. civ., art. 370) après l'ouverture des débats (C. pr. civ., art. 371);

- enfin, il existe aussi des **effets propres à la juridiction saisie**; ainsi devant le tribunal de grande instance, l'ouverture des débats met fin à la fonction du juge de la mise en état (C. pr. civ., art. 779, al. 3) et devant la cour d'appel à celle du conseiller de la mise en état (C. pr. civ., art. 907).

321.83 **Rapport.** Lorsqu'un rapport doit être fait, le président donne d'abord la parole à son auteur pour qu'il le présente à l'audience (C. pr. civ., art. 440, al. 1er). Le rapport est obligatoire depuis le décret n° 2005-1678 du 28 décembre 2005 devant le tribunal de grande instance (C. pr. civ., art. 785), sous réserve des cas où les parties sont autorisées à déposer leurs dossiers au greffe (v. s[s] n°s 331.241 s.), et devant la cour d'appel (C. pr. civ., art. 907). Il est présenté oralement à l'audience par le juge ou le conseiller de la mise en état ou **exceptionnellement** par le président ou le juge qu'il désigne. Il expose l'objet de la demande et les moyens des parties, précise les questions de fait et de droit soulevées et mentionne les éléments propres à éclairer le débat.

Dans tous les cas où un rapport est fait à l'audience, le président donne d'abord la parole à son auteur afin qu'il le présente avant les plaidoiries, sans jamais donner son avis sur la solution du litige (C. pr. civ., art. 440, al. 1er, et 785, al. 2). Mais la jurisprudence se montre particulièrement souple en matière de preuve. D'une part, elle considère qu'à défaut d'indication contraire dans la décision, les débats sont réputés s'être déroulés selon l'ordre légal, et en l'occurrence le rapport avoir été présentée avant les plaidoiries[4]. D'autre part, elle admet qu'en cas d'incertitude dans la décision sur ce point, celle-ci peut être complétée par les mentions portées dans le registre d'audience. À supposer même qu'il serait établi que cet ordre n'a pas été respecté, la nullité de la décision serait-elle pour autant encourue ? Rien n'est moins sûr, alors que l'article 446 C. pr. civ. qui énumère les dispositions prescrites à peine de nullité, ne vise nullement l'article 440 C. pr. civ., ce que du reste la jurisprudence a déjà eu l'occasion de juger expressément à propos de l'ordre des plaidoiries également fixé par cet article.

321.84 **Plaidoiries.** Après la présentation du rapport, le cas échéant, le président invite les parties à exposer leurs prétentions. Il donne d'abord la parole au demandeur puis au défendeur (C. pr. civ., art. 440, al. 2). La loi ne règle pas les hypothèses de pluralité de demandeurs et/ou de défendeurs, ni d'interventions forcées ou volontaires. Dans ces cas, le président arrête librement l'ordre de leurs interventions, généralement en concertation avec toutes les parties, mais en veillant toujours à ce que les demandeurs s'expliquent avant les défendeurs. Quoi qu'il en soit, la jurisprudence considère non seulement que dans le silence de la décision, il y a lieu de présumer que les parties ont été entendues conformément à la loi, mais que de toute manière les prescriptions relatives à l'ordre dans lequel les parties exposent leurs prétentions ne sont pas prescrites à peine de nullité, car l'article 446 C. pr. civ. ne vise pas l'article 440 du même code[5].

Les parties interviennent personnellement ou par la personne habilitée qu'elles ont désignée pour les assister ou les représenter, et tout particulièrement leur avocat. Rappelons que même lorsque la représentation est obligatoire, les parties peuvent être autorisées par le président à présenter des observations en complément de la plaidoirie de leur avocat qui doit les assister (v. s[s] n° 321.41).

De même qu'il donne la parole aux parties, le président fait cesser les plaidoiries ou leurs observations dès que la juridiction s'estime éclairée (C. pr. civ., art. 440, al. 3). Le président dispose d'un pouvoir discrétionnaire, la Cour de cassation ayant jugé qu'une partie ne pouvait alléguer qu'il aurait été porté atteinte aux droits de la défense du fait qu'elle n'aurait pas disposé du temps nécessaire pour développer ses moyens à l'audience[6]. Inversement si les expli-

1. TI Nancy, 11 août 1983, *RTD civ.* 1984. 164, obs. Perrot.
2. Par ex., à propos d'un jugement de redressement judiciaire, Com. 14 févr. 1995, n° 93-14.198, *Bull. civ.* IV, n° 44; *D.* 1995. Somm. 217, obs. Honorat.
3. À propos du décès, v. Civ. 2e, 19 mai 1980, n° 78-15.727, *Bull. civ.* II, n° 118; *D.* 1982. IR 169, obs. Julien; *RTD civ.* 1981. 211, obs. Perrot.
4. Civ. 2e, 8 oct. 1975, n° 74-11.657, *Bull. civ.* II, n° 243.
5. Civ. 1re, 24 févr. 1987, n° 85-10.774, *Bull. civ.* I, n° 63.
6. Soc. 17 mars 1977, n° 76-40.250, *Bull. civ.* V, n° 206.

cations fournies paraissent insuffisantes, le président et les juges peuvent toujours interroger les parties.

321.85 Interrogation des parties. C'est l'article 442 C. pr. civ. qui donne au président, mais aussi aux juges qui l'entourent, le cas échéant, le pouvoir d'inviter « *les parties à fournir les explications de droit ou de fait qu'ils estiment nécessaires ou à préciser ce qui paraît obscur* ».

Bien que seules les parties soient visées par ce texte, la jurisprudence considère que ce mot ne doit pas être pris au sens strict, si bien qu'une demande d'explication peut aussi être adressée aux personnes qui assistent ou représentent les parties, et en particulier, aux avocats [1]. Quant aux modalités, l'interrogation des parties peut intervenir au cours des débats mais aussi en délibéré (C. pr. civ., art. 445, qui autorise exceptionnellement les notes en délibéré, renvoie expressément à C. pr. civ., art. 442 – V. s^s^ n° 321.92 – en ce sens, v. R. Perrot [2]). Elle peut porter tant sur des explications complémentaires de fait ou de droit que sur la production de pièces nouvelles [3]. Enfin, elle peut appeler une réponse orale à l'audience ou une réponse écrite sous la forme d'une note en délibéré (sur cette notion v. s^s^ n° 321.92) [4]. Dans tous les cas, les explications ou pièces fournies devront être soumises à la contradiction, ce qui pourra parfois contraindre le juge à rouvrir les débats (v. s^s^ n° 321.93).

L'interrogation des parties n'est, en principe, qu'une simple faculté abandonnée au pouvoir discrétionnaire du juge [5]. Mais elle devient obligatoire lorsque le juge entend soulever d'office un moyen de pur droit. En effet, il ne fait plus de doute aujourd'hui que le juge doit respecter lui-même le principe du contradictoire lorsqu'il soulève d'office un moyen, fût-il d'ordre public [6]. Aussi devra-t-il interroger les parties, au plus tard au moment des débats ou en délibéré en application de l'article 442 C. pr. civ., sur le moyen qu'il entend soulever d'office, pour recueillir contradictoirement leurs observations [7].

321.86 Ministère public. Faute de dispositions contraires, lorsque le ministère public agit comme partie principale ou comme représentant d'une partie principale, il prend la parole comme toute autre partie, en application de l'article 440 alinéa 2 C. pr. civ. (v. s^s^ n° 321.84).

En revanche, s'il intervient comme partie jointe, l'article 443 C. pr. civ. prescrit qu'il prend la parole **en dernier**. Mais ce texte n'est applicable que si le ministère public a choisi de faire connaître son avis oralement à l'audience et non par le dépôt de conclusions écrites comme le lui permet l'article 431 alinéa 2 C. pr. civ. (v. s^s^ n° 321.53) [8]. Traditionnellement la jurisprudence considère cette règle comme une disposition d'ordre public dont la violation emporte la nullité du jugement bien que l'article 443 ne figure pas dans la liste des prescriptions imposées à peine de nullité par l'article 446 C. pr. civ. [9] Mais cette règle purement prétorienne a été atténuée, dès l'origine, par la présomption selon laquelle à défaut de preuve contraire, le ministère public est réputé avoir pris la parole le dernier [10]. De plus, elle ne semble pas partagée par la première chambre civile qui refuse l'annulation de ce chef, au motif que la parole donnée en dernier à un avocat et non au ministère public, partie jointe, ne peut avoir nui aux droits de la défense [11].

Si le ministère public estime ne pas pouvoir prendre la parole sur le champ, il peut demander que son audition soit reportée à une prochaine audience (C. pr. civ., art. 443, al. 2). *A fortiori*, sera-t-il alors entendu le dernier, ce d'autant plus que la jurisprudence décide qu'il n'y a pas lieu, à cette seconde audience, d'entendre à nouveau le rapporteur et les parties [12]. Une décision semble même avoir admis que la clôture des débats intervient, dans cette hypothèse, dès la fin de la première audience, sans réouverture à la seconde (v. s^s^ n° 321.91).

3°
Clôture des débats

321.91 Prononcé – Effets. C'est au président qu'il appartient de clôturer les débats lorsque le tribunal s'estime suffisamment informé. Il peut la prononcer expressément, et à défaut, ce qui est le cas le plus fré-

1. Civ. 3e, 7 déc. 1976, n° 75-10.227, *Bull. civ.* III, n° 448.
2. R. Perrot, *RTD civ.* 1980. 162.
3. Civ. 2e, 12 juill. 1984, n° 83-11.547, *Bull. civ.* II, n° 134.
4. Civ. 2e, 13 mars 1975, n° 74-11.089, *Bull. civ.* II, n° 89.
5. Com. 30 janv. 1980, n° 78-13.334, *Bull. civ.* IV, n° 51.
6. V. NOT., Cass., ch. mixte, 10 juill. 1981, n°s 77-10.745 et 78-10425, *Bull. ch. mixte*, n° 6; *D.* 1981. 637, concl. av. gén. Cabannes; *Gaz. Pal.* 1981. 627, note Viatte; *RTD civ.* 1981. 905, obs. Perrot – SUR LES HÉSITATIONS ANTÉRIEURES, V. NOT., *RTD civ.* 1981. 203, obs. Normand.
7. PAR EX., Civ. 2e, 4 févr. 1976, n° 74-13.949, *Bull. civ.* II, n° 38 – Soc. 11 mars 1976, n° 75-40.273, *Bull. civ.* V, n° 156.
8. Civ. 2e, 28 avr. 1986, n° 84-17.311, *Bull. civ.* II, n° 69; *RTD civ.* 1987. 594, obs. Perrot.
9. Civ. 3e, 18 mars 1974, n° 73-10.202, *Bull. civ.* III, n° 129 – Civ. 3e, 8 oct. 1974, n° 73-11.723, *Bull. civ.* III, n° 342; *D.* 1974. IR 247; *JCP* 1974. IV. 374 – Civ. 3^e^, 6 janv. 1982, n°s 79-13.316 et 79-13.314, NP; *Gaz. Pal.* 1982. Pan. 183 – Civ. 2^e^, 5 mai 1975, n° 74-11.990, *Bull. civ.* II, n° 132 – Civ. 2^e^, 14 nov. 1975, n° 74-12.561, *Bull. civ.* II, n° 293; *D.* 1976. IR 27; *JCP* 1976. II. 18511, note Martin et Van Den Corput-Bernardini; *RTD civ.* 1977. 187, obs. Perrot – Civ. 2^e^, 3 avr. 1979, n° 77-10.829, *Bull. civ.* II, n° 115.
10. Civ. 3^e^, 11 janv. 1978, n° 75-15.297, *Bull. civ.* III, n° 32; *D.* 1978. IR 87, obs. Julien – Soc. 13 nov. 1986, n° 84-40.223, *Bull. civ.* V, n° 522; *Gaz. Pal.* 1987. Pan. 27; *JCP* 1987. IV. 28 – Com. 29 nov. 1988, n° 86-19.002, *Bull. civ.* IV, n° 328.
11. Civ. 1re, 22 juin 1976, n° 74-12.972, NP; *D.* 1976. IR 255; *JCP* 1976. IV. 275 – Civ. 1re, 14 mars 1984, n° 82-80.029, *Bull. civ.* I, n° 100 – Civ. 1re, 15 mai 1990, n° 87-05.071 et n° 87-05.072, *Bull. civ.* I, n° 107.
12. Civ. 3e, 14 nov. 1972, n° 71-11.154, *Bull. civ.* III, n° 599.

quent en pratique, elle est réputée acquise lorsque le président arrête les débats et met l'affaire en délibéré en informant les parties de la date à laquelle le jugement sera prononcé. En règle générale, ce moment se produit après la plaidoirie du défendeur, ou le cas échéant, l'audition du ministère public agissant comme partie jointe qui doit prendre la parole le dernier (v. s^{s} n° 321.86). Mais qu'en est-il lorsque le ministère public demande à faire connaître son avis à une audience ultérieure (v. s^{s} n° 321.86) ? La logique voudrait que la clôture intervienne à cette seconde audience après son audition[1]. Cependant une décision a jugé que le report de l'audition du ministère public n'implique pas la réouverture des débats pour conclusions des parties, admettant ainsi implicitement que la clôture s'est produite dès la fin de la première audience[2].

La date de la clôture est d'autant plus importante à déterminer que celle-ci produit des effets particulièrement énergiques qui sont, en général, intangibles. Au niveau des irrégularités qui peuvent affecter les débats, elle rend irrecevable toute exception de nullité qui n'a pas été soulevée auparavant (C. pr. civ., art. 446), sous réserve de celles relatives à la composition du tribunal soumises à un régime plus restrictif encore (v. s^{s} n° 321.32). Elle marque aussi le point de départ de la période du délibéré précédant le prononcé du jugement. Les parties n'ont aucune prise sur cette période qui peut être plus ou moins longue et que le tribunal peut discrétionnairement proroger. Inversement, n'ayant aucune initiative à prendre, les parties n'encourent pas la péremption d'instance[3]. Enfin et surtout, la clôture des débats fige, en principe, définitivement le litige en interdisant aux parties de déposer postérieurement toute note à l'appui de leurs observations (C. pr. civ., art. 445). C'est la condamnation de la pratique ancienne des notes en délibéré[4] qui n'est cependant pas absolue.

321.92 Notes en délibéré. Le principe posé par l'article 445 C. pr. civ. est clair : toute note est interdite aux parties après la clôture des débats, c'est-à-dire pendant la période du délibéré. Cette interdiction joue quelle que soit la forme de la note : conclusions, mémoire, lettre, ainsi que tous documents ou pièces. En principe, elle joue aussi quel que soit son contenu, qu'elle porte sur de nouveaux moyens de fait ou de droit ou qu'elle se contente de reprendre des moyens déjà développés antérieurement, l'article 445 C. pr. civ. prohibant expressément toute note des parties « *à l'appui de leurs observations* ». Pourtant certaines décisions critiquables, restées isolées, ont admis des notes en délibéré rappelant ou précisant des moyens déjà invoqués antérieurement[5] (par ex. des conclusions au contenu semblable déposées après l'ordonnance de clôture dans une procédure écrite[6]). Mais la chambre commerciale a condamné clairement ces solutions en affirmant l'irrecevabilité « *quels que soient les moyens contenus dans la note déposée* »[7].

L'article 445 ne prévoit aucune sanction à la prohibition qu'elle édicte. Aussi la jurisprudence s'est-elle fondée, dans un premier temps, sur la violation du principe du contradictoire prévu à l'article 16 alinéa 2 C. pr. civ., pour annuler les décisions qui se sont fondées sur des notes en délibéré[8]. Mais aujourd'hui la jurisprudence s'appuie directement sur la violation de l'article 445 C. pr. civ. pour prononcer l'annulation de telles décisions[9]. En tout état de cause, c'est donc à bon droit que les juges du fond ignorent ou écartent des débats toute note ou pièce produite après leur clôture[10].

Mais cette interdiction n'est pas absolue, l'article 445 C. pr. civ. prévoyant deux **exceptions** qui légitiment les notes en délibéré : d'une part, pour répondre au ministère public, et d'autre part, à la demande du président. À ces exceptions légales, la jurisprudence en a ajouté une troisième fondée sur la loyauté des débats.

1) En réponse au ministère public. Lorsque le ministère public est partie jointe, il doit avoir la parole en dernier (v. s^{s} n° 321.86), si bien que les parties sont privées, à l'audience, de la possibilité de lui répondre. C'est la raison pour laquelle elles sont autorisées à répondre aux arguments qu'il a développés par une note en délibéré[11]. Mais une telle note ne peut être prise en considération que dans la stricte limite où elle répond à l'avis donné par le ministère public, à défaut, elle tombe évidemment sous la prohibition générale édictée par l'article 445 C. pr. civ.[12] En tout cas, cette faculté de réplique, ainsi réservée aux parties, semble sauver la légalité, au regard de l'article 6 § 1 de

1. EN CE SENS, *J.-Cl. Pr. civ.*, fasc. 502, n° 9, Fricero.
2. Versailles, 8 déc. 1980, *Gaz. Pal.* 1982. Somm. 181.
3. À PROPOS D'UN DÉLIBÉRÉ DE PRÈS DE 3 ANS, Civ. 2e, 17 mars 1986, n° 84-14.726, *Bull. civ.* II, n° 43; *Gaz. Pal.* 1996. 425, note du Rusquec – À PROPOS D'UN DÉLIBÉRÉ DE 28 MOIS, Civ. 2e, 23 janv. 1991, n° 89-16.499, *Bull. civ.* II, n° 32; *D.* 1991. IR 47; *D.* 1991. 245, obs. Fricero.
4. V. NOT. *J.-Cl. Pr. civ.*, fasc. 502, n°s 3 à 5, Fricero.
5. Civ. 3e, 28 janv. 1975, n° 73-12.734, *Bull. civ.* III, n° 32; *JCP* 1976. IV. 6564, obs. Martin; *RTD civ.* 1976. 394, obs. Perrot.
6. Civ. 1re, 2 juin 1982, n° 81-13.718, *Bull. civ.* I, n° 208; *D.* 1983. Somm. 157, obs. Julien; *Gaz. Pal.* 1983. 445, note du Rusquec.
7. Com. 15 oct. 1996, n° 93-13.844, NP; *Procédures* 1997, n° 3, obs. Perrot – V. AUSSI, Civ. 3e, 10 mars 1999, n° 97-17.334, *Bull. civ.* III, n° 62; *Gaz. Pal.* 1999. Pan. 152; *Procédures* 1999, n° 120, obs. Perrot.
8. Civ. 2e, 18 oct. 1978, n° 77-11.905, *Bull. civ.* II, n° 212 – Soc. 20 févr. 1986, n° 83-41.943, *Bull. civ.* V, n° 34.
9. Civ. 2e, 21 oct. 1987, n° 86-12.396, *Bull. civ.* II, n° 205 – Civ. 2e, 12 déc. 1990, n° 89-18.981, *Bull. civ.* II, n° 265 – Civ. 3e, 10 mars 1999, n° 97-17.334, *Bull. civ.* III, n° 62 – Civ. 2e, 12 févr. 2004, n° 02-12.540, *Bull. civ.* II, n° 62.
10. Com. 3 janv. 1974, n° 71-12.555, *Bull. civ.* IV, n° 2 – Civ. 3e, 4 janv. 1977, n° 75-10.767, *Bull. civ.* III, n° 5 – Com. 13 avr. 1983, n° 81-16.807, *Bull. civ.* IV, n° 114 – Soc. 19 juill. 1994, n° 90-45.908, *Bull. civ.* V, n° 247; *Gaz. Pal.* 1994. Pan. 190.
11. Versailles, 8 déc. 1980, *Gaz. Pal.* 1982. Somm. 181.
12. Paris, 3 oct. 1990, *Gaz. Pal.* 1991. 113, note Frémond.

la Convention européenne des droits de l'homme, de la prohibition de toute réponse à l'audience et de la dispense de toute communication préalable des conclusions écrites du ministère public[1] (v. s[s] n° 212.38 – il n'en va pas de même pour les conclusions écrites déposées par l'avocat général dans une affaire pénale devant le Cour de cassation où le prévenu n'avait pas constitué avocat[2]).

2) À la demande du président. Les notes en délibéré sont aussi admises lorsqu'elles ont été sollicitées par le président dans les cas prévus aux articles 442 et 444 C. pr. civ. L'article 442 vise l'hypothèse de l'interrogation des parties pour les inviter à s'expliquer sur des points de droit ou de fait ou pour éclairer le tribunal sur des questions qui lui paraissent obscures. Si les parties ne peuvent répondre sur-le-champ, elles peuvent donc être autorisées par le président à le faire par une note en délibéré. *A fortiori*, une telle note est-elle possible pour répondre à une demande du président formée en cours de délibéré. Dans ces cas, les notes en délibéré sont donc recevables, mais dans la seule limite de la demande du juge, de sorte que devront être écartées ou ignorées, toutes notes ou pièces qui s'en écartent (par ex. des pièces nouvelles produites en délibéré en sus de celles demandées par le juge[3], une réponse sans rapport avec les questions posées[4] ou encore des écritures autres que celles destinées à transmettre les documents demandés par le juge[5]; en revanche, des pièces peuvent toujours être produites à l'appui des réponses apportées, même si elles n'ont pas expressément été demandées par le président[6]). Le renvoi à l'article 444 C. pr. civ. est plus énigmatique car ce texte concerne la réouverture des débats dont la fonction est justement d'échapper à la prohibition de l'article 445 C. pr. civ. en permettant à nouveau d'instaurer un débat contradictoire. Sans doute faut-il alors comprendre ce renvoi comme la possibilité reconnue au président de puiser dans une note en délibéré irrégulière la justification d'une réouverture des débats. Mais dans la mesure où le président dispose d'un pouvoir normalement discrétionnaire pour ce faire, ce renvoi demeure néanmoins inutile.

Lorsque des notes en délibéré sont ainsi possibles, la décision ne peut être rendue avant leur dépôt au greffe ou, en tout cas, avant le délai fixé pour ce faire, mais rien n'oblige le juge à les mentionner[7].

3) En vertu de la loyauté des débats. À ces deux exceptions légales, la jurisprudence en a ajouté une troisième, fondée sur la loyauté des débats, érigée en principe directeur du procès : le juge doit déclarer recevable une note en délibéré comportant la communication d'une pièce susceptible de modifier son opinion lorsque l'adversaire s'est abstenu de la verser aux débats[8].

321.93 Réouverture des débats – Cas. En principe, la réouverture des débats est facultative. Elle est abandonnée à la discrétion du président qui peut toujours l'ordonner, l'article 444 alinéa 1er ne subordonnant ce pouvoir à aucune restriction ou condition[9] (il a été jugé, par ex., que même la destruction du dossier lors d'un incendie survenu en cours de délibéré, n'oblige pas le juge à la réouverture des débats, laquelle de surcroît n'avait pas été demandée par les parties, il peut donc se contenter d'inviter les parties à reconstituer le dossier détruit[10]). Elle apparaît ainsi comme le prolongement logique de la direction des débats dont il est investi par l'article 440 C. pr. civ. (v. s[s] n°s 321.81 s.). Le président l'ordonnera donc chaque fois qu'elle lui paraîtra nécessaire pour permettre aux parties de s'expliquer sur des points importants qui ont pu lui être révélés, par exemple, grâce à une note irrégulière en délibéré sur laquelle il ne saurait fonder sa décision (v. s[s] n° 321.92).

Mais la réouverture des débats devient **obligatoire** dans les cas visés à l'article 444 alinéa 1er *in fine* C. pr. civ., ainsi rédigé : « *Il doit le faire chaque fois que les parties n'ont pas été à même de s'expliquer contradictoirement sur les éclaircissements de droit ou de fait qui leur avaient été demandés* ». Pour bien comprendre le sens et la portée de ce texte, il faut apporter les deux précisions préliminaires suivantes :

– le juge peut toujours, en vertu de l'article 442 C. pr. civ., solliciter des explications complémentaires des parties ou la production de pièces nouvelles; il doit même le faire lorsqu'il entend soulever un moyen d'office (v. s[s] n° 321.85);

– l'article 444 alinéa 1er C. pr. civ. portant sur la réouverture des débats, il faut supposer pour son application que la demande, ou en tout cas la réponse des parties, intervienne après la clôture des débats, c'est-à-dire en délibéré.

La question qui a longtemps divisé la jurisprudence était de savoir si dans ces cas, pour assurer le respect du principe du contradictoire auquel le juge doit toujours veiller, il est tenu d'ordonner systémati-

1. EN CE SENS, Com. 29 mai 2001, n° 98-15.802, *Bull. civ.* IV, n° 108; *Procédures* 2001. Comm. 167, obs. Perrot.
2. CEDH 8 févr. 2000, Voisine c/ France, req. n° 27362/95, *D. Affaires* 2000. 651, note Thierry – S. Guinchard, « L'influence de la Convention européenne des droits de l'homme et de la jurisprudence de la Cour européenne sur la procédure civile », *Gaz. Pal.* 27-31 août 1999, p. 2 s., spéc[t] n° 47 – J.-L. Vallens, *RTD com.* 1999. 762.
3. Civ. 2e, 12 juill. 1984, n° 83-11.547, *Bull. civ.* II, n° 134.
4. Civ. 1re, 10 mai 1995, n° 92-16.114, *Bull. civ.* I, n° 196.
5. Civ. 2e, 25 juin 1997, n° 95-12.594, *Bull. civ.* II, n° 203.
6. Soc. 20 mai 2007, n° 05-42.401, *Bull. civ.* V, n° 86; *RTD civ.* 2007. 638, n° 3, obs. Perrot; *D.* 2007. 2427, obs. Fricero.
7. Civ. 1re, 27 févr. 2007, n° 06-10.393, *Bull. civ.* I, n° 85; *D.* 2007. 2771, obs. Lepage, Marino et Bigot; *RTD civ.* 2007. 309, obs. Hauser.
8. Civ. 1re, 7 juin 2005, n° 05-60.044, *Bull. civ.* I, n° 241; *D.* 2005. 2570, note Boursier; *D.* 2006. 545, obs. Julien et Fricero; *RTD civ.* 2006. 151, obs. Perrot; *Dr. et proc.* 2006. 35, obs. Fricero – V. AUSSI, H. Croze, « Le devoir de respecter et faire respecter la loyauté des débats », *Procédures* août-sept. 2005. Repère 3.
9. Civ. 2e, 14 oct. 1999, n° 96-21.701, *Bull. civ.* II, n° 155 – Civ. 1re, 14 févr. 2006, n° 03-16.101, *Bull. civ.* I, n° 70.
10. Civ. 3e, 23 mai 1995, n° 94-16.376, *Bull. civ.* III, n° 132; *Gaz. Pal.* 1996. Pan. 73.

quement la réouverture des débats ou s'il peut se contenter d'un échange de notes en délibéré[1]. Le Code de procédure civile pose aujourd'hui des principes simples :

– le juge peut normalement se contenter de notes en délibéré puisque l'article 445 C. pr. civ. prévoit précisément leur recevabilité dans ces hypothèses (v. s[s] n° 321.92);

– ce n'est que si ce mode de réponse n'a pas permis aux parties de s'expliquer contradictoirement que le juge, dans un second temps, devra ordonner la réouverture des débats.

L'application de ces principes suppose donc que le président, qui n'a pas ordonné la réouverture des débats *ab initio*, ce qu'il peut toujours faire, vérifie dans chaque cas d'espèce si la technique retenue de la note en délibéré a permis le respect du principe du contradictoire. Aussi la jurisprudence considère-t-elle, en général, que la réouverture n'est pas obligatoire lorsque les parties ont effectivement échangé contradictoirement des notes en délibéré sur les explications ou les pièces demandées[2], ou lorsqu'à tout le moins, elles auraient été en mesure de le faire, ayant reçu communication des notes ou pièces produites en délibéré par leur adversaire et disposé d'un délai suffisant pour y répondre[3]. En revanche, la réouverture s'impose dans les cas contraires[4]. Mais certaines décisions persistent encore à exiger d'office la réouverture, sans même rechercher si le recours à des notes en délibéré aurait suffi aux parties pour s'expliquer contradictoirement[5]. Un auteur explique ces décisions par l'importance ou la complexité des questions posées qui, en quelque sorte, présumeraient l'insuffisance des notes en délibéré au regard du principe du contradictoire[6]. En tout cas, la réouverture s'impose incontestablement si le juge écarte des débats des notes en réponse produites en délibéré[7].

1. V. NOT., R. Perrot, *RTD civ.* 1990. 561 et réf. cit.
2. Cass., ch. mixte, 10 juill. 1981, n° 77-10.794, *Bull. ch. mixte*, n° 7; *Gaz. Pal.* 1981. 627, note Viatte; *RTD civ.* 1981. 905, obs. Perrot – Civ. 2e, 12 juill. 1984, n° 83-11.547, *Bull. civ.* II, n° 134 – Civ. 1re, 27 févr. 2001, n° 99-04.169, *Bull. civ.* I, n° 50; *D.* 2001. 1025, obs. Lienhard; *JCP E* 2001. Pan. 733.
3. Com. 24 juin 1980, n° 78-11.466, *Bull. civ.* IV, n° 272 – Com. 7 oct. 1980, n° 78-15.101, *Bull. civ.* IV, n° 328 – Civ. 2e, 20 janv. 1982, n° 80-11.685, *Bull. civ.* II, n° 11 – Civ. 2e, 7 oct. 1981, n° 80-12.240, *Bull. civ.* II, n° 178 – Soc. 26 mai 1983, n° 80-42.179, *Bull. civ.* V, n° 283 – Civ. 3e, 7 oct. 1987, n° 86-12.499, *Bull. civ.* III, n° 166.
4. Com. 1er févr. 2000, n° 96-18.383, *Bull. civ.* IV, n° 25; *D.* 2000. 331, obs. Honorat; *D.* 2000. 396, obs. Piedelièvre; *JCP* 2000, n° 14, note Remery; *JCP N* 2000, n° 41, note Remery; *Gaz. Pal.* 2001. Somm. 594, note du Rusquec.
5. Civ. 3e, 9 janv. 1979, n° 77-14.122, *Bull. civ.* III, n° 11 – Com. 9 juin 1980, n° 78-11.221, *Bull. civ.* IV, n° 246 – Com. 15 nov. 1988, n° 87-11.566, *Bull. civ.* IV, n° 311 – Civ. 2e, 13 janv. 1982, n° 80-13.536, *Bull. civ.* II, n° 8; *Gaz. Pal.* 1982. 243, note Viatte – Soc. 7 janv. 1987, n° 83-42.669, *Bull. civ.* V, n° 5 – Soc. 10 oct. 1989, n° 87-44.103, *Bull. civ.* V, n° 576.
6. R. Perrot, *RTD civ.* 1990. 561.
7. Soc. 17 déc. 1984, n° 82-43.360, *Bull. civ.* V, n° 498.

La jurisprudence impose aussi, de manière constante, la réouverture des débats, dans les procédures écrites, lorsque le juge révoque l'ordonnance de clôture, pour permettre aux parties de s'expliquer contradictoirement[8]. Ce cas obligatoire de réouverture des débats ne peut s'appuyer sur l'article 444 alinéa 1er C. pr. civ. dès lors que celui-ci ne vise que l'hypothèse de l'interrogation des parties par le juge. Aussi la jurisprudence se fonde-t-elle généralement sur les articles 16 et 784 C. pr. civ., prévoyant respectivement le principe du contradictoire et les conditions de la révocation de l'ordonnance de clôture[9].

321.94 **Réouverture des débats – Régime.** Si l'article 444 C. pr. civ. prévoit les cas de réouverture, aucun texte n'en précise le régime, qu'il s'agisse des conséquences ou des sanctions. Il appartient donc à la jurisprudence de le préciser; malheureusement les décisions rendues laissent subsister des doutes sur chacun de ces points.

Quant aux **conséquences**, la réouverture des débats doit permettre, par définition, aux parties de plaider à nouveau à une audience que le tribunal fixera, au moins sur les points auxquels elle a éventuellement été limitée. Mais les parties peuvent-elles aussi conclure à nouveau au moins dans cette même limite, le cas échéant ? Dans les procédures orales, la réponse est certainement affirmative dès lors que les écrits des parties sont recevables jusqu'à la clôture des débats sous la seule réserve du respect du principe du contradictoire. Mais qu'en est-il dans les procédures écrites où les conclusions sont prohibées, en principe, à compter de l'ordonnance de clôture qui précède toujours l'ouverture des débats ? La réponse est incertaine en l'absence de toute précision expresse dans la décision sur le sort de l'ordonnance de clôture. Alors que la troisième chambre civile a jugé que la réouverture des débats n'emporte pas d'office la révocation de l'ordonnance de clôture[10], la chambre commerciale[11] et la deuxième chambre civile[12] décidaient exactement du contraire pour permettre aux parties de conclure, sauf lorsque la réouverture a pré-

8. Civ. 3e, 3 mai 1984, n° 82-13.281, *Bull. civ.* III, n° 94 – Civ. 3e, 14 mars 1990, n° 88-17.666, *Bull. civ.* III, n° 78; *RTD civ.* 1990. 561, obs. Perrot – Civ. 2e, 11 juill. 1988, n° 87-10.632, *Bull. civ.* II, n° 173 – Civ. 2e, 10 mai 1989, n° 88-10.137, *Bull. civ.* II, n° 106; *Gaz. Pal.* 1990. Somm. 8, obs. Guinchard et Moussa – Civ. 2e, 26 juin 1991, n° 90-13.247, *Bull. civ.* II, n° 197 – Civ. 3e, 3 avr. 1997, n° 93-10.301, *Bull. civ.* III, n° 82; *Gaz. Pal.* 13-14 oct. 1999. Somm. 8, obs. du Rusquec – Com. 9 déc. 2008, n°s 07-17.368 et 07-17.651, NP; *Procédures* 2009. Comm. 41, obs. Perrot – sur un EX. D'APPLICATION DE CETTE EXIGENCE PRÉTORIENNE, Colmar, 30 sept. 1980, *Rev. jur. Alsace-Lorraine* 1981. 17.
9. V. les décisions précitées, sauf, Civ. 3e, 14 mars 1990, n° 88-17.666, *Bull. civ.* III, n° 78, qui s'appuie curieusement sur C. pr. civ., art. 444, al. 1er.
10. Civ. 3e, 4 févr. 1986, n° 84-14.144, *Bull. civ.* III, n° 6; *Gaz. Pal.* 1986. Somm. 420, obs. Guinchard et Moussa.
11. Com. 22 janv. 1979, n° 76-15.223, *Bull. civ.* IV, n° 28.
12. Civ. 2e, 27 janv. 1982, NP; *Gaz. Pal.* 1982. 455, note Viatte.

cisément été limitée à la seule question d'une éventuelle révocation de l'ordonnance de clôture[1]. Mais par la suite cette solution a été nuancée par ces chambres à laquelle la première chambre s'est ralliée. Ainsi, elles ont jugé que la réouverture des débats n'emporte pas révocation de l'ordonnance de clôture lorsqu'elle a été ordonnée pour permettre aux parties de se prononcer sur un point précisé[2]. En conséquence, les conclusions étrangères à cette question étaient irrecevables, et ce même en cas de renvoi à la mise en état[3]. Mais sur ce dernier point, la deuxième chambre civile a opéré un revirement de jurisprudence en jugeant, à propos d'une réouverture des débats ordonnée sur un point précisé, qu'elle « *emporte révocation de l'ordonnance de clôture lorsque l'affaire est renvoyée à la mise en état* »[4]. En ce cas, les parties peuvent donc à nouveau conclure librement.

Quant aux **sanctions**, la Cour de cassation est tout aussi divisée, au moins au regard de la décision qui ordonne la réouverture. La chambre sociale considère qu'une telle décision constitue une mesure d'administration judiciaire soustraite, en conséquence, à tout recours et donc à toute sanction[5]. En revanche, la deuxième chambre civile a admis implicitement qu'une telle décision peut faire l'objet d'un recours, en l'occurrence d'un pourvoi en cassation, en même temps que le jugement sur le fond[6]. Mais en tout état de cause, il ne paraît pas envisageable, au fond, qu'une telle décision puisse être sanctionnée, car de deux choses, l'une : ou bien, la réouverture était obligatoire et elle s'imposait; ou bien, elle ne l'était pas et dans ce cas, le juge dispose normalement d'un pouvoir discrétionnaire (v. s^s^ n° 321.93). En cas de **refus de réouverture**, la question d'un recours distinct ne se pose même pas dès lors qu'elle résulte généralement de la décision rendue au fond; elle pourra donc être attaquée en même temps que celle-ci. Mais elle ne sera sanctionnée que si la réouverture était obligatoire. Dans ce cas, la jurisprudence annule, en général, le jugement sur le fondement de l'article 444 alinéa 1er C. pr. civ., bien que cette disposition ne figure pas parmi celles prescrites à peine de nullité par l'article 446 C. pr. civ.[7] En tout état de cause, cette sanction pourrait toujours être fondée sur l'article 16 C. pr. civ. qui du reste est parfois invoqué conjointement avec l'article 444 alinéa 1er[8], voire plus exceptionnellement tout seul[9].

§ 2
Dispositions propres à la procédure orale

321.101 Réforme. Le décret n° 2010-1165 du 1er octobre 2010, issu des travaux de la commission Guinchard, crée au sein de la sous-section I du Code de procédure civile, relative aux débats, un paragraphe 2 consacré aux dispositions propres à la procédure orale et composé des nouveaux articles 446-1 à 446-4[10]. Ces dispositions, qui ont vocation à s'appliquer à toute procédure orale devant toutes les juridictions civiles, maintiennent la primauté de l'oralité (A), tout en offrant au juge et aux parties des moyens permettant de renforcer l'écrit afin de limiter les dangers de l'oralité (B).

A.
Primauté de l'oralité

321.111 Définition. L'article 446-1 alinéa 1er C. pr. civ., reprenant les anciennes dispositions propres à chaque juridiction (C. pr. civ., anc. art. 843 pour le tribunal d'instance et la juridiction de proximité – C. pr. civ., anc. art. 871 pour le tribunal de commerce), prévoit que « *les parties présentent oralement à l'audience leurs prétentions et les moyens à leur soutien* ». La définition de l'oralité est donc inchangée de sorte que le régime de la procédure orale, tel qu'il a été fixé par la jurisprudence antérieure, reste d'actualité à chaque fois que les moyens de renforcement de l'écrit institués par la réforme ne sont pas mis en œuvre (sur ces moyens, v. s^s^ n°s 321.121 s.). Ainsi, sous cette réserve, l'oralité continue à présenter les mêmes avantages et les mêmes dangers auxquels il convient d'être très attentif en pratique.

321.112 Avantages de l'oralité. L'oralité signifie traditionnellement que les parties peuvent présenter oralement, aux audiences du tribunal, non seulement tous leurs **moyens** de fait et de droit (par ex. une fin de non-recevoir[11] ou une exception d'incompétence[12]), mais aussi leurs **prétentions**, du moins contre les parties non défaillantes (par ex. une demande reconventionnelle[13]). L'oralité présente ainsi d'indéniables avantages en simplifiant et facilitant l'accès des justi-

1. Civ. 2e, 18 oct. 1989, n° 88-13.791, *Bull. civ.* II, n° 184.
2. Com. 19 juin 2001, n° 98-18.616, NP – Civ. 1re, 20 mai 2003, n° 01-01.071, NP – Civ. 2e, 10 mars 2004, n° 02-14.971, NP.
3. Civ. 2e, 14 mai 1997, n° 95-17.009, *Bull. civ.* II, n° 144 – Civ. 2e, 9 nov. 2000, n° 98-22.865, *Bull. civ.* II, n° 149.
4. Civ. 2e, 19 févr. 2009, n° 07-19.504, *Bull. civ.* II, n° 56; *D.* 2009. 637.
5. Soc. 23 mai 1984, n° 81-40.487, *Bull. civ.* V, n° 220.
6. Civ. 2e, 5 févr. 1986, n° 83-13.939, *Bull. civ.* II, n° 6.
7. Com. 9 juin 1980, n° 78-11.221, préc. s^s^ n° 321.93 – Civ. 2e, 13 janv. 1982, n° 80-13.536, préc. s^s^ n° 321.93 – Soc. 17 déc. 1984, n° 82-43.360, préc. s^s^ n° 321.93.
8. Com. 15 nov. 1988, n° 87-11.566, préc. s^s^ n° 321.93 – Soc. 10 oct. 1989, n° 87-44.103, *Bull. civ.* V, n° 576.
9. Soc. 7 janv. 1987, n° 83-42.669, préc. s^s^ n° 321.93.
10. V. Circ. min. 24 janv. 2011, relative à la présentation du décret n° 2010-1165 du 1er octobre 2010 relatif à la conciliation et à la procédure orale en matière civile, commerciale et sociale, n° JUSC1033666C, *BOMJL* 2 févr.
11. Com. 10 oct. 1989, n° 87-20.141, *Bull. civ.* IV, n° 249; *D.* 1990. 371, note Bouloc.
12. Com. 9 avr. 1991, n° 89-17.564, *Bull. civ.* IV, n° 140.
13. Civ. 2e, 27 janv. 1993, n° 91-15.950, *Bull. civ.* II, n° 41.

ciables au juge. Mais elle n'est pas non plus sans danger, au point qu'elle peut parfois se retourner contre les parties qu'elle est censée avantager.

321.113 **Dangers. 1°)** Le **premier danger** tient au fait que la charge de la preuve des moyens et prétentions pèse sur la partie qui les invoque et, à défaut, il ne peut être reproché au tribunal de ne pas y avoir répondu (v. à propos d'un tribunal d'instance[1]). Il est vrai que l'article 446-1 alinéa 1er *in fine* reprenant les anciennes dispositions propres à chaque juridiction (C. pr. civ., anc. art. 843, al. 2, pour le tribunal d'instance et la juridiction de proximité, et C. pr. civ., anc. art. 871, al. 2, pour le tribunal de commerce), prévoit que les observations des parties sont notées au dossier ou consignées dans un procès-verbal. Mais les parties demeurent ainsi tributaires de la précision des notes prises à l'audience et se trouvent démunies en cas d'oubli. Dans ces conditions, le seul remède efficace a toujours été le **recours à l'écrit** que l'oralité n'empêche pas, mais qu'elle devait permettre d'éviter. Ce moyen est d'autant plus efficace que l'existence d'un écrit est difficilement contestable. En effet, les parties doivent toujours soutenir leurs écrits à l'audience (v. ss nos 321.122) et peuvent même se contenter de s'y référer sans développer les prétentions et moyens qu'ils contiennent. Or toutes leurs observations, à ce titre également, doivent être notées au dossier ou consignées dans un procès-verbal (C. pr. civ., art. 446-1, al. 1er). Mais les écrits des parties sont fragiles car ils sont primés par l'oralité dans les limites fixées par la jurisprudence, qui reste d'actualité.

Ainsi, les **conclusions écrites** ne sont **recevables** que **si les parties comparaissaient** à l'audience pour les soutenir, soit personnellement, soit par leur représentant *ad litem*[2] (v. à propos du tribunal d'instance[3]ou du tribunal de commerce[4]) et il a été jugé que cette règle n'est pas contraire aux exigences de l'article 6 § 1 de la Convention européenne des droits de l'homme[5]. Mais le juge ne peut exiger d'une partie ou de son représentant qu'il plaide alors qu'il préfère se référer à ses conclusions écrites[6]. De plus, une seule comparution est suffisante de sorte qu'en cas d'absence à une audience ultérieure, les conclusions précédemment soutenues restent recevables[7]. En conséquence, les conclusions écrites ne prennent date qu'à compter de l'audience à laquelle elles sont soutenues et non au jour de leur dépôt au greffe[8]. Ainsi, en cas de contradiction entre les conclusions écrites et les conclusions orales développées à la barre, ces dernières l'emportent[9]. Une exception de procédure peut être soulevée oralement à la barre avant toute référence aux conclusions écrites sur le fond déposées antérieurement (v. à propos d'une exception d'incompétence soulevée à l'audience d'un tribunal de commerce[10]; à propos d'une demande de sursis à statuer fondée sur une question préjudicielle[11]). De même, le demandeur peut se désister à la barre du tribunal sans le consentement du défendeur qui a déposé antérieurement des conclusions écrites au fond[12]. Mais l'oralité ne l'emporte pas dans tous les cas. Ainsi, une exception d'incompétence soulevée à la barre par des défendeurs a été jugée irrecevable car ils avaient auparavant assigné un tiers en intervention forcée et ainsi conclu au fond[13] (mais encore faut-il que l'assignation ait été enrôlée[14]). Dans tous les cas, **les conclusions écrites permettent d'interrompre la prescription** dès la date de leur dépôt au greffe du tribunal, sous réserve cependant de la comparution ultérieure de la partie à l'audience[15] (la solution vaut aussi pour le délai de forclusion de C. consom., art. L. 311-37[16] [devenu

1. Civ. 1re, 22 oct. 1974, no 73-14.142, *Bull. civ.* I, no 273; *JCP* 1975. IV. 6519, obs. Martin; *RTD civ.* 1975. 594, obs. Perrot – Civ. 1re, 11 oct. 1978, no 77-11.089, *Bull. civ.* I, no 300.
2. Civ. 2e, 14 juin 1989, no 88-14.425, *Bull. civ.* II, no 129; *D.* 1991. Somm. 245, obs. Fricero – Civ. 2e, 2 déc. 1992, no 92-60.536, *Bull. civ.* II, no 297 – Civ. 2e, 23 févr. 1994, no 92-18.427, *Bull. civ.* II, no 76 – Civ. 3e, 16 juill. 1998, no 95-20.683, NP; *Procédures* 1998, no 259, obs. Perrot – Soc. 16 nov. 1993, no 92-60.456, *Bull. civ.* V, no 279 – Civ. 2e, 12 févr. 2004, no 02-15.108, *Bull. civ.* II, no 63 – Civ. 3e, 19 sept. 2007, no 06-15.524, *Bull. civ.* III, no 145 (1er arrêt); *RTD civ.* 2007. 810, obs. Perrot – Civ. 2e, 17 janv. 2013, no 11-28.495, *Bull. civ.* II, no 9; *Gaz. Pal.* 2013. 1788, obs. Bléry.
3. Civ. 2e, 4 mars 2004, no 02-11.423, *Bull. civ.* II, no 93; *D.* 2004. IR 853.
4. Com. 23 nov. 1982, no 81-10.549, *Bull. civ.* IV, no 366.
5. Civ. 2e, 23 sept. 2004, no 02-20.497, *Bull. civ.* II, no 414 – Civ. 2e, 10 févr. 2005, no 02-20.495, *Bull. civ.* II, no 31; *Gaz. Pal.* 2005. Somm. 2884.
6. Soc. 17 juill. 1997, no 96-44.672, *Bull. civ.* V, no 281; *Procédures* 1997, no 238, obs. Sportouch.
7. Civ. 2e, 9 avr. 2009, no 07-44.389, *Bull. civ.* II, no 97; *Procédures* 2009. Comm. 183, obs. Perrot; *D.* 2009. 1211 – Civ. 2e, 17 déc. 2009, no 08-17.537, *Bull. civ.* II, no 291.
8. Com. 18 sept. 2007, no 06-16.070, *Bull. civ.* IV, no 203; *RTD civ.* 2007. 775, obs. Fages; *RTD civ.* 2007. 810, obs. Perrot.
9. Soc. 10 juin 1997, no 95-44.809 NP; *Procédures* 1997, no 239, obs. Sportouch.
10. Civ. 2e, 16 oct. 2003, no 01-13.036, *Bull. civ.* II, no 311; *D.* 2004. 454, note Mary; *RTD civ.* 2004. 138, obs. Perrot – EN CE SENS, Paris, 16 juin 1998, RG no 97/22717, *Gaz. Pal.* 1999. Somm. 192, obs. du Rusquec – Et Paris, 19 janv. 2000, RG no 1999/16108, *Procédures* 2000. Comm. 187, obs. Croze.
11. Civ. 2e, 1er oct. 2009, no 08-14.135, *Bull. civ.* II, no 233; *RTD civ.* 2010. 153, obs. Perrot.
12. Civ. 2e, 26 nov. 1998, no 96-14.917, *Bull. civ.* II, no 285; *RTD civ.* 1999. 200, obs. Perrot.
13. Civ. 2e, 6 mai 1999, no 96-22.143, *Bull. civ.* II, no 82; *RTD civ.* 1999. 700, obs. Perrot – Com. 6 juin 2000, no 97-22.330, *Bull. civ.* IV, no 120; *Procédures* 2000. Comm. 181, obs. Perrot.
14. Civ. 2e, 6 avr. 2006, no 04-13.172, *Bull. civ.* II, no 108; *Procédures* 2006. Comm. 203, obs. Perrot.
15. Civ. 2e, 26 nov. 1998, no 96-12.262, *Bull. civ.* II, no 283; *RTD civ.* 1999. 201, obs. Perrot.
16. Civ. 1re, 13 nov. 2008, no 06-21.745, *Bull. civ.* I, no 256; *D.* 2008. 3007, obs. Avena-Robardet; *Procédures* 2009. Comm. 6, obs. Perrot.

C. consom., art. L. 311-52]). Enfin, il a été jugé aussi qu'un **désistement fait par un écrit** déposé au greffe dans une procédure orale produit immédiatement un effet extinctif de sorte que les conclusions prises ultérieurement à la barre sont irrecevables (tel l'appel incident formé à la barre qui est déclaré irrecevable car l'appel principal avait fait l'objet d'un désistement écrit déposé antérieurement au greffe [1] - ou telle la demande reconventionnelle déclarée irrecevable car, en raison du caractère oral de la procédure, elle est nécessairement postérieure au désistement de la demande principale fait par un écrit déposé au greffe avant l'audience, lequel a immédiatement produit effet [2]).

Mais sur ce point, la **chambre sociale** a opéré un **revirement** par deux arrêts rendus le 14 mars 2007 sur le fondement du principe de l'unicité de l'instance et de l'article 6 § 1 de la Convention européenne des droits de l'homme, en jugeant que le désistement de l'appel principal doit être accepté par l'intimé ayant formé antérieurement par écrit un appel incident [3] ou une demande incidente [4], sous réserve qu'il comparaisse à l'audience pour soutenir ses écritures. C'est dans ces conditions qu'une chambre mixte a décidé que « *lorsque dans une procédure orale une demande incidente a été formulée par un écrit déposé au greffe antérieurement au désistement d'appel, l'égalité des armes et l'exigence d'un procès équitable imposent qu'il soit statué sur la demande incidente soutenue à l'audience* » [5].

2°) Le **second danger** tient à la **nécessaire combinaison de l'oralité avec le principe du contradictoire**, qui s'impose en tout état de cause. Il est de jurisprudence constante que l'oralité interdit au juge d'écarter des conclusions écrites déposées quelques jours avant l'audience ou le jour même [6], tout comme des conclusions orales développées pour la première fois à la barre (en revanche, il a été jugé que les pièces communiquées en début d'audience pouvaient être écartées des débats malgré le caractère oral de la procédure [7]). Aussi, le seul moyen de respecter le principe du contradictoire est d'ordonner le renvoi à une audience ultérieure, si nécessaire [8]. Mais la jurisprudence a posé une **présomption de régularité** fondée sur l'oralité de la procédure. En effet, la Cour de cassation juge de manière constante que les prétentions et moyens oralement formulés au cours de l'instance sont présumés avoir été débattus contradictoirement et la preuve contraire est quasiment impossible à rapporter [9].

321.114 Pouvoirs d'instruction du juge. L'oralité ne prive pas le juge des pouvoirs d'instruction dont il est investi par les dispositions communes à toutes les juridictions en matière contentieuse. À ce titre, l'article 446-3, s'inspirant d'anciennes dispositions propres à certaines juridictions (C. pr. civ., anc. art. 844 pour le tribunal d'instance et la juridiction de proximité, et C. pr. civ., anc. art. 862, al. 2, pour le tribunal de commerce), prévoit que « *le juge peut inviter, à tout moment, les parties à fournir les explications de fait et de droit qu'il estime nécessaires à la solution du litige et les mettre en demeure de produire dans le délai qu'il détermine tous les documents ou justifications propres à l'éclairer, faute de quoi il peut passer outre et statuer en tirant toute conséquence de l'abstention de la partie ou de son refus* ».

De plus, et conformément aux autres dispositions communes à toutes les juridictions, le juge peut statuer sur la **communication des pièces entre les parties** et sur leur production, même si elles sont détenues par un tiers (C. pr. civ., art. 132 s.). Il peut aussi ordonner, même d'office, toutes les mesures d'instruction légalement admissibles (C. pr. civ., art. 10 et 143 à 284-1).

En procédure orale, le juge exerce tous ces pouvoirs aux audiences qu'il tient successivement, sauf s'il est recouru à la mise en état écrite qui a été introduite par le décret du 1er octobre 2010 au titre du renforcement de l'écrit.

1. Soc. 29 avr. 2003, n° 01-41.631, *Bull. civ.* V, n° 146; *Procédures* 2003. Comm. 162, obs. Perrot.
2. Soc. 17 mai 2005, n° 03-43.195, *Bull. civ.* V, n° 168; *RTD civ.* 2005. 634, obs. Perrot – Civ. 2e, 12 oct. 2006, n° 05-19.096, *Bull. civ.* II, n° 266; *D.* 2007. 896, chron. Vigneau; *Procédures* 2007. Comm. 2, obs. Perrot; *Gaz. Pal.* 2006. 3317, note Travier – Civ. 2e, 10 janv. 2008, n° 06-21.938, *Bull. civ.* II, n° 7; *D.* 2008. AJ 362; *D.* 2008. 2373, chron. Sommer et Nicoletis.
3. Soc. 14 mars 2007, n° 05-43.351, *Bull. civ.* V, n° 49; *D.* 2007. 1007, obs. Guiomard; *D.* 2007. 2427, obs. Fricero; *RTD civ.* 2007. 642, obs. Perrot.
4. Soc. 14 mars 2007, n° 05-42.379, préc. ss prést n°.
5. Cass., ch. mixte, 13 mars 2009, n° 07-17.670, *Bull. ch. mixte*, n° 1; *D.* 2009. 880; *D.* 2009. 2704, obs. Blanchard; *D.* 2010. 175, obs. Fricero; *RTD civ.* 2009. 369, obs. Perrot; *Dr. et proc.* 2009. 219, obs. Salati.
6. Civ. 3e, 30 janv. 2002, nos 00-13.486 et n° 00-14.725, *Bull. civ.* III, n° 16; *Gaz. Pal.* 2002. Somm. 991.
7. Dijon, 29 juin 2004, *JCP* 2005, n° 10137, note Urion; *JCP E* 2005. 2148, note Urion; *Procédures* 2005. Comm. 249, obs. Perrot.
8. Com. 10 oct. 1989, n° 87-20.141, *Bull. civ.* IV, n° 249; *D.* 1990. 371, note Bouloc – Com. 9 avr. 1991, n° 89-17.564, *Bull. civ.* IV, n° 140 – Civ. 2e, 27 janv. 1993, n° 91-15.950, *Bull. civ.* II, n° 41 – Soc. 10 juin 1997, n° 95-44.809, NP; *Procédures* 1997, n° 239, obs. Sportouch – Soc. 17 mars 1998, n° 95-41.006, *Bull. civ.* V, n° 152; *Gaz. Pal.* 1998. Pan. 150 – Soc. 27 mai 1998, n° 97-43.487, NP; *Procédures* 1998, n° 259, obs. Perrot.
9. Soc. 16 févr. 1977, n° 75-14.740, *Bull. civ.* V, n° 126; *Gaz. Pal.* 1977. Pan. 189; *RTD civ.* 1977. 825, obs. crit. Perrot – Soc. 29 mai 1985, n° 84-60.595, *Bull. civ.* V, n° 310 – Civ. 1re, 25 nov. 1992, n° 89-16.438, *Bull. civ.* I, n° 291 – Com. 24 oct. 1995, n° 92-17.066, *Bull. civ.* IV, n° 253; *Gaz. Pal.* 1996. Pan. 128; *RJDA* 1996, n° 159 – Soc. 9 nov. 1988, n° 87-13.933, *Bull. civ.* V, n° 582 – Civ. 2e, 11 janv. 2006, nos 04-04.170 et 04-04.172, *Bull. civ.* II, n° 9.

B.
Renforcement de l'écrit

321.121 **Moyens ouverts.** L'écrit a toujours été largement utilisé par les parties ou leur représentant *ad litem*, *a fortiori* lorsqu'il est avocat. Mais il est fragilisé par la primauté de l'oralité. C'est la raison pour laquelle le décret du 1er octobre 2010, suivant les propositions de la commission Guinchard, a introduit trois moyens permettant de renforcer l'écrit : la dispense de comparution, la mise en état écrite et la date d'effet des écrits.

321.122 **1°) Dispense de comparution.** Le principe demeure que les parties doivent comparaître pour présenter oralement leurs moyens et prétentions. Mais comme auparavant, elles ne sont pas obligées de plaider et peuvent se contenter de se référer, à l'audience, aux prétentions et moyens formulés par écrit (C. pr. civ., art. 446-1, al. 1er). Cette règle étant inchangée, il faut en déduire que la jurisprudence antérieure reste d'actualité (v. ss n° 321.113). C'est dire que les écrits demeurent irrecevables si la partie ne comparaît pas à l'audience pour les soutenir, soit en plaidant, soit en s'y référant à tout le moins, lorsqu'elle ne bénéficie pas d'une dispense de comparution (v. à propos d'une procédure sur opposition à injonction de payer pendante devant une juridiction de proximité où le créancier s'est contenté d'adresser une lettre à la juridiction pour confirmer l'intégralité de sa demande sans comparaître à l'audience[1]; à propos d'une demande de condamnation portée devant une juridiction de proximité où le demandeur n'a pas comparu alors qu'il n'en a pas été dispensé[2]).

En effet, désormais les parties peuvent être autorisées à formuler leurs moyens et prétentions par écrit sans comparaître à l'audience et le jugement rendu dans ces conditions est contradictoire (C. pr. civ., art. 446-1, al. 2). En cas de dispense, les écrits sont donc recevables sans que les parties n'aient à comparaître et le tribunal n'a pas besoin de tenir une audience de plaidoirie, du moins si toutes les parties sont dispensées. Mais elle n'est possible que si une disposition particulière à la juridiction saisie le prévoit. En l'état des textes, il existe deux types de dispenses : des dispenses judiciaires et des dispenses légales.

Les **dispenses judiciaires** sont celles prévues pour les procédures sans représentation obligatoire devant les cours d'appel et devant toutes les juridictions d'exception, sauf devant les conseils de prud'hommes (de même aucune dispense de comparution n'est prévue en matière de référé[3] ou devant le JAF dans les cas où la procédure est orale : v. C. pr. civ., art. 1136-6, al. 2, s'agissant de la procédure aux fins de mesures de protection des victimes de violences - C. pr. civ., art. 1141, s'agissant des procédures hors et après divorce). Toutes ces dispositions particulières visent l'hypothèse du juge qui « *organise les échanges entre les parties comparantes* » (v. C. pr. exéc., art. R. 121-9 pour le JEX - C. pr. civ., art. 847-1, 861-1, 882, et 946, respectivement pour le TI, le tribunal de commerce, le tribunal paritaire des baux ruraux et la cour d'appel concernant les procédures sans représentation obligatoire - CSS, art. R. 140-20-2, pour le tribunal des affaires de sécurité sociale). Il s'ensuit que la dispense judiciaire de comparution est réservée aux seuls cas où il est recouru à la **mise en état écrite** (sur ce point, v. ss n° 321.123). Lorsque la dispense est accordée par le juge, la communication entre les parties se fait par lettre recommandée avec demande d'avis de réception ou par notification entre avocats et il en est justifié auprès du juge dans les délais qu'il impartit.

Les **dispenses légales** sont celles qui jouent de plein droit dans les cas et conditions prévus par la loi. Parfois, elles résultent de la seule présentation des moyens, en cours de procédure, par un écrit adressé au juge et communiqué à la partie adverse par une lettre recommandée avec demande d'avis de réception. Cette dispense légale joue pour toutes les procédures engagées devant le juge de l'exécution et le tribunal des affaires de sécurité sociale (C. pr. exéc., art. R. 121-10; CSS, art. R. 142-20-2), ainsi que pour les procédures introduites devant le JAF par les établissements de santé au titre de frais d'hospitalisation impayés et par l'État ou un conseil général en matière d'aide sociale (C. pr. civ., art. 1141, qui renvoie à CSP, art. L. 6145-11, et CASF, art. L. 132-7). Parfois, elle est limitée à une demande en particulier. Ainsi, devant les tribunaux d'instance et de commerce, le défendeur peut présenter une demande incidente de délais de paiement par une lettre remise ou adressée au greffe accompagnée des pièces justificatives, qui est communiquée au parties adverses par le juge ou le greffe. Cette demande saisit le tribunal sans que le défendeur n'ait à comparaître à l'audience pour la soutenir (C. pr. civ., art. 847-2 et 861-2).

Néanmoins le juge a toujours la faculté d'ordonner que les parties se présentent devant lui (C. pr. civ., art. 446-1, al. 2 *in fine*). Mais la portée d'une telle décision est encore incertaine. S'agit-il d'une simple mesure de comparution personnelle qui ne remet pas en cause la dispense de comparution ou, au contraire, celle-ci doit-elle être considérée comme révoquée ? Dans ce dernier cas, les parties perdraient le bénéfice de la dispense et devraient comparaître

1. Civ. 2e, 27 sept. 2012, n° 11-18.322, *Bull. civ.* II, n° 155; *D.* 2013. 606, obs. Leroy-Gissinger et Renault-Malignac.
2. Civ. 2e, 17 oct. 2013, n° 12-26.046, *Bull. civ.* II, [à paraître]; *D.* 2013. 2472; *Gaz. Pal.* 8-10 déc. 2013, p. 26, obs. Bléry.
3. Soc. 25 sept. 2013, n° 12-17.968, NP; *Gaz. Pal.* 8-10 déc. 2013, p 26, obs. Bléry.

pour soutenir leurs écrits. À défaut, ceux-ci seraient irrecevables conformément aux règles traditionnelles de la procédure orale, qui doivent s'appliquer en l'absence de dispense de comparution.

Inversement, qu'en est-il des parties ? Peuvent-elles aussi changer d'avis et décider de se présenter devant le juge nonobstant la dispense qui leur a été accordée pour présenter leurs moyens et prétentions oralement ? Si la **dispense** est **légale**, rien ne saurait interdire à la partie bénéficiaire de préférer se présenter devant le juge pour soutenir ses moyens et prétentions conformément aux règles de la procédure orale. Mais la question est plus délicate pour la **dispense judiciaire**, car elle repose sur une demande de la partie dispensée. Si cette demande était interprétée comme une renonciation définitive, la réponse devrait être négative. Mais une telle solution serait sans doute excessive car des circonstances postérieures à la demande, et tout particulièrement les écritures et pièces échangées, pourraient légitimement justifier qu'une partie souhaite se présenter néanmoins devant le juge. Il serait donc plus conforme à l'oralité de la procédure, qui doit demeurer le principe, et plus généralement aux droits de la défense, de laisser les parties libres de se présenter devant le juge et donc de renoncer à la dispense qu'elles ont obtenue.

321.123 2°) Mise en état écrite. Il est exceptionnel qu'une affaire soit plaidée dès la première audience. Dans l'immense majorité des cas, elle fait l'objet de **renvois successifs** pour permettre aux parties d'échanger leurs conclusions et pièces au rythme fixé par le juge qui, en pratique, n'hésite plus à décerner des « injonctions » de conclure dans les procédures orales. Cependant lorsque les débats sont renvoyés à une audience ultérieure, il est désormais possible pour le juge d'organiser une véritable **mise en état écrite**, en-dehors de toute nouvelle audience. Mais encore faut-il que les parties aient comparu à la première audience et qu'elles soient d'accord. À ces conditions, le juge peut organiser les échanges entre les parties en fixant les délais et les conditions de communication de leurs prétentions, moyens et pièces (C. pr. civ., art. 446-2, al. 1er – rappelons qu'en cas de dispense judiciaire de comparution, les modalités de communication entre parties sont imposées par la loi; v. ss n° 321.122). Le juge peut aussi, avec l'accord des parties, prévoir qu'elles seront réputées avoir abandonné les prétentions et moyens non repris dans leurs dernières écritures communiquées, c'est-à-dire instituer les **conclusions récapitulatives** comme devant le tribunal de grande instance (C. pr. civ., art. 446-2, al. 2). La mise en état écrite permet ainsi d'éviter au tribunal de tenir des audiences pour assurer l'instruction de l'affaire. C'est la raison pour laquelle les parties sont alors avisées des demandes faites par le juge au titre de ses pouvoirs d'instruction (v. ss n° 321.114), « *par tout moyen* » (C. pr. civ., art. 446-3, al. 2). Il pourra s'agir d'avis du greffe expédiés par lettre simple aux parties ou à leur mandataire *ad litem*.

Le calendrier ainsi fixé serait sans grande portée si le juge ne disposait pas d'un **pouvoir de sanction**. C'est la raison pour laquelle il peut, à défaut pour les parties de respecter les modalités de communication arrêtées, rappeler l'affaire à l'audience en vue de la juger ou de la radier (C. pr. civ., art. 446-2, al. 3). Dans le premier cas, il sanctionnera le défendeur et dans le second cas, le demandeur. Mais comme la procédure est orale, rien ne peut empêcher une partie de communiquer des prétentions, moyens ou pièces après la date fixée par le juge et jusqu'à l'audience. Aussi le juge est-il aussi autorisé à écarter ces éléments des débats, sauf motif légitime et si la tardiveté porte atteinte aux droits de la défense (C. pr. civ., art. 446-2, al. 4; mais en l'absence de mise en état écrite, il faut sans doute s'en tenir à la jurisprudence antérieure qui interdit au juge d'écarter des débats des conclusions tardives, il ne peut alors que renvoyer l'affaire à une audience ultérieure pour garantir le respect du principe du contradictoire [v. ss n° 321.113]).

321.124 3°) Date d'effets des écrits. Selon l'article 446-4 C. pr. civ., « *la date des prétentions et des moyens d'une partie régulièrement présentés par écrit est celle de leur communication entre parties* ». La date d'effet des écrits des parties est ainsi fixée à la **date de leur communication entre les parties** et non à celle de leur dépôt au greffe. Tout dépend donc du mode de communication fixé par le juge ou imposé par les dispositions propres à la juridiction saisie. Mais que faut-il entendre par « *régulièrement présentés* » ? Il s'agit sans doute d'écrits répondant aux modalités applicables, car à défaut, ils pourront être écartés des débats s'ils sont tardifs ou privés de tout effet s'ils n'ont pas été régulièrement communiqués. Mais il faut aussi se souvenir que le principe de l'oralité demeure et qu'en conséquence, les écrits des parties ne sont recevables que si elles comparaissent à l'audience pour les soutenir (v. ss nos 321.113 et 321.122). La régularité de la présentation des écrits devrait donc aussi dépendre de la question de la comparution.

En cas de dispense de comparution, les écrits sont recevables sans que les parties dispensées n'aient à comparaître devant le tribunal pour les soutenir, dans la limite de la dispense accordée. Ainsi, dans le cas général de la mise en état écrite assortie d'une dispense de comparution où tous les écrits sont concernés, cela signifie concrètement que le juge doit statuer sur toutes les conclusions écrites déposées au greffe, sous les réserves suivantes : il faut qu'elles aient été régulièrement communiquées; elles ne doivent pas être tardives au regard du calendrier fixé car dans ce cas le juge peut les écarter si elles portent atteinte aux droits de la défense et sauf motif légitime (v. ss n° 321.123); il doit tenir compte de leur date d'effet qui est fixée, sous toutes ces réserves, au jour de leur communication entre parties (C pr. civ., art. 446-4). Des difficultés pourraient néanmoins se présenter dans les deux hypothèses suivantes, qui restent à trancher (v. s[s] n° 321.122). D'une part, si le juge ordonne que les parties se présentent devant lui nonobstant la dispense de comparution, faut-il considérer qu'elles en perdent le bénéfice ? D'autre part, une partie dispensée de comparaître peut-elle néanmoins décider de se présenter devant le juge et renoncer ainsi à la dispense de comparution avec toutes les conséquences qui s'y attachent ? Autrement dit, dans ces cas, la question se pose de savoir s'il faut finalement raisonner comme en l'absence de dispense.

En l'absence de dispense, la comparution à l'audience demeure obligatoire et, à défaut, les écrits ne sont pas recevables et ne devraient donc pas produire le moindre effet (v. s[s] n° 321.122). Mais si les parties comparaissent, il faut envisager deux hypothèses quant à leurs écrits.

La **première hypothèse** est celle de la **mise en état écrite sans dispense de comparution**, où les écritures des parties qui comparaissent sont recevables et devraient produire effet dès leur communication entre parties. Cependant, comme les conclusions écrites doivent toujours être soutenues à l'audience, rien ne devrait empêcher une partie comparante de les modifier à cette occasion. Mais pourra-t-elle encore soulever une exception de procédure si elle avait communiqué antérieurement des conclusions au fond ? Si la lettre des textes pourrait autoriser les deux interprétations, leur esprit devrait militer en faveur d'une réponse négative car le législateur a voulu sécuriser l'écrit.

La **seconde hypothèse** est celle où il n'y a **ni mise en état écrite, ni dispense de comparution**. Tout dépend alors de la portée de l'article 446-4 C. pr. civ. : ou bien, on considère qu'il s'applique dans toute procédure orale, même sans mise en état écrite, et dans ce cas la solution précédente s'applique avec l'incertitude qui reste à lever; ou bien, on considère que ce texte est réservé à la mise en état écrite (ce que peut laisser supposer la notion même de communication entre parties) et alors on se retrouve dans la situation antérieure à la réforme où les écrits prennent date au jour où ils sont soutenus à l'audience, sous réserve des assouplissements admis par la jurisprudence, qui devraient conserver leur actualité (v. s[s] n° 321.113).

SECTION 2
CARENCE DES PARTIES

321.130 **Plan.** La procédure contentieuse porte, par hypothèse, sur un litige opposant au moins deux parties qui doivent pouvoir s'expliquer contradictoirement devant le juge saisi. À ce titre, il leur incombe d'accomplir des actes de procédure dans les délais fixés par le juge selon les règles particulières applicables devant la juridiction saisie. De même, il leur appartient de comparaître à l'audience, soit personnellement, soit par mandataire, selon les règles particulières en vigueur devant la juridiction saisie. Ce n'est que si toutes les parties comparaissent ainsi que le jugement rendu sera **contradictoire** (C. pr. civ., art. 467).

Au contraire, si l'une des parties s'abstient de comparaître ou d'accomplir les actes de procédure qui lui incombent, la procédure, et éventuellement la décision à rendre, en seront nécessairement affectées. Mais il est aisé de comprendre que ces carences ne produiront pas les mêmes conséquences selon qu'elles sont le fait du demandeur (§ 1) ou, hypothèse plus fréquente en pratique, du défendeur (§ 2).

§ 1
Carence du demandeur

A.
Défaut de comparution

321.131 **Généralités.** Dans les procédures avec représentation obligatoire, c'est-à-dire en première instance devant le tribunal de grande instance sauf exception (ces règles s'appliquent aussi en appel lorsque la représentation y est obligatoire), les parties comparaissent par le mandataire qu'elles sont tenues de constituer, et ce dès l'introduction de l'instance pour le demandeur. Le défaut de comparution du demandeur se conçoit donc difficilement dans ces procédures. En revanche, elle peut parfaitement se produire, même si elle y reste exceptionnelle en fait, dans les procédures sans représentation obligatoire, et donc tout particulièrement devant les juridictions d'exception. Le demandeur peut d'abord être empêché de comparaître à l'audience; mais il peut aussi se désintéresser de la procédure car il ne l'a engagée, par exemple, que pour valoir mise en demeure ou faire pression sur le défendeur.

L'hypothèse est régie par l'article 468 C. pr. civ. qui autorise le juge à tirer des conséquences de la carence du demandeur si celui-ci s'abstient de comparaître sans **motif légitime**. Le juge n'ayant pas à rechercher d'office s'il existe un motif de non-comparution[1], il appartient au demandeur de l'informer, avant l'audience, des raisons de son absence. Il incombe alors au juge d'apprécier, sous le contrôle de la cour d'appel[2], le caractère légitime du motif invo-

1. Soc. 22 juin 1978, n° 78-60.037, *Bull. civ.* V, n° 506 – Soc. 8 oct. 1981, n° 79-40.975, *Bull. civ.* V, n° 773 – Civ. 2e, 16 juin 1993, n° 91-21.692, *Bull. civ.* II, n° 209.
2. P. Bertin, « Encore du nouveau pour le Nouveau Code de procédure civile », *Gaz. Pal.* 1986. Doctr. 258.

qué. Le demandeur ne pourra évidemment pas se contenter d'invoquer des motifs de convenance personnelle, mais devra justifier de raisons sérieuses empêchant sa présence à l'audience, telles que des difficultés de santé, de transport, d'ordre professionnel ou familial (ainsi, ne constitue pas un motif légitime, le défaut de réception des écritures et pièces adverses transmises au tribunal[1]).

À défaut de motif légitime (ce qui est nécessairement le cas en l'absence de toute justification de l'absence avant l'audience), le juge peut, dans les cas et conditions prévus à l'article 468 C. pr. civ., soit rendre un jugement qui sera dit contradictoire (v. s[s] n° 321.132), soit déclarer la citation caduque (v. s[s] n° 321.133). Mais il peut aussi renvoyer l'affaire à une audience ultérieure, solution qui s'impose nécessairement en cas de motif légitime (v. s[s] n° 321.134).

Ces dispositions sont évidemment communes à toutes les juridictions et s'appliquent donc faute de dispositions particulières (v. par ex. les dispositions particulières applicables devant le bureau de conciliation du conseil de prud'hommes). Elles valent, en particulier, pour la procédure d'injonction de payer en cas d'opposition du débiteur. Mais la question s'est posée, dans ce cas, de savoir laquelle des parties avait la qualité de demandeur. La jurisprudence s'est finalement prononcée en faveur du créancier, auquel s'applique donc l'article 468 C. pr. civ. s'il ne comparaît pas à l'audience fixée sur opposition du débiteur à l'ordonnance d'injonction de payer[2].

321.132 Jugement dit contradictoire. Si le demandeur ne comparaît pas sans motif légitime, le juge peut, à la demande du défendeur, rendre un jugement sur le fond qui, selon l'article 468 C. pr. civ., sera contradictoire. Mais pour le distinguer de celui rendu lorsque le demandeur comparaît, la doctrine le qualifie habituellement de jugement dit contradictoire. Le jugement ainsi rendu doit obligatoirement être motivé, le juge ne pouvant se contenter de tirer implicitement de l'absence de comparution du demandeur, l'aveu du mal fondé de sa demande et l'en débouter sans motifs[3]. Inversement s'il entend condamner le défendeur sur la base des pièces éventuellement à son dossier, il doit s'assurer de leur communication préalable au défendeur[4].

Mais, dans tous les cas, un jugement dit contradictoire ne peut être rendu qu'à la demande du défendeur, en aucun cas le juge ne dispose, à ce titre, d'un pouvoir d'office[5]. À défaut, il devra prononcer la caducité ou ordonner le renvoi à une audience ultérieure. Mais si la demande du défendeur est nécessaire, elle n'est pas suffisante, car le juge peut toujours préférer ordonner le renvoi de l'affaire à une audience ultérieure (C. pr. civ., art. 468, al. 1er). En revanche, il ne devrait pas pouvoir prononcer la caducité de la citation si le défendeur requiert un jugement sur le fond.

321.133 Caducité de la citation. Si le demandeur ne comparaît pas sans motif légitime, le juge peut aussi, même d'office, déclarer la citation caduque. C'est dire que la caducité peut être prononcée sans être requise par le défendeur, et notamment lorsque lui-même ne comparaît pas. Mais elle ne devrait pas pouvoir être prononcée contre sa volonté car il peut préférer qu'un jugement sur le fond soit rendu (v. s[s] n° 321.132). La caducité emporte anéantissement de la citation, c'est-à-dire de l'acte introductif d'instance qui correspond, dans le cas particulier de la procédure d'injonction de payer, à la requête du créancier[6]. Tout se passe comme si la citation n'avait jamais existé, c'est dire que non seulement le demandeur devra, le cas échéant, la renouveler, mais aussi qu'il perd tous les effets qui étaient attachés à la demande, et notamment le bénéfice de l'interruption de la prescription (ex. de la caducité de la citation devant le conseil de prud'hommes[7]– V. aussi les effets de la caducité de l'assignation non enrôlée dans les quatre mois devant le TGI).

Mais, aux termes de l'article 468 alinéa 2 C. pr. civ., « *la déclaration de caducité peut être* ***rapportée*** *si le demandeur fait connaître au greffe dans un délai de quinze jours le motif légitime qu'il n'aurait pas été en mesure d'invoquer en temps utile* ». Pour échapper aux conséquences de la caducité qui peuvent s'avérer dramatiques, voire irréparables, le demandeur doit donc remplir les conditions de fond et de formes suivantes :

– il doit adresser une **demande** au greffe de la juridiction saisie dans un délai de quinze jours qui, dans le silence du texte, court à compter de la date de l'audience à laquelle il n'a pas comparu;

– il doit invoquer un **motif légitime** de non-comparution (v. s[s] n° 321.131) que par hypothèse il n'avait pas fait connaître en temps utile, c'est-à-dire

1. Civ. 2e, 28 juin 2012, n° 11-21.051, *Bull. civ.* II, n° 125; *Gaz. Pal.* 7-8 déc. 2012, p. 39, note Bléry.
2. Civ. 2e, 10 mars 1988, n° 86-17.968, *Bull. civ.* II, n° 62; *Gaz. Pal.* 1988. Somm. 495, obs. Guinchard et Moussa – TI Guingamp, 15 déc. 1983, *JCP* 1986. II. 20538, note Blaisse; *RTD civ.* 1984. 572, obs. Perrot – *CONTRA* : Versailles, 3 déc. 1993, RG n° 8172/92, *RTD civ.* 1994. 168, obs. crit. Perrot.
3. Civ. 2e, 24 mai 1982, n° 81-13.898, *Bull. civ.* II, n° 80.
4. Soc. 20 oct. 1988, n° 86-40.245, *Bull. civ.* V, n° 547; *D.* 1989. Somm. 180, obs. Julien.
5. Civ. 2e, 10 mars 1988, n° 86-17.968, *Bull. civ.* II, n° 62; *Gaz. Pal.* 1988. Somm. 495, obs. Guinchard et Moussa – Soc. 20 oct. 1988, n° 86-40.245, préc. s[s] prés[t] n° – Civ. 2e, 17 oct. 2002, n° 01-04.051, *Bull. civ.* II, n° 228; *Procédures* 2003. Comm. 36, obs. Perrot – Civ. 2e, 4 juill. 2007, n° 06-15.933, NP; *Procédures* 2007. Comm. 237, obs. Perrot.
6. TI Guingamp, 15 déc. 1983, préc. s[s] n° 321.131.
7. Soc. 21 mai 1996, n° 92-44.347, *Bull. civ.* V, n° 193; *D.* 1996. IR 154.

avant l'audience, étant rappelé que le juge n'a pas à rechercher d'office les raisons de sa non-comparution; dans le cas contraire, la déclaration de caducité impliquerait nécessairement que le juge a rejeté le caractère légitime du motif invoqué, si bien que le demandeur ne saurait remettre en cause cette décision devant le juge qui l'a rendue, mais devrait exercer la voie de recours ouverte pour la contester;

- enfin et surtout, il doit justifier des **circonstances** qui l'ont précisément empêché d'invoquer ce motif en temps utile; ces circonstances devront être tout aussi sérieuses que le motif lui-même (mais il a été jugé que le décès d'une personne proche de l'avocat constitue un motif légitime de non-comparution sans qu'il soit nécessaire de prévenir à l'avance le magistrat en charge du dossier) [1].

Si, au vu de ces explications, le juge décide de rapporter la déclaration de caducité, la procédure reprend sur la base de la citation initiale qui retrouve donc tous ses effets, et le tribunal fixe la date d'une nouvelle audience à laquelle les parties seront convoquées (C. pr. civ., art. 468, al. 2 *in fine*).

321.134 Renvoi. Le renvoi s'impose au juge à chaque fois que le motif de non-comparution invoqué par le demandeur est légitime. Dans ce cas, en effet, il ne peut ni rendre un jugement dit contradictoire, ni déclarer la citation caduque sous peine de voir sa décision censurée par la juridiction supérieure (tel le cas d'un jugement qui est annulé sur le fondement de l'article 6 § 1 de la Convention européenne des droits de l'homme car il a été rendu malgré une demande de renvoi formée par l'avocat du demandeur en raison de la grève du barreau prévue le jour de l'audience [2]). Mais inversement, lorsqu'il juge le motif invoqué illégitime, il conserve un pouvoir discrétionnaire pour refuser [3] ou accorder le renvoi, que le défendeur ait ou non requis un jugement sur le fond [4] ou la caducité de la citation.

B. Défaut d'accomplissement d'actes de procédure

321.141 Actes de procédure. Il appartient aux parties non seulement de comparaître, mais aussi d'accomplir les actes de procédure qui leur incombent dans les délais requis (C. pr. civ., art. 2). Il s'agit de tout acte de procédure nécessaire à l'instruction de l'affaire : conclusions, mémoire en réplique, production et communication de pièces...

1. Paris, 29 janv. 2004, *Gaz. Pal.* 2004. Somm. 2715, obs. du Rusquec.
2. Civ. 2e, 2 mars 2004, n° 02-30.755, *Bull. civ.* II, n° 76; *D.* 2004. 2617, obs. Prétot; *Dr. et proc.* 2004. 215, obs. Fricero.
3. Soc. 23 mars 1983, n° 81-40.148, *Bull. civ.* V, n° 190.
4. Civ. 3e, 19 oct. 1976, n° 75-11.988, *Bull. civ.* III, n° 358.

En principe, le demandeur prend un soin particulier à l'accomplissement des actes à sa charge pour aboutir dans les meilleurs délais à la condamnation sollicitée. Mais il peut arriver qu'après avoir engagé l'instance et comparu, il s'en désintéresse. C'est alors l'attitude du défendeur qui va conditionner les conséquences à tirer par le juge de cette carence qui ne saurait évidemment, à elle seule, paralyser l'instance, même si elle est le fait de celui qui l'a initiée. D'où les trois solutions suivantes envisagées par les textes.

321.142 Jugement contradictoire. Aux termes de l'article 469 alinéa 1er C. pr. civ., lorsqu'une partie, et donc en particulier le demandeur, après avoir comparu, s'abstient d'accomplir les actes de procédure dans les délais requis, le juge statue par jugement contradictoire au vu des éléments dont il dispose (ce texte s'applique également aux appelants [5]). Le défendeur peut évidemment avoir intérêt au prononcé d'un jugement dans ces conditions, soit qu'il croit et tient absolument au débouté du demandeur, soit même qu'il veut aboutir dans la demande reconventionnelle qu'il a pu former. Mais dans le cas contraire, il ne serait pas acceptable qu'il puisse se voir jugé contre son gré alors que le demandeur se désintéresse de l'instance qu'il a introduite. Aussi peut-il s'opposer, explicitement ou implicitement, à ce qu'un jugement soit rendu en cas de carence du demandeur au sens de l'article 469 C. pr. civ.

321.143 Caducité de la citation. Le défendeur peut s'opposer explicitement au prononcé d'un jugement en demandant au juge de déclarer la citation caduque (C. pr. civ., art. 469, al. 2). La caducité est sans doute la sanction la plus grave pour le demandeur puisqu'elle anéantit la demande initiale en faisant disparaître tous les effets qui y étaient attachés, et en particulier, l'interruption de la prescription (v. ss n° 321.133), l'obligeant, le cas échéant, à recommencer la procédure *ab initio*.

En raison de la gravité de cette sanction, le juge pourrait hésiter à la prononcer lorsqu'il y est requis par le défendeur. Mais en aucun cas, il ne pourrait alors rendre un jugement sur le fond, nonobstant la demande du défendeur. Il n'aurait d'autre solution que d'accorder d'office au demandeur une prorogation du délai d'accomplissement des actes de procédure lui incombant, pour lui laisser une dernière chance. Inversement, le juge ne saurait prononcer la caducité si elle n'est pas sollicitée par le défendeur, car, contrairement à l'hypothèse du défaut de comparution du demandeur (v. ss n° 321.133), il ne dispose pas ici d'un pouvoir d'office [6]. Aussi lorsque le défendeur s'abstient de toute demande en ce sens, le juge doit-il obligatoirement rendre un jugement au vu des éléments dont il dispose (v. ss n° 321.142), à

5. Paris, 7 nov. 1980, *D.* 1981. IR 374, obs. Julien.
6. Paris, 13 nov. 1985, *D.* 1986. IR 222, obs. Julien.

condition cependant que le défendeur ait lui-même accompli les actes de procédure lui incombant (v. s[s] n° 321.151).

321.144 Radiation. Le défendeur peut aussi s'opposer implicitement au prononcé d'un jugement sur le fond, en s'abstenant lui-même d'accomplir, dans les délais fixés, les actes de procédure qui lui incombent. Dans ce cas, en effet, le juge peut d'office radier l'affaire (C. pr. civ., art. 470). La radiation est une sanction moins grave que la caducité car il s'agit d'un simple retrait de l'affaire du rôle du tribunal. Elle ne sera donc plus appelée à une audience du tribunal, mais chacune des parties pourra en demander le rétablissement à tout moment, à condition de justifier de l'accomplissement des diligences dont le défaut avait entraîné la radiation (C. pr. civ., art. 383, al. 2, issu de Décr. n° 98-1231, 28 déc. 1998, art. 10 - applicable depuis le 1er mars 1999), le seul risque encouru étant celui de la péremption.

Le juge peut prononcer cette sanction même d'office, mais il devra toujours la faire précéder d'un dernier avis adressé aux parties ou à leur mandataire si elles en ont un, pour leur donner une dernière chance d'accomplir les actes qui leur incombent et ainsi éviter la radiation (C. pr. civ., art. 470). En principe, il s'agit d'une simple faculté pour le juge relevant de son pouvoir discrétionnaire d'organisation de l'instance, si bien d'ailleurs que la décision de radiation n'est pas susceptible de recours (C. pr. civ., art. 470; ainsi, à défaut de réitération de la citation du défendeur par voie d'huissier de justice ordonnée sur le fondement de l'article 471 C. pr. civ., le juge peut radier l'affaire pour sanctionner le défaut de diligence du demandeur ou juger l'affaire au fond par défaut; en revanche, il ne saurait déclarer la demande irrecevable de ce chef[1]). Mais dans certaines circonstances, elle s'imposera à lui. Un juge ne pouvant mettre une affaire en délibéré et rendre un jugement contre l'avis unanime des parties (v. s[s] n° 321.62), il n'aura d'autre solution, devant la carence persistante de toutes les parties, que de radier l'affaire, sauf à proroger sans cesse les délais. De plus, les parties peuvent elles-mêmes demander conjointement la radiation, auquel cas la jurisprudence décide qu'elle s'impose au juge[2]. Cette jurisprudence a été consacrée par l'article 10 du décret n° 98-1231 du 28 décembre 1998, qui a conféré à l'article 382 C. pr. civ. la rédaction suivante : « *Le retrait du rôle est ordonné lorsque toutes les parties en font la demande écrite et motivée* ». Il suffit que la motivation existe, le juge n'ayant aucun pouvoir pour en apprécier la pertinence (v. à propos d'un mouvement de grève invoqué par les parties où le juge, qui avait refusé le retrait au motif que cette motivation serait totalement étrangère à l'affaire, est censuré car la demande de retrait du rôle était bien motivée[3]). Dans ce cas, le rétablissement de l'affaire s'opère à la seule demande de l'une des parties (C. pr. civ., art. 383, al. 2).

§ 2 Carence du défendeur

321.151 Défaut d'accomplissement d'actes de procédure. L'article 469 alinéa 1er C. pr. civ. s'applique quelle que soit la partie dont la carence est en cause. Aussi lorsque c'est le défendeur qui s'abstient d'accomplir, dans les délais requis, les actes de procédure qui lui incombent, le juge statue-t-il aussi par jugement contradictoire au vu des éléments dont il dispose. Mais l'hypothèse est sans doute plus fréquente en fait, car le défendeur est rarement pressé de voir aboutir la procédure engagée à son encontre et il serait d'autant plus inacceptable qu'il puisse la paralyser par sa seule carence. Ceci étant, l'intervention d'un jugement sur le fond suppose également que le demandeur ne s'y oppose pas. Certes il ne peut demander, en cas de carence du défendeur, la caducité de sa propre citation, mais il peut provoquer la radiation, soit en s'abstenant lui-même d'accomplir les actes de procédure qui lui incombent, soit en formant une demande conjointe en ce sens avec le défendeur (v. s[s] n° 321.144).

321.152 Défaut de comparution. Le défendeur, comme le demandeur, comparaît personnellement ou par mandataire, selon les modalités propres à la juridiction saisie (C. pr. civ., art. 467). Lorsque la représentation est obligatoire, la comparution du défendeur se fait par la constitution d'un avocat en première instance et d'un avoué en appel. C'est donc lorsque le défendeur ne charge pas un tel mandataire de la défense de ses intérêts, dans la procédure considérée, qu'il sera considéré comme défaillant. Dans les autres cas, le défendeur comparaît en se présentant à l'audience, soit personnellement, soit par son mandataire. En aucun cas, le dépôt de conclusions écrites adressées au tribunal ne saurait suppléer l'absence du défendeur à l'audience, si bien qu'il sera néanmoins considéré comme non-comparant[4].

1. Civ. 2e, 18 déc. 2008, n° 07-20.889, *Bull. civ.* II, n° 274; *D.* 2009. 759, obs. Sommer.
2. Cass., ass. plén., 24 nov. 1989, n° 88-18.188, *Bull. ass. plén.*, n° 3; *D.* 1990. 25, concl. av. gén. Cabannes; *D.* 1990. 429, note Julien; *RTD civ.* 1990. 145, obs. Perrot; *Gaz. Pal.* 1990. Somm. 358, obs. Guinchard et Moussa; *JCP* 1990. II. 21407, note Cadiet.
3. Civ. 2e, 17 févr. 2011, n° 10-14.863, *Bull. civ.* II, n° 46; *Procédures* 2011. Comm. 165, obs. Perrot.
4. Soc. 24 avr. 1986, n° 84-43.140, *Bull. civ.* V, n° 176 – Soc. 20 juin 1990, n° 89-42.538, *Bull. civ.* V, n° 310; *Gaz. Pal.* 1991. Pan. 29 – Soc. 12 déc. 1991, n° 89-16.930, NP; *D.* 1992. IR 47 – Soc. 16 janv. 1992, n° 89-21.716, *Bull. civ.* V, n° 11 – Civ. 2e, 26 oct. 1994, n° 92-14.815, *Bull. civ.* II, n° 205.

De même que le défendeur ne saurait paralyser l'instance par sa carence en cours d'instance, il ne saurait empêcher le prononcé d'un jugement en s'abstenant de comparaître. Seul le demandeur lui-même pourrait s'y opposer. Certes il ne saurait requérir la caducité de la citation réservée au défendeur en cas de carence du demandeur (C. pr. civ., art. 469, al. 2 – V. s^s^ n° 321.133), mais il peut provoquer la radiation de l'affaire (v. s^s^ n° 321.144) ou se désister de l'instance introduite. Sous ces réserves, s'applique pleinement l'article 472 alinéa 1er C. pr. civ. qui prévoit que « *si le défenseur ne comparaît pas, il est néanmoins statué sur le fond* ». En conséquence, le défendeur défaillant ne saurait reprocher aux premiers juges d'avoir statué en son absence sur le fondement des éléments fournis par son adversaire [1]. Mais un minimum de précautions s'impose car le risque existe que le défendeur soit jugé sans qu'il ait eu connaissance de la demande formée à son encontre. C'est la raison pour laquelle lorsqu'un jugement doit être rendu en l'absence du défendeur, deux séries de règles s'appliquent, justifiées par la volonté de protéger le défendeur sans favoriser les manœuvres dilatoires : d'une part, quant au juge qui doit toujours vérifier d'office la demande dont il est saisi avant de statuer de fond, et d'autre part, quant à la qualification du jugement qui détermine la voie de recours ouverte au défendeur.

321.153 **Vérifications d'office.** Un juge doit toujours, avant de statuer, vérifier l'expiration du délai de comparution qui seul lui permettra, le cas échéant, de constater la carence du défendeur et d'en tirer les conséquences qui s'imposent [2].

À ce titre, en l'absence du défendeur, il ne peut faire droit à la demande que dans la mesure où il l'estime régulière, recevable et bien fondée (C. pr. civ., art. 472, al. 2). Cette règle générale s'applique devant toutes les juridictions de l'ordre judiciaire statuant en matière civile, commerciale, sociale, rurale ou prud'homale (C. pr. civ., art. 749), et en particulier devant les cours d'appel [3] ou leur premier président [4]. Elle implique que le juge ne peut se contenter de faire droit à la demande en se fondant sur la défaillance du défendeur pour en déduire l'absence de tous moyens sérieux à opposer au demandeur [5]. Il ne saurait davantage se contenter d'affirmer dans sa décision que la demande lui paraît régulière, recevable et bien fondée [6]. Il doit effectivement procéder aux vérifications imposées par l'article 472 alinéa 2 C. pr. civ. [7] et s'en expliquer dans les motifs pour permettre à la juridiction supérieure d'exercer son contrôle [8]. Il doit ainsi rechercher si la demande est régulière et recevable (par ex., à propos d'un problème d'homonymie [9], ou à propos d'une demande en appel non formée par voie d'assignation [10]), ainsi que bien fondée. Sur ce dernier point, il lui appartient d'analyser dans sa décision les moyens invoqués par le demandeur [11], de même que les pièces qu'il a produites à l'appui de sa demande que le juge ne peut se contenter de viser sans explications au moins sommaires [12].

De plus, en cas de défaillance du défendeur, le juge peut toujours soulever d'office son incompétence d'attribution ou territoriale (C. pr. civ., art. 92 et 93). Enfin, et en tout état de cause, le juge ne peut statuer que dans la seule limite des prétentions contenues dans l'acte introductif dont il est saisi, le demandeur ne pouvant jamais augmenter ses conclusions en l'absence du défendeur [13] (v. s^s^ n° 311.42). En revanche, il est généralement admis qu'il puisse les réduire car dans ce cas la situation du défendeur n'est pas aggravée [14].

321.154 **Qualification du jugement.** Le jugement ainsi rendu en cas de non-comparution du défendeur, n'est jamais contradictoire, il est soit **réputé contradictoire**, soit **par défaut**. L'opposition n'est ouverte que contre les jugements rendus par défaut (C. pr. civ., art. 476), les autres étant susceptibles des mêmes voies de recours que les jugements contradictoires (C. pr. civ., art. 477). Mais le jugement par défaut comme les jugements réputés contradictoires au seul motif qu'ils sont appelables (sur cette notion, v. s^s^ n° 321.162) doivent être notifiés dans les six mois de leur date, sinon ils sont non avenus (C. pr. civ., art. 478).

Comme le Nouveau Code de procédure civile avait entendu lutter contre toutes les manœuvres dilatoires, le domaine des jugements par défaut avait été considérablement réduit au profit des jugements réputés contradictoires, à tel point que l'opposition, voie de recours ordinaire, a été réduite, en fait, au rang d'une véritable voie de recours extraordinaire. Mais le décret n° 2005-1678 du 28 décembre 2005, entrée en vigueur le 1er mars 2006, a élargi sensible-

1. Soc. 19 juin 1986, n° 83-41.455, *Bull. civ.* V, n° 325.
2. Civ. 2e, 30 juin 1977, n° 75-15.482, *Bull. civ.* II, n° 174.
3. Civ. 2e, 21 oct. 1982, n° 81-14.158, *Bull. civ.* II, n° 131 ; *Gaz. Pal.* 1983. Pan. 103, obs. Guinchard et Moussa.
4. Civ. 2e, 16 oct. 2003, n° 02-17.049, *Bull. civ.* II, n° 309 ; *Dr. et proc.* 2004. 90, obs. Bourdillat.
5. Civ. 2e, 6 févr. 1980, n° 78-13.419, *Bull. civ.* II, n° 28 ; *JCP* 1980. IV. 156 – Com. 12 févr. 1985, n° 83-14.272, *Bull. civ.* IV, n° 57 ; *Gaz. Pal.* 1985. Pan. 188, obs. Guinchard et Moussa – Soc. 4 juill. 1990, n° 87-41.192, *Bull. civ.* V, n° 352 – Soc. 19 juin 1991, n° 87-43.056, *Bull. civ.* V, n° 314 – Soc. 9 déc. 1993, n° 91-11.402, *Bull. civ.* V, n° 310 ; *JCP* 1994. IV. 432 – Civ. 2e, 16 oct. 2003, n° 02-17.049, préc. s^s^ prés^t^ n°.
6. Com. 17 juin 1986, n° 84-16.887, *Bull. civ.* IV, n° 124.
7. Civ. 2e, 17 déc. 1979, n° 78-13.925, *Bull. civ.* II, n° 295.
8. Com. 17 juin 1986, n° 84-16.887, préc. s^s^ prés^t^ n°.
9. Com. 12 févr. 1985, n° 83-14.272, préc. s^s^ prés^t^ n°.
10. Civ. 3e, 10 mai 1989, n° 87-16.761, *Bull. civ.* III, n° 107 ; *RTD civ.* 1991. 350, obs. Jourdain.
11. Soc. 19 juin 1991, n° 87-43.056, préc. s^s^ prés^t^ n° – Soc. 9 déc. 1993, n° 91-11.402, préc. s^s^ prés^t^ n°.
12. Civ. 2e, 3 mai 1985, n° 83-17.412, *Bull. civ.* II, n° 91 – Civ. 2e, 10 oct. 1990, n° 89-17.214, *Bull. civ.* II, n° 190.
13. Civ. 12 juin 1950, *D.* 1950. 614 ; *RTD civ.* 1951. 425, obs. Raynaud – Soc. 25 janv. 1989, *JCP* 1989. IV. 113.
14. V. NOT., Rép. pr. civ., v° *Jugement par défaut ou réputé contradictoire*, par M.-E. Boursier, sept. 2005 [màj déc. 2005], n° 60.

ment la définition des jugements par défaut en modifiant les critères de qualification applicables en cas de pluralité de défendeurs (B), les règles restant inchangées en cas de défendeur unique (A). En tout cas, une erreur de qualification contenue dans le jugement rendu reste sans conséquence sur le droit d'exercer le recours effectivement ouvert en vertu de ces critères[1] (C. pr. civ., art. 536 - sur l'ensemble de la question, v. s[s] n° 545.12).

A.
En cas de défendeur unique

321.161 **Jugement par défaut.** En cas de non-comparution du défendeur unique, le jugement n'est rendu par défaut que si les deux conditions prévues à l'article 473 alinéa 1er C. pr. civ. (également applicable en appel comme toutes les dispositions communes[2]) sont remplies cumulativement :

- la décision n'est pas susceptible d'appel;
- le défendeur n'a pas été cité à personne.

Il faut préciser, sur ce dernier point, que l'article 471 C. pr. civ. prévoit la possibilité d'une **réitération** de la citation si celle-ci n'a pu être délivrée à personne, de sorte que, le cas échéant, cette seconde condition ne sera alors remplie que si le défendeur n'a pas non plus pu être cité à personne sur la seconde citation. Dans le cas particulier du conseil de prud'hommes, la première citation à prendre en considération est celle délivrée devant le bureau de jugement, peu importent donc les modalités de la citation devant le bureau de conciliation, le demandeur y eût-il été cité à personne[3]. Quant à la convocation par lettre simple devant le bureau de jugement lorsque le défendeur ne comparaît pas devant le bureau de conciliation, elle ne saurait être assimilée à une citation à personne. Aussi lorsque le défendeur ainsi convoqué, ne se présente pas et que la décision est en dernier ressort, elle sera rendue par défaut[4], sauf si une seconde citation a pu lui être délivrée à personne.

Cette seconde citation est régie par les principes suivants quant à son **initiative** et quant à sa **forme**. Elle peut être décidée par le demandeur lui-même s'il veut éviter le prononcé d'un jugement par défaut qui ouvrirait la voie de l'opposition, ou lui être imposée par le juge qui peut normalement en apprécier librement l'opportunité (C. pr. civ., art. 472, al. 1er). Dans tous les cas, la citation est normalement réitérée selon les formes de la première (C. pr. civ., art. 471, al. 2). Mais ces principes ne sont pas absolus. Ainsi quant à la forme, l'article 471 alinéa 2 réserve expressément les règles particulières à certaines juridictions et prévoit que le juge peut ordonner que la réitération se fasse par acte d'huissier si la première citation a été faite par le secrétaire de la juridiction. Mais du coup cette disposition semble en contradiction avec l'article 670-1 C. pr. civ. qui impose la voie de la signification en cas de retour au secrétariat de la juridiction d'une lettre de notification qui n'a pu être remise à son destinataire. La jurisprudence résout cette difficulté en considérant que la combinaison des articles 471 alinéa 2 et 670-1 C. pr. civ. impose, en pareilles circonstances, de réitérer la citation en procédant par voie de signification[5]. Aussi, lorsque la première citation est faite par lettre recommandée avec demande d'avis de réception du secrétariat de la juridiction et qu'elle n'a pu être remise à son destinataire, sa réitération s'impose, elle n'est plus une simple faculté, et elle doit être faite par voie de signification. Quant à son **contenu**, la seconde citation doit toujours faire mention, quelle que soit sa forme, des dispositions des articles 472 et 473 C. pr. civ. (en cas de défendeur unique) prévoyant les critères de qualification du jugement rendu lorsque le défendeur unique ne comparaît pas « *selon les cas* [...] *ou de celles de l'article 474* [en cas de pluralité de défendeurs] ». Bien que ces mentions ne soient pas prescrites à peine de nullité par l'article 471 alinéa 2 C. pr. civ., il est généralement considéré qu'elles sont substantielles car elles contribuent à la protection du défendeur. Leur omission est en conséquence sanctionnée par une nullité pour vice de forme. La seconde citation n'étant toujours qu'une réitération de la première, tous les effets de l'acte introductif d'instance se produisent définitivement à la date de la première citation.

Il faut enfin préciser que nonobstant une seconde citation, le juge peut toujours informer directement le défendeur, par lettre simple, des conséquences de son abstention (C. pr. civ., art. 471, al. 3). Le juge dispose à ce titre d'un pouvoir discrétionnaire qui semble peu utilisé en fait, sans doute par manque de temps compte tenu de l'engorgement chronique des juridictions. En tout état de cause, cette modalité reste sans conséquence sur la qualification du jugement rendu en l'absence du défendeur.

321.162 **Jugement réputé contradictoire.** Lorsque l'une seule des deux conditions du jugement par défaut n'est pas remplie, le jugement rendu en cas de

1. V. NOT., Civ. 2e, 1er avr. 1981, n° 79-13.256, *Bull. civ.* II, n° 83; *RTD civ.* 1982. 210, obs. Perrot – Civ. 2e, 6 déc. 1991, n° 90-17.415, *Bull. civ.* II, n° 330.
2. Civ. 2e, 3 mai 1985, NP; *Gaz. Pal.* 1985. Pan. 252, obs. Croze et Morel.
3. Soc. 14 mai 1981, n° 79-41.885, *Bull. civ.* V, n° 428; *RTD civ.* 1982. 206, obs. Perrot.
4. Soc. 6 juill. 1978, n° 77-40.943, *Bull. civ.* V, n° 576 – Soc. 8 janv. 1981, n° 79-41.214, *Bull. civ.* V, n° 21; *RTD civ.* 1981. 690, obs. Perrot.
5. Soc. 4 oct. 1989, n° 88-40.307 et n° 88-40.308, *Bull. civ.* V, n° 566.

non-comparution du défendeur est réputé contradictoire (C. pr. civ., art. 473, al. 2).

Un jugement en premier ressort est donc toujours réputé contradictoire lorsque le défendeur ne comparaît pas, quel que soit son mode de citation. Le législateur a estimé que l'ouverture d'une seule voie de recours ordinaire est suffisante car elle permet de garantir les droits du défendeur sans favoriser des manœuvres dilatoires. En effet, dans le cas contraire, le défendeur aurait pu être tenté de ne pas comparaître, dans le seul but dilatoire de bénéficier successivement, le cas échéant, de ces deux voies de recours ordinaires, toutes les deux suspensives d'exécution, en principe.

Lorsque le jugement est en dernier ressort, il ne sera réputé contradictoire, en cas de défaillance du défendeur, que si celui-ci a été **cité à personne**. Peu importe, à cet égard, qu'il l'ait été sur première ou seconde citation. Mais dans tous les cas, le juge devra constater dans sa décision que le défendeur a effectivement été cité à personne pour permettre à la Cour de cassation d'exercer son contrôle. À défaut, il ne peut statuer par jugement réputé contradictoire[1]. De même, une décision en dernier ressort ne peut être qualifiée de réputé contradictoire si le défendeur absent a été cité à domicile - dans ce cas, il est nécessairement rendu par défaut[2].

B.
En cas de pluralité de défendeurs

321.171 Règles communes. Lorsqu'une instance comporte plusieurs défendeurs, des règles particulières prévues aux articles 474 et 475 C. pr. civ. s'appliquent à condition qu'ils soient tous cités pour le même objet (ces dispositions sont aussi applicables en appel[3]). Pour ce faire, il n'est pas indispensable que la demande présente un caractère indivisible ou que les défendeurs soient solidairement tenus. Il suffit que les prétentions distinctes invoquées, le cas échéant, contre les défendeurs, présentent un lien commun, tel qu'une même origine (mêmes faits ou même contrat) ou un fondement juridique identique (tel le cas de deux appels dirigés contre un même jugement qui a statué à l'égard des deux défendeurs sur l'application d'une même disposition, en l'occurrence l'article 99 de la loi du 13 juillet 1967 qui régissait l'action en comblement de passif[4]). En revanche, si les prétentions invoquées sont indépendantes, sans aucun lien entre elles, les défendeurs ne sont pas cités pour le même objet et les articles 474 et 475 C. pr. civ. ne s'appliquent donc pas (il en a ainsi été jugé pour la jonction de deux appels dirigés contre deux jugements ayant des objets distincts[5] - sur l'ensemble de la notion, v. not. M.-E. Boursier[6]). Il faut alors traiter chaque défendeur séparément, comme s'il y avait un défendeur unique (v. s^{s} n° 321.161).

Le juge ne peut jamais statuer avant l'expiration du délai de comparution. À cet égard, si plusieurs défendeurs sont cités pour le même objet, il doit attendre l'expiration du délai le plus long, sur première ou seconde citation (C. pr. civ., art. 475, al. 1er - ce texte n'est pas applicable à l'intervenant forcé devant la cour d'appel[7] - sur les deux citations, v. s^{s} n° 321.172). Il statue alors par un seul et même jugement à l'égard de tous les défendeurs (C. pr. civ., art. 475, al. 2). Il peut néanmoins statuer par jugement séparé à l'égard de certains si les circonstances l'exigent (C. pr. civ., art. 475, al. 2). Mais compte tenu du risque de contrariété de jugements, le juge doit rester circonspect dans l'appréciation de ces circonstances qui en général ne sont retenues qu'en cas d'urgence. Sous cette réserve exceptionnelle, le jugement unique qui sera rendu aura la même qualification à l'égard de tous les défendeurs. S'ils comparaissent tous, il sera contradictoire. À défaut, il sera par défaut ou réputé contradictoire selon les critères suivants.

321.172 Jugement par défaut. Lorsque plusieurs défendeurs sont cités pour le même objet, le jugement est rendu par défaut si les deux conditions suivantes, prévues à l'article 474 alinéa 2 C. pr. civ. (mod. par Décr. n° 2005-1678, 28 déc. 2005, art. 44), sont remplies cumulativement :

- le jugement n'est pas susceptible d'appel,
- l'un au moins des défendeurs n'a ni comparu, ni été cité à personne (auparavant aucun des défendeurs ne devait avoir comparu, ni avoir été cité à personne).

Sur ce point, il faut préciser que les défendeurs défaillants qui n'ont pas été cités à personnes sur **première citation** (ne constitue pas une première citation, la lettre simple adressée à l'intimé, en vertu de C. pr. civ., art. 903, pour l'inviter à constituer avoué devant la cour[8]) devaient à nouveau être cités lorsque le jugement n'était pas susceptible d'appel. Mais cette règle n'a pas été reprise dans la nouvelle

1. Civ. 2e, 11 mars 1976, n° 75-10.323, *Bull. civ.* II, n° 99 – Civ. 2e, 22 févr. 1989, n° 88-10.220, *Bull. civ.* II, n° 45.
2. Com. 13 nov. 1990, n° 88-16.013, *Bull. civ.* IV, n° 270; *JCP* 1991. IV. 12.
3. Paris, 8 janv. 1980, *D.* 1981. IR 374, obs. Julien, à propos de C. pr. civ., art. 474.
4. Com. 15 nov. 1983, n° 82-14.719, *Bull. civ.* IV, n° 304; *D.* 1984. IR 242, obs. Julien.
5. Civ. 1re, 15 avr. 1980, n° 78-13.889, *Bull. civ.* I, n° 110; *D.* 1981. IR 374, obs. Julien.
6. Rép. pr. civ., v° *Jugement par défaut ou réputé contradictoire*, par M.-E. Boursier, sept. 2005 [màj déc. 2005], n°s 79 et 80.
7. Paris, 10 mars 1977, *D.* 1977. IR 230, obs. Julien.
8. Civ. 1re, 5 nov. 1991, n° 87-16.291, *Bull. civ.* I, n° 300; *RTD civ.* 1992. 576, obs. Gautier.

rédaction de l'article 474 alinéa 2 issue du décret du 28 décembre 2005. La seconde citation devient donc purement facultative dans les conditions prévues à l'article 471 qui devrait s'appliquer aussi en cas de pluralité de défendeurs comme en témoigne le renvoi alternatif à l'article 474 alinéa 2 pour fixer les mentions que doit comporter la seconde citation.

321.173 Jugement réputé contradictoire. Dans tous les autres cas, le jugement est réputé contradictoire. Il en est d'abord ainsi lorsque le jugement est rendu en premier ressort. Comme pour l'hypothèse du défendeur unique (v. s^s n° 321.162), le législateur a estimé que l'ouverture de l'appel constitue une garantie suffisante et qu'il n'est donc pas nécessaire de permettre au défendeur défaillant de bénéficier en plus d'une seconde voie de recours ordinaire sous peine de favoriser des manœuvres dilatoires. Peu importe donc dans ces cas, les modalités de la citation délivrée aux défendeurs. Il suffit que l'un d'eux ne comparaisse pas pour que le jugement soit réputé contradictoire (C. pr. civ., art. 474, al. 1er), sans qu'une seconde citation ne soit nécessaire (v. s^s n° 321.172).

Lorsque le jugement est en dernier ressort, il est réputé contradictoire à l'égard de tous si tous les défendeurs qui n'ont pas comparu, ont été cités à personne (C. pr. civ., art. 474, al. 1er). En revanche, si un seul n'a pas été cité à personne, il est par défaut depuis l'entrée en vigueur du décret du 28 décembre 2005, alors qu'auparavant il était réputé contradictoire si un seul avait été cité à personne. Dans tous les cas, le juge devra constater les modalités des citations délivrées pour permettre à la Cour de cassation d'exercer son contrôle [1].

Ces problèmes de qualification de la décision ne se rencontrent pas en matière gracieuse car par hypothèse, il n'y existe pas de partie adverse, au moins au moment où le juge statue.

1. Civ. 2e, 12 nov. 1980, n° 79-13.231, *Bull. civ.* II, n° 230 – Soc. 28 mai 1991, n°s 88-40.653 et 88-40.654, *Bull. civ.* V, n° 268.

CHAPITRE

322. Procédure gracieuse

Philippe HOONAKKER
Professeur à l'Université de Strasbourg
Avocat

SECTION 0
ORIENTEUR

322.00 Plan du chapitre.

Division. La matière gracieuse se caractérise par l'absence de litige qui permet de délimiter son domaine (sect. 1) et influence directement le déroulement de cette procédure exceptionnelle quant à la mission habituelle du juge (sect. 2).

322.01 Principaux textes applicables.
C. pr. civ., art. 25 à 29.

322.04 Formulaire : renvois.
Form. pr. civ. *Tribunal de grande instance – Matière gracieuse* (Modèle général de requête en matière gracieuse)

SECTION 1
DOMAINE DE LA PROCÉDURE GRACIEUSE

322.10 Plan. La mission normale du juge est de trancher les litiges qui lui sont soumis. Aussi ne peut-il intervenir en dehors de tout litige que sur ordre exprès de la loi. C'est précisément l'objet de la procédure gracieuse qui aux termes de l'article 25 C. pr. civ. regroupe l'ensemble des demandes pour lesquelles la loi prescrit, en l'absence de litige, le contrôle du juge. Autrement dit, l'**absence de litige** est une condition nécessaire de toute procédure gracieuse (§ 1), ce qui permet de la distinguer fondamentalement de la procédure contentieuse. Mais cette condition n'est pas suffisante, encore faut-il que la loi exige un **contrôle judiciaire** dans les cas considérés (§ 2), faute de quoi toute intervention d'un juge est exclue en l'absence de litige.

§ 1
Absence de litige

322.11 Absence de litige né et actuel. Cette condition est sans doute remplie lorsqu'il n'existe aucun litige, présent, passé ou à venir. Mais ce cas est exceptionnel en pratique. Le plus souvent la situation soumise au juge recèle à tout le moins un **contentieux latent**, un litige possible ou probable, que de surcroît la mesure sollicitée pourra avoir pour effet de déclencher. Faut-il alors refuser la voie de la procédure gracieuse ? La réponse négative s'impose aujourd'hui car il est admis que l'absence de litige requis par l'article 25 C. pr. civ. doit s'interpréter au présent. Autrement dit, seule l'existence d'un litige né et actuel au moment où le juge statue empêche le recours à la procédure gracieuse[1].

La règle a été clairement posée par un arrêt de la chambre sociale de la Cour de cassation qui a jugé que « *la décision du président de la commission de première instance désignant un expert technique à la requête de la victime d'un accident du travail, intervenue en l'absence de litige et alors même qu'elle constituait le **préalable à la procédure contentieuse** engagée ultérieurement, présente le caractère d'une procédure gracieuse* »[2]. Plus généralement, la doctrine dominante admet aujourd'hui que toutes les ordonnances sur requête sont en principe des décisions de nature gracieuse. De même, le juge d'instance (aujourd'hui le juge de

1. V. not., J.-L. Bergel, « La juridiction gracieuse en droit français », *D.* 1983. Chron. 152 – *J.-Cl. Pr. civ.*, fasc. 116, nos 86 à 90, Le Ninivin, Desdevises et Le Masson.
2. Soc. 9 mars 1983, no 81-13.532, *Bull. civ.* V, no 139.

l'exécution), saisi du recours du débiteur contre la décision de la commission de surendettement ayant déclaré irrecevable sa demande d'ouverture d'une procédure de règlement amiable, statue en matière gracieuse en l'absence de toute intervention d'un créancier, et donc de litige né et actuel[1]. Ou encore, la procédure suivie devant le juge chargé de la surveillance du registre du commerce et des sociétés, comme celle suivie devant la cour en cas d'appel, sont gracieuses[2].

Mais cette qualification de la procédure n'est pas immuable. Il suffit, en effet, que le litige potentiel devienne réel, c'est-à-dire que le litige soit élevé, pour que la procédure normalement gracieuse se transforme automatiquement en procédure contentieuse.

322.12 Élévation du litige. Si le litige existe dès la saisine du juge, la procédure est nécessairement contentieuse (ainsi toutes les procédures en divorce, hormis celles par consentement mutuel, correspondant aux anciennes procédures introduites par demande conjointe[3], sont contentieuses. même au stade de la tentative de conciliation) De même si une procédure gracieuse était néanmoins engagée, elle serait irrecevable (tel le cas d'une procédure en changement de nom d'un enfant naturel introduite par requête de la mère nonobstant l'opposition du père qui devait ainsi être tenu à l'égard de la procédure[4]). Sous cette réserve, un litige peut aussi s'élever, à tout moment, après l'introduction de la procédure gracieuse, soit avant, soit après la décision sollicitée.

Dans le premier cas, le litige peut apparaître à l'occasion de l'audition d'un tiers ou de son conseil (tel à propos d'une procédure d'envoi en possession[5]), décidée d'office par le juge (C. pr. civ., art. 27, al. 2 - V. s^s^ n° 322.32 - il a même été décidé que la seule comparution des époux, décidée par le juge dans une procédure d'adoption engagée par l'un d'eux, alors que l'autre avait rétracté le consentement antérieurement donné, valait mise en cause de ce dernier ce qui en a fait une partie à la procédure et l'a habilité à interjeter appel de la décision rendue[6]), ou de son intervention à la procédure (tel à propos d'une instance en rectification d'état civil[7]) que le juge peut toujours ordonner en matière gracieuse (C. pr. civ., art. 332, al. 2 - V. s^s^ n° 322.33). Il peut aussi naître de l'opposition à la mesure sollicitée du ministère public intervenant comme partie principale[8] ou d'un tiers dont le consentement est requis (tel le cas du refus d'un père naturel de consentir à l'adoption simple de son fils[9]; en revanche, il a été jugé que la seule opposition d'un enfant majeur au changement du régime matrimonial de ses parents exprimée devant le juge saisi qui l'a interrogé ne suffit pas à rendre la procédure contentieuse[10]). Dans toutes ces hypothèses, la mutation de la procédure s'opère immédiatement et la décision rendue sera nécessairement de nature contentieuse.

Dans le second cas, lorsque le litige ne survient qu'après le prononcé de la décision, celle-ci est forcément de nature gracieuse, mais c'est alors la procédure ouverte sur recours qui est contentieuse. Comme précédemment, le litige peut émaner d'un tiers lésé formant directement un recours (par ex., l'opposition d'héritiers à une ordonnance d'envoi en possession[11], ou la tierce-opposition contre une décision d'homologation d'un changement de régime matrimonial[12] - de même, la cour saisie d'un appel doit statuer selon les règles de la procédure contentieuse, dès lors qu'elle est amenée à trancher un litige, notamment lorsque le père naturel d'un enfant refuse de consentir à son adoption, sollicitée par le requérant[13]) ou intervenant à la procédure d'appel pendante (tel le cas d'une procédure en appel portant sur la vacance d'une succession en présence des héritiers contestant la renonciation retenue à leur encontre en première instance[14]). De même, il peut procéder de l'opposition du ministère public intervenant à la procédure d'appel (par ex. dans le cadre d'une procédure en rectification d'état civil[15]). Mais doit-il obligatoirement agir comme partie principale ou son opposition emporte-t-elle aussi mutation de la procédure lorsqu'il n'est que partie jointe ? La notion même de litige postule en faveur de la solution res-

1. Civ. 1re, 4 avr. 1991, n° 90-04.010, *Bull. civ.* I, n° 122; *D.* 1991. 307, note Bouloc; *RTD civ.* 1991. 808, obs. Perrot; *JCP* 1991. IV. 216.
2. Civ. 2e, 16 juill. 1992, n° 91-12.032, *Bull. civ.* II, n° 211; *JCP* 1993. II. 22053, note Le Ninivin.
3. Paris, 23 sept. 1988, RG n° 87/1232, *D.* 1988. IR 252 – *CONTRA* : TGI Strasbourg, JAM, 17 avr. 1980, *JCP* 1981. II. 19593, note Mayran; *RTD civ.* 1981. 682, OBS. CRIT. Normand.
4. TGI, 16 avr. 1980, *JCP* 1981. IV. 230.
5. Civ. 1re, 7 nov. 1979, n° 78-13.968, *Bull. civ.* I, n° 274; *JCP* 1980. IV. 21; *RTD civ.* 1980. 164, obs. Perrot.
6. Civ. 1re, 2 déc. 1997, n° 95-17.508, *Bull. civ.* I, n° 333; *RTD civ.* 1998. 357, obs. Hauser; *JCP* 1998, n° 10, concl. Sainte-Rose; *Procédures* 1998, n° 31, obs. Perrot.
7. Civ. 1re, 7 déc. 1961, *Bull. civ.* I, n° 586.
8. Civ. 1re, 7 déc. 1961, préc. s^s^ prés^t^ n°.
9. Civ. 1re, 5 janv. 1999, n° 96-13.882, *Bull. civ.* I, n° 9; *Gaz. Pal.* 2000. Somm. 2174, notes Massip et du Rusquec.
10. Civ. 1re, 19 mars 2008, n° 05-21.924, *Bull. civ.* I, n° 87; *D.* 2008. 2042, NOTE CRIT. Le Ninivin; *RTD civ.* 2008. 725, obs. Perrot.
11. Civ. 1re, 11 déc. 1956, *JCP* 1957. II. 9747, obs. G. M.; *RTD civ.* 1957. 166, obs. Hébraud – Civ. 2e, 4 nov. 1971, n° 70-12.811, *Bull. civ.* II, n° 298.
12. Civ. 1re, 28 oct. 1969, n° 68-10.391, *Bull. civ.* I, n° 317; *JCP* 1969. II. 16501, note Gobert.
13. Civ. 1re, 5 janv. 1999, n° 96-13.882, *Bull. civ.* I, n° 9; *Gaz. Pal.* 1999. Pan. 73.
14. Civ. 2e, 30 juin 1993, n° 91-20.381, *Bull. civ.* II, n° 240; *JCP* 1994. II. 22246, note Le Ninivin; *JCP N* 1994, n° 29, note Le Ninivin.
15. Civ. 1re, 23 nov. 1976, n° 73-10.582, *Bull. civ.* I, n° 362; *D.* 1977. IR 70 – Dijon, 10 févr. 1993, *JCP* 1994. II. 22246, note Le Ninivin; *RTD civ.* 1994. 680, obs. Perrot.

trictive[1], mais les dernières décisions rendues ne semblent plus faire la différence, contrairement à l'arrêt du 7 décembre 1961[2], rendu à propos d'une opposition du ministère public préalablement à la décision, qui avait expressément retenu sa qualité de partie principale.

§ 2
Nécessité d'un contrôle judiciaire

322.21 **Condition nécessaire.** L'introduction d'une procédure gracieuse suppose non seulement l'absence de litige dans le sens qui vient d'être précisé, mais aussi la nécessité, dans le cas considéré, d'un contrôle judiciaire imposé par la loi. Autrement dit, pas de procédure gracieuse sans texte, pour qu'elle puisse être engagée, « *il faut que le législateur l'ait prévue* »[3]. Selon l'article 25 C. pr. civ., ce contrôle judiciaire peut être imposé par la loi en raison de la nature de l'affaire ou de la qualité du requérant.

Il est généralement admis que la **nature de l'affaire** vise les matières qui touchent à l'ordre public où les parties n'ont donc pas la libre disposition de leurs droits[4]. L'on peut ainsi citer, les procédures en rectification d'état civil (C. pr. civ., art. 1050), en divorce par consentement mutuel (C. pr. civ., art. 1088), ou aux fins d'adoption (C. pr. civ., art. 1167).

Quant à la **qualité du requérant**, elle vise les matières où l'état de supériorité du ou des requérant(s) risque de léser autrui et nécessite donc le contrôle du juge[5]. Ainsi en est-il, par exemple, des procédures en déclaration d'absence (C. pr. civ., art. 1067), en homologation d'un changement de régime matrimonial (C. pr. civ., art. 1301) ou en habilitation ou autorisation judiciaire lorsque l'un des époux est dans l'impossibilité de manifester sa volonté (C. pr. civ., art. 1287 - en cas de refus d'un conjoint, il y a litige et donc la procédure est nécessairement contentieuse).

SECTION 2
DÉROULEMENT DE LA PROCÉDURE GRACIEUSE

322.30 **Plan.** L'absence de litige, qui détermine la procédure gracieuse, permet aussi d'expliquer le rôle particulier conféré au juge dans l'instruction de la demande (§ 1) et le caractère facultatif des débats (§ 2).

§ 1
Instruction de la demande

322.31 **Rôle du juge.** En l'absence de litige et donc d'adversaire, les moyens invoqués par le requérant ne peuvent être contestés, fussent-ils inexacts ou incomplets, ce qui est d'autant plus dangereux que la mesure sollicitée peut léser les droits de tiers. C'est la raison pour laquelle le juge est appelé à jouer un rôle particulier en matière gracieuse. Il y est en quelque sorte le « *contradicteur légitime du requérant* »[6], chargé d'office de veiller à l'exactitude des faits allégués et aux intérêts des tiers qui risquent d'être lésés par la décision sollicitée. Pour ce faire, il dispose de prérogatives importantes. Outre qu'il peut soulever d'office son incompétence territoriale (C. pr. civ., art. 93), il peut toujours fonder sa décision sur des faits non allégués par le requérant et intéresser les tiers à la procédure dont il est saisi.

322.32 **Les faits.** Alors que, en matière contentieuse, le juge ne peut jamais retenir des faits qui ne sont pas dans le débat (C. pr. civ., art. 7), il est autorisé, en matière gracieuse, à fonder sa décision, « *sur tous les faits relatifs au cas qui lui est soumis, y compris ceux qui n'auraient pas été allégués* » (C. pr. civ., art. 26). Il peut s'agir de faits dont il aurait personnellement connaissance ou que l'instruction de la demande lui aurait permis de connaître. À cette fin, il peut procéder, même d'office, à toutes les investigations utiles, et en particulier, entendre toutes les personnes susceptibles de l'éclairer (C. pr. civ., art. 27 - V. s[s] n° 322.33).

Mais la question qui se pose est de savoir si le juge, lorsqu'il entend retenir des faits non allégués par le requérant, doit respecter le principe du contradictoire en provoquant ses explications. Le Conseil d'État, saisi à l'origine de demandes d'annulation des articles 26 et 27 C. pr. civ. notamment, avait jugé que les principes directeurs du procès, et en particulier le principe du contradictoire, ne sont pas applicables à la matière gracieuse[7]. Quant à la Cour de cassation, elle avait d'abord paru partager cette opinion en approuvant les premiers juges d'avoir retenu des faits non allégués, sans se prononcer sur le moyen du pourvoi qui leur reprochait de ne pas avoir invité le requérant à s'expliquer sur ces faits[8]. Mais elle a fina-

1. EN CE SENS, R. Perrot, *RTD civ.* 1994. 680.
2. Civ. 1re, 7 déc. 1961, préc. s[s] prés[t] n°.
3. HÉRON et LE BARS, 5e éd., 2012, n° 318.
4. *J.-Cl. Pr. civ.*, fasc. 116, n°s 173 à 176, Le Ninivin – V. AUSSI, à propos du domaine de la matière gracieuse dans les procédures de redressement et de liquidation judiciaires, G. Wiederkehr, « De la distinction entre décision contentieuse et décision gracieuse », *Justices* 1996, n° 4, p. 266 s.
5. *J.-Cl. Pr. civ.*, fasc. 116, n°s 177 à 178, Le Ninivin.
6. *RTD civ.* 1981. 212, n° 6, obs. Perrot.
7. CE, ass., 12 oct. 1979, req. n°s 01875, 01905, 01948 à 01951, *D.* 1979. 606, note Bénabent; *JCP* 1980. II. 19288, concl. comm. gouv. Franc, note Boré.
8. Civ. 1re, 20 mai 1980, n° 79-10.244, *Bull. civ.* I, n° 153; *JCP* 1981. II. 19549, note Le Ninivin; *RTD civ.* 1980. 803, obs. Normand; *RTD civ.* 1981. 212, obs. crit. Perrot.

lement pris le contre-pied de cette solution, en affirmant sans ambages, à propos d'une procédure gracieuse, que « *le juge doit, en toutes circonstances, faire observer et observer lui-même le principe de la contradiction* ». Elle en tire pour conséquence que le juge ne peut retenir des faits non allégués par le requérant, « *sans provoquer ses explications* »[1].

322.33 **Les tiers.** Le juge, saisi en matière gracieuse, peut toujours décider d'intéresser des tiers à la procédure. Il peut ainsi entendre toutes les personnes susceptibles de l'éclairer (C. pr. civ., art. 27, al. 2), ce qui lui permettra d'approfondir l'instruction de la demande et de découvrir des faits non allégués dont il pourra se servir pour fonder sa décision. Il peut aussi entendre les personnes dont les intérêts risquent d'être affectés par sa décision (C. pr. civ., art. 27, al. 2) et ainsi recueillir leurs explications[2]. Mais il ne s'agit que d'une simple faculté de sorte que le juge n'est jamais tenu d'entendre les personnes intéressées[3]. Le cas échéant, en fonction des réponses obtenues, il pourra alors ordonner leur mise en cause, décision qu'il peut aussi prendre directement sans audition préalable (C. pr. civ., art. 332, al. 2). C'est dans ces cas qu'un litige risque de se révéler et ainsi emporter transformation de la procédure gracieuse en procédure contentieuse (v. s^s^ n° 322.12).

Les tiers peuvent aussi s'intéresser directement à une procédure gracieuse dont ils ont eu connaissance et qui les concerne. En effet, s'ils justifient d'un intérêt légitime, ils peuvent se faire autoriser par le juge à consulter le dossier et à s'en faire délivrer copie (C. pr. civ., art. 29). L'intérêt légitime est apprécié souverainement par le juge. Il suppose que la mesure sollicitée soit susceptible, à tout le moins, de produire des conséquences à l'égard des tiers requérants, voire mieux encore de les léser. En aucun cas, la simple curiosité ne saurait légitimer l'accès d'un tiers au dossier d'une procédure gracieuse.

§ 2
Débats

322.41 **Organisation.** Alors qu'en matière contentieuse, les débats sont obligatoires, le juge peut, en matière gracieuse, « *se prononcer sans débat* »[4] (C. pr. civ., art. 28, nonobstant le singulier employé, le mot débat vise bien les explications orales à l'audience et non la cause). En raison de l'absence de litige et donc de partie adverse, la nécessité des débats apparaît, en effet, moins impérieuse, ceux-ci se résumant généralement aux seules explications verbales du requérant, lesquelles se trouvent déjà dans la requête et les pièces y annexées[5].

Mais les débats peuvent s'avérer particulièrement utiles lorsque le juge entend retenir des faits non allégués. Comme il doit obligatoirement recueillir les explications du requérant sur ce point, en vertu du principe du contradictoire qui s'applique aussi en matière gracieuse, ils peuvent lui en fournir une excellente occasion[6]. À défaut, il devra interroger le requérant par écrit.

322.42 **Ministère public.** Lorsque des débats se tiennent, le requérant y participe nécessairement. Il peut s'agir du ministère public car celui-ci est habilité, comme en matière contentieuse (v. s^s^ n° 321.51), à engager une procédure gracieuse en qualité de partie principale, pour défendre l'ordre public menacé (C. pr. civ., art. 423) et dans les cas spécifiés par la loi (par ex. : C. civ., art. 122, pour la déclaration d'absence – et C. civ., art. 99, pour la rectification d'état civil).

De même, comme en matière contentieuse (v. s^s^ n° 321.51), il peut être amené à intervenir en qualité de **partie jointe** lorsqu'il reçoit communication d'une affaire gracieuse. En principe, la communication est facultative. Elle s'opère soit à l'initiative du ministère public lui-même qui peut prendre communication de toutes les affaires dans lesquelles il estime devoir intervenir (C. pr. civ., art. 426), soit d'office sur décision du juge qui peut toujours décider de la communication d'une affaire au ministère public (C. pr. civ., art. 427). Dans ces cas, il fait connaître son avis par conclusions écrites ou oralement en participant aux débats si le juge décide d'en tenir (C. pr. civ., art. 431, al. 2). Mais il est dérogé à ces règles devant le tribunal de grande instance. D'une part, le ministère public doit y recevoir communication de toutes les affaires gracieuses (C. pr. civ., art. 798) et, d'autre part, sa présence aux débats est toujours obligatoire lorsqu'ils ont lieu (C. pr. civ., art. 800). Mais à défaut, le juge n'est pas tenu d'en organiser, ni de notifier l'avis écrit du ministère public au requérant, même s'il s'oppose à la mesure sollicitée, dès lors qu'il statue sur les seuls faits dénoncés par la requête (il en a ainsi été jugé à propos d'une ordonnance sur requête qui est soumise aux règles de la procédure gracieuse[7]).

1. Civ. 1re, 13 janv. 1993, n° 91-04.135, *Bull. civ.* I, n° 17 ; *RTD civ.* 1993. 647, obs. Perrot.
2. Par ex., Civ. 1re, 7 nov. 1979, n° 78-13.968, préc. s^s^ n° 322.12.
3. Civ. 1re, 4 oct. 1988, n° 86-18.816, *Bull. civ.* I, n° 262.
4. En ce sens, Civ. 2e, 1er déc. 1993, n° 92-12.726, *Bull. civ.* II, n° 343 ; *JCP* 1995. II. 22399, note Le Nivinin.
5. Sur un ex. d'application de ce texte v. Civ. 2e, 1er déc. 1993, n° 92-12.726, préc. s^s^ prés^t^ n°.
6. Sur ce point, v. Civ. 1re, 13 janv. 1993, n° 91-04.135, *Bull. civ.* I, n° 17 ; *RTD civ.* 1993. 647, obs. Perrot (v. s^s^ n° 322.32).
7. Colmar, 28 déc. 2004, *Rec. jur. de l'Est* 2005. 109.

CHAPITRE

323. Référé

ALAIN LACABARATS
Président de chambre
à la Cour de cassation

SECTION 0

ORIENTEUR

323.00 Plan du chapitre.

Division. Seront étudiées la procédure devant les juridictions de première instance (sect. 1) et la procédure devant la cour d'appel ou le premier président (sect. 2).

Renvoi. V. aussi s^{s} n°s 125.00 s.

323.01 Principaux textes applicables.

C. pr. civ., art. 484 à 492, 808, 809.

323.03 Bibliographie indicative.

Actualisables. *J.-Cl. Pr. civ.*, fasc. 470, 471, 472 et 473, X. Vuiton – Rép. pr. civ., v^{is} *Référé civil*, par N. Cayrol, mai 2011 [màj janv. 2013]; *Référé commercial*, par M. Bruschi, févr. 2000 [màj déc. 2005]; *Référé du premier président*, par Y. Strickler, sept. 2012.

Ouvrages. L. CADIET et E. JEULAND, *Droit judiciaire privé*, 7e éd., Litec, 2011 – CÉZAR-BRU, HÉBRAUD, SEIGNOLLE, ODOUL, *La juridiction du président du tribunal*, t. I (*Des référés*), Litec, 1978 – G. Couchez et X. Lagarde, *Procédure civile*, 16e éd., Sirey Université, 2011 – P. ESTOUP, *La pratique des procédures rapides*, LexisNexis, 1998 – S. GUINCHARD, C. CHAINAIS et F. FERRAND, *Procédure civile. Droit interne et droit de l'Union européenne*, 31e éd., « Précis », Dalloz, 2012 – H. SOLUS et R. PERROT, *Droit judiciaire privé*, tome III (*Procédures de première instance*), Sirey, 1961-1991 – X. et J. Vuiton, *Les référés (procédure civile, contentieux administratif, procédure pénale)*, 2e éd., « Pratique professionnelle », Litec/LexisNexis, 2006.

323.04 Formulaire : renvois.

Form. pr. civ. *Référé – Référé devant le tribunal d'instance* (Assignation en référé devant le tribunal d'instance fondée sur l'article 848 C. pr. civ.)

Référé – Référé devant le tribunal d'instance (Assignation en référé devant le tribunal d'instance fondée sur l'article 849 alinéa 1er C. pr. civ. [mesures conservatoires ou de remise en état])

Référé – Référé devant le tribunal d'instance (Assignation en référé devant le tribunal d'instance fondée sur l'article 849 alinéa 2 C. pr. civ. [référé-provision ou injonction de faire])

Référé – Assignation en référé (Modèle d'assignation en référé devant le tribunal de grande instance fondée sur l'article 808 C. pr. civ.)

Référé – Assignation en référé (Modèle d'assignation en référé devant le tribunal de grande instance, fondée sur l'article 809 alinéa 1 C. pr. civ. [Mesures conservatoires ou de remise en état])

Référé – Assignation en référé (Modèle d'assignation en référé devant le tribunal de grande instance, fondé sur l'article 809 alinéa 2 1 C. pr. civ. [référé-provision ou injonction de faire])

Référé – Renvoi du référé au fond (Conclusions à fin de renvoi pour qu'il soit statué au fond)*

* *C. pr. civ., art. 811, technique dite de la « passerelle »*

Référé – Requête référé d'heure à heure (Requête à fin d'autorisation d'assigner en référé d'heure à heure)

Référé – Référé d'heure à heure (Assignation en référé d'heure à heure devant le tribunal de grande instance)

SECTION 1
PROCÉDURE DEVANT LES JURIDICTIONS DE PREMIÈRE INSTANCE

§ 1
Demande en référé

323.10 Avertissement du défendeur. Procédure contentieuse et contradictoire, le référé implique que le défendeur soit averti de la procédure diligentée contre lui pour qu'il puisse préparer sa défense et comparaître devant le juge.

A.
Formes de la demande

1°
Règles générales

323.11 Assignation. Il résulte de l'article 485 alinéa 1er C. pr. civ. que la demande en référé prend en principe la forme d'une **assignation.**

La forme et le contenu de l'assignation sont ceux du droit commun, les règles à observer étant celles des articles 56 et 648 C. pr. civ. avec toutefois une double particularité :

– l'assignation ne comporte pas de constitution d'avocat du demandeur;

– elle est toujours délivrée à jour fixe, pour une audience dont la date et l'heure doivent être précisées.

L'assignation est **nécessaire,** même si la demande en référé est introduite à l'occasion d'une affaire portée au fond devant le tribunal; ainsi, devant le tribunal de grande instance, même si les parties ont constitué avocat, un référé ne peut être introduit par acte d'avocat à avocat.

Comme toute autre assignation, l'assignation en référé doit exposer **l'objet de la demande,** avec un exposé des **moyens en fait et en droit.**

Cette obligation est prescrite à peine de nullité, mais la sanction ne peut être prononcée que si l'irrégularité constatée a causé un grief à la partie adverse.

Il faut donc constater que les lacunes de l'assignation ne permettent pas au destinataire de déterminer clairement la nature et la cause de la demande présentée contre lui et d'organiser efficacement sa défense.

Tel n'est pas le cas, par exemple, d'une assignation qui indique que le défendeur occupe les lieux sans droit ni titre et tend à lui voir interdire cette occupation : dès lors qu'à l'évidence une telle assignation a pour objet de mettre fin à une situation manifestement illicite, le défendeur ne peut avoir aucun doute sur la cause et l'objet de la demande [1].

L'assignation est signifiée selon les modalités prévues par les articles 653 et suivants C. pr. civ.

L'assignation en référé peut être valablement délivrée à domicile élu.

Il a toutefois été jugé que la clause du bail stipulant l'élection de domicile dans les lieux loués ne peut plus produire effet en cas de résiliation de ce bail par le jeu d'une clause résolutoire; l'assignation en référé tendant à l'expulsion doit alors être signifiée au domicile réel du locataire [2].

Une copie de l'assignation est remise au greffe de la juridiction pour placement de l'affaire, d'où l'appellation de « référé sur placet » donnée à cette procédure.

323.12 Caractère exclusif ? Les termes de l'article 485 alinéa 1er C. pr. civ. sont-ils limitatifs et excluent-ils que la demande en référé soit présentée autrement que par voie d'assignation ?

Il ne semble pas qu'il faille donner à ce texte une telle portée, compte tenu des caractéristiques générales du référé qui tend à permettre aux parties d'obtenir rapidement et selon un formalisme réduit au minimum la solution du litige.

Doit être dès lors admise la saisine du juge des référés par une **requête conjointe des parties,** dans les conditions prévues par les articles 54 et 57 [3].

1. Civ. 3e, 25 sept. 2002, n° 01-02.671, NP.
2. Paris, 11 juin 1969, *Gaz. Pal.* 1969. 2. 239.
3. EN CE SENS, ESTOUP, 1998, n° 45.

On ne peut non plus exclure qu'un juge des référés soit valablement saisi par une **présentation volontaire devant lui de l'ensemble des parties au litige** et ce, non seulement devant les juridictions dont elle constitue le mode légal de saisine (tribunal d'instance, C. pr. civ., art. 829 - tribunal de commerce, C. pr. civ., art. 854 - conseil des prud'hommes, C. trav., art. R. 1452-1 - tribunal paritaire des baux ruraux, C. pr. civ., art. 882) mais aussi devant le président du tribunal de grande instance, la démarche accomplie par les parties étant de nature à favoriser la recherche, particulièrement importante en référé, d'une solution de conciliation ou d'un règlement accepté du différend.

2°
Cas particuliers

323.21 **Juridictions d'exception.** Les modes de saisine du juge des référés ci-dessus examinés sont applicables devant l'ensemble des juridictions de première instance.

Ne doivent pas cependant être écartées les modalités d'introduction de la demande propres à certaines juridictions.

C'est ainsi que la formation des référés du **conseil des prud'hommes** peut, en application des articles R. 1452-1, R. 1452-2 et R. 1455-9 du Code du travail, être saisie par une demande présentée ou adressée par lettre recommandée au greffe de la juridiction.

La requête doit indiquer les noms, professions et adresses des parties ainsi que les différents chefs de la demande.

Le greffe délivre ou envoie immédiatement un récépissé au demandeur; il l'avise des lieu, jour et heure de l'audience à laquelle l'affaire sera appelée et l'invite à se munir de toutes les pièces utiles.

Le défendeur est convoqué à l'audience par le greffe.

Pour la saisine du **tribunal paritaire des baux ruraux,** l'article 885 C. pr. civ., dans sa rédaction antérieure au décret du 1er octobre 2010, prévoyait une saisine de la juridiction par lettre recommandée avec demande d'avis de réception ou acte d'huissier de justice.

Le décret n° 2010-1165 du 1er octobre 2010[1] a modifié l'article 885 qui prévoit désormais que le tribunal paritaire des baux ruraux peut être saisi, soit par déclaration faite, remise ou adressée au greffe du tribunal, soit par acte d'huissier de justice adressé à ce greffe.

1. Décr. n° 2010-1165, 1er oct. 2010, relatif à la conciliation et à la procédure orale en matière civile, commerciale et sociale, *JO* 3 oct., p. 17986.

B.
Délai de comparution

323.30 **Formalisme.** Il a déjà été précisé que la demande en référé était nécessairement présentée pour une audience indiquée.

L'omission de cette énonciation, son caractère erroné ou équivoque est susceptible de justifier l'annulation de l'assignation irrégulièrement délivrée, dans la mesure tout au moins où le vice constaté a pu empêcher la partie défenderesse de comparaître ou de se faire représenter à l'instance[2]. Au regard du délai de comparution en référé, les textes distinguent deux situations.

1°
Assignation à l'audience ordinaire

323.31 **Pas de délai minimum.** Il n'existe pas en référé de délai minimum de comparution.

On ne saurait suppléer au silence des textes en faisant systématiquement application du délai de comparution de quinzaine[3].

De même les délais de distance des articles 643 et 644 C. pr. civ. sont inapplicables en référé. Un arrêt de la deuxième chambre civile de la Cour de cassation l'a clairement précisé le 9 novembre 2006 :

« *Aucun texte ne fixant le délai de comparution devant le juge des référés, les dispositions des articles 643 et 645 du [Nouveau] Code de procédure civile, qui ont pour objet d'en augmenter la durée, ne sont pas applicables* »[4].

La demande doit seulement être portée « *à une audience tenue à cet effet aux jour et heure habituels des référés* » (C. pr. civ., art. 485). La date de l'audience sera choisie par le demandeur ou fixée à celui-ci par le greffe, en fonction des contraintes de la juridiction.

L'article 486 C. pr. civ. laisse en toute hypothèse au juge des référés saisi le soin de s'assurer qu'il s'est écoulé un temps suffisant entre l'assignation et l'audience pour que la partie assignée ait pu préparer sa défense. L'**appréciation du juge** sur ce point est souveraine[5] et n'a pas à faire l'objet d'une mention expresse de l'ordonnance de référé[6]. Le juge ne doit

2. Paris, 18 févr. 1992, RG n° 91/24079, *D.* 1992. IR 111.
3. H. Solus et R. Perrot, *Droit judiciaire privé*, Sirey, 1961, t. III, 1991, n° 1324 – Pour une application en matière prud'homale : Soc. 14 nov. 1990, n° 89-44.131, *Bull. civ.* V, n° 556.
4. Civ. 2e, 9 nov. 2006, n° 06-19.714, *Bull. civ.* II, n° 311.
5. Civ. 2e, 19 déc. 1973, n° 72-13.103, *Bull. civ.* II, n° 341; *JCP* 1974. II. 17790 – Civ. 1re, 14 nov. 2006, n° 05-15.822, *Bull. civ.* I, n° 485.
6. Civ. 1re, 3 avr. 1984, n° 82-15.849, *Bull. civ.* I, n° 125; *JCP* 1984. IV. 185 – Civ. 2e, 25 mai 1994, n° 92-15.269, *Bull. civ.* II, n° 141; *D.* 1994. IR 175.

cependant pas se contenter de la preuve que la partie a eu **connaissance de l'assignation**; il doit rechercher si elle a disposé d'un **temps suffisant pour préparer sa défense,** la souveraineté de son appréciation ne le dispensant nullement de motiver sa décision sur ce point[1].

Par exemple, justifie légalement sa décision la cour d'appel qui, pour dire qu'une société n'avait pas disposé d'un temps suffisant pour organiser sa défense, relève que son représentant a été assigné à une certaine date à 16 heures, pour une audience du lendemain à 9 heures, et n'a pu être personnellement touché par l'acte d'huissier[2].

De même, viole l'article 486 C. pr. civ., la cour d'appel qui, pour écarter l'exception de nullité d'assignation soulevée par une partie, retient que le conseil habituel de celle-ci a eu connaissance de la procédure et n'en a pas demandé le renvoi et que la partie n'a pas sollicité en cours de délibéré une réouverture des débats.

De tels motifs, tirés de l'inaction d'un conseil qui n'était pas constitué dans l'instance et de circonstances postérieures à l'audience sont en effet inopérants et ne dispensaient pas la cour d'appel de rechercher si, entre l'assignation et cette audience, la partie assignée avait disposé d'un temps suffisant pour préparer sa défense[3].

2°
Assignation à heure indiquée

323.41 **Portée.** Même en l'absence de délai légal de comparution, il est d'usage de considérer que ce délai ne peut être normalement inférieur à un jour franc[4].

Le deuxième alinéa de l'article 485 C. pr. civ., modifié par un décret n° 2012-66 du 20 janvier 2012[5], prévoit cependant que si le cas requiert célérité, le juge des référés peut permettre d'assigner, à heure indiquée, même les jours fériés ou chômés. Ce texte appelle plusieurs observations :

– il est applicable devant tous les juges des référés, sauf en matière prud'homale où l'application de l'article 485 C. pr. civ. est implicitement écartée par l'article R. 1455-10 du Code du travail[6];

– cette procédure ne peut être utilisée que dans les **cas d'extrême urgence**, caractérisée par exemple par le dommage irréparable qui résulterait pour le demandeur du maintien de la situation de fait dénoncée;

– elle suppose, en outre, une **autorisation préalable du juge des référés** lui-même, saisi au moyen d'une requête exposant les motifs particuliers de nature à justifier une dérogation aux règles de droit commun de saisine de ce magistrat. Une partie comparaissant en personne peut valablement présenter une telle requête, la représentation par un avocat n'étant pas obligatoire en référé, même devant le tribunal de grande instance[7].

L'autorisation du juge doit être jointe à l'assignation. Elle précise la date et l'heure de l'audience, son lieu et le nom du magistrat saisi, ainsi que la date et l'heure avant lesquelles l'assignation devra être délivrée.

Est nulle l'assignation délivrée « d'heure à heure » sans autorisation préalable du juge[8]. En revanche l'assignation signifiée au-delà de la date ou de l'heure limites fixées par le juge demeure valable, le non-respect des indications fournies par le magistrat étant seulement une circonstance lui permettant, s'il estime que le défendeur n'a pas disposé d'un délai suffisant pour préparer sa défense, de renvoyer l'affaire à une date ultérieure, avec ou sans réassignation selon que le défendeur a, ou non, comparu.

– Le **juge des référés** dispose d'une entière **liberté d'appréciation** quant à l'urgence de l'affaire qui lui est soumise et au délai nécessaire à l'assignation du défendeur.

Aucun recours ne paraît pouvoir être exercé contre un refus d'autorisation qui serait opposé au demandeur.

L'urgence constatée permet au contraire au juge d'accorder au demandeur le droit de faire citer le défendeur dans des conditions de brièveté extrême. Ainsi a-t-il été jugé que cette urgence pouvait justifier une audience tenue à 19 h 55 pour une assignation délivrée le même jour à 19 h 20[9].

– Même lorsqu'il a autorisé une assignation à heure indiquée, le juge des référés doit, à l'ouverture des débats, exercer les pouvoirs que lui confère l'article 486 C. pr. civ. et s'assurer que le défendeur a disposé d'un délai suffisant pour préparer sa défense, les modalités de signification de l'assignation pouvant à cet égard influer sur l'appréciation du juge[10].

C.
Effets de la demande

323.51 **Effets d'une assignation.** Comme toute assignation, la demande en référé a pour effet de créer un lien juridique d'instance entre les parties et

1. Civ. 2e, 18 févr. 1987, n° 85-18.786, *Bull. civ.* II, n° 53; *Gaz. Pal.* 1987. Somm. 487, obs. Guinchard et Moussa – Com. 29 juin 1993, n° 91-16.371, *Bull. civ.* IV, n° 278 – Civ. 2e, 21 janv. 1998, n° 96-17.150, *Bull. civ.* II, n° 25.
2. Civ. 2e, 4 nov. 1988, n° 87-15.331, *Bull. civ.* II, n° 205.
3. Civ. 2e, 5 avr. 2007, n° 06-16.173, NP.
4. Cézar-Bru, Hébraud, Seignolle, Odoul, t. I, n° 129.
5. Décr. n° 2012-66, 20 janv. 2012, relatif à la résolution amiable des différends, *JO* 22 janv., p. 1280.
6. H. Solus et R. Perrot, *Droit judiciaire privé*, Sirey, 1961, t. III, 1991, n° 1325.
7. TGI Paris, réf., 10 juin 1997, *BICC* 15 janv. 1998, n° 82.
8. Civ. 6 nov. 1861, *D.* 1861. 1. 489.
9. Paris, 24 oct. 1991, *D.* 1992. 244, note Debbasch.
10. En ce sens, H. Solus et R. Perrot, *Droit judiciaire privé*, Sirey, 1961, t. III, 1991, n° 1325, et les décisions citées.

d'obliger le juge des référés à statuer, ne serait-ce que pour dire qu'il n'y a pas lieu à référé si les conditions de sa saisine ne sont pas réunies.

Comme l'ancien article 2244 du Code civil, l'article 2241 de ce code, résultant de la loi n° 2008-561 du 17 juin 2008[1], dispose que la demande en référé interrompt le délai de prescription, le texte précisant que l'effet interruptif s'applique aussi aux délais de forclusion.

L'effet interruptif de prescription se prolonge jusqu'à la décision du juge des référés.

Par exemple, en matière de référé-expertise, le délai de prescription est interrompu par l'assignation en référé jusqu'au jour de l'ordonnance statuant sur la demande de désignation d'un expert ou d'extension des opérations à une nouvelle partie[2].

323.52 Exclusion de certains effets. La nature particulière du référé, qui donne lieu à des **décisions qualifiées de « provisoires »** par le Code de procédure civile, explique que certaines conséquences attachées aux citations en justice ne soient pas applicables en cette matière :

– la règle « le criminel tient le civil en état » ne peut être invoquée en référé[3];

– la règle *electa una via* n'étant pas non plus applicable, le fait, pour la victime d'une infraction, d'assigner en référé ne lui fait pas perdre le droit de saisir ultérieurement la juridiction pénale[4].

Il convient à cet égard de souligner que l'article 5-1 C. pr. pén., tel qu'il résulte de la loi n° 83-608 du 8 juillet 1983[5], permet à la victime, même si elle s'est constituée partie civile devant la juridiction répressive, d'obtenir en référé « *toutes mesures provisoires relatives aux faits qui sont l'objet des poursuites* », à condition que l'existence de l'obligation ne soit pas sérieusement contestable.

Au nombre de ces mesures figurent notamment l'allocation d'une provision sur dommages-intérêts ou la désignation d'un mandataire de justice ayant pour mission de rechercher et inventorier les éléments du patrimoine des auteurs de l'infraction[6] :

– la citation en référé ne fait pas courir les intérêts moratoires[7], sauf lorsque la demande a pour objet d'obtenir le versement d'une provision sur le montant d'une créance à recouvrer[8];

– le fait de ne pas invoquer l'incompétence du juge des référés n'interdit pas de soulever ensuite celle du juge du principal[9];

– il n'y a pas de litispendance entre une instance au fond et une demande de provision en référé[10];

– en matière prud'homale, malgré la règle de l'unicité de l'instance, une demande en référé ne fait pas obstacle à ce que le demandeur introduise une demande au fond ayant le même objet et le même fondement ou qu'il saisisse le juge des référés alors que le bureau du jugement est déjà saisi[11].

§ 2
Comparution, assistance et représentation des parties en référé

323.61 Comparution en personne. Quelle que soit la juridiction des référés compétente en première instance, les parties sont admises à se présenter en personne.

La **constitution d'avocat** n'est **jamais obligatoire**, aussi bien en demande qu'en défense, même devant le juge des référés du tribunal de grande instance.

323.62 Assistance et représentation. Les parties ont toutefois le droit de se faire assister ou représenter par un tiers.

Pour déterminer les personnes admises à exercer ces fonctions d'assistance ou de représentation, il faut se référer aux règles propres à chaque juridiction.

Devant le **juge des référés du tribunal de grande instance** les parties ne peuvent être assistées ou représentées que par un avocat.

Certes aucun texte spécifique ne le précise pour le référé, mais le monopole des avocats, édicté par l'article 4 de la loi n° 71-1130 du 31 décembre 1971[12], fait obstacle à la présence à la barre d'une personne n'ayant pas la qualité d'avocat[13].

1. L. n° 2008-561, 17 juin 2008, portant réforme de la prescription en matière civile, *JO* 18 juin, p. 9856.
2. Civ. 1re, 12 févr. 1991, n° 88-19.826, *Bull. civ.* I, n° 61; *RTD civ.* 1991. 797, obs. Perrot – Civ. 2e, 6 mars 1991, n° 89-16.995, *Bull. civ.* II, n° 77; *RTD civ.* 1991. 595, obs. Perrot; *RTD civ.* 1995. 429, obs. Normand; *Gaz. Pal.* 1991. 2. 622, concl. Joinet – Civ. 3e, 11 mai 1994, n° 92-19.747, *Bull. civ.* III, n° 90 – Civ. 3e, 11 janv. 1995, n° 93-10.327, *Bull. civ.* III, n° 10 – Civ. 3e, 19 déc. 2001, n° 00-14.425, *Bull. civ.* III, n° 156 – Com. 30 juin 2004, n° 03-10.751, *Bull. civ.* IV, n° 140 – Civ. 3e, 8 juill. 2009, n° 08-13.962, *Bull. civ.* III, n° 169; *D.* 2009. 1966, obs. Rouquet.
3. Civ. 2e, 15 déc. 1986, n° 85-16.313, *Bull. civ.* II, n° 191 – Civ. 2e, 24 juin 2004, n° 02-17.383, *Bull. civ.* II, n° 320.
4. Crim. 4 oct. 1983, n° 82-93.674, *Bull. crim.* n° 237.
5. L. n° 83-608, 8 juill. 1983, renforçant la protection des victimes d'infraction, *JO* 9 juill., p. 2122.
6. TGI Paris, 23 mai 1984, *D.* 1984. IR 25.
7. Civ. 3e, 9 déc. 1981, *Gaz. Pal.* 1982. 1. Pan. 164.
8. Civ. 1re, 10 janv. 1984, n° 82-16.381, *Bull. civ.* I, n° 7.
9. Com. 3 avr. 1990, n° 88-16.427, *Bull. civ.* IV, n° 107.
10. Civ. 2e, 17 mai 1982, n° 81-10.993, *Bull. civ.* II, n° 75.
11. Soc. 19 mai 1988, n° 85-43.243, *Bull. civ.* V, n° 306 – Soc. 14 juin 1989, n° 87-43.817, *Bull. civ.* V, n° 447; *RTD civ.* 1990. 148, obs. Perrot – H. Solus et R. Perrot, *Droit judiciaire privé*, Sirey, 1961, t. III, 1991, n° 1326.
12. L. n° 71-1130, 31 déc. 1971, portant réforme de certaines professions judiciaires et juridiques, *JO* 5 janv. 1972, p. 131.
13. H. Solus et R. Perrot, *Droit judiciaire privé*, Sirey, 1961, t. III, 1991, n° 1329 – Guinchard, Chainais et Ferrand, 31e éd., 2012, n° 2100.

Devant les **juges des référés des autres juridictions judiciaires de première instance**, les parties peuvent se faire assister ou représenter non seulement par un avocat, mais aussi par tous ceux auxquels les textes du Code de procédure civile attribuent un tel pouvoir.

Pour un **référé devant le président du tribunal d'instance** les parties peuvent solliciter le concours d'un conjoint, de leurs parents ou alliés en ligne directe, de leurs parents ou alliés en ligne collatérale jusqu'au troisième degré inclus, de personnes attachées à leur service personnel ou à leur entreprise, l'État, les départements, les communes et les établissements publics pouvant quant à eux se faire représenter ou assister par un fonctionnaire ou un agent de leur administration (C. pr. civ., art. 828).

Le décret du 28 décembre 1998[1] avait ajouté à cette liste le concubin.

Ce texte a été annulé par un arrêt du Conseil d'État rendu le 26 avril 2001[2].

Le décret n° 2008-484 du 22 mai 2008[3] a rétabli le pouvoir d'assistance et représentation du concubin, en y ajoutant la personne avec laquelle les parties ont conclu un pacte civil de solidarité (PACS).

Dans le **référé prud'homal**, les personnes habilitées à assister ou à représenter les parties sont énumérées par l'article R. 1453-2 du Code du travail; ce sont, outre les avocats :

- les salariés ou les employeurs appartenant à la même branche d'activité;
- les délégués permanents ou non permanents des organisations syndicales ouvrières ou patronales;
- le conjoint;
- l'employeur peut également se faire assister ou représenter par un membre de l'entreprise ou de l'établissement.

Dans le cadre du **référé rural**, les parties peuvent se faire assister ou représenter par un huissier de justice, un membre de leur famille ou un membre d'une organisation professionnelle agricole (C. pr. civ., art. 884).

Les textes sur le **conseil des prud'hommes** et sur le **tribunal paritaire des baux ruraux** ont également été modifiés en 2008 pour ajouter le concubin et la personne liée par un PACS à la liste des personnes habilitées à assister ou représenter une partie.

Devant le **tribunal de commerce**, les parties peuvent se faire assister ou représenter par toute personne de leur choix (C. pr. civ., art. 853).

1. Décr. n° 98-1231, 28 déc. 1998, modifiant le Code de l'organisation judiciaire et le Nouveau Code de procédure civile, *JO* 30 déc., p. 19904.
2. CE 26 avr. 2001, req. n° 205136, Avocats au barreau du Mans, *D. 2002. 913, note Van de Wynckele-Bazela*; *RTD civ.* 2001. 654, obs. Normand.
3. Décr. n° 2008-484, 22 mai 2008, relatif à la procédure devant la Cour de cassation, *JO* 24 mai, p. 8477.

Tout mandataire, s'il n'est pas avocat, doit justifier d'un pouvoir spécial.

§ 3
Instruction de l'affaire et débats

323.71 Audience de référé. L'affaire est évoquée à l'audience fixée, sans instruction ni mise en état préalable.

Si un report de l'affaire est nécessaire, la nouvelle date d'audience doit être connue des deux parties, à peine de nullité de l'ordonnance rendue en violation de ce principe. Il faut dès lors distinguer : toute décision de renvoi prise en l'absence du défendeur ou de son représentant suppose la réassignation de ce défendeur. En revanche, est contradictoire le renvoi décidé, les deux parties étant présentes ou régulièrement représentées.

L'absence de comparution du défendeur, régulièrement informé de la date d'audience, n'empêche pas la formation de référé de statuer[4].

323.72 Oralité des débats. Dans une procédure orale, comme celle des référés en première instance, la juridiction n'est saisie que par la comparution des parties ou de leurs représentants.

Curieusement, aucun texte général ne pose le principe de l'oralité en matière de référé, mais ce principe, qui s'impose pour les juridictions spécialisées dont la procédure est naturellement orale (par ex. le tribunal d'instance et le conseil de prud'hommes), est admis de façon constante, y compris pour les procédures de référé introduites devant le président du tribunal de grande instance[5].

En procédure orale, le juge ne peut, en l'absence d'une partie ou de son représentant, prendre en considération des prétentions et moyens formulés par un écrit envoyé au greffe avant l'audience (v. pour une procédure devant le tribunal d'instance[6]).

Il en va de même pour les pièces qu'une partie, sans comparaître, enverrait à la juridiction : elles ne sont pas recevables (v. pour une procédure prud'homale[7]).

Le décret n° 2010-1165 du 1er octobre 2010, relatif à la conciliation et à la procédure orale en matière civile, commerciale et sociale, a cherché à atténuer la contrainte de présentation des demandes à l'audience en prévoyant notamment, pour les procédures devant le tribunal d'instance (C. pr. civ., art. 847-1) et celles portées devant le tribunal de commerce (C. pr. civ., art 861-1), que lorsque les débats sont renvoyés à une

4. Soc. 13 déc. 1994, n° 93-42.301, *Bull. civ.* V, n° 340.
5. Sur l'affirmation du caractère oral de la procédure de référé : Civ. 1re, 3 févr. 1993, n° 91-12.714, *Bull. civ.* I, n° 57.
6. Civ. 2e, 4 mars 2004, n° 02-11.423, *Bull. civ.* II, n° 93.
7. Soc. 24 avr. 1986, n° 84-41.370, *Bull. civ.* V, n° 174.

audience ultérieure, le juge peut dispenser de comparution la partie qui en fait la demande, les prétentions et moyens devant être pris en considération étant alors ceux formulés par écrit (C. pr. civ., art. 446-1).

La question est celle de l'application de ces règles nouvelles aux procédures de référé. En l'état, la réponse semble devoir être négative, l'article 446-1 alinéa 2 C. pr. civ. subordonnant la dispense de comparution à l'existence de dispositions particulières, qui n'existent pas pour les procédures de référé.

C'est ce que vient de juger la chambre sociale dans un arrêt du 25 septembre 2013[1] qui a décidé que « *la procédure de référé étant orale et en l'absence de disposition particulière prévoyant que les parties peuvent être autorisées à formuler leurs prétentions et leurs moyens par écrit sans se présenter à l'audience, le dépôt par une partie d'observations écrites, ne peut suppléer le défaut de comparution* ».

En revanche, si la partie comparaît, le juge ne peut déclarer irrecevables les conclusions et pièces déposées par elle à l'audience, mais il lui appartient d'organiser le respect du principe de la contradiction, au besoin en renvoyant l'affaire à une audience ultérieure[2]. Ces conclusions écrites ne saisissent valablement le juge que si elles sont développées oralement à l'audience[3].

En cas de renvoi, le juge demeure saisi des écritures qu'une partie a déposées et soutenues oralement lors de sa comparution à la première audience, même si cette partie ne se présente pas ou ne se fait pas représenter à l'audience de renvoi[4].

Si des conclusions écrites peuvent être déposées en référé, elles ne sont pas obligatoires, même devant le juge des référés du tribunal de grande instance.

Le magistrat des référés est régulièrement saisi des demandes présentées non seulement dans l'acte introductif d'instance ou des conclusions écrites, mais aussi de celles qui sont développées oralement devant lui, à condition toutefois pour celles-ci que l'adversaire ait été présent ou représenté à l'audience. Les demandes formulées oralement priment sur celles exprimées dans des conclusions écrites antérieures[5].

C'est ainsi qu'un juge des référés, saisi d'une demande de condamnation d'un locataire à payer, à titre de provision, les loyers échus à la date de l'assignation, peut allouer en outre au bailleur, qui en fait la demande à la barre, les loyers venus à échéance postérieurement à cette assignation si le défendeur, présent ou représenté, a pu discuter le mérite de la demande additionnelle.

323.73 Demandes incidentes. Les demandes reconventionnelles ou en garantie, les interventions volontaires ou forcées sont recevables en référé dans les conditions du droit commun, sous réserve que le juge des référés demeure dans les limites de sa compétence et de ses pouvoirs[6].

Il appartient, dès lors, au juge des référés d'apprécier si la demande incidente se rattache aux prétentions originaires par un lien suffisant (C. pr. civ., art. 70 et 325) avant de se prononcer sur le fond de cette demande.

Il convient à cet égard de préciser que l'incompétence du juge des référés, pour statuer sur la demande incidente, ne le prive nullement du droit d'accueillir la demande principale, si celle-ci satisfait aux conditions des articles 808 ou 809 C. pr. civ.

Il faut aussi, pour les demandes incidentes, respecter les principes applicables en matière de procédure orale : les demandes ne peuvent être accueillies que si l'adversaire a été en mesure de les discuter (v. pour une procédure devant une juridiction de proximité[7]).

323.74 Mesures d'instruction. Avant de rendre sa décision, le juge des référés peut, comme tout juge, ordonner toutes les mesures d'instruction légalement admissibles, en application de l'article 10 C. pr. civ.

Il peut ainsi notamment ordonner la comparution personnelle des parties[8], se livrer à des vérifications personnelles, confier une mesure d'instruction à un technicien, demander à un huissier de justice de faire un constat[9], prescrire une communication de pièces à condition que le juge du fond ne soit pas saisi de l'affaire[10].

Rompant avec sa précédente jurisprudence[11], la Cour de cassation décide désormais que le juge des référés peut procéder incidemment à une vérification d'écriture[12].

Mais il ne peut faire application de l'article 145 C. pr. civ. et ordonner une mesure d'instruction ayant pour effet de mettre en cause la force probante d'un acte authentique[13].

Les mesures ordonnées par le juge pour son information et la préparation de sa décision ne doivent pas être confondues avec celles qui forment l'objet de la demande portée devant lui en application de l'article 145 C. pr. civ.

1. Soc. 25 sept. 2013, n° 12-17.968, NP.
2. Soc. 24 mai 2000, n° 98-40.654, NP – Civ. 3e, 30 janv. 2002, nos 00-14.725 et 00-13.486, *Bull. civ.* III, n° 16.
3. Civ. 2e, 9 févr. 2012, n° 10-28.197, *Bull. civ.* II, n° 24.
4. Civ. 2e, 17 déc. 2009, n° 08-17.357, *Bull. civ.* II, n° 291.
5. Soc. 10 juin 1997, n° 95-44.809, NP.
6. ESTOUP, n° 50.
7. Civ. 2e, 15 mai 2007, n° 06-15.904, *Bull. civ.* II, n° 188.
8. Aix-en-Provence, 13 avr. 1953, *JCP A* 1954. IV. 2155, obs. Madray – Civ. 1re, 30 juin 1993, n° 91-18.465, *Bull. civ.* I, n° 237; *D.* 1993. IR 199; *RTD civ.* 1994. 162, obs. Perrot.
9. Civ. 2e, 30 nov. 1955, n° 4.764, *Bull. civ.* II, n° 549.
10. Civ. 2e, 16 juill. 1992, n° 91-12.486, *Bull. civ.* II, n° 213; *D.* 1992. IR 240.
11. Civ. 2e, 17 mai 1993, n° 91-22.187, *Bull. civ.* II, n° 179; *RTD civ.* 1993. 643, obs. Perrot.
12. Civ. 2e, 21 janv. 1999, nos 96-19.816 et n° 97-11.107, *Bull. civ.* II, n° 18; *D.* 1999. Somm. 214, obs. Julien; *RTD civ.* 1999. 461, obs. Perrot – Civ. 1re, 27 juin 2000, n° 98-19.726, *Bull. civ.* I, n° 200; *D.* 2000. IR 252.
13. Civ. 1re, 11 juin 2003, n° 00-11.931, *Bull. civ.* I, n° 139; *D.* 2004. 830, note Auberson; *RTD civ.* 2003. 503, obs. Mestre et Fages; *RTD civ.* 2003. 539, obs. Normand.

Leur régime procédural n'est pas le même, notamment en ce qui concerne les voies de recours contre la décision qui ordonne une mesure d'instruction.

323.75 Renvoi à la formation collégiale. En principe le juge des référés est saisi et statue seul. L'article 487 C. pr. civ. lui donne néanmoins le pouvoir de renvoyer l'affaire « en état de référé » devant une formation collégiale, à une audience dont il fixe la date. Il s'agit pour le juge d'une **simple faculté**, relevant de son **appréciation discrétionnaire**[1].

Le renvoi peut être décidé d'office ou à la demande des parties.

Le refus, par le juge, d'accueillir une telle demande n'a pas à être motivé et ne peut faire l'objet d'aucun recours.

Si le renvoi à la formation collégiale est décidé, celle-ci rend un jugement de référé, qui a la même portée et la même autorité qu'une ordonnance de référé.

Le renvoi de l'article 487 C. pr. civ. ne doit pas être confondu avec l'hypothèse dans laquelle le juge des référés renvoie les parties à se pourvoir devant le juge du fond ou encore avec celle des articles 811, 849-1, 873-1 et 896 C. pr. civ., qui permettent au juge des référés de renvoyer l'affaire à une audience, dont il fixe la date, pour qu'il soit statué au fond, cette ordonnance emportant saisine du tribunal (cette **technique, dite de la passerelle**, était, avant le décret n° 98-1231 du 28 décembre 1998, prévue par l'article 788 alinéa 4 du Nouveau Code de procédure civile qui permettait au juge des référés d'autoriser le demandeur à assigner à jour fixe le défendeur devant les juges du fond).

Dans le premier cas, le juge ne se prononce pas sur le mérite de la demande en référé mais laisse à la collégialité le soin d'en connaître.

Dans les deux autres cas, le juge se prononce lui-même sur la demande et l'écarte en estimant qu'elle excède les pouvoirs d'un juge des référés.

Il appartient alors au demandeur, à défaut de recours contre la décision du juge des référés, de prendre l'initiative d'une nouvelle assignation du défendeur devant le « juge du principal », pour décision sur le fond du droit, sauf dans le cas de l'article 811 C. pr. civ. et autres textes instituant une « passerelle », où l'ordonnance de renvoi emporte saisine du tribunal.

§ 4
Décision de référé

323.80 Assimilation à un jugement. L'ordonnance de référé doit être assimilée à un jugement et est soumise en principe au régime procédural des décisions contentieuses, avec toutefois des particularités liées à son caractère provisoire.

A.
Formes de la décision

323.81 Publicité et formalisme. L'ordonnance de référé doit être prononcée publiquement, après des débats eux-mêmes publics (sauf dans les matières relevant de la chambre du conseil).

Le prononcé par mise à disposition au greffe de la juridiction, prévu par l'article 450 C. pr. civ., est applicable.

Comme tout jugement, l'ordonnance doit contenir les **mentions prescrites** par les articles 454 et 455 C. pr. civ. (indication de la juridiction dont elle émane; nom du juge et du greffier; date de la décision; le nom du représentant du ministère public s'il a assisté aux débats; nom, prénoms ou dénomination des parties ainsi que leur domicile ou siège social; nom des avocats ou de toute personne ayant représenté ou assisté les parties).

Une particularité doit néanmoins être relevée : si toute ordonnance de référé doit, bien sûr, être motivée, en revanche, les dispositions des articles 455 alinéa 1er et 458 C. pr. civ. qui prescrivent à peine de nullité que le visa des conclusions indiquent leur date ne sont pas applicables aux procédures orales, dans lesquelles les écrits auxquels se réfère une partie, et que mentionne le juge, ont pour date celle de l'audience[2].

Les minutes des ordonnances de référé sont conservées au greffe de la juridiction (C. pr. civ., art. 492).

Il convient de prêter attention au fait que, s'il s'agit d'une matière où le juge doit, aux termes d'un texte particulier, être saisi « en la forme des référés », la décision rendue n'est pas une véritable ordonnance de référé et ne doit pas être qualifiée comme telle.

S'agissant en réalité d'une décision de fond rendue selon une procédure particulière, il vaut mieux privilégier un intitulé tel que « ordonnance du président du tribunal... »[3].

B.
Contenu de la décision

323.91 Exceptions et fins de non-recevoir. Le juge des référés statue sur les exceptions et fins de non-recevoir invoquées par les parties; il lui appartient, notamment, de se prononcer sur sa propre compétence, dans les conditions prévues par les articles 75 et suivants C. pr. civ., sans pouvoir de ce chef dire n'y avoir lieu à référé en raison d'une contestation sérieuse.

1. H. Solus et R. Perrot, *Droit judiciaire privé*, Sirey, 1961, t. III, 1991, n° 1332.
2. Civ. 2e, 8 juill. 2004, n° 03-17.039, *Bull. civ.* II, n° 381.
3. Civ. 1re, 13 mars 2007, n° 06-11.683, *Bull. civ.* I, n° 105.

Il a été jugé qu'une clause attributive de compétence territoriale est inopposable à la partie qui saisit le juge des référés [1].

De même, dans le domaine des fins de non-recevoir, il appartient au juge des référés de se prononcer sur cette fin de non-recevoir (par ex., le défaut de qualité du demandeur), quel que soit le sérieux de la contestation sur ce point [2].

323.92 **Demandes.** Le juge des référés statue également, s'il rejette les moyens de procédure soulevés, sur les demandes présentées par les parties. Il peut les accueillir totalement ou partiellement, et a la même faculté de choisir une mesure autre que celle qui lui a été demandée, cette mesure relevant de son pouvoir souverain d'appréciation [3].

Il peut ainsi prendre une mesure moins rigoureuse que celle qui est demandée :

- placer sous séquestre un bien dont l'attribution est demandée par une partie;

- substituer à la mesure de saisie d'un ouvrage ou d'un journal la publication d'un communiqué [4], *etc.*

Il appartient toutefois au juge, avant d'exercer un tel pouvoir, de respecter le principe de la contradiction en recueillant les observations des parties.

On n'imagine pas en revanche que l'exercice de ce pouvoir exorbitant puisse conduire le juge à aggraver le sort du défendeur à l'action, par exemple en ordonnant la saisie d'une publication de presse alors que le demandeur ne sollicite que l'insertion dans cette publication d'un communiqué judiciaire.

323.93 **Passerelle.** Avant le décret du 28 décembre 1998, l'article 788 dernier alinéa du Nouveau Code de procédure civile permettait au juge des référés, notamment lorsqu'il estimait que la demande excédait les limites de ses attributions, d'autoriser le demandeur à assigner à jour fixe son adversaire devant le tribunal.

Le décret du 28 décembre 1998 a modifié ce dispositif, pour renforcer l'aptitude de la justice civile à trancher dans les délais les plus brefs certains litiges, en abrogeant l'article 788 dernier alinéa du Nouveau Code de procédure civile et en le remplaçant par un nouvel article 811 qui permet au président du tribunal de grande instance, saisi en référé, de renvoyer l'affaire à une audience dont il fixe la date pour qu'il soit statué au fond.

Le président ne peut exercer cette prérogative qu'à la demande des parties et si l'urgence justifie la mesure. Il doit veiller à ce que le défendeur dispose d'un temps suffisant pour préparer sa défense.

L'ordonnance du juge emporte saisine du tribunal. L'affaire est ensuite soumise aux modalités de la procédure à jour fixe prévues par l'article 790 et les trois derniers alinéas de l'article 792 C. pr. civ.

Séduisante par la simplification qu'elle réalise, cette « passerelle » n'est pas sans inconvénient en raison des imprécisions et des lacunes du texte :

- l'article 811 C. pr. civ. ne concernait que le référé devant le tribunal de grande instance; il ne paraissait pas pouvoir être utilisé pour les autres référés judiciaires. Cette anomalie a été supprimée, avec l'extension du mécanisme de la passerelle pour le tribunal d'instance par le décret du 20 août 2004 (C. pr. civ., art. 849-1), pour le tribunal de commerce et le tribunal paritaire des baux ruraux par le décret du 28 décembre 2005 [5] (C. pr. civ., art. 873-1 et 896);

- les limites de la saisine des juges du fond peuvent prêter à discussion.

Certes le tribunal est saisi par l'ordonnance de référé, mais sur quelles prétentions, quels moyens de fait et de droit devra-t-il se prononcer ?

Peut-on autoriser les parties à présenter des conclusions complémentaires ?

Ne risque-t-on pas alors de transformer radicalement ou de dénaturer le litige ?

Une décision rendue sous l'empire de l'ancien texte avait estimé que les juges du fond ne pouvaient être saisis que des demandes présentées initialement en référé [6].

S'il doit en aller de même dans la nouvelle procédure, le seul moyen pour les parties de modifier leurs prétentions afin de les adapter au fait que le juge saisi est le juge du fond serait une demande de renvoi à la mise en état, subordonné à l'accord du juge (C. pr. civ., art. 792), avec pour corollaire la perte du bénéfice de la procédure d'urgence.

Mais malgré l'imperfection du mécanisme, la « passerelle » peut permettre un règlement efficace de certains litiges et investir les juges du fond de prérogatives plus fréquemment mises en œuvre par des juges des référés.

Ainsi, un arrêt de la première chambre civile de la Cour de cassation du 16 janvier 2007 [7] a pu préciser dans un litige de violation d'un engagement contractuel où les juges du fond avaient été saisis par une décision d'un juge des référés, que les mesures d'interdiction de commercialisation d'un ouvrage et de

1. Civ. 2e, 17 juin 1998, n° 95-10.563, *Bull. civ.* II, n° 200; *D.* 1998. IR 194.
2. Soc. 22 juin 1993, n° 91-40.736, *Bull. civ.* V, n° 177.
3. Civ. 2e, 15 nov. 2007, n° 07-12.304, *Bull. civ.* II, n° 255.
4. Paris, 12 mars 1991, *BICC* 1er juill. 1991, n° 1197 – Civ. 2e, 15 nov. 2007, n° 07-12.304, *Bull. civ.* II, n° 255.
5. Décr. n° 2005-1678, 28 déc. 2005, relatif à la procédure civile, à certaines procédures d'exécution et à la procédure de changement de nom, *JO* 29 déc., p. 20350.
6. Civ. 2e, 7 déc. 2000, n° 98-16.399, NP; *RTD civ.* 2001. 209, obs. Perrot.
7. Civ. 1re, 16 janv. 2007, n° 06-13.983, *Bull. civ.* I, n° 19; *D.* 2007. 1119, note Gout; *D.* 2007. 2966, obs. Amrani Mekki et Fauvarque-Cosson; *RTD civ.* 2007. 342, obs. Mestre et Fages.

retrait de la vente des ouvrages déjà distribués en violation de cet engagement faisaient partie des mesures qui entraient dans les pouvoirs des juges du fond.

323.94 Astreinte. Le juge des référés a le pouvoir d'assortir d'une astreinte la décision prononcée (C. pr. civ., art. 491).

En revanche, le juge des référés est-il compétent pour assortir d'une astreinte la décision prononcée par une autre juridiction ? Ces attributions sont-elles réservées au juge de l'exécution (L. 9 juill. 1991[1], art. 33 et 35) ?

La Cour de cassation a décidé que la compétence reconnue par ce texte au juge de l'exécution pour assortir d'une astreinte la décision d'un autre juge n'exclut pas la compétence de ce dernier, même s'il s'agit d'un juge des référés[2].

Mais ce juge des référés n'est compétent pour fixer l'astreinte destinée à assurer l'exécution d'une précédente décision que lorsque cette décision émane elle-même d'une juridiction des référés.

Le juge des référés peut liquider l'astreinte, soit s'il est resté saisi de l'affaire, soit s'il s'en est réservé le pouvoir lors du prononcé de l'astreinte (L. 9 juill. 1991, art. 35), étant précisé sur ce dernier point que le fait, pour un juge des référés, de dire qu'il pourra lui être référé de toutes difficultés ne constitue pas une réserve expresse de décision sur la liquidation de l'astreinte[3].

Lorsqu'il statue sur une demande de liquidation de l'astreinte, le juge des référés doit appliquer les dispositions de l'article 36 de la loi du 9 juillet 1991. Il doit donc apprécier lui-même les éventuelles difficultés rencontrées par le débiteur pour se conformer à la décision du juge et ne saurait renvoyer au fond au motif qu'il existerait sur ce point une contestation sérieuse[4].

323.95 Frais et dépens. Le juge des référés statue sur les dépens de l'instance (C. pr. civ., art. 491, al. 2).

Il a également le pouvoir de se prononcer sur les frais non répétibles au titre de l'article 700 C. pr. civ.[5]

S'il n'est pas compétent en principe pour allouer des dommages-intérêts à une partie, il peut néanmoins condamner le demandeur à indemniser le défendeur en cas de procédure de référé abusive ou dilatoire[6].

1. L. n° 91-650, 9 juill. 1991, portant réforme des procédures civiles d'exécution, *JO* 14 juill., p. 9228.
2. Civ. 2e, 18 févr. 1999, n° 97-13.885, *Bull. civ.* II, n° 32; *D.* 1999. 218, obs. Julien; *RTD civ.* 1999. 465, obs. Perrot; *RTD civ.* 1999. 690, obs. Normand.
3. Civ. 2e, 15 févr. 2001, n° 99-13.102, *Bull. civ.* II, n° 27; *D.* 2001. IR 904 – Civ. 2e, 15 janv. 2009, n° 07-20.955, *Bull. civ.* II, n° 13; *D.* 2010. 1307, obs. Leborgne.
4. Civ. 2e, 21 févr. 2008, n° 06-43.046, *Bull. civ.* II, n° 41; *D.* 2008. 698; *D.* 2008. 2373, chron. Sommer et Nicoletis.
5. Civ. 3e, 19 nov. 1980, n° 79-14.054, *Bull. civ.* III, n° 183.
6. Civ. 1re, 16 déc. 1986, n° 85-13.716, *Bull. civ.* I, n° 308 – Com. 2 mai 1989, n° 87-11.149, *Bull. civ.* IV, n° 143.

C.
Notification de la décision

323.101 Droit commun. L'ordonnance de référé doit être notifiée selon les règles prescrites par le droit commun de la notification des jugements (C. pr. civ., art. 675 à 682).

La notification prend en principe la forme d'une signification par huissier de justice, à moins que la loi n'en dispose autrement.

En matière prud'homale, la notification est effectuée au moyen d'une lettre recommandée par les soins du greffe (C. trav., art. R. 1454-26).

La représentation n'étant pas obligatoire, l'ordonnance est notifiée aux parties elles-mêmes.

L'ordonnance de référé rendue par défaut, ou par décision réputée contradictoire, est non avenue si elle n'a pas été notifiée dans les six mois de sa date[7]. La notification de l'ordonnance fait courir les délais impartis pour l'exercice des voies de recours. Elle constitue aussi en principe le préalable nécessaire à l'exécution forcée de la décision.

D.
Effets et portée de la décision

323.110 Plan. Bien que qualifiée de provisoire par l'article 484 C. pr. civ., la décision de référé bénéficie d'une certaine autorité et peut surtout faire l'objet d'une exécution immédiate.

1°
Autorité de la chose jugée

323.111 Principe. Selon l'article 488 C. pr. civ. « *l'ordonnance de référé n'a pas, au principal, l'autorité de la chose jugée. Elle ne peut être modifiée ou rapportée en référé qu'en cas de circonstances nouvelles* ».

Cette formulation démontre que, même si elle a pu être qualifiée par certains de « *très limitée* »[8], l'autorité des décisions de référé est réelle et emporte certaines conséquences.

323.112 Absence de chose jugée au principal. Le premier principe ainsi rappelé par l'article 488 C. pr. civ. signifie, d'une part que le juge du fond peut être saisi d'une demande identique à celle antérieurement présentée à un juge des référés[9] d'autre part que le juge du fond n'est en aucune mesure lié

7. H. Solus et R. Perrot, *Droit judiciaire privé*, Sirey, 1961, t. III, 1991, n° 1342.
8. Cézar-Bru, Hébraud, Seignolle, Odoul, t. I, n° 148.
9. Civ. 3e, 14 oct. 1987, n° 85-11.407, *Bull. civ.* III, n° 170; *D.* 1987. IR 212.

par les appréciations de fait ou de droit et par la décision du juge des référés[1].

Par exemple, viole l'article 488 alinéa 1er C. pr. civ. l'arrêt qui, pour débouter un locataire de sa demande au fond tendant à contester la résiliation de son bail, retient qu'une décision antérieure de référé ayant constaté l'acquisition de la clause résolutoire du bail était exécutoire[2].

Mais en sens inverse, compte tenu de la prééminence de la décision de fond sur la décision de référé, le juge des référés ne peut méconnaître ce qui a été jugé au fond, même par un jugement non assorti de l'exécution provisoire et frappé d'appel[3].

323.113 Autorité provisoire en référé. Comme toute autre décision de juridiction contentieuse, l'ordonnance de référé bénéficie d'une certaine autorité[4].

Elle oblige le juge à maintenir sa décision en l'absence de faits nouveaux affectant la situation des parties ou les circonstances de la cause[5].

Ne constituent pas des circonstances nouvelles, au sens du second alinéa de l'article 488 C. pr. civ., les faits qui étaient antérieurs à la date de la première décision et connus du défendeur, lequel s'était abstenu de les invoquer[6]. En revanche, il a été jugé que constituait une circonstance nouvelle, justifiant la rétractation d'une ordonnance de référé ayant prescrit une mesure destinée à mettre fin au trouble résultant de certains agissements, un jugement de relaxe au pénal contredisant le caractère illicite de ces agissements[7].

323.114 Efficacité définitive de la décision de référé. Juridiquement, une décision de référé peut toujours être remise en cause par le juge du fond. Toutefois, lorsqu'elle n'a fait l'objet d'aucun recours, la décision de référé peut, dans certains cas, affecter définitivement les droits des parties.

Ainsi, lorsqu'une décision de référé a constaté l'acquisition de la clause résolutoire d'un bail commercial au profit du bailleur et n'a été frappée d'aucun recours, elle acquiert force de chose jugée, de sorte que l'ouverture ultérieure d'une procédure collective contre le locataire ne prive pas le bailleur des droits qu'il tient de l'ordonnance de référé.

Il a par exemple été jugé, dans le cadre de l'application de l'article L. 145-41 du Code de commerce (anct Décr. no 53-960, 30 sept. 1953, art. 25), que dès lors qu'une ordonnance de référé avait donné acte aux parties d'un accord aux termes duquel un preneur s'engageait à payer, par fractions échelonnées, les sommes qu'il devait au bailleur et avait décidé qu'à défaut d'exécution de l'accord la clause résolutoire serait acquise, c'est à bon droit qu'une cour d'appel, après avoir constaté que le preneur n'avait pas respecté l'accord, a retenu que l'ordonnance de référé signifiée avant la mise en redressement judiciaire du preneur et non frappée de recours avait acquis force de chose jugée avant l'ouverture de la procédure collective, peu important l'absence au principal d'autorité de la chose jugée de la décision du juge des référés, et décidé que la clause résolutoire était acquise au bailleur[8].

En revanche, si à la date de l'ouverture de la procédure collective du locataire, la décision constatant l'acquisition de la clause résolutoire n'était pas encore rendue ou été déjà frappée d'appel, les poursuites se trouvent suspendues au préjudice du bailleur[9].

Par ailleurs, si la décision de référé peut en principe être remise en cause lorsque l'instance au fond a le même objet, il en va différemment si l'instance a un objet distinct.

Tel est le cas par exemple lorsqu'une cour d'appel statue dans une instance ayant pour objet l'opposabilité au bailleur d'une cession de fonds de commerce entre le locataire et un tiers. Si cette cession est postérieure à une ordonnance de référé passée en force de chose jugée ayant constaté l'acquisition de la clause résolutoire du bail, le locataire, privé de tout droit au bail par l'effet de l'ordonnance, ne saurait se prévaloir de la cession[10].

De même, un locataire ne peut solliciter judiciairement le renouvellement de son bail lorsque la résiliation de celui-ci a antérieurement été constatée par une décision de référé non frappée de recours et devenue, de ce fait, irrévocable[11].

De même encore, après avoir relevé qu'une ordonnance de référé ayant constaté l'acquisition de la

1. Civ. 3e, 8 juin 1977, no 76-10.704, *Bull. civ.* III, no 253 – Soc. 19 mai 2010, no 08-21.359, NP – Civ. 2e, 9 juin 2011, no 10-20.212, NP.
2. Civ. 2e, 1er févr. 2006, no 04-13.991, NP – EN CE SENS : Civ. 2e, 10 févr. 2011, no 10-10.323, NP.
3. Civ. 2e, 10 mars 2005, no 02-20.513, *Bull. civ.* II, no 60; *RTD civ.* 2006. 142, obs. Théry – Soc. 5 avr. 2011, no 10-30.038, NP – Com. 26 mars 2013, no 12-12.111, NP.
4. H. Solus et R. Perrot, *Droit judiciaire privé*, Sirey, 1961, t. III, 1991, no 1346.
5. Civ. 2e, 9 oct. 1974, no 73-10.102, *Bull. civ.* II, no 262; *JCP* 1974. IV. 377 – Civ. 3e, 16 mai 1984, no 82-16.713, *Bull. civ.* III, no 100 – Com. 8 janv. 2008, no 06-13.746, *Bull. civ.* IV, no 2.
6. Civ. 3e, 3 oct. 1984, no 83-11.704, *Bull. civ.* III, no 161 – Civ. 3e, 16 déc. 2003, no 02-17.316, *Bull. civ.* III, no 230; *D.* 2004. IR 252.
7. Limoges, 23 mars 1991, *Gaz. Pal.* 1991. 1. Somm. 400.
8. Com. 11 janv. 1994, no 92-11.288, *Bull. civ.* IV, no 18; *BICC* 1er mars 1994, no 263.
9. Com. 23 nov. 2004, no 03-16.196, *Bull. civ.* IV, no 198 – Civ. 3e, 9 janv. 2008, no 06-21.499, *Bull. civ.* III, no 1 – Com. 28 oct. 2008, no 07-17.662, *Bull. civ.* IV, no 184; *D.* 2008. 2865, obs. Lienhard.
10. Civ. 3e, 9 janv. 1991, no 89-13.790, *Bull. civ.* III, no 15.
11. Civ. 3e, 25 févr. 2004, no 02-12.021, *Bull. civ.* III, no 39; *D.* 2004. AJ 1086.

clause résolutoire d'un bail pour défaut de paiement du loyer était devenue irrévocable, la cour d'appel, statuant dans une instance ayant un objet distinct limité à l'indemnisation des préjudices invoqués par le locataire, en a exactement déduit que ce locataire ne pouvait obtenir d'indemnisation pour son éviction, la perte de son fonds de commerce et la restitution des sommes allouées au bailleur au titre des loyers ou indemnités d'occupation[1].

2°
Exécution de plein droit

323.121 Portée. Aux termes de l'article 489 C. pr. civ., l'ordonnance de référé est « *exécutoire à titre provisoire* ».

Ce principe, applicable à toutes les décisions de référé, est également celui des ordonnances rendues « en la forme des référés » depuis un décret n° 2011-1043 du 1er septembre 2011, lequel a introduit dans le Code de procédure civile un article 492-1 qui précise cependant que, si l'ordonnance rendue en la forme des référés est en principe exécutoire immédiatement, le juge peut néanmoins en décider autrement.

On observera que cette faculté d'exclure l'exécution provisoire ne concerne que les décisions en la forme des référés, non les ordonnances de référé.

L'exécution provisoire de plein droit s'applique à toutes les dispositions de l'ordonnance de référé, y compris aux dépens et frais irrépétibles[2].

L'exécution d'une ordonnance de référé peut être poursuivie dès la signification de celle-ci, avant expiration du délai d'appel et même si cette voie de recours a été exercée.

S'agissant d'une exécution provisoire de plein droit, celle-ci ne peut être arrêtée par le premier président de la cour d'appel que dans les conditions définies par l'article 524 dernier alinéa C. pr. civ. L'article 489 C. pr. civ. donne néanmoins au juge des référés le pouvoir de subordonner l'exécution provisoire de sa décision à la constitution d'une garantie, dans les conditions prévues par les articles 517 à 522 C. pr. civ.

Le premier président de la cour d'appel se voit également reconnaître le pouvoir de prendre les mesures prévues au deuxième alinéa de l'article 521 et à l'article 522.

Il convient de souligner que, en cas de référé-provision, le juge ne peut pas prescrire la consignation des sommes dont il ordonne le versement[3].

323.122 Exécution sur minute. Par dérogation au principe subordonnant l'exécution d'une ordonnance de référé à sa signification, le deuxième alinéa de l'article 489 prévoit qu'« *en cas de nécessité* », le juge peut ordonner que l'exécution ait lieu « *au seul vu de la minute* ». Cette décision peut être prise d'office par le juge.

En application de l'article 503 alinéa 2 C. pr. civ., en cas d'exécution au seul vu de la minute (c'est-à-dire l'original de la décision, signée par le juge et le greffier), la présentation de celle-ci vaut notification.

§ 5
Voies de recours

323.130 Droit commun. Le droit commun des voies de recours est en principe applicable aux décisions de référé, avec quelques aménagements liés aux caractères spécifiques de la procédure.

A.
Voies de recours ordinaires

1°
Appel

323.131 Décisions susceptibles d'appel. Aux termes de l'article 490 C. pr. civ. l'ordonnance de référé peut être frappée d'appel à moins qu'elle n'émane du premier président de la cour d'appel ou qu'elle n'ait été rendue en dernier ressort en raison du montant ou de l'objet de la demande.

Indépendamment de l'hypothèse dans laquelle une décision de référé a été rendue par le premier président de la cour d'appel (sur les recours dont peut faire l'objet la décision d'un premier président, v. ss n° 323.191), il résulte du texte précité que toute décision de référé est en principe susceptible d'appel, sauf dans le cas où la décision peut être considérée comme rendue en dernier ressort (sur le taux du ressort, v. ss nos 121.11 à 121.62).

Le montant à prendre en considération est celui de la demande présentée au juge des référés[4] sans qu'il y ait lieu de tenir compte de la réclamation formulée au titre de l'article 700 C. pr. civ.

Conformément au droit commun, lorsque la demande est d'un montant indéterminé – ce qui est fréquent en référé compte tenu de la nature des mesures sollicitées – la décision de référé est susceptible d'appel.

1. Civ. 2e, 15 sept. 2005, n° 03-19.735, NP.
2. Civ. 2e, 24 juin 1998, n° 96-22.851, *Bull. civ.* II, n° 222; *D.* 1999. 148, note Hoonakker; *D.* 1999. 221, obs. Julien; *RTD civ.* 1998. 746, obs. Perrot; *RTD civ.* 1998. 753, obs. Perrot.
3. Civ. 2e, 22 févr. 2007, n° 06-14.737, *Bull. civ.* II, n° 48.
4. Aix-en-Provence, 25 févr. 1983, *Gaz. Pal.* 1983. 2. 578, note Dureuil.

323.132 Mesures d'instruction. Lorsque le juge des référés ordonne une mesure d'instruction, une distinction doit être faite :

– Si la décision du juge intervient avant-dire droit, pour lui permettre d'instruire la demande dont il a été et dont il reste saisi, cette décision ne peut être frappée d'appel qu'en même temps que l'ordonnance qui sera rendue sur la demande, sauf dans les cas où les textes du Code de procédure civile autorisent exceptionnellement un appel immédiat (sur l'appel des décisions ordonnant des mesures d'instruction, v. s^s^ n° 342.44).

– Si la mesure d'instruction constitue l'objet même de la demande présentée au juge des référés, un appel immédiat est possible [1].

323.133 Recevabilité. La recevabilité de l'appel à l'encontre des ordonnances de référé est subordonnée aux conditions de recevabilité prévues par le droit commun de l'appel des jugements :

Le droit d'appel est ouvert à toute personne qui succombe en référé, à condition qu'elle n'y ait pas renoncé et que subsiste pour l'appelant un intérêt à obtenir la réformation de la décision entreprise [2].

L'intérêt né et actuel que peut avoir une partie de relever appel d'une ordonnance de référé ne disparaît pas du fait de l'exécution de celle-ci, alors même que cette exécution aurait fait disparaître la condition d'urgence [3].

323.134 Délai. Selon l'article 490 alinéa 3 C. pr. civ., le délai d'appel est de quinze jours. Son point de départ est fixé au jour de la notification de l'ordonnance [4].

La computation du délai s'opère selon les règles prévues par les articles 631 et 642 C. pr. civ.

Il faut enfin rappeler qu'en matière de référé le délai d'appel n'est pas suspensif d'exécution.

323.135 Contredit. En application de l'article 98 C. pr. civ., la voie de l'appel est seule ouverte contre les ordonnances de référé statuant sur la compétence.

2°
Opposition

323.141 Conditions. Le deuxième alinéa de l'article 490 C. pr. civ. dispose que « *l'ordonnance rendue en dernier ressort par défaut est susceptible d'opposition* ». L'opposition n'est donc recevable que si deux conditions sont réunies :

– l'ordonnance de référé a été rendue en dernier ressort. Il en résulte que toute décision de référé susceptible d'appel ne peut faire l'objet d'une opposition;

– le défendeur défaillant n'a pas été cité à sa personne.

Le délai d'opposition, qui est de quinze jours, court à compter de la signification de la décision. Il est calculé de la même manière que celui d'appel. L'opposition remet en question, devant le même juge, les points jugés par défaut pour qu'il soit à nouveau statué. Le délai d'opposition et cette voie de recours ellemême ne sont pas suspensifs de l'exécution de la décision de référé.

B.
Voies de recours extraordinaires

1°
Pourvoi en cassation

323.151 Principe. Dès lors qu'elle est rendue en dernier ressort, une décision en référé est susceptible de pourvoi en cassation. Peuvent ainsi faire l'objet d'un pourvoi :

– les arrêts rendus par la cour d'appel sur appel d'une ordonnance de référé;

– les ordonnances de référé rendues en dernier ressort à raison de l'objet ou du montant de la demande.

Est en revanche irrecevable le pourvoi formé contre une décision susceptible d'appel ou d'opposition (sur les règles applicables au pourvoi en cassation, v. s^s^ n°s 553.00 s.).

2°
Tierce-opposition

323.161 Conditions. Compte tenu des termes de l'article 585 C. pr. civ., précisant que tout jugement est susceptible de tierce-opposition « si la loi n'en dispose autrement » et de l'absence en cette matière de texte contraire, la recevabilité d'une tierce-opposition contre une décision de référé n'est pas contestable [5]. Les conditions de recevabilité de droit commun sont applicables.

Cette voie de recours est ouverte à toute personne qui y a intérêt, à la condition qu'elle n'ait été ni partie, ni représentée au jugement qu'elle attaque (sur cette voie de recours, v. s^s^ n°s 551.00 s.).

3°
Recours en révision

323.171 Exclusion. Prévu par les articles 593 et suivants C. pr. civ., le recours en révision ne peut pas être exercé en matière de référé.

1. Cass., ch. mixte, 7 mai 1982, n°s 79-11.814, 79-11.974 et 79-12.006, *Bull. ch. mixte*, n° 2; *D.* 1982. 541, concl. Cabannes; *Gaz. Pal.* 1982. 571, note Viatte; *RTD civ.* 1982. 788, obs. Perrot; *RTD civ.* 1983. 186, obs. Normand.
2. *J.-Cl. Pr. civ.*, fasc. 232, n° 91, Giverdon.
3. Civ. 2e, 7 févr. 1979, n° 77-13.696, *Bull. civ.* II, n° 35; *JCP* 1979. IV. 125.
4. *J.-Cl. Pr. civ.*, fasc. 232, n° 93, Giverdon.
5. Civ. 2e, 28 avr. 1980, n° 78-15.648, *Bull. civ.* II, n° 94.

C'est en ce sens que s'est prononcée la Cour de cassation : « *Le recours en révision n'est pas ouvert contre les décisions de référé, susceptibles d'être rapportées ou modifiées en cas de circonstances nouvelles* » [1].

Il est vrai que l'article 488 alinéa 2 C. pr. civ. permet effectivement d'obtenir le même résultat à des conditions moins restrictives (v. s^s n° 323.112).

SECTION 2
PROCÉDURE DEVANT LA COUR D'APPEL OU LE PREMIER PRÉSIDENT

§ 1
Appel des décisions de référé

323.181 Compétence de la cour d'appel. L'appel des décisions de référé rendues par les juridictions des référés de première instance est porté devant la cour d'appel elle-même et non devant le premier président ou son délégataire.

323.182 Procédure de droit commun. La procédure d'appel des décisions de référé obéit aux règles de droit commun (sur cette procédure, v. s^s n°s 544.00 s.).

L'appel est formé par déclaration au greffe contenant les mentions prescrites par l'article 901 C. pr. civ. En principe les parties doivent constituer avocat, sauf dans les cas où la représentation n'est pas obligatoire en raison de la matière du litige.

Ainsi de l'appel des ordonnances de référé du président du tribunal paritaire des baux ruraux (C. pr. civ., art. 892 et 896) et de celles rendues par la formation des référés du conseil des prud'hommes (C. trav., art. R. 1455-11, R. 1461-1, R. 1461-2).

Les affaires dispensées du ministère d'avocat relèvent des dispositions prévues par les articles 932 et suivants C. pr. civ., l'appel étant alors formé par une déclaration que la partie ou tout mandataire fait ou adresse, par pli recommandé, au greffe de la cour.

Pour les affaires soumises à représentation obligatoire, le décret n° 98-1231 du 28 décembre 1998 avait, à l'article 490-1 du Nouveau Code de procédure civile, instauré un régime d'appel « *à plusieurs vitesses* » [2] apparaissant trop complexe, notamment en ce qu'il faisait dépendre les formes procédurales à observer d'un fondement textuel qui pouvait dans certains cas être incertain ou prêter à discussion.

En réalité, même si l'urgence n'est pas nécessairement une condition du référé, il apparaissait souhaitable de privilégier la procédure prévue actuellement, depuis le décret n° 2009-1524 du 9 décembre 2009 [3], par l'article 905 C. pr. civ. (C. pr. civ., anc. art. 910, al. 2), la nature des affaires de référé impliquant une fixation rapide de l'audience des plaidoiries et le fait que le recours à cette procédure allégée ait été prévu pour certains types de référé n'excluant pas que son usage soit, dans la mesure du possible, généralisé.

Le recours à la procédure d'urgence de l'article 905 C. pr. civ. présentait également l'avantage de permettre au juge de ne pas tenir compte des délais de distance et de faire application de l'article 646 l'autorisant à abréger, dans une telle situation d'urgence, les délais de comparution. Le décret n° 2004-836 du 20 août 2004 [4], dont les dispositions sont applicables aux recours dirigés à l'encontre des décisions rendues à compter du 1er janvier 2005, a tenu compte des exigences de rapidité et d'efficacité de la procédure de référé puisque ses articles 20 et 23 prévoient, d'une part, que l'article 490-1 du Nouveau Code de procédure civile est abrogé, d'autre part, que l'appel des ordonnances de référé doit suivre la procédure de l'article 910 alinéa 2 du même Code (devenu C. pr. civ., art. 905).

Il convient d'ajouter que, même en l'absence de texte particulier au référé, l'urgence extrême de certaines affaires peut justifier le recours à la procédure de jour fixe prévue par l'article 917 C. pr. civ.

Il importe à cet égard de préciser que, si l'affaire a fait l'objet en première instance d'une procédure à heure indiquée (C. pr. civ., art. 485, al. 2), elle ne sera pas nécessairement examinée à jour fixe en appel : en cas de persistance d'un péril pour les droits d'une partie, celle-ci doit accomplir les démarches prévues par l'article 917 susvisé pour obtenir un traitement prioritaire de l'affaire par la cour d'appel. À défaut, c'est la procédure de droit commun des appels des ordonnances de référé qui sera suivie.

Mais le « droit commun » de l'appel des ordonnances de référé conserve, par rapport aux procédures ordinaires, sa spécificité : outre l'absence, en principe, de désignation d'un conseiller de la mise en état pour l'instruction de l'affaire, il a été jugé que les dispositions de l'article 908 C. pr. civ., fixant à peine de caducité le délai de dépôt des conclusions de l'appelant, n'ont pas vocation à s'appliquer aux procédures fixées en application de l'article 905 susvisé [5].

323.183 Pouvoirs de la cour et arrêt d'appel. Conformément aux principes généraux de l'appel en matière civile, la cour d'appel est saisie des chefs de la décision que l'acte d'appel critique expressément ou implicitement et de ceux qui en dépendent.

1. Civ. 2e, 27 avr. 1988, n° 86-15.623, *Bull. civ.* II, n° 102; *JCP* 1988. IV. 230 – EN CE SENS : Soc. 25 oct. 1994, n° 87-45.661, NP – Soc. 22 févr. 1995, n° 94-40.340, NP.
2. S. Guinchard, « L'ambition d'une justice civile rénovée », *D.* 1999. Chron. 65.
3. Décr. n° 2009-1524, 9 déc. 2009, relatif à la procédure d'appel avec représentation obligatoire en matière civile, *JO* 11 déc, p. 21386.
4. Décr. n° 2004-836, 20 août 2004, portant modification de la procédure civile, *JO* 22 août, p. 15032.
5. Civ. 2e, 16 mai 2013, n° 12-19.119, *Bull. civ.* II, [à paraître].

La cour, saisie par l'effet dévolutif de l'appel, statue néanmoins en tenant compte de tous les faits survenus postérieurement à l'ordonnance attaquée, en se plaçant au jour où elle rend la décision [1].

Cette règle doit être précisée.

Elle signifie bien sûr qu'au point de vue de la mesure à adopter, la cour d'appel doit prendre en considération les circonstances survenues depuis la décision de première instance, pour apprécier s'il y a lieu de confirmer, modifier ou annuler cette mesure.

La cour ne peut donc ignorer l'évolution d'une situation, en confirmant une mesure qui était justifiée à la date de la décision de première instance mais qui, en raison de cette évolution, n'a plus de raison d'être à la date de l'arrêt.

Ainsi, doit être cassé l'arrêt qui confirme l'interdiction d'exploitation d'une station-service prononcée en première instance pour trouble manifestement illicite résultant de l'ouverture de cette station malgré un refus de permis de construire, alors qu'à la date de l'arrêt le permis de construire avait été obtenu, de sorte que le trouble avait cessé et que l'interdiction avait perdu sa raison d'être [2].

De même, la survenance d'un jugement au fond, postérieurement à la clôture des débats d'une instance en référé, prive de fondement juridique la décision rendue en référé si ce jugement contredit ce qui avait été jugé en référé [3].

En revanche, une cour d'appel peut confirmer la décision du premier juge si elle constate que le trouble subsiste à la date de son arrêt [4].

Par ailleurs, l'évolution des circonstances d'un litige ne prive pas nécessairement de toute pertinence ce qui a été décidé en première instance et la cour d'appel peut être conduite à valider, pour le passé, la décision du magistrat des référés.

Cette validation peut être importante, notamment si une astreinte a été fixée par le premier juge pour contraindre le débiteur à l'exécution d'une obligation : ou bien l'évolution constatée rend rétroactivement caduque la décision du premier juge, auquel cas aucune liquidation d'astreinte ne peut être envisagée au profit du créancier de l'obligation; ou bien l'évolution en cause n'affecte que l'avenir, ce qui permet au créancier de faire sanctionner la carence passée du débiteur dans l'exécution de l'injonction judiciaire.

À titre d'exemple, si le juge des référés a interdit sous astreinte à une entreprise d'ouvrir ses magasins le dimanche, la survenance au cours de l'instance d'appel d'un texte autorisant l'ouverture litigieuse ne prive pas la cour d'appel du pouvoir de constater que jusqu'à la date d'application du texte, cette ouverture constituait un trouble manifestement illicite [5].

De même, en matière d'entrave à la liberté du travail en cas de grève, il a été jugé que, même si l'ordonnance de référé est devenue sans objet au moment où elle statue, il appartient à la cour d'appel, saisie par les salariés qui contestaient leur implication dans le trouble manifestement illicite constitué par l'entrave au libre accès à l'usine, de déterminer si la demande tendant à obtenir la cessation du trouble était justifiée lorsque le premier juge a statué [6].

Les demandes nouvelles et interventions sont recevables en cause d'appel, dans les conditions de droit commun (v. s^s^ n°s 311.00 s. et 312.00 s.) et sous réserve qu'elles relèvent par leur nature ou leur objet de la juridiction des référés.

La cour d'appel peut user de son droit d'évocation, dans les conditions définies par l'article 568 C. pr. civ.

La cour d'appel ne peut statuer qu'en état de référé. L'arrêt d'appel a donc la même portée que l'ordonnance du premier juge et n'a pas autorité de la chose jugée au principal [7]. La cour d'appel ne saurait statuer sur le fond du litige et prendre des mesures qui excéderaient les pouvoirs d'un juge des référés.

Ainsi, lorsqu'une cour d'appel retient qu'un juge des référés est « incompétent » pour juger une affaire qui relève des attributions des juges du fond, elle ne peut statuer elle-même sur le fond en faisant application de l'article 79 C. pr. civ. [8]

En revanche, la cour d'appel peut condamner l'appelant à une amende civile et à des dommages-intérêts, en cas d'appel abusif ou dilatoire [9]. L'arrêt d'appel peut faire l'objet d'un pourvoi en cassation dans les conditions de droit commun. En cas de défaut devant la cour, la voie de l'opposition est ouverte.

§ 2
Référé du premier président

323.191 Pouvoirs et voies de recours. Les cas dans lesquels le premier président de la cour d'appel statue selon la procédure de référé ont déjà été examinés (v. s^s^ n°s 125.360 s.).

Que ce soit en matière de référé proprement dit ou pour exercer les pouvoirs qui lui sont conférés en ce qui concerne l'exécution provisoire des jugements, le premier président est saisi selon une procédure très comparable à celle suivie devant le président du tribunal de grande instance.

À défaut de dispositions particulières applicables au référé du premier président, il convient de se

1. H. Solus et R. Perrot, *Droit judiciaire privé*, Sirey, 1961, t. III, 1991, n° 1358 et les décisions citées.
2. Com. 23 oct. 1990, n° 88-12.837, *Bull. civ.* IV, n° 252.
3. Civ. 2e, 13 juill. 2005, n° 05-15.853, *Bull. civ.* II, n° 197.
4. Civ. 2e, 9 oct. 1996, n° 94-16.616, *Bull. civ.* II, n° 231.
5. Soc. 24 juin 2003, n° 01-17.441, NP – Civ. 2e, 18 déc. 2008, n° 08-13.446, NP.
6. Civ. 2e, 23 juin 2011, n° 10-21.329, NP.
7. Civ. 2e, 12 déc. 1973, n° 72-12.188, *Bull. civ.* II, n° 334 – Civ. 2e, 8 juill. 2004, n° 02-18.199, *Bull. civ.* II, n° 348.
8. Civ. 3e, 7 avr. 2004, n° 02-18.000, *Bull. civ.* III, n° 69.
9. Civ. 2e, 20 juill. 1981, n° 80-13.590, *Bull. civ.* II, n° 168; *RTD civ.* 1982. 197, obs. Viatte – Com. 2 mai 1989, n° 87-11.149, *Bull. civ.* IV, n° 143; *JCP* 1989. IV. 250.

reporter aux règles de procédure générales définies par les articles 485 et suivants C. pr. civ. [1]

Le premier président peut prononcer les mesures prévues par les articles 956 et 957 C. pr. civ. (v. ss nos 125.360 s. et 125.411 s.). Il peut prononcer des condamnations à des astreintes et peut les liquider à titre provisoire. Il statue sur les dépens et l'application éventuelle de l'article 700 C. pr. civ.

Il a été jugé en revanche que l'article 559 C. pr. civ. sur l'amende civile et les dommages-intérêts pour appel dilatoire ou abusif n'est pas applicable à une demande en référé d'arrêt de l'exécution provisoire d'un jugement[2].

En ce qui concerne les voies de recours, l'article 490 C. pr. civ. exclut qu'un appel puisse être formé contre une ordonnance de référé émanant du premier président de la cour d'appel. Mais, s'agissant d'une décision en dernier ressort, un pourvoi en cassation est possible.

L'opposition est également ouverte, si la décision a été rendue par défaut[3].

1. GUINCHARD, FERRAND et CHAINAIS, 31e éd., 2012, no 2098.

2. Paris, 5 juin 1989, *Bull. ch. avoués* 1989. 3. 91 – Paris, 25 oct. 1990 et Paris, 8 nov. 1990, *Bull. ch. avoués* 1990. 4. 148.

3. Paris, 17 déc. 1987, *Bull. ch. avoués* 1988. 1. 28.

CHAPITRE

324. Ordonnances sur requête

PHILIPPE HOONAKKER
Professeur à l'Université de Strasbourg
Avocat

SECTION 0
ORIENTEUR

324.00 **Plan du chapitre.**

324.01 **Principaux textes applicables.**
C. pr. civ., art. 145, 493 à 498, 812, 851, 874, 875, 897.

324.04 **Formulaire : renvois.**

Form. pr. civ. *Injonction de faire – Requête à fin d'injonction de faire* (Requête à fin d'injonction de faire)

Injonction de payer – Requête à fin d'injonction de payer (Requête à fin d'injonction de payer)

Tribunal de grande instance – Matière gracieuse (Modèle général de requête en matière gracieuse)

324.05 **Généralités.** Les ordonnances sur requête relèvent principalement de la compétence des chefs de juridiction ou de leurs délégataires : premier président des cours d'appel (C. pr. civ., art. 958), président des tribunaux de grande instance (C. pr. civ., art. 812), des tribunaux de commerce (C. pr. civ., art. 874 et 875) et des tribunaux paritaires des baux ruraux (C. pr. civ., art. 897), auxquels il faut ajouter les juges des tribunaux d'instance (C. pr. civ., art. 851). En première instance, la compétence du président du tribunal de grande instance est générale, les autres magistrats ne pouvant être saisis sur requête que dans la limite de la compétence de leur juridiction. Il en résulte notamment que ce chef de juridiction est compétent pour rendre des ordonnances sur requête en matière de prud'homale[1]et de sécurité sociale car aucune des formations, tant des conseils de prud'hommes que des tribunaux des affaires de sécurité sociale, n'est habilitée à rendre de telles décisions.

L'ordonnance sur requête est **définie** par l'article 493 C. pr. civ. comme « *une décision provisoire rendue non contradictoirement dans le cas où le requérant est fondé à ne pas appeler de partie adverse* ». Elle présente ainsi un caractère provisoire qui la rapproche de l'ordonnance de référé; dans les deux cas, la décision n'a pas d'autorité de chose jugée au principal. Cependant il faut réserver les ordonnances sur requête en la forme[2] qui, comme les ordonnances de référé en la forme, statuent au fond et bénéficient donc de l'autorité de chose jugée (v. s[s] n° 324.53). Mais elle présente aussi un caractère non-contradictoire qui au contraire la distingue fondamentalement des ordonnances de référé, lesquelles supposent toujours que la partie adverse soit régulièrement appelée à la procédure. Ces deux caractères expliquent à la fois le domaine (sect. 1) et le régime (sect. 2) des ordonnances sur requête.

SECTION 1
DOMAINE DES ORDONNANCES SUR REQUÊTE

324.10 **Plan.** Les magistrats compétents peuvent d'abord rendre des ordonnances sur requête dans les cas spécifiés par la loi (pour le président du tribunal de grande instance, C. pr. civ., art. 812 – pour le juge d'instance, C. pr. civ., art. 851 – pour le président du

1. V. NOT., Soc. 12 avr. 1995, n° 93-10.982, *Bull. civ.* V, n° 134; *D.* 1995. IR 122; *RTD civ.* 1995. 953, obs. Perrot.
2. V. PAR EX., C. pr. civ., art. 1379.

tribunal de commerce, C. pr. civ., art. 874 - pour le président du tribunal paritaire des baux ruraux, C. pr. civ., art. 897). Ces cas nombreux et divers sont prévus dans les codes et lois applicables aux contentieux relevant de la compétence de chacun de ces types de juridiction.

Par ailleurs et de manière générale, ils peuvent toujours être saisis sur requête pour ordonner « *des mesures urgentes lorsque les circonstances exigent qu'elles ne soient pas prises contradictoirement* » (C. pr. civ., art. 812, repris en des termes identiques par C. pr. civ., art. 851, 875 et 897). L'urgence (§ 1) et l'absence de contradiction (§ 2) constituent ainsi les deux critères de ces ordonnances que l'on peut qualifier de générales, par opposition aux précédentes qui sont spéciales en tant qu'elles supposent un texte exprès (la doctrine les qualifie aussi parfois d'innommées et de nommées [1]).

§ 1
Urgence

324.11 Domaine. L'urgence n'est prévue que par les textes particuliers applicables à chacun des magistrats compétents (C. pr. civ., art. 812, 851, 875 et 897). En revanche, elle n'est nullement prévue dans la définition générale des ordonnances sur requête donnée par l'article 493 C. pr. civ., disposition commune à toutes les juridictions. Il faut donc en déduire qu'elle est propre aux ordonnances générales, mais n'est pas requise, du moins de manière automatique, dans les cas particuliers spécifiés par la loi.

En particulier, l'urgence n'est pas une condition de la prescription sur requête des mesures d'instruction ***in futurum*** prévues à l'article 145 C. pr. civ. [2] L'urgence n'étant pas davantage une condition de la prescription de ces mesures en référé, le choix entre ces deux types de procédure, l'un et l'autre prévus par l'article 145 C. pr. civ., tient à l'absence de contradiction qui est, elle, un critère général et exclusif des ordonnances sur requête (v. s^{s} n° 324.21).

324.12 Appréciation. L'urgence lorsqu'elle est requise s'apprécie comme en référé. Elle a ainsi été retenue dans le célèbre arrêt *Ferrodo* [3] (v. s^{s} n° 324.22) au motif qu'il y avait lieu de prévenir le dommage imminent que faisait courir l'occupation illicite d'une usine par les grévistes. Mais il est plutôt rare que l'urgence soit spécialement caractérisée dans les ordonnances sur requête rendues en application de l'article 812 C. pr. civ. (et de ses semblables) ou dans les décisions rendues sur recours, peut-être car elle découle souvent nécessairement des circonstances qui justifient l'absence de contradiction.

§ 2
Absence de contradiction

324.21 Domaine. Cette exigence fait partie intégrante de la définition générale des ordonnances sur requête contenue à l'article 493 C. pr. civ. qui prévoit expressément qu'il s'agit de décisions rendues non contradictoirement « *dans les cas où le requérant est fondé à ne pas appeler de partie adverse* ». Les articles 812, 851, 875 et 897 C. pr. civ. ne font ainsi que reprendre ce critère général en conférant pouvoir aux magistrats qu'ils désignent d'ordonner des mesures urgentes sur requêtes « *lorsque les circonstances exigent qu'elles ne soient pas prises contradictoirement* ».

Ce critère devrait donc s'appliquer aussi aux **ordonnances spéciales**, c'est-à-dire celles prononcées dans les cas spécifiés par la loi. Mais dans ces cas, il est présumé par la loi de sorte que le requérant n'a pas à démontrer la nécessité de déroger au principe du contradictoire. Il faut cependant réserver le cas des **mesures d'instruction *in futurum*** de l'article 145 C. pr. civ. Ce texte renvoyant sans distinction, ni condition particulière, tant à la procédure sur requête qu'à la procédure de référé, il avait été soutenu que le choix entre ces deux types de procédure serait abandonné à la discrétion de celui qui sollicite la mesure [4]. Mais cette solution n'a pas été suivie [5]. La jurisprudence, approuvée par la doctrine dominante [6], a clairement posé le principe que le recours à l'ordonnance sur requête pour faire ordonner des mesures d'instruction *in futurum*, suppose la justification de circonstances imposant l'absence de contradiction; à défaut, elles doivent être demandées en référé [7].

1. S. Pierre-Maurice, *Ordonnance sur requête et matière gracieuse*, préf. Y. Strickler, « Nouvelle collection des thèses », Dalloz, 2003, vol. 29.
2. Civ. 2e, 15 janv. 2009, n° 08-10.771, *Bull. civ.* II, n° 15; *D.* 2009. 1455, note Mouy; *D.* 2009. 2069, chron. Sommer et Nicolétis; *D.* 2009. 2714, obs. Delebecque, Bretzner et Vasseur; *D.* 2010. 174, obs. Fricero; *RTD civ.* 2009. 364, obs. Perrot – V. DÉJÀ EN CE SENS, M. Jeantin, « Les mesures d'instruction *in futurum* », *D.* 1980. 205, spéc^{t} 24.
3. Soc. 17 mai 1977, n° 75-11.474, Ferrodo, *Bull. civ.* V, n° 327; *D.* 1977. 645, note Jeammaud; *JCP* 1978. II. 18992, note Desdevises; *RTD civ.* 1977. 602, obs. Normand.
4. M. Jeantin, « Les mesures d'instruction *in futurum* », *D.* 1980. 205, n° 23.
5. Sur l'ensemble de la question, v. M. Foulon et Y. Strickler, « Le constat sur requête avant tout procès », *Dr. et proc.* 2006. 71; « Le constat sur requête avant tout procès, quatre ans après », *Dr. et proc.* 2010. 307.
6. HÉRON et LE BARS, 5e éd., 2012, n° 432 – J. Normand, *RTD civ.* 1986. 404 – R. Perrot, *RTD civ.* 1981. 209; *RTD civ.* 1988. 181.
7. Civ. 2e, 5 juin 1985, n° 83-14.268, *Bull. civ.* II, n° 111; *D.* 1986. IR 52, obs. Lindon; *RTD civ.* 1986. 404, obs. Normand – Civ. 2e, 13 mai 1987, n° 86-11.098, *Bull. civ.* II, n° 112; *RTD civ.* 1988. 181, obs. Perrot – Paris, 24 juin 1987, RG n° 86/4207, *Gaz. Pal.* 1987. 466.

C'est précisément cette recherche qui s'impose systématiquement pour les **ordonnances générales.** Il appartient donc à chaque fois au juge de rechercher d'office si la mesure sollicitée exige une dérogation au principe de la contradiction, sous peine de nullité de son ordonnance pour défaut de base légale[1].

324.22 Appréciation. En raison de la dérogation ainsi apportée au principe essentiel du contradictoire, les juges se montrent généralement exigeants dans l'appréciation des circonstances invoquées. Ainsi la seule perspective ou la réalité d'un débat contradictoire, au moment du référé-rétractation, ne saurait suffire à légitimer, *a posteriori*, une ordonnance sur requête n'ayant pas caractérisé les circonstances justifiant l'absence de contradiction[2]. Sans qu'il soit possible de prétendre à l'exhaustivité, de telles circonstances sont généralement retenues dans deux séries d'hypothèses.

D'abord il a toujours été admis que le souci d'efficacité de la mesure sollicitée ou la nécessité de provoquer un **effet de surprise** constituent incontestablement une justification à l'absence de contradiction[3]. Autrement dit, à chaque fois que l'information de la partie adverse risquerait de rendre vaine la mesure sollicitée, celle-ci ne présentant d'intérêt que si un effet de surprise est ménagé, le recours à la procédure sur requête doit être admis. L'exemple type est celui du constat d'adultère dont l'intérêt a certes été atténué par la loi du 11 juillet 1975[4], mais non point supprimé, car si le divorce n'est plus ni un délit, ni une cause péremptoire de divorce, il en reste une cause possible dont la preuve la plus efficace reste le constat d'huissier[5]. Mais ce constat n'épuise évidemment pas la matière. Ainsi il peut être recouru également à l'ordonnance générale sur requête pour obtenir la commission d'un huissier de justice afin de procéder à des recherches et constatations lorsqu'il existe un risque que les documents ou marchandises soient détruits ou que des pressions soient exercées[6].

La Cour de cassation a aussi admis, ou plutôt suggéré, le recours à la procédure sur requête lorsqu'il est pratiquement difficile d'appeler la partie adverse car elle n'est pas identifiée ou identifiable. Cette solution résulte du célèbre arrêt *Ferrodo* intervenu en matière d'**expulsion de grévistes** occupant leur lieu de travail[7]. Dans cette espèce, les premiers juges, saisis en référé, n'avaient prononcé que l'expulsion des grévistes identifiés et appelés à la procédure. La Cour de cassation a censuré leur décision en leur reprochant de ne pas avoir recherché si l'expulsion des autres occupants n'aurait pas pu être ordonnée sur requête en vertu de l'article 812 C. pr. civ., « *en raison de l'urgence de prévenir un dommage imminent* [v. s^s n° 324.12], *de la difficulté pratique d'appeler individuellement en cause tous les occupants et de la possibilité pour les dirigeants de fait du mouvement de grève de présenter les moyens de défense communs à l'ensemble du personnel* ». Cette solution est sans doute transposable aux hypothèses d'occupation illicite d'un immeuble par des « squatters » ou d'un terrain communal par des nomades. Plus généralement, elle doit pouvoir s'appliquer dans tous les cas où des mesures urgentes sont nécessaires à l'égard de personnes non identifiées ou identifiables au moment où le juge statue. Ainsi a-t-il été admis que l'**administrateur provisoire** d'une succession peut être nommé sur requête d'un héritier, les autres étant inconnus[8], alors qu'en principe la désignation d'un administrateur provisoire doit être demandée en référé.

Mais la question se pose du caractère accessoire ou principal du recours à l'ordonnance sur requête dans ces cas. Comme l'avaient fait remarquer les commentateurs, la possibilité de recourir à l'ordonnance sur requête contre les personnes non identifiées, n'a été expressément envisagée, dans l'arrêt *Ferrodo*[9], **qu'à titre complémentaire**, les personnes identifiées étant parallèlement poursuivies en référé. Mais cela signifie-t-il qu'il ne serait jamais possible d'agir sur requête à l'égard d'inconnus sans agir parallèlement en référé, pour les mêmes faits, contre des personnes identifiées ? Les premiers commentateurs l'ont

1. V. par ex., Civ. 3e, 27 mai 1998, n° 96-13.173, *Bull. civ.* III, n° 111 ; *JCP* 1998. IV. 2608 – Com. 26 janv. 1999, n° 96-19.570, *Bull. civ.* IV, n° 28 ; *D.* 1999. Somm. 213, obs. Julien ; *RTD civ.* 1999. 463, obs. Perrot ; *Procédures* 1999, n° 121, obs. Perrot – Civ. 2e, 7 mai 2008, n° 07-14.858, *Bull. civ.* II, n° 104 ; *D.* 2009. 143, note Pierre-Maurice ; *D.* 2008. 2373, chron. Sommer et Nicoletis ; *D.* 2008. 2820, obs. Delebecque, Bretzner et Vasseur ; *RTD civ.* 2008. 549, obs. Perrot ; *RJDA* 2008, n° 974 – Civ. 2^e, 11 mai 2006, n° 04-17.399, *Bull. civ.* II, n° 128 – Civ. 2^e, 30 avr. 2009, n° 08-15.421, *Bull. civ.* II, n° 105 ; *D.* 2009. 2321, note Pierre-Maurice ; *D.* 2009. 2714, obs. Delebecque, Bretzner et Vasseur ; *Dr. et proc.* 2009. 268, obs. Salati.
2. Civ. 3^e, 27 mai 1998, n° 96-13.173, *Bull. civ.* III, n° 111 – Com. 26 janv. 1999, n° 96-19.570, *Bull. civ.* IV, n° 28 ; *D.* 1999. 213, obs. Julien ; *RTD civ.* 1999. 463, obs. Perrot.
3. Civ. 2e, 9 sept. 2010, n° 09-69.936, *Bull. civ.* II, n° 151 ; *Dr. et proc.* 2010. 319, obs. Douchy-Oudot.
4. L. n° 75-617, 11 juill. 1975, portant réforme du divorce, *JO* 12 juill., p. 7171.
5. Civ. 1re, 6 févr. 1979, n° 77-13.463, *Bull. civ.* I, n° 47 ; *Gaz. Pal.* 1979. 252, note J. V. ; *JCP* 1980. II. 19290, note Lindon ; *RTD civ.* 1979. 663, obs. Perrot – Confirmant, Paris, 6 mai 1977, *JCP* 1978. II. 18813, note Lindon – Confirmant, TGI Paris, 1er juin 1976, *JCP* 1976. II. 18395 *bis*, note Lindon – Nancy, 14 mars 1979, *JCP* 1979. II. 19210, obs. Goubeaux.
6. Versailles, 27 oct. 1988, RG n° 288/88, *D.* 1989. Somm. 278, obs. Julien – Civ. 2e, 6 mai 1999, n° 96-10.631, *Bull. civ.* II, n° 81 ; *Gaz. Pal.* 1999. Pan. 231.
7. Soc. 17 mai 1977, n° 75-11.474, *Bull. civ.* V, n° 327 ; *D.* 1977. 645, note Jeammaud ; *JCP* 1978. II. 18992, note Desdevises ; *RTD civ.* 1977. 602, obs. Normand, préc. s^s n° 324.12.
8. TGI Paris, 11 févr. 1982, *Gaz. Pal.* 1982. Somm. 367, obs. Barbier.
9. Soc. 17 mai 1977, n° 75-11.474, préc. s^s prés^t n^o.

affirmé[1], mais cette solution est sans doute trop radicale, car de deux choses l'une :

- ou bien, il se trouve parmi les personnes à poursuivre, certaines parfaitement identifiées et d'autres inconnues, et dans ce cas, deux procédures parallèles s'imposent sans doute : le référé contre les premiers et la requête contre les seconds, celle-ci ne pouvant jamais englober des personnes identifiées dans une telle hypothèse[2]; une décision a cependant retenu que le référé dirigé indistinctement contre tous les occupants vaudrait « *comme ordonnance sur requête aux mêmes fins* » contre ceux non identifiés, ce qui est sans doute critiquable s'agissant de deux procédures bien distinctes, une assignation ne pouvant valoir requête[3];

- ou bien, aucun des adversaires possibles n'est identifié ou identifiable et, dans ce cas, l'ordonnance sur requête doit être admise à titre principal, sauf à priver le requérant de la possibilité d'obtenir les mesures urgentes que sa situation requiert; tel est généralement le cas des occupations d'immeubles par des « squatters » ou de terrains communaux par des nomades; cette solution a été expressément consacrée à propos de la désignation d'un administrateur provisoire de succession à la requête d'un héritier, les autres étant encore inconnus à la date de l'ordonnance[4].

SECTION 2
RÉGIME DES ORDONNANCES SUR REQUÊTE

324.31 **Nature.** La nature gracieuse ou contentieuse des ordonnances sur requête reste controversée[5]. Il est vrai que cette discussion a beaucoup perdu de son acuité, mais elle commande encore, pour partie, le régime applicable à cette procédure.

La doctrine dominante applique aux ordonnances sur requête le critère de l'absence de litige prévu à l'article 25 C. pr. civ. pour qualifier la matière gracieuse[6]. Elle considère donc que ces décisions sont en principe de nature **gracieuse**, nonobstant l'existence fréquente, en la matière, d'un litige latent que l'ordonnance pourra éventuellement déclencher, mais qu'elle n'aura jamais pour objet de trancher. Cependant cette qualification n'est pas immuable. Il suffit que le litige potentiel s'élève pour que la mutation en procédure contentieuse s'opère. En général, l'élévation du litige survient ici par la contestation de l'ordonnance rendue au moyen du référé-rétractation formé par le tiers intéressé (v. s^s n° 324.71). Mais il peut arriver aussi qu'elle survienne plus tôt, en cours de procédure. L'exemple type est celui de l'ordonnance d'envoi en possession prévue à l'article 1008 du Code civil. S'il n'est plus contesté que cette ordonnance sur requête est en principe gracieuse, elle devient contentieuse en cas d'opposition manifestée par un héritier à l'occasion de son audition décidée d'office par le juge avant qu'il ne statue[7].

Mais certains auteurs, poussant plus loin le raisonnement, considèrent qu'il faudrait distinguer deux catégories d'ordonnances sur requête : celles rendues dans les cas spécifiés par la loi, que nous avons qualifiées de spéciales (v. s^s n° 324.10), d'une part, et celles prévues à l'article 493 C. pr. civ., d'autre part. Pour les premières, ils appliquent le même raisonnement que précédemment : elles sont gracieuses sauf élévation du litige latent. Mais les secondes seraient toujours **contentieuses** car aux termes de l'article 493 C. pr. civ., elles seraient nécessairement dirigées contre une partie adverse que les circonstances dispenseraient simplement de ne pas appeler à la procédure. Il s'agirait donc nécessairement de décisions contentieuses mais non contradictoires[8] (un auteur est même allé jusqu'à affirmer que toutes les ordonnances sur requête seraient contentieuses[9]). Mais l'article 493 C. pr. civ. est une disposition commune, applicable devant toutes les juridictions habilitées à rendre des ordonnances sur requête, que ce soit dans les cas spécifiés par la loi ou pour ordonner de manière générale des mesures urgentes (C. pr. civ., art. 812, 851, 874, 875 et 897). La définition donnée par ce texte a donc vocation à s'appliquer à toutes les ordonnances sur requête, quelles qu'elles soient. D'ailleurs elle n'implique pas nécessairement l'existence d'une partie adverse que le requérant serait autorisé à écarter de la procédure. En effet, l'article 493 vise « *les cas où le requérant est fondé à ne pas appeler de partie adverse* », et non pas **la** partie adverse. Ce texte englobe donc aussi les cas où le requérant n'a pas à appeler de partie adverse tout simplement parce qu'il n'en existe pas, ou du moins pas encore. De plus, il n'a jamais été contesté que le régime institué par les articles 494 à 498 (v. s^s

1. A. Jeammaud, note préc. s^s prés^t n° - J. Normand, obs. préc. s^s prés^t n°.
2. Lyon, 14 mars 1978, *D.* 1978. 495, note Jeammaud.
3. TGI Saint-Étienne, 18 févr. 1983, *Gaz. Pal.* 1983. 306, note M. S.
4. TGI Paris, 11 févr. 1982, *Gaz. Pal.* 1982. Somm. 367, obs. Barbier, préc. s^s prés^t n°.
5. Sur l'ensemble de la question, Rép. pr. civ., v° *Ordonnances sur requête*, par S. Pierre-Maurice, mars 2011 [màj janv. 2012], n°s 86 s.
6. J.-L. Bergel, « La juridiction gracieuse en droit français », *D.* 1983. Chron. 154, spéc^t 155 – *J.-Cl. Pr. civ.*, fasc. 239, n° 9, Bertin – *J.-Cl. Pr. civ.*, fasc. 116, n°s 49 s., Le Ninivin – R. Perrot, *RTD civ.* 1980. 164.
7. Civ. 1re, 7 nov. 1979, n° 78-13.968, *Bull. civ.* I, n° 274; *JCP* 1980. IV. 21; *RTD civ.* 1980. 164, obs. Perrot.
8. HÉRON et LE BARS, 5e éd, 2012, n°s 434 à 439 – J. Viatte, « Matière gracieuse et ordonnances sur requête », *Gaz. Pal.* 1976. 622.
9. R. Martin, « Matière gracieuse et ordonnances sur requête unilatérale », *JCP* 1976. I. 2787, n° 10.

n°s 324.41 s.) s'applique à toutes les ordonnances sur requête sans distinction. Pourquoi en irait-il alors autrement de l'article 493 ? Faudrait-il alors réserver un sort particulier aux ordonnances générales, c'est-à-dire celles décidant de mesures urgentes dans les cas où les circonstances exigent qu'elles ne soient pas prises contradictoirement (C. pr. civ., art. 812, al. 2; 851, al. 2; 875 et 897, al. 2 - V. s^{s} n° 324.10) ? Il est vrai que la probabilité d'une partie adverse identifiée contre laquelle la mesure est sollicitée, est très forte. Mais elle n'est pas certaine. Ainsi un administrateur provisoire d'une succession peut être désigné à la requête d'un héritier, les autres n'étant pas connus encore (v. s^{s} n° 324.22). Dans ce cas, non seulement il n'existe aucune partie adverse au moment où le juge statue, mais de plus il n'en existera peut-être jamais, soit qu'aucun autre héritier ne sera découvert, soit que ceux-ci ne feront valoir aucune opposition.

Devant ces difficultés, un auteur a proposé de substituer aux critères légaux de la matière gracieuse, le critère unique du non-contradictoire structurel dont l'application aux ordonnances sur requête conduit à les qualifier de gracieuse sans contestation [1].

324.40 **Plan.** Il est vrai que cette discussion a perdu beaucoup de son intérêt depuis que les articles 494 à 498 C. pr. civ. ont institué un régime uniforme applicable, en principe, à toutes les ordonnances sur requête, indépendamment de leur nature. Mais ces dispositions ne traitant que des ordonnances elles-mêmes (§ 2) et des voies de recours (§ 3 - sur ce point, nous verrons que la nature de l'ordonnance n'est pas toujours totalement indifférente), elle conserve encore tout son intérêt pour le déroulement de la procédure (§ 1).

§ 1
Déroulement de la procédure

324.41 **Droit commun.** Si l'article 494 C. pr. civ. régit l'introduction de l'instance (v. s^{s} n° 172.62), aucune des autres dispositions spécifiques aux ordonnances sur requête ne porte sur le déroulement de l'instance. Il faut donc faire application des règles de droit commun commandées par la nature de ces décisions.

Dans la mesure où leur nature gracieuse est retenue (v. s^{s} n° 324.31), ces règles sont celles prévues aux articles 25 à 29 C. pr. civ., applicables à la procédure des ordonnances sur requête sous la seule réserve qu'elles soient compatibles avec celles spécifiques des articles 493 à 494 C. pr. civ. En particulier, le juge saisi pourra fonder sa décision sur tous les faits intéressant le dossier qui lui est soumis, même ceux non allégués (mais il devra alors recueillir les explications du requérant, v. s^{s} n° 322.41); il pourra aussi procéder d'office à toutes les mesures d'investigation utiles, et notamment entendre les personnes qui peuvent l'éclairer comme celles dont les intérêts risquent d'être affectés. Mais cette dernière mesure sera sans doute impossible dans les cas où le juge doit ordonner une mesure urgente dont l'efficacité est subordonnée à l'effet de surprise. L'audition de la personne visée par la mesure sollicitée serait ici totalement incompatible avec ce cas de recours à l'ordonnance sur requête, fût-elle même dans ce cas considérée comme gracieuse. Enfin, le juge pourra évidemment se prononcer sans débats, ce qui du reste est la pratique la plus courante (sur toutes ces questions, v. s^{s} n° 322.41).

§ 2
Ordonnance

324.51 **Modalités.** Selon l'article 495 C. pr. civ., l'ordonnance sur requête doit toujours être **motivée.** En pratique, le juge se contente généralement de viser la requête lorsqu'il y fait droit, ce que la Cour de cassation a entériné en jugeant que le visa de la requête, emportant adoption de ses motifs, suffit à la motivation requise [2]. Mais le juge devra spécialement motiver son ordonnance s'il rejette la requête, et qu'en conséquence, il désapprouve, par hypothèse, les motifs qu'elle contient.

Or, si l'ordonnance accueillant la requête est généralement rendue à son pied, le rejet, qui devrait ainsi faire l'objet d'une ordonnance écrite et motivée, n'est souvent qu'implicite. En effet, dans ces cas, les magistrats se contentent fréquemment de retourner le dossier au requérant qui du coup est privé de toute voie de recours faute de décision à attaquer (mais cette pratique n'est pas sans risque pour le juge, car elle s'apparente bien à un déni de justice). Dans tous les cas, l'ordonnance doit comporter notamment, à peine de nullité, le nom du magistrat qui l'a rendue ainsi que sa signature (C. pr. civ., art. 454, 456 et 458), mais non celle du secrétaire « *eu égard aux circonstances dans lesquelles elle est rendue* » [3].

En principe, la minute de toute décision judiciaire est conservée au greffe qui en délivre des expéditions, éventuellement exécutoires. Mais en la matière, elle est normalement remise au requérant car les ordon-

1. S. Pierre-Maurice, *Ordonnance sur requête et matière gracieuse*, préf. Y. Strickler, « Nouvelle collection des thèses » Dalloz, 2003, vol. 29 – Rép. pr. civ., v° *Ordonnances sur requête*, par Pierre-Maurice, mars 2011 [màj janv. 2012], n°s 97 à 101.

2. Civ. 1re, 24 oct. 1978, n° 77-11.513, *Bull. civ.* I, n° 317 – Civ. 2e, 6 mai 1999, n° 96-10.631, *Bull. civ.* II, n° 81; *Gaz. Pal.* 1999. Pan. 231.

3. Civ. 1re, 17 juill. 1996, n° 95-01.002 et 95-01.004, *Bull. civ.* I, n° 328 – Civ. 2e, 17 mars 2005, n° 02-14.514, *Bull. civ.* II, n° 72.

nances sur requête sont exécutoires sur minute (v. s[s] n° 324.52). Aussi l'article 498 C. pr. civ. prescrit-il qu'une copie de l'ordonnance doit, à tout le moins, être conservée au secrétariat.

324.52 Exécution. Selon l'article 495 alinéa 2 C. pr. civ., les ordonnances sur requête sont exécutoires au seul vu de la minute. Cela signifie que leur exécution forcée n'est pas subordonnée à leur notification préalable, celle-ci résultant de la seule présentation de la minute (C. pr. civ., art. 503). Concrètement pour procéder à l'exécution d'une telle décision, il faut :

- présenter à la personne à laquelle elle est opposée, la minute[1], voire une expédition exécutoire, mais en aucun cas, une simple copie[2];

- laisser à la personne concernée, une copie de la requête et de l'ordonnance[3] (C. pr. civ., art. 495, al. 3, aj. par Décr. n° 89-511, 20 juill. 1989[4] - cette règle, qui constitue une garantie de la contradiction, s'applique aussi à l'exécution de l'arrêt d'appel ayant infirmé une ordonnance de rejet, même s'il comporte les moyens du requérant[5]; elle s'impose aussi au juge qui ne saurait autoriser l'huissier de justice qu'il commet sur requête à agir dans l'anonymat, c'est-à-dire de procéder aux diligences ordonnées avant de porter l'ordonnance et la requête à la connaissance des intéressés[6]); à défaut, les mesures accomplies en vertu de l'ordonnance sont nulles (à propos, d'un procès-verbal de constat dressé par un huissier de justice en vertu d'une ordonnance sur requête qui l'a commis, alors que la copie de la requête et de l'ordonnance n'avaient pas été laissées à la personne à laquelle elle était opposée[7]).

Il est parfois soutenu que du fait du caractère exécutoire sur minute des ordonnances sur requête, celles-ci seraient de droit exécutoires par provision. Mais en réalité cette question est sans objet en la matière. Les seules ordonnances concernées sont celles qui font droit à la requête. Or celles-ci ne peuvent faire l'objet d'aucune voie de recours suspensive; elles ne peuvent être contestées que par la voie du référé-rétractation qui ne produit aucun effet suspensif. En conséquence, l'exécution poursuivie est définitive et non provisoire (l'exécution provisoire de droit a cependant été affirmée dans une espèce où l'appel a été « *malencontreusement admis* »[8]). De plus, la force exécutoire de l'ordonnance sur requête joue jusqu'à son éventuelle rétractation et ne peut donc être remise en cause par l'appel formé à l'encontre de l'ordonnance l'ayant refusée[9]. Mais en raison du caractère provisoire de l'ordonnance sur requête, l'exécution forcée est néanmoins poursuivie aux risques et périls du requérant qui devra en supporter les conséquences dommageables (par ex. la remise en état de portes fracturées à l'occasion d'un constat ordonné sur requête[10] - en sens contraire, il a été jugé que l'exécution d'une ordonnance sur requête ne constitue pas une faute à propos d'un séquestre qui s'était dessaisi des fonds séquestrés en exécution de l'ordonnance rendue, sans s'assurer que la partie qui avait procédé à la consignation en avait eu connaissance en temps utile[11]).

324.53 Caractère provisoire. Aux termes de l'article 493 C. pr. civ., l'ordonnance sur requête est une décision provisoire (en revanche, les **ordonnances sur requête en la forme,** telles celles prévues à l'article 1379 C. pr. civ. en matière de succession et de libéralités, sont, à l'image des ordonnances de référé en la forme, des décisions définitives ayant autorité de chose jugée au principal[12]). En cela elle se rapproche de l'ordonnance de référé. Elle n'a donc pas plus que celle-ci d'autorité de chose jugée au principal (il a cependant été jugé que l'ordonnance du premier président autorisant l'appelant à assigner à jour fixe, s'impose à la cour d'appel saisie au fond[13]; mais il est vrai que cette décision présidentielle a un objet très limité, si bien d'ailleurs que les ordonnances analogues rendues en première instance par le président du tribunal de grande instance sont qualifiées de décisions d'administration judiciaire).

1. Civ. 2e, 28 mars 1996, n° 94-11.460, *Bull. civ.* II, n° 82.
2. Civ. 2e, 1er juill. 1992, n° 91-11.434, *Bull. civ.* II, n° 194; *RTD civ.* 1993. 657, obs. Perrot.
3. Sur la question de l'information du débiteur sur les « recours ouverts », v. M. Foulon et Y. Strickler, « La mention d'un "recours" dans l'acte de signification d'une ordonnance sur requête », *Dr. et proc.* 2013. 214.
4. Décr. n° 89-511, 20 juill. 1989, modifiant certaines dispositions de procédure civile, *JO* 25 juill., p. 9280.
5. Civ. 2e, 18 nov. 2004, n° 02-20.713, *Bull. civ.* II, n° 499; *D.* 2004. IR 3195; *RTD civ.* 2005. 185, obs. Perrot.
6. Civ. 2e, 10 févr. 2011, n° 10-13.894, *Bull. civ.* II, n° 36; *RTD civ.* 2011. 387, obs. Perrot.
7. Civ. 2e, 10 janv. 2008, n° 06-21.816, *Bull. civ.* II, n° 6; *Dr. et proc.* 2008. 155, obs. Salati; *Procédures* 2008. Comm. 72, obs. Perrot – Civ. 2e, 7 juin 2012, n° 11-15.490, *Bull. civ.* II, n° 101; *RTD civ.* 2012. 371, obs. Perrot.
8. Civ. 1re, 15 déc. 1976, n° 75-13.507, *Bull. civ.* I, n° 411; *RTD civ.* 2003. 143, obs. Perrot; *JCP* 1978. II. 18874, note crit. Thuillier.
9. Civ. 2e, 7 nov. 2002, n° 00-22.189, *Bull. civ.* II, n° 247; *RTD civ.* 2003. 143, obs. Perrot; *Procédures* 2003. Comm. 4, obs. Perrot.
10. Civ. 2e, 9 janv. 2003, n° 00-22.188, *Bull. civ.* II, n° 3; *Dr. et proc.* 2003. 241, obs. Bourdillat.
11. Civ. 1re, 1er févr. 2005, n° 03-10.018, *Bull. civ.* I, n° 57.
12. EN CE SENS, v. M. Foulon et Y. Strickler, « De l'hybridation en procédure civile, la forme des référés et des requêtes des articles 1379 et 1380 du Code de procédure civile », *D.* 2007. Chron. 2693; et « Qu'est-ce qu'une requête (ou la polysémie du mot requête) », *Gaz. Pal.* 2012. 3240, spéc[t] n°s 14 à 16 – S. Pierre-Maurice, « La procédure sur requête dans le décret n° 2011-1043 du 1er septembre 2011 », *Gaz. Pal.* 2012. 57.
13. Civ. 3e, 3 mai 1983, n° 81-14.617, *Bull. civ.* III, n° 101; *RTD civ.* 1983. 795, obs. Perrot.

Mais comme les ordonnances de référé, bénéficient-elles au moins de l'autorité de la chose jugée au provisoire, de sorte qu'elles ne pourraient être rapportées ou modifiées qu'en cas de circonstances nouvelles[1] ? Pour cela, il faudrait qu'elles constituent, à tout le moins, de véritables décisions juridictionnelles, ce qui est parfois contesté[2]. En tout cas, la Cour de cassation leur a dénié toute autorité de chose jugée[3] (de même, la cour d'appel de Toulouse, se fondant sur l'absence de toute autorité de chose jugée, a décidé que rien n'interdisait la présentation d'une nouvelle requête tendant aux mêmes fins qu'une précédente rejetée et qu'aucun texte n'imposait de faire état, à cette occasion, de l'ordonnance de rejet de la première[4]).

§ 3
Voies de recours

324.60 **Plan.** Elles sont prévues à l'article 496 C. pr. civ. qui a institué un régime général, applicable indépendamment de la nature gracieuse ou contentieuse des ordonnances sur requête[5]. Mais si ce principe est incontestablement applicable à la voie de recours du requérant (A), la nature de ces décisions peut ressurgir parfois à propos de celles des tiers (B).

A.
Du requérant

324.61 **Appel.** Aux termes de l'article 496 alinéa 1er C. pr. civ., « *s'il n'est pas fait droit à la requête, appel peut être interjeté à moins que l'ordonnance n'émane du premier président de la cour d'appel. Le délai d'appel est de quinze jours. L'appel est formé, instruit et jugé comme en matière gracieuse* ». La voie de recours ouverte est donc l'appel qui doit être précisé quant à son domaine, son délai et ses modalités.

Quant au domaine, l'appel n'est ouvert que contre les ordonnances de rejet. Il n'intéresse donc que le **requérant** qui est pratiquement le seul informé et juridiquement le seul ayant intérêt à agir. Cette voie de recours, régie par les règles de la procédure gracieuse, s'impose quelle que soit la nature de l'ordonnance, fût-elle contentieuse[6]. En revanche, tout appel est évidemment fermé lorsque l'ordonnance est rendue par le premier président d'une cour d'appel[7]; dans ce cas seul un pourvoi en cassation est envisageable.

Quant au délai, il est de **quinze jours.** Mais dans le silence du texte, la question de son point de départ s'est posée. On aurait pu songer à l'article 528 C. pr. civ. qui fait courir les délais des voies de recours à compter de la notification du jugement sauf disposition expresse contraire. Comme en matière gracieuse, la notification est opérée par le secrétariat de la juridiction au moyen d'une lettre recommandée avec demande d'avis de réception (C. pr. civ., art. 675, al. 2), c'est à compter de la date de cet avis que le délai de quinze jours aurait dû courir. Cependant cette solution eut été de mise en œuvre difficile car en pratique les ordonnances sur requête ne sont jamais notifiées, mais leur minute est remise sans forme au requérant. Aussi un auteur avait-il préconisé comme point de départ, la date du prononcé de l'ordonnance qui correspond normalement au jour de la remise de sa minute au requérant[8]. C'est finalement la solution consacrée par la Cour de cassation qui, considérant qu'une ordonnance de rejet n'a pas à être notifiée, fait courir le délai d'appel à compter du prononcé de l'ordonnance, sauf s'il est démontré qu'à cette date sa minute n'a pas été remise au requérant[9]. La charge de la preuve pèse sur le requérant qui doit donc établir que la remise n'a pas été faite à la date de l'ordonnance. S'il y parvient, le point de départ est retardé au jour de la remise, voire ne courra pas si celle-ci n'intervient jamais[10]. Dans un arrêt récent, cette solution a encore été assouplie par la Cour de cassation qui a jugé que le délai court à compter du jour du prononcé de l'ordonnance ou de la date à laquelle le requérant en a eu connaissance, peu important que la notification de la décision ait été ordonnée[11].

Quant aux modalités, les règles applicables sont celles de la procédure gracieuse, qu'il s'agisse de la formation, de l'instruction ou du jugement de l'appel (il faut cependant réserver l'appel des ordonnances sur requête émanant du président du tribunal paritaire des baux ruraux qui sont soumises à des règles particulières, C. pr. civ., art. 898).

1. Rép. pr. civ., v° *Ordonnances sur requête*, par S. Pierre-Maurice, mars 2011 [màj janv. 2012], n°s 53 à 55 – A. Varneck, « Le juge des requêtes, juge du provisoire », th. Strasbourg, 2013, n°s 101 s.
2. R. Perrot, *RTD civ.* 1999. 464.
3. Civ. 2e, 19 déc. 1998, n° 95-22.146, NP; *RTD civ.* 1999. 464, obs. Perrot.
4. Toulouse, 14 févr. 2002, *D.* 2003. 160, note crit. Strickler.
5. *J.-Cl. Pr. civ.*, fasc. 239, n° 9, Bertin – GUINCHARD, CHAINAIS et FERRAND, 31e éd., 2012, n°s 2176 et 2178.
6. Civ. 1re, 11 oct. 1988, n° 86-18.347, *Bull. civ.* I, n° 283 – V. AUSSI, R. Martin, « L'appel des ordonnances sur requête », *JCP* 1977. I. 2837, n° 2.
7. Rép. pr. civ., v° *Ordonnances sur requête*, par S. Pierre-Maurice, mars 2011 [màj janv. 2012], n° 138.
8. R. Martin, « Précisions sur l'appel des ordonnances contentieuses », *JCP* 1976. I. 2809, n° 5.
9. Civ. 2e, 16 mai 1990, n° 89-10.243, *Bull. civ.* II, n° 105; *RTD civ.* 1991. 172, obs. Perrot; *JCP* 1990. II. 21645, note du Rusquec – Civ. 2e, 16 juill. 1992, n° 90-21.922, *Bull. civ.* II, n° 212; *D.* 1993. Somm. 186, obs. Julien; *RTD civ.* 1993. 194, obs. Perrot.
10. Limoges, 27 janv. 1992, *D.* 1939. Somm. 1896, obs. Julien.
11. Civ. 2e, 22 févr. 2007, n° 05-21.314, *Bull. civ.* II, n° 46; *RTD civ.* 2007. 385, obs. Perrot.

B.
Des tiers

324.71 **Référé-rétractation.** En application de l'article 17 C. pr. civ., l'article 496 alinéa 2 prévoit : « *S'il est fait droit à la requête, tout intéressé peut en référer au juge qui a rendu l'ordonnance* ». Ce texte consacre ainsi la pratique qui consistait à réserver dans l'ordonnance sur requête la possibilité d'en référer au juge en cas de difficulté. Cette voie de recours spécifique ouverte aux tiers est appelée communément référé-rétractation. Mais il ne faut pas se laisser abuser par les mots employés. D'abord il ne s'agit pas d'une voie de recours au sens classique du terme, mais plutôt d'un moyen procédural d'élever le contentieux, de « *provoquer, en aval, un débat contradictoire qui a été évincé, en amont* »[1]. Ensuite s'il vise en général la rétractation de l'ordonnance, il peut aussi conduire plus modestement à sa modification.

324.72 **Domaine.** Le référé-rétractation est doublement limité par l'article 496 alinéa 2 C. pr. civ. : il n'est ouvert qu'à l'encontre des ordonnances faisant droit à la requête et ne peut profiter qu'aux tiers touchés par la décision qui, par hypothèse, ont été tenus à l'écart de la procédure ayant conduit à l'ordonnance. De plus, l'ordonnance rendue sur requête ne doit pas constituer une mesure d'administration judiciaire, faute de quoi elle est soustraite à tout recours, y compris le référé-rétractation. Tel est le cas, par exemple, de l'ordonnance du président du tribunal de grande instance autorisant l'assignation à jour fixe[2]; en revanche, l'ordonnance analogue en appel du premier président ne reçoit pas cette qualification et peut donc être contestée par la voie du référé-rétractation.

Mais, lorsque ces conditions sont remplies, le **référé-rétractation est exclusif de tout autre recours.** Ainsi le pourvoi en cassation est irrecevable contre l'arrêt infirmatif d'une ordonnance de rejet qui décide la mesure sollicitée, seul le référé-rétractation est possible[3] (v. s^{s} n° 324.73, *in fine* – il en a été jugé ainsi pour une ordonnance rendue sur requête par un premier président constatant la caducité d'un appel[4]). De même et surtout, les tiers intéressés ne sauraient former une tierce-opposition[5]ou interjeter **appel** des ordonnances sur requête qui leur font grief[6] (il a en outre été jugé que l'exclusion de l'appel dans un tel cas n'est pas contraire à Conv. EDH, art. 6 § 1[7]). Il faut cependant réserver le cas exceptionnel où le tiers a été entendu par le juge avant qu'il ne rende sa décision et a fait connaître contradictoirement son opposition à la mesure sollicitée. Dans ce cas, en effet, l'ordonnance est de nature contentieuse (v. s^{s} n° 324.31) et le tiers devenu partie à la procédure antérieurement à la décision doit en interjeter appel selon les règles de la procédure contentieuse[8]. Mais c'est le seul cas où la nature de l'ordonnance exerce encore exceptionnellement une incidence sur la voie de recours ouverte. Dans tous les autres cas, seul le référé-rétractation est possible, même si l'ordonnance était qualifiée de contentieuse (v. s^{s} n° 324.31), dès lors qu'elle est rendue en l'absence de toute partie adverse[9].

324.73 **Juge compétent.** Nonobstant les règles de procédure applicables (v. s^{s} n° 324.74), le juge compétent n'est jamais le juge des référés, mais toujours celui qui a rendu l'ordonnance contestée[10]. Il peut s'agir, par exemple, du président du tribunal de grande instance ayant autorisé une saisie-arrêt alors même que le tribunal de commerce aurait ouvert entre-temps une procédure collective contre le débiteur[11] – et cette solution est transposable à toutes les mesures conservatoires relevant désormais du juge de l'exécution – du juge chargé du contrôle de l'expertise[12] ou encore du premier président en appel (tel le cas des ordonnances autorisant l'appel à jour fixe[13]). L'auteur de l'ordonnance contestée reste compétent pour connaître du référé-rétractation même si la juridiction qu'il préside ou à laquelle il appartient est incompétente au fond (à propos d'une ordonnance d'un président de tribunal de grande instance ayant

1. R. Perrot, *RTD civ.* 1984. 367 – V. AUSSI, *RTD civ.* 1987. 411 – P. Bertin, « Le référé à fin de rétractation de l'ordonnance rendue sur la requête initiale en divorce est-il un "recours" interdit par l'article 1107 NCPC ? », *JCP* 1984. I. 3146 – Solution consacrée par la Cour de cassation : Civ. 1re, 13 juill. 2005, n° 05-10.519, *Bull. civ.* I, n° 334; *D.* 2006. 1778, chron. Jault-Seseke et Pigache; *RTD civ.* 2005. 763, obs. Hauser; *Gaz. Pal.* 2006. Somm. 1377.
2. En dernier lieu, Civ. 2e, 24 juin 2004, n° 02-14.886, *Bull. civ.* II, n° 321.
3. Civ. 3e, 13 déc. 1977, n° 76-13.611, *Bull. civ.* III, n° 441 – Civ. 2e, 15 mai 2008, n° 07-20.624, *Bull. civ.* I, n° 129; *D.* 2009. 62, note Guez; *Procédures* 2008. Comm. 194, obs. Perrot.
4. Civ. 2e, 26 juin 2003, n° 01-13.802, *Bull. civ.* II, n° 207; *Dr. et proc.* 2004. 24, obs. Vinckel.
5. Civ. 2e, 9 nov. 2006, n° 05-16.691, *Bull. civ.* II, n° 316; *D.* 2006. IR 2498.
6. Civ. 2e, 24 avr. 1989, n° 88-10.941, *Bull. civ.* II, n° 98; *RTD civ.* 1990. 143, obs. Perrot; *Gaz. Pal.* 1990. Somm. 7, obs. Guinchard et Moussa; *JCP* 1990. II. 21472, obs. Cadiet – Paris, 28 mars 1977, *Gaz. Pal.* 1977. 446, note Viatte; *RTD civ.* 1977. 828, obs. Perrot – Versailles, 26 nov. 1979, 2 arrêts, *Gaz. Pal.* 1980. Somm. 480 et 481.
7. Civ. 2e, 22 janv. 1997, n° 95-12.654, *Bull. civ.* II, n° 19; *Gaz. Pal.* 1997. Pan. 234.
8. Civ. 1re, 7 nov. 1979, n° 78-13.968, *Bull. civ.* I, n° 274; *JCP* 1980. IV. 21; *RTD civ.* 1980. 164, obs. Perrot.
9. V. NOT., Perrot, *RTD civ.* 1977. 828.
10. Rouen, 31 mars 1981, *Gaz. Pal.* 1981. Somm. 246.
11. Com. 24 sept. 1981, n° 80-12.276, *Bull. civ.* IV, n° 339.
12. Civ. 2e, 7 déc. 1983, *D.* 1984. 227, note Guinchard et Moussa.
13. Civ. 3e, 3 mai 1983, n° 81-14.617, *Bull. civ.* III, n° 101; *RTD civ.* 1983. 795, obs. Perrot.

autorisé une mesure conservatoire sur le fondement d'une créance de nature commerciale relevant au fond de la compétence du tribunal de commerce[1]; en conséquence, les exceptions de litispendance et de connexité doivent être rejetées[2]). Mais il ne doit pas s'agir nécessairement de la même personne physique, l'identité requise s'appréciant au niveau de la fonction exercée et non de la personne[3]. Enfin, dans le cas particulier où la mesure sollicitée est décidée en appel sur infirmation d'une ordonnance de rejet, c'est devant la cour que le référé-rétractation doit être porté[4].

324.74 **Procédure.** Le référé-rétractation est toujours soumis aux règles de la procédure du référé. Le tiers intéressé ne peut donc jamais saisir le juge compétent aux fins de rétractation sur requête[5] (y compris le mandataire désigné sur requête de copropriétaires qui ne veut pas de cette charge[6]), il doit nécessairement assigner le requérant devant lui en référé. Mais il n'est soumis à aucun délai pour ce faire[7]et peut agir même si le juge du fond est déjà saisi (C. pr. civ., art. 497)[8]. La décision rendue est une ordonnance de référé qui n'a pas l'autorité de chose jugée au principal (en ce sens, à propos d'une saisie conservatoire dont la mainlevée a été refusée par le président du tribunal de commerce qui l'avait ordonnée et est prononcée par le juge saisi au fond[9]) et pourra être frappée d'appel dans le délai de quinze jours de sa notification[10].

Cette décision est ainsi prononcée au terme d'une procédure contentieuse[11] et normalement contradictoire. Chacune des parties doit donc y faire valoir ses prétentions sous les trois précisions suivantes :

– la charge de la preuve pèse sur le requérant, c'est-à-dire le défendeur au référé-rétractation, auquel il appartient ainsi d'établir le bien-fondé de la mesure contestée[12] (cette solution dégagée par la jurisprudence à propos de la saisie-arrêt a été consacrée par le Décr. 31 juill. 1992, art. 217, al. 2 [devenu C. pr. exéc., art. R. 512-2, al. 2], au titre des mesures conservatoires relevant désormais de la compétence du juge de l'exécution);

– le juge n'a pas à procéder d'office à la vérification du bien-fondé de la mesure ordonnée, il n'a à se prononcer que sur ce qui lui est demandé[13];

– le débat ainsi ouvert n'est pas limité aux seuls faits connus au moment de la requête, les parties peuvent invoquer des faits survenus postérieurement au prononcé de l'ordonnance[14] car le juge doit se placer au jour où il statue et non à la date à laquelle l'ordonnance contestée a été rendue pour apprécier les faits et le droit[15] (il en a ainsi été jugé dans une espèce où le juge du fond avait été saisi postérieurement à l'ordonnance attaquée[16]).

324.75 **Pouvoirs du juge.** L'étendue des pouvoirs du juge se déduit de la nature même du référé-rétractation, le même juge étant ressaisi, contradictoirement cette fois, de la même demande dont il doit toujours apprécier le mérite (y compris la cour d'appel saisie d'une décision ayant rétracté une ordonnance sur requête rendue sur le fondement de l'article 145 C. pr. civ.; en effet, elle ne saurait refuser de vérifier l'existence d'une procédure au fond entre les mêmes parties et portant sur le même objet au motif que le requérant, en cachant cette procédure au premier juge, a eu un comportement déloyal[17]). Il en résulte d'abord qu'il doit disposer, pour apprécier la justification de la mesure contestée, des mêmes pouvoirs qu'au moment où il a rendu l'ordonnance attaquée[18]. Aussi, même s'il statue en référé, ses pou-

1. Civ. 2e, 14 janv. 1987, no 85-14.668, NP; *D.* 1987. IR 19; *RTD civ.* 1987. 410, obs. Perrot.
2. Civ. 2e, 23 juin 2011, no 10-23.189, *Bull. civ.* II, no 142; *D.* 2011. 1979.
3. Civ. 2e, 11 mai 2006, no 05-16.678, *Bull. civ.* II, no 127; *D.* 2006. IR 1705; *JCP* 2006. I. 183, obs. Amrani-Mekki; *Dr. et proc.* 2006. 271, obs. Fricero; *RLDC* 2006/31, no 2446, obs. Miniato – Civ. 2e, 11 mars 2010, no 09-66.338, *Bull. civ.* II, no 53; *D.* 2011. 265, obs. Fricero.
4. Civ. 3e, 13 déc. 1977, no 76-13.611, *Bull. civ.* III, no 441.
5. TGI Cherbourg, 11 oct. 1973, *Gaz. Pal.* 1974. 189; *RTD civ.* 1974. 675, obs. Perrot.
6. Civ. 2e, 7 janv. 2010, no 08-16.486, NP; *Procédures* 2010. Comm. 113, obs. Perrot.
7. Civ. 2e, 26 nov. 1990, no 89-18.207, *Bull. civ.* II, no 247 – Civ. 2e, 5 juin 1996, no 94-12.291, *Bull. civ.* II, no 135; *JCP* 1996. IV. 1713 – Civ. 2e, 17 oct. 2002, no 01-11.536, *Bull. civ.* II, no 227; *D.* 2002. IR 3244.
8. Sur ce point, v. Civ. 2e, 23 janv. 1975, no 74-10.608, *Bull. civ.* II, no 27; *RTD civ.* 1975. 382, obs. Perrot – Civ. 2e, 6 janv. 1983, NP; *Gaz. Pal.* 1983. Pan. 177, obs. Guinchard.
9. Civ. 2e, 18 janv. 2001, no 98-10.249, *Bull. civ.* II, no 12; *D.* 2001. IR 982.
10. V. PAR ex., Versailles, 26 nov. 1979, *Gaz. Pal.* 1980. Somm. 480.
11. EN CE SENS, Civ. 2e, 30 janv. 2003, no 01-01.128, *Bull. civ.* II, no 25; *Gaz. Pal.* 2003. Somm. 3229.
12. Civ. 2e, 21 oct. 1987, no 86-14.978, *Bull. civ.* II, no 209; *RTD civ.* 1984. 404, obs. Perrot – Civ. 2e, 9 déc. 1987, no 86-18.139, *Bull. civ.* II, no 262; *Gaz. Pal.* 1988. Somm. 262, obs. Véron – Civ. 2e, 9 mai 1988, no 87-12.495, *Bull. civ.* II, no 113; *RTD civ.* 1988. 580, obs. Perrot.
13. Civ. 2e, 29 oct. 1990, no 89-16.488, *Bull. civ.* II, no 221.
14. Civ. 2e, 20 nov. 1985, no 84-13.129, *Bull. civ.* II, no 176 – Civ. 2e, 12 janv. 1994, no 92-14.605, *Bull. civ.* II, no 25; *RTD civ.* 1994. 426, obs. Perrot – CONTRA : Paris, 16 déc. 1983, *JCP* 1984. II. 20290, note crit. Le Ninivin; *RTD civ.* 1984. 367, obs. crit. Perrot.
15. Civ. 3e, 2 oct. 2001, no 99-12.382, NP; *Procédures* 2001. Comm. 228, obs. Perrot; *RTD civ.* 2002. 146, obs. Perrot.
16. Civ. 2e, 3 oct. 2002, no 01-00.326, *Bull. civ.* II, no 205; *Procédures* 2002. Comm. 225, obs. Perrot.
17. Civ. 2e, 22 oct. 2009, no 08-17.485, *Bull. civ.* II, no 250; *D.* 2010. 532, chron. Sommer, Leroy-Gissinger, Adida-Canac et Grignon Dumoulin; *Dr. et proc.* 2010. 51, obs. Douchy-Oudot.
18. Civ. 2e, 9 déc. 1987, no 86-18.139, *Bull. civ.* II, no 262; *Gaz. Pal.* 1988. Pan. 262, obs. Véron – Civ. 2e, 9 mai 1988, no 87-▶

voirs ne sauraient-ils être limités par l'urgence[1] ou par la contestation sérieuse[2].

Mais saisi de la même demande, il doit aussi statuer dans la limite de son objet, tel qu'il résulte de la requête initiale. Il ne saurait donc ordonner une mesure nouvelle, qu'elle soit de même nature mais avec un objet (telle la production de pièces nouvelles[3]) ou fondée sur une cause distincte (tel le cas d'hypothèques judiciaires autorisées dans le cadre du référé-rétractation sur le fondement de créances qui n'avaient pas été invoquées dans la requête initiale[4]), ou *a fortiori* de nature différente (par ex. une provision accordée alors que de plus les parties ne s'étaient pas même expliquées sur ce point[5]). Ceci étant, dès lors qu'il s'en tient à la mesure contestée, il peut tant la supprimer en rétractant l'ordonnance attaquée que la modifier en fonction des prétentions respectivement soutenues par les parties[6].

► 12.495, *Bull. civ.* II, n° 113; *RTD civ.* 1988. 580, obs. Perrot – Civ. 2e, 8 févr. 1989, n° 87-18.196, *Bull. civ.* II, n° 33 – Civ. 1re, 18 oct. 1988, n° 86-19.594, *Bull. civ.* I, n° 294.

1. Civ. 2e, 3 janv. 1979, n° 77-15.132, *Bull. civ.* II, n° 6; *D.* 1979. IR 291, obs. Julien.
2. Civ. 2e, 20 févr. 1980, n° 78-16.544, *Bull. civ.* II, n° 39 – Civ. 2e, 1er juin 1988, n° 87-12.193, NP; *Gaz. Pal.* 1989. Somm. 167, obs. Guinchard et Moussa – Com. 15 févr. 1983, n° 81-15.837, *Bull. civ.* IV, n° 65 – Com. 1er déc. 1987, n° 86-10.229, *Bull. civ.* IV, n° 258; *JCP* 1988. II. 21091, note Cadiet – Com. 30 mai 2000, n° 97-18.457, *Bull. civ.* IV, n° 113; *Gaz. Pal.* 2000. 2156.
3. Civ. 2e, 9 sept. 2010, n° 09-69.936, *Bull. civ.* II, n° 151; *Dr. et proc.* 2010. 319, obs. Douchy-Oudot; *Procédures* 2010. Comm. 371, obs. Perrot, préc. ss n° 324.22.
4. Civ. 2e, 20 févr. 1991, n° 89-13.954, *Bull. civ.* II, n° 61; *RTD civ.* 1991. 605, obs. Perrot.
5. Versailles, 11 oct. 1991, *D.* 1992. IR 2.
6. Civ. 1re, 4 mai 1994, n° 92-10.671, *Bull. civ.* I, n° 161.

CHAPITRE

325. Conciliation et médiation – droit interne

DOMINIQUE D'AMBRA
Professeur à l'Université de Strasbourg
Avocat

SECTION 0
ORIENTEUR

325.00 **Plan du chapitre.**

Division. Le législateur contemporain voudrait favoriser la résolution amiable des conflits comme en témoigne la loi n° 98-1163 du 18 décembre 1998 relative à la fois à l'accès au droit et à la résolution amiable des conflits[1]. Le droit moderne offre d'autres solutions que les voies judiciaire et juridictionnelle : les modes alternatifs de règlement des conflits (MARC) sont nombreux, telles la conciliation et la médiation. Comment les distinguer des autres modes de résolution des litiges (sect. 1) ? Quel est le domaine de ces deux modes particuliers d'apaisement des conflits (sect. 2) ? Enfin quelles sont les règles qui régissent la conciliation et la médiation judiciaires (sect. 3) ?

325.01 **Principaux textes applicables.**

C. pr. civ., art. 21, 127 à 131-15, 240, 281, 768, 830 à 836, 863, 887, 1528 à 1541.

C. civ., art. 252 à 253, 255, 373-2-10, 2238.

1. L. n° 98-1163, 18 déc. 1998, relative à l'accès au droit et à la résolution amiable des conflits, *JO* 22 déc., p. 19343.

Décr. n° 2012-66, 20 janv. 2012 relatif à la résolution amiable des différends, *JO* 22 janv. p. 1280.

Ord. n° 2011-1540, 16 nov. 2011, portant transposition de la directive n° 2088/52/CE du Parlement européen et du Conseil du 21 mai 2008, sur certains aspects de la méditation en matière civile et commerciale, *JO* 17 nov., p. 19286.

Décr. n° 2010-1395, 12 nov. 2010, relatif à la médiation et à l'activité judiciaire en matière familiale, *JO* 16 nov. p. 20405.

Décr. n° 2010-1165, 1er oct. 2010, relatif à la conciliation et à la procédure orale en matière civile, commerciale et sociale, *JO* 3 oct., p. 17986.

L. n° 95-125, 8 févr. 1995, relative à l'organisation des juridictions et à la procédure civile, pénale et administrative, art. 21 à 26, *JO* 9 févr., p. 2175.

325.03 Bibliographie indicative.

Actualisable. Rép. pr. civ., v° *Médiation et conciliation*, par M. Douchy-Oudot et J. Joly-Hurard, mars 2013.

Ouvrages. B. Blohorn-Brenner, *Justice et médiation : un juge du travail témoigne*, Éd. du Cherche-Midi, 2006 – M. Bourry d'Antin, G. Pluyette et S. Bensimon, *Arts et techniques de la médiation*, « Pratique professionnelle », LexisNexis-Litec, 2005 – P. Chevallier, Y. Desdevises et Ph. Milburn (dir.), *Les modes alternatifs de règlement des litiges : les voies nouvelles d'une autre justice*, Doc. fr., 2003. – N. Dion, *De la médiation – Essai pour une approche créatrice et pacifiée du conflit*, Mare et Martin, 2011. – J.-B. Racine, *Pluralisme des modes alternatifs de résolution des conflits, pluralisme du droit*, L'Hermès, 2002. – P.-P. Renson, *La médiation civile et commerciale. Comment éviter les aléas, le coût et la durée d'un procès*, Anthémis, 2010 – J.-Ph. Tricoit, *La médiation dans les relations du travail*, préf. B. Bossu, LGDJ, 2008; *La médiation*, *BICC*, hors série n° 4, *JO* 2006.

Articles et études. J. Beauchard, « La justice judiciaire de proximité », *Justices* 1995, n° 2, p. 35 s. – J.-L. Berger, « La juridiction gracieuse en droit français », *D.* 1983. Chron. 154 s. – G. Bolard, « De la déception à l'espoir : la conciliation », *Mél. Hébraud*, Toulouse, 1981, p. 47 s. – S. Braudo, « Propos sur la médiation en matière civile », *Gaz. Pal.* 1995. 1. Doctr. 467 – L. Cadiet, « Solution judiciaire et règlement amiable des litiges : de la contradiction à la concliliation », *Le droit dans l'entreprise dans ses relations externes à la fin du xxe siècle, Mél. Champaud*, Dalloz, 1997, p. 129 – Carnelutti, « Le rôle de médiateur de la Commission des Communautés européennes », *Gaz. Pal.* 1991. Doctr. 86 – J. Copper-Royer, « La médiation à la solution contentieuse des litiges familiaux », *Gaz. Pal.* 1998. 2. Doctr. 49 – G. Deharo, « Médiation : une justice équitable et durable ? » *Gaz. Pal.* 18-22 août 2006 – Y. Desdevises, « Remarques sur la conciliation dans les textes récents de procédure civile », *D.* 1981. Chron. 241 s.; « Modes alternatifs de règlement des litiges », *Justices* 1996. 339 – P. Estoup, « Études et pratique de la conciliation », *D.* 1986. 1. Doctr. 161; « Conciliation judiciaire et extrajudiciaire devant les tribunaux d'instance », *Gaz. Pal.* 1986. 1. Doctr. 288 – G. Flécheux et P. Lafargue, « La médiation », *Mél. Drai*, Dalloz, 2000, p. 301 – P. Hébraud, « Observations sur l'arbitrage judiciaire », *Mél. Marty*, PU Toulouse, 1978, p. 636 – S. Guinchard, « L'ambition d'une justice civile rénovée : commentaire du décret n° 98-1231 du 28 décembre 1998 et de quelques aspects de la loi n° 98-1163 du 18 décembre 1998 », *D.* 1999. Chron. 65 s. – C. Jarrosson, « Médiation et conciliation : définition et statut juridique », *Gaz. Pal.* 1996. 2. Doctr. 951; « Modes alternatifs de règlement des conflits », *Justices* 1997. 274 s. – E. Jeuland, « La médiation en France : la maturité ? », C. H. Van Rhee, D. Heirbaut et M. Storme (dir.), *Le bicentenaire du Code de procédure civile*, Kluwer, 2008, p. 89 – X. Lagarde, « Droit processuel et modes alternatifs de règlement des litiges », *Rev. arb.* 2001. 423 – A. Lorieux, « Place de la médiation dans le procès civil », *Gaz. Pal.* 1991. 1. Doctr. 66 – G. Pluyette, « La médiation judiciaire », *Gaz. Pal.* 1998. 2. Doctr. 702 s.; « La médiation judiciaire en matière civile », *Gaz. Pal.* 1994. 2. Doctr. 1098 – M.-C. Rivier, « Modes alternatifs de règlements des conflits en droit du travail », *Justices* 1997. 33 s. – F. Ruellan, « Le conciliateur civil : entre utopie et réalités », *JCP* 1990. 1. 3431 – E. Serverin, « Le médiateur civil et le service public de la justice », *RTD civ.* 2007. 229.

325.05 La justice de proximité. La profonde transformation de notre société a accentué la juridicité des rapports sociaux et a favorisé le développement du contentieux. En matière civile le nombre des affaires a doublé en vingt ans sans que cet accroissement soit accompagné d'une augmentation des moyens humains et matériels. Le juge est de plus en plus sollicité pour assurer le respect des nouveaux textes et en interpréter les termes, souvent obscurs... La Justice, dont l'accès a été facilité, est ainsi devenue pour les citoyens « *un bien de consommation courant* »[1]. Aussi les procédures apparaissent aux justiciables longues et coûteuses et les juges ont de moins en moins le temps pour dire le droit. D'où l'idée, pour lutter contre ce sentiment d'une justice lente, chère, compliquée, lointaine, incertaine, de développer une justice de proximité qui privilégierait le dialogue, le rétablissement de la paix sociale grâce à la conciliation et à la médiation.

325.06 Ces procédés n'ont pas eu le succès escompté. Les justiciables, même s'ils critiquent la Justice, préfèrent souvent qu'un juge tranche leur litige. Peut-être faut-il trouver l'origine de cette attitude dans notre histoire ? Comme le relève un auteur, non sans humour et avec perspicacité, notre modèle de la Justice tire son origine de l'officialisation de la justice privée et de la canalisation des luttes entre deux individus. Au Moyen Âge le duel armé était un moyen de preuve. Aussi « *il est assez naturel qu'un tel esprit de justice, issu de cet art martial transfiguré dans les techniques de l'audience judiciaire, survive, intériorisé, chez les héritiers contemporains des gentilshommes, que ce soit sur le siège, à la barre ou derrière la barre. Tout l'effort des parties vise à battre l'adversaire,*

1. J.-M. Coulon, *Réflexions et propositions sur la procédure civile*, Rapp. au garde des Sceaux, min. Justice, Doc. fr., 1997, p. 16.

voire à le tuer symboliquement dans ce duel verbal et juridiquement armé »[1].

325.07 Directive européenne. La directive n° 2008/52/CE du Parlement européen et du Conseil du 21 mai 2008 portant sur certains aspects de la médiation en matière civile et commerciale, a été publiée au *Journal officiel de l'Union européenne* du 24 mai 2008[2]. Elle s'applique aux litiges transfrontaliers, aux matières civiles et commerciales, à l'exception des droits et obligations dont les parties ne peuvent disposer. Les États membres ont disposé d'un délai de trente-six mois pour la transposer. Elle les oblige à encourager la formation des médiateurs et l'élaboration de codes volontaires de bonne conduite pour garantir une procédure équitable. Elle reconnaît le droit à tout juge d'un État membre, à chaque étape de la procédure, de proposer aux parties d'assister à une réunion d'information sur la médiation et, le cas échéant, de les inviter à y recourir. L'accord intervenu après une médiation doit pouvoir acquérir force exécutoire. La médiation doit se dérouler dans le respect de la confidentialité et les intérêts des parties qui recourent à la médiation doivent être sauvegardés au regard de la prescription. Cette directive a été transposée en France par l'ordonnance du 16 novembre 2011 (v. ss n° 325.01) qui a un champ d'application plus étendu que les litiges transfrontaliers visés dans la directive.

Pour plus de précisions sur la médiation en droit de l'Union européenne et en droit européen, v. ss nos 326.00 à 326.44.

SECTION 1
DÉFINITIONS DE LA CONCILIATION ET DE LA MÉDIATION

325.11 Conciliation et conciliateurs. Concilier c'est rapprocher des personnes que leur opinion ou leur intérêt divise. En droit, la conciliation est, d'une part, l'accord par lequel deux personnes en litige y mettent fin et, d'autre part, la phase de la procédure au cours de laquelle il est tenté de parvenir à cet accord[3]. Les parties peuvent parvenir à cet accord directement ou grâce à l'intervention d'une tierce personne appelée conciliateur. La mission de conciliation est une des fonctions du juge, mais cette mission peut être confiée à des tiers non magistrats.

Le décret n° 78-381 du 20 mars 1978[4] a institué des conciliateurs afin de favoriser, en dehors ou en marge de toute procédure judiciaire, le règlement amiable des différends portant sur des droits dont les intéressés ont la libre disposition. Ces conciliateurs sont dénommés, depuis le décret n° 96-1091 du 13 décembre 1996, conciliateurs de justice[5]. Le décret n° 2006-687 du 12 juin 2006[6] leur accorde une indemnité forfaitaire versée chaque trimestre pour couvrir leurs menues dépenses de secrétariat, téléphone, documentation, affranchissement. Un arrêté en fixe le montant. Cette indemnité est versée trimestriellement. Le premier président de la cour d'appel et le procureur général peuvent autoriser, sur justificatifs, un dépassement de l'indemnité dans la limite fixée par l'arrêté. Mais les conciliateurs ne perçoivent aucune rémunération, à la différence des médiateurs. La rémunération fournit un critère objectif de distinction entre ces deux modes de résolution des litiges.

325.12 Conciliation et médiation. Il s'agit de deux modes conventionnels et pacifiques de règlement des litiges. L'article 1530 C. pr. civ. précise que la médiation et la conciliation conventionnelles, régies par ce code, « *s'entendent, en application des articles 21 et 21-2 de la loi* [n° 95-125] *du 8 février 1995* [...], *de tout processus structuré, par lequel deux ou plusieurs parties tentent de parvenir à un accord, en dehors de toute procédure judiciaire en vue de la résolution amiable de leurs différends, avec l'aide d'un tiers choisi par elles qui accomplit sa mission avec impartialité, compétence et diligence* ». Elles sont toutes deux soumises au **principe de confidentialité.** Ce texte, issu du décret n° 2012-66 du 20 janvier 2012, relatif à la résolution amiable des différends[7], assimile les deux procédés; cependant le décret contient un chapitre sur la médiation conventionnelle et un autre chapitre sur la conciliation menée par un conciliateur de justice. L'ordonnance n° 2011-1540 du 16 novembre 2011[8] qui a transposé la directive européenne ne vise que la médiation; elle a modifié l'article 21 de la loi n° 95-125 du 8 février 1995[9] en précisant que la médiation « *s'entend de tout processus*

1. I. Kitamura, « L'avenir de la justice conciliationnelle », *Mél. Terré*, Dalloz/Éd. techniques/PUF, 1999, p. 800 s.
2. Dir. CE n° 2008-52, du Parlement européen et du Conseil, 21 mai 2008, sur certains aspects de la médiation en matière civile et commerciale, *JOUE*, n° L 136, 24 mai, p. 3.
3. G. Cornu, *Vocabulaire juridique*, 9e éd., PUF, 2011.
4. Décr. n° 78-381, 20 mars 1978, relatif aux conciliateurs de justice, *JO* 23 mars, p. 1265.
5. Décr. n° 96-1091, 13 déc. 1996, modifiant le décret n° 78-381 du 20 mars 1978 relatif aux conciliateurs, *JO* 15 déc., p. 18424.
6. Décr. n° 2006-687, 12 juin 2006, modifiant le décret n° 78-381 du 20 mars 1978, relatif aux conciliateurs de justice, *JO* 14 juin, p. 8962.
7. Décr. n° 2012-66, 20 janv. 2012, relatif à la résolution amiable des différends, *JO* 22 janv., p. 1280.
8. Ord. n° 2011-1540, 16 nov. 2011, portant transposition de la directive n° 2008/52/CE du Parlement européen et du Conseil du 21 mai 2008 sur certains aspects de la médiation en matière civile et commerciale, *JO* 17 nov., p. 19286.
9. L. n° 95-125, 8 févr. 1995, relative à l'organisation des juridictions et à la procédure civile, pénale et administrative, *JO* 9 févr., p. 2175.

structuré, quelle qu'en soit la dénomination, par lequel deux ou plusieurs parties tentent de parvenir à un accord en vue de la résolution amiable de leurs différends, avec l'aide d'un tiers, le médiateur, choisi par elles ou désigné, avec leur accord, par le juge saisi du litige ». La distinction entre médiation et conciliation n'est pas très claire. Le flou de la terminologie montre que la frontière entre conciliation et médiation est mal définie. Il a été soutenu que le médiateur est chargé d'une mission plus active que le conciliateur dans la recherche des éléments d'une entente qu'il propose aux parties, sans pouvoir la leur imposer[1] mais la différence serait plus de degré que de nature[2]. Depuis la transposition de la directive européenne par l'ordonnance du 16 novembre 2011, qui s'applique au-delà des litiges transfrontaliers, il faut bien reconnaître que lorsqu'il n'y a pas de procédure juridictionnelle la distinction n'a plus vraiment d'intérêt. En effet la **médiation conventionnelle** (C. pr. civ., art. 1532 à 1535) et la **conciliation par un conciliateur de justice** (C. pr. civ., art. 1536 à 1541) sont régies par des dispositions communes (C. pr. civ., art. 1565 à 1568). En revanche lorsque survient un contentieux, seul le juge a une mission de conciliation (C. pr. civ., art. 21) mais il peut déléguer cette mission à un conciliateur de justice lorsqu'une disposition particulière l'y autorise (C. pr. civ., art. 129-1). Il peut également, mais en principe seulement avec l'accord des parties, désigner un médiateur (C. pr. civ., art. 131-1). Contrairement au conciliateur, le médiateur est rémunéré. Aussi aujourd'hui « *la* summa divisio *n'est pas d'opposer conciliation et médiation mais de distinguer, selon que le processus amiable s'intègre ou non dans le cadre d'une procédure juridictionnelle* »[3].

325.13 Conciliation et transaction. La conciliation peut recouvrir une renonciation pure et simple d'une partie à ses prétentions ou être le résultat de concessions réciproques de la part de chacune des parties. Comment distinguer conciliation et transaction ? Certains auteurs assimilent parfois ces deux notions[4]. La transaction est un contrat nommé par lequel les parties « *terminent une contestation née ou préviennent une contestation à naître* » (C. civ., art. 2044, al. 1er) au moyen, selon la doctrine, de concessions réciproques. Cette dernière condition a été retenue par la jurisprudence[5] et permet de distinguer la transaction de la conciliation car la conciliation n'est pas obligatoirement le résultat de concessions réciproques. La transaction obéit au droit commun des contrats. Elle est un acte de disposition. Elle doit porter sur un objet dont les parties ont la libre disposition. Selon la formule maladroite de l'article 2052 du Code civil la transaction a, entre les parties, autorité de la chose jugée en dernier ressort. Cela signifie qu'une partie qui a transigé renonce du même coup à introduire une action en justice ayant le même objet que la transaction sous peine de se heurter à une fin de non-recevoir. Mais la transaction, comme la conciliation, implique pour la solution du litige un accord de volontés. Conciliation et transaction ne sont donc pas des actes juridictionnels. Cependant le président du tribunal de grande instance, saisi sur requête par une des parties, pourra conférer force exécutoire à la transaction (C. pr. civ., art. 1565 à 1568).

325.14 Conciliation et arbitrage. Si le recours à l'arbitrage suppose, comme la conciliation, l'accord des parties, la comparaison avec la conciliation s'arrête là, en effet l'arbitrage est un mode juridictionnel de règlement des conflits. L'arbitre tranche le litige et sa décision s'impose aux parties[6].

325.15 Conciliation et amiable composition. L'amiable composition est le mode de règlement des litiges par lequel les parties conviennent de conférer au juge ou à l'arbitre la mission de statuer en équité (C. pr. civ., art. 12 et 1478). L'amiable composition, comme la conciliation, suppose l'accord des parties et privilégie l'équité. Mais la décision de l'amiable compositeur est un jugement qui bénéficie de l'autorité de la chose jugée. Certains auteurs contestent à cette décision la qualification d'acte juridictionnel au motif que le juge ou l'arbitre ne dit pas le droit pour trancher le litige[7]. Il est vrai que ce jugement est particulier puisque les motifs de la décision échappent au contrôle de la Cour de cassation[8].

325.16 Conciliation et procédure participative. « *La convention de procédure participative est une convention par laquelle les parties à un différend qui n'a pas encore donné lieu à la saisine d'un juge ou d'un arbitre s'engagent à œuvrer conjointement et de bonne foi à la résolution amiable de leur litige* » (C. civ., art. 2062, al. 1er). C'est un mode de résolution amiable des différends (v. ss no 327.00.), à côté de la conciliation et de la médiation (C. pr. civ., art. 1528). Soit elle aboutit à un accord qui pourra être homologué par le juge, soit le différend persiste au moins en partie et une passerelle permet de saisir le juge pour qu'il le tranche. La **convention de procédure participative** est soumise à de strictes **conditions de forme et de fond.** C'est un acte solennel puisqu'elle nécessite un écrit à peine de nullité. Elle suppose qu'un juge ou qu'un

1. C. Jarrosson, « Médiation et conciliation : définition et statut juridique », *Gaz. Pal.* 1996. 2. Doctr. 951.
2. S. Guinchard, G. Montagnier, A. Varinard et T. Debard, *Institutions judiciaires,* 12e éd., « Précis », Dalloz, 2013, no 44.
3. *Ibid.*, no 43.
4. Cadiet et Jeuland, 8e éd., 2013, no 423.
5. Par ex., Soc. 25 oct. 1990, no 87-40.407, *Bull. civ.* V, no 515.
6. Rép. pr. civ., vo *Médiation et conciliation*, par Douchy-Oudot et Joly-Hurard, mars 2013, no 15.
7. Cadiet et Jeuland, 8 éd., 2013, no 104.
8. Com. 9 janv. 1979, no 76-14.963, *Bull. civ.* IV, no 11; *D.* 1979. 291, obs. Julien; *D.* 1980. 204 note Robert; *Rev. arb.* 1979. 468, note Loquin.

arbitre n'a pas été saisi du litige et elle rend irrecevable, tant qu'elle dure, tout recours au juge pour qu'il le tranche. Elle implique pour chaque partie l'assistance obligatoire d'un avocat.

SECTION 2

DOMAINE DE LA CONCILIATION ET DE LA MÉDIATION EN PROCÉDURE CIVILE

325.20 Division. Commentant la loi du 9 février 1949 qui a supprimé le préliminaire obligatoire de conciliation devant le tribunal civil[1], Hébraud faisait remarquer que « *la conciliation est plus utile mais plus malaisée avant l'exercice de l'action qu'au cours de l'instance* ». Le recours à la conciliation ou à la médiation peut être préalable à l'action (§ 1) ou intervenir au cours de la procédure judiciaire soit au début (§ 2) soit en cours d'instance (§ 3).

§ 1

Conciliation et médiation préalable à l'action

325.21 Définition. La tentative de conciliation est dite préalable à l'action lorsqu'elle se situe avant l'introduction de l'instance contentieuse. Cette conciliation est conventionnelle et s'oppose à la conciliation judiciaire ou juridictionnelle qui intervient au cours de la procédure judiciaire. Aujourd'hui, la distinction entre conciliation et médiation conventionnelles n'a plus guère d'intérêt et il serait plus exact de parler de médiation car l'article 21 modifié de la loi du 8 février 1995 précise que la médiation « *s'entend de tout processus structuré, qu'elle qu'en soit la dénomination* » (v. s^s n° 325.12).

Le juge n'a pas le monopole de la résolution amiable des litiges, des tiers ou des organismes sont également appelés à jouer un rôle en la matière. Leur saisine est parfois un préalable indispensable à la recevabilité de la demande en justice, notamment lorsque la convention liant les parties contient une clause qui oblige à une procédure de conciliation préalable[2]. La Cour de justice de l'Union européenne a jugé que « *les principes d'équivalence et d'effectivité ainsi que le principe de protection juridictionnelle effective* » ne s'opposent pas à ce qu'une législation nationale pose comme condition de recevabilité d'un recours juridictionnel la tentative de conciliation extrajudiciaire[3]. Le droit privé connaît de nombreux cas de conciliation avant l'introduction de l'instance contentieuse.

Depuis la loi n° 2008-561 du 17 juin 2008, portant réforme de la prescription en matière civile[4], **les tentatives extrajudiciaires de conciliation ou de médiation suspendent le cours de la prescription** : « *La prescription est suspendue à compter du jour où, après la survenance d'un litige, les parties conviennent de recourir à la médiation ou à la conciliation ou, à défaut d'accord écrit, à compter du jour de la première réunion de médiation ou de conciliation. La prescription est également suspendue à compter de la conclusion d'une convention de procédure participative.*

Le délai de prescription recommence à courir, pour une durée qui ne peut être inférieure à six mois, à compter de la date à laquelle soit l'une des parties ou les deux, soit le médiateur ou le conciliateur déclarent que la médiation ou la conciliation est terminée. En cas de convention de procédure participative, le délai de prescription recommence à courir à compter du terme de la convention, pour une durée qui ne peut être inférieure à six mois » (C. civ., art. 2238).

A.

Droit des entreprises en difficultés

325.31 Division. Le droit des entreprises en difficulté offre deux exemples de conciliation extra juridictionnelle.

325.32 Procédure de conciliation. La loi n° 84-148 du 1er mars 1984, réformée par la loi n° 94-475 du 10 juin 1994[5], organisait une procédure de règlement amiable. La loi n° 2005-845 du 26 juillet 2005

1. L. n° 49-178, 9 févr. 1949, supprimant la tentative de conciliation dans les affaires du ressort des tribunaux de première instance, *JO* 10 févr., p. 1499; *D.* 1949. 269.

2. Cass., ch. mixte, 14 févr. 2003, n°s 00-19.423 et 00-19.424, *Bull. ch. mixte*, n° 1; *D.* 2003. 1386, note Ancel et Cottin; *D.* 2003. 2480, obs. Clay; *RTD civ.* 2003. 294, obs. Mestre et Fages; *RTD civ.* 2003. 349, obs. Perrot; *JCP* 2003. I. 128, n° 17, obs. Cadiet; *JCP* 2003. I. 164, n° 9, obs. Seraglini; *JCP* 2003. I. 142, n° 13, obs. Virassamy; *Procédures* 2003, n° 96, note Croze – POUR la clause de médiation préalable obligatoire, v. Civ. 1re, 8 avr. 2009, n° 08-10.866, *Bull. civ.* I, n° 78; *D.* 2009. AJ 1284, obs. Delpech; *D.* 2009. Pan. 2959, obs. Clay; *RTD civ.* 2009. 774, obs. Théry – Mais la solution est différente en matière prud'homale en raison de l'existence d'une procédure de conciliation préliminaire et obligatoire; aussi la clause du contrat de travail qui institue une procédure de conciliation préalable en cas de litige survenant à l'occasion de ce contrat n'empêche pas les parties de saisir directement le juge prud'homal de leur différend : Soc. 5 déc. 2012, n° 11-20.004, *Bull. civ.* V, n° 326.
3. CJUE 18 mars 2010, Alassini et a., aff. C-317/08, *Rec. CJUE* I-2213; *RTD eur.* 2010. 599, obs. Coutron; *Procédures* 2010, n° 174, note Nourissat; *D.* 2011. 268, obs. Fricero.
4. L. n° 2008-561, 17 juin 2008, portant réforme de la prescription en matière civile, *JO* 18 juin, p. 9856.
5. L. n° 84-148, 1er mars 1984, relative à la prévention et au règlement amiable des difficultés des entreprises, *JO* 2 mars, p. 751 – L. n° 94-475, 10 juin 1994, relative à la prévention et au traitement des difficultés des entreprises, *JO* 11 juin, p. 8440.

de sauvegarde des entreprises[1], entrée en vigueur le 1er janvier 2006, substitue au règlement amiable une procédure de conciliation (C. com., art. L. 611-4 s.). Cette procédure a un domaine plus vaste que le règlement amiable; elle n'est pas seulement préventive et peut être ouverte avant la cessation des paiements mais aussi dans les quarante-cinq jours de sa survenance dès que l'entreprise rencontre une « *difficulté juridique, économique ou financière, avérée ou prévisible* » (C. com., art. L. 611-4). Le débiteur peut saisir le président du tribunal de commerce s'il est commerçant ou artisan ou le président du tribunal de grande instance dans les autres cas, d'une demande de conciliation. Si le président fait droit à la requête, il désigne un conciliateur dont la mission a pour objet la conclusion d'un accord amiable. Cet accord pourra être constaté par le président du tribunal qui lui donnera force exécutoire ou homologué par le tribunal déposé au greffe et publié.

325.33 **Règlement amiable de l'exploitation agricole.** La loi n° 88-1202 du 30 décembre 1988[2], modifiée par la loi n° 93-934 du 22 juillet 1993[3] organise une procédure analogue au profit des exploitants agricoles (C. rur., art. L. 351-1 à L. 351-7). Cette procédure est un préalable obligatoire lorsqu'un créancier veut déclencher une procédure de redressement judiciaire à l'encontre d'une entreprise agricole qui n'est pas constituée sous forme commerciale. Il est permis, dans cette hypothèse, de douter du caractère gracieux de la procédure de règlement amiable[4].

B.
Droit du surendettement

325.41 **Commission de surendettement des particuliers.** En matière de surendettement des particuliers et des familles, la loi n° 89-1010 du 31 décembre 1989[5], plusieurs fois modifiée, a organisé une procédure de règlement amiable devant une commission départementale d'examen des situations de surendettement[6]. Cette procédure est aujourd'hui régie par les dispositions du Code de la consommation.

L'article L. 331-6 du Code de la consommation prévoit que cette commission « *a pour mission de concilier les parties en vue de l'élaboration d'un plan conventionnel de redressement approuvé par le débiteur et ses principaux créanciers* ». Elle est saisie par le débiteur d'une demande d'élaboration d'un plan conventionnel de redressement. Cette demande doit respecter les mentions exigées à peine d'irrecevabilité par l'article R. 331-8-1 du Code de la consommation. La commission assure la mise en état des dossiers et recherche les solutions amiables envisageables. « *La décision déclarant la recevabilité de la demande emporte suspension et interdiction des procédures d'exécution diligentées à l'encontre des biens du débiteur ainsi que des cessions de rémunération consenties par celui-ci et portant sur les dettes autres qu'alimentaires. Les procédures et les cessions de rémunération sont suspendues ou interdites, selon les cas, jusqu'à l'approbation du plan conventionnel de redressement prévu à l'article L. 331-6, jusqu'à la décision imposant les mesures prévues par l'article L. 331-7, jusqu'à l'homologation par le juge des mesures recommandées en application des articles L. 331-7-1, L. 331-7-2 et L. 332-5 ou jusqu'au jugement d'ouverture d'une procédure de rétablissement personnel avec liquidation judiciaire. Cette suspension et cette interdiction ne peuvent excéder un an. Toutefois, lorsqu'en cas de saisie immobilière la vente forcée a été ordonnée, le report de la date d'adjudication ne peut résulter que d'une décision du juge chargé de la saisie immobilière, saisi à cette fin par la commission, pour causes graves et dûment justifiées* » (C. consom., art. L. 331-3-1, al. 1er). Avant la décision de recevabilité, la commission peut demander au juge de l'exécution la suspension des procédures d'exécution diligentées contre le débiteur et portant sur des dettes autres qu'alimentaires (C. consom., art. L. 331-5). La commission va tenter d'élaborer un **plan conventionnel de redressement** approuvé par les principaux créanciers et par le débiteur. Si la conciliation réussit, le plan conventionnel aura force obligatoire. En cas d'échec de la mission de conciliation, la commission peut, à la demande du débiteur et après avoir mis les parties en mesure de fournir leurs observations, imposer tout ou partie des mesures prévues par l'article L. 331-7. Elle peut également procéder aux **recommandations** prévues par les articles L. 331-7-1 et L. 331-7-2 du code, mais ne peut prescrire des mesures d'exécution. Cependant le **juge de l'exécution**, à condition qu'il n'ait pas été saisi d'une contestation par une partie dans les quinze jours de la notification de la recommandation, peut conférer force exécutoire aux mesures recommandées par la

1. L. n° 2005-845, 26 juill. 2005, de sauvegarde des entreprises, *JO* 27 juill., p. 12187 (mod. par Ord. n° 2010-1512, 9 déc. 2010, portant adaptation du droit des entreprises en difficulté et des procédures de traitement des situations de surendettement à l'entrepreneur individuel à responsabilité limitée, *JO* 10 déc., p. 21617).
2. L. n° 88-1202, 30 déc. 1988, relative à l'adaptation de l'exploitation agricole à son environnement économique et social, *JO* 31 déc., p. 16741.
3. L. n° 93-934, 22 juill. 1993, relative à la partie législative du livre III (nouveau) du Code rural (1), *JO* 23 juill., p. 10348.
4. J. de Guillenschmidt, « Le règlement amiable et le redressement judiciaire de l'exploitation agricole », *Gaz. Pal.* 1989. 567.
5. L. n° 89-1010, 31 déc. 1989, relative à la prévention et au règlement des difficultés liées au surendettement des particuliers et des familles, *JO* 2 janv. 1990, p. 18.
6. Sur l'ensemble de la question v. F. Ferrière et P.-L. Chatain, Dalloz référence *Surendettement des particuliers*, 2012/2013.

commission, après avoir vérifié leur régularité et leur bien-fondé pour les mesures prévues par l'article L. 331-7-1, 2° (C. consom., art. L. 332-1). Lorsque la situation est irrémédiablement compromise et si le débiteur est de bonne foi il peut bénéficier, s'il le souhaite, de la **procédure de rétablissement personnel** (C. consom., art. L. 332-5 à L. 332-12). La commission peut également recommander un rétablissement personnel sans liquidation judiciaire. En l'absence de contestation, le juge de l'exécution confère force exécutoire à la recommandation, après en avoir vérifié la régularité et le bien-fondé (C. consom., art. L. 332-5).

C. En matière de baux

325.51 Baux d'habitation. La loi n° 82-526 du 22 juin 1982 avait créé des commissions départementales des rapports locatifs. Les dispositions de ce texte ont été abrogées par la loi n° 86-1290 du 23 décembre 1986[1]. La loi n° 89-462 du 6 juillet 1989[2] a créé, dans chaque département, les commissions départementales de conciliation en matière de baux composées paritairement de représentants d'organisations de bailleurs et d'organisations de locataires. Cette commission rend un avis et s'efforce de concilier les parties au contrat de location, initial ou renouvelé, en cas de contestations portant sur le montant du loyer, sur l'application des articles 30 et 31 de la loi n° 86-1290 du 23 décembre 1986, sur les caractéristiques du logement, l'état des lieux, le dépôt de garantie, les charges et réparations locatives et les difficultés d'application des accords collectifs nationaux ou locaux prévus par la loi du 23 décembre 1986, sur l'application d'un plan de concertation locative prévue à l'article 44 *bis* de la loi du 23 décembre 1986 et des modalités de fonctionnement de l'immeuble ou du groupe d'immeubles. Il s'agit d'une compétence limitée qui ne peut être étendue à d'autres types de contestations mais la saisine de la commission départementale de conciliation est un préalable obligatoire à la saisine du juge pour faire fixer le loyer du bail renouvelé[3]. À défaut, le tribunal est irrégulièrement saisi et le prix du loyer est celui du bail arrivé à expiration. La commission est saisie par lettre recommandée avec avis de réception; le non-respect de cette condition est un vice de forme[4].

325.52 Baux commerciaux. La loi n° 88-18 du 5 janvier 1988[5] a institué une commission départementale de conciliation qui a pour mission de tenter de concilier les parties en cas de litige portant sur l'article L. 145-34 du Code de commerce (anc^{t} Décr. n° 53-960, 30 sept. 1953[6], sur les baux commerciaux, art. 23-6), relatif à la fixation du prix du bail renouvelé. Les termes de l'article L. 145-35 du Code de commerce (anc^{t} Décr. 30 sept. 1953, art. 23-6-1) pouvaient laisser penser que la saisine de la commission était obligatoire avant que le juge ne statue. La Cour de cassation a pourtant décidé que les juges du fond ne sont pas tenus de surseoir à statuer sur la fixation du loyer lorsqu'aucune des parties n'a saisi la commission de conciliation[7]. Elle est saisie par une partie au litige et pour le règlement des difficultés, elle peut être saisie par le bailleur, plusieurs locataires ou associations représentatives des locataires.

D. Conflits du travail

325.61 Conflits collectifs et conflits individuels. Les articles L. 2522-1 à L. 2522-6 et les articles L. 2523-1 à L. 2523-10 du Code du travail sont relatifs aux procédures de conciliation et de médiation destinées à régler les **conflits collectifs du travail**[8].

Tous les conflits collectifs du travail peuvent être soumis aux procédures de médiation. En pratique, le recours à ces procédures est relativement rare. La Cour de cassation a jugé que le caractère obligatoire de la conciliation préalable prévue dans un accord collectif de travail doit résulter des termes de la clause litigieuse[9].

La loi de modernisation sociale a également étendu la médiation aux **conflits individuels du travail** (C. trav., art. L. 1152-6) et a ouvert aux victimes de harcèlement moral ou à la personne mise en cause la possibilité d'avoir recours à un médiateur[10]. Cependant l'article 24 de la loi n° 95-125 du 8 février 1995, modifiée par l'ordonnance n° 2011-1540 du 16 novembre 2011 et l'article R. 1471-1 du Code du travail

1. L. n° 86-1290, 23 déc. 1986, dite Méhaignerie, tendant à favoriser l'investissement locatif, l'accession à la propriété de logements sociaux et le développement de l'offre foncière, *JO* 24 déc., p. 15531.
2. L. n° 89-462, 6 juill. 1989, dite Malandain, Mermaz, tendant à améliorer les rapports locatifs et portant modification de la loi n° 86-1290 du 23 décembre 1986, *JO* 8 juill., p. 8541.
3. Civ. 3e, 19 févr. 2003, n° 01-15.813, *Bull. civ.* III, n° 41; *D.* 2004. 845, obs. Damas; *Procédures* 2003, n° 94; *Defrénois* 2003, art. 37818, p. 1266, note Aubert.
4. Civ. 3e, 14 nov. 2002, n° 01-10.282, *Bull. civ.* III, n° 222; *D.* 2003. 465.
5. L. n° 88-18, 5 janv. 1988, relative au renouvellement des baux commerciaux, *JO* 6 janv., p. 230; *D.* 1988. 103.
6. Décr. n° 53-960, 30 sept. 1953, réglant les rapports entre bailleurs et locataires en ce qui concerne le renouvellement des baux, *JO* 1er oct., p. 8618.
7. Civ. 3e, 3 févr. 1993, n° 90-21.346, *Bull. civ.* III, n° 13; *JCP E* 1993. 275, note Brault.
8. V. Rép. pr. civ., v° *Médiation et conciliation*, par Douchy-Oudot et Joly-Hurard, mars 2013, n°s 58 s.
9. Soc. 13 janv. 2010, n° 08-18.202, *Bull. civ.* V, n° 10; *RTD civ.* 2010. 780, obs. Fages; *Procédures* 2010, n° 232, note crit. Bugada.
10. F.-J. Pansier, « Médiation en matière de harcèlement (sexuel ou moral) », *CSB* 2002, n° 140, p. 209.

précisent que les dispositions relatives à la médiation conventionnelle intervenant dans les différends qui s'élèvent à l'occasion d'un contrat de travail ne s'appliquent que lorsque ces différends sont transfrontaliers (v. s[s] n° 326.21). Dans ce cas c'est le bureau de conciliation qui homologue l'accord issu de la médiation (C. trav., art. R. 1471-2). Enfin, l'article L. 6222-39 du Code du travail prévoit que : « *Dans les entreprises ressortissant des chambres consulaires, un médiateur désigné par celles-ci peut être sollicité par les parties pour résoudre les différends entre les employeurs et les apprentis ou leur famille, au sujet de l'exécution ou de la rupture du contrat d'apprentissage* ».

E. Médiation et conciliation conventionnelles

325.70 **Droit commun des médiations et conciliations extrajudiciaires.** L'article 1530, inséré dans le Livre V du Code de procédure civile intitulé « La résolution amiable des différends » et créé par le décret du 20 janvier 2012, précise que la médiation et la conciliation conventionnelles « *s'entendent, en application des articles 21 et 21-2 de la loi du 8 février 1995* [...] *de tout processus structuré, par lequel deux ou plusieurs parties tentent de parvenir à un accord, en dehors de toute procédure judiciaire en vue de la résolution amiable de leurs différends, avec l'aide d'un tiers choisi par elles qui accomplit sa mission avec impartialité, compétence et diligence* ». Ces procédures sont soumises au **principe de confidentialité** et se déroulent sans l'intervention du juge. Toutefois, si elles aboutissent à un accord, il pourra être soumis à l'**homologation du juge** aux fins de le rendre exécutoire (C. pr. civ., art. 1565). Le juge statue sur requête, il ne peut modifier l'accord mais il peut refuser de l'homologuer. Dans ce cas les parties peuvent interjeter appel, par déclaration, au greffe de la cour d'appel. L'affaire sera jugée selon la procédure gracieuse (C. pr. civ., art. 1566, al. 3). Si l'accord est homologué tout intéressé peut en référer au juge qui a rendu la décision (C. pr. civ., art. 1566, al. 2). Ces modes conventionnels de résolution des différends sont régis par les articles 21 à 21-5 de la loi du 8 février 1995 et les articles 1565 à 1567 C. pr. civ. Le code distingue entre la médiation conventionnelle (1°) et la conciliation menée par un conciliateur de justice (2°) et contient des dispositions particulières pour chacun de ces deux procédés.

1° Médiation conventionnelle

325.71 **Définition.** Puisqu'aux termes de l'article 21 de la loi du 8 février 1995, la médiation « *s'entend de tout processus structuré, qu'elle qu'en soit la dénomination par lequel deux ou plusieurs parties tentent de parvenir à un accord en vue de la résolution amiable de leurs différends, avec l'aide d'un tiers* », tout procédé conventionnel de résolution des litiges mené par un tiers devrait être qualifié de méditation (v. s[s] n° 325.12), sous réserve de la conciliation menée par un conciliation de justice, régie par des dispositions particulières du code.

325.72 **Le médiateur.** Il peut être une personne physique ou une personne morale; dans ce dernier cas la personne morale doit désigner la personne physique qui sera chargée d'accomplir la médiation (C. pr. civ., art. 1532). Le médiateur personne physique ou la personne désignée ne doit pas avoir été condamné pénalement ou avoir fait l'objet d'une incapacité ou d'une déchéance mentionnées sur le bulletin n° 3 du casier judicaire. Il doit posséder la qualification requise eu égard à la nature du différend ou justifier d'une formation ou d'une expérience adaptée à la pratique de la médiation (C. pr. civ., art. 1533).

325.73 **Caractère exécutoire de l'accord.** L'accord ne peut porter atteinte à des droits dont les parties n'ont pas la libre disposition (L. 8 fév. 1995, art. 21-4). Pour le rendre exécutoire il faut le soumettre à l'**homologation du juge.** Cette demande est présentée au juge par **requête** de toutes les parties à la médiation ou de l'une d'entre elles, avec l'accord exprès des autres. Le juge compétent est celui appelé à connaître du contentieux dans la matière considérée (C. pr. civ., art. 1565). La procédure d'homologation relève de la matière gracieuse. Un accord de médiation rendu exécutoire par une juridiction ou une autorité d'un autre État membre de l'Union européenne, dans les conditions prévues par la directive du 21 mai 2008, est reconnu et déclaré exécutoire en France dans les conditions prévues par les articles 509-2 à 509-7 C. pr. civ.

2° Conciliation menée par un conciliateur de justice

325.81 **Recours au conciliateur.** Les parties à un litige peuvent, s'agissant des droits dont elles ont la libre disposition, saisir les conciliateurs de droit commun mis en place par le décret n° 78-381 du 20 mars 1978, modifié par les décrets n° 81-583 du 18 mai 1981[1], n° 93-254 du 25 février 1993[2], n° 96-1091 du 13 décembre 1996[3], n° 2008-484 du 22 mai 2008[4],

1. Décr. n° 81-583, 18 mai 1981, les fonctions de conciliateur ne sont pas incompatibles avec celles de suppléant de juge d'instance, *JO* 19 mai, p. 1556.
2. Décr. n° 93-254, 25 févr. 1993, modifiant le décret n° 78-381 du 20 mars 1978 modifié relatif aux conciliateurs, *JO* 27 févr., p. 3148.
3. Décr. n° 96-1091, 13 déc. 1996, modifiant le décret n° 78-381 du 20 mars 1978 relatif aux conciliateurs, *JO* 15 déc., p. 18424.
4. Décr. n° 2008-484, 22 mai 2008, relatif à la procédure devant la Cour de cassation, *JO* 24 mai, p. 8477.

n° 2010-1165 du 1er octobre 2010[1] et n° 2012-66 du 2 janvier 2102[2]. Ils sont appelés conciliateurs de justice.

Les parties ont pu inclure dans le contrat une **clause de conciliation préalable**. Si le tribunal est saisi au mépris de cette clause, ou avant la tentative de conciliation, la jurisprudence considérait que l'inobservation du contrat ne constituait pas un vice d'incompétence[3]. Mais la chambre mixte de la Cour de cassation a jugé que la clause instituant un préalable obligatoire de conciliation crée une fin de non-recevoir[4]. Encore faut-il que la clause de conciliation obligatoire résulte d'un accord formel et non d'usages professionnels[5].

En **matière prud'homale**, en raison de l'existence d'une procédure de conciliation préliminaire et obligatoire, la clause du contrat de travail qui institue une procédure de conciliation préalable en cas de litige survenant à l'occasion de ce contrat n'empêche pas les parties de saisir directement le juge prud'homal de leur différend[6].

La Cour de cassation a jugé que la mise en œuvre de la conciliation, postérieure à l'arrêt qui a déclaré la demande irrecevable, constitue « *une circonstance nouvelle privant cet arrêt de l'autorité de la chose jugée à l'égard de la demande dont elle était saisie* »[7]. Ainsi l'autorité de chose jugée n'empêche pas le renouvellement d'une demande identique si la fin de non-recevoir, retenue à l'encontre de la première demande, a disparu. La loi n° 2008-561 du 17 juin 2008 portant réforme de la prescription en matière civile prévoit que la conciliation extrajudiciaire suspend le cours de la prescription (C. civ., art. 2238 - V. ss n° 325.21).

325.82 Statut du conciliateur de justice. C'est un bénévole nommé par le premier président de la cour d'appel, sur proposition du juge d'instance après avis du procureur général, pour une période d'un an à l'issue de laquelle il peut être reconduit dans ses fonctions pour une période renouvelable de deux ans (v. ss nos 325.222 et 325.223). Peuvent être nommées conciliateurs de justice les personnes justifiant d'une expérience en matière juridique d'au moins trois ans, que leur compétence et leur activité qualifient particulièrement pour l'exercice de ces fonctions. Ne peuvent être nommés les officiers publics et ministériels et les personnes qui exercent, à quelque titre que ce soit, des activités judiciaires ou qui participent au fonctionnement du service de la justice.

Le conciliateur de justice est rattaché à un tribunal d'instance[8] et sa compétence est territoriale. Le conseil départemental de l'accès au droit est informé de sa nomination. Lors de sa première nomination, il prête serment. Il est tenu au secret, il n'est pas rémunéré, mais indemnisé pour ses menues dépenses (sur ses obligations v. ss nos 325.232 s.).

325.83 Saisine et rôle du conciliateur. Le conciliateur est saisi sans forme par toute personne physique ou morale qui le souhaite. Son champ d'intervention est très vaste : il a une compétence générale en droit privé. Après avoir convoqué les parties ensemble ou séparément, il va s'efforcer de rapprocher leur point de vue. S'il y parvient, il peut établir un constat d'accord signé par lui-même et les parties. Les conciliateurs de justice sont appelés à jouer un rôle important dans le cadre des tentatives de conciliation au début de certaines procédures judiciaires (C. pr. civ., art. 831), mais la plupart du temps ils sont saisis avant tout procès et, dans la majorité des cas, parviennent à des conciliations.

325.84 Pouvoirs du conciliateur. Il peut inviter, le cas échéant, les parties à se rendre devant lui. Elles pourront se faire accompagner de la personne majeure de leur choix qui devra justifier de son identité. Le conciliateur de justice peut s'adjoindre, avec l'accord des intéressés, le concours d'un autre conciliateur de justice du ressort de la cour d'appel. Lors de la réunion des parties, les conciliateurs peuvent échanger des informations sur les demandes dont ils sont saisis. Toujours avec l'accord des parties, il peut se rendre sur les lieux et entendre toutes personnes dont l'audition lui paraît utile, sous réserve de l'acceptation de ces dernières.

325.85 Constat d'accord. En cas de conciliation, même partielle, il peut être établi un constat d'accord signé par les parties et par le ou les conciliateurs de justice (C. pr. civ., art. 1540). La conciliation peut également être consignée dans un constat signé par le conciliateur et une ou plusieurs des parties lorsque l'une ou plusieurs d'entre elles ont formalisé les termes de l'accord auquel elles consentent dans un acte signé par elles et établi hors la présence du conciliateur de justice; ce dernier doit alors viser l'acte dans

1. Décr. n° 2010-1165, 1er oct. 2010, relatif à la conciliation et à la procédure orale en matière civile, commerciale et sociale, *JO* 3 oct., p. 17986.
2. Décr. n° 2012-66, 20 janv. 2012, relatif à la résolution amiable des différends, *JO* 22 janv., p. 1280.
3. H. Solus et R. Perrot, *Droit judiciaire privé*, Sirey, 1961, t. II, 1973, n° 635.
4. Cass., ch. mixte, 14 févr. 2003, nos 00-19.423 et 00-19.424, *Bull. ch. mixte*, n° 1; *D.* 2003. 1386, note Ancel et Cottin; *RTD civ.* 2003. 294, note Mestre et Fages; *RTD civ.* 2003. 349, obs. Perrot; *Procédures* 2003, n° 96; *CCC* 2003, n° 6, p. 12, note Leveneur; *Defrénois* 2003. 37810, note Libchaber.
5. Civ. 1re, 6 mai 2003, n° 01-01.291, *Bull. civ.* I, n° 108; *RTD civ.* 2004. 136 obs. Perrot; *RTD civ.* 2003. 499, obs. Mestre et Fages; *JCP* 2003. I. 186, note Virassamy.
6. Soc. 5 déc. 2012 n° 11-20.004, *Bull. civ.* V, n° 326; *JCP* 2012. Doctr. 1406, obs. N. Dedessus-Le-Moustier; *RTD civ.* 2013. 171, obs. Perrot.
7. Civ. 2e, 21 avr. 2005, n° 03-10.237, NP; *JCP* 2005. II. 10153, note Croze.
8. Décr. 20 mars 1978, art. 4 – Circ. JUSB0610524C, 27 juill. 2006, relative aux conciliateurs de justice, *BOMJ* n° 103.

le constat et l'annexer à celui-ci. La rédaction d'un constat est nécessaire lorsque la conciliation a pour effet la renonciation à un droit. Un exemplaire du constat est remis à chaque intéressé. Le conciliateur de justice dépose un exemplaire au greffe du tribunal d'instance.

325.86 Homologation du constat d'accord. Les parties peuvent soumettre le constat d'accord à l'homologation du juge. L'homologation relève de la matière gracieuse. La demande tendant à l'homologation du constat d'accord est présentée au juge par requête d'une des parties, à moins que l'une d'elles s'oppose à l'homologation dans l'acte constatant son accord.

« *Toutefois, lorsque la conciliation met fin à un différend transfrontalier la requête est présentée par l'ensemble des parties ou par l'une d'elles, sur justification du consentement exprès des autres parties. Ce consentement peut être contenu dans le constat d'accord.*

Est transfrontalier le différend dans lequel, à la date où il est recouru à la conciliation, une des parties au moins est domiciliée ou a sa résidence habituelle dans un État membre de l'Union européenne autre que la France et une autre partie au moins est domiciliée ou a sa résidence habituelle en France » (C. pr. civ., art. 1541 al. 2 et 3).

§ 2
Conciliation préliminaire au procès

325.90 Les cas. La conciliation est un préliminaire à l'instance contentieuse devant certaines juridictions (A) ou dans le cadre de certains contentieux (B).

Lorsque l'instance n'est pas précédée d'un préalable de conciliation, la commission Guinchard a suggéré d'utiliser la pratique de la double convocation présentée dans la circulaire du 27 juillet 2006 [1], sur les conciliateurs de justice, qui d'une part renvoie devant un conciliateur dès la saisine de la juridiction et, d'autre part, fixe d'ores et déjà une date d'audience soit aux fins d'homologation de l'accord, soit aux fins de jugement. Il s'agit d'une faculté pour le juge que le demandeur devrait informer, au moment de la saisine de la juridiction, de l'éventuel échec d'une conciliation extrajudiciaire.

A.
Conciliation préliminaire devant certaines juridictions

325.100 Division. Selon le cas elle est un préalable à l'introduction de l'instance ou elle participe de l'instance. Elle concerne le tribunal d'instance (1°) et certaines juridictions d'exception (2°).

1°
Conciliation préliminaire devant le tribunal d'instance

325.101 Tentative préalable de conciliation. Les articles 830 à 835 C. pr. civ. ont laissé subsister la conciliation préalable au procès devant le tribunal d'instance mais lui ont conféré un caractère facultatif. Avant d'assigner, le demandeur peut préférer provoquer directement une tentative de conciliation. Cette demande aux fins de conciliation est formée au secrétariat greffe du tribunal d'instance (sur cette procédure de conciliation, v. s^s n°s 332.12 s.).

Cette procédure est peu utilisée. Afin de la rendre plus attractive, la commission Guinchard a proposé d'une part d'alléger le formalisme entourant l'accord des parties à la délégation du conciliateur et d'autre part de créer une passerelle entre la tentative préalable de conciliation et la procédure aux fins de jugement, par déclaration au greffe (v. propositions n°s 48 à 52 de la commission Guinchard). Le décret n° 2010-1165 du 1er octobre 2010 a mis en œuvre ces propositions, réformé les articles 829 à 836 C. pr. civ. et il prévoit que le juge indique la date à laquelle l'affaire sera rappelée lorsqu'il délègue sa mission de conciliation (C. pr. civ., art. 129-1).

325.102 Conciliation intégrée à l'instance. Le demandeur sollicite rarement l'organisation d'une conciliation préalable. S'il ne le fait pas, que la saisine du tribunal d'instance soit faite par une assignation à toutes fins (c'est-à-dire à fin de conciliation et à défaut de jugement), sur requête conjointe ou sur présentation volontaire des parties, le Code de procédure civile (C. pr. civ., art. 845) dispose que le juge doit d'abord s'efforcer de concilier les parties avant de trancher leur différend. Dans ces hypothèses la conciliation est intégrée à l'instance (v. s^s n° 332.11). Un jugement du tribunal d'instance de Paris a annulé une assignation au motif qu'elle ne comportait pas « *la mention selon laquelle la conciliation sera préalablement tentée* » après avoir précisé que le titre de celle-ci « *à toutes fins* » « *n'était pas suffisant pour suppléer à cette mention, si importante en cette matière* [bail] *où la conciliation est prévue à tous les niveaux de la procédure et afin de parvenir à la détermination d'un montant négocié et raisonnable du loyer, d'accord entre les parties* » [2].

325.103 Modalités. Que la tentative de conciliation soit préalable ou tentée pendant l'instance, le juge peut procéder lui-même à la tentative de conciliation ou déléguer cette tâche à un conciliateur de

1. V. Circ. 27 juill. 2006, préc. s^s n° 325.82.

2. TI Paris, 11 mai 2005, *Gaz. Pal.* 11-13 sept. 2005, p. 2.

justice qui invite les parties à se rencontrer aux lieu, jour et heure qu'il détermine avec leur accord (C. pr. civ., art. 21, 128 al. 2, 831, 832 et 845).

2°
Tentative de conciliation préalable obligatoire devant certaines juridictions d'exception

325.111 Conseil de prud'hommes et tribunal paritaire des baux ruraux. Devant certaines juridictions d'exception la tentative de conciliation est obligatoire, elle constitue la première partie de l'instance. Ainsi devant le conseil de prud'hommes (sur la tentative de conciliation en matière prud'homale, v. s^s^ n°s 335.40 s.) et le tribunal paritaire des baux ruraux (sur la procédure de conciliation, v. s^s^ n°s 337.41 s.), les parties sont tenues de comparaître en personne, sauf à justifier d'un motif légitime, afin que la juridiction puisse procéder à une tentative de conciliation.

Le **tribunal paritaire des baux ruraux** peut, avec l'accord des parties, déléguer la mission de conciliation à un conciliateur de justice qu'il désigne à cette fin (C. pr. civ., art. 887). Le tribunal dresse un procès-verbal à la suite de la tentative de conciliation qu'elle ait abouti ou pas (v. s^s^ n°s 337.43 et 337.44). En cas de non-conciliation, la juridiction de jugement pourra encore, si elle l'estime opportun, tenter une nouvelle conciliation conformément au droit commun.

Le **bureau de conciliation du conseil de prud'hommes** rédige un procès-verbal de conciliation en cas d'accord total ou partiel (v. s^s^ n° 335.54). La loi n° 2013-504 du 14 juin 2013 relative à la sécurisation de l'emploi[1] a retouché la conciliation prud'homale et modifié l'article L. 1235-1 du Code du travail en prévoyant que, « *en cas de litige, lors de la conciliation prévue à l'article L. 1411-1, l'employeur et le salarié peuvent convenir ou le bureau de conciliation proposer d'y mettre un terme par accord. Cet accord prévoit le versement par l'employeur au salarié d'une indemnité forfaitaire dont le montant est déterminé, sans préjudice des indemnités légales, conventionnelles ou contractuelles, en référence à un barème fixé par décret en fonction de l'ancienneté du salarié. Le procès-verbal constatant l'accord vaut renonciation des parties à toutes réclamations et indemnités relatives à la rupture du contrat de travail prévues au présent chapitre* ». Ce nouveau dispositif concerne les litiges relatifs à la rupture du contrat de travail et porte sur la procédure de licenciement et la cause réelle et sérieuse de celuici[2].

1. L. n° 2013-504, 14 juin 2013, relative à la sécurisation de l'emploi, *JO* 16 juin, p. 9958.
2. A. Bugada, « La conciliation prud'homale après la loi de sécurisation de l'emploi du 14 juin 2013 », *Procédures* 2013. Focus 50.

B.
Conciliation obligatoire dans certains contentieux

325.120 Division. En certaines matières la tentative de conciliation est un préalable obligatoire. Il s'agit de la matière familiale et de la saisie des rémunérations.

1°
En matière familiale

325.121 Mission du juge aux affaires familiales. En matière de divorce et de séparation de corps, le juge aux affaires familiales (JAF) a pour mission de tenter de concilier les parties (C. pr. civ., art. 1071). En cas de désaccord des parents sur l'autorité parentale, le juge doit s'efforcer de les concilier (C. civ., art. 373-2-10). Dans tous les cas, il peut proposer une mesure de médiation et, après avoir recueilli l'accord des parties, désigner un médiateur familial. Il peut même leur enjoindre de rencontrer un médiateur familial qui les informera sur l'objet et le déroulement de cette mesure. Cette décision n'est pas susceptible de recours (C. pr. civ., art. 1071). Le décret n° 2010-1395 du 12 novembre 2010[3] introduit à titre expérimental jusqu'au 31 décembre 2013, dans le ressort de certains tribunaux de grande instance, des modalités de mise en œuvre de l'injonction de rencontrer un médiateur.

En cas de demande de modification d'une décision fixant les modalités de l'exercice de l'autorité parentale ou la contribution à l'entretien et à l'éducation de l'enfant ainsi que des dispositions contenues dans la convention homologuée, la loi n° 2011-1862 du 13 décembre 2011[4] prévoit, également à titre expérimental et jusqu'au 31 décembre 2014, dans le ressort de certains tribunaux de grande instance, qu'à peine d'irrecevabilité que le juge peut soulever d'office, sa saisine par le ou les parents doit être précédée d'une **tentative de médiation familiale**, sauf :

– 1° si les parents sollicitent conjointement l'homologation d'une convention selon les modalités fixées à l'article 373-2-7 du Code civil;

– 2° si l'absence de recours à la médiation est justifiée par un motif légitime;

– 3° si cette mesure préalable risque de porter atteinte au droit d'accès au juge dans un délai raisonnable.

325.122 Autres cas de divorce que le divorce par consentement mutuel. Dans ces procédures, une

3. Décr. n° 2010-1395, 12 nov. 2010, relatif à la médiation et à l'activité judiciaire en matière familiale, *JO* 16 nov., p. 20405.
4. L. n° 2011-1862, 13 déc. 2011, sur la répartition des contentieux et l'allègement de certaines procédures juridictionnelles, *JO* 14 déc., p. 21105.

phase préliminaire de conciliation est obligatoire (C. civ., art. 252, al. 1er). La loi précise que la tentative de conciliation peut être renouvelée pendant l'instance. Elle peut permettre de concilier les parties sur le principe du divorce ou de régler à l'amiable certains effets de celui-ci.

325.123 Déroulement de la tentative de conciliation. Il est fixé par l'article 252-1 du Code civil. Le juge aux affaires familiales doit s'entretenir séparément avec chacun des époux puis les réunir. Les avocats sont ensuite appelés à les assister et à participer à l'entretien.

La loi (C. civ., art. 252-2) prévoit que le juge peut décider de suspendre la tentative de conciliation et de la reprendre sans formalité en ménageant aux parties un délai de réflexion dans la limite de huit jours. Le juge peut, même si un délai plus long paraît nécessaire, décider de suspendre la procédure et de recourir dans les six mois à une nouvelle tentative de conciliation.

Si le juge aux affaires familiales ne parvient pas à faire renoncer les époux au divorce, il tente de les convaincre de régler à l'amiable les conséquences du divorce. La loi n° 2004-439 du 26 mai 2004 [1] précise que le juge leur demande de présenter pour l'audience de jugement un projet de règlement des effets du divorce (C. civ., art. 252-3). Le législateur tente ainsi de favoriser la conciliation même dans des domaines relatifs à des droits dont les parties ne peuvent disposer, comme les mesures relatives aux enfants. Mais dans ces domaines le juge n'est pas lié par l'accord des parties.

325.124 Séparation de corps. Les règles relatives à la procédure de divorce y compris celles relatives à la conciliation sont, aux termes de l'article 298 du Code civil, applicables à la séparation de corps.

2°
En matière de saisie des rémunérations

325.131 Tentative de conciliation obligatoire. L'article R. 3252-12 du Code du travail, précise que la saisie des rémunérations dues par un employeur est précédée, à peine de nullité, d'une tentative de conciliation devant le juge d'instance. Le créancier, muni d'un titre exécutoire constatant une créance liquide et exigible, qui désire faire procéder à une saisie des rémunérations dues à son débiteur par l'employeur de ce dernier, est tenu de déposer au secrétariat greffe du tribunal d'instance une requête aux fins de conciliation. La requête doit indiquer les nom et adresse du débiteur et de son employeur, le décompte des montants réclamés, les indications relatives aux modalités de versement des sommes saisies et être accompagnée d'une copie du titre exécutoire. Les parties sont convoquées quinze jours au moins avant l'audience. Le débiteur est convoqué par le secrétaire greffier par lettre recommandée avec avis de réception comportant les mentions prescrites par l'article R. 3252-15 du Code du travail. Le jour de l'audience le juge tente de concilier les parties. S'il y parvient, il n'est pas procédé à la saisie. Si les parties ne se concilient pas, il est procédé à la saisie par le greffier après que le juge a vérifié le montant de la créance et tranché les contestations soulevées par le débiteur.

§ 3
Conciliation au cours de l'instance

325.141 Mission du juge. L'article 21 C. pr. civ., inclus dans le chapitre relatif aux principes directeurs du procès, prévoit qu'« *il entre dans la mission du juge de concilier les parties* ». Cette mission est explicitée dans les articles 127 à 129 du même Code, désormais regroupés dans un chapitre intitulé « Dispositions générales ». Le juge peut, tout au long de l'instance, tenter une conciliation au lieu et au moment qui lui paraissent les plus favorables [2] (C. pr. civ., art. 128). Mais la loi précise que le juge n'est pas le seul à avoir l'initiative de la tentative de conciliation. Les parties peuvent se concilier elles-mêmes. La tentative de conciliation n'est possible qu'avec l'accord des parties, qu'elle intervienne à l'initiative du juge ou des parties. Ces dernières peuvent toujours demander au juge de constater leur accord dans un procès-verbal qui sera signé par le juge et par elles-mêmes (v. s^s n°s 325.212 s.).

325.142 Conciliation déléguée à un conciliateur de justice. Les articles 21, 127 à 129 C. pr. civ. sont inclus dans le livre premier consacré aux dispositions communes à toutes les juridictions. L'article 749 C. pr. civ. confirme expressément que toutes les dispositions de ce livre s'appliquent devant toutes les juridictions de l'ordre judiciaire statuant en matière civile, commerciale, sociale, rurale ou prud'homale, sous réserve des dispositions particulières à chaque juridiction.

Il n'existait aucun cadre procédural qui définissait les modalités de renvoi d'une affaire par un juge devant un conciliateur de justice et le déroulement de la procédure. Aussi la commission Guinchard a proposé de refondre le titre VI du livre premier du Code de procédure civile, de prévoir la **délégation de conciliation** au conciliateur de justice prévue aux articles 830 à 835 C. pr. civ. pour le seul juge d'instance et d'y préciser le régime général de cette délégation. C'est

1. L. n° 2004-439, du 26 mai 2004, relative au divorce, *JO* 27 mai, p. 9319.

2. Civ. 1re, 8 mars 2005, n° 02-17.578, *Bull. civ.* I, n° 122; *D.* 2005. 857.

l'œuvre du décret n° 2010-1165 du 1er octobre 2010[1]. Le chapitre II du titre VI (C. pr. civ., art. 129-1 à 129-5) contient désormais les dispositions relatives à la conciliation déléguée à un conciliateur de justice. Lorsque le juge, en vertu d'une disposition particulière délègue sa mission de conciliation, il désigne un conciliateur, fixe la durée de sa mission qui ne peut excéder deux mois mais qui peut être renouvelée. Le conciliateur convoque les parties qui peuvent se faire assister par une personne ayant qualité pour le faire devant la juridiction ayant délégué la conciliation. Le décret du 1er octobre 2010 a étendu le domaine de la conciliation déléguée du tribunal d'instance et de la juridiction de proximité aux tribunaux de commerce (C. pr. civ., art. 860-2 et 863) et aux tribunaux paritaires des baux ruraux (C. pr. civ., art. 887).

325.143 Juridictions connaissant des procédures de conciliation préliminaire à l'instance. Devant ces juridictions (v. ss n° 325.100) les règles générales posées par les articles 21, et 127 à 129 C. pr. civ. retrouvent leur application à l'issue de la procédure de conciliation préliminaire.

Ainsi dès que le bureau de conciliation du conseil de prud'hommes a renvoyé l'affaire devant le bureau de jugement, les règles générales retrouvent leur application : le juge rapporteur ou le bureau de jugement peut décider de tenter de concilier les parties. L'article R. 1454-22 du Code du travail, qui prévoit que le bureau de jugement constate dans un procès-verbal l'accord intervenu, n'est que la reprise des textes généraux.

Devant le tribunal paritaire des baux ruraux et le tribunal d'instance, après l'échec de la tentative de conciliation, et alors que l'instance se poursuit, le juge peut tenter une nouvelle conciliation ou constater l'accord intervenu entre les parties.

325.144 Autres juridictions. Les textes généraux sont évidemment appliqués devant les juridictions qui ne connaissent pas de dispositions particulières en matière de conciliation.

325.145 Tribunal de grande instance. Bien que la grande conciliation, préalable obligatoire devant le tribunal civil, ait été supprimée en 1949, le tribunal de grande instance peut toujours tenter de concilier les parties en vertu des articles 21 et 127 C. pr. civ. Il existe quelques dispositions particulières à cette juridiction. Ainsi l'article 768 prévoit que « *le juge de la mise en état peut constater la conciliation, même partielle, des parties* ». Il conserve ce pouvoir jusqu'à ce que l'affaire soit appelée à l'audience de plaidoirie ou jusqu'à la date fixée pour le dépôt des dossiers des avocats (C. pr. civ., art. 779, al. 4). Le président, si l'affaire n'est pas renvoyée à la mise en état, le juge unique ou le tribunal, lors de l'audience de plaidoirie, pourront décider de tenter une conciliation.

325.146 Tribunal de commerce. La conciliation n'a jamais été un préliminaire obligatoire devant les tribunaux de commerce. Cependant elle peut y être tentée et constatée. Le décret n° 2010-1165 du 1er octobre 2010 a introduit des dispositions relatives à la conciliation devant le tribunal de commerce (C. pr. civ., art. 860-2, 861 et 863). L'article 860-2 C. pr. civ. prévoit que si une conciliation entre les parties apparaît envisageable, la formation de jugement peut, avec l'accord des parties, désigner un conciliateur de justice à cette fin. Quant à l'article 863 C. pr. civ., il précise que le juge chargé d'instruire l'affaire constate la conciliation, même partielle, des parties et qu'il peut désigner un conciliateur de justice.

325.147 Juridictions civiles. En résumé toutes les juridictions civiles, y compris la cour d'appel (C. pr. civ., art. 907 et 941) peuvent au cours de l'instance tenter de concilier les parties ou constater leur conciliation. Ces juridictions peuvent également, en vertu de l'article 21 C. pr. civ., nommer, avec l'accord des parties, un médiateur (v. ss nos 325.240 s.) et le juge aux affaires familiales peut, dans certains cas, enjoindre aux parties de rencontrer un médiateur familial qui les informera sur l'objet et le déroulement de cette mesure; la médiation familiale est, à titre expérimental, parfois obligatoire (v. ss n° 325.212).

SECTION 3
CONCILIATION ET MÉDIATION JUDICIAIRES

325.150 Division. Le juge peut concilier les parties (§ 1) mais la loi du 8 février 1995 lui permet, dans certains cas, de nommer un tiers pour lui déléguer sa mission de conciliation ou de désigner un médiateur, en principe avec l'accord des parties (§ 2).

§ 1
Conciliation par le juge

325.151 Fonctions du juge. La lecture des articles 21, 127 à 129 C. pr. civ. permet de préciser les deux fonctions du juge en matière de conciliation : il peut à tout moment, en tout lieu, tenter la conciliation des parties (A), et, à la demande des parties, il doit constater leur accord (B).

1. Décr. n° 2010-1165, 1er oct. 2010, relatif à la conciliation et à la procédure orale en matière civile, commerciale et sociale, *JO* 3 oct., p. 17986.

A.
Mission conciliatrice du juge

325.160 Division. La mission conciliatrice du juge diffère de sa fonction juridictionnelle. Il est possible de retirer de l'expérience des pays qui pratiquent depuis longtemps la « *justice conciliationnelle* » un certain nombre de renseignements : la recherche d'une solution conciliatrice comporte des particularités qu'il est important de souligner pour comprendre la difficulté de la mission du juge qui peut utiliser un certain nombre de procédés pour concilier les parties [1].

1°
Difficile recherche d'une solution conciliatrice

325.161 Originalité de la mission de conciliation. Dans l'exercice de sa fonction juridictionnelle, le juge applique la règle de droit aux faits établis ou non contestés. Il tranche le litige en disant le droit et impose sa solution aux parties. Au contraire, en cas de conciliation, il n'y a « *ni vainqueur, ni vaincu* », la solution doit satisfaire les deux parties.

Pour parvenir à ce résultat, le conciliateur doit non seulement connaître les faits mais aussi, plus largement, toutes les circonstances qui les entourent. Il doit découvrir les origines du conflit, non simplement les faits mais la manière dont les parties perçoivent ces faits. Cette connaissance est indispensable pour que le juge puisse parvenir à rétablir le dialogue entre les parties.

325.162 Pouvoirs d'investigation. Il faut donc reconnaître au conciliateur de larges pouvoirs d'investigation, plus importants que ceux qui sont reconnus au juge dans le cadre de l'exercice de la fonction juridictionnelle. Ainsi par exemple, dans l'exercice de sa fonction juridictionnelle, le juge peut, afin de vérifier lui-même les faits litigieux, en prendre une connaissance personnelle mais les parties doivent être présentes ou appelées (C. pr. civ., art. 179). Or la présence des deux parties risque de gêner les investigations du juge dans le cadre de sa mission de conciliation et même l'entraver.

Le juge tentera de s'informer en recourant, par exemple, à l'audition des parties. L'article 767 C. pr. civ. prévoit que cette mesure peut être effectuée par le juge de la mise en état du tribunal de grande instance mais indique qu'elle doit avoir lieu contradictoirement. Le respect du principe de la contradiction peut encore contrarier la mission de conciliation...

La formation de jugement ou un juge appartenant à cette formation peut ordonner la comparution personnelle des parties ou de l'une d'elles seulement (C. pr. civ., art. 184). Mais selon l'article 192 C. pr. civ., la comparution personnelle a lieu en présence des défenseurs de toutes les parties ou ceux-ci appelés. Faut-il appeler les défenseurs dans le cadre de la conciliation ? La réponse est positive puisque l'article 129-2 C. pr. civ. prévoit que les parties peuvent être assistées devant le conciliateur de justice par une personne ayant qualité pour le faire devant la juridiction ayant délégué la conciliation.

325.163 Interventionnisme du juge et droits de la défense. Cette indispensable extension des pouvoirs du juge dans le cadre de sa mission de conciliation peut poser des difficultés lorsque la conciliation échoue et que le juge doit trancher ultérieurement le litige. Lorsque le juge exerce ses pouvoirs de conciliateur, il est toujours contraint de trouver un équilibre difficile entre son interventionnisme et le respect des droits de la défense. Aussi il est plus prudent pour le juge d'entendre les parties en présence de leurs conseils ou du moins après les avoir appelés quitte à leur demander de se retirer pendant l'audition. Il est parfois préférable pour le juge qui souhaite tenter une conciliation de déléguer sa mission de conciliation ou de nommer un tiers comme médiateur afin que son impartialité ne puisse être contestée s'il doit rendre un jugement. La mission du médiateur est vaste : il doit, selon la loi, entendre les parties, confronter leur point de vue pour permettre de trouver une solution au conflit qui les oppose (C. pr. civ., art. 131-1) et il a l'avantage d'être tenu à l'obligation du secret (v. s^s^ n° 325.252).

325.164 Recherche d'une solution conciliatrice. Lorsque le conciliateur aura découvert les circonstances qui sont à l'origine du litige, il essaiera de comprendre le point de vue de chacune des parties, puis de concilier les revendications des intéressés. Il prendra en considération le bon sens, l'équité et non simplement les règles de droit. Plusieurs méthodes de conciliation s'offrent à lui.

2°
Méthodes de conciliation

325.170 Division. Il n'est pas sans intérêt de tenter de tirer profit de la longue expérience des Japonais en matière de conciliation judiciaire pour dégager quelques méthodes de conciliation [2] et montrer les difficultés que peut rencontrer le juge en exerçant cette fonction qui consiste à écouter puis à tenter de persuader.

1. I. Kitamura, « L'avenir de la justice conciliationnelle », *Mél. Terré,* Dalloz/Éd. techniques/PUF, 1999, p. 800 s.

2. I. Kitamura, « L'avenir de la justice conciliationnelle », *Mél. Terré,* Dalloz/Éd. techniques/PUF, 1999, p. 814; « Notion et régime de la conciliation », Deuxièmes journées franco-japonaises, *RID comp.* 1988, vol. 10.

a) Modalités d'audition

325.171 Audition séparée ou contradictoire. Généralement les conciliateurs préfèrent procéder d'abord à l'audition séparée des parties afin que celles-ci puissent librement s'exprimer. Les déclarations sont ensuite transmises à l'adversaire par le conciliateur. Mais au Japon certains préfèrent, en matière familiale, effectuer une audition contradictoire car il est essentiel, ici, de rétablir le dialogue[1]. Pour faciliter la conciliation des parties, la commission Guinchard a suggéré de prévoir que la conciliation puisse se dérouler en chambre du conseil et hors la présence du greffier.

325.172 Établir une relation de confiance. Le conciliateur devra respecter la personnalité de chacun, laisser les parties s'exprimer, permettre l'établissement d'une relation de confiance pour découvrir les causes du litige. Il doit parler clairement et simplement, s'efforcer de vaincre la méfiance des intéressés.

Il peut tenter de faire prendre conscience à une partie de la faiblesse de sa position. Il s'efforcera de proposer une solution qui offre aux parties une certaine latitude ou plusieurs solutions semblables afin de ménager leur susceptibilité. Et ce n'est que face à l'obstination d'une partie qu'il en viendra à opposer son sentiment de la justice et ses connaissances de la règle de droit.

b) Modalités de persuasion

325.181 Persuasion et prudence. Il arrive parfois que le juge, après avoir analysé les circonstances du litige et rétabli le dialogue entre les parties, leur laisse entendre son intime conviction. Il exerce ainsi, à n'en pas douter, une pression sur elles car les parties savent qu'il devra trancher ultérieurement leur litige en cas d'échec de la conciliation. Le juge devra alors agir avec beaucoup de prudence afin que l'on ne puisse lui reprocher, s'il doit juger ultérieurement l'affaire, un manque d'impartialité. Le juge ne peut exercer une mission de médiation (v. s[s] n° 325.242), il doit en conséquence veiller à ne pas franchir la frontière, relativement floue (v. s[s] n° 325.12) entre conciliation et médiation.

B. Procès-verbal de conciliation

325.191 Sort de l'instance. La conciliation a pour effet de mettre fin à l'instance. En cas d'échec ou de conciliation partielle, l'instance se poursuit.

1. I. Kitamura, « L'avenir de la justice conciliationnelle », *Mél. Terré,* Dalloz/Éd. techniques/PUF, 1999, p. 819.

325.192 Constatation de l'accord. Seule la conciliation, partielle ou totale, fait l'objet d'une constatation dans un procès-verbal. L'échec, sous réserve de quelques procédures particulières, n'a pas à être constaté. Bien qu'à l'origine l'une des formes fréquentes de la juridiction gracieuse ait été de conférer l'authenticité à l'acte juridique, le cas est aujourd'hui exceptionnel car il porte atteinte au monopole des notaires. Il est cependant essentiel que les parties disposent d'un acte constatant leur accord afin de pouvoir le faire exécuter. Aussi l'article 131 C. pr. civ. prévoit que des extraits de procès-verbal peuvent être délivrés et qu'ils valent titre exécutoire. L'article 281 C. pr. civ. reprend les mêmes dispositions lorsque les parties se sont conciliées à la suite d'opérations d'expertise. En cas d'inexécution de ses engagements par l'une des parties, l'autre pourra faire procéder à l'exécution forcée sans avoir à obtenir au préalable un jugement.

325.193 Formes du procès-verbal ou du constat d'accord. L'article 130 C. pr. civ. prévoit que le procès-verbal constatant un accord, même partiel, est signé par le juge et par les parties, tandis que le constat est signé par les parties et le conciliateur de justice. À défaut de signature de toutes les parties la conciliation peut-elle être constatée ? Est-ce un acte contractuel, parfait par le seul accord des parties, ou les signatures de chaque partie et du juge sont-elles des formes requises à titre de solennité ? La jurisprudence ancienne était en faveur du caractère consensuel[2]. Sous l'empire du Nouveau Code de procédure civile, il a été jugé que l'article 130 n'a pour effet que de permettre la délivrance d'un titre exécutoire sans remettre en question l'accord, fut-il verbal, constaté par le juge, le défaut de signature de l'une des parties ne pouvant anéantir la constatation faite par le juge de l'accord passé devant lui[3]. En constatant l'accord, le juge lui confère l'authenticité et la force probante qui s'y attache : « *Les constatations faites par les juges dans leurs décisions concernant les déclarations faites devant eux par les parties font foi jusqu'à inscription de faux* »[4].

325.194 Pouvoirs du juge. Avant de signer le procès-verbal de conciliation, le juge, qui fait office de notaire, a le pouvoir de s'assurer du consentement réel et éclairé des parties et de procéder à un contrôle minimal de légalité de l'acte.

325.195 Nature de l'acte. Le juge donne acte aux parties de leur accord. C'est un contrat judiciaire, il ne

2. Req. 27 mars 1855, *D.* 1855. I. 99.
3. T. com. Châlons-sur-Marne, 1er juin 1978, *Gaz. Pal.* 1978. 2. 555, note Decheix; *RTD civ.* 1979. 198 obs. Perrot.
4. Com. 31 mars 1981, n° 79-10.952, *Bull. civ.* IV, n° 167 – Com. 11 févr. 2004, n° 01-16.192, *Bull. civ.* IV, n° 26; *D.* 2004. AJ 805; *JCP* 2004. IV. 1700; *Defrénois* 2004. 724, obs. Théry; *Procédures* 2004. Comm. 95, note Perrot; *Bull. Joly* 2004. 647, note Scholer.

s'agit pas d'une « *décision judiciaire contentieuse* »[1]. Elle ne constitue pas une décision juridictionnelle et le jugement de donné acte n'a pas à être signifié[2]. L'appel à l'encontre des procès-verbaux de conciliation[3] et des jugements de donné acte est donc irrecevable[4]. Le contrat judiciaire est exposé aux seules voies de nullité et de rescision susceptibles d'atteindre les contrats et il ne peut être attaqué par les voies de recours ouvertes contre les jugements[5]. Il appartient au juge de donner force exécutoire à l'acte constatant l'accord des parties, qu'il ait été conclu en sa présence ou hors de sa présence (C. pr. civ., art. 384, al. 3). Enfin une saisie exécution peut être pratiquée sans signification du procès-verbal de conciliation et elle est régulière dès lors qu'elle a été précédée d'un commandement de payer[6].

Lorsque le constat d'accord est établi par le conciliateur de justice, les parties peuvent le soumettre à l'homologation du juge. L'homologation relève de la matière gracieuse (C. pr. civ., art. 131).

§ 2 Conciliation et médiation par un tiers

325.200 Domaine de la loi n° 95-125 du 8 février 1995. Ce texte, relatif à l'organisation des juridictions et à la procédure civile, pénale et administrative, consacrait un chapitre à la conciliation et à la médiation. Malgré sa généralité apparente, cette loi ne concernait pas la conciliation effectuée par le juge lui-même. Aussi le texte essentiel en la matière restait l'article 21 C. pr. civ. Depuis la réforme de la loi du 8 février 1995 par l'ordonnance du 16 novembre 2011, la loi ne concerne plus que la médiation. L'article 23 de la loi, modifiée, prévoit qu'elle ne s'applique pas aux procédures pénales qui bénéficient de textes particuliers (C. pr. pén., art. 41-1). L'article 24 ajoute que les dispositions des articles 21 à 21-5 ne s'appliquent à la médiation conventionnelle intervenant dans les différends qui s'élèvent à l'occasion d'un contrat de travail que lorsque ces différends sont transfrontaliers. L'article 22-1 rapproche conciliation et médiation par un tiers. Le juge peut prendre l'initiative de nommer un médiateur après avoir obtenu l'accord des parties. Mais il a été proposé de revenir sur la nécessité d'un accord préalable des parties dans certains cas. Le décret n° 2010-1395 du 12 novembre 2010[7] et la loi n° 2011-1862 du 13 décembre 2011[8] rendent, à titre expérimental, la tentative de médiation obligatoire dans certains cas (v. s^s n°s 325.121).

A. Rôle du juge

325.201 Domaine de la conciliation et de la médiation judiciaires. Le juge peut décider de recourir à la médiation en tout état de la procédure, y compris lors de l'instance de référé (L. 8 févr. 1995, modifiée, art. 22). Le décret n° 96-652 du 22 juillet 1996[9] avait limité la possibilité de désigner un conciliateur pour procéder à la tentative préalable de conciliation à la procédure prévue aux articles 830 à 835 C. pr. civ. Le décret n° 98-1231 du 28 décembre 1998[10] l'a étendue aux modes de saisine à toutes fins du tribunal d'instance. Désormais une disposition particulière peut permettre au juge de déléguer sa mission de conciliation, il doit alors désigner un conciliateur de justice et fixer la durée de sa mission qui ne peut excéder deux mois mais qui peut être renouvelée (C. pr. civ., art. 129-1).

Cette possibilité pour le juge de désigner un tiers, conciliateur ou médiateur, pour qu'il procède à sa place à une conciliation préalable n'existe pas en matière de divorce et de séparation de corps, mais le juge aux affaires familiales peut proposer aux époux une mesure de médiation (C. civ., art. 255, 1°) et l'article 373-2-10 du Code civil, créé par la loi n° 2002-305 du 4 mars 2002[11] relative à l'autorité parentale, lui confère également ce pouvoir. La commission Guinchard a suggéré d'accorder au juge aux affaires familiales le pouvoir, pour toute affaire ne relevant pas du champ de la médiation préalable obligatoire (v. s^s n° 325.214) et à l'exclusion du divorce, d'inviter les parties à rencontrer un médiateur avant l'audience ou même avant l'enrôlement de l'acte introductif d'instance.

325.202 Pouvoirs du juge. Dans les autres cas de tentative préalable de conciliation prescrite par la loi que le divorce et la séparation de corps, le juge peut enjoindre aux parties de rencontrer un médiateur (L. 8 févr. 1995, modifiée, art. 22-1, al. 2). Le juge aux affaires familiales peut même leur enjoindre de

1. TGI Paris, 6 juin 1980, *Gaz. Pal.* 1981. 1. 254, note Angeli.
2. Paris, 23 janv. 1991, *D.* 1991. 67.
3. Civ. 2e, 5 avr. 1957, *Bull. civ.* II, n° 296.
4. Civ. 2e, 11 juill. 1978, n° 77-13.610, *Bull. civ.* II, n° 189 – Civ. 2e, 28 nov. 1973, n° 72-12.248, *Bull. civ.* II, n° 310; *D.* 1974. 41; *JCP* 1974. IV. 6412; *RTD civ.* 1974. 667, obs. Perrot – Req. 24 févr. 1932, *S.* 1932. 1. 152.
5. Civ. 3e, 10 juill. 1991, n° 90-11.847, *Bull. civ.* III, n° 208.
6. Paris, 23 janv. 1991, *D.* 1991. 67 préc. s^s n° 325.95.
7. Décr. n° 2010-1395, 12 nov. 2010, relatif à la médiation et à l'activité judiciaire en matière familiale, *JO* 16 nov., p. 20405.
8. L. n° 2011-1862, 13 déc. 2011, relative à la répartition des contentieux et à l'allègement de certaines procédures juridictionnelles, *JO* 14 déc., p. 21105.
9. Décr. n° 96-652, 22 juill. 1996, relatif à la conciliation et à la médiation judiciaires, *JO* 23 juill., p. 11125.
10. Décr. n° 98-1231, 28 déc. 1998, modifiant le Code de l'organisation judiciaire et le Nouveau Code de procédure civile, *JO* 30 déc., p. 19904.
11. L. n° 2002-305, 4 mars 2002, relative à l'autorité parentale, *JO* 5 mars, p. 4161.

rencontrer un médiateur familial qui les informera sur l'objet et le déroulement de cette mesure (C. civ., art. 255, 2° et 373-2-10, al. 3). Cette décision n'est pas susceptible de recours (C. pr. civ., art. 1071 *in fine*). La réunion d'information sur la médiation est gratuite (C. civ., art. 255, 2° et art. 373-2-10, al. 3). Le décret n° 2010-1395 du 12 novembre 2010, relatif à la médiation et à l'activité judiciaire en matière familiale, prévoit pour l'application de l'article 373-2-10 du Code civil que les parties sont informées de la décision du juge leur enjoignant de rencontrer un médiateur familial soit par courrier, soit à l'audience. Il est indiqué aux parties le nom du médiateur familial ou de l'association de médiation familiale désigné et les lieu, jour et heure de la rencontre. Lorsque la décision est adressée par courrier, il leur est rappelé la date de l'audience à laquelle l'affaire sera examinée. Lors de cette audience, le juge homologue le cas échéant l'accord intervenu; en l'absence d'accord ou d'homologation, il tranche le litige. Ce texte est appliqué à titre expérimental jusqu'au 31 décembre 2013 et seulement dans le ressort de certains tribunaux de grande instance.

Le juge saisi du litige conserve un rôle important dans la mesure où c'est lui qui désigne le tiers qui devra exercer la mission de conciliateur ou de médiateur (C. pr. civ., art. 129-1 et 131-1 - L. 8 févr. 1995, art. 22). La décision n'est pas susceptible d'appel (C. pr. civ., art. 129-5, qui précise que les décisions prises par le juge dans le cadre de la délégation de la mission de conciliation sont des mesures d'administration judiciaire et 131-15). Le juge fixe la durée de la mission du tiers (L. 8 févr. 1995, modifiée, art. 22-3 - C. pr. civ., art. 129-1 et 131-3). Il peut renouveler cette mission (L. 8 févr. 1995, modifiée, art. 22-3 *in fine* - C. pr. civ., art. 129-1 et 131-3) et y mettre fin à tout moment (L. 8 févr. 1995, modifiée, art. 22-3 *in fine* - C. pr. civ., art. 129-4 et 131-10) d'office, à la demande des parties ou encore à la demande du tiers chargé de la mission de conciliation ou de médiation.

325.203 **Absence de dessaisissement du juge.** Le juge n'est pas dessaisi de l'affaire. Il est tenu informé par le tiers des difficultés qu'il rencontre dans l'exercice de sa mission (C. pr. civ., art. 129-4 et 131-9). Nonobstant la médiation, il peut prendre à tout moment les autres mesures qui lui paraissent nécessaires (C. pr. civ., art. 131-2). Mais le conciliateur de justice peut, avec l'accord des parties, se rendre sur les lieux et entendre toute personne dont l'audition lui paraît utile, sous réserve de l'acceptation de celle-ci (C. pr. civ., art. 129-3). Et si le médiateur ne possède pas de pouvoir d'instruction, il peut également, avec l'accord des parties et pour les besoins de la médiation, entendre les tiers qui y consentent (C. pr. civ., art. 131-8). À l'expiration de sa mission, le tiers informe le juge de sa réussite ou de l'échec de la tentative de conciliation ou de la médiation (L. 8 févr. 1995, modifiée, art. 21-3 *in fine* - C. pr. civ., art. 131-11). À la demande des parties, le juge homologue l'accord intervenu (C. pr. civ., art. 129-4, 131 al. 2, et 131-12).

325.204 **Homologation de l'accord.** Le rôle du juge est-il différent selon qu'il donne acte ou qu'il homologue l'accord conclu entre les parties ? Parmi les activités gracieuses du juge, l'homologation des actes juridiques ne le cantonne pas dans un rôle purement réceptif : il ne faut pas confondre les contrats judiciaires et l'homologation des actes juridiques[1]. Le juge de l'homologation n'a pas le rôle passif de celui qui authentifie les actes, ni les larges pouvoirs de celui qui apprécie une opportunité[2]. Si le législateur a utilisé ici le terme homologation, c'est que le juge doit vérifier que les exigences légales ont été respectées. Il doit s'assurer de la conformité de l'accord à l'ordre public[3]. La loi prévoit que cette homologation relève de la matière gracieuse (L. 8 févr. 1995, modifiée, art. 21-5 - C. pr. civ., art. 131 et 131-12), ce n'est pas une simple mesure d'administration judiciaire, contrairement aux décisions prises par le juge dans le cadre de la délégation de la mission de conciliation (C. pr. civ., art. 129-5).

B.
Accord des parties

325.211 **Nécessité de l'accord.** L'article 22 de la loi du 8 février 1995 modifiée prévoit que le juge ne peut confier à un tiers une mission de médiation qu'avec l'accord des parties. Devant le tribunal d'instance, le juge qui envisage de désigner un conciliateur doit en aviser les parties par lettre recommandée avec avis de réception (LRAR) et les inviter à lui faire connaître leur éventuel refus dans un délai de huit jours à compter de la notification de sa décision (C. pr. civ., art. 831). La décision qui ordonne la médiation doit mentionner l'accord des parties (C. pr. civ., art. 131-6).

Cependant, l'article 22-1 alinéa 2 de la loi du 8 février 1995, autorise le juge, s'il n'a pas recueilli leur accord pour procéder aux tentatives de concilia-

1. Sur cette distinction v. I. Balensi, « L'homologation judiciaire des actes juridiques », *RTD civ.* 1978. 58 s.
2. I. Balensi, « L'homologation judiciaire des actes juridiques », *RTD civ.* 1978. 59.
3. Y. Desdevises, « Modes alternatifs de règlement des litiges », *Justices* 1996, n° 8, p. 342 – DANS LE MÊME SENS, L. Cadiet, « Solution judiciaire et règlement amiable des litiges : de la contradiction à la conciliation », *Mél. Champaud*, Dalloz, 1997, p. 133, n° 16 – Rép. pr. civ., v° *Médiation et conciliation*, par Douchy-Oudot et Joly-Hurard, mars 2013, n° 151 – *CONTRA* : S. Guinchard, « L'ambition d'une justice civile rénovée commentaire du décret n° 98-1231 du 28 décembre 1998 et de quelques aspects de la loi n° 98-1163 du 18 décembre 1998 », *D.* 1999. Chron. 67, n° 18.

tion, à enjoindre aux parties de rencontrer à cet effet une personne qu'il désigne. Cette personne informe les parties sur l'objet et le déroulement de la mesure de conciliation. La loi n° 2002-305 du 4 mars 2002, relative à l'autorité parentale puis la loi n° 2004-439 du 26 mai 2004 sur le divorce ont accordé au juge aux affaires familiales le pouvoir d'enjoindre aux parties de rencontrer un médiateur familial (v. s[s] n° 325.202). Il a été proposé d'étendre ce pouvoir au-delà de la matière familiale.

325.212 Étendue de l'accord. L'accord des parties doit-il porter sur l'identité du tiers ? Généralement les auteurs estiment qu'il est inutile que l'accord porte sur le nom du conciliateur chargé de la tentative préalable de conciliation devant le tribunal d'instance puisqu'il doit remplir les conditions imposées par le décret du 20 mars 1978 et qu'il a un domaine de compétence territorialement limité. En revanche pour les autres conciliateurs et médiateurs, les auteurs estiment préférable de recueillir l'accord des parties sur l'identité du tiers [1], mais les nouvelles dispositions générales du Code de procédure civile sur la conciliation déléguée à un conciliateur de justice (C. pr. civ., art. 129-1 à 129-5) n'exigent pas un tel accord.

325.213 Maintien de l'accord. La volonté des parties joue un rôle important dans le déroulement de la mission du tiers. Ainsi une partie peut demander au juge de mettre fin à la mission du médiateur ou du conciliateur à tout moment (L. 8 févr. 1995, modifiée, art. 22-3 - C. pr. civ., art. 129-4 et 131-10). Les parties doivent donner leur accord pour que le conciliateur ou le médiateur entendent des personnes étrangères au litige qui y consentent et dont l'audition peut apparaître utile (C. pr. civ., art. 129-3 et 131-8). En cas d'accord partiel ou total, les parties signent un constat d'accord établi par le conciliateur ou le médiateur et peuvent demander au juge l'homologation de ce constat (C. pr. civ., art. 131 et 131-12).

325.214 L'exception : la médiation préalable obligatoire. La commission de réflexion sur la répartition des contentieux recommande que la médiation préalable devienne obligatoire pour les actions tendant à modifier les modalités de l'exercice de l'autorité parentale précédemment fixées par une décision de justice. C'est ainsi qu'en cas de demande de modification soit d'une décision fixant les modalités de l'exercice de l'autorité parentale ou la contribution à l'entretien et à l'éducation de l'enfant, soit des dispositions contenues dans la convention homologuée, la loi n° 2011-1862 du 13 décembre 2011 prévoit, à titre expérimental, dans le ressort de certains tribunaux de grande instance, qu'à peine d'irrecevabilité que le juge peut soulever d'office, sa saisine par le ou les parents doit être précédée d'une tentative de médiation familiale, sauf :

- 1° si les parents sollicitent conjointement l'homologation d'une convention selon les modalités fixées à l'article 373-2-7 du Code civil;
- 2° si l'absence de recours à la médiation est justifiée par un motif légitime;
- 3° si cette mesure préalable risque de porter atteinte au droit d'accès au juge dans un délai raisonnable.

1. Y. Desdevises, *Justices* 1995, n° 2, p. 347; et *J.-Cl. Pr. civ.*, fasc. 160, p. 19, n° 180.

C. Tiers

1° Conciliateur

325.220 Division. L'article 129-1 C. pr. civ. prévoit que lorsque le juge, en vertu d'une disposition particulière, délègue sa mission de conciliation, il désigne un conciliateur de justice. La loi n° 95-125 du 8 février 1995 permet de connaître les qualités que doit présenter un conciliateur de justice, sa mission et ses obligations.

a) Qualités du conciliateur

325.221 Conciliateurs de justice. Les conciliateurs de justice doivent remplir les conditions prévues par le décret n° 78-381 du 20 mars 1978.

325.222 Nomination. Ces conciliateurs sont nommés par ordonnance du premier président de la cour d'appel, après avis du procureur général et sur proposition du juge d'instance. Le décret n° 96-652 du 22 juillet 1996 a réduit de cinq à trois ans l'expérience juridique minimum du conciliateur. Peuvent être nommées conciliateurs des personnes que leur compétence et leur activité qualifient particulièrement pour l'exercice de ces fonctions (Décr. 20 mars 1978, art. 2, modifié). Elles doivent jouir de leurs droits civils et politiques, n'être investies d'aucun mandat électif dans le ressort de la cour d'appel dans lequel elles exercent leurs fonctions. Ne peuvent être nommés conciliateurs de justice, les officiers publics ou ministériels et les personnes qui exercent des activités judiciaires ou qui participent au fonctionnement du service public de la justice, sous réserve des suppléants du juge d'instance. En pratique, il s'agit souvent de magistrats honoraires, d'anciens avocats, d'anciens notaires, de commissaires de police ou d'enseignants à la retraite. Ils sont rattachés à un tribunal d'instance et leur compétence est limitée au ressort de ce tribunal.

325.223 Durée des fonctions. Ils sont nommés pour une première période d'un an et peuvent être reconduits dans leurs fonctions pour une période renouvelable de deux ans. Le premier président de la cour d'appel peut mettre fin aux fonctions d'un conciliateur de manière anticipée, après avis du procureur général et du juge d'instance et après avoir entendu l'intéressé. Sur proposition du juge d'instance le premier président peut conférer à un conciliateur le titre de conciliateur de justice honoraire à condition qu'il ait exercé ses fonctions pendant au moins cinq ans.

b)
Mission et obligations du conciliateur

325.231 **Mission.** Le conciliateur a pour mission de remplacer le juge dans son rôle de conciliation lorsqu'une disposition particulière le permet. La durée de la mission est fixée par le juge et ne peut excéder deux mois (C. pr. civ., art. 129-1). Elle peut être renouvelée. Le conciliateur convoque les parties aux lieu, jour et heure qu'il détermine. Elles pourront se faire assister par une personne qui a qualité pour le faire devant la juridiction ayant délégué la mission de conciliation (C. pr. civ., art. 129-2). Le conciliateur de justice peut, avec l'accord des parties, se rendre sur les lieux et entendre toute personne dont l'audition lui paraît utile, avec l'acceptation de celle-ci (C. pr. civ., art. 129-3). Le conciliateur tient le juge informé des difficultés qu'il rencontre dans l'accomplissement de sa mission ainsi que de la réussite ou de l'échec de la conciliation. Il peut mettre fin à tout moment à la conciliation (C. pr. civ., art. 129-4).

325.232 **Obligations.** Il est tenu à l'obligation du secret. Les informations qu'il recueille ou les constatations auxquelles il procède ne peuvent être divulguées (C. pr. civ., art. 129-3). Le conciliateur de justice prête serment. Il exerce ses fonctions bénévolement. Il perçoit une indemnité forfaitaire pour ses menues dépenses (v. s^s^ n° 325.11).

En cas de conciliation même partielle, il établit un constat d'accord signé par les parties et par lui-même. Ce constat d'accord peut être transmis à l'homologation du juge par les parties (C. pr. civ., art. 131, al. 2). Une fois par an le conciliateur présente un rapport d'activité au premier président, au procureur général de la cour d'appel et au juge d'instance. Ce rapport peut être publié.

2°
Médiateur

325.240 **Nomination.** Le décret n° 96-652 du 22 juillet 1996 prévoit que le juge saisi d'un litige, y compris le juge des référés, peut, après avoir recueilli l'accord des parties, désigner un médiateur afin d'entendre les parties et de confronter leurs points de vue pour leur permettre de trouver une solution amiable au litige qui les oppose (C. pr. civ., art. 131-1). Ce texte ne fait que consacrer l'institution prétorienne de la médiation fondée sur l'article 21 C. pr. civ.[1]. La décision d'ordonner une médiation judiciaire est une mesure d'administration judiciaire non susceptible d'appel, ni de pourvoi en cassation[2].

a)
Qualité de médiateur

325.241 **Conditions requises.** La médiation peut être confiée à une **personne physique** ou à une personne morale. Si le médiateur désigné est une **personne morale**, son représentant légal soumet à l'agrément du juge le nom de la ou des personnes physiques qui assureront en son nom, l'exécution de la mesure. Selon l'article 131-5 C. pr. civ., la personne physique qui assure l'exécution de la mission de médiation ne doit pas avoir été frappée d'une condamnation, d'une incapacité ou d'une déchéance mentionnée sur le bulletin n° 2 de son casier judiciaire et ne doit pas s'être rendu coupable de faits contraires à l'honneur, à la probité et aux bonnes mœurs ayant donné lieu à une sanction disciplinaire ou administrative. Elle doit avoir la qualification requise eu égard à la nature du litige, justifier d'une formation ou d'une expérience adaptée à la pratique de la médiation et présenter des garanties d'indépendance.

325.242 **Incompatibilités.** Toute personne qui présente ces qualités peut être nommée médiateur. Si le juge peut concilier les parties, il ne peut exercer une mission de médiation (la frontière entre conciliation et médiation est parfois floue, v. s^s^ n°s 325.12, 325.163 et 325.181). Peut-on désigner comme médiateur un conciliateur de justice ? La solution est incertaine. En effet le texte n'interdit pas une telle nomination, mais elle risque de poser des difficultés : ainsi le conciliateur intervient à titre bénévole alors qu'en principe le médiateur est rémunéré. En revanche, il faut admettre que, puisque l'article 240 C. pr. civ. interdit au juge de donner mission à l'expert judiciaire de concilier les parties, ce technicien ne peut *a fortiori* recevoir une mission de médiation. Certes, s'il n'est pas désigné comme expert dans cette affaire, la mission de médiateur pourra lui être confiée. En général lorsque les experts concilient les parties, ils prennent soin de préciser que les parties se sont conciliées entre elles afin de ne pas enfreindre les dispositions de l'article 240. La médiation peut encore être confiée à une association mais le représentant légal

1. Civ. 2e, 16 juin 1993, n° 91-15.332, *Bull. civ.* II, n° 211 – Paris 17 déc. 1987, RG n° 19720/87, *D.* 1987. 27; *Gaz. Pal.* 1988. 1. 206 – Paris 16 mai 1988, *D.* 1988. Somm. 328, obs. Langlois – V. DÉJÀ TGI Paris, réf., 22 févr. 1974, *D.* 1974. 783, note Javillier.
2. Civ. 1re, 7 déc. 2005, n° 02-15.418, *Bull. civ.* I, n° 484; *D.* 2006. 1217, obs. Gallmeister, note Mahinga; *D.* 2006. 2430, obs. Douchy-Oudot.

de cette association devra indiquer au juge le nom de la personne physique qui remplira la mission de médiation (C. pr. civ., art. 131-4).

b)
Mission et obligations du médiateur

325.251 Mission. La mission du médiateur évoquée à l'article 131-1 C. pr. civ. est difficile à cerner : il doit entendre les parties, confronter leurs points de vue afin de leur permettre de trouver une solution amiable au conflit qui les oppose. Il a une mission plus vaste que le conciliateur mais qui n'est pas de nature juridictionnelle, il ne doit pas trancher le litige.

Il est nommé pour une période maximum de trois mois. La décision qui ordonne la médiation et désigne le médiateur fixe la durée initiale de sa mission. Le médiateur pourra demander une fois le renouvellement de sa mission qui ne pourra excéder trois mois (C. pr. civ., art. 131-3).

La décision désignant le médiateur est notifiée aux parties et au médiateur qui doit immédiatement faire connaître son acceptation ou son refus. Il n'a pas de pouvoir d'instruction mais peut, avec l'accord des parties, entendre les tiers qui y consentent (C. pr. civ., art. 131-8, al. 1er).

Le juge peut d'office, à la demande d'une partie ou du médiateur, mettre fin à la mission de ce dernier, après avoir préalablement rappelé l'affaire à l'audience. À l'expiration de sa mission, le médiateur informe le juge par écrit de la réussite ou de l'échec de la médiation. L'affaire revient alors devant le juge qui poursuivra l'instance en cas d'échec et qui pourra, en cas d'accord, l'homologuer à la demande des parties. L'article 131-12 précise que l'homologation relève de la matière gracieuse (v. ss nos 322.00 s. et 325.204).

325.252 Obligations. L'article 21-2 de la loi n° 95-125 du 8 février 1995, modifiée par l'ordonnance n° 2011-1540 du 16 novembre 2011, précise que : « *Le médiateur accomplit sa mission avec impartialité, compétence et diligence* ». Il pèse sur le médiateur comme sur le conciliateur une obligation au secret : les constatations qu'il fait, les déclarations qu'il recueille ne peuvent être invoquées dans la suite de la procédure sans l'accord des parties, ni dans le cadre d'une autre instance. La loi du 8 février 1995 modifiée prévoit cependant deux exceptions importantes pour le médiateur (L. n° 95-125, 8 févr. 1995, art. 21-3). Il sera affranchi de l'obligation au secret soit « *en présence de raisons impérieuses d'ordre public ou de motifs liés à la protection de l'intérêt supérieur de l'enfant ou à l'intégrité physique ou psychologique de la personne* », soit « *lorsque la révélation de l'existence ou de la divulgation du contenu de l'accord issu de la médiation est nécessaire pour sa mise en œuvre ou son exécution* ».

c)
Rémunération du médiateur

325.261 Provision. Le médiateur est rémunéré. La décision qui ordonne la médiation fixe le montant de la provision à valoir sur la rémunération du médiateur à une somme la plus proche possible de la rémunération prévisible. Le juge désigne la ou les parties qui devront consigner la provision dans le délai qu'il détermine. Si le montant n'est pas consigné dans le délai et selon les modalités imparties, la désignation du médiateur est caduque (L. n° 95-125, 8 févr. 1995, modifiée, art. 22-2 *in fine*). Le médiateur ne doit convoquer les parties que lorsqu'il est avisé par le greffe de ce que les parties ont effectué la consignation. À défaut de consignation, la mesure est caduque et l'instance se poursuit (C. pr. civ., art. 131-6 *in fine*). La cour d'appel de Paris a cependant admis que les parties saisissent directement le médiateur dans le délai imparti par la cour et versent entre ses mains la provision à valoir sur les frais et honoraires[1].

325.262 Partage des frais de médiation. Les parties fixent entre elles la répartition du coût de la médiation. À défaut d'accord, les frais sont répartis par parts égales à moins que le juge estime cette répartition inéquitable au regard de la situation économique des parties (L. n° 95-125, 8 févr. 1995, modifiée, art. 22-2).

325.263 Paiement du médiateur. À l'expiration de la mission du médiateur, le juge fixe sa rémunération. Il autorise le médiateur à se faire remettre les sommes consignées au greffe jusqu'à due concurrence et ordonne au besoin le versement du complément, en précisant quelle partie en aura la charge, ou la restitution des sommes consignées en excédent. La rémunération du médiateur ne peut dépendre de la circonstance que les parties sont ou non parvenues à un accord[2]. À la demande du médiateur, le juge lui délivre un titre exécutoire. Si l'aide juridictionnelle est accordée à l'une des parties, les règles de répartition sont les mêmes mais l'État prendra en charge les frais incombant au bénéficiaire (L. n° 95-125, 8 févr. 1995, modifiée, art. 22-2).

1. Paris, 2 juill. 1997, RG n° 95/39069, inédit; Rép. pr. civ., v° *Médiation et conciliation*, par Douchy-Oudot et Joly-Hurard, mars 2013, n° 116.
2. Civ. 2e, 22 mars 2007, n° 06-11.790, *Bull. civ.* II, n° 73; *D.* 2007. 2336, chron. Vigneau; *D.* 2007. 2690, obs. Douchy-Oudot.

CHAPITRE

326. Médiation – droit de l'Union européenne et du Conseil de l'Europe

FRÉDÉRIQUE FERRAND
Professeur à l'Université Jean-Moulin (Lyon 3) et à l'Université d'Augsbourg

SECTION 0 ORIENTEUR

326.00 **Plan du chapitre.**

326.01 **Textes applicables.**
Dir. CE n° 2008/52, du Parlement européen et du Conseil, 21 mai 2008, sur certains aspects de la médiation en matière civile et commerciale, *JOUE*, n° L 136, 24 mai, p. 3.

326.03 **Bibliographie indicative.**

Ouvrages. D. Ganancia, *La médiation familiale internationale*, « Trajets », Érès, 2007 – R. Greger et H. Unberath, *Mediationsgesetz, Kommentar*, Munich, Beck, 2012 – K. Hopt et F. Steffek (dir.), *Mediation Principles and Regulation in Comparative Perspective*, Oxford Univ. Press, 2013 – R. Relis, *Perceptions in Litigation and Mediation*, Cambridge Univ. Press, 2009 – F. Steffek et H. Unberath (dir.), *Regulating Dispute Resolution*, Oxford et Portland, Hart Publishing, 2013.

Articles. N. Andrews, « *Developments in English Civil Justice : European and Global Dimensions* », *ZZP Int.* 15 (2010), p. 3 – H. Eidenmüller et M. Prause, « *Die europäische Mediationsrichtlinie – Perspektiven für eine gesetzliche Regelung der Mediation in Deutschland* », *NJW* 2011. 2737 – F. Ferrand, « La transposition en droit français et en droit allemand de la directive n° 2008/52/CE du 21 mai 2008 relative à certains aspects de la médiation en matière civile – Confrontation des conceptions nationales en matière de règlement amiable des différends », *ZZP Int.* 16 (2011), p. 31 ; « La transposition en droit français et en droit allemand de la directive n° 2008/52/CE du 21 mai 2008 relative à certains aspects de la médiation en matière civile et commerciale – considérations comparative », *Mél. C. Jauffret-Spinosi,* Dalloz, 2013 – B. Gorchs-Gelzer, « Regard critique sur l'ordonnance n° 2011-1540 transposant la directive médiation », *Dr. et proc.* 2012. 5 – G. Mähler et H.-G. Mähler, « *Auf dem Weg zu einer neuen Konfliktkultur ?* », *ZRP* 2011. 29 – N. Nevejans, « L'ordonnance du 16 novembre 2011, Un encouragement au développement de la médiation ? », *JCP* 2012, n° 148 – C. Nourissat, « Directive n° 2008/52/CE du Parlement européen et du Conseil, 21 mai 2008, sur certains aspects de la médiation en matière civile et commerciale », *Procédures* nov. 2008. Comm. 9, p. 8 et 9 ; « Droit civil de l'Union européenne : panorama 2005 », *D.* 2006. Chron. 1265 ; *Procédures* 2004. Comm. 238 – M. Plassmann, « *Mediationsgesetz : Keine Bevorzugung der Gerichtsmediation* », *AnwBl.* 2011. 123 – F. Rongeat-Oudin, « Le règlement amiable des différends est en bonne marche », *JCP* 2012, n° 157 ; « Les compétences juridiques du médiateur », *Gaz. Pal.* 23-25 janv. 2011, p. 19.

Actes de colloque. *La médiation, quel avenir ?*, Actes du colloque des 5 et 6 février 1998 au Grand Amphithéâtre de la Sorbonne, « Le médiateur de la République » – *Les médiateurs en France et à l'étranger*, colloque du 17 nov. 2000, Société de législation comparée, 2001 – *La médiation familiale en Europe*, Actes de la quatrième conférence sur le droit de la famille, Recomm. R (98), Conseil de l'Europe, 2000 – *La médiation*, colloque de la Société de législation comparée, Dalloz, 2009.

SECTION 1
MÉDIATION EN DROIT DE L'UNION EUROPÉENNE

§ 1
Évolution jusqu'à l'adoption de la directive CE n° 2008/52 du 21 mai 2008

326.11 Des évolutions. En 2002, un Livre vert avait été rédigé par la Commission européenne sur les modes alternatifs de résolution des conflits relevant du droit civil et commercial[1]. Ce Livre vert avait fixé trois grands objectifs :

- 1° faire le point sur les pratiques des modes alternatifs de règlement des conflits (MARC) en droit civil et commercial;

- 2° établir les principes fondamentaux assurant des garanties indispensables pour que les modes amiables offrent un niveau de sécurité égal à celui offert par l'administration publique de la justice;

- 3° sensibiliser le grand public aux normes en vigueur. La Commission européenne, dans ce Livre vert, constate que « *la médiation*[2] *est un moyen plus rapide, plus simple et plus économique de résoudre les différends, qui permet en outre de prendre en considération une plus large gamme d'intérêts des parties, qui a plus de chances d'aboutir à un accord qui sera volontairement respecté, et qui préservera une relation amiable et durable entre les parties* »[3].

De façon générale, **l'Union européenne** est très favorable aux modes alternatifs de règlement des litiges dans la mesure où ils peuvent favoriser une solution rapide des litiges et ainsi garantir aux parties l'effectivité de leurs droits.

Ainsi, à propos d'une législation nationale imposant un préalable de tentative de conciliation extrajudiciaire comme condition de recevabilité de l'action en justice, la Cour de justice estime que les principes d'équivalence et d'effectivité ainsi que le principe de protection juridictionnelle effective ne s'opposent pas à une telle conciliation préalable, à condition toutefois que l'accès au juge ne soit pas entravé de façon substantielle[4]. Il convient donc que la procédure de conciliation n'entraîne pas de retard excessif, qu'elle suspende la prescription, qu'elle ne coûte pas cher et qu'elle ne mette pas obstacle à la prescription de mesures provisoires en cas d'urgence.

Le **Conseil de l'Europe**, lui aussi, dans une recommandation CM/Rec. (2010) 12 du Comité des ministres du 17 novembre 2010 « Sur les juges : indépendance, efficacité et responsabilités », énonce dans son point 39 que « *le recours aux modes alternatifs de règlement des litiges devrait être encouragé* » et (point 64) que « *les juges devraient, le cas échéant, encourager les parties à aboutir à un règlement amiable* ».

En 2004 fut adopté un Code de conduite européen pour les médiateurs; toutefois, ce code ne constitue qu'une initiative « *privée* » qu'avait encouragée la Commission européenne; il ne lie que les médiateurs qui acceptent librement de s'y soumettre[5].

La proposition de directive « *sur certains aspects de la médiation en matière civile et commerciale* »[6] fixait comme objectifs « *d'instaurer une relation saine entre la médiation et les procédures judiciaires* » et de « *promouvoir activement le recours à la médiation, sans pour autant la rendre obligatoire ou l'assortir de sanctions spécifiques* »[7]. Il ne s'agit pas (encore ?) d'un modèle de médiation, mais d'une incitation des législateurs nationaux à la réglementer et à en prévoir le principe; la garantie de l'accès à la justice est fondamentale, et les modes alternatifs de règlement des litiges simplifient et améliorent l'accès à la justice[8]. La position commune du Conseil et du Parlement

1. *Livre vert sur les modes alternatifs de résolution des conflits relevant du droit civil et commercial*, COM (2002) 196 final, 19 avr. 2002.
2. Sur la médiation en droit comparé, V. NOT. *La médiation, quel avenir ?*, Actes du colloque des 5-6 févr. 1998 au Grand Amphithéâtre de la Sorbonne, « Le médiateur de la République » – *Les médiateurs en France et à l'étranger*, colloque du 17 nov. 2000, Société de législation comparée, 2001 – *La médiation familiale en Europe*, Actes de la quatrième conférence sur le droit de la famille; Recomm. R (98), Conseil de l'Europe, 2000 – D. Ganancia, *La médiation familiale internationale*, « Trajets », Érès, 2007.
3. COMP. pour la France les positions défendues dans le rapport du premier président J.-C. Magendie, *Célérité et qualité de la justice : la médiation, une autre voie*, sept. 2008.
4. V. AINSI, CJUE 18 mars 2010, Rosalba Alassini, aff C-317/08, D. 2011. 268, obs. Fricero; D. 2011. 974, obs. Aubry, Poillot et Sauphanor-Brouillaud; *RTD eur.* 2010. 599, chron. Coutron.
5. Sur ce code, v. C. Nourissat, *Procédures* 2004. Comm. 238.
6. Proposition de directive du Parlement européen et du Conseil sur certains aspects de la médiation en matière civile et commerciale, Doc. COM (2004) 718 final, 22 oct. 2004; *Procédures* avr. 2005, p. 4, obs. Nourissat. Le texte entendait promouvoir une « *relation saine entre médiation et procédure civile* » tout en assurant un meilleur accès à la justice en dotant les tribunaux des outils nécessaires pour favoriser le recours à la médiation, qui ne devrait pas être considérée comme une solution secondaire par rapport à la procédure judiciaire (consid. 10).
7. COMP. le texte définitif de la directive (Dir. CE n° 2008/52 du Parlement européen et du Conseil, 21 mai 2008, sur certains aspects de la médiation en matière civile et commerciale, *JOUE*, n° L 136, 24 mai, p. 3, art. 1er) : l'objet de la directive est de « *faciliter l'accès à des procédures alternatives de résolution des litiges et de favoriser le règlement amiable des litiges en encourageant le recours à la médiation et en garantissant une articulation satisfaisante entre la médiation et les procédures judiciaires* ».
8. Dir., consid. 2 et 3. Le considérant 14 ajoute que la directive « *ne devrait affecter aucune législation nationale rendant le recours à la médiation obligatoire ou soumis à des incitations ou à des sanctions, pour autant qu'une telle législation n'empêche pas les parties d'exercer leur droit d'accès au système judiciaire* ».

(C. pr. civ., art. 1532 s.), homologation de l'accord issu de la médiation[1]. Il est précisé dans l'article 1535 C. pr. civ. que, « *lorsque l'accord issu de la médiation a été rendu exécutoire par une juridiction ou une autorité d'un autre État membre de l'Union européenne dans les conditions prévues par les dispositions de l'article 6 de la directive 2008/52/CE du 21 mai 2008 du Parlement européen et du Conseil sur certains aspects de la médiation en matière civile et commerciale, il est reconnu et déclaré exécutoire en France dans les conditions prévues par les articles 509-2 à 509-7* », ce qui renvoie à la procédure d'*exequatur* simplifié prévue dans le règlement CE n° 44/2001 du 22 décembre 2000, Bruxelles I. Rappelons toutefois que le règlement de refonte du règlement Bruxelles I (Règl. UE n° 1215/2012, 12 déc. 2012, Bruxelles I *bis*)[2] prévoit la suppression de l'*exequatur*; il entrera en application le 10 janvier 2015[3]. En vertu des dispositions communes contenues dans les articles 1565 et suivants C. pr. civ., l'accord peut être soumis, aux fins de le rendre exécutoire, à l'homologation du juge compétent pour connaître du contentieux dans la matière considérée; le juge ne peut modifier les termes de l'accord (C. pr. civ., art. 1565).

326.22 Transposition dans d'autres États membres. Certains États membres ont rapidement adopté des dispositions nationales : il en va par exemple ainsi de **l'Italie** (Décr. législatif n° 28/2010, sur la médiation dans les litiges civils et commerciaux, qui rend la médiation obligatoire dans un nombre important de cas et donna lieu à de vives critiques et à la saisine de la Cour constitutionnelle italienne, qui déclara le décret inconstitutionnel pour des motifs de procédure et non de fond[4]. Suite à cela, un nouveau décret législatif fut adopté, qui entra en vigueur le 21 septembre 2013 et rétablit la médiation obligatoire dans divers domaines du droit civil[5]). La **Grèce** a également adopté le 16 décembre 2010 une loi n° 3398/2010 sur la médiation qui transpose la directive européenne de 2008 mais s'applique également pour les différends internes et non pas seulement aux litiges transfrontaliers; ce texte réserve l'activité de médiation aux avocats[6]. L'**Autriche** a transposé la directive par une loi du 1er mai 2011, l'**Estonie** par une loi n° 562/2009, la **Finlande** dans une loi du 29 avril 2011.

En **Allemagne**, la loi de transposition n'a été adoptée qu'en juillet 2012, le texte ayant fait l'objet d'une tentative de compromis entre *Bundestag* et *Bundesrat* au sein d'une commission mixte (*Vermittlungsausschuss*). En Allemagne comme en France, il a été décidé d'étendre le champ d'application de la directive européenne du 21 mai 2008 au-delà des litiges transfrontières, et ce dans un but évident d'harmonisation maximale du cadre de la médiation interne et de la médiation transfrontière. Le texte de transposition présenté par le gouvernement fédéral en août 2010 (*Referentenentwurf zur Stärkung der außergerichtlichen Streitbeilegung*) prévoyait notamment dans le paragraphe 1 de la future *Mediationsgesetz* que la médiation pouvait être conduite : 1° indépendamment d'une procédure judiciaire (*außergerichtliche Mediation*); 2° pendant une procédure judiciaire, mais hors le tribunal (*gerichtsnahe Mediation*); ou encore 3° au sein du tribunal, par un juge non habilité à statuer sur le litige (*richterliche Mediation*).

1. SUR CETTE QUESTION, v. N. Fricero, « Accord des parties, homologation, octroi de la force exécutoire : quel rôle pour le juge ? », *RJPF* 2010. 8.
2. Règl. UE n° 1215/2012 du Parlement et du Conseil, 12 déc. 2012, concernant la compétence judiciaire, la reconnaissance et l'exécution des décisions en matière civile et commerciale (refonte), *JOUE,* n° L 351, 20 déc., p. 1.
3. V. toutefois son article 66 § 2 en vertu duquel le règlement Bruxelles I (*exequatur* simplifié) continue à s'appliquer aux décisions rendues dans les actions judiciaires intentées, aux actes authentiques dressés ou enregistrés formellement et aux transactions judiciaires approuvées ou conclues avant le 10 janvier 2015 qui entrent dans le champ d'application du règlement.
4. La Cour constitutionnelle italienne estima que le gouvernement avait outrepassé la délégation de pouvoir que lui avait accordée le Parlement; elle évita ainsi de se prononcer sur la compatibilité de la médiation obligatoire avec les principes constitutionnels de droit d'accès à la justice, d'égalité et d'équité de la procédure. Dans certains domaines, le droit italien connaissait déjà la médiation – tantôt volontaire, tantôt obligatoire –, par exemple en droit des sociétés (Décr. n° 5/2003, qui prévoit un système d'organes de conciliation contrôlés par l'État par inscription dans un registre national). Mais le développement des procédures alternatives de règlement des litiges demeure très limité en Italie, ce que le nouveau décret n° 28/2010 voulait changer, notamment afin de désengorger les juridictions civiles (l'Italie est le pays le plus fréquemment condamné par la CEDH pour violation du délai raisonnable prévu par l'article 6 § 1 de la convention).
5. Le nouveau décret de 2013 ajouta la possibilité pour le tribunal, même dans l'instance d'appel, d'imposer aux parties, alors que l'instance est engagée, une médiation s'il juge que l'affaire s'y prête, et ce même si les parties ont déjà dû tenter une première médiation avant de saisir la juridiction de première instance. Le texte prévoit en outre que la juridiction, à toute étape de la procédure et jusqu'à la clôture de la phase d'administration des preuves, peut soumettre aux parties sa propre proposition de solution amiable. Afin de ne pas s'attirer l'hostilité des avocats, le décret de 2013 impose la représentation des parties par avocat durant la médiation, et les avocats peuvent être médiateurs de droit, sans avoir à suivre la formation imposée aux autres personnes souhaitant devenir médiateur. Si les parties arrivent à un accord amiable avec l'assistance de leur avocat, cet accord est directement exécutoire sans qu'il soit besoin d'une homologation par le tribunal.
6. V. N. Klamaris et C. Chronopoulou, « *Mediation in Greece : A Contemporary Procedural Approach to resolving Disputes* », *in* K. Hopt et F. Steffek (dir.), *Mediation Principles and Regulation in Comparative Perspective*, Oxford Univ. Press 2013, p. 585 s. et spécᵗ p. 598.

Ainsi, le lecteur, à l'examen du projet de loi de transposition présenté par le gouvernement allemand, était frappé par la place donnée au tribunal et par la définition de la médiation au regard du critère de sa proximité ou non avec le tribunal. Cet aspect du projet de loi de transposition, qui envisage la médiation uniquement au regard de sa distance avec la juridiction, a suscité diverses critiques, notamment de la part du barreau allemand, mais aussi des députés eux-mêmes, qui l'ont supprimé du paragraphe 1 de la future *Mediationsgesetz* et n'ont retenu qu'une définition large de la médiation comme « *processus confidentiel et structuré par lequel les parties, à l'aide d'un ou de plusieurs médiateurs, recherchent volontairement et sous leur propre responsabilité, une solution amiable à leur conflit* ». Le *Bundestag*, à l'unanimité de ses cinq groupes parlementaires, a donc décidé, le 15 décembre 2011, de supprimer dans le texte la référence à la médiation interne au tribunal (c'est-à-dire par le juge) et de la remplacer par un modèle de **juge conciliateur** ou **juge de paix** (*Güterichter*) en modifiant le paragraphe 278 alinéa 5 ZPO (*Zivilprozessordnung*, Code allemand de procédure civile), qui énoncera que « *le tribunal peut renvoyer les parties à une audience de conciliation ainsi que, pour d'autres tentatives de conciliation, devant un juge conciliateur* [Güterichter] ». La médiation au sens strict n'est donc désormais que la médiation conventionnelle hors procédure judiciaire, et la médiation ordonnée par le juge (avec le consentement des parties). Il apparaît ainsi qu'alors que le projet du gouvernement allemand tendait à donner un fondement législatif à la médiation par le juge lui-même et divergeait en cela profondément de la transposition française de la directive, la loi votée par le Parlement[1] (L. 21 juill. 2012, *Gesetz zur Förderung der Mediation und anderer Verfahren der außergerichtlichen Konfliktbeilegung, MediationsG*)[2] rapproche les visions française et allemande de la médiation en tant que processus faisant intervenir un tiers non-juge. La conciliation (ou *Güteversuch*) peut être le fait du juge, pas la médiation. La résolution amiable des litiges demeure possible par un juge étatique (dénommé *Güterichter*), qui peut utiliser toutes les méthodes, y compris la médiation, mais l'appellation de « *médiation* » ne doit plus être utilisée pour cette procédure se déroulant au sein du tribunal. Les projets pilotes des *Länder* en matière de médiation interne au tribunal (*gerichtsinterne Mediation*) ont dû prendre fin le 25 juillet 2013.

La loi allemande du 21 juillet 2012 est entrée en vigueur le 26 juillet 2012. Elle définit le médiateur comme une personne « *indépendante et neutre* » (*unabhängig und neutral*) sans pouvoir de décision (MediationsG, § 1, al. 2) : **l'indépendance** est donc consacrée expressément, contrairement au droit français; il est choisi par les parties et s'assure que les parties ont compris le déroulement de la médiation et y participent librement (§ 2, al. 1er et 2). Il est engagé envers les parties de façon égale, favorise la communication entre elles et garantit qu'elles soient impliquées de façon adéquate et équitable dans la médiation. En cas d'accord, le médiateur fait en sorte que les parties concluent celui-ci en connaissance des faits et comprennent son contenu. Le texte allemand est beaucoup plus détaillé que l'ordonnance française sur les obligations du médiateur, qui a notamment un **devoir de transparence** (*Offenbarungspflicht*) consistant à révéler aux parties les circonstances qui pourraient porter atteinte à son indépendance et à sa neutralité (MediationsG, § 3, ce qui ressemble à l'obligation de révélation de l'arbitre). Diverses incompatibilités sont prévues, qui peuvent tomber devant un accord donné de façon éclairée par les parties. Sur questionnement des parties, le médiateur doit en outre indiquer à celles-ci sa formation et son expérience en matière de médiation (§ 3, al. 5). Le médiateur est tenu d'une **obligation de secret** (§ 4, *Verschwiegenheitspflicht*) et peut refuser de témoigner en justice (*Zeugnisverweigerungsrecht*). Il doit également avoir une **formation** et suivre des **formations continues.** Le gouvernement allemand ne voulait toutefois pas réglementer l'accès à la profession ni la formation du médiateur par une loi fédérale. Le *Bundestag* ne l'a pas entendu de cette oreille et a précisé les domaines sur lesquels devait porter une « *formation adaptée* » (*geeignete Ausbildung*); ne pourra être médiateur « *zertifiziert* » (certifié) que celui qui aura suivi une formation[3] correspondant aux exigences qui seront fixées par le gouvernement fédéral allemand dans un décret d'application de la loi (MediationsG, § 6) et qui suivra des formations continues régulières. Le Parlement a donc été plus exigeant que le gouvernement, qui voulait laisser jouer la concurrence et se dégager les bonnes pratiques. Le processus de médiation conduit à la suspension des délais de prescription (BGB, § 203, qui prévoit qu'en cas de négociations – *Verhandlungen* – entre débiteur et créancier à propos d'une créance, la prescription est suspendue pendant toute la durée des négociations et n'intervient que trois mois au moins après la fin de la

1. Le *Bundesrat* avait rejeté le texte et saisi la Commission mixte *Bundestag-Bundesrat* le 10 février 2012. Le 27 juin 2012, un compromis fut trouvé en commission mixte, validé par le *Bundestag* le 28 juin et par le *Bundesrat* le 29 juin 2012 (le *Bundesrat* ne vota pas positivement le texte mais décida de ne pas opposer son véto – *Einspruch*).
2. BGBl. 2012. I. 1577.
3. Le § 5 de la MediationsG indique notamment qu'une « *formation adéquate* » (*geeignete Ausbildung*) doit notamment porter sur les fondements de la médiation, son déroulement et ses conditions-cadres; les techniques de négociation et de communication; la compétence en matière de conflits; le droit de la médiation, le rôle du droit dans la médiation; des exercices pratiques, jeux de rôle, *etc.*

suspension. Ce texte est considéré comme couvrant l'hypothèse d'une médiation)[1].

En ce qui concerne la **force exécutoire** de l'accord issu de la médiation, le projet du gouvernement fédéral prévoyait de créer un paragraphe 796 d ZPO qui aurait fixé les modalités selon lesquelles la force exécutoire aurait été conférée à l'accord issu de la médiation (accord de toutes les parties requis, et nécessité d'entendre, avant la décision du juge d'instance – *Amtsgericht* – la partie contre laquelle la déclaration de force exécutoire est tournée). Le juge aurait été tenu de refuser de conférer caractère exécutoire à un accord « *unwirksam* » (nul), ce qui aurait sans doute permis un contrôle au fond du contenu de l'accord. Le notaire aurait également pu conférer ce caractère exécutoire (également avec l'accord de toutes les parties à la médiation). Le *Bundestag* a jugé cette disposition superflue, considérant que le ZPO contenait déjà des mécanismes suffisants dans ses paragraphes 794 et suivants (procès-verbal de l'accord dressé par le tribunal, forme notariée ou encore transaction conclue par avocat et soumise au tribunal pour qu'il lui confère caractère exécutoire dans les conditions de ZPO, § 796 a s.).

La question de **l'aide financière à la médiation** est abordée dans le paragraphe 7 de la loi du 21 juillet 2012 de façon assez frileuse afin de ne pas engager les *Länder* dans des dépenses excessives : il est prévu que les *Länder* pourront, dans le cadre d'un projet de recherche sur les conséquences financières d'un financement pour aider les personnes de revenus faibles à accéder à la médiation, autoriser le tribunal compétent pour connaître du litige à accorder une aide financière si la demande n'est pas téméraire.

Le gouvernement fédéral allemand s'engage à présenter au *Bundestag* avant le 26 juillet 2017 un rapport sur les incidences de la loi sur la médiation (MediationsG, § 8) et sur la nécessité ou non de compléter l'appareil législatif en la matière.

326.23 Transposition à dimension et contenu variables selon les États membres. Le législateur européen n'avait compétence que pour poser des principes ou règles en matière de litiges transfrontières. Il est toutefois intéressant de remarquer que de nombreux États membres ont profité de la transposition de la directive pour réglementer la médiation tant dans le cadre interne que pour les différends transfrontières. Cela est par exemple le cas de l'Allemagne, de la France, de la Grèce ou encore de l'Italie. En revanche, certains États membres n'ont réalisé qu'une transposition *a minima*, pour les seuls différends intra-Union (Autriche, Royaume-Uni par ex.); **l'Autriche** avait adopté une loi très détaillée en 2003 (Zivilrechtsmediationsgesetz 2003) et décida en 2011 de ne transposer la directive que pour les litiges transfrontières afin de ne pas porter atteinte (?) au haut niveau d'exigence posé par la loi autrichienne en matière de médiation[2]. **La Belgique**, qui était déjà intervenue par une loi de 2005 et qui disposait de dispositions détaillées sur la médiation dans le Code judiciaire, a même informé la Commission européenne de l'absence de nécessité de transposer la directive en droit national.

La transposition plus ou moins large de la directive européenne pose la question de savoir si les États membres ont saisi l'occasion de donner à la médiation une place de choix dans le paysage de la résolution des différends. **L'Allemagne,** par des projets pilotes nés de la pratique et variables selon les Länder, a avant tout favorisé la médiation par le juge lui-même, médiation dite interne au tribunal. Si ces projets pilotes avaient échoué, la médiation conventionnelle ou ordonnée par le juge mais pratiquée par un médiateur non-juge aurait davantage pu se développer. Mais la médiation par le juge a été un grand succès et a su trouver la pleine adhésion des parties. Le défi à relever aujourd'hui par l'Allemagne paraît être celui de faire une place à la médiation sans le juge, ce qui est d'autant moins aisé que les textes de transposition de la directive permettent au juge (*Güterichter*) de tenter de conduire les parties à un accord en utilisant toutes méthodes, notamment celles de la médiation. **L'Autriche,** elle, a depuis dix ans une réglementation de la médiation conventionnelle qui semble donner satisfaction et permettre à la médiation de peu à peu accroître son champ d'intervention. **La Grèce** s'efforce de développer la culture de l'amiable qui lui est étrangère. **L'Italie,** elle, utilise la médiation, qui plus est obligatoire, comme un instrument de délestage des juridictions étatiques, ce qui ne saurait convaincre et conduit à imposer les modes amiables comme des étapes préalables inutiles avant la saisine du tribunal. Quant au **Royaume-Uni,** c'est sans doute l'État membre dans lequel le recours aux modes amiables (ADR) est le plus répandu, sans doute notamment en raison du coût prohibitif de la justice civile, accru par la réforme récente tendant à supprimer l'aide juridictionnelle en matière civile. On le voit, le panorama est varié et il est encore prématuré de dire si la transposition de la directive a véritablement fait naître une culture des modes amiables dans les États membres.

1. V. K. M. Ortloff, « Mediation – Regelungsbedarf ? », *NJW* 2008. 2545.

2. V. P. Mayr et K. Nemeth, « *Regulation of Dispute Resolution in Austria : A Traditional Litigation Culture Slowly Embraces ADR* », *in* F. Steffek et H. Unberath (dir.), *Regulating Dispute Resolution*, Oxford et Portland, Hart Publishing, 2013, p. 77 s. – V. AUSSI B. Kloiber, « *Die Mediations-Richtlinie und ihre Umsetzung in Österreich* », *Zeitschrift für Rechtsvergleichung* 2011. 119.

§ 3
Des mécanismes spécifiques en matière de résolution amiable des litiges de consommation

326.31 Directive UE n° 2013/11 du 21 mai 2013 relative au règlement extrajudiciaire des litiges de consommation[1]. La Commission européenne rappelle fréquemment son objectif de garantir aux consommateurs des États membres l'accès à la justice, même si le montant faisant l'objet du différend est souvent modeste. Pour ce faire, elle estime que les modes amiables de résolution des différends constituent une bonne alternative à la saisine d'une juridiction étatique et doivent donc être promus. La récente directive UE n° 2013/11 du 21 mai 2013 relative au règlement extrajudiciaire des litiges de consommation, qui devra être transposée avant le 9 juillet 2015, vise à « *assurer un accès à des moyens simples, efficaces, rapides et peu onéreux de résoudre les litiges nationaux et transfrontaliers résultant de la vente de marchandises ou de la prestation de services* » afin de renforcer la confiance des consommateurs dans le marché (Dir., consid. 4). Le **règlement extrajudiciaire des litiges** (REL) est perçu comme un outil permettant d'atteindre cet objectif, mais il n'est pas suffisamment connu et développé dans l'Union (Dir., consid. 5). La démarche est économique : il s'agit de mettre en place un système de REL « *fonctionnant bien dans l'Union [...] pour renforcer la confiance des consommateurs dans le marché intérieur, y compris dans le domaine du commerce en ligne, et pour réaliser le potentiel du commerce transfrontalier et électronique et saisir les opportunités en la matière* » (Dir., consid. 15). Le champ d'application de la directive est défini dans son article 1er § 1 (« *procédure de règlement extrajudiciaire des litiges nationaux et transfrontières concernant les obligations contractuelles découlant de contrats de vente ou de service conclus entre un professionnel établi dans l'Union et un consommateur résidant dans l'Union, qui font intervenir une entité de REL, laquelle propose ou impose une solution ou réunit les parties en vue de faciliter la recherche d'une solution amiable* » - sur les exclusions, v. Dir., art. 1er § 2). La directive définit un certain nombre de concepts dans son article 2 (consommateur, professionnel, contrat de vente, contrat de service, litige national, litige transfrontalier, procédure de REL, entité de REL, autorité compétente). Elle vise à garantir l'accès des consommateurs aux procédures de REL en imposant diverses obligations aux États membres qui doivent veiller à ce que les entités de REL tiennent à jour un site Internet permettant aux parties un accès aisé aux informations et l'introduction d'une plainte en ligne, la plainte hors ligne devant être également possible (pour de nombreux détails, v. Dir., art. 5). Des exigences sont formulées en matière de compétence, indépendance et impartialité de l'entité de REL (Dir., art. 6) et de transparence des informations (Dir., art. 7). La procédure de REL doit en outre être efficace (aisément accessible, sans nécessité de faire appel à un avocat, avoir un coût nul ou très faible, Dir., art. 8) et équitable, ce qui doit garantir aux parties le droit de se retirer de la procédure à tout moment si elles le souhaitent (Dir., art. 9), de même que le droit de refuser ou d'accepter la solution proposée; il est essentiel que la participation à la procédure de REL n'exclue pas la possibilité de former un recours judiciaire. La directive prévoit en outre que la procédure de REL doit conduire à la suspension des délais de prescription (Dir., art. 12; la formulation est similaire à celle de la directive « médiation » du 21 mai 2008). Diverses dispositions abordent l'information et la coopération ainsi que l'assistance au consommateur (Dir., art. 13 s.).

326.32 Règlement UE n° 524/2013 du 21 mai 2013 relatif au règlement en ligne des litiges de consommation[2]. Là encore, l'approche de la Commission européenne est économique : « *Le cloisonnement du marché intérieur freine les efforts visant à stimuler la compétitivité et la croissance* » (Règl., consid. 4). Le commerce en ligne doit être stimulé, notamment en créant les moyens de régler de façon extrajudiciaire, simple, efficace, rapide et peu onéreuse les litiges nés de transactions en ligne (Règl., consid. 7 et 8). Le règlement du 21 mai 2013 vise donc à mettre en place une plate-forme facilitant le règlement en ligne des litiges (RLL) de façon impartiale, transparente, efficace et équitable (Règl., art. 1er). La plate-forme sera mise en place à l'échelle de l'Union et devrait prendre la forme d'un site Internet interactif offrant un guichet unique aux consommateurs et aux professionnels souhaitant résoudre, par voie extrajudiciaire, des litiges nés de transactions en ligne. La plate-forme de RLL fournira des informations générales sur le règlement extrajudiciaire des litiges contractuels découlant de contrats de vente ou de services en ligne entre consommateurs et professionnels, et permettra aux consommateurs et aux professionnels de déposer des plaintes en remplissant un formulaire électronique de plainte disponible dans toutes les langues officielles des institutions de l'Union et de joindre des pièces pertinentes. Ensuite,

1. Dir. UE n° 2013/11 du Parlement européen et du Conseil, 21 mai 2013, relative au règlement extrajudiciaire des litiges de consommation et modifiant le règlement (CE) n° 2006/2004 et la directive n° 2009/22/CE, *JOUE*, n° L 165, 18 juin, p. 63.

2. Règl. UE n° 524/2013 du Parlement européen et du Conseil, 21 mai 2013, relative au règlement extrajudiciaire des litiges de consommation et modifiant le règlement (CE) n° 2006/2004 et la directive n° 2009/22/CE, *JOUE*, n° 165, 18 juin, p. 63.

les plaintes seront transmises par la plate-forme à une entité de REL compétente pour traiter le litige; directive et règlement du même jour sont dont liés. La plate-forme[1] proposera gratuitement un outil de gestion électronique des affaires qui permettra aux entités de REL de mener la procédure de règlement des litiges avec les parties par l'intermédiaire de la plate-forme de RLL (Règl., consid. 18). Il est prévu que la plate-forme soit accessible à partir du site « L'Europe est à vous »[2] permettant aux entreprises et citoyens de l'Union d'accéder à des services interactifs et d'information multilingues. Sur les fonctions détaillées de la plate-forme de RLL, v. Règl., art. 5 § 4. Le règlement détaille comment est introduite une plainte (Règl., art. 8), comment elle est ensuite traitée et transmise et comment le différend est réglé (Règl., art. 9 s.).

L'information du consommateur sur cette procédure de RLL doit être assurée par l'obligation des professionnels de vente ou services en ligne d'inclure sur leur site Internet un lien électronique vers la plateforme de RLL (Règl., art. 14).

Le considérant 26 du règlement précise les rapports entre RLL et procédure judiciaire : « *Le droit à un recours effectif et le droit à un procès équitable sont des droits fondamentaux définis par l'article 47 de la Charte des droits fondamentaux de l'Union européenne. Le RLL n'a pas pour vocation de se substituer aux procédures judiciaires et ne peut pas être conçu à cet effet; en outre, il ne saurait priver les consommateurs ou les professionnels de leurs droits à former un recours devant les tribunaux. Par conséquent, le présent règlement ne saurait empêcher les parties d'exercer leur droit d'accès au système judiciaire* ». Des opinions justement critiques ont toutefois pu être formulées sur les inconvénients d'une solution qui ne sera peut-être pas aussi favorable au consommateur que l'aurait été la saisine d'une juridiction dans les États membres dont les tribunaux statuent rapidement et de façon efficace sur les petits litiges[3]. On peut également se demander la place faite au droit matériel, et notamment aux règles d'ordre public dans cette future procédure de RLL. Finalement, ce « *tout mode amiable* » ne risque-t-il pas, même si des précautions oratoires sont prises dans le règlement pour garantir le droit d'accès au tribunal, de conduire à une justice parallèle éloignée tant des règles de droit matériel que des garanties processuelles ?

L'entrée en application du règlement est prévue pour le 9 janvier 2016.

SECTION 2
MÉDIATION EN DROIT EUROPÉEN (CONSEIL DE L'EUROPE)

326.41 Des recommandations émanant du Conseil de l'Europe. Le Conseil de l'Europe, dans le cadre de la Commission européenne pour l'efficacité de la justice (CEPEJ)[4], a également permis la formulation d'un certain nombre de recommandations en matière de médiation : outre une recommandation concernant la médiation en matière pénale et une autre sur les modes alternatifs de règlement des litiges entre les autorités administratives et les personnes privées, le Conseil de l'Europe a adopté une recommandation n° R (98) 1 sur la médiation familiale et une recommandation n° R (2002) 10 sur la médiation en matière civile[5].

326.42 Médiation en matière familiale. La recommandation n° R (98) 1 adoptée le 21 janvier 1998 par le Comité des ministres en matière de médiation familiale insiste sur le caractère spécifique des litiges familiaux et sur l'utilité possible du recours à la médiation en la matière, notamment afin d'assurer le maintien de relations personnelles entre parents et enfants. La recommandation prévoit que la médiation ne devrait pas être obligatoire (Recomm. R [98] 1, II, a) et envisage les garanties que devrait présenter le processus de médiation. Comme la directive communautaire, la recommandation insiste sur l'utilité de mécanismes d'exécution des accords de médiation dans les législations nationales. La promotion de la médiation par programmes d'information dispensés au public est également recommandée.

326.43 Médiation en matière civile. La recommandation n° R (2002) 10 sur la médiation[6] en matière civile, adoptée par le Comité des ministres le 18 septembre 2002, reconnaît elle aussi la liberté des États membres de créer et d'organiser la médiation de la manière la plus appropriée, que ce soit dans le cadre d'une procédure judiciaire ou en dehors. Le texte invite les États à rechercher un équilibre entre les besoins et les effets des délais pour agir en justice

1. La Commission sera responsable du développement, du fonctionnement et de la maintenance de la plateforme de RLL (Règl., art. 5).
2. http://europa.eu/youreurope/citizens/index_fr.htm
3. V. H. Roth, « *Bedeutungsverluste der Zivilgerichtsbarkeit durch Verbrauchermediation* », *JZ* 2013. 637, not. p. 641, qui relève que la durée moyenne d'une procédure civile devant un tribunal cantonal bavarois est d'environ trois mois et que les coûts en sont très modestes. L'auteur se demande même s'il ne conviendrait pas de protéger le consommateur contre la médiation plutôt que par elle !
4. Pour la genèse de cette commission et ses nombreuses activités, v. le site Internet du Conseil de l'Europe, www.coe.int
5. V. le texte de ces recommandations sur le site Internet du Conseil de l'Europe, www.coe.int
6. La médiation est définie dans cette recommandation comme « *un processus par lequel les parties négocient les questions litigieuses afin de parvenir à un accord avec l'assistance d'un ou plusieurs médiateurs* ».

et la promotion d'une médiation rapide et facilement accessible (Recomm. R [2002] 10, III. 6), à envisager l'aide judiciaire pour la phase de médiation (Recomm. R [2002] 10, III. 9) et à rendre les frais de la médiation raisonnables et en relation avec l'importance de la question en jeu (Recomm. R [2002] 10, III. 10). Les obligations et la déontologie du médiateur sont soulignées (Recomm. R [2002] 10, IV. 12 et 13) [1].

326.44 Activité de la Commission européenne pour l'efficacité de la justice. En outre, la CEPEJ a constitué un groupe de travail sur la médiation qui a tenu sa première réunion à Strasbourg en mars 2006. Ce groupe a pour mandat de mesurer l'impact dans les États des recommandations du Comité des ministres existantes concernant la médiation puis d'élaborer, le cas échéant, des lignes directrices [2] et des mesures spécifiques visant à assurer une application effective des recommandations existantes [3]. Pour remplir sa mission, le groupe de travail a élaboré un questionnaire dont les réponses permettent d'obtenir une photographie de la situation en Europe [4]. Il entend s'intéresser particulièrement aux aspects de réglementation, information, types de litiges concernés par la médiation, coût, qualité des services, formation des médiateurs, confidentialité, rôle du juge, caractère obligatoire de la médiation, prescription, exécution des accords de médiation, aux développements futurs ainsi qu'aux obstacles actuels à l'expansion de ce mode alternatif de règlement des litiges.

La CEPEJ a notamment publié le 7 décembre 2007 des lignes directrices visant à améliorer la mise en œuvre des recommandations existantes concernant la médiation familiale et en matière civile [5].

On peut s'étonner des activités parallèles du Conseil de l'Europe et de la Commission européenne en matière de médiation et des risques de prolifération de textes non coordonnés. Invitée lors de la première réunion du groupe de travail sur la médiation de la CEPEJ, Katia Letzing, chargée des travaux sur la médiation à la Commission européenne, avait souligné la nature complémentaire des travaux des deux institutions, dans la mesure où la directive européenne n'entre pas dans le détail de la procédure de médiation et est limitée à certains litiges.

De façon plus générale, Conseil de l'Europe et Union européenne sont conscients des possibles « doublons », voire contradictions que leurs activités parallèles pourraient créer. La question qui s'impose est alors celle de la **coordination possible de toutes ces initiatives** foisonnantes afin de garantir une cohérence entre elles et de faire fructifier toutes les énergies et initiatives dans une même direction. CEPEJ et Union européenne ont déjà exprimé à plusieurs reprises leur volonté de développer leur coopération en matière de justice civile [6]. Dans le programme d'activité de la CEPEJ pour 2011 [7] figurait même, dans l'optique de « *renforcer les relations avec les usagers de la justice et avec des entités nationales ou internationales* » l'activité de « *mise à disposition de l'expertise spécifique de la CEPEJ au profit de l'Union européenne* » [8]. Des interactions et échanges sont indispensables afin de permettre d'utiles synergies et d'éviter contrariétés ou doublons [9]. Seule l'Union européenne peut toutefois adopter, dans le cadre de la **coopération judiciaire civile**, des textes s'imposant aux vingt-huit États qui en sont membres.

1. Sur leur formation, v. Recomm. R (2002) 10 du Conseil, 18 sept. 2002, sur la médiation en matière civile.
2. V. AINSI, *Lignes directrices visant à améliorer la mise en œuvre de la Recommandation sur les modes alternatifs de règlement des litiges entre les autorités administratives et les personnes privées*, 7 déc. 2007; *Lignes directrices visant à améliorer la mise en œuvre des Recommandations existantes concernant la médiation familiale et en matière civile*, 7 déc. 2007; *Lignes directrices visant à améliorer la mise en œuvre des Recommandations existantes concernant la médiation en matière pénale*, 7 déc. 2007.
3. V. le document *Analyse de l'évaluation de l'impact des Recommandations du Conseil de l'Europe en matière de médiation*, Strasbourg, 3 mai 2007, CEPEJ (2007) 12.
4. Le questionnaire a été adressé aux autorités de seize États européens. Les médiateurs ont également été sollicités pour répondre au questionnaire.
5. Elle a également établi de telles lignes directrices en matière de médiation pénale et de modes alternatifs de règlement des litiges entre les autorités administratives et les personnes privées.
6. V. CEPEJ, *Programme d'activité 2011*, CEPEJ (2010) 9, 10 déc. 2010, qui prévoyait dans les trois annexes relatives au mandat spécifique des différents groupes de travail ou du groupe de pilotage que « les instances appropriées du Conseil de l'Europe et de l'Union européenne peuvent être représentés » aux réunions du groupe, toutefois « sans droit de vote, ni remboursement des frais de voyage et de séjour » ! – Pour l'UE, v. *Communication de la Commission relative à la création d'un forum de discussion sur les politiques et les pratiques de l'Union européenne en matière de justice*, COM (2008) 38 final, 4 févr. 2008 (le point 2.2 est intitulé « Travailler efficacement avec le Conseil de l'Europe » et énonce qu'« *il est essentiel pour l'UE de maintenir une cohérence avec les activités du Conseil de l'Europe tout en évitant de recouper les travaux de la CEPEJ. La coopération entre la Commission et la CEPEJ devrait être poursuivie et elle pourrait inclure des initiatives communes pour améliorer la qualité de la justice et renforcer la confiance mutuelle* ». Un représentant de la CEPEJ devrait participer au Forum). Le Forum existe depuis le 30 mai 2008.
7. CEPEJ (2010) 9, 10 déc. 2010.
8. Était également prévu le « *développement d'un dialogue régulier des représentants de la CEPEJ et du Secrétariat* » avec, notamment, la Commission européenne.
9. DANS LE MÊME SENS, *Communication de la Commission relative à la création d'un forum de discussion sur les politiques et les pratiques de l'Union européenne en matière de justice*, COM (2008) 38 final, 4 févr. 2008, n° 33.

CHAPITRE

327. Procédure participative assistée par avocat

Dominique D'AMBRA
Professeur à l'Université de Strasbourg
Avocat

SECTION 0
ORIENTEUR

327.00 **Plan du chapitre.**

327.01 **Principaux textes applicables.**
C. civ., art. 2062 à 2068, 2238.
C. pr. civ., art. 1542 à 1568.

327.03 **Bibliographie indicative.**
Actualisables. Rép. pr. civ., v° *Procédure participative assistée par avocat*, par N. Fricero, mai 2013.

Ouvrages. N. Fricero, H. Poivey-Leclerc et S. Sauphanor, *Procédure participative assistée par avocat*, « Axe Droit », Lamy, 2012.

Articles et études. S. Amrani-Mekki, « La convention de procédure participative, *D.* 2011. 3007 – M. Douchy-Oudot, « Convention de procédure participative » *Procédures* 2011, n° 3, p. 49. – N. Fricero, « Le décret du 20 janvier 2012 : vers une résolution thérapeutique des contentieux familiaux par la procédure participative assistée par avocat », *AJ fam.* 2012. 67 – S. G'sell-Macrez, « Vers la justice participative ? Pour une négociation *à l'ombre du droit* ? », *D.* 2010. 2450 – V. Larribau-Terneyre, « Nouvel essor pour les modes alternatifs et collaboratifs de règlement des litiges en matière familiale », *Dr. fam.* 2013. Chron. 13 – C. Lienhard, « Le développement et la diversification des modes alternatifs de règlement des litiges », *Gaz. Pal.* 23-24 mars 2012, p. 24 – C. Peulvé, « La dimension processuelle de la procédure participative », *LPA* 16 avr. 2012, p. 6 – H. Poivey-Leclercq, « La convention de procédure participative, un pacte de non-agression à durée déterminée », *JCP* 2011. Actu. 70 – F. Rongeat-Oudin, « Les avocats à la conquête du règlement amiable des différends », *JCP* 2011. 1819 – S. Sauphanor, « La convention de procédure participative : aspects pratiques », *Gaz. Pal.* 16-18 janv. 2011, p. 10 – A. Sauret, « La convention de procédure participative : une nouvelle règle de traitement à l'amiable de certains différends survenant en droit social », *Gaz. Pal.* 4 mars 2011, p. 33.

327.09 **Le projet.** La commission de réflexion sur la répartition des contentieux, dite « commission Guinchard », a proposé d'introduire un nouveau mode de règlement des conflits, inspiré du droit collaboratif nord-américain : la procédure participative de négociation assistée par avocat. La loi n° 2010-1609 du 22 décembre 2010[1] a rétabli un titre XVII intitulé : « De la convention de procédure participative » dans le livre III du Code civil. Ces dispositions sont entrées en vigueur le 1er septembre 2011 (L. 22 déc. 2010, art. 43, al. 2).

1. L. n° 2010-1609, 22 déc. 2010, relative à l'exécution des décisions de justice, aux conditions d'exercice de certaines professions réglementées et aux experts judiciaires, *JO* 22 déc., p. 22552.

SECTION 1
SOURCE D'INSPIRATION : LE DROIT COLLABORATIF NORD-AMÉRICAIN

327.11 Généralités. Le droit collaboratif connaît un grand succès depuis une quinzaine d'années. Né aux États-Unis, il est utilisé dans plus de quarante États et s'est développé au Canada, en Australie, en Nouvelle-Zélande. Il est apparu en Europe, y compris en France, où quelques avocats y ont eu recours dans le cadre des litiges familiaux. Mais son domaine d'application est beaucoup plus vaste (droit de la responsabilité, droit des assurances, droit du travail, litiges commerciaux, successions...). Il a pour finalité d'inciter fortement les parties à trouver une solution négociée pour mettre fin à leur litige.

327.12 Charte collaborative. Le droit collaboratif repose sur une charte collaborative qui non seulement interdit provisoirement aux parties de recourir au juge mais encore les contraint, avec leurs avocats, à mettre tout en œuvre pour aboutir à une solution consensuelle. Ainsi les avocats sont obligés de se désengager de la procédure lorsqu'une partie rompt le pacte en saisissant le juge ou lorsqu'ils ont un doute sur la volonté d'une partie de faire avancer la négociation. En cas d'échec des pourparlers, la charte interdit à l'avocat de représenter l'une ou l'autre des parties dans la phase contentieuse. Il est également convenu que les éléments d'information recueillis au cours de la procédure collaborative ne peuvent être utilisés dans la procédure contentieuse.

327.13 Inconvénients du droit collaboratif. Les conseils des parties ont tout intérêt à leur faire accepter une solution négociée même si celle-ci n'est pas totalement satisfaisante. Et souvent les parties n'ont plus les moyens financiers et probatoires pour mener une procédure judiciaire après la phase collaborative. Il est alors porté atteinte au droit fondamental d'accès à la justice. La doctrine américaine constate également une réapparition, quelques années plus tard, des litiges qui n'ont pas été bien résolus par la négociation. Le mécanisme retarde alors l'issue définitive de l'affaire et accroît son coût.

SECTION 2
PROCÉDURE PARTICIPATIVE ASSISTÉE PAR AVOCAT

327.21 Projet français. La commission Guinchard s'est inspirée du droit collaboratif nord-américain pour proposer un nouveau mode alternatif de résolution des litiges qui repose sur une recherche transactionnelle contractualisée associant les avocats mais qui préserve le droit fondamental des parties d'accès à la justice. Ce projet a été repris par la loi du 22 décembre 2010 qui introduit dans le Code civil un nouveau titre sur la convention de procédure participative (C. civ., art. 2062 à 2068). Le déroulement de la procédure participative est régi par les articles 1542 à 1568 C. pr. civ., issus du décret n° 2012-66 du 22 janvier 2012 relatif à la résolution amiable des différends[1].

§ 1
Convention de procédure participative

327.31 Définition de la convention de procédure participative. « *La convention de procédure participative est une convention par laquelle les parties à un différend qui n'a pas encore donné lieu à la saisine d'un juge ou d'un arbitre s'engagent à œuvrer conjointement et de bonne foi à la résolution amiable de leur litige* » (C. civ., art. 2062, al. 1er). C'est un mode de résolution amiable des différends à côté de la conciliation et de la médiation (C. pr. civ., art. 1528).

327.32 Forme de la convention de procédure participative. La convention est conclue pour une durée déterminée. Elle doit, à peine de nullité être contenue dans un écrit qui précise : son terme, l'objet du différend, les pièces et informations nécessaires à la résolution du différend et les modalités de leur échange (C. civ., art. 2063). Outre ces mentions, la convention doit indiquer les noms, prénoms et adresses des parties et de leurs avocats (C. pr. civ., art. 1545). Elle pourra être modifiée dans les mêmes formes que celles prévues pour son établissement (C. pr. civ., art. 1546). Les parties doivent être assistées par leur **avocat**. L'écrit qui constate la convention peut être un acte contresigné par avocat. Dans ce cas, il est possible de prévoir que la convention sera rédigée en un seul exemplaire déposé entre les mains de l'un des avocats intervenants. Sinon il faudra respecter les dispositions de l'article 1325 du Code civil en matière de preuve des actes juridiques : l'acte devra être rédigé en autant d'originaux qu'il y a de parties ayant des intérêts distincts. Les parties précisent ainsi les questions qu'implique la résolution du litige et les éléments d'information nécessaires à l'élaboration des solutions. Elles doivent prévoir les règles qui régiront l'éventuelle intervention d'un technicien et sa rémunération; le but est d'éviter tout contentieux judiciaire autour de la mise en œuvre de la procédure de conciliation. Les parties s'engagent à ne pas saisir le juge pendant le cours du contrat participatif; il s'agit d'une fin de non-recevoir.

327.33 Domaine de la convention de procédure participative. Il est possible d'engager une procédure participative dans les matières dans lesquelles les **droits des parties sont disponibles**, sauf pour résou-

1. Décr. n° 2012-66, 22 janv. 2012, relatif à la résolution amiable des différends, *JO* 22 janv., p. 1280.

dre des litiges entre employeurs et salariés qui s'élèvent à l'occasion du contrat de travail soumis aux dispositions du Code du travail (C. civ., art. 2064). Les parties peuvent même recourir à une procédure participative dans les matières dans lesquelles les **droits des parties sont indisponibles** : l'article 2067 du Code civil précise qu'une convention de procédure participative peut être conclue par des époux en vue de rechercher une solution consensuelle en matière de divorce ou de séparation de corps. Cependant la saisine du juge et la procédure qui suit restent soumises aux dispositions spéciales en vigueur. Dans ces matières, l'accord ne peut produire ses effets que s'il a été homologué par le juge qui doit vérifier que l'ordre public est respecté et les droits et intérêts de chacun préservés.

327.34 Effets de la convention de procédure participative. Le délai de prescription est suspendu à compter de la conclusion de la convention de procédure participative. Il ne recommence à courir qu'à compter du terme de la convention, pour une durée qui ne peut être inférieure à six mois (C. civ., art. 2238).

Tant qu'elle est en cours, la convention de procédure participative rend irrecevable tout recours au juge pour qu'il statue sur le litige. Cependant en cas d'urgence la convention ne fait pas obstacle à ce que les parties demandent au juge de prendre des mesures provisoires ou conservatoires. Et pour lutter contre les manœuvres dilatoires, en cas d'inexécution de la convention par une des parties, l'autre est autorisée à saisir le juge pour lui faire trancher le litige (C. civ., art. 2065). Lorsque, faute de parvenir à un accord au terme de la convention, les parties font trancher leur différend par le juge, elles sont dispensées d'une éventuelle conciliation ou médiation préalable (v. s[s] n° 327.71), sauf en matière de divorce et de séparation de corps.

§ 2
Procédure participative

327.40 Division. Le décret du 20 janvier 2012 crée de nouvelles dispositions dans le Code de procédure civile et distingue entre deux phases : la procédure conventionnelle (A) et la procédure aux fins de jugement (B).

A.
Procédure conventionnelle

327.41 Assistance de l'avocat. Seul un avocat peut assister une partie dans la procédure participative et cela tout au long de la négociation. Toutes les formalités devraient être accomplies par les parties avec l'assistance de leurs avocats : signature de la convention de participation, recours à un technicien, modification éventuelle de cette convention, résiliation anticipée de la convention, constatation de la solution négociée, constatation des points demeurant en litige, constatation de la volonté des parties de donner une suite contentieuse, constatation des accords mettant fin à la procédure. Contrairement à ce qui est prévu dans les chartes collaboratives nord-américaines, l'avocat qui a assisté un client dans la **phase participative** peut le représenter dans la **phase contentieuse.**

327.42 Aide juridique. L'article 10 de la loi n° 91-647 du 10 juillet 1991[1] a été complété et prévoit que l'aide juridique peut être accordée en vue de parvenir, avant l'introduction de l'instance, à une transaction ou à un accord conclu dans la cadre d'une procédure participative prévue par le Code civil. Les modalités de rétribution des auxiliaires de justice s'appliquent en cas de procédure participative dans des conditions fixées par le décret du 19 décembre 1991[2], modifié par les articles 9 à 22 du décret du 20 janvier 2012.

327.43 Intervention d'un technicien. Les parties peuvent recourir à un technicien; elles doivent le choisir d'un commun accord et fixer sa mission (C. pr. civ., art. 1547). Il ne pourra être révoqué que du consentement unanime des parties (C. pr. civ., art. 1549, al. 3). Elles pourront également, à sa demande ou après avoir recueilli ses observations, modifier sa mission ou confier une mission complémentaire à un autre technicien (C. pr. civ., art. 1550).

Le technicien, avant d'accepter sa mission, doit révéler toute circonstance susceptible d'affecter son indépendance pour que les parties puissent en tirer les conséquences utiles (C. pr. civ., art. 1548). Il doit accomplir sa mission avec conscience, diligence, impartialité et dans le respect du principe du contradictoire (C. pr. civ., art. 1549). Il est rémunéré par les parties conformément à la convention passée entre eux (C. pr. civ., art. 1547, al. 2).

Les parties doivent lui communiquer les documents nécessaires à l'accomplissement de sa mission. Si l'une d'elles l'empêche de la mener à bien, il doit les convoquer ensemble et indiquer les diligences qu'il estime nécessaires. Mais si une partie ne défère pas à sa demande, il ne pourra poursuivre sa mission qu'avec les éléments dont il dispose. Tout tiers intéressé peut intervenir aux opérations avec l'accord des parties et du technicien, elles lui seront alors opposables. À la fin des opérations, le technicien remet un rapport écrit aux parties et le cas échéant au tiers intervenant. Ce rapport pourra être produit en justice

1. L. n° 91-647, 10 juill. 1991, relative à l'aide juridique, *JO* 13 juill., p. 9170.
2. Décr. n° 91-1266, 19 déc. 1991, portant application de la loi n° 91-647 du 10 juillet 1991 relative à l'aide juridique, *JO* 20 déc., p. 16609.

(C. pr. civ., art. 1554, al. 2). Si les parties ou le tiers intervenant le demandent, le technicien joindra à son rapport leurs observations ou réclamations écrites et mentionnera les suites qu'il leur a réservées (C. pr. civ., art. 1553).

327.44 **Fin de la procédure conventionnelle.** Elle s'éteint selon l'article 1555 C. pr. civ. de trois manières : par l'arrivée du terme prévu dans la convention, par la résolution anticipée et écrite de la convention participative par les parties assistées de leurs avocats, enfin par la conclusion d'un accord mettant fin partiellement ou totalement au différend ou par la conclusion d'un acte constatant la persistance de tout ou partie de celui-ci.

B.
Procédure à fin de jugement

327.51 **Rôle du juge.** Afin de pallier les inconvénients du droit collaboratif et de préserver le droit d'accès au juge, la commission Guinchard a préconisé d'articuler la procédure avec le système judiciaire. En cas d'urgence, il est possible de saisir le juge pour qu'il ordonne des mesures provisoires ou conservatoires. En cas d'inexécution de ses obligations par une partie à la convention participative, l'autre est délivrée de son obligation de ne pas saisir la justice (C. civ., art. 2065; C. pr. civ., art. 1556, al. 2). Enfin le juge peut intervenir soit pour homologuer l'accord total ou partiel (1°), soit pour régler « *le différend persistant* » (2°).

1°
Homologation de l'accord

327.61 **Domaine de l'homologation.** Selon l'article 2066 alinéa 1er du Code civil : « *Les parties qui, au terme de la convention de procédure participative, parviennent à un accord réglant en tout ou partie leur différend, peuvent soumettre cet accord à l'homologation* ». À l'issue de la procédure conventionnelle le juge peut être saisi aux fins d'homologation d'un accord total ou simplement partiel (C. pr. civ., art. 1556). Toutefois ces dispositions ne s'appliquent pas en matière de divorce ou de séparation de corps (C. civ., art. 2067, al. 2). En cette matière la saisine du juge et la procédure sont soumises aux dispositions spéciales qui les régissent.

327.62 **Requête en homologation.** L'accord sera soumis à l'homologation du juge compétent pour connaître du contentieux dans la matière considérée (C. pr. civ., art. 1565) par requête présentée par la partie la plus diligente ou par toutes les parties (C. pr. civ., art. 1557). L'accord soumis à l'homologation doit être constaté par un écrit établi par les parties, assistées de leurs avocats et énoncer de manière détaillée les éléments ayant permis sa conclusion (C. pr. civ., art. 1555 *in fine*). La requête doit être accompagnée de la convention de procédure participative à peine de nullité (C. pr. civ., art. 1557, al. 2). Quand l'accord concerne un mineur capable de discernement, la requête mentionne les conditions dans lesquelles le mineur a été informé de son droit à être entendu par le juge ou la personne désignée par lui et à être assisté par un avocat (C. pr. civ., art. 1557, al. 3). La requête n'est pas soumise à l'acquittement de la contribution pour l'aide juridique prévue par l'article 1635 *bis* Q du Code général des impôts (C. pr. civ., art. 1567).

327.63 **Décision du juge.** L'homologation du juge permet de rendre l'accord exécutoire. Le juge ne peut modifier les termes de l'accord (C. pr. civ., art. 1565, al. 2) mais il n'est pas obligé de l'homologuer. Il statue sans débat à moins qu'il n'estime nécessaire d'entendre les parties. S'il fait droit à la requête tout intéressé peut en référer au juge qui a rendu cette décision. Si le juge refuse d'homologuer l'accord, les parties peuvent former appel au greffe de la cour d'appel. L'appel sera jugé selon la procédure gracieuse (C. pr. civ., art. 1566, al. 3).

2°
Jugement du différend persistant

327.71 **Fixation à une audience rapprochée.** Lorsque les parties ne sont pas parvenues à un accord total, elles peuvent saisir le juge compétent pour connaître de ce litige aux fins de règlement du « *différend persistant* ». L'affaire est appelée directement à une audience de jugement même si les règles de procédure applicables prévoient une tentative préalable de conciliation ou de médiation. La mise en état de l'affaire ayant été effectuée en dehors du tribunal lors de la procédure conventionnelle, devant le tribunal de grande instance, l'affaire est directement appelée à une audience de jugement de la formation à laquelle elle a été distribuée, à moins que l'entier différend ait été soumis à la procédure de droit commun. L'affaire peut cependant être renvoyée devant le juge de la mise en état lorsque les parties modifient leurs prétentions ou la cause de leur demande dans les cas autorisés aux deux derniers alinéas de l'article 1561 C. pr. civ. (v. ss no 327.83).

Le Code de procédure distingue deux situations selon qu'un accord partiel a été conclu (a) ou pas (b).

a)
Procédure de jugement du différend résiduel

327.81 **Différents modes de saisine.** L'article 1560 C. pr. civ. prévoit que lorsque les parties ne sont parvenues qu'à un accord partiel elles peuvent saisir le juge pour qu'il statue sur le différend résiduel, soit conformément aux règles régissant la procédure applicable devant lui, soit par une requête conjointe.

327.82 **Forme de la requête conjointe.** La requête conjointe doit être signée par les avocats ayant assisté les parties au cours de la procédure conventionnelle. Elle doit contenir, à peine d'irrecevabilité, les mentions prévues à l'article 57 C. pr. civ., préciser les points faisant l'objet d'un accord entre les parties dont elles demandent l'homologation au juge dans la même requête, les prétentions respectives des parties sur les points demeurant en litige, accompagnées des moyens de fait et de droit sur lesquels chacune de ces prétentions est fondée, avec l'indication pour chaque prétention des pièces invoquées. La requête doit encore être accompagnée, toujours à peine d'irrecevabilité, de la convention de procédure participative, des pièces et informations nécessaires à la résolution du différend, le cas échéant du rapport du technicien et enfin des pièces communiquées au cours de la procédure conventionnelle.

327.83 **Étendue du litige.** L'objet du litige est déterminé par les prétentions respectives des parties formulées dans la requête conjointe. Les deux derniers alinéas de l'article 1561 C. pr. civ. précisent que : « *Les parties ne peuvent modifier leurs prétentions, si ce n'est pour actualiser le montant d'une demande relative à une créance à exécution successive, opposer un paiement ou une compensation ultérieur ou faire juger les questions nées de l'intervention d'un tiers ou de la survenance ou de la révélation d'un fait postérieur à l'établissement de l'accord.*

Les parties ne peuvent modifier le fondement juridique de leur demande ou soulever de nouveaux moyens qu'en vue de répondre à l'invitation du juge de fournir les explications de fait ou de droit qu'il estime nécessaires à la solution du litige ».

b)
Procédure de jugement de l'entier différend

327.91 **Différents modes de saisine.** L'article 1562 C. pr. civ. prévoit que, lorsque le litige persiste en totalité, les parties peuvent saisir le juge pour qu'il statue sur le différend soit conformément aux règles régissant la procédure applicable devant lui, soit par une requête conjointe, soit encore sur requête unilatérale, procédure nouvelle qui ne requiert pas l'accord de l'adversaire.

327.92 **Requête conjointe.** La requête conjointe doit respecter les formes prévues pour la procédure d'homologation d'un accord partiel et de jugement du différend résiduel (v. s^{s} n° 327.82). Elle fixe l'étendue du litige qui ne pourra en principe être modifiée (v. s^{s} n° 327.83).

327.93 **Requête unilatérale.** L'article 1563 C. pr. civ. précise que la requête doit être déposée au greffe par l'avocat de la partie la plus diligente dans un délai de trois mois à compter du terme de la convention de procédure participative. Le non-respect de ce délai constitue une fin de non-recevoir. À peine d'irrecevabilité, elle est présentée dans un délai de trois mois suivant le terme de la convention de procédure participative. Cette requête contient outre les mentions prescrites, à peine de nullité, par l'article 58, un exposé des moyens de fait et de droit et est accompagnée de la convention de procédure participative, des pièces et informations nécessaires à la résolution du différend, le cas échéant du rapport du technicien, enfin des pièces communiquées au cours de la procédure conventionnelle. L'avocat qui procède au dépôt de la requête unilatérale en informe la partie adverse elle-même ainsi que l'avocat l'ayant assistée au cours de la procédure conventionnelle, par notification ou par lettre recommandée avec demande d'avis de réception. Lorsque la requête est déposée au greffe du tribunal de grande instance, la notification doit indiquer que la partie adverse doit constituer avocat dans un délai de quinze jours et le dépôt de la requête au greffe contient constitution de l'avocat du requérant. Les parties peuvent conserver les mêmes avocats ou en changer. Lorsque l'affaire est portée devant une autre juridiction, l'avocat du requérant est informé par le greffe, dès remise de la requête, de la date de la première audience utile à laquelle l'affaire sera appelée. Cette date est portée à la connaissance de la partie adverse par l'avocat du requérant par notification ou par lettre recommandée avec demande d'avis de réception.

TITRE

33. Les procédures de première instance selon les types de juridiction

SECTION 0 ORIENTEUR

33.00 Plan du titre.

Division. Nous suivrons l'ordre classique des juridictions (chap. 332 à 337), la procédure devant le tribunal de grande instance étant étudiée en premier (chap. 331), et en terminant par les procédures européennes (chap. 338 et 339).

CHAPITRE

331. Procédure devant le tribunal de grande instance

JEAN-PAUL LACROIX-ANDRIVET
Président de la première chambre civile
à la cour d'appel d'Aix-en-Provence

SECTION 0
ORIENTEUR

331.00 **Plan du chapitre.**

331.01 **Principaux textes applicables.**

C. pr. civ., art. 440 à 447, 748-1 à 815, 1406, 1415, 1418 et 1419.

COJ, art. L. 212-2 et L. 213-5; R. 212-6, R. 212-8 et R. 213-7.

331.04 **Formulaire : renvois.**

Form. pr. civ. *Tribunal de grande instance – Assignation au fond* (Assignation au fond devant le tribunal de grande instance)

Tribunal de grande instance – Assignation en référé (Assignation en référé devant le tribunal de grande instance fondée sur l'article 808 C. pr. civ.)

Tribunal de grande instance – Conclusions (Conclusions récapitulatives)

Tribunal de grande instance – Jour fixe (Assignation à jour fixe)

Tribunal de grande instance – Requête à fin d'ordonnance (Requête afin d'obtenir une mesure urgente lorsque les circonstances exigent qu'elle ne soit pas prise contradictoirement [C. pr. civ., art. 812, al. 2])

Tribunal de grande instance – Référé à fin de rétractation (Référé à fin de rétractation d'une ordonnance sur requête)

Tribunal de grande instance – Référé d'heure à heure (Assignation en référé d'heure à heure devant le tribunal de grande instance)

Tribunal de grande instance – Communication de pièces (Conclusions d'incident de communication de pièces devant le tribunal de grande instance)

Tribunal de grande instance – Requête conjointe (TGI) (Saisine du tribunal de grande instance par requête conjointe [C. pr. civ., art. 793 à 796])

Tribunal de grande instance – Caducité (conclusions) (Conclusions à fin de constatation de caducité en raison du défaut d'accomplissement par le demandeur d'un acte de procédure [C. pr. civ., art. 469])

Tribunal de grande instance – Matière gracieuse (Modèle général de requête en matière gracieuse)

SECTION PRÉLIMINAIRE
ÉVOLUTION DE LA PROCÉDURE DEPUIS LE CODE DE 1806

331.10 Genèse. L'histoire de la procédure civile en France balance entre deux traditions : tantôt écrite et secrète, c'est l'héritage du Bas-Empire romain, tantôt orale et publique, selon la procédure française.

331.11 Le Code de 1806. Entré en vigueur le 1er janvier 1807, le Code de procédure civile (ancien), s'inspirant largement de l'ordonnance de 1667, institue un système mixte, à la fois écrit et oral où le caractère accusatoire prédomine nettement : l'instance est dirigée par les parties et le juge tient un simple rôle d'arbitre, disposant de peu de pouvoirs dont, d'ailleurs, il n'use guère.

Le rappel de cette conception classique du rôle respectif des parties et du juge n'est pas sans intérêt, car, malgré les pouvoirs de plus en plus importants confiés à ce dernier au fil des réformes, elle perdure encore largement aujourd'hui, au moins dans les esprits.

En dépit de ses lacunes, le Code de procédure civile (ancien) est demeuré pratiquement inchangé durant plus d'un siècle. Fondé sur le bon vouloir des parties, il générait une extrême lenteur dès que l'une d'elles - généralement le défendeur - n'accomplissait pas les actes qui lui incombaient.

331.12 Le décret-loi de 1935 et les aménagements ultérieurs. La volonté de rapidité et l'interventionnisme étatique qui caractérisent le XXe siècle s'accommodaient mal de cette lenteur à l'évidence préjudiciable pour celui qui espère un jugement.

Pour tenter d'y remédier, le décret-loi du 30 octobre 1935 va simplifier de nombreuses règles de procédure et surtout instituer un juge chargé de suivre la procédure, doté de larges pouvoirs, énumérés dans l'article 81 du Code de procédure civile (ancien).

Boudée par les praticiens, cette innovation apparaît cependant irréversible et sera confirmée, voire étendue, à chacune des réformes ultérieures : l'appellation peut changer (le juge chargé de suivre la procédure deviendra en 1965 le juge chargé des mises en état, puis en 1971 le juge de la mise en état [JME]), l'institution demeure et se renforce.

C'est qu'elle s'inscrit parfaitement dans l'évolution des idées du temps et qu'en outre le développement du caractère inquisitoire de la procédure civile apparaît comme seul susceptible de faire face à « l'explosion judiciaire » que connaît notre époque.

331.13 Le décret du 9 septembre 1971 et le Nouveau Code de procédure civile. C'est ainsi qu'après le texte expérimental de 1965 (Décr. n° 65-872, 13 oct. 1965) qui, selon le mot de Jean-Denis Bredin, entendait « *renforcer l'institution jugée trop discrète et largement inefficace* »[1], les pouvoirs du JME vont encore être accrus, par le décret de 1971 : il devient un rouage essentiel de l'instruction du procès et le caractère juridictionnel de ses fonctions apparaît nettement.

Ces dispositions, auxquelles il convient d'ajouter les décrets des 20 juillet et 28 août 1972, seront reprises pour l'essentiel, dans le Nouveau Code de procédure civile, entré en vigueur le 1er janvier 1976.

Outre le renforcement du rôle du JME, le législateur a mis en place d'autres mesures (renvoi à l'audience, procédure à jour fixe) destinées, elles aussi, à accélérer le cours de la procédure, notamment lorsque l'instruction n'apparaît pas indispensable, eu égard à la nature de l'affaire.

331.14 Le décret du 28 décembre 1998. Retenant plusieurs propositions du rapport Coulon[2], le décret

1. J.-D. Bredin, *D.* 1966. 195.
2. J.-M. Coulon, *Réflexions et propositions sur la procédure civile*, « Rapports officiels », Doc. fr., 1997.

du 28 décembre 1998 est une nouvelle « *manifestation du principe d'efficience en droit judiciaire privé* »[1]. Outre une volonté d'accélérer le procès civil (réforme de l'expertise; extension des pouvoirs du JME; remaniement de la technique de la passerelle de l'ancien article 788 alinéa 4 C. pr. civ.; retrait du rôle; simple visa des conclusions dans la rédaction du jugement), le législateur de 1998 a également entendu renforcer la loyauté des débats (motivation de l'assignation et indication des pièces; institution des conclusions récapitulatives) et favoriser le recours aux modes de règlement alternatif des conflits (*exequatur* des transactions sur requête par le président du tribunal de grande instance).

Il est simplement regrettable que ce souci d'efficacité n'ait pas été jusqu'à institutionnaliser l'exécution immédiate des jugements rendus en première instance comme le préconisait le rapport Coulon (proposition n° 35).

331.15 **Deux nouveaux décrets.** Après celui du 20 août 2004 modifiant plusieurs dispositions de la procédure devant la cour d'appel et augmentant, une fois encore, les pouvoirs du JME, un nouveau décret n° 2005-1678 de procédure est né le 28 décembre 2005[2], s'inspirant du rapport Magendie. Outre les modalités de la demande en justice, des notifications et significations, il s'attaque essentiellement à la phase d'instruction, c'est-à-dire l'expertise et le JME qui, selon le mot du professeur Perrot « *est de toutes les fêtes* »[3]. Enfin, toujours dans le même souci d'efficacité, il remanie les conditions de prononcé du jugement et, surtout, reproduisant le dispositif prévu devant le premier président de la Cour de cassation par les articles 1009-1 et suivants C. pr. civ., il prévoit la radiation de l'affaire du rôle de la cour d'appel en cas d'inexécution de la décision de première instance.

331.16 **Réforme de la procédure d'appel.** Depuis, deux nouveaux décrets ont été promulgués pour prendre en compte la réforme de la représentation en appel : le décret n° 2009-1524 du 9 décembre 2009[4], qui réduit les délais pour conclure, instaure de nouvelles sanctions et augmente les pouvoirs du conseiller de la mise en état (CME), et le décret n° 2010-1647 du 28 décembre 2010[5], qui corrige certaines dispositions du précédent.

1. G. Canivet et A. Chapelle, « Le décret du 28 décembre 1998 : un nouvel équilibre procédural », *Gaz. Pal.* 3-4 mars 1999, p. 2.
2. Décr. n° 2005-1678, 28 déc. 2005, relatif à la procédure civile, à certaines procédures d'exécution et à la procédure de changement de nom, *JO* 29 déc., p. 20350.
3. R. Perrot, « Étude sur le décret n° 2005-1678 du 28 décembre 2005 », *Procédures* 2006. 4.
4. Décr. n° 2009-1524, 9 déc. 2009, relatif à la procédure d'appel avec représentation obligatoire en matière civile, *JO* 11 déc., p. 21386.

331.17 **La communication électronique.** Introduite par le décret n° 2005-1678 du 28 décembre 2005, elle se traduit par une dématérialisation de la procédure et bouleverse les habitudes des praticiens. Régie par l'arrêté du 7 avril 2009 pour les procédures devant le tribunal de grande instance, elle consiste à envoyer par la voie électronique tous les actes et documents énumérés à l'article 748-1 C. pr. civ. grâce à l'interconnexion entre le réseau privé virtuel justice (RPVJ) et le réseau privé virtuel avocat (RPVA), via la plateforme e-barreau. Les articles 748-2 et suivants précisent les modalités de fonctionnement. On relèvera seulement ici que les avocats, qui, seuls, peuvent communiquer par voie électronique devant le tribunal de grande instance, doivent nécessairement, pour ce faire, adhérer au RPVA, cette inscription au RPVA valant présomption de consentement à l'utilisation de la voie électronique prévue par l'article 748-2. L'identification réalisée lors de la transmission effectuée selon les modalités fixées par l'article 748-6 vaut signature (Décr. n° 2010-434, 29 avr. 2010, art. 1er[6]).

SECTION 1
PROCÉDURE ORDINAIRE

331.20 **Plan.** Seront étudiées dans cette section les phases successives de la procédure ordinaire devant le tribunal de grande instance, depuis l'introduction de l'instance jusqu'au jugement.

Une seconde section sera consacrée aux procédures spéciales, soit devant le tribunal de grande instance lui-même, soit devant le président de cette juridiction.

§ 1
Introduction de l'instance

331.21 **Prérogatives des parties.** Si le rôle du juge dans le déroulement du procès civil n'a cessé de grandir, les parties conservent cependant, aux termes de l'article 1er C. pr. civ., la prérogative importante d'introduire l'instance « *hors les cas où la loi en dispose autrement* ». Il n'existe que de rares cas, limitativement prévus par des textes, où le juge peut se saisir d'office : ainsi en matière d'assistance éducative, l'article 375 du Code civil édicte que le juge peut se saisir d'office « *à titre exceptionnel* » si la santé, la sécurité ou la

5. Décr. n° 2010-1647, 28 déc. 2010, modifiant la procédure d'appel avec représentation obligatoire en matière civile, *JO* 29 déc., p. 22919.
6. Décr. n° 2010-434, 29 avr. 2010, relatif à la communication par voie électronique en matière de procédure civile, *JO* 2 mai.

moralité d'un mineur sont en danger ou si les conditions de son éducation sont gravement compromises.

Ne pouvant la plupart du temps se saisir d'office, les cours et tribunaux ne peuvent juger que les contestations qui sont portées devant eux[1].

Ce sont les parties qui déterminent l'objet du litige au travers de leurs écritures respectives (C. pr. civ., art. 4) et en premier lieu l'assignation, ce qui suppose qu'elles aient choisi un conseil.

A. Représentation par avocat

1° Pour le demandeur

331.31 Choix d'un avocat. La représentation obligatoire par avocat est en effet la première particularité de la procédure devant le tribunal de grande instance. Ce principe, énoncé par l'article 751 C. pr. civ., ne connaît que de rares exceptions. Parmi celles-ci on peut citer les affaires relatives aux biens domaniaux de l'État[2].

Ainsi, la première démarche que devra effectuer celui qui entend former une demande en justice sera de choisir un avocat. Conséquence logique de la fusion des professions judiciaires opérée par la loi n° 71-1130 du 31 décembre 1971, seul un avocat inscrit au barreau institué auprès du tribunal de grande instance compétent pourra représenter le plaideur devant cette juridiction.

331.32 Mission de l'avocat. Depuis la fusion des professions d'avoués et d'avocats réalisée par la loi du 31 décembre 1971, la mission de ce dernier sera double :

- représenter son mandant dans les différents actes de la procédure;

- l'assister, c'est-à-dire le conseiller et plaider pour lui devant le tribunal.

Si la plaidoirie est libre, la postulation est, elle, limitée au barreau rattaché au tribunal de grande instance saisi. Par conséquent, hormis pour la plaidoirie, l'avocat choisi devra, pour les actes de procédure, faire appel à un avocat postulant, dès lors que l'instance a lieu devant une juridiction à laquelle le barreau où il est inscrit n'est pas rattaché.

Il s'agit là d'une survivance de l'ancienne profession d'avoué qui s'explique, à cet égard, par la facilitation des relations entre l'avocat et la juridiction. Dans la pratique, cependant, ce système s'avère un facteur de ralentissement de la procédure, l'avocat postulant se comportant la plupart du temps comme une simple « boîte à lettres » et non comme un véritable interlocuteur du juge et de son confrère adverse.

331.33 Formalisme. Quoi qu'il en soit, la constitution de l'avocat du demandeur est matérialisée par la mention de son nom dans l'assignation (C. pr. civ., art. 752), ladite constitution emportant élection de domicile (C. pr. civ., art. 751). Aux termes de l'article 414 C. pr. civ., le plaideur ne peut constituer qu'un seul avocat pour le représenter[3], mais peut être assisté de plusieurs avocats pour la plaidoirie. Si la partie déclare avoir plusieurs avocats, l'élection de domicile faite auprès d'un seul d'entre eux désigne cet avocat comme représentant de la partie[4]. Si l'avocat constitué est une société civile professionnelle elle doit naturellement être inscrite au Barreau du tribunal saisi, mais rien n'oblige le demandeur à indiquer dans l'assignation celui des avocats associés qui accomplira au nom de la société les actes de postulation[5].

2° Pour le défendeur

331.41 Obligations. Lui aussi, s'il entend faire valoir ses moyens de défense ou former une demande reconventionnelle, va devoir constituer avocat.

L'article 752 C. pr. civ. précise d'ailleurs que l'assignation qui lui est notifiée à l'initiative du demandeur doit mentionner, à peine de nullité, le délai dans lequel il doit constituer avocat, c'est-à-dire quinze jours à compter de l'assignation aux termes de l'article 755 C. pr. civ.

L'obligation de constituer avocat vaut d'ailleurs non seulement pour le défendeur mais aussi pour toute personne qui interviendra, volontairement ou non, au cours du procès (C. pr. civ., art. 814).

C'est par l'intermédiaire de son conseil que le défendeur pourra, comme son adversaire, prendre des écritures et communiquer ses pièces. L'article 815 C. pr. civ. précise que ces conclusions doivent être signées par l'avocat et notifiées « dans la forme des notifications entre avocats », et que la notification des pièces produites est attestée par la signature de l'avocat sur le bordereau de communication. L'apposition du seul cachet de l'avocat postulant, à défaut de sa signature, ne permet pas de considérer que le document signifié dans ces conditions vaut conclu-

1. Civ. 2e, 29 nov. 1963, *Bull. civ.* II, n° 787.
2. Paris, 5 juin 1981 – Civ. 2e, 25 nov. 1981, *D.* 1982. 159, obs. Julien.
3. Paris, 17 nov. 1975, *Gaz. Pal.* 1976. 779; *RTD civ.* 1977. 185, obs. Perrot.
4. Civ. 2e, 10 nov. 1998, n° 96-17.360, *Bull. civ.* II, n° 267; *Gaz. Pal.* 24-25 févr. 1999. Pan. 25.
5. Lyon, 16 mai 1994, RG n° 93/1004, *Gaz. Pal.* 1995. Somm. 66.

sions[1]. Dès lors, un tel document ne peut constituer un acte de poursuite et n'est donc pas susceptible d'interrompre le délai de prescription[2].

Ces formalités, prescrites à peine d'irrecevabilité, tendent, à l'évidence, au respect du principe du contradictoire, mais elles démontrent également la part prépondérante de l'écrit à l'aune des textes actuels. Désormais devant le juge du fond, sauf procédure à jour fixe, de simples conclusions verbales sont sans valeur.

B. Assignation

331.50 Procédure ordinaire. L'importance de l'écrit se manifeste, dès l'origine de la procédure par l'assignation. Si l'article 750 C. pr. civ. rappelle en effet que la demande en justice peut être formée par requête conjointe, simple requête ou déclaration, dans la procédure ordinaire, l'introduction de l'instance nécessite une assignation.

L'absence d'assignation, ou de tout autre mode d'introduction de l'instance, constitue une irrégularité de fond qui peut donc être invoquée en tout état de cause[3], étant précisé qu'une assignation nulle ne peut être régularisée par une intervention volontaire[4].

1° Contenu de l'assignation

331.51 Mentions. L'assignation est l'acte d'huissier par lequel le demandeur cite le défendeur devant la juridiction (C. pr. civ., art. 55). Les articles 56 et 752 C. pr. civ. énumèrent les mentions qu'elle doit contenir à peine de nullité.

Il est inutile de revenir dans le détail sur celles prévues par l'article 56 qui ont été analysées précédemment et qui sont communes à toutes demandes en matière contentieuse, et notamment devant le tribunal de grande instance, si ce n'est pour préciser deux innovations du décret du 28 décembre 1998 : l'assignation doit également mentionner, outre les moyens en fait, ceux en droit, ainsi que l'indication des pièces qui sont énumérées sur un bordereau qui lui est annexé.

Il suffira par ailleurs de rappeler que l'article 752 C. pr. civ. impose deux autres mentions :

- la constitution de l'avocat du demandeur;
- le délai dans lequel le défendeur est tenu de constituer avocat.

2° Conséquences de l'assignation

331.61 Caducité. L'assignation va emporter plusieurs effets, à condition qu'elle ne soit pas frappée de nullité ou de caducité. L'article 757 C. pr. civ. stipule en effet que, faute d'une remise au secrétariat-greffe dans les quatre mois de sa délivrance d'une copie de l'assignation, celle-ci est caduque.

La caducité est constatée d'office par le président ou, à défaut, par la juridiction saisie. Elle peut l'être aussi à l'initiative du défendeur qui peut, à défaut de remise, présenter une requête au président en vue de faire constater la caducité (C. pr. civ., art. 757, dern. al.).

Si la décision constatant la caducité doit être motivée[5], la preuve d'un grief n'est pas nécessaire[6].

Ces règles extrêmement strictes, destinées à accélérer la solution du litige, sont susceptibles d'être lourdes de conséquences : une assignation caduque n'étant pas interruptive de prescription[7], une nouvelle assignation ne pourra, le cas échéant, être délivrée que si la prescription n'est pas acquise.

331.62 Constitution d'avocat par le défendeur. On l'a déjà indiqué, le défendeur dispose d'un délai de quinze jours à compter de l'assignation pour constituer avocat. Dès qu'il est désigné, cet avocat doit adresser à son confrère adverse son acte de constitution et en remettre une copie au secrétariat-greffe (C. pr. civ., art. 756). Si cette remise intervient avant la saisine du tribunal, elle doit être accompagnée d'une copie de l'assignation (C. pr. civ., art. 816).

L'article 814 C. pr. civ. impose que cet acte comporte les nom, prénoms, profession, domicile, nationalité, date et lieu de naissance du défendeur s'il s'agit d'une personne physique et, s'il s'agit d'une personne morale, sa forme, sa dénomination, son siège social et l'organe qui le représente légalement.

Aux termes de l'article 815 C. pr. civ., le défaut d'une de ces mentions n'entraîne pas la nullité de l'acte, mais l'irrecevabilité des conclusions[8].

Faute de comparution du demandeur, le jugement qui interviendra sera, selon les cas, réputé contradictoire ou par défaut.

1. Civ. 2e, 13 janv. 2000, no 98-12.204, *Bull. civ.* II, no 6; *Gaz. Pal.* 28-29 avr. 2000. Somm. 16.
2. Civ. 2e, 13 déc. 2001, no 99-18.692, *Bull. civ.* II, no 195; *BICC* 15 févr. 2002, no 154.
3. Civ. 2e, 3 avr. 2003, no 01-03.254, *Bull. civ.* II, no 95; *RTD civ.* 2003. 545, obs. Perrot; *Gaz. Pal.* 2003. Somm. 2576.
4. Civ. 2e, 6 mai 2004, no 02-14.070, *Bull. civ.* II, no 215; *D.* 2004. 2347; *RTD civ.* 2004. 552-553, obs. Perrot.
5. Civ. 2e, 13 mars 1975, no 74-11.089, *Bull. civ.* II, no 89; *RTD civ.* 1975. 599, obs. Perrot.
6. Civ. 2e, 21 oct. 1976, no 75-12.916, *Bull. civ.* II, no 284; *Gaz. Pal.* 1977. 954, note Viatte.
7. Cass., ass. plén., 3 avr. 1987, no 86-11.536, *Bull. ass. plén.*, no 2; *JCP* 1987. II. 20792, concl. Cabannes; *RTD civ.* 1987. 401, obs. Perrot.
8. TGI Nanterre, 4 mars 1975, *Gaz. Pal.* 1975. 492; *JCP* 1975. IV. 6524, obs. J. A.

331.63 Saisine du tribunal. Selon une jurisprudence classique, l'assignation saisissait le tribunal[1]. Cette conception a été modifiée par l'article 29 du décret du 28 août 1972 (C. pr. civ., art. 757), selon lequel le tribunal est saisi par la remise au secrétariat-greffe d'une copie de l'assignation. La jurisprudence ultérieure a entériné cette modification[2], qui peut être lourde de conséquence lorsque des délais doivent être respectés par le demandeur.

Cette solution est regrettable dans la mesure où un certain laps de temps s'écoule nécessairement entre le moment où l'huissier délivre l'assignation et celui où le demandeur va pouvoir en remettre copie au secrétariat-greffe et aussi parce que ce décalage est susceptible de causer préjudice au demandeur, sans qu'il puisse y remédier. Pour le reste, il n'y a pas lieu de revenir sur les effets traditionnels de la demande en justice.

C. Enrôlement

331.71 Remise d'une copie de l'assignation. Dans les quatre mois de l'assignation, une copie de celle-ci doit être déposée au secrétariat-greffe, à l'initiative de la partie la plus diligente (C. pr. civ., art. 757), dans la plupart des cas le demandeur.

Il est à noter que l'ancien usage du placet, qui auparavant accompagnait la remise de l'assignation, a été abandonné.

331.72 Obligations du greffier. Aussitôt ce dépôt effectué, plusieurs tâches incombent au greffier de la juridiction saisie. En premier lieu, il doit porter l'affaire au répertoire général, lequel, selon les dispositions de l'article 726 C. pr. civ., indique la date de la saisine (ce qui permettra de constater l'éventuelle caducité), le numéro d'inscription, le nom des parties, la nature de l'affaire et s'il y a lieu la chambre à laquelle celle-ci est distribuée.

Le greffier doit également constituer un dossier (C. pr. civ., art. 727) qui reprend les mentions portées au répertoire général, ainsi que le nom du juge chargé de l'instruction et celui des avocats.

Au fur et à mesure, les actes de la procédure seront versés au dossier, qu'il s'agisse de ceux produits par les parties (copie de l'assignation, constitution d'avocat, conclusions, bordereaux de communication) ou les ordonnances du juge. Enfin, lorsque la procédure est orale, le greffier doit porter au dossier les prétentions des parties non formulées par écrit, à moins qu'elles ne soient consignées par procès-verbal.

Le dossier est évidemment tenu à jour par le greffier de la chambre à laquelle l'affaire a été distribuée. Celui-ci établit aussi une fiche qui permettra de connaître à tout moment l'état de l'affaire (C. pr. civ., art. 823).

D. Distribution

331.81 Rôle du président. L'article 758 C. pr. civ. donne, à ce stade de la procédure une double tâche au président du tribunal, ou à son délégué : fixer les jours et heure auxquels l'affaire sera appelée et désigner la chambre à laquelle elle est distribuée.

En effet, dès lors que la juridiction compte plusieurs chambres à compétence civile, il y a lieu de déterminer celle qui sera saisie du dossier. Ce choix est opéré en fonction de la nature de l'affaire, le service de chaque chambre étant déterminé par l'ordonnance du président. Il s'agit là d'un acte d'administration judiciaire qui n'est donc susceptible d'aucun recours.

Il en va de même pour la fixation de l'audience d'appel des causes, qui n'est du reste pas faite par le président mais par le vice-président qui est responsable de la chambre désignée, lorsque l'affaire a été distribuée.

331.82 Rôle du greffier. Le greffier de la chambre à laquelle l'affaire a été distribuée doit tenir un registre (C. pr. civ., art. 728) où sont portés la date de l'audience, le nom du juge et du greffier, celui des parties et de leur conseil, le caractère public ou non de l'audience, les incidents et les décisions. Après chaque audience, ce registre est signé par le président de la chambre et le greffier.

Le greffier doit également aviser les avocats constitués des jour et heure de l'audience et de la chambre à laquelle l'affaire a été distribuée (C. pr. civ., art. 758 et 825).

§ 2 Conférence du président

A. Appel de l'affaire

331.91 Texte et pratique. Nous nous en tiendrons ici aux dispositions prévues par le Code de procédure civile sans aborder les divers protocoles ou contrats de procédure passés entre certains tribunaux de grande instance et les barreaux, eu égard aux différences de pratiques qu'ils génèrent (sur ces protocoles, v. s[s] n°s 300.00 s.).

Aux termes de l'article 759 C. pr. civ., l'affaire est, au jour fixé, obligatoirement appelée devant le président de la chambre à laquelle elle a été distribuée

1. Civ. 2e, 15 juin 1967, *Gaz. Pal.* 1967. 2206; *RTD civ.* 1967. 877, obs. Hébraud.
2. Civ 2e., 29 févr. 1984, n° 82-12.259, *Bull. civ.* II, n° 43; *RTD civ.* 1984. 559, obs. Perrot.

pour qu'il confère avec les avocats présents de l'état de la cause. C'est donc, en principe, une phase particulièrement importante du procès, puisque, à l'issue de cette conférence, le président doit, selon la complexité et l'état du dossier, choisir le circuit que suivra ce dernier; soit le renvoi à l'audience, soit l'instruction devant le JME.

Dans la pratique, malheureusement, le premier appel n'aura que rarement ce caractère décisif. Le greffier, on l'a dit, doit aviser les avocats de la date de l'audience. Encore faut-il qu'ils soient constitués ou, du moins, que celui-ci connaisse leur constitution.

Or, d'une part, le délai de quinze jours, à compter de la délivrance de l'assignation, pour constituer avocat n'est que rarement respecté et, d'autre part, l'obligation de remettre au greffe copie de l'acte de constitution de l'avocat du défendeur ne l'est pas davantage.

Cette règle, simple et logique, posée par l'article 756 C. pr. civ., est en effet battue en brèche par la pratique des barreaux selon laquelle c'est l'avocat du demandeur qui dépose la copie de l'acte de constitution de son confrère adverse et qui, pour éviter une démarche au palais de justice, le fait généralement lors de la première audience.

Il en résulte que, la plupart du temps, l'avocat du défendeur ignore la tenue de cette audience à laquelle il n'est, par conséquent, pas présent. L'article 756 C. pr. civ. ne prévoit pas de sanction du défaut de remise de l'acte de constitution de l'avocat du défendeur et la jurisprudence était divisée sur le point de savoir s'il incombe ou non à l'avocat du demandeur d'aviser le tribunal pour éviter la clôture et le prononcé d'un jugement réputé contradictoire[1].

Dans un arrêt du 17 février 1994, la cour d'appel de Douai, après avoir rappelé que la constitution n'existe qu'autant qu'une copie de l'acte de constitution a été remise au secrétariat-greffe (C. pr. civ., art. 816), formalité qui incombe au conseil du défendeur (C. pr. civ., art. 756), a considéré que les erreurs commises par les avocats (entorse aux règles de confraternité de la part du demandeur, négligence du défendeur) ne peuvent altérer la validité du jugement attaqué[2]. La Cour de cassation a mis fin à ces divergences en censurant une cour d'appel qui avait prononcé la nullité du jugement au motif que l'avocat du demandeur n'avait pas déposé au greffe la constitution de son confrère, sans rechercher si ce dernier avait déposé sa constitution, ainsi que cela lui incombait.

Du fait de l'absence presque systématique du défendeur, la conférence se réduit donc très souvent à une simple audience de renvoi pour laisser au défendeur une ultime chance d'assurer sa défense, alors même que le délai de quinze jours prévu par l'article 755 C. pr. civ. est très largement expiré.

Ce scrupule du président, que d'aucuns pourraient considérer comme excessif, s'explique par le souci du contradictoire mais entraîne un nouveau retard dans la solution du litige (selon la surcharge des juridictions, le délai peut varier mais il est en général de l'ordre de cinq à six semaines). On peut ainsi comprendre que, si son client n'est pas particulièrement impatient de voir le jugement rendu, la tentation soit grande, pour l'avocat du défendeur, de violer les dispositions de l'article 756 C. pr. civ.

B. Renvoi à l'audience

331.100 **Division.** Il convient en effet d'envisager deux situations, selon que le défendeur ait ou non constitué avocat.

331.101 **Non-comparution du défendeur.** Si malgré le délai supplémentaire dont il a bénéficié, le défendeur ne comparaît pas lors du second appel, le président, dès lors qu'il considère que l'affaire est en état d'être jugée et qu'il n'y a pas lieu de réassigner le défendeur, renvoie l'affaire à l'audience de plaidoiries (C. pr. civ., art. 760, al. 2).

331.102 **Comparution du défendeur.** Celui-ci a constitué avocat, mais le président constate que les conclusions ont été échangées et les pièces communiquées. Si après avoir recueilli les explications des avocats, l'affaire lui paraît prête à être jugée sur le fond, il la renvoie, là encore, à l'audience (C. pr. civ., art. 760, al. 1er).

Il s'agit là d'une hypothèse assez rare qui suppose que l'affaire soit simple et que le défendeur ait conclu sans injonction.

331.103 **Fixation de la date d'audience.** Dans ces deux cas, le président déclare l'instruction close et fixe la date de l'audience, laquelle, précise l'article 760 alinéa 3 C. pr. civ., peut être tenue le jour même (compte tenu de l'encombrement des tribunaux, l'audience de plaidoiries a lieu dans un délai d'un à plusieurs mois).

Là encore, la volonté du législateur d'accélérer le cours du procès civil est manifeste, volonté malheureusement peu suivie d'effet dans la pratique et ce, pour diverses raisons. En premier lieu, la conférence du président ne se tient pas toujours le même jour que l'audience de plaidoiries, dont le rôle est, de toute façon, déjà arrêté. Par ailleurs, sachant que cette disposition n'est pas appliquée, les avocats ne préparent pas leur dossier de plaidoiries lorsqu'ils se présentent à la conférence du président.

1. Aix-en-Provence, 10 déc. 1992, *Gaz. Pal.* 19 oct. 1993, note Latil – *CONTRA* : Aix-en-Provence, 8 janv. 1985, RG n° 83/6240, *Gaz. Pal.* 1985. 698, note Latil.
2. Civ. 2e, 26 oct. 2006, n° 05-10.356, *Bull. civ.* II, n° 297; *Gaz. Pal.* 2007. Somm. 1308, note du Rusquec; *BICC* 2007, n° 313.

C.
Renvoi à la conférence

331.111 Texte et pratique. Variante du circuit court, c'est le cas de figure le plus fréquent. Le président constate que l'affaire n'est pas en état d'être jugée, sans, pour autant, qu'une mise en état apparaisse nécessaire, s'il estime, selon les termes de l'article 761 C. pr. civ. qu'un ultime échange de conclusions ou qu'une ultime communication de pièces suffit à la mettre en état.

De manière plus prosaïque, le juge renvoie l'affaire pour permettre aux avocats de conclure. Si les avocats sont présents, ils sont avisés verbalement de la date et du motif du renvoi qui sont mentionnés au dossier; dans le cas contraire un bulletin leur est adressé par le greffier par la voie du palais.

Malgré la formulation optimiste de l'article 761 C. pr. civ., il est rare que ce renvoi soit le dernier : surtout en cas de pluralité de défendeurs, il faudra, bien souvent, plusieurs conférences pour que l'affaire soit enfin en état d'être jugée. D'autant que le décret du 28 décembre 1998 [1] (C. pr. civ., art. 761 mod.) donne pouvoir au président de renvoyer l'affaire pour que les conclusions soient mises en conformité avec les dispositions de l'article 753 C. pr. civ., lui aussi modifié en ce qu'il oblige désormais les parties à reprendre dans leurs dernières écritures les prétentions et moyens présentés ou invoqués dans leurs conclusions antérieures.

Ces dispositions nouvelles ne doivent pas remettre en cause l'heureuse pratique du « calendrier » où, en concertation avec les avocats, le juge fixe les échéances des actes de procédure et ce, jusqu'à l'audience de plaidoiries : cette planification du procès favorise grandement une plus grande rigueur dans la tenue des délais, tout en sauvegardant le principe du contradictoire.

Conçue par le législateur comme une phase d'orientation, la conférence devient aussi de plus en plus une phase d'instruction où le président se substitue au JME.

D.
Renvoi devant le juge de la mise en état

331.121 Circuit long. Après le circuit court et le circuit moyen, le renvoi devant le JME (circuit long) est la troisième option offerte par le Code de procédure civile au président.

Si les articles 761 et 762 C. pr. civ. étaient appliqués littéralement, le président de chambre devrait transmettre l'affaire au JME à l'issue de la première ou de la deuxième conférence. En réalité, il ne renvoie devant celui-ci que les affaires complexes ou celles qui nécessitent des mesures d'instruction. Il faut rappeler ici, que contrairement à ce que certains soutiennent, le fait que, en application du Code de l'organisation judiciaire, le président du tribunal de grande instance ou le premier président de la cour d'appel désigne pour chaque chambre civile un magistrat chargé de la mise en état dans son ordonnance de roulement n'implique nullement que celui-ci soit désigné d'office dans chaque affaire distribuée dans sa chambre. Les articles 760 et 761 C. pr. civ. permettent en effet au président de chambre de renvoyer directement l'affaire à l'audience, on vient de le voir et l'article 905 offre la même possibilité en appel.

Le recours de plus en plus fréquent, en raison de l'encombrement des juridictions, au juge rapporteur, voire au juge unique, réduit encore l'importance de la conférence du président en tant que phase d'orientation : il ne s'agit plus alors de choisir le circuit le mieux adapté mais de distribuer les dossiers entre les magistrats composant la chambre, sans qu'il y ait lieu de distinguer entre la conférence et la mise en état.

Combinée avec le recours au juge rapporteur ou au juge unique, cette pratique aboutit à confier à un seul juge toutes les phases du procès civil, de la conférence au jugement, à l'image du juge aux affaires familiales. La démarche présente l'avantage évident de l'efficacité, mais n'est-elle pas susceptible d'être sanctionnée par la Cour de cassation qui interdit au juge des référés qui a statué sur une demande de provision de juger au fond [2] ?

Cette question mérite d'autant plus d'être posée que, ainsi que l'on va le voir plus loin, les décisions du JME n'ont l'autorité de la chose jugée et ne sont susceptibles de recours immédiat que si elles mettent fin à l'instance; dans l'hypothèse inverse, rien n'interdit au demandeur à l'incident de le présenter à nouveau devant le juge du fond. C'est, en tout cas, le dernier état de la jurisprudence [3]. Dans ces conditions, on voit mal le juge qui a déjà statué en qualité de JME connaître une seconde fois de l'incident. D'ailleurs, la Cour de cassation interdit d'ores et déjà au CME qui a rendu l'ordonnance de siéger, sur le déféré, au sein de la formation collégiale [4].

1. Décr. n° 98-1231, 28 déc. 1998, modifiant le Code de l'organisation judiciaire et le Nouveau Code de procédure civile, *JO* 30 déc., p. 19904.

2. Cass., ass. plén., 6 nov. 1998, n° 94-17.709, *Bull. ass. plén.*, n°s 4 et 5; *D.* 1999. 1, concl. Burgelin; *D.* 1999. 53, note Frison-Roche; *RTD civ.* 1999. 177, obs. Normand; *RTD civ.* 1999. 193, obs. Perrot; *RTD civ.* 1999. 494, obs. Marguénaud; *JCP* 1998. II. 10198, rapp. Sargos; *Gaz. Pal.* 15 déc. 1998, p. 12, note Pansier et Bladier.
3. Civ. 2e, 18 déc. 2008, n° 07-20.599, *Bull. civ.* II, n° 276; *RTD civ.* 2009. 171, chron. Perrot.
4. Civ. 2e, 10 sept. 2009, n° 08-14.004, *Bull. civ.* II, n° 209; *D.* 2009. 2169; *D.* 2010. 532, chron. Sommer, Leroy-Gissinger, Adida-Canac et Grignon Dumoulin; *RTD civ.* 2010. 157, obs. Perrot; *Procédures* 2009. Comm. 347, note Perrot; *JCP* 2009, n° 39, note Salati.

§ 3
Instruction devant le juge de la mise en état

331.131 Nécessité de l'institution. On l'a déjà dit, les règles du Code de procédure civile de 1806 généraient une extrême lenteur, lesquelles, face à l'augmentation du nombre des affaires, ont conduit, dès 1935, le législateur à agir, sinon avec réussite, du moins avec persévérance.

C'est ainsi que, pour contrebalancer le caractère accusatoire de la procédure, le décret-loi du 30 octobre 1935 a institué le juge chargé de suivre la procédure qui deviendra finalement, après plusieurs réformes, le JME (Décr. n° 71-740, 9 sept. 1971).

Pour mieux marquer l'importance de la fonction, le législateur a entendu d'emblée, spécialiser ce magistrat : désigné au début de chaque affaire dans le cadre du décret-loi de 1935, il le sera de manière permanente par ordonnance du président du tribunal au début de l'année judiciaire à partir du décret du 15 octobre 1965.

331.132 Désignation. Ces dispositions ont été conservées en 1971 et dans le Code de procédure civile : à l'occasion de l'ordonnance prévue par l'article R. 212-6 du Code de l'organisation judiciaire, le président du tribunal de grande instance désigne les juges de la mise en état, étant précisé que lui-même et les présidents de chambre peuvent exercer ces fonctions et qu'ils peuvent être remplacés à tout moment en cas d'empêchement (COJ, art. R. 213-7, al. 1er) : dans l'hypothèse où plusieurs magistrats d'une même chambre exercent les fonctions du JME, les affaires sont réparties entre eux par le président de chambre (COJ, art. R. 213-7, al. 2).

Non seulement c'est ce dernier qui répartit les dossiers mais c'est également lui, on l'a vu, qui décide, lors de la conférence, s'il y a lieu ou non à mise en état.

Cette décision, qui est en fonction de la nature de l'affaire, des explications des avocats ou de leurs écritures (le JME sera automatiquement désigné lorsque des conclusions d'incident seront prises par une partie, à moins qu'elles ne relèvent de la compétence exclusive du juge du fond), peut intervenir à tout moment de la procédure, mais c'est le plus souvent au début de celle-ci qu'elle interviendra, à l'issue du premier ou deuxième appel.

331.133 Saisine. La formulation assez imprécise de l'article R. 213-7 alinéa 2 du COJ ne permet pas de déterminer à quel moment intervient la saisine du JME : il peut en effet s'écouler un certain temps entre l'audience à l'occasion de laquelle le président de la chambre désigne le JME et la première audience tenue par celui-ci. Or, en cas d'urgence, il est important de déterminer la date de la saisine du JME : le juge des référés ne peut plus statuer dès la saisine de ce dernier auquel l'article 771 donne compétence exclusive. Après quelques hésitations[1], la question a été tranchée par la jurisprudence de la manière suivante : faute d'un document permettant d'établir la date précise de saisine du magistrat de la mise en état, elle est réputée intervenir le jour où le greffe adresse aux conseils l'avis qui les informe de la distribution de l'affaire et de la désignation d'un conseiller (juge) de la mise en état[2]. Pour éviter toute ambiguïté, la « désignation nominative » du JME dans chaque dossier serait souhaitable[3].

331.134 Pouvoirs. Ceux-ci n'ont cessé d'augmenter depuis 1935; aux termes de l'article 763 C. pr. civ., l'affaire est instruite sous le contrôle du JME. L'article 763 précise qu'il a mission de veiller au déroulement loyal de la procédure, spécialement à la ponctualité de l'échange des conclusions et de la communication des pièces.

Une fois encore, l'intention du législateur est claire : le JME doit, dans le respect du contradictoire, éviter l'enlisement du procès. Pour ce faire, il dispose d'importants pouvoirs qui sont de quatre types :
- entendre et concilier les parties;
- contrôler le déroulement du procès;
- statuer sur certains incidents;
- ordonner des mesures d'instruction.

A.
Audition et conciliation des parties

331.141 Origine. La recherche de conciliation des parties est une idée ancienne que le droit révolutionnaire avait formalisée de manière stricte puisque la loi des 16-24 août 1790 avait institué une tentative de conciliation obligatoire comme préliminaire à tout procès.

Malgré l'échec de ces dispositions, elles ne seront abrogées que par la loi du 9 février 1949 pour ne subsister que dans certaines matières, tel que le divorce.

Désormais, hormis ces exceptions et l'hypothèse où les parties se concilient d'elles-mêmes, il s'agit d'une simple faculté pour le juge.

Les règles de portée générale édictées par le Nouveau Code de procédure civile (C. pr. civ., art. 127 à 131) valent dans le cadre de la mise en état, l'article 768 C. pr. civ. précisant que le JME peut constater la conciliation, même partielle, des parties. Le décret du 28 décembre 2005 a ajouté qu'il pouvait, sur leur demande, homologuer l'accord des parties (C. pr. civ., art. 768, al. 2).

1. V. Normand, *RTD civ.* 1976. 607.
2. Paris, 10 oct. 1980, *Gaz. Pal.* 1980. 656.
3. D. Karsenty, « L'apparition de nouveaux droits fondamentaux de procédure en matière de mise en état », *JCP* 2007. I. 160.

Dès lors qu'un procès-verbal de conciliation est dressé, il a force exécutoire que la conciliation intervienne d'office ou à l'initiative des parties.

Pour rechercher une conciliation, le JME peut entendre les parties (C. pr. civ., art. 767), soit à leur demande, soit d'office. S'agissant d'une simple faculté pour le JME, une partie ne saurait faire grief à un arrêt d'avoir été rendu sans son audition, dès lors qu'il n'est pas établi qu'elle a été demandée[1]. Cette audition doit avoir lieu contradictoirement sauf si une partie dûment convoquée ne se présente pas.

Cette faculté d'audition et de conciliation des parties offerte au juge, beaucoup plus souple que le système institué en 1790, est une mesure intéressante qui reste malheureusement pratiquement inusitée, sans doute en raison de l'encombrement des juridictions mais aussi parce qu'elle reste étrangère aux mœurs judiciaires.

331.142 **Médiation.** Le JME peut aussi, comme tout juge saisi d'un litige, recourir à la médiation, mode de règlement alternatif des conflits réglementé par les articles 131-1 à 131-15 C. pr. civ. La désignation du médiateur interviendra soit à la demande des parties soit à l'instigation du juge, mais après avoir recueilli l'accord de celles-ci (C. pr. civ., art. 131-1). Au moins en théorie, la médiation ne doit pas être une cause de ralentissement du procès et, en tout cas, elle ne dessaisit pas le juge qui peut prendre les mesures qui lui paraissent nécessaires pendant la durée de la médiation (C. pr. civ., art. 131-2).

B.
Contrôle du déroulement du procès

331.150 **Plan.** C'est, au moins dans l'esprit du législateur, l'aspect le plus important des fonctions du JME. Dans le souci d'accélérer la marche de la procédure, celui-ci se voit confier plusieurs armes pour en assurer, sinon la direction, du moins le contrôle. Le système accusatoire ayant, pendant plus d'un siècle, montré ses carences, il est apparu nécessaire de donner au juge la mission de veiller au déroulement loyal de la procédure et « *spécialement à la ponctualité de l'échange de conclusions et de la communication des pièces* », comme le souligne l'article 763 alinéa 2 C. pr. civ.

Ainsi, le pouvoir de contrôle du JME s'exerce-t-il dans deux directions : d'une part accélérer la procédure dans le respect du contradictoire et d'autre part concourir à la mise en état intellectuelle de l'affaire.

1°
Accélération de la procédure

331.160 Dans la pratique, cet aspect de son rôle représente l'essentiel de la tâche du JME.

331.161 **Fixation des délais (C. pr. civ., art. 764).** Il appartient au JME de fixer les délais nécessaires à l'instruction de l'affaire. Pour ce faire, il recueille ou, en tout cas, provoque l'avis des avocats, mais il se détermine également en fonction de la nature, de l'urgence et de la complexité de l'affaire.

L'article 764 C. pr. civ. précise que le juge fixe les délais « au fur et à mesure » : cette souplesse manifeste la volonté d'instaurer une instruction « intelligente », c'est-à-dire susceptible de s'adapter à l'évolution du procès à la lumière des explications des avocats et des écritures.

Dans le même esprit, le JME peut accorder des prorogations de délai ou, si cela est susceptible de faciliter le règlement du litige, renvoyer l'affaire à une conférence ultérieure.

Il peut aussi fixer un calendrier de la mise en état (C. pr. civ., art. 764, al. 3). Le décret du 28 décembre 2005 a donné une consécration réglementaire à une pratique antérieure dont la mise en œuvre suppose plusieurs conditions. Le juge doit d'abord recueillir l'avis des avocats, avant de fixer le nombre prévisible et la date des échanges de conclusion. Le calendrier comporte aussi la date de la clôture, celle des débats et même celle du prononcé de la décision et ce par dérogation à l'article 450 C. pr. civ. selon lequel c'est le président qui indique la date à laquelle le jugement sera prononcé. La volonté d'arrêter, de manière définitive, le calendrier est évidente, d'autant plus que le décret du 28 décembre 2005 a précisé que les délais ainsi fixés ne peuvent être prorogés qu'en cas de cause grave et dûment justifiée. Reste à savoir comment la pratique s'accommodera de cette rigueur.

331.162 **Injonctions aux avocats (C. pr. civ., art. 763, al. 3).** Bien souvent, l'avocat est absent à la conférence ou, au mieux, représenté par son postulant. Bien qu'elle soit indiscutablement source de retard, cette situation, n'est d'ailleurs pas en soi néfaste : il n'est pas indispensable que les avocats assistent à toutes les conférences, encore faut-il que cela soit utile à la mise en état, auquel cas le juge a tout loisir de les convoquer par bulletin, en mentionnant le caractère obligatoire de leur présence.

La mise en œuvre de la communication électronique a naturellement modifié la nature des relations entre les avocats et le JME et c'est désormais par ce procédé que ce dernier va adresser à ceux-là avis, courriers, rappels et injonctions.

Au cas où, dans les délais impartis, une partie ne conclut pas ou ne communique pas ses pièces, le juge peut lui adresser injonction de le faire, soit d'office, soit à la demande de la partie adverse.

Considérant qu'était violé le délai raisonnable, la Cour européenne des droits de l'homme a condamné à plusieurs reprises la France en raison de la carence du JME pour n'avoir pas donné aux parties des

1. Civ. 2e, 1er déc. 1971, nº 70-11.393, *Bull. civ.* II, nº 328; *JCP* 1972. IV. 12.

injonctions de conclure, ou même pour avoir usé de ses pouvoirs de manière inefficace[1].

331.163 Sanctions (C. pr. civ., art. 780 et 781). Dans l'hypothèse où les actes de procédure n'ont pas été accomplis dans les délais impartis par le JME, celui-ci dispose de deux types de sanctions, selon que la carence soit le fait d'un avocat ou de l'ensemble des avocats.

Si le défaut d'accomplissement est le fait d'un seul avocat, le juge peut, prononcer la clôture de l'instruction et renvoyer l'affaire à l'audience, d'office ou à la demande d'une autre partie, ce qu'il peut, en ce dernier cas, refuser sur ordonnance motivée non susceptible de recours, dont la copie est adressée à la partie défaillante, à son domicile réel ou à sa résidence.

Il s'agit là d'une sanction particulièrement lourde de conséquence, puisque, en application de l'article 469 C. pr. civ., le jugement sera alors rendu contradictoirement, sans que la partie négligente ait conclu ou communiqué ses pièces. Encore faut-il cependant que des délais aient été préalablement fixés par le juge et qu'ils n'aient pas été respectés par l'avocat (est cassé l'arrêt qui refuse de révoquer l'ordonnance de clôture et écarte comme tardives des conclusions sans rechercher si un délai avait été imparti pour accomplir ces actes de procédure[2]).

C'est en raison de cette rigueur excessive que le décret du 28 décembre 2005 a institué la clôture partielle (C. pr. civ., art. 780 mod.) prononcée à l'égard de la seule partie n'ayant pas accompli les actes de la procédure dans les délais impartis, soit d'office, soit à la demande d'une autre partie (avec toujours, dans ce dernier cas, la possibilité pour le juge de refuser de prononcer la clôture partielle par ordonnance motivée non susceptible de recours).

Le juge pourra rétracter cette ordonnance de clôture partielle, d'office ou sur conclusions à cette fin, dans deux hypothèses : soit pour permettre de répliquer à des demandes ou moyens nouveaux présentés par une autre partie postérieurement à son prononcé, soit en cas de cause grave et dûment justifiée.

La seconde sanction prévue par le Code de procédure civile au défaut d'accomplissement des actes de procédure par les avocats est la radiation. Plusieurs conditions doivent être réunies pour que le JME puisse rendre une telle ordonnance :

– il faut d'abord que le juge ait fixé les délais pour accomplir les actes et que les avocats ne les aient pas respectés (si une seule partie s'abstient, alors que son adversaire a conclu, une ordonnance de radiation ne peut être rendue[3]) ;

– il faut qu'ensuite le juge avise les avocats.

Une fois ces conditions de fond remplies, l'ordonnance de radiation peut être rendue, sous certaines conditions de forme : bien que non susceptible de recours, elle doit être motivée et, en outre, copie de cette ordonnance est adressée, à chacune des parties, par lettre simple à leur domicile réel ou à leur résidence (C. pr. civ., art. 781, al. 2).

Sachant que l'affaire pourra être rétablie par simple courrier, à la demande de la partie la plus diligente et après accomplissement de l'acte de procédure sollicité, on comprendra que la délivrance de la copie aux parties elles-mêmes soit, pour leurs conseils, une sanction au moins aussi lourde que la radiation proprement dite, laquelle, rappelons-le, laisse persister l'instance qui peut être reprise après rétablissement de l'affaire[4].

Le décret du 28 décembre 1998 a ajouté cette disposition à l'article 381 C. pr. civ., l'étendant donc à toutes les radiations et non plus seulement à celles prononcées par le JME et suscitant ainsi de vives critiques[5].

331.164 Retrait du rôle. Rappelons également que le décret du 28 décembre 1998 a institué le retrait du rôle (C. pr. civ., art. 382), successeur légal de la construction jurisprudentielle qu'était la radiation conventionnelle, que le juge ordonne à la demande de toutes les parties, condition qui ne manque pas de susciter des difficultés pratiques lorsqu'une partie ne comparait pas, mais qui souligne le caractère consensuel de cette mesure.

Le décret n° 2004-836 du 20 août 2004[6] a complété l'article 763 C. pr. civ. pour prévoir expressément que le JME peut ordonner le retrait du rôle dans les cas et conditions des articles 382 et 383.

331.165 Radiation administrative. On pouvait penser que l'introduction du retrait du rôle dans le Code de procédure civile allait entraîner la disparition de la radiation administrative, rendue, avant le décret du 28 décembre 1998, par le juge à la demande des parties et en dehors de toute volonté de sanctionner une carence. Les difficultés de mise en œuvre du retrait du rôle, qui suppose l'accord de toutes les parties, ont entraîné, dans certaines juridictions, la renaissance de la radiation administrative, à l'évidence beaucoup plus souple, notamment en ce qu'elle ne nécessite pas l'accord des parties défaillantes par hypothèse pratiquement impossible à recueillir.

1. B. Deparis, « Mise en état et délai raisonnable des procédures civiles », *Gaz. Pal.* 2005. Doctr. 3954.
2. Civ. 2e, 25 mars 1985, n° 83-14.080, *Bull. civ.* II, n° 77 ; *JCP* 1985. IV. 207 ; *Gaz. Pal.* 1985. Pan. 254, obs. Guinchard et Moussa ; *RTD civ.* 1986. 183, obs. Perrot.
3. Civ. 2e, 16 déc. 1982, NP ; *Gaz. Pal.* 1983. Pan. 140, obs. Guinchard.
4. Civ. 3e, 20 févr. 2002, n° 99-15.474, *Bull. civ.* III, n° 42 ; *JCP E* 16 mai 2002, n° 20, J. 814-815, note Bonneau ; *RJ com.* 2003. 137-142, note Gibirila ; *Gaz. Pal.* 2002. Pan. 22.
5. *Gaz. Pal.* 13-15 juin 1999, libres propos, Landry.
6. Décr. n° 2004-836, 20 août 2004, portant modification de la procédure civile, *JO* 22 août, p. 15032.

2°
Mise en état intellectuelle

331.171 Concours du juge. C'est l'apport le plus intéressant des derniers textes, depuis l'expérience de 1965 : le juge n'a pas pour seule mission de faire avancer, vaille que vaille, la procédure, il lui incombe désormais de concourir, de manière active, à la mise en état, et, pour ce faire, il dispose d'un certain nombre de pouvoirs.

331.172 À l'égard des parties elles-mêmes. Le JME, on l'a dit, peut, même d'office, entendre les parties en présence de leurs avocats ou, en tout cas, ceux-ci dûment convoqués (C. pr. civ., art. 767). Cette audition peut naturellement tendre à leur conciliation, mais, bien qu'il ne faille pas la confondre avec la comparution personnelle, elle peut aussi porter sur des éléments de fait que le juge entend voir préciser.

331.173 À l'égard des avocats. Si le JME peut, on l'a dit, leur adresser des injonctions, il a également le pouvoir d'entendre les avocats et de leur faire toutes communications utiles (C. pr. civ., art. 763, al. 3). Là encore, il ne s'agit pas tant d'accélérer le cours du procès que de contrôler activement sa mise en état.

Le renforcement, par le décret du 28 décembre 1998, des pouvoirs que confère au juge l'article 765 C. pr. civ. va dans le même sens. Auparavant, le JME pouvait inviter les avocats à répondre aux moyens sur lesquels ils n'auraient pas conclu et à fournir les explications de fait et de droit nécessaires à la solution du litige. Ces dispositions, intéressantes quant à la direction du procès, étaient peu utilisées, supposant que le juge ait le temps de se pencher sur le fond du litige.

Désormais, le JME peut aussi, comme le président lors de la conférence, inviter les avocats à mettre leurs écritures en conformité avec les dispositions de l'article 753 C. pr. civ. Les parties ont certes grand intérêt à respecter spontanément celles-ci puisque, dans la rédaction de l'article 753 issue du décret du 28 décembre 1998, le tribunal ne statue que sur les dernières conclusions, mais le législateur a estimé préférable de donner au juge la possibilité de les y inviter. Il est à noter toutefois qu'il ne s'agit que d'une simple faculté et non d'une obligation.

331.174 À l'égard de la procédure. On verra dans le titre 4 consacré à l'administration judiciaire de la preuve le rôle du juge quant à la production des pièces, étant simplement précisé ici que le JME exerce tous les pouvoirs nécessaires à cet égard (C. pr. civ., art. 770).

Quant aux pièces déjà versées aux débats par les parties, le JME peut se les faire communiquer en original ou en copie (C. pr. civ., art. 765, al. 2). Mais il n'a pas compétence pour statuer sur leur caractère illicite[1].

C'est lui également qui procède aux jonctions et disjonctions d'instance (C. pr. civ., art. 766) et qui constate l'extinction de l'instance (C. pr. civ., art. 769), ce qui peut le conduire à constater le désistement ou l'acquiescement[2]. Il en résulte logiquement qu'il peut statuer sur les dépens (C. pr. civ., art. 772) et, depuis le décret n° 2005-1678 du 28 décembre 2005, les frais irrépétibles.

Le troisième volet des pouvoirs du JME relatifs à la procédure est d'inviter, le cas échéant, les parties à mettre en cause tous les intéressés dont la présence lui paraît nécessaire à la solution du litige. Il s'agit d'une innovation du décret du 13 juillet 1984[3] (C. pr. civ., art. 768-1) qui est le pendant des dispositions prévues par l'article 332 C. pr. civ. pour le juge du fond, mais pour laquelle il n'a pas été prévu de sanction si la partie ne s'exécute pas[4].

L'éventail de ces dispositions est très important et a permis à Emmanuel Blanc de parler de l'alignement définitif de notre procédure civile sur notre procédure pénale[5]. Si les textes en effet présentent indiscutablement le JME comme un juge d'instruction civil, il faut néanmoins reconnaître que, dans la pratique, celui-ci se contente, la plupart du temps, de tenter d'accélérer le cours de la procédure et, par ailleurs, de statuer sur les incidents qui lui sont soumis et d'ordonner des mesures d'instruction.

C.
Pouvoir de statuer sur certains incidents

331.181 Annonce. Le juge chargé de suivre la procédure instituée par le décret-loi de 1935 pouvait déjà statuer sur certaines exceptions; ces dispositions ont été étendues en 1965 (Décr. 15 oct. 1965) et reprises, pour l'essentiel, par le décret du 31 décembre 1971.

L'intention du législateur est évidente : il s'agit de gagner du temps en évitant de saisir le tribunal pour statuer sur un simple incident, alors même que l'affaire n'est pas encore en état sur le fond. On peut d'ailleurs regretter, dans cette perspective, que les pouvoirs du JME ne soient pas, à cet égard, encore plus étendus, quand bien même les décrets du 28 décembre 1998 et 20 août 2004 ont-ils augmenté son domaine de compétence.

1. TGI Agen, 8 févr. 2007, *BICC* 2007, n° 649.
2. Paris, 1er juin 1977, *Gaz. Pal.* 1978. Somm. 470.
3. Décr. n° 84-618, 13 juill. 1984, modifiant certaines dispositions de procédure civile et d'organisation judiciaire, *JO* 18 juill., p. 2311.
4. *RTD civ.* 1984. 357, obs. Normand – Civ. 2e, 5 oct. 1983, n° 82-14.161, *Bull. civ.* II, n° 159; *RTD civ.* 1984. 364, obs. Perrot.
5. E. Blanc, *La nouvelle procédure civile*, 1973, éd. Librairie du journal des notaires et des avocats, p. 49.

331.182 **Domaine de compétence.** L'article 771, 1 à 4 C. pr. civ. énumère limitativement les exceptions et incidents qui relèvent de la compétence du JME.

Depuis l'entrée en application du décret du 28 décembre 1998, le JME peut statuer sur toutes les exceptions de procédure, c'est-à-dire les exceptions d'incompétence, de litispendance, de connexité et les nullités pour vice de fond, outre les exceptions dilatoires et les nullités pour vice de forme, lesquelles relevaient déjà de sa compétence[1]. Mais le CME n'est pas compétent pour statuer sur une exception de procédure relative à la première instance[2]. Le décret du 20 août 2004 lui a également donné pouvoir de statuer sur les incidents mettant fin à l'instance (C. pr. civ., art. 771, al. 2, mod. par Décr. 20 août 2004), c'est-à-dire le désistement, la péremption d'instance, l'acquiescement et la caducité de la citation. Par contre, il ne peut connaître des fins de non-recevoir que seul le juge du fond peut donc trancher[3]. Le moyen tendant à l'irrecevabilité d'une demande comme nouvelle, constituant une fin de non-recevoir et non une exception de procédure, est donc susceptible d'être soulevé en tout état de cause[4]. Le JME étant incompétent pour statuer sur une fin de non-recevoir, il est primordial de déterminer si le moyen constitue ou non une exception de procédure. Tel est le cas de la contestation de la compétence internationale des juridictions françaises[5]. Par contre, le moyen qui tend à faire déclarer irrecevable une assignation en partage faute de comporter un descriptif sommaire du patrimoine à partager constitue une fin de non-recevoir et ne relève donc pas de la compétence du JME[6].

Mais, la Cour de cassation considérant que le sursis à statuer était une exception de procédure, la demande doit, à peine d'irrecevabilité être invoquée avant toute défense au fond[7].

Le décret du 28 décembre 2005 a logiquement complété ces dispositions en ajoutant qu'à peine d'irrecevabilité les parties ne pourront plus soulever postérieurement ces exceptions et incidents, sauf s'ils surviennent ou sont révélés après le dessaisissement du JME (C. pr. civ., art. 771, 1) et en précisant que ses ordonnances statuant sur les exceptions de procédure et les incidents mettant fin à l'instance ont l'autorité de la chose jugée (C. pr. civ., art. 775).

Le JME peut également allouer une provision *ad litem* ou une provision au créancier, dès lors que l'existence de l'obligation n'est pas sérieusement contestable. Le caractère d'incontestabilité de l'obligation doit être clair et fait l'objet du contrôle de la Cour de cassation[8]. Mais, à partir du moment où l'obligation n'est pas sérieusement contestable, le problème de la répartition des défendeurs est indifférent à l'allocation d'une provision au créancier (ainsi, en matière de construction[9]).

Au cas où il accorde une provision au créancier, le juge peut subordonner l'exécution de la décision à la constitution d'une garantie dans les conditions prévues aux articles 517 à 522 C. pr. civ. relatifs à l'exécution provisoire.

Enfin, il est du pouvoir du JME d'ordonner toutes autres mesures provisoires, même conservatoires, à l'exception toutefois des saisies conservatoires, des hypothèques et nantissements provisoires. Il peut aussi modifier une mesure déjà ordonnée en cas de survenance d'un fait nouveau[10].

L'article 771 C. pr. civ. précise en son premier alinéa que lorsque la demande est présentée postérieurement à sa désignation, le JME a une compétence exclusive pour statuer sur une de ces exceptions ou incidents. Le législateur a pris soin d'ajouter : « *à l'exclusion de toute autre formation du tribunal* » (la compétence exclusive du JME suppose réglée la question du moment de sa désignation, traitée plus haut). Si ces dispositions ne sont applicables qu'aux instances pendantes devant les autres formations d'une même juridiction[11], elles concernent toutes les formations : ainsi, le juge des référés ne peut-il être valablement saisi[12], même pour modifier une mesure prise antérieurement par lui, à la double condition toutefois que la demande entre dans le cadre du litige dont le tribunal est saisi et qu'elle relève de la compétence du JME, puisque celle-ci est limitée par l'article 771 (ce texte par exemple ne confère pas au JME le pouvoir d'ordonner une mesure pour faire cesser un trouble manifestement illicite résultant d'une voie de fait[13]).

1. Sur les difficultés de mise en œuvre de ces dispositions nouvelles, v. G. Verdrin, « Le magistrat de la mise en état, "juge d'exceptions" », *Gaz. Pal.* 28-29 avr. 2000. 1. Doctr. 2.
2. Cass., avis, 2 avr. 2007, n° 07-00.007, *Bull. avis*, n° 4; *D.* 2007. 1208, note Avena-Robardet; *RTD civ.* 2007. 639, obs. Perrot; *JCP* 2007. Actu. 182.
3. Cass., avis, 13 nov. 2006, n° 06-00.012, *Bull. avis*, n° 10; *D.* 2007. 1380, obs. Julien; *RTD civ.* 2007. 177, obs. Perrot; *JCP* 2007. II. 10027, note Salate.
4. Civ 2e, 24 janv. 2008, n° 07-15.433, *Bull. civ.* II, n° 20; *D.* 2008. AJ 555.
5. Civ. 1re, 23 mai 2012, n° 10-28.188, *Bull. civ.* I, n° 110.
6. Cass., avis, 13 févr. 2012, n° 11-00.008, *Bull. avis*, n° 1; *Dr. et proc.* 2012. 130, obs. Poisson.
7. Civ. 2e, 27 sept. 2012, n° 11-16.361, *Bull. civ.* II, n° 156; *Dr. et proc.* 2012. 293, obs. Douchy-Oudot.
8. Civ. 2e, 9 mars 1978, n° 76-11.916, *Bull. civ.* II, n° 74; *JCP* 1978. IV. 152.
9. Civ. 3e, 15 janv. 1985, *Gaz. Pal.* 1985. 1. Pan. 156, obs. Guinchard et Moussa.
10. Civ. 2e, 11 févr. 1981, n° 79-16.433, *Bull. civ.* II, n° 32; *Gaz. Pal.* 1981. 1. 372, note Viatte.
11. Civ. 3e, 14 oct. 1981, n° 80-11.842; *Bull. civ.* III, n° 159.
12. Civ. 2e, 9 déc. 1976, n° 76-10.130, *Bull. civ.* II, n° 329; Civ. 2e, 9 déc. 1976, nos 75-13.429 et 75-14.091, 2 esp., *Bull. civ.* II, n° 330; *D.* 1978. 329, note Donnier.
13. Paris 9 mars 1987, *Bull. ch. avoués* 1987. 3. 124.

Enfin, le JME, qui pouvait déjà statuer sur les dépens, peut aussi, depuis l'entrée en application du décret du 28 décembre 2005, statuer sur une demande d'application de l'article 700 C. pr. civ. (C. pr. civ., art. 772).

331.183 Conditions d'application. Dès lors que le JME est compétent pour statuer, reste à déterminer dans quelles conditions. En premier lieu, il faut relever qu'il ne peut agir d'office, mais seulement à la demande d'une partie (il en va différemment pour les mesures d'instruction, v. s^s^ n°s 331.191 s.). Il en résulte que, contrairement au juge du fond qui peut, sous certaines conditions (C. pr. civ., art. 92), relever d'office son incompétence, le JME ne peut statuer que sur les exceptions d'incompétence soulevées par les parties.

En second lieu, alors que l'article 773 C. pr. civ. pose le principe que, les mesures prises par le JME sont l'objet d'une simple mention au dossier, avec avis aux avocats, ce même texte précise, en son second alinéa, que, s'agissant des mesures énumérées à l'article 771, il statue par voie d'ordonnance motivée, sous réserve des règles particulières aux mesures d'instruction. C'est également par ordonnance motivée que le JME constate l'extinction de l'instance, exerce tous les pouvoirs relatifs aux pièces et statue sur les dépens.

Concrètement, lorsqu'il est saisi d'une telle demande, il fixe l'affaire à une audience ultérieure dont les avocats sont avisés par l'envoi d'un bulletin (dans cette hypothèse, le greffier adresse aux avocats un bulletin n° 4, au lieu d'un bulletin n° 3 réservé aux conférences ordinaires), pour qu'ils puissent conclure et faire valoir leurs observations sur l'incident à la date fixée.

En vertu des dispositions de l'article 774 C. pr. civ., les avocats doivent être entendus ou, en tout cas, appelés. Par voie de conséquence, lorsque les circonstances exigent qu'une mesure ne soit pas prise contradictoirement, le JME ne peut en connaître et celle-ci reste de la seule compétence du juge des requêtes [1].

L'ordonnance prise par le JME en application de l'article 773 C. pr. civ. peut être rendue sur le siège ou après mise en délibéré (C. pr. civ., art. 774, al. 1er), en tout cas en audience publique et le greffier en conserve la minute et peut en délivrer des expéditions.

Enfin, aux termes de l'article 514 alinéa 2 C. pr. civ., les ordonnances du JME sont exécutoires par provision lorsqu'elles accordent une provision au créancier ou qu'elles statuent sur des mesures provisoires ou conservatoires. Par contre, elles n'ont pas, au principal, autorité de la chose jugée (C. pr. civ., art. 775), sauf celles statuant sur les exceptions de procédure et les incidents mettant fin à l'instance (C. pr. civ., art. 775). S'agissant de ces dernières, encore faut-il qu'elles mettent fin à l'instance : si elle rejette l'exception, elles n'ont pas autorité de la chose jugée au principal [2].

331.184 Voie de recours. À la différence des mesures d'administration judiciaire prises par le JME, dont on a déjà indiqué qu'elles n'étaient pas susceptibles de recours, ses ordonnances connaissent, elles, un système original de recours, mis en place par l'article 776 C. pr. civ., lequel a été une nouvelle fois modifié par le décret du 28 décembre 2005.

Ce texte mentionne tout d'abord que ces décisions ne sont pas susceptibles d'opposition. Elles ne sont pas davantage susceptibles de contredit [3]. Toutefois, si la cour d'appel est saisie, à tort, d'un contredit contre une ordonnance du JME, elle n'en demeure pas moins saisie, l'affaire devant être instruite et jugée selon les règles applicables à l'appel, à condition que le contredit ait été formé dans les conditions et délai prescrits par l'article 82 C. pr. civ. [4] L'article 776 précise ensuite que les ordonnances du JME ne peuvent être frappées d'appel ou de pourvoi en cassation qu'avec le jugement sur le fond.

De telles dispositions manifestent une nouvelle fois le souci de rapidité du législateur qui, cependant, ajoute aussitôt un bémol en précisant que les ordonnances du JME sont susceptibles d'appel dans les cas et conditions prévus en matière d'expertise ou de sursis à statuer (C. pr. civ., art. 776, al. 3). La doctrine et la jurisprudence (cep. une juridiction a admis l'appel immédiat, dès lors que les cas et conditions prévus en matière d'expertise sont réunis [5]) interprètent restrictivement ce texte pour considérer que l'appel n'est possible que si cette décision statue en matière d'expertise ou de référé : ainsi, l'ordonnance qui autorise l'exécution de travaux sous le contrôle de l'expert précédemment désigné en référé n'est-elle pas susceptible d'un appel immédiat puisqu'elle ne constitue pas une décision ordonnant une expertise [6].

Le texte apporte quatre autres exceptions au principe posé par l'article 776 alinéa 2 C. pr. civ., rendant possible l'appel dans les quinze jours à compter de sa signification (laquelle ne peut résulter que d'un acte d'huissier [7]), lorsque l'ordonnance :

1. Civ. 3e, 17 nov. 1981, n° 80-10.372, *Bull. civ.* III, n° 191; *Gaz. Pal.* 1982. 1. 106, note Viatte.
2. Civ. 2e, 13 mars 2008, n° 07-11.384, *Bull. civ.* II, n° 68; *D.* 2008. 2373, chron. Sommer et Nicoletis; *JCP* 2008. II. 10076, obs. Salate; *Procédures* 2008. Comm. 12, note Perrot.
3. Civ. 2e, 31 janv. 2013, n° 11-25.242, *Bull. civ.* II, n° 18; *Dr. et proc.* 2013. 110, obs. Salati; *Gaz. Pal.* 2013. 566.
4. Civ. 2e, 6 déc. 2012, n° 11-24.743, *Bull. civ.* II, n° 200.
5. Paris, 7 avr. et 23 juin 1978, *Gaz. Pal.* 1978. 2. 551, note Levy.
6. Civ. 2e, 5 mai 1978, n° 77-11.254, *Bull. civ.* II, n° 118; *D.* 1978. 364, obs. Julien.
7. Paris, 26 juin 1973, *Gaz. Pal.* 1973. 2, 815; *RTD civ.* 1973. 196, obs. Raynaud.

– statue sur un incident mettant fin à l'instance, a pour effet de mettre fin à celle-ci ou en constate l'extinction;

– statue sur une exception de procédure;

– a trait aux mesures provisoires ordonnées en matière de divorce ou de séparation de corps (alors que la provision *ad litem* est une des mesures provisoires énumérées par C. civ., art. 255, l'appel immédiat ne serait cependant pas recevable contre une ordonnance allouant une telle provision [1]);

– a trait aux provisions qui peuvent être accordées au créancier, mais seulement si le montant de la demande est supérieur au taux de la demande en dernier ressort;

– statue sur une exception d'incompétence, de litispendance ou de connexité. Cette dernière dérogation a été ajoutée par le décret du 28 décembre 1998 : elle est la conséquence logique de l'augmentation des pouvoirs du JME pour statuer sur les exceptions de procédure.

Enfin, lorsqu'une partie a fait appel contre le jugement sur le fond, l'autre partie est recevable à former un appel contre l'ordonnance non susceptible d'appel immédiat du JME [2].

Le décret du 28 décembre 2005 a prévu pour ces ordonnances de mise en état la fixation à bref délai de l'article 905 C. pr. civ.

Pour le CME, l'article 916 C. pr. civ. adapte les dispositions de l'article 776 en précisant que ses ordonnances sont susceptibles d'être déférées, par simple requête dans les quinze jours de leur date, lorsqu'elles mettent fin à l'instance, constatent son extinction, ont trait à des mesures provisoires en matière de divorce ou de séparation de corps ou statuent sur une exception. Si elles ne mettent pas fin à l'instance, ses ordonnances ne sont pas susceptibles d'être déférées à la cour d'appel [3]. Cependant, la cour d'appel de Paris a admis le déféré-nullité contre une ordonnance du CME ayant écarté une pièce [4] quelques jours après l'avis de la Cour de cassation énonçant que le CME n'était pas compétent pour écarter des débats les pièces qui ne sont pas communiquées simultanément à la notification des conclusions [5].

Ses autres ordonnances ne sont susceptibles d'aucun recours indépendamment de l'arrêt sur le fond [6] et aucune n'est susceptible d'un pourvoi en cassation même en cas d'excès de pouvoir [7].

D. Pouvoir d'instruction

331.191 **Évolution.** Depuis 1935, les textes ont subi diverses fluctuations quant aux mesures d'instruction que peut prendre le JME. Dans leur dernier état, il peut ordonner, même d'office, toute mesure d'instruction (C. pr. civ., art. 771, dern. al.).

De cette formule générale, il faut d'abord retenir que, à la différence des autres ordonnances prévues par l'article 771 C. pr. civ., le juge peut en cette matière statuer d'office et non pas seulement à la demande d'une partie.

331.192 **Portée.** Il faut également en conclure que le JME dispose de l'entière panoplie des mesures d'instruction prévues par le Code de procédure civile, à savoir :

– les vérifications personnelles du juge (C. pr. civ., art. 179 s.);

– la comparution personnelle des parties (C. pr. civ., art. 184 s.);

– l'enquête ordinaire ou sur-le-champ (C. pr. civ., art. 204 s.);

– le recours à un technicien (C. pr. civ., art. 232 s.).

Il n'y a pas lieu ici d'entrer dans le détail, ces mesures d'instruction étant traitées dans le titre IV consacré à l'administration judiciaire de la preuve. On se bornera à relever que le large pouvoir d'instruction dont dispose le JME est plus théorique que pratique et que, la plupart du temps, la seule mesure qu'il prendra dans ce domaine sera d'ordonner des expertises.

À cet égard, il y a lieu de signaler la décision de la cour d'appel de Toulouse selon laquelle l'expertise sanguine en matière de recherche de paternité est une mesure touchant au fond et qui n'est donc pas de la compétence du JME [8].

Enfin, c'est lui qui contrôle l'exécution des mesures d'instruction qu'il ordonne (C. pr. civ., art. 777) et c'est à sa diligence que l'instance poursuit son cours, une fois la mesure d'instruction exécutée (C. pr. civ., art. 778), notamment après le dépôt du rapport d'expertise.

Le décret du 24 décembre 2012 a modifié l'article 777 C. pr. civ., qui avait déjà été modifié par le

1. Paris, 25 juin 1974 et Paris, 11 juill. 1974, *RTD civ.* 1975. 149, obs. Perrot.
2. Civ. 2e, 15 mars 2012, n° 10-23.694, *Bull. civ.* II, n° 45; *RTD civ.* 2012. 373, obs. Perrot.
3. Cass., avis, 2 avr. 2007, n° 07-00.006, *Bull. avis*, n° 5; *D.* 2007. 2427, obs. Fricero; *RTD civ.* 2007. 641, obs. Perrot; *Procédures* 2007. Comm. 11, obs. Perrot.
4. Paris, 19 févr. 2013, RG n° 12/13312, *Gaz. Pal.* 3013. 1802, note Pellerin.
5. Cass., avis, 21 janv. 2013, n° 12-00.017, *Bull. avis*, n° 4; *Gaz. Pal.* 2013. 25, note Pellerin.
6. Civ. 1re, 2 mars 2004, n° 01-16.239, *Bull. civ.* I, n° 73; *D.* 2005. 1821, obs. Douchy-Oudot; *RTD civ.* 2004. 270, obs. Hauser; *RTD civ.* 2005. 109, obs. Hauser; *JCP* 2004. IV. 1842-1846; *Gaz. Pal.* 2005. Somm. 629, note Massip.
7. Civ. 2e, 18 sept. 2003, n° 01-13.885, *Bull. civ.* II, n° 284; *D.* 2003. 2545; *D.* 2004. 1202, obs. Julien.
8. Toulouse, 21 juin 1994, RG n° 1944/94, *D.* 1995. 98, note Mirabail.

décret du 28 décembre 1998, en ce que le contrôle de la mesure d'instruction est confié au juge spécialement désigné à cette fin par le président de la juridiction, sauf si le JME se réserve cette prérogative.

§ 4
Ordonnance de clôture

331.201 **Évolution.** Pendant longtemps, une des causes de lenteur de notre procédure civile a été l'absence de décision marquant la fin de l'instruction : cette lacune aggravée par la pratique (la jurisprudence considérait en effet que l'irrecevabilité des conclusions tardives – c'est-à-dire celles signifiées moins de dix jours avant la date de l'audience – ne pouvait être soulevée d'office et, par confraternité, elle n'était pas davantage soulevée par les avocats), permettait des conclusions dites « de dernier jour » qui entraînaient le renvoi de l'affaire à une audience ultérieure.

Le remède a été apporté en 1965 et confirmé par les textes ultérieurs : désormais, le magistrat chargé de l'instruction a le pouvoir de la clore, qu'il s'agisse du JME ou du président de chambre.

331.202 **Droit positif.** L'article 782 C. pr. civ. précise en effet que la clôture de l'instruction est prononcée par une ordonnance non motivée et non susceptible de recours, dans les cas prévus aux articles 760, 761, 779 et 780 C. pr. civ.

Ainsi, quel que soit le circuit (court, moyen ou long) adopté, la fin de l'instruction est formalisée par une ordonnance de clôture, indépendamment de l'ordonnance prévue par l'article 780 et qui sanctionne la négligence d'une partie qui a été traitée plus haut (sur le contrôle du déroulement du procès, v. s[s] n° 331.163).

Lorsque l'affaire lui paraît en état d'être jugée soit d'emblée (C. pr. civ., art. 760), soit après un renvoi à la conférence (C. pr. civ., art. 761), ou si le défendeur ne comparaît pas et qu'il n'ordonne pas la réassignation, le président déclare l'instruction close et fixe la date de l'audience.

L'article 779 adopte la même solution dans le cas où l'affaire est confiée au JME, à cette double précision près : c'est le président qui fixe la date de l'audience, à moins qu'il n'ait délégué le JME à cet effet ou que celui-ci ait établi un calendrier dans les conditions prévues par l'article 764 C. pr. civ., et ce dernier demeure saisi jusqu'à l'ouverture des débats.

A.
Effets

331.211 **Principe.** La clôture de l'instruction a été une innovation importante, Peloquin parlant de « *clef de voûte de la mise en état* »[1], et ce d'autant plus que l'ordonnance ne peut être frappée d'aucun recours.

Cependant, la jurisprudence a logiquement admis que l'ordonnance rendue avant l'expiration du délai légal de comparution constitue une violation des droits de la défense qui entraîne la nullité de la procédure ultérieure[2].

C'est que, pour mieux « verrouiller » le système, le législateur a donné à l'ordonnance de clôture une portée considérable, puisque, à de rares exceptions près, après son prononcé, aucune conclusion ne peut être déposée ni aucune pièce produite, à peine d'irrecevabilité soulevée d'office (C. pr. civ., art. 783, al. 1er), sauf en cas de clôture partielle dans les conditions de l'article 780 C. pr. civ.

Avec un principe aussi draconien, on comprend aisément que la réception d'un bulletin n° 5 (il s'agit du bulletin que le greffe envoie aux avocats lorsque la clôture est annoncée par le juge) produise immanquablement une vive réaction chez l'avocat jusque-là insouciant.

331.212 **Pièces et conclusions postérieures à l'ordonnance.** Pour les pièces et conclusions produites ou déposées après le prononcé de l'ordonnance de clôture, l'application du principe posé par l'article 783 C. pr. civ. ne pose guère de difficultés et une abondante jurisprudence vient confirmer leur irrecevabilité dès lors que la révocation de la clôture n'a pas été demandée[3].

Il y a même lieu de noter que, dans l'hypothèse où c'est le juge qui relève d'office l'irrecevabilité de conclusions déposées après la clôture, il n'a pas à inviter au préalable les parties à présenter leurs observations[4].

Le seul problème est celui de la preuve de la date du dépôt ou de la production : en principe, celle-ci doit résulter du jugement ou du dossier[5]. Mais, à défaut d'énonciations contraires dans la décision, et à condition que la production n'ait donné lieu à aucune contestation, les documents sont, sauf preuve contraire, présumés avoir été produits régulièrement, c'est-à-dire avant le prononcé de l'ordonnance de clôture[6].

331.213 **Pièces produites et conclusions déposées très peu de temps avant l'ordonnance de clôture.** Plus délicate est la question des pièces ou conclusions versées aux débats ou déposées très peu de temps avant l'ordonnance de clôture, dans la mesure où le Code ne fixe aucun délai sur ce point.

1. Peloquin, « L'ordonnance de clôture, clef de voûte de la mise en état », *Gaz. Pal.* 23 juill. 1968.
2. Civ. 2e, 28 mai 1970, n° 69-13.467, *Bull. civ.* II, n° 188; *D.* 1970. 547; *RTD civ.* 1970. 821, obs. Raymond.
3. Civ. 2e, 5 juin 1985, n° 84-11.561, *Bull. civ.* II, n° 110; *Gaz. Pal.* 1985. Pan. 362, obs. Guinchard et Moussa.
4. Civ. 2e, 11 mars 1992, n° 90-19.699, *Bull. civ.* II, n° 80; *Gaz. Pal.* 1993. Somm. 9, obs. Ferrand et Moussa.
5. Civ. 3e, 11 juin 1976, *Gaz. Pal.* 1977. 117, note Viatte.
6. Civ. 2e, 5 juill. 1978, n° 76-15.599, *Bull. civ.* II, n° 175; *Gaz. Pal.* 1979. 43, note Viatte.

Devant le silence du législateur, on pourrait certes considérer que des communications ou dépôts survenus dans de telles conditions sont recevables, mais ce serait perdre de vue le principe du contradictoire qu'en vertu de l'article 16 C. pr. civ. le juge doit faire observer et observer lui-même en toutes circonstances.

Or, des pièces ou des conclusions communiquées ou déposées « en dernier jour »; selon le jargon du palais, ne laissent à l'évidence pas le loisir à l'adversaire d'y répondre. La jurisprudence en tire des conséquences logiques, penchant, dans son ensemble, pour l'irrecevabilité à défaut de report ou de révocation de l'ordonnance de clôture.

• **Ainsi, pour les pièces,** le juge peut, en application de l'article 135 C. pr. civ. qui prévoit leur communication « *en temps utile* », les écarter des débats, lorsqu'elles sont produites le jour même, la veille, voire même quelques jours avant la clôture, dès lors que les parties avaient reçu l'injonction à cet effet [1]; à condition, toutefois, d'avoir recherché si, malgré la tardiveté du dépôt, l'adversaire avait disposé d'un temps suffisant pour y répondre [2]. Dès lors qu'il résulte des constatations souveraines du juge du fond que les pièces n'ont pas été communiquées en temps utile au sens des articles 15 et 135 C. pr. civ., il ne saurait lui être fait grief de les avoir écartées des débats [3]. La Cour de cassation a censuré une cour d'appel qui avait rejeté les conclusions et pièces signifiées le jour de la clôture sans répondre sur la demande que contenaient ces conclusions tendant au rejet des pièces signifiées huit jours auparavant par l'adversaire [4].

• **Pour les conclusions tardives**, une distinction est à opérer selon qu'elles sont ou non accompagnées d'une demande de report ou de révocation de la clôture. Si tel est le cas, le juge a le choix entre deux solutions : les accueillir en accordant un report ou une révocation pour permettre à l'adversaire d'y répondre (les juges ne peuvent à la fois accueillir des conclusions tardives, même si elles n'apportent rien aux débats, et rejeter une demande de révocation, sous peine de violer l'article 16 [5]) ou, au contraire et plus brutalement, les écarter en rejetant *ipso facto* la demande de report ou de révocation [6]. Il va de soi que la partie qui a sollicité la révocation de l'ordonnance de clôture pour présenter un moyen nouveau auquel son adversaire n'a fait que répondre, ne peut faire grief à la cour d'appel qui a accueilli sa demande d'avoir révoqué la clôture et de l'avoir reportée à la date des débats [7].

Même si elle respecte le principe du contradictoire et qu'elle a indiscutablement pour effet d'éviter un retard dans la procédure, il n'est pas certain que la solution consistant à écarter les conclusions soit, pour autant, la meilleure en ce qu'elle ne garantit pas que le jugement intervienne dans de bonnes conditions, si les juges ne disposent pas de tous les éléments pour trancher le litige qui leur est soumis. Dans une espèce où l'intimé avait formé un appel incident sept jours avant la date de l'ordonnance de clôture, la Cour de cassation a considéré que la cour d'appel avait violé l'article 550 C. pr. civ. en écartant comme tardives les conclusions de l'intimé alors que l'appelant principal n'avait pas demandé le report ou la révocation de la clôture [8]. Dans le même sens, la troisième chambre civile a censuré une cour d'appel qui n'avait pas statué au vu des dernières écritures d'une partie, déposées le jour de la clôture, violant ainsi les dispositions de l'article 954, et sans les déclarer irrecevables [9];

Dans l'hypothèse enfin où **les conclusions tardives ne sont pas accompagnées d'une demande de report ou de révocation**, la jurisprudence est partagée.

Des arrêts se prononcent en faveur du rejet, même d'office - ce moyen étant d'ordre public [10] - sans qu'il y ait lieu de provoquer un débat contradictoire [11] au motif que les juges ne sont pas tenus de révoquer la clôture [12].

Cependant, avant d'écarter des conclusions tardives, les juges doivent rechercher si des circonstances particulières auraient pu empêcher l'adversaire d'y répondre [13] et de respecter le principe de contradictoire [14] ou si une injonction de conclure avait été préalablement adressée à l'avocat [15] faute de quoi le juge ne donne pas de base légale à sa déci-

1. Civ. 2e, 2 févr. 1977, no 75-13.910, *Bull. civ.* II, no 25 - Civ. 2e, 9 juin 1977, no 75-13.040, *Bull. civ.* II, no 150; *RTD civ.* 1977. 820, obs. Perrot.
2. Civ. 1re, 20 févr. 2008, no 07-12.676, *Bull. civ.* I, no 57; *D.* 2008. AJ 697; *D.* 2009. 53, obs. Douchy-Oudot; *RTD civ.* 2008. 354, obs. Perrot; *JCP* 2008. IV. 1552; *BICC* 2008, no 938.
3. Cass., ch. mixte, 3 févr. 2006, no 04-30.592, *Bull. ch. mixte*, no 2; *D.* 2006. 1268, obs. Bolze; *RTD civ.* 2006. 376, obs. Perrot; *BICC* 1er mai 2006, p. 5.
4. Civ. 3e, 5 mars 2003, no 99-18.736, *Bull. civ.* III, no 56; *JCP* 2003. V. 1780-1785.
5. Civ. 2e, 9 oct. 1991, no 90-14.032, *Bull. civ.* II, no 245; *JCP* 1991. IV. 428.
6. Civ. 2e, 26 nov. 1990, no 89-18.346, *Bull. civ.* II, no 249; *JCP* 1991. IV. 34.
7. Civ. 2e, 29 nov. 1995, no 93-17.420, no 297; *Gaz. Pal.* 1996. Pan. 187.
8. Cass., ch. mixte, 3 févr. 2006, no 03-16.203, *Bull. ch. mixte*, no 1; *RTD civ.* 2006. 381, obs. Perrot; *BICC* 15 avr. 2006, p. 43.
9. Civ. 3e, 23 janv. 2008, no 06-18.126, *Bull. civ.* III, no 12; *D.* 2008. AJ 555.
10. Civ. 2e, 27 févr. 1985, no 83-16.725, *Bull. civ.* II, no 51; *Gaz. Pal.* 1985. Pan. 253, obs. Guinchard et Moussa.
11. Civ. 2e, 20 mars 1991, no 89-21.560, no 89-20.210, 2 esp., *Bull. civ.* II, nos 91 et 92; *RTD civ.* 1991. 798, obs. Perrot.
12. Civ. 2e, 27 avr. 1981, no 79-16.950, *Bull. civ.* II, no 112; *Gaz. Pal.* 1981. 630, note Viatte.
13. Civ. 2e, 10 nov. 1982, no 81-12.278, *Bull. civ.* II, no 141; *Gaz. Pal.* 1983. Pan. 104, obs. Guinchard.
14. Civ. 2e, 11 janv. 2001, no 99-13.060, *Bull. civ.* II, no 5; *JCP* 2001. IV. 1375; *BICC* 15 mars 2001, p. 35.
15. Civ. 2e, 14 avr. 1983, no 81-16.203, *Bull. civ.* II, no 93; *Gaz. Pal.* 1984. 5, note du Rusquec.

sion[1]. En un mot, le juge doit rechercher si ces conclusions signifiées le jour de la clôture[2] ont été, ou non, déposées en temps utile.

D'autres décisions considèrent, dans le sens contraire, que des conclusions tardives sont recevables à défaut d'une demande de révocation de l'ordonnance de clôture pour atteinte aux droits de la défense[3]. En outre, lorsque les conclusions comportent un appel incident, elles peuvent être déposées jusqu'à la date de la clôture : il appartient alors à la partie adverse, si elle entend répondre, de demander le report ou la révocation de l'ordonnance de clôture[4]. Il ne peut en effet être reproché au juge d'avoir accueilli des conclusions de dernière heure si l'on n'a pas soulevé leur irrecevabilité ou sollicité le report ou la révocation de l'ordonnance de clôture[5].

En tout cas, le juge ne peut recevoir une partie des conclusions tardives et en écarter une autre.[6]

Quoi qu'il en soit, le principe posé par l'article 783 quant à l'effet de l'ordonnance de clôture constitue, pour la partie négligente, une solide menace, quelque peu tempérée par les possibilités de report ou de révocation et par les quelques exceptions prévues par le législateur ou admises par la jurisprudence.

331.214 Exceptions. Le législateur a en effet prévu plusieurs exceptions (C. pr. civ., art. 783, al. 2 et 3), dont il faut souligner d'emblée qu'elles n'affaiblissent pas le principe d'irrecevabilité dans la mesure où elles ne trouvent application que dans des cas très particuliers qui ne sont guère matière à contestation.

En premier lieu est recevable la demande en intervention volontaire, ce qui est compréhensible.

Sont également recevables les demandes additionnelles relatives aux loyers, arrérages, intérêts et autres accessoires échus et aux débours, qui peuvent être actualisées jusqu'à l'ouverture des débats, si leur décompte ne peut faire l'objet d'aucune contestation sérieuse : il est évidemment d'une bonne administration de la justice que de telles demandes puissent être formées jusqu'à l'audience (à noter cep. qu'a été déclarée irrecevable une demande additionnelle d'anatocisme formée le jour de la clôture[7]).

La jurisprudence considère logiquement que les intérêts[8] et débours[9] qui peuvent ainsi faire l'objet d'une demande additionnelle sont ceux qui ont continué à courir après l'ordonnance de clôture et jusqu'à l'ouverture des débats.

Sont, bien sûr, elles aussi recevables les demandes de révocation de l'ordonnance de clôture.

Enfin, le sont également les conclusions qui tendent à la reprise de l'instance en l'état où celle-ci se trouvait au moment de son interruption (ainsi, la reprise par le syndic de l'instance interrompue par l'effet du jugement qui prononce la liquidation des biens dans les causes où ce jugement emporte dessaisissement du débiteur est recevable[10]).

Ces exceptions, énumérées par les alinéas 2 et 3 de l'article 783, sont limitatives : ont été ainsi déclarées irrecevables des demandes en inscription de faux[11] ou en intervention forcée[12].

Pourtant, la jurisprudence a, dans certaines hypothèses, déclaré recevables des conclusions déposées postérieurement à la clôture :

- des parties ont pu conclure au fond, sans révocation de la clôture, après avoir été entendues sur une attestation produite par l'une d'elles au cours des débats, sans que l'irrégularité de la procédure ait été soulevée[13];
- ont été déclarées recevables des conclusions qui ne faisaient que développer et préciser les moyens articulés en première instance pour obtenir la confirmation du jugement[14];
- enfin, le juge doit répondre aux conclusions qui sollicitent le rejet des écritures adverses, qu'elles aient été déposées avant ou après le prononcé de l'ordonnance de clôture[15].

331.215 Notes en délibéré. Se pose également le problème des notes en délibéré. En principe, elles ne sont, aux termes de l'article 445 C. pr. civ., possibles que dans deux cas :

- pour répondre aux arguments développés par le ministère public, qui a la parole en dernier,
- à la demande du président pour fournir des explications de droit ou de fait.

Dans ces deux hypothèses, elles valent conclusions et sont évidemment recevables sans qu'il y ait lieu de

1. Civ. 1re, 4 nov. 2003, no 01-02.190, *Bull. civ.* I, no 223; *Gaz. Pal.* 2004. Pan. 26.
2. Civ. 2e, 25 févr. 2010, no 09-13.400, NP; *Procédures* 2010. Comm. 111, note Perrot.
3. Civ. 1re, 4 mars 1981, no 79-16.052, *Bull. civ.* I, no 80; *RTD civ.* 1981. 897, obs. Perrot – Com. 30 janv. 1990, no 88-15.987, *Bull. civ.* IV, no 27; *Gaz. Pal.* 1990. Somm. 344, obs. Guinchard et Moussa.
4. Civ. 2e, 31 janv. 1996, no 93-19.056, *Bull. civ.* II, no 29; *BICC* 1996, no 395.
5. Civ. 2e, 11 janv. 2001, no 98-19.170, *Bull. civ.* II, no 1; *JCP* 2001. IV. 1375.
6. Civ. 2e, 14 févr. 2008, no 07-13.391, *Bull. civ.* II, no 34; *BICC* 2008, no 937; *D.* 2008. AJ 698; *D.* 2008. 2373, chron. Sommer et Nicoletis.
7. Paris, 30 mars 1992, *Bull. ch. avoués* 1992. 3. 88.
8. Civ. 2e, 4 nov. 1988, no 87-14.914, NP; *Gaz. Pal.* 1989. Somm. 259, obs. Guinchard et Moussa.
9. Civ. 2e, 7 nov. 1985, *Gaz. Pal.* 1986. Somm. 332, obs. Guinchard et Moussa.
10. Paris, 7 déc. 1977, *Gaz. Pal.* 1978. Somm. 225.
11. Civ. 3e, 9 févr. 1977, *D.* 1977. 264, obs. Julien.
12. Paris, 27 juin 1991, *Bull. ch. avoués* 1991. 3. 104.
13. Soc. 5 juill. 1978, no 77-11.795, *Bull. civ.* V, no 560; *JCP* 1978. IV. 288.
14. Civ. 1re, 2 juin 1982, no 81-13.718, *Bull. civ.* I, no 208; *D.* 1983. 157, obs. crit. Julien – CONTRA : Civ. 3e, 16 juin 1982, no 80-11.238, *Bull. civ.* III, no 161.
15. Civ. 1re, 20 juin 2012, no 11-12.122, *Bull. civ.* I, no 136; *Gaz. Pal.* 2012. 2811, note Herman.

rouvrir les débats [1], mais à condition que soit respecté le principe du contradictoire. Si les parties n'ont pas été à même de s'expliquer contradictoirement sur les explications de droit ou de fait qui leur avaient été demandées, le président doit ordonner la réouverture des débats [2]. À l'inverse, il ne peut être reproché au juge du fond de s'être fondé sur une pièce produite en cours de délibéré par une partie qui y avait été autorisé, alors que la partie adverse avait été elle-même invitée à faire une note en délibéré en réponse [3].

Mais, dans la pratique, il arrive fréquemment que des notes soient remises à l'initiative des parties. Elles sont irrégulières et devraient donc être rejetées, à moins que le président ne décide de rouvrir des débats au vu d'une telle note. Dans cette hypothèse, l'ordonnance de clôture doit naturellement être révoquée [4].

Pourtant la Cour de cassation a pu décider que ne violaient pas l'article 783 C. pr. civ. les juges du fond ayant pris en considération une note en délibéré qui ne faisait que reprendre un moyen déjà invoqué et discuté contradictoirement devant l'expert judiciaire [5].

Ces atténuations jurisprudentielles au principe posé par l'article 783 sont critiquables et, en outre, inutiles : s'il s'avère que l'ordonnance de clôture a été rendue trop rapidement, il est en effet loisible au juge de la reporter, voire de la révoquer.

Enfin, en se fondant sur le principe de loyauté des débats résultant des dispositions combinées des articles 10 alinéa 1er du Code civil et 3 C. pr. civ., la Cour de cassation a admis en cours de délibéré une note constituée par une lettre susceptible d'influer sur l'opinion des juges et présentée spontanément par une partie alors que son adversaire l'avait en sa possession avant la clôture des débats mais ne l'avait pas communiquée [6].

Enfin, dès lors qu'une note en délibéré a été acceptée et à condition que les parties puissent en débattre contradictoirement, elle peut être accompagnée de pièces [7].

1. Civ. 3e, 22 mars 1995, n° 93-15.233, *Bull. civ.* III, n° 80; *Gaz. Pal.* 1996. 13.
2. Com. 1er févr. 2000, n° 96-18.383, *Bull. civ.* IV, n° 25; *D.* 2000. 331, obs. Honorat; *D.* 2000. 396, obs. Piedelièvre; *Gaz. Pal.* 7-8 avr. 2000. Pan. 16.
3. Civ. 1re, 12 avr. 2005, n° 03-20.029, *Bull. civ.* I, n° 182; *Gaz. Pal.* 2005. Somm. 4311.
4. Civ. 2e, 22 mars 2006, n° 04-13.555, *Bull. civ.* II, n° 86; *BICC* n° 1419.
5. Civ. 3e, 28 janv. 1975, n° 73-12.734, *Bull. civ.* III, n° 32; *JCP* 1976. IV. 6564, obs. crit. Martin.
6. Civ. 1re, 7 juin 2005, n° 05-60.044, *Bull. civ.* I, n° 241; *D.* 2005. 2570, note Boursier; *D.* 2006. 545, obs. Julien et Fricero; *RTD civ.* 2006. 151, obs. Perrot.
7. Soc. 23 mai 2007, n° 05-42.401, *Bull. civ.* V, n° 86; *D.* 2007. 2427, obs. Fricero; *RTD civ.* 2007. 638, obs. Perrot; *Procédures* 2007. Comm. 63, note Perrot.

B. Report

331.221 **Pratique et utilité.** Bien que non prévue par le Code, qui n'envisage que la révocation, le report de l'ordonnance de clôture constitue une pratique courante et fort utile de par sa souplesse.

Il faut se rappeler que le président, ou le JME s'il a été délégué à cet effet, non seulement prononce la clôture mais fixe également la date de l'audience.

Qu'un calendrier ait été ou non établi au début de l'instruction, le juge, lorsque l'affaire lui paraît en état d'être jugée, fait adresser un bulletin aux avocats, sauf si le défendeur ne comparaît pas ou si les avocats, présents à la conférence, sont d'accord pour une clôture sur-le-champ.

Ce bulletin, dit n° 5, annonce à ceux-ci la date de la clôture et celle de la plaidoirie. S'ils considèrent également que l'affaire est en état, ils ne se manifesteront pas et le calendrier sera respecté.

À l'inverse, celui qui estimera nécessaire un ultime acte de procédure l'accomplira avant l'ordonnance de clôture, sous peine d'irrecevabilité. Deux hypothèses se présentent alors :

– soit son adversaire a la possibilité d'y répondre avant la clôture, auquel cas, là encore, le calendrier sera respecté;

– soit il ne le peut pas et c'est alors que se pose la question du report de la clôture.

Le juge peut certes s'arc-bouter sur le calendrier fixé par lui, car il n'est jamais tenu de reporter l'ordonnance de clôture qui est, rappelons-le, un acte d'administration judiciaire non motivé et non susceptible de recours (seule l'ordonnance par laquelle le JME refuse la clôture est motivée mais pas davantage susceptible de recours : C. pr. civ., art. 780).

Une telle attitude apparaît fâcheuse, car elle conduira le tribunal à écarter la communication ou le dépôt tardifs (v. s^s^ n°s 331.212 s.); or, si le but de la mise en état est d'accélérer la procédure, il est aussi de permettre au tribunal de statuer sur un dossier complet.

Le report de la clôture s'avère être une décision plus opportune. Concrètement, lors de l'audience initialement prévue à cette fin, le juge, constatant la survenance d'un dernier acte de procédure, ne prononce pas l'ordonnance de clôture annoncée mais la reporte à une date ultérieure qui peut, à l'extrême, être celle fixée pour l'audience de plaidoiries.

Il y a lieu de noter l'utilité de fixer, dans le silence de la loi, une date d'audience qui ne soit ni trop proche ni trop éloignée de celle initialement retenue pour la clôture : trop éloignée, elle génère un inutile retard, trop proche, elle ne permet pratiquement pas le report de la clôture. Un délai compris entre quinze et trente jours combine le double impératif de rapidité et de souplesse.

On observera que, décidé dans de telles conditions, le report n'entraîne aucun retard de la procédure, puisque l'audience est tenue à la date fixée, tout en assurant le respect du contradictoire et une mise en état satisfaisante. C'est donc une arme excellente à la disposition du juge qui pourra ainsi, dans la plupart des cas, remplir sa double mission, sans recourir à la révocation.

C. Révocation

331.231 Réticence du législateur. Compte tenu des effets de l'ordonnance de clôture, le législateur ne pouvait pas ne pas envisager sa révocation et s'y est donc résolu (C. pr. civ., art. 784), mais avec réticence, en imposant des conditions draconiennes.

331.232 Conditions. L'article 784 C. pr. civ. énonce en effet que l'ordonnance de clôture ne peut être révoquée que s'il se révèle une **cause grave** depuis qu'elle a été rendue. Deux conditions doivent donc être réunies : d'une part, il faut qu'un fait nouveau survienne après la clôture et, d'autre part, il doit être grave. Et le législateur de préciser aussitôt à cet égard que la constitution d'avocat ne constitue pas en soi une cause de révocation et qu'une intervention volontaire ne constitue une cause de révocation que si le tribunal ne peut statuer immédiatement sur le tout.

On ne saurait mieux illustrer l'intention du législateur de rendre exceptionnelle la révocation de l'ordonnance de clôture. Doctrine et jurisprudence se sont divisées sur la portée de ce texte, entre les tenants d'une interprétation stricte et les libéraux prônant à l'inverse une application plus large de la notion de cause grave. Une position intermédiaire est sans doute préférable qui consiste à statuer au cas par cas, sans perdre de vue ni la recherche de rapidité ni le souci de réunir un dossier complet.

Quoi qu'il en soit, il est difficile de dégager les critères sur lesquels la jurisprudence se détermine et l'on en est réduit à énumérer des décisions admettant, ou au contraire rejetant, la cause grave.

331.233 Causes graves. Ont été ainsi reconnues comme des causes graves : la production de documents nouveaux[1], un délai excessif entre la clôture et les plaidoiries[2], l'absence des avocats, sans motifs, le jour de l'audience[3], une erreur matérielle dans les conclusions[4], l'application immédiate d'une loi nouvelle[5], la constitution tardive d'un avocat du fait d'une irrégularité de l'assignation[6], de l'omission de son prédécesseur du tableau de l'Ordre des avocats[7] ou d'une demande d'aide juridictionnelle[8], le changement de capacité d'une partie[9].

331.234 Causes non graves. N'ont pas été reconnues comme des causes graves : l'obtention de l'aide judiciaire, alors que la constitution avait déjà eu lieu[10], l'éventualité d'un sursis[11], le décès de l'avocat initial[12].

331.235 Formalisme. Outre ces conditions de fond, la révocation obéit également à un certain formalisme. Tout d'abord, l'ordonnance de clôture peut être révoquée d'office ou à la demande des parties. Dans ce cas, la demande doit être formée par conclusions et non par lettre[13]. Le juge n'est évidemment pas lié par la demande des parties[14], mais encore faut-il qu'il donne une base légale à sa décision de refus de révocation : ainsi ne peut-il se borner à constater la tardiveté des conclusions sans rechercher si un délai a été imparti aux avocats pour conclure[15]. Si la révocation a été prononcée à la demande des parties, la décision ne peut être critiquée par l'une d'elles[16].

Par ailleurs la clôture peut être révoquée soit par ordonnance motivée du JME, soit, après l'ouverture des débats, par décision du tribunal (C. pr. civ., art. 784, al. 3).

S'il n'est pas discutable que la décision doit être motivée lorsqu'elle émane du JME, la jurisprudence a admis que, quand elle est le fait du tribunal, la révocation peut être implicite : elle peut ainsi résulter d'une décision ordonnant la communication de pièces[17], la continuation[18] ou la réouverture des débats[19] ou renvoyant le dossier au JME[20].

1. TGI St-Étienne, 31 janv. 1973, *JCP* 1973. IV. 148.
2. Paris, 7 juin 1978, *Bull. ch. avoués* 1978. 3. 35.
3. Rennes, 16 avr. 1980, *Gaz. Pal.* 1980. 338, note du Rusquec.
4. Com. 6 déc. 1983, *Gaz. Pal.* 1984. Pan. 159, obs. Guinchard.
5. Aix-en-Provence, 9 janv. 1986, *Bull. ch. avoués* 1986. 70.
6. TGI Limoges, 10 févr. 1995, *BICC* 15 juin 1995, n° 653.
7. Civ. 2e, 8 juill. 2004, n° 02-15.374, *Bull; civ.* II, n° 378; *D.* 2004. 2348; *BICC* 2004, n° 1723.
8. Civ. 2e, 12 mars 1997, n° 94-20.180, *Bull. civ.* II, n° 74; *Gaz. Pal.* 13-14 oct. 1999. Somm. annotés 12.
9. Civ. 1re, 6 oct. 1982, n° 81-13.632, *Bull. civ.* I, n° 277.
10. TGI Avesnes-sur-Helpe, 16 janv. 1973, *Gaz. Pal.* 1973. 392; *RTD civ.* 1973. 613, obs. Raymond.
11. TGI Troyes, 4 oct. 1978, *Gaz. Pal.* 1979. 131.
12. Paris, 2 juill. 1984, *Bull. ch. avoués* 1984. 92.
13. Civ. 2e, 1er avr. 2004, n° 02-13.996, *Bull. civ.* II, n° 150; *BICC* 2004, n° 1045; *Gaz. Pal.* 2005. Somm. 21.
14. Civ. 2e, 12 déc. 1990, n° 89-18.450, *Bull. civ.* II, n° 266; *JCP* 1991. IV. 51.
15. Civ. 2e, 25 mars 1985, n° 83-11.172, *Bull. civ.* II, n° 76; *JCP* 1985. IV. 207; *Gaz. Pal.* 1985. Pan. 254, obs. Guinchard et Moussa.
16. Civ. 2e, 8 mars 2007, n° 06-12.483, *Bull. civ.* II, n° 61; *D.* 2007. 2336, chron. Vigneau; *BICC* n° 1422.
17. Civ. 2e, 4 juin 1975, n° 74-10.438, *Bull. civ.* II, n° 165; *RTD civ.* 1976. 197, obs. Perrot.
18. Soc. 5 juill. 1978, n° 77-11.795, *Bull. civ.* V, n° 560; *RTD civ.* 1979. 829, obs. Perrot.
19. Com. 22 janv. 1979, n° 76-15.223, *Bull. civ.* IV, n° 28 – Civ. 2e, 27 janv. 1982, NP; *Gaz. Pal.* 1982. 455, note Viatte.
20. Civ. 1re, 16 juin 1981, *JCP* 1981. IV. 319.

Cependant, la Cour de cassation a jugé que la réouverture des débats n'entraînait la révocation de la clôture que s'il existait une cause grave dont le juge doit faire mention[1]. Par contre, le caractère non avenu d'une décision emporte de plein droit la révocation de l'ordonnance de clôture et les parties sont donc en mesure de conclure à nouveau[2].

331.236 Conséquences. À partir du moment où les juges ont décidé de la révocation, ils sont tenus par le principe du contradictoire.

Si l'ordonnance de clôture a été révoquée lors de l'ouverture des débats et que les parties en ont connaissance, elles ont le loisir soit de s'opposer à cette révocation, soit de procéder à de nouveaux actes de procédures en s'opposant à une nouvelle clôture prononcée immédiatement, faute de quoi celle-ci peut intervenir sans violation des droits de la défense[3].

En revanche, dès lors que les juges décident de rapporter l'ordonnance de clôture, ils ne peuvent écarter une pièce et des conclusions produites et déposées après celle-ci sans rouvrir les débats, sous peine de violer l'article 16 C. pr. civ.[4]

À partir du moment où, après la clôture des débats, la juridiction saisie décide de révoquer l'ordonnance de clôture, elle doit en effet rouvrir les débats[5].

Il va de soi que si la révocation est une conséquence de la réouverture des débats, les parties pourront à nouveau conclure et produire des pièces[6], à cette réserve près que, si la réouverture des débats a un objet précis, les parties devront respecter cet objet et ne pourront conclure et produire des pièces que dans les limites imparties par la décision, sous peine d'irrecevabilité[7].

On pourrait en conclure que la révocation de l'ordonnance de clôture n'entraîne pas, par elle-même, la recevabilité de nouvelles écritures, si certaines décisions n'avaient pas admis des demandes nouvelles de compensation, en application de l'article 564 C. pr. civ.[8]

1. Civ. 3e, 21 mars 1984, no 82-16.916, *Bull. civ.* III, no 77; *JCP* 1984. IV. 170; *RTD civ.* 1984. 562, obs. Perrot.
2. Civ. 2e, 20 oct. 2011, no 10-21.053, *Bull. civ.* II, no 195; *BICC* 2012, no 192; *Gaz. Pal.* 2012. Chron. 878, obs. Herman.
3. Com. 29 juin 1983, no 81-16.006, *Bull. civ.* IV, no 199; *JCP* 1983. 289.
4. Civ. 2e, 11 juill. 1988, no 87-10.632, *Bull. civ.* II, no 173; *JCP* 1988. IV. 339.
5. Civ. 2e, 10 mai 1989, no 88-10.137, *Bull. civ.* II, no 106; *Gaz. Pal.* 1990. Somm. 8, obs. crit. Guinchard et Moussa.
6. Civ. 2e, 10 mai 1989, no 88-10.137, *Bull. civ.* II, no 106; *JCP* 1989. IV. 258; *Gaz. Pal.* 1990. Somm. 8, obs. Guinchard et Moussa.
7. Civ. 3e, 4 févr. 1986, no 84-14.144, *Bull. civ.* III, no 6; *Gaz. Pal.* 1986. Somm. 420, obs. Guinchard et Moussa.
8. Com. 18 févr. 1992, no 90-11.918, *Bull. civ.* IV, no 80; *RTD civ.* 1992. 640, obs. Perrot; *JCP* 1992. IV. 1173.

§ 5
Audience

331.240 Ordonnance de clôture et oralité. On a déjà eu l'occasion de relever que, au fil des réformes, le caractère oral de la procédure civile n'a pas cessé de s'amoindrir. Plus la phase de l'instruction s'est développée, plus l'audience a perdu de son importance. L'institution de l'ordonnance de clôture et des effets qui y sont attachés est l'aboutissement de cette évolution : il est évident qu'à partir du moment où aucune pièce ni conclusion ne peut être, en principe, produite ou déposée après la clôture, l'audience ne peut avoir conservé l'importance qui était la sienne sous l'empire du Code de procédure civile (ancien).

Probablement sensible à une longue tradition, le législateur n'avait cependant pas cru devoir aller jusqu'à la suppression de l'audience, même s'il a pris soin, toujours animé du même souci d'efficacité, d'en diminuer la portée par le biais du juge unique (sur les procédures spéciales devant le tribunal de grande instance, v. ss nos 331.290 s.) ou du juge rapporteur. Le pas a été franchi par le décret du 28 décembre 2005 qui a institué la faculté pour les avocats de déposer leur dossier au greffe sans plaidoiries.

A.
Dépôt des dossiers sans plaidoiries

331.241 Institutionnalisation d'une pratique. La multiplication des audiences à juge unique ou à juge rapporteur, l'unification des professions d'avoués et d'avocats, puis d'avocats et de conseils juridiques et l'importance de l'écrit auquel la plaidoirie ne peut rien ajouter avaient favorisé la pratique du dépôt de dossier à l'audience. Elle a été institutionnalisée, sous une forme différente, par le décret du 28 décembre 2005 qui a remanié l'article 779 C. pr. civ. dont l'alinéa 3 prévoit désormais la faculté d'autoriser le dépôt des dossiers sous certaines conditions.

331.242 Conditions. Le juge ne peut pas agir d'office, mais seulement à la demande des avocats. Il lui faut aussi recueillir, le cas échéant, l'accord du ministère public. En un mot, la mesure n'est possible, au moins dans le principe, qu'avec l'accord de tous.

Il faut ensuite qu'aux yeux du juge l'affaire ne requière pas de plaidoiries, faute de quoi il renvoie l'affaire à l'audience.

331.243 Modalités. Le juge compétent pour autoriser le dépôt des dossiers est le président de la chambre; mais ce peut être également le JME, s'il a reçu délégation à cet effet.

Si les conditions d'application sont réunies, le juge peut autoriser le dépôt des dossiers au greffe à la date qu'il détermine. Il s'agit là d'une innovation notable relativement à la pratique antérieure : désormais le dépôt des dossiers n'est plus effectué à l'audience mais, plus simplement, au greffe.

Enfin, est institué un article 786-1 en vertu duquel le président de la chambre informe les parties à l'expiration du délai fixé du nom des juges de la chambre qui vont délibérer de l'affaire et de la date à laquelle le jugement sera rendu.

B.
Renvoi devant la formation collégiale ou le juge rapporteur

331.251 **Option de l'article 786 C. pr. civ.** Lorsque l'affaire paraît en état et une fois rendue l'ordonnance de clôture, l'option de l'article 786 C. pr. civ. demeure s'il n'a pas été fait usage de la faculté prévue par l'article 779 alinéa 3 : le président (ou le JME) fixe la date de l'audience et renvoie l'affaire soit en collégiale, soit devant le juge rapporteur ou le JME, qui tiendra seul l'audience de plaidoiries.

Ces dispositions ne font que reprendre une procédure instituée par le décret n° 58-1289 du 22 décembre 1958 qui s'inspirait elle-même d'une pratique antérieure devant le tribunal de commerce de la Seine.

Elles sont évidemment destinées à faire face à l'accroissement des contentieux, puisque, l'affaire est alors plaidée devant un seul magistrat au lieu de trois et qu'en outre l'expérience prouve que plaider devant un tribunal composé d'un seul juge favorise moins l'éloquence des avocats.

331.252 **Conditions.** Deux conditions sont cependant posées par l'article 786 C. pr. civ. : le juge rapporteur doit rendre compte au tribunal dans son délibéré et cette procédure n'est possible que si les avocats ne s'y opposent pas.

331.253 **Accord des parties.** Sur ce dernier point, la jurisprudence s'est montrée de moins en moins exigeante : considérant dans un premier temps que cet accord devait être mentionné dans la décision [1] la Cour de cassation se contente maintenant de la mention selon laquelle les débats ont eu lieu devant un seul magistrat qui a fait rapport à la formation collégiale [2].

Si le défendeur ne comparaît pas ou n'a pas conclu, le juge rapporteur se contente évidemment de l'accord du seul demandeur [3]. La jurisprudence considère en effet que, dès lors que la représentation par avocats est obligatoire, il n'appartient qu'à ceux-ci et non aux parties elles-mêmes de manifester leur opposition [4].

La Cour de cassation a même retenu que rien n'interdit que les plaidoiries aient lieu devant deux magistrats dont l'un assistait à l'audience sans faire partie de la formation collégiale, si le juge rapporteur fait ensuite son compte rendu [5].

331.254 **Compte rendu et rapport.** Quant à l'autre condition posée par l'article 786 C. pr. civ., c'est-à-dire le compte rendu au tribunal pendant le délibéré, elle doit elle aussi ressortir de la décision, le nom des magistrats ayant délibéré devant y figurer [6].

Le compte rendu au tribunal ne doit pas être confondu avec le rapport à l'audience, dont les modalités ont été profondément modifiées par le décret du 28 décembre 2005 : jusque-là facultatif et écrit, le rapport à l'audience est désormais obligatoire et oral (C. pr. civ., art. 785). Il sera fait en principe par le JME et exceptionnellement par le président de la chambre ou un autre juge désigné par lui et son contenu reste inchangé : il expose l'objet de la demande et les prétentions des parties, les questions de fait et de droit soulevées par le litige ainsi que les éléments propres à éclairer le débat; il est présenté à l'audience, avant les plaidoiries, par le juge rapporteur, sans qu'il fasse connaître son avis.

Autre innovation du décret du 28 décembre 2005, le JME peut, aux termes de l'article 779 alinéa 2 modifié C. pr. civ., demander aux avocats de déposer leur dossier au greffe à la date qu'il détermine, s'il l'estime nécessaire pour l'établissement de son rapport. Eu égard aux nombreuses manipulations que suppose cette mesure entre les avocats (et les avoués), le juge et le greffe, il n'est pas certain qu'elle soit fréquemment mise en œuvre.

C.
Plaidoiries

331.261 **Publicités des débats.** Si le législateur n'a pas supprimé tout caractère oral à la procédure civile, du moins l'a-t-il considérablement limité et pas seulement par les dispositions relatives à l'instruction.

1. Civ. 2e, 14 déc. 1978, n° 77-12.166, *Bull. civ.* II, n° 273; *JCP* 1979. IV. 65.
2. Civ. 2e, 10 juill. 1991, n° 89-12.792, *Bull. civ.* II, n° 218; *RTD civ.* 1993. 641, obs. Perrot; *Gaz. Pal.* 1992. Somm. 154, obs. Ferrand et Moussa – Civ. 2e, 4 mars 1992, n° 90-14.201, *Bull. civ.* II, n° 76; *RTD civ.* 1993. 641, obs. Perrot – Soc. 23 sept. 1992, n° 91-40.313, *Bull. civ.* V, n° 474; *RTD civ.* 1993. 641, obs. Perrot.
3. Civ. 2e, 7 oct. 1971, n° 70-13.963, *Bull. civ.* II, n° 271, *RTD civ.* 1972. 440, obs. Raymond.
4. Civ. 2e, 18 oct. 1989, n° 88-13.791, *Bull. civ.* II, n° 184; *JCP* 1989. IV. 405; *RTD civ.* 1990. 147, obs. Perrot.
5. Civ. 1re, 3 févr. 2004, n° 01-11.898, *Bull. civ.* I, n° 18; *D.* 2004. 1206, obs. Julien; *JCP* 2004. IV. 1620-1626.
6. Civ. 2e, 18 oct. 1989, n° 88-13.791, *Bull. civ.* II, n° 184; *JCP* 1989. IV. 405; *RTD civ.* 1990. 147, obs. Perrot.

C'est ainsi que l'article 433 C. pr. civ. rappelle le principe traditionnel de la publicité des débats, hormis dispositions contraires de la loi, mais sans mentionner expressément celui d'oralité, même si un débat public est par définition oral.

Cette omission n'est sans doute pas involontaire et marque en tout cas le déclin de l'oralité, particulièrement patent devant le juge rapporteur, ou le juge unique (v. s[s] n° 331.311).

L'audience tenue par un seul magistrat est si peu propice à l'éloquence que, la plupart du temps, les avocats se contentent de simples observations, voire même de déposer leur dossier purement et simplement.

Tout favorise cette pratique du dépôt de dossier, d'ailleurs encouragée par les magistrats : l'unification des professions d'avoués et d'avocats, puis d'avocats et de conseils juridiques, l'importance de l'écrit auquel la plaidoirie ne peut rien ajouter.

Elle représente certes, pour tous, un gain de temps considérable, mais il est permis de regretter sa sécheresse, en ce qu'elle réduit l'audience à sa plus simple expression et ne permet pas aux avocats d'éclairer le tribunal par leurs explications.

331.262 **Le président.** Fixant la date de l'audience, c'est le président qui statue sur les demandes de report de l'affaire, toujours si irritantes en ce qu'elles désorganisent le rôle du tribunal. Il s'agit d'un acte d'administration judiciaire, donc non susceptible de recours. Pour s'efforcer d'harmoniser le rôle, tend à se développer l'heureuse pratique des plages horaires qui, outre la date de l'audience, consiste à préciser aux avocats la fourchette horaire pendant laquelle ils pourront plaider.

C'est également le président qui a la **police de l'audience** et tout ce qu'il ordonne pour assurer son ordre doit être immédiatement exécuté (C. pr. civ., art. 438). Ceux qui assistent à l'audience doivent observer une attitude digne, ne peuvent parler sans y avoir été invités, donner des signes d'approbation ou de désapprobation ou causer quelque désordre que ce soit, sous peine d'être expulsés et sans préjudice de poursuites pénales ou disciplinaires (C. pr. civ., art. 439).

C'est enfin le président (ou bien sûr le juge rapporteur s'il tient l'audience) qui assure la direction des débats (C. pr. civ., art. 440) : une fois l'audience ouverte, il donne, le cas échéant, la parole au juge rapporteur, puis aux avocats.

331.263 **Les avocats.** Hormis les cas où la loi en dispose autrement, la représentation par avocats étant obligatoire devant le tribunal de grande instance, ce sont eux qui, par leur plaidoirie, exposent au tribunal les faits, la procédure et les prétentions de leur client. Si pendant l'instruction, celui-ci ne peut être représenté que par un seul avocat, rien ne l'empêche, à l'audience, d'être assisté de plusieurs avocats qui pourront successivement prendre la parole dans son intérêt. Traditionnellement, le demandeur plaide avant le défendeur. En cas de pluralité de défendeurs l'ordre est indifférent, à cela près que le défendeur au principal plaide avant les intervenants volontaires ou forcés.

331.264 **Les parties.** Elles peuvent naturellement assister à l'audience, même lorsque celle-ci se tient en chambre du conseil, au moins lorsqu'y est plaidée leur affaire.

Mais elles peuvent aussi, même quand la représentation est obligatoire, présenter elles-mêmes, assistées de leurs conseils, des observations orales (C. pr. civ., art. 441). La parole peut cependant leur être retirée, voire refusée[1] si la passion ou l'inexpérience les empêche de discuter leur cause avec la décence convenable ou la clarté nécessaire (C. pr. civ., art. 441, al. 2). Il s'agit là d'une application du principe posé par l'article 10 C. pr. civ., selon lequel les parties peuvent se défendre elles-mêmes; mais, dès lors que la représentation est obligatoire, c'est une simple faculté qui ne s'impose pas au juge[2] et qui relève du pouvoir discrétionnaire du président[3].

331.265 **Le ministère public.** Il peut agir dans le procès civil soit comme partie principale, soit comme partie jointe (C. pr. civ., art. 421). Comme partie principale, soit aux côtés du justiciable, soit à sa place, il peut agir dans deux cas :

– lorsque la loi le spécifie (C. pr. civ., art. 422),

– pour la défense de l'ordre public à l'occasion des faits qui portent atteinte à celui-ci.

Il n'est tenu d'assister à l'audience que lorsqu'il est partie principale (lorsque la présence du ministère public est obligatoire à l'audience, la décision doit la mentionner[4]). Lorsqu'il est partie jointe, l'article 425 énumère les affaires dont il doit avoir communication et la décision doit mentionner cette communication[5]. Dans les autres cas, il peut toujours faire connaître son avis par des conclusions écrites adressées à la juridiction et mises à la disposition des parties ou oralement à l'audience (C. pr. civ., art. 431).

Si le ministère public a pris des conclusions écrites et n'assiste pas à l'audience, celles-ci doivent être mises à la disposition des parties le jour de l'audience et la décision doit le mentionner[6]. De même, s'il a

1. Civ. 1re, 9 avr. 1975, n° 73-14.676, *Bull. civ.* I, n° 122; *D.* 1975. Somm. 72.
2. Soc. 9 janv. 1980, n° 78-41.721, *Bull. civ.* V, n° 23.
3. Civ. 2e, 24 juin 2004, n° 02-16.461, *Bull. civ.* II, n° 318; *Gaz. Pal.* 2005. Somm. 4306, note du Rusquec.
4. Civ. 1re, 18 janv. 1989, n° 86-18.802, *Bull. civ.* I, n° 27; *JCP* 1989. IV. 103; *Gaz. Pal.* 1989. 487.
5. Civ 1re, 6 fév. 2008, n° 06-22.141, *Gaz. Pal.* 2008. Somm. 66; *D.* 2009. 773, obs. Granet-Lambrechts.
6. Civ. 3e, 8 oct. 2003, n° 01-14.561, *Bull. civ.* III, n° 174; *RTD civ.* 2004. 137, obs. Perrot; *Gaz. Pal.* 2003. Somm. 3982.

joint une pièce à son avis, les parties doivent en avoir communication et être à même d'y répondre[1].

Comme partie jointe, en effet, le ministère public peut toujours assister à l'audience et a alors la parole en dernier : il s'agit d'une règle d'ordre public, mais qui est présumée respectée, sauf preuve contraire[2]. Il peut même demander le report de l'audience, s'il estime ne pas pouvoir prendre la parole sur-le-champ (C. pr. civ., art. 443).

Indépendamment des cas (énumérés par C. pr. civ., art. 425) où la communication de l'affaire est obligatoire, celle-ci est toujours possible, soit à l'initiative du juge (C. pr. civ., art. 427), soit à la demande du ministère public (C. pr. civ., art. 426). Cependant le pourvoi en cassation pour défaut de communication n'est ouvert qu'au ministère public[3].

D.
Clôture des débats

331.271 Moment. « Lorsque la juridiction s'estime éclairée, le président fait cesser les plaidoiries et les observations présentées par les parties pour leur défense » édicte l'article 440 alinéa 3 C. pr. civ. La formule, malgré son caractère péremptoire, ne fait que poursuivre une tradition, au demeurant assez peu respectée par les praticiens (l'article 34 du décret du 30 mars 1808 était encore plus autoritaire : « *Lorsque les juges trouveront qu'une cause est suffisamment éclairée, le président devra faire cesser les plaidoiries* »). Dans les faits, les plaidoiries vont, le plus souvent, à leur terme, lequel marque la clôture des débats, sauf intervention du ministère public.

331.272 Effets. Selon le principe posé par l'article 445 C. pr. civ., la clôture des débats interdit aux parties de poursuivre la procédure, c'est-à-dire de conclure, de communiquer des pièces ou même de produire une note. Ces dispositions sont destinées à mettre fin à l'ancienne pratique de la note en délibéré[4], sans toutefois toujours y parvenir.

Il faut dire que le législateur lui-même, par souci du contradictoire, a envisagé des exceptions au principe dans deux cas : pour répondre aux arguments développés par le ministère public ou à la demande du président (C. pr. civ., art. 445).

L'article 442 C. pr. civ. en effet permet au juge d'inviter les parties à fournir les explications de droit ou de fait qui apparaissent nécessaires ou à préciser ce qui paraît obscur.

Cette faculté, qui relève du pouvoir discrétionnaire de la juridiction[5] peut amener les avocats à fournir des explications orales[6]. Mais ces explications peuvent aussi être écrites et consister en des notes en délibéré.

331.273 Réouverture des débats. De telles notes sont susceptibles d'entraîner la réouverture des débats : dans la mesure où, aux termes de l'article 444 C. pr. civ., il incombe au juge de faire respecter le principe du contradictoire à l'égard de ces notes, il faut rouvrir les débats à chaque fois que les parties n'ont pas été à même de s'expliquer contradictoirement sur les éclaircissements qui leur avaient été demandés.

Or, il faut rappeler que la réouverture des débats emporte nécessairement la révocation d'office de l'ordonnance de clôture (v. s[s] n° 331.235) et donc la possibilité pour les parties de conclure à nouveau et de produire de nouvelles pièces, en principe à condition qu'elles répondent à la demande d'explications du tribunal[7].

L'article 444 alinéa 2 et l'article 432 alinéa 2 envisagent un autre cas de reprises des débats, lorsqu'un changement survient dans la composition de la juridiction, soit après l'ouverture des débats si ceux-ci se poursuivent au cours d'une audience ultérieure, soit après la clôture.

E.
Jugement

331.281 Renvoi. Il n'y a pas lieu de traiter ici du jugement sous tous ses aspects, la question faisant l'objet de la quatrième partie de cet ouvrage.

On se contentera pour achever l'étude de la procédure ordinaire devant le tribunal de grande instance d'en indiquer les deux dernières phases : le délibéré et le jugement.

331.282 Le délibéré. L'article 450 C. pr. civ. précise que si le jugement ne peut être rendu sur-le-champ, le prononcé en est renvoyé pour plus ample délibéré à une date ultérieure que le président indique sauf si elle a déjà été fixée par le JME en application de l'article 764 alinéa 3 C. pr. civ. Il va de soi que, sauf en de rares matières, telles que le référé, la mise en délibéré de l'affaire est le cas de figure le plus fréquent.

L'article 447 précise qu'il appartient aux juges devant lesquels l'affaire a été débattue d'en délibérer, à moins qu'elle ne l'ait été devant le JME ou le juge

1. Civ. 1re, 23 janv. 2008, n° 07-11.297, *Bull. civ.* I, n° 26; *D.* 2009. 53, obs. Douchy-Oudot; *Gaz. Pal.* 2008. Somm. 66.
2. Civ. 3e, 11 janv. 1978, n° 75-15.297, *Bull. civ.* III, n° 32; *D.* 1978. 87, obs. Julien.
3. Com. 6 juin 1995, n° 93-10.273, NP; *Gaz. Pal.* 22-23 mars 1996, p. 19.
4. Grevet, « Pratique des notes en délibéré dans la procédure de mise en état », *Gaz. Pal.* 22 juin 1971. Doctr. 284.
5. Civ. 1re, 4 déc. 1974, n° 73-13.898, *Bull. civ.* I, n° 324.
6. Civ. 2e, 4 févr. 1976, n° 74-13.949, *Bull. civ.* II, n° 38.
7. Paris, 2 déc. 1987, *Bull. ch. avoués* 1987. 4. 171.

rapporteur. Ceux-ci font alors un compte rendu à leurs collègues (v. s[s] n° 331.254) qui doivent être en nombre au moins égal à celui que prescrivent les règles relatives à l'organisation judiciaire. Doit donc être cassé l'arrêt qui mentionne que la cour était composée lors du délibéré du président et d'un conseiller[1]. Par contre, rien n'interdit que l'audience soit tenue par deux magistrats dès lors qu'il est ensuite rendu compte à la formation collégiale dans son délibéré[2], ce qui suppose naturellement que fasse partie de celle-ci le juge devant qui l'affaire a été plaidée[3].

331.283 Le prononcé du jugement. Après le délibéré et la rédaction du jugement (le jugement doit être dactylographié et signé au jour de son prononcé : c'est une évidence qui n'est malheureusement pas toujours respectée), celui-ci est prononcé, selon les termes de l'article 450 C. pr. civ., à la date indiquée par le président à la clôture des débats.

À cet égard, deux pratiques fâcheuses sont à proscrire : la mise en délibéré sans date et la prorogation du délibéré. Si la charge de travail des magistrats ou des greffiers ne permet pas de respecter des délais courts, il est préférable de fixer d'emblée une date plus lointaine que de céder à ces facilités. Le décret du 28 décembre 2005 a précisé qu'en cas de prorogation, le président doit aviser les parties, cet avis devant comporter les motifs de la prorogation, outre la nouvelle date du prononcé.

Sauf en certaines matières - notamment gracieuses -, la décision est prononcée publiquement (C. pr. civ., art. 451) et, innovation particulièrement heureuse dans la pratique, par l'un des juges qui l'ont rendu même en l'absence des autres et du ministère public (C. pr. civ., art. 452).

Le décret du 20 août 2004 a prévu que le jugement pourra aussi être prononcé par sa mise à disposition au greffe de la juridiction à la date indiquée par le président (C. pr. civ., art. 450, al. 2).

331.284 Conclusion. Voilà le jugement rendu, ultime étape, au moins en première instance, du procès civil. Combien de mois se sont écoulés depuis que l'assignation a été placée ? Trop, assurément, dans l'esprit du public, si l'on se réfère aux sondages d'opinion où, avec une belle régularité, les lenteurs de la justice sont toujours dénoncées. Le législateur, on l'a dit, s'est efforcé d'y remédier, les praticiens également, autant que faire se peut.

L'expérience montre pourtant que, même pour les affaires les plus simples (celles, par exemple, où le défendeur ne comparaît pas et qui sont renvoyées, aussitôt après la conférence, devant le juge rapporteur), un délai minimal de six mois paraît être un seuil difficilement franchissable; délai qui peut s'allonger de plusieurs mois, voire de plusieurs années, quand la procédure est parsemée d'embûches (pluralités des défendeurs, incidents, expertises, exceptions, *etc.*).

Les causes du phénomène sont multiples et ont été maintes fois analysées : augmentation considérable du contentieux au fil des années, négligence des demandeurs, manœuvres dilatoires du défendeur, complaisance et surcharge du juge...

Peut-on faire mieux et, surtout, plus vite ? En l'état, il est permis d'en douter.

Mais doit-on faire plus vite ? Cela n'est pas certain. Il ne faut perdre de vue, en effet, que le procès civil reste le procès des parties et que, si le législateur a recherché la rapidité, il s'est efforcé également de sauvegarder le principe du contradictoire. En accentuant le caractère inquisitoire de la procédure civile, on parviendrait sans doute à une issue plus rapide. Il n'est pas certain que cela soit souhaitable.

SECTION 2
PROCÉDURES SPÉCIALES

331.290 Plan. À côté de la procédure ordinaire devant le tribunal de grande instance, le Nouveau Code de procédure civile a prévu diverses procédures spéciales, fondées, selon le cas, sur la volonté ou l'accord des parties, la recherche d'une solution rapide ou encore des types de contentieux particuliers.

La matière a été profondément remaniée par le décret n° 71-740 du 9 septembre 1971 et les décrets n°s 72-684 et 72-788 des 20 juillet et 28 août 1972.

On examinera d'abord les procédures spéciales diligentées devant le tribunal (§ 1), avant de se pencher sur celles relevant de la compétence du président du tribunal de grande instance (§ 2).

§ 1
Devant le tribunal

331.291 Procédures ordinaires et spéciales. La procédure ordinaire, qui fait l'objet de la première section de ce chapitre, est, naturellement, la procédure de droit commun devant le tribunal de grande instance. Mais, pour répondre à des besoins, des préoccupations ou des situations présentant un caractère particulier, le législateur a institué des procédures spéciales relevant de la compétence de cette même juridiction.

1. Civ. 3e, 30 juin 2004, n° 03-12.109, *Bull. civ.* III, n° 139; *Gaz. Pal.* 2005. Somm. 629.
2. Civ. 1re, 3 févr. 2004, n° 01-11.898, *Bull. civ.* I, n° 28; *D.* 2004. 1206, obs. Julien; *Gaz. Pal.* 2005. Somm. 1405, note du Rusquec.
3. Civ. 2e, 23 sept. 2004, n° 02-20.561, *Bull. civ.* II, n° 415; *D.* 2004. 2622; *Gaz. Pal.* 2005. Somm. 1405.

A.
Requête conjointe

331.301 **Volonté commune.** Il s'agit d'une innovation intéressante du décret du 9 septembre 1971. Alors que l'assignation, qui est le mode de saisine ordinaire du tribunal, est dirigée contre un adversaire, la requête conjointe manifeste, au contraire, la commune volonté des parties de recourir au juge pour résoudre un litige. Elle s'apparente en cela à l'arbitrage.

Mode de saisine du tribunal, au même titre que l'assignation (C. pr. civ., art. 750), la requête conjointe doit comporter plusieurs **mentions** énumérées par l'article 57 C. pr. civ. (sur le descriptif des actes d'introduction de l'instance, v. s^s^ n°s 172.00 s.). On notera seulement ici qu'étant, comme l'assignation, un mode normal d'introduction de l'instance, la requête conjointe doit exposer les points sur lesquels les parties sont en désaccord, leurs prétentions et leurs moyens respectifs. Elle doit également indiquer les pièces sur lesquelles la demande est fondée.

331.302 **Signature.** Cette requête qui vaut conclusions doit être signée non seulement par les parties (C. pr. civ., art. 57) mais aussi par les avocats constitués, selon les dispositions de l'article 793 C. pr. civ. qui précise à cet égard qu'elle doit contenir, à peine d'irrecevabilité, la constitution des avocats des parties.

331.303 **Dépôt au greffe.** Le tribunal est saisi par la remise de la requête conjointe au secrétariat-greffe (C. pr. civ., art. 795), mais il est évident que le problème de la caducité, faute d'enrôlement dans les quatre mois ne se pose pas, de même qu'il n'est pas question de délai de comparution.

Dès le dépôt de la requête, le président du tribunal fixe les jour et heure auxquels l'affaire sera appelée ou, si la juridiction comporte plusieurs chambres, désigne celle à laquelle l'affaire est distribuée (C. pr. civ., art. 796, al. 1er). Avis en est donné par le greffier aux avocats constitués (C. pr. civ., art. 796, al. 2).

331.304 **Procédure.** Pour le reste, la procédure suit, en principe, la voie ordinaire, puisque l'article 796 alinéa 3 C. pr. civ. renvoie aux articles 759, 760 et 762, respectivement relatifs à la conférence du président, au renvoi à l'audience ou à la mise en état.

Mais, dans la pratique, l'affaire sera, la plupart du temps, en état d'être jugée immédiatement. La requête conjointe, en effet, procède d'un état d'esprit tout différent de celui qui anime généralement les parties dans la procédure ordinaire : loin de songer à user des procédés plus ou moins loyaux susceptibles de retarder le cours du procès, les requérants entendent obtenir le plus rapidement possible, une solution à leur litige.

Au reste, dans le même ordre d'idées, l'article 794 leur offre la possibilité de demander, dès la requête conjointe, que l'affaire soit attribuée à un juge unique ou renoncer à la faculté de demander le renvoi à la formation collégiale.

B.
Juge unique

331.311 **Souci de rapidité.** Notre droit judiciaire est, par tradition, favorable à la collégialité. Cependant, pour faire face à l'augmentation du contentieux et s'efforcer, tant bien que mal, de satisfaire le souci de rapidité du plaideur, le législateur comme les praticiens ont de plus en plus fréquemment recours au juge unique. Outre l'importance croissante de la juridiction présidentielle (v. s^s^ n° 331.370), le juge unique a été institué devant le tribunal de grande instance par la loi n° 70-613 du 10 juillet 1970[1].

331.312 **Hypothèses.** Il convient de distinguer deux situations :

– le juge unique de plein droit, auquel des textes spéciaux donnent compétence pour connaître de certains contentieux (accidents de la circulation terrestre, COJ, art. R. 212-8 – demande en reconnaissance et en *exequatur* des décisions judiciaires et actes publics étrangers ou des sentences arbitrales, ventes de biens de mineurs et celles qui leur sont assimilées, COJ, art. R. 212-8) ;

– le juge unique sur décision du président du tribunal de grande instance, en toutes matières, sauf en matières disciplinaires ou relatives à l'état des personnes, sous réserve en ce dernier cas des pouvoirs du juge aux affaires familiales (COJ, art. L. 212-2).

331.313 **Modalités d'exécution.** Elles ont été réglementées par le décret du 9 septembre 1971 qui a abrogé le décret du 18 août 1970 et qui a été repris par le Nouveau Code de procédure civile dans ses articles 801 à 805.

La répartition des affaires attribuées au juge unique est faite par le président du tribunal ou par le président de la chambre à laquelle elles ont été distribuées (C. pr. civ., art. 801, al. 2).

L'attribution d'une affaire au juge unique est possible à tout moment de la procédure, jusqu'à la fixation de la date de l'audience (C. pr. civ., art. 801, al. 1er). Cette attribution au juge unique, comme le renvoi à la collégiale, font l'objet d'une mention au dossier. En outre, avis en est donné aux avocats constitués (C. pr. civ., art. 803, al. 1er). Dans les affaires dispensées du ministère d'avocat, cet avis est adressé aux parties, par lettre recommandée avec avis de réception (C. pr. civ., art. 803, al. 2).

1. L. n° 70-613, 10 juill. 1970, modifiant l'ordonnance n° 581273 du 22 décembre 1958 relative à l'organisation judiciaire, *JO* 12 juill., p. 6546.

Dès lors qu'une affaire lui est attribuée, le juge unique exerce les pouvoirs conférés tant au tribunal qu'au JME. Dans l'hypothèse où l'affaire serait renvoyée devant la formation collégiale avant la fin de l'instruction, celle-ci est poursuivie soit par le même juge, cette fois en qualité de JME, soit par le JME, selon la décision du président de la chambre (C. pr. civ., art. 802).

331.314 **Renvoi à la collégialité.** Il reste toujours possible, que l'affaire ait été confiée au juge unique sur décision du président du tribunal de grande instance ou en vertu de textes particuliers.

D'abord, le renvoi devant la formation collégiale peut être décidé à tout moment par le président du tribunal de grande instance ou son délégué (C. pr. civ., art. 804, al. 2).

Il peut aussi être sollicité par les parties elles-mêmes ou l'une d'elles. En cela, la procédure devant le juge unique est, comme la requête conjointe, subordonnée au libre choix des parties. Mais, si en matière de requête conjointe la liberté de choix des parties est totale, elle est beaucoup plus limitée s'agissant du juge unique. En premier lieu, la demande de renvoi à la collégialité doit, à peine de forclusion, être formulée dans les quinze jours de l'avis adressé aux avocats ou de la réception de cet avis lorsqu'il est adressé aux parties (C. pr. civ., art. 804, al. 1er). En outre, cette possibilité est écartée si les parties renoncent expressément à la faculté de demander le renvoi à la formation collégiale (C. pr. civ., art. 805). Enfin, il faut bien reconnaître qu'une telle démarche n'est jamais aisée en ce qu'elle peut signifier une marque de défiance à l'égard du magistrat désigné comme juge unique. Du reste, les demandes de renvoi à la formation collégiale demeurent, dans la pratique, extrêmement rares.

C.
Procédure à jour fixe

331.320 **Procédure exceptionnelle.** Comme le renvoi à l'audience décidé lors de la conférence du président (v. ss nos 331.101 s.), la procédure à jour fixe permet, en cas d'urgence, d'échapper à la phase d'instruction devant le JME ou le président de la chambre.

Cela étant, pour être une réponse efficace à une demande urgente, la procédure à jour fixe doit demeurer exceptionnelle. Compte tenu, en effet, de l'encombrement des rôles des juridictions, la multiplication des procédures à jour fixe aurait pour effet de paralyser le cours de la justice civile, puisque, par hypothèse, les procédures à jour fixe viennent se rajouter à un rôle déjà établi. Or, plus une juridiction est encombrée, plus les avocats des demandeurs sont tentés de recourir à la procédure à jour fixe, aggravant encore davantage la situation de cette juridiction.

Pour remédier à une telle situation, il convient d'appliquer de manière rigoureuse les conditions prévues par le législateur pour recourir à la procédure à jour fixe.

1°
Conditions d'application

331.321 **L'urgence.** C'est la première condition exigée par l'article 788 C. pr. civ. : non seulement il faut qu'il y ait urgence, mais encore les motifs de l'urgence doivent-ils être exposés dans la requête pour être appréciés par le président du tribunal ou son délégué. Les motifs peuvent varier d'une espèce à l'autre, mais l'urgence doit être caractérisée[1], même si aucune condition de forme n'est imposée pour l'énoncé des motifs de l'urgence[2].

331.322 **Les conclusions du demandeur.** Le deuxième alinéa de l'article 788 C. pr. civ. édicte qu'outre les motifs de l'urgence, la requête doit contenir les conclusions du demandeur. Il faut entendre par là l'ensemble de la demande, y compris les moyens de droit et de fait. Il s'agit, là encore, de permettre au président d'apprécier l'opportunité de la requête. Il ne faut pas perdre de vue que la procédure à jour fixe a pour conséquence de supprimer la phase d'instruction : pour se poursuivre jusqu'à son terme, cette procédure doit donc être compatible avec la nature de l'affaire. Si celle-ci, par sa complexité, entraîne le renvoi devant le JME, le recours à la procédure à jour fixe est évidemment inutile.

331.323 **Les pièces justificatives.** C'est la troisième condition imposée par l'article 788 : la requête doit viser les pièces justificatives. De plus, copie de la requête et des pièces doit être remise au président pour être versée au dossier du tribunal (C. pr. civ., art. 788, al. 3). En effet, dans la procédure ordinaire, le dossier du tribunal n'est ouvert que lorsque le demandeur remet au greffe l'assignation; en matière de jour fixe, en raison de la brièveté des délais, le dossier est constitué dans les conditions sus-indiquées, à charge, naturellement, pour le demandeur de produire l'assignation après qu'elle ait été délivrée, c'est-à-dire, la plupart du temps, le jour de l'audience.

Il est donc important que les pièces justificatives de la demande soient visées dans la requête et déposées en copie. Il a néanmoins été jugé que le défaut de visa ne causait pas grief au défendeur dès lors que l'assignation précisait qu'il pouvait être pris connaissance des pièces justificatives au greffe du tribunal[3].

1. Com. 9 déc. 1980, no 79-10.877, *Bull. civ.* IV, no 418; *RTD civ.* 1981. 449, obs. Perrot.
2. Lyon, 14 déc. 1978, *Gaz. Pal.* 1979. Somm. 267.
3. Com. 9 déc. 1980, no 79-10.877, *Bull. civ.* IV, no 418; *RTD civ.* 1981. 449, obs. Perrot – Sur pourvoi contre, Lyon, 14 déc. 1978, préc. (v. ss no 331.321).

331.324 **Le délai pour assigner.** Cette condition n'est pas prévue par l'article 788. Cependant, tenu de veiller au respect du contradictoire, le président peut subordonner son autorisation d'assigner à jour fixe au respect d'un délai pour délivrer l'assignation. Pour que le défendeur puisse assurer sa défense, il convient que l'assignation ne soit pas délivrée à une date trop proche de celle de l'audience.

Le non-respect du délai fixé par le président entraîne l'irrecevabilité de la demande[1].

331.325 **Voies de recours.** Le recours contre l'ordonnance du président a été admis par certaines juridictions sur le fondement de l'article 496 C. pr. civ.[2] D'autres, au contraire, l'ont, à juste titre écarté[3]. Si l'on considère en effet que l'autorisation d'assigner à jour fixe ouvre une simple option procédurale, elle constitue un acte d'administration judiciaire et, à ce titre, n'est pas susceptible de recours : c'est la solution retenue par la Cour de cassation dans l'arrêt du 7 juin 1988[4] et confirmée dans celui du 24 juin 2004[5].

331.326 **La passerelle.** Il s'agit là d'une pratique jurisprudentielle qui a été consacrée par le décret du 20 juillet 1989 et intégrée au Code de procédure civile (C. pr. civ., art. 788, anc. al. 4) : lorsque le président du tribunal, saisi d'une procédure de référé, constate l'existence d'une contestation sérieuse qui lui interdit de trancher le litige, il peut, même d'office, autoriser le demandeur à assigner à jour fixe.

Le décret du 28 décembre 1998 a supprimé le dernier alinéa de l'article 788, tout en rétablissant un article 811 C. pr. civ. qui offre au juge des référés la possibilité de renvoyer l'affaire devant le juge du fond, tout en veillant à ce que le défendeur dispose d'un temps suffisant pour préparer sa défense.

La technique de la passerelle est ainsi largement remaniée : si la condition de l'urgence demeure, le juge ne peut plus agir d'office mais seulement à la demande de l'une des parties; en outre, le demandeur n'a plus à assigner son adversaire devant le juge du fond qui est désormais saisi par l'ordonnance du juge des référés.

Cette technique ne doit pas être confondue avec le renvoi de l'affaire par le juge des référés devant la formation collégiale, procédure qui est réglementée par l'article 487 C. pr. civ.

1. Lyon, 30 nov. 1994, *JCP* 1994. II. 22440, note Croze.
2. Grenoble, 14 févr. 1985, *Gaz. Pal.* 1986. Somm. 458.
3. TGI Paris, 3 août 1983, *Gaz. Pal.* 1983. 558, note Pluyette – Paris, 12 juill. 1984, *D.* 1984. 603 note crit. Julien; *Gaz. Pal.* 1985. 96, note Caratini – Com. 7 juin 1988, n° 86-19.253, *Bull. civ.* IV, n° 196; *Gaz. Pal.* 1989. Somm. 258, obs. Guinchard et Moussa.
4. Com. 7 juin 1988, n° 86-19.253 (préc. s^s prés^t n°).
5. Civ. 2e, 24 juin 2004, n° 02-14.886, *Bull. civ.* II, n° 321; *D.* 2004. 2086; *BICC* 2004, n° 1614; *Gaz. Pal.* 2005. Somm. 4305, note du Rusquec.

2°
Assignation à jour fixe

331.331 **Mentions.** Dès qu'il y a été autorisé par le président du tribunal, le demandeur va pouvoir faire délivrer l'assignation. Il va sans dire qu'une assignation à jour fixe sans autorisation du président est irrecevable[6]. Celle-ci doit naturellement contenir les mentions prévues par l'article 56 C. pr. civ., mais elle doit en outre satisfaire à des exigences inhérentes à la procédure à jour fixe qui sont énoncées par l'article 789.

En premier lieu, l'assignation doit indiquer, à peine de nullité, les jour et heure de l'audience tels que fixés par le président, ainsi, le cas échéant, que la chambre à laquelle l'affaire a été distribuée. Mais la Cour de cassation a considéré qu'une assignation à jour fixe pour un jour férié était affectée d'un simple vice de forme.[7]

Ensuite, la copie de la requête doit être jointe à l'assignation. Dans la mesure, en effet, où la requête contient les conclusions du demandeur, il est indispensable que le défendeur en ait la copie pour connaître l'objet de la demande.

L'assignation doit également mentionner que le défendeur peut prendre connaissance au greffe de la copie des pièces visées dans la requête. On a déjà indiqué que le défaut de visa dans la requête n'entraînait aucun préjudice pour le défendeur dès lors que la mention relative à la consultation des pièces figurait dans l'assignation[8]. En outre, l'article 789 n'impose nullement au demandeur d'établir une liste des pièces qui soit jointe à la requête[9] : il faut et il suffit que les pièces soient visées et que l'assignation précise qu'elles peuvent être consultées.

Par ailleurs, s'il n'est évidemment pas question de faire figurer le délai de comparution dans l'assignation, celle-ci doit indiquer au défendeur qu'un jugement par défaut pourra être rendu s'il ne constitue pas avocat avant la date de l'audience.

Enfin, l'assignation fait sommation au défendeur de communiquer les pièces dont il entend faire état avant la date de l'audience.

3°
Procédure subséquente

331.341 **Saisine du tribunal.** On a déjà précisé que, dès le dépôt de la requête, le demandeur doit remettre copie de celle-ci et des pièces justificatives, pour qu'elles puissent être consultées au greffe.

6. Bordeaux, 12 janv. 2010, RG n° 08/01728, *JCP* 2010. 307, obs. Capdepon.
7. Cass., ch. mixte, 7 juill. 2006, n° 03-20.026, *Bull. ch. mixte*, n° 6; *RTD civ.* 2006. 820, obs crit. Perrot.
8. Com. 9 déc. 1980, n° 79-10.877 (préc. s^s n°s 331.321 s.).
9. TGI Paris, 28 févr. 1973, *JCP* 1973. II. 17401, note Lindon.

L'article 791 C. pr. civ. impose également la remise d'une copie de l'assignation au greffe pour être jointe au dossier. C'est elle qui saisit le tribunal.

Le même texte précise que cette remise doit intervenir avant la date fixée pour l'audience, sous peine de caducité. La caducité est constatée d'office par le président de la chambre à laquelle l'affaire a été distribuée (C. pr. civ., art. 791, al. 3), cette décision étant susceptible de recours[1]. Encore faut-il que la juridiction n'ait pas été saisie avant l'audience, car la caducité est limitée aux cas et conditions déterminés par la loi[2].

331.342 **Audience.** À l'audience fixée par le président du tribunal, le président de la chambre à laquelle l'affaire a été distribuée doit tout d'abord s'assurer que, depuis l'assignation, la partie assignée avait pu disposer d'un temps suffisant pour préparer sa défense. On rappellera à cet égard que le président du tribunal a pu fixer un délai pour délivrer l'assignation; il incombe au président de la chambre de vérifier que ce délai a bien été respecté, faute de quoi la demande est irrecevable[3]. Le contrôle du président ne s'exerce pas dans cette seule hypothèse mais systématiquement : il convient d'être d'autant plus vigilant sur ce point qu'il s'agit d'une procédure d'urgence, étant précisé que le temps dont le défendeur dispose pour organiser sa défense est naturellement plus court que dans la procédure ordinaire.

L'article 792 envisage ensuite deux situations, selon que le défendeur a, ou n'a pas, constitué avocat. Dans l'hypothèse où le défendeur n'a pas constitué avocat, il est procédé selon les règles prévues à l'article 760 C. pr. civ. : l'affaire est plaidée sur le champ, sauf si le président ordonne la réassignation du défendeur.

Si le défendeur a constitué avocat l'affaire est plaidée sur-le-champ en l'état où elle se trouve, que le défendeur ait ou non conclu par écrit. Comme en matière de référé, le défendeur n'est en effet pas tenu de prendre des conclusions; il doit certes constituer avocat avant la date de l'audience (C. pr. civ., art. 790), mais son conseil peut se contenter de formuler de simples conclusions verbales.

Le maniement de ces dispositions est souvent délicat : l'avocat du demandeur, après avoir bénéficié de la procédure à jour fixe, peut être tenté de solliciter un renvoi, lorsqu'il découvre à l'audience, que son adversaire a pris des écritures complexes, ce dont il ne se prive pas, le cas échéant, puisqu'il conserve le droit de présenter tous moyens de nature à justifier son point de vue[4]. Il s'agit là d'un risque inhérent à la procédure à jour fixe à laquelle le demandeur a choisi de recourir. Il ne peut donc être question que le président accorde le renvoi sollicité au seul motif que le défendeur a conclu : ce n'est, aux termes de l'article 792 alinéa 3, qu'en cas de nécessité « *que le président de la chambre peut renvoyer l'affaire à une audience ultérieure ou même devant le juge de la mise en état, si une instruction s'avère indispensable* ».

Sauf en cas de renvoi de l'affaire, le demandeur ne prend normalement pas d'autres écritures que la requête et l'assignation. Du reste, des conclusions complémentaires où la production de nouvelles pièces sont en principe irrecevables[5]. Mais, malgré l'urgence qui caractérise la procédure à jour fixe, le principe du contradictoire doit être respecté. Ainsi, viole l'article 16 C. pr. civ. la cour d'appel qui déclare irrecevables les conclusions et nouvelles pièces du demandeur, tout en accueillant celles d'un défendeur, ainsi que des conclusions d'intervention volontaire, au motif que, ce faisant, elle lui interdit de répliquer à l'appel incident des intimés et d'opposer une fin de non-recevoir à l'intervention volontaire[6]. Il est donc possible de déposer des conclusions complémentaires dès lors qu'il ne s'agit pas d'invoquer un moyen de fond qui, lui, doit être contenu dans la requête en vertu des dispositions de l'article 918 C. pr. civ.

D.
Procédure sur décision de renvoi de la juridiction pénale

331.351 **L'article 470-1 du Code de procédure pénale**[7] dispose que le tribunal (correctionnel ou de police, selon la nature de l'infraction), saisi du chef de l'homicide ou blessures involontaires, qui prononce la relaxe, demeure compétent pour statuer, en application des règles de droit civil, sur les demandes de réparation des dommages résultant des faits qui ont fondé la poursuite.

Toutefois, ces dispositions ne sont applicables que si plusieurs conditions sont réunies : il faut que le tribunal ait été saisi à l'initiative du ministère public ou sur renvoi d'une juridiction d'instruction et la demande de la partie civile ou de son assureur doit en avoir été formulée avant la clôture des débats.

Si l'une de ces conditions n'est pas remplie ou lorsqu'il apparaît que des tiers responsables doivent être mis en cause, l'alinéa 2 de l'article 470-1 prévoit que la juridiction pénale renvoie l'affaire, par une

1. Riom, 12 avr. 1975, *JCP* 1975. IV. 6523, p. 205, obs. J. A.
2. Civ. 2e, 19 mai 1999, n° 97-17.577, *Bull. civ.* II, n° 96; *BICC* 1er oct. 1999.
3. Lyon, 30 nov. 1994, *JCP* 1994. II. 22440, note Croze.
4. Paris, 8 mars 1960, *RTD civ.* 1960. 535, obs. Raymond.
5. Civ. 2e, 26 nov. 1990, n° 89-16.428, *Bull. civ.* II, n° 248; *D.* 1990. 295; *RTD civ.* 1991. 406, obs. Perrot.
6. Civ. 2e, 26 juin 2003, n° 01-13.529, *Bull. civ.* II, n° 212; *D.* 2003. 1880.
7. L. n° 83-608, 8 juill. 1983, renforçant la protection des victimes d'infraction, *JO* 9 juill., p. 2122, mod. par L. n° 96-393, 13 mai 1996, relative à la responsabilité pénale pour des faits d'imprudence ou de négligence, *JO* 14 mai, p. 7211.

décision non susceptible de recours, devant la juridiction civile compétente qui l'examine alors selon une **procédure d'urgence.**

Lorsque l'affaire est renvoyée devant le tribunal de grande instance, cette procédure est réglementée par l'article 826-1 C. pr. civ. (issu de Décr. n° 83-1155, 23 déc. 1983[1]).

Le secrétariat-greffe du tribunal de grande instance auquel la juridiction pénale a renvoyé l'affaire doit convoquer à l'audience, au moins un mois à l'avance et par lettre recommandée avec demande d'avis de réception :

- les parties à l'instance civile engagée devant la juridiction pénale, c'est-à-dire le prévenu, la partie civile et leurs assureurs;

- les tiers responsables mentionnés dans la décision de renvoi.

• **Cette convocation**, doublée par l'envoi d'une lettre simple le même jour que la lettre recommande et à laquelle une copie de la décision de renvoi est annexée, vaut citation en justice. Elle doit mentionner que la représentation par avocat est obligatoire et que, même s'ils ne comparaissent pas, des décisions exécutoires à titre provisoire pourront être prises contre les parties autres que la victime et contre les tiers responsables. Les organismes de sécurité sociale sont eux aussi convoqués, par lettre recommandée, lorsqu'ils sont intervenus devant la juridiction pénale.

• À l'**audience**, le président procède comme il est dit aux articles 759 à 762 C. pr. civ., et a donc le choix entre le renvoi à l'audience ou le renvoi devant le JME. Il peut également accorder en référé une provision dans les conditions prévues par l'article 809, second alinéa, c'est-à-dire dans les cas où l'existence de l'obligation n'est pas sérieusement contestable.

E.
Procédure en matière gracieuse

331.361 Textes applicables. Il n'y a pas lieu de revenir dans le détail sur la matière gracieuse qui a été étudiée plus haut (v. s^s n°s 322.00 s.), sinon pour souligner son importance devant le tribunal de grande instance, puisqu'il y est fréquemment recouru en matière d'état des personnes, notamment en cas de divorce par consentement mutuel.

Les dispositions générales relatives à la procédure en matière gracieuse sont réglementées par les articles 797 à 800 C. pr. civ.

331.362 Avocat. Aux termes de l'article 797 C. pr. civ. (réd. Décr. n° 76-714, 29 juill. 1976[2]), la demande doit être formée par un avocat ou, dans les cas où il y est habilité, par un officier public ou ministériel. Avant la modification du texte en 1976, à la demande des avocats, la demande était formée, par déclaration ou envoi d'une lettre recommandée au greffe, par la partie elle-même ou son mandataire.

Comme en matière contentieuse, l'avocat qui présente la requête gracieuse doit être inscrit au barreau rattaché à la juridiction qu'il saisit[3].

331.363 Ministère public. Le rôle du **ministère public** est privilégié, compte tenu de la nature des affaires relevant de la matière gracieuse. Il doit donc en avoir systématiquement communication (C. pr. civ., art. 798) et, s'il y a des débats, il est tenu d'y assister (C. pr. civ., art. 800). La même règle est d'ailleurs applicable en cas d'appel, puisque l'article 953 C. pr. civ. édicte que l'appel est instruit et jugé selon les règles applicables devant le tribunal de grande instance[4].

331.364 Juge rapporteur. Enfin, un **juge rapporteur** est désigné par le président de la chambre à laquelle l'affaire est distribuée. Il dispose, dans l'instruction de l'affaire, des mêmes pouvoirs que le tribunal (C. pr. civ., art. 799).

§ 2
Devant le président du tribunal de grande instance

331.370 Procédures dérogatoires. Outre les procédures spéciales devant le tribunal, le Nouveau Code de procédure civile confie des pouvoirs au président de la juridiction, également dérogatoires à la procédure ordinaire.

Il n'est pas question ici d'étudier dans le détail les procédures spéciales qui sont traitées par ailleurs (v. s^s n°s 323.00 s. et n°s 324.00 s.), mais il convient de les rappeler, dans le contexte de la juridiction présidentielle qui ne cesse de s'étendre.

A.
Référé

331.371 Textes applicables. Par son extraordinaire développement, le référé constitue la meilleure illustration de l'importance grandissante de la juri-

1. Décr. n° 83-1155, 23 déc. 1983, application de l'article 470-1 du Code de procédure pénale issu de l'article 13 de la loi n° 83608 du 8 juill. 1983, *JO* 27 déc., p. 3749.

2. Décr. n° 76-714, 29 juill. 1976, modifiant certaines dispositions du Nouveau Code de procédure civile et du décret n° 751124 du 5 décembre 1975 portant réforme de la procédure du divorce et de la séparation de corps, *JO* 30 juill., p. 4644.

3. Civ. 2e, 13 nov. 1985, n° 84-11.077, *Bull. civ.* II, n° 171; *RTD civ.* 1986. 421, obs. Perrot.

4. Civ. 2e, 16 juill. 1992, n° 91-12.032, *Bull. civ.* II, n° 211; *JCP* 1993. II. 22053, note Le Ninivin.

diction présidentielle en ce qu'il est une réponse au besoin de rapidité de notre époque.

Les pouvoirs du président en matière de référé sont prévus par les articles 808 et 809 C. pr. civ., auquel il faut ajouter l'article 810 qui stipule que ces pouvoirs s'étendent à toutes les matières où il n'existe pas de procédure particulière de référé.

B.
Ordonnances sur requête

331.381 **Textes applicables.** Ces ordonnances sont réglementées sur un plan général par les articles 493 à 498 C. pr. civ. et, lorsqu'elles sont rendues par le président du tribunal de grande instance, par les articles 812 et 813.

L'article 813 impose tout d'abord que la requête soit présentée par un avocat ou par un officier public ou ministériel lorsque celui-ci y est habilité par les dispositions en vigueur. Lorsque c'est un avocat qui présente la requête, il doit s'agir d'un postulant[1].

La requête doit en outre indiquer la juridiction saisie si elle est présentée à l'occasion d'une instance (C. pr. civ., art. 813, al. 2). Elle est, dans cette hypothèse présentée au président de la chambre à laquelle l'affaire a été distribuée ou au juge déjà saisi (C. pr. civ., art. 812, al. 3). Cette dernière disposition étant une mesure d'administration judiciaire et non une règle de compétence d'attribution, la pratique parisienne admet que le président du tribunal puisse statuer sur une requête afférente à une instance pendante devant une des chambres de cette juridiction[2].

En dehors du cas prévu par l'alinéa 3 de l'article 812, c'est le président du tribunal qui est saisi par requête, soit dans les cas spécifiés par la loi (C. pr. civ., art. 812, al. 1er), soit lorsqu'il y a lieu d'ordonner des mesures urgentes et que les circonstances exigent qu'elles ne soient pas prises contradictoirement (C. pr. civ., art. 812, al. 2).

C.
Baux commerciaux

331.391 **Procédure au fond.** Le référé et les requêtes sont des procédures provisoires; le président du tribunal est également compétent pour statuer au fond en matière de baux commerciaux, dès lors que la contestation est relative à la fixation du prix du bail révisé ou renouvelé, les autres contestations relevant de la compétence du tribunal de grande instance (Décr. n° 53-960, 30 sept. 1953, art. 29).

C'est la juridiction du lieu de la situation de l'immeuble qui est territorialement compétente (Décr. 30 sept. 1953, art. 29, al. 3).

Si la procédure ordinaire est suivie lorsque le litige est de la compétence du tribunal de grande instance, le décret du 30 septembre 1953 (mod. par Décr. 3 janv. 1966, Décr. 3 juill. 1972, Décr. 13 déc. 1973 et Décr. 28 déc. 1976 puis codifié au Code de commerce sous les articles L. 145-1 et suivants) prévoit une procédure spéciale en cas de saisine du président.

331.392 **Mémoire préalable.** Depuis la réforme du décret du 30 septembre 1953, le président du tribunal (ou le juge qui le remplace) statue sur mémoire (Décr. 30 sept. 1953, art. 29, al. 1er), l'article 29-1 énumérant les mentions que doivent contenir les mémoires.

Ils doivent d'abord indiquer, pour les personnes physiques, leurs nom, prénoms, profession, domicile, nationalité, date et lieu de naissance et, pour les personnes morales, leur dénomination et siège social, les titre, nom et prénoms de leur représentant légal, ainsi que l'adresse de l'immeuble donné à bail.

Le mémoire doit également contenir une copie de la demande en fixation de prix, l'indication des autres prétentions et les explications de droit et de fait sur les prétentions des parties.

Les mémoires en réplique ainsi que ceux rédigés après l'exécution d'une mesure d'instruction peuvent cependant ne comporter que les explications de droit ou de fait.

Les mémoires ainsi que les copies de pièces annexées et certifiées conformes à l'original doivent être signés par les parties ou leurs représentants. Cette disposition de l'article 29-1 alinéa 4 ne fixe aucune restriction à la faculté de se faire représenter pour signer le mémoire préalable, lequel, n'étant pas un acte de procédure, ne constitue pas avec sa signature un acte de représentation en justice[3]. Il en va toutefois autrement si le mémoire est notifié après la saisine du juge[4].

Les mémoires doivent être notifiés par chacune des parties à l'autre, par lettre recommandée avec demande d'avis de réception.

L'ensemble de ces règles est d'ordre public et les parties ne peuvent y déroger[5]. Leur violation vicie donc l'instance toute entière, même si les parties sont d'accord sur la recevabilité d'une demande en révision introduite sans que ces règles soient respectées (même arrêt). Cependant, la nullité de la procédure ne doit être prononcée que si l'irrégularité a causé préjudice à celui qui l'invoque[6].

1. Civ. 2e, 13 nov. 1985, n° 84-11.077, préc. (v. ss n° 331.362); *Gaz. Pal.* 1986. 696, note du Rusquec.
2. TGI Paris, 5 mars 1984, *Gaz. Pal.* 1984. 267 – Bertin, « Les ordonnances sur requête, le président du tribunal et la Trinité », *Gaz. Pal.* 1984. Doctr. 237.
3. Civ. 3e, 10 févr. 1981, n° 79-14.364, *Bull. civ.* III, n° 27; *Rev. loyers* 1981. 257, note J. V.
4. Civ. 3e, 6 juin 1984, n° 83-11540, *Bull. civ.* III, n° 112.
5. Civ. 3e, 10 juin 1971, n° 70-12.678, *Bull. civ.* III, n° 374.
6. Civ. 3e, 4 oct. 1972, n° 71-12.253, *Bull. civ.* III, n° 494.

Le mémoire préalable est une formalité substantielle distincte de la demande initiale : ainsi, la demande en révision du prix du bail formé par acte extraordinaire ne peut constituer ce mémoire [1].

331.393 Saisine du juge et procédure subséquente. Aux termes de l'article 29-2 alinéa 1er du décret du 30 septembre 1953, le juge ne peut être saisi, à peine d'irrecevabilité, avant l'expiration d'un délai d'un mois suivant la réception, par son destinataire, du premier mémoire établi. Si la demande est irrecevable en cas d'inobservation de ce délai, une nouvelle assignation pourra toutefois être délivrée, à condition que la prescription ne soit pas acquise [2].

La partie la plus diligente doit remettre au secrétariat-greffe aux fins de fixation de la date de l'audience :

- son mémoire et les pièces annexes sur lesquelles elle fonde sa demande, en original ou en copie;
- un plan des locaux;
- le mémoire et les pièces reçues de l'autre partie.

Il a été jugé que, faute de justifier du dépôt des pièces, le demandeur doit être débouté [3].

La remise au greffe peut être effectuée par la partie elle-même ou son avocat, les parties pouvant être assistées ou représentées par un avocat.

Pour le surplus, il est procédé comme en matière de procédure à jour fixe, comme il est dit aux articles 789, 791 et 792 C. pr. civ. (sur la procédure à jour fixe, v. ss nos 331.320 s.). Les parties ou leur conseil ne peuvent cependant développer oralement à l'audience que les moyens et conclusions de leur mémoire (Décr. 30 sept. 1953, art. 29-2, dern. al.). Mais la jurisprudence admet que cette disposition ne concerne que le déroulement des débats et que les parties peuvent donc modifier leurs écritures en cours d'instance pour invoquer de nouveaux moyens [4].

L'article 29-2 fait également référence à l'article 802 alinéa 1er C. pr. civ., relatif au juge unique, qui exerce les pouvoirs conférés tant au tribunal qu'au JME, l'article 30-1 précisant à cet égard que le juge peut procéder à un transport sur les lieux ou recourir à un technicien.

D.
Juridiction contentieuse du président

331.401 Le président du tribunal de grande instance juge du fond. Outre le contentieux relatif à la fixation du prix du loyer commercial, le président du tribunal de grande instance est également compétent, à raison de textes épars, pour statuer sur le fond dans diverses matières selon une procédure simplifiée puisque, dans la plupart des cas elle sera suivie « en la forme des référés ».

Enfin, aux termes de l'article L. 213-5 du Code de l'organisation judiciaire, le président du tribunal de grande instance exerce les fonctions de juge de l'exécution qu'il peut toutefois déléguer à un ou plusieurs juges de ce tribunal (sur la procédure devant le juge de l'exécution, v. ss nos 334.00 s.).

E.
Injonction de payer

331.411 Textes applicables. La loi n° 2011-1862 du 13 décembre 2011 [5], réformant notamment la répartition des contentieux, a donné compétence au président du tribunal de grande instance pour connaître des injonctions de payer portant sur un montant supérieur à 10 000 euros. C'est le décret n° 2012-1515 du 28 décembre 2012 [6] qui réglemente, dans ses articles 2 à 5, cette procédure nouvelle [7].

331.412 Particularités devant le tribunal de grande instance. La matière étant traitée au chapitre consacrée à la procédure devant le tribunal d'instance (v. ss nos 332.00 s.), nous n'aborderons ici que les dispositions spécifiques devant le tribunal de grande instance. La phase non contradictoire (C. pr. civ., art. 1407 à 1414) se déroule dans les mêmes conditions que devant le tribunal d'instance. Seule l'opposition éventuelle connaît quelques particularités (C. pr. civ., art. 1418). Alors que, devant le tribunal d'instance, la juridiction de proximité ou le tribunal de commerce, le greffier convoque les parties à l'audience, devant le tribunal de grande instance l'affaire est instruite et jugée selon la procédure contentieuse applicable devant cette juridiction, à cela près qu'ici le greffier envoie au créancier, par lettre recommandée, une copie de la déclaration d'opposition à l'adresse indiquée par lui lors du dépôt de l'injonction, étant précisé que, si l'avis de réception est retourné non signé au greffe, la date de notification est à l'égard du destinataire celle de la présentation et la notification est réputée faite à domicile ou à résidence.

Le créancier doit, dans les quinze jours, constituer avocat, lequel doit, aussitôt constitué, en informer le

1. Civ. 3e, 5 juill. 1983, n° 81-15.725, *Bull. civ.* III, n° 156; *Rev. loyers* 1983. 445.
2. Paris, 13 févr. 1971, *D.* 1971. Somm. 82.
3. Bordeaux 18 nov. 1992, *Rev. loyers* 1993. 158, note crit. Duplan-Miellet.
4. Civ. 3e, 30 nov. 1982, n° 81-10.841, *Bull. civ.* III, n° 235.
5. L. n° 2011-1862, 13 déc. 2011, relative à la répartition des contentieux et à l'allègement de certaines procédures juridictionnelles *JO* 14 déc., p. 21105.
6. Décr. n° 2012-1515, 28 déc. 2012, portant diverses dispositions relatives à la procédure civile et à l'organisation judiciaire, *JO* 30 déc., p. 21018.
7. V. L. Lauvergnat, « L'extension au tribunal de grande instance de la procédure d'injonction de payer », *Gaz. Pal.* 2013. 720.

débiteur par courrier recommandé avec demande d'avis de réception, en lui précisant qu'il doit lui-même constituer avocat dans les quinze jours.

Les actes de constitution doivent être déposés au greffe et, si le créancier ne constitue pas avocat dans le délai prévu à l'article 1418, le président constate l'extinction de l'instance, laquelle rend non avenue l'ordonnance portant injonction de payer (C. pr. civ., art. 1419).

CHAPITRE

332. Procédure devant le tribunal d'instance et la juridiction de proximité

PHILIPPE HOONAKKER
Professeur à l'Université de Strasbourg
Avocat

SECTION 0 ORIENTEUR

332.00 Plan du chapitre.

Division. Aucune disposition particulière n'est consacrée, devant le tribunal d'instance, au déroulement de la procédure en matière **gracieuse** (v. cep., pour les tribunaux d'Alsace-Moselle quant à l'introduction de l'instance, s^s n° 722.131) ainsi qu'en matière d'ordonnance de **référé** et sur **requête**, il suffit donc de faire application des règles communes à toutes les juridictions (rappelons que ces procédures ne sont pas en vigueur devant la juridiction de proximité; v. s^s n° 172.241).

Quant à la procédure contentieuse ordinaire (sect. 1), elle fait l'objet de dispositions particulières complétant celles communes à toutes les juridictions, applicables notamment devant le tribunal d'instance, qu'il s'agisse de l'inscription au répertoire général et de l'ouverture du dossier, de la carence des parties ou encore des débats. À côté de ces règles applicables en toute matière, il faut réserver une place particulière aux procédures d'injonction (sect. 2). Toutes ces règles sont applicables tant devant le tribunal d'instance que devant la juridiction de proximité (Décr. n° 2003-542, 23 juin 2003, relatif à la juridiction de proximité [1], art. 17, qui a complété l'intitulé du titre II du livre II du Code de procédure civile consacré aux règles de procédure particulières applicables devant le tribunal d'instance pour y ajouter la juridiction de proximité).

Réforme des contentieux et des procédures. La loi n° 2011-1862 du 13 décembre 2011, relative à la répartition des contentieux et à l'allégement de certaines procédures juridictionnelles [2], issue des travaux de la commission présidée par le recteur Serge Guinchard, a supprimé les juridictions de proximité. En conséquence, elle abroge le titre III du livre II du Code de l'organisation judiciaire et toilette les textes pour y supprimer les mots « juridiction de proximité » (L. 13 déc. 2011, art. 1er, III et art. 2). En revanche, les juges de proximité seront maintenus et rattachés organiquement au tribunal de grande instance, avec des attributions juridictionnelles pouvant s'exercer tant au sein de cette juridiction que du tribunal d'instance (L. 13 déc. 2011, art. 1er, I, 1°, ajoutant un chapitre I *bis* au titre II du livre I du Code de l'organisation judiciaire, intitulé « Les juges de proximité » et composé des nouveaux articles L. 121-5 à L. 121-8).

À l'origine, la suppression de la juridiction de proximité devait entrer en vigueur le 1er janvier 2013, mais la loi

1. Décr. n° 2003-542, 23 juin 2003, relatif à la juridiction de proximité, et modifiant le Code de l'organisation judiciaire, le Nouveau Code de procédure civile, le Code de procédure pénale (2e partie : Décrets en Conseil d'État) et le décret n° 91-1266 du 19 décembre 1991 portant application de la loi n° 91-647 du 10 juillet 1991 relative à l'aide juridique, *JO* 25 juin, p. 10632.
2. L. n° 2011-1862, 13 déc. 2011, relative à la répartition des contentieux et à l'allégement de certaines procédures juridictionnelles, *JO* 14 déc., p. 21105.

n° 2012-1441 du 24 décembre 2012[1] l'a repoussée au 1er janvier 2015.

332.01 Principaux textes applicables.

C. pr. civ., art. 446-1 à 446-4, 829 à 847-3, 1405 à 1425-9.

COJ, art. L. 121-5 à L. 121-8, L. 212-3, L. 221-4, L. 222-1-1.

L. n° 2011-1862, 13 décembre 2011, relative à la répartition des contentieux et à l'allégement de certaines procédures juridictionnelles, *JO* 14 déc., p. 21105.

332.04 Formulaire : renvois.

Form. pr. civ. *Assignation – Assignation à toutes fins* (Assignation à toutes fins devant le tribunal d'instance)

Assignation – Assignation à toutes fins (Assignation à toutes fins devant le juge de proximité)

Opposition – Opposition à jugement (Assignation à fin d'opposition à jugement devant le juge de proximité)

Opposition – Opposition à jugement (Opposition à un jugement du tribunal d'instance)

Tribunal d'instance – Assignation réitérée au fond (Assignation réitérée au fond délivrée à l'un des défendeurs non cité à personne et défaillant [art. 474])

Tribunal d'instance – Conclusion à fin de jugement (Conclusions afin qu'un jugement soit rendu sur le fond malgré le défaut de comparution du demandeur [C. pr. civ., art. 468, al. 1])

Tribunal d'instance – Déclaration à fin de saisine (Saisine du tribunal d'instance par déclaration [C. pr. civ., art. 829 et 843, mod. par Décr. n° 2010-1165 du 1er oct. 2010])

Tribunal d'instance – Référé devant le tribunal d'instance (Assignation en référé devant le tribunal d'instance fondée sur l'article 849 alinéa 2 du C. pr. civ. (référé-provision ou injonction de faire)

Tribunal d'instance – Requête à fin d'ordonnance (Requête afin d'obtenir une mesure urgente lorsque les circonstances exigent qu'elle ne soit pas prise contradictoirement [C. pr. civ., art. 851, al. 2])

Tribunal d'instance – Requête conjointe (TI) (Saisine du tribunal d'instance par requête conjointe [C. pr. civ., art. 841 et 842, mod. par Décr. n° 2010-1165 du 1er oct. 2010])

Tribunal d'instance – Rétractation d'une ordonnance sur requête (Référé à fin de rétractation d'une ordonnance sur requête)

1. L. n° 2012-1441, 24 déc. 2012, relative aux juridictions de proximité, *JO* 26 déc., p. 20395.

SECTION 1
PROCÉDURE CONTENTIEUSE ORDINAIRE

332.10 Plan. Depuis le décret n° 2010-1165 du 1er octobre 2010[2], qui a adopté un plan chronologique conformément aux propositions du rapport de la commission Guinchard, le déroulement de la procédure contentieuse ordinaire fait l'objet de la section II du chapitre II relatif à la procédure aux fins de jugement. Elle est composée des articles 845 à 847-3 C. pr. civ. qui sont donc applicables quel que soit le mode de saisine du tribunal d'instance ou de la juridiction de proximité (sur l'introduction de l'instance, v. ss nos 172.242 à 172.264, et 172.281). Mais devant ces juridictions, la conciliation est privilégiée de sorte que les parties peuvent la tenter, non seulement en cours d'instance, mais aussi avant son introduction. Ce n'est que si ces tentatives de conciliation échouent (§ 1) que la procédure contentieuse sera engagée ou se poursuivra selon les règles applicables devant ces juridictions (§ 2).

§ 1
Tentatives de conciliation

332.11 En cours d'instance. Aux termes de l'article 845 alinéa 1er C. pr. civ., le « *juge s'efforce de concilier les parties* ». L'emploi du présent marque le caractère impératif de cette mission légale du juge. Cependant il ne peut évidemment s'agir que d'une **obligation de moyen**, car la conciliation suppose, par essence, l'accord de toutes les parties. Le décret n° 2010-1165, du 1er octobre 2010, ayant entendu favoriser le recours au conciliateur de justice, le second alinéa de l'article 845 C. pr. civ. prévoit que le juge peut, « *à tout moment de la procédure, inviter les parties à rencontrer un conciliateur de justice aux lieu, jour et heure qu'il détermine* ». Les parties sont invitées oralement à l'audience ou avisées par écrit dans l'acte de convocation à l'audience ou par une lettre simple. Cette initiative peut être prise **d'office par le juge**, qui n'a pas plus à recueillir l'accord préalable des parties. Si les parties acceptent de se présenter devant le conciliateur désigné, il sera procédé selon les dispositions communes à toutes les juridictions (v. ss nos 325.200 s.). Dans tous les cas, l'affaire devra revenir devant le juge afin qu'il constate la conciliation ou, à défaut, qu'il tranche le litige. C'est la raison pour laquelle l'avis qui est adressé aux parties doit indiquer la date de cette audience.

332.12 Tentative préalable de conciliation. Si le préalable de conciliation ne présente plus aucun caractère obligatoire devant le tribunal d'instance,

2. Décr. n° 2010-1165, 1er oct. 2010, relatif à la conciliation et à la procédure orale en matière civile, commerciale et sociale, *JO* 3 oct., p. 17986.

une partie peut toujours présenter une demande à cette fin avant d'introduire, en cas d'échec, une instance contentieuse. Cette tentative préalable de conciliation est régie par les nouveaux articles 830 à 836 C. pr. civ., applicables aux **instances introduites à compter du 1er décembre 2010** (Décr. n° 2010-1165, 1er oct. 2010, art. 17, 1°).

Selon l'article 830 alinéa 1er C. pr. civ., la demande est formée par **déclaration**, faite remise ou adressée au greffe. Dans tous les cas, le demandeur doit indiquer les nom, prénoms, profession et adresse des parties, ainsi que l'objet de sa prétention (C. pr. civ., art. 830, al. 2). Le cas échéant, il doit aussi signaler qu'il s'oppose à ce que la conciliation soit déléguée à un conciliateur de justice (C. pr. civ., art. 830, al. 3). Pour favoriser le recours au préalable de conciliation, l'enregistrement de la demande au greffe produit désormais un effet interruptif de la prescription et des délais pour agir (C. pr. civ., art. 830, al. 4). Ces délais devraient ensuite être suspendus en vertu de l'article 2238 du Code civil, issu de la loi n° 2008-561[1] du 17 juin 2008, au plus tard à compter de la première réunion de conciliation et jusqu'à son issue.

Pour les **instances introduites avant le 1er décembre 2010**, c'est l'effet interruptif de l'assignation qui rétroagissait au jour de la demande de tentative préalable de conciliation, lorsqu'elle avait été délivrée dans un délai de deux mois de la tentative menée par le juge, de la notification de l'échec de la tentative menée par le juge ou un conciliateur ou de l'expiration du délai accordé, le cas échéant, par le demandeur au défendeur pour exécuter son obligation, selon l'ancien article 835 C. pr. civ.; mais avec l'entrée en vigueur de la loi n° 2008-561 du 17 juin 2008, cette solution devait se combiner avec le nouvel article 2238 du Code civil; en conséquence, la prescription était suspendue à compter de l'accord écrit des parties de recourir à la conciliation ou de la première réunion, et ce jusqu'à l'échec de la conciliation, le délai restant ne pouvant être inférieur à six mois[2]; c'est donc dans ce délai que l'assignation à toutes fins devait être délivrée et qu'elle emportait interruption du délai de prescription, initialement suspendu.

Selon les cas, la tentative de conciliation sera menée par un conciliateur de justice (A) ou par le juge lui-même (B).

A.
Par un conciliateur de justice

332.21 Recours au conciliateur de justice. Le recours à un conciliateur de justice relève toujours de **l'initiative du juge.** Mais depuis le 1er décembre 2010, il n'est plus subordonné à l'accord exprès des parties. Désormais, c'est leur **refus** qui doit être **exprès.** S'agissant du demandeur, il doit signaler son opposition dans sa demande (v. ss n° 332.12). À défaut, le juge pourra décider de déléguer la tentative de conciliation à un conciliateur de justice sans avoir à recueillir son accord (C. pr. civ., art. 831, al. 1er).

Le défendeur est alors avisé par lettre recommandée avec demande d'avis de réception du greffe de la décision du juge et de la faculté qui lui est ouverte de refuser la délégation. Pour lui permettre de se prononcer en connaissance de cause, cet avis contient les nom, prénoms, profession et adresse du demandeur ainsi que l'objet de la demande (C. pr. civ., art. 830, al. 2). Si le défendeur entend refuser la délégation, il doit le faire dans un **délai de huit jours** courant à compter de la notification de la décision du juge. Son refus est exprimé dans les mêmes formes que la demande, c'est-à-dire par une déclaration faite, remise ou adressée au greffe (C. pr. civ., art. 831, al. 3). En cas de refus, le juge devra procéder lui-même à la tentative de conciliation (v. ss n° 332.31). À défaut, la tentative de conciliation se déroulera devant le conciliateur de justice désigné par le juge.

332.22 Déroulement de la tentative de conciliation. En l'absence de refus du défendeur dans le délai qui lui est ouvert (v. ss n° 332.21), le demandeur et le conciliateur de justice sont avisés par tout moyen de la décision du juge et une copie de la demande est adressée au conciliateur (C. pr. civ., art. 832, al. 1er). Ainsi informé, le conciliateur procédera à la tentative de conciliation selon les règles communes à toutes les juridictions prévues aux articles 129-2 à 129-4, 130 et 131 C. pr. civ. (C. pr. civ., art. 832, al. 2 – V. ss nos 325.200 s.). Comme il n'est pas renvoyé à l'article 129-1, il faut supposer que le juge fixe librement la durée initiale de la délégation confiée au conciliateur, sans être limité par le maximum de deux mois prévu par ce texte. En tout cas, le conciliateur peut toujours solliciter un renouvellement de sa mission du juge, qui peut l'accorder sans qu'il soit nécessaire de recueillir l'accord des parties (C. pr. civ., art. 832, al. 2, *in fine*).

332.23 Issues de la tentative de conciliation. Lorsque la tentative de conciliation aboutit à un accord, même partiel, celui-ci fait l'objet d'un **constat signé** par les parties et le conciliateur de justice (C. pr. civ., art. 130). Consécutivement, une **demande d'homologation** est formée par les parties et transmise au juge par le conciliateur, qui y joint une copie du constat d'accord (C. pr. civ., art. 833).

En cas d'échec total ou partiel de la tentative de conciliation, le demandeur peut saisir le tribunal d'instance ou la juridiction de proximité aux fins de jugement de tout ou partie de ses prétentions initiales (C. pr. civ., art. 836, al. 1er). Cette saisine s'opère

1. L. n° 2008-561, 17 juin 2008, portant réforme de la prescription en matière civile, *JO* 18 juin, p. 9856.
2. EN CE SENS, J. Kayser, « La loi portant réforme de la prescription et les modes alternatifs de résolution des conflits » *JCP E* 2008, n° 1938.

selon les règles de droit commun applicables devant ces juridictions (C. pr. civ., art. 836, al. 2 - V. s^{s} n°s 172.241 s.). Mais la déclaration au greffe peut être utilisée même si la valeur en litige excède 4 000 euros si elle est formée dans le mois suivant la réunion à l'issue de laquelle l'échec a été constaté (C. pr. civ., art. 836, al. 3 - V. s^{s} n° 172.261). C'est la raison pour laquelle le conciliateur de justice doit informer le juge de l'échec de la tentative de conciliation en précisant la date cette réunion (C. pr. civ., art. 832, al. 3).

332.24 Information des parties. Tous les avis adressés aux parties par le greffe doivent préciser que chacune d'elles peut se présenter devant le conciliateur de justice avec une personne ayant qualité pour l'assister devant le juge, comme le prévoit l'article 129-2 C. pr. civ. (C. pr. civ., art. 832-1, al. 1er - sur les personnes habilitées devant le tribunal d'instance et la juridiction de proximité, v. s^{s} n° 171.92).

Les parties sont aussi avisées qu'elles peuvent, selon le cas, saisir la juridiction compétente, soit aux fins d'homologation, soit aux fins de jugement, conformément aux articles 833 et 836 (v. s^{s} n° 332.23), lesquels doivent être reproduits (C. pr. civ., art. 832-1, al. 2).

B.
Par le juge

332.31 Cas et modalités. Le juge procède lui-même à la tentative préalable de conciliation sollicitée par le demandeur (v. s^{s} n° 332.12), soit lorsqu'il n'a pas souhaité la déléguer à un conciliateur, soit lorsque le demandeur s'y est opposé dans la demande, ou que le défendeur l'a refusée dans le délai de huit jours de la notification de la décision du juge (C. pr. civ., art. 831 - V. s^{s} n° 332.21).

Les modalités applicables sont prévues aux articles 834 et 835 C. pr. civ. Le greffe avise le demandeur, par tout moyen, des lieu, jour et heure auxquels **l'audience de conciliation** se déroulera (C. pr. civ., art. 834, al. 1er). Quant au défendeur, il est convoqué par lettre simple mentionnant les nom, prénom, profession et adresse du demandeur ainsi que l'objet de la demande (C. pr. civ., art. 834, al. 2). L'avis et la convocation doivent préciser que chaque partie peut se faire assister, comme devant le conciliateur (v. s^{s} n° 332.24), par l'une des personnes habilitées par l'article 828 C. pr. civ. (C. pr. civ., art. 834, al. 3).

En cas de conciliation, la teneur de l'accord, même partiel, est consignée dans un procès-verbal signé par les parties et le juge (C. pr. civ., art. 130), dont des extraits, valant titre exécutoire, peuvent être délivrés aux parties (C. pr. civ., art. 131).

À défaut de conciliation, l'affaire peut immédiatement être jugée si les parties y consentent, selon les modalités de la présentation volontaire (C. pr. civ., art. 835, al. 1er - sur ce mode de saisine, v. s^{s} n° 172.281). Dans le cas contraire, les parties comparantes sont avisées que la juridiction peut être saisie aux fins de jugement de la demande en application de l'article 836 C. pr. civ., qui doit être reproduit (C. pr. civ., art. 835, al. 2). Selon ce texte, la saisine s'opère en vertu des règles de droit commun applicables devant la juridiction compétente (v. s^{s} n°s 172.242 s.). Mais la déclaration au greffe peut être utilisée même si la valeur en litige excède 4 000 euros si elle est formée dans le mois suivant l'audience à l'issue de laquelle l'échec a été constaté (C. pr. civ., art. 836, al. 3 - V. s^{s} n° 172.261). La procédure contentieuse, ainsi introduite en cas d'échec de la conciliation, se déroulera dans les mêmes conditions qu'en l'absence de toute tentative préalable.

§ 2
Déroulement de la procédure

332.41 Oralité. Selon l'article 846 C. pr. civ., la procédure devant le tribunal d'instance et la juridiction de proximité est orale. Il s'ensuit que les dispositions communes à toutes les juridictions relatives à ce type de procédure, inscrites aux articles 446-1 à 446-4 C. pr. civ. par le décret n° 2010-1165 du 1er octobre 2010, issu des travaux de la commission Guinchard, ont vocation à s'appliquer (v. s^{s} n°s 321.101 s.).

Mais ces règles communes doivent être combinées avec les règles particulières prévues aux articles 846 à 847-3 C. pr. civ., qu'il s'agisse de l'instruction ou des débats. De plus, il faut tenir compte des règles dérogatoires applicables à la demande incidente tendant à l'octroi d'un délai de paiement.

332.42 Instruction. En procédure orale, les affaires sont normalement instruites aux audiences où le juge règle les échanges entre les parties et exerce ses pouvoirs d'instruction (v. s^{s} n° 321.114). C'est la raison pour laquelle l'article 847 C. pr. civ. prévoit que, « *à défaut de conciliation constatée à l'audience, l'affaire est immédiatement jugée ou, si elle n'est pas en état de l'être, renvoyée à une audience ultérieure* ». En cas de **renvoi**, qui est l'hypothèse la plus courante en pratique, les parties sont informées verbalement de la nouvelle date d'audience et, à défaut, le greffier les en avise par lettre simple (C. pr. civ., art. 847, *in fine*). Lorsque l'instance a fait l'objet d'une suspension, sa reprise a également lieu sur avis donné par le greffe, qui est fait par tout moyen (C. pr. civ., art. 847-3). Bien que le texte ne le précise pas expressément, cet avis comportera la date de l'audience à laquelle l'affaire sera appelée après la reprise de l'instance.

Mais désormais, lorsque l'affaire est renvoyée à une audience ultérieure, il est aussi possible pour le juge, si les parties ont comparu à la première audience et si elles sont d'accord, d'organiser une

mise en état écrite selon les règles de droit commun de la procédure orale prévues à l'article 446-2 C. pr. civ. (v. s^s^ n° 321.123). L'affaire est alors instruite, sans nouvelle audience, conformément aux modalités fixées par le juge, et les parties seront avisées des décisions qu'il prend au titre de ses pouvoirs d'instruction, « *par tout moyen* » (C. pr. civ., art. 446-3, al. 2), tel un avis du greffe expédié par lettre simple aux parties ou à leur mandataire *ad litem* (v. s^s^ n°s 321.123 et 321.112).

En revanche, une audience devra être tenue pour les débats et les parties devront y comparaître, sauf si elles bénéficient d'une dispense.

332.43 Débats. Lorsque l'affaire est prête, elle est normalement plaidée à l'audience où les parties doivent comparaître pour présenter leurs moyens et prétentions et, le cas échéant, soutenir leurs écritures. À défaut, celles-ci sont irrecevables (v. s^s^ n°s 321.113 et 321.122) et ne peuvent donc plus produire d'effet (v. s^s^ n° 321.124). Mais il faut désormais réserver la dispense de comparution qui devant le tribunal d'instance peut être judiciaire ou légale.

La **dispense judiciaire** est celle prévue à l'article 847-1 C. pr. civ., en ces termes : « *Le juge qui organise les échanges entre les parties comparantes peut, conformément au second alinéa de l'article 446-1, dispenser une partie qui en fait la demande de se présenter à une audience ultérieure* ». Il s'ensuit que le juge ne peut accorder une telle dispense qu'en cas de recours à la mise en état écrite[1]. Si une partie au moins demande et obtient **une dispense de comparaître**, la communication entre les parties devra se faire par lettre recommandée avec demande d'avis de réception ou par notification entre avocats et il devra en être justifié auprès du tribunal dans les délais que le juge impartit (C. pr. civ., art. 847-1 *in fine*). **Lorsqu'une partie est ainsi dispensée de comparaître**, elle est autorisée, selon le second alinéa de l'article 446-1 C. pr. civ., à formuler ses prétentions et moyens par écrit sans se présenter à l'audience et le juge statue par un jugement contradictoire (v. s^s^ n° 321.122), sur ses seules écritures à condition qu'elles aient été communiquées selon les modalités imposées (v. ci-dessus s^s^ prés^t^ n°). En conséquence, **si toutes les parties sont dispensées de comparaître**, il ne devrait pas être nécessaire de tenir une audience de plaidoirie. Mais il faut réserver les difficultés qui peuvent se présenter, et qui restent à trancher, lorsque le juge ordonne que les parties se présentent devant lui nonobstant une dispense de comparution accordée antérieurement et, inversement, lorsqu'une partie dispensée décide néanmoins de se présenter devant le juge (v. s^s^ n°s 321.122 et 321.124).

La **dispense légale** est celle prévue en matière de délai de paiement.

332.44 Délai de paiement. En principe, dans une procédure orale, les demandes incidentes sont présentées à l'audience, du moins à l'encontre des parties non défaillantes (contre les parties défaillantes, elles doivent être présentées dans les formes de l'acte introductif d'instance selon l'article 68 C. pr. civ. – V. s^s^ n°s 321.111 s.). Mais sous la même réserve, la demande incidente tendant à l'octroi d'un délai de paiement en application de l'article 1244-1 du Code civil peut aussi être formée par courrier remis ou adressée au greffe, accompagné des pièces invoquées (C. pr. civ., art. 847-2, al. 1er). Elle est alors communiquée aux autres parties, à l'audience, par le juge. Mais celui-ci peut aussi demander au greffe de la leur notifier avec les pièces jointes par lettre recommandée avec demande d'avis de réception (C. pr. civ., art. 847-2, al. 1er *in fine*).

Dans tous les cas, l'auteur de cette demande incidente est dispensé de plein droit de se présenter à l'audience, conformément au second alinéa de l'article 446-1 C. pr. civ. Mais le juge ne pourra faire droit aux demandes présentées contre cette partie qu'après avoir vérifié d'office qu'elles sont régulières, recevables et bien fondées (C. pr. civ., art. 847-2, al. 2).

SECTION 2
PROCÉDURES D'INJONCTION

332.50 Plan. À côté de la procédure classique d'injonction de payer (§ 1), le tribunal d'instance peut connaître aussi de la procédure d'injonction de faire instituée par le décret n° 88-209 du 4 mars 1988 (§ 2). Ces procédures d'injonction sont aussi applicables devant la juridiction de proximité dans la limite de sa compétence d'attribution (v. s^s^ n°s 172.271 et 172.272).

Réforme des contentieux et des procédures. La loi n° 2011-1862 du 13 décembre 2011, relative à la répartition des contentieux et à l'allégement de certaines procédures juridictionnelles, issue des travaux de la commission présidée par le recteur Serge Guinchard, a supprimé les juridictions de proximité (v. s^s^ n° 332.00 *in fine*) et réparti la compétence civile en matière d'ordonnance d'injonction de payer entre le **juge d'instance** et le **président du tribunal de grande instance**, selon la valeur en litige, fixée pour les actions personnelles ou mobilières par l'article L. 221-4 à la somme de 10 000 euros (L. 13 déc. 2011, art. 4, I, 2°, remplaçant les dispositions de l'ancien article L. 221-7 du COJ qui donnaient compétence au juge d'instance en matière d'ordonnance d'injonction de

1. EN CE SENS, Circ. min. 24 janv. 2011, relative à la présentation du décret n° 2010-1165 du 1er octobre 2010 relatif à la conciliation et à la procédure orale en matière civile, commerciale et sociale, n° JUSC1033666C, *BOMJL* 28 févr., § 3.1.2.2.

payer « *à quelque valeur que la demande puisse s'élever* », sous réserve de la compétence de la juridiction de proximité). Mais le juge de proximité, qui subsistera, pourra lui-même recevoir compétence pour rendre des ordonnances d'injonction de payer tant au sein du tribunal de grande instance que du tribunal d'instance; en revanche, il ne pourra pas statuer sur l'opposition du débiteur (L. 13 déc. 2011, art. 1er, I, 2° prévoyant de créer un nouvel article L. 212-3-1 du COJ et art. 1er, I, 5° prévoyant de créer un nouvel article L. 222-1-1 du COJ). À l'origine, toutes ces modifications devaient entrer en vigueur le 1er janvier 2013, mais la loi n° 2012-1441 du 24 décembre 2012, relative aux juridictions de proximité[1], a repoussé la suppression des juridictions de proximité au 1er janvier 2015. En attendant, la procédure d'injonction de payer relève donc, en matière civile, de la compétence de la juridiction de proximité jusqu'à 4 000 euros, du juge du tribunal d'instance au-delà et jusqu'à 10 000 euros, et du président du tribunal de grande instance au-delà de 10 000 euros.

§ 1
Procédure d'injonction de payer

332.51 **Plan.** Cette procédure, dans les cas où elle est possible, est obligatoirement introduite sur requête (v. ss n° 172.271). Elle comprend d'abord une phase non contradictoire qui conduit à l'ordonnance du juge (A), puis elle peut comprendre une phase contradictoire en cas d'opposition du débiteur (B).

A.
Phase non contradictoire : l'ordonnance

332.61 **Ordonnance de rejet.** Le juge peut estimer, au vu des documents produits par le requérant, que la créance invoquée n'est pas suffisamment fondée et rendre en conséquence une ordonnance de rejet. Cette décision est **sans recours** pour le créancier (C. pr. civ., art. 1409, al. 2 - d'où l'irrecevabilité du pourvoi en cassation[2]). S'il veut persévérer dans le recouvrement de sa créance, il doit alors procéder par les voies de droit commun (C. pr. civ., art. 1409, al. 2), c'est-à-dire engager une procédure contentieuse et contradictoire devant la juridiction compétente. Pour ce faire, du reste, sa requête et les pièces qu'il y avait jointes lui sont immédiatement restituées avec l'ordonnance de rejet (C. pr. civ., art. 1410, al. 2).

Mais le juge peut considérer aussi que la requête n'est fondée que pour partie et la rejeter pour le surplus. Si cette décision est également sans recours pour le créancier (C. pr. civ., art. 1409, al. 3), celui-ci dispose alors d'une option qu'il doit manier avec beaucoup de précaution. Il peut d'abord renoncer à l'ordonnance rendue en s'abstenant de la faire signifier (sur la signification, v. ss n° 332.62), ce qui lui permettra de procéder selon les voies de droit commun pour poursuivre le recouvrement de l'intégralité de sa créance (C. pr. civ., art. 1409, al. 3). À l'inverse, il peut préférer se prévaloir de l'ordonnance rendue en la faisant signifier dans le dessein d'en poursuivre l'exécution forcée pour le montant qui lui a été attribué. Mais ce choix est lourd de conséquences, car dans ce cas, le requérant se prive de la possibilité de poursuivre le recouvrement du solde de sa créance par les voies de droit commun, lesquelles se heurteraient, en effet, à l'autorité de chose jugée attachée à l'ordonnance rendue.

332.62 **Ordonnance d'injonction de payer.** Si au vu des documents joints à la requête, la créance invoquée lui paraît fondée au moins pour partie, le juge rend une ordonnance portant injonction de payer pour la somme qu'il retient (C. pr. civ., art. 1409, al. 1er). Cette décision n'a pas à être motivée[3], mais doit comporter, à tout le moins, les mentions requises pour tout jugement par les articles 454 et 456 C. pr. civ. et, en particulier, le nom du magistrat qui l'a rendue (v. les arrêts rendus par la deuxième chambre civile de la Cour de cassation les 7 février 1990[4] et 5 avril 1993[5] : ces décisions ont opéré un revirement complet de jurisprudence alors que la Cour statuait antérieurement en sens strictement contraire[6]), ainsi que sa signature et celle du secrétaire[7]. L'ordonnance ainsi rendue et la requête sont conservées à titre de minute au greffe. Quant aux documents produits, il y sont provisoirement conservés pour les besoins éventuels de l'opposition que le débiteur pourra former (C. pr. civ., art. 1410, al. 1er – V. ss nos 332.71 s.).

Si le créancier veut se prévaloir de l'ordonnance d'injonction de payer, même si elle ne fait droit que partiellement à sa requête (sur ce choix, v. ss n° 332.61), il doit faire notifier une copie certifiée conforme de la requête et de l'ordonnance (C. pr. civ., art. 1411, al. 1er), et ce dans les six mois de la date de l'ordonnance, sinon elle est non avenue[8] (C. pr. civ., art. 1411, al. 2). Cette notification se fait obligatoirement par voie de **signification** (C. pr. civ., art. 1411,

1. L. n° 2012-1441, 24 déc. 2012, relative aux juridictions de proximité, *JO* 26 déc., p. 20395.
2. Com. 18 févr. 1969, *Bull. civ.* IV, n° 67; *D.* 1969. 314; *RTD civ.* 1969. 623, obs. Raynaud; *RTD com.* 1969. 740, obs. Boitard.
3. Civ. 2e, 16 mai 1990, n° 88-20.377, *Bull. civ.* II, n° 103; *D.* 1990. IR 155.
4. Civ. 2e, 7 févr. 1990, n° 88-19.570, *Bull. civ.* II, n° 24.
5. Civ. 2e, 5 avr. 1993, n° 91-20.026, *Bull. civ.* II, n° 144; *RTD civ.* 1993. 650, obs. Perrot.
6. Civ. 2e, 22 oct. 1980, n° 78-12.322, *Bull. civ.* II, n° 219.
7. Civ. 2e, 1er juin 1992, n° 90-21.813, *Bull. civ.* II, n° 159.
8. V. Civ. 2e, 8 juill. 2004, n° 02-19.504, *Bull. civ.* II, n° 366; *Procédures* 2004. Comm. 200, obs. Perrot.

al. 1er) délivrée à chacun des débiteurs concernés (C. pr. civ., art. 1411, al. 1er). Elle comporte, à peine de nullité, outre les mentions prescrites pour tous les actes d'huissiers, celles prévues à l'article 1413 C. pr. civ. qui consistent en une sommation et des informations :

- **sommation** au débiteur d'avoir, soit à payer la somme indiquée dans l'ordonnance augmentée des intérêts et frais de greffe dont le montant doit être précisé, soit, s'il a des moyens de défense à faire valoir, à former opposition, laquelle saisira le tribunal de la demande initiale du créancier et de l'ensemble du litige (v. ss n° 332.74);

- **information** du débiteur des délais et modalités de l'opposition ouverte (v. ss nos 332.72 et 332.73), de ce qu'il peut prendre connaissance au greffe des documents produits par le créancier et qu'à défaut d'opposition dans les délais, il est privé de tout recours et pourra être contraint par toutes voies de droit à payer les sommes réclamées.

Si la signification est délivrée à personne et à moins qu'elle ne soit effectuée par voie électronique, l'huissier doit aussi porter **verbalement** à la connaissance du débiteur l'ensemble de ces mentions et indiquer dans son acte l'accomplissement de cette formalité (C. pr. civ., art. 1414, mod. par Décr. n° 2012-366, 15 mars 2012 [1]).

L'absence de l'une de ces mentions n'entraîne l'annulation de la signification que si le débiteur justifie d'un grief, s'agissant d'une nullité pour vice de forme. Sous cette réserve, la signification de l'ordonnance vaut citation en justice et **interrompt la prescription** [2], contrairement à la requête (v. ss n° 172.271). Par ailleurs, elle fait courir le délai qui permettra au créancier, le cas échéant, d'obtenir l'apposition de la formule exécutoire.

332.63 Formule exécutoire. L'ordonnance d'injonction de payer ne devient une décision de justice au sens de l'article 68 de la loi n° 91-650 du 9 juillet 1991 [3] qu'en l'absence d'opposition dans le mois de sa signification, si bien qu'*a fortiori*, aucune mesure conservatoire ne saurait être pratiquée avant sa signification [4]. Mais elle ne devient un titre exécutoire autorisant le recours à l'exécution forcée que lorsqu'elle est revêtue de la formule exécutoire. Le créancier peut en demander l'apposition, soit en l'absence d'opposition dans le mois de la signification de l'ordonnance, quelles qu'en soient les modalités, soit en cas de désistement du débiteur ayant antérieurement formé opposition (C. pr. civ., art. 1422, al. 1er). Mais nonobstant la lettre de ce texte qui vise expressément le moment à partir duquel le créancier peut « demander » l'apposition de la formule exécutoire, la jurisprudence admet la possibilité d'une demande anticipée, c'est-à-dire avant même que l'une de ces conditions ne soit remplie, pourvu que la formule ne soit apposée que le moment venu [5] (en particulier, la formule exécutoire ne saurait être apposée le jour même de sa signification [6]; mais cette décision semble aussi remettre en cause la pratique de la demande anticipée [7]). En tout cas, la demande doit être présentée au plus tard dans le mois suivant l'expiration du délai d'opposition ou le désistement du débiteur, faute de quoi, l'ordonnance est non avenue (C. pr. civ., art. 1423, al. 2; en revanche, l'apposition elle-même n'est soumise à aucun délai [8] - cep., une ordonnance d'injonction de payer frappée d'opposition dans le mois de sa signification à personne a curieusement été jugée non avenue, étant précisé qu'une première signification avait été délivrée à domicile, sept ans plus tôt, mais dans le délai de six mois de son prononcé, de sorte que le délai d'opposition n'était pas expiré [sur ce point, v. ss n° 332.72] et qu'en conséquence aucune caducité n'était normalement encourue [9]). Mais en pratique le débiteur peut difficilement vérifier le respect de ce délai de déchéance car la Cour de cassation considère que le greffier qui appose la formule exécutoire n'a pas à indiquer la date à laquelle la demande a été présentée [10].

1. Décr. n° 2012-366, 15 mars 2012, relatif à la signification des actes d'huissier de justice par voie électronique et aux notifications internationales, *JO* 17 mars 2012, p. 4899.
2. Civ. 1re, 10 juill. 1990, n° 89-13.345, *Bull. civ.* I, n° 194; *RTD civ.* 1991. 341, obs. Mestre; *Gaz. Pal.* 1991. Somm. 98, obs. Croze et Morel; *JCP* 1990. IV. 343 – Com. 9 avr. 1991, n° 89-16.923, *Bull. civ.* IV, n° 136; *RTD com.* 1992. 228, obs. Bouloc; *Gaz. Pal.* 1991. Pan. 268 – Com. 23 mai 2000, n° 97-17.512, NP – Civ. 1re, 5 nov. 2009, n° 08-18.095, NP; *Gaz. Pal.* 2010. 1594, obs. Amrani Mekki – Civ. 1re, 11 févr. 2010, n° 08-18.802, NP; *Procédures* 2010. Comm. 109, obs. Perrot.
3. L. n° 91-650, 9 juill. 1991, portant réforme des procédures civiles d'exécution, *JO* 14 juill., p. 9228.
4. Civ. 2e, 13 sept. 2007, n° 06-14.730, *Bull. civ.* II, n° 218; *D.* 2008. 648, chron. Sommer et Nicoletis; *RTD civ.* 2007. 813, obs. Perrot; *Dr. et proc.* 2008. 29, obs. Lefort; *Procédures* 2007. Comm. 250, obs. Perrot – Paris, 15 déc. 2004, RG n° 04/15028, *D.* 2005. 342, note Strickler – V. AUSSI, R. Perrot, « Injonction de payer et mesure conservatoire ou un accouplement inattendu », *Procédures* 2005. Étude 3.
5. Civ. 2e, 23 janv. 1991, n° 89-18.747, *Bull. civ.* II, n° 27; *D.* 1992. Somm. 124, obs. Julien; *RTD civ.* 1991. 177, obs. crit. Perrot; *RTD civ.* 1991. 411, obs. Perrot; *Gaz. Pal.* 1991. Pan. 183; *JCP* 1991. IV. 128.
6. Civ. 2e, 10 janv. 2008, n° 06-21.404, *D.* 2008. AJ 361, obs. Avena-Robardet; *D.* 2008. 648, chron. Sommer et Nicoletis; *RTD civ.* 2008. 355, obs. Perrot; *Procédures* 2008. Comm. 100, obs. Perrot.
7. EN CE SENS, V. Avena-Robardet, préc. ss prést n°.
8. Civ. 3e, 8 mars 2001, n° 99-15.089, NP; *Procédures* 2001. Comm. 104, obs. Perrot – Civ. 2e, 10 janv. 2008, n° 07-10.508, *D.* 2008. 648, chron. Sommer et Nicoletis; *RTD civ.* 2008. 355, obs. Perrot; *Dr. et proc.* 2008. 253, obs. Leborgne.
9. Civ. 2e, 3 nov. 2005, n° 04-11.756, *Bull. civ.* II, n° 279; *RTD civ.* 2006. 155, obs. crit. Perrot.
10. Civ. 2e, 10 janv. 2008, n° 07-10.508, préc. ss prést n°.

Cette demande est formée au greffe par déclaration verbale ou par lettre simple (C. pr. civ., art. 1423, al. 1er). Elle est délivrée sans aucune intervention judiciaire, le décret no 81-500 du 12 mai 1981[1] ayant supprimé le visa judiciaire antérieurement requis[2]. Du coup se pose la question des **délais de paiement** qui pouvaient être accordés par le juge dans le cadre du visa qu'il devait apposer pour permettre l'apposition de la formule exécutoire. Certes l'article 1422 alinéa 2 C. pr. civ., qui précise les effets de l'ordonnance revêtue de la formule exécutoire (v. ci-après ss prést no), évoque l'hypothèse des délais de paiement inclus dans l'ordonnance. Mais de deux choses l'une : ou bien, cette précision est devenue sans objet et donc inutile; ou bien, il faut admettre que le juge peut accorder des délais de paiement d'office dès le prononcé de l'ordonnance. À défaut, le débiteur ne pourra obtenir des délais de paiement que du juge dans le cadre de l'opposition si elle est encore possible[3] ou du juge de l'exécution après signification d'un commandement ou d'un acte de saisie (C. pr. exéc., art. R. 121-1, al. 2 – C. pr. civ., art. 510 – V. not. Ph. Hoonakker[4] et C. Lefort[5]).

À ce stade de la procédure, le créancier peut demander la **restitution** des documents conservés provisoirement au greffe (C. pr. civ., art. 1424). Quant à l'ordonnance revêtue de la formule exécutoire, elle produit tous les **effets** d'un jugement contradictoire et n'est pas susceptible d'appel même si elle accorde des délais de paiement (C. pr. civ., art. 1422, al. 2). Il résulte de cette qualification les conséquences suivantes. D'une part, l'ordonnance d'injonction de payer constitue un **titre exécutoire** autorisant le créancier à recourir à toutes les mesures d'exécution forcée appropriées. D'autre part, elle vaut jugement contradictoire en dernier ressort d'où les **voies de recours** suivantes. L'ordonnance revêtue de la formule exécutoire peut faire l'objet d'une **tierce-opposition**, notamment de la part de la caution en cas de fraude du débiteur qui, à dessein, n'a pas formé d'opposition pour soulever l'exception de prescription dont il pouvait bénéficier[6]. Par ailleurs et surtout, la Cour de cassation, s'appuyant sur la qualification de l'article 1422 alinéa 2 C. pr. civ., a admis la recevabilité du **pourvoi en cassation** bien que l'apposition de la formule exécutoire échappe désormais à toute intervention judiciaire[7]. Mais le danger de cette voie de recours est d'offrir au débiteur négligent, une voie de secours lui permettant de faire valoir des griefs qu'il aurait dû invoquer à l'appui de l'opposition qu'il n'a pas formée. Pour cette raison, le pourvoi en cassation n'était admis, avant le décret du 12 mai 1981, que pour critiquer le visa du juge ayant permis l'apposition de la formule exécutoire, et en aucun cas, pour remettre en cause l'ordonnance d'injonction de payer elle-même[8]. Sous l'empire des textes actuels, la Cour de cassation était d'abord allée plus loin, en autorisant également la critique de l'ordonnance d'injonction de payer lorsqu'elle ne comportait pas le nom du magistrat ou n'était pas signée par celui-ci ou son greffier[9]. Mais elle est finalement revenue à la solution ancienne en décidant que le pourvoi en cassation, qui n'est possible qu'après l'expiration du délai d'opposition[10] (condition qui ne peut être remplie en cas de signification irrégulière de l'ordonnance car celle-ci n'a pu faire courir le délai d'opposition[11]), « *n'est recevable que pour critiquer les conditions d'apposition sur l'ordonnance de la formule exécutoire* »[12].

Ceci étant, le débiteur négligeant n'est pas totalement privé de moyen d'action. En effet, la Cour de cassation considère que l'**autorité de chose jugée**, attachée à l'ordonnance d'injonction de payer, est strictement limitée à ce qui a pu être jugé. Elle a ainsi considéré comme recevable la demande d'une caution en nullité de son engagement, nonobstant l'ordonnance d'injonction de payer rendue antérieurement sur ce fondement, au motif que celle-ci « *n'a pu se prononcer sur la validité de* [son] *consentement* »[13] (cep. une demande ultérieure en livraison de marchandises a été jugée irrecevable sur le fondement de l'autorité de la chose jugée attachée à l'ordonnance d'injonction de payer les factures correspondantes, au motif que celle-ci « *avait nécessairement admis que les fournitures visées* [...] *avaient été livrées au débiteur* »[14]).

1. Décr. no 81-500, 12 mai 1981, instituant les dispositions des livres III et IV du Nouveau Code de procédure civile et modifiant certaines dispositions de ce code, *JO* 14 mai, p. 1380.
2. Sur ce point, V. NOT., Rép. pr. civ., vo *Injonction de payer*, par C. Brahic-Lambrey, janv. 2009 [màj janv. 2013], no 67.
3. EN CE SENS, R. Perrot, « Injonction de payer et délai de grâce », *Gaz. Pal.* 2001. Doctr. 60.
4. P. Hoonaker, « Le juge de l'exécution », *Gaz. Pal.* 1983. Doctr. 55 s., no 102.
5. Rép. pr. civ., vo *Juge de l'exécution*, par C. Lefort, déc. 2011 [màj janv. 2013], nos 167 et 168.
6. Civ. 1re, 10 déc. 1991, no 90-12.834, *Bull. civ.* I, no 348; *RTD civ.* 1992. 649, obs. Perrot; *Gaz. Pal.* 1992. Pan. 75.
7. Civ. 2e, 6 avr. 1987, no 85-18.508, *Bull. civ.* II, no 84; *Gaz. Pal.* 1988. 80, note M. R.; *RTD civ.* 1987. 609, obs. Perrot.
8. V. R. Perrot, *RTD civ.* 1991. 412.
9. Civ. 2e, 23 janv. 1991, no 89-18.747 préc. ss prést no; *RTD civ.* 1991. 411, obs. Perrot – Civ. 2e, 5 avr. 1993, no 91-19.832, *Bull. civ.* II, no 145; *D.* 1993. IR 129; *RTD civ.* 1993. 657, obs. Perrot; *JCP* 1993. IV. 1499.
10. Civ. 2e, 18 févr. 1999, no 97-14.601, NP; *Procédures* 1999, no 90, obs. Perrot.
11. Civ. 2e, 2 avr. 1997, no 95-16.305, NP; *D.* 1997. 410, notes Julien; *RTD civ.* 1997. 741, obs. Perrot.
12. Civ. 2e, 29 nov. 1995, no 93-15.249, no 93-15.860, no 93-15.861, 3 esp., *Bull. civ.* II, no 292; *RTD civ.* 1996. 471, obs. Perrot – Civ. 2e, 2 avr. 1997, no 95-16.305, préc. ss prést no.
13. Civ. 1re, 18 janv. 2000, no 97-19.674, *Bull. civ.* I, no 11; *D.* 2001. 693, obs. Aynès; *RJDA* 2000, no 497.
14. Colmar, 16 févr. 1999, RG no 3B 9703455, *Rev. jur. Est* 1999. 177.

B. Phase contradictoire éventuelle : l'opposition

332.71 Définition – Domaine. L'opposition est la voie de droit ouverte au débiteur pour s'opposer à l'ordonnance d'injonction de payer prononcée à son encontre (C. pr. civ., art. 1412). Elle lui permet de faire juger contradictoirement, dans le cadre d'une procédure au fond (v. s[s] n° 332.74), les prétentions du créancier qu'il conteste.

De plus, c'est la seule voie ouverte, quels que soient les moyens, de fond ou de forme, que le débiteur entend faire valoir contre l'ordonnance rendue. Ce principe joue évidemment tant que le délai d'opposition est ouvert, si bien que le débiteur ne saurait opter pour une autre voie de recours, tel que le pourvoi en cassation, tant que l'opposition est possible[1]. Mais désormais il en va de même lorsque le délai est expiré car le pourvoi de cassation, ouvert contre l'ordonnance revêtue de la formule exécutoire, ne permet en aucun cas de remettre en cause l'ordonnance elle-même, tous les moyens la concernant devant obligatoirement faire l'objet d'une opposition (v. s[s] n° 332.63).

332.72 Délai. Le délai ouvert au débiteur pour former opposition est toujours d'**un mois.** Mais son point de départ dépend des modalités de signification de l'ordonnance. Si celle-ci a été délivrée à la **personne** du débiteur, ce délai court à compter de sa date (C. pr. civ., art. 1416). Dans tous les autres cas, l'opposition reste recevable jusqu'à l'expiration du délai d'un mois courant :

- soit à compter du **premier acte signifié à personne** (C. pr. civ., art. 1416, al. 2); il peut s'agir d'une nouvelle signification de l'ordonnance elle-même[2] - mais en aucun cas d'une notification par lettre recommandée avec demande d'avis de réception qui ne saurait faire courir ce délai[3] - ou de la signification à personne de tout autre acte fondé sur l'ordonnance, tel que par exemple, un commandement de payer;

- soit, à défaut, de la **première mesure d'exécution** ayant pour effet de rendre indisponibles en tout ou partie les biens du débiteur (C. pr. civ., art. 1416, al. 2); un commandement de payer, préalable obligatoire à une saisie-vente mais qui ne produit aucun effet d'indisponibilité, ne peut donc faire courir ce délai d'opposition[4], sauf s'il a été signifié à personne (v. ci-dessus s[s] prés[t] n°). De même, un créancier qui fait état d'une « saisie conservatoire », mais ne communique qu'une copie, non signée, ni certifiée conforme d'une « opposition » qu'il aurait fait pratiquer par un huissier de justice, faute de produire le second original, ne rapporte pas la preuve d'une mesure d'exécution, et il n'établit pas davantage que tout ou partie des biens du débiteur auraient été rendus indisponibles en se bornant à communiquer une sommation d'assister à une nouvelle adjudication et une simple citation afférente à une procédure de saisie-arrêt sur salaire, sans autres démonstrations sur les suites de ces actions[5]. S'agissant de la saisie-attribution, la Cour de cassation a dit pour avis que le délai d'opposition ne commence à courir qu'à compter de sa dénonciation au débiteur saisi[6] (solution reprise par la deuxième chambre civile[7]). Cette solution devrait valoir pour toute mesure d'exécution forcée pratiquée entre les mains d'un tiers : ainsi bien que l'indisponibilité se produise dès la signification de l'acte de saisi au tiers, le délai ne commencerait à courir qu'à compter de sa dénonciation au débiteur saisi.

Si toutes ces modalités du délai d'opposition doivent figurer, à peine de nullité, dans la première signification de l'ordonnance d'injonction de payer (C. pr. civ., art. 1413 - V. s[s] n° 332.62), il a été jugé qu'elles n'ont pas à être rappelées dans les actes postérieurs même s'ils sont susceptibles de faire courir le délai d'un mois, en l'absence de signification à personne de l'ordonnance[8].

Dans tous les cas, lorsque le délai est expiré, l'opposition est irrecevable et cette **fin de non-recevoir**, fondée sur l'absence d'ouverture d'une voie de recours, a un caractère d'ordre public qui oblige le juge à la soulever d'office et interdit aux parties d'y renoncer[9]. Mais encore faut-il que le juge, qui déclare une opposition irrecevable, mette la Cour de cassation en mesure d'exercer son contrôle, en précisant dans sa décision le point de départ du délai d'opposition et la date de celle-ci[10]. L'indication du point de départ suppose, par ailleurs, la recherche et la mention des modalités de signification de l'ordonnance d'injonction de payer, en l'absence de tout acte d'exécution (jugé en ce sens par un arrêt du 1er juillet 1992[11], qui confirme ainsi opportunément, par ailleurs, qu'une ordonnance d'injonction de

1. V. NOT., R. Perrot, *RTD civ.* 1994. 658; *RTD civ.* 1994. 659.
2. V. PAR EX. Civ. 2e, 20 janv. 2011, n° 09-72.352, NP; *Procédures* 2011. Comm. 86, obs. Perrot.
3. TI Nîmes, 29 juin 1982, *D.* 1983. 13, note Pansier.
4. TI Fréjus, 24 févr. 1986, *Gaz. Pal.* 1986. Somm. 223; *RTD civ.* 1986. 647, obs. Perrot.
5. Versailles, 15 janv. 1999, RG n° 8542/86, inédit.
6. Cass., avis, 16 sept. 2002, n° 02-00.003, *Bull. civ. avis.*, n° 4; *RTD civ.* 2003. 142, obs. Perrot; *Dr. et proc.* 2003. 102, obs. Dymant.
7. Civ. 2e, 11 déc. 2008, n° 08-10.141, *Bull. civ.* II, n° 263; *D.* 2009. 107; *D.* 2009. 757, chron. Sommer et Nicolétis.
8. TI Civray, 18 mai 1989, *JCP* 1990. IV. 60.
9. Civ. 2e, 27 janv. 1988, n° 86-17.911, *Bull. civ.* II, n° 28; *D.* 1990. 98, note Ménabé – Civ. 2e, 6 déc. 1991, n° 90-15.606, *Bull. civ.* II, n° 329.
10. Civ. 2e, 6 nov. 1991, n° 90-17.391, *Bull. civ.* II, n° 294.
11. Civ. 2e, 1er juill. 1992, n° 91-10.038, *Bull. civ.* II, n° 188; *D.* 1993. Somm. 184, obs. Julien; *RTD civ.* 1993. 657, obs. Perrot; *Gaz. Pal.* 1992. Pan. 314; *JCP* 1992. IV. 2533.

payer, même revêtue de la formule exécutoire, peut encore être susceptible d'opposition alors que la rédaction maladroite des arrêts des 27 janvier 1988 et 6 décembre 1991[1] avaient pu laisser penser le contraire).

332.73 Modalités. L'opposition est toujours portée devant le juge qui a rendu l'ordonnance contestée (C. pr. civ., art. 1415; mais lorsque l'ordonnance a été rendue par le président d'un tribunal de commerce c'est devant le tribunal et non son président qu'elle est portée).

Elle est formée au greffe soit par **déclaration verbale**, soit par **lettre recommandée** (C. pr. civ., art. 1415, al. 2). Cette dernière formalité n'étant pas exigée à peine de nullité, la Cour de cassation en a déduit qu'une opposition par lettre simple est aussi recevable[2]. Mais ces deux formes n'offrent pas les mêmes garanties au débiteur. Certes la date de toute notification par voie postale est, à l'égard de celui qui y procède, celle de l'expédition figurant sur le cachet du bureau d'émission (C. pr. civ., art. 668 et 669, al. 1er). Mais comment prouver cette date si la lettre simple, utilisée pour former opposition, n'arrive pas au greffe ? Au contraire, cette difficulté ne se rencontre pas lorsque le débiteur recourt à la lettre recommandée[3]. Quelle que soit sa forme, l'opposition n'a pas à être motivée[4], pourvu qu'elle exprime clairement la volonté du débiteur de contester l'ordonnance d'injonction de payer prononcée à son encontre.

L'opposition doit être formée par le **débiteur lui-même** et non par un tiers agissant sans mandat, fut-ce le conjoint du débiteur[5], étant cependant rappelé que cette fin de non-recevoir, tirée du défaut de qualité, ne peut être relevée d'office par le juge[6]. Mais plutôt que d'agir lui-même, le débiteur peut aussi charger un **mandataire** de faire opposition pour son compte. Mais il était généralement admis qu'il ne disposait pas de la même liberté que le créancier, lequel peut faire présenter sa requête par tout mandataire (C. pr. civ., art. 1407, al. 1er). En effet, à défaut de disposition contraire, les règles de droit commun en vigueur devant le tribunal d'instance ou la juridiction de proximité devaient s'appliquer à l'opposition. Or celles-ci réservant la représentation aux personnes habilitées par l'article 828 C. pr. civ., c'est parmi celles-ci que le débiteur devait choisir son mandataire (pareille difficulté ne s'est jamais posée devant le tribunal de commerce où les parties peuvent se faire représenter par toute personne de leur choix selon C. pr. civ., art. 853, al. 2). Mais depuis le décret n° 2012-1515 du 28 décembre 2012[7], qui a modifié en ce sens l'article 1415 C. pr. civ., l'opposition peut être faite par tout mandataire du débiteur, qui, s'il n'est avocat, doit justifier d'un pouvoir spécial. Il est donc désormais dérogé sur ce point aux règles de droit commun de la procédure ordinaire qui sont normalement applicables à l'instance sur opposition.

332.74 Instance sur opposition. L'opposition conduit le tribunal d'instance ou la juridiction de proximité à statuer sur la demande en recouvrement du créancier (C. pr. civ., art. 1417, al. 1er), mais cette fois **contradictoirement** en présence du débiteur, dans le cadre d'une procédure **contentieuse ordinaire** dont toutes les règles s'appliquent (v. s^s n°s 332.10 s.). En particulier, la procédure est orale devant ces juridictions, de sorte que le créancier ne peut se contenter de leur adresser ses moyens et prétentions par écrit sans comparaître[8] (la solution vaut aussi depuis la réforme de la procédure orale si le créancier ne bénéficie pas d'une dispense de comparution[9]; sur l'ensemble de la question, v. s^s n°s 321.113 et 321.122). Mais il faut néanmoins apporter les réserves et précisions suivantes.

Conformément aux règles de droit commun, le tribunal d'instance ou la juridiction de proximité connaît tant de la demande principale en recouvrement exposée par le créancier dans sa requête en injonction de payer que des défenses au fond et des demandes incidentes que les parties peuvent être amenées à former en cours d'instance. Mais il ne peut connaître de ces prétentions que dans la limite de sa **compétence d'attribution** (C. pr. civ., art. 1417, al. 2). En conséquence, si les prétentions invoquées échappent à la compétence matérielle du tribunal d'instance ou de la juridiction de proximité, celui-ci devra se déclarer incompétent et renvoyer l'affaire devant la juridiction compétente selon les règles de droit commun prévues à l'article 97 C. pr. civ. (C. pr. civ., art. 1417, al. 3 - tel était traditionnellement le cas de demandes excédant le taux de compétence[10]). En principe, l'incompétence est soulevée dans le cadre de l'ins-

1. Civ. 2e, 27 janv. 1988, n° 86-17.911, et Civ. 2e, 6 déc. 1991, n° 90-15.606, préc. s^s prés^t n°.
2. Civ. 2e, 1er mars 1989, n° 87-19.011, *Bull. civ.* II, n° 56; *RTD civ.* 1990. 141, obs. Perrot.
3. Civ. 2e, 1er juill. 1992, n° 91-10.585, *Bull. civ.* II, n° 187; *D.* 1993. Somm. 184, obs. Julien.
4. Civ. 2e, 14 janv. 1987, n° 84-17.466, *Bull. civ.* II, n° 10; *D.* 1987. IR 19; *RTD civ.* 1987. 411, obs. Perrot.
5. Civ. 2e, 26 avr. 1990, n° 89-11.079, *Bull. civ.* II, n° 78 – Civ. 2e, 4 mars 2004, n° 02-12.723, *Bull. civ.* II, n° 90; *Dict. perm. diff. entrep.* 2004, *bull.* 248, p. 5338, n° 66c.
6. Civ. 2e, 1er juill. 1992, n° 90-21.659, *Bull. civ.* II, n° 192; *D.* 1993. Somm. 184, obs. Julien.
7. Décr. n° 2012-1515, 28 déc. 2012, portant diverses dispositions relatives à la procédure civile et à l'organisation judiciaire, *JO* 23 déc., p. 21018.
8. Civ. 2e, 10 mars 2011, n° 10-30.577, NP; *Procédures* 2011. Comm. 163, obs. Perrot.
9. Civ. 2e, 27 sept. 2012, n° 11-18.322, *Bull. civ.* II, n° 155; *D.* 2013. 606, obs. Leroy-Gissinger et Renault-Malignac.
10. Civ. 2e, 9 févr. 1994, n° 92-16.687, *Bull. civ.* II, n° 54; *RTD civ.* 1994. 420, obs. Perrot – Limoges, 16 janv. 1991, RG n° 1348/90, *D.* 1993. Somm. 124, obs. Julien; *RTD civ.* 1991. 807, obs. Perrot.

tance sur opposition. Mais pour gagner du temps, le créancier peut déjà demander dans sa requête, qu'en cas d'opposition, l'affaire soit immédiatement renvoyée devant la juridiction qu'il estime compétente (C. pr. civ., art. 1408). Il sera alors procédé sans délai au renvoi devant la juridiction désignée dans la requête comme il est dit à l'article 97 C. pr. civ. (C. pr. civ., art. 1417, al. 3; le tribunal ne rendant pas, dans ce cas, de décision d'incompétence, cette question pourra être débattue devant la juridiction de renvoi désignée librement par le créancier, et sous sa seule responsabilité[1]). Mais ces règles ont perdu tout intérêt depuis l'introduction de la procédure d'injonction de payer devant le tribunal de grande instance. En effet, désormais le juge d'instance comme le juge de proximité ne peuvent être saisis d'une requête en injonction de payer que dans la limite de leur compétence *ratione valoris* (v. s^s^ n° 172.271). En conséquence, l'incompétence de la juridiction ne peut résulter que d'une demande incidente formée ultérieurement dans le cadre de l'instance sur opposition. Sous réserve de sa compétence, le tribunal doit statuer sur toutes les prétentions qui lui sont soumises et ne peut, en particulier, s'y soustraire au motif que la créance invoquée, ayant fait l'objet antérieurement d'une expertise judiciaire ordonnée en référé, les parties auraient dû assigner en « *lecture de rapport* »[2].

Dans l'instance sur opposition, il est définitivement acquis aujourd'hui que le créancier occupe la place de **demandeur** et le débiteur, qui par son opposition ne prend que l'initiative de la phase contradictoire de la procédure, celle de **défendeur**[3]. Mais, indépendamment même de ces qualifications procédurales, la jurisprudence a toujours admis que la **charge de la preuve** pèse, en tout cas, sur le créancier qui doit établir l'obligation qu'il invoque[4] (et ce même lorsqu'il était qualifié expressément de demandeur à l'injonction et de défendeur à l'opposition[5]). Du reste, dans cette perspective, le créancier peut demander, dès l'opposition, la restitution des documents produits et provisoirement conservés par le greffe (C. pr. civ., art. 1424), ce qui lui permettra de les compléter utilement, le cas échéant, et surtout de les communiquer au débiteur dans le strict respect du principe du contradictoire. En conséquence, le juge devra toujours vérifier le bien-fondé de la créance invoquée et ne pourra jamais se contenter de la non-comparution du défendeur qui a formé opposition pour confirmer l'ordonnance contestée[6].

Le greffe **convoque** toutes les parties, même celles qui n'ont pas formé opposition, à la première audience que tiendra le tribunal, par lettre recommandée avec demande d'avis de réception[7] (C. pr. civ., art. 1418). Cette convocation doit comporter, à peine de nullité, les mentions suivantes : sa date, la juridiction devant laquelle l'opposition est portée, la date de l'audience à laquelle le défendeur est convoqué, l'indication que faute pour lui de comparaître, il s'expose à ce qu'un jugement soit rendu contre lui sur les seuls éléments fournis par son adversaire et les conditions selon lesquelles le défendeur peut se faire assister ou représenter (C. pr. civ., art. 1418, al. 3 à 5). Si l'une des parties ne comparaît pas à cette audience, il est fait application des règles ordinaires applicables à la **carence** d'une partie. En conséquence, le créancier défaillant se verra appliquer l'article 468 C. pr. civ.[8] et le débiteur comme le défendeur l'article 472 C. pr. civ.[9] (il est cependant arrivé que l'article 472 C. pr. civ. soit appliqué au créancier défaillant, qualifié de défendeur[10]). En revanche, les règles ordinaires sont écartées si aucune des parties ne comparaît à la première audience. Dans cette hypothèse, en effet, le tribunal d'instance ou le juridiction de proximité doit constater l'extinction de l'instance, laquelle rend non avenue l'ordonnance d'injonction de payer (C. pr. civ., art. 1419). Si les parties comparaissent, l'affaire ne sera plaidée à la première audience que si elle est prête, ce qui n'arrive quasiment jamais en pratique. À défaut, elle sera renvoyée à une audience ultérieure, sauf s'il est recouru à la mise en état écrite conformément aux règles de droit commun (v. s^s^ n° 332.42). En cas de renvoi, le juge doit veiller à ce que toutes les parties soient avisées de la nouvelle date d'audience, soit ver-

1. EN CE SENS, Versailles, 17 oct. 2002, *RTD civ.* 2003. 352, obs. Perrot.
2. Civ. 2e, 17 juin 1987, n° 86-11.065, *Bull. civ.* II, n° 134; *D.* 1987. IR 161.
3. Civ. 2e, 10 mars 1988, n° 86-17.968, *Bull. civ.* II, n° 62; *Gaz. Pal.* 1988. Somm. 495, obs. Guinchard et Moussa – Limoges, 16 janv. 1991, RG n° 1348/90, 1re esp., *D.* 1992. Somm. 124, obs. Julien – TI Guingamp, 15 déc. 1983, *JCP* 1986. II. 20538, note Blaisse; *RTD civ.* 1984. 572, obs. Perrot – Civ. 2e, 9 déc. 1997, n° 96-12.797, *Bull. civ.* II, n° 311; *Gaz. Pal.* 1998. Pan. 134.
4. Com. 18 juin 1991, n° 88-17.011, *Bull. civ.* IV, n° 228; *RTD civ.* 1991. 746, obs. Mestre; *RTD civ.* 1992. 648, obs. Perrot – Civ. 2e, 23 oct. 1991, n° 90-15.529, *Bull. civ.* II, n° 272; *RTD civ.* 1992. 648, obs. Perrot – Sur ces trois décisions, V. AUSSI *RTD civ.* 1992. 648, obs. Perrot.
5. Com. 13 juin 1990, n° 89-15.146, NP; *RTD civ.* 1992. 648, obs. Perrot; *Gaz. Pal.* 1990. Pan. 219.
6. Civ. 2e, 9 déc. 1997, n° 96-12.797, préc. s^s^ prés^t^ n°.
7. Civ. 2e, 25 mars 1991, n° 89-20.788, *Bull. civ.* II, n° 100; *D.* 1992. IR 124, obs. Julien.
8. Civ. 2e, 11 mars 1992, n° 90-19.477, *Bull. civ.* II, n° 78 – Civ. 2e, 10 mars 1988, n° 86-17.968, préc. s^s^ prés^t^ n° – TI Gingamp, 15 déc. 1983, préc. s^s^ prés^t^ n° – *CONTRA* : Versailles, 3 déc. 1993, RG n° 9172/92, *RTD civ.* 1994. 168, obs. crit. Perrot.
9. Civ. 2e, 26 juin 1985, NP; *RTD civ.* 1986. 195, obs. Perrot – Civ. 2e, 13 juin 2002, n° 00-217.85, NP; *Dr. et proc.* 2002. 363, obs. Douchy.
10. Civ. 2e, 6 févr. 1980, n° 78-13.419, *Bull. civ.* II, n° 28; *RTD civ.* 1980. 628, obs. Perrot.

balement à la barre, soit à défaut, par lettre simple[1], sous peine d'annulation de sa décision[2].

À l'issue de l'instance, le **jugement** rendu est toujours appelable lorsque le montant de la demande excède le taux de compétence en dernier ressort (C. pr. civ., art. 1421). À défaut, il sera susceptible d'opposition s'il est rendu par défaut (il ne faut pas confondre l'opposition contre l'ordonnance d'injonction de payer qui est une voie de recours spéciale et l'opposition ouverte contre tous les jugements rendus par défaut qui est une voie de recours ordinaire[3]) et sinon d'un pourvoi en cassation comme toutes les décisions rendues en dernier ressort. Dans tous les cas, il se **substitue** à l'ordonnance d'injonction de payer (C. pr. civ., art. 1420). En conséquence, le tribunal statuant sur opposition, ou la cour saisie de l'appel formé contre un jugement rendu sur opposition, n'a pas à confirmer ou rétracter l'ordonnance d'injonction de payer, mais doit débouter le créancier ou condamner le débiteur[4]. L'ordonnance d'injonction de payer est donc définitivement anéantie par le jugement rendu sur opposition et ne saurait revivre ultérieurement même si ce jugement était annulé[5]. Cette substitution justifie les conséquences que produit l'opposition en cas d'exécution forcée engagée antérieurement sur le fondement de l'ordonnance revêtue de la formule exécutoire.

332.75 Effets de l'opposition. Si l'opposition est formée avant que l'ordonnance ne soit revêtue de la formule exécutoire, c'est-à-dire dans le mois de sa signification à personne (v. s[s] n° 332.72), aucun problème d'exécution forcée ne peut se poser. En effet, l'opposition empêche alors toute apposition de la formule exécutoire, si bien que seul le jugement du tribunal pourra, le cas échéant, être mis à exécution.

En revanche, lorsque l'ordonnance n'est pas signifiée à personne, elle pourra être revêtue de la formule exécutoire et constituera alors un titre susceptible d'exécution forcée, alors même qu'elle peut encore être frappée d'opposition dans le délai d'un mois de la première signification à personne, ou, à défaut, de la première mesure d'exécution ayant pour effet de rendre indisponibles en tout ou partie les biens du débiteur (C. pr. civ., art. 1416 – V. s[s] n° 332.72). Si le débiteur forme opposition dans ce délai, quel est le sort de la mesure d'exécution forcée engagée antérieurement, par hypothèse, sur le fondement de l'ordonnance d'injonction de payer revêtue de la formule exécutoire ? Dans le silence des textes, la Cour de cassation, interrogée à propos d'une saisie-attribution régularisée dans ces conditions, a dit pour avis, que l'opposition « *affecte la force exécutoire du titre sur le fondement duquel la mesure d'exécution a été pratiquée* [et] *empêche dès lors la poursuite de la procédure d'exécution sans remettre en cause les effets de l'acte de saisie dont la validité s'apprécie au moment où il a été signifié* »[6]. La généralité des termes employés rend la solution applicable à toutes les mesures d'exécution forcée. Elle signifie que l'opposition ne produit qu'**un effet suspensif pour l'avenir.** Autrement dit, elle laisse subsister les effets déjà produits par la mesure d'exécution forcée dont il ne saurait donc être donné mainlevée. Mais inversement, elle ne peut être menée à son terme par le paiement du créancier en cas de saisie-attribution ou par la vente du bien en cas de saisie-vente. La mesure d'exécution forcée pratiquée par un créancier sur le fondement d'une ordonnance d'injonction de payer revêtue de la formule exécutoire se mue ainsi, en cas d'opposition du débiteur, en une sorte de **mesure conservatoire** garantissant l'indisponibilité des biens saisis jusqu'au jugement sur opposition qui se substituera, dans tous les cas, à l'ordonnance initiale.

Dans tous les cas, l'opposition n'interrompt pas la prescription. Mais cet effet est attaché, le cas échéant, à la demande reconventionnelle formée par l'opposant au cours de l'instance sur opposition[7], conformément aux règles de droit commun des demandes incidentes (v. s[s] n° 332.75).

§ 2
Procédure d'injonction de faire

332.80 Plan. Le déroulement de la procédure, introduite sur requête dans les cas prévus à l'article 1425-1 C. pr. civ. (v. s[s] n° 172.272) dépend de la décision que va rendre le tribunal d'instance ou la juridiction de proximité qui peut rejeter la demande (A) ou, au contraire, faire injonction au débiteur d'exécuter l'obligation de faire invoquée (B).

A.
Rejet de la demande

332.81 Conséquences. Si au vu des documents produits, la demande ne lui paraît pas fondée, le juge

1. V. par ex., Civ. 2e, 12 mars 1986, n° 84-17.830, *Bull. civ.* II, n° 37.
2. Civ. 2e, 12 juin 1985, n° 84-10.389, *Bull. civ.* II, n° 116.
3. Civ. 2e, 18 oct. 2007, n° 06-17.201, *Bull. civ.* II, n° 232; *D.* 2007. AJ 2811, obs. Avena-Robardet; *D.* 2008. 648, chron. Sommer et Nicoletis; *Procédures* 2007. Comm. 276, obs. Perrot.
4. Civ. 1re, 13 mai 2003, n° 00-20.146, *Bull. civ.* I, n° 115; *D.* 2003. IR 1481.
5. EN CE SENS, Colmar, 23 févr. 2005, *Rec. jur. de l'Est* 2005. 117.
6. Cass., avis, 8 mars 1996, n° 09-60.001, *Bull. civ. avis.*, n° 4; *D.* 1996. IR 102; *D.* 1996. 360, obs. Julien; *RTD civ.* 1996. 714, obs. Perrot; *RTD civ.* 1997. 517, obs. Perrot; *J.-Cl. Pr. civ.*, 1996, n° 215, obs. Perrot.
7. Paris, 10 déc. 2008, RG n° 06/12911, D. Émery c/ Cargo Logistic, *Bull. transp.* 2009. 75.

la rejette et restitue la requête et les pièces jointes au requérant (C. pr. civ., art. 1425-9). Cette décision n'est susceptible d'aucun recours sauf pour le requérant à procéder selon les voies de droit commun (C. pr. civ., art. 1425-9).

Cette absence de tout recours, quel qu'il soit, n'est pas préjudiciable au créancier puisque celui-ci n'est en aucun cas privé du droit d'engager une procédure de droit commun devant la juridiction compétente. Il peut s'agir d'une procédure au fond ou d'un référé-injonction de faire sauf que la décision de rejet signifie généralement qu'il existe une contestation sérieuse s'opposant à la compétence du juge des référés. Mais quel que soit le choix du requérant, la procédure sera nécessairement contradictoire *ab initio*.

B.
Injonction de faire

332.91 **Ordonnance.** Si la requête apparaît fondée au juge au vu des documents produits, il rend une ordonnance portant injonction de faire qui doit comporter les mentions suivantes (C. pr. civ., art. 1425-4, al. 2 et 3) :

- fixation de l'objet de l'**obligation** ainsi que le **délai** et les **conditions** dans lesquels celle-ci doit être exécutée;

- lieu, jour et heure de l'**audience** à laquelle l'affaire sera examinée si l'injonction n'a pas été exécutée amiablement.

Elle n'est pas **notifiée** à l'initiative du requérant, mais directement par le greffe à toutes les parties au moyen d'une lettre recommandée avec demande d'avis de réception, doublée le même jour d'une lettre simple (C. pr. civ., art. 1425-5). Cette notification doit reproduire les articles 1425-7 et 1425-8 C. pr. civ. (C. pr. civ., art. 1425-5), lesquels précisent les conditions de la poursuite de la procédure (v. s^s n°s 332.92 et 332.93). Le requérant ne peut donc plus renoncer à la procédure même si éventuellement l'injonction décernée ne lui donne que partiellement satisfaction. Mais outre qu'il pourra provoquer la caducité de la demande dès la première audience (v. s^s n° 332.93), rien ne devrait l'empêcher d'introduire immédiatement une procédure de droit commun pour faire valoir les prétentions rejetées ou laisser la procédure se poursuivre pour y réclamer ce surplus (v. s^s n° 332.93).

La notification ne fait courir d'autre délai que celui fixé par le juge pour l'exécution de l'injonction. C'est que l'ordonnance n'est susceptible d'**aucun recours** (C. pr. civ., art. 1425-4, al. 1er). L'explication en est simple. L'ordonnance d'injonction ne produit aucun effet obligatoire. Ou bien, le débiteur accepte d'exécuter amiablement l'injonction et elle aura atteint son but; ou bien, il refuse d'exécuter, et dans ce cas, la procédure se poursuit ce qui lui permettra de faire valoir contradictoirement tous ses moyens et prétentions. Dans cette perspective, outre que l'ordonnance et la requête sont conservées à titre de minute au greffe, celui-ci garde aussi provisoirement les documents produits (C. pr. civ., art. 1425-6).

332.92 **Exécution amiable.** Le débiteur, informé de l'injonction par la notification de l'ordonnance, peut décider de l'exécuter dans les délais impartis. Dans ce cas, le demandeur doit en informer le greffe (C. pr. civ., art. 1425-7, al. 1er). L'affaire est alors retirée du rôle (C. pr. civ., art. 1425-7, al. 1er) et ne sera donc pas appelée à l'audience qui était prévue.

Mais en aucun cas, le débiteur ne peut être contraint à l'exécution de l'ordonnance rendue car celle-ci ne constitue pas, et ne constituera jamais, un titre exécutoire, contrairement à l'ordonnance de référé-obligation de faire. L'exécution de l'injonction est donc amiable ou n'est pas. Si le débiteur refuse, la seule conséquence est la poursuite de la procédure, mais de manière contradictoire cette fois.

332.93 **Refus d'exécution.** De par sa conception même, la procédure d'injonction de faire traite le refus du débiteur d'exécuter l'obligation invoquée, en tout ou partie, comme un **droit** lui permettant de faire valoir ses moyens et prétentions dans la phase contradictoire débutant à l'audience fixée dans l'ordonnance, à condition cependant que le requérant persiste dans sa demande (aussi lorsque le débiteur est assuré, au vu des arguments déjà échangés entre les parties, de l'opposition du débiteur, il vaudra mieux qu'il engage directement une procédure de droit commun, ce qui lui fera gagner un temps précieux). En effet, à cette audience, la continuation de la procédure est fonction de l'attitude du demandeur, selon qu'il comparaît ou ne comparaît pas.

Si le demandeur **ne comparaît pas**, sans motif légitime, le tribunal déclare **caduque** la procédure d'injonction de faire (C. pr. civ., art. 1425-7, al. 2). Si le motif légitime s'apprécie sans doute comme en droit commun, sa sanction est ici dérogatoire à l'article 468 C. pr. civ. Certes lorsque le motif est jugé légitime, le juge doit renvoyer l'affaire à une audience ultérieure comme en droit commun. Mais dans le cas contraire, aucune option n'est laissée tant au juge qu'au défendeur. Le juge doit alors d'office ordonner la caducité et le défendeur comparant ne peut requérir un jugement sur le fond. L'absence du demandeur peut s'expliquer de trois manières. Le débiteur peut avoir exécuté amiablement l'injonction, mais le demandeur a omis d'en informer le tribunal. L'ordonnance n'a fait droit que partiellement aux prétentions du demandeur qui du coup a préféré engager une procédure de droit commun (ce choix n'est sans doute pas le plus judicieux lorsque la demande relève de la compétence d'attribution du tribunal d'instance, car la poursuite de la procédure doit lui permettre de faire valoir toutes ses prétentions, v. ci-après). Enfin, l'absence du demandeur peut être totalement involontaire. Dans cette hypothèse, le demandeur conserve la possibilité de faire rapporter la décision de caducité s'il fait connaître au greffe dans un délai de quinze jours le motif légitime qu'il n'aurait pas été en mesure d'invoquer en temps utile (C. pr. civ., art. 1425-7, al. 3, qui reprend textuellement C. pr. civ., art. 468, al. 2, auquel il suffit donc de renvoyer sur ce point - V. s^{s} n° 321.133). Si le juge rapporte la décision de caducité, il fixe une nouvelle audience à laquelle les parties sont convoquées (C. pr. civ., art. 1425-7, al. 3).

Lorsque le **demandeur comparaît**, soit à la première audience prévue dans l'ordonnance, soit à celle fixée suite au rapport de la caducité, la procédure se poursuit **au fond** selon les règles de droit commun, de compétence et de procédure, applicables devant le tribunal d'instance ou la juridiction de proximité, sous les réserves et précisions suivantes. Le juge connaît de la demande initiale et de toutes les demandes incidentes et défenses au fond, mais seulement dans la limite de sa compétence d'attribution (C. pr. civ., art. 1425-8, al. 2). Si selon les règles ordinaires de compétence matérielle, la demande échappe au tribunal d'instance ou à la juridiction de proximité, l'affaire est renvoyée devant la juridiction compétente dans les conditions prévues à l'article 97 C. pr. civ. (C. pr. civ., art. 1425-8, al. 3). Sous cette réserve, le juge connaît d'abord de la demande initiale, c'est-à-dire de celle contenue dans la requête qui l'a saisi (laquelle relève toujours de la compétence de la juridiction de proximité dans la mesure où elle ne peut être saisie d'une requête en injonction de faire que dans la limite de sa compétence d'attribution). À ce titre, il ne fait pas de doute, malgré une décision « *déconcertante* »[1], que le juge peut confirmer son injonction initiale et ordonner l'exécution en nature, sous astreinte, de l'obligation invoquée, sans être tenu d'allouer une indemnisation de substitution. Mais le demandeur, pouvant former toute demande incidente dans les conditions de droit commun, pourra, quant à lui, modifier ses prétentions initiales et conclure à la résolution du contrat et/ou à l'allocation de dommages et intérêts; cette dernière demande peut du reste être annoncée dès la requête (C. pr. civ., art. 1425-3, al. 2, 3°, aj. par Décr. n° 2004-836, 20 août 2004[2], art. 51, applicable à compter du 1er janvier 2005 - V. s^{s} n° 172.272). De même, il pourra solliciter le bénéfice des prétentions auxquelles le juge n'avait pas fait droit dans son ordonnance d'injonction. Quant au défendeur, même si l'article 1425-8 alinéa 1er C. pr. civ. ne vise expressément que les défenses au fond, il peut certainement faire valoir aussi toutes exceptions de procédure ou fins de non-recevoir, tout comme il peut former toutes demandes incidentes dans les conditions de droit commun. Faute de toute disposition particulière, le juge statue sur ces demandes, après avoir tenté de concilier les parties (C. pr. civ., art. 1425-8, al. 1er), selon les règles de la procédure contentieuse ordinaire (v. s^{s} n°s 332.10 s.). L'affaire ne sera donc plaidée à la première audience que si elle est prête. À défaut, elle sera renvoyée à une audience ultérieure, sauf s'il est recouru à la mise en état écrite conformément aux règles de droit commun (v. s^{s} n° 332.42). En cas de renvoi, les parties sont avisées de la prochaine audience, verbalement à la barre ou par lettre simple. Ce n'est que le jugement rendu au fond, à l'issue de cette procédure, qui pourra constituer, le cas échéant, un titre exécutoire entre les mains du créancier lui permettant de poursuivre l'exécution forcée de l'obligation invoquée.

1. Paris, 10 avr. 1990, RG n° 89/011846, *D.* 1990. IR 121; *RTD civ.* 1990. 567, obs. Perrot.

2. Décr. n° 2004-836, 20 août 2004, portant modification de la procédure civile, *JO* 22 août, p 15032.

CHAPITRE

333. Procédure devant le tribunal de commerce

PHILIPPE HOONAKKER
Professeur à l'Université de Strasbourg
Avocat

SECTION 0 ORIENTEUR

333.00 **Plan du chapitre.**

333.01 **Principaux textes applicables.**
C. pr. civ., art. 860-1 à 871.

333.04 **Formulaire : renvois.**

Form. pr. com. *Tribunal de commerce – Assignation au fond* (Assignation au fond)

Tribunal de commerce – Assignation au fond (Assignation au fond délivrée à bref délai – C. pr. civ., art. 858)

Tribunal de commerce – Contredit de compétence (Contredit de compétence)

Tribunal de commerce – Référé (Assignation en référé fondée sur l'article 872 C. pr. civ.)

Tribunal de commerce – Requête à fin d'ordonnance (Requête afin d'obtenir une ordonnance dans un des cas spécifiés par la loi – C. pr. civ., art. 874 à 876)

Tribunal de commerce – Requête conjointe (Requête conjointe à fin de saisine du tribunal de commerce)

Tribunal de commerce – Requête en retranchement (Recours lorsqu'une juridiction a statué « *ultra petita* » – C. pr. civ., art. 464)

Tribunal de commerce – Tierce-opposition (Assignation à fin de tierce-opposition – C. pr. civ., art. 587)

Tribunal de commerce – Tierce-opposition (Conclusions formant tierce-opposition incidente)

333.05 **Généralités.** Aucune disposition particulière n'est consacrée, devant le tribunal de commerce, au déroulement de l'instance en matière **gracieuse** et **présidentielle** (ordonnance de référé et sur requête), il suffit donc de faire application des règles communes à toutes les juridictions (v. s^s^ n°s 323.00 s. et n°s 324.00 s.). Il faut cependant réserver la **procédure d'injonction de payer** qui relève à l'origine de la compétence du **président du tribunal de commerce** saisi sur requête (sur cette requête, v. s^s^ n°s 172.231 et 172.271). Le déroulement de cette procédure obéit aux mêmes règles que celles applicables, en la matière, devant le tribunal d'instance (C. pr. civ., art. 1409 s.), et auxquelles il suffira donc de renvoyer (v. s^s^ n°s 332.51 s.), sous les quelques réserves et précisions suivantes. Si la procédure est sans frais devant le tribunal d'instance, le créancier doit, devant le tribunal de commerce, avancer et consigner les **frais de l'ordonnance dans les quinze jours de sa requête** sous peine de caducité (C. pr. civ., art. 1425, al. 1er). De même, en cas d'opposition du débiteur, le greffier doit inviter sans délai le créancier, par lettre recommandée avec demande d'avis de réception, à consigner les **frais de l'opposition dans les quinze jours à peine** de caducité de la requête (C. pr. civ., art. 1425, al. 2), laquelle s'étendra évidemment à l'ordonnance attaquée (en cas de rejet partiel, le créancier échappera alors à la sanction de l'article 1409 alinéa 3 et pourra procéder par les voies de droit commun [1] – sur ce point, v. s^s^ n° 332.61). Quant à l'opposition, elle n'est pas portée devant le président qui a rendu l'ordonnance, mais toujours devant le tribunal de commerce qu'il préside (C. pr. civ., art. 1415, al. 1er). Pour le surplus, l'instance sur opposition obéit aux règles de droit commun de la procédure ordinaire contradictoire en vigueur devant le tribunal de com-

1. Civ. 2e, 21 sept. 2000, n° 99-10.011, *Bull. civ.* II, n° 128; *RTD civ.* 2000. 897, obs. Perrot; *Gaz. Pal.* 2002. Somm. 221, obs. du Rusquec.

merce, à l'exception de quelques règles particulières également applicables devant le tribunal d'instance.

Seul en définitive, le déroulement de la **procédure ordinaire contentieuse** est spécialement réglementé aux articles 860-1 à 871 C. pr. civ., consacrés successivement aux dispositions générales (sect. 1) et au juge chargé d'instruire l'affaire (sect. 2). Il s'agit de la nouvelle appellation de l'ancien juge rapporteur issue du décret n° 2012-1451 du 24 décembre 2012[1], entrée en vigueur le 1er février 2013 (Décr. 24 déc. 2012, art. 15). Mais son rôle et ses pouvoirs sont exactement les mêmes sous réserve du rapport à l'audience qui a été introduit devant le tribunal de commerce (v. ss n° 333.24). Ces règles s'ajoutent évidemment à celles communes à toutes les juridictions qui s'appliquent notamment devant le tribunal de commerce, qu'il s'agisse de l'inscription au répertoire général et de l'ouverture du dossier, des demandes incidentes, de la carence des parties, ou encore des débats, et tout particulièrement de la présence du ministère public comme partie principale ou comme partie jointe, surtout en matière de procédures collectives.

SECTION 1
DISPOSITIONS GÉNÉRALES

333.11 **Oralité.** Selon l'article 860-1 C. pr. civ., la procédure devant le tribunal de commerce est orale. Il s'ensuit que les dispositions communes à toutes les juridictions relatives à ce type de procédure, inscrites aux articles 446-1 à 446-4 C. pr. civ. par le décret n° 2010-1165 du 1er octobre 2010[2], issu des travaux de la commission Guinchard, ont vocation à s'appliquer (v. ss nos 321.101 s.).

Mais ces règles communes doivent être combinées avec les règles particulières prévues aux articles 860-2 à 861-2 C. pr. civ., qui intéressent la conciliation, l'instruction, les débats et la demande incidente tendant à l'octroi d'un délai de paiement.

333.12 **1) Conciliation.** Comme pour toutes les autres juridictions, il entre dans la mission du tribunal de commerce de tenter de concilier les parties. Mais il n'y existe **aucun préalable de conciliation**, facultatif ou obligatoire. En revanche, depuis le décret n° 2010-1165 du 1er octobre 2010, entré en vigueur le 1er décembre 2010, la formation de jugement peut, si une conciliation entre les parties apparaît envisageable et avec l'accord des parties, désigner un **conciliateur de justice** à cette fin. Cette désignation peut revêtir la forme d'une simple mention au dossier (C. pr. civ., art. 860-2) et le conciliateur ainsi désigné procédera selon les dispositions communes à toutes les juridictions (v. ss nos 325.200 s.).

333.13 **2) Instruction.** En l'absence de conciliation, l'affaire peut être évoquée dès la première audience. Il en sera presque toujours ainsi lorsque le défendeur régulièrement cité ne comparaît pas. Dans le cas contraire, et sauf urgence caractérisée ou diligence exceptionnelle des parties, l'affaire n'est jamais en état d'être jugée dès la première audience. La formation de jugement peut alors décider de confier son instruction à l'un de ses membres, appelé le **juge chargé d'instruire l'affaire** (v. ss nos 333.20 s.). Mais elle peut aussi préférer l'instruire elle-même, soit aux audiences qu'elle tient successivement, soit en recourant à une mise en état écrite.

Ainsi, la formation de jugement peut d'abord **renvoyer l'affaire à une prochaine audience** pour exercer ses pouvoirs d'instruction (v. ss n° 321.114) et pour permettre aux parties, dans le respect du contradictoire, de répondre à leurs prétentions et moyens respectifs, de formuler leurs propres moyens et prétentions et verser éventuellement de nouvelles pièces aux débats. Dans tous les cas, lorsque le tribunal décide d'un renvoi, il doit s'assurer que toutes les parties sont informées de la nouvelle date d'audience. Celles qui sont présentes ou représentées au moment du renvoi, sont verbalement informées à la barre. Mais le greffe devra obligatoirement aviser par lettre simple toutes les parties absentes (C. pr. civ., art. 861, al. 2), sous peine d'annulation du jugement (v. en ce sens, à propos de l'ancien article 870 rédigé en des termes identiques[3]; une ordonnance a même considéré que cette omission constitue une « *irrégularité grossière* », justifiant l'arrêt de l'exécution provisoire ordonnée en première instance[4]; en revanche, le greffier n'a pas à informer les parties du report éventuel de la date du prononcé du jugement[5]).

Mais désormais lorsque l'affaire est renvoyée à une audience ultérieure, la formation de jugement peut aussi, si les parties ont comparu à la première audience et si elles sont d'accord, organiser une **mise en état écrite selon les règles de droit commun de la procédure orale** prévues à l'article 446-2 C. pr. civ. (v. ss n° 321.123). L'affaire est alors instruite, sans nouvelle audience, conformément aux modalités fixées par la formation de jugement et les parties

1. Décr. n° 2012-1451, 24 déc. 2012, relatif à l'expertise et à l'instruction des affaires devant les juridictions judiciaires, *JO* 27 déc., p. 20504.
2. Décr. n° 2010-1165, 1er oct. 2010, relatif à la conciliation et à la procédure orale en matière civile, commerciale et sociale, *JO* 3 oct., p. 17986.
3. Civ. 2e, 25 janv. 1984, n° 81-16.170, *Bull. civ.* II, n° 16 – Civ. 2e, 27 mai 1988, n° 87-14.270, *Bull. civ.* II, n° 124 – Com. 30 juin 1987, n° 84-17.051, *Bull. civ.* IV, n° 170 – Civ. 3e, 29 mars 1995, n° 93-17.878, NP; *Rev. huiss.* 1995. 859, note Martin.
4. Saint-Denis de la Réunion, ord. 1er prés., 31 mars 1989, *Gaz. Pal.* 1990. Somm. 450.
5. Civ. 2e, 20 nov. 1991, n° 90-16.617, *Bull. civ.* II, n° 318.

seront avisées des décisions qu'elle prend au titre de ses pouvoirs d'instruction, « *par tout moyen* » (C. pr. civ., art. 446-3, al. 2), tel un avis du greffe expédié par lettre simple aux parties ou à leur mandataire *ad litem* (v. s[s] n°s 321.123 et 321.114).

En revanche, une audience devra être tenue pour les débats et les parties devront y comparaître sauf si elles bénéficient d'une dispense.

333.14 **3) Débats.** Lorsque l'affaire est prête, elle est normalement plaidée à l'audience tenue par la formation de jugement. Depuis le décret du 24 décembre 2012 (v. s[s] n° 333.05), les plaidoiries peuvent être précédées, à la demande du président de cette formation, d'un rapport oral présenté par le juge chargé d'instruire l'affaire (v. s[s] n° 333.24) ou par le président lui-même ou encore un autre juge de la formation qu'il désigne. Comme devant le tribunal de grande instance où ce rapport est désormais obligatoire (C. pr. civ., art. 785), il « *expose l'objet de la demande et les moyens des parties, précise les questions de fait et de droit soulevées par le litige et fait mention des éléments propres à éclairer le débat, sans faire connaître l'avis du juge qui en est l'auteur* » (C. pr. civ., art. 870). À cette audience les parties doivent comparaître pour présenter leurs moyens et prétentions et, le cas échéant, soutenir leurs écritures. À défaut, celles-ci sont irrecevables (v. s[s] n°s 321.113 et 321.122) et ne peuvent donc plus produire d'effet (v. s[s] n° 321.124). Mais il faut désormais réserver la dispense de comparution, qui devant le tribunal de commerce peut être légale ou judiciaire.

La **dispense judiciaire** est celle prévue à l'article 861-1 C. pr. civ., en ces termes : « *La formation de jugement qui organise les échanges entre les parties comparantes peut, conformément au second alinéa de l'article 446-1, dispenser une partie qui en fait la demande de se présenter à une audience ultérieure* ». Il s'ensuit que cette formation ne peut accorder une telle dispense qu'en cas de recours à la mise en état écrite[1]. Si une partie au moins demande et obtient **une dispense de comparution**, la communication entre les parties devra se faire par lettre recommandée avec demande d'avis de réception ou par notification entre avocats et il devra en être justifié auprès du tribunal dans les délais que le juge impartit (C. pr. civ., art. 861-1 *in fine*). **Lorsqu'une partie est ainsi dispensée de comparaître**, elle est autorisée, selon le second alinéa de l'article 446-1 C. pr. civ., à formuler ses prétentions et moyens par écrit sans se présenter à l'audience et le tribunal de commerce statue par un jugement contradictoire (v. s[s] n° 321.122), sur ses seules écritures à condition qu'elles aient été communiquées selon les modalités imposées (v. ci-dessus s[s] prés[t] n°). En conséquence, **si toutes les parties sont dispensées de comparaître**, il ne devrait pas être nécessaire de tenir une audience de plaidoirie. Mais il faut réserver les difficultés qui peuvent se présenter, et qui restent à trancher, lorsque le juge ordonne que les parties se présentent devant lui nonobstant une dispense de comparution accordée antérieurement et, inversement, lorsqu'une partie dispensée décide néanmoins de se présenter devant le juge (v. s[s] n°s 321.122 et 321.124).

La **dispense légale** est celle prévue en matière de délai de paiement.

333.15 **4) Délai de paiement.** La dispense légale de comparution en matière de délai de paiement est prévue devant le tribunal de commerce par l'article 861-2 C. pr. civ. dans des termes identiques à ceux de l'article 847-2 applicable devant le tribunal d'instance (v. s[s] n° 332.44).

SECTION 2
LE JUGE CHARGÉ D'INSTRUIRE L'AFFAIRE

333.20 **Recours au juge chargé d'instruire l'affaire.** L'institution du juge rapporteur devant le tribunal de commerce datait du [Nouveau] Code de procédure civile. Elle consacrait certaines pratiques consulaires antérieures[2], tout spécialement celle séculaire du tribunal de commerce de Paris[3] et s'inspirait directement du juge de la mise en état du tribunal de grande instance sans s'identifier à lui, ses pouvoirs étant, en particulier, beaucoup moins étendus. Tout en maintenant toutes ses prérogatives, le décret n° 2012-1451 du 24 décembre 2012[4] l'a rebaptisé en juge chargé d'instruire l'affaire, ce qui évite de le confondre avec le juge chargé de présenter, le cas échéant, un rapport à l'audience (v. s[s] n° 333.14).

Il résulte de l'article 861 C. pr. civ. que la décision de confier l'instruction d'une affaire à ce magistrat relève de la **compétence de la formation de jugement** et **non de son seul président**. Dans le silence du texte, elle choisit **librement** entre le renvoi et le juge chargé d'instruire l'affaire, sa décision constituant une mesure d'administration judiciaire soustraite à tout recours et qui fait l'objet généralement d'une simple mention au dossier. Du coup, les pratiques suivies sont très variables d'une juridiction à l'autre. Certai-

1. EN CE SENS, Circ. min. 24 janv. 2011, relative à la présentation du décret n° 2010-1165 du 1er octobre 2010 relatif à la conciliation et à la procédure orale en matière civile, commerciale et sociale, n° JUSC1033666C, *BOMJL* 28 févr., § 3.1.2.2.

2. V. NOT., « Le juge rapporteur », Compétence générale des tribunaux de commerce, 20 nov. 1981, 2e question, *Gaz. Pal.* 1982. Doctr. 60.

3. V. NOT., J. Deleau, « La pratique du "délibéré de parties" devant le tribunal de commerce de la Seine », *RTD com.* 1950. 178.

4. Décr. n° 2012-1451, 24 déc. 2012, relatif à l'expertise et à l'instruction des affaires devant les juridictions judiciaires, *JO* 27 déc., p. 20504.

nes, les plus nombreuses sans doute, n'y recourent que rarement, d'autres systématiquement, du moins pour les débats (par ex. le tribunal de commerce de Paris). Le magistrat désigné, le cas échéant, est un **juge de la formation de jugement** (C. pr. civ., art. 861), et non un magistrat spécialisé comme le juge de la mise en état devant le tribunal de grande instance. Tout juge consulaire a donc vocation à agir en cette qualité.

Son rôle général est d'instruire l'affaire pour la mettre en état d'être jugée, dans les conditions prévues aux articles 861-3 à 871 C. pr. civ. Pour ce faire, il dispose de pouvoirs qui excèdent parfois la simple instruction (§ 1), si bien que ses décisions constituent dans certains cas de véritables actes juridictionnels (§ 2).

§ 1
Pouvoirs du juge chargé d'instruire l'affaire

333.21 Instruction de l'affaire. Le juge chargé d'instruire l'affaire dispose, à ce titre, de toute une panoplie de pouvoirs inspirés de ceux du juge de la mise en état. Il peut **entendre les parties** (C. pr. civ., art. 862, al. 1er). Malgré le silence du texte, cette audition doit sans doute avoir lieu contradictoirement (en ce sens, M. Jeantin[1] et D. Lebeau[2]). Le juge chargé d'instruire l'affaire dispose aussi des **pouvoirs d'instruction** communs à toutes les juridictions statuant en procédure orale, qui ont été inscrits au nouvel article 446-3 C. pr. civ. par le décret n° 2010-1165 du 1er octobre 2010, auquel le second alinéa de l'article 862 C. pr. civ. renvoie désormais (v. ss n° 321.114).

Le juge chargé d'instruire l'affaire peut ainsi inviter les parties à fournir les explications qu'il estime nécessaires à la solution du litige. Cette **interrogation** peut s'adresser aux parties elles-mêmes ou à leur représentant *ad litem* et porter tant sur des explications de fait que de droit. Il peut aussi ordonner aux parties, dans le délai qu'il fixe, la production de tous documents ou justifications propres à éclairer le tribunal. En revanche, il ne dispose d'**aucun pouvoir à l'égard des tiers**, seule la formation de jugement peut donc ordonner la délivrance de pièces que ceux-ci peuvent détenir. Mais quelle est la sanction applicable lorsqu'une partie s'abstient ou refuse de fournir les explications ou de produire les pièces sollicités ? Selon l'article 446-3 C. pr. civ., le juge « *peut passer outre et statuer en tirant toute conséquence de l'abstention de la partie ou de son refus* ». Comme le juge chargé d'instruire l'affaire ne peut statuer lui-même sur le litige (v. ss n° 333.24), il faut admettre, à l'image de l'ancienne rédaction du second alinéa de l'article 862, dont l'article 446-3 C. pr. civ. s'inspire, qu'il peut passer outre et renvoyer l'affaire à la formation de jugement qui, elle, pourra statuer en en tirant toute conséquence.

Le juge chargé d'instruire l'affaire est compétent aussi pour trancher les difficultés relatives à la **communication des pièces entre les parties** (C. pr. civ., art. 865, al. 2). Il exerce ce chef de compétence dans les conditions fixées par les dispositions communes à toutes juridictions (C. pr. civ., art. 132 à 137). Il peut donc, en particulier, ordonner la communication sous peine d'astreinte (v. ss n° 341.31).

Enfin, le juge chargé d'instruire l'affaire peut ordonner, même d'office, **toute mesure d'instruction** (C. pr. civ., art. 865, al. 1er). Il s'agit de toutes les mesures prévues aux articles 143 et suivants C. pr. civ. : vérifications personnelles du juge, comparution personnelle des parties, déclarations des tiers, enquête, constatation, consultation et expertise confiées à un technicien. Aux termes de ces dispositions générales applicables également au juge chargé d'instruire l'affaire, il lui appartient, en particulier, de contrôler les mesures d'instruction qu'il ordonne (C. pr. civ., art. 155) et de trancher toute difficulté à laquelle elles pourraient se heurter (C. pr. civ., art. 167).

En revanche, **le juge chargé d'instruire l'affaire ne dispose pas du pouvoir de rendre une ordonnance de clôture** lorsque l'affaire lui paraît en état d'être jugée, contrairement au juge de la mise en état devant le tribunal de grande instance. Mais pour limiter les inconvénients de l'oralité, il peut désormais recourir à la **mise en état écrite** dans les conditions de droit commun de l'article 446-2 C. pr. civ. (C. pr. civ., art. 861-3, al. 1er), tout comme la formation de jugement (v. ss n° 333.13).

333.22 Incidents d'instance. Le juge chargé d'instruire l'affaire peut régler certains incidents d'instance. Ses pouvoirs, sur ce point, sont identiques à ceux du juge de la mise en état.

Il peut ainsi procéder aux jonctions et disjonctions d'instance (C. pr. civ., art. 864) et constater l'extinction de l'instance (C. pr. civ., art. 865, al. 3), quelle qu'en soit la cause, accessoire (transaction, acquiescement, désistement d'action ou parfois le décès d'une partie) ou principale (péremption, désistement d'instance ou caducité de la citation – sur l'ensemble de ces questions, v. ss nos 352.220 s.). Dans ce dernier cas, le juge chargé d'instruire l'affaire statue, s'il y a lieu, sur les dépens et les demandes formées en application de l'article 700 C. pr. civ. (ajoutées par Décr. n° 2010-1165, 1er oct. 2010, art. 7, 2°, e), ce qui mettra définitivement un terme au litige dont était saisi le tribunal de commerce (C. pr. civ., art. 865, al. 3).

L'extinction de l'instance peut aussi résulter d'une conciliation que le juge chargé d'instruire

1. M. Jeantin, « Le juge rapporteur », *JCP CI* 1977. I. 12495, n° 12.
2. *J.-Cl. Pr. civ.*, fasc. 412, n° 22, Lebeau.

l'affaire, comme tout juge, a pour mission de rechercher et qu'il peut constater, le cas échéant (C. pr. civ., art. 863, al. 1er). Mais désormais il peut aussi désigner un conciliateur de justice dans les conditions prévues par l'article 860-2 (C. pr. civ., art. 863, al. 2), c'est-à-dire dans les mêmes conditions que la formation de jugement (v. ss no 333.12).

333.23 **Sans exclusivité.** Contrairement au juge de la mise en état, le juge chargé d'instruire l'affaire ne bénéficie d'aucune exclusivité, quels que soient les pouvoirs considérés. Toutes les autres formations du tribunal de commerce restent donc concurremment compétentes, le cas échéant.

Il en va d'abord ainsi de la **formation de jugement** à laquelle du reste le juge chargé d'instruire l'affaire peut toujours décider de renvoyer le règlement d'une difficulté dont il est saisi alors même qu'elle relève de sa compétence (comme par ex. pour des demandes de jonction de deux instances et de mesures d'instruction qui lui sont présentées[1]). De plus, elle est évidemment seule à pouvoir statuer sur tous les moyens de défense qui échappent à la compétence du juge chargé d'instruire l'affaire. En particulier, il lui appartient de statuer sur les **exceptions dilatoires** et les **nullités pour vice de forme** que le juge de la mise en état tranche lui-même devant le tribunal de grande instance (C. pr. civ., art. 771, al. 1er).

Par ailleurs, le **juge des référés** reste aussi compétent nonobstant la désignation d'un juge. Mais il ne saurait ordonner une mesure d'instruction, du moins sur le fondement de l'article 145 C. pr. civ., dès lors que par hypothèse le juge du fond est saisi[2]. En revanche, il reste évidemment compétent pour ordonner toutes les mesures qui n'ont pas été transférées au juge chargé d'instruire l'affaire, et en particulier, pour **ordonner une provision**[3] (*a fortiori* est-il compétent lorsqu'aucun juge chargé d'instruire l'affaire n'a été désigné[4]) ou une **mesure provisoire**, lesquelles relèvent de la compétence exclusive du juge de la mise en état devant le tribunal de grande instance (C. pr. civ., art. 771).

333.24 **Débats.** Dès que l'état de l'instruction le permet, le juge chargé d'instruire l'affaire la renvoie devant le tribunal pour être plaidée (C. pr. civ., art. 869). Mais il faut réserver les hypothèses où les parties disposent d'une **dispense de comparution.** À cet égard, le juge chargé d'instruire l'affaire peut, s'il recourt à la mise en état écrite (v. ss no 333.21), dispenser lui-même de comparution la partie qui en fait la demande en application de l'article 861-1 C. pr. civ. (C. pr. civ., art. 861-3, al. 2), tout comme la formation de jugement (v. ss no 333.14).

Sous cette réserve, les débats se déroulent normalement devant la formation de jugement dont le président peut demander au juge chargé d'instruire l'affaire de présenter un rapport avant les plaidoiries (sur ce rapport, v. ss no 333.14). Mais les débats peuvent aussi se tenir devant le juge chargé d'instruire l'affaire s'il le décide et si aucune des parties ne s'y oppose (C. pr. civ., art. 871, issu de Décr. 24 déc. 2012, qui reprend les termes de C. pr. civ., anc. art. 869, ayant consacré la pratique parisienne du « *délibéré des parties* » - sur ce point, v. J. Deleau[5]). En revanche, le jugement sera toujours rendu par la formation de jugement à laquelle il doit rendre compte des débats dans son délibéré. Il ne statue donc jamais sur le fond du litige comme juge unique.

§ 2
Décisions du juge chargé d'instruire l'affaire

333.31 **Forme.** En principe, les décisions du juge chargé d'instruire l'affaire font l'objet d'une simple **mention au dossier et avis** doit en être donné aux parties (C. pr. civ., art. 866, al. 1er). Cette forme simplifiée vaut chaque fois qu'il n'en est pas autrement disposé, et en particulier, lorsque le juge chargé d'instruire l'affaire décide de renvoyer l'affaire devant le tribunal pour qu'il soit statué sur des questions dont il a été saisi mais qu'il ne veut pas trancher lui-même[6].

Lorsqu'il constate l'extinction de l'instance ou statue sur une difficulté relative à la communication des pièces, le juge chargé d'instruire l'affaire doit obligatoirement rendre une **ordonnance motivée** (C. pr. civ., art. 866, al. 2). Curieusement cette forme n'a pas été prévue pour la production des pièces où elle s'imposerait sans doute tout autant.

Enfin, il faut réserver le cas des **mesures d'instruction** pour lesquelles l'article 866 alinéa 2 C. pr. civ. renvoie aux règles particulières qui les concernent. En conséquence, les décisions du juge chargé d'instruire l'affaire, en la matière, font l'objet d'une **simple mention** au dossier ou au registre d'audience, à la seule exception de celles qui ordonnent une **expertise**, lesquelles doivent toujours revêtir la forme d'une **ordonnance motivée.**

333.32 **Autorité.** Aux termes de l'article 867 C. pr. civ., « *les ordonnances du juge chargé d'instruire l'affaire n'ont pas, au principal, l'autorité de la chose jugée* ». Aussi le tribunal, appelé à statuer ultérieurement sur le fond, n'est-il pas lié par ces ordonnances. Il

1. Com. 29 avr. 1986, no 84-13.700, *Bull. civ.* IV, no 76.
2. Com. 15 nov. 1983, no 82-14.738, *Bull. civ.* IV, no 307; *Gaz. Pal.* 1984. Pan. 79, obs. Guinchard; *RTD civ.* 1984. 561, obs. Perrot.
3. Paris, 27 oct. 1999, RG no 1409/99, inédit.
4. Com. 11 mai 1993, no 90-24.430, *Bull. civ.* IV, no 131.
5. J. Deleau, « La pratique du "délibéré de parties" devant le tribunal de commerce de la Seine », *RTD com.* 1950. 178.
6. Com. 29 avr. 1986, no 84-13.700, *Bull. civ.* IV, no 76.

pourra, par exemple, décider une mesure d'instruction refusée par le juge chargé d'instruire l'affaire. Cette règle vaut aussi pour les ordonnances constatant l'extinction de l'instance. Certes le tribunal initialement saisi du litige n'aura plus à statuer sur le fond. Mais la cause d'extinction, sur laquelle le juge chargé d'instruire l'affaire a statué, pourra ressurgir dans une autre instance entre les mêmes parties; le juge du fond saisi sera alors libre dans l'appréciation de cette cause pour trancher le litige qui lui est soumis.

333.33 Voies de recours. Les ordonnances du juge chargé d'instruire l'affaire ne sont susceptibles d'**aucun recours indépendamment du jugement sur le fond** (C. pr. civ., art. 868, al. 1er). Cela signifie que toute possibilité de recours est différée jusqu'au prononcé du jugement, mais aussi que ces ordonnances ne peuvent être contestées qu'avec la décision sur le fond, et donc par la même voie de recours. Ce texte ne visant que les ordonnances, qu'en est-il des décisions qui font l'objet d'une simple mention au dossier ? Comme il s'agit pour l'essentiel de mesures d'administration judiciaire, la question ne se pose pas, elles sont soustraites à tout recours, immédiat comme différé. Mais il faut réserver celles qui statuent sur la production de pièces détenues par une partie. Il n'y a pas de raison, en effet, de les priver de tout recours à raison de leur seule forme et alors qu'elles ne constituent certainement pas des mesures d'administration judiciaire[1]. Mais à supposer qu'un recours soit possible, il est évidemment différé dans les mêmes conditions.

L'article 868 alinéa 2 C. pr. civ. admet, par exception, un recours immédiat contre deux types d'ordonnances. D'une part, ce texte réserve les règles particulières à l'**expertise**, c'est dire que l'ordonnance du juge chargé d'instruire l'affaire décidant une telle mesure peut être frappée immédiatement d'appel sur autorisation préalable du premier président. D'autre part, celles constatant l'**extinction** de l'instance sont appelables dans les quinze jours de leur date. Cette voie de recours est donc ouverte immédiatement et de plein droit. Mais encore faut-il que l'extinction de l'instance soit effectivement constatée. Dans le cas contraire, si l'ordonnance s'y refuse, l'instance se poursuit et elle ne pourra être critiquée qu'avec le jugement sur le fond. Par ailleurs, les parties doivent se montrer particulièrement vigilantes car le délai n'est que de quinze jours et il court dès le prononcé de la décision.

1. EN CE SENS, *J.-Cl. Pr. civ.*, fasc. 412, nº 53, Lebeau.

CHAPITRE

334. Procédure devant le juge de l'exécution

PHILIPPE HOONAKKER
Professeur à l'Université de Strasbourg
Avocat

SECTION 0
ORIENTEUR

334.00 **Plan du chapitre.**

Division. Devant le juge de l'exécution les dispositions communes du livre 1er du Code de procédure civile sont applicables, à l'exception des articles 484 à 492 C. pr. civ. régissant la procédure de référé (Décr. n° 92-755, 31 juill. 1992 [1], art. 1er, devenu C. pr. exéc., art. R. 121-5).

Ces règles générales ne jouent évidemment que sous réserve des règles particulières prévues pour chacun des deux types de procédure institués devant cette juridiction par le décret n° 92-755 du 31 juillet 1992, pris pour l'application de la loi n° 91-650 du 9 juillet 1991, codifié dans la partie règlementaire du Code des procédures civiles d'exécution : la procédure ordinaire (sect. 1) et les ordonnances sur requête (sect. 2).

334.01 **Principaux textes applicables.**

C. pr. exéc., art. R. 121-5 à R. 121-24.

C. pr. civ., art. 446-1 à 446-4.

334.04 **Formulaire : renvois.**

Form. pr. civ. *Juge de l'exécution – Assignation devant le juge de l'exécution* (Assignation devant le juge de l'exécution)

Juge de l'exécution – Déclaration de difficultés (Modèle de saisine du juge de l'exécution par l'huissier lors d'une difficulté d'exécution prévue aux articles 34 à 37 du décret du 31 juillet 1992)

Juge de l'exécution – Requête à fin d'ordonnance (Requête à fin d'ordonnance dans un cas prévu par la loi)

Juge de l'exécution – Requête à fin d'ordonnance (Requête afin d'obtenir une mesure urgente lorsque les circonstances exigent qu'elle ne soit pas prise contradictoirement)

Juge de l'exécution – Rétractation d'une ordonnance (Assignation à fin de rétractation d'une ordonnance)

SECTION 1
PROCÉDURE ORDINAIRE

334.11 **Caractères.** Il s'agit de la procédure de droit commun applicable au traitement de tous les litiges portés devant le juge de l'exécution, à l'exception des matières pour lesquelles il peut être saisi sur requête (v. s^s^ n°s 334.21 et 334.22). Elle est contentieuse, contradictoire et orale.

Les articles R. 121-11 à R. 121-13 et R. 441-2 à R. 441-4 C. pr. exéc. réglementent précisément les modes d'introduction de l'instance en la procédure ordinaire (v. s^s^ n°s 172.292 s.). Mais aucune de ces dispositions, qui composent pourtant une sous-section consacrée à l'instance, n'en régit le déroulement. Celui-ci est conditionné par l'oralité de la procédure prévue à l'article R. 121-8 C. pr. exéc. Il s'ensuit que les dispositions communes à toutes les juridictions relatives à ce type de procédure, inscrites aux articles 446-1 à 446-4 C. pr. civ. par le décret n° 2010-1165 du 1er octobre 2010 [2] issu des travaux de la commission Guinchard, ont vocation à s'appliquer (v. s^s^ n°s 321.101 s.). Mais ces règles communes doivent être combinées avec les règles particulières

1. Décr. n° 92-755, 31 juill. 1992, instituant de nouvelles règles relatives aux procédures civiles d'exécution pour l'application de la loi n° 91-650 du 9 juillet 1991 portant réforme des procédures civiles d'exécution, *JO* 5 août, p. 10530.

2. Décr. n° 2010-1165, 1er oct. 2010, relatif à la conciliation et à la procédure orale en matière civile, commerciale et sociale, *JO* 3 oct., p. 17986.

prévues aux articles R. 121-9 et R. 121-10, qu'il s'agisse de l'instruction ou des débats.

Il faut y ajouter les articles R. 121-14 à R. 121-22 C. pr. exéc. qui prévoient des règles particulières à la procédure ordinaire relatives aux décisions du juge de l'exécution et aux voies de recours ouvertes en la matière.

334.12 Instruction. Comme la procédure est orale devant le juge de l'exécution, les affaires sont normalement instruites aux audiences qu'il tient où il règle les échanges entre les parties et exerce les pouvoirs d'instruction qu'il tient des dispositions communes à toutes les juridictions et de l'article 446-3 C. pr. civ. (v. s^s n° 321.114). Mais désormais lorsque l'affaire est renvoyée à une audience ultérieure, il est aussi possible pour le juge de l'exécution, si les parties ont comparu à la première audience et si elles sont d'accord, d'organiser une **mise en état écrite selon les règles de droit commun de la procédure orale** prévues à l'article 446-2 C. pr. civ. (v. s^s n° 321.123). L'affaire est alors instruite, sans nouvelle audience, conformément aux modalités fixées par le juge et les parties seront avisées des décisions qu'il prend au titre de ses pouvoirs d'instruction, « *par tout moyen* » (C. pr. civ., art. 446-3, al. 2), tel un avis du greffe expédié par lettre simple aux parties ou à leur mandataire *ad litem* (v. s^s n°s 321.123 et 321.114).

En revanche, une audience devra être tenue pour les débats et les parties devront y comparaître sauf si elles bénéficient d'une dispense.

334.13 Débats. Lorsque l'affaire est prête elle est normalement plaidée à l'audience où les parties doivent comparaître pour présenter leurs moyens et prétentions et, le cas échéant, soutenir leurs écritures. À défaut, celles-ci sont irrecevables (v. s^s n°s 321.113 et 321.122) et ne peuvent donc plus produire d'effet (v. s^s n° 321.124). Mais devant le juge de l'exécution, il a toujours fallu réserver la **dispense légale de comparution** à laquelle s'ajoute désormais la **dispense judiciaire** introduite par le décret n° 2010-1165 du 1er octobre 2010.

La **dispense judiciaire** est inscrite aujourd'hui à l'article R. 121-9 C. pr. exéc. en ces termes : « *Le juge qui organise les échanges entre les parties comparantes peut dispenser une partie qui en fait la demande de se présenter à une audience ultérieure, conformément au second alinéa de l'article 446-1 du Code de procédure civile* ». Il s'ensuit que le juge de l'exécution ne peut accorder une telle dispense qu'en cas de recours à la mise en état écrite[1]. Si une partie au moins demande et obtient **une dispense de comparaître**, la communication entre les parties devra se faire par lettre recommandée avec demande d'avis de réception ou par notification entre avocats et il devra en être justifié auprès du tribunal dans les délais que le juge impartit (C. pr. exéc., art. R. 121-9 *in fine*). **Lorsqu'une partie est ainsi dispensée de comparaître**, elle est autorisée, selon le second alinéa de l'article 446-1 C. pr. civ., à formuler ses prétentions et moyens par écrit sans se présenter à l'audience et le juge statue par un jugement contradictoire (v. s^s n° 321.122), sur ses seules écritures à condition qu'elles aient été communiquées selon les modalités imposées (v. ci-dessus s^s prés^t n°).

La **dispense légale** est inscrite à l'article R. 121-10 C. pr. exéc. Elle résulte de l'article 14 du décret de 1992 que le décret du 1er octobre 2010 n'avait pas remis en cause. Ainsi, depuis l'origine, toute partie est autorisée à exposer ses moyens, en cours d'instance, par une lettre adressée au juge de l'exécution, à condition de justifier que l'adversaire en a eu connaissance avant l'audience par lettre recommandée avec demande d'avis de réception. La partie qui use de cette faculté est dispensée de plein droit de se présenter à l'audience et le jugement rendu sera contradictoire, conformément au second alinéa de l'article 446-1 C. pr. civ. (C. pr. exéc., art. R. 121-10, al. 2; mais encore faut-il que les conditions posées soient remplies, de sorte que des conclusions écrites simplement déposées au greffe sans justification de leur notification à l'adversaire par lettre recommandée avec demande d'avis de réception ne sauraient valoir renonciation à l'oralité; jugé en ce sens à propos d'un désistement jugé recevable sans le consentement du défendeur malgré ses conclusions écrites antérieures régularisées sans invocation ni respect de l'article 14 du décret de 1992, devenu C. pr. exéc., art. R. 121-10[2]).

Lorsque toutes les parties sont dispensées de comparaître, judiciairement ou légalement, il ne devrait pas être nécessaire de tenir une audience de plaidoirie. Mais il faut réserver les difficultés qui peuvent se présenter, et qui restent à trancher, lorsque le juge ordonne que les parties se présentent devant lui nonobstant une dispense de comparution accordée antérieurement et, inversement, lorsqu'une partie dispensée décide néanmoins de se présenter devant le juge (v. s^s n°s 321.122 et 321.124).

334.14 Décision. Sauf lorsque le juge de l'exécution statue sur une difficulté d'exécution à la demande de l'huissier de justice (C. pr. exéc., art. R. 151-4), la décision rendue bénéficie de **l'autorité de la chose jugée au principal** (C. pr. exéc., art. R. 121-14). Il tranche donc les litiges qui lui sont soumis au fond en rendant une décision dépourvue de caractère provisoire.

1. EN CE SENS, Circ. min. 24 janv. 2011, relative à la présentation du décret n° 2010-1165 du 1er octobre 2010 relatif à la conciliation et à la procédure orale en matière civile, commerciale et sociale, n° JUSC1033666C, *BOMJL* 28 févr., § 3.1.2.2.).

2. Lorient, JEX, 6 nov. 2001, *Gaz. Pal.* 2002. Somm. 992, obs. du Rusquec.

Dans tous les cas, elle est **notifiée** directement par le greffe au moyen d'une lettre recommandée avec demande d'avis de réception. Mais la **signification** est toujours possible et elle est même obligatoire lorsque la lettre de notification du greffe n'a pu être remise à son destinataire (C. pr. exéc., art. R. 121-15).

Lorsque la décision du juge de l'exécution prononce la mainlevée d'une mesure conservatoire ou d'une mesure d'exécution forcée, elle emporte la suspension des poursuites dès son prononcé et la suppression de tout effet d'indisponibilité dès sa notification (C. pr. exéc., art. R. 121-18).

334.15 **Voies de recours.** Selon l'article R. 121-19 C. pr. exéc., « *la décision du juge de l'exécution peut être frappée d'appel, à moins qu'il ne s'agisse d'une mesure d'administration judiciaire* ». Il s'ensuit que **l'appel** est ouvert dès le premier euro et qu'il n'existe donc **pas de taux du ressort devant le juge de l'exécution. En conséquence,** ces décisions ne peuvent jamais être rendues par défaut et l'opposition n'est donc pas ouverte. Quant au contredit, il est expressément exclu par l'article R. 121-3 C. pr. exéc., de sorte qu'une décision statuant sur la compétence doit aussi être frappée d'appel. Mais si l'appel est ainsi largement ouvert, toutes les autres limitations habituelles s'appliquent néanmoins. Il est donc exclu contre les décisions qui constituent des **mesures d'administration judiciaire** (C. pr. exéc., art. R. 121-19) et il est retardé contre celles rendues **avant dire droit**, sauf autorisation du premier président lorsqu'elles ordonnent un sursis à statuer[1] ou une expertise (v. s[s] n°s 541.61 et 541.62).

L'appel, dont le délai est de quinze jours à compter de la notification de la décision, est formé, instruit et jugé selon les règles applicables à la procédure avec représentation obligatoire et la cour d'appel doit statuer à bref délai (C. pr. exéc., art. R. 121-20; v. s[s] n°s 542.291 s.). Mais il ne produit **pas d'effet suspensif** si bien que les décisions du juge de l'exécution sont exécutoires dès leur prononcé (C. pr. exéc., art. R. 121-21; pour autant, elles ne sont pas soumises au régime de l'exécution provisoire de droit car en supprimant purement et simplement l'effet suspensif de l'appel, le législateur s'est placé en-dehors du champ de l'exécution provisoire - en ce sens, v. à propos de l'exclusion de l'article 524 C. pr. civ.[2]). Cependant le **premier président, saisi en référé**, peut accorder un **sursis à l'exécution** s'il existe des moyens sérieux de réformation ou d'annulation. De plus pour conférer à cette faculté sa pleine efficacité, l'assignation en référé, qui est dénoncée s'il y a lieu au tiers saisi, produit un effet suspensif jusqu'au jour du prononcé de la décision du premier président. Il s'ensuit qu'elle suspend les poursuites si la décision a ordonnée leur continuation et proroge les effets de la saisie ou de la mesure conservatoire si elle en a ordonné la mainlevée (C. pr. exéc., art. R. 121-22).

1. Civ. 2e, 18 févr. 1999, n° 97-11.374, *Bull. civ.* II, n° 33; *Procédures* 1999. Comm. 119, obs. Perrot.
2. Civ. 2e, 20 juin 1996, n° 93-19.320, *Bull. civ.* II, n° 176; *RTD civ.* 1996. 989, obs. Perrot; *Procédures* 1996. Comm. 250, obs. Perrot.

SECTION 2
ORDONNANCES SUR REQUÊTE

334.20 **Plan.** Le Code des procédures civiles d'exécution consacre aux ordonnances sur requête un paragraphe 3 composé des articles R. 121-23 et R. 121-24 qui concernent essentiellement leur domaine (§ 1). Aussi leur régime (§ 2) est-il soumis aux dispositions communes des articles 493 à 498 C. pr. civ.

§ 1
Domaine

334.21 **Cas classiques.** L'article R. 121-23 alinéa 1er C. pr. exéc. reprend la distinction classique entre les cas spécifiés par la loi et ceux qui ne le sont pas.

Les **cas spécifiés par la loi** sont ceux prévus aujourd'hui par le Code des procédures civiles d'exécution. Ils sont nombreux et divers.

• Le plus important en pratique est celui de l'autorisation des **mesures conservatoires :**

- saisies conservatoires et sûretés judiciaires (C. pr. exéc., art. R. 511-1);

- saisie-revendication (C. pr. exéc., art. R. 222-17).

Par ailleurs, le juge de l'exécution peut aussi être saisi sur requête pour prendre certaines décisions nécessaires à la conduite des opérations d'exécution. Il lui appartient ainsi de désigner un **séquestre** dans de multiples hypothèses intéressant tant :

• **les mesures d'exécution forcée :**

- en matière de saisie-vente, que le bien se trouve entre les mains du débiteur (C. pr. exéc., art. 221-19, al. 2); d'un tiers (C. pr. exéc., art. R. 221-28, al. 1er); ou dans un coffre-fort (C. pr. exéc., art. R. 224-5, al. 1er et 2);

- de saisie-attribution (C. pr. exéc., art. R. 211-2, al. 1er); y compris lorsqu'elle porte sur une créance à exécution successive (C. pr. exéc., art. R. 211-16, al. 1er);

• **que les mesures conservatoires :**

- en matière de saisie conservatoire portant sur les biens meubles corporels, qu'ils se trouvent entre les mains du débiteur (C. pr. exéc., art. R. 522-4); d'un tiers (C. pr. exéc., art. R. 522-5, al. 1er); ou dans un coffre-fort (C. pr. exéc., art. R. 525-3, al. 2);

- de saisie conservatoire de créances (C. pr. exéc., art. R. 523-2, al. 1er);

– de saisie-revendication (C. pr. exéc., art. R. 222-23).

De même, il peut être amené à prolonger sur requête les **délais** prévus aux articles R. 251-1 et R. 251-3 C. pr. exéc. en matière de **distribution des deniers** (C. pr. exéc., art. R. 251-9).

À côté de ces cas spécifiques, le juge de l'exécution statue par ordonnance sur requête « *lorsque les circonstances exigent qu'une* ***mesure urgente*** *ne soit* ***pas prise contradictoirement*** » (C. pr. exéc., art. R. 121-23, al. 1er). Ce cas général reprend textuellement celui prévu devant les autres juridictions habilitées à rendre des ordonnances sur requête (pour le président du tribunal de grande instance, C. pr. civ., art. 812, al. 2 – pour le tribunal d'instance, C. pr. civ., art. 851, al. 2 – pour le président du tribunal de commerce, C. pr. civ., art. 875 – pour le président du tribunal paritaire des baux ruraux, C. pr. civ., art. 897, al. 2). Il suppose donc comme en droit commun une double condition, l'urgence et l'absence de contradiction exigées par les circonstances de l'espèce. Mais la mesure requise devra évidemment relever de la compétence d'attribution du juge de l'exécution, ce qui supposera, en principe, qu'elle s'insère dans une procédure d'exécution en cours.

334.22 **Autorisations.** Nombre de modalités des opérations d'exécution sont subordonnées à l'autorisation préalable du juge de l'exécution. L'huissier étant chargé de ces opérations, c'est à lui qu'il incombe d'obtenir les autorisations requises. Mais les textes les prescrivant, précisent rarement la procédure à suivre. Cette lacune est comblée par l'article R. 121-24 C. pr. exéc. qui prévoit de manière générale que « *dans tous les cas où, pour exécuter l'opération dont il est chargé, l'huissier de justice doit obtenir l'autorisation du juge, il est habilité à le saisir par voie de requête* ».

Ces autorisations que le juge de l'exécution doit ainsi solliciter sur requête pour exécuter les opérations dont il est chargé concernent les matières suivantes :

– l'exécution d'une mesure les dimanches et jours fériés ainsi qu'entre 21 h et 6 h (C. pr. exéc., art. L. 141-1) ;

– la présence exceptionnelle du créancier aux opérations (C. pr. exéc., art. R. 213-4) ;

– la saisie d'un bien dans le local d'habitation d'un tiers (en matière de saisie-vente, C. pr. exéc., art. L. 221-1 – de saisie-appréhension, C. pr. exéc., art. L. 222-1, al. 3 ; et C. pr. exéc., art. R. 222-9 – de saisie-revendication, C. pr. exéc., art. R. 222-20, al. 2) ;

– la saisie-vente de biens situés dans le local d'habitation du débiteur pour le recouvrement de créances, autres qu'alimentaires, inférieures à 535 euros, lorsque celui-ci est possible par voie de saisie d'un compte de dépôt ou des rémunérations du travail (C. pr. exéc., art. R. 221-2).

§ 2
Régime

334.31 **Ordonnances.** Saisi sur requête conformément aux règles de droit commun, le juge de l'exécution peut, selon les cas, prendre trois types de décisions. Si au vu des explications et des pièces fournies, il estime la requête non fondée, il rend une ordonnance de **rejet**. Dans le cas contraire, il **accueille** la requête, en tout ou partie, en donnant l'autorisation sollicitée ou en ordonnant la mesure requise, dans la limite qu'il juge fondée. Dans le cas particulier des mesures conservatoires, il peut aussi rendre une **ordonnance conditionnelle** consistant à autoriser la mesure demandée sous réserve de réexaminer sa décision ou les modalités de son exécution au vu d'un débat contradictoire, auquel cas l'ordonnance fixe immédiatement la date de l'audience (C. pr. exéc., art. R. 511-5).

Conformément aux règles de droit commun, l'ordonnance, quelle qu'elle soit, doit toujours être **motivée** (C. pr. civ., art. 495). De plus, dans le cas particulier des mesures conservatoires, l'ordonnance doit, à peine de nullité, préciser le montant des sommes pour la garantie desquelles elle est accordée et les biens sur lesquels elle porte (C. pr. exéc., art. R. 511-4). L'ordonnance rendue est toujours **provisoire** et n'a donc pas d'autorité de chose jugée au principal (C. pr. civ., art. 493). Enfin, le cas échéant, elle est exécutoire au seul vu de la **minute** (C. pr. civ., art. 495, al. 2), étant précisée que les ordonnances autorisant une mesure conservatoire doivent être exécutées, à peine de **caducité**, dans les **délais** suivants : la mesure doit être pratiquée dans le délai de **trois mois** de l'ordonnance (C. pr. exéc., art. R. 511-6) ; si le créancier a agi sans titre exécutoire, il doit dans le délai d'**un mois** de cette exécution, introduire une procédure ou accomplir les formalités nécessaires à l'obtention d'un tel titre (C. pr. exéc., art. R. 511-7, al. 1er – si dans ce délai, le créancier a requis une ordonnance d'injonction de payer, il bénéficiera d'un nouveau délai d'un mois, le cas échéant, courant à compter de l'ordonnance de rejet, pour introduire une procédure de droit commun, C. pr. exéc., art. R. 511-7, al. 2) ; enfin, si la mesure a été pratiquée entre les mains d'un tiers, il doit la dénoncer dans les **huit jours** au débiteur (en matière de saisie conservatoire sur des meubles corporels, C. pr. exéc., art. R. 522-5, al. 2 – en matière de saisie conservatoire de créances, C. pr. exéc., art. R. 523-3 – en matière de saisie conservatoire de droits d'associé et de valeurs mobilières, C. pr. exéc., art. R. 524-2 – en matière de sûretés judiciaires, C. pr. exéc., art. R. 532-5) et, dans ce même délai, signifier au tiers copie des actes attestant de l'accomplissement des diligences requises par l'article 215 du décret (C. pr. exéc., art. R. 511-8).

Les **voies de recours** ouvertes contre les ordonnances du juge de l'exécution sont aussi celles prévues par les règles de droit commun : l'appel en cas de rejet et une voie de rétractation lorsque la demande est accueillie.

334.32 Appel. L'ordonnance de rejet du juge de l'exécution est susceptible d'appel conformément à l'article 496 alinéa 1er C. pr. civ., faute de toute disposition particulière dans le décret. Le délai d'appel est donc de quinze jours courant à compter du prononcé de l'ordonnance, sauf s'il est démontré par le requérant qu'à cette date la minute de la décision ne lui a pas été remise. Quant aux modalités, l'appel est formé, instruit et jugé comme en matière gracieuse. En particulier, il est régularisé auprès du secrétariat du juge de l'exécution qui a rendu l'ordonnance attaquée, de sorte qu'il est irrecevable s'il est formé directement au greffe de la cour[1].

334.33 Voie de rétractation. En droit commun, lorsque l'ordonnance fait droit à la requête, tout intéressé peut en référer au juge qui l'a rendue (C. pr. civ., art. 496, al. 2); de plus cette voie de rétractation, dénommée communément « référé-rétractation », exclut nécessairement l'appel selon une jurisprudence constante. Ces règles s'appliquent incontestablement aux ordonnances du juge de l'exécution qui accueillent la requête. Du reste, en matière de mesures conservatoires, la voie de rétractation est expressément consacrée (C. pr. exéc., art. R. 512-2) et le débiteur peut l'exercer même si l'ordonnance ne fait droit à la requête que sous réserve de réexamen au vu d'un débat contradictoire à une audience qu'elle fixe (v. ss no 334.31), le débiteur pouvant toujours, dans ce cas, saisir le juge de l'exécution à une date plus rapprochée (C. pr. exéc., art. R. 511-5).

Mais la difficulté qui se pose est celle des règles de procédure applicables. En droit commun, cette voie de recours est formée, instruite et jugée selon les règles de la procédure de référé. Or l'article R. 121-5 C. pr. exéc. exclut expressément, devant le juge de l'exécution, l'application de ces règles prévues aux articles 484 et 492-1 C. pr. civ. La seule solution est donc d'appliquer les règles de la **procédure ordinaire**[2], qu'il s'agisse de l'introduction de l'instance ou de son déroulement (v. ss nos 334.11 s.). En particulier, la charge de la preuve pèse sur le requérant auquel il appartient donc d'établir le bien-fondé de la mesure ordonnée. Cette solution est du reste expressément consacrée en matière de mesures conservatoires par l'article R. 512-1 alinéa 2 C. pr. exéc. qui prévoit qu'il appartient au créancier de prouver que les conditions de la mesure ordonnée sont réunies. En revanche, la décision rendue n'a pas d'autorité de chose jugée au principal (C. pr. exéc., art. R. 121-23, al. 3), contrairement au jugement rendu dans le cadre d'une procédure ordinaire. Mais faute de disposition contraire, elle devrait être susceptible des mêmes voies de recours : l'appel, privé de tout effet suspensif (C. pr. exéc., art. R. 121-20 à R. 121-22[3]), et l'opposition (rappelons que le Décr. no 96-1130, 18 déc. 1996[4], avait abrogé Décr. 31 juill. 1992, art. 27, qui la prohibait).

1. Dijon, 20 mars 1996, RG nos 00000113/96 et 00000409/96, *JCP* 1996. IV. 1526.
2. Dijon, 20 mars 1996 RG nos 00000113/96 et 00000409/96, préc. ss prést no – Bastia, JEX, 2 avr. 1993, *D.* 1993. Somm. 284, obs. Julien.
3. Mais la Cour de cassation a jugé que le sursis à exécution de l'article R. 121-22 n'est pas applicable en cas d'appel d'une ordonnance d'un JEX ayant rétracté une autorisation de sûreté judiciaire délivrée sur requête et ordonné la mainlevée de l'inscription provisoire : Civ. 2e, 11 avr. 2013, no 12-18.255, *Bull. civ.* II, no 78; *Dr. et proc.* 2013. 142, obs. Vinckel – Faut-il en conclure qu'en cas d'appel d'une décision d'un juge de l'exécution statuant sur une demande en rétractation d'une ordonnance sur requête rendue en matière de mesure conservatoire, il faudrait faire application du dernier alinéa de l'article 524 C. pr. civ. autorisant l'arrêt de l'exécution provisoire de droit, et ce pour aligner le régime applicable à l'appel des ordonnances rendues dans les mêmes circonstances par le président d'un tribunal de commerce, alors même que les règles de la procédure de référé ne sont pas applicables devant le juge de l'exécution ? EN CE SENS, v. F. Vinckel, obs. préc.
4. Décr. no 96-1130, 18 déc. 1996, modifiant le décret no 92-755 du 31 juillet 1992 instituant de nouvelles règles relatives aux procédures civiles d'exécution pour l'application de la loi no 91-650 du 9 juillet 1991 portant réforme des procédures civiles d'exécution, *JO* 26 déc., p. 19120.

CHAPITRE

335. Procédure devant le conseil de prud'hommes

DOMINIQUE D'AMBRA
Professeur à l'Université de Strasbourg
Avocat

SECTION 0
ORIENTEUR

335.00 Plan du chapitre.

335.01 Textes applicables. La procédure prud'homale est régie par les articles L. 1453-1 à L. 1462-1 et les articles R. 1451-1 à R. 1463-1 du Code du travail. L'article R. 1451-1 du Code du travail prévoit que sous réserve des dispositions du présent code, la procédure devant les juridictions statuant en matière prud'homale est régie par les dispositions du livre Ier du Code de procédure civile.

335.03 Bibliographie.
Actualisables. *J.-Cl. Pr. civ.*, fasc. 436, B. Boubli – Rép. pr. civ., v° *Prud'hommes*, par C. Gaillard, K.-Y. Kim, A. Sybillin et R. Cros, déc. 2011 [màj janv. 2013].

Ouvrages. P. Estoup et G. Martin, *La pratique de la juridiction prud'homale*, Litec, 1991 – *Lamy social*, 2013, nos 5386 s.

Articles. P. Bizière, « Procédure prud'homale et Nouveau Code de procédure civile », *Inf. chef. entr.* 1976. 5 – P. Estoup, « La question prud'homale », *Gaz. Pal.* 11-13 août 1991, p. 2 à 7 – G. Rapinat, « Les curiosités de la procédure prud'homale », *Gaz. Pal.* 1979. 6 – A. Rolland, « Le débat contradictoire dans le procès prud'homal », *Dr. soc.* 1988. 323.

335.04 Caractères généraux de la procédure. La procédure prud'homale présente des caractères particuliers qui s'expliquent pour l'essentiel par l'originalité de l'organisation de cette juridiction.

335.05 Organisation de la juridiction. Chaque section du conseil de prud'hommes est divisée en un bureau de conciliation composé de deux conseillers prud'homaux et en un bureau de jugement comprenant au moins quatre conseillers.

335.06 Juridiction paritaire. Autre originalité de la juridiction, le conseil de prud'hommes est une juridiction paritaire : ses différentes formations sont composées d'un nombre égal de salariés et d'employeurs (C. trav., art. L. 1421-1, al. 2). Le bureau de conciliation comprend un employeur et un salarié (C. trav., art. R. 1454-7), le bureau de jugement au moins deux employeurs et deux salariés (C. trav., art. R. 1423-35), la formation de référé un employeur et un salarié (C. trav., art. R. 1455-1).

335.07 Procédure de départage. Cette parité créant un risque de partage des voix, la loi organise une procédure de départage : l'affaire reviendra, selon le cas, à une audience ultérieure du bureau de conciliation ou du bureau de jugement, dans le délai d'un mois. L'audience sera présidée par un juge d'instance du ressort (C. trav., art. L. 1454-2 et R. 1454-29). Les débats seront repris sur les seules questions sur lesquelles aucune majorité ne s'est dégagée[1]. Lorsque le partage des voix se produit devant la formation de référé, l'audience de départage doit être tenue dans les quinze jours du renvoi (C. trav., art. R. 1454-29).

Le juge d'instance est donc le juge départiteur. Le premier président de la cour d'appel désigne chaque année les juges d'instance du ressort du conseil qui seront chargés de ces fonctions. En cas de pluralité de conseils de prud'hommes dans le ressort d'un tribunal de grande instance, le premier président de la cour d'appel peut, si l'activité le justifie, désigner les juges du tribunal d'instance dans le ressort duquel est situé le siège du tribunal de grande instance (C. trav., art. R. 1454-2, al. 3). Cette réforme a été opérée par la loi n° 2011-1862 du 13 décembre 2011[2], relative à la répartition des contentieux et à l'allégement de certaines procédures, pour assurer une meilleure spécialisation des juges ayant à connaître de la départition prud'homale et éviter, dans les ressorts les moins importants, de devoir confier peu d'affaires de ce type à des magistrats ne pouvant, dans ces conditions, acquérir une véritable spécialisation.

Si un conseiller prud'homme ne peut siéger à l'audience de départage, il pourvoit lui-même à son remplacement par un conseiller prud'homme de la même assemblée et appartenant, selon le cas, à sa section, à sa chambre ou à la formation de référé. S'il ne pourvoit pas à son replacement, il appartient au président ou au vice-président de section ou de chambre de le faire. Les remplacements ne peuvent avoir lieu que dans la limite d'un conseiller prud'homme de chaque assemblée (C. trav., art. R. 1454-30).

Lorsque la formation concernée ne peut se réunir au complet pour l'audience de départage, le juge d'instance doit statuer seul, après avoir pris l'avis des conseillers présents (C. trav., art. R. 1454-31). Le juge d'instance peut également être amené à statuer seul en matière prud'homale lorsqu'à défaut d'un autre conseil de prud'hommes, il est désigné par le premier président pour trancher les affaires dont devrait connaître un autre conseil de prud'hommes qui ne peut se constituer ou fonctionner (C. trav., art. L. 1423-8). L'article R. 1451-3 prévoit dans ce cas que la procédure suivie sera la procédure prud'homale.

335.08 Généralités sur la procédure. Devant le conseil de prud'hommes la procédure est orale (C. trav., art. R. 1453-3). Elle commence devant le bureau de conciliation et, si les parties ne parviennent pas à mettre fin au litige à l'amiable, l'affaire est renvoyée devant le bureau de jugement.

Le bureau de jugement donne son rythme à la procédure. La Cour européenne des droits de l'homme oblige, en matière prud'homale, les autorités internes à accomplir des diligences en dépit de l'inertie des parties. Ainsi dans une affaire où la France est condamnée car le litige a duré neuf ans pour la première instance, périmée en raison de la carence des parties, la Cour affirme qu'« *il incombe aux États contractants d'organiser leur système judiciaire de telle sorte que leurs juridictions puissent garantir à chacun le droit d'obtenir une décision définitive sur les contestations relatives à ses droits et obligations de caractère civil dans un délai raisonnable. En outre, par nature, les litiges du travail appellent en général une solution rapide* »[3]. La Cour de Strasbourg considère en effet que les conflits du travail portant sur des points qui sont d'une importance capitale pour la situation professionnelle d'une personne doivent être résolus avec une célérité toute particulière.

Cependant en l'absence d'une période importante d'inactivité imputable aux autorités internes, une durée de quatre ou cinq ans, depuis la demande devant le conseil de prud'hommes et jusqu'à l'arrêt de cassation après appel, n'a pas été jugée contraire aux exigences du procès équitable[4]. De manière générale, pour apprécier la durée globale de la procédure, la Cour européenne ne prend en compte que les phases procédurales qui s'intègrent dans la réalisation effective du droit. La procédure peut être accélérée en matière de licenciements pour motif économique (C. trav., art. L. 1456-1). La loi prévoit également une procédure plus rapide lorsqu'un conseil de prud'hommes est saisi d'une demande de requalification d'un contrat à durée déterminée en contrat à durée indéterminée. Dans ce cas l'affaire est portée directement devant le bureau de jugement qui doit statuer au fond dans le délai d'un mois à compter de sa saisine (C. trav., art. L. 1245-2). Et le salarié qui porte sa demande de requalification devant le bureau de jugement peut présenter directement devant cette formation non seulement la demande en paiement des indemnités qui résultent de la rupture du contrat de travail[5] mais toute autre demande qui dérive de ce contrat[6].

335.09 Prescription. L'article L. 1471-1 du Code du travail, créé par la loi n° 2013-504 du 14 juin 2013 relative à la sécurisation de l'emploi[7], prévoit désormais que : « *Toute action portant sur l'exécution ou la rupture du contrat de travail se prescrit par deux ans à compter du jour où celui qui l'exerce a connu ou aurait dû connaître les faits lui permettant d'exercer son droit* ». Toutefois cette prescription ne s'applique pas aux actions en réparation d'un dommage corporel

1. Soc. 1er oct. 2002, n° 00-42.721, NP.
2. L. n° 2011-1862, 13 déc. 2011, relative à la répartition des contentieux et à l'allègement de certaines procédures juridictionnelles, *JO* 14 déc., p. 21105.
3. CEDH 28 juin 1990, Obermeier c/Autriche, req. n° 11761/85, *Série A*, n° 179 – CEDH 12 déc. 2000, Geneste c/France, req. n° 48994/99, *Procédures* 2001, n° 84 – V. AUSSI, CEDH 14 nov. 2000, Delgado c/France, req. n° 38437/97, (déf. 4 avr. 2001), *D.* 2001. 2788, note Marguénaud et Mouly – CEDH 2e sect., 8 avr. 2003, Jussy c/France, req. n° 42277/98, (déf. 8 juill. 2003), *Procédures* 2003, n° 139, note N. F.
4. CEDH 21 mars 2000, Gergouil c/France, req. n° 40111/98, *Procédures* 2001, n° 121, note Fricero – V. CEP., CEDH, 2e sect., 8 avr. 2003, req. n° 42277/98 préc. ss prést n°.
5. Soc. 7 avr. 1998, n° 95-43.091, *Bull. civ.* V, n° 199; *Dr. soc.* 1998. 802, note Roy-Loustaunau.
6. Soc. 4 déc. 2002, n° 00-40.255, *Bull. civ.* V, n° 369 – Soc. 22 sept. 2010, n° 09-42.650, *Bull. civ.* V, n° 187.
7. L. n° 2013-504, 14 juin 2013, relative à la sécurisation de l'emploi, *JO* 16 juin, p. 9958.

causé à l'occasion de l'exécution du contrat de travail, aux actions en paiement ou en répétition du salaire et aux actions exercées en application des articles L. 1132-1, L. 1152-1 et L. 1153-1 ou visées à l'article L. 1134-5 du Code du travail. Les dispositions de l'article L. 1471-1 n'affectent pas les délais de prescription plus courts prévus par le Code du travail.

SECTION 1

PROCÉDURE DEVANT LE BUREAU DE CONCILIATION

§ 1

Saisine du conseil de prud'hommes

A.

Demande

335.11 Formalisme. Le conseil peut être saisi, soit par une demande formée au secrétariat du greffe ou par lettre recommandée avec accusé de réception, soit encore par une comparution volontaire des parties devant le bureau de conciliation (C. trav., art. R. 1452-1 et R. 1452-2). La demande précise, outre les mentions prescrites à l'article 58 C. pr. civ., en cas de pluralité de chefs de demandes, l'indication de chacun d'entre eux. Selon le cas le greffe délivre un récépissé ou l'envoie au demandeur. Il ouvre un dossier et l'attribue à la section compétente. Ce dossier contiendra toutes les pièces de la procédure, les documents, ainsi que les copies ou mentions des décisions intervenues (C. pr. civ., art. 727). La demande interrompt la prescription même si le conseil est incompétent (C. trav., art. R. 1452-1, al. 2).

B.

Principe de l'unicité de l'instance

335.21 Présentation du principe. En vertu du principe de l'unicité de l'instance toutes les demandes dérivant d'un même contrat de travail entre les mêmes parties doivent être présentées dans une seule instance, qu'elles émanent du demandeur ou du défendeur, à moins que le fondement des prétentions ne soit né ou ne se soit révélé qu'après la saisine du conseil (C. trav., art. R. 1452-6).

Le moyen tiré du principe de l'unicité de l'instance « *constitue une fin de non-recevoir qui aux termes de l'article 123 C. pr. civ. peut être proposée en tout état de la cause* »[1]. Mais ce moyen n'est pas d'ordre public et le juge ne peut déclarer d'office la demande irrecevable[2].

335.22 Étendue du principe. La règle de l'unicité de l'instance n'est applicable que devant les juridictions prud'homales et ne peut faire échec au droit d'un salarié d'appeler son employeur en garantie devant le **tribunal de grande instance**[3] ou au droit, reconnu à la partie civile, d'engager des poursuites devant la juridiction répressive pour faire reconnaître l'existence d'une infraction et obtenir, le cas échéant, la réparation du préjudice personnel qu'elle a subi de ce fait[4]. Le principe ne peut être opposé devant la juridiction prud'homale en raison d'une action introduite devant une juridiction étrangère[5]. La Cour de cassation a précisé que le recours en révision n'est pas soumis à la règle de l'unicité de l'instance, il peut donc être intenté contre un jugement précédent, alors qu'une autre instance portant sur d'autres demandes, relatives au même contrat de travail, est en cours[6].

Il ne s'applique pas non plus devant la formation des référés : une demande portée devant la formation des référés ne rend pas irrecevable une demande dont le juge du fond est ultérieurement saisi[7]. En revanche il s'applique à l'instance en référé engagée après un dessaisissement du juge du fond[8]. Et le désistement devant le juge du fond est sans influence sur le pouvoir du juge des référés de statuer[9]. Il a également été jugé que « *la saisine du tribunal de jugement n'interdit pas de porter, devant la formation de référé, des demandes en paiement de provision, fussent-elles relatives à des obligations dont le salarié connaissait l'existence avant de former une demande au fond* »[10]. La règle s'appliquait lorsque le jugement initial n'avait pas statué sur le fond mais avait annulé la procédure en raison de l'absence d'une mise en cause obligatoire[11].

La chambre sociale avait tenté d'atténuer la rigueur de cette solution en cas de défaut de mise en cause de l'auto-

1. Soc. 23 avr. 1986, n° 83-41.517, *Bull. civ.* V, n° 167; *JCP* 1986. IV. 183; *RTD civ.* 1986. 636, n° 3, obs. Perrot – Soc. 19 nov. 1986, n° 84-45.404, *Bull. civ.* V, n° 537.
2. Soc. 12 mars 1969, *Bull. civ.* V, n° 179 – Soc. 20 juin 1990, n° 87-42.077, *Bull. civ.* V, n° 311 – Soc. 11 févr. 2011, n° 08-44.568, NP; *Procédures* 2011, n° 133, note Perrot.
3. Soc. 10 fév. 2010, n° 08-18.885, *Bull. civ.* V, n° 38.
4. Crim. 28 avr. 2009, n° 07-82.901, *Bull. crim.* n° 710; *AJ pénal* 2009. 357, obs. Royer; *RDT* 2010. 116, obs. Hasnaoui; *RTD com.* 2009. 816, obs. Bouloc.
5. Soc. 8 févr. 2012, n° 10-27.940, *Bull. civ.* V, n° 66; *Procédures* 2012, n° 120, note Bugada.
6. Soc. 13 juin 2012, n° 10-26.296, *Bull. civ.* V, n° 82; *Procédures* 2012, n° 250, note Bugada.
7. Soc. 19 mai 1988, n° 85-43.243, *Bull. civ.* V, n° 306; *JCP* 1988. IV. 257; *RTD civ.* 1989. 141, n° 5, obs. Perrot.
8. Soc. 25 janv. 2006, n° 03-47.058, *Bull. civ.* V, n° 33.
9. Soc. 17 mars 1999, n° 96-43.328, *Bull. civ.* V, n° 129.
10. Soc. 14 juin 1989, n° 87-43.817 *Bull. civ.* V, n° 447; *RTD civ.* 1990. 148, n° 8, obs. Perrot – Soc. 12 janv. 1999, n° 97-45.209, *Bull. civ.* V, n° 16.
11. Soc. 12 nov. 2003, n° 01-41.901, *Bull. civ.* V, n° 279.

rité de tutelle en considérant l'irrégularité comme un vice de forme[1], susceptible d'être régularisé en tout état de la procédure. La difficulté demeurait pour les autres causes d'annulation de la procédure[2].

La Cour de cassation a opéré un revirement de jurisprudence pour limiter le domaine d'application du principe et elle considère désormais que la règle de l'unicité de l'instance n'est applicable que lorsque l'instance précédente s'est achevée par un jugement sur le fond[3]. Aussi, en cas de désistement d'instance, la réitération de la demande est possible[4]. La solution est la même en cas de péremption[5]. Et n'est pas contraire au principe de l'unicité de l'instance, la reprise d'instance en application de l'article 478C. pr. civ. lorsqu'elle s'est achevée par une décision non avenue parce que le jugement par défaut ou réputé contradictoire, au seul motif qu'il n'est pas susceptible d'appel, n'a pas été signifié dans les six mois de sa date[6]. Mais la transaction conclue en cours d'instance produit les mêmes effets qu'un jugement au fond, et en conséquence la règle s'applique[7].

Ce principe ne peut empêcher une partie d'opposer à la demande dont elle est l'objet une prétention reconventionnelle ou un moyen de défense fondé sur les mêmes chefs qu'une demande déjà soumise au conseil de prud'hommes[8].

La combinaison du principe de l'unicité de l'instance avec les règles posées par Code de procédure civile en matière de litispendance a conduit la jurisprudence à retenir la compétence du premier conseil de prud'hommes saisi lorsque l'employeur avait formé devant un conseil de prud'hommes une demande dérivant du même contrat de travail que celui invoqué par le salarié dans une autre instance introduite préalablement[9].

L'unicité de l'instance permet d'écarter la prescription extinctive. Ainsi la Cour de cassation a jugé que si en principe l'interruption de la prescription ne peut s'étendre d'une action à l'autre, il en est autrement lorsque les deux actions, au cours d'une même instance, concernent l'exécution du même contrat de travail[10]. Il a également été jugé que lorsque dans une instance prud'homale, soumise à la règle de l'unicité de l'instance, une partie demande, dans le délai de deux ans prévu à l'article 386 C. pr. civ., l'aide juridictionnelle pour accomplir les diligences mises à sa charge par la juridiction, le délai de péremption ne court pas tant qu'il n'a pas été définitivement statué sur cette demande[11].

En cas de **modification de la situation juridique de l'employeur**, la Cour de cassation a tout d'abord jugé que le principe de l'unicité de l'instance s'applique à la nouvelle demande engagée contre le successeur car dès l'instant qu'une société succède aux droits d'un employeur ils constituent tous deux la même partie au regard du principe de l'unicité de l'instance prud'homale[12]. Puis dans un arrêt du 10 mai 1999, elle a amorcé un revirement[13], confirmé par un arrêt du 20 juin 2000[14]. Elle décide désormais que le principe d'unicité de l'instance ne s'oppose pas à ce que le salarié, dont le contrat de travail a été transféré en application de l'article L. 1224-1 du Code du travail, saisisse la juridiction prud'homale de demandes dérivant de son contrat de travail, même s'il a déjà été statué dans une instance engagée contre son employeur précédent puisque le second litige n'oppose pas les mêmes parties[15]. Cette solution est choquante au regard du fondement du principe de l'unicité de l'instance : obliger les parties à « *vider en une seule fois tout le contentieux qui les oppose* »[16].

Selon l'article R. 1452-6 du Code du travail le principe de l'unicité de l'instance connaît une limite lorsque le fondement des prétentions est né ou ne s'est révélé que postérieurement à l'extension de l'instance primitive[17]. Cependant la découverte d'éléments de preuve qui auraient pu conduire au succès des prétentions initiales ne constitue pas un fait nouveau autorisant l'introduction d'une seconde instance[18].

Le principe de l'unicité de l'instance s'applique dans toute sa rigueur lorsque le salarié, qui a abandonné après conciliation une demande en paiement d'une indemnité de préavis et en annulation de la rupture du contrat, saisit à nouveau le conseil de prud'hommes d'une demande en dommages-intérêts pour rupture abusive du même contrat de travail[19]. La seconde demande est donc irrecevable. En

1. Soc. 16 avr. 2008, nº 06-44.539, *Bull. civ.* V, nº 91 ; *D.* 2008. 1419.
2. Soc. 27 janv 2010, nº 08-44.098, *Bull. civ.* V, nº 24.
3. Soc. 16 nov. 2010, nº 09-70.404, *Bull. civ.* V, nº 260 ; *BICC* 1er mars 2011, p. 42, nº 300 ; *D.* 2011. 227, communiqué C. cass., note Orif ; *D.* 2011. 265, obs. Fricero ; *RTD civ.* 2011. 173, obs. Perrot.
4. Soc. 9 mars 2011, nº 09-65.213, *Bull. civ.* V, nº 72 ; *Procédures* 2011, nº 174, note Bugada.
5. Soc. 23 mai 2012, nº 10-24.033, *Bull. civ.* V, nº 157 ; *Procédures* 2012, nº 221, note Bugada.
6. Soc. 4 oct. 2011, nº 10-23.233, *Bull. civ.* V, nº 224 ; *Procédures* 2011, nº 362, note Perrot.
7. Soc. 13 juin 2012, nº 10-26.857, *Bull. civ.* V, nº 183 ; *Procédures* 2012, nº 254, note A. B.
8. Soc. 5 mai 2004, nº 02-40.768, *Bull. civ.* V, nº 125 ; *Procédures* 2004, nº 183.
9. Soc. 29 avr. 1980, nº 79-40.485, *Bull. civ.* V, nº 379.
10. Soc. 8 avr. 2010, nº 08-42.307, *Bull. civ.* V, nº 91.
11. Soc. 28 janv. 2009, nº 07-42.287, *Bull. civ.* V, nº 27 ; *D.* 2009. 1576, note Lefort ; *D.* 2010. 169, obs. Fricero.
12. Soc. 30 avr. 1985, *Cah. prud'h.* 1985. 151.
13. Soc. 10 mai 1999, nº 97-41.330, *Bull. civ.* V, nº 206 ; *RJS* 1999, nº 798 ; *Sem. soc. Lamy* 2010, nº 935, p. 13.
14. Soc. 20 juin 2000, nº 98-42.734, *Bull. civ.* V, nº 240 ; *D.* 2000. IR 252.
15. Soc. 19 nov. 2002, nº 00-46.186, NP – Soc. 5 déc. 2007, nº 06-40.565, NP ; *RTD civ.* 2008. 156, obs. Perrot.
16. Cornu et Foyer, nº 185.
17. Soc. 1er févr. 2006, nº 04-43.347, NP.
18. Soc. 1er avr. 2009, nos 08-41.083 et 08-41.110, NP.
19. Soc. 16 déc. 1976, nº 75-40.885, *Bull. civ.* V, nº 685 ; *Cah. prud'h.* 1977. 131.

cas de désistement, une demande nouvelle, dérivant du même contrat de travail et fondée sur des causes connues du salarié avant sa demande primitive, est irrecevable[1]. Est cependant recevable l'action d'un salarié qui, bien que s'étant désisté, avait indiqué en présence de son adversaire, son intention de saisir le conseil de prud'hommes compétent[2]. La jurisprudence a encore jugé que les demandes de dommages-intérêts, de primes, de congés payés qui correspondent à des droits nés au jour de la résiliation du contrat de travail sont irrecevables si elles sont formées séparément et postérieurement à l'instance en paiement d'une indemnité de préavis[3]. La même solution a été retenue pour une clause de non concurrence figurant dans un contrat de travail alors que la cour d'appel avait au cours d'une première procédure donné acte au salarié qu'il se réservait le droit de formuler éventuellement une demande en paiement d'une contrepartie pécuniaire de son obligation de non concurrence[4]. Le principe a été appliqué à un salarié licencié pendant qu'une procédure prud'homale l'opposait à son employeur sur la question de la requalification en contrat à durée indéterminée de son contrat à durée déterminée : il aurait dû émettre de nouvelles prétentions au lieu d'attendre l'issue de la procédure en requalification pour introduire une nouvelle instance[5].

335.23 Recevabilité des demandes nouvelles. En contrepartie du principe de l'unicité de l'instance, les demandes nouvelles sont recevables en tout état de la cause, même en appel, sans que l'adversaire puisse opposer l'absence de tentative de conciliation (C. trav., art. R. 1452-7). Une demande nouvelle est recevable dès lors qu'elle est introduite avant qu'un autre conseil de prud'hommes ait statué sur le fond sur la première instance[6]. Si le défendeur acquiesce aux demandes, le demandeur reste recevable à saisir de nouveau la juridiction prud'homale d'autres prétentions nonobstant la règle de l'unicité de l'instance[7]; mais il ne peut présenter ses nouvelles demandes dans l'instance éteinte par l'effet de l'acquiescement; la solution serait différente en cas d'acquiescement partiel.

Il est inutile que la demande nouvelle soit l'accessoire ou le complément de la demande initiale[8]. Ainsi un salarié peut former une demande nouvelle pour la première fois en appel contre le nouvel employeur cessionnaire si elle dérive du même contrat de travail que celles formées en première instance à l'encontre de l'ancien employeur[9]. Un plaideur peut réitérer en appel une demande dont il s'était désisté en première instance parce que, d'une part, le désistement d'instance n'emporte pas renonciation à l'action et, d'autre part, les demandes nouvelles dérivant du même contrat de travail sont recevables même en appel[10]. Mais la recevabilité des demandes nouvelles en appel, en vertu de l'article R. 1452-7 ne fait pas obstacle à l'application des dispositions de l'article 555 C. pr. civ. quant à la recevabilité de l'intervention forcée en cause d'appel[11]. La Cour de cassation a également jugé qu'était recevable une demande nouvelle présentée en cours de délibéré dès lors que le tribunal avait prononcé la réouverture des débats[12]. En vertu du caractère oral de la procédure, l'objet des demandes peut encore être modifié à l'audience[13]. Le **principe de la contradiction** risque toutefois de souffrir dans de telles hypothèses. Or il s'agit d'un principe fondamental et il appartient à la juridiction de veiller à son respect en vérifiant que chaque partie a bien été informée des demandes nouvelles dirigées contre elle[14]. Ainsi la Cour de cassation a cassé un jugement qui avait admis la recevabilité d'une demande nouvelle formée à l'audience, en l'absence du défendeur[15]. Mais en raison du caractère oral de la procédure prud'homale, les faits et moyens ayant servi de fondement à la décision sont présumés, sauf preuve contraire, avoir été débattus contradictoirement[16].

C. Convocation des parties

335.31 Formalités. Le secrétariat-greffe avise le demandeur soit verbalement, au moment de la présentation de la demande, soit par lettre simple, des lieu, jour et heure de la séance du bureau de conciliation à laquelle l'affaire sera appelée et l'invite à se munir de toutes les pièces utiles (C. trav., art. R. 1452-3).

1. Soc. 27 juin 1996, n° 93-43.562, NP.
2. Soc. 27 janv. 2010, n° 08-42.827, *Bull. civ.* V, n° 23.
3. Soc. 23 févr. 2000, n° 97-45.509, NP.
4. Soc. 11 mai 1993, n° 89-44.827, *Bull. civ.* V, n° 134.
5. Rennes, 15 juin 2000, *JCP* 2001. II. 10414, obs. Desdevises.
6. Soc. 21 juin 2011, n° 10-14.288, NP; *Procédures* 2011, n° 309, note Bugada.
7. Soc. 4 oct. 2011, n° 10-15.249, *Bull. civ.* V, n° 223.
8. Soc. 25 juin 1987, n°s 84-44.874 et 84-45.050, NP; *Cah. prud'h.* 1988. 164.
9. Soc. 23 mars 1994, n° 92-42.359, *Bull. civ.* V, n° 103.
10. Soc. 5 janv. 2011, n° 08-70.060, *Bull. civ.* V, n° 4; *Procédures* 2011, n° 88, note Perrot.
11. Soc. 20 déc. 2006, n° 04-48.253, *Bull. civ.* V, n° 402; *RTD civ.* 2007. 387, obs. Perrot.
12. Soc. 24 févr. 1982, n° 80.40.114, NP; *Cah. prud'h.* 1982. 103.
13. Soc. 25 févr. 1982, n° 80-40.448, *Bull. civ.* V, n° 127.
14. Soc. 25 oct. 1989, n° 88-41.673, *Bull. civ.* V, n° 618; *Dr. soc.* 1990. 561, obs. Desdevises – Soc. 16 avr. 1991, n° 88-41.913, *Bull. civ.* V, n° 196.
15. Soc. 19 mars 1981, n° 77-41.568, *Bull. civ.* V, n° 248.
16. Soc. 16 juill. 1987, n° 85-45.997, *Bull. civ.* V, n° 520; *Lexilaser*, n° 2970 – Soc. 10 juill. 1990, n° 87-41.464, NP; *Lexilaser*, n° 29552.

Le greffe convoque le défendeur par lettre recommandée avec avis de réception et lui adresse encore copie de cette convocation par lettre simple. Selon l'article R. 1452-4 du Code du travail la convocation indique les coordonnées du demandeur et l'avise que des décisions exécutoires à titre provisoire pourront être prises à son encontre par le bureau de conciliation, même en son absence. Il est également invité à se munir de toutes les pièces utiles.

Le défendeur peut être cité par voie d'huissier lorsque le conseil de prud'hommes le demande par exemple lorsque le défendeur ne peut être, ou n'a pu être, touché par la convocation adressée par le greffe.

§ 2
Préliminaire de conciliation

335.40 **Un préliminaire obligatoire.** L'existence de cette procédure de conciliation préliminaire et obligatoire permet aux parties de saisir directement le conseil de prud'hommes de leur différend, nonobstant la clause du contrat de travail qui institue une procédure de conciliation préalable en cas de litige survenant à l'occasion de ce contrat[1]. Il faut ajouter que les articles 1531 à 1535 C. pr. civ. relatifs à la médiation conventionnelle ne s'appliquent pas en matière prud'homale sauf si le différend s'élève à l'occasion d'un contrat de travail de nature transfrontalière au sens de l'article 24 de la loi n° 95-125 du 8 février[2] (C. trav., art. L. 1471-1). Afin qu'elles puissent éventuellement se concilier (B), les parties sont tenues de comparaître en personne devant le bureau de conciliation (A).

A.
Comparution et représentation des parties

335.41 **Comparution en personne. Les parties sont tenues de comparaître en personne.** La société est représentée par son représentant légal. Les mineurs qui ne peuvent être assistés de leur père, mère ou tuteur peuvent être autorisés par le conseil à se concilier, demander ou défendre devant lui (C. trav., art. L. 1453-1).

335.42 **Représentation.** Les parties ne peuvent se faire représenter que si elles justifient d'un motif légitime[3]. Il peut s'agir d'un empêchement lié à l'état de santé, à l'éloignement, à des obligations professionnelles[4]. Le motif peut être invoqué dans une lettre adressée par l'intéressé au bureau de conciliation avant l'audience ou remise par le représentant à l'audience ou encore oralement par une déclaration du représentant à l'audience. Les juges apprécient la légitimité du motif allégué.

335.43 **Personnes habilitées à représenter.** Lorsque le motif est légitime, les parties seront représentées valablement par un avocat, leur conjoint, le partenaire lié par un pacte civil de solidarité ou le concubin, un salarié ou un employeur appartenant à la même branche d'activité, un délégué permanent ou non des organisations d'employeurs ou de salariés (C. trav., art. R. 1453-2). L'employeur peut, en outre, se faire représenter par un membre de l'entreprise ou de l'établissement. Ces personnes peuvent également assister les parties. La liste est limitative : un délégué du personnel ne peut régulièrement représenter un salarié[5].

335.44 **La représentation par des délégués des organisations syndicales.** La représentation par des délégués des organisations syndicales a posé des difficultés. Le Code du travail ne conférant aux unions de syndicats aucune prérogative particulière en matière d'assistance ou de représentation en justice, les syndicats professionnels, qui ont l'exercice de tous les droits syndicaux, peuvent aussi assurer l'assistance et la représentation des parties en matière prud'homale[6].

Ainsi les délégués peuvent appartenir à une union de syndicats ou à un syndicat professionnel. Mais ils doivent être membres de l'organisation et non de simples salariés de l'organisation ouvrière ou patronale[7].

En revanche il n'est pas nécessaire que la personne représentée ou assistée soit membre de cette organisation[8], ni que le délégué appartienne à la même branche d'activité professionnelle que le représenté[9]. Une partie peut se faire représenter par le délégué d'une organisation syndicale dont l'activité s'exerce en dehors de la localisation géographique du litige[10]. Le délégué syndical peut avoir été le conseiller du salarié lors de l'entretien préalable au licenciement et devenir son représentant devant la juridiction[11].

1. Soc. 5 déc. 2012, n° 11-20.004, *Bull. civ.* V, n° 326; *Procédures* 2013, n° 106, note Bugada.
2. L. n° 95-125, 8 févr. 1995, relative à l'organisation des juridictions et à la procédure civile, pénale et administrative, *JO* 9 févr. p. 2175.
3. Paris, 10 mai 1976, *RTD civ.* 1976. 622, n° 5, obs. Perrot; *Gaz. Pal.* 1976. 1. 424, concl. av. gén. Kirch – Soc. 6 juill. 1978, *JCP* 1978. IV. 288; *RTD civ.* 1979. 195, n° 5, obs. Perrot, qui rejette le pourvoi – Cass., ass. plén., 31 oct. 1996, n° 91-44.770, *Bull. ass. plén.*, n° 7.
4. Paris, 23 mai 1977, *Gaz. Pal.* 1977. 1. 415; *RTD civ.* 1977. 826, n° 9, obs. Perrot.
5. Soc. 1er août 1950, *Bull. civ.* V, n° 734.
6. Soc. 20 oct. 1999, n° 98-41.729, NP.
7. Soc. 26 sept. 1990, n° 88-40.060, *Bull. civ.* V, n° 399; *D.* 1990. IR 229; *RTD civ.* 1991. 166, n° 6, obs. Perrot; *JCP* 1990. IV. 367; *Cah. soc.* 1990. A 55; *Dr. trav.* 1990, n° 12, p. 20; *JCP E* 1991. I. 25, n° 3, p. 78, obs. Chevillard – Soc. 19 oct. 1994, n° 92-42.584, NP.
8. Soc. 26 sept. 1990, n° 88-40.060, préc. ss prést n°.
9. Soc. 8 nov. 1990, n° 89-40.084, *Bull. civ.* V, n° 535; *JCP* 1991. IV. 5.
10. Soc. 16 nov. 1995, n° 94-40.381, *Bull. civ.* V, n° 301.
11. Cons. prud'h. Maubeuge, 22 nov. 1991, *D.* 1992. 236, note G.-P. Q.

335.45 Neutralité du juge. L'exigence de neutralité du juge conduit à des incompatibilités posées par l'article L. 1453-2 du Code du travail : un conseiller prud'homal ne peut remplir une mission de représentation ou un mandat de représentation devant la section, ou, lorsque celle-ci est divisée en chambres, devant la chambre à laquelle il appartient ou encore devant la juridiction des référés s'il est habilité à en tenir l'audience. Et le président ou le vice-président ne peuvent exercer les fonctions de représentation ou d'assistance d'une partie devant les formations de leur conseil. Ces règles ont un caractère d'ordre public[1]. La Cour de cassation a franchi une étape supplémentaire en ce qui concerne l'impartialité des conseils de prud'hommes en décidant que l'article 6 § 1 de la Convention européenne de sauvegarde des droits de l'homme implique qu'un conseiller prud'homme ne peut exercer une mission d'assistance ou un mandat de représentation devant le conseil de prud'hommes dont il est membre[2]. Inversement « *la personne qui a prêté son concours à l'une des parties à un procès prud'homal, à quelque titre que ce soit,* [...] *ne peut être membre de la juridiction appelée à se prononcer sur le différend opposant les mêmes parties* »[3].

Mais pour la chambre sociale de la Cour de cassation « *la circonstance qu'un ou plusieurs membres d'un conseil de prud'hommes appartiennent à la même organisation syndicale que l'une des parties au procès n'est pas de nature à affecter l'équilibre d'intérêts inhérents au fonctionnement de la procédure prud'homale ou à mettre en cause l'impartialité de ses membres* ». La Cour de cassation considère que l'exigence d'impartialité est assurée par la composition paritaire des conseils de prud'hommes, la prohibition d'ordre public de tout mandat impératif, l'institution d'un juge départiteur et l'existence de voies de recours[4]. Il est permis de penser qu'une juridiction doit être intrinsèquement impartiale et de douter que la parité puisse suffire à assurer l'impartialité. En tout cas, l'opinion exprimée par les deux conseillers rapporteurs à l'occasion de leur mission précédant le délibéré sur le caractère mal fondé de la demande du salarié fait naître un doute légitime sur leur impartialité et celle de la juridiction à laquelle ils appartiennent[5].

335.46 Nécessité d'un pouvoir. À moins qu'il ne soit avocat, le représentant doit justifier d'un pouvoir spécial[6]. Le défaut de pouvoir est une irrégularité de fond sanctionnée par la nullité sans qu'il soit nécessaire de justifier d'un grief[7].

B. Tentative de conciliation

335.51 Caractères. La tentative de conciliation est obligatoire. L'audience de conciliation n'est pas publique.

335.52 Défaillance du demandeur. Si, au jour fixé pour la tentative de conciliation, le demandeur ne comparaît pas, sans justifier en temps utile, d'un motif légitime, la demande et la citation sont déclarées caduques (C. trav., art. R. 1454-12). Mais la caducité ne sera pas encourue si le demandeur, absent pour un motif légitime, est représenté par un mandataire muni d'un écrit l'autorisant à concilier en son nom et pour son compte. Ce mandat doit préciser qu'en cas d'absence du mandataire le bureau de conciliation pourra déclarer la demande caduque.

La demande ne pourra être réitérée qu'une seule fois à moins qu'un cas fortuit n'ait empêché le demandeur de comparaître à la suite de la seconde demande. Le défaillant pourra alors solliciter, dans les conditions prévues à l'article 468 alinéa 2 C. pr. civ., la rétractation de la seconde décision[8]. En cas de caducité la prescription n'est pas interrompue.

335.53 Défaillance du défendeur. Lorsque le défendeur ne comparaît pas l'affaire est renvoyée devant le bureau de jugement ou devant un ou deux conseillers rapporteurs, si elle n'est pas en état d'être jugée. Cette absence n'empêche pas le bureau de conciliation d'ordonner les mesures qui entrent dans ses pouvoirs (v. s[s] n° 335.61). Toutefois si le défendeur a justifié en temps utile d'un motif légitime qui l'a empêché de comparaître, il est à nouveau convoqué à une séance du bureau de conciliation. S'il n'a pu être joint, sans faute de sa part par la première convocation, le bureau décide alors de le faire à nouveau convoquer soit par une lettre recommandée avec demande d'avis de réception que lui adresse le greffier soit par acte d'huissier, à la diligence du demandeur, dans les six mois de la décision sous peine de caducité de la demande qui sera constatée par le bureau de conciliation (C. trav., art. R. 1454-13).

335.54 Conciliation. La tentative peut donner lieu à une conciliation partielle ou totale. Un procès-verbal est alors dressé. Il constate la conciliation et précise selon le cas que l'accord a fait l'objet d'une exécution immédiate devant le bureau de conciliation (C. trav., art. R. 1454-10). Des extraits du procès-verbal peuvent être délivrés aux parties, ils valent

1. Soc. 17 avr. 1986, n° 84-41.621, *Bull. civ.* V, n° 157; *Cah. prud'h.* 1987. 20.
2. Soc. 3 juill. 2001, n° 99-42.735, *Bull. civ.* V, n° 247; *D.* 2001. 2712, obs. Fricero.
3. Soc. 2 juill. 2002, n° 00-41.324, NP; *CSB* 2002, n° 144, S 410.
4. Soc. 19 déc. 2003, n°s 01-16.956 et 02-41.429, NP; *Bull. civ.* V, n° 321.
5. Soc. 3 mars 2009, n° 07-15.581, *Bull. civ.* V, n° 54; *Procédures* 2009, n° 134, obs. Perrot.
6. Soc. 5 mars 1992, n° 88-45.188, *Bull. civ.* V, n° 161; *Dr. trav.* 1992, n° 4, p. 14, § 216, 1° – Soc. 20 oct. 1999, n° 97-43.205, NP.
7. Soc. 8 janv. 2002, n° 99-43.816, NP.
8. Soc. 14 janv. 2009, n° 07-43.406, NP; *Procédures* 2009, n° 74, obs. Perrot.

titre exécutoire (C. trav., art. R. 1454-11). Mais les parties peuvent toujours saisir la juridiction prud'homale d'une action en contestation d'une transaction quand bien même elle aurait été constatée dans un procès-verbal dressé par le bureau de conciliation[1].

La loi du 14 juin 2013 a retouché la conciliation prud'homale et modifié l'article L. 1235-1 du Code du travail en prévoyant que : « *En cas de litige, lors de la conciliation prévue à l'article L. 1411-1, l'employeur et le salarié peuvent convenir ou le bureau de conciliation proposer d'y mettre un terme par accord. Cet accord prévoit le versement par l'employeur au salarié d'une indemnité forfaitaire dont le montant est déterminé, sans préjudice des indemnités légales, conventionnelles ou contractuelles, en référence à un barème fixé par décret en fonction de l'ancienneté du salarié. Le procès-verbal constatant l'accord vaut renonciation des parties à toutes réclamations et indemnités relatives à la rupture du contrat de travail prévues au présent chapitre* ». Ce nouveau dispositif concerne les litiges relatifs à la rupture du contrat de travail et porte sur la procédure de licenciement et la cause réelle et sérieuse de celui-ci[2].

335.55 **Non-conciliation.** En cas de non-conciliation ou pour les chefs qui n'ont pas fait l'objet d'une conciliation, l'affaire est renvoyée devant le bureau de jugement (C. trav., art. R. 1454-17). Si l'affaire n'est pas en état d'être jugée, le bureau peut désigner un ou deux conseillers rapporteurs (C. trav., art. R. 1454-1). Les prétentions qui demeurent contestées et les déclarations des parties après l'échec de la conciliation sur les chefs de la demande qui demeurent en litige doivent être notées au dossier ou au procès-verbal (C. trav., art. R. 1454-10).

§ 3
Pouvoirs du bureau de conciliation

335.61 **Étendue des pouvoirs du bureau de conciliation.** Le bureau de conciliation est investi de pouvoirs importants par l'article R. 1454-14 du Code du travail. Il peut tout d'abord ordonner la délivrance de bulletins de paye, de certificats de travail et de toutes pièces que l'employeur est tenu par la loi de délivrer. Cependant la fixation de délais donnés aux parties par le bureau de conciliation pour accomplir des diligences mises à leur charge ne fait pas courir le délai de péremption[3]. Il peut ordonner cette délivrance sous peine d'astreinte, qu'il a le pouvoir de liquider à titre provisoire. Il peut encore ordonner toutes mesures d'instruction même d'office et toutes mesures nécessaires à la conservation des preuves ou des objets litigieux. Enfin et surtout, lorsque l'obligation n'est pas sérieusement contestable, il a le pouvoir d'ordonner le versement de provisions sur les salaires et accessoires du salaire, sur les commissions, sur les indemnités de congés payés, de préavis et de licenciement, de fin de contrat prévues pour les contrats à durée déterminée, de fin de mission de l'article L. 1251-32, les indemnités spéciales dues aux salariés victimes d'accident du travail ou de maladie professionnelle, dans la limite des six mois de salaires calculés sur la moyenne des trois derniers mois (C. trav., art. R. 1454-15).

La cour d'appel de Paris a eu l'occasion de préciser que les frais professionnels ne sont assimilables ni à un salaire, ni à un accessoire du salaire et n'entrent donc pas dans le champ d'application de l'article R. 516-18 du Code du travail (devenu l'article R. 1454-14)[4]. Il en est de même de l'indemnité spéciale forfaitaire stipulée en contrepartie d'une clause de non-concurrence[5]. Elle considère que la liste des mesures, que l'article R. 1454-14 du Code du travail autorise le bureau de conciliation à ordonner, a un caractère limitatif[6].

335.62 **Procédure.** Lorsqu'il prend ces mesures, le bureau de conciliation doit respecter les règles ordinaires du déroulement de l'instance : l'audience est publique, le débat contradictoire. Il peut ordonner ces mesures même en l'absence du défendeur mais à la condition qu'il ait été informé de ces demandes.

335.63 **Décision.** Les décisions du bureau de conciliation sont provisoires, exécutoires par provision et le cas échéant sur minute (C. trav., art. R. 1454-16). Elles n'ont évidemment pas autorité de chose jugée au principal. En cas d'appel, l'exécution provisoire peut être arrêtée par le premier président si les conditions de l'article 524 *in fine* C. pr. civ. sont remplies : il faut, d'une part, une violation manifeste du principe du contradictoire ou de l'article 12 et, d'autre part, que l'exécution risque d'entraîner des conséquences manifestement excessives[7].

335.64 **Recours.** L'opposition est irrecevable et en principe l'appel et le pourvoi ne peuvent être formés qu'en même temps que le jugement sur le fond, sous réserve des règles propres à l'expertise (sur les voies de recours, v. livre 5, s^{s} n°s 5.00 s. et n° 541.31).

1. Soc. 29 sept. 2010, n° 09-42.084, *Bull. civ.* V, n° 207; *D.* 2011. 265, obs. Fricero; *Procédures* 2010, n° 400, obs. Perrot.
2. A. Bugada, « La conciliation prud'homale après la loi de sécurisation de l'emploi du 14 juin 2013 », *Procédures* 2013. Focus 50.
3. Soc. 29 sept. 2010, n° 09-40.741, *Bull. civ.* V, n° 205.
4. Paris, 8 avr. 1986, *Cah. prud'h.* 1986. 575.
5. Paris, 8 juill. 1986, RG n° 30865/86, *D.* 1987. Somm. 270, 4e esp., obs. Serra.
6. Paris, 20 mars 1975, *Gaz. Pal.* 1975. 1. 376; *RTD civ.* 1976. 395, n° 3, obs. Perrot – Paris 29 mai 1976, *Gaz. Pal.* 1976. 2. 688 – Paris, 7 mars 1984, *D.* 1984. IR 366; *RTD civ.* 1985. 213, n° 5, obs. Perrot.
7. Soc. 13 sept. 2012, n° 11-20.348, *Bull. civ.* V, n° 227; *Procédures* 2012, n° 329, note Bugada.

L'appel immédiat est cependant possible lorsque les conditions de l'appel-nullité sont remplies. Il s'agit d'une voie de recours exceptionnelle ouverte lorsqu'un texte interdit provisoirement ou définitivement l'exercice d'une voie de recours de droit commun et qui ne peut être utilisée que de manière restrictive pour sanctionner les violations les plus graves des règles de procédure. Au fil des décisions, il est apparu que l'appel-nullité était subordonné soit à la commission d'un excès de pouvoir, soit à la violation d'un principe essentiel de procédure[1].

Ainsi en matière prud'homale, la jurisprudence avait admis l'appel-nullité lorsque l'employeur n'avait pas été régulièrement convoqué[2], ou encore quand le bureau de conciliation avait accordé une provision sur salaire dépassant les limites légales[3] ou sur une somme non prévue par les textes[4]. La cour d'appel de Paris avait reçu immédiatement l'appel interjeté contre une décision ordonnant une provision sur indemnité de préavis à la charge du salarié au motif que le juge avait excédé ses pouvoirs car l'indemnité de préavis visée à l'ancien article R. 516-18 (devenu C. trav., art. R. 1454-14) du Code du travail est uniquement celle à laquelle le salarié a droit[5]. En effet lorsqu'elle est demandée par l'employeur, l'indemnité de préavis n'est qu'une indemnité en dommages-intérêts qui n'entre pas dans les limites de cet article[6]. Le bureau de conciliation n'a pas le pouvoir d'ordonner une provision sur frais professionnels[7], ni la réintégration d'un salarié[8].

Il avait été jugé que le bureau de conciliation qui néglige le caractère sérieux de la contestation commet un excès de pouvoir. Il y a contestation sérieuse « *dès lors que l'un des moyens de défense opposé à la prétention du demandeur n'est pas manifestement vain et qu'il existe une incertitude sur le sens dans lequel trancherait le juge du fond* »[9]. Il en est ainsi lorsque la contestation porte sur l'existence d'une faute grave pour s'opposer à l'allocation d'une provision[10] ou sur l'existence du contrat de travail[11]. **L'appel immédiat** avait été jugé recevable lorsqu'il n'avait n'a pas été répondu aux conclusions de l'employeur[12]. Et la cour d'appel de Paris avait estimé que commet un excès de pouvoir le bureau de conciliation qui justifie l'octroi d'une provision sur complément de préavis par le seul motif que l'existence de l'obligation ne paraissait pas sérieusement contestable, car « *le recours à cette formule banale, pré-imprimée, sans aucune référence aux faits de la cause ne permettait pas de dire que le bureau de conciliation avait procédé à la vérification et porté l'appréciation nécessaire pour lui permettre de disposer des pouvoirs exceptionnels prévus à l'ancien article R. 516-18* [devenu C. trav., art. R. 1454-14] *du Code du travail* »[13].

Mais la violation du principe de la contradiction n'a pas été retenue par toutes les chambres de la Cour de cassation comme cause d'ouverture de l'appel-nullité. Aussi afin de mettre un terme à ces divergences, la chambre mixte de la Cour de cassation a jugé, dans un arrêt du 28 janvier 2005, que lorsqu'un recours immédiat est interdit par la loi, « *il n'est dérogé à cette règle, comme à toute règle interdisant ou différant un recours, qu'en cas d'excès de pouvoir* ». Et elle poursuit en indiquant, comme l'avait fait auparavant la première chambre civile, que « *ne constitue pas un excès de pouvoir la violation du principe de la contradiction* ». Depuis cet arrêt de la chambre mixte, la violation d'un principe essentiel de procédure ne devrait plus pouvoir fonder un recours nullité.

Seul l'**excès de pouvoir** est susceptible de constituer le grief rendant recevable un tel recours. Cet excès peut être positif, lorsque le juge use de prérogatives que la loi ne lui attribue pas[14] ou il peut être négatif quand le juge n'exerce pas son pouvoir[15]. Il existe différentes hypothèses d'excès de pouvoir[16]. Il y a tout d'abord excès de pouvoir lorsqu'une atteinte est portée à la séparation des pouvoirs, lorsque le juge empiète sur le domaine de compétence du législateur ou du pouvoir exécutif[17]. Il y a encore excès de pouvoir lorsque le juge judiciaire méconnaît le principe de la séparation des autorités judiciaires et administratives[18]. Constitue une dernière catégorie d'excès de pouvoir, le fait pour le juge d'user de prérogatives que la loi ne lui a pas attribuées. C'est classiquement le cas du bureau de conciliation qui alloue des provisions d'un montant supérieur au plafond prévu par l'article R. 1454-14 du Code du travail[19]. La chambre sociale de la Cour de cassation retient la conception restrictive de la chambre mixte et considère que ne constitue pas un excès de pouvoir la violation du principe de la contradiction en sorte que l'appel immédiat n'est pas recevable[20] et elle a jugé que si

1. Soc. 3 oct. 1985, n° 83-40.960, *Bull. civ.* V, n° 440; *JCP* 1985. IV. 353.
2. Soc. 3 oct. 1985, n° 83-40.960, préc.
3. Soc. 3 oct. 1985, n° 83-40.960, préc.
4. Soc. 29 janv. 1981, n° 79-40.818, *Bull. civ.* V, n° 91; *D.* 1981. IR 435, obs. Langlois; *JCP* 1981. IV. 121; *RTD civ.* 1982. 207, n° 5, obs. Perrot.
5. Paris, 7 mars 1984, *D.* 1984. IR 366; *RTD civ.* 1985. 213, n° 5, obs. Perrot.
6. V. R. Perrot, *RTD civ.* 1982. 207, n° 5.
7. Paris, 8 avr. 1986, *Cah. prud'h.* 1986. 575.
8. Paris, 20 mars 1975, *Gaz. Pal.* 1975. 1. 376.
9. Versailles, 6 févr. 1986, *Cah. prud'h.* 1986. 41.
10. Soc. 22 mars 2007, n° 05-42.488, NP.
11. Soc. 15 mars 1983, n° 80-41.832, *Bull. civ.* V, n° 161; *Cah. prud'h.* 1983. 116.
12. Soc. 5 oct. 1978, n° 77-40.446, *Bull. civ.* V, n° 642; *JCP* 1978. IV. 335; *Gaz. Pal.* 1979. 151, note Loyer-Lahrer; *RTD civ.* 1979. 196, n° 6, obs. Perrot.
13. Paris, 10 janv. 1990, *Cah. prud'h.* 1990. 86.
14. Soc. 3 oct. 1985, n° 83-41.084, *Bull. civ.* V, n° 439; *JCP* 1985. IV. 354.
15. V. PAR EX. : Civ. 1re, 1er févr. 2005, nos 01-13.742 et 02-15.237, *Bull. civ.* I, n° 53; *D.* 2005. 2727, note Hotte; *JCP* 2005. I. 134, p. 780, note Beguin.
16. V. rapp. Charruault ss Cass., ch. mixte, 28 janv. 2005, n° 02-19.153, *Bull. ch. mixte*, n° 1; *BICC* 15 avr. 2005, n° 617.
17. Civ. 1re, 30 mai 1967, *Bull. civ.* I, n° 188 (le juge critique un décret dans les motifs de son jugement).
18. Civ. 1re, 6 mai 1985, n° 84-12.869, *Bull. civ.* I, n° 143.
19. Soc. 3 oct. 1985, n° 84-12.869, préc. ss prést n°.
20. Soc. 21 févr. 2007, n° 04-48.255, NP.

l'absence de motivation constitue un vice de forme, elle ne caractérise pas, à elle seule, un excès de pouvoir justifiant, par dérogation aux dispositions de l'article R. 516-19 (devenu C. trav., art. R. 1454-16) du Code du travail, un appel immédiat[1].

335.65 Cas particulier des litiges en matière de licenciement pour motif économique. Enfin dans le cas particulier des litiges en matière de licenciement pour motif économique, il appartient au bureau de conciliation de fixer le calendrier des mesures d'instruction et de communication de pièces ou des notes par les parties. Les mesures d'instruction ou d'information doivent être exécutées dans les trois mois à moins que, par un jugement motivé, et à la demande d'un technicien commis ou du conseiller rapporteur, le bureau de jugement ne proroge ce délai. Le bureau de conciliation fixe également la date d'audience du bureau de jugement qui ne peut excéder six mois à compter de la date à laquelle l'affaire lui a été renvoyée (C. trav., art. R. 1456-4).

SECTION 2
PROCÉDURE DEVANT LE BUREAU DE JUGEMENT

335.70 Division. Les débats (§ 2) peuvent être précédés d'une mise en état (§ 1).

§ 1
Un préalable éventuel : la mise en état

335.71 Généralités sur la mise en état. Lorsque l'affaire n'est pas en état d'être jugée, l'article R. 1454-1 du Code du travail prévoit qu'au lieu de la renvoyer directement devant le bureau de jugement, le bureau de conciliation peut, par une décision sans recours, désigner un ou deux conseillers rapporteurs, pris éventuellement au sein de la formation de jugement. Généralement un seul conseiller est désigné pour instruire l'affaire. S'il en est désigné deux dans la même affaire, l'un est employeur et l'autre salarié (C. trav., art. R. 1454-2). Le ou les conseiller (s) rapporteur(s) peu(ven)t également être désigné(s) par le bureau de jugement ou la formation de référé. La décision qui les désigne fixe un délai pour l'exécution de leur mission.

335.72 Mission du conseiller rapporteur. L'article R. 1454-1 alinéa 1er du Code du travail définit la mission du conseiller rapporteur. Il doit mettre l'affaire en état d'être jugée. À cette fin, il peut prescrire toutes les mesures nécessaires. Ainsi, il peut **entendre les parties** ou toute autre personne dont l'audition lui paraît utile à la manifestation de la vérité, sans observer les prescriptions prévues pour l'audition des témoins[2]. Il peut réclamer aux parties tous **documents** ou **justifications** utiles dans les délais qu'il fixe. Il peut prendre des **mesures conservatoires**, procéder ou faire procéder à des **mesures d'instruction**. Mais le conseiller rapporteur n'a pas qualité pour se faire remettre un document contre le gré d'une partie[3]. Il doit renvoyer l'affaire au conseil de prud'hommes auquel il appartient qui tirera toute conséquence de l'abstention d'une partie ou de son refus. Enfin le conseiller rapporteur peut constater la conciliation même partielle des parties dans un procès-verbal (C. trav., art. R. 1454-5).

335.73 Actes du conseiller rapporteur. Ses décisions sont **provisoires**, elles n'ont **pas autorité de chose jugée** au principal. Elles sont exécutoires immédiatement, ne peuvent faire l'objet d'un recours indépendamment de la décision sur le fond sous réserve des règles particulières en matière d'expertise (sur les voies de recours, v. Livre 5, ss nos 5.00 s.). À la fin de sa mission, il établit un rapport et renvoie l'affaire au bureau de jugement[4].

335.74 Interruption de l'instance. L'instance est interrompue si intervient, avant l'ouverture des débats, un jugement prononçant l'ouverture d'une procédure de **sauvegarde**, de **redressement judiciaire** ou de **liquidation**, dans les causes où il emporte assistance ou dessaisissement du débiteur (C. pr. civ., art. 369). Cependant cette règle ne s'applique pas à la procédure prud'homale lorsque l'employeur fait l'objet d'une telle procédure. Selon l'article L. 625-3 du Code de commerce, auquel renvoient l'article L. 631-18 de Code de commerce relatif au redressement judiciaire et l'article L. 641-14 relatif à la liquidation judiciaire, les instances en cours devant les juridictions prud'homales sont poursuivies en présence du mandataire judiciaire et de l'administrateur lorsqu'il a une mission d'assistance. Le mandataire judiciaire est tenu, dans les dix jours du jugement d'ouverture, d'informer la juridiction prud'homale et les salariés, parties à l'instance, de l'ouverture de la procédure collective. Dans le même délai, le mandataire judiciaire ou à défaut les salariés requérants sont tenus de mettre en cause les institutions mentionnées à l'article L. 3253-14 du Code du travail. En cas de liquidation judiciaire, il appartient au liquidateur de mettre en cause l'AGS (association pour la gestion du régime de garantie des créances des salariés) dans les dix jours qui suivent le jugement de

1. Soc. 7 juin 1995, n° 91-42.604, *Bull. civ.* V, n° 187; *JCP* 1995. IV. 1899, p. 240.

2. Soc. 31 mars 1978, n° 77-40.159, *Bull. civ.* V, n° 267; *RTD civ.* 1978. 727, n° 5, obs. Perrot.
3. Soc. 17 oct. 1990, n° 87-45.853, *Bull. civ.* V, n° 482; *Cah. soc.* 1990. A 60.
4. Sur l'objectivité du rapport v. Paris, 29 nov. 1978, *Gaz. Pal.* 1979. 1. 190; *RTD civ.* 1979. 832, n° 4, obs. Perrot.

liquidation; à défaut les salariés requérants peuvent eux-mêmes mettre l'AGS en cause (C. com., art. L. 641-14, al. 3).

335.75 Péremption. L'instance ne fera l'objet d'une péremption que lorsque les parties se seront abstenues d'accomplir pendant un délai de deux ans les diligences mises expressément à leur charge par la juridiction (C. trav., art. R. 1452-8). Pour qu'il y ait péremption d'une instance prud'homale, le juge doit mettre une ou plusieurs diligences à la charge des parties[1]. En ce cas, pour l'éviter, l'ensemble des diligences imposées par la juridiction doit avoir été accompli[2]. L'avis délivré par le greffe aux conseils des parties pour les informer des délais fixés pour le dépôt des conclusions ne met à leur charge aucune diligence particulière au sens de l'article R. 1452-8 du Code du travail[3]; il en est de même pour les indications relatives à la fixation des délais donnés aux parties par le bureau de conciliation[4]. Si le juge impartit un certain délai pour exécuter son injonction, le point de départ du délai de péremption est la date impartie pour la réalisation des diligences et non la date de la décision[5]. En cas de sursis à statuer jusqu'à la survenance d'un événement déterminé, un nouveau délai de péremption ne peut pas commencer à courir avant la réalisation de cet événement[6]. Si la péremption est constatée, la réitération de la demande est possible, sous réserve de la prescription, puisque la règle de l'unicité de l'instance n'est applicable que lorsque l'instance précédente s'est achevée par un jugement sur le fond[7].

§ 2
Débats

A.
Convocation des parties

335.80 Formalités. Les parties sont souvent convoquées devant le bureau de jugement oralement, à l'issue de la tentative de conciliation, avec émargement au procès-verbal. L'émargement par le défendeur du procès-verbal, même s'il ne précise pas que la date a été indiquée verbalement, vaut citation à personne et rend le jugement à intervenir contradictoire[8]. Elles peuvent également être convoquées par lettre recommandée avec demande d'avis de réception, doublées d'une lettre simple (C. trav., art. R. 1454-19). La convocation doit contenir certaines précisions : nom, profession, domicile des parties, les lieu, jour, heure de l'audience et les points qui restent en litige (C. trav., art. R. 1454-19).

B.
Comparution des parties

1°
Défaut de comparution du demandeur

335.81 Conséquences. Lorsque le demandeur ne comparaît pas, sans motif légitime, les dispositions de l'article 468 C. pr. civ. sont applicables et la citation peut être déclarée caduque même d'office. Dans ce cas la demande peut être renouvelée une fois, elle est alors portée directement devant le bureau de jugement (C. trav., art. R. 1454-21).

Le défendeur peut également demander au bureau de jugement de statuer sur le fond (C. pr. civ., art. 468). Le simple défaut du demandeur ne suffit pas à entraîner le débouté[9]. Lorsque le défendeur requiert un jugement sur le fond, le conseil doit vérifier la régularité de la communication de pièces ordonnée par le bureau de conciliation[10].

Si le demandeur justifie sa défaillance par un motif légitime, en temps utile, il sera à nouveau convoqué. L'article 468 C. pr. civ. prévoit encore que la déclaration de caducité peut être rapportée si le demandeur fait connaître au greffe, dans un délai de quinze jours, le motif légitime qu'il n'a pas été en mesure d'invoquer en temps utile. Dans ce cas encore les parties seront convoquées à une audience ultérieure.

2°
Défaut de comparution du défendeur

335.91 Conséquences. Si le défendeur, régulièrement convoqué, ne comparaît pas, il est statué sur le fond. Mais s'il justifie en temps utile d'un motif légitime, il est convoqué par lettre recommandée à une prochaine audience.

S'il n'a pas été joint sans faute de sa part par la première convocation, le bureau de jugement décide qu'il sera convoqué à une prochaine audience soit par lettre recommandée avec avis de réception, soit par acte d'huissier à la diligence du demandeur. Et

1. Soc. 29 avr. 1997, n° 95-42.685, *Bull. civ.* V, n° 146.
2. Soc. 28 févr. 2012, n° 10-26.562, *Bull. civ.* V, n° 80; *Procédures* 2012, n° 150, note Bugada.
3. Soc. 20 juin 2007, n° 05-43.327, NP; *Procédures* 2007, n° 216, note Perrot.
4. Soc. 29 oct. 2010, n° 09-40.741, *Bull. civ.* V, n° 205; *Procédures* 2010, n° 399, note Perrot.
5. Soc. 22 janv. 1998, n° 95-41.653, *Bull. civ.* V, n° 30.
6. Soc. 18 déc. 2002, n° 00-46.519, *Bull. civ.* V, n° 399; *Procédures* 2003, n° 60.
7. Soc. 23 mai 2012, n° 10-24.033, *Bull. civ.* V, n° 157; *Procédures* 2012, n° 221, note Bugada, et n° 244, note Perrot.
8. Soc. 14 déc. 1983, n° 81-41.596, *Cah. prud'h.* 1984. 77.
9. Soc. 19 nov. 1981, n° 79-42.756, *Cah. prud'h.* 1982. 54 – Soc. 20 mars 1985, n° 84-45.319, *Cah. prud'h.* 1986. 130 – Soc. 14 mars 2007, n° 05-45.414, *Bull. civ.* V, n° 50.
10. Soc. 20 oct. 1988, n° 86-40.245, *Bull. civ.* V, n° 547.

lorsque la lettre recommandée de convocation du défendeur a été retournée au greffe du conseil des prud'hommes avec la mention refusée, la juridiction doit vérifier que le demandeur a bien procédé par voie de signification comme l'exige l'article 670-1 C. pr. civ. [1].

Puisque la procédure est orale, l'envoi de conclusions par écrit ne peut suppléer le défaut de comparution [2].

C. Récusation

335.101 Cas. L'ancien article L. 518-1 du Code du travail prévoyait que les membres des conseils de prud'hommes pouvaient être récusés : lorsqu'ils ont un intérêt personnel à la contestation, lorsqu'ils sont parents ou alliés d'une des parties jusqu'au degré de cousin germain inclusivement, si dans l'année qui a précédé la récusation il y a eu action judiciaire, criminelle ou civile entre eux et une partie ou son conjoint, ses parents ou alliés en ligne directe, s'ils sont employeurs, ouvriers ou employés de l'une des parties en cause, et enfin s'ils ont donné un avis écrit dans l'affaire.

335.102 Caractère non limitatif des cas visés par l'article L. 1457-1 du Code du travail. L'ancien article L. 518-1 du Code du travail prévoyait des causes de récusation propres aux membres des conseils de prud'hommes. La jurisprudence était partagée sur le problème de savoir si les dispositions spéciales excluaient l'application des dispositions générales de l'article 341 C. pr. civ.

La cour d'appel d'Aix-en-Provence affirmait le caractère limitatif des hypothèses visées par l'article L. 518-1 du Code du travail [3].

Au contraire la cour d'appel de Montpellier [4] avait jugé que les dispositions générales de l'article 341 C. pr. civ. étaient applicables à la matière prud'homale dans une affaire relative à la récusation par un employeur d'un conseiller prud'homme salarié qui prétendait siéger dans la formation de jugement de la section commerce du conseil des prud'hommes alors qu'il avait précédemment assisté en conciliation le salarié demandeur devant la section industrie de ce conseil. Il y avait là motif à récusation selon l'article 341, 5° C. pr. civ. et la Cour avait jugé que l'article L. 518-1 du Code du travail se référant à l'article 341 C. pr. civ. il y avait lieu de considérer que les dispositions générales de l'ancien article 731-1 du COJ visées par l'article 341 C. pr. civ. étaient applicables devant les juridictions de l'ordre judiciaire sans qu'il faille en exclure les juridictions prud'homales. En outre en l'espèce, refuser la récusation au motif qu'elle n'était pas prévue par les dispositions de l'article L. 518-1 du Code du travail, aurait conduit à la violation de l'article 6 § 1 de la Convention européenne de sauvegarde des droits de l'homme qui reconnaît au plaideur le droit à un juge indépendant et impartial (v. s^s n° 353.61).

Désormais l'article R. 1457-1 du Code du travail prévoit que la récusation des conseillers prud'hommes est régie par les articles 341 à 355 C. pr. civ.

335.103 Procédure. La récusation doit être formée dès que la partie qui veut récuser a connaissance de la cause de récusation, par acte remis au secrétariat du conseil de prud'hommes ou par une déclaration qui est consignée par le secrétaire dans un procès-verbal. Elle ne peut être formée après la clôture des débats (C. pr. civ., art. 342). Encore faut-il que celui qui est en droit d'invoquer la récusation du juge connaisse la cause de récusation avant la clôture des débats. Lorsqu'il apparaît qu'un plaideur n'a pu, sans négligence de sa part, être en mesure de connaître le motif de récusation d'un conseiller prud'homme avant la clôture des débats, sa demande d'annulation du jugement doit être admise [5]. Le conseil des prud'hommes, dès qu'il a connaissance de la demande de récusation, doit suspendre l'instance jusqu'à ce que le problème soit tranché, il excède ses pouvoirs en examinant l'affaire au fond en présence du conseiller prud'homme dont la récusation a été sollicitée [6]. Le conseiller prud'homme, dont la récusation est demandée, ne devient pas partie à l'instance devant la juridiction appelée à statuer sur la récusation et son pourvoi en cassation contre la décision qui le récuse est irrecevable [7].

D. Déroulement des débats

335.111 Oralité des débats. Selon l'article R. 1453-3 du Code du travail les débats sont soumis au principe de l'oralité, en conséquence l'absence de conclusions écrites ne rend pas la demande irrecevable [8]. Les prétentions sont notées au dossier ou consignées dans un procès-verbal (C. trav., art. R. 1453-4). Toutefois, les parties peuvent se référer aux prétentions et aux moyens qu'elles ont formulés par écrit (C. pr. civ., art. 446-1). Cependant les parties ne peuvent se contenter d'envoyer à la juridiction un

1. Soc. 4 oct. 1989, n° 88-40.308, n° 88-40.307, *Bull. civ.* V, n° 566; *Dr. soc.* 1990. 560, obs. Desdevises; *RTD civ.* 1990. 140, n° 1, obs. Perrot.
2. Soc. 16 mars 1989, n° 88-41.981, NP; *Cah. prud'h.* 1989. 8/124.
3. Aix-en-Provence, 21 févr. 1990, *Dr. ouvrier* 1990. 406 – Aix-en-Provence, 15 mars 1982, *JCP CI* 1983. I. 11519, n° 1, p. 165, obs. Teyssié.
4. Montpellier, 4 juin 1987, *JCP* 1987. II. 20876, note de Lestang.
5. Toulouse, 9 mars 2001, RG n° 2000/00724, *D.* 2002. 359, note Beignier.
6. Soc. 3 juin 2003, n° 07-44.212, *Bull. civ.* V, n° 97.
7. Soc. 19 déc. 2003, n° 03-10.014, *Bull. civ.* V, n° 320; *JCP* 2004. IV. 1366.
8. Soc. 10 juill. 1990, n° 87-40.677, *Bull. civ.* V, n° 359.

simple courrier ou une télécopie même pour solliciter un renvoi[1]. Les conclusions déposées par une partie qui ne comparaît pas lors de l'audience ne peuvent être prises en considération[2]. S'agissant d'une procédure orale, le juge ne peut déclarer irrecevables les prétentions d'une partie formulées à la barre; pour veiller au respect du principe de la contradiction, il peut renvoyer l'affaire à une prochaine audience[3]. Mais le caractère oral de la procédure ne dispense pas les parties de communiquer les pièces à leur adversaire en temps utile. Si un délai suffisant n'est pas respecté, elles peuvent être écartées des débats (un délai de dix-huit jours a été jugé insuffisant[4]). Lorsque les débats sont renvoyés à une audience ultérieure, le juge peut organiser les échanges entre les parties comparantes. Si elles en sont d'accord, il peut fixer les délais et les conditions de communication de leurs prétentions, moyens et pièces. À défaut pour les parties de respecter les modalités de communication ainsi fixées par le juge, celui-ci peut rappeler l'affaire à l'audience, en vue de la juger ou de la radier (C. pr. civ., art. 446-2). Le juge peut inviter, à tout moment, les parties à fournir les explications de fait et de droit qu'il estime nécessaires à la solution du litige et les mettre en demeure de produire dans le délai qu'il détermine tous les documents propres à l'éclairer, faute de quoi il peut passer outre et statuer en tirant toute conséquence de l'abstention de la partie ou de son refus (C. pr. civ., art. 446-3). Le caractère oral de la procédure ne prive pas le juge du pouvoir de subordonner la reprise de l'instance au dépôt des conclusions au fond. Ce dépôt constitue une diligence au sens de l'article R. 1452-8 qui fait courir le délai de péremption. Mais ces conclusions ne saisissent valablement le juge qui si elles sont réitérées verbalement à l'audience[5]. Autre conséquence du caractère oral de la procédure, il a été jugé que les conclusions écrites d'appel incident préalablement notifiées par l'intimé ne font pas obstacle au désistement ultérieur de l'appelant[6]. Cependant, si antérieurement au désistement d'appel l'intimé avait déposé un écrit contenant des demandes nouvelles et les avait soutenues à l'audience, « *l'exigence d'un procès équitable impose au regard du principe de l'unicité de l'instance prud'homale que le désistement soit accepté par l'auteur de la demande incidente* »[7]. L'article 446-4 C. pr. civ., applicable à toutes les procédures orales en matière civile, précise désormais que la date des prétentions et des moyens d'une partie, régulièrement présentés par écrit, est celle de leur communication entre parties.

335.112 Preuves. Les parties peuvent verser au débat des attestations de tiers qui doivent respecter les dispositions de l'article 202 C. pr. civ. Mais le non-respect de ces dispositions n'entraîne pas la nullité de l'attestation, le juge doit simplement apprécier si les attestations produites présentent « *des garanties suffisantes pour emporter la conviction* »[8]. La seule mention figurant dans les motifs du jugement selon laquelle « *le salarié reconnaît et ne conteste plus les faits* », alors qu'aucune note d'audience contenant les déclarations précises faites par le salarié devant le bureau de jugement n'était produite, ne peut valoir aveu judiciaire[9]. Pour contenir un **aveu judiciaire** les motifs doivent être précis. Les règles relatives à la licéité et à la loyauté de la preuve doivent être respectées : l'utilisation par l'employeur de lettres piégées à l'insu du personnel constitue un stratagème qui rend illicite le moyen de preuve ainsi obtenu[10].

335.113 Exceptions de procédure. Les parties doivent à peine d'irrecevabilité soulever les exceptions de procédure avant toute défense au fond ou fin de non-recevoir (C. trav., art. R. 1451-2), même si l'exception est d'ordre public[11]. Il convient toutefois de préciser que les exceptions de procédure peuvent être soulevées pour la première fois devant le bureau de jugement, même si les parties ont fait valoir des moyens de fond lors de la phase de conciliation[12]. Il faut que ces exceptions soient soulevées devant le bureau de jugement avant toute défense au fond ou toute fin de non-recevoir.

§ 3
Jugement

335.121 Délibéré. Après avoir entendu les parties et éventuellement constaté leur accord, même partiel, en précisant s'il a fait l'objet d'une exécution immédiate (C. trav., art. R. 1454-22), le bureau de jugement met l'affaire en délibéré. Il doit rendre sa décision sur-le-champ ou indiquer la date du prononcé par émargement au dossier ou remise d'un bulletin par le greffier (C. trav., art. R. 1454-25).

1. Paris, 13 janv. 1995, RG nº 32923/94, *Procédures* 1995, nº 328.
2. Soc. 22 oct. 1997, nº 95-41.958, NP; *Procédures* 1998, nº 4.
3. Soc. 17 mars 1998, nº 95-41.006, *Bull. civ.* V, nº 152; *Procédures* 1998, nº 112.
4. Soc. 5 oct. 1999, nº 97-41.123, NP.
5. Soc. 11 juin 2002, nº 00-42.654, *Bull. civ.* V, nº 202.
6. Soc. 11 juin 2002, nº 00-42.369, NP; *Procédures* 2002, nº 181.
7. Soc. 14 mars 2007, nº 05-42.379, *Bull. civ.* V, nº 49.
8. Soc. 12 juin 1981, nº 79-16.076, *Bull. civ.* V, nº 548 – Soc. 10 févr. 1982, nº 79-42.597, *Bull. civ.* V, nº 81 – Soc. 9 oct. 1996, nº 93-45.604, NP.
9. Soc. 22 mars 2011, nº 09-72.323, *Bull. civ.* V, nº 77; *Procédures* 2011, nº 231, note Bugada.
10. Soc. 4 juill. 2012, nº 11-30.266, *Bull. civ.* V, nº 208; *Procédures* 2012, nº 286, note Bugada.
11. Civ. 2e, 20 sept. 2005, nº 04-11.909, *Bull. civ.* II, nº 224.
12. Soc. 26 juill. 1984, nº 82-40.416, *Bull. civ.* V, nº 333; *Cah. prud'h.* 1985. 22 – Aix-en-Provence, 4 juin 1980, *D.* 1981. 479, note Mestre et Buy.

En matière de licenciement pour motif économique il doit statuer dans les six mois à compter de la date à laquelle l'affaire lui a été renvoyée (C. trav., art. R. 1456-4).

Le bureau du jugement statue à la majorité absolue des voix (C. trav., art. R. 1454-23). Si une majorité ne peut se dégager l'affaire est renvoyée dans le délai d'un mois devant le même bureau, mais présidé par le juge départiteur (v. s^s n° 335.07). Les débats sont repris et la décision sera rendue après un nouveau délibéré.

335.122 Notification. Les décisions sont notifiées aux parties par lettre recommandée adressée par le greffe au lieu où elles demeurent. Les parties peuvent, si elles le souhaitent, faire signifier les décisions par acte d'huissier (C. trav., art. R. 1454-26). Le délai d'appel ne court pas si aucune signification par huissier n'a été effectuée à la suite du retour au secrétariat de la juridiction d'une lettre de notification qui n'a pu être remise à son destinataire [1]. Il incombe à la partie intéressée de procéder par voie de signification, conformément à l'article 670-1 C. pr. civ.; le délai d'appel court à compter de la date de signification [2].

335.123 Exécution provisoire. Le conseil de prud'hommes peut ordonner l'exécution provisoire de ses décisions. Certaines décisions sont exécutoires de plein droit : les décisions qui ordonnent la remise des pièces que l'employeur est légalement tenu de délivrer, les jugements qui ordonnent le paiement de rémunérations et indemnités visées à l'article R. 1454-14 du Code du travail (v. s^s n° 335.61) dans la limite de neuf mois de salaires calculés sur la moyenne des trois derniers mois (C. trav., art. R. 1454-28). Cette moyenne doit être mentionnée dans le jugement et le juge de l'exécution ne peut, au titre d'une difficulté d'exécution, compléter le jugement rendu par le conseil de prud'hommes et rechercher la moyenne des salaires en application de l'article R. 1454-28 du Code du travail dès lors qu'elle ne peut être déduite des termes mêmes de la décision [3]. En cas d'appel, le premier président peut arrêter une exécution provisoire dans les conditions prévues à l'article 524 C. pr. civ. (v. s^s n° 431.52).

335.124 Voies de recours – L'opposition. Les jugements des conseils de prud'hommes et les arrêts de cour d'appel peuvent être frappés d'opposition dans les conditions du droit commun (sur les voies de recours, v. Livre 5, s^s n°s 545.10 s.). Quand une opposition est formée elle est portée directement devant le bureau de jugement. Si le demandeur à cette opposition ne se présente pas, l'opposition est caduque et elle ne peut être réitérée (C. trav., art. R. 1463-1).

1. Soc. 7 mai 1987, n° 83-41.900, *Bull. civ.* V, n° 286.
2. Soc. 7 nov. 2007, n° 06-41.883, NP.
3. Paris, 2 févr. 2000, *Procédures* 2000, n° 198.

335.125 Appel. Les conseils de prud'hommes sont compétents en premier et dernier ressort jusqu'à 4 000 euros (C. trav., art. D. 1462-3). L'obligation de révision annuelle de ce taux de compétence a été supprimée par l'article 58 de la loi n° 2004-1343 du 9 décembre 2004 sur la simplification du droit [4].

Le jugement était rendu en premier et dernier ressort lorsqu'aucun des chefs des demandes initiales ou incidentes ne dépassait à lui seul le taux de l'appel. Si un des chefs de la demande était susceptible d'appel, le conseil se prononçait en premier ressort sur le tout.

Revenant sur la jurisprudence antérieure, la chambre sociale de la Cour de cassation a précisé par deux arrêts en date du 17 juillet 1996 que constituent un seul chef de la demande, les prétentions qui présentent un caractère salarial (salaires, primes, repos compensatoire, heures supplémentaires et indemnités de congés payés à l'exception des indemnités compensatrices de congés payés et de préavis) ou celles qui présentent un caractère indemnitaire lié à la rupture du contrat de travail (indemnité légale ou conventionnelle de licenciement, indemnité compensatrice de congés payés et l'indemnité compensatrice de préavis) [5]. La Cour de cassation a confirmé ce revirement de jurisprudence [6]. L'article R. 1462-1 du Code du travail prévoit désormais que le jugement est rendu en dernier ressort lorsque la valeur totale des prétentions d'aucune des parties ne dépasse le taux de compétence fixé par décret. Et l'appel n'est pas recevable si la seule demande reconventionnelle en dommages-intérêts, fondée exclusivement sur la demande initiale, dépasse le taux de compétence en dernier ressort (C. trav., art. R. 1462-2). Le conseil de prud'hommes était la seule juridiction devant laquelle le montant de la demande était calculé par chef de demande et non en totalisant les sommes réclamées. Cette particularité est désormais supprimée.

Il ne peut être interjeté appel d'un jugement qui a statué sur une demande tendant à la remise d'un certificat de travail, de bulletins de paye ou de toutes pièces que l'employeur est tenu de délivrer, même sous astreinte, comme l'attestation destinée à l'Assedic, à moins que le jugement ne soit susceptible d'appel en raison du montant des autres demandes (C. trav., art. R. 1462-1).

Ce texte doit être interprété strictement et la Cour de cassation a jugé que présente un caractère indéterminé qui rend l'appel recevable, la demande d'un salarié tendant à ce que son employeur soit condamné à lui établir de nouveaux bulletins de paye ne faisant plus état de son activité de représentation des salariés [7]. Mais la demande tendant à la rectification d'un bulletin de paye est sans incidence sur l'ouverture des voies de recours lorsqu'elle constitue la

4. L. n° 2004-1343, 9 déc. 2004, de simplification du droit, *JO* 10 déc., p. 20857.
5. Soc. 17 juill. 1996, n° 93-40.942, n° 93-41.022, *Bull. civ.* V, n° 285; *Cah. soc.* 1996, n° 84, A 58, p. 281.
6. Soc. 26 févr. 1997, n° 93-42.382, n° 93-45.131, NP – Soc. 5 mars 1997, n° 95-45.049, *Bull. civ.* V, n° 98 – Soc. 12 mars 1997, n° 94-42.771, *Bull. civ.* V, n° 106.
7. Soc. 9 oct. 1996, n° 93-42.848, *Bull. civ.* V, n° 320; *Cah. soc.* 1996, n° 85, A. 63.

conséquence nécessaire d'une demande chiffrée dont le montant est inférieur au taux du dernier ressort[1]. Ainsi la demande en rectification de bulletins de paye ne suit pas le régime de la demande indéterminée lorsqu'elle n'est que la conséquence de la demande chiffrée. Constitue une demande dont l'objet est indéterminé : la demande tendant à obtenir l'annulation d'une mise à pied quel que soit le montant de la restitution réclamé par le salarié au titre du retrait de la sanction disciplinaire[2], plus généralement la demande d'annulation d'une sanction[3], la demande tendant à l'annulation d'une clause de non-concurrence[4], la demande de résiliation d'un contrat d'apprentissage[5], la demande de publication de décision dans la presse[6], la demande du salarié en paiement d'une prime mensuelle de 900 francs du 11 décembre 1983 au jour du jugement[7]. La demande qui a pour objet le paiement de sommes d'argent, même chiffrée, revêt un caractère indéterminé dès qu'elle impose à la juridiction saisie de se prononcer sur l'existence d'avantages individuels acquis[8].

Mais le fait que certaines demandes de chacun des salariés ne soient pas chiffrées ne leur confère par un caractère indéterminé si le montant des demandes est aisément déterminable[9]. Et une demande n'est pas indéterminée quel que soit son fondement, lorsqu'elle tend à l'allocation d'une somme d'argent dont le montant est précisé[10].

En matière prud'homale, l'appel doit être interjeté au moyen d'une **déclaration** que la partie ou son mandataire, muni d'un pouvoir spécial s'il n'est avocat, fait, ou adresse par pli recommandé, au greffe de la cour d'appel. Le **pouvoir** doit être donné avant l'exercice du recours, en tout cas avant l'expiration du délai d'appel, ce que doit vérifier la cour d'appel[11], mais il doit être postérieur au jugement attaqué[12]. Si en principe l'avocat est dispensé de justifier d'un pouvoir spécial, encore faut-il être certain que le signataire de la déclaration d'appel soit avocat. L'apposition d'un simple timbre humide ne présente aucune garantie d'identification de l'auteur de l'acte et ne peut suppléer au défaut de signature[13]. Cette exigence a également posé des difficultés lorsque la déclaration est signée « pour ordre ». Dans un tel cas, la chambre sociale de la Cour de cassation a estimé que l'appel était irrecevable dans la mesure où aucun pouvoir n'était joint à la déclaration d'appel qui ne contenait pas d'indication permettant d'attribuer la qualité d'avocat au signataire dès lors que son identité ne se déduisait pas nécessairement des mentions imprimées figurant sur la lettre[14]. Ainsi lorsqu'aucune mention de l'acte ne permet d'identifier son auteur, la déclaration d'appel revêtue d'une signature illisible, précédée de la formule « P.O. » est entachée d'une irrégularité de fond[15]. La déclaration d'appel est cependant recevable lorsqu'elle a été faite sur un papier à en-tête d'un avocat Z et signée « par ordre de Mme A, avocat »; le signataire Z est un avocat agissant au nom de son confrère, chargé des intérêts de l'appelant[16]. La Cour de cassation a également jugé l'appel recevable alors que l'acte d'appel n'était pas signé mais accompagné d'une lettre signée par l'avocat d'une partie[17]. Lorsque la déclaration d'appel ou le courrier qui l'accompagne ont été établis sur du papier à en-tête d'un cabinet d'avocat, l'auteur de la déclaration d'appel peut faire preuve de son identité et de sa qualité au moyen d'éléments extrinsèques[18].

La déclaration d'appel doit être accompagnée d'une **copie de la décision**. Cette disposition n'est pas prescrite à peine d'irrecevabilité de l'appel prononcée d'office[19]. Certaines cours d'appel ont admis la recevabilité d'un appel formé par télécopie[20] alors que d'autres ont retenu la solution contraire[21]. La Cour de cassation a jugé que la télécopie ne répond pas aux conditions de forme de l'appel exigées en matière prud'homale par l'article R. 1461-1 du Code du travail[22].

Outre les mentions prescrites par l'article 58 C. pr. civ., la déclaration désigne le jugement frappé d'appel, le cas échéant les chefs de celui-ci auxquels l'appel est limité, le nom et l'adresse du représentant de l'appelant devant la Cour.

335.126 Pourvoi en cassation. En matière prud'homale, le pourvoi en cassation était formé,

1. Soc. 23 mars 2011, n° 09-70.827, *Bull. civ.* V, n° 78; *Procédures* 2011, n° 204, note Bugada.
2. Soc. 1er oct. 1996, n° 93-43.959, *Bull. civ.* V, n° 409; *Cah. soc.* 1996, n° 85, A 63 – Soc. 26 oct. 1999, n° 97-44.304, *Bull. civ.* V, n° 413; *Procédures* 2000, n° 6.
3. Soc. 7 mai 1981, n° 79-40.571, *Bull. civ.* V, n° 397.
4. Soc. 15 mars 1978, n° 77-40.334, *Bull. civ.* V, n° 186.
5. Soc. 20 juill. 1978, n° 77-40.650, *Bull. civ.* V, n° 608.
6. Soc. 5 mars 1980, n° 79-40.102, *Bull. civ.* V, n° 227.
7. Soc. 1er oct. 1996, n° 93-44.762, NP; *Cah. soc.* 1996, n° 85, A 63.
8. Soc. 13 mars 2001, n° 00-40.944, *Bull. civ.* V, n° 92; *D.* 2002. 241, note Puigelier.
9. Soc. 22 mars 1995, n° 93-41.534, NP; *Cah. soc.* 1995, n° 70, B 97.
10. Soc. 13 juill. 2004, n° 02-46.230, *Bull. civ.* V, n° 216; *Procédures* 2004, n° 229.
11. Civ. 2e, 17 avr. 2008, n° 07-11.333, *Bull. civ.* II, n° 85.
12. Soc. 10 déc. 1996, n° 93-41.737, *Bull. civ.* V, n° 435 – Soc. 21 oct. 1998, n° 95-43.908, *Bull. civ.* V, n° 447.
13. Soc. 1er avr. 2009, n° 07-44.962, NP.
14. Soc. 30 mai 2000, n° 98-40.919, NP.
15. Soc. 20 juin 2007, n° 05-45.560, NP; *Procédures* 2007. Comm. 211, obs. Perrot.
16. Civ. 2e, 10 juill. 2008, n° 07-16.313, *Bull. civ.* V, n° 175 – DANS LE MÊME SENS, Soc. 30 sept. 2009, n° 08-40.620, NP.
17. Soc. 7 nov. 2007, n° 06-42.268, NP.
18. Soc. 2 déc. 2008, n° 06-44.962, *Bull. civ.* V, n° 237 – Soc. 12 mai 2009, n° 08-40.283, NP – Soc. 27 mai 2009, n° 07-45.445, NP – Soc. 18 nov. 2009, n° 08-42.177, NP.
19. Soc. 19 juin 2007, n° 06-40.854, *Bull. civ.* V, n° 108.
20. Toulouse, 20 janv. 1995, RG n° 504/94.
21. Paris, 24 juin 1992, RG n° 31289/92, *RTD civ.* 1993. 198, obs. Perrot.
22. Soc. 27 janv. 2000, n° 97-43.845, NP; *Procédures* 2000, n° 102.

instruit et jugé suivant la procédure sans ministère d'un avocat au Conseil d'État et à la Cour de cassation (C. trav., anc. art. R. 517-10). Ce texte a été abrogé par le décret n° 2004-836 du 20 août 2004[1] et désormais les pourvois en cassation contre les décisions rendues depuis le 1er janvier 2005 sont soumis à la procédure avec représentation obligatoire.

SECTION 3

RÉFÉRÉ PRUD'HOMAL

335.131 Formation de référé – Ses pouvoirs. Chaque conseil de prud'hommes comprend une formation de référé composée d'un prud'homme salarié et d'un prud'homme employeur. La présidence est alternée (C. trav., art. R. 1455-3). Elle a à peu près les mêmes pouvoirs que le président du tribunal de grande instance, dans la limite de la compétence du conseil de prud'hommes. Elle peut ordonner toutes les mesures urgentes qui ne se heurtent à aucune contestation sérieuse ou que justifie l'existence d'un différend, elle peut prescrire les mesures conservatoires ou de remise en état qui s'imposent pour prévenir un dommage imminent ou faire cesser un trouble manifestement illicite, accorder une provision ou ordonner l'exécution quand l'existence d'une obligation n'est pas sérieusement contestable. Ainsi il résulte de l'article R. 1455-6 du Code du travail que le juge des référés peut même en l'absence de dispositions l'y autorisant ordonner la poursuite des relations contractuelles en cas de violation d'une liberté fondamentale (en l'espèce la liberté d'agir en justice) par l'employeur[2].

335.132 Procédure de référé. La procédure est pour l'essentiel soumise au droit commun. La citation en référé peut être faite par assignation ou par lettre recommandée au secrétariat qui convoque alors le défendeur (C. trav., art. R. 1455-9, qui renvoie à l'art. R. 1452-1). Si la mesure demandée excède les pouvoirs de la formation de référé mais présente cependant une urgence particulière, elle peut avec l'accord des parties, procéder elle-même à la tentative de conciliation en audience non publique et renvoyer l'affaire devant le bureau de jugement (C. trav., art. R. 1455-8).

335.133 Notification de l'ordonnance. La notification de l'ordonnance de référé mentionnant la date de l'audience du bureau de jugement vaut citation en justice (C. trav., art. R. 1455-8).

335.134 Recours. La décision est insusceptible d'opposition. Appel peut être interjeté dans les quinze jours (C. trav., art. R. 1455-11) à moins que la demande n'excède pas le taux de compétence en dernier ressort du conseil de prud'hommes.

1. Décr. n° 2004-836, 20 août 2004, portant modification de la procédure civile, *JO* 22 août., p. 15032.
2. Soc. 6 févr. 2013, nos 11-11.740, 11-11.742 à 11-11.748, *Bull. civ.* V, n° 80; *Procédures* 2013, n° 107, note Bugada.

CHAPITRE

336. Procédure devant les juridictions de la sécurité sociale

Dominique D'AMBRA
Professeur à l'Université de Strasbourg
Avocat

SECTION 0
Orienteur

336.00 **Plan du chapitre.**

Division. Une grande partie du contentieux général de la Sécurité sociale est tranchée au moyen de procédures spéciales (sect. 2). Avant de les examiner, il faut rappeler les règles de la procédure ordinaire devant le tribunal des affaires de sécurité sociale (sect. 1) appelé à trancher le contentieux général. Ces règles sont différentes de celles régissant les commissions techniques, devenues les juridictions de l'incapacité, qui tranchent le contentieux médical (sect. 3).

336.01 **Principaux textes applicables.**
CSS, art. L. 142-1 à L. 144-4, R. 133-1 à R. 133-7, R. 142-1 à R. 142-52, R. 143-1 à R. 143-42, R. 144-1 à R. 144-6.

336.03 **Bibliographie.**
Actualisable. *J.-Cl. Pr. civ.*, fasc. 465, M. Pierchon – Rép. pr. civ., v° *Tribunaux des affaires de sécurité sociale et juridictions du contentieux technique de la Sécurité sociale*, par F. Renault-Malignac, janv. 2010 [màj juin 2011].

Ouvrages. L. Bihl, *Le contentieux de la Sécurité sociale et de la Mutualité sociale agricole*, Litec, 1971 – M. Pierchon, *Guide du contentieux de la Sécurité sociale*, Cedat, 2001; *Les contentieux de la Sécurité sociale*, Resoc, 2006; *Le contentieux technique de la Sécurité sociale*, 2e éd., La Commission, 2009 – F. Taquet, *Le contentieux de la Sécurité sociale*, Litec, 1993 – *Liaisons soc.*, n° spécial 1989, *Le contentieux de la Sécurité sociale*, 1997 – Lamy social, 2013, nos 6430 s.

Articles. B. Amiel, « Les divers aspects du contentieux de la Sécurité sociale », *Quest. s*s 1984. 141 – M. Blondet, « De quelques problèmes de délais dans le contentieux de la Sécurité sociale », *JCP* 1965. I. 1943 – J. Bordeloup, « De quelques problèmes posés par les pouvoirs du directeur régional dans le contentieux général de la Sécurité sociale », *Dr. soc.* 1974. 216 – J.-P. Brunet, « Contentieux général de la Sécurité sociale et procédure de droit commun », *Ann. inst. dr. trav. Lyon* 1965 – G. Gaucher et G. Vachet, *Sem. soc. Lamy*, suppl. au n° 333, 3 nov. 1986 – F. Taquet, « Contentieux de la Sécurité sociale », *Lamy*, suppl. au n° 504, 21 mai 1990.

336.06 Généralités. Le Code de procédure civile ne réglemente pas la procédure à suivre devant ces juridictions. Cette procédure a été précisée par les dispositions du décret n° 58-1291 du 22 décembre 1958[1] qui ont été intégrées dans le Code de la sécurité sociale (CSS, art. L. 142-1 à L. 145-9 et R. 142-1 à R. 145-29). Cependant les dispositions communes à toutes les juridictions contenues dans le livre Ier du Code de procédure civile sont, selon l'article R. 142-17 du Code de la sécurité sociale, applicables aux juridictions de la Sécurité sociale, sous réserve des articles R. 142-18 à R. 142-27-1 du même code. Mais le Code de procédure civile ne contient aucune disposition qui soit particulière à ces juridictions.

SECTION 1

PROCÉDURE ORDINAIRE DEVANT LE TRIBUNAL DES AFFAIRES DE SÉCURITÉ SOCIALE

336.10 Textes applicables. Cette procédure est décrite par les articles R. 142-17 à 142-27-1 du Code de la sécurité sociale.

§ 1

Introduction de l'instance

336.11 Plan. Le tribunal des affaires de sécurité sociale (TASS) ne peut en principe être saisi (C) qu'après l'échec d'une procédure gracieuse préalable devant la commission de recours amiable (B) sous réserve des demandes des organismes de sécurité sociale, précédées de la mise en demeure préalable (A).

A.

Mise en demeure préalable aux poursuites

336.21 Caractère obligatoire. Les organismes de sécurité sociale peuvent saisir directement le TASS des demandes à l'encontre de leurs assurés et de leurs assujettis, comme par exemple les demandes tendant au recouvrement des cotisations. Mais leur demande doit être précédée d'une mise en demeure, adressée au débiteur, d'avoir à régulariser sa situation dans le mois (CSS, art. L. 244-2).

1. Décr. n° 58-1291, 22 déc. 1958, portant application de l'ordonnance n° 58-1275 du 22 décembre 1958 relative au contentieux de la sécurité sociale, *JO* 23 déc., p. 11613.

336.22 Forme. La mise en demeure est envoyée au destinataire par lettre recommandée avec demande d'avis de réception (CSS, art. R. 244-1). Depuis quelques années la chambre sociale de la Cour de cassation affirmait que la mise en demeure doit préciser à peine de nullité : la nature des cotisations, le montant réclamé, la période à laquelle se rapporte la cotisation[2]. Par ces arrêts la Cour de cassation a voulu condamner la pratique des mises en œuvre conservatoires. L'article R. 244-1 du Code de la sécurité sociale, modifié par le décret n° 2007-546 du 11 avril 2007[3], prévoit expressément que la mise en demeure doit indiquer la cause, la nature et le montant des sommes réclamées ainsi que la période à laquelle elles se rapportent. La nullité est encourue sans que soit exigée la preuve d'un préjudice[4].

336.23 Prescription extinctive de la dette. En principe la mise en demeure ne peut concerner que « *les cotisations exigibles au cours des trois années* » qui précèdent son envoi et les cotisations exigibles au cours de l'année de leur envoi ainsi que les majorations de retard. Il s'agit des majorations de retard correspondant à ces cotisations que celles-ci aient été réglées ou pas. La mise en demeure relative aux majorations doit être adressée avant l'expiration d'un délai de deux ans à compter du paiement des cotisations ayant donné lieu à majorations (CSS, art. L. 244-3, al. 2). Le tribunal peut soulever d'office la prescription (CSS, art. L. 142-9).

336.24 Interruption de la prescription. La mise en demeure n'étant pas de nature contentieuse, les dispositions des articles 640 à 694 C. pr. civ. ne lui sont pas applicables, le délai de prescription est en conséquence interrompu par l'envoi de la lettre de mise en demeure quels qu'en soient les modes de délivrance[5]. En statuant ainsi l'Assemblée plénière de la Cour de cassation désavoue la chambre sociale qui retenait, comme date de la notification, la date de la réception de la lettre par son destinataire[6].

336.25 Contestation. Si le débiteur entend contester cette mise en demeure, il lui appartient, avant de saisir le TASS, de présenter sa requête devant la commission de recours amiable, car le législateur a attribué une place importante à la procédure gracieuse préalable.

2. Soc. 19 mars 1992, n° 88-11.682, *Bull. civ.* V, n° 204; *D.* 1993. 275, obs. Prétot – Soc. 2 déc. 1993, n° 91-16.576, *Bull. civ.* V, n° 302 – Soc. 7 juill. 1994, n° 91-10.667, NP; *Lexilaser*, n° 3204.
3. Décr. n° 2007-546, 11 avr. 2007, relatif aux droits des cotisants et au recouvrement des cotisations et contributions sociales et modifiant le Code de la sécurité sociale, *JO* 13 avr., p. 6779.
4. Soc. 19 mars 1992, n° 88-11.682, préc. s^s prés^t n°.
5. Cass., ass. plén., 7 avr. 2006, n° 04-30.353, *Bull. ass. plén.*, n° 4.
6. Soc. 11 mai 2000, n° 98-17.561, *Bull. civ.* V, n° 177.

B.
Procédure gracieuse préalable

336.30 Bibliographie.
Articles. M. Blondet, « Le recours gracieux préalable dans le contentieux de la Sécurité sociale », *JCP* 1964. I. 1853 – J. Bordeloup, « Caractère et portée du recours gracieux préalable », *Quest. s*[s] déc. 1965, p. 304 – A. de Cambourg, « La procédure gracieuse préalable dans les contestations de sécurité sociale », *Dr. soc.* 1954. 639 – G. Pigaglo, « Les recours amiables devant l'Urssaf », *Dr. soc.* 1987. 166 – P. Voirin, « Le contrôle de l'administration de tutelle sur les décisions de la commission de recours gracieux », *Dr. soc.* 1963. 434 – B. Thavaud et S. Petit, « Le recours gracieux préalable en matière de sécurité sociale », *R.* 2000.

1°
Saisine de la commission

336.31 Caractère obligatoire. Cette saisine est obligatoire (CSS, art. R. 142-1) pour le débiteur qui forme une réclamation relevant de l'article L. 142-1 à l'encontre des décisions prises par les organismes de sécurité sociale et de mutualité sociale agricole de salariés ou de non-salariés : la procédure gracieuse préalable est une formalité substantielle et d'ordre public[1]. Si le moyen tiré de l'absence de recours amiable peut être soulevé pour la première fois en cause d'appel[2], il ne peut être invoqué par un organisme pour la première fois devant la Cour de cassation[3].

336.32 Exceptions au caractère obligatoire. Il existe **trois** catégories d'exceptions au caractère obligatoire de la saisine de la commission :

• Selon les dispositions de l'article R. 142-5 du Code de la sécurité sociale, les réclamations formées contre les décisions prises soit par une commission prévue par une disposition législative ou réglementaire ou par les statuts de l'organisme social, soit à la suite d'un avis formulé par la commission ne sont pas de la compétence de la commission. Le conseil d'administration statue directement sur ces réclamations.

• **Ne font pas l'objet d'une procédure gracieuse préalable** les contestations relatives à la mise en œuvre des dispositions énoncées à l'article R. 142-7 du Code de la sécurité sociale (contestations relatives à la réparation du coût des accidents du travail et des maladies professionnelles entre les entreprises de travail temporaire et les entreprises utilisatrices, litiges relatifs aux remises de majorations de retard dues après mise en demeure dans le cadre de la procédure de recouvrement de l'indu à l'égard des professionnels de santé en application de l'article L. 133-4, litiges relatifs aux pénalités prévues aux articles L. 114-17, L. 162-1-14, aux sanctions prévues par l'article L. 162-12-16, litiges nés de la mise hors convention d'un professionnel de santé).

• **Ne sont pas soumis à la procédure amiable :** les litiges relatifs à la contribution sociale de solidarité mise à la charge des sociétés et entreprises prévue à l'article L. 651-1[4], les litiges entre organismes de sécurité sociale ou de mutualité sociale agricole, les recours des assujettis à l'encontre des décisions de l'autorité de tutelle, comme les décisions rendues par le directeur régional de la Sécurité sociale dans le cadre de la procédure sommaire de recouvrement des cotisations prévue par les articles R. 133-1 et R. 133-2 du Code de la sécurité sociale[5], les décisions des conseils d'administration d'une caisse primaire car la commission de recours préalable n'est qu'une émanation de cette dernière[6], les décisions du directeur prises par délégation du conseil d'administration[7], les recours formés devant le TASS par les organismes eux-mêmes, les actions en dommages-intérêts formées par les assurés contre les caisses devant les juridictions de droit commun, enfin les oppositions à contrainte (v. s[s] n°s 336.121 s.).

2°
Déroulement de la procédure gracieuse préalable

336.41 Commissions de recours amiable. La commission de recours amiable n'est pas une juridiction, elle est constituée au sein du conseil d'administration de l'organisme de sécurité sociale en cause. Sauf exception, elle est composée de quatre administrateurs choisis selon des règles énoncées à l'article R. 142-2 du Code de la sécurité sociale.

336.42 Saisine de la commission. Forme. La commission est saisie sans forme particulière, mais il est préférable d'utiliser la lettre recommandée avec demande d'avis de réception adressée au président car, en cas de litige, la preuve de l'envoi de la lettre de saisine pèse sur le demandeur[8].

336.43 Représentation et assistance. La réclamation peut être formée par un mandataire qui à ce stade de la procédure n'a pas à justifier d'un mandat écrit[9]. L'assuré peut solliciter l'assistance d'un avocat[10].

1. Civ. 2e, 20 juin 1958, *Bull. civ.* II, n° 454 – Soc. 19 sept. 1991, n° 89-16.002, *Bull. civ.* V, n° 378; *D.* 1993. 276, obs. Prétot – Soc. 27 oct. 1994, n° 92-20.369, *Bull. civ.* V, n° 292.
2. Soc. 9 nov. 1978, n° 77-12.487, *Bull. civ.* V, n° 766.
3. Soc. 14 déc. 1988, n° 86-17.573, *Bull. civ.* V, n° 663; *D.* 1990. 144, obs. Prétot.
4. Civ. 2e, 18 janv. 2005, n° *03-30.290*, NP.
5. Civ. 2e, 12 déc. 1958, *Bull. civ.* II, n° 855.
6. Soc. 14 déc. 1988, n° 86-17.573, *Bull. civ.* V, n° 663; *D.* 1989. Somm. 309; *D.* 1990. 144, obs. Prétot; *Gaz. Pal.* 1989. 2. Somm. 155.
7. Pau, 3 févr. 1970, *D.* 1971. Somm. 4; *JCP* 1970. II. 16433.
8. Soc. 12 oct. 1995, n° 93-14.609, NP; *Lexilaser*, n° 3567.
9. Soc. 27 févr. 1992, n° 89-18.402, *Bull. civ.* V, n° 144; *D.* 1992. IR 28; *JCP* 1992. IV. 1283, p. 139.
10. Soc. 7 mai 1991, n° 89-14.848, *Bull. civ.* V, n° 232; *D.* 1991. Somm. 347, obs. Prétot; *JCP* 1991. IV. 259.

336.44 **Délais.** La commission doit être saisie dans les deux mois de la date de la notification de la décision attaquée (CSS, art. R. 142-1, al. 2). Cependant, les contestations des décisions prises par l'Urssaf pour le recouvrement des cotisations, majorations et pénalités de retard doivent être présentées dans un délai d'un mois à compter de la mise en demeure (CSS, art. R. 142-1, al. 3). La forclusion ne peut être opposée que si cette notification mentionne ce délai (CSS, art. R. 142-1, al. 2).

Faute pour le requérant de saisir la commission de recours amiable dans les délais requis, il est forclos et la décision de la caisse devient définitive. Elle lui est opposable et l'empêche de formuler une demande nouvelle ayant le même objet[1].

3° Décision de la commission

336.51 **Formes.** La commission n'étant pas une juridiction, elle n'a pas l'obligation de procéder à des débats contradictoires. Elle peut donc refuser d'entendre les parties ou leur représentant.

La décision sur le recours amiable est prise par le conseil d'administration de l'organisme de sécurité sociale, après avis de la Commission. Le pouvoir de décision peut même être délégué à la commission elle-même.

La décision doit être motivée. Lorsqu'il s'agit d'une décision de refus, la motivation doit être écrite et comporter l'énoncé des considérations de fait et de droit qui en constituent le fondement. Il résulte de l'obligation de motiver qu'une notification ne comportant pas le texte de la décision prise par la commission ne fait pas courir le délai de recours devant le tribunal et le demandeur ne peut être déclaré forclos[2]. En cas de recours contre une décision non motivée, le TASS ne peut se contenter de relever le non-respect des exigences imposées par l'article R. 142-4 du Code de la sécurité sociale mais doit se prononcer sur le bien-fondé de la demande et trancher le litige[3].

La décision du conseil d'administration doit être portée à la connaissance du requérant dans le mois qui suit la réception de la réclamation ou le dépôt des dernières pièces produites (CSS, art. R. 142-6). Si le comité des abus de droit a été saisi d'une demande relative au même litige que celui qui a donné lieu à la réclamation, le délai court à compter de la réception de l'avis du comité par l'organisme de recouvrement (CSS, art. R. 142-6, al. 2).

Mais **la décision n'est pas une décision juridictionnelle** et l'omission de la date à laquelle elle a été rendue n'entraîne pas sa nullité car l'article 454 C. pr. civ., qui exige que le jugement indique la date à laquelle il est rendu, ne concerne que les juridictions[4]. Il est inutile que la décision mentionne le nom de ceux qui l'ont rendue.

336.52 **Notification.** La décision est notifiée à l'intéressé. Si elle n'est pas portée à la connaissance du requérant dans le délai d'un mois prévu par l'article R. 142-6 du Code de la sécurité sociale, il peut considérer sa demande comme rejetée et se pourvoir devant le TASS.

En principe aucune forme précise n'est prescrite pour la notification de l'expédition de la décision de la commission de recours amiable. Cependant cette notification constitue le préalable nécessaire à l'exercice du recours contentieux. Aussi la jurisprudence exige désormais que l'acte de notification indique de manière très apparente le délai de recours et ses modalités d'exercice afin de garantir les droits des assurés[5].

336.53 **Communication à l'autorité de l'État.** Les décisions des conseils d'administration, comme celles de la commission de recours amiable, sont immédiatement communiquées à l'autorité compétente de l'État (CSS, art. L. 151-1, R. 151-1) car elles peuvent dans les huit jours, faire l'objet d'une mesure d'annulation si elles sont contraires à la loi, ou de suspension si elles sont de nature à compromettre l'équilibre financier de la caisse.

336.54 **Annulation et suspension de la décision.** L'autorité compétente qui détient le pouvoir d'annulation des décisions contraires à la loi est, selon le cas, le ministre chargé de la Sécurité sociale ou le préfet de région qui délègue ses pouvoirs au directeur régional des affaires sanitaires et sociales. Lorsque la décision est de nature à compromettre l'équilibre financier de la Sécurité sociale, le pouvoir d'annulation appartient à la caisse nationale car l'autorité de l'État n'a d'autre pouvoir que de suspendre l'exécution de la décision litigieuse et de saisir la caisse (CSS, art. R. 151-1, al. 3).

En cas d'annulation par l'autorité de l'État compétente d'une décision prise par une commission de recours amiable, il peut être exercé deux types de recours : un recours administratif si l'organisme de sécurité sociale conteste la décision de l'autorité de tutelle et un recours judiciaire lorsqu'une décision favorable à l'assuré a été annulée. Mais il n'entre pas dans la compétence du TASS d'apprécier la régularité de la décision administrative prise par l'autorité de

1. Soc. 16 févr. 1965, *Bull. civ.* V, n° 155.
2. Soc. 11 mai 2001, n° 99-17.794, *Bull. civ.* V, n° 164.
3. Soc. 11 mai 2000, n° 98-21.755, *Bull. civ.* V, n° 178 – Soc. 12 juill. 2001, n° 99-20.618, *Bull. civ.* V, n° 270.
4. Soc. 15 juin 1995, n° 92-17.709, *Bull. civ.* V, n° 200, *Lexilaser*, n° 2763.
5. Soc. 19 sept. 1991, n° 89-16.002, *Bull. civ.* V, n° 378; *D.* 1991. 244; *D.* 1993. 276, obs. Prétot – Soc. 4 mars 1993, n° 87-18.960, *Bull. civ.* V, n° 82; *D.* 1993. IR 9; *Gaz. Pal.* 1993. 2. Somm. 287.

tutelle[1]. Et inversement l'existence d'une voie de recours devant les juridictions de l'ordre judiciaire en vue du règlement du litige s'oppose à ce que l'employeur forme, devant la juridiction administrative, un recours pour excès de pouvoir contre la décision préfectorale dès lors que le recours est entièrement fondé sur une contestation de l'application de la législation et de la réglementation de sécurité sociale[2].

336.55 Saisine du tribunal des affaires de sécurité sociale après annulation. Dans quelles conditions le requérant peut-il saisir le TASS lorsque la décision a été annulée ? Il convient de distinguer deux cas :

– soit la décision annulée créait à la charge de l'intéressé une **obligation**. Son annulation, si elle n'est pas contestée par la caisse devant les juridictions administratives, met fin au litige[3];

– soit la décision annulée accordait à l'intéressé les **prestations** qu'il demandait. Dans ce cas l'Administration recommande aux organismes de prendre une nouvelle décision conforme à celle de l'autorité de tutelle (v. par ex., Circ. Sécurité sociale n° 40, 5 mai 1954). Si la caisse prend cette nouvelle décision, elle sera notifiée à l'intéressé qui pourra exercer son action devant le TASS. Si la caisse ne notifie aucune décision, on en déduit également qu'elle se soumet à l'autorité de tutelle. Il y a donc rejet implicite de la demande de l'intéressé qui est ainsi fondé à saisir le TASS[4]. La Cour de cassation a considéré que la lettre par laquelle le secrétaire de la commission de recours amiable informe l'assuré de l'annulation de la décision gracieuse qui lui était favorable vaut notification d'une décision de rejet qui fait courir le délai de deux mois, prévu pour la saisine du TASS[5].

336.56 Effets de la décision. Lorsqu'elle n'a pas été annulée et après sa notification à l'intéressé, la décision du conseil d'administration ou de la commission de recours amiable se substitue à l'avis de l'organisme chargé du recouvrement. Elle n'a pas un caractère juridictionnel. Elle ne bénéficie pas de l'autorité de la chose jugée[6]. Elle n'interrompt pas la prescription en matière de recouvrement de cotisations[7].

Mais en l'absence de recours devant le tribunal, dans le délai prescrit, elle devient définitive[8] et si elle n'a pas l'autorité de la chose jugée, elle est revêtue de « *l'autorité de chose décidée* »[9]. Ainsi à l'occasion du recouvrement de cotisations, l'assujettissement reconnu par une décision définitive de la commission de recours amiable d'un travailleur au régime général de la Sécurité sociale, ne peut être remis en cause[10].

C. Saisine du tribunal des affaires de sécurité sociale

336.61 Généralités. Les décisions des conseils d'administration ou des commissions rendues à la suite du recours amiable peuvent être portées devant le TASS. Il statue sur des différends relevant du contentieux de la Sécurité sociale et de la Mutualité sociale agricole qui ne relèvent pas, par leur nature, d'un autre contentieux (CSS, art. L. 142-1). Il tranche également les litiges en matière de recouvrement de la contribution sociale généralisée et ceux relatifs à la contribution au remboursement de la dette sociale et à la taxe sur les contributions patronales de prévoyance. Il est encore compétent pour les litiges relatifs à la contribution patronale au financement des retraites « chapeau », à la contribution spécifique sur les avantages de préretraite d'entreprise et à la contribution solidarité autonomie, aux contributions sur les options sur actions et sur les actions gratuites. La procédure devant le TASS est régie par les dispositions du livre Ier C. pr. civ. sous réserve des articles R. 142-18 à R. 142-27-1 du Code de la sécurité sociale.

336.62 Forme de la saisine. Le tribunal est saisi par simple requête, déposée ou adressée au greffe par lettre recommandée (CSS, art. R. 142-18). La lettre recommandée permet de prouver que le TASS a été saisi dans les délais. Aussi le recours formé par lettre simple est recevable, s'il est établi qu'elle a été reçue dans les délais[11].

336.63 Délai de saisine. Le tribunal doit être saisi à peine de forclusion, dans les deux mois qui suivent soit la date de la notification de la décision, soit l'expiration du délai d'un mois dans lequel la décision doit être prise par le conseil d'administration ou par la commission de recours amiable. Il convient, pour apprécier la recevabilité du recours, de retenir la date d'envoi de la requête et non la date de réception (C. pr. civ., art. 668 et 669). La forclusion ne pourra

1. Soc. 16 mai 1991, n° 89-14.610, *Bull. civ.* V, n° 253; *D.* 1991. Somm. 349; *Gaz. Pal.* 1991. Somm. 271; *JCP* 1991. IV. 268.
2. CE 6 janv. 1995, n° 114993, *JCP E* 1995. I. 674, note Taquet.
3. Soc. 20 oct. 1965, 2 esp., *Bull. civ.* V, nos 679 et 680 – Soc. 1er déc. 1965, 2 esp., *Bull. civ.* V, nos 857 et 858.
4. Soc. 10 déc. 1965, *Bull. civ.* IV, n° 909; *JCP* 1966. IV. 7 – Soc. 20 déc. 1990, n° 88-11.846, *Bull. civ.* V, n° 702; *Gaz. Pal.* 1990. 2. Pan. 222.
5. Civ. 2e, 24 nov. 1967, 2 esp., *Bull. civ.* II, nos 345 s., arrêts 1 et 4.
6. Soc. 1er déc. 1965, *Bull. civ.* IV, n° 859.
7. Civ. 2e, 16 oct. 1963, *Bull. civ.* II, n° 635.
8. Soc. 14 juin 1973, n° 72-12.063, *Bull. civ.* V, n° 384 – Soc. 11 juin 1976, n° 75-12.764, *Bull. civ.* V, n° 368.
9. V. Rennes, 7 févr. 1964, *D.* 1964. 335 – Soc. 19 déc. 1972, n° 71-13.539, *Bull. civ.* V, n° 716; *D.* 1974. 169, note Brunet.
10. Soc. 6 mai 1986, n° 84-15.479, *Bull. civ.* V, n° 200.
11. Civ. 2e, 16 janv. 1963, *Bull. civ.* II, n° 60 – Soc. 19 janv. 1983, n° 81-16.642, *Bull. civ.* V, n° 24; *Gaz. Pal.* 1983. 1. Pan. 154.

être opposée à l'auteur d'un recours tardif que si la notification de la décision portait mention du délai[1]. Ne peut être déclarée forclose, la société qui n'a pas été informée du délai car la décision de rejet de la commission de recours amiable était implicite[2]. L'expiration du délai imparti constitue une fin de non-recevoir qui peut être soulevée en tout état de cause[3]. La forclusion doit-elle être relevée d'office par les juges ? L'article L. 142-9 du Code de la sécurité sociale prévoit que les juridictions soulèvent d'office les prescriptions prévues par le Code de la sécurité sociale (ainsi par ex. selon l'article L. 431-2 en matière d'accidents du travail et de maladies professionnelles, les droits de la victime ou de ses ayants droit aux prestations et indemnités se prescrivent par deux ans ou encore selon l'article L. 243-6 la demande en remboursement de cotisations indues de sécurité sociale et d'allocations familiales se prescrit par trois ans à compter de la date à laquelle elles ont été acquittées). L'article L. 142-9 du Code de la sécurité sociale vise-t-il seulement les prescriptions prévues en matière de prestations et de cotisations ou également les délais de forclusion ? La Cour de cassation a jugé que la fin de non-recevoir tirée de l'expiration du délai de recours prévu à l'article R. 142-18 du Code de la sécurité sociale a un caractère d'ordre public et doit être relevé d'office par le juge[4].

Mais la forclusion ne peut être opposée lorsque le recours a été introduit dans les délais soit auprès d'une autorité administrative, soit auprès d'un organisme de sécurité sociale ou de mutualité sociale agricole (CSS, art. R. 142-18, al. 2). La demande d'aide juridique adressée au procureur de la République a été considérée comme un recours auprès d'une autorité administrative, qui lorsqu'il est introduit dans les délais, rend la forclusion inopposable[5]. Il a également été jugé que si la caisse conclut au fond, elle doit être considérée comme ayant renoncé à la forclusion qu'aurait pu encourir la partie adverse et la juridiction saisie ne peut se contenter de constater le caractère définitif de la décision de la commission de recours amiable sans examiner le fond[6].

Si la lettre recommandée n'a pas été remise au destinataire, le greffier invite le demandeur à procéder par voie de signification et lui indique verbalement la date de la nouvelle audience avec émargement au dossier et remise d'un bulletin mentionnant la date et l'heure de l'audience.

1. Soc. 30 nov. 2000, n° 99-12.651, *Bull. civ.* V, n° 409 – Soc. 1er mars 2001, n° 99-12.547, *Bull. civ.* V, n° 70; *D.* 2001. 2453, obs. Prétot.
2. Soc. 16 mai 2002, n° 00-17.484, NP.
3. Soc. 10 févr. 1994, n° 92-11.036, *Bull. civ.* V, n° 54.
4. Soc. 18 juill. 1997, n° 95-17.008, NP; *JCP E* 1997. Pan. 1162, obs. crit. Taquet.
5. Soc. 12 mai 1980, cité dans *J.-Cl. Pr. civ.*, fasc. 465, n° 118.
6. Civ. 2e, 8 janv. 1958, *Bull. civ.* II, n° 29.

336.64 Convocation des parties. Les parties sont convoquées par le secrétariat du tribunal, quinze jours au moins avant la date d'audience, par lettre recommandée avec demande d'avis de réception ou par la remise de l'acte au destinataire contre émargement ou récépissé (CSS, art. R. 142-19). La convocation doit contenir les nom, profession, adresse du réclamant, l'objet de la demande, la date et l'heure de l'audience. En cas de retour d'une lettre de convocation qui n'a pu être remise à son destinataire, le secrétaire invite le demandeur à procéder par voie de signification. Il indique la date de l'audience pour laquelle la signification doit être délivrée. Si l'audience n'a pu se tenir en raison de l'absence d'une des parties, l'autre partie est convoquée verbalement à une nouvelle audience avec émargement au dossier et remise par le greffe d'un bulletin indiquant la date et l'heure de l'audience.

Lorsque le tribunal n'a pu siéger en raison d'un problème dans sa composition prévu à l'article L. 142-7 (v. ss n° 336.71) et que l'affaire est reportée à une audience ultérieure, les parties présentes sont convoquées à nouveau verbalement avec émargement au dossier et remise par le secrétariat d'un bulletin mentionnant la date de l'audience, sous réserve des dispositions de l'article R. 142-20-2 (v. ss n° 336.74). Les parties absentes sont convoquées à nouveau selon les modalités prévues à l'article R. 142-19.

§ 2
Déroulement de l'instance

336.71 Composition du tribunal. Le tribunal est présidé par un magistrat professionnel assisté d'un assesseur représentant les salariés et d'un assesseur représentant les employeurs et les travailleurs indépendants (CSS, art. L. 142-4). Lorsque le TASS ne peut siéger ainsi composé l'audience est reportée, à moins que les parties ne soient d'accord pour que le président statue seul. De toute façon, l'audience ne peut être reportée qu'une fois. En effet si à la seconde audience le tribunal ne peut être régulièrement composé, le président statue seul, après avoir recueilli, le cas échéant, l'avis de l'assesseur présent (CSS, art. L. 142-7).

336.72 Assistance et représentation. Les parties comparaissent en personne mais elles peuvent se faire assister ou même représenter par leur conjoint, leur concubin ou la personne avec laquelle elles ont conclu un pacte civil de solidarité, un ascendant ou un descendant en ligne directe, par un avocat, selon le cas par un salarié ou un employeur ou un travailleur indépendant exerçant la même profession, ou par un représentant qualifié des organisations syndicales de salariés ou d'employeurs, par un administrateur ou un employé de l'organisme partie à l'instance ou un employé d'un autre organisme de sécurité sociale, par un délégué des associations de mutilés ou d'invalides du travail les plus représentatives (CSS, art. L. 144-3). La Cour de cassation a précisé que le droit de représentation n'appartient pas à la seule association la plus représentative sur le plan national mais peut être exercé par les associations les plus représentatives sur le plan régional[1]. Le représentant, à moins qu'il ne soit avocat, doit justifier de son mandat. Lorsque les parties se font représenter, le tribunal peut cependant ordonner leur comparution personnelle.

336.73 **Conciliation.** Le décret n° 2010-1165 du 1er octobre 2010[2] a entendu favoriser la conciliation, aussi l'article R. 142-21 du Code de la sécurité sociale indique *in fine* que : « *Le tribunal des affaires de sécurité sociale ne statue qu'après s'être efforcé, sans résultat, de concilier les parties* ».

336.74 **Caractère oral de la procédure.** L'article R. 142-20-1 du Code de la sécurité sociale rappelle que la procédure est orale. La Cour de cassation a précisé que la procédure sans représentation obligatoire applicable au contentieux général de la Sécurité sociale étant une procédure orale, si le demandeur ne comparaît pas ou n'est pas représenté, le TASS n'est saisi d'aucun moyen à l'appui de son recours[3].

Le décret n° 2010-1165 du 1er octobre 2010 a créé un ensemble de **règles communes à toutes les procédures orales**. Un certain nombre de ces dispositions visent à introduire « *une consolidation des écritures des parties dans le cadre* » de ces procédures. C'est ainsi que l'article 446-1 C. pr. civ. dispose que : « *Les parties présentent oralement à l'audience leurs prétentions et les moyens à leur soutien. Elles peuvent également se référer aux prétentions et aux moyens qu'elles auraient formulés par écrit. Les observations des parties sont notées au dossier ou consignées dans un procès-verbal. Lorsqu'une disposition particulière le prévoit, les parties peuvent être autorisées à formuler leurs prétentions et leurs moyens par écrit sans se présenter à l'audience. Le jugement rendu dans ces conditions est contradictoire. Néanmoins, le juge a toujours la faculté d'ordonner que les parties se présentent devant lui* ».

Et l'article R. 142-20-2 du Code de la sécurité sociale précise que : « *Le président de la formation de jugement qui organise les échanges entre les parties comparantes peut dispenser une partie qui en fait la demande de se présenter à une audience ultérieure, conformément au second alinéa de l'article 446-1 C. pr. civ. Dans ce cas, la communication entre les parties est faite par lettre recommandée avec demande d'avis de réception ou par notification entre avocats et il en est justifié auprès du tribunal dans les délais impartis par le président. En cours d'instance, toute partie peut aussi exposer ses moyens par lettre adressée au tribunal, à condition de justifier que l'adversaire en a eu connaissance avant l'audience par lettre recommandée avec demande d'avis de réception. La partie qui use de cette faculté peut ne pas se présenter à l'audience, conformément au second alinéa de l'article 446-1 C. pr. civ* ». Selon l'article 446-4, la date des prétentions et des moyens d'une partie, régulièrement présentés par écrit, est celle de leur communication entre parties.

336.75 **Pouvoirs du tribunal.** Lorsque les débats sont renvoyés à une audience ultérieure, le tribunal peut organiser les échanges entre les parties comparantes. Si elles en sont d'accord, il peut fixer les délais et les conditions de communication de leurs prétentions, moyens et pièces. À défaut pour les parties de respecter les modalités de communication ainsi fixées, le tribunal pourra rappeler l'affaire à l'audience, en vue de la juger ou de la radier (C. pr. civ., art. 446-2). Le tribunal peut inviter, à tout moment, les parties à fournir les explications de fait et de droit qu'il estime nécessaires à la solution du litige et les mettre en demeure de produire dans le délai qu'il détermine tous les documents propres à l'éclairer, faute de quoi il peut passer outre et statuer en tirant toute conséquence de l'abstention de la partie ou de son refus (C. pr. civ., art. 446-3).

Selon l'article R. 142-22 du Code de la sécurité sociale, le TASS peut ordonner un complément d'instruction, notamment prescrire une enquête ou une consultation. Il peut également ordonner une expertise médicale (v. ss n° 336.76). Le tribunal peut donner mission à son président de procéder à ces mesures d'instruction.

Le président peut, en outre, et en tout état de la procédure, mettre les parties en demeure, par une ordonnance non susceptible de recours, de produire dans un délai qu'il détermine toutes pièces écrites, conclusions ou justifications propres à éclairer le tribunal, faute de quoi ce dernier peut passer outre et statuer, sauf à tirer toute conséquence de l'abstention d'une partie ou de son refus.

336.76 **Procédure d'expertise médicale.** Quand le litige fait apparaître une difficulté d'ordre médical relative à l'état du malade ou de la victime d'un accident du travail ou d'une maladie professionnelle, le tribunal doit mettre en œuvre la procédure d'expertise médicale prévue par les articles L. 141-1 et suivants et R. 141-1 et suivants du Code de la sécurité sociale[4].

1. Soc. 19 nov. 1980, n° 79-12.138, *Bull. civ.* V, n° 831.
2. Décr. n° 2010-1165, 1er oct. 2010, relatif à la conciliation et à la procédure orale en matière civile, commerciale et sociale, *JO* 3 oct., p. 17986.
3. Soc. 1er juill. 1999, n° 97-19.648, NP; *Procédures* 1999, n° 277 – Civ. 2e, 16 déc. 2003, nos 02-30.598 et 02-30.599, NP; *Procédures* 2004, n° 51.
4. Soc. 17 avr. 1980, n° 78-11.407, *Bull. civ.* V, n° 316; *JCP* 1980. IV. 241 – Soc. 5 nov. 1992, n° 90-17.435, *Bull. civ.* V, n° 535.

Selon l'article R. 141-1 du Code de la sécurité sociale, le médecin expert est désigné, d'un commun accord, par le **médecin traitant** et le **médecin conseil** ou, à défaut d'accord dans le délai d'un mois à compter de la contestation, par le **directeur général de l'agence régionale de santé**; celui-ci avise immédiatement la caisse de la désignation de l'expert. Dans le cas où l'expert est désigné par le directeur général de l'agence régionale de santé, il ne peut être choisi que parmi les médecins inscrits, sous la rubrique « Experts spécialisés en matière de sécurité sociale », sur les listes dressées en application de l'article 2 de la loi n° 71-498 du 29 juin 1971[1] et de l'article 1er du décret n° 2004-1463 du 23 décembre 2004[2] relatifs aux experts judiciaires. Lorsque la contestation porte sur le diagnostic ou le traitement d'une affection relevant de l'une des disciplines mentionnées par le règlement de qualification prévu au 4° de l'article R. 4127-79 du Code de la santé publique, l'expert est, dans tous les cas, choisi parmi les médecins spécialistes ou compétents pour l'affection considérée. Bien évidemment les fonctions d'expert ne peuvent être remplies par le médecin qui a soigné le malade ou la victime, un médecin attaché à l'entreprise ou le médecin-conseil de la caisse primaire d'assurance maladie, de la caisse d'assurance retraite et de la santé au travail, de la caisse de base du régime social des indépendants ou de la caisse de mutualité sociale agricole.

Jusqu'à la loi n° 90-86 du 23 janvier 1990[3], l'avis technique de l'expert s'imposait à l'assuré, à la caisse et à la juridiction. Depuis l'entrée en vigueur de cette loi, **l'avis de l'expert technique ne s'impose plus au juge** et les parties peuvent lui demander d'ordonner une nouvelle expertise (CSS, art. R. 142-24-1). Cependant, si l'avis de l'expert est régulier et si aucune partie ne demande la nomination d'un nouvel expert, les juges sont tenus par les conclusions de l'expert médical[4]. Si les juges estiment que l'avis de l'expert est clair et précis, ils ne sont pas tenus de faire droit à la demande d'une partie visant à obtenir la désignation d'un autre expert[5].

Il ne suffit pas que le médecin-conseil convoque le médecin traitant du salarié aux opérations d'expertise, il doit lui faire connaître ses conclusions motivées préalablement à la rédaction de son rapport[6].

1. L. n° 71-498, 29 juin 1971, relative aux experts judiciaires, *JO* 30 juin, p. 6300.
2. Décr. n° 2004-1463, 23 déc. 2004, relatif aux experts judiciaires, *JO* 30 déc., p. 22351.
3. L. n° 90-86, 23 janv. 1990, portant diverses dispositions relatives à la Sécurité sociale et à la santé, *JO* 25 janv., p. 1009.
4. Soc. 1er oct. 1992, n° 90-17.264, *Bull. civ.* V, n° 495 – Soc. 20 janv. 1994, n° 91-14.984, *Bull. civ.* V, n° 21; *D.* 1995. 38, obs. Prétot.
5. Soc. 27 mai 1993, n° 91-13.635, NP; *RJS* 1993, n° 796.
6. Civ. 2e, 14 sept. 2006, n° 04-30.798, *Bull. civ.* II, n° 236.

Il faut enfin préciser que si la contestation soumise au tribunal soulève un problème relatif à l'état ou au degré d'invalidité de l'assuré, la question ne peut être tranchée que par les juridictions du contentieux technique qui devront être saisies à titre préjudiciel et le TASS ne peut dans ce cas recourir à la procédure d'expertise médicale[7].

336.77 Pouvoirs de référé du président. Le président peut, dans la limite de la compétence du tribunal, ordonner en référé les mesures qui ne se heurtent à aucune contestation sérieuse ou que justifie l'existence d'un différend, les mesures conservatoires ou de remise en l'état qui s'imposent soit pour prévenir un dommage imminent, soit pour faire cesser un trouble manifestement illicite. Enfin il peut accorder au créancier une provision dans le cas où l'existence de l'obligation n'est pas sérieusement contestable (CSS, art. R. 142-21-1, al. 1er, 2 et 3). La demande en référé est formée soit par acte d'huissier, soit par requête déposée ou adressée en recommandé au greffe du tribunal. Les articles 484 et 486 à 492 C. pr. civ. sont applicables, cependant l'appel doit être formé conformément aux articles R. 142-28 et R. 142-29 du Code de la sécurité sociale, à l'exception du délai d'un mois.

336.78 Péremption. L'instance est périmée si les parties s'abstiennent d'accomplir pendant un délai de deux ans les diligences que le tribunal a mises expressément à leur charge (CSS, art. R. 142-22 *in fine*). La Cour de cassation a jugé qu'il résulte des dispositions de l'article R. 142-22 du Code de la sécurité sociale et de l'article 386 C. pr. civ. que pour déclarer une instance éteinte par la péremption, le juge doit rechercher si les diligences prescrites ont été mises à la charge des parties par un jugement de la juridiction ou par une ordonnance de son président[8]. La procédure étant orale, l'injonction qui fait courir le délai de péremption doit être formalisée dans un acte juridictionnel pour éviter de surprendre les parties.

§ 3
Jugement

336.81 Forme. Si le tribunal ne parvient pas à concilier les parties, il statue sur le fond par une décision motivée. Cette décision est réputée contradictoire à l'égard de toute partie régulièrement convoquée.

336.82 Notification. Elle doit être notifiée aux parties elles-mêmes, par le greffe du tribunal dans les quinze jours par lettre recommandée avec demande

7. Soc. 16 déc. 1985, n° 84-11.636, *Bull. civ.* V, n° 619.
8. Civ. 2e, 30 mai 2013, n° 12-20.197, *Bull. civ.* V, [à paraître]; *Procédures* 2013, n° 233, note Perrot.

d'avis de réception (CSS, art. R. 142-27). La date de la notification est celle de la présentation au destinataire et non le dépôt de la lettre recommandée à la poste[1].

L'article 670-1 C. pr. civ. est compris dans le premier titre de ce code et s'applique devant toutes les juridictions de l'ordre judiciaire. Aussi le secrétaire-greffier invite la partie à procéder par voie de signification en cas de retour au greffe de la juridiction d'une lettre de notification dont l'avis de réception n'a pas été signé dans les conditions prévues à l'article 670, c'est-à-dire lorsque l'avis de réception n'a été signé ni par son destinataire, ni par une personne munie d'un pouvoir à cet effet. Il faut recourir à la signification même lorsque la lettre de notification est retournée avec la mention « refusée »[2]. La Cour de cassation a jugé que la formalité de la lettre recommandée n'est destinée qu'à régler les contestations sur la date du recours[3]. En cas de pluralité de notifications la seconde n'ouvre pas un nouveau délai si la première a été effectuée régulièrement[4].

336.83 **Frais.** La procédure est gratuite et sans frais (CSS, art. R. 144-10). Cependant les honoraires et frais, notamment d'examens complémentaires éventuels, liés à la nouvelle expertise ordonnée par le tribunal en application de l'article L. 141-2 sont mis à la charge de la partie qui succombe, à moins que le juge, par décision motivée, n'en mette la totalité ou une fraction à la charge d'une autre partie. Si le recours est jugé dilatoire ou abusif, le demandeur qui succombe est condamné au paiement de l'amende prévue à l'article 559 C. pr. civ. et le cas échéant aux frais de la procédure et notamment ceux résultant des enquêtes, consultations, expertises ordonnées en application des articles R. 142-22, R. 142-24, R. 143-13 et R. 143-27 du Code de la sécurité sociale. Les frais provoqués par la faute d'une partie peuvent également être mis à sa charge (CSS, art. R. 144-10, al. 4). À l'occasion des litiges qui portent sur le recouvrement de cotisations ou de majorations de retard et lorsque la procédure est jugée dilatoire ou abusive, l'amende est fixée à 6 % des sommes dues en vertu de la décision rendue avec un minimum de 150 euros par instance (CSS, art. R. 144-10, al. 5).

Le tribunal peut faire application de l'article 700 C. pr. civ. qui autorise le juge à mettre à la charge de la partie succombante les frais non compris dans les dépens[5].

336.84 **Exécution provisoire. Le tribunal peut ordonner l'exécution provisoire de ses décisions.** L'exécution provisoire est de droit pour les décisions relatives à l'indemnité journalière en ce qui concerne l'indemnité échue depuis l'accident jusqu'au trentième jour qui suit l'appel. À l'issue de ce délai d'exécution provisoire elle ne peut être continuée que de mois en mois, sur requête adressée pour chaque période mensuelle au président du TASS statuant seul. Les décisions du président sont susceptibles d'un recours en cassation pour violation de la loi (CSS, art. R. 142-26).

336.85 **Opposition.** La décision du TASS n'est pas susceptible d'opposition (CSS, art. R. 142-25, al. 2).

336.86 **Appel.** Le jugement est rendu en premier et dernier ressort dans les limites de la compétence en dernier ressort jusqu'à la valeur de 4 000 euros (CSS, art. R. 142-25) et à charge d'appel au-delà. Le TASS statue toujours en premier ressort, quelle que soit la valeur en litige, s'agissant des contentieux relatifs à la contribution sociale généralisée, à la contribution au remboursement de la dette sociale[6] et à la taxe sur les contributions patronales de prévoyance, à la contribution patronale au financement des « retraites chapeau » et à la contribution spécifique sur les avantages de préretraite d'entreprise. Il statue en dernier ressort sur les demandes de remise de majorations de retard quel que soit leur montant.

L'appel doit être formé dans le délai d'un mois à compter de la notification de la décision aux parties (CSS, art. R. 142-28). Si l'appel est interjeté par un mandataire, qui n'est pas avocat ou avoué, il doit avoir reçu un pouvoir spécial l'autorisant à faire appel : l'appel formé par un agent ayant reçu délégation du directeur général de la Caisse pour le représenter devant la cour d'appel est en conséquence irrecevable[7]. Appelée à se prononcer sur la recevabilité de l'appel de la Caisse, la Cour doit vérifier que le représentant de l'appelante a reçu un pouvoir spécial avant l'expiration du délai d'appel, sans pouvoir exiger que ce mandat soit annexé à la déclaration d'appel[8]. L'appel doit être fait par une déclaration que la partie ou son mandataire fait ou adresse par pli recommandé au greffe de la cour d'appel. Cette déclaration doit être accompagnée d'une copie de la décision (CSS, art. R. 142-28); outre les mentions prescrites par l'article 58 C. pr. civ., elle désigne le jugement frappé d'appel, le cas échéant le nom et l'adresse du représentant de l'appelant devant la Cour. L'appel est porté devant la chambre sociale de la cour d'appel. Il est instruit, jugé suivant la procédure sans représenta-

1. Soc. 22 mai 1970, n° 68-13.150, *Bull. civ.* V, n° 356.
2. Soc. 31 mars 2003, n° 02-30.765, *Bull. civ.* V, n° 123.
3. Civ. 2e, 19 mars 2009, n° 08-15.838, *Bull. civ.* II, n° 76; *D.* 2009. 956, obs. Avena-Robardet.
4. Civ. 2e, 5 févr. 2009, n° 07-13.589, *Bull. civ.* II, n° 35.
5. Soc. 4 mai 1988, n° 85-15.322, *Bull. civ.* V, n° 268; *Gaz. Pal.* 1988. 2. Pan. 191 – Soc. 23 juin 1994, n° 91-19.977, *Bull. civ.* V, n° 214 – Soc. 2 mars 1995, n° 92-20.133, *Bull. civ.* V, n° 79; *D.* 1995. IR 91.
6. Civ. 2e, 7 févr. 2008, n° 07-10.269, *Bull. civ.* II, n° 29.
7. Soc. 16 oct. 1997, n° 96-11.575, *Bull. civ.* V, n° 322 – Soc. 11 avr. 2002, n° 00-14.952, *Bull. civ.* V, n° 133.
8. Civ. 2e, 17 avr. 2008, n° 07-11.333, *Gaz. Pal.* 10-12 août 2008, p. 34, obs. Bodin.

tion obligatoire. Les articles R. 142-22 à R. 142-24-1 et R. 142-24-3 du Code de la sécurité sociale, relatifs aux mesures d'instruction, sont applicables à la procédure d'appel (CSS, art. R. 142-30).

336.87 **Pourvoi en cassation.** La décision du TASS rendue en premier et dernier ressort et l'arrêt de la cour d'appel peuvent être frappés d'un pourvoi en cassation, devant la Cour de cassation dans un délai de deux mois à compter de la notification de la décision. Ce délai ne court pas s'il n'est pas mentionné dans la notification de la décision. Il doit être formé par un avocat au Conseil d'État et à la Cour de cassation (CSS, art. R. 144-7).

À compter du 1er janvier 2010, le directeur régional des affaires sanitaires et sociales ne peut plus former un pourvoi en cassation, cette prérogative appartient désormais uniquement au ministre chargé de la Sécurité sociale ou à son représentant. Il est dispensé du ministère d'avocat.

En cas de cassation et de renvoi, il appartient à l'une des parties au pourvoi de saisir la juridiction de renvoi par simple lettre recommandée adressée au greffe de la juridiction de renvoi (CSS, art. R. 144-9).

SECTION 2
PROCÉDURES SPÉCIALES DEVANT LE TRIBUNAL DES AFFAIRES DE SÉCURITÉ SOCIALE

336.91 **Action devant les juridictions répressives.** Le non-respect des prescriptions de la législation sur la Sécurité sociale peut constituer une infraction qui sera poursuivie devant les juridictions répressives (CSS, art. L. 244-1 s.). Les organismes de sécurité sociale peuvent se constituer partie civile et obtenir devant ces juridictions la condamnation du prévenu aux montants qui leur sont dus, même s'il existe une contestation sur le montant des cotisations [1].

336.92 **Demande en paiement.** L'organisme créancier peut également opter pour l'action en recouvrement des cotisations et des majorations de retard par voie d'une demande en payement déposée devant le TASS. Cette procédure est peu utilisée en raison de sa lenteur. La caisse pourra y recourir lorsque les créances sont contestées ou susceptibles de l'être par le cotisant ou encore lorsque la mise en demeure n'a pas été réceptionnée. Cette action, intentée indépendamment ou après extinction de l'action publique, se prescrit par cinq ans à compter de l'expiration du délai imparti par l'avertissement ou la mise en demeure (CSS, art. L. 244-11).

336.93 **Opposition à tiers détenteur de la Sécurité sociale.** Lorsqu'ils sont munis d'un titre exécutoire, les caisses du régime social des indépendants et les organismes conventionnés pour l'assurance maladie et maternité ainsi que les caisses d'assurance vieillesse des professions libérales, habilités à décerner la contrainte, peuvent recouvrer les montants dus au titre des cotisations, des contributions et des majorations et pénalités de retard en pratiquant une opposition à tiers détenteur (OTD) (CSS, art. L. 652-3). Elle doit être motivée et notifiée au tiers détenteur et au débiteur. Elle emporte effet attributif à concurrence des sommes pour lesquelles elle est pratiquée conformément à l'article 43 de la loi n° 91-650 du 9 juillet 1991 [2] (devenu C. pr. exéc., art. L. 211-2). Lorsqu'une personne est simultanément destinataire de plusieurs oppositions établies au nom du débiteur, elle doit, en cas d'insuffisance des fonds, exécuter ces demandes en proportion de leurs montants respectifs. Le débiteur ou le tiers détenteur peut saisir le juge de l'exécution pour contester l'opposition dans le délai d'un mois à compter de la notification [3]. Le paiement est différé jusqu'à ce qu'il soit statué, sauf si le juge autorise le paiement pour la somme qu'il détermine. Les dispositions des articles L. 123-1, L. 211-3, L. 162-1 et L. 162-2 C. pr. exéc. sont applicables.

336.94 **Procédure d'injonction de payer.** Le décret n° 2010-1165 du 1er octobre 2010 a prévu le recouvrement des créances suivant la procédure d'injonction de payer (CSS, art. R. 142-27-1) lorsqu'elles résultent d'une prise en charge injustifiée ou d'un indu de prestation. La demande est portée devant le **président du tribunal du lieu où demeure le débiteur.** Tout autre juge doit d'office se déclarer incompétent. Mais une délégation au profit d'un ou plusieurs présidents de formation de jugement du tribunal peut être ordonnée par le président du tribunal (CSS, art. R. 142-10 *in fine*). La procédure prévue aux articles 1407 et suivants C. pr. civ. est applicable à l'exception des dispositions propres à la procédure devant le tribunal de grande instance. L'opposition est portée devant le TASS dont le président a rendu la décision.

336.100 **Plan.** Le Code de la sécurité sociale offre également aux organismes de sécurité sociale des procédures spéciales pour leur permettre de recouvrer les cotisations qui leur sont dues : la procédure sommaire (§ 1) et la contrainte (§ 2).

§ 1
Procédure sommaire

336.101 **Formalités.** Elle est peu utilisée car complexe. Elle permet au trésorier-payeur général d'assu-

1. Crim. 24 févr. 1960, *Bull. crim.* n° 113.

2. L. n° 91-650, 9 juill. 1991, portant réforme des procédures civiles d'exécution, *JO* 14 juill., p. 9228.
3. Sur cette procédure, v. S. Guinchard et T. Moussa (dir.), Dalloz action *Droit et pratique des voies d'exécution*, 2013/2014, nos 972.11 s. spéc. n° 972.32, par R. Lauba.

rer le recouvrement des cotisations. Un avertissement est délivré au débiteur. À défaut de règlement ou de réclamation dans le délai de quinze jours imparti par cet avertissement, l'état des cotisations et majorations de retard est transmis par le chef de l'antenne interrégionale de la Mission nationale de contrôle et d'audit des organismes de sécurité sociale (MNC) au trésorier-payeur général du département où se trouve l'établissement de l'employeur qui assure, par l'intermédiaire du percepteur du domicile du débiteur, le recouvrement des sommes dues (CSS, art. R. 133-1 et R. 133-2).

§ 2
Contrainte

336.110 Généralités. C'est la procédure la plus utilisée car elle est simple et rapide. Elle est régie par les articles L. 244-9, R. 133-3 à R. 133-7 du Code de la sécurité sociale.

A.
Conditions de la contrainte

336.111 Mise en demeure préalable. Selon l'article R. 133-3 du Code de la sécurité sociale, si la mise en demeure ou l'avertissement est resté sans effet au terme du délai d'un mois à compter de sa notification, le directeur de l'organisme créancier peut décerner une contrainte.

La contrainte n'est valable que si elle a été précédée d'une mise en demeure et elle ne peut être délivrée qu'à l'expiration du délai d'un mois après la mise en demeure. À défaut d'opposition du débiteur devant le TASS, dans les formes et délais requis, la contrainte comporte tous les effets d'un jugement et confère notamment le bénéfice de l'hypothèque judiciaire (CSS, art. L. 244-9).

336.112 Objet de la contrainte. La contrainte peut être utilisée pour le recouvrement des arriérés de cotisations, de majorations de retard et des pénalités. Elle peut concerner la contribution sociale généralisée, la contribution au remboursement de la dette sociale, la taxe sur les contributions patronales de prévoyance, la contribution patronale du financement des retraites « chapeau », la contribution spécifique sur les avantages de préretraite d'entreprise et la contribution solidarité autonomie. Elle doit comporter le total des cotisations impayées, des majorations de retard arrêtées à la date de la mise en demeure et des pénalités, déduction faite des montants payés depuis l'envoi de la mise en demeure à condition qu'ils aient pu être comptabilisés au jour de l'établissement de la contrainte[1].

336.113 Formes de la contrainte. Elle doit préciser la nature, le montant des cotisations réclamées et la période à laquelle elle se rapporte à peine de nullité, sans que celui qui la soulève ait à établir qu'il a subi un préjudice[2] ou à rapporter la preuve d'un grief[3]. Le montant des sommes indiquées sur la contrainte ne peut être supérieur à celui qui figure sur la mise en demeure. Si le montant de la dette ne peut être fixé de manière certaine, la contrainte peut être faite à partir d'une évaluation forfaitaire ou provisionnelle effectuée selon les dispositions de l'article R. 242-5 du Code de la sécurité sociale.

La contrainte doit être délivrée par le directeur ou un agent de l'organisme intéressé ayant reçu une délégation de pouvoir. Elle doit comporter la signature de la personne habilitée[4] et non simplement une griffe. Cependant la copie remise par l'huissier n'a pas à comporter cette signature, il suffit que l'original soit signé.

B.
Signification de la contrainte

336.120 Formalités. La contrainte est signifiée par huissier de justice selon les règles du droit commun ou adressée au débiteur par lettre recommandée avec demande d'avis de réception (C. pr. civ., art. 653 à 664). La signification fait courir le délai d'opposition. Elle doit être signifiée dans les cinq ans qui suivent l'expiration du délai d'un mois imparti par la mise en demeure[5].

C.
Opposition à contrainte

336.121 Délais. L'exécution de la contrainte est interrompue par l'opposition du débiteur dans le délai de quinze jours à compter de la notification de la contrainte par acte d'huissier.

336.122 Forme. L'opposition doit être faite soit par lettre recommandée avec demande d'avis de réception adressée au greffe du TASS soit par inscription au greffe du tribunal. Le tribunal territorialement compétent est celui dans le ressort duquel le débiteur est domicilié. Le greffe avise, dans les huit jours de la réception de l'opposition, l'organisme de recouvrement (CSS, art. R. 133-3).

336.123 Recevabilité de l'opposition. L'opposition doit être motivée et accompagnée d'une copie de la contrainte contestée. C'est au débiteur de rappor-

1. Soc. 18 oct. 1978, n° 77-10.906, *Bull. civ.* V, n° 678.
2. Soc. 19 mars 1992, n° 88-11.682, *Bull. civ.* V, n° 204; *D.* 1993. 275, obs. Prétot.
3. Soc. 6 févr. 2003, n° 01-20.534, *Bull. civ.* V, n° 47.
4. Soc. 14 mars 2002, n° 00-14.685, NP.
5. Soc. 26 mai 1971, n° 70-10.730, *Bull. civ.* V, n° 392.

ter la preuve des motifs de son opposition[1]. Mais si l'acte de signification d'une contrainte ne mentionne pas clairement la nécessité de motiver l'opposition à contrainte, celle-ci est recevable[2].

La non-comparution du défendeur n'empêche pas le tribunal de vérifier la pertinence des motifs de l'opposition. Les oppositions à contrainte sont recevables même si le débiteur n'a pas formé de recours amiable à l'encontre de la mise en demeure qui lui a été notifiée[3]. Mais l'employeur ne peut contester à nouveau par la voie de l'opposition à contrainte, le principe de sa dette si la commission de recours amiable, saisie préalablement, a rejeté sa réclamation et si la décision de la commission n'a fait l'objet d'aucun recours contentieux dans le délai de deux mois de l'article R. 142-1 alinéa 2 du Code de la sécurité sociale[4].

L'opposant à contrainte a la qualité de défendeur; aussi il ne peut être condamné par application des dispositions de l'article R. 144-10 du Code de la sécurité sociale qui prévoient la condamnation à une amende civile du demandeur qui succombe dans le cas d'un recours jugé dilatoire ou abusif[5].

D. Effets de la contrainte

336.131 Effets d'un jugement. À défaut d'opposition du débiteur devant le TASS dans les formes et les délais requis, la contrainte comporte tous les effets du jugement (CSS, art. L. 244-9). Elle bénéficie notamment de l'hypothèque légale de plein droit[6]. Elle est exécutoire de droit, nonobstant l'appel, à titre provisoire (CSS, art. R. 133-3). Les frais de signification de la contrainte et de tous les actes de procédures nécessaires à son exécution sont à la charge du débiteur à moins que l'opposition ne soit jugée fondée (CSS, art. R. 133-6).

L'action en exécution de la contrainte se prescrit selon le droit commun[7]. Et peu importe qu'une autre contrainte portant sur les mêmes cotisations ait été ultérieurement signifiée au même débiteur et qu'elle ait fait l'objet d'une opposition dans le délai de quinze jours de sa signification[8].

1. Soc. 16 nov. 1995, n° 94-11.079, *Bull. civ.* V, n° 302; *Lexilaser*, n° 4496.
2. Soc. 13 janv. 1988, n° 85-15.189, *Bull. civ.* V, n° 17 – Civ. 2e, 23 mars 2004, n° 02-30.119, *Bull. civ.* II, n° 143.
3. Soc. 23 févr. 1995, n° 93-14.568, *Bull. civ.* V, n° 75; *D.* 1995. IR 116; *D.* 1996. 43, obs. Prétot; *JCP E* 1995. I. 700, note Taquet.
4. Soc. 28 mars 1991, n° 89-20.839, NB; *RJS* 1991, n° 626.
5. Civ. 2e, 30 juin 2011, n° 10-23.577, *Bull. civ.* II, n° 151; *Procédures* 2011, n° 308, obs. Bugada.
6. Civ. 3e, 17 juin 2009, n° 08-17.065, *Bull. civ.* III, n° 152; *D.* 2009. 1836.
7. Soc. 30 juin 1982, n° 81-12.542, *Bull. civ.* V, n° 431 – Civ. 2e, 16 sept. 2003, n° 02-10.331, NP.

336.132 Recours. La décision rendue sur opposition est susceptible de voies de recours dans les mêmes conditions que les décisions du TASS.

SECTION 3
Procédure devant les juridictions de l'incapacité

336.140 Bibliographie.
Articles. J. Bing, « Le contentieux du contrôle technique », *Quest. s*[s] mars 1966, p. 48 – M. Pierchon, « Le nouveau visage du contentieux technique de la Sécurité sociale après la loi de modernisation sociale », *JS Lamy* 2004, n° 137; « Mini réforme du contentieux technique de la Sécurité sociale (à propos de l'ordonnance n° 2005-656 du 8 juin 2005) », *JCP S* 2005, n°s 5-10; « Le contentieux de la Sécurité sociale modifié par deux lois du 5 mars 2007 », *JCP S* 2007. 1343.

336.141 Généralités. Ces juridictions tranchent le contentieux technique. Il comprend essentiellement les contestations relatives à **l'état ou au degré d'invalidité, à l'état et au taux d'incapacité permanente**[9] et à **l'inaptitude au travail** (CSS, art. L. 143-1[10]

8. Soc. 23 nov. 1989, n° 87-11.926, *Bull. civ.* V, n° 682; *D.* 1990. 190.
9. Le décret n° 2010-422 du 28 avril 2010, (portant incorporation au Livre des procédures fiscales de divers textes modifiant et complétant certaines dispositions de ce livre, *JO* 30 avr., p. 7862) prévoit les modalités de transmission de l'entier rapport médical ayant contribué à la fixation du taux d'incapacité de travail permanente.
10. CSS, art. L. 143-1 : « *Il est institué une organisation du contentieux technique de la Sécurité sociale.*
Cette organisation règle les contestations relatives :
1°) à l'état ou au degré d'invalidité, en cas d'accident ou de maladie non régie par le livre IV du présent code et à l'état d'inaptitude au travail;
2°) à l'état d'incapacité permanente de travail et notamment au taux de cette incapacité, en cas d'accident du travail ou de maladie professionnelle;
3°) À l'état d'incapacité de travail pour l'application des dispositions du livre VII du Code rural et de la pêche maritime autres que celles relevant du contentieux général de la Sécurité sociale;
4°) aux décisions des caisses d'assurance retraite et de la santé au travail et des caisses de mutualité sociale agricole concernant, en matière d'accident du travail agricole et non agricole, la fixation du taux de cotisation, l'octroi de ristournes, l'imposition de cotisations supplémentaires et, pour les accidents régis par le livre IV du Code de la sécurité sociale, la détermination de la contribution prévue à l'article L. 437-1 du présent code.
5°) Aux décisions de la commission des droits et de l'autonomie des personnes handicapées mentionnées au premier alinéa de l'article L. 241-9 du Code de l'action sociale et des familles.
Les dispositions des 1° à 3° du présent article ne sont pas applicables aux accidents du travail survenus et aux maladies professionnelles constatées dans l'exercice des professions agricoles dans les départements autres que ceux du Haut-Rhin, du Bas-Rhin et de la Moselle ».

– et COJ, art. L. 331-1). Il résulte des dispositions de l'article L. 143-1 du Code de la sécurité sociale que les juridictions du contentieux technique ne sont pas compétentes pour trancher les litiges touchant à la cause de l'arrêt de travail[1].

Il faut toutefois préciser que la réparation des accidents du travail et des maladies professionnelles survenus aux salariés agricoles dans les départements autres que le Haut-Rhin, le Bas-Rhin et la Moselle (CSS, art. L. 143-1 *in fine*) n'est pas soumise au contentieux technique de la Sécurité sociale mais au contentieux général de la Sécurité sociale et de la Mutualité sociale agricole.

§ 1
Tribunal du contentieux de l'incapacité

336.151 **Présentation.** La commission régionale technique est devenue avec la loi n° 94-43 du 18 janvier 1994[2] le tribunal du contentieux de l'incapacité. À la suite de l'arrêt de la Cour de cassation du 17 décembre 1998, qui a jugé que le tribunal du contentieux de l'incapacité n'est pas un tribunal indépendant ou impartial[3], sa composition a été modifiée par le décret n° 99-449 du 2 juin 1999[4]. Désormais, il est composé d'un président, magistrat honoraire de l'ordre administratif ou de l'ordre judiciaire, d'un assesseur représentant les travailleurs salariés et d'un assesseur représentant les employeurs et les travailleurs indépendants (CSS, art. L. 143-2). Si un magistrat honoraire ne peut être désigné en qualité de président, la présidence est assurée par une personnalité présentant des garanties d'indépendance et d'impartialité, bénéficiant d'une compétence et d'une expérience dans les domaines juridiques.

336.152 **La procédure.** La procédure devant cette juridiction est plus simple que celle suivie devant le TASS (CSS, art. R. 143-6 à R. 143-17 et R. 143-31 s.). Elle se déroule dans le respect du principe de la contradiction.

À peine de forclusion, le tribunal doit être saisi de la réclamation dans les **deux mois** de la notification de la décision prise par l'organisme de Sécurité sociale, par déclaration faite, remise ou adressée à son greffe. Toutefois, en cas de recours amiable, ce délai est interrompu. Il court à nouveau à compter soit du jour de la notification au requérant de la décision de la commission de recours amiable, soit à l'expiration du délai d'un mois prévu à l'article R. 143-1 (CSS, art. R. 143-7, al. 2). Cette déclaration doit indiquer, outre les mentions prescrites à l'article 58 C. pr. civ., le cas échéant le nom et l'adresse du médecin que le demandeur désigne pour recevoir les documents médicaux et être accompagnée d'une copie de la décision contestée. Elle contient un exposé sommaire des motifs de la demande (CSS, art. R. 143-7). Dans les **dix jours** qui suivent la réception de la réclamation, le tribunal en adresse copie à la caisse intéressée et l'invite à présenter ses observations. Dans un même délai de **dix jours**, la caisse doit présenter ses observations écrites en trois exemplaires, transmettre les documents médicaux concernant l'affaire et en adresser copie au requérant ou le cas échéant au médecin qu'il a désigné. Cette transmission doit être faite avant l'ouverture des débats (CSS, art. R. 143-8), à défaut cette carence ne pourra être réparée devant la Cour nationale de l'incapacité et de la tarification de l'assurance des accidents du travail. La Cour de cassation a en effet jugé que : « *C'est dans l'exercice de son pouvoir souverain et sans violer les dispositions de l'article 6 § 1 de la Convention de sauvegarde des droits de l'homme et des libertés fondamentales, que la Cour nationale de l'incapacité et de la tarification de l'assurance des accidents du travail, ayant retenu que la caisse devait produire, en application de l'article R. 143-8 du Code de la sécurité sociale, avant l'ouverture des débats devant le tribunal du contentieux de l'incapacité, les documents médicaux concernant l'affaire et que cette carence ne pouvait être réparée devant la Cour nationale par la production du rapport du médecin-conseil du contrôle médical, selon les modalités fixées par l'article R. 143-32 du même code, dans sa rédaction issue du décret du 28 avril 2010, a refusé de révoquer l'ordonnance de clôture* »[5].

Les parties sont convoquées par lettre recommandée avec demande d'avis de réception ou par la remise de l'acte au destinataire contre émargement ou récépissé au moins **quinze jours** avant la date de l'audience; une copie de la convocation est adressée le même jour par lettre simple (CSS, art. R. 143-9). Lorsqu'en application de l'article L. 143-2-3 le tribunal n'a pu siéger pour un problème de composition et que l'affaire est reportée à une audience ultérieure, les parties présentes sont convoquées à nouveau verbalement avec émargement au dossier et remise par le secrétariat d'un bulletin mentionnant la date de l'audience. Les parties absentes sont convoquées à nouveau selon les modalités prévues à l'article R. 143-9 (CSS, art. R. 143-9-1). Les parties comparaissent en personne (CSS, art. R. 143-10). Elles ont

1. Civ. 2e, 11 juin 2009, n° 08-10.028, *Bull. civ.* II, n° 157; *RDSS* 2009. 766, obs. Tauran.
2. L. n° 94-43, 18 janv. 1994, relative à la santé publique et à la protection sociale, *JO* 19 janv., p. 960.
3. Soc. 17 déc. 1998, n° 97-15.389, *Bull. civ.* V, n° 578; *D.* 1999. IR 53; *RTD civ.* 1999. 494, obs. Marguénaud; *RTD civ.* 2000. 618, obs. Normand.
4. Décr. n° 99-449, 2 juin 1999, relatif aux contrôles sur les organismes de sécurité sociale et aux contentieux général et technique de la Sécurité sociale et modifiant le Code de la sécurité sociale, *JO* 4 juin, p. 8223.
5. Civ. 2e, 12 févr. 2012, n° 11-12.617, *Bull. civ.* II, n° 32; *Procédures* 2012, n° 118, obs. Bugada.

la faculté de se faire représenter ou assister par un avocat, par leur conjoint ou un ascendant, un descendant en ligne directe, leur concubin ou la personne avec laquelle elles ont conclu un pacte civil de solidarité et, suivant le cas, par un travailleur salarié ou un employeur ou un travailleur indépendant exerçant la même profession ou un représentant qualifié des organisations syndicales de salariés ou d'employeurs, un administrateur ou un employé de l'organisme partie à l'instance ou un employé d'un autre organisme de sécurité sociale, un délégué des associations de mutilés et invalides du travail les plus représentatives. Le représentant, à moins qu'il ne soit avocat, doit justifier d'un pouvoir spécial (CSS, art. L. 144-3 *in fine*).

336.153 Oralité. La procédure est orale (CSS, art. R. 143-10-1). L'article 446-1 C. pr. civ., texte commun à toutes des procédures orales, prévoit que : « *Les parties présentent oralement à l'audience leurs prétentions et les moyens à leur soutien. Elles peuvent également se référer aux prétentions et aux moyens qu'elles auraient formulés par écrit. Les observations des parties sont notées au dossier ou consignées dans un procès-verbal. Lorsqu'une disposition particulière le prévoit, les parties peuvent être autorisées à formuler leurs prétentions et leurs moyens par écrit sans se présenter à l'audience. Le jugement rendu dans ces conditions est contradictoire. Néanmoins, le juge a toujours la faculté d'ordonner que les parties se présentent devant lui* ».

Et l'article R. 143-10-1 du Code de la sécurité sociale précise que : « *Le président de la formation de jugement qui organise les échanges entre les parties comparantes peut dispenser une partie qui en fait la demande de se présenter à une audience ultérieure, conformément au second alinéa de l'article 446-1 C. pr. civ. Dans ce cas, la communication entre les parties est faite par lettre recommandée avec demande d'avis de réception ou par notification entre avocats et il en est justifié auprès du tribunal dans les délais impartis par le président. En cours d'instance, toute partie peut aussi exposer ses moyens par lettre adressée au tribunal, à condition de justifier que l'adversaire en a eu connaissance avant l'audience par lettre recommandée avec demande d'avis de réception. La partie qui use de cette faculté peut ne pas se présenter à l'audience, conformément au second alinéa de l'article 446-1 C. pr. civ.* ». L'article 446-4 C. pr. civ. précise que la date des prétentions et des moyens d'une partie régulièrement présentés par écrit est celle de leur communication entre parties.

336.154 Pouvoirs du président. Il tranche les difficultés relatives à la communication des pièces et procède aux jonctions et disjonctions d'instance (CSS, art. R. 143-12). Il constate la conciliation, même partielle, des parties et l'extinction de l'instance (CSS, art. R. 143-11).

Le président de la formation de jugement a des pouvoirs pour instruire l'affaire (CSS, art. R. 143-13) : il peut ordonner, d'office ou à la demande des parties, une consultation, une expertise, ou prescrire une enquête. Les mesures d'instruction ordonnées peuvent être exécutées sur-le-champ par le technicien avisé de sa mission par tout moyen. Dans ce cas, le technicien fait immédiatement rapport au tribunal de ses constatations en présence des parties. « *Lorsqu'il ordonne une expertise, le président de la formation de jugement détermine par une décision la mission confiée à l'expert, les questions qui lui sont posées et le délai dans lequel l'expert devra donner son avis. Le médecin expert adresse son rapport au secrétaire du tribunal dans le délai imparti qui court à compter de la réception de la demande d'expertise qui lui a été adressée. À défaut, il est pourvu à son remplacement par simple ordonnance. Lorsque les mesures d'instruction ne sont pas exécutées sur-le-champ, le secrétariat du tribunal adresse à chaque partie ou, le cas échéant, au médecin qu'elle a désigné, par lettre recommandée, une copie des rapports et des documents consignant les résultats des examens, analyses ou enquêtes ordonnés par le tribunal ou des informations qu'il a recueillies. Cette lettre avise également les parties de la date de l'audience à laquelle sera évoquée l'affaire.* »

336.155 Décision. Les décisions du tribunal du contentieux de l'incapacité sont motivées, prononcées en audience publique et notifiées par le secrétariat du tribunal dans les quinze jours sous forme de lettre recommandée avec demande d'avis de réception à chacune des parties. La notification indique les délais et les voies de recours. Les décisions ne sont pas susceptibles d'opposition. Celles rendues en premier ressort sont susceptibles d'appel. L'appel est suspensif. Il doit être interjeté avant l'expiration du délai d'un mois qui court à compter de la notification. Il est formé par une déclaration que la partie ou tout mandataire fait, ou adresse par pli recommandé avec demande d'avis de réception, au secrétariat du tribunal qui a rendu le jugement (CSS, art. R. 143-24). L'appel est porté devant la Cour nationale de l'incapacité et de la tarification de l'assurance des accidents du travail. Outre les mentions prescrites par l'article 58 C. pr. civ., la déclaration précise le jugement dont il est interjeté appel et mentionne, le cas échéant, le nom et l'adresse du représentant de l'appelant devant la Cour. Le greffier avise alors par lettre simple la partie adverse de l'appel, puis il transmet le dossier à la Cour nationale de l'incapacité.

§ 2
Cour nationale de l'incapacité et de la tarification de l'assurance des accidents du travail

336.161 Présentation. Elle a remplacé la Commission nationale technique. Elle siège à Amiens. Elle était composée de magistrats de l'ordre administratif ou judiciaire, de fonctionnaires, de médecins, de travailleurs salariés, de travailleurs indépendants ou d'employeurs. Elle avait été reconnue comme une juridiction indépendante et impartiale[1]. La solution était discutable car sa composition était proche de celle du tribunal du contentieux de l'incapacité avant la modification opérée par le décret n° 99-449 du 2 juin 1999.

Finalement l'assemblée plénière de la Cour de cassation, par cinq arrêts, a jugé que la Cour nationale de l'incapacité est contraire aux règles de l'article 6 § 1 de la Convention européenne des droits de l'homme en raison de sa composition qui comporte un fonctionnaire en activité ou honoraire du ministère des Affaires sociales, parce que la publicité des débats n'y est pas assurée et enfin parce que l'expertise médicale qui joue un rôle déterminant pour l'octroi de la rente d'invalidité n'est pas communiquée aux parties[2].

Aujourd'hui, elle est composée d'un président et de présidents de section qui sont des magistrats de la cour d'appel dans laquelle elle a son siège (Amiens) et d'assesseurs représentant, d'une part, les travailleurs salariés et, d'autre part, les employeurs et travailleurs indépendants. Elle comporte quatre sections (CSS, art. R. 143-15).

La Cour nationale de l'incapacité statue sur les appels interjetés contre les décisions du tribunal du contentieux de l'incapacité et en première instance sur les décisions concernant les taux d'accidents du travail.

336.162 Procédure. La procédure devant cette juridiction est semblable à celle suivie devant le tribunal du contentieux de l'incapacité. Elle est régie par les articles R. 143-20-1 à R. 143-30 du Code de la sécurité sociale. Il convient de préciser que les parties sont dispensées du ministère d'avocat (CSS, art. R. 143-26); elles ont la faculté de se faire assister ou représenter par l'une des personnes mentionnées à l'article L. 144-3.

Selon l'article R. 143-25 du Code de la sécurité sociale, dès réception du dossier le secrétaire général de la Cour invite les parties en cause ou leur représentant à présenter, dans un délai de vingt jours, leurs observations écrites sous forme de mémoire accompagné, le cas échéant, des observations de la personne qu'elles ont choisie pour les assister[3] ou les représenter. Il assure la communication des mémoires et des pièces aux parties ou, le cas échéant, au médecin qu'elles ont désigné lorsqu'il s'agit de documents médicaux, et les avise qu'elles peuvent présenter, par un mémoire en réponse des observations en réplique et des pièces nouvelles dans un délai de vingt jours courant de la réception de cette communication.

La communication des observations médicales était réservée aux médecins désignés par les parties. Si le requérant n'avait pas indiqué le nom d'un médecin, le mémoire de l'organisme défendeur ne pouvait lui être envoyé[4]. Cependant l'assemblée plénière de la Cour de cassation a jugé que le respect du caractère contradictoire de la procédure implique que les parties puissent prendre connaissance et discuter les observations présentées par le médecin qualifié et que doit être cassé l'arrêt rendu sans que l'avis de ce médecin n'ait été communiqué aux parties[5]. Les mémoires, pièces, observations des parties sont établis en trois exemplaires. La date des prétentions d'une partie est celle de la communication aux autres parties du mémoire qui les contient.

336.163 Oralité. La procédure est orale, cependant le décret du 1er octobre 2010 apporte deux tempéraments :

– 1° les parties qui adressent à la Cour un mémoire dans les conditions prévues par l'article R. 143-25 du Code de la sécurité sociale (v. ss n° 336.162) sont dispensées de se présenter à l'audience conformément à l'article 446-1 C. pr. civ.;

– 2° les décisions du président de la section en application de l'article R. 143-27 du Code de la sécurité sociale (v. ss n° 336.164) peuvent être prises sans audience préalable, après avoir, dans ce cas, recueilli les observations écrites des parties ou les avoir invitées à présenter leurs observations.

Mais sous réserve de ces deux exceptions, les parties doivent comparaître en personne et présenter leurs observations orales ou écrites. Si l'appelant ne comparaît pas sans avoir justifié d'un motif légitime, seul l'intimé peut requérir une décision sur le fond. Ainsi la Cour de cassation a jugé que : « *Il résulte de l'article R. 143-26 du Code de la sécurité sociale dans sa rédaction applicable jusqu'au 1er décembre 2010 que devant la Cour nationale de l'incapacité et de la tarification de l'assurance des accidents du travail, les parties comparaissent en personne et présentent leurs observations orales ou écrites, et de l'article 468, alinéa 1er, du Code de procédure civile, que si, sans motif légitime, l'appelant ne comparaît pas, seul l'intimé peut requérir une décision sur le fond. Dès lors, encourt la cassation la Cour nationale qui confirme le jugement d'un tribunal du contentieux de l'incapacité, après avoir relevé que les parties n'ont pas comparu mais ont signé l'avis de réception de leur convocation, de sorte que, les parties n'étant*

1. Soc. 28 mai 1998, n° 96-19.096, *Bull. civ.* V, n° 290.
2. Cass., ass. plén., 22 déc. 2000, n° 99-11.303, *Bull. ass. plén.*, n° 12; *D.* 2001. 1652, note Saint-Jours; *D.* 2001. 2454, obs. Prétot.
3. Soc. 26 avr. 2001, n° 99-16.071, *Bull. civ.* V, n° 139; *D.* 2001. IR 1852.
4. Soc. 11 mars 1999, n° 97-13.272, NP; *JS UIMM* 1999, n° 626, p. 143.
5. Cass., ass. plén., 22 déc. 2000, n° 99-11.303, préc. ss n° 336.161.

ni présentes ni représentées, la Cour nationale qui, n'était saisie d'aucun moyen par l'appelant, a statué au fond sans être requise par l'intimée »[1].

336.164 Pouvoirs du président de section. Selon l'article R. 143-27 du Code de la sécurité sociale, modifié par le décret du 1er octobre 2010, lorsque l'affaire n'est pas en état d'être jugée, le président de la section à laquelle elle a été confiée en assure l'instruction. Il peut inviter les parties à fournir les explications qu'il estime nécessaires à la solution du litige et les mettre en demeure de produire, dans un délai qu'il détermine, tous documents ou justifications propres à éclairer la Cour, faute de quoi il peut passer outre et renvoyer l'affaire devant la section qui tirera toute conséquence de l'abstention de la partie ou de son refus. Il peut ordonner, le cas échéant à peine d'astreinte, la production de documents détenus par un tiers s'il n'existe pas d'empêchement légitime. Il peut ordonner, même d'office, toute mesure d'instruction et notamment désigner, à titre de consultation, un ou plusieurs médecins experts chargés d'examiner le dossier médical soumis à la Cour nationale de l'incapacité et de la tarification de l'assurance des accidents du travail.

Il tranche les difficultés relatives à la communication des pièces. Il procède aux jonctions et disjonctions d'instance. Il constate la conciliation, même partielle, des parties et l'extinction de l'instance. Il peut déclarer l'appel irrecevable et trancher à cette occasion toute question ayant trait à la recevabilité de l'appel.

Les décisions du président de section chargé d'instruire l'affaire n'ont pas, au principal, l'autorité de la chose jugée. Elles ne sont susceptibles d'aucun recours indépendamment de la décision sur le fond. Toutefois, elles peuvent être déférées, par simple requête, à la Cour nationale de l'incapacité et de la tarification de l'assurance des accidents du travail dans un délai de quinze jours à compter de leur notification lorsqu'elles constatent l'extinction de l'instance ou déclarent l'appel irrecevable.

336.165 Clôture de la procédure et convocation à l'audience. L'ordonnance de clôture de l'instruction est notifiée à chacune des parties. La notification de l'ordonnance de clôture mentionne la date de l'audience et rappelle les dispositions des deuxième et troisième alinéas de l'article R. 143-26 du Code de la sécurité sociale (v. ss no 336.162) et que, postérieurement à la notification de cette ordonnance, les parties qui ont usé de la faculté d'adresser un mémoire à la Cour sont, sauf motif légitime, irrecevables à présenter des prétentions ou moyens nouveaux ou à communiquer de nouvelles pièces.

En l'absence d'instruction, les parties sont convoquées à l'audience. La convocation les informe de la possibilité qu'elles ont d'y présenter des observations orales.

Ces notifications sont faites par le secrétaire général de la Cour en la forme ordinaire quinze jours au moins avant la date de l'audience. Elles valent citation et rappellent les conditions d'assistance et de représentation à l'audience.

336.166 Débats. Ils sont régis par l'article R. 143-29-1 du Code de la sécurité sociale. À l'audience, le président de la section qui a procédé à l'instruction fait son rapport, les parties présentes ou représentées sont entendues. Lorsque les parties font valoir à l'audience des prétentions ou des moyens nouveaux, la Cour peut retenir l'affaire si les parties sont en état d'en débattre contradictoirement, la renvoyer à une audience ultérieure ou, en cas de nécessité, en confier l'instruction au président de section en révoquant, s'il y a lieu, l'ordonnance de clôture.

À moins que la Cour ne retienne l'affaire ou ne déclare irrecevables les éléments nouveaux, ceux-ci sont portés à la connaissance des parties n'ayant pas comparu à l'audience à la diligence du secrétaire général de la Cour.

Lorsqu'elle confirme un jugement, la Cour est réputée avoir adopté les motifs de ce jugement qui ne sont pas contraires aux siens.

336.167 Décision. La décision est notifiée par le greffe à chacune des parties par lettre recommandée avec demande d'avis de réception. Elle indique les délais et les voies de recours. Si la notification n'a pu être remise à son destinataire, le greffe invite la partie adverse à procéder par voie de signification. L'opposition ne peut être formée par une partie contre la décision de la Cour que s'il n'est pas établi que la lettre de convocation lui soit parvenue et si elle n'a pas été citée à personne par exploit d'huissier. (CSS, art. R. 143-30). Les décisions de la Cour, comme les décisions du tribunal du contentieux de l'incapacité rendues en premier et dernier ressort, peuvent être frappées d'un pourvoi en cassation selon les règles applicables aux décisions du TASS rendues en dernier ressort et de la cour d'appel en matière de contentieux général.

1. Civ. 2e, 15 mars 2012, no 11-10.049, *Bull. civ.* II, no 51; *Procédures* 2012, no 152, obs. A. B.

CHAPITRE

337. Procédure devant le tribunal paritaire de baux ruraux

DOMINIQUE D'AMBRA
Professeur à l'Université de Strasbourg
Avocat

SECTION 0
ORIENTEUR

337.00 Plan du chapitre.

337.01 Principaux textes applicables.
C. pr. civ., art. 880 à 898.

337.03 Bibliographie sommaire.
Actualisables. *J.-Cl. Pr. civ.*, fasc. 460, Moreau – Rép. pr. civ., v° *Tribunal paritaire de baux ruraux*, par M. Lagarde, juill. 2009 [màj oct. 2010].

Articles. J. Lachaud, « La réforme de la procédure et les baux ruraux », *Ann. loyers* 1976. 401 – J. Viatte, « La nouvelle procédure devant les tribunaux paritaires de baux ruraux », *Rev. loyers* 1976. 482.

337.06 Généralités. L'article 882 C. pr. civ. précise que la procédure applicable devant le tribunal paritaire est celle qui est suivie devant le tribunal d'instance, sous réserve des articles 883 à 898 C. pr. civ.

Il en résulte que la procédure devant le tribunal paritaire de baux ruraux est orale[1]. L'instance comporte un préliminaire obligatoire de conciliation. La procédure obéit aux dispositions du livre Ier du Code de procédure civile; elle est publique et soumise au principe de la contradiction.

SECTION 1
INTRODUCTION DE L'INSTANCE

337.10 Plan. L'instance est introduite par une demande en justice adressée au greffe du tribunal paritaire qui convoquera les parties.

§ 1
Demande initiale

337.11 Formes d'introduction de l'instance. L'article 885 alinéa 1er C. pr. civ. offre au demandeur le choix entre plusieurs formes d'introduction de l'instance : la déclaration faite, remise ou adressée au greffe du tribunal ou l'acte d'huissier adressé au greffe du tribunal. Cependant l'exploit d'huissier est parfois le mode d'introduction de l'instance imposée par la loi (v. ss n° 337.13). Est irrecevable l'action introduite par citation directe[2]. Avant l'entrée en vigueur du décret n° 2010-1165 du 1er octobre 2010[3], la demande ne pouvait être faite que par lettre

1. Douai, 11 juin 1987, *D.* 1988. Somm. 122, obs. Julien.
2. T. par. baux rur. Salon-de-Provence, 8 mars 1978, *Gaz. Pal.* 1978. 1. 636, note Lachaud.
3. Décr. n° 2010-1165, 1er oct. 2010, relatif à la conciliation et à la procédure orale en matière civile, commerciale et sociale, *JO* 3 oct., p. 17986.

recommandée avec demande d'avis de réception ou par exploit d'huissier.

337.12 Lettre recommandée. La lettre recommandée devait être datée, signée par le demandeur ou son mandataire[1]. À compter de l'entrée en vigueur du « Nouveau » Code de procédure civile, la jurisprudence a considéré que le défaut de recommandation est un vice de forme et non une irrégularité de fond. La nullité n'est prononcée que si celui qui l'invoque peut justifier d'un grief[2]. La nullité est couverte si le défendeur a d'abord conclu au fond. Elle ne peut être invoquée pour la première fois en appel[3].

337.13 Exploit d'huissier. L'acte d'huissier n'est pas une assignation, il doit être adressé au greffe et non au défendeur[4] et l'irrégularité de la saisine est sanctionnée sans qu'il soit besoin de justifier d'un grief[5]. Il est obligatoire quand la demande est soumise à publication au fichier immobilier selon l'article 885 alinéa 4 C. pr. civ.[6]. Cette exigence découle en réalité du décret n° 55-22 du 4 janvier 1955 dont les articles 28-4 et 30-5 soumettent certaines demandes en justice à publicité foncière. Il s'agit des demandes en justice tendant à faire prononcer la résolution, la révocation, l'annulation ou la rescision de droits résultant d'actes soumis à publicité foncière.

Ainsi la demande en nullité d'une vente d'immeuble conclue en violation du droit de préemption du preneur doit être formée par acte d'huissier, car soumise à publication au fichier immobilier[7]. En revanche la demande, tendant à faire fixer la valeur vénale des parcelles et la reconnaissance de leur droit à préemption, ne faisant pas l'objet d'une publication, peut être régulièrement formée par lettre recommandée[8]. La Cour de cassation considère que l'article 30-5 du décret du 4 janvier 1955 ne soumet à publicité foncière que les demandes en justice qui tendent à l'anéantissement rétroactif d'un droit immobilier; elle en déduit que la demande en résiliation d'un bail à long terme, ne visant qu'à mettre fin au bail pour l'avenir, n'a pas à être publiée[9].

1. Soc. 13 nov. 1953, *Bull. civ.* V, n° 717 – Soc. 29 mars 1957, *Bull. civ.* V, n° 399.
2. Civ. 2e, 15 mars 1989, n° 87-19.599, *Bull. civ.* II, n° 72; *D.* 1989. Somm. 275; *RTD civ.* 1990. 141, obs. Perrot; *JCP* 1989. IV. 183.
3. Soc. 30 nov. 1961, *Bull. civ.* V, n° 984.
4. Civ. 3e, 29 mars 2000, n° 98-14.937, *Bull. civ.* III, n° 72; *Procédures* 2000, n° 202.
5. Civ. 3e, 24 janv. 2001, n° 99-10.511, NP; *Procédures* 2001, n° 132.
6. Civ. 3e, 10 juill. 1978, n° 77-10.314, *Bull. civ.* III, n° 291 – Angers, 16 oct. 1979, *D.* 1981. 145, obs. Julien.
7. Civ. 3e, 10 févr. 1981, *Gaz. Pal.* 1981. 2. Pan. 210.
8. Civ. 3e, 26 nov. 1986, *Gaz. Pal.* 1987. 1. Pan. 52.
9. Civ. 3e, 10 mai 1989, n° 87-18.487, *Bull. civ.* III, n° 108; *D.* 1990. Somm. 33, obs. Martine; *Gaz. Pal.* 1989. 2. 665, note Lepetit et Challine.

337.14 Alsace-Moselle. En l'absence de fichier immobilier dans les départements du Rhin et de la Moselle, la demande n'a pas à être formée par acte d'huissier, même si elle doit être publiée au Livre foncier (v. ss n° 722.141).

337.15 Sanction. Quelle est la sanction en droit général de la violation de l'article 885 alinéa 4 C. pr. civ. ? La demande formée par lettre recommandée est irrecevable[10]. Elle n'interrompt pas la prescription, ne saisit pas le tribunal, ne peut être régularisée.

337.16 Effet. L'exploit introductif d'instance délivré conformément à l'article 885 C. pr. civ. saisit le tribunal au fond, de sorte qu'en cas d'échec de la tentative de conciliation (v. ss nos 337.41 s.) le demandeur n'a pas à délivrer un second acte d'huissier[11].

337.17 Mentions de la demande. Conformément à l'article 885 alinéa 2 C. pr. civ., la demande, formée par déclaration au greffe, doit comporter les mentions prescrites par l'article 58 C. pr. civ. : les noms, prénoms, profession, adresse, nationalité, date et lieu de naissance du demandeur personne physique ou la forme, la dénomination, le siège et l'organe qui la représente si la demanderesse est une personne morale. La demande doit encore préciser le nom et le domicile ou la dénomination et le siège social de la partie défenderesse, l'objet de la demande. Elle est datée et signée (v. ss n° 337.12).

Lorsque la demande est formée par acte d'huissier celui-ci doit respecter les dispositions de l'article 648 C. pr. civ. qui précise les mentions prescrites pour tout acte d'huissier.

Qu'elle soit formée par déclaration au greffe ou par acte d'huissier, la demande doit indiquer, même de façon sommaire, les motifs sur lesquels elle repose (C. pr. civ., art. 885, al. 3).

§ 2
Convocation des parties

337.21 Ouverture du dossier. L'exploit d'huissier ou la déclaration sont adressés au secrétariat-greffe du tribunal. Le secrétaire-greffier inscrit l'affaire au répertoire général (C. pr. civ., art. 726) et constitue un dossier (C. pr. civ., art. 727).

337.22 Modalités. Conformément à l'article 886 C. pr. civ., le greffier convoque les parties par lettre recommandée avec demande d'avis de réception, quinze jours au moins avant la date fixée par le président. Le greffier envoie en outre copie de cette convoca-

10. Civ. 3e, 10 juill. 1978, n° 77-10.314, *Bull. civ.* III, n° 291; *Gaz. Pal.* 1978. 2. Somm. 427 – Civ. 3e, 10 févr. 1981, *Gaz. Pal.* 1981. 2. Pan. 210 – Agen, 1er févr. 1984, *Gaz. Pal.* 1985. 1. 383, note Challine et Lepetit.
11. Angers, 16 oct. 1979, préc. ss n° 337.13.

tion par lettre simple. Le délai de quinze jours doit être calculé à compter de la réception de la lettre et non de l'expédition par le greffier (C. pr. civ., art. 668).

SECTION 2
DÉROULEMENT DE L'INSTANCE

337.30 **Division.** Les débats sont précédés d'un préliminaire de conciliation obligatoire qui contraint les parties à comparaître en personne. À défaut de conciliation, l'affaire est renvoyée pour être jugée.

§ 1
Comparution et représentation des parties

337.31 **Comparution.** L'obligation de comparaître en personne est désormais limitée à la tentative de conciliation. L'article 883 C. pr. civ., réformé par le décret n° 2010-1165 du 1er octobre 2010, autorise même les parties à se faire représenter lors de cette tentative, en cas de motif légitime. Le tribunal apprécie souverainement le caractère légitime du motif invoqué[1].

337.32 **Assistance et représentation.** Les parties peuvent se faire assister. Sous réserve de la tentative préalable de conciliation, elles ont désormais la faculté de se faire représenter à toutes les audiences (C. pr. civ., art. 883).

La preuve de la régularité de la représentation résulte des mentions du jugement ou peut être apportée par les pièces de la procédure, le registre d'audience ou tout autre moyen (C. pr. civ., art. 459).

337.33 **Personnes habilitées à représenter.** La liste donnée par l'article 884 C. pr. civ. des personnes habilitées à assister ou représenter les parties est longue et limitative. Il s'agit des avocats, des huissiers de justice, des membres de la famille parents ou alliés sans limitation de degré, du concubin, ou de la personne avec laquelle la partie a conclu un pacte civil de solidarité, des membres ou des salariés d'une organisation professionnelle agricole. Afin de limiter le nombre de personnes habilitées à représenter et protéger les intérêts des avocats, la Cour de cassation avait jugé que le membre de l'organisation professionnelle agricole devait avoir personnellement et effectivement une activité agricole[2]. La loi n° 90-85 du 23 janvier 1990[3] en précisant que les parties pouvaient être représentées ou assistées par un membre ou un salarié d'une organisation professionnelle agricole a censuré les restrictions apportées par la jurisprudence.

Le représentant, sauf s'il est avocat ou huissier de justice, doit justifier d'un pouvoir spécial.

§ 2
Tentative de conciliation

337.41 **Caractère obligatoire.** La phase de conciliation est obligatoire. L'irrecevabilité de la demande sanctionne l'omission de la tentative de conciliation. La Cour de cassation analyse l'absence de tentative de conciliation comme une fin de non-recevoir[4].

La tentative de conciliation n'est nécessaire que pour la demande initiale, il est inutile d'y procéder à la suite d'une demande incidente[5] et en appel la demande n'a pas à être soumise à un préliminaire de conciliation[6]. Le tribunal peut, avec l'accord des parties, déléguer la mission de conciliation à un conciliateur de justice désigné à cette fin (C. pr. civ., art. 887).

337.42 **Défaillance d'une partie.** Mais il peut arriver que les parties ne comparaissent pas. Lorsqu'une partie ne comparaît pas, l'article 887 alinéa 3 C. pr. civ. prévoit que son absence est constatée dans un procès-verbal et l'article 888 ajoute que « *l'affaire est renvoyée pour être jugée à une audience dont le président indique la date aux parties présentes* ». Les autres sont convoquées par lettre recommandée avec demande d'avis de réception, doublée d'une lettre simple, quinze jours au moins avant la date fixée par le président. En cas d'absence d'une partie il n'y a donc pas de tentative de conciliation et le tribunal renvoie directement l'affaire à l'audience de jugement.

337.43 **Conciliation.** Afin qu'il puisse y avoir conciliation, les parties doivent comparaître en personne mais elles peuvent se faire représenter en cas de motif légitime (C. pr. civ., art. 883, al. 2). Quand les parties comparaissent la tentative de conciliation se déroule en principe en audience publique.

Si les parties se concilient, le tribunal établit un procès-verbal qui constate l'accord des parties. Cet accord peut être total ou partiel. Conformément au droit commun, il est signé par le juge et les parties qui peuvent obtenir des extraits du procès-verbal constatant la conciliation qui valent titre exécutoire.

1. Soc. 29 juin 1956, *Bull. civ.* V, n° 605.
2. Civ. 1re, 28 juin 1988, n° 86-14.665, *Bull. civ.* I, n° 207; *D.* 1988. IR 202; *Gaz. Pal.* 1988. 2. 867; *RTD civ.* 1989. 142, obs. Perrot.
3. L. n° 90-85, 23 janv. 1990, complémentaire à la loi n° 88-1202 du 30 décembre 1988 relative à l'adaptation de l'exploitation agricole à son environnement économique et social, *JO* 25 janv., p. 998.
4. Civ. 3e, 15 févr. 1978, n° 76-12.659, *Bull. civ.* III, n° 83; *Gaz. Pal.* 1978. 1. Somm. 168; *JCP* 1978. IV. 125.
5. Soc. 17 nov. 1960, *Bull. civ.* V, n° 1039.
6. Civ. 3e, 21 oct. 1992, n° 90-16.275, *Bull. civ.* III, n° 278.

337.44 Le défaut de conciliation. À défaut d'accord total, un procès-verbal doit également être dressé. Il constate s'il y a lieu, l'accord partiel. En effet l'accord partiel modifie l'étendue du litige soumis au tribunal[1].

Reprenant une règle ancienne, mais originale, l'article 887 alinéa 2 C. pr. civ. précisait que le procès-verbal de non-conciliation doit mentionner « *les modalités du règlement du litige proposé à la majorité des voix* ». Les parties étaient ainsi informées de la solution du litige qui aurait été retenue si une décision avait été rendue par les juges lors de la tentative de conciliation. Les parties pouvaient discuter cette proposition de solution. Ce texte a été abrogé par le décret n° 2010-1165 du 1er octobre 2010.

§ 3 Phase de jugement

A. Convocation

337.51 Renvoi automatique. Depuis l'entrée en vigueur du Nouveau Code de procédure civile, les parties ne sont pas obligées de saisir le tribunal à la suite du procès-verbal de non-conciliation. Selon l'article 888 alinéa 1er C. pr. civ., l'affaire est automatiquement renvoyée par le président devant le tribunal paritaire des baux ruraux pour être jugée dès qu'il n'y a pas eu accord total[2].

Le président fixe la date d'audience et en informe les parties présentes verbalement. Les parties absentes sont convoquées par le greffier par lettre recommandée avec demande d'avis de réception, doublée d'une lettre simple, quinze jours au moins avant l'audience. La convocation prévient le destinataire que s'il ne comparaît pas, il s'expose à ce qu'un jugement soit rendu contre lui sur les seuls éléments fournis par son adversaire (C. pr. civ., art. 888, al. 2).

B. Instruction

337.61 Étendue des pouvoirs du tribunal. Pour instruire l'affaire et la mettre en état d'être jugée, le tribunal dispose des pouvoirs prévus aux articles 446-2 et 446-3 C. pr. civ. La doctrine estime que le tribunal paritaire de baux ruraux peut ordonner toutes les mesures d'instruction prévues par le droit commun.

337.62 Quelques solutions jurisprudentielles. La jurisprudence a apporté quelques précisions en la matière. Elle a estimé qu'une mesure d'expertise peut être confiée à l'un des assesseurs du tribunal mais dans ce cas il ne pourra pas siéger dans la composition de jugement[3].

Les transports sur les lieux peuvent être effectués par le tribunal ou par le président et un assesseur bailleur, un assesseur preneur, ou encore par les assesseurs à condition que le caractère paritaire de la juridiction soit respecté[4].

337.63 Application du droit commun. Les mesures d'instruction comme l'ensemble de la procédure sont soumises au principe de la contradiction.

L'instance est soumise au droit commun, elle est périmée (C. pr. civ., art. 386) lorsqu'aucune des parties n'accomplit de diligences pendant deux ans[5].

C. Débats

337.71 Composition du tribunal. En cas d'absence ou de récusation de l'un des assesseurs, il est aussitôt remplacé par le membre suppléant de sa catégorie dans l'ordre de voix obtenues lors de l'élection (C. pr. civ., art. 890).

337.72 Oralité des débats. Les débats se déroulent en audience publique et sont oraux. Les prétentions des parties ou la référence qu'elles font aux prétentions qu'elles ont formulées par écrit sont notées au dossier ou consignées dans un procès-verbal (C. pr. civ., art. 446-1). La date des prétentions et des moyens d'une partie régulièrement présentés par écrit est celle de leur communication entre parties (C. pr. civ., art. 446-4).

Il résulte du caractère oral des débats plusieurs conséquences. Tout d'abord le tribunal est régulièrement saisi des prétentions des parties émises par simples déclarations verbales. Les dispositions de l'article 954 C. pr. civ. ne s'appliquent pas à la procédure d'appel[6]. Ensuite si les parties peuvent déposer des conclusions écrites, elles peuvent toujours les modifier oralement lors des débats[7].

L'exception d'incompétence peut encore être soulevée après que les parties ont conclu au fond par écrit si, au moment des débats oraux, le plaideur soulève d'abord l'exception d'incompétence[8]. Enfin il semble que toutes les exceptions de procédure puissent être encore soulevées après la tentative de conciliation. C'était la solution retenue par la jurispru-

1. Soc. 19 nov. 1953, *Bull. civ.* V, n° 726.
2. Aix-en-Provence, 13 janv. 1983, *Gaz. Pal.* 1983. 1. 335, note Peignot.
3. Soc. 12 nov. 1959, *Bull. civ.* V, n° 1121.
4. Soc. 29 mai 1953, *JCP A* 1953. IV. 105.
5. Civ. 3e, 27 oct. 2004, n° 03-13.724, *Bull. civ.* III, n° 184.
6. Civ. 2e, 30 avr. 2002, n° 00-15.917, *Bull. civ.* II, n° 82; *D.* 2002. 1866, concl. Kessous; *D.* 2002. 2643, obs. Fricero; *RTD civ.* 2002. 560, obs. Perrot.
7. Soc. 9 oct. 1959, *Bull. civ.* V, n° 981.
8. V. R. Perrot, *RTD civ.* 1993. 192 – *J.-Cl. Pr. civ.*, fasc. 455, n° 77, Genin-Méric.

dence avant l'entrée en vigueur du Nouveau Code de procédure civile[1]. Cependant à l'époque les parties devaient saisir à nouveau le tribunal à la suite de l'échec de la tentative de conciliation puisque la phase de conciliation n'était pas intégrée à l'instance.

La solution doit-elle être maintenue sous l'empire du Nouveau Code de procédure civile ? La doctrine y est favorable[2] aux motifs que les déclarations d'un plaideur en vue d'une éventuelle conciliation ne peuvent pas lui être opposées au cours des débats contentieux et que le but de la tentative de conciliation est de parvenir à un accord et non d'obliger les plaideurs à soulever toutes les exceptions de procédure. À ces arguments en faveur du maintien de la solution antérieure, nous pouvons ajouter que, dans le cadre de l'instance prud'homale, il est admis que les parties qui ont fait valoir des moyens de fond lors de la phase de conciliation peuvent soulever des exceptions de procédure devant le bureau de jugement (v. s^s n° 335.113). Il n'y a pas de raison d'en décider autrement pour la procédure devant le tribunal paritaire de baux ruraux. Encore faut-il, pour qu'elles soient recevables, que les exceptions aient été soulevées au moment des débats avant toute défense au fond ou fin de non-recevoir.

337.73 Respect du principe de la contradiction. Le caractère oral des débats ne doit pas nuire au respect du principe de la contradiction. Ainsi si les parties peuvent toujours modifier oralement, au moment des débats, leurs conclusions écrites encore faut-il que la partie adverse soit présente ou représentée[3]. De même si les demandes incidentes peuvent être effectuées oralement encore faut-il que l'adversaire soit présent. Si l'adversaire est défaillant ou s'il s'agit de faire intervenir un tiers, la demande incidente devra être notifiée par lettre recommandée avec demande d'avis de réception.

SECTION 3
JUGEMENT

337.81 Généralités. Après avoir entendu les parties, et éventuellement constaté leur accord, le tribunal met l'affaire en délibéré. Les délibérations sont secrètes et la décision ne doit pas révéler l'opinion de ses membres[4].

337.82 Mentions du jugement. Le jugement doit comporter les mentions énoncées à l'article 454 C. pr. civ.

Le tribunal peut assortir la décision d'une astreinte, accorder des délais de grâce.

337.83 Notification du jugement. L'article 891 C. pr. civ. impose la notification du jugement aux parties, par voie postale, par le greffe du tribunal. Le texte prévoit que la notification est faite par lettre recommandée avec demande d'avis de réception.

La notification n'est réputée faite à la partie elle-même que si l'accusé de réception est signé par le destinataire en personne. Lorsqu'un seul des époux a signé, le délai d'appel n'a commencé à courir qu'à son égard[5]. Lorsqu'il est établi que l'avis de réception de la lettre recommandée n'a pas été signé dans les conditions prévues par l'article 670 C. pr. civ., conformément aux dispositions de l'article 670-1 du même code, applicable devant toutes les juridictions de l'ordre judiciaire, le secrétaire doit inviter la partie à procéder par voie de signification par huissier de justice[6]. La signification fait courir le délai d'appel. Lorsque la notification est nulle le délai d'appel ne court pas.

Les jugements qui forment le titre d'une convention passible d'un droit d'enregistrement doivent être enregistrés avant d'être notifiés. C'est le secrétariat-greffe qui doit s'occuper de cette formalité.

337.84 Recours. Les décisions du tribunal paritaire de baux ruraux sont susceptibles d'**appel** dans les conditions du droit commun (C. pr. civ., art. 892). L'appel est formé, instruit, jugé suivant la procédure sans représentation obligatoire[7], c'est-à-dire conformément aux dispositions de l'article 932 C. pr. civ. : « *L'appel est formé par une déclaration que la partie ou tout mandataire fait ou adresse, par pli recommandé, au greffe de la cour* ». L'arrêt rendu par la cour d'appel doit être signifié car « *aucun texte ne dispose que les arrêts rendus en matière de baux ruraux sont notifiés par le secrétariat de la juridiction par lettre recommandée avec demande d'avis de réception* »[8].

SECTION 4
PROCÉDURES DEVANT LE PRÉSIDENT DE LA JURIDICTION

337.91 Référé rural. Dans tous les cas d'urgence et dans la limite de la compétence du tribunal, le président peut ordonner en référé toutes les mesures qui ne se heurtent à aucune contestation sérieuse ou que justifie l'existence d'un différend. Il peut encore pres-

1. Civ. 3e, 20 févr. 1970, n° 67-10.479, *Bull. civ.* III, n° 134; *D.* 1970. Somm. 143.
2. H. Solus et R. Perrot, *Droit judiciaire privé*, Sirey, 1961, t. II, n° 653, p. 705 – *J.-Cl. Pr. civ.*, fasc. 455, n° 77, Genin-Méric.
3. Soc. 9 oct. 1959, *Bull. civ.* V, n° 981.
4. Versailles, 22 mars 1979, *D.* 1981. IR 145, obs. Julien.
5. Rouen, 28 avr. 1982, *Gaz. Pal.* 1982. 2. 379, note Lachaud.
6. Civ. 2e, 17 oct. 1984, n° 83-12.102, *Bull. civ.* II, n° 152; *Gaz. Pal.* 1985. 2. Somm. 378.
7. Aix-en-Provence, 13 janv. 1983, *Gaz. Pal.* 1983. 335, note Peignot.
8. Civ. 3e, 27 févr. 2002, n° 00-21.311, *Bull. civ.* III, n° 5; *Procédures* 2002, n° 166.

crire en référé, même en présence d'une contestation sérieuse, les mesures conservatoires ou de remise en état qui s'imposent, soit pour prévenir un dommage imminent, soit pour faire cesser un trouble manifestement illicite. Il peut accorder une provision ou ordonner l'exécution de l'obligation lorsqu'elle n'est pas sérieusement contestable. Il peut enfin à la demande d'une partie et si l'urgence le justifie renvoyer l'affaire à une audience qu'il fixe pour qu'il soit statué au fond. Les ordonnances de référé doivent être notifiées par voie de signification[1]. Elles peuvent être frappées d'appel dans un délai de quinze jours. L'appel suit les règles de la procédure sans représentation obligatoire (C. pr. civ., art. 895).

337.92 Ordonnances sur requête. Le président est saisi sur requête dans les cas spécifiés par la loi (C. pr. civ., art. 897). Dans les limites de la compétence du tribunal, le président ordonne, sur requête, toutes les mesures urgentes lorsque les circonstances exigent qu'elles ne soient pas prises contradictoirement.

1. Civ. 2e, 8 juill. 2004, no 02-19.612, *Bull. civ.* II, no 357; *D.* 2005. 332, obs. Julien et Fricero.

CHAPITRE

338. Injonction de payer européenne

FRÉDÉRIQUE FERRAND
Professeur à l'Université Jean-Moulin (Lyon 3)
et à l'Université d'Augsbourg

SECTION 0 ORIENTEUR

338.00 **Plan du chapitre.**

338.01 **Textes applicables.**
Règl. CE n° 1896/2006, du Parlement européen et du Conseil, 12 déc. 2006, créant une injonction de payer européenne, *JOUE*, n° L 399, 30 déc. 2006, p. 1-32.

Décr. n° 2008-1346, 17 déc. 2008, relatif aux procédures européennes d'injonction de payer et de règlement des petits litiges, *JO* 19 déc., p. 19478.

C. pr. civ., art. 1424-1 à 1425.

338.03 **Bibliographie indicative.**
Ouvrages. L. Cadiet, E. Jeuland et S. Amrani-Mekki, *Droit processuel civil de l'Union européenne,* LexisNexis, 2011 – S. GUINCHARD, C. CHAINAIS et F. FERRAND, *Procédure civile, Droit interne et droit de l'Union européenne,* 31e éd., « Précis », Dalloz, 2012, nos 2229 s. – M. Douchy-Oudot et E. Guinchard, *La justice civile européenne en marche*, « Thèmes et commentaires », Dalloz, 2012.

Actualisables. Rép. pr. civ., v° *Injonction de payer,* par C. Brahic-Lambrey, sept. 2013 – G. Holch, *Münchener Kommentar Zivilprozessordnung*, § 688, n° 2.

Articles. J.-P. Correa Delcasso, « La proposition de règlement instituant une procédure européenne d'injonction de payer », *RID comp.* 2005. 143 – F. Ferrand, « La future injonction de payer européenne », *Dr. et proc.* 2004. 319; « L'injonction de payer européenne est arrivée ! », *Dr. et proc.* 2007. 66 – E. Guinchard, « Commentaire sur la proposition de règlement instituant une injonction de payer européenne », *LPA* 17 mai 2006; « L'Europe, la procédure civile et le créancier : l'injonction de payer européenne et la procédure européenne de règlement des petits litiges », *RTD com.* 2008. 465; « L'injonction de payer européenne à la recherche de son succès », *Dr. et proc.* nov. 2010, suppl., p. 46 – G. Kodek, « *Rechtsschutz im Europäischen Mahrnverfahren – Zum Zusammenspiel von gerichtlichen Prüfpflichten und Handlungslaste des Schuldners* », *Festschrift Rolf Stürner*, Tübingen, Mohr Siebeck, 2013, p. 1263 – B. Heß et D. Bittmann, « *Die Verordnungen zur Einführung eines Europäsichen Mahnverfahrens und eines Europäischen Verfahrens für geringfügige Forderungen – ein substantieller Integrationsschritt im Europäischen Zivilprozessrecht* », *IPRax* 2008. 305 – M. Lopez de Tejada et L. d'Avout, « Les non-dits de la procédure européenne d'injonction de payer », *Rev. crit. DIP* 2007. 718 – C. Nourissat, « Droit civil de l'Union européenne : panorama 2005 », *D.* 2006. Chron. 1265 – U. Salten, « *Das neue Europäische Mahnverfahren* », *MDR* 2008. 1141 – E. Serverin, *Des procédures de traitement judiciaire des demandes de faible importance ou non contestées dans les droits des États membres de l'Union européenne*, Cachan, 2001, p. 30 – B. Sujecki, « *Das Europäische Manhverfahren* », *NJW* 2007. 1622 – G. Vollkommer et S. Huber, « *Neues Europäisches Zivilverfahrensrecht in Deutschland* », *NJW* 2009. 1105.

338.05 **Apparition de procédures européennes spécifiques.** Si, dans un premier temps, le législateur communautaire[1] ne s'est engagé qu'indirectement dans le domaine de la procédure civile, en édictant avant tout des règles de droit international privé (conflits de juridictions, et donc compétence juridictionnelle dans les litiges transfrontières mais intracommunautaires, ainsi que détermination des conditions de reconnaissance et d'*exequatur* simplifié des décisions rendues par les juridictions des États membres – V. ss nos 150.00 s. et nos 441.00 s.), il a depuis quelques années décidé de créer de véritables procé-

1. Depuis l'entrée en vigueur du traité de Lisbonne, le 1er décembre 2009, la Communauté européenne a disparu. Seule l'Union européenne existe désormais, et elle possède la personnalité juridique. On ne parle donc plus, depuis cette date, pour les nouveaux actes législatifs, de droit communautaire dérivé, mais de droit de l'Union.

dures civiles européennes destinées à combler la disparité existant entre les législations nationales des États membres en matière d'accès à la justice et de facilité de recouvrement des créances, et de mettre ainsi fin à des distorsions de concurrence entre les États membres. C'est ainsi qu'ont été adoptés deux règlements qui pourraient prendre peu à peu une importance pratique : le règlement CE n° 1896/2006 du 12 décembre 2006 créant une injonction de payer européenne (objet du prés[t] chap. 338) et le règlement CE n° 861/2007 du 11 juillet 2007 instituant une procédure européenne de règlement des petits litiges [1] (chap. 339). Le décret français n° 2008-1346 du 17 décembre 2008, relatif aux procédures européennes d'injonction de payer et de règlement des petits litiges a adapté le Code de procédure civile afin d'intégrer ces nouvelles procédures dans l'ordre juridique français et de préciser leur déroulement sur certains points. De même, l'Allemagne a intégré ces nouvelles procédures européennes dans son ordre juridique interne par une loi du 30 octobre 2008 (*Gesetz zur Verbesserung der grenzüberschreitenden Forderungsdurchsetzung und Zustellung*, loi sur l'amélioration du recouvrement transfrontière des créances et de la notification) [2].

SECTION 1
HISTORIQUE ET OBJECTIFS

338.11 Genèse de la création d'une procédure européenne d'injonction de payer. Après le Livre vert du 20 décembre 2002 « *sur une procédure européenne d'injonction de payer et sur des mesures visant à simplifier et à accélérer le règlement des litiges portant sur des montants de faible importance* » [3], la Commission, portée par la volonté de lever tout obstacle au recouvrement des créances dans l'espace judiciaire européen, présenta le 19 mars 2004 une « *proposition de règlement du Parlement européen et du Conseil instituant une procédure européenne d'injonction de payer* » [4]. Ce texte [5] donna lieu à de vives critiques [6], notamment parce qu'il tendait à appliquer la procédure d'injonction de payer européenne tant aux litiges transfrontaliers qu'aux litiges purement internes, ce qui constituait un « *forçage* » du traité CE [7]. Le Conseil avait donc exprimé des réserves et le Parlement européen avait ensuite apporté de nombreuses modifications à la proposition, ce qui avait conduit à la rédaction par la Commission d'une proposition modifiée du 7 février 2006 [8], qui tenait compte des réactions tant du Conseil que du Parlement européen. Le texte fut adopté le 12 décembre 2006 [9] et entra en application le 12 décembre 2008. Depuis cette date, il est donc possible, en cas de créance répondant aux conditions du règlement et dans le cadre d'un litige transfrontalier, de solliciter de l'autorité compétente d'un État membre la délivrance d'une injonction de payer européenne.

Le règlement CE n° 1896/2006 du 12 décembre 2008 traduit le même esprit que les diverses procédures nationales d'injonction de payer : permettre à un créancier dont la créance porte sur une somme d'argent, d'obtenir rapidement un titre exécutoire

1. Règl. CE n° 861/2007 du Parlement européen et du Conseil, 11 juill. 2007, instituant une procédure européenne de règlement des petits litiges, *JOUE*, n° L 199, 31 juill., p. 1.
2. *BGBl* 2008. I. 2122 – V. G. Vollkommer et S. Huber, « *Neues Europäisches Zivilverfahrensrecht in Deutschland* », *NJW* 2009. 1105. En Allemagne, seul le tribunal cantonal (*Amtsgericht*) de Berlin-Wedding est compétent pour délivrer une ordonnance d'injonction de payer européenne, § 1087 ZPO (*Zivilprozessordnung,* Code allemand de procédure civile – V. pour information le site Internet de ce tribunal, http://www.berlin.de/sen/justiz/gerichte/ag/wedd/eumav.de.html). Récemment, cette juridiction a d'ailleurs saisi la Cour de justice d'une question préjudicielle relative au règlement CE n° 1896/2006 sur l'injonction de payer européenne (AG Berlin-Wedding, 7 janv. 2013, Eco-cosmetics, aff. C-119/13, *IPRax* 2013. *Heft* 3, p. II) afin de savoir si le défendeur peut également formuler une demande de réexamen, par le juge, de l'injonction de payer européenne même si l'injonction de payer ne lui a pas été notifiée ou ne le lui a pas été notifiée de manière valable. Si oui, le défendeur doit-il respecter des limites dans le temps pour sa demande de réexamen ? Convient-il, à cet effet, de se fonder notamment sur les dispositions de l'article 20 § 3 du règlement CE n° 1896/2006 ?
3. *Livre vert sur une procédure européenne d'injonction de payer et sur des mesures visant à simplifier et à accélérer le règlement des litiges portant sur des montants de faible importance*, COM (2002) 746 final, 20 déc. 2002.
4. Prop. règl. du Parlement européen et du Conseil instituant une procédure européenne d'injonction de payer, COM (2004) 173 final, 19 mars 2004.
5. J.-P. Correa Delcasso, « La proposition de règlement instituant une procédure européenne d'injonction de payer », *RID comp.* 2005. 143 – F. Ferrand, « La future injonction de payer européenne », *Dr. et proc.* 2004. 319; « L'injonction de payer européenne est arrivée ! », *Dr. et proc.* 2007. 66 – E. Guinchard, « Commentaire sur la proposition de règlement instituant une injonction de payer européenne », *LPA* 17 mai 2006; « L'Europe, la procédure civile et le créancier : l'injonction de payer européenne et la procédure européenne de règlement des petits litiges », *RTD com.* 2008. 465 – M. Lopez de Tejada et L. d'Avout, « Les non-dits de la procédure européenne d'injonction de payer », *Rev. crit. DIP* 2007. 718.
6. V. NOT., J.-P. Correa Delcasso, « La proposition de règlement instituant une procédure européenne d'injonction de payer », *RID comp.* 2005. 143.
7. EN CE SENS, C. Nourissat, « Droit civil de l'Union européenne : panorama 2005 », *D.* 2006. Chron. 1265.
8. Prop. modifiée de règl. du Parlement européen et du Conseil instituant une procédure européenne d'injonction de payer, COM (2006) 57 final, 7 févr. 2006.
9. Règl. CE n° 1896/2006, du Parlement européen et du Conseil, 12 déc. 2006, créant une injonction de payer européenne, *JOUE*, n° L 399, 30 déc., p. 1.

par le mécanisme dit d'inversion du contentieux[1], en vertu duquel il incombe au destinataire de l'injonction d'engager une procédure contradictoire s'il entend contester. La célérité de la procédure est son atout majeur. Cette procédure spéciale constitue un mode spécifique d'introduction de la procédure, puisque en cas d'opposition de la part de l'adversaire[2], la procédure continue alors devant le tribunal qui aurait été compétent pour statuer au fond et une décision au fond sera rendue si une partie au moins le demande[3].

À la lecture du règlement européen CE n° 1896/2006 du 12 décembre 2006, il apparaît que c'est le modèle allemand (ou plutôt autrichien), le modèle « *sans preuve* », qui l'a emporté afin de faciliter la délivrance des injonctions de payer et de lutter contre les 35 % de retard volontaire de paiement que la Commission a cru pouvoir estimer à la suite d'une étude[4]; mais ce modèle germanique a néanmoins été dénué de certaines garanties conférées par le droit allemand au défendeur (deux recours sont prévus par le droit allemand, alors que le règlement n'en prévoit en principe qu'un seul). Devant les disparités existant entre les procédures nationales d'injonction de payer, la Commission opte pour une procédure facultative. De façon prudente, le texte ajoute que toutes les questions procédurales non expressément réglées dans le règlement sont soumises à la loi de l'État membre dans lequel se déroule la procédure d'injonction de payer (Règl., art. 26).

1. POUR DES DÉFINITIONS FRANÇAISES, V. PAR EX., Rép. pr. civ., v° *Injonction de payer*, par C. Brahic-Lambrey, sept. 2013, n° 1 – H. Solus et R. Perrot, *Droit judiciaire privé*, t. 3, « Procédure de première instance », Sirey, 1991, n° 1392 – POUR LA DOCTRINE ALLEMANDE, V. NOT. G. Holch, *Münchener Kommentar Zivilprozessordnung*, § 688, n° 2, (procédure rapide et peu onéreuse permettant au bénéficiaire d'une créance vraisemblablement incontestée d'obtenir au plus vite un titre exécutoire).
2. Les réponses des États membres aux questions posées par le Livre vert ont fait apparaître que le pourcentage de demandes non contestées oscille entre quelque 50 % et plus de 80 % du total des affaires traitées par les tribunaux civils (v. prop. règl., p. 5) – E. Serverin, *Des procédures de traitement judiciaire des demandes de faible importance ou non contestées dans les droits des États membres de l'Union européenne*, Cachan, 2001, p. 30.
3. Le Livre vert (COM [2002] 746 final, 20 déc. 2002) distingue deux grands types d'injonction de payer : le modèle dit « *par preuve* » et le modèle « *sans preuve* ». Dans le MODÈLE PAR PREUVE (appliqué par exemple en France, Grèce, Italie, Luxembourg, Espagne), le créancier doit dès le début de la procédure présenter des documents justifiant l'existence et le bien-fondé de la créance dont il entend poursuivre l'exécution; en l'absence de tels justificatifs, la demande serait irrecevable. Le juge se contente d'un examen rapide de la créance, ce qui garantit « *le caractère raisonnable de la créance* »; si le défendeur entend contester la créance, il n'a à sa disposition qu'un seul et unique moyen : le recours d'opposition. Dans le MODÈLE DIT SANS PREUVE, qui se retrouve en Allemagne, en Autriche, au Portugal et en Suède, le juge s'abstient de tout examen du fond de l'affaire. Il suffit que la requête remplisse les conditions formelles édictées par la loi pour que l'injonction de payer soit délivrée, sans aucun examen du bien-fondé de la demande. Au défendeur de réagir s'il entend contester la décision. Pour compenser cette large prise en compte des intérêts du créancier, les droits nationaux prévoient parfois, comme le fait par exemple le droit allemand (mais pas le droit autrichien), que le défendeur aura deux recours au lieu d'un seul. Dans les deux types d'injonction de payer, la signification de l'injonction au défendeur prend un caractère central puisque c'est elle qui le mettra en mesure d'exercer pleinement les droits de la défense qui lui appartiennent et, s'il le juge utile, de former un recours contre la décision portant injonction.

338.12 Objectifs. Les instances de l'Union européenne font un constat : « *Le recouvrement rapide et efficace des créances qui ne font l'objet d'aucune contestation juridique revêt une importance primordiale pour les opérateurs économiques de l'Union, car les retards de paiement sont une des principales causes d'insolvabilité, qui menace la pérennité des entreprises, en particulier des petites et moyennes entreprises, et qui provoque de nombreuses pertes d'emploi* » (Règl., consid. 6)[5]. Selon le considérant 9 du règlement, l'objectif est de « *simplifier, d'accélérer et de réduire les coûts de procédure dans les litiges transfrontaliers concernant des créances pécuniaires incontestées en instituant une procédure européenne d'injonction de payer, et d'assurer la libre circulation des injonctions de payer européennes au sein de l'ensemble des États membres en établissant des normes minimales dont le respect rend inutile toute procédure intermédiaire dans l'État membre d'exécution préalablement à la reconnaissance et à l'exécution* »[6]. L'idée est donc de créer une procédure européenne spécifique pour recouvrer rapidement les créances pécuniaires et de dispenser les ordonnances européennes d'injonction de payer de l'exigence d'*exequatur* (dénommé déclaration constatant la force exécutoire dans le règlement Bruxelles I du 22 décembre 2000).

Cette procédure spécifique est facultative pour le créancier qui peut préférer recourir à d'autres procédures, par exemple celles qu'offre le droit national d'un État membre. Le règlement précise dans son considérant 10 qu'il « *ne remplace ni n'harmonise les mécanismes de recouvrement de créances incontestées prévus par le droit national* ». La procédure européenne d'injonction de payer est donc un « *instrument complémentaire et facultatif* » pour le créancier, qui ne doit pas subir d'entraves à « *l'accès à une justice efficace* » (Règl., consid. 8).

4. V. prop. règl. de la Commission, note 10 (prop. règl. du Parlement européen et du Conseil instituant une procédure européenne d'injonction de payer, COM [2004] 173 final, 19 mars 2004).
5. À propos des problèmes de recouvrement et de l'*European Business Test Panel*, v. s[s] n° 441.171.
6. V. AUSSI, Règl. CE n° 1896/2006, 12 déc. 2006, art. 1er.

Il semble que la procédure d'injonction de payer européenne soit un succès. Ainsi, en 2011, 2 729 procédures de ce type furent engagées en Autriche (en 2010, déjà 2 177) [1].

SECTION 2

CONDITIONS D'APPLICATION DE LA PROCÉDURE

338.21. Une procédure limitée aux litiges transfrontaliers. Contrairement au projet initial de la Commission, qui entendait étendre la possibilité d'utiliser la procédure européenne d'injonction de payer aux litiges internes, le règlement CE n° 1896/2006 du 12 décembre 2006 prévoit expressément que la procédure ne s'applique qu'aux litiges transfrontaliers (Règl., art. 2), dont la définition est énoncée dans l'article 3 : « *Litige dans lequel au moins une des parties a son domicile ou sa résidence habituelle dans un État autre que l'État membre de la juridiction saisie* » [2]. Le domicile est déterminé selon les articles 59 et 60 du règlement CE n° 44/2001 du 22 décembre 2000, Bruxelles I. La nature transfrontalière ou non du litige est appréciée au moment de l'introduction de la demande d'injonction de payer européenne (Règl., art. 2.3). En vertu du renvoi par l'article 6 (Règl. instaurant l'injonction de payer européenne) au règlement Bruxelles I qui n'est en principe applicable que si le défendeur est domicilié dans un État membre, l'injonction de payer européenne ne pourrait s'appliquer dans l'hypothèse où, alors que le demandeur est domicilié dans un État membre A et la juridiction saisie localisée dans un autre État membre B, le défendeur réside dans un État tiers. Or il s'agirait d'un litige transfrontière également. Toutefois, la **refonte du règlement Bruxelles I** [3] par le règlement UE n° 1215/2012 du 12 décembre 2012, Bruxelles I *bis* [4] – qui entrera en application le 10 janvier 2015 – ne limite plus son application au cas où le défendeur est domicilié dans un État membre lorsque le demandeur est une partie faible, consommateur (Règl. 12 déc. 2012, art. 18 § 1 – V. s^s^ n° 155.21) ou travailleur (Règl. 12 déc. 2012, art. 21 § 2 – V. s^s^ n° 155.33) ; de même, la condition selon laquelle, pour que le règlement Bruxelles I soit applicable en matière de clauses attributives de juridiction, il fallait qu'au moins une des parties soit domiciliée dans un État membre, a disparu du règlement de refonte (Règl. 12 déc. 2012, art. 25 § 1 – V. s^s^ n° 157.12). Dès lors, le champ de l'injonction de payer européenne s'étendra également [5].

338.22 Conditions de délivrance de l'injonction de payer européenne. La procédure s'applique en matière civile et commerciale, quelle que soit la nature du tribunal compétent (Règl., art. 2). Sont en revanche écartées les affaires fiscales, douanières, administratives [6], comme le fait également le règlement Bruxelles I de décembre 2000.

La procédure ne s'applique pas non plus aux régimes matrimoniaux, testaments, successions, ni aux faillites ou à la sécurité sociale. Sont également exclues les créances résultant d'obligations non contractuelles, sauf si elles ont fait l'objet d'un accord entre les parties ou s'il existe une reconnaissance de dette, ou si elles ont trait à des dettes liquides résultant de la propriété conjointe d'un bien (Règl., art. 2, d).

338.23 Créance. En vertu de l'article 4 du règlement, la procédure européenne d'injonction de payer est ouverte aux « *créances pécuniaires liquides et exigibles à la date où la demande d'injonction de payer européenne est introduite* ». La créance doit donc être chiffrée (liquide). Elle doit être échue. Ces deux conditions sont appréciées au jour de dépôt de la demande d'injonction.

338.24 Procédure et contrôle juridictionnel. La demande d'injonction de payer doit être contenue dans un formulaire dont le modèle est placé en annexe du règlement. Elle doit contenir le « *motif de l'action* » (par ex., paiement d'une créance issue d'un contrat de vente de marchandise) et décrire les circonstances invoquées par le demandeur comme fon-

1. G. Kodek, « *Rechtsschutz im Europäischen Mahnverfahren – Zum Zusammenspiel von gerichtlichen Prüfpflichten und Handlungslaste des Schuldners* », *Festschrift Rolf Stürner*, Tübingen, Mohr Siebeck, 2013, p. 1263 – V. AUSSI K. Bruchbarer et C. Denk, « *Zur Anwendung des Europäischen Mahnverfahrens in Österreich* », *ÖZR* 2013.
2. Sur une critique des contours donnés par le règlement à la notion de « litige transfrontalier », v. M. Lopez de Tejada et L. d'Avout, « Les non-dits de la procédure européenne d'injonction de payer », *Rev. crit. DIP* 2007. 738 ; *Rev. crit. DIP* 2007. 739, qui considèrent que la définition du règlement ne prend pas en compte les cas fréquents dans lesquels créancier et débiteur sont tous deux domiciliés dans l'État membre de la juridiction saisie, mais dans lesquels le patrimoine du débiteur est dispersé sur l'entier territoire communautaire, situation qui, selon ces auteurs, est « *loin d'être inédite* ». Pour eux, il eût été plus approprié de permettre l'utilisation de la procédure d'injonction de payer européenne au créancier qui, bien que résidant dans le même État membre que son débiteur, peut prouver que les actifs de ce dernier sont répandus sur le territoire de plusieurs États membres.
3. Prop. règl. du Parlement européen et du Conseil, concernant la compétence judiciaire, la reconnaissance et l'exécution des décisions en matière civile et commerciale, COM (2010) 748 final, 14 déc. 2010.
4. Règl. UE n° 1215/2012 du Parlement et du Conseil, 12 déc. 2012, concernant la compétence judiciaire, la reconnaissance et l'exécution des décisions en matière civile et commerciale (refonte), *JOUE*, n° L 351, 20 déc., p. 1.
5. EN CE SENS, E. Guinchard, « L'injonction de payer européenne à la recherche de son succès », *Dr. et proc.* nov. 2010, suppl., p. 47.
6. Il en va de même de la responsabilité de l'État pour des actes ou omissions commis dans l'exercice de la puissance publique.

dement de la créance (contrat de vente, livraison de marchandises...). Même si le règlement a opté pour le système « *sans preuve* » (c'est-à-dire sans obligation du demandeur de démontrer le bien-fondé de sa créance), il exige quand même que le demandeur fasse « *une description des éléments de preuve étayant la créance* » (Règl., art. 7). Cette exigence est vraisemblablement formulée pour écarter les demandes visiblement fantaisistes ou totalement infondées. La demande doit également préciser les chefs de compétence et le caractère transfrontalier du litige.

La Cour de justice a précisé dans un arrêt *Iwona Szyrocka* du 13 décembre 2012[1] que l'article 7 du règlement CE n° 1896/2006 du 12 décembre 2006 instaurant une procédure européenne d'injonction de payer règle de manière exhaustive les conditions que doit remplir la demande d'injonction de payer européenne. Sur question préjudicielle d'une juridiction polonaise, la Cour de justice refuse de considérer que ledit article 7 ne contient que les conditions minimales d'une telle demande et que le droit national régirait toutes les autres conditions formelles non résolues dans l'article 7 du règlement; les États membres ne peuvent donc ajouter des conditions supplémentaires (point 27 de l'arrêt). La Cour justifie cette position par l'objectif poursuivi par le règlement (simplifier, accélérer et réduite les coûts de procédure dans les litiges transfrontaliers concernant des créances pécuniaires incontestées, point 30 de l'arrêt). En revanche, pour le reste, comme le prévoit son article 25, renvoi est fait au droit national de la juridiction saisie (par exemple en matière de calcul des frais de justice, à condition toutefois que les modalités de calcul ne soient pas moins favorables que celles régissant des situations similaires soumises au droit interne). Cet arrêt se prononce également sur la question de savoir si le demandeur, dans le cadre d'une procédure européenne d'injonction de payer, peut réclamer les intérêts pour la période allant de la date de leur exigibilité à la date du paiement du principal (réponse positive de la Cour)[2].

La signature du demandeur ou de son représentant est manuelle ou électronique, la Commission tenant compte des progrès technologiques et de la directive sur la signature électronique sécurisée. Dans son programme de Stockholm pour 2010-2014[3], le Conseil européen soulignait d'ailleurs toute l'utilité des nouvelles technologies. L'Union européenne envisage, dès que cela sera possible, non seulement de permettre aux demandeurs de remplir directement en ligne les **formulaires-types de demande d'injonction de payer européenne ou de procédure européenne de règlement des petits litiges** (les formulaires sont déjà en ligne sur le réseau judiciaire européen en matière civile et commerciale et sur le portail e-justice[4]) mais également de les adresser directement à la juridiction compétente par la voie électronique. La procédure se déroule d'ailleurs déjà de façon électronique entre l'Allemagne[5] et l'Autriche, qui - en droit interne - pratiquent déjà la procédure électronique en matière d'injonction de payer[6].

Afin de faciliter l'utilisation de la procédure, la représentation par un avocat ou un autre professionnel du droit n'est obligatoire ni pour le demandeur ni pour le défendeur qui souhaiterait contester la créance (Règl., art. 24).

338.25 Vérifications. Le tribunal[7] vérifie - dans les meilleurs délais[8] - que les conditions prévues par

1. CJUE 13 déc. 2012, Iwona Szyrocka c/SiGer Technologie GmbH, aff. C-215/11, *Dr. et proc.* 2013. 20; *Procédures* 2013. Comm. 73, obs. Nourissat.
2. V. points 38 s. de l'arrêt.
3. Programme de Stockholm pour 2010-2014, *JOUE*, n° C 115, 4 mai 2010, p. 1 s. – V. AUSSI, G. Mecarelli, *Dr. et proc.* 2010, n° 3, suppl. Droit et procédures internationales, p. 8 – V. AUSSI, *Communication de la Commission au Parlement européen, au Conseil, au Comité économique et sociale européen et au Comité des régions du 20 avril 2010, Plan d'action mettant en œuvre le programme de Stockholm*, COM (2010) 171 final, 20 avr. 2010.
4. https://e-justice.europa.eu
5. L'Allemagne a désigné comme unique juridiction compétente pour connaître des demandes d'injonction de payer européenne le tribunal cantonal (*Amtsgericht*) de Berlin-Wedding, ce qui simplifie la question de l'informatisation nécessaire de la seule juridiction compétente (et non pas de tous les tribunaux cantonaux !).
6. Il semble qu'entre ces deux pays, 1 285 demandes d'injonction de payer européenne aient été reçues et traitées au cours des cinq premiers mois d'application du règlement, pour un montant d'environ 27,5 millions d'euros, v. E. Guinchard, « L'injonction de payer européenne à la recherche de son succès », *Dr. et proc.* nov. 2010, suppl., p. 48.
7. V. Règl. CE n° 1896/2006, 12 déc. 2006, art. 29 : chaque État membre fait savoir à la Commission quelles juridictions sont compétentes pour délivrer une injonction de payer européenne. La France a signalé (v. le site Internet de l'Atlas judiciaire européen : http://ec.europa.eu/justice_home/judicialatlascivil/html/index_fr.htm) que les juridictions compétentes pour délivrer une injonction de payer européenne sont le juge d'instance et le président du tribunal de commerce, dans la limite de la compétence d'attribution de cette dernière juridiction. La loi n° 2011-1862 du 13 décembre 2011 relative à la répartition des contentieux et à l'allègement de certaines procédures juridictionnelles (*JO* 14 déc., p. 21105) a donné compétence au TGI, en matière d'injonction de payer interne et non européenne, pour les demandes en paiements portant sur des créances ayant une cause contractuelle ou résultant d'une obligation statutaire et d'un montant supérieur à 10 000 euros. Elle n'a toutefois pas modifié les compétences en matière d'injonction de payer *européenne :* l'article L. 221-7 du COJ (réd. L. 13 déc. 2011) dispose que « *le juge du tribunal d'instance connaît des demandes formées en application du règlement CE n° 1896/2006 du Parlement européen et du Conseil du 12 décembre 2006 instituant une procédure européenne d'injonction de payer* ».
8. V. Règl. CE n° 1896/2006, 12 déc. 2006, art. 8 : la juridiction examine dans les meilleurs délais si les conditions des arti- ▶

le règlement sont bien remplies (Règl., art. 8); si l'une d'elles fait défaut, il peut inviter le demandeur à compléter sa requête (Règl., art. 9 § 1). Il peut aussi rejeter la requête[1] ou n'accorder qu'une injonction partielle (Règl., art. 11 et 10 § 2).

Aucun recours n'est recevable contre la décision de rejet de la requête (Règl., art. 11 § 2). Le demandeur pourra alors décider, s'il le juge utile et pertinent, d'engager une procédure judiciaire ordinaire pour réclamer son dû (Règl., art. 11 § 3).

Aucun véritable contrôle de la pertinence de la créance n'est réalisé, contrairement au droit français. Nous avons toutefois signalé que dans un souci de compromis, le texte exigeait que le demandeur fasse référence dans sa requête aux éléments de preuve au soutien de sa prétention.

SECTION 3
DÉLIVRANCE DE L'INJONCTION DE PAYER ET VOIES DE RECOURS

338.31 Délivrance de l'injonction de payer. Si les conditions visées à l'article 8 sont réunies, la juridiction émet (« *dans les meilleurs délais* »[2]) une injonction de payer au moyen d'un formulaire type. L'injonction précise au défendeur qu'il peut ou bien verser au demandeur le montant indiqué, ou bien former opposition contre l'injonction de payer (Règl., art. 12 § 3). L'injonction doit préciser clairement au défendeur qu'elle a été rendue sur le seul fondement des informations fournies par le demandeur et non vérifiées par la juridiction; il doit aussi être précisé que l'injonction deviendra exécutoire sauf si une déclaration d'opposition est déposée auprès de la juridiction dans le délai prévu à l'article 16 (délai de trente jours à compter de la signification ou de la notification de l'injonction).

La juridiction qui a rendu l'injonction doit veiller à ce que des normes minimales de signification ou notification soient respectées[3]. Les articles 13 et 14 du règlement envisagent les divers modes de signification ou notification (avec preuve, art. 13 - ou non, art. 14 - de la réception par le défendeur) qui peuvent être utilisés[4].

338.32 Opposition du défendeur. Si le défendeur formule - à l'aide du formulaire type qui lui est adressé avec l'injonction - une opposition dans les délais (trente jours à compter de la signification ou de la notification de l'injonction de payer, Règl., art. 16 § 2), il doit indiquer dans sa déclaration d'opposition qu'il conteste la créance, mais n'est pas tenu de préciser les motifs de sa contestation (Règl., art. 16 § 3)[5].

Si le défendeur conteste, la procédure continue comme une instance au fond (« *conformément aux règles de la procédure civile ordinaire* »)[6], sauf si le demandeur avait expressément énoncé dans sa requête qu'il ne souhaitait pas engager d'instance au fond et qu'il préférait qu'il soit mis fin à la procédure en cas d'opposition (Règl., art. 17). Le passage à la procédure ordinaire est, lui, régi par le droit de l'État membre d'origine (c'est-à-dire celui de la juridiction qui a émis l'injonction, règl., art. 12 § 4, c et 17 § 2).

338.33 Effets de l'absence d'opposition du défendeur. Si, au contraire, le défendeur ne forme pas opposition dans le délai de trente jours, la juridiction d'origine rend l'injonction de payer exécutoire « *sans tarder* », au moyen là encore d'un formulaire type (Règl., art. 18).

L'effet de cette injonction de payer européenne, une fois exécutoire, est considérable puisque l'*exequatur* est supprimé, si bien que l'injonction rendue dans un État membre est immédiatement exécutoire sur le territoire de n'importe quel autre État membre (sauf le Danemark qui a refusé de participer aux textes de coopération judiciaire européenne) sans procédure intermédiaire de constatation de force exécutoire (Règl., art. 19). Les procédures d'exécution, elles, sont régies par le droit de l'État membre d'exécution (Règl., art. 21). L'injonction sera exécutée dans les mêmes conditions qu'une décision exécutoire de l'État membre sur le territoire duquel l'exécution a lieu (Règl., art. 21 § 1). Pour exécuter dans un autre État membre que celui dont les juridictions ont émis l'injonction de payer européenne, une copie exécu-

▶ cles 2, 3, 4, 6 et 7 sont remplies et si la créance paraît fondée. Cet examen peut être effectué au moyen d'une procédure automatisée (comme cela est déjà le cas en Allemagne depuis plusieurs années) – Pour la France, v. Arr. 24 déc. 2012, relatif à la communication par voie électronique devant les tribunaux d'instance et les juridictions de proximité pour les procédures d'injonction de payer, *JO* 1er janv. 2013.

1. Pour les motifs de rejet, v. Règl. CE nº 1896/2006, 12 déc. 2006, art. 11, qui prévoit quatre cas.
2. En principe dans les trente jours suivant le dépôt de la demande.
3. La notification de l'injonction de payer constitue en effet « *la véritable colonne vertébrale sur laquelle repose l'entière légitimité* » de l'injonction (v. J.-P. Correa Delcasso, « La proposition de règlement instituant une procédure européenne d'injonction de payer », *RID comp.* 2005. 159).
4. Ces articles rappellent ceux du règlement du 21 avril 2000 portant création d'un titre exécutoire européen – V. ss nos 442.00 s.
5. V. SUR CE POINT, CJUE 13 juin 2013, Goldbet Sportwetten GmbH c/Massimo Sperindeo, aff. C-144/12, point 40; *Procédures* 2013. Comm. 240, obs. Nourissat.
6. Afin d'éviter que l'introduction d'une requête en injonction de payer ne nuise financièrement aux parties dans le cas où, suite à contestation du défendeur, une instance au fond doit avoir lieu, l'article 25 du règlement prévoit que les frais d'une procédure d'injonction de payer et d'une procédure au fond suite à une réclamation ou à une opposition ne doivent pas être plus élevés que si l'instance au fond s'était déroulée sans requête préalable en injonction de payer.

toire de l'injonction est requise, et le cas échéant, la traduction de l'injonction dans la langue officielle de l'État membre d'exécution ou dans une autre langue que cet État aura déclaré pouvoir accepter (Règl., art. 21 § 2). La France a accepté comme langues – hormis le français – l'anglais, l'allemand, l'italien et l'espagnol, alors que l'Allemagne, par exemple, n'accepte que l'allemand[1], comme bon nombre d'autres États membres[2] qui n'acceptent que leur(s) langue(s) officielle(s).

Toutefois, sur demande du défendeur, la juridiction compétente de l'État membre d'exécution peut refuser l'exécution si l'injonction est incompatible avec une décision rendue (ou une autre injonction de payer émise) antérieurement dans un État membre ou dans un pays tiers. Ceci n'est possible que si la décision incompatible avec l'injonction remplit un certain nombre de conditions[3].

338.34 Réexamen exceptionnel de l'injonction de payer européenne. Néanmoins, et afin de garantir les droits de la défense[4], le règlement prévoit – tout comme le règlement CE n° 805/2004 du 21 avril 2004 créant le titre exécutoire européen (v. s[s] n°s 442.11 s.) –, qu'un réexamen de l'injonction de payer pourra avoir lieu dans des cas exceptionnels, lorsque le défendeur n'a pas formé opposition dans les délais, dès lors que la signification ou notification a eu lieu selon un mode non assorti de la preuve de la réception par le défendeur, et qu'elle n'est pas intervenue en temps utile pour préparer sa défense, sans qu'il y ait eu faute de sa part. Il en va de même lorsque le défendeur n'a pu contester la créance pour cause de force majeure ou en raison de circonstances extraordinaires, sans qu'il y ait faute de sa part, dès lors qu'il agit rapidement ensuite (Règl., art. 20)[5]. Le défendeur peut aussi demander un réexamen de l'injonction de payer européenne s'il apparaît clairement que celle-ci a été émise à tort ou en raison d'autres circonstances exceptionnelles. Par rapport à la version initiale de la proposition, le règlement CE n° 1896/2006 protège bien davantage les droits de la défense[6].

Dans un *arrêt du 21 mars 2013*[7], la Cour de justice a eu l'occasion de préciser que le non-respect du délai pour faire opposition à une injonction de payer européenne du fait d'une erreur de computation du délai par l'avocat du défendeur ne constituait pas une circonstance extraordinaire ou exceptionnelle de nature à justifier le réexamen de l'injonction. Elle affirme qu'il est « *évident que des circonstances telles que celles de l'affaire au principal, caractérisées par la computation et la transcription erronée du délai d'opposition par le représentant du défendeur, ne sont ni "extraordinaires" au sens de l'article 20 § 1 sous b)* [...], *ni "exceptionnelles" au sens du § 2 de ce même article* », car le dépassement du délai est dû à un manque de diligence de l'avocat et la situation aurait pu aisément être évitée (points 20 et 21). Faisant œuvre de pédagogie, la Cour de justice rappelle que trois conditions doivent être remplies pour que le défendeur soit fondé à demander le réexamen de l'injonction de payer européenne : 1° la présence de circonstances extraordinaires en raison desquelles le défendeur a été empêché de contester la créance dans le délai prévu; 2° l'absence de faute de la part du défendeur; et 3° la condition que ce dernier agisse promptement (point 24 de l'arrêt).

Lorsque le défendeur a demandé un réexamen, la juridiction compétente de l'État membre d'exécution peut, à la demande du défendeur, limiter la procédure à des mesures conservatoires, subordonner l'exécution à la constitution d'une sûreté ou encore, dans des circonstances exceptionnelles, suspendre la procédure d'exécution (Règl., art. 23).

338.35 Interactions entre le règlement CE n° 1896/2006 du 12 décembre 2006 et le règlement

1. V. site Internet de l'Atlas judiciaire européen : http://ec.europa.eu/justice_home/judicialatlascivil/html/index_fr.htm
2. C'est le cas par exemple de l'Espagne, de la Grèce, de l'Italie ou encore du Royaume-Uni.
3. V. Règl. CE n° 1896/2006, 12 déc. 2006, art. 22 § 2 : il faut que la décision antérieure ait été rendue entre les mêmes parties, dans un litige ayant la même cause, qu'elle réunisse les conditions nécessaires à sa reconnaissance dans l'État membre d'exécution, et que l'incompatibilité n'ait pas pu être invoquée au cours de la procédure judiciaire dans l'État membre d'origine. Mais aucun examen au fond de l'injonction de payer européenne ne peut avoir lieu dans l'État membre d'exécution (Règl., art. 22 § 3).
4. POUR DES CRITIQUES DE CE RÉEXAMEN, v. J.-P. Correa Delcasso, « La proposition de règlement instituant une procédure européenne d'injonction de payer », *RID comp.* 2005. 161 s., qui critique cette « *deuxième chance pour former opposition* » inexistante dans les procédures d'injonction de payer internes. Nous ne partageons pas ce point de vue, notamment dans un litige intra-Union où l'information du débiteur par notification ou signification n'a pas toujours été réalisée. Le réexamen garantit une prise en compte des droits de la défense, dans des situations exceptionnelles.
5. V. AUSSI, la question préjudicielle posée à la Cour de justice par l'*Amtsgericht* de Berlin-Wedding (7 janv. 2013, Eco-cosmetics, aff. C-119/13, *IPRax* 2013. *Heft* 3, p. II) afin de savoir si le défendeur peut également formuler une demande de réexamen, par le juge, de l'injonction de payer européenne même si l'injonction de payer ne lui a pas été notifiée ou ne le lui a pas été notifiée de manière valable. Si oui, le défendeur doit-il respecter des limites dans le temps pour sa demande de réexamen ? Convient-il, à cet effet, de se fonder notamment sur les dispositions de l'article 20 § 3 du règlement CE n° 1896/2006 ?
6. Si le tribunal décide que le réexamen est justifié, l'injonction de payer européenne est nulle et non avenue, Règl. CE n° 1896/2006, 12 déc. 2006, art. 20 § 3 *in fine*.
7. CJUE 21 mars 2013, Novontech-Zala kft. c/Logicdata Électronic, aff. C-324/12, *Dr. et proc.* 2013. 151; *Procédures* 2013. Comm. 184, obs. Nourissat.

Bruxelles I du 22 décembre 2000. Récemment la Cour de justice a eu à se prononcer sur les interactions possibles entre la procédure d'injonction de payer européenne (Règl. CE n° 1896/2006, 12 déc. 2006) et l'article 24 du règlement CE n° 44/2001 du 22 décembre 2000, Bruxelles I, visant la prorogation tacite de compétence par comparution du défendeur[1]. L'article 6 du règlement instaurant l'injonction de payer européenne (IPE) dispose que, aux fins d'appliquer ledit règlement, « *la compétence est déterminée conformément aux règles du droit communautaire applicables en la matière, notamment du règlement* » CE n° 44/2001 Bruxelles I. Cet article renvoie donc, pour apprécier quelle juridiction d'un État membre est compétente pour délivrer l'ordonnance d'injonction de payer, aux règles de compétence du règlement Bruxelles I.

Dans l'affaire ayant donné lieu à l'arrêt de la Cour de justice du 13 juin 2013, *Goldbet Sportwetten*[2], une injonction de payer européenne avait été demandée devant une juridiction autrichienne, qui l'avait délivrée. Le défendeur avait formé opposition dans les délais, en contestant l'existence de la créance. La procédure avait donc été renvoyée devant une autre juridiction autrichienne (le *Landesgericht*), devant laquelle le défendeur souleva une exception d'incompétence au motif qu'il était domicilié en Italie. Les juridictions autrichiennes, en première instance comme en appel, se déclarèrent incompétentes. Saisi d'un recours, le *Oberster Gerichtshof* autrichien demanda à la Cour de justice si l'article 6 du règlement CE n° 1896/2006 IPE s'entendait comme renvoyant également à l'article 24 du règlement Bruxelles I, et s'il fallait considérer que le seul fait de faire opposition à l'injonction de payer devant les juridictions autrichiennes valait comparution volontaire si l'opposition ne contenait pas de contestation de la compétence de ces tribunaux. La Cour de justice répondit par la négative : l'opposition du défendeur ne saurait avoir d'autres effets que ceux prévus dans l'article 17 du règlement CE n° 1896/2006 IPE (mettre fin à la procédure d'injonction et entraîner, sauf si le demandeur a demandé expressément qu'il soit mis un terme à la procédure dans ce cas, passage automatique à la procédure civile ordinaire).

Ainsi, une opposition à injonction de payer qui ne contient pas contestation de compétence des juridictions de l'État membre d'origine et qui n'est pas assortie de moyens de fond, ne saurait être considérée comme une comparution volontaire au sens de l'article 24 du règlement Bruxelles I (point 34 de l'arrêt)[3]. La Cour ajoute que, d'ailleurs, la circonstance que le défendeur aurait présenté des moyens de fond dans le cadre de l'opposition à l'injonction de payer européenne qu'il a formée ne signifie pas qu'il a comparu au sens du même article 24.

338.36 Interactions entre le règlement CE n° 1896/2006 du 12 décembre 2006 et le règlement CE n° 861/2007 du 11 juillet 2007 instaurant une procédure européenne de règlement des petits litiges. La proposition de règlement présentée par la Commission le 19 novembre 2013. Le 19 novembre 2013, la Commission européenne a publié une proposition de modification de la procédure européenne du règlement des petits litiges, dans le but d'œuvrer au « *renforcement de la position des consommateurs et des entreprises dans les litiges transfrontières portant sur de petits montants* »[4]. Dans ce texte qui modifie également une disposition du règlement CE n° 1896/2006 du 12 décembre 2006, elle entend régler les possibles rapports entre une procédure d'injonction de payer préalable et le recours ensuite, en cas d'opposition à l'injonction de payer, à la procédure de règlement des petits litiges. L'article 17 du règlement CE n° 1896/2006 sur l'injonction de payer européenne serait modifié. Il disposerait désormais :

« *1. Si une opposition est formée dans le délai prévu à l'article 16, paragraphe 2, la procédure se poursuit devant les juridictions compétentes de l'État membre d'origine, sauf si le demandeur a expressément demandé qu'il soit mis un terme à la procédure dans ce cas. La procédure se poursuit conformément aux règles de :*

a) toute procédure simplifiée applicable, en particulier la procédure établie par le règlement CE n° 861/2007; ou

b) la procédure civile ordinaire.

Lorsque le demandeur a fait valoir sa créance en recourant à la procédure européenne d'injonction de payer, aucune disposition du droit national ne porte atteinte à sa position lors de la procédure civile ultérieure.

2. Le passage à la procédure civile ordinaire au sens du paragraphe 1, points a) et b), est régi par le droit de l'État membre d'origine.

3. Le demandeur est informé de toute opposition ».

Il découle de cette nouvelle formulation (non encore adoptée par le Parlement européen et le Conseil) que lorsqu'un litige relève de la procédure euro-

1. En vertu de cet article (devenu Règl. 12 déc. 2012, art. 26), « *outre les cas où sa compétence résulte d'autres dispositions du présent règlement, le juge d'un État membre devant lequel le défendeur comparaît est compétent. Cette règle n'est pas applicable si la comparution a pour objet de contester la compétence ou s'il existe une autre juridiction exclusivement compétente en vertu de l'article 22* ».
2. CJUE 13 juin 2013, Goldbet Sportwetten GmbH c/Massimo Sperindeo, aff. C-144/12, *Procédures* 2013. Comm. 240, obs. Nourissat.
3. La Cour de justice relève que le formulaire d'opposition contenu dans l'annexe IV du règlement IPE n'offre aucune possibilité de contester la compétence des juridictions de l'État membre d'origine (point 33 de l'arrêt).
4. Prop. règl. du Parlement européen et du Conseil modifiant le règlement CE n° 861/2007 du Parlement européen et du Conseil du 11 juillet 2007 instituant une procédure européenne de règlement des petits litiges et le règlement CE n° 1896/2006 du Parlement européen et du Conseil du 12 décembre 2006 instituant une procédure européenne d'injonction de payer, COM (2013) 794 final.

péenne de règlement des petits litiges, cette dernière est accessible à une partie engagée dans une injonction de payer européenne contre laquelle a été formée une opposition.

Dans sa proposition du 19 novembre 2013, la Commission relève aussi la nécessité de clarifier l'article 18 du règlement CE n° 861/2007 du 11 juillet 2007 (cet article énonce les conditions à remplir pour le réexamen de la décision) afin d'éviter dans la pratique des difficultés semblables à celles soulevées dans une récente demande de décision préjudicielle introduite devant la Cour de justice, dans le cadre de laquelle la Cour avait été amenée à interpréter une disposition similaire du règlement CE n° 1896/2006 sur l'injonction de payer européenne[1]. La Commission relève que le même droit de demander un réexamen « *est formulé de façon légèrement différente, mais déjà plus claire, dans le règlement CE n° 4/2009 relatif à la compétence, la loi applicable, la reconnaissance et l'exécution des décisions et la coopération en matière d'obligations alimentaires. Il n'y a aucune raison pour que ces dispositions relatives au réexamen, qui poursuivent exactement le même objectif, soient formulées de manière différente dans les divers règlements européens* ». La révision proposée vise donc à clarifier le droit de demander un réexamen de manière à ce qu'il concorde avec le règlement CE n° 4/2009.

SECTION 4
ADAPTATIONS RÉALISÉES PAR LE DROIT FRANÇAIS

338.41 **Le décret n° 2008-1346 du 17 décembre 2008[2] a modifié le Code de procédure civile afin d'intégrer en son sein certaines règles relatives à la procédure européenne d'injonction de payer.** Une section II est ainsi créée après l'article 1424 C. pr. civ. qui termine, lui, la partie du code relative à l'injonction de payer de droit interne.

Ainsi, lorsque le règlement Bruxelles I du 22 décembre 2000 (v. s^s n°s 151.11 s.) désigne les juridictions d'un État membre sans autre précision, le code français de procédure civile dispose désormais que la juridiction territorialement compétente pour connaître de la procédure d'injonction de payer européenne est la juridiction du lieu où demeure le ou l'un des défendeurs (C. pr. civ., art. 1424-1, créé par Décr. n° 2008-1346, 17 déc. 2008, art. 5). La demande est rédigée sur un formulaire dont le modèle se trouve en annexe du règlement; le formulaire est remis directement au greffe de la juridiction ou lui est adressé par la voie postale (C. pr. civ., art. 1424-2, créé par Décr. 17 déc. 2008, art. 5). Comme le prévoit le règlement CE n° 1896/2006, le juge compétent peut délivrer une injonction de payer pour partie de la demande, après que le demandeur a accepté la proposition qui lui a été faite en ce sens par le tribunal[3] (alors, le demandeur ne peut plus agir en justice pour réclamer le reliquat, sauf s'il décide de ne pas signifier l'ordonnance portant injonction de payer et de procéder selon les voies de droit commun, C. pr. civ., art. 1424-3). Si le demandeur ne respecte pas le délai fixé par la juridiction pour accepter l'injonction de payer portant sur un montant partiel de la demande, ou s'il refuse la proposition qui lui est faite, le tribunal rejette l'intégralité de la demande d'injonction de payer européenne.

Comme le prévoit le règlement, la demande d'injonction de payer européenne est rejetée si les conditions requises ne sont pas remplies, ou si la demande n'est pas fondée, ou encore si le demandeur n'a pas adressé au tribunal la demande complétée et/ou rectifiée dans le délai qu'avait fixé le juge ou a refusé la proposition d'injonction portant sur une partie seulement de la demande formulée. Le rejet de la demande n'est pas susceptible de recours, mais rien n'empêche le demandeur de faire valoir sa créance au moyen de toute procédure prévue par le droit d'un État membre.

Le Code français de procédure civile précise que l'injonction de payer européenne ou la décision de rejet d'une demande d'injonction de payer européenne ainsi que le formulaire de demande sont conservés à titre de minute au greffe (C. pr. civ., art. 1424-4, créé par Décr. 17 déc. 2008, art. 5).

338.42 **Information du défendeur et recours possible.** Bien entendu, le défendeur doit être informé de l'ordonnance d'injonction de payer européenne qui a été rendue contre lui. Le Code de procédure civile dispose qu'une copie certifiée conforme du formulaire de demande et de la décision est signifiée, à l'initiative du demandeur, à chacun des défendeurs. Le formulaire d'opposition à injonction de payer euro-

1. V. NOT. les questions préjudicielles en cours relatives à la question de savoir si le défendeur peut également demander le réexamen, par le juge, de l'injonction de payer européenne lorsque l'injonction de payer ne lui a pas été notifiée ou si elle ne lui a pas été notifiée de manière valable, Eco-cosmetics, aff. C-119/13; Raiffeisenbank St. Georgen reg. Gen. m.b.h. c/Tetyana Bonchykaff, aff. C-120/13, et Rechtsanwaltskanzlei CMS Hasche Sigle, Partnerschaftsgesellschaft c/Xceed Holding Ltd, aff. C-121/13.
2. Décr. n° 2008-1346, 17 déc. 2008, relatif aux procédures européennes d'injonction de payer et de règlement des petits litiges, *JO* 19 déc., p. 19478.
3. Le tribunal peut, comme le prévoit le règlement CE n° 1896/2006 du 12 décembre 2006, adresser une proposition de modification de sa demande au demandeur si celle-ci ne remplit que partiellement les conditions requises. À cette fin, un formulaire C (ann. III) du règlement est adressé au demandeur, qui a un certain délai pour accepter ou refuser la proposition d'injonction de payer européenne portant sur le montant qu'a fixé le tribunal. Le demandeur transmet sa réponse par renvoi du formulaire.

péenne est annexé à l'acte de signification (C. pr. civ., art. 1424-5, al. 1er). À peine de nullité, l'acte de signification contient, outre les mentions prescrites pour les actes d'huissier de justice, l'indication du tribunal devant lequel l'opposition doit être portée, du délai imparti et des formes selon lesquelles elle doit être faite (C. pr. civ., art. 1424-5, al. 2). Sous la même sanction, l'acte de signification :

– avertit le défendeur qu'à défaut d'opposition dans le délai indiqué, (calculé en application du règlement CEE, EURATOM n° 1182/71 du Conseil du 3 juin 1971, portant détermination des règles applicables aux délais, aux dates et aux termes), il pourra être contraint par toutes voies de droit de payer les sommes réclamées;

– informe le défendeur de son droit de demander le réexamen de l'injonction de payer européenne devant la juridiction qui l'a rendue, après l'expiration du délai d'opposition, dans les cas exceptionnels prévus à l'article 20 du règlement CE n° 1896/2006 du 12 décembre 2006 (C. pr. civ., art. 1424-5, al. 3, créé par Décr. 17 déc. 2008, art. 5).

Si la signification est faite à la personne du défendeur[1], l'huissier de justice doit porter verbalement à sa connaissance les informations qualifiées d'importantes par le formulaire d'injonction de payer européenne ainsi que les indications mentionnées à l'article 1424-5. L'accomplissement de cette formalité est mentionné dans l'acte de signification (C. pr. civ., art. 1424-6, créé par Décr. 17 déc. 2008, art. 5). Ensuite, l'huissier de justice adresse une copie de l'acte de signification à la juridiction qui a rendu l'injonction (C. pr. civ., art. 1424-7, créé par Décr. 17 déc. 2008, art. 5).

Le Code de procédure civile contient en outre quelques précisions sur la possible **opposition** du défendeur : l'opposition est portée – dans le délai de trente jours à compter de la notification ou signification de l'injonction au défendeur, comme le prévoit le règlement CE n° 1896/2006 du 12 décembre 2006 – devant la juridiction dont émane l'injonction de payer européenne. Elle est formée au greffe soit par déclaration contre récépissé, soit par lettre recommandée (C. pr. civ., art. 1424-8, créé par Décr. 17 déc. 2008, art. 5). Le tribunal statue sur la demande en recouvrement. Il connaît, dans les limites de sa compétence d'attribution, de la demande initiale et de toutes les demandes incidentes et défenses au fond. En cas de décision d'incompétence, l'affaire est renvoyée devant la juridiction compétente selon les règles prévues à l'article 97 C. pr. civ. (C. pr. civ., art. 1424-9, créé par Décr. 17 déc. 2008, art. 5). L'article 1424-10 du Code de procédure civile énonce que le greffier convoque les parties à l'audience par lettre recommandée avec demande d'avis de réception. La convocation est adressée à toutes les parties, même à celles qui n'ont pas formé opposition. La convocation contient : 1° sa date; 2° l'indication de la juridiction devant laquelle l'opposition est portée; 3° l'indication de la date de l'audience à laquelle les parties sont convoquées; 4° les conditions d'assistance et de représentation des parties. La convocation adressée au défendeur précise en outre que, faute de comparaître, il s'expose à ce qu'un jugement soit rendu contre lui sur les seuls éléments fournis par son adversaire. Ces mentions sont prescrites à peine de nullité.

Si aucune des parties ne se présente, le tribunal constate l'extinction de l'instance. Celle-ci rend non avenue l'injonction de payer européenne (C. pr. civ., art. 1424-11, créé par Décr. 17 déc. 2008, art. 5). Dans le cas contraire, le jugement du tribunal se substitue à l'injonction de payer européenne (C. pr. civ., art. 1424-12, créé par Décr. 17 déc. 2008, art. 5). Le tribunal statue à charge d'appel lorsque le montant de la demande excède le taux de sa compétence en dernier ressort (C. pr. civ., art. 1424-13, créé par Décr. 17 déc. 2008, art. 5).

Lorsqu'aucune opposition n'a été formée dans le délai requis, et après expiration d'un délai supplémentaire de dix jours nécessaire à l'acheminement du recours, le greffier déclare l'injonction de payer européenne exécutoire au moyen du formulaire prévu à cet effet et appose sur l'injonction de payer européenne la formule exécutoire (C. pr. civ., art. 1424-14, créé par Décr. 17 déc. 2008, art. 5).

338.43 Réexamen dans des cas exceptionnels. Le Code français de procédure civile précise que la procédure de réexamen dans des cas exceptionnels, prévue par le règlement CE n° 1896/2006 du 12 décembre 2006, est régie par les articles 1424-8 à 1424-13, c'est-à-dire par les règles édictées par le code en matière d'opposition à l'injonction (C. pr. civ., art. 1424-15, créé par Décr. 17 déc. 2008, art. 5). Cela signifie que la demande de réexamen est portée devant le juge qui a délivré l'ordonnance d'injonction de payer.

338.44 Frais de procédure. Un article spécifique du décret n° 2008-1346 du 17 décembre 2008 (art. 7) modifie l'article 1425 C. pr. civ. qui concerne désormais tant la procédure d'injonction de payer de droit interne que la procédure européenne d'injonction de payer et dispose dans sa nouvelle version[2] que « *devant*

1. Sauf toutefois si la signification a eu lieu par voie électronique, ajout réalisé à l'article 1424-6 C. pr. civ. par Décr. n° 2012-366, 15 mars 2012, relatif à la signification des actes d'huissier de justice par voie électronique et aux notifications internationales, *JO* 17 mars, p. 4899.

2. La nouvelle version ne modifie pas la réglementation relative aux frais de procédure dans la procédure d'injonction de payer de droit interne. Il s'agit uniquement d'un toilettage de rédaction afin d'intégrer l'injonction de payer européenne à cette disposition.

le tribunal de commerce, les frais de la procédure sont avancés par le demandeur et consignés au greffe au plus tard dans les quinze jours de la demande, faute de quoi celle-ci sera caduque. L'opposition est reçue sans frais par le greffier. Celui-ci invite sans délai le demandeur, par lettre recommandée avec demande d'avis de réception, à consigner les frais de l'opposition au greffe dans le délai de quinze jours à peine de caducité de la demande. Toutefois, la caducité n'est pas encourue en cas de procédure d'injonction de payer européenne ».

CHAPITRE

339. Procédure européenne de règlement des petits litiges

FRÉDÉRIQUE FERRAND
Professeur à l'Université Jean-Moulin (Lyon 3)
et à l'Université d'Augsbourg

SECTION 0
ORIENTEUR

339.00 Plan du chapitre.

339.01 Textes applicables.

Règl. CE n° 861/2007, du Parlement européen et du Conseil, 11 juill. 2007, instituant une procédure européenne de règlement des petits litiges, *JOUE*, n° L 199/1, 31 juill. 2007.

Décr. n° 2008-1346, 17 déc. 2008, relatif aux procédures européennes d'injonction de payer et de règlement des petits litiges, *JO* 19 déc., p. 19478.

C. pr. civ., art. 1382 à 1390.

V. AUSSI :

Rapport de la Commission au Parlement européen, au Conseil et au Comité économique et social européen sur l'application du règlement CE n° 861/2007 du Parlement européen et du Conseil du 11 juillet 2007 instituant une **procédure européenne de règlement des petits litiges,** COM (2013) 795 final, 19 nov. 2013.

Proposition de règlement du Parlement européen et du Conseil modifiant le règlement CE n° 861/2007 du Parlement européen et du Conseil du 11 juillet 2007 instituant une procédure européenne **de règlement des petits litiges** et le règlement CE n° 1896/2006 du Parlement européen et du Conseil du 12 décembre 2006 instituant une **procédure européenne d'injonction de payer,** COM (2013) 794 final, 19 nov. 2013.

339.03 Bibliographie indicative.

Articles. A. Brokamp, *Das Europäische Verfahren für geringfügige Forderungen*, Berlin, Mohr Siebeck éd., 2008 – F. Ferrand, « La procédure européenne de règlement des petits litiges, concurrente des procédures nationales ? Comparaison avec les procédures française et allemande », *Dr. et proc.* nov. 2010, suppl., p. 50 – X. Kramer, « *The European Small Claims Procedure : Striking the Balance between Simplicity and Fairness in European Litigation* », *ZEuP* 2008. 355 – J. Marti Marti, « *La ejecución en España del proceso europeo de escasa vuantia* », *Revista Juridica Española La Ley*, n° 7204, 2009 – G. Ring, « *Europäisches Verfahren für geringfügige Forderungen* », *IWB* 2009. 1065.

SECTION 1
OBJECTIFS ET JUSTIFICATIONS D'UN NOUVEAU TEXTE

339.11 Objectifs. Face au nombre croissant de litiges transfrontaliers dans l'Union européenne, la Commission européenne entend lever les obstacles à l'obtention d'une décision rapide et peu coûteuse. Dans cet esprit, la Commission avait adopté le 25 mars 2005 une proposition de règlement instituant une procédure civile européenne pour les demandes de faible importance[1] dont le but était de simplifier, d'accélérer et de réduire les coûts du règlement des litiges de faible importance en créant une procédure européenne spécifique dont les justiciables pourraient faire usage comme procédure optionnelle qui s'ajouterait, sans se substituer, aux procédures

1. Prop. règl. du Parlement européen et du Conseil, instituant une procédure européenne pour les demandes de faible importance, COM (2005) 87 final, 25 mars 2005. Dans le texte de la proposition, la Commission insiste sur le fait que divers États membres ont introduit des procédures simplifiées pour les demandes de faible importance, v. consid. 4. Ces procédures prévoient souvent l'utilisation de formulaires.

établies par le droit national des États membres. Il s'agissait là d'un texte qui ne se contentait pas de faciliter la reconnaissance et l'exécution des jugements au sein de l'Union européenne, mais qui créait du droit procédural directement applicable sur le territoire des États membres. C'est ainsi que débute l'harmonisation des procédures civiles nationales recherchée, malgré l'opposition ou les réserves des États membres, par la Commission européenne.

Comme dans la version initiale de la proposition de règlement relative à l'injonction de payer européenne, la Commission européenne souhaitait que la nouvelle procédure s'appliquât – en tant qu'option – tant aux affaires internes qu'aux litiges transfrontaliers car « *il serait non seulement inopportun, mais aussi contre-productif, de limiter aux seules affaires internes* » le champ d'application de cette nouvelle procédure; pour cela, il faut « *éviter la mise en place de deux régimes différents* », une telle dualité de régimes étant « *contraire à l'objectif d'un espace unique et cohérent de justice pour tous* » [1].

L'objectif est également de supprimer les mesures intermédiaires pour la reconnaissance ou l'exécution d'un jugement. Le jugement rendu dans cette procédure européenne pour les créances de faible montant sera reconnu et exécuté dans un autre État membre sans qu'un *exequatur* (déclaration constatant la force exécutoire selon la terminologie du règlement Bruxelles I du 22 décembre 2000) soit nécessaire.

Le Parlement européen et le Conseil ont adopté le règlement CE n° 861/2007 du 11 juillet 2007 [2] instituant une procédure non plus dénommée « *pour les demandes de faible importance* », mais de « *règlement des petits litiges* ». Le règlement est entré en application le 1er janvier 2009. Depuis cette date, il est donc possible à un plaideur domicilié en Italie par exemple, d'agir devant les juridictions compétentes d'un État membre en suivant la procédure européenne de règlement des petits litiges, dès lors que le litige présente un caractère transfrontalier. Cette procédure vise notamment à permettre aux consommateurs, dont les demandes en justice sont souvent d'un faible montant, de disposer d'une procédure rapide et efficace, et d'accéder à un jugement immédiatement exécutoire. Elle peut toutefois s'appliquer tout aussi bien aux petites et moyennes entreprises ayant des créances à recouvrer au sein de l'Union. Il ne semble pas toutefois que ce règlement ait bénéficié d'un usage important de la pratique. Au contraire, il est à la fois ignoré et négligé, à tel point que pour le rendre plus attractif, la Commission européenne envisage de relever la valeur des litiges susceptibles de bénéficier de cette procédure. Sur le bilan (provisoire) de l'utilisation de ce règlement et des difficultés qu'il suscite, v. s[s] n° 339.51.

339.12 Justifications d'un nouveau texte. Le champ d'application du règlement CE n° 861/2007 du 11 juillet 2007 n'est pas le même que celui de l'injonction de payer; en effet, le règlement n'entend viser que les petits litiges (alors que la procédure européenne d'injonction de payer ne prévoit pas de limites au montant de la créance et table sur l'absence de contestation du débiteur) et fait entrer dans son champ d'application également des créances non pécuniaires, qui sont écartées du domaine de l'injonction de payer européenne. Avec ce texte, les institutions européennes, qui constatent – comme en matière d'injonction de payer – une distorsion de concurrence au sein du marché intérieur en raison de l'inégale efficacité des outils procéduraux mis à la disposition des créanciers dans les différents États membres, désiraient avant tout simplifier la procédure lorsque l'enjeu financier est modique, réduire les coûts, et accélérer l'obtention d'un titre exécutoire. Nous verrons que la simplification et l'accélération de la procédure se font notamment par l'utilisation de formulaires, par le principe d'une procédure écrite (avec des exceptions) et par l'utilisation possible des moyens modernes de communication. Tout cela n'exclut pas pour autant le respect impératif du contradictoire.

Cette procédure – encore largement ignorée de ses utilisateurs potentiels [3] – n'a pas encore [4] eu le succès

1. COM (2005) 87 final, 25 mars 2005 (préc.), exposé des motifs, n° 2.2.1, p. 7.
2. Règl. CE n° 861/2007 du Parlement européen et du Conseil, 11 juill. 2007, instituant une procédure européenne de règlement des petits litiges, *JOUE*, n° L 199, 31 juill., p. 1.
3. Consciente du déficit d'information à l'égard des usagers en matière de coopération judiciaire civile, la Commission européenne entend mieux communiquer sur la coopération judiciaire civile afin de faire savoir ce qui se fait, et davantage dialoguer avec la société civile, par exemple par l'intermédiaire du Forum sur la justice créé en 2008. V. NOT. n° 1.2.3. du Programme de Stockholm, où le Conseil européen relève – à juste titre – que « *l'essor de la législation dans le domaine de la liberté, de la sécurité et de la justice est impressionnant, mais qu'il présente des faiblesses en termes de chevauchement d'activités et un certain manque de cohérence* »; il faudrait donc « *mieux légiférer* ». Il convient également de développer des « *stratégies sur les meilleurs moyens d'expliquer aux citoyens comment ils peuvent tirer parti des nouveaux instruments et cadres juridiques, par exemple en ayant recours à la justice en ligne et en utilisant le portail de la justice* » (Programme de Stockholm, n° 1.2.7.). Le plan d'action de la Commission pour mettre en œuvre le programme de Stockholm prévoit, parmi de nombreux projets, la réalisation d'un *Compendium* de la législation de l'Union existant dans le domaine de la coopération judiciaire en matière civile. (Sur ce programme, v. aussi s[s] n° 442.13).
4. Consciente de ces difficultés, la Commission européenne, dans un communiqué du 21 septembre 2012 (*RLDC* nov. 2012, p. 91), annonçait qu'elle allait publier un guide donnant des informations pratiques sur la procédure aux consommateurs et aux praticiens; faire connaître les formulaires existants et communiquer des informations en lignes dans les vingt-deux langues officielles de l'Union; travailler avec le Centre européen de consommateurs (CEE) afin de promouvoir activement la procédure auprès des magistrats et des ▶

escompté, même si les statistiques[1] font état de disparités importantes entre les État membres : ainsi par exemple, la Commission mentionne pour 2012 seulement 3 demandes introduites en **Bulgarie** sur le fondement de la procédure européenne de règlement des petits litiges alors que pour la même année, 1 047 ont été enregistrées en **Espagne.** En tout cas, dans les hypothèses où elle est concurrente à l'injonction de payer européenne, cette dernière lui sera souvent préférée car elle est plus expéditive et ne requiert pas de contradictoire. Ce qui conduit un auteur allemand[2] à exprimer l'opinion selon laquelle, « *justement du fait que dans l'injonction de payer européenne, il est possible d'obtenir un titre exécutoire sans limite de montant, une procédure spéciale pour les petites créances transfrontières inférieures ou égales à 2 000 euros semble davantage superflue qu'utile* ».

SECTION 2

CHAMP D'APPLICATION ET DÉROULEMENT DE LA PROCÉDURE

339.21 Champ d'application. Le texte s'applique aux litiges en matière civile et commerciale lorsque la valeur totale de la demande pécuniaire ou non pécuniaire, hors intérêts, frais et dépens, ne dépasse pas 2 000 euros au moment de l'engagement de la procédure (Règl., art. 2 § 1)[3].

339.22 Introduction de la demande. La procédure est engagée en remplissant un formulaire type de demande[4] et en y joignant les documents complémentaires utiles[5]. Le tout est adressé à la juridiction compétente par tout moyen de communication (poste, télécopie, courriel...) admis dans l'État membre où la procédure est engagée (Règl., art. 4 § 1)[6]. Depuis le début de l'année 2013, les demandeurs de sept États membres pilotes (Allemagne, Autriche, Estonie, France, Pays-Bas, Portugal, République tchèque) ont la possibilité de remplir en ligne les formulaires relatifs à la procédure européenne de règlement des petits litiges et d'effectuer toute la procédure judiciaire par voie électronique en utilisant le portail e-justice[7].

La juridiction est réputée saisie dès que le formulaire de demande est enregistré auprès d'elle (Règl., art. 3 § 4). S'il s'avère que la demande ne relève pas de la procédure européenne spécifique, le tribunal examine la demande non pas selon la procédure européenne, mais selon son propre droit procédural national applicable (Règl., art. 4 § 3).

La représentation des parties (par un avocat ou autre professionnel) n'est pas obligatoire (Règl., art. 10) ni pour former la demande ni pendant le déroulement de la procédure.

339.23 Déroulement de la procédure. En principe, et pour des raisons de rapidité, la procédure est écrite. Mais le juge peut estimer - notamment au regard des observations ou demandes des parties - qu'une audience est nécessaire (Règl., art. 5 § 1). Le formulaire de demande est adressé au défendeur par le tribunal lui-même, accompagné d'un formulaire de réponse[8]. Le défendeur a alors un mois pour répondre - on constate que la célérité est véritablement recherchée ! - à compter du jour de la signification ou de la notification de la demande qui lui a été faite[9]. Il peut former une demande reconventionnelle à laquelle le demandeur doit répondre dans un délai d'un mois (Règl., art. 5 § 6)[10]. Ces différents

► consommateurs; encourager les CEC à prêter une assistance concrète aux consommateurs et présenter un rapport d'évaluation.

1. Sur l'insuffisance des statistiques nationales, beaucoup d'États membres ne distinguant pas spécifiquement dans leurs statistiques judiciaires les procédures européennes de règlement de petits litiges, v. le rapport du CEE (Réseau des Centres européens de consommateurs) sur le règlement CE n° 861/2007, *ECC-Net, European Small Claim Procedure Report*, sept. 2012, p. 6, disponible sur le site Internet http://ec.europa.eu/consumers/ecc/docs/small_claims_210992012_en.pdf (dernière consultation : 10 déc. 2013).
2. U. Salten, « *Das Europäische Verfahren für geringfügige Forderungen* », *MDR* 2009. 247.
3. Sont exclues de la procédure les matières fiscales, douanières, administratives ainsi que les matières concernant l'état et la capacité des personnes physiques, les régimes matrimoniaux, obligations alimentaires, testaments, successions, les faillites, la sécurité sociale, l'arbitrage, le droit du travail, les baux d'immeubles (sauf demandes pécuniaires) et les atteintes à la vie privée et aux droits de la personnalité, y compris la diffamation (Règl. CE n° 861/2007, 11 juill. 2007, instituant une procédure européenne de règlement des petits litiges, art. 2 § 1 et 2 § 2).
4. V. Règl., ann. I.
5. Si les informations fournies sont jugées insuffisantes par le tribunal saisi ou si le formulaire de demande est incorrectement rempli, le tribunal peut donner au demandeur la possibilité de compléter ou de rectifier le formulaire et de fournir des éléments complémentaires, (Règl. CE n° 861/2007, 11 juill. 2007, art. 4 § 4).
6. Les États membres informent la Commission des moyens de communication qu'ils acceptent (v. Règl. CE n° 861/2007, 11 juill. 2007, art. 4 § 2).
7. V. *RLDA* avr. 2013, p. 93. Le portail e-justice est consultable à l'adresse Internet suivante : https://e-justice.europa.eu/home.do ?plang=fr&action=home (dernière consultation : 10 déc. 2013).
8. Envoi dans les quatorze jours à compter de la réception du formulaire de demande par la juridiction (Règl. CE n° 861/2007, 11 juill. 2007, art. 5 § 2).
9. Le demandeur est informé par le tribunal de la réaction du défendeur dans un délai de quatorze jours à compter de la réception de cette réponse par le tribunal (Règl. CE n° 861/2007, 11 juill. 2007, art. 5 § 4).
10. Si le montant de la demande reconventionnelle dépasse 2 000 euros, la procédure européenne de règlement des petits litiges ne s'applique alors ni à la demande initiale ni à la demande reconventionnelle, qui sont alors soumises au droit applicable dans l'État membre du tribunal saisi (Règl. CE n° 861/2007, 11 juill. 2007, art. 5 § 7).

délais peuvent être prorogés exceptionnellement si cela est « *nécessaire pour garantir la défense effective des parties* » (Règl., art. 14 § 2).

Le tribunal décide librement des moyens de preuve et de l'étendue de l'obtention des preuves. Dans une tendance confirmée à la rapidité et au modernisme, l'obtention de la preuve par déclarations écrites de témoins, d'experts ou des parties, ainsi que par « *vidéoconférence ou par toute autre technologie de communication* » est admise (Règl., art. 9 § 1). Des preuves par expertise ou par témoignage oral ne sont permises que si elles sont nécessaires à la décision (Règl., art. 9 § 2). Le tribunal tient compte des coûts avant d'ordonner tel ou tel mode de preuve.

Afin de simplifier les obligations des parties, l'article 12 § 1 du règlement prévoit que le tribunal n'oblige pas les parties à procéder à des qualifications juridiques concernant la demande; il les aide même pour les questions de procédure (Règl., art. 12 § 2)[1].

Pour tout ce que le règlement ne traite pas, la procédure est régie par le droit procédural de l'État membre dans lequel la procédure se déroule (Règl., art. 19).

Une fois que la juridiction a reçu les réponses des demandeur et défendeur, elle doit statuer dans le délai d'un mois, ou demander aux parties des renseignements complémentaires, ou obtenir des preuves, ou encore citer les parties à comparaître à une audience[2] (Règl., art. 7). Le juge peut - si cela s'avère possible - chercher à conduire les parties à une transaction (Règl., art. 12 § 3 : « *Le cas échéant, la juridiction cherche à amener les parties à un accord amiable* »).

Si le défendeur ne s'est pas manifesté, le tribunal statue par défaut. Que la procédure soit contradictoire ou par défaut, le juge doit rendre sa décision à bref délai (dans un délai de trente jours à compter de la réception des réponses du défendeur, la juridiction statue, Règl., art. 7 § 1)[3].

Il va de soi que pendant toute la procédure, le juge doit respecter le droit à un procès équitable et le principe du contradictoire (notamment lorsqu'il décide de la nécessité ou non d'une audience, se prononce sur les moyens de preuve ou sur l'étendue de l'obtention des preuves, Règl., art. 9 § 1).

La signification ou notification des actes fait l'objet d'une disposition spécifique tendant à garantir l'information des parties (Règl., art. 11).

SECTION 3

CONSÉQUENCES

339.31 Force exécutoire immédiate de la décision. La décision rendue dans le cadre de la procédure européenne de règlement des petits litiges bénéficie d'une force exécutoire immédiate, même si un appel est interjeté. Il n'est pas nécessaire que le gagnant constitue une garantie pour pouvoir exécuter (Règl., art. 15 § 1)[4].

339.32 Voies de recours. Le règlement ne détermine pas si une voie de recours est ouverte ou non contre la décision de première instance immédiatement exécutoire. Il laisse aux États membres le choix (Règl., art. 17 § 1), et ceux-ci doivent informer la Commission européenne de l'existence ou non d'une possibilité de voie de recours dans leur droit national dans le cadre de la procédure européenne pour les petits litiges. Logiquement, la France a étendu aux décisions rendues selon cette procédure l'absence d'appel en raison du taux du ressort, qui est aujourd'hui de 4 000 euros pour les décisions en matière civile[5].

1. Pour une comparaison avec la procédure civile française ou allemande applicable au même type de demandes en droit interne, v. F. Ferrand, « La procédure européenne de règlement des petits litiges, concurrente des procédures nationales ? Comparaison avec les procédures française et allemande », *Dr. et proc.* nov. 2010, suppl., p. 50.
2. L'audience peut se tenir par vidéoconférence ou « toute autre technologie de communication si les moyens techniques sont disponibles » auprès de la juridiction saisie (Règl. CE n° 861/2007, 11 juill. 2007, art. 8). Dans sa proposition de révision du règlement CE n° 861/2007, la Commission européenne entend renforcer l'usage des nouvelles technologies de communication; v. s[s] n° 339.52.
3. V. CEP. les autres possibilités dont dispose la juridiction (Règl. CE n° 861/2007, 11 juill. 2007, art. 7). La juridiction peut demander aux parties de fournir des renseignements complémentaires au sujet de la demande, obtenir des preuves, convoquer les parties à comparaître à une audience qui doit se tenir dans les trente jours de la convocation (une telle hypothèse sera sans doute rare au vu du faible enjeu financier du litige et des coûts que provoquerait une comparution personnelle des parties devant le juge dans un litige transfrontalier).
4. Pour la réglementation concernant les frais de justice, v. Règl. CE n° 861/2007, 11 juill. 2007, art. 16. Le principe est que la partie perdante supporte les frais de la procédure. Mais la juridiction n'accorde pas à la partie gagnante le remboursement des dépens qui n'étaient pas indispensables ou qui étaient disproportionnés au regard du litige (Règl. CE n° 861/2007, 11 juill. 2007, art. 16 *in fine*).
5. La France a communiqué les information suivantes à la Commission européenne, qui les a placées sur le site Internet de l'Atlas judiciaire européen (http://ec.europa.eu/justice_home/judicialatlascivil/html/index_fr.htm ?countrySession=2&) : les recours susceptibles d'être formés en vertu du droit français conformément à l'article 17 du règlement sont les suivants : recours ordinaire : le défendeur qui n'a, ni été personnellement touché par la notification ou la signification faite en vertu de l'article 5(2), ni répondu dans les formes prévues par l'article 5(3) (*i. e.* cas du « *jugement rendu par défaut* ») dispose de la voie de l'opposition formée devant la juridiction ayant rendu la décision en cause (C. pr. civ., art. 571 à 578); recours extraordinaires : lorsque la décision n'est pas ou n'est plus susceptible d'opposition, les parties peuvent exercer l'une des deux voies de recours extraordinaires suivantes : le pourvoi en cassation, devant la Cour de cassation (C. pr. civ., art. 605 à 618-1); le recours en révision, devant la juridiction ayant rendu la décision attaquée (C. pr. civ., art. 593 à 603).

339.33 Réexamen dans des cas exceptionnels. Comme dans le règlement créant une injonction de payer européenne et comme dans le règlement sur le titre exécutoire européen, une possibilité de réexamen de la décision de première instance est admise dans des cas exceptionnels lorsque la notification ou signification du formulaire de demande ou la citation à comparaître a été réalisée par un mode ne fournissant pas la preuve de la réception par le défendeur, et si elle n'est pas intervenue en temps utile pour lui permettre de préparer sa défense, sans qu'il y ait faute de sa part (Règl., art. 18). Il en va de même si le défendeur a été empêché de contester la demande pour des raisons de force majeure ou par suite de circonstances extraordinaires, sans qu'il y ait faute de sa part. Si la juridiction saisie juge que le réexamen est justifié, la décision rendue sur le petit litige sera « *nulle et non avenue* » (Règl., art. 18 § 2 *in fine*).

Dans sa proposition de révision du règlement CE n° 861/2007 présentée le 19 novembre 2013[1], la Commission relève la nécessité de clarifier l'article 18 du règlement CE n° 861/2007 du 11 juillet 2007 afin d'éviter dans la pratique des difficultés semblables à celles soulevées dans des questions préjudicielles introduites devant la Cour de justice à propos d'une disposition similaire du règlement CE n° 1896/2006 sur l'injonction de payer européenne[2]. La Commission relève que le même droit de demander un réexamen « *est formulé de façon légèrement différente, mais déjà plus claire, dans le règlement (CE) n° 4/2009 relatif à la compétence, la loi applicable, la reconnaissance et l'exécution des décisions et la coopération en matière d'obligations alimentaires. Il n'y a aucune raison pour que ces dispositions relatives au réexamen, qui poursuivent exactement le même objectif, soient formulées de manière différente dans les divers règlements européens* ». La révision proposée vise donc à clarifier le droit de demander un réexamen de manière à ce qu'il concorde avec le règlement CE n° 4/2009.

339.34 Reconnaissance et exécution de la décision. L'article 20 du règlement prévoit que la décision est reconnue et exécutoire dans un autre État membre sans qu'une déclaration constatant sa force exécutoire soit nécessaire, et sans qu'il soit possible de s'opposer à la reconnaissance, dès lors que la décision a été certifiée par le tribunal de l'État membre d'origine au moyen d'un formulaire[3]. Ceci signifie que tout *exequatur*, même simplifié, est supprimé. Le jugement circule donc librement sans qu'un effet frontière se produise. Les procédures d'exécution en elles-mêmes (saisies, *etc.*) sont régies par le droit de l'État membre d'exécution (Règl., art. 21 § 1), et la décision étrangère sur le petit litige est exécutée « *dans les mêmes conditions qu'une décision rendue dans l'État membre d'exécution* » (Règl., art. 21 § 1 *in fine*). La partie qui souhaite exécuter sur le territoire d'un État membre autre que celui dont la juridiction a statué, doit présenter deux documents : une copie de la décision, et une copie du certificat délivré par la juridiction qui a statué (formulaire type D), et au besoin une traduction dudit certificat dans la langue officielle de l'État membre d'exécution (Règl., art. 21 § 2).

339.35 Refus, suspension ou limitation de l'exécution. Le règlement CE n° 861/2007 du 11 juillet 2007 prévoit d'une part le refus d'exécution, d'autre part la suspension ou la limitation de l'exécution : en vertu de l'article 22, la juridiction compétence de l'État membre d'exécution peut, sur demande du débiteur, refuser l'exécution d'une décision incompatible avec une décision rendue antérieurement dans un autre État membre ou un pays tiers, dès lors que : 1° la décision antérieure a été rendue entre les mêmes parties dans un litige ayant la même cause; 2° la décision antérieure a été rendue dans l'État membre d'exécution ou réunit les conditions pour être reconnue dans cet État; et 3° l'incompatibilité des décisions n'a pas été et ne pouvait pas être invoquée au cours de la procédure judiciaire dans l'État membre dont le tribunal a statué sur le petit litige (Règl., art. 22). L'article 23 du règlement prévoit les hypothèses dans lesquelles l'exécution du jugement peut être limitée à des mesures conservatoires, subordonnée à la constitution d'une sûreté, ou à titre exceptionnel suspendue[4].

SECTION 4
ADAPTATIONS RÉALISÉES PAR LE DROIT FRANÇAIS

339.41 Décret n° 2008-1346 du 17 décembre 2008[5]. À la suite de l'article 1381 C. pr. civ., le décret du 17 décembre 2008 insère un Chapitre 1er intitulé « La procédure européenne de règlement des petits litiges ». Ce chapitre est le premier du Titre IV,

1. COM (2013) 794 final – Pour des détails sur ce texte, v. s[s] n° 339.52.
2. V. NOT. les questions préjudicielles en cours relatives à la question de savoir si le défendeur peut également demander le réexamen, par le juge, de l'injonction de payer européenne lorsque l'injonction de payer ne lui a pas été notifiée ou si elle ne lui a pas été notifiée de manière valable, Eco-cosmetics, aff. C-119/13; Raiffeisenbank St. Georgen reg. Gen. m.b.h. c/Tetyana Bonchykaff, aff. C-120/13, et Rechtsanwaltskanzlei CMS Hasche Sigle, Partnerschaftsgesellschaft c/Xceed Holding Ltd, aff. C-121/13.
3. Ann. IV, formulaire type D.
4. Il s'agit de l'hypothèse dans laquelle une partie a formé un recours à l'encontre de la décision rendue dans le cadre du règlement du 11 juillet 2007, ou dans laquelle un tel recours est encore recevable, ou encore du cas où une partie a demandé le réexamen.
5. Décr. n° 2008-1346, 17 déc. 2008, relatif aux procédures européennes d'injonction de payer et de règlement des petits litiges, *JO* 19 déc., p. 19478.

consacré aux obligations et aux contrats, du Livre III relatif aux dispositions particulières à certaines matières. En vertu de l'article 1382 nouveau C. pr. civ., lorsque le règlement Bruxelles I du 22 décembre 2000 désigne les juridictions d'un État membres comme compétentes sans autre précision, la juridiction territorialement compétente est celle du lieu où demeure le ou l'un des défendeurs (C. pr. civ., art. 1382, créé par Décr. 17 déc. 2008, art. 3). Est compétent le tribunal d'instance ou le tribunal de commerce dans la limite de ses attributions.

La demande est faite sous forme d'un formulaire remis au greffe de la juridiction ou adressé à ce dernier par voie postale (C. pr. civ., nouv. art. 1383, créé par Décr. 17 déc. 2008, art. 3). Le formulaire est contenu dans une annexe du règlement du 11 juillet 2007. Depuis début 2013, la France fait partie des sept États membres pilotes dans lesquels les parties peuvent remplir en ligne les formulaires et effectuer toute la procédure judiciaire de façon électronique en ayant recours au portail e-justice.

339.42 Attitude du tribunal saisi à tort d'une demande selon la procédure européenne de règlement des petits litiges. Si, au vu du formulaire de demande qui lui est présenté, il apparaît au tribunal que l'affaire ne relève pas du champ d'application de la procédure européenne de règlement des petits litiges, il en avise le demandeur par lettre recommandée avec demande d'avis de réception. Il lui impartit un délai pour se désister de sa demande et l'informe, qu'à défaut, l'affaire sera instruite et jugée selon la procédure au fond applicable devant lui. À l'expiration de ce délai, si le demandeur ne s'est pas désisté de sa demande, le tribunal constate que le litige ne relève pas de la procédure européenne de règlement des petits litiges et invite le demandeur à faire citer le défendeur par voie de signification. Cette décision est une mesure d'administration judiciaire. À la diligence du greffe, elle est notifiée au demandeur par lettre recommandée avec demande d'avis de réception. Le tribunal qui a renvoyé l'affaire pour qu'il soit statué selon la procédure au fond applicable devant lui peut se déclarer incompétent dans les conditions prévues par le Code de procédure civile français (C. pr. civ., art. 1384, créé par Décr. 17 déc. 2008, art. 3).

Lorsque le tribunal rejette la demande au motif que celle-ci apparaît manifestement non fondée ou irrecevable ou que le demandeur n'a pas complété ou rectifié le formulaire de demande dans le délai qui lui a été fixé, la décision rendue est insusceptible de recours. Le demandeur peut toutefois procéder selon les voies de droit commun (C. pr. civ., art. 1385, créé par Décr. 17 déc. 2008, art. 3).

339.43 Demande reconventionnelle. Lorsqu'une demande reconventionnelle ne relève pas du champ d'application de la procédure européenne de règlement des petits litiges, le tribunal en avise les parties par lettre recommandée avec demande d'avis de réception. Il les informe qu'à moins que le demandeur reconventionnel ne se désiste de sa demande dans un délai qui lui est imparti, l'affaire sera instruite et jugée selon la procédure au fond applicable devant lui. À l'expiration de ce délai, si le demandeur ne s'est pas désisté de sa demande, le tribunal constate que le litige ne relève pas de la procédure européenne de règlement des petits litiges. Lorsque le tribunal décide, d'office ou à la demande d'une partie, que le litige ne relève pas de la procédure européenne de règlement des petits litiges au motif qu'une demande reconventionnelle ne relève pas du champ d'application de cette procédure, il ordonne le renvoi de l'affaire à une audience pour qu'il soit statué selon la procédure au fond applicable devant lui. À la diligence du greffe, les parties sont avisées de cette décision et sont convoquées à l'audience par lettre recommandée avec demande d'avis de réception. Le tribunal qui a renvoyé l'affaire pour qu'il soit statué selon la procédure au fond applicable devant lui peut se déclarer incompétent dans les conditions prévues par le code français de procédure civile (C. pr. civ., art. 1386, créé par Décr. 17 déc. 2008, art. 3).

339.44 Procédure. Quand la juridiction a reçu le formulaire de demande dûment complété, elle remplit à son tour un formulaire de réponse (Règl. 11 juill. 2007, annexe III, formulaire C) adressé au défendeur. Accompagné d'une copie de la demande et, le cas échéant, des pièces justificatives, le formulaire C doit être signifié ou notifié au défendeur dans les quatorze jours. La signification ou notification des actes se fait par voie postale avec accusé de réception daté.

En cas de retour au greffe d'une lettre de notification dont l'avis de réception n'a pas été signé dans les conditions prévues à l'article 670, la notification est faite par acte d'huissier de justice, à la diligence du greffe. L'avance des frais de signification est à la charge du Trésor public (C. pr. civ., art. 1387, créé par Décr. 17 déc. 2008, art. 3). Le défendeur, comme le prévoit le règlement, a trente jours à compter de la signification ou notification du formulaire C pour répondre.

Selon le règlement du 11 juillet 2007, dans les trente jours à compter de la date de réception des réponses du défendeur ou du demandeur (en cas de demande reconventionnelle), la juridiction est en principe tenue de rendre une décision. Si la procédure est généralement écrite, le tribunal peut juger nécessaire de convoquer les parties à une audience. Lorsque le tribunal décide de tenir une audience en application de la procédure européenne de règlement des petits litiges, il connaît du litige conformément à la procédure au fond applicable devant lui (C. pr. civ., art. 1388, créé par Décr. 17 déc. 2008, art. 3).

339.45 Notification de la décision aux parties. La décision rendue est notifiée aux parties, à la diligence du greffe, par lettre recommandée avec demande d'avis de réception (C. pr. civ., art. 1389, créé par Décr. 17 déc. 2008, art. 3).

Sur demande d'une des parties (celle qui a gagné le procès), le greffe délivre le certificat relatif à une décision rendue dans le cadre de la procédure européenne de règlement des petits litiges (C. pr. civ., art. 1390, créé par Décr. 17 déc. 2008, art. 3). Ce certificat – dont le modèle formulaire type D est contenu dans l'annexe IV du règlement du 11 juillet 2007 – précise le nom et les coordonnées de la juridiction qui a statué, ceux du demandeur et du défendeur, les numéro d'affaire, date et contenu de la décision (avec précision de ce que la juridiction a prononcé comme condamnation à payer en principal, intérêts et frais) ainsi que la mention indiquant si la décision émane d'une juridiction d'appel ou si elle a fait l'objet d'un réexamen. Ce certificat doit être produit, avec une copie de la décision, par la partie qui demande, dans un autre État membre, l'exécution de la condamnation prononcée par la juridiction. Chaque État membre indique à la Commission européenne la ou les langues qu'il accepte, pour la rédaction de ce certificat, en tant qu'État membre d'exécution [1].

339.46 Réexamen. Le décret n° 2010-433 du 29 avril 2010 [2] a ajouté un article 1391 au Code de procédure civile. Cet article dispose que « *le droit à réexamen prévu par l'article 18 du règlement (CE) n° 861/2007 du Parlement européen et du Conseil du 11 juillet 2007 instituant une procédure européenne de règlement des petits litiges s'exerce selon la procédure de l'opposition, lorsque celle-ci est ouverte, ou, dans le cas contraire, selon des modalités procédurales similaires* ». Ceci signifie que la demande de réexamen doit donc être portée devant le *judex a quo*, c'est-à-dire le juge qui a statué dans le cadre de la procédure européenne de règlement du petit litige.

SECTION 5

BILAN D'APPLICATION DU RÈGLEMENT ET PROPOSITION DE RÉVISION DE LA COMMISSION DU 19 NOVEMBRE 2013

339.51 Un bilan décevant. Un premier rapport sur le fonctionnement du règlement CE n° 861/2007 du 11 juillet 2007 a été publié en septembre 2012 [3]. Il était l'œuvre du Réseau des Centres européens de consommateurs (ECC-Net) et évoquait déjà tant le faible [4] attrait de l'instrument qu'un certain nombre de difficultés liées à la procédure européenne de règlement des petits litiges [5]. Les principales insuffisances [6] relevées étaient les suivantes :

– un **manque de connaissance de la procédure par les juges** eux-mêmes;

– un **manque d'information et d'assistance pour les consommateurs** : selon le rapport, 47 % des juridictions et des magistrats des États membres ne connaissaient pas la procédure européenne de règlement des petits litiges. Il semble même que les juridictions ne remettent pas toujours le formulaire adapté pour entamer la procédure;

– une **procédure pas si simple** : le formulaire requis pour entamer la procédure européenne des petits litiges est complexe et provoque une difficulté de compréhension de la terminologie juridique, du choix de la loi applicable et des tribunaux compétents par les consommateurs;

– des **difficultés linguistiques**, jugées majeures par les consommateurs interrogés par le ECC-Net. La demande doit être introduite dans la ou les langues de la juridiction saisie; les formulaires sont disponibles en ligne et peuvent être automatiquement traduits, mais le demandeur doit remplir ledit formulaire dans la langue de la juridiction compétente. Aucune assistance dans la traduction n'est prévue, et le recours aux services d'un traducteur certifié est onéreux. Le règlement permet en outre au juge d'exiger une traduction d'une pièce lorsque celle-ci lui semble nécessaire pour rendre une décision ou pour que l'autre partie la comprenne;

1. L'Atlas judiciaire européen précise que les langues qu'a acceptées la France dans le cadre de l'application du règlement CE n° 861/2007 du 11 juillet 2007 sont le français, l'anglais, l'allemand, l'italien, l'espagnol. L'Allemagne, elle, n'accepte que l'allemand, comme de nombreux autres États membres n'admettent que leur(s) langue(s) officielles (par ex. Belgique, Espagne, Italie, Pologne, Portugal, Roumanie, Royaume-Uni, Slovaquie).
2. Décr. n° 2010-433, 29 avr. 2010, portant diverses dispositions en matière de procédure civile et de procédures d'exécution, *JO* 2 mai.
3. ECC-Net, *European Small Claim Procedure Report*, sept. 2012, p. 6, disponible sur le site Internet http://ec.europa.eu/consumers/ecc/docs/small_claims_210992012_en.pdf (dernière consultation : 10 déc. 2013).
4. Les ECC déclarent n'avoir pas pu obtenir d'informations auprès de 47 % des instances nationales. Lorsque des statistiques sont disponibles, elles montrent un recours faible à la procédure européenne de règlement des petits litiges.
5. L'Eurobaromètre spécial n° 395 a révélé qu'un tiers des personnes ayant répondu à l'enquête seraient davantage disposées à introduire une demande si la procédure pouvait être conduite uniquement par écrit, sans nécessité de comparaître. 45 % des entreprises ont déclaré qu'elles n'engageaient pas d'action en justice car le montant des frais de justice serait disproportionné par rapport au montant de leur demande. 7 % ne le font pas parce que la procédure judiciaire serait trop longue.
6. L'Eurobaromètre spécial n° 395 indiquait que les deux tiers des personnes qui avaient eu recours à la procédure européenne en avaient été globalement satisfaites. L'enquête signalait que 13 % des répondants étaient mécontents, 17 % avaient constaté que la juridiction saisie n'était pas bien informée de la procédure, 16 % avaient eu des difficultés à remplir les formulaires et 10 % avaient cherché de l'aide pour remplir le formulaire de demande, mais n'en avaient pas trouvé.

– **le juge peut demander une audition s'il le juge nécessaire ou si l'une des parties le requiert** : si le règlement européen prévoit que des moyens modernes de communication puissent être utilisés, le rapport souligne que « *beaucoup de cours sont dépourvues des moyens techniques* », ce qui peut entraîner des frais de déplacement parfois plus importants que la somme en jeu. Il semble que la demande d'audition soit parfois utilisée comme un moyen tactique pour le défendeur professionnel;

– **des difficultés dans l'exécution du jugement** lorsque le perdant n'exécute pas spontanément la décision. Le gagnant peut alors solliciter des mesures d'exécution forcée dans l'État dans lequel le perdant a des biens, mais les procédures nationales d'exécution sont très différentes et requièrent parfois la saisine d'un tribunal pour prononcer une mesure d'exécution forcée. La partie gagnante, qui n'est en général pas représentée dans la procédure de règlement des petits litiges, ne sait alors à qui s'adresser et redoute des frais d'exécution élevés par rapport au montant de la créance à recouvrer (d'après le rapport de l'ECC-Net, les frais d'exécution oscilleraient entre 15 et 200 euros).

Devant toutes ces difficultés de fonctionnement, la Commission européenne a tout d'abord lancé une **consultation publique** qui a pris fin le 10 juin 2013. L'objectif de la consultation était de recueillir l'avis des consommateurs et des entreprises sur le fonctionnement de la procédure et sur les moyens de l'améliorer. La Commission demeure persuadée de la nécessité d'une telle procédure, car selon elle, environ 20 % des consommateurs européens font état de la survenue, dans les douze derniers mois, d'un problème portant sur un bien, un service, un vendeur ou un fournisseur. Ils y perdraient en moyenne 375 euros par affaire. Si 60 % des consommateurs interrogés sont parvenus à une solution satisfaisante directement avec le vendeur, un quart des 40 % restants n'ont pas cherché à porter plainte. Seuls 2 % de ceux qui ont rencontré un problème ces douze derniers mois saisissent la justice en cas de problème. Parmi ceux qui y ont renoncé, 26 % invoquent la modestie des sommes en jeu, 13 % considèrent que la procédure serait trop coûteuse par rapport à la somme en jeu tandis que 12 % redoutent que la procédure ne prenne trop de temps.

La Commission a donc décidé de lancer une **révision du règlement CE** n° 861/2007 du 11 juillet 2007. Elle a présenté le 19 novembre 2013 deux documents : **un rapport** au Parlement européen, au Conseil et au Comité économique et social européen sur l'application du règlement CE n° 861/2007 du Parlement européen et du Conseil du 11 juillet 2007 instituant une procédure européenne de règlement des petits litiges [1], et une **proposition de règlement** du Parlement européen et du Conseil modifiant le règlement CE n° 861/2007 du Parlement européen et du Conseil du 11 juillet 2007 instituant une procédure européenne de règlement des petits litiges et le règlement CE n° 1896/2006 du Parlement européen et du Conseil du 12 décembre 2006 instituant une procédure européenne d'injonction de payer [2].

339.52 Des suggestions de modification importantes. La Commission européenne rappelle, dans sa proposition de règlement du Parlement européen et du Conseil du 19 novembre 2013, que « *l'Union européenne est confrontée à la plus grande crise économique qu'elle ait jamais connue* » et que « *l'amélioration de l'efficacité de la justice en son sein est devenue un important facteur de soutien à l'activité économique* » (prop. règl., p. 2). Pour la Commission, malgré les avantages que la procédure européenne de règlement des petits litiges est susceptible d'apporter (réduction du coût et de la durée de règlement des litiges), elle reste encore « *méconnue et sous-utilisée* ». Se référant à une résolution du Parlement européen de 2011 [3] qui affirmait qu'il fallait faire davantage en termes de sécurité juridique, de barrières linguistiques et de transparence des procédures et qui invitait la Commission à prendre des mesures pour faire en sorte que les consommateurs et les entreprises aient une meilleure connaissance des instruments législatifs européens existants, la Commission entend frapper fort et suggère des modifications d'envergure afin de rendre la procédure européenne de règlement des petits litiges plus attrayante et moins coûteuse. Dans son rapport de 2013 sur la citoyenneté de l'Union [4], elle évoquait également la révision du règlement petits litiges parmi les actions visant à renforcer les droits des citoyens de l'Union en facilitant la résolution des litiges portant sur des achats effectués dans un autre État membre.

Les changements proposés portent essentiellement sur cinq points :

1° Élever le plafond de 2 000 à 10 000 euros. Suite au constat du champ d'application trop restreint du règlement CE n° 861/2007 au regard de la valeur du litige, la Commission propose de fixer à 10 000 euros (au lieu de 2 000 euros actuellement) le plafond de la demande (prop. règl., art. 2 § 1). Sont-ce véritablement encore des « *petits* » litiges ? Cette élévation du plafond ne devrait pas profiter aux consommateurs, dont la valeur du litige est souvent faible (inférieure même au plafond en vigueur actuellement) [5],

1. COM (2013) 795 final, 19 nov. 2013.
2. COM (2013) 794 final, 19 nov. 2013.
3. Résolution du Parlement européen, 25 oct. 2011, sur les modes alternatifs de résolution des conflits dans les affaires civiles, commerciales et familiales, 2011/2117(INI).
4. COM (2013) 269 final, p. 15 et16.
5. Selon la Commission, les consommateurs profiteraient également de l'augmentation de plafond, car 1/5 de leurs demandes concernent des montants supérieurs à 2 000 euros.

mais plutôt aux entreprises. Selon la Commission européenne, cette modification rendrait la procédure applicable à 50 % des demandes de remboursement émanant des entreprises (contre 20 % avec l'actuel plafond de 2 000 euros). N'est-il pas risqué d'étendre le champ d'une procédure assez expéditive, sans audition des parties et sans représentation en général, à un nombre de litiges beaucoup plus élevé sans réelles garanties, et ce d'autant que la décision rendue en première instance, même si elle est susceptible d'un recours, est exécutoire immédiatement, et sans aucune formalité intermédiaire (suppression de l'*exequatur*) ?

2° Élargir la définition du litige transfrontière. Le règlement CE n° 861/2007 du 11 juillet 207 ne s'applique actuellement qu'aux litiges dans lesquels au moins une des parties a son domicile ou sa résidence habituelle dans un État membre autre que l'État membre de la juridiction saisie. Des litiges impliquant des parties domiciliées dans le même État membre, mais présentant un important élément transfrontalier, sont ainsi exclus du champ d'application du règlement. La proposition de la Commission cite les cas où le lieu d'exécution du contrat, le lieu où un fait dommageable s'est produit ou bien encore où le lieu d'exécution d'une décision s'effectue dans un autre État membre. Elle propose de rendre utilisable la procédure européenne de règlement des petits litiges dans toutes les affaires présentant un aspect transfrontalier, y compris celles impliquant des États tiers (v. prop. règl., consid. 6[1] et art. 2 § 2). L'article 3 de l'actuel règlement (relatif à la définition du litige transfrontalier) serait supprimé et l'article 2 § 2 nouveau énoncerait : « *Le présent règlement ne s'applique pas lorsque, au moment de la réception du formulaire de demande par la juridiction compétente, tous les éléments suivants, le cas échéant, se trouvent dans un seul État membre : a) le domicile ou la résidence habituelle des parties; b) le lieu d'exécution du contrat; c) le lieu où les faits sur lesquels se fonde la demande se sont produits; d) le lieu de l'exécution de la décision* ».

3° Plafonner les frais de justice. Un des risques que présente la procédure européenne d'injonction de payer est de donner lieu à des frais parfois disproportionnés par rapport à la valeur du litige. C'est pourquoi la Commission suggère de plafonner les frais de justice, qui ne devraient pas excéder 10 % du montant de la demande (consid. 13[2]), et dont le montant minimal ne devrait pas être supérieur à 35 euros. De façon extrêmement pragmatique, la Commission prévoit en outre que les frais de justice doivent pouvoir être payés en ligne, par carte de crédit, ce qui simplifiera le paiement pour les justiciables. La Commission désire ainsi « *obliger les États membres à mettre en place des moyens de paiement à distance, au minimum des systèmes de virement bancaire et des systèmes de paiement en ligne par carte de crédit* »[3] (prop. règl., consid. 14 et art. 15 *bis*).

4° Réduire les formalités administratives et les frais de déplacement. La proposition de la Commission prévoit que les demandeurs pourront à l'avenir introduire la procédure en ligne. Les échanges procéduraux pourront valablement se faire par courrier électronique. La voie électronique est aujourd'hui possible pour la demande initiale; en revanche, dans les cas où il est nécessaire de signifier ou de notifier des actes aux parties au cours de la procédure, le règlement prévoit comme principale méthode de notification le service postal avec accusé de réception, L'utilisation d'autres méthodes n'est prévue que si la notification par voie postale n'est pas possible. La signification ou notification par voie électronique doit être mise en place, selon la proposition de la Commission (v. prop. règl., consid. 8 et 9, et art. 13). En cas de nécessité d'audition[4], la télé- ou vidéocon-

1. « *La procédure européenne de règlement des petits litiges s'applique à toutes les demandes comportant un élément transfrontalier. Cela inclut les affaires dans lesquelles les deux parties sont domiciliées dans le même État membre et seul le lieu d'exécution du contrat, le lieu où le fait dommageable s'est produit ou le lieu de l'exécution de la décision se trouve dans un autre État membre. En particulier, lorsqu'en vertu du règlement CE n° 44/2001 du Conseil* [Règl. UE n° 1215/2012 du Parlement européen et du Conseil], *le demandeur peut choisir entre la compétence des juridictions de l'État membre où le défendeur et lui-même sont domiciliés et celle des juridictions de l'État membre dans lequel le contrat est exécuté ou le fait dommageable s'est produit, le fait qu'il choisisse effectivement les juridictions de l'État membre du domicile commun ne devrait pas avoir pour effet de le priver de la possibilité de recourir à la procédure européenne de règlement des petits litiges, qui pourrait autrement être utilisée. En outre, la procédure européenne de règlement des petits litiges devrait également pouvoir être utilisée dans les affaires introduites devant des juridictions d'États membres de l'UE par ou à l'encontre de ressortissants de pays tiers.* »
2. Le considérant 13 ajoute que le « *présent règlement n'a pas pour objectif d'harmoniser les frais de justice; il fixe seulement une limite maximale pour les frais de justice de manière à rendre la procédure accessible à une grande partie des demandeurs, tout en laissant aux États membres un large pouvoir d'appréciation quant au choix de la méthode de calcul des frais de justice et à leur montant* ».
3. Prop. règl. 19 nov. 2013, p. 9.
4. Le considérant 11 de la proposition de règlement énonce en effet que, « *afin de préserver les droits procéduraux des parties, une audience devrait toujours être organisée si l'une au moins des parties le demande lorsque le montant de la demande est supérieur à 2 000 euros* ». L'article 5 § 2 nouveau du règlement disposerait que « *la procédure européenne de règlement des petits litiges est une procédure écrite. La juridiction tient une audience si elle estime qu'il n'est pas possible de rendre la décision sur la base des preuves écrites présentées par les parties ou si l'une des parties en fait la demande. Elle peut rejeter cette demande si elle estime que, compte tenu des particularités de l'espèce, une audience est inutile pour garantir le déroulement équitable* ▶

férence doivent devenir systématiques (consid. 12 et art. 8). La Commission entend en effet imposer aux juridictions l'obligation d'utiliser la vidéoconférence, la téléconférence et d'autres moyens de communication à distance pour les audiences et pour l'obtention des preuves [1].

5° Relations entre une injonction de payer européenne préalable et la procédure européenne de règlement des petits litiges. On sait que lorsque le défendeur à l'injonction de payer européenne a fait opposition à celle-ci dans les délais, la procédure d'injonction prend fin et il est alors recouru à la procédure civile ordinaire, sauf si le demandeur a expressément demandé qu'il soit mis un terme à la procédure dans ce cas. La Commission suggère de modifier l'article 17 du règlement CE n° 1896/2006 du Parlement européen et du Conseil du 12 décembre 2006 instituant une procédure européenne d'injonction de payer afin d'y ajouter que, lorsqu'un litige relève de la procédure européenne de règlement des petits litiges, cette dernière peut être utilisée par la partie qui avait sollicité et obtenu une injonction de payer européenne contre laquelle l'adversaire a formé une opposition. Il deviendrait ainsi possible d'enchaîner les deux procédures : d'abord l'injonction de payer européenne, mais cette dernière étant subordonnée à l'absence de contestation du défendeur, l'opposition de ce dernier conduit à un renvoi à la procédure civile ordinaire. Cette procédure civile ordinaire pourrait être remplacée par la procédure européenne de règlement des petits litiges si le différend entre dans le champ d'application de cet instrument (v. prop. règl., consid. 16 et art. 29).

En outre, la proposition de règlement présentée par la Commission présente quelques autres points tendant à améliorer le fonctionnement de la procédure et à en réduire les coûts : ainsi, l'obligation de traduire le formulaire D contenant le certificat d'exécution serait limitée à une seule partie dudit formulaire, sa section 4.3 (qui concerne le contenu de la décision à exécuter). En effet, la partie qui demande l'exécution d'une décision doit aujourd'hui faire traduire le certificat d'exécution contenu dans le formulaire D par un traducteur certifié dans la langue de l'État membre d'exécution (peu d'États membres acceptent le formulaire D dans d'autres langues que la leur; la France en fait partie). Pour éviter ces frais de traduction, la proposition souhaite donc limiter celle-ci au point 4.3 du certificat.

De même, la Commission souhaite que soient imposées aux États membres des obligations d'information concernant les **frais de justice**, leur mode de paiement, les possibilités d'obtenir une assistance pratique pour compléter les formulaires (v. prop. règl., art. 11). Les États membres devront communiquer tous ces renseignements à la Commission, qui sera à son tour de tenue de les mettre à la disposition du public afin d'« *améliorer la transparence et, en définitive, l'accès à la justice* » [2].

339.53 **Conclusion.** L'étude des deux règlements adoptés en 2006 et 2007 (injonction de payer européenne et procédure européenne pour le règlement des petits litiges) atteste que les institutions européennes entendent influer de plus en plus sur la procédure civile applicable dans les États membres. Après avoir élaboré des règles de droit international privé (compétence juridictionnelle, reconnaissance et exécution des jugements), elles s'engagent sur le terrain de la création de **procédures spécifiques** dont la Commission aurait souhaité qu'elles s'appliquent non pas seulement aux litiges transfrontaliers, mais également aux litiges internes. D'ailleurs, la proposition de règlement du 19 novembre 2013 révisant les règlements CE n° 861/2007 du 11 juillet 2007 et, plus modestement, un article du règlement CE n° 1896/2006 du 12 décembre 2006, énonce dans son considérant 7 que « *le présent règlement ne devrait s'appliquer qu'aux litiges transfrontaliers, mais rien ne devrait s'opposer à ce que les États membres appliquent des dispositions identiques aux procédures purement internes en cas de demandes d'un faible montant* ». Autrement dit, les procédures européennes intégrées devraient servir de modèle aux droits nationaux pour les litiges purement internes.

Ceci montre que l'objectif de la Commission, à moyen terme, est d'harmoniser les procédures civiles

▶ *de la procédure. Ce refus est motivé par écrit. Il ne peut pas être contesté séparément d'un recours à l'encontre de la décision elle-même. La juridiction ne peut pas rejeter une demande d'audience lorsque : a) le montant de la demande est supérieur à 2 000 euros, ou b) les deux parties indiquent être disposées à conclure une transaction judiciaire et demandent une audience à cet effet* ». En outre, un nouvel article 8 énoncerait que « *1. Lorsque la partie à l'audience est domiciliée dans un État membre autre que celui de la juridiction compétente, l'audience se tient par vidéoconférence, par téléconférence ou par toute autre technologie appropriée de communication à distance, conformément au règlement CE n° 1206/2001 du Conseil. 2. Une partie est toujours en droit de comparaître et d'être entendue en personne devant la juridiction si elle en fait la demande* ».

1. Sur l'obtention des preuves, v. prop. règl., nouv. art. 9 : « *1. La juridiction détermine les moyens d'obtention des preuves et l'étendue des preuves indispensables à sa décision dans le cadre des règles applicables à l'admissibilité de la preuve. Elle peut admettre l'obtention de preuves par déclarations écrites de témoins, d'experts ou de parties. Lorsque l'obtention de preuves implique d'entendre une personne, cette audience se déroule conformément aux conditions énoncées à l'article 8. 2. La juridiction ne peut obtenir des preuves par expertise ou témoignage oral que s'il n'est pas possible de rendre la décision sur la base des preuves présentées par les parties. 3. La juridiction opte pour le moyen d'obtention des preuves le plus simple et le moins contraignant* ».

2. Prop. règl. 19 nov. 2013, p. 10.

nationales afin de permettre un égal accès à la justice et une égale qualité de justice dans tous les États membres. D'ailleurs, dans le programme de Stockholm pour 2010-2014, le Conseil européen soulignait « *la nécessité d'établir des normes minimales communes ou des règles-types de procédure civile pour l'exécution transfrontière des jugements et décisions* »[1]. Que restera-t-il bientôt de l'autonomie procédurale des États membres ?

1. Programme de Stockholm, point 3.3.2.

TITRE

34. L'administration judiciaire de la preuve

SECTION 0
ORIENTEUR

34.00 **Plan du titre.**

340.06 **Archaïsme du Code de procédure civile (ancien).** Dans le procès civil, la preuve des faits invoqués revêt une importance décisive, en ce qu'elle conditionne la solution du litige. Indépendamment de la règle de droit sur laquelle l'action est fondée, celle-ci ne peut en effet aboutir qu'à la condition que les faits allégués soient démontrés.

Or, sous l'empire du Code de procédure civile (ancien) de 1806, inspiré une fois de plus de l'ordonnance royale de 1667, l'administration judiciaire de la preuve se caractérisait par un formalisme excessif et la diversité des procédures.

En outre, celles-ci, considérées comme des incidents, supposaient pour être exercées, que le procès soit déjà engagé.

À ces sources de lenteur, s'ajoutait le caractère accusatoire de la procédure civile française qui, de ce fait, n'était pas favorable à la production forcée de pièces par les parties ou, *a fortiori*, par des tiers; le juge, simple arbitre, ne pouvait l'ordonner, pas plus qu'il ne pouvait ordonner d'office une mesure d'instruction.

Des réformes disparates (L. 23 mai 1942 [1], relative à la comparution personnelle - Décr.-L. 30 oct. 1935 et L. 15 juill. 1944, donnant au juge chargé de suivre la procédure le pouvoir d'ordonner même d'office une mesure d'instruction) avaient certes cherché à pallier les défauts ou les archaïsmes les plus importants, mais sans grand succès, les pratiques antérieures perdurant de la part aussi bien des parties que du juge : ainsi à Paris, certains juges n'acceptaient d'ordonner une expertise qu'avec l'accord du défendeur; en cas de refus de celui-ci, il fallait donc s'en remettre au juge du fond.

Il a fallu attendre le décret du 17 décembre 1973 et le Nouveau Code de procédure civile pour que soit mis en place un régime nouveau de l'administration de la preuve, différent du système antérieur non seulement dans ses modalités mais aussi dans ses principes directeurs.

340.07 **Principes directeurs de la preuve.** La réforme de 1973 s'inscrit dans la refonte générale de notre procédure civile dont l'idée fondamentale est l'accroissement des pouvoirs du juge, duquel on espère une accélération du procès, et corollairement, le déclin de son caractère accusatoire, les parties, voire

1. L. 23 mai 1942, sur la comparution personnelle des parties devant les tribunaux, *JO* 11 juin, p. 2034.

les tiers, devant de plus en plus se soumettre aux décisions du juge.

Le premier des principes directeurs relatifs aux preuves est traditionnel : la charge de la preuve incombe à celui qui invoque un fait ou un acte. Il figure à l'article 1315 du Code civil et est repris par l'article 9 C. pr. civ. On notera simplement que l'absence de contestation permet de considérer le fait comme acquis[1].

Plus nouveau est le principe posé par l'article 10 C. pr. civ. : « *Le juge a le pouvoir d'ordonner d'office toutes les mesures d'instruction légalement admissibles.* » On trouvait certes, mais éparses, des dispositions du Code de procédure civile (ancien) accordant de tels pouvoirs au juge. L'article 10 leur donne une portée générale.

Plus important apparaît l'article 11 C. pr. civ., qui est le prolongement de l'article 10 du Code civil, modifié par la loi du 5 juillet 1972, aux termes duquel chacun est tenu d'apporter son concours à la justice en vue de la manifestation de la vérité, sauf, précise l'article 11, au juge à tirer toute conséquence d'une abstention ou d'un refus.

Son second alinéa se veut plus novateur encore : le juge peut contraindre celui qui refuse de se soumettre à cette obligation à s'exécuter, au besoin à peine d'astreinte ou d'amende civile, sans préjudice de dommages-intérêts. Cependant il ne s'agit que d'une simple faculté pour le juge, relevant de son pouvoir discrétionnaire[2]. Cette règle vaut aussi bien pour les mesures d'instruction que pour la production de pièces, amenant le législateur à aménager les dispositions relatives aux unes et aux autres.

Quant aux pièces, ont été simplifiés ou refondus les chapitres traitant de leur communication entre les parties (C. pr. civ., art. 132 s.), de leur obtention lorsqu'elles sont détenues par un tiers (C. pr. civ., art. 138 s.) ainsi que les procédures relatives à la preuve littérale que la contestation porte sur un acte sous seing privé (C. pr. civ., art. 287 s.) ou sur un acte authentique (C. pr. civ., art. 303 s.).

Quant aux mesures d'instruction (C. pr. civ., art. 143 s.), la réforme a été plus profonde encore : simplification et souplesse des procédures, renforcement et diversification des pouvoirs du juge en constituent les caractéristiques essentielles.

1. Soc. 16 nov. 1972, n° 72-40.080, *Bull. civ.* V, n° 626.

2. Civ. 1re, 4 déc. 1973, n° 72-13.385, *Bull. civ.* I, n° 336.

CHAPITRE

341. Pièces

JEAN-PAUL LACROIX-ANDRIVET
Président de la première chambre civile
à la cour d'appel d'Aix-en-Provence

SECTION 0

ORIENTEUR

341.00 Plan du chapitre.

341.01 Principaux textes applicables.
C. pr. civ., art. 132 à 142, 285 à 316.

SECTION 1

COMMUNICATION DES PIÈCES ENTRE LES PARTIES

341.10 Production et communication : terminologie. La pratique confond assez fréquemment ces deux concepts, il est vrai assez voisins, favorisée en cela par la place qu'occupe la communication des pièces dans le Code de procédure civile, c'est-à-dire au début du titre VII, consacré à l'administration judiciaire de la preuve.

Pourtant, même si elle peut avoir un lien avec les problèmes de preuve, la communication se rattache essentiellement au principe du contradictoire, alors que la production consiste, elle, à verser une pièce afin d'établir la véracité du fait que l'on invoque.

Quoi qu'il en soit, communication ou production de pièces peuvent donner, l'une comme l'autre, lieu à incidents, dont on verra qu'ils sont réglés par le Code de manière similaire, bien qu'ils recouvrent des réalités assez différentes, le défaut de production consistant à ne pas verser une pièce aux débats, le défaut de communication à ne pas transmettre à un adversaire une pièce déjà produite au tribunal ou que l'on invoque dans ses écritures.

§ 1 Production volontaire

A. Nécessité de communiquer les pièces dont on fait état

341.11 Textes applicables. Expression du contradictoire (v. C. pr. civ., art. 15), la communication des pièces est inhérente à la loyauté des débats : une pièce ne peut être versée au juge sans avoir été préalablement communiquée à son adversaire. sauf, bien sûr, si celui-ci ne comparaît pas, auquel cas il ne saurait être fait grief au demandeur de ne pas lui avoir communiqué ses pièces.[1]

Le principe est posé par l'article 132 C. pr. civ. qui oblige celui qui fait état d'une pièce à la communiquer à toute autre partie à l'instance, l'alinéa 2 insistant sur la spontanéité de la communication. Il faut noter que le décret n° 2009-1524 du 9 décembre 2009[2] a supprimé le troisième alinéa de l'article 132 et que les pièces doivent donc être intégralement communiquées en appel et non pas seulement si l'adversaire le demande. En outre, selon l'avis de la Cour de cassation du 25 juin 2012[3], doivent être écartées les pièces qui ne sont pas communiquées simultanément à la notification des conclusions, précisant dans un nouvel avis que le conseiller de la mise en état n'était pas compétent pour en connaître[4]. Par ailleurs, on ne peut reprocher à une partie de ne pas avoir elle-même levé un document publié aux hypothèques dès lors qu'il avait fait l'objet d'une communication incomplète de la part de la partie adverse[5].

On ne saurait mieux mettre en lumière le caractère obligatoire de la communication, dont la jurisprudence a logiquement conclu qu'elle s'impose même si la pièce émane de l'autre partie dès lors qu'elle est le fondement de la demande[6].

341.12 **L'office du juge.** Le juge ne peut, à peine d'annulation de sa décision, se fonder sur une pièce non communiquée, quand bien même aurait-il la certitude que la partie à l'encontre de laquelle elle est invoquée en a eu connaissance ou qu'il est fait référence de cette pièce dans une autre pièce communiquée[7]. Il doit donc soit s'assurer qu'elle a été dans le débat soit la soumettre à la discussion contradictoire des parties[8]. Il ne peut donc écarter des débats des pièces dont il n'a pas la preuve de la communication sans avoir invité les parties à s'expliquer sur les conditions de leur remise[9]. Le juge ne peut se contenter de relever que le bordereau est annexé aux écritures lorsqu'une partie demande qu'il soit fait injonction à son adversaire de communiquer ses pièces en faisant valoir, sans être contestée, qu'elle a en vain demandé cette communication par voie de sommation[10].

Par contre, il ne peut être reproché au juge d'avoir rejeté une demande en constatant que, ainsi que le soutenait le défendeur, les pièces étaient en langue allemande[11]. Faute de la production d'une traduction en langue française, le juge ne viole pas le principe de la contradiction en écartant, dans l'exercice de son pouvoir souverain, un document écrit en langue étrangère[12].

Enfin, il ne saurait être fait grief au demandeur de ne pas avoir communiqué ses pièces dès lors que le défendeur n'a pas comparu[13].

B.
Preuve de la communication

341.21 **Bordereau de communication.** La preuve de la communication des pièces, qui, dans un débat loyal, ne devrait pas générer de difficultés, est, dans la pratique, une cause fréquente d'incident, faute de rigueur. En effet, chaque avocat qui communique des pièces doit normalement les énumérer sur un bordereau qu'il verse aux débats et dont il remet copie au tribunal; ainsi les parties adverses et le juge sont à même de s'assurer de la réalité de la communication.

Cette formalité simple n'étant pas toujours respectée, le décret du 28 décembre 1998 l'a institutionnalisée en prévoyant que le bordereau doit être annexé à l'assignation (C. pr. civ., art. 56 mod.), puis aux conclusions (C. pr. civ., art. 753 mod.).

Le législateur a ainsi nettement manifesté son intention de voir disparaître les incidents relatifs à la communication, maintenant en outre l'obligation, déjà imposée par l'article 56 alinéa 2 C. pr. civ. dans sa formulation antérieure, d'indiquer dans l'assignation les pièces sur lesquelles la demande est fondée.

Malheureusement, la Cour de cassation a estimé que le défaut d'indication de pièces et de production du bordereau n'était pas sanctionné par la nullité[14], vidant ainsi de sa substance cet aspect de la réforme de 1998. Il est donc à craindre, sauf modification du dernier alinéa de l'article 56 C. pr. civ., que les difficultés relatives à la production des pièces perdurent et notamment celle de la preuve de la communication.

1. Civ. 2e, 9 juin 2005, n° 03-15.767, *Bull. civ.* II, n° 151.
2. Décr. n° 2009-1524, 9 déc. 2009, relatif à la procédure d'appel avec représentation obligatoire en matière civile, *JO* 11 déc., p. 21386.
3. Cass., avis, 25 juin 2012, n° 12-00.005, *Bull. avis*, n° 5.
4. Cass., avis, 21 janv. 2013, n° 12-00.017, *Bull. avis*, n° 4; *JCP* 2013. Actu. 135, obs. Gerbay.
5. Civ. 3e, 27 sept. 2006, n° 05-16.451, *Bull. civ.* III, n° 192.
6. Civ. 2e, 10 oct. 1990, n° 89-15.723, *Bull. civ.* II, n° 192; *Gaz. Pal.* 1991. Somm. 356, obs. Croze et Morel.
7. Versailles, 29 juill. 1998, *Gaz. Pal.* 24-26 oct. 1999. Somm. 28.
8. Civ. 2e, 23 sept. 2004, n° 03-13.219, n° 01-12.964, *Bull. civ.* II, n° 427; *Gaz. Pal.* 2005. Somm. 1404.
9. Civ. 2e, 30 avr. 2009, n° 08-14.564, *Bull. civ.* II, n° 109; *D.* 2010. 989, obs. Douchy-Oudot; *Gaz. Pal.* 2009. Somm. 3975, n° 321.
10. Civ. 1re, 6 mars 2013, n° 12-14.488, *Bull. civ.* I, n° 38; *Gaz. Pal.* 2013. Jur. 1795, note Herman.
11. Civ. 1re, 22 oct. 2009, n° 08-17.525, *Bull. civ.* II, n° 210; *D.* 2009. 2614; *Gaz. Pal.* 2009. Somm. 3975, n° 365.
12. Civ. 2e, 29 sept. 2011, n° 10-14.968, *Bull. civ.* II, n° 178; *Gaz. Pal.* 2012. Chron. 870, obs. Mayer.
13. Civ. 2e, 9 juin 2005, n° 03-15.767, *Bull. civ.* II, n° 151.
14. Civ. 2e, 3 avr. 2003, n° 00-22.066, *Bull. civ.* II, n° 94; *D.* 2003. IR 1134; *Procédures* 2003. Comm. 132, note Perrot.

341.22 **Présomption de régularité.** La jurisprudence l'a résolue par la présomption de régularité de la communication lorsque les pièces ont été visées dans des conclusions régulièrement signifiées sans soulever de contestation[1] ou, à défaut, lorsque les juges se sont fondés sur les documents dont la communication n'a pas donné lieu à contestation[2].

À l'inverse, toutefois, une décision ne peut se fonder sur une pièce s'il ne ressort pas des mentions de cette décision ou du dossier qu'elle a été communiquée ou portée à la connaissance de la partie adverse[3].

Il y a lieu de relever que la présomption de régularité de la communication a été étendue à la production des pièces, ce qui a suscité la critique de M. Perrot[4].

On a vu, enfin, qu'en cause d'appel, le troisième alinéa de l'article 132 a été supprimé par le décret du 9 décembre 2009. Il en résulte que la jurisprudence applicable en première instance l'est désormais également en appel.

§ 2
Production forcée

341.30 **Incidents.** La plupart du temps, les pièces sont versées aux débats dans des conditions régulières, ce qui est conforme non seulement à la loyauté de ceux-ci mais aussi, le plus souvent à l'intérêt de celui qui entend démontrer la véracité d'un fait.

Mais peuvent survenir des incidents et il convient alors de distinguer deux situations assez différentes, selon qu'ils aient trait à la communication ou à la production.

A.
Injonction de communiquer

341.31 **Défaut de communication.** Il consiste, on l'a déjà indiqué plus haut, à remettre une pièce au tribunal et, le cas échéant, à certains avocats (en cas de pluralité de défendeurs), et pas aux avocats des autres parties, ou, au moins, à certains d'entre eux.

L'ancien Code de procédure civile (ACPC, art. 188 à 191) réglait le problème, de manière peu satisfaisante, par le jeu d'une exception soulevée par celui qui soutenait qu'une pièce ne lui avait pas été communiquée par son adversaire et qui avait pour effet de paralyser la procédure jusqu'à ce que ce dernier s'exécute.

Cette procédure aussi inefficace que dangereuse pour celui qui avait intérêt à ce que l'instance suive son cours a été abandonnée par le [Nouveau] Code de procédure civile qui lui a substitué un simple incident. Désormais, il peut être demandé au juge d'enjoindre la communication (C. pr. civ., art. 133).

Cette demande peut être faite sans aucun formalisme : une simple lettre suffit pour saisir le juge (conseiller) de la mise en état[5]. Mais cette absence de formalisme ne dispense pas de demander l'injonction dans ses écritures, sans se contenter d'alléguer un défaut de communication[6]. En outre, pour que son injonction ait plus de poids, le juge peut l'assortir d'une astreinte quant au délai et aux modalités de la communication (C. pr. civ., art. 134).

Même si l'injonction et l'astreinte devaient s'avérer inutiles, on a toujours intérêt à invoquer le défaut de communication. En cas d'abstention en effet la présomption de régularité jouerait (v. s^s^ n° 341.22) et on ne pourrait ériger sa propre carence en grief[7] et ce d'autant plus que, si l'adversaire n'obtempère pas, le tribunal devra écarter les pièces non communiquées.

Il pourra même le faire si la communication n'a pas été faite en temps utile, ainsi que le précise l'article 135 : les pièces communiquées la veille ou le jour de la clôture malgré plusieurs injonctions peuvent être écartées des débats[8], dès lors qu'est caractérisée pour la partie adverse l'impossibilité d'étudier ces pièces et de réagir[9].

Par contre la cour d'appel qui écarte des conclusions signifiées et des pièces communiquées le jour de la clôture viole le principe du contradictoire si elle prend en considération les pièces visées par l'adversaire dans des conclusions signifiées sept jours auparavant alors qu'il était demandé de les rejeter dans les conclusions écartées des débats[10]. Il incombe en effet au juge de préciser les circonstances particulières qui auraient empêché l'adversaire de discuter les pièces ainsi communiquées afin de caractériser l'atteinte portée au principe de la contradiction[11]. Dès lors qu'il résulte des constatations souveraines du juge du fond que les pièces n'ont pas été communiquées en

1. Civ. 2e, 17 oct. 1979, n° 78-14.080, *Bull. civ.* II, n° 240; *D.* 1981. IR 80, obs. Breton.
2. Civ. 2e, 27 avr. 1974, n° 73-11.533, *Bull. civ.* II, n° 140.
3. Civ. 3e, 10 juin 1976, *Gaz. Pal.* 1977. 1. 117, note Viatte.
4. Civ. 2e, 20 mai 1978, n° 76-14.854, *Bull. civ.* II, n° 131; *RTD civ.* 1979. 430, obs. Perrot.
5. Paris, 24 oct. 1979, *Bull. ch. avoués* 1979. 4. 17.
6. Civ. 1re, 26 sept. 2007, n° 06-15.954, *Bull. civ.* I, n° 306; *Gaz. Pal.* 2008. Somm. 1161; *JCP* 2007. IV. 2928.
7. Civ. 1re, 8 juill. 2003, n° 02-11.641, *Bull. civ.* I, n° 163; *RTD civ.* 2003. 687, obs. Hauser; *RTD civ.* 2004. 137, obs. Perrot.
8. Civ. 2e, 2 févr. 1977, n° 75-13.910, *Bull. civ.* II, n° 25 – Civ. 2e, 9 juin 1977, *Bull. civ.* II, n° 50; *RTD civ.* 1977. 820, obs. Perrot.
9. Com. 28 sept. 2004, n° 01-12.030, *Bull. civ.* IV, n° 174; *D.* 2004. IR 2761.
10. Civ. 3e, 5 mars 2003, n° 99-18.736, *Bull. civ.* III, n° 56.
11. Civ. 1re, 17 févr. 2004, n° 01-16.659, *Bull. civ.* I, n° 53; *D.* 2004. 1995, note Bolze.

temps utile au sens des articles 15 et 135 C. pr. civ. il ne saurait lui être fait grief de les avoir écartées des débats[1]. Alors que, jusqu'ici, le juge disposait d'un pouvoir discrétionnaire pour ordonner ou non la production d'une pièce détenue par une partie[2] et, qu'en l'absence d'incident, il n'était pas tenu, en présence d'une simple allégation contenue dans les écritures d'enjoindre à une partie de produire une pièce[3], il apparaît désormais obligé, ainsi que l'on vient de le voir (v. s[s] n° 341.12), d'ordonner la communication sollicitée.

En tout cas, c'est au juge et à lui seul (et non à une personnalité choisie par les parties, tel le bâtonnier) qu'il incombe de statuer sur les différends relatifs à la communication[4].

341.32 Défaut de restitution. Le législateur a envisagé un autre incident de communication : une partie ne restitue pas une pièce qui lui a été communiquée.

La solution apportée par l'article 136 C. pr. civ. est assez vague qui prévoit simplement que cette partie peut être contrainte à restituer une telle pièce, éventuellement sous astreinte. L'article 137 précise que l'astreinte, qu'elle sanctionne un défaut de restitution ou un défaut de communication, peut être liquidée par le juge qui l'a prononcée, à condition qu'il reste saisi de l'affaire ou qu'il s'en soit expressément réservé le pouvoir, faute de quoi la liquidation relève du juge de l'exécution (L. 9 juill. 1991, art. 35).

B.
Production des pièces détenues par une partie

341.41 Hypothèse. Il s'agit là d'une hypothèse différente de la précédente, consistant à demander à une partie de produire une pièce dont elle ne fait pas état dans ses écritures et que bien entendu elle n'entend pas communiquer spontanément, pour des motifs qui lui sont propres.

341.42 Modalités de l'article 142 du Code de procédure civile. Innovation remarquable et révélatrice de l'intention du législateur d'instaurer un débat loyal, les dispositions de l'article 142 C. pr. civ. permettent désormais de solliciter la production des éléments de preuves détenues par une partie.

Les conditions de mise en œuvre de ce texte sont les mêmes que celles relatives à l'obtention d'une pièce détenue par un tiers (v. s[s] n°s 341.50 s.); on relèvera seulement que, prolongement de l'article 11 C. pr. civ., l'article 142 emploie, s'agissant d'une partie, une formule plus large, les « *éléments de preuve* », que celles employées à l'égard des tiers : « *tous documents* » aux termes de l'article 11 ou « *pièce* » selon l'article 138 C. pr. civ.

Le comportement contraire à la loyauté des débats d'une partie qui communique le jour de la clôture une pièce qu'elle détient depuis plusieurs mois sera sanctionné par le rejet de cette pièce[5].

On notera aussi que le législateur n'a pas mentionné l'absence d'empêchement légitime qu'il a expressément prévu pour le tiers (C. pr. civ., art. 11 *in fine*) et la jurisprudence dominante en conclut que l'empêchement légitime ne peut être invoqué par le défendeur à l'incident[6].

Il n'en demeure pas moins que, la demande de production relevant du pouvoir discrétionnaire du juge, celui-ci, pour en apprécier le bien-fondé, s'assurera qu'elle ne se heurte pas à un intérêt supérieur, tel que le secret professionnel.

À cet égard, la chambre sociale a adopté une position plus radicale allant jusqu'à affirmer que le pouvoir du juge est limité par l'existence d'un empêchement légitime[7].

Par contre, la production forcée peut être demandée à une des sociétés d'un même groupe sans avoir à rechercher si la pièce est détenue par cette société ou par une autre société du groupe[8].

Une question subsiste : le juge peut-il agir d'office ? À s'en tenir à la lettre des textes (C. pr. civ., art. 11 : « *à la requête de l'autre partie* » – C. pr. civ., art. 142 : « *les demandes de production* [...] »), la réponse est négative, ce que confirme l'article 765 C. pr. civ. qui mentionne seulement que le juge de la mise en état peut se faire communiquer l'original des pièces versées aux débats ou en demander copie, l'article 763 lui confiant, d'autre part, la mission générale de veiller à la ponctualité de la communication des pièces (C. pr. civ., art. 910, qui adopte la même solution pour le conseiller de la mise en état, lorsque la représentation est obligatoire).

Pourtant, des dispositions relatives à d'autres juridictions apportent une réponse inverse et ce dans les mêmes termes : le magistrat chargé d'instruire l'affaire en appel lorsque la représentation n'est pas obligatoire (C. pr. civ., art. 940), le juge rapporteur en matière commerciale (C. pr. civ., art. 862) ou le conseiller rapporteur en matière prud'homale (C. trav.,

1. Cass., ch. mixte, 3 févr. 2006, n° 04-30.592, *Bull. ch. mixte*, n° 2; *D.* 2006. 1268, note Bolze; *RTD civ.* 2006. 376, obs. Perrot.
2. Civ. 2e, 16 oct. 2003, n° 01-13.770, *Bull. civ.* II, n° 307.
3. Civ. 1re, 2 mars 2004, n° 02-17.777, *Bull. civ.* I, n° 72; *D.* 2004. IR 853.
4. Civ. 2e, 15 déc. 2011, n° 10-25.437, *Bull. civ.* II, n° 213; *RTD civ.* 2012. 148, obs. Perrot.
5. Civ. 2e, 2 déc. 2004, n° 02-20.194, *Bull. civ.* II, n° 514; *Gaz. Pal.* 2005. Somm. 2191.
6. Com. 19 juin 1990, n° 88-19.618, *Bull. civ.* IV, n° 179; *D.* 1992. 32, obs. Vasseur.
7. Soc. 27 janv. 1999, n° 96-44.460, NP; *D.* 2011. 2532, obs. Avena-Robardet; *Procédures* mai 1999, n° 124, obs. Sportouch.
8. Civ. 2e, 23 sept. 2004, n° 02-15.782, *Bull. civ.* II, n° 428.

art. R. 1454-3) peuvent mettre les parties en demeure de produire tous documents ou justifications propres à éclairer la juridiction qui tirera toute conséquence d'un refus (pour une opinion contraire, v. s[s] n° 221.104).

On constate donc que le législateur apporte des solutions différentes selon que la représentation est ou non obligatoire : si le juge peut porter secours à un plaideur inexpérimenté, tel n'est pas le cas lorsque ce dernier est représenté par un avocat. À défaut d'injonction, le juge peut toujours inviter une partie à fournir des éléments de nature à l'éclairer[1].

Il faut enfin noter que le recours en rétractation que l'article 141 offre aux tiers est logiquement exclu pour la partie à laquelle la production de pièces est demandée mais qui pourra naturellement exercer les voies de recours habituelles : appel et, le cas échéant, pourvoi en cassation[2].

341.43 Conséquences d'un refus. Il semble, là encore, qu'il faille opérer un distinguo selon les cas. On vient de le voir, lorsque la représentation n'est pas obligatoire, la juridiction de jugement peut « *tirer toute conséquence* » du refus de produire le document exigé.

Par contre les textes de portée générale, c'est-à-dire l'article 11 alinéa 2 C. pr. civ. et l'article 142 ne reprennent pas la formule, envisageant l'astreinte comme seul moyen coercitif.

Même si l'on peut le regretter, il est difficile d'extrapoler, en interprétant ces dispositions de manière extensive, et ce d'autant plus que l'article 11, premier alinéa, permet, lui, au juge de tirer toute conséquence d'un refus par une partie d'apporter son concours à une mesure d'instruction. Dès lors que, dans le même article, le législateur a mentionné cette possibilité dans un cas et pas dans l'autre, il ne peut, à l'évidence, s'agir d'une simple omission.

Pourtant, dans le cadre des mesures *in futurum*, la jurisprudence n'hésite pas à assimiler la production forcée d'une pièce à une mesure d'instruction (v. s[s] n°s 111.141 s.); bel exemple de pragmatisme judiciaire qui autoriserait donc, dans une telle hypothèse, le juge à tirer toutes conséquences d'un refus.

SECTION 2
OBTENTION DES PIÈCES DÉTENUES PAR UN TIERS

341.50 Textes. Le législateur (Décr. 9 sept. 1971, art. 11[3] – et L. 5 juill. 1972, art. 12[4], modifiant C. civ., art. 10) a donné une portée générale à l'ancienne procédure du compulsoire destinée à se faire délivrer par un officier public une expédition ou une copie d'un acte auquel on n'était pas partie. Ces textes permettent de requérir du juge qu'il ordonne la production de tous documents détenus par des tiers.

On perçoit aisément la portée pratique d'un tel principe qui permet d'obtenir non seulement d'un notaire mais de n'importe quel particulier un document, qu'il n'aurait sans doute pas remis sans l'intervention du juge. Ainsi, par exemple, un créancier peut désormais demander au juge qu'il ordonne à l'employeur de son débiteur d'aliments la remise des bulletins de paie de celui-ci.

Cela étant, ces dispositions remarquables supposent, pour trouver application que plusieurs conditions soient réunies, indépendamment de l'appréciation du juge.

§ 1
Conditions de la demande

341.51 Nécessité d'une requête. L'article 11 C. pr. civ. mentionne expressément que le juge ne peut ordonner une telle mesure qu'à la requête d'une des parties, ce que confirme, quoique de manière moins précise, l'article 138.

Ce qui vaut pour la production forcée d'une pièce par une partie (v. s[s] n°s 341.41 s.) vaut *a fortiori* lorsqu'il s'agit d'un tiers au procès. Contrairement au juge administratif ou au juge pénal, le juge civil ne peut ordonner d'office la production d'une pièce détenue par un tiers alors que l'article 10 lui permet d'ordonner d'office toutes les mesures d'instruction légalement admissibles. Il faut noter cependant que l'article L. 143 du Livre des procédures fiscales n'interdit pas formellement cette possibilité lorsqu'il s'agit d'ordonner à l'administration des impôts la communication de tous les documents d'ordre fiscal dont la production est utile à la solution du litige.

Il ne peut donc être reproché au juge de ne pas avoir ordonné la production d'une pièce qui ne lui avait pas été demandée[5]. Non seulement la requête d'une partie est nécessaire, mais encore doit-elle être précise, même si l'article 139 n'exige aucun formalisme : les actes ou pièces dont la production est demandée doivent être suffisamment déterminés pour être identifiés[6], ne serait-ce que pour que le juge puisse apprécier l'intérêt de la demande et que le tiers puisse la satisfaire.

1. Civ. 2e, 12 oct. 2006, n° 05-12.835, *Bull. civ.* II, n° 267; *RTD civ.* 2007. 179, obs. Perrot; *JCP* 2006. IV. 3141, p. 2066.
2. Civ. 2e, 20 mars 1974, n° 73-10.085, *Bull. civ.* II, n° 100.
3. Décr. n° 71-740, 9 sept. 1971, instituant de nouvelles règles de procédure destinées à constituer partie d'un Nouveau Code de procédure civile, *JO* 11 sept., p. 9072.
4. L. n° 72-626, 5 juill. 1972, instituant un juge de l'exécution et relative à la réforme de la procédure civile, *JO* 9 juill., p. 7181.
5. Civ. 1re, 21 oct. 1975, n° 74-12.739, *Bull. civ.* I, n° 281.
6. Civ. 2e, 15 mars 1979, n° 77-15.381, n° 78-10.294, *Bull. civ.* II, n° 88; *RTD civ.* 1979. 664, obs. Perrot.

341.52 Objet de la requête. Si l'article 11 C. pr. civ. parle de « *tous documents* », l'article 138 est plus précis : la requête peut porter sur un acte authentique ou sous seing privé auquel on n'a pas été partie ou sur une pièce.

Quant à la demande d'acte, la jurisprudence se montre stricte : elle ne peut émaner que d'un plaideur qui n'a pas été partie à cet acte, sinon il doit normalement détenir une expédition, une copie, voire un original de cet acte[1].

En outre, seule peut être demandée la production de l'acte lui-même et non de son expédition[2].

Quant aux pièces, également visées par l'article 138, la jurisprudence est abondante. Elle fait droit à la demande de production lorsque celle-ci apparaît indispensable à la manifestation de la vérité et qu'elle constitue pour le demandeur l'unique moyen d'obtenir la pièce, notamment s'il l'a précédemment réclamée au tiers et a essuyé un refus injustifié[3]. Par contre, dans l'hypothèse où la pièce pourrait être détenue ou obtenue par le demandeur sans le secours du juge, il n'y a pas lieu à production forcée[4].

En cas d'empêchement légitime (v. s[s] n° 341.53), la demande sera également rejetée (tel le cas du secret professionnel des ministres du culte[5]), à moins que le juge n'écarte le motif d'empêchement invoqué (tel le cas d'une caisse de mutualité sociale qui invoque le secret professionnel pour s'opposer à la communication du montant des rentes versées à un affilié[6]; tel celui des décisions écartant le caractère confidentiel d'une correspondance entre avocats[7] ou encore ordonnant à l'administration des Postes et Télécommunications la production du nom et de l'adresse d'un abonné inscrit sur la liste rouge[8]). La cour d'appel de Paris est allée plus loin encore, ordonnant à l'Assistance publique des Hôpitaux de Paris de communiquer un dossier médical dans le cadre d'une expertise judiciaire, au motif que le secret médical ne constitue pas un empêchement légitime lorsqu'il tend à faire écarter un élément de preuve contraire aux prétentions d'une partie et à tenir en échec l'exécution de bonne foi d'un contrat dans une affaire où une compagnie d'assurances soupçonnait son assuré de lui avoir caché son état de santé au moment où il a contracté[9].

Enfin, dernière condition posée par la jurisprudence relativement à l'objet de la requête, la demande de production doit avoir pour but la sauvegarde d'un droit légalement reconnu ou judiciairement constaté[10].

341.53 Absence d'empêchement légitime. Cette exigence est mentionnée aussi bien par l'article 11 C. pr. civ. que par l'article 141. Le juge peut l'apprécier soit lors de la présentation de la requête, soit si le tiers l'invoque (sur la rétractation de l'ordonnance, v. s[s] n° 341.63).

Cette réserve n'était pas inutile : il ne faut pas perdre de vue en effet que le tiers est, par définition, étranger au procès auquel il se trouve ainsi involontairement mêlé.

Il est donc normal qu'il puisse, le cas échéant, invoquer un empêchement légitime pour ne pas s'exécuter.

Il peut s'agir naturellement du secret professionnel (de l'avocat[11], de l'expert-comptable[12]), ou du secret médical[13]. Mais l'empêchement légitime peut aussi résider dans le refus de délivrance d'un dossier pénal (la délivrance d'un dossier pénal dépend de l'autorité du parquet général [C. pr. pén., art. R. 156], auquel les juridictions ne peuvent donner d'injonction, et ne peut donc être ordonnée par le juge[14]) ou, plus prosaïquement, de la destruction du document réclamé[15].

De même, la demande de reproduction partielle de l'enregistrement d'un procès au ministère de la Culture a été, à bon droit, rejetée par une cour d'appel, les dispositions de l'article 8 de la loi n° 85-699 du 11 juillet 1987[16] tendant à la constitution d'archives audiovisuelles de la justice ne concernant que la consultation non publique et la communication au public et ne s'imposant pas aux autorités judiciaires[17].

341.54 Moment de la requête. Les termes, dépourvus d'ambiguïté, de l'article 138 C. pr. civ. (« *dans le*

1. Civ. 1re, 20 déc. 1977, n° 75-13.352, *Bull. civ.* I, n° 486; *JCP* 1979. II. 19036, note Dagot.
2. Paris, 7 févr. 1983, *JCP* 1983. II. 20032, note Le Ninivin.
3. Versailles, 14 sept. 1989, *Gaz. Pal.* 1990. Somm. 155.
4. Civ. 2e, 2 mai 1974, n° 73-11.258, *Bull. civ.* II, n° 142.
5. Civ. 2e, 29 mars 1989, n° 88-10.336, *Bull. civ.* II, n° 88; *D.* 1990. 45, note Robine; *Gaz. Pal.* 1990. 3, note Échappé; *JCP* 1990. II. 21586, note Bouscau.
6. Versailles, 14 sept. 1989, *Gaz. Pal.* 1990. Somm. 155.
7. Soc. 24 avr. 1985, n° 84-60.826, *Bull. civ.* V, n° 253; *JCP* 1985. IV. 237.
8. Civ. 1re, 21 juill. 1987, n° 85-16.436, *Bull. civ.* I, n° 248; *Gaz. Pal.* 1987. 2. Pan. 269; *RTD civ.* 1989. 393, obs. crit. Perrot.
9. Paris, 8 janv. 2002, RG n° 2001/12790, *Gaz. Pal.* 2002. Somm. 1500, note crit. Carbuccia-Berland.
10. Civ. 1re, 6 nov. 1990, n° 89-15.246, *Bull. civ.* I, n° 238; *D.* 1991. 353, note Prévault; *RTD civ.* 1992. 101, obs. Mestre; *RTD civ.* 1992. 189, obs. Perrot.
11. TGI Châlons-sur-Marne, 16 nov. 1972, *Gaz. Pal.* 1973. 162; *RTD civ.* 1973. 394, obs. Raynaud.
12. Com. 8 févr. 2005, n° 02-11.044, *Bull. civ.* IV, n° 22; *RTD civ.* 2005. 384, obs. Mestre et Fages – Com. 8 mars 2005, n° 02-11.044, NP; *RTD civ.* 2005. 384, obs. Mestre et Fages; *Gaz. Pal.* 2005. 1173, avis av. gén. Lafortune et note Polère.
13. Civ. 1re, 7 déc. 2004, n° 02-12.539, *Bull. civ.* I, n° 306; *D.* 2005. Pan. 305; *D.* 2005. 332, obs. Julien et Fricero; *D.* 2005. 403, obs. Penneau; *D.* 2005. 1317, obs. Groutel.
14. Bourges, 9 nov. 1981, *Gaz. Pal.* 1982. 214.
15. Chambéry, 10 févr. 1959, *RGAT* 1961. 59, obs. A. B.
16. L. n° 85-699, 11 juill. 1985, tendant à la constitution d'archives audiovisuelles de la justice, *JO* 12 juill., p. 7865.
17. Civ. 2e, 17 mars 2005, n° 02-14.514, *Bull. civ.* II, n° 72; *D.* 2005. IR 1051.

cours d'une instance... ») devraient conduire à penser que la demande de production d'un acte ou d'une pièce que détient un tiers ne peut être formulée que lorsque la procédure est déjà engagée. Pourtant, la jurisprudence n'hésite pas, sur le fondement de l'article 145 C. pr. civ., à admettre une telle demande avant tout procès au fond (v. s[s] n°s 111.141 s.).

§ 2
Décision du juge

341.61 Appréciation souveraine. Dès lors que l'ensemble de ces conditions est réuni, il appartient au juge d'apprécier le bien-fondé de la requête. Après avoir estimé que cette décision relevait du pouvoir discrétionnaire du juge du fond[1], la Cour de cassation considère maintenant que ce pouvoir relève de son contrôle[2]. En tout cas, le juge n'y fera droit que si la demande présente un intérêt légitime, c'est-à-dire si elle est indispensable ou, à tout le moins, utile à la solution du litige[3].

341.62 Ordonnance du juge. S'il estime la demande fondée, le juge ordonne la production de l'acte ou de la pièce (C. pr. civ., art. 139) et sa décision est exécutoire à titre provisoire, sur minute s'il y a lieu (C. pr. civ., art. 140). Cette décision peut émaner de n'importe quel juge du fond, mais aussi du juge des référés[4], voire de la Cour de cassation[5].

Il pourrait être gênant pour le tiers de se dessaisir d'un acte original, aussi, selon les circonstances et la nature du document, l'ordonnance peut prévoir la production de l'acte en original, en copie ou en extrait (celui qui intéresse la solution du litige).

L'ordonnance fixe également les conditions de production et les garanties de restitution, au besoin sous peine d'astreinte (C. pr. civ., art. 139, al. 2).

341.63 Voies de recours. Si se présente une difficulté d'exécution de l'ordonnance, telle qu'un empêchement légitime, l'article 141 C. pr. civ. offre deux voies de recours successives : la rétractation, puis l'appel.

Il ne faut pas perdre de vue, en effet, que la décision concerne un tiers, c'est-à-dire une personne étrangère au procès, et qui, donc, n'aura pas eu l'occasion de s'expliquer avant que le juge statue. D'où cette possibilité qui lui est offerte de demander, sans forme, à ce dernier de se rétracter ou, au moins, de modifier sa décision.

Toutefois, ce recours est exclu lorsque la production est ordonnée pour les besoins d'une expertise : les articles 167 et suivants C. pr. civ. et notamment l'article 170 y dérogent en effet[6].

Si le juge rejette sa demande de rétractation, le tiers peut encore interjeter appel de la nouvelle décision : il s'agit donc bien de deux voies de recours successives et non d'une option qu'offre l'article 141.

Par conséquent, hormis le cas où la production est ordonnée pour les besoins d'une expertise, le recours doit d'abord avoir été exercé avant que le tiers puisse interjeter appel, quand bien même la production a-t-elle été ordonnée par jugement du tribunal et non par ordonnance du juge de la mise en état[7]. La Cour de cassation a récemment rappelé ces règles dans un arrêt très pédagogique[8].

Sauf le délai qui, aux termes de l'article 141, est de quinze jours à compter du prononcé de la décision, les règles relatives aux conditions de forme de l'appel s'appliquent[9].

On peut enfin relever que le législateur n'a prévu aucune sanction en cas de refus du tiers, sans empêchement légitime, de produire le document, ce que certains ont regretté[10], alors que l'on imagine mal un tiers (qui sera la plupart du temps un notaire, un avocat ou autre auxiliaire de justice, une banque, une administration) refuser sans motif légitime de s'exécuter.

SECTION 3
CONTESTATIONS RELATIVES À LA PREUVE LITTÉRALE

341.70 Plan. Il peut arriver qu'un plaideur, au cours d'un procès ou avant même que celui-ci ne soit engagé, ne reconnaisse pas l'écriture d'un acte qui lui est opposé ou soutienne qu'il a été falsifié.

Le Code de procédure civile (ancien) avait envisagé deux procédures pour régler les contestations relatives à la preuve littérale : la vérification d'écritures pour les actes sous seing privé et l'inscription de faux pour les actes authentiques.

La matière a été profondément remaniée par le décret du 17 décembre 1973 aussi bien quant aux

1. Civ. 2e, 14 nov. 1979, n° 78-13.120, *Bull. civ.* II, n° 261; *D.* 1980. 365, note Lemée.
2. Civ. 2e, 31 mai 1995; n° 93-15.544, NP; *Justices* 1996. 3. 362, obs. Héron.
3. Paris, 15 avr. 1975, *Gaz. Pal.* 1975. 750, note Viatte.
4. TGI Nanterre, 23 sept. et 7 oct. 1976, *JCP* 1977. II. 18603, note Almairic.
5. Civ. 1re, 4 févr. 1986, n° 84-14.790, *Bull. civ.* II, n° 4; *JCP* 1986. IV. 99; *Gaz. Pal.* 1986. Somm. 486, obs. Guinchard et Moussa.
6. Civ. 2e, 7 déc. 1983, *D.* 1984. 227, note Guinchard et Moussa.
7. Paris, 2 déc. 1985, *Bull. ch. avoués* 1986. 98.
8. Civ. 2e, 17 nov. 2011, n° 10-21.326, *Bull. civ.* II, n° 213; *Gaz. Pal.* 2012. Chron. 866, obs. Bléry.
9. Civ. 3e, 21 mars 1984, n° 82-11.084, *Bull. civ.* III, n° 76; *JCP* 1984. IV. 170.
10. M. Bellamy, « Le pouvoir de commandement du juge ou le nouvel esprit du procès », *JCP* 1973. I. 2522, n° 21.

modalités d'exercice de ces procédures que quant aux juridictions compétentes pour en connaître, instituant en outre une procédure de faux pour les actes sous seing privé.

On examinera les différentes contestations prévues par le [Nouveau] Code de procédure civile dans l'ordre retenu par celui-ci.

§ 1
Contestations relatives aux actes sous seing privé

A.
Vérification d'écriture

1°
Incident de vérification (C. pr. civ., art. 287 à 295)

341.71 Définition. Si, au cours d'un procès, une partie se voit opposer un acte qu'on lui attribue, elle peut dénier son écriture ou sa signature, ou si l'acte est attribué à un tiers, ne pas reconnaître l'écriture de celui-ci. Ce dernier cas de figure est fréquent en matière successorale, lorsqu'un testament olographe est versé aux débats.

Or, aux termes de l'article 1322 du Code civil, l'acte sous seing privé reconnu a la même foi que l'acte authentique. Dès lors qu'une partie désavoue son écriture ou sa signature ou que ses ayants cause déclarent ne pas la connaître, la vérification en est ordonnée (C. civ., art. 1324). À l'inverse, le juge ne peut écarter la force probante d'un acte sous seing privé au motif qu'il n'est pas de la main d'une partie qui l'a seulement signé avec la mention « *lu et approuvé* » alors même que cette partie n'a pas dénié en être le signataire[1].

Le décret de procédure civile n° 2002-1436 du 3 décembre 2002 a adapté le droit de la preuve aux technologies de l'information, la loi n° 2000-230 du 13 mars 2000[2] ayant admis l'écrit sous forme électronique comme preuve. Les articles 7 à 9 du décret ont donc complété les articles 287 et 288 et créé un article 288-1 C. pr. civ.

341.72 Mise en œuvre de la vérification. Innovation utile de 1973, la vérification incidente relève de la compétence du juge saisi au principal (C. pr. civ., art. 285, al. 1er). Pendant longtemps la Cour de cassation a apporté à cette règle une exception aussi notable que critiquée considérant que le juge des référés ne pouvait procéder à la vérification d'écritures[3]. Elle a opéré un revirement récent, admettant désormais que le juge des référés puisse, à titre incident, procéder à une vérification d'écritures sous seing privé, à condition toutefois que la contestation ne soit pas sérieuse[4].

Le juge vérifie l'écriture à moins qu'il ne puisse statuer sur-le-champ, ainsi que le lui permet l'article 287. Tel sera le cas à chaque fois que la contestation apparaît sans valeur : le seul fait, par exemple, de déclarer ne pas se souvenir d'avoir signé l'acte litigieux ne constitue pas une dénégation au sens de l'article 287 et n'oblige donc pas le juge à procéder à la vérification[5].

Il pourra également s'en dispenser s'il peut statuer sans en tenir compte, c'est-à-dire rendre sa décision au principal en se fondant non sur l'acte litigieux mais sur d'autres pièces[6].

L'article 287 permet encore, dans l'hypothèse où l'écrit contesté n'est relatif qu'à certains chefs de demandes, de statuer sur les autres, réservant en quelque sorte l'incident.

Le juge peut enfin statuer sur-le-champ au vu des éléments dont il dispose : n'étant pas tenu de recourir à un technicien[7], il lui est loisible de vérifier immédiatement l'écriture, s'il est à même de le faire grâce aux pièces de comparaison déjà versées, ou après avoir enjoint aux parties de produire tout document de comparaison[8].

En dehors de ces situations et sauf, bien entendu, si le plaideur reconnaît l'écriture, la procédure de vérification va s'engager, sans que le juge puisse s'en dispenser[9]. La Cour de cassation a eu l'occasion de le rappeler récemment. Le juge ne peut, par exemple, se contenter de s'affirmer suffisamment éclairé pour rejeter l'exception[10], sans enjoindre à la partie demanderesse à l'incident de joindre tous documents de comparaison[11], ou, *a fortiori*, se fonder sur un document (un acte de cautionnement) que la partie

1. Civ. 1re, 21 févr. 2006, n° 04-13.512, *Bull. civ.* I, n° 93*RTD civ.* 2006. 768, obs. Mestre et Fages; *D.* 2007. Pan. 1901, obs. Delebecque, Bretzner et Vasseur.
2. L. n° 2000-230, 13 mars 2000, portant adaptation du droit de la preuve aux technologies de l'information et relative à la signature électronique, *JO* 14 mars, p. 3968.
3. Civ. 2e, 17 mai 1993, n° 91-22.187, *Bull. civ.* II, n° 179; *RTD civ.* 1993. 643, obs. crit. Perrot.
4. Civ. 2e, 21 janv. 1999, n° 96-19.816, *Bull. civ.* II, n° 18; *D.* 1999. Somm. 214, obs. Julien; *RTD civ.* 1999. 461, obs. Perrot.
5. Civ. 3e, 27 nov. 1973, n° 72-14.689, *Bull. civ.* III, n° 604.
6. Civ. 1re, 15 mars 1988, n° 86-16.152, NP; *D.* 1989. Somm. 277, obs. Julien.
7. Civ. 1re, 18 mai 1978, nos 76-14.196, 76-14.832 et 76-14.883, *Bull. civ.* I, n° 195.
8. Civ. 1re, 20 févr. 2007, n° 06-14.278, *Bull. civ.* I, n° 76; *JCP* 2007. IV Pan. 1646.
9. Civ. 1re, 24 mars 1998, n° 95-16.833, *Bull. civ.* I, n° 125; *Gaz. Pal.* 16-17 oct. 1998. Pan. 246.
10. Civ. 1re, 15 févr. 2000, n° 98-12.032, *Bull. civ.* II, n° 48; *Gaz. Pal.* 4-5 avr. 2001. Somm. 20.
11. Civ. 1re, 28 mars 2008, n° 06-18.226, *Bull. civ.* I, n° 93; *D.* 2008. AJ 1151.

déniait avoir écrit et signé[1], à condition bien sûr que la demande relève de la contestation d'écritures[2].

Dès lors qu'une partie désavoue son écriture, la vérification en est ordonnée en justice[3], mais le juge n'a pas à procéder à la vérification d'écriture lorsque la fausseté est invoquée par un tiers[4].

Naturellement, il ne peut se fonder sur des actes contestés sans retenir que leur sincérité était établie après avoir jugé que la vérification était nécessaire et que la preuve de l'authenticité des actes incombait à celui qui s'en prévalait[5].

S'il s'agit d'un écrit ou d'une signature électroniques, le juge, après s'être assuré que les conditions de validité posées par les articles 1316-1 et 1316-4 du Code civil sont remplies (C. pr. civ., art. 287, al. 2), pourra comparer cet écrit avec tous documents utiles provenant de l'une des parties, qu'ils aient ou non été émis à l'occasion de l'acte litigieux (C. pr. civ., art. 288, al. 2).

Enfin, du fait de la présomption de fiabilité du procédé électronique posée par l'article 1316-4 du Code civil, celui qui conteste la régularité de l'acte devra apporter au juge des éléments qui justifient le renversement de cette présomption : à la différence du droit commun (C. pr. civ., art. 287, al. 1er) la seule dénégation est insuffisante pour provoquer un incident de vérification.

341.73 Procédure. Le juge retient l'écrit et les éventuelles pièces de comparaison ou ordonne leur dépôt au greffe (C. pr. civ., art. 289) et le Code de procédure civile lui offre les plus larges pouvoirs pour régler l'incident.

Il peut en premier lieu entendre toutes personnes dont l'audition lui paraît utile : il peut évidemment s'agir des parties elles-mêmes (C. pr. civ., art. 291, al. 1er), mais aussi de l'auteur prétendu de l'acte contesté (C. pr. civ., art. 291, al. 2) ou de témoins, c'est-à-dire ceux qui ont vu écrire ou signer l'écrit (C. pr. civ., art. 293).

Le juge dispose d'autre part de tous pouvoirs pour se procurer des pièces de comparaison : enjoindre aux parties de produire tous documents (C. pr. civ., art. 288), ordonner la remise, en original ou en reproduction[6], des documents utiles détenus par des tiers, même d'office (ces dispositions dérogent aux règles générales relatives à la production de pièces détenues par les tiers qui n'autorisent pas le juge à agir d'office, v. ss n° 341.51), et à peine d'astreinte (C. pr. civ., art. 290), faire composer sous sa dictée des échantillons d'écritures (C. pr. civ., art. 288), prescrire enfin toutes les mesures nécessaires, notamment celles qui sont relatives à la conservation, la consultation, la reproduction, la restitution ou le rétablissement des documents (C. pr. civ., art. 290, al. 2).

Ces dispositions très complètes, qui ne négligent aucune mesure propre à parvenir à la manifestation de la vérité, sont évidemment destinées à comparer utilement les écritures.

Le juge peut y procéder lui-même ou recourir à un technicien, soit un consultant qui donnera son avis (C. pr. civ., art. 291), soit un expert qui pourra être autorisé par le juge à retirer contre émargement l'écrit contesté et les pièces de comparaison ou à se les faire adresser par le greffier (C. pr. civ., art. 292).

L'expertise graphologique diligentée dans le cadre d'une procédure de vérification d'écriture ne déroge pas aux règles générales de l'expertise et notamment au principe du contradictoire[7].

Mais la contradiction est respectée lorsque l'expert, sans entendre les parties, exécute sa mission au vu des pièces établies contradictoirement et transmet son rapport aux parties en les invitant à procéder à une confrontation[8].

Si des difficultés d'exécution apparaissent, notamment quant à la détermination des pièces de comparaison, elles sont réglées par le juge, l'article 294 ne faisant que reprendre la règle générale relative aux mesures d'instruction.

341.74 Décision et sanction. Aux termes de l'article 294 second alinéa C. pr. civ., la décision peut revêtir plusieurs formes : soit une simple mention au dossier ou au registre d'audience, soit, en cas de nécessité, une ordonnance ou un jugement.

Enfin, lorsqu'il est jugé que la pièce a bien été écrite ou signée par celui qui l'a déniée, l'article 295 prévoit sa condamnation à une amende civile d'un maximum de 3 000 euros, sans préjudice des dommages-intérêts qui seraient réclamés par son adversaire.

2°
Vérification à titre principal

341.81 Définition. L'hypothèse est ici différente de la précédente : il ne s'agit plus de dénier ou de ne pas reconnaître l'écriture, mais, au contraire, de voir

1. Civ. 1re, 28 nov. 2012, n° 10-28.372, *Bull. civ.* I, n° 251.
2. Com. 5 juin 2012, n° 11-17.839, NP; *RTD civ.* 2012. 571, obs. Perrot.
3. Civ. 3e, 9 mars 2005, nos 03-14.686, 03-12.596 et 03-13.806, 3 esp., *Bull. civ.* III, n° 64; *D.* 2005. IR 857; *Gaz. Pal.* 2005. Somm. 2854 et 3628.
4. Civ. 3e, 9 mars 2005, n° 03-16.806, *Bull. civ.* III, n° 64, 3e esp.; *D.* 2005. IR 857; *D.* 2006. 545, obs. Julien et Fricero; *Gaz. Pal.* 2005. Somm. 2854.
5. Civ. 1re, 6 juill. 2005, n° 02-13.936, *Bull. civ.* I, n° 314.
6. Civ. 1re, 6 oct. 1998, n° 96-21.962, *Bull. civ.* I, n° 271; *Gaz. Pal.* 27-28 janv. 1999. Pan. 23.
7. Com. 9 mars 1981, n° 79-15.510, *Bull. civ.* IV, n° 126; *D.* 1982. IR 170, obs. Julien : antérieurement à cet arrêt, des cours d'appel avaient rendu des décisions contraires.
8. Civ. 3e, 4 oct. 1983, n° 82-13.936, *Bull. civ.* III, n° 178.

déclarer que la pièce émane bien de celui qui est présumé l'avoir écrite ou signée.

En outre, la demande est faite en dehors de tout procès : on a donc affaire à une action déclaratoire qui fait exception au principe d'irrecevabilité des actions préventives. La vérification d'écriture à titre principal était même un cas isolé de mesure d'instruction préventive, avant que la réforme de 1973 ne réglemente le faux et l'inscription de faux à titre principal et que ne soit instituée par l'article 145 C. pr. civ. la mesure d'instruction *in futurum* (sur les preuves à conserver, v. ss nos 111.61 s.).

341.82 **Procédure.** La juridiction compétente pour connaître une telle demande est le tribunal de grande instance (C. pr. civ., art. 285, al. 2).

Le Code de procédure civile envisage trois hypothèses :

a) le défendeur (c'est-à-dire le plus souvent l'auteur ou le signataire présumé de l'écrit) ne comparaît pas, bien que cité à personne; le juge tient alors l'écrit pour reconnu (C. pr. civ., art. 296);

b) le défendeur reconnaît l'écriture; le juge en donne acte au demandeur qui supportera les frais et dépens (C. pr. civ., art. 297);

c) le défendeur dénie ou méconnaît l'écriture ou bien n'a pas été cité à personne et ne comparaît pas; le juge procède alors à la vérification dans les conditions prévues aux articles 287 à 295 (C. pr. civ., art. 298).

Rappelons enfin que l'écrit reconnu a la même foi que l'acte authentique, du moins quant à l'identité de son auteur ou de son signataire.

B. Faux

341.91 **Évolution.** Sous l'empire du Code de procédure civile (ancien), seule était envisagée, en matière civile, l'inscription de faux incidente contre les actes authentiques, l'inscription de faux principale relevant du criminel.

Pour les actes sous seing privé, du fait de l'obscurité du Code de procédure civile (ancien), la question était débattue de savoir si la procédure incidente d'inscription de faux était recevable, encore qu'en raison de sa lourdeur elle n'était guère envisageable dans la pratique.

Le législateur de 1973 a simplifié la procédure et institué clairement le faux contre les actes sous seing privé (C. pr. civ., art. 299 à 302), qui relève de la compétence du tribunal de grande instance (C. pr. civ., art. 286, al. 2).

341.92 **Portée pratique.** Si les textes nouveaux ont le mérite de la clarté, il est permis de se demander s'ils présentent un grand intérêt dans la pratique, dès lors qu'existe déjà contre les actes sous seing privé la procédure de vérification d'écriture. Bien que le Code soit muet à cet égard, on peut d'ailleurs s'interroger sur le point de savoir si cette dernière ne devrait pas être le préalable d'une procédure de faux.

Dans cette hypothèse, celle-ci perdrait évidemment l'essentiel de son intérêt, sauf quand la vérification ne porte que sur la signature ou une partie de l'écrit ou qu'il est soutenu que l'écrit a été altéré depuis la vérification.

1° Incident de faux

341.101 **Textes applicables.** L'article 299 C. pr. civ. renvoie aux articles 287 à 295, consacrés à l'incident de vérification, lorsqu'un acte sous seing privé produit au cours d'une instance est argué de faux.

La procédure étant celle étudiée plus haut, il n'y a pas lieu de s'y étendre davantage, sauf pour relever que, l'incident de faux étant de la compétence exclusive du tribunal de grande instance (C. pr. civ., art. 286, al. 2), la juridiction saisie au principal, à moins qu'il ne s'agisse du tribunal de grande instance, doit surseoir à statuer jusqu'à ce que l'incident soit tranché.

D'autre part, la Cour de cassation a été amenée à préciser que l'incident de faux constitue une défense au fond au sens de l'article 71 et non une exception de procédure[1].

Il faut également relever que le Code de procédure civile (C. pr. civ., art. 1028 à 1031) a institué une procédure dérogatoire lorsque la pièce arguée de faux a été produite devant la Cour de cassation : la demande est adressée au premier président qui, après avis du procureur général, rend une ordonnance de rejet ou portant autorisation d'agir en faux; dans ce dernier cas, l'ordonnance est signifiée dans les quinze jours au défendeur qui dispose lui-même d'un délai de quinze jours pour signifier s'il entend ou non se servir de la pièce litigieuse; dans l'affirmative ou à défaut de réponse dans le délai, le premier président renvoie les parties à se pourvoir devant la juridiction qu'il désigne pour statuer sur la demande en faux. Bien que les textes ne le précisent pas expressément, il ne peut s'agir évidemment que d'une procédure incidente contre un acte sous seing privé ou un acte authentique.

2° Faux demandé à titre principal

341.111 **Régime juridique.** La procédure prévue par les articles 300 à 302 C. pr. civ. présente quel-

1. Civ. 1re, 24 oct. 2006, no 05-21.282, *Bull. civ.* I, no 434; *D.* 2007. 2427, obs. Fricero; *D.* 2007. 192, note Cholet; *Gaz. Pal.* 2007. Somm. 3435.

ques variantes, qu'il convient de signaler, par rapport à la vérification d'écriture.

D'abord, l'assignation doit indiquer les moyens du faux et faire sommation au défendeur de déclarer s'il entend ou non faire usage de l'acte prétendu faux ou falsifié (C. pr. civ., art. 300). Ensuite, deux cas de figure – et non plus trois – peuvent se présenter :

– le défendeur déclare ne pas vouloir se servir de l'acte litigieux, le juge en donne alors acte au demandeur (C. pr. civ., art. 301);

– le défendeur déclare vouloir se servir de l'acte, ou ne comparaît pas, le juge procède alors dans les mêmes conditions que celles prévues pour la vérification d'écriture (C. pr. civ., art. 287 à 295).

On observera que l'hypothèse où le défendeur, bien que cité à personne, ne comparaît pas, qui vaut reconnaissance dans la vérification d'écriture n'existe pas ici.

On notera enfin qu'un faux peut être demandé à titre principal même s'il vise un écrit déjà produit en justice et qui n'a pas fait alors l'objet d'un incident de faux[1].

§ 2 Inscription de faux contre les actes authentiques

341.121 Définition. Le faux peut consister à modifier l'acte déjà établi ou à le fabriquer : on parlera alors de faux matériel. Il y aura un faux intellectuel lorsque l'officier public introduit dans l'acte de fausses déclarations. L'un et l'autre peuvent faire l'objet d'une procédure d'inscription de faux.

Mais en aucun cas la fausseté ne doit s'apprécier en considération de la validité de l'acte ou de son efficacité : dans la procédure d'inscription de faux la contestation porte sur la véracité des énonciations que contient l'acte[2]. En cas de discordance entre les copies d'un acte authentique le juge doit, pour se prononcer, ordonner la représentation de l'original argué de faux[3].

341.122 Évolution. Sous l'ancien Code, la procédure ne pouvait être qu'incidente : exercée à titre principal, l'action devait être intentée devant le juge pénal. La procédure incidente était d'ailleurs tellement lourde et compliquée qu'elle n'était que très rarement utilisée. Elle a été considérablement simplifiée par le législateur de 1973 qui a, en outre, instauré l'inscription de faux principale devant le juge civil.

341.123 Dispositions communes. Le Code de procédure civile contient trois dispositions applicables que la procédure soit incidente ou principale, dont deux d'entre elles manifestent la gravité de la démarche : reprocher à un acte authentique, émanant par hypothèse d'un officier public, de contenir des mentions fausses, ce qui constitue une infraction pénale, ne peut être envisagé à la légère.

Ainsi, le demandeur en faux qui succombe est condamné à une amende d'un maximum de 3 000 euros (anc^{t} 100 à 10 000 francs), sans préjudice des dommages-intérêts (C. pr. civ., art. 305).

C'est également la raison pour laquelle l'inscription de faux donne lieu à communication au ministère public (C. pr. civ., art. 303). Mais l'inscription de faux contre un rapport d'expertise, lequel n'est pas un acte authentique, n'a pas à être communiquée au ministère public[4].

Par ailleurs, le juge peut ordonner l'audition de celui qui a dressé l'acte litigieux (C. pr. civ., art. 304), mesure manifestement utile à la manifestation de la vérité et qui peut concerner l'officier public lui-même, son clerc ou l'employé de l'étude qui l'a effectivement rédigé.

A. Inscription de faux incidente

341.131 Compétence. Auparavant, le tribunal de grande instance était seul compétent pour connaître le faux incident. Depuis 1973, celui-ci relève de la compétence du juge saisi, mais à condition qu'il s'agisse du tribunal de grande instance ou de la cour d'appel (C. pr. civ., art. 286).

Dans un souci de rapidité, le législateur a considéré comme préférable que la cour d'appel, juridiction de droit commun, règle l'incident, quand elle est déjà saisie du principal; cette règle s'applique que l'appel porte sur une décision rendue par un tribunal de grande instance ou une juridiction d'exception.

Mais, lorsqu'une juridiction d'exception est saisie du principal, l'inscription de faux relève de la compétence du tribunal de grande instance (C. pr. civ., art. 286, al. 2). La juridiction d'exception devra, dans cette hypothèse, surseoir à statuer sur le fond, à moins qu'elle ne puisse le faire en écartant l'acte litigieux (C. pr. civ., art. 313). Quant à l'inscription de faux, elle devient principale devant le tribunal de grande instance, puisque celui-ci n'était pas, jusque-là, saisi, et ce sont logiquement les règles prévues pour l'inscription de faux principale (C. pr. civ.,

1. Civ. 2e, 10 juill. 1996, n° 94-15.851, *Bull. civ.* II, n° 203; *D.* 1996. Somm. 349, obs. Julien; *RTD civ.* 1996. 984, obs. Perrot.
2. Versailles, 20 nov. 2003, RG n° 02/04993, *BICC* 2004, arrêt n° 806.
3. Civ. 1re, 3 mai 2006, n° 04-12.009, *Bull. civ.* I, n° 211; *RTD civ.* 2006. 769, obs. Mestre et Fages; *D.* 2006. 1525, note Avena-Robardet; *D.* 2007. Pan. 1901, Delebecque, Bretzner et Vasseur.
4. Civ. 1re, 19 janv. 1999, n° 97-14.194, *Bull. civ.* I, n° 22.

art. 314 à 316) qui s'appliquent alors (C. pr. civ., art. 313, al. 2).

341.132 **Forme.** En raison, là encore, de la gravité de la démarche, le législateur de 1973 a conservé le formalisme de l'inscription de faux même s'il l'a quelque peu allégé.

Aux termes de l'article 306 C. pr. civ., l'inscription de faux est formée par acte remis au secrétariat-greffe par la partie ou son mandataire muni d'un pouvoir spécial.

Cet acte doit, à peine d'une irrecevabilité qui ne peut être couverte[1], exposer les moyens précis invoqués en vue d'établir le faux. Il est établi en deux exemplaires, l'un destiné au dossier et l'autre au défendeur après avoir été daté et visé par le greffier : le demandeur doit en effet dénoncer l'inscription de faux à son adversaire, soit par notification entre avocats, soit par signification à la partie elle-même, et ce dans le mois de l'inscription, ce délai n'étant toutefois pas prescrit à peine de nullité[2]. Il en résulte que l'inscription de faux incidente ne peut être le fait d'un seul coindivisaire et que l'intervention ultérieure des autres indivisaires n'a pu avoir pour effet de régulariser la procédure, l'irrecevabilité ne pouvant être couverte[3].

Il est à noter que les dispositions de l'article 1031 C. pr. civ., qui régissent l'incident de faux devant la Cour de cassation, dérogent à celles de l'article 306[4].

341.133 **Procédure devant le tribunal.** Comme en matière de vérification d'écriture, le Code de procédure civile envisage deux hypothèses, selon que le juge devra ou non procéder à l'examen du faux.

Il n'aura pas à le faire s'il peut statuer sans tenir compte de la pièce arguée de faux (C. pr. civ., art. 307, al. 1er) ou en cas de renonciation ou de transaction entre les parties sur l'inscription de faux.

Mais alors, le ministère public peut requérir toutes mesures propres à réserver l'exercice de poursuites pénales (C. pr. civ., art. 311). Il ne faut pas perdre de vue, en effet, que le faux et usage de faux constituent des infractions pénales et que l'inscription de faux doit être communiquée au ministère public (C. pr. civ., art. 303) : celui qui a produit l'acte argué de faux ne peut donc espérer échapper à des poursuites pénales en renonçant à sa production ou en transigeant avec son adversaire.

Il va de soi que si des poursuites pénales sont engagées, le tribunal devra surseoir à statuer en l'attente d'une décision définitive des juridictions répressives, sauf s'il peut statuer sans tenir compte de la pièce litigieuse ou s'il y a eu renonciation ou transaction (C. pr. civ., art. 312).

Indépendamment d'une éventuelle action au pénal, le tribunal pourra également statuer sur les autres chefs de demande quand l'acte argué de faux n'est relatif qu'à l'un d'entre eux (C. pr. civ., art. 307, al. 2).

En dehors de ces cas, le tribunal devra procéder à l'examen du faux : soit il peut statuer sur-le-champ lorsque la demande est dépourvue d'intérêt ou qu'il dispose des éléments pour le faire (C. pr. civ., art. 308, al. 1er), soit il procède comme en matière de vérification d'écritures (C. pr. civ., art. 308, al. 2) et peut donc ordonner toutes mesures d'instruction nécessaires.

À cet égard, l'article 309 apporte une précision importante : alors même que l'acte d'inscription doit articuler les moyens du faux, le juge n'est pas lié par ceux-ci et peut en relever d'office. Mais, d'une manière générale, c'est à celui qui s'est inscrit en faux qu'il appartient d'établir l'inexactitude des énonciations litigieuses[5].

341.134 **Le jugement et son exécution.** Le tribunal peut admettre la pièce litigieuse ou la rejeter comme fausse. Dans ce dernier cas, la décision ordonne bien sûr la rectification du faux et précise si les minutes des actes authentiques seront rétablies dans le dépôt d'où elles avaient été extraites ou conservées au secrétariat-greffe (C. pr. civ., art. 310, al. 2).

Mais ces prescriptions, comme la mention du jugement en marge de l'acte reconnu faux, prévu par l'article 310 alinéa 1er C. pr. civ. ne seront exécutées que lorsque le jugement sera passé en force de chose jugée ou que la partie condamnée y aura acquiescé (C. pr. civ., art. 310, al. 3).

B.
Inscription de faux principale

341.141 **Compétence.** Cette procédure, on l'a indiqué plus haut, a été instituée, devant le juge civil, par le décret de 1993, qui a donné au tribunal de grande instance une compétence exclusive pour en connaître (C. pr. civ., art. 286, al. 2).

Il n'est pas possible de solliciter en référé sur le fondement de l'article 145 C. pr. civ. une expertise qui a pour effet de mettre en cause la force probante d'un acte authentique[6].

1. Civ. 2e, 13 juill. 1999, no 97-12.116, *Bull. civ.* II, no 135; *Gaz. Pal.* 5-7 déc. 1999. Pan. 24.
2. Paris, 15 nov. 1993, RG nos 92/13467 et 92/13472, *Bull. ch. avoués* 1994. 2. 63.
3. Civ. 1re, 12 juin 2013, no 11-23.137, *Bull. civ.* I, [à paraître]; *Procédures* 2013. Comm. 230, note Perrot.
4. Civ. 2e, 22 mai 2008, no 07-16.920, *Bull. civ.* II, no 124; *JCP* 2008. IV. 2126.
5. Civ. 1re, 19 déc. 2006, no 05-12.735, NP; *BICC* 2007, arrêt no 804.
6. Civ. 1re, 11 juin 2003, no 00-11.931, *Bull. civ.* I, no 139; *D.* 2004. 830, note Auberson; *RTD civ.* 2003. 503, obs. Mestre et Fages; *RTD civ.* 2003. 539, obs. Normand; *Gaz. Pal.* 2003. Somm. 80.

341.142 **Procédure.** Avant d'introduire l'action, le demandeur doit procéder à l'inscription de faux dans les conditions prévues par l'article 306 relatif à l'incident de faux (C. pr. civ., art. 314, al. 1er).

Le demandeur doit ensuite joindre la copie de l'acte d'inscription à l'assignation, laquelle contient sommation au défendeur de déclarer s'il entend ou non faire usage de l'acte prétendu faux ou falsifié (C. pr. civ., art. 314, al. 2). À peine de caducité, l'assignation doit être délivrée dans le mois de l'inscription (C. pr. civ., art. 314, al. 3).

Comme en matière de faux principal contre un acte sous seing privé, le Code de procédure civile n'envisage que deux cas de figure :

– le défendeur déclare ne pas vouloir se servir de la pièce arguée de faux, le juge en donne alors acte au demandeur (C. pr. civ., art. 315) ;

– le défendeur déclare au contraire vouloir s'en servir ou ne comparaît pas, l'article 316 renvoie alors aux dispositions des articles 287 à 294 (vérification d'écriture) et 309 à 312 (faux incident), étant précisé que la poursuite de la procédure est subordonnée à une éventuelle action pénale.

CHAPITRE

342. Mesures d'instruction – droit interne

JEAN-PAUL LACROIX-ANDRIVET
Président de la première chambre civile
à la cour d'appel d'Aix-en-Provence

SECTION 0
ORIENTEUR

342.00 **Plan du chapitre.**

Division. Après avoir consacré un chapitre premier aux dispositions générales applicables à toutes mesures d'instruction, le Code de procédure civile traite successivement de chacune de ces mesures; c'est le plan qui sera également adopté ici.

342.01 **Textes applicables.**
C. pr. civ., art. 143 à 284-1.
La matière fait l'objet des articles 143 à 284-1 C. pr. civ.; figurant dans le livre premier, ces dispositions peuvent être appliquées devant toutes les juridictions de l'ordre judiciaire.

342.03 **Bibliographie indicative.**
Ouvrage. T. Moussa (dir.), Dalloz action *Droit de l'expertise*, 2011/2012, par V. Vigneau, n°s 211.00 s. [recherche de la preuve et mesures d'instruction], n°s 231.00 s. à 233.00 s. [dispositions communes à l'exécution des mesures d'instruction], n°s 241.00 s. [constatations], n°s 242.00 s. [consultations], n°s 243.00 s. et 244.00 s. [expertises].

SECTION 1
DISPOSITIONS GÉNÉRALES

§ 1
Décisions ordonnant les mesures d'instruction

342.10 **Objet.** Rappelons qu'en vertu de l'article 6 C. pr. civ. les parties ont la charge d'alléguer les faits propres à fonder leurs prétentions et les mesures d'instruction sont précisément destinées à rapporter la preuve des faits dont dépend la solution du litige. Cela étant, le Code de procédure civile pose un certain nombre de conditions pour qu'une telle mesure puisse être ordonnée.

A. Conditions

342.11 **Caractère légal.** Aux termes de l'article 143 C. pr. civ., une mesure d'instruction peut être ordonnée d'office ou à la demande d'une ou des parties, mais, même dans cette dernière hypothèse, elle n'a jamais aucun caractère obligatoire et relève toujours de l'appréciation du juge qui devra s'assurer que la mesure envisagée satisfait aux conditions fixées par le législateur. La faculté de refuser une mesure d'instruction relève du pouvoir discrétionnaire du juge du fond[1]. C'est donc à bon droit qu'a été rejetée une demande d'expertise qui ne venait à l'appui d'aucune demande principale relevant de la compétence de la juridiction du fond[2].

Le caractère légal est la première condition posée par l'article 143 : ne sont possibles que les mesures d'instruction légalement admissibles. Doivent donc être écartés les modes de preuve irréguliers, tels ceux qui constituent une atteinte à la vie privée (C. civ., art. 9), par exemple la violation du secret de la correspondance ou un enregistrement magnétique, ou encore ceux qui sont opérés dans des conditions illégales, comme un constat d'huissier dressé de nuit[3].

342.12 **Caractère utile.** Une mesure d'instruction est souvent onéreuse et, au surplus, ralentit toujours le cours de l'instance; aussi le juge ne doit-il, en principe, l'ordonner que s'il ne dispose pas d'éléments suffisants pour statuer (C. pr. civ., art. 144). L'article 146 alinéa 1er insiste : la mesure ne peut être ordonnée sur un fait que si la partie qui l'allègue ne dispose pas d'éléments suffisants pour le prouver.

Ainsi, dans le domaine particulier de la recherche de paternité, alors même que la Cour de cassation a affirmé que l'expertise biologique est de droit en matière de filiation, sauf motif légitime de ne pas y procéder[4], il a été jugé que l'expertise était superfétatoire si les présomptions et indices graves étaient suffisants pour établir la paternité[5].

Mais encore faut-il que ces éléments existent, une mesure d'instruction n'étant pas destinée à suppléer la carence des parties dans l'administration de la preuve (C. pr. civ., art. 146, al. 2)[6].

Il appartient au juge d'apprécier souverainement si la partie dispose ou non d'éléments déjà existants mais insuffisants avant d'ordonner une mesure d'instruction. Il rejettera la demande lorsque la partie ne rapporte pas le moindre élément de preuve ou, au contraire, lorsque ceux dont elle dispose déjà, lui apparaissent suffisants. La jurisprudence abonde tantôt pour admettre la mesure d'instruction[7], tantôt pour la refuser[8].

Une exception notable, toutefois, à cette règle : les dispositions de l'article 146 ne sont pas applicables quand la demande est fondée sur l'article 145 relatif à l'expertise *in futurum*[9]. La Cour de cassation a régulièrement l'occasion de réaffirmer sa position depuis les trois arrêts de principe de 1982[10]. Ainsi, le juge saisi sur le fondement de l'article 145 ne peut rejeter une demande d'expertise médicale au motif que le demandeur n'apporte pas d'éléments susceptibles de modifier les termes de l'expertise amiable précédemment mise en place[11].

Conséquence logique du caractère utile de la mesure d'instruction, celle-ci doit se limiter à ce qui est suffisant pour la solution du litige, le juge devant s'attacher à retenir ce qui est « *le plus simple et le moins onéreux* » (C. pr. civ., art. 147). Cette prescription prend tout son sens en cas de recours à un technicien, non seulement quant à la nature de la mesure mais aussi quant à son principe même, les parties et les juges n'ayant que trop tendance à recourir à l'expert (sur les mesures d'instruction exécutées par un technicien, v. s^s n°s 342.181 s.). Il faut également que la mesure soit susceptible d'éclairer le juge sur la solution à donner au litige dont il est saisi : il devra donc rejeter une demande d'expertise dont l'objet est sans rapport avec le litige[12].

On voit bien l'intention du législateur de limiter, autant que faire se peut, les mesures d'instruction,

1. Civ. 3e, 10 févr. 2009, n° 07-21.134, NP; *Procédures* 2009. Comm. 105, note Perrot.
2. TI Aix-les-Bains, 14 mai 2009, RG n° 11-08/000107, *Gaz. Pal.* 2009. 3056, n° 262, note Trequattrini.
3. Com. 30 avr. 1951, *Bull. civ.* IV, n° 153.
4. Civ. 1re, 28 mars 2000, n° 98-12.806, *Bull. civ.* I, n° 103; *D.* 2000. 731, note Garé; *D.* 2001. 404, note Le Gac-Pech; *D.* 2001. 976, obs. Granet; *D.* 2001. 1427, obs. Gaumont-Prat; *D.* 2001. 2868, obs. Desnoyer; *RTD civ.* 2000. 304, obs. Hauser; *JCP* 2000. II. 10409, concl. Petit et note Montsallier-St-Mleux; *Defrénois* 2000. 769, note Massip.
5. Civ. 1re, 24 sept. 2002, n° 00-22.466, *Bull. civ.* I, n° 216; *D.* 2003. 1793, note crit. Cocteau-Senn; *D.* 2003. 2117, obs. Granet-Lambrechts; *RTD civ.* 2003. 71, obs. Hauser.
6. Civ. 1re, 2 mars 2004, n° 02-15.211, *Bull. civ.* I, n° 70; *RTD civ.* 2004. 485, obs. Hauser; *Gaz. Pal.* 2005. Somm. 2193, note du Rusquec.
7. Com. 3 juill. 1984, n° 82-13.330, *Bull. civ.* IV, n° 211; *D.* 1985. 323, note J. H.
8. Civ. 2e, 10 févr. 1977, n° 75-13.844, *Bull. civ.* II, n° 32.
9. Cass., ch. mixte, 7 mai 1982, n°s 79-11.814, 79-12.006 et 79-11.974, 3 esp., *Bull. ch. mixte*, n° 2; *Gaz. Pal.* 1982. 571, note Viatte.
10. Com. 18 oct. 2011, n° 10-18.989, *Bull. civ.* IV, n° 165; *D.* 2011. Actu. 2596, obs. Lienhard; *JCP E* 2012, 1002, obs. Randoux; *Gaz. Pal.* 2012. Jur. 867, note Bléry.
11. Civ. 2e, 18 sept. 2008, n° 07-15.621, NP; *Experts* févr. 2009, p. 48.
12. Versailles, 23 sept. 1999, *Gaz. Pal.* 17-18 mars 2000, p. 9.

pour les motifs déjà indiqués. Force est malheureusement de constater qu'elles sont de plus en plus fréquentes dans la pratique, soit par confort, soit, de la part du juge, par crainte de ne pouvoir trancher le litige de manière heureuse sans le concours d'un technicien. Il est intéressant de relever à cet égard que le juge de l'expropriation ne peut ordonner une expertise pour fixer la valeur du bien exproprié.

342.13 L'article 145 du Code de procédure civile. D'autre part, le législateur a élargi les possibilités du juge en instituant, à côté de la classique mesure d'instruction en cours d'instance, la mesure d'instruction *in futurum*. Cette disposition ayant déjà été traitée par ailleurs (sur les preuves à conserver et les mesures conservatoires, v. s[s] n°s 111.61 s.), on rappellera simplement ici que l'article 145 permet à tout intéressé de demander au juge d'ordonner une telle mesure, avant tout procès, s'il existe un motif légitime de conserver ou d'établir la preuve de faits dont pourrait dépendre la solution du litige.

B. Décision du juge

342.21 Son contenu. Le Code de procédure civile se montre, là encore, d'une grande souplesse, offrant une large palette de possibilités au juge qui peut d'abord combiner plusieurs mesures d'instruction, d'emblée ou en cours d'exécution, s'il apparaît nécessaire de joindre toute autre mesure à celles déjà ordonnées (C. pr. civ., art. 148).

Il peut, également, à tout moment accroître ou restreindre l'étendue des mesures prescrites (C. pr. civ., art. 149) ou encore ordonner telle autre mesure que rendrait opportune l'exécution de celle déjà prescrite (C. pr. civ., art. 166).

Ces dispositions, qui, dans leur principe, accordent la plus grande latitude au juge, ne sont pas sans soulever, dans certains cas, malheureusement fréquents, des difficultés pratiques. Ainsi, les ordonnances communes, destinées à rendre opposable à toute nouvelle partie (l'assureur du constructeur, par exemple) une expertise en cours, dont l'utilité est évidente, sont susceptibles d'entraîner des problèmes de compétence : faut-il appliquer les règles de compétence de droit commun (C. pr. civ., art. 42 s.) ou les dispositions de l'article 236, aux termes duquel le juge qui a commis le technicien ou le juge chargé du contrôle peut accroître ou restreindre la mission ? De même, lorsque la mesure initiale a été ordonnée par le juge du fond, il est nécessaire d'assigner au fond les parties nouvelles au procès.

Il s'agit là de difficultés purement formelles qu'un toilettage des textes pourrait résorber.

342.22 Sa forme. Dans un souci de simplicité, en soi louable, mais peut-être critiquable en l'espèce, l'article 151 C. pr. civ. prévoit que la décision peut revêtir la forme d'une simple mention au dossier ou au registre d'audience, lorsqu'elle ne peut être l'objet de recours indépendamment du jugement sur le fond.

Quand un recours est possible, c'est-à-dire en cas d'expertise et sur autorisation du premier président de la cour d'appel (C. pr. civ., art. 272), la décision revêtira la forme d'une ordonnance si elle émane du juge des référés ou du juge de la mise en état, ou d'un jugement lorsqu'elle est ordonnée par le juge du fond.

342.23 Sa notification. Aux termes de l'article 152 alinéa 1er C. pr. civ., la décision statuant sur une mesure d'instruction, qu'il s'agisse de l'ordonner, de la modifier ou de rejeter la demande, en cours d'instance, n'est pas notifiée.

Mais, si une partie est défaillante ou absente lors du prononcé de la décision, copie de celle-ci lui est adressée, par lettre simple, par le greffier (C. pr. civ., art. 152, al. 2).

342.24 Son suivi. L'article 153 C. pr. civ. précise que la décision qui ordonne une mesure d'instruction ne dessaisit pas le juge qui peut même statuer sur le fond sans attendre que la mesure ait été exécutée, s'il s'estime suffisamment informé[1].

Le décret n° 2005-1678 du 28 décembre 2005[2] (art. 36) a ajouté un second alinéa à l'article 153 selon lequel la décision indique la date à laquelle l'affaire sera appelée pour un nouvel examen et ce indépendamment du délai imparti à l'expert pour accomplir sa mission : il en résulte que le juge peut, pendant l'exécution de la mesure, conférer avec les parties[3].

C. Voies de recours

1° Principe de l'article 150 du Code de procédure civile

342.31 Recours différé. Quel que soit le contenu de la décision, le régime des voies de recours contre une décision statuant sur une mesure d'instruction est réglé par l'article 150 C. pr. civ.

Ce texte exclut tout d'abord toute possibilité d'opposition.

S'agissant de l'appel et du pourvoi en cassation, le principe général est qu'ils ne peuvent être exercés indépendamment du jugement sur le fond, sauf dans les cas spécifiés par la loi, et ce, que la décision

1. Civ. 3e, 9 nov. 1977, n° 76-13.456, *Bull. civ.* III, n° 383; *RTD civ.* 1978. 728 obs. Perrot.
2. Décr. n° 2005-1678, 28 déc. 2005, relatif à la procédure civile, à certaines procédures d'exécution et à la procédure de changement de nom, *JO* 29 déc., p. 20350.
3. *Experts* 2006, n° 70, p. 8, chron. de Fontbressin.

ordonne ou modifie une mesure d'instruction ou même qu'elle refuse de l'ordonner ou de la modifier.

Il est évident qu'une telle disposition nécessite une grande vigilance de la part de la partie qui entend contester la décision statuant sur une mesure d'instruction et qui ne devra pas omettre de spécifier, lorsqu'elle exercera son recours, que celui-ci porte non seulement sur la décision au fond mais encore sur celle statuant sur la mesure d'instruction.

2°
Exceptions

342.41 **Dérogations au principe.** Le principe posé par l'article 150 est à l'évidence destiné à éviter de ralentir le cours du procès civil. Pour qu'il soit applicable, il faut naturellement que la mesure soit véritablement une mesure d'instruction et non une simple mesure technique. La jurisprudence admet également l'appel ou le pourvoi immédiats lorsqu'une irrégularité grave affecte la décision, soit parce qu'elle viole un principe fondamental d'ordre public[1], soit parce que le juge a commis un excès de pouvoir[2]. Enfin, le recours immédiat est possible « *dans les cas spécifiés par la loi* » selon la formule de l'article 150.

342.42 **Expertise.** Diverses dispositions légales contredisent en effet le principe d'irrecevabilité du recours immédiat. C'est le cas en premier lieu de l'article 272 C. pr. civ. (v. s^s n° 342.281) selon lequel la décision ordonnant une expertise peut être frappée d'appel indépendamment du jugement sur le fond, à une double condition toutefois : il faut justifier d'un motif grave et légitime et l'appel immédiat est subordonné à l'autorisation du premier président de la cour d'appel qui dispose d'un pouvoir d'appréciation souverain pour statuer sur la gravité et la légitimité du motif invoqué[3].

342.43 **Jugements mixtes.** L'article 544 C. pr. civ. prévoit un appel immédiat pour les jugements mixtes, c'est-à-dire ceux qui, à la fois, tranchent une partie du principal et ordonnent, pour le surplus, une mesure d'instruction. Tel n'est pas le cas d'un jugement qui, tout en ordonnant une mesure d'instruction, se contente de maintenir une partie en la cause[4], de dire recevable une intervention volontaire[5], de statuer sur une demande de sursis à statuer[6] ou de rejeter une fin de non-recevoir[7], à moins que celle-ci ne soit liée au fond[8].

Enfin, la chambre mixte a décidé qu'est irrecevable l'appel immédiat formé contre une décision qui ordonne une expertise et alloue une provision, unifiant ainsi les jurisprudences divergentes[9].

342.44 **Référé.** Quand la mesure d'instruction est ordonnée par le juge des référés, le problème est plus complexe. L'article 490 C. pr. civ. contredit en effet l'article 150 en ce qu'il rend possible l'appel contre une ordonnance de référé, sauf lorsqu'elle émane du premier président de la cour d'appel ou si elle est rendue en dernier ressort. La jurisprudence a été divergente jusqu'à ce que la question soit tranchée par trois arrêts rendus en chambre mixte le 7 mai 1982 (v. s^s n° 111.123) : dès lors que le juge des référés statue sur la mesure d'instruction de manière incidente et qu'il reste saisi d'une demande distincte de cette mesure, l'article 150 doit trouver application et interdit tout recours immédiat.

À l'inverse, le régime de l'article 490 peut jouer si l'ordonnance de référé statue à titre principal sur une mesure d'instruction et ce sans aucune restriction, hormis l'hypothèse où la mesure est une expertise, auquel cas les conditions prévues par l'article 490 (v. s^s n° 342.42) doivent naturellement être remplies.

§ 2
Exécution des mesures d'instruction

342.50 **Plan.** Après que l'article 154 ait précisé que les mesures d'instruction sont mises à exécution à l'initiative du juge ou d'une partie, selon les règles propres à chaque matière, au vu d'un extrait ou d'une copie certifiée conforme du jugement, le Code de procédure civile traite de l'exécution des mesures d'instruction (C. pr. civ., art. 155 à 174). La matière vient d'être réformée par le décret n° 2012-1451 du 24 décembre 2012[10] relatif à l'expertise et à l'instruction des affaires devant les juridictions judiciaires. On examinera d'abord le contrôle de l'exécution par le juge, avant de se pencher sur les dispositions relatives aux parties, puis aux tiers et enfin de traiter des incidents d'exécution.

A.
Contrôle du juge

342.51 **Le principe et ses exceptions.** L'article 155 alinéa 1er C. pr. civ. tranche de manière apparem-

1. Paris, 17 janv. 1989, *D.* 1989. Somm. 182, obs. Julien.
2. Soc. 23 févr. 1977, n° 75-14.506, *Bull. civ.* V, n° 131 ; *RTD civ.* 1977. 621, obs. Perrot.
3. Civ. 2e, 3 avr. 1978, n° 77-11.934, *Bull. civ.* II, n° 107 ; *RTD civ.* 1978. 926, obs. Perrot.
4. Soc. 8 juill. 1985, n° 84-40.284, *Bull. civ.* V, n° 405.
5. Com. 15 déc. 2009, n° 08-19.800, *Bull. civ.* IV, n° 163 ; *Procédures* 2010. Comm. 69, note Perrot.
6. Civ. 2e, 24 oct. 1979, n° 78-10.259, *Bull. civ.* II, n° 245.
7. Civ. 2e, 10 mars 1977, n° 74-15.012, *Bull. civ.* II, n° 72 ; *Gaz. Pal.* 1978. 1. 3, note Viatte.
8. Paris, 6 oct. 1982, *Bull. ch. avoués* 1982. 4. 112.
9. Cass., ch. mixte, 25 oct. 2004, n° 03-14.219, *Bull. ch. mixte*, n° 3 ; *D.* 2005. 757, note Serinet ; *RTD civ.* 2005. 187, obs. Perrot.
10. Décr. n° 2012-1451, 24 déc. 2012, *JO* 27 déc., p. 20504.

ment simple la question du contrôle de l'exécution des mesures d'instruction : celles-ci sont exécutées sous le contrôle du juge qui les a ordonnées, lorsqu'il n'y procède pas lui-même.

Dans ce dernier cas, il va de soi qu'il n'y a pas de difficultés à ce que le juge qui a ordonné la mesure l'exécute lui-même, qu'il s'agisse de vérifications personnelles, de la comparution personnelle des parties ou d'une enquête, du moins quand la décision émane d'un juge unique et non d'une formation collégiale.

Dès le second alinéa de l'article 155, en effet, les difficultés apparaissent : *quid* du **contrôle** de l'exécution d'une mesure ordonnée par une formation collégiale ? Celui-ci sera exercé par le juge qui était chargé de l'instruction, c'est-à-dire le juge de la mise en état, ou, à défaut, par le président, s'il n'a été confié à l'un des juges de cette formation. En bref, ce peut être n'importe quel magistrat de la chambre.

On conçoit qu'il ne soit pas très commode pour les avocats et les techniciens d'avoir ainsi des interlocuteurs multiples, dont l'identité varie à chaque affaire, voire même dans une même affaire.

Plus complexe encore est la situation suivante. L'article 156 indique certes que le juge peut se déplacer hors de son ressort pour procéder à une mesure d'instruction ou pour en contrôler l'exécution. Pour qui connaît les conditions de travail des magistrats du siège, il s'agit là d'une vue de l'esprit : déjà fort rares en matière pénale, les transports sont quasi inexistants en matière civile.

Le législateur a d'ailleurs perçu le problème, puisqu'il ajoute (C. pr. civ., art. 157) que, lorsque l'éloignement rend le déplacement trop difficile ou trop onéreux, le juge peut charger une autre juridiction de degré égal ou inférieur de procéder à tout ou partie des opérations ordonnées, c'est-à-dire délivrer une **commission rogatoire**.

Celle-ci sera exécutée par la juridiction elle-même si elle siège à juge unique ou par le juge désigné à cet effet par le président de la juridiction commise (C. pr. civ., art. 157, al. 3), dont le greffier, après exécution, renverra à la juridiction commettante les pièces d'exécution (C. pr. civ., art. 157, al. 4).

Ces dispositions ne valent évidemment que pour les commissions rogatoires internes, auxquelles le Code de procédure civile consacre, sur un plan général, les articles 730 à 732; le cheminement est encore plus tortueux quand on a affaire à une commission rogatoire internationale, pour l'examen de laquelle on se référera aux articles 733 à 748.

Toutefois le règlement (CE) n° 1206/2001 du Conseil du 28 mai 2001, applicable depuis le 1er janvier 2004, a mis en place des dispositions permettant de saisir directement la juridiction étrangère compétente (art. 2) pour procéder à une mesure d'instruction dans un autre État membre de l'Union européenne, à l'exception du Danemark (art. 1er). La demande doit être établie dans la langue officielle de l'État membre requis (art. 5) au moyen des formulaires types annexés au règlement (art. 4). Il est également prévu que puisse être respecté le principe du contradictoire (art. 11). Le décret n° 2004-836 du 20 août 2004 [1] portant modification de la procédure civile [2] précise que si cette mesure d'instruction occasionne des frais de traduction le juge ordonne le versement d'une provision dont le montant est fixé en application du tarif prévu par l'article R. 122 du Code de procédure pénale, en désignant la ou les parties qui devront s'en acquitter (C. pr. civ., art. 178-1). De même devra-t-il fixer le montant de la provision à valoir sur les frais d'interprétariat conformément aux modalités prévues par les articles 269 à 271 (C. pr. civ., art. 178-1).

On constatera que les dispositions relatives aux commissions rogatoires ne précisent pas quel juge va contrôler l'exécution de la mesure. En principe, il faudrait donc se rapporter à l'article 155, mais on voit mal comment le juge commettant pourrait, dans la pratique, régler des incidents ou des difficultés d'exécution d'une mesure que, par hypothèse, il ne peut exécuter lui-même. Le bon sens commande que, autant que faire se peut, ceux-ci soient réglés par le juge commis qui n'en référera au juge mandant qu'en cas d'impossibilité à trancher lui-même le problème.

342.52 Difficultés pratiques. On voit, au travers des exceptions envisagées par le législateur, les difficultés d'application du principe posé par l'article 155 C. pr. civ. Il en est d'autres, évoquées prudemment par l'article 158 C. pr. civ. qui suggère que, si plusieurs mesures d'instruction ont été ordonnées, il soit procédé simultanément à leur exécution « *chaque fois qu'il est possible* ». Or, il est fréquent que plusieurs mesures soient ordonnées, notamment quand il apparaît nécessaire d'attraire de nouvelles parties au procès pour que la mesure initiale leur soit opposable. On a déjà évoqué plus haut les problèmes de compétence susceptibles de se poser dans ce cas de figure.

Au niveau du contrôle de l'exécution, la situation s'avère encore plus embrouillée, et il est heureux que le décret du 28 décembre 1998 ait introduit dans le Code de procédure civile la pratique antérieure de certaines juridictions, insérant un article 155-1 C. pr. civ. aux termes duquel le président de la juridiction peut, dans l'intérêt d'une bonne administration de la justice, désigner un juge spécialement chargé de contrôler l'exécution des mesures d'instruction confiées à un technicien.

1. Décr. n° 2004-836, 20 août 2004, portant modification de la procédure civile, *JO* 22 août, p. 15032.
2. Décr. n° 2005-836, 20 août 2004, pris en application de l'article 97 de la loi n° 2004-809 du 13 août 2004 relative aux libertés et responsabilités locales et relatif aux conditions de transfert de la propriété de monuments historiques aux collectivités territoriales, *JO* 22 août, p. 12025.

On observera qu'il ne s'agit que d'une simple faculté et que les dispositions analysées plus haut restent donc applicables, le problème inhérent à l'exécution des commissions rogatoires restant, notamment, entier.

Le décret n° 2012-1451 du 24 décembre 2012 a modifié le Code de l'organisation judiciaire à cet égard : après avis de l'assemblée des magistrats du siège (COJ, art. R. 212-37), le président du tribunal de grande instance désigne, dans son tableau de service (COJ, art. L. 121-3), un ou plusieurs juges chargés de contrôler l'exécution des mesures d'instruction (COJ, art. R. 213-12-1). Ainsi, le chef de juridiction doit désormais désigner un ou plusieurs magistrats chargés du contrôle, mais, curieusement, les termes de l'article 155-1 C. pr. civ. sont restés inchangés. Quoi qu'il en soit, les pouvoirs de ce juge ont été renforcés, puisqu'il est compétent pour assurer le contrôle des mesures d'instruction ordonnées en référé, sauf décision contraire lors de l'établissement du tableau de service, ainsi que des mesures ordonnées par le juge de la mise en état en application de l'article 771, sauf si ce dernier décide de s'en réserver le contrôle (C. pr. civ., art. 819 rétabli). Enfin, un nouvel article 964-2 C. pr. civ. donne à la cour d'appel, qui infirme une ordonnance de référé ayant refusé une mesure d'instruction, la faculté de confier au juge chargé du contrôle de la juridiction dont émane cette décision le contrôle de la mesure qu'elle ordonne.

Ces dispositions nouvelles vont assurément dans le bon sens, quand bien même peuvent-elles encore paraître trop timides dans leur volonté de simplifier la matière.

B.
Convocation des parties

342.61 Principe du contradictoire et ses limites. En application de l'article 160 C. pr. civ., la contradiction doit être respectée à l'occasion de l'exécution des mesures d'instruction : il faut noter cependant que les dispositions de l'article 160 ne sont pas applicables à l'enquête sociale prévue par l'ancien article 287-1 du Code civil et réglementée par l'article 1079 C. pr. civ. [1]

Mais le texte prévoit les modes de convocation les plus simples :

– lorsqu'ils sont présents lors de la fixation de la date d'exécution de la mesure, si elle n'a pas lieu sur-le-champ (C. pr. civ., art. 159), les parties et leurs défenseurs peuvent être convoqués verbalement;

– à défaut, les parties sont convoquées par la remise d'un simple bulletin à leur défenseur (il incombe alors à celui-ci d'aviser son client), mais l'expert a le choix entre la convocation de la partie et celle de son défenseur [2];

– à défaut, enfin, les parties présentes ou représentées sont convoquées par lettre recommandée (il appartient au juge de vérifier si la partie qui conteste la régularité du rapport du technicien a bien été convoquée par lettre recommandée avec accusé de réception [3]), les parties défaillantes ou les défenseurs par lettre simple.

La convocation est faite, selon le cas, par le greffier ou le technicien commis.

On relèvera que le ministère public peut toujours être présent lors de l'exécution des mesures d'instruction, même s'il n'est pas partie principale (C. pr. civ., art. 163).

Si l'article 160 prévoit que le principe du contradictoire est applicable, sur un plan général, aux mesures d'instruction, il connaît cependant quelques limites qui seront analysées ultérieurement au cas par cas.

342.62 Représentation et assistance des parties. Le principe posé par l'article 11 C. pr. civ. est repris par l'article 160 : les parties doivent apporter leur concours aux mesures d'instruction, mais elles peuvent toujours, lors de leur exécution, se faire assister ou même représenter, si la mesure n'implique pas leur audition personnelle (C. pr. civ., art. 161). Il n'est d'ailleurs pas nécessaire que celui qui assiste une partie soit un avocat constitué devant la juridiction saisie du litige [4]; ce peut être également un huissier [5], comme toute autre personne compétente.

Il est même possible de recourir au référé provision pour rémunérer l'assistant afin que la victime d'un désordre incontestable ait les moyens effectifs de participer à un débat technique [6].

Quant à cet assistant technique et à l'étendue de ses pouvoirs, il y a lieu d'opérer un *distinguo* selon la juridiction qui a ordonné la mesure d'instruction : devant les tribunaux d'instance ou de commerce ou encore les conseils de prud'hommes, les parties peuvent être représentées par toutes personnes de leur choix alors que la représentation par avocat ou par avoué est obligatoire devant les tribunaux de grande instance ou les cours d'appel. Il en résulte que, dans ce dernier cas, l'assistant technique ne peut en aucun

1. Civ. 1re, 5 mai 1987, n° 85-17.537, *Bull. civ.* I, n° 140; *JCP* 1987. IV. 233.

2. Paris, 12 sept. 1990, *Bull. ch. avoués* 1990. 3. 88.
3. Civ. 2e, 26 févr. 1997, n° 94-11.794, *Bull. civ.* II, n° 61; *Gaz. Pal.* 9-13 nov. 1997. Pan. 266.
4. Civ. 1re, 18 mai 1989, n° 87-13.353, *Bull. civ.* I, n° 204; *RTD civ.* 1989. 617, obs. Perrot.
5. Civ. 2e, 23 oct. 1991, n° 90-14.880, *Bull. civ.* II, n° 275; *RTD civ.* 1992. 183, obs. Perrot.
6. TGI Paris, 11 janv. 1984, *Gaz. Pal.* 1984. 266, note Bertin; *RTD civ.* 1984. 553, obs. Normand – Et, sur appel, Paris, 26 mai 1986, *Gaz. Pal.* 1986. 386, note Bertin; *RTD civ.* 1986. 628, obs. Normand.

cas se substituer au mandataire légal pour représenter une partie[1].

L'article 162 précise en outre que celui qui assiste ou représente une partie peut suivre l'exécution de la mesure d'instruction, formuler des observations et présenter des demandes relatives à cette exécution, même en l'absence de la partie. Encore faut-il, comme on vient de le voir que l'assistant technique ait qualité pour représenter une partie. C'est ainsi qu'un huissier, qui ne peut représenter une partie devant le tribunal d'instance, ne pourra pas formuler d'observations écrites, sauf à les faire contresigner par la partie elle-même ou son mandataire légal[2].

C. Tiers

342.71 Rôle. Comme les parties, les tiers doivent eux aussi apporter leur concours à la justice (C. civ., art. 10) et notamment aux mesures d'instruction (C. pr. civ., art. 160).

Lorsque leur présence apparaît nécessaire à l'exécution de la mesure, ils sont donc convoqués, par le greffier ou le technicien, par lettre recommandée avec demande d'avis de réception, à moins qu'ils ne soient présents lors de la fixation de la date d'exécution de la mesure, auquel cas ils peuvent être convoqués verbalement.

L'article 169 prévoit également l'hypothèse de l'intervention d'un tiers à l'instance : le secrétaire de la juridiction doit en aviser aussitôt le juge et, le cas échéant, le technicien commis pour que le tiers puisse être également convoqué lors de l'exécution de la mesure.

L'alinéa 2 ajoute que l'intervenant est mis en mesure de présenter ses observations sur les opérations auxquelles il a déjà été procédé.

D. Incidents et voies de recours

342.81 Compétence. Le juge peut procéder luimême à la mesure ou assister à son exécution; pour ce faire, il peut se déplacer sans être assisté du greffier (C. pr. civ., art. 165), ce qui est une disposition assez curieuse.

Quelles qu'en soient les modalités, l'exécution de la mesure d'instruction est susceptible de générer des incidents qui varient selon la nature de la mesure. Les articles 167 et 168 réglementent les dispositions communes à tous les types d'incident.

Pour les régler, l'article 167 pose le principe de la **compétence exclusive du juge chargé du contrôle**, saisi de l'incident par les parties, le technicien commis ou d'office[3].

Dans la mesure où il exécute lui-même l'opération, ou s'il y assiste, le juge se prononce sur-le-champ sur la difficulté, sinon il fixe la date pour laquelle les parties et, le cas échéant, le technicien, seront convoqués par le greffier (C. pr. civ., art. 168).

342.82 Autorité et recours. Les décisions prises par le juge n'ont pas au principal l'autorité de la chose jugée (C. pr. civ., art. 171) et elles revêtent la forme soit d'une simple mention au dossier ou au registre d'audience, soit, en cas de nécessité, d'une ordonnance ou d'un jugement (C. pr. civ., art. 170, al. 2).

Comme les décisions ordonnant la mesure d'instruction, celles relatives à son exécution ne sont pas susceptibles d'opposition et ne peuvent être frappées d'appel ou de pourvoi en cassation qu'en même temps que le jugement sur le fond (C. pr. civ., art. 170, al. 1er).

Malgré les dispositions de l'article 496, il a été jugé que la règle posée par l'article 170 jouait même si le juge chargé du contrôle rejetait une demande en rétractation d'une précédente ordonnance sur requête prescrivant la production de documents[4].

De même, un tiers ne peut demander au juge des référés (sans doute eut-il fallu saisir le juge chargé du contrôle) la rétractation d'une ordonnance du juge chargé du contrôle d'une expertise lui enjoignant de produire des pièces[5].

342.83 Exception. Par contre, la règle édictée par l'article 170 C. pr. civ. n'est pas applicable aux décisions portant condamnation à une astreinte définitive, par combinaison de l'article 170 et des articles 6 et 8 de la loi du 5 juillet 1972[6], ni à celles se prononçant sur une demande de changement d'expert[7].

342.84 Exécution de la mesure. Une fois les incidents réglés, la mesure peut s'exécuter. Les procès-verbaux, avis ou rapports établis à cette occasion sont

1. M. Olivier, « Modifications envisagées de certaines dispositions du Nouveau Code de procédure civile ayant trait aux mesures d'instruction confiées à des techniciens », *Gaz. Pal.* 27-28 févr. 2002. Doctr. 2.
2. Civ. 2e, 23 oct. 1991, no 90-14.880, préc. (v. ss prést no).
3. Civ. 2e, 22 juin 1978, no 77-12.479, *Bull. civ.* II, no 167; *D.* 1978. IR 412, obs. Julien; *JCP* 1978. IV. 265; *RTD civ.* 1978. 925, obs. Perrot – Et sur nouveau pourvoi, Civ. 2e, 7 déc. 1983, no 82-12.961, *Bull. civ.* II, no 192; *D.* 1984. 227, note Guinchard et Moussa.
4. Civ. 2e, 11 juill. 1979, no 78-12.298, *Bull. civ.* II, no 210; *Gaz. Pal.* 1980. 1. 5, note J. V.; *RTD civ.* 1980. 410, obs. Perrot.
5. Civ. 2e, 7 déc. 1983, *D.* 1984. 227, note Guinchard et Moussa.
6. Civ. 2e, 20 avr. 1983, no 82-10.195, *Bull. civ.* II, no 96; *Gaz. Pal.* 1983. Pan. 218, obs. Guinchard; *RTD civ.* 1984. 163, obs. Perrot.
7. Civ. 2e, 23 juin 2005, no 03-16.627, *Bull. civ.* II, no 170; *RTD civ.* 2005. 635, obs. Perrot; *D.* 2005. IR 2102.

adressés ou remis en copie aux parties par le greffier ou le technicien commis, selon le cas, et mention en est portée sur l'original (C. pr. civ., art. 173).

L'article 174 C. pr. civ. prévoit d'autre part que, lorsqu'il procède lui-même, en tout ou partie, à la mesure d'instruction, le juge peut faire établir un enregistrement sonore, visuel ou audiovisuel. On peut d'ailleurs regretter, comme M. Olivier que le technicien missionné par le juge ne dispose pas du même pouvoir[1]. Quoi qu'il en soit cet enregistrement est conservé au secrétariat de la juridiction et chaque partie peut, à ses frais, en demander un exemplaire, une copie ou une transcription.

La mesure d'instruction exécutée, l'instance se poursuit à la diligence du juge et non pas des parties[2]. Le juge peut, dans les limites de sa compétence, entendre immédiatement les parties en leurs observations ou plaidoiries, même sur les lieux, et statuer aussitôt (C. pr. civ., art. 172), encore faut-il que les parties aient eu la possibilité de s'expliquer sur les conséquences de la mesure et les avis sollicités[3].

§ 3
Nullité

342.91 Portée. L'article 175 C. pr. civ. commence par renvoyer au régime général des nullités des actes de procédures (C. pr. civ., art. 112 s.) pour la sanction des irrégularités qui affectent les décisions et actes d'exécution relatifs aux mesures d'instruction, la nullité ne pouvant être invoquée que dans l'instance au fond et non à titre principal[4]. C'est ainsi que leur nullité est couverte si celui qui l'invoque a entre-temps fait valoir une défense au fond[5].

Puis, les articles suivants s'efforcent de réduire la portée de la nullité.

L'article 177 prévoit d'abord que, lorsque cela est possible, les opérations soient régularisées ou recommencées, même sur-le-champ, si le vice qui les entache peut être écarté[6].

L'article 176 précise d'autre part que la nullité ne frappe que celles des opérations qu'affecte l'irrégularité et non pas toute la mesure[7].

Enfin, à l'imitation des dispositions relatives au jugement (v. C. pr. civ., art. 459), l'omission ou l'inexactitude d'une mention destinée à établir la régularité d'une opération ne peut entraîner la nullité de celle-ci s'il est établi, par tout moyen, que les prescriptions légales ont été, en fait, observées.

On peut constater une fois encore la souplesse de ces dispositions, le législateur s'étant efforcé de réduire autant que possible le formalisme des décisions et actes d'exécution relatifs aux mesures d'instruction, parfois de manière excessive, en tout cas pas toujours de manière heureuse.

SECTION 2
LES DIFFÉRENTES MESURES D'INSTRUCTION

§ 1
Vérifications personnelles du juge

342.100 Textes applicables. Héritière de la rémunératrice « *descente sur les lieux* » de l'ancien régime, les vérifications personnelles du juge sont réglementées par les articles 179 à 183 C. pr. civ. qui élargissent dans ce domaine les possibilités du juge, précédemment limitées au seul transport.

A.
But poursuivi

342.101 Connaissance personnelle. Il s'agit, pour le juge, précise l'article 179 C. pr. civ., de prendre, en toute matière, une connaissance personnelle des faits litigieux afin de les vérifier lui-même. Si, pour ce faire, le transport sur les lieux demeure un moyen privilégié, il n'est plus le seul : le juge peut procéder aux constatations, évaluations ou reconstitution qu'il estime nécessaire.

Sans recourir à l'expertise, il peut se faire assister d'un technicien lorsque le litige présente un aspect trop technique (C. pr. civ., art. 181).

On voit bien le but poursuivi : faire en sorte que le juge puisse forger sa conviction personnellement plutôt qu'au travers du prisme des écritures des parties ou du rapport d'expert. Intention louable qui n'a eu, à ce jour, que peu d'échos, faute de temps peut-être, la force de l'habitude aidant aussi sans doute.

Quoi qu'il en soit, le législateur a prévu les modalités d'exécution de cette mesure.

1. M. Olivier, « Modifications envisagées de certaines dispositions du Nouveau Code de procédure civile ayant trait aux mesures d'instruction confiées à des techniciens », *Gaz. Pal.* 27-28 févr. 2002. Doctr. 2.
2. Civ. 3e, 11 janv. 1984, *D.* 1984. IR 241, obs. Julien.
3. Soc. 28 juin 1978, nos 78-60.368 et 78-60.369, *Bull. civ.* V, no 521.
4. Civ. 2e, 2 déc. 2004, no 02-20.205, *Bull. civ.* II, no 513; *D.* 2005. 332, obs. Julien et Fricero; *Gaz. Pal.* 2005. Somm. 2193.
5. Civ. 3e, 11 janv. 1984, *D.* 1984. IR 241, obs. Julien, préc.
6. Civ. 2e, 24 juin 2004, no 02-14.959, *Bull. civ.* II, no 317; *D.* 2004. IR 2086; *Procédures* 2004, no 178, obs. Perrot; *Gaz. Pal.* 2005. 1239, note Olivier.
7. Montpellier, 25 oct. 1984, *Gaz. Pal.* 1986. Somm. 363, note Centène.

B. Modalités d'exécution

342.111 Respect du contradictoire. En premier lieu, le principe du contradictoire doit être respecté : le juge ne peut procéder à des vérifications personnelles que si les parties sont présentes ou appelées (C. pr. civ., art. 179).

Il ne peut donc y procéder, le cas échéant, immédiatement, que si les parties sont présentes, sinon, il fixe les lieu, jour et heure de la vérification (C. pr. civ., art. 180). Quant au juge compétent pour exécuter la mesure, ce doit être, aux termes de l'article 180, un membre de la formation du jugement, qui devra donc être désigné lorsque la juridiction siège en formation collégiale. En tout cas, cette mesure est réservée au juge du fond, ce qui est d'ailleurs logique eu égard au but poursuivi.

Le juge peut aussi utiliser ses connaissances personnelles pour fonder sa décision, à condition, là encore, de respecter le principe de la contradiction, l'article 7 C. pr. civ. lui interdisant de se fonder sur des faits qui ne sont pas dans le débat, ainsi que la chambre sociale a eu l'occasion de le rappeler dans une affaire où le juge prud'homal s'était fondé sur une recherche réalisée à partir de sites internet, alors que ces éléments n'étaient pas dans le débat[1].

342.112 Vérifications personnelles. Cependant, même s'il n'appartient pas à la formation du jugement, le juge qui exécute une autre mesure d'instruction peut procéder aux vérifications personnelles que rendrait opportunes l'exécution de cette mesure. Cette dérogation, prévue par l'article 183 C. pr. civ., à la règle posée par l'article 180 est heureuse : il serait fâcheux que, pour une question de compétence, un juge ne puisse connaître de faits utiles à la manifestation de la vérité.

342.113 Lieu d'exécution. Les opérations peuvent être effectuées à l'audience ou en tout autre lieu et le juge peut, à cette occasion, entendre les parties ou toute autre personne dont l'audition paraît utile à la manifestation de la vérité.

342.114 Procès-verbal. Enfin, un procès-verbal des vérifications est dressé qu'elles consistent en des constatations, évaluations, appréciations, reconstitutions ou déclarations (C. pr. civ., art. 182, al. 1er). Toutefois, si l'affaire est immédiatement jugée en dernier ressort, le procès-verbal peut être remplacé par une mention dans le jugement (C. pr. civ., art. 182, al. 2).

Là encore, le contradictoire doit être respecté : le juge ne peut se fonder sur un procès-verbal de transport sans qu'il ait été porté à la connaissance des parties, alors même que celles-ci étaient présentées et représentées lors du transport[2].

1. Soc. 5 déc. 2012, n° 11-21.113, *Bull. civ.* V, n° 325.

§ 2 Comparution personnelle des parties

A. Procédure

342.121 Demande. La formulation de l'article 184 C. pr. civ., aux termes duquel le juge peut, en toute matière, faire comparaître personnellement les parties ou l'une d'elles, pourrait laisser penser que seul le juge peut en prendre l'initiative. Mais, par application du principe général posé par l'article 143, la demande de comparution personnelle peut, comme toute mesure d'instruction, émaner des parties.

342.122 Décision. Elle relève du pouvoir souverain du juge du fond[3] qui peut ordonner la comparution personnelle des parties en toute matière (C. pr. civ., art. 184), même celles où la preuve testimoniale est interdite[4].

La mesure ne peut être ordonnée que par la formation de jugement ou par le membre de cette formation chargé de l'instruction de l'affaire (C. pr. civ., art. 185). La formulation suffisamment large qui a été employée par le législateur est révélatrice de ses intentions : peu importe le type de formation dont il s'agit (juge aux affaires familiales, juge de l'exécution, juge de la mise en état, formation collégiale...) dès lors que c'est une juridiction de jugement. A même été admise la compétence du juge des référés, saisi sur le fondement de l'article 809 alinéa 2 (référé-provision), la Cour de cassation ayant considéré qu'il lui appartenait, pour vérifier si l'obligation n'était pas sérieusement contestable, de procéder, le cas échéant, à la comparution personnelle des parties[5].

La décision ordonnant la comparution en fixe les lieu, jour et heure, sauf s'il y est procédé sur-le-champ (C. pr. civ., art. 187), ce qui suppose que les parties soient présentes à l'audience, hypothèse plus fréquente devant les juridictions d'exception que devant le tribunal de grande instance et qui permet, le cas échéant, au juge de combiner la comparution personnelle avec une autre mesure d'instruction, telle que l'enquête. On s'éloigne évidemment de plus en plus de la procédure accusatoire[6].

342.123 Audience de comparution. Elle peut être tenue soit devant la formation collégiale, soit devant

2. Caen, 26 mars 1996, RG n° 95/02005, *BICC* 1er déc. 1996, n° 440, arrêt n° 1268.
3. Civ. 1re, 28 oct. 1975, n° 74-11.047, *Bull. civ.* I, n° 296.
4. Req. 19 oct. 1925, *DP* 1926. 1. 89, note Savatier.
5. Civ. 1re, 30 juin 1993, n° 91-18.465, *Bull. civ.* I, n° 237; *JCP* 1993. IV. 2253; *RTD civ.* 1994. 162, obs. Perrot.
6. Civ. 2e, 25 mai 1976, n° 75-10.903, *Bull. civ.* II, n° 177; *Gaz. Pal.* 1976, obs. R. P.; *RTD civ.* 1976. 828, obs. Perrot.

l'un de ses membres, que la décision ait été rendue en formation collégiale ou par le juge de la mise en état; il suffit que la décision mentionne devant quel juge la comparution aura lieu (C. pr. civ., art. 186).

Quand cela est compatible avec la nature de l'affaire, la comparution peut avoir lieu en audience publique, mais l'article 188 précise qu'elle peut toujours avoir lieu en chambre du conseil. L'article 196 ajoute que, si une partie est dans l'impossibilité de se présenter, le juge chargé de l'exécution peut se transporter auprès d'elle, après avoir, en principe, convoqué l'autre partie, encore que le texte mentionne « *le cas échéant* » (cette formule doit être interprétée restrictivement : par respect du contradictoire, le juge ne peut se dispenser de convoquer une partie que s'il existe un risque de dépérissement de la preuve).

Aux termes de l'article 184, le juge peut faire comparaître personnellement toutes les parties ou l'une d'elles, même s'il s'agit d'un incapable (sous réserve des règles relatives à la capacité des personnes et à l'administration de la preuve), ainsi que son représentant légal ou celui qui l'assiste (C. pr. civ., art. 197, al. 1er).

Il peut aussi faire comparaître les personnes morales, y compris les collectivités publiques et les établissements publics, en la personne de leurs représentants qualifiés (C. pr. civ., art. 197, al. 2), ainsi que tout membre ou agent d'une personne morale afin de l'entendre aussi bien sur les faits qui lui sont personnels que sur ceux qu'il a connus en raison de sa qualité (C. pr. civ., art. 197, al. 3).

Le Code de procédure civile laisse également une grande latitude au juge quant aux modalités d'exécution de la mesure : il peut entendre les parties en présence l'une de l'autre ou séparément si les circonstances l'exigent. Il peut les confronter, ce qui s'impose à lui si une partie le demande (C. pr. civ., art. 189, al. 1er).

Dans le cas où la comparution d'une seule partie a été ordonnée, celle-ci est entendue en présence de l'autre, sauf si les circonstances exigent qu'elle le soit immédiatement ou hors sa présence; mais alors, la partie absente est en droit d'avoir immédiatement connaissance des déclarations de la partie entendue (C. pr. civ., art. 189, al. 2). La mesure peut avoir lieu en présence d'un technicien et il est loisible au juge d'organiser une confrontation avec les témoins (C. pr. civ., art. 190).

Il va de soi que les parties dont la comparution personnelle a été ordonnée doivent se présenter en personne[1], l'article 191 précise que ce sont elles qui doivent répondre aux questions posées, sans pouvoir s'appuyer sur un texte préparé.

1. Civ. 2e, 12 mai 1971, no 70-11.308, *Bull. civ.* II, no 174; *JCP A* 1971. IV. 5965.

À cet égard, le juge est libre du choix des questions[2], sans être tenu de poser celles que les parties lui soumettent après l'interrogatoire (C. pr. civ., art. 193).

342.124 Procès-verbal de comparution. Comme en matière de vérifications personnelles du juge, lorsque l'affaire est jugée immédiatement en dernier ressort, le procès-verbal pourra être suppléé par une mention dans le jugement (C. pr. civ., art. 194, al. 2). S'il n'est pas nécessaire que celui-ci soit rendu sur le siège, c'est-à-dire à la même audience, il devra toutefois comporter la teneur des déclarations[3].

Lorsque la décision est susceptible d'appel, il est dressé procès-verbal des déclarations des parties, de leur absence ou de leur refus de répondre (C. pr. civ., art. 194), mais la seule présentation de la victime d'un accident devant la juridiction pour apprécier son préjudice esthétique ne constitue pas une comparution personnelle, dès lors qu'elle n'est pas interrogée, et il n'y a donc pas lieu d'appliquer les dispositions relatives à cette mesure d'instruction[4].

Après lecture, les parties interrogées signent le procès-verbal ou le certifient conforme à leurs déclarations – auquel cas mention en est faite –; leur refus est également mentionné (C. pr. civ., art. 195).

B. Conséquences de l'attitude négative des parties

342.131 Pouvoirs du juge. Il appartient naturellement au juge de tirer toutes conséquences, quant à la solution du litige, des réponses apportées par les personnes interrogées lors de l'enquête.

Mais le législateur s'est penché sur les conséquences de l'attitude négative des parties. L'article 198 C. pr. civ. prévoit en effet que, si l'une des parties dont la comparution personnelle était demandée refuse de comparaître ou de répondre, le juge peut en tirer toute conséquence de droit et en faire état comme équivalent à un commencement de preuve par écrit.

L'hypothèse envisagée est différente de celle prévue par l'article 195, c'est-à-dire l'impossibilité de se présenter : ici, c'est volontairement que la partie s'abstient de comparaître ou de répondre et, quant à ses effets, l'article 198 assimile cette abstention aux déclarations faites par les parties.

Cette règle offre donc la possibilité au juge de déclarer admissible la preuve par témoin[5] ou par pré-

2. Civ. 2e, 16 oct. 1974, no 73-12.771, *Bull. civ.* II, no 267; *JCP* 1974. IV. 390.
3. Cass., ch. mixte, 22 févr. 1991, no 86-41.309, *Bull. ch. mixte*, no 1; *RTD civ.* 1991. 599, obs. Perrot; *JCP* 1991. II. 21703, concl. Dorwling-Carter et note Alaphilippe.
4. Civ. 2e, 1er déc. 1971, no 70-12.446, *Bull. civ.* II, no 327.
5. Civ. 1re, 21 mai 1968, *JCP* 1968. II. 15617, note R. L.

somptions dans des matières où la preuve par écrit est normalement exigée.

Rechercher si l'absence de comparution équivaut à un commencement de preuve par écrit relève de l'appréciation souveraine du juge[1]. Mais la dénaturation par celui-ci du procès-verbal de comparution constitue un motif de cassation[2].

Sous cette réserve, les dispositions de l'article 198 sont susceptibles de donner une portée plus grande à la comparution personnelle, étant rappelé que l'aveu judiciaire porte seulement sur des points de fait et que la règle de l'indivisibilité de l'aveu, posée par l'article 1356 du Code civil, ne s'applique qu'aux faits déniés par l'une des parties.

§ 3
Déclarations des tiers

342.140 Plan. Dans les matières où elle est autorisée, la preuve testimoniale est un mode de preuve aussi traditionnel que fréquemment utilisé.

À côté de l'enquête, le législateur a prévu, dans un souci de simplification de la procédure, le recours à l'écrit, c'est-à-dire les attestations des tiers, l'ensemble de la matière faisant l'objet des articles 199 à 231 C. pr. civ.

Il s'agit, dans l'un et l'autre cas, de recevoir les déclarations des tiers de nature à éclairer le juge sur les faits litigieux dont ils ont personnellement connaissance (C. pr. civ., art. 199). Une jurisprudence ancienne[3] a cependant admis que les propos d'un tiers ni convoqué ni entendu peuvent être rapportés par un témoin, à la condition, toutefois, que ce témoignage indirect n'ait pas pour effet de recueillir les dires d'une personne frappée d'une incapacité de témoigner[4].

A.
Attestations

342.141 Contenu. En raison de sa commodité, l'attestation est un mode de preuve fréquemment utilisé, parfois dans des conditions irrégulières, eu égard aux exigences des articles 200 et suivants C. pr. civ.

En premier lieu, l'attestation contient la **relation des faits** auxquels son auteur a assisté ou qu'il a personnellement constatés (C. pr. civ., art. 202, al. 1er). Les témoignages indirects, qui consistent à rapporter des faits relatés par un tiers doivent donc être rejetés[5].

Aux termes de l'article 201, les attestations doivent émaner des personnes qui remplissent les conditions requises pour être entendues comme témoins dans le cadre d'une enquête, conditions qui sont édictées par les articles 205 et 206 C. pr. civ. (v. ss no 342.152). Par voie de conséquence une personne tenue au secret professionnel ne peut établir une attestation[6], à moins qu'elle ne relate des faits dont elle a été témoin en dehors de l'exercice de sa profession. Ainsi, un médecin peut attester de faits auxquels il a assisté comme ami d'un couple et non en sa qualité de médecin[7].

L'attestation doit également satisfaire à certaines **conditions de forme**, énumérées à l'article 202 : elle doit mentionner les nom, prénoms, date et lieu de naissance, demeure et profession de son auteur et, le cas échéant, ses liens avec les parties, qu'ils soient d'ordre familial, professionnel ou patrimonial.

L'attestation doit en outre indiquer qu'elle est établie en vue de sa production en justice et que son auteur a connaissance qu'une fausse attestation de sa part l'expose à des sanctions pénales.

Enfin, elle est écrite, datée et signée de la main de son auteur qui doit annexer tout document officiel – en original ou copie – justifiant de son identité et comportant sa signature.

342.142 Pouvoirs du juge. Les règles de forme édictées par l'article 202 C. pr. civ. ne sont pas prescrites à peine de nullité[8] : le juge apprécie souverainement si l'attestation, bien que non conforme aux exigences du texte, présente cependant des garanties suffisantes pour entraîner sa conviction[9]. Elle a valeur de preuve si la méconnaissance de certaines dispositions de l'article 202 n'est pas de nature à entamer sa fiabilité[10]. Dans la négative, le juge pourra écarter l'attestation, à condition de préciser en quoi elle n'est pas régulière[11].

Par ailleurs, ces règles n'étant pas d'ordre public, leur non-respect ne peut être soulevé pour la première fois devant la Cour de cassation[12]. Rien ne s'oppose, enfin, à ce que l'attestation soit régularisée, quand bien même son irrecevabilité a-t-elle déjà été soulevée[13].

1. Soc. 16 oct. 1991, no 88-43.456; *Bull. civ.* V, no 411.
2. Civ. 1re, 8 mars 1978, no 76-11.062, *Bull. civ.* I, no 96; *JCP* 1978. IV. 152.
3. Req. 3 janv. 1893, *S.* 1893. I. 337, note Larbe.
4. Civ., 17 déc. 1954, *D.* 1955. 255.
5. Paris, 29 avr. 1977, *Bull. ch. avoués* 1978. 3. 35.
6. Civ. 2e, 24 juin 1992, no 90-18.021, *Bull. civ.* II, no 173 – Toulouse, 17 mars 1992, *RTD civ.* 1993. 104, obs. Hauser.
7. Civ. 2e, 6 juill. 1977, *D.* 1977. IR 493.
8. Civ. 2e, 14 mars 1979, no 77-14.466, *Bull. civ.* II, no 82; *Gaz. Pal.* 1979. 419, note Viatte; *RTD civ.* 1979. 665, obs. Perrot.
9. Civ. 1re, 29 avr. 1981, no 80-11.172, *Bull. civ.* I, no 143; *RTD civ.* 1981. 900, obs. Perrot.
10. Caen, 8 nov. 2001, RG no 00/01658, *BICC* 1er avr. 2002, no 553, arrêt no 345.
11. Soc. 24 avr. 1980, no 79-40.001, *Bull. civ.* V, no 355; *D.* 1981. 92, note Légier.
12. Civ. 1re, 6 juin 1978, no 77-11.051, *Bull. civ.* I, no 218; *RTD civ.* 1979. 665, obs. Perrot.
13. Civ. 2e, 21 nov. 1979, *D.* 1980. IR 471, obs. Julien.

Les pouvoirs du juge relativement aux attestations s'étendent naturellement au fond. C'est ainsi que, si celles-ci sont, la plupart du temps, produites par les parties, elles peuvent également l'être à la demande du juge (C. pr. civ., art. 200). Ce dernier peut également procéder par voie d'enquête à l'audition de l'auteur d'une attestation (C. pr. civ., art. 203).

Mais il s'agit d'une simple faculté qui relève de son appréciation souveraine[1]. Si les attestations produites présentent une force probante suffisante pour être accueillies, le juge n'est pas tenu de faire droit à une demande d'enquête[2].

Il incombe évidemment au juge de veiller, comme en toutes matières, au respect du contradictoire : il doit donc communiquer aux parties les attestations qui lui sont directement adressées (C. pr. civ., art. 200, al. 2) et il ne peut se fonder sur des attestations communiquées postérieurement aux conclusions sans énoncer qu'elles ont été régulièrement communiquées[3]. Mais, sauf preuve contraire, l'attestation sur laquelle est fondée une décision est présumée avoir été régulièrement versée aux débats[4].

B. Enquête

342.150 Oralité. Alors que l'attestation est écrite, l'enquête est la mesure d'instruction par laquelle le juge recueille oralement les déclarations des tiers.

La matière a été profondément renouvelée par le [Nouveau] Code de procédure civile (C. pr. civ., art. 204 à 231), dans le sens de l'accroissement des pouvoirs du juge et de la limitation du formalisme de la procédure.

Après avoir énoncé diverses dispositions communes aux deux formes d'enquête, le Code distingue l'enquête ordinaire de l'enquête sur-le-champ.

1° Dispositions générales

342.151 Enquête, contre-enquête et enquêtes respectives. Le Code de procédure civile ne prévoyant pas de conditions d'ouverture particulières à l'enquête, il convient de se rapporter aux dispositions communes à toutes les mesures d'instruction (v. s^s n°s 342.10 s., les décisions ordonnant les mesures d'instruction). Il suffira de rappeler ici que l'enquête peut être ordonnée à la demande des parties ou d'office et ce en tout état de cause et que, naturellement, le juge n'est jamais tenu de la prescrire dès lors que sa conviction est d'ores et déjà établie[5].

Le demandeur doit préciser les faits dont il entend rapporter la preuve grâce à l'enquête; le défendeur peut donc lui aussi faire citer des témoins afin de rapporter la preuve contraire (C. pr. civ., art. 204), sans qu'il y ait lieu à une nouvelle décision. Mais, si la contre-enquête est de droit, tel n'est pas le cas de l'enquête respective qui tend à prouver d'autres faits que ceux qui sont l'objet de la première enquête : une nouvelle décision du juge est nécessaire pour qu'il y soit procédé.

342.152 Témoins. Rappelons qu'en vertu du principe posé par les articles 10 du Code civil et 160 C. pr. civ., chacun est tenu d'apporter son concours à la justice et notamment aux mesures d'instruction. Il en résulte que quiconque en est légalement requis est tenu de déposer (C. pr. civ., art. 206), à moins d'être frappé d'une incapacité de témoigner en justice (C. pr. civ., art. 205) ou de justifier un motif légitime (C. pr. civ., art. 206).

L'article 205 précise que ceux qui ne peuvent témoigner – tels les mineurs de moins de dix-huit ans et les personnes condamnées, à titre de peine complémentaire, à l'interdiction des droits civils par application de l'article 131-26 du Code pénal – peuvent cependant être entendus mais sans prêter serment, à l'exception toutefois des descendants qui ne peuvent jamais être entendus sur les griefs invoqués par les époux dans le cadre d'une procédure de divorce ou de séparation de corps.

• **La prohibition de l'article 205 du Code de procédure civile** est absolue et touche non seulement les enfants communs des époux mais encore ceux que chacun a pu avoir d'un autre lit[6], ainsi que les conjoints des descendants[7]. Même la déposition d'un témoin qui rapporte les dires d'un descendant est prohibée[8], comme l'est une enquête de police à l'occasion de laquelle les descendants ont été entendus[9].

Par contre, les incapacités de témoigner, étant de droit strict[10], ne s'appliquent pas à la concubine d'un descendant[11].

• Est par ailleurs dispensé de témoigner celui qui justifie d'un **motif légitime :** on songe naturellement

1. Civ. 2e, 28 févr. 1979, *D.* 1979. IR 509, obs. Julien.
2. Civ. 2e, 9 janv. 1974, n° 72-13.876, *Bull. civ.* II, n° 12.
3. Civ. 3e, 16 mars 1976, n° 74-14.730, *Bull. civ.* III, n° 120; *JCP* 1976. IV. 164.
4. Com. 28 juin 1977, n° 76-11.440, *Bull. civ.* IV, n° 188.
5. Civ. 2e, 21 juill. 1969, *D.* 1970. Somm. 27.
6. Civ. 2e, 19 janv. 1983 n° 81-15.909, *Bull. civ.* II, n° 12 – Civ. 2e, 24 févr. 1983, NP; *Gaz. Pal.* 1983. Pan. 185, obs. Grimaldi.
7. Civ. 2e, 18 nov. 1987, n° 86-16.286, *Bull. civ.* II, n° 230; *JCP* 1988. IV. 32.
8. Civ. 2e, 23 mars 1977, n° 76-11.975, *Bull. civ.* II, n° 93.
9. Civ. 1re, 1er févr. 2012, n° 10-27.460, *Bull. civ.* I, n° 16.
10. Soc. 9 oct. 1980, n° 78-41.838, *Bull. civ.* V, n° 728; *RTD civ.* 1981. 450, obs. Perrot.
11. Civ. 2e, 25 nov. 1992, n° 91-14.177, *Bull. civ.* II, n° 276; *RTD civ.* 1993. 104, obs. Hauser.

aux personnes tenues par le secret professionnel (tel un médecin, sauf s'il dépose sur des faits parvenus à sa connaissance en dehors de l'exercice de ses fonctions[1] ou les agents diplomatiques, conv. Vienne, art. 31-2), mais l'article 206 mentionne également les parents, alliés en ligne directe ou conjoint, même divorcé, d'une partie qui peuvent refuser de témoigner.

Hormis ces exceptions, les personnes citées doivent déposer, sous peine d'une des sanctions prévues par l'article 207 : le témoin défaillant pourra être cité à ses frais, voire même, comme celui qui refuse de témoigner ou de prêter serment, condamné une amende civile d'un maximum de 3 000 euros (anc^{t} 100 à 10 000 francs).

Cependant, celui qui justifie n'avoir pu se présenter pourra être déchargé de l'amende et des frais de citation (C. pr. civ., art. 207, al. dern.) et le juge peut lui accorder un délai ou même se déplacer pour l'entendre (C. pr. civ., art. 217).

Enfin, si, dans la tradition française, les parties ne peuvent être appelées à témoigner dans leur propre cause, ce principe est susceptible d'être remis en question par la jurisprudence de la Cour européenne des droits de l'homme pour laquelle l'égalité des armes, exigence du procès équitable, implique que chaque partie puisse exposer sa cause sans être placée dans une situation de net désavantage par rapport à son adversaire et puisse ainsi, le cas échéant, être entendu comme témoin[2].

342.153 Exécution de la mesure. Les témoins déclarent leur nom, prénoms, date et lieu de naissance, demeure et profession ainsi que, le cas échéant, leur lien de parenté, d'alliance, de subordination, de collaboration ou de communauté d'intérêts avec les parties (C. pr. civ., art. 210).

Après que le juge leur ait rappelé qu'ils encourent des sanctions pénales en cas de faux témoignage, ceux qui sont entendus en qualité de témoins prêtent serment de dire la vérité, à peine de nullité[3]. Ceux qui sont entendus sans prestation de serment sont informés de leur obligation de dire la vérité (C. pr. civ., art. 211).

En tout cas, la Cour européenne des droits de l'homme interdit que la différence de traitement entre les personnes qui prêtent serment et celles qui ne le peuvent pas porte atteinte au principe de l'égalité des armes : le juge doit donc veiller à ne pas accorder, du seul fait de leur assermentation, un poids particulier à la déposition des premières relativement à celle des secondes[4].

Le juge entend les témoins séparément (C. pr. civ., art. 208), sans que ceux-ci puissent lire aucun projet (C. pr. civ., art. 212), sur les faits dont la preuve est admise par la loi, même si ces faits ne sont pas indiqués dans la décision ordonnant l'enquête (C. pr. civ., art. 213).

Le juge peut réentendre les témoins, les confronter entre eux ou avec les parties ou les interroger en présence d'un technicien (C. pr. civ., art. 215).

Après leur déposition, les témoins restent à la disposition du juge jusqu'à la clôture de l'enquête et des débats et peuvent apporter des additions ou des changements à leur déposition (C. pr. civ., art. 216), à moins qu'il ne leur ait été permis ou enjoint de se retirer.

Comme en matière de comparution personnelle des parties ou de vérifications personnelles du juge, il est établi un **procès-verbal** des dépositions, à moins qu'elles ne soient recueillies au cours des débats et que l'affaire doive être jugée immédiatement en dernier ressort, auquel cas il est fait mention dans le jugement du nom des témoins et du résultat de leurs dépositions (C. pr. civ., art. 219).

• **Le procès-verbal doit mentionner** (C. pr. civ., art. 220) :

– la présence ou l'absence des parties;

– les nom, prénoms, date et lieu de naissance, demeure et profession des personnes entendues;

– le serment prêté par elles et leurs déclarations relatives à leur lien de parenté, alliance, subordination, collaboration ou communauté d'intérêts avec les parties. Enfin, le juge peut consigner ses constatations relatives au comportement des témoins et autoriser ceux-ci à percevoir une indemnité s'ils en font la demande (C. pr. civ., art. 221).

Le juge peut aussi consigner ses constatations relatives au comportement des témoins et autoriser ceux-ci à percevoir une indemnité s'ils en font la demande (C. pr. civ., art. 221).

Les personnes entendues signent le procès-verbal ou le déclarent conforme à leur déposition, auquel cas mention en est faite, comme est également mentionné leur refus de signer.

Les observations des parties sont consignées ou annexées au procès-verbal; y sont également annexés tous les documents versés au cours de l'enquête; le procès-verbal est signé par le juge et le greffier qui l'a dressé et une copie en est remise à chaque partie.

Le régime des nullités est celui applicable à toutes les mesures d'instruction (v. s^{s} n° 342.91) et n'appelle donc pas de commentaires particuliers, étant seulement précisé que le défaut de prestation de serment des témoins entraîne la nullité de l'enquête[5] laquelle toutefois n'entraîne pas à son tour la nullité du juge-

1. Civ. 2e, 6 déc. 1978, n° 77-12.573, *Bull. civ.* II, n° 267.
2. CEDH 27 oct. 1993, req. n° 14448/88, *Série A*, n° 274; *JCP* 1994. I. 3742, n° 14, obs. Sudre; *Gaz. Pal.* 19 juill. 1994.
3. Civ. 2e, 23 avr. 1959, *Bull civ.* II, n° 333.
4. CEDH 23 oct. 1996, req. n° 17748/91, Ankerl c/Suisse, *Rec.* V. 1553, vol. 19.
5. Civ. 2e, 23 oct. 1959, *Bull. civ.* II, n° 333.

ment au fond s'il trouve son fondement légal en dehors des résultats de cette enquête[1].

342.154 Parties. On vient de l'indiquer, leurs observations sont consignées au procès-verbal, c'est qu'en principe elles sont présentes à l'enquête, ainsi que leurs défenseurs (C. pr. civ., art. 209), ou du moins sont-elles convoquées (C. pr. civ., art. 208).

Cela étant, l'article 208 prévoit deux exceptions à cette règle : d'abord, le juge peut inviter une partie à se retirer si les circonstances l'exigent, à condition de porter immédiatement à sa connaissance les déclarations de la personne entendue hors sa présence.

Le juge peut aussi, s'il y a risque de dépérissement de la preuve, procéder sans délai à l'audition d'un témoin après avoir, si possible, appelé les parties.

Si, normalement, les parties assistent à l'enquête, elles ne peuvent intervenir lors de la déposition des témoins, que ce soit pour les interrompre, les interpeller ou, *a fortiori*, chercher à les influencer, et ce à peine d'exclusion (C. pr. civ., art. 214).

Après l'interrogatoire du témoin, le juge pourra, s'il l'estime nécessaire, poser les questions que lui auront transmises les parties (C. pr. civ., art. 214).

Enfin, rappelons-le, ces dernières peuvent être confrontées avec les témoins (C. pr. civ., art. 215).

2°
Enquête ordinaire

342.161 Articulation des faits. Celui qui demande une enquête doit indiquer de manière précise les faits dont il entend rapporter la preuve (C. pr. civ., art. 222, al. 1er). Vague et imprécise aussi bien quant aux circonstances de temps et de lieu que quant au caractère excessif ou injurieux des faits, la demande doit donc être rejetée[2].

Il est en effet important que le juge sache sur quels faits il interrogera les témoins, encore que, aux termes de l'article 222, second alinéa, il ne soit plus lié par la demande puisque c'est à lui qu'il appartient de déterminer les faits pertinents à prouver, sauf dans l'hypothèse où les faits articulés, s'ils étaient démontrés, auraient légalement pour conséquence de justifier la demande[3].

La demande d'enquête peut naturellement être faite devant le juge de la mise en état, puisqu'il peut ordonner, même d'office, toute mesure d'instruction (C. pr. civ., art. 771, 5°); elle peut l'être également devant le juge des référés, à condition toutefois que le juge du fond ne soit pas saisi, sauf urgence[4]. On voit mal cependant l'utilité, dans ce cas de figure, à saisir le juge des référés plutôt que le juge de la mise en état qui peut statuer dans des conditions de célérité identiques.

342.162 Désignation des témoins. La partie qui demande une enquête doit indiquer les nom, prénoms et demeure des personnes dont elle sollicite l'audition (C. pr. civ., art. 223, al. 1er). La même obligation pèse sur le défendeur qui entend rapporter la preuve contraire par témoins (C. pr. civ., art. 223, al. 2).

342.163 Décision ordonnant la mesure. Cette décision qui, selon le cas, revêtira la forme d'un jugement ou d'une ordonnance, doit tout d'abord mentionner les faits pertinents à prouver, puisque, comme on vient de le voir (v. ss n° 342.161), c'est au juge qu'il appartient de les déterminer (C. pr. civ., art. 222, al. 2). Elle précise aussi devant quel juge aura lieu l'enquête : ce peut être la formation de jugement ou un de ses membres, mais aussi, en cas de nécessité, tout autre juge de la juridiction (C. pr. civ., art. 225). Dans cette dernière hypothèse, la décision se borne à fixer un délai d'exécution de l'enquête (C. pr. civ., art. 227, al. 1er). Il en va de même si une juridiction est commise par commission rogatoire, comme l'envisage le deuxième alinéa de l'article 227 C. pr. civ., auquel cas le président de cette juridiction peut même proroger ce délai en avisant le juge mandant.

Hormis ces cas, la décision indique les jour, heure et lieu où il sera procédé à l'enquête (C. pr. civ., art. 226) sinon c'est le juge commis qui les fixe (C. pr. civ., art. 227, al. 3).

Enfin, la décision qui prescrit l'enquête énonce les nom, prénoms et demeure des personnes à entendre (C. pr. civ., art. 223, al. 3), sauf si les parties sont dans l'impossibilité de les indiquer d'emblée (v. ss n° 342.164) et ce sont alors les dispositions de l'article 224 qui sont appliquées.

Quant aux voies de recours les dispositions générales applicables quelle que soit la mesure d'instruction valent pour la décision ordonnant une enquête : sauf si elle a un caractère mixte, elle ne peut être frappée d'appel ou de pourvoi indépendamment du jugement au fond (v. ss n° 342.31).

342.164 Convocation des témoins. L'article 228 C. pr. civ. prévoit que les témoins sont convoqués par le secrétaire de la juridiction huit jours au moins avant la date de l'enquête, et ce par lettre recommandée avec demande d'avis de réception conformément aux dispositions générales édictées par l'article 160.

La convocation doit mentionner les nom et prénoms des parties et reproduire les dispositions des deux premiers alinéas de l'article 207 relatives aux témoins défaillants.

L'envoi d'une convocation suppose que l'identité des témoins soit connue de la juridiction, ce qui est la situation normale en application de l'article 223. Mais, si les parties sont dans l'impossibilité d'indi-

1. Civ. 2e, 24 mai 1957, *Bull. civ.* II, n° 389.
2. Civ. 2e, 30 janv. 1974, n° 73-10.462, *Bull. civ.* II, n° 45; *JCP* 1974. IV. 93.
3. Civ. 3e, 15 juin 1976, n° 75-10.759, *Bull. civ.* III, n° 262; *JCP* 1976. IV. 264.
4. T. civ. Bayeux, 15 févr. 1958, *D.* 1958. Somm. 116.

quer d'emblée les personnes à entendre, le juge peut, aux termes de l'article 224 alinéa 1er, soit les autoriser à se présenter à l'enquête sans autres formalités, accompagnées de leurs témoins, soit leur fixer un délai pour faire connaître au secrétariat les nom, prénoms et demeure de ceux-ci.

L'article 224, second alinéa, ajoute enfin que, si le juge, ordonnant une enquête d'office, n'est pas en mesure d'indiquer le nom des personnes à entendre, il enjoint aux parties de procéder comme il est dit au premier alinéa de l'article 224.

Quant aux parties, elles sont avisées de la date de l'enquête verbalement ou par lettre simple (C. pr. civ., art. 230).

3°
Enquête sur-le-champ

342.171 **Formalisme.** À côté de l'enquête ordinaire, qui est évidemment la procédure normale, le Code de procédure civile a prévu (C. pr. civ., art. 231) l'enquête sur-le-champ, dont le formalisme est, par nature, très allégé. Aux termes de ces dispositions, le juge peut en effet entendre sur-le-champ les personnes dont l'audition lui paraît utile à la manifestation de la vérité, que ce soit à l'audience, en son cabinet ou en tout lieu à l'occasion de l'exécution d'une mesure d'instruction.

Il faut cependant rappeler que les dispositions générales prévues aux articles 204 à 221 (v. ss nos 342.151 s.) sont applicables à l'enquête sur-le-champ. Il en résulte notamment que les parties doivent être présentes (C. pr. civ., art. 208), sauf risque de dépérissement de la preuve, ou, en tout cas, avoir été convoquées. C'est ainsi qu'un conseil de prud'hommes a pu, après avoir constaté qu'une partie ne comparaissait pas, bien que régulièrement convoquée, procéder, à la demande de l'autre partie, à l'audition de témoins présents à l'audience sans violer les droits de la défense[1].

§ 4
Mesures d'instruction exécutées par un technicien

342.181 **Diversité.** Alors que cette mesure génère inéluctablement un ralentissement du procès civil et une augmentation de son coût, le recours à l'expertise est de plus en plus fréquent. C'est qu'il est tentant pour le juge, auquel sont soumis des litiges de plus en plus techniques, de s'en remettre à un homme de l'art et ce d'autant plus que les parties elles-mêmes, ou au moins leurs conseils, en apparaissent également friandes.

Prévue à l'origine par les articles 302 à 303 du Code de procédure civile (ancien), l'expertise a fait l'objet de réformes successives (L. 15 juill. 1944 – Décr. 17 déc. 1973) afin que la mission de l'expert soit limitée aux questions purement techniques, que la procédure soit accélérée et que son coût soit limité.

Pour atteindre ces buts, le législateur a accru les pouvoirs du juge, modifié les conditions de saisine et de rémunération du technicien, diversifié enfin les types de mesures possibles : alors que l'expertise était précédemment la seule mesure prévue par le Code, il est désormais loisible au juge de recourir à un consultant ou à un constatant.

Diversifiant les mesures d'instruction confiées à un technicien, le Code de procédure civile a, avant de réglementer chacune d'entre elles, envisagé plusieurs dispositions communes. C'est ce même plan qui sera adopté.

A.
Dispositions communes

1°
Liberté de choix du juge

342.191 **Compétence.** Observons d'emblée que, le Code étant muet sur ce point, n'importe quelle juridiction est susceptible de commettre un technicien, qu'il s'agisse du tribunal de grande instance, de son président statuant en référé ou sur requête, du juge de la mise en état ou des tribunaux d'exception.

Dans la pratique, la demande sera le plus souvent portée devant le juge de la mise en état et surtout devant le juge des référés, notamment depuis qu'a été admise l'expertise *in futurum* prévue par l'article 145 C. pr. civ. (sur les preuves à conserver, v. ss nos 111.61 s.).

Quelle que soit la juridiction saisie, le juge dispose d'une entière liberté de choix non seulement quant à la mesure elle-même (le principe posé par l'article 143 vaut pour toutes les mesures d'instruction) mais aussi quant au technicien. Aux termes de l'article 232, en effet, le juge peut commettre toute personne de son choix pour l'éclairer sur une question de fait qui requiert les lumières d'un technicien. Notons toutefois que le décret du 24 décembre 2012 impose désormais au juge d'exposer les circonstances qui rendent nécessaire la désignation comme expert d'une personne qui ne figure pas sur une des listes établies en application de l'article 2 de la loi n° 71-498 du 29 juin 1971 (C. pr. civ., art. 265, al. 2 mod.).

342.192 **Liste des experts.** Il va de soi que, la plupart du temps, sera nommé un expert figurant soit sur la liste nationale, soit sur celle établie par chaque

1. Civ. 2e, 8 mai 1980, n° 78-41.737, *Bull. civ.* II, n° 101 ; *Gaz. Pal.* 1980. 559, note Viatte.

cour d'appel, l'une et l'autre annuellement dressée, l'opportunité d'inscrire un technicien sur la liste d'une cour d'appel échappant au contrôle de la Cour de cassation[1] et la cour d'appel n'a pas à motiver sa décision relative à l'inscription d'un expert, s'agissant d'une mesure d'administration judiciaire[2].

La matière a été réformée par la loi n° 2004-130 du 11 février 2004 et son décret d'application n° 2004-1463 du 23 décembre 2004 : non seulement les conditions d'inscription ont été remaniées, mais, en outre, celle-ci ne vaut que pour cinq années, à l'issue desquelles l'expert doit donc demander sa réinscription. La palette des sanctions a été également élargie et la procédure applicable modifiée[3].

Le décret du 24 décembre 2012 a, en outre, ajouté au décret de 2004 un article 4-1 selon lequel il faut tenir compte pour les demandes d'inscription des qualifications et de l'expérience des candidats en France ou dans un autre État membre de l'Union européenne, ainsi que de l'intérêt manifesté pour la collaboration au service public de la justice. Il convient également de prendre en compte les besoins des juridictions du ressort dans la spécialité du candidat (Décr. 23 déc. 2004, art. 8, al. 1er, mod. par Décr. 24 déc. 2012, art. 11).

342.193 Mission du technicien. La liberté de choix du juge s'exerce également quant à l'étendue de la mission confiée au technicien[4]. Ce dernier ne pourra certes porter d'appréciation d'ordre juridique (C. pr. civ., art. 238), mais, sur les aspects techniques, il est du pouvoir souverain du juge de fixer la mission qui lui est confiée, de l'accroître ou de la restreindre : l'article 236 ne fait que reprendre les dispositions édictées par l'article 149 (sur les mesures d'instruction, v. ss n° 342.21), à cela près que l'article 236 réserve au juge qui a commis le technicien ou au juge chargé du contrôle la possibilité de modifier sa mission.

2°
Saisine du technicien

342.201 Précision. Il s'agit traditionnellement d'un des facteurs de ralentissement de la procédure, lié notamment à la question de la rémunération du technicien qui sera traitée dans le cadre de l'expertise.

342.202 Mission. Elle a, rappelons-le, pour objet d'éclairer le juge sur une question de fait qui requiert les lumières d'un technicien (C. pr. civ., art. 232) et ne peut donc avoir qu'un caractère technique.

Cette restriction, apportée par la loi du 15 juillet 1944, a été confirmée par la jurisprudence[5] et reprise par le décret du 17 décembre 1973 : le technicien ne doit jamais porter d'appréciation d'ordre juridique (C. pr. civ., art. 238, al. 3) et, par voie de conséquence, le juge ne peut lui déléguer ses pouvoirs, en lui confiant la mission de « *rechercher la responsabilité d'une partie* »[6].

Cela étant, la distinction est parfois ténue entre une mission conservant un caractère technique et celle où le juge a délégué ses pouvoirs : ainsi le juge peut, après avoir prescrit des travaux dans sa décision, ordonner qu'ils soient exécutés sous la surveillance de l'expert[7], ou demander à celui-ci de fixer le coût définitif des travaux qu'une entreprise a été condamnée à exécuter[8].

Délègue par contre ses pouvoirs la juridiction qui, retenant la responsabilité de l'architecte dans les désordres affectant un immeuble, commet un expert pour définir les travaux de remise en état, les évaluer, les faire exécuter par les entreprises de son choix et régler ces dernières sur mémoires par lui visés[9].

Dans d'autres domaines, le juge peut donner comme mission au technicien de rechercher les éléments d'un préjudice commercial et moral[10], mais non pas de fixer les responsabilités encourues[11] ou de déterminer les règles régissant le statut juridique du Dahomey avant et après son indépendance à l'occasion d'une demande d'annulation d'un certificat de nationalité française[12].

On aura compris, au travers de ces exemples, que la formulation de la mission peut revêtir une grande importance et la faire basculer ou non dans la délégation de pouvoirs.

342.203 Acceptation. Quoi qu'il en soit, une fois définie par le juge, la mission doit être portée à la connaissance du technicien : le décret du 28 décembre 2005 a modifié le mode de notification à l'expert prévu par l'article 267 C. pr. civ., le greffe pouvant désormais opérer par tout moyen et non plus seulement par lettre simple. Même si le Code de procédure civile est, à cet égard, muet, on peut penser que cette

1. Civ. 2e, 5 juin 2003, n° 02-20.574, *Bull. civ.* II, n° 173; *Gaz. Pal.* 2003. Somm. 2577.
2. Civ. 2e, 3 juin 2004, n° 04-10.557, *Bull. civ.* II, n° 269; *Gaz. Pal.* 2005. Somm. 4307, note du Rusquec.
3. V. Perruchot-Triboulet, « Le nouveau statut des experts judiciaires », *D.* 2005. Chron. 3045 – Ch. Curtil, « Réflexions sur le décret du 23 décembre 2004 relatif aux experts judiciaires », *Gaz. Pal.* 2005. Doctr. 179.
4. Civ. 1re, 26 nov. 1980, n° 79-13.870, *Bull. civ.* I, n° 308.
5. Civ. 1re, 21 avr. 1958, *RTD civ.* 1958. 451, obs. Hébraud.
6. Paris, 13 mars 2002, RG n° 2001/19068, *BICC* 2003, arrêt n° 301.
7. Civ. 1re, 5 déc. 1973, n° 72-11.931, *Bull. civ.* I, n° 339; *JCP* 1975. II. 18115, note Despax.
8. Civ. 3e, 20 oct. 1982, NP; *Gaz. Pal.* 1983. Pan. 102, obs. Guinchard.
9. Civ. 3e, 19 déc. 1983, n° 80-16.892, *Bull. civ.* III, n° 268 *Gaz. Pal.* 1984. Pan. 155, obs. Guinchard.
10. Civ. 1re, 13 janv. 1982, n° 80-16.461, *Bull. civ.* I, n° 23.
11. Paris, 23 oct. 1953, *D.* 1953. 688.
12. Versailles, 23 avr. 1992, RG n° 2338/91, *Gaz. Pal.* 1992. Somm. 502.

disposition vaut aussi pour la consultation et les constatations.

Aussitôt avisé, le technicien doit indiquer s'il accepte ou non la mission. Dans l'affirmative, il n'a plus, comme sous l'empire de l'ancien Code à prêter serment, ce qui a pour effet non seulement d'alléger la procédure mais également de permettre la désignation d'une personne morale, étant cependant précisé que, dans ce cas, son représentant légal soumet à l'agrément du juge le nom de la ou des personnes physiques qui assureront l'exécution de la mesure en son nom (C. pr. civ., art. 233, al. 2).

342.204 **Récusation.** L'article 234 C. pr. civ. précise que les techniciens peuvent être récusés pour les mêmes causes que les juges [1], causes qui sont énumérées par l'article 341 C. pr. civ. et qu'il n'y a donc pas lieu de développer ici, sinon pour indiquer qu'elles ont un caractère limitatif [2]. Ainsi, un expert précédemment désigné par le procureur de la République peut être commis par le juge des référés sans contrevenir aux dispositions de l'article 341, 5 [3]. Si le technicien est une personne morale, la récusation peut viser tant la personne morale elle-même que la ou les personnes physiques agréées par le juge.

Toutefois, au visa de l'article 341 C. pr. civ. et de l'article 6 § 1 de la Convention européenne des droits de l'homme, la Cour de cassation a estimé que, s'il prévoit limitativement les causes de récusation, l'article 341 n'épuise pas nécessairement l'exigence d'impartialité d'un technicien [4].

Aux termes de l'article 234 alinéa 2 C. pr. civ., il appartient à la partie qui entend récuser le technicien de saisir le juge qui l'a commis ou le juge chargé du contrôle avant le début des opérations ou, au moins, dès la révélation de la cause de la récusation [5] et la demande en récusation ne peut être formulée après le dépôt du rapport [6], ni devant le juge du fond [7]. De même, le juge n'a pas à se prononcer sur des faits postérieurs à la demande de récusation et au dépôt du rapport [8].

Le technicien lui-même, s'il s'estime récusable, doit immédiatement aviser le juge (C. pr. civ., art. 234, al. 3).

Que la demande émane d'une partie ou de l'expert, l'opposition d'intérêt entre les parties exige que la décision du juge soit prise contradictoirement [9], alors même qu'il a été jugé que la récusation d'un technicien est une mesure d'administration judiciaire qui n'est susceptible d'aucun recours [10], notamment pas d'un pourvoi en cassation [11], ou d'une tierce-opposition [12]. Toutefois, les dispositions de l'article 170 C. pr. civ. relatives à l'exécution des mesures d'instruction ne sont pas applicables aux décisions qui statuent sur une demande de changement d'expert [13] lesquelles sont susceptibles d'appel (v. s^{s} n° 342.205).

342.205 **Remplacement.** L'article 235 C. pr. civ. prévoit en effet que si la récusation est admise, si le technicien refuse sa mission ou s'il existe un empêchement légitime, le juge qui l'a commis ou le juge chargé du contrôle doit procéder à son remplacement.

Aux termes de l'alinéa 2 du même article, il peut également, d'office ou à la demande des parties, remplacer le technicien qui manquerait à ses devoirs, après avoir provoqué ses explications.

Une telle décision relève du pouvoir d'appréciation souverain du juge [14], mais elle est susceptible d'appel [15], sauf de la part de l'expert remplacé qui n'est pas partie [16].

Évidemment, la demande de remplacement devient sans objet si le juge statue alors que l'expert a déjà déposé son rapport [17].

3°
Obligations du technicien

342.210 **Déontologie.** On vient d'indiquer que le technicien doit immédiatement aviser le juge s'il s'estime récusable. Le Code de procédure civile lui impose d'autres règles d'ordre déontologique.

342.211 **a) Interdiction de délégation – Principe et applications.** En premier lieu, le technicien, parce qu'il a été nommé à raison de ses compétences techniques, doit **remplir personnellement la mission** qui lui a été confiée (C. pr. civ., art. 233, al. 1er). Il ne

1. F. Renaud, « La récusation de l'expert judiciaire dans le procès civil », *Experts* juin 2002, n° 55, p. 2.
2. Civ. 2e, 14 déc. 1992, n° 91-17.274, *Bull. civ.* II, n° 314; *D.* 1993. 192, obs. Honorat; *JCP* 1993. IV. 551.
3. Civ. 2e, 8 févr. 2006, n° 04-12.864, *Bull. civ.* II, n° 45; *AJDI* 2006. 753, obs. Heugas-Darraspen – Civ. 2e, 8 févr. 2006, n° 04-14.455, *BICC* 1er juin 2006, n° 641, arrêt n° 1082.
4. Civ. 2e, 5 déc. 2002, n° 01-00.223, NP; *D.* 2003. 2260, note Penneau; *Gaz. Pal.* 2003. Somm. 2578, note du Rusquec; *JCP* 2003. IV. 1162-1168, p. 205.
5. Paris, 17 déc. 2004, *D.* 2005. IR 243.
6. Civ. 3e, 20 juin 1979, n° 77-15.348, *Bull. civ.* III, n° 139.
7. Civ. 1re, 3 janv. 1980, n° 78-12.753, *Bull. civ.* I, n° 6.
8. Civ. 2e, 4 janv. 2006, n° 05-13.129, *Bull. civ.* II, n° 5; *Gaz. Pal.* 2007. Somm. 1308, note du Rusquec.
9. Civ. 2e, 31 mai 1976, n° 75-12.145, *Bull. civ.* II, n° 185.
10. Paris, 25 avr. 1978, *Gaz. Pal.* 1979. 2. 294, note Viatte.
11. Civ. 2e, 8 oct. 1986, n° 85-12.420, *Bull. civ.* II, n° 142.
12. Civ. 2e, 24 juin 2004, n° 02-10.200, *Bull. civ.* II, n° 314; *RTD civ.* 2004. 555, obs. Perrot.
13. Civ. 2e, 18 oct. 2001, n° 98-17.475, *Bull. civ.* II, n° 158; *D.* 2001. IR 3251; *Procédures* 2001. Comm. 227, note Perrot.
14. Civ. 2e, 15 nov. 2007, n° 07-10.921, *Bull. civ.* II, n° 254.
15. Civ. 2e, 14 juin 1978, n° 77-12.084, *Bull. civ.* II, n° 158.
16. Soc. 16 juill. 1987, n° 85-41.220, *Bull. civ.* IV, n° 475; *JCP* 1987. IV. 329.
17. Civ. 2e, 6 avr. 2006, n° 04-15.500, NP; *Gaz. Pal.* 2007. Somm. 1308.

peut donc charger un tiers d'exécuter la mesure (tel le cas d'un expert architecte admettant que les opérations d'expertise ont été exécutées par son fils qui a en outre rédigé et déposé le rapport[1]), ni s'en remettre à un co-expert qui accomplit l'essentiel de la mission[2], mais peut faire appel à un sachant (sur les pouvoirs du technicien, v. s[s] n° 342.272) ou confier l'exécution des tâches matérielles à des collaborateurs travaillant sous son contrôle[3].

Si l'expert peut recueillir l'avis d'un autre technicien sur les calculs effectués par lui et sa méthodologie, à condition de respecter le contradictoire[4] il ne peut, ayant été commis pour rechercher l'origine de désordres se contenter de se référer au rapport d'un centre de recherche en mentionnant seulement que la recherche des causes des désordres y est expliquée et développée[5].

Il pourra en revanche se référer à un rapport dressé par un tiers, dès lors qu'il ne peut examiner un véhicule du fait de sa vente[6].

342.212 **b) Respect du contradictoire – Principe général.** Posé par l'article 16 et, pour toutes les mesures d'instruction, par l'article 160 C. pr. civ., le principe de la contradiction doit être respecté par le technicien qui est investi de ses pouvoirs par le juge et qui est donc tenu au même titre que ce dernier. Cette question, qui génère une abondante jurisprudence, sera traitée ultérieurement (v. s[s] n° 342.282) : retenons seulement ici que l'expert doit convoquer les parties et leurs défenseurs et que, s'il recueille des documents ou des informations auprès de sachants, il doit en soumettre la teneur aux parties avant le dépôt de son rapport pour leur permettre d'en débattre contradictoirement[7].

342.213 **c) Conscience, objectivité et impartialité – Portée de l'article 237.** L'article 237 C. pr. civ. mentionne que le technicien commis doit accomplir sa mission avec conscience, objectivité et impartialité, la jurisprudence ayant précisé que cette objectivité est appréciée souverainement par le juge du fond[8] et que la faute commise par l'expert dans l'accomplissement de sa mission relève du droit commun de la responsabilité civile[9].

On l'a vu par ailleurs (v. s[s] n° 342.204) la place grandissante dans notre droit interne qu'occupe l'article 6 § 1 de la Convention européenne des droits de l'homme ne peut que renforcer la portée de l'article 237 et donner un caractère absolu à l'exigence d'impartialité[10].

342.214 **d) Devoir de réserve – Information et divulgation.** Ayant le pouvoir de recueillir des informations (v. s[s] n° 342.222) et tous documents (v. s[s] n° 342.223), le technicien doit naturellement faire connaître dans son avis toutes les informations qui apportent un éclaircissement sur les questions à examiner, à condition qu'elles aient été légitimement recueillies (C. pr. civ., art. 244).

À l'inverse, il ne peut révéler les autres informations dont il pourrait avoir connaissance à l'occasion de l'exécution de la mission. L'article 247 précise que, dans l'hypothèse où la divulgation de l'avis du technicien porterait atteinte à l'intimité de la vie privée ou à tout autre intérêt légitime, cet avis ne peut être utilisé en dehors de l'instance, sauf autorisation du juge ou consentement de la partie intéressée. C'est en se fondant sur cette disposition que la Cour de cassation a décidé qu'un établissement de santé ne pouvait être contraint à transmettre des informations couvertes par le secret médical sans l'accord de l'intéressé, le juge ayant le pouvoir d'apprécier si son désaccord est légitime ou seulement destiné à faire écarter un élément de preuve et d'en tirer, dans ce cas, toute conséquence utile[11].

D'une manière générale le technicien est tenu au devoir de réserve : même si sa désignation a été annulée, il n'est pas délié de toute obligation et de tout secret, et notamment du secret professionnel visé aux articles 226-13 et 226-14 du Code pénal[12].

342.215 **e) Avis technique – Contenu de l'avis.** Il a été précisé plus haut que la délégation de ses pouvoirs par le juge est prohibée et que le technicien ne peut donc porter d'appréciations d'ordre juridique. L'article 238 C. pr. civ. lui impose deux autres obligations quant au contenu de son avis :

– d'abord, il doit donner son avis sur les points pour l'examen desquels il a été commis. En d'autres termes, il doit accomplir l'intégralité de sa mission et répondre à toutes les questions qui lui ont été soumises;

– enfin, il ne peut répondre à d'autres questions, sauf accord écrit des parties. Il a cependant été jugé

1. Toulouse, 20 mai 1975, *D.* 1975. Somm. 85.
2. Civ. 2e, 23 oct. 2003, n° 01-15.416, *Bull. civ.* II, n° 323; *JCP* 2003. IV. 2949-2957, p. 2156.
3. *Gaz. Pal.* 1986. Somm. 285.
4. Civ. 2e, 16 janv. 2003, n° 01-03.427, *Bull. civ.* II, n° 5; *D.* 2003. Somm. 1403, obs. Julien.
5. Civ. 2e, 11 janv. 1995, n° 93-14.697, *Bull. civ.* II, n° 11; *JCP* 1995. I. 3846, n° 20, obs. Cadiet.
6. Civ. 2e, 26 oct. 1977, n° 76-11.329, *Bull. civ.* II, n° 207.
7. Civ. 2e, 5 déc. 2002, n° 01-10.320, *Bull. civ.* II, n° 215; *Gaz. Pal.* 2003. Somm. 2577, note du Rusquec.
8. Civ. 3e, 20 juin 1979, *Bull. civ.* III, n° 105.
9. Civ. 2e, 8 oct. 1986, n° 85-14.201, *Bull. civ.* II, n° 146; *Gaz. Pal.* 1987. 2. Somm. 337, obs. Guinchard et Moussa.
10. V. N. Fricero, « L'impartialité de l'expert, un élément clef d'une expertise équitable », *Mél. D. Tricot*, Litec/Dalloz, 2011, p. 355.
11. Civ. 1re, 7 déc. 2004, n° 02-12.539, *Bull. civ.* I, n° 306; *D.* 2005. 339; *D.* 2005. Pan. 336, Julien et Fricero; *D.* 2005. 403, obs. Penneau; *D.* 2005. 1317, obs. Groutel.
12. Paris, 18 mars 2002, RG n° 2001/08425, *Gaz. Pal.* 2002. Somm. 1642.

que les juges peuvent s'approprier l'avis de l'expert, quand bien même a-t-il exprimé une opinion d'ordre juridique excédant les limites de sa mission [1].

On voit là les limites du principe selon lequel le technicien ne peut donner qu'un avis d'ordre technique (sur la saisine du technicien, v. s[s] n°s 342.201 s.) et ce, d'autant plus que la Cour de cassation considère qu'aucune disposition ne sanctionne de la nullité les obligations imposées par l'article 238 [2].

342.216 f) Rémunération – Interdiction de l'article 248. L'article 248 interdit au technicien de recevoir directement d'une partie, sous quelle que forme que ce soit, une rémunération, même à titre de remboursement de débours, si ce n'est sur décision du juge. C'est à celui-ci qu'il appartient de fixer sa rémunération sur justificatifs [3], en tenant compte des frais exposés par le technicien, mais aussi de l'importance et de la difficulté de son travail [4].

342.217 g) Obligation de célérité – Respect des délais. Enfin, aux termes de l'article 239, le technicien doit respecter les délais qui lui sont impartis par le juge dans sa décision. Un dépassement important du délai peut entraîner une réduction de sa rémunération [5]. Mais, si le technicien rencontre des difficultés dans l'exécution de sa mission, il peut demander au juge la prorogation du délai initial.

La violation de l'obligation de célérité constitue une faute délictuelle susceptible d'engager la responsabilité du technicien [6].

4°
Pouvoirs du technicien

342.221 Conciliation. L'article 240 C. pr. civ. édicte que le juge ne peut donner au technicien la mission de concilier les parties, mais la jurisprudence interprète restrictivement ce texte, considérant que si, en cours de mission, un accord transactionnel intervient entre les parties sans que le technicien en ait pris l'initiative, les dispositions de ce texte ne sont pas violées [7]. Il a même été admis que l'expert propose une solution, acceptée par les parties avant d'être entérinée par le juge du fond, la Cour de cassation ayant considéré que l'article 240 n'était pas violé dès lors que les juges n'avaient pas confié à l'expert la mission de concilier les parties [8].

Le développement de la pratique du pré-rapport communiqué par l'expert aux parties ne peut que favoriser leur conciliation au cours des opérations d'instruction; encore faut-il qu'elle ne devienne pas une nouvelle source de ralentissement de celles-ci.

342.222 Informations. Le technicien peut recueillir des informations écrites ou orales de toutes personnes. L'article 242 C. pr. civ. lui impose, en ce cas, de préciser les nom, prénoms, demeure et profession de ces personnes et, le cas échéant, leur lien de parenté, d'alliance, de subordination, de collaboration ou de communauté d'intérêts vis-à-vis des parties.

Ainsi, tout en accomplissant personnellement la mission qui lui est confiée, le technicien peut recueillir l'avis d'un « sachant », mais, aux termes de l'article 278, seulement dans une spécialité distincte de la sienne.

Dans l'accomplissement de cette mesure, le technicien est tenu au respect du contradictoire [9]. Mais, la Cour de cassation admet que l'expert entende un « sachant » de façon non contradictoire, à condition qu'il porte ses déclarations à la connaissance des parties, pour qu'elles puissent en débattre avant le dépôt du rapport [10].

342.223 Communication. Pour l'accomplissement de sa mission, le technicien peut se faire communiquer tous documents utiles par les parties ou par des tiers; si l'expert rencontre des difficultés à cet égard, il devra en référer au juge qui pourra ordonner cette communication (C. pr. civ., art. 243), ce dernier ne pouvant déléguer ce pouvoir à l'expert [11].

Dès lors qu'il se fait communiquer des documents par un tiers le technicien doit naturellement les annexer à son rapport et les soumettre aux parties pour que celles-ci puissent en débattre contradictoirement [12].

342.224 Contrôle du juge. Les dispositions de l'article 243 mettent bien en évidence les limites du pouvoir du technicien, auquel, on vient de le voir, le Code de procédure civile offre de nombreuses possibilités afin de lui permettre d'exécuter la mesure que lui a confiée le juge, mais sans que celui-ci soit jamais dépouillé de ses prérogatives.

1. Civ. 3e, 29 mai 1985, *JCP* 1985. IV. 278 – Ou Civ. 3e, 5 mars 2003, n° 00-21.931, *Bull. civ.* III, n° 55; *D.* 2003. IR 863.
2. Civ. 2e, 16 déc. 1985, n° 81-16.593, *Bull. civ.* II, n° 197; *D.* 1986. IR 228, obs. Julien; *D.* 1986. 419, note crit. Moussa.
3. Civ. 2e, 24 oct. 1979, n° 78-10.588, *Bull. civ.* II, n° 248; *Gaz. Pal.* 1980. 122, note J. V.
4. Civ. 1re, 23 nov. 1977, n° 76-12.773, *Bull. civ.* I, n° 442; *RTD civ.* 1978. 423, obs. Perrot.
5. Civ. 2[e], 27 avr. 1979, n° 77-15.312, *Bull. civ.* II, n° 124; *JCP* 1979. IV. 211.
6. V. S. Ceccaldi, « L'expert et le temps », *Gaz. Pal.* 2004. Doctr. 2.
7. Civ. 2[e], 21 mars 1979, n° 77-14.660, *Bull. civ.* II, n° 91; *RTD civ.* 1980. 162, obs. Perrot.
8. Civ. 2e, 21 juill. 1986, n° 85-11.107, *Bull. civ.* II, n° 131; *Gaz. Pal.* 1987. Somm. 173, obs. Guinchard et Moussa.
9. Civ. 2e, 30 nov. 1988, n° 87-15.508, *Bull. civ.* II, n° 236; *Gaz. Pal.* 1990. Somm. 4, obs. Guinchard et Moussa.
10. Civ. 1re, 19 déc. 1995, n° 93-20.822, *Bull. civ.* I, n° 475.
11. Civ. 2e, 16 juill. 1979, n° 78-12.487, *Bull. civ.* II, n° 220; *Gaz. Pal.* 1980. 3. note J. V.
12. Civ. 2e, 16 janv. 2003, n° 01-03.427, *Bull. civ.* II, n° 293; *D.* 2003. 1403, obs. Julien; *JCP* 2003. IV. 1383-1389, p. 417.

S'il y a lieu d'entendre un témoin, c'est au juge qu'il appartient de le faire, conformément aux dispositions prévues aux articles 204 et suivants C. pr. civ.

En outre, le juge chargé du contrôle peut assister aux opérations du technicien, provoquer ses explications et lui impartir des délais : l'article 241 marque bien que le technicien exécute, en principe, la mesure d'instruction sous le contrôle du juge qui peut également, selon l'article 245, l'inviter à compléter, préciser ou expliquer ses constatations ou ses conclusions, soit à l'audience, soit par écrit. Du reste, avant d'étendre la mission du technicien ou de confier une mission complémentaire à un autre technicien, le juge doit recueillir les observations du premier technicien commis (C. pr. civ., art. 245, al. 3).

Enfin, ce dernier peut toujours demander au juge de l'entendre (C. pr. civ., art. 245, al. 2).

B. Constatations

342.231 Mise en œuvre. L'article 249 C. pr. civ. édicte que le juge peut charger la personne qu'il commet de procéder à des constatations. Cette mesure ne doit pas être confondue avec le constat d'huissier réglementé par l'article 1er de l'ordonnance du 2 novembre 1945 relative au statut des huissiers, malgré la similitude des deux textes (Ord. n° 45-2592, 2 nov. 1945). Qu'il agisse à la requête de particuliers ou commis par justice, l'huissier procède à des constatations purement matérielles qui n'ont que la valeur de simples renseignements, tandis que le constatant commis en application de l'article 249 est un technicien dont la mission, aux termes de l'article 232, est d'**éclairer le juge** sur une question de fait qui requiert les lumières d'un technicien. Mais, comme l'huissier, le constatant ne doit porter aucun avis sur les conséquences de fait ou de droit qui peuvent résulter des constatations auxquelles il procède (C. pr. civ., art. 249, al. 2). Si l'huissier est commis en qualité de mandataire de justice, c'est-à-dire de constatant, au sens de l'article 249, les règles qui limitent la compétence territoriale ordinaire des huissiers ne sont pas applicables[1].

Le juge peut prescrire des constatations **à tout moment** (C. pr. civ., art. 250) : ce peut donc être pendant l'instance, y compris, précise l'article 250, en conciliation ou au cours du délibéré (dans ce dernier cas, les parties en sont avisées). Ce peut être aussi avant le procès, en application de l'article 145 (sur les preuves à conserver, v. ss n° 111.61).

Le juge qui ordonne la mesure fixe le **délai** dans lequel le technicien devra déposer le constat, à moins que le juge ne décide d'une présentation orale des constatations, auquel cas il fixe la date de l'audience où elles seront présentées (C. pr. civ., art. 251).

Le juge fixe également le montant de la **provision** qui sera versée au technicien à titre d'avance par la ou les parties qu'il désigne (C. pr. civ., art. 251).

342.232 Exécution de la mesure. L'article 252 C. pr. civ. prévoit que le secrétaire de la juridiction avise le constatant de sa mission, mais sans préciser aucun formalisme.

Une fois la mesure exécutée, le constatant doit consigner par écrit les constatations, sauf si le juge a décidé d'une présentation orale (C. pr. civ., art. 250, al. 2). Dans la première hypothèse, le constat est remis au secrétariat de la juridiction, dans la seconde, soit il est dressé procès-verbal des constatations, soit il en est fait mention dans le jugement si l'affaire est immédiatement jugée en dernier ressort (C. pr. civ., art. 253, al. 1er et 2). Le procès-verbal de constat des lieux peut être dressé hors la présence des parties à condition d'être versé aux débats pour être contradictoirement discuté[2].

Si le technicien s'est fait remettre des documents au cours des opérations, ceux-ci sont joints au dossier (C. pr. civ., art. 253, al. 3).

Par respect du contradictoire, l'article 254 précise que, lorsque les constatations ont été prescrites au cours du délibéré, le juge ordonne, après leur exécution, la réouverture des débats si une partie la demande ou s'il l'estime nécessaire.

Enfin, l'article 255 édicte que le juge fixe la rémunération du constatant sur justification de l'accomplissement de la mission et peut lui délivrer un titre exécutoire.

C. Consultation

342.241 Notion. Il s'agit de la deuxième mesure d'instruction que le juge est susceptible de confier à un technicien : moins simple que les constatations, elle est adaptée à une question purement technique qui ne requiert pas des investigations aussi longues et complexes que l'expertise (C. pr. civ., art. 256).

Les articles 257 à 261 réglementent la mise en œuvre et l'exécution de la consultation et sont l'exacte réplique des dispositions relatives aux constatations (v. ss nos 342.231 s.), à une nuance formelle près : alors que celles-ci sont consignées par écrit, à moins que le juge n'en décide la présentation orale (C. pr. civ., art. 250, al. 2), la consultation est présentée oralement à l'audience à moins que le juge ne pres-

1. Civ. 2e, 23 juin 2011, n° 10-18.540, NP; *D.* 2012. Pan. 244, obs. Fricero; *RTD civ.* 2012. 147, obs. Perrot; *Dr. et proc.* 2011. 291, obs. Choquet; *JCP* 2011. 931, note Fricero.

2. Civ. 3e, 9 nov. 2004, n° 03-14.211, NP; *Procédures* 2005, n° 2, obs. Perrot.

crive qu'elle ne soit consignée par écrit (C. pr. civ., art. 257, al. 2).

D. Expertise

342.250 **Plan.** Malgré la précaution de l'article 263 C. pr. civ., qui prévoit que l'expertise n'a lieu d'être ordonnée que dans le cas où des constatations ou une consultation ne pourraient suffire à éclairer le juge, c'est, et de loin, la mesure la plus fréquemment ordonnée.

Comme toutes les mesures d'instruction, l'expertise n'est pas destinée à suppléer la carence des parties dans l'administration de la preuve (C. pr. civ., art. 146) mais à éclairer le juge sur une question de fait, purement technique qui requiert des investigations complexes : en principe, c'est dans cette seule hypothèse que le juge décide d'une expertise qui, sauf exceptions légales (par ex. C. civ., art. 824 et 1878), reste toujours facultative et relève donc de son pouvoir d'appréciation souverain[1]. Il ne peut donc être reproché au juge d'avoir refusé d'ordonner une expertise, le demandeur pouvant établir le fait allégué autrement que par la mesure d'instruction sollicitée[2].

1° Décision commettant l'expert

342.251 **Contenu.** Normalement, par souci d'économie, un seul expert est désigné, sauf si le juge estime nécessaire d'en désigner plusieurs (C. pr. civ., art. 264). Cela sera notamment le cas lorsque la nature des faits exige de recourir à des techniciens de différentes spécialités, par exemple en matière médicale. Mais le juge ne fait qu'exercer son pouvoir discrétionnaire en désignant un seul expert et en refusant d'en désigner plusieurs[3]. Rappelons ici que le décret n° 2012-1451 du 24 décembre 2012 impose désormais au juge d'exposer les circonstances qui imposent que la personne commise ne soit pas inscrite sur une des listes établies en application de l'article 2 de la loi du 29 juin 1971.

Outre la nomination de l'expert (ou des experts), la décision expose les circonstances qui rendent nécessaires l'expertise et, le cas échéant, la nomination de plusieurs experts; elle énonce les chefs de la mission dont l'étendue est appréciée souverainement par le juge[4]; enfin, elle impartit le délai dans lequel l'expert devra donner son avis (C. pr. civ., art. 265), et indique la date à laquelle l'affaire sera rappelée pour un nouvel examen (C. pr. civ., art. 153, mod. par Décr. 28 déc. 2005, art. 36).

Notons que l'expertise ne dessaisit pas le juge qui l'a ordonnée et qui peut donc statuer sur des demandes sans attendre le dépôt du rapport[5].

342.252 **Saisine de l'expert.** Aussitôt la décision rendue, le secrétaire de la juridiction en notifie copie à l'expert par tout moyen et non plus par lettre simple (le décret du 28 décembre 2005 ayant modifié sur ce point l'article 267 C. pr. civ.). Ce dernier doit faire connaître sans délai au juge son acceptation (ou son refus; sur la saisine du technicien, v. s[s] n°s 342.201 s.) et il doit commencer les opérations d'expertise dès qu'il est avisé de ce que les parties ont versé la consignation, ou la première échéance de celle-ci. Le juge peut même lui enjoindre d'entreprendre immédiatement ses opérations, sans attendre la consignation (C. pr. civ., art. 267, al. 2).

342.253 **Remise des dossiers.** Les dossiers des parties et les documents nécessaires à l'expertise sont conservés au greffe, sauf autorisation donnée aux parties par le juge d'en retirer des éléments ou d'en demander copie; ils peuvent être consultés par l'expert avant qu'il n'accepte la mission (C. pr. civ., art. 268, al. 1er).

Dès qu'il l'a acceptée, l'expert peut retirer, contre émargement, ou se faire adresser par le secrétaire de la juridiction contre récépissé, les dossiers ou les documents des parties déposés au greffe (C. pr. civ., art. 268, al. 2).

Dans l'hypothèse où le juge a fixé dans sa décision une date de conférence à laquelle sont convoqués les parties et l'expert pour préciser la mission et, s'il y a lieu, le calendrier des opérations, les documents sont remis à l'expert à cette occasion (C. pr. civ., art. 266).

342.254 **Consignation.** Malgré les modifications apportées en 1973, c'est là le premier facteur de ralentissement de la procédure. L'article 269 C. pr. civ. prévoit en effet que le juge qui ordonne l'expertise fixe le montant d'une provision à valoir sur la rémunération de l'expert. Cette décision, est-il également précisé, peut, le cas échéant émaner du juge chargé du contrôle dès qu'il est en mesure de le faire.

En tout cas, le montant de la provision doit être le plus proche possible de la rémunération définitive prévisible, de telle sorte que les parties aient une idée relativement précise du coût de l'expertise et que l'expert ait une garantie d'être payé une fois l'expertise accomplie.

Le juge fixe aussi le délai dans lequel cette provision devra être consignée, en tenant compte naturel-

1. Civ. 2e, 17 déc. 1979, n° 78-13.102, *Bull. civ.* II, n° 293; *JCP* 1980. IV. 90.
2. Civ. 1re, 2 mars 2004, n° 02-15.211, *Bull. civ.* I, n° 70; *RTD civ.* 2004. 485, obs. Hauser; *Gaz. Pal.* 2005. Somm. 2193, note du Rusquec.
3. Civ. 2e, 13 juill. 2005, n° 03-19.945, *Bull. civ.* II, n° 202; *D.* 2005. IR 2340.
4. Civ. 1re, 26 nov. 1980, n° 79-13.870, *Bull. civ.* I, n° 308.
5. Civ. 2e, 22 févr. 2007, n° 06-15.337, *Bull. civ.* I, n° 42; *JCP* 2007. IV. Pan. 1640.

lement de son montant : il peut d'ailleurs en fractionner le paiement en plusieurs échéances, mais une demande d'aide juridictionnelle ne suspend pas le délai[1].

Enfin, le juge désigne la partie qui devra consigner : étant celui auquel incombe la charge de la preuve ce sera la plupart du temps le demandeur. Si, comme l'article 269 lui en offre la possibilité, le juge désigne plusieurs parties, il indique dans quelle proportion chacune d'elle devra consigner. Le bénéficiaire de l'aide juridictionnelle, étant dispensé du paiement de la consignation qui est avancée par l'État, ne peut être débouté aux motifs qu'il n'a pas consigné la provision mise à sa charge par la décision ordonnant l'expertise[2]. Cette jurisprudence est constante[3].

Aussitôt la mesure d'instruction ordonnée, elle est en fait paralysée puisque, aux termes de l'article 267, l'expert ne doit commencer les opérations d'expertise qu'après avoir été avisé de la consignation, à moins, ce qui est rare, que le juge ne lui enjoigne de les entreprendre immédiatement. En tout cas le défaut de consignation peur entraîner le débouté de la demande si aucun autre élément probant n'est apporté[4].

342.255 Caducité. Il se peut encore que la provision ne soit pas consignée dans le délai fixé par le juge, soit parce que le demandeur à l'expertise, de mauvaise foi, use ainsi de procédés dilatoires, soit parce que, de bonne foi, il est impécunieux. La sanction du défaut de consignation selon les modalités fixées est la caducité de la désignation de l'expert, sauf si le juge admet comme légitime le motif invoqué par une des parties pour décider une prorogation de délai ou un relevé de caducité (C. pr. civ., art. 271), étant précisé qu'il ne peut statuer sans avoir recueilli ou, au moins provoqué, les explications de l'autre partie.[5]

Ces dispositions sanctionnent efficacement les manœuvres dilatoires et ce d'autant plus que l'article 271 précise que l'instance est poursuivie, sauf à ce qu'il soit tiré toute conséquence de l'abstention ou du refus de consigner, ce qui ne signifie d'ailleurs pas nécessairement que la partie qui n'a pas consigné perde le procès, sa demande pouvant être accueillie sur le fondement d'autres éléments de preuve[6].

Il n'est pas certain qu'elles réglementent d'une manière aussi satisfaisante le cas du plaideur de bonne foi mais impécunieux.

342.256 Prorogation du délai ou relevé de caducité. Certes, avant de statuer, le juge doit rechercher si le demandeur se prévaut d'un motif légitime et ne peut donc refuser de proroger le délai initialement fixé sans avoir invité les parties à s'expliquer sur le défaut de consignation[7].

Dans le même sens, il a été jugé que ne pouvait être rejetée une demande fondée sur l'article 271 formée par une partie bénéficiant de l'aide juridictionnelle au motif qu'il n'était pas justifié que celle-ci avait obtenu la gratuité des frais d'expertise alors que celle-ci résulte de plein droit de l'octroi de l'aide juridictionnelle[8].

Pour favorables qu'elles soient à l'égard de la partie qui n'est pas en mesure de consigner la provision, ces décisions ne peuvent avoir pour seul effet que de différer le problème, en inclinant les juges à accorder des prorogations de délai, voire un relevé de caducité.

Mais, ni l'une ni l'autre de ces décisions ne sont véritablement satisfaisantes : elles ne sauraient, à elles seules, amener le plaideur à meilleure fortune et elles génèrent un nouveau retard dans le procès, étant en outre rappelé qu'une demande d'aide juridictionnelle ne suspend pas le délai (v. s^{s} n° 342.254).

Certaines juridictions pallient la lacune de texte en allouant une provision *ad litem* au demandeur dont les droits ne sont pas sérieusement contestables.

Mais la cour d'appel de Nancy a jugé que l'avance des frais d'expertise ne peut être mise à la charge de la partie adverse par le biais d'une indemnité provisionnelle allouée à la partie qui doit consigner la provision[9].

342.261 Voies de recours. Si les décisions relatives au montant de la provision ne sont pas susceptibles d'être attaquées[10], la décision ordonnant l'expertise peut être frappée d'appel indépendamment du jugement sur le fond, l'article 272 dérogeant aux dispositions communes aux autres mesures d'instruction prévues par l'article 150.

L'exception posée par l'article 272 s'explique par l'incidence de l'expertise sur le procès quant à son coût, sa durée et son issue; elle n'en constitue pas moins un nouveau facteur de ralentissement que le législateur s'est efforcé de limiter en fixant plusieurs conditions d'application.

1. Civ. 2e, 8 avr. 1981, n° 79-13.676, *Bull. civ.* II, n° 86; *Gaz. Pal.* 1981. 578, note Viatte.
2. Civ. 2e, 8 juill. 2004, n° 02-19.801, *Bull. civ.* II, n° 369.
3. Civ. 2e, 21 mars 2013, n° 11-27.208, *Bull. civ.* II, n° 57.
4. Civ. 2e, 11 sept. 2008, n° 07-20.857, *Bull. civ.* II, n° 191; *Experts* févr. 2009, p. 48.
5. Civ. 2e, 8 févr. 2007, n° 06-10.198, *Bull. civ.* I, n° 24; *D.* 2007. 2336, obs. Vigneau; *AJDI* 2007. 399, obs. Heugas-Darraspen; *Gaz. Pal.* 2007. Somm. 4210.
6. Com. 23 juin 1992, n° 89-20.990, *Bull. civ.* IV, n° 248.
7. Paris, 20 juin 1980, *Gaz. Pal.* 1980. 725.
8. Civ. 2e, 25 nov. 1981, n° 80-15.360, *Bull. civ.* II, n° 202 – Civ. 2e, 8 juill. 2004, n° 02-19.801, *Bull. civ.* II, n° 369, préc. (v. s^{s} n° 342.254).
9. Nancy, 2 avr. 1974, *RTD civ.* 1974. 860, obs. Perrot.
10. Paris, 3 déc. 1979, *Gaz. Pal.* 1980. 254.

342.262 • **Tout d'abord, il faut que la décision ordonne véritablement une expertise.** Tel n'est pas le cas de celle qui prescrit l'exécution de travaux sous la surveillance d'un architecte, pourtant désigné précédemment comme expert[1], de celles qui ordonnent des constatations[2], une consultation[3] ou une enquête sociale[4].

Par une interprétation extensive de l'article 776 C. pr. civ. (sur l'instruction devant le juge de la mise en état, v. s^s n° 331.184), la cour d'appel de Paris a admis l'appel immédiat contre une ordonnance du juge de la mise en état allouant une provision à la suite d'une expertise[5].

Enfin, la jurisprudence est divisée sur la question de savoir si l'article 272 est applicable aux décisions refusant d'ordonner une expertise : certaines juridictions penchant pour une interprétation restrictive du texte[6], d'autres admettant l'appel immédiat[7].

342.263 • **En deuxième lieu, la possibilité d'interjeter appel est soumise à autorisation du premier président de la cour d'appel.** Une telle autorisation n'a pas à être sollicitée lorsque la décision a un caractère mixte et tranche pour le surplus, une expertise[8]; tel est le cas d'un jugement qui, admettant le principe de la créance du demandeur, condamne le défendeur à payer une provision tout en ordonnant une expertise[9]. Mais la chambre mixte de la Cour de cassation a décidé qu'était irrecevable un appel contre un jugement se bornant à ordonner une expertise et le versement d'une provision sans trancher une partie du principal[10].

La cour d'appel de Paris a statué en sens contraire[11], mais dans une espèce où le dispositif du jugement précisait, malencontreusement, que tous les droits et moyens des parties ainsi que les dépens demeuraient réservés, ce qui ne pouvait que faire douter de sa nature mixte.

Dans le cas où la décision a un caractère mixte à l'égard de certaines parties mais non à l'égard d'autres, la jurisprudence applique les dispositions de l'article 323 relatives à la **pluralité de parties** : l'appel immédiat n'est pas soumis à autorisation du premier président pour la partie à l'égard de laquelle la décision a un caractère mixte, il l'est dans l'hypothèse inverse[12].

N'est pas mixte en effet la décision qui se borne à nommer un expert et à fixer sa mission et son appel est donc soumis à autorisation[13], à moins que la mission de l'expert soit définie en des termes tels que le juge a tranché une partie principale[14].

342.264 • **En troisième lieu, il doit être justifié d'un motif grave et légitime,** à défaut duquel l'appel est irrecevable[15]. Il appartient au premier président d'apprécier souverainement la gravité et la légitimité des motifs invoqués[16]. Cette condition est remplie lorsque la décision ordonnant l'expertise a rejeté une partie de la demande par une motivation qui ne peut que préjudicier au fond du droit[17]. Toutefois, on doit citer une jurisprudence quelque peu différente[18] dans une espèce où le juge de la mise en état a, tout à la fois, alloué une provision à la victime d'un accident, l'obligation n'étant pas sérieusement contestable, et ordonné une expertise médicale : le premier président a considéré qu'il s'agissait de deux décisions distinctes et que celle allouant une provision n'était pas susceptible d'appel alors qu'il n'était pas justifié d'un motif légitime pour autoriser l'appel contre celle ordonnant l'expertise. On peut pourtant penser que l'ordonnance attaquée préjudiciait au fond à partir du moment où le juge de la mise en état, qui appartient, faut-il le rappeler, à la formation du jugement, avait considéré que l'obligation n'était pas sérieusement contestable.

Sur un autre terrain, n'a pas été admis l'appel immédiat contre décision ordonnant une expertise dont il était soutenu qu'elle eut été inutile si l'adversaire avait produit certaines pièces, mais sans que cette production ait été préalablement réclamée ni même qu'ait été précisée la nature des pièces[19].

342.265 • **L'article 272 pose enfin une dernière condition relative au délai pour agir.** La partie qui entend interjeter appel doit saisir le premier président

1. Civ. 2e, 5 mai 1978, n° 77-11.254, *Bull. civ.* II, n° 118; *Gaz. Pal.* 1978. 441, note J. V.; *D.* 1978. IR 364, obs. Julien; *RTD civ.* 1978. 926, obs. Perrot.
2. Civ. 2e, 9 nov. 1983, n° 81-13.696, *Bull. civ.* II, n° 172; *Gaz. Pal.* 1984. Pan. 66, obs. Guinchard.
3. Aix-en-Provence, 18 avr. 1977, *RTD civ.* 1978. 190, obs. Perrot.
4. Versailles, 20 mars 1989, RG n° 8484/88, *Gaz. Pal.* 1989. Somm. 527.
5. Paris, 7 avr. 1978 et Paris, 23 juin 1978, *Gaz. Pal.* 1978. 551, note Levy; *RTD civ.* 1979. 193, obs. crit. Perrot.
6. Dijon, 21 mars 1989, RG n° 19/89, *Gaz. Pal.* 1990. 11, note Renard.
7. Aix-en-Provence, 18 avr. 1984, *Bull. ch. avoués* 1985. 46.
8. Soc. 15 mars 1979, n° 77-15.625, *Bull. civ.* V, n° 248; *JCP* 1979. IV. 173.
9. Com. 20 janv. 1981, n° 78-12.627, *Bull. civ.* IV, n° 39; *Gaz. Pal.* 1981. Pan. 169.
10. Cass., ch. mixte, 25 oct. 2004, n° 03-14.219, *Bull. ch. mixte*, n° 3; *D.* 2005. 757, note Serinet; *RTD civ.* 2005. 187, obs. Perrot.
11. Paris, 9 mai 1984, *Bull. ch. avoués* 1984. 52.
12. Civ. 2e, 24 mai 1984, n° 83-11.781, *Bull. civ.* II, n° 91; *D.* 1985. IR 261, obs. Julien; *RTD civ.* 1985. 216, obs. Perrot.
13. Civ. 3e, 18 mars 1980, n° 78-16.019, *Bull. civ.* III, n° 61; *JCP* 1980. IV. 211.
14. Paris, 11 déc. 1981, *Bull. ch. avoués* 1982. 2. 11.
15. Civ. 2e, 19 mars 1980, n° 78-16.542, *Bull. civ.* II, n° 61.
16. Civ. 2e, 3 avr. 1978, n° 77-11.934, *Bull. civ.* II, n° 107; *D.* 1978. IR 364, obs. Julien; *RTD civ.* 1978. 927, obs. Perrot.
17. Rennes, 19 janv. 1978, *Gaz. Pal.* 1979. 97, note du Rusquec.
18. Lyon, 15 mars 1977, *D.* 1978. IR 154; *RTD civ.* 1978. 420, obs. Perrot.
19. Aix-en-Provence, 26 juill. 1978, *Gaz. Pal.* 1978. 575, note Viatte.

par voie d'assignation dans le mois de la décision[1]. Il s'agit là d'un délai de rigueur[2]. Cependant, si le tribunal n'a pas indiqué la date du jugement, le délai court à compter du moment où la partie en a eu connaissance[3]; de même si la copie de la décision a été délivrée plusieurs mois après le prononcé de celle-ci, c'est la date de délivrance de la copie qui sera le point de départ du délai[4].

L'autorisation d'appel immédiat est de la seule compétence du premier président : il en résulte que la cour, en sa formation collégiale, ne peut déclarer l'appel irrecevable au motif que la demande d'autorisation a été formée après l'expiration du délai d'un mois[5].

Par ailleurs, la décision du premier président, qu'elle autorise ou qu'elle refuse l'appel, n'est pas susceptible de pourvoi en cassation[6], sauf en cas d'excès de pouvoir[7].

Lorsque le premier président fait droit à la demande, il fixe le jour où l'affaire sera examinée par la cour qui est saisie et statue comme en matière de procédure à jour fixe ou, selon le cas, comme il est dit à l'article 948 (C. pr. civ., art. 272, al. 3).

Enfin, l'alinéa 4 de l'article 272 prévoit une disposition curieuse et inutilement compliquée : lorsque le jugement ordonnant l'expertise statue également sur la compétence, la cour peut être saisie de la contestation sur la compétence alors même que les parties n'auraient pas formé contredit. Comme l'article 82 fixe un délai de quinze jours à compter de la décision pour former un contredit, il est donc possible, par le biais de l'article 272 alinéa 4, de ranimer le débat sur la compétence après l'expiration de ce délai. En outre, la situation se complique davantage encore, lorsqu'une partie soulève l'incompétence, tandis que l'autre critique l'expertise.

2°
Déroulement de l'expertise

342.271 Respect du contradictoire. L'expert a toute latitude dans l'exécution de sa mission, à condition de se limiter aux questions de fait qui lui sont soumises. Il est en outre, comme le juge qui l'a commis, tenu au respect du contradictoire.

Il doit en conséquence convoquer les parties et leurs défenseurs aux opérations d'expertise (C. pr. civ., art. 160). L'expert ne peut se contenter de travailler sur pièces et d'adresser un pré-rapport aux parties sans les avoir préalablement convoquées[8]. La Cour de cassation[9] a admis qu'il entende un « sachant » hors la présence des parties, sous réserve de porter ses déclarations à la connaissance de celles-ci afin qu'elles puissent en débattre avant qu'il ne rende son avis. À défaut, le rapport doit être annulé[10]. Mais, la deuxième chambre civile a admis qu'un rapport d'expertise soit opposable à une partie alors que la mesure avait été diligentée dans une autre affaire, dès lors que le rapport avait été versé aux débats et soumis à la discussion contradictoire des parties[11].

De même s'il procède à des investigations techniques hors leur présence, l'expert doit les leur soumettre avant le dépôt de son rapport pour leur permettre d'en débattre contradictoirement[12]. S'il s'agit d'une pièce détenue par lui, l'expert doit également la communiquer avant de déposer son rapport et il ne suffit pas que cette pièce ait pu être ultérieurement discutée dans le débat judiciaire[13]. Même solution s'il se réfère aux conclusions d'un technicien consulté par lui[14].

D'une manière générale, en effet, le principe du contradictoire impose à l'expert de prendre en considération les observations ou réclamations des parties et, lorsque ces observations sont écrites, de les joindre en annexe de son rapport à leur demande (C. pr. civ., art. 276, al. 1er). L'expert ne peut évidemment se contenter de recueillir des renseignements émanant d'une seule partie[15]. Il a même été jugé que la contradiction n'est pas respectée s'il n'est pas établi qu'une partie a été avisée de la faculté pour elle de présenter des dires ou observations sur le pré-rapport de l'expert[16]. Mais, dès lors que le dire d'une partie et ses documents annexes ont été communiqués à l'adversaire et qu'un délai a été accordé par l'expert aux parties pour lui faire parvenir leurs observations, le principe de la contradiction est respecté[17].

Mais il ne suffit pas qu'il collecte les observations des parties, l'article 276 alinéa 4 l'oblige également à

1. Paris, 24 oct. 1977, *D.* 1978. IR 153, obs. Julien.
2. Paris, 10 sept. 1974, *RTD civ.* 1975. 366, obs. Perrot.
3. Paris, 10 déc. 1985, *Bull. ch. avoués* 1986. 127.
4. Bastia, 29 avr. 1986, *Gaz. Pal.* 1987. Somm. 107.
5. Civ. 2e, 17 déc. 1979, *Gaz. Pal.* 1980. 178, note J. V.
6. Civ. 2e, 16 mai 1979, no 77-15.436, *Bull. civ.* II, no 138; *Gaz. Pal.* 1979. 398, note J. V.
7. Civ. 2e, 9 nov. 1983, no 81-13.696, *Bull. civ.* II, no 172.
8. Civ. 2e, 20 déc. 2001, no 00-10.633, *Bull. civ.* II, no 202; *Gaz. Pal.* 10-11 avr. 2002. Pan. 22.
9. Civ. 1re, 19 déc. 1995, no 93-20.822, *Bull. civ.* I, no 475.
10. Civ. 1re, 1er févr. 2012, no 10-18.853, *Bull. civ.* I, no 20; *RTD civ.* 2012. 374, obs. Perrot.
11. Civ. 2e, 8 sept. 2011, no 10-19.919, *Bull. civ.* II, no 166; *RTD civ.* 2012. 374, obs. Perrot.
12. Civ. 2e, 15 mai 2003, no 01-12.665, *Bull. civ.* II, no 147; *D.* 2003. IR 1667; *Gaz. Pal.* 2004. Somm. 19.
13. Civ. 3e, 26 mai 2009, no 08-16.901, NP; *RTD civ.* 2009. 573, chron. Perrot; *Procédures* 2009, no 266, p. 14, note Perrot.
14. Civ. 2e, 15 avr. 2010, no 09-10.239, *Bull. civ.* II, no 83; *D.* 2010. 1223; *D.* 2010. 2102, chron. Sommer, Leroy-Gissinger, Adida-Canac et Grignon Dumoulin; *D.* 2010. 2671, obs. Delebecque, Bretzner et Gelbard-Le Dauphin; *D.* 2011. 265, obs. Fricero; *Experts* août 2010, p. 48.
15. Paris, 16 déc. 1977, *Bull. ch. avoués* 1978. 3. 33.
16. Com. 4 nov. 2008, no 07-18.147, *Bull. civ.* IV, no 189; *Procédures* 2009. Comm. 4, note crit. Perrot; *AJDI* 2009. 212, obs. Heugas-Darraspen; *RDI* 2009. 119, obs. Malinvaud.
17. Civ. 2e, 8 avr. 2004, no 02-11.619, *Bull. civ.* II, no 178; *Gaz. Pal.* 2005. Somm. 2193, note du Rusquec.

mentionner dans son avis la suite qu'il leur aura donnée. Si la violation de ces dispositions ne constitue pas une irrégularité de fond[1], la formalité exigée par l'article 276 est une formalité substantielle et donc susceptible d'entraîner la nullité de l'expertise, dès lors qu'un grief est établi[2]. Toutefois, le principe de la contradiction est respecté si l'expert, qui a adressé son rapport aux parties sans l'avoir fait précédé d'un pré-rapport, joint ensuite à son rapport une annexe contenant sa réponse aux dires[3]. Il va de soi que ces règles sont applicables au cas où plusieurs experts ont été commis et leur imposent donc de procéder conjointement aux opérations d'expertise.

Le décret du 28 décembre 2005 a conservé cette disposition mais a complété le second alinéa de l'article 276 en offrant à l'expert la faculté d'impartir un délai aux parties pour formuler leurs observations ou réclamations et en le dispensant, dans cette hypothèse, de prendre en compte celles qui auraient été faites après l'expiration de ce délai, sauf cause grave et légitime, auquel cas l'expert en fait rapport au juge, ce qui revient à dire qu'il lui appartient d'apprécier s'il existe ou non une cause grave et légitime.

A été également institué le dire de synthèse, contraignant les parties à rappeler sommairement dans leurs dernières observations ou réclamations celles présentées antérieurement, à défaut de quoi elles sont réputées abandonnées, ce qui ne va pas sans entraîner des risques pour l'avocat[4].

Le développement de la technique du pré-rapport, d'ailleurs de plus en plus fréquemment prévu dans la mission que le juge confie au technicien, ne peut que favoriser l'échange entre ce dernier et les parties, la communication à celles-ci du pré-rapport suscitant naturellement de leur part réclamations ou observations. Si la décision ordonnant l'expertise précise que l'expert doit informer les parties de ses conclusions en leur accordant un délai pour présenter leurs observations, le non-respect de cette obligation doit entraîner la nullité du rapport[5].

Plus délicate est la situation de celui qui a assisté à l'expertise en tant que tiers (un constructeur par exemple) et qui devient ultérieurement partie. Après avoir jugé suffisant que le rapport lui soit communiqué pour qu'il puisse le discuter[6], la troisième chambre de la Cour de cassation considère aujourd'hui nécessaire que l'intéressé ait assisté à l'expertise en qualité de partie pour que le rapport lui soit opposable[7]. La deuxième chambre a adopté la même position, cassant un arrêt qui se fondait exclusivement sur une expertise à laquelle la partie qui en avait soulevé l'inopposabilité n'avait été ni appelée ni représentée[8].

Enfin, la troisième chambre civile a considéré qu'un rapport était opposable à un tiers aux opérations d'expertise dès lors qu'il en avait eu communication régulière et qu'était relevée l'existence d'autres éléments de preuve[9].

342.272 **Exécution de la mission.** Si l'expert est tenu de convoquer les parties et de recueillir leurs observations, les parties doivent, quant à elles, remettre sans délai à celui-ci tous les documents qu'il estime nécessaires à l'accomplissement de sa mission (C. pr. civ., art. 275, al. 1er). Il s'agit là d'une application du principe de portée générale posé par l'article 11 C. pr. civ.

En cas de difficultés, l'expert en informe le juge auquel l'article 275, second alinéa, donne une option :

– soit ordonner la production des documents, s'il y a lieu sous astreinte (le juge chargé du contrôle ne peut se contenter d'une formule vague telle que « *tous autres documents* » en ce qu'il lui appartient de décider des documents qui doivent être remis à l'expert[10]);

– soit autoriser l'expert à passer outre ou à déposer son rapport en l'état. Le décret du 28 décembre 1998, reprenant ainsi le principe général posé par l'article 11 C. pr. civ., a ajouté un dernier alinéa à l'article 275 en invitant la juridiction de jugement à tirer toute conséquence de droit du défaut de communication des documents à l'expert. Est-ce à dire que cette conséquence pourra être tirée sans même que l'expert informe le juge de la difficulté, dès lors qu'il aura noté dans son rapport le défaut de communication[11] ?

En tout cas, si l'expert établit un rapport de carence, la partie qui n'a pas voulu concourir à l'expertise pourra voir ses prétentions rejetées[12]. Tel a été le cas pour un transsexuel qui a refusé de participer à l'expertise ordonnée par le juge pour statuer sur sa demande de rectification de son acte de naissance[13]. Par contre, le juge ne peut refuser de prendre en compte des éléments de preuve qui lui sont soumis

1. Civ. 3e, 3 oct. 1991, no 89-12.943, *Bull. civ.* III, no 227; *D.* 1992. Somm. 123, obs. crit. Julien.
2. Com. 18 févr. 1992, no 89-19.330, *Bull. civ.* IV, no 79; *JCP* 1992. I. 3629, no 10, obs. Cadiet.
3. Civ. 1re, 21 févr. 2006, no 04-17.976, *Bull. civ.* I, no 83.
4. P. de Fontbressin, « Le décret du 28 décembre 2005 et les experts judiciaires », *Experts* 2006, no 70, p. 8.
5. Civ. 2e, 24 févr. 2005, no 03-12.226, *Bull. civ.* II, no 46; *D.* 2005. IR 737; *D.* 2006. 545, obs. Julien et Fricero; *Gaz. Pal.* 2005. 2754, note Olivier.
6. Civ. 3e, 6 déc. 1972, *JCP* 1974. II. 17626.
7. Civ. 3e, 9 juin 1993, no 91-16.479, *Bull. civ.* III, no 84; *JCP* 1993. IV. 2018.
8. Civ. 2e, 2 mars 2004, *Gaz. Pal.* 2004. Pan. 24.
9. Civ. 3e, 9 oct. 2007, no 06-17.664, NP; *Procédures* 2007. Comm. 275, note Perrot.
10. Civ. 2e, 16 juill. 1979, no 78-12.487, *Bull. civ.* II, no 220.
11. V. M. Olivier, « La réforme de la procédure civile et les mesures d'instruction confiées par le juge à un technicien », *Gaz. Pal.* 17-18 mai 2000. Doctr. 3.
12. Civ. 2e, 16 oct. 2008, no 07-15.731, NP; *Experts* avr. 2009, p. 49.
13. Civ. 1re, 7 juin 2012, no 10-26.947, *Bull. civ.* I, no 133.

au seul motif qu'ils auraient pu être soumis à l'expert dès lors que ces pièces ont été régulièrement versées aux débats [1], comme il ne peut refuser d'examiner un rapport d'expertise officieux si celui-ci a été contradictoirement discuté [2].

Pour exécuter sa mission, l'expert, on l'a déjà indiqué, peut prendre l'initiative de recueillir l'avis d'un autre technicien. Mais si l'expert n'a pas à en référer au juge [3], l'article 278 C. pr. civ. impose que la spécialité du sapiteur soit différente de la sienne. L'expert peut solliciter l'avis d'un spécialiste mais sans déléguer ses pouvoirs [4] et sans faire procéder à des opérations qui relèvent de sa mission [5]. Il doit en outre porter l'avis du sapiteur à la connaissance des parties pour leur permettre d'en discuter devant lui [6]. La jurisprudence est, à cet égard, constante [7].

Le décret du 28 décembre 2005 a ajouté à cette disposition un article 278-1 C. pr. civ. qui permet en outre à l'expert de se faire assister par la personne de son choix qui intervient sous son contrôle et sa responsabilité, à charge pour lui de mentionner dans son rapport les nom et qualité des personnes qui ont ainsi prêté leur concours (C. pr. civ., art. 282, nouv. al. 4).

Si l'expert n'a pas le pouvoir de concilier les parties (C. pr. civ., art. 240), il se peut que, pendant l'expertise, celles-ci se concilient. L'expert constate alors que sa mission est devenue sans objet et il en fait rapport au juge qui, à la demande des parties, donnera force exécutoire à l'acte exprimant leur accord (C. pr. civ., art. 281).

À défaut de concilier les parties, l'expert peut rédiger le procès-verbal de conciliation auquel le juge donnera force exécutoire [8]; l'expert peut également conseiller aux parties de transiger et même leur soumettre un protocole d'accord, dès lors qu'il n'intervient pas personnellement à l'acte et que les parties conservent l'initiative de la transaction [9].

Souhaitables dans leur principe, les dispositions de l'article 281 et ses applications jurisprudentielles peuvent être une cause de ralentissement de la procédure lorsqu'une partie utilise la transaction comme procédé dilatoire : on observera en effet que la transaction interrompt l'expertise, sans que le Code de procédure civile ne fixe un quelconque délai pour parvenir à un accord.

342.273 Contrôle du juge. On a déjà relevé que lorsque l'expert est confronté à la carence des parties, il en réfère au juge pour que celui-ci ordonne la production des documents nécessaires. Mais sur un plan général, c'est l'ensemble des opérations d'expertise qui est contrôlé par le juge : aux termes de l'article 273 C. pr. civ., celui-ci doit être informé par l'expert de l'avancement de ses opérations.

Le décret du 28 décembre 1998 lui impose de surcroît de faire connaître au juge les diligences qu'il a accomplies.

En outre, le juge peut assister aux dites opérations, auquel cas il peut consigner par procès-verbal signé par lui, ses constatations, les explications des parties et des tiers (C. pr. civ., art. 274).

Indépendamment de la carence des parties, l'expert doit faire rapport au juge des difficultés qui font obstacle à l'accomplissement de sa mission (C. pr. civ., art. 279). Il doit ainsi aviser le juge de la nécessité d'étendre sa mission ou d'en proroger le délai. Ces dispositions ne sont que l'application dans le domaine de l'expertise du principe posé par l'article 149 C. pr. civ. pour toutes mesures d'instruction et par l'article 236 C. pr. civ. pour celles confiées à un technicien.

342.274 Ministère public. Quant au ministère public, il peut toujours être présent lors de l'exécution des mesures d'instruction, même lorsqu'il n'est pas partie principale (C. pr. civ., art. 163). L'article 277 précise que lorsqu'il assiste aux opérations d'expertise, ses observations, comme celles de parties, sont, à sa demande, consignées dans l'avis de l'expert qui devra aussi indiquer la suite qu'il leur a donnée.

342.275 Déconsignation et provision complémentaire. Cette question délicate a été remaniée par le décret du 28 décembre 2005 qui a modifié l'article 280 C. pr. civ. Désormais, l'expert peut être autorisé à prélever un acompte sur la somme consignée si la complexité de l'affaire le requiert sur justification de l'état d'avancement de ses opérations et non plus seulement sur celle des avances qu'il aurait faites.

Alors que, jusqu'ici, l'expert ne pouvait demander une provision complémentaire que sur justification de l'état d'avancement de ses opérations, il peut désormais faire rapport au juge en cas d'insuffisance manifeste de la provision allouée au vu non seulement des diligences faites mais aussi de celles à venir (C. pr. civ., art. 280, al. 2, mod. par Décr. 24 déc. 2012). En un mot, l'expert est donc en droit de réclamer une provision d'un montant équivalent à celui de sa rémunération définitive, ce qui est d'ailleurs conforme aux dispositions de l'article 269 (v. s[s] n° 342.254). S'il fait droit à la demande de l'expert,

1. Civ. 3e, 13 janv. 2009, n° 07-21.521, NP; *RTD civ.* 2009. 364, chron. Perrot.
2. Civ. 2e, 18 juin 2009, n° 08-12.671, NP; *Procédures* oct. 2009. Comm. 304, note Perrot.
3. Civ. 3e, 23 oct. 1984, n° 82-15.895, *Bull. civ.* II, n° 172; *Gaz. Pal.* 1985. 1. Pan. 58, obs. Guinchard.
4. Civ. 2e, 3 juin 1977, *D.* 1977. IR 390, obs. Julien.
5. Civ. 2e, 19 févr. 1997, n° 95-14.163, *Bull. civ.* II, n° 49; *Gaz. Pal.* 17-18 mai 2000; *Gaz. de l'expertise et des experts*, Olivier.
6. Civ. 1re, 19 déc. 1995, n° 93-20.822, *Bull. civ.* II, n° 475.
7. Civ. 2e, 15 avr. 2010, n° 09-10.239, *Bull. civ.* II, n° 83; *Procédures* 2010. Comm. 220, note Perrot (préc. s[s] n° 342.271).
8. Civ. 2e, 13 déc. 1978, *D.* 1979. IR 291, obs. Julien.
9. Aix-en-Provence, 3 févr. 1992, RG n° 88/14686, *Juris-Data* n° 040791.

le juge ordonne la consignation complémentaire à la charge de la partie qu'il détermine. Conscient du caractère parfois inextricable de certaines situations, le législateur de 2005, comme celui de 2012, ont, du reste, conservé le dernier alinéa de l'article 280 qui autorise l'expert à déposer son rapport en l'état, sauf prorogation du délai, à défaut de consignation dans le délai et selon les modalités fixées par le juge.

3°
Rapport d'expertise

342.281 **Avis oral.** L'article 282 C. pr. civ. envisage en premier lieu une possibilité qui confine à l'hypothèse d'école : l'exposé oral de l'avis de l'expert, ce qui suppose que cet avis « *n'exige pas de développements écrits* ». En d'autres termes, il faut que la mission confiée à l'expert soit, par elle-même, suffisamment simple pour ne pas amener celui-ci à des développements trop complexes et qu'en outre aucune difficulté ne vienne perturber les opérations d'expertise.

Il n'est pas certain que si toutes ces conditions se trouvent réunies, le recours à un expert soit nécessaire, l'appel à un constatant ou à un consultant étant sans doute suffisant.

Quoi qu'il en soit, l'article 282 prévoit que le juge peut autoriser l'expert à exposer oralement son avis à l'audience. Il en est alors dressé procès-verbal, à moins que l'affaire ne soit jugée immédiatement en dernier ressort, auquel cas le procès-verbal peut être remplacé par une simple mention dans le jugement, de telles dispositions parachevant l'assimilation de l'expertise aux constatations ou à la consultation (v. s[s] n° 342.232).

342.282 **Dépôt du rapport.** Moins utopiste est la seconde possibilité offerte par l'article 282 alinéa 2 C. pr. civ. : le dépôt d'un rapport écrit au secrétariat de la juridiction. Ce rapport doit évidemment contenir l'avis de l'expert sur chacune des questions qui lui ont été soumises, mais il doit aussi décrire les opérations auxquelles il a été procédé, en mentionnant la présence ou la convocation des parties, de leurs défenseurs et, le cas échéant, des tiers; le rapport doit également indiquer les observations des parties ou du ministère public et, s'il y a lieu, l'avis du spécialiste, ainsi que la suite que leur a donnée l'expert; enfin, le rapport doit comporter en annexe les documents qui ont été remis à l'expert et sur lesquels il a fondé son avis, mais aussi les observations et avis écrits qui lui ont été adressés.

Ce rapport doit être déposé au secrétariat de la juridiction qui a commis l'expert afin que l'instance puisse se poursuivre. Si l'expertise a été annulée par une cour d'appel qui a désigné un nouvel expert, le rapport devra être déposé au greffe de ladite cour, à raison de l'effet dévolutif de l'appel[1].

Enfin, l'expert est dessaisi par le dépôt de son rapport : il ne peut donc procéder ultérieurement à une nouvelle mesure d'instruction et convoquer les parties[2].

342.283 **Pluralité d'experts.** On sait que, s'il l'estime nécessaire, le juge peut nommer plusieurs experts (C. pr. civ., art. 264). Dans cette hypothèse, l'article 282 alinéa 2 précise qu'il n'est rédigé qu'un seul rapport et qu'en cas de divergence entre les experts chacun d'entre eux doit y indiquer son opinion. La Cour de cassation a cependant jugé que le dépôt de rapports distincts n'engage pas, par lui-même, la responsabilité des experts à l'égard des parties[3].

D'autre part, le rapport doit être cosigné par tous les experts; mais la Cour de cassation a estimé que l'omission de la signature d'un des experts n'entraînerait aucun préjudice pour les parties dès lors qu'étaient établies la collaboration des experts et la conformité de leur avis[4].

342.284 **Nullités.** Ainsi qu'on l'a relevé précédemment (sur les obligations du technicien, v. s[s] n°s 342.210 s.) et comme on vient de le voir une nouvelle fois, l'inobservation des dispositions prévues par le Code de procédure civile n'entraîne pas nécessairement la nullité de l'expertise. Pour que la nullité soit prononcée, encore faut-il qu'elle ait causé un grief à la partie qui l'invoque. En outre, une demande aux fins d'annulation formée à titre principal est irrecevable; il s'agit d'une irrecevabilité d'ordre public qui peut donc être relevée d'office[5].

Par plusieurs décisions récentes, la Cour de cassation vient de préciser les contours de la nullité du rapport d'expertise. Dans un arrêt du 28 septembre 2012, elle a d'abord rappelé que les irrégularités affectant le déroulement des opérations d'expertise sont sanctionnées, par application de l'article 175, aux règles régissant la nullité des actes de procédure et que les parties ne peuvent donc invoquer sur ce fondement l'inopposabilité du rapport[6]. Elle a ensuite rappelé que, s'agissant d'un vice de forme, la nullité n'est encourue que si la preuve d'un grief est rapportée[7], avant de préciser que la demande de nullité n'était pas une exception de procédure au sens de

1. Civ. 2e, 5 mai 1977, n° 75-15.791, *Bull. civ.* II, n° 119.
2. Civ. 3e, 11 févr. 2004, n° 02-16.140, *Bull. civ.* III, n° 26.
3. Civ. 2e, 12 oct. 1983, n° 82-11.425, *Bull. civ.* II, n° 166; *Gaz. Pal.* 1984. Pan. 41, obs. Guinchard.
4. Civ. 1re, 24 juill. 1973, n° 71-11.624, *Bull. civ.* I, n° 224.
5. Civ. 2e, 3 mai 2007, n° 06-12.485, NP; *Rép. pr. civ.*, v° *Frais et dépens*, par Pansier, n° 135; *JCP* 2007. I. 200. Doctr. 25.
6. Cass., ch. mixte, 28 sept. 2012, n° 11-11.381, *Bull. ch. mixte*, n° 1; *RTD civ.* 2012. 771, obs. Perrot; *Dr. et proc.* 2012. 295; *Gaz. Pal.* 2013. Jur. 366, note Hugon.
7. Civ. 2e, 29 nov. 2012, n° 11-10.805, *Bull. civ.* II, n° 192; *Dr. et proc.* 2013. 55, obs. Fricero; *RTD civ.* 2013. 172, obs. Perrot; *Gaz. Pal.* 2013. 42, note Amrani Mekki.

l'article 73 C. pr. civ. Et qu'elle ne relevait donc pas de la compétence du juge de la mise en état[1].

On a déjà précisé que l'expert est tenu de respecter le principe du contradictoire et doit en conséquence convoquer les parties et leurs défenseurs aux opérations auxquelles il procède. Mais, la jurisprudence considère que le principe du contradictoire est observé dès lors que les parties ont été à même de faire valoir leurs explications au vu des éléments sur lesquels l'expert se fonde et que celui-ci indique la suite qu'il leur a donnée.

Ainsi, dans une espèce où l'expert a eu recours aux éléments d'une autre expertise à laquelle les parties étaient étrangères et a refusé de tenir une réunion après communication des rapports de cette expertise, la première chambre a rejeté le moyen tiré de la nullité du rapport en raison de la méconnaissance du principe du contradictoire aux motifs que l'expert a communiqué le document aux parties, les invitant à formuler leurs observations, que l'une d'elles a présenté celles-ci et que l'expert n'avait donc pas l'obligation de procéder à une nouvelle réunion[2].

De même la première chambre a-t-elle admis qu'un expert ait des entretiens successifs avec chacune des parties pour préparer les réunions contradictoires, dès lors qu'il en a rendu compte aux parties, qu'il leur a communiqué les pièces ayant servi à l'élaboration du rapport et que les intéressés ont eu la possibilité de fournir à l'expert toutes les explications utiles[3].

On a en outre déjà relevé que lorsque l'expert recueille l'avis d'un autre technicien, comme le lui permet l'article 278, il peut entendre ce dernier hors la présence des parties à condition de leur communiquer ses déclarations, de les inviter à faire valoir leurs observations et de préciser dans son rapport la suite qu'il leur a donnée (v. s[s] n°s 342.271 et 342.272). L'avis du sapiteur, lui-même non susceptible d'annulation, ne peut donc entraîner la nullité du rapport de l'expert si celui-ci a été établi contradictoirement[4]. Dans le même sens toujours, la troisième chambre civile a rejeté un pourvoi fondé sur la violation des dispositions de la loi n° 46-942 du 7 mai 1946 qui réglemente la profession de géomètre-expert, l'expert ayant recouru aux service d'un simple géomètre-topographe, au motif que ce technicien exécutait un mandat de justice et n'exerçait donc pas sa profession et que, dès lors, les dispositions de la loi de 1946 n'étaient pas applicables[5].

La violation des autres obligations de l'expert est également susceptible d'entraîner la nullité de l'expertise. On sait qu'aux termes de l'article 233 C. pr. civ. l'expert doit remplir personnellement la mission qui lui a été confiée : sera frappé de nullité le rapport établi par un tiers[6] ou celui où l'expert se borne, pour déterminer l'origine des désordres à renvoyer au rapport établi par un centre de recherches[7].

On ne reviendra pas enfin sur la portée du principe posé par l'article 238 C. pr. civ. selon lequel le juge ne peut déléguer ses pouvoirs au technicien, lequel ne peut donc donner qu'un avis d'ordre technique et non juridique (sur la saisine du technicien, v. s[s] n° 342.202), si ce n'est pour rappeler que la jurisprudence a considéré qu'aucune disposition ne sanctionne de la nullité les obligations imposées par ce texte[8].

Il faut en outre relativiser les effets de la nullité. Tout d'abord l'expertise peut n'être que partiellement annulée, les constatations non affectées par la nullité pouvant alors servir de fondement à la décision[9]. Ensuite, même annulé, le rapport d'expertise constitue avec ses annexes un document qui peut être retenu à ce titre, à condition d'être corroboré par d'autres éléments du dossier[10]. Enfin, si la nullité de la décision ordonnant l'expertise entraîne celle du rapport subséquent, le juge du fond peut cependant utiliser ce rapport à titre de renseignement dès lors qu'il vient à l'appui d'autres éléments et n'est pas combattu par la preuve contraire[11].

342.285 **Reprise de l'instance.** Aux termes de l'article 172 C. pr. civ., l'instance se poursuit à la diligence du juge dès que la mesure d'instruction est exécutée. Dans la pratique, la mise en œuvre de cette règle ne va pas, parfois, sans difficulté. Sans même parler de l'expertise *in futurum* qui constitue un cas particulier puisqu'elle intervient avant tout procès, ce sera, la plupart du temps, les parties et non le juge qui prendront l'initiative de la reprise de l'instance. En effet, pour des motifs pratiques, le dossier est retiré du rôle du tribunal (lorsque la décision ordonnant l'expertise émane de la juridiction du jugement) ou, le cas échéant, de la conférence du président ou du juge de la mise en état (quand la décision a été rendue par l'un d'eux). De telle sorte que le juge ignorera le plus souvent que l'expert a déposé son rapport, d'autant que ce dépôt est effectué au service des expertises et non au greffe de la chambre.

1. Civ. 2e, 31 janv. 2013, n° 10-16.910, *Bull. civ.* II, n° 20; *Gaz. Pal.* 2013. 1792, note Amrani-Mekki.
2. Civ. 1re, 11 avr. 1995, n° 93-16.147, *Bull. civ.* I, n° 172; *D.* 1996. 121, note Bénabent; *RTD civ.* 1996. 155, obs. Mestre.
3. Civ. 1re, 7 nov. 1995, n° 93-19.318, *Bull. civ.* I, n° 392.
4. Aix-en-Provence, 17 sept. 2008, RG n° 07/08715, *BICC* 2009, n° 428.
5. Civ. 3e, 17 oct. 2012, n° 10-23.971, *Bull. civ.* III, n° 145.
6. Toulouse, 20 mai 1975, *D.* 1975. Somm. 85.
7. Civ. 2e, 11 janv. 1995, n° 93-14.697, *Bull. civ.* II, n° 11; *JCP* 1995. IV. 610.
8. Civ. 2e, 16 déc. 1985, n° 81-16.593, *Bull. civ.* II, n° 197; *D.* 1986. 419, note crit. Moussa.
9. Civ. 2e, 12 juin 2003, n° 01-13.502, *Bull. civ.* II, n° 189; *D.* 2003. IR 2284; *Gaz. Pal.* 2003. Somm. 3238.
10. Civ. 2e, 23 oct. 2003, n° 01-15.416, *Bull. civ.* II, n° 323; *Gaz. Pal.* 2004. Pan. 26.
11. Civ. 3e, 30 juin 2010, n° 09-15.308, NP; *Experts* oct. 2010, p. 46.

En outre, le rapport d'expertise génère fréquemment chez les parties une phase transactionnelle qui rend inopportun la reprise de l'instance. Il arrive, du reste, que cette phase se prolonge, le Code de procédure civile ne prévoyant aucun délai pour poursuivre l'instance après le dépôt du rapport d'expertise, hormis la péremption (C. pr. civ., art. 386).

Quoi qu'il en soit, l'affaire ne sera rétablie que si la tentative de transaction échoue et, en tout cas, à l'initiative de la partie la plus diligente (concrètement celle à laquelle le rapport d'expertise est le plus favorable) par voie de conclusions de son conseil dites « *en ouverture de rapport* » ou par voie d'assignation devant le juge du fond dans l'hypothèse où celui-ci n'était pas jusque-là saisi.

Une fois l'instance reprise ou le juge saisi, ce dernier va statuer au vu du rapport, après, le cas échéant, qu'aient été purgés les contentieux relatifs aux nullités et à la rémunération de l'expert. Le juge n'est évidemment pas lié par les conclusions du technicien : le principe général, posé par l'article 246 C. pr. civ., vaut également pour l'expertise [1]. L'autorité du rapport d'expertise relève de l'appréciation souveraine du juge du fond, sous réserve, toutefois, du contrôle de dénaturation qu'exerce la Cour de cassation [2].

Si le juge ne s'estime pas suffisamment éclairé par le rapport, il peut entendre l'expert en présence des parties ou celles-ci convoquées (C. pr. civ., art. 283). Rappelons qu'en outre l'article 245 C. pr. civ. permet au juge d'inviter le technicien à compléter, préciser ou expliquer ses conclusions, soit par écrit, soit à l'audience. Il peut aussi étendre sa mission ou confier une mission complémentaire à un autre technicien (C. pr. civ., art. 245, al. 3), le complément d'expertise relevant de l'appréciation souveraine du juge du fond [3]. Il ne peut, en tout cas, se contenter de débouter le demandeur sans recourir à l'une ou l'autre de ces mesures lorsqu'il s'estime insuffisamment éclairé par le rapport [4].

On ne peut à cet égard que suggérer comme M. Olivier que, lorsqu'il établit un pré-rapport, le technicien le communique non seulement aux parties mais aussi au juge qui pourrait ainsi, dès ce stade de la procédure, inviter le cas échéant le technicien à compléter ses conclusions conformément aux dispositions de l'article 245 C. pr. civ. [5]

342.286 Information de l'expert. Dans ce dernier cas, le juge doit préalablement recueillir les observations du technicien. Cette disposition est une innovation du décret du 20 juillet 1989 (Décr. n° 89-511, 20 juill. 1989) qui a également prévu, dans le même esprit, que lorsque l'expert le demande, une copie du jugement rendu au vu de son avis lui est remise par le greffier de la juridiction (C. pr. civ., art. 284-1, issu de Décr. 20 juill. 1989), ce qui lui permettra notamment de s'assurer que son rapport n'a pas été dénaturé.

342.287 Rémunération de l'expert. On a déjà eu l'occasion de relever aux différentes phases de la mesure d'instruction que cette question est une des causes de ralentissement du procès, dès lors que l'expert éprouve des craintes quant à sa rémunération, ce qui constitue une préoccupation légitime. Dès la décision ordonnant l'expertise le problème peut se présenter, l'expert ne commençant à exécuter sa mission qu'après la consignation de la provision. Puis, si celle-ci s'avère insuffisante en cours d'expertise du fait des difficultés ou de la complexité de la mission (not. en cas d'extension de cette dernière), les consignations intermédiaires entraîneront souvent une interruption des opérations. Pour tenter de remédier à ces difficultés, le décret du 24 décembre 2012, on l'a vu (v. s[s] n° 342.275), a facilité les possibilités de provision complémentaire. A également été ajouté un alinéa à l'article 282 C. pr. civ. selon lequel l'expert accompagne son rapport de sa demande de rémunération, dont il adresse, par tout moyen permettant d'en établir la réception, un exemplaire aux parties. Celles-ci ont alors un délai de quinze jours à compter de la réception pour faire valoir, par écrit, leurs observations éventuelles à l'expert et, au juge.

Une fois la mission de l'expert accomplie, le juge taxateur fixe, dès le dépôt du rapport, la rémunération de l'expert et l'autorise à se faire remettre les sommes consignées au greffe (C. pr. civ., art. 284).

Le juge détermine souverainement la rémunération de l'expert [6], mais le décret du 28 décembre 1998 (C. pr. civ., art. 284, al. 1er, mod.) lui impose de tenir compte des diligences accomplies par l'expert, du respect des délais impartis et de la qualité du travail fourni. Reprenant une jurisprudence antérieure [7], le décret de 1998 (C. pr. civ., art. 284, dern. al., mod.) prévoit expressément que le juge peut fixer une rémunération inférieure à celle demandée par l'expert; mais il doit alors inviter au préalable ce dernier à formuler ses observations.

Si la décision désignant l'expert prévoit que celui-ci doit, s'il sollicite une consignation complémentaire, adresser une copie de sa demande et de son rapport aux parties, le juge ne peut statuer sur une demande de réduction de sa rémunération sans com-

1. Com. 13 avr. 1972, n° 71-10.023, *Bull. civ.* IV, n° 103.
2. Com. 15 mars 1982, NP; *JCP* 1982. IV. 194.
3. Civ. 2e, 26 juin 2008, n° 07-13.875, P; *D.* 2008. AJ 1906.
4. Civ. 1re, 30 janv. 2007, n° 06-11.028, NP; *Procédures* 2007. Comm. 79, note Perrot; *JCP* 2007. I. 200, p. 25.
5. M. Olivier, « La réforme de la procédure civile et les mesures d'instruction confiées par le juge à un technicien », *Gaz. Pal.* 17-18 mai 2000. Doctr. 3.
6. Civ. 2e, 24 oct. 1979, n° 78-10.588, *Bull. civ.* II, n° 248; *Gaz. Pal.* 1980. 1. 122, note J. V.
7. Civ. 2e, 27 avr. 1979, n° 77-15.312, *Bull. civ.* II, n° 124.

muniquer préalablement aux parties les demandes de l'expert[1].

Si le montant de la rémunération ne dépasse pas celui des sommes consignées au greffe, l'expert ne rencontrera aucune difficulté pour être réglé (à moins, ce qui est rare, que les sommes consignées n'aient été dilapidées[2]), le juge ordonnant, le cas échéant, la restitution de l'excédent de la consignation.

Cette solution idéale devrait être la règle puisque l'article 269 C. pr. civ. prescrit au juge de fixer le montant d'une provision aussi proche que possible de la rémunération définitive. Relativement aisée lorsque la mission est simple et classique, cette estimation devient aléatoire quand les opérations sont nombreuses et complexes et, bien souvent, elle ne couvrira pas le montant des frais d'expertise.

Dans cette hypothèse, le juge ordonne, aux termes de l'article 284 le versement de sommes complémentaires à l'expert en indiquant la ou les parties qui en ont la charge. Depuis le décret du 28 décembre 2005, le juge délivre de plein droit un titre exécutoire à l'expert et non plus sur la demande de celui-ci (C. pr. civ., art. 284, al. dern.).

Dans la pratique, si la ou les parties tenues de lui payer le complément ne s'exécutent pas comme elles en ont l'obligation[3], l'expert va notifier l'ordonnance de taxe à la partie désignée par le juge. C'est cette notification qui fait courir le délai d'un mois prévu par l'article 714 C. pr. civ., délai pendant lequel pourra être exercé contre la décision de première instance un recours devant le premier président de la cour d'appel dans les conditions édictées par les articles 724 et 725 C. pr. civ., étant seulement précisé ici que le délai de recours, comme l'exercice du recours dans le délai, sont suspensifs d'exécution (C. pr. civ., art. 714, al. 3).

On comprend aisément qu'il puisse arriver que l'expert ne soit pas intégralement payé lorsque le jugement au fond intervient. Or, il se produit souvent que le juge du fond, qui, la plupart du temps, condamne aux dépens - qui comprennent les frais d'expertise - celui qui succombe, condamne à cette occasion une personne différente de celle désignée par le juge taxateur. Si l'expert n'a pas pris la précaution de notifier l'ordonnance de taxe à toutes les parties, un nouveau délai de recours commence à courir au profit de celui qui est condamné aux dépens par le juge du fond.

On peut ainsi constater que, jusqu'à l'issue du procès, la rémunération de l'expert est susceptible d'être source de difficultés et, à coup sûr, de retard.

Pour en terminer avec cette question, il faut encore préciser que les collaborateurs de l'expert ont, eux aussi, droit à rémunération. On sait en effet que si l'expert doit accomplir personnellement la mission qui lui a été confiée, il peut néanmoins faire appel à des collaborateurs pour exécuter, sous son contrôle, des tâches matérielles (sur les obligations du technicien, v. s[s] n° 342.210). Tant que la nullité de l'expertise n'a pas été prononcée par la juridiction compétente, le juge taxateur ne peut, au seul motif que certains travaux ont été confiés à des collaborateurs, écarter toute rémunération de ce chef[4].

1. Civ. 2e, 24 mars 2005, n° 03-14.768, *Bull. civ.* II, n° 77; *D.* 2006. 545, obs. Julien et Fricero; *Gaz. Pal.* 2005. Somm. 2193.
2. Rouen, 16 déc. 1986, *Gaz. Pal.* 1988. 2. 773, note Bréval.
3. Pau, 9 juill. 1982, *D.* 1983. IR 153, obs. Julien.
4. Rouen 15 oct. 1985, *Gaz. Pal.* 1986. 1. Somm. 285.

CHAPITRE

343. Mesures d'instruction – droit de l'Union européenne

FRÉDÉRIQUE FERRAND
Professeur à l'Université Jean-Moulin (Lyon 3)
et à l'Université d'Augsbourg

SECTION 0
ORIENTEUR

343.00 Plan du chapitre.

343.01 Textes applicables.

Règl. CE n° 1206/2001, du Conseil, 28 mai 2001, relatif à la coopération entre les juridictions des États membres dans le domaine de l'obtention des preuves en matière civile et commerciale, *JOCE*, n° L 174, 27 juin, p. 1-24.

Décr. n° 2004-836, 20 août 2004, portant modification de la procédure civile, *JO* 22 août, p. 15032.

343.03 Bibliographie indicative.

Articles. C. Bruneau, « L'obtention des preuves en matière civile et commerciale au sein de l'Union européenne », *JCP* 2001. I. 349 – M. Douchy-Oudot, « L'obtention des preuves en matière civile et commerciale au sein de l'espace judiciaire européen », *Le visage inconnu de l'espace judiciaire européen*, EJT, 2004, p. 63 – D. Lebeau et M.-L. Niboyet, « Regards croisés du processualiste et de l'internationaliste sur le règlement CE du 28 mai 2001 relatif à l'obtention des preuves civiles à l'étranger », *Gaz. Pal.* 19-20 févr. 2003, p. 222 – D. Lebeau, « Règlement (CE) n° 1206/2001 du 28 mai 2001 relatif à la coopération entres les juridictions des États membres dans le domaine de l'obtention des preuves en matière civile et commerciale », in L. Cadiet, E. Jeuland et S. Amrani-Mekki, *Droit processuel civil de l'Union européenne*, LexisNexis, 2011, p. 189 – Y. Le Berre et E. Pataut, « La recherche des preuves en France au soutien des procédures étrangères au fond », *RD aff. int.* 2004, n° 1, p. 53 – A. Nuyts, « Le règlement communautaire sur l'obtention des preuves : un instrument décisif ? », *Rev. crit. DIP* 2007. 53 – G. Payan, « Quel bilan pour le règlement (CE) n° 1206/2001 du Conseil du 28 mai 2001 sur l'obtention des preuves en matière civile et commerciale ? », in M. Douchy-Oudot et E. Guinchard (dir.), *La justice civile européenne en marche*, « Thèmes et commentaires », Dalloz, 2012, p. 107.

Rapport. *Rapport de la Commission au Conseil, au Parlement européen et au Comité économique*, COM (2007) 769 final, 5 déc. 2007, *Procédures* 2008, n° 109, obs. Nourissat.

SECTION 1
OBJECTIFS ET MÉCANISME INSTITUÉ

343.11 Objectifs. L'Union européenne s'est fixé l'objectif de maintenir et de développer un espace de liberté, de sécurité et de justice. Dans le cadre de la coopération judiciaire en matière civile, la Commission européenne est très active afin de faire disparaître les entraves à la libre circulation des jugements. Elle l'est également afin de faciliter sur le territoire d'un autre État membre l'obtention de preuves qui peuvent s'avérer nécessaires dans un procès en matière civile ou commerciale; la Commission considère en effet que le bon fonctionnement du marché intérieur exige une amélioration, une simplification et une accélération de la coopération entre États membres en matière d'obtention des preuves. C'est ainsi qu'a été adopté le règlement CE n° 1206/2001 du 28 mai 2001, relatif à la coopération entre les juridictions des États membres dans le domaine de l'obtention des preuves en matière civile et commerciale[1]. Certes, il existe une convention de La Haye du 18 mars 1970 concernant l'obtention des preuves à l'étranger et prévoyant un mécanisme de commission rogatoire en matière civile, mais cette Convention n'était en vigueur qu'entre onze États membres de l'Union européenne lorsque le règlement de 2001 fut adopté, ce qui justifiait un texte spécifique au sein de l'Union[2]. Le règlement a été adopté par tous les États membres à l'exception du Danemark, qui a refusé d'être tenu par des textes établis dans le cadre de la coopération judiciaire civile, sauf approbation expresse de sa part. Il est entré en application le 1er janvier 2004.

343.12 Mécanisme institué par le règlement CE nº 1206/2001 du 28 mai 2001. L'idée est d'**accélérer la transmission et le traitement des demandes visant à faire effectuer un acte d'instruction**; il convient donc que transmission et traitement se fassent de manière directe et par les moyens les plus rapides entre les juridictions des États membres[3]. Le règlement du 28 mai 2001 est applicable en matière civile et commerciale dans deux hypothèses :

1° lorsqu'une juridiction d'un État membre demande à une juridiction d'un autre État membre de procéder à un acte d'instruction;

2° lorsqu'une juridiction d'un État membre demande à procéder directement à l'acte d'instruction sur le territoire d'un autre État membre.

La juridiction qui sollicite cet acte d'instruction est dénommée **juridiction requérante**, celle qui doit le réaliser est dénommée **juridiction requise**. L'acte d'instruction demandé doit avoir pour but de permettre aux parties engagées dans une procédure ou envisageant d'en engager une d'obtenir des preuves destinées à être utilisées dans cette même procédure (v. Règl., art. 1 § 2 : « *La demande ne doit pas viser à obtenir des moyens de preuve qui ne sont pas destinés à être utilisés dans une procédure judiciaire qui est engagée ou envisagée* »). La juridiction requérante transmet en principe directement sa demande à la juridiction requise (Règl., art. 2). Afin que le système fonctionne facilement, **chaque État membre** a dû communiquer à la Commission européenne la liste de ses **juridictions compétentes** pour procéder à de tels actes judiciaires d'instruction (Règl., art. 2 § 2). Chaque État membre doit désigner **une ou plusieurs autorités centrales** dont la mission est de fournir des informations aux juridictions, de résoudre les problèmes éventuels de transmission et de faire parvenir, à titre exceptionnel, les demandes étrangères aux juridictions nationales compétentes pour les traiter (Règl., art. 3). La France a fait le choix, comme organisme central et autorité compétente, d'un organisme unique à compétence nationale qui est le **Bureau de l'entraide civile et commerciale internationale** du ministère de la Justice[4].

Dans un arrêt *St. Paul Dairy Industries NV*[5], la Cour de justice) a eu à se prononcer sur la question de savoir si une mesure ordonnant l'audition d'un témoin dans le but de permettre au demandeur d'évaluer l'opportunité d'une action éventuelle, de déterminer le fondement d'une telle action et d'apprécier la pertinence des moyens pouvant être invoqués dans ce cadre, était ou non une mesure provisoire au sens de l'article 24 de la convention de Bruxelles (Règl. Bruxelles I, art. 31). Elle a jugé que non, car « *en l'absence de toute autre justification que ledit intérêt du demandeur, l'octroi d'une telle mesure ne répond pas à la finalité de la compétence dérogatoire prévue à l'article 24 de la Convention* ». La Cour a ajouté qu'une telle demande d'audition de témoins, dans des circonstances telles que celles de l'affaire, pourrait être utilisée comme un moyen d'échapper aux règles régissant la transmission et le traitement des demandes formulées par une juridiction d'un État membre dans le cadre du règlement CE nº 1206/2001 du 28 mai 2001 relatif à l'obtention des preuves[6].

La question s'est dès lors posée de savoir si cet arrêt écarte toute procédure d'entraide probatoire autre que celles instaurées par le règlement CE nº 1206/2001 si l'on se trouve dans le cadre de l'Union européenne. On pouvait penser que les méthodes classiques de collecte des preuves à l'étranger[7] pourraient dans certains cas être maintenues, mais peut-être seulement à titre subsidiaire par rapport au règlement. Selon certains auteurs, la saisine directe du juge du lieu de situation des preuves, par exemple, supposerait la preuve que la procédure instaurée par le règlement d'obtention des preuves à l'initiative du juge compétent au fond « *serait inefficace ou insuffisante pour assurer la protection des parties au litige* »[8]. En revanche, la collecte

1. Règl. CE nº 1206/2001 du Conseil, 28 mai 2001, relatif à la coopération entre les juridictions des États membres dans le domaine de l'obtention des preuves en matière civile et commerciale, *JOCE*, nº L 174, 27 juin, p. 1-24.
2. Aujourd'hui, la convention de La Haye du 18 mars 1970 sur l'obtention des preuves s'applique dans les États membres de l'Union européenne suivants : en Allemagne, en Bulgarie, à Chypre, en Croatie (depuis 2009), au Danemark, en Espagne, en Estonie, en Finlande, en France, en Grèce, en Hongrie, en Italie, en Lettonie, en Lituanie, au Luxembourg, à Malte (depuis 2011), aux Pays-Bas, en Pologne, au Portugal, en République tchèque, en Roumanie, au Royaume-Uni, en Slovaquie et en Suède.
3. V. motifs du règlement, nos 8 et 10 dans l'introduction au règlement lui-même.
4. Min. Justice, direction des Affaires civiles et du Sceau (DACS), Bureau de l'entraide civile et commerciale internationale, 13 Place Vendôme, 75042, Paris Cedex 01; téléphone : 00 33 (0)1 44 77 61 05; télécopie : 00 33 (0)1 44 77 61 22; courriel : entraide-civile-internationale@justice.gouv.fr.
5. CJCE 28 avr. 2005, St. Paul Dairy Industries NV c/Unibel Exser BVBA, aff. C-104-03, *Rev. crit. DIP* 2005. 742, obs. Pataut.
6. CJCE 28 avr. 2005, St. Paul Dairy Industries NV c/Unibel Exser BVBA, aff. C-104-03, consid. 23.
7. Sur celles-ci, v. A. Nuyts, « Le règlement communautaire sur l'obtention des preuves : un instrument décisif ? », *Rev. crit. DIP* 2007. 55 s.
8. A. Nuyts, p. 83, préc. ss prést nº.

spontanée des preuves par les parties n'est pas touchée par le règlement CE n° 1206/2001 sur l'obtention des preuves, car ce dernier ne porte que sur la recherche judiciaire des preuves.

La Cour de justice s'est prononcée sur la question du caractère exhaustif ou non des modes d'obtention des preuves prévus par le règlement CE n° 1206/2001 du 28 mai 2001.

Dans un arrêt *Lippens* du 6 septembre 2012[1] était en cause une action en réparation formée par des détenteurs de valeurs mobilières Fortis contre Lippens et autres, membres de la direction de Fortis ainsi que contre la société Fortis elle-même. Les demandeurs sollicitèrent de la juridiction néerlandaise de première instance qu'elle ordonne l'audition de Lippens et autres en qualité de témoins; l'audition devant un juge-commissaire néerlandais fut ordonnée. Les défendeurs réclamèrent une commission rogatoire pour pouvoir être entendus en Belgique (État de leur résidence) par un juge francophone, ce qui fut refusé. En appel, il fut jugé que le Code néerlandais de procédure civile (WBR) donne au juge devant entendre un témoin demeurant dans un autre État la possibilité, et non l'obligation, de procéder par voie de commission rogatoire; en outre, les témoins doivent en principe être entendus par la juridiction appelée à statuer et la commission rogatoire en Belgique ne pouvait être justifiée par des raisons linguistiques, les défendeurs ayant la possibilité de se faire assister par un interprète lors de l'audition aux Pays-Bas. Le *Hoge Raad* néerlandais posa à la Cour de justice la question suivante : le règlement CE n° 1206/2001 et, en particulier, son article 1er § 1, doit-il être interprété en ce sens que le juge qui souhaite entendre un témoin résidant dans un autre État membre doit toujours appliquer, dans le cadre de ce type de preuve, les méthodes mises en place par ledit règlement, ou bien le juge a-t-il le pouvoir d'utiliser les méthodes prévues dans son droit procédural national, comme par exemple citer le témoin à comparaître devant lui ? La Cour de justice répondit que le règlement CE n° 1206/2001 « *ne contenait aucune disposition régissant ou excluant la possibilité pour une juridiction d'un État membre, de citer une partie résidant dans un autre État membre de comparaître et de déposer un témoignage directement devant elle* » (point 27). Le règlement preuve tend à une obtention simple, efficace et rapide des preuves dans un contexte transfrontalier (point 29), objectif qui serait menacé s'il était interdit de manière générale à une juridiction de citer devant elle selon son droit national une partie domiciliée dans un autre État membre, dans certaines circonstances, « *il pourrait s'avérer plus simple, plus efficace et plus rapide pour la juridiction compétente* » d'entendre le témoin « *selon les dispositions de son droit national au lieu de recourir aux moyens d'obtention des preuves prévus par le règlement n° 1206/2001* » (point 31). La Cour de justice affirme que le règlement CE n° 1206/2001 du 28 mai 2001 « *ne régit pas l'obtention transfrontière d'une manière exhaustive mais vise uniquement à faciliter une telle obtention* » (point 33)[2]. Elle ajoute que « *la juridiction compétente d'un État membre qui souhaite entendre, en tant que témoin, une partie résidant dans un autre État membre a la faculté, afin de procéder à une telle audition, de citer cette partie devant elle et de l'entendre conformément au droit de l'État membre dont cette juridiction relève* » (point 37). Elle est également libre de tirer de la non-comparution sans justification d'un motif légitime, d'une partie en tant que témoin, les conséquences éventuelles prévues par le droit de l'État membre dont elle relève, « *pourvu qu'elles soient appliquées dans le respect du droit de l'Union* » (point 38). La Cour précise que ces affirmations ne sont pas contraires à l'arrêt *St. Paul Dairy* du 28 avril 2005, car les circonstances de fait sont différentes : dans l'arrêt de 2005, la demande d'audition du témoin avait été adressée directement au tribunal du lieu de résidence du témoin, qui n'était pas compétente pour statuer au fond du litige, alors que dans l'arrêt *Lippens*, la demande d'audition avait été présentée devant la juridiction compétente au fond (v. points 34 s. de l'arrêt *Lippens*)[3].

La Cour de justice a également affirmé que le règlement CE n° 1206/2001 du 28 mai 2011 ne régit pas l'obtention transfrontalière des preuves de manière exhaustive, mais vise uniquement à faciliter cette obtention, dans un arrêt récent du 21 février 2013[4], *ProRail BV c/Xpedys NV et autres*, dans lequel était en cause l'exécution directe d'une mesure d'expertise judiciaire sur le territoire de l'État dont le tribunal ordonne l'expertise, mais aussi sur le territoire d'un autre État membre.

À la question préjudicielle de savoir si, lorsqu'une juridiction d'un État membre souhaite procéder directement à un acte d'instruction dans un autre État membre (par ex. une expertise judiciaire), une autorisation préalable de l'autorité compétence de cet État membre est requise en vertu des articles 1er et 17 du règlement CE n° 1206/2001 du 28 mai 2001, la Cour de justice répond que le « *règlement ne restreint pas les possibilités d'obtention des preuves situées dans d'autres États membres, mais vise à renforcer ces possibilités, en favorisant la coopération entre les juridictions dans ce domaine* » (point 44); « *or, ne répond pas à ces objectifs une interprétation des articles 1er, paragraphe 1, sous b), et 17 du règlement n° 1206/2001 selon laquelle la juridiction d'un État membre serait obligée, pour toute expertise devant être effectuée directement dans un autre État membre, de procéder selon le moyen d'obtention des preuves prévu par ces articles. En effet, dans certaines circonstances, il pourrait s'avérer plus simple, plus efficace et plus rapide, pour la juridiction ordonnant une telle expertise, de procéder à une telle obtention des preuves sans avoir recours audit règlement* » (point 45). Le caractère non exhaustif du règlement dans l'obtention transfrontalière des preuves est corroboré « *par l'article 21, paragraphe 2, du règlement n° 1206/2001, qui autorise expressément des accords ou des arrangements entre les États membres visant à faciliter davantage l'obtention de preuves, pour autant qu'ils sont compati-*

1. CJUE 6 sept. 2012, Maurice Lippens et autres c/Hendrikus Kortekaas, aff. C-170/11, *Europe* 2012. Comm. 470, obs. Idot; *Procédures* 2012. Comm. 352, obs. Nourissat – O. Knöfel, « *Freier Beweistransfer oder "Exklusivität" der Rechtshilfe in Zivilsachen ?* », *IPRax* 2013. 231.
2. DANS LE MÊME SENS, CJUE 21 févr. 2013, ProRail BV c/Xpedys NV e. a., aff. C-332/11, point 46.
3. DANS LE MÊME SENS, CJUE 21 févr. 2013, ProRail BV c/Xpedys NV e. a., aff. C-332/11, points 52 s.
4. CJUE 21 févr. 2013, ProRail BV c/Xpedys NV e. a., aff. C-332/11.

bles avec ce règlement » (point 46). La Cour ajoute toutefois que, si l'expert désigné par la juridiction « *d'un État membre doit se rendre sur le territoire d'un autre État membre afin d'effectuer l'expertise qui lui a été confiée, celle-ci pourrait, dans certaines circonstances, affecter l'autorité publique de l'État membre dans lequel elle doit avoir lieu, notamment lorsqu'il s'agit d'une expertise effectuée dans des endroits liés à l'exercice d'une telle autorité ou dans des lieux auxquels l'accès ou d'autres interventions sont, en vertu du droit de l'État membre dans lequel elle est effectuée, interdits ou ne sont permis qu'aux personnes autorisées* » (point 47); dans un tel cas, si la juridiction ne renonce pas à l'administration de la preuve qu'elle souhaitait ordonner et s'il n'existe pas d'accord ou arrangement spécifique entre les deux État membres, « *le moyen d'obtention des preuves prévu aux articles 1er, paragraphe 1, sous b), et 17 dudit règlement est le seul à permettre à la juridiction d'un État membre d'effectuer une expertise directement dans un autre État membre* » (point 48). Mais de façon générale, la Cour de justice conclut qu'« *une juridiction nationale souhaitant ordonner une expertise qui doit être effectuée sur le territoire d'un autre État membre n'est pas nécessairement tenue de recourir au moyen d'obtention des preuves prévu aux articles 1er, paragraphe 1, sous b), et 17 du règlement no 1206/2001* ».

Le règlement contient en annexe des **formulaires types de demande** (cette dernière doit par exemple préciser les noms et adresse des parties, la nature et l'objet de l'instance, l'acte d'instruction demandé, *etc.* : v. art. 4 sur la forme et le contenu de la demande). Ainsi, la demande doit par exemple préciser, s'il s'agit de la demande d'audition d'une personne, les nom et adresse des personnes à entendre, les questions à leur poser ou les faits sur lesquels elles doivent être entendues, le cas échéant la mention d'un droit de refus de témoigner prévu par le droit de la juridiction requérante, voire aussi la demande de déposition sous serment ou de déclaration sur l'honneur et toute autre information jugée nécessaire par la juridiction requérante.

La demande d'acte d'instruction doit être faite dans la langue ou l'une des langues officielles de la juridiction requise ou dans toute autre langue que l'État membre requis a expressément déclaré pouvoir accepter (Règl., art. 5). La France n'a accepté, dans le cadre de ce règlement, que la langue française. Les demandes peuvent être reçues par les juridictions françaises requises par courrier, télécopie ou e-mail. La France avait toutefois ajouté, dans les informations communiquées à la Commission[1], qu'un petit nombre de tribunaux de grande instance ne disposaient pas encore d'adresse e-mail et qu'il convenait alors de leur adresser les demandes par courrier ou télécopie. Cette situation est révolue aujourd'hui, même si la réserve française figure encore sur le site de l'Atlas judiciaire européen[2].

1. V. site Internet de l'Atlas judiciaire européen : http://ec.europa.eu/justice_home/judicialatlascivil/html/te_otherinfo_fr_fr.htm (dernière consultation : 10 déc. 2013).
2. V. site Internet de l'Atlas judiciaire européen, préc.

SECTION 2
TRAITEMENT DE LA DEMANDE DE MESURE D'INSTRUCTION

343.21 Modalités de traitement de la demande d'acte d'instruction. Le règlement du 28 mai 2001 précise comment doit réagir la juridiction saisie de la demande : elle doit envoyer un accusé de réception dans les sept jours (Règl., art. 7); si la demande est incomplète, elle doit en informer la juridiction requérante sans tarder (et au plus tard dans les trente jours suivant réception de la demande) en lui demandant de lui transmettre les informations manquantes (Règl., art. 8). Il en va de même si la demande ne peut être exécutée parce qu'une consignation ou avance est nécessaire (Règl., art. 8 § 2).

En principe, la juridiction requise doit exécuter l'acte d'instruction dans un délai de quatre-vingt-dix jours à compter de sa réception (Règl., art. 10). Si elle n'est pas en mesure d'exécuter l'acte d'instruction demandé dans ce délai, elle doit en aviser la juridiction requérante. La juridiction requise doit en principe faire suite aux demandes spécifiques de la juridiction requérante quand à la forme d'instruction demandée (par exemple enregistrement audio ou vidéo), sauf toutefois si ces motifs juridiques ou pratiques s'y opposent (Règl., art. 10 § 3).

343.22 Possible refus d'exécution d'une demande d'acte d'instruction. Afin de garantir la bonne coopération entre juridictions d'États membres différents et d'éviter que la juridiction requise n'ignore la demande qui lui est formulée[3], le règlement de 2001 prévoit que l'exécution de la demande d'acte d'instruction ne peut être refusée que dans les cas précis suivants (Règl., art. 14) :

– lorsque la demande n'entre pas dans le champ d'application du règlement;

– lorsque l'exécution de la demande ne relève pas des attributions du pouvoir judiciaire;

– lorsque la demande est incomplète;

– lorsque la consignation ou avance demandée n'a pas été faite dans les soixante jours suivant la demande;

– ou encore lorsque la personne faisant l'objet de la demande d'audition invoque une dispense ou une interdiction de déposer dont la validité est établie.

Si la juridiction requise, pour l'une de ces quatre raisons limitatives, refuse d'exécuter la mesure d'instruction demandée, elle doit en informer la juridiction requérante dans un délai de soixante jours à l'aide d'un formulaire type qui se trouve en annexe du règlement (formulaire H, Règl., art. 14 § 4). En revanche, la juridiction requise ne peut refuser d'exécuter l'acte d'instruction au seul motif qu'en vertu de

3. COMP. Règl. CE no 1206/2001 du Conseil, 28 mai 2001, consid. 11.

son droit national, une juridiction de l'État membre dont relève la juridiction requise aurait compétence exclusive pour connaître de l'affaire ou que sa législation n'admet pas le droit d'action visé par la demande (Règl., art. 14 § 3).

343.23 Règne du formulaire. Le règlement est suivi de divers formulaires types :

- *formulaire A :* demande de procéder à un acte d'instruction;
- *formulaire B :* accusé de réception d'une demande de procéder à un acte d'instruction;
- *formulaire C :* demande d'informations supplémentaires en vue de procéder à un acte d'instruction;
- *formulaire D :* accusé de réception de la consignation ou de l'avance;
- *formulaire E :* avis de demande de formes spéciales et/ou de recours à des techniques de communication modernes;
- *formulaire F :* notification de la date, de l'heure et du lieu fixés pour procéder à l'acte d'instruction et des conditions de participation;
- *formulaire G :* avis de retard;
- *formulaire H :* informations concernant la suite réservée à la demande;
- *formulaire I :* demande d'exécution directe de l'acte d'instruction;
- *formulaire J :* information transmise par l'organisme central/l'autorité compétente.

343.24 Deux possibilités pour la réalisation de la mesure d'instruction. Le règlement CE n° 1206/2001 du 28 mai 2001 prévoit que la mesure d'instruction sollicitée peut être réalisée ou bien par la juridiction requise (§ 1), ou bien - ce qui est beaucoup plus novateur - directement par la juridiction requérante elle-même, sur le sol de l'État membre requis (§ 2).

§ 1
Réalisation de la mesure d'instruction par la juridiction requise

343.31 Droit applicable, moyens, parties en présence. La réalisation de l'acte d'instruction se fait selon la loi du for, c'est-à-dire, fort logiquement, la loi de la juridiction qui a été requise pour procéder audit acte. Le règlement CE n° 1206/2001 du 28 mai 2001 privilégie les technologies modernes de communication, puisqu'il prévoit que celles-ci (notamment la vidéoconférence) sont utilisées chaque fois que cela est possible afin de faciliter la participation de la juridiction requérante et des parties à la mesure d'instruction. Il est en outre également possible que des représentants de la juridiction requérante soient présents lors de la réalisation de la mesure d'instruction par la juridiction requise sur le territoire de l'État dont elle relève (cette juridiction requérante peut également désigner un expert, Règl., art. 12). Les parties elles-mêmes, ou leurs représentants, peuvent en principe également être présents. Ceci se justifie par l'importance centrale du principe contradictoire, mais une réserve est apportée puisque leur présence n'est admise que si elle est prévue par le droit de l'État membre dont relève la juridiction requérante « *afin de pouvoir suivre la procédure dans des conditions analogues à celles qui existeraient si l'exécution de l'acte avait lieu dans l'État membre dont relève la juridiction requérante* »[1]. Les parties ou leurs représentants peuvent demander à participer à la mesure d'instruction afin d'avoir « *un rôle plus actif dans le processus d'obtention des preuves* »[2].

Une fois la mesure réalisée, la juridiction requise transmet les pièces constatant cette réalisation à la juridiction requérante (Règl., art. 16). En principe, le remboursement d'aucune taxe ou d'aucun frais ne peut être exigé (Règl., art. 18 § 1). Toutefois, si la juridiction requise demande le remboursement des frais (par exemple, d'interprétariat ou d'expertise), la juridiction requérante doit assurer ce remboursement sans délai (Règl., art. 18 § 2).

Dans un arrêt *Artur Werynski c/Mediatel 48* du 17 février 2011[3], la Cour de justice a eu à se prononcer sur les articles 14 et 18 du règlement : l'article 14 § 2 prévoit que l'exécution d'une demande d'instruction peut notamment être refusée si une consignation ou avance demandée conformément à l'article 18 § 3 n'a pas été effectuée dans les soixante jours suivant la demande, par la juridiction requise, de consignation ou versement d'avance. L'article 18 § 1 exclut le remboursement de taxes ou frais. En l'espèce, M. Werynski a agi devant une juridiction polonaise contre son ancien employeur; le tribunal a sollicité l'audition d'un témoin en Irlande sur le fondement du règlement du 28 mai 2001; la juridiction requise a conditionné l'audition du témoin au versement, par le tribunal polonais, de quarante euros à allouer au témoin en vertu du droit irlandais (indemnisation des frais de transport, dénommés *viaticum*), ce que le tribunal polonais a contesté. La Cour de justice a jugé que les articles 14 et 18 du règlement doivent être interprétés en ce sens qu'« *une juridiction requérante n'est pas tenue de verser à la juridiction requise une avance à valoir sur l'indemnité ou de rembourser l'indemnité due au témoin interrogé* » (point 69). Les indemnités dues au témoin peuvent être qualifiées de « *frais* » au sens de l'article 18 du règlement. Se fondant sur l'analyse de la convention de La Haye de 1970 dont s'est inspiré le règlement de l'Union européenne, la Cour de justice constate que les exceptions à l'interdiction d'exiger le remboursement de taxes ou frais contenues dans l'article 18 § 2 ne couvrent pas l'indemnité versée au témoin (point 67).

En principe, la juridiction requise instrumente conformément à sa loi nationale (Règl., art. 10 § 2),

1. V. Règl. CE n° 1206/2001 du Conseil, 28 mai 2001, consid. 13 et art. 11.
2. V. Règl. CE n° 1206/2001 du Conseil, 28 mai 2001, consid. 13 et art. 11.
3. CJCE 17 févr. 2011, Artur Werynski c/Mediatel 48, aff. C-283/09, *D.* 2011. 1374, obs. Jault-Seseke; *Procédures* avr. 2011, n° 137, obs. Nourissat.

mais la juridiction requérante peut demander que la mesure d'instruction soit effectuée selon une forme spéciale prévue par le droit dont l'État dont elle relève (Règl., art. 10 § 3). Il existe donc une possibilité de choix entre la procédure locale de la juridiction requise et la procédure étrangère de la juridiction requérante, par exemple en ce qui concerne la façon d'interroger les témoins, très variable d'un pays à l'autre. Mais la juridiction requise peut refuser d'employer une forme étrangère si ladite forme n'est pas compatible avec le droit de l'État membre de la juridiction requise ou en raison de difficultés pratiques majeures (Règl., art. 10 § 3). Il ne semble toutefois pas que cela soit une hypothèse fréquente[1], car la Convention de La Haye de 1970 sur l'obtention des preuves n'a guère donné lieu elle-même à de tels refus.

§ 2
Exécution directe de la mesure d'instruction par la juridiction requérante sur le territoire de l'État membre requis

343.41 Conditions et procédure. Il est possible que la juridiction requérante souhaite procéder elle-même directement à un acte d'instruction dans un autre État membre. Dans ce cas, elle présente une demande à l'organisme central ou à l'autorité compétente de cet État. Toutefois, une telle exécution directe n'est possible que si elle peut avoir lieu sur une base volontaire et que des mesures coercitives ne soient pas nécessaires (Règl., art. 17 § 2). L'acte d'exécution est réalisé par un magistrat ou toute autre personne habilitée (par exemple un expert) ; ces personnes sont désignées selon les règles applicables devant la juridiction requérante (ainsi, si un tribunal français souhaite exécuter directement un acte d'instruction sur le territoire espagnol par exemple, le magistrat ou l'expert délégué pour réaliser cette mesure en Espagne sera désigné selon les règles françaises). L'organisme central (ou l'autorité compétente) a trente jours pour répondre à la juridiction requérante et lui dire s'il est déféré à sa demande; il peut exiger qu'une juridiction de l'État membre requis participe à la réalisation de la mesure afin « *de veiller à la bonne application du présent article et des conditions qui ont été fixées* » (Règl., art. 17 § 4, al. 2). Là encore, l'encouragement aux techniques modernes de communication (vidéoconférence, téléconférence) est expressément mentionné (Règl., art. 17 § 4, al. 3). L'organisme central ou l'autorité compétente ne peut refuser l'exécution directe de la mesure d'instruction que dans des cas limitativement énumérés dans l'article 17 § 5 : **1°** lorsque la demande sort du champ d'application du règlement; **2°** ou lorsque la demande ne contient pas toutes les informations nécessaires; ou encore lorsque l'exécution directe demandée est contraire aux « *principes fondamentaux du droit de l'État membre dont ils relèvent* » (clause de sauvegarde établie au profit des spécificités des différents États membres).

Une fois autorisée à procéder à l'exécution directe de la mesure d'instruction, la juridiction requérante y procède conformément au droit de l'État membre dont elle relève (Règl., art. 17 § 6). Cette possibilité d'exécution directe par la juridiction requérante est remarquable. Certains auteurs[2] se sont même demandés si cela n'annonçait pas « *un effacement beaucoup plus considérable des frontières dans les relations au sein de l'Union qui conduirait, à plus ou moins long terme, les États membres à abdiquer leur traditionnelle autonomie procédurale fondée sur leur souveraineté nationale, en vue d'accroître la rapidité et l'efficacité de la coopération judiciaire au sein de l'Union* ». Le règlement CE n° 1206/2001 du 28 mai 2001 constitue un immense progrès vers une coopération judiciaire de plus en plus poussée entre États membres : en effet, c'est faire fi des frontières et du droit national que de permettre la réalisation d'une mesure d'instruction sur le territoire d'un État membre différent[3].

Pour une affaire dans laquelle le juge d'un État membre avait ordonné, sans recourir au règlement CE n° 1206/2001 du 28 mai 2001, une expertise judiciaire devant se dérouler sur son propre territoire et sur celui d'un État membre voisin, v. l'arrêt *ProRail BV c/Xpedys NV et autres* de la CJUE du 21 février 2013 (abordé de façon plus détaillée s^s n° 343.12). Il s'agissait en l'espèce de savoir si, lorsqu'une juridiction d'un État membre souhaite procéder directement à un acte d'instruction dans un autre État membre (par ex. une expertise judiciaire), une autorisation préalable de l'autorité compétente de cet État membre est requise en vertu des articles 1er et 17 du règlement CE n° 1206/2001 du 28 mai 2001; la Cour de justice a estimé qu'« *une juridiction nationale souhaitant ordonner une expertise qui doit être effectuée sur le territoire d'un autre État membre n'est pas nécessairement tenue de recourir au moyen d'obtention des preuves prévu aux articles 1er, paragraphe 1, sous b), et 17 du règlement n° 1206/2001* ».

SECTION 3
APPORT EN DROIT FRANÇAIS DU DÉCRET N° 2004-836 DU 20 AOÛT 2004

343.51 Dispositions relatives aux frais de traduction et d'interprétariat. Le décret n° 2004-836

1. EN CE SENS, D. Lebeau et M.-L. Niboyet, « Regards croisés du processualiste et de l'internationaliste sur le règlement CE du 28 mai 2001 relatif à l'obtention des preuves civiles à l'étranger », *Gaz. Pal.* 2003. 225.
2. D. Lebeau et M.-L. Niboyet, art. préc., p. 222 (v. s^s n° 343.31).
3. EN CE SENS, D. Lebeau et M.-L. Niboyet, préc., p. 233, qui relèvent qu'« *admettre qu'une juridiction exécute directement une mesure d'instruction sur le sol d'un État étranger est déjà une petite révolution* ».

du 20 août 2004 portant modification de la procédure civile[1] crée après l'article 178 C. pr. civ. une nouvelle section 4 intitulée « Dispositions particulières à certaines mesures d'instruction transfrontalières ». L'article 178-1 C. pr. civ. fait référence au règlement CE n° 1206/2001 du 28 mai 2001, relatif à la coopération entre juridictions des États membres dans le domaine de l'obtention des preuves en matière civile et commerciale, et énonce que lorsqu'une mesure d'instruction ordonnée à l'étranger (dans l'Union européenne), en application de ce règlement, occasionne des frais de traduction, des formulaires devant être adressés à la juridiction requise, « *le juge ordonne le versement d'une provision à valoir sur ces frais* », dont le montant est fixé en application du tarif prévu à l'article R. 122 du Code de procédure pénale. Le juge doit en outre désigner la partie qui devra verser la provision au greffe de la juridiction. Il est également précisé que dès réception de la traduction, le greffe rémunère le traducteur. L'article 178-2 envisage, lui, l'hypothèse d'une mesure d'instruction ordonnée à l'étranger et engendrant des frais d'interprétariat lors de son exécution par la juridiction requise : dans cette hypothèse, le juge fixe également le montant de la provision à valoir sur ces frais en respectant les modalités prévues aux articles 269 à 271 C. pr. civ.

SECTION 4
RAPPORT DE LA COMMISSION EUROPÉENNE SUR L'APPLICATION DU RÈGLEMENT DU 28 MAI 2001

343.61 **Bilan mitigé.** La plupart des règlements de l'Union européenne relatifs à la coopération judiciaire en matière civile prévoient qu'à l'issue d'un certain nombre d'années (souvent cinq), un rapport sera établi par la Commission sur le fonctionnement du règlement. Ce rapport est présenté au Conseil, au Parlement européen ainsi qu'au Comité économique et social européen. La Commission a donc rédigé en 2007 un rapport sur le règlement relatif à l'obtention des preuves en matière civile et commerciale[2]. Il découle de ce document que la plupart des demandes de procéder à un acte d'instruction sont exécutées dans les quatre-vingt-dix jours suivant leur réception; parfois, le délai est même plus bref. La Commission relève néanmoins des délais supérieurs à quatre-vingt-dix jours dans « *un grand nombre de cas* » (parfois même, plus de six mois, les délais étant très variables d'un État membre à l'autre et les États entrés dans l'Union européenne en 2004 étant particulièrement diligents[3]). L'utilisation des formulaires types est considérée comme « *très positive* »; en revanche, la Commission relève une insuffisante utilisation des technologies modernes de communication (vidéoconférence...). Une évolution est toutefois perceptible sur ce point. Un des problèmes qu'a soulevés le règlement est lié à l'absence de définition de la notion de « *preuve* », qui a conduit à des interprétations parfois divergentes du règlement, notamment en matière de prélèvement d'échantillons d'ADN, ou de sang. La Commission promeut une interprétation autonome de la notion par la Cour de justice[4]. Elle conclut à l'amélioration et à l'accélération de la coopération en matière de preuve entre les États membres tout en relevant des disparités entre les États. Elle incite à utiliser davantage les possibilités offertes par les technologies de communication et celle d'exécuter directement un acte d'instruction (encore assez peu utilisée).

1. Décr. n° 2004-836, 20 août 2004, portant modification de la procédure civile, *JO* 22 août, p. 15032.

2. Rapp. COM (2007) 769 final, 5 déc. 2007, sur l'application du règlement (CE) n° 1206/2001 du Conseil du 28 mai 2001 relatif à la coopération entre les juridictions des États membres dans le domaine de l'obtention des preuves en matière civile ou commerciale.
3. Rapp. COM (2007) 769 final, 5 déc. 2007, point 2.1.
4. Une question était pendante devant la Cour de justice : une demande tendant à ce qu'il soit procédé à une saisie-contrefaçon conformément aux articles 128 et 130 du Code italien de la propriété industrielle et intellectuelle constitue-t-elle un des actes tendant à l'obtention des preuves au sens du règlement CE n° 1206/2001 du 28 mai 2001 ? Malheureusement, la Cour n'a pu statuer car le tribunal de Gênes a constaté l'extinction de l'instance devant lui et les questions préjudicielles étaient dès lors devenues sans objet (v. CJCE, ord. prés., 27 sept. 2007, Tedesco/Fittings SrL, aff. C-175-06, radiation de l'affaire du registre de la Cour).

CHAPITRE

344. Serment judiciaire

JEAN-PAUL LACROIX-ANDRIVET
Président de la première chambre civile
à la cour d'appel d'Aix-en-Provence

SECTION 0 ORIENTEUR

344.00 Plan du chapitre.

344.01 Textes applicables.
C. civ., art. 1357 à 1369.
C. pr. civ., art. 317 à 322.

344.06 Définitions. Les articles 1357 à 1369 du Code civil, consacrés au serment, distinguent le serment décisoire du serment déféré d'office. Selon les termes de l'article 1357 du Code civil est appelé décisoire le serment qu'une partie défère à l'autre pour en faire dépendre le jugement de la cause, tandis que le serment supplétoire est déféré d'office par le juge à l'une ou l'autre des parties.

Le serment décisoire peut être déféré en tout état de cause, même en l'absence d'un commencement de preuve par écrit, et sur quelque espèce de contestation que ce soit, dès lors qu'il porte sur un fait personnel à la partie à laquelle on le défère.

Quant au serment supplétoire, il peut porter sur l'objet même du litige ou seulement sur le montant de la condamnation, mais le juge ne peut le déférer que si une double condition est remplie :

– la demande ou l'exception ne doit pas être pleinement justifiée;

– elle ne doit pas être totalement dénuée de preuves.

Sur le plan procédural, la matière est réglementée par les articles 317 à 322 C. pr. civ., sans que le serment supplétoire y soit clairement distingué du serment décisoire.

SECTION 1 SERMENT DÉCISOIRE

344.11 Serment décisoire. Seule une partie peut déférer le serment décisoire; dès lors qu'il est déféré d'office par le juge le serment ne peut être que supplétoire[1].

• Si le serment décisoire ne peut être déféré que par une partie, il ne peut également l'être qu'à une autre partie, à l'encontre de laquelle une décision est susceptible d'être prise[2]. Mais, il peut s'agir d'une personne morale, le serment étant alors déféré à son représentant légal[3], peu importe que celui-ci soit ou non partie aux débats, dès lors que la personne morale n'a pas dénié sa qualité à son représentant légal[4]. Mais, si la personne morale est en liquidation judiciaire, son gérant ne la représente plus et, dès lors, le juge doit refuser de déférer le serment décisoire à cette dernière[5].

• La partie à laquelle le serment décisoire est déféré peut le référer, c'est-à-dire le retourner, à son adversaire, à condition toutefois que le fait qui en est l'objet soit commun aux deux parties (C. civ., art. 1362).

• Aux termes de l'article 322 C. pr. civ., l'avocat, qu'il représente la partie qui défère le serment ou celle qui le réfère, doit justifier d'un mandat spécial : le législateur a ainsi voulu donner un caractère plus solennel à une procédure qui, comme l'inscription de faux, est susceptible d'entraîner des poursuites pénales. On peut relever à cet égard que les dispositions de l'article 434-17 du Code pénal réprimant le délit de faux serment (prévu et puni jusqu'au 1er mars 1994 par C. pén., art. 366 anc.) sont applicables aussi bien au serment décisoire qu'au serment supplétoire[6].

• La demande doit énoncer les faits sur lesquels le serment est déféré (C. pr. civ., art. 317, al. 1er), pour

1. Com. 26 janv. 1981, n° 79-11.091, *Bull. civ.* IV, n° 47.
2. Soc. 10 janv. 1974, n° 72-40.435, *Bull. civ.* V, n° 40; *JCP* 1974. IV. 68.
3. Com. 22 nov. 1972, n° 71-10.574, *Bull. civ.* IV, n° 299; *D.* 1973. 256.
4. Civ. 2e, 6 mai 1999, n° 97-16.761, *Bull. civ.* II, n° 87; *Gaz. Pal.* 13-14 oct. 1999. Pan. 232.
5. Com. 20 oct. 2009, n° 06-16.852, NP.
6. Crim. 20 janv. 1843, *Bull. crim.* n° 7.

permettre au juge d'apprécier s'il est admissible (C. pr. civ., art. 317, al. 2), eu égard aux conditions posées par les articles 1358 et suivants du Code civil. Étant un mode d'administration de la preuve, le serment ne peut combattre une présomption telle que celle édictée par l'article L. 511-21 du Code de commerce (anc^{t} art. 130)[1]. Il appartient également au juge du fond d'apprécier souverainement s'il est nécessaire, relativement à l'objet du litige et à l'état de la cause[2].

• Ce pouvoir d'appréciation du juge explique que, dans son ensemble, la jurisprudence considère que la matière ne relève pas de la compétence du juge des référés[3], encore que cette position a été critiquée par la doctrine[4]. Elle a pourtant été maintenue, quoique de manière plus nuancée, par deux décisions plus récentes[5] qui ont jugé que le juge des référés ne pouvait ordonner le serment décisoire quand la réponse à la question posée a pour effet de trancher définitivement le fond même du litige.

• Quoi qu'il en soit, le juge peut ordonner ou refuser d'ordonner le serment, l'une et l'autre décisions étant, aux termes de l'article 320 C. pr. civ., susceptibles de recours, indépendamment de la décision au fond.

Lorsqu'il ordonne le serment, le juge retient les faits pertinents sur lesquels il sera reçu (C. pr. civ., art. 317, al. 2). À cet égard, la demande doit être précise et claire[6] et la formule du serment déféré doit être limitée à un nombre restreint d'interrogations[7]. Une cour d'appel s'est prononcée sur la manière dont le serment doit être formulé[8].

• La décision qui ordonne le serment fixe les jour, heure et lieu où celui-ci sera reçu. Elle formule la question soumise au serment et doit préciser que le faux serment expose son auteur à des sanctions pénales (C. pr. civ., art. 319, al. 1er).

Le jugement doit aussi indiquer les conséquences du refus de prêter serment en personne (C. pr. civ., art. 321, al. 1er). Mais la partie adverse doit également être présente, ou en tout cas convoquée (C. pr. civ., art. 321, al. 3), même si le serment n'a pas été référé.

Le Code de procédure civile ne prévoit pas de formalités particulières pour la prestation de serment; cependant la formule du serment doit, par définition, contenir les mots : « Je le jure. »

Lorsque le serment déféré ou référé a été fait, l'adversaire n'est pas recevable à en prouver la fausseté (C. civ., art. 1363). De même, dans cette hypothèse, le juge perd tout pouvoir d'appréciation, le litige est définitivement terminé[9], et l'appel est irrecevable[10].

Si la partie justifie être dans l'impossibilité de se déplacer, le serment peut être prêté :

– soit devant un juge commis à cet effet, qui se transporte, assisté du greffier, chez la partie;

– soit devant le tribunal du lieu de sa résidence (C. pr. civ., art. 321, al. 2).

En revanche, des abstentions répétées et injustifiées témoignent de la volonté de ne pas prêter serment et constituent un refus implicite de prêter serment[11].

• La partie qui refuse de prêter le serment qui lui a été déféré, ou qui ne consent pas à le référer à son adversaire, succombe dans sa demande ou son exception[12]. Succombe de même celui qui refuse de prêter le serment auquel il a été référé (C. civ., art. 1361).

SECTION 2
SERMENT SUPPLÉTOIRE

344.21 **Serment supplétoire.** La procédure du serment supplétoire est plus simple que celle du serment décisoire dont elle n'est d'ailleurs pas nettement distinguée dans le Code de procédure civile.

• Aux termes de l'article 318 C. pr. civ., le serment supplétoire peut être déféré d'office par le juge qui détermine alors les faits sur lesquels il sera reçu, étant précisé qu'il ne peut porter que sur des questions de fait[13].

• Lorsqu'il est sollicité par une partie, le juge apprécie souverainement s'il y a lieu ou non d'ordonner le serment supplétoire[14], dont il convient de rappeler qu'il ne peut être envisagé que si la demande ou l'exception n'est pas pleinement justifiée, mais sans être totalement dénuée de preuves (C. civ., art. 1367). Mais, la preuve d'un paiement, qui est un fait, pouvant être rapportée par tous moyens, le juge ne peut refuser d'ordonner le serment au seul

1. Com. 30 juin 1998, n° 96-15.825, *Bull. civ.* IV, n° 211; *Gaz. Pal.* 1998. 2. Pan. 263.
2. Civ. 3e, 13 mai 1969, *Bull. civ.* III, n° 384.
3. Aix-en-Provence, 13 févr. 1953, *JCP A* 1953. IV. 2115.
4. Raynaud, obs. crit. s^{s} Lyon, 8 nov. 1954, *RTD civ.* 1955. 743.
5. Rouen, 23 févr. 1992, et Chambéry, 11 mai 1993, RG n° 97/474, *BICC* 15 juin 1993, arrêts n°s 783 et 784.
6. Paris, 27 févr. 1986, *Bull. ch. avoués* 1986. 70.
7. Douai, 15 janv. 1932, *S.* 1937. 2. 233.
8. Amiens, 12 juin 1959, *Gaz. Pal.* 1959. 2. 292; *RTD civ.* 1960. 158, obs. Hébraud.
9. Civ. 3e, 22 févr. 1978, n° 76-13.705, *Bull. civ.* III, n° 100; *D.* 1978. IR 411, obs. Julien.
10. Civ. 2e, 3 avr. 1979, n° 78-11.173, *Bull. civ.* II, n° 118; *D.* 1979. IR 480, obs. Julien.
11. Soc. 7 mai 1981, n° 79-41.706, *Bull. civ.* V, n° 407; *RTD civ.* 1982. 205, obs. R. Perrot.
12. Civ. 1re, 23 mai 2006, n° 05-16.809, *Bull. civ.* I, n° 262.
13. Req. 14 févr. 1898, *S.* 1902. 1. 12.
14. Civ. 3e, 4 juill. 1968, *Bull. civ.* III, n° 317.

motif de l'absence d'un commencement de preuve par écrit[1].

• Toutefois, contrairement au serment décisoire, le serment déféré d'office à une partie ne peut être référé par celle-ci à son adversaire (C. civ., art. 1368).

• Pour le reste, la procédure est la même qu'en matière de serment décisoire, à l'exception de la mention prévue à l'article 319 alinéa 2 C. pr. civ., qui ne concerne que le serment décisoire.

• Enfin, le serment déféré d'office n'a pas la même portée que celui déféré par une partie, en ce que les juges apprécient souverainement sa force probante[2] : en effet, le serment supplétoire ne constitue pas en lui-même une preuve suffisante de la prétention de la partie qui l'a prêté[3]. Il en résulte, qu'à la différence du serment décisoire, il est susceptible de recours dans les conditions prévues aux articles 544 et 545 C. pr. civ. Et que sa fausseté pourra être alléguée en appel.

1. Civ. 1re, 16 sept 2010, no 09-13.947, *Bull. civ.* I, no 173.

2. Civ. 1re, 14 janv. 1969, *Bull. civ.* I, no 23.
3. Com. 26 janv. 1981, no 79-11.091, *Bull. civ.* IV, no 47.

TITRE

35. Les incidents de procédure

SECTION 0

ORIENTEUR

35.00 **Plan du titre.**

Chap.	**351**	**Incidents de compétence**
Sect.	1	Contestation de la compétence
Sect.	2	Jugement sur la compétence
Sect.	3	Règlement des incidents de compétence devant la juridiction de proximité
Chap.	**352**	**Incidents relatifs au cours de l'instance**
Sect.	1	Suspension de l'instance
Sect.	2	Interruption de l'instance
Sect.	3	Extinction de l'instance
Sect.	4	Jonction et disjonction d'instances
Chap.	**353**	**Incidents relatifs au personnel judiciaire**
Sect.	1	Abstention
Sect.	2	Récusation
Sect.	3	Renvoi à une autre juridiction

Division. Par incidents de procédure, il est entendu ceux qui sont relatifs à la compétence, à l'instance (suspension, interruption et extinction) et au personnel judiciaire.

Seront étudiés les incidents de compétence (chap. 351), les incidents relatifs au cours de l'instance (chap. 352) et les incidents relatifs au personnel judiciaire (chap. 353).

CHAPITRE

351. Incidents de compétence

DIDIER CHOLET
Maître de conférences
à l'Université du Maine

SECTION 0

ORIENTEUR

351.00 **Plan du chapitre.**

Division. Seront successivement présentés : la contestation de la compétence (sect. 1) puis le jugement sur la compétence (sect. 2). Mais il faut faire une place à part aux dispositions concernant le règlement des incidents de compétence devant la juridiction de proximité pour laquelle un régime spécial, entièrement dérogatoire, a été institué (sect. 3).

Les voies de recours contre les jugements sur la compétence seront étudiées avec l'ensemble des voies de recours (v. s[s] Livre 5).

351.01 **Principaux textes applicables.**

C. pr. civ., art. 73 à 77, 81, 92, 93, 95 à 97, 847-4, 847-5, 910, 1073,1448.

COJ, art. L. 231-5.

Décr. n° 92-755, 31 juill. 1992, instituant de nouvelles règles relatives aux procédures civiles d'exécution pour l'application de la loi n° 91-650 du 9 juillet 1991 portant réforme des procédures civiles d'exécution, art. 8, *JO* 5 août, p. 10530.

351.06 **Notion.** L'incident de compétence suppose qu'une juridiction ait été effectivement saisie et que la compétence soit contestée. La compétence de la juridiction saisie est un élément de la **régularité de l'instance.**

Il appartient d'abord au demandeur de déterminer la juridiction compétente devant laquelle il forme une demande. Mais il peut se tromper, ou même choisir, parfois sciemment, une juridiction incompétente, par commodité ou par intérêt, en espérant que la compétence ne sera pas contestée (la prorogation tacite de compétence est fréquente en pratique). Il peut encore avoir choisi la juridiction compétente, mais son choix peut être contesté néanmoins par l'adversaire, voire par le juge.

La contestation de la compétence (par une partie ou par le juge lui-même) oblige le juge à statuer sur la question de la compétence et à rendre un jugement sur la compétence. C'est, sous réserve des voies de recours, la solution de l'incident de compétence.

SECTION 1
CONTESTATION DE LA COMPÉTENCE

351.10 **Distinction.** En matière civile, il appartient, principalement et essentiellement, aux parties (au défendeur ou au tiers mis en cause) de contester, si elles l'estiment utile, la compétence de la juridiction saisie par le demandeur et de former un incident de compétence en soulevant **une exception d'incompétence** (§ 1).

Il appartient encore au juge de vérifier sa propre compétence. Dans des cas plus limités, et un peu à titre subsidiaire, s'il estime avoir été saisi à tort, il peut **relever d'office son incompétence** (§ 2).

§ 1
Exception d'incompétence

351.11 **Notion.** L'exception d'incompétence est le moyen de contestation de la compétence soulevé par une partie. C'est une **exception de procédure** qui obéit à des conditions strictes de recevabilité posées par les articles 74 et 75 C. pr. civ. Le souci du législateur a été de ne pas favoriser les incidents dilatoires de compétence, sans sacrifier pour autant le respect des règles de compétence les plus importantes. C'est pourquoi il a imposé des conditions strictes de recevabilité de l'exception d'incompétence elle-même et posé en principe que la discussion sur la compétence doit être un **débat préalable**, avant d'aborder le fond et les autres causes éventuelles d'irrégularité ou d'irrecevabilité (fins de non-recevoir).

Avant de préciser les conditions de recevabilité de l'exception d'incompétence (B), il est utile de préciser le domaine de l'exception d'incompétence (A).

A.
Domaine

351.20 **Plan.** L'exception d'incompétence ne peut être soulevée que par les parties à une instance (1°), elle n'a pour objet que la contestation de la compétence de la juridiction saisie (2°).

1°
Auteur de l'exception

351.21 **Juridiction préalablement saisie.** Une exception d'incompétence suppose qu'une instance soit engagée. Non seulement une demande doit avoir été formée, mais encore la juridiction désignée dans la demande doit avoir été saisie par l'enrôlement de l'affaire. Il est prématuré et inutile de contester la compétence d'une juridiction qui n'a pas été saisie. La saisine de la juridiction crée le lien d'instance conférant aux défendeurs la qualité de partie à l'instance et leur permettant de présenter valablement une défense, et en premier lieu de contester la compétence de la juridiction saisie.

351.22 **Partie à l'instance ayant intérêt à soulever l'incompétence.** Seules les parties à l'instance peuvent soulever une exception d'incompétence, sous les réserves qui suivent.

Il va de soi qu'un tiers, non mis en cause, ne pourrait contester la compétence de la juridiction saisie.

En dehors de l'hypothèse du pourvoi dans l'intérêt de la loi, le ministère public ne peut lui-même soulever l'incompétence de la juridiction saisie que s'il est partie à l'instance (partie principale ou partie jointe).

La compétence s'appréciant par le chef de demande, il faut considérer que seuls les défendeurs ou ceux auxquels la prétention peut causer grief (intervenant accessoire, appelé en garantie, en déclaration de jugement commun) ont intérêt à soulever l'incompétence. Les autres parties, éventuellement présentes à l'instance, contre lesquelles la prétention n'est pas dirigée, n'ont en principe aucun intérêt à soulever l'incompétence.

Pour des raisons évidentes, le demandeur ne peut contester la compétence de la juridiction qu'il a lui-même saisie. Techniquement, la solution pourrait être justifiée par l'interdiction de se contredire au détriment d'autrui, malgré le caractère controversé de cette notion[1]. Plus simplement, la qualification de moyen de défense de l'exception d'incompétence exclut que le demandeur puisse en faire usage; cela lui serait d'ailleurs impossible puisque sa demande doit, en principe, être motivée au fond, ce qui rendrait irrecevable l'exception d'incompétence qu'il soulèverait ensuite[2]. En toute hypothèse, le demandeur est irrecevable à soutenir en cassation une position contraire à celle adoptée devant les juges du fond, notamment à propos de la compétence[3]. S'il s'aperçoit qu'il s'est trompé de juridiction, les seules ressources dont dispose le demandeur sont de se désister, d'acquiescer à une éventuelle exception d'incompétence soulevée par l'adversaire ou de suggérer au juge de se déclarer d'office incompétent dans les cas où ce dernier peut le faire.

2°
Objet de l'exception

351.31 Notion d'incompétence. La compétence est l'aptitude d'une juridiction à connaître d'une prétention déterminée matériellement et territorialement.

Dès lors il n'y a incompétence de la juridiction saisie que si la loi ou une convention valable désigne une autre juridiction comme compétente à l'exclusion de celle saisie effectivement. L'exception d'incompétence, comme le précise l'article 75 C. pr. civ., est donc le moyen contestant la compétence matérielle ou territoriale de la juridiction saisie au profit d'une autre juridiction.

351.32 Répartition des affaires entre formations d'une même juridiction. Il en résulte que n'est pas une exception d'incompétence le moyen soutenant qu'une formation d'une juridiction est incompétente au profit d'une autre de la même juridiction (par exemple au profit d'une autre chambre, d'une autre section d'un conseil de prud'hommes, d'un juge unique du même tribunal, de la chambre du conseil). Les règles de conflit de compétence ne sont pas alors applicables si la demande a été portée devant une formation inadéquate de la juridiction effectivement compétente. C'est une difficulté de procédure qui doit être réglée par une décision d'administration judiciaire, non susceptible de recours, prise en principe par le président de la juridiction[4].

Ainsi, il faut considérer que n'est pas une question de compétence la saisine du tribunal de grande instance au lieu du juge aux affaires familiales, ce dernier n'étant qu'une formation spécialisée du tribunal de grande instance. Il a encore été jugé qu'« il n'existe pas de conflit de compétence d'attribution [...] entre deux formations d'un même tribunal et notamment entre une chambre statuant au fond et la formation de référé de ce tribunal. Le juge des référés se différencie seulement au sein de cette juridiction par le fait que ses pouvoirs sont limitativement définis par la loi; en revanche, il les exerce dans les limites de la compétence d'attribution de la juridiction à laquelle il appartient. Dès lors, quand ces parties ne contestent pas cette compétence d'attribution mais invoquent seulement le défaut de pouvoir du juge des référés, le fait de soulever l'incompétence pour une partie, comme le fait par le juge des référés de se déclarer « incompétent », au lieu de constater qu'il n'y a pas lieu à référé, procèdent d'une erreur de terminologie[5].

Il a encore été jugé que ne constitue pas une exception d'incompétence mais concerne l'exercice de ses pouvoirs par la juridiction des référés et peut être présenté en tout état de cause le moyen pris de l'existence d'une contestation sérieuse[6].

351.33 Exception d'incompétence et fin de non-recevoir. La fin de non-recevoir tend à faire déclarer la demande irrecevable pour défaut du droit d'agir, sans examen au fond (C. pr. civ., art. 122). Il n'est pas, dans ce cas, soutenu qu'une autre juridiction serait compétente pour connaître de la demande. Aucune autre juridiction n'est compétente.

1. Cass., ass. plén., 27 févr. 2009, n° 07-19.841, *Bull. ass. plén.*, n° 1; *D.* 2009. 1245, note Houtcieff; *JCP* 2009. II. 10073, note Callé; *Gaz. Pal.* 13 mai 2009, p. 7, avis de Gouttes; *Dr. et proc.* 2009. 263, note Douchy-Oudot – Com. 20 sept. 2011, n° 10-22.888, *Bull. civ.* IV, n° 132; *RTD civ.* 2011. 760, obs. Fages; *JCP* 2011. 1250 note Houtcieff; *JCP E* 2012. 1075, note Meuris – N. Dupont, « L'interdiction de se contredire au détriment d'autrui en procédure civile française », *RTD civ.* 2010. 459 – N. Fricero, « La loyauté dans le procès civil », *Gaz. Pal.* 24 mai 2012, p. 27 – C. Maréchal, « L'*estoppel* à la française consacré par la Cour de cassation comme principe général du droit », *D.* 2012. 167.
2. Civ. 2e, 7 déc. 2000, n° 99-14.902, *Bull. civ.* II, n° 163.
3. Civ. 2e, 9 sept. 2010, n° 09-68.120, *Bull. civ.* II, n° 148; *D.* 2011. 145, note Dupont; *D.* 2011. 632, chron. Sommer, Leroy-Gissinger, Adida-Canac et Grignon Dumoulin; *D.* 2011. 1509, obs. Leborgne; *RTD civ.* 2011. 584, obs. Thery.
4. Soc. 21 janv. 1974, n° 72-40.524, *Bull. civ.* V, n° 86; *RTD civ.* 1976. 643, obs. Perrot – H. Solus et R. Perrot, *Droit judiciaire privé*, Sirey, 1961, t. 1, nos 3 et 30 – V. AUSSI, C. pr. civ., art. 107.
5. Paris, 21 avr. 1986, *Bull. ch. avoués*, n° 98, p. 61.
6. Civ. 3e, 19 mars 1986, n° 84-17.524, *Bull. civ.* III, n° 34; *JCP* 1986. IV. 153; *Gaz. Pal.* 1987. Somm. 55, obs. Guinchard et Moussa – Civ. 1re, 27 févr. 1996, n° 93-21.436, *Bull. civ.* I, n° 111; *D.* 1996. 354, obs. Julien; *D.* 1998. 47, obs. Groutel; *Procédures* avr. 1996, n° 107, obs. Perrot.

On peut toutefois hésiter parfois sur le point de savoir si un moyen est une exception d'incompétence ou une fin de non-recevoir.

Ainsi, il est admis que le moyen selon lequel une personne physique n'est pas commerçante et ne peut donc faire l'objet d'une procédure collective est une fin de non-recevoir et non pas une exception d'incompétence. Nulle autre juridiction n'est compétente[1]. Mais les choses seraient différentes pour un professionnel ou un groupement ne relevant pas de la compétence de la juridiction commerciale, mais du tribunal de grande instance selon les distinctions faites par l'article L. 621-2 du Code de commerce. Ce serait alors bien une exception d'incompétence.

Il est encore de jurisprudence constante que le moyen invoquant l'immunité de juridiction des agents diplomatiques n'est pas une exception d'incompétence, mais une fin de non-recevoir[2].

Il a encore été jugé que la demande de renvoi d'une affaire à une juridiction limitrophe en vertu de l'article 47 C. pr. civ., lorsque le litige met en cause un magistrat, n'est pas une exception d'incompétence, et que l'appel est la seule voie de recours à l'exclusion du contredit[3].

La Cour de cassation a également décidé que l'appel formé devant une cour d'appel dans le ressort de laquelle n'est pas située la juridiction dont émane la décision attaquée est irrecevable, ce qui est très discutable[4]. C'est bien plutôt une exception d'incompétence et non une fin de non-recevoir qui devrait permettre de contester l'erreur portant sur la juridiction territorialement compétente.

351.34 Exception d'incompétence et défense au fond. *A priori*, la confusion n'est pas possible entre une exception d'incompétence et une défense au fond. La distinction est cependant malaisée dans les cas où la compétence dépend d'une question de fond portant sur la qualification, la validité ou l'existence d'un contrat par exemple. Sur ce point, envisagé par le Code de procédure civile en ce qui concerne les voies de recours et l'autorité de la chose jugée (v. C. pr. civ., art. 77, 78 et 95), la jurisprudence recherche la volonté des parties : si le moyen n'est invoqué que pour dénier la compétence, il est considéré comme une exception d'incompétence soumise aux conditions de recevabilité de ces exceptions (comme par ex. la nullité d'un contrat de travail qui n'est invoquée que pour contester la compétence d'un conseil de prud'hommes[5]). Si, au contraire, le débat porte principalement sur le fond, l'incompétence de la juridiction saisie n'étant qu'une conséquence virtuelle du moyen, celui-ci est considéré comme une défense au fond[6].

1. Com. 28 mars 1966, *JCP* 1966. IV. 4877, note J. A.; *RTD civ.* 1966. 591, obs. Hébraud – Com. 23 janv. 1967, *RTD com.* 1967. 571, obs. Houin.
2. Paris, 30 janv. 1963, *Gaz. Pal.* 1963. 325; *Rev. crit. DIP* 1963. 301, note Hébraud – Civ. 1re, 15 avr. 1986, n° 84-13.422, *Bull. civ.* I, n° 87; *JCP* 1986. IV. 170; *Gaz. Pal.* 1987. Somm. 53, obs. Guinchard et Moussa; *Rev. crit. DIP* 1986. 723, note Couchez.
3. Civ. 2e, 15 févr. 1995, n° 93-14.317, *Bull. civ.* II, n° 51; *Procédures* avr. 1996, n° 3; *JCP* 1995. IV. 921.
4. Civ. 2e, 9 juill. 2009, n° 06-46.220, *Bull. civ.* IV, n° 186; *D.* 2010. 532, obs. Sommer; *RTD civ.* 2009. 370, obs. Théry.
5. Lyon, 3 nov. 1960, *Gaz. Pal.* 1967. 98; *RTD civ.* 1961. 378, obs. Hébraud.

B. Conditions de recevabilité de l'exception d'incompétence

351.40 Plan. L'exception d'incompétence est une exception de procédure et doit, à ce titre, remplir les deux conditions de recevabilité applicables à toute exception posées par l'article 74 C. pr. civ.; elle doit être soulevée avant toute défense au fond ou fin de non-recevoir et simultanément avec les autres exceptions, soit une condition de temps (1°).

L'exception d'incompétence doit en outre remplir les conditions posées spécialement par l'article 75 : elle doit être motivée et indiquer la juridiction qui serait compétente, soit une condition de forme (2°).

1° Conditions de temps

351.50 Plan. L'exception de procédure doit être soulevée simultanément avec les autres exceptions (a) et surtout avant toute défense au fond ou fin de non-recevoir (b).

a) L'exception d'incompétence doit être soulevée simultanément avec les autres exceptions de procédure

351.51 Principe. La question ne se pose que si une même partie entend soulever plusieurs exceptions de procédure. L'article 74 C. pr. civ. interdit que le plaideur distille ses exceptions les unes après les autres pour instaurer des débats successifs qui retarderaient la solution du litige. La sanction est l'irrecevabilité de l'exception soulevée après les autres.

Il en résulte que toutes les exceptions, celles de compétence et les autres qui pourraient être éventuellement soulevées doivent figurer dans les mêmes conclusions (l'ordre entre elles important peu), ou, dans la procédure orale, être présentées ensemble dès l'ouverture des débats.

Ainsi est irrecevable l'exception de compétence d'attribution soulevée après qu'un premier jugement ait rejeté une exception de compétence territoriale[7]. Il en est de

6. Soc. 12 mars 1964, n° 62-20.283, *Bull. civ.* IV, n° 240; *D.* 1964. 445, note Giverdon; *RTD civ.* 1964. 596, obs. Hébraud – Soc. 7 janv. 1965, n° 63-40.766, *Bull. civ.* IV, n° 6; *JCP A* 1965. IV. 4613, obs. J. A.; *RTD civ.* 1965. 423, obs. Hébraud.
7. Civ. 2e, 25 nov. 1970, n° 69-14.057, *Bull. civ.* II, n° 323 – Civ. 2e, 27 avr. 1979, n° 77-15.312, *Bull. civ.* II, n° 124; *D.* 1979. IR 479, obs. Julien.

même d'une exception de compétence soulevée postérieurement à une exception de litispendance[1].

Cette règle ne s'applique pas toutefois aux demandes de communication de pièces qui n'empêchent pas de soulever ensuite une exception d'incompétence (C. pr. civ., art. 74, al. 2).

b) L'exception d'incompétence doit être soulevée *in limine litis*

351.61 **Règle.** L'exception d'incompétence doit être soulevée **avant toute défense au fond ou fin de non-recevoir** (C. pr. civ., art. 74). Elle est donc irrecevable si elle est présentée après une défense au fond ou une fin de non-recevoir.

• Cette règle, comme la précédente, s'applique devant toutes les juridictions et dans toutes les procédures[2]. Elle s'applique même lorsque l'incompétence soulevée est d'ordre public et notamment lorsqu'il est prétendu que la juridiction compétente est administrative, répressive[3], arbitrale[4] ou étrangère[5]. Dans cette hypothèse toutefois, tout en déclarant l'exception d'incompétence irrecevable, le juge pourrait relever d'office son incompétence.

La jurisprudence est notamment constante pour dire que des conclusions banales, de pure forme, sont considérées comme des conclusions au fond rendant irrecevable une exception d'incompétence postérieure[6]. Ainsi, il a été jugé que le fait de s'en rapporter à justice constitue une défense au fond, interdisant ensuite de soulever une exception d'incompétence[7]. Il a été jugé, de même, que le fait de n'avoir pas formé de recours contre le jugement ordonnant une expertise et d'avoir comparu aux opérations d'expertise, interdit ensuite de soulever l'incompétence[8]. Il n'est pas non plus possible de soulever une exception d'incompétence après avoir appelé un tiers en garantie[9].

• Rien n'empêche toutefois de présenter l'exception d'incompétence en même temps qu'une défense au fond ou une fin de non-recevoir **dans les mêmes conclusions**[10], à condition toutefois que l'exception d'incompétence ne soit pas présentée à titre subsidiaire[11].

• **Tribunal de grande instance.** Il est à noter que l'exception d'incompétence devant le tribunal de grande instance ne peut être soulevée que devant le juge de la mise en état, seul compétent pour statuer sur toute exception de procédure et sur les incidents mettant fin à l'instance (C. pr. civ., art. 771[12]). Les parties ne sont plus recevables à soulever ces exceptions et incidents ultérieurement.

• **Dans les procédures orales**, et notamment devant le tribunal de commerce, l'exception d'incompétence pourra être soulevée oralement à l'audience avant toute défense au fond ou fin de non-recevoir. Toutefois, depuis le 1er décembre 2010, les parties peuvent se référer à l'audience aux moyens et prétentions formulés préalablement par écrit. La date de ces moyens et de ces prétentions est celle de leur communication entre parties et non celle de l'audience (C. pr. civ., art. 446-4[13]). Désormais, si des conclusions au fond sont formulées par écrit, il ne sera plus possible de soulever une exception d'incompétence à l'audience. En outre, devant la plupart des juridictions d'exception, les parties peuvent ne plus se présenter à

1. Soc. 12 mai 1982, n° 80-40.463, *Bull. civ.* V, n° 294.
2. NOT. en référé, Com. 5 janv. 1976, n° 74-14.630, *Bull. civ.* IV, n° 4 et dans les procédures sur requête : Civ. 2e, 23 juin 2011, n° 10-18.540, NP; *D.* 2012. 244, obs. Fricero; *RTD civ.* 2012. 147, obs. Perrot.
3. Civ. 2e, 27 sept. 2012, n° 11-16.361, *Bull. civ.* II, n° 156; *Procédures* 2012. Comm. 326, obs. Perrot.
4. Civ. 2e, 22 nov. 2001, n° 99-21.662, *Bull. civ.* II, n° 168; *Procédures* 2002, n° 1, obs. Perrot; *Rev. arb.* 2002. 371, note Théry; *JCP E* 2002. 1467, note Chabot – Civ. 1re, 14 avr. 2010, n° 09-12.477, *Bull. civ.* II, n° 96; *D.* 2010. 1152; *Rev. arb.* 2010. 495, note Callé.
5. Cass., ch. mixte, 24 mai 1975, n° 73-13.556, *Bull. ch. mixte*, n° 4; *D.* 1975. 497, concl. Touffait; *JCP* 1975. I. 2743, chron. Jeantet – Soc. 8 déc. 1983, *JCP* 1984. IV. 537.
6. Civ. 2e, 3 nov. 1971, n° 70-13.697, *Bull. civ.* II, n° 295; *Gaz. Pal.* 1972. 258; *JCP A* 1972. IV. 6057, note J. A.; *RTD civ.* 1972. 361, obs. Hébraud – Com. 8 févr. 1982, n° 79-12.174, *Bull. civ.* IV, n° 49; *Gaz. Pal.* 1982. Pan. 236.
7. Civ. 2e, 7 juin 2007, n° 06-15.920, *Bull. civ.* II, n° 145; *Procédures* 2007, n° 219, obs. Perrot; *D.* 2008. 649, obs. Sommer.
8. Civ. 3e, 1er juin 1977, n° 75-15.732, *Bull. civ.* III, n° 231; *JCP* 1977. IV. 193.
9. Civ. 2e, 12 avr. 2012, n° 11-14.741, *Bull. civ.* II, n° 75; *Procédures* 2012. Comm. 168, note Perrot – Com. 16 oct. 2012, n° 11-13.658, *Bull. civ.* IV, n° 188; *D.* 2012. 2511; *D.* 2013. 1503, obs. Jault-Seseke; *Procédures* 2012. Comm. 345, note Perrot.
10. Civ. 3e, 8 mars 1977, n° 75-14.834, *Bull. civ.* III, n° 110; *D.* 1977. IR 387, obs. Julien – Civ. 1re, 18 nov. 1986, n° 85-11.324, *Bull. civ.* III, n° 269; *Gaz. Pal.* 1987. Somm. 336, obs. Guinchard et Moussa – Civ. 2e, 8 juill. 2004, n° 02-19.694, *Bull. civ.* II, n° 377; *RTD civ.* 2005. 181, obs. Perrot; *D.* 2004. 2610, note Beignier; *D.* 2005. Somm. 335, obs. Fricero et Julien; *Procédures* 2004, n° 199, obs. Perrot; *Dr. et patr.* 2005, n° 144, p. 100, obs. Amrani-Mekki.
11. Civ. 3e, 8 mars 1977, n° 75-14.834, préc. (v. ss prést n°) – Civ. 2e, 14 avr. 2005, n° 03-16.682, *Bull. civ.* II, n° 95.
12. Mod. par Décr. n° 2004-836, 20 août 2004, portant modification de la procédure civile, *JO* 22 août, p. 15032.
13. Mod. par Décr. n° 2010-1165, 1er oct. 2010, relatif à la conciliation et à la procédure orale en matière civile, commerciale et sociale, *JO* 3 oct., p. 17986 – V. C. Bléry, « Conciliation et procédure orale en matière civile, commerciale et sociale – À propos du décret du 1er octobre 2010 », *JCP* 2010. 1044 – D. Cholet, « La réforme de la procédure devant le tribunal de commerce », *JCP E* 2010. 558 – N. Fricero, *D.* 2011. Pan. 265 – H. Croze et C. Laporte, « Décret n° 2010-1165 du 1er octobre 2010 relatif à la conciliation et à la procédure orale en matière civile, commerciale et sociale : modification des pratiques procédurales devant les différentes juridictions », *Procédures* 2011. Étude 2.

l'audience et présenter uniquement leurs moyens et arguments par écrit lorsque le juge a donné préalablement son accord (C. pr. civ., art. 446-1). Les parties doivent alors veiller à soulever les exceptions d'incompétence avant les autres moyens de défense, comme dans les procédures écrites.

351.62 Exception d'incompétence sur demandes incidentes. Bien qu'il ait pu être conclu au fond, une exception d'incompétence peut encore être valablement soulevée lorsque la cause de l'incompétence résulte d'une demande incidente ultérieure (demande reconventionnelle, demande additionnelle ou en intervention[1], sauf si l'intervention est accessoire car l'intervenant accessoire ne peut faire valoir aucun droit propre[2]).

351.63 Exception d'incompétence après un référé. Lorsque l'instance au fond a été précédée d'une procédure de référé, il est admis que la compétence de la juridiction saisie au fond puisse être contestée, bien que le défendeur se soit abstenu de soulever l'incompétence du juge des référés. Il s'agit d'instances distinctes[3].

351.64 Exception d'incompétence après tentative de conciliation. Une tentative de conciliation préalable, lorsqu'elle est obligatoire, ne fait pas en principe obstacle à ce que l'incompétence de la juridiction saisie soit ensuite soulevée. Ainsi, il a été jugé qu'en matière prud'homale, l'incompétence peut encore être soulevée devant le bureau de jugement[4].

Il en va toutefois différemment en matière de divorce ou de séparation de corps. Il appartient au juge aux affaires familiales de statuer « *s'il y a lieu, sur les exceptions d'incompétence* », disposait l'ancien article 1074 C. pr. civ. (mod. par Décr. nº 2004-1158, 29 oct. 2004). La solution doit être maintenue et résulte aujourd'hui implicitement de l'article 1073 C. pr. civ. qui dispose que : « *Le juge aux affaires familiales est, le cas échéant, juge de la mise en état* ». Comme le juge de la mise en état a compétence exclusive pour statuer sur la compétence, comme sur toutes les exceptions de procédure, il est certain que le juge aux affaires familiales a les mêmes pouvoirs (C. pr. civ., art. 771)[5].

Il a été jugé, sous l'empire du texte ancien, que l'incompétence territoriale du tribunal doit être soulevée devant le juge conciliateur[6]. Il a encore été jugé que lorsque le défendeur n'a pas comparu en conciliation, il doit, s'il veut contester la compétence, relever appel de l'ordonnance de non-conciliation, faute de quoi, il est censé avoir renoncé à l'exception d'incompétence[7].

Il en est de même lorsque dès la première comparution, le juge conciliateur est conduit à prendre des mesures de nature contentieuse touchant au fond (ainsi par ex. en matière de saisie-arrêt entre époux[8]).

351.65 Exception d'incompétence soulevée en appel. Le plus souvent, une exception d'incompétence ne peut être soulevée pour la première fois en appel, parce qu'il a été conclu au fond en première instance[9]. Cette solution s'applique même si c'est la compétence d'une juridiction étrangère qui est revendiquée[10]. Mais aucune règle ne l'interdit, dès lors que l'exception d'incompétence est soulevée en appel avant toute défense au fond ou fin de non-recevoir. Pratiquement cela suppose que le défendeur n'ait pas comparu en première instance.

Cela a finalement été admis[11], et pour l'opposition également[12]. Et la Cour de cassation, condamnant ainsi une solution discutable admise antérieurement, a précisé qu'il n'était pas nécessaire que l'exception d'incompétence figure dans l'acte d'appel lui-même, elle pouvait valablement être soulevée par des conclusions postérieures[13].

Il est à noter que, comme devant le tribunal de grande instance, c'est en appel devant le conseiller de la mise en état que l'exception d'incompétence doit être seule soulevée (C. pr. civ., art. 910 renvoyant à l'art. 771).

351.66 Irrecevabilité en cassation. En revanche, la jurisprudence est constante pour affirmer que l'on ne peut pas soulever l'incompétence pour la première fois devant la Cour de cassation, même si l'incompétence est d'ordre public[14].

1. Nancy, 28 sept. 1961, *D.* 1962. 44; *RTD civ.* 1962. 173, obs. Hébraud – Soc. 17 déc. 1964, nº 64-20.015, *Bull. civ.* IV, nº 864; *Gaz. Pal.* 1965. 168; *RTD civ.* 1965. 417, obs. Hébraud.
2. Civ. 1re, 3 févr. 2010, nº 09-13.618, *Bull. civ.* I, nº 31; *Procédures* 2010. Comm. 110, note Perrot.
3. Com. 3 avr. 1990, nº 88-16.427, *Bull. civ.* IV, nº 107; *JCP* 1990. IV. 214 – Com. 28 mai 1991, nº 89-19.683, *Bull. civ.* IV, nº 189; *JCP* 1991. IV. 289.
4. Aix-en-Provence, 4 juin 1980, *D.* 1981. 479, note Mestre et Buy – Poitiers, 11 mars 1975, *JCP A* 1975. IV. 6510, obs. J. A. – Soc. 22 janv. 1975, nº 74-40.133, *Bull. civ.* V, nº 28; *RTD civ.* 1976. 192, obs. Normand.
5. Civ. 1re, 9 janv. 2007, nº 06-10.871, *Bull. civ.* I, nº 6; *D.* 2008. 807, obs. Serra et Williatte-Pellitteri; *RTD civ.* 2007. 321, obs. Hauser.
6. Paris, 24 mai 1973, *Gaz. Pal.* 1974. 754.
7. Paris, 8e ch., 21 déc. 1978, *Juris-Data* nº 00770.
8. TI Paris, 23 mars 1966, *Gaz. Pal.* 1966. 432; *RTD civ.* 1966. 584, obs. Hébraud.
9. Civ. 1re, 14 avr. 2010, nº 09-12.477, *Bull. civ.* I, nº 96; *D.* 2010. 1152; *Rev. arb.* 2010. 495, note Callé.
10. Civ. 1re, 23 mai 2012, nº 10-26.188, *D.* 2012. 1411; *RTD civ.* 2012. 566, obs. Théry; *Procédures* 2012. Comm. 209, note Perrot.
11. Aix-en-Provence, 25 juin 1989, *Juris-Data* nº 045771.
12. Civ. 2e, 14 nov. 1979, nº 78-14.468, *Bull. civ.* II, nº 267.
13. Civ. 2e, 25 nov. 1981, nº 80-11.378, *Bull. civ.* II, nº 205; *JCP* 1982. IV. 61.
14. Cass., ass. plén., 26 mai 1967, nº 63-12.709, *Bull. ass. plén.*, nº 4; *Gaz. Pal.* 1967. 32; *RTD civ.* 1967. 697, obs. Hébraud – Civ. 2e, 18 févr. 1976, nº 74-13.163, *Bull. civ.* II, nº 59 – Civ. 1re, 12 nov. 1980, nº 79-14.114, *Bull. civ.* I, nº 289.

2°
Conditions de forme

351.70 **Texte applicable – Plan.** L'article 75 C. pr. civ. dispose que : « *S'il est prétendu que la juridiction est incompétente, la partie qui soulève cette exception doit, à peine d'irrecevabilité, la motiver et faire connaître dans tous les cas devant quelle juridiction elle demande que l'affaire soit portée.* »

Ce texte pose deux exigences de forme qui se complètent : une obligation de motivation et une obligation de désignation de la juridiction estimée compétente. Ces deux conditions sont cumulatives, le défaut d'une seule d'entre elles entraîne l'irrecevabilité de l'exception.

351.71 **a) Obligation de motiver l'exception d'incompétence – Contenu de la motivation.** Cette exigence a été posée en réaction contre la pratique ancienne qui consistait à dire dans les conclusions par une formule stéréotypée et systématique que la juridiction saisie était incompétente sans autre précision. L'auteur de l'exception doit donc motiver spécialement l'exception d'incompétence, c'est-à-dire fonder cette exception par l'indication de la ou des règles de compétence qui n'auraient pas été respectées en fonction des éléments. La seule affirmation que la juridiction saisie ne serait pas compétente ne suffit pas et serait une absence de motivation.

351.72 **b) Indication de la juridiction estimée compétente – Portée.** Cette obligation est le complément logique de celle de motiver l'exception. La motivation et le raisonnement doivent conduire à pouvoir indiquer la juridiction qui serait compétente.

Selon le texte que la jurisprudence applique strictement, la désignation doit être précise : c'est la juridiction compétente matériellement et territorialement qu'il convient d'indiquer (éventuellement plusieurs s'il y a une option de compétence). Mais en l'absence d'option de compétence, il est interdit d'indiquer plusieurs juridictions compétentes, dont l'une à titre subsidiaire, même si les juridictions respectivement revendiquées ne relèvent pas du même ordre de juridiction (juridiction administrative et juridiction judiciaire)[1]. Il ne suffit pas d'indiquer une catégorie de juridictions[2].

Cette désignation s'impose dans tous les cas, même lorsque la juridiction compétente serait une juridiction administrative[3] ou étrangère[4]. Cependant, la Cour de cassation décide que les dispositions de l'article 75 C. pr. civ. ne s'appliquent qu'à l'exception d'incompétence soulevée en première instance (ce qui est contestable compte tenu de la place de ce texte au sein des dispositions communes à toutes les juridictions)[5]. Lorsque l'exception est soulevée en appel, il n'est donc pas nécessaire d'indiquer la juridiction qui serait compétente.

Cette désignation doit être faite par écrit dans les conclusions mêmes contenant l'exception d'incompétence[6]. Il n'est pas possible de corriger l'oubli par des conclusions postérieures[7] ou par une note en délibéré[8].

Lorsque la procédure est orale, l'indication de la juridiction compétente peut être faite verbalement, mais doit être notée au plumitif tenu par le secrétaire de la juridiction[9].

En toute hypothèse, l'indication de la juridiction que le plaideur pense compétente n'est qu'une suggestion pour le juge. Elle ne lie pas ce dernier qui pourrait, s'il fait droit à l'exception d'incompétence, désigner une autre juridiction qu'il estime compétente, au lieu de celle proposée dans l'exception d'incompétence.

§ 2
Incompétence relevée d'office

351.80 **Plan.** Il a toujours été admis que le juge pouvait et devait vérifier sa propre compétence. Mais le procès civil étant le plus souvent d'intérêt privé, la société n'est pas en général affectée si un juge a tranché le litige au lieu d'un autre, surtout si l'incompétence n'est que territoriale. Aussi, la loi limite sensiblement les cas où le juge peut d'office relever son incompétence. Toutefois, et par exception à ce principe, le pouvoir de relever d'office son incompétence n'est pas limité pour la juridiction de proximité, ou pour le tribunal d'instance au profit de la juridiction de proximité (C. pr. civ., art. 847-5, al. 2 – V. s[s] n°s 351.230 s.) Ce pouvoir est plus étendu quant à la compétence d'attribution (A) qu'à la compétence territoriale (B).

351.81 **Obligation d'inviter préalablement les parties à présenter leurs observations.** Dans tous les

1. Civ. 1re, 9 janv. 2007, n° 04-11.779, *Bull. civ.* I, n° 4 – Civ. 2e, 28 juin 2006, n° 05-14.085, NP; *Procédures* 2006, n° 10, obs. Perrot; *Dr. et patr.* 2007. 116, obs. Amrani-Mekki.
2. Civ. 2e, 26 oct. 1978, n° 77-12.113, *Bull. civ.* II, n° 225; *JCP* 1979. IV. 3.
3. Civ. 2e, 24 janv. 1984, NP; *Gaz. Pal.* 1984. 2. Pan. 154, obs. Guinchard – Civ. 1re, 8 juill. 2009, n° 08-16.711, *Bull. civ.* II, n° 156; *Procédures* 2009. Comm. 302, note Perrot; *RLDC* 2010, n° 68, obs. Beigner.
4. Civ. 2e, 12 déc. 1973, n° 72-14.643, *Bull. civ.* II, n° 330 – Civ. 2e, 26 oct. 1978, n° 77-12.113, *Bull. civ.* II, n° 225.
5. Civ. 3e, 6 juill. 2011, n° 10-17.118, *Bull. civ.* III; *D.* 2011. 2051; *Procédures* 2011. Comm. 2011, note Perrot; *AJDI* 2012. 45, note de La Vaissière.
6. Civ. 2e, 29 mai 1979, n° 78-11.179, *Bull. civ.* II, n° 164, *D.* 1979. IR 478, obs. Julien.
7. Paris, 25 oct. 1960, *Gaz. Pal.* 1961. 142.
8. Civ. 2e, 5 déc. 1963, n° 57-11.330, *Bull. civ.* II, n° 800.
9. Douai, 3 juin 1961, *JCP A* 1961. IV. 3966, note J. A.; *RTD civ.* 1962. 172, obs. Hébraud.

cas, lorsqu'il entend relever d'office son incompétence, le juge doit préalablement inviter les parties à présenter leurs observations en vertu de l'article 16 C. pr. civ. À défaut, sa décision peut être annulée pour non-respect du contradictoire et violation des droits de la défense.

A. Compétence d'attribution

351.90 Texte et plan. L'article 92 C. pr. civ. concerne la compétence d'attribution. Ce texte dispose que : « *L'incompétence peut être prononcée d'office en cas de violation d'une règle de compétence d'attribution lorsque cette règle est d'ordre public ou lorsque le défendeur ne comparaît pas. Elle ne peut l'être qu'en ces cas. Devant la cour d'appel et la Cour de cassation, cette incompétence ne peut être relevée d'office que si l'affaire relève de la compétence d'une juridiction répressive ou administrative ou échappe à la connaissance de la juridiction française.* »

Les cas où le juge peut se déclarer d'office incompétent sont donc, quoique limités, plus nombreux en première instance (1°) qu'en appel ou en cassation (2°).

1° Incompétence relevée d'office en première instance

351.100 Incompétence relevée d'office en première instance. La possibilité pour le juge de première instance de relever d'office son incompétence d'attribution est limitée par l'article 92 C. pr. civ. à deux cas : lorsque la règle de compétence est d'ordre public (a) et lorsque le défendeur ne comparaît pas (b).

a) Règle de compétence d'ordre public

351.101 Règle de compétence d'ordre public. Le Code de procédure civile n'énumère pas les cas où la compétence d'attribution est d'ordre public.

Cependant il est admis que l'incompétence est d'ordre public lorsque les règles de compétence renvoient à un autre ordre de juridiction ou à une juridiction étrangère.

351.102 Juridiction d'un autre ordre. Ainsi, l'incompétence est d'ordre public si la juridiction compétente est une juridiction administrative[1] ou une juridiction répressive[2].

351.103 Juridiction étrangère. Bien qu'en matière internationale la validité des clauses attributives de compétence soit en général admise, on considère que l'incompétence est d'ordre public lorsque les règles de conflit ou une convention internationale désignent une juridiction étrangère pour connaître du litige.

351.104 Règlement CE nº 44/2001 du Conseil du 22 décembre 2000. L'article 25 du règlement Bruxelles I, du 22 décembre 2000, confirme spécialement cette solution en imposant au juge d'un État contractant de se déclarer d'office incompétent lorsqu'il est saisi d'un litige pour lequel une juridiction d'un autre État contractant est exclusivement compétente en vertu de l'article 22 de ce règlement. Les règles de compétence de la convention de Bruxelles et désormais du règlement Bruxelles I ne concernent que les juridictions des États contractants, dont la principauté de Monaco ne fait pas partie[3].

L'article 27 du règlement Bruxelles I *bis* du 12 décembre 2012 qui entrera en vigueur en 2015 reprend cette solution à l'identique.

351.105 Clause compromissoire. L'article 1448 C. pr. civ. (reprenant en substance les dispositions de l'art. 1458 du même code, abrogé en 2011) interdit au juge de se déclarer d'office incompétent lorsqu'il est saisi d'un litige alors qu'il existe une convention d'arbitrage, même si la convention est manifestement nulle ou manifestement inapplicable, que le tribunal arbitral ait été saisi ou non au moment où le juge statue. Il a été jugé que l'absence de comparution du défendeur ne pouvait faire échec aux dispositions impératives de ce texte[4].

351.106 Compétence exclusive d'une autre juridiction. Au sein de l'ordre judiciaire, la détermination de la compétence d'ordre public n'est pas toujours aisée, la loi ne le précisant pas toujours. Toutefois, la majorité des règles de compétence d'attribution sont d'ordre public.

Il est admis que l'attribution à une juridiction d'une compétence exclusive est considérée comme une compétence d'ordre public[5]. Corrélativement, l'incompétence des autres juridictions est d'ordre public.

Et, d'une façon générale, on considère que les juridictions d'exception ne peuvent statuer en dehors de leur compétence d'attribution expresse. Leur incompétence est donc d'ordre public.

1. Soc. 10 mai 1962, nº 61-40.095, *Bull. civ.* IV, nº 424; *JCP* 1962. IV. 86 – Civ. 1re, 1er juill. 1969, nº 66-12.910, *Bull. civ.* I, nº 259; *JCP A* 1969. II. 16096, note Lindon; *RTD civ.* 1970. 231, obs. Hébraud.
2. Civ. 2e, 20 janv. 1971, nº 69-11.539, *Bull. civ.* II, nº 20; *JCP A* 1971. IV. 5886, note J. A.; *RTD civ.* 1971. 421, obs. Hébraud.
3. Civ. 1re, 16 mars 1999, nº 96-22.016, *Bull. civ.* I, nº 96.
4. Paris, 13 mars 1991, RG nº 90/21469, *Juris-Data* nº 022909.
5. H. Solus et R. Perrot, *Droit judiciaire privé*, Sirey, 1961, t. 1, nº 670 – H. Sinay, « La compétence exclusive », *JCP* 1958. I. 1451 – J. Vincent, « La procédure civile et l'ordre public », *Mél. Roubier*, Dalloz, 1961, p. 303 s.; « Quelques réflexions sur la compétence exclusive des juridictions civiles », *Mél. Hébraud*, PUSS Toulouse, 1981, p. 917 s – B. Beignier, « Ordre public et compétence », *Mél. Boyer*, PUSS Toulouse, 1996, p. 99 s.

En dehors de ces critères généraux, il convient dans chaque cas d'examiner la règle de compétence pour déterminer son caractère d'ordre public ou non. Nous renvoyons pour cette détermination à l'examen de la compétence d'attribution où le caractère exclusif ou d'ordre public de chaque règle a été signalé (la compétence matérielle de chaque juridiction).

351.107 Absence d'obligation pour le juge de relever d'office son incompétence. Il est de jurisprudence constante que le juge n'est pas tenu de relever d'office son incompétence, même lorsqu'elle est d'ordre public[1]. Ce n'est donc pour lui qu'une faculté[2].

Il en résulte notamment qu'il ne peut être formé un pourvoi en cassation parce que le juge ne se serait pas d'office déclaré incompétent[3].

351.108 Ordre public renforcé. Il est exceptionnellement posé par le législateur que le juge **est tenu de se déclarer d'office incompétent.** Ainsi, l'article R. 121-1 C. pr. ex.[4] dispose, à propos de la compétence du juge de l'exécution, que : « *Tout juge autre que le juge de l'exécution doit relever d'office son incompétence.* » On a pu parler à ce sujet d'ordre public renforcé[5]. Dans ce cas on doit admettre que ce soit bien une obligation pour le juge de se déclarer d'office incompétent si les parties n'ont pas décliné la compétence et qu'un recours pourrait être formé pour cette seule raison.

b)
Défaut de comparution du défendeur

351.111 Facultés. Le pouvoir du juge de se déclarer d'office incompétent matériellement est plus large et n'est pas limité à l'ordre public lorsque le défendeur ne comparaît pas. Dans cette hypothèse, et dans un souci de protection du défendeur qui ne peut être entendu, le juge peut se déclarer d'office incompétent dans tous les cas, même lorsque la règle de compétence violée n'est que relative.

Bien évidemment, et à plus forte raison, le juge n'est pas tenu de se déclarer d'office incompétent.

2°
Incompétence relevée d'office par la cour d'appel ou la Cour de cassation

351.121 Portée. La possibilité pour une cour d'appel ou pour la Cour de cassation de se déclarer d'office incompétente est beaucoup plus réduite puisque selon l'article 92 alinéa 2 C. pr. civ., ces juridictions ne peuvent relever d'office leur incompétence que « *si l'affaire relève de la compétence d'une juridiction répressive ou administrative ou échappe à la connaissance de la juridiction française* ». Il en résulte que la cour d'appel ne peut relever d'office l'incompétence du juge de l'exécution[6] et des juridictions du contentieux technique de la sécurité sociale[7].

Il résulte de ce texte une véritable interdiction pour la cour d'appel ou la Cour de cassation de se déclarer d'office incompétente dans les autres cas, même lorsque la règle de compétence violée était d'ordre public ou lorsque le défendeur ne comparaît pas.

Et encore n'est-ce pas une obligation.

Il a été jugé que la Cour de cassation n'est pas tenue de relever d'office l'incompétence de tribunaux judiciaires[8]. Il en est de même pour la cour d'appel (tel par ex. le cas où la Cour de cassation a relevé d'office l'incompétence au profit d'une juridiction administrative[9]; ou au profit d'une juridiction étrangère[10]).

B.
Compétence territoriale

351.130 Texte et plan. La possibilité pour le juge de relever d'office son incompétence territoriale est beaucoup plus limitée, l'ordre public n'étant pas en principe en cause. L'article 93 C. pr. civ. dispose que : « *En matière gracieuse, le juge peut relever d'office son incompétence territoriale. Il ne le peut, en matière contentieuse, que dans les litiges relatifs à l'état des personnes, dans les cas où la loi attribue compétence exclusive à une autre juridiction ou si le défendeur ne comparaît pas.* »

Il faut donc distinguer la matière gracieuse (1°) et la matière contentieuse (2°).

1°
Matière gracieuse

351.131 Faculté. En matière gracieuse, par hypothèse, il n'y a pas de contradiction et personne ne soulève d'incompétence. Si les parties s'adressent à un juge qui n'est pas celui qui est normalement compétent, ce peut être par ignorance, par commodité, mais aussi éventuellement par fraude. Au surplus, la matière gracieuse comporte souvent une obligation de publicité, qui doit être locale et peut susciter des

1. Civ. 1re, 2 déc. 1975, n° 73-11.402, *Bull. civ.* I, n° 354; *JCP* 1976. II. 18390, note Chartier – Civ. 2e, 29 nov. 1978, n° 76-15.612, *Bull. civ.* II, n° 252 – Civ. 2e, 19 févr. 1986, n° 84-13.589, *Bull. civ.* II, n° 22.
2. Civ. 1re, 7 févr. 2007, n° 06-13.175, *Bull. civ.* I, n° 21; *D.* 2008. 1300, obs. Damas; *Procédures* 2007, n° 113.
3. Com. 1er mars 1966, n° 63-13.583, *Bull. civ.* III, n° 126; *RTD civ.* 1967. 447, obs. Hébraud.
4. Anct Décr. n° 92-755, 31 juill. 1992, art. 8, al. 1er.
5. Rép. pr. civ., v° *Juge de l'exécution*, par C. Lefort, déc. 2011 [màj janv. 2013], n° 7.
6. Civ. 2e, 18 nov. 2004, n° 02-20.519, NP; *Procédures* 2005, n° 36, obs. Perrot; *RTD civ.* 2005. 188, obs. Perrot.
7. Civ. 2e, 18 oct. 2007, nos 06-21.046 et 06-21.047, NP; *RTD civ.* 2008. 150, obs. Théry.
8. Civ. 1re, 13 mars 1979, n° 77-15.344, *Bull. civ.* I, n° 89.
9. Civ. 1re, 19 mars 1996, n° 94-12.426, *Bull. civ.* I, n° 138; *JCP* 1996. I. 3938, n° 11, obs. Cadiet – Civ. 2e, 24 mai 2012, n° 11-20.097, NP; *Procédures* 2012. Comm. 216, obs. Perrot.
10. Civ. 1re, 7 juill. 1981, n° 80-11.846, *Bull. civ.* I, n° 252.

oppositions. L'article 93 permet donc au juge de vérifier, dans tous les cas, sa compétence territoriale et de se déclarer incompétent d'office s'il estime utile. Mais ce n'est là qu'une faculté. Le juge n'est jamais obligé de relever d'office son incompétence territoriale.

2°
Matière contentieuse

351.141 **Les pouvoirs du juge de relever d'office son incompétence territoriale sont beaucoup plus limités.** L'incompétence territoriale ne gêne en principe que le défendeur. Et il lui appartient de la contester, s'il l'estime utile, en soulevant une exception d'incompétence territoriale.

Le juge ne peut se déclarer d'office incompétent que dans trois cas limitativement énumérés par l'article 93 C. pr. civ. Et encore n'est-ce toujours qu'une faculté[1], sauf si une disposition expresse oblige le juge à relever d'office son incompétence (par ex. en matière d'injonction de payer, C. pr. civ., art. 1406).

351.142 **En matière d'état des personnes.** On considère en cette matière que les règles de compétence, aussi bien matérielle que territoriale, sont impératives. Il peut au demeurant y avoir fraude de la part des intéressés à saisir un juge éloigné pour échapper au juge naturel. Ainsi le juge aux affaires matrimoniales (le JAF aujourd'hui) peut se déclarer d'office incompétent en matière de divorce lorsque des éléments objectifs lui permettent de penser que la résidence de la famille est située dans un autre ressort[2].

351.143 **Compétence exclusive d'une autre juridiction.** Le juge peut relever d'office son incompétence territoriale « *dans les cas où la loi attribue compétence exclusive à une autre juridiction* ». En dehors de l'état des personnes, déjà visé expressément par l'article 93, il est assez exceptionnel que la compétence territoriale soit exclusive. C'est le cas en matière d'assurance où la Cour de cassation a précisé que la règle de l'article R. 114-1 du Code des assurances attribuant compétence au tribunal du domicile de l'assuré était d'ordre public[3].

On admet également que la compétence du tribunal du lieu de l'immeuble est exclusive pour connaître des actions réelles immobilières (C. pr. civ., art. 44), de même que la compétence du tribunal du lieu d'ouverture de la succession pour connaître des actions prévues par l'article 45 C. pr. civ. La compétence territoriale attribuée au lieu de la situation de l'immeuble en matière de bail commercial pour la fixation du prix du bail révisé ou renouvelé (C. com., art. R. 145-23) était traditionnellement considérée comme étant exclusive. Une jurisprudence récente se prononce en sens inverse et considère que le juge ne peut relever d'office son incompétence en la matière[4]. La solution est donc incertaine en l'absence de décision récente de la Cour de cassation sur le sujet.

351.144 **Défaut de comparution du défendeur.** Si le défendeur ne comparaît pas, le pouvoir du juge de relever d'office son incompétence territoriale est beaucoup plus large. On ne peut dans ce cas compter sur le défendeur pour soulever l'incompétence. Le juge peut donc en ce cas relever toute incompétence territoriale; il n'est pas besoin que la règle soit d'ordre public ou que le litige intéresse l'état des personnes[5]. Ce n'est qu'une faculté pour le juge.

SECTION 2
JUGEMENT SUR LA COMPÉTENCE

351.150 **Plan.** Qu'il soit saisi par une exception d'incompétence ou qu'il décide de relever d'office son incompétence, le juge statue sur la compétence par un jugement (ou une ordonnance dans certains cas). Il faut distinguer selon que le juge se déclare incompétent (§ 1) ou au contraire se déclare compétent (§ 2).

§ 1
Le juge se déclare incompétent

351.151 **Plan.** La décision d'incompétence doit être motivée (A). Il faut examiner ensuite les conséquences de la décision d'incompétence (B).

A.
Motivation de l'incompétence

351.160 **Plan.** La motivation du jugement d'incompétence doit porter sur trois points : la régularité de l'exception d'incompétence (1°), l'examen de la règle de compétence (2°) et la désignation de la juridiction compétente (3°). La motivation ne porte que sur les deux derniers points si le juge se déclare d'office incompétent.

1. Civ. 1re, 4 déc. 1990, n° 89-18.257, *Bull. civ.* I, n° 279; *JCP* 1991. IV. 42.
2. Strasbourg, JAM, 17 avr. 1980, *JCP* 1981. II. 19593, note Mayran; *RTD civ.* 1981. 682, obs. Normand.
3. Civ. 11 juill. 1932, *DH* 1933. 1. 5, note Josserand; *RGAT* 1932. 782, note Picard.
4. Paris, 4 juin 2009, RG n° 08/18149, *Loyers et copr.* 2009. Comm. 237, note Chavance; *Administrer* oct. 2009. 40, obs. Lipman-Boccara.
5. Civ. 2e, 20 févr. 1980, n° 78-14.437, *Bull. civ.* II, n° 37; *Gaz. Pal.* 1980. 494, note Dupichot.

1°
Vérification de la régularité de l'exception d'incompétence

351.161 **Condition nécessaire et obligatoire.** Lorsqu'il est saisi d'une exception d'incompétence, l'examen de la régularité de celle-ci est un préalable indispensable. Le plus souvent l'adversaire conteste l'exception et, s'il y a matière à le faire, sa régularité. Le juge doit d'office en vérifier la régularité, même si l'adversaire n'allègue rien à ce sujet. Il doit vérifier que l'exception a bien été présentée *in limine litis*, qu'elle est motivée et désigne la juridiction compétente. S'il envisage de déclarer d'office l'exception irrecevable, il doit au préalable inviter les parties à présenter leurs observations sur ce point (C. pr. civ., art. 16).

Si le juge déclare l'exception irrecevable, il peut encore cependant relever d'office son incompétence, s'il se trouve dans les cas où il peut le faire (v. s[s] n°s 351.80 s.).

2°
Vérification de la règle de compétence

351.171 **Motivation.** Pour motiver sa décision le juge doit examiner la règle de compétence relativement au litige qui lui est soumis et dans le cadre de l'exception d'incompétence qui lui est présentée. Cela nécessite bien souvent de qualifier la prétention pour la rapprocher de la règle de compétence afin de vérifier que le litige entre bien dans sa compétence ou au contraire dans celle d'une autre juridiction. Au regard de la règle de compétence qu'il doit viser et des éléments du litige tels qu'ils résultent de l'exploit introductif d'instance et des conclusions postérieures, la motivation consiste à expliquer pourquoi le juge est ou n'est pas compétent.

351.172 **Compétence dépendant d'une question de fond.** Lorsque la détermination de la compétence dépend d'une question de fond, l'article 77 C. pr. civ. impose au juge de statuer, dans le dispositif du jugement « *sur cette question de fond et sur la compétence par des dispositions distinctes* ». Cette obligation n'est toutefois pas prescrite à peine de nullité[1].

3°
Désignation de la juridiction compétente

351.181 **Distinction.** Si le juge se déclare incompétent, il doit désigner la juridiction compétente dans sa décision, sans être tenu sur ce point par la suggestion faite par l'une des parties dans son exception d'incompétence. Cette désignation est plus ou moins précise selon les cas. Si la juridiction que le juge estime compétente est une juridiction civile, le juge la désigne précisément en indiquant à la fois la nature de la juridiction et le lieu de cette juridiction (par exemple le tribunal de commerce de Poitiers).

Si, en revanche, la juridiction estimée compétente relève d'un autre ordre, le juge n'a pas à la désigner. Il n'a pas le pouvoir d'imposer sa compétence à cette juridiction :

Le juge ne peut notamment désigner la juridiction étrangère compétente[2]; ou la juridiction administrative[3]. Il doit seulement indiquer que, selon les cas, l'affaire relève de la compétence des juridictions pénales, administratives ou étrangères, sans autre précision.

La Cour de cassation a également admis qu'une juridiction prud'homale pouvait se limiter à renvoyer les parties à mieux se pourvoir dans l'hypothèse où elle était saisie sur le fondement d'un contrat de travail après avoir constaté que ce contrat n'existait pas et qu'elle n'était pas saisie d'une autre demande fondée sur une autre cause[4]. Il semble donc qu'en cas d'impossibilité de désigner une autre juridiction civile, cette obligation de désignation puisse être levée. Cette solution demande toutefois à être confirmée par un arrêt de principe.

B.
Effets de la décision d'incompétence

351.190 **Plan.** Le premier effet de la décision d'incompétence est le dessaisissement de la juridiction qui n'a pas à statuer au fond, sauf si l'incompétence n'est que partielle, auquel cas le juge reste saisi d'une partie du litige. Au surplus, la décision sur la compétence a l'autorité de la chose jugée, dès qu'elle est rendue, sur la question de la compétence et, éventuellement, sur la question de fond dont dépend la compétence (1°).

La conséquence de la décision n'est pas la même selon la nature de la juridiction compétente (2°).

1°
Autorité de la chose jugée sur la question de fond dont dépend la compétence

351.191 **Portée.** Il est évident que le jugement sur la compétence a autorité de la chose jugée sur la question de compétence tranchée[5]. Il est de jurisprudence constante toutefois que cette décision sur la compétence ne s'impose pas au juge des référés, qui peut être saisi en vertu des pouvoirs propres reconnus

1. Civ. 1re, 27 nov. 1985, n° 84-10.899, *Bull. civ.* I, n° 326; *JCP* 1986. IV. 54.
2. Com. 7 juill. 1992, n° 90-13.721, *Bull. civ.* IV, n° 267 – Civ. 1re, 16 mai 2012, n° 10-26.970, NP; *Procédures* 2012. Comm. 208, note Perrot.
3. Civ. 1re, 16 mars 1999, n° 93-16.226, *Bull. civ.* I, n° 90.
4. Soc. 13 juin 2012, n° 11-13.099, *Bull. civ.* V, n° 179; *Procédures* 2012. Comm. 249, note Bugada; *JCP* S 2012. 1438, note Lahalle.
5. Soc. 25 févr. 1988, n° 85-42.470, *Bull. civ.* V, n° 132.

par les textes, même si le tribunal de grande instance s'est déclaré incompétent[1]. Mais si, pour examiner sa compétence, le juge a dû trancher une question de fond, selon les termes exprès de l'article 95 C. pr. civ. « *la décision a autorité de la chose jugée sur cette question de fond* ». Il a toutefois été précisé que c'est seulement lorsque le juge a, en se prononçant sur la compétence, tranché dans le dispositif du jugement la question de fond dont dépend cette compétence que sa décision a autorité de la chose jugée sur la question de fond[2].

Ainsi, une décision sur la compétence fondée sur la nature commerciale d'un bail a autorité de la chose jugée quant à la nature de ce bail[3]. De même il a été jugé que si un tribunal se déclare incompétent au motif que la preuve de l'existence d'un contrat d'agent commercial n'est pas rapportée, cette décision rend inapplicable le statut de l'agent commercial devant la juridiction saisie du fond[4].

2°
Renvoi de l'affaire ou des parties à mieux se pourvoir ou devant la juridiction compétente

351.201 Plan. L'effet de la décision d'incompétence est différent selon que la juridiction compétente relève d'un autre ordre de juridiction ou qu'elle est une juridiction civile.

351.202 Compétence de la juridiction d'un autre ordre. Lorsque la compétence relève d'un autre ordre de juridiction (répressive, arbitrale, administrative ou étrangère), il n'appartient pas au juge judiciaire de désigner la juridiction compétente[5]. En toute hypothèse, cette désignation ne s'imposerait pas à la juridiction désignée. Le juge peut encore moins renvoyer l'affaire devant cette juridiction. Il ne peut ainsi renvoyer le litige devant un tribunal administratif nommément désigné et encourt la cassation de ce chef[6]. Aussi l'article 96 C. pr. civ. dispose-t-il que le juge « *renvoie seulement les parties à mieux se pourvoir* ». Le juge est donc dessaisi et l'instance est éteinte. Il appartient alors aux parties de saisir la juridiction qui serait compétente (ou de contester la décision sur la compétence).

351.203 Compétence d'une autre juridiction civile. Les choses sont très différentes lorsque la juridiction que le juge estime compétente est une autre juridiction civile. Non seulement le juge doit expressément et précisément la désigner (C. pr. civ., art. 96, al. 2), mais encore « *cette désignation s'impose aux parties et au juge de renvoi* »; sauf à contester préalablement la décision sur la compétence, les parties ne peuvent saisir une autre juridiction, qui ne pourrait que se déclarer incompétente. Elles ne peuvent pas non plus contester la compétence devant la juridiction de renvoi, toute exception d'incompétence devient irrecevable. Mais le juge de renvoi ne peut non plus relever d'office son incompétence, même si la règle de compétence est d'ordre public. Il doit accepter sa désignation et statuer sur le litige[7].

351.204 Renvoi devant la juridiction désignée. À défaut de contredit dans le délai contre la décision d'incompétence, le renvoi devant la juridiction désignée se fait automatiquement, sans initiative des parties. Le dossier de l'affaire est transmis, avec une copie de la décision de renvoi, à l'expiration du délai de contredit, par le secrétariat de la juridiction à celui de la juridiction désignée (C. pr. civ., art. 97).

Les parties sont alors invitées par lettre recommandée avec demande d'avis de réception du secrétaire de la juridiction désignée à poursuivre l'instance, et s'il y a lieu à constituer avocat (C. pr. civ., art. 97, al. 2).

Lorsque les parties sont tenues de se faire représenter, « *l'affaire est d'office radiée si aucune d'elles n'a constitué avocat ou avoué, selon le cas, dans le mois de l'avis qui leur a été donné* » (C. pr. civ., art. 97, al. 3). Mais cette radiation est une simple mesure d'administration judiciaire. Elle ne met pas fin à l'instance qui peut être reprise, après rétablissement de l'affaire, si, du moins il n'y a pas péremption[8].

Aucune diligence n'incombe aux parties avant la réception de la lettre recommandée du greffe prévue à l'article 97 C. pr. civ. En l'absence d'envoi de cette lettre, les parties ne peuvent donc être sanctionnées par la péremption d'instance ou pour ne pas avoir constitué avocat ou avoué[9].

351.205 Poursuite de l'instance. Lorsque, en vertu d'une décision d'incompétence, l'affaire est renvoyée ainsi devant une autre juridiction, c'est la même instance qui se poursuit, dans l'état où elle se trouvait, sans qu'il y ait lieu à une nouvelle assigna-

1. TGI Paris, 4 oct. 1990, *Gaz. Pal.* 1991. Somm. 432 – Soc. 21 oct. 1982, *RTD civ.* 1983. 783, obs. Normand.
2. Civ. 2e, 24 mai 2007, n° 05-21.732, *Bull. civ.* II, n° 130; *RTD civ.* 2007. 630. obs. Théry – J. Ghestin, « L'autorité de la chose jugée des motifs ayant tranché une question de fond dont dépendait la compétence », *Mél. Normand*, Litec, 2003, p. 199.
3. Civ. 3e, 16 févr. 1977, n° 76-10.281, *Bull. civ.* III, n° 79.
4. Civ. 2e, 8 févr. 1978, n° 76-14.049, *Bull. civ.* II, n° 32.
5. Com. 7 juill. 1992, n° 90-13.721 (préc. s[s] n° 351.181) – Civ. 1re, 16 mars 1999, n° 93-16.226 (préc. s[s] n° 351.181).
6. Civ. 1re, 16 mars 1999, n° 93-16.226 (préc. s[s] n° 351.181).
7. Civ. 2e, 12 juin 2008, n° 07-13.901, *Bull. civ.* II, n° 138; *Procédures* 2008, n° 227, obs. Perrot – Civ. 2e, 19 mars 2009, n° 08-12.814, *Bull. civ.* II, n° 77; *Procédures* 2009, Comm. 148, note Perrot.
8. Civ. 3e, 20 févr. 2002, n° 99-15.474, *Bull. civ.* III, n° 42; *Procédures* 2002, n° 85, obs. Perrot.
9. Civ. 2e, 15 janv. 2009, n° 07-20.477, *Bull. civ.* II, n° 16; *D.* 2009. 378, et n° 07-22.074, *Bull. civ.* II, n° 17; *D.* 2009. 304, obs. Dargent; *Procédures* 2009. Comm. 110, note Perrot – Civ. 2e, 4 juin 2009, n° 08-14.819, NP; *Procédures* 2009. Comm. 271, obs. Perrot.

tion, ou de reprendre les actes de procédures déjà accomplis. Il en résulte que c'est la citation devant le tribunal incompétent qui a fixé le début de l'instance, interrompant ainsi le délai de prescription ou de forclusion qui pouvait être encouru[1].

Il a encore été précisé que si en matière sociale, l'affaire est renvoyée devant un autre conseil de prud'hommes, le préliminaire de conciliation régulièrement effectué devant la juridiction dessaisie n'a pas à être renouvelé devant le conseil de prud'hommes déclaré compétent[2].

§ 2
Le juge se déclare compétent

351.210 Plan. Lorsque rejetant l'exception de compétence, le juge se déclare compétent, une option s'ouvre à lui : soit il ne statue dans un premier temps que sur la compétence et sursoit à statuer sur le fond (A), soit il statue également au fond (B). Le choix entre les deux branches de l'option est discrétionnaire. Toutefois, sa décision peut toujours faire l'objet d'un recours sur la compétence, mais différent selon les cas (sur les voies de recours, v. Livre 5, s^{s} n°s 5.00 s.).

A.
Jugement sur la compétence seule

351.211 Suspension de l'instance. Si le juge se déclare compétent mais décide de ne pas statuer immédiatement au fond (souvent parce que, dans un premier temps, le débat n'a porté que sur la compétence, ou parce qu'il est probable que sur une question discutée les parties formeront un contredit), l'instance est alors suspendue jusqu'à l'expiration du délai pour former contredit, et si un contredit est formé, jusqu'à ce que la cour d'appel ait rendu sa décision (C. pr. civ., art. 81). Il a été précisé que, l'instance étant suspendue, l'exécution provisoire de la mesure d'instruction éventuellement ordonnée par le juge ne peut être poursuivie[3].

B.
Jugement sur la compétence et sur le fond

351.220 Plan. Le juge peut, par un même jugement, se déclarer compétent et statuer sur le fond. Il doit le faire par des dispositions distinctes (1°) et ne peut le faire sans avoir mis les parties en demeure de conclure sur le fond si nécessaire (2°).

351.221 1) Le juge doit statuer par des dispositions distinctes – Sanction. Comme lorsque la compétence dépend d'une question de fond, lorsque le juge se déclare compétent et sans désemparer statue sur le fond, il doit le faire par des dispositions distinctes, dans les motifs et dans le dispositif, ce qui n'est toutefois pas exigé à peine de nullité du jugement[4]. Mais il a été jugé que l'autorité de la chose jugée sur la question de fond dont dépend la compétence était subordonnée au respect de cette règle[5].

351.222 2) Le juge doit préalablement mettre les parties en demeure de conclure sur le fond – Portée. Si les parties n'ont pas déjà conclu sur le fond, le juge ne peut statuer sur la compétence et sur le fond par un même jugement sans, au préalable, mettre en demeure les parties (ou celles qui ne l'auraient pas fait) de conclure sur le fond (C. pr. civ., art. 76). C'est une question essentielle de respect des droits de la défense. Ainsi, viole l'article 76, l'arrêt qui confirme l'ordonnance d'un juge aux affaires matrimoniales rendue par défaut, ayant condamné un ex-mari au paiement d'une pension alimentaire sans avoir mis celui-ci, qui s'était borné à soulever l'incompétence du juge, en demeure de conclure sur le fond[6].

Cette règle s'applique devant toutes les juridictions, même devant celles où la procédure est orale (ainsi pour un tribunal de commerce[7], le tribunal d'instance[8] ou le juge de proximité[9]).

SECTION 3
RÈGLEMENT DES INCIDENTS DE COMPÉTENCE DEVANT LA JURIDICTION DE PROXIMITÉ

351.230 Régime dérogatoire. La loi n° 2002-1138 du 9 septembre 2002[10] instituant la juridiction de proximité et le décret n° 2003-542 du 23 juin

1. Civ. 3e, 10 mars 1993, n° 91-11.268, *Bull. civ.* III, n° 29; *JCP* 1993. IV. 1230 – Civ. 2e, 29 mars 1995, n° 92-21.953, *Bull. civ.* II, n° 111.
2. Soc. 7 nov. 1995, n° 93-43.806, n° 93-44.194, *Bull. civ.* V, n° 291; *JCP* 1995. IV. 2744.
3. Lyon, 17 févr. 1981, *JCP* 1981. II. 19690, note J. A.
4. Civ. 1re, 27 nov. 1985, n° 84-10.899, *Bull. civ.* I, n° 326; *JCP* 1986. IV. 54.
5. Soc. 16 oct. 1991, n° 89-11.473, n° 89-11.533, *Bull. civ.* V, n° 407; *D.* 1992. 220, note Mirabail – Civ. 3e, 22 mars 2006, n° 05-12.178, *Bull. civ.* II, n° 66 – Soc. 6 oct. 2010, n° 08-45.393, NP.
6. Civ. 2e, 15 oct. 1980, n° 79-11.763, *Bull. civ.* II, n° 208.
7. Civ. 2e, 14 nov. 1979, n° 78-14.468, *Bull. civ.* II, n° 267; *JCP* 1980. IV. 35; *Gaz. Pal.* 1980. 186, note Viatte.
8. Civ. 2e, 18 mars 1992, n° 90-19.976, *Bull. civ.* II, n° 88; *JCP* 1992. IV. 164.
9. Civ. 2e, 19 févr. 2009, n° 07-19.039, *Bull. civ.* II, n° 27; *D.* 2009. 435; *D.* 2010. 400, obs. C. de droit et d'économie du sport Université de Limoges; *Procédures* 2009. Comm. 144, obs. Perrot.
10. L. n° 2002-1138, 9 sept. 2002, d'orientation et de programmation pour la justice, *JO* 10 sept. 2002, p. 14934.

2003[1] ont instauré un régime spécial simplifié, et dérogatoire du droit commun, pour régler les incidents de compétence concernant les juridictions de proximité. Cette juridiction, composée de juges non professionnels, est compétente pour juger les très petits litiges jusqu'à une valeur de 4 000 euros (1 500 euros initialement) (v. s[s] n°s 124.180 s.) en attendant sa disparition programmée qui permettra une simplification de la matière[2]. Le législateur a estimé qu'il n'était pas opportun d'appliquer aux incidents de compétence, les règles, un peu lourdes, du règlement des incidents de compétence. C'est donc un régime original, plus administratif que juridictionnel, qui a été institué pour cette juridiction.

Plan. Sous le Chapitre V, intitulé « Des renvois de compétence », c'est en réalité deux types de renvois qui ont été prévus et qui seront examinés successivement : le renvoi pour difficulté juridique sérieuse (§ 1) et le renvoi pour exception d'incompétence (§ 2).

§ 1 Renvoi pour difficulté juridique sérieuse

351.240 Renvoi devant le tribunal d'instance. L'article L. 231-5 du COJ[3], complété quant au régime par l'article 847-4 C. pr. civ. prévoit que : « *Lorsque, en matière civile, le juge de proximité se heurte à une difficulté juridique sérieuse portant sur l'application d'une règle de droit, ou sur l'interprétation d'un contrat liant les parties, il peut, à la demande d'une partie ou d'office, après avoir recueilli l'avis, selon le cas, de l'autre ou des deux parties, renvoyer l'affaire au tribunal d'instance qui statue en tant que juridiction de proximité.* »

Plan. Seront précisées successivement la nature et le domaine de ce renvoi original (A) et son régime (B).

A. Domaine et nature

1° Domaine et conditions du renvoi

351.241 Disposition applicable au seul juge de proximité, en matière civile. C'est seulement en faveur du juge de proximité, et uniquement en matière civile, que ce renvoi est institué (COJ, art. L. 231-5). Ces dispositions ne s'appliquent pas à la matière pénale relevant de la compétence du juge de proximité.

351.242 Difficulté juridique sérieuse sur l'application d'une règle de droit ou sur l'interprétation d'un contrat. Bien que très large, la possibilité de renvoi pour difficulté juridique sérieuse, ne concerne pas toute difficulté de quelque ordre que ce soit. Ce sont uniquement les difficultés portant sur l'application d'une règle de droit ou sur l'interprétation d'un contrat liant les parties. Ne sont pas visées les difficultés de fait, qu'il appartiendra au juge de proximité de trancher, sans pouvoir renvoyer pour motif de difficulté, qui peut être néanmoins sérieuse. Pour ce qui est de la difficulté portant sur l'application de la loi, il faut y inclure l'interprétation proprement dite de la règle. Lorsque la difficulté sérieuse justifie une question préjudicielle à la juridiction administrative, le juge de proximité peut soit renvoyer l'affaire au tribunal d'instance soit poser lui-même la question préjudicielle et surseoir à statuer. Il ne peut se déclarer purement et simplement incompétent en raison de cette difficulté[4].

2° Nature du renvoi

351.251 Demande entrant dans la compétence du juge de proximité. Il ne faut pas confondre le renvoi pour incompétence et le renvoi pour difficulté juridique sérieuse. Dans le second cas, le juge de proximité est bien compétent pour statuer sur la prétention et il rencontre une difficulté pour trancher le litige dont il est saisi. Le renvoi que le juge peut décider pour ce motif n'est donc pas une décision d'incompétence. D'ailleurs, l'article L. 231-5 du COJ dit expressément que c'est « *en tant que juridiction de proximité* » que le tribunal d'instance devant lequel l'affaire est renvoyée doit statuer. Le litige ne change pas de juridiction. Le taux de ressort n'est pas modifié par le renvoi. Lorsque le juge de proximité ne pouvait connaître de l'affaire qu'en dernier ressort, il en est de même du tribunal d'instance à qui l'affaire a été renvoyée[5].

B. Régime du renvoi

1° Décision du juge de proximité

351.261 À la demande des parties ou d'office. Le renvoi pour difficulté juridique sérieuse peut être

1. Décr. n° 2003-542, 23 juin 2003, relatif à la juridiction de proximité et modifiant le Code d'organisation judiciaire, le Nouveau Code de procédure civile, le Code de procédure pénale, et Décr. n° 91-1266, *JO* 25 juin 2003, p. 10632.
2. L. n° 2011-1862, 13 déc. 2011, relative à la répartition des contentieux et à l'allègement de certaines procédures juridictionnelles, art. 1er, dont l'entrée en vigueur prévue initialement en 2013 (art. 70) a été reportée au 1er janvier 2015 par la loi n° 2012-1441 du 24 décembre 2012 (article unique).
3. Décr. n° 2008-522, 2 juin 2008, portant refonte de la partie réglementaire du Code de l'organisation judiciaire, *JO* 4 juin, p. 9184.
4. T. confl. 19 mars 2007, n° 07-03.565, *Bull. T. confl.*, n° 9.
5. Toulouse, 10 avr. 2008, RG n° 07/05936.

demandé par l'une des parties (ou par les deux), ou ordonné d'office par le juge de proximité (COJ, art. L. 231-5). Cela suppose que le juge ait été préalablement saisi d'une demande entrant dans sa compétence. Le texte ne prévoit pas que, pressentant une difficulté juridique sérieuse, le demandeur puisse s'adresser directement au tribunal d'instance. Cette exception peut être soulevée à tout moment par les parties jusqu'à la clôture des débats. Le juge peut aussi décider, d'office, de renvoyer l'affaire au tribunal d'instance et il peut le faire à tout moment jusqu'à son dessaisissement, et notamment au cours du délibéré.

351.262 **Obligation de recueillir l'avis des parties.** L'article L. 231-5 du COJ fait obligation au juge de proximité de recueillir l'avis des parties avant de décider du renvoi. Soit le renvoi, a été sollicité par une des parties et le juge doit demander l'avis de l'autre sur ce point. Dans ce cas, c'est le plus souvent lors des débats que le juge sollicitera l'avis de l'autre partie. Lorsque le juge entend relever d'office une difficulté, il peut le faire à tout moment, notamment lors de l'audience, ou avant celle-ci en informant les parties par note ou oralement; mais ce sera souvent lors du délibéré que le juge de proximité décèlera une difficulté sérieuse. Il devra alors rouvrir les débats pour recueillir l'avis des parties. L'article 847-4 C. pr. civ. dit qu'il doit entendre les parties, ce qui suppose d'appeler l'affaire à une nouvelle audience, la procédure étant orale. Cela n'interdit cependant pas aux parties de déposer des conclusions sur la difficulté décelée par le juge. L'intérêt de recueillir l'avis des parties est d'éclairer le juge et peut-être de surmonter la difficulté. Dans ce cas, s'il estime la difficulté aplanie, le juge pourra statuer.

351.263 **Appréciation souveraine du juge de proximité.** La notion de difficulté sérieuse est subjective et appréciée souverainement par le juge de proximité. Il n'appartient qu'à ce dernier d'estimer, en fonction de ses connaissances ou facultés, que la difficulté est sérieuse, pour lui. Il n'a pas à motiver spécialement sa décision, sauf à préciser, en principe, la difficulté qu'il rencontre. Et sa décision n'est soumise à aucun contrôle, notamment du juge d'instance. Sa décision de renvoi n'est d'ailleurs qu'une faculté. Rien n'interdit au juge de proximité de trancher une difficulté juridique sérieuse. Il lui est seulement loisible de renvoyer s'il estime que la difficulté excède ses compétences juridiques, et que l'avis des parties n'a pas suffi à l'éclairer. Il est alors souhaitable qu'il décide un renvoi plutôt que de risquer de rendre une décision aberrante.

351.264 **Mesure d'administration judiciaire.** La décision de renvoi est une mesure d'administration judiciaire (C. pr. civ., art. 847-4). Ceci signifie qu'elle n'est susceptible d'aucun recours (C. pr. civ., art. 537). Elle peut d'ailleurs prendre la forme d'une « *simple mention au dossier* » (C. pr. civ., art. 847-4). C'est la forme la plus simple, suggérée par le texte. Rien n'interdit sans doute au juge de rendre une décision expresse, du genre ordonnance. Mais cela resterait une mesure d'administration judiciaire.

2°
Poursuite de l'instance devant le juge d'instance

351.271 **Reprise de la procédure en l'état.** En cas de décision de renvoi, le dossier est alors transmis directement et immédiatement au juge d'instance (C. pr. civ., art. 847-4). Le juge d'instance doit alors reprendre la procédure en l'état où l'a laissée le juge de proximité. Le juge d'instance n'a aucun pouvoir de contrôle, ni de refus du renvoi. Les parties doivent alors être convoquées à une prochaine audience par le greffe. Elles seront ainsi avisées du renvoi, si elles ne l'ont déjà été. Si l'affaire a déjà été plaidée devant le juge de proximité, le juge d'instance doit réentendre les parties (C. pr. civ., art. 847-4, al. 3).

§ 2
Renvoi pour incompétence

351.280 **Plan.** Le juge de proximité est le seul juge qui n'a pas reçu compétence pour apprécier sa propre compétence. Il doit renvoyer la question de la compétence au juge d'instance. Le renvoi devant le juge d'instance pour incompétence, prononcé par le juge de proximité (A), commande donc et entraîne la décision sur la compétence du juge d'instance (B).

A.
Renvoi par le juge de proximité

1°
Contestation de la compétence

351.281 **Exception d'incompétence soulevée par une partie.** Le juge de proximité peut d'abord être saisi par une exception d'incompétence soulevée par une des parties (le défendeur en principe), comme cela peut être fait devant toute juridiction (C. pr. civ., art. 847-5). Cette exception d'incompétence, qui peut être orale, doit répondre aux prescriptions des articles 74 et 75 C. pr. civ., mais il n'appartient pas au juge de proximité d'apprécier la recevabilité de l'exception.

351.282 **Incompétence relevée d'office par le juge de proximité.** Le juge de proximité peut aussi relever d'office son incompétence, dans tous les cas, et sans qu'il y ait lieu de distinguer entre compétence matérielle et compétence territoriale (C. pr. civ., art. 847-5, al. 2). En réalité, le juge de proximité ne se déclare pas incompétent, puisqu'il n'a pas le pouvoir d'en décider. Il ne fait que poser d'office la question de sa propre compétence lorsqu'il pense ne pas l'être, ou lorsqu'il a un doute sérieux le faisant plutôt pencher pour l'incompétence. Il ne faut pas, et il ne serait pas dans l'esprit du texte en effet, que le juge de proximité renvoie systématiquement devant le juge d'instance.

2°
Décision de renvoi

351.291 Obligation de renvoi. Que le juge de proximité ait été saisi d'une exception d'incompétence soulevée par une partie, ou qu'il ait relevé d'office son incompétence, il doit, dans tous les cas, décider de renvoyer l'examen et le jugement de la question au juge d'instance. Il n'a pas le pouvoir de trancher cette question et doit s'en abstenir. Les décisions de juges de proximité qui statuent sur la compétence sont donc censurées par la Cour de cassation[1].

351.292 Forme du renvoi. La décision de renvoi du juge de proximité peut prendre la forme d'une simple mention au dossier (C. pr. civ., art. 847-5, al. 1). Il s'agit d'une pure décision d'administration judiciaire, qui n'a pas à être motivée. Le juge de proximité n'a pas à désigner non plus la juridiction qu'il estime compétente. Et s'il le faisait cela n'aurait aucune valeur et ne lierait pas le juge d'instance. Cette décision n'est susceptible d'aucun recours. Le dossier doit alors être transmis au juge d'instance.

B.
Décision du juge d'instance sur la compétence

351.300 Plan. Selon les cas, au terme d'une procédure commune (1°) le juge d'instance va rendre deux types de décisions (2°). Les suites de la décision d'incompétence sont les mêmes (3°).

1°
Procédure de jugement de l'exception d'incompétence

351.301 Incertitude sur la procédure. Les textes ne précisent rien sur ce point. Sous réserve de ce que dira la jurisprudence, il est dans l'esprit du régime dérogatoire, que la question de la compétence du juge de proximité soit traitée de la manière la plus simple. Le juge d'instance pourra donc statuer sur la compétence, dans son cabinet, sans entendre ou réentendre les parties sur ce point, au vu des éléments du dossier qui lui est transmis. On peut également supposer que le juge d'instance doit statuer sur la compétence, c'est-à-dire déterminer la juridiction compétente en fonction des prétentions, sans s'arrêter à la question de la recevabilité de l'exception d'incompétence soulevée devant le juge de proximité au regard des articles 74 et 75 C. pr. civ. (C. pr. civ., art. 847-5, al. 4, *a contrario*).

2°
Décisions du juge d'instance sur la compétence

351.310 Deux types de décisions. La nature et le régime de la décision prise par le juge d'instance dépendent de la solution de la question de compétence.

351.311 a) Décisions sans recours – Compétence de la juridiction de proximité ou du tribunal d'instance. Si le juge d'instance estime que la juridiction compétente pour statuer sur les prétentions est soit une des juridictions de proximité de son ressort, soit son propre tribunal, il statue sans recours, c'est-à-dire sans aucun recours (ni contredit, ni appel, ni opposition ou pourvoi en cassation[2]). Il ordonne le renvoi devant la juridiction de proximité compétente ou conserve la connaissance du litige. Sa décision doit cependant être motivée et a la nature d'une décision juridictionnelle. La solution doit être la même lorsque l'incompétence du tribunal d'instance est soulevée devant ce tribunal par une partie ou relevée d'office en faveur de la juridiction de proximité (C. pr. civ., art. 847-5, al. 2).

351.312 b) Décision susceptible de recours – Compétence d'une autre juridiction. En revanche, lorsque le juge d'instance décide, par décision motivée, que la juridiction compétente est soit une juridiction de proximité d'un autre ressort que le sien, un autre tribunal d'instance, ou une autre juridiction, sa décision est susceptible des recours en matière de compétence selon les règles de droit commun (v. s[s] titre 51, s[s] n°s 51.00 s.). En principe, et par hypothèse, le juge d'instance ne statue alors que sur la compétence et rend un jugement d'incompétence, c'est donc le contredit qui constitue le seul recours ouvert (v. s[s] n°s 511.00 s.).

3°
Suites de la décision d'incompétence

351.321 Transmission du dossier ou renvoi des parties à mieux se pourvoir. Il est dit expressément que les articles 96 et 97 C. pr. civ. sont applicables.

1. Civ. 2e, 10 mars 2011, n° 10-17.186, *JCP* 2011. 666, n° 18, obs. Amrani-Mekki – Civ. 2e, 23 juin 2011, n° 09-17.372, NP.

2. Civ. 1re, 17 juin 2010, n° 09-67.881, NP; *AJDI* 2010. 654.

Le juge renvoie donc les parties à mieux se pourvoir si la juridiction compétente qu'il désigne est répressive, administrative, arbitrale ou étrangère. Si la juridiction estimée compétente est une autre juridiction judiciaire, y compris une juridiction de proximité, le dossier est transmis par le secrétariat avec une copie de la décision de renvoi, et la procédure est alors reprise devant la juridiction désignée selon les modalités prévues par l'article 97 C. pr. civ. (v. s[s] n°s 351.204 et 351.205).

CHAPITRE

352. Incidents relatifs au cours de l'instance

Isabelle PÉTEL-TEYSSIÉ
Maître de conférences
à l'Université Panthéon-Assas (Paris II)

SECTION 0
ORIENTEUR

352.00 **Plan du chapitre.**

Division. L'instance peut connaître une suspension (sect. 1), une interruption (sect. 2), voire une extinction anticipée (sect. 3). Elle peut aussi faire l'objet d'une jonction avec une autre ou subir une disjonction (sect. 4).

352.01 Textes applicables.

C. pr. civ., art. 367 à 410.

352.04 Formulaire : renvois.

Form. pr. civ. *Acquiescement – Acquiescement à une demande* (Acquiescement à une demande par voie de conclusions)

Acquiescement – Acquiescement au nom d'un mineur (Acquiescement à une décision de justice au nom d'un mineur)

Caducité – Caducité (conclusions) (Conclusions à fin de constatation de caducité en raison du défaut d'accomplissement par le demandeur d'un acte de procédure [C. pr. civ., art. 469])

Désistement – Désistement (refus de) (Conclusions de refus de désistement)

Désistement – Désistement parfait (Conclusions afin de faire juger un désistement parfait)

Désistement – Désistement (acceptation de) (Acte d'acceptation de désistement d'instance comportant si nécessaire un pouvoir afin d'accepter le désistement)

Désistement – Désistement (Acte de) (Acte de désistement d'appel)

SECTION 1
SUSPENSION DE L'INSTANCE

352.10 Définition. La suspension est un incident qui, comme l'interruption mais avec des conséquences moindres, arrête provisoirement la procédure. De l'article 377 C. pr. civ. il résulte qu'elle peut être légale ou judiciaire; en ce dernier cas, elle prend la forme d'un sursis à statuer, d'une radiation ou d'un retrait du rôle.

§ 1
Suspension légale

352.11 Domaine. De la loi seule résulte parfois la suspension de l'instance, telle celle qui se produit – jusqu'à l'expiration du délai pour former contredit, voire, si contredit il y a, jusqu'à l'arrêt de la cour d'appel – lorsque le juge rend une décision dans laquelle il se borne à se déclarer compétent (C. pr. civ., art. 81). Si d'aventure une partie prétendait faire avancer le procès sur le fond, le respect de la suspension serait assuré par une exception dilatoire.

352.12 Régime. Faute pour le régime d'une suspension légale d'être précisé, il convient, dans la mesure où celle-ci a lieu non point jusqu'à une initiative des parties mais pour un certain temps ou jusqu'à la survenance d'un événement déterminé, de l'aligner sur celui du sursis à statuer.

§ 2
Sursis à statuer

A.
Notion de sursis à statuer

352.21 Arrêt de la procédure. Forme normale de la suspension judiciaire de l'instance[1], le sursis à statuer peut se définir comme un arrêt de la procédure pour un temps déterminé, ou déterminable par référence à la survenance d'un événement. Il suppose évidemment que le juge n'ait pas statué sur l'ensemble des demandes dont il était saisi[2] et ne saurait se confondre ni avec le renvoi ni avec la décision qui ordonne une mesure d'instruction.

352.22 Sursis à statuer et renvoi. Chaque fois que le juge renvoie l'affaire à une audience ultérieure parce que la défense d'une partie n'est pas prête,

1. COMP., pour le sursis aux poursuites de saisie immobilière, qui n'est pas un sursis à statuer, Civ. 2e, 1er févr. 2006, n° 03-19.851, *Bull. civ.* II, n° 36.
2. Civ. 2e, 15 sept. 2005, n° 03-20.644, *Bull. civ.* II, n° 217; *Procédures* 2005. Comm. 251, obs. Perrot.

parce que son avocat est occupé par ailleurs, parce que l'audience est trop chargée... il ne prononce point un sursis à statuer : il modifie simplement la date de l'audience; il se borne à aménager le déroulement de l'instance; il prend une « mesure d'ordre intérieur »[1], une pure mesure d'administration judiciaire[2].

Mais le « renvoi » peut correspondre à une autre situation : il peut être ordonné dans l'attente d'un événement, issue d'une procédure pénale par exemple. N'est-ce pas là une suspension d'instance dans l'attente d'un événement déterminé, donc un sursis à statuer ? La chambre sociale de la Cour de cassation l'a pensé[3]. La deuxième chambre civile refuse cette assimilation chaque fois que le « renvoi » n'a donné lieu à aucun jugement en la forme[4].

352.23 Sursis à statuer et décision ordonnant une mesure d'instruction. La décision de justice qui ordonne une mesure d'instruction n'emporte pas « *par elle-même* » sursis à statuer[5] même si le jugement sur le fond s'en trouve reporté. Loin de suspendre l'instance, elle l'enrichit, elle provoque l'accomplissement de certains actes dans le cadre de cette instance. Il en va de même lorsque le juge met expressément des diligences à la charge d'une partie. Mais rien n'empêche celui-ci de prononcer un sursis à statuer en même temps qu'il ordonne une expertise[6] ou de le décider dans l'attente de diligences des parties[7].

B. Caractère obligatoire ou facultatif du sursis à statuer

352.31 Sursis facultatif. Le sursis à statuer est, le plus souvent, facultatif, prononcé « pour une bonne administration de la justice ». La possibilité en est parfois prévue par le législateur (C. com., art. L. 235-4, en matière de nullité de société, pour permettre la régularisation; C. pr. civ., art. 109, pour la mise en cause d'un garant; C. pr. civ., art. 110 et 589, en présence d'un recours formé contre un jugement produit dans la procédure; C. pr. civ., art. 361, al. 2, en cas de demande de dessaisissement de la juridiction pour cause de suspicion légitime). Le juge a également toute latitude pour prononcer le sursis hors des prévisions légales. Il le fera, par exemple, pour éviter toute contrariété entre sa décision et le jugement rendu dans une autre affaire, pendante devant une autre juridiction[8] (pour autant que la contestation parallèle présente un caractère sérieux[9]), ou encore parce qu'un accord est recherché entre les parties[10].

Seul le souci d'une bonne administration de la justice doit guider le juge; il dispose, pour apprécier l'opportunité du sursis, d'un pouvoir discrétionnaire[11]. Sa décision échappe donc au contrôle de la Cour de cassation[12] (v. cep. s^{s} n° 352.48).

352.32 Sursis obligatoire. Le législateur impose parfois le sursis : ainsi lorsque la caution invoque bénéfice de discussion ou bénéfice de division pour autant que le juge estime que pareilles règles s'appliquent bien à elle (C. pr. civ., art. 108, qui vise aussi le délai « *pour faire inventaire et délibérer* » - rappr. C. civ., art. 771 s. [réd. L. n° 2006-728, 23 juin 2006][13]), ou encore quand l'action en réparation du dommage causé par une infraction[14] est exercée devant la juridiction civile, celle-ci devant surseoir jusqu'à ce qu'il ait « *été prononcé définitivement sur l'action publique lorsque celle-ci a été mise en mouvement* » (C. pr. pén., art. 4, al. 2)[15].

1. Versailles, 9 oct. 1985, RG n° 1301/84, *D.* 1986. IR 227, obs. Julien, arrêt qui lui refuse l'effet interruptif de péremption du sursis à statuer.
2. Civ. 2e, 6 mai 1987, n° 86-10.581, *Bull. civ.* II, n° 106, écartant tout recours.
3. Soc. 19 juin 1990, n° 85-46.344, *Bull. civ.* V, n° 297; *JCP* 1990. IV. 317, décidant qu'un tel renvoi, même faisant l'objet d'une simple mention au registre d'audience, « ne peut s'analyser qu'en un sursis à statuer ».
4. Civ. 2e, 21 janv. 1987, n° 85-12.689, *Bull. civ.* II, n° 20; *Gaz. Pal.* 1987. 1. Pan. 76 – Civ. 2e, 6 mai 1987, n° 85-13.454, NP; *Gaz. Pal.* 1987. 1. Pan. 139, 2e esp. – Civ. 2e, 27 mai 2004, n° 02-15.107, *Bull. civ.* II, n° 251; *Procédures* 2004. Comm. 179, obs. Perrot, qui se fonde sur la référence de l'art. 377 C. pr. civ. à la « décision » de sursis à statuer – V. AUSSI, Civ. 2e, 29 mai 1991, n° 90-10.738, *Bull. civ.* II, n° 166; *D.* 1991. IR 189; *RTD civ.* 1991. 800, obs. crit. Perrot; *JCP* 1991. IV. 291.
5. Civ. 2e, 6 mars 1991, n° 89-20.550, *Bull. civ.* II, n° 80; *RTD civ.* 1991. 404, obs. Perrot; *JCP* 1991. IV. 172.
6. Pour une illustration, v. Soc. 17 févr. 1993, n° 89-45.744, *Bull. civ.* V, n° 60; *D.* 1993. IR 65.
7. Civ. 2e, 15 mars 1995, n° 93-15.761, *Bull. civ.* II, n° 92; *RTD civ.* 1995. 954, obs. Perrot.
8. PAR EX., Civ. 3e, 5 janv. 1978, n° 76-11.989, *Bull. civ.* III, n° 14 – Com. 29 mai 1979, n° 77-11.083, *Bull. civ.* IV, n° 181.
9. Civ. 3e, 29 nov. 1977, *D.* 1978. IR 230.
10. Paris, 17 déc. 1987, RG n° 19720/87, *D.* 1988. IR 27.
11. Civ. 1re, 16 juin 1987, n° 85-17.200, *Bull. civ.* I, n° 196 – Com. 11 juin 1991, n° 89-15.216, *Bull. civ.* IV, n° 219 – Civ. 2e, 24 nov. 1993, n° 92-16.588, *Bull. civ.* II, n° 338 – Civ. 1re, 16 nov. 2004, n° 02-14.528, *Bull. civ.* I, n° 266.
12. Soc. 8 oct. 1986, *JCP* 1986. IV. 321 – Civ. 1re, 16 nov. 2004, n° 02-14.528, *Bull. civ.* I, n° 266 – COMP., Soc. 16 janv. 1991, n° 88-60.506, NP; *D.* 1991. 245, concl. Chauvy.
13. L. n° 2006-728, 23 juin 2006, portant réforme des successions et des libéralités, *JO* 24 juin, p. 9513.
14. COMP., pour les autres actions liées à l'infraction, sous l'empire de la loi n° 2007-291 du 5 mars 2007 : Com. 24 juin 2008, n° 07-14.082, *Procédures* 2008. Comm. 230, obs. Perrot.
15. V. NOT., Civ. 2e, 20 mars 2003, n° 01-11.083, *Bull. civ.* II, n° 70, qui subordonne le jeu de cette disposition, dans l'hypothèse d'une plainte avec constitution de partie civile, à la justification de la consignation fixée ou de sa dispense – Civ. 3e, 24 nov. 2004, n° 03-15.848, *Bull. civ.* III, n° 216, qui la fait jouer même si un élément constitutif de l'infraction, abus de confiance en l'occurrence, dépend de la qualification des liens juridiques entre les parties – V. AUSSI, Civ. 2e, 18 févr. ►

La même obligation apparaît en présence d'une question préjudicielle, question soulevée incidemment devant une juridiction et dont celle-ci ne peut connaître faute d'être compétente et de pouvoir proroger sa compétence[1]. Toutefois, si le sursis s'impose alors, toute appréciation du juge n'est pas pour autant exclue; il n'y a, en effet, question préjudicielle qu'autant que la contestation soulevée présente un caractère sérieux[2] et porte sur une question dont la solution est nécessaire au règlement du litige[3] ou, tout au moins, susceptible d'influer sur celui-ci[4] (v. dans le cas particulier de la « *question prioritaire de constitutionnalité* », Ord. n° 58-1067, 7 nov. 1958, art. 23-3 [réd. L. org. n° 2009-1523, 10 déc. 2009][5] – C. pr. civ., art. 126-5).

C. Procédure de sursis à statuer

352.41 Initiative du sursis. Obligatoire ou facultatif, le sursis peut, en principe, être prononcé d'office. Une solution différente est toutefois retenue à propos du délai « *pour faire inventaire et délibérer* »[6] (v. C. pr. civ., art. 108, visant « *la partie qui le demande* », texte qui conduit à la même solution pour les bénéfices de la caution).

Le sursis peut intervenir également à la demande d'une partie, voire des deux, le juge ne faisant, dans cette hypothèse, que constater l'accord des plaideurs pour suspendre la procédure dans l'attente d'un événement futur, tel le résultat d'une procédure pénale (sur le refus de reconnaître, parfois, à ce « *sursis conventionnel* »[7] les effets d'un véritable sursis à statuer, v. à propos de la péremption, s[s] n° 352.383 – Rappr. s[s] n°s 352.63 et 352.73).

352.42 Sursis demandé par une partie : moment de la demande. Lorsqu'une partie sollicite le sursis à statuer, elle doit respecter les prescriptions de l'article 74 C. pr. civ.[8] Il faut donc qu'elle en présente la demande avant toute fin de non-recevoir et toute défense au fond après, cependant, que s'est manifestée la cause de ladite demande. L'exigence n'est pas aujourd'hui cantonnée à l'hypothèse dans laquelle celle-ci est formée à titre de moyen de défense : la jurisprudence la fait jouer « *quelle que soit la partie qui soulève l'exception de sursis à statuer* »[9].

352.43 Décision de sursis. Le sursis à statuer résulte parfois d'une décision en bonne et due forme. Mais une simple mention au dossier suffit-elle à le constituer ? Si, pour la chambre sociale de la Cour de cassation, une réponse affirmative s'impose, il n'en va pas de même pour la deuxième chambre civile, qui paraît exiger un jugement (v. s[s] n° 352.22).

Au moins quand il s'agit d'un sursis pour une bonne administration de la justice, la décision, parce qu'elle relève alors du pouvoir discrétionnaire du juge, n'a pas à être motivée[10]. Elle doit, en revanche, mentionner l'événement susceptible de mettre fin au sursis[11].

352.44 Recours contre la décision relative au sursis à statuer. Un recours immédiat est ouvert : l'appel ou le pourvoi selon que l'affaire doit être jugée en premier ou en dernier ressort.

352.45 Appel – Dualité de régime. Selon le cas, l'appel immédiat contre une décision relative au sursis à statuer obéit au droit commun ou au régime spécial édicté par l'article 380 C. pr. civ.

► 1999, n° 96-21.045, *Bull. civ.* II, n° 35, précisant que ce texte ne concerne pas la poursuite d'une voie d'exécution – Civ. 1re, 25 oct. 2005, n° 02-13.252, *Bull. civ.* I, n° 378; *D.* 2005. 3050, spéc[t] 3060, obs. Clay; *D.* 2006. 199, avis J. Sainte-Rose, selon lequel cette règle, qui n'est pas applicable à l'arbitrage, l'est, en revanche, « même en matière internationale, au recours en annulation d'une sentence arbitrale si la procédure pénale se déroule en France ».

1. Pour une application, v. Soc. 28 févr. 2006, n° 04-46.365, *Bull. civ.* V, n° 92.
2. Soc. 19 déc. 1990, n° 89-14.201, NP; *JCP* 1991. IV. 65 – Civ. 1re, 8 févr. 2005, n° 02-20.139, *Bull. civ.* I, n° 78.
3. Civ. 1re, 2 oct. 1985, *JCP* 1985. IV. 353 – Sur les deux conditions, v. Civ. 1re, 19 juin 1985, n° 84-11.528, *Bull. civ.* I, n° 200; *D.* 1985. 426, concl. Sargos; *Gaz. Pal.* 1986. 1. Somm. 92, obs. Guinchard et Moussa – Civ. 1re, 26 juin 1990, n° 89-10.541, *Bull. civ.* I, n° 180.
4. Civ. 2e, 24 juin 1998, n° 96-18.842, *Bull. civ.* II, n° 220 – V. AUSSI, Civ. 2e, 13 févr. 2003, n° 01-03.528, *Bull. civ.* II, n° 39 – Civ. 2e, 25 oct. 2005, n° 02-13.252, *Bull. civ.* II, n° 378; *D.* 2006. 199, avis Sainte-Rose; *D.* 2005. 3050, spéc[t] 3060, obs. Clay.
5. Ord. n° 58-1067, 7 nov. 1958, portant loi organique sur le Conseil constitutionnel, *JO* 9 nov., p. 10129 – L. org. n° 2009-1523, 10 déc. 2009, relative à l'application de l'article 61-1 de la Constitution, *JO* 11 déc., p. 21379.
6. Soc. 16 nov. 1977, n° 76-40.477, *Bull. civ.* V, n° 617.
7. Perrot, obs. *RTD civ.* 1986. 641.
8. Com. 8 févr. 1982, n° 79-12.174, *Bull. civ.* IV, n° 49 – Civ. 1re, 16 oct. 1985, n° 84-12.323, *Bull. civ.* I, n° 264 – Soc. 3 juill. 1990, n° 88-13.414, *Bull. civ.* V, n° 340 – Com. 28 juin 2005, n° 03-13.112, *Bull. civ.* IV, n° 146, où l'exception de sursis à statuer était fondée sur l'art. 4, al. 2, C. pr. pén. – Civ. 2e, 18 déc. 2008, n° 08-11.438, *Bull. civ.* II, n° 277; *D.* 2009. AJ 174; *D.* 2009. Chron. 757, n° 5, obs. Sommer et Nicolétis; *Procédures* 2009. Comm. 75, obs. Perrot, à propos d'une question préjudicielle, arrêt qui n'étend pas cette solution à la demande de renvoi pour interprétation devant la CJUE – COMP. Paris, 9 mai 1979, *Bull. ch. avoués* 1979. 3. 27 – Versailles, 21 janv. 1982, *Gaz. Pal.* 1983. 1. Somm. 205.
9. Civ. 2e, 27 sept. 2012, n° 11-16.361, *Bull. civ.* II, n° 156; *Dr. et proc.* 2012. 293, note Douchy-Oudot.
10. Soc. 31 janv. 1980, n° 78-41.498, *Bull. civ.* V, n° 104; *JCP* 1980. IV. 145 – Civ. 1re, 4 oct. 1983, n° 82-13.781, *Bull. civ.* I, n° 216 – COMP., pour le refus d'un sursis dont le caractère obligatoire était allégué, Civ. 2e, 28 avr. 1980, n° 78-14.794, *Bull. civ.* II, n° 96; *JCP* 1980. IV. 261.
11. Civ. 2e, 21 janv. 2010, n° 08-21.460, *Bull. civ.* II, n° 13; *Dr. et proc.* 2010. 134.

Ce dernier texte ne vise, en effet, que les jugements « de sursis ». Ne sont pas concernés - mais relèvent de l'appel de droit commun (C. pr. civ., art. 544) - ceux qui, dans leur dispositif, tranchent le principal[1], en partie[2] ou, *a fortiori*, en totalité[3].

Reposant sur une assignation en référé, le régime de l'article 380 est inapplicable, faute d'adversaire, en matière gracieuse. L'appel étant ouvert en principe (C. pr. civ., art. 543), le demandeur peut, en pareille matière, en l'absence de texte limitant cette voie de recours, interjeter appel selon le droit commun sans avoir à attendre le jugement sur le fond[4].

352.46 Régime de l'article 380 du Code de procédure civile - Conditions. L'appel de l'article 380, applicable quelle que soit la juridiction d'où émane la décision de sursis[5], n'est ouvert que si trois conditions, outre celles qui régissent ordinairement l'appel, sont cumulativement remplies, sanctionnées par une irrecevabilité qui doit être relevée d'office (C. pr. civ., art. 125, al. 1er *in fine*)[6] :

1° Le jugement doit avoir prononcé, et point refusé, le sursis[7].

2° L'appel doit avoir été préalablement autorisé par le premier président de la cour d'appel[8].

3° L'appel doit être justifié par un motif « *grave et légitime* » laissé à l'appréciation souveraine du premier président[9]. Un tel motif tient généralement dans les conséquences fâcheuses que peut avoir pour le demandeur l'allongement du procès[10]. La méconnaissance du principe du contradictoire, l'existence d'une motivation ne pouvant que préjudicier au fond pourraient sans doute aussi, comme en matière d'expertise, être mises en avant[11].

352.47 Régime de l'article 380 du Code de procédure civile - Procédure. Le premier président doit être saisi en la forme des référés (C. pr. civ., art. 380, al. 2), ce qui suppose une assignation. Une requête aux fins d'appel à jour fixe ne saurait en tenir lieu[12].

Cette assignation doit être délivrée dans le mois de la décision (et non de la notification de cette dernière[13]), pour autant, selon la jurisprudence habituelle, que celle-ci ait été rendue en présence des parties ou que la date prévue pour son prononcé ait été portée à leur connaissance[14], formalité qui doit résulter des mentions mêmes du jugement; à défaut, le point de départ du délai est reporté au jour où le demandeur a eu effectivement connaissance de la décision[15].

Le premier président autorise ou non l'appel. Il ne lui appartient pas de se prononcer sur le bien-fondé du jugement[16]. Sa décision peut être frappée de pourvoi[17].

1. Sur la notion de principal qui, en cas de pluralité de parties, s'entend, pour chacune d'elles, de l'objet du litige la concernant, v. Civ. 1re, 7 juill. 1993, n° 90-16.695, *Bull. civ.* I, n° 242 – Civ. 2e, 18 déc. 2003, n° 01-02.423, *Bull. civ.* II, n° 392; *D.* 2004. IR 185 – À propos du jugement qui statue sur la recevabilité de la demande, v. Soc. 17 févr. 1993, n° 89-45.744, *Bull. civ.* V, n° 60, décidant qu'il ne tranche pas une partie du principal – Pour un jugement se prononçant sur une exception de procédure, Paris 3 janv. 1990, *Bull. ch. avoués* 1990. 1. 22 – Pour l'application de l'art. 380, à l'exclusion de l'art. 544, à un jugement de sursis à statuer condamnant, par ailleurs, le demandeur à dommages-intérêts pour procédure abusive, cette condamnation n'étant « pas afférente au fond du litige », Civ. 2e, 26 oct. 2006, n° 05-14.489, *Bull. civ.* II, n° 289; *Procédures* 2007. Comm. 4, obs. Perrot.
2. Com. 14 févr. 1983, n° 81-12.740, *Bull. civ.* IV, n° 55 – Paris, ord., 6 janv. 1988, *Bull. ch. avoués* 1988. 1. 20.
3. Paris, 16 oct. 1978, *JCP* 1979. II. 19098; *RTD civ.* 1978. 928, obs. Perrot, qui déclare sans objet la procédure particulière de l'article 380 C. pr. civ.
4. Paris, 30 avr. 1987, *D.* 1987. Somm. 358, obs. Julien.
5. À propos du juge des référés, Angers, 17 mars 1977, *Gaz. Pal.* 1977. 2. 447, note Barbier; *RTD civ.* 1977. 821, obs. Perrot – *CONTRA* : Montpellier, 5 juill. 1984, *D.* 1985. IR 262, obs. Julien.
6. Civ. 3e, 15 janv. 1985, n° 83-16.164, *Bull. civ.* III, n° 10; *Gaz. Pal.* 1985. 2. Somm. 146, obs. Croze et Morel – Soc. 2 mai 1989, n° 86-42.048, *Bull. civ.* V, n° 316 – Reims, 8 mars 1979, *Gaz. Pal.* 1980. 1. Somm. 75.
7. Paris, 8 juill. 1977, *Gaz. Pal.* 1978. 1. Somm. 40 – Reims, 8 mars 1979, *Gaz. Pal.* 1980. 1. Somm. 75.
8. Civ. 3e, 15 janv. 1985, n° 83-16.164 (préc. ss prést n°) – Soc. 2 mai 1989, n° 86-42.048 (préc. ss prést n°) – Civ. 2e, 19 nov. 2008, n° 07-17.358, *Bull. civ.* II, n° 252; *D.* 2008. 3092; *D.* 2009. Chron. 757, n° 5, obs. Sommer et Nicolétis; *Procédures* 2009. Comm. 8, obs. Perrot, qui n'admet pas la régularisation par une autorisation *a posteriori*.
9. Com. 2 mai 1984, n° 83-12.447, *Bull. civ.* IV, n° 144.
10. Lyon, 23 nov. 1976, *JCP* 1977. II. 18552, obs. J. A.; *D.* 1977. 66, note Julien, à propos d'une demande d'indemnités par un salarié licencié au chômage – Paris, ord., 27 févr. 1979, *Bull. ch. avoués* 1979. 2. 43, où étaient en cause des arriérés de loyer importants pour lesquels aucune proposition de consignation partielle n'avait été faite – Paris, 13 janv. 1994, RG n° 93/23807, *Bull. ch. avoués* 1994. 1. 23, relevant l'augmentation de la créance par le jeu des intérêts et l'amenuisement des sûretés du fait de l'état du marché immobilier – V. AUSSI, Com. 23 nov. 1993, n° 91-17.258, *Bull. civ.* IV, n° 418 – Paris, ord., 20 mai 1988, RG n° 87/12192, *Bull. ch. avoués* 1988. 3. 110, à propos de créances alimentaires.
11. COMP., Soc. 1er oct. 2003, n° 02-45.635, *Bull. civ.* V, n° 251, décidant que le fait que la saisine de la juridiction administrative ait été postérieure à la décision de sursis n'est pas un motif grave.
12. Angers, 17 mars 1977, *Gaz. Pal.* 1977. 2. 447, note Barbier; *RTD civ.* 1977. 821, obs. Perrot.
13. Civ. 2e, 13 févr. 2003, n° 01-02.423, *Bull. civ.* II, n° 35; *Procédures* 2003. Comm. 87, obs. Perrot.
14. V. Civ. 2e, 16 juill. 1992, n° 91-11.269, *Bull. civ.* II, n° 214; *D.* 1992. IR 235; *JCP* 1992. IV. 2709 – Civ. 2e, 30 sept. 1998, n° 96-19.404, *Bull. civ.* II, n° 252.
15. Paris, 8 avr. 1991, RG n° 89/436, *Bull. ch. avoués* 1991. 2. 71.
16. Civ. 2e, 5 juill. 1982, NP; *Gaz. Pal.* 1982. 2. Pan. 338.
17. Com. 16 févr. 1993, n° 90-19.979, *Bull. civ.* IV, n° 58 – *CONTRA* : Civ. 3e, 19 févr. 1985, n° 83-15.761, *Bull. civ.* III, n° 36; *Gaz. Pal.* 1985. 2. somm. 182, obs. crit. Guinchard et Moussa.

Ni la demande d'autorisation ni l'autorisation ne valant déclaration d'appel, l'intéressé n'est nullement dispensé de cette formalité[1], laquelle doit être accomplie dans le mois de l'ordonnance du premier président[2].

En même temps qu'il fait droit à la demande, le premier président fixe la date à laquelle l'affaire sera appelée à l'audience de la Cour. L'instance devant cette juridiction se déroule comme dans le cadre de la procédure à jour fixe. Elle peut encore être accélérée par application de l'article 948 C. pr. civ. (C. pr. civ., art. 380, dern. al.).

La Cour se prononce, en principe, seulement sur le sursis à statuer. Elle peut aussi évoquer[3].

352.48 Pourvoi. Lorsque la décision de sursis a été rendue en dernier ressort, une autre voie de recours immédiate est ouverte : le pourvoi en cassation. Conformément aux principes régissant ce dernier, il ne peut être formé que « pour violation de la règle de droit » (C. pr. civ., art. 380-1), celle gouvernant le sursis, non le fond du litige[4].

C'est dire que le pourvoi se trouve, en principe, exclu lorsque le sursis a été prononcé en vue d'une bonne administration de la justice[5].

Toutefois, même dans cette hypothèse, une erreur de droit peut se manifester : ainsi lorsque le sursis est prononcé pour permettre à une partie de faire tierce-opposition contre un jugement produit dans la procédure alors que cette voie de recours n'est pas recevable[6], ou lorsque la décision est fondée de façon erronée sur l'obligation de surseoir[7], ou encore lorsqu'elle n'indique pas l'événement susceptible de mettre fin au sursis[8].

1. Soc. 13 juin 2012, n° 11-12.913, *Bull. civ.* V, n° 181; *JCP S* 2012. 1376, note Boubli.
2. Civ. 2e, 13 févr. 2003, n° 01-02.423, *Bull. civ.* II, n° 35; *JCP* 2003. II. 10074, note Croze et Junillon.
3. Civ. 2e, 25 mars 1985, n° 80-40.788, *Bull. civ.* II, n° 73; *D.* 1985. IR 467, obs. Julien – Paris, 25 juin 1988, *D.* 1988. IR 89.
4. Civ. 3e, 7 avr. 2004, n° 02-17.455, *Bull. civ.* III, n° 82 – Pour des applications, v. Soc. 1er févr. 1989, n° 87-12.112, *Bull. civ.* V, n° 87 – Soc. 26 juin 2001, n° 00-60.080, *Bull. civ.* V, n° 228 – Civ. 2e, 21 janv. 2010, n° 08-21.460, *Bull. civ.* II, n° 13; *Dr. et proc.* 2010. 134.
5. Civ. 2e, 11 févr. 1987, n° 84-10.676, *Bull. civ.* II, n° 40 – Com. 19 juill. 1988, n° 87-10.227, *Bull. civ.* IV, n° 251; *Gaz. Pal.* 1989. 1. Somm. 160, obs. Croze et Morel – Civ. 2e, 13 mai 1991, n° 89-14.453, *Bull. civ.* II, n° 146 – Com. 1er févr. 1994, n° 92-10.017, *Bull. civ.* IV, n° 40 – Civ. 2e, 21 avr. 2005, n° 03-13.098, *Bull. civ.* II, n° 109 – Civ. 2e, 22 nov. 2007, n° 06-18.892, *Bull. civ.* II, n° 256.
6. Civ. 3e, 17 juill. 1985, n° 84-12.519, *Bull. civ.* III, n° 111; *JCP* 1985. IV. 331.
7. Soc. 9 mai 1978, n° 76-40.691, *Bull. civ.* V, n° 336; *JCP* 1978. IV. 213.
8. Civ. 2e, 21 janv. 2010, n° 08-21.460, *Bull. civ.* II, n° 13; *Dr. et proc.* 2010. 134.

D. Effets du sursis à statuer

352.51 Affaiblissement du lien d'instance. La suspension qu'engendre le sursis à statuer se traduit par un affaiblissement du lien d'instance : le déroulement de la procédure s'arrête; les parties sont dispensées d'accomplir des diligences. Mais aucune nullité ne frappe les actes intervenus au cours de la période de suspension; cet incident va moins loin que l'interruption.

Affaibli, le lien d'instance n'en demeure pas moins. Il en résulte que les actes antérieurs à la décision de sursis non seulement subsistent mais continuent de produire leurs effets. Ce maintien explique aussi l'absence de dessaisissement du juge (C. pr. civ., art. 379, al. 1er) qui peut, dès lors, révoquer le sursis ou en abréger le délai (C. pr. civ., art. 379, al. 2)[9] dans la mesure où cela ne heurte aucune disposition légale imposant un sursis jusqu'à la survenance de tel ou tel événement[10] (sur le renouvellement du sursis, v. ss n° 352.53). L'instance étant toujours en cours et le juge toujours saisi, le jugement de sursis à statuer échappe à la caducité de l'article 478 C. pr. civ.[11] et, en matière prud'homale, les demandes nouvelles formées pendant la période de suspension ne tombent pas sous le coup de la règle de l'unicité de l'instance[12].

352.52 Sauvegarde du lien d'instance. De ce lien maintenu une disposition assure la sauvegarde : non seulement le sursis à statuer interrompt le délai de péremption (v. cep., à propos du « *sursis conventionnel* », ss n° 352.383[13]) mais celui-ci ne prend un nouveau départ qu'au terme de la suspension d'instance engendrée par le sursis (C. pr. civ., art. 392, al. 2)[14].

352.53 Affaiblissement de durée déterminée ou déterminable. La suspension cesse automatiquement

9. Pour une application à la Cour de cassation, v. Com. 8 févr. 2000, n° 86-18.539, NP; *JCP* 2000. II. 10318, note Perdriau.
10. COMP., Paris, 27 févr. 1987, *Bull. ch. avoués* 1987. 2. 91, décidant que le juge ne peut revenir sur sa décision de sursis à statuer sans que la cause en ait disparu.
11. Civ. 2e, 6 janv. 2005, n° 02-19.506, *Bull. civ.* II, n° 2; *D.* 2006. 545, spéct 550, obs. Julien et Fricero; *Procédures* 2005. Comm. 62, obs. Perrot.
12. Soc. 2 mars 2004, n° 01-46.886, *Bull. civ.* V, n° 70.
13. V. ÉGALEMENT, Civ. 2e, 15 mars 1995, n° 93-15.761, *Bull. civ.* II, n° 92; *RTD civ.* 1995. 954, obs. Perrot, écartant cette règle lorsque la décision de sursis à statuer est prise dans l'attente de diligences mises par le juge à la charge d'une partie.
14. Pour une application dans une affaire où l'on avait parlé à tort de radiation, « l'ordonnance du juge de la mise en état [ayant] été rendue dans l'attente d'une décision pénale, de sorte que les parties n'avaient aucune diligence à accomplir jusqu'à la survenance de cet événement », Civ. 2e, 6 avr. 2006, n° 04-14.298, NP; *Procédures* 2006. Comm. 130, obs. Perrot.

lorsqu'arrive la date ou l'événement qui en constitue le terme[1]. La poursuite de l'instance, à la différence de la reprise après interruption (v. s[s] n°s 352.201 s.), n'est subordonnée ni à l'accord des parties ni à la citation de l'une par l'autre. Elle ne s'opère, toutefois, que si le juge n'ordonne point le renouvellement du sursis (v. C. pr. civ., art. 379, al. 1er).

La relance effective de l'activité procédurale s'opère « *à l'initiative des parties* » – dans les procédures écrites, par voie de conclusions – « *ou à la diligence du juge* » (C. pr. civ., art. 379, al. 1er). Devant le tribunal d'instance, d'après l'article 847-3 C. pr. civ. (C. pr. civ., art. 842, avant le Décr. n° 2010-1165, 1er oct. 2010), avis est donné aux parties par le greffier. Posée, naguère, pour l'hypothèse d'expiration d'un délai, cette règle a été considérée comme valant également en cas de survenance d'un événement (avant d'être reprise et élargie à toute « suspension » par le nouveau texte), non seulement quand le tribunal en a eu directement connaissance[2] mais aussi quand il en a été informé par un plaideur. Elle rend inutile une nouvelle citation[3]. La solution, en raison du principe de la poursuite automatique de l'instance, ne saurait être réservée au tribunal d'instance.

§ 3
Radiation et retrait du rôle

352.60 Deux mécanismes distincts. Encore synonymes dans un passé récent, la radiation et le retrait du rôle constituent aujourd'hui, sous le régime du décret n° 98-1231 du 28 décembre 1998, deux mécanismes distincts. Ni l'un ni l'autre ne sauraient se confondre avec celui, traditionnellement dénommé « radiation », qui constitue la simple conséquence matérielle d'une extinction antérieure de l'instance[4] (rappr. C. pr. civ., art. 1425-7, prévoyant un retrait du rôle en cas d'exécution d'une injonction de faire). Au sens des articles 381 à 383 C. pr. civ., ils interviennent, en effet, à titre principal et provoquent la suspension de l'instance, une suspension qui obéit à un régime dérogatoire la mettant à mi-chemin de la suspension de droit commun (sursis à statuer) et de l'interruption.

1. Civ. 2e, 15 sept. 2005, n° 03-20.037, *Bull. civ.* II, n° 219; *RTD civ.* 2005. 823, obs. Perrot, qui fait partir un nouveau délai de péremption dudit événement, non de la connaissance qu'en ont eue les parties.
2. TI Melle, 2 nov. 1982, *JCP* 1983. II. 20014, note Bizière, à propos du remplacement d'un juge récusé.
3. Civ. 2e, 6 janv. 2005, n° 02-19.506, *Bull. civ.* II, n° 2; *Procédures* 2005. Comm. 62, obs. Perrot – TI Melle, 2 nov. 1982, (v. s[s] prés[t] n°).
4. Obs. R. Perrot, *RTD civ.* 1982. 469; *RTD civ.* 1988. 183 – Civ. 1re, 6 déc. 2005, n° 02-19.208, *Bull. civ.* I, n° 467; *RTD civ.* 2006. 153, obs. Perrot – La radiation matérielle peut être aussi la conséquence d'un sursis à statuer : Civ. 2e, 6 avr. 2006, n° 04-14.298, *Procédures* 2006. Comm. 130, obs. Perrot.

Les différences qui séparent la radiation et le retrait du rôle touchent davantage leurs conditions que leurs effets.

A.
Conditions

352.61 Caractère judiciaire de la radiation. Dans sa nouvelle définition (v. C. pr. civ., art. 381), la radiation correspond à son ancienne variante judiciaire, la seule envisagée, naguère, par le Code de procédure civile. Il s'agit d'un mécanisme sanctionnant le « *défaut de diligence des parties* » : les deux plaideurs, et point seulement l'un deux (sur cette hypothèse, v. C. pr. civ., art. 469 et 780), négligent d'accomplir les actes de procédure leur incombant (C. pr. civ., art. 470 – pour des applications particulières, v. C. pr. civ., art. 90, al. 2; 97, al. 3, et 376, al. 2)[5]. Peu importe la raison de leur attitude.

Des textes particuliers prévoient une radiation dans une autre situation : défaut d'exécution, par l'appelant, sauf consignation autorisée dans les conditions de l'article 521 C. pr. civ., de la décision de première instance lorsque celle-ci est exécutoire par provision (C. pr. civ., art. 526[6]), également défaut d'exécution, par le demandeur au pourvoi, de la décision attaquée (C. pr. civ., art. 1009-1, qui, après avoir, jusqu'au décret n° 2005-1678 du 28 décembre 2005, continué à parler de retrait du rôle, retient désormais, en conformité avec les définitions de 1998, la formule de « radiation »[7] – V. aussi, n°s 553.300 s. – *Adde*, pour une hypothèse qui ne concerne plus que

5. Civ. 2e, 16 déc. 1982, NP; *Gaz. Pal.* 1983. 1. Pan. 140, obs. S. G. – Civ. 3e, 20 févr. 2002, n° 99-15.474, *Bull. civ.* III, n° 42; *D.* 2002. IR 1014 – Soc. 2 févr. 2006, n° 00-12.459, *Bull. civ.* V, n° 59; *JCP* 2006. IV. 1426.
6. Sur la mise en place de cette règle par le décret n° 2005-1678, 28 déc. 2005 (*JO* 29 déc., p. 20350), Ph. Hoonakker, « Dernières réformes de l'exécution provisoire : raison et déraison », *D.* 2006. Chron. 754 – P. Gerbay, « L'article 526 du Nouveau Code de procédure civile. Premières approches », *Procédures* 2006. Étude 15 – C. Hugon, « La radiation du rôle sanctionnant l'inexécution d'une décision judiciaire », *D.* 2006. Chron. 1640 – V. Norguin, « Le nouveau régime de l'exécution provisoire depuis le décret n° 2005-1678 du 28 décembre 2005 », *Rev. huiss.* 2006. 252 – Pour son absence d'incompatibilité avec l'article 6 § 1 Conv. EDH : CEDH 31 mars 2011, req. n° 07/34658, *Dr. et proc.* 2011. 176, note Hoonakker; *RTD civ.* 2011. 313, obs. Marguénaud, qui n'en retient pas moins en l'espèce une violation de cette disposition en raison du caractère disproportionné de la mesure.
7. Sur l'admissibilité de la mesure au regard de Conv. EDH, art. 6 § 1, v. Ord. 2 févr. 2000, citée par V. Maignan, « Le retrait du rôle du pourvoi en cassation et la CEDH », *Procédures* oct. 2000, p. 4 – CEDH 14 nov. 2006, req. n° 348-03, *Procédures* 2007. Comm. 63, obs. Fricero – Sur la nécessité pour celle-ci de ne pas porter atteinte à la substance même du droit au recours et sur l'exigence de proportionnalité qui en résulte, v. Cass., ord. 1er prés., 23 avr. 2003, n° 02-12.181, ▶

les appels antérieurs au 1er janvier 2011, C. pr. civ., anc. art. 915, al. 2, relatif au dépôt de ses conclusions par l'appelant dans les quatre mois de la déclaration d'appel ou dans le délai plus court à lui imparti par le conseiller de la mise en état - Sur la sanction désormais applicable, v. ss no 352.434).

352.62 **Régime de la décision de radiation.** La décision de radiation est susceptible d'être prise non seulement par la formation de jugement mais également par le juge ou le conseiller de la mise en état (C. pr. civ., art. 781). Dans l'hypothèse de défaut d'exécution de la décision attaquée, elle émane, à la Cour de cassation, du premier président ou de son délégué (C. pr. civ., art. 1009-1) et, à la cour d'appel, du premier président ou, à compter du moment où il a été saisi, du conseiller de la mise en état (C. pr. civ., art. 526) [1].

Elle est prise d'office sauf dans les hypothèses de défaut d'exécution de la décision attaquée (C. pr. civ., art. 526 et 1009-1) et doit, en principe, être précédée d'un avis destiné à donner aux parties une dernière chance de l'éviter (C. pr. civ., art. 470 et 781 - comp. C. pr. civ., art. 90, al. 2, 97, al. 3, 376, al. 2 et anc. art. 915, al. 2 [2] - pour une procédure particulière v. C. pr. civ., art. 1009-1).

Simple mesure d'administration judiciaire (C. pr. civ., art. 383, al. 1er), elle n'a pas à être motivée (C. pr. civ., art. 499), du moins en principe (comp. C. pr. civ., art. 90, al. 2, et 781), et n'est susceptible d'aucune voie de recours [3] (du moins de droit interne [4]), « *fût-ce pour excès de pouvoir* » [5]. La Cour de cassation a, toutefois, admis, à propos de la radiation de l'article 526, le biais consistant pour l'appelant à saisir le premier président de la cour d'appel d'une demande d'arrêt de l'exécution provisoire [6]. On estime, par ailleurs, en dépit de l'article 499 C. pr. civ., que, rendue par erreur, la décision de radiation pourrait être soumise à la procédure de rectification de l'article 462 [7].

La décision de radiation fait l'objet d'une notification par lettre simple aux parties ainsi qu'à leurs représentants. Cette notification précise le défaut de diligence sanctionné (C. pr. civ., art. 381, al. 3).

352.63 **Origine conventionnelle du retrait du rôle.** Le retrait du rôle institué par le décret du 28 décembre 1998 n'est autre que l'ancienne radiation conventionnelle (v. C. pr. civ., nouv. art. 382, précisant qu'il est ordonné « *lorsque toutes les parties en font la demande écrite et motivée* »). La Cour de cassation décidait, en effet, qu'une demande conjointe de radiation « *s'impos*[ait] *au juge* » [8]. L'intérêt de la formule apparaît lorsque les parties s'entendent, quelles qu'en soient les raisons [9], pour un renvoi que refuse de leur accorder le juge [10]. Elle est parfois préférée, dans la perspective d'un éventuel rétablissement de l'affaire, à un désistement d'instance [11]. En tout cas, elle ne traduit point la volonté de se désister [12] (sur la compétence du juge de la mise en état pour l'ordonner, v. C. pr. civ., art. 763 [réd. Décr. no 2004-836, 20 août 2004 [13]], renvoyant à l'art. 382).

▶ *Bull. ord.*, no 3, rejetant, sur la base de l'article 6 § 1 Conv. EDH, une demande de retrait fondée sur le défaut de paiement des dépens d'appel – Sur des considérations impérieuses excluant le jeu de l'article 1009-1 C. pr. civ., v. Cass., ord. 1er prés., 27 mars 2002, no 01-03.726, *Bull. ord.*, no 3, invoquant la nécessité pour le litige de connaître une issue rapide – Sur l'exclusion de l'article 1009-1 en présence d'indivisaires lorsque l'un d'eux a exécuté et que leur situation est indissociable, v. Cass., ord. 1er prés., 30 janv. 2002, no 00-19.938, *Bull. ord.*, no 1.

1. Civ. 2e, 23 sept. 2010, no 09-14.864, *Bull. civ.* II, no 160; *D.* 2011. Chron. 632, no 4, obs. Sommer et Leroy-Gissenger; *Dr. et proc.* 2010. 301, décidant que la juridiction d'appel elle-même ne peut procéder à cette radiation.
2. Paris, 14 déc. 1984, *Bull. ch. avoués* 1984. 128.
3. Civ. 2e, 2 mars 1983, no 83-60.535, *Bull. civ.* II, no 58 – Civ. 2e, 17 juill. 1991, no 91-60.078, *Bull. civ.* II, no 229 – Civ. 1re, 16 nov. 2004, no 02-14.528, *Bull. civ.* I, no 266; *D.* 2005. 339; *D.* 2005. Pan. 332, spéct 336, obs. Julien et Fricero – Civ. 2e, 18 juin 2009, no 08-15.424, *Bull. civ.* II, no 167; *D.* 2009. 2532, note Norguin; *D.* 2009. Chron. 2069, no 5, obs. Sommer et Nicolétis; *D.* 2010. 169, obs. Fricero 175; *RTD civ.* 2009. 574, obs. crit. Perrot; *Procédures* 2009. Comm. 265, obs. Perrot; *Dr. et proc.* 2009. 349, note Douchy-Oudot, qui, relatif à la radiation de l'art. 526 C. pr. civ., précise qu'il n'y a pas là violation de l'art. 6 Conv. EDH.
4. Sur la possibilité de saisir la CEDH, v. N. Fricero, obs. *Procédures* 2007. Comm. 63.
5. Civ. 1re, 16 nov. 2004, no 02-14.528, *Bull. civ.* I, no 266; *D.* 2005. 332, spéct 336 et 339, obs. Julien et Fricero – COMP., Civ. 2e, 26 juin 1991, no 90-14.363, *Bull. civ.* II, no 190; *JCP* 1992. II. 21821, note Estoup.
6. Civ. 2e, 17 févr. 2011, no 10-15.115, *Bull. civ.* II,; *RTD civ.* 2011. 389, obs. Perrot.
7. C. Giverdon, « Le point sur l'article 615 du Nouveau Code de procédure civile… », *JCP* 1992. I. 3630, spéc. no 16 – *J.-Cl. Pr. civ.*, fasc. 679, 2009, no 28, Fricero.
8. Cass., ass. plén., 24 nov. 1989, no 88-18.188, *Bull. ass. plén.*, no 3; *D.* 1990. 25, concl. Cabannes; *D.* 1990. 429, note Julien; *RTD civ.* 1990. 145, obs. Perrot; *JCP* 1990. II. 21407, note Cadiet; *Gaz. Pal.* 1989. 2. 970, note J.-M. G.; *Gaz. Pal.* 1990. 2. Somm. 358, obs. Guinchard et Moussa.
9. Civ. 2e, 17 févr. 2011, no 10-14.863, *Bull. civ.* II, no 46; *Procédures* 2011. Comm. 165, obs. Perrot, décidant que la demande doit être satisfaite dès lors qu'elle est motivée, peu important cette motivation.
10. Cass., ass. plén., 24 nov. 1989, no 88-18.188, préc. (v. ss prést no).
11. Civ. 2e, 8 juill. 1987, no 86-10.394, *Bull. civ.* II, no 149; *Gaz. Pal.* 1988. 1. Somm. 150, obs. Croze et Morel; *RTD civ.* 1988. 183, obs. Perrot.
12. Civ. 2e, 14 juin 1961, *Bull. civ.* II, no 440 – Civ. 2e, 8 juill. 1987, no 86-10.394, préc. (v. ss prést no) – RAPPR., Chambéry, 14 févr. 1984, *JCP* 1985. IV. 93, décidant que le fait de ne pas s'opposer à une radiation ne vaut point renonciation au droit de présenter des demandes nouvelles une fois terminée la période de suspension.
13. Décr. no 2004-836, 20 août 2004, portant modification de la procédure civile, *JO* 22 août, p. 15032.

B. Effets

352.71 **Survie du lien d'instance.** Comme la suspension de droit commun, comme l'interruption également, la radiation laisse subsister l'instance[1] (sur un effet propre à la radiation de l'anc. art. 915, al. 2, v. cette disposition et s[s] n° 544.114). Il en va de même du retrait du rôle.

352.72 **Survie du lien d'instance : conséquences.** Les effets attachés aux actes antérieurs à la radiation ou au retrait du rôle sont maintenus. Ainsi demeure l'interruption de prescription[2] ou de forclusion[3] opérée par l'assignation. Ainsi l'enrôlement de l'assignation conserve-t-il ses effets, de sorte qu'aucune caducité n'est encourue au titre de l'article 757 C. pr. civ., quelle que soit la durée de la radiation[4]. Ainsi, en cas de radiation de l'instance d'appel, l'exercice de cette voie de recours dans le délai continue-t-il de produire les conséquences qui sont les siennes[5]; il en résulte notamment qu'une demande de suspension de l'exécution provisoire du jugement attaqué est recevable, quand bien même la radiation aurait-elle été prononcée sur le fondement de l'article 526 C. pr. civ.[6]

La même instance se prolongeant après rétablissement, **1)** elle ne saurait tomber sous le coup d'une forclusion dont le délai aurait commencé à courir pendant la période de suspension[7]; **2)** elle reste régie quant au taux du ressort par les dispositions en vigueur lors de son introduction[8]; **3)** les demandes nouvelles au conseil des prud'hommes, n'étant point formulées dans le cadre d'une autre instance, ne se heurtent pas à la fin de non-recevoir tirée du principe de l'unicité de l'instance[9]; **4)** la demande initiale ne subit pas davantage cette règle lors du rétablissement de l'affaire lorsque, pendant la période de suspension, une demande nouvelle s'est terminée par une conciliation[10]; **5)** à défaut de conclusions après rétablissement, la juridiction doit statuer au vu de celles qui lui ont été précédemment soumises[11].

Causes de suspension, la radiation et le retrait du rôle affectent le lien d'instance avec moins de vigueur que ne le fait l'interruption : le législateur ne prévoyant ici aucune nullité, les actes accomplis pendant la période de suspension le sont valablement. Ils produiront tous leurs effets une fois l'affaire rétablie[12].

352.73 **Absence d'interruption du délai de péremption.** Contrairement à ce qu'il fait dans le cadre tant de la suspension de droit commun que de l'interruption, le législateur n'assure pas la sauvegarde du lien d'instance[13] : d'une part, il n'édicte pas d'interruption du délai de péremption[14] (interruption qui ne peut, par ailleurs, être retenue au titre des diligences interruptives[15]); d'autre part, loin d'en décider la suspension, il prévoit, implicitement mais nécessairement (C. pr. civ., art. 383[16]), parfois même

1. Civ. 1re, 20 févr. 1979, n° 76-13.411, *Bull. civ.* I, n° 69; *D.* 1979. IR 503 – Civ. 2e, 21 janv. 1981, n° 79-14.037, *Bull. civ.* II, n° 14; *RTD civ.* 1982. 469 – Soc. 16 mars 1999, n° 96-43.268, *Bull. civ.* V, n° 122 – À propos de la radiation prévue à l'art. 97, al. 3, C. pr. civ., v. Civ. 3e, 20 févr. 2002, n° 99-15474, *Bull. civ.* III, n° 42; *D.* 2002. IR 1014 – Versailles, 28 avr. 1994, RG n° 5050/93, *D.* 1995. Somm. 110, obs. Fricero – CONTRA : Paris, 28 sept. 1988, *Gaz. Pal.* 1989. 1. Somm. 85.
2. Civ. 2e, 8 juill. 1987, n° 86-10.394, *Bull. civ.* II, n° 149; *RTD civ.* 1988. 183, obs. Perrot – Soc. 8 juin 2005, n° 03-44.983, *Bull. civ.* V, n° 195; *Procédures* 2005. Comm. 226, obs. Perrot, précisant qu'elle se poursuit pendant la radiation – Civ. 1re, 10 avr. 2013, n° 12-18.193, *Bull. civ.* I, n° 69; *D.* 2013. 1073; *Dr. et proc.* 2013. 120.
3. Civ. 1re, 20 févr. 1979, n° 76-13.411, *Bull. civ.* I, n° 69.
4. Civ. 2e, 21 oct. 1976, n° 75-12.916, *Bull. civ.* II, n° 284 – Civ. 2e, 16 févr. 1977, *D.* 1977. IR 231, obs. Julien; *Gaz. Pal.* 1977. 1. Somm. 158; *RTD civ.* 1977. 618, obs. Perrot.
5. Civ. 2e, 11 juin 1980, n° 78-14.362, *Bull. civ.* II, n° 135.
6. Civ. 2e, 9 juill. 2009, n° 08-13.451, *Bull. civ.* II, n° 192; *D.* 2009. 2044; *D.* 2010. 169, obs. Fricero, et 175; *D.* 2010. Chron. 532, n° 3, obs. Sommer et Leroy-Gissinger; *Procédures* 2009. Comm. 303, obs. Perrot – *Adde*, Civ. 2e, 17 févr. 2011, n° 10-15.115, *Bull. civ.* II, n° 45; *Dr. et proc.* 2011. 107, qui retient la possibilité pour le premier président, seul compétent en la matière, d'apprécier le mérite de la demande « *sans avoir à se référer à la décision du conseiller de la mise en état* ».
7. Soc. 14 mai 2003, n° 01-40.110, *Bull. civ.* V, n° 166; *Procédures* 2003. Comm. 193, obs. Perrot; *RJS* 2003, n° 1054.
8. Soc. 27 mars 1991, n° 88-41.526, *Bull. civ.* V, n° 157; *RTD civ.* 1991. 601, obs. Perrot.
9. Soc. 11 juin 1976, n° 75-40.382, *Bull. civ.* V, n° 366 – Soc. 3 juill. 1991, n° 87-44.462, *Bull. civ.* V, n° 345.
10. Soc. 26 nov. 2003, n° 01-45.221, NP; *Procédures* 2003. Comm. 57, 2e esp., obs. J.-M. S.
11. Civ. 2e, 13 déc. 1993, n° 91-21.704, NP; *Gaz. Pal.* 1994. 2. Pan. 91.
12. Pour la notification de la constitution d'avocat ou d'avoué, Civ. 2e, 29 janv. 1986, *RTD civ.* 1986. 642, obs. Perrot – Civ. 2e, 7 nov. 1988, n° 86-18.339, *Bull. civ.* II, n° 213; *Gaz. Pal.* 1988. 2. Pan. 283 – RAPPR., à propos de la démission de l'avocat au cours de cette période, qui produit son effet normal d'interruption de l'instance, Civ. 2e, 21 juin 1989, n° 88-12.655, *Bull. civ.* II, n° 132; *JCP* 1990. II. 21474, obs. Cadiet; *Gaz. Pal.* 1989. 2. Pan. 168.
13. COMP., Civ. 2e, 6 avr. 2006, n° 04-14.298, NP; *Procédures* 2006. Comm. 130, obs. Perrot, où il s'agissait, en réalité, non d'une radiation au sens de l'art. 381 C. pr. civ., mais d'un sursis à statuer (rappr. n° 352.52).
14. Civ. 2e, 28 juin 2006, n° 04-18.226, *Bull. civ.* II, n° 176 – Com. 4 déc. 2007, n° 06-19.996, NP; *RTD civ.* 2008. 155, obs. Perrot – *Adde*, Civ. 2e, 21 févr. 2013, n° 11-28.632, *Bull. civ.* II, n° 38; *Procédures* 2013. Comm. 96, obs. Perrot, à propos de la radiation de l'art. 526 C. pr. civ.
15. À propos de la décision de radiation, Civ. 2e, 8 mars 1989, n° 87-19.447, NP; *JCP* 1990. II. 21474, obs. Cadiet – *Adde*, à propos de l'avis avant radiation donné aux avoués, Paris, 22 janv. 1986, RG n° M 4.680, *D.* 1986. IR 227, obs. Julien; *RTD civ.* 1986. 642, obs. Perrot.
16. Pour une application dans le cas de l'article 1009-1, v. Cass., ord. 1er prés., 8 nov. 1993, n° 90-18.078, *Bull. ord.*, n° 14; *D.* 1994. 262, note Fricero; *JCP* 1994. I. 3755, n° 20, obs. Cadiet; *JCP* 1994. II. 22252, note Julien.

expressément (C. pr. civ., art. 1009-2 [réd. Décr. nº 2008-484, 22 mai 2008][1]), que celui-ci continue à courir pendant la période de radiation ou de retrait du rôle[2], ce qui n'implique évidemment pas que le retrait du rôle intervenant au cours d'une période d'interruption de la péremption donne naissance à un nouveau délai[3].

S'il continue à courir, le délai de péremption n'en sera pas moins interrompu par les diligences accomplies au cours de cette période[4], du moins en principe (comp. s[s] n°s 352.399).

352.74 Rétablissement de l'affaire. Ni déterminée ni déterminable dans sa durée, la suspension pour cause de radiation ou de retrait du rôle prend fin - sous réserve de la survenance, entre-temps, d'une cause d'extinction de l'instance - par l'accomplissement d'une formalité : une demande de rétablissement de l'affaire au rôle[5]. Radiation et retrait du rôle tiennent plus, sur ce point, de l'interruption que de la suspension.

Cette demande sera satisfaite, en cas de radiation, sur justification de l'accomplissement des diligences dont le défaut a entraîné la mesure (C. pr. civ., art. 383)[6], diligences dont l'auteur doit avertir l'adversaire ou son représentant, même constitué pendant la période de radiation[7]. Cette condition ne doit évidemment pas être comprise comme subordonnant, dans le cas général de l'article 381 C. pr. civ., la poursuite de l'instance à l'accomplissement de ces diligences par les deux parties, ce qui reviendrait à conférer un droit de *veto* à chacune d'elles. En effet, chaque fois qu'un plaideur a repris son activité procédurale, la situation est celle, étrangère à la radiation, dans laquelle un seul n'accomplit pas les actes qui lui incombent (C. pr. civ., art. 469 et 780).

Dans l'hypothèse de l'article 526 C. pr. civ., comme dans celle, naguère, de l'article 915 (réd. ant. au Décr. nº 2009-1524, 9 déc. 2009), l'affaire peut être rétablie sur l'initiative de l'intimé (C. pr. civ., anc. art. 915, al. 3), qui n'a évidemment pas à justifier de l'accomplissement de quelque formalité que ce soit[8]. Toutefois, si pareille initiative était toujours admise dans le cas de l'article 915, elle n'est possible dans celui de l'article 526, selon une opinion, que pour permettre un appel incident ou une demande nouvelle[9].

SECTION 2

INTERRUPTION DE L'INSTANCE

352.80 Généralités. L'interruption de l'instance se définit comme l'incident qui fait cesser provisoirement le procès. Ce dernier reprendra son cours, certes, mais seulement lors de l'accomplissement de formalités de reprise (v. cep. s[s] nº 352.203). Conçue au profit de la partie affectée par certains événements, l'interruption est destinée à lui permettre de prendre ses dispositions en vue d'assurer correctement sa défense (v. toutefois s[s] n°s 352.125 et 352.174). Elle est réglementée par les articles 369 à 376 C. pr. civ.

352.81 Domaine. Ces dispositions sont applicables devant toutes les juridictions de l'ordre judiciaire civil (C. pr. civ., art. 749)[10], que la représentation

1. Décr. nº 2008-484, 22 mai 2008, relatif à la procédure devant la Cour de cassation, *JO* 24 mai, p. 8477.
2. COMP., pour le délai de dépôt du mémoire en réponse, C. pr. civ., art. 1009-3, al. 2 : Civ. 2e, 4 déc. 2003, nº 98-21.652, *Bull. civ.* II, nº 359, admettant, en conséquence, la recevabilité d'un pourvoi incident – Pour son interruption par la requête fondée sur l'art. 1009-1 C. pr. civ. : Civ. 2e, 7 juin 2006, nº 04-11.532, *Bull. civ.* II, nº 147.
3. Civ. 2e, 18 déc. 2008, nº 07-21.140, *Bull. civ.* II, nº 275; *D.* 2009. 536, note Paul-Loubière; *D.* 2009. Chron. 757, nº 5, obs. Sommer; *Procédures* 2009. Comm. 73, obs. Perrot.
4. Civ. 2e, 29 janv. 1986, *RTD civ.* 1986. 642, obs. Perrot – Civ. 2e, 16 mars 2000, nº 97-21.029, *Bull. civ.* II, nº 47; *RTD civ.* 2000. 398, obs. Perrot; *Procédures* 2000. Comm. 117, obs. Perrot – Civ. 2e, 19 nov. 2009, nº 08-16.698, *Bull. civ.* II, nº 276; *Dr. et proc.* 2010. 65.
5. Sur l'absence de qualité des tiers pour demander le rétablissement, Civ. 2e, 21 juin 2007, nº 06-12.233, *Bull. civ.* II, nº 169; *D.* 2008. Chron. 648, nº 4, obs. Sommer.
6. Cass., ord. 1er prés., 29 nov. 2007, nº 07-91.272, *Bull. ord.*, nº 1, décidant que, lorsque les causes de l'arrêt attaqué ont été exécutées ou doivent être tenues pour telles en vertu d'une transaction, il y a lieu d'autoriser la réinscription du pourvoi quand bien même serait allégué un engagement de désistement de ce pourvoi, dont la portée échappe à la juridiction du premier président – Sur la question de savoir, dans les hypothèses de radiation pour défaut d'exécution d'une décision, si une exécution partielle permet le rétablissement, v. s[s] n°s 544.157 et 553.342.
7. Civ. 2e, 7 nov. 1988, nº 86-18.339, *Bull. civ.* II, nº 213.
8. Civ. 2e, 15 janv. 2004, nº 02-11.253, *Bull. civ.* II, nº 2; *Procédures* 2004. Comm. 71, obs. Perrot, précisant qu'en l'absence d'appel incident ou de demande incidente de l'intimé, le rétablissement n'est pas subordonné à une injonction de conclure au fond faite à l'appelant – Sur la question de la recevabilité des conclusions de ce dernier après rétablissement de l'affaire à l'initiative de l'intimé, v. Civ. 2e, 10 juin 2004, n°s 02-15.328 et nº 02-15.365, *Bull. civ.* II, n°s 278 et 279; *RTD civ.* 2004. 557, obs. Perrot (v. s[s] n°s 541.00 s.) – V. AUSSI, dans le cas où l'affaire a été renvoyée à une nouvelle cour d'appel après cassation, Civ. 2e, 20 janv. 2005, nº 03-14.750, *Bull. civ.* II, nº 19; *RTD civ.* 2005. 454, obs. Perrot (v. s[s] n°s 553.00 s.).
9. *36es journées d'étude des avoués*, P. Granet, « La procédure en mouvement », *Procédures* août-sept. 2007, p. 2.
10. Pour le juge de l'exécution, v. Décr. nº 92-755, 31 juill. 1992, art. 1er – Pour la Cour de cassation, v. Civ. 1re, 14 janv. 1997, nº 94-11.740, NP; *Procédures* 1997. Comm. 54, obs. Perrot – Pour les arbitres, v. Com. 23 juin 1981, nº 79-15.316, *Bull. civ.* IV, nº 289; *D.* 1982. IR 64, obs. Derrida; *Gaz. Pal.* 1981. 2. 661, note Viatte – COMP. Paris, 30 avr. 1987, *D.* 1987. IR 135.

soit ou non obligatoire[1] et ne s'agirait-il que de liquider une astreinte antérieurement prononcée[2]. Les tribunaux répressifs même saisis d'intérêts civils[3] ignorent, quant à eux, l'interruption.

L'incident ne peut, toutefois, survenir que dans le cadre d'une procédure contentieuse[4].

§ 1 Causes d'interruption

352.90 Condition commune aux diverses causes d'interruption. L'interruption est provoquée tantôt par la survenance, tantôt par la notification d'un événement. Pour qu'elle puisse se produire, encore faut-il que l'événement soit survenu ou ait été notifié avant « *l'ouverture des débats* » (C. pr. civ., art. 371). Celle-ci s'entend du moment où, à l'audience des plaidoiries, la parole est donnée au demandeur[5] et, en cas de rapport, selon certains auteurs[6], de l'instant auquel le magistrat chargé de ce rapport en commence la lecture.

Au-delà, l'incident ne peut plus se produire[7] (comp., pour l'interruption du délai d'exercice des voies de recours dans certaines hypothèses donnant lieu à interruption de l'instance, C. pr. civ., art. 531 et 532).

A. Survenance d'un événement

352.91 Interruption automatique. Trois événements provoquent, par le seul effet de leur survenance et à la date de celle-ci, l'interruption de l'instance. Dressée par l'article 369 C. pr. civ., leur liste est limitative[8].

1. Civ. 3e, 24 janv. 1984, n° 82-14.350, *Bull. civ.* III, n° 19; *D.* 1984. IR 243, obs. Julien; *JCP* 1984. IV. 105; *Gaz. Pal.* 1984. 2. Pan. 175.
2. Civ. 2e, 11 mai 2006, n° 04-15.918, *Bull. civ.* II, n° 126.
3. Grenoble, 5 déc. 1952, *Gaz. Pal.* 1953. 1. 285.
4. H. Solus et R. Perrot, *Droit judiciaire privé*, Sirey, 1991, t. III, n° 1140 – Req. 24 oct. 1928, *DP* 1929. 1. 152, à propos d'une surenchère, laquelle, « n'étant qu'une enchère faite dans la forme d'un acte du greffe et ne comportant par elle-même aucun caractère litigieux, n'ouvre pas une instance ».
5. TI Nancy, 11 août 1983, *Gaz. Pal.* 1983. 2. Somm. 425; *RTD civ.* 1984. 164, obs. Perrot.
6. Guinchard, Chainais et Ferrand, 31e éd., 2012, n° 431.
7. Com. 14 févr. 1995, n° 93-14.198, *Bull. civ.* IV, n° 44; *D.* 1995. Somm. 217, obs. Honorat – Soc. 12 nov. 2002, n° 00-45.626, NP; *RJS* 2003, n° 68 – Civ. 2e, 18 déc. 2003, n° 02-10.765, *Bull. civ.* II, n° 399; *D.* 2004. IR 325 – Civ. 3e, 28 sept. 2005, n° 04-16.183, *Bull. civ.* III, n° 177.
8. H. Solus et R. Perrot, *Droit judiciaire privé*, Sirey, 1991, t. III, n° 1130.

1° « Majorité d'une partie »

352.101 Fin de la représentation. L'accession d'une partie à l'âge de la majorité entraînant la fin de sa représentation, le législateur a prévu une interruption d'instance : il s'agit d'éviter un relâchement dans la défense du mineur devenu majeur et de lui permettre de prendre toute décision qu'il jugera utile relative à la poursuite du procès engagé en son nom. Comme les autres, cette cause d'interruption joue que la représentation par avocat soit ou non obligatoire. Elle ne s'applique pas, en revanche, en cas d'obtention de la capacité juridique par l'effet d'une émancipation[9].

2° « Cessation de fonctions de l'avocat [...] »

352.111 Condition de l'interruption. Le législateur ne retient l'interruption de l'instance par la cessation de fonctions des professionnels assurant la représentation *ad litem* que dans l'hypothèse où celle-ci est obligatoire. Seule donc la cessation de fonctions de l'avocat postulant devant le tribunal de grande instance ou la cour d'appel[10] ou de l'avocat aux conseils devant la Cour de cassation – pour autant que nulle dispense ne rende leurs services facultatifs – constitue un incident de procédure. Ne sont concernées ni celle de toute autre personne assurant, là où elle a qualité pour le faire, la représentation d'une partie en justice, ni celle de l'avocat qui se borne, dans une affaire, à un rôle de conseil et de plaidoirie.

352.112 Notion de cessation de fonctions. La cessation de fonctions au sens de l'article 369 C. pr. civ. suppose que « *le mandataire n'[ait] plus la qualité requise pour être habilité à représenter autrui en justice* »[11]. Méritent donc pareille qualification, outre le décès de l'avocat[12], sa démission[13], son omission du tableau, les mesures de radiation, suspension, interdiction prononcées à son encontre, la privation, par l'effet d'un nouveau texte, de la possibilité de postuler devant une juridiction[14].

L'événement sera toutefois dénué d'incidence si l'avocat concerné est associé d'une SCP dès lors que

9. H. Solus et R. Perrot, *Droit judiciaire privé*, Sirey, 1991, t. III, n° 1132.
10. Civ. 2e, 8 juill. 2004, 02-15.374, *Bull. civ.* II, n° 378.
11. R. Perrot, obs., *RTD civ.* 1990. 559.
12. Civ. 2e, 28 janv. 1981, n° 79-12.577, *Bull. civ.* II, n° 18; *JCP* 1981. IV. 127; *Gaz. Pal.* 1981. 2. Pan. 191.
13. Civ. 2e, 21 juin 1989, n° 88-12.655, *Bull. civ.* II, n° 132.
14. Pour une application à la suite de la réforme de la postulation dans la région parisienne opérée par la L. n° 84-1211, 29 déc. 1984, v. TGI Nanterre, 30 janv. 1985, *Gaz. Pal.* 1985. 1. 317.

celle-ci ne disparaît pas[1] et a encore qualité pour assurer la représentation de son client.

Quant à l'abandon par l'avocat du statut de professionnel indépendant au profit de celui d'associé, doit-il être tenu pour une cessation de fonctions au regard de l'article 369 ? La Cour de cassation l'a admis naguère à propos d'un avoué dont le changement statutaire passait par une démission de son office... immédiatement suivie, il est vrai, de la constitution d'une SCP[2]. L'arrêt laisse place à une solution différente pour l'avocat, lequel n'a pas à démissionner pour s'associer.

352.113 Notion de cessation de fonctions (suite). La cessation de fonctions dont il est question à l'article 369 C. pr. civ. n'englobe pas, en revanche, la rupture du mandat *ad litem*. Cette solution ancienne, traditionnellement justifiée par le risque de collusion entre le plaideur et son mandataire, s'impose d'autant plus aujourd'hui que l'interruption se trouve techniquement exclue par le Code de procédure civile. Celui-ci prévoit, en effet, jusqu'au remplacement du mandataire, une fiction de représentation au bénéfice de l'adversaire dans l'hypothèse de révocation (C. pr. civ., art. 418) et le maintien du mandat, lorsque la représentation est obligatoire, dans le cas où l'avocat voudrait se retirer de la cause (C. pr. civ., art. 419, al. 2)[3]. À la définition de la cessation de fonctions ne répondent pas non plus, du moins à eux seuls, l'accident et la maladie qui empêcheraient l'avocat d'exercer.

352.114 Portée du remplacement. La cessation peut avoir été organisée et un remplaçant désigné, selon le cas, par l'avocat lui-même ou par le bâtonnier (v. Décr. n° 91-1197, 27 nov. 1991[4], art. 170 s.)[5]. Dans l'hypothèse de nomination d'un « suppléant », hypothèse d'un empêchement simplement temporaire (Décr. 27 nov. 1991, art. 170), la Cour de cassation a eu l'occasion de décider qu'il n'y avait pas interruption de l'instance[6].

3°
« Effet du jugement qui prononce la sauvegarde, le redressement judiciaire ou la liquidation judiciaire [...] »

352.121 Généralités. L'ouverture d'une procédure collective constitue la troisième cause d'interruption automatique prévue par l'article 369 C. pr. civ. Celle-ci ne concerne que le débiteur soumis à pareille procédure : elle n'affecte pas les poursuites contre ses colitigants[7] ou sa caution, même solidaire[8], du moins en principe (sur le régime spécial bénéficiant aux cautions et coobligés personnes physiques, v. C. com., art. L. 622-28, al. 2 [réd. Ord. n° 2008-1345, 18 déc. 2008])[9].

352.122 Dualité de sources. L'article 369 C. pr. civ. – qui, actualisé par le décret n° 2012-66 du 20 janvier 2012, vise désormais non plus le règlement judiciaire et la liquidation des biens mais le redressement et la liquidation judiciaires ainsi que la procédure de sauvegarde, apparue en 2005 – doit être combiné avec l'article L. 622-21 C. com. (*adde*, pour un renvoi, C. com., art. L. 631-14 et L. 641-3). La nature de l'incident aurait pu subir, son domaine a subi une modification, ce texte, de valeur législative, prévalant sur l'article 369, à caractère réglementaire.

352.123 Nature de l'incident. La « suspension » des poursuites individuelles prévue en la matière jusqu'à une date récente (C. com., anc. art. L. 621-40 s., reprenant L. 25 janv. 1985, art. 47 s.) a été analysée comme une interruption[10]. Il est vrai qu'elle était flanquée d'une « reprise » d'instance, notion propre à cet incident, et que l'idée d'égalité des créanciers militait dans le sens d'une qualification permettant de tenir pour non avenus les jugements rendus dans l'ignorance de l'ouverture d'une procédure collective. La loi n° 2005-845 du 26 juillet 2005 a entériné cette solution : le Code de commerce parle désormais d'interruption (C. com., art. L. 622-21); il ne contredit donc nullement l'article 369 C. pr. civ. quant à la nature de l'incident.

1. Civ. 2e, 25 févr. 1998, n° 96-10.913, *Bull. civ.* II, n° 61; *RTD civ.* 1998. 472, obs. Perrot; *JCP* 1998. II. 10114, note du Rusquec.
2. Civ. 2e, 15 juin 1994, n° 92-20.071, *Bull. civ.* II, n° 161; *RTD civ.* 1995. 184, obs. Perrot; *JCP* 1994. IV. 2067 – Pour l'absence d'incidence de la démission d'une société en vue de reprendre l'office sous une nouvelle raison sociale, la même personne en restant titulaire : Civ. 2e, 25 févr. 1998, n° 96-10.913, (préc. s^s^ prés^t^ n°).
3. Civ. 2e, 25 mars 1992, n° 90-20.925, *Bull. civ.* II, n° 103; *D.* 1992. IR 153; *JCP* 1992. IV. 1575; *RTD civ.* 1992. 641, obs. Perrot, qui en tire la conséquence que le décès de l'avocat postérieurement à cette « renonciation » au mandat interrompt l'instance – TGI Paris, 11 mars 1981, *Gaz. Pal.* 1981. 1. Somm. 78.
4. Décr. n° 91-1197, 27 nov. 1991, organisant la profession d'avocat, *JO* 28 nov., p. 15502.
5. Civ. 2e, 21 févr. 2008, n° 07-11.487, *Procédures* 2008. Comm. 168, obs. Perrot, précisant que, tant que l'avocat désigné comme remplaçant par le bâtonnier n'a pas formalisé sa constitution, l'avocat précédemment constitué n'est pas déchargé de son mandat.
6. Civ. 2e, 21 févr. 1990, n° 89-10.840, *Bull. civ.* II, n° 39; *RTD civ.* 1990. 559, obs. crit. Perrot; *JCP* 1990. IV. 151.
7. À propos de la péremption, v. s^s^ n° 352.372.
8. Com. 16 févr. 1993, n° 90-19.979, *Bull. civ.* IV, n° 58; *D.* 1993. Somm. 310, obs. Aynès; *JCP E* 1993. Pan. 489.
9. Ord. n° 2008-1345, 18 déc. 2008, portant réforme du droit des entreprises en difficulté, *JO* 19 déc., p. 19462 – Sur le moment et les modalités de la demande contre la caution, Com. 27 nov. 2007, n° 05-20.522, *Bull. civ.* IV, n° 68.
10. V. NOT., Com. 29 oct. 1991, n° 90-11.297, *Bull. civ.* IV, n° 319; *D.* 1992. 293, note Rossi; *D.* 1992. Somm. 254, obs. Derrida; *RTD civ.* 1992. 642, obs. Perrot.

352.124 Domaine de l'interruption. La loi du 25 janvier 1985, relayée par le nouveau Code de commerce dans ses versions successives, a aménagé le domaine de l'interruption de l'article 369 (3°) C. pr. civ. dans un sens qui n'est pas le même en droit commun et en matière prud'homale.

352.125 Droit commun. En droit commun, ce sens est celui d'un élargissement. L'article 369 cantonne, en effet, l'interruption aux « *causes où* [le jugement] *emporte assistance ou dessaisissement du débiteur* ». Le Code de commerce (art. L. 622-21), ne subordonnant l'interruption à aucune condition de ce type, apparaît comme une source autonome d'interruption pour les procès en cours n'entrant dans le cadre d'aucune mesure d'assistance ou de représentation du débiteur. L'interruption a donc moins pour raison d'être le dessaisissement du débiteur que l'égalité des créanciers.

Cette source autonome d'interruption, étrangère au Code de procédure civile, ne concerne toutefois, ainsi qu'il résulte de l'article L. 622-21 du Code de commerce, que les instances tendant à la condamnation du débiteur au paiement d'une somme d'argent ou à la résolution d'un contrat pour défaut de paiement d'une somme d'argent[1]. Elle ne vaut, en outre, que pour le « *jugement d'ouverture* » de la procédure collective; l'article 369 C. pr. civ. s'applique donc lorsqu'une liquidation judiciaire intervient au cours de la procédure[2], pour autant qu'elle emporte, pour l'affaire considérée, un dessaisissement[3].

352.126 Matière prud'homale. En matière prud'homale, le législateur impose à l'interruption de l'article 369 C. pr. civ. un mouvement inverse, un rétrécissement. Les instances en cours, en effet, ne sont pas plus interrompues que suspendues par le jugement d'ouverture[4]. Par faveur pour le salarié, le législateur a privilégié la célérité. La procédure connaît simplement un aménagement : les organes de la procédure - mandataire judiciaire et administrateur, pour autant, s'agissant de ce dernier, qu'il ait au moins une mission d'assistance (C. com., art. L. 625-3, al. 1er), ou commissaire à l'exécution du plan[5] ou liquidateur (C. com., art. L. 641-4)[6] - et, en cas de redressement ou de liquidation judiciaire, l'AGS doivent être mis en cause, ces mises en cause incombant, selon la Cour de cassation, au greffe de la juridiction[7] une fois cette dernière informée par le mandataire judiciaire ou le liquidateur (C. com., art. L. 625-3, al. 2 et L. 641-4, al. 3) de l'ouverture de la procédure collective (COMP., pour l'AGS, C. com., art. L. 631-18, al. 5 et L. 641-14).

L'interruption étant ici exclue, la décision rendue dans l'ignorance de la procédure collective ne tombe pas sous le coup de l'article 372 C. pr. civ.[8] (v. ss no 352.172). En outre, dans la mesure où il n'a pas respecté son obligation d'informer la juridiction et le salarié partie au procès de l'ouverture de la procédure collective (C. com., art. L. 625-3, al. 2), le mandataire judiciaire ne peut prétendre que la décision rendue sans qu'il ait été appelé à l'instance lui est inopposable[9].

B.
Notification d'un événement

352.131 Nécessité d'une notification. L'article 370 C. pr. civ. énumère, de façon limitative, trois autres événements de nature à provoquer l'interruption de l'instance. Mais ni leur survenance, ni la connaissance qu'en aurait l'adversaire[10], ni le fait d'en informer le juge ne produisent cet effet : l'interruption résulte seulement de la « *notification qui en est faite à l'autre partie* » et elle s'opère à la date de cette notification (sur la limite au-delà de laquelle cette dernière ne saurait provoquer l'interruption, v. ss no 352.90).

352.132 Modalités de la notification. Faite « *à l'autre partie* » selon les termes de l'article 370, la notification doit-elle avoir pour destinataire l'adversaire lui-même ? On a longtemps pensé que ce destinataire pouvait être - voire devait être - le représentant dudit adversaire lorsque celui-ci était représenté. Mais la Cour de cassation a, au moins en cas de décès d'une partie, écarté cette solution : la notification doit être faite « *à l'autre partie elle-même* »[11]. En cas

1. Sur la question de savoir si l'art. 369 C. pr. civ. s'applique aux autres instances (celles visées aujourd'hui à l'art. L. 622-23, C. com.), v. H. Solus et R. Perrot, *Droit judiciaire privé*, Sirey, 1991, t. III, no 1134 (dubitatifs) – J.-L. Vallens, « L'effet du redressement judiciaire sur les instances en cours », *RTD com.* 1991. 529, no 5 (pour l'affirmative).
2. Civ. 2e, 6 mars 1991, no 89-15.540, *Bull. civ.* II, no 78; *D.* 1992. Somm. 88, obs. Derrida – Com. 11 mai 1993, no 91-12.232, *Bull. civ.* IV, no 180.
3. Com. 26 mai 1998, no 95-19.996, *Bull. civ.* IV, no 166; *RTD com.* 1999. 210, obs. Vallens.
4. Soc. 17 sept. 2003, no 01-41.255, *Bull. civ.* V, no 234 – Soc. 24 nov. 2004, no 02-45.126, *Bull. civ.* V, no 300; *Procédures* 2005. Comm. 61, obs. Perrot – Soc. 12 avr. 2005, no 03-40.573, *Bull. civ.* V, no 132 – COMP., Soc. 13 avr. 1999, no 96-44.734, *Bull. civ.* V, no 174 – Soc. 29 févr. 2000, no 97-45.669, *Bull. civ.* V, no 80.
5. Soc. 2 avr. 1996, no 91-42.864, *Bull. civ.* V, no 133.
6. Soc. 9 janv. 2002, no 99-44.874, NP; *RJS* 2002, no 254.
7. Soc. 9 mars 2011, no 09-67.312, *Bull. civ.* V, no 71; *JCP S* 2011. 1251, note Fin-Langer, précisant que la formalité obéit aux dispositions de l'article R. 1454-19 C. trav. (au conseil de prud'hommes) ou de l'article 937 C. pr. civ. (à la cour d'appel).
8. Soc. 17 sept. 2003, no 01-41.255, *Bull. civ.* V, no 234 – Soc. 24 nov. 2004, no 02-45.126, *Bull. civ.* V, no 300 – Soc. 12 avr. 2005, no 03-40.573 (préc. ss prést no) – COMP., Soc. 13 avr. 1999, no 96-44.734, *Bull. civ.* V, no 174 – Et Soc. 29 févr. 2000, no 97-45.669 (préc. ss prést no).
9. Soc. 17 sept. 2003, no 01-41.255, *Bull. civ.* V, no 234 – Soc. 24 nov. 2004, no 02-45.126, *Bull. civ.* V, no 300 – Soc. 12 avr. 2005, no 03-40.573 (préc. ss prést no).
10. V. TOUTEFOIS, Civ. 1re, 27 mars 2007, no 06-11.003, *Bull. civ.* I, no 135; *D.* 2007. AJ 1147; *RTD civ.* 2007. 381, obs. Perrot; *Procédures* 2007. Comm. 102, obs. Perrot, qui, sans s'attaquer à cette règle, laisse entendre que la connaissance (établie) du décès de l'adversaire par la partie signifiant un arrêt aurait pu faire perdre sa valeur à cette signification – RAPPR., Civ. 2e, 10 mars 2004, no 00-18.976, *Bull. civ.* II, no 106.
11. Civ. 2e, 19 déc. 2002, no 00-14.361, *Bull. civ.* II, no 296; *D.* 2003. IR 179 – V. DÉJÀ, Civ. 2e, 12 nov. 1987, no 86-15.597, NP, cité par C. Puigelier, « Le décès de l'une des parties et l'interruption de l'instance », *JCP* 1991. I. 3498, no 14.

de pluralité d'adversaires, une notification doit être adressée à chacun d'eux. L'interruption se produira au fur et à mesure des notifications ou lors de l'accomplissement de la dernière selon que le litige est ou non divisible (rappr. s[s] n° 352.177).

La notification doit émaner du plaideur qui entend se prévaloir de l'interruption de l'instance[1], qu'il y procède lui-même ou par l'intermédiaire de son représentant. Une lettre du greffe ne saurait donc provoquer cette interruption[2].

La forme de la notification à l'adversaire lui-même paraît n'obéir à aucune règle particulière. Une déclaration verbale à l'audience, avant l'ouverture des débats naturellement, pourrait convenir quelle que soit la procédure applicable devant la juridiction saisie de l'affaire[3].

Quant au contenu de la notification, l'important est qu'il manifeste la volonté de son auteur de provoquer l'interruption. Le simple fait de relater l'événement a pu être considéré comme insuffisant[4]; mais, si cette relation figure dans des conclusions de reprise d'instance, la volonté de leur auteur ne fait point de doute : il faut considérer que l'interruption a bien eu lieu[5] (sur la concomitance de l'interruption et de la reprise d'instance, v. s[s] n° 352.201). En revanche, la preuve de l'événement (production d'un acte de décès par exemple) n'est pas indispensable à l'interruption[6]. Elle pourra n'être faite qu'ultérieurement, et si le besoin s'en fait sentir.

1°
« Décès d'une partie [...] »

352.141 Condition de l'interruption. Le premier événement source d'une interruption non automatique de l'instance est le décès d'une partie. L'article 370 C. pr. civ. subordonne cet effet interruptif à la condition que l'action soit transmissible[7]. Si elle ne l'est pas, le décès a une conséquence plus radicale : l'extinction de l'instance[8].

352.142 Cas des personnes morales. Faut-il assimiler au décès de la personne physique, pour l'application de l'article 370 C. pr. civ., la dissolution d'une personne morale ? À cette question on apporte traditionnellement une réponse négative, au nom, selon le cas, de la survie de la personnalité morale pour les besoins de la liquidation[9] ou de l'idée selon laquelle la société absorbante acquiert « *de plein droit, à la date d'effet de la fusion, la qualité de partie aux instances antérieurement engagées par la société absorbée* »[10].

2°
« Cessation de fonctions du représentant légal d'un incapable »

352.151 Domaine. Hormis le cas où elle résulte de l'accession du mineur à la majorité, cause d'une interruption automatique (v. s[s] n° 352.101), la cessation de fonctions du représentant légal d'un incapable provoque, sous réserve de notification, l'interruption de l'instance.

Les incapacités visées ne sont pas seulement celles du mineur et du majeur protégé. Celle du débiteur soumis à procédure collective paraît concernée. Dès lors, les instances dans lesquelles l'administrateur le représente pourraient être interrompues par la cessation de fonctions de ce mandataire de justice, notamment lorsque, par l'effet d'un jugement prononçant la liquidation ou adoptant un plan de redressement, son mandat *ad agendum* se trouve transféré à une autre personne, liquidateur ou commissaire à l'exécution du plan, voire disparaît, le débiteur pouvant agir seul[11].

1. Civ. 2e, 15 nov. 2007, n° 06-13.246, *Bull. civ.* II, n° 253; *D.* 2008. Chron. 648, n° 1, obs. Sommer et Nicoletis.
2. Civ. 2e, 15 nov. 2007, n° 06-13.246 (préc. s[s] prés[t] n°).
3. RAPPR., TI Nancy, 11 août 1983, *Gaz. Pal.* 1983. 2. Somm. 424; *RTD civ.* 1984. 164, obs. Perrot.
4. Civ. 2e, 12 nov. 1987, n° 86-15.597, NP (préc. s[s] prés[t] n°) – *Adde* : Civ. 2e, 15 nov. 2007, n° 06-13.246, *Bull. civ.* II, n° 253 (préc. s[s] prés[t] n°).
5. Civ. 1re, 6 mars 2001, n° 98-19.297, *Bull. civ.* I, n° 59; *RTD civ.* 2001. 660, obs. Perrot; *Procédures* 2001. Comm. 146, obs. Perrot.
6. C. Puigelier (préc. s[s] prés[t] n°).
7. Sur l'appréciation de ce caractère, v. Civ. 1re, 14 févr. 1995, n° 93-11.211, *Bull. civ.* I, n° 82; *D.* 1996. 152, note Massip; *RTD civ.* 1995. 603, obs. Hauser; *RTD civ.* 1995. 684, obs. Perrot; *Procédures* 1995. Comm. 7, l'admettant à propos de la contestation de sa mise en tutelle par l'incapable – Civ. 2e, 10 sept. 2009, n° 08-19.081, NP; *D.* 2010. Chron. 1307, spéc[t] 1313, obs. Leborgne; *Procédures* 2009. Comm. 348, obs. Perrot, dans le même sens pour l'action en liquidation d'une astreinte – COMP. CEDH 30 mars 2009, req. n° 19324/02, *Procédures* 2009. Comm. 153, obs. Fricero, relatif à une instance devant la CEDH.
8. Pour une distinction, v. Civ. 1re, 28 févr. 2006, n° 05-12.823, cité par S. Thouret, « Les règles procédurales en matière de divorce : illustration de deux années de décisions de la Cour de cassation », *Procédures* 2007. Chron. 1, n° 8, d'où il résulte que, si le décès d'un époux met fin à l'instance relativement au divorce, celle-ci n'est qu'interrompue en ce qui concerne la prestation compensatoire dès lors que, le décès étant postérieur à l'arrêt de la cour d'appel, le divorce avait acquis force de chose jugée.
9. Req. 26 déc. 1927, *DP* 1929. 1. 111, note Chéron – Soc. 3 nov. 1955, *RTD civ.* 1956. 599, obs. Raynaud – Paris, 18 juin 1985, *Gaz. Pal.* 1985. 2. 595 – V. AUSSI, Civ. 2e, 6 oct. 1977, *Gaz. Pal.* 1977. 2. Somm. 362 – V. AUSSI, Soc. 27 oct. 1999, n° 97-41.720, *Bull. civ.* V, n° 424, où l'interruption est fondée sur la perte de la capacité d'agir – COMP., Soc. 7 mars 1990, n° 86-44.176, *Bull. civ.* V, n° 95; *RTD civ.* 1990. 558, obs. Perrot, où la chambre sociale, sans avoir été saisie de la difficulté il est vrai, a reconnu à la dissolution un effet interruptif d'instance.
10. Com. 21 oct. 2008, n° 07-19.102, *Bull. civ.* IV, n° 174; *RTD civ.* 2009. 323, obs. Fages; *RTD civ.* 2009. 362, obs. Thery.
11. RAPPR., Com. 20 janv. 1998, n° 95-13.565, *Bull. civ.* IV, n° 31, dont la solution se justifie beaucoup moins au regard du texte.

La cessation de ses fonctions par le curateur, qui ne fait qu'assister l'incapable, n'est pas visée[1]. Il en va de même de celle des représentants légaux étrangers au domaine des incapacités. Ainsi le changement de gérant ne provoque-t-il point l'interruption des instances auxquelles la société à responsabilité limitée est partie. La Cour de cassation a, toutefois, fait jouer l'article 370 C. pr. civ. dans le cadre des procédures collectives dans l'hypothèse où, par suite de la clôture des opérations de vérification des créances, le mandat du représentant des créanciers avait pris fin en cours de procès et avait été transféré au commissaire à l'exécution du plan[2].

3°
« Recouvrement ou [...] perte par une partie de la capacité d'ester en justice »

352.161 **Double cause d'interruption.** L'article 370 *in fine* prévoit non point une mais deux causes d'interruption non automatique de l'instance : le recouvrement, d'une part, et la perte, d'autre part, de la capacité d'ester en justice, entendue nécessairement ici comme englobant la capacité d'exercice.

L'incapacité cessant ou survenant peut être une incapacité d'exercice, générale ou spéciale, *a fortiori* une incapacité de jouissance[3]. N'est évidemment pas visée l'accession du mineur à la majorité, cause d'interruption automatique (v. s^s n° 352.101). La disposition recoupe parfois l'hypothèse de cessation des fonctions du représentant de l'incapable (v. s^s n° 352.151). La Cour de cassation l'a étendue à celle de perte de sa représentation légale par une partie en raison de la cessation de fonctions de son représentant[4].

§ 2
Effets de l'interruption

352.171 **Arrêt du cours de l'instance – Caractère provisoire.** L'interruption fait cesser l'instance; elle engendre une situation proche de l'extinction, mais qui n'en est pas une car cette situation est provisoire et l'avenir réservé. À cette fin, d'ailleurs, les délais sont suspendus[5], voire interrompus (v. par ex. C. com., art. L. 622-21, III – v. aussi, pour le délai de péremption, s^s n°s 352.371 s.). Le lien d'instance demeure, ce qui explique à la fois le maintien des effets attachés aux actes antérieurs à l'interruption (ainsi les intérêts moratoires déclenchés par l'assignation continuent de courir), la possibilité de confirmer les actes postérieurs (v. s^s n° 352.176) et l'absence de dessaisissement du juge, qui non seulement peut prendre des initiatives en vue de la reprise de l'instance mais dispose même d'un pouvoir d'injonction à cet effet (v. s^s n° 352.182).

352.172 **Arrêt du cours de l'instance – Conséquence : nullité des actes postérieurs à l'interruption.** De l'interruption à la reprise, aucun acte de procédure ne peut être accompli, aucun jugement ne peut être rendu. Ceux qui l'auraient été, notamment par ignorance de la survenance d'une cause d'interruption automatique ou à la suite d'une reprise non valable, sont réputés « *non avenus* » (C. pr. civ., art. 372). Cette sanction frappe sans distinction, entre autres, les notifications et dépôts de conclusions, les requêtes de toutes sortes, les opérations d'expertise, les jugements, qu'ils ordonnent une mesure provisoire ou une mesure d'instruction ou qu'ils tranchent tout ou partie du fond. Pour eux, l'écoulement du délai d'exercice des voies de recours ordinaires n'a aucun effet de consolidation : l'article 372 C. pr. civ. s'applique aux jugements « *même passés en force de chose jugée* ».

On admet généralement, à l'instar des textes de l'ancien Code (art. 344), que cette inefficacité doit être analysée comme une nullité[6].

352.173 **Caractère relatif de la nullité.** Comme l'interruption elle-même, l'inefficacité de l'article 372 C. pr. civ. a été édictée dans un souci de protection. On en déduit donc qu'il s'agit là d'une nullité relative, interprétation corroborée par la possibilité de confirmation prévue à l'article 372 *in fine*[7].

352.174 **Identification du bénéficiaire de l'interruption.** La personne au profit de laquelle l'interruption se produit est normalement celle affectée par l'événement, le législateur ayant voulu lui laisser le temps de faire face à la situation : l'incapable ou l'ex-incapable, la partie privée de

1. H. Solus et R. Perrot, *Droit judiciaire privé*, Sirey, 1991, t. III, n° 1137.
2. Com. 20 janv. 1998, n° 95-13.565 (préc. s^s prés^t n°).
3. Pour la possibilité de faire jouer cette disposition en cas de dissolution d'une société, C. Puigelier, « Le décès de l'une des parties et l'interruption de l'instance », *JCP* 1991. I. 3498, n° 6 – Soc. 27 oct. 1999, n° 97-41.720, *Bull. civ.* V, n° 424.
4. V. Civ. 3e, 14 avr. 1999, n° 97-18.008, *Bull. civ.* III, n° 101 (syndic de copropriété).
5. V. Paris, 30 avr. 1987, *D.* 1987. IR 135 (délai de mission des arbitres).
6. H. Solus et R. Perrot, *Droit judiciaire privé*, Sirey, 1991, t. 1, n° 1142 – Guinchard, Chainais et Ferrand, 31e éd., 2012, n° 432 – Cadiet et Jeuland, n° 677 – comp., *J.-Cl. Pr. civ.*, fasc. 678, 2010, n° 44, Fricero – Pour la jurisprudence v. Paris, 15 oct. 1981, *D.* 1982. IR 64, obs. Derrida – Paris, 27 oct. 1992, *Bull. ch. avoués* 1992. 4. 124 – *Adde*, Com. 27 mars 1990, n° 88-14.925, *Bull. civ.* IV, n° 97; *D.* 1990. 494, note Honorat – comp., Com. 29 oct. 1991, n° 90-11.297, *Bull. civ.* IV, n° 319; *D.* 1992. 293, note Rossi; *D.* 1992. Somm. 254, obs. Derrida, qui, au lieu de casser un arrêt de cour d'appel tombant sous le coup de l'article 372, se borne à déclarer qu'il doit être réputé non avenu et qu'en conséquence, il n'y a pas lieu de statuer.
7. Pour la proclamation de ce caractère relatif, v. Paris, 15 oct. 1981, *D.* 1982. IR 64, obs. Derrida – *Adde*, sous l'empire de l'ancien Code, Req. 19 juin 1929, *Gaz. Pal.* 1929. 2. 583.

son avocat, les héritiers du plaideur décédé. Dans l'hypothèse d'ouverture d'une procédure collective, l'interruption s'opère dans l'intérêt du débiteur[1] et, au-delà, de l'ensemble des créanciers[2]. La qualité pour demander la nullité et confirmer l'acte nul appartient donc concurremment aux différents organes de la procédure[3].

352.175 Personnes pouvant se prévaloir de la nullité. Relative, la nullité des actes accomplis et des jugements rendus en dépit de l'interruption ne peut être invoquée que par la partie au bénéfice de qui l'interruption a eu lieu[4]. Ni son adversaire[5] ni les plaideurs ayant la même position qu'elle dans le procès[6] ni sa caution, même solidaire[7] (pour une atténuation, v. s^s n° 352.121), ne peuvent s'en prévaloir[8].

352.176 Confirmation des actes et jugements nuls. À l'anéantissement prévu par l'article 372 C. pr. civ. les actes et jugements intervenus entre l'interruption et la reprise échappent s'ils sont « *expressément ou tacitement confirmés par la partie au profit de laquelle l'interruption est prévue* ».

Cette confirmation peut prendre une forme expresse. Elle peut aussi n'être que tacite. Des écritures de reprise comportant des conclusions sur le fond sans que leur auteur invoque les dispositions de l'article 372 ont ainsi pu être interprétées comme une confirmation tacite des actes faits pendant la période d'interruption[9].

352.177 Caractère divisible de la nullité. Dans la mesure où le litige est lui-même divisible, on admet que la nullité invoquée par la partie affectée par l'événement interruptif ne peut jouer au profit d'un autre plaideur, même occupant une position identique à la sienne dans le procès. En dépit de l'interruption, la procédure continue donc valablement à l'égard des autres parties[10].

352.178 Mise en œuvre de la nullité. La question de savoir si la sanction de l'article 372 C. pr. civ. obéit, quant à sa mise en œuvre, au régime des nullités de procédure suscite quelques hésitations doctrinales[11].

Doit-on ainsi appliquer aux actes « *non avenus* » de l'article 372 la règle selon laquelle la nullité est couverte « *si celui qui l'invoque a, postérieurement à l'acte critiqué, fait valoir des défenses au fond ou opposé une fin de non-recevoir sans soulever la nullité* » (C. pr. civ., art. 112) ? L'intérêt de la question se trouve limité par la jurisprudence qui tient pour une confirmation tacite le fait de conclure au fond sans se prévaloir de la nullité (v. s^s n° 352.176).

Peut-on faire proclamer l'irrégularité des décisions tombant sous le coup de l'article 372, comme toute nullité de jugement, dans le cadre de l'exercice des voies de recours ? La Cour de cassation l'admet le plus souvent : elle casse, en conséquence, la décision litigieuse et renvoie l'affaire devant une autre juridiction[12]. Il lui arrive parfois de décider qu'il n'y a pas lieu de statuer eu égard au caractère non avenu du jugement[13]. Elle retient parfois une solution intermédiaire en renvoyant les parties, après constatation du caractère non avenu de la décision déférée, devant la juridiction dont celle-ci émane, laquelle n'a pas été dessaisie par l'interruption[14].

1. Civ. 2e, 15 avr. 2010, n° 08-12.357, *Bull. civ.* II, n° 82; *Dr. et proc.* 2010. 195.
2. Com. 2 juin 2004, n° 01-13.078, *Bull. civ.* IV, n° 109 – RAPPR., sous l'empire du droit antérieur à 1985, Com. 23 juin 1981, n° 79-15.316, *Bull. civ.* IV, n° 289; *D.* 1982. IR 64, obs. Derrida; *Gaz. Pal.* 1981. 2. 661, note Viatte – Paris, 15 oct. 1981, *D.* 1982. IR 64, obs. Derrida, qui déclaraient l'interruption dans l'intérêt de la masse.
3. Pour l'administrateur, v. Com. 29 oct. 1991, n° 90-11.297 (préc. s^s n° 352.172) – Com. 26 janv. 2010, n° 09-11.288, *Bull. civ.* IV, n° 20; *D.* 2010. 380; *Procédures* 2010. Comm. 126 – Pour le liquidateur, Civ. 2e, 15 avr. 2010, n° 08-12.357 (préc. s^s prés^t n°) – Pour le commissaire à l'exécution du plan, Com. 2 juin 2004, n° 01-13.078 (préc. s^s prés^t n°) – Pour le mandataire judiciaire, Com. 26 janv. 2010, n° 09-11.288, préc., qui semble admettre qu'en présence d'un administrateur et d'un mandataire judiciaire, chacun peut confirmer seul.
4. Req. 19 juin 1929, *Gaz. Pal.* 1929. 2. 583 – RAPPR., n° 352.382.
5. Civ. 1re, 27 nov. 1951, *Bull. civ.* I, n° 328.
6. Civ., 1er août 1944, *D.* 1945. 30; *Gaz. Pal.* 1944. 2. 115.
7. Com. 27 mars 1990, n° 88-14.925, *Bull. civ.* IV, n° 97; *D.* 1990. 494, note Honorat.
8. V. AUSSI, P. Raynaud, obs., *RTD civ.* 1955. 370.
9. Civ. 2e, 28 juin 1989, n° 88-15.877, *Bull. civ.* II, n° 142; *JCP* 1989. IV. 329.
10. *J.-Cl. Pr. civ.*, fasc. 678, 2010, n°s 42 et 48, Fricero – RAPPR., TI Sannois, 24 juin 1980, *D.* 1982. IR 64, obs. Derrida, décidant que, si un jugement tombant sous le coup de l'article 372 ne peut produire effet contre la masse, il le peut contre le débiteur lui-même après clôture de la procédure pour extinction du passif.
11. *J.-Cl. Pr. civ.*, fasc. 678, 2010, n° 45, Fricero.
12. V. NOT., Civ. 2e, 9 juin 1982, n° 80-14.353, *Bull. civ.* II, n° 89 – Civ. 2e, 29 juin 1988, n° 87-15.171, *Bull. civ.* II, n° 161 – Soc. 4 avr. 1990, n° 87-42.677, *Bull. civ.* V, n° 170 – Com. 7 janv. 1992, n° 89-15.819, *Bull. civ.* IV, n° 4; *D.* 1992. 255, obs. Derrida – Soc. 29 févr. 2000, n° 97-45.669, *Bull. civ.* V, n° 80 – Pour la constatation de la nullité d'un jugement par une cour d'appel, v. Paris, 29 oct. 1992, *Bull. ch. avoués* 1992. 4. 124.
13. Com. 29 oct. 1991, n° 90-11.297, *Bull. civ.* IV, n° 319; *D.* 1992. 293, note Rossi; *D.* 1992. Somm. 254, obs. Derrida – COMP., à propos des jugements « non avenus » de l'article 478 C. pr. civ., Paris 13 nov. 1976, *JCP* 1977. II. 18558, note J. A. – Dijon, 18 janv. 1980, *JCP* 1980. II. 19460, déclarant l'appel irrecevable.
14. Civ. 2e, 6 mars 1991, n° 89-15.540, *Bull. civ.* II, n° 78; *RTD civ.* 1991. 800, obs. Perrot – Com. 11 mai 1993, n° 91-12.232, *Bull. civ.* IV, n° 180 – Civ. 2e, 11 mai 2006, n° 04-15.918, *Bull. civ.* II, n° 126 – Com. 15 déc. 2009, n° 08-19.539, NP; *D.* 2010. 380, et les obs.; *Procédures* 2010. Comm. 44 – Com. 26 janv. 2010, n° 09-11.288, *Bull. civ.* IV, n° 20; *Procédures* 2010. Comm. 126 – Sur la constatation du caractère non avenu d'un arrêt de cassation par la juridiction de renvoi et sur la nécessité pour la Cour de cassation, en pareille hypothèse, de statuer à nouveau sur le pourvoi, v. Civ. 1re, 5 mai 1998, n°s 94-16.751 et 87-16.439, *Bull. civ.* I, n° 163 – V. AUSSI, Civ. 1re, 14 janv. 1997, n° 94-11.740, NP; *Procédures* 1997. Comm. 54, obs. Perrot.

352.179 Mise en œuvre de la nullité – Exception tirée de la nullité d'un jugement. Il résulte implicitement mais nécessairement de l'article 372 C. pr. civ. qu'on peut exciper de l'inefficacité édictée par ce texte pour échapper à l'exécution d'un jugement (ou encore, lorsqu'il est produit dans une autre instance, à son effet probatoire), et ce en dépit de l'expiration du délai d'appel ou d'opposition (v. C. pr. civ., art. 372, visant les jugements « *même passés en force de chose jugée* »). Sur ce point, la sanction de l'article 372 se sépare de la nullité de droit commun. En cas de discussion, le juge de l'exécution tranchera.

§ 3
Reprise d'instance

352.181 Nécessité d'une reprise. La reprise est l'acte qui met fin à l'interruption de l'instance et sans lequel, en conséquence, le procès ne peut se dérouler, le juge ne peut statuer sur le fond[1]; son jugement serait « *non avenu* » (v. s[s] n° 352.172).

352.182 Initiative de la reprise. Chacune des parties, celle affectée par l'événement doté d'un effet interruptif comme son adversaire, a qualité pour engager la procédure de reprise.

Le juge, quant à lui, s'il ne peut être l'auteur de cette dernière, ne lui est pas forcément étranger. Non dessaisi par l'interruption de l'instance (v. s[s] n° 352.171), il a le pouvoir de faciliter la tâche des parties en vue de la reprise en demandant au ministère public de recueillir les renseignements nécessaires à celle-ci (C. pr. civ., art. 376, al. 3), procéder à une recherche d'héritiers par exemple. Il dispose, par ailleurs, du pouvoir d'« inviter » les parties à reprendre l'instance, et ce en leur impartissant des délais, véritable pouvoir d'injonction puisqu'assorti d'un pouvoir de radiation (C. pr. civ., art. 376, al. 2)[2].

A.
Conditions de la reprise

1°
Conditions de fond

352.191 Régime général. Les seules conditions de la reprise tiennent, en principe, à la qualité, à la capacité et au pouvoir de la personne par qui ou contre qui est opérée la reprise[3]. Peu importe, en revanche, que la partie bénéficiaire de l'interruption ait pris ses dispositions. On ne peut subordonner le procès à son bon vouloir.

352.192 Décès d'une partie. Dans l'hypothèse du décès d'un plaideur laissant plusieurs héritiers, qui a qualité pour reprendre ? contre qui faut-il reprendre ? Deux situations sont à distinguer en fonction de l'objet du litige.

352.193 Première hypothèse : l'objet du litige est divisible. Lorsque l'objet du litige est divisible (par ex. droit de créance de la succession ou contre la succession), s'il est opportun que tous les ayants cause à titre universel figurent dans la procédure, ce n'est pas là une condition de validité de la reprise. Chaque héritier a, en effet, qualité pour reprendre sans le concours des autres[4]. De même, la reprise peut être valablement opérée contre lui seul[5]. Selon une formule traditionnelle, on dit que la reprise est divisible. Mais, évidemment, les héritiers restés en dehors de la cause pourront faire tierce-opposition.

352.194 Seconde hypothèse : l'objet du litige est indivisible. Lorsque le litige est indivisible (action réelle, par ex.), la reprise doit être opérée par ou contre tous les héritiers en cas d'indivision[6], y compris ceux figurant déjà dans la procédure avant l'interruption[7]. Elle doit l'être contre celui à qui le bien litigieux a été attribué s'il y a eu partage, contre le légataire particulier si le bien a fait l'objet d'un legs de ce type. Il y a là une condition de validité de la reprise.

Il se peut, toutefois, que le jugement ait été rendu sans que quiconque ait soulevé la nullité de la reprise; celui qui aurait dû être mis en cause et ne l'a pas été est alors recevable à l'attaquer par la voie de la tierce-opposition[8]. Le succès de celle-ci conduira, en raison de l'indivisibilité, non à une simple déclaration d'inopposabilité mais à une véritable réformation du jugement (v. s[s] n°s 551.00 s.).

352.195 Procédure collective. Dans l'hypothèse d'une interruption pour cause de procédure collective, la validité de la reprise est subordonnée, selon le cas, à une ou deux formalités à la charge de l'adver-

1. Civ. 2e, 29 juin 1988, n° 87-15.171, *Bull. civ.* II, n° 161; *JCP* 1988. IV. 317.
2. Pour des applications, Civ. 2e, 6 déc. 1984, n° 82-11.277, *Bull. civ.* II, n° 189; *D.* 1985. IR 469, obs. Julien – Soc. 7 mars 1990, n° 86-44.176, *Bull. civ.* V, n° 95; *RTD civ.* 1990. 558, obs. Perrot – COMP., Com. 7 juill. 1987, n° 85-18.398, *Bull. civ.* IV, n° 174 – Com. 8 nov. 1988, n° 85-18.398, *Bull. civ.* IV, n° 293, retenant la déchéance du pourvoi.
3. Sur la justification de sa qualité par l'héritier, Civ. 1re, 12 oct. 1971, n° 70-13.336, *Bull. civ.* I, n° 258; *D.* 1972. Somm. 3.
4. Soc. 4 juin 1987, n° 84-43.787, *Bull. civ.* V, n° 364; *Gaz. Pal.* 1987. 2. Pan. 270 – V. AUSSI, Civ. 27 juin 1934, *Gaz. Pal.* 1934. 2. 583, a – Amiens, 3 déc. 1959, *D.* 1960. 392 – Civ. 1er déc. 1965, *JCP A* 1966. IV. 4777, obs. J. A.; *RTD civ.* 1966. 378, obs. Raynaud, tenant la reprise d'instance nulle à l'égard d'un des héritiers pour valable à l'égard des autres.
5. Amiens, 3 déc. 1959, *D.* 1960. 392.
6. Civ. 2e, 29 juin 1988, n° 87-15.171, *Bull. civ.* II, n° 161; *D.* 1988. IR 206; *RTD civ.* 1989. 139, obs. Perrot, arrêt qui ne précise pas toutefois l'objet du litige et dans lequel on a parfois été tenté de déceler une solution qui vaudrait même en présence d'un litige divisible : v. *J.-Cl. Pr. civ.*, fasc. 678, 2010, n° 63, Fricero.
7. Civ. 3e, 2 oct. 2002, n° Y-00-22.078, *Procédures* 2003. Comm. 17, obs. Junillon.
8. Civ. 2e, 7 nov. 1977, *Gaz. Pal.* 1978. 1. 141; *RTD civ.* 1978. 731, obs. Perrot.

saire du débiteur soumis à ladite procédure : déclaration de la créance objet du litige, mise en cause de certaines personnes[1].

352.196 Déclaration de créance. Pour les actions (autres que prud'homales) qui tendent à la condamnation du débiteur au paiement d'une somme d'argent ou à la résolution d'un contrat pour défaut de paiement d'une somme d'argent (C. com., art. L. 622-21), la reprise suppose une déclaration de créance (C. com., art. L. 622-22)[2]. Le créancier justifiera de son existence auprès de la juridiction saisie en en produisant une copie (C. com., art. R. 622-20), ou l'accusé de réception[3]. À défaut, en cas de « redémarrage » de l'activité procédurale sans protestation des organes de la « faillite », il appartient à la juridiction de vérifier d'office cette existence[4].

La régularité de la reprise est subordonnée à celle de la déclaration de créance[5]. De cette dernière la juridiction devant laquelle se déroule l'instance interrompue est juge[6].

352.197 Mises en cause. Dans tous les cas, la validité de la reprise dépend de la mise en cause du mandataire judiciaire[7] (ou du liquidateur) et de l'administrateur (ou du commissaire à l'exécution du plan). Celle de l'administrateur s'impose « *le cas échéant* » (C. com., art. L. 622-22), ce « cas » étant aujourd'hui celui où cet organe de la procédure a pour mission d'assister ou, *a fortiori*, de représenter le débiteur (pour les actions visées à l'article L. 622-21 du Code de commerce, v. C. com., art. R. 622-20 ou R. 631-22, al. 2, en fonction de la procédure applicable – pour les autres actions, v. C. com., art. L. 622-23 [réd. Ord. n° 2008-1345, 18 déc. 2008], et L. 631-14, al. 5)[8].

2°
Conditions de forme

352.201 Reprise volontaire. Le mode normal de reprise, d'après l'article 373 C. pr. civ., est volontaire, amiable : la partie qui veut « relancer » la procédure le fait savoir « *dans les formes prévues pour la présentation des moyens de défense* ». Autrement dit, elle prend des conclusions. Dans les procédures orales, une démarche auprès du greffe s'imposera, tendant à faire appeler l'affaire à l'audience. Lorsque l'initiative de la reprise émane de l'adversaire du plaideur au profit de qui l'interruption a eu lieu, la reprise suppose que ce dernier prenne à son tour des conclusions.

Les conclusions de reprise de la partie affectée par l'événement interruptif appellent deux précisions. D'une part, rien ne les empêche de figurer dans le même acte que la notification de l'événement, la période d'interruption ne durant alors qu'un instant de raison[9]. D'autre part, dans l'hypothèse où l'interruption résulte de la cessation de fonctions de l'avocat, la reprise résulte d'une constitution d'avocat ou de conclusions contenant pareille constitution, l'acte devant, dans les deux cas, avoir été notifié à l'adversaire et remis au greffe de la juridiction[10].

352.202 Reprise forcée. Dans le cas où la technique précédente n'est pas utilisable (l'instance doit être reprise contre une personne, héritier par exemple, qui, jusque-là, ne figurait pas dans la procédure; l'adversaire n'a pas fait connaître le nom de son nouveau représentant *ad litem*...) ou si elle ne donne aucun résultat, il faut contraindre l'adversaire à reprendre le débat judiciaire. On doit le faire « *par voie de citation* » (C. pr. civ., art. 373, al. 2) : toute forme d'introduction de l'instance en vigueur devant la juridiction concernée, et pas seulement l'assignation, est utilisable[11].

Si l'adversaire, en dépit de cette citation en reprise, ne comparaît pas, il faudra procéder comme en cas de défaut de comparution à la suite de la demande initiale (v. C. pr. civ., art. 375). Les règles applicables sont celles qui concernent le défaut du défendeur

1. Com. 7 janv. 1992, n° 89-15.819, *Bull. civ.* IV, n° 4; *D.* 1992. Somm. 255, obs. Derrida; *RJDA* 1992, n° 506.
2. Cass., avis, 8 juin 2009, n° 09-00.002, *Bull. avis*, n° 1; *D.* 2009. AJ 1603, obs. Lienhard; *JCP E* 2009. 1814, n° 3, obs. Pétel, précisant que, si cette déclaration n'est plus possible pour cause de forclusion, l'instance demeure interrompue jusqu'à la clôture de la procédure collective.
3. Jugé suffisant par Aix-en-Provence, 15 sept. 1986, *Juris-Data* n° 046516.
4. Com. 12 févr. 1991, n° 89-15.165, *Bull. civ.* IV, n° 67; *JCP E* 1991. I. 100, n° 7, obs. Cabrillac – Com. 1er juill. 1997, n° 95-12.675, NP; *Procédures* 1998. Comm. 12, obs. Laporte.
5. Com. 22 juin 1993, n° 87-19.183, *Bull. civ.* IV, n° 260; *D.* 1993. Somm. 365, obs. Honorat; *JCP E* 1993. I. 295, n° 3, obs. Pétel – COMP., CE, avis, 20 janv. 1992, req. n° 130250, *Lebon*; *JCP E* 1992. I. 192, n° 1, obs. Cabrillac et Pétel.
6. Com. 22 juin 1993, n° 87-19.183 (préc. ss prést n°).
7. Pour l'application de cette règle, v. Com. 27 févr. 2007, n° 05-19.585, *Bull. civ.* IV, n° 67, d'où il résulte que, si le débiteur peut, au cours de la procédure, se prévaloir de l'absence de mise en cause du représentant des créanciers (mandataire judiciaire), seul celui-ci (ou ceux à qui, liquidateur ou commissaire à l'exécution du plan, ses attributions sont dévolues) le peut une fois la décision rendue.
8. COMP., sous l'empire des textes antérieurs, Com. 29 oct. 1991, n° 90-11.297, *Bull. civ.* IV, n° 319; *D.* 1992. Somm. 254, obs. Derrida; *D.* 1992. 293, note Rossi – Com. 22 juin 1993, n° 87-19.183, *Bull. civ.* IV, n° 260; *D.* 1993. Somm. 365, obs. Honorat.
9. Civ. 1re, 6 mars 2001, n° 98-19.297, *Bull. civ.* I, n° 59; *RTD civ.* 2001. 660, obs. Perrot; *Procédures* 2001. Comm. 146, obs. Perrot, à propos de la notification d'un décès par les héritiers.
10. Civ. 3e, 27 mars 2002, n° 00-20.732, *Bull. civ.* III, n° 77; *D.* 2002. 1487, obs. Chevrier, dont il ressort que le seul fait d'être assisté par un avocat au cours d'opérations d'expertise ne peut équivaloir à une reprise.
11. Sur l'application de cette règle à la Cour de cassation, v. D. Célice, « L'interruption de l'instance de cassation du fait des procédures de redressement et de liquidation judiciaires », *Just. et cass.* 2005. 201, spéct p. 212 – H. Nico, « Les conséquences du décès d'une partie personne physique sur la procédure applicable devant les chambres civiles de la Cour de cassation », *Just. et cass.* 2005. 214 s., spéct p. 220.

– l'article 375 C. pr. civ. renvoyant aux articles 471 et suivants, non à l'article 468 – quelle que soit la partie citée en reprise[1]. Un jugement sera rendu, par défaut ou réputé contradictoire selon le cas (v. C. pr. civ., art. 473 et 474).

352.203 Reprise de plein droit. Dans le cadre de l'interruption pour cause de procédure collective, la reprise, pour les actions de l'article L. 622-21 du Code de commerce, a lieu « *de plein droit* » une fois accomplies les formalités dont elle dépend (C. com., art. L. 622-22 – V. aussi, C. com., art. R. 622-20, où « *l'initiative du créancier* » n'est qu'une allusion à ces formalités)[2]. Pour la remise en mouvement de l'instance, l'interruption tient ici de la suspension, du moins celle qui résulte d'un sursis à statuer : il suffit à la partie qui souhaite faire avancer le procès de reprendre son activité procédurale. Dans le cadre des actions non visées à l'article L. 622-21 du Code de commerce, la reprise résulte de la mise en cause des organes de la procédure; à défaut, elle peut être opérée selon les modalités du Code de procédure civile par les personnes qui auraient dû être mises en cause (C. com., art. L. 622-23).

B.
Effets de la reprise

352.211 Régime de droit commun. L'instance reprend son cours « *en l'état où elle se trouvait au moment où elle a été interrompue* » (C. pr. civ., art. 374). Tout ce qui a été fait pendant la période d'interruption doit être refait, à moins qu'il n'y ait eu confirmation par la partie au profit de laquelle l'interruption a eu lieu.

352.212 Régime propre à l'interruption pour cause de procédure collective. Les instances de l'article L. 622-21 du Code de commerce, celles qui tendent à la condamnation du débiteur au paiement d'une somme d'argent, ou à la résolution d'un contrat pour défaut de paiement d'une somme d'argent, ne peuvent plus, une fois reprises, poursuivre leur fin initiale : parce que le créancier est englobé dans la procédure collective et doit subir le concours des autres créanciers, elles tendent simplement à la constatation de la créance invoquée et à la fixation de son montant (C. com., art. L. 622-22)[3]. Encore la juridiction ne peut-elle y procéder que dans la limite de la déclaration de créance[4].

SECTION 3
EXTINCTION DE L'INSTANCE

352.220 Extinction par voie principale et extinction par voie accessoire. Divers événements provoquent l'extinction de l'instance avant que le jugement n'ait été rendu.

Certains le font à titre principal; ils n'affectent pas l'action et ne font point, par conséquent, obstacle à l'introduction d'une nouvelle instance : ce sont la péremption, le désistement d'instance et la caducité de la demande.

L'extinction anticipée de l'instance est également susceptible de s'opérer par voie accessoire, parce que le droit d'agir a lui-même disparu. La situation peut résulter d'une transaction entre les parties; il pourra être demandé au juge, en ce cas, de donner force exécutoire à l'acte la constatant, qu'elle soit ou non intervenue devant lui (C. pr. civ., art. 384, al. 3)[5]. Le décès d'un plaideur constitue une autre cause d'extinction de ce type lorsque l'action n'est pas transmissible[6]. S'y ajoutent deux actes relevant de la technique procédurale (qui peuvent, d'ailleurs, avoir pour origine une transaction) : l'acquiescement et le désistement d'action.

§ 1
Désistement

352.221 Définition. Le désistement s'analyse comme une renonciation, une renonciation qui, selon son objet, provoque ou non l'extinction anticipée de l'instance.

352.222 Objet du désistement. Le désistement peut avoir trois objets différents : un acte de procédure, l'instance, l'action du plaideur. Le désistement d'un acte de procédure est dépourvu de tout effet extinctif d'instance; le désistement d'instance et le désistement d'action en ont un, qui se produit à titre principal pour le premier, à titre accessoire pour le

1. Poitiers, 13 mai 1981, *D.* 1982. Somm. 169, obs. Julien.
2. COMP., J.-L. Vallens, « L'effet du redressement judiciaire sur les instances en cours », *RTD com.* 1991. 529, n° 42.
3. Com. 7 janv. 1992, n° 89-15.819, *Bull. civ.* IV, n° 4; *D.* 1992. Somm. 255, obs. Derrida; *RJDA* 1992. 506 – Com. 31 mars 1992, n° 90-11.741, *Bull. civ.* IV, n° 140 – Com. 8 mars 1994, n° 92-10.557, *Bull. civ.* IV, n° 98 – V. AUSSI, Com. 3 nov. 2009, n° 08-20.490, *Bull. civ.* IV, n° 140; *D.* 2009. 2747; *Procédures* 2010. Comm. 17, obs. Rolland, rappelant que la juridiction saisie reste compétente pour une telle décision.
4. Com. 20 mars 2001, n° 98-16.256, *Bull. civ.* IV, n° 62; *Procédures* 2001. Comm. 127, obs. Laporte, où le créancier, croyant pouvoir bénéficier de la compensation, avait déclaré sa créance sous déduction d'une dette qu'il avait envers son adversaire.
5. Sur la distinction de la transaction et du désistement autonome, v. Soc. 12 janv. 1993, n° 88-43.754, *Bull. civ.* V, n° 5; *RTD civ.* 1993. 887, obs. Perrot.
6. Pour une application en cas de décès d'un époux au cours de l'instance en divorce, Civ. 1re, 20 juin 2006, n° 05-16.150, *Bull. civ.* I, n° 317 – V. CEP., P. Théry, « Les époux et la mort », *Mél. Normand,* Litec, 2003, p. 461.

second, la fin de l'instance n'étant alors que la conséquence d'une disparition de l'action.

352.223 Désistement d'un acte de procédure. Relève de cette première catégorie le désistement qui porte sur un simple acte de procédure à condition qu'il ne s'agisse pas de celui qui introduit l'instance[1] ou sert de support à une demande nouvelle; il s'agira de l'abandon d'une prétention à caractère procédural, demande de constatation de la péremption par exemple, demande d'expertise, inscription de faux incidente, renonciation à une signification[2]. Aucune condition particulière n'est à respecter; spécialement l'acceptation de l'adversaire n'est pas requise[3]. Un tel désistement emporte renonciation par son auteur aux effets engendrés à son profit par l'acte mais point, sauf acceptation, disparition de ceux produits au bénéfice de l'adversaire[4].

352.224 Désistement d'action. Le désistement d'action, renonciation à la sanction du droit dont on se prétend titulaire, interdit toute nouvelle demande, y compris contre une caution ou un porte-fort[5], à condition toutefois que l'objet de celle-ci coïncide avec celui du désistement[6].

Se rapprochant de la renonciation à un droit, le désistement d'action est un acte grave pour son auteur et un acte auquel l'adversaire ne peut normalement trouver qu'avantage. Cette double idée domine les règles qui, outre celles communes à toutes les manifestations de volonté[7], le gouvernent :

1) Il ne peut concerner les droits indisponibles[8];

2) Il requiert la capacité de disposer du droit litigieux;

3) Il est unilatéral, en ce sens qu'il n'a pas besoin d'être accepté[9];

4) Il doit, même si sa forme importe peu[10], être exprès[11].

Un désistement nul en tant que désistement d'action pourrait, cependant, valoir comme désistement d'instance.

352.225 Désistement d'action et désistement d'instance – Présomption de désistement d'instance. L'objet du désistement n'étant pas toujours clairement spécifié, la jurisprudence a été amenée à poser une présomption; elle l'a établie en faveur du désistement d'instance. Le désistement d'action est, en effet, un acte trop grave pour être retenu en l'absence d'une volonté claire et non équivoque en ce sens[12]. En revanche, en présence de pareille volonté, souverainement appréciée par les juges du fond, on l'admettra[13].

352.226 Désistement d'instance. Intermédiaire entre le désistement d'action et celui qui porte sur un simple acte de procédure, le désistement d'instance connaît deux grandes variantes : le désistement d'une demande « *en première instance* » (v. C. pr. civ., art. 394 à 399) et le désistement d'une voie de recours, tout au moins d'un appel, d'une opposition ou d'un pourvoi en cassation (C. pr. civ., art. 400 à 405 et 1024 à 1026).

1. COMP. dans l'hypothèse où celui-ci est entaché de nullité, Civ. 9 nov. 1929, *DH* 1929. 148.
2. Nancy, 11 févr. 1981, *JCP* 1982. IV. 208; *RTD civ.* 1982. 654, obs. Perrot, relatif au désistement implicite d'une signification de jugement, remplacée par une seconde signification.
3. Req. 24 avr. 1855, *DP* 1855. 1. 202 – Civ. 9 nov. 1929, *DH* 1929. 148, à propos du désistement d'un acte d'opposition nul.
4. Nancy, 11 févr. 1981 (préc. s^s prés^t n^o), décidant que la seconde signification, valant renonciation au bénéfice de la forclusion liée à la première, fait par là-même courir un nouveau délai d'appel pour l'adversaire, et précisant qu'il n'en irait pas de même au profit de son auteur, celui-ci ne pouvant supprimer les droits d'autrui contre lui, spécialement celui d'invoquer la forclusion – V. R. Perrot, obs. préc. (s^s cet arrêt).
5. Civ. 1re, 22 avr. 1986, n° 84-10.288, *Bull. civ.* I, n° 99; *Gaz. Pal.* 1986. 2. Pan. 141.
6. Civ. 1re, 17 mai 1978, *Gaz. Pal.* 1978. 2. Pan. 246, admettant, après désistement d'une demande en paiement de loyers, la recevabilité d'une demande d'indemnité d'occupation relative, au surplus, à une période de temps non concernée par le procès initial.
7. Sur l'absence de vice du consentement, v. Civ. 1re, 13 mars 1979, n° 77-13.678, *Bull. civ.* I, n° 88; *JCP* 1979. IV. 176 – Civ. 1re, 15 oct. 2009, n° 07-20.129, *Bull. civ.* II, n° 245; *D.* 2009. 2612; *Procédures* 2009. Comm. 387, obs. Perrot, précisant que le donné-acte de la renonciation, n'ayant pas l'autorité de la chose jugée, ne s'oppose pas à la réitération de la demande.
8. Pour la nullité du désistement des actions relatives à la filiation en application de l'art. 323 (anc. art. 311-9) C. civ., v. Civ. 1re, 20 janv. 1981, n° 79-12.605, *Bull. civ.* I, n° 22; *D.* 1981. IR 297, obs. Huet-Weiller.
9. Civ. 2e, 28 mars 1963, *Bull. civ.* II, n° 294; *JCP A* 1963. IV. 4264; *RTD civ.* 1964. 178, obs. Raynaud – Civ. 3e, 9 déc. 1986, n° 85-10.479, *Bull. civ.* III, n° 169; *JCP* 1987. IV. 60, ces décisions réservant, toutefois, le cas où l'adversaire aurait intérêt à s'y opposer, ce qui réduit la portée de l'opposition entre désistement d'action et désistement d'instance.
10. COMP., Paris, 30 nov. 1965, *JCP A* 1966. 4814, obs. J. A., qui ne se contente pas d'une déclaration devant un expert.
11. Pour une interprétation restrictive de la volonté de se désister, Soc. 13 mai 1971, n° 70-12.255, *Bull. civ.* V, n° 365; *JCP* 1971. IV. 156, à propos d'une lettre au greffier, tenue pour une manifestation de lassitude.
12. Soc. 12 janv. 1993, n° 88-43.754, *Bull. civ.* V, n° 5 – V. AUSSI, Com. 26 nov. 1979, n° 78-10.494, *Bull. civ.* IV, n° 306; *JCP* 1980. IV. 57 – *Adde :* pour les juridictions administratives, CE 1er oct. 2010, req. n° 314297, *Procédures* 2010. Comm. 391, obs. Deygas, qui constitue un revirement – Sur la solution antérieure, v. par ex. CE 18 sept. 1998, req. n° 169338, *Procédures* 1999. Comm. 144, obs. Pierre.
13. Civ. 2e, 27 févr. 1963, *Bull. civ.* II, n° 192 – Com. 21 oct. 1970, n° 69-11.055, *Bull. civ.* IV, n° 273; *D.* 1971. Somm. 93 – COMP., Civ. 3e, 29 nov. 2006, n° 06-12.486, NP; *Procédures* 2007. Comm. 31, obs. Perrot, qui, en présence d'un « désistement d'instance et d'action [...] régularisé par un avocat, professionnel du droit », retient le désistement d'action.

Chaque fois que, sans renoncer à son action, un plaideur retire une demande (demande figurant dans l'acte introductif d'instance ou demande additionnelle, reconventionnelle ou en intervention) formée pour la première fois devant la juridiction saisie, même saisie sur appel ou sur opposition, il y a désistement au sens des articles 394 et suivants C. pr. civ., c'est-à-dire désistement d'une demande « *en première instance* ».

Quant au désistement des articles 400 à 405 et 1024 à 1026 C. pr. civ., il n'englobe pas la renonciation à un recours en révision ou à une tierce-opposition, traitée comme le désistement d'une demande.

A.
Domaine du désistement d'instance

352.231 Matière. Le désistement d'instance est-il toujours possible ? Une réponse affirmative s'impose pour le désistement d'une demande : là, il est admis « *en toute matière* » (C. pr. civ., art. 394). Lorsque le désistement affecte l'instance engendrée par un appel, une opposition ou un pourvoi en cassation, le principe est le même mais le législateur a réservé l'existence de dispositions contraires (C. pr. civ., art. 400 et 1025). Des hésitations se sont, toutefois, manifestées à propos des droits indisponibles dans l'hypothèse où, par suite de l'expiration du délai pour agir, le désistement d'instance est appelé à avoir le même effet qu'un désistement d'action[1].

352.232 Moment. Le désistement peut intervenir tant que l'instance est pendante devant la juridiction, même après la clôture des débats[2]. Une extinction anticipée de l'instance antérieure au désistement rendrait évidemment celui-ci sans objet[3].

B.
Caractère unilatéral ou conventionnel du désistement d'instance

352.240 Généralités. Selon qu'il peut ou non lui nuire, le désistement est ou n'est pas subordonné à l'acceptation de l'adversaire. Le retrait d'une intervention accessoire, qui ne saurait en aucun cas le gêner, présente ainsi toujours un caractère unilatéral (C. pr. civ., art. 330, al. 3). Dans les autres hypothèses, la situation s'apprécie en fonction de circonstances qui font du désistement une convention. Leur jeu, parfois, subit une atténuation.

1°
Sources du caractère conventionnel du désistement

352.241 Source commune aux deux variantes de désistement : les prétentions antérieures de l'adversaire. Les prétentions que l'adversaire a émises antérieurement à la manifestation de volonté de l'auteur du désistement lui donnent un droit de regard sur l'instance et rendent son acceptation nécessaire en raison de l'intérêt qu'il peut avoir à la poursuite du procès.

Pour le désistement d'une demande, l'acceptation de l'adversaire est requise chaque fois que ce dernier a présenté préalablement une défense au fond ou une fin de non-recevoir (C. pr. civ., art. 395, al. 2)[4] ou encore, selon la jurisprudence, une demande reconventionnelle[5].

Seuls confèrent un caractère bilatéral au désistement d'une voie de recours, d'une part, l'exercice incident de cette dernière (C. pr. civ., art. 401 et 1024)[6], concevable d'ailleurs uniquement pour l'appel et le pourvoi, et, d'autre part, la demande incidente dans le cadre de l'appel ou de l'opposition, plus précisément toute demande incidente de l'intimé en appel, une demande additionnelle du demandeur initial dans le cadre de l'opposition (C. pr. civ., art. 401 et 402). Les défenses au fond ici importent peu; l'adversaire qui se borne à conclure au maintien de la décision attaquée ne saurait, en effet, se plaindre d'un désistement qui vaudra acquiescement à celle-ci[7].

352.242 Notion de prétention. Il n'y a prétention, et par suite nécessité d'une acceptation du désistement, qu'autant que celle-ci a été réellement émise; il ne suffit pas que l'adversaire s'en soit réservé la possibilité[8].

Les prétentions adverses, pour mériter cette qualification et rendre le désistement conventionnel, doivent, par ailleurs, être « véritables »[9]. Tel n'est pas le cas de celles qui présentent un caractère purement procédural : excep-

1. H. Solus et R. Perrot, *Droit judiciaire privé*, Sirey, 1991, t. III, n° 1165.
2. Sur la possibilité, en ce cas, de condamner son auteur à dommages-intérêts et amende civile pour exercice abusif ou dilatoire d'une voie de recours, du moins si le désistement n'a pas été accepté par l'adversaire, Civ. 2e, 9 mai 1979, n° 78-12.963, *Bull. civ.* II, n° 132; *JCP* 1979. IV. 227 (appel) – Civ. 1re, 5 nov. 1996, n° 94-20.027, *Bull. civ.* I, n° 370; *JCP* 1997. II. 22822, note Perdriau – Com. 25 avr. 2001, n° 98-15.611, *Bull. civ.* IV, n° 74 (pourvoi).
3. Versailles, 2 juill. 1985, *Gaz. Pal.* 1987. 1. Somm. 267, à propos de la déchéance d'un appel en vertu de l'article R. 13-49 C. expr.
4. Civ. 2e, 12 juin 1976, n° 74-15.182, *Bull. civ.* II, n° 194.
5. Soc. 22 oct. 1981, n° 79-42.489, n° 79-42.623, *Bull. civ.* V, n° 817; *JCP* 1982. IV. 15, précisant que, lorsque le défendeur renonce à sa demande reconventionnelle, le désistement n'est plus subordonné à son acceptation.
6. Pour une application, v. Civ. 2e, 6 mai 1987, n° 86-10.780, *Bull. civ.* II, n° 97 – Sur la question de savoir si le désistement d'un appel incident suppose l'acceptation de l'appelant principal, qui mérite une réponse négative v. J. A., obs. ss Soc. 6 mars 1964, *JCP A* 1964. IV. 4452.
7. R. Perrot, obs., *RTD civ.* 1983. 197.
8. Civ. 2e, 10 mars 1982, n° 80-16.838, *Bull. civ.* II, n° 37; *Gaz. Pal.* 1982. 2. 406, note Viatte; *RTD civ.* 1983. 197, obs. Perrot.
9. Paris, 29 oct. 1987, RG n° 86/5980, *D.* 1987. IR 251.

tions[1], demande de constatation de la péremption[2], de renvoi de l'affaire à une audience ultérieure[3] ou même demande de condamnation à une amende civile en vertu de l'article 559[4] ou réclamation au titre de l'article 700[5]... À la différence de cette dernière, la demande de dommages-intérêts pour appel abusif est une véritable demande incidente; elle rend nécessaire l'acceptation du désistement[6].

352.243 Chronologie. Une prétention de l'adversaire ne rendant le désistement conventionnel qu'à la condition de lui être antérieure (C. pr. civ., art. 395, 401, 402 et 1024), il importe de déterminer la date respective de ces deux actes.

Pour situer le désistement dans le temps, on retient le moment auquel la volonté de désistement a été portée d'une manière quelconque à la connaissance de l'adversaire ou de son représentant - voire du seul greffe - sans avoir égard au caractère écrit ou oral de la procédure. On a ainsi fait prévaloir cette date : dans une procédure écrite, sur des conclusions ultérieures visant à régulariser la volonté d'abandon[7]; dans une procédure orale, sur la déclaration de désistement faite à l'audience[8]. Longtemps nécessaires pour valider le désistement dans cette dernière hypothèse, cette déclaration et la comparution qu'elle suppose ont même fini par ne plus être exigées[9]. Ces solutions, en ce qui concerne les procédures orales, ont été entérinées par le décret n° 2010-1165 du 1er octobre 2010[10] : l'article 446-1 C. pr. civ., issu de ce texte, définissant la procédure orale comme celle dans laquelle les parties présentent oralement à l'audience leurs « *prétentions* » et les « *moyens à leur soutien* », exclut de l'oralité - tout au moins des contraintes de l'oralité, rien n'empêchant un désistement à la barre - un acte tel que le désistement[11].

Pour dater la prétention adverse, on n'a guère douté qu'en cas de procédure écrite, seules pouvaient être retenues des conclusions écrites, la date de leur communication prévalant alors sur celle de leur dépôt au greffe[12]. Dans les procédures orales, la Cour de cassation, se référant aux règles qui les régissent, écartait, voici quelques années, les conclusions transmises la veille de l'audience, seules les déclarations faites au cours de cette dernière pouvant être prises en compte[13]. Dans la ligne tracée, pour la procédure prud'homale, par sa chambre sociale[14], la Cour de cassation, en chambre mixte, en 2009, a abandonné, de façon générale, cette position[15]. On prend donc

1. P. Raynaud, obs., *RTD civ.* 1953. 384.
2. Civ. 2e, 29 mai 1991, n° 89-21.112, *Bull. civ.* II, n° 167; *Gaz. Pal.* 1991. 2. Pan. 268.
3. Civ. 2e, 27 janv. 1993, n° 91-14.395, *Bull. civ.* II, n° 29; *JCP* 1993. IV. 795, qui refuse de l'assimiler à une défense au fond.
4. Paris, 29 oct. 1987, RG n° 86/5980, *D.* 1987. IR 251.
5. Civ. 2e, 10 déc. 1986, n° 85-16.359, *Bull. civ.* II, n° 179; *D.* 1987. Somm. 227, obs. Julien; *Gaz. Pal.* 1987. 2. Somm. 335, obs. H. C. et C. M.; *RTD civ.* 1987. 153, obs. Perrot – Paris, 29 oct. 1987, RG n° 86/5980, *D.* 1987. IR 251, refusant d'y voir une demande incidente – Civ. 2e, 1er juin 1988, n° 86-17.757, *Bull. civ.* II, n° 131; *D.* 1988. 464, note N. S.; *Gaz. Pal.* 1989. 1. Somm. 161, obs. Guinchard et Moussa – Civ. 2e, 17 mai 1993, n° 91-18.028, *Bull. civ.* II, n° 172; *D.* 1993. IR 142, ces deux derniers arrêts écartant la qualification de pourvoi incident – Civ. 2e, 22 sept. 2005, n° 04-13.036, *Bull. civ.* II, n° 232, qui refuse de l'assimiler à une défense au fond.
6. Civ. 2e, 5 avr. 1991, n° 89-20.876, *Bull. civ.* II, n° 104; *Gaz. Pal.* 1991. 2. Pan. 211.
7. Civ. 2e, 17 mars 1983, n° 82-10.120, *Bull. civ.* II, n° 84; *RTD civ.* 1983. 790, obs. Perrot – Et, dans la même affaire, TGI Paris, 7 janv. 1981, *Gaz. Pal.* 1981. 2. Somm. 208; *RTD civ.* 1981. 903, obs. Perrot – COMP. Civ. 2e, 3 juin 1998, n° 96-20.057, *Bull. civ.* II, n° 170; *RG proc.* 1999. 216, obs. Wiederkehr, où le problème se posait en des termes quelque peu différents.
8. Soc. 9 oct. 1986, n° 83-45.747, *Bull. civ.* V, n° 488, où le désistement résultait d'un courrier à l'adversaire – Pour la prise en compte d'un désistement porté à la connaissance du greffe en l'absence, semble-t-il, de toute information préalable de l'adversaire, v. Soc. 14 juin 1989, n° 86-43.092, *Bull. civ.* V, n° 440 – Soc. 27 nov. 2001, n° 99-45.940, *Bull. civ.* V, n° 365 – Soc. 29 avr. 2003, n° 01-41.631, *Bull. civ.* V, n° 146; *D.* 2003. IR 1548; *Procédures* 2003. Comm. 162, obs. Perrot – Soc. 17 mai 2005, n° 03-43.195, *Bull. civ.* V, n° 168; *RTD civ.* 2005. 634, obs. Perrot – Soc. 4 juill. 2006, 02-43.437, NP; *JCP S* 2006. 1737, note Boubli – Civ. 2e, 12 oct. 2006, n° 05-19.096, *Bull. civ.* II, n° 266; *D.* 2007. Chron. 896, n° 4, obs. Vigneau; *Gaz. Pal.* 2006. 3317, note Travier; *Procédures* 2007. Comm. 2, obs. Perrot – *Adde* : Soc. 9 déc. 2003, n° 01-46.185, NP, indiquant expressément que le désistement n'a « pas besoin d'être communiqué à la partie adverse pour produire immédiatement son effet extinctif » – Pour la nécessité d'informer l'adversaire, Civ. 2e, 9 oct. 1991, n° 89-20.426, *Bull. civ.* II, n° 241 – Limoges 29 mai 2001, RG n° 2000/58, *D.* 2001. 2713, obs. Fricero; *Gaz. Pal.* 2001. 1231, obs. Vray, qui exige une signification.
9. Soc. 4 juill. 2006, n° 02-43.437 et Civ. 2e, 12 oct. 2006, n° 05-19.096 (préc. ss prést n°) – *Adde :* Civ. 2e, 10 janv. 2008, n° 06-21.938, *Bull. civ.* II, n° 7; *D.* 2008. Chron. 2373, n° 5, obs. Sommer.
10. Décr. n° 2010-1165, du 1er oct. 2010, relatif à la conciliation et à la procédure orale en matière civile, commerciale et sociale, *JO* 3 oct., p. 17986.
11. EN CE SENS, N. Fricero, « Le décret du 1er octobre 2010 : l'oralité dans tous ses états », *Dr. et proc.* 2010. 282.
12. Reims, 2 déc. 1982, *D.* 1983. IR 292; *Gaz. Pal.* 1983. 1. Somm. 180.
13. Civ. 2e, 26 nov. 1998, n° 96-14.917, *Bull. civ.* II, n° 285; *RTD civ.* 1999. 200, obs. Perrot; *Procédures* 1999. Comm. 2, obs. Perrot – Soc. 11 juin 2002, n° 00-42.369, NP; *Procédures* 2002. Comm. 181, obs. Perrot – RAPPR., Soc. 17 mai 2005, n° 03-43.195, *Bull. civ.* V, n° 168; *RTD civ.* 2005. 634, obs. Perrot.
14. Soc. 5 juill. 2005, n° 02-47.233, *Bull. civ.* V, n° 233; *D.* 2005. IR 1963; *D.* 2006. 29, spéct 38; *JCP* 2005. I. 183, n° 16, obs. Sérinet; *JCP S* 2005. 1215, note Boubli; *RJS* 2005, n° 1019 – Soc. 7 déc. 2005, n° 03-45.344, *RJS* 2006, n° 376 – Soc. 15 déc. 2006, n° 05-41.468, *JCP S* 2007. 1113, note Boubli – Soc. 14 mars 2007, n° 05-43.351, n° 05-42.379 : *Bull. civ.* V, n° 49 (2 arrêts); *D.* 2007. 1007, obs. Guiomard; *D.* 2007. 2427, spéct 2429, obs. Fricero; *RTD civ.* 2007. 642, obs. Perrot; *JCP* 2007. I. 200, n° 24, obs. Amrani-Mekki; *JCP E* 2007. 1976, note Croze; *JCP S* 2007. 1332, note Boubli; *RJS* 2007, n° 650; *Dr. et proc.* 2007. 214, note Fricero.
15. Cass., ch. mixte, 13 mars 2009, n° 07-17.670, *Bull. ch. mixte*, n° 1; *D.* 2009. 880; *D.* 2009. 2704, spéct 2709, obs. Blanchard; *D.* 2010. 169, obs. Fricerop. 175; *RTD civ.* 2009. 369, obs. Perrot; *Procédures* 2009. Comm. 137, obs. Perrot; *Dr. et proc.* 2009. 219, note Salati – V. DÉJÀ, Toulouse, 15 mars 1994, *D.* 1994. 320, note Putman.

désormais en compte une prétention formulée par écrit et adressée au greffe antérieurement à l'audience, pourvu qu'elle soit ensuite soutenue à la barre.

À supposer, enfin, que les deux événements se soient produits le même jour, la liberté du désistement, traditionnellement, l'emporte[1]. La Cour de cassation a renversé cette solution en tenant, à défaut de mention horaire, le pourvoi incident du défendeur - mais la solution va sans doute au-delà - pour antérieur au désistement du demandeur à la cassation[2].

352.244 Source propre au désistement de l'appel ou du pourvoi : les réserves. Les réserves, conditions ou restrictions mises à l'abandon de la procédure, rendent nécessaire l'acceptation de l'adversaire lorsqu'elles accompagnent un désistement d'appel ou de pourvoi (C. pr. civ., art. 401 et 1024).

Il en est de superflues : les réserves de pure forme[3] et celles qui se bornent à reprendre le régime légal du désistement, comme la condition de pouvoir recommencer la procédure (qui « *va de soi s'agissant d'un simple désistement d'instance* »[4]) ou exercer une action différente ou portant sur un objet différent[5], celle, en cas de désistement d'appel ou de pourvoi, qu'aucune autre partie n'exerce par la suite une telle voie de recours (v. C. pr. civ., art. 403 et 1025). Ces réserves inutiles ne font point perdre son caractère pur et simple au désistement, qui demeure, par voie de conséquence, unilatéral.

D'autres, de portée réelle, soumettent le désistement à acceptation. Il s'agit d'abord de celles destinées à prémunir l'auteur du désistement contre certaines circonstances ultérieures[6] : condition d'adoption d'une certaine interprétation de la décision attaquée[7], de paiement effectif par l'intimé des frais de la procédure d'appel mis à sa charge par une convention entre les parties (alors que l'appelant qui se désiste ne formule point une réserve lorsqu'il se borne à prier la cour de lui donner acte de la convention intervenue avec l'intimé et prévoyant cette prise en charge[8]). Auront évidemment le même effet les réserves ayant pour but d'écarter les conséquences normales du désistement : celle de pouvoir reprendre la demande en première instance nonobstant le jugement rendu (réserve nulle, rendant le désistement nul là où, comme en matière d'état des personnes, l'autorité de la chose jugée est d'ordre public[9]), celle de pouvoir exercer une voie de recours autre que celle abandonnée[10]...

2°
Atténuation au caractère conventionnel du désistement

352.251 Absence d'un motif légitime de refus. Même lorsque l'acceptation du défendeur est requise, on peut passer outre à un refus si celui-ci « *ne se fonde sur aucun motif légitime* ». En ce cas, le juge - qui apprécie souverainement cette absence de motif légitime[11] - déclare le désistement parfait (C. pr. civ., art. 396, 405 et 1025).

Les circonstances de nature à rendre un désistement conventionnel constituent *a priori* des motifs légitimes de refus, qu'il s'agisse des réserves auxquelles le désistement est subordonné, réserves non superflues évidemment (v. s^s n° 352.244)[12], ou de l'existence d'une prétention antérieure[13].

Mais, même en ces circonstances, il peut y avoir abus du droit de refuser le désistement. Alors illégitime, le motif permet au juge de déclarer le désistement parfait[14]. Ainsi en a-t-il été dans une hypothèse où le défendeur à une demande en divorce pour rupture de la vie commune (régime de 1975), malencontreusement formée par l'épouse abandonnée, n'avait pour but que d'empêcher la rectification de

1. Civ. 2e, 3 oct. 1984, n° 82-17.067, *Bull. civ.* II, n° 139; *D.* 1985. IR 261, obs. Julien; *Gaz. Pal.* 1985. 1. Pan. 51, obs. Guinchard, qui réserve l'hypothèse où l'on pourrait établir l'antériorité de la prétention adverse par rapport au désistement - V. AUSSI, Paris, 19 mars 1982, *D.* 1982. IR 416 - Paris, 23 juin 1982, *Gaz. Pal.* 1982. 2. Somm. 314 - Pour une autre application de ce principe, v. Soc. 27 janv. 2000, n° 97-43.845, *Procédures* 2000. Comm. 102, obs. Sportouch, relatif à l'hypothèse dans laquelle la preuve n'est pas rapportée de l'antériorité de la prétention adverse (arrêt qui, implicitement, admet la prise en compte d'une prétention formulée par écrit antérieurement à l'audience).
2. Soc. 24 sept. 2008, n° 07-41.383, *Bull. civ.* V, n° 173; *RTD civ.* 2009. 172, obs. Perrot.
3. Rennes, 19 mars 1907, *DP* 1907. 2. 213, à propos de la formule « sous toutes et expresses réserves, par ailleurs, de fait et de droit ».
4. P. Raynaud, obs., *RTD civ.* 1953. 384.
5. Civ., 27 janv. 1931, *DH* 1931. 202 - Pau, 11 déc. 1902, *S.* 1903. 2. 200.
6. V. Paris, 28 sept. 1989, RG n° 87/324, *D.* 1989. IR 259.
7. Civ. 3e, 30 nov. 1988, n° 87-13.905, NP; *D.* 1988. IR 301.
8. Paris, 28 sept. 1989, RG n° 87/324, (préc. s^s prés^t n°).
9. Civ. 1re, 19 mai 1976, n° 74-13.821, *Bull. civ.* I, n° 184; *RTD civ.* 1976. 820, obs. Normand.
10. V. en faveur de la validité d'une telle réserve, P. Raynaud, obs., *RTD civ.* 1944. 266, à propos d'une affaire dans laquelle l'appelant s'était désisté « sous les plus expresses réserves de pourvoi en cassation » parce qu'il croyait le jugement en dernier ressort - *CONTRA* : Lyon, 13 mars 1944, *RTD civ.* 1944. 266.
11. Civ. 2e, 3 juill. 2008, n° 07-16.130, *Bull. civ.* II, n° 163; *Dr. et proc.* 2008. 295; *RTD civ.* 2008. 548, obs. Perrot.
12. V. NOT., Rennes, 19 mars 1907, *DP* 1907. 2. 213 - COMP. Com. 15 déc. 1966, *Bull. civ.* III, n° 487 - Civ. 2e, 17 juill. 1974, n° 73-13.254, *Bull. civ.* II, n° 240.
13. Versailles, 10 oct. 1989, *Gaz. Pal.* 1990. 1. Somm. 156, admettant la volonté de maintenir une demande reconventionnelle - Civ. 2e, 12 juin 1976, n° 74-15.182, *Bull. civ.* II, n° 194, où a été considéré comme légitime le souhait des défendeurs de rester sur le terrain de la résolution, sur lequel ils s'étaient défendus, et d'éviter ainsi l'exécution forcée.
14. Civ. 1re, 16 déc. 1986, n° 83-10.501, *Bull. civ.* I, n° 303; *D.* 1987. IR 15.

cette erreur de procédure[1]. L'absence d'intérêt à la continuation de l'instance conduit à déclarer le motif illégitime : la volonté de maintenir une prétention ne saurait ainsi justifier un refus lorsqu'on a déjà été débouté de celle-ci par une décision passée en force de chose jugée[2] ou lorsqu'elle perdrait tout objet en cas de désistement[3].

La jurisprudence, enfin, tend à assimiler le fait de ne fournir aucun motif au motif illégitime[4]. La durée du silence de l'adversaire est, en revanche, « *sans portée* »[5].

C.
Consentement, capacité et pouvoir

352.261 Consentement. Le désistement d'instance - dont le mobile importe peu[6] - doit être l'expression d'une volonté libre. Effectué sous la contrainte[7], ou vicié par une erreur[8], il serait nul. La même règle s'applique à l'acceptation de l'adversaire lorsqu'elle est requise.

352.262 Capacité. Le désistement d'instance requiert non point la capacité de disposer du droit litigieux mais seulement celle d'agir en justice (sur la nécessité pour un majeur protégé d'obtenir l'autorisation du juge des tutelles pour se désister de l'appel d'un jugement de divorce, v. C. pr. civ., art. 1122).

352.263 Pouvoir du représentant *ad agendum*. Le pouvoir d'introduire une instance entraîne normalement celui de s'en désister. Lorsqu'une autorisation est requise pour engager un procès, elle est normalement nécessaire au désistement[9].

352.264 Pouvoir du représentant *ad litem*. Si, en théorie, le désistement d'instance suppose un pouvoir spécial, le mandataire *ad litem* (qualité n'appartenant pas à l'avocat qui se cantonne à un rôle d'assistance[10]) est réputé, à l'égard du juge et de l'adversaire, en avoir reçu un notamment pour se désister, offrir ou accepter un désistement (C. pr. civ., art. 417)[11]. La preuve contraire n'est pas recevable[12]. L'absence de pouvoir spécial n'aura donc de conséquences que dans les rapports entre le mandant et son mandataire, la responsabilité de ce dernier pouvant être engagée[13]. Elle ne saurait être palliée par un éventuel mandat spécial de relever appel car celui-ci n'emporte pas pouvoir de se désister[14].

D.
Forme du désistement d'instance

352.271 Désistement exprès. De la possibilité pour le désistement d'être « *exprès ou implicite* » (C. pr. civ., art. 397) paraît se dégager un principe de liberté des formes s'appliquant tant à l'acte de volonté de l'auteur du désistement qu'à l'acceptation, éventuellement requise, de son adversaire. On aurait pu, dès lors, penser que, susceptible d'être implicite, le désistement pouvait *a fortiori* prendre n'importe quelle forme lorsqu'il était exprès : longtemps, une simple lettre, une déclaration verbale à l'audience ont paru suffire, qu'elles émanent de la partie elle-même, même en cas de représentation obligatoire[15], ou de son mandataire. La Cour de cas-

1. Civ. 2e, 14 janv. 1981, no 79-12.910, *Bull. civ.* II, no 8; *Gaz. Pal.* 1981. 1. 199, note Viatte – Pour un autre cas de refus destiné à empêcher la régularisation d'une procédure, Soc. 5 oct. 1961, *Bull. civ.* IV, no 830.
2. Civ. 28 oct. 1966, *RTD civ.* 1967. 214, obs. Raynaud.
3. Civ. 1re, 16 déc. 1986, no 85-11.396, *Bull. civ.* I, no 303; *Gaz. Pal.* 1987. 1. Pan. 60, à propos de la demande en maintien de l'indivision de l'article 815 alinéa 3 du Code civil opposée à une demande en partage – Pour une autre hypothèse d'absence d'intérêt au maintien de la procédure, v. Civ. 2e, 31 janv. 1968, *Bull. civ.* II, no 39 – À propos d'une procédure irrégulière, Paris, 29 juin 1964, *JCP A* 1964. IV. 4535, obs. J. A.
4. Civ. 2e, 12 mai 1976, no 75-12.700, *Bull. civ.* II, no 151 – Bourges, 10 nov. 1948, *RTD civ.* 1949. 300, obs. Raynaud – *Adde :* Civ. 2e, 3 juill. 2008, no 07-16.130, *Bull. civ.* II, no 163; *D.* 2008. Chron. 2373, no 5, obs. Sommer; *RTD civ.* 2008. 548, obs. Perrot; *JCP* 2008. IV. 2415, où le plaideur n'avait même pas répondu.
5. Civ. 2e, 3 juill. 2008, no 07-16.130 (préc. ss prést no).
6. Soc. 5 nov. 1980, no 79-11.842, *Bull. civ.* V, no 799.
7. Civ. 2e, 19 juill. 1976, no 75-11.875, *Bull. civ.* II, no 255 – Soc. 1er avr. 1981, *Gaz. Pal.* 1981. 2. Pan. 317.
8. RAPPR., Civ. 1re, 15 oct. 2009, no 07-20.129, *Bull. civ.* II, no 245; *D.* 2009. 2612; *Procédures* 2009. Comm. 387, obs. Perrot, à propos du désistement d'action.
9. RAPPR., Com. 1er oct. 2002, no 99-21.143, *Bull. civ.* IV, no 133; *Procédures* 2002. Comm. 222, obs. Perrot, qui déclare inefficace le désistement d'un liquidateur en l'absence de désistement du débiteur, pourtant dessaisi de l'administration et de la disposition de ses biens, qui avait engagé l'instance alors qu'il était *in bonis* – Soc. 7 déc. 2005, no 04-40.557, *Bull. civ.* V, no 357; *Procédures* 2006. Comm. 110, obs. Martinon, énonçant que « le désistement d'appel, qui emporte acquiescement au jugement, ne peut valablement émaner que de la partie ayant formé le recours ou de celle ayant qualité pour poursuivre l'action » et refusant cette dernière qualité au commissaire à l'exécution du plan.
10. Paris, 17 mars 1980, *D.* 1980. IR 464, obs. Julien – V. AUSSI, ss nos 352.302 et 352.312.
11. Pour une application v. Soc. 27 janv. 2000, no 97-43.845, NP; *Procédures* 2000. Comm. 102, obs. J.-M. S.
12. Civ. 2e, 27 févr. 1980, no 78-15.142, *Bull. civ.* II, no 43; *D.* 1980. IR 464, obs. Julien; *Gaz. Pal.* 1981. 1. 5, note J. V.; *RTD civ.* 1980. 815, obs. Perrot – Civ. 2e, 24 mai 1984, no 83-13.253, *Bull. civ.* II, no 92; *D.* 1985. IR 110, obs. Brunois; *Gaz. Pal.* 1984. Pan. 289, obs. Guinchard, à propos de l'acquiescement, également soumis à la règle de l'art. 417 C. pr. civ.
13. Civ. 1re, 2 févr. 1994, no 92-12.467, *Bull. civ.* I, no 47; *RTD civ.* 1994. 418, obs. Perrot, au sujet d'un avoué ayant signifié des conclusions de désistement sur les seules instructions de l'avocat *dominus litis*.
14. Civ. 16 avr. 1844, *S.* 1844. 1. 422.
15. Civ. 2e, 24 juin 1970, no 69-12.190, *Bull. civ.* II, no 219; *D.* 1970. Somm. 200.

sation décide aujourd'hui que, dans les procédures écrites, le désistement ne peut être formulé que par voie de conclusions écrites[1] (ce qui ne signifie pas pour autant que sa date soit déterminée par cette exigence de forme, v. s[s] n°s 352.243 et 352.282).

352.272 Désistement implicite. Le désistement implicite (C. pr. civ., art. 397) résulte d'un acte, d'un fait, d'un ensemble de faits impliquant une volonté d'abandon. Les juges disposent d'un pouvoir souverain d'appréciation, mais ils doivent, dans leur décision, rechercher si le plaideur a manifesté de façon certaine et non équivoque sa volonté de se désister; à défaut, leur décision manquerait de base légale[2]. Le désistement, en effet, ne se présume pas[3].

352.273 Faits constitutifs d'un désistement implicite. Le désistement implicite ne peut résulter que d'éléments incompatibles avec l'intention de continuer l'instance[4]. Une procédure nouvellement engagée a pu se voir reconnaître ce caractère[5], tout comme le fait de ne pas avoir assigné l'intimé devant la cour d'appel en dépit d'une injonction en ce sens (sous l'empire de l'article 908 C. pr. civ. [réd. ant. au Décr. n° 2009-1524, 9 déc. 2009] – comp. s[s] n° 352.434, pour les appels relevés à compter du 1er janvier 2011)[6].

352.274 Faits non constitutifs d'un désistement implicite. S'il peut être implicite, le désistement ne se présume point. Ne sauraient donc valoir désistement les faits qui ne traduisent pas une volonté certaine et non équivoque d'abandon de l'instance : celui de n'être ni présent ni représenté à une audience à laquelle on a été régulièrement convoqué[7]; de ne pas avoir accompli des actes de procédure dans les délais impartis[8], cette négligence serait-elle sanctionnée par une radiation du rôle[9]; de demander la radiation[10]; le fait d'être présent à une opération d'expertise ordonnée par une décision que l'on a attaquée par la voie de l'appel[11]; le fait de ne pas soutenir son appel[12]; celui de signer un reçu pour solde de tout compte[13]; de ne pas avoir chiffré une demande[14]; le fait pour un employeur d'avoir délivré au salarié une attestation par laquelle il s'engageait à le reprendre[15]; la seconde signification d'un acte introductif d'instance, reproduction littérale du premier[16]; de même, le désistement d'un appel irrecevable car interjeté contre un jugement en dernier ressort n'emporte pas désistement du pourvoi déjà formé contre la même décision[17].

352.275 Acceptation expresse ou implicite. Comme le désistement ou l'offre de désistement, l'acceptation peut être expresse ou implicite (C. pr. civ., art. 397). L'exécution des conditions auxquelles le demandeur avait subordonné son désistement a pu ainsi être considérée comme une acceptation[18], de même que l'indication du montant des frais dont le règlement avait été offert par l'auteur du désistement, doublée de l'encaissement du chèque du même montant tiré par ce dernier[19]. Valent également acceptation implicite, anticipée par surcroît, des conclusions d'incompétence ayant provoqué le désistement[20]. Mérite la même qualification le fait de prendre acte du désistement, à moins de le faire sous condition[21].

Les juges du fond, qui disposent à cet égard d'un pouvoir souverain d'appréciation, doivent toutefois caractériser l'acceptation. Ceci est également vrai pour le refus d'acceptation. Est ainsi dépourvue de base légale la décision qui de la volonté d'un époux de poursuivre le divorce (il avait lui-même déposé une demande en ce sens) déduit son refus d'accepter le désistement de son conjoint de pareille demande[22].

352.276 Rôle du juge. Consensuel, le désistement n'exige pas davantage une intervention du juge qu'une forme particulière d'expression du consentement. On aurait, certes, pu, de la disposition selon laquelle l'extinction de l'instance est « *constatée par*

1. Civ. 2e, 3 juin 1998, n° 96-20.057, *Bull. civ.* II, n° 170; *RG proc.* 1999. 216, obs. Wiederkehr.
2. Civ. 2e, 11 juill. 1990, n° 88-12.361, NP; *Gaz. Pal.* 1990. 2. Pan. 210.
3. V. NOT., Civ. 2e, 6 nov. 1974, n° 73-12.030, *Bull. civ.* II, n° 280 – Soc. 5 févr. 1992, n° 88-43.742, *Bull. civ.* V, n° 62; *JCP* 1992. IV. 1012.
4. V. Civ. 2e, 6 nov. 1974, n° 73-12.030, préc., précisant que la preuve peut en être rapportée par tous moyens.
5. Civ. 2e, 28 févr. 1962, *Bull. civ.* II, n° 241 – V. AUSSI, T. civ. Seine, 12 déc. 1955, *JCP* 1956. II. 9306, note G. M., à propos d'une demande de « mise à néant » de la procédure.
6. Reims, 6 juill. 1982, *Gaz. Pal.* 1983. 1. Somm. 11.
7. Civ. 2e, 24 avr. 1989, n° 87-19.749, NP; *JCP* 1990. II. 21492.
8. Civ. 2e, 12 juin 1985, n° 84-10.853, *Bull. civ.* II, n° 115; *JCP* 1985. IV. 213; *Gaz. Pal.* 1985. 2. Pan. 291, obs. Croze et Morel – COMP., Reims, 6 juill. 1982, *Gaz. Pal.* 1983. 1. Somm. 11 (préc. s[s] n° 352.273).
9. Civ. 2e, 11 juin 1980, n° 78-14.362, *Bull. civ.* II, n° 135; *Gaz. Pal.* 1980. 2. Pan. 508.
10. Versailles, 15 nov. 1989, RG n° 8702/89, *Gaz. Pal.* 1990. 1. Somm. 116.
11. Aix-en-Provence, 10 févr. 1978, *Gaz. Pal.* 1978. 1. 268, note Lachaud.
12. Soc. 6 mars 1964, *JCP A* 1964. IV. 4452, obs. J. A.
13. Soc. 7 avr. 1993, n° 90-41.628, *Bull. civ.* V, n° 113; *JCP* 1993. II. 22175, concl. Chauvy – Soc. 12 mars 1996, n° 92-41.159, *Bull. civ.* V, n° 92.
14. Soc. 5 févr. 1992, n° 88-43.742, *Bull. civ.* V, n° 62; *JCP* 1992. IV. 1012.
15. Soc. 20 mai 1980, n° 78-12.200, *Bull. civ.* V, n° 434; *Gaz. Pal.* 1980. 2. Pan. 508, où il disait également renoncer à des « poursuites » contre lui, formule interprétée comme ne visant pas l'instance d'appel en cours.
16. Rouen, 25 janv. 1969, *D.* 1969. Somm. 106.
17. Soc. 9 oct. 1980, n° 79-40.569, *Bull. civ.* V, n° 721; *Gaz. Pal.* 1981. 1. Pan. 75.
18. Bourges, 13 déc. 1843, *DP* 1845. 4. 142, à propos de la condition que l'adversaire paye les frais.
19. Paris, 10 mars 1955, *D.* 1955. Somm. 79.
20. Com. 19 déc. 1967, *JCP A* 1968. IV. 5233; *RTD civ.* 1968. 583, obs. Raynaud.
21. Paris, 1er juill. 1963, *JCP* 1964. II. 13670, note Raynaud, où l'adversaire voulait que le désistement d'instance produisît les effets d'un désistement d'action.
22. Civ. 2e, 27 juin 1984, n° 82-15.118, *Bull. civ.* II, n° 118; *Gaz. Pal.* 1984. 2. Pan. 311.

une décision de dessaisissement » (C. pr. civ., art. 384, al. 2), songer à déduire que le désistement n'était parfait qu'une fois celle-ci rendue. Pareille thèse était à exclure en raison de l'article 395 C. pr. civ. disposant que l'acceptation du défendeur, dans l'hypothèse où elle est nécessaire, rend le désistement « parfait », ainsi que de l'article 384 lui-même, qui confie à la juridiction la simple mission de « constater » le dessaisissement. La jurisprudence l'a donc écartée[1]. *A fortiori* l'accord du juge n'est-il pas requis[2].

La décision - qui n'est pas l'apanage de la formation de jugement (v. C. pr. civ., art. 769, 907 [anc. art. 910], 865, al. 3, et 1026) - se borne à tirer les conséquences du désistement. Qu'elle ait été rendue spontanément à la suite de conclusions écrites de désistement ou d'une déclaration en ce sens à la barre, ou sur demande d'une partie, elle apparaît comme une simple mesure d'administration judiciaire[3]. Cette qualification doit être évidemment écartée lorsque le juge statue sur la validité du désistement, sur sa date ou encore sur le bien-fondé d'un refus d'acceptation : il prend, en ce cas, une décision à caractère juridictionnel (sur la date de l'extinction de l'instance en pareille hypothèse, v. s[s] n° 352.282).

E.
Effets du désistement d'instance

1°
Extinction de l'instance

352.281 Généralités. Le désistement éteint l'instance, plutôt le lien d'instance ayant sa source dans la demande ou la voie de recours abandonnée. De celle-ci il dessaisit la juridiction. En conséquence, cette dernière ne peut plus statuer sur le fond[4], ni les parties accomplir des actes de procédure, former une demande incidente par exemple[5], ou réclamer une expertise. De même, un appel ou un pourvoi incident serait irrecevable[6], sous réserve d'une requalification en appel ou pourvoi principal s'il a été fait dans le délai d'appel ou de pourvoi[7]. Les mesures provisoires, évidemment, prennent fin[8].

352.282 Moment de l'extinction. L'effet extinctif d'instance attaché au désistement ne se produit pas lors de la décision de dessaisissement, celle-ci ne faisant que tirer les conséquences d'un désistement d'ores et déjà parfait[9] (v. s[s] n° 352.276). Pas davantage il ne se manifeste lors du prononcé du jugement qui statue sur une contestation relative au désistement, à sa validité par exemple, celui-ci n'ayant qu'un caractère déclaratif[10].

La date d'extinction de l'instance diffère selon que le désistement est conventionnel ou unilatéral.

Dans le premier cas, il faut la situer lors de l'acceptation du désistement par l'adversaire[11].

Dans l'hypothèse d'un désistement unilatéral, l'extinction a lieu soit lorsqu'une volonté certaine de désistement se manifeste à l'adversaire ou son représentant par la notification de conclusions de désistement[12], par une déclaration à la barre ou (notamment pour un désistement implicite) de toute autre manière[13], soit - si elle est antérieure - à la date de la

1. V. Civ. 2e, 21 juill. 1986, n° 85-13.126, *Bull. civ.* II, n° 117; *Gaz. Pal.* 1986. 2. Pan. 243; *JCP* 1986. IV. 300, relevant, pour écarter l'application de l'article 478 C. pr. civ., que la décision n'a d'autre objet que de constater le dessaisissement et que celui-ci emporte, à lui seul, extinction de l'instance - Civ. 1re, 19 avr. 2005, n° 03-14.664, *Bull. civ.* I, n° 198, à propos d'un désistement d'action - RAPPR., R. Perrot, obs., *RTD civ.* 1981. 903 - *CONTRA* : Toulouse, 16 déc. 1982, *Gaz. Pal.* 1983. 2. Somm. 419 - Paris, 19 sept. 1991, *D.* 1991. IR 289.
2. À propos du désistement, accepté par la personne à protéger, d'une demande de mesure de protection après perte par le juge de son pouvoir de se saisir d'office (L. n° 2007-308, 5 mars 2007) : Cass., avis, 20 juin 2011, n° 11-00.007, *Bull. avis*, n° 7; *D.* 2011. 1771; *Dr. et proc.* 2011. 217, note Norguin.
3. Com. 4 oct. 1966, *Bull. civ.* III, n° 371; *JCP A* 1966. IV. 4982, obs. J. A., qui la tient pour non susceptible d'une voie de recours - Civ. 2e, 21 juill. 1986, n° 85-13.126, *Bull. civ.* II, n° 117, décidant qu'elle ne peut être déclarée non avenue par application de l'article 478 C. pr. civ.
4. Soc. 16 juill. 1987, n° 84-45.944, *Bull. civ.* V, n° 517; *Gaz. Pal.* 1987. 2. Pan. 244; *JCP* 1987. IV. 339.
5. Soc. 17 févr. 2004, n° 01-46.036, NP; *RJS* 2004, n° 591.
6. Civ. 2e, 20 janv. 1977, n° 75-11.946, *Bull. civ.* II, n° 14 - Soc. 14 juin 1989, n° 86-43.092, *Bull. civ.* V, n° 440 - Civ. 3e, 10 déc. 2003, n° 02-12.602, *Bull. civ.* III, n° 226.
7. Soc. 29 avr. 2003, n° 01-41.631, *Bull. civ.* V, n° 146; *D.* 2003. IR 1548; *Procédures* 2003. Comm. 162, obs. Perrot.
8. Civ. 2e, 3 janv. 1969, *Bull. civ.* II, n° 3; *JCP A* 1969. IV. 5458; *RTD civ.* 1969. 616, obs. Raynaud.
9. Civ. 2e, 8 juill. 2004, n° 02-15.921, *Bull. civ.* II, n° 354; *RTD civ.* 2004. 777, obs. Perrot, à propos du point de départ d'une astreinte après désistement d'appel.
10. Civ. 2e, 3 janv. 1969, *Bull. civ.* II, n° 3; *JCP A* 1969. IV. 5458; *RTD civ.* 1969. 616, obs. Raynaud.
11. Civ. 2e, 10 avr. 1964, *Bull. civ.* II, n° 269 - Civ. 2e, 5 janv. 1977, n° 75-15.200, *Bull. civ.* II, n° 3; *JCP* 1977. IV. 51 - Civ. 1re, 15 avr. 1986, n° 84-16.643, *Bull. civ.* I, n° 84; *D.* 1986. IR 331.
12. Civ. 2e, 3 janv. 1969 (préc. s[s] prés[t] n°) - Civ. 1re, 19 avr. 2005, n° 03-14.664, *Bull. civ.* I, n° 198, à propos d'un désistement d'action - Civ. 3e, 10 déc. 2003, n° 02-12.602, *Bull. civ.* III, n° 226 - V. AUSSI, Civ. 2e, 27 janv. 1993, n° 91-14.395, *Bull. civ.* II, n° 29; *JCP* 1993. IV. 795, d'où il résulte qu'une notification aux parties non concernées par le désistement n'est pas nécessaire.
13. Civ. 2e, 17 mars 1983, n° 81-16.263, *Bull. civ.* II, n° 84; *RTD civ.* 1983. 790, obs. Perrot - Et, dans la même affaire, TGI Paris, 7 janv. 1981, *Gaz. Pal.* 1981. 2. Somm. 208; *RTD civ.* 1981. 903, obs. Perrot, retenant un désistement, antérieur aux conclusions en ce sens, résultant d'un ensemble de faits et de circonstances incompatibles avec l'intention de continuer l'instance - Soc. 9 oct. 1986, n° 83-45.747, *Bull. civ.* V, n° 488; *JCP* 1986. IV. 323 (lettre et chèque du montant des condamnations).

déclaration de désistement enregistrée par le greffe ou du dépôt de conclusions en ce sens audit greffe (v. s[s] n° 352.243)[1].

352.283 Portée de l'extinction dans les rapports entre parties concernées par le désistement. Les demandes et voies de recours déjà formées par les parties au désistement - ou, de façon plus générale, concernées par le désistement puisque celui-ci peut être unilatéral - subissent-elles l'effet extinctif de ce dernier ?

Le désistement englobe, en principe, toutes les demandes de son auteur formées contre le même adversaire, la voie de recours sur tous les chefs critiqués du jugement entrepris. Mais le plaideur peut parfaitement le cantonner à une ou à certaines de ses prétentions. Le désistement est alors partiel. L'instance ne s'éteint qu'en ce qu'elle concerne la prétention objet de la renonciation; elle subsiste pour le reste[2].

Quant au sort des demandes, appel, pourvoi incidents préalablement formés par l'autre partie, celle à l'égard de qui le désistement s'opère, il dépend très largement de l'acceptation du désistement par celle-ci : ou elle l'a accepté et ses prétentions antérieures disparaissent (cep., pour l'article 700 C. pr. civ., v. s[s] n° 352.291); ou elle l'a refusé et le désistement n'a point eu lieu. Certaines situations échappent, toutefois, à cette alternative. Ainsi, même accepté, le désistement partiel ou le désistement d'une demande incidente d'un plaideur quelconque ne peut entraîner la chute de toutes les prétentions adverses. Le juge peut aussi avoir passé outre au refus d'acceptation. D'autres considérations interviendront donc : disparaîtront les demandes que le désistement prive d'objet[3] ou de support procédural (demandes reconventionnelles défensives)[4]. Par ailleurs, le désistement d'appel, même accepté, n'entraîne pas, sauf déclaration expresse de l'adversaire, renonciation de ce dernier à celles de ses demandes qui n'ont pas été jugées par la décision attaquée[5]. Une omission de statuer est ainsi susceptible d'être réparée[6] et la formation de départage du conseil de prud'hommes peut connaître d'une prétention sur laquelle ledit conseil s'était déclaré en partage de voix bien que ce chef du jugement ait été englobé par l'effet dévolutif de l'appel[7].

352.284 Portée de l'extinction à l'égard des parties étrangères au désistement. En cas de pluralité de parties occupant la même position dans le procès et en l'absence d'indivisibilité[8], le désistement d'un des demandeurs, alors possible sans l'accord des autres, n'oblige pas ses colitigants[9]; de même, le désistement d'une demande formée contre un des défendeurs ne bénéficie pas aux autres[10], sauf indivisibilité là encore[11].

L'intervenant forcé, quant à lui, n'est pas concerné par un désistement qui ne porte pas sur la demande formée contre lui. Celle-ci, néanmoins, sombrera souvent par contrecoup du désistement, en raison de sa perte d'objet : l'appel en garantie du défendeur ne tend plus à rien à partir du moment où le demandeur principal a retiré la prétention émise contre lui.

L'effet extinctif du désistement ne touche pas davantage l'intervention volontaire[12]. Elle peut néan-

1. Soc. 14 juin 1989, n° 86-43.092, *Bull. civ.* V, n° 440 – Soc. 27 nov. 2001, n° 99-45.940, *Bull. civ.* V, n° 365 – Soc. 29 avr. 2003, n° 01-41.631, *Bull. civ.* V, n° 146; *D.* 2003. IR 1548; *Procédures* 2003. Comm. 162, obs. Perrot – Soc. 9 déc. 2003, n° 01-46.185, NP, déclarant que le désistement n'a « pas besoin d'être communiqué à la partie adverse pour produire immédiatement son effet extinctif » – Soc. 17 mai 2005, n° 03-43.195, *Bull. civ.* V, n° 168; *RTD civ.* 2005. 634, obs. Perrot – Civ. 2e, 10 juill. 2008, n° 07-17.042, *Bull. civ.* II, n° 174; *Dr. et proc.* 2009. 29, note Lefort; *JCP* 2008. IV. 2474, décidant expressément, à propos d'une procédure écrite avec représentation obligatoire, qu'il n'est pas nécessaire de notifier le désistement à la partie à l'égard de laquelle il est fait – *CONTRA :* Civ. 2e, 9 oct. 1991, n° 89-20.426, *Bull. civ.* II, n° 241.
2. TGI Seine, 26 mai 1966, *JCP A* 1967. IV. 5133.
3. RAPPR., Civ. 1re, 16 déc. 1986, n° 83-10.501, *Bull. civ.* I, n° 303; *Gaz. Pal.* 1987. 1. Pan. 60, à propos de la demande en maintien dans l'indivision de l'article 815 alinéa 3 du Code civil, sans objet en cas de désistement de la demande en partage à laquelle elle est opposée.
4. Sur la question de l'influence du désistement sur une autre instance entre les mêmes parties, en matière prud'homale, en raison du principe de l'unicité de l'instance, v. Soc. 1er mars 2005, n° 02-43.275, *Bull. civ.* V, n° 76, qui l'exclut.
5. Soc. 29 mai 2013, n° 12-14.052, *Bull. civ.* V, n° 133; *JCP S* 2013. 1391, note Barège.
6. Soc. 29 mai 2013, n° 12-14.052 (préc. s[s] prés[t] n°).
7. Soc. 29 mai 2013, n° 12-14.052 (préc. s[s] prés[t] n°).
8. Sur la nécessité de mettre les plaideurs en mesure de présenter leurs observations sur cette question, v. Civ. 2e, 30 nov. 1983, n° 81-12.529, *Bull. civ.* II, n° 190 – Civ. 2e, 6 janv. 2011, n° 09-70.244 *Bull. civ.* II, n° 3.
9. À propos d'indivisaires ayant individuellement qualité pour agir en vertu de l'article 815-2 C. civ. : Civ. 1re, 14 mars 2012, n° 10-10.006, *Bull. civ.* I, n° 58; *D.* 2012. 813.
10. Civ. 3e, 24 janv. 1978, n° 76-10.592, *Bull. civ.* III, n° 50; *JCP* 1978. IV. 100; *RTD civ.* 1978. 732, obs. Perrot, précisant qu'un désistement à l'égard d'un des défendeurs tenus *in solidum* « n'implique pas que le créancier consente à la division de la dette ».
11. À propos du désistement du pourvoi : Civ. 2e, 6 janv. 2011, n° 09-70.244, NP; *Dr. et proc.* 2011. 71, note Salati, qui en fait rejaillir les effets sur les autres défendeurs en déclarant le pourvoi à l'égard de ces derniers irrecevable par application de l'article 615, al. 2, C. pr. civ.
12. Pour une application, v. Soc. 18 juill. 2001, n° 99-45.534, n° 99-45.535, *Bull. civ.* V, n° 279, décidant, en présence d'une intervention de l'Assedic devant la cour d'appel, que le désistement du salarié de la demande de dommages-intérêts pour licenciement sans cause réelle et sérieuse qu'il avait formée contre son employeur ne dessaisit pas la cour du litige entre l'Assedic et celui-ci, relatif au remboursement des prestations de chômage.

moins, elle aussi, en subir les conséquences. Ainsi l'intervention accessoire disparaît-elle faute de support procédural lorsque la prétention qu'elle appuyait se trouve emportée par le désistement[1].

352.285 Effet du désistement sur les actes de l'instance éteinte. Les actes qui font partie de l'instance issue d'une demande affectée par le désistement cessent de produire tout effet. Ainsi la décision ordonnant des mesures provisoires se trouve-t-elle frappée de caducité[2]. Ainsi, en cas de continuation du procès sur d'autres chefs, les demandes touchées par l'incident ne peuvent-elles plus servir de support à des prétentions ultérieures, en appel par exemple, dont on prétendrait asseoir la recevabilité sur elles[3], tout comme elles cessent de le faire pour certaines demandes antérieures (v. s[s] n°s 352.283 s.).

352.286 Sort de l'interruption de prescription opérée par la demande. La demande en justice a, sur la prescription, un effet interruptif. L'article 2243 du Code civil (réd. L. n° 2008-561, 17 janv. 2008[4], [anc. art. 2247]) décide qu'en cas de désistement, cette interruption est regardée comme « non avenue »; autrement dit, il n'y a jamais eu d'interruption.

Cette solution connaît, toutefois, une exception et une atténuation :

• Tout d'abord, le désistement d'instance laisse subsister l'interruption quand il est motivé par l'incompétence de la juridiction et que son auteur déclare expressément qu'il reprendra la procédure devant la juridiction compétente[5]. La citation devant un juge incompétent interrompant la prescription (C. civ., art. 2241, al. 2 [anc. art. 2246]), il eût été fâcheux de faire un sort moins favorable au demandeur qui se désiste pour rectifier son erreur qu'à celui qui attend un jugement d'incompétence.

• On admet également une atténuation à la règle de l'article 2243 (anc. art. 2247) : le désistement, certes, rend non avenue l'interruption opérée par la demande initiale, mais il interrompt la prescription à sa date dès lors qu'il comporte la réserve expresse que son auteur entend bien reprendre l'instance[6].

352.287 Sort de la mise en demeure résultant de la citation. Même après désistement, la citation conserve son effet de mise en demeure. Les intérêts qu'elle a pu faire courir non seulement restent dus mais continuent de courir[7]. N'importe quel acte réalisant une « *interpellation suffisante* » (C. civ., art. 1153, al. 3) pouvant valoir sommation de payer, il importe peu que la citation ne produise plus les effets qui lui sont attachés en tant que citation.

2°
Situation des parties après l'extinction de l'instance

352.291 Obligation de l'auteur du désistement : le paiement des frais. La partie qui s'est désistée d'une demande, d'un appel, d'une opposition ou d'un pourvoi supporte les frais de l'instance éteinte (C. pr. civ., art. 399, 405 et 1025)[8]. La règle joue « *sauf convention contraire* » (C. pr. civ., art. 399).

L'auteur du désistement peut aussi être condamné au titre de l'article 700 C. pr. civ.[9] (sur la compétence du juge de la mise en état au tribunal de grande instance et sur celle, à la Cour de cassation, du premier président, de son délégué ou du président de la chambre à laquelle l'affaire a été distribuée, v. C. pr. civ., art. 772 et 1026). La demande en ce sens formée par son adversaire est recevable même après le désistement en dépit de l'extinction de l'instance et du dessaisissement de la juridiction car elle ne tend qu'à régler les frais de l'instance éteinte, auxquels est tenu le plaideur qui se désiste[10]. *A fortiori* la juridiction peut-elle statuer sur cette demande faite avant le désistement[11].

Le plaideur qui se désiste encourt même amende civile et dommages-intérêts pour abus du droit d'agir en justice[12]. Les demandes en ce sens – qui ne sont pas de nature à rendre le désistement conventionnel

1. Soc. 9 oct. 1986, n° 83-45.747, *Bull. civ.* V, n° 488 – COMP., dans l'hypothèse où l'intervenant se prévaut d'un droit distinct, Com. 15 juill. 1952, *D.* 1952. 704.
2. Civ. 2e, 3 janv. 1969, *Bull. civ.* II, n° 3; *JCP A* 1969. IV. 5458; *RTD civ.* 1969. 616, obs. Perrot.
3. Soc. 3 mars 1982, n° 80-10.844, *Bull. civ.* V, n° 142.
4. L. n° 2008-561, 17 juin 2008, portant réforme de la prescription en matière civile, *JO* 18 juin, p. 9856.
5. Civ. 14 mars 1884, *DP* 1885. 1. 90 – Req. 21 juill. 1903, *DP* 1903. 1. 536 – Com. 12 juill. 1994, n° 91-17.710, *Bull. civ.* IV, n° 266; *D.* 1995. Somm. 109, obs. Fricero; *RTD civ.* 1996. 165, obs. Mestre; *JCP* 1995. II. 22494, note Perdriau – Soc. 9 juill. 2008, n° 07-60.468, *D.* 2008. AJ 2153; *RTD civ.* 2008. 721, obs. Perrot.
6. H. Solus et R. Perrot, *Droit judiciaire privé*, Sirey, 1991, t. III, n° 1168 – P. Raynaud, obs., *RTD civ.* 1943. 61 *in fine.*
7. Civ. 7 févr. 1933, *DH* 1933. 194.
8. Pour une application, v. Soc. 27 mai 1983, n° 81-40.785, *Bull. civ.* V, n° 289; *Gaz. Pal.* 1983. 2. Pan. 260, décidant que le juge ne peut à la fois constater le désistement et condamner le défendeur aux entiers dépens.
9. V. Aix-en-Provence, 11 sept. 1985, *Gaz. Pal.* 1987. 1. Somm. 107 – Paris, 29 oct. 1987, RG n° 86/5980, *D.* 1987. IR 251 – Paris, 9 nov. 1987, *Gaz. Pal.* 1988. 1. 205.
10. Civ. 2e, 9 nov. 2006, n° 05-16.611, *Bull. civ.* II, n° 315; *D.* 2007. Chron. 896, n° 5, obs. Vigneau – Civ. 2e, 10 janv. 2008, n° 06-21.938, *Bull. civ.* II, n° 7; *D.* 2008. 2379, obs. Sommer; *JCP* 2008. IV. 1252, où la demande avait été faite à l'audience (la procédure était orale) en l'absence de la partie qui s'était désistée, décision qui écarte, en revanche, cette solution pour la demande de dommages-intérêts – Civ. 3e, 27 avr. 2011, n° 09-16.539, NP; *Dr. et proc.* 2011. 187, précisant qu'à la Cour de cassation celle-ci doit avoir été faite dans le délai de l'article 982 C. pr. civ.
11. Civ. 2e, 20 mars 1992, n° 92-60.195, *Bull. civ.* II, n° 100 – *Adde*, Civ. 2e, 22 mars 2006, n° 04-17.215, *Bull. civ.* II, n° 85; *D.* 2006. IR 1188, d'où il ressort qu'en présence d'un désistement sur le fond devant la cour d'appel, celle-ci reste saisie de la demande fondée sur l'article 700 C. pr. civ.
12. Civ. 2e, 9 mai 1979, n° 78-12.963, *Bull. civ.* II, n° 132 – Com. 25 avr. 2001, n° 98-15.611, *Bull. civ.* IV, n° 74, où le désistement du pourvoi était postérieur à la clôture des débats et où l'avocat général avait conclu au rejet de ce pourvoi.

(v. s[s] n° 352.242) – disparaissent en cas d'acceptation de celui-ci. Aussi une condamnation n'est-elle possible qu'en cas d'absence d'acceptation[1] ou d'acceptation faite sous condition de leur maintien[2].

352.292 Droits de l'auteur du désistement : la question du sort du droit d'agir. Le désistement d'instance replace les parties en l'état antérieur à l'instance. De cette idée les conséquences varient selon que le désistement porte sur une demande ou sur l'une des voies de recours que sont l'appel, l'opposition et le pourvoi.

352.293 Hypothèse de désistement d'une demande : maintien du droit d'agir. Le désistement d'instance n'éteint que cette dernière. L'action, quant à elle, subsiste (C. pr. civ., art. 398). Le renonçant peut donc réitérer sa demande dès lors qu'aucune cause d'extinction de l'action n'a joué entre-temps (C. pr. civ., art. 385, al. 2).

Cette solution a longtemps été, sous réserve d'exceptions, écartée devant le conseil de prud'hommes au nom de la règle de l'unicité de l'instance (C. trav., art. R. 1452-6)[3]. Tout désistement d'instance avait ainsi le même effet qu'un désistement d'action. La chambre sociale de la Cour de cassation a opéré un revirement le 16 novembre 2010[4]. Encore faut-il prendre la mesure de la situation qui en résulte. Une règle jurisprudentielle a disparu : le versant « *interdiction de réitération* » de l'unicité. La règle légale, le versant « *obligation de regroupement* », subsiste évidemment. Une distinction s'impose donc selon que le désistement est total ou partiel. Dans le premier cas, la ou les demandes abandonnées peuvent être reprises. Dans le second, reprendre (sauf s'il s'agit de réitérer en appel une demande dont l'auteur s'est désisté en première instance[5]) serait pratiquer l'ordre dispersé; la règle de l'article R. 1452-6 du Code du travail y fait obstacle.

352.294 Hypothèse de désistement d'une voie de recours : acquiescement au jugement. La partie qui se désiste d'un appel, d'une opposition ou d'un pourvoi subit évidemment l'autorité de chose jugée attachée à la décision attaquée. Une fin de non-recevoir en résulte qui lui interdit toute réitération de sa demande au premier degré. Mais la soumission du plaideur au jugement va au-delà : son désistement, pourvu qu'il soit parfait (donc accepté par l'adversaire lorsqu'il doit présenter un caractère conventionnel)[6], vaut acquiescement audit jugement (C. pr. civ., art. 403, 404 et 1025). Il se trouve donc, à la différence des autres parties, privé – conséquence non attachée à la règle de l'autorité de la chose jugée – du droit d'exercer toute voie de recours qui lui serait encore ouverte (C. pr. civ., art. 409 – Sur les demandes non jugées en première instance, v. s[s] n° 352.283)[7].

La règle joue même dans le cas où la décision attaquée devrait être tenue pour non avenue faute d'avoir été signifiée dans les six mois de sa date, par application de l'article 478 C. pr. civ. : si l'auteur du désistement n'a pas été, en première instance, défendeur non comparant, il n'a pas qualité pour invoquer l'article 478 en vue de reprendre la procédure devant la juridiction du premier degré[8]; s'il l'était, en exerçant la voie de recours sur le fond (non pour faire constater la caducité du jugement), il a renoncé à s'en prévaloir.

L'effet d'acquiescement a été, en revanche, écarté pour le désistement d'un appel formé prématurément (v. C. pr. civ., art. 545) contre une décision rejetant une fin de non-recevoir : ce désistement « *n'implique pas renonciation à interjeter appel de ce jugement avec le jugement sur le fond* »[9].

352.295 Tempéraments à la règle de l'acquiescement. La règle de l'acquiescement connaît des atténuations dans plusieurs séries de circonstances.

• Les réserves dont le désistement peut être assorti sont susceptibles de contrarier son effet normal d'acquiescement : le plaideur subordonne sa renonciation à la possibilité d'exercer ou d'exercer à nouveau les voies de recours ou certaines d'entre elles, ou de poursuivre une instance identique pendante devant une autre juridiction, voire de reprendre le procès au premier degré... Dans la mesure des réserves, l'effet d'acquiescement n'opère point (v. C. pr. civ., art. 404 pour l'opposition)[10].

• Même en l'absence d'une réserve expresse, le désistement d'une voie de recours irrecevable a pu être considéré

1. V. Civ. 2e, 9 mai 1979, n° 78-12.963 (préc. s[s] prés[t] n°).
2. Civ. 2e, 5 nov. 1986, n° 85-16.305, *Bull. civ.* II, n° 157 – COMP., à propos de l'art. 700, Paris, 29 oct. 1987, *Gaz. Pal.* 1988. 1. 205.
3. Sur l'ensemble de la question, v. I. Pétel-Teyssié, « L'unicité de l'instance prud'homale », *Les notions fondamentales du droit du travail*, Éd. Panthéon-Assas, 2009, p. 211.
4. Soc. 16 nov. 2010, n° 09-70.404, *Bull. civ.* V, n° 260; *D.* 2011. 227, note Orif; *D.* 2011. 265, spéc[t] 268, obs. Fricero; *RTD civ.* 2011. 173, obs. Perrot; *JCP S* 2010. 1517, note Pétel-Teyssié – Soc. 9 mars 2011, n° 09-65.213, *D.* 2011. 888; *JCP S* 2011. 1237, note Pétel-Teyssié.
5. Soc. 5 janv. 2011, n° 08-70.060, *Bull. civ.* V, n° 4; *JCP S* 2011. 1094, note Verkindt; *RTD civ.* 2011. 389, obs. Perrot; *Procédures* 2011. Comm. 98, obs. Bugada.
6. Civ. 2e, 6 déc. 2012, n° 11-17.167, NP; *Procédures* 2013. Comm. 36, obs. Perrot.
7. V. Civ. 3e, 16 janv. 2002, n° 00-16.812, *Bull. civ.* III, n° 9.
8. Civ. 2e, 28 nov. 1984, n° 82-15.281, *Bull. civ.* II, n° 181; *Gaz. Pal.* 1985. 2. Pan. 146, note Croze et Morel.
9. Civ. 2e, 12 juin 2008, n° 07-14.443, *Bull. civ.* II, n° 140; *RTD civ.* 2008. 554, obs. Perrot.
10. Pour l'appel et le pourvoi, Paris, 8 déc. 1969, *JCP* 1970. II. 16203 – V. P. Raynaud, obs., *RTD civ.* 1944. 266, à propos d'un désistement d'appel « *sous les plus expresses réserves de pourvoi en cassation* », l'appelant croyant le jugement en dernier ressort.

comme n'interdisant pas l'exercice d'une autre voie de recours[1].

• La chambre sociale de la Cour de cassation admet que le désistement de l'appel formé contre une décision ayant prononcé la caducité d'une demande devant le conseil de prud'hommes n'empêche pas, en dépit de la règle de l'acquiescement, le jeu de l'article R. 1454-21 du Code du travail (v. aussi, C. trav., art. R. 1454-12) prévoyant la possibilité de renouveler une fois la citation déclarée caduque[2].

352.296 Perte d'efficacité du désistement d'appel ou de pourvoi. L'article 403 C. pr. civ. décide que le désistement (donc l'acquiescement qu'il implique) est non avenu « *si, postérieurement, une autre partie interjette elle-même régulièrement appel* » (ou forme un pourvoi : C. pr. civ., art. 1025).

Ce nouvel appel peut être un appel incident relevé par un intimé n'ayant pas bénéficié du désistement[3] ou par l'intimé contre un appelant autre que l'auteur du désistement[4], voire un appel provoqué formé par une partie non intimée[5]. Il peut s'agir également d'un appel principal émanant de n'importe quel plaideur encore dans le délai pour en former un, y compris le bénéficiaire du désistement[6].

Seul un véritable appel pourra déclencher l'application de l'article 403, non un nouveau moyen destiné à soutenir un appel incident antérieur au désistement[7].

§ 2 Acquiescement

352.300 Définition et variantes de l'acquiescement. L'acquiescement peut se définir comme la renonciation d'un plaideur à contester soit la demande de son adversaire, soit un jugement déjà rendu.

Dans le premier cas, celui d'un acquiescement à la demande, il est toujours la source d'un incident de procédure : valant reconnaissance du bien-fondé des prétentions de l'adversaire et renonciation du défendeur à son action (C. pr. civ., art. 408), entendue comme le droit de discuter la demande (C. pr. civ., art. 30, al. 2), il provoque, par voie accessoire, l'extinction anticipée de l'instance.

L'acquiescement au jugement, quant à lui, n'est rien d'autre qu'une renonciation aux voies de recours. Antérieur à l'exercice de l'une d'elles, il ne met fin à aucun lien d'instance et ne saurait, par suite, être vu comme un incident de procédure. Postérieur, il n'est, le plus souvent, que la conséquence d'un désistement[8], voire d'une transaction[9] : c'est le désistement[10] ou la transaction (C. pr. civ., art. 384, al. 1er) qui est, en réalité, la cause de l'extinction de l'instance ou d'une partie de l'instance. L'acquiescement ne peut donc constituer un incident de procédure autonome que lorsqu'il est détaché de la volonté de son auteur, c'est-à-dire en cas d'application de l'article 410 alinéa 2 C. pr. civ. (v. ss nos 352.313 s.)[11]. Ceci justifie néanmoins qu'à l'instar du Code, on lui fasse une place parmi les incidents de procédure, même si celle-ci en dépasse le cadre.

A. Acquiescement à la demande

352.301 Domaine. L'acquiescement à la demande emportant de la part du défendeur renonciation à son action, c'est-à-dire quasiment renonciation à son droit, il n'est admis que pour les droits dont son auteur a la libre disposition (C. pr. civ., art. 408, al. 2). Ainsi ne saurait-on acquiescer à une demande en matière de filiation (C. civ., art. 323), principe qui supporte, toutefois, des exceptions : le défendeur à une action en recherche de paternité, parce qu'autorisé à procéder à une reconnaissance, le peut parfaitement. De façon plus générale, l'acquiescement à la demande n'est pas possible quand l'ordre public est en cause : il serait nul s'il avait pour objet de donner force exécutoire à des engagements prohibés par la loi[12].

352.302 Conditions. L'acquiescement à la demande n'étant rien d'autre qu'une manifestation de volonté du

1. EN CE SENS, impl., Soc. 9 oct. 1980, no 79-40.569, *Bull. civ.* V, no 721; *JCP* 1980. IV. 411; *Gaz. Pal.* 1981. 1. Pan. 75, décidant que le désistement d'un appel irrecevable comme interjeté contre un jugement rendu en dernier ressort n'emporte pas désistement du pourvoi déjà formé contre la même décision.
2. Soc. 16 févr. 1994, no 90-42.696, *Bull. civ.* V, no 59; *JCP E* 1994. I. 384, no 2, obs. Pierchon, considérant qu'il s'agit là de deux questions indépendantes, précisant, par ailleurs, que la faculté de réitération ne peut être considérée comme une voie de recours au sens de l'article 409 C. pr. civ.
3. Civ. 2e, 6 févr. 1985, no 92-19.650, *Bull. civ.* II, no 28; *JCP* 1985. IV. 145; *Gaz. Pal.* 1985. 1. Pan. 242, obs. Guinchard et Moussa.
4. Soc. 4 févr. 1988, no 83-45.076, *Bull. civ.* V, no 89; *Gaz. Pal.* 1988. 1. Pan. 99.
5. Com. 30 nov. 1993, no 90-10.121, *Bull. civ.* IV, no 433.
6. Civ. 3e, 14 nov. 2002, no 00-20.188, *Bull. civ.* III, no 225, précisant que l'auteur du désistement du pourvoi principal peut former un pourvoi incident postérieurement au pourvoi principal dirigé contre la même décision par une autre partie dès lors que celui-ci est lui-même recevable.
7. RAPPR., Civ. 3e, 16 juill. 1986, no 85-10.329, *Bull. civ.* III, no 108; *Gaz. Pal.* 1986. 2. Pan. 194.
8. Paris, 3 déc. 1992, *Bull. ch. avoués* 1993. 2. 53.
9. Soc. 17 févr. 1960, *Bull. civ.* IV, no 180 – Civ. 1re, 7 nov. 1967, *Bull. civ.* I, no 323.
10. Paris, 3 déc. 1992, *Bull. ch. avoués* 1993. 2. 53.
11. COMP. Paris, 3 déc. 1992 (préc. ss prést no).
12. RAPPR., Paris, 12 janv. 1906, *D.* 1906. 2. 361.

défendeur, cette volonté doit non seulement exister mais être libre, donc exempte de vice[1].

L'idée que l'acquiescement à la demande équivaut à la renonciation à un droit en commande les conditions non seulement de capacité (spécialement pour le majeur en curatelle) mais aussi de pouvoir : le représentant d'une personne morale ou d'un incapable devra recourir aux mêmes formalités habilitantes que pour une renonciation de ce type.

La gravité de l'acquiescement à la demande aurait pu conduire à exiger du mandataire *ad litem* un pouvoir spécial. S'il résulte *a contrario* de l'article 417 C. pr. civ. qu'un tel pouvoir est bien requis dans les relations entre le plaideur et son représentant (v. s[s] n° 352.264), l'existence de celui-ci est irréfragablement présumée dans leurs rapports avec le juge et la partie adverse[2]. Cette solution sans application à l'avocat qui se borne à assister son client[3] – et, devant une juridiction où la représentation n'est pas obligatoire, tout avocat doit être tenu pour tel dès lors que la partie est elle-même présente à l'audience[4] – ne vaut qu'autant que les règles de capacité et celles relatives à la représentation *ad agendum* ont été respectées[5].

352.303 **Forme.** L'acquiescement peut être exprès ou implicite (C. pr. civ., art. 410, al. 1er)[6]. Exprès, il peut revêtir n'importe quelle forme, quelle que soit la procédure applicable devant la juridiction saisie de l'affaire. L'existence d'un acquiescement implicite à la demande ne sera, quant à elle, admise que si la volonté du défendeur en ce sens est « certaine », c'est-à-dire si les actes ou les faits pris en considération la démontrent « *avec évidence* »[7].

352.304 **Faits ne pouvant constituer un acquiescement implicite.** La condition évoquée n'est point remplie en cas de défaut de comparution du défendeur (v. C. pr. civ., art. 471 s., spéct art. 472, al. 2 – comp. en matière de vérification d'écriture à titre principal, C. pr. civ., art. 296), pas davantage lorsque, ayant comparu, il s'abstient de contester la demande dans son principe comme dans son montant[8], n'accomplit pas les actes de procédure dans le délai (rappr. n° 352.274, à propos du désistement d'instance), déclare s'en rapporter à la justice[9], se fait représenter à des opérations d'expertise sans formuler de réserves[10], ou encore demande qu'il lui soit donné acte des prétentions de son adversaire[11].

352.305 **Faits pouvant constituer un acquiescement implicite.** Ont pu être considérés comme un acquiescement implicite à la demande : le fait pour une partie de déclarer qu'elle ne s'opposait pas à ce qu'il soit fait droit à la demande de son adversaire[12]; celui d'exécuter sans la moindre réserve l'obligation invoquée par le demandeur[13], voire d'en offrir l'exécution[14]; le fait de déclarer accepter les conclusions de l'expert de telle sorte que la créance invoquée ne soit plus susceptible de discussion[15].

352.306 **Effets.** L'acquiescement provoque – à sa date et non lorsque le juge en constate l'existence[16] – l'extinction de l'instance, du moins du lien juridique d'instance résultant de la demande qui en a fait l'objet, le procès pouvant subsister sur d'autres points. Il le fait seulement à titre accessoire. À titre principal, il emporte reconnaissance du bien-fondé de la prétention adverse et renonciation à l'action (C. pr. civ., art. 408). Le renonçant perd donc tout droit de contester, à l'avenir, ladite prétention. Cela signifie notamment qu'un appel ou un pourvoi contre la décision tirant les conséquences de l'acquiescement et faisant droit à la demande serait irreceva-

1. À propos d'une erreur de droit, Civ. 2e, 20 oct. 1982, n° 81-14.296, *Bull. civ.* II, n° 128 – Sur son caractère unilatéral v. Civ. 2e, 18 nov. 1999, n° 97-15.921, NP; *RTD civ.* 2000. 157, obs. Perrot.
2. Civ. 2e, 27 févr. 1980, n° 78-15.142, *Bull. civ.* II, n° 43; *D.* 1980. IR 464, obs. Julien; *Gaz. Pal.* 1981. 1. 5, note J. V.; *RTD civ.* 1980. 815, obs. Perrot – Civ. 2e, 24 mai 1984, n° 83-13.253, *Bull. civ.* II, n° 92; *D.* 1985. IR 110, obs. Brunois; *Gaz. Pal.* 1984. 2. Pan. 289, obs. Guinchard.
3. Paris, 17 mars 1980, *D.* 1980. IR 464, obs. Julien.
4. Soc. 30 oct. 2000, n° 98-41.670, NP; *RTD civ.* 2001. 210, obs. Perrot.
5. Civ. 2e, 20 juin 1996, n° 93-20.712, n° 94-13.138, *Bull. civ.* II, n° 173, selon lequel l'avoué ne peut « avoir plus de pouvoir » que l'administrateur légal – V. AUSSI, Civ. 1re, 7 mars 2000, n° 97-20.650, *Bull. civ.* I, n° 78; *D.* 2001. 1513, obs. Lemouland; *RTD civ.* 2000. 294, obs. Hauser; *RTD civ.* 2000. 397, obs. Perrot – Sur la non-applicabilité de cette présomption au mandataire *ad agendum*, v. R. Perrot, obs. préc.
6. COMP., sur l'ambiguïté de la formule « acquiescement tacite » rencontrée dans le contentieux administratif, H. Solus et R. Perrot, *Droit judiciaire privé*, Sirey, 1991, t. III, n° 1176.
7. Civ. 2e, 25 mai 1994, n° 93-10.881, *Bull. civ.* II, n° 134; *D.* 1995. Somm. 107, obs. Fricero – V. AUSSI, Civ. 2e, 10 avr. 1962, *Bull. civ.* II, n° 390, selon lequel l'acquiescement ne peut ni se présumer ni résulter d'actes équivoques.
8. Civ. 2e, 25 mai 1994, n° 93-10.881, *Bull. civ.* II, n° 134; *D.* 1995. Somm. 107, obs. Fricero (préc. s[s] n° 352.303) – V. AUSSI, Civ. 2e, 16 déc. 2004, n° 03-12.642, *Bull. civ.* II, n° 525; *Procédures* 2005. Comm. 56, obs. Perrot, visant « l'absence de contestation à l'audience lors d'une procédure orale » – Civ. 3e, 21 juin 2006, n° 05-12.975, *Bull. civ.* III, n° 153; *Procédures* 2006. Comm. 199, obs. Perrot, concernant le demandeur principal, défendeur à une demande reconventionnelle.
9. V. NOT., Soc. 21 juill. 1965, *Bull. civ.* IV, n° 601 – Civ. 2e, 26 févr. 1970, n° 68-14.487, *Bull. civ.* II, n° 67 – Civ. 1re, 25 nov. 1980, n° 79-15.403, *Bull. civ.* I, n° 303 – Civ. 2e, 23 janv. 1991, n° 89-20.024, *Bull. civ.* II, n° 29; *RTD civ.* 1991. 407, obs. R. Perrot – Civ. 1re, 21 oct. 1997, n° 95-16.224, *Bull. civ.* I, n° 283; *Procédures* 1998. Comm. 1, obs. Perrot.
10. Civ. 3e, 13 juin 1968, *Bull. civ.* III, n° 274.
11. Civ. 1re, 10 juin 1964, *Bull. civ.* I, n° 311.
12. Civ. 2e, 5 mars 1986, n° 84-16.754, *Bull. civ.* II, n° 30; *Gaz. Pal.* 1986. 2. Pan. 147.
13. Civ. 1re, 25 janv. 1965, *Bull. civ.* I, n° 61, où le vendeur poursuivi en remise de documents administratifs avait remis ces documents.
14. Civ. 2e, 20 oct. 1982, n° 81-14.296, *Bull. civ.* II, n° 128.
15. RAPPR., Civ. 2e, 16 juill. 1975, n° 74-11.376, *Bull. civ.* II, n° 222.
16. Civ. 2e, 18 nov. 1999, n° 97-15.921, NP; *RTD civ.* 2000. 157, obs. Perrot.

ble[1]. Il en irait différemment, évidemment, en cas de contestation sur l'existence, la validité ou la portée de l'acquiescement.

B.
Acquiescement au jugement

1°
Conditions

352.311 **Fond.** À la différence de l'acquiescement à la demande (v. s[s] n° 352.301), l'acquiescement au jugement est admis en principe (C. pr. civ., art. 409, al. 2). Les risques qu'il comporte pour son auteur sont moindres, en effet : le droit allégué par l'adversaire a déjà bénéficié d'une sanction judiciaire.

Comme l'acquiescement à la demande, l'acquiescement au jugement constitue une manifestation de volonté; comme lui, parce qu'il fait disparaître l'action de son auteur, il équivaut à une renonciation à un droit même si celle-ci n'a pas le même caractère de gravité. Aussi est-il soumis à des conditions identiques (v. s[s] n° 352.302 - *adde :* C. pr. civ., art. 1122, selon lequel un majeur protégé ne peut acquiescer au jugement de divorce qu'avec l'autorisation du juge des tutelles).

Par ailleurs, l'article 417 C. pr. civ. ne distinguant pas selon les types d'acquiescement, les règles qu'il pose relatives au pouvoir spécial du mandataire *ad litem* (v. s[s] n°s 352.264 et 352.302) englobent l'acquiescement au jugement, lequel en est d'ailleurs la principale application jurisprudentielle[2].

L'acquiescement est, en outre, nécessairement postérieur au jugement accepté : il ne saurait être anticipé[3].

352.312 **Forme.** Comme l'acquiescement à la demande, l'acquiescement au jugement peut être exprès ou implicite (v. s[s] n° 352.303)[4]. Ici encore, le caractère équivoque ou non du comportement du plaideur - de sa volonté d'accepter la décision - sert d'axe de partage entre ce qui peut être tenu pour un acquiescement implicite et ce qui ne saurait l'être.

• Hors le cas de l'article 410 alinéa 2 C. pr. civ. (v. s[s] n° 352.313), l'acquiescement implicite au jugement résulte d'un comportement incompatible avec l'exercice d'un recours contre la décision litigieuse. Il s'agira, par exemple, d'un remariage après un jugement de divorce[5] ou de l'engagement d'une procédure : la demande de clôture d'une faillite et la demande de prestation compensatoire ont ainsi été considérées comme un acquiescement l'une au jugement de faillite[6], l'autre au jugement de divorce[7]; l'exercice d'un pourvoi formé seulement contre l'arrêt rendu sur le fond par une cour d'appel a été regardé comme un acquiescement à une décision antérieure écartant une fin de non-recevoir[8]. Encore faut-il que la nouvelle demande soit vraiment incompatible avec l'exercice d'une voie de recours, qu'elle ne puisse apparaître comme purement conservatoire ou ne puisse s'expliquer par des circonstances particulières[9].

• Ne peuvent, en revanche, être tenus pour un acquiescement au jugement : la signification de celui-ci (C. pr. civ., art. 681)[10]; l'expiration du délai pour exercer une voie de recours[11]; l'attitude négligente d'une partie[12]; le dépôt d'une requête en interprétation du jugement[13] ou en rectification d'une erreur matérielle[14]; la demande d'octroi d'un délai de grâce[15]; l'offre de payer une somme

1. Civ. 2e, 5 mars 1986, n° 84-16.754, *Bull. civ.* II, n° 30; *Gaz. Pal.* 1986. 2. Pan. 147.
2. Pour le caractère irréfragable de la présomption v. Civ. 2e, 27 févr. 1980, n° 78-15.142, *Bull. civ.* II, n° 43 – Et Civ. 2e, 24 mai 1984, n° 83-13.253, *Bull. civ.* II, n° 92, préc. (v. s[s] n° 352.302) – Civ. 2e, 20 févr. 1991, n° 89-14.045, *Bull. civ.* II, n° 59 – Pour son ampleur, Civ. 2e, 20 juin 1996, n° 93-20.712, n° 94-13.138, *Bull. civ.* II, n° 173 – Pour son domaine, Civ. 1re, 7 mars 2000, n° 97-20.650, *Bull. civ.* I, n° 78; *D.* 2001. 1513, obs. Lemouland; *RTD civ.* 2000. 294, obs. Hauser; *RTD civ.* 2000. 397, obs. Perrot – Soc. 30 oct. 2000, n° 98-41.670, NP; *RTD civ.* 2001. 210, obs. Perrot – Paris, 17 mars 1980, préc. (v. s[s] n° 352.302).
3. Civ. 2e, 16 avr. 1986, n° 84-15.485, *Bull. civ.* II, n° 51, où le jugement n'avait fait qu'entériner un accord des parties – COMP., Civ. 2e, 16 juill. 1975, n° 74-11.376, *Bull. civ.* II, n° 222, dont la solution repose sur l'idée de contrat judiciaire – Pour une conséquence de cette solution en ce qui concerne la portée de l'acquiescement à un jugement déjà rendu, v. Civ. 2e, 14 oct. 1981, n° 80-14.724, *Bull. civ.* II, n° 183, et Civ. 2e, 17 oct. 1984, n° 82-14.792, *Bull. civ.* II, n° 151, cités s[s] n° 352.332.
4. Sur l'acquiescement contenu dans une correspondance entre avocats, paralysé par le secret professionnel, v. Civ. 1re, 4 févr. 2003, n° 00-10.057, *Bull. civ.* I, n° 33; *JCP* 2003. II. 10035, concl. Sainte-Rose.
5. Civ. 2e, 17 oct. 2002, n° 01-00.982, *Bull. civ.* II, n° 223, qui écarte, en revanche, l'acquiescement à la condamnation à prestation compensatoire.
6. Civ. 2e, 16 févr. 1984, n° 82-12.399, *Bull. civ.* II, n° 30; *RTD civ.* 1984. 368, obs. Perrot.
7. Civ. 1re, 14 déc. 2004, n° 03-18.363, *Bull. civ.* I, n° 315.
8. Civ. 1re, 28 avr. 1980, n° 79-10.082, *Bull. civ.* I, n° 125; *Gaz. Pal.* 1980. 2. Somm. 415.
9. Civ. 1re, 3 avr. 2003, n° 00-17.949, *Bull. civ.* II, n° 90; *D.* 2003. IR 1263, décidant que la saisine d'une autre juridiction ne vaut pas acquiescement à un jugement d'incompétence.
10. Civ. 2e, 27 févr. 1980, n° 78-14.761, *Bull. civ.* II, n° 42.
11. Civ. 1re, 3 mars 1998, n° 96-10.753, *Bull. civ.* I, n° 82; *D.* 1998. 421, concl. Sainte-Rose; *RG proc.* 1998. 656, obs. Wiederkehr, décidant qu'en conséquence le créancier n'a pas accepté les délais d'un plan de redressement judiciaire civil, donc qu'il peut agir contre la caution.
12. À propos de l'omission de lever la grosse, de l'absence de signification, du délai écoulé entre le prononcé de la décision et la déclaration d'appel, v. Paris, 21 juin 1985, *Gaz. Pal.* 1987. 1. Somm. 11.
13. Com. 6 juin 1962, *Bull. civ.* III, n° 301.
14. Com. 4 janv. 1962, *Bull. civ.* III, n° 1 – RAPPR., Grenoble, 21 févr. 1984, *JCP* 1985. IV. 91.
15. Civ. 3e, 10 janv. 1990, n° 88-16.892, NP; *Rev. loyers* 1990. 225.

inférieure au montant de la condamnation, du moins tant qu'elle n'a pas été acceptée[1]; l'acceptation de la qualité de gardien conférée par la décision[2].

De même, ne constitue pas un acquiescement implicite à la décision rendue en première instance le fait, en appel, de s'en rapporter à la justice[3] ou de conclure à la confirmation[4].

352.313 Cas particulier : article 410 alinéa 2 du Code de procédure civile. L'article 410 alinéa 2 C. pr. civ. décide que « *l'exécution sans réserve d'un jugement non exécutoire vaut acquiescement, hors les cas où celui-ci n'est pas permis* ». Ce texte constitue-t-il une illustration - qui en serait, d'ailleurs, la principale - de l'acquiescement implicite visé à l'alinéa 1er (rappr. C. pr. civ., art. 558, pour lequel la renonciation à l'appel « *peut être expresse ou résulter de l'exécution sans réserve d'un jugement non exécutoire* ») ? La jurisprudence a préféré y voir un cas autonome d'acquiescement au jugement, une hypothèse dans laquelle celui-ci est indépendant de l'intention de la partie qui exécute[5] :

1° L'acquiescement est réalisé dès lors que les conditions de ce texte sont remplies[6] (solution qui, selon certains auteurs, serait en train d'être remise en cause[7]), sous réserve d'une erreur quant au caractère exécutoire du jugement (v. ss n° 325.316).

2° En l'absence de ces conditions, il n'y a pas d'acquiescement. La preuve de pareille renonciation pourrait néanmoins résulter des circonstances de la cause[8] mais il ne s'agirait plus alors de l'application de l'article 410 alinéa 2 C. pr. civ.

352.314 Exécution. L'exécution dont il est question à l'article 410 alinéa 2 n'est pas seulement le fait du plaideur déclaré débiteur par le jugement : elle englobe - et la disposition peut ainsi jouer à l'encontre du créancier - la demande d'exécution[9]. Si certains arrêts font référence à l'acceptation de l'exécution[10], il apparaît, dans la jurisprudence la plus récente, que l'élément important est la demande[11].

Créancier ou débiteur, le plaideur doit s'être manifesté lui-même ou par l'intermédiaire de son mandataire. Encore ce dernier ne doit-il pas avoir agi pour son propre compte, comme l'avocat ou l'avoué procédant au recouvrement direct des dépens[12] (sur la condamnation aux dépens, qui ne donne plus lieu à l'application de l'article 410 alinéa 2, v. ss n° 352.315). L'exécution (comme la demande d'exécution ou l'acceptation de l'exécution) ne vaudrait point acquiescement si elle émanait d'un colitigant, de l'assureur dirigeant le procès en vertu du contrat d'assurance[13] ou de toute autre personne dépourvue de qualité[14].

L'exécution - à laquelle il ne faut point assimiler le fait de cesser d'exécuter une condamnation provisoire[15] - peut, « *même simplement partielle* », déclencher le jeu de l'article 410 alinéa 2[16]. Par « exécution partielle », il faut sans doute entendre l'exécution, mais l'exécution intégrale, d'un chef du jugement : un acompte sur le montant d'une condamnation ne pourrait valoir acquiescement qu'au titre de l'alinéa 1er de l'article 410 et à condition de traduire une volonté non équivoque en ce sens.

1. Civ. 2e, 28 mai 1979, n° 77-15.118, *Bull. civ.* II, n° 155.
2. Civ. 2e, 11 oct. 1995, n° 93-21.881, *Bull. civ.* II, n° 231 – Sur la saisine de la juridiction désignée par un jugement d'incompétence, v. Civ. 2e, 3 avr. 2003, n° 00-17.949, *Bull. civ.* II, n° 90 – V. AUSSI, à propos du Fonds d'indemnisation des victimes d'infractions, Civ. 2e, 6 juin 2002, n° 01-01.609, *Bull. civ.* II, n° 115, décidant que le fait qu'il se soit constitué partie civile n'implique pas son acquiescement à la décision de la commission d'indemnisation.
3. Req. 30 juin 1885, *DP* 1886. 1. 255 – Civ. 2e, 3 juin 2010, n° 09-13.842, NP; *Procédures* 2010. Comm. 312 – *Adde*, contre la qualification d'acquiescement à la décision à venir, Soc. 21 juill. 1965, *Bull. civ.* IV, n° 601, et v. ss n° 352.312 *in fine* – COMP., pour l'irrecevabilité non du pourvoi mais du moyen du pourvoi, Soc. 25 oct. 2007, n° 06-42.661, *JCP S* 2007. 1965, note Pétel-Teyssié.
4. Req. 8 juill. 1861, *DP* 1862. 1. 190 – Civ. 2e, 18 mars 1966, *Bull. civ.* II, n° 371 – Soc. 22 nov. 1973, n° 72-40.640, *Bull. civ.* V, n° 596 – Civ. 3e, 13 juin 1979, n° 78-11.803, *Bull. civ.* III, n° 130; *D.* 1979. IR 473, obs. Julien; *Gaz. Pal.* 1979. 2. Somm. 382; *RTD civ.* 1980. 171, obs. Perrot – Civ. 1re, 14 mars 1984, *Gaz. Pal.* 1984. 2. Pan. 210, obs. Guinchard – COMP., Civ. 1re, 7 nov. 1960, *Gaz. Pal.* 1961. 1. 112.
5. Civ. 2e, 14 oct. 1981, n° 80-15.227, *Bull. civ.* II, n° 184 – Civ. 2e, 5 oct. 1988, n° 87-14.100, *Bull. civ.* II, n° 186 – Soc. 2 avr. 1997, n° 95-40.447, NP; *Procédures* 1997. Comm. 144, obs. Perrot.
6. Civ. 2e, 15 nov. 1995, n° 93-20.093, NP; *JCP* 1996. II. 22596, note Bénabent; rectif. *JCP* 1996. II. 22611 *bis*.
7. J. Junillon, « La volonté d'acquiescer au jugement », *Procédures* 2003. Chron. 13 – S. Guinchard, *Mégacode de procédure civile*, 2001, n° 0004 ss art. 410 – G. Wiederkehr, *Justices* 1996, n° 4, p. 274, spéc. p. 278, à propos de Civ. 1re, 3 janv. 1996, n° 92-22.027, NP; *Procédures* 1996, n° 139, décision qui ouvrirait la porte à la thèse selon laquelle l'article 410 alinéa 2 supporte la preuve contraire – V. AUSSI, Civ. 2e, 17 juin 1998, n° 96-15.211, *Bull. civ.* II, n° 191.
8. Civ. 2e, 16 févr. 1984, n° 82-12.399, *Bull. civ.* II, n° 30; *RTD civ.* 1984. 368, obs. Perrot.
9. Civ. 2e, 11 juin 1980, n° 78-15.975, *Bull. civ.* II, n° 134.
10. Soc. 26 oct. 1982, n° 81-15.294, *Bull. civ.* V, n° 576 – Soc. 31 janv. 1983, n° 80-41.660, *Bull. civ.* V, n° 48 – Civ. 2e, 17 juin 1998, n° 96-15.211 (préc. ss n° 352.313) – *CONTRA* : Civ. 3e, 8 mai 1978, n° 76-14.638, *Bull. civ.* III, n° 188.
11. Civ. 2e, 15 déc. 2005, n° 04-10.847, *Bull. civ.* II, n° 324; *D.* 2006. IR 175; *Procédures* 2006. Comm. 24, obs. Perrot, selon lequel le fait de recevoir un paiement non sollicité n'est pas une exécution volontaire valant acquiescement.
12. Civ. 2e, 1er juin 1988, n° 87-14.703, *Bull. civ.* II, n° 129; *Gaz. Pal.* 1988. 2. Pan. 210.
13. Civ. 2e, 26 nov. 1975, n° 74-10.514, *Bull. civ.* II, n° 311.
14. PAR EX., avocat plaidant : Paris, 27 janv. 1978, *Gaz. Pal.* 1978. 1. Somm. 207 – V. AUSSI, à propos de loyers encaissés par le gérant de l'immeuble, Montpellier, 23 mai 1949, *JCP A* 1949. IV. 1266.
15. Civ. 2e, 14 janv. 1999, n° 97-11.782, *Bull. civ.* II, n° 6, où le mari avait mis fin, après le jugement de divorce, au service de la pension alimentaire sans pour autant verser la prestation compensatoire prévue par ledit jugement.
16. V. NOT., Civ. 2e, 14 déc. 1992, n° 91-13.193, *Bull. civ.* II, n° 307 – Civ. 2e, 10 févr. 1993, n° 91-18.153, *Bull. civ.* II, n° 50 – Soc. 2 avr. 1997, 95-40.447, NP; *Procédures* 1997. Comm. 144, obs. Perrot.

Encore faut-il que le comportement consécutif au jugement puisse être tenu pour une exécution de ce dernier. Or la notion d'exécution d'un jugement ne concerne que ce qui pourrait être exigé en vertu de celui-ci.

• Ainsi n'y a-t-il pas exécution lorsqu'on se borne à utiliser une autorisation judiciaire. Dès lors, le fait d'assigner à jour fixe sur autorisation d'un juge des référés qui, dans la même décision, a refusé d'ordonner une expertise ne vaut point acquiescement au chef principal relatif à la mesure d'instruction[1].

• La participation à une mesure d'instruction et la consignation des frais d'expertise ne constituent pas une exécution du jugement ordonnant ladite mesure. C'est la raison pour laquelle ni l'une ni l'autre ne permettent aujourd'hui d'appliquer l'article 410 alinéa 2 aux autres dispositions du jugement, pas même au chef dont cette dernière est la conséquence directe : celui qui, par exemple, retient le principe de la responsabilité du défendeur, la mesure d'instruction ayant pour objet la détermination du préjudice[2]. Pour ce chef, on considérait naguère qu'il y avait acquiescement[3] mais l'acquiescement ne s'étendait pas aux autres (v. s[s] n° 352.323)[4].

352.315 Jugement. L'exécution d'un chef du jugement suffit, certes, au jeu de l'article 410 alinéa 2 C. pr. civ. mais à condition que ce chef relève de son domaine. Or celui-ci n'englobe pas le jugement tout entier. Certains de ses éléments, étrangers au cœur du litige, se situent en dehors : leur mise en œuvre, manifestation, certes, d'une volonté abdicative en ce qui les concerne - pour autant qu'une voie de recours soit concevable - reste sans effet sur les autres chefs du jugement.

Ainsi, payer ou accepter le paiement des dépens ou de sommes allouées sur le fondement de l'article 700 C. pr. civ. ne saurait être tenu pour un acquiescement au reste du jugement. Cette solution, posée par la Cour de cassation en 1994[5], est le fruit d'un revirement[6].

352.316 Caractère non exécutoire. Le jeu de l'article 410 alinéa 2 C. pr. civ. suppose encore que le jugement ne soit pas exécutoire. S'il l'est, la partie qui a succombé étant tenue de s'y conformer, son exécution ne saurait traduire une quelconque volonté d'acquiescement : le législateur ne l'a donc point assimilée à pareille renonciation[7]. L'article 410 alinéa 2 sera pareillement écarté en cas d'erreur sur le caractère exécutoire du jugement, provoquée par les mentions erronées de ce dernier ou de l'acte de signification[8], voire (plus exceptionnellement) en cas d'erreur spontanée[9].

La décision n'étant pas forcément exécutoire en totalité, c'est le caractère exécutoire ou non du chef exécuté qu'il convient de prendre en considération. Mais l'exécution d'un chef non exécutoire vaut acquiescement aux autres chefs, que ceux-ci soient ou non exécutoires[10].

Le caractère exécutoire conserve, dans le cadre de l'article 410 alinéa 2 C. pr. civ., ses contours habituels[11]. Dès lors, si une disposition du jugement n'est pas dotée d'un tel caractère, une astreinte[12], la fixation d'un délai pour s'y conformer[13], un commandement de payer[14], une

1. Paris, 5 nov. 1987, RG n° 87/11963, *Gaz. Pal.* 1988. 1. 272, note Renard.
2. Civ. 2e, 22 mai 1995, n° 93-11.413, *Bull. civ.* II, n° 146; *D.* 1995. IR 157; *RTD civ.* 1995. 685, obs. Perrot; *Justices* 1996, n° 4, p. 274, obs. Wiederkehr – V. AUSSI, hors cette dernière hypothèse, Civ. 2e, 5 juin 1996, n° 94-15.791, *Bull. civ.* II, n° 120; *Gaz. Pal.* 1997. 414, note du Rusquec – Civ. 2e, 20 juin 1996, n° 94-15.948, *Bull. civ.* II, n° 162 – *Adde* : Civ. 3e, 7 mai 2002, n° 99-16.153, *Bull. civ.* III, n° 91; *D.* 2002. IR 1729; *RTD civ.* 2002. 563, obs. Perrot – Civ. 2[e], 8 avr. 2004, n° 02-15.884, *Bull. civ.* II, n° 159.
3. Civ. 2[e], 26 nov. 1975, n° 74-10.514, *Bull. civ.* II, n° 311 – Civ. 2[e], 20 mai 1981, n° 79-15.941, *Bull. civ.* II, n° 124 – Civ. 2[e], 14 oct. 1981, n° 80-15.227, *Bull. civ.* II, n° 184; *Gaz. Pal.* 1982. 1. 122, obs. Viatte; *RTD civ.* 1982. 211, obs. Perrot – Civ. 3e, 11 oct. 1989, n° 88-10.784, *Bull. civ.* III, n° 185; *Gaz. Pal.* 1990. 2. Somm. 342, obs. Guinchard et Moussa – Civ. 2e, 27 juin 1990, n° 89-13.364, *Bull. civ.* II, n° 147; *RTD civ.* 1991. 164, obs. Perrot, cette dernière décision écartant la thèse selon laquelle le jugement prescrivant une expertise bénéficierait de l'exécution provisoire – Civ. 2e, 10 févr. 1993, n° 91-18.153, *Bull. civ.* II, n° 50.
4. RAPPR., Civ. 2e, 14 janv. 1999, n° 97-11.782, *Bull. civ.* II, n° 6, selon lequel la participation d'un époux aux opérations destinées à la liquidation du régime matrimonial ordonnée par le jugement ne déclenche pas le jeu de l'art. 410, al. 2.
5. Civ. 2e, 23 nov. 1994, n° 92-18.354, *Bull. civ.* II, n° 235; *Gaz. Pal.* 1995. 1. 187, note C. L.; *RTD civ.* 1995. 187, obs. Perrot – V. AUSSI, Civ. 2e, 15 nov. 1995, n° 93-21.577, *Bull. civ.* II, n° 274; *D.* 1996. Somm. 131, obs. Julien – Civ. 2e, 4 janv. 1996, n° 93-19.416, *Bull. civ.* II, n° 1; *D.* 1997. 86, note Puigelier; *D.* 1996. Somm. 358, obs. Julien – Civ. 2e, 20 juin 1996, n° 94-15.370, *Bull. civ.* II, n° 163; *JCP* 1997. I. 3989, n° 16, obs. Cadiet – Civ. 2e, 26 févr. 1997, n° 95-13.876, *Bull. civ.* II, n° 57 – COMP., Soc. 2 avr. 1997, n° 95-40.447, NP; *Procédures* 1997. Comm. 144, obs. Perrot, mais où d'autres condamnations étaient également en cause.
6. AUPARAVANT : Civ. 2e, 21 juin 1989, n° 88-12.708, *Bull. civ.* II, n° 130 – Civ. 2e, 26 nov. 1990, n° 89-14.873, *Bull. civ.* II, n° 244 – Civ. 2e, 23 janv. 1991, n° 89-19.279, *Bull. civ.* II, n° 23 – Civ. 2e, 14 déc. 1992, n° 91-13.193, *Bull. civ.* II, n° 307 – Civ. 2e, 24 mars 1993, n° 91-19.875, *Bull. civ.* II, n° 119.
7. Pour des applications, v. Civ. 3e, 15 févr. 2006, n° 01-70.106, *Bull. civ.* III, n° 34 – Civ. 2e, 23 nov. 2006, n° 06-11.589, *Bull. civ.* II, n° 324.
8. Civ. 2e, 10 janv. 2008, n° 07-13.370, *Bull. civ.* II, n° 1; *Procédures* 2008. Comm. 98, obs. Perrot, où l'erreur avait été provoquée par ces deux éléments cumulativement – V. DÉJÀ, Civ. 2e, 8 juill. 2004, n° 02-16.916, *Bull. civ.* II, n° 346; *RTD civ.* 2004. 776, obs. Perrot, qui justifie la solution par l'idée qu'à la date de l'exécution, « le jugement était exécutoire ».
9. Civ. 2e, 5 avr. 2007, n° 06-12.216, *Procédures* 2007. Comm. 125, obs. Perrot, où le plaideur avait exécuté le jugement « sous l'effet de la peur et en se méprenant sur son caractère exécutoire ».
10. PAR EX., Civ. 2e, 21 juin 1989, n° 88-12.708, *Bull. civ.* II, n° 130 – Civ. 2e, 14 déc. 1992, n° 91-13.193, *Bull. civ.* II, n° 307 – Versailles, 22 juin 1989, RG n° 1977/89, *D.* 1990. 126, note Estoup.
11. Pour une application à l'ordonnance de référé, v. Civ. 2e, 12 févr. 2004, n° 02-12.392, *Bull. civ.* II, n° 51.
12. Civ. 2e, 15 avr. 1991, n° 90-11.469, *Bull. civ.* II, n° 124.
13. Civ. 2e, 14 oct. 1981, n° 80-15.227, *Bull. civ.* II, n° 184.
14. Civ. 2e, 24 mars 1993, n° 91-19.875, *Bull. civ.* II, n° 119 – Soc. 2 avr. 1997, n° 95-40.447, NP; *Procédures* 1997. Comm. 144, obs. Perrot.

sommation[1] n'y changent rien. Deux extensions récentes doivent, toutefois, être relevées :

• La Cour de cassation décide, à propos des condamnations au versement d'une provision, que celles-ci « *sont exécutoires de droit à titre provisoire, de sorte que leur paiement, même sans réserve, par la partie condamnée ne peut valoir acquiescement* »[2].

• Par ailleurs, en retenant que le paiement des intérêts d'un principal seul assorti de l'exécution provisoire n'emporte point acquiescement[3], elle semble faire participer les intérêts - du moins lorsqu'est en cause l'article 410 alinéa 2 C. pr. civ. - au caractère exécutoire du capital dont ils sont l'accessoire. Elle ne les met pas, en revanche, hors du domaine de l'article 410 alinéa 2 : leur paiement, dans le cas d'un principal non exécutoire, pourrait donc valoir acquiescement.

352.317 **Absence de réserves.** L'exécution d'un jugement non exécutoire n'est constitutive d'un acquiescement que si elle n'a pas été assortie de réserves[4]. Des réserves générales suffisent : dans l'hypothèse où certains chefs du jugement sont assortis de l'exécution provisoire mais point les autres, les réserves produisent effet même si elles ne visent pas spécialement ces derniers[5].

2°
Effets

352.321 **Généralités.** L'article 409 alinéa 1er C. pr. civ. décide que l'acquiescement au jugement « *emporte soumission aux chefs de celui-ci et renonciation aux voies de recours sauf si, postérieurement, une autre partie forme régulièrement un recours* ».

352.322 **Ampleur de la renonciation.** La partie qui acquiesce n'engage qu'elle-même, point les autres plaideurs[6], ni les tiers, au profit de qui reste ouverte la tierce-opposition.

Sa renonciation, par ailleurs, ne concerne que le jugement déjà rendu; elle ne peut englober une décision future[7]. Reste à savoir quels sont les chefs du jugement auxquels elle se soumet et les voies de recours auxquelles elle renonce.

352.323 **Chefs du jugement concernés.** La partie qui acquiesce à un jugement peut le faire totalement - et il suffit pour cela que sa renonciation ne soit enserrée dans aucune limite - ou partiellement. Dans ce dernier cas, elle ne se soumet qu'aux chefs acceptés expressément ou implicitement[8], ainsi qu'à ceux qui en sont indissociables[9] et, sauf exclusion expresse, à ceux qui en sont l'accessoire, comme les intérêts, les dépens et la condamnation au titre de l'article 700 C. pr. civ. Encore ces deux derniers ne sont-ils englobés que dans la mesure où l'acquiescement concerne tout le reste du jugement.

Dans le cas particulier de l'article 410 alinéa 2 C. pr. civ., il en va différemment : « *même partielle* », l'exécution vaut acquiescement pour le tout[10]. La solution n'est pas sans nuances :

• Ainsi, en cas de participation à une mesure d'instruction ou de consignation des frais d'expertise à l'époque où pareille exécution faisait jouer l'article 410 alinéa 2, l'acquiescement n'englobait que l'élément du principal auquel était liée la mesure d'instruction, point les autres chefs du jugement[11].

• Si l'exécution ne concerne que les condamnations prononcées au profit de certaines parties, elle ne peut valoir acquiescement à celles qui bénéficient à d'autres parties[12], solution à transposer à l'hypothèse d'acceptation de l'exécution.

352.324 **Voies de recours concernées.** Qu'il soit exprès ou implicite[13], l'acquiescement emporte, de la part de son auteur, renonciation aux voies de recours, déjà exercées ou non[14], à toutes les voies de recours, même extraordinaires, dont il dispose[15].

1. Civ. 2e, 15 avr. 1991, no 89-21.692, *Bull. civ.* II, no 123.
2. Civ. 2e, 18 nov. 1999, no 97-12.709, *Bull. civ.* II, no 170; *JCP* 2000. II. 10385, note Psaume – COMP. Civ. 2e, 10 déc. 1986, no 85-11.763, *Bull. civ.* II, no 177; *Gaz. Pal.* 1987. 2. Somm. 334, obs. H. C. et C. M., décidant que l'encaissement d'une provision ne peut « en aucun cas » emporter acquiescement à la décision qui l'a octroyée, en l'espèce à l'exonération partielle de responsabilité dont a bénéficié le défendeur.
3. Civ. 2e, 20 juin 1996, no 94-15.370, *Bull. civ.* II, no 163; *JCP* 1997. I. 3989, no 16, obs. Cadiet.
4. Pour un ex. de réserves, v. Soc. 26 juin 1959, *Bull. civ.* IV, no 816.
5. Civ. 2e, 9 mars 1994, no 92-19.583, *Bull. civ.* II, no 86; *JCP* 1995. II. 22421, note du Rusquec.
6. RAPPR., Soc. 5 mars 1997, no 94-40.848, *Bull. civ.* V, no 100, selon lequel l'acquiescement de l'employeur à un jugement retenant l'existence d'un licenciement sans cause réelle et sérieuse n'est pas opposable à l'Assedic : n'ayant pas, dès lors, conféré à la décision force de chose jugée à l'égard de cet organisme, il n'a pas fait courir le délai de l'article 463 alinéa 2 C. pr. civ.
7. Civ. 2e, 17 oct. 1984, no 82-14.792, *Bull. civ.* II, no 151; *Gaz. Pal.* 1985. 1. Pan. 49, obs. Guinchard, décidant que l'exécution d'un jugement ayant statué sur le principe de la responsabilité, accordé une provision et ordonné une expertise ne pouvait valoir acquiescement au jugement futur fixant le montant de la condamnation – V. AUSSI, Civ. 2e, 14 oct. 1981, no 80-14.724, *Bull. civ.* II, no 183.
8. V. PAR EX., Civ. 2e, 17 oct. 2002, no 01-00.982, *Bull. civ.* II, no 223 [sol. impl.].
9. Civ. 2e, 30 juin 1966, *Bull. civ.* II, no 716.
10. Civ. 2e, 14 déc. 1992, no 91-13.193, *Bull. civ.* II, no 307 – Civ. 2e, 10 févr. 1993, no 91-18.153, *Bull. civ.* II, no 50 – Soc. 2 avr. 1997, no 95-40.447, NP; *Procédures* 1997. Comm. 144, obs. Perrot – COMP., sous l'empire du droit antérieur au NCPC, Civ. 2e, 20 déc. 1971, no 70-13.255, *Bull. civ.* II, no 349; *JCP* 1972. IV. 33.
11. Civ. 2e, 10 déc. 1981, no 80-15.613, *Bull. civ.* II, no 215; *D.* 1983. IR 78, obs. Groslière – Civ. 2e, 25 févr. 1987, no 85-12.491, *Bull. civ.* II, no 54 – Civ. 2e, 1er juin 1994, no 92-18.044, *Bull. civ.* II, no 143; *D.* 1994. IR 167 – COMP., Civ. 2e, 5 oct. 1988, no 87-14.100, *Bull. civ.* II, no 186; *JCP* 1989. II. 21273, obs. Cadiet; *RTD civ.* 1989. 143, obs. crit. Perrot.
12. Civ. 2e, 6 mai 1987, no 86-10.784, *Bull. civ.* II, no 94.
13. Civ. 2e, 9 oct. 1985, no 84-12.441, *Bull. civ.* II, no 146.
14. *CONTRA* : Aix-en-Provence, 14 mars 2002, *D.* 2003. Somm. 1542, obs. Lepage, qui réserve cette solution à la seconde hypothèse.
15. Sur la recevabilité d'une demande en rectification d'une erreur matérielle, v. Civ. 2e, 17 juin 1964, *Bull. civ.* II, no 484.

La Cour de cassation a eu l'occasion de préciser que ne constituait pas une voie de recours soumise à l'article 409 C. pr. civ. la possibilité pour le demandeur de réitérer sa demande devant le conseil de prud'hommes en cas de caducité de la citation initiale (C. trav., art. 1454-12 et 1454-21 [anc. C. trav., art. R. 516-16 et R. 516-26-1]) : même dans l'hypothèse d'un acquiescement à une décision constatant la caducité, il peut donc agir à nouveau[1].

352.325 Caractère conditionnel de la renonciation. L'acquiescement n'a d'effet qu'autant que, postérieurement, un certain événement ne se produit pas : il s'agit, selon l'article 409 C. pr. civ., de l'exercice d'une voie de recours par une autre partie, tout au moins d'une partie n'ayant pas les mêmes intérêts que l'auteur de cette renonciation[2]; mais il suffit, selon la Cour de cassation, que celui-ci apprenne cet exercice postérieurement à son acquiescement[3].

Lorsque l'acquiescement se trouve anéanti, son auteur retrouve la possibilité non seulement de se défendre mais encore de critiquer la décision par un appel ou un pourvoi incident[4] sur les chefs qui ont fait l'objet de la voie de recours, certes, mais aussi sur les autres[5].

§ 3
Péremption d'instance

352.330 Définition. La péremption est un mode d'extinction de l'instance fondé sur l'inertie procédurale des parties pendant un certain temps (deux ans). Réglementée par les articles 386 à 393 C. pr. civ., elle repose principalement sur l'idée de désistement tacite.

A.
Domaine matériel de la péremption

352.331 Juridiction. La péremption est susceptible de jouer devant toutes les juridictions de l'ordre judiciaire civil (v. C. pr. civ., art. 749; *adde*, pour le juge de l'exécution, C. pr. exéc., art. R. 121-5). À cette règle ne font exception ni les juridictions d'Alsace et de Moselle[6] ni la Cour de cassation, devant laquelle la notion a longtemps paru sans application – en raison des délais s'imposant à peine d'irrecevabilité à toutes les diligences des parties – avant de trouver l'occasion de se manifester dans le cadre de la radiation introduite par le décret n° 89-511 du 20 juillet 1989 (C. pr. civ., art. 1009-1 – V. s^{s} n° 352.61)[7].

La péremption n'a pas sa place, en revanche, devant les juridictions répressives, même lorsque celles-ci sont saisies d'intérêts civils[8]. Elle n'est guère concevable devant les juridictions arbitrales en raison de la durée limitée du pouvoir juridictionnel des arbitres (C. pr. civ., art. 1456).

352.332 Procédure. Elle peut être invoquée quelle que soit la procédure applicable dès lors que le législateur ne l'a pas spécialement écartée, même si un texte énumère les dispositions du Code de procédure susceptibles de jouer sans viser celles qui la prévoient[9]. Peu importe que la représentation soit ou non obligatoire[10]. Peu importe que la procédure soit orale[11].

Restent, cependant, en dehors du domaine de la péremption les procédures dans lesquelles les initiatives procédurales échappent aux parties[12] (rappr. n°s 352.345 et 352.402), telle la contestation des honoraires d'un avocat[13].

352.333 Objet du litige. Peu importe l'objet du litige, même intéressant l'ordre public[14] ou portant sur des droits imprescriptibles[15].

1. Soc. 16 févr. 1994, n° 90-42.696, *Bull. civ.* V, n° 59; *JCP E* 1994. I. 384, n° 2, obs. Pierchon, où l'acquiescement résultait d'un désistement d'appel.
2. Civ. 2e, 20 juin 1996, n° 93-20.712, n° 94-13.138, *Bull. civ.* II, n° 173; *Procédures* 1996. Comm. 288, obs. Perrot.
3. Soc. 16 nov. 1993, n° 91-44.768, *Bull. civ.* V, n° 267.
4. Civ. 2e, 10 juill. 1991, n° 90-15.446, *Bull. civ.* II, n° 213.
5. Civ. 2e, 10 juill. 1991, n° 90-15.446 (préc. s^{s} prés^{t} n°) – Soc. 16 nov. 1993, n° 91-44.768 (préc. s^{s} prés^{t} n°).
6. Civ. 2e, 3 mars 1988, n° 86-15.785, *Bull. civ.* II, n° 56; *JCP* 1988. IV. 175.
7. Perrot, obs., *RTD civ.* 1995. 956 et 964.
8. Crim. 22 janv. 1974, n° 73-92.960, *Bull. crim.* n° 32; *D.* 1974. IR 53 – Civ. 2e, 20 mai 1992, n° 90-15.496, *Bull. civ.* II, n° 147.
9. Soc. 20 févr. 1941, *Gaz. Pal.* 1941. 1. 563 – Soc. 25 juin 1954, *Bull. civ.* IV, n° 460; *D.* 1954. 639; *JCP A* 1954. 2361; *RTD civ.* 1954. 704, obs. Raynaud.
10. Civ. 3e, 8 avr. 1999, n° 97-14.416, *Bull. civ.* III, n° 91.
11. Civ. 3e, 27 oct. 2004, n° 03-13.724, *Bull. civ.* III, n° 184; *Procédures* 2004. Comm. 253, obs. Perrot.
12. Com. 9 nov. 2004, n° 01-16.726, *Bull. civ.* IV, n° 192; *D.* 2005. 292, spéc^{t} 297, obs. Le Corre et Lucas; *RTD civ.* 2005. 183, obs. Perrot, à propos de la déclaration de créance dans une procédure collective – COMP., Com. 10 janv. 2006, n° 03-14.923, *Bull. civ.* IV, n° 2; *D.* 2006. AJ 443, obs. Lienhard; *JCP* 2006. II. 10080, note Cholet, selon lequel la procédure collective n'est pas une instance au sens de l'art. 386 C. pr. civ. et est, en conséquence, étrangère à la péremption – Civ. 2e, 15 nov. 2012, n° 11-25.499, *Bull. civ.* II, n° 188; *Procédures* 2013. Comm. 7, obs. Perrot.
13. Civ. 2e, 12 juill. 2007, n° 05-14.655, *Bull. civ.* II, n° 210; *Procédures* 2007. Comm. 240, obs. Perrot; *D.* 2008. Chron. 648, n° 1, obs. Sommer; *D.* 2008. 944, spéc^{t} 951, obs. Blanchard – V. DÉJÀ, Civ. 2e, 16 oct. 2003, n° 00-19.339, *Bull. civ.* II, n° 310; *RTD civ.* 2004. 347, obs. Perrot; *Procédures* 2003. Comm. 250 – *CONTRA* : Civ. 1re, 10 févr. 2004, n° 00-19.198, *Bull. civ.* I, n° 43; *Procédures* 2004. Comm. 76, obs. Perrot; *RTD civ.* 2004. 347, obs. Perrot; *JCP* 2004. II. 10059, note Martin.
14. Com. 21 nov. 1995, n°s 93-20.095 et 93-21217, *Bull. civ.* IV, n° 268; *Procédures* 1996. Comm. 34, obs. Perrot.
15. H. Solus et R. Perrot, *Droit judiciaire privé*, Sirey, 1991, t. III, n° 1198.

B. Domaine temporel de la péremption

352.341 Période et délai de péremption. Si la péremption résulte de l'écoulement d'un certain délai, encore faut-il que celui-ci se greffe tout entier sur une certaine période.

352.342 Début de la période de péremption. La période au cours de laquelle la péremption peut courir s'ouvre, en principe, avec la saisine de la juridiction[1]. Il ne saurait donc être question de péremption tant que l'assignation n'a pas été enrôlée, *a fortiori* avant l'assignation, ce qui interdit d'ériger en point de départ du délai le dépôt du rapport d'un expert précédemment désigné en justice[2].

Encore faut-il, pour que la saisine de la juridiction marque le début de cette période, qu'elle soit faite, au moins à titre éventuel, en vue d'un jugement : les préliminaires facultatifs de conciliation - dont l'échec n'engendre point automatiquement l'instance contentieuse - restent étrangers à la péremption; celle-ci ne peut, dès lors, sanctionner le retard du demandeur à engager la phase contentieuse[3].

352.343 Point de départ reporté. Le point de départ de la période de péremption se trouve reporté au moment où le défendeur est averti de l'existence du procès qui lui est intenté ou de l'exercice d'une voie de recours contre lui lorsque la charge de cette information pèse sur le greffe, au moins quand il n'est pas possible à l'autre partie d'accélérer la procédure[4] (rappr. n° 352.402).

352.344 Point de départ anticipé. Cas particulier de la péremption après cassation et renvoi. Dans un cas, la période de péremption commence à courir avant la saisine de la juridiction. C'est même le retard apporté à cette saisine qui peut emporter péremption. La péremption ici évoquée est celle de l'instance devant la juridiction de renvoi. Le délai court de la décision de cassation, solution qui repose sur l'idée que « *l'instance d'appel se poursuit devant la juridiction de renvoi* »[5].

Cette solution ne peut toutefois trouver application qu'en l'absence de notification à partie (v. C. pr. civ., art. 1034, qui prévoit, dans le cas contraire, une forclusion de quatre mois à compter de ladite notification). Encore suppose-t-elle que l'arrêt soit contradictoire[6] ou réputé tel, ou, en cas d'arrêt par défaut, que la péremption soit invoquée par le défendeur défaillant[7]. On ne saurait, en revanche, l'admettre lorsque le demandeur au pourvoi entend se prévaloir de la péremption contre le défendeur défaillant, susceptible d'ignorer l'arrêt rendu : à son encontre, seule la signification peut faire courir un délai[8].

352.345 Fin de la période de péremption - Principe. On affirme traditionnellement que la période au cours de laquelle la péremption est susceptible de courir finit avec la clôture des débats car, à ce moment-là, les parties « *ne sont plus tenues à aucune diligence* »[9]. La Cour de cassation a été amenée à avancer cette date : lorsque l'affaire est « *en état* » et qu'elle « *a reçu fixation pour être plaidée* », les parties n'ayant plus alors à accomplir de diligences, la péremption ne peut plus courir[10] (rappr. n° 352.402), quand bien même des incidents se produiraient-ils entre la clôture de l'instruction et l'audience[11]. Un nouveau délai prend le départ en cas de révocation de l'ordonnance de clôture[12].

A fortiori la péremption ne peut-elle être encourue une fois l'instance terminée, c'est-à-dire une fois le jugement définitif rendu : elle ne peut être opposée au plaideur exerçant, deux ans après le jugement, une voie de recours dont le délai d'exercice n'a pas couru faute de notification[13].

1. Civ. 2e, 29 févr. 1984, n° 82-12.259, *Bull. civ.* II, n° 43; *JCP* 1984. IV. 147; *RTD civ.* 1984. 559, obs. Perrot – *Adde* : Civ. 2e, 28 févr. 2006, n° 03-18.263, NP; *Procédures* 2006. Comm. 99, dans l'hypothèse d'une « réitération » de l'assignation après un jugement déclaré non avenu, par application de l'article 478 C. pr. civ., faute d'avoir été notifié dans les six mois de sa date.
2. Civ. 2e, 11 févr. 2010, n° 08-20.154, NP; *Procédures* 2010. Comm. 172, obs. Perrot.
3. RAPPR., Civ. 9 nov. 1943, *DA* 1944. 21 – COMP., Poitiers, 11 mars 1863, *D.* 1863. 2. 96.
4. Civ. 2e, 16 oct. 2003, n° 00-19.339, *Bull. civ.* II, n° 310; *D.* 2003. IR 2730; *RTD civ.* 2004. 347, obs. Perrot, à propos d'un recours contre une décision relative à une contestation d'honoraires.
5. Civ. 2e, 8 mai 1978, n° 76-15.088, *Bull. civ.* II, n° 124; *D.* 1979. IR 481, obs. Julien – Civ. 2e, 1er déc. 1982, n° 81-13.866, *Bull. civ.* II, n° 154; *D.* 1983. IR 141, obs. Julien – V. AUSSI, Civ. 2e, 6 mars 1991, n° 89-16.857, *Bull. civ.* II, n° 79.
6. Civ. 2e, 6 mars 1991, n° 89-16.857 (préc. ss prést n°).
7. Civ. 2e, 30 sept. 1981, *Gaz. Pal.* 1982. 1. Pan. 65.
8. Reims, 11 mai 1976, *JCP* 1976. IV. 390, obs. J. A.
9. Civ. 2e, 17 mars 1986, n° 84-14.726, *Bull. civ.* II, n° 43; *D.* 1986. IR 347; *JCP* 986. IV. 152; *Gaz. Pal.* 1986. 2. 425, note du Rusquec; *RTD civ.* 1986. 638, obs. Perrot – Civ. 2e, 23 janv. 1991, n° 89-16.499, *Bull. civ.* II, n° 32; *D.* 1991. Somm. 245, obs. Fricero, où le délibéré avait duré plus de deux ans.
10. Civ. 2e, 12 févr. 2004, n° 01-17.565, *Bull. civ.* II, n° 61; *Procédures* 2004. Comm. 50, obs. Perrot; *RTD civ.* 2004. 347, obs. Perrot – COMP., Civ. 2e, 15 mars 1989 et Civ. 2e, 14 juin 1989, n° 88-10.523, NP; *JCP* 1990. II. 21474, obs. Cadiet – Civ. 2e, 9 nov. 2000, n° 97-10.492, *Bull. civ.* II, n° 150; *RTD civ.* 2001. 203, obs. Perrot.
11. Civ. 2e, 23 sept. 2010, n° 09-16.776, NP; *Procédures* 2010. Comm. 372, obs. Perrot.
12. Civ. 2e, 28 juin 2006, n° 04-17.992, *Bull. civ.* II, n° 177; *RTD civ.* 2006. 822, obs. Perrot.
13. Civ. 2e, 12 mars 1986, n° 84-16.642, *Bull. civ.* II, n° 36; *JCP* 1986. IV. 143; *RTD civ.* 1986. 638, obs. Perrot – Soc. 7 juill. 1988, n° 86-42.162, *Bull. civ.* V, n° 431; *D.* 1989. Somm. 181, obs. Julien – *Adde* : Civ. 2e, 22 mars 2006, ▶

352.346 **Exception.** La période servant de support à la péremption expire parfois plus tôt : qu'un jugement mixte ait été rendu reconnaissant, par exemple, le droit à réparation de la victime et ordonnant une expertise en vue de l'évaluation des dommages-intérêts... et la suite de l'instance échappe à toute péremption à condition de former un tout indivisible avec le chef définitif du jugement[1]. L'instance d'appel, en revanche, dans le cas où cette voie de recours a été formée contre un tel jugement en englobant son chef définitif, peut, quant à elle, se périmer[2].

C. Délai de péremption : durée

352.351 Le délai de péremption est aujourd'hui de deux ans (C. pr. civ., art. 386). Relevant de la catégorie des délais de procédure, il obéit aux règles de computation des articles 641 et 642 C. pr. civ.

D. Délai de péremption : point de départ

352.361 **Régime de droit commun.** Dans le régime de droit commun, le point de départ du délai est constitué soit par le début de la période de péremption (v. s[s] n°s 352.352 s.), soit, s'il y en a eu une, par la dernière interruption de la péremption (v. plus précisément, s[s] n°s 352.372, 352.381 et 352.384).

352.362 **Régime applicable en matière sociale.** En matière prud'homale et dans le cadre du contentieux général de la sécurité sociale, en appel comme en première instance[3], l'instance n'est périmée que lorsque les parties s'abstiennent d'accomplir, pendant le délai sus-évoqué, « *les diligences qui ont été expressément mises à leur charge par la juridiction* » (C. trav., art. R. 1452-8 - CSS, art. R. 142-22, dern. al., et R. 142-30[4]). Seule, donc, la décision ou l'injonction[5] du juge imposant une diligence à un plaideur fait courir le délai. Encore n'est-ce pas pareil acte qui en constitue le point de départ mais la date impartie pour la réalisation des diligences prescrites[6], pour autant qu'il y en ait une : à défaut, sera retenue la date de sa notification[7].

La condition pour que courre le délai n'est pas remplie en cas de décision de radiation, celle-ci ne mettant expressément aucune diligence à la charge des parties[8]. Elle ne l'est pas non plus lorsqu'est mentionnée, dans un jugement de sursis à statuer, la « charge » de faire réinscrire l'affaire au rôle après survenance de l'événement dans l'attente duquel celui-ci a été prononcé : allant de soi, elle n'est pas une « *diligence particulière* » imposée aux parties[9]. Ne permet pas davantage le jeu de la péremption, faute d'émaner de la juridiction elle-même, la convocation à l'audience délivrée par le greffier et prescrivant de conclure dans un certain délai[10]. Il n'en reste pas moins que la diligence prescrite peut consister dans le dépôt et la notification de conclusions écrites. Après avoir décidé, un temps, que pareille injonction était « *sans objet* » dans une procédure orale et ne pouvait, en conséquence, faire courir le délai de péremption[11], solution de nature à rendre la péremption rarissime, la Cour de cassation admet aujourd'hui que le dépôt de conclusions constitue une diligence

► n° 04-12.767, *Bull. civ.* II, n° 83; *Procédures* 2006. Comm. 128, obs. Perrot, précisant que le délai de l'art. 528-1 C. pr. civ. « n'est pas un délai de péremption mais un délai relatif à l'exercice des voies de recours ».

1. Civ. 2e, 4 mars 1987, n° 85-17.815, *Bull. civ.* I, n° 62; *RTD civ.* 1987. 595, obs. Perrot – v. AUSSI, Civ. 3e, 14 oct. 1992, n° 90-21.096, *Bull. civ.* III, n° 274.
2. Civ. 2e, 27 juin 1990, n° 89-10.203, *Bull. civ.* II, n° 150; *RTD civ.* 1991. 165, obs. Perrot.
3. Soc. 19 févr. 1992, n° 88-43.409, *Bull. civ.* V, n° 105; *RTD civ.* 1992. 644, obs. Perrot – Soc. 24 juin 2003, n° 01-42.719, NP; *RJS* 2003, n° 1209.
4. Pour une application, v. Soc. 16 mars 1994, n° 90-42.966, NP; *JCP E* 1994, n° 3, obs. Pierchon.
5. V. TOUTEFOIS, Civ. 2e, 30 mai 2013, n° 12-20.197, *Bull. civ.* II, n° 106; *JCP S* 2013. 1331, note Brissy; *Procédures* 2013. Comm. 233, obs. Perrot, qui, à propos du tribunal des affaires de sécurité sociale, exige plus précisément « *un jugement de la juridiction ou* [...] *une ordonnance de son président* ».
6. Soc. 22 janv. 1998, n° 95-41.653, *Bull. civ.* V, n° 30; *Procédures* 1998. Comm. 218, obs. Perrot – Soc. 28 oct. 1998, n° 96-44.066, *Bull. civ.* V, n° 466 – Soc. 9 mars 2005, n° 02-46.319, *Bull. civ.* V, n° 82.
7. Soc. 27 mars 2007, n° 05-43.459, *Bull. civ.* V, n° 59; *JCP S* 2007. 1480, note Boubli – Civ. 2e, 15 mai 2008, n° 07-12.767, *Procédures* 2008. Comm. 198, obs. Perrot.
8. Soc. 3 oct. 1991, n° 87-42.609, *Bull. civ.* V, n° 393; *RTD civ.* 1992. 185, obs. Perrot; *Cah. soc.* 1991. 65 – Soc. 29 avr. 1997, n° 95-42.685, *Bull. civ.* V, n° 146 – Soc. 28 oct. 1998, n° 96-44.066, *Bull. civ.* V, n° 466; *RTD civ.* 1999. 202, obs. Perrot 9 – Soc. 24 nov. 2004, n° 02-45.607, *Bull. civ.* V, n° 301; *RJS* 2005, n° 197, indiquant que les prescriptions du conseiller instructeur antérieures à la radiation n'ont pas à être prises en considération.
9. Soc. 18 mai 2010, n° 08-44.619, NP; *Procédures* 2010. Comm. 261, obs. Perrot – RAPPR., Soc. 29 avr. 1997, préc. – COMP. Soc. 18 déc. 2002, n° 00-46.519, *Bull. civ.* V, n° 399; *D.* 2003. Somm. 1405, obs. Julien; *Procédures* 2003. Comm. 60, obs. Perrot – Soc. 9 déc. 2003, n° 01-46.305, NP; *RJS* 2004, n° 247.
10. Soc. 28 mai 1996, n° 92-42.816, *Bull. civ.* V, n° 210; *Procédures* 1996. Comm. 211, obs. Perrot – Soc. 28 oct. 1998, n° 96-44.066, *Bull. civ.* V, n° 466; *RTD civ.* 1999. 202, obs. Perrot – Soc. 20 juin 2007, n° 05-43.327, NP; *Procédures* 2007. Comm. 216, obs. Perrot, précisant qu'importe peu « la référence faite aux consignes du magistrat chargé d'instruire l'affaire, sans mention d'une décision de sa part avec l'indication de sa date et du nom de son auteur ».
11. Soc. 12 nov. 1998, n° 96-15.007, NP; *RJS* 1999, n° 298; *RTD civ.* 1999. 202, obs. Perrot.

au sens des dispositions évoquées[1] (sur le contenu de la diligence interruptive en la matière, v. s[s] n° 352.397).

352.363 Régime applicable à la Cour de cassation. Susceptible de jouer à la Cour de cassation dans le cadre de la radiation de l'article 1009-1 C. pr. civ. (v. s[s] n° 352.331), la péremption connaît ici un point de départ original : la notification de la décision de radiation (C. pr. civ., art. 1009-2), notification à personne du moins[2].

E. Délai de péremption : interruption

352.370 Généralités. L'interruption de la péremption anéantit le temps déjà accompli et fait courir un nouveau délai de deux ans (sur le point de départ de celui-ci, v. s[s] n°s 352.372, 352.381 et 352.384).

Pour autant que la péremption ne soit pas déjà acquise au moment où ils interviennent, trois événements la provoquent : l'interruption de l'instance, le sursis à statuer, l'accomplissement d'une diligence interruptive.

1° Première cause d'interruption de la péremption : l'interruption de l'instance

352.371 Conditions. L'interruption de l'instance, même intervenant à une époque où l'affaire se trouve sous l'empire d'une radiation[3], provoque celle de la péremption. Encore faut-il que soient remplies les conditions de l'interruption de l'instance (v. C. pr. civ., art. 369 s.)[4].

352.372 Effets. Un nouveau délai de péremption commence à courir, mais seulement lorsque cesse la période d'interruption de l'instance, donc lorsqu'un acte de reprise a relancé la procédure[5]. On ne peut, en effet, reprocher à un plaideur son manque de diligence alors que la loi lui impose de ne rien faire.

Cette interruption de la péremption pour cause d'interruption de l'instance ne bénéficie qu'à la partie au profit de qui l'instance a été interrompue : le délai continue à courir à l'égard de ses litisconsorts et de son adversaire, lesquels doivent veiller, s'ils y ont intérêt, à ce que l'instance ne se périme pas[6].

2° Deuxième cause d'interruption de la péremption : le sursis à statuer

352.381 Principe. Le délai de péremption est interrompu quand l'instance est suspendue « *pour un temps ou jusqu'à la survenance d'un événement déterminés* » (C. pr. civ., art. 392, al. 2), autrement dit en cas de sursis à statuer (C. pr. civ., art. 378). Encore faut-il que cette suspension n'ait pas été ordonnée en application de l'article 381 C. pr. civ., ce qui imposerait la qualification de radiation[7].

L'interruption du délai de péremption se double d'une suspension : le nouveau délai ne commence à courir qu'à l'expiration du temps pour lequel ou lors de l'événement jusqu'auquel la procédure a été suspendue (C. pr. civ., art. 392, al. 2), quand bien même un retrait du rôle serait-il intervenu entre-temps[8]. C'est l'événement attendu lui-même qui constitue le point de départ du nouveau délai, non la connaissance qu'en ont les parties[9].

Par exception, si cet événement est déjà intervenu lorsqu'est rendue, dans l'ignorance de pareille circonstance, la décision de sursis, cette dernière s'y substitue et fait courir le nouveau délai[10].

352.382 Domaine du principe. Propre au sursis à statuer, l'interruption de l'article 392 alinéa 2 C. pr. civ. ne saurait résulter, quelles que soient les analogies susceptibles d'être relevées, d'une décision ordonnant

1. Soc. 11 juin 2002, n° 00-42.654, *Bull. civ.* V, n° 202 – Soc. 9 mars 2005, n° 02-46.319, *Bull. civ.* V, n° 82; *RTD civ.* 2005. 452, obs. Perrot – *Adde* : Civ. 2e, 15 mai 2008, n° 07-12.767, *Bull. civ.* II, n° 115; *Procédures* 2008. Comm. 198, obs. Perrot.
2. Cass., ord. 1er prés., 23 avr. 2003, n° 98-21.597, *Bull. ord.*, n° 2.
3. Civ. 2e, 21 juin 1989, n° 88-12.655, *Bull. civ.* II, n° 132; *D.* 1989. IR 204; *JCP* 1989. IV. 318; *JCP* 1990. II. 21474, obs. Cadiet; *Gaz. Pal.* 1989. 2. Pan. 168.
4. Civ. 2e, 21 juin 1989, n° 88-12.655 (préc. s[s] prés[t] n°) – Civ. 2e, 30 oct. 1989, n° 88-16.569, NP; *Gaz. Pal.* 1990. 1. Pan. 27 – Pour une application en cas de démission d'un avoué suivie de la constitution d'une SCP, Civ. 2e, 15 juin 1994, n° 92-20.071, *Bull. civ.* II, n° 161; *D.* 1994. IR 186; *JCP* 1994. IV. 2067; *RTD civ.* 1995. 184, obs. Perrot – Pour des hypothèses où ces conditions n'étaient pas satisfaites, v. Civ. 2e, 18 janv. 1984, n° 82-12.443, *Bull. civ.* II, n° 10; *D.* 1984. 401, note Desdevises; *Gaz. Pal.* 1984. 1. Pan. 159, obs. Guinchard – Agen, 3 mars 1982, *Gaz. Pal.* 1982. 1. 345, note Desdevises.
5. Civ. 2e, 5 avr. 1993, n° 91-18.734, *Bull. civ.* II, n° 148; *JCP* 1993. IV. 1509; *RTD civ.* 1993. 646, obs. Perrot – Civ. 3e, 27 mars 2002, n° 00-20.732, *Bull. civ.* III, n° 77.
6. Civ. 2e, 4 févr. 1999, n° 96-19.479, *Bull. civ.* II, n° 23; *D.* 1999. Somm. 215, obs. Julien; *Procédures* 1999. Comm. 91, obs. Perrot (décès) – Civ. 3e, 12 mai 1999, n° 97-20.646, *Bull. civ.* III, n° 114; *RTD civ.* 1999. 696, obs. Perrot (procédure collective) – Civ. 2e, 10 mars 2005, n° 03-12.437, *Bull. civ.* II, n° 63; *D.* 2006. Pan. 548, obs. Julien et Fricero (cessation de fonctions) – Civ. 2e, 28 juin 2006, n° 04-16.316, *Bull. civ.* II, n° 175; *Procédures* 2006. Comm. 206, obs. Perrot (procédure collective) – Civ. 2e, 10 janv. 2008, n° 07-10.974, NP; *Procédures* 2008. Comm. 83, obs. Rolland (procédure collective).
7. Civ. 2e, 28 juin 2006, n° 04-18.226, *Bull. civ.* II, n° 176.
8. Civ. 2e, 18 déc. 2008, n° 07-21.140, *Bull. civ.* II, n° 275; *Procédures* 2009. Comm. 73, obs. Perrot; *D.* 2009. 536, note Paul-Loubière; *D.* 2009. Chron. 757, n° 5, obs. Sommer et Nicolétis.
9. Civ. 2e, 15 sept. 2005, n° 03-20.037, *Bull. civ.* II, n° 219; *Procédures* 2005. Comm. 271, obs. Perrot; *RTD civ.* 2005. 823, obs. Perrot.
10. Civ. 2e, 11 juill. 2002, n° 01-01.090, *Bull. civ.* II, n° 169; *Procédures* 2002. Comm. 184, obs. Perrot.

une expertise[1]. En l'absence d'un jugement de sursis, même le renvoi de l'affaire dans l'attente d'un événement, issue d'une instance pénale notamment, ne la provoque pas[2], du moins pour la deuxième chambre civile de la Cour de cassation[3] (v. s[s] n° 352.22). *A fortiori* la seule ouverture d'une procédure pénale ne peut entraîner cette interruption[4].

352.383 Question du « sursis conventionnel ». Faut-il attacher un effet interruptif de péremption au fait pour le juge de prendre acte de l'accord des parties pour suspendre la procédure dans l'attente d'un événement futur, résultat d'une instance pénale par exemple[5] ? La chambre sociale de la Cour de cassation l'admet[6], solution qui ne heurte pas le texte de l'article 392 alinéa 2 C. pr. civ., celui-ci visant moins la « décision » de sursis à statuer que le « cas » de suspension de l'instance « *pour un temps ou jusqu'à la survenance d'un événement déterminés* ». La deuxième chambre civile rejette cet effet interruptif, au moins lorsque le juge s'est borné à porter mention de cet accord au dossier[7], ce qui laisse place à une solution différente en présence d'un jugement de donné-acte.

352.384 Exception au principe. La décision de sursis à statuer est sans effet sur la péremption lorsqu'elle est prise dans l'attente de diligences mises par le juge à la charge d'une partie[8].

3°
Troisième cause d'interruption de la péremption : la diligence interruptive

352.390 Qualification de diligence interruptive. Certaines diligences ont, sur le délai de péremption, un effet interruptif dont toutes les parties pourront se prévaloir[9]. Mais, alors qu'en droit commun le délai recommence à courir immédiatement, il faut, en matière sociale, attendre qu'une diligence soit mise expressément par le juge à la charge d'une partie (v. s[s] n° 352.362). Ces diligences n'en sont pas moins les mêmes dans les deux cas. La qualification de diligence interruptive échappe à certaines conditions qu'on aurait pu songer à exiger; d'autres s'imposent, qui tiennent à l'origine de la diligence, à son cadre et à son contenu.

352.391 Conditions rejetées. Pour qu'une diligence provoque l'interruption de la péremption, il n'est pas nécessaire :

1) qu'elle réponde à la définition de l'acte de procédure, ce qui permet de reconnaître un effet interruptif à une simple lettre, qu'elle soit adressée au juge[10], à l'adversaire, son mandataire[11] ou son conseil[12], ou au technicien chargé d'une mesure d'instruction[13];

2) qu'elle soit régulière[14];

3) qu'elle ait fait l'objet d'une notification à l'adversaire[15];

4) qu'elle ait été effectuée au cours d'une période d'activité procédurale, rien n'excluant, en effet, en principe, la prise en compte d'une diligence accomplie au cours d'une période de suspension de l'instance, même résultant d'une radiation[16] (comp. pour certaines hypothèses de radiation, s[s] n° 352.399);

1. Civ. 2e, 6 févr. 1991, n° 89-12.326, *Bull. civ.* II, n° 45; *RTD civ.* 1991. 404, obs. Perrot – Civ. 2e, 6 mars 1991, n° 89-20.550, *Bull. civ.* II, n° 80; *RTD civ.* 1991. 404, obs. Perrot.
2. Civ. 2e, 21 janv. 1987, n° 85-12.689, *Bull. civ.* II, n° 20; *Gaz. Pal.* 1987. 1. Pan. 76 – Civ. 2e, 6 mai 1987, n° 85-13.454, NP; *Gaz. Pal.* 1987. 1. Pan. 139 – Civ. 2e, 29 mai 1991, n° 90-10.738, *Bull. civ.* II, n° 166; *D.* 1991. IR 189; *JCP* 1991. IV. 291; *RTD civ.* 1991. 800, obs. crit. Perrot, où il avait fait l'objet d'une simple mention au dossier – Civ. 2e, 27 mai 2004, n° 02-15.107, *Bull. civ.* II, n° 251; *D.* 2004. 2413, à propos d'un renvoi informel de l'affaire sur un « rôle d'attente ».
3. *CONTRA* : Soc. 19 juin 1990, n° 85-46.344, *Bull. civ.* V, n° 297; *JCP* 1990. IV. 317, considérant qu'un tel renvoi, même faisant l'objet d'une simple mention au registre d'audience, « *ne peut s'analyser qu'en un sursis à statuer* ».
4. Civ. 2e, 16 mai 1990, n° 89-11.160, *Bull. civ.* II, n° 104; *Gaz. Pal.* 1990. 2. Pan. 156 – RAPPR., Soc. 19 avr. 2005, n° 02-46.507, *Bull. civ.* V, n° 145.
5. Sur la nécessité de cette constatation judiciaire, v. R. Perrot, obs., *RTD civ.* 1986. 641.
6. Soc. 3 févr. 1986, n° 83-43.487, *Bull. civ.* V, n° 3; *Gaz. Pal.* 1986. 1. Pan. 92; *RTD civ.* 1986. 639, obs. Perrot.
7. Civ. 2e, 23 févr. 1994, n° 92-17.382, *Bull. civ.* II, n° 72; *D.* 1994. IR 74; *JCP* 1994. IV. 1112; *RTD civ.* 1994. 677, obs. Perrot.
8. Civ. 2e, 15 mars 1995, n° 93-15.761, *Bull. civ.* II, n° 92; *RTD civ.* 1995. 954, obs. Perrot.
9. Civ. 21 mai 1879, *D.* 1880. 1. 57; *S.* 1881. 1. 347 – Civ. 2e, 22 févr. 2007, n° 06-15.425, *Bull. civ.* II, n° 45; *D.* 2007. 806.
10. Civ. 2e, 26 févr. 1992, n° 90-20.244, *Bull. civ.* II, n° 70; *JCP* 1993. II. 22033, note du Rusquec – Agen, 20 oct. 1986, RG n° 1083/86, *Gaz. Pal.* 1987. 1. 101, note du Rusquec.
11. Rennes, 26 févr. 1986, RG n° 79/86, *Gaz. Pal.* 1986. 2. 457, note du Rusquec; *RTD civ.* 1986. 641, obs. Perrot.
12. Civ. 2e, 16 juill. 1993, n° 92-10.256, *Bull. civ.* II, n° 261; *JCP* 1993. IV. 2388 – Paris, 22 oct. 1985, RG n° L08271, *D.* 1986. IR 227, obs. Julien.
13. Civ. 2e, 15 oct. 1975, n° 74-11.078, *Bull. civ.* II, n° 258; *D.* 1976. IR 11; *JCP* 1975. IV. 355 – Versailles, 27 mai 1988, *D.* 1988. IR 218.
14. Civ. 2e, 3 juin 1999, n° 97-19.378, *Bull. civ.* II, n° 109; *RTD civ.* 1999. 695, obs. Perrot – Civ. 1re, 14 févr. 2006, n° 05-14.757, *Bull. civ.* I, n° 80; *D.* 2006. IR 604; *Procédures* 2006. Comm. 71, obs. Perrot – V. AUSSI, à propos de conclusions non précédées d'une notification de constitution d'avocat, Civ. 3e, 29 oct. 1979, n° 78-13.282, *Bull. civ.* III, n° 191; *D.* 1980. IR 464, obs. Julien – V. TOUTEFOIS, Com. 27 nov. 2012, n° 11-19.466, NP; *Procédures* 2013. Comm. 39, obs. Perrot, qui admet l'effet interruptif de conclusions adressées à la partie adverse par télécopie, « *la procédure étant orale* ».
15. Civ. 15 oct. 1941, *DA* 1942. 35; *S.* 1941. 1. 198; *Gaz. Pal.* 1941. 2. 461 – Civ. 2e, 15 oct. 1975, n° 74-11.078 (préc. s[s] prés[t] n°) – Paris, 22 févr. 1983, *RTD civ.* 1986. 641, obs. Perrot – *CONTRA* : Paris, 15 mai 1986, *RTD civ.* 1986. 641.
16. Civ. 2e, 29 janv. 1986, *RTD civ.* 1986. 642, obs. Perrot – Civ. 2e, 16 mars 2000, n° 97-21.029, *Bull. civ.* II, n° 47; *Procédures* 2000. Comm. 117, obs. Perrot; *RTD civ.* 2000. 398, obs. Perrot.

5) qu'elle l'ait été - même si le propos appelle de multiples nuances[1] - dans le cadre de la même instance[2], et ce en dépit de l'affirmation traditionnelle selon laquelle seules sont réputées interruptives de péremption les diligences qui « font partie de l'instance et la continuent »[3] (sur le cas où est invoquée une démarche effectuée dans le cadre d'une autre procédure, v. s[s] n° 352.393).

352.392 Conditions retenues - Origine de la diligence. En principe, seule une diligence émanant d'une partie - quelle que soit cette partie, celle à qui on oppose la péremption ou une autre[4] - peut interrompre la péremption (C. pr. civ., art. 386). Elle peut être indifféremment le fait du plaideur ou de son mandataire, même lorsque la représentation est obligatoire[5]. Il suffit que son auteur devienne partie par l'effet de son accomplissement : les conclusions d'intervention volontaire interrompent la péremption de l'instance[6].

Ne peut, en revanche, avoir un effet interruptif l'acte d'un juge[7] ou d'un expert[8], à moins qu'il n'ait été provoqué par une diligence d'une partie[9]. Pas davantage ne peut être pris en considération celui d'un plaideur tiers à l'instance, même s'il est partie à un litige étroitement lié à cette dernière[10].

352.393 Cadre de la diligence. La diligence invoquée peut relever d'une autre instance (v. s[s] n° 352.391)[11] mais pas de n'importe laquelle. Une condition particulière s'impose : il faut qu'il existe entre les deux procédures un « *lien de dépendance direct et nécessaire* »[12]. La condition n'a pas de véritable indépendance : elle permet à celle tenant au contenu de la diligence d'être satisfaite.

352.394 Contenu de la diligence. Définie tantôt comme celle qui « *fait partie de l'instance et la continue* »[13] ou, tout au moins, la « *continue* »[14], ou encore comme une démarche processuelle « *de nature à faire progresser l'affaire* »[15], tantôt comme celle qui établit la volonté du plaideur de poursuivre la procédure[16], la diligence interruptive paraît osciller entre une conception objective et une conception subjective. En réalité, les deux idées sont mêlées[17] : l'intention doit être révélée par une démarche la rendant incontestable et, le plus souvent, pour que cette exigence soit satisfaite, il faut que l'acte soit de nature à faire progresser l'affaire.

352.395 Diligences non interruptives de péremption. N'interrompent point la péremption les actes neutres quant à l'avancement de la procédure.

Certains le sont par nature : exécution d'une obligation, obligation litigieuse[18] ou condamnation prononcée

1. Civ. 2e, 28 juin 2006, n° 04-18.226, *Bull. civ.* II, n° 176.
2. Civ. 2e, 8 déc. 1977, *Gaz. Pal.* 1978. 1. Pan. 77; *RTD civ.* 1978. 733 – Civ. 2e, 12 juin 1985, *JCP* 1985. IV. 295; *Gaz. Pal.* 1985. 2. 15, obs. Guinchard et Moussa; *RTD civ.* 1986. 186, obs. Perrot, admettant que les diligences d'un référé-expertise aient pu interrompre la péremption de l'instance engagée parallèlement au fond – Civ. 2e, 4 juin 1993, *JCP* 1993. IV. 1942.
3. Civ. 31 mai 1938, *Gaz. Pal.* 1938. 2. 233 – Civ. 2e, 17 mars 1982, n° 79-12.686, *Bull. civ.* II, n° 46.
4. Civ. 2e, 22 févr. 2007, n° 06-15.425, *Bull. civ.* II, n° 45 – Civ. 2e, 28 juin 2012, n° 11-17.873, *Bull. civ.* II, n° 124; *RTD civ.* 2012. 772, obs. Perrot.
5. Paris, 10 sept. 1992, *RTD civ.* 1993. 193, obs. Perrot.
6. Civ. 2e, 3 janv. 1980, n° 78-12.486, *Bull. civ.* II, n° 3; *Gaz. Pal.* 1980. 1. 288, note J. V.; *RTD civ.* 1980. 618, obs. Perrot.
7. Civ. 2e, 26 juin 1991, n° 90-14.084, *Bull. civ.* II, n° 196 – Civ. 2e, 6 oct. 2005, n° 03-17.680, *Bull. civ.* II, n° 239, à propos d'une décision de jonction – Civ. 2e, 21 févr. 2013, n° 11-28.632, *Bull. civ.* II, n° 38; *Procédures* 2013. Comm. 96, obs. Perrot, à propos d'une ordonnance de radiation et de sa notification – Caen, 21 mars 2002, *D.* 2002. Somm. 2650, obs. Julien.
8. Civ. 2e, 28 nov. 1984, n° 83-14.230, *Bull. civ.* II, n° 182; *Gaz. Pal.* 1985. 2. Pan. 156, note Guinchard et Moussa – Civ. 2e, 5 avr. 1993, n° 91-19.976, *Bull. civ.* II, n° 147; *D.* 1993. IR 138.
9. Civ. 2[e], 5 juin 1985, n° 84-11.809, *Bull. civ.* II, n° 109; *JCP* 1985. IV. 286; *Gaz. Pal.* 1985. 2. Pan. 363, obs. Guinchard et Moussa; *RTD civ.* 1986. 186, obs. Perrot – Civ. 3e, 6 nov. 1986, n° 84-10.103, *Bull. civ.* III, n° 147; *Gaz. Pal.* 1986. 2. Pan. 284; *JCP* 1987. IV. 19.
10. Civ. 2e, 8 juill. 2004, n° 02-17.720, *Bull. civ.* II, n° 380.
11. V. TOUTEFOIS, Civ. 2e, 28 juin 2006, n° 04-18.226, *Bull. civ.* II, n° 176.
12. Pour des cas où la condition a été considérée comme remplie, v. Civ. 2e, 8 déc. 1977, *Gaz. Pal.* 1978. 1. Pan. 77; *RTD civ.* 1978. 733 – Civ. 2e, 12 juin 1985, *JCP* 1985. IV. 295; *Gaz. Pal.* 1985. 2. 15, obs. Guinchard et Moussa; *RTD civ.* 1986. 186, obs. Perrot – Civ. 3e, 4 mars 1992, n° 90-19.697, *Bull. civ.* III, n° 77 – Pour la SOLUTION CONTRAIRE, v. Civ. 2e, 16 nov. 1978, n° 76-14.663, *Bull. civ.* II, n° 237 – Civ. 2e, 28 mai 1990, n° 89-11.134, *Bull. civ.* II, n° 119; *D.* 1991. Somm. 246, obs. Fricero – Civ. 2e, 4 juin 1993, *JCP* 1993. IV. 1942, décidant qu'un référé destiné à obtenir la suspension de l'exécution provisoire d'un jugement est sans effet sur l'instance d'appel – *Adde* : Civ. 2e, 13 janv. 1988, n° 86-15.922, *Bull. civ.* II, n° 22; *D.* 1988. IR 30 et 128, obs. Julien; *JCP* 1988. IV. 105; *Gaz. Pal.* 1988. Pan. 75, précisant qu'en présence d'une instance principale et d'une instance en garantie, même jointes, les diligences faites dans le cadre de l'une n'interrompent pas nécessairement la péremption de l'autre.
13. PAR EX., Civ. 2e, 17 mars 1982, n° 79-12.686, *Bull. civ.* II, n° 46.
14. Civ. 2e, 10 juill. 1996, n° 94-16.696, *Bull. civ.* II, n° 205; *Rev. huiss.* 1996. 1154.
15. Civ. 2e, 11 déc. 1991, n° 87-19.680, *Bull. civ.* II, n° 315 – Civ. 3e, 20 déc. 1994, n° 92-21.536, *Bull. civ.* III, n° 227; *RTD civ.* 1995. 683, obs. Perrot.
16. Civ. 2e, 16 mai 1979, n° 78-11.034, *Bull. civ.* II, n° 142; *D.* 1979. IR 481, obs. Julien – Civ. 2e, 11 juill. 1988, n° 85-17.153, *Bull. civ.* II, n° 175 – Civ. 2e, 11 sept. 2003, n° 01-12.331, *Bull. civ.* II, n° 256; *D.* 2003. 2797, note Tapie; *Procédures* 2003. Comm. 236, obs. Perrot – Civ. 2e, 22 févr. 2007, n° 06-15.425, *Bull. civ.* II, n° 45.
17. Civ. 2e, 10 juill. 1996, n° 94-16.696 (préc. v. s[s] prés[t] n°) – V. AUSSI, pour une alternative, Civ. 2e, 2 juill. 2009, n° 08-15.875, NP; *D.* 2010. 169, obs. Fricero; *Procédures* 2009. Comm. 305, obs. Perrot.
18. Civ. 3e, 2 mars 1982, NP; *JCP* 1982. IV. 179.

par le juge à titre provisoire[1]; mais aussi demande de jonction[2], de renseignement, même concernant la date de l'audience et *a fortiori* lettre adressée à l'adversaire relatant cette demande[3]; notification à tous les avoués de la place, par une SCP modifiée dans sa composition, qu'elle occupera désormais sous sa nouvelle raison sociale dans toutes les instances en cours[4]; changement d'avocat ou d'avoué[5]; contestation relative au paiement d'une provision supplémentaire à l'expert[6] (comp. s^s n° 352.398 pour la demande d'aide judiciaire).

D'autres présentent ce caractère en raison de leur contenu, telles les conclusions rappelant en quelques mots ou plus longuement des écritures antérieures, souvent sans but véritable, avoué ou non, autre que l'interruption de la péremption[7].

D'autres encore apparaissent neutres quant à l'avancement de la procédure en raison de leur inaptitude à produire l'effet recherché – comme la demande de rétablissement de l'affaire après radiation alors que n'ont pas été accomplies les formalités dont le défaut a provoqué la radiation[8] – ou parce que leur auteur les neutralise par son comportement ultérieur[9] ou encore parce qu'ils sont étrangers à l'instance (assignation d'une personne qui, jusque-là, n'était pas partie à celle-ci[10], demande faite au juge ne relevant pas de ses pouvoirs, telle celle d'enjoindre aux autres parties de se prononcer sur un protocole transactionnel[11], lettre de l'avocat d'une partie à un syndic de copropriété tendant à obtenir une décision de l'assemblée générale[12]).

352.396 Diligences non interruptives de péremption (suite). Sont *a fortiori* dépourvues d'effet interruptif les démarches contraires à la progression de l'affaire.

Ce sont, tout d'abord, celles qui tendent à l'extinction anticipée de l'instance : pourparlers transactionnels par exemple[13], demande (prématurée) tendant à faire constater la péremption[14], conclusions de désistement d'instance[15]...

Ce sont également celles visant le ralentissement du cours de la procédure, telle la demande de renvoi[16] même présentée conjointement par les deux parties[17]. Cette idée n'est pas appliquée, toutefois, d'une manière trop rigide car ce ralentissement peut être nécessaire au bon déroulement du procès. Ainsi une demande tendant à ce qu'il soit sursis à statuer dans l'attente du dépôt d'un rapport d'expertise a pu interrompre le délai de péremption[18]. Il en a été de même d'une demande de renvoi motivée par le souci de mettre à profit le délai accordé pour examiner les éléments de droit étranger applicables au litige[19].

352.397 Diligences non interruptives de péremption (matière sociale). Les particularités relatives au point de départ du délai de péremption devant le conseil des prud'hommes et le tribunal des affaires de sécurité sociale (v. s^s n° 352.362) en ont engendré une autre, qui concerne la diligence interruptive. La péremption ne peut courir qu'en présence d'une injonction faite par le juge à une partie d'accomplir une diligence mais, en contrepartie de cette restriction, elle ne peut être interrompue que par la diligence imposée : s'il s'agit de deux formalités, l'accomplissement d'une seule d'entre elles ne saurait avoir d'effet interruptif[20].

352.398 Diligences interruptives de péremption. Parce que « *de nature à faire progresser l'affaire* », même si parfois seule l'intention du plaideur est mise en avant, la constitution d'avocat ou d'avoué par le défendeur ou

1. Civ. 2e, 17 mars 1982, n° 79-12.686, *Bull. civ.* II, n° 46; *Gaz. Pal.* 1982. 2. 405, note Viatte – *Adde* : à propos du paiement, en exécution d'une ordonnance de taxe, des frais d'une expertise déjà accomplie, Civ. 2e, 15 nov. 2007, n° 06-13.246, *Bull. civ.* II, n° 253; *D.* 2007. AJ 3080.
2. Civ. 3e, 11 déc. 1991, n° 87-19.680, *Bull. civ.* III, n° 315.
3. Civ. 2e, 15 avr. 1991, n° 90-11.412, *Bull. civ.* II, n° 131.
4. Civ. 2e, 25 févr. 1998, n° 96-10.913, *Bull. civ.* II, n° 61; *RTD civ.* 1998. 472, obs. Perrot.
5. Civ. 2e, 18 janv. 2007, 05-21.034, *Bull. civ.* II, n° 13; *D.* 2007. AJ 451.
6. Civ. 2e, 26 oct. 1994, n° 93-11.622, *Bull. civ.* II, n° 208.
7. Civ. 3e, 28 févr. 1990, n° 88-11.574, *Bull. civ.* III, n° 67 – Civ. 3e, 11 déc. 1991, n° 87-19.680 (préc. s^s prés^t n°) – Douai, 2 juin 1983, *Gaz. Pal.* 1984. 1. Somm. 48 – V. AUSSI, R. Perrot obs. *RTD civ.* 1995. 683 – V. AUSSI, Civ. 3e, 22 juill. 1998, n° 97-20.061, *Bull. civ.* III, n° 174; *JCP* 1998. IV. 3112, à propos d'un courrier invoquant l'impossibilité de conclure tant qu'il n'a pas été statué sur un recours pendant devant le Conseil d'État.
8. R. Perrot, obs., *RTD civ.* 1983. 593, à propos de Civ. 2e, 20 avr. 1983, n° 82-10.116, *Bull. civ.* II, n° 98.
9. Civ. 2e, 8 nov. 2001, n° 99-20.159, NP; *Procédures* 2002. Comm. 3, obs. Perrot; *RTD civ.* 2002. 146, obs. Perrot, décidant que « les demandes successives de réinscription au rôle et de radiation administrative [ne sont] pas de nature à faire progresser l'affaire ».
10. Civ. 2e, 12 juin 2003, n° 01-10.813, *Bull. civ.* II, n° 191.
11. Civ. 2e, 2 juill. 2009, n° 08-15.875, NP; *D.* 2010. 169, spéc^t 172, obs. Fricero; *Procédures* 2009. Comm. 305, obs. Perrot.
12. Civ. 2e, 15 nov. 2007, n° 06-13.246, *Bull. civ.* II, n° 253; *D.* 2007. AJ 3080; *D.* 2008. Chron. 648, n° 1, obs. Sommer.
13. Civ. 3e, 20 juill. 1988, n° 87-11.558, *Bull. civ.* III, n° 135; *Gaz. Pal.* 1989. 1. Somm. 168, obs. Guinchard et Moussa – COMP., Paris, 13 mai 2005, *Procédures* 2005. Comm. 203, obs. Perrot.
14. Civ. 2e, 2 déc. 1982, n° 80-15.475, *Bull. civ.* II, n° 159; *D.* 1983. IR 398, obs. Julien – Versailles, 22 janv. 1999, RG n° 687/97, *JCP* 1999. IV. 1959.
15. Paris, 1er juill. 1987, RG n° 87/003004, *Bull. ch. avoués* 1987. 3. 129.
16. Civ. 2e, 3 mars 1988, n° 86-15.785, *Bull. civ.* II, n° 56; *D.* 1988. IR 78.
17. Civ. 2e, 17 janv. 1990, n° 88-16.710, NP; *Gaz. Pal.* 1990. 2. Somm. 359, obs. crit. Guinchard et Moussa – Civ. 2e, 23 janv. 1991, n° 89-19.582, *Bull. civ.* II, n° 34 – Civ. 2e, 20 mars 1991, n° 90-10.040, *Bull. civ.* II, n° 90 – V. AUSSI, Civ. 3e, 20 déc. 1994, n° 92-21.536, *Bull. civ.* III, n° 227; *RTD civ.* 1995. 683, obs. Perrot, où un plaideur avait demandé un nouveau délai pour conclure en faisant état de pourparlers transactionnels – COMP., Paris, 13 mai 2005, *Procédures* 2005. Comm. 203, obs. Perrot.
18. Civ. 2e, 11 sept. 2003, n° 01-12.331, *Bull. civ.* II, n° 256; *D.* 2003. 2797, note Tapie; *Procédures* 2003. Comm. 236, obs. Perrot, arrêt précisant que l'auteur de cette demande avait auparavant adressé des dires à l'expert.
19. Civ. 2e, 18 janv. 2007, n° 06-11.610, *Procédures* 2007. Comm. 80, obs. Perrot.
20. Soc. 28 févr. 2012, n° 10-26.562, *Bull. civ.* V, n° 80; *JCP S* 2012. 1389, note Froment-Meurice.

l'intimé[1], toute notification et tout dépôt de conclusions (même si la procédure est orale[2]), dès lors que rien dans ces écritures n'exclut l'interruption de la péremption (v. s^s n°s 352.395 s.), toute communication de pièce[3], une demande de réinscription au rôle après radiation ou retrait (v. cep. s^s n° 352.395), la demande de fixation de l'audience[4], la signification de l'arrêt de cassation[5] ou d'une ordonnance du juge de la mise en état[6] apparaissent comme des diligences interruptives de péremption.

Ont été également considérés comme tels le fait d'écrire au juge ou à l'expert pour lui demander de hâter le déroulement de la procédure ou d'une expertise[7], celui d'adresser des documents au technicien, de solliciter de lui la convocation des parties, d'être présent aux opérations qu'il effectue[8], de verser la provision sur ses honoraires fixée par le juge[9]. Cette qualification a même été retenue pour les courriers d'un plaideur au bâtonnier (doublés de missives adressées au président de la chambre à laquelle l'affaire avait été confiée) pour lui exposer qu'après une brouille avec son avocat, il avait eu du mal à lui trouver un remplaçant : il mettait, en effet, en œuvre « les dispositions nécessaires pour hâter [la procédure] vers son terme »[10].

Cette idée n'étant pas, en dépit des apparences, absente de la requête aux fins de prorogation du délai de consignation d'une provision en vue d'une expertise, dès lors qu'elle est suivie du versement de cette provision, pareille requête interrompt la péremption[11] (v. aussi, à propos d'une demande de sursis à statuer dans l'attente du dépôt d'un rapport d'expertise, s^s n° 352.407 *in fine*). Il en va de même de la demande d'aide juridictionnelle[12].

352.399 Diligences interruptives de péremption. Cas particuliers. Lorsque la radiation est fondée sur l'absence de dépôt par l'appelant de ses conclusions dans les quatre mois de la déclaration d'appel (hypothèse qui ne peut plus concerner que les appels formés avant le 1er janvier 2011, v. C. pr. civ., art. 908, et s^s n°s 352.61 et 352.434) ou sur le défaut d'exécution par l'auteur d'un pourvoi de la décision attaquée, une seule diligence de ce plaideur peut interrompre la péremption : le dépôt de ses conclusions dans le premier cas[13], un acte manifestant sans équivoque la volonté d'exécuter (C. pr. civ., art. 1009-2), c'est-à-dire un acte significatif d'exécution[14] dans le second. Une fois cette exécution intervenue, alors même que la réinscription n'aurait pas encore été autorisée, les causes ordinaires d'interruption de la péremption peuvent jouer leur rôle[15].

Dans le cas de retrait du rôle, la notification de conclusions portant une demande de réinscription au rôle, à elle seule, n'interrompt pas le délai de péremption : l'interruption ne peut résulter que du dépôt au greffe de ces mêmes conclusions[16].

F.
Délai de péremption : suspension

352.401 Principe. Arrêt momentané du cours d'un délai n'anéantissant pas, à la différence de l'interruption, la fraction de celui-ci déjà accomplie, la suspension n'a pas, en principe et conformément au régime général des délais de procédure, sa place en matière de péremption. Ni l'incapacité d'une partie (C. pr. civ., art. 391), ni la suspension de l'instance (C. pr. civ., art. 392, al. 2), pour cause de radiation notamment, ne la provoquent. Elles n'empêchent donc la péremption ni de courir ni d'être acquise[17].

352.402 Exceptions. Par exception, la suspension du délai de péremption est admise pour doubler son interruption lorsque celle-ci est provoquée soit par une interruption de l'instance (v. s^s n° 352.372), soit par un sursis à statuer (C. pr. civ., art. 392, al. 2 – V. s^s n° 352.381). En l'absence de décision de sursis à statuer (v. aussi s^s n° 352.43), l'existence d'une procédure pénale n'a pas, en revanche, pour effet d'entraîner la suspension du délai de péremption[18].

1. Civ. 2e, 22 févr. 2007, n° 06-15.425, *Bull. civ.* II, n° 45; *D.* 2007. AJ 806.
2. RAPPR., Soc. 11 juin 2002, n° 00-42.654, *Bull. civ.* II, n° 202 – R. Perrot, obs., *Procédures* 2004. Comm. 253.
3. T. civ. Seine, 27 nov. 1934, *Gaz. Pal.* 1935. 1. 226.
4. Civ. 2e, 30 avr. 2009, n° 07-16.467, NP; *Procédures* 2009. Comm. 182, obs. Perrot.
5. Com. 28 avr. 1987, n° 85-16.164, *Bull. civ.* IV, n° 101; *D.* 1987. IR 121.
6. Civ. 3e, 6 oct. 1999, n° 97-20.397, *Bull. civ.* III, n° 201.
7. Civ. 2e, 15 oct. 1975, n° 74-11.078, *Bull. civ.* II, n° 258; *JCP* 1975. IV. 335 – Civ. 2e, 26 févr. 1992, n° 90-20.244, *Bull. civ.* II, n° 70; *JCP* 1993. II. 22033, note du Rusquec – Civ. 2e, 10 juill. 1996, n° 94-16.696, *Bull. civ.* II, n° 205.
8. Versailles, 27 mai 1988, *D.* 1988. IR 218.
9. Civ. 3e, 24 sept. 2002, n° 01-11.251, NP; *Procédures* 2002. Comm. 226, obs. Perrot – COMP., Aix-en-Provence, 13 nov. 2003, *D.* 2004. Somm. 1205, obs. Julien.
10. Paris, 10 sept. 1992, *RTD civ.* 1993. 193, obs. Perrot.
11. Civ. 3e, 6 janv. 1999, n° 97-12.300, *Bull. civ.* III, n° 4.
12. Civ. 2e, 19 nov. 2009, n° 08-16.698, *Bull. civ.* II, n° 276; *D.* 2010. 685, note Lefort; *D.* 2010. Chron. 532, n° 5, obs. Sommer; *Procédures* 2010. Comm. 1, obs. Perrot; *Dr. et proc.* 2010. 65 – Auparavant, pour la SOLUTION CONTRAIRE, Civ. 2e, 8 févr. 1989, n° 87-14.267, NP; *JCP* 1990. II. 21473, note Cadiet – Civ. 2e, 14 juin 1989, n° 88-13.354, NP; *D.* 1989. 543, note N. S. – Civ. 2e, 19 mai 1998, n° 96-17.349, *Bull. civ.* II, n° 158.
13. Civ. 2e, 3 mai 2001, n° 99-12.445, *Bull. civ.* II, n° 83; *Procédures* 2001. Comm. 123, obs. Perrot.
14. Cass., ord. 1er prés., 23 mai 2001, n° 97-22.084, *Bull. ord.*, n° 19 – *Adde* : Cass., ord. 1er prés., 7 févr. 2001, n° 97-19.084, *Bull. ord.*, n° 2, précisant que cette règle ne peut être écartée en raison de difficultés d'exécution et qu'il convient, en pareil cas, de saisir le premier président – À propos d'une « exécution partielle significative effectuée dans l'extrême limite des facultés contributives du débiteur », Cass., ord. 1er prés., 12 nov. 2003, n° 98-11.202, *Bull. ord.*, n° 6.
15. Cass., ord. 1er prés., 23 mai 2001, n° 96-41.575, *Bull. ord.*, n° 18.
16. Civ. 2e, 19 nov. 2009, n° 08-19.781, *Bull. civ.* II, n° 275; *D.* 2009. 2938; *Dr. et proc.* 2010. 65.
17. Paris, 30 mars 1990, RG n° 88/016106, *D.* 1990. IR 114..
18. Soc. 27 mars 2007, n° 05-43.459, *Bull. civ.* V, n° 59.

Qu'en est-il lorsque la poursuite du procès est subordonnée à un acte du juge ou du greffier, voire ne dépend de rien d'autre que de l'arrivée de la date fixée pour l'audience ? Les parties pouvant légitimement se croire dispensées d'accomplir la moindre diligence, le délai de péremption n'est-il pas suspendu ? Voici quelques années, loin de retenir pareille solution, la Cour de cassation estimait que le délai continuait de courir[1]. Un revirement s'est opéré : la deuxième chambre civile a écarté le jeu de la péremption en relevant que la direction de la procédure échappait aux parties et que celles-ci ne pouvaient l'accélérer[2]. Cette dernière idée avait déjà été utilisée par la jurisprudence[3], qui avait, toutefois, fini par admettre trop facilement que les parties pouvaient pallier la négligence du greffe[4]. Au terme d'une évolution, non dépourvue d'à-coups[5], la nouvelle solution paraît acquise, notamment dans l'hypothèse où l'affaire est en état d'être jugée et la date d'audience fixée (v. s[s] n° 352.345) : lorsque les parties n'ont pas ou n'ont plus à accomplir de diligences, le délai de péremption ne court pas[6].

G. Procédure de péremption

352.411 Nécessité d'une décision judiciaire. La péremption n'opère pas de plein droit; elle doit être judiciairement constatée (v. C. pr. civ., art. 387 et 388 impl.)[7].

Cette constatation, selon une règle générale applicable aux incidents de procédure (C. pr. civ., art. 50), relève de la compétence de la juridiction devant laquelle se déroule l'instance affectée par la péremption, et d'elle seule. La juridiction saisie du fond ne peut donc se prononcer sur la péremption d'une instance en référé[8].

Au sein de la juridiction concernée, le magistrat chargé de la mise en état est compétent pour en connaître (C. pr. civ., art. 769)[9]. L'incident de péremption pouvait néanmoins, naguère, selon la jurisprudence, être soumis à la formation de jugement alors même qu'il aurait pu être soulevé devant ce magistrat[10]. Le décret n° 2005-1678 du 28 décembre 2005 a remis en cause cette solution. Désormais, les parties ne sont « *recevables* » à soulever « *ultérieurement* » les incidents mettant fin à l'instance que s'ils « *surviennent ou ne* [sont] *révélés que postérieurement au dessaisissement du juge* [de la mise en état] » (C. pr. civ., art. 771, 1°).

352.412 Nécessité d'une demande. Le juge ne peut, en principe, relever d'office la péremption (C. pr. civ., art. 388, al. 2 - pour une exception, v. C. pr. civ., art. 1009-2, al. 2, réd. Décr. n° 2008-484, 22 mai 2008[11]), qui doit donc être demandée. Cette demande sert de limite à son pouvoir : même si les dates mises en avant ne lui semblent pas pertinentes, il ne peut retenir un temps de péremption autre que celui invoqué devant lui[12].

352.413 Qualité pour former la demande. N'importe quelle partie a qualité pour soulever la péremption (C. pr. civ., art. 387 : « *l'une quelconque des parties* »), le défendeur certes mais également le demandeur[13], l'intimé en appel[14]. Il a même été admis qu'un créancier agissant par la voie oblique pouvait intervenir à l'instance pour la faire valoir[15].

1. Civ. 2e, 6 juill. 2000, n° 98-17.893, *Bull. civ.* II, n° 117; *JCP* 2001. I. 10565, note Puigelier; *Procédures* 2000. Comm. 233, obs. Perrot – Civ. 2e, 9 nov. 2000, n° 97-10.492, *Bull. civ.* II, n° 150; *RTD civ.* 2001. 203, obs. Perrot – Civ. 1re, 3 juill. 2001, n° 98-18.512, NP; *RTD civ.* 2001. 953, obs. Perrot – Civ. 2e, 12 juin 2003, n° 01-14.488, *Bull. civ.* II, n° 192.
2. Civ. 2e, 16 oct. 2003, n° 00-19.339, *Bull. civ.* II, n° 310; *D.* 2003. IR 2730; *RTD civ.* 2004. 347, obs. Perrot; *Procédures* 2003. Comm. 250, obs. Perrot – *Adde* : Civ. 2e, 28 juin 2006, n° 04-17.992, *Bull. civ.* II, n° 177; *D.* 2006. 1989 – Civ. 2e, 12 juill. 2007, n° 05-14.655, *Bull. civ.* II, n° 210; *D.* 2007. AJ 2243, obs. Pokora; *D.* 2008. Chron. 648, n° 1, obs. Sommer; *D.* 2008. 944, spéc[t] 951, obs. Blanchard; *Procédures* 2007. Comm. 240, obs. Perrot.
3. Soc. 20 févr. 1986, n° 83-40.895, n° 84-40.581, *Bull. civ.* V, n° 35 – Soc. 21 janv. 1987, n° 83-41.682, *Bull. civ.* V, n° 36 – Com. 3 oct. 1989, n° 88-12.797, *Bull. civ.* IV, n° 242; *JCP* 1990. II. 21474, obs. Cadiet.
4. V. Civ. 2e, 6 juill. 2000, n° 98-17.893 (préc. s[s] prés[t] n°).
5. V. Civ. 1re, 10 févr. 2004, n° 00-19.198, *Bull. civ.* I, n° 43; *D.* 2004. IR 853; *RTD civ.* 2004. 347, obs. Perrot; *Procédures* 2004. Comm. 76, obs. Perrot.
6. Civ. 2e, 15 janv. 2009, n° 07-22.074, *Bull. civ.* II, n° 17; *D.* 2009. 304, obs. Dargent; *RTD civ.* 2009. 365, obs. Perrot – Com. 4 juin 2009, n° 08-14.819, NP; *Procédures* 2009. Comm. 271 – Com. 7 juill. 2009, n° 07-14.455, *Bull. civ.* IV, n° 98; *D.* 2009. 2035; *Procédures* 2009. Comm. 324, obs. Rolland.
7. Civ. 2e, 23 oct. 1974, n° 73-12.960, *Bull. civ.* II, n° 276.
8. Civ. 1re, 18 févr. 2003, n° 99-10.505, *Bull. civ.* I, n° 51; *Procédures* 2003. Comm. 84, obs. Perrot – Civ. 2e, 21 févr. 2013, n° 12-12.751, *Bull. civ.* II, n° 37; *Dr. et proc.* 2013. 69.
9. Paris, 3 avr. 1991, *Bull. ch. avoués* 1991. 2. 65 – *Adde*, Paris, CME, 6 avr. 1990, *Bull. ch. avoués* 1990. 1. 18.
10. Civ. 2e, 12 juin 2003, n° 01-10.813, *Bull. civ.* II, n° 191; *D.* 2003. IR 1808.
11. Sur la question de savoir si l'art. 526, al. 2, C. pr. civ. le permet, v. *36es journées d'étude des avoués*, P. Granet, « La procédure en mouvement », *Procédures* août-sept. 2007, p. 2.
12. Civ. 2e, 13 janv. 2000, n° 98-10.709, *Bull. civ.* II, n° 7; *JCP* 2000. I. 221, n° 16, obs. Cadiet – Civ. 2e, 24 janv. 2008, n° 06-19.022, NP; *Procédures* 2008. Comm. 102, obs. Perrot – V. AUSSI, Civ. 2e, 11 janv. 2006, n° 04-11.247, *Bull. civ.* II, n° 15; *D.* 2006. IR 251, où la demande ne le précisait pas.
13. TGI Évry, 25 nov. 1985, *Gaz. Pal.* 1986. 1. Somm. 36; *RTD civ.* 1986. 419, obs. Perrot, où ce plaideur l'avait invoquée faute de pouvoir se désister.
14. V. Rennes, 26 févr. 1986, RG n° 79/86, *Gaz. Pal.* 1986. 2. 457, note du Rusquec.
15. TGI Seine, 24 janv. 1962, *D.* 1962. Somm. 76, sol. impl.

En cas de pluralité de plaideurs occupant la même position dans le procès, chacun d'eux est recevable à invoquer seul la péremption [1].

352.414 Modalités de la demande. Le plaideur qui se prévaut de la péremption peut la soulever de deux façons : à titre principal ou par la voie d'une exception opposée à la partie qui accomplit un acte après l'expiration du délai [2] (C. pr. civ., art. 387, al. 2).

352.415 Forme de la demande. La prétention à la constatation de la péremption, de pure procédure, échappe aux exigences de l'article 68 C. pr. civ., relatives aux demandes nouvelles : contre une partie défaillante, il n'est pas nécessaire de recourir aux formes prévues pour l'introduction de l'instance et, en appel, à l'assignation [3]. La demande de péremption passe parfois par la saisine d'une juridiction : celle-ci obéit aux règles qui lui sont normalement applicables [4].

352.416 Moment de la demande. La demande de constatation de la péremption, quelle qu'en soit la technique de présentation, n'est recevable que si le délai de péremption est expiré au moment où elle est formée [5].

352.417 Moment (suite). La péremption doit, par ailleurs, à peine d'irrecevabilité, être soulevée « *avant tout autre moyen* » (C. pr. civ., art. 388). Un plaideur se prive donc de la possibilité de s'en prévaloir (en même temps qu'il en interrompt, en général, le délai) lorsque, après l'expiration du délai de péremption [6], il présente une exception de procédure [7], une fin de non-recevoir [8] ou une défense au fond, même de simples conclusions de confirmation du jugement, lesquelles s'apparentent à cette dernière [9], ou forme une demande nouvelle.

La prétention à la péremption est également irrecevable lorsqu'elle figure dans les mêmes écritures, mais à titre subsidiaire [10].

En revanche, la simple renonciation à se prévaloir de certains arguments [11] et le fait de proposer à l'adversaire un désistement [12], non retenus comme « moyens » au sens de l'article 388 C. pr. civ., ne font point obstacle à la demande de péremption.

352.418 Absence de pouvoir d'appréciation du juge. La péremption est de droit (C. pr. civ., art. 388, al. 1er) dès lors que les conditions en sont remplies [13]. Le juge ne peut donc ni en apprécier l'opportunité, ni examiner la réalité de la volonté d'abandon des parties [14]. Son seul pouvoir porte sur l'appréciation des conditions de la péremption [15].

352.419 Voies de recours. Contre la décision relative à la péremption, dépourvue sur ce point de régime propre, peut être, en principe, exercée une voie de recours (v. not., C. pr. civ., art. 544, al. 2, 607 et 776). Par exception, la décision par laquelle le premier président de la Cour de cassation constate la péremption de l'instance en application des articles 1009-2 et 1009-3 C. pr. civ. n'en supporte aucune [16].

H.
Effets de la péremption

352.421 Extinction anticipée de l'instance. Source d'une extinction anticipée de l'instance, la péremption dessaisit le juge.

352.422 Étendue objective de l'effet extinctif de la péremption. La péremption de l'instance entraîne la dis-

1. Civ. 18 oct. 1898, *DP* 1899. 1. 147 – Civ. 2e, 18 févr. 1966, *D.* 1966. Somm. 72; *JCP A* 1966. IV. 4868 – TGI Évry, 28 oct. 1985, *Gaz. Pal.* 1986. 1. 36.
2. V. Civ. 2e, 17 mars 1982, no 79-12.686, *Bull. civ.* II, no 46; *Gaz. Pal.* 1982. 2. 405, note Viatte; *RTD civ.* 1983. 195, obs. Perrot – Versailles, 27 mai 1988, *D.* 1989. Somm. 181, obs. Julien, décidant que le moyen a bien, en ce cas, la nature d'une exception de procédure.
3. RAPPR., Civ. 2e, 15 avr. 1991, no 90-11.412, *Bull. civ.* II, no 131.
4. Riom, 14 juin 1974, *JCP* 1974. II. 17624, note Couchez, précisant que la juridiction de renvoi est régulièrement saisie d'une demande de péremption même en l'absence de signification de l'arrêt de cassation (v. C. pr. civ., art. 1034 *in limine*).
5. Civ. 2e, 23 oct. 1974, no 73-12.960, *Bull. civ.* II, no 276.
6. Rennes, 26 févr. 1986, RG no 79/86, *Gaz. Pal.* 1986. 457, note du Rusquec.
7. Civ. 2e, 13 mai 1991, no 90-12.133, *Bull. civ.* II, no 148; *Gaz. Pal.* 1991. 2. Pan. 221 – Civ. 2e, 13 juill. 1999, no 97-15.582, NP; *Procédures* 1999. Comm. 225, obs. Perrot – Com. 17 mai 2011, no 09-72.862, *Bull. civ.* IV, no 75.
8. Civ. 2e, 23 nov. 1988, no 87-18.288, *Bull. civ.* II, no 229; *JCP* 1989. IV. 30, à propos de la prescription, écartant l'argument selon lequel la péremption aurait été implicitement comprise dans ce moyen.
9. Civ. 2e, 15 févr. 1995, no 93-13.960, *Bull. civ.* II, no 53 – Paris, 29 mai 1987, RG no L12538, *Bull. ch. avoués* 1987. 3. 129.
10. Civ. 2e, 16 juill. 1993, no 92-11.580, *Bull. civ.* II, no 260; *JCP* 1994. II. 22293, note du Rusquec – COMP., dans l'hypothèse inverse où les écritures comportent des conclusions subsidiaires au fond, Civ. 2e, 11 janv. 1995, no 92-13.102, *Bull. civ.* II, no 15; *JCP* 1995. I. 3846, no 21, obs. Cadiet.
11. Civ. 2e, 12 janv. 1994, no 92-11.293, *Bull. civ.* II, no 23; *JCP* 1994. IV. 676; *JCP* 1994. I. 3805, no 15, obs. Cadiet.
12. TGI Évry, 25 nov. 1985, *RTD civ.* 1986. 419, obs. Perrot.
13. Sur la loi à prendre en considération pour l'appréciation de ces conditions, v. Civ. 2e, 20 juin 1979, no 78-10.218, *Bull. civ.* II, no 188, qui fait prévaloir celle en vigueur à la date à laquelle la péremption est invoquée sur celle en vigueur lorsque le juge statue.
14. Civ. 3e, 23 mars 1980, *JCP* 1980. IV. 224 – Civ. 2e, 4 juin 1993, *D.* 1993. IR 184.
15. Civ. 2e, 5 juin 1985, no 84-11.809, *Bull. civ.* II, no 109; *JCP* 1985. IV. 286 – Reims, 26 nov. 1992, RG no 1673/91, *JCP* 1993. IV. 969.
16. Civ. 2e, 20 nov. 2003, no 02-17.204, *Bull. civ.* II, no 344; *D.* 2003. IR 3006.

parition des actes accomplis dans le cadre de la procédure depuis et y compris l'acte introductif d'instance : ils sont réputés non avenus; il n'est plus possible de les opposer ou de s'en prévaloir (C. pr. civ., art. 389). On ne peut, dès lors, fixer à la date d'une assignation périmée le point de départ des intérêts des sommes allouées dans le cadre d'une nouvelle instance[1]; la prescription extinctive que celle-ci a interrompue est réputée n'avoir jamais subi cette interruption (C. civ., art. 2243)[2]; les provisions accordées par le juge de la mise en état doivent être restituées[3].

Ne sont, toutefois, pas atteints par la péremption les actes de la procédure relatifs à un chef de demande dont le juge se trouve déjà dessaisi lorsque la péremption est acquise. Ainsi, lorsqu'il a tranché une partie du principal, sa décision sur ce point subsiste avec l'autorité de chose jugée qui lui est attachée[4].

Quant aux rapports d'expertise déposés dans le cadre de l'instance périmée, ils pourront être retenus dans une autre instance, mais à titre de simples renseignements[5].

Les actes extérieurs à la procédure, notamment ceux qui sont antérieurs à l'acte introductif d'instance, demeurent en dépit de la péremption. Un commandement de payer conserve ainsi son effet de mise en demeure[6]. De même, l'interruption de prescription opérée par une assignation en référé subsiste en dépit de la péremption de l'instance au fond subséquente[7]. La même idée a conduit à décider que la péremption de l'instance en paiement n'atteignait pas la déclaration de créance faite dans une procédure collective[8].

352.423 Étendue subjective de l'effet extinctif de la péremption. L'effet extinctif de la péremption est indivisible : il ne peut se produire que pour le tout et à l'égard de tous même si l'objet du litige est divisible et s'il n'y a pas de solidarité[9].

Dès lors, la péremption invoquée par[10] ou contre[11] un plaideur sans ses litisconsorts éteint l'instance à l'égard de tous, à condition, toutefois, que les conditions en soient remplies à l'égard de tous, ce qui n'est pas toujours le cas (v. s[s] n° 352.372, à propos de l'étendue subjective de l'interruption du délai).

352.424 Possibilité d'une nouvelle instance. La péremption n'atteint que l'instance; elle ne touche pas l'action (C. pr. civ., art. 389) et, *a fortiori*, le droit. Ceux-ci subsistant, un nouveau procès pourrait donc être engagé dans la mesure où aucune prescription ou forclusion ne s'y oppose[12]. Les parties sont simplement replacées dans l'état antérieur à l'instance. Cette solution vaut aujourd'hui même en matière prud'homale (v. s[s] n° 352.293)[13].

352.425 Particularités de la péremption de l'instance d'appel. En cas de péremption de l'instance d'appel ou d'opposition, les parties sont privées de la possibilité de recommencer cette instance alors même que le jugement attaqué n'aurait pas été notifié et que, par conséquent, le délai d'exercice de la voie de recours n'aurait pas couru. L'article 390 C. pr. civ., en effet, décide que, même en ce cas, la péremption en cause d'appel ou d'opposition confère au jugement la force de chose jugée, ce qui signifie qu'il n'est plus susceptible des voies de recours ordinaires.

La situation se complique dans l'hypothèse où la cour d'appel a été saisie comme juridiction de renvoi après cassation. Deux cas de figure sont à distinguer :

– ou la cassation a été totale et la situation est la même que précédemment; le jugement de première instance acquiert force de chose jugée même s'il n'a pas été notifié[14];

– ou la cassation n'a été que partielle et la force de chose jugée du jugement, qui reste le principe, ne peut s'étendre à celles de ses dispositions qui ont été infirmées par des dispositions de l'arrêt d'appel maintenues par la Cour de cassation; celles-ci subsistent alors comme passées en force de chose jugée[15].

352.426 Conséquences financières de la péremption. La charge des frais de l'instance périmée revient à celui qui a introduit cette instance (C. pr. civ., art. 393). La péremption ne peut donner lieu à dommages-intérêts entre les parties[16]. La responsabilité

1. Civ. 2e, 17 déc. 1984, n° 82-15.195, *Bull. civ.* II, n° 200; *JCP* 1985. IV. 79; *Gaz. Pal.* 1985. 1. Pan. 93, obs. Guinchard; *RTD civ.* 1985. 448, obs. Perrot – V. AUSSI, Com. 25 févr. 2004, n° 01-13.588, *Bull. civ.* IV, n° 40.
2. V. Civ. 2e, 23 janv. 1991, n° 89-20.899, *Bull. civ.* II, n° 33 – V. AUSSI, Soc. 18 juill. 2000, *RJS* 2000, n° 1095.
3. Civ. 1re, 26 nov. 1996, n° 93-18.475, *Bull. civ.* I, n° 422; *RTD civ.* 1997. 739, obs. Perrot – Civ. 2e, 23 sept. 1998, n° 96-13.271, *Bull. civ.* II, n° 245; *D.* 1998. IR 234.
4. Civ. 3e, 10 juin 1981, n° 79-14.937, *Bull. civ.* III, n° 118, qui en déduit la recevabilité de l'appel formé, après péremption, contre ce jugement – V. TOUTEFOIS, Civ. 2e, 11 juill. 2002, n° 00-22.388, *Bull. civ.* II, n° 168, précisant que la solution ne vaut qu'en l'absence d'indivisibilité.
5. Civ. 2e, 21 avr. 1982, n° 80-11.463, *Bull. civ.* II, n° 60 – Civ. 2e, 7 nov. 2002, n° 01-03.352, NP; *RTD civ.* 2003. 141, obs. Perrot; *Procédures* 2003. Comm. 5, obs. Perrot.
6. Civ., 2 janv. 1855, *DP* 1855. 1. 13; *S.* 1855. 1. 11, à propos d'un protêt.
7. Civ. 3e, 6 mai 2003, n° 00-20.819, *Bull. civ.* III, n° 97; *RTD civ.* 2003. 544, obs. Perrot.
8. Civ. 2e, 10 janv. 2008, n° 07-10.974, *Procédures* 2008. Comm. 83, obs. Rolland, retenant que cette déclaration « conserve son autonomie par rapport à l'instance périmée ».
9. Civ. 18 oct. 1898, *DP* 1899. 1. 147.
10. Civ. 18 oct. 1898 (préc. s[s] prés[t] n°) – Civ. 2e, 11 juin 1997, n° 95-10.994, *Bull. civ.* II, n° 186; *RTD civ.* 1997. 994, obs. R. Perrot; *JCP* 1997. II. 22759, note du Rusquec.
11. Civ. 2e, 15 nov. 1963, *D.* 1964. 40; *JCP A* 1964. IV. 4381, note J. A.; *Gaz. Pal.* 1964. 1. 179; *RTD civ.* 1964. 383, obs. Raynaud.
12. V. Civ. 3e, 22 juin 1988, n° 87-10540, *Bull. civ.* III, n° 116; *D.* 1989. Somm. 181, obs. Julien, à propos de la contestation d'un congé dans le cadre d'un bail rural – Civ. 2e, 11 févr. 2010, n° 08-20.154, NP; *Procédures* 2010. Comm. 172, obs. Perrot.
13. *Adde*, Soc. 23 mai 2012, n° 10-24.033, *Bull. civ.* V, n° 157; *D.* 2012. 1486; *Procédures* 2012. Comm. 244, obs. Perrot.
14. Civ. 2e, 27 juin 1990, n° 89-14.276, *Bull. civ.* II, n° 149.
15. Civ. 1re, 30 avr. 1968, *JCP A* 1968. IV. 5312, obs. J. A.; *RTD civ.* 1968. 777, obs. Raynaud – Reims, 26 nov. 1980, *Gaz. Pal.* 1982. 1. Somm. 28.
16. Versailles, 30 mars 1981, *Gaz. Pal.* 1983. 1. Somm. 205.

du mandataire qui a laissé l'instance se périmer peut évidemment être engagée.

§ 4
Caducité de la demande

352.430 Généralités. La caducité est un mécanisme qui fait disparaître pour l'avenir un acte valable en raison de la défaillance d'une condition nécessaire à sa survie. Elle provoque une extinction anticipée de l'instance lorsqu'elle frappe non point n'importe quel élément de la procédure (par ex., désignation d'un expert, C. pr. civ., art. 271) mais l'acte introductif d'instance. Deux dispositions générales lui sont consacrées par le Code de procédure civile : ses articles 406 et 407.

A.
Domaine de la caducité

352.431 Cas déterminés par la loi. D'après l'article 406 C. pr. civ., la citation - de façon plus générale, la demande - est caduque « dans les cas et conditions déterminés par la loi », et seulement dans ces cas[1].

352.432 Défaut de saisine de la juridiction dans le délai légal. Le législateur soumet souvent à une condition de délai, sous la sanction de la caducité de l'acte introductif d'instance, l'accomplissement de la formalité dont résulte la saisine de la juridiction :

- dépôt d'une copie de l'assignation devant le tribunal de grande instance au greffe de ce dernier dans les quatre mois de sa délivrance (C. pr. civ., art. 757) ou, en cas de procédure à jour fixe, avant la date fixée pour l'audience (C. pr. civ., art. 791);

- dépôt d'une copie de l'assignation devant le tribunal d'instance, la juridiction de proximité ou le tribunal de commerce au greffe de cette juridiction au moins huit jours avant la date de l'audience (C. pr. civ., art. 839, al. 2, et 857, al. 2 [réd. Décr. n° 2005-1678, 28 déc. 2005]);

- remise au greffe de la cour, en cas d'appel à jour fixe, d'une copie de l'assignation avant la date prévue pour l'audience (C. pr. civ., art. 922[2] - Rappr. C. pr. civ., art. 905 [abrogé par Décr. n° 2004-836, 20 août 2004]).

Droit commun des procédures contentieuses devant le tribunal de grande instance et la cour d'appel, la règle et sa sanction s'appliquent dès lors qu'elles n'ont pas été écartées par le législateur[3]. La caducité n'en reste pas moins cantonnée aux juridictions et situations pour lesquelles elle a été prévue[4].

352.433 Défaut de comparution du demandeur. Le défaut de comparution du demandeur, situation propre aux procédures sans représentation obligatoire, permet de déclarer caduc l'acte introductif d'instance lorsque deux conditions sont remplies :

1) Le plaideur n'a pas fait connaître à la juridiction saisie, au plus tard au début de l'audience, le motif légitime qu'il pouvait avoir de ne pas comparaître;

2) Le défendeur n'a pas requis, comme il est en droit de le faire, un jugement sur le fond (C. pr. civ., art. 468). Cette dernière condition s'efface en cas de défaut de comparution devant le bureau de conciliation du conseil de prud'hommes, le défendeur n'ayant pas, à ce stade de la procédure, la possibilité d'exiger un jugement sur le fond (v. C. trav., art. R. 1454-12 - comp., pour le bureau de jugement, C. trav., art. R. 1454-21 - V. aussi, en matière d'injonction de faire, C. pr. civ., art. 1425-7, al. 2).

Ce cas de caducité n'englobe pas le défaut de comparution à l'audience à laquelle l'affaire a été renvoyée après avoir été appelée à une première audience[5].

Jouant de façon générale en première instance[6], la caducité pour défaut de comparution du demandeur est, en revanche, étrangère à la procédure devant la cour d'appel[7] (comp. s[s] n° 352.434). Il est vrai que

1. Civ. 2e, 12 nov. 1987, n° 86-11.728, *Bull. civ.* II, n° 224; *D.* 1988. Somm. 124, obs. Julien.
2. Pour des applications, Civ. 2e, 7 janv. 1982, NP; *Gaz. Pal.* 1982. 1. Pan. 178 – Civ. 2e, 13 juill. 2006, n° 04-19.383, *Bull. civ.* II, n° 202; *Procédures* 2006. Comm. 230, obs. Perrot.
3. Civ. 2e, 12 mars 1980, n° 78-15.512, *Bull. civ.* II, n° 55; *JCP* 1980. IV. 206, à propos de la matière fiscale.
4. Civ. 2e, 3 nov. 2005, n° 04-12.722, NP; *D.* 2005. IR 2826; *RTD civ.* 2006. 159, obs. Perrot – Civ. 2e, 15 déc. 2005, n° 04-14.415, *Bull. civ.* II, n° 332; *D.* 2006. IR 181, à propos du juge de l'exécution – *Adde* : en ce qui concerne l'exercice du recours en révision, Civ. 2e, 27 oct. 1982, n° 80-16.616, *Bull. civ.* II, n° 136; *Gaz. Pal.* 1983. 1. Pan. 106, obs. Guinchard – V. AUSSI, avant Décr. 28 déc. 2005, à propos de l'enrôlement de l'assignation au greffe du tribunal de commerce, Com. 2 juin 1987, n° 85-14.143, *Bull. civ.* IV, n° 134; *Gaz. Pal.* 1988. 1. 440, note du Rusquec; *RTD civ.* 1988. 179, obs. Perrot – Civ. 2e, 12 nov. 1987, n° 86-11.728, *Bull. civ.* II, n° 224; *D.* 1988. Somm. 124, obs. Julien; *RTD civ.* 1988. 179, obs. Perrot; *Gaz. Pal.* 1988. 1. Somm. 149, obs. H. C. et C. M. – Pour une interprétation stricte de l'art. 905 C. pr. civ., aujourd'hui abrogé, RAPPR., Civ. 2e, 28 juin 2001, n° 99-20.538, *Bull. civ.* II, n° 123.
5. Soc. 13 janv. 1999, n° 96-45.301, *Bull. civ.* V, n° 21.
6. Sur son application à la requête en injonction de payer après opposition à l'ordonnance, v. TI Guingamp, 15 déc. 1983, *JCP* 1986. II. 20538, note Blaisse; *RTD civ.* 1984. 572, obs. Perrot.
7. Soc. 2 mars 1983, n° 80-40.978, *Bull. civ.* V, n° 120; *RTD civ.* 1984. 171, obs. Perrot, décidant que le défaut de comparution de l'appelant « ne suffit pas à rendre caduque la déclaration d'appel » – Sur cette question, v. *RTD civ.* 2010. 616, obs. Perrot – COMP., sur l'impossibilité pour la cour d'appel, en application de l'art. 468 C. pr. civ., de statuer sur le fond sans demande en ce sens de l'intimé, Civ. 2e, 4 juill. 2007, n° 06-15.933, NP; *Procédures* 2007. Comm. 237, obs. Perrot – Civ. 2e, 6 mai 2010, n° 09-14.703, NP, et Civ. 2e, 17 juin 2010, n° 09-67.330, NP; *RTD civ.* 2010. 616, obs. Perrot.

l'article 468 C. pr. civ. vise seulement la caducité de la « citation » et que celle-ci ne se confond pas avec la déclaration d'appel.

352.434 Défaut d'accomplissement des actes de la procédure. La caducité est encourue dans le cas où le demandeur, après avoir comparu, s'abstient de conclure ou, plus généralement, d'accomplir les actes de la procédure dans les délais requis (C. pr. civ., art. 469, al. 2). Une situation voisine engendre le même incident dans le cadre de la procédure d'appel telle qu'elle résulte des décrets n° 2009-1524 du 9 décembre 2009 et n° 2010-1647 du 28 décembre 2010[1] : la caducité concerne la procédure avec représentation obligatoire, du moins la procédure ordinaire avec mise en état[2], touche la déclaration d'appel et sanctionne le fait pour l'appelant de ne pas avoir conclu dans les trois mois de cette dernière (C. pr. civ., art. 908) ou encore de ne pas avoir, dans le mois suivant l'expiration de ce même délai, signifié ses conclusions aux parties qui n'ont pas comparu (C. pr. civ., art. 911)[3].

Diverses autres hypothèses, plus « ponctuelles », de carence d'une partie sont de nature à rendre caduque la demande. Ainsi en est-il lorsque le demandeur, au conseil de prud'hommes, n'a pas assigné le défendeur défaillant dans les six mois de la décision du bureau de conciliation ayant ordonné une nouvelle convocation, cette fois par acte d'huissier à la diligence du demandeur (C. trav., art. R. 1454-13, al. 3 et 4). La nouvelle procédure d'appel avec représentation obligatoire fournit un cas voisin : la déclaration d'appel est caduque lorsque l'appelant ne l'a pas signifiée dans le mois de l'avis reçu du greffe lui demandant de procéder par voie de signification, la lettre de notification de la déclaration d'appel étant revenue au greffe ou l'intimé n'ayant pas constitué avoué dans le délai légal (C. pr. civ., art. 902, al. 2 et 3). La caducité est encore prévue en cas de défaut d'assignation en déclaration de faux dans le mois de l'inscription de faux principale (C. pr. civ., art. 314, al. 3), de défaut de consignation des frais dans les quinze jours de la demande en injonction de payer (C. pr. civ., art. 1425), d'absence de dépôt au ministère de la justice d'une copie de l'assignation en contestation de la nationalité d'une personne physique (C. pr. civ., art. 1043, al. 3).

La caducité s'applique également lorsque, dans le divorce par consentement mutuel, les époux, après un refus d'homologation de la convention organisant les effets dudit divorce, n'ont pas, dans les six mois, présenté de nouvelle convention (C. civ., art. 250-3, réd. L. n° 2004-439, 26 mai 2004, qui vise aussi l'hypothèse d'un nouveau refus d'homologation – *adde* : C. pr. civ., art. 1101, al. 2, réd. Décr. n° 2004-1158, 29 oct. 2004).

352.435 « Carence » du juge. Dans l'hypothèse exceptionnelle de l'article 1227 C. pr. civ. (anc. art. 1252), c'est la carence du juge qui provoque la caducité : la requête aux fins d'ouverture d'une mesure de protection d'un majeur est caduque si la décision n'intervient pas dans l'année de la requête.

B. Constatation ou prononcé de la caducité

352.440 Compétence pour constater ou prononcer la caducité. Constatation et prononcé de la caducité relèvent, comme c'est la règle en matière d'incidents de procédure, de la juridiction saisie, et d'elle seule[4].

La formation de jugement peut toujours en connaître en vertu de l'idée que toute juridiction est juge de la régularité de sa saisine[5]. Elle n'est, toutefois, pas la seule à disposer de pareille compétence (v. C. pr. civ., art. 757, al. 3, 791, 839, al. 2, 857, al. 2, et 922 – C. trav., art. R. 1454-12 – pour le juge et le conseiller de la mise en état, C. pr. civ., art. 769, 911-1, al. 2, et 914, ce dernier précisant que le conseiller de la mise en état est seul compétent dès lors qu'il est saisi et tant qu'il est saisi)[6]. Il faut, en outre, tenir compte des articles 771, 1°, et 914 C. pr. civ. : si l'incident pouvait être soulevé devant le juge ou le conseiller de la mise en état, il ne peut plus l'être devant la formation de jugement.

Dans l'hypothèse de caducité pour défaut de saisine de la juridiction dans le délai requis, le défendeur peut souhaiter prendre les devants et faire déclarer l'assignation caduque. Il devra, en ce cas, saisir tantôt la juridiction concernée (v. C. pr. civ., art. 839, al. 2), tantôt son président (C. pr. civ., art. 757 et 857, al. 2), par voie de requête.

1. V. N. Fricero, « Procédure d'appel : la réforme de la réforme », *JCP* 2010. 37.
2. Cass., avis, 3 juin 2013, n° 13-70.004, *Bull. avis*, [à paraître]; *Dr. et proc.* 2013. 169, note Vinckel, selon lequel l'article 908 C. pr. civ. n'est pas applicable aux procédures de l'article 905, c'est-à-dire celles relevant du « circuit court ».
3. Civ. 2e, 27 juin 2013, n° 12-20.529, *Bull. civ.* II, [à paraître]; *Dr. et proc.* 2013. 179 – N. Fricero, « Les nouvelles sanctions du défaut de diligence des avocats en appel », *Procédures* 2013. Dossier 6.
4. Crim. 4 mai 1976, n° 75-91.472, *Bull. crim.* n° 137, décidant que la juridiction répressive est incompétente pour constater la caducité d'une assignation en séparation de corps invoquée par un prévenu, poursuivi pour non-paiement d'une pension alimentaire, en vue de faire admettre que les mesures provisoires au titre desquelles elle était due avaient cessé de plein droit.
5. Civ. 2e, 21 oct. 1976, n° 75-12.916, *Bull. civ.* II, n° 284; *D.* 1977. IR 11; *RTD civ.* 1977. 831, obs. Perrot.
6. V. CEP., Civ. 2e, 10 déc. 1980, n° 79-12.871, *Bull. civ.* II, n° 255; *D.* 1981. 415, note Desdevises, qui, dans le cas de l'article 922 C. pr. civ., dénie compétence au conseiller de la mise en état pour constater la caducité de la déclaration d'appel.

352.441 **Constatation de la caducité.** Le plus souvent, la caducité n'a pas à être prononcée, le juge se bornant à la constater. Si, généralement, pareille constatation n'intervient qu'*a posteriori*, alors qu'elle s'est produite automatiquement (v. C. pr. civ., art. 314, al. 3, 1101 et 1425), il est des hypothèses dans lesquelles l'efficacité de la caducité est subordonnée à une constatation judiciaire : celle de l'article R. 1454-13 alinéa 4 du Code du travail (v. s[s] n° 352.434) et celle du défaut de saisine de la juridiction dans le délai légal (C. pr. civ., art. 757, 791, 839, 857 et 922).

Le juge, qui non seulement peut mais doit la relever d'office[1], ne dispose d'aucun pouvoir d'appréciation[2]. Aucune condition supplémentaire n'est requise, notamment celle d'un grief causé à l'adversaire, la caducité n'étant point assimilable à la nullité[3]. Tout ceci n'exclut pas l'obligation pour le juge de motiver la décision par laquelle il constate la caducité[4]. Sur la question de savoir si les deux nouvelles hypothèses de caducité de la déclaration d'appel relèvent de ce schéma, v. s[s] n° 352.444.

352.442 **Prononcé de la caducité.** En raison tantôt d'un pouvoir d'appréciation, tantôt de la nécessité d'une demande, la caducité, parfois, n'est pas simplement constatée mais prononcée.

352.443 **Caducité pour défaut de comparution du demandeur.** L'article 468 C. pr. civ. (applicable devant le bureau de jugement du conseil de prud'hommes : C. trav., art. R. 1454-21[5]) soumet la caducité à un régime assez souple. D'une part, elle peut être prononcée tant sur demande du défendeur que d'office par le juge (C. pr. civ., art. 468, al. 2), cette dernière possibilité disparaissant, toutefois, lorsque le défendeur a utilisé la faculté qui lui est ouverte par l'article 468 de requérir un jugement sur le fond (v. C. pr. civ., art. 468, al. 1er). D'autre part, la caducité, même réclamée par le défendeur, ne s'impose pas au juge, qui peut, tout comme dans l'hypothèse où le défendeur requiert un jugement sur le fond, préférer renvoyer l'affaire à une audience ultérieure pour donner une chance au demandeur de comparaître, le nombre des renvois n'étant pas limité[6]. Il dispose à cet égard d'un pouvoir discrétionnaire[7]. Mais il ne lui appartient pas de rechercher d'office si une partie a un motif légitime de ne pas comparaître[8].

Le juge, comme dans le régime de l'article 468 C. pr. civ., prononce plus qu'il ne constate la caducité pour non-comparution du demandeur devant le bureau de conciliation du conseil de prud'hommes (C. trav., art. R. 1454-12) et dans le cadre de la procédure d'injonction de faire (C. pr. civ., art. 1425-7, al. 2). La sanction est ici subordonnée à la seule absence d'un motif légitime invoqué en temps utile. Le juge doit la relever d'office; le demandeur n'a ni besoin de demander la caducité, ni possibilité d'opter pour un jugement sur le fond. Il n'en reste pas moins que le juge prononce la caducité : il dispose, en effet, du pouvoir d'apprécier le caractère légitime ou non du motif qui a pu lui être communiqué.

352.444 **Caducité pour défaut d'accomplissement des actes de la procédure.** L'article 469 C. pr. civ. édicte, dans l'hypothèse où le demandeur s'abstient d'accomplir les actes de la procédure dans les délais requis, un régime de caducité plus rigide que celui de l'article 468 : le juge ne peut prononcer cette sanction que sur demande du défendeur, non d'office[9]; il ne dispose d'aucun pouvoir d'appréciation et doit, en conséquence, faire droit à la prétention de ce plaideur.

Incertain est, en revanche, le régime propre des deux nouveaux cas de caducité de la déclaration d'appel (v. s[s] n° 352.434). L'article 902 C. pr. civ. paraît donner un caractère automatique à cette sanction et l'article 908 prévoit un relevé d'office dont il ne dit pas s'il est obligatoire ou facultatif. Mais le législateur décide que la caducité est « *prononcée* » (C. pr. civ., art. 911-1 et 914); jointe à la nécessité pour le conseiller de la mise en état de solliciter les explications écrites des parties (C. pr. civ., art. 911-1), cette formule ne traduit-elle pas un pouvoir d'appréciation ? Rien n'est moins sûr, la référence expresse à cette exigence (laquelle résulte déjà de l'article 16 alinéa 3 C. pr. civ.) pouvant s'expliquer tout autant par l'exclusion de la voie de rétractation spécialement prévue pour la caducité par l'article 407 C. pr. civ. (v. s[s] n° 352.447).

352.445 **Caducité pour absence de dépôt de l'assignation en contestation de nationalité au ministère de la Justice.** Des termes de l'article 1043

1. V. TOUTEFOIS, Civ. 1re, 18 janv. 1989, n° 87-11.304, *Bull. civ.* I, n° 29; *RTD civ.* 1989. 614, obs. Perrot, selon lequel la cour d'appel n'est pas tenue de relever d'office la caducité d'une assignation placée devant le tribunal de grande instance plus de quatre mois après sa signification.
2. Civ. 2e, 15 mai 1974, n° 73-13.955, *Bull. civ.* II, n° 165; *D.* 1974. Somm. 97; *JCP* 1975. II. 18022, note Martin; *RTD civ.* 1974. 861, obs. Perrot.
3. Civ. 2e, 21 oct. 1976, *RTD civ.* 1977. 831, obs. Perrot.
4. Civ. 2e, 13 mars 1975, *JCP* 1975. IV. 150; *RTD civ.* 1975. 599, obs. Perrot, décidant qu'il ne suffit pas de relever le non-respect du délai prescrit : il convient d'indiquer la date qui sert de point de départ à ce dernier et de noter le défaut d'accomplissement de la formalité à son expiration.
5. Soc. 19 févr. 1992, n° 89-44.145, *Bull. civ.* V, n° 102; *JCP* 1992. IV. 1182.
6. Civ. 3e, 19 oct. 1976, n° 75-11.988, *Bull. civ.* III, n° 358.
7. Soc. 23 mars 1983, n° 81-40.148, *Bull. civ.* V, n° 190; *JCP* 1983. IV. 183.
8. Soc. 8 oct. 1981, n° 79-40.975, *Bull. civ.* V, n° 773.
9. Pour une application, Paris, 13 nov. 1985, *D.* 1986. IR 222, obs. Julien – COMP., TGI Bobigny, 24 sept. 1974, *Gaz. Pal.* 1975. 1. Somm. 162, où l'avocat de la demanderesse avait dit être sans nouvelles de sa cliente dont l'adresse lui était, par surcroît, inconnue.

alinéa 3 C. pr. civ., qui confèrent à la caducité une allure automatique (« *L'assignation est caduque* »), il résulte qu'elle peut et même doit être relevée d'office. Mais, ce texte ne prévoyant pas le délai à l'issue duquel elle se produit, on ne peut que reconnaître au juge un pouvoir d'appréciation. À ce titre, son rôle n'est pas simplement de constater la caducité, mais de la prononcer.

352.446 Voies de recours propres à la caducité. Contre la décision relative à la caducité, deux voies spéciales de rétractation sont susceptibles d'être mises en œuvre, prévues par les articles 407 et 468 C. pr. civ. (v. aussi, C. pr. civ., art. 1425-7, al. 3 - C. trav., art. R. 1454-12).

352.447 Voie de rétractation de l'article 407. Non applicable dans les deux nouveaux cas de caducité de la déclaration d'appel (C. pr. civ., art. 902 et 908) lorsque celle-ci est « *prononcée* » par le conseiller de la mise en état (C. pr. civ., art. 911-1, al. 2), l'article 407 C. pr. civ. - qui apparaît comme une application de l'article 17 du même code chaque fois que la décision est prise à l'insu d'une partie - ouvre un recours spécial devant le juge qui a rendu la décision, à deux conditions.

- D'une part, celui-ci doit avoir « *constaté* » la caducité, ce qui exclut pareille voie aussi bien lorsqu'il a « *prononcé* » cette sanction que lorsqu'il l'a écartée.

- D'autre part, la décision ne peut être rapportée qu'en cas d'erreur. L'erreur dont il s'agit ici n'est pas l'erreur matérielle - le texte ferait double emploi avec l'article 462 C. pr. civ. - mais l'erreur de fond : dans l'hypothèse de défaut de saisine de la juridiction dans le délai, erreur dans la computation de ce délai, dans la lecture de la date de l'assignation ou de son enrôlement...

On admet que le juge peut se saisir lui-même[1]. La décision rendue dans le cadre de l'article 407 est soumise aux recours habituellement ouverts contre les décisions de la juridiction dont elle émane.

352.448 Voie de rétractation de l'article 468. Le juge qui a prononcé la caducité dans le cadre de l'article 468 C. pr. civ., c'est-à-dire pour défaut de comparution du demandeur, peut rapporter sa décision si, dans les quinze jours de celle-ci, ce plaideur a fait connaître au greffe le motif de son défaut de comparution, motif qu'il ne doit pas avoir été en mesure d'invoquer « *en temps utile* », c'est-à-dire au plus tard au début de l'audience, et qui doit être jugé légitime (v. aussi C. pr. civ., art. 1425-7, al. 3, posant la même règle). L'article R. 1454-12 du Code du travail édicte une règle voisine, applicable en cas de défaut de comparution du demandeur à l'audience de conciliation après réitération de sa demande : la caducité peut être écartée si « *le bureau de conciliation, saisi sans forme, [...] constate que le demandeur n'a pu comparaître ou être représenté sur sa deuxième demande par suite d'un cas fortuit* ». En l'absence de règle similaire en cas de non-comparution devant le bureau de jugement sur deuxième demande, la jurisprudence admet que l'intéressé, qui n'a plus alors la faculté de réitérer sa demande (v. s[s] n° 352.451), peut demander, sur le fondement de l'article 468 alinéa 2 C. pr. civ., la rétractation de la décision ayant déclaré sa demande caduque[2].

352.449 Voies de recours propres à la caducité et voies de recours du droit commun. Hors du domaine qui est le leur, les voies de recours spéciales laissent place, contre une décision qui présente un caractère juridictionnel, à celles du droit commun : appel ou pourvoi, selon le cas, lorsque la caducité a été constatée ou prononcée puisque la décision met fin à l'instance (C. pr. civ., art. 544, al. 2, et 607 - V. aussi, C. pr. civ., art. 916, relatif au déféré des ordonnances du conseiller de la mise en état, et, en cas de décision rendue à l'insu d'une partie, C. pr. civ., art. 17).

Dans le domaine où elles trouvent à s'appliquer, les voies de rétractation des articles 407 et 468 ne laissent place à aucune autre, comme le veut la règle *Specialia generalibus derogant*[3]. Les voies de recours du droit commun ne sont ouvertes, en conséquence, « *qu'à l'égard de la décision par laquelle le juge refuse de rétracter sa première décision* »[4]. On avait auparavant admis, sans que la difficulté ait été soulevée, il est vrai, l'appel dans des hypothèses où les voies propres à la caducité étaient recevables[5].

1. *J.-Cl. Pr. civ.*, fasc. 680, 2000, n° 70, Fricero.

2. Soc. 14 janv. 2009, n° 07-43.406, NP; *Procédures* 2009. Comm. 74, obs. Perrot.
3. EN CE SENS, v. Civ. 2e, 26 juin 2003, n° 01-13.802, *Bull. civ.* II, n° 207; *D.* 2003. IR 2281, invoquant toutefois l'idée, légèrement différente, selon laquelle « la voie de la cassation n'est ouverte que lorsque toutes les autres sont fermées » - Soc. 18 mai 2005, n° 02-46.947, *Bull. civ.* V, n° 171 - Soc. 23 mai 2007, n° 06-40.146, *Bull. civ.* V, n° 87; *D.* 2007. AJ 1664, obs. Fabre.
4. Civ. 2e, 17 juin 1998, n° 95-12.810, *Bull. civ.* II, n° 193; *RTD civ.* 1998. 743, obs. Perrot, où il s'agissait d'un conflit entre l'appel et la voie de l'art. 468 - Soc. 18 mai 2005, n° 02-46.947, *Bull. civ.* V, n° 171.
5. Pour celle de l'article 468, v. Soc. 15 mai 1991, n° 90-42.806, *Bull. civ.* V, n° 241; *D.* 1991. IR 165; *JCP* 1991. IV. 267; *RTD civ.* 1991. 599, obs. Perrot, qui n'envisage que la faculté de réitération de l'article R. 1454-21 (anc. art. R. 516-26-1) du Code du travail et décide qu'elle laisse subsister le droit d'interjeter appel - Pour celle de l'article 407, v. Paris, 13 déc. 1979, *Bull. ch. avoués* 1980. 1. 27 - RAPPR., Soc. 13 janv. 1999, n° 96-45.301, *Bull. civ.* V, n° 21 - V. AUSSI, à propos de l'article 17, Civ. 2e, 26 juin 2003, n° 01-13.802, *Bull. civ.* II, n° 207; *D.* 2003. IR 2281, rendu au visa de cette dernière disposition dans une affaire où l'article 407 paraissait applicable - *Adde* : Civ. 2e, 21 oct. 1976, *RTD civ.* 1977. 186, obs. Perrot.

C.
Effets de la caducité

352.451 Extinction de l'instance, non de l'action. La caducité de la demande met fin à l'instance, définitivement[1]. Elle laisse, en revanche, subsister l'action en justice. Une nouvelle demande peut donc être formée tant qu'aucune cause d'extinction de l'action, spécialement la prescription, n'a joué (C. pr. civ., art. 385, al. 2)[2].

Cette règle s'applique même au conseil de prud'hommes depuis que la Cour de cassation a cessé de voir dans le principe de l'unicité de l'instance une interdiction de réitération de la demande (v. s^s n° 352.293). Une réserve, toutefois, ici s'impose : la réitération n'est possible qu'une fois (C. trav., art. R. 1454-12 et R. 1454-21; v. cep. s^s n° 352.448).

352.452 Extinction non rétroactive de l'instance. La caducité opère pour l'avenir à la date à laquelle elle se produit si elle est automatique, à compter de la décision du juge lorsqu'elle doit être constatée ou, *a fortiori*, prononcée. Les actes postérieurs à cette date en sont donc affectés[3], point les actes antérieurs[4].

352.453 Cas particulier de l'interruption de la prescription. On aurait pu penser que l'interruption de prescription opérée par l'assignation demeurait en cas de caducité de cette dernière : l'absence de rétroactivité de la caducité et le fait que celle-ci ne figure pas au rang des événements qui, selon l'article 2243 (anc. art. 2247) du Code civil, rendent l'interruption de prescription non avenue auraient pu conduire à cette conclusion[5]. Dans le cadre de la caducité de l'article 757 C. pr. civ. (v. s^s n° 352.432), l'assemblée plénière de la Cour de cassation a opté pour la solution contraire mais, loin de la fonder sur une quelconque idée de rétroactivité, elle a décidé qu'« une assignation dont la caducité a été constatée n'[avait] pu interrompre le cours de la prescription »[6]. L'interruption de prescription opérée par l'assignation est donc seulement virtuelle (rappr. C. pr. civ., art. 835 [réd. ant. au Décr. n° 2010-1165, 1er oct. 2010); elle n'est effective que suivie d'un enrôlement dans le délai. La même solution, à laquelle on peut attribuer le même fondement, adapté, a été retenue dans l'hypothèse de caducité pour défaut de comparution du demandeur[7].

SECTION 4
JONCTION ET DISJONCTION D'INSTANCES

352.460 Définition. La jonction d'instances consiste à rassembler plusieurs instances pendantes devant la même juridiction afin de « *faire instruire ou juger ensemble* » les demandes qui en sont la source (C. pr. civ., art. 367). Elle permet au juge d'avoir une vue d'ensemble du litige, souvent aussi simplifie sa tâche, évite parfois la contrariété de décisions. La disjonction d'instance joue en sens inverse : les demandes initialement rassemblées ou certaines d'entre elles seront instruites ou jugées séparément. Il s'agit d'éviter que le traitement de l'une ne retarde celui de l'autre (v., pour des applications légales, C. pr. civ., art. 70, al. 2 et 326, où cette idée est mise en avant). Dans les deux cas, il s'agit d'une simple mesure d'administration judiciaire (C. pr. civ., art. 368).

§ 1
Conditions

352.461 Conditions de fond – Situation préalable. Pour que la mesure envisagée soit possible, il convient tout d'abord (hypothèse de jonction) que les instances soient pendantes – ce qui signifie évidemment non éteintes[8] – devant la même juridiction, le seraient-elles devant deux chambres différentes (sur cette hypothèse, v. s^s n° 352.463). Le dessaisissement d'une juridiction au profit d'une autre en raison de la connexité existant entre une affaire dont elle est saisie et un procès en cours devant cette autre juridiction n'est pas une jonction (v. s^s n° 192.12).

Pour pouvoir être jointes, les instances ne doivent pas être soumises à deux procédures différentes[9], audience publique pour l'une, chambre du conseil pour l'autre[10] par exemple, ou encore, devant la cour d'appel, procédure de contredit pour l'une, d'appel

1. Civ. 1re, 26 mai 2011, n° 10-14.495, *Bull. civ.* I, n° 97; *Dr. et proc.* 2011. 304, note Hugon, qui n'admet pas qu'une seconde assignation, postérieure à la caducité de la première, puisse sauvegarder la procédure en cours.
2. Pour des applications v. Civ. 2e, 11 sept. 2003, n° 01-16.425, *Bull. civ.* II, n° 255; *D.* 2003. IR 2411 – Civ. 2e, 12 juin 2008, n° 07-14.443, *Bull. civ.* II, n° 140; *Procédures* 2008. Comm. 224, obs. Perrot – Paris, 17 déc. 1976, *D.* 1977. IR 385, obs. Julien.
3. RAPPR., TGI Paris, 24 nov. 1977, *Gaz. Pal.* 1978. 1. Somm. 220, obs. Brazier.
4. RAPPR., Civ. 2e, 6 mai 2004, n° 02-18.985, *Bull. civ.* II, n° 220; *RTD civ.* 2004. 559, obs. Perrot.
5. EN CE SENS NOT., Civ. 2e, 11 juill. 1983, *RTD civ.* 1984. 166, obs. Perrot.
6. Cass., ass. plén., 3 avr. 1987, n° 86-11.536, *Bull. ass. plén.*, n° 2; *D.* 1988. Somm. 122, obs. Julien; *JCP* 1987. II. 20792, concl. Cabannes; *Gaz. Pal.* 1987. 2. Somm. 406, obs. Croze et Morel; *RTD civ.* 1987. 401, obs. Perrot – V. AUSSI, Civ. 1re, 17 mai 1988, n° 86-10.817, *Bull. civ.* I, n° 147; *JCP* 1989. II. 21197, note Boulanger.
7. Soc. 21 mai 1996, n° 92-44.347, *Bull. civ.* V, n° 193.
8. Civ. 2e, 20 déc. 2001, n° 99-19.547, NP, où il s'agissait de péremption.
9. Civ. 2e, 4 janv. 1958, n° 2078, *Bull. civ.* II, n° 12.
10. T. civ. Pontoise, 20 juin 1951, *JCP* 1952. II. 6807, note crit. Savatier.

pour l'autre[1]. Il importe peu, en revanche, que les parties ne soient pas les mêmes[2].

352.462 Connexité. L'élément déterminant, dans l'hypothèse de jonction, est qu'il existe entre les différentes affaires « *un lien tel qu'il soit de l'intérêt d'une bonne justice de les faire instruire ou juger ensemble* » (C. pr. civ., art. 367). Autrement dit, la condition est de connexité (rappr., C. pr. civ., art. 101). Celle-ci constitue une question de fait relevant de l'appréciation souveraine des juges du fond[3]; il ne pourrait d'ailleurs en aller autrement puisqu'aucune voie de recours n'est ouverte contre la décision de jonction (v. s[s] n° 352.472). C'est naturellement la situation inverse qui justifiera la disjunction : l'absence de connexité entre les demandes initialement rassemblées en un procès unique.

352.463 Conditions de procédure. Susceptibles de s'opérer à toute hauteur de la procédure, au premier degré mais aussi devant la juridiction d'appel et la Cour de cassation[4], jonction et disjonction peuvent indifféremment être sollicitées par une partie ou prononcées d'office par le juge. Ce dernier n'est jamais tenu d'ordonner la mesure demandée; il ne peut davantage se voir reprocher de ne pas l'avoir décidée d'office (v. toutefois s[s] n° 352.472)[5]. De simple administration, l'opération n'appelle rien d'autre qu'une mention au dossier et n'a pas à être motivée (C. pr. civ., art. 499).

Compétence pour prononcer la jonction ou la disjonction revient tant au magistrat chargé de l'instruction, juge de la mise en état notamment (C. pr. civ., art. 766 - v. aussi C. pr. civ., art. 864 et 942, al. 2), qu'à la formation de jugement. Des difficultés se manifestent néanmoins, qui tiennent à la qualification de l'opération. Ainsi la demande de disjonction peut-elle parfois être analysée comme une demande de sursis à statuer partiel. Celui-ci relevant de la formation appelée à statuer sur le fond, seule cette dernière peut en connaître[6].

Alors que la demande émanant d'une partie est nécessairement antérieure à l'ordonnance de clôture de l'instruction ou à la clôture des débats selon la procédure applicable, le juge peut prendre l'initiative d'une jonction ou d'une disjonction d'office tant que le délibéré n'est pas vidé. Il peut même le faire après que la mesure inverse a été décidée (v. s[s] n° 352.472).

Si les différentes affaires dont le regroupement est envisagé sont pendantes devant deux chambres différentes de la même juridiction, la jonction doit être décidée, dans les mêmes termes, par les deux. En cas de désaccord, la question sera tranchée sans formalité par le président de ladite juridiction, saisi par celui d'une des formations concernées ou par une partie (C. pr. civ., art. 107)[7].

§ 2
Effets

352.471 Idée générale. Les effets de la jonction et de la disjonction sont dominés par la qualification de mesure d'administration judiciaire (v. s[s] n° 352.460) : celle-ci implique absence de valeur juridictionnelle et caractère neutre.

352.472 Absence de valeur juridictionnelle. Simple mesure d'administration judiciaire, dépourvue à ce titre de toute valeur juridictionnelle, la décision qui prononce - mais aussi celle qui refuse de prononcer[8] - la jonction ou la disjonction connaît deux grandes règles.

D'une part, elle échappe à toutes les dispositions du Code de procédure civile (C. pr. civ., art. 430 à 498) relatives au jugement (C. pr. civ., art. 499). Ainsi ne dessaisit-elle pas le juge et est-elle dépourvue de toute autorité de chose jugée. Le juge peut donc revenir, même d'office, sur sa décision ou celle de la formation ayant eu à connaître précédemment du litige, disjoindre après une jonction[9], joindre après une disjonction[10]. D'une façon plus générale, on ne saurait reprocher au jugement sur le fond d'être en contradiction avec elle[11].

D'autre part, la mesure n'est susceptible d'aucune voie de recours (C. pr. civ., art. 537). Le pourvoi,

1. Paris, 22 avr. 1964, *JCP* 1964. II. 13760, note J. A.
2. Req. 23 mars 1864, *S.* 1864. 1. 224, qui n'en considère pas moins qu'une des parties doit figurer dans les diverses instances dont la jonction est demandée – Soc. 2 mai 1952, n° 604, *Bull. civ.* IV, n° 358.
3. Civ. 2e, 12 mars 1953, n° 4855, *Bull. civ.* II, n° 81; *D.* 1953. 322 – Soc. 18 oct. 1961, n° 60-20.122, *Bull. civ.* IV, n° 870 – Soc. 5 juill. 1966, n° 65-40.365, *Bull. civ.* IV, n° 671 – Civ. 1re, 9 oct. 1974, n° 72-14.647, *Bull. civ.* I, n° 261; *D.* 1974. IR 247 – COMP., Civ. 2e, 15 mars 2012, n° 10-23.694, *Bull. civ.* II, n° 45; *Dr. et proc.* 2012. 142, qui, retenant la recevabilité de l'appel formé par une partie contre une ordonnance du juge de la mise en état en présence d'un appel interjeté par une autre partie contre la décision sur le fond, déclare que les deux recours doivent être jugés ensemble.
4. Civ. 3e, 11 janv. 1978, nos 76-12.771 et 76-12.772, *Bull. civ.* III, n° 30; *D.* 1978. IR 86, obs. Julien.
5. Civ. 3e, 17 mars 1975, n° 73-14.283, *Bull. civ.* III, n° 101.
6. TGI Nancy, JME, 3 févr. 1983, *JCP* 1986. II. 20559, note Blaisse – COMP., pour une requalification en sens inverse : Civ. 2e, 16 févr. 1984, n° 82-13.572, *Bull. civ.* II, n° 31.
7. RAPPR., Civ. 1re, 4 mars 1986, n° 84-15.769, *Bull. civ.* I, n° 53; *Gaz. Pal.* 1987. 1. Somm. 53, obs. Guinchard et Moussa – Com. 20 déc. 1988, n° 86-19.605, *Bull. civ.* IV, n° 353, où les parties avaient malencontreusement raisonné en termes d'exception de connexité.
8. Civ. 2e, 21 oct. 2004, n° 02-15.759, *Bull. civ.* II, n° 471.
9. Soc. 20 nov. 1975, n° 75-40.112, *Bull. civ.* V, n° 556; *D.* 1975. IR 262.
10. Civ. 1re, 6 févr. 2001, n° 98-21.787, NP.
11. Civ. 1re, 31 mai 1978, n° 76-14.376, *Bull. civ.* I, n° 211.

notamment, serait irrecevable[1]. La cassation n'en est pas moins concevable indirectement, parfois, comme en cas de jonction d'affaires soumises à deux procédures différentes, la Cour de cassation n'étant pas alors en mesure d'apprécier la régularité processuelle du jugement rendu[2].

352.473 Caractère neutre. Parce qu'elles ne sont que de simples mesures d'administration judiciaire, la jonction et la disjonction ne peuvent avoir qu'un caractère neutre; elles ne doivent pas modifier la situation à laquelle peuvent légitimement s'attendre les parties. Leurs effets portent, dès lors, davantage sur l'administration de l'instance que sur son étendue.

352.474 Administration de l'instance. Les affaires rassemblées par une jonction feront l'objet d'une instruction commune et, du moins en principe, d'un jugement commun (C. pr. civ., art. 367), mais celui-ci ne s'impose pas[3] et il s'impose d'autant moins que le juge peut toujours revenir sur la mesure antérieurement décidée (v. s^s^ n° 352.472). Pareillement, il y aura des instructions séparées en cas de disjonction et, en principe, des jugements séparés.

L'instruction étant devenue commune par l'effet de la jonction, le juge peut puiser des éléments au soutien de sa décision dans les deux instances jointes[4] et répondre par des motifs communs aux conclusions reposant sur des moyens communs[5]. Ceci ne signifie évidemment pas qu'une mesure d'instruction effectuée dans le cadre d'une des procédures puisse acquérir, par le seul effet de la jonction, un caractère contradictoire à l'égard d'une personne qui n'était pas partie à celle dans laquelle elle a été ordonnée[6]. Le contradictoire ne se satisfait pas de fictions.

La jonction fait, en outre, des plaideurs - sans créer de liens juridiques entre ceux qui précédemment n'en avaient pas (v. s^s^ n° 352.475) - des participants à cette instruction commune. Ainsi s'explique qu'une demande en intervention forcée dans l'une des affaires jointes puisse être opérée par voie de conclusions (C. pr. civ., art. 68) dès lors que le tiers a, dans l'autre, la qualité de partie[7].

L'unité d'instruction ne s'impose pas jusqu'au jugement. La date de clôture dans les litiges joints peut être différente; s'il y a lieu à révocation de l'ordonnance de clôture, celle-ci peut être limitée à l'une des instances, ce qui d'ailleurs n'interdit pas au juge de rendre ensuite un jugement unique[8]. L'absence d'autorité de chose jugée, une fois de plus, conduit à la solution.

352.475 Étendue de l'instance - Principe. Dans la ligne tracée par une jurisprudence ancienne[9], la Cour de cassation a proclamé cette idée : la jonction n'engendre pas une instance unique[10]. L'analyse s'imposait. Nécessairement neutres, ces mesures ne pouvaient engendrer les conséquences qui s'attacheraient à la fusion de plusieurs instances en une seule ou à la création de plusieurs instances à partir d'une instance unique (comp., C. pr. civ., art. 367, al. 2, qui ne doit, toutefois, pas être pris à la lettre[11]).

352.476 Applications. Jonction et disjonction, dès lors, n'appellent pas de nouvelle évaluation du litige au titre de l'article 35, alinéa 2, ou de l'article 36 C. pr. civ. (v. aussi, C. trav., art. R. 1462-1); elles ne modifient, en conséquence, ni la compétence ni le ressort[12]. De façon plus générale, indépendamment du montant du litige, les chefs du jugement commun

1. Civ. 1re, 16 juin 1981, n° 80-13.201, *Bull. civ.* I n° 219 - Civ. 2e, 16 févr. 1984, n° 82-13.572, *Bull. civ.* II, n° 31 - Civ. 2e, 17 mai 1993, n° 91-20.849, *Bull. civ.* II, n° 176; *D.* 1993. IR 146 - Civ. 1re, 13 déc. 1994, n° 92-22.106, *Bull. civ.* I, n° 367 - Civ. 2e, 21 oct. 2004, n° 02-15.759, *Bull. civ.* II, n° 471 - Civ. 2e, 18 déc. 2008, n° 07-21.164, NP - COMP., en faveur d'un pourvoi-nullité à l'exclusion de toute autre voie de recours : Aix-en-Provence, 31 janv. 1996, *BICC* 15 juin 1996, n° 565.
2. Civ. 2e, 4 janv. 1958, n° 2078, *Bull. civ.* II, n° 12 - COMP., Soc. 2 mai 1952, n° 604, *Bull. civ.* IV, n° 358, qui paraît en admettre le principe à condition que le demandeur au pourvoi justifie d'un intérêt à soutenir ce moyen - Sur la « sagesse » en cas d'indivisibilité, v. H. Solus et R. Perrot, *Droit judiciaire privé*, Sirey, 1991, t. III, n° 1107 *in fine*.
3. Soc. 20 nov. 1975, n° 75-40.112, *Bull. civ.* V, n° 556; *D.* 1975. IR 262.
4. Civ. 2e, 12 mars 1953, n° 4855, *Bull. civ.* II, n° 81; *D.* 1953. 322, qui se réfère à « l'unité du débat ».
5. Civ. 3e, 30 juin 1971, n° 70-10.078, *Bull. civ.* III, n° 423.
6. Civ. 2e, 29 mars 1971, n° 70-10.627, *Bull. civ.* II, n° 139; *D.* 1971. Somm. 207.
7. Civ. 3e, 11 oct. 1989, n° 88-14.324, *Bull. civ.* III, n° 190, qui justifie toutefois la solution par l'idée selon laquelle il n'y avait plus « *qu'une seule et même instance* » (COMP. s^s^ n° 352.475).
8. Com. 26 juin 2001, n° 98-16.520, NP.
9. Civ. 26 févr. 1868, *DP* 1868. 1. 223 - Amiens, 29 janv. 1891, *D.* 1891. 2. 345.
10. Civ. 2e, 17 mai 2001, n° 99-18.509, *Bull. civ.* II, n° 98; *D.* 2001. IR 1924; *RTD civ.* 2001. 656, obs. Perrot; *JCP* 2001. I. 362, n° 16, obs. Cadiet - V. AUSSI, Civ. 2e, 9 mai 1985, n° 84-11.318, *Bull. civ.* II, n° 93, selon lequel la jonction ne crée pas de liens juridiques entre les parties - Civ. 2e, 13 janv. 1988, n° 86-15.922, *Bull. civ.* II, n° 22; *D.* 1988. IR 30, pour lequel les instances jointes n'en sont pas moins des « *instances distinctes* ».
11. H. Solus et R. Perrot, *Droit judiciaire privé*, Sirey, 1991, t. III, n° 1108.
12. Req. 5 déc. 1871, *D.* 1872. 1. 357 - Bordeaux, 4 mars 1953, *D.* 1953. 374 - Colmar, 8 déc. 1960, *D.* 1961. 435 - *CONTRA*, Civ. 4 déc. 1922, *D.* 1923. 1. 43; *S.* 1923. 1. 383, qui relève que le défendeur a adhéré à la demande de jonction de son adversaire en prenant des conclusions uniques sur l'ensemble des dix-sept instances - *Adde*, H. Solus et R. Perrot, *Droit judiciaire privé*, Sirey, 1991, t. III, n° 1105, qui font de ces conclusions uniques une dérogation générale à la règle de principe - COMP., GUINCHARD, CHAINAIS et FERRAND, 31e éd., 2012, n° 426, selon qui il y a modification à moins que la mesure n'ait été prononcée d'office.

à des instances différentes mais jointes restent susceptibles des voies de recours qui leur sont propres[1].

Le fait d'avoir conclu dans une des affaires jointes n'empêche pas de soulever une exception, d'incompétence notamment, dans l'autre[2]. Les diligences d'une instance n'entraînent pas interruption de la péremption d'une autre instance sauf dépendance entre les deux[3]. La jonction de procédures ouvertes, l'une par une assignation régulière, l'autre par une assignation irrégulière, ne couvre pas l'irrégularité de la seconde[4].

Les dernières écritures d'un plaideur au sens des articles 753, alinéa 2, et 954, alinéa 3, du Code de procédure civile restent les dernières écritures de chacune des procédures regroupées tant que ce plaideur, évidemment, n'a pas pris de conclusions communes. Dès lors, si, après jonction, il conclut dans une seule des affaires jointes, il ne doit pas être réputé avoir abandonné les prétentions et moyens développés antérieurement dans l'autre (ou les moyens qu'il est censé – C. pr. civ., art. 954 *in fine* – avoir invoqués lorsqu'en appel il s'est borné à demander la confirmation)[5]; et, s'il ne conclut dans aucune, ses écritures antérieures conserveront *a fortiori* leur effet.

Les dépens des deux instances jointes ne peuvent – même s'il est arrivé, au nom du pouvoir discrétionnaire du juge, que soit retenue la solution contraire[6] – être mis à la charge d'un plaideur qui n'était pas partie à l'une d'elles[7].

On relèvera encore, en ce qui concerne l'appel :

1) qu'une partie à une seule des instances initiales n'acquiert pas, par le seul effet de la jonction effectuée au premier degré, qualité pour faire appel, même provoqué[8], contre n'importe quel chef du jugement unique[9];

2) que les modalités de l'appel restent celles applicables à chacune des instances jointes[10];

3) que la jonction de deux appels n'empêche nullement de déclarer l'un recevable et l'autre irrecevable[11] et, dans l'hypothèse où les deux sont tenus pour abusifs, de prononcer une condamnation à ce titre pour chacun d'eux[12].

1. Req. 26 févr. 1940, *Gaz. Pal.* 1940. 1. 381; *RTD civ.* 1940. 485, obs. Vizioz.
2. Paris, 25 mai 1964, *JCP A* 1964. IV. 4511, obs. J. A.
3. Civ. 2e, 13 janv. 1988, no 86-15.922, *Bull. civ.* II, no 22; *D.* 1988. IR 30 – Civ. 2e, 20 déc. 2001, no 99-19.547, NP.
4. Civ. 3e, 23 oct. 2002, no 01-00.206, *Bull. civ.* III, no 207.
5. Civ. 2e, 17 mai 2001, no 99-18.509, *Bull. civ.* II, no 98; *D.* 2001. IR 1924; *RTD civ.* 2001. 656, obs. Perrot; *JCP* 2001. I. 362, no 16, obs. Cadiet – Civ. 3e, 26 févr. 2003, no 00-19.986, *Bull. civ.* III, no 52 – Civ. 2e, 26 oct. 2006, no 05-18.727, *Bull. civ.* II, no 296.
6. Civ. 3e, 28 sept. 2005, no 04-14.577, *Bull civ.* III, no 183; *JCP* 2006. I. 133, no 9, obs. Sérinet, où il s'agissait, de surcroît, des entiers dépens de première instance et d'appel.
7. Civ. 3e, 18 juin 1969, no 67-14.303, *Bull. civ.* III, no 492 – Civ. 2e, 15 févr. 1973, no 71-13.344, *Bull. civ.* III, no 54.
8. Civ. 2e, 9 mai 1985, no 84-11.318, *Bull. civ.* II, no 93.
9. Com. 23 janv. 1968, no 66-10.963, *Bull. civ.* IV, no 33 – *Adde*, Req. 26 févr. 1940, *Gaz. Pal.* 1940. 1. 381; *RTD civ.* 1940. 485, obs. Vizioz.
10. Civ. 26 févr. 1868, *DP* 1868. 1. 223.
11. Civ. 3e, 25 oct. 2006, no 05-14.318, *Bull. civ.* III, no 209.
12. Civ. 2e, 24 juin 2004, no 02-16.989, *Bull. civ.* II, no 319; *D.* 2004. IR 2346; *D.* 2005. Somm. 336, obs. Julien et Fricero; *RTD civ.* 2004. 555, obs. Perrot.

CHAPITRE

353. Incidents relatifs au personnel judiciaire

ISABELLE PÉTEL-TEYSSIÉ
Maître de conférences
à l'Université Panthéon-Assas (Paris II)

SECTION 0
ORIENTEUR

353.00 **Plan du chapitre.**

353.01 **Principaux textes applicables.**

C. pr. civ., art. 234 s., 339 à 366 et 1027.

COJ, art. L. 111-6 s.

Conv. EDH, art. 6 § 1.

353.04 **Formulaire : renvois.**

Form. pr. civ. *Récusation et renvoi – Renvoi pour suspicion légitime* (Demande de renvoi pour suspicion légitime)

Récusation et renvoi – Récusation (Acte de récusation)

Récusation et renvoi – Récusation (Pouvoir spécial afin de déposer une demande de récusation)

Récusation et renvoi – Renvoi pour suspicion légitime (Pouvoir spécial afin de déposer une demande de renvoi pour suspicion légitime)

SECTION 1
ABSTENTION

353.11 **Généralités.** L'abstention au sens du Code de procédure civile peut se définir comme la renonciation d'un juge à connaître d'une affaire. Elle est réglementée, hors procédure de récusation, par les articles 339 et 340 dudit code (*adde*, pour les arbitres, C. pr. civ., art. 1457).

353.12 **Régime.** L'abstention est spontanée, facultative[1] (comp. n° 353.111) et, en principe, discrétionnaire : elle est, certes, principalement conçue pour le cas où serait présente une cause de récusation, mais il suffit que celle-ci soit « *supposée* » par le juge ou même qu'il estime « *en conscience* » devoir s'abstenir (v. C. pr. civ., art. 339); ce magistrat n'a donc pas à justifier sa décision.

1. V. TOUTEFOIS, Toulouse, 9 mars 2001, RG n° 2000/00724, *D.* 2002. 353, note Beignier.

L'abstention peut intervenir en tout état de cause et n'obéit à aucune condition de forme particulière. Le cas de l'arbitrage mis à part (v. C. pr. civ., art. 1457), le juge demande simplement son remplacement au président de la juridiction à laquelle il appartient. S'il est juge d'instance, il doit en référer au juge directeur ou, à défaut, au président du tribunal de grande instance (C. pr. civ., art. 339). La décision de remplacement est un acte d'administration judiciaire; à ce titre, elle n'est susceptible d'aucun recours[1].

L'abstention a un effet définitif : le juge ne peut plus connaître de la cause[2].

353.13 Cas particulier : abstention de plusieurs juges. L'abstention de plusieurs juges peut empêcher la juridiction (ou, tout au moins, la chambre ou la section à laquelle l'affaire a été confiée) de statuer. En pareil cas, il est procédé comme en matière de renvoi pour cause de suspicion légitime (C. pr. civ., art. 340). Le président confie l'affaire à une autre formation ou décide son renvoi à une autre juridiction de même nature, celle-ci étant désignée par le président de la juridiction immédiatement supérieure (C. pr. civ., art. 358).

SECTION 2
RÉCUSATION

353.21 Définition. La récusation est une technique qui permet d'empêcher une personne, le plus souvent un juge, de concourir à la solution d'un litige. Elle est réglementée par les articles 341 à 355 C. pr. civ. (v. aussi, COJ, art. L. 111-6 s., et R. 111-4 - C. pr. civ., art. 234 s. et 1027 - C. rur., art. L. 492-5 - C. trav., art. L. 1457-1 et R. 1457-1 s. - CSS, art. L. 143-8).

353.22 Personnes récusables. Sont, au premier chef, susceptibles d'être récusés les **juges**, quelle que soit la juridiction à laquelle ils appartiennent (v. C. pr. civ., Livre Ier : « Dispositions communes à toutes les juridictions »), quand bien même s'agirait-il d'une juridiction arbitrale (C. pr. civ., art. 1456, al. 3)[3]. Il en va de même des membres des organismes investis d'une mission juridictionnelle, disciplinaire par exemple, lorsqu'ils ont à statuer dans le cadre de cette mission[4]. Peut également être récusée la personne (avocat) étrangère à une juridiction mais appelée à la compléter[5].

Le législateur lui-même étend la possibilité de récusation aux **représentants du ministère public** lorsque ce dernier intervient comme partie jointe dans une affaire civile (COJ, art. L. 111-6 *in fine*), non lorsqu'il est partie principale car on ne saurait récuser son adversaire[6].

La récusation est également recevable contre les **techniciens**, pour autant qu'ils soient de ceux visés aux articles 232 et suivants C. pr. civ., ce qui n'est pas le cas de l'*amicus curiae*[7]. Si le technicien désigné est une personne morale, la récusation « *peut viser tant la personne morale elle-même que la ou les personnes physiques agréées par le juge* » (C. pr. civ., art. 234).

§ 1
Causes de récusation

353.31 Principale condition de fond de la récusation. La qualité de personne récusable mise à part, la seule condition de fond de la récusation tient à sa cause[8].

353.32 Causes de récusation, causes d'annulation ? Après avoir décidé que l'existence d'une cause de récusation ne pouvait justifier que cette dernière, non l'annulation de la décision[9], la Cour de cassation a opéré, en 1985, un revirement, du moins pour le cas où la cause de récusation se manifeste en la personne d'un juge : elle admet désormais l'annula-

1. RAPPR., Civ. 9 déc. 1889, *S.* 1891. 1. 153.
2. Com. 25 avr. 2006, nº 04-18.581, *Bull. civ.* IV, nº 97.
3. Sur l'obligation pesant sur l'arbitre de révéler « *toute circonstance susceptible d'affecter son indépendance ou son impartialité* », v. C. pr. civ., art. 1456, al. 2 – RAPPR., avant Décr. nº 2011-48, 13 janv. 2011, C. pr. civ., art. 1452, al. 2 et Civ. 1re, 20 oct. 2010, nº 09-68.997, *Bull. civ.* I, nº 204; *D.* 2010. 2589, obs. Delpech; *D.* 2010. 2933, obs. Clay – Civ. 1re, 4 nov. 2010, nº 09-12.716, NP; *D.* 2010. 2933, obs. Clay – Paris, 9 sept. 2010, *D.* 2010. 2938, obs. Clay.
4. Civ. 24 janv. 1881, *S.* 1881. 1. 417, à propos d'une chambre de notaires – Douai, 7 nov. 1957, *Gaz. Pal.* 1958. 1. 231, relatif au conseil de l'ordre des avocats – COMP., dans l'hypothèse où ce dernier statue en matière administrative, Bordeaux, 5 mars 1987, *Gaz. Pal.* 1987. 2. 406, note A. D., à propos d'une omission du tableau.
5. Req. 17 déc. 1901, *DP* 1903. 1. 347.
6. Sur la question de l'éventuelle récusation du greffier, v. Civ. 3 févr. 1892, *DP* 1892. 1. 201 – Aix-en-Provence, 23 nov. 1910, *DP* 1913. 2. 50.
7. Paris, 6 juill. 1988, *D.* 1989. 341, note Laurin; *Gaz. Pal.* 1988. 2. 700, note Laurin; *RTD civ.* 1989. 138, obs. Perrot – COMP. Civ. 2e, 23 févr. 1994, nº 92-17.150, *Bull. civ.* II, nº 71, pour la personne chargée d'une enquête sociale en matière de divorce.
8. *Adde*, toutefois, pour une condition tenant au moment de la révélation de la cause de récusation, C. pr. civ., art. 1463 anc., relatif aux arbitres – RAPPR., Civ. 1re, 22 avr. 1980, nº 79-11.164, *Bull. civ.* I, nº 118, à propos des techniciens.
9. V. NOT., Civ. 1re, 13 janv. 1964, *D.* 1964. Somm. 76; *JCP* 1964. II. 13591, note J. A. – Civ. 2e, 22 mai 1979, nº 77-15.954, *Bull. civ.* II, nº 150; *D.* 1979. IR 512, obs. Julien – Civ. 2e, 25 févr. 1981, nº 79-14.758, *Bull. civ.* II, nº 39; *D.* 1981. IR 375 – Civ. 2e, 18 mai 1982, nº 81-14.068, *Bull. civ.* II, nº 77 – RAPPR., Civ. 2e, 15 févr. 1978, *D.* 1978. IR 413, obs. Julien, fondé sur l'irrecevabilité édictée par l'art. 430, al. 2 C. pr. civ.

tion en présence d'une cause de récusation non invoquée en tant que telle et en temps voulu[1].

Ce principe connaît une limite : la demande en annulation n'est pas recevable lorsque son auteur connaissait la cause de récusation avant la clôture des débats, c'est-à-dire à un moment où il pouvait encore proposer la récusation[2].

L'hypothèse est, en principe, réalisée lorsque le demandeur en annulation a eu, dans cette limite temporelle, connaissance de la composition de la formation appelée à juger son affaire[3]; et cette connaissance-ci est elle-même présumée lorsque la composition de ladite formation est conforme à la répartition des services au sein de la juridiction et que le plaideur est représenté par un avocat[4].

Cette double présomption est toutefois susceptible d'être écartée. Ainsi a-t-il parfois été admis qu'un plaideur n'avait pu connaître la composition de la juridiction qu'après avoir reçu notification du jugement[5] ou encore que la connaissance de la composition ne lui permettait pas de se rendre compte de l'existence de la cause de récusation[6].

1. Civ. 2e, 3 juill. 1985, no 84-10.356, *Bull. civ.* II, no 133; *D.* 1986. 546, concl. Charbonnier; *D.* 1986. IR 228, obs. Julien; *Gaz. Pal.* 1986. 1. Somm. 88, obs. Guinchard et Moussa – Sur la question d'une éventuelle régularisation, v. Soc. 16 sept. 2008, no 06-45.334, *Bull. civ.* V, no 160; *Dr. et proc.* 2008. 350, qui ne l'admet pas (le représentant d'une partie au conseil de prud'hommes, membre de cette juridiction lors de l'introduction de l'instance, ne l'était plus à la date du jugement).
2. Cass., ass. plén., 24 nov. 2000, no 99-12.412, *Bull. ass. plén.*, no 10; *D.* 2001. 1067, obs. Fricero; *RTD civ.* 2001. 192, obs. Normand; *RTD civ.* 2001. 204, obs. Perrot, précisant que la solution vaut que la demande soit fondée sur l'article 6 Conv. EDH ou sur l'article 341 C. pr. civ. – Civ. 2e, 15 févr. 2001, no 98-17.643, *Bull. civ.* II, no 28 – Civ. 2e, 20 oct. 2005, *Bull. civ.* II, no 272 – Civ. 1re, 12 déc. 2006, no 05-11.945, *Bull. civ.* I, no 543; *D.* 2007. 2690, spéct 2691, obs. Douchy-Oudot – *Adde* : Civ. 2e, 6 mai 1999, nos 96-12.964 et 96-10.407, *Bull. civ.* II, nos 77 et 78; *RTD civ.* 1999. 685, obs. Normand; *RTD civ.* 1999. 704, obs. Perrot; *Procédures* 1999. Comm. 201, obs. Perrot – V. B. Beignier et C. Bléry, « L'impartialité du juge entre apparence et réalité », *D.* 2001. 2427 – COMP., à propos de la jurisprudence de la CEDH, obs. Normand, *RTD civ.* 2000. 622..
3. V. jur. préc. ss prést no – *Adde* : Toulouse, 25 oct. 2001, RG no 2001/00266, *D.* 2002. 359, obs. Beigner – Civ. 1re, 23 juin 2011, no 10-20.110, *Bull. civ.* I, no 119.
4. Cass., ass. plén., 24 nov. 2000, no 99-12.412 (préc. ss prést no) – Com. 5 févr. 2002, no 98-20.369, NP; *Procédures* 2002. Comm. 72, obs. Perrot – Civ. 2e, 8 avr. 2004, no 01-04.196, *Bull. civ.* II, no 175 – Civ. 1re, 12 déc. 2006, no 05-11.945 (préc. ss prést no) – Civ. 3e, 18 nov. 2009, no 08-18.029, *Bull. civ.* III, no 253; *Dr. et proc.* 2010. 64.
5. Toulouse, 9 mars 2001, RG no 2000/00724, *D.* 2002. 359, note Beignier – Aix-en-Provence, 28 juin 2001, RG no 01/08952, *JCP* 2001. IV. 3008, à propos du conseil de prud'hommes.
6. Civ. 2e, 12 juill. 2001, no 99-21.822, *Bull. civ.* II, no 142, à propos de la connaissance antérieure de l'affaire par le juge, où sont relevés l'ancienneté de celle-ci et le changement de conseil du demandeur en annulation.

353.33 Énumérations légales. Caractère limitatif ou non. Influence de la Convention de sauvegarde des droits de l'homme. Les causes de récusation font l'objet de plusieurs énumérations légales d'origine nationale. Elles sont, en droit commun et aux termes de l'article L. 111-6 du COJ (auquel se borne désormais à renvoyer l'article 341 C. pr. civ., qui naguère les énumérait), au nombre de huit. Elles correspondent à des hypothèses dans lesquelles l'impartialité du juge, du représentant du ministère public, du technicien est susceptible d'être mise en doute. Des textes particuliers établissent, pour certains juges, une liste voisine mais non identique.

Traditionnellement, les causes de récusation prévues par le législateur ont un caractère limitatif, solution reprise expressément, en 1975, par l'article 341 C. pr. civ.[7] et conservée par ce texte jusqu'au décret no 2012-66 du 30 janvier 2012[8]. L'article 6 de la Convention de sauvegarde des droits de l'homme et des libertés fondamentales a, toutefois, modifié les termes du débat. La Cour de cassation a, dans un premier temps, annulé des décisions au seul visa de ce texte et de l'exigence qu'il pose d'un tribunal impartial[9]. Elle décide depuis 1998, à propos de la récusation, que l'article 341 C. pr. civ. (v. aujourd'hui COJ, art. L. 111-6) « *n'épuise pas nécessairement l'exigence d'impartialité requise de toute juridiction* »[10].

353.34 Causes péremptoires et causes non péremptoires de récusation. Cette nouvelle jurisprudence ne fait pas perdre tout intérêt aux énumérations légales.

Il n'y a pas lieu, en effet, en présence d'une situation visée par l'article L. 111-6 du COJ ou un texte spécial, de rechercher si l'impartialité du juge est ou non compromise car les causes légales de récusation ont un caractère péremptoire[11] : dès lors que l'une d'elles est établie, la récusation doit être admise[12].

7. Civ. 6 août 1860, *S.* 1860. 1. 951 – Com. 19 mars 1991, no 89-21.452, *Bull. civ.* IV, no 111 – Civ. 2e, 14 déc. 1992, no 91-17.274, *Bull. civ.* II, no 314 – Amiens, 9 mai 1977, *D.* 1978. IR 155, obs. Julien; *Gaz. Pal.* 1977. 635, note Amédée-Manesme et Thorin – *Adde* : à propos du régime spécial du conseil de prud'hommes, Soc. 20 févr. 1974, no 73-40.106, *Bull. civ.* V, no 128 – Aix-en-Provence, 15 mars 1982, *JCP CI* 1983. I. 11519, no 1, obs. Teyssié.
8. Décr. no 2012-66, 30 janv. 2012, relatif à la résolution amiable des différends, *JO* 22 janv., p. 1280.
9. Civ. 1re, 16 juill. 1991, 90-15.487, *Bull. civ.* I, no 247; *D.* 1992. Somm. 129, obs. Julien – Soc. 8 janv. 1997, no 94-42.241, *Bull. civ.* V, no 11; *TPS* 1997. Comm. 99, obs. Boubli.
10. Civ. 1re, 28 avr. 1998, no 96-11.637, *Bull. civ.* I, no 155; *RTD civ.* 1998. 744, obs. Perrot; *JCP* 1998. I. 173, no 16, obs. Cadiet – Civ. 2e, 27 mai 2004, no 02-15.726, *Bull. civ.* II, no 245.
11. Civ. 2e, 13 oct. 2005, no 04-10.834, *Bull. civ.* II, no 249.
12. Amiens, 9 mai 1977, *D.* 1978. IR 155, obs. Julien; *Gaz. Pal.* 1977. 2. 635, note Amédée-Manesme et Thorin; *RTD civ.* 1978. 191, obs. Perrot.

En revanche, en dehors des hypothèses légales - là où, jadis, la récusation était exclue - cette dernière ne peut être admise que s'il existe un doute quant à l'impartialité du juge[1]. Il n'en reste pas moins que la Cour de cassation, chaque fois qu'une situation ou une fonction lui paraît incompatible avec le rôle de juge (v. s[s] n° 353.82), tient le doute pour inhérent au cumul, excluant par là même toute recherche subjective, ce qui rend la cause de récusation, là aussi, péremptoire.

353.35 Diversité des causes de récusation. Si l'une d'elles, la connaissance antérieure de l'affaire, prévue par l'article L. 111-6 du COJ et modelée par les tribunaux au moyen de l'article 6 de la Convention de sauvegarde des droits de l'homme et des libertés fondamentales, se détache (A), elle n'est qu'une parmi les causes de récusation de source nationale (B) et celles, de source internationale, fondées sur l'article 6 de la Convention de sauvegarde des droits de l'homme et des libertés fondamentales (C).

A. Connaissance antérieure de l'affaire

353.41 Code de procédure civile et Convention de sauvegarde des droits de l'homme. Constitue une cause de récusation, en vertu de l'article L. 111-6, 5° du COJ, le fait pour le juge d'avoir « *précédemment connu de l'affaire comme juge ou comme arbitre ou* [d'avoir] *conseillé l'une des parties* ». Parquetiers et techniciens sont concernés par cette disposition mais seulement, selon ses termes, s'ils ont eu l'occasion de jouer un rôle de juge, d'arbitre ou de conseil dans l'affaire; une participation antérieure au traitement de cette dernière en leur qualité actuelle ne saurait, en revanche, donner lieu à récusation[2], même sur la base de l'article 6 de la Convention de sauvegarde des droits de l'homme et des libertés fondamentales (v. et comp. s[s] n° 353.81).

De cette cause de récusation la jurisprudence a précisé le contenu. Ne se référant plus guère aujourd'hui qu'à l'article 6 § 1 de la Convention de sauvegarde des droits de l'homme et des libertés fondamentales, elle laisse apparaître une distinction selon que la personne concernée risque de chercher à ne point s'écarter des positions antérieurement prises ou simplement d'avoir des idées préconçues.

353.42 Première série d'hypothèses. Un magistrat répugnant, dans l'immense majorité des cas, à se déjuger, sa récusation est justifiée chaque fois qu'il est appelé à statuer sur les mêmes faits[3].

L'hypothèse-phare est celle du recours contre une décision qu'il a rendue (rappr., COJ, art. L. 111-9). Parfois écartée naguère, comme dans le cas du conseiller de la mise en état qui participait à la formation ayant à connaître du déféré de ses ordonnances[4], la solution est aujourd'hui générale et bien assise[5]. Elle n'englobe pas pour autant les voies de rétractation[6], conçues non comme un « *contrôle* » de la décision attaquée mais comme un mécanisme destiné à la « *parachever* »[7], le juge n'ayant pas été suffisamment informé ou ayant été trompé. Pas davantage la solution ne saurait s'étendre à l'hypothèse dans laquelle la décision attaquée est simplement fondée sur un jugement rendu par le magistrat concerné[8].

La récusation est également admise lorsqu'un magistrat siège sur renvoi, après cassation d'une décision à laquelle il a participé (rappr. COJ, art. L. 431-4)[9]. Cette cause de récusation n'est pas constituée lorsque les éléments du litige qu'il reste à juger n'étaient pas concernés par le pourvoi[10].

1. R. Perrot, obs., *RTD civ.* 1998. 744.
2. Civ. 2e, 8 févr. 2006, n° 04-12.864, *Bull. civ.* II, n° 45.
3. V. AUSSI, à propos de la Cour de cassation, en dépit du rôle que lui confère l'art. 604 C. pr. civ., CEDH 24 juin 2010, req. n° 22349/06, *Procédures* 2010. Comm. 314, obs. crit. Fricero, décidant que des conseillers ayant siégé sur premier pourvoi ne peuvent siéger sur second pourvoi, cette juridiction ayant pour mission de « contrôler l'adéquation » entre les faits et les conclusions des juges du fond.
4. Civ. 1re, 3 mars 1992, n° 90-11.088, *Bull. civ.* I, n° 73; *RTD civ.* 1993. 199, obs. Perrot; *RTD civ.* 1993. 874, spéc[t] 881, obs. Normand.
5. Civ. 2e, 9 oct. 1996, n° 94-20.002, *Bull. civ.* II, n° 222 – Civ. 2e, 20 nov. 2003, n° 01-13.974, *Bull. civ.* II, n° 346; *D.* 2004. IR 108 – V. AUSSI, à propos du déféré des ordonnances du conseiller de la mise en état, Civ. 2e, 6 mai 1999, n° 96-10.407, *Bull. civ.* II, n° 78; *RTD civ.* 1999. 685, obs. Normand; *RTD civ.* 1999. 704, obs. Perrot, sol. impl. – Civ. 2e, 10 sept. 2009, n° 08-14.004, *Bull. civ.* II, n° 209; *D.* 2009. 2169; *D.* 2010. Chron. 532, n° 7, obs. Sommer et Leroy-Gissinger; *Procédures* 2009. Comm. 347, obs. Perrot; *Procédures* 2009. Comm. 364, obs. Fricero; *RTD civ.* 2010. 157, obs. Perrot.
6. Civ. 2e, 5 févr. 1997, n°s 95-13.504 et 95-10.622, *Bull. civ.* II, n°s 33 et 34; *D.* 1999. 24, note Denoix de Saint Marc; *RTD civ.* 1997. 513, obs. Perrot.
7. *RTD civ.* 1997. 513 s., obs. Perrot.
8. Civ. 2e, 10 févr. 2005, n° 02-04.102, *Bull. civ.* II, n° 27, où était en cause la décision d'une commission de surendettement – COMP. Civ. 1re, 26 janv. 1999, n° 96-04.230, *Bull. civ.* I, n° 29;.
9. Civ. 3e, 11 juin 1987, n° 85-14.785, *Bull. civ.* III, n° 122; *D.* 1988. 527 (1re esp.), note Bailly; *Gaz. Pal.* 1988. 1. Somm. 36, obs. Guinchard et Moussa – Civ. 2e, 14 oct. 1987, n° 86-11.617, *Bull. civ.* II, n° 194; *D.* 1987. IR 207 – Pour une extension au recours en révision formé à l'encontre de l'arrêt rendu après cassation de la décision à laquelle avait participé le magistrat : Civ. 2e, 12 juill. 2001, n° 99-21.822, *Bull. civ.* II, n° 142.
10. Civ. 2e, 27 janv. 2005, n° 04-01.481, *Bull. civ.* II, n° 21, où la décision attaquée ne concernait qu'une partie du litige – RAPPR., CEDH 18 déc. 2008, req. n° 30609/04, *Procédures* 2009, comm. 49, obs. Fricero, où elle était relative à un « problème de procédure ». En outre, pour l'idée selon laquelle le seul fait de la cassation ne fait pas, à lui seul, peser un soupçon de partialité sur le juge, v. Civ. 2e, 27 janv. 2005, préc.

À ces hypothèses peut être rattaché, au moins dans le cadre de l'article 6 § 1 de la Convention de sauvegarde des droits de l'homme et des libertés fondamentales, le fait pour un juge appelé à statuer d'avoir donné, sur l'affaire litigieuse, un avis à la juridiction. Sera, dès lors, souvent écarté de la formation de jugement du conseil de prud'hommes, en dépit de l'article R. 1454-2 du Code du travail qui lui permet expressément de siéger, le conseiller rapporteur chargé de la mission prévue à l'article R. 1454-1 [1].

353.43 **Deuxième série d'hypothèses.** Le simple risque d'idées préconçues ne justifie pas, à lui seul, la récusation. La personne susceptible de faire l'objet de pareille mesure y échappe lorsqu'elle peut, sans craindre de se déjuger, adopter un autre parti [2].

Ainsi ne fait-il pas de doute que le juge qui a rendu une décision peut être saisi d'une voie de recours en rétractation contre celle-ci (v. s[s] n° 353.42), *a fortiori* d'une requête en rectification d'une erreur matérielle [3] ou de la liquidation de l'astreinte qu'il a prononcée [4].

De même, à moins qu'il n'ait proposé une solution aux parties [5], celui qui a connu du litige à l'occasion d'une tentative de conciliation [6] ou au cours de la phase d'instruction peut participer au jugement (pour le juge de la mise en état, v. C. pr. civ., art. 786), tout comme celui qui a été chargé d'établir un rapport préparant la décision [7] (comp. s[s] n° 353.42, à propos du conseiller rapporteur au conseil de prud'hommes).

On l'admet également pour le juge qui a déjà eu à statuer sur l'affaire dès lors que sa décision antérieure ne préjuge pas du fond [8]. Tel est le cas lorsque celle-ci avait un objet différent [9], peu important qu'elle ait été défavorable au demandeur en récusation ou favorable à son adversaire et même que des erreurs de procédure ou de droit aient été commises [10]. La condition est souvent remplie lorsque le juge a statué en référé mais ce n'est pas systématique : elle l'est – et le juge peut en conséquence participer à la décision sur le fond – lorsqu'il n'a eu à statuer que sur une mesure conservatoire [11] ou, *a fortiori*, lorsqu'il a décidé que la demande excédait le pouvoir du juge des référés [12]; il en va différemment lorsqu'il s'est prononcé sur le caractère sérieusement contestable de l'obligation [13].

Il va de soi que la récusation est exclue lorsque la précédente affaire n'était pas la même, même si elle était de même nature [14] et même si, par surcroît, elle concernait la même personne [15].

Quant à la question de savoir si celui qui a été saisi des aspects pénaux d'un litige peut l'être de ses aspects civils [16], elle dépend également de la possibilité [17] ou de l'impossibilité [18] d'adopter un autre parti sans se déjuger.

1. Soc. 3 mars 2009, n° 07-15.581, *Bull. civ.* V, n° 54; *Procédures* 2009. Comm. 139, obs. Fricero; *Procédures* 2009. Comm. 195, obs. Bugada – V. DÉJÀ, Paris, 29 nov. 1978, *Gaz. Pal.* 1979. 1. 190; *RTD civ.* 1979. 832, obs. Perrot.
2. J. Normand, obs. *RTD civ.* 1993. 878 – V. CEP., Civ. 2e, 12 juill. 2001, n° 99-21.822, *Bull. civ.* II, n° 142.
3. Civ. 1re, 28 mai 2002, n° 00-10.516, *Bull. civ.* I, n° 148.
4. Civ. 2e, 8 avr. 1998, n° 96-13.845, *Bull. civ.* II, n° 122.
5. Civ. 2e, 15 mars 2012, n° 11-01.194, *Bull. civ.* II, n° 54; *RTD civ.* 2012. 375, obs. Perrot.
6. N. Fricero, « L'impartialité des juges à travers la jurisprudence de la Cour de cassation sur la récusation », *Mél. Boré*, Dalloz, 2007, p. 181.
7. Com. 3 nov. 1992, n° 90-16.751, *Bull. civ.* IV, n° 345; *D.* 1993. 538, note Vallens; *RTD civ.* 1993. 874-882, obs. Normand – Com. 16 mars 1993, n° 91-10.314, NP; *RTD civ.* 1993. 874-882, obs. Normand; *D.* 1993. 538, note Vallens, à propos du juge-commissaire – *CONTRA* : Civ. 1re, 5 oct. 1999, n° 96-19.291, *Bull. civ.* I, n° 257; *D.* 2000. 312, note Blanchard; *JCP* 1999. II. 10203, concl. Sainte-Rose; *RTD civ.* 2000. *618*-625, obs. Normand, dans le cadre d'une procédure disciplinaire.
8. Civ. 2e, 24 janv. 2013, n° 12-01.345, *Bull. civ.* II, n° 10; *Dr. et proc.* 2013. 48 (désignation d'un mandataire dans le cadre d'une mesure de sauvegarde de justice).
9. RAPPR., Civ. 1re, 4 juin 1991, n° 90-12.788, *Bull. civ.* I, n° 178, où la même personne avait participé au jugement prononçant une condamnation disciplinaire et figurait dans la formation de la cour d'appel appelée à statuer sur une demande de constatation de l'amnistie – CE 15 juill. 2004, req. n° 250268, *RJS* 2004, n° 1201.
10. Civ. 2e, 27 mai 2004, n° 04-01.428, *Bull. civ.* II, n° 258.
11. Cass., ass. plén., 6 nov. 1998, n° 95-11.006, *Bull. ass. plén.*, n° 4; *Procédures* 1999. Comm. 3, 1re esp., obs. Perrot; *D.* 1999. 1, concl. Burgelin; *RTD civ.* 1999. 177, spéc[t] 184, obs. Normand; *RTD civ.* 1999. 193, obs. Perrot – Bordeaux, 10 mai 1990, *Gaz. Pal.* 1991. 1. 188, note Renard.
12. Soc. 30 avr. 2002, n° 00-44.304, NP; *RJS* 2002, n° 873 – V. AUSSI, Civ. 1re, 15 nov. 2005, n° 02-21.366, *Bull. civ.* I, n° 413.
13. Cass., ass. plén., 6 nov. 1998, n° 94-17.709, *Bull. ass. plén.*, n° 5; *Procédures* 1999. Comm. 3, 2e esp., obs. Perrot; *D.* 1999. 1, concl. Burgelin; *RTD civ.* 1999. 183, obs. Normand; *RTD civ.* 1999. 193, obs. Perrot; *RTD civ.* 1999. 494, obs. Marguénaud, à propos d'un référé-provision – RAPPR., CAA Bordeaux, 18 nov. 2003, *Procédures* 2004. Comm. 41, pour le tribunal administratif.
14. Civ. 2e, 8 juill. 2004, n° 02-19.171, *Bull. civ.* II, n° 360 – RAPPR., Civ. 1re, 18 mai 2011, n° 10-10.282, *Bull. civ.* I, n° 89; *D.* 2011. 1493; *Dr. et proc.* 2011. 212, note Fricero, selon lequel il importe peu que la position du juge sur une question de droit soit prévisible.
15. Civ. 1re, 22 mai 2002, n° 99-13.871, n° 99-13.872, *Bull. civ.* I, n° 140 – RAPPR., Soc. 18 févr. 2003, n° 01-11.170, NP; *RJS* 2003, n° 1427, à propos du conseil de prud'hommes – *Adde* : Civ. 2e, 14 oct. 2004, n° 02-18.708, *Bull. civ.* II, n° 457; *Procédures* 2004. Comm. 256, obs. Perrot, décidant que l'existence de contentieux répétitifs entre les mêmes parties importe peu.
16. RAPPR., dans l'hypothèse inverse : Crim. 24 nov. 1999, n° 98-85.327, *Bull. crim.* n° 275; *RTD civ.* 2000. 619, obs. Normand.
17. Civ. 2e, 16 mars 1988, *D.* 1988. 527, 2e esp., note Bailly – Civ. 1re, 29 mars 1989, n° 87-13.520, *Bull. civ.* I, n° 143; *D.* 1989. IR 134 – Civ. 2e, 14 déc. 1992, n° 91-17.324, *Bull. civ.* II, n° 315; *RTD civ.* 1993. 879, obs. Normand.
18. Dans des affaires d'annulation, Civ. 1re, 30 mai 2000, n° 98-13.981, *Bull. civ.* I, n° 162; *RTD civ.* 2000. 618, spéc[t] 620, ►

B. Autres causes de récusation de source nationale

1° Régime de droit commun

353.51 Intérêt, parenté ou alliance (COJ, art. L. 111-6, 1° à 3°). La récusation est possible, tout d'abord, d'après l'article L. 111-6 COJ :

1° lorsque le juge (de façon plus générale « *la personne récusable* ») ou son conjoint « *a un intérêt personnel à la contestation* », ce qui ne signifie pas que l'un d'eux doive être partie au litige (le fait d'être l'avocat d'un plaideur est suffisant[1], non celui d'être adhérent d'une mutuelle en procès[2]);

2° lorsque le juge ou son conjoint « *est créancier, débiteur, héritier présomptif ou donataire de l'une des parties* », situation qui apparaît comme un cas particulier de la précédente[3];

3° lorsque le juge ou son conjoint « *est parent ou allié de l'une des parties ou de son conjoint jusqu'au quatrième degré inclusivement* » (rappr. et comp. COJ, art. R. 111-4).

353.52 Procès antérieur (COJ, art. L. 111-6, 4°). La récusation est également ouverte dans l'hypothèse où « *il y a eu ou* [...] *il y a procès entre* [le juge] *ou son conjoint et l'une des parties ou son conjoint* ». Ce procès - susceptible d'être pris en considération quelle que soit son ancienneté, qu'il ait été engagé avant ou après le début de l'instance ou des opérations d'expertise, qu'il puise ou non sa raison d'être dans leur déroulement[4] - peut être indifféremment civil ou pénal. Il n'est pas constitué[5] par une contestation concernant les opérations d'expertise[6] ou portant sur le montant des honoraires de l'expert[7].

Encore le procès ne doit-il pas avoir été créé artificiellement par une partie[8]. C'est la raison pour laquelle une plainte simple, qui pourrait n'être qu'une manœuvre, n'est pas suffisante; une constitution de partie civile valable est nécessaire[9] sans être pour autant, en elle-même, une cause de récusation[10]. Peu importe, en revanche, qu'elle soit récente[11]. L'intervention de la victime lorsque le parquet a déjà mis en mouvement l'action publique permet de faire jouer l'article L. 111-6, 4° du COJ.

353.53 Administration des biens d'une partie et lien de subordination (COJ, art. L. 111-6, 6° et 7°). La récusation est encore admise dans les deux hypothèses suivantes :

– « *si le juge ou son conjoint est chargé d'administrer les biens de l'une des parties* », situation qui englobe la qualité d'administrateur de SA (rappr. ACPC, art. 378-7°) et celle de membre d'un conseil municipal[12];

– « *s'il existe un lien de subordination entre le juge ou son conjoint et l'une des parties ou son conjoint* », lien de subordination laissé à l'appréciation souveraine des juges du fond, considéré comme non constitué - dans une hypothèse où la personne visée par la récusation était un expert - par le versement d'une provision à celui-ci sous le contrôle et par l'intermédiaire du centre d'arbitrage de la Chambre de commerce et d'industrie de Paris[13].

353.54 Amitié ou inimitié notoire (COJ, art. L. 111-6, 8°). La huitième et dernière cause de récusation est constituée par l'« *amitié ou* [l']*inimitié notoire entre le juge et l'une des parties* ». Elle n'implique ni le conjoint du juge ni celui de la partie concernée, seule l'amitié ou l'inimitié entre le juge lui-même et le plaideur lui-même étant à prendre en considéra-

▶ obs. Normand – Civ. 1re, 29 sept. 2004, n° 02-16.436, *Bull. civ.* I, n° 217; *RTD civ.* 2005. 108, obs. Hauser (poursuites pour abandon de famille puis demande de réduction de pension alimentaire).
1. RAPPR., Poitiers, 13 mai 1980, *Gaz. Pal.* 1980. 2. 465, obs. A. D.
2. Civ. 2e, 30 avr. 2003, n° 03-01.342, *Bull. civ.* II, n° 126.
3. Civ. 2e, 30 avr. 2003, n° 03-01.342, *Bull. civ.* II, n° 126, qui refuse de tenir cette cause de récusation pour constituée lorsqu'un magistrat est adhérent d'une mutuelle partie au litige.
4. Civ. 2e, 13 oct. 2005, n° 04-10.834, *Bull. civ.* II, n° 249.
5. Contre la prise en considération d'un procès entre un plaideur et la juridiction dans son ensemble (conseil de l'ordre des avocats), RAPPR., Civ. 2e, 4 janv. 2006, n° 04-11.921, *Bull. civ.* II, n° 7, qui en tire la conséquence qu'en pareille hypothèse, l'art. 341, 4° ne peut fonder une demande de renvoi pour cause de suspicion légitime – Sur la cause de cette dernière, v. ss n° 353.132.
6. Civ. 2e, 15 nov. 2007, n° 07-10.921, *Bull. civ.* II, n° 254.
7. Civ. 2e, 15 déc. 1986, n° 85-17.122, *Bull. civ.* II, n° 189; *D.* 1987. IR 8; *JCP* 1987. IV. 70; *Gaz. Pal.* 1987. 2. Somm. 337, obs. Guinchard et Moussa – Paris, 5 févr. 1985, RG n° L. 7481, *Gaz. Pal.* 1985. 2. 523, note Thorin.
8. Civ. 3e, 9 oct. 1984, n° 83-11.341, *Bull. civ.* III, n° 163; *JCP* 1985. II. 20454; *Gaz. Pal.* 1985. 1. Pan. 26, obs. Guinchard; *RTD civ.* 1985. 212, obs. Perrot, où l'un des plaideurs avait cité l'expert devant le tribunal de police au motif que celui-ci avait utilisé une unité de mesure n'ayant pas cours en France – V. AUSSI, Civ. 1re, 22 avr. 1980, n° 79-11.164, *Bull. civ.* I, n° 118 – RAPPR., Civ. 2e, 13 oct. 2005, n° 04-10.834, *Bull. civ.* II, n° 249.
9. Civ. 2e, 6 déc. 1978, *D.* 1979. IR 480, obs. Julien – V. AUSSI, Rennes, 12 juill. 1977, *D.* 1978. IR 155; *Gaz. Pal.* 1978. 1. 212.
10. Civ. 2e, 11 sept. 2003, n° 03-01.360, *Bull. civ.* II, n° 258.
11. Civ. 2e, 6 déc. 1978, *D.* 1979. IR 480, obs. Julien.
12. Dijon, 24 janv. 1866, *S.* 1866. 2. 76.
13. Com. 19 mars 1991, n° 89-21.452, *Bull. civ.* IV, n° 111 – COMP. Civ. 2e, 5 déc. 2002, n° 01-00.224, *Bull. civ.* II, n° 275; *D.* 2003. 2260, note Penneau, qui admet la possibilité d'une récusation sur la base de l'article 6 Conv. EDH dans une affaire où l'expert avait effectué, dans le cadre d'une activité libérale, des prestations pour le compte d'un concurrent d'une des parties.

tion. Elle repose sur deux éléments : l'amitié ou l'inimitié et son caractère « *notoire* ». Ce dernier point paraît constituer davantage une référence au caractère certain de l'amitié ou de l'inimitié qu'à la connaissance qu'en auraient un grand nombre de personnes.

L'amitié ou l'inimitié notoire relève de l'appréciation souveraine des juges du fond[1]. Ainsi a-t-il pu être jugé que le fait de déjeuner avec diverses personnes dont une des parties ne constituait pas l'amitié notoire visée par le texte[2], pas plus que celui pour le plaideur et son juge d'être issus de la même école, « *fût-ce Polytechnique* »[3], ou la seule circonstance que les magistrats concernés appartiennent au même secteur d'activité que les parties[4]. De même, les juges du fond ont pu décider que ne suffisait pas à démontrer une amitié notoire le fait, pour l'expert, d'avoir, dans le passé, établi les plans de bateaux ensuite construits par une partie[5]. Le fait d'entretenir des relations familiales a été, en revanche, traité comme une amitié notoire[6]. En ce qui concerne l'inimitié, l'appartenance d'un magistrat à un syndicat hostile à un parti politique partie à un litige a été regardée comme ne suffisant pas à la caractériser[7].

Les sentiments à retenir étant évidemment ceux du juge, non ceux de la partie, seule l'inimitié manifestée par le premier peut servir de fondement à une récusation[8].

2°
Régime des conseillers prud'hommes

353.61 Rapports entre les deux régimes. L'article L. 1457-1 du Code du travail prévoit cinq cas de récusation des conseillers prud'hommes. Le régime qu'il édicte est propre à ces magistrats. Dès lors, même devant un conseil de prud'hommes, la récusation relève des articles 341 C. pr. civ. et L. 111-6 du COJ lorsqu'elle vise un technicien - catégorie à laquelle n'appartient pas le conseiller chargé de la mission d'information prévue à l'article R. 1454-1 du Code du travail - ou le juge départiteur.

La règle d'interprétation *Specialia generalibus derogant* et les termes dudit article 341 (« *Sauf* [...] » - rappr. COJ, art. L. 111-6) ont, le plus souvent, conduit à voir dans la disposition du Code du travail à la fois une dérogation à ce texte et une liste limitative[9]. On préfère parfois tenir la règle du Code du travail pour une simple application de celle, plus générale, du droit commun, ouvrant ainsi de plus larges possibilités de récusation[10]. Ce débat a perdu de son importance depuis que la jurisprudence admet, sur la base de l'exigence d'un tribunal impartial posée par l'article 6 de la Convention de sauvegarde des droits de l'homme et des libertés fondamentales, des causes de récusation étrangères aux listes légales (v. s[s] n°s 353.33 et 353.81 s.).

353.62 Intérêt personnel (C. trav., art. L. 1457-1, 1°). Comme l'article L. 111-6 du COJ, le Code du travail fait de l'« *intérêt personnel à la contestation* » la première cause de récusation mais, à la différence de ce texte, il ne vise que celui du conseiller prud'homme, non celui de son conjoint. La solution ne paraît pas, toutefois, devoir être très différente, l'intérêt pouvant n'être qu'indirect et moral[11]. Il semble, en outre, présent dans les hypothèses, non reprises par le Code du travail, où le conseiller prud'homme est créancier, débiteur, *etc.* d'une partie (v. COJ, art. L. 111-6, 2° - et s[s] n° 353.51).

L'article L. 1457-1 précise que « *le seul fait d'être affilié à une organisation syndicale* » ne constitue pas cet intérêt. Peu importe donc qu'un conseiller prud'homme soit membre de la même organisation qu'une des parties[12] - solution qui demeure même si cette appartenance est le fait de deux conseillers[13] - voire que le syndicat intervienne à l'instance. Il peut y avoir là, néanmoins, une cause de récusation si « *le seul fait* » de l'affiliation se trouve dépassé : tel est le cas si le juge prud'homal a pris nettement fait et cause pour une partie de sorte que son appartenance

1. Civ. 1re, 24 avr. 1979, n° 77-10.103, NP; *D.* 1979. IR 502 - Civ. 2e, 24 juin 2004, n° 02-14.509, *Bull. civ.* II, n° 325; *D.* 2005. 332, obs. Julien et Fricero - Civ. 2e, 7 juill. 2005, n° 04-17.663, *Bull. civ.* II, n° 188.
2. Grenoble, 31 mai 1990, *Gaz. Pal.* 1991. 1. 189, note Renard.
3. Civ. 2e, 13 juill. 2005, n° 04-19.962, *Bull. civ.* II, n° 206; *D.* 2005. 2656, concl. Kessous; *Dr. et proc.* 2006. 40, note Fricero.
4. Civ. 2e, 13 juill. 2005, n° 04-19.962 (préc. s[s] prés[t] n°).
5. Civ. 1re, 24 avr. 1979, n° 77-10.103, NP; *D.* 1979. IR 502.
6. Rouen, 19 juin 1979, *Gaz. Pal.* 1979. 2. 636, note Petit, dans une affaire où l'expert et un des copropriétaires, membre du syndicat partie au litige, avaient des enfants mariés ensemble.
7. Civ. 2e, 24 juin 2004, n° 02-14.509, *Bull. civ.* II, n° 325; *D.* 2005. 332, obs. Julien et Fricero.
8. RAPPR., Civ. 12 avr. 1870, *DP* 1871. 5. 326.
9. Soc. 20 févr. 1974, n° 73-40.106, *Bull. civ.* V, n° 128, rendu sous l'empire du décret n° 58-1292, 22 déc. 1958 - Aix-en-Provence, 15 mars 1982, *JCP CI* 1983. I. 11519, n° 1, obs. Teyssié, écartant la récusation pour une inimitié non dissimulée - Poitiers, 25 juill. 1983, *JCP E* 1984. I. 13774, n° 1, relatif aux relations d'amitié et à la fourniture d'avis et de conseils oraux.
10. Montpellier, 4 juin 1987, *JCP* 1987. II. 20876, note de Lestang, qui invoque la référence du Code du travail aux articles 341 à 355 C. pr. civ.
11. RAPPR., Poitiers, 13 mai 1980, *Gaz. Pal.* 1980. 2. 465, note A. D., relatif à la suspicion légitime, où un conseiller prud'homme était l'avocat d'une partie.
12. *CONTRA* : Grenoble, 23 oct. 2002, *RJS* 2003, n° 846, rendu sur la base de l'art. 6 Conv. EDH et où cette circonstance concernait le président.
13. Soc. 19 déc. 2003, n° 02-41.429, *Bull. civ.* V, n° 321; *D.* 2004. IR 188; *JCP* 2004. I. 177, n° 1, obs. Pétel-Teyssié; *JCP E* 2004. 1056, n° 1, obs. Pétel-Teyssié; *RJS* 2004, n° 338, invoquant, à propos de l'art. 6 Conv. EDH, la parité comme garantie de l'impartialité de cette juridiction.

syndicale ne lui permet pas de statuer en toute sérénité et impartialité[1].

353.63 Parenté ou alliance (C. trav., art. L. 1457-1, 2°). Un conseiller prud'homme peut être récusé lorsque d'une des parties il est : « *conjoint, partenaire lié par un pacte civil de solidarité, concubin, parent ou allié jusqu'au degré de cousin germain inclusivement* », c'est-à-dire jusqu'au quatrième degré. Sur ce point, la règle est la même que celle du droit commun. Elle s'en écarte, en revanche, en ce que les liens d'alliance du conjoint (celui du conseiller comme celui du plaideur) ne sont pas pris en compte (comp., à propos d'un lien d'« alliance » résultant d'un concubinage, n° 353.82).

353.64 Procès antérieur (C. trav., art. L. 1457-1, 3°). L'article L. 1457-1 du Code du travail admet qu'on puisse récuser un conseiller prud'homme « *si, dans l'année qui a précédé la récusation, il y a eu action judiciaire, criminelle ou civile entre lui et une des parties ou son conjoint, partenaire lié par un pacte civil de solidarité, concubin ou ses parents ou alliés en ligne directe* ». La possibilité de récusation est à la fois plus étroite et plus large que celle de l'article L. 111-6, 4°, du COJ : plus étroite car ne sont pris en considération ni les procès du conjoint du juge, ni les procès antérieurs de plus d'un an à la demande en récusation (ceux qui se sont terminés plus d'un an avant cette demande); plus large, en revanche, en ce que sont retenus non seulement les procès de la partie et ceux de son conjoint, mais également ceux de ses parents et alliés en ligne directe.

353.65 Avis écrit dans l'affaire (C. trav., art. L. 1457-1, 4°). Le fait pour un conseiller prud'homme d'avoir « *donné un avis écrit dans l'affaire* » constitue la quatrième cause de récusation prévue par le Code du travail. Peu importe ici le fait d'avoir précédemment connu de l'affaire comme juge ou comme arbitre (comp. n°s 353.41 s.); seul le fait d'avoir conseillé une partie est appelé à jouer (sur l'avis donné au bureau de jugement par le conseiller rapporteur, v. s^s^ n° 353.42). Encore seuls les avis écrits sont-ils pris en considération[2].

353.66 Contrat de travail (C. trav., art. L. 1457-1, 5°). Un conseiller prud'homme peut enfin être récusé « *s'il est employeur ou salarié de l'une des parties en cause* », c'est-à-dire s'il est lié à l'une d'elles par un contrat de travail. À la différence de l'article L. 111-6 du COJ, l'article L. 1457-1 du Code du travail ne prend en compte ni le contrat de travail du conjoint du juge, ni celui du conjoint du plaideur (v. s^s^ n° 353.82, à propos d'un ancien contrat de travail).

3°
Autres régimes propres

353.71 Récusation des assesseurs du tribunal paritaire des baux ruraux. L'article L. 492-5 du Code rural édicte un régime spécial pour la récusation des assesseurs du tribunal paritaire des baux ruraux. Celui-ci – qui suscite les mêmes difficultés que le précédent (v. s^s^ n° 353.61) – tient en cinq cas de récusation, très proches de ceux prévus par le Code du travail et qui doivent être interprétés de la même manière. On retrouve :

1° l'intérêt personnel à la contestation, mais sans la précision relative à l'affiliation à une organisation syndicale (v. s^s^ n° 353.62);

2° le lien de parenté ou d'alliance avec une partie « *jusqu'au quatrième degré inclusivement* », ce qui correspond au degré de « *cousin germain* » du Code du travail (v. s^s^ n° 353.63);

3° l'« *action judiciaire civile ou criminelle* » entre l'un des assesseurs et l'une des parties, cause de récusation plus restreinte en ce que le procès antérieur doit avoir nécessairement impliqué la partie elle-même, plus large en ce qu'on prend en compte les cinq années qui ont précédé et point seulement la dernière (v. s^s^ n° 353.64);

4° l'avis écrit dans l'affaire (v. s^s^ n° 353.65);

5° la situation d'employeur ou de salarié (v. s^s^ n° 353.66) mais aussi, ici, celle de bailleur ou de preneur d'une des parties en cause.

353.72 Récusation des assesseurs de la CNITAAT. L'article L. 143-8 du Code de la sécurité sociale, introduit par la loi n° 2002-73 du 17 janvier 2002[3], prévoit, pour ce qui est des assesseurs de la Cour nationale de l'incapacité et de la tarification de l'assurance des accidents du travail (CNITAAT), six cas de récusation. L'article L. 143-2-1 alinéa 3, dans sa rédaction issue du même texte, y renvoyait pour les assesseurs du tribunal du contentieux de l'incapacité avant d'être abrogé par l'ordonnance n° 2005-656 du 8 juin 2005. Ces six cas sont les suivants : intérêt personnel de l'assesseur ou de son conjoint à la

1. Versailles, 18 mai 1982, *Cah. prud'h.* 1982, n° 7, p. 122, dans une affaire où un conseiller prud'homme avait apporté son soutien à une des parties par l'assistance d'un piquet de grève – Douai, 18 déc. 1986, *Gaz. Pal.* 1987. 1. 277, note Rayroux, où, invoquant la rédaction d'un tract par un membre de la juridiction prud'homale, le demandeur en récusation s'appuyait à la fois sur l'intérêt personnel et sur l'existence d'un avis écrit, l'arrêt ne précisant pas le fondement retenu – COMP. Soc. 19 déc. 2003, n° 02-41.429 (préc. s^s^ prés^t^ n°), où l'un des plaideurs était délégué du même syndicat et où ce dernier était en conflit ouvert et public avec l'autre plaideur, l'employeur.

2. Poitiers, 25 juill. 1983, *JCP E* 1984. I. 13774, n° 1, obs. Teyssié – V. Douai, 18 déc. 1986, *Gaz. Pal.* 1987. 1. 277, note Rayroux, à propos d'un tract – COMP. Montpellier, 4 juin 1987, *JCP* 1987. II. 20876, note de Lestang.
3. L. n° 2002-73, 17 janv. 2002 de modernisation sociale, *JO* 18 janv., p. 1008.

contestation; lien de parenté ou d'alliance jusqu'au quatrième degré inclusivement entre l'assesseur ou son conjoint et l'une des parties; procès antérieur ou en cours entre l'assesseur ou son conjoint et l'une des parties ou son conjoint; connaissance antérieure de l'affaire comme assesseur; lien de subordination entre l'assesseur ou son conjoint et l'une des parties ou son conjoint; amitié ou inimitié notoire entre l'assesseur et l'une des parties (v. aussi, évidemment, s^s n°s 353.33 et 353.61).

C.
Autres causes de récusation de source internationale

353.81 Convention de sauvegarde des droits de l'homme et des libertés fondamentales. Les dispositions nationales n'épuisant pas l'exigence d'impartialité posée, pour tout « tribunal », par l'article 6 § 1 de la Convention de sauvegarde des droits de l'homme et des libertés fondamentales, cette disposition constitue, à elle seule, la source d'innombrables autres causes de récusation (v. s^s n° 353.33). Celles-ci sont susceptibles de jouer contre les juges, non contre les représentants du ministère public, que l'article 6 ne concerne pas[1], pas davantage *a priori* contre les experts, mais la position du droit positif semble, pour eux, plus nuancée[2]. Elles peuvent être réparties en deux catégories. Au sein de l'exigence d'impartialité qu'il pose, la Cour européenne des droits de l'homme distingue impartialité « objective » et impartialité « *subjective* » (v. s^s n°s 211.60 s.). On peut également dire que tantôt le risque de partialité est présumé, tantôt il n'est pris en compte que démontré.

353.82 Risque de partialité présumé. De la première catégorie de causes de récusation[3] illustration est fournie par la connaissance antérieure de l'affaire (v. s^s n°s 353.41 s.), mais aussi par de nombreuses incompatibilités retenues par la jurisprudence et qui, pour la plupart, concernent le conseil de prud'hommes. D'un membre de cette juridiction la récusation est ainsi justifiée lorsque sa nièce (*a fortiori* un parent plus proche) vit en concubinage avec une partie[4], lorsqu'il a aidé un plaideur à constituer son dossier[5] ou l'a assisté à l'occasion d'une autre procédure entre les mêmes protagonistes[6], également lorsqu'il a eu, dans le passé, avec une partie, des relations d'affaires éminemment conflictuelles[7]. L'article 6 § 1 de la Convention de sauvegarde des droits de l'homme et des libertés fondamentales implique pareillement, décide la Cour de cassation, que ne siège pas dans la formation de jugement un conseiller prud'homme qui a été le subordonné d'une des parties et le supérieur hiérarchique de l'autre, quelle qu'ait été la qualité de ses relations avec l'une ou l'autre[8].

Cette disposition a également conduit à la proclamation d'une incompatibilité entre une mission habituelle d'assistance ou de représentation et des fonctions de juge au sein du même conseil de prud'hommes[9]. Cette cause de récusation n'est toutefois constituée de façon sûre que lorsque l'auteur d'un tel cumul a assisté ou représenté une partie; elle va alors jusqu'à permettre *a posteriori* l'annulation de la décision même s'il n'a pas siégé[10] (on peut craindre qu'il n'ait influencé ses collègues ou ses ex-collègues). La récusation – au seul titre de ce cumul, du moins – paraît devoir être rejetée dans l'hypothèse inverse : quand il participe au jugement d'une affaire dans laquelle il n'a joué aucun rôle.

Certaines solutions jurisprudentielles[11] laissent à penser que le risque de partialité est susceptible d'être également présumé dans l'hypothèse où le juge, ayant déjà eu à connaître de l'affaire (sans encourir pour autant une récusation, v. s^s n° 353.43) ou

1. Civ. 1re, 22 mai 2002, n° 99-13.871, *Bull. civ.* I, n° 140 – Civ. 1re, 23 nov. 2004, n° 02-13.293, *Bull. civ.* I, n° 283, relevant que les représentants du ministère public « ne participent pas au jugement » – Douai 24 oct. 2007, *D.* 2008. AJ 13.
2. V. Civ. 2e, 5 déc. 2002, n° 01-00.224, *Bull. civ.* II, n° 275; *D.* 2003. 2260, note Penneau; *Procédures* 2003. Comm. 37, obs. Perrot qui admet la possibilité d'une récusation sur la base de l'art. 6 §1 Conv. EDH dans une affaire où l'expert avait effectué, dans le cadre d'une activité libérale, des prestations pour le compte d'un concurrent d'une des parties.
3. Sur la notion d'« impartialité objective », V. NOT. Lyon-Caen, « La juridiction prud'homale et l'article 6-1 de la Convention européenne des droits de l'homme », *RJS* 2003. 936 – G.-P. Quétant, « L'impartialité du juge prud'homal, état des lieux après les arrêts du 19 décembre 2003 », *JS Lamy* 10 févr. 2004, n° 139-1.
4. Soc. 18 nov. 1998, n° 94-43.840, *Bull. civ.* V, n° 506.
5. Soc. 18 juill. 2001, n° 99-43.583, NP; *JS Lamy* 18 oct. 2001, n° 88-30.
6. Soc. 8 janv. 1997, n° 94-42.241, *Bull. civ.* V, n° 11.
7. Aix-en-Provence, 28 juin 2001, RG n° 01/08952, *JCP* 2001. IV. 3008.
8. Soc. 27 janv. 2009, n° 07-42.967, NP; *RJS* 2009, n° 393.
9. Soc. 3 juill. 2001, n° 99-42.735, *Bull. civ.* V, n° 247; *D.* 2001. 2712, obs. Fricero; *JCP* 2002. II. 10.046, note du Rusquec – Soc. 2 févr. 2005, n° 03-40.271, *Bull. civ.* V, n° 44.
10. V. réf. préc. – *Adde* : Soc. 16 sept. 2008, n° 06-45.334, *Bull. civ.* V, n° 160; *Dr. et proc.* 2008. 350, selon lequel doit être retenue la qualité de conseiller prud'homme à la date d'introduction de l'instance, peu important que le mandataire du plaideur ne l'ait plus lorsque l'affaire arrive devant le bureau de jugement.
11. Civ. 1re, 17 mars 2011, n° 10-10.583, *Bull. civ.* I, n° 56; *Dr. et proc.* 2011. 152, note Laforcade, qui annule une telle décision au motif qu'il s'agit là d'une « *apparence de motivation de nature à faire peser un doute sur l'impartialité de la juridiction* » – *Adde*, Civ. 3e, 18 mars 2009, n° 08-18.029, *Bull. civ.* III, n° 253 – Com. 23 mars 2010, n° 09-11.508, *Bull. civ.* IV, n° 61, et n° 09-11.029, NP; *RTD civ.* 2010. 289, obs. Marguénaud – COMP., Crim. 2 mars 2011, n° 10-86.940, *Bull. crim.*, n° 47.

d'une affaire concernant l'un des plaideurs, aurait motivé sa décision antérieure en se contentant de reprendre les conclusions d'une partie.

353.83 Risque de partialité démontré. En d'autres hypothèses, le risque de partialité n'est pas présumé, la cause de récusation n'est pas considérée comme nécessairement constituée. Ainsi, demandée sur le fondement de son appartenance syndicale (alors même que celle-ci était le fait de deux conseillers[1]) ou sur celui de sa qualité, tout à la fois, de secrétaire et de conjoint de l'avocat habituel d'une partie[2], ou encore en raison de sa participation antérieure à des litiges analogues[3], cette mesure s'est-elle heurtée à un refus. De même, ne suffit pas à faire douter de l'impartialité d'une cour d'appel le fait que, devant cette juridiction, une partie soit assistée par un délégué syndical membre d'un conseil de prud'hommes du ressort de ladite cour[4].

Ici, la situation ne valant pas par elle-même cause de récusation, seules des « *imputations* » suffisamment « *précises* »[5] de nature à révéler un risque de parti-pris pourraient justifier la mise en œuvre de l'article 6 § 1 de la Convention de sauvegarde des droits de l'homme et des libertés fondamentales. Elles sont forcément présentes, selon la Cour de cassation, lorsque, dans le cadre d'une saisine d'office du tribunal de commerce, la citation et la note l'accompagnant tiennent pour établi le comportement fautif de la personne concernée[6]. Le plus souvent, de tels éléments relèvent du pouvoir souverain des juges du fond[7] (pour d'autres exemples, tirés de la jurisprudence de la CEDH, v. s[s] n°s 211.60 s.).

§ 2
Procédure de récusation

353.91 Exclusion de la Convention de sauvegarde des droits de l'homme. Omniprésent en ce qui concerne les causes de récusation, l'article 6 § 1 de la Convention de sauvegarde des droits de l'homme ne s'applique pas à la procédure relative à cet incident, « *qui ne porte pas sur le bien-fondé d'une accusation en matière pénale et ne concerne pas une contestation sur un droit ou une obligation de caractère civil* »[8].

353.92 Procédure de droit commun et régimes particuliers. La procédure de récusation obéit, en principe, aux règles posées par les articles 342 et suivants C. pr. civ. Celles-ci connaissent, toutefois, des dérogations.

353.93 Récusation des conseillers prud'hommes. Le Code du travail décide expressément que la procédure de récusation des conseillers prud'hommes est régie « *par les articles 341 à 355 du Code de procédure civile* » (C. trav., art. R. 1457-1); il n'y apporte qu'un aménagement : lorsque la demande de récusation est portée devant la cour d'appel (v. s[s] n° 353.115), elle est jugée par la chambre sociale (C. trav., art. R. 1457-2).

353.94 Récusation des assesseurs du tribunal paritaire des baux ruraux. La récusation des assesseurs du tribunal paritaire des baux ruraux connaît une règle particulière, posée par l'article L. 492-6 du Code rural : lorsque, par suite de la récusation d'assesseurs titulaires ou suppléants, le tribunal paritaire ne peut se réunir au complet, le président statue seul après avoir pris l'avis des assesseurs présents.

353.95 Récusation des techniciens. L'article 234 C. pr. civ., relatif à la récusation des techniciens, ne renvoie à celle des juges que pour les causes de récusation; il fournit, par ailleurs, des éléments de procédure. La jurisprudence en déduit que le régime des articles 342 et suivants n'est pas applicable aux techniciens[9].

La demande en récusation doit être portée devant le juge qui a commis le technicien ou devant celui qui est chargé du contrôle de la mesure d'instruction (C. pr. civ., art. 234). Elle doit être formée « *avant le début des opérations ou dès la révélation de la cause de la récusation* »[10]. En aucun cas, elle ne saurait l'être après le dépôt du rapport d'expertise[11].

1. Soc. 19 déc. 2003, n° 02-41.429, *Bull. civ.* V, n° 321; *D.* 2004. IR 188; *JCP* 2004. I. 177, n° 1, obs. Pétel-Teyssié; *JCP E* 2004. 1056, n° 1, obs. Pétel-Teyssié; *RJS* 2004, n° 338, invoquant la parité comme garantie de l'impartialité de cette juridiction – Civ. 2e, 20 oct. 2005, n° 03-17.458, NP; *D.* 2005. IR 2770 – *CONTRA* : Grenoble, 23 oct. 2002, *RJS* 2003, n° 846, où cette circonstance concernait le président.
2. Soc. 22 mars 2005, n° 03-17.162, NP; *RJS* 2005, n° 659.
3. Soc. 18 févr. 2003, n° 01-11.170, NP; *RJS* 2003, n° 1427, où trois conseillers prud'hommes étaient visés.
4. Soc. 10 janv. 2012, n° 10-28.027, *Bull. civ.* V, n° 3; *JCP S* 2012. 1130, note Lahalle (affaire d'annulation).
5. Civ. 2e, 13 juill. 2005, n° 04-19.962, *Bull. civ.* II, n° 206; *D.* 2005. 2656, concl. Kessous.
6. Com. 3 nov. 1992, n° 90-16.751, *Bull. civ.* IV, n° 345, et Com. 16 mars 1993, n° 91-10.314, NP; *D.* 1993. 538, note Vallens; *RTD civ.* 1993. 874-882, obs. Normand.
7. Civ. 2e, 7 janv. 2010, n° 08-70.065, *Bull. civ.* II, n° 2; *Procédures* 2010. Comm. 171, obs. Perrot.
8. Civ. 2e, 14 oct. 2004, n° 02-18.708, *Bull. civ.* II, n° 457 – Civ. 2e, 7 juill. 2005, n° 04-17.663, *Bull. civ.* II, n° 188 – Civ. 2e, 15 déc. 2005, n° 04-17.166; *D.* 2006. IR 100 – Civ. 2e, 10 juin 2010, n° 09-15.445, *Bull. civ.* II, n° 111; *D.* 2010. 1566; *Dr. et proc.* 2010. 267, obs. Fricero; *RTD civ.* 2010. 615, obs. Perrot – V. DÉJÀ, Civ. 1re, 5 nov. 1991, n° 90-11507, n° 90-11.547, *Bull. civ.* I, n° 294; *JCP* 1992. IV. 108.
9. Civ. 2e, 5 mai 1993, n° 91-19.476, *Bull. civ.* II, n° 165; *D.* 1993. IR 146, écartant l'exigence d'un mandat spécial posée par l'art. 343 – Grenoble, 15 oct. 1991, *Gaz. Pal.* 1992. 1. 308, note Thorin, déclarant applicables les voies de recours du droit commun.
10. Pour une application, v. Civ. 2e, 5 déc. 2002, n° 01-00.791, *Bull. civ.* II, n° 279.
11. Civ. 3e, 20 juin 1979, n° 77-15.348, *Bull. civ.* III, n° 139 – Civ. 2e, 18 nov. 2010, n° 09-13.265, *Bull. civ.* II, n° 188; *D.* 2010. AJ 2916.

À cette procédure seul le demandeur en récusation est partie; le technicien ne l'est pas et il ne saurait le devenir par voie d'intervention pour faire valoir ses observations [1].

La décision du juge est susceptible des voies de recours du droit commun [2], et ce immédiatement car, mettant fin « *à une instance incidente et indépendante de la procédure principale* », elle n'est pas soumise à l'article 170 C. pr. civ. [3]. Mais l'expert, auxiliaire de justice, et pas plus tiers que partie, n'a pas qualité pour exercer ces voies de recours [4], y compris la tierce-opposition [5].

353.96 **Récusation des arbitres.** Révocation au sens du nouvel article 1458 C. pr. civ., la récusation des arbitres suppose, en principe, le consentement unanime des parties. À défaut, la difficulté est tranchée par la personne chargée d'organiser l'arbitrage ou, à défaut, par le « *juge d'appui* » (C. pr. civ., art. 1456, al. 3), président du tribunal de grande instance (parfois du tribunal de commerce) désigné par la convention d'arbitrage ou, à défaut, de celui dans le ressort duquel cette convention a situé les opérations d'arbitrage ou encore, dans le silence de ladite convention, président du tribunal du lieu où demeure le défendeur ou l'un des défendeurs à l'incident ou, si celui-ci ne demeure pas en France, celui du tribunal du lieu où demeure le demandeur (C. pr. civ., art. 1459, al. 3).

Ce magistrat est saisi comme en matière de référé par une partie ou par le tribunal arbitral. Il statue par une ordonnance non susceptible de recours (C. pr. civ., art. 1460).

L'instance arbitrale est suspendue par l'incident et ce, s'il est fait droit à la récusation, jusqu'à l'acceptation de sa mission par l'arbitre désigné en remplacement (C. pr. civ., art. 1473, qui réserve la possibilité d'une stipulation contraire).

A.
Déclenchement de la procédure

353.101 **Auteur.** La faculté de récusation n'appartient qu'aux parties. Un avocat craignant l'animosité d'un juge à son endroit ne saurait former en son propre nom une demande de récusation [6].

Acte grave, la récusation doit être proposée soit par la partie elle-même, soit par son mandataire *ad litem* muni, même s'il est avocat, d'un pouvoir spécial (C. pr. civ., art. 343, qui, toutefois, depuis le décret n° 2004-836 du 20 août 2004, exclut cette alternative devant la Cour de cassation, vraisemblablement au profit de sa deuxième branche).

Le pouvoir d'agir en justice au nom d'un incapable ou d'une personne morale emporte celui de récuser. L'incapable ne peut, en revanche, déclencher une procédure de récusation [7]. Le représentant légal d'une société perd ce pouvoir lorsque la société prend fin : seul un mandataire *ad hoc* peut alors agir en récusation [8].

353.102 **Modalités.** À l'exclusion de toute autre, lettre recommandée notamment [9], la demande de récusation peut prendre deux formes : celle d'un acte remis au greffe de la juridiction à laquelle appartient le magistrat concerné ou celle d'une déclaration que le secrétaire de la juridiction consigne dans un procès-verbal. Cette deuxième formule peut être utilisée à l'audience, quelle que soit la procédure applicable, la déclaration étant susceptible d'être suivie d'un renvoi pour régularisation.

La demande est, en effet, également réglementée dans son contenu : elle doit indiquer avec précision les motifs de la récusation [10]; elle doit, en outre, être accompagnée des pièces propres à la justifier. La sanction de cette double exigence est assurée non par une exception de nullité mais par l'irrecevabilité de la demande de récusation (C. pr. civ., art. 344; sur une exigence supplémentaire en cas de récusation de plusieurs juges, v. C. pr. civ., art. 355).

353.103 **Moment.** La partie qui souhaite procéder à une récusation ne peut le faire qu'à l'occasion d'un procès et pour ce procès, non de façon générale et préventive [11].

Elle doit agir, sous peine d'irrecevabilité, « *dès qu'elle a connaissance de la cause de récusation* » (C. pr. civ., art. 342, al. 1er) [12]. Mais, sauf négligence carac-

1. Civ. 2e, 7 janv. 2010, n° 08-19.129, *Bull. civ.* II, n° 2; *D.* 2010. 2103, obs. Sommer et Leroy-Gissinger (v. aussi ss n° 353.116).
2. Civ. 2e, 23 juin 2005, n° 03-16.627, *RTD civ.* 2005. 635, obs. Perrot, sol. impl. – Grenoble, 15 oct. 1991, *Gaz. Pal.* 1992. 1. 308, note Thorin – COMP. Paris, 25 avr. 1978, *Gaz. Pal.* 1979. 2. 294, note Viatte, décision qui en fait une mesure d'administration judiciaire. – Sur le rôle de la cour d'appel, qui n'a pas à se prononcer sur des faits survenus postérieurement à la demande de récusation et au dépôt du rapport d'expertise, v. Civ. 2e, 4 janv. 2006, n° 05-13.129, *Bull. civ.* II, n° 5.
3. Civ. 2e, 23 juin 2005, n° 03-16.627, *RTD civ.* 2005. 635, obs. Perrot.
4. Civ. 2e, 24 juin 2004, n° 02-10.817, *Bull. civ.* II, n° 313; *JCP* 2004. II. 10141, 1re esp., note Croze; *RTD civ.* 2004. 555, obs. Perrot (pourvoi).
5. Civ. 2e, 24 juin 2004, n° 02-10.200, *Bull. civ.* II, n° 314; *RTD civ.* 2004. 555, obs. Perrot.
6. Civ. 2e, 8 sept. 2005, n° 03-18.862, *Bull. civ.* II, n° 215; *RTD civ.* 2005. 822, obs. Perrot.
7. Civ. 2e, 17 juin 1981, n° 81-00.002, *Bull. civ.* II, n° 137, à propos d'un majeur en curatelle – Civ. 2e, 2 mai 2007, n° 07-01.670, *Bull. civ.* II, n° 136, pour un majeur en tutelle.
8. Civ. 2e, 4 juill. 2002, n° 02-01.276, *Bull. civ.* II, n° 157, où la société était en liquidation judiciaire.
9. Civ. 2e, 8 avr. 2004, n° 04-01.404, *Bull. civ.* II, n° 192 – Civ. 2e, 1er févr. 2006, n° 06-01.579, *Bull. civ.* II, n° 38.
10. Pour une application, Civ. 2e, 24 janv. 2002, n° 00-01.225, *Bull. civ.* II, n° 6, où la demande n'énonçait aucun motif de récusation.
11. Civ. 2e, 8 sept. 2005, n° 03-18.862, *Bull. civ.* II, n° 215; *RTD civ.* 2005. 822, obs. Perrot.
12. RAPPR., C. pr. civ., art. 234, al. 2, et Civ. 2e, 5 déc. 2002, n° 01-00.791, *Bull. civ.* II, n° 279, à propos des techniciens.

térisée[1], on se satisfait d'une déclaration intervenant « *dès l'ouverture des débats* »[2]. L'article 342 C. pr. civ. pose, en outre, en son alinéa 2, un butoir[3] : en aucun cas, la demande de récusation ne peut être formée après la clôture des débats[4].

B. Déroulement de la procédure

353.111 Communication au juge et abstention du juge. Copie de la demande de récusation est communiquée au juge qui en fait l'objet par le secrétaire de la juridiction (C. pr. civ., art. 345)[5].

Aussitôt informé, ledit juge doit s'abstenir jusqu'à ce qu'il ait été statué sur sa récusation. Une suspension d'instance en résulte. Pas plus qu'elle ne peut se prononcer sur la récusation (v. s[s] n° 353.115), la juridiction ne saurait examiner l'affaire au fond[6]. L'urgence n'en autorise pas moins la désignation d'un autre juge pour procéder aux opérations qui se révèlent nécessaires (C. pr. civ., art. 346, al. 2).

Cette obligation d'abstention n'existe qu'autant que les formes de l'article 344 C. pr. civ. (v. s[s] n° 353.102) ont été respectées. Une lettre adressée par le justiciable au juge, manifestant son intention de le récuser, n'impose point à celui-ci de s'abstenir[7]. Il pourrait néanmoins le faire volontairement.

353.112 Option du juge. À compter de la communication qui lui est faite de la demande de récusation, le juge a huit jours pour opter entre deux partis et faire connaître son choix : soit il acquiesce à la récusation, soit il s'y oppose.

353.113 Premier parti : acquiescement à la récusation. L'acquiescement à la récusation est nécessairement exprès et intervient dans les huit jours. Il impose le remplacement du juge (C. pr. civ., art. 348). La désignation du remplaçant ne relève ni de la cour d'appel ni de son premier président, lesquels n'ont un rôle à jouer que lorsque le juge s'oppose à sa récusation; elle obéit aux règles relatives au remplacement provisoire des juges de la juridiction concernée[8].

353.114 Deuxième parti : opposition à la récusation. Le juge peut s'opposer à sa récusation. Cette opposition peut prendre la forme d'un écrit motivé et intervenir dans les huit jours de la réception de la demande de récusation (v. C. pr. civ., art. 347). Ne pas répondre dans ce délai, ne pas le faire selon les modalités de l'article 347 C. pr. civ. vaut également opposition. Dans ces différentes situations, il faut régler l'incident et décider si le juge peut ou non concourir à la solution du litige.

353.115 Compétence. Pour trancher la difficulté, compétence revient, en principe, à la cour d'appel (C. pr. civ., art. 349 - *adde*, s[s] n° 353.93 - comp., pour les techniciens et arbitres, s[s] n°s 353.95 s.), que la récusation vise un membre d'une juridiction du premier degré ou un conseiller de cour d'appel[9]. Quand bien même la récusation serait-elle demandée à l'audience, la juridiction à laquelle appartient le magistrat concerné ne peut statuer sur pareille prétention, ne serait-ce que sur sa recevabilité[10].

Toutefois, lorsque la demande est dirigée contre un assesseur d'une juridiction échevinale, le président de celle-ci est appelé à statuer. L'échevinage associant juges de profession et juges qui ne sont pas des professionnels de la justice, cette règle joue devant le tribunal paritaire des baux ruraux et les juridictions de sécurité sociale, non devant cette juridiction que constitue le conseil de l'ordre des avocats lorsqu'il est saisi d'une question disciplinaire[11], ni devant le conseil de prud'hommes dans sa formation ordinaire[12]. On aurait pu hésiter dans l'hypothèse

1. Civ. 2e, 19 févr. 2004, n° 04-01.396, *Bull. civ.* II, n° 74, où la requête était intervenue près de deux mois après connaissance de la cause de récusation – Amiens, 28 févr. 1995, *Gaz. Pal.* 1995. 2. 585, note Damien, où un avocat, faisant l'objet de poursuites disciplinaires devant la cour d'appel réunie en assemblée de chambres, savait par là même, avant l'audience, qui siégerait (V. AUSSI s[s] n° 353.32).
2. Civ. 2e, 10 sept. 2009, n° 08-14.004, *Bull. civ.* II, n° 209; *D.* 2009. 2169; *D.* 2010. Chron. 532, n° 7, obs. Sommer et Leroy-Gissinger; *Procédures* 2009. Comm. 347, obs. Perrot; *Procédures* 2009. Comm. 364, obs. Fricero; *RTD civ.* 2010. 157, obs. Perrot; *Dr. et proc.* 2010. 17, obs. Douchy-Oudot, ce dernier auteur faisant remarquer qu'en présence d'une irrégularité relative à la composition de la juridiction, la solution peut s'autoriser de l'art. 430, al. 2, C. pr. civ. – *Adde* : Civ. 2e, 24 nov. 2005, n° 05-01-544, *Bull. civ.* II, n° 303, qui tient la requête en récusation pour irrecevable une fois présentée une demande de renvoi.
3. Civ. 2e, 2 juin 2005, n° 05-01.511, *Bull. civ.* II, n° 145, décidant qu'il n'est pas incompatible avec l'art. 6 § 1 Conv. EDH.
4. Civ. 2e, 30 nov. 1978, n° 78-15.854, *Bull. civ.* II, n° 262 – *Adde*, à propos d'une demande de renvoi pour cause de suspicion légitime, soumise aux mêmes conditions de recevabilité que la récusation, Civ. 2e, 16 juill. 1987, n° 87-01.003, *Bull. civ.* II, n° 158; *D.* 1988. Somm. 125, obs. Julien; *JCP* 1987. IV. 343; *Gaz. Pal.* 1988. 1. Somm. 37, obs. Guinchard et Moussa.
5. Civ. 2e, 3 mai 1979, *D.* 1979. IR 480, obs. Julien, décidant que le plaideur ne peut se prévaloir de l'inobservation d'une formalité dont l'omission ne peut lui faire grief.
6. Soc. 3 juin 2009, n° 07-44.212, *Bull. civ.* V, n° 143; *Procédures* 2009. Comm. 319, obs. Bugada.
7. Civ. 1re, 10 mai 1989, n° 87-05.069, *Bull. civ.* I, n° 192; *JCP* 1990. II. 21469, obs. Cadiet.
8. V. PAR EX. pour le juge des tutelles, COJ, art. R. 222-2, al. 2 – Sous l'empire de l'ancien COJ, à propos du juge d'instance, Civ. 2e, 3 oct. 1984, n° 83-12.794, *Bull. civ.* II, n° 143; *D.* 1985. IR 267, obs. Julien; *Gaz. Pal.* 1985. 1. Pan. 28, obs. Guinchard; *JCP* 1985. II. 20402, note Bizière.
9. Civ. 2e, 28 juin 2001, n° 97-20.729, *Bull. civ.* II, n° 126, précisant que le premier président n'est pas compétent.
10. Soc. 21 janv. 2009, n° 08-60.400, *Bull. civ.* V, n° 20.
11. Civ. 1re, 17 juill. 1979, n° 78-13.296, *Bull. civ.* I, n° 213 – V. AUSSI, Civ. 1re, 4 nov. 1980,; *Gaz. Pal.* 1981. 1. Pan. 50.
12. Civ. 2e, 23 avr. 1986, *Gaz. Pal.* 1986. 2. Pan. 158.

où celui-ci était présidé par le juge départiteur, mais la Cour de cassation a décidé que, la formation de départage n'étant qu'une formation de la juridiction prud'homale, le conseil de prud'hommes ne devenait pas, en pareille hypothèse, une juridiction échevinale et qu'en conséquence, la difficulté relevait de la cour d'appel[1].

De façon tout à fait logique, la règle de la compétence de la cour d'appel s'efface également en cas de récusation d'un magistrat de la Cour de cassation. En pareil cas, l'incident relève non plus, depuis l'entrée en vigueur du décret n° 2005-1678 du 28 décembre 2005 (1er mars 2006), de la formation de cette juridiction à laquelle l'affaire a été attribuée mais d'une autre chambre, désignée par le premier président (C. pr. civ., art. 1027).

353.116 Examen de la récusation. Le secrétaire qui a reçu la demande de récusation communique celle-ci, accompagnée de la réponse du juge ou de la mention de son silence, au premier président de la cour d'appel ou au président de la juridiction échevinale concernée, selon le cas (C. pr. civ., art. 350), voire au premier président de la Cour de cassation. L'incident doit alors être jugé « *sans délai* » (C. pr. civ., art. 349).

La procédure ne comporte pas d'échanges écrits. Ainsi a-t-il pu être décidé que les observations écrites du magistrat récusé[2], de même que les conclusions du ministère public[3], n'avaient pas à être communiquées à l'auteur de la récusation.

L'article 351 prévoyant qu'il n'est nécessaire d'appeler à l'audience ni les parties ni le juge récusé, les débats oraux ne s'imposent pas davantage, mais la possibilité n'en est pas exclue. S'il en est organisé, le demandeur en récusation (désormais appelé le requérant), seul à être partie à cette procédure[4], devra y être convoqué[5]. Les autres parties au litige principal, en revanche, n'y ont pas leur place. Une intervention de leur part ne serait même pas recevable[6], à moins, semble-t-il, qu'elle ne soit qu'accessoire, destinée à appuyer le requérant[7].

La règle de la publicité des débats ne s'applique pas[8].

353.117 Décision. La procédure aboutit à une décision qui admet ou rejette la récusation.

Si la récusation est admise, il est procédé au remplacement du juge (C. pr. civ., art. 352). Les actes accomplis par celui-ci avant qu'il n'ait eu connaissance de la demande de récusation ne peuvent être remis en cause (C. pr. civ., art. 354). Les actes postérieurs seraient, en revanche, entachés de nullité.

Si la récusation est rejetée, son auteur encourt une amende civile d'un maximum de 3 000 euros[9] (C. pr. civ., art. 353[10]) laissée au pouvoir discrétionnaire de la juridiction compétente[11]. Des dommages-intérêts pourraient, en outre, lui être réclamés par le juge dont l'impartialité a été mise en doute.

353.118 Voies de recours. La décision relative à la récusation n'est pas susceptible d'appel, même lorsqu'elle émane du président d'une juridiction échevinale, c'est-à-dire du premier degré (C. pr. civ., art. 349 *in fine* - comp. pour les techniciens n° 353.95).

Non exclu par le législateur, le pourvoi, quant à lui, est ouvert. Mais le magistrat récusé, qui n'est point partie même s'il formule des observations écrites, n'a pas qualité pour le former[12]. Un tel pourvoi ne bénéficie pas de la procédure sans représentation obligatoire même si elle est

1. Civ. 2e, 26 nov. 1990, n° 90-11.749, *Bull. civ.* II, n° 250; *JCP* 1991. IV. 35 – CONTRA : Dijon, 13 oct. 1984, *Gaz. Pal.* 1985. 1. 19, note Rayroux – V. AUSSI, L. Cadiet, obs. *in JCP* 1990. II. 21469.
2. Civ. 2e, 19 nov. 1975, n° 74-11.212, *Bull. civ.* II, n° 299; *JCP* 1976. IV. 15.
3. Civ. 2e, 15 déc. 2005, n° 04-17.166, *Bull. civ.* II, n° 328; *D.* 2006. IR 100 – *Adde*, ss n° 353.145 : Civ. 2e, 10 juin 2010, n° 09-15.445, *Bull. civ.* II, n° 111; *D.* 2010. 1566; *D.* 2011. 265, obs. Fricero; *Dr. et proc.* 2010. 267, obs. Fricero; *RTD civ.* 2010. 615, obs. Perrot, précisant que le ministère public n'a ni à communiquer ses conclusions, ni à les mettre à la disposition des parties et qui fait de cette règle une conséquence de l'absence de débats.
4. Civ. 2e, 7 janv. 2010, n° 08-19.129, *Bull. civ.* II, n° 2; *D.* 2010. 2103, obs. Sommer et Leroy-Gissenger; *Procédures* 2010. Comm. 171, obs. Perrot – Civ. 2e, 22 mars 2012, n° 11-11.476, *Bull. civ.* II, n° 58 – Soc. 21 nov. 2012, n° 11-22.455, *Bull. civ.* V, n° 301; *JCP S* 2013. 1064, note Pétel-Teyssié.
5. RAPPR., Civ. 2e, 10 juin 1998, n° 96-15.760, *Bull. civ.* II, n° 179; *JCP* 1998. I. 173, n° 16, obs. Cadiet – Civ. 2e, 28 juin 2001, n° 97-20.729, *Bull. civ.* II, n° 126 – V. AUSSI, Soc. 19 nov. 2002, n° 01-02.782, n° 01-02.810, *Bull. civ.* V, n° 347, décidant, à propos d'une demande de renvoi pour cause de suspicion légitime, que le requérant doit avoir été entendu ou appelé.
6. Civ. 2e, 7 janv. 2010, n° 08-19.129 (préc. ss prést n°) – Pour la personne objet de la récusation, V. DANS LE MÊME SENS, même arrêt (à propos d'un expert) – CONTRA, Civ. 2e, 23 nov. 1983, n° 82-11.655, *Bull. civ.* II, n° 184; *Gaz. Pal.* 1984. 1. Pan. 151, obs. Guinchard – Civ. 2e, 21 juin 1989, n° 88-01.005, NP; *JCP* 1990. II. 21469, 2e esp., obs. Cadiet.
7. Civ. 2e, 7 janv. 2010, n° 08-19.129 (préc. ss prést n°).
8. Civ. 2e, 14 oct. 2004, n° 02-18.708, *Bull. civ.* II, n° 457, qui tire cette conséquence de l'article 351 C. pr. civ. et décide que cette absence de publicité ne saurait être critiquée sur le fondement de l'art. 6 § 1 Conv. EDH, non applicable à la procédure de récusation – COMP. Civ. 2e, 20 nov. 1991, n° 90-15.428, *Bull. civ.* II, n° 310; *D.* 1992. IR 11; *JCP* 1992. IV. 295, estimant, au contraire, qu'elle s'applique même si l'affaire est examinée hors la présence des parties et qu'en pareil cas, la disposition de l'article 446 C. pr. civ. selon laquelle une irrégularité de ce chef doit être invoquée avant la clôture des débats ne peut être opposée au requérant.
9. Pour un cumul d'amendes dans l'hypothèse où une partie a formé par une même requête deux demandes, l'une en récusation, l'autre en renvoi devant une autre juridiction, toutes deux rejetées, Civ. 2e, 9 mars 1978, n° 76-13.326, *Bull. civ.* II, n° 69.
10. Et non C. pr. civ., art. 32-1 : Civ. 2e, 8 févr. 2007, n° 05-22.113, *Bull. civ.* II, n° 21.
11. Civ. 2e, 8 févr. 2007, n° 05-22.113 (préc. ss prést n°).
12. Civ. 2e, 23 nov. 1983, n° 82-11.655, n° 82-40.822, *Bull. civ.* II, n° 184; *Gaz. Pal.* 1984. 1. Pan. 151, obs. Guinchard – Soc. 19 déc. 2003, n° 03-10.014, *Bull. civ.* V, n° 320; *RJS* 2004, n° 337 – Et, à propos d'un expert, Civ. 2e, 24 juin 2004, n° 02-10.817, *Bull. civ.* II, n° 313; *JCP* 2004. II. 10141, 1re esp., note Croze; *RTD civ.* 2004. 555, obs. Perrot, précisant que la récusation n'est pas une condamnation, de sorte qu'elle ne saurait ouvrir le pourvoi à une personne qui n'a pas la qualité de partie – COMP., Civ. 2e, 21 juin 1989, n° 88- ▶

applicable à l'affaire sur laquelle est venu se greffer l'incident de récusation [1].

Estimant que la personne récusée n'est pas plus un tiers qu'une partie à l'instance, la Cour de cassation refuse également d'admettre la recevabilité de sa tierce-opposition [2].

SECTION 3
RENVOI À UNE AUTRE JURIDICTION

353.120 **Plan.** L'hypothèse d'un magistrat ou d'un auxiliaire de justice partie au litige mise à part (v. C. pr. civ., art. 47 – et s^s^ n° 131.261), le renvoi à une autre juridiction pour une raison tenant au personnel judiciaire a pour cause suspicion légitime, récusation de plusieurs juges ou sûreté publique.

§ 1
Renvoi pour cause de suspicion légitime

353.121 **Généralités.** Le renvoi pour cause de suspicion légitime est une technique qui permet de dessaisir une juridiction suspecte de partialité. Le Code de procédure civile le prévoit et le réglemente en ses articles 356 à 363 [3].

A.
Domaine

353.131 **Juridictions concernées.** Le renvoi pour cause de suspicion légitime constitue un principe général de procédure [4]. Il en résulte que l'absence, comme en Polynésie française, de texte organisant pareil renvoi [5] ne saurait l'exclure. Cela signifie également qu'il s'applique à toutes les juridictions [6], y compris aux organismes qui, statuant parfois en matière disciplinaire, présentent alors un caractère juridictionnel [7]. Peu importe, enfin, que soient en cause des fonctions d'instruction ou des fonctions de jugement [8].

Même les raisons « techniques » ne font point, en principe, obstacle à pareil renvoi. Ainsi ne saurait-on l'exclure faute de pouvoir confier l'affaire à une autre juridiction de même nature, faute, par exemple, de pouvoir en saisir le conseil de l'ordre des avocats d'un autre barreau, chaque ordre n'ayant compétence en matière disciplinaire qu'à l'égard des avocats de son barreau [9]. Ainsi n'y a-t-il pas lieu de l'écarter au motif qu'il est impossible à la cour d'appel de désigner une juridiction de son ressort pour connaître du litige lorsque la suspicion s'étend à tous les magistrats dudit ressort [10]. Il est, cependant, admis qu'un tel renvoi n'est pas applicable à la Cour de cassation en raison de l'absence de juridiction supérieure [11].

353.132 **Cause de la suspicion légitime.** La suspicion légitime suppose, en principe, à l'encontre de tous les membres de la juridiction concernée [12] (v. plus précisément, s^s^ n° 353.134), l'existence d'une cause de récusation. L'article 356 C. pr. civ. conduit à cette solution en ce qu'il soumet la demande de renvoi aux mêmes conditions de « recevabilité » que la demande de récusation et il se trouve que les causes de récusation énumérées à l'article 341, alinéa 2, C. pr. civ. (v. aussi, COJ, art. L. 111-6) en font partie (la récusation d'un juge peut être « *demandée* [...] »).

Les causes de renvoi n'en vont pas moins au-delà de cette disposition. La solution traditionnelle selon laquelle constitue une cause de suspicion légitime toute circonstance de nature à laisser penser que la juridiction ne se prononcera pas avec l'impartialité nécessaire [13] reprend, en effet, aujourd'hui le dessus

▶ 01.005, NP; *JCP* 1990. II. 21469, obs. Cadiet, qui paraît admettre que le juge pourrait devenir partie par voie d'intervention volontaire, en prenant des conclusions dans son intérêt personnel au lieu de se contenter des observations visées à l'art. 347 (v. s^s^ n° 353.116).

1. Civ. 2e, 17 nov. 1982, *D.* 1983. IR 153, obs. Julien – Civ. 2e, 15 janv. 1992, n° 91-01.006, *Bull. civ.* II, n° 20; *JCP* 1992. IV. 771.
2. Civ. 2e, 24 juin 2004, n° 02-10.200, *Bull. civ.* II, n° 314; *JCP* 2004. II. 10141, 2e esp., note Croze; *RTD civ.* 2004. 555, obs. Perrot, à propos d'un expert.
3. COMP., pour le « dépaysement », lequel « n'est prévu par aucun texte », Civ. 2e, 24 févr. 2005, n° 03-10.657, *Bull. civ.* II, n° 44.
4. CE 8 janv. 1959, *D.* 1960. 42, note Debbasch.
5. Civ. 2e, 21 sept. 2000, n° 98-22.604, *Bull. civ.* II, n° 127.
6. Civ. 1re, 7 nov. 2000, n° 97-21.883, *Bull. civ.* I, n° 278; *D.* 2001. 811, note Cassuto-Teytaud; *D.* 2002. 860, obs. Blanchard – Pour les juridictions financières, v. C. comptes, 10 févr. 1994, *Justices* 1995. 2. 297, obs. Magnet.
7. À propos de l'ordre national des experts-comptables CE 8 janv. 1959 (préc. s^s^ prés^t^ n°) – V. AUSSI, à propos de l'ordre des avocats, Bordeaux, 29 oct. 1987, RG n° 4530/87, *Gaz. Pal.* 1987. 2. 751, note Damien – *Adde* : Douai, 15 juin 1957, *D.* 1957. 656, note Crémieu – COMP. en matière non disciplinaire Bordeaux, 5 mars 1987, *Gaz. Pal.* 1987. 2. 406, note A. D.
8. Bordeaux, 29 oct. 1987, RG n° 4530/87 (préc. s^s^ prés^t^ n°).
9. Civ. 1re, 7 nov. 2000, n° 97-21.883 (préc. s^s^ prés^t^ n°), décidant que la cour d'appel peut évoquer et statuer au fond – Bordeaux, 29 oct. 1987, RG n° 4530/87 (préc. s^s^ prés^t^ n°) – V. AUSSI, CE 8 janv. 1959 (préc. s^s^ prés^t^ n°).
10. Civ. 2e, 21 sept. 2000, n° 98-22.604, préc., admettant le renvoi à un tribunal de même nature étranger à ce ressort.
11. Civ. 2e, 14 déc. 1977, n° 77-00.004, *Bull. civ.* II, n° 239 – Civ. 2e, 20 mai 1992, n° 92-01.001, *Bull. civ.* II, n° 149 – Civ. 2e, 21 févr. 2002, n° 00-01.219, n° 02-01.241, *Bull. civ.* II, n° 26 – RAPPR., à propos du Conseil national de l'ordre des médecins, CE 3 mai 1957, *Lebon* 279.
12. Poitiers, 13 mai 1980, *Gaz. Pal.* 1980. 465, obs. A. D. – Versailles, 28 mai 1991, *Cah. prud'h* 1992, n° 4, p. 61.
13. A. Damien, note *Gaz. Pal.* 1987. 2. 751 – V. Civ. 3e, 13 févr. 1973, n° 62-11.847, *Bull. civ.* III, n° 124, traduisant, toutefois, quelque incertitude – Paris, 11 oct. 1955, *JCP* 1956. IV. 27 – Paris, 10 juill. 1981, *JCP CI* 1982. I. 11098, n° 1, obs. ▶

du fait de la jurisprudence admettant, sur la base de l'article 6 de la Convention de sauvegarde des droits de l'homme et des libertés fondamentales, des causes de récusation étrangères aux listes légales (v. s[s] nº 353.33)[1]. Mais à des causes de cette nature elle est cantonnée. Une demande de renvoi contestant l'existence même d'une juridiction serait irrecevable[2].

353.133 **Preuve.** Lorsqu'est invoquée l'inimitié des membres d'une juridiction, encore faut-il, ici comme en matière de récusation, apporter des éléments de preuve et ne pas se contenter de vagues allégations. Ne sauraient être retenus comme faisant présumer cette inimitié, voire l'animosité des magistrats, et planer sur eux un soupçon légitime de partialité justifiant un renvoi : ni une prétendue dénaturation de conclusions[3], ni le fait qu'un ancien juge de la mise en état du tribunal de grande instance ait été nommé à la cour devant laquelle se trouve l'affaire[4], ni le fait que la juridiction ait rejeté par plusieurs décisions antérieures les prétentions du demandeur en renvoi contre le même adversaire et l'ait condamné à dommages-intérêts pour procédure abusive[5].

353.134 **Étendue de la suspicion légitime.** La cause de récusation doit exister non point exactement, comme on le dit *brevitatis causa*[6], à l'encontre de tous les membres de la juridiction mais à l'encontre de tous ceux de la chambre ou de la section à laquelle l'affaire est confiée[7]. Toutefois, lorsque cette formation est constituée d'un juge unique (juge des référés, par ex.), le renvoi ne paraît pas dû par cela seul qu'il existe un motif de récusation à l'encontre de ce magistrat : il ne peut être question, en pareille hypothèse, que de récusation, le renvoi supposant une cause de récusation contre tous les juges susceptibles d'exercer la même fonction[8].

Par exception, la cause de récusation peut n'exister qu'à l'encontre d'une personne en raison de l'influence que celle-ci peut avoir sur les autres magistrats : le président de la juridiction[9].

B. Procédure

353.141 **Exclusion de la convention de sauvegarde des droits de l'homme.** La procédure de renvoi pour cause de suspicion légitime n'entre pas dans le champ d'application de l'article 6 § 1 de la Convention de sauvegarde des droits de l'homme[10] (rappr. nº 353.91).

353.142 **Déclenchement de la procédure.** La demande de renvoi pour cause de suspicion légitime obéit aux mêmes conditions de recevabilité que la demande de récusation (C. pr. civ., art. 356). Les règles d'habilitation sont les mêmes, tout comme les contraintes tenant au moment de la requête[11] et à sa forme[12]. Comme la demande de récusation, elle n'est recevable que pour des affaires effectivement soumises à la juridiction contre laquelle elle est dirigée,

► Teyssié – RAPPR., Toulouse, 16 déc. 1992, RG nº 5354/92, *BICC* 1er août 1993, nº 975, décidant que la demande de récusation fondée sur un fait n'entrant pas dans les cas d'ouverture limitativement prévus à l'article 341 peut être requalifiée en demande de renvoi pour cause de suspicion légitime fondée sur l'art. 6 Conv. EDH.

1. Pour une solution originale, v. Civ. 2e, 22 mars 2006, nº 06-01.585, *Bull. civ.* II, nº 82, retenant comme manquement à l'exigence d'impartialité objective prévue à l'art. 6 § 1 Conv. EDH le fait de subordonner une date de plaidoirie à l'absence de requête en récusation ou suspicion légitime et à la renonciation expresse à invoquer ledit art. 6.
2. V. à propos du TASS, Civ. 2e, 15 avr. 2010, nº 09-13.127, NP; *Procédures* 2010. Comm. 223, obs. Perrot, précisant qu'une telle demande a nécessairement « pour objet le dessaisissement des juges au profit d'une formation ou d'une juridiction de même nature ».
3. Civ. 2e, 19 mars 1980, nº 79-SL. 005, *Bull. civ.* II, nº 66; *Gaz. Pal.* 1980. 2. 548, note Viatte.
4. Civ. 2e, 20 oct. 1982, NP; *Gaz. Pal.* 1983. Pan. 100, obs. Guinchard.
5. Civ. 2e, 12 avr. 1976, 76-SL. 001, *Bull. civ.* II, nº 118.
6. Par ex., Poitiers, 13 mai 1980, *Gaz. Pal.* 1980. 465, obs. A. D.
7. Poitiers, 13 mai 1980 (préc. s[s] prés[t] nº), décidant qu'il aurait fallu, en l'espèce, une cause de récusation à l'encontre de tous les membres de la section « activités diverses » du conseil de prud'hommes. – RAPPR., Civ. 2e, 22 mars 2006, nº 06-01.585, *Bull. civ.* II, nº 82, ordonnant le dessaisissement de la « 4e chambre section A » d'une cour d'appel.
8. EN CE SENS, Viatte, note s[s] Civ. 2e, 13 janv. 1982, NP; *Gaz. Pal.* 1982. 2. 553, décision qui semble, cependant, admettre la thèse du renvoi, mais sans statuer sur la difficulté.
9. Civ. 2e, 24 janv. 2002, nº 00-01.224, *Bull. civ.* II, nº 7, rendu au visa de l'article 6 § 1 Conv. EDH – Douai, 4 mai 2011, RG nº 11/01831, *Dr. et proc.* 2012. 128, note Mongin-Archambeaud – RAPPR., Civ. 2e, 31 janv. 1958, *JCP* 1958. IV. 34 – COMP. Soc. 26 janv. 2005, n°s 03-18.004, 03-46.182, 03-46.181 et 03-18.005, *Bull. civ.* V, nº 30, où le président d'un conseil de prud'hommes avait pris publiquement parti pour l'un des plaideurs dans une affaire relevant d'une section à laquelle il n'appartenait pas.
10. Civ. 2e, 8 juill. 2004, nº 02-19.171, *Bull. civ.* II, nº 360 – Civ. 2e, 15 déc. 2005, nº 04-17.166, *Bull. civ.* II, nº 328; *D.* 2006. IR 100 – Soc. 21 mars 2006, nº 04-44.621, *Bull. civ.* V, nº 115; *D.* 2006. IR 1001 – Civ. 2e, 26 avr. 2006, nº 06-01.594, *Bull. civ.* II, nº 109 – Civ. 2e, 10 juin 2010, nº 09-15.445, *Bull. civ.* II, nº 111; *D.* 2010. 1566; *Dr. et proc.* 2010. 267, obs. Fricero; *RTD civ.* 2010. 615, obs. Perrot.
11. Pour une application de l'art. 342, al. 1[er], C. pr. civ., v. Civ. 2[e], 27 mai 2004, nº 04-01.425, *Bull. civ.* II, nº 260 – Pour une application de l'art. 342 al. 2, v. Civ. 2[e], 16 juill. 1987, nº 87-01.003, *Bull. civ.* II, nº 158; *D.* 1988. Somm. 125, obs. Julien; *JCP* 1987. IV. 343; *Gaz. Pal.* 1988. 1. Somm. 37, obs. Guinchard et Moussa.
12. Civ. 2e, 24 janv. 2002, nº 00-01.225, *Bull. civ.* II, nº 6 – Civ. 2e, 8 avr. 2004, nº 04-01.404, *Bull. civ.* II, nº 192 – Civ. 2e, 1er févr. 2006, nº 06-01-579, *Bull. civ.* II, nº 38.

faute de quoi elle serait sans objet[1]. Comme elle, elle doit être présentée au greffe de la juridiction saisie de l'affaire dont le renvoi est réclamé[2]. Cette identité des conditions de recevabilité permet la requalification d'une demande de récusation en demande de renvoi pour cause de suspicion légitime[3].

Formée devant la cour d'appel en vue d'obtenir le renvoi de l'affaire à une autre cour, la demande doit indiquer, sous peine d'irrecevabilité, le tribunal qui a statué en première instance et la date de la décision attaquée, de façon à ce que l'autorité compétente sache quel appel doit être dirigé sur une autre cour[4].

353.143 Déroulement de la procédure. De cette procédure, seule applicable en cas de demandes de récusation et de renvoi pour cause de suspicion légitime présentées conjointement[5], le personnage-clé est le président de la juridiction dont le dessaisissement est réclamé. La demande de renvoi lui est donc communiquée par le greffe (C. pr. civ., art. 357). Il en apprécie le caractère bien ou mal fondé. Selon le parti qu'il prend, la procédure connaît deux variantes.

353.144 Première situation : le président estime la demande fondée. Lorsqu'il estime la demande fondée, le président y fait droit. Il dispose alors de deux possibilités : soit il distribue l'affaire à une autre formation de la même juridiction, soit il décide de son renvoi à une autre juridiction de même nature (C. pr. civ., art. 358, al. 1er).

En ce dernier cas, son rôle se limite au principe du renvoi. Le dossier est transmis « au président de la juridiction immédiatement supérieure qui désigne la juridiction de renvoi » (C. pr. civ., art. 358, al. 2)[6]. Sa décision est adressée aux parties et au juge de renvoi. Elle n'est susceptible d'aucun recours (C. pr. civ., art. 358, dern. al.), sous réserve d'un pourvoi-nullité[7]. Elle s'impose aux parties et au juge de renvoi (C. pr. civ., art. 358 *in fine*) : l'incompétence ne peut être soulevée; une nouvelle demande de renvoi ne peut être formée.

353.145 Seconde situation : le président estime la demande non fondée. Lorsque le président de la juridiction dont le dessaisissement est demandé estime la requête en ce sens non fondée, il ne statue pas. Il doit transmettre le dossier, avec les motifs de son refus d'ordonner le renvoi, au président de la juridiction immédiatement supérieure. L'ordonnance de transmission n'étant pas une simple mesure d'administration judiciaire, les parties doivent en avoir connaissance en temps utile[8]. Peu importe, en revanche, que l'avis du président ne soit pas communiqué à la partie requérante[9].

Le président de la juridiction immédiatement supérieure se borne ici à recevoir le dossier. La compétence pour trancher l'incident appartient à ladite juridiction elle-même (susceptible, elle aussi, d'être dessaisie en raison d'une suspicion légitime[10]).

L'article 359 C. pr. civ. prévoit qu'une audience est tenue en chambre du conseil devant cette juridiction. Si celle-ci siège ou rend sa décision en audience publique, la nullité de ladite décision est encourue[11]. Le même texte dispose que le ministère public doit être entendu et qu'il n'est pas nécessaire d'appeler les parties. Ceci n'est même pas possible, d'après la Cour de cassation, pour les parties à l'instance principale autres que le requérant, seul à être partie à la procédure de suspicion légitime[12] (sur l'absence d'obligation pour le ministère public de communiquer ses conclusions ou de les mettre à la disposition des parties, v. s^s n° 353.116).

La décision – qui doit être rendue dans le mois de la transmission de l'affaire (délai dépourvu de sanction[13]) et dont copie sera adressée aux parties et au président de la juridiction dont le dessaisissement a été demandé (C. pr. civ., art. 359) – peut aussi bien rejeter la demande de renvoi qu'y faire droit. En ce dernier cas, elle renvoie soit à une autre formation de la juridiction primitivement saisie, soit à une autre

1. Civ. 2e, 3 avr. 2003, n° 03-01.332, *Bull. civ.* II, n° 103.
2. Pour l'irrecevabilité de la requête adressée au président de la chambre criminelle de la Cour de cassation par une personne qui sollicite le dessaisissement d'une cour d'appel, Civ. 2e, 24 oct. 1991, n° 91-16.231, *Bull. civ.* II, n° 286.
3. Toulouse, 16 déc. 1992, RG n° 5354/92, *BICC* 1er août 1993, n° 975.
4. Civ. 2e, 23 janv. 1974, n° 73-11.695, *Bull. civ.* II, n° 39 – Civ. 2e, 24 mai 1976, n° 76-SL. 002, *Bull. civ.* II, n° 173.
5. Civ. 2e, 9 juill. 1998, n° 98-01.036, *Bull. civ.* II, n° 242 – Civ. 2e, 3 avr. 2003, n° 03-01.332, *Bull. civ.* II, n° 103 – Civ. 2e, 9 sept. 2010, n° 09.65-651, *Bull. civ.* II, n° 150; *Dr. et proc.* 2010. 301.
6. Sur l'incompétence de la juridiction supérieure elle-même, v. à propos de la récusation de plusieurs juges, laquelle fonctionne comme un renvoi pour cause de suspicion légitime, Civ. 2e, 28 févr. 1996, n° 94-17.393, *Bull. civ.* II, n° 51; *D.* 1996. Somm. 352, obs. Julien; *JCP* 1996. I. 3938, n° 19, obs. Cadiet.
7. Civ. 2e, 28 févr. 1996 (préc. s^s prés^t n°).
8. Soc. 19 déc. 2003, n° 02-41.429, *Bull. civ.* V, n° 321.
9. Civ. 2e, 8 juill. 2004, n° 02-19.171, *Bull. civ.* II, n° 360, excluant une sanction fondée sur l'art. 6 Conv. EDH.
10. Civ. 2e, 12 avr. 1976, n° 76-SL. 001, *Bull. civ.* II, n° 118, déclarant toutefois la demande en ce sens irrecevable, mais faute d'objet, celle-ci ayant été formée alors que la cour d'appel avait déjà rejeté la demande de renvoi.
11. Civ. 2e, 27 mai 2004, n° 02-13.483, *Bull. civ.* II, n° 259, exigeant toutefois, conformément aux art. 446 et 458 C. pr. civ., que l'irrégularité ait été soulevée, pour les débats, avant leur clôture et, pour le prononcé, au moment où il intervient.
12. Civ. 2e, 22 mars 2012, n° 11-11.476, *Bull. civ.* II, n° 58 – Sur la nécessité d'entendre ou d'appeler le requérant : Soc. 19 nov. 2002, n°s 01-02.782 et 01-02.810, *Bull. civ.* V, n° 347 – COMP., Viatte, note in *Gaz. Pal.* 1982. 553.
13. Civ. 2e, 10 juin 2010, n° 09-15.445, *Bull. civ.* II, n° 111; *D.* 2010. 1566; *Dr. et proc.* 2010. 265, obs. Fricero; *RTD civ.* 2010. 615, obs. Perrot.

juridiction de même nature (C. pr. civ., art. 360)[1]. Cette décision s'impose aux parties et au juge de renvoi; elle n'est, par ailleurs, susceptible d'aucun recours, pas même d'un pourvoi en cassation[2], réserve faite du pourvoi-nullité (v. s^s n° 353.144).

353.146 **Sort de l'instance pendant la procédure.** Contrairement à ce qu'on pourrait penser, la demande de renvoi pour cause de suspicion légitime n'emporte point automatiquement suspension de l'instance. Celle-ci n'est pas exclue mais elle est subordonnée à une décision de sursis à statuer émanant du président de la juridiction saisie de la demande de renvoi (C. pr. civ., art. 361), décision qui n'a d'objet qu'autant que le renvoi n'a pas déjà été ordonné[3].

353.147 **Suites de la procédure.** Le renvoi emporte application de l'article 97 C. pr. civ. (v. C. pr. civ., art. 362). La même instance se poursuit donc devant la juridiction désignée.

Lorsque la demande de renvoi est rejetée, son auteur peut être condamné à amende civile et dommages-intérêts (v. C. pr. civ., art. 363, renvoyant à l'art. 353 - V. s^s n° 353.117).

§ 2
Renvoi pour cause de récusation de plusieurs juges

353.151 **Généralités.** Si la récusation de l'ensemble des membres d'une juridiction doit s'analyser comme une demande de renvoi pour cause de suspicion légitime[4], celle de plusieurs juges constitue un incident hybride : elle reste une récusation mais fonctionne très largement selon les modalités du renvoi pour cause de suspicion légitime.

353.152 **Déclenchement de la procédure.** La demande obéit aux conditions de recevabilité communes à la récusation et au renvoi pour cause de suspicion légitime[5].

Une règle propre est, toutefois, à relever : la récusation contre plusieurs juges doit être demandée par le même acte. La sanction de demandes en ordre dispersé ne serait autre que l'irrecevabilité de la deuxième et des suivantes. Il est fait exception à la règle dans l'hypothèse où une cause de récusation ne s'est révélée que postérieurement à une requête en récusation visant un autre juge (C. pr. civ., art. 355, al. 1er).

Peu importe, en revanche, que la partie qui entend récuser plusieurs juges demande expressément le renvoi ou se borne à se placer sur le terrain de la récusation : il sera procédé dans les deux hypothèses comme en cas de suspicion légitime (C. pr. civ., art. 355, al. 2 - V. aussi, en présence d'une double demande, s^s n° 353.143), et ce que l'incident mette ou non la juridiction dans l'impossibilité de statuer (comp., à propos de l'abstention de plusieurs juges, C. pr. civ., art. 340).

353.153 **Déroulement de la procédure.** La procédure est entamée selon les modalités de la récusation; communication de la demande est faite aux juges concernés; ceux-ci ont huit jours pour faire savoir s'ils acceptent ou non leur récusation.

Après réponse négative de plusieurs juges ou écoulement du délai de huit jours sans réponse de leur part, les règles du renvoi pour cause de suspicion légitime entrent en jeu (C. pr. civ., art. 364)[6]. Le président de la juridiction concernée décidera s'il y a ou non lieu à renvoi. Dans la négative, l'incident sera tranché non par la cour d'appel (comp., pour la récusation : C. pr. civ., art. 349) mais par la juridiction immédiatement supérieure (C. pr. civ., art. 359)[7].

§ 3
Renvoi pour cause de sûreté publique

353.161 **Indépendance et sécurité.** Le renvoi peut encore être prononcé pour cause de sûreté publique. Il s'agit alors d'assurer l'indépendance et la sécurité des juges[8].

La décision obéit ici à des règles particulières de compétence et de procédure. Un tel renvoi, en effet, ne peut être prononcé que par la Cour de cassation sur réquisition du procureur général auprès de ladite cour (C. pr. civ., art. 365).

1. Pour des aménagements de la solution en cas d'impossibilité : Civ. 1re, 7 nov. 2000, n° 97-21.883, *Bull. civ.* I, n° 278; *D.* 2001. 811, note Cassuto-Teytaud; *D.* 2002. 860, obs. Blanchard – Civ. 2e, 21 sept. 2000, n° 98-22.604, *Bull. civ.* II, n° 127 – Bordeaux, 29 oct. 1987, RG n° 4530/87, *Gaz. Pal.* 1987. 2. 751, note Damien.
2. Civ. 2e, 4 janv. 1989, n° 87-01.006, *Bull. civ.* II, n° 5; *D.* 1989. Somm. 278, obs. Julien.
3. Paris, 28 sept. 1988, *Gaz. Pal.* 1989. 2. 902.
4. CE 3 mai 1957, *Lebon* 279.
5. Pour une application de l'article 342 C. pr. civ., relatif au moment de la demande, Civ. 2e, 2 juin 2005, n° 05-01.511, *Bull. civ.* II, n° 145.
6. Pour une application, v. Civ. 2e, 1er févr. 2006, n° 06-01.579, *Bull. civ.* II, n° 38.
7. Civ. 2e, 24 mars 1993, n° 92-16.410, *Bull. civ.* II, n° 126; *JCP* 1993. IV. 1370, où, la récusation visant plusieurs conseillers à la cour d'appel, compétence revenait à la Cour de cassation.
8. Pour un ex., Req. 17 déc. 1946, *JCP A* 1947. IV. 672, à propos de poursuites disciplinaires contre un avoué devant un tribunal civil, lesquelles avaient donné lieu à de violents incidents : la chambre du conseil avait été envahie, les débats interrompus, les juges contraints de se réfugier dans un autre local; les serrures en avaient été brisées; le président avait été outragé; de nouveaux troubles étaient à redouter.

Si le renvoi est prononcé, les dispositions des articles 360 à 362 C. pr. civ. s'appliquent (C. pr. civ., art. 366) : la Cour de cassation peut opter pour un renvoi soit à une autre formation de la même juridiction, soit à une autre juridiction de même nature, ce qui sera sans doute plus fréquent compte tenu du type de circonstances donnant lieu à pareil incident; sa décision s'impose aux parties et au juge de renvoi; elle n'est susceptible d'aucun recours; l'instance, en principe, n'est pas suspendue devant la juridiction d'origine pendant la durée de la procédure; elle se poursuit devant la juridiction de renvoi selon les modalités de l'article 97.

LIVRE

4. LE JUGEMENT

SECTION 0
ORIENTEUR

4.00 Plan du livre.

Division. C'est à une conception extensive du jugement que se réfèrent les dispositions du Code de procédure civile (Livre 1er, Titre XIV, art. 454 not.) qui prévoient les règles relatives à la régularité du jugement et celles qui concernent son efficacité. Des difficultés particulières concernent l'exécution du jugement et, notamment, son exécution provisoire ainsi que la reconnaissance et l'exécution des jugements européens. D'où, le plan suivant : la régularité du jugement (titre 41) et l'efficacité du jugement (titre 42), l'exécution provisoire (titre 43) et la reconnaissance et l'exécution des jugements européens (titre 44).

4.03 Bibliographie.

Ouvrages. P. Estoup, *La pratique des jugements*, Litec, 1990 – P. Mimin, *Le style des jugements*, 4e éd., Librairies techniques, 1970, avec mise à jour 1980 – F.-M. Schroeder, *Le nouveau style judiciaire*, « Méthodes du droit », Dalloz, 1978.

Thèses. C. Devèze, *La règle, Voies de nullité n'ont lieu contre les jugements*, th. Toulouse, 1938 – T. Le Bars, *Le défaut de base légale*, th. Caen, 1994 – J. P. Legros, *Essai sur la motivation des jugements civils*, th. Dijon, 1987 – N. Molfessis, *Le Conseil constitutionnel et le droit privé*, th. Paris, 1994.

Articles et études. H. Blin, « Publication des décisions de justice et atteinte à l'intimité de la vie privée », *JCP* 1972. I. 2470 – J.-P. Boivin, « Les jugements implicites en question », *JCP* 1975. I. 2723 – M. Bourgeois, « La sanction des irrégularités de forme commises lors de l'élaboration des jugements », *Quot. jur.* 1984, n° 115 – Ch. Bruneau, « La reconnaissance et l'exécution des décisions rendues dans l'Union européenne », *JCP* 2001. I. 314 – J.-F. Burgelin, « Les petits et grands secrets du délibéré », *D.* 2001. Chron. 2755 – L. de Naurois, « La procédure de vote du tribunal collégial », *Mél. Ripert*, t. 1, LGDJ, 1950, p. 212 – Y. Desdevises, « Variations sur le fond en procédure civile », *Mél. Cosnard*, Economica, 1990, p. 325 – P. Drai, « Le délibéré et l'imagination des juges », *Mél. Perrot*, Dalloz, 1995, p. 107 – P. Estoup, « La mise en œuvre de l'article 450 du Code de procédure civile », *D.* 1985. Doctr. 163; « Une réforme souhaitable, l'assouplissement de certaines règles relatives à la motivation », *Gaz. Pal.* 1990. 2. Doctr. 413; « Du nécessaire rappel des principes élémentaires en matière de rédaction des jugements civils », *Gaz. Pal.* 1990. 1. Doctr. 242 – M. Fréjaville, « Le déclin de la formule exécutoire et les réactions des tribunaux », *Mél. Ripert*, t. I, LGDJ, 1950, p. 212; Journées Assoc. H. Capitant, *L'effectivité des décisions de justice*, Paris et Aix 1985, t. XXXVII, 1987, Economica – C. Jauffret-Spinosi *et alii*, « L'élaboration des décisions de justice, Études de droit comparé »,

RID comp. 1998. 755 – L. Lorvellec, « Remarques sur le provisoire en droit privé », *Mél. Weill*, Dalloz, 1983, p. 385 – A. Perdriau, « Visas, chapeaux et dispositifs des arrêts de la Cour de cassation en matière civile », *JCP* 1986. I. 3257; « Les dispositifs implicites des jugements », *JCP* 1988. I. 3352 – M. Rolland, « L'escroquerie au jugement », *La chambre criminelle et sa jurisprudence, Mél. Patin*, Cujas, 1965, p. 248 – A. Touffait et A. Tunc, « Pour une motivation plus explicite des décisions de justice, notamment celles de la Cour de cassation », *RTD civ.* 1974. 487 – J.-L. Vallens, « La dématérialisation des décisions judiciaires : une évolution nécessaire », *JCP* 2007. I. 119.

4.04 Notion. Si le jugement constitue la cause normale d'extinction de l'instance (C. pr. civ., art. 384, al. 1er), le Code de procédure civile n'en donne aucune définition. Cette absence peut s'expliquer par les multiples sens que le mot peut revêtir.

– Au sens étroit, le terme de jugement correspond à la décision émanant d'une juridiction du premier degré, et il s'oppose alors au terme d'arrêt, utilisé pour les décisions des cours d'appel (C. pr. civ., art. 750) et celles de la Cour de cassation (C. pr. civ., art. 622), ainsi qu'au terme d'ordonnance, prévu pour les décisions des juges uniques (juge des référés, juge de la mise en état, *etc.*).

– Dans une acception plus large, le mot jugement sert à désigner les actes juridictionnels, par opposition aux actes judiciaires non juridictionnels, comme les mesures d'administration judiciaire (C. pr. civ., art. 499 : ces mesures ne sont pas soumises aux dispositions relatives au jugement). Le jugement peut alors être défini comme l'acte par lequel le juge se prononce sur une situation de fait dont il est saisi, par application d'une règle de droit. Indépendamment de la pluralité des critères retenus pour identifier les actes juridictionnels [1], la doctrine admet généralement que les actes juridictionnels peuvent être contentieux ou gracieux.

Le titre XIV du Code de procédure civile (C. pr. civ., art. 430 s.) définit les règles générales et les dispositions propres à chaque catégorie de « *jugement* », en excluant expressément les mesures d'administration judiciaire.

1. Guinchard, Chainais et Ferrand, 31e éd., 2012, nos 1006 s.

TITRE

41. La régularité du jugement

SECTION 0
ORIENTEUR

41.00 Plan du titre.

Division. Le jugement ne peut produire ses effets que dans la mesure où son élaboration a été réalisée conformément aux conditions prévues par les textes. La régularité du jugement est soumise à des exigences substantielles et formelles, destinées, à la fois, à assurer un bon fonctionnement de la justice et à permettre la sauvegarde des intérêts des parties et de leur droit à un juge impartial et équitable. Ces conditions concernent les différentes phases de la formation du jugement : le délibéré, le prononcé et la rédaction de la décision.

CHAPITRE

411. Conditions relatives au délibéré

Natalie FRICERO
Professeure à la Faculté de droit
de l'Université de Nice Sophia-Antipolis (CERDP)

SECTION 0
Orienteur

411.00 Plan du chapitre.

Division. Lorsque la juridiction s'estime éclairée, le président fait cesser les plaidoiries ou, le cas échéant, les observations présentées par les parties pour leur défense (C. pr. civ., art. 440). Après cette clôture des débats (sauf le cas d'une réouverture dans les conditions de C. pr. civ., art. 444), les juges vont délibérer afin de prendre leur décision. Ce délibéré peut revêtir plusieurs formes (sect. 1), mais est soumis à des règles uniformes en ce qui concerne son déroulement (sect. 2) et son caractère secret (sect. 3).

411.01 Principaux textes applicables.
C. pr. civ., art. 82, 272, 341, 380, 442, 444 à 450, 458, 459, 542, 764, 786, 869, 907.

COJ, art. L. 141-1, L. 212-1 à L. 212-3, L. 232-1, L. 312-1 à L. 312-3.

C. trav., art. L. 1423-1, L. 1454-2, R. 1454-25 à R. 1454-31, D. 1442-13.

C. com., art. L. 722-1.

411.03 Bibliographie.
Ouvrage. J. Carbonnier, *Délibéré du droit, Flexible droit*, LGDJ, 1988, p. 347.

Articles et études. « La délibération », Colloque de l'Université de Tours, 22 oct. 2010, *Procédures* mars 2011, n° 3 – P. Deumier, « Les « motifs des motifs » des arrêts de la Cour de cassation », *Mél. Burgelin*, Dalloz, 2009, p. 125 – L. de Naurois, « La procédure de vote du tribunal collégial », *Mél. Vincent*, Dalloz, 1981, p. 245 – P. Drai, « Le délibéré et l'imagination des juges », *Mél. Perrot*, 1995, Dalloz, 1996, p. 107 – P. Estoup, « La mise en œuvre de l'article 450 du Code de procédure civile », *D.* 1985. Chron. 163 – F. Ruellan, « Le juge d'instance et le délibéré prud'homal », *Dr. soc.* 1986. 799 – F. Zenati-Castaing, « Motivation des décisions de justice et sources du droit », *D.* 2007. Chron. 1553.

SECTION 1
Modalités

411.10 Hypothèses. Lorsque l'affaire est simple, la juridiction peut procéder à un délibéré sur-le-champ, ou sur le siège : en revanche, si l'examen du litige suppose un temps de réflexion, les juges peuvent mettre l'affaire en délibéré.

§ 1
Jugement rendu sur-le-champ

411.11 Définition. Aux termes de l'article 450 C. pr. civ., « *si le jugement ne peut être prononcé sur-le-champ, le prononcé est renvoyé* [...] » : le jugement sur-le-champ ou sur le siège constitue donc la forme de principe du délibéré.

La Cour de cassation retient une conception extensive du prononcé sur-le-champ, ce qui conduit à envisager plusieurs situations :

– les membres de la juridiction se concertent à voix basse sans quitter leur siège, prennent la décision et prononcent le jugement. Cette modalité concerne tous les jugements, y compris ceux qui ne statuent pas au fond[1];

– les membres de la juridiction se retirent en chambre du conseil quelques instants, puis retournent dans la salle d'audience pour prononcer la décision.

1. Lyon, 2 nov. 1978, *D.* 1978. IR 498, obs. Julien; *JCP* 1979. II. 19114, note J. A.; *RTD civ.* 1979. 669, obs. Perrot.

411.12 Extension. La juridiction peut également suspendre l'audience, et prononcer le jugement à **l'issue de la reprise de cette audience,** pourvu que l'issue de cette dernière se situe dans la même journée : le jugement est considéré comme ayant été rendu sur-le-champ [1].

Une décision de la cour d'appel de Rouen a retenu une solution contraire [2] : le bureau de jugement du conseil des prud'hommes s'étant retiré pour délibérer, puis ayant prononcé le jugement à l'issue de l'audience après cette suspension, la cour en a déduit que le président aurait dû, conformément à l'article 450 C. pr. civ., aviser les parties de la date retenue pour le prononcé du jugement (C. trav., art. R. 1454-25, la date du prononcé est rappelée aux parties par émargement au dossier ou par la remise d'un bulletin par le greffier) [3]. Une telle solution est certainement plus protectrice des intérêts des parties : elle les dispense de surveiller le déroulement d'une audience qui peut être longue ou de solliciter le secrétariat-greffe pour les informer du moment du prononcé de la décision.

411.13 Présence des parties. Le juge qui statue sur-le-champ n'est pas tenu de constater la présence des parties au moment du prononcé de la décision [4].

§ 2
Jugement non rendu sur-le-champ

411.21 Mise en délibéré. Généralement, l'affaire est mise en délibéré après la clôture des débats, la juridiction souhaitant se ménager un temps de réflexion devant la complexité du dossier ou le nombre important de décisions à rendre. La mise en délibéré soulève des difficultés pratiques, concernant la date du prononcé du jugement et la durée du délibéré. Avec le décret n° 2005-1678 du 28 décembre 2005 [5], le juge de la mise en état devant le tribunal de grande instance (et la cour d'appel) peut, après avoir recueilli l'accord des avocats (ou avoués), fixer un calendrier de la mise en état (C. pr. civ., art. 764) : ce calendrier comporte le nombre prévisible et la date des échanges de conclusions, la date de la clôture, celle des débats et celle du prononcé de la décision. Ces délais peuvent être prorogés en cas de cause grave et dûment justifiée.

411.22 Indication de la date du prononcé du jugement ou de sa mise à disposition au greffe. Lorsque le prononcé est renvoyé pour plus ample délibéré, **le président de la juridiction doit indiquer la date du prononcé** du jugement (C. pr. civ., art. 450) [6], ou la date de la mise à disposition du jugement au greffe de la juridiction (C. pr. civ., art. 450, al. 2; Décr. n° 2004-836, 20 août 2004 [7]). Cette exigence s'explique par la volonté de sauvegarder les droits de la défense : le point de départ de certains recours est constitué par la date du prononcé (contredit de compétence, C. pr. civ., art. 82 - demande d'autorisation d'appel d'une décision ordonnant une expertise, C. pr. civ., art. 272, *etc.*), et certaines causes de nullité doivent être soulevées à peine d'irrecevabilité au moment de ce prononcé (C. pr. civ., art. 458, al. 2). Elle a donc une portée générale et s'applique à tous les jugements, même s'ils ne statuent pas au fond [8], y compris devant la Cour de cassation [9]. Les dispositions de l'article 450 C. pr. civ. supposent une indication orale à l'audience, en présence des parties [10], même si la mention dans le jugement de l'accomplissement de cette formalité n'est prévue par aucun texte [11]. La date du prononcé peut résulter du calendrier de la mise en état devant le tribunal de grande instance.

411.23 Sanction de l'absence d'information des parties. La question s'est posée en jurisprudence à l'occasion de l'**exercice du contredit,** dont le délai a pour point de départ le prononcé de la décision (C. pr. civ., art. 82). Dans un souci évident de protection des intérêts des parties, la jurisprudence a considéré qu'en l'absence établie d'indication de la date du prononcé, le point de départ du délai de contredit de compétence doit être différé à la date de notification du jugement [12] et, en l'absence de notification, à la date à laquelle la partie a eu connaissance du jugement [13], connaissance qui peut même résulter

1. Civ. 2ᵉ, 10 juill. 1978, n° 77-11.545, *Bull. civ.* II, n° 186; *D.* 1978. IR 498, obs. Julien; *Gaz. Pal.* 1979. 1. 111, note J. J.; *RTD civ.* 1979. 699, obs. Perrot – Civ. 2ᵉ, 26 oct. 1978, n° 77-14.045, *Bull. civ.* II, n° 226 – Civ. 2ᵉ, 29 janv. 1992, n° 90-19.145, *Bull. civ.* II, n° 41 – Soc. 11 oct. 1994, n° 90-44.122, *Bull. civ.* V, n° 275; *D.* 1994. IR 248.
2. Rouen, 27 févr. 1979, *RTD civ.* 1979. 834, obs. Perrot.
3. Soc. 23 juin 1977, n° 76-40.956, *Bull. civ.* V, n° 424.
4. Civ. 2ᵉ, 10 juill. 1978, n° 77-11.545, préc. sˢ n° 411.12.
5. Décr. n° 2005-1678, 28 déc. 2005, relatif à la procédure civile, à certaines procédures d'exécution et à la procédure de changement de nom, *JO* 29 déc., p. 20350.
6. P. Estoup, « La mise en œuvre de l'article 450 du Code de procédure civile », *D.* 1985. Chron. 163.
7. Décr. n° 2004-836, 20 août 2004, modifiant la procédure civile, *JO* 22 août, p. 15032.
8. Lyon, 2 nov. 1978, *D.* 1978. IR 498, obs. Julien.
9. Cass., ass. plén., 12 juill. 2013, n° 11-17.520, *Bull. ass. plén.*, n° 2 : où il est indiqué que les parties ont été avisées de la mise à disposition au greffe dans les conditions prévues à l'article 450 alinéa 2 C. pr. civ.
10. Paris, 30 mars 1998, *Bull. ch. avoués* 1998. 3. 92.
11. Civ. 3ᵉ, 13 juin 2001, n° 99-18.073, *Bull. civ.* III, n° 76; *D.* 2001. 3526, obs. Rozès; *Procédures* 2001. Comm. 230, note Junillon.
12. V. NOT., Civ. 2ᵉ, 11 janv. 1978, n° 76-11.237, *Bull. civ.* II, n° 13; *D.* 1978. IR 410, obs. Julien – Civ. 2ᵉ, 23 avr. 1980, n° 79-13.692, *Bull. civ.* II, n° 78; *Gaz. Pal.* 1980. 2. 574, note Viatte; *RTD civ.* 1980. 619, obs. Perrot – Civ. 2ᵉ, 10 févr. 1993, n° 91-16.628, *Bull. civ.* II, n° 53.
13. Civ. 2ᵉ, 30 nov. 1983, n° 82-12.830, *Bull. civ.* II, n° 189; *Gaz. Pal.* 1984. 1. Pan. 75, obs. Guinchard; *RTD civ.* 1984. 166, obs. Perrot – Civ. 2ᵉ, 4 mai 1987, n° 86-10.117, nᵒˢ 86-10.118, 86-10.556 et 86-10.557, NP.

de la formation du recours par la partie[1]. Mais, pour se prévaloir de la violation de l'article 450 C. pr. civ. lors de l'instance sur contredit devant la cour d'appel, l'auteur du contredit doit comparaître à l'audience, soit en personne soit par représentant habilité, pour soutenir verbalement le moyen : à défaut, la procédure étant orale, le défaut de comparution conduit à juger que la cour d'appel n'est pas saisie du moyen[2].

Cependant, cette sanction n'est mise en œuvre que s'il est prouvé que les parties n'ont pas été informées de la date du prononcé. C'est à la partie qui entend former le recours de prouver son défaut d'information[3]. À cet égard, la Cour de cassation a considéré que l'indication, dans le jugement[4] ou dans le registre d'audience[5] de la date du prononcé n'est pas suffisante pour prouver que les parties ont été réellement informées : cette preuve ne peut résulter que de l'indication, dans le jugement ou le registre d'audience, que la date du prononcé a été portée à la connaissance des parties[6]. De même, la seule indication de la date de mise en délibéré ne prouve pas que le président a effectivement informé les parties[7].

Ces solutions sont applicables en matière prud'homale[8], l'article R. 1454-25 du Code du travail rappelant l'obligation d'informer les parties de la date du prononcé du jugement. Cette information se réalise par émargement au dossier ou par la remise d'un bulletin par le greffier. Dès lors, s'il ne résulte pas des constatations de la cour d'appel que la date du prononcé du jugement prud'homal a été portée à la connaissance des parties selon les formes prévues, par émargement au dossier ou par remise d'un bulletin par le greffier, le délai de contredit n'a pas pu courir à compter de la date du prononcé dudit jugement[9].

411.24 **Sursis à statuer.** Le point de départ de l'appel contre la décision de sursis à statuer est fixé par l'article 380 C. pr. civ. à la date de cette décision. La jurisprudence considère qu'en l'absence de preuve de l'information des parties par le président de la juridiction de la date du prononcé de ladite décision, l'appel ne peut pas courir à compter de cette date[10].

411.25 **Durée du délibéré.** L'article 450 C. pr. civ. n'a pas prévu de durée maximale du délibéré. Néanmoins, depuis le décret du 28 décembre 2005, il est prévu à l'alinéa 3 de l'article 450 que si le président décide de renvoyer le prononcé du jugement à une date ultérieure (que cette date ait été fixée par lui ou par le calendrier de la mise en état), il en avise les parties par tout moyen. Cet avis comporte les motifs de la prorogation ainsi que la nouvelle date à laquelle la décision sera rendue. À la condition de motiver leur avis, les juges ont donc la possibilité de prolonger le délibéré autant que l'exigent les besoins de l'affaire. S'il advenait qu'un délibéré s'éternise au-delà d'un délai raisonnable (un délai de vingt mois n'est pas excessif[11]), plusieurs sanctions sont prévues : la mise en œuvre de l'article 6 § 1 de la Convention européenne de sauvegarde des droits de l'homme (v. s[s] n°s 212.121 s.), et la mise en jeu préalable de la responsabilité de l'État pour dysfonctionnement du service public de la justice[12], le délai non raisonnable constituant un déni de justice au sens de l'article L. 141-1 du COJ[13] (en ce sens une décision de recevabilité, dans laquelle la Cour européenne considère que le recours à l'article L. 781-1, devenu article L. 141-1, du COJ doit être exercé avant toute saisine de la Cour européenne[14] – V. s[s] n°s 212.121 s.).

SECTION 2
DÉROULEMENT

411.30 **Régularité du délibéré.** Le délibéré conduit à la prise de décision au terme d'un vote (C. pr. civ., art. 449) auquel ne peuvent participer que les juges devant lesquels l'affaire a été débattue (C. pr. civ., art. 447). Pendant la durée du délibéré, les parties ne peuvent présenter aucune « *note en délibéré* », à peine d'irrecevabilité, sauf en réponse au ministère public ou à la demande du président dans les cas prévus aux articles 442 et 444 C. pr. civ. (C. pr. civ., art. 445), et dans le cas où la production de la note

1. Civ. 2e, 30 nov. 1983, n° 82-12.830, *Bull. civ.* II, n° 189; *JCP* 1984. IV. 45; *RTD civ.* 1984. 166, obs. Perrot.
2. Civ. 2e, 21 mars 2013, n° 12-15.326, *Bull. civ.* II, [à paraître].
3. Civ. 2e, 3 janv. 1979, n° 77-13.495, *Bull. civ.* II, n° 1; *JCP* 1979. IV. 79; *RTD civ.* 1979. 669, obs. Perrot.
4. Civ. 2e, 18 oct. 1989, n° 87-16.428, NP; *JCP* 1990. II. 21471, note Cadiet et réf. citées.
5. Civ. 2e, 6 déc. 1989, n° 88-15.383, *Bull. civ.* II, n° 217; *JCP* 1990. II. 21471, note Cadiet préc.
6. Civ. 2e, 13 mai 1985, n° 84-10.439, *Bull. civ.* II, n° 98; *D.* 1985. IR 409, obs. Julien; *Gaz. Pal.* 1985. Pan. 250, obs. Guinchard et Moussa; *RTD civ.* 1986. 188, obs. Perrot.
7. Com. 18 mai 2010, n° 09-12.927, *Bull. civ.* IV, n° 91; *D.* 2010. 1415.
8. Montpellier, 10 mars 1983, *Quot. jur.* 7 juin 1984, note Bourgeois.
9. Soc. 27 févr. 2013, n° 11-27.312, *Bull. civ.* V, [à paraître].
10. Civ. 2e, 14 oct. 2010, n° 08-19.415, NP.
11. Soc. 6 juin 1991, n° 88-41.500, *Bull. civ.* V, n° 290; *Gaz. Pal.* 1991. 2. Pan. 284.
12. TGI Paris, 6 juill. 1994, *JCP* 1994. I. 3806, n° 2, obs. Cadiet; *Gaz. Pal.* 1994. 37, obs. Petit; *Dr. et patr.* janv. 1995. 9, obs. de La Vaissière.
13. L. Favoreu, *Du déni de justice en droit public français,* LGDJ, 1964, p. 534.
14. CEDH 12 juin 2001, Giummarra et a. c/ France, req. n° 61166/00.

peut être fondée sur la nécessité d'assurer la loyauté des débats[1].

§ 1
Composition de la juridiction lors du délibéré

A.
Nombre de juges

411.31 Conformité aux règles d'organisation judiciaire. La juridiction ne peut délibérer régulièrement que si le nombre de juges qui la composent est conforme aux règles prévues par le Code de l'organisation judiciaire. Généralement, la formation est collégiale et impaire, mais certaines situations dérogatoires sont prévues :

– pour **le tribunal de grande instance**, la formation siège en nombre impair (COJ, art. L. 212-1 et L. 212-3; réd. Ord. 8 juin 2006, sur la refonte du Code de l'organisation judiciaire[2]) à trois juges au moins (COJ, art. L. 212-3)[3], sous réserve des formations à juge unique (COJ, art. L. 212-2 – C. pr. civ., art. 801 s.);

– **le tribunal d'instance** siège à juge unique (COJ, art. L. 222-1);

– **la juridiction de proximité** statue à juge unique (COJ, art. L. 232-1);

– **le tribunal de commerce** siège en formation collégiale de trois juges au moins dont un titulaire (C. com., art. L. 722-1 s., Ord. 8 juin 2006)[4];

– **le conseil de prud'hommes** comprend en nombre égal, des conseillers salariés et conseillers employeurs (C. trav., art. L. 1423-1 s., pour la composition des sections et des chambres), avec l'éventualité de séances de départage présidées par le juge d'instance (C. trav., art. L. 1454-2 s. et R. 1454-29 s.)[5];

– **le tribunal paritaire des baux ruraux** siège avec le juge d'instance, président, et quatre assesseurs (C. rur., art. L. 492-1, réd. Ord. 8 juin 2006), mais le président peut statuer seul, ou avec les assesseurs présents[6] si le tribunal ne peut se réunir au complet (C. rur., art. L. 492-6, réd. Ord. 8 juin 2006);

– **le tribunal des affaires de sécurité sociale** est présidé par un magistrat du tribunal de grande instance assisté de deux assesseurs (CSS, art. L. 142-4 et L. 142-7)[7]. Si le tribunal n'est pas complet, le président peut renvoyer à une autre audience, au cours de laquelle il doit statuer seul, le cas échéant (CSS, art. L. 142-7, al. 2);

– **la cour d'appel** comprend trois magistrats au moins, président compris (COJ, art. L. 312-1 et L. 312-2, Ord. 8 juin 2006 – et non un seul conseiller[8]), en audience ordinaire. À défaut, l'arrêt doit être annulé, dès lors que l'irrégularité est révélée après le prononcé de l'arrêt[9]. En audience solennelle, la cour est composée de cinq magistrats au moins, président compris (COJ, art. L. 312-3)[10].

411.32 Présence exclusive de juges. C'est une évidence que de préciser que la présence de toute personne autre qu'un juge au délibéré entraîne l'annulation de la décision rendue. Il en est ainsi de la présence du greffier[11] (même si la seule mention de son nom parmi les membres de la juridiction n'implique pas qu'il ait participé au délibéré[12], puisqu'il fait partie de la juridiction[13]), ou de celle du ministère public[14], ou encore celle du commissaire du gouvernement représentant le directeur des services fiscaux[15]. Mais la jurisprudence se montre restrictive lorsqu'il s'agit de prononcer l'annulation du jugement; elle pose en principe que la seule mention dans la décision du nom d'une personne extérieure aux juges ne prouve pas que cette personne ait participé au délibéré : ainsi, l'indication du nom du représentant du ministère public n'implique pas que ce magistrat ait parti-

1. Civ. 1re, 7 juin 2005, n° 05-60.044, *Bull. civ.* I, n° 241; *D.* 2005. 2570, note Boursier; *D.* 2006. 545, obs. Julien et Fricero; *RTD civ.* 2006. 151, obs. Perrot; *Dr. et proc.* 2006. 35, obs. Fricero.
2. Ord. n° 2006-673, 8 juin 2006, portant refonte du Code de l'organisation judiciaire et modifiant le Code de commerce, le Code rural et le Code de procédure pénale, *JO* 9 juin, p. 8710.
3. Com. 23 nov. 1993, n° 91-19.042, *Bull. civ.* IV, n° 427; *RTD civ.* 1994. 421, obs. Perrot.
4. Grenoble, 5 févr. 1995, *Juris-Data* n° 043936.
5. Soc. 17 déc. 1987, n° 85-41.979, *Bull. civ.* V, n° 770; *Gaz. Pal.* 1988. 1. Somm. 62.
6. Colmar, ch. soc., 22 août 1995, RG n° 3289/94.
7. Soc. 19 déc. 1991 n° 88-20.464, NP – Soc. 14 mars 1991, n° 89-13.060, *Bull. civ.* V, n° 143; *D.* 1991. 347, obs. Prétot – Soc. 1er déc. 1994, n° 92-15.506, NP – Soc. 13 oct. 1994, n° 92-10.036, *Bull. civ.* V, n° 278.
8. Civ. 2e, 4 janv. 1984, n° 82-12.435, *Bull. civ.* II, n° 3; *Gaz. Pal.* 1984. 1. Pan. 156, obs. Guinchard – Civ. 2e, 16 juill. 1993, n° 92-10.574, *Bull. civ.* II, n° 256.
9. Civ. 2e, 6 mai 2010, n° 08-21.500, NP – Civ. 2e, 7 oct. 2010, n° 09-70.622, NP.
10. Civ. 2e, 14 oct. 1987, n° 86-11.617, *Bull. civ.* II, n° 194; *JCP* 1987. IV. 389.
11. Civ. 2e, 24 juin 1998, n° 96-20.659, *Bull. civ.* II, n° 210 et Civ. 3e, 24 juin 1998, n° 96-15.678, *Bull. civ.* III, n° 136; *D.* 1999. 221, note Bouloc; *JCP* 1998. IV. 2871; *RD publ.* 1999. 212, obs. Wiederkehr.
12. Com. 7 nov. 1987, n° 85-13.658, *Bull. civ.* IV, n° 220; *Gaz. Pal.* 1988. 1. Pan. 44 – Civ. 3e, 23 avr. 1992, n° 90-13.761, NP – Civ. 3e, 18 mars 1992, n° 90-16.438, *Bull. civ.* III, n° 98 – Civ. 2e, 5 juin 1996, n° 93-11.432, *Bull. civ.* II, n° 125; *JCP* 1996. IV. 1706 – Civ. 1re, 19 oct. 1999, n° 97-19.845, *Bull. civ.* I, n° 283; *D.* 2000. 310, note Chartier; *RTD civ.* 2000. 79, obs. Hauser – Civ. 1re, 21 nov. 2000, n° 98-10.834, *Bull. civ.* I, n° 298; *D.* 2001. IR 43.
13. Civ. 2e, 10 oct. 2013, n° 12-26.123, *Bull. civ.* II, [à paraître].
14. Civ. 2e, 23 avr. 1986, n° 84-16.872, *Bull. civ.* II, n° 61; *JCP* 1986. IV. 181.
15. Civ. 3e, 24 sept. 2013, n° 12-21.240, NP.

cipé au délibéré[1], de même que la mention du nom du greffier ne signifie pas que ce dernier ait été présent au délibéré[2], *a fortiori* si le nom du greffier figure sous un titre distinct de la composition de la juridiction[3]. De plus, la seule mention dans le jugement du nom des juges « *assistés de Mme A, secrétaire* » n'implique pas que le greffier qui fait partie de la juridiction ait assisté au délibéré[4]. En revanche, si l'arrêt indique expressément sous le titre « *le greffier* » le nom de celui-ci, suivi de la mention « *présent lors des débats et du délibéré* », il en ressort que le greffier a assisté au délibéré et que l'arrêt est nul[5].

En revanche, peuvent participer au délibéré les **auditeurs de justice** (Ord. 22 déc. 1958, art. 19, al. 5), qui siègent en surnombre et participent avec voix consultative; les magistrats qui participent à une session de formation peuvent être autorisés à assister aux délibérés de la juridiction auprès de laquelle ils font leur stage (L. n° 77-749, 8 juill. 1977, art. 1er[6]).

Par application de l'article 12-2 de la loi du 31 décembre 1971[7], **l'élève avocat effectuant un stage dans une juridiction** peut assister au délibéré, mais il ne peut pas participer aux décisions prises par la juridiction : un arrêt doit être annulé s'il indique qu'il a été prononcé après que le délibéré des magistrats du siège se soit déroulé « *en présence de Mme X, avocat stagiaire qui a participé au délibéré* »[8].

411.33 Composition en délibéré après réouverture des débats. Lorsque le magistrat qui participe au délibéré a assisté à l'audience après réouverture des débats, mais n'avait pas participé aux débats antérieurs, il appartient à la partie intéressée de soulever l'irrégularité dans la composition de la juridiction conformément au dispositif prévu à l'article 430 alinéa 2 C. pr. civ. : en conséquence, à peine d'irrecevabilité, la partie doit soulever l'irrégularité dès l'ouverture des débats qui suivent la décision de réouverture[9].

1. Civ. 2e, 23 avr. 1986, n° 84-16.872, préc. ss prést n°.
2. Com. 4 nov. 1987, n° 85-13.658, *Bull. civ.* IV, n° 220 – Civ. 1re, 19 oct. 1999, n° 97-19.845, *Bull. civ.* I, n° 283; *D.* 2000. 310, note Chartier; *RTD civ.* 2000. 79, obs. Hauser.
3. Civ. 2e, 29 juin 2000, n° 98-21.250, *Bull. civ.* II, n° 106.
4. Civ. 2e, 18 févr. 2010, n° 08-21.355, NP.
5. Com. 9 juill. 2013, n° 12-22.639, NP.
6. L. n° 77-749, 8 juill. 1977, permettant aux magistrats participant à des sessions de formation d'assister aux délibérés et aux greffiers en chef admis à suivre une formation spécifique à caractère probatoire avant leur nomination en qualité de magistrat, de participer à l'activité des parquets et juridictions de l'ordre judiciaire, *JO* 10 juill., p. 3637.
7. L. n° 71-1130, 31 déc. 1971, portant réforme de certaines professions judiciaires et juridiques, *JO* 5 janv. 1972, p. 131.
8. Com. 14 sept. 2010, n° 09-16.586, NP – Pour une irrégularité dans la composition de la cour d'appel lors de l'audience, le rapport ayant été fait par un élève avocat stagiaire : Com. 24 sept. 2013, n° 12-22.966, NP – Com. 10 sept. 2013, n° 12-21.804, NP – Com. 3 avr. 2013, n° 12-17.905, *Bull. civ.* IV, n° 53.

B.
Identité des juges

411.41 Principes. Deux séries d'exigences légales concernent les juges qui participent au délibéré : il doit s'agir de ceux « *devant lesquels l'affaire a été débattue* » (C. pr. civ., art. 447), sous réserve que ces magistrats n'aient pas déjà connu de l'affaire (C. pr. civ., art. 542, et Conv. EDH, art. 6 § 1 – sur l'impartialité du juge, v. ss n° 411.48).

411.42 Identité des juges lors des débats et du délibéré. Il est nécessaire que les juges qui prennent la décision soient ceux qui ont assisté aux débats : ceci permet de vérifier qu'ils statuent au vu des éléments contradictoirement débattus et qu'ils ont pris une connaissance personnelle des prétentions et moyens des parties. À défaut, la décision est nulle (C. pr. civ., art. 458)[10].

Cependant, le prononcé de la nullité est subordonné à la réunion de plusieurs conditions.

– La première condition est la preuve de l'irrégularité : à cet égard, la jurisprudence applique une présomption de régularité du jugement en considérant que les énonciations de la décision permettent de présumer que les magistrats devant lesquels l'affaire a été débattue ont délibéré, même si l'identité n'est pas expressément indiquée[11]. L'intéressé devra donc se fonder sur des mentions de la décision démontrant expressément l'absence d'identité entre les magistrats[12], ou sur les indications contenues dans le registre d'audience, qui ne coïncident pas avec les énonciations de la décision en ce qui concerne le nom des juges[13].

– La seconde condition tient aux dispositions de l'article 459 C. pr. civ., qui prévoient que l'annulation peut être refusée si, en dépit de mentions révélant une irrégularité, la preuve peut être rapportée que les exigences légales ont été, en fait, respectées. Par exemple, si la composition de la chambre de la cour d'appel n'est pas conforme à l'ordonnance de service du premier président de la cour, la cour d'appel peut rectifier l'erreur sur le fondement de l'article 459 C. pr. civ.[14]

9. Com. 4 mai 2010, n° 09-14.415, NP.
10. Paris, 14 avr. 1986, *Gaz. Pal.* 1986. 2. Somm. 457 – Civ. 2e, 20 juill. 1988, n° 87-15.754, *Bull. civ.* II, n° 177; *Gaz. Pal.* 1988. 2. Pan. 251 – Versailles, 16 janv. 1991, *D.* 1991. IR 134, pour une ordonnance de référé – Civ. 2e, 13 oct. 1993, n° 92-11.836, NP – Civ. 2e, 10 mars 1993, n° 91-17.918, NP – Civ. 2e, 20 janv. 2011, n° 07-19.697, NP.
11. Civ. 1re, 21 déc. 1976, n° 73-11.673, *Bull. civ.* I, n° 420; *JCP* 1977. IV. 38 – Com. 23 févr. 1981, n° 79-12.694, *Bull. civ.* IV, n° 94; *D.* 1981. IR 375, obs. Julien – Civ. 1re, 22 juin 1982, n° 81-12.632, *Bull. civ.* I, n° 232.
12. Paris, 31 oct. 1980, *Gaz. Pal.* 1981. 1. Somm. 159.
13. Soc. 18 juin 1986, n° 83-41.144, *Bull. civ.* V, n° 306; *JCP* 1986. IV. 249; *Gaz. Pal.* 1986. 2. Pan. 218.
14. Com. 26 mai 2010, nos 08-13.483 et 08-14.509, NP.

411.43 **Assouplissement de la règle d'identité.** En principe, les juges qui délibèrent doivent avoir assisté à la totalité des débats, même si ces derniers se déroulent sur plusieurs audiences. La jurisprudence a pourtant décidé que les juges qui délibèrent sur le fond peuvent ne pas avoir été présents lors des audiences à l'issue desquelles ont été prononcées des mesures d'instruction relatives à l'affaire[1].

411.44 **Exceptions à la règle d'identité.** Les textes prévoient des situations dans lesquelles un magistrat entend les débats, alors que d'autres prennent la décision en délibérant, qui concernent le tribunal de grande instance (C. pr. civ., art. 786), le tribunal de commerce (C. pr. civ., art. 869)[2] et la cour d'appel (C. pr. civ., art. 907).

411.45 **Devant le tribunal de grande instance.** Le juge de la mise en état ou le juge chargé du rapport (C. pr. civ., art. 785, al. 1er)[3] peut tenir seul l'audience pour entendre les plaidoiries, puis en rendre compte au tribunal dans son délibéré[4].

Cette dérogation à la règle d'identité des juges qui débattent et délibèrent suppose **l'absence d'opposition des avocats** (C. pr. civ., art. 786 – il a été jugé que la faculté d'opposition n'appartient qu'aux avocats[5]). Les avocats de toutes les parties doivent donner leur accord, mais si l'une des parties n'a pas conclu, l'absence d'opposition de l'avocat de l'autre partie suffit[6]. Lorsqu'une partie a accepté que le juge de la mise en état tienne seul l'audience des plaidoiries, par l'intermédiaire de son avocat, elle ne peut pas s'opposer à ce qu'un autre magistrat, appelé à délibérer de l'affaire, assiste à cette audience[7].

Si la procédure se déroule sans représentation obligatoire par avocat, il appartient aux personnes qui ont qualité pour présenter les observations orales de ne pas manifester d'opposition.

Le magistrat qui entend les débats doit en rendre compte au tribunal dans son délibéré et le jugement doit contenir, à peine de nullité, le nom des juges qui ont délibéré[8], ainsi que la mention de l'absence d'opposition des avocats[9] (la jurisprudence applique une présomption de régularité[10]), et celle selon laquelle le magistrat a entendu seul les plaidoiries et en a rendu compte au tribunal en son délibéré[11]. Les plaidoiries peuvent être entendues par deux magistrats dès lors qu'il est ensuite rendu compte à la formation collégiale dans son délibéré[12].

411.46 **Devant le tribunal de commerce.** Le juge rapporteur peut tenir seul l'audience des plaidoiries (C. pr. civ., art. 871) : il suffit que les parties ne s'y opposent pas[13] et que le juge en rende compte au tribunal dans son délibéré. Le jugement du tribunal de commerce qui indique le nom de ce juge rapporteur, puis qui ne mentionne pas ce magistrat parmi ceux qui ont « *délibéré et prononcé* », doit être annulé sur le fondement des articles 447 et 458 C. pr. civ.[14]

411.47 **Devant la cour d'appel.** L'audition des plaidoiries par le magistrat de la mise en état est prévue par l'article 907 C. pr. civ. (qui renvoie à C. pr. civ., art. 786). Les conditions sont donc identiques à celles qui sont posées devant le tribunal de grande instance. Notamment, le magistrat doit rendre compte de cette audition à la cour dans son délibéré[15]. Il convient toutefois de préciser que cette possibilité suppose l'absence d'opposition des avocats : si la représentation n'est pas obligatoire, les parties elles-mêmes doivent accepter l'audience devant le conseiller rapporteur.

Comme pour le tribunal de grande instance, deux magistrats peuvent tenir l'audience des plaidoiries, et en rendre compte en délibéré au troisième magistrat de la formation, l'arrêt étant rendu collégialement[16].

Le jugement doit également indiquer l'audition devant le magistrat rapporteur et le compte rendu en délibéré, à peine de nullité[17]. En présence d'un moyen critiquant les mentions de l'arrêt relatives à la présence du président signataire de l'arrêt aux débats, la Cour de cassation a jugé que « *les mentions d'un arrêt valant jusqu'à inscription de faux et l'arrêt indiquant que les débats se sont tenus devant le rapporteur*

1. Civ. 2e, 23 mars 1960, *Bull. civ.* II, no 198 – Civ. 1re, 8 mars 1965, *Bull. civ.* I, no 172.
2. J. Deleau, « Pratique du délibéré devant le tribunal de commerce de la Seine », *RTD civ.* 1950. 178.
3. A. Sudaka, « Le juge rapporteur », *Gaz. Pal.* 1973. 2. Doctr. 776.
4. Civ. 2e, 11 févr. 1998, no 96-17.638, *Bull. civ.* II, no 46; *JCP* 1998. IV. 1744.
5. Civ. 2e, 10 mars 1993, no 91-18.103, *Bull. civ.* II, no 90.
6. Civ. 2e, 7 oct. 1971, no 70-13.963, *Bull. civ.* II, no 271; *D.* 1971. 705; *Gaz. Pal.* 1972. 1. 84; *RTD civ.* 1972. 440, obs. Raynaud.
7. Soc. 14 mai 1987, no 83-46.128, *Bull. civ.* V, no 326; *JCP* 1987. IV. 241.
8. Civ. 2e, 18 oct. 1989, no 88-16.632, no 88-17.051, *Bull. civ.* II, no 186; *RTD civ.* 1990. 147, obs. Perrot.
9. Civ. 2e, 14 déc. 1978, no 77-12.166, *Bull. civ.* II, no 273; *JCP* 1979. IV. 65.
10. Civ. 2e, 10 mai 1984, no 83-12.534, *Bull. civ.* II, no 81 – Civ. 2e, 9 janv. 1991, no 89-15.187, *Bull. civ.* II, no 11; *JCP* 1991. IV. 85 – Soc. 23 sept. 1992, no 91-40313, *Bull. civ.* V, no 474; *RTD civ.* 1993. 641, obs. Perrot.
11. Civ. 2e, 16 juill. 1993, no 91-13.792, NP.
12. Civ. 1re, 3 févr. 2004, no 01-11.898, *Bull. civ.* I, no 28; *D.* 2004. Somm. 1206, obs. Julien.
13. Com. 12 janv. 1988, no 86-15.780, *Bull. civ.* IV, no 14; *Gaz. Pal.* 1988. 2. Somm. 16, obs. Guinchard et Moussa.
14. Paris, 14 avr. 1986, *Gaz. Pal.* 1986. Somm. 457.
15. Com. 6 juill. 1993, no 90-13.029, *Bull. civ.* IV, no 283.
16. Com. 6 juill. 1993, no 91-15.161, *Bull. civ.* IV, no 284; *D.* 1993. IR 209; *RTD civ.* 1993. 887, obs. Perrot; *JCP* 1993. IV. 2313; *Gaz. Pal.* 1993. 2. Pan. 253 – Civ. 1re, 12 juill. 1994, no 91-21.347, *Bull. civ.* I, no 249.
17. Pour des MENTIONS CONTRADICTOIRES dans l'arrêt : Civ. 3e, 5 juill. 1995, no 93-13.164, NP.

M. Z qui en a rendu compte dans le délibéré de la cour aux conseillers X et Y et a signé la décision, le moyen ne peut être accueilli » [1].

411.48 Absence de magistrats ayant déjà statué sur l'affaire. Les magistrats qui délibèrent ne doivent pas avoir connu les faits qui leur sont soumis à l'occasion d'une autre instance. Cette interdiction est fondée sur plusieurs dispositions :

- l'article 6 § 1 de la Convention européenne des droits de l'homme, qui prévoit que tout justiciable a droit à être entendu par **un tribunal « *impartial* »** (sur les garanties d'une bonne justice, v. s[s] n°s 211.90 s. - V. AUSSI, COJ, art. L. 111-5, réd. Ord. 8 juin 2006). L'exigence d'un tribunal impartial n'est pas remplie si l'un des juges qui délibèrent sur l'affaire a déjà eu l'occasion de prendre une décision sur les faits, et la décision rendue est nulle [2] ;

- l'article L. 111-6, 5° du COJ (auquel renvoie C. pr. civ., art. 341, 5°), qui organise la possibilité **de récusation d'un juge** qui « *a précédemment connu de l'affaire comme juge ou arbitre ou s'il a conseillé l'une des parties* » [3] ;

- l'article 542 C. pr. civ., concernant la cour d'appel, qui sert de fondement pour annuler les arrêts rendus par un magistrat ayant précédemment connu de l'affaire en première instance [4].

La jurisprudence a renforcé l'exigence d'impartialité du juge, ce qui l'a conduite à considérer l'interdiction de statuer successivement sur les mêmes faits de manière plus rigoureuse : ainsi, alors qu'il avait été admis qu'un conseiller de la cour d'appel puisse faire partie de la formation de jugement statuant sur le déféré de l'ordonnance qu'il avait rendue [5], la Cour de cassation a admis implicitement que l'application de l'article 6 § 1 de la Convention européenne des droits de l'homme interdit que le conseiller fasse partie de la formation chargée d'apprécier le bien-fondé de sa propre décision : elle rejette ce moyen du pourvoi, non sur le fond, mais en considérant que le plaideur avait connaissance de ces éléments lors de l'élaboration de l'arrêt et qu'il avait donc la possibilité de récuser le conseiller de la mise en état sur le fondement de l'article 341, 5° C. pr. civ. [6].

§ 2
Vote des juges

411.51 Majorité des voix. L'unique disposition du Code de procédure civile relative au vote des juges résulte de l'article 449, qui précise que la décision est rendue à la majorité des voix. Les modalités d'obtention de cette majorité ne sont pas définies, et le président de la juridiction reste libre de recueillir l'opinion des membres de la manière qu'il juge opportune.

411.52 Égalité des voix. Devant les formations où la règle de la parité s'applique, un partage égal des voix est prévisible : c'est le cas pour toutes les formations du **conseil de prud'hommes.**

L'article L. 1454-2 du Code du travail prévoit que l'affaire est alors renvoyée devant la même formation ou le même bureau, sous la présidence du juge d'instance [7].

L'audience de départage doit se tenir dans le mois du renvoi (C. trav., art. L. 1454-2, al. 1er), mais l'inobservation de ce délai n'est pas sanctionnée par la nullité du jugement [8]. Le délai est ramené à quinze jours au plus tard pour la formation de référé (C. trav., art. R. 1454-29, al. 2).

411.53 Audience de départage. Les textes ont prévu un éventuel **empêchement d'un conseiller** lors de l'audience de départage et ont organisé plusieurs situations.

- Si un conseiller prud'homme est empêché, il doit pourvoir lui-même à son remplacement par un conseiller appartenant à la même formation que lui. À défaut, c'est le président ou le vice-président relevant de sa formation qui pourvoit à son remplacement (C. trav., art. R. 1454-30) et en avise immédiatement le secrétariat-greffe. Le jugement n'a pas à mentionner la demande de remplacement adressée au président [9]. Devant le bureau de jugement, les remplacements sont limités à un conseiller prud'homme de chaque élément (C. trav., art. R. 1454-30).

- Si, lors de l'audience de départage, la formation ne peut pas se réunir au complet, le juge départiteur statue seul, quel que soit le nombre de conseillers pré-

1. Soc. 26 juin 2013, n° 12-15.563, NP.
2. Civ. 3e, 27 mars 1991, n° 89-13.239, *Bull. civ.* III, n° 105; *D.* 1992. 129, obs. Julien – Civ. 2e, 5 mai 1993, n° 91-19.099, *Bull. civ.* II, n° 159; *RTD civ.* 1993. 561, obs. Hauser; *RTD civ.* 1993. 876, obs. Normand; *JCP* 1994. II. 22227, note du Rusquec – Civ. 2[e], 11 mars 2010, n° 08-19.320, *Bull. civ.* II, n° 59; *D.* 2010. 771.
3. Montpellier, 4 juin 1987, *JCP* 1987. II. 20876, note de Lestang.
4. Civ. 2[e], 3 juill. 1985, n° 84-10.356, *Bull. civ.* II, n° 133; *D.* 1986. IR 228, obs. Julien; *D.* 1986. 546, concl. Charbonnier; *Gaz. Pal.* 1985. 2. Pan. 348; *Gaz. Pal.* 1986. 1. Somm. 88, obs. Guinchard et Moussa – Civ. 2[e], 14 janv. 1987, n° 85-15.587, NP; *Gaz. Pal.* 1987. 1. Pan. 47 – Civ. 2[e], 7 nov. 1988, n° 87-17.490, *Bull. civ.* II, n° 210; *JCP* 1989. IV. 12; *Gaz. Pal.* 1988. 2. Pan. 283 – Com. 4 janv. 1994, n° 90-19.681, NP – Com. 21 mars 1995, n° 94-15.290, NP.
5. Civ. 2e, 13 mars 1996, n° 93-20.557, *Bull. civ.* II, n° 65; *D.* 1996. Somm. 356, obs. Julien.
6. Civ. 2e, 6 mai 1999, n° 96-12.964, *Bull. civ.* II, n° 77; *RTD civ.* 1999. 685, obs. Normand; *Procédures* 1999. 11, obs. Perrot.
7. B. Jaubert et C. Sant, « Le méconnu du conseil de prud'hommes, le juge départiteur », *Dr. soc.* 1986. 799 – E. Serverin et F. Vennin, « Les conseils de prud'hommes à l'épreuve de la départition », *Dr. soc.* 1995. 904.
8. Soc. 6 oct. 1977, n° 76-40.783, *Bull. civ.* V, n° 519.
9. Soc. 12 avr. 1995, n° 91-40.593, *Bull. civ.* V, n° 133.

sents (il doit recueillir l'avis des présents, C. trav., art. R. 1454-31[1]), et même en l'absence de tout conseiller.

411.54 Étendue de la saisine de la formation de départage. Pour la Cour de cassation, la formation de départage ne doit se saisir que des questions sur lesquelles la majorité n'a pas pu se former[2], à condition qu'il soit possible de statuer sur ces points indépendamment des questions déjà tranchées à la majorité[3]. Certaines décisions du fond ont admis que la formation de départition peut réenvisager la totalité du litige[4], et la Cour de cassation a elle-même considéré que l'instance se poursuivant devant la formation de départage, les parties peuvent présenter des demandes nouvelles[5].

411.55 Information des parties quant au moment du prononcé du jugement. Si, à l'issue des débats, la formation de départage ne rend pas un jugement sur-le-champ, la date du prononcé est rappelée aux parties par un émargement au dossier ou la remise d'un bulletin par le greffe (C. trav., art. R. 1454-31, al. 2).

SECTION 3

SECRET DU DÉLIBÉRÉ

411.61 Affirmation du secret. « *Les délibérations des juges sont secrètes* », aux termes de l'article 448 C. pr. civ. Cette règle constitue un principe général du droit assurant l'indépendance du juge et l'autorité morale de ses décisions[6]. On la retrouve dans le serment des magistrats, qui comporte l'obligation « *de garder religieusement le secret des délibérations* » (Ord. n° 58-1270, 22 déc. 1958[7], art. 6 - pour les conseillers prud'hommes, C. trav., art. D. 1442-13).

411.62 Sanction. L'article 458 C. pr. civ. ne mentionne pas parmi les cas de nullité du jugement (le secret ne concerne pas les décisions de nature administrative[8]) la violation du secret du délibéré. Cependant, la jurisprudence a tendance à considérer que la liste des cas n'est pas limitative et que la méconnaissance d'une règle d'ordre public peut entraîner l'annulation d'un jugement même si elle n'est pas prévue (même si l'on trouve une jurisprudence en sens contraire[9]).

S'agissant de la violation du secret du délibéré, la jurisprudence a prononcé la nullité du jugement :

- qui mentionne que la décision a été prise à l'unanimité[10];

- qui indique avoir été « *rendu à la majorité de trois voix* [celle du président et de deux conseillers ouvriers] », ce qui révèle le sens du vote de chaque magistrat[11];

- qui révèle l'opinion des deux seuls membres du tribunal paritaire des baux ruraux[12].

En revanche, respecte le secret du délibéré le jugement qui se contente d'indiquer que la décision a été prise « *à la majorité des voix* » sans autre précision[13], ou celui qui mentionne avoir été rendu après que les avis des magistrats ont été secrètement recueillis[14], ou celui qui mentionne le nom du rédacteur de la décision ayant participé au délibéré, sans faire apparaître le sens dans lequel ce dernier a opiné[15].

411.63 Responsabilité disciplinaire. Le magistrat qui a méconnu le secret des délibérations peut être soumis, conformément au droit commun, à une sanction disciplinaire pour méconnaissance des obligations issues de son serment (Ord. 22 déc. 1958, art. 6)[16].

1. Soc. 18 janv. 1989, n° 86-43.953, *Bull. civ.* V, n° 38; *Dr. soc.* 1989. 394, obs. Desdevises.
2. Soc. 10 juill. 1986, n° 83-44.697, *Bull. civ.* V, n° 379; *Gaz. Pal.* 1988. 1. 14, note Prautat; *Dr. soc.* 1986. 802, note Desdevises.
3. Soc. 22 déc. 1988, n° 85-44.233, n° 85-44.259, *Bull. civ.* V, n° 702; *D.* 1989. IR 28; *Dr. soc.* 1989. 394, obs. Desdevises.
4. Cons. prudh. Bolbec, 20 juin 1984, *JCP E* 1986. I. 15273, obs. Teyssié; *Dr. soc.* 1986. 804, obs. Desdevises; *Gaz. Pal.* 1985. 2. 708, note Pautrat; *RTD civ.* 1986. 105, obs. Perrot – Paris, 11 juill. 1986, *D.* 1986. IR 348.
5. Soc. 28 avr. 1994, n° 88-44.515, *Bull. civ.* V, n° 154; *D.* 1994. IR 130.
6. CE 17 nov. 1922, *Lebon* 849.
7. Ord. n° 58-1270, 22 déc. 1958, portant loi organique relative au statut de la magistrature, *JO* 23 déc., p. 11551.
8. Civ. 1re, 16 févr. 1994, n° 92-12.814, NP.
9. Civ. 2e, 1er juill. 1992, n° 91-19.448, *Bull. civ.* II, n° 182; *Gaz. Pal.* 1992. 2. Pan. 316.
10. Soc. 9 nov. 1945, *Gaz. Pal.* 1948. 1. 22 – Reims, 29 juin 1977, *JCP* 1980. II. 19300, note Perrin.
11. Soc. 15 janv. 1964, *Bull. civ.* V, n° 49; *JCP A* 1964. 4444.
12. Versailles, 22 mars 1979, *D.* 1981. IR 145, obs. Julien; *JCP* 1980. II. 19300, note Perrin.
13. Civ. 1re, 12 juin 1974, n° 73-12.882, *Bull. civ.* I, n° 181; *D.* 1975. 173, note Aubert – Soc. 14 mars 1974, n° 72-14.636, *Bull. civ.* V, n° 182 – CONTRA : Civ. 2e, 19 juill. 1960, *Bull. civ.* II, n° 501.
14. Civ. 2e, 4 oct. 1972, n° 71-13.746, *Bull. civ.* II, n° 231.
15. Civ. 3e, 4 déc. 2001, n° 00-13.105, NP.
16. CSM, 24 juill. 2000, rapp. 2000, p. 98 et n° S. 111; *Rec. décisions disciplinaires* 1959/2005 – CSM, 13 mai 2003, rapp. 2002/2003, p. 189 s. et n° S. 125; *Rec. décisions disciplinaires*.

CHAPITRE

412. Conditions relatives à la rédaction

NATALIE FRICERO
Professeure à la Faculté de droit
de l'Université de Nice Sophia-Antipolis (CERDP)

SECTION 0
ORIENTEUR

412.00 **Plan du chapitre.**

Division. Les diverses mentions que doit contenir le jugement concernent d'abord des indications formelles (sect. 1), telles que l'indication de la juridiction, la date, *etc.*; elles intéressent ensuite substantiellement la décision prise par le juge, motivée, énoncée sous forme de dispositif et garantie par les signatures du président et du secrétaire (sect. 2).

412.01 **Textes applicables.**

Circ. min. Justice, 31 janv. 1977, relative à la présentation des jugements, *JO* 11 févr. 1977, p. 886; *JCP* 1977. III. 45418.

C. pr. civ., art. 15, 82, 135, 353, 361, 370, 383, 412, 413, 425, 431, 447, 453 à 456, 458 à 464, 495, 499, 648, 675, 679, 749, 753, 773, 782, 785, 793, 814, 815, 828, 853, 866, 884, 954, 1012, 1021, 1124.

C. trav., art. R. 1454-29 à R. 1454-32.

412.03 **Bibliographie.**

Articles. P. Estoup, « Du nécessaire rappel des principes élémentaires en matière de rédaction des jugements civils », *Gaz. Pal.* 1990. 1. Doctr. 242 – C. Jauffret-Spinosi *et alii*, « L'élaboration de la décision de justice, Études de droit comparé », *RID comp.* 1998. 755 – P. Mimin, « La rédaction des jugements dans la nouvelle procédure », *JCP* 1959. I. 1516 – A. Perdriau, « L'anonymisation des jugements civils », *JCP* 1999. I. 163 – A. Touffait et L. Mallet, « La mort des attendus », *D.* 1968. Chron. 123 – D. Tricot, « L'élaboration d'un arrêt de la Cour de cassation », *JCP* 2004. I. 108.

412.05 **Caractère écrit du jugement.** Le jugement est nécessairement un acte écrit : cette exigence n'est pas formulée expressément par le Code de procédure civile, mais résulte des dispositions qui définissent avec précision les mentions devant figurer dans la minute (C. pr. civ., art. 454 à 456), ce qui revient, implicitement, à imposer la rédaction d'un écrit, quel qu'en soit le support. La jurisprudence a considéré que l'absence d'écrit rend le jugement inexistant[1]. Cette solution peut se justifier : la force probante du jugement, sa force exécutoire, s'accommoderaient mal de l'oralité.

L'écrit est nommé **minute** (du latin *minuta* : écriture menue), terme qui désigne l'original du jugement dont le greffier en chef de la juridiction est le dépositaire.

412.06 **Support papier ou électronique.** Le décret n° 2012-1515 du 28 décembre 2012[2] a modifié l'article 456 C. pr. civ. pour prévoir que « *le jugement peut être établi sur support papier ou électronique* ». Lorsque le jugement est établi sur support électronique, les procédés utilisés doivent en garantir l'intégrité et la conservation.

Le jugement établi sur support électronique est signé au moyen d'un procédé de **signature électronique sécurisée.** Ce procédé doit répondre aux exigences du décret n° 2001-272 du 30 mars 2001 pris pour l'application de l'article 1316-4 du Code civil et relatif à la signature électronique[3]. Les modalités d'application sont précisées par arrêté du garde des Sceaux. C'est ainsi que l'arrêté du 18 octobre 2013, relatif à la signature électronique des décisions de justice rendues en matière civile par la Cour de cassation[4], précise que la signature électronique peut être apposée unitairement ou au moyen d'un **parapheur électronique**. La signature est apposée sur chacun des documents.

412.07 **Style du jugement.** Si le Code de procédure civile détermine avec précision le contenu de la minute, il est muet sur le style de la décision, laissé à l'appréciation des magistrats.

Cependant, afin de rendre la justice plus accessible et plus compréhensible pour les justiciables, des recommandations ont été élaborées par la Commission de modernisation du langage judiciaire, dont les plus importantes ont été énoncées dans une circulaire du 31 janvier 1977[5]. Une circulaire du 15 septembre 1977 précise les recommandations sur le vocabulaire qu'il convient d'utiliser dans les jugements[6]. Il faut également indiquer la note du premier président de la cour d'appel de Paris, relative à la présentation des arrêts en matière civile[7].

Ces diverses recommandations ne s'imposent pas aux juges, et leur méconnaissance n'entraîne donc aucune sanction.

412.08 **Langue du jugement.** La jurisprudence a décidé que tout jugement doit être rédigé en langue française, par application de l'ordonnance de Villers-Cotterêts de 1539[8] ou des anciens articles 989 et 994 du Code de procédure civile[9] (ancien).

L'obligation de rédiger tous les jugements en langue française a de nos jours pour fondement l'article 2 de la Constitution du 4 octobre 1958 modifié (L. n° 92-544, 25 juin 1992[10]), qui dispose que « *la langue de la République est le français* »[11].

SECTION 1
MENTIONS FORMELLES

412.11 **Contenu.** L'article 454 C. pr. civ. énonce les mentions que doit contenir tout jugement. Selon l'article 458 C. pr. civ., seule « *la mention du nom des juges* » est prévue à peine de nullité. Cela ne signifie pas que les autres mentions formelles ne soient pas

1. Douai, 22 nov. 1951, *JCP* 1952. II. 6998, obs. G. M.
2. Décr. n° 2012-1515, 28 déc. 2012, portant diverses dispositions relatives à la procédure civile et à l'organisation judiciaire, *JO* 30 déc., p. 21018.
3. Décr. n° 2001-272, 30 mars 2001, pris pour l'application de l'article 1316-4 du Code civil et relatif à la signature électronique, *JO* 31 mars, p. 5070.
4. Arr. 18 oct. 2013, relatif à la signature électronique des décisions de justice rendues en matière civile par la Cour de cassation, *JO* 23 oct., p. 17329.
5. Circ. min. Justice, 31 janv. 1977, *JO* 11 févr. 1977, p. 886; *JCP* 1977. III. 45418.
6. Circ. 15 sept. 1977, *JO* 24 sept. 1977, p. 6077; *JCP* 1977. III. 46255.
7. Paris, note 1er prés., 1er oct. 1981, *Gaz. Pal.* 1982. 1. 100.
8. Crim. 4 mars 1986, n° 85-96.523, *Bull. crim.* n° 85; *Gaz. Pal.* 1986. 2. 598, note Doucet – Civ. 2e, 11 janv. 1989, n° 87-13.860, *Bull. civ.* II, n° 11; *D.* 1989. Somm. 182, obs. Julien; *RTD civ.* 1989. 619, obs. Perrot.
9. Soc. 22 juill. 1986, n° 85-41.806, *Bull. civ.* V, n° 473; *Gaz. Pal.* 1987. Somm. 275, obs. Guinchard et Moussa.
10. L. const. n° 92-554, 25 juin 1992, ajoutant à la Constitution un titre : « Des Communautés européennes et de l'Union européenne », *JO* 26 juin, p. 8406.
11. R. Debbasch, « La reconnaissance constitutionnelle de la langue française », *RFDC* 1992. 11. 458 – C. Robin, *La langue du procès,* th. Bordeaux IV, 1995, spécᵗ p. 111 s.

assorties de sanction : en recourant à la notion de « *formalités substantielles* », la jurisprudence annule des décisions qui omettent certaines indications formelles.

Par exemple, constituent des **formalités substantielles** dont l'irrégularité ou l'omission entraînent l'annulation du jugement :

– la mention de l'accomplissement de la communication au ministère public des causes communicables[1];

– la mention de la prestation de serment de la personne remplaçant le greffier[2];

– la mention du nom du secrétaire-greffier[3];

– en matière prud'homale, la mention selon laquelle le juge d'instance a statué seul en tant que juge départiteur, conformément aux articles R. 1454-29 à R. 1454-32 du Code du travail[4]. Ces exemples ne sont pas limitatifs, les juges appréciant souverainement le caractère substantiel ou non de la mention formelle omise ou frappée d'irrégularité.

412.12 Absence de formalisme. Les textes n'exigeant **aucune formule sacramentelle** pour l'énoncé des mentions, la jurisprudence a toujours considéré que la régularité du jugement est seulement subordonnée à la présence des mentions, quelles que soient les formules employées par les juges[5].

Dans le même ordre d'idées, la place de la mention dans la décision est sans incidence sur sa régularité : il suffit que la mention figure dans le jugement pour que les prescriptions légales soient respectées[6].

§ 1
Date du jugement

412.21 Importance de la mention. La date du jugement est un moment auquel de nombreuses conséquences procédurales sont attachées : elle constitue le point de départ du délai d'exercice de certains recours (C. pr. civ., art. 82, al. 1er, pour le contredit de compétence), ou celui du délai de notification du jugement (C. pr. civ., art. 478, pour les jugements par défaut ou réputés contradictoires – C. pr. civ., art. 528-1, pour les jugements qui tranchent le principal ou mettent fin à l'instance)... La mention de la date est donc exigée par l'article 454 alinéa 5 C. pr. civ. pour le jugement (c'est-à-dire la minute[7]).

412.22 Date du prononcé. La date du jugement est celle de son prononcé en audience ou par mise à disposition au greffe (C. pr. civ., art. 453, mod. par Décr. nº 2004-836, 20 août 2004[8]). La décision n'a donc pas à mentionner la date de l'audience des débats[9].

412.23 Réparation d'une omission ou d'une irrégularité. Si la date n'apparaît pas distinctement dans le jugement, la jurisprudence se réfère aux diverses mentions de la décision pour réparer cette irrégularité ou interpréter les indications ambiguës.

Par exemple, si un jugement comporte deux dates, mais précise que les débats ont eu lieu à la première, et que l'affaire a été mise en délibéré, la seconde date est nécessairement celle du prononcé[10]. En revanche, il n'y a pas d'irrégularité si la date mentionnée dans le jugement n'est pas la même que celle qui figure dans l'acte de notification dudit jugement[11].

En revanche, si la contradiction entre deux dates ne peut pas être corrigée à l'aide de l'ensemble de la décision, la jurisprudence considère que l'exigence de l'article 454 alinéa 5 C. pr. civ. n'est pas remplie[12]. Ainsi, l'absence de date d'une ordonnance ne peut pas être régularisée par le procès-verbal de saisie conservatoire dressé par l'huissier de justice[13].

412.24 Sanction de l'absence de date. L'article 458 C. pr. civ. ne prévoit pas le défaut de mention de la date parmi les causes de nullité du jugement.

L'analyse des décisions montre que la date est considérée, au moins implicitement, comme une formalité substantielle. Sans doute, l'annulation de la décision qui ne comporte pas de date est généralement rejetée par application de l'article 459 C. pr. civ. : l'indication erronée d'une date peut être réparée par référence aux éléments du dossier[14]. Puisque la jurisprudence admet l'application de l'article 459 C. pr.

1. Cass., ch. mixte, 21 juill. 1978, nº 75-14.832, *Bull. ch. mixte,* nº 4; *D.* 1979. IR 292, obs. Julien; *Gaz. Pal.* 1978. 2. 579, note Viatte; *RTD civ.* 1979. 192, obs. Perrot.
2. Civ. 3e, 25 mai 1972, nº 70-14.538, *Bull. civ.* III, nº 331 – Com. 25 oct. 1972, nº 71-12.640, *Bull. civ.* IV, nº 263 – *CONTRA :* Soc. 20 juill. 1978, nº 78-60.579, *Bull. civ.* V, nº 614; *JCP* 1978. IV. 301.
3. Soc. 18 mai 1983, nº 82-60.350, *Bull. civ.* V, nº 275; *JCP* 1983. IV. 235.
4. Soc. 27 févr. 1985, nº 84-40.055, *Bull. civ.* V, nº 128; *JCP* 1985. IV. 172.
5. Civ., 6 août 1906, *D.* 1907. 1. 32 – Civ. 2e, 12 juin 1990, nº 88-12.622, *Bull. civ.* II, nº 157; *RTD civ.* 1991. 308, obs. Hauser.
6. Civ. 1re, 6 févr. 1964, *Bull. civ.* I, nº 120 – Civ. 1re, 12 mai 1966, *Bull. civ.* I, nº 287.
7. TGI Dunkerque, 9 juin 1983, *D.* 1985. 149, obs. Groslière.
8. Décr. nº 2004-836, 20 août 2004, modifiant la procédure civile, *JO* 22 août, p. 15032.
9. Civ. 2e, 4 juin 1975, nº 74-10.449, *Bull. civ.* II, nº 162 – Civ. 2e, 14 déc. 1988, nº 87-17.227, NP; *JCP* 1989. II. 21292.
10. Req. 23 juill. 1895, *D.* 1896. 1. 450 – Civ. 1re, 2 févr. 1960, *Bull. civ.* I, nº 70, pour la rectification d'une erreur matérielle de date, grâce à l'ensemble des mentions de la décision.
11. Soc. 22 juin 1995, nº 93-20.454, NP.
12. Civ. 2e, 9 juin 1971, nº 70-11.155, *Bull. civ.* II, nº 208.
13. Civ. 2e, 8 juill. 2010, nº 09-16.061, NP.
14. Civ. 3e, 23 nov. 1977, nº 75-15.217, *Bull. civ.* III, nº 408; *JCP* 1978. IV. 29 – Soc. 21 févr. 1978, nº 76-40.554, *Bull. civ.* V, nº 124.

civ. à la mention de la date du jugement, alors que ces dispositions sont envisagées comme des obstacles au prononcé de la nullité, on doit pouvoir considérer la date comme une formalité substantielle dont la méconnaisse peut entraîner l'annulation si la réparation s'avère impossible.

Il reste à observer que la nullité est exclue lorsque l'indication d'une fausse date peut être considérée comme une erreur purement matérielle, rectifiable « *selon ce que le dossier révèle ou, à défaut, ce que la raison commande* » (C. pr. civ., art. 462)[1].

§ 2
Indication de la juridiction

412.30 **Contenu des mentions.** Le plaideur doit pouvoir vérifier que le jugement a été rendu par une juridiction compétente et régulièrement composée. Pour cela, l'article 454 C. pr. civ. exige l'indication de la juridiction dont le jugement émane, du nom du représentant du ministère public s'il a assisté aux débats, ainsi que du nom du secrétaire.

A.
Juridiction dont émane le jugement

412.31 **Portée de l'indication de la juridiction.** Cette mention a un domaine général et concerne toutes les juridictions, qu'elles statuent en formation collégiale ou à juge unique. Le jugement doit également indiquer la chambre de la juridiction qui a statué (lorsque la juridiction statue après renvoi de la Cour de cassation, le jugement n'a pas à indiquer la chambre à laquelle appartiennent les magistrats qui statuent sur renvoi[2]).

412.32 **Sanction.** L'article 458 C. pr. civ. n'envisage pas l'indication de la juridiction comme une mention prévue à peine de nullité. Sous l'empire des anciens textes, la jurisprudence décidait que l'absence de cette mention était réparable, grâce au registre d'audience, ou à toute autre pièce de la procédure (pour l'absence d'indication de la chambre de la cour d'appel, réparée à l'aide des noms des magistrats indiqués dans la décision)[3]. Rien ne s'oppose à l'application des dispositions de l'article 459 C. pr. civ. dans cette hypothèse, en vue de la réparation d'une irrégularité ou d'une omission affectant l'indication de la juridiction.

1. Civ. 3e, 2 mai 1972, no 70-14.276, *Bull. civ.* III, no 269 – Civ. 3e, 12 juill. 1976, no 75-12.792, *Bull. civ.* III, no 313.
2. Soc. 14 oct. 1982, NP *Gaz. Pal.* 1983. 1. Pan. 39, obs. Guinchard.
3. Civ. 1re, 6 janv. 1965, *Bull. civ.* I, no 19.

B.
Nom des juges ayant délibéré

412.41 **Importance de la mention.** La mention du nom des juges ayant délibéré est la seule que l'article 458 C. pr. civ. prévoit à peine de nullité. Cette sanction s'explique par le fait que cette indication permet de vérifier que la décision a été rendue par les juges qui ont assisté aux débats (C. pr. civ., art. 447), condition essentielle pour que le plaideur soit jugé par ceux qui l'ont entendu, et de s'assurer que la juridiction était régulièrement composée au regard des exigences du Code de l'organisation judiciaire.

412.42 **Domaine d'application.** Compte tenu de sa portée, la mention du nom des juges ayant délibéré concerne tous les jugements, quelle que soit la juridiction qui a statué, quelle que soit la forme collégiale (ex., jugement d'un tribunal des affaires de sécurité sociale[4]) ou non de la juridiction[5].

412.43 **Limitation de la mention au nom des juges délibérants.** Le Code de procédure civile n'impose que la mention du nom des juges qui ont délibéré de l'affaire : en conséquence, n'entraîne pas l'annulation de la décision l'omission du nom des juges ayant assisté aux débats[6], ou du nom du juge qui a prononcé le jugement[7], ou du nom du juge de la mise en état[8], ou du juge rapporteur[9].

Par une interprétation restrictive des termes de l'article 454 C. pr. civ., la jurisprudence considère qu'il n'est pas nécessaire d'indiquer dans le jugement les modalités de désignation des juges composant la chambre qui a statué[10], ou la chambre à laquelle appartiennent les juges[11], pas plus que le nom du greffier ayant assisté aux audiences[12].

4. Soc. 1er déc. 1994, no 92-15.507, NP.
5. Civ. 2e, 6 avr. 1987, no 85-18.508, *Bull. civ.* II, no 84; *Gaz. Pal.* 1988. 1. 80, note M. R. – POUR UNE ORDONNANCE PORTANT INJONCTION DE PAYER, Civ. 2e, 7 févr. 1990, no 88-19.570, *Bull. civ.* II, no 24; *JCP* 1990. IV. 131 – POUR UNE ORDONNANCE SUR REQUÊTE, Civ. 2e, 5 avr. 1993, no 91-19.151, *Bull. civ.* II, no 149; *RTD civ.* 1993. 650, obs. Perrot; *JCP* 1993. IV. 1502.
6. Civ. 1re, 14 mai 1975, no 74-10.320, *Bull. civ.* I, no 161 – Civ. 2e, 16 juill. 1975, no 74-11.376, *Bull. civ.* II, no 222.
7. Civ. 2e, 5 nov. 1986, no 85-16.641, *Bull. civ.* II, no 161; *JCP* 1987. IV. 17.
8. Civ. 3e, 20 nov. 1974, no 73-13.093, *Bull. civ.* III, no 423; *JCP* 1975. II. 18060; *Gaz. Pal.* 1971. 1. Somm. 19 – Civ. 2e, 5 févr. 1975, no 73-14.552, *Bull. civ.* II, no 34.
9. Civ. 2e, 16 juill. 1975, no 74-13.370, *Bull. civ.* II, no 223 – V. AUSSI, Civ. 2e, 9 janv. 1991, no 89-15.187, *Bull. civ.* II, no 11; *Gaz. Pal.* 1991. 1. Pan. 125.
10. Soc. 28 juin 1979, no 78-10.322, *Bull. civ.* V, no 591; *JCP* 1979. IV. 297; *Gaz. Pal.* 1980. 1. Somm. 43.
11. Soc. 14 oct. 1982, NP; *Gaz. Pal.* 1983. 1. Pan. 39, obs. Guinchard.
12. Cass., ch. mixte, 11 déc. 2009, no 08-13.643, *Bull. ch. mixte*, no 3; *D.* 2010. 98; *D.* 2010. 520, chron. Vigneau; *RTD civ.* 2010. 154, obs. Perrot.

De même, si l'article 785 C. pr. civ. prévoit que le juge de la mise en état fait un rapport oral à l'audience avant les plaidoiries devant le tribunal de grande instance, aucun texte ne prévoit la nullité du jugement à défaut d'indication du nom du magistrat chargé de ce rapport[1].

412.44 Sanction. Par application de l'article 458 C. pr. civ., le jugement qui n'indique pas le nom des juges ayant délibéré est nul[2]. L'annulation est prononcée, conformément au droit commun, par l'exercice d'une voie de recours en nullité (C. pr. civ., art. 460). Les mentions du jugement peuvent révéler une irrégularité dans la composition de la juridiction, ce qui est le cas s'il est indiqué que M., avocat stagiaire, a siégé en surnombre et participé au délibéré avec voix consultative[3].

412.45 Mise en œuvre de la nullité. Par application des dispositions de l'article 459 C. pr. civ., le défaut de mention du nom des juges entraîne l'annulation du jugement, sauf régularisation ultérieure de la mention du nom des juges[4]. À cet égard, la chambre commerciale[5] a jugé que la nullité du jugement ne doit pas être prononcée s'il résulte des énonciations du registre d'audience que le tribunal était composé de trois juges lors du prononcé, ces juges étant présumés être ceux-là mêmes qui en avaient délibéré[6]. L'assemblée plénière de la Cour de cassation[7] a jugé que l'omission dans une décision du nom des membres composant la chambre nationale de discipline des membres des tribunaux de commerce n'entraîne pas la nullité, si la composition peut être contrôlée par un procès-verbal qui en fait mention et qui n'est pas contesté. La première chambre civile de la Cour de cassation[8] a également fait application de l'article 459 C. pr. civ., en décidant que la copie du plumitif régulièrement produite aux débats peut démontrer la régularité de fait du jugement qui ne contient pas la mention du nom des juges et ne constate pas que la décision a été rendue en audience publique; ou encore que le rôle de l'audience signé du greffier et du président et certifié conforme par le greffier en chef de la cour peut régulariser un arrêt qui ne mentionne pas le nom de tous les magistrats ayant participé au délibéré[9]. Au contraire, si le registre d'audience ne permet pas de constater la régularité de la composition de la juridiction pendant le délibéré, l'arrêt est nul[10].

C.
Nom du représentant du ministère public

412.51 Contenu de la mention. L'article 454 alinéa 6 C. pr. civ. prescrit l'indication du nom du représentant du ministère public s'il a assisté aux débats. Le ministère public n'est tenu d'assister aux débats que dans les hypothèses où il est partie principale, dans celles où il représente autrui, ou lorsque sa présence est imposée par la loi (C. pr. civ., art. 431, al. 1er). Dans ces cas, le jugement doit indiquer l'identité du magistrat[11].

Dans les autres hypothèses, le ministère public peut faire connaître son avis à la juridiction, soit par conclusions écrites, soit oralement à l'audience (C. pr. civ., art. 431, al. 2). La jurisprudence considère qu'il ne saurait être fait grief au jugement de ne pas mentionner le nom du représentant du ministère public si sa présence à l'audience est facultative[12].

412.52 Sanction. La mention du nom du ministère public n'est pas exigée à peine de nullité du jugement (C. pr. civ., art. 458)[13]. Pourtant, lorsque cette mention est irrégulière ou omise, certaines décisions font application des dispositions de l'article 459 C. pr. civ., prévues pour faire obstacle au prononcé de la nullité. La jurisprudence a ainsi admis que le défaut de mention du nom du représentant du ministère public peut être réparé, si la preuve de l'identité du magistrat résulte du procès-verbal d'audience[14], ou d'un extrait des minutes du greffe.

412.53 Distinction entre la mention du nom et la présence effective du représentant du ministère

1. Civ. 2e, 7 mai 2008, no 07-18.031, NP – Civ. 2e, 10 juill. 2008, no 07-16.682, *Bull. civ.* II, no 178; *D.* 2008. 2373, chron. Sommer et Nicoletis; et Civ. 2e, 10 juill. 2008, no 07-17.501, NP – Com. 23 sept. 2008, no 07-17.135, NP – Civ. 3e, 13 nov. 2008, no 07-17.965, *Bull. civ.* III, no 172; *D.* 2008. 3018.
2. Civ. 2e, 13 mai 1981, no 80-11.255, NP; *Gaz. Pal.* 1981. 2. Somm. 364 – Paris, 3 févr. 1987, *D.* 1987. Somm. 231, obs. Julien – Civ. 2e, 10 juill. 1991, no 90-11.262, *Bull. civ.* II, no 219; *D.* 1991. IR 218; *JCP* 1991. IV. 354; *Gaz. Pal.* 1991. 2. Pan. 299 – Civ. 2e, 2 févr. 1994, no 92-16.371, NP – Com. 20 févr. 1996, no 94-10.082, NP – Soc. 2 févr. 2011, no 09-40.718, NP.
3. Civ. 2e, 9 sept. 2010, no 09-67.149, *Bull. civ.* II, no 145; *D.* 2010. 2072.
4. Com. 29 juin 2010, no 09-14.739, NP.
5. Com. 23 nov. 1993, no 91-19.042, *Bull. civ.* IV, no 427; *RTD civ.* 1994. 421, obs. Perrot.
6. POUR L'APPLICATION D'UNE PRÉSOMPTION DE RÉGULARITÉ, Civ. 1re, 6 avr. 1994, no 92-12.985, NP.
7. Cass., ass. plén., 8 févr. 1993, no 92-14.281, *Bull. ass. plén.*, no 5; *D.* 1993. 190, obs. Julien; *JCP* 1993. IV. 923.
8. Civ. 1re, 9 janv. 1996, no 93-18.241, *Bull. civ.* I, no 18; *D.* 1996. IR 41; *D.* 1996. 245, rapp. Thierry; *D.* 1997. 257, obs. Piedelièvre; *RTD civ.* 1996. 705, obs. Perrot; *JCP* 1996. IV. 484.
9. Civ. 1re, 12 oct. 1999, no 97-19.997, *Bull. civ.* I, no 263; *JCP* 1999. IV. 2951; *RTD civ.* 2000. 159, obs. Perrot.
10. Soc. 5 janv. 2011, no 09-43.152, NP.
11. Civ. 1re, 18 janv. 1989, no 86-18.802, *Bull. civ.* I, no 27; *JCP* 1989. IV. 103 – Com. 3 janv. 1991, no 89-15.738, NP.
12. Civ. 3e, 17 avr. 1974, no 73-10.359, *Bull. civ.* III, no 147.
13. Civ. 2e, 22 janv. 1975, no 73-13.524, *Bull. civ.* II, no 20.
14. Com. 19 févr. 1985, no 83-17.243, *Bull. civ.* IV, no 69; *Gaz. Pal.* 1985. 2. Pan. 188, obs. Guinchard et Moussa.

public à l'audience. La jurisprudence se montre exigeante avec les dispositions de l'article 431 C. pr. civ. : lorsque la loi impose la présence du ministère public à l'audience, l'absence de mention de cette présence entraîne la nullité du jugement[1], dès lors qu'il n'est pas possible de démontrer par les éléments du dossier que le ministère public a été effectivement présent. Or, le défaut de mention de la présence du ministère public à l'audience peut s'ajouter au défaut de mention du nom du représentant du ministère public : dans ce cas, la nullité aura pour fondement la violation de l'article 431 C. pr. civ.

412.54 Distinction entre la mention du nom du représentant du ministère public et la mention de la communication de l'affaire. Lorsque la loi impose la communication de l'affaire au ministère public (C. pr. civ., art. 425), la jurisprudence a considéré que le jugement doit mentionner la réalisation de cette communication à peine de nullité, ces dispositions légales étant d'ordre public[2]. Ici encore, le défaut de mention de la communication peut s'ajouter au défaut de mention du nom du représentant du ministère public, mais la nullité aura pour fondement l'article 425 C. pr. civ.

La jurisprudence admet l'application de l'article 459 C. pr. civ. : les pièces de la procédure, ou tout autre moyen peuvent permettre de prouver qu'en fait, la communication au ministère public a eu lieu[3]. Les autres mentions du jugement permettent même de présumer la régularité de la communication[4]. À cet égard, la mention de la présence du Parquet à l'audience fait présumer que la communication a eu lieu[5], de même que la présomption de réalisation de la communication résulte de l'indication que le ministère public a été entendu en ses conclusions[6].

D.
Nom du secrétaire

412.61 Principe. L'article 454 alinéa 7 C. pr. civ. prévoit l'indication du nom du secrétaire de la juridiction. Aucune sanction n'est prévue en cas d'irrégularité ou d'omission (C. pr. civ., art. 458)[7]. La jurisprudence admet qu'il peut être suppléé à l'erreur matérielle concernant le nom du greffier assistant le président lors du prononcé de l'arrêt par la vérification de l'identité de ce greffier sur le registre d'audience[8]. En tout état de cause, la Cour de cassation applique une présomption de régularité. Ainsi, dès lors qu'un arrêt mentionne clairement dans son en-tête le nom d'un greffier, il convient, en l'absence d'indication contraire, de présumer que celui-ci a assisté aux débats ainsi qu'au prononcé de l'arrêt et qu'il a apposé sa signature au bas de celui-ci[9].

Mais, en dépit des termes de l'article 458 C. pr. civ., la Cour de cassation a pu annuler une décision qui n'est pas « *authentifiée* » parce qu'il lui manque l'identité du greffier ayant assisté à son prononcé[10] (ou l'indication de la mention « *greffier, Mme P., lors des débats seulement* »)[11].

La Cour de cassation limite considérablement les possibilités de contester la régularité du jugement : elle considère que le greffier signataire du jugement est celui dont le nom figure dans la décision « *jusqu'à inscription de faux* »[12] (C. pr. civ., art. 457 : le jugement a la force probante d'un acte authentique).

412.62 Mention de la prestation de serment. Des difficultés sont apparues en jurisprudence à propos de la mention dans le jugement de la prestation de serment de la personne remplaçant le greffier.

Certaines décisions ont considéré que cette mention est substantielle et que son défaut entraîne la nullité du jugement[13]. D'autres ont estimé qu'en l'absence de texte la prévoyant, la mention de la prestation de serment n'est pas obligatoire[14]. En réalité, la difficulté pourrait être tranchée au bénéfice de la distinction suivante : si, au défaut de mention de la prestation de serment s'ajoute un défaut de prestation de serment de celui qui fait fonction de greffier,

1. Civ. 1re, 18 janv. 1989, n° 86-18.802, *Bull. civ.* I, n° 27.
2. Civ. 1re, 14 déc. 1983, n° 82-15.383, *Bull. civ.* I, n° 297 – Civ. 2e, 29 mars 1979, n° 77-14.424, *Bull. civ.* II, n° 104 – Civ. 1re, 17 juin 1986, n° 84-16.014, *Bull. civ.* I, n° 171.
3. Cass., ch. mixte, 21 juill. 1978, n° 75-14.832, *Bull. ch. mixte*, n° 4; *D.* 1979. IR 292, obs. Julien; *RTD civ.* 1979. 192, obs. Perrot – Civ. 1re, 7 oct. 1980, n° 79-14.980, *Bull. civ.* I, n° 243; *D.* 1981. IR 298, obs. Huet-Weiller.
4. Com. 23 févr. 1983, n° 81-11.012, *Bull. civ.* IV, n° 83; *D.* 1983. IR 438, obs. Derrida.
5. Civ. 1re, 11 juill. 1988, n° 86-18.372, n° 88-18.510, *Bull. civ.* I, n° 238; *D.* 1988. 401, obs. Huet-Weiller.
6. Com. 10 oct. 1978, n° 77-14.611, *Bull. civ.* IV, n° 220.
7. Cass., ch. mixte, 11 déc. 2009, n° 08-13.643, *Bull. ch. mixte*, n° 3; *D.* 2010. 98; *D.* 2010. 520, chron. Vigneau; *RTD civ.* 2010. 154, obs. Perrot.
8. Civ. 1re, 21 nov. 2000, n° 98-10.834, *Bull. civ.* I, n° 298; *D.* 2001. IR 43.
9. Com. 17 déc. 2002, n° 99-14.397, *Bull. civ.* IV, n° 196; *Gaz. Pal.* 6-7 août 2003, p. 20, obs. du Rusquec.
10. Civ. 2e, 15 févr. 2001, n° 99-13.028, *Bull. civ.* II, n° 29.
11. Civ. 2e, 30 avr. 2003, n° 01-10.365, *Bull. civ.* II, n° 121; *D.* 2003. IR 1410; *JCP* 2003. IV. 2087.
12. Civ. 1re, 28 févr. 2006, n° 03-20.150, *Bull. civ.* I, n° 114; *D.* 2006. IR 638.
13. Civ. 3e, 13 juin 1972, n° 71-10.564, *Bull. civ.* III, n° 388 – Civ. 1re, 23 avr. 1981, n° 80-10.218, *Bull. civ.* I, n° 131; *Gaz. Pal.* 1981. 2. Somm. 328 – Civ. 2e, 4 mars 1998, n° 98-60.165, *Bull. civ.* II, n° 73; *JCP* 1998. IV. 1922; *Rev. huiss.* 1998. 1076.
14. Soc. 20 juill. 1978, n° 78-60.579, *Bull. civ.* V, n° 614; *JCP* 1978. IV. 301 – Civ. 1re, 23 avr. 1981, n° 80-10.218, *Bull. civ.* I, n° 131; *Gaz. Pal.* 1981. 2. Somm. 328 – Civ. 2e, 11 juin 1997, n° 94-21.427, *Bull. civ.* II, n° 185; *Rev. huiss.* 1998. 503.

et qu'aucune autre pièce du dossier ne permet de prouver que la prestation a eu lieu, le jugement doit être annulé[1]; en revanche, si le défaut de mention de la prestation constitue une simple irrégularité formelle, la prestation de serment ayant eu lieu et pouvant être prouvée par des éléments extrinsèques au jugement, la nullité ne doit pas être prononcée.

§ 3
Identification et représentation des parties

A.
Identification des parties

412.71 **Modalités de l'identification.** Selon l'article 454 alinéa 8 C. pr. civ., le jugement doit indiquer les « *nom, prénoms ou dénomination des parties ainsi que* [...] *leur domicile ou siège social* ». Ces mentions ont pour objectif d'éviter qu'une confusion puisse s'effectuer dans la détermination du gagnant ou du perdant, et de permettre la localisation géographique des intéressés, notamment dans le cadre d'une procédure civile d'exécution. La mention concerne donc toutes les parties, demandeur, défendeur ou intervenant[2].

412.72 **Précision de l'identification.** Les **personnes physiques** sont identifiées par leurs nom et prénoms, ainsi que leur domicile. Ces indications sont déjà prévues pour les actes de procédure antérieurs au jugement (C. pr. civ., art. 648, pour les actes d'huissiers de justice - C. pr. civ., art. 814, pour la constitution d'avocat - C. pr. civ., art. 815, pour les conclusions devant le TGI, *etc.*) et ne soulèvent pas de difficultés.

Pour **les personnes morales**, les mentions précisent la dénomination et le siège social. La jurisprudence considère que ces deux éléments sont suffisants pour répondre aux exigences légales, et que le jugement n'a pas à indiquer le nom du représentant légal[3].

412.73 **Place de la mention.** Il a toujours été admis que la place des indications dans le jugement est sans incidence : l'identification des parties peut résulter des énonciations de la décision autres que celles qui figurent dans l'en-tête[4], et même d'actes antérieurs au jugement, comme le jugement dont appel[5] ou enfin des actes de procédure antérieurs, comme une assignation[6].

412.74 **Sanction.** L'article 458 C. pr. civ. ne se référant pas à la mention de l'identification des parties, on doit en conclure que l'annulation du jugement n'est pas possible[7].

Pourtant, la Cour de cassation, saisie de pourvois fondés sur la violation de l'article 454 C. pr. civ. sur ce point, les rejette en se fondant sur des moyens généralement invoqués à l'occasion de la nullité du jugement :

- ainsi, le moyen pris de ce qu'un arrêt ne contient pas les indications de l'état civil d'une partie, prescrites par l'article 454 C. pr. civ., ne peut être accueilli s'il n'est allégué aucun préjudice[8];
- de même, lorsque les indications incomplètes n'affectent pas les droits de la défense, dans la mesure où elles suffisent pour écarter toute confusion, le moyen doit être rejeté[9].

Il est dès lors possible de considérer qu'en présence d'un préjudice prouvé, d'une atteinte aux droits de la défense résultant d'un risque de confusion entre les parties, ou d'une impossibilité de les identifier, le défaut ou l'irrégularité de la mention entraîne l'annulation du jugement (pour la condamnation d'une partie au profit « *des demandeurs* », sans autre indication)[10].

B.
Nom du représentant

412.80 **Portée de la mention.** L'article 454 C. pr. civ. prévoit l'indication dans le jugement du « *nom des avocats ou de toute personne ayant représenté ou assisté les parties* ».

1°
Nom du représentant *ad litem*

412.81 **Nom de l'avocat.** Lorsque la procédure impose la représentation par **avocat**, ou par **avocat au Conseil d'État et à la Cour de cassation**, le nom du représentant doit figurer dans le jugement (seul un nom peut être mentionné, en raison de la règle de l'unicité de représentation[11]).

1. Com. 13 nov. 1978, n° 77-13.551, *Bull. civ.* IV, n° 256.
2. Civ. 2e, 11 mars 1965, *Bull. civ.* II, n° 259 – Soc. 6 janv. 2011, n° 94-31.68, NP.
3. Soc. 8 juill. 1975, n° 74-40.310, *Bull. civ.* V, n° 384.
4. Civ. 1re, 15 avr. 1964, *Bull. civ.* I, n° 193 – Civ. 2e, 18 avr. 1969, 2 esp., *Bull. civ.* II, nos 105 et 106.
5. Com. 9 juill. 1964, *Bull. civ.* IV, n° 366 – Civ. 2e, 12 janv. 1966, *Bull. civ.* II, n° 40.
6. Civ. 2e, 29 mars 1971, n° 70-11.947, *Bull. civ.* II, n° 136.
7. Civ. 1re, 1er juill. 1986, n° 84-17.792, *Bull. civ.* I, n° 190; *Gaz. Pal.* 1986. 2. Pan. 218.
8. Soc. 9 nov. 1978, n° 78-40.205, *Bull. civ.* V, n° 755; *JCP* 1979. IV. 22.
9. Soc. 8 juill. 1975, n° 74-40.310, *Bull. civ.* V, n° 384 – V. AUSSI, Civ. 2e, 12 janv. 1966, *Bull. civ.* II, n° 40 – Civ. 3e, 9 oct. 1969, *Bull. civ.* III, n° 632 – Civ. 2e, 24 mai 1975, n° 74-10.882, *Bull. civ.* II, n° 148.
10. Soc. 11 févr. 1982, n° 80-40.070, *Bull. civ.* V, n° 92; *JCP* 1982. IV. 152.
11. Paris, 17 nov. 1975, *Gaz. Pal.* 1976. 2. 779; *RTD civ.* 1977. 187, obs. Perrot.

Lorsque la représentation par avocat est facultative, mais que le plaideur décide d'avoir recours à un mandataire *ad litem*, le nom de ce dernier doit être mentionné au jugement. Cette mention a d'importantes incidences : ainsi, la Cour de cassation considère qu'elle permet de présumer que l'avocat s'est présenté à la barre et que les droits de la défense ont été respectés[1].

412.82 Mention du nom de « *toute autre personne* » représentante. Le Code de procédure civile précise, pour certaines procédures, la liste des personnes habilitées à exercer une mission de représentation des parties (C. pr. civ., art. 828, pour le tribunal d'instance - C. pr. civ., art. 853, pour le tribunal de commerce - C. pr. civ., art. 884, pour le tribunal paritaire des baux ruraux - C. trav., art. R. 1453-2 pour le conseil de prud'hommes). La personne habilitée qui a reçu pouvoir spécial à fins de représentation *ad litem* doit être identifiée dans le jugement.

2°
Nom de l'assistant

412.91 Identification exigée. Dès lors qu'une partie a constitué avocat, celui-ci assure en principe la représentation et l'assistance (C. pr. civ., art. 413) : un seul nom figure dans le jugement.

Mais la fonction d'assistance (C. pr. civ., art. 412) du plaideur peut être confiée à une autre personne : soit à un avocat plaidant[2], soit à une personne habilitée par la loi pour assister les plaideurs. Le nom de cet assistant doit être indiqué.

3°
Nom de tout autre représentant

412.101 Diversité des situations. L'article 454 C. pr. civ. prévoit la mention du nom « *de toute personne ayant représenté* » les parties, sans préciser le type de représentation mis en œuvre. Il faut donc admettre que le jugement doit mentionner le nom du représentant *ad agendum* d'une partie, muni d'un pouvoir spécial en vue d'agir au nom et pour le compte de la partie intéressée. De même, le jugement doit indiquer le nom du représentant légal ou judiciaire d'une partie frappée d'incapacité d'exercice.

4°
Sanction

412.111 Absence de nullité. L'article 458 C. pr. civ. ne prévoit pas la nullité du jugement en ce qui concerne l'identification des parties ou de leur représentant. La jurisprudence refuse donc de sanctionner le jugement irrégulier sur ce point, considérant que cette mention ne constitue pas une formalité substantielle[3].

§ 4
Identification des personnes destinataires de la notification d'une décision gracieuse

412.121 Principe. Selon l'article 679 C. pr. civ., le jugement rendu en matière gracieuse est notifié aux parties, au ministère public s'il dispose d'un recours, « *et aux tiers dont les intérêts risquent d'être affectés par la décision* ». La notification est réalisée selon des formes simplifiées (C. pr. civ., art. 675, al. 2, par lettre recommandée avec demande d'avis de réception, envoyée par le secrétaire de la juridiction) et elle a des incidences importantes quant à l'exercice des voies de recours : l'appel est ouvert aux tiers auxquels la décision a été notifiée (C. pr. civ., art. 546, al. 2), alors que la tierce-opposition doit être exercée par les tiers auxquels le jugement n'a pas été notifié et lorsque la décision est rendue en dernier ressort (même si elle a été notifiée, C. pr. civ., art. 583).

Il est donc nécessaire, pour permettre cette notification, que le jugement indique le nom des tiers dont les intérêts risquent d'être affectés, dans la mesure où ces personnes sont connues.

412.122 Absence de sanction. La mention de l'identité des tiers n'est pas prévue à peine de nullité par l'article 458 C. pr. civ.

412.123 Conclusion. Selon la procédure suivie ou le type de procès, un jugement comprend **d'autres mentions formelles**, non prévues par l'article 454 C. pr. civ. Le point commun entre toutes ces mentions est que leur omission ou leur irrégularité n'entraîne jamais l'annulation de la décision. La jurisprudence révèle que la nullité du jugement n'est pas prononcée si l'omission ou l'irrégularité concerne :

– les indications relatives au déroulement des débats[4];

– les textes sur lesquels la décision est fondée[5];

– l'injonction de conclure donnée avant l'ordonnance de clôture aux appelants qui n'avaient pas déposé leurs conclusions[6];

– la date de l'ordonnance de clôture[7];

1. Com. 4 févr. 1964, *Bull. civ.* IV, n° 52.
2. Versailles, 23 sept. 1982, *Gaz. Pal.* 1983. 1. 174; *D.* 1974. IR 119, obs. Brunois – Paris, 17 mars 1980, *D.* 1980. IR 464, obs. Julien.
3. Civ. 1re, 1er juill. 1986, n° 84-17.792, *Bull. civ.* I, n° 190; *JCP* 1986. IV. 266 – Civ. 2e, 18 mars 1987, n° 85-17.939, NP; *D.* 1987. IR 76; *Gaz. Pal.* 1987. 1. Pan. 125.
4. Soc. 13 nov. 1986, n° 84-40.223, *Bull. civ.* V, n° 522.
5. Civ. 2e, 17 juill. 1978, n° 76-13.279, *Bull. civ.* II, n° 195.
6. Civ. 2e, 14 nov. 1990, n° 89-13.012, *Bull. civ.* II, n° 235.
7. Civ. 3e, 4 janv. 1977, n° 75-10.767, *Bull. civ.* III, n° 5.

- le nom du juge de la mise en état[1];
- le nom du juge rapporteur dans le cas où un rapport a été présenté[2];
- la mention de la date de l'audience à laquelle les débats ont eu lieu[3];
- les motifs de l'ordonnance rapportant l'ordonnance de clôture[4]...

SECTION 2
MENTIONS SUBSTANTIELLES

412.130 Définition. Certaines mentions du jugement ont une portée essentielle. Elles indiquent :

- l'objet du litige, par l'exposé des prétentions respectives des parties et leurs moyens,
- la décision du juge, dans le dispositif,
- et les raisons qui ont conduit à cette décision, dans les motifs.

Toutes ces mentions sont authentifiées par la signature du président de la juridiction, et garanties par la signature du secrétaire. On comprend aisément qu'elles soient prévues à peine de nullité par l'article 458 C. pr. civ.

§ 1
Exposé des prétentions et moyens des parties

412.131 Contenu de la mention. Aux termes de l'article 455 alinéa 1er C. pr. civ., le jugement doit exposer succinctement les prétentions respectives des parties et leurs moyens. Ces indications sont essentielles pour fixer l'objet du litige dont les parties disposent (C. pr. civ., art. 4, l'acte introductif d'instance, les conclusions en défense et les demandes incidentes définissent cet objet). Comme le juge doit respecter l'objet du litige tel qu'il est déterminé par les parties (C. pr. civ., art. 5, le juge ne peut statuer que sur ce qui est demandé), la mention de cet objet dans le jugement permet aux parties de vérifier si leurs prétentions et moyens[5] ont été analysés.

En conséquence, le jugement doit énoncer, à la fois, les circonstances de fait et les déductions de droit que les parties en font découler[6], à condition qu'il en ait été régulièrement saisi[7]. Il s'agit d'une obligation cumulative : la décision qui se contenterait d'exposer les prétentions, à l'exclusion des moyens, serait nulle[8]. En revanche, le jugement n'a pas à mentionner les observations des parties formulées sur un moyen relevé d'office par le juge[9].

412.132 Place de la mention. En l'absence de précision légale, la jurisprudence considère que l'exposé des prétentions et moyens n'a pas à figurer dans une partie déterminée du jugement[10].

412.133 Caractère succinct de l'exposé. Il est certain que le jugement n'a pas à reproduire littéralement les conclusions des parties[11]. **Aucun formalisme** n'est exigé : il suffit que le rapprochement des mentions relatives aux points de fait et de droit de la décision permette de définir les prétentions et moyens pour que les exigences de l'article 455 C. pr. civ. soient respectées[12], même si ces mentions sont indiquées succinctement[13] (telle la mention « *le demandeur persiste dans sa demande initiale* », qui fait une référence suffisante aux arguments et prétentions des parties)[14]. La Cour de cassation réaffirme qu'aucun texte ne détermine la forme dans laquelle la décision doit mentionner les moyens des parties[15].

412.134 Détermination implicite des prétentions et moyens des parties. La jurisprudence considère que la nullité est exclue dès lors que les énonciations du jugement permettent, même implicitement, de définir le contenu des prétentions et moyens[16]. Ainsi, lorsque l'exposé des prétentions respectives des parties et de leurs moyens résulte suffisamment de l'analyse qu'en a faite la cour d'appel en y répondant, les exigences du Code de procédure civile sont remplies[17].

1. Civ. 2e, 5 févr. 1975, no 73-14.552, *Bull. civ.* II, no 34.
2. Civ. 2e, 16 juill. 1975, no 74-13.370, *Bull. civ.* II, no 223.
3. Civ. 2e, 4 juin 1975, no 74-10.449, *Bull. civ.* II, no 162.
4. Com. 5 oct. 1970, no 69-11.763, *Bull. civ.* IV, no 255.
5. R. Martin, « Sur la notion de moyen », *JCP* 1976. I. 2768 – A. Bénabent, « Les moyens relevés en secret par le juge », *JCP* 1977. I. 2849.
6. Civ. 2e, 12 mai 1980, no 79-13.320, *Bull. civ.* II, no 109 – Civ. 2e, 23 janv. 1985, no 83-15.243, *Bull. civ.* II, no 19; *JCP* 1985. IV. 129 – Civ. 2e, 12 juill. 1989, no 88-14.666, NP; *JCP* 1989. IV. 348.
7. Com. 3 mai 1976, no 74-14.240, *Bull. civ.* IV, no 141.
8. Com. 18 oct. 1994, no 91-21.552, NP.
9. Civ. 2e, 26 avr. 1984, no 82-16.936, *Bull. civ.* II, no 71.
10. Civ. 2e, 6 févr. 1964, *Bull. civ.* II, no 120.
11. Civ. 1re, 19 mai 1963, *Bull. civ.* I, no 333 – Civ. 3e, 28 mars 1968, *Bull. civ.* III, no 142 – Civ. 3e, 1er oct. 2013, no 11-28.752, NP.
12. V. NOT., parmi une jurisprudence abondante et constante, Civ. 3e, 7 nov. 1972, no 71-12.906, *Bull. civ.* III, no 582 – Civ. 2e, 19 oct. 1977, no 76-13.737, *Bull. civ.* II, no 203 – Civ. 2e, 12 mai 1980, no 79-13.320, préc. ss no 412.131 – Soc. 20 oct. 1988, no 85-44.411, *Bull. civ.* V, no 534; *Gaz. Pal.* 1989. 1. Pan. 11 – Soc. 30 mai 1995, no 93-46.396, NP – Soc. 7 nov. 2001, no 99-45.078, NP; *Gaz. Pal.* 9-10 oct. 2002, p. 41, obs. Perdriau.
13. Civ. 1re, 12 juin 1990, no 88-12.622, *Bull. civ.* I, no 157; *RTD civ.* 1991. 308, obs. Hauser – Civ. 3e, 28 févr. 1996, no 94-17.154, *Bull. civ.* III, no 57.
14. Civ. 2e, 6 mars 2003, no 01-00.507, *Bull. civ.* II, no 52; *JCP* 2003. IV. 1771.
15. Soc. 1er mars 2011, no 09-42.952, NP.
16. Civ. 1re, 15 mai 1984, no 83-12.721, *Bull. civ.* I, no 161.
17. Civ. 3e, 29 mai 2013, no 11-25.641, NP.

412.135 Énoncé des prétentions et moyens des parties par référence à une autre pièce de la procédure. La jurisprudence exclut l'annulation du jugement qui ne mentionne pas les prétentions et moyens des parties dès lors qu'il se réfère à un document qui contient l'exposé précis de l'objet du litige. Il en est ainsi du jugement qui se réfère aux conclusions des parties annexées à la décision [1] ou **à une décision antérieure** rendue dans la même affaire (par ex. au jugement frappé d'appel [2]) par une autre juridiction ou par la même juridiction (tel l'arrêt se référant à un précédent arrêt rendu par la même cour d'appel) [3].

En revanche, si l'exposé des prétentions et moyens fait par la cour d'appel ne correspond pas aux dernières conclusions de la partie, il y a violation des articles 455 et 954 C. pr. civ. [4].

412.136 Visa des conclusions des parties. Le décret n° 98-1231 du 28 décembre 1998 [5] a modifié l'article 455 C. pr. civ. pour ajouter que l'exposé des prétentions et moyens des parties « *peut revêtir la forme d'un visa des conclusions des parties avec l'indication de leur date* ». Ce visa n'est pas imposé si le juge résume les prétentions et moyens des parties [6]. Cette faculté a pour objectif d'alléger la tâche rédactionnelle du juge. La qualité et la pertinence de l'exposé de ces prétentions sont garanties par l'exigence posée par le décret de 1998, qui impose aux parties de présenter des conclusions qualificatives (énonçant les moyens en fait et en droit, C. pr. civ., art. 753 et 954, pour le tribunal de grande instance et la cour d'appel) et des conclusions récapitulatives (les dernières conclusions ou écritures doivent reprendre les prétentions et moyens invoqués dans les conclusions antérieures, C. pr. civ., art. 753 et 954).

Le juge qui utilise le visa des conclusions doit indiquer la date des conclusions auxquelles il se réfère [7]. Devant le tribunal de grande instance et la cour d'appel, il s'agira des conclusions récapitulatives. La jurisprudence a précisé que ces dispositions ne s'appliquent pas lorsqu'il n'y a qu'un seul dépôt de conclusions par chacune des parties [8]. Dès lors que la décision vise les conclusions des parties et leur date, et y répond, elle est suffisante sans que le juge ait besoin de reprendre tous les moyens [9]. Devant les juridictions d'exception, la procédure est orale, mais cela n'interdit pas aux parties de se référer oralement à d'éventuelles conclusions écrites : le texte semble permettre au juge de viser ces conclusions pour un exposé des prétentions et moyens des parties [10]. Néanmoins, la Cour de cassation a jugé que les dispositions des articles 455 alinéa 1 et 458 C. pr. civ. ne sont pas applicables à une procédure orale [11].

La nullité de la décision est prononcée si le juge n'indique pas la date des conclusions qu'il vise [12], ou indique une date qui ne correspond pas à celle des dernières conclusions [13], ou encore se borne à viser des conclusions d'une partie, sans viser leur date, alors que cette partie avait déposé plusieurs jeux d'écritures [14].

En revanche, si le juge préfère exposer les prétentions des parties, il n'a pas à viser les dernières conclusions et à indiquer leur date [15].

412.137 Sanction. La décision qui ne comprend aucun exposé, même sommaire, des prétentions et moyens des parties doit être annulée sur le fondement de l'article 458 C. pr. civ. [16] Cette sanction a une portée générale et s'applique aussi bien aux jugements rendus par les juridictions de première instance (conseil de prud'hommes [17] – tribunal d'instance [18] – tribunal de commerce [19]) qu'aux arrêts d'appel [20] (il en va de même si l'arrêt se contente de viser le jugement attaqué [21]).

1. Soc. 9 nov. 1981, n° 79-42.713, *Bull. civ.* V, n° 875; *JCP* 1982. IV. 40.
2. Civ. 2e, 23 janv. 1985, n° 83-15.243, *Bull. civ.* II, n° 19; *JCP* 1985. IV. 129 – Civ. 1re, 16 juill. 1992, n° 89-14.254, *Bull. civ.* I, n° 232.
3. Civ. 1re, 8 janv. 1980, n° 78-15.602, *Bull. civ.* I, n° 15; *JCP* 1980. IV. 112.
4. Civ. 1re, 25 sept. 2013, n° 12-15.491, NP.
5. Décr. n° 98-1231, 28 déc. 1998, modifiant le Code de l'organisation judiciaire et le Nouveau Code de procédure civile, *JO* 30 déc., p. 19904.
6. Civ. 2e, 17 mars 2011, n° 10-17.124, NP.
7. Com. 15 févr. 2011, n° 09-72.285, NP (le juge doit se référer aux dernières conclusions en date).
8. Civ. 2e, 28 mai 2003, n° 01-14.172, *Bull. civ.* II, n° 165; *D.* 2003. IR 1604; *JCP* 2003. IV. 2293.
9. Civ. 2e, 3 oct. 2002, n° 00-12.303, *Bull. civ.* II, n° 204; *JCP* 2002. IV. 2807; *Gaz. Pal.* 30 mars-1er avr. 2003, p. 27, obs. du Rusquec – V. AUSSI, Civ. 2e, 30 janv. 2003, n° 01-02.067, *Bull. civ.* II, n° 22; *JCP* 2003. IV. 1499.
10. G. Hénon, « Procédure orale et article 455 », *Gaz. Pal.* 13-15 juin 1999, p. 22.
11. Civ. 2e, 8 juill. 2004, n° 03-17.039, *Bull. civ.* II, n° 381; *JCP* 2004. IV. 2894.
12. Civ. 1re, 19 juin 2013, n° 12-21.532, NP.
13. Com. 22 mai 2013, n° 12-15.319, NP – Civ. 3e, 3 avr. 2013, n° 11-26.707, NP.
14. Civ. 1re, 19 juin 2013, n° 12-21.532, NP.
15. Civ. 3e, 27 mars 2013, n° 12-13.328, *Bull. civ.* III, [à paraître].
16. Civ. 3e, 15 oct. 2013, n° 12-21.237, NP.
17. Soc. 8 oct. 1980, n° 79-40.112, *Bull. civ.* V, n° 716; *Gaz. Pal.* 1981. 1. Somm. 111.
18. Civ. 2e, 10 déc. 1986, n° 85-17.607, *Bull. civ.* II, n° 186; *Gaz. Pal.* 1987. 2. 584, obs. Richevaux.
19. Com. 28 avr. 1981, n° 79-14.615, *Bull. civ.* IV, n° 195; *Gaz. Pal.* 1981. 1. Somm. 328.
20. Civ. 3e, 16 oct. 1974, n° 73-13.651, *Bull. civ.* III, n° 365 – Civ. 2e, 23 janv. 1985, n° 83-15.243, *Bull. civ.* II, n° 19.
21. Civ. 2e, 16 avr. 1986, n° 84-17.369, *Bull. civ.* II, n° 57; *D.* 1986. 591, note Richevaux; *Gaz. Pal.* 1986. 2. 613 – Civ. 3e, 26 oct. 1988, n° 87-13.265, *Bull. civ.* III, n° 150; *Gaz. Pal.* 1989. 1. Pan. 11.

§ 2
Motifs

412.140 Bibliographie.

Ouvrages. J. et L. Boré, Dalloz action *La cassation en matière civile*, 2009/2010 – C. Mouly, *La motivation des arrêts d'appel*, colloque 11 et 12 déc. 1993, Aix-en-Provence, 1994, PU Aix-en-Provence, p. 87 – C. Perelman et P. Foriers, *La motivation des décisions de justice*, « Travaux du Centre national de recherches de logiques », Bruxelles, Bruylant, 1978.

Thèses. T. Le Bars, *Le défaut de base légale*, th. Caen, 1994 – J. P. Legros, *Essais sur la motivation*, th. Dijon, 1987.

Articles. P. Estoup, « Une réforme souhaitable, l'assouplissement de certaines règles relatives à la motivation des jugements », *Gaz. Pal.* 1990. 2. Doctr. 413 – A. Perdriau, « Les dispositifs implicites des jugements », *JCP* 1988. I. 3352; « Visas et chapeaux et dispositif des arrêts de la Cour de cassation en matière civile », *JCP* 1986. I. 3257 – A. Touffait et A. Tunc, « Pour une motivation plus explicite des décisions de justice, notamment celles de la Cour de cassation », *RTD civ.* 1974. 487 – L. Welamson, « La motivation des décisions des cours judiciaires suprêmes », *RID comp.* 1979. 509.

412.141 Obligation de motivation. L'article 455 C. pr. civ. pose en principe que tout jugement « *doit être motivé* ». Les motifs correspondent aux raisons qui ont conduit le juge à adopter sa décision : c'est grâce à la motivation que les parties peuvent vérifier que le juge a pris en compte leurs moyens de fait et de droit, comprendre la solution, et que la Cour de cassation peut exercer son contrôle. Leur mention dans le jugement est donc logiquement imposée à peine de nullité. Il convient de rappeler que l'obligation de motiver résulte également de l'exigence d'un procès équitable posée par l'article 6 § 1 de la Convention européenne des droits de l'homme, et que le Conseil constitutionnel a reconnu sa valeur constitutionnelle[1]. Avant d'envisager la sanction (B) des atteintes à l'obligation de motivation, encore faut-il préciser l'étendue de cette obligation (A).

A.
Étendue de l'obligation de motiver

1°
Portée générale de la motivation

412.150 Division. L'obligation de motiver les décisions de justice a une portée générale : elle concerne tous les jugements et tous les chefs du dispositif des jugements.

1. Cons. const. 3 nov. 1977, n° 77-101 L, *Rec. Cons. const.* 70.

a)
Application à tous les jugements

412.151 Juridictions concernées. L'obligation de motiver figure dans le livre 1er du Code de procédure civile, et constitue à ce titre une exigence commune à toutes les juridictions de l'ordre judiciaire[2], que ces dernières statuent en matière civile, commerciale, sociale, rurale ou prud'homale (C. pr. civ., art. 749). Elle s'applique aussi bien aux juridictions du premier degré qu'aux juges statuant sur recours (pour le défaut de motivation d'un arrêt de cour d'appel)[3].

L'arbitre est également tenu de motiver les sentences qu'il rend (C. pr. civ., art. 1482), et cette obligation est considérée comme d'ordre public par la jurisprudence[4].

412.152 Décisions concernées. La motivation s'impose quelles que soient les modalités du prononcé du jugement ou sa nature. C'est ainsi que diverses dispositions du Code de procédure civile rappellent l'obligation de motiver : pour les ordonnances sur requête (C. pr. civ., art. 495, al. 1er)[5], pour certaines ordonnances du juge de la mise en état (C. pr. civ., art. 773, al. 2), pour certaines ordonnances du juge rapporteur (C. pr. civ., art. 866, al. 2)[6].

En l'absence de disposition légale expresse, l'obligation de motiver prévue par l'article 455 C. pr. civ. s'applique. La Cour de cassation l'a rappelé pour les jugements rendus par défaut[7] et les décisions rendues sur opposition[8].

b)
Application à tous les chefs du dispositif

412.161 Principe. Tout chef du dispositif du jugement doit être justifié par des motifs propres. Cette exigence soulève la question de la valeur **des formules générales** utilisées dans certaines décisions, par lesquelles le juge rejette « *toutes autres demandes, fins et conclusions* ». Si les motifs du jugement n'expliquent pas les raisons précises du rejet de ces demandes, la Cour de cassation considère qu'il y a défaut de

2. Civ. 3e, 20 mars 1978, n° 76-14.307, *Bull. civ.* III, n° 125; *JCP* 1978. IV. 167 – Com. 27 janv. 1982, n° 81-10.414, *Bull. civ.* IV, n° 33; *RTD com.* 1982. 401, obs. Bénabent.
3. Civ. 2e, 16 oct. 1996, n° 94-19.712, *Bull. civ.* II, n° 234; *JCP* 1996. IV. 2394.
4. Civ. 2e, 3 nov. 1960, *Bull. civ.* II, n° 633 – Com. 29 mai 1972, n° 70-11.525, *Bull. civ.* IV, n° 160; *rev. arb.* 1973. 20, note Loquin – Paris, 26 janv. 1986, RG n° 1015/85, *rev. arb.* 1988. 307, note Jarosson.
5. Civ. 1re, 24 oct. 1978, n° 77-11.513, *Bull. civ.* I, n° 317.
6. Com. 29 avr. 1986, n° 84-13.700, *Bull. civ.* IV, n° 76.
7. Com. 17 juin 1986, n° 84-16.887, *Bull. civ.* IV, n° 124.
8. Civ. 2e, 3 juill. 1996, n° 94-21.624, *Bull. civ.* II, n° 195; *JCP* 1996. IV. 2009.

motifs[1]. Le juge ne peut pas procéder par simple affirmation sans aucune analyse, même sommaire, des éléments de preuve soumis à son appréciation[2].

412.162 Motivation préétablie. Selon la Cour de cassation, l'obligation de motiver précisément chaque chef du dispositif ne s'oppose pas à l'utilisation de motifs établis d'avance sur un formulaire[3] (ainsi pour un JAM qui avait énoncé dans des motifs imprimés que les époux persistaient dans leur libre accord et que la convention définitive préservait suffisamment les intérêts des époux et des enfants[4]; à rapprocher d'un arrêt sur des motifs et un dispositif préétablis par l'administration requérante)[5].

2°
Exceptions à l'obligation de motivation

412.171 Jugement non motivé. La loi dispense parfois de l'obligation de motivation pour des raisons tenant à la spécificité de la matière, qui vont du souci de protéger la vie privée à celui de sauvegarder l'intérêt d'une bonne administration de la justice.

C'est ainsi qu'en matière d'adoption, le jugement qui prononce l'adoption plénière n'a pas à être motivé (C. civ., art. 353, al. 5, L. nº 96-604, 5 juill. 1996[6] – ce n'est pas le cas de l'arrêt de la cour d'appel rendu sur appel d'un jugement d'adoption, qui doit être motivé[7]); de même, le jugement qui prononce l'adoption simple échappe à la motivation (C. civ., art. 361 – ce n'est pas le cas du jugement qui révoque l'adoption simple, C. civ., art. 370).

En principe, les mesures prises par le juge de la mise en état (C. pr. civ., art. 773, al. 1er), ainsi que l'ordonnance de clôture de l'instruction (C. pr. civ., art. 782) ne sont pas motivées.

En matière de divorce, le juge aux affaires familiales prononce le divorce demandé par un époux et accepté par l'autre « *sans autre motif que l'acceptation des époux* » (C. pr. civ., art. 1124).

412.172 Mesures d'administration judiciaire. Les mesures d'administration judiciaire échappent à l'obligation de motivation, puisqu'elles ne sont pas soumises aux règles relatives aux jugements (C. pr. civ., art. 383 et 499, mesure de radiation ou de retrait de l'affaire du rôle – C. pr. civ., art. 368, mesure de jonction ou de disjonction d'instance, *etc.*).

412.173 Distinction entre le pouvoir discrétionnaire et le pouvoir souverain du juge. La détermination de l'étendue de l'obligation de motiver peut être liée à la nature des pouvoirs exercés par le juge.

Si le juge exerce un pouvoir souverain d'appréciation, la Cour de cassation doit être en mesure d'opérer un contrôle sur la motivation. En revanche, lorsque le juge est doté d'un pouvoir discrétionnaire, aucune motivation n'est exigée et, si le juge décide de motiver sa décision, « *ses motifs, quels qu'ils soient, peuvent être tenus pour surabondants* »[8]. La jurisprudence révèle de nombreuses hypothèses de décisions prises discrétionnairement, donc sans motivation, qui statuent sur :

– le refus ou l'acceptation d'un renvoi de l'affaire[9];

– le refus ou l'acceptation d'un sursis à statuer dans l'intérêt d'une bonne administration de la justice[10];

– l'audition des parties elles-mêmes[11];

– la production de documents[12];

– la condamnation aux dépens du perdant[13] (en revanche, la condamnation d'une partie non perdante doit être motivée[14]).

B.
Sanction de la méconnaissance de la motivation

412.181 Nullité du jugement. L'article 458 C. pr. civ. prévoit expressément l'annulation du jugement non motivé. La nullité peut être mise en œuvre par l'exercice d'une voie de recours, qu'il s'agisse de l'appel ou du pourvoi en cassation. La jurisprudence révèle qu'un nombre important de décisions ne sont pas conformes aux exigences de l'article 455 C. pr.

1. Civ. 1re, 16 mai 1960, *Bull. civ.* I, nº 261 – Civ. 1re, 1er mars 1983, nº 81-16.652, *Bull. civ.* I, nº 83; *Gaz. Pal.* 1983. 1. Pan. 176, obs. Guinchard; *JCP* 1983. IV. 157; *RTD civ.* 1983. 596, obs. Perrot – Civ. 3e, 27 févr. 1985, nº 83-14.955, *Bull. civ.* III, nº 43; *JCP* 1985. IV. 171; *Gaz. Pal.* 1985. 2. Pan. 189, obs. Guinchard et Moussa – Civ. 1re, 18 avril 2000, nº 98-10.121, *Bull. civ.* I, nº 114; *RTD civ.* 2001. 178, obs. Patarin; *JCP* 2000. IV. 1907.
2. Civ. 3e, 17 sept. 2013, nº 12-17.746, NP – Civ. 3e, 17 sept. 2013, nº 12-19.779, NP : le juge n'a pas examiné, même sommairement, le procès-verbal de constat établi par huissier de justice, nouvel élément de preuve qui lui était soumis.
3. Civ. 2e, 31 janv. 1985, nº 84-12.769, *Bull. civ.* II, nº 26; *Gaz. Pal.* 1985. 1. Pan. 124, obs. Guinchard.
4. Civ. 2e, 14 févr. 1990, nº 88-12.648, *Bull. civ.* II, nº 31; *D.* 1990. IR 60; *Gaz. Pal.* 1990. 2. Somm. 490; obs. Guinchard et Moussa.
5. Com. 29 oct. 1991, nº 90-13.368, *Bull. civ.* IV, nº 322.
6. L. nº 96-604, 5 juill. 1996, relative à l'adoption, *JO* 6 juill., p. 10208.
7. Paris, 22 sept. 1972, *D.* 1974. 199, note Foulon-Piganiol.
8. Com. 22 févr. 1983, nº 81-14.995, *Bull. civ.* IV, nº 75.
9. Cass., ass. plén., 24 nov. 1989, nº 88-18.188, *Bull. ass. plén.*, nº 3.
10. Soc. 22 nov. 1989, nº 85-45.438, *Bull. civ.* V, nº 676 – Com. 18 déc. 1990, nº 88-16.886, *Bull. civ.* IV, nº 334.
11. Soc. 24 janv. 1990, nº 87-40.953, *Bull. civ.* V, nº 28.
12. Civ. 2e, 29 mars 1984, nº 82-15.277, *Bull. civ.* II, nº 59; *JCP* 1984. IV. 179.
13. Civ. 2e, 18 mai 1989, nº 88-11.608, nº 88-11.945, *Bull. civ.* II, nº 108; *JCP* 1989. IV. 267.
14. Civ. 2e, 15 févr. 1984, nº 82-16.500, *Bull. civ.* II, nº 28.

civ., soit pour absence totale de motifs, soit pour insuffisance de motifs.

Il faut distinguer l'absence de motivation de l'omission de statuer sur un chef de prétention. Le juge est tenu de répondre aux diverses prétentions formulées, et de motiver ses décisions sur ces chefs. S'il ne répond pas à la prétention, la réparation est prévue par l'article 463 C. pr. civ. (requête en complément du jugement) et ne relève pas de la violation de l'article 455 C. pr. civ. En conséquence, la partie qui allègue une omisison de statuer « *sous le couvert d'un défaut de motifs et de réponse à conclusion* » n'est pas recevable à former un pourvoi en cassation, elle doit utiliser le procéessus prévu à l'article 463 C. pr. civ.[1].

412.182 Motivation impartiale. La jurisprudence récente révèle des hypothèses dans lesquelles la motivation traduit la partialité du juge à l'égard de l'une des parties, ce qui permet l'annulation du jugement sur le fondement de l'article 6 § 1 de la Convention européenne. Il en est ainsi lorsque le jugement ou l'arrêt « *se borne, sans aucune autre motivation, à reproduire sur tous les points en litige les conclusions d'appel de M. X* », en statuant ainsi, « *par une apparence de motivation de nature à faire peser un doute sur l'impartialité de la juridiction* », le juge viole l'article 6 § 1 de la Convention, et les articles 455 et 458 C. pr. civ.[2].

1° Nullité pour absence de motivation

412.190 Domaine. Pour la jurisprudence, l'absence de motifs, cause de nullité, peut résulter d'un défaut total de motifs (a) ou d'un défaut de réponse à conclusions (b).

a) Défaut total de motifs

412.191 Absence de motivation circonstanciée. Il appartient au juge, dans chaque cas d'espèce, de s'expliquer sur les éléments de fait[3], sur les preuves[4], ainsi que sur le fondement juridique de sa décision. À défaut, le jugement est nul[5]. Peu importe que le juge rejette la demande sans l'examiner, ou la déclare bien fondée sans motivation[6]. Le seul visa des documents fournis aux débats sans aucune analyse, même sommaire, constitue un défaut de motivation[7].

C'est souvent **en cas de défaut de comparution** de l'une des parties que l'on rencontre des exemples d'absence de motivation.

Ainsi, le jugement qui rejette la demande en raison de la non-comparution du demandeur, sans analyser les éléments de la cause[8], ou au seul motif que le défaut du demandeur fait présumer l'absence de moyen sérieux[9] doit être annulé.

De même, le juge qui condamne le défendeur défaillant sans motiver sa décision[10] (par ex., en énonçant que « les conclusions de la demande, dûment vérifiées, paraissent justes et fondées », et que « la résistance du défendeur est justiciable de dommages et intérêts »)[11], ou sans analyser les documents[12], méconnaît les dispositions de l'article 455 C. pr. civ.

412.192 Motivation de pure forme. Si le jugement contient des affirmations non assorties de justifications, ou des motifs d'ordre général qui ne traduisent nullement un travail d'analyse du juge, ceci équivaut à une absence de motifs[13]. Il en est ainsi de la décision qui se borne à déclarer que la demande est « *juste et bien fondée* »[14] ou qu'elle est « *régulière, recevable et bien fondée* »[15].

412.193 Motivation par référence. En principe, la décision de justice doit se suffire à elle-même : la référence à des documents de la cause ne permet pas d'expliquer précisément le dispositif, et le jugement doit être annulé pour défaut de motifs. Cependant, des distinctions doivent être faites, parce que la juris-

1. Civ. 2e, 10 janv. 2013, n° 11-27.522, NP.
2. Civ. 1re, 17 mars 2011, n° 10-10.583, *Bull. civ.* I, n° 56; *D.* 2011. 891 – Com. 15 févr. 2011, n° 10-30.816, NP.
3. Com. 3 déc. 1991, n° 89-18.054, *Bull. civ.* IV, n° 369; *Gaz. Pal.* 1992. 1. Pan. 157 – Paris, 16 sept. 1992, *Gaz. Pal.* 1993. 2. Somm. 361 – Com. 6 déc. 1994, n° 93-11.842, NP – Civ. 3e, 1er mars 2000, n° 97-21.334, *Bull. civ.* III, n° 48; *Gaz. Pal.* 1er mai-10 juin 2000. Pan. 27.
4. Com. 25 juin 1991, n° 89-20.945, *Bull. civ.* IV, n° 231; *Gaz. Pal.* 1992. 1. Pan. 157 – Com. 18 févr. 1992, n° 90-11.918, *Bull. civ.* IV, n° 80; *RTD civ.* 1992. 640, obs. Perrot; *Gaz. Pal.* 1992. 2. Pan. 203 – Civ. 3e, 20 déc. 1995, n° 94-12.594, *Bull. civ.* III, n° 265; *JCP* 1996. IV. 361 – Com. 6 juin 1995, n° 93-15.242, NP.
5. Civ. 2e, 26 nov. 1997, n° 95-11.919, *Bull. civ.* II, n° 285; *JCP* 1998. IV. 1076.
6. Soc. 13 janv. 1988, n° 86-41.861, NP; *JCP* 1988. IV. 104 – Civ. 1re, 19 déc. 1995, n° 93-13.988, *Bull. civ.* I, n° 465; *JCP* 1996. IV. 362.
7. Civ. 3e, 25 juin 2013, n° 12-21.975, NP.
8. Civ. 2e, 22 juin 1988, n° 87-13.970, *Bull. civ.* II, n° 151; *JCP* 1988. IV. 308 – Com. 20 févr. 1990, n° 88-11.073, NP; *JCP* 1990. II. 21509, note Perdriau – Civ. 2e, 9 janv. 1991, n° 89-19.020, *Bull. civ.* II, n° 6; *Gaz. Pal.* 1991. 1. Pan. 125 – Soc. 7 mai 1991, n° 90-60.360, NP; *Gaz. Pal.* 1991. 2. Pan. 269 – Civ. 1re, 23 juin 1992, n° 91-10.509, *Bull. civ.* I, n° 191; *Gaz. Pal.* 1992. 2. Pan. 302.
9. Civ. 2e, 6 févr. 1980, n° 78-13.419, *Bull. civ.* II, n° 28; *JCP* 1980. IV. 156 – Civ. 2e, 15 nov. 1989, n° 87-18.266, NP; *JCP* 1990. II. 21488, note Cadiet – Civ. 2e, 30 juin 1993, n° 92-11.766, NP.
10. Com. 18 juin 1985, n° 84-12.160, *Bull. civ.* IV, n° 194; *Gaz. Pal.* 1986. 1. 72, note Richevaux; *RTD civ.* 1986. 423, obs. Perrot.
11. Com. 9 mai 1990, n° 88-12.770, NP.
12. Civ. 2e, 3 mai 1985, n° 83-17.412, *Bull. civ.* II, n° 91 – Civ. 2e, 20 nov. 1991, n° 90-16.044, *Bull. civ.* II, n° 309; *Gaz. Pal.* 1992. 1. Pan. 61 – Civ. 2e, 9 déc. 1997, n° 96-12.797, *Bull. civ.* II, n° 311; *JCP* 1998. IV. 1210.
13. Civ. 3e, 18 mars 1998, n° 96-11.624, *Bull. civ.* III, n° 62; *JCP* 1998. IV. 2050 – Civ. 2e, 17 févr. 2011, n° 10-11.901, NP.
14. Com. 26 oct. 1976, n° 75-12.602, *Bull. civ.* IV, n° 271.
15. Com. 17 juin 1986, n° 84-16.887, *Bull. civ.* IV, n° 124; *Gaz. Pal.* 1987. 1. Pan. 53, obs. Guinchard et Moussa.

prudence admet la régularité de certaines motivations par référence.

412.194 **Motivation par référence prohibée.** En principe, la jurisprudence exige que les jugements contiennent une motivation propre[1] : ceci interdit la seule référence aux documents de la cause, sans analyse dans le jugement[2]. La méconnaissance de l'article 455 C. pr. civ. est réalisée par la décision :

– qui se réfère, sans aucun examen, à une décision antérieure rendue entre les mêmes parties dans une autre instance[3];

– qui renvoie sans analyse à une décision antérieure rendue dans un litige analogue mais entre d'autres parties (une telle pratique relève de la prohibition des arrêts de règlement, C. civ., art. 5), alors que le juge doit prendre une décision d'après les circonstances propres à l'affaire et non par référence à des causes déjà jugées[4];

– qui se réfère à « *une jurisprudence* »[5].

412.195 **Motivation par référence autorisée.** Dans la mesure où une motivation précise et circonstanciée est régulière, la référence à un document de la cause est valable si elle s'accompagne d'une analyse en fait et en droit des éléments de l'affaire[6].

Si le jugement se réfère à une autre décision, qu'il analyse cette référence, en étudiant la situation qui est jugée par rapport aux motifs adoptés par la décision à laquelle il se réfère, et qu'il justifie l'application de ces motifs à l'espèce, l'obligation prévue par l'article 455 C. pr. civ. est remplie[7]. L'unité du litige peut justifier un renvoi à une décision antérieure, à condition que les juges s'approprient les termes de la décision initiale[8].

En appel, la motivation par référence est admise en cas de confirmation du jugement. L'article 955 C. pr. civ. prévoit que la cour est réputée avoir adopté les motifs du jugement qu'elle confirme, et qui ne sont pas contraires aux siens[9]. La jurisprudence a précisé que la cour d'appel n'a pas à expliquer sa décision par d'autres motifs que ceux des premiers juges, lorsque les parties ne présentent pas de moyens nouveaux[10]. Dans le cas contraire, le juge doit les analyser[11].

b)

Défaut de réponse à conclusions

α.

Assimilation à un défaut de motifs

412.201 **Principe.** Selon une jurisprudence constante, le défaut de réponse à conclusions constitue un défaut de motifs[12].

Le jugement peut donc être annulé sur le fondement des articles 458 et 455 C. pr. civ., quelle que soit la juridiction qui a statué[13] (not. pour des cours d'appel[14]), même si le jugement statue sur recours[15]. Cette situation ne doit pas être confondue avec

1. Civ. 2e, 2 mars 1977, no 75-13.130, *Bull. civ.* II, no 59.
2. Civ. 2e, 3 mai 1985, no 83-17.412, *Bull. civ.* II, no 91 – Com. 11 févr. 1986, no 85-14.387, *Bull. civ.* IV, no 6; *Gaz. Pal.* 1986. 2. Somm. 419, obs. Croze et Morel – Civ. 1re, 7 févr. 1989, no 86-16.730, *Bull. civ.* I, no 62; *JCP* 1989. IV. 132 – Soc. 27 févr. 1991, no 88-42.705, *Bull. civ.* V, no 102.
3. Com. 11 févr. 1986, no 85-14.387, *Bull. civ.* IV, no 6; *Gaz. Pal.* 1986. 2. Pan. 419, obs. Croze et Morel – Com. 8 juin 1993, no 90-16.634, *Bull. civ.* IV, no 224; *JCP* 1993. IV. 2017, *Gaz. Pal.* 1993. 2. Pan. 254.
4. Com. 11 févr. 1986, no 85-14.387, préc. ss prést no; *JCP* 1986. IV. 110; *Gaz. Pal.* 1986. Somm. 419, obs. Morel – Civ. 3e, 27 mars 1991, no 89-20.149, *Bull. civ.* III, no 101; *JCP* 1991. IV. 203; *Gaz. Pal.* 1991. 2. Pan. 220 – Com. 8 juin 1993, no 90-16.634, *Bull. civ.* IV, no 224; *JCP* 1993. IV. 2017 – Com. 3 janv. 1996, no 94-11.924, NP – Civ. 3e, 14 févr. 1996, no 93-16.708, NP.
5. Civ. 3e, 6 févr. 1969, *Bull. civ.* III, no 119 – Civ. 2e, 11 janv. 1968, *Bull. civ.* II, no 14.
6. Com. 8 nov. 1988, no 87-10.558, NP; *JCP* 1989. IV. 13 – Com. 13 févr. 1992, no 90-11.918, *Bull. civ.* IV, no 80; *RTD civ.* 1992. 640, obs. Perrot; *JCP* 1992. IV. 1173.
7. Soc. 4 juill. 1968, *Bull. civ.* IV, no 363 – Civ. 2e, 18 févr. 1987, no 85-14.910, *Bull. civ.* II, no 50; *JCP* 1987. IV. 141.
8. Civ. 1re, 14 nov. 1984, no 83-13.320, *Bull. civ.* I, no 306; *Gaz. Pal.* 1985. 2. Pan. 154 – Com. 17 déc. 1985, no 84-14.057, *Bull. civ.* IV, no 296.
9. Civ. 1re, 10 déc. 1985, no 84-12.726, *Bull. civ.* I, no 344; *JCP* 1986. IV. 71.
10. Soc. 8 oct. 1981, no 79-42.135, *Bull. civ.* V, no 766 – Com. 31 mai 1983, no 82-11.395, *Bull. civ.* IV, no 159.
11. Civ. 2e, 17 mars 2011, no 10-16.154, NP.
12. Com. 17 mars 1965, *Bull. civ.* IV, no 203 – Civ. 2e, 11 juill. 1983, no 82-10.230, *Bull. civ.* II, no 149 – Civ. 3e, 30 mai 1990, no 88-19.362, NP; *Rev. loyers* 1990. 442 – Civ. 1re, 5 mai 1993, no 91-18.575, *Bull. civ.* I, no 155; *D.* 1993. 330, obs. Granet-Lambrechts – Civ. 1re, 8 nov. 1994, no 92-04.125, *Bull. civ.* I, no 325 – Civ. 2e, 16 nov. 1994, no 92-20.751, NP – Civ. 1re, 28 mars 1995, no 94-05.024, *Bull. civ.* I, no 141; *D.* 1996. 239, obs. Vitse; *JCP* 1995. IV. 1313 – Civ. 3e, 18 juill. 1995, no 93-16.695, NP – Civ. 3e, 19 juin 1996, no 94-19.627, *Bull. civ.* III, no 153; *JCP* 1996. IV. 1865 – Civ. 1re, 10 juill. 1996, no 94-18.723, *Bull. civ.* I, no 311; *JCP* 1996. IV. 2088 – Com. 24 févr. 1998, no 95-18.909, *Bull. civ.* IV, no 88; *JCP* 1998. IV. 1852 – Civ. 3e, 7 oct. 1998, no 97-70.115, *Bull. civ.* III, no 196; *JCP* 1998. IV. 3266 – Soc. 4 janv. 2000, no 98-41.100, *Bull. civ.* V, no 5; *JCP* 2000. IV. 1297 – Civ. 1re, 3 juill. 2001, no 99-18.867, *Bull. civ.* I, no 197 – Civ. 3e, 15 mai 2001, no 99-18.537, NP – Civ. 3e, 1er oct. 2013, no 12-17.663, NP.
13. Civ. 2e, 7 nov. 1988, no 87-17.195, *Bull. civ.* II, no 209; *JCP* 1989. IV. 13 – Civ. 3e, 9 nov. 1994, no 92-14.836, NP.
14. Civ. 1re, 9 janv. 1996, no 93-17.875, *Bull. civ.* I, no 25; *JCP* 1996. IV. 485.
15. Civ. 2e, 11 janv. 1989, no 86-17.676, *Bull. civ.* II, no 12; *JCP* 1989. IV. 93, pour un jugement statuant sur opposition – Civ. 1re, 24 juin 1975, no 74-11.415, *Bull. civ.* I, no 209; *RTD civ.* 1975. 773, obs. Normand, pour des observations déposées lors d'un contredit – Civ. 1re, 20 nov. 2001, no 99-17.329, *Bull. civ.* I, no 284; *JCP* 2002. IV. no 1003, pour la recevabilité d'une tierce-opposition.

l'omission de statuer, susceptible de réparation conformément à l'article 463 C. pr. civ.[1]

En tout état de cause, une partie n'est pas recevable à invoquer un défaut de réponse à conclusions d'une autre partie[2].

β.
Définition des conclusions objets de réponse

412.211 Étendue de l'obligation de réponse. La portée du défaut de réponse à conclusions ne peut être déterminée qu'à travers la définition des conclusions auxquelles le juge est tenu de répondre. Selon la jurisprudence, le juge doit avoir été régulièrement saisi des conclusions, et seules les conclusions contenant de véritables moyens à l'appui des prétentions doivent être envisagées.

412.212 Conclusions régulièrement présentées. Le formalisme de présentation des conclusions varie selon le type de procédure. Quelles que soient les règles applicables, il faut que le juge ait été régulièrement saisi des conclusions pour qu'il soit tenu d'y répondre à peine de sanction pour défaut de motifs. Si les conclusions ou pièces n'ont pas été déposées et communiquées en temps utile (C. pr. civ., art. 15 et 135), le juge apprécie souverainement leur caractère tardif, mais il doit répondre aux conclusions elles-mêmes tardives de la partie victime, tendant à leur rejet pour violation du contradictoire[3].

Devant le tribunal de grande instance, le jugement ne doit contenir de réponse qu'aux conclusions écrites, signifiées et déposées au greffe (C. pr. civ., art. 815)[4] et ce, avant l'ordonnance de clôture (C. pr. civ., art. 793 – le fait de répondre à des conclusions irrecevables constitue un vice d'*ultra petita*, susceptible d'un recours en retranchement, par application de l'art. 464 C. pr. civ.). Il en est de même **devant la cour d'appel**, les conclusions irrecevables ne donnant pas lieu à réponse dans l'arrêt[5]. C'est ainsi que la cour d'appel n'est pas tenue de répondre à des moyens présentés sur des feuilles intitulées conclusions, ayant l'aspect d'une copie sur papier pelure, et ne figurant pas au dossier de l'affaire[6].

Devant les juridictions spéciales, dans le cadre d'une procédure orale, le juge ne doit répondre qu'aux prétentions et moyens dont il est saisi[7], qui figurent dans la demande introductive d'instance[8] et dans les conclusions présentées oralement par les parties[9]. La difficulté pour le plaideur qui allègue un défaut de réponse à conclusions est de démontrer qu'il a saisi le juge de **prétentions et moyens verbalement** : s'il ne s'appuie pas sur le dépôt d'une note au secrétariat-greffe de la juridiction[10], il se heurte à une présomption de régularité posée par la Cour de cassation[11]. Il faut observer que la seule présentation de conclusions écrites, sans comparution personnelle ou par mandataire devant le juge, ne saisit pas régulièrement la juridiction en raison du caractère oral de la procédure : le jugement n'a pas à répondre à ces conclusions écrites[12].

En tout état de cause, le juge n'est tenu de répondre qu'aux prétentions, et non à des « *conclusions invoquées* » qui ne contiennent aucune demande de réparation[13].

412.213 Dernières conclusions et conclusions récapitulatives. Le plus souvent, les juges du fond sont saisis de plusieurs jeux de conclusions au cours d'une même instance. Afin d'éviter les difficultés de détermination des conclusions auxquelles le juge doit répondre, les nouveaux textes ont imposé aux parties l'obligation de rédiger des dernières conclusions récapitulatives devant le tribunal de grande instance. L'article 753 C. pr. civ. (Décr. n° 98-1231, 28 déc. 1998) prévoit que les parties doivent reprendre dans leurs dernières conclusions les prétentions et moyens présentés ou invoqués dans leurs conclusions antérieures. À défaut, elles sont réputées les avoir abandonnés, et le tribunal ne statue que sur les dernières conclusions déposées[14]. L'abandon des prétentions non récapitulées est irrémédiable, puisque le plaideur intéressé ne peut plus les soumettre à la cour d'appel[15]. La jurisprudence a précisé l'étendue de l'obligation de récapituler (v. conclusions d'appel et procédure devant le TGI).

412.214 Particularisme des conclusions en appel. L'article 954 C. pr. civ. précise le contenu des conclusions auxquelles la cour d'appel est tenue de répondre. Depuis le décret n° 98-1231 du 28 décembre 1998, le texte reprend des exigences

1. Soc. 16 mars 2011, n° 09-43.129, NP – Soc. 1er mars 2011, n° 09-67.423, NP.
2. Civ. 1re, 25 sept. 2013, n° 12-17.871, NP.
3. Civ. 1re, 16 mai 2013, nos 12-19.078 et 12-19.113, *Bull. civ.* I, [à paraître].
4. Civ. 2e, 23 janv. 1974, n° 72-13.115, *Bull. civ.* II, n° 37.
5. Civ. 2e, 14 févr. 1985, n° 83-12.062, *Bull. civ.* II, n° 38; *JCP* 1988. II. 21030, note Héron – Com. 29 nov. 1994, n° 92-17.797, NP.
6. Civ. 1re, 30 mai 1985, n° 84-10.989, *Bull. civ.* I, n° 171; *D.* 1985. IR 471, obs. Julien.
7. Civ. 1re, 22 oct. 1974, n° 73-14.142, *Bull. civ.* I, n° 273, pour le tribunal d'instance – C. pr. civ., art. 446-1.
8. Soc. 18 déc. 1991, n° 90-60.534, *Bull. civ.* V, n° 599.
9. Soc. 15 mai 2013, n° 11-18.872, NP : pour une cour d'appel qui ne répond pas aux conclusions oralement soutenues par le salarié.
10. Soc. 10 juill. 1990, n° 87-40.677, *Bull. civ.* V, n° 359.
11. Civ. 1re, 22 oct. 1974, n° 73-14.142, *Bull. civ.* I, n° 273; *JCP* 1975. IV. 6519, obs. Martin.
12. Com. 23 nov. 1982, n° 81-10.549, *Bull. civ.* IV, n° 366 – Civ. 2e, 14 juin 1989, n° 88-14.425, *Bull. civ.* II, n° 129; *D.* 1991. Somm. 245, obs. Fricero.
13. Civ. 1re, 16 oct. 2013, n° 12-21.768, NP.
14. TGI Bernay, 27 mai 1999, *JCP* 2000. I. 221, n° 14, obs. Cadiet.
15. Civ. 2e, 8 déc. 2005, n° 04-11.668, *Bull. civ.* II, n° 311; *D.* 2006. IR 176; *RTD civ.* 2006. 153, obs. Perrot, n° 3.

analogues à celles qui s'imposent devant le tribunal de grande instance. En effet, la cour ne statue que sur les dernières écritures déposées[1] : les parties doivent reprendre les prétentions et moyens antérieurement présentés et, à défaut, sont réputées les avoir abandonnés[2]. De plus, les conclusions doivent formuler « *expressément* » les prétentions des parties. Dès lors la partie qui conclut à l'infirmation ne peut pas procéder par voie de référence à ses conclusions de première instance[3].

La partie qui conclut à la **confirmation**, sans énoncer de nouveaux moyens, est réputée s'approprier les motifs du jugement[4] : en conséquence, la Cour est tenue de s'expliquer sur les motifs retenus par le jugement critiqué[5].

En outre, la cour d'appel ne doit répondre qu'aux prétentions énoncées au dispositif des dernières conclusions (C. pr. civ., art. 954, mod. par Décr. n° 2009-1524, 9 déc. 2009[6]). Dès lors, elle n'est pas tenue de répondre aux moyens qui sont énoncés au soutien de prétentions non récapitulées dans le dispositif.

412.215 Conclusions contenant un moyen. Le juge n'est pas tenu de suivre les parties « *dans le détail de leur argumentation* »[7] : il ne doit répondre qu'aux véritables moyens, qui sont de nature à exercer une influence sur la solution du litige.

412.216 Réponse aux véritables moyens. Un moyen peut être défini comme toute « *énonciation par une partie d'un fait, d'un acte ou d'un texte, d'où, par un raisonnement juridique* [la partie], *prétend déduire le bien-fondé d'une demande ou d'une défense* »[8]. Si ces éléments ne sont pas réunis, on est en présence d'un « *argument* », auquel je juge n'a pas à répondre[9].

C'est ainsi que le juge n'est pas tenu de répondre à des conclusions qui font état d'une situation de fait sans aucune offre de preuve[10].

De même, le juge peut négliger des conclusions vagues, qui n'indiquent aucune conséquence juridique[11] ou qui constituent de « *simples allégations* »[12], ou encore qui sont présentées de façon imprécise et dubitative[13].

412.217 Réponse aux moyens influents sur la solution du litige. Pour qu'une réponse soit exigée du juge, encore faut-il que le moyen soit opérant, c'est-à-dire que son admission par le juge puisse modifier la solution du litige[14].

À cet égard, le juge n'a pas à énoncer de motifs relativement à des conclusions devenues sans objet[15], à des conclusions étrangères au débat[16], ou irrecevables (s'agissant de moyens contenus dans une note en délibéré)[17], ou dépourvues de portée[18], ou à des conclusions qui étaient inopérantes dans la mesure où elles se conformaient à la solution de la Cour de cassation exprimée dans l'arrêt qui a saisi la cour de renvoi[19].

412.218 Place occupée par le moyen dans les conclusions. La jurisprudence considère traditionnellement que la place des moyens et des prétentions n'a aucune incidence sur l'obligation de réponse. Le moyen ou la prétention qu'il soutient peut figurer indifféremment dans les motifs ou dans le dispositif des

1. Com. 8 oct. 2013, n° 12-26.148, NP.
2. Orléans, 2 oct. 2000, *RTD civ.* 2001. 656, obs. Normand; *JCP* 2001. II. 10511, note Martin; – Civ. 2e, 3 mai 2001, n° 99-16.293, *Bull. civ.* II, n° 87; *D.* 2003. 99, note Bolze; *RTD civ.* 2001. 656, obs. Perrot; *JCP* 2001. IV. 2128; *Procédures* 2001. Comm. 145, obs. Perrot – Civ. 2e, 27 mars 2003, n° 01-14.503, *Bull. civ.* II, n° 86.
3. Paris, 30 janv. 1986, RG n° K. 11644, *Bull. ch. avoués* 1986, n° 99, p. 115 – Civ. 2e, 7 mars 1985, n° 83-11.304, *Bull. civ.* II, n° 59; *Gaz. Pal.* 1985. 2. Pan. 197, obs. Croze et Morel – Civ. 3e, 27 janv. 1988, n° 86-14.434, *Bull. civ.* III, n° 19.
4. Civ. 2e, 14 avr. 1988, n° 86-18.726, *Bull. civ.* II, n° 80; *Gaz. Pal.* 1988. 2. Pan. 172.
5. Civ. 1re, 6 juin 1984, n° 83-12.438, *Bull. civ.* I, n° 186; *JCP* 1984. IV. 259 – Com. 10 oct. 1984, n° 82-17.085, *Bull. civ.* IV, n° 261; *JCP* 1984. IV. 348 – Com. 9 juin 1987, n° 84-15.506, *Bull. civ.* IV, n° 136; *JCP* 1987. IV. 282.
6. Décr. n° 2009-1524, 9 déc. 2009, relatif à la procédure d'appel avec représentation obligatoire en matière civile, *JO* 11 déc., p. 21386.
7. Soc. 17 déc. 1986, n° 84-40.660, *Bull. civ.* V, n° 607 – Soc. 11 juill. 1995, n° 95-40.293, NP – Civ. 3e, 26 nov. 2008, n° 07-17.688, *Bull. civ.* III, n° 188.
8. J. Voulet, « Le défaut de réponse à conclusions », *JCP* 1965. I. 1912.
9. Soc. 4 avr. 1990, n° 86-44.229, *Bull. civ.* V, n° 157 – J. Le Clec'h, « Moyens et arguments devant la Cour de cassation », *JCP* 1951. I. 939.
10. Civ. 3e, 23 oct. 1969, *Bull. civ.* III, n° 670 – Com. 28 oct. 1980, n° 79-13.169, *Bull. civ.* IV, n° 353 – Com. 15 mars 1994, n° 91-18.076, *Bull. civ.* IV, n° 107; *D.* 1995. 195, obs. Bon-Garcin – Soc. 12 oct. 1995, n° 93-14.001, *Bull. civ.* V, n° 273; *JCP* 1995. IV. 2528.
11. Com. 22 mars 1988, n° 86-16.655, *Bull. civ.* IV, n° 112 – Civ. 3e, 22 mai 1990, n° 88-12.349, *Bull. civ.* III, n° 127; *D.* 1991. 142, note Souleau; *D.* 1991. 81, obs. Giverdon, Bouyeure et Lafond – Civ. 1re, 18 déc. 1990, n° 89-11.433, *Bull. civ.* I, n° 291; *RTD civ.* 1991. 575, obs. Patarin.
12. Civ. 1re, 21 juin 1989, n° 87-12.039, *Bull. civ.* I, n° 250.
13. Civ. 3e, 11 mars 1987, n° 85-15.004, *Bull. civ.* III, n° 44 – Civ. 1re, 22 janv. 1991, n° 89-13.412, *Bull. civ.* I, n° 24 – Civ. 3e, 20 juin 1995, n° 93-15.898, NP.
14. Civ. 1re, 12 juin 1974, n° 73-10.491, *Bull. civ.* I, n° 180 – Cass., ch. mixte, 6 juill. 1984, n° 80-12.965, *Bull. ch. mixte,* n° 1 – Com. 20 juin 1995, n° 93-15.760, NP – Soc. 16 mars 2011, n° 09-68.949, NP.
15. Civ. 1re, 19 févr. 1964, *Bull. civ.* I, n° 100 – Civ. 1re, 9 mai 1975, n° 73-11.358, *Bull. civ.* I, n° 154 : si la demande est déclarée irrecevable, les juges n'ont pas à répondre aux conclusions au fond – Civ. 3e, 15 déc. 1982, n° 81-12.961, *Bull. civ.* III, n° 256; *JCP* 1983. IV. 76.
16. Civ. 1re, 19 févr. 1964, *Bull. civ.* I, n° 99 – Civ. 2e, 6 janv. 1982, n° 80-14.135, *Bull. civ.* II, n° 1.
17. Com. 16 mars 1976, n° 74-13.259, *Bull. civ.* IV, n° 103.
18. Civ. 3e, 30 mars 1989, n° 87-18.759, *Bull. civ.* III, n° 78 – Civ. 3e, 5 juill. 1995, n° 93-13.164, NP.
19. Soc. 26 sept. 2002, n° 00-40.176, NP; *RTD civ.* 2003. 567, obs. Molfessis; *JCP* 2003. II. 10046, note Perdriau.

conclusions. De nombreuses décisions ont considéré que le juge doit examiner les motifs des conclusions[1]. Cette solution a déjà évolué en appel. Pour améliorer la qualité de la décision, une structuration des écritures a été imposée aux parties : l'article 954 C. pr. civ. précise que les prétentions des parties doivent être reprises dans le dispositif des conclusions, et que la cour d'appel ne statue que sur les prétentions énoncées au dispositif[2]. Cette situation pourrait être étendue à la procédure devant le tribunal de grande instance : actuellement, l'article 753 C. pr. civ. n'impose pas de récapituler les prétentions dans le dispositif des conclusions, ce qui signifie que la jurisprudence ancienne continue à s'appliquer, et que le juge doit répondre aux prétentions et moyens contenus dans les écritures, quel que soit leur emplacement. Mais le tribunal de grande instance n'est pas tenu de répondre à des moyens qui soutiennent une prétention non récapitulée, puisqu'elle est réputée avoir été abandonnée.

Dans le même ordre d'idées, le juge doit répondre aussi bien aux moyens présentés à l'appui de prétentions formées à titre principal dans les conclusions qu'à ceux formulés au soutien de prétentions formées à titre subsidiaire[3].

γ.
Modalités de la réponse

412.221 Réponse expresse. Le jugement doit énoncer une réponse claire et précise aux moyens invoqués[4]. Néanmoins, la Cour de cassation considère que les exigences de l'article 455 C. pr. civ. sont remplies dès lors que l'analyse est suffisamment précise pour laisser apparaître la réponse que le juge entendait donner[5]; à condition que le juge réponde à toutes les conclusions présentées[6], y compris sur les fondements juridiques[7]. Le juge qui procède par simple affirmation ne motive pas sa décision[8].

412.222 Réponse implicite. La jurisprudence considère qu'il n'y a pas lieu d'exiger du juge une réponse expresse sur tous les moyens invoqués. Elle admet l'existence de motifs implicites, qu'un raisonnement permet de dégager soit des motifs donnés sur d'autres chefs, soit de l'ensemble de la décision critiquée[9].

Il arrive qu'en répondant à une question, les juges répondent implicitement à une autre : si le jugement déclare une énonciation inexacte, il rejette par là même la déduction que le concluant tirait de cette énonciation[10]. Si le juge fait droit à un chef des conclusions, il rejette implicitement tout autre chef incompatible avec celui qu'il retient (car en accueillant une demande présentée à titre subsidiaire, le juge écarte implicitement la demande principale)[11].

Cette jurisprudence doit être maintenue dans d'étroites limites, sous peine de réduire à néant l'obligation de motiver. Ainsi, le fait d'admettre les moyens de l'une des parties n'implique pas que l'on a implicitement répondu aux moyens de l'adversaire. Il faut donc que le juge ait « *implicitement mais nécessairement* » répondu[12].

2°
Nullité pour insuffisance de motivation

412.230 Détermination. Certains jugements contiennent une motivation, mais l'ensemble des motifs invoqués ne constitue pas une motivation suffisante. La décision doit alors être annulée, en raison de motifs contradictoires (a) ou de motifs dubitatifs ou hypothétiques (b).

a)
Motifs contradictoires

412.231 Assimilation à un défaut de motifs. La jurisprudence décide de façon constante que la contradiction entre les motifs équivaut à un défaut de motifs[13], parce que les motifs contradictoires s'annihilent réciproquement[14]. Toutefois, plusieurs conditions doivent être réunies pour qu'il y ait contradiction de motifs.

1. Civ. 2e, 15 juill. 1954, *Bull. civ.* II, n° 266 – Civ. 2e, 1er juin 1983, n° 82-11.574, *Bull. civ.* II, n° 118; *RTD civ.* 1983. 781, obs. Normand; *RTD civ.* 1983. 789, obs. Perrot – Civ. 2e, 11 juill. 1985, *Gaz. Pal.* 1985. 2. Pan. 348; *Gaz. Pal.* 1986. 1. Somm. 89, obs. Croze et Morel – Soc. 10 mai 1989, n° 86-42.773, *Bull. civ.* V, n° 347; *JCP* 1989. IV. 255.
2. Rapport Magendie, *Célérité et qualité de la justice devant la cour d'appel*, Doc. fr., 2008.
3. Soc. 5 mars 1986, n° 84-10.222, *Bull. civ.* V, n° 70; *JCP* 1986. IV. 138.
4. Civ. 1re, 9 mars 2011, n° 10-30.306, NP – Com. 15 mars 2011, n° 10-10.450, NP – Civ. 3e, 1er mars 2011, n° 10-15.343, NP.
5. Soc. 10 oct. 1990, n° 87-40.716, *Bull. civ.* V, n° 437.
6. Civ. 1re, 14 févr. 2006, n° 03-20.082, *Bull. civ.* I, n° 66; *JCP* 2006. IV. 1532.
7. Soc. 2 mars 2011, n° 09-40.074, NP.
8. Civ. 3e, 23 oct. 2013, n° 12-12.095, NP.
9. Soc. 9 nov. 1982, n° 80-41.202, *Bull. civ.* V, n° 616; *JCP* 1983. IV. 30 – Civ. 1re, 7 févr. 1990, n° 87-10.887, *Bull. civ.* I, n° 37.
10. Civ. 1re, 16 mars 1964, *Bull. civ.* I, n° 156 – Civ. 2e, 12 déc. 1962, *Bull. civ.* II, n° 789.
11. Com. 6 mai 1964, *Bull. civ.* IV, n° 238.
12. Civ. 2e, 22 oct. 1980, n° 79-11.275, *Bull. civ.* II, n° 213.
13. Civ. 2e, 27 oct. 1960, *Bull. civ.* II, n° 612 – Cass., ch. mixte, 21 juin 1974, n° 72-40.054, *Bull. ch. mixte,* n° 2 – Civ. 3e, 12 juill. 1995, n° 93-14.983, *Bull. civ.* III, n° 177; *JCP* 1995. IV. 2237, à condition que la contradiction concerne bien les motifs – Civ. 2e, 12 févr. 1992, n° 90-19.779, *Bull. civ.* II, n° 46; *Gaz. Pal.* 1992. 1. Pan. 141 – Com. 15 mars 2011, n° 10-11.584, NP.
14. Civ. 2e, 26 juin 1974, n° 73-11.080, *Bull. civ.* II, n° 203 – Civ. 3e, 6 nov. 1975, n° 74-12.220, *Bull. civ.* III, n° 322 – Civ. 3e, 3 oct. 1991, n° 90-12.088, *Bull. civ.* III, n° 220; *D.* 1992. 272, obs. Kullmann; *RTD civ.* 1992. 579, obs. Gautier – Soc. 18 janv. 1995, n° 91-42.535, NP – Soc. 6 juill. 1995, n° 92-42.809, NP – Civ. 1re, 10 juill. 1995, n° 93-13.579, *Bull. civ.* I, n° 309.

412.232 Existence d'une contradiction flagrante. La jurisprudence ne sanctionne que la contradiction véritable entre les motifs[1]. Un simple manque d'harmonie[2], une erreur purement matérielle de dactylographie[3], ou une erreur de langage[4], ne constituent pas des contradictions.

412.233 Incidence de la contradiction sur la solution. Si la contradiction invoquée n'a eu aucune conséquence sur la solution du litige, le grief est irrecevable[5].

Il en est de même si la contradiction affecte des motifs qui sont l'un et l'autre surabondants[6], puisque la solution reste inchangée.

412.234 Intérêt pour invoquer la contradiction. La Cour de cassation considère que le plaideur auquel profite le dispositif de la décision ne peut pas invoquer la contradiction de motifs, parce qu'il n'a pas intérêt à agir[7].

412.235 Domaine de la contradiction. Dès lors que les conditions sont réunies, le jugement peut être annulé, qu'il contienne une contradiction entre les motifs eux-mêmes ou une contradiction entre les motifs et le dispositif.

• **Contradiction entre les motifs.** Pour la jurisprudence, une contradiction entre les motifs de droit ne constitue pas un cas de nullité du jugement fondé sur la contradiction de motifs. S'il existe une faille dans le raisonnement juridique des juges, seuls la violation de la loi ou le manque de base légale[8] peuvent être allégués, le motif de droit ne pouvant pas constituer l'un des termes de la contradiction[9]. Le grief de contradiction de motifs est irrecevable lorsqu'il concerne les conséquences juridiques que les juges du fond ont tirées des faits[10].

Dès lors, seule la contradiction entre les motifs de fait peut être retenue comme cause d'annulation du jugement[11]. Par exemple, doit être cassé l'arrêt qui retient que les critiques à l'encontre de l'expertise sont prématurées tant que le rapport définitif n'aura pas été établi, en relevant par ailleurs que l'expert avait déposé son rapport[12]...

• **Contradiction entre les motifs et le dispositif.** Le jugement peut être annulé si les motifs de fait son en contradiction avec le dispositif, ce qui prive ce dernier de toute justification[13].

b)

Motifs dubitatifs ou hypothétiques

412.241 Caractère dubitatif. Un motif est dubitatif lorsqu'il laisse un doute sur l'exactitude de ses énonciations. Il repose généralement sur l'emploi d'expressions telles que « *il paraît que* [...] », « *il paraît vraisemblable que* »[14], ou sur l'emploi de verbes au mode conditionnel (sauf justification d'ordre grammatical). Le caractère dubitatif d'un motif entraîne la nullité du jugement[15]. Ainsi, le jugement qui retient que « *ces absences répétées* [de la salariée] *pouvaient perturber le bon fonctionnement de l'entreprise* » statue par un motif dubitatif qui ne satisfait pas aux exigences de l'article 455 C. pr. civ.[16].

412.242 Caractère hypothétique. Un motif est hypothétique lorsqu'il repose sur une éventualité, ou la supposition de faits[17]. Cependant, le jugement

1. Soc. 10 janv. 1995, n° 92-43.046, NP – Com. 8 mars 2011, n° 10-10.136, NP – Civ. 2e, 3 mars 2011, n° 10-14.327, NP.
2. Civ. 3e, 4 juin 1973, n° 72-10.141, *Bull. civ.* III, n° 394 – Civ. 1re, 12 juin 1974, n° 73-10.491, *Bull. civ.* I, n° 180.
3. Com. 19 juin 1984, n° 82-14.150, *Bull. civ.* IV, n° 197; *Gaz. Pal.* 1984. 2. Pan. 330, obs. Guinchard.
4. Civ. 1re, 1er juill. 1965, *Bull. civ.* I, n° 443.
5. Com. 26 févr. 1980, n° 78-13.958, *Bull. civ.* IV, n° 99.
6. Civ. 1re, 13 mai 1985, n° 83-16.225, *Bull. civ.* I, n° 147; *JCP* 1985. IV. 257.
7. Civ. 2e, 16 mars 1970, n° 69-11.557, *Bull. civ.* II, n° 105 – Com. 27 janv. 1982, n° 80-11.064, *Bull. civ.* IV, n° 37.
8. Soc. 24 nov. 1994, n° 92-12.983, *Bull. civ.* V, n° 305.
9. Civ. 1re, 16 nov. 1976, n° 75-11.130, *Bull. civ.* I, n° 348 – Com. 9 déc. 1986, n° 84-16.165, *Bull. civ.* IV, n° 235; *Gaz. Pal.* 1987. 2. Pan. 21.
10. Com. 5 mars 1985, nos 82-16.778 et 83-12.223, *Bull. civ.* IV, n° 86 – Civ. 2e, 19 nov. 1986, n° 85-15.247, *Bull. civ.* II, n° 169; *JCP* 1987. IV. 35 – Soc. 15 nov. 1990, n° 88-11.155, *Bull. civ.* V, n° 557.
11. Civ. 2e, 9 févr. 1961, *Bull. civ.* II, n° 108 – Civ. 2e, 24 juin 1965, *Bull. civ.* II, n° 556 – Civ. 1re, 26 juin 1985, n° 84-12.417, *Bull. civ.*, n° 205 – Soc. 13 juill. 1988, n° 86-40.112, *Bull. civ.* V, n° 443 – Com. 19 déc. 1989, n° 88-14.625, *Bull. civ.* IV, n° 325 – Civ. 2e, 23 nov. 1994, n° 92-16.518, NP – Com. 21 mars 1995, n° 93-18.742, NP – Civ. 1re, 4 avr. 1995, n° 93-13.257, NP – Soc. 3 mai 1995, n° 93-44.858, NP.
12. Civ. 2e, 15 déc. 2005, n° 04-11.573, *Bull. civ.* II, n° 329; *JCP* 2006. IV. 1112.
13. Civ. 2e, 20 févr. 1963, *Bull. civ.* II, n° 165 – Civ. 2e, 23 avr. 1980, n° 79-12.244, *Bull. civ.* II, n° 83; *JCP* 1980. IV. 249 – Com. 6 févr. 1990, n° 88-10.524, *Bull. civ.* IV, n° 35 – Com. 27 mars 1990, n° 88-15.181, *Bull. civ.* IV, n° 94; *Gaz. Pal.* 1991. 1. Pan. 13 – Civ. 1re, 26 févr. 1991, n° 88-15.814, *Bull. civ.* I, n° 76; *JCP* 1991. IV. 157 – Soc. 20 juin 1995, n° 93-40.662, NP – Civ. 2e, 24 janv. 2002, n° 00-17.672, NP – Civ. 2e, 11 déc. 2008, n° 07-20.260, NP.
14. Soc. 5 janv. 1995, n° 92-19.099, NP; « il semble que [...] » – Civ. 3e, 26 nov. 1974, n° 73-12.682, *Bull. civ.* III, n° 439 – Civ. 1re, 7 mars 1984, n° 83-11.094, *Bull. civ.* I, n° 91 – Civ. 1re, 6 févr. 2001, n° 99-14.274, NP – Civ. 2e, 6 mai 2004, n° 02-15.925, *Bull. civ.* II, n° 209; *D.* 2004. IR 1562.
15. Civ. 2e, 3 nov. 1993, n° 91-21.973, *Bull. civ.* II, n° 303; *JCP* 1994. IV. 25 – Civ. 2e, 6 déc. 1995, n° 93-21.748, *Bull. civ.* II, n° 302; *JCP* 1996. II. 22719, note Puigelier – Com. 30 janv. 1996, n° 94-13.082, NP.
16. Soc. 9 oct. 2013, n° 12-13.375, NP.
17. Soc. 17 avr. 1986, n° 84-41.621, *Bull. civ.* V, n° 157 – Civ. 2e, 14 nov. 1990, n° 88-15.816, *Bull. civ.* II, n° 234,pour le motif suivant : « Dans le doute, il convient de faire bénéficier la victime de l'hypothèse la plus favorable [...] » – Civ. 1re, 17 janv. 1995, n° 93 – 10.984, NP – Civ. 2e, 25 janv. 1995, n° 93-15.517, NP – Civ. 1re, 28 mars 1995, n° 92-16.270, NP; *D.* 1995. 517, note Huet; *RTD civ.* 1996. 170, obs. Mestre – Civ. 3e, 12 avr. 1995, n° 93-13.856, *Bull. civ.* III, n° 108 – Civ. 1re, 14 nov. 2001, n° 98-14.609, NP.

n'est annulé que dans la mesure où il se contente d'énoncer les hypothèses probables, sans s'expliquer sur leur application à la solution retenue[1]. En revanche, si les juges envisagent et analysent chacune des solutions probables, et en choisissent une, il n'y a pas motifs hypothétiques[2], mais plutôt motifs alternatifs qui sont considérés comme réguliers[3]. De même, l'emploi de verbes au mode conditionnel ne confère pas à la décision un caractère hypothétique « *s'il est justifié par des raisons grammaticales* »[4].

412.243 **Caractère ambigu ou inintelligible.** Aux hypothèses de motifs dubitatifs ou hypothétiques, on peut rapprocher les motifs ambigus, qui ne permettent pas de savoir le sens exact des raisons qui ont conduit les juges à leur solution[5] et les motifs inintelligibles, qui sont d'une imprécision telle que la pensée du juge n'est plus compréhensible[6]. Ces deux situations donnent lieu à une procédure d'interprétation du jugement (C. pr. civ., art. 461).

§ 3
Dispositif

412.251 **Énonciation de la décision.** Aux termes de l'article 455 alinéa 2 C. pr. civ., le jugement « *énonce la décision sous forme de dispositif* ». L'article 458 C. pr. civ. ne prévoit pas de nullité pour défaut de dispositif, situation que l'on conçoit difficilement et qui pourrait se traduire par l'inexistence du jugement. Le dispositif est la partie essentielle du jugement, à laquelle est attachée l'autorité de la chose jugée, et qui fait l'objet de l'exécution. Les seules difficultés jurisprudentielles que soulève le dispositif du jugement portent sur l'admission, à côté du dispositif exprès, d'un dispositif implicite.

412.252 **Dispositif exprès.** Les jugements énoncent le plus souvent plusieurs « *chefs* » de dispositif, qui correspondent aux diverses prétentions : le juge doit répondre à tout ce qui était demandé (C. pr. civ., art. 5).

Les irrégularités rencontrées dans la rédaction du dispositif concernent essentiellement les hypothèses dans lesquelles le juge omet de répondre à un chef de prétention, ou accorde dans un chef du dispositif, autre chose, ou plus que ce qui était demandé : les procédures de complément ou de retranchement du jugement (C. pr. civ., art. 463 et 464 - V. s[s] n°s 523.05 s.) permettent de remédier à ces difficultés, et elles excluent l'annulation du jugement fondée sur ces irrégularités.

Parfois, le dispositif comporte une formule générale, le juge rejetant toutes demandes plus amples et contraires sans motivation spéciale. L'assemblée plénière[7] considère ce dispositif comme une formule de style dépourvue de portée et en conclut qu'il y a omission de statuer relevant de la procédure de requête en omission (C. pr. civ., art. 463).

412.253 **Dispositif implicite.** C'est à propos de la définition de la portée exacte de l'autorité de la chose jugée que la question du dispositif implicite s'est posée en jurisprudence. La chambre commerciale de la Cour de cassation admet que, dans certains cas, il est possible de déduire une décision implicite des énonciations expresses du dispositif. L'autorité de la chose jugée s'étend donc à cette décision que le juge n'a pas formellement énoncée[8]. Néanmoins, l'analyse de la jurisprudence démontre que la Cour de cassation n'intègre dans le dispositif implicite que des questions qui ont été débattues contradictoirement, le juge les ayant mentionnées dans les motifs en raison d'une rédaction imparfaite de la décision : dans deux arrêts du 16 février 2006[9], la Cour énonce : « *La cour d'appel, qui s'est bornée, conformément à son office, à interpréter son précédent arrêt en y replaçant, dans le dispositif et sur une question qui avait été débattue, la décision implicite qui se trouvait nécessairement contenue dans ses motifs, n'encourt pas le grief du moyen* ». Cette **condition d'un débat contradictoire antérieur** évite les conséquences inéquitables qu'aurait l'admission d'un dispositif implicite non soumis au respect du contradictoire.

412.254 **Critères du dispositif implicite.** La jurisprudence s'est référée à plusieurs critères pour conclure à la présence d'un dispositif implicite[10].

Les juges considèrent qu'il est logique, lorsqu'ils ont statué sur une demande, de ne pas le faire sur celles qui sont dans sa dépendance, de telle sorte

1. Civ. 1re, 3 avr. 1973, n° 72-10.700, *Bull. civ.* I, n° 125 – Civ. 1re, 31 mars 1992, n°s 91-04.011, 91-04.028 et 91-04.032, *Bull. civ.* I, n° 107; *D.* 1992. 406, obs. Fortis; *JCP* 1992. IV. 1670.
2. Civ. 1re, 25 mai 1983, n° 82-14.453, *Bull. civ.* I, n° 155 – Civ. 2e, 14 nov. 1990, n° 88-15.816, *Bull. civ.* II, n° 234; *Gaz. Pal.* 1991. 1. Pan. 42.
3. Rép. pr. civ., v° *Pourvoi en cassation*, par J. et L. Boré, sept. 2008 [màj oct. 2013].
4. Civ. 2e, 10 mars 2011, n° 10-12.026, NP.
5. Civ. 2e, 2 mai 1958, *Bull. civ.* II, n° 303 – Com. 7 déc. 1966, *Bull. civ.* IV, n° 472.
6. Civ. 27 juin 1894, *Bull. civ.* n° 87, la décision refusant de statuer sur un chef des conclusions « *à raison de ce qui précède* » – Civ. 2e, 28 nov. 1968, *Bull. civ.* II, n° 290, la décision caractérisant la notion de garde par « *un certain contrôle* » – Civ. 1re, 9 mars 2011, n° 10-13.555, NP : pour une ordonnance du premier président de la cour d'appel.
7. Cass., ass. plén., 2 nov. 1999, n° 97-17.107, *Bull. ass. plén.*, n° 8; *JCP* 1999. II. 10213, concl. av. gén. Weber; *RTD civ.* 2000. 160, obs. Perrot.
8. Com. 28 juin 1988, n° 86-13.363, *Bull. civ.* IV, n° 225; *JCP* 1988. II. 21072, note. A. P.
9. Com. 16 févr. 2006, n°s 04-19.221 et 04-14.510, NP – Com. 15 nov. 2005, n° 03-13.606, NP – Com. 22 mai 2002, n° 98-23.345, NP.
10. A. Perdriau, « Les dispositifs implicites des jugements », *JCP* 1988. I. 3352.

qu'elles deviennent sans objet et sans portée : il est alors possible de considérer qu'ils ont implicitement rejeté les demandes devenues sans objet (par exemple, le jugement qui accueille la demande principale n'a pas à examiner les prétentions adverses qui ne reposent que sur l'éventualité d'un rejet de la demande principale; à l'inverse, le jugement qui rejette la demande principale n'a pas à statuer sur les demandes qui sont la conséquence de la demande principale, comme celles qui concernent les intérêts, l'exécution provisoire, *etc.*).

Il arrive que certains chefs du dispositif rendent évidents d'autres chefs, de telle sorte qu'il est inutile d'énoncer ces derniers expressément, mais qu'il est possible d'admettre que le juge ait statué sur eux. Par exemple, si le jugement n'alloue qu'une partie des sommes demandées, il n'a pas à déclarer mal fondée la demande en diminution de ces sommes formée par l'adversaire[1].

Ces hypothèses sont, et doivent demeurer, marginales : tout plaideur qui formule des prétentions est en droit d'obtenir une réponse expresse du juge (C. pr. civ., art. 5).

412.255 Contradiction entre chefs du dispositif. Si le dispositif comporte des chefs contradictoires, le jugement ne peut être annulé sur ce fondement : **la procédure d'interprétation** du jugement est seule utilisable (C. pr. civ., art. 461) pour corriger la contradiction[2].

§ 4
Signature du jugement

412.260 Principe. L'article 456 C. pr. civ. prévoit que le jugement est signé par le président et par le secrétaire. L'absence ou l'irrégularité de l'une de ces signatures entraîne la nullité du jugement (C. pr. civ., art. 458).

A.
Signature du président

1°
Règles générales

412.261 Justification. Afin de conférer au jugement la force probante d'un acte authentique (C. pr. civ., art. 457), il est nécessaire qu'il soit signé par un juge. Le magistrat le plus qualifié pour apposer sa signature sur le jugement est, logiquement, le président de la formation juridictionnelle : la régularité de la signature suppose que le magistrat signataire exerce les fonctions de président au moment où il appose sa signature (ainsi du président de cour d'appel nommé conseiller à la Cour de cassation et installé dans ses fonctions à une date antérieure à celle de l'arrêt signé)[3].

La signature du président permet également au magistrat de se porter garant du fait que le jugement qu'il signe correspond bien à la décision qui a été prise, et aux éléments qui ont été débattus. La jurisprudence impose donc une exigence supplémentaire pour la régularité de la signature : est seul qualifié pour signer le jugement le président qui a assisté aux débats et au délibéré.

412.262 Assistance du magistrat signataire aux débats et au délibéré. Selon une jurisprudence constante, la qualité de président de la formation juridictionnelle n'est pas suffisante pour que la signature du jugement soit régulière. Le président doit avoir assisté, à la fois, aux débats et au délibéré[4].

Le président qui a seulement présidé au prononcé du jugement[5] ou qui n'a pas assisté aux débats[6] ne peut valablement signer le jugement. Au contraire, peuvent signer le jugement :

– le président qui a assisté aux débats et pris part au délibéré, même à titre de conseiller[7];

– le président qui a participé au délibéré au cours duquel il a été rendu compte de l'audition des parties par le magistrat chargé de suivre l'affaire (C. pr. civ., art. 945-1)[8];

– le président qui a assisté aux débats et au délibéré, mais non au prononcé du jugement[9]; celui qui a assisté aux débats et au délibéré et qui exerçait les fonctions de président lors du prononcé de la décision[10].

1. A. Perdriau, « Les dispositifs implicites des jugements », préc. s^s prés^t n^o.
2. Civ. 1re, 25 mai 1983, n° 82-12.275, *Bull. civ.* I, n° 154 – Civ. 1re, 20 déc. 1983, n° 82-14.497, *Bull. civ.* I, n° 307; *Gaz. Pal.* 1984. 1. Somm. 149, obs. Guinchard – Civ. 2e, 5 avr. 1991, n° 89-15.613, *Bull. civ.* II, n° 107 – Civ. 2e, 24 mars 1993, n° 91-17.508, *Bull. civ.* II, n° 122.
3. Civ. 1re, 21 nov. 1978, n° 76-13.275, *Bull. civ.* I, n° 353; *JCP* 1979. IV. 39.
4. Civ. 2^e, 18 mars 1975, n° 74-11.779, *Bull. civ.* II, n° 95; *Gaz. Pal.* 1975. 1. Somm. 128 – Soc. 11 janv. 1978, n° 76-41.264, *Bull. civ.* V, n° 29; *JCP* 1978. IV. 86 – Soc. 21 mars 1990, n° 88-41.870, *Bull. civ.* V, n° 140; *JCP* 1990. IV. 194 – Civ. 2^e, 26 oct. 1994, n° 92-17.736, NP – Civ. 2^e, 21 juin 1995, n° 93-21.757, NP – Civ. 2^e, 9 juill. 1997, n° 95-20.854, *Bull. civ.* II, n° 228; *Rev. huiss.* 1998. 120 – Civ. 2e, 22 nov. 2001, n° 00-15.862, NP.
5. Civ. 1re, 7 mars 1978, n° 77-10.837, *Bull. civ.* I, n° 90; *D.* 1978. IR 411, obs. Julien – Com. 30 nov. 1993, n° 92-10.828, *Bull. civ.* IV, n° 436.
6. Civ. 2e, 23 févr. 1994, n° 92-20.301, *Bull. civ.* II, n° 69 – Com. 2 nov. 1994, n° 92-14.724, NP.
7. Civ. 3e, 17 déc. 1974, n° 73-11.854, *Bull. civ.* III, n° 468.
8. Civ. 2e, 17 févr. 1983, n° 81-16.542, *Bull. civ.* II, n° 43; *Gaz. Pal.* 1983. Pan. 176, obs. Guinchard.
9. Civ. 2e, 13 juin 1985, n° 83-16.409, *Bull. civ.* II, n° 119; *Gaz. Pal.* 1985. 2. Pan. 360, obs. Guinchard et Moussa; *JCP* 1985. IV. 293.
10. Soc. 12 mai 1998, n° 96-40.756, NP; *JCP* 1998. IV. 2484.

412.263 **Modalités.** La signature étant une mention essentielle du jugement, elle ne peut pas être rédigée sous la forme d'une mention dactylographiée « *signé : le président* », suivie d'un nom[1]. En revanche, une signature illisible est présumée, sauf preuve contraire, être celle d'un magistrat ayant participé aux débats et au délibéré[2].

412.264 **Signature électronique.** Depuis l'arrêté du 18 octobre 2013[3], la signature électronique des décisions de la Cour de cassation est autorisée (C. pr. civ., art. 456). Elle peut être apposée unitairement ou au moyen d'un **parapheur électronique**. Ce dernier est un outil mis à disposition de chaque signataire et disposant de fonctions autorisant le regroupement de documents à signer. La signature est apposée sur chacun des documents.

Des conditions de sécurité sont prévues par l'arrêté du 18 octobre 2013. Ainsi, le système d'information qui met en œuvre la signature électronique fait l'objet d'une homologation de sécurité conformément à l'article 5 du décret n° 2010-112 du 2 février 2010[4]. Cette homologation couvre l'ensemble du processus lié à la mise en œuvre de la signature électronique et des éléments permettant la création et la conservation des actes signés par ce procédé. Les prestataires des services de certification électronique qui délivrent les certificats électroniques nécessaires à la mise en œuvre de la signature électronique doivent faire l'objet d'une qualification selon la procédure prévue au chapitre IV du décret n° 2010-112 du 2 février 2010, qui atteste de leur conformité aux exigences du niveau trois étoiles du référentiel général de sécurité. L'arrêté prévoit que les dispositions de l'article R. 123-5 alinéa 2 du COJ sont applicables. Pour que les procédés de signature électronique mis à la disposition des magistrats, des agents du greffe soient présumés fiables au sens de l'article 2 du décret du 30 mars 2001, ils doivent respecter les exigences du référentiel général de sécurité du niveau trois étoiles. En outre la signature doit être sécurisée et être créée par un dispositif sécurisé certifié dans les conditions prévues à l'article 3 du décret du 30 mars 2001. La procédure d'inscription et d'enregistrement des données d'identification et d'habilitation de ces personnes est à l'initiative et sous la responsabilité du ministère de la Justice.

Actuellement la signature électronique n'est autorisée que devant la Cour de cassation.

412.265 **Sanction.** Le jugement doit être annulé si la signature du président fait défaut (cette hypothèse est marginale, et on doit noter une décision ayant considéré qu'un jugement non signé est inexistant[5]), ou si le magistrat signataire ne répond pas aux exigences prévues[6]. Cependant, la jurisprudence limite le domaine de la nullité du jugement, en mettant en œuvre une présomption de régularité de la signature à deux égards.

– En ce qui concerne la preuve du fait que la signature figurant au bas du jugement est celle du président, la jurisprudence considère qu'une signature illisible est présumée être celle du président[7]. Si un jugement comporte deux signatures, dont l'une, lisible, est celle du secrétaire, l'autre est présumée être celle du président de chambre ayant présidé aux débats et au délibéré, même si elle n'est pas lisible[8]. À défaut de présomption, la preuve de l'identification de la signature peut être rapportée par d'autres éléments du jugement (par ex., par la mention en marge de l'expédition certifiée conforme par le greffier précisant qu'un arrêt a été signé par un magistrat déterminé[9]).

– En ce qui concerne la preuve de la participation aux débats et au délibéré du magistrat signataire, la jurisprudence considère qu'à défaut d'indications contraires dans le jugement, le magistrat signataire est présumé avoir eu qualité pour signer[10].

412.266 **Inscription de faux.** Si l'expédition revêtue de la formule exécutoire mentionne que la signature est celle du président de la juridiction, le plaideur qui conteste la véracité de cette mention doit s'inscrire en faux : le jugement n'est pas susceptible d'annulation parce qu'il est formellement régulier, et la contestation relative à la véracité de la mention d'un acte qui a la force probante d'un acte authentique ne peut se réaliser que par le biais d'une procédure de faux[11], dans la mesure où la mention relate un fait personnellement accompli par le juge, ce qui

1. Civ. 2e, 6 juill. 1977, n° 75-15.394, *Bull. civ.* II, n° 177.
2. Civ. 2e, 10 nov. 2010, n° 09-70.712, *Bull. civ.* II, n° 183.
3. Arr. 18 oct. 2013, relatif à la signature électronique des décisions de justice rendues en matière civile par la Cour de cassation, *JO* 23 oct., p. 17329.
4. Décr. n° 2010-112, 2 févr. 2010, pris pour l'application des articles 9, 10 et 12 de l'ordonnance n° 2005-1516 du 8 décembre 2005 relative aux échanges électroniques entre les usagers et les autorités administratives et entre les autorités administratives, *JO* 4 févr., p. 2072.
5. Req. 5 avr. 1875, *S.* 1975. 1. 157.
6. Rennes, 25 févr. 1992, RG n° 107/92, *Gaz. Pal.* 1992. 2. 673, note du Rusquec. – Com. 13 juin 1995, n° 93-16.731, NP.
7. Com. 5 déc. 1977, n° 76-11.926, *Bull. civ.* IV, n° 285; *D.* 1978. IR 411, obs. Julien.
8. Civ. 1re, 12 févr. 1980, n° 78-16.003, *Bull. civ.* I, n° 52; *JCP* 1980. IV. 167.
9. Civ. 3e, 8 janv. 1980, n° 78-13.056, *Bull. civ.* III, n° 2; *JCP* 1980. IV. 112.
10. Civ. 2e, 8 juin 1977, n° 75-15.782, *Bull. civ.* II, n° 148 – Civ. 1re, 28 oct. 1980, n° 79-11.746, *Bull. civ.* I, n° 271; *JCP* 1981. IV. 23 – Civ. 3e, 5 oct. 1983, n° 82-12.807, *Bull. civ.* III, n° 179.
11. Civ. 3e, 28 mars 1977, n° 75-14.408, *Bull. civ.* III, n° 158 – Soc. 25 oct. 1978, n° 78-60.693, *Bull. civ.* V, n° 712; *JCP* 1979. IV. 4 – Civ. 3e, 27 mars 1996, n° 94-18.165, *Bull. civ.* III, n° 89; *RTD civ.* 1996. 705, obs. Perrot; *JCP* 1996. IV. 1200.

est le cas pour la signature du jugement. La Cour de cassation décide de façon constante que le président et le greffier signataires du jugement sont ceux dont les noms figurent dans la décision jusqu'à inscription de faux[1].

2° Règles spéciales à l'empêchement du président

412.271 **Magistrat signataire.** L'article 456 C. pr. civ. prévoit qu'en cas d'empêchement du président, mention en est faite sur la minute qui est signée par l'un des juges qui en ont délibéré. Le magistrat signataire est donc nécessairement un juge ayant pris part au délibéré[2], ce qui garantit que le contenu du jugement correspond à ce qui a été jugé et permet d'authentifier la décision. Le nom du magistrat doit figurer dans le jugement à peine de nullité[3].

412.272 **Définition de l'empêchement.** Toute circonstance privant le président de la possibilité de signer est prise en compte : le jugement n'a pas à préciser la cause de cet empêchement[4], il doit seulement mentionner l'existence d'un empêchement.

412.273 **Sanction.** L'absence de mention de l'empêchement du président, ainsi que la signature de la décision par un magistrat non qualifié, entraînent **l'annulation du jugement**. Cependant, l'admission par la jurisprudence de présomptions de régularité fait obstacle au prononcé de la nullité dans deux séries de cas.

– En ce qui concerne la réalité de l'empêchement du président, la jurisprudence considère que la seule signature de la décision par l'un des juges qui en ont délibéré implique nécessairement que le président a été empêché[5]. En l'absence de preuve du contraire, l'empêchement du président qui n'a pas signé la minute est donc présumé[6]. À défaut de présomption, l'obstacle au prononcé de la nullité résulte de la mise en œuvre des dispositions de l'article 459 C. pr. civ. : en l'absence de mention de l'empêchement du président, la preuve de la réalité de cet empêchement peut être apportée par des éléments extrinsèques (pour le cas du président parti en retraite avant le prononcé de la décision)[7].

– S'agissant des conditions relatives au magistrat signataire, la jurisprudence décide qu'à défaut d'indication contraire, le magistrat qui a signé est présumé avoir eu qualité pour le faire[8]. Il appartient donc au plaideur qui allègue la nullité du jugement de renverser la présomption en prouvant que le juge signataire ne réunissait pas les conditions exigées pour apposer sa signature[9].

B. Signature du secrétaire

412.281 **Exigence de la signature du secrétaire.** Le jugement doit comporter, à la fois, la signature du président et celle du secrétaire (C. pr. civ., art. 456), toute omission ou irrégularité étant sanctionnée par la nullité de la décision (C. pr. civ., art. 458). La signature du secrétaire est essentielle, mais elle ne suffit pas à valider le jugement, si le président n'a pas également signé[10].

412.282 **Modalités.** Aucune formule sacramentelle n'est requise. Il suffit que l'identification du signataire soit possible, ce qui est le cas d'une signature précédée de la mention « *greffier* »[11].

412.283 **Conditions relatives au secrétaire signataire.** Selon une jurisprudence constante, le secrétaire peut valablement signer la minute, même s'il n'a ni assisté aux débats, ni tenu la plume à l'audience[12]. En revanche, seul est qualifié pour signer le jugement, le greffier qui a assisté à son prononcé[13].

412.284 **Sanction.** L'absence de signature du secrétaire, même si ce dernier est empêché[14], entraîne **l'annulation du jugement**[15].

Exceptionnellement, la Cour de cassation a considéré que l'ordonnance sur requête rejetant la demande d'autorisation de prise à partie d'un juge du tribunal

1. Civ. 3e, 7 déc. 2005, no 04-13.197, *Bull. civ.* III, no 241 ; *JCP* 2006. IV. 1031.
2. Com. 23 juin 1975, no 74-10.918, *Bull. civ.* IV, no 175 – Civ. 2e, 9 sept. 2010, no 09-65.651, *Bull. civ.* II, no 150.
3. Civ. 2e, 22 avr. 1992, no 90-20.575, *Bull. civ.* II, no 134 ; *Gaz. Pal.* 1992. 2. Pan. 269.
4. Civ. 2e, 14 janv. 1981, no 79-15.853, *Bull. civ.* II, no 52 ; *Gaz. Pal.* 1981. 1. Somm. 166 – Civ. 1re, 11 févr. 1981, no 79-15.853, *Bull. civ.* I, no 52.
5. Civ. 3e, 23 janv. 1979, no 77-13.350, *Bull. civ.* III, no 23.
6. Civ. 2e, 9 mai 1979, no 78-11.692, *Bull. civ.* II, no 133 – Com. 5 juin 1984, no 83-12.066, *Bull. civ.* IV, no 185 ; *Gaz. Pal.* 1984. 2. Pan. 330, obs. Guinchard – Soc. 11 juill. 1989, no 85-46.008, *Bull. civ.* V, no 514 – Soc. 17 mai 1995, no 93-44.041, NP – Com. 18 mars 2003, no 01-15.264, *Bull. civ.* IV, no 48 ; *Act. proc. coll.* 2003, no 135, note Regnaut-Moutier.
7. Civ. 3e, 18 mai 1978, no 76-15.155, *Bull. civ.* III, no 202 ; *JCP* 1978. IV. 220.
8. Civ. 2e, 8 juin 1977, no 75-15.782, *Bull. civ.* II, no 148 – Civ. 2e, 6 févr. 1980, no 78-13.979, *Bull. civ.* II, no 25 – Civ. 3e, 5 oct. 1983, no 82-12.807, *Bull. civ.* III, no 179 – Com. 1er févr. 1984, no 82-14.928, *Bull. civ.* IV, no 50 – Soc. 29 juin 1995, no 93-46.768, NP.
9. Com. 5 déc. 1977, no 76-11.926, *Bull. civ.* IV, no 285.
10. Civ. 1re, 2 déc. 1992, no 91-11.706, *Bull. civ.* I, no 297 ; *Gaz. Pal.* 1993. 1. Pan. 124 – Besançon, ch. com., 20 oct. 1995, RG no 1246/93.
11. Com. 12 juill. 1971, no 70-11.102, *Bull. civ.* IV, no 205.
12. Civ. 3e, 10 oct. 1984, no 83-12.871, *Bull. civ.* III, no 167 ; *Gaz. Pal.* 1985. 1. Pan. 28, obs. Guinchard.
13. Civ. 2e, 11 oct. 1995, no 93-17.024, *Bull. civ.* II, no 237 ; *D.* 1995. IR 237 ; *JCP* 1995. IV. 2504.
14. Civ. 3e, 11 juin 1981, no 79-16.233, *Bull. civ.* III, no 123 ; *Gaz. Pal.* 1981. 2. Somm. 389.
15. Civ. 2e, 4 mars 2004, no 02-12.401, *Bull. civ.* II, no 88.

de commerce n'a pas, pour sa validité, à être signée par le greffier, « *eu égard aux circonstances dans lesquelles elle a été rendue* »[1].

Dans l'hypothèse où le jugement ne précise pas l'identité du greffier présent lors de son prononcé, et où la signature est illisible, certaines décisions ont prononcé l'annulation de la décision. Cette position faisait peser sur les parties les conséquences d'une irrégularité dont elles n'étaient pas responsables. La chambre mixte de la Cour de cassation, le 21 octobre 2005 décide, par application de l'article 457 C. pr. civ., que jusqu'à inscription de faux, le greffier signataire du jugement est celui dont le nom figure dans la décision[2]. La nécessité de s'inscrire en faux limite les possibilités de contestations dilatoires. La Cour de cassation avait déjà limité le domaine de la nullité en affirmant que, dès lors que le jugement indique clairement dans son entête le nom du greffier, il convient, en l'absence d'indication contraire, de présumer que celui-ci a assisté aux débats ainsi qu'au prononcé de l'arrêt, et qu'il a apposé sa signature au bas de celui-ci[3].

C.
Autres signataires

412.291 **Conseiller rapporteur.** Aux termes de l'article 1021 C. pr. civ., les arrêts rendus par la Cour de cassation sont signés par le président, le secrétaire-greffier et le rapporteur (C. pr. civ., art. 1012 : un conseiller ou un conseiller référendaire de la formation à laquelle l'affaire est distribuée est désigné par le président de la formation en qualité de rapporteur).

412.292 **Rédacteur du jugement.** En dépit du caractère apparemment limitatif des signataires du jugement prévus par l'article 456 C. pr. civ., la Cour de cassation a admis que le rédacteur d'un jugement peut apposer sa signature à côté de celles du président et du secrétaire[4], puisqu'aucun texte ne l'interdit et qu'il est à présumer que ce rédacteur est l'un des magistrats qui ont délibéré.

1. Civ. 1re, 17 juill. 1996, n° 95-01.002, *Bull. civ.* I, n° 328 ; *JCP* 1996. IV. 2171.
2. Cass., ch. mixte, 21 oct. 2005, n° 04-11.288, *Bull. ch. mixte*, n° 6 ; *D.* 2005. IR 2901 ; *D.* 2006. Pan. 550, obs. Julien et Fricero.
3. Civ. 2e, 10 mars 2005, n° 03-15.101, M. Jean R. et a. c/ Alain R., *Bull. civ.* II, n° 61 ; *D.* 2006. 545, obs. Julien et Fricero.
4. Civ. 2e, 21 juin 1995, n° 93-16.761, *Bull. civ.* II, n° 192 ; *D.* 1995. IR 220 ; *JCP* 1995. IV. 220.

CHAPITRE

413. Conditions relatives au prononcé du jugement

NATALIE FRICERO
Professeure à la Faculté de droit
de l'Université de Nice Sophia-Antipolis (CERDP)

SECTION 0
ORIENTEUR

413.00 Plan du chapitre.

413.01 Principaux textes applicables.
C. pr. civ., art. 25, 450 à 453, 458, 459, 478, 481, 586, 1016, 1174, 1177, 1189, 1208.

413.05 Problématique. À une date que le président a annoncée si la décision est rendue après délibéré (C. pr. civ., art. 450), le jugement est prononcé, c'est-à-dire qu'il est procédé à la lecture du dispositif à voix haute, lors d'une audience publique.

Le prononcé d'une décision est un moment important : il donne sa date au jugement (C. pr. civ., art. 453), entraîne le dessaisissement du juge (C. pr. civ., art. 481, al. 1er), constitue le point de départ de certains délais : délai de contredit (C. pr. civ., art. 82), délai de notification du jugement (C. pr. civ., art. 478 et 528-1), délai de tierce-opposition (C. pr. civ., art. 586), *etc.* Ces incidences expliquent que des règles particulières précisent, à la fois, la régularité du prononcé et la sanction d'une irrégularité dans le prononcé.

SECTION 1
MODALITÉS D'UN PRONONCÉ RÉGULIER

413.10 Exigences légales. Les articles 451 et 452 C. pr. civ. posent des conditions de régularité relatives au prononcé du jugement. Seul un juge qui l'a rendu est qualifié pour procéder au prononcé; il lit le dispositif, ou l'ensemble de la décision, lors d'une audience publique. Depuis le décret n° 2004-836 du 20 août 2004 modifiant la procédure civile[1], la lecture du jugement peut être remplacée par la mise à disposition de la décision au greffe de la juridiction, laquelle n'emporte pas dérogation au principe de publicité[2].

§ 1
Juge qualifié pour le prononcé

413.11 Principe. Seul peut procéder au prononcé du jugement, « *l'un des juges qui l'ont rendu* ». Cette exigence est légitime : la présence d'un magistrat qui a participé aux débats et au délibéré constitue une

1. Décr. n° 2004-836, 20 août 2004, modifiant la procédure civile, *JO* 22 août, p. 15032.
2. Civ. 1re, 9 févr. 2011, n° 09-17.447, NP.

garantie que le jugement correspond à ce qui a été décidé. Elle a donc une portée générale et s'applique à tous les jugements, quelle que soit la juridiction qui statue[1].

413.12 Présence de l'un des juges délibérants. Le jugement dont les mentions démontrent qu'aucun des juges ayant participé au délibéré n'était présent à l'audience de prononcé doit être annulé[2]. Est également nulle l'ordonnance prononcée par un auditeur de justice, qui n'a pas qualité[3].

En revanche, les exigences de l'article 452 C. pr. civ. sont remplies, dès lors que la décision est prononcée par l'un des juges ayant délibéré et débattu[4]. L'absence et les raisons de l'absence des autres magistrats sont sans incidence sur la régularité du prononcé[5] (plusieurs hypothèses d'absence des autres magistrats ont été envisagées en jurisprudence : un magistrat a pu être remplacé[6]; un magistrat a pu décéder[7]).

413.13 Force probante des indications. Lorsque le jugement indique qu'il a été prononcé par un magistrat ayant participé au délibéré, la Cour de cassation considère que **cette mention fait foi jusqu'à inscription de faux.** Le plaideur qui prétend que la mention formelle ne correspond pas à la réalité doit donc s'inscrire en faux[8], et ne peut pas utiliser la voie du recours en annulation.

§ 2
Lecture du jugement

413.21 Objet du prononcé. Le prononcé du jugement peut se réaliser par la lecture de la décision. Aux termes de l'article 452 alinéa 2 C. pr. civ., « *le prononcé peut se limiter au dispositif* » (L. 20 juill. 1810, art. 7, exigeait la lecture du dispositif et des motifs, mais, avec l'accord des représentants des parties, la lecture pouvait se limiter au dispositif).

Si la lecture peut se limiter au dispositif, rien n'interdit au juge de procéder à une lecture intégrale de la décision[9].

§ 3
Audience du prononcé

A.
Principe d'une audience publique

413.31 Principe de publicité du prononcé. L'article 451 C. pr. civ. pose en principe que les décisions contentieuses sont prononcées publiquement, les décisions gracieuses hors la présence du public (v. déjà L. n° 72-626, 5 juill. 1972, art. 11-2, mod. par L. n° 75-596, 9 juill. 1975[10]), le tout sous réserve de dispositions spéciales à certaines matières. On observe l'existence de dispositions spéciales dans les départements du Bas-Rhin, du Haut-Rhin et de la Moselle : l'article 43 de l'Annexe du Code de procédure civile dispose qu'en matière de voie d'exécution les pourvois suivent les règles relatives au pourvoi en matière gracieuse, et, par application de l'article 451 C. pr. civ., les décisions gracieuses sont prononcées hors la présence du public, disposition qui n'est pas contraire à l'article 6 de la Convention européenne des droits de l'homme[11].

L'article 1016 C. pr. civ. reprend le principe de la publicité du prononcé pour les arrêts de la Cour de cassation (v. L. 5 juill. 1972, art. 11-3).

413.32 Justification du principe de publicité. Les intérêts attachés à la publicité du prononcé expliquent **le caractère d'ordre public** qui a toujours été conféré à cette exigence[12].

La publicité de la justice constitue une garantie fondamentale : elle permet à tout citoyen d'exercer

1. À PROPOS D'UN CONSEIL DE PRUD'HOMMES, Soc. 17 avr. 1986, n° 84-41.621, *Bull. civ.* V, n° 157; *JCP* 1986. IV. 171 – Civ. 2e, 6 oct. 1976, n° 75-10.615, *Bull. civ.* II, n° 263; *Gaz. Pal.* 1976. 2. Somm. 280.
2. Civ. 3e, 4 nov. 1977, n° 76-12.834, *Bull. civ.* III, n° 373; *JCP* 1978. IV. 4 – Soc. 28 juin 1978, n° 77-41.419, *Bull. civ.* V, n° 523; *D.* 1978. IR 500, obs. Julien; *JCP* 1978. IV. 276 – Civ. 2e, 20 juill. 1988, n° 87-15.754, *Bull. civ.* II, n° 177; *Gaz. Pal.* 1978. 2. Pan. 251 – Soc. 21 mars 1990, n° 88-41.870, *Bull. civ.* V, n° 140 – Civ. 3e, 30 oct. 1991, n° 89-21.729, *Bull. civ.* III, n° 259; *Gaz. Pal.* 1992. 1. Pan. 26 – Civ. 3e, 19 janv. 1994, n° 91-13.335, NP.
3. Paris, 1er juin 1979, *Gaz. Pal.* 1979. 2. 357.
4. Civ. 3e, 16 juill. 1974, n° 73-13.129, *Bull. civ.* III, n° 308 – Civ. 2e, 19 oct. 1978, n° 77-13.229, *Bull. civ.* II, n° 215.
5. Civ. 1re, 1er oct. 1986, n° 85-13.514, *Bull. civ.* I, n° 230; *JCP* 1986. IV. 317.
6. Civ. 1re, 5 oct. 1977, n° 76-12.779, *Bull. civ.* I, n° 355 – Soc. 30 mai 1989, n° 86-16.765, *Bull. civ.* V, n° 405; *JCP* 1989. IV. 282.
7. Civ. 1re, 11 févr. 1981, n° 79-16.727, *Bull. civ.* I, n° 51; *D.* 1981. IR 375, obs. Julien; *Gaz. Pal.* 1981. 2. Somm. 213 – Soc. 9 mars 1989, n° 86-43.820, *Bull. civ.* V, n° 203.
8. Civ. 3e, 4 nov. 1977, n° 76-12.834, *Bull. civ.* III, n° 373; *JCP* 1978. IV. 3 – Soc. 20 mars 1990, n° 86-44.139, *Bull. civ.* V, n° 127; *D.* 1990. Somm. 342, obs. Julien; *JCP* 1990. IV. 194.
9. Com. 7 oct. 1974, n° 73-13.067, NP; *JCP* 1975. II. 18129, note Grua.
10. L. n° 72-626, 5 juill. 1972, instituant un juge de l'exécution et relative à la réforme de la procédure civile, *JO* 9 juill., p. 7181 – L. n° 75-596, 9 juill. 1975, portant diverses dispositions relatives à la réforme de la procédure civile, *JO* 10 juill., p. 7076.
11. Civ. 2e, 17 oct. 2013, n° 12-26.027, NP.
12. R. Perrot, rapp. au VIe colloque des Instituts d'études judiciaires, Toulouse, 1968, *Le principe de la publicité de la justice*, p. 40 s. – P. Kayser, « Le principe de la publicité de la justice dans la procédure civile », *Mél. Hébraud*, PUSS Toulouse, 1981, p. 501 s. – Civ. 2e, 15 juill. 1964, *Bull. civ.* II, n° 562 – Civ. 2e, 28 avr. 1966, *Bull. civ.* II, n° 494 – Civ. 2e, 4 févr. 1966, *Bull. civ.* II, n° 168.

un contrôle sur le fonctionnement de la justice et, à ce titre, assure l'existence d'un procès équitable; elle permet également de marquer avec solennité le moment du dessaisissement du juge. Ces dispositions sont conformes aux exigences de l'article 6 § 1 de la Convention européenne des droits de l'homme qui impose, notamment, que le jugement soit rendu publiquement (v. s[s] n°s 211.05 s., droit à un tribunal indépendant et impartial). Néanmoins, la loi contient de nombreuses mesures qui restreignent la portée de la publicité. Si le prononcé du jugement doit s'effectuer toutes portes ouvertes, la présence de médias est écartée par la loi du 29 juillet 1881 sur la liberté de la presse : l'article 38 *ter* prohibe l'emploi de tout appareil permettant d'enregistrer, de fixer ou de transmettre la parole ou l'image dès l'ouverture de l'audience des juridictions judiciaires. D'autres dispositions (L. n° 78-17, 6 janv. 1978, art. 39, 39 *ter*, *quater* et *quinquies*[1]) contribuent à limiter les publications des jugements et conduisent à leur anonymisation[2] pour protéger les intérêts privés des justiciables et un intérêt supérieur de moralité publique.

B. Application du principe de publicité au prononcé des jugements contentieux

413.41 Généralité de la publicité du prononcé. L'article 451 C. pr. civ. s'applique à tous les jugements contentieux : même lorsque les débats ont lieu en chambre du conseil, le jugement doit être prononcé en audience publique[3]. La mise à disposition au greffe obéit aux mêmes règles de publicité (C. pr. civ., art. 451, al. 2, réd. Décr. n° 2004-836, 20 août 2004). Certaines dispositions légales reprennent ce principe : même si l'affaire est débattue en chambre du conseil, le jugement rendu en matière de déclaration d'abandon (C. pr. civ., art. 1161), en matière de filiation légitime ou naturelle (C. pr. civ., art. 1149), en matière de révocation d'une adoption simple (C. pr. civ., art. 1177 – C. civ., art. 370, L. n° 96-604, 5 juill. 1996[4]), est prononcé en audience publique.

413.42 Arrêts de la Cour de cassation. Quelle que soit la matière concernée, les arrêts de la Cour de cassation sont toujours prononcés publiquement (C. pr. civ., art. 1016, al. 2), même si les débats ont eu lieu ou se sont poursuivis en chambre du conseil (L. n° 72-626, 5 juill. 1972, art. 11-1 et 11-2).

1. L. n° 78-17, 6 janv. 1978, dite loi « Foyer », relative à l'informatique, aux fichiers et aux libertés, *JO* 7 janv., p. 227.
2. A. Perdriau, « L'anonymisation des jugements civils », *JCP* 1999. I. 163.
3. Civ. 14 mai 1924, *DP* 1924. 1. 105, note L. S. – Civ. 9 juin 1926, *DH* 1926. 452.
4. L. n° 96-604, 5 juill. 1996, relative à l'adoption, *JO* 6 juill., p. 10208.

C. Mise à l'écart de la publicité pour le prononcé des décisions gracieuses

413.51 Prononcé hors la présence du public. Lorsque le juge statue en l'absence de litige (C. pr. civ., art. 25), il rend une **décision gracieuse** dont le prononcé a lieu hors la présence du public (C. pr. civ., art. 451). Cette exception au principe de la publicité s'explique par les spécificités des matières concernées, mais la détermination du domaine d'application du prononcé hors la présence du public est soumise aux incertitudes de la définition du domaine des décisions gracieuses[5]. On peut citer le jugement rendu en matière d'assistance éducative (C. pr. civ., art. 1189), en matière de délégation, retrait total ou partiel de l'autorité parentale (C. pr. civ., art. 1208). Une telle absence de publicité est considérée comme étant conforme aux exigences de l'article 6 § 1 de la Convention européenne des droits de l'homme[6].

413.52 Application exceptionnelle de la publicité. La loi impose parfois un prononcé en audience publique, alors que les débats et l'instruction ont eu lieu en chambre du conseil. C'est le cas pour le jugement prononçant l'adoption (C. pr. civ., art. 1174 : le jugement est prononcé en audience publique, alors que C. pr. civ., art. 1170 prévoit que l'affaire est instruite et débattue en chambre du conseil), bien que l'action aux fins d'adoption relève de la matière gracieuse (C. pr. civ., art. 1167)[7].

§ 4 Prononcé par mise à disposition du jugement au greffe

413.61 Consacrer une audience publique au prononcé des décisions peut s'avérer être source d'encombrement de la justice. C'est la raison pour laquelle le décret n° 2004-836 du 20 août 2004 a permis à la juridiction de remplacer la lecture du jugement par sa remise au greffe, avec possibilité pour les parties et les tiers intéressés d'en prendre connaissance. Cette modalité est en conformité avec la jurisprudence de la Cour européenne des droits de l'homme, qui estime, par application du procès équi-

5. A. M. Zaghloul, *La juridiction gracieuse,* th. Lyon, 1981 – D. Le Ninivin, *La juridiction gracieuse dans le Code de procédure civile,* Litec, 1983 – J. N. Hazard, « La juridiction gracieuse », *Mél. Marty,* PUSS Toulouse, 1978, p. 621 – R. Martin, « Matière gracieuse et ordonnance sur requête unilatérale », *JCP* 1976. I. 2787 – J.-L. Bergel, « La juridiction gracieuse en droit français », *D.* 1983. Chron. 153; « Juridiction gracieuse et matière contentieuse », *D.* 1985. Chron. 165.
6. Civ. 1re, 17 oct. 2013, n° 12-26.027, NP.
7. Pau, 30 mai 1990, RG n° 2496/89, *D.* 1991. 20.

table, que la faculté de se procurer une copie du jugement au greffe constitue une modalité suffisante de la publicité des décisions (v. s[s] n° 212.113). L'article 451 C. pr. civ. précise que la mise à disposition au greffe obéit aux mêmes règles de publicité que l'audience de prononcé.

L'article 450 C. pr. civ. comprend donc un second alinéa, aux termes duquel le président de la juridiction peut aviser les parties, à l'issue des débats, que le jugement sera prononcé par sa mise à disposition au greffe, à la date qu'il indique. Dans ce cas, la date du jugement est celle de sa mise à disposition au greffe (C. pr. civ., art. 453[1]).

Quand il a été fait application de l'alinéa 3 de l'article 764 C. pr. civ., c'est-à-dire qu'un calendrier de la mise en état a été établi, la date du prononcé du jugement est fixée dans ce calendrier, par dérogation aux dispositions de l'article 450 C. pr. civ.

SECTION 2
SANCTION D'UN PRONONCÉ IRRÉGULIER

§ 1
Annulation du jugement

413.71 **Application de la nullité.** Les conditions relatives au prononcé du jugement sont prévues à peine de nullité (C. pr. civ., art. 458, qui renvoie à C. pr. civ., art. 451 et 452). Le jugement doit être annulé si le juge qui l'a prononcé n'était pas qualifié, si la lecture du dispositif n'a pas été faite, ou si l'audience de prononcé n'a pas respecté les règles de publicité.

413.72 **Exercice d'une voie de recours.** Par application de l'article 460 C. pr. civ., la nullité ne peut être obtenue que par l'exercice d'une voie de recours (appel nullité, pourvoi en cassation, *etc.*), qui doit être formée dans les conditions légales[2]. Mais le juge saisi ne prononce pas nécessairement l'annulation, qui est soumise par les textes à un régime procédural restrictif.

§ 2
Obstacles à l'annulation

A.
Formulation d'observations lors du prononcé

413.81 **Moment pour invoquer l'irrégularité.** L'article 458 alinéa 2 C. pr. civ. précise qu'à peine d'irrecevabilité, aucune nullité ne peut être soulevée ou relevée d'office si elle n'a été invoquée au moment du prononcé du jugement par de simples observations dont il est fait mention au registre d'audience. Ainsi, en l'absence d'observations sur l'inobservation des formes prévues à l'article 451 C. pr. civ. au moment du prononcé de la décision, aucune nullité ne peut être invoquée ultérieurement, et le pourvoi en cassation fondé sur ce grief est irrecevable[3].

Ainsi, toute contestation relative au prononcé public ou non de la décision[4], au prononcé par l'un des juges qui l'ont rendue, est susceptible d'aboutir à l'annulation du jugement si l'un des plaideurs a soulevé des observations au moment du prononcé : à défaut, le moyen est irrecevable[5]. En l'absence de précision légale, on doit admettre que la formulation d'observations ouvre indistinctement la possibilité de solliciter l'annulation : la nullité peut être soulevée par celui qui n'a pas formulé les observations et, le cas échéant, relevée d'office par le juge.

En revanche, cette obligation ne s'applique pas si la cause a été débattue devant le magistrat rapporteur, les parties ne pouvant pas vérifier lors du prononcé, la présence des magistrats ayant délibéré[6].

413.82 **Présence à l'audience du prononcé.** Pour former des observations, les parties doivent être présentes ou représentées à l'audience du prononcé. La Cour de cassation considère que le juge n'a pas d'autre obligation que celle d'indiquer la date de l'audience du prononcé lorsqu'il met l'affaire en délibéré (C. pr. civ., art. 450) : il incombe donc aux parties de se présenter ou de se faire représenter aux audiences successivement fixées pour l'accomplissement du prononcé[7].

B.
Présomption de régularité

413.91 **Interprétation des mentions du jugement.** La Cour de cassation fait souvent application d'une présomption de régularité pour refuser d'annuler des jugements pour méconnaissance des règles relatives au prononcé.

En ce qui concerne l'exigence de publicité de l'audience de prononcé, la Cour de cassation a considéré que la présence de mentions contradictoires dans le jugement (précisant qu'il a été statué « *publiquement, contradictoirement et en chambre du conseil* »)

1. Réd. Décr. n° 2004-836, 20 août 2004.
2. Civ. 1re, 27 nov. 2001, n° 00-10.151, *Bull. civ.* I, n° 292; *D.* 2002. IR 39; *RTD civ.* 2002. 82, obs. Hauser; *JCP* 2002. IV. 1041.
3. Civ. 1re, 25 sept. 2013, n° 12-14.085, NP.
4. Com. 12 févr. 1991, n° 89-15.854, *Bull. civ.* IV, n° 72; *Gaz. Pal.* 1992. 1. Pan. 92.
5. Civ. 1re, 4 janv. 1978, n° 76-13.365, *Bull. civ.* I, n° 3 – Civ. 1re, 12 févr. 1980, n° 78-16.003, *Bull. civ.* I, n° 52 – Civ. 1re, 12 juill. 1994, n° 92-15.735, *Bull. civ.* I, n° 251.
6. Civ. 1re, 9 mars 1994, n° 92-10.510, *Bull. civ.* I, n° 92; *RTD civ.* 1994. 421, obs. Perrot.
7. Civ. 1re, 6 avr. 1994, n° 92-15.170, *Bull. civ.* I, n° 141; *RTD civ.* 1994. 563, obs. Hauser.

n'empêchait pas d'admettre la régularité du prononcé en raison de l'absence de toute contestation devant le tribunal : il fallait présumer que le juge, après un débat contradictoire en chambre du conseil, avait lu le dispositif du jugement en audience publique[1].

En ce qui concerne les formalités prévues par l'article 452 C. pr. civ., la jurisprudence tire également une présomption de régularité des mentions contenues dans le jugement[2]. Si un jugement indique le nom des juges qui en ont délibéré et l'ont rendu, il est présumé avoir été prononcé par l'un de ces juges[3]. À l'inverse, les juges désignés dans une décision comme l'ayant prononcée sont présumés avoir participé aux débats, à défaut de mention contraire[4].

C.
Preuve de la régularité de fait

413.101 Cas d'omission ou d'inexactitude d'une mention relative au prononcé. Si le jugement comporte une indication montrant une irrégularité dans le prononcé de la décision, ou n'indique pas les conditions exigées par les textes, le juge saisi de la demande d'annulation peut débouter le demandeur. Il suffit, conformément à l'article 459 C. pr. civ., que la preuve soit rapportée que les prescriptions légales ont été, en fait, observées.

Ainsi, le registre d'audience ou tout autre moyen pourront établir le caractère effectivement public de l'audience de prononcé, et le prononcé par l'un des juges qui ont rendu la décision (preuve rapportée par le certificat du greffier en chef[5]; copie certifiée conforme du procès-verbal d'audience[6]; registre d'audience[7]); de même, pourront être établies la date du jugement[8] ou l'indication régulière du greffier qui a assisté le président[9]. La jurisprudence retient une conception extensive des « *moyens* » permettant la preuve de la régularité, ce qui limite la possibilité d'annulation. Encore faut-il que ces éléments prouvent la régularité de l'élaboration du jugement[10].

1. Civ. 2e, 11 mars 1981, no 79-10.044, *Bull. civ.* II, no 53; *JCP* 1981. IV. 191.
2. Soc. 29 oct. 1973, no 72-14.669, *Bull. civ.* V, no 529 – Civ. 2e, 25 mai 1976, no 75-10.952, *Bull. civ.* II, no 175 – Soc. 29 avr. 1980, no 78-41.094, *Bull. civ.* V, no 378 – Com. 23 févr. 1981, no 79-12.694, *Bull. civ.* IV, no 94; *JCP* 1981. IV. 168.
3. Soc. 5 déc. 1984, no 82-41.154, *Bull. civ.* V, no 467 – Civ. 2e, 5 nov. 1986, no 85-16.641, *Bull. civ.* II, no 161.
4. Civ. 2e, 27 juin 1973, no 72-10.904, *Bull. civ.* II, no 205.
5. Civ. 3e, 19 févr. 1975, no 73-13.998, *Bull. civ.* III, no 71.
6. Civ. 2e, 13 nov. 1981, no 80-13.568, *Bull. civ.* II, no 197; *JCP* 1982. IV. 40.
7. Civ. 1re, 14 juin 1988, no 86-19.184, *Bull. civ.* I, no 187.
8. Civ. 2e, 3 oct. 2002, no 01-10.031, *Bull. civ.* II, no 203; *D.* 2002. IR 2916; *JCP* 2002. IV. 2806.
9. Civ. 1re, 21 nov. 2000, no 98-10.834, *Bull. civ.* I, no 298; *D.* 2001. IR 43; *Gaz. Pal.* 14-16 avr. 2002, p. 19, obs. du Rusquec.
10. Civ. 1re, 27 mai 2010, no 09-14.310, NP – Soc. 5 janv. 2011, no 09-43.152, NP.

TITRE

42. L'efficacité du jugement

SECTION 0
ORIENTEUR

42.00 Plan du titre.

Division. Sont traitées ici l'autorité du jugement (chap. 421) et la force du jugement. Le jugement a deux caractères essentiels : il a la force probante d'un acte authentique (chap. 422), et constitue un titre exécutoire (chap. 423), dans les conditions prévues par le Code de procédure civile.

Renvois. L'étude de l'exécution provisoire du jugement fait l'objet d'un titre à part entière (titre 43).

Enfin, la reconnaissance et l'exécution des jugements européens sont traitées à part (titre 44).

42.05 Effets du jugement. Le jugement produit des effets substantiels, en ce sens qu'il affecte la situation juridique des parties. Le juge dit le droit et constate un droit préexistant ou crée une situation juridique nouvelle[1]. Cet effet sur le fond du droit est essentiel, puisque c'est ce que les parties recherchent en saisissant le juge[2].

Afin d'assurer l'efficience de cet effet substantiel, le jugement est revêtu de certains caractères processuels. L'autorité de la chose jugée, le dessaisissement du juge, la force probante, la force exécutoire, sont des attributs procéduraux qui assurent la réalisation concrète des effets substantiels du jugement, puisque la solution donnée par le juge ne pourra plus être remise en cause, ni par les parties ni par le juge, et que le bénéficiaire pourra prouver ses droits et en obtenir la réalisation, au besoin par le recours à une mesure d'exécution forcée.

1. Sur la distinction critiquée entre les jugements déclaratifs et les jugements constitutifs, P. Esmein, *Les effets des décisions de justice sur la reconnaissance et la création des droits,* th. Paris, 1912 – L. Mazeaud, « De la distinction des jugements déclaratifs et des jugements constitutifs de droits », *RTD civ.* 1929. 17 – P. Raynaud, *La distinction des jugements déclaratifs et des jugements constitutifs de droit,* rapp. IVe congrès Acad. dr. internat. 1954, Paris, Sirey, 1959, p. 386.
2. C. Bléry, *L'efficacité substantielle des jugements,* th. Caen, 1994.

CHAPITRE

421. Autorité du jugement

NATALIE FRICERO
Professeure à la Faculté de droit
de l'Université de Nice Sophia-Antipolis (CERDP)

SECTION 0 ORIENTEUR

421.00 Plan du chapitre.

Division. Attribut processuel attaché au jugement, permettant au bénéficiaire de se prévaloir de son titre et d'interdire toute remise en cause de la décision, l'autorité de la chose jugée doit être précisée quant à son domaine (sect. 1), et à sa mise en œuvre (sect. 2).

421.01 Principaux textes applicables.

C. pr. civ., art. 4, 16, 25, 31, 122 à 125, 131-2, 455, 461 à 464, 480 à 484, 488, 492-1, 493, 496, 497, 480, 544, 566, 582, 591, 606, 617, 618, 775, 867, 907, 914, 916, 1050, 1067, 1088, 1167, 1287, 1301, 1351, 1433, 1441-4, 1565, 1566.

C. civ., art. 91, 100, 324, 353-2, 373-2-13, 1350, 1351, 1677.

C. trav., art. R. 1452-7, R. 1454-6, R. 1454-16.

C. pr. pén., art. 4, 426.

421.03 Bibliographie.

Ouvrages. C. Bouty, *L'irrévocabilité de la chose jugée en droit privé*, th. Aix-Marseille, PUAM, 2008 – J. Duclos, *L'opposabilité, essai d'une théorie générale*, LGDJ, 1984 – J. Foyer, *De l'autorité de la chose jugée en matière civile, essai d'une définition*, th. 1954 – J.-M. Le Masson, *La recherche de la vérité dans le procès civil*, th. Nantes, 1991 – J. Normand, *Le juge et le litige*, LGDJ, 1965, p. 165 – S. Pierre-Maurice, *Ordonnance sur requête et matière gracieuse*, « Nouvelle bibliothèque de thèses », Dalloz, 2003 – A. Ponsard, Rapp. français, *La vérité et le droit*, IV, *Vérité et justice (la vérité et le procès)*, Trav. Assoc. H. Capitant, Journées canadiennes 1987, t. XXXVIII, Paris, 1989, p. 673 – D. Tomasin, *Essai sur l'autorité de la chose jugée en matière civile*, LGDJ, 1975 – H. Vizioz, *Études de procédure*, Éd. Bière, 1956.

Articles et études. C. Bléry, « Concentration des demandes et office du juge : une nouvelle donne au sein des principes directeurs du procès ? », *Liber Amicorum Jacques Héron*, LGDJ, 2008, p. 111 – J.-P. Boivin, « Les jugements implicites en question », *JCP* 1975. I. 2723 – G. Bolard, « L'office du juge et le rôle des parties : entre arbitraire et laxisme », *JCP* 2009. I. 156 – R. Boulbès, « Sentence arbitrale, autorité de la chose jugée et ordonnance d'*exequatur* », *JCP* 1961. I. 1660 – L. Boyer, « Des effets des jugements à l'égard des tiers », *RTD civ.* 1951. 163 – C. Brenner, « Les décisions dépourvues de l'autorité de chose jugée », *Procédures* août 2007, p. 13 – G. Calbairac, « L'exécution des décisions de justice », *D.* 1947. Chron. 85 – M. Contamine-Raynaud, « L'inconciliabilité des jugements, de l'autorité judiciaire à la raison judiciaire », *Mél. Raynaud*, Dalloz, 1985, p. 113 – E. Couture, « La chose jugée comme présomption légale, critique des articles 1349 et 1350 du Code civil », *RID comp.* 1954. 168 – D. de Bechillon, « Remettre en cause la chose jugée en application d'une loi inconstitutionnelle ? », *JCP* 2010. 237 – C. Delicostopoulos, « La fonction juridictionnelle revisitée », *Dr. et proc.* janv. 2003, p. 10 – O. Deshayes, « L'office du juge à la recherche de sens », *D.* 2008. 1102 « L'autorité de chose jugée, Qu'est devenue la pensée de Motulsky ? », actes du colloque, Caen, 20 janv. 2012, *Procédures* mars 2012, p. 33 – G. Durry, « Les jugements dits mixtes », *RTD civ.* 1960. 5 – *Fiche méthodologique en matière civile*, Cour de cassation, « L'autorité de la chose jugée des jugements civils » – N. Fricero, « Le fabuleux destin de l'autorité de la chose jugée », *Mél. Burgelin, Principes de justice*, Dalloz, 2008, p. 199 – J. Ghestin, « L'autorité de chose jugée des motifs d'une décision judiciaire en droit privé », *Mél. Waline*, Dalloz, 2002, p. 575; « L'autorité de chose jugée des motifs ayant tranché une question de fond dont dépendait la compétence », *Mél. Normand*, Litec, 2003, p. 199 – S. Guinchard, « L'autorité de la chose qui n'a pas été jugée à l'épreuve des nouveaux principes directeurs du procès civil », *Mél. Wiederkehr*, Dalloz, 2009 – P. Hébraud, « La vérité dans le procès et les pouvoirs d'office du juge », *Ann. univ. sciences soc.* Toulouse, t. XXVI, 1978, p. 379 – J. Héron, « Localisation de l'autorité de la chose jugée ou rejet de l'autorité positive de la chose jugée ? », *Mél. Perrot*, Dalloz, 1996, p. 131 – F. Kernaleguen, « Les choses jugées entre elles », *Mél. Normand*, Litec, 2003, p. 261 – P. Lampué, « La notion d'acte juridictionnel », *RD publ.* 1946. 6 – D. Landraud, « Une remise en ordre des notions d'autorité relative de la chose jugée et d'opposabilité en matière de nullité des marques », *JCP E* 1986. II. 15691 – R. Martin, « Le fait et le droit ou les parties et le juge », *JCP* 1974. I. 2625; « Les contradictions de la chose jugée », *JCP* 1979. I. 2938; « Le juge devant la prétention », *D.* 1987. Chron. 35 – P. Mayer, « Réflexions sur l'autorité négative de chose jugée », *Liber Amicorum Jacques Héron*, LGDJ, 2008, p. 331 – H. Motulsky, « Pour une délimitation plus précise de l'autorité de la chose jugée en matière civile », *D.* 1968. Chron. 1; « La cause de la demande dans la délimitation de l'office du juge », *D.* 1964. Chron. 235; *Écrits*, t. I, Dalloz, 1973 – J. Moury, « De quelques aspects de l'évolution de la *jurisdictio* en droit judiciaire privé », *Mél. Perrot*, Dalloz, 1995, p. 299 – A. Perdriau, « Les dispositifs implicites des jugements », *JCP* 1988. I. 3352 – R. Perrot, « L'autorité de la chose jugée en matière d'assurance », *RGAT* 1957. 267 – J. Van Compernolle, « Le rôle actif du juge dans l'application de la règle de droit : la consécration par la jurisprudence belge de la conception factuelle de la cause de la demande », *Liber Amicorum Jacques Héron*, LGDJ, 2008, p. 477 – J. Viatte, « L'autorité des motifs des jugements », *Gaz. Pal.* 1978. 1. Doctr. 84 – L. Weiller, « Le renouvellement des critères de l'autorité de la chose jugée : l'Assemblée plénière invite à relire Motulsky », *D.* 2006. 2135 – G. Wiederkehr, « Sens, signifiance et signification de l'autorité de la chose jugée », *Mél. Normand*, Litec, 2003, p. 507.

421.05 **Notion.** L'autorité de la chose jugée est conçue par le Code civil comme **une présomption légale irréfragable de vérité** attachée au jugement (C. civ., art. 1350)[1] : *res judicata pro veritate habetur*. L'article 1351 du Code civil, qui détermine les éléments et la portée de cette autorité, se situe également dans le paragraphe intitulé « *des présomptions établies par la loi* ». Il s'agit d'un attribut procédural du jugement, qui assure la sécurité juridique en permettant au titulaire du titre de s'en prévaloir sans contestation possible (**effet positif**) et en interdisant aux parties de remettre en question la solution donnée, puisque toute autre demande sur le même objet formée entre elles est irrecevable (**effet négatif**). La seule possibilité de contester la solution juridictionnelle est d'exercer une **voie de recours**. Après épuisement des recours, le jugement devient définitivement irrévocable.

Si l'autorité de la chose jugée n'est plus fondée de nos jours sur cette présomption de vérité[2], son maintien se justifie. En effet, la mission du juge reste certainement de mettre fin à une situation conflictuelle de façon définitive : pour assurer la stabilité de la situation juridique créée ou constatée par la décision juridictionnelle, il faut donc éviter une possibilité de remise en question infinie de la solution donnée, peu important que le juge ait dit la vérité ou non. Sans doute, l'autorité de la chose jugée ne devrait-elle pas être attachée à une décision qui méconnaîtrait les principes inhérents au procès équitable. Aussi, le Code de procédure civile élabore-t-il des règles préventives, définissant strictement les pouvoirs respectifs du juge et des parties dans l'élaboration de la décision de justice, et instituant des garanties *a posteriori* permettant aux plaideurs victimes de sanctionner toute violation du droit par l'exercice de voies de recours contre le jugement. Cependant, lorsque les recours sont épuisés, ou qu'ils n'ont pas été exercés dans les délais, il est nécessaire d'interdire toute possibilité de critiquer la décision, et d'autoriser le bénéficiaire à se prévaloir de son titre. L'autorité de la chose jugée joue cette fonction quel que soit le contenu de la décision de justice, fût-il erroné ou irrégulier.

SECTION 1

DOMAINE DE L'AUTORITÉ DE LA CHOSE JUGÉE

421.10 **Existence d'un jugement mettant définitivement fin à une contestation.** Les actes du juge sont diversifiés : tous ne bénéficient pas de l'autorité

1. R. Japiot, *Traité élémentaire de procédure civile et commerciale*, 2e éd., A. Rousseau, 1929, p. 120 s. – R. Morel, *Traité élément de procédure civile*, 2e éd., Sirey, 1949, p. 450.
2. D. Tomasin, *Essai sur l'autorité de la chose jugée en matière civile*, th. publ., LDGJ, 1975, n° 324 – J. Héron, « Localisation de l'autorité de la chose jugée ou rejet de l'autorité positive de la chose jugée ? », *Mél. Perrot*, Dalloz, 1996, spéc[t] p. 137.

de la chose jugée. Seuls les actes qui peuvent être qualifiés de jugements mettant fin à une contestation sont revêtus de cette autorité (§ 1). De plus, toutes les énonciations du jugement ne sont pas concernées, la chose n'étant jugée que dans le dispositif (§ 2).

§ 1 Jugements dotés de l'autorité de la chose jugée

421.11 **Caractéristiques de la décision.** L'autorité de la chose jugée suppose que l'on soit en présence d'un jugement contentieux, et définitif. Mais aucune distinction ne doit être faite en fonction de **l'origine du jugement**, qui peut être rendu par une juridiction de première instance ou d'appel, de droit commun ou d'exception, statuant à juge unique ou non, *etc.*

La régularité de la décision n'est pas une condition de l'autorité de la chose jugée. Le jugement bénéficie de cette autorité tant qu'il n'a pas été annulé par l'exercice d'une voie de recours. La jurisprudence applique ce principe quelle que soit l'irrégularité frappant le jugement[1]. Ainsi, l'autorité de la chose jugée doit être attachée au jugement rendu en violation des règles de compétence[2], ou comportant une irrégularité de forme[3], ou un vice de fond, le jugement ayant méconnu une disposition légale, même d'ordre public[4]. Un arrêt du 6 juillet 2010[5] rappelle, à propos d'une décision, qu'elle est « *revêtue de l'autorité de la chose jugée quant à sa disposition, fût-elle erronée, constatant qu'une instance était en cours* ». Une telle conséquence peut susciter des réserves lorsque le jugement méconnaît gravement des règles essentielles, mais on ne peut pas considérer qu'un jugement soit privé de son efficacité sans qu'un juge soit intervenu pour prononcer la nullité ou, dans certains cas, l'inexistence de la décision (telle l'ordonnance rendue par un auxiliaire de justice)[6]. Dès lors, si les voies de recours en nullité ne sont plus ouvertes, la décision irrégulière est définitivement revêtue de l'autorité de la chose jugée[7]. La formation même du recours en annulation ne suspend pas l'autorité de la chose jugée, qui reste attachée au jugement tant qu'il n'a pas été annulé ou réformé[8].

A. Jugement contentieux

421.21 **Principe.** L'article 480 C. pr. civ. précise que tout jugement a, dès son prononcé, l'autorité de la chose jugée relativement à la contestation qu'il tranche. Encore faut-il que le jugement tranche, dans son dispositif, une contestation, qui peut porter sur tout ou partie du principal, sur une exception de procédure, une fin de non-recevoir ou sur tout autre incident. L'autorité de la chose jugée concerne donc aussi bien un jugement qui statue sur le fond du droit que celui qui statue sur une question procédurale, dès l'instant qu'il tranche une contestation sur ces points (ce n'est pas le cas d'un jugement qui ordonne la réouverture des débats[9]).

421.22 **Difficultés de mise en œuvre.** Si le principe s'énonce aisément, son application soulève de nombreuses incertitudes.

– S'agissant des **décisions gracieuses**, rendues en l'absence de litige (C. pr. civ., art. 25 : pour des ex., C. pr. civ., art. 1050, 1067, 1088, 1167, 1287, 1301 et 1433), la jurisprudence et la doctrine classiques considéraient qu'elles n'avaient aucune autorité de la chose jugée[10].

Bien que les décisions gracieuses soient considérées de nos jours comme de véritables actes juridictionnels[11], leur caractère provisoire, l'aspect unilatéral de la procédure, font que la jurisprudence a pu décider que « *les jugements rendus en matière gracieuse n'ont pas autorité de la chose jugée* »[12], ce qui autorise parfois que soit dirigée contre eux une action en nullité[13]. Néanmoins, une certaine confusion règne en la matière. Un courant doctrinal s'est dessiné pour considérer qu'il n'y a pas d'incompatibilité nécessaire entre l'autorité de la chose jugée et la juridiction gracieuse[14], et que l'autorité de la chose jugée doit être

1. Civ. 2e, 7 janv. 1981, no 79-14.839, *Bull. civ.* II, no 1; *RTD civ.* 1981. 436, obs. Normand – Civ. 3e, 5 oct. 1982, no 81-12.185, *Bull. civ.* III, no 189 – Civ. 1re, 22 juill. 1986, no 83-13.359, *Bull. civ.* I, no 225 – Com. 14 nov. 1989, no 88-17.188, *Bull. civ.* IV, no 289; *JCP* 1990. IV. 14.
2. Soc. 11 janv. 1962, *Bull. civ.* IV, no 48 – Civ. 1re, 25 févr. 1964, *Bull. civ.* I, no 110 – Civ. 1re, 15 nov. 1978, no 77-13.862, *Bull. civ.* I, no 348; *Gaz. Pal.* 1979. 1. Somm. 96.
3. Com. 19 janv. 1983, no 81-12.336, *Bull. civ.* IV, no 24.
4. Civ. 1re, 25 févr. 1964, *Bull. civ.* I, no 110; *D.* 1964. 312 – Civ. 3e, 5 oct. 1982, no 81-12.185, *Bull. civ.* III, no 189; *Gaz. Pal.* 1983. 1. Somm. 15 – Com. 30 mai 1985, no 84-11.526, *Bull. civ.* IV, no 174.
5. Com. 6 juill. 2010, no 09-16.403, NP.
6. Paris, 1er juin 1979, *Gaz. Pal.* 1979. 2. 357; *RTD civ.* 1976. 403, obs. Perrot.
7. Civ. 1re, 14 juin 1966, *Bull. civ.* I, no 363 – Com. 14 nov. 1989, no 88-17.188, *Bull. civ.* IV, no 289; *JCP* 1990. IV. 14.
8. Civ. 1re, 4 juin 1996, no 93-21.135, *Bull. civ.* I, no 232.
9. Soc. 2 mars 1995, no 92-14.237, NP.
10. Civ. 25 oct. 1905, *DP* 1906. 1. 337, note Planiol – E.-D. Glasson, A. Tissier et R. Morel, *Traité théorique et pratique d'organisation judiciaire, de compétence et de procédure civile*, t. I, 3e éd., Sirey, 1925, nos 64 et 71 – H. Solus et R. Perrot, *Droit judiciaire privé*, Sirey, 1961, t. I, nos 497 s.
11. Cadiet et Jeuland, 5e éd., nos 98 s. – Guinchard, Chainais et Ferrand, 31e éd., 2012, nos 2044 s.
12. Civ. 1re, 3 janv. 1996, no 94-04.069, NP.
13. Lyon, 28 nov. 1979, *Gaz. Pal.* 1981. 1. 47, note Brazier; *RTD civ.* 1980. 564, obs. Nerson et Rubellin.
14. P. Hébraud, « Commentaire de la loi du 15 juillet 1944 », *D.* 1946. 343 – D. Tomasin, *Essai sur l'autorité de la chose jugée en matière civile*, LGDJ, 1975, nos 138 à 141.

conférée à toute vérification juridictionnelle opérée par le juge, que ce soit en matière contentieuse ou en matière gracieuse.

– Les **jugements rendus sur accord des parties** désignent les décisions rendues par le juge sous la forme de jugements, alors que les décisions se bornent à constater l'accord des plaideurs. Il peut s'agir d'un **jugement d'expédient** ou **convenu, d'un contrat judiciaire ou d'un jugement de donné acte**[1]. La détermination du domaine de l'autorité de la chose jugée peut être opérée sur le fondement de la distinction suivante :

Dans certains cas, bien que les parties soient d'accord sur la solution du litige, le juge prononce une décision qu'il motive, et contrôle les éléments de fait et de droit : il s'agit alors d'un jugement d'expédient auquel la jurisprudence[2] et la doctrine[3] accordent l'autorité de la chose jugée. Un tel jugement traduit l'exercice d'une activité juridictionnelle et acquiert l'autorité de la chose jugée, et doit être attaqué par une voie de recours.

Dans les cas contraires où le juge se contente de constater l'accord des parties, sans prononcer de décision sur le « *litige* », l'acte prend la forme d'un jugement mais il conserverait la nature **de contrat judiciaire**[4], ou de **jugement de donné acte**[5] : il serait dépourvu de l'autorité de la chose jugée et pourrait être l'objet d'une action en nullité, et non d'une voie de recours[6]. Par exemple, l'arrêt de la cour d'appel qui donne acte aux parties de leur renonciation à certains chefs de prétentions n'est pas revêtu de l'autorité de la chose jugée[7].

Mais ces anciennes solutions doivent être nuancées en fonction de la catégorie de jugement et de la présence de dispositions spéciales dérogatoires. S'agissant des **jugements d'homologation d'actes juridiques**, la doctrine[8] a mis en évidence la nécessité de dissocier le contenu de la décision. D'une part, l'accord objet de l'homologation conserve sa nature conventionnelle et reste donc susceptible d'une action en nullité. D'autre part, le jugement d'homologation, par lequel le juge exerce son *imperium*, ne peut faire l'objet que d'une voie de recours si la partie entend critiquer le refus d'octroi de la force exécutoire. C'est ce que la Cour de cassation a jugé à propos de la décision rendue sur requête par laquelle le président du TGI refuse (ou accorde) la force exécutoire à une transaction (C. pr. civ., art. 1441-4) : l'ordonnance est susceptible des recours ouverts par l'article 496 C. pr. civ.[9] Cette décision d'homologation ou d'octroi de la force exécutoire devrait donc être considérée comme revêtue de l'autorité de la chose jugée, ce qui devrait interdire de former une nouvelle demande tendant au même objet devant un autre juge. Depuis le décret n° 2012-66 du 20 janvier 2012, relatif à la résolution amiable des différends[10], l'article 1565 C. pr. civ. précise que l'accord auquel sont parvenues les parties à une médiation, une conciliation ou une procédure participative assistée par avocat peut être soumis aux fins de le rendre exécutoire, au juge compétent. L'article 1566 du même code ajoute que le juge statue sur requête qui lui est présentée sans débat et le texte prévoit l'ouverture de voies de recours : s'il est fait droit à la requête en homologation, tout intéressé peut en référer au juge qui a rendu la décision; la décision qui refuse d'homologuer l'accord peut faire l'objet d'un appel; cet appel est formé par déclaration au greffe de la cour d'appel. Il est jugé selon la procédure gracieuse. En tout état de cause le recours ne porte que sur le principe de l'homologation et de l'octroi de la force exécutoire, mais non sur la validité de l'accord.

421.23 Autorité de chose jugée et décision sur une contestation. Si certaines décisions ne sont pas revêtues de l'autorité de la chose jugée, c'est en raison de l'absence de contestation tranchée par le juge[11]. Ainsi, lorsque le juge de l'exécution est saisi d'une

1. Sur ces distinctions, Y. Muller, *Le contrat judiciaire en droit privé*, th. Paris I, 1995.
2. Civ. 28 nov. 1904, *S.* 1907. 1. 281 – Civ. 11 avr. 1911, *DP* 1913. 1. 423 – Civ. 1re, 2 juill. 1963, *Bull. civ.* I, n° 360 – TGI Aix-en-Provence, 21 avr. 1977, *JCP* 1977. II. 18673, note Lindon.
3. Guinchard, Chainais et Ferrand, 31e éd., 2012, nos 2052 s. et les réf.
4. Req. 21 déc. 1932, *Gaz. Pal.* 1933. 1. 446 – Soc. 4 août 1952, *S.* 1953. 1. 108 – Com. 11 juill. 1961, *Bull. civ.* IV, n° 325 – Civ. 2e, 28 oct. 1970, n° 69-11.640, *Bull. civ.* II, n° 287 – Civ. 3e, 25 janv. 1983, n° 81-14.277, *Bull. civ.* III, n° 23; *JCP* 1983. IV. 109 – Civ. 2e, 16 mai 1990, n° 89-13.941, *Bull. civ.* II, n° 98; *RTD civ.* 1990. 648, obs. Mestre; *JCP* 1990. IV. 269.
5. Colmar, 13 oct. 1950, *D.* 1951. 145; *Gaz. Pal.* 1951. 1. 64; *RTD civ.* 1951. 292, obs. Hébraud – Civ. 3e, 10 oct. 1968, *Bull. civ.* III, n° 367 – Civ. 1re, 4 févr. 1975, n° 72-13.217, *Bull. civ.* I, n° 43; *D.* 1975. 405, note Gaury; *JCP* 1975. II. 18100, note Larroumet; *RTD civ.* 1976. 200, obs. Perrot – TGI Paris, 6 juin 1980, *Gaz. Pal.* 1981. 1. 254 – Soc. 13 déc. 1983, n° 80-40.692, *Bull. civ.* V, n° 616; *JCP* 1984. IV. 60 – Civ. 3e, 6 nov. 1986, n° 85-12.711, *Bull. civ.* III, n° 152; *JCP* 1987. IV. 16; *Gaz. Pal.* 1987. Somm. 276, obs. Croze et Morel.
6. Req. 29 avr. 1931, *DH* 1931. 1. 123, note E. P. – Req. 24 févr. 1934, *S.* 1934. 1. 152.
7. Civ. 2e, 15 oct. 2009, n° 07-20.129, *Bull. civ.* II, n° 245; *D.* 2009. 2612; *D.* 2010. 169, obs. Fricero; *D.* 2010. 604, obs. Galloux et Gaumont-Prat.
8. I. Balensi, « L'homologation judiciaire des actes juridiques », *RTD civ.* 1978. 42 s., 233 s., spéct 239 s.
9. Civ. 2e, 24 mai 2007, n° 06-11.259, *Bull. civ.* II, n° 133; *D.* 2007. AJ 1667; *D.* 2007. Pan. 2430, note Fricero; *D.* 2008. 129, note Julien et Racine; *D.* 2008. 180, obs. Clay; *JCP* 2007. I. 200, n° 14, obs. Clay; *JCP* 2007. II. 10172, note Croze et Fradin; *Procédures* 2007. Comm. 180, Perrot; *Dr. et patr.* janv. 2008, p. 104, obs. Amrani-Mekki; *Dr. et proc.* 2007. 342, obs. Desdevises.
10. Décr. n° 2012-66, 20 janv. 2012, relatif à la résolution amiable des différends, *JO* 22 janv., p. 1280.
11. Civ. 2e, 14 nov. 1988, n° 86-18.112, *Bull. civ.* II, n° 79.

demande tendant à assortir une ordonnance de référé d'une astreinte, sa décision ne tranche aucune contestation et n'a pas autorité de la chose jugée[1].

En revanche, si le juge est amené à prendre une décision sur un élément contentieux, le jugement a autorité de la chose jugée. On peut citer le cas du jugement d'homologation d'un partage, ou d'une liquidation, qui n'a pas autorité de chose jugée[2], sauf s'il tranche une contestation incidente[3]; celui du jugement ordonnant la licitation de biens, qui ne bénéficie pas de l'autorité de la chose jugée, sauf si le juge a statué à l'issue d'un débat contradictoire[4]; celui du jugement d'adjudication qui est dépourvu d'autorité de la chose jugée[5], sous réserve des cas dans lesquels le juge statue sur une question litigieuse[6].

B. Jugement « *définitif* »

421.31 **Notion.** Un jugement est définitif lorsqu'il tranche tout le principal, ou certains éléments du procès, ou certains incidents (exceptions de procédures, fin de non-recevoir), de telle sorte que le juge n'a plus à examiner les points jugés[7]. Il s'agit de ce que le Code de procédure civile qualifie de **« *jugement sur le fond* »** (l'article 480 figure sous la section I intitulée « Jugements sur le fond » et concerne aussi bien les jugements statuant sur le principal que les jugements tranchant un incident de procédure). Ces jugements sont revêtus de l'autorité de la chose jugée quels que soient les points litigieux tranchés :

– il peut s'agir **du principal**[8], défini par l'article 4 C. pr. civ., c'est-à-dire l'objet du litige déterminé par les prétentions respectives des parties, dans l'acte introductif d'instance, les conclusions en défense et les éventuelles demandes incidentes;

– il peut s'agir **d'un moyen de procédure**, comme une exception d'incompétence[9], ou la recevabilité de la demande[10], ou une fin de non-recevoir[11]. À cet égard, les réformes du Code de procédure civile ont conduit à conférer aux juges de la mise en état (JME) une compétence exclusive pour trancher les exceptions de procédure et les incidents mettant fin à l'instance (C. pr. civ., art. 771, pour le JME devant le TGI; C. pr. civ., art. 907, pour le conseiller de la mise en état (CME) devant la cour d'appel, qui statue également sur la caducité de la déclaration d'appel et sur l'irrecevabilité de l'appel ou des conclusions) : les ordonnances rendues sur ces points ont autorité de la chose jugée (C. pr. civ., art. 775 et 914). La Cour de cassation a précisé dans un arrêt du 10 avril 2013[12] qu'il résulte de la combinaison des articles 914 alinéa 2 et 916 alinéa 2 C. pr. civ. que les ordonnances du CME statuant sur la fin de non-recevoir tirée de l'irrecevabilité de l'appel ont autorité de chose jugée au principal et, en ce cas, peuvent être déférées par simple requête à la cour d'appel dans les quinze jours de leur date. En l'espèce, l'ordonnance du CME avait déclaré recevable l'appel formé, et comme elle n'avait pas été déférée à la cour et qu'elle est revêtue de l'autorité de la chose jugée, cette ordonnance était devenue irrévocable. Le pourvoi formé à son encontre, même dirigé également contre l'arrêt au fond, était donc irrecevable.

421.32 **Prononcé du jugement définitif.** Selon l'article 480 C. pr. civ., le jugement définitif a « *dès son prononcé* », l'autorité de la chose jugée : aucune autre condition n'est exigée et, notamment, on ne saurait considérer que le jugement doit être notifié pour acquérir cette autorité[13].

De même, la possibilité d'exercer une voie de recours n'a aucune incidence sur l'autorité de la chose jugée, même si le délai et le recours exercé sont suspensifs de l'exécution : dans ce cas, c'est la force exécutoire du jugement qui est suspendue, non son autorité de chose jugée. Par exemple, un jugement définitif frappé d'appel ne peut pas être exécuté, mais la décision subsiste avec son autorité tant qu'elle n'a pas été réformée ou annulée[14], et les parties ne pourraient pas renouveler la demande devant le juge de première instance[15]. De même, une décision frappée

1. Civ. 2e, 17 nov. 2005, n° 03-20.157, *Bull. civ.* II, n° 296; *Dr. et proc.* 2006. 61.
2. Civ. 22 oct. 1935, *DH* 1935. 521 – Civ. 1re, 14 juin 1988, n° 86-18.112, préc. ss prést n°.
3. Req. 27 oct. 1985, *DP* 1986. 1. 37.
4. Civ. 2e, 2 avr. 1974, n° 73-10.036, *Bull. civ.* II, n° 125 – Civ. 1re, 23 nov. 1982, n° 81-13.341, *Bull. civ.* I, n° 336.
5. Civ. 2e, 13 févr. 1985, n° 83-15.195, *Bull. civ.* II, n° 35.
6. Civ. 2e, 11 juill. 2013, n° 12-13.737, *Bull. civ.* II, [à paraître].
7. Guinchard, Chainais et Ferrand, 31e éd., 2012, nos 1123, 1131, 1134 et 1137.
8. Soc. 10 févr. 1994, n° 91-19.925, NP.
9. Civ. 1re, 3 janv. 1966, *Bull. civ.* I, n° 4 – Civ. 2e, 16 avr. 1970, n° 68-11.705, *Bull. civ.* II, n° 125 – Civ. 2e, 8 févr. 1978, n° 76-14.049, *Bull. civ.* II, n° 32; *Gaz. Pal.* 1978. 1. Somm. 153 – Civ. 3e, 27 avr. 1982, n° 81-10.352, *Bull. civ.* III, n° 106; *JCP* 1982. IV. 236 – Com. 9 juill. 1985, n° 84-12.061, *Bull. civ.* IV, n° 206; *Gaz. Pal.* 1985. 2. Pan. 326 – Civ. 1re, 2 oct. 2013, n° 12-20.172, NP.
10. Soc. 23 nov. 1966, *Bull. civ.* V, n° 878 – Soc. 9 nov. 1978, n° 77-10.009, *Bull. civ.* V, n° 751 – Civ. 3e, 13 nov. 1986, n° 85-13.051, *Bull. civ.* III, n° 158; *Gaz. Pal.* 1987. 1. Pan. 22 – Civ. 3e, 20 mars 2002, n° 99-11.745, *Bull. civ.* III, n° 69; *JCP* 2002. IV, n° 1777.
11. Soc. 13 nov. 1985, n° 83-14.741, *Bull. civ.* V, n° 524.
12. Civ. 2e, 10 avr. 2013, n° 12-14.939, *Bull. civ.* II, [à paraître].
13. Civ. 2e, 25 mars 1985, n° 83-14.701, *Bull. civ.* II, n° 74; *JCP* 1987. II. 20823 note Blaisse; *Gaz. Pal.* 1985. 2. Pan. 199.
14. Com. 23 févr. 1970, n° 67-14.574, *Bull. civ.* IV, n° 68 – Civ. 1re, 21 févr. 1978, n° 76-10.562, *Bull. civ.* I, n° 67; *Gaz. Pal.* 1978. 1. Somm. 144.
15. Civ. 1re, 16 oct. 1961, *Bull. civ.* I, n° 457 – Com. 2 mars 1976, n° 74-15.101, *Bull. civ.* IV, n° 75; *Gaz. Pal.* 1976. 1. Pan. 165.

de pourvoi en cassation a l'autorité de la chose jugée[1], jusqu'à l'arrêt de cassation[2].

421.33 Cas des jugements dits provisoires. Certains jugements ne tranchent pas le fond du litige, mais statuent sur un chef, le plus souvent urgent, de la demande[3]. Il s'agit, notamment, des ordonnances de référé (C. pr. civ., art. 484) et des ordonnances sur requête (C. pr. civ., art. 493), décisions provisoires par leur nature même. En principe, ces décisions n'ont pas autorité de la chose jugée : elles peuvent donc être modifiées ou rapportées par le juge qui les a rendues à la demande des parties, mais cette affirmation mérite d'être nuancée.

– Les **ordonnances de référé** n'ont pas « *au principal, l'autorité de chose jugée* » (C. pr. civ., art. 488, al. 1er). Le juge du fond ne saurait donc considérer comme définitive la solution donnée par l'ordonnance et en admettre l'autorité[4]. Comme il n'existe pas de délai prévu par le Code de procédure civile pour assigner au fond, en l'état actuel, les ordonnances de référé ont une **efficacité définitive, mais aucune autorité de la chose jugée.** Le *rapport Magendie* avait préconisé qu'en l'absence de saisine d'un juge du fond dans les deux ans suivant la signification de l'ordonnance, les ordonnances de référé qui prescrivent une mesure qui ne se heurte à aucune contestation sérieuse ou qui accordent une provision lorsque l'obligation n'est pas sérieusement contestable, peuvent acquérir l'autorité de la chose jugée[5]; cette proposition ne concerne pas les mesures d'instruction ou conservatoires. Le *rapport Coulon*[6] avait au contraire refusé de proposer qu'une ordonnance de référé, non contestée pendant un certain délai, puisse acquérir l'autorité de la chose jugée[7].

Cependant, si le juge du fond n'est pas lié par le dispositif de l'ordonnance de référé[8], l'ordonnance est revêtue de l'« *autorité de chose jugée en référé* » : l'article 488 C. pr. civ. précise en effet que la décision ne peut être modifiée ou rapportée en référé qu'en cas de « *circonstances nouvelles* ». Dès lors, si les circonstances n'évoluent pas, le juge des référés reste tenu par la décision initiale et ne peut en méconnaître l'autorité de la chose jugée au provisoire[9] (l'ordonnance n'a pas besoin d'être signifiée pour avoir cette autorité[10]). En cas de circonstances nouvelles[11], le juge peut modifier ou rapporter la mesure (sous réserve que l'exécution de la décision initiale n'ait pas créé une situation irréversible, comme c'est le cas pour l'expulsion du locataire par application d'une clause résolutoire[12]). En revanche, lorsqu'un jugement (ou une ordonnance) est rendu « *en la forme des référés* », la décision a autorité de chose jugée relativement aux contestations qu'elle tranche (C. pr. civ., art. 492-1, réd. Décr. n° 2011-1043, 1er sept. 2011[13]). Il ne s'agit plus d'une décision de référé, mais d'un jugement sur le fond qui a emprunté la procédure des référés.

– Pour **les ordonnances sur requête**, en l'absence de disposition analogue, il est plus difficile d'admettre une quelconque autorité de la chose jugée : le juge a la faculté de modifier ou de rétracter son ordonnance, même si le juge du fond est saisi de l'affaire (C. pr. civ., art. 497)[14]. La Cour de cassation a décidé qu'une ordonnance sur requête est dépourvue de l'autorité de la chose jugée ce qui, par voie de conséquence, permet la formation d'une demande en

1. Soc. 14 janv. 1960, *Bull. civ.* V, n° 39 – Com. 1er févr. 1966, *Bull. civ.* IV, n° 67 – Civ. 1re, 20 févr. 1968, *Bull. civ.* I, n° 72.
2. Soc. 24 nov. 1955, *D.* 1956. Somm. 134.
3. L. Lorvellec, « Remarques sur le provisoire en droit privé », *Mél. Weill,* Dalloz, 1983, nos 385 s., spéct nos 399 s.
4. Civ. 3e, 8 juin 1977, n° 76-10.704; *Bull. civ.* III, n° 253; *JCP* 1977. IV. 202 – Civ. 2e, 15 déc. 1986, n° 85-16.313, *Bull. civ.* II, n° 191; *JCP* 1987. IV. 71 – À propos des CLAUSES RÉSOLUTOIRES DU BAIL, Civ. 3e, 14 oct. 1987, n° 85-11.407, *Bull. civ.* III, n° 170; *RTD civ.* 1988. 579, obs. Perrot – Civ. 3e, 9 janv. 1991, n° 89-13.790, *Bull. civ.* III, n° 15; *JCP* 1991. II. 22729, note Lévy – Civ. 3e, 12 oct. 1994, n° 92-20.327, *Bull. civ.* III, n° 174; *D.* 1994. IR 250 – Civ. 3e, 3 juin 1992, n° 90-17.427, *Bull. civ.* III, n° 180; *JCP* 1992. IV. 2233; *Rev. huiss.* 1992. 1125, note Bourdillat – Pour l'arrêt rendu sur appel d'une ordonnance de référé, Civ. 2e, 12 déc. 1973, n° 72-12.188, *Bull. civ.* II, n° 334; *JCP* 1974. IV. 34.
5. Rapport Magendie, *Célérité et qualité de la justice*, Doc. fr. 2004, p. 70 s. – V. AUSSI, pour une synthèse de ce rapport (S. Lavric, *D.* 2008. 1757).
6. Rapport Coulon, *Réflexions et propositions sur la procédure civile*, Doc. fr. 1997, p. 74.
7. Y. Strickler, *Dictionnaire de la Justice*, v° *Référés*, PUF, 2004, p. 1127 s.
8. Civ. 10 janv. 1939, *S.* 1939. 1. 93; *RTD civ.* 1939. 807, obs. Vivioz – Civ. 2e, 18 oct. 1978, n° 77-11.008, *Bull. civ.* II, n° 210; *D.* 1980. IR 463, obs. Julien; *Gaz. Pal.* 1979. 1. 211, note Viatte; *RTD civ.* 1979. 428, obs. Normand – Civ. 2e, 6 févr. 1991, n° 89-16.908, *Bull. civ.* II, n° 43; *RTD civ.* 1991. 796, obs. Normand; *JCP* 1992. II. 21842, note Lévy – Civ. 3e, 6 mars 1996, n° 93-21.122, *Bull. civ.* III, n° 62; *JCP* 1996. IV. 980.
9. Civ. 2e, 25 juin 1986, n° 85-10.637, *Bull. civ.* II, n° 100 – Civ. 3e, 29 juin 1988, n° 87-11.515, *Bull. civ.* III, n° 118.
10. Civ. 2e, 20 nov. 1985, n° 84-12.185, *Bull. civ.* II, n° 177; *Gaz. Pal.* 1986. 2. Somm. 334, obs. Guinchard et Moussa.
11. Paris, 19 juin 1985, *D.* 1985. IR 434 – Civ. 2e, 30 nov. 1983, n° 82-12.384, *Bull. civ.* II, n° 191; *JCP* 1984. IV. 45; *RTD civ.* 1984. 354, obs. Normand – Civ. 2e, 3 oct. 1984, n° 83-11.704, *Bull. civ.* II, n° 161 – Com. 6 juill. 1993, n° 91-15.996, *Bull. civ.* IV, n° 288 – Civ. 3e, 20 oct. 1993, n° 91-17.264, *Bull. civ.* III, n° 126.
12. Civ. 2e, 12 mars 1954, *D.* 1954. 363, *S.* 1955. 1. 21; *RTD civ.* 1954. 537, obs. Hébraud.
13. Décr. n° 2011-1043, 1er sept. 2011, relatif aux mesures conservatoires prises après l'ouverture d'une succession et à la procédure en la forme des référés, *JO* 2 sept., p. 14884.
14. Civ. 2e, 23 janv. 1975, n° 74-10.608, *Bull. civ.* II, n° 27; *JCP* 1975. IV. 81; *RTD civ.* 1975. 382, obs. Perrot – Civ. 2e, 6 janv. 1983, NP; *Gaz. Pal.* 1983. 1. Pan. 197, obs. S. G. – Civ. 2e, 26 nov. 1990, n° 89-18.207, *Bull. civ.* II, n° 247 – Com. 7 juin 1994, n° 92-15.108, *Bull. civ.* IV, n° 206 – Com. 21 sept. 2010, n° 09-68.604, *Bull. civ.* IV, n° 139; *D.* 2010. 2223, obs. Lienhard; *D.* 2011. 406, obs. Crocq.

référé fondée sur les mêmes éléments et entre les mêmes parties[1]. De plus, selon la jurisprudence, le juge saisi du fond n'est pas lié par la décision du juge des requêtes[2].

– Les **décisions prises par les magistrats instructeurs** n'ont pas, en principe, autorité de chose jugée au principal (C. pr. civ., art. 775, pour le JME devant le TGI[3], sauf s'il statue sur les exceptions de procédure ou les incidents mettant fin à l'instance, [Décr. n° 2005-1678, 28 déc. 2005[4]] - C. pr. civ., art. 867, pour le juge rapporteur devant le tribunal de commerce - C. pr. civ., art. 907, pour le CME devant la cour d'appel[5], sauf s'il statue sur une exception de procédure, un incident mettant fin à l'instance, ou la recevabilité ou la caducité de l'appel, ou l'irrecevabilité des conclusions - C. trav., art. R. 1454-16, pour les décisions du bureau de conciliation du conseil de prud'hommes - et C. trav., art. R. 1454-6, pour les décisions du conseiller rapporteur devant le conseil de prud'hommes).

421.34 Cas des jugements avant dire droit. Il s'agit de jugements qui se bornent à prendre une décision au cours du procès, à propos d'une mesure d'instruction ou d'une mesure provisoire (C. pr. civ., art. 482). Ces jugements sont dépourvus de l'autorité de la chose jugée « *au principal* »[6]. Peu importe que le jugement ait prescrit une enquête[7], ou ordonné une expertise[8], ou commis un huissier de justice pour faire un constat[9], ou autorisé le recours à des témoignages[10], ou désigné un notaire comme liquidateur[11]. Dans tous ces cas, le juge appelé à trancher le fond du litige n'est pas lié par la décision avant dire droit[12].

La jurisprudence a étendu l'absence d'autorité de la chose jugée à tout le jugement, et particulièrement, aux motifs, même décisifs ou décisoires[13]. Elle a donc refusé d'aller au-delà de la lettre de l'article 482 C. pr. civ., pour lequel le jugement avant dire droit est celui qui « *dans son dispositif* », ordonne une mesure d'instruction ou une mesure provisoire, et elle adopte un critère objectif et formel.

421.35 Cas des jugements mixtes. Lorsqu'un jugement tranche une partie du principal dans son dispositif, et ordonne une mesure d'instruction ou une mesure provisoire, il est, à la fois, définitif et avant dire droit[14]. L'article 544 C. pr. civ. précise qu'il peut être immédiatement frappé d'appel, comme un jugement qui tranche tout le principal; l'article 606 C. pr. civ. prévoit qu'il peut être frappé de pourvoi en cassation comme le jugement qui tranche en dernier ressort tout le principal[15]. Il est certain que le **chef du dispositif définitif, qui tranche une partie du principal**, a l'autorité de la chose jugée, puisque l'article 480 C. pr. civ. envisage expressément cette hypothèse[16]. En revanche, le **chef non définitif du jugement mixte** n'a pas d'autorité de la chose jugée : par exemple, si un jugement mixte statue sur une partie du fond et avant dire droit ordonne la réouverture des débats pour recueillir l'accord des parties sur l'organisation d'une médiation, il n'a pas autorité de la chose jugée sur les prétentions faisant l'objet de la proposition de médiation[17].

La difficulté consiste à **définir la notion de « *partie du principal* »** tranchée par le jugement mixte et dotée

1. Civ. 2e, 10 déc. 1998, n° 95-22.146, NP; *RTD civ.* 1999. 464, obs. Perrot.
2. Civ. 3e, 3 mai 1983, n° 81-14.617, *Bull. civ.* III, n° 101.
3. Civ. 2e, 27 mai 1983, n° 81-15.659, *Bull. civ.* II, n° 117; *RTD civ.* 1983. 790, obs. Perrot; *Gaz. Pal.* 1983. 2. Pan. 254.
4. Décr. n° 2005-1678 du 28 décembre 2005 relatif à la procédure civile, à certaines procédures d'exécution et à la procédure de changement de nom, *JO* 29 déc., p. 20350.
5. Civ. 2e, 20 juill. 1987, n° 86-13.244, *Bull. civ.* II, n° 170; *D.* 1988. 128, note Rémy; *JCP* 1987. IV. 348 – Civ. 1re, 10 avr. 2013, n° 12-149.39, *Bull. civ.* I, [à paraître].
6. Civ. 3e, 23 mai 1978, n° 77-11.067, *Bull. civ.* III, n° 215; *RTD civ.* 1979. 437 – Civ. 1re, 10 oct. 1979, n° 78-11.875, *Bull. civ.* I, n° 243; *RTD civ.* 1980. 415, obs. Perrot – Civ. 3e, 20 juin 1990, n° 89-10.084, NP – Soc. 18 déc. 2001, n° 00-16.148, NP.
7. Civ. 3e, 31 janv. 1978, n° 76-10.811, *Bull. civ.* III, n° 58; *Gaz. Pal.* 1978. 1. Somm. 168; *JCP* 1978. IV. 108 – Civ. 3e, 23 mai 1991, n° 89-14.078, NP.
8. Civ. 2e, 14 déc. 1983, n° 82-13.513, *Bull. civ.* II, n° 199 – Civ. 3e, 10 avr. 1991, n° 89-17.939, *Bull. civ.* III, n° 115; *JCP* 1991. IV. 222 – Civ. 1re, 9 juill. 1991, n° 89-20.245, NP – Civ. 3e, 26 févr. 1992, n° 90-17.561, NP – Civ. 3e, 31 mars 1992, n° 90-19.580, NP.
9. Civ. 3e, 15 mai 1979, n° 78-12.560, *Bull. civ.* III, n° 107; *Gaz. Pal.* 1979. 2. Somm. 397.
10. Civ. 2e, 30 juin 1977, n° 76-13.393, *Bull. civ.* II, n° 175; *Gaz. Pal.* 1977. 2. 648; *RTD civ.* 1978. 187, obs. Normand.
11. Civ. 1re, 3 juill. 1996, n° 94-14.597, *Bull. civ.* I, n° 285.
12. Soc. 1er mars 1984, n° 82-15.679, *Bull. civ.* V, n° 84 – Com. 8 oct. 1985, n° 83-15.578, *Bull. civ.* IV, n° 232; *Gaz. Pal.* 1986. 1. Somm. 177, note Croze et Morel – Civ. 3e, 4 avr. 1990, n° 88-19.087, NP – Civ. 3e, 10 juill. 1990, n° 88-18.162, NP – Civ. 2e, 15 juin 1994, n° 92-21.224, NP.
13. NOT. Civ. 2e, 12 mars 1981, n° 79-13.161, *Bull. civ.* II, n° 57; *RTD civ.* 1982. 662, obs. Perrot – Civ. 1re, 7 janv. 1982, n° 80-11.870, *Bull. civ.* I, n° 6; *D.* 1982. IR 223, obs. Julien – Civ. 2e, 24 févr. 1988, n° 87-10.156, NP; *JCP* 1989. II. 21189, note Le Mintier-Feuillet – CONTRA : Civ. 1re, 10 oct. 1979, n° 78-11.875, *Bull. civ.* I, n° 243; *JCP* 1979. IV. 367; *RTD civ.* 1979. 415, obs. Perrot – Civ. 3e, 27 avr. 1982, n° 81-10.352, *Bull. civ.* III, n° 106; *RTD civ.* 1983. 779, obs. Normand, qui accordent l'autorité de la chose jugée aux motifs d'un jugement avant dire droit.
14. G. Durry, « Les jugements dits mixtes », *RTD civ.* 1960. 5 – N. de Puybusque, « Jugement "préparatoires", appel et autorité de la chose jugée », *Gaz. Pal.* 1986. 1. Doctr. 133.
15. Civ. 1re, 13 oct. 1992, n° 90-19.903, *Bull. civ.* I, n° 246; *D.* 1993. 85, note Courbe; *D.* 1993. 351, obs. Audit.
16. Civ. 1re, 14 févr. 1968, *Bull. civ.* I, n° 67; *D.* 1968. 490, note Breton; Rev. soc. 1968. 396 – Civ. 3e, 6 févr. 1973, n° 71-13.651, *Bull. civ.* III, n° 94 – Civ. 2e, 9 mars 1978, n° 76-14.053, *Bull. civ.* II, n° 71 – Soc. 7 févr. 1980, n° 78-16.218, *Bull. civ.* V, n° 131; *Gaz. Pal.* 1980. 2. Somm. 322.
17. Civ. 2e, 16 mai 2013, n° 12-17.613, NP.

de l'autorité de la chose jugée. La jurisprudence révèle sur ce point d'importantes divergences d'interprétation. Fait certainement partie du principal toute question relative au fond du litige, aux prétentions des parties. Peut-on étendre la notion aux conditions de recevabilité de la demande et aux exceptions de procédure, ou fins de non-recevoir, ou à tout autre incident ? L'article 480 C. pr. civ. précise que l'autorité de la chose jugée définitivement concerne aussi bien les questions de fond que les questions de procédure, mais la jurisprudence est plus restrictive lorsqu'il s'agit de qualifier les jugements mixtes pour ce qui est de l'ouverture de l'appel ou du pourvoi en cassation.

– Ainsi, les chambres civiles de la Cour de cassation considèrent généralement que le jugement qui statue sur **la recevabilité de la demande** ne tranche pas une partie du principal[1]. La chambre commerciale adopte la même position[2]. Une solution contraire a été décidée par la cour d'appel de Paris[3], et la troisième chambre civile de la Cour de cassation[4], qui a décidé que le jugement déclarant l'action en rescision pour lésion recevable par application de l'article 1677 du Code civil tranche une partie du principal.

– La décision qui rejette **une fin de non-recevoir** et ordonne une mesure d'instruction ne tranche aucune partie du principal[5]. Elle ne relève donc pas de la qualification de « *jugement mixte* » au sens de l'article 544 C. pr. civ, et ne sera pas susceptible d'appel dans les conditions prévues par ce texte, puisque les questions de procédure ne font pas partie de l'objet du litige au sens des articles 544 et 606 C. pr. civ. Il en est ainsi du chef du jugement mixte qui alloue une provision à valoir sur la condamnation[6], qui confie au père la garde des enfants[7], qui retient la compétence des juridictions judiciaires en raison d'une voie de fait[8] ou qui suspend le paiement des mensualités d'un prêt[9]. En cas de pluralité de parties, le principal s'entend, pour chacune d'elles, de l'objet du litige qui la concerne[10]. Mais si cette décision n'est pas susceptible de recours, cela ne signifie pas qu'elle n'a pas autorité de chose jugée sur le chef du dispositif statuant sur la recevabilité par application de l'article 480 C. pr. civ. !

421.36 **Cas des jugements tranchant une question de fond dont dépend la compétence.** L'article 95 C. pr. civ. précise que le jugement qui statue sur la compétence et tranche la question de fond dont dépend cette compétence, a autorité de chose jugée sur cette question de fond[11]. L'autorité de la chose jugée n'est attachée à cette question de fond que si elle est tranchée dans le dispositif du jugement[12]. Le juge doit d'ailleurs, dans le dispositif du jugement, statuer sur la question de fond et sur la compétence par des dispositions distinctes, conformément à l'article 77 C. pr. civ.

§ 2
Énonciations du jugement dotées de l'autorité de la chose jugée

421.40 **Principe.** Toutes les énonciations du jugement ne sont pas revêtues de l'autorité de la chose jugée. La règle veut que seuls les points qui ont été effectivement tranchés (A) dans le dispositif disposent de cette force, même si l'on admet, à titre exceptionnel, que certaines questions puissent avoir été tranchées avec autorité de chose jugée de façon implicite ou virtuelle (B). Les autres mentions du jugement ne sont pas revêtues de cette autorité : par exemple, la qualification du jugement (contradictoire, par défaut...) n'a aucune autorité de chose jugée[13].

A.
Dispositif exprès

421.50 **Place de la décision dans le jugement.** L'article 455 C. pr. civ. prévoit que le jugement

1. Civ. 1re, 9 mai 1978, n° 76-10.646, *Bull. civ.* I, n° 177 – Civ. 1re, 22 avr. 1981, n° 80-10.358, *Bull. civ.* I, n° 121 – Civ. 1re, 24 févr. 1993, n° 91-12.456, n° 91-17.001, 2 esp., *Bull. civ.* I, n° 81 – Civ. 2e, 10 mars 1977, n° 75-11.818, *Bull. civ.* II, n° 71; *D.* 1977. IR 261, obs. Julien; *Gaz. Pal.* 1978. 1. 3, note Viatte; *RTD civ.* 1977. 623, obs. Perrot – Civ. 3e, 3 mai 1978, n° 76-14.619, *Bull. civ.* III, n° 184; *D.* 1978. IR 366, obs. Julien; *RTD civ.* 1979. 438, obs. Perrot.
2. Com. 22 mai 1985, n° 84-10.320, *Bull. civ.* IV, n° 166 et Com. 11 juin 1985, n° 83-15.982, *Bull. civ.* IV, n° 184; *D.* 1985. IR 468, obs. Julien.
3. Paris, 6 déc. 1976, *D.* 1977. IR 255, obs. Julien; *RTD civ.* 1977. 623, obs. Perrot – Paris, 24 nov. 1986, *Bull. ch. avoués* 1986. 4. 155 – Paris, 5 juin 1990, *Bull. ch. avoués* 1990. 237.
4. Civ. 3e, 29 juin 1977, n° 76-11.636, *Bull. civ.* III, n° 300 – Civ. 3e, 14 nov. 1991, n° 90-12.210, *Bull. civ.* III, n° 269; *Gaz. Pal.* 1992. 1. Pan. 49.
5. Civ. 2e, 10 mars 1977, n° 75-11.818, *Bull. civ.* II, n° 71; *Gaz. Pal.* 1978. 1. 3, note Viatte; *RTD civ.* 1977. 623, obs. Perrot – Civ. 1re, 25 avr. 1989, n° 87-11.874, *Bull. civ.* I, n° 163 – Civ. 2e, 12 juin 1991, n° 90-11.004, *Bull. civ.* II, n° 179 – Civ. 3e, 16 déc. 1992, n° 90-21.450, *Bull. civ.* III, n° 323 – CONTRA : Paris, 6 oct. 1982, *Bull. ch. avoués* 1982. 4. 112.
6. Com. 20 janv. 1981, n° 78-12.627, *Bull. civ.* IV, n° 39 – Soc. 26 févr. 1986, n° 83-41.590, *Bull. civ.* V, n° 42.
7. Civ. 2e, 20 juill. 1983, n° 82-12.444, *Bull. civ.* II, n° 154; *Gaz. Pal.* 1984. 1. Pan. 49.
8. Civ. 1re, 26 oct. 1983, n° 82-13.488, *Bull. civ.* I, n° 248.
9. Paris, 21 nov. 1988, *Bull. ch. avoués* 1989. 2. 42.
10. Civ. 2e, 24 mai 1984, n° 83-11.781, *Bull. civ.* II, n° 91; *D.* 1985. IR 261, obs. Julien; *RTD civ.* 1985. 216, obs. Perrot.
11. Civ. 2e, 24 mai 2007, n° 05-21.732, *Bull. civ.* II, n° 130; *D.* 2007. AJ 1736; *RTD civ.* 2007. 630, obs. Théry – Civ. 3e, 10 juin 2009, n° 08-15.405, *Bull. civ.* III, n° 139.
12. Soc. 6 oct. 2010, n° 08-45.393, NP.
13. Civ. 2e, 17 oct. 2013, n° 12-23.074, *Bull. civ.* II, [à paraître], décidant qu'il n'est pas possible de se prévaloir devant le JEX de l'autorité de la chose jugée relativement à la qualification du jugement.

énonce la décision sous forme de dispositif : c'est donc à cette partie qu'il échet de se référer pour déterminer la portée de l'autorité de la chose jugée (1°). Mais les maladresses dans la rédaction peuvent conduire le juge à placer dans les motifs des dispositions relatives à la solution du litige, et la question se pose alors de savoir si ces motifs peuvent avoir autorité de chose jugée (2°).

1°
Autorité de chose jugée du dispositif

421.51 Autorité de la chose expressément jugée dans le dispositif. Seules les questions litigieuses effectivement tranchées par le juge et contenues dans le dispositif ont autorité de la chose jugée (jurisprudence constante[1]). L'Assemblée plénière de la Cour de cassation a rappelé que « *l'autorité de la chose jugée n'a lieu qu'à l'égard de ce qui a fait l'objet d'un jugement et a été tranché dans son dispositif* »[2]. Par exemple, si le jugement statue sur la suspension du bail dans son dispositif, une deuxième demande en nullité de ce bail est recevable[3]. De même, si un arrêt déclare une demande irrecevable comme formée pour la première fois en cause d'appel, l'autorité de la chose jugée s'attache à cette irrecevabilité en appel seulement, et n'interdit pas à son auteur d'introduire une nouvelle instance devant les juges du premier degré[4], surtout si le premier juge n'était pas dessaisi dans l'attente du dépôt d'un rapport d'expertise[5].

En conséquence, une lecture attentive du dispositif, au besoin éclairée par les motifs, s'impose pour déterminer l'étendue de l'autorité de la chose jugée. Ce qui ne figure pas dans le dispositif ne peut pas être revêtu de l'autorité de la chose jugée[6] : par exemple, selon un arrêt de la chambre sociale du 5 janvier 2011[7], « *lorsqu'il résulte des motifs de l'arrêt du..., éclairant la portée de son dispositif, que la demande de Mme X avait été déclarée irrecevable parce qu'un salarié ne peut prendre acte de la rupture tant qu'une instance en exécution du contrat de travail est en cours, ce dont il résultait qu'il n'avait pas été statué sur l'imputabilité de la rupture, la cour d'appel a violé le texte susvisé* » (C. pr. civ., art. 480).

Peu importe le contenu du dispositif : la partie du dispositif qui statue sur les dépens de première instance et d'appel a autorité de la chose jugée[8].

Cette solution adoptée par toutes les chambres de la Cour de cassation présente de nombreux avantages. La conception « *formelle* » de la chose jugée, attachée à ce qui est contenu dans le dispositif, garantit la sécurité juridique et la lisibilité du jugement. Elle respecte les droits de la défense et l'accès au juge : dès lors que la question n'a pas été tranchée, le plaideur dispose d'une possibilité de solliciter une réponse juridictionnelle. Elle permet enfin de limiter la portée du principe de concentration des moyens : si la question n'a pas été tranchée par un juge, l'absence d'autorité de la chose jugée interdit d'opposer au justiciable le fait qu'il n'a pas provoqué un débat contradictoire sur ce point.

421.52 Omission de statuer et autorité de la chose jugée. Le jugement qui contient une omission de statuer sur un chef de demande n'ayant logiquement aucune autorité de chose jugée sur le chef omis, l'intéressé peut saisir une nouvelle fois le juge sur ce chef[9]. La Cour de cassation a au moins une fois décidé le contraire, en admettant l'autorité de la chose jugée d'un arrêt, devenu irrévocable, qui avait omis de statuer sur une question qui avait fait l'objet d'une deuxième demande[10].

Lorsque le juge utilise dans le dispositif une formule telle que « *déboute du surplus de leurs demandes* » les demandeurs, sans que l'on trouve dans les motifs des explications expresses relatives à ce « *surplus de demandes* », la Cour de cassation considère qu'il n'y a pas autorité de chose jugée. Dans une espèce jugée le 10 septembre 2013 par la chambre commerciale[11], l'arrêt avait débouté pour le surplus, alors que les motifs renvoyaient les parties à mettre en œuvre la procédure d'arbitrage prévue dans la convention de garantie, « *ce qui ne leur interdisait pas, en cas d'échec de cette procédure, d'agir en paiement au titre de cette même convention* ».

421.53 Décisions contenant des réserves. La jurisprudence considère que le dispositif qui com-

1. Civ. 27 juill. 1890, *DP* 1891. 1. 15 – Civ. 2e, 16 nov. 1983, n° 82-14.282, *Bull. civ.* II, n° 180; *Gaz. Pal.* 1984. Pan. 72, obs. Guinchard – Civ. 1re, 8 juill. 1994, n° 91-17.250, *Bull. civ.* I, n° 240; *Justices* 1995. 2. 292, note Wiederkehr – Com. 22 mars 1994, n° 92-12.984, NP – Civ. 2e, 10 juill. 2003, n° 01-15.195, *Bull. civ.* II, n° 238; *JCP* 2003. IV. 2576 – Civ. 2e, 22 janv. 2004, n° 02-16.377, *Bull. civ.* II, n° 15; *D.* 2004. Somm. 1204, obs. Julien – Com. 4 nov. 2008, n° 07-10.449, NP – Civ. 2e, 21 févr. 2013, n° 12-14.925, NP.
2. Cass., ass. plén., 13 mars 2009, n° 08-16.033, *Bull. ass. plén.*, n° 3; *D.* 2009. 879, et les obs.; *D.* 2010. 169, obs. Fricero; *RTD civ.* 2009. 366, obs. Perrot; *JCP* 2009. II. 10077, Serinet.
3. Civ. 3e, 20 janv. 2010, n° 08-18.169, NP; *D.* 2011. 265, obs. Fricero.
4. Civ. 3e, 27 mai 2009, n° 08-11.388, *Bull. civ.* III, n° 123.
5. Civ. 2e, 2 déc. 2010, n° 09-68.295, *Bull. civ.* II, n° 193.
6. JURISPRUDENCE CONSTANTE : Civ. 2e, 9 sept. 2010, n° 09-13.349, NP – Civ. 2e, 21 oct. 2010, n° 09-12.867, NP – Civ. 3e, 23 nov. 2010, n° 09-71.984, NP – Civ. 2e, 7 avr. 2011, n° 10-17.980, NP.
7. Soc. 5 janv. 2011, n° 09-65.934, NP.
8. Civ. 2e, 20 janv. 2011, n° 10-10.105, NP.
9. Civ. 2e, 23 mars 1994, n° 92-15.802, *Bull. civ.* II, n° 105; *D.* 1995. 108, obs. Fricero; *RTD civ.* 1994. 683, obs. Perrot; *RG proc.* 1998. 324, obs. Wiederkehr.
10. Civ. 2e, 25 févr. 2010, n° 09-10.328, NP; *D.* 2010. 1403, note Haftel.
11. Com. 10 sept. 2013, n° 12-15.619, NP.

porte des réserves, même implicites, n'a pas autorité de chose jugée, parce que le juge ne statue pas effectivement[1].

En revanche, lorsque le juge **statue** « *en l'état* », en s'autorisant à revenir sur sa décision si la situation initiale évolue, la Cour de cassation décide que cette mention n'empêche pas le dispositif d'avoir l'autorité de la chose jugée[2].

2°
Absence d'autorité de chose jugée des motifs

421.61 Absence d'autorité de principe. Selon une jurisprudence ancienne et constante, les motifs d'un jugement n'ont aucune autorité de chose jugée[3], fussent-ils le soutien nécessaire du dispositif[4]. L'arrêt de l'Assemblée plénière du 13 mars 2009[5] a consolidé cette solution, puisque seul le dispositif est revêtu de cette autorité.

421.62 Les motifs, éléments d'interprétation du dispositif. Selon la jurisprudence, la portée du dispositif peut être éclairée par référence aux motifs de la décision[6]. Cela permet aux juges de définir l'étendue de la chose jugée dans le dispositif[7].

421.63 Absence d'autorité des « *motifs décisifs* ». Certains motifs constituent « *le soutien nécessaire du dispositif* » : une ancienne jurisprudence décidait qu'ils « *participent de l'autorité qui s'attache au dispositif* »[8].

Cette extension de l'autorité de la chose jugée soulevait des incertitudes inhérentes à la définition du caractère décisif ou non des motifs, puisqu'en l'absence de critère précis, les juges appréciaient souverainement le caractère de « *soutien nécessaire du dispositif* » qu'ils attribuaient aux motifs de la décision (le Conseil constitutionnel reconnaît autorité de chose jugée aux motifs de ses décisions, s'ils constituent le soutien nécessaire du dispositif[9]). La jurisprudence plus récente adopte un critère formel : ce qui ne figure pas dans le dispositif n'a pas autorité de la chose jugée[10], même s'il s'agit de motifs « *inséparables du dispositif* »[11], « *les motifs d'un jugement, fussent-ils le soutien nécessaire de son dispositif, n'ont pas l'autorité de la chose jugée* »[12]. Cette dernière position a le mérite de lever toute incertitude quant à l'étendue de l'autorité de la chose jugée[13].

421.64 Absence d'autorité des « *motifs décisoires* ». La jurisprudence a parfois admis que les jugements peuvent faire figurer dans les motifs une partie de ce

1. Req. 1er juill. 1930, *DH* 1930. 442 – Com. 17 janv. 1962, *Bull. civ.* IV, n° 65 – Com. 22 janv. 1969, *JCP* 1969. II. 16066, note Hémard – Com. 12 juin 1972, n° 71-10.757, *Bull. civ.* IV, n° 183 – Civ. 3e, 9 oct. 1974, n° 73-12.143, *Bull. civ.* III, n° 354.
2. Civ. 3e, 23 mai 1991, n° 89-19.318, *Bull. civ.* III, n° 150; *RTD civ.* 1992. 186, obs. Perrot – Civ. 3e, 25 nov. 1992, n° 91-12.669, *Bull. civ.* III, n° 309; *JCP* 1993. IV. 304 – Civ. 2e, 31 mars 1993, n° 91-19.566, n° 91-19.567, *Bull. civ.* II, n° 137; *JCP* 1993. IV. 1414 – Com. 8 mars 1994, n° 92-10.139, *Bull. civ.* IV, n° 105; *D.* 1995. Somm. 108, obs. Fricero – Com. 20 févr. 1996, n° 93-15.822, NP, qui décide que « *la mention* quant à présent *est sans portée dans une décision se prononçant au fond* » laquelle a donc autorité de chose jugée – Civ. 2e, 10 déc. 1998, n° 96-21.288, *Bull. civ.* II, n° 295; *D.* 1999. Somm. 216, obs. Julien – Com. 27 nov. 2001, n° 98-13.963, NP – Civ. 1re, 20 févr. 2007, n° 05-12.913, *Bull. civ.* I, n° 66; *JCP* 2007. IV. 1633 – Civ. 2e, 4 juin 2009, n° 08-15.837, *Bull. civ.* II, n° 138; *D.* 2009. 2069, chron. Sommer et Nicolétis.
3. Req. 19 juill. 1916, *DP* 1916. 1. 249 – Com. 17 juin 1963, *Bull. civ.* IV, n° 304 – Civ. 2e, 5 avr. 1991, n° 89-20.546, *Bull. civ.* II, n° 109; *JCP* 1991. IV. 213; *Gaz. Pal.* 1992. Somm. 273, obs. Ferrand et Moussa – Civ. 2e, 16 juill. 1993, n° 91-19.781, *Bull. civ.* II, n° 253 – Soc. 11 mai 1994, n° 91-41.101, NP – Civ. 3e, 9 juill. 2013, n° 12-22.586, NP.
4. Soc. 13 févr. 2013, n° 12-60.279, NP.
5. Cass., ass. plén., 13 mars 2009, n° 08-16.033, *Bull. ass. plén.*, n° 3; *D.* 2009. 879; *D.* 2010. 169, obs. Fricero; *RDI* 2009. 429, obs. Malinvaud; *RTD civ.* 2009. 366, obs. Perrot préc. ss n° 421.51.
6. Civ. 23 févr. 1910, *DP* 1911. 1. 133 – Civ. 1re, 12 juill. 1982, n° 81-13.368, *Bull. civ.* I, n° 256 – Civ. 1re, 24 févr. 1987, n° 85-10.641, *Bull. civ.* I, n° 65; *D.* 1987. IR 53 – Civ. 3e, 12 juill. 1988, n° 87-12.867, *Bull. civ.* III, n° 128; *D.* 1989. Somm. 273, obs. Julien; *JCP* 1988. IV. 337; *Gaz. Pal.* 1988. 2. Pan. 230 – Com. 9 janv. 1990, n° 88-14.194, *Bull. civ.* IV, n° 6; *D.* 1991. 8, obs. Derrida; *JCP* 1990. IV. 94 – Soc. 5 janv. 2011, n° 09-65.934, NP.
7. Civ. 3e, 22 mai 2013, n° 12-17.348, NP.
8. Civ. 21 févr. 1900, *DP* 1905. 1. 271 – Civ. 1re, 15 févr. 1954, *Bull. civ.* I, n° 58 – Cass., ch. réun., 19 mai 1965, *JCP* 1965. II. 14347, note J. A. – Civ. 2e, 17 oct. 1973, n° 72-12.706, *Bull. civ.* II, n° 259; *JCP* 1973. IV. 385 – Civ. 3e, 28 oct. 1974, n° 73-11.274, *Bull. civ.* III, n° 382 – Civ. 3e, 27 avr. 1982, n° 81-10.352, *Bull. civ.* III, n° 106; *JCP* 1982. IV. 236; *Gaz. Pal.* 1982. 2. Pan. 293; *RTD civ.* 1983. 778, obs. Normand – Civ. 1re, 12 juill. 1988, n° 81-13.368, *Bull. civ.* I, n° 256; *D.* 1989. Somm. 273, obs. Julien – Civ. 1re, 8 juill. 1994, n° 91-21.617, *Bull. civ.* I, n° 239; *Justices* 1995. 2. note Wiederkehr – Toulouse, 3e ch., 21 nov. 1995, RG n° 665/95 – Civ. 3e, 6 nov. 2001, n° 00-13.780, NP.
9. Cons. const. 16 janv. 1962, n° 61-18 L, *Rec. Cons. const.* 31; *S.* 1963. 303, note Hémon.
10. Civ. 2e, 3 oct. 1984, n° 83-12.456, *Bull. civ.* II, n° 140; *Gaz. Pal.* 1985. Pan. 55, obs. Guinchard – Civ. 2e, 13 févr. 1985, n° 83-14.975, *Bull. civ.* II, n° 37 – Com. 9 juill. 1985, n° 84-12.061, *Bull. civ.* IV, n° 206 – Com. 15 juill. 1987, n° 85-17.829, *Bull. civ.* IV, n° 182; *D.* 1988. Somm. 124, obs. Julien; *RTD civ.* 1988. 390, obs. Normand – Soc. 16 oct. 1991, n° 89-11.473, *Bull. civ.* V, n° 407; *D.* 1992. 221, note Mirabail – Civ. 3e, 28 oct. 1992, n° 90-18.573, *Bull. civ.* III, n° 282; *RTD civ.* 1988. 389, obs. Normand – Civ. 3e, 5 oct. 1994, n° 92-16.770, NP – Civ. 2e, 3 juin 1998, n° 95-20.856, *Bull. civ.* II, n° 171; *JCP* 1998. IV. 2649.
11. Civ. 2e, 5 avr. 1991, n° 89-20.546, *Bull. civ.* II, n° 109; *D.* 1991. IR 129; *JCP* 1991. IV. 214; *Gaz. Pal.* 1992. Somm. 273, obs. Ferrand et Moussa.
12. Civ. 2e, 18 déc. 2008, n° 07-20.261, NP – Civ. 3e, 10 févr. 2009, n° 08-12.131, NP.
13. Sur ces points, J. Héron, « Localisation de la chose jugée ou rejet de l'autorité positive de la chose jugée », *Mél. Perrot*, Dalloz, 1996, p. 131.

qui devrait prendre place dans le dispositif, et a estimé que **ces parties du dispositif qui ont pris place dans les motifs** sont revêtues de l'autorité de la chose jugée, parce qu'il ne convient pas de s'arrêter à la présentation formelle du jugement, mais qu'il faut rechercher ce que le juge a jugé[1].

Une telle conception heurte la lettre de l'article 480 C. pr. civ., qui conduit à n'attacher l'autorité de chose jugée qu'à ce qui a été tranché dans le dispositif, ainsi que celle de l'article 455 alinéa 2 C. pr. civ., prévoyant que le jugement énonce sa décision dans le dispositif. Elle est condamnée par des décisions plus récentes qui considèrent que tout ce qui ne figure pas formellement dans le dispositif est privé de l'autorité de la chose jugée[2]. Cette solution présente des avantages : elle permet une détermination évidente de l'étendue de l'autorité de la chose jugée, tout en étant conforme aux dispositions du Code de procédure civile. Ainsi, le jugement qui, dans son dispositif, pose une question préjudicielle et réserve les demandes des parties, n'a pas autorité de chose jugée relativement à ses motifs concernant la non-conformité de la loi de validation à la Convention européenne des droits de l'homme[3]. De même, lorsque le juge tranche une question de fond dont dépend sa compétence, le jugement a autorité de chose jugée quant à cette question : encore faut-il que la question soit tranchée dans le dispositif, ce qui n'est pas le cas si le jugement se borne à une déclaration de compétence[4].

B.
Dispositif implicite ou virtuel

421.71 **Définition.** Il a parfois été admis en jurisprudence que l'autorité de la chose jugée doit être attachée, non seulement aux points litigieux qui ont été expressément résolus dans le dispositif, mais aussi aux questions implicitement contenues dans ce dispositif, que le juge a dû obligatoirement trancher pour prendre sa décision, parce qu'elles constituent les **antécédents nécessaires de cette décision**. Si ces questions implicitement résolues venaient à être démenties, le jugement serait privé de tout fondement logique : il faut donc éviter une remise en question de ces éléments, et leur conférer l'autorité de la chose jugée[5] (en ce sens la décision ayant statué sur un moyen d'irrecevabilité tiré de l'expiration des délais et, implicitement, sur le moyen tiré de l'exercice prématuré de l'action par application de l'article R. 281-4 du Livre des procédures fiscales[6]; ou le jugement du conseil de prud'hommes qui, en renvoyant les parties à se mieux pourvoir en raison du caractère international du litige, a implicitement décidé l'incompétence des juridictions françaises[7]).

En matière de filiation, il a été décidé qu'en ordonnant un examen comparé des sangs, le tribunal a implicitement jugé que l'action en recherche de paternité est recevable[8].

De même, la jurisprudence a attaché l'autorité de la chose jugée à ce qui constitue « *la suite nécessaire de la décision* » expresse, qui a été « *virtuellement jugée* »[9].

421.72 **Fondement.** Une telle extension peut se justifier à différents égards. Il arrive que les questions soumises au juge s'enchaînent, de telle sorte que refuser l'autorité de la chose jugée à celle qui n'a pas été tranchée expressément autorise l'une des parties à la remettre en cause et, donc à obtenir une décision éventuellement contraire à ce qui a déjà été tranché avec autorité de chose jugée. Comme il est nécessaire d'éviter que des décisions contraires puissent être rendues, et qu'il faut mettre une fin définitive au procès, il convient d'interdire aux parties la possibilité de contester directement ou indirectement la chose jugée : peu importe que la question ait été expressément ou implicitement ou virtuellement tranchée.

Il faut également considérer que « *la décision de justice est une œuvre intellectuelle qui se laisse difficilement fractionner* »[10] et que, dès lors, rejeter la chose jugée implicitement reviendrait à ruiner la logique de

1. Civ. 2e, 6 févr. 1965, *Bull. civ.* II, no 109 – Civ. 3e, 21 nov. 1974, no 73-12.397, *Bull. civ.* III, no 432; *RTD civ.* 1975. 590, obs. Normand – Soc. 10 juin 1976, no 75-40.263, *Bull. civ.* V, no 356.
2. Civ. 2e, 16 nov. 1983, no 82-14.282, *Bull. civ.* II, no 180; *Gaz. Pal.* 1984. Pan. 72, obs. Guinchard – Soc. 11 juin 1987, no 84-44.578, *Bull. civ.* V, no 386 – Com. 15 juill. 1987, no 85-17.829, *Bull. civ.* IV, no 182; *D.* 1988. Somm. 124, obs. Julien; *JCP* 1989. II. 21289, note Lemintier-Feuillet – Soc. 16 oct. 1991, no 89-11.473, *Bull. civ.* V, no 407; *D.* 1992. 220, note Mirabail; *JCP* 1991. IV. 437 – Douai, 20 janv. 1992, *D.* 1992. 524, note Martin-Hocqenghem – Civ. 2e, 17 mai 1993, no 91-19.381, *Bull. civ.* II, no 173; *JCP* 1993. II. 22162, note du Rusquec; *Dr. et patr.* févr. 1994. 80, obs. B. L. – Soc. 11 mai 1994, no 91-41.101, NP – Civ. 2e, 12 févr. 2004, no 02-11.331, *Bull. civ.* II, no 55; *JCP* 2004. IV. 1685; *Gaz. Pal.* 13-15 mars 2005, p. 17, note du Rusquec – Civ. 1re, 22 nov. 2005, no 02-20.122, *Bull. civ.* I, no 425.
3. Civ. 2e, 6 avr. 2004, no 02-30.698, *Bull. civ.* II, no 152; *JCP* 2004. IV. 2149.
4. Soc. 23 sept. 2008, no 07-41.954, *Bull. civ.* V, no 167.
5. Civ. 15 nov. 1904, *DP* 1905. 1. 254 – Civ. 2e, 13 nov. 1952, *D.* 1953. 113; *S.* 1953. 1. 88; *Gaz. Pal.* 1953. 1. 10 – Civ. 1re, 3 janv. 1966, *Bull. civ.* I, no 4 – Civ. 1re, 4 mars 1969, *Bull. civ.* I, no 95 – Soc. 24 mars 1971, no 70-40.142, *Bull. civ.* V, no 236 – Civ. 3e, 20 mars 1978, no 76-13.783, *Bull. civ.* III, no 126; *JCP* 1978. IV. 166 – Civ. 3e, 25 mai 1982, NP; *Rev. loyers* 1982. 536 – Civ. 2e, 22 mai 1995, no 93-19.016, *Bull. civ.* II, no 150; *RTD civ.* 1995. 961, obs. Perrot.
6. Com. 28 juin 1988, no 86-17.359, *Bull. civ.* IV, no 215; *D.* 1989. Somm. 273, obs. Julien.
7. Soc. 15 déc. 1993, no 90-40.284, *Bull. civ.* V, no 313; *D.* 1994. IR 22.
8. Civ. 2e, 7 mars 2002, no 00-15.978, *Bull. civ.* II, no 34; *JCP* 2002. IV. 1668.
9. Civ. 27 avr. 1864, *DP* 1864. 1. 172 – Civ. 28 avr. 1909, *DP* 1909. 1. 528; *S.* 1910. 1. 135.
10. R. Perrot, *RTD civ.* 1995. 961.

la décision dans la mesure où les affirmations de droit s'enchaînent les unes avec les autres.

Il convient enfin d'observer que si les questions examinées par la décision sont étroitement liées, il est possible que le jugement de l'une rende les autres sans objet et qu'une mention expresse dans le dispositif ne s'impose plus (le juge qui fait droit à la demande principale n'a pas à répondre aux prétentions de l'adversaire qui reposent sur le rejet de cette demande; si la demande principale porte sur le paiement de plusieurs factures, et que le juge fait droit au paiement de certaines d'entre elles, même si le dispositif ne précise rien quant aux factures rejetées, il y aura autorité de la chose jugée à cet égard; si un arrêt de cour d'appel infirme un jugement en ce qu'il a rejeté la demande de sursis à statuer, elle l'infirme implicitement en ce qu'il a statué au fond, les condamnations avec exécution provisoire prononcées étant la suite nécessaire du refus de surseoir à statuer[1]).

421.73 Appréciation critique et rejet du dispositif implicite ? L'absence de critère permettant de préciser la notion de dispositif implicite[2] ou virtuel, pose d'évidents problèmes de détermination de l'étendue de l'autorité de la chose jugée (v. par ex. le cas d'une omission de statuer sur un chef de demande que l'une des parties entendait considérer comme un rejet implicite ayant autorité de la chose jugée[3]).

De plus, cette solution n'est pas conforme au respect de la contradiction. Comment imposer au plaideur intéressé l'autorité de la chose jugée à propos d'une question qu'il n'a pas eu l'occasion de discuter contradictoirement[4]. L'admission de l'autorité de la chose jugée du dispositif implicite ou virtuel devrait être limitée aux situations dans lesquelles la question implicitement tranchée a été débattue devant le juge, mais que ce dernier n'a pas estimé opportun de la mentionner expressément dans le dispositif de la décision. C'est en ce sens que semble s'orienter la Cour de cassation.

Par exemple, un arrêt de la première chambre civile[5] admet que le jugement qui se prononce sur la condamnation au paiement des sommes dues en application d'un cautionnement n'a pas autorité de chose jugée implicite sur la question de la validité du cautionnement et ne fait pas obstacle à une demande en nullité de l'acte de cautionnement fondée sur un vice du consentement. Une autre décision[6] considère qu'un arrêt qui statue sur la recevabilité de la demande au regard de la question de la qualité pour agir du tuteur *ad hoc* n'a pas tranché, fut-ce implicitement, la contestation relative à la prescription. On peut rapprocher un arrêt de la chambre commerciale[7] qui décide qu'un jugement, qui admet le transfert de la propriété d'un brevet litigieux en se fondant sur l'interprétation d'une clause du contrat de licence, n'interdit pas une seconde demande portant sur la validité du contrat. La jurisprudence la plus récente confirme cette position : seul ce qui a été expressément indiqué dans le dispositif et qui a fait l'objet des débats contradictoires a autorité de la chose jugée[8]. Dans un arrêt du 14 février 2006[9], la chambre commerciale approuve une cour d'appel d'avoir, conformément à son office, interprété son précédent arrêt, « *en y replaçant, dans le dispositif, et sur une question qui avait été débattue, la décision implicite qui se trouvait nécessairement contenue dans ses motifs* », sans encourir le grief de violation de l'article 480 C. pr. civ.

La jurisprudence la plus récente semble condamner l'application du dispositif implicite, en raison des effets redoutables de la concentration des moyens. Elle rappelle que « *l'autorité de la chose jugée n'a lieu qu'à l'égard de ce qui a fait l'objet d'un jugement et a été tranché dans son dispositif* ». En conséquence, la Cour de cassation a jugé que viole l'article 1351 C. pr. civ., ensemble l'article 480 du même code, la cour d'appel qui a considéré que le jugement du tribunal de grande instance qui avait rejeté une demande tendant au paiement d'une indemnité d'occupation et fixé la valeur de l'immeuble commun et le montant de l'indemnité d'occupation, avait « *ce faisant, implicitement mais nécessairement considéré que la date de jouissance divise sur le bien se situait au moment où il statuait* »[10].

SECTION 2
MISE EN ŒUVRE DE L'AUTORITÉ DE LA CHOSE JUGÉE

421.80 Portée de l'autorité de la chose jugée. L'autorité attachée à la chose jugée entraîne des conséquences différentes selon que l'on examine ses incidences à l'égard des parties (§ 1), du juge (§ 3) ou des tiers (§ 2).

1. Civ. 2e, 22 mai 1995, no 93-19.016, *Bull. civ.* II, no 150; *RTD civ.* 1995. 961, obs. Perrot; *Procédures* 1995, nos 4-5, p. 176.
2. J.-P. Boivin, « Les jugements implicites en question », *JCP* 1975. I. 2723 – A. Perdriau, « Les dispositifs implicites des jugements », *JCP* 1988. I. 21072.
3. Soc. 5 janv. 1973, no 71-13.505, *Bull. civ.* V, no 2.
4. *RTD civ.* 1948. 499 obs. Hébraud – Concl. av. gén. Jéol, à propos de Cass., ass. plén., 3 juin 1994, no 92-12.157, *Bull. ass. plén.*, no 4; *D.* 1994. 39, concl. Jeol; *RTD civ.* 1995. 177, obs. Normand; *RTD civ.* 1995. 367, obs. Mestre; *Gaz. Pal.* 1994. 2. 735.
5. Civ. 1re, 1er juill. 1997, no 95-12.163, *Bull. civ.* I, no 219; *D.* 1999. 181, note Brémond; *RTD civ.* 1997. 970, obs. Bandrac.
6. Civ. 1re, 16 juill. 1997, no 95-21.511, *Bull. civ.* I, no 242; *RG proc.* 1998. 315, obs. Wiederkehr.
7. Com. 8 juill. 1997, no 95-17.589, *Bull. civ.* IV, no 219.
8. Soc. 18 janv. 2000, no 96-44.578, *Bull. civ.* V, no 27; *JCP* 2000. IV. 1420 – Civ. 1re, 18 janv. 2000, no 97-19.674, *Bull. civ.* I, no 11; *D.* 2001. 693, obs. Aynès; *JCP* 2000. IV. 1392 – Civ. 2e, 23 juin 2005, no 03-16.379, NP.
9. Com. 14 févr. 2006, no 04-19.221, NP.
10. Civ. 1re, 26 juin 2013, no 12-13.698, NP.

§ 1
Chose jugée et parties

421.81 Dualité de l'autorité de la chose jugée. Pour les parties, l'autorité de la chose jugée se traduit traditionnellement par deux aspects :

– un aspect positif, dans la mesure où le gagnant peut se prévaloir du titre qui constate ou déclare une situation juridique à son profit et qui dispose, à la fois, de la force probante d'un acte authentique et de la force exécutoire (ces aspects sont traités, v. ss nos 422.00 s. et 423.00 s.);

– un aspect négatif, puisque la décision interdit que soit soumis à un juge ce qui a déjà été jugé. Une nouvelle demande, qui mettrait en jeu les mêmes parties et aurait le même objet et la même cause que ce qui a été décidé avec autorité de la chose jugée, serait irrecevable (C. pr. civ., art. 122 – et C. civ., art. 1351). Ce sont les dispositions de l'article 1351 du Code civil qui déterminent les éléments dont la constatation est nécessaire pour conclure à l'irrecevabilité de la demande en raison de l'autorité de la chose précédemment jugée. Mais, même si la triple identité de parties, d'objet et de cause est vérifiée, cela ne signifie pas que l'irrecevabilité tirée de la chose jugée soit automatiquement prononcée, puisque la jurisprudence lui confère un caractère d'intérêt privé, même si le juge « *peut* » la relever d'office. Seul cet aspect négatif de la chose jugée soulève des difficultés qu'il faut analyser.

A.
Triple identité des parties, d'objet et de cause, condition de l'irrecevabilité tirée de l'autorité de la chose jugée

421.91 Constatation nécessaire de la triple identité. Pour que l'intéressé puisse opposer à la nouvelle demande la fin de non-recevoir tirée de l'autorité de la chose jugée, les trois éléments prévus par l'article 1351 du Code civil doivent être cumulativement réunis : si l'un d'entre eux est modifié, la demande pourra faire l'objet d'un jugement[1]. Les juges saisis de la nouvelle demande sont dans l'obligation de constater l'existence ou l'absence de ces trois éléments pour admettre ou rejeter la fin de non-recevoir, à peine de cassation pour manque de base légale[2].

421.92 Difficultés de mise en œuvre. L'application des trois exigences posées par l'article 1351 du Code civil suscite de nombreuses controverses et contradictions en jurisprudence. Cette situation s'explique par le fait que les termes utilisés par l'article 1351 ne correspondent pas toujours à des concepts précis de procédure civile : il en est ainsi pour la « *cause* » de la demande, terme ignoré du Code de procédure civile, ou pour la notion de partie agissant « *en la même qualité* », le terme de qualité pour agir, défini par l'article 31 C. pr. civ. se référant à l'attribution légale du droit de défendre un intérêt déterminé, notion étrangère à l'autorité de la chose jugée.

Quelles que soient les notions utilisées, la Cour de cassation prend soin de vérifier que la contradiction a bien été exercée sur les éléments soumis au premier juge : la chose jugée ne porte que sur ce qui a été précédemment débattu et jugé (jurisprudence constante[3]).

1°
Élément subjectif : l'identité de parties agissant en la même qualité

421.101 Présence à l'instance initiale et à l'instance renouvelée. Le jugement n'a d'autorité de la chose jugée qu'à l'égard des parties. La demande renouvelée se heurte à l'irrecevabilité si elle concerne « *les mêmes parties* » et est « *formée par elles et contre elles en la même qualité* » (C. civ., art. 1351).

Est considérée comme une partie toute personne qui a pris cette position dans l'instance initiale, en qualité de **demandeur, défendeur, ou intervenant**[4]. Les juges qui statuent sur la fin de non-recevoir tirée de l'autorité de la chose jugée doivent constater l'identité des parties[5] (décidant, par ex., qu'un comité d'entreprise et les salariés ne constituent pas des parties identiques[6]). La jurisprudence révèle des hypothèses dans lesquelles ce critère formel de présence à l'instance ne suffit pas pour définir la partie :

1. Civ. 3e, 30 mai 1972, no 71-12.492, *Bull. civ.* III, no 343; *Rev. loyers* 1972. 482 – Civ. 1re, 24 janv. 1984, no 82-15.533, *Bull. civ.* I, no 32 – Civ. 2e, 20 juill. 1987, no 85-16.946, *Bull. civ.* II, no 169; *Gaz. Pal.* 1987. 2. Pan. 230 – Civ. 3e, 3 mai 1990, no 88-13.500, *Bull. civ.* III, no 103; *RTD civ.* 1991. 148, obs. Zenati; *JCP* 1990. IV. 243 – Civ. 1re, 6 oct. 1998, no 96-15.024, NP; *JCP* 1998. IV. 3248, à propos d'une demande en référé.
2. Civ. 1re, 16 juill. 1971, no 70-10.063, *Bull. civ.* I, no 239; *D.* 1972. 115 – Civ. 2e, 17 déc. 1979, no 77-13.000, *Bull. civ.* II, no 292; *Gaz. Pal.* 1980. 1. Somm. 222 – Com. 16 janv. 1980, no 78-12.056, *Bull. civ.* IV, no 26; *Gaz. Pal.* 1980. 1. Somm. 222 – Com. 15 janv. 2002, no 99-21.172, NP; *D.* 2002. 1974, note Stoffel-Munck; *D.* 2002. 2841, obs. Mazeaud; *RTD civ.* 2002. 294, obs. Mestre et Fages.
3. Civ. 2e, 19 nov. 1965, *Bull. civ.* II, no 918 – Com. 9 janv. 2001, no 97-17.599, *Bull. civ.* IV, no 2; *D.* 2001. 3071, note Crevel – Civ. 2e, 10 juill. 2003, no 01-14.736, *Bull. civ.* II, no 237; *JCP* 2003. IV. 2577.
4. Soc. 28 janv. 1982, no 80-15.325, *Bull. civ.* V, no 53; *Gaz. Pal.* 1982. 2. Pan. 196 – Civ. 2e, 1er mars 1989, no 88-10.311, *Bull. civ.* II, no 54; *JCP* 1989. IV. 160.
5. Civ. 3e, 10 mars 1982, NP; *Gaz. Pal.* 1982. 2. Pan. 243 – Civ. 2e, 28 oct. 1987, no 86-13.574, *Bull. civ.* II, no 211; *Gaz. Pal.* 1987. 2. Pan. 291.
6. Soc. 30 mars 1999, no 97-41.013, *Bull. civ.* V, no 144; *JCP* 1999. IV. 1970.

ainsi, il a parfois été jugé que seuls peuvent être considérés comme parties ceux qui sont personnellement **intéressés au procès**, ce qui n'est pas le cas d'une personne contre qui aucune condamnation n'est demandée [1], ou qui figure dans les actes de procédure mais n'a pas de prétention à soutenir [2]. À l'inverse, il a été décidé que même s'il ne figure pas dans la procédure, qu'il n'a été ni entendu ni appelé, le débiteur n'est pas un tiers par rapport au jugement qui prononce son règlement judiciaire [3] ou sa liquidation des biens [4] : il serait une « *partie nécessaire* » [5] ou « *virtuelle* » [6]. Sans doute, ces solutions se justifient par des considérations d'opportunité dans le choix des recours utilisables, appel ou tierce-opposition, plus que par des questions d'autorité de la chose jugée, mais elles ont des incidences sur cette autorité et montrent les difficultés de détermination des parties à l'instance.

En l'absence d'identité de parties, l'autorité de la chose jugée n'est pas opposable : l'admission ou le rejet d'une créance dans la première procédure collective n'a pas autorité de chose jugée dans la seconde procédure ouverte à l'encontre du même débiteur [7].

421.102 Ayants cause des parties. Pour l'application de l'autorité de la chose jugée, on assimile aux parties les ayants cause universels et à titre universel : les jugements rendus à l'encontre ou au profit de leur auteur ont autorité à leur égard.

421.103 Personnes représentées par un mandataire. Lorsqu'une partie donne **mandat conventionnel** à une personne de la représenter dans l'exercice de l'action (mandat *ad agendum*), les effets du jugement se produisent en la personne du représenté, conformément à la technique de la représentation [8]. En conséquence, le jugement a autorité de la chose jugée à l'égard du représenté [9].

La solution est la même en cas de **représentation légale**, pour le mineur ou le majeur incapable [10] (C. civ., not. art. 389 et 492) ou **judiciaire**, pour l'époux autorisé par une décision de justice à représenter son conjoint (C. civ., art. 219). Les personnes représentées subissent l'autorité de la chose jugée.

En se fondant sur le fait que chacun des époux, en sa qualité d'administrateur de la communauté, agit au nom de cette dernière, la deuxième chambre civile a jugé, le 21 janvier 2010 [11], que la décision relative au sort d'un bien de communauté, rendue à l'égard d'un des époux, a autorité de chose jugée à l'égard de l'autre (en l'espèce, l'épouse).

421.104 Identité de qualité des parties. Selon la jurisprudence relative à l'autorité de la chose jugée, l'identité de qualité est l'identité de titre juridique en vertu duquel la partie agit en justice. Ainsi, lorsqu'une personne a agi en qualité de propriétaire dans l'instance ayant donné lieu au jugement, elle ne peut pas renouveler sa demande en se fondant à nouveau sur son titre de propriété [12]. En revanche, si une partie agit d'abord comme représentant d'une personne morale, puis forme une demande à titre personnel [13] ou, à l'inverse, agit à titre personnel puis comme représentant d'une personne morale [14], la différence de qualité rend la seconde demande recevable. Il en est de même lorsqu'une personne agit comme tuteur, puis en son nom personnel [15]. Dès lors que le demandeur agit dans les deux procédures en qualité de propriétaire du bien, cela permet d'opposer l'autorité de la chose jugée du premier jugement [16].

2°

Éléments objectifs : identité de « *cause* » et de « *chose demandée* »

421.111 Difficultés de définition. Afin que l'autorité de la chose jugée puisse utilement être invoquée pour faire déclarer irrecevable une nouvelle demande, il est nécessaire que « *la chose demandée* » soit la même et que la demande soit fondée « *sur la même cause* » (C. civ., art. 1351). La difficulté de détermination de ces deux éléments provient essentiellement du fait que les termes utilisés par le Code civil n'ont plus d'équivalents en procédure civile : les juges sont donc conduits, cas par cas, en fonction de la finalité recherchée – à savoir accorder à l'autorité de la chose jugée une étendue plus ou moins importante et, par conséquent, à permettre ou non le renouvellement du procès devant le même juge – à déterminer le contenu de la chose demandée, objet de la demande, et de la cause de cette demande. Au-

1. Civ. 2e, 14 mars 1968, *Bull. civ.* II, n° 84.
2. Com. 22 mars 1988, nos 87-15.901 et 87-15.902, *Bull. civ.* IV, n° 113; *D.* 1988. 375, note Derrida et Julien.
3. Com. 17 juin 1975, n° 73-14.660, *Bull. civ.* IV, n° 168, 1re esp., *D.* 1976. 65, note Julien.
4. Com. 17 juin 1975, n° 73-14.661, *Bull. civ.* IV, n° 169, 2e esp., *D.* 1976. 65, note Julien.
5. *RTD com.* 1967. 1012, obs. Houain.
6. R. Cabrillac, « Les aspects procéduraux du redressement et de la liquidation judiciaire des entreprises », *Gaz. Pal.* 1987. 1. Doctr. 179.
7. Cass., ass. plén., 10 avr. 2009, n° 08-10.154, *Bull. ass. plén.*, n° 4; *D.* 2009. 1138; *D.* 2010. 169, obs. Fricero; *RTD com.* 2010. 423, obs. Martin-Serf.
8. H. Solus et R. Perrot, *Droit judiciaire privé*, Sirey, 1961, t. III, nos 26 s., p. 26 s.
9. Civ. 2e, 13 oct. 1965, *Bull. civ.* II, n° 730 – Civ. 2e, 16 juin 1966, *Bull. civ.* II, n° 700.
10. Req. 7 janv. 1857, *DP* 1857. 1. 151.
11. Civ. 2e, 21 janv. 2010, n° 08-17.707, *Bull. civ.* II, n° 14.
12. Civ. 2e, 19 juill. 1965, *Bull. civ.* II, n° 66.
13. Com. 5 janv. 1962, *Bull. civ.* IV, n° 8.
14. Civ. 3e, 30 avr. 1969, *Bull. civ.* III, n° 344 – Civ. 1re, 7 janv. 1976, *Bull. civ.* I, n° 7.
15. Civ. 28 août 1849, *DP* 1850. 1. 57.
16. Civ. 3e, 19 sept. 2007, n° 06-11.962, *Bull. civ.* III, n° 146; *JCP* 2007. IV. 2863.

delà du contenu de chacun de ces éléments, la jurisprudence semblait, avant la décision de l'assemblée plénière du 7 juillet 2006[1], s'attacher plus particulièrement à ce qui a été débattu contradictoirement devant les premiers juges : si la question de fait et de droit avait été préalablement débattue et jugée, une autre demande soulevant les mêmes éléments était irrecevable; à défaut, l'autorité de la chose jugée ne s'appliquait pas.

Ainsi, à titre d'exemples antérieurs à 2006, une décision admettant le solde d'une créance n'a pas autorité de chose jugée sur la question de la validité du paiement[2]; de même, une décision rendue sur le principe d'une créance n'interdit pas une demande ultérieure en allocation de dommages et intérêts[3]; un jugement admettant la renonciation à une succession ne s'oppose pas à une demande fondée sur une donation indirecte[4]. Lorsqu'un jugement « *déboute les parties de leurs demandes plus amples et contraires* », il n'examine pas ces dernières demandes et, par voie de conséquence, n'interdit pas de les formuler une seconde fois devant le même juge[5]. Cette solution ménageait les droits de la défense, et un accès effectif au juge, mais elle n'a pas résisté aux contraintes modernes de la procédure civile (célérité et moindre coût), comme le démontre la nouvelle définition de la cause de la demande.

421.112 Notion de « *cause* » de la demande et faits nouveaux. L'affaire qui a donné lieu à l'arrêt d'assemblée plénière du 7 juillet 2006[6] est exemplaire (on en trouve les prémices dans un arrêt de la deuxième chambre civile de la Cour de cassation du 4 mars 2004[7]). Après avoir été débouté de sa demande en paiement d'une somme déterminée sur le fondement d'une créance de salaire différé, le demandeur a saisi le tribunal d'une seconde demande, contre le même adversaire et portant sur la même somme, mais en se fondant sur un autre moyen de droit, l'enrichissement sans cause. La question se posait de savoir si cette seconde demande se heurtait à l'autorité de la chose jugée. Pour décider l'irrecevabilité de la seconde demande, la Cour de cassation expose un raisonnement en deux temps : d'abord, elle pose un principe prétorien dit « *de concentration des moyens* », selon lequel « *il incombe au demandeur de présenter dès l'instance relative à la première demande l'ensemble des moyens qu'il estime de nature à fonder celle-ci* »; ensuite, elle considère que le demandeur qui ne soulève pas l'ensemble des moyens n'est plus admis à contester l'identité de cause des deux demandes en invoquant un fondement juridique qu'il s'est abstenu de soulever en temps utile.

La **cause de la demande** est donc **l'ensemble des faits existants lors de la formation de la demande.** Si ces faits demeurent identiques, l'autorité de la chose jugée s'oppose à toute autre demande, même fondée sur un autre moyen de droit. La Cour de cassation se sert de la notion de cause pour réguler le flux des demandes : la conception extensive de l'autorité de la chose jugée (attachée même à des moyens de droit qui n'ont jamais été jugés) permet d'empêcher une instrumentalisation du juge, en interdisant le renouvellement des procès portant sur les mêmes faits à l'infini, au gré de la réflexion des parties qui découvrent de nouveaux moyens de droit. Dans la logique de la définition qu'il faut donner de la « *cause de la demande* » au sens de l'article 1351 du Code civil (à savoir, l'ensemble des faits existants lors de la demande initiale), la jurisprudence décide que l'autorité de la chose jugée n'est pas opposable lorsque les faits ont changé depuis le prononcé du premier jugement[8]. La Cour de cassation a rappelé récemment, au visa de l'article 1351 du Code civil[9] que « *l'autorité de la chose jugée ne peut être opposée lorsque des événements postérieurs sont venus modifier la situation antérieurement reconnue en justice* », étant précisé qu'il doit s'agir de la **survenance de faits nouveaux**, et non d'une évolution jurisprudentielle sur le point de droit jugé[10], ni d'une nouvelle preuve des mêmes faits[11]. En revanche, il peut s'agir de circonstances de fait[12] ou de droit[13], ou d'un droit né après la décision rendue à l'issue de l'instance initiale[14].

421.113 Notion d'objet de la demande. La Cour de cassation rappelle souvent que l'autorité de la chose jugée n'est pas opposable à la deuxième demande, si l'objet n'est pas identique[15]. La difficulté est de définir cette notion. Mais il devient difficile de

1. Cass., ass. plén., 7 juill. 2006, n° 04-10.672, *Bull. ass. plén.*, n° 8; *D.* 2006. 2135, note Weiller; *RTD civ.* 2006. 825, obs. Perrot.
2. Com. 26 mars 2002, n° 99-12.438, NP.
3. Civ. 1re, 26 févr. 2002, n° 99-15.800, NP.
4. Civ. 1re, 27 nov. 2001, n° 99-21.392, NP.
5. Civ. 2e, 31 janv. 2002, n° 00-20.465, NP.
6. Cass., ass. plén., 7 juill. 2006, n° 04-10.672, préc. ss n° 421.111.
7. Civ. 2e, 4 mars 2004, n° 02-12.141, *Bull. civ.* II, n° 84; *D.* 2004. Somm. 1204, obs. Fricero.
8. Civ. 2e, 6 mai 2004, n° 02-13.689, *Bull. civ.* II, n° 208; *D.* 2005. 1827; *D.* 2005. 1821, obs. Douchy-Oudot – Civ. 3e, 25 avril 2007, n° 06-10.662, *Bull. civ.* III, n° 59; *D.* 2007. Pan. 2430, obs. Fricero; *Procédures* 2007. Comm. 158, obs. Perrot; *Dr. et patr.* 2008. 97, obs. Amrani-Mekki.
9. Civ. 2e, 6 mai 2010, n° 09-14737, *Bull. civ.* II, n° 88; *Dr. et proc.* 2010. 230, obs. Poisson.
10. Civ. 1re, 24 sept. 2009, n° 08-10.517, *Bull. civ.* I, n° 177; *D.* 2009. 2433; *D.* 2010. 528, obs. Creton; *RTD civ.* 2010. 129, obs. Gautier; *RTD civ.* 2010. 147, obs. Thery; *RTD civ.* 2010. 155, obs. Perrot.
11. Civ. 2e, 28 juin 2006, n° 04-20.140, NP – Alors même que la demande a été rejetée « en l'état », Civ. 2e, 4 juin 2009, n° 08-15.837, *Bull. civ.* II, n° 138; *D.* 2009. 2069, obs. Sommer et Nicoletis.
12. Civ. 2e, 3 juin 2004, n° 03-14.204, *Bull. civ.* II, n° 264.
13. Civ. 3e, 25 avril 2007, n° 06-10.662, *Bull. civ.* III, n° 59; *D.* 2007. 2427, obs. Fricero.
14. Civ. 2e, 10 juin 2010, n° 09-67.172, NP; *D.* 2011. 406, obs. Crocq.
15. Soc. 17 juin 2009, n° 08-41.409, NP.

distinguer, comme cela était parfois le cas antérieurement, la cause de la demande de son objet.

Le Code de procédure civile se réfère aux notions d'« *objet du litige* », déterminé par les prétentions respectives des parties [1], ou d'« *objet de la demande avec un exposé des moyens de fait et de droit* » [2]. Comme les moyens de fait constituent la « *cause* » de la demande, et non son objet, comme les moyens de droit font l'objet du principe de concentration des moyens et n'entrent plus dans la définition de la cause, il devient difficile de conceptualiser l'objet de la demande. Pour reprendre la formule contenue à l'article 1351 du Code civil, l'objet de la demande serait « *la chose demandée* », précision faite qu'une autre qualification juridique des mêmes faits ne permet pas d'échapper à l'autorité de la chose jugée (en raison de l'identité de cause !). Au sens de la chose jugée, l'objet de la demande serait le résultat recherché (annulation d'un contrat, exécution d'une prestation, réparation d'un dommage) : une deuxième demande est possible, à condition que les faits sur lesquels elle est fondée diffèrent de ceux de la première demande. Par exemple, si une banque poursuit une caution qui oppose une cause de nullité du contrat, il n'est plus possible pour la caution de former une deuxième demande contre ce même banquier en se fondant sur une autre cause d'anéantissement du contrat de cautionnement. En revanche, la caution peut dans la deuxième instance, mettre en cause la responsabilité du banquier et lui réclamer des dommages et intérêts pour octroi abusif de crédit au débiteur, l'objet des deux demandes étant différent [3].

La jurisprudence révèle de nombreuses situations dans lesquelles l'objet des demandes étant différent, l'autorité de la chose jugée n'a pas été appliquée [4]. On doit observer à cet égard une nette tendance de la Cour de cassation qui consiste à délimiter strictement les contours de l'objet du litige, afin d'ouvrir une possibilité de former une seconde demande recevable, en se fondant sur le fait que « *l'autorité de la chose jugée n'a lieu qu'à l'égard de ce qui a fait l'objet d'un jugement et a été tranché dans son dispositif* » [5]. Cette position lui permet de cantonner le principe prétorien de concentration des moyens !

Ainsi, sur instance après renvoi de cassation, il est possible de présenter des prétentions qui constituent l'accessoire ou le complément des prétentions initiales (C. pr. civ., art. 566) et, en matière prud'homale, des prétentions qui relèvent du même contrat de travail (C. trav., art. R. 1452-7) : dans ce dernier cas, on ne peut pas déclarer irrecevable une prétention inhérente au contrat, présentée pour la première fois devant la cour d'appel de renvoi par le salarié, si cette prétention (relative à la question de son ancienneté dans le travail) n'a pas été évoquée ni tranchée antérieurement et qu'elle est donc dépourvue d'autorité de chose jugée [6].

De même, la décision du juge de l'exécution qui, tout en ordonnant la mainlevée d'une mesure d'exécution, déboute le débiteur de sa demande de nullité de l'engagement résultant d'un acte notarié au motif, erroné, qu'il serait incompétent pour en connaître, n'a pas autorité de la chose jugée sur cette même demande formulée à l'occasion de l'action en mainlevée d'une nouvelle mesure d'exécution [7].

421.114 Principe de concentration des moyens : application par toutes les chambres de la Cour de cassation. La jurisprudence reprend de manière constante le principe de concentration des moyens, et adopte la définition de la cause ainsi donnée par l'assemblée plénière. La première chambre civile a étendu l'obligation de concentrer les moyens dans le cadre d'une première instance arbitrale, puis d'une instance judiciaire sur recours [8], en posant en principe qu'il « *incombe au demandeur de présenter dans la même instance toutes les demandes fondées sur la même cause et qu'il ne peut invoquer dans une instance postérieure un fondement juridique qu'il s'était abstenu de soulever en temps utile* ». Mais ce n'est pas la position de la deuxième chambre civile de la Cour de cassation qui a décidé, le 26 mai 2011 [9], que le demandeur n'est pas tenu de présenter dans la même instance toutes les demandes fondées sur les mêmes faits.

La deuxième chambre civile, dans un arrêt du 25 octobre 2007 [10], a jugé que si le jugement pénal relaxe un médecin du chef de blessures involontaires, et déboute les parties civiles, celles-ci ne peuvent pas

1. C. pr. civ., art. 4.
2. C. pr. civ., art. 56, pour l'assignation; C. pr. civ., art. 753, pour les conclusions; C. pr. civ., art. 954, pour les conclusions d'appel.
3. Civ. 2e, 23 sept. 2010, n° 09-69.730, *Bull. civ.* II, n° 157; *D.* 2010. 2300; *D.* 2011. Pan. 267, Fricero; *D.* 2011. 632, chron. Sommer, Leroy-Gissinger, Adida-Canac et Grignon Dumoulin; *RTD civ.* 2011. 586, obs. Thery; *JCP* 2010, n° 1052, note Jeuland; *JCP* 2010. 632, chron. Sommer, Leroy-Gissinger, Adida-Canac et Grignon Dumoulin.
4. Civ. 1re, 30 sept. 2010, n° 09-11.552, NP; *D.* 2010. 2372 – Civ. 2e, 10 nov. 2010, n° 09-14.948, *Bull. civ.* II, n° 181; *D.* 2011. 632, chron. Sommer, Leroy-Gissinger, Adida-Canac et Grignon Dumoulin – Civ. 1re, 20 janv. 2011, n° 09-12.608, NP – Soc. 26 janv. 2011, n° 09-71.414, NP, à propos de rappels de salariés ne portant pas sur la même période – Civ. 2e, 10 févr. 2011, n° 10-10.557, NP – Civ. 2e, 17 fév. 2011, n° 10-13.792, NP – Soc. 30 mars 2011, n° 09-43.308, NP – Civ. 2e, 7 avr. 2011, n° 10-18.487, NP.
5. Civ. 3e, 16 avr. 2013, n° 12-12.680, NP – Soc. 10 avr. 2013, n° 11-27.384, NP.
6. Soc. 18 sept. 2013, n° 12-17.463, NP.
7. Civ. 2e, 21 mars 2013, n° 11-28.840, *Bull. civ.* II, [à paraître].
8. Civ. 1re, 28 mai 2008, n° 07-13.266, *Bull. civ.* I, n° 153; *D.* 2008. 3111, obs. Clay; *RTD civ.* 2008. 551, obs. Perrot; *JCP* 2008. II. 10170, note Bolard.
9. Civ. 2e, 26 mai 2011, n° 10-16.735, *Bull. civ.* II, n° 117; *D.* 2011. 1566, obs. Avena-Robardet; *D.* 2012. 244, obs. Fricero; *RTD civ.* 2011. 593, obs. Perrot
10. Civ. 2e, 25 oct. 2007, n° 06-19.524, *Bull. civ.* II, n° 241; *D.* 2008. 648, chron. Sommer et Nicoletis; *RTD civ.* 2008. 159, obs. Perrot; *Procédures* 2007. Comm. 274, Perrot.

engager une nouvelle action devant la juridiction civile en se fondant sur la responsabilité contractuelle : elles devaient présenter l'ensemble des moyens lors de l'instance pénale, et se heurtent à l'autorité de la chose jugée.

421.115 Évolution du principe de « *concentration des moyens* » à l'égard des défendeurs. Le défendeur doit ainsi concentrer l'ensemble des moyens de nature à faire échec à la demande[1]. La jurisprudence s'engage dans la voie d'une rigueur de plus en plus grande et étend la notion de moyen de telle sorte qu'elle recouvre parfois l'objet de la demande.

Ainsi, un arrêt de la première chambre civile du 1er juillet 2010[2] a considéré que les cautions, qui avaient été condamnées à payer à la banque le montant d'un emprunt, et qui s'étaient contentées de contester la validité et la portée de leur engagement dans l'instance initiale, étaient irrecevables à former une nouvelle demande en responsabilité contre la banque pour défaut de renouvellement des hypothèques.

La Cour de cassation considère que cette demande constitue un nouveau moyen que le défendeur devait soulever dans l'instance initiale en paiement dirigée contre lui ! Elle assimile ainsi le moyen à l'objet de la demande et oblige les parties à alléguer l'ensemble des « *prétentions* » inhérentes au litige qui les oppose[3].

Cette position n'est pas celle de la deuxième chambre civile de la Cour de cassation dont l'arrêt du 23 septembre 2010[4], décide au contraire que « *l'action en responsabilité intentée contre la banque n'avait pas le même objet que l'action en paiement exercé par celle-ci* », et considère que la deuxième demande est recevable. Cette solution est plus conforme à l'analyse des éléments : l'objet des deux demandes diffère, les moyens de fait ne sont pas identiques, ce qui rend impossible une concentration des moyens de droit !

Dans cet ordre d'idées, la Cour de cassation a affirmé à plusieurs reprises qu'une différence dans l'objet des demandes interdit d'opposer l'autorité de la chose jugée : par exemple, si le jugement a statué sur la réparation de dommages causés aux parties communes d'un immeuble, une deuxième demande en réparation des préjudices consécutifs à l'atteinte aux parties privatives est recevable[5]; ou encore si le jugement a statué sur la suppression de la prestation compensatoire, une deuxième demande en réduction de la rente viagère mensuelle versée à l'épouse est recevable, n'ayant pas le même objet[6].

421.116 Application du principe de concentration des moyens dans le cadre de deux instances, pénale puis civile. Lorsque la victime d'une infraction pénale choisit de se constituer partie civile devant une juridiction pénale, puis tente d'obtenir la réparation des mêmes préjudices devant les juridictions civiles, l'application du principe de concentration des moyens conduit à déclarer sa deuxième demande irrecevable.

Un arrêt du 10 novembre 2010 de la deuxième chambre civile[7] juge qu'une cour d'appel a exactement retenu l'autorité de la chose jugée, dès lors que la nouvelle demande visait à indemniser les mêmes préjudices. Dans un arrêt du 25 mars 2010[8], la juridiction pénale avait déclaré irrecevable la demande de réparation de la partie civile, et la deuxième demande formée devant la juridiction civile a été déclaré irrecevable sur le fondement de l'article 480 C. pr. civ. en ce qu'elle visait à indemniser le même préjudice. La première décision en ce sens est celle de la deuxième chambre civile du 25 octobre 2007[9], qui avait déjà admis que la partie civile déboutée de sa demande de réparation à la suite de la relaxe du prévenu, est irrecevable à agir au civil sur le fondement de la responsabilité contractuelle.

Conformément aux principes de procédure pénale, il appartient à la victime de se désister de son action pour pouvoir saisir la juridiction civile (C. pr. pén., art. 426), mais il doit s'agir d'un abandon définitif et total de la voie pénale[10].

Il est sans doute temps de proposer une nouvelle rédaction de l'article 1351 du Code civil, qui permettrait de lier l'autorité de la chose jugée à l'identité de parties et de moyens de fait et de droit débattus lors du premier jugement. Il conviendrait également d'ajouter aux principes directeurs du procès l'obligation de concentrer les moyens pertinents, et d'établir une sanction autonome (qui pourrait être l'irrecevabilité d'une autre demande fondée sur de nouveaux moyens de droit, mettant en jeu les mêmes faits), déconnectée de la chose jugée : comment justifier qu'il y a autorité de la chose jugée sur des questions non débattues contradictoirement et non jugées ? Même si le principe de concentration des moyens

1. Com. 20 févr. 2007, n° 05-18.322, *Bull. civ.* IV, n° 49 – Civ. 3e, 13 févr. 2008, n° 06-22.093, *Bull. civ.* III, n° 28.
2. Civ. 1re, 1er juill. 2010, n° 09-10.364, *Bull. civ.* I, n° 150; *D.* 2010. 1780, obs. Avena-Robardet; *D.* 2010. 2092, chron. Auroy et Creton; *D.* 2011. 265, obs. Fricero; *D. 2011*. 406, obs. Crocq; *RTD civ.* 2011. 586, obs. Thery; *JCP* 2010, note Jeuland; *Lexbase hebdo,* 23 sept. 2010, obs. Vergès.
3. *D.* 2011. Pan. 267, obs. Fricero.
4. Civ. 2e, 23 sept. 2010, n° 09-69.730, *Bull. civ.* II, n° 157; *D.* 2010. 2300; *D.* 2011. 265, obs. Fricero; *D.* 2011. 632, chron. Sommer, Leroy-Gissinger, Adida-Canac et Grignon Dumoulin; *RTD civ.* 2011. 586, obs. Thery; *JCP* 2010, n° 1052, note Jeuland.
5. Civ. 2e, 15 avr. 2010, n° 09-65.800, NP; *D.* 2011. 1107, obs. Douchy-Oudot; *AJ fam.* 2010. 277.
6. Civ. 2e, 20 mai 2010, n° 09-67.662, *Bull. civ.* II, n° 97; *D.* 2010. 1417; *D.* 2011. 1107, obs. Douchy-Oudot.
7. Civ. 2e, 10 nov. 2010, n° 09-14.728, *Bull. civ.* II, n° 180; *D.* 2011. 265, obs. Fricero; *D.* 2011. 632, chron. Sommer, Leroy-Gissinger, Adida-Canac et Grignon Dumoulin; *AJ pénal* 2011. 196, obs. Lasserre Capdeville.
8. Civ. 2e, 25 mars 2010, n° 08-21.687, *Bull. civ.* II, n° 69; *D.* 2011. 265, obs. Fricero.
9. Civ. 2e, 25 oct. 2007, n° 06-19.524, *Bull. civ.* II, n° 241; *D.* 2008. 648, chron. Sommer et Nicoletis; *RTD civ.* 2008. 159, obs. Perrot; *Procédures* 2007. Comm. 274, Perrot.
10. RAPPR. Crim. 13 févr. 2007, n° 04-87.155, NP.

conduit à une amélioration de la qualité des décisions (le raisonnement syllogistique est amélioré par la discussion contradictoire sur tous les moyens de fait et de droit), et restaure la loyauté des débats (les parties sont à même de discuter de la totalité des éléments du litige dès la première instance), la sanction de sa méconnaissance ne doit pas emprunter le biais de l'autorité de la chose jugée, parce que cela conduit à dénaturer cette notion.

421.117 Distinction entre les moyens à concentrer et l'objet de la prétention. La portée de la concentration des moyens et de l'autorité de la chose jugée à laquelle elle conduit, est source de confusion en pratique. Lorsque l'objet de la demande est identique, il n'est plus possible de saisir une deuxième fois un juge pour obtenir une réponse différente en se fondant sur une autre qualification juridique[1]. En revanche, même si la prétention a déjà été soumise au juge, mais que le jugement ne l'a pas tranchée au fond, cette même prétention peut être une nouvelle fois soumise au juge : **l'autorité de la chose jugée n'est pas applicable à ce qui n'a pas été jugé au fond.** Par exemple, lorsqu'un arrêt avant-dire droit ordonne dans son dispositif la réouverture des débats pour inviter les parties à présenter leur demande de dédommagement et la partie la plus diligente à produire une pièce, on ne peut pas en tirer l'autorité de la chose jugée sur le manquement à son obligation de délivrance par le vendeur, lequel n'est pas tranché dans le dispositif de l'arrêt[2]. En prononçant une condamnation *in solidum*, le juge ne statue pas sur l'appel en garantie exercé par l'un des codébiteurs condamné à l'encontre d'un autre[3]. Si la décision énonce dans le dispositif que le juge de l'exécution n'est pas compétent pour connaître de certaines contestations, il n'y a pas autorité de la chose jugée sur ces contestations[4]. L'action à fins de subsides n'a pas le même objet que l'action en recherche de paternité et ces deux actions peuvent être exercées successivement[5].

De même, le principe de concentration des moyens n'impose pas au défendeur de concentrer ses moyens de défense et son éventuelle demande reconventionnelle dans la première instance[6].

1. Civ. 1re, 10 juill. 2013, no 11-18.590, NP : la prescription quinquennale prévue à l'article 815-10 C. civ. ne peut plus être invoquée dans une autre demande après le jugement sur le l'indivision post-communautaire.
2. Civ. 3e, 4 avr. 2013, no 12-15.747, NP.
3. Civ. 2e, 11 avr. 2013, no 11-24.428, *Bull. civ.* II, [à paraître].
4. Civ. 2e, 21 mars 2013, no 11-28.840, *Bull. civ.* II, [à paraître].
5. Civ. 1re, 20 mars 2013, no 12-11.799, NP.
6. Civ. 2e, 17 oct. 2013, no 12-26.178, *Bull. civ.* II, [à paraître], au visa des articles 1351 C. civ et 480 C. pr. civ., « *la banque, qui n'était pas tenue de présenter dès l'instance initiale une demande reconventionnelle en paiement des sommes qui lui seraient dues* [...] ».

B. Irrecevabilité tirée de l'autorité de la chose jugée et office du juge

421.121 Régime procédural de la chose jugée. La fin de non-recevoir tirée de l'autorité de la chose jugée était considérée en jurisprudence comme d'intérêt privé[7], et seule la partie intéressée pouvait soulever l'irrecevabilité de la deuxième demande formée contre elle.

421.122 Relevé d'office de l'irrecevabilité tirée de la chose jugée. La solution ancienne, interdisant au juge de relever d'office la fin de non-recevoir tirée de la chose jugée, n'était pas conforme à une bonne gestion du service public de la justice : elle autorisait les parties à instrumentaliser le juge en lui soumettant une nouvelle fois une demande portant sur une chose déjà jugée et, si elles s'entendaient pour ne pas soulever la fin de non-recevoir tirée de l'autorité de la chose jugée, le juge n'avait aucun moyen procédural pour refuser de juger une seconde fois. C'est la raison pour laquelle le décret no 2004-836 du 20 août 2004[8] autorise le juge à relever d'office la fin de non-recevoir[9] tirée de l'autorité de la chose jugée en modifiant en ce sens l'article 125 C. pr. civ.[10] Il faudra néanmoins que les éléments du débat lui permettent de vérifier son application et que le juge respecte les dispositions de l'article 16 C. pr. civ., c'est-à-dire qu'il instaure sur cette question un **débat contradictoire avec les parties.** Il s'agit en tout état de cause d'une faculté, et non d'une obligation pour le juge.

Si le juge décide de relever d'office la fin de non-recevoir tirée de la chose jugée, il doit, conformément au droit commun, respecter le principe du contradictoire et solliciter les observations des parties[11]. La Cour de cassation impose au juge le strict respect des dispositions prévues à l'article 16 C. pr. civ.[12]

421.123 Moment pour invoquer l'autorité de la chose jugée. La jurisprudence admet que la fin de non-recevoir[13] peut être opposée en tout état de cause (C. pr. civ., art. 123), sauf la possibilité pour le

7. Civ. 13 mai 1931, *DH* 1931. 379 – Civ. 24 oct. 1951, *JCP* 1952. II. 6806, note Perrot; *RTD civ.* 1952. 254, obs. Hébraud – Civ. 2e, 24 nov. 1976, no 75-11.732, *Bull. civ.* II, no 315; *D.* 1977. IR 75; *Gaz. Pal.* 1977. 1. Somm. 9 – Soc. 8 juin 1979, no 77-41.661, *Bull. civ.* V, no 507; *JCP* 1979. IV. 262 – Com. 19 juill. 1983, no 82-12.215, *Bull. civ.* IV, no 225; *D.* 1984. IR 240, note Julien – Com. 19 mars 1996, no 92-20.813, NP; *D.* 1996. IR 113.
8. Décr. no 2004-836, 20 août 2004, portant modification de la procédure civile, *JO* 22 août, p. 15032.
9. Civ. 3e, 7 janv. 2009, no 08-10.959, NP.
10. Civ. 2e, 15 sept. 2005, no 01-16.762, *Bull. civ.* II, no 218; *RTD civ.* 2005. 824, obs. Perrot.
11. Com. 5 avr. 2011, no 10-14.080, NP.
12. Civ. 2e, 26 sept. 2013, no 12-19.613, NP.
13. Soc. 22 juin 1994, no 92-43.375, NP.

juge de condamner à des dommages-intérêts celui qui s'est abstenu de la soulever plus tôt dans une intention dilatoire. Le prononcé de la fin de non-recevoir n'est pas subordonné à la preuve d'un grief (C. pr. civ., art. 124).

Cependant, la jurisprudence décide de façon constante que la violation de l'autorité de la chose jugée ne peut pas être invoquée pour la première fois devant la Cour de cassation[1], n'étant pas un moyen d'ordre public[2].

§ 2
Autorité de la chose jugée et tiers

421.131 Relativité de la chose jugée. Les éléments constitutifs de l'autorité de la chose jugée démontrent son caractère relatif : seuls les cas d'identité de parties et de matière litigieuse effectivement tranchée sont couverts par cette autorité. Dès lors, le jugement ne peut étendre son effet substantiel au-delà de la sphère des parties : comment admettre qu'une décision puisse reconnaître définitivement des droits ou imposer des obligations à une personne qui n'a pas figuré à l'instance parce qu'elle n'y a pas été appelée, et n'a donc pas pu débattre contradictoirement ? *Res inter alios judicata nec nocet, nec prodest* : la chose jugée ne peut ni nuire aux tiers, ni produire des droits à leur profit[3] (l'ordonnance du juge-commissaire qui prescrit la vente d'un bien détenu par le débiteur n'a pas autorité de chose jugée à l'égard du tiers qui oppose un droit de propriété sur ce bien[4]) et ce, même si la décision rendue à l'occasion d'un litige individuel est susceptible de concerner une pluralité de situations similaires[5].

421.132 Opposabilité du jugement. Tout jugement produit des effets substantiels qui entraînent une modification de l'ordonnancement juridique. Cette modification s'impose à tous, est opposable aux tiers[6].

Cette opposabilité a parfois été qualifiée d'« *autorité absolue de la chose jugée* »[7]. Cependant, cette terminologie est source de confusion, parce qu'elle peut laisser entendre qu'un jugement peut prononcer des effets substantiels au profit ou à l'encontre d'une personne qui n'est ni partie ni représentée par une partie. Pour cette raison, il est préférable de parler d'**opposabilité**, terme que le législateur utilise parfois (C. civ., art. 324, pour les jugements rendus en matière de filiation – C. civ., art. 91, al. 3, pour les jugements déclaratifs de décès – C. civ., art. 100, pour les rectifications judiciaires d'un acte ou jugement relatif à l'état civil). La jurisprudence distingue nettement dans ces cas l'autorité de la chose jugée et l'opposabilité : par exemple, à propos de l'article 100 du Code civil, il a été jugé que si les rectifications de l'état civil sont opposables à tous, elles ne confèrent de droits qu'à ceux qui les ont requises ou à leurs ayants cause[8].

Le tiers qui subit les conséquences de l'exécution d'une décision de justice peut être lésé : il peut assurer la défense de ses intérêts en exerçant la tierce-opposition, afin que le jugement soit rétracté ou réformé « *à son profit* » (C. pr. civ., art. 582 – en matière indivisible, le jugement est également réformé dans les rapports entre les parties, C. pr. civ., art. 591). Dans certains cas, le législateur estime que les effets substantiels du jugement ne doivent pas être remis en cause, même par des tiers : l'opposabilité du jugement est alors renforcée et la tierce-opposition subordonnée à la preuve de conditions particulières (C. civ., art. 353-2, preuve d'un dol ou de la fraude imputable aux adoptants)[9].

§ 3
Autorité de la chose jugée et juge

421.140 Conséquences de l'autorité de la chose jugée à l'égard du juge. Le prononcé d'un jugement auquel est conférée l'autorité de la chose jugée entraîne deux séries d'effets : d'une part, le juge est dessaisi et ne peut plus revenir sur sa décision, d'autre part, s'il arrivait qu'un autre juge rende une décision méconnaissant la chose précédemment jugée, une sanction pourrait être prononcée tendant à l'annulation de cette décision.

1. Req. 29 mai 1911, *DP* 1912. 1. 269 – Civ. 1re, 9 janv. 1952, *JCP* 1952. IV. 37 – Civ. 2e, 19 juill. 1966, *Bull. civ.* II, n° 807 – Civ. 1re, 14 nov. 1972, n° 71-11.473, *Bull. civ.* I, n° 238 – Com. 19 juill. 1983, n° 82-12.215, *Bull. civ.* IV, n° 225; *D.* 1984. IR 240, obs. Julien.
2. Civ. 1re, 25 févr. 2009, n° 08-11.984, NP.
3. L. Boyer, « Les effets des jugements à l'égard des tiers », *RTD civ.* 1951. 163.
4. Com. 22 janv. 2002, n° 99-12.586, NP.
5. TGI Orléans, 5 mars 1975, *JCP* 1975. II. 18053, note Groutel; *RTD civ.* 1955. 696, obs. Hébraud.
6. J. Duclos, *L'opposabilité,* th. Rennes, LGDJ, 1984 – D. Landraud, « Une remise en ordre des notions d'autorité de la chose jugée et d'opposabilité en matière de nullité des marques », *JCP E* 1986. II. 15691.
7. H. Vizioz, *Études de procédure,* Éd. Bière, 1956, p. 250 s., spéct p. 266 – E.-D. Glasson, A. Tissier et R. Morel, *Traité théorique et pratique d'organisation judiciaire, de compétence et de procédure civile,* t. III, 3e éd., Sirey, 1929, n° 776, p. 106 – HÉRON, n° 763, p. 562.
8. Civ. 1re, 25 mai 1992, n° 90-13.613, *Bull. civ.* I, n° 158; *D.* 1992. 445, note Boulanger; *RTD civ.* 1992. 741, obs. Hauser; *Defrénois* 1992. 1441, obs. Massip.
9. Civ. 1re, 8 juill. 1986, n° 86-12.842, NP.

A. Dessaisissement du juge

421.141 Principe. L'article 481 C. pr. civ. pose un principe relatif aux jugements sur le fond : dès son prononcé, le jugement contentieux définitif dessaisit le juge de la contestation qu'il tranche. Il s'agit là de la traduction moderne de l'adage *lata sentencia, judex desinit esse judex* (la sentence une fois rendue, le juge cesse d'être juge).

Ce dessaisissement se justifie aisément : puisque le jugement est censé mettre fin à une situation litigieuse, qu'il est revêtu d'une autorité interdisant toute remise en cause des effets substantiels par les parties, il serait illogique que la solution donnée ne s'imposât point au juge lui-même : c'est ainsi que doit être annulée la décision d'un premier président de cour d'appel rendue à 17 h 20 pour modifier une première ordonnance rendue le même jour à 16 h 50, en violation de l'article 481 C. pr. civ.[1]

421.142 Portée du dessaisissement. Tous les jugements « *rendus sur le fond* » au sens de l'article 480 C. pr. civ., qui tranchent dans leur dispositif tout ou partie du principal ou qui statuent sur une exception de procédure, une fin de non-recevoir[2] ou tout autre incident dessaisissent le juge de la contestation. Par exemple, le tribunal qui se déclare compétent par un premier jugement ne peut plus, ultérieurement, se déclarer incompétent pour connaître de la demande[3].

Le principe du dessaisissement a une portée générale, et s'applique même aux jugements qui statuent « *en l'état* » : si le jugement déclare la demande irrecevable en l'état, et que le demandeur entend élever le débat au fond, il devra délivrer une autre citation pour saisir le juge[4].

421.143 Exceptions au-dessaisissement. Certaines décisions ont la particularité de pouvoir être modifiées ou rétractées par le juge qui les a rendues. Le principe du dessaisissement est donc écarté :

– pour **les jugements avant dire droit**, qui ordonnent une mesure d'instruction ou une mesure provisoire et qui, aux termes de l'article 483 C. pr. civ., ne dessaisissent pas le juge;

– pour **les ordonnances sur requête**, dans les cas où le requérant est fondé à ne pas appeler la partie adverse (C. pr. civ., art. 493), qui peuvent être modifiées ou rétractées même si le juge du fond est saisi de l'affaire (C. pr. civ., art. 497)[5] (le juge pouvant tenir compte de faits postérieurs à l'ordonnance[6]). Ce pouvoir de modification ou de rétractation n'est pas subordonné à la constatation de circonstances nouvelles : il y a une véritable exception au principe de dessaisissement;

– pour **la décision de désignation d'un médiateur,** qui ne dessaisit par le juge (C. pr. civ., art. 131-2, aj. par Décr. n° 96-652, 22 juill. 1996[7]);

– pour certaines **décisions rendues en matière familiale,** s'agissant des décisions relatives à l'exercice de l'autorité parentale, qui peuvent être modifiées ou complétées à tout moment par le juge à la demande du ou des parents (C. civ., art. 373-2-13)[8];

– pour **les ordonnances de référé,** l'article 488 C. pr. civ. prévoyant la possibilité de modifier ou de rapporter la décision en référé, « *en cas de circonstances nouvelles* »[9]. Cela ne signifie pas que l'ordonnance de référé n'ait aucune autorité et que l'absence de dessaisissement autorise le juge à revenir sur sa décision : l'ordonnance antérieurement rendue s'impose au juge tant que la situation n'a pas subi de modification[10] (même si l'ordonnance n'a pas été signifiée[11]);

– selon la jurisprudence, il en va de même pour **les décisions rendues en matière gracieuse,** susceptibles d'être rapportées ou modifiées, si les circonstances dans lesquelles elles ont été prononcées viennent à changer[12].

421.144 Voies de rétractation. Certaines voies de recours sont organisées pour permettre aux plaideurs de retourner devant le même juge afin qu'il rétracte sa décision. Il s'agit de l'opposition (C. pr. civ., art. 571 s.); du recours en révision (C. pr. civ., art. 593 s.) et de la tierce-opposition (C. pr. civ., art. 582 s.).

1. Civ. 2e, 6 juin 1996, n° 95-50.086, *Bull. civ.* II, n° 144; *D.* 1996. Somm. 353, obs. Julien; *D.* 1997. 48, obs. Julien-Laferrière; *JCP* 1996. IV. 1703.
2. Civ. 3e, 1er févr. 1995, n° 92-16.956, NP.
3. Soc. 29 oct. 1986, n° 85-60.511, n° 85-60.514, *Bull. civ.* V, n° 497; *JCP* 1987. IV. 11 – Civ. 2e, 27 janv. 1988, n° 86-15.691, *Bull. civ.* II, n° 29.
4. Civ. 2e, 22 avr. 1992, n° 90-20.225, *Bull. civ.* II, n° 133; *RTD civ.* 1993. 195, obs. Perrot – Civ. 2e, 10 févr. 1993, n° 91-17.108, *Bull. civ.* II, n° 58 – Civ. 2e, 31 mars 1993, n° 91-19.566, *Bull. civ.* II, n° 137 – Com. 8 mars 1994, n° 92-10.139, *Bull. civ.* IV, n° 105; *D.* 1995. 108, obs. Fricero; *JCP* 1994. IV. 1236.
5. Civ. 2e, 6 janv. 1983, NP; *Gaz. Pal.* 1983. 1. Pan. 197, obs. Guinchard – Civ. 2e, 26 nov. 1990, n° 89-18.207, *Bull. civ.* II, n° 247 – Com. 7 juin 1994, n° 92-15.108, *Bull. civ.* IV, n° 206.
6. Civ. 2e, 12 janv. 1994, n° 92-14.605, *Bull. civ.* II, n° 25; *RTD civ.* 1994. 426, obs. Perrot.
7. Décr. n° 96-652, 22 juill. 1996, relatif à la conciliation et à la médiation judiciaires, *JO* 23 juill., p. 11125.
8. Civ. 1re, 26 juin 2013, n° 12-14.392, *Bull. civ.* I, [à paraître].
9. Civ. 3e, 11 oct. 1977, n° 76-12.741, *Bull. civ.* III, n° 337 – Com. 6 juill. 1993, n° 91-15.996, *Bull. civ.* IV, n° 288 – Civ. 3e, 20 oct. 1993, n° 91-17.264, *Bull. civ.* III, n° 126.
10. Civ. 2e, 25 juin 1986, n° 85-10.637, *Bull. civ.* II, n° 100 – Civ. 3e, 29 juin 1988, n° 87-11.515, *Bull. civ.* III, n° 118.
11. Civ. 2e, 20 nov. 1985, n° 84-12.185, *Bull. civ.* II, n° 177; *Gaz. Pal.* 1986. 2. Somm. 334, obs. Guinchard et Moussa.
12. Civ. 1re, 6 avr. 1994, n° 92-15.170, *Bull. civ.* I, n° 141; *RTD civ.* 1994. 563, obs. Hauser.

En réalité, ces voies de recours ne constituent pas des exceptions véritables au principe du dessaisissement, parce que le juge réexamine les questions de fait et de droit à la suite d'une nouvelle saisine, dans le cadre de l'exercice d'un recours[1].

421.145 Rectification et interprétation du jugement. Les articles 461 et 462 C. pr. civ. prévoient des possibilités de retour devant le même juge pour qu'il interprète sa décision frappée d'ambiguïté, qu'il répare une omission ou une erreur matérielle : ces situations ne constituent pas de véritables exceptions au-dessaisissement, en ce sens que le juge ne peut en aucun cas revenir sur les questions tranchées avec autorité de la chose jugée (v. s^{s} n°s 52.00 s.) : le juge ne peut pas ajouter aux précédentes condamnations, ou modifier la chose précédemment jugée[2].

421.146 Complément ou retranchement du jugement. Les articles 463 et 464 C. pr. civ. organisent la possibilité pour les parties intéressées de retourner devant le juge pour que ce dernier complète une omission de statuer (sans porter atteinte à la chose jugée quant aux autres chefs), ou retranche un chef du dispositif statuant sur des choses non demandées ou accordant plus que ce qui avait été demandé (v. s^{s} n°s 523.00 s.). Ces hypothèses consacrent des exceptions au-dessaisissement du juge, puisqu'elles autorisent une modification de la substance de la chose jugée par la décision initiale sur les points omis ou sur lesquels il a été jugé *extra petita* ou *ultra petita* (non sur les questions définitivement tranchées, auxquelles est logiquement attachée l'autorité de la chose jugée).

B.
Incidences d'une décision ultérieure contraire

421.150 Bibliographie.

Articles. M. Contamine-Raynaud, « L'inconciliabilité des jugements, de l'autorité judiciaire à la raison judiciaire », *Mél. Raynaud*, Dalloz, 1985, p. 113 – P. Julien, « Remarques sur la contrariété des décisions de justice », *Mél. Hébraud*, PUSS Toulouse, 1981, p. 493 – M. Loisel, « Du pourvoi en cassation en cas de contrariété de jugements », *JCP* 1945. I. 486.

421.151 Problématique. D'importantes difficultés d'exécution peuvent surgir lorsque deux décisions auxquelles est attachée l'autorité de la chose jugée ont statué sur le même litige. La jurisprudence décidait sous l'empire des anciens textes que la dernière en date des décisions s'imposait, l'autorité de la chose antérieurement jugée étant anéantie[3]. Le Code de procédure civile a prévu dans ce cas la possibilité de former un pourvoi en cassation, et a distingué deux situations de contrariété de décisions.

Seule l'inconciliabilité entre deux décisions internes peut donner lieu à un anéantissement de l'autorité de la chose jugée. En revanche, un arrêt de condamnation de la France par la Cour européenne des droits de l'homme n'a aucune incidence sur l'autorité de la chose jugée par le jugement français, même si ce dernier est à l'origine de la violation, et il n'existe aucun mécanisme procédural en procédure civile permettant de remettre en cause la décision[4] (la solution est identique en matière administrative[5]; elle est différente en matière pénale, avec la procédure de réexamen des articles 626-1 s. du Code de procédure pénale).

421.152 Autorité de la chose jugée vainement opposée devant les juges du fond. Il peut arriver que le plaideur intéressé soulève devant le juge saisi une seconde fois du même litige, l'autorité de la chose jugée, mais que l'irrecevabilité de la demande ne soit pas prononcée (le rejet de la fin de non-recevoir est une condition de l'exercice du pourvoi[6]), et qu'un second jugement, incompatible avec le premier, soit rendu. Un pourvoi en cassation fondé sur la contrariété de décisions peut être formé contre le jugement second en date (C. pr. civ., art. 617). Si la contrariété est constatée, elle se résout au profit du premier jugement (C. pr. civ., art. 617, al. 2) : cette solution est logique, puisque l'autorité de la chose jugée avait été soulevée devant le second juge, qui l'a méconnue.

421.153 Décisions contradictoires insusceptibles de recours ordinaire. L'article 618 C. pr. civ. envisage une seconde hypothèse de pourvoi en cassation destiné à mettre fin à une contrariété de décisions. Il faut supposer l'existence de deux décisions inconciliables[7] rendues en dernier ressort ou de deux décisions rendues en premier ressort mais pour lesquelles aucun recours ordinaire n'est plus possible. La contrariété s'apprécie exclusivement en fonction des dispositifs des jugements[8], et non en fonction d'une

1. Cadiet et Jeuland n° 1100, p. 575.
2. Civ. 2e, 8 juill. 2010, n° 09-68.299, NP – Soc. 5 janv. 2011, n° 09-43.303, NP – Soc. 6 avr. 2011, n° 09-72.388, NP.
3. Civ. 12 déc. 1871, *DP* 1872. 1. 68 – Civ. 1re, 10 févr. 1953, *JCP* 1953. II. 7636, note Perrot.
4. Soc. 30 sept. 2005, n° 04-47.130, *Bull. civ.* V, n° 279; *D.* 2005. 2800; *D.* 2005. 2773, chron. Gautier; *JCP* 2005. II. 10180, note Bonfils – Gautier, « De l'obligation pour le juge civil de réexaminer le procès après une condamnation par la Cour européenne des droits de l'homme », *D.* 2005. Chron. 2773.
5. CE 11 févr. 2004, req. n° 228931, NP; *D.* 2004. 141.
6. Soc. 12 févr. 1985, n°s 84-60.857, 84-60.858 et 84-60.859, *Bull. civ.* V, n° 92.
7. Civ. 2e, 28 mai 1965, *Bull. civ.* II, n° 454 – Civ. 2e, 3 mai 1968, *Bull. civ.* II, n° 119 – Civ. 1re, 9 mars 2011, n° 10-30.607, NP – Civ. 3e, 9 avr. 2013, n°s 12-15.166 et 12-15.167, NP.
8. Civ. 2e, 15 avr. 2010, n° 09-66.508, NP.-Civ. 2e, 11 juill. 2013, n° 12-30.157, NP – Civ. 2e, 21 mars 2013, n° 12-10.154, NP.

contrariété entre les motifs de deux décisions[1]. Le pourvoi en cassation doit alors être dirigé contre les deux décisions[2], et lorsque la contrariété est constatée, la Cour de cassation annule l'une des décisions[3], ou les deux[4]. Par exemple, lorsqu'une ordonnance irrévocable d'un juge-commissaire a rejeté l'action en revendication d'un bien mobilier et qu'un arrêt définitif de la chambre correctionnelle de la cour d'appel a ordonné la restitution de ce bien (saisi par le juge d'instruction) au plaideur qui avait échoué dans son action en revendication, les deux décisions, inconciliables, doivent être annulées pour permettre à une juridiction de renvoi de statuer à nouveau[5]. Il en va de même si une décision déclare que X est propriétaire indivis avec sa sœur, et une autre qu'il ne l'est plus[6].

Cette hypothèse se distingue de la précédente en ce qu'elle ne suppose pas que l'autorité de la chose jugée ait été vainement invoquée devant les juges du fond[7]. Elle déroge au droit commun du pourvoi, puisque ce recours peut être formé même contre une décision rendue en premier ressort, ou déjà frappée d'un pourvoi en cassation précédemment rejeté (ou ayant fait l'objet d'une déclaration de déchéance[8]), et même après l'expiration du délai de deux mois (C. pr. civ., art. 618, al. 2). Ces dérogations sont fondées sur la nécessité de supprimer la coexistence de deux décisions dont l'exécution simultanée est impossible[9] et, indirectement, de sauvegarder l'autorité de la chose jugée.

1. Civ. 3e, 19 févr. 2013, n° 11-28.361, NP.
2. Civ. 2e, 17 nov. 1982, n° 81-11.002, *Bull. civ.* II, n° 144; *Gaz. Pal.* 1983. 1. Pan. 100, obs. Guinchard – Soc. 25 oct. 1994, n° 90-44.512, NP.
3. Com. 12 janv. 1988, n° 86-11.551, n° 86-11.552, *Bull. civ.* IV, n° 10 – Soc. 8 nov. 1988, n° 88-41.348, n° 88-41.353, *Bull. civ.* V, n° 571; *JCP* 1988. IV. 11 : la première décision est annulée, parce qu'elle ne correspondait pas à la doctrine du moment de la Cour de cassation – Com. 5 mars 1991, n° 89-20.255, *Bull. civ.* IV, n° 92; qui annule la décision rendue par la juridiction territorialement incompétente – Com. 8 juin 2010, n° 09-15.222, NP – Com. 3 nov. 2010, n° 09-17.152, NP; *D.* 2010. 2768, obs. Lienhard – Com. 30 nov. 2010, n° 10-14.421, NP.
4. Civ. 1re, 11 févr. 1986, n° 84-11.251, n° 84-15.137, *Bull. civ.* I, n° 19; *JCP* 1986. IV. 107 – Com. 5 mars 1991, n° 89-20.255, *Bull. civ.* IV, n° 92 – Civ. 2e, 23 janv. 1992, n° 89-18.023, *Bull. civ.* II, n° 25.
5. Cass., ass. plén., 29 nov. 1996, n° 93-20.799, *Bull. ass. plén.*, n° 8.
6. Civ. 3e, 18 sept. 2013, n° 12-13.395, NP.
7. Civ. 28 juill. 1852, *DP* 1852. 1. 292 – Civ. 27 avr. 1933, *DP* 1933. 1. 150.
8. Civ. 2e, 25 janv. 1991, n° 89-18.023, *Bull. civ.* II, n° 25.
9. Soc. 12 mars 1987, nos 85-60.573, 85-60.686, 85-60.691, 86-60.076 et 86-60.091, *Bull. civ.* V, n° 162 – Soc. 23 mai 1989, n° 85-40.411, *Bull. civ.* V, n° 374 – Civ. 1re, 30 juin 1992, n° 90-19.489, *Bull. civ.* I, n° 202 – Civ. 2e, 12 janv. 1994, n° 92-13.543, *Bull. civ.* II, n° 17; *JCP* 1995. II. 22435, note Puigelier.

CHAPITRE

422. Force probante du jugement

NATALIE FRICERO
Professeure à la Faculté de droit
de l'Université de Nice Sophia-Antipolis (CERDP)

SECTION 0
ORIENTEUR

422.00 **Plan du chapitre.**

422.01 **Principaux textes applicables.**
C. pr. civ., art. 303 à 316, 457, 459.
C. civ., art. 1319.
C. pén., art. 441-4.
C. pr. pén., art. 418 s.

422.05 **Principe.** Le Code de procédure civile précise que le jugement a la force probante d'un acte authentique (C. pr. civ., art. 457). L'article 1319 du Code civil, définissant la valeur probante de l'acte authentique, précise qu'il « *fait pleine foi de la convention qu'il renferme entre les parties* », et ouvre la possibilité de contester la véracité des éléments qu'il contient dans le cadre de « *plaintes en faux* », principales ou incidentes. Les articles 303 et suivants C. pr. civ. règlent la procédure d'inscription de faux contre les actes authentiques, incidente ou principale.

SECTION 1
APPLICATION DE LA FORCE PROBANTE

422.11 **Application de la force probante des actes authentiques au jugement.** Conformément aux règles dégagées à propos des actes authentiques non juridictionnels[1], la jurisprudence distingue deux séries de mentions : celles qui correspondent aux constatations personnelles de l'officier public rédacteur de l'acte, qui font foi tant que la démonstration contraire n'a pas été apportée par la procédure spéciale d'inscription de faux, et les mentions qui relatent les déclarations des parties, qui ne font foi que jusqu'à preuve du contraire, rapportée dans les conditions du droit commun.

Appliquée au jugement, cette distinction conduit à considérer que seuls les faits que le juge énonce comme les ayant accomplis lui-même, ou comme ayant eu lieu en sa présence, font foi jusqu'à inscription de faux[2]. C'est le cas pour les mentions relatives :

– à la présence des parties à l'audience[3], ainsi qu'à l'audition de leur représentant[4];

– au défaut de production d'une pièce[5];

– au déroulement des débats et au respect de la contradiction[6];

– à la participation aux débats et au délibéré du magistrat qui a prononcé le jugement[7];

– à la comparution des parties devant le bureau de conciliation et à l'absence de conciliation[8];

– à la mention selon laquelle la décision a été signée par une personne en tant que greffier[9];

– à la mention du jugement d'un tribunal de commerce, selon laquelle le gérant de la SARL en redressement judiciaire s'est porté caution au cas où le plan

1. J. Ghestin et G. Goubeaux, *Traité de droit civil*, LGDJ, Introduction générale, p. 585 s.

2. Com. 16 juill. 1980, n° 79-11.184, *Bull. civ.* IV, n° 298.
3. Soc. 24 févr. 1983, n° 80-41.779, *Bull. civ.* V, n° 117 – Com. 11 févr. 2004, n° 01-16.192, *Bull. civ.* IV, n° 26; *D.* 2004. AJ 805; *Defrénois* 2004. 724, obs. Théry; *Procédures* 2004. Comm. 95, Perrot; *Bull. Joly* 2004. 647, note Scholer.
4. Com. 5 oct. 1976, n° 75-12.642, *Bull. civ.* IV, n° 250 – Com. 31 mars 1981, n° 79-10.952, *Bull. civ.* IV, n° 167; *JCP* 1981. IV. 357.
5. Civ. 1re, 7 févr. 1990, n° 87-15.554, *Bull. civ.* I, n° 35; *JCP* 1990. IV. 132.
6. Soc. 26 janv. 1989, n° 85-43.874, *Bull. civ.* V, n° 83; *JCP* 1989. IV. 111.
7. Soc. 20 mars 1990, n° 86-44.139, *Bull. civ.* V, n° 127; *D.* 1990. Somm. 342, obs. Julien – Soc. 3 juill. 2013, n° 12-17.422, NP, *a contrario*.
8. Soc. 20 mars 1990, n° 86-45.356, NP.
9. Civ. 3e, 15 déc. 1999, n° 97-20.503, *Bull. civ.* III, n° 247; *JCP* 2000. IV. 1233.

de redressement ne serait pas exécuté, mention qui vaut cautionnement authentique et fait foi jusqu'à inscription de faux[1];

- le greffier signataire du jugement est celui dont le nom figure dans la décision, à peine d'inscription de faux[2];

- à la mention relative aux prétentions que les parties soutiennent ou abandonnent[3];

- aux mentions du jugement relatives aux prétentions des parties formulées à l'audience dans une procédure orale, lesquelles font foi jusqu'à inscription de faux[4].

En revanche, lorsque le juge reformule les déclarations des parties, les interprète ou éclaire leur portée, ces éléments relèvent de son pouvoir d'appréciation et ne sont pas couverts par la force probante jusqu'à inscription de faux[5] : seul l'exercice éventuel d'une voie de recours permet de revenir sur ce pouvoir d'appréciation.

Il faut noter que le faux constitue pour le juge une infraction pénale (C. pén., art. 441-4, faux commis dans une écriture publique ou authentique relatif aux actes judiciaires dressés par les magistrats et leurs auxiliaires dans les procédures civiles, commerciales, administratives ou pénales)[6]. Conformément au droit commun, toute personne ayant subi un préjudice peut se constituer partie civile (C. pr. pén., art. 418 s.). La chambre criminelle de la Cour de cassation a admis la recevabilité d'une constitution de partie civile du chef de faux en écriture publique contre le vice-président d'une section du conseil de prud'hommes, émanant de deux conseillers prud'hommes qui avaient mandaté le vice-président de rédiger des jugements. Ce dernier avait rédigé et signé plusieurs jugements non conformes au délibéré, dans un sens défavorable aux salariés[7].

SECTION 2
RÉSERVE DE L'ARTICLE 459 DU CODE DE PROCÉDURE CIVILE

422.21 Réserve de l'article 459 du Code de procédure civile. Le jugement a force probante d'un acte authentique, « *sous réserve des dispositions de l'article 459* » (C. pr. civ., art. 457). En conséquence, si un plaideur invoque la fausseté d'une mention contenue dans un jugement, il sera possible de démontrer que les prescriptions légales ont été, en fait, observées, et que la fausseté de la mention n'est que le résultat d'une erreur de transcription.

Ces dispositions dérogent aux règles admises en matière de preuve du faux, puisqu'elles autorisent le recours à des procédés de preuve qui ne sont pas authentiques (pièces de la procédure ou tout autre moyen, C. pr. civ., art. 459). Ceci conduit à permettre la preuve contre des mentions d'un acte authentique à l'aide de moyens dont la valeur probante est inférieure : la gravité des conséquences de l'anéantissement d'un jugement justifie ces solutions, et il aurait été peu opportun de poser des règles différentes selon que le jugement est anéanti à la suite d'un recours en annulation et à la suite d'un recours en faux.

Il est parfois difficile de distinguer la force probante d'un jugement de sa régularité, sanctionnée par l'annulation de la décision par le biais d'un appel annulation ou d'un pourvoi en cassation[8].

1. Com. 11 févr. 2004, n° 01-16.192, *Bull. civ.* IV, n° 26; *Procédures* 2004. Comm. 95, note Perrot.
2. Cass., ch. mixte, 21 oct. 2005, n° 04-11.288, *Bull. ch. mixte*, n° 6; *D.* 2005. IR 2901; *D.* 2006. Pan. 550, note Julien et Fricero.
3. Soc. 24 juin 2009, n° 08-42.266, NP.
4. Soc. 18 mars 2009, n° 07-43.760, NP.
5. Versailles, 9 juill. 1992.
6. Crim. 23 sept. 1880, *D.* 1881. 1. 49, pour le jugement d'un tribunal civil.
7. Crim. 7 mars 1996, n° 95-82.659, *Bull. crim.* n° 107; *Dr. ouvrier* 1996. 377.
8. Civ. 1re, 6 févr. 2008, n° 07-10.622, *Bull. civ.* I, n° 36; *D.* 2008. 1786, obs. Lemouland et Vigneau; *RTD civ.* 2008. 278, obs. Hauser; *Procédures* 2008. Comm. 101, Perrot.

CHAPITRE

423. Force exécutoire du jugement

NATALIE FRICERO
Professeure à la Faculté de droit
de l'Université de Nice Sophia-Antipolis (CERDP)

SECTION 0
ORIENTEUR

423.00 Plan du chapitre.

423.01 Principaux textes applicables.

L. n° 72-626, 5 juill. 1972, instituant un juge de l'exécution et relative à la réforme de la procédure civile, art. 11-3, *JO* 9 juill., p. 7181.

Décr. n° 47-1047 [1]**, 12 juin 1947,** intitulé des expéditions des arrêts, des jugements, des mandats de justice, des grosses, des expéditions des contrats et de tous les actes susceptibles d'exécution forcée, *JO* 13 juin, p. 5487.

C. pr. civ., art. 12, 27, 82, 114, 145, 152, 154, 159, 409, 410, 446-1, 454, 462, 465, 471, 473, 474, 477, 478, 489, 493 à 498, 500 à 506, 510 à 513, 524, 527, 528, 528-1, 529, 538 à 542, 546, 571, 579, 583, 586, 590, 648, 651 à 655, 659, 660, 664 à 670-2, 671 à 680, 682 à 684, 689, 690, 693, 694, 700, 748-2, 748-5, 812 s., 847-2, 861-2, 874, 891, 897 s., 931, 958 s., 1009-1 à 1009-3, 1045, 1069, 1103, 1148, 1435 à 1437, 1440.

C. pr. exéc., art. L. 111-2 à L. 111-4, L. 111-11, R. 121-1.

C. civ., art. 1444, 1244-1 à 1244-3, 2440.

COJ, art. L. 213-6.

C. com., art. L. 743-13, R. 743-140 à R. 743-157.

C. trav., art. R. 1454-26, R. 3252-11.

423.05 Conditions. Le jugement constitue **un titre exécutoire** (C. pr. exéc., art. L. 111-3), qui autorise le créancier à poursuivre l'exécution forcée sur les biens

1. Décr. n° 47-1047, 12 juin 1947, intitulé des expéditions des arrêts, des jugements, des mandats de justice, des grosses, des expéditions des contrats et de tous les actes susceptibles d'exécution forcée, *JO* 13 juin, p. 5487.

de la personne condamnée (C. pr. exéc., art. L. 111-2), à défaut d'exécution volontaire. Depuis la loi n° 2008-561 du 17 juin 2008 portant réforme de la prescription en matière civile[1], l'exécution des titres exécutoires mentionnés à l'article L. 111-3, 1° se prescrit par dix ans (sauf si les actions en recouvrement des créances qui y sont constatées se prescrivent par un délai plus long, ce délai étant alors applicable à l'exécution du jugement, C. pr. exéc., art. L. 111-4). Cependant, le prononcé du jugement ne suffit pas pour conférer une telle force exécutoire à la décision : la loi impose qu'une copie du jugement revêtue de la formule exécutoire soit notifiée au débiteur, et que la décision ne soit plus susceptible de recours suspensif de l'exécution, c'est-à-dire qu'elle soit passée en force de chose jugée.

SECTION 1
APPOSITION DE LA FORMULE EXÉCUTOIRE

423.10 Principe. Nul jugement ne peut être mis à exécution que sur présentation d'une expédition revêtue de la formule exécutoire, à moins que la loi n'en dispose autrement (C. pr. civ., art. 502).

La formule exécutoire constitue donc un élément essentiel pour la force exécutoire du jugement. Elle peut se définir comme un ordre donné au pouvoir exécutif de prêter main-forte à l'exécution de la décision de justice. Elle figure sur la copie exécutoire (le terme de « *grosse* », couramment utilisé dans la langue du Palais, désigne la copie certifiée conforme revêtue de la formule exécutoire, par référence à l'écriture en gros caractère qui était employée auparavant) délivrée au gagnant.

§ 1
Contenu de la formule exécutoire

423.11 Décret n° 47-1047 du 12 juin 1947. Ce texte a défini le contenu actuel de la formule exécutoire de la façon suivante :

« *République française* »

« *Au nom du peuple français,* »

« *En conséquence, la République française mande et ordonne à tous les huissiers de justice, sur ce requis, de mettre ledit jugement à exécution, aux procureurs généraux et aux procureurs de la République près les tribunaux de grande instance d'y tenir la main, à tous commandants et officiers de la force publique de prêter mainforte lorsqu'ils en seront légalement requis,*

En foi de quoi le présent jugement a été signé par [...] ».

1. L. n° 2008-561, 17 juin 2008, portant réforme de la prescription en matière civile, *JO* 18 juin, p. 9856.

423.12 Nécessité de la formule exécutoire. Dans les rapports entre les parties, l'exécution forcée du jugement n'est autorisée que sur présentation d'une expédition revêtue de la formule exécutoire (C. pr. civ., art. 502)[2]. En revanche, la forme exécutoire n'est pas exigée sur la minute[3]. Un arrêt revêtu de la formule exécutoire constitue pour l'avoué un titre sur lequel le droit de rétention prévu par l'article 6 du décret n° 80-608 du 30 juillet 1980 fixant le tarif des avoués près les cours d'appel[4] peut être exercé, peu important qu'un recours ait été formé devant le premier président pour le paiement des débours et émoluments tarifés[5].

423.13 Sanctions. Deux situations doivent être envisagées, selon que l'expédition signifiée ne comporte pas de formule exécutoire ou que la formule contient une irrégularité.

– **L'absence de formule exécutoire.** Si la copie signifiée au perdant ne comporte pas de formule exécutoire, il est certain qu'aucune mesure d'exécution forcée n'est possible. L'huissier de justice est en droit de refuser de procéder à l'exécution d'un titre si ce dernier est une simple copie de la décision, même certifiée conforme par l'avocat[6]. Si une opération d'exécution forcée était réalisée, le juge de l'exécution, saisi sur le fondement de l'article L. 213-6 du COJ pourrait statuer sur l'inefficacité du titre et ordonner la mainlevée de la mesure[7]. Mais l'absence de formule exécutoire n'est pas une cause de nullité du jugement, puisque cette formule constitue seulement l'une des conditions d'exécution de la décision.

Dans un arrêt du 11 février 2010, la deuxième chambre civile de la Cour de cassation a jugé qu'en l'absence de contestation du caractère exécutoire du jugement, l'irrégularité tenant à l'omission de la mention de la formule exécutoire sur la copie du jugement signifiée aux débiteurs saisis dont l'expulsion est sollicitée, constitue une irrégularité de forme ne pouvant entraîner la nullité de la signification qu'au cas où elle a causé à ces derniers un grief[8].

– **L'inexactitude de la formule exécutoire** apposée n'entraîne jamais la nullité du jugement[9]. En revanche, elle peut conduire à l'annulation de la significa-

2. TGI Paris, 21 oct. 1990, *Juris-Data* n° 051252 – Civ. 2e, 1er juill. 1992, n° 91-11.434, *Bull. civ.* II, n° 194; *RTD civ.* 1993. 657, obs. Perrot – Civ. 2e, 5 mai 1993, n° 91-19.043, *Bull. civ.* II, n° 160 – Com. 26 oct. 1993, n° 92-13.658, *Bull. civ.* IV, n° 367 – Com. 4 avr. 1995, n° 94-12.391, NP.
3. Paris, 5 nov. 1958, *JCP A* 1958. II. 10893, concl. Combaldieu; *RTD civ.* 1959. 159, obs. Raynaud.
4. Décr. n° 80-608, 30 juill. 1980, fixant le tarif des avoués près les cours d'appel, *JO* 2 août, p. 1950.
5. Civ. 2e, 6 avr. 2006, n° 05-14.364, *Bull. civ.* II, n° 102; *D.* 2006. IR 1130.
6. Civ. 1re, 1er juill. 1992, n° 91-11.434, *Bull. civ.* I, n° 194; *RTD civ.* 1993. 657, obs. Perrot.
7. Civ. 1re, 10 oct. 1990, n° 89-16.248, NP.
8. Civ. 2e, 11 févr. 2010, n° 09-65.404, *Bull. civ.* II, n° 31; *D.* 2010. 589; *D.* 2011. 265, obs. Fricero.
9. Crim. 20 avr. 1849, *DP* 1949. 5. 261.

tion du jugement et des actes d'exécution[1]. Mais, bien qu'il s'agisse d'une formalité essentielle, la jurisprudence a toujours considéré que l'irrégularité dans la formule exécutoire n'est sanctionnée que si elle perd son efficacité en raison d'un vice grave[2], et non si l'omission de certains mots est « *sans conséquence sur son sens et sa portée* », et que la partie condamnée n'a pas pu se méprendre et s'est trouvée valablement informée de la décision rendue[3]. Ces exigences demeurent conformes aux dispositions de l'article 114 alinéa 2 C. pr. civ. : la nullité n'est prononcée que si la victime de l'irrégularité peut démontrer le grief qu'elle subit en raison de l'irrégularité, même si la formalité viciée est substantielle.

§ 2
Délivrance de la copie exécutoire

423.21 Régime commun à toutes les copies. La délivrance de copies des jugements constitue l'un des éléments de la publicité de la justice. À ce titre, elle est étroitement réglementée.

Seul le dépositaire du jugement est habilité à délivrer les copies. Il s'agit du greffier en chef de la juridiction qui a rendu le jugement.

L'établissement des copies par les greffiers des juridictions est organisé par le décret n° 52-1292 du 2 décembre 1952[4]. Les copies peuvent être manuscrites (écrites avec une encore noire indélébile, Décr. 2 déc. 1952, art. 2), dactylographiées ou établies par d'autres procédés de reproduction, dans des conditions techniques ayant reçu l'agrément par arrêté du garde des Sceaux (Décr. 2 déc. 1952, art. 4 et 5).

Les copies sont établies en respectant les alinéas du texte du jugement copié, dont les blancs sont bâtonnés. Les pages sont numérotées et revêtues du paraphe du greffier et de son sceau. Le nombre de feuilles employées est indiqué à la dernière page où est apposée une mention de la conformité avec l'original. Puis sont apposées la signature complète du greffier et l'empreinte de son sceau (Décr. 2 déc. 1952, art. 6).

Lorsque la copie comporte des erreurs ou omissions, les corrections sont réalisées par des renvois en marge qui sont paraphés. Sur la dernière page de la copie, le greffier indique le nombre de renvois en marge de mots et de chiffres annulés, par une mention paraphée. Les signatures et paraphes sont toujours manuscrits.

Ces règles ont perdu beaucoup de leur intérêt depuis que le recours à des techniques modernes permet d'obtenir des copies exactement conformes à la minute, sans risque d'erreur. Elles seront sans doute désuètes dans un avenir proche, avec le développement des nouvelles technologies et l'équivalent électronique des actes de procédure : le jugement dématérialisé n'obéira-t-il pas à d'autres exigences[5] ? L'article 748-5 C. pr. civ. précise que l'usage de la communication par voie électronique ne fait pas obstacle au droit de la partie intéressée de demander la délivrance sur support papier de l'expédition de la décision juridictionnelle revêtue de la formule exécutoire.

423.22 Contradiction entre la copie et la minute. Bien que cette hypothèse soit assez théorique, une contradiction entre la copie et l'original du jugement se résoud au profit de l'original : le contenu de la copie ne saurait aller à l'encontre des énonciations du titre original[6].

La procédure de rectification des jugements prévue par l'article 462 C. pr. civ. permet de corriger la copie non conforme. Les corrections sont effectuées par référence aux énonciations de la minute[7] (not. la mention de la publicité des débats[8]; l'omission d'un croquis dans la copie signifiée[9]; ou l'absence de motifs sur la copie[10]).

423.23 Obtention de la copie. Une distinction doit être faite selon que la personne qui sollicite une copie est une partie ou un tiers au jugement.

S'agissant des tiers, l'article 11-3 de la loi n° 72-626 du 5 juillet 1972 prévoit qu'ils sont en droit de se faire délivrer **copie** « *des jugements prononcés publiquement* » : les greffiers sont donc tenus de délivrer copie à tous requérants (C. pr. civ., art. 1440). Si le jugement est prononcé en chambre du conseil, les tiers ne peuvent pas en obtenir copie : il convient donc de se référer aux dispositions légales prévoyant les cas de prononcé hors la présence du public pour connaître le domaine de l'interdiction d'obtenir copie des décisions, ce que le greffier doit vérifier avant de délivrer ou de refuser de délivrer copie au tiers.

1. Req. 19 déc. 1866, *DP* 1967. 1. 440.
2. Bastia, 2 avr. 1855, *DP* 1855. 2. 323.
3. Civ. 2e, 11 oct. 1963, *Bull. civ.* II, n° 616 – Soc. 16 juin 1965, *Bull. civ.* IV, n° 470.
4. Décr. n° 52-1292, 2 déc. 1952, portant règlement d'administration publique pour l'emploi par les officiers publics et ministériels des procédés de reproduction des actes, *JO* 5 déc., p. 11251, mod. par Décr. n° 71-941, 26 nov. 1971, relatif aux actes établis par les notaires, *JO* 3 déc., p. 11795.
5. J.-L. Vallens, « La dématérialisation des décisions judiciaires : une évolution nécessaire », *JCP* 2007. I. 119.
6. Com. 5 févr. 1963, *Bull. civ.* IV, n° 86 – Civ. 1re, 11 mai 1965, *Bull. civ.* I, n° 316 – Civ. 2e, 17 juin 1971, n° 69-14.418, *Bull. civ.* II, n° 225.
7. Civ. 2e, 15 janv. 1960, *Bull. civ.* II, n° 44 – Civ. 2e, 25 oct. 1962, *Bull. civ.* II, n° 670 – Civ. 2e, 17 juin 1971, n° 69-14.418, *Bull. civ.* II, n° 225.
8. Civ. 2e, 1er mars 1972, n° 71-10.710, *Bull. civ.* II, n° 61.
9. Civ. 1re, 3 janv. 1963, *Bull. civ.* I, n° 5.
10. Com. 12 mai 1966, *Bull. civ.* IV, n° 249.

Dans certaines hypothèses, les tiers ne peuvent obtenir que **des extraits du jugement**, qui ne contiennent ni l'exposé des prétentions respectives des parties et de leurs moyens, ni les motifs : c'est le cas, notamment, des jugements prononçant le divorce ou la séparation de corps (C. pr. civ., art. 1148 : l'extrait de la décision ne comporte que le dispositif accompagné de la justification de son caractère exécutoire). Ces restrictions ont pour objectif évident la protection de la vie privée des parties [1].

Le tiers doit **acquitter un droit forfaitaire** pour la délivrance de toute ampliation d'une décision en matière civile (L. n° 77-1468, 30 déc. 1977 [2], art. 11). Lorsque la décision a été rendue par un tribunal de commerce, le greffier perçoit des émoluments pour la délivrance des copies (C. com., art. L. 743-13 et R. 743-140 à R. 743-157). Le greffier est en droit de refuser la délivrance si les frais ne sont pas acquittés (C. pr. civ., art. 1440 : la délivrance est faite « *à charge de leurs droits* » aux requérants).

En ce qui concerne **les parties**, chacune a la faculté de se faire délivrer gratuitement une copie certifiée conforme, un extrait ou un certificat, ainsi qu'une copie certifiée conforme revêtue de la formule exécutoire (L. 30 déc. 1977, art. 1er). L'article 1435 C. pr. civ. précise à cet égard que les dépositaires d'actes sont tenus de délivrer expéditions ou copies aux parties elles-mêmes, à leurs héritiers ou ayants droit.

En cas de refus ou de silence du greffier, le demandeur saisit par requête le président du tribunal de grande instance, qui statue après avoir appelé ou entendu le demandeur et le dépositaire (C. pr. civ., art. 1436). Sa décision est exécutoire à titre provisoire et est susceptible d'appel, lequel est formé, instruit et jugé comme en matière gracieuse (C. pr. civ., art. 1437).

423.24 Règles spécifiques aux copies certifiées conformes revêtues de la formule exécutoire. Aux termes de l'article 465 C. pr. civ., **chacune des parties** a la faculté de se faire délivrer une expédition revêtue de la formule exécutoire, ce qui lui permet de procéder à la mise à exécution forcée du chef du dispositif qui lui profite.

Le même texte organise **la délivrance d'une seconde expédition revêtue de la formule exécutoire** : s'il y a un motif légitime, la partie peut solliciter cette délivrance au secrétariat de la juridiction qui a rendu le jugement [3]. En l'absence d'exigence légale, le greffier peut être saisi sans forme, la demande devant seulement exposer le motif invoqué. Le secrétaire de la juridiction apprécie souverainement le caractère légitime de la raison alléguée.

– S'il refuse la délivrance de la seconde copie exécutoire, le président de la juridiction qui a rendu le jugement peut être saisi par le demandeur pour trancher la difficulté par ordonnance sur requête (C. pr. civ., art. 465, al. 2; rien n'interdit au greffier lui-même de saisir le président de la juridiction pour trancher la difficulté). La procédure à suivre est celle que prévoient les articles 493 à 498 C. pr. civ. pour les ordonnances sur requête, ainsi que les règles spéciales à chaque juridiction (pour le tribunal de grande instance, C. pr. civ., art. 812 s. – pour le tribunal d'instance, C. pr. civ., art. 851 s. – pour le tribunal de commerce, C. pr. civ., art. 874 s. – pour le tribunal paritaire des baux ruraux, C. pr. civ., art. 897 s. – pour la cour d'appel, C. pr. civ., art. 958 s.). À cet égard, devant le président du tribunal de grande instance (C. pr. civ., art. 813) ainsi que devant le premier président de la cour d'appel (C. pr. civ., art. 959), le demandeur devra constituer avocat ou avoué lorsque la procédure impose la représentation *ad litem* [4].

– Si le secrétaire fait droit à la demande, il doit préciser dans la formule finale de l'expédition qu'il s'agit d'une seconde copie exécutoire, pour éviter toute confusion avec la première copie, et pour justifier la perception du droit forfaitaire (seule une copie exécutoire est délivrée gratuitement, L. 30 déc. 1977, art. 1er et 11, al. 2). À défaut de paiement, le greffier peut refuser la délivrance (C. pr. civ., art. 1435 : le secrétaire est tenu de délivrer copie aux parties « *à charge de leurs droits* »).

SECTION 2
NOTIFICATION DE LA COPIE EXÉCUTOIRE

423.31 Définition. La notification consiste à porter le jugement à la connaissance de la partie adverse ou d'un tiers (C. pr. civ., art. 651) [5]. Elle peut revêtir plusieurs formes : notification en la forme ordinaire, signification par huissier de justice, et notification par acte du Palais pour les représentants *ad litem*.

423.32 Nécessité de la notification. Les jugements ne peuvent être exécutés contre ceux auxquels ils sont opposés qu'après leur avoir été notifiés, à moins que l'exécution n'en soit volontaire (C. pr. civ., art. 503) [6]. Cette formalité se justifie par l'exigence du respect des

1. Rép. min. n° 60231, *JOAN Q* 23 nov. 1992, p. 5325.
2. L. n° 77-1468, 30 déc. 1977, instituant la gratuité des actes de justice devant les juridictions civiles et administratives, *JO* 31 déc., p. 6359.
3. M. Vion, « La procédure de délivrance d'une seconde copie exécutoire », *Defrénois* 1981. 32719, p. 1044.
4. Civ. 2e, 13 nov. 1985, n° 84-11.077, *Bull. civ.* II, n° 171; *Gaz. Pal.* 1986. 2. 696, note du Rusquec.
5. Y. Lobin, « La notification du jugement et ses sanctions », *Mél. Raynaud*, Dalloz, 1985, p. 381.
6. Civ. 2e, 25 févr. 1998, n° 96-12.438, *Bull. civ.* II, n° 60; *D.* 1998. IR 81; *Rev. huiss.* 1998. 951 – Soc. 13 janv. 2010, n° 08-19.914, NP.

droits de la défense : avant de mettre à exécution forcée les condamnations prononcées, il convient d'informer précisément l'adversaire, à la fois, du contenu de ces condamnations, et des possibilités de les contester en formant un recours (C. pr. civ., art. 680 – la formation d'un appel par le perdant ne dispense pas le gagnant de notifier la décision avant de mettre en œuvre l'exécution provisoire[1]).

423.33 Conséquences de la notification. La notification constitue le préalable nécessaire à toute exécution forcée : si elle n'a pas été réalisée, la mesure d'exécution est nulle (a ainsi été prononcée la nullité d'une saisie attribution[2]; ou d'une procédure de paiement direct[3]).

La Cour de cassation attache à la notification une très grande portée : en chambre mixte, elle a jugé le 16 décembre 2005 que « *la force de chose jugée attachée à une décision judiciaire dès son prononcé ne peut avoir pour effet de priver une partie d'un droit tant que cette décision ne lui a pas été notifiée* »[4]. L'effectivité de la chose jugée est donc subordonnée à l'information du perdant : il est vrai qu'il est parfois difficile de distinguer l'effectivité de la suppression d'un droit (qui ne repose sur aucune mesure d'exécution) de l'exécution de la décision qui prononce cette suppression...

La notification entraîne des conséquences sur l'exercice des voies de recours : elle constitue le point de départ des délais des recours ordinaires et extraordinaires (C. pr. civ., art. 528), aussi bien à l'égard de la partie qui a reçu la signification qu'à l'égard de celle qui l'a effectuée (C. pr. civ., art. 528, al. 2[5] – exceptionnellement, certains délais ont pour point de départ le prononcé du jugement, par ex. C. pr. civ., art. 82, pour le contredit – C. pr. civ., art. 586, al. 1er, pour la tierce-opposition formée à titre principal). Des dispositions spéciales concernent les jugements rendus à l'égard de plusieurs parties :

– en cas de condamnation solidaire ou indivisible de plusieurs parties, la notification faite à l'une d'elles ne fait courir le délai qu'à son égard (C. pr. civ., art. 529, al. 1er)[6];

– si le jugement profite solidairement ou indivisiblement à plusieurs parties, chacune peut se prévaloir de la notification faite par l'une d'elles[7].

En dépit de ces intérêts, la notification du jugement n'est pas toujours une condition préalable à l'exécution forcée, puisque son domaine a été limité par le Code de procédure civile. Lorsqu'elle s'impose, des modalités propres aux jugements ont été prévues.

§ 1
Domaine de la notification

A.
Principe : la notification, préalable nécessaire à l'exécution du jugement

423.41 Exigence légale. Les termes des articles 502 (« *nul jugement* [...] *ne peut être mis à exécution* [...] ») et 503 (« *les jugements ne peuvent être exécutés* [...] ») C. pr. civ. conduisent à considérer la notification comme une exigence de principe, applicable à toute décision de justice[8], à condition qu'il s'agisse d'une décision civile, la notification des décisions des juridictions administratives obéissant à des règles propres[9] (CJA, art. R. 751-3).

En conséquence, le taux de l'intérêt légal majoré n'est applicable qu'à l'expiration d'un délai de deux mois à compter du jour où la décision de condamnation a été notifiée[10].

Il appartient au créancier poursuivant d'établir la preuve de la notification préalable de la décision dont il se prévaut pour exercer des mesures d'exécution forcée[11]. La signification du jugement doit être régulière[12].

423.42 Application jurisprudentielle. La jurisprudence a interprété ces dispositions en leur confé-

1. Bordeaux, 1re ch., 26 sept. 1994, RG n° 93/003036.
2. Paris, 8e ch., 5 juill. 1995, RG n° 94/1931.
3. Rouen, 1re ch., 5 févr. 1992, RG n° 1190/91.
4. Cass., ch. mixte, 16 déc. 2005, n° 03-12.206, *Bull. ch. mixte,* n° 8; *RTD civ.* 2006. 376, obs. Perrot; *Dr. et proc.* 2006. 154, obs. Putman.
5. Com. 7 juill. 1987, n° 84-10.358, n° 84-10.464, *Bull. civ.* IV, n° 171; *D.* 1988. Somm. 122, obs. Julien.
6. Civ. 2e, 16 janv. 1980, n° 78-12.459, *Bull. civ.* II, n° 9; *D.* 1980. IR 373, obs. Julien – Civ. 2e, 5 mai 1982, n° 81-11.055, *Bull. civ.* II, n° 70 – Civ. 2e, 18 mars 1987, n° 85-18.796, *Bull. civ.* II, n° 71 – Paris, ord. CME, 22 mai 1991, *Bull. ch. avoués* 1991. 2. 55.
7. Civ. 2e, 14 mars 1979, n° 77-14.250, *Bull. civ.* II, n° 78; *Gaz. Pal.* 1979. 2. 420, note Viatte – Civ. 2e, 20 juin 1979, n° 77-10.567, *Bull. civ.* II, n° 183; *Gaz. Pal.* 1979. 2. 561, note Viatte – Civ. 2e, 10 déc. 1986, n° 84-14.165, *Bull. civ.* II, n° 178 – Paris, 11 juin 1992, *Bull. ch. avoués* 1993. 2. 59 – Paris, 9 oct. 1992, *Bull. ch. avoués* 1992. 4. 118 – Civ. 2e, 15 nov. 1995, n° 93-10.186, *Bull. civ.* II, n° 278; *Procédures* 1996, n° 1, obs. Perrot – Civ. 2e, 17 janv. 1996, n° 94-10.279, *Bull. civ.* II, n° 4; *JCP* 1996. IV. 530.
8. Civ. 3e, 21 mars 1990, n° 89-10.209, NP – Civ. 3e, 13 févr. 1991, n° 89-14.300, NP – Civ. 1re, 19 févr. 1991, n° 89-14.300, NP – Soc. 17 févr. 1993, n° 89-44.617, NP – Com. 2 nov. 1994, n° 92-18.253, NP.
9. Civ. 2e, 21 nov. 2002, n° 01-11.039, *Bull. civ.* II, n° 268; *JCP* 2003. IV. 1067.
10. Civ. 2e, 4 avr. 2002, n° 00-19.822, *Bull. civ.* II, n° 69; *D.* 2002. 1484, obs. Lienhard; *RTD civ.* 2002. 562, obs. Perrot; *Procédures* 2002. Comm. 114, note Perrot; *Dr. et proc.* 2002. 209, note Hoonakker.
11. Civ. 2e, 21 déc. 2006, n° 05-19.679, *Bull. civ.* II, n° 383; *Procédures* 2007. Comm. 86, obs. Perrot; *RD banc. fin.* 2007. 162, obs. Piedelièvre.
12. Civ. 2e, 16 mai 2013, n° 12-15.278, NP.

rant un domaine général. C'est ainsi que l'exécution forcée ne peut être réalisée qu'après notification pour :

- les ordonnances de référé[1];
- les jugements d'adjudication[2];
- les jugements prononçant la liquidation judiciaire d'un débiteur décédé (à notifier aux héritiers[3]);
- le jugement qui alloue une pension alimentaire[4] (en l'absence de notification, une poursuite pénale pour abandon de famille est impossible[5]);
- les ordonnances du juge d'instance qui statuent sur le surendettement du débiteur particulier[6];
- les condamnations civiles prononcées par les jugements pénaux[7] doivent être notifiées, si la partie civile poursuit l'exécution des condamnations prononcées à son profit par les voies et moyens mis à sa disposition par le Code de procédure civile;
- la décision de l'arrêt de l'exécution provisoire[8];
- l'ordonnance sur requête qui commet un huissier de justice pour procéder à des investigations[9].

B. Exception : l'exécution sans notification

423.51 **Cas.** L'article 503 C. pr. civ. prévoit la possibilité d'une exécution sans notification préalable dans deux situations : s'il y a exécution volontaire, et si l'exécution a lieu « *au seul vu de la minute* ».

423.52 **Exécution volontaire.** Dans la mesure où le perdant exécute volontairement le jugement, on est en droit de supposer qu'il a été suffisamment informé de son contenu. Il est donc inutile de procéder à une signification de la décision[10]. Comme l'exécution volontaire d'un jugement non exécutoire vaut acquiescement (C. pr. civ., art. 410[11] – en revanche, la signification d'un jugement, même sans réserve ne vaut pas acquiescement[12]), c'est-à-dire emporte soumission aux chefs de la décision et renonciation aux voies de recours (C. pr. civ., art. 409)[13], il n'y a pas lieu de notifier le jugement au perdant pour lui indiquer les modalités des recours qui étaient ouverts. Mais le paiement n'est pas « *volontaire* » si le débiteur commence à exécuter après la délivrance d'un commandement à fins de saisie vente : en conséquence, le débiteur peut contester l'absence de signification du jugement servant de fondement à cette saisie-vente[14].

423.53 **Exécution au seul vu de la minute.** Lorsque la décision est exécutoire au seul vu de la minute, des règles dérogatoires ont été prévues : d'abord, la présentation seule de la minute « *vaut notification* » (C. pr. civ., art. 503), ce qui dispense de la notification; ensuite, la minute présentée n'a pas à comporter de formule exécutoire[15] (en revanche, la présentation d'une simple copie ne suffit pas[16]).

L'exécution au seul vu de la minute concerne, notamment, **les ordonnances sur requête** (C. pr. civ., art. 495, al. 2), comme l'ordonnance d'envoi en possession rendue sur requête d'un légataire universel[17], les **ordonnances de référé** (C. pr. civ., art. 489), **en cas de nécessité et sur décision du juge des référés** (si le juge des référés ne déclare pas expressément son ordonnance exécutoire au seul vu de la minute, la signification s'impose avant toute exécution forcée[18]), le jugement disciplinaire rendu contradictoirement contre un huissier de justice[19].

423.54 **Exécution à l'initiative du juge.** Dans certaines hypothèses, l'exécution de la décision est laissée à l'initiative du juge, ce qui rend inutile la formalité de la signification. C'est le cas pour les décisions qui interviennent dans le cadre de mesures d'instruction : ces mesures sont mises à exécution à l'initiative du juge « *au vu d'un extrait ou d'une copie certifiée conforme du jugement* » (C. pr. civ., art. 154). Même si le juge, ou le greffier de la juridiction[20] peuvent être amenés à signifier la décision (par ex. pour enjoindre à un tiers de produire les documents utiles à la solution du litige), la Cour de cassation a consi-

1. Paris, 23 mars 1984, *D.* 1984. IR 248.
2. Civ. 2e, 10 oct. 1990, no 89-15.945, *Bull. civ.* II, no 195 – Civ. 2e, 26 oct. 1994, no 92-20.152, NP – Civ. 2e, 1er mars 1995, no 93-16.007, *Bull. civ.* II, no 62; *JCP* 1995. IV. 1060 – Civ. 2e, 5 juin 1996, no 94-15.060, *Bull. civ.* II, no 127 – Civ. 2e, 10 mars 2004, no 02-17.292, NP; *Dr. et proc.* 2004. AJ 178.
3. Limoges, 1re ch., 18 avr. 1995, RG no 204/94.
4. Paris, 18 févr. 1983, *JCP* 1984. IV. 189.
5. Crim. 5 mars 1980, no 79-92.516, *Bull. crim.* no 80; *JCP* 1980. IV. 191.
6. Dijon, 1re ch., 25 févr. 1994, RG no 00001476/92.
7. Civ. 2e, 15 mars 1995, no 93-13.655, *Bull. civ.* II, no 88; *D.* 1995. IR 96; *JCP* 1995. IV. 1177.
8. Civ. 1re, 20 déc. 2001, no 98-23.102, *Bull. civ.* I, no 200; *Dr. et proc.* 2002. 165, note Hoonakker; *Procédures* 2002. Comm. 45, note Perrot.
9. Civ. 2e, 10 févr. 2011, no 10-13.894, *Bull. civ.* II, no 36; *D.* 2011. 600; *D.* 2012. 244, obs. Fricero; *RTD civ.* 2011. 387, obs. Perrot.
10. Civ. 3e, 12 déc. 1990, no 89-13.206, NP.
11. Civ. 2e, 14 déc. 1992, no 91-13.193, *Bull. civ.* II, no 307.
12. Civ. 2e, 27 févr. 1980, no 78-14.761, *Bull. civ.* II, no 42.
13. Civ. 2e, 9 oct. 1985, no 84-12.441, *Bull. civ.* II, no 146.
14. Civ. 2e, 9 sept. 2010, no 09-13.525, *Bull. civ.* II, no 152; *D.* 2011. 1509, obs. Leborgne.
15. Civ. 2e, 15 juill. 1959, *D.* 1960. Somm. 32 – Paris, 5 nov. 1958, *JCP* 1958. II. 10893, concl. Combaldieu; *RTD civ.* 1959. 159, obs. Raynaud.
16. Civ. 2e, 1er juill. 1992, no 91-11.434, *Bull. civ.* II, no 194; *RTD civ.* 1993. 657, obs. Perrot.
17. Civ. 1re, 15 déc. 1976, no 75-13.507, *Bull. civ.* I, no 411; *JCP* 1978. II. 18874, note Thuillier.
18. Paris, 23 mars 1984, *D.* 1984. IR 248.
19. Civ. 1re, 12 mars 2002, no 99-11.008, *Bull. civ.* I, no 91; *JCP* 2002. IV. 1709, qui applique Décr. no 73-1202, 28 déc. 1973, relatif à la discipline et au statut des offices publics et ministériels, art. 18, al. 2, *JO* 30 déc., p. 14153.
20. Riom, 28 nov. 1988, RG no 1945/86, *D.* 1989. Somm. 272, obs. Julien.

déré que l'exécution d'une expertise n'est pas subordonnée à la notification préalable de la décision qui la prescrit[1]. Parfois, la mesure d'instruction peut être exécutée sur-le-champ (C. pr. civ., art. 159), ce qui n'impose pas de signification préalable. Enfin, les décisions qui, en cours d'instance, se bornent à ordonner ou à modifier une mesure d'instruction ne sont pas notifiées, comme celles qui refusent d'ordonner ou de modifier la mesure (C. pr. civ., art. 152; l'information des parties défaillantes ou absentes lors du prononcé se réalise par l'envoi d'une copie de la décision par lettre simple, à la diligence du secrétaire de la juridiction).

§ 2
Modalités de la notification

A.
Destinataires

423.60 **Finalité de la notification.** L'objectif essentiel poursuivi par le législateur est d'assurer l'information la plus complète possible des personnes intéressées par le jugement. Il s'agit des parties (1°), dont les droits doivent être protégés, ce qui impose également l'information de leur représentant *ad litem* éventuel (2°). Mais il s'agit aussi des tiers (3°), dont les intérêts peuvent être affectés par l'exécution de la décision.

1°
Parties au jugement

423.61 **Prise de connaissance personnelle du jugement.** L'article 677 C. pr. civ. précise que « *les jugements sont notifiés aux parties elles-mêmes* ». Ne permet donc pas l'exécution forcée contre une partie la signification du jugement à son mandataire[2] ou la notification du jugement à un tiers[3].

423.62 **Pluralité de parties.** Si plusieurs personnes sont concernées par le jugement, la notification doit être faite séparément à chacune d'elles[4] (y compris deux époux, dans le cas d'une notification d'un jugement intéressant les deux, dont l'un seulement a signé l'acte de notification fait conjointement par l'envoi d'un pli unique[5]). Mais l'ordonnance de référé prescrivant l'expulsion d'un locataire n'a pas à être signifiée au sous-locataire, même si ce dernier est connu du bailleur[6].

Si **une même personne** est concernée par le jugement **à deux titres différents,** à titre personnel et en qualité de représentant d'une personne morale, la signification doit indiquer précisément le titre auquel l'intéressé la reçoit (la signification n'est pas nulle, si le destinataire n'a pas pu douter que le jugement lui a été signifié à titre personnel, même si l'acte de signification mentionne sa qualité de représentant d'une personne morale[7]; la signification n'est pas régulière si elle est faite à la personne morale, alors que la décision condamne le directeur de la société pris en son nom personnel[8]).

2°
Représentant *ad litem* des parties

423.71 **Procédure avec représentation obligatoire.** Lorsque l'instance qui a été éteinte par le jugement imposait la constitution d'un mandataire *ad litem*, le jugement doit être préalablement notifié au représentant, dans la forme des notifications entre avocats (C. pr. civ., art. 671 à 674) : la signification est constatée par l'apposition du cachet et de la signature de l'huissier de justice sur l'acte et sa copie, avec l'indication de la date et du nom de l'avocat destinataire, à peine de nullité[9]. À défaut de signification préalable au représentant, la signification à la partie est nulle (C. pr. civ., art. 678)[10], et la nullité est prononcée sans qu'il y ait lieu de rechercher si l'omission a causé un grief[11]. Cette formalité permet au représentant d'informer la partie sur la portée du jugement et, le cas échéant, sur l'opportunité d'exercer un recours (le délai d'exercice du recours part à compter de la signification à la partie elle-même, C. pr. civ., art. 678, al. 3)[12].

1. Civ. 3e, 22 juill. 1992, no 90-17.792, *Bull. civ.* III, no 261.
2. Civ. 2e, 16 avr. 1988, no 01-14.212, *Bull. civ.* II, no 81 – Com. 15 déc. 1992, no 89-20.750, *Bull. civ.* IV, no 416; *D.* 1993. 192, obs. Honorat – Com. 22 mars 1994, no 91-19.165, NP.
3. Com. 7 juill. 1987, nos 84-10.358 et 84-10.464, *Bull. civ.* IV, no 171; *JCP* 1987. IV. 319 – Com. 15 déc. 1992, no 89-20.750, *Bull. civ.* IV, no 416; *D.* 1993. 192, obs. Honorat.
4. Civ. 2e, 24 juin 1998, no 95-19.215, NP; *Rev. huiss.* 1998. 1077 – Civ. 2e, 31 mai 2001, no 99-20.665, NP; *Procédures* 2001. Comm. 192, note Perrot.
5. Civ. 2e, 8 juin 1995, no 93-19.339, *Bull. civ.* II, no 177; *D.* 1995. IR 165; *JCP* 1995. IV. 1888; *RTD civ.* 1995. 960, obs. Perrot; *Procédures* 1995, no 4, p. 175, obs. Perrot.
6. Civ. 3e, 30 nov. 2005, no 04-18.686, *Bull. civ.* III, no 229; *D.* 2006. IR 99; *AJDI* 2006. 371, obs. de La Vaissière.
7. Com. 15 févr. 1983, no 81-14.313, *Bull. civ.* IV, no 64.
8. Civ. 2e, 1er mars 1995, no 93-12.690, *Bull. civ.* II, no 67; *Procédures* 1995, no 3, p. 119, obs. Perrot.
9. Civ. 2e, 22 mai 1996, no 93-15.683, *Bull. civ.* II, no 105; *JCP* 1996. IV. 1548.
10. Civ. 2e, 27 oct. 1982, no 81-13.944, *Bull. civ.* II, no 13; *D.* 1983. 541, note Coste-Floret; *Gaz. Pal.* 1983. 1. Somm. 93, note Guinchard – TGI Paris, 1er mars 1983, *Gaz. Pal.* 1983. 2. Somm. 401.
11. Civ. 3e, 6 déc. 1978, no 77-12.650, *Bull. civ.* III, no 365; *Gaz. Pal.* 1979. 1. 217, note R. D.; *RTD civ.* 1979. 835, obs. Perrot – Civ. 2e, 15 févr. 1995, no 93-15.459, *Bull. civ.* II, no 52; *D.* 1995. IR 69; *JCP* 1995. II. 22506, note du Rusquec; *Procédures* 1995, no 1, p. 4, obs. Perrot.
12. Com. 15 déc. 1992, no 89-20.750, *Bull. civ.* IV, no 416; *D.* 1993. Somm. 192, obs. Honorat – Com. 22 mars 1994, no 91-19.165, NP.

Ainsi, la notification à l'avocat s'impose pour les jugements rendus par le tribunal de grande instance, à l'avoué pour les arrêts de la cour d'appel, et à l'avocat au Conseil d'État et à la Cour de cassation pour les arrêts rendus par la Cour de cassation[1]. En revanche, lorsque la représentation n'est pas obligatoire, les dispositions de l'article 678 C. pr. civ. ne sont pas applicables : les jugements rendus par le tribunal de commerce[2], par un juge des baux commerciaux[3] doivent seulement être notifiés aux parties. Dans ce dernier cas, la partie intéressée ne peut pas exiger que la notification du jugement la concernant soit faite au domicile de l'avocat qu'elle a élu[4].

423.72 Caractère préalable de la notification au représentant. Le caractère préalable de la notification au représentant est apprécié souverainement par les juges du fond. À cet égard, il a été jugé qu'aucun délai n'ayant été prévu par l'article 678 C. pr. civ., entre la notification au représentant et celle adressée à la partie, les deux notifications peuvent être effectuées le même jour, dès lors que l'indication portée sur la signification à partie indique, jusqu'à inscription de faux, que la notification à l'avocat a été préalable[5].

423.73 Représentant destinataire de la notification préalable. La notification du jugement doit être adressée à l'avocat ou l'avoué constitué par la partie à laquelle la signification du jugement doit être faite[6], ou à l'avocat désigné au titre de l'aide juridictionnelle[7].

Lorsque l'avocat représente des parties ayant des intérêts distincts et opposés, la jurisprudence considère que la signification doit être faite en autant de copies que de parties[8].

423.74 Preuve de l'accomplissement de la notification préalable. En principe, la preuve du caractère préalable de la notification au représentant résulte de la mention de son accomplissement portée dans l'acte de notification destiné à la partie (C. pr. civ., art. 678). À défaut de mention, la preuve de la notification et de son caractère préalable incombe à la partie qui a notifié[9].

423.75 Exceptions à la notification préalable. Si le représentant est décédé, ou a cessé d'exercer ses fonctions, la notification n'est adressée qu'à la partie, avec l'indication du décès ou de la cessation des fonctions de l'avocat ou de l'avoué (C. pr. civ., art. 678, al. 2).

3°
Tiers

423.81 Règles propres à la matière gracieuse. Aux termes de l'article 679 C. pr. civ., le jugement rendu en matière gracieuse est notifié aux parties « *et aux tiers dont les intérêts risquent d'être affectés par la décision, ainsi qu'au ministère public lorsqu'un recours lui est ouvert* ». Le caractère souvent unilatéral de la procédure gracieuse impose que les tiers puissent ultérieurement défendre leurs intérêts : le juge peut les entendre d'office (C. pr. civ., art. 27, al. 2)[10], et le jugement doit mentionner le nom des personnes auxquelles il doit être notifié (C. pr. civ., art. 454 – cette mention n'est pas prévue à peine de nullité du jugement[11]).

La notification de la décision a des incidences importantes pour les tiers qui la reçoivent : en effet, la voie de l'appel est ouverte aux tiers auxquels le jugement gracieux a été notifié (C. pr. civ., art. 546, al. 2)[12]; la tierce-opposition n'est ouverte qu'aux tiers auxquels la décision n'a pas été notifiée[13] et dans le cas où le jugement gracieux est rendu en dernier ressort, même s'il leur a été notifié (C. pr. civ., art. 583, al. 3).

B.
Formalisme

1°
Notification en la forme ordinaire ou signification

423.91 Distinction selon la matière contentieuse ou gracieuse. Les jugements rendus en matière contentieuse sont notifiés par voie de signification, à moins que la loi n'en dispose autrement. Les décisions gracieuses sont notifiées par le secrétaire de la juridiction par lettre recommandée avec demande d'avis de réception (C. pr. civ., art. 675).

423.92 Signification des jugements. La notification par signification est une règle de portée générale

1. Civ. 2e, 13 janv. 1988, no 86-16.636, *Bull. civ.* II, no 17; *JCP* 1988. IV. 100; *RTD civ.* 1988. 401, obs. Perrot.
2. Paris, 8 juin 1979, *D.* 1980. IR 375, obs. Julien.
3. Civ. 2e, 18 févr. 1987, no 85-17.836, *Bull. civ.* II, no 51; *JCP* 1987. IV. 141; *Gaz. Pal.* 1987. 1. Pan. 98.
4. Civ. 2e, 18 févr. 1987, no 85-17.836, préc. ss prést no.
5. Paris, 24 mai 1978, *JCP* 1979. II. 19104 – Toulouse, 20 juin 1994, RG no 1505/92, *BICC* 1994, no 990.
6. Civ. 2e, 27 oct. 1982, no 81-13.944, *Bull. civ.* II, no 132; *D.* 1983. 541, note Coste-Floret; *JCP* 1984. II. 20284, note Blaisse; *Gaz. Pal.* 1983. 2. Pan. 541, obs. Guinchard.
7. Colmar, 28 févr. 1979, *Gaz. Pal.* 1979. 247, note Schwob.
8. Civ. 2e, 25 mars 1987, no 85-12.318, *Bull. civ.* II, no 73; *Gaz. Pal.* 1987. 2. Pan. 146 – Cass., ass. plén., 15 mai 1992, no 90-12.705, *Bull. ass. plén.*, no 6; *JCP* 1992. II. 21884, note du Rusquec.
9. Civ. 2e, 4 juill. 1984, no 83-12.362, *Bull. civ.* II, no 129; *Gaz. Pal.* 1984. 2. Pan. 291, obs. Guinchard; *RTD civ.* 1985. 214, obs. Perrot.
10. Civ. 1re, 4 oct. 1988, no 86-18.816, *Bull. civ.* I, no 262.
11. Civ. 1re, 1er juill. 1986, no 84-17.792, *Bull. civ.* I, no 190; *Gaz. Pal.* 1986. 2. Pan. 218.
12. Civ. 1re, 24 févr. 1982, no 80-16.396, *Bull. civ.* I, no 90 – Bordeaux, 1er juill. 1982, *D.* 1984. IR 238, obs. Julien – Civ. 2e, 26 mai 1982, no 81-11.463, *Bull. civ.* II, no 196.
13. Civ. 1re, 23 janv. 1996, no 93-20.553, *Bull. civ.* I, no 42; *Procédures* 1996, no 3, p. 67, obs. Perrot.

en matière contentieuse : ce n'est qu'en présence d'une disposition légale contraire que le jugement peut être notifié en la forme ordinaire (les ordonnances de l'ex-juge aux affaires matrimoniales prescrivant des mesures provisoires doivent être signifiées en l'absence de disposition légale contraire[1]). La signification a toujours été considérée comme un mode plus sûr de notification[2].

La signification du jugement obéit aux règles générales prévues pour la signification des actes de procédure (C. pr. civ., art. 653 à 664 – sur la signification des actes de procédure, v. s[s] n°s 161.120 s.), auxquelles il convient de se référer. Elle est donc faite selon le cas, à personne (C. pr. civ., art. 654), à domicile (C. pr. civ., art. 655 s.) ou à l'autorité compétente (C. pr. civ., art. 660), ou encore au parquet (C. pr. civ., art. 684), ou bien selon un règlement communautaire (C. pr. civ., art. 683), ou enfin, donne lieu à la rédaction d'un procès-verbal de recherche (C. pr. civ., art. 659).

423.93 Notification par remise d'une simple expédition. Tous les jugements peuvent être notifiés par remise d'une copie (C. pr. civ., art. 676) qui n'a pas besoin d'être authentifiée par le greffier[3] et qui n'est pas revêtue de la formule exécutoire[4]. Il suffit que la remise porte sur l'intégralité du jugement[5].

Cependant, une telle remise ne peut pas servir de fondement à une mesure d'exécution forcée, qui suppose la présentation d'une copie revêtue de la formule exécutoire (C. pr. civ., art. 502).

423.94 Notification en la forme ordinaire. Cette modalité concerne les décisions gracieuses et les jugements contentieux lorsqu'une disposition légale le prévoit.

– **Les décisions gracieuses** sont toutes notifiées par le secrétaire de la juridiction, sous la forme d'une lettre recommandée avec demande d'avis de réception (C. pr. civ., art. 675, al. 2). Le secrétaire doit notifier la décision à toutes les parties, même à celle qui lui a demandé de procéder à la notification[6] : à défaut, le délai de recours ne court pas à l'encontre de cette partie.

– **Certains jugements contentieux** sont soumis à une notification simplifiée. On peut citer : **les jugements rendus par les conseils de prud'hommes** (C. trav., art. R. 1454-26, notification par les soins du secrétariat-greffe par lettre recommandée avec demande d'avis de réception – l'acte doit reproduire l'intégralité du jugement, et non uniquement le dispositif[7]) ; **les jugements prononcés par les tribunaux paritaires de baux ruraux** (C. pr. civ., art. 891, notification aux parties elles-mêmes par le greffier au moyen d'une lettre recommandée avec demande d'avis de réception – C. pr. civ., art. 670, la notification n'est réputée faite à personne que si l'avis de réception est signé par son destinataire en personne[8]) ; **les jugements rendus par les tribunaux des affaires de sécurité sociale** (CSS, art. R. 142-27).

Dans ces hypothèses, la notification obéit aux règles générales relatives à la notification des actes de procédure[9] (C. pr. civ., art. 665 à 670-2). Ainsi, la notification est réputée faite à personne lorsque la partie destinataire signe l'accusé de réception[10]. Notamment, en cas de difficulté de remise de la lettre recommandée, ou de refus ou de non retrait et d'absence de signature de l'avis de réception, par le destinataire ou une personne munie d'un pouvoir à cet effet, l'article 670-1 C. pr. civ. prévoit que « *le secrétaire invite la partie à procéder par voie de signification* » (ce texte a été jugé applicable aux conseils de prud'hommes[11] ; aux tribunaux des affaires de sécurité sociale[12]). Il est vrai que cette « *invitation* » n'est pas expressément sanctionnée lorsqu'elle concerne la signification d'un jugement[13], mais la jurisprudence a décidé que le délai d'appel ne court que de la signification du jugement à la diligence de la partie intéressée en cas de retour au secrétariat-greffe d'une lettre recommandée qui n'a pu être remise à son destinataire[14]. Pour éviter les inconvénients d'une notification par lettre recommandée, la loi prévoit **la**

1. Paris, 29 nov. 1979, *Bull. ch. avoués* 1980, n° 74, p. 13 – Riom, 28 nov. 1988, RG n° 1945/88, *D.* 1989. Somm. 273, obs. Julien, pour l'arrêt rendu par la cour sur appel d'un jugement rendu par un tribunal paritaire de baux ruraux – Civ. 3e, 27 févr. 2002, n° 00-21.311, *Bull. civ.* III, n° 51 ; *Dr. et proc.* 2002. 333, note Douchy ; *Procédures* 2002. Comm. 166, obs. Croze, pour les arrêts en matière de baux ruraux – Civ. 3e, 14 nov. 2002, n° 00-20.188, *Bull. civ.* III, n° 225.
2. Guinchard, Chainais et Ferrand, 31e éd., 2012, n° 887.
3. Toulouse, 31 mars 1980, *D.* 1980. 558, note Lobin, à propos d'une photocopie du jugement sans mention de certification par le greffe.
4. Paris, 18 mai 1989, *Bull. ch. avoués* 1989. 2. 41.
5. Civ. 1re, 16 janv. 1985, n° 83-11.029, n° 83-16.928, *Bull. civ.* I, n° 24.
6. Paris, 14 nov. 1978, *Gaz. Pal.* 1979. 1. 203 ; *RTD civ.* 1979. 672, obs. Perrot.
7. Reims, 6 déc. 1978, *Rev. Champagne Ardennes* 1979. 1. 338, p. 87 ; *RTD civ.* 1979. 435, obs. Perrot.
8. Civ. 2e, 17 oct. 1984, n° 83-12.102, *Bull. civ.* II, n° 152 ; *JCP* 1984. IV. 356 – Civ. 2e, 27 mai 1988, n° 87-13.251, *Bull. civ.* II, n° 125 ; *RTD civ.* 1988. 573, obs. Perrot.
9. Soc. 2 févr. 2011, n° 09-67.022, NP.
10. Soc. 29 juin 2010, n° 08-70.455, NP.
11. Soc. 5 mars 1992, n° 89-42.408, *Bull. civ.* V, n° 159.
12. Civ. 2e, 10 févr. 1982, n°s 80-14.969 et 80-15.391, *Bull. civ.* II, n° 22 ; *Gaz. Pal.* 1982. 2. 446, note Viatte.
13. Pour la signification d'un acte de procédure, le défaut de diligence de la partie peut conduire à la radiation de l'affaire du rôle, Soc. 3 déc. 1987, n° 85-42.637, *Bull. civ.* V, n° 697 ; *JCP* 1988. IV. 52.
14. Civ. 2e, 22 juin 1983, n° 81-40.854, *Bull. civ.* II, n° 134 – Civ. 1re, 25 avr. 1989, n°s 87-19.062 et 87-19.063, *Bull. civ.* I, n° 171 – Soc. 29 mai 1990, n° 87-44.802, NP ; *D.* 1991. Somm. 244, obs. Fricero – Soc. 7 juill. 1993, n° 90-41.346, *Bull. civ.* V, n° 199 ; *D.* 1993. IR 189.

possibilité pour une partie de procéder à une signification chaque fois que la notification en la forme ordinaire est prévue (C. pr. civ., art. 651, al. 3[1] – C. trav., art. R. 1454-26, pour les jugements des conseils de prud'hommes). La question s'est posée en jurisprudence, lorsque le plaideur a signifié une décision qui a été préalablement régulièrement notifiée par le greffe de la juridiction, de savoir lequel de ces deux actes doit être considéré comme le point de départ des délais d'exercice des recours : la Cour de cassation[2] a considéré que la signification effectuée dans le délai de recours ouvert par la première notification fait courir un nouveau délai d'appel à compter de sa date (la Cour de cassation admettait antérieurement que seule la première notification régulière faisait courir le délai[3]).

423.95 Notification du jugement au représentant *ad litem*. Lorsque la représentation est obligatoire, l'article 678 C. pr. civ. prévoit une notification préalable au représentant « *dans la forme des notifications entre avocats* ». Celle-ci est organisée par les articles 671 à 674 C. pr. civ. selon plusieurs modalités :

- **la signification**, constatée par l'apposition du cachet et de la signature de l'huissier de justice sur l'acte et sur sa copie, avec l'indication de la date et du nom de l'avocat destinataire (C. pr. civ., art. 672)[4] (il a été jugé que l'acte n'a pas à indiquer à qui la copie a été remise[5]);
- **la remise directe**, qui s'opère par remise de l'acte en double exemplaire à l'avocat destinataire, qui restitue aussitôt à son confrère l'un des exemplaires après l'avoir daté et visé (C. pr. civ., art. 673 – la remise de l'acte à la secrétaire de l'avocat est régulière, d'autant qu'aucun grief n'est allégué[6]; la notification par télécopie a été implicitement admise[7]).

Ces dispositions s'appliquent aux notifications entre avocats (C. pr. civ., art. 674).

La notification d'un jugement entre avocats peut s'effectuer par voie électronique. Comme le recours à ce support est facultatif, il suppose l'acceptation du destinataire (C. pr. civ., art. 748-2) et une irrégularité éventuelle constituerait un vice de forme[8]. Néanmoins, la Cour de cassation a précisé dans un avis du 9 septembre 2013[9] que l'adhésion d'un avocat au réseau privé virtuel avocat (RPVA) emporte nécessairement consentement de sa part à recevoir la notification d'actes de procédure par voie électronique.

2°

Contenu de l'acte de notification

423.101 Règles générales. Lorsque la notification du jugement se fait par signification, l'acte contient les mentions prescrites pour les actes d'huissier de justice par l'article 648 C. pr. civ. (date, identification du requérant, du destinataire et de l'huissier de justice), auxquelles il faut se référer (sur la signification des actes de procédure, v. s[s] n°s 161.120 s.). Seule une signification régulière peut permettre l'exécution du jugement et faire courir les délais des recours ouverts : ainsi, lorsqu'une signification ne contient pas les précisions suffisantes pour établir l'impossibilité d'effectuer une remise à personne, ou est irrégulière, la signification doit être annulée, le grief étant constitué par l'atteinte aux droits de la défense, et le recours formé hors délai doit être déclaré recevable[10].

423.102 Règles spéciales à l'acte de notification d'un jugement. Afin d'informer le destinataire de la notification d'un jugement des possibilités de critiquer la décision, l'acte de notification doit indiquer les recours ouverts, les délais et les modalités d'exercice de ces recours[11] (C. pr. civ., art. 680).

Ces exigences sont applicables à toutes les formes de notification du jugement, c'est-à-dire aux significations comme aux notifications par lettre recommandée[12], quel que soit le support, papier ou électronique.

a)

Indication du recours et de ses modalités d'exercice

423.111 Précision des mentions. La jurisprudence exige que les indications de l'acte de notification soient précises et adaptées au jugement notifié : le simple visa de l'article 678 alinéa 3 C. pr. civ.[13], ou une mention générale concernant les voies de

1. Soc. 8 nov. 1978, n° 77-40.249, *Bull. civ.* V, n° 746; *JCP* 1979. IV. 21; *RTD civ.* 1979. 429, obs. Perrot – Civ. 2e, 28 mai 1979, n° 77-15.805, *Bull. civ.* II, n° 156; *JCP* 1979. IV. 252.
2. Civ. 2e, 20 déc. 2001, n° 00-14.629, *Bull. civ.* II, n° 197; *D.* 2002. 1165, note Julien.
3. Soc. 9 mai 1990, n° 89-41.027; *Bull. civ.* V, n° 204 et Soc. 24 mai 1990, n° 87-44.384, *Bull. civ.* V, n° 247; *D.* 1991. Somm. 244, obs. Fricero; *RTD civ.* 1993. 651, obs. Perrot.
4. Paris, 7 juill. 1982, *Bull. ch. avoués*, n° 84, p. 16 – Aix-en-Provence, 8 juin 1984, *Gaz. Pal.* 1985. 11, note Latil, pour un conflit entre les articles 671 et 675 C. pr. civ.
5. Civ. 2e, 13 mai 1987, n° 85-14.028, *Bull. civ.* II, n° 110.
6. Fort-de-France 10 avr. 1987, RG n° 449*bis*/86, *JCP* 1987. IV. 335.
7. Toulouse, 14 mars 1994, *D.* 1994. 320.
8. Civ. 2e, 16 mai 2013, n° 12-19.086, NP.
9. Cass., avis, 9 sept. 2013, n° 13-70.005 (avis n° 15012).
10. Civ. 2e, 3 mai 2007, n° 06-10.949, *Bull. civ.* II, n° 119; *D.* 2007. AJ 1435.
11. Soc. 30 nov. 2010, n° 09-43.328, NP.
12. Rennes, 24 mai 1977, *Gaz. Pal.* 1977. 2. 437, note Damien; *RTD civ.* 1978. 193, obs. Perrot, pour la notification d'une décision d'un conseil de l'ordre – Civ. 1re, 18 mars 1980, n° 78-11.350, *Bull. civ.* I, n° 88; *RTD civ.* 1981. 213, obs. Perrot.
13. Civ. 2e, 4 févr. 1987, n° 85-17.740, *Bull. civ.* II, n° 36; *D.* 1987. Somm. 227, obs. Julien; *Gaz. Pal.* 1987. 1. 367, note du Rusquec; *JCP* 1988. II. 20983, note Blaisse; *RTD civ.* 1987. 406, obs. Perrot.

recours, leurs délais et la procédure à suivre pour chacune d'elles [1], ne suffisent pas.

Les mentions dans l'acte doivent **préciser l'exact recours ouvert contre le jugement** : l'indication d'un recours à la place d'un autre permet l'annulation de la notification [2] (une telle erreur n'ouvre pas le recours faussement indiqué [3]), même si cette irrégularité provient de la qualification inexacte du jugement par la juridiction [4]. Par exemple, dès lors que le jugement du conseil de prud'hommes a été notifié par lettre recommandée avec avis de réception qui mentionnait l'appel comme seule voie de recours, une telle notification irrégulière n'a pas pu faire courir le délai du pourvoi en cassation [5]. Ces précisions doivent concerner tous les types de notification du jugement : par exemple, si la notification par le greffe d'un jugement d'un tribunal paritaire de baux ruraux ne parvient pas à son destinataire, et que la signification ultérieure de ce même jugement mentionne des modalités d'appel erronées, aucun délai d'appel n'a pu courir faute d'acte régulier de notification [6]. En revanche, la signification n'a pas à indiquer l'ouverture d'un appel-nullité [7].

Les mentions doivent indiquer les modalités d'exercice du recours ouvert, en précisant, notamment, la nécessité d'un acte d'huissier de justice pour former la demande [8], les modalités de l'appel [9], l'obligation de constituer avocat [10] (il a été jugé en sens contraire [11], à propos de l'ancien avoué dans la mesure où le ministère d'avoué était en principe obligatoire en appel, la signification du jugement n'avait pas à l'indiquer [12]; de même, la notification n'a pas à mentionner l'obligation pour le mandataire *ad litem* de disposer d'un pouvoir spécial conformément à l'article 931 C. pr. civ. [13]). En revanche, la jurisprudence a parfois hésité en ce qui concerne **l'indication de la juridiction** compétente pour statuer sur le recours : certaines décisions admettent que cette mention constitue une formalité substantielle sanctionnée par la nullité de la notification (C. pr. civ., art. 694 et 114, al. 1er) [14]; d'autres considèrent que cette indication n'est pas prévue par l'article 680 C. pr. civ. et que son absence ne peut donc pas entraîner l'annulation de la notification [15]. La première solution est certainement plus conforme aux exigences du procès équitable [16].

b)

Indication du délai d'exercice du recours

423.121 Mention très apparente du délai. L'acte de notification doit mentionner le délai d'opposition, d'appel ou de pourvoi en cassation dans le cas où l'une de ces voies de recours est ouverte (C. pr. civ., art. 680) [17]. La Cour de cassation a décidé que le délai du recours en annulation d'une sentence arbitrale doit également être indiqué [18], ainsi que la possibilité d'un pourvoi « *immédiat* » comme c'est le cas en droit local alsacien-mosellan [19]; comme le délai d'opposition à

1. Soc. 8 nov. 1979, n° 78-40.708, *Bull. civ.* V, n° 830; *Gaz. Pal.* 1981. 1. 19, note du Rusquec; *RTD civ.* 1980. 413, obs. Perrot – Civ. 2e, 15 avr. 1981, n° 80-12.201, NP; *Gaz. Pal.* 1981. 2. 584, note Viatte; *RTD civ.* 1982. 209, obs. Perrot – Soc. 5 févr. 1987, n° 84-42.981, *Bull. civ.* V, n° 70; *Gaz. Pal.* 1987. 1. Somm. 339, obs. Guinchard et Moussa.
2. Civ. 2e, 25 oct. 1979, n° 78-12.040, *Bull. civ.* II, n° 252; *Gaz. Pal.* 1980. 456, note du Rusquec; *RTD civ.* 1980. 413, obs. Perrot – Soc. 23 oct. 1984, n° 82-41.101, *Bull. civ.* V, n° 402; *JCP* 1985. IV. 7 – Civ. 2e, 19 mai 1998, n° 96-16.706, *Bull. civ.* II, n° 157; *D.* 1998. IR 147.
3. Rennes, 5 déc. 1979, *Gaz. Pal.* 1980. 1. 92, note du Rusquec; *RTD civ.* 1980. 413, obs. Perrot.
4. Soc. 19 juin 1986, n° 83-43.094, *Bull. civ.* V, n° 324; *JCP* 1986. IV. 248 – Civ. 2e, 11 avr. 2013, n° 12-14.567, NP.
5. Soc. 19 mars 1998, n° 96-40.194, NP; *D.* 1999. 189, note Puigelier – Soc. 26 avr. 2006, n° 04-41.420, *Bull. civ.* V, n° 149; *Procédures* 2006. Comm. 182, Boubli.
6. Civ. 2e, 7 mars 2002, n° 99-12.167, *Bull. civ.* II, n° 30; *D.* 2002. IR 1594; *D.* 2002. 2644, obs. Fricero.
7. Com. 17 oct. 2000, n° 97-21.212, *Bull. civ.* IV, n° 157; *D.* 2000. AJ 412, obs. Lienhard; *D.* 2001. 3428, obs. Honorat – Civ. 2e, 3 mai 2001, n° 99-18.326, *Bull. civ.* II, n° 85; *D.* 2001. 1797, obs. Lienhard; *Procédures* 2001. Comm. 147, obs. Perrot.
8. Civ. 2e, 7 janv. 1982, n° 80-14.146, *Bull. civ.* II, n° 6; *Gaz. Pal.* 1983. 313, note Viatte.
9. Civ. 2e, 2 févr. 1983, n° 82-10.871, *Bull. civ.* II, n° 26 – Civ. 2e, 17 déc. 1997, n° 95-19.333, *Bull. civ.* II, n° 322; *D.* 1998. IR 33.
10. Rennes, 6e ch., 7 sept. 1992, *Juris-Data* n° 047843.
11. Paris, 26 avr. 1976, *D.* 1977. IR 227, obs. Julien.
12. Paris, 10 avr. 1978, *JCP* 1979. II. 19177, obs. J. A.
13. Soc. 16 mars 1994, n° 89-44.652, NP.
14. Civ. 2e, 8 déc. 1982, n° 81-14.603, *Bull. civ.* II, n° 163; *Gaz. Pal.* 1983. 1. Pan. 134, obs. Guinchard – Rouen, 13 sept. 1984, *Gaz. Pal.* 1985. 1. Somm. 2 et 11 – Paris, 4 mars 1985, *Bull. ch. avoués* 1985. 43; *RTD civ.* 1986. 424, obs. Perrot – Civ. 2e, 3 mai 2001, n° 99-18.326, *Bull. civ.* II, n° 85; *D.* 2001. 1797, obs. Lienhard – Civ. 2e, 10 févr. 2011, n° 10-10.333, NP.
15. Civ. 2e, 17 déc. 1984, n° 82-16.250, *Bull. civ.* II, n° 201; *Gaz. Pal.* 1985. 1. Pan. 83, obs. Guinchard; *JCP* 1985. IV. 78; *RTD civ.* 1985. 449, obs. Perrot, pour l'indication de la juridiction territorialement compétente – Paris, 19 févr. 1986, RG n° L12041, *Bull. ch. avoués*. 1986. 2. 52 – Paris, 16 févr. 1988, *Bull. ch. avoués*. 4. 164.
16. Soc. 29 mai 2013, n° 12-13.357, *Bull. civ.* V, [à paraître].
17. Soc. 24 nov. 2010, n° 09-42.267, NP; *RDT* 2011. 249, obs. Duquesne – CEDH 1er mars 2011, Faniel c/ Belgique, req. n° 11892/08, jugeant que l'irrecevabilité d'une opposition à jugement par défaut constitue une entrave substantielle à l'accès au juge et une violation de l'article 6 § 1, dans la mesure où la signification du jugement ne précisait pas le délai et les modalités du recours – Civ. 2e, 15 avr. 2010, n° 09-14.872, NP; *RDT* 2011. 249, obs. Duquesne – Soc. 24 nov. 2010, n° 09-42.267, NP – Civ. 2e, 31 mars 2011, n° 09-71.105, NP.
18. Civ. 2e, 28 avr. 1986, n° 85-10.035, *Bull. civ.* II, n° 66; *Gaz. Pal.* 1987. 1. Pan. 7, obs. Guinchard et Moussa.
19. Civ. 2e, 19 avr. 1985, n° 84-10.607, *Bull. civ.* II, n° 80; *Gaz. Pal.* 1985. 2. Pan. 241, obs. Guinchard et Moussa; *JCP* 1985. IV. 228.

une ordonnance portant injonction de payer[1]. Peu importent les modes de notification (en ce sens l'arrêt précisant que ces exigences s'appliquent à une notification en la forme ordinaire[2]). En revanche, l'existence d'un appel nullité fondé sur l'excès de pouvoir n'a pas à être indiquée dans l'acte de signification[3].

La jurisprudence considère que l'acte de notification doit même indiquer **le point de départ du délai**[4].

Toute omission ou irrégularité dans la mention du délai peut entraîner l'annulation de la notification, par application des articles 693 et 680 C. pr. civ.[5], à condition que le destinataire prouve le grief que lui cause l'irrégularité puisqu'il s'agit d'un vice de forme (not. dans le cas où le délai indiqué était plus bref que le délai effectif, et l'intéressé était dès lors persuadé qu'il est forclos[6]). Les juges ne peuvent pas refuser l'annulation au motif que le destinataire savait que le jugement était susceptible d'appel[7]. On doit noter à cet égard des décisions de la Cour de cassation[8] qui se contentent de l'affirmation « *que la mention erronée dans l'acte de notification d'un jugement, du délai de la voie de recours ne fait pas courir le délai* », sans rechercher la vérification d'un grief pourtant contesté en l'espèce. Faut-il y voir l'abandon de l'exigence d'un grief dans cette situation pour annuler la notification ? Cette position irait à l'encontre de la lettre des articles 693 et 694 C. pr. civ., qui renvoient aux dispositions de droit commun des nullités de procédure.

La notification du jugement comportant une mention erronée ne fait pas courir le délai d'appel[9], même si elle est suivie d'une nouvelle notification portant une mention exacte[10].

1. Civ. 2e, 8 mars 2001, no 99-14.411, *Bull. civ.* II, no 45; *D.* 2001. IR 1076; *JCP* 2001. IV. 1798.
2. Civ. 2e, 17 déc. 1997, no 95-19.333, *Bull. civ.* II, no 322; *Rev. huiss.* 1998. 761.
3. Com. 17 juill. 2001, no 98-15.963, NP.
4. Soc. 23 oct. 1984, no 82-41.101, *Bull. civ.* V, no 402; *Gaz. Pal.* 1985. 1. Pan. 31; *JCP* 1985. II. 20472, note Loly.
5. Civ. 2e, 24 oct. 1979, no 77-15.457, *Bull. civ.* II, no 244; *JCP* 1980. IV. 7 – Civ. 2e, 1er avr. 1981, no 79-15.636, *Bull. civ.* II, no 82; *Gaz. Pal.* 1982. 1. 1, note Viatte – Com. 22 juill. 1986, no 85-11.829, *Bull. civ.* IV, no 169; *JCP* 1986. IV. 301 – Soc. 13 juill. 1999, no 97-42.323, *Bull. civ.* V, no 352; *JCP* 1999. IV. 2711 – Civ. 2e, 3 mai 2001, no 99-18.326, *Bull. civ.* II, no 85; *D.* 2001. 1797, obs. Lienhard.
6. Civ. 2e, 4 juin 1986, no 85-10.299, *Bull. civ.* II, no 87; *Gaz. Pal.* 1987. Somm. 41, obs. Guinchard et Moussa; *JCP* 1986. IV. 236.
7. Civ. 2e, 25 oct. 1979, no 78-12.040, *Bull. civ.* II, no 252; *JCP* 1980. IV. 7; *Gaz. Pal.* 1980. 1. Somm. 42.
8. Civ. 2e, 19 mai 1998, no 96-16.706, *Bull. civ.* II, no 157; *RG proc.* 1999. 214, obs. Wiederkehr – Com. 15 janv. 2002, no 98-21.330, NP.
9. Civ. 2e, 15 avr. 2010, no 09-14.872, NP.
10. Civ. 2e, 7 mars 2002, no 99-12.167, *Bull. civ.* II, no 30; *D.* 2002. Somm. 2644, obs. Fricero; *Procédures* 2002. Comm. 70, obs. Perrot; *Dr. et proc.* 2002. 233, note Douchy.

c) Indication des sanctions d'un recours abusif ou dilatoire

423.131 Information du destinataire sur les incidences d'un abus du droit de critiquer le jugement. L'acte de notification mentionne que l'auteur d'un recours abusif ou dilatoire peut être condamné à une amende civile ou au paiement d'une indemnité à l'autre partie (C. pr. civ., art. 680). Cette indication permet de mettre en garde l'intéressé contre l'exercice inconsidéré d'une voie de recours, et est sanctionnée par la nullité de l'acte (il a été ainsi jugé que le grief est caractérisé par le fait qu'il existe en germe un risque de sanction dont le destinataire de la notification aurait dû être prévenu[11])[12].

La jurisprudence exclut parfois la nullité de la signification, et considère que les sanctions qui ont été omises dans l'acte de notification ne peuvent pas être prononcées[13]. En tout état de cause, l'absence de mention, dans l'acte de notification d'un jugement, des sanctions encourues en cas de recours abusif ou dilatoire n'empêche pas la signification de constituer le point de départ du délai de recours[14].

423.132 Régime de la nullité de l'acte de notification. L'article 693 C. pr. civ. prévoit que ce qui est prescrit par l'article 680 C. pr. civ. doit être observé à peine de nullité. L'article 694 C. pr. civ. indique que la nullité des notifications est régie par les règles qui gouvernent la nullité des actes de procédure.

Ainsi, l'omission ou l'irrégularité d'une mention constituant **un vice de forme**, les dispositions des articles 112 et suivants C. pr. civ. sont applicables : la nullité n'est prononcée que si le destinataire prouve le grief que lui a causé l'irrégularité dans l'acte de notification du jugement (tel l'acte ne mentionnant pas les modalités d'exercice de l'appel[15]; l'acte de notification d'un jugement de conseil de prud'hommes à l'aide d'un imprimé ne précisant pas l'exact recours ouvert[16]; celui n'indiquant pas la juridiction compétente[17]; ou celui mentionnant de façon erronée une juridiction compétente)[18].

11. Versailles, 4 mars 1991, RG no 8284/90, *RTD civ.* 1991. 802, obs. Perrot; *JCP* 1991. II. 21707, note Estoup.
12. Paris, 31 oct. 1991, *Bull. ch. avoués* 1991. 4. 160.
13. Versailles, 13 mars 1992, RG no 4284/90, *RTD civ.* 1992. 637 et 644, obs. Perrot.
14. Civ. 2e, 30 mai 2002, no 99-14.175, *Bull. civ.* II, no 112; *D.* 2002. IR 2101; *JCP* 2003. II. 10015, note Fradin; *Gaz. Pal.* 25-28 déc. 2002, p. 11, note Étienne et Perdriau.
15. Civ. 2e, 7 mars 1979, no 77-14.476, *Bull. civ.* II, no 70; *Gaz. Pal.* 1979. 2. Somm. 303; *RTD civ.* 1979. 836, obs. Perrot.
16. Soc. 8 nov. 1979, no 78-40.708, *Bull. civ.* V, no 830; *Gaz. Pal.* 1980. 1. Pan. 147.
17. Besançon, 8 juill. 1983, *Gaz. Pal.* 1984. 1. Somm. 110.
18. Civ. 2e, 20 nov. 1985, no 84-13.239, *Bull. civ.* II, no 175; *Gaz. Pal.* 1986. 2. Somm. 322, note Guinchard et Moussa.

Le grief allégué par le demandeur à la nullité est laissé à l'appréciation souveraine des juges[1], mais la connaissance du recours non indiqué[2], ou la possibilité de prendre conseil[3] ne suppriment pas le grief.

La nullité protège les intérêts privés du destinataire de la signification : la Cour de cassation décide donc que les juges du fond n'ont pas à vérifier d'office la régularité de la signification du jugement[4].

3°
Lieu de la notification

423.141 Principes de droit commun. Les notifications sont faites au lieu où demeure la personne physique destinataire (C. pr. civ., art. 689, al. 1er) ou au lieu de l'établissement de la personne morale (C. pr. civ., art. 690)[5] (par ex., une SCP d'avocats)[6]. Toutefois, lorsque la notification est faite à personne, elle est valable quel que soit le lieu où elle est délivrée, y compris le lieu de travail (C. pr. civ., art. 689, al. 2, et 653 : la signification doit être faite à personne); pour les personnes morales, la signification est valable même si elle n'est pas faite au lieu de l'établissement, dès lors qu'elle est faite en la personne d'un de ses membres habilités à la recevoir (C. pr. civ., art. 690, al. 2, et 654, al. 2 : la signification est faite à personne lorsque l'acte est délivré au représentant légal, à un fondé de pouvoir ou à toute personne habilitée à cet effet - il a ainsi été jugé que la signification à personne par remise à la personne du représentant légal, à son domicile en France, est valable même si la personne morale a son siège social à l'étranger[7], il a été également jugé que l'huissier de justice n'a pas à rechercher le domicile du représentant de la société à peine de nullité, sa seule obligation est de se présenter au lieu de l'établissement, sauf si la société n'a pas d'établissement connu au lieu indiqué comme siège social[8])[9].

La notification faite en un lieu autre que ceux prévus par la loi ne vaut pas comme notification[10].

423.142 Règles propres à la notification des jugements. La question se pose de savoir si la notification du jugement peut être valablement réalisée **au domicile élu.** Plusieurs dispositions légales offrent des réponses :

– aux termes de l'article R. 1454-26 du Code du travail, les jugements des conseils de prud'hommes sont notifiés aux parties en cause « *au lieu de leur domicile* », c'est-à-dire, pour la jurisprudence, « *au lieu où elles demeurent réellement* »[11]. Cette disposition interdit, à peine de nullité, une notification au domicile élu[12];

– si la notification doit être faite au lieu où demeure le destinataire personne physique, elle est valablement réalisée « *au domicile élu lorsque la loi l'admet ou l'impose* » (C. pr. civ., art. 689, al. 3). Seule une disposition légale expresse peut donc autoriser la notification au domicile élu : par exemple, aux termes de l'article 682 C. pr. civ., la notification d'un jugement est valablement faite au domicile élu en France par la partie demeurant à l'étranger (cette faculté s'applique même aux jugements des conseils de prud'hommes, l'article R. 1454-26 du Code du travail n'y dérogeant pas[13]). En revanche, en l'absence de dérogation légale expresse, la notification du jugement doit se faire au domicile ou au lieu de l'établissement, et non au domicile élu[14].

423.143 Sanctions des manœuvres dilatoires du destinataire. La jurisprudence ne permet pas au destinataire de la notification de se prévaloir de son comportement déloyal pour invoquer une irrégularité tenant au lieu de la notification (comme pour la fraude de l'expéditeur de l'acte qui fait signifier en un lieu où il sait que la société destinataire n'a plus d'activité)[15]. Ainsi, le fait de déménager entre la demande et la notification du jugement, n'entache pas la régularité de cette notification faite au premier domicile, si l'intéressé n'a pas laissé d'adresse[16]; de même, le fait pour une entreprise de fermer un établissement sans aviser le greffe du conseil de prud'hommes ne rend pas nulle la notification du

1. Paris, 23e ch., 2 oct. 1992, RG n° 91/0111929.
2. Civ. 2e, 25 oct. 1979, n° 78-12.040, *Bull. civ.* II, n° 252; *Gaz. Pal.* 1980. 456, note du Rusquec; *RTD civ.* 1980. 413, obs. Perrot.
3. Civ. 2e, 15 avr. 1981, n° 80-12.201, NP; *Gaz. Pal.* 1981. 584, note Viatte; *RTD civ.* 1982. 209, obs. Perrot.
4. Com. 28 mai 1991, n° 89-10.750, *Bull. civ.* IV, n° 188; *JCP* 1991. IV. 290 – Civ. 2e, 28 mars 1996, n° 94-20.463, *Bull. civ.* II, n° 80; *JCP* 1996. IV. 1205.
5. Civ. 2e, 23 oct. 1996, n° 94-15.194, *Bull. civ.* II, n° 239; *JCP* 1996. IV. 2455.
6. Orléans, 30 janv. 2003, RG n° 02/01094, *Dr. sociétés* 2003, n° 189, note Lucas.
7. Civ. 2e, 12 mai 1975, n° 74-12.241, *Bull. civ.* II, n° 144; *JCP* 1975. IV. 380, obs. J. V.
8. Civ. 3e, 13 mars 1996, n° 94-16.173, *Bull. civ.* III, n° 69; *JCP* 1996. IV. 1048.
9. Civ. 2e, 16 mars 2000, n° 95-13.210, *Bull. civ.* II, n° 48; *D.* 2000. IR 125 – Civ. 2e, 8 mars 2001, n° 99-13.674, NP; *Procédures* 2001. Chron. 14, obs. Fradin.
10. Civ. 2e, 9 déc. 1997, n° 96-11.488, *Bull. civ.* II, n° 312; *Rev. huiss.* 1998. 762 – Civ. 2e, 18 mars 2000, n° 98-15.345, *Bull. civ.* II, n° 50; *JCP* 2000. IV. 1735.
11. Soc. 30 mars 2011, n° 09-68.909, NP.
12. Soc. 13 juin 1979, n° 77-40.628, *Bull. civ.* V, n° 532; *D.* 1980. IR 47; *RTD civ.* 1980. 163, obs. Perrot.
13. Soc. 7 juill. 1986, n° 83-41.808, *Bull. civ.* V, n° 358; *RTD civ.* 1987. 151, obs. Perrot.
14. Versailles, 11e ch., 28 sept. 1993, *Juris-Data* n° 044800 – Civ. 2e, 10 mars 1993, n° 91-19.568, *Bull. civ.* II, n° 91.
15. V. Civ. 2e, 1er mars 1995, n° 93-12.440, NP; *Procédures* 1995, n° 2, p. 65, obs. Perrot.
16. Paris, 27 mai 1982, *Gaz. Pal.* 1983. 1. Somm. 11.

jugement faite au lieu de cet établissement[1]; enfin, le destinataire ne peut se prévaloir ni d'une erreur concernant le lieu du siège social, s'il l'a lui-même provoquée[2], ni des changements de domicile survenus en cours d'instance, et qu'il n'a pas signalé au plaideur qui fait procéder à la notification du jugement[3].

4°
Délais de notification

a)
Jugement contradictoire

423.151 **Délai de dix ans.** Aux termes de l'article L. 111-4 C. pr. exéc. (anc[t] L. n° 91-650, 9 juill. 1991[4], art. 3-1, mod. par L. 17 juin 2008), le délai de prescription de l'exécution des jugements est de dix ans : en conséquence, la notification des jugements contradictoires, préalable à l'exécution forcée, est possible pendant ce délai. Si le jugement constate une créance dont la prescription est plus longue, c'est ce délai plus long qui s'applique à l'exécution du jugement[5].

Cependant, les dispositions de l'article 528-1 C. pr. civ. limitent cette règle. En effet, lorsque le jugement tranche tout le principal ou statue sur une exception de procédure, une fin de non-recevoir ou tout autre incident et met fin à l'instance, il **doit être notifié dans le délai de deux ans à compter de son prononcé** : à défaut, la partie qui a comparu n'est plus recevable à exercer un recours à titre principal après l'expiration dudit délai[6]. Cette irrecevabilité peut être invoquée en tout état de cause et doit être relevée d'office par le juge[7]. Elle a été jugée conforme aux exigences du procès équitable prévues par l'article 6 § 1 de la Convention européenne des droits de l'homme[8]. Elle concerne aussi une ordonnance de référé rendue sur le fondement de l'article 145 C. pr. civ.[9]

En revanche, cette exigence posée par l'article 528-1 C. pr. civ. ne concerne pas le cas où la décision a été notifiée et où cette notification est entachée d'une irrégularité susceptible d'en affecter l'efficacité[10]. Elle ne s'applique pas si l'appelant a, dans le délai de deux ans du jugement, formé un pourvoi, fût-il irrecevable[11]. Le délai prévu à l'article 528-1 C. pr. civ. est interrompu par une demande d'aide juridictionnelle[12].

De plus, il faut tenir compte des **dispositions spéciales** imposant **un délai d'exécution du jugement** et donc, un délai pour la notification qui constitue le préalable à une exécution forcée. On peut citer le jugement prononçant la séparation des biens, qui doit recevoir un début d'exécution dans les trois mois du jour où il est passé en force de chose jugée, et dont le règlement définitif doit intervenir dans l'année de l'ouverture des opérations de liquidation, à peine de nullité (C. civ., art. 1444 - la nullité peut être invoquée par tous les créanciers quelle que soit la date de naissance de leur créance[13]; elle est prononcée dès lors que l'une des conditions de délai n'est pas respectée[14]; et sans que le juge ait à rechercher la bonne ou la mauvaise foi des époux[15]).

b)
Jugement par défaut ou jugement réputé contradictoire au seul motif qu'il est susceptible d'appel

423.161 **Délai de six mois.** L'article 478 C. pr. civ. exige une notification dans les six mois de la date du jugement, à défaut, la décision est **non avenue :** il s'agit de protéger les intérêts du défendeur défaillant qui serait privé, si le comparant attendait trop longtemps pour notifier la décision, des moyens de preuve nécessaires pour critiquer le jugement rendu.

Le jugement est rendu par défaut lorsque le défendeur ne comparaît pas, que la décision statue sur un litige inférieur au taux du ressort, et que la citation

1. Grenoble, 11 oct. 1982, *JCP* 1984. IV. 13.
2. Civ. 2e, 24 nov. 1982, n° 81-14.504, *Bull. civ.* II, n° 151.
3. Toulouse, 13 sept. 1995, *Procédures* 1996, n° 2, p. 33, note Perrot.
4. L. n° 91-650, 9 juill. 1991, portant réforme des procédures civiles d'exécution, *JO* 14 juill., p. 9228.
5. Ph. Hoonakker, « La prescription de l'exécution forcée depuis la loi n° 2008-561 du 17 juin 2008 », *Dr. et proc.* 2008. 15.
6. J.-Y. Lassale, « Quelques considérations sur l'article 528-1 », *Bull. ch. avoués* 1993. 2. 41 – Com. 4 juin 1996, n° 94-17.060, *Bull. civ.* IV, n° 158; *D.* 1996. IR 177, pour un pourvoi en cassation – Civ. 2e, 11 mars 1998, n° 96-12.749, *Bull. civ.* II, n° 81; *D.* 1998. IR 97; *RTD civ.* 1998. 475, obs. Perrot; *Rev. huiss.* 1998. 1076; *JCP* 1998. IV. 1960 – Civ. 2e, 10 déc. 1998, n° 96-12.380, *Bull. civ.* II, n° 296; *D.* 1999. 220, obs. Julien; *RG proc.* 1999. 623, obs. Wiederkehr – Soc. 10 nov. 1998, n° 96-42.749, *Bull. civ.* V, n° 487; *RG proc.* 1999. 623 s., obs. Wiederkehr.
7. Civ. 2e, 19 mai 1998, n° 96-11.935, *Bull. civ.* II, n° 156; *RG proc.* 1999. 624, obs. Wiederkehr.
8. Civ. 2[e], 30 janv. 2003, n° 99-19.488, *Bull. civ.* II, n° 23; *D.* 2003. 2722, note Ben Merzouk; *JCP* 2003. I. 128, n° 20, obs. Cadiet; *Dr. et proc.* 2003. 248, note Hoonakker; *Gaz. Pal.* 10-11 oct. 2003, p. 15, obs. du Rusquec – Civ. 2e, 7 janv. 2010, n° 09-12.109, NP.
9. Civ. 2e, 6 juin 2013, n° 12-21.683, *Bull. civ.* II, [à paraître].
10. Civ. 2e, 2 mars 2000, n° 98-13.648, *Bull. civ.* II, n° 38; *D.* 2000. IR 87; *RTD civ.* 2000. 404, obs. Perrot; *JCP* 2000. IV. 1679 – Paris, 16 janv. 2003, *Bull. ch. avoués* 2003. 321.
11. Civ. 2e, 15 mai 2003, n° 01-03.407, *Bull. civ.* II, n° 146; *D.* 2003. IR 1601; *RTD civ.* 2003. 547, obs. Perrot; *JCP* 2003. IV. 2199.
12. Civ. 2e, 21 oct. 2010, n° 09-66.510, *Bull. civ.* II, n° 171; *D.* 2010. 2590.
13. Civ. 1re, 12 janv. 1988, n° 86-13.203, *Bull. civ.* I, n° 6; *Defrénois* 1988. 926, obs. Champenois.
14. Civ. 1re, 5 avr. 1978, n° 76-13.512, *Bull. civ.* I, n° 150.
15. Civ. 1re, 11 oct. 1989, n° 88-14.445, *Bull. civ.* I, n° 318; *Defrénois* 1989. 1423, obs. Champenois; *JCP N* 1991. II. 64, note Simler.

primitive ou réitérée (C. pr. civ., art. 471) n'a pas été délivrée à personne (C. pr. civ., art. 473 [1] – C. pr. civ., art. 474 en cas de pluralité de défendeurs). Le jugement est réputé contradictoire lorsque le défendeur ne comparaît pas, et que, soit la citation primitive ou réitérée a été délivrée à personne, soit la décision est susceptible d'appel (C. pr. civ., art. 473, al. 2) : seul le cas du jugement réputé contradictoire au seul motif qu'il est susceptible d'appel est visé par l'article 478 C. pr. civ. (si la citation a été délivrée à la personne même du défendeur, on ne saurait justifier une solution bienveillante à son égard : le délai de notification est de trente ans).

423.162 Sanction : jugement non avenu. L'article 478 C. pr. civ. précise que le défaut de notification du jugement dans les six mois rend le jugement « *non avenu* ». Ce terme, qui évoque plutôt les effets d'une sanction qu'un concept autonome, a été diversement entendu par la jurisprudence comme par la doctrine : référence a été faite à l'inexistence [2], à la prescription [3], à la caducité [4], à la péremption [5]. Sans prendre parti sur la nature exacte de ce non avenu, il faut observer que le régime procédural de cette sanction est original aussi bien en ce qui concerne son prononcé qu'en ce qui a trait à ses effets.

La Cour de cassation a décidé que les dispositions de l'article 478 C. pr. civ. ne s'appliquent pas aux arrêts rendus par la Cour de cassation, qui ne peuvent donc jamais être déclarés non avenus [6].

423.163 Prononcé du non avenu. Seul le **bénéficiaire de la sanction, à savoir le défendeur défaillant**, est en droit de solliciter sa mise en œuvre [7]. Il s'agit d'une sanction d'intérêt privé, dont le juge ne peut pas faire application d'office [8].

Le prononcé du non avenu par le juge saisi repose sur la vérification des conditions d'application prévues par l'article 478 C. pr. civ. Ainsi, le jugement dont le non avenu est sollicité doit être un jugement par défaut ou réputé contradictoire au seul motif qu'il est susceptible d'appel [9]. Le délai de six mois doit être expiré, soit sans qu'une notification ait eu lieu, soit alors qu'une notification a été réalisée, mais a été annulée par la suite (telle la notification faite au mandataire de la partie, et non à elle-même [10]).

Les moyens permettant de mettre en œuvre le non avenu du jugement ne sont pas précisés par l'article 478 C. pr. civ., et ont suscité des difficultés en jurisprudence.

– D'abord, le **défendeur défaillant ne peut pas utiliser la voie de l'appel** aux fins de constatation de non-avenu du jugement : en se fondant sur le fait que l'appel « *tend à faire réformer ou annuler par la cour d'appel* » un jugement du premier degré (C. pr. civ., art. 542), la jurisprudence déclare l'appel aux fins de non-avenu irrecevable [11]. De plus, le fait de former appel a été considéré comme valant renonciation au bénéfice des dispositions protectrices de l'article 478 [12].

Si un appel est formé pour obtenir la réformation de la décision au fond, dans le délai de six mois à compter du jugement, la jurisprudence considère qu'il n'y a plus lieu de faire application des dispositions de l'article 478 C. pr. civ., puisque la chose jugée se trouve remise en cause par l'effet dévolutif de l'appel [13].

La voie de la cassation est également **fermée** [14].

– Ensuite, si le défendeur défaillant soulève le non-avenu du jugement rendu contre lui au cours

1. Com. 13 nov. 1990, n° 88-16.013, *Bull. civ.* IV, n° 270; *JCP* 1991. II. 12.
2. Dijon, 18 janv. 1980, *JCP* 1980. II. 19460; *RTD civ.* 1981. 214, obs. Perrot.
3. Paris, 25 sept. 1980, *D.* 1980. IR 374, obs. Julien.
4. Paris, 13 nov. 1976, *RTD civ.* 1977. 620, obs. Perrot.
5. Civ. 2e, 18 juin 1964, *Bull. civ.* II, n° 492 – Com. 20 mars 1978, n° 76-12.874, *Bull. civ.* IV, n° 93; *D.* 1979. IR 36, obs. Honorat; *RTD civ.* 1978. 928 – Paris, 16 mai 1986, *D.* 1987. Somm. 230, obs. Julien – V. DÉJÀ, Civ. 7 mars 1911, *DP* 1911. 1. 97, note Cézar-Bru.
6. Civ. 2e, 2 mars 2000, n° 97-11.736, *Bull. civ.* II, n° 37; *D.* 2000. IR 99; *RTD civ.* 2000. 637, obs. Perrot – Com. 29 janv. 2002, n° 96-14.387, NP; *Gaz. Pal.* 12-14 janv. 2003, p. 38, obs. Perdriau.
7. Civ. 2e, 28 nov. 1984, n° 86-18.557, NP; *Gaz. Pal.* 1985. 1. Pan. 146, obs. Croze et Morel – Paris, 25 sept. 1980 et TGI Lyon, 4 déc. 1980, *D.* 1981. IR 374, obs. Julien – Civ. 2e, 27 mars 1996, n° 94-14.578, *Bull. civ.* II, n° 76; *RTD civ.* 1996. 707, obs. Perrot; *JCP* 1996. IV. 1199; *JCP* 1996. II. 22708, note du Rusquec; *Procédures* 1996, n° 6, p. 174, obs. Perrot – Com. 20 févr. 2001, n° 97-18.491, NP; *Procédures* 2001. Comm. 122, note Perrot – Metz, 14 juin 2001, *RTD civ.* 2001. 954, obs. Perrot – Civ. 2e, 27 juin 2013, n° 11-23.256, *Bull. civ.* II, [à paraître].
8. Civ. 2e, 13 janv. 1988, n° 86-18.557, NP; *JCP* 1988. IV. 100 – Civ. 7 mars 1911 : la « *péremption n'est pas d'ordre public* », préc. ss n° 423.162.
9. Civ. 2e, 1er juin 1988, n° 87-14.032, *Bull. civ.* II, n° 133; *D.* 1989. Somm. 180, obs. Julien – Paris, 17 janv. 1985, RG n° K. 06854, *Bull. ch. avoués* 1985. 20 – Civ. 1re, 31 mars 1992, n° 91-04.038, NP.
10. Civ. 2e, 14 avr. 1988, n° 86-18.183, *Bull. civ.* II, n° 81.
11. Com. 20 mars 1978, n° 76-12.874, *Bull. civ.* IV, n° 93; *D.* 1979. IR 46, obs. Honorat; *JCP* 1978. IV. 169; *RTD civ.* 1978. 928, obs. Perrot – Dijon, 18 janv. 1980, *JCP* 1980. II. 19460; *RTD civ.* 1981. 214, obs. Perrot – Paris, 14 janv. 1983, *Gaz. Pal.* 1983. 1. 211, note Bertin; *RTD civ.* 1983. 389, obs. Perrot – Paris, 16 mai 1986, *D.* 1987. Somm. 230, obs. Julien – Paris, 27 avr. 1988, *Bull. ch. avoués* 1988. 2. 54 – Civ. 2e, 9 juin 1994, n° 92-17.843, NP; *RG proc.* 1999 – Civ. 2e, 11 oct. 1995, n° 93-14.326, *Bull. civ.* II, n° 233; *D.* 1996. Somm. 132, obs. Julien; *D.* 1997. 73, note Ruellan et Lauba; *RTD civ.* 1996. 707, obs. Perrot.
12. Civ. 2e, 10 juill. 2003, n° 99-15.914, *Bull. civ.* II, n° 245; *D.* 2003. IR 2124; *JCP* 2003. IV. 2579; *Dr. et proc.* 2004. 26, note Vinckel – Com. 7 janv. 2003, n° 99-20.846, NP; *Dr. sociétés* 2003, n° 167, note Legros – Civ. 2e, 24 juin 2010, n° 08-20.151, NP.
13. Paris, 9 juill. 1981, *Bull. ch. avoués* 1981. 4. 11 – Limoges, 11 oct. 1993, RG n° 882/91, *D.* 1993. IR 241.
14. Com. 3 nov. 2010, n° 09-66.294, NP.

d'une instance pendante, il doit le faire *in limine litis*, avant de conclure au fond : la jurisprudence considère que le moyen tiré du non-avenu du jugement **constitue une exception de procédure**, et non une fin de non-recevoir, ce qui le rend irrecevable après dépôt de conclusions au fond[1].

– Enfin, le défendeur défaillant peut **s'opposer au premier acte d'exécution forcée** du jugement non-avenu en soulevant **une contestation devant le juge de l'exécution** : l'article L. 213-6 alinéa 1er du COJ confère à ce magistrat compétence pour connaître des difficultés relatives aux titres exécutoires et des contestations qui s'élèvent à l'occasion de l'exécution forcée, et le caractère non-avenu du jugement relève certainement de sa compétence (ainsi l'arrêt qui admet la compétence du juge de l'exécution et exclut celle de la cour saisie d'un appel aux fins de constatation du non-avenu d'un jugement)[2]. La demande tendant à faire déclarer un jugement non avenu a pour objet de lui faire perdre son caractère de titre exécutoire, et relève de la compétence du juge de l'exécution[3].

Même si le jugement est non avenu, l'assignation initiale conserve son effet interruptif de la prescription[4].

SECTION 3
ACQUISITION DE LA FORCE DE CHOSE JUGÉE

423.171 **Notion.** Pour pouvoir être mis à exécution, le jugement doit passer « *en force de chose jugée* » (C. pr. civ., art. 501). L'article 500 C. pr. civ. attribue cette force de chose jugée : au jugement qui n'est susceptible d'aucun recours suspensif d'exécution[5] et à celui qui était susceptible d'un tel recours, mais contre lequel aucun recours n'a été exercé pendant le délai prévu. La force de chose jugée peut donc être acquise immédiatement, ou de façon différée[6]. Ces règles sont écartées lorsque « *le débiteur bénéficie d'un délai de grâce ou le créancier de l'exécution provisoire* » (C. pr. civ., art. 501).

Le justiciable qui a obtenu gain de cause ne comprend que difficilement les raisons pour lesquelles son titre n'est pas assorti d'une possibilité d'exécution immédiate. Dans le souci de renforcer l'effectivité du jugement, garantie de crédibilité de la justice, le rapport de M. le président Coulon préconise l'admission d'un principe d'exécution immédiate des jugements de première instance, quel que soit le recours ouvert[7]. Le rapport suggère de ne pas conférer à cette règle une portée absolue, afin de ménager l'intérêt général ou les intérêts privés du plaideur condamné à exécuter : ainsi, l'exécution immédiate devrait être exclue dans certaines matières comme l'état et la capacité des personnes, les prestations compensatoires en matière de divorce, les dépens, les frais irrépétibles de l'article 700 C. pr. civ., *etc.* De même, des tempéraments sont admis : le juge de première instance devrait pouvoir écarter l'exécution immédiate par décision motivée; le perdant continuerait à bénéficier de la possibilité de solliciter un délai de grâce; le premier président de la cour d'appel serait habilité à suspendre l'exécution immédiate en cas d'appel, dans des conditions définies, notamment si l'exécution était de nature à entraîner des conséquences manifestement excessives. De telles modifications sont également suggérées par le rapport Magendie[8] : elles amélioreraient sensiblement la situation du gagnant de première instance, mais soulèveraient des questions essentielles. Notamment, se posera inévitablement la question de savoir qui assumera les risques inhérents à une exécution suivie d'une infirmation du jugement par la cour d'appel. L'ancien gagnant devra-t-il réparer le préjudice subi par l'ancien perdant ? Devra-t-on considérer, comme c'est le cas pour le pourvoi en cassation, que l'exécution légale ne peut être imputée à faute, et que l'ex-perdant ne peut pas demander réparation ? L'assemblée plénière a jugé le 24 février 2006 que l'exécution d'une ordonnance de référé n'a lieu qu'aux risques de celui qui la poursuit (le gagnant avait signifié l'ordonnance qui contenait une astreinte), ce qui oblige ce dernier à réparer les conséquences dommageables en cas d'infirmation[9]. De plus, l'obligation légale d'exécuter ne privera-t-elle pas de toute utilité l'exercice de l'appel, privant ainsi le perdant d'une garantie essentielle de bonne justice ?

1. Toulouse, 28 mars 1995, *D.* 1996. Somm. 137, obs. Julien; *BICC* 1er juin 1995, n° 600, décision qui tire argument de l'article 478 alinéa 2 C. pr. civ. : la procédure pouvant être reprise, il ne s'agit pas d'une fin de non-recevoir – Civ. 2e, 22 nov. 2001, n° 99-17.875, *Bull. civ.* II, n° 171; *Dr. et proc.* 2002. 163, note Douchy – Besançon, 23 oct. 2001, RG n° 00/01930, *JCP* 2002. IV. 1804.
2. Civ. 2e, 11 oct. 1995, n° 93-14.326, préc. ss prést n°.
3. Civ. 2e, 16 mai 2013, n° 12-15.101, *Bull. civ.* II, [à paraître].
4. Civ. 3e, 9 févr. 2011, n° 09-14.630, NP.
5. Civ. 2e, 10 févr. 2011, n° 10-10.083, NP.
6. Cass., ch. mixte, 16 déc. 2005, n° 03-12.206, *Bull. ch. mixte*, n° 8; *RTD civ.* 2006. 376, obs. Perrot; *Dr. et proc.* 2006. 154, obs. Putman.
7. Rapp. Coulon, *Réflexions et propositions sur la procédure civile*, Doc. fr., févr. 1997, p. 106 s.
8. Rapp. Magendie, *Célérité et qualité de la justice*, Doc. fr., 2004, p. 62 s.
9. Cass., ass. plén., 24 févr. 2006, n° 05-12.679, *Bull. ass. plén.*, n° 2; *D.* 2006. 1085, obs. Avena-Robardet; *D.* 2006. 1085, note Perrot; *RTD civ.* 2006. 368, obs. Thery; *RTD civ.* 2006. 376, obs. Perrot; *Dr. et proc.* 2006. 159, note Fricero.

§ 1 Moment de l'acquisition de la force de chose jugée

A. Force de chose jugée immédiate

423.181 Absence de recours ordinaires suspensifs de l'exécution. Il arrive qu'un jugement soit rendu contradictoirement, ce qui exclut l'opposition (C. pr. civ., art. 571), et en dernier ressort, ce qui exclut l'appel, ou qu'il soit réputé contradictoire au motif que la citation a été délivrée à personne (C. pr. civ., art. 473) et en dernier ressort (C. pr. civ., art. 477), ce qui exclut également l'appel. Comme l'opposition et l'appel sont les deux voies de recours ordinaires (C. pr. civ., art. 527) suspensives de l'exécution (C. pr. civ., art. 539)[1], le jugement qui n'en est pas susceptible[2] a, dès son prononcé, autorité de la chose jugée[3] et force de chose jugée (dès la notification de la copie revêtue de la formule exécutoire, le jugement a donc force exécutoire). Ainsi, l'arrêt d'appel rendu contradictoirement passe en force de chose jugée immédiatement, comme le jugement contradictoire rendu en dernier ressort.

Certaines décisions pourtant provisoires sont rendues immédiatement exécutoires, même si une voie ordinaire de recours est ouverte (c'est le cas des ordonnances de référé, C. pr. civ., art. 489). Des mesures d'exécution peuvent être entreprises dès la notification de la décision, le perdant conservant la possibilité, depuis le décret du 20 août 2004, de former appel et de solliciter du premier président de la cour un arrêt de l'exécution de droit en alléguant une violation manifeste du contradictoire ou de l'article 12 et en démontrant que l'exécution risque d'entraîner des conséquences manifestement excessives (C. pr. civ., art. 524, réd. Décr. n° 2004-836, 20 août 2004). À cet égard, la Cour de cassation a jugé que l'erreur commise par un juge dans l'application ou l'interprétation d'une règle de droit ne constitue pas une violation manifeste de l'article 12 C. pr. civ. au sens de l'article 524[4], et que les deux conditions prévues à l'article 524 doivent être remplies[5].

423.182 Incidences des voies extraordinaires de recours. En principe, le recours par une voie extraordinaire et le délai ouvert pour l'exercer ne sont pas suspensifs de l'exécution (C. pr. civ., art. 579 – C. pr. exéc., art. L. 111-11, anc^{t} L. n° 67-523, 3 juill. 1967[6], art. 19, pour le pourvoi en cassation)[7]. En conséquence, dès la notification de la copie exécutoire, les mesures d'exécution forcée sont possibles[8]. S'agissant du **pourvoi en cassation**, les articles 1009-1 à 1009-3 C. pr. civ. organisent des mesures coercitives pour contraindre le perdant, demandeur au pourvoi, à respecter le caractère exécutoire de la décision qu'il attaque (ce dispositif est conforme à l'article 6 § 1 de la Convention européenne[9]; à la condition que la mesure soit proportionnée au but poursuivi, c'est-à-dire que la situation matérielle du demandeur au pourvoi soit prise en compte) : le premier président peut, à la demande du défendeur au pourvoi[10] et après avoir pris l'avis du procureur général et les observations des parties, décider **la radiation de l'affaire**, lorsqu'il apparaît que le demandeur au pourvoi ne justifie pas avoir exécuté en totalité[11] les condamnations prononcées contre lui. Cette sanction, reconnue conforme à l'article 6 § 1 de la Convention européenne des droits de l'homme[12] entraîne la suspension de l'instance en cassation[13]; elle ne fait pas obstacle à la réinscription de l'affaire au rôle, avec autorisation du premier président, si le demandeur au pourvoi justifie de l'exécution de la décision attaquée[14] et si l'instance n'est pas périmée[15] (C. pr. civ., art. 1009-2, le délai de péremption est interrompu par un acte manifestant sans équivoque la volonté d'exécuter). Le premier président peut refuser de radier s'il lui apparaît que l'exécution serait de nature à entraîner des conséquences manifestement excessives ou que le demandeur est dans l'impossibilité d'exécuter la décision.

L'absence d'effet suspensif des recours extraordinaires entraîne des conséquences importantes pour celui qui a fait procéder à l'exécution forcée d'une décision ultérieurement annulée : l'anéantissement

1. Ph. Hoonakker, *L'effet suspensif des voies de recours dans le Code de procédure civile : une chimère ?,* th. Strasbourg, 1988.
2. Civ. 3e, 4 janv. 1991, n° 89-15.522, *Bull. civ.* III, n° 5.
3. Civ. 1re, 11 juin 1991, n° 88-18.130, *Bull. civ.* I, n° 189; *RTD civ.* 1992. 187, obs. Perrot.
4. Soc. 18 déc. 2007, n° 06-44.548, *Bull. civ.* V, n° 213; *RTD civ.* 2008. 158, obs. Perrot; *JCP* 2008. II. 10030, note Croze.
5. Civ. 2e, 10 juin 2010, n° 09-69.366, NP.
6. L. n° 67-523, 3 juill. 1967, relative à la Cour de cassation, art. 19, *JO* 4 juill., p. 6651.
7. Com. 28 mars 1995, n° 93-15.336, NP; *Procédures* 1995, n° 3, p. 125, obs. Perrot.
8. Civ. 3e, 15 févr. 2011, n° 09-15.209, NP.
9. CEDH 14 nov. 2000, req. n°s 31819/96 et 33293/96 (déf. 14 févr. 2001), *D.* 2001. Somm. 1061, obs. Fricero; *Dr. et proc.* 2001. 167, note Hugon.
10. Cass., ord. 1er prés., 17 déc. 1993, n° 91-43.148, *Bull. ord.*, n° 22.
11. Cass., ord. 1er prés., 22 févr. 1995, n° 93-41.134, *Bull. ord.*, n° 8.
12. Cass., ord. 1er prés., 22 févr. 1995, n° 94-12.368, *Bull. ord.*, n° 6 – Cass., ord., 23 avr. 2003, *Bull. ord.*, n° 3.
13. Cass., ord. 1er prés., 8 nov. 1993, n° 90-18.078, *Bull. ord.*, n° 14; *D.* 1994. 262, note Fricero; *JCP* 1994. II. 22252, note Julien; *JCP* 1994. I. 3755, n° 20, obs. Cadiet.
14. G. Wiederkehr, obs., *Justices* 1995, n° 1, p. 255.
15. Cass., ord. 1er prés., 8 nov. 1993, n° 90-18.078, préc. s^{s} prés^{t} n° – Cass., ord. 1er prés., 14 déc. 1993, n° 90-17.942, *Bull. ord.*, n° 20.

oblige le bénéficiaire initial de l'exécution à la restitution des sommes perçues (C. pr. exéc., art. L. 111-11, anc[t] L. 3 juill. 1967, art. 19, pour le pourvoi en cassation)[1], avec intérêts au taux légal à compter de la notification de la décision ouvrant droit à restitution[2]. Mais, en aucun cas, l'exécution forcée ne peut être imputée à faute, et ne donne lieu à des dommages-intérêts[3].

Dans **certains cas exceptionnels, le recours extraordinaire et le délai pour l'exercer sont suspensifs de l'exécution.** C'est le cas du pourvoi en cassation, en matière de nationalité (C. pr. civ., art. 1045), d'absence (C. pr. civ., art. 1069, al. 3), de divorce (C. pr. civ., art. 1103)[4]. C'est également le cas lorsque le juge saisi d'une tierce-opposition à titre principal ou incident décide de suspendre l'exécution du jugement attaqué (C. pr. civ., art. 590)[5].

B.
Force de chose jugée ultérieure

423.191 Jugement susceptible d'appel ou d'opposition. Le délai d'exercice du recours (**un mois** à compter de la notification du jugement pour l'appel et l'opposition en matière contentieuse, **quinze jours** en matière gracieuse, C. pr. civ., art. 528 et 538), comme l'exercice du recours, empêchent la décision d'acquérir la force de chose jugée (C. pr. civ., art. 500). Il faut donc, soit attendre que la décision rendue sur recours exercé (appel ou opposition) ait acquis force de chose jugée, soit attendre l'expiration du délai en l'absence de recours exercé.

L'effet suspensif du délai d'exercice du recours ou du recours exercé interdit tout acte d'exécution forcée, qui est frappé de nullité[6]. En revanche, il est admis qu'un jugement n'ayant pas encore force de chose jugée peut donner lieu à la prise de mesures conservatoires[7].

L'effet suspensif ne porte que sur la force de chose jugée, et la possibilité de mettre les condamnations à exécution forcée. Il n'affecte ni l'autorité de la chose jugée[8], ni la force probante du jugement[9].

423.192 Moment du passage en force de chose jugée. Plusieurs situations doivent être envisagées.

– **Si aucun recours n'est exercé dans le délai prévu, l'expiration de ce délai** confère au jugement **la force de chose jugée.** Il faut toutefois tenir compte de la possibilité d'obtenir, dans des hypothèses limitées, un relevé de forclusion permettant de former opposition ou appel contre un jugement rendu par défaut ou réputé contradictoire en matière contentieuse (C. pr. civ., art. 540), ou contre une décision gracieuse (C. pr. civ., art. 541). La requête doit être présentée, au plus tard, avant l'expiration du délai d'un an à compter de la notification du jugement.

– **Si le recours suspensif est exercé,** l'effet suspensif se poursuit jusqu'à ce que la décision soit rendue, et la situation diffère selon que cette décision confirme ou non le jugement attaqué :

• **Si la décision attaquée est confirmée,** ou que l'instance d'appel ou d'opposition s'éteint, cette décision retrouve sa force exécutoire de façon rétroactive selon la jurisprudence, c'est-à-dire à la date de sa notification[10] ou à la date de son prononcé, si le délai d'exercice du recours avait couru à compter de cette date[11].

• **Si le jugement est infirmé ou annulé,** seule la décision rendue sur recours aura force de chose jugée et force exécutoire.

§ 2
Obstacles à la force de chose jugée

423.201 Cas. L'article 501 C. pr. civ. précise que le jugement est exécutoire à partir du moment où il passe en force de chose jugée, « *à moins que le débiteur ne bénéficie d'un délai de grâce ou le créancier de l'exécution provisoire* » (pour l'analyse de l'exécution provisoire, v. s[s] n°s 43.00 s.).

423.202 Délai de grâce. Le délai de grâce est un délai supplémentaire accordé par un juge à un débiteur pour exécuter son obligation, compte tenu de sa

1. Civ. 3e, 4 oct. 1978, n° 77-13.478, *Bull. civ.* III, n° 303; *Gaz. Pal.* 1978. 2. Pan. 429.
2. Cass., ass. plén., 3 mars 1995, n° 91-19.497, *Bull. ass. plén.*, n° 1; *D.* 1995. 249, concl. Jéol; *RTD civ.* 1995. 687, obs. Perrot.
3. Civ. 3e, 15 févr. 1977, n° 75-10.700, *Bull. civ.* III, n° 73; *D.* 1977. IR 263, obs. Julien; *RTD civ.* 1977. 833, obs. Perrot – Civ. 3e, 5 avr. 1995, n° 93-14.331, *Bull. civ.* III, n° 95; *JCP* 1995. IV. 1447.
4. F. Granet-Lambrechts, « La portée de l'effet suspensif de l'appel et du pourvoi en cassation au regard des mesures accessoires au divorce », *Gaz. Pal.* 1983. 1. Doctr. 252 – Toulouse, 1er juin 1988, *Gaz. Pal.* 1989. Somm. 43.
5. Paris, 25 avr. 1984, *D.* 1984. IR 421, obs. Julien – Civ. 2e, 16 mai 1984, n° 82-16.563, *Bull. civ.* II, n° 87; *Gaz. Pal.* 1984. 2. Somm. 301; *RTD civ.* 1985. 219, obs. Perrot.
6. Civ. 2e, 2 mai 1984, n° 83-10.960, *Bull. civ.* II, n° 74; *D.* 1984. IR 419, obs. Julien – Com. 4 juin 1991, n° 89-18.592, NP.
7. Req. 31 déc. 1867, *DP* 1868. 1. 219 – Civ. 2e, 18 févr. 1981, n° 78-10.799, *Bull. civ.* II, n° 36; *D.* 1982. 24, note Joly; *Gaz. Pal.* 1981. 1. 316, note Viatte; *RTD civ.* 1981. 702, obs. Perrot.
8. Civ. 1re, 11 juin 1991, n° 88-18.130, *Bull. civ.* I, n° 189; *RTD civ.* 1992. 187, obs. Perrot; *JCP* 1991. IV. 316.
9. Civ. 2e, 5 avr. 1994, n° 92-19.808, *Bull. civ.* II, n° 114; *RTD civ.* 1995. 190, obs. Perrot; *JCP* 1994. IV. 1508.
10. Com. 3 juin 1981, n° 80-10.243, *Bull. civ.* IV, n° 262 – Civ. 2e, 5 avr. 1994, n° 92-19.808, *Bull. civ.* II, n° 114; *JCP* 1995. II. 22381, note du Rusquec; *RTD civ.* 1995. 190, obs. Perrot.
11. Civ. 2e, 3 déc. 1969, *Bull. civ.* II, n° 326; *RTD civ.* 1970. 415, note Raynaud.

situation personnelle et en considération des besoins du créancier[1]. Il est régi, à la fois, par les articles 1244-1, 1244-2 et 1244-3 du Code civil, et les articles 510 à 513 C. pr. civ. relatifs à l'exécution des jugements.

423.203 Demande de délai de grâce. En ce qui concerne l'exécution du jugement[2], le perdant peut solliciter un délai de grâce permettant de différer l'exécution :

- soit à la juridiction qui prononce la décision, puisque c'est à elle que la loi accorde compétence de principe pour différer l'exécution (C. pr. civ., art. 510, al. 1er, réd. Décr. n° 96-1130, 18 déc. 1996[3] - la Cour de cassation a décidé que le juge pénal statuant sur les intérêts civils n'a pas compétence pour accorder un délai de grâce[4]) ;

- soit au juge des référés (dont la compétence était controversée avant Décr. 18 déc. 1996)[5], qui statue en cas d'urgence (Décr. 18 déc. 1996, art. 510, al. 2);

- soit au juge de l'exécution, auquel l'article R. 121-1 C. pr. exéc. (anct Décr. n° 92-755, 31 juill. 1992[6], art. 8) accorde le pouvoir de suspendre l'exécution « *après signification du commandement ou de l'acte de saisie, selon le cas [...] pour accorder un délai de grâce* ». Cependant, le juge de l'exécution ne peut être saisi qu'après signification d'un commandement ou d'un acte de saisie (C. pr. civ., art. 510, al. 3, réd. Décr. 18 déc. 1996). Cette nouvelle définition du point de départ de la compétence du juge de l'exécution est conforme à un avis qu'avait donné la Cour de cassation : le juge de l'exécution « *ne peut être saisi de difficultés relatives à un titre exécutoire qu'à l'occasion des contestations portant sur les mesures d'exécution forcée engagées ou opérées sur le fondement de ce titre* »[7];

- soit au tribunal d'instance, en matière de saisie des rémunérations (C. pr. civ., art. 510, al. 3, réd. Décr. 18 déc. 1996). Ce pouvoir s'explique par le fait que les textes réservent la compétence en ce domaine au tribunal d'instance (C. trav., art. R. 3252-11 s.), qui exerce les pouvoirs du juge de l'exécution (C. trav., art. R. 3252-11, al. 1er).

423.204 Demande incidente de délai de paiement. Devant les juridictions où la procédure est orale, des dispositions procédurales particulières sont prévues en cas de demande incidente de délai de paiement.

Ainsi, devant le **tribunal d'instance** (C. pr. civ., art. 847-2, réd. Décr. n° 2010-1165, 1er oct. 2010[8]), il est prévu qu'une demande incidente tendant à l'octroi d'un délai de paiement peut être formée par courrier remis ou adressé au greffe, avec les pièces que la partie souhaite invoquer, jointes à la demande. La demande est communiquée aux autres parties par le juge à l'audience ou par le greffe par lettre recommandée avec demande d'avis de réception avec les pièces. L'auteur de la demande peut ne pas se présenter à l'audience, conformément au second alinéa de l'article 446-1 C. pr. civ. : le juge ne fait droit aux demandes présentées contre lui que s'il les estime régulières, recevables et bien-fondées.

Devant le **tribunal de commerce** (C. pr. civ., art. 861-2, réd. Décr. 1er oct. 2010), la demande peut être formée par déclaration faite, adressée ou remise au greffe, où elle est enregistrée. L'auteur doit justifier avant l'audience que son adversaire en a eu connaissance par lettre recommandée avec demande d'avis de réception. Il doit joindre les pièces à l'appui de sa demande. Il peut ne pas se présenter à l'audience, conformément au second alinéa de l'article 446-1 C. pr. civ.

423.205 Décision du juge. Le juge saisi de la demande dispose d'un pouvoir souverain d'appréciation[9], pour évaluer la situation du débiteur et les besoins du créancier (C. civ., art. 1244-1). S'il accorde un délai, dans la limite de deux années, il doit motiver sa décision (C. pr. civ., art. 510, al. 4)[10]. Le juge peut refuser l'octroi d'un délai de grâce : dans ce cas, une interprétation littérale de l'article 510 alinéa 4 C. pr. civ. permet de décider qu'il n'a pas à motiver sa décision[11]. Dans certains cas, la loi interdit l'octroi d'un tel délai[12] (C. pr. civ., art. 512 : en cas de saisie des biens du débiteur par d'autres créanciers, de redressement ou de liquidation judiciaires du débiteur, ou si le débiteur a, par son fait, diminué les garanties qu'il avait données par contrat au créancier - dans ces mêmes cas, le débiteur perd le bénéfice du

1. M. Donnier, *Voies d'exécution et procédures de distribution*, 3e éd., Litec, 1993, n° 137.
2. Pour les délais de grâce accordés aux débiteurs d'obligations issues d'autres titres exécutoires, v. A. Sériaux, « Réflexions sur le délai de grâce », *RTD civ.* 1993. 791.
3. Décr. n° 96-1130, 18 déc. 1996, modifiant le décret n° 92-755 du 31 juillet 1992 instituant de nouvelles règles relatives aux procédures civiles d'exécution pour l'application de la loi n° 91-650 du 9 juillet 1991 portant réforme des procédures civiles d'exécution, *JO* 26 déc., p. 19120.
4. Crim. 17 janv. 1991, n° 90-82.490, *Bull. crim.* n° 31; *RTD civ.* 1991. 736, obs. Mestre.
5. TGI Bonneville, 14 oct. 1993, *BICC* 15 déc. 1993, n° 1366.
6. Décr. n° 92-755, 31 juill. 1992, instituant de nouvelles règles relatives aux procédures civiles d'exécution pour l'application de la loi n° 91-650 du 9 juillet 1991 portant réforme des procédures civiles d'exécution, *JO* 5 août, p. 10530.
7. Cass., avis, 16 juin 1995, n° 09-50.008, *Bull. avis,* n° 9; *RTD civ.* 1995. 691, obs. Perrot.
8. Décr. n° 2010-1165, 1er oct. 2010, relatif à la conciliation et à la procédure orale en matière civile, commerciale et sociale, *JO* 3 oct., p. 17986.
9. Req. 8 nov. 1982, *DP* 1993. 1. 33 – Civ. 1re, 5 juill. 1988, n° 86-17.768, *Bull. civ.* I, n° 216 – Com. 21 nov. 1989, n° 88-14.661, NP – Civ. 3e, 20 juill. 1993, n° 91-20.529, NP.
10. Civ. 2e, 11 oct. 1978, n° 77-12.629, *Bull. civ.* II, n° 206; *JCP* 1978. IV. 343.
11. Req. 7 juin 1859, *DP* 1860. 1. 21; *S.* 1860. 1. 377.
12. EN MATIÈRE FISCALE : Civ. 2e, 14 oct. 2010, n° 09-67.108, NP.

délai de grâce qu'il aurait préalablement obtenu, C. pr. civ., art. 512, al. 2 - C. com., art. L. 511-81, al. 2 [anc. art. 182], pour les lettres de change - C. com., art. L. 512-3 [anc. art. 185] pour le billet à ordre).

423.206 Point de départ du délai de grâce. L'article 511 C. pr. civ. définit le point de départ du délai en se fondant sur la distinction suivante :

- si le jugement qui octroie le délai de grâce est rendu contradictoirement, le point de départ du délai est le jour du jugement [1];

- si le jugement n'est pas contradictoire, le délai de grâce ne court que du jour de la notification du jugement.

423.207 Conséquences du délai de grâce. La décision d'octroi d'un délai de grâce suspend les procédures d'exécution qui ont été engagées par le créancier, et les majorations d'intérêts ou pénalités de retard cessent d'être dues pendant le délai fixé par le juge (C. civ., art. 1244-2).

Cependant, aux termes de l'article 513 C. pr. civ., le délai de grâce ne fait pas obstacle aux **mesures conservatoires** : le créancier peut donc signifier un commandement [2] et bénéficier de l'effet de mise en demeure résultant d'un commandement antérieurement signifié [3].

SECTION 4
PREUVE DU CARACTÈRE EXÉCUTOIRE

423.211 Distinction. Dans les rapports entre les parties, les règles de preuve du caractère exécutoire du jugement résultent des articles 504 et 505 C. pr. civ. Dans les rapports avec les tiers, soumis à l'exécution du jugement en raison de leurs fonctions (séquestre, conservateur des hypothèques, *etc.*), l'article 506 prévoit des dispositions spéciales.

423.212 Dispositions générales. Deux séries de situations sont envisagées par le Code de procédure civile.

Si le jugement n'est susceptible d'aucun recours suspensif, on bénéficie de l'exécution provisoire, de droit ou ordonnée par le juge, « *la preuve du caractère exécutoire ressort du jugement* » (C. pr. civ., art. 504, al. 1er) [4]. Dans les autres cas, cette preuve résulte :

- soit de **l'acquiescement de la partie condamnée** (C. pr. civ., art. 504, al. 3) au jugement, qui emporte soumission aux chefs de la décision et renonciation aux voies de recours (C. pr. civ., art. 409) [5];

- soit de **la notification de la décision et d'un certificat** permettant, par rapprochement avec la notification, de constater l'absence d'exercice dans le délai d'une opposition, d'un appel ou d'un pourvoi en cassation lorsque ce dernier est suspensif (C. pr. civ., art. 504). Ce certificat est délivré par le secrétaire de la juridiction devant laquelle le recours pouvait être formé (on nomme « *certificat de non-appel* » celui que délivre le secrétariat de la cour d'appel), à la demande de toute partie (C. pr. civ., art. 505). Il atteste l'absence de recours, ou indique la date du recours s'il en a été formé un. Il prouve le caractère exécutoire du jugement tant à l'égard des parties qu'à l'égard de toute personne qui est amenée, par ses fonctions ou sa qualité, à mettre le jugement à exécution (par ex., pour un séquestre) [6].

423.213 Dispositions spéciales à l'exécution du jugement par un tiers. L'article 506 C. pr. civ. envisage les hypothèses de « *mainlevées, radiations de sûretés, mentions, transcriptions ou publications* » qui doivent être faites en vertu du jugement. La partie qui sollicite l'accomplissement de l'une de ces formalités doit répondre à deux exigences :

- elle doit produire au tiers une expédition, ou une copie certifiée conforme ou un extrait du jugement. Des textes spéciaux complètent ces dispositions : ainsi, lorsqu'une mesure d'exécution forcée ou une mesure conservatoire est pratiquée entre les mains d'un tiers sur le fondement d'un jugement, « *seul le dispositif est porté à sa connaissance* » (C. pr. exéc., art. R. 123-1 [anct Décr. no 92-755, 31 juill. 1992, art. 3]);

- si le jugement n'est pas exécutoire à titre provisoire, la partie intéressée doit justifier de son caractère exécutoire. Elle peut utiliser le certificat prévu par l'article 505 C. pr. civ., attestant l'absence de recours suspensif, ou fournir « *un certificat établi par l'avocat ou l'avoué* » (C. pr. civ., art. 506) (tel le tiers saisi qui peut disposer des fonds au vu d'un jugement rétractant l'autorisation de saisir et d'un certificat établi par le mandataire *ad litem*) [7].

Ces dispositions soulèvent des difficultés de mise en œuvre en matière de radiation d'une inscription hypothécaire : l'article 2440 du Code civil prévoit que cette radiation ne peut être effectuée qu'« *en vertu du jugement en dernier ressort ou passé en force de chose jugée* », ce qui paraît exclure la radiation au vu d'une

1. Aix-en-Provence, 17 mai 1984, *Gaz. Pal.* 1985. 163, note Latil – Paris, 6 juill. 1989, RG nos 88/6210, 88/6211, 88/7973 et 88/19060, *D.* 1989. IR 238.
2. Civ. 14 avr. 1900, *DP* 1900. 529; *S.* 1902. 1. 89; *Gaz. Pal.* 1900. 1. 625 – TGI Évry, 23 août 1988, *Gaz. Pal.* 1989. 1. 101.
3. Req. 3 janv. 1927, *DH* 1927. 33.
4. Soc. 20 mars 1990, no 86-43.768, *Bull. civ.* V, no 119 – Civ. 2e, 10 févr. 2011, no 10-10.083, NP.
5. Civ. 2e, 9 oct. 1985, no 84-12.441, *Bull. civ.* II, no 146.
6. Paris, 17 oct. 1962, *D.* 1963. 127.
7. Civ. 2e, 26 févr. 1986, no 84-14.542, *Bull. civ.* II, no 27; *D.* 1986. 435, note Prévault; *Gaz. Pal.* 1986. 2. Somm. 426, obs. Véron.

ordonnance de référé pourtant exécutoire de droit à titre provisoire, et contredit les termes de l'article 506 C. pr. civ., qui autorisent l'exécution par un tiers d'une décision exécutoire à titre provisoire. La jurisprudence est divisée, certaines décisions faisant prévaloir l'article 2440 du Code civil[1], d'autres l'article 506 C. pr. civ.[2] En ce qui concerne les sûretés judiciaires, le Code des procédures civiles d'exécution prévoit que la radiation de l'inscription provisoire d'hypothèse, ou de nantissement sur un fonds de commerce ou sur des parts sociales ou valeurs mobilières peut être ordonnée soit par le juge saisi du fond, soit par le juge de l'exécution : la radiation est effectuée « *sur présentation de la décision passée en force de chose jugée* » (C. pr. exéc., art. R. 533-6 [anc[t] Décr. 31 juill. 1992, art. 265]).

1. Paris, 20 janv. 1977, *RTD civ.* 1977. 381, obs. Perrot – Civ. 1re, 9 mars 1977, n° 75-12.467, *Bull. civ.* I, n° 128; *JCP* 1978. II. 18977, note Goubeaux.
2. Civ. 3e, 21 nov. 1978, n° 77-13.183, *Bull. civ.* III, n° 351; *JCP* 1979. IV. 38; *RTD civ.* 1979. 442, obs. Perrot.

TITRE

43. L'exécution provisoire des jugements

SECTION 0
ORIENTEUR

43.00 **Plan du titre.**

43.05 **Généralités.** L'exécution provisoire est traditionnellement **définie** comme la faculté accordée à la partie gagnante - ou créancier - de poursuivre, à ses risques et périls, l'exécution immédiate de la décision judiciaire qui en est assortie, malgré l'effet suspensif attaché au délai de la voie de recours ouverte ou à son exercice.

L'exécution provisoire se distingue donc de l'**exécution définitive** qui est poursuivie en vertu d'une décision judiciaire investie de la force de chose jugée, c'est-à-dire qui, soit est insusceptible d'une voie de recours suspensive, du moins immédiatement, soit n'a pas fait l'objet, dans les délais prescrits, de la voie de recours suspensive ouverte (C. pr. civ., art. 500). À l'évidence, l'exécution provisoire ne supprime pas l'effet suspensif de la voie de recours ouverte, mais la neutralise dans le cas considéré; aussi une décision exécutoire par provision ne saurait passer en force de chose jugée de ce seul fait, comme cela a été soutenu[1], sauf à nier la distinction fondamentale entre l'exécution provisoire et l'exécution définitive (ainsi à propos de l'accord franco-ivoirien qui autorise l'*exequatur* des décisions passées en force de chose jugée, auxquelles ne peuvent être assimilées celles seulement exécutoires par provision[2]). Celle-ci échappe donc par définition aux règles qui gouvernent l'exécution provisoire. En particulier, une décision insusceptible d'une voie de recours suspensive n'a pas à être assortie de l'exécution provisoire qui serait sans objet[3]. De même, l'exécution définitive ne saurait être écartée ou aménagée en application des règles de l'exécution provisoire, celle-ci eût-elle été prononcée à tort[4]. Enfin, l'exécution définitive n'est jamais poursuivie aux risques et périls du créancier (v. s^{s} n° 431.163).

L'exécution provisoire constitue donc une **dérogation à l'effet suspensif** des voies de recours ordinaires, imaginée, à l'origine, pour déjouer les manœuvres dilatoires de la partie perdante. Mais devant l'accroissement dramatique de la durée des procédures, elle est aussi apparue comme un palliatif, un instrument procédural « *qui donne à la décision son efficacité; c'est par elle que sera renforcée la crédibilité de la justice* »[5]. Aussi le législateur a-t-il progressivement étendu le domaine de cette institution[6], au point qu'aujourd'hui, l'exception a fini par absorber le principe et que la question du caractère chimérique de l'effet suspensif des voies de recours ordinaires se pose sérieusement[7]. Telle est la caractéristique essen-

1. *J.-Cl. Pr. civ.*, fasc. 2460, n°s 100 et 101, Giverdon.

2. V. PAR EX., Civ. 1re, 21 nov. 1995, n° 94-11.240, *Bull. civ.* I, n° 416; *D.* 1996. IR 19.
3. Civ. 2e, 7 mars 1974, n° 73-11.157, *Bull. civ.* II, n° 89.
4. V. NOT., Paris, 6 août 1976, *JCP* 1977. II. 18534; *RTD civ.* 1977. 377 – Paris, 23 déc. 1977, *D.* 1978. IR 301.
5. P. Bertin, « La nouvelle procédure civile [suite]. Le décret du 28 août 1972 », *Gaz. Pal.* 1972. Doctr. 669, n° 29.
6. Sur l'évolution historique, V. NOT. Rép. pr. civ., v° *Exécution provisoire*, par P. Hoonakker, sept. 2010 [màj janv. 2012], n°s 4 à 7.
7. V. Ph. Hoonakker, *L'effet suspensif des voies de recours dans le Nouveau Code de procédure civile : une chimère ? Contribution à l'étude de l'exécution provisoire*, th. Strasbourg, 1988.

tielle du régime actuel de l'exécution provisoire, prévu aux articles 514 à 526 C. pr. civ., qui privilégie manifestement le créancier (chap. 431), au détriment du débiteur, lequel ne dispose que de peu de moyens pour résister à cette institution ou en restreindre les conséquences (chap. 432). Parvenu à ce stade, c'est paradoxalement la suppression de l'effet suspensif et l'instauration de l'exécution immédiate qui seraient de nature à redonner cohérence au droit à l'exécution et à renforcer la protection du débiteur condamné[1]. Tel fut l'objet du projet de décret soumis aux professionnels du monde judiciaire le 5 avril 2002, mais il a été abandonné devant les vives critiques qu'il avait malheureusement suscitées[2].

43.06 **Domaine.** Selon l'article 749 C. pr. civ., les dispositions relatives à l'exécution provisoire s'appliquent, comme l'ensemble du Livre Ier de ce code, « *devant toutes les juridictions de l'ordre judiciaire statuant en matière civile, commerciale, sociale, rurale ou prud'homale, sous réserve des règles spéciales à chaque matière et des dispositions particulières à chaque juridiction* ». À ce sujet, une vive controverse était née sur l'applicabilité de ces dispositions de procédure civile aux décisions de juridictions répressives statuant sur l'action civile introduite par la victime[3]. Avant que la Cour de cassation n'ait eu l'occasion de se prononcer, le législateur a mis fin à la controverse en introduisant, dans le Code de procédure pénale, un article 515-1 qui reconnaît au premier président tant le pouvoir d'accorder l'exécution provisoire refusée ou oubliée en première instance, que celui de l'arrêter ou de l'assortir d'une garantie, si elle risque d'entraîner des conséquences manifestement excessives. Depuis, la Cour de cassation a eu l'occasion de condamner expressément l'application à la procédure pénale de dispositions de procédure civile en se fondant sur l'article 34 de la Constitution[4]. Autrement dit, il est aujourd'hui constant que les dispositions de procédure civile, et en particulier les règles de l'exécution provisoire, n'ont pas vocation à s'appliquer, même à titre subsidiaire, dans une procédure pénale.

En revanche, les règles sur l'exécution provisoire sont applicables en matière d'**arbitrage interne** selon l'article 1484 alinéa 2 C. pr. civ., issu du décret n° 2011-48 du 13 janvier 2011 portant réforme de l'arbitrage[5], qui reprend la solution antérieurement inscrite à l'article 1479 (lequel avait déjà repris l'article 1024 ACPC).

1. Ph. Hoonakker, « L'exécution immédiate ou de l'incohérence à la cohérence du droit à l'exécution », *Mél. Julien; La justice civile au XXe siècle*, Edilaix, 2003, p. 209; « L'exécution immédiate ou la protection renforcée du perdant », *LPA* 2002, n° 247, p. 13 – V. AUSSI, en faveur de l'exécution immédiate : L. Cadiet, « Feue l'exécution immédiate des jugements ? Regrets de la France du milieu », *JCP* 2002. Actu. 346, nos 1489 s. – J.-M. Coulon, « Quelques remarques sur un projet de décret de procédure civile », *LPA* 24 juin 2002, p. 4 s. – J.-C. Magendie, « L'exécution immédiate des décisions de justice : l'injuste critique d'une réforme nécessaire », *D.* 2002. Point de vue 2411 à 2414– R. Martin, « Exécution immédiate des jugements de première instance (à propos du rapport Coulon) », *Procédures* 1997. Chron. 7, p. 3 et 4.
2. EN CE SENS, Th. Le Bars et J. Villacèque, « Vers une suppression de l'effet suspensif de l'appel ? », *D.* 2002. Point de vue 1987 à 1990– J.-M. Burguburu, « Une fausse bonne idée : "la procédure civile de proximité" », *Gaz. Pal.* 13-14 sept. 2002, p. 15 à 17 – J.-J. Fanet, « Faut-il supprimer l'effet suspensif de l'appel ? », *Gaz. Pal.* 2002. Doctr. 1201 – S. Guinchard, « Un bon exemple de la France d'en haut contre la France d'en bas : le projet de suppression de l'effet suspensif de l'appel », *LPA* 5 juin 2002, p. 4 à 12 – C. Longin, « À propos du procès civil et des droits du justiciable », *Gaz. Pal.* 2002. Doctr. 1097 – R. Perrot, « Brèves réflexions sur le rapport de J.-M. Coulon », *Procédures* 1997. Chron. 4, p. 4 et 5.
3. V. NOT., R. Perrot, « Procédure d'instruction. Jugements et voies de recours. Voies d'exécution et mesures conservatoires », *RTD civ.* 1980. 407, spéc. 418.
4. Crim. 2 mars 1981, n° 80-93.370, *Bull. crim.*, n° 77 – Crim. 24 août 1981, n° 80-92.380, *Bull. crim.*, n° 249 – Crim. 19 janv. 1982, n° 80-94.321, *Bull. crim.*, n° 18 – *D.* 1983. IR 74, obs. Roujou de Boubée.
5. Décr. n° 2011-48, 13 janv. 2011, portant réforme de l'arbitrage, *JO* 14 janv., p. 777.

CHAPITRE

431. Exécution provisoire des jugements au regard de la situation du créancier

PHILIPPE HOONAKKER
Professeur à l'Université de Strasbourg
Avocat

SECTION 0

ORIENTEUR

431.00 **Plan du chapitre.**

Division. La situation du créancier – ou partie gagnante – est de loin la plus enviable : l'exécution provisoire lui est octroyée dans presque tous les cas aujourd'hui (sect. 1), et il peut alors librement profiter de tous les effets que la loi y attache, mais en principe à ses risques et périls (sect. 2).

431.01 **Principaux textes applicables.**

C. pr. exéc., art. L. 111-10, L. 131-1, L. 131-3, R. 121-21, R. 121-22, R. 131-1 et R. 131-4.

C. pr. civ., art. 140, 310, 514 à 516, 525, 525-1, 526, 1074-1 et 1079.

C. civ., art. 2440.

C. com., art. R. 661-1.

C. mon. fin., art. L. 313-3.

CSS, art. R. 133-3, R. 142-26.

C. trav., art. R. 1454-14, R. 1454-28.

LPF, art. R. 202-5.

431.04 Formulaire : renvois.

Form. pr. civ. *Exécution provisoire – Assignation devant le tribunal d'instance* (assignation devant le tribunal d'instance avec demande d'exécution provisoire)

Exécution provisoire – Assignation devant le tribunal de grande instance (assignation avec demande d'exécution provisoire devant le tribunal de grande instance)

SECTION 1
OCTROI DE L'EXÉCUTION PROVISOIRE

431.10 Plan. Deux techniques de neutralisation de l'effet suspensif subsistent : l'exécution provisoire légale ou de droit qui est automatiquement attachée à la décision judiciaire par le seul effet de la loi (§ 1) et l'exécution provisoire judiciaire qui est toujours facultative aujourd'hui et ne profite au créancier que si le juge l'a ordonnée dans les cas et conditions prévus par la loi (§ 2).

§ 1
Exécution provisoire de droit

431.11 Généralités. L'exécution provisoire de droit est celle qui est prescrite par la loi (mais encore faut-il qu'elle le soit expressément; il a ainsi été jugé que l'article 28 du règlement d'arbitrage de la Chambre de commerce internationale, qui stipule que la sentence arbitrale a un caractère obligatoire pour les parties qui s'engagent à l'exécuter, ne prévoit pas qu'elle soit exécutoire par provision[1]). Sa caractéristique essentielle est son **automaticité** qui prive le juge de tout pouvoir d'appréciation. Mais du coup cette caractéristique constitue aussi son « *inconvénient majeur* »[2] qui nourrit la critique doctrinale depuis toujours. Pourtant elle n'a cessé de s'étendre tant qualitativement que quantitativement.

Son **domaine** résulte de l'addition de multiples textes épars n'ayant jamais été centralisés même par l'article 514 alinéa 2 C. pr. civ. qui se contente de fournir une liste non limitative. Mais au-delà de cette diversité des sources, qui n'autorise malheureusement aucune exhaustivité, il se dégage deux constantes qui fournissent autant de critères de classification des différents cas d'exécution provisoire de droit : l'un descriptif, l'autre analytique.

Le **critère descriptif** repose sur ce constat simple que si certains cas d'exécution provisoire de droit s'appliquent sans considération de la matière civile, commerciale, sociale, rurale ou prud'homale, d'autres au contraire sont nécessairement circonscrits à certaines de ces matières.

Le **critère analytique** est fondé sur l'étendue respective de chacun des cas d'exécution provisoire de droit. En effet, tantôt l'exécution provisoire de droit est totale (A), en ce qu'elle s'applique nécessairement à toute la décision considérée, quels que soient les termes de son dispositif; tantôt, au contraire, elle n'est que partielle (B), en ce sens qu'elle ne joue que pour la ou les partie(s) du dispositif qui répond(ent) à la définition retenue par le texte institutif. Cette distinction conditionne directement l'étendue de chaque cas d'exécution provisoire légale, et partant détermine les pouvoirs du juge sur l'exécution provisoire. Mais ce critère n'est pas de mise en œuvre aisée en raison de l'imprécision des textes qui attachent toujours l'exécution provisoire instituée à des décisions judiciaires sans qu'il soit expressément prévu si tout ou partie en est assorti.

Il convient donc à chaque fois de rechercher l'intention du législateur en considération de l'objet de la décision retenue par le texte à interpréter. Ou bien, seule la décision assortie de l'exécution provisoire est définie par référence à la nature de la juridiction ou celle de la procédure qui l'engendre, et alors l'exécution provisoire de droit sera totale. Ou bien, le texte prend soin de définir précisément l'objet de la décision qu'il retient de sorte que sa nature ou la matière qu'elle concerne est soit indifférente, soit un simple élément de détermination du domaine d'application du cas considéré, et alors l'exécution provisoire de droit est partielle.

Ce critère a été consacré au moins implicitement par la Cour de cassation dans un arrêt de sa deuxième chambre civile du 24 juin 1998 qui a jugé que « *l'ordonnance de référé bénéficie de plein droit de l'exécution provisoire dans toutes ses dispositions* » et en a tiré pour conséquence que l'exécution forcée de la condamnation prononcée au titre de l'article 700 C. pr. civ. pouvait être poursuivie nonobstant l'appel interjeté[3] (cette solution avait déjà été antérieurement consacrée par la cour de Versailles[4]; mais la Cour de cassation a refusé d'appliquer ce revirement avec effet rétroactif et a ainsi approuvé des juges du fond qui avaient annulé une saisie-vente pratiquée, le 27 juin 1996, sur le fondement d'une condamnation au paiement de frais irrépétibles prononcée par une ordonnance de référé frappée d'appel, au motif « *qu'au moment où l'acte a été*

1. Civ. 1re, 4 juill. 2007, nos 05-16.605 et 05-16.586, *Bull. civ.* I, no 252; *D.* 2008. 451, note Clay; *Dr. et proc.* 2007. 344, obs. Cuniberti.
2. C. Loyer-Larher, note ss Rennes, 7 juill. 1977, *Gaz. Pal.* 1978. 1. 149.
3. Civ. 2e, 24 juin 1998, no 96-22.851, *Bull. civ.* II, no 222; *D.* 1999. Somm. 221, obs. Julien; *D.* 1999. 148, note Hoonakker; *RTD civ.* 1998. 746, obs. Perrot; *Procédures* 1998. Comm. 191, obs. Perrot.
4. Versailles, 3 avr. 1992, *D.* 1992. IR 178.

accompli, l'exécution provisoire s'attachant aux ordonnances de référé ne s'appliquait pas aux condamnations prononcées sur le fondement de l'article 700 C. pr. civ. »[1]).

A. Exécution provisoire de droit totale

1° En toute matière

431.21 Cas non discutés. L'exemple le plus caractéristique est celui des **ordonnances de référé** qui ont toujours été assorties de l'exécution provisoire de droit par leur seule nature, sans considération de la juridiction compétente ou des pouvoirs exercés (C. pr. civ., art. 489, al. 1er, et 514, al. 2). Ce cas classique occupe aujourd'hui une place prépondérante du fait de l'extension considérable, tant qualitative que quantitative, de la procédure de référé.

Il fallait cependant excepter les fausses ordonnances de référé, c'est-à-dire les **décisions rendues par un juge statuant « *comme en matière de référé* »**, lesquelles empruntent la forme du référé mais ont l'autorité de la chose jugée au principal. Aussi, la jurisprudence considérait traditionnellement que de telles décisions ne peuvent bénéficier de l'exécution provisoire de droit attachée aux ordonnances de référé (par ex. à propos de l'ordonnance rendue en matière d'enlèvement international d'enfant en vertu de l'article 1210-5 C. pr. civ.[2] – ou à propos de l'article 14-11, dernier alinéa, de la loi n° 81-736, du 4 août 1981, portant amnistie[3]. Mais le décret n° 2011-1043 du 1er septembre 2011[4] a introduit dans le Code de procédure civile un nouvel article 492-1, dont le 3° prévoit que l'ordonnance rendue comme en matière de référé ou en la forme des référés « *est exécutoire à titre provisoire, à moins que le juge en décide autrement* » (sur ce dernier point, v. s^s n°s 432.61 et 432.171).

De même, la décision par laquelle un juge statue sur la **production forcée de pièces détenues par un tiers** est exécutoire par provision de plein droit (C. pr. civ., art. 140). Mais de quelle décision s'agit-il ? *A priori*, compte tenu de la place de l'article 140, il semble qu'il s'agisse de la décision initiale par laquelle le juge ordonne la production à la requête d'une partie à la procédure. Mais cette décision n'est susceptible, du moins immédiatement, d'aucune voie de recours suspensive : pour les parties, il s'agit d'un jugement avant dire droit; quant au tiers, il ne peut d'abord que saisir sans forme l'auteur de la décision rendue (C. pr. civ., art. 141); or ce recours n'a certainement pas d'effet suspensif. Aussi, sauf à vider l'article 140 d'objet sur ce point, il faut considérer qu'il s'applique à la décision que le juge prend sur ce recours sans forme du tiers, contre laquelle celui-ci dispose cette fois de la voie de l'appel dans un délai de quinze jours de son prononcé (C. pr. civ., art. 141).

Enfin, il faut citer encore les **décisions qui prononcent ou liquident une astreinte** (C. pr. exéc., art. R. 131-4). Mais, au stade du prononcé, il faut tenir compte de la décision portant obligation, dont l'astreinte n'est que l'accessoire, si bien qu'elle ne peut jamais courir tant que celle-ci n'est pas devenue exécutoire (C. pr. exéc., art. R. 131-1; en particulier, une astreinte ne peut courir qu'à compter de la notification de l'arrêt confirmant un jugement non assorti de l'exécution provisoire[5]; en revanche, si elle a été prononcée par un jugement exécutoire par provision, elle peut courir dès sa notification, à moins que l'exécution provisoire n'ait été arrêtée par une ordonnance présidentielle dûment notifiée[6]). Ces règles valent aussi lorsque ces décisions sont prises par le juge de l'exécution (JEX) qui bénéficie d'une large compétence en la matière (tant pour assortir d'une astreinte une décision rendue par un autre juge que pour liquider toute astreinte, quelle que soit la juridiction qui l'a prononcée, sauf si elle reste saisie de l'affaire ou si elle s'en est réservé le pouvoir [C. pr. exéc., art. L. 131-1 et L. 131-3]). En conséquence, ces décisions échappent aux règles dérogatoires instituées devant le JEX et, en particulier, elles ne peuvent faire l'objet d'une demande de sursis à exécution en cas d'appel (v. à propos de la liquidation de l'astreinte[7] et à propos du prononcé de l'astreinte[8] – Sur les règles dérogatoires applicables devant le JEX, v. s^s n° 431.22). Mais il faudrait admettre alors que

1. Civ. 1re, 8 juill. 2003, n° 00-13.705, NP.
2. Civ. 1re, 20 janv. 2010, n° 08-19.267, *Bull. civ.* I, n° 12; *D.* 2010. 325; *D.* 2010. 522, n° 1, chron. Auroy et Creton; *AJ fam.* 2010. 181, obs. Boiché; *Procédures* 2010. Comm. 77, obs. Douchy-Oudot; *JCP* 2010. II. 381, note Devers.
3. L. n° 81-736, 4 août 1981, portant amnistie, *JO* 5 août, p. 2138 – Soc. 24 avr. 1985, n° 82-41.450, *Bull. civ.* V, n° 252; *D.* 1981. 296.
4. Décr. n° 2011-1043, 1er sept. 2011, relatif aux mesures conservatoires prises après l'ouverture d'une succession et à la procédure en la forme des référés, *JO* 2 sept., p. 14884 – Sur un commentaire général de ce décret, v. M. Foulon et Y. Strickler, « Le décret n° 2011-1043 du 1er septembre 2011 et la procédure en la forme des référés », *D.* 2011. 2668.
5. Civ. 2e, 22 mars 2001, n° 98-21.560, *Bull. civ.* II, n° 58; *RTD civ.* 2001. 661, obs. Perrot; *Dr. et proc.* 2001. 244, obs. Hoonakker.
6. Civ. 2e, 20 déc. 2001, n° 98-23.102, *Bull. civ.* II, n° 200; *Procédures* 2002. Comm. 45, obs. Perrot; *Dr. et proc.* 2002. 165, obs. Hoonakker.
7. Cass., avis, 27 juin 1994, n° 09-40.008, *Bull. civ. avis*, n° 18 – Civ. 2e, 25 juin 1997, n° 95-10.537, *Bull. civ.* II, n° 206; *D.* 1997. 536, note Julien – Civ. 2e, 10 févr. 2000, n° 98-13.354, *Bull. civ.* II, n° 28 – Aix-en-Provence, 18 janv. 1996, *JCP* 1996. II. 22728, note Giacopelli-Mori.
8. Civ. 2e, 10 févr. 2000, n° 98-13.354, *Bull. civ.* II, n° 28 – Civ. 2e, 14 juin 2001, n° 99-18.082, *Bull. civ.* II, n° 119; *D.* 2001. Somm. 2719, obs. Julien; *Procédures* 2001. Comm. 191, obs. Perrot, *Dr. et proc.* 2001. 379, obs. Hoonakker.

les décisions rendues par le JEX en matière d'astreinte puissent faire l'objet, à tout le moins, d'un référé en arrêt de l'exécution provisoire de droit, conformément au dernier alinéa de l'article 524 C. pr. civ. (sur cette procédure, v. s^{s} n°s 432.150 s.). La Cour de cassation n'a pas encore eu l'occasion de se prononcer depuis que le décret n° 2004-836 du 20 août 2004 portant modification de la procédure civile [1] a autorisé l'arrêt de l'exécution provisoire de droit. En effet, la décision de la Cour de cassation du 10 février 2011 [2], qui a été citée en ce sens, s'est contentée de rappeler que l'article 524 n'est pas applicable au sursis à exécution devant le JEX, ce qu'elle avait déjà été jugé en 1996 [3].

431.22 **Cas discutés.** Généralement la doctrine cite aussi les **ordonnances sur requête** « *exécutoire*[s] *au seul vu de la minute* » aux termes de l'article 495 alinéa 2 C. pr. civ. Mais il s'agit en réalité d'exécution définitive (sur la notion, v. s^{s} n° 43.05), une telle décision n'étant pas susceptible d'une voie de recours suspensive. Certes l'ordonnance qui rejette la requête peut faire l'objet d'un appel (C. pr. civ., art. 496, al. 1er), mais l'exécution provisoire est alors sans objet. En revanche, lorsqu'il est fait droit à la requête, la seule voie de recours ouverte est le référé-rétractation (C. pr. civ., art. 496, al. 2) dont il n'a jamais été soutenu qu'il produirait le moindre effet suspensif.

L'on pourrait aussi être tenté de citer ici les décisions du **JEX.** Mais en privant directement l'appel ouvert contre ces décisions de l'effet suspensif (C. pr. exéc., art. R. 121-21), le législateur s'est placé délibérément en dehors du champ de l'exécution provisoire de droit. Il a créé de surcroît un régime *ad hoc* de sursis à l'exécution (C. pr. exéc., art. R. 121-22), qui est bien plus protecteur que les règles de l'exécution provisoire auxquelles il échappe nécessairement [4]. La même solution vaut pour les **jugements rendus en matière de surendettement par le tribunal d'instance**, qui est compétent depuis le 1er septembre 2011 (L. n° 2010-1609, 22 déc. 2010 [5], dite loi Béteille, et Décr. n° 2011-741, 28 juin 2011 [6]). **L'appel**, lorsqu'il est exceptionnellement ouvert (sauf dispositions contraires, ces jugements sont rendus en dernier ressort : C. consom., art. R. 331-9-2, II, al. 4), ne produit pas d'effet suspensif et un sursis à exécution est prévu au nouvel article R. 331-9-3 du Code de la consommation. La seule différence avec celui applicable aux décisions du JEX est qu'il est subordonné non à l'existence de moyens sérieux, mais à un risque de conséquences manifestement excessives.

1. Décr. n° 2004-836, 20 août 2004, portant modification de la procédure civile, *JO* 22 août., p. 15032.
2. Civ. 2e, n° 10-14.424, *Bull. civ.* II, n° 29; *Procédures* 2011. Comm. 128, obs. Perrot.
3. Civ. 2e, 20 juin 1996, n° 93-19.320, *Bull. civ.* II, n° 177; *Procédures* 1996. Comm. 205, obs. Perrot.
4. Ph. Hoonakker, « Le juge de l'exécution », *Gaz. Pal.* 1993. Doctr. 321, n° 31 – *J.-Cl. Pr. civ.*, fasc. 2060, n°s 50 s., Normand (actualisé par Llahi).
5. L. n° 2010-1609, 22 déc. 2010, relative à l'exécution des décisions de justice, aux conditions d'exercice de certaines professions réglementées et aux experts judiciaires, *JO* 23. déc., p. 22552.
6. Décr. n° 2011-741, 28 juin 2011, relatif au transfert du contentieux du surendettement du juge de l'exécution au juge du tribunal d'instance, *JO* 29 juin, p. 10959.

2°
Circonscrite à certaines matières

431.31 **En matière commerciale.** L'exécution provisoire de droit totale, primitivement applicable à tous les « *jugements des juges de commerce* » (L. 24 août 1790, titre 12, art. 4), subsiste essentiellement, depuis 1942, dans le **droit des procédures collectives** [7]. La solution est aujourd'hui prévue à l'article R. 661-1 du Code de commerce (anc^{t} Décr. n° 2005-1677, 28 déc. 2005, de sauvegarde des entreprises [8], art. 328 [entré en vigueur le 1er janv. 2006]), dont les deux premiers alinéas, modifiés en dernier lieu par le décret n° 2009-160 du 12 février 2009 [9] (pris en application de Ord. n° 2008-1345, 18 déc. 2008 [10]), fixent l'étendue de l'exécution provisoire de droit en la matière.

Le *premier alinéa* reprend le **principe traditionnel de l'exécution provisoire de droit** étendu expressément par le décret de 2009 au mandat *ad hoc* et à la conciliation. Il est donc désormais rédigé en ces termes : « *Les jugements et ordonnances rendus en matière de mandat* ad hoc, *de conciliation, de sauvegarde, de redressement et de liquidation judiciaires sont exécutoires de plein droit à titre provisoire* ».

Mais des **exceptions** ont toujours été admises et leur liste a même été allongée. Celle-ci figure au *second alinéa*, qui exclut de l'exécution provisoire de droit, les jugements et ordonnances rendus en matière :

– de vente d'un bien grevé d'une sûreté réelle, pour autoriser un paiement provisionnel ou une substitution de garantie (C. com., art. L. 622-8 et L. 626-22, relatifs à la sauvegarde et applicables au redressement judiciaire sur renvoi des art. L. 631-14 et L. 631-19);

7. Sur l'ensemble de l'évolution historique, v. Ph. Hoonakker, th. préc. s^{s} n° 43.05, n°s 154 s.
8. Décr. n° 2005-1677, 28 déc. 2005, pris en application de la loi n° 2005-845 du 26 juillet 2005 de sauvegarde des entreprises, *JO* 29 déc., p. 20324.
9. Décr. n° 2009-160, 12 févr. 2009, pris pour l'application de l'ordonnance n° 2008-1345 du 18 décembre 2008 portant réforme du droit des entreprises en difficulté et modifiant les procédures de saisie immobilière et de distribution du prix d'un immeuble, *JO* 13 févr., p. 2596.
10. Ord. n° 2008-1345, 18 déc. 2008, portant réforme du droit des entreprises en difficulté, *JO* 19 déc., p. 19462.

– de réalisation d'un bien gagé ou légitimement retenu en cas de liquidation judiciaire (C. com., art. L. 640-20-1, al. 1er [C. com., anc. art. L. 642-25, al. 2]);

– de faillite personnelle ou d'interdiction prévue à l'article L. 653-8 [C. com., anc. art. L. 625-8];

– d'action en responsabilité pour insuffisance d'actif à l'encontre des dirigeants d'une personne morale soumise à une procédure collective qui correspond à l'ancienne action en comblement de passif (C. com., art. L. 651-2; le décret de 2009 a supprimé le renvoi à l'article L. 652-1 C. com., qui prévoyait l'action en obligation aux dettes sociales car elle a été abrogée par l'ordonnance du 18 décembre 2008);

– d'autorisation de cession de biens grevés d'une mesure conservatoire ordonnée en application des articles L. 621-2, L. 631-10 ou L. 651-4 du Code de commerce et d'affectation des sommes provenant de cette vente pour la gestion des affaires de leur propriétaire (C. com., art. L. 663-1-1, issu de la loi n° 2012-346 du 12 mars 2012, dite « Pétroplus »[1]; ce cas d'exclusion a été ajouté par le décret n° 2012-1190 du 25 octobre 2012, pris en application de cette loi[2]);

– de frais de procédure (C. com., art. L. 663-1 à L. 663-4).

Il faut encore ajouter à ces exceptions, les **décisions dont l'appel** produit exceptionnellement un **effet suspensif** lorsqu'il émane du ministère public et dont l'exécution provisoire est alors arrêtée de plein droit (v. ss n° 432.173).

Par ailleurs, un **nouveau cas d'exécution provisoire de droit totale** est prévu à l'article L. 621-14 du Code monétaire et financier (issu de l'article 13 de la loi n° 2003-706 du 1er août 2003[3], lequel a pris la suite de l'ancien article L. 621-17 correspondant à l'ancien article 12-2 de l'ordonnance n° 67-833 du 28 septembre 1967[4], institué par l'article 11 de la loi n° 89-531 du 2 août 1989 relative à la sécurité et à la transparence du marché financier[5]). Il s'agit de la **décision du président du TGI de Paris**, rendue en la forme des référés, par laquelle il statue sur une demande du président de l'Autorité des marchés financiers de mettre fin à une pratique contraire aux dispositions législatives ou réglementaires de nature à porter atteinte aux droits des épargnants.

431.32 **En matière sociale.** Il faut citer, d'une part, les **décisions sur opposition à contrainte** rendues par le tribunal aux affaires de sécurité sociale (CSS, art. R. 133-3, al. 4) et, d'autre part, les **jugements prud'homaux** « *qui ne sont susceptibles d'appel que par suite d'une demande reconventionnelle* » (C. trav., art. R. 1454-28 [anct C. trav., art. R. 516-37]).

431.33 **En matière fiscale.** Sont exécutoires de droit à titre provisoire selon l'article R. 202-5 du Livre des procédures fiscales, les jugements rendus par le TGI en matière fiscale, c'est-à-dire ceux statuant sur les droits d'enregistrement ou de timbre, la taxe de publicité foncière, l'impôt de solidarité sur la fortune, les contributions indirectes ou les taxes assimilées. Ce cas d'exécution provisoire de droit totale a été institué par le décret n° 98-127 du 4 mars 1998, pris pour l'application de l'article 112 de la loi de finances pour 1997[6], qui a ouvert l'appel contre ces décisions antérieurement susceptibles que d'un pourvoi en cassation[7].

431.34 **En matière familiale.** L'ordonnance du juge aux affaires familiales (JAF) statuant sur une demande de **mesures de protection des victimes de violences** est exécutoire à titre provisoire selon l'article 1136-7 C. pr. civ. issu du décret n° 2010-1134 du 29 septembre 2010 pris pour l'application de la loi n° 2010-769 du 9 juillet 2010[8].

Le juge peut être saisi :

– soit en cas de violences exercées au sein du couple ou par un ancien conjoint, concubin ou partenaire pacsé mettant en danger la victime ou un enfant (C. civ., art. 515-9),

– soit en cas de menace de mariage forcé exercée à l'encontre d'une personne majeure (C. civ., art. 515-13).

1. L. n° 2012-346, 12 mars 2012, relative aux mesures conservatoires en matière de procédures de sauvegarde, de redressement judiciaire ou de liquidation judiciaire et aux biens qui en font l'objet, *JO* 13 mars, p. 4497.
2. Décr. n° 2012-1190, 25 oct. 2012, pris pour l'application de la loi n° 2012-346 du 12 mars 2012 relative aux mesures conservatoires en matière de sauvegarde, de redressement judiciaire ou de liquidation judiciaire et aux biens qui en font l'objet, *JO* 27 oct., p. 16719.
3. L. n° 2003-706, 1er août 2003, de sécurité financière, *JO* 2 août, p. 13220.
4. Ord. n° 67-833, 28 sept. 1967, instituant une commission des opérations de bourse et relative à l'information des porteurs de valeurs mobilières et à la publicité de certaines opérations de bourse, *JO* 29 sept., p. 9589.
5. L. n° 89-531, 2 août 1989, relative à la sécurité et à la transparence du marché financier, *JO* 4 août, p. 9822.
6. Décr. n° 98-127, 4 mars 1998, organisant les modalités du double degré de juridiction en matière de droits d'enregistrement, de taxe de publicité foncière, de droits de timbre, de contributions indirectes et de taxes assimilées à ces droits, taxes et contributions, *JO* 5 mars, p. 3398 – L. n° 96-1181, 30 déc. 1996, loi de finances pour 1997, *JO* 31 déc., p. 19490.
7. Sur l'ensemble de la question v. P. Schiele, « Les jugements rendus par les tribunaux de grande instance en matière fiscale sont exécutoires de droit à titre provisoire », *Procédures* 2000. Chron. 14.
8. Décr. n° 2010-1134, 29 septembre 2010, relatif à la procédure civile de protection des victimes de violences au sein des couples, *JO* 30 sept., p. 17738 – L. n° 2010-769, 9 juill. 2010, relative aux violences faites spécifiquement aux femmes, aux violences au sein des couples et aux incidences de ces dernières sur les enfants, *JO* 10 juill., p. 12762.

Mais l'exécution provisoire de droit attachée à l'ordonnance rendue sur une telle demande présente cette particularité de pouvoir être écartée par le JAF lui-même (v. s[s] n° 432.171).

B. Exécution provisoire de droit partielle

1° En toute matière

431.41 Cas non discutés. Le cas le plus simple est celui des « *ordonnances du juge de la mise en état qui accordent une provision au créancier* » (C. pr. civ., art. 514, al. 2), lesquelles sont susceptibles d'appel immédiatement (C. pr. civ., art. 776, 4°). Il s'agit bien d'exécution provisoire partielle définie par l'objet des décisions visées, en l'occurrence l'allocation d'une provision, de sorte que tout autre chef de condamnation reste soumis au droit commun.

Mais il faut citer surtout les décisions qui prescrivent des **mesures provisoires** pour le cours de l'instance et celles qui ordonnent des **mesures conservatoires** (C. pr. civ., art. 514, al. 2). Ces cas d'exécution provisoire de droit partielle appellent de plus longs commentaires qui seront cependant limités à l'exposé des solutions générales sans entrer dans le détail[1].

431.42 Mesures conservatoires. Elles peuvent être définies comme des mesures essentiellement temporaires qui ont pour effet dans une période contentieuse, voire pré-contentieuse, de préserver un bien ou un droit menacé. Certaines sont plutôt **passives** en ce sens qu'elles ont pour objet de soustraire le bien ou le droit à la menace qui le guette en organisant le *statu quo* de nature à empêcher toute atteinte. Il s'agit essentiellement de l'apposition de **scellés**, de la désignation d'un **séquestre**, de la **consignation** et des mesures d'exécution préparatoires (à savoir aujourd'hui, les mesures conservatoires prévues par le Code des procédures civiles d'exécution, mais l'article 514 alinéa 2 C. pr. civ. est ici sans objet, l'appel contre les décisions du JEX étant privé d'effet suspensif - V. s[s] n° 431.22).

D'autres sont plutôt **actives** dans la mesure où elles agissent directement sur la menace encourue, soit pour la supprimer au moins provisoirement (par ex., la saisie de publications qui sont de nature à porter atteinte à l'intimité de la vie privée), soit plus modestement pour la décrypter en vue de son élimination définitive future. À ce dernier titre, l'on peut citer essentiellement les **mesures d'instruction** et tout particulièrement la première d'entre elles, l'**expertise**[2]. Tel n'est cependant pas la position actuelle de la Cour de cassation qui considère péremptoirement que ce chef de condamnation n'est pas exécutoire de droit par provision[3]. En revanche, l'**enquête sociale** ordonnée par un JAF avant de statuer sur les mesures accessoires au divorce a été jugée exécutoire par provision de plein droit[4] (la solution étant justifiée par le fait qu'il s'agit d'une « *mesure urgente prise dans l'intérêt des enfants* », mais aucun fondement juridique n'est indiqué; le seul possible est de considérer qu'il s'agit d'une mesure d'instruction).

431.43 Mesures provisoires. Il s'agit de celles prévues par l'article 514 alinéa 2 C. pr. civ., c'est-à-dire exclusivement celles prescrites **pour le cours de l'instance**. Cette précision a été apportée au texte par le décret n° 75-1123 du 5 décembre 1975[5] pour précisément remédier à l'incertitude qu'avait fait naître l'article 58 du décret n° 72-788 du 28 août 1972[6], dont l'article 514 alinéa 2 C. pr. civ. est issu, et qui visait toutes les mesures provisoires sans distinction[7]. Restant donc en dehors du champ d'application de ce texte, toutes les autres mesures provisoires, telles celles simplement révisables en fonction des circonstances de fait nécessairement évolutives qui les justifient ou encore celles prescrites par une décision provisoire, c'est-à-dire qui n'a pas l'autorité de la chose jugée au principal. De même, devraient être exclues les **provisions** allouées par le juge du fond au créancier dont le droit a été reconnu, dans l'attente de la détermination précise des montants dus[8]. Mais sur ce point, la deuxième chambre civile a opéré un revirement radical, en affirmant péremptoirement, au visa de l'article 514 alinéa 2 C. pr. civ., que « *les condamnations au paiement d'une provision, prononcées par les juges du fond, sont exécutoires de droit à titre provisoire* »[9]. Mais cette discussion est aujourd'hui

1. Pour une étude plus détaillée, v. Ph. Hoonakker, th. préc. s[s] n° 43.05.

2. V. C. Cézar-Bru et P. Hébraud, *Des référés*, Paris, 1938, n° 92.
3. Civ. 2e, 8 juin 1979, n° 78-10.116, NP; *Gaz. Pal.* 1979. 400, note Viatte – Civ. 2e, 27 juin 1990, n° 89-13.364, *Bull. civ.* II, n° 147; *RTD civ.* 1991. 164, obs. Perrot – Civ. 2e, 9 oct. 1991, n° 90-10.225, *Bull. civ.* II, n° 242; *RTD civ.* 1992. 50, obs. Hauser.
4. Civ. 1re, 6 juill. 2005, n° 03-13.357, *Bull. civ.* I, n° 303; *D.* 2005. 2177; *RTD civ.* 2005. 763-767, obs. Hauser.
5. Décr. n° 75-1123, 5 déc. 1975, instituant un Nouveau Code de procédure civile, *JO* 9 déc., p. 12521.
6. Décr. n° 72-788, 28 août 1972, instituant une troisième série de dispositions destinées à s'intégrer dans le Nouveau Code de procédure civile, *JO* 30 août, p. 93000.
7. SUR CE POINT, v. Ph. Hoonakker, th. préc. s[s] n° 43.05, n°s 88 s.
8. EN CE SENS, Civ. 2e, 16 janv. 1980, *Gaz. Pal.* 1980. Pan. 240.
9. Civ. 2e, 18 nov. 1999, n° 97-12.709, *Bull. civ.* II, n° 170; *D.* 2001. 3299, chron. Hoonakker – Civ. 2e, 13 janv. 2000, n° 99-13.265, *Bull. civ.* II, n° 5; *D.* 2000. IR 36; *D.* 2001. 3299, chron. Hoonakker; *RTD civ.* 2000. 400, obs. Perrot; *JCP* 2000. II. 10431, note Jacotot – Mais la cour de renvoi désignée par ce dernier arrêt a refusé de s'incliner, Lyon, 12 avr. 2000, *Dr. et proc.* 2001. 180, note Jacotot – Sur l'ensemble de la question v. Ph. Hoonakker, « La provision allouée par un jugement mixte sur le fond est-elle exécutoire de droit à titre provisoire ? », *D.* 2002. 3299.

dépassée car le jugement qui se borne dans son dispositif à ordonner une expertise et à allouer une provision n'est pas un jugement mixte, mais un jugement avant dire droit[1]. En conséquence, il est désormais exécutoire immédiatement faute d'être appelable avant le jugement au fond.

En revanche sont certainement provisoires au sens du texte étudié, le loyer provisionnel arrêté pour le cours d'une instance en fixation d'un loyer contesté[2], les mesures d'assistance éducative prescrites par le juge des enfants en cours de procédure et en cas d'urgence en vertu de l'article 375-5 du Code civil[3].

Par ailleurs et surtout, constituent des mesures provisoires au sens de l'article 514 alinéa 2 C. pr. civ. celles prescrites pour le cours d'une instance en **divorce** ou en séparation de corps qui alimentaient l'essentiel de la jurisprudence sur ce point car il fallait opérer une distinction délicate entre ces mesures et celles, de même nature, mais prescrites par la décision définitive sur la demande en divorce ou en séparation de corps, pour régir la situation des parties après l'instance, dites généralement **mesures accessoires**, lesquelles ne pouvaient bénéficier de ce cas d'exécution provisoire de droit[4]. Mais ce cas général d'exécutoire provisoire de droit est désormais absorbé, pour l'essentiel, par le nouvel article 1074-1 C. pr. civ. qui ne distingue pas entre mesures provisoires et accessoires. Il ne jouera donc plus, en la matière, qu'à titre subsidiaire (sur les mesures ordonnées par le JAF, v. s[s] n° 431.53).

431.44 **Cas discuté.** *Pour les appels formés avant le 1er janvier 2011*, il se posait la question de l'ancien l'**article 915 alinéa 2 C. pr. civ.** qui prévoyait que la **radiation**, ordonnée faute de conclusions de l'avoué de l'appelant dans le délai de quatre mois, « *prive l'appel de tout effet suspensif, hors les cas où l'exécution provisoire est interdite par la loi* » ? *A priori*, on pouvait être tenté de considérer qu'il s'agissait d'un cas d'exécution provisoire de droit partielle s'appliquant, en toute matière, à tous les chefs de condamnation sauf ceux pour lesquels l'exécution provisoire est interdite[5]. Mais, en supprimant l'effet suspensif de l'appel, le législateur s'était en réalité placé en dehors du champ de l'exécution provisoire, de sorte que toute prétention fondée sur cette notion était privée d'objet[6] (il avait cependant été jugé qu'une ordonnance présidentielle ayant subordonné l'exécution provisoire à la fourniture d'une caution survivait à la privation de l'effet suspensif de l'appel en vertu de ACPC, art. 915, al. 2[7]). Il s'agissait alors d'exécution définitive avec toutes les conséquences qui s'y attachent (v. s[s] n° 43.05).

Mais cette discussion n'existe plus *pour les appels formés à partir du 1er janvier 2011*, car le décret n° 2009-1524 du 9 décembre 2009[8] a substitué à l'ancien article 915 C. pr. civ. le nouvel article 908 C. pr. civ. qui prescrit désormais la caducité de l'appel, relevée d'office par le conseiller de la mise en état (CME), lorsque l'appelant n'a pas conclu dans un délai de trois mois à compter de la déclaration d'appel[9].

2°

Circonscrite à certaines matières

431.51 **Accidents du travail.** Ces cas d'exécution provisoire de droit partielle sont limités en l'état, au domaine du droit social. En matière d'accident du travail d'abord, l'article R. 142-26 du Code de la sécurité sociale prévoit que « *les décisions relatives à l'indemnité journalière sont, nonobstant appel, exécutoires par provision pour l'indemnité échue depuis l'accident jusqu'au trentième jour qui suit l'appel. Passé ce délai, l'exécution provisoire ne peut être continuée que de mois en mois, sur requête adressée, pour chaque période mensuelle, au président du tribunal des affaires de sécurité sociale dont la décision a été frappée d'appel, statuant seul* »[10].

431.52 **Décisions prud'homales.** Par ailleurs et surtout, de tels cas sont prévus en matière prud'homale (C. trav., art. R. 1454-28 [anc[t] C. trav., art. R. 516-37]). Il s'agit d'une part, des jugements qui ordonnent la **délivrance de toutes pièces** que l'employeur est tenu de délivrer, et d'autre part, de ceux qui ordonnent le paiement de sommes au titre des **rémunérations** et **indemnités** mentionnées à l'arti-

1. Cass., ch. mixte, 25 oct. 2004, n° 03-14.219, *Bull. ch. mixte*, n° 3; *D.* 2005. 757, note Serinet; *RTD civ.* 2005. 187, obs. Perrot; *Procédures* 2004. Comm. 251, obs. Perrot.
2. Civ. 3e, 20 mai 1985, n° 84-10.639, *Bull. civ.* III, n° 83; *Gaz. Pal.* 1985. Pan. 360, note Guinchard et Moussa.
3. Nancy, 9 déc. 1983, *D.* 1984. 252, note P. E.; *JCP* 1986. II. 20575, note Deiss – Limoges, 5 janv. 1999, *D.* 2000. 169, note Huyette.
4. V. PAR EX., Nancy, 6 févr. 1998, RG n°s 944986, M. L... c/ Mme L..., et 96003078, inédit.
5. EN CE SENS, Amiens, 29 nov. 1991, *Gaz. Pal.* 1992. 118.
6. EN CE SENS, Limoges, 24 sept. 1992, RG n° 63/92, *D.* 1993. Somm. 186, obs. Julien – Colmar, 6 oct. 1993, *Rec. jur. Est* 1994. 25.
7. Aix-en-Provence, 19 mai 1994, *Gaz. Pal.* 1995. 23, note Latil; *RTD civ.* 1995. 689, obs. crit. Perrot.
8. Décr. n° 2009-1524, 9 déc. 2009, relatif à la procédure d'appel avec représentation obligatoire en matière civile, *JO* 11 déc., p. 21386.
9. V. NOT., D. d'Ambra et A.-M. Boucon, « Le décret n° 2009-1524 du 9 décembre 2009 réformant la procédure d'appel et la gestion des flux de contentieux judiciaire », *D.* 2010. 1093 – Ph. Gerbay, « La réforme de la procédure d'appel avec représentation obligatoire en matière civile », *Gaz. Pal.* 2010. Doctr. 63 – O. Salati, « Présentation des principales dispositions du décret du 9 décembre 2009 relatif à la procédure d'appel avec représentation obligatoire en matière civile », *Dr. et proc.* 2010. 3.
10. Sur l'ensemble de la question, v. Ph. Hoonakker, th. préc. s[s] n° 43.05, n°s 194 à 199.

cle R. 1454-14 du Code du travail (C. trav., anc. art. R. 516-18). Il s'agit des sommes suivantes :

– les salaires et accessoires du salaire ainsi que les commissions;

– les indemnités de congés payés, de préavis et de licenciement;

– l'indemnité compensatrice et l'indemnité spéciale de licenciement en cas d'inaptitude médicale consécutive à un accident du travail ou à une maladie professionnelle mentionnée à l'article L. 1226-14 du Code du travail (C. trav., anc. art. L. 122-32-6);

– l'indemnité de fin de contrat prévue à l'article L. 1243-8 du Code du travail (C. trav., anc. art. L. 122-3-4) et de l'indemnité de fin de mission mentionnée à l'article L. 1251-32 (C. trav., anc. art. L. 124-4-4 – en revanche, l'indemnité de l'article L. 1243-4 [C. trav., anc. art. L. 122-3-8], qui est due en cas de rupture anticipée d'un contrat de travail à durée déterminée par l'employeur, en dehors des cas de faute lourde et de force majeure, n'est plus mentionnée depuis la recodification de la partie réglementaire du Code du travail par le décret n° 2008-244 du 7 mars 2008[1]).

Mais toutes ces condamnations ne sont exécutoires de plein droit par provision que « *dans la limite maximum de* ***neuf mois de salaires****, calculés sur la moyenne des trois derniers mois de salaires. Cette moyenne est mentionnée dans le jugement* » (C. trav., art. R. 1454-28 [C. trav., anc. art. R. 516-37]). Les juges du fond s'étaient divisés sur la sanction du défaut de cette mention[2]. La Cour de cassation a tranché la controverse de la manière suivante. L'absence de la mention de la moyenne des trois derniers mois de salaires ne prive pas le jugement du bénéfice de l'exécution provisoire de droit dans la limite maximum déterminée par référence au salaire[3]. Mais comment suppléer cette carence en pratique, du moins en cas de contestation ? La Cour de cassation a admis la possibilité d'une rectification de cette omission matérielle par le conseil de prud'hommes lui-même[4]. Mais cette solution suppose sans doute que la rectification intervienne, ou soit du moins demandée, avant la saisine de la cour d'appel, car, à défaut, c'est elle seule qui est compétente pour rectifier une erreur matérielle (C. pr. civ., art. 462 – et v. s[s] n° 431.72). Quoi qu'il en soit, cette omission peut aussi être réparée par le JEX dès lors qu'il ne fait aucun doute qu'elle constitue une difficulté d'exécution[5] que ce juge peut trancher si une procédure civile d'exécution est en cours.

Malgré la formulation maladroite de ces textes, l'exécution provisoire instituée est bien partielle, c'est dire qu'elle ne s'applique qu'aux chefs de condamnation expressément visés, tous les autres restants soumis au droit commun de l'exécution provisoire judiciaire (mais pour les chefs visés, elle joue automatiquement et le conseil de prud'hommes ne peut l'écarter; en conséquence, le JEX est compétent pour valider une saisie pratiquée sur un tel fondement même si le jugement exécuté a refusé de manière générale d'ordonner l'exécution provisoire, ce refus ne pouvant s'appliquer qu'aux chefs relevant de l'exécution provisoire judiciaire[6]). Échappent ainsi pour l'essentiel au second cas d'exécution provisoire de droit, les dommages-intérêts alloués pour rupture abusive du contrat de travail en vertu notamment de l'article L. 1235-3 (C. trav., anc. art. L. 122-14-4) du Code du travail (cep. un jugement du JEX du TGI de Bobigny, applique l'article R. 516-37 du Code du travail [devenu C. trav., art. R. 1454-28], à des indemnités pour licenciement abusif allouées en vertu de article L. 122-14-4 du Code du travail [devenu C. trav., art. L. 1235-3], au motif que l'article R. 516-18 du Code du travail [devenu C. trav., art. R. 1454-14], vise, sans distinction, les indemnités de licenciement et qu'il n'y a donc pas lieu de réserver l'exécution provisoire de droit à la seule indemnité de licenciement prévue par article L. 1234-9 du Code du travail [anc[t] C. trav., art. L. 122-9])[7].

Il faut citer aussi l'article R. 1454-16 du Code du travail (C. trav., anc. art. R. 516-19) qui prévoit que les décisions du **bureau de conciliation**, prises en application de l'article R. 1454-14 (C. trav., anc. art. R. 516-18), sont « *exécutoires par provision le cas échéant au vu de la minute* ». Mais en réalité, il s'agit d'un **faux cas** d'exécution provisoire puisque le même texte écarte aussitôt l'opposition et diffère l'appel au prononcé du jugement sur le fond. Il s'agit donc d'exécution définitive (v. s[s] n° 43.05) et non provisoire. Il est vrai cependant qu'en raison des abus souvent constatés en la matière, la jurisprudence admet parfois la recevabilité immédiate d'un appel-nullité[8].

1. Décr. n° 2008-244, 7 mars 2008, relatif au Code du travail (partie réglementaire), *JO* 12 mars., p. 37003.
2. V. NOT., H. Croze, « Promenade dans *Juris-Data* : à la recherche de la jurisprudence sur la mention des trois mois de salaire dans les jugements des conseils de prud'hommes », *Procédures* 1995. Chron. 6.
3. Soc. 2 avr. 1996, n° 94-43.503, *Bull. civ.* V, n° 134; *D.* 1996. IR 122; *Gaz. Pal.* 1996. Pan. 137; *JCP* 1996. IV. 1285 – Soc. 17 juill. 1996, n° 94-19.589, *Bull. civ.* V, n° 294; *D.* 1996. IR 219; *Gaz. Pal.* 1996. Pan. 233; *JCP* 1996. II. 22718, note Croze – Soc. 7 janv. 1998, n° 97-40.266, *Bull. civ.* V, n° 3; *D.* 1998. IR 38; *JCP* 1998. IV. 1389.
4. Soc. 24 janv. 1996, n° 92-43.473, *Bull. civ.* V, n° 28; *D.* 1996. IR 50; *Procédures* 1996, n° 183, obs. Croze.
5. EN CE SENS, Soc. 17 juill. 1996, n° 94-19.589, préc. s[s] n° 431.52; *D.* 1996. IR 219; *Gaz. Pal.* 1996. Pan. 233; *JCP* 1996. II. 22718, note Croze – Soc. 7 janv. 1998, n° 97-40.266 préc. s[s] n° 431.52; *D.* 1998. IR 38; *JCP* 1998. IV. 1389.
6. Civ. 2e, 18 oct. 2001, n° 00-12.462, NP; *Dr. et proc.* 2002. 104, obs. Hoonakker.
7. V. CEP., TGI Bobigny, JEX, 27 mai 1997, *Gaz. Pal.* 1998. 135.
8. Sur cette question, v. G. Bolard, « L'appel-nullité », *D.* 1988. Chron. 177.

Il faut encore préciser que les litiges qui portent sur un contrat de travail conclu entre des avocats relèvent du bâtonnier de l'ordre auprès duquel l'avocat salarié est inscrit, et non du conseil de prud'hommes, selon les règles de compétence et de procédure prévues aux articles 142 à 153 du décret n° 91-1197 du 27 novembre 1991[1]. Les décisions rendues à ce titre par le bâtonnier peuvent être frappées d'appel, lequel est suspensif (Décr. 27 nov. 1991, art. 16, al. 6, sur renvoi de l'article 152). Mais comme devant les conseils de prud'hommes, les décisions qui ordonnent le paiement de sommes au titre des rémunérations dans la limite maximale de neuf mois de salaires calculés sur la moyenne des trois derniers mois sont exécutoires par provision de plein droit (Décr. 27 nov. 1991, art. 153, al. 1er; en revanche, selon l'alinéa second du même texte, les autres décisions ne peuvent être rendues exécutoires que par le président du tribunal de grande instance et seulement si elles ne sont pas déférées à la cour d'appel).

431.53 Mesures ordonnées par le juge aux affaires familiales. Le décret n° 2004-1158 du 29 octobre 2004 portant réforme de la procédure en matière familiale[2], entré en vigueur le 1er janvier 2005, a introduit dans le Code de procédure civile un article 1074-1 relatif à l'exécution provisoire de droit attachée aux décisions du JAF. Son champ est considérablement étendu car les mesures désignées sont concernées qu'elles soient ordonnées hors divorce (ou séparation de corps) ou dans le cadre d'une procédure de divorce (ou de séparation de corps), et dans ce dernier cas, qu'elles soient provisoires ou accessoires :

- celles portant sur **l'exercice de l'autorité parentale**, à savoir : toutes les mesures réglant, à titre de mesure provisoire ou accessoire en cas de procédure de divorce ou de séparation de corps, la résidence de l'enfant et les droits de visites, ainsi que les mesures fixant la résidence de l'enfant chez un tiers (C. civ., art. 373-2-8 et 373-3, al. 2); en revanche, devraient être exclues, celles fixant les relations de l'enfant avec ses ascendants ou un tiers (C. civ., art. 371-4) et celles relatives à la délégation de l'autorité parentale (C. pr. civ., art. 1202) car elles intéressent l'autorité parentale elle-même et pas seulement son exercice[3]; de même, sont exclues les décisions statuant sur une demande de retour en application de la Convention de La Haye du 25 octobre 1980 sur les aspects civils de l'enlèvement international d'enfants car elles ont pour objet de mettre fin à un fait illicite et non de statuer sur l'exercice de l'autorité parentale[4];

- celles portant sur les **obligations alimentaires**, à savoir : la pension alimentaire, la contribution à l'entretien et à l'éducation des enfants et aux charges du mariage; ces mesures sont également concernées qu'elles soient prononcées ou non dans le cadre d'une procédure de divorce ou de séparation de corps, à titre provisoire ou accessoire, le cas échéant;

- celles rendues en application de l'article 255 du Code civil, savoir : les **mesures provisoires prises par le JAF dans l'ordonnance de non-conciliation** pour le cours de l'instance en divorce ou en séparation de corps et **intéressant les relations des époux**; ce cas fait ainsi double emploi avec le cas général de l'article 514 alinéa 2 qui aura donc toujours vocation à s'appliquer aux mesures provisoires prescrites pour le cours de l'instance qui ne sont pas expressément prévues par ce texte spécial (v. s^s n° 431.43), au même titre que les mesures conservatoires (v. not. à propos de l'enquête sociale s^s n° 431.42).

En matière divorciale, demeurent donc exclues du champ de l'exécution provisoire de droit, la décision de divorce ou de séparation de corps elle-même et toutes les mesures accessoires autres que celles portant sur l'une des mesures visées à l'article 1074-1 C. pr. civ., telles que le droit au bail ou l'usage du nom du conjoint. Mais ces mesures accessoires pourront être assorties de l'exécution provisoire judiciaire si les conditions en sont remplies (v. par ex., pour l'usage du nom du conjoint traditionnellement jugé incompatible avec la nature de l'affaire, s^s n° 431.103), tout comme la prestation compensatoire aujourd'hui, sauf que celle-ci est soumise à un régime beaucoup plus restrictif (sur la prestation compensatoire, v. s^s n° 431.93).

§ 2
Exécution provisoire judiciaire

431.60 Étendue. Contrairement à l'exécution provisoire de droit, l'exécution provisoire judiciaire doit être prononcée par le juge compétent (A) aux conditions prescrites (B). Mais sous réserve de respecter les conditions posées, le juge compétent dispose d'une liberté totale pour décider de l'étendue de l'exécution provisoire qui peut donc être ordonnée pour tout ou partie seulement de la condamnation (C. pr. civ., art. 515, al. 2).

1. Décr. n° 91-1197, 27 nov. 1991, organisant la profession d'avocat, *JO* 28 nov., p. 15502.
2. Décr. n° 2004-1158, 29 oct. 2004, portant réforme de la procédure en matière familiale, *JO* 31 oct. p. 18492.
3. EN CE SENS, Circ. CIV/16/04, 23 nov. 2004, de présentation de la loi relative au divorce, du décret portant réforme de la procédure en matière familiale et du décret fixant les modalités de substitution d'un capital à une rente allouée au titre de la prestation compensatoire, *BOMJ* n° 96, § 135 et 136.
4. Civ. 1re, 20 janv. 2010, n° 08-19.267, *Bull. civ.* I, n° 12; *D.* 2010. 522, n° 1, chron. Auroy et Creton; *AJ fam.* 2010. 181, obs. Boiché; *Procédures* 2010. Comm. 77, obs. Douchy-Oudot; *JCP* 2010. II. 381, note Devers.

A.
Juge compétent

431.70 **Plan.** La compétence appartient, à titre principal, à l'auteur de la décision susceptible d'exécution provisoire (1°). Mais le juge d'appel n'est pas pour autant démuni de toute compétence (2°).

1°
Auteur de la décision

431.71 **Pouvoir d'office.** Tout auteur d'une décision judiciaire peut ordonner l'exécution provisoire, soit à la demande d'une partie, soit d'office (C. pr. civ., art. 515 - le pouvoir d'office du juge a été introduit par le décret n° 73-1122 du 17 décembre 1973[1], qui avait modifié en ce sens, l'article 135 ACPC). Le juge peut ainsi ordonner l'exécution provisoire, non seulement lorsqu'elle n'a pas été demandée, mais aussi en cas de demande irrégulière ou tardive (par ex., en cas de demande postérieure à la clôture de la procédure ou des débats).

Mais le juge doit-il alors respecter le principe du **contradictoire** ? *A priori*, une réponse positive devrait s'imposer au regard de l'article 16 C. pr. civ. qui impose notamment au juge de respecter lui-même ce principe. Cependant par une décision du 13 avril 1976, la deuxième chambre civile de la Cour de cassation[2] a jugé qu'en « *ordonnant l'exécution provisoire sur minute et avant enregistrement, une cour d'appel a assorti sa décision d'une modalité qui ne constitue pas un moyen au sens de l'article 16 du décret du 9 septembre 1971* [...] ». Il faut néanmoins se garder de toute conclusion hâtive dès lors qu'en l'espèce, l'exécution provisoire avait été inutilement prononcée, la décision n'étant susceptible d'aucune voie de recours suspensive.

431.72 **Limites.** La compétence du juge se trouve expressément limitée par la règle de la **contemporanéité** prévue en ces termes par l'article 516 C. pr. civ. : « *L'exécution provisoire ne peut être ordonnée que par la décision qu'elle est destinée à rendre exécutoire, sous réserve des dispositions des articles 525 et 526* » (il faut lire article 525-1 depuis que le décret n° 2005-1678 du 28 décembre 2005[3] lui a conféré cette nouvelle numérotation en introduisant à l'actuel article 526 la radiation de l'appel faute d'exécution par le débiteur). Cette règle, fondée sur le principe du dessaisissement (C. pr. civ., art. 481, al. 1er) interdit donc au juge d'ordonner l'exécution provisoire postérieurement au prononcé de sa décision.

Mais elle n'empêche pas normalement l'application des règles de droit commun qui autorisent le juge, après son dessaisissement, à **interpréter** sa décision ou à **rectifier** des erreurs ou omissions matérielles (C. pr. civ., art. 461 et 462). Cependant cette compétence s'avérera souvent sans intérêt pratique en la matière : ou bien, le jugement est frappé d'appel et dans ce cas, l'auteur de la décision perd sa compétence au profit de la juridiction supérieure (C. pr. civ., art. 462, al. 1er); ou bien, aucun appel n'est formé, et dans ce cas la question de l'exécution provisoire disparaît derrière l'exécution définitive qui s'y substitue. Il faut donc que la rectification intervienne ou soit demandée pendant le délai d'appel et avant la saisine de la cour (par ex., à propos de l'omission de la moyenne des trois derniers mois de salaire dans un jugement prud'homal, v. ss n° 431.52). De même, le juge reste compétent s'il a statué *ultra petita*, c'est-à-dire s'il a ordonné l'exécution provisoire sans demande d'une partie. Mais encore faut-il que le juge n'ait pas entendu statuer d'office, sans quoi il ne saurait y avoir d'*ultra petita*. La question est délicate à résoudre si le juge n'a pas pris la précaution d'indiquer expressément qu'il statue d'office, il faudra alors s'en tenir à l'examen attentif de la motivation.

En revanche, le juge ne saurait compléter sa décision, conformément à l'article 463 C. pr. civ., s'il a statué ***infra petita*** en oubliant de se prononcer sur l'exécution provisoire régulièrement sollicitée par une partie. Ce recours de droit commun est écarté par l'article 516 au profit du juge d'appel, dans la mesure où il ne réserve que les articles 525 et 525-1 qui lui donnent compétence sur ce point (v. ss nos 431.81 et 431.82). Le même raisonnement s'applique à l'hypothèse de l'**opposition**. Sous l'empire de l'ancien Code de procédure civile, l'article 135 prévoyait expressément la compétence du juge, ressaisi à ce titre, d'assortir son jugement par défaut, de l'exécution provisoire. Mais cette solution n'a pas été reprise dans le Code de procédure civile. Au contraire, l'article 516 semble l'écarter implicitement mais nécessairement. En effet, en posant le principe de la contemporanéité, il réserve exclusivement les articles 525 et 525-1 qui ne concernent que l'instance d'appel (J. Viatte[4] est en ce sens, mais J. Miguet[5] est plus réservé en cas d'omission du juge, c'est-à-dire d'*infra petita*, au motif que l'article 463 pourrait s'appliquer; mais l'article 516 déroge précisément à cette disposition).

2°
Juge d'appel

431.81 **Formations compétentes.** L'article 146 alinéa 2 du décret n° 72-788 du 28 août 1972, en inves-

1. Décr. n° 73-1122, 17 déc. 1973, instituant une quatrième série de dispositions destinées à s'intégrer dans le Nouveau Code de procédure civile, *JO* 22 déc., p. 13660.
2. Civ. 2e, 13 avr. 1976, n° 75-10.942, *Bull. civ.* II, n° 120; *D.* 1976. IR 193; *RTD civ.* 1978. 932, obs. Perrot.
3. Décr. n° 2005-1678, 28 déc. 2005, relatif à la procédure civile, à certaines procédures d'exécution et à la procédure de changement de nom, *JO* 29 déc., p. 20350.
4. J. Viatte, « L'exécution provisoire nonobstant opposition », *Gaz. Pal.* 1977. Doctr. 213.
5. *J.-Cl. Pr. civ.*, fasc. 519, nos 132 et 133, Miguet.

tissant le premier président du pouvoir d'ordonner l'exécution provisoire, avait créé un concours délicat avec la formation collégiale dont la compétence était maintenue[1]. Aujourd'hui la compétence est partagée entre le **premier président** et le **CME.** Mais la compétence de ce dernier étant **exclusive** (C. pr. civ., art. 915 [C. pr. civ., anc. art. 912] pour les appels formés à compter du 1er janvier 2011 - Décr. n° 2009-1524, 9 déc. 2009, art. 2)[2], il y a non point concours de compétence, mais **compétence alternative**, s'articulant dans le temps en fonction de la compétence *ratione temporis* de chacune de ces formations.

Le premier président, pour ce qui le concerne, est compétent de l'acte d'appel au dessaisissement de la cour (v. ss nos 432.31 et 432.32). Mais dans cet intervalle de temps, il perd cette compétence dès lors qu'un CME est saisi, c'est-à-dire, selon une jurisprudence constante aujourd'hui, dès sa désignation[3]. Le CME reste alors seul compétent jusqu'à son dessaisissement qui s'opère le jour de l'ouverture des débats (C. pr. civ., art. 771 et 779, applicables en appel en vertu de C. pr. civ., art. 907 [C. pr. civ., anc. art. 910, al. 1er] pour les appels formés à compter du 1er janvier 2011 - Décr. n° 2009-1524, 9 déc. 2009, art. 2 - l'ordonnance rendue à ce titre ne pourra pas être déférée à la cour en application de l'article 916 C. pr. civ. [C. pr. civ., anc. art. 914] pour les appels formés à compter du 1er janvier 2011 - Décr. n° 2009-1524, 9 déc. 2009, art. 2[4]). Mais encore faut-il qu'un CME soit désigné; à défaut, le premier président est seul compétent durant toute l'instance d'appel (tel est toujours le cas dans les matières sans représentation obligatoire, et notamment en matière sociale où le magistrat éventuellement chargé d'instruire l'affaire ne peut être assimilé à un CME[5]).

431.82 **Cas de compétence.** Ces formations de la cour sont compétentes pour ordonner l'exécution provisoire à la **demande** d'une partie et non d'office[6], tant si elle a été **omise** que **refusée** en première instance. L'omission peut être le fait du juge lui-même. Il peut s'agir d'une omission purement matérielle qu'il appartiendra à la cour d'appel de réparer sur le fondement de l'article 462 C. pr. civ.[7]. Mais il peut aussi avoir statué *infra petita* en oubliant de se prononcer sur une demande d'exécution provisoire dont il avait été saisi. Cette omission devra toujours être réparée par le juge d'appel, et non par l'auteur de la décision (v. ss n° 431.72 - Sur l'absence de rétroactivité de la décision du juge d'appel réparant l'omission de statuer, v. ss n° 431.132). L'omission peut aussi être le fait d'une partie. Mais pour éviter toute difficulté compte tenu de la prohibition des demandes nouvelles en appel, l'article 525-1 prévoit aujourd'hui expressément l'hypothèse où « *l'exécution provisoire n'a pas été demandée* ». Enfin, le juge d'appel peut encore accorder l'exécution provisoire en cas de refus des premiers juges. Cependant, les conditions d'octroi ne sont pas les mêmes qu'en cas d'omission.

B.
Conditions

431.90 **Plan.** Certaines relèvent de l'essence même de l'exécution provisoire et peuvent donc être qualifiées de structurelles (1°) par opposition à celles plutôt conjoncturelles en ce sens qu'elles impriment à l'institution l'étendue voulue en fonction des objectifs recherchés (2°).

1°
Conditions structurelles

a)
Exécution provisoire interdite

431.91 **Notion.** Cette condition négative, apparue avec la loi du 23 mai 1942[8] (antérieurement elle était inutile car l'exécution provisoire ne pouvait être ordonnée que dans les cas limitativement énumérés par la loi), est prévue à l'article 515 alinéa 1er C. pr. civ. qui autorise le prononcé de l'exécution provisoire à condition notamment « *qu'elle ne soit pas interdite par la loi* ».

Avant d'envisager ces principaux cas d'interdiction, il n'est pas inutile de souligner l'incompatibilité de l'exécution provisoire interdite avec l'**exécution provisoire de droit**. Elle résulte de l'article 515 C. pr. civ. qui n'investit le juge du pouvoir d'ordonner l'exécution provisoire que « *hors les cas où elle est de droit* ». En d'autres termes, l'exécution provisoire interdite, qui n'est qu'une condition négative de l'exécution provisoire judiciaire, reste totalement étrangère à l'exécution provisoire de droit, laquelle prive le juge tant du pouvoir d'accorder l'exécution provisoire que de celui de la refuser, quelles que soient les circonstances. Il en résulte les deux conséquences suivantes. D'une part, l'exécution provisoire

1. V. NOT., Ph. Hoonakker, th. préc. ss n° 43.05, n° 344, et les réf. citées.
2. Civ. 2e, 5 janv. 1978, n° 76-14.158, *Bull. civ.* II, n° 9; *Gaz. Pal.* 1978. 249, obs. Viatte; *RTD civ.* 1978. 427, obs. Perrot.
3. V. NOT., G. Rives, « La juridiction du conseiller de la mise en état », *RTD civ.* 1984. 648 – Sur la détermination en pratique du moment de la désignation, Paris, 10 oct. 1980, *Gaz. Pal.* 1980. 656.
4. Versailles, 22 oct. 1999, RG n° 5746/98, *Gaz. Pal.* 13-14 avr. 2001, p. 22.
5. Lyon, 25 sept. 1979, *Gaz. Pal.* 1979. 635 – Colmar, 18 déc. 1980, *Rec. jur. de l'Est* 1980. 39.
6. Limoges, 28 juin 1995, RG n° 94/02137, *D.* 1996. Somm. 136, obs. Julien.
7. SUR CE POINT, v. Rép. min. n° 10912, *JOAN Q* 5 févr. 2008, p. 7200; *D.* 2008. 405.
8. L. 23 mai 1942, sur l'appel des décisions judiciaires, *JO* 11 juin, p. 2035.

de droit **exclut** l'exécution provisoire interdite, c'est dire que celle-ci ne saurait jamais constituer une entrave à celle-là. L'illustration la plus caractéristique était celle de la condamnation aux **dépens** qui figurait parmi les cas d'exécution provisoire interdite (v. s^s^ n° 431.92). D'ailleurs, l'article 515 alinéa 2 C. pr. civ. prenait soin de préciser que l'exécution provisoire ne pourra être **ordonnée** pour les dépens, ce qui confirmait encore la règle exposée (sur les conséquences de cette solution au regard de l'exécution provisoire de droit, v. s^s^ n° 431.11). Mais cet exemple est dépassé aujourd'hui, ce cas d'interdiction ayant été supprimé (v. s^s^ n° 431.92). D'autre part, l'exclusion de l'exécution provisoire de droit ne signifie jamais interdiction de l'exécution provisoire judiciaire. Pourtant, la doctrine assimilait traditionnellement en matière de **faillite**, sous l'empire de la loi n° 67-563 du 13 juillet 1967[1], les décisions écartées du champ de l'exécution provisoire de droit instituée, à des cas d'interdiction. Ce raisonnement n'avait pas généralement été repris sous l'empire de la loi du 25 janvier 1985. Il est vrai cependant que l'article L. 625-10 du Code de commerce (anc^t^ L. n° 85-98, 25 janv. 1985[2], art. 185) autorisait expressément l'exécution provisoire du jugement prononçant la faillite personnelle ou l'interdiction de l'article 192[3]. Fallait-il alors en déduire l'interdiction implicite d'assortir de l'exécution provisoire les autres décisions exclues de l'exécution provisoire de droit ? Il ne le semble pas car c'est l'interdiction qui doit être expresse et non l'autorisation qui est prévue à l'article 515 C. pr. civ. De plus, cette précision s'expliquait plus justement par la volonté du législateur d'écarter la possibilité d'un recours à la notion d'incompatibilité qui aurait pu empêcher le prononcé de l'exécution provisoire de ces décisions (v. s^s^ n° 431.101). Ce débat restait entier avec la loi n° 2005-845 du 26 juillet 2005, de sauvegarde des entreprises[4], qui a maintenu l'autorisation d'assortir ces décisions de l'exécution provisoire à l'article L. 653-11 du Code de commerce. Mais il s'y ajoute l'article L. 661-11 du même code qui prévoit expressément l'effet suspensif de l'appel du ministère public lorsqu'il est dirigé, non seulement contre ces décisions, mais aussi contre les jugements rendus sur une action en responsabilité pour insuffisance d'actif, pour lesquels aucun texte n'autorise expressément l'exécution provisoire judiciaire. Or si l'effet suspensif de l'appel est expressément prescrit, alors qu'il est de principe (C. pr. civ., art. 539), il faut admettre que les décisions visées peuvent être assorties de l'exécution provisoire et si celle-ci n'est pas légale (v. s^s^ n° 431.31), elle ne peut être que judiciaire (cep. un auteur se prononce en sens contraire[5]). C'est la solution implicitement consacrée par l'article R. 661-1 alinéa 2 du Code de commerce (anc^t^ Décr. 28 déc. 2005, art. 328, al. 3, complété par Décr. n° 2006-1709[6], 23 déc. 2006, art. 71). Ce texte, réparant une bévue que nous retrouverons (v. s^s^ n° 432.71), autorise expressément l'arrêt de l'exécution provisoire des « *décisions qui ne sont pas exécutoires par provisions de plein droit* », donc assorties de l'exécution provisoire judiciaire.

431.92 Cas d'interdiction. Comme pour l'exécution provisoire de droit, les cas d'interdiction sont disséminés dans les codes et lois divers, de sorte que toute exhaustivité paraît exclue et qu'il faudra se contenter de présenter les principales interdictions.

Certaines sont **totales**, c'est-à-dire qu'elles visent les décisions judiciaires sans distinction de leurs chefs de condamnation, si bien que l'interdiction les concerne tous, quels qu'ils soient. Ainsi en est-il dans les cas suivants : en matière de **publicité foncière**, de l'ordonnance par laquelle le président du tribunal de grande instance statue, comme en matière de référé, sur le recours introduit à l'encontre d'une décision de rejet des formalités de publicité (à laquelle est assimilée la décision de refus d'un dépôt d'actes) d'un service de la publicité foncière (Décr. n° 55-22, 4 janv. 1955[7], art. 26) et en matière d'**ordre**, de l'ordonnance de clôture (ACPC, art. 767, à notre avis, l'article 765 du même code, souvent cité, ne constitue pas un cas d'interdiction car il est étranger à toute exécution d'une décision judiciaire[8]). Mais ce dernier cas d'interdiction n'est plus applicable que de manière résiduelle, car ces textes n'ont pas été repris par la réforme de la saisie immobilière entrée en vigueur le 1er janvier 2007, y compris pour les procédures de distribution du prix en cours, sauf si l'ouverture de l'ordre a été requis avant cette date (Décr. 27 juillet 2006, art. 168).

D'autres interdictions ne sont que **partielles**, car elles sont limitées à des chefs de condamnation précis. Il s'agissait traditionnellement de la condamnation aux **dépens** (C. pr. civ., art. 515, al. 2), à

1. L. n° 67-563, 13 juill. 1967, sur le règlement judiciaire, la liquidation des biens, la faillite personnelle et les banqueroutes, *JO* 14 juill., p. 7059.
2. L. n° 85-98, 25 janv. 1985, relative au redressement et à la liquidation judiciaire des entreprises, *JO* 26 janv., p. 1097.
3. V. PAR EX., Paris, 28 sept. 1993, RG n° 943/96, *Dr. sociétés* 1994. Comm. 8.
4. L. n° 2005-845, 26 juill. 2005, de sauvegarde des entreprises, *JO* 27 juill., p. 12187.
5. P.-M. Le Corre (dir), Dalloz action *Droit et pratique des procédures collectives*, 2012/2013, n° 234.12.
6. Décr. n° 2006-1709, 23 déc. 2006, pris en application de la loi n° 2005-845 du 26 juillet 2005 de sauvegarde des entreprises et portant diverses dispositions relatives aux administrateurs judiciaires et aux mandataires judiciaires, *JO* 29 déc., p. 19486.
7. Décr. n° 55-22, 4 janv. 1955, réforme de la publicité foncière, *JO* 7 janv., p. 346.
8. V. Ph. Hoonakker, th. préc. s^s^ n° 43.05, n°s 396 à 402, 429 et 430.

laquelle la jurisprudence assimilait les frais irrépétibles de l'article 700 C. pr. civ.[1]. Mais sur ce point, la deuxième chambre civile avait opéré un revirement remarqué en autorisant finalement l'exécution provisoire de ce chef de condamnation[2]. Dans le prolongement de ce revirement, la Cour de cassation avait suggéré, dans son rapport annuel pour 2004[3], la suppression de ce cas d'interdiction, ce qui a finalement été fait par le décret n° 2005-1678 du 28 décembre 2005, entré en vigueur le 1er mars 2006, dont l'article 46 a abrogé la seconde phrase de l'article 515 C. pr. civ. qui le prévoyait. Mais en pratique, il n'est pas toujours aisé de savoir si l'exécution provisoire est applicable aux dépens car elle est souvent ordonnée de manière générale sans précision particulière. Il a ainsi été jugé que « *si le jugement entend donner force exécutoire au principal et aux dépens, l'exécution provisoire est ordonnée à la fin du dispositif* » et, par voie de conséquence, « *les dispositions situées en-dessous de l'exécution provisoire ne sont pas concernées par celle-ci* »[4]. Mais il serait plus simple que l'étendue de l'exécution provisoire ordonnée soit expressément précisée par une formule du type : « *Le jugement est exécutoire par provision en toutes ses dispositions* » ou « *pour le tout, y compris les dépens* ». En revanche, reste interdite, en matière d'**inscription de faux**, l'exécution provisoire des prescriptions de publicité ordonnées par le jugement déclarant le faux (C. pr. civ., art. 310) et de la **prestation compensatoire**, sauf que celle-ci est désormais soumise à un régime particulier qui limite la portée de ce cas d'interdiction. L'interdiction peut aussi résulter implicitement d'un texte qui pose l'exigence d'un jugement passé en force de chose jugée. Dans ces cas, si l'exécution provisoire est néanmoins prononcée, elle restera sans effet. Tel est le cas en matière de baux commerciaux de la pénalité de 1 % prévue par l'article L. 145-30 du Code de commerce dont il a été jugé qu'elle ne peut jouer que lorsque le jugement fixant l'indemnité d'éviction est passé en force de chose jugée, même celui-ci a été assorti de l'exécution provisoire[5].

431.93 **Prestation compensatoire.** Le décret n° 2004-1158 du 29 octobre 2004 portant réforme de la procédure en matière familiale a maintenu à l'article 1079 alinéa 1er C. pr. civ. le principe de l'interdiction d'assortir de l'exécution provisoire la prestation compensatoire (ce cas avait été introduit, à l'origine, par le décret n° 84-618 du 13 juillet 1984[6] à l'article 1080-1 C. pr. civ. pour contrer la Cour de cassation qui avait jugé que l'exécution provisoire de cette mesure n'était pas incompatible avec la nature de l'affaire; v. ss n° 431.103). Mais elle ne se justifie que tant que le divorce n'est pas devenu définitif et elle peut même avoir des conséquences dramatiques lorsque le recours ne porte que sur la prestation compensatoire. En effet, dans ce cas, le divorce étant devenu définitif, le devoir de secours a pris fin, ce qui prive l'époux créancier de la pension alimentaire dont il pouvait bénéficier au titre des mesures provisoires, alors qu'il ne peut pas encore prétendre au versement de la prestation compensatoire qui reste contestée. C'est la raison pour laquelle le décret du 29 octobre 2004 a prévu une dérogation à ce cas d'interdiction inscrite aux alinéas second et troisième de l'article 1079 C. pr. civ. selon ces textes, l'exécution provisoire pourra être ordonnée, en tout ou partie, lorsque l'absence d'exécution aurait des conséquences manifestement excessives pour le créancier en cas de recours sur la prestation compensatoire, alors que le prononcé du divorce a acquis force de chose jugée. Mais logiquement si l'exécution provisoire est ainsi ordonnée, elle ne prendra effet qu'au jour où le divorce aura précisément acquis force de chose jugée. Bien entendu, s'agissant d'une exécution provisoire judiciaire, elle sera alors soumise en appel aux règles de droit commun, qu'il s'agisse du prononcé éventuel en cas d'omission ou de refus par le JAF (v. ss nos 431.81 et 431.82) ou de son arrêt (v. ss nos 432.10 s.). Mais l'article 1079 C. pr. civ. n'est pas applicable à la prestation compensatoire provisionnelle car elle est exécutoire par provision de droit, en vertu de l'article 514 alinéa 2 (sur ce cas, v. ss n° 431.43)[7].

b) Incompatibilité avec la nature de l'affaire

431.101 **Notion.** Selon l'article 515 alinéa 1er C. pr. civ., l'exécution provisoire doit être « *compatible avec la nature de l'affaire* ». Mais cette condition positive est traitée habituellement comme une condition d'exclusion, c'est dire que la notion de compatibilité est définie négativement par celle d'incompatibilité dégagée sous l'empire de l'article 135 ACPC.

1. EN DERNIER LIEU, v. Civ. 2e, 23 janv. 1985, n° 83-14.532, *Bull. civ.* II, n° 18 – Soc. 12 déc. 2000, n° 99-40.950, NP; *Gaz. Pal.* 2001. Somm. 292.
2. Civ. 2e, 31 mai 2001, n° 99-13.712, *Bull. civ.* II, n° 107; *D.* 2001. Somm. 2714, obs. Fricero; *RTD civ.* 2001. 663, obs. Perrot – V. AUSSI, M. Dymant, « Du recouvrement de l'indemnité prévue à l'article 700 du Nouveau Code de procédure civile, des frais d'exécution… et des dépens », *Dr. et proc.* 2001. 348.
3. *R.* 2004, Doc. fr., p. 14.
4. TI Illkirch-Graffenstaden, statuant en qualité de juge de l'exécution, 20 mai 2009, n° 11-08-001339, inédit.
5. Civ. 3e, 2 oct. 2012, n° 11-17.098, *Bull. civ.* II, n° 134; *RJDA* 2013, n° 203.
6. Décr. n° 84-618, 13 juill. 1984, modifiant certaines dispositions de procédure civile et d'organisation judiciaire, *JO* 18 juill., p. 2311.
7. Civ. 1re, 28 mai 2008, n° 07-14.232, *Bull. civ.* I, n° 155; *D.* 2009. Pan. 57, 5-b, obs. Douchy-Oudot; *D.* 2009. 1700, obs. Douchy-Oudot; *RTD civ.* 2008. 463, obs. Hauser.

Ainsi est incompatible avec la nature de l'affaire, l'exécution provisoire susceptible d'engendrer un « *dommage irrémédiable* »[1], ou selon d'autres formules, une « solution irréversible »[2] ou du moins « *difficilement réparable* »[3]. Mais, par définition même, ce risque doit être apprécié *in abstracto*, c'est-à-dire en considération de la seule nature de l'affaire, indépendamment des circonstances de fait de chaque espèce, et notamment de la situation particulière des parties. En ce sens, l'incompatibilité se différencie de la notion voisine de conséquences manifestement excessives qui suppose une appréciation *in concreto* (v. ss n° 432.102).

431.102 **Applications.** La jurisprudence se montre très rigoureuse. Elle exige généralement que le risque requis soit **certain** et non pas seulement probable. Ainsi l'incompatibilité est notamment écartée en matière de brevet d'invention[4], de mesures de publicité[5] ou encore de décisions d'expulsion (sauf que le concours de la force publique est généralement refusé tant que la décision n'est pas définitive).

En revanche, elle a été admise en matière de destruction d'un immeuble[6] et d'annulation de la « *vente de parts sociales d'une SCI donnant vocation à l'attribution d'un local* »[7]. De même, il a été jugé que l'exécution provisoire assortissant la condamnation au paiement d'une indemnité d'éviction est incompatible avec le droit au maintien dans les lieux du locataire bénéficiaire d'un bail commercial[8]. Par ailleurs et surtout, cette condition touche essentiellement le domaine de l'état des personnes.

431.103 **État des personnes.** À cet égard, il ne fait aucun doute que l'exécution provisoire d'une décision **tranchant une question d'état**, tel un jugement de divorce, de séparation de corps ou d'établissement d'un lien de filiation, est incompatible avec la nature de l'affaire. Mais se pose alors la question des **mesures accessoires** (sur la notion, v. ss n° 431.43 *in fine*). Sur ce point la jurisprudence a toujours adopté une position nuancée consistant à n'admettre l'exécution provisoire des mesures accessoires que de manière sélective. Mais elle ne s'est jamais prononcée clairement en faveur d'un critère unique de qualification.

Ainsi en matière **divorciale**, elle applique généralement le critère des **mesures détachables** du fond. À ce titre, l'exécution provisoire des mesures relatives aux enfants (exercice de l'autorité parentale, pension alimentaire, *etc.*), indépendantes de la décision au fond, était traditionnellement admise (mais ce critère est désormais inutile car ces mesures sont maintenant exécutoires de plein droit par provision, qu'elles soient provisoires ou accessoires, en vertu de l'article 1074-1 C. pr. civ. – V. ss n° 431.53). En revanche, toute mesure accessoire qui constitue la conséquence nécessaire de la question d'état tranchée, est interdite d'exécution provisoire pour incompatibilité avec la nature de l'affaire (comme par ex., à propos de l'interdiction de l'usage du nom du mari après le divorce[9]; ou de la suppression de la pension alimentaire entre époux suite au divorce prononcé[10]). À l'inverse, dans le domaine de la **filiation**, la jurisprudence a toujours appliqué le critère de la **nature propre** de chaque mesure, selon lequel la comptabilité dépend exclusivement de la mesure elle-même, indépendamment de la question d'état dont elle constitue l'accessoire. Aussi la jurisprudence admet-elle traditionnellement l'exécution provisoire de la condamnation au paiement d'une pension alimentaire prononcée contre celui que le jugement déclare père naturel[11].

Cette construction jurisprudentielle, dépourvue de toute logique juridique, présentait au moins l'avantage de la sécurité pour le praticien. Mais elle a été ébranlée par la Cour de cassation au sujet de la **prestation compensatoire**. Alors que les juges du fond s'étaient divisés sur la question, la Cour de cassation, rompant avec le critère classique des mesures détachables appliqué en matière divorciale, a jugé que « *l'exécution provisoire d'une condamnation* [au paiement d'une prestation compensatoire] *n'est pas incompatible avec la nature de l'affaire* »[12]. Si depuis le législateur a annihilé cette jurisprudence (v. ss n° 431.92), il n'est pas possible cependant de savoir, en l'état des décisions rendues, si le critère des mesures détachables du fond est abandonné ou si la dualité ancienne est maintenue.

1. E. Blanc et J. Viatte, « Le Nouveau Code de procédure civile commenté dans l'ordre des articles », *LJNA*.
2. C. Loyer-Larher, « L'exécution provisoire. Analyse de la jurisprudence des cours d'appel d'Angers et de Rennes », *Gaz. Pal.* 1982. Doctr. 152.
3. R. Perrot, *Droit judiciaire privé,* fasc. 1, Les cours de droit, 1980, p. 681.
4. Paris, 10 juill. 1954, *JCP* 1955. II. 8546, note R. P.; *D.* 1955. 256, note Roubier; *RTD civ.* 1955. 372, obs. Raynaud; V. AUSSI, *J.-Cl. Pr. civ.*, fasc. 517, n° 105, Miguet.
5. P. Raynaud, *RTD civ.* 1995. 372 – Civ. 2e, 10 mars 1982, n° 80-16.853, *Bull. civ.* II, n° 41; *Gaz. Pal.* 1982. Pan. 249.
6. C. Loyer-Larher, « L'exécution provisoire. Analyse de la jurisprudence des cours d'appel d'Angers et de Rennes », *Gaz. Pal.* 1982. Doctr. 151.
7. Aix-en-Provence, 26 avr. 1976, *JCP* 1977. IV. 242.
8. Civ. 3e, 5 avr. 2006, n° 04-12.598, *Bull. civ.* III, n° 92; *D.* 2007. 1827, obs. Rozès; *Loyers et copr.* 2006. Comm. 132, obs. Brault.
9. Civ. 2e, 12 juill. 1972, n° 71-14.452, *Bull. civ.* II, n° 216; *D.* 1973. 185, note Groslière; *RTD civ.* 1973. 170, obs. Raynaud.
10. Civ. 2e, 22 févr. 1973, n° 72-10.258, *Bull. civ.* II, n° 65 – Civ. 2e, 24 févr. 1982, NP; *D.* 1982. IR 189.
11. Civ. 1re, 21 oct. 1969, *Bull. civ.* I, n° 306; *D.* 1970. 101, note Huet-Weiller.
12. Civ. 2e, 26 avr. 1984, n° 83-16.507, *Bull. civ.* II, n° 68.

2°
Conditions conjoncturelles

431.111 **Urgence.** L'urgence n'est plus qu'une **condition résiduelle** aujourd'hui puisqu'elle n'est requise que lorsque le juge d'appel (premier président ou CME, v. s^s^ n° 431.81) est saisi d'une demande d'exécution provisoire **refusée** par les premiers juges (C. pr. civ., art. 525).

Ceci étant, la notion d'urgence n'a pas évolué. Ainsi les principaux cas restent, en la matière, le risque d'insolvabilité du débiteur[1] et la situation du créancier qui se trouve dans un état de détresse, par exemple, suite à un accident[2] ou à une maladie qui le prive de ressources[3]. En revanche, le seul grand âge du créancier[4] ou l'ancienneté de la créance[5], sont généralement considérés comme insuffisants pour justifier l'urgence. Les juges du fond continuent, par ailleurs, à disposer d'un **pouvoir souverain** d'appréciation, la Cour de cassation se refusant à tout contrôle de l'existence même de l'urgence, se contentant d'exiger la motivation des décisions rendues sur ce point[6].

431.112 **Nécessité.** Substituée à l'urgence par le décret n° 73-1122 du 17 décembre 1973, la nécessité est aujourd'hui la **condition générale**, requise dans tous les cas à la seule exception de l'exécution provisoire refusée en première instance et demandée au juge d'appel (v. s^s^ n° 431.111). Appréciée par rapport aux intérêts du créancier bénéficiaire de l'exécution provisoire, elle est objectivement une notion plus large. Ainsi au-delà des cas classiques d'urgence, elle recouvre sans doute les risques de manœuvres dilatoires[7], l'ancienneté de la créance ou le grand âge du créancier.

Mais il serait vain de cerner davantage cette notion aujourd'hui, dans la mesure où les rédacteurs du Code de procédure civile ont entendu l'abandonner au **pouvoir discrétionnaire** du juge, en supprimant tout contrôle, même en principe de la seule motivation (un arrêt consacre ce pouvoir discrétionnaire à propos de l'exécution provisoire accordée en appel par un premier président sur le fondement de l'article 525-1 qui requiert la seule nécessité[8] – V. s^s^ n°s 432.121 et 432.122). Sous cette acception, l'exécution provisoire n'a plus seulement pour fonction de protéger le créancier, mais elle est devenue aussi un instrument de revalorisation des juges de première instance, un moyen pour eux d'affirmer et d'assurer leur propre autorité, leur « *infaillibilité provisoire* »[9], voire d'asseoir leur infaillibilité définitive par l'effet dissuasif que peut jouer l'exécution provisoire au regard de l'exercice, par la partie condamnée, de la voie de recours ouverte. Pour autant, le créancier reste le seul bénéficiaire direct de l'exécution provisoire et peut ainsi profiter pleinement de tous les effets qui s'y attachent.

SECTION 2
EFFETS DE L'EXÉCUTION PROVISOIRE

431.120 **Plan.** La question n'offre d'intérêt que si la voie de recours suspensive ouverte est formée; à défaut, la décision passe en force de chose jugée et l'exécution provisoire devient sans objet. Ce n'est donc que pendant l'instance d'appel ou d'opposition que l'exécution provisoire est susceptible de jouer pleinement son rôle (§ 1), mais elle ne restera pas nécessairement sans conséquence à l'issue d'une telle instance (§ 2).

§ 1
Pendant l'instance d'appel ou d'opposition

431.121 **Titre exécutoire.** Tout l'intérêt de l'exécution provisoire est de fournir un titre exécutoire au créancier, nonobstant l'appel ou l'opposition. Il en résulte les conséquences suivantes.

Si une astreinte a été prescrite, elle courra immédiatement nonobstant l'appel, ce qui n'est plus le cas aujourd'hui lorsque le jugement n'est pas assorti de l'exécution provisoire. En effet, depuis un arrêt de la deuxième chambre civile de la Cour de cassation du 11 juin 1997, rompant avec une jurisprudence séculaire, l'astreinte ne commencera à courir, dans ce cas, qu'à compter du jour où l'arrêt confirmatif sera devenu exécutoire, à moins que les juges d'appel n'aient fixé un point de départ postérieur[10] (mais il est jugé que si un délai est prévu, son point de départ doit être fixé à la date de la notification de l'arrêt confirmatif du jugement non exécutoire et non à celle de son prononcé[11]. De plus, même si l'exécution provisoire est ultérieurement arrêtée en appel,

1. V. NOT., Civ. 2e, 6 janv. 1960, *Bull. civ.* II, n° 1; *D.* 1960. Somm. 92.
2. Nancy, 31 janv. 1956, *JCP* 1956. IV. 66.
3. Civ. 2e, 6 mars 1974, n° 72-13.830, *Bull. civ.* II, n° 85.
4. Paris, 23 déc. 1968, *D.* 1969. Somm. 44.
5. Paris, 18 avr. 1967, *D.* 1967. 722.
6. Civ. 2e, 9 mai 1983, n° 81-16.782, NP; *Gaz. Pal.* 1983. Pan. 258; *JCP* 1983. IV. 224.
7. *J.-Cl. Pr. civ.*, fasc. 517, n°s 86 et 87, Miguet.
8. Civ. 3e, 8 avr. 1999, n° 97-14.152, *Bull. civ.* III, n° 90; *JCP* 1999. IV. 2036; *Gaz. Pal.* 1999. Pan. 169.
9. R. Perrot, *RTD civ.* 1984. 568.
10. Civ. 2e, 11 juin 1997, n° 95-13.961, *Bull. civ.* II, n° 170; *D.* 1997. 536, note Julien; *RTD civ.* 1997. 743, obs. Perrot; *RTD civ.* 1998. 733, obs. Normand – V. AUSSI, Civ. 2e, 9 déc. 1997, n° 95-20.144, *Bull. civ.* II, n° 307; *D.* 1998. IR 35.
11. Civ. 2e, 22 mars 2001, n° 98-21.560, *Bull. civ.* II, n° 58; *RTD civ.* 2001. 661, obs. Perrot; *Dr. et proc.* 2001. 244, obs. crit. Hoonakker.

l'astreinte qui a déjà couru n'est pas remise en cause, elle cesse seulement pour l'avenir[1] et à condition que l'ordonnance l'arrêtant ait été signifiée au créancier, sinon elle continue de courir[2] (sur l'absence d'effet rétroactif des ordonnances arrêtant l'exécution provisoire, v. s^{s} n° 432.70). Si le bénéficiaire de l'exécution provisoire réussit à obtenir le paiement de sa créance, celle-ci sera éteinte et il n'aura pas, en particulier, à déclarer sa créance si le débiteur était mis postérieurement en redressement ou liquidation judiciaire, alors que l'instance d'appel est en cours (la solution est évidemment la même pour l'instance d'opposition), que le paiement émane du débiteur lui-même[3] ou de sa caution[4]. De même, dans une telle hypothèse, le créancier n'aura pas à restituer les sommes ainsi perçues pendant la période suspecte[5].

Pour parvenir au règlement, le créancier bénéficiaire de l'exécution provisoire peut évidemment décider, si nécessaire, de recourir à l'exécution forcée du jugement obtenu (A), avec toutes les conséquences qui s'y attachent (B). Mais il dispose aussi désormais de la possibilité de solliciter la radiation de l'appel faute d'exécution par le débiteur (C).

A.
Recours à l'exécution forcée

431.130 Force exécutoire et autorité de la chose jugée. Le recours à l'exécution forcée est possible parce que l'exécution provisoire confère la force exécutoire au jugement qui en bénéficie. Mais il ne faut pas confondre la force exécutoire avec l'autorité de chose jugée, laquelle est attachée au jugement dès son prononcé, même s'il n'est pas assorti de l'exécution provisoire[6] (v. aussi à propos de l'appel d'un jugement prononçant la clôture d'une liquidation judiciaire pour insuffisance d'actif, formé par le liquidateur et jugé recevable même si ce jugement, assorti de l'exécution provisoire, a mis fin à sa fonction, car cette qualité relève de l'autorité de la chose jugée et non de la force exécutoire; or l'appel a précisément pour objet de remettre en cause l'autorité de la chose jugée en première instance[7]).

Mais encore faut-il que toutes les conditions de l'exécution forcée soient remplies. Les unes sont objectives (1°), les autres subjectives en tant qu'elles dépendent de la volonté des parties, débiteur ou créancier (2°).

1°
Conditions objectives

431.131 Partielle ou aménagée. Le jugement doit évidemment être assorti de l'exécution provisoire, soit légale, soit judiciaire. Mais celle-ci pouvant n'être que partielle (v. s^{s} n°s 431.11 et 431.41 s.), seuls les chefs de condamnation qui en bénéficient seront alors susceptibles d'exécution forcée.

Par ailleurs, l'exécution provisoire peut être parfois aménagée (v. s^{s} n°s 432.201 s.). Elle peut ainsi être subordonnée à la fourniture d'une **garantie** par le créancier (v. s^{s} n°s 432.211 s.). Dans ce cas, le jugement ne deviendra exécutoire que lorsque la garantie sera fournie[8] et à défaut l'exécution forcée reste interdite[9]. Inversement l'exécution provisoire peut être parfois arrêtée moyennant **consignation** par le débiteur (v. s^{s} n°s 432.220 s.). Le jugement perdra alors tout caractère exécutoire dès que le débiteur aura consigné les causes de la condamnation et les mesures d'exécution antérieurement engagées devront être anéanties[10] (v. cep., sur l'absence d'effet rétroactif d'une décision arrêtant purement et simplement l'exécution provisoire, s^{s} n° 432.70).

431.132 Postérieure au jugement. Exceptionnellement l'exécution provisoire peut être prononcée postérieurement au jugement qui en bénéficie (v. s^{s} n°s 431.81 et 431.82). Produit-elle alors effet à compter de la décision qui l'ordonne ou rétroagit-elle au jour du prononcé du jugement auquel elle s'applique ? En pratique la question se pose essentiellement pour les condamnations à **exécution successive,** telles celles au paiement d'une pension alimentaire mensuelle.

La jurisprudence était plutôt rare et divisée. Par ordonnance présidentielle du 21 janvier 1978[11], la cour d'appel de Rennes s'était prononcée en faveur de la rétroactivité « *s'il n'en est disposé autrement par le magistrat saisi* », alors que le tribunal d'instance de Toulon, par jugement du 12 juin 1984[12], avait statué

1. Civ. 2e, 8 avr. 1999, n° 96-20.775, NP; *Procédures* 1999, n° 147, obs. Perrot.
2. Civ. 2e, 20 déc. 2001, n° 98-23.102, *Bull. civ.* II, n° 200; *Procédures* 2002. Comm. 45, obs. Perrot; *Dr. et proc.* 2002. 165, obs. crit. Hoonakker.
3. Com. 14 juin 1994, n° 92-16.322, *Bull. civ.* IV, n° 215; *D.* 1994. 520, note Honorat; *D.* 1995. 28, obs. Honorat; *JCP E* 1995. I. 417, n° 8, obs. P. P.
4. Com. 28 mai 1996, n° 94-15.511, NP; *Procédures* 1996. Comm. 222, obs. Croze.
5. Paris, 12 mars 1996, RG n° 95/010337, *JCP* 1996. IV. 963.
6. Civ. 2e, 10 mars 2005, n° 02-20.513, *Bull. civ.* II, n° 60; *D.* 2005. IR 1053; *RTD civ.* 2006. 142, obs. Théry.
7. Com. 13 févr. 2007, n° 05-19.182, *Bull. civ.* IV, n° 40; *RTD civ.* 2007. 384, obs. Perrot; *RTD com.* 2007. 458, obs. Vallens.
8. Civ. 2e, 19 mai 1999, n° 96-22.280, *Bull. civ.* II, n° 95 – V. AUSSI, Metz, 26 févr. 1992, RG n° 2001/90, Foeil c/ Schaeck, inédit – Paris, 3 juin 1999, Mazzaggio c/CIAL, inédit.
9. Civ. 2e, 31 janv. 1985, n° 83-13.888, *Bull. civ.* II, n° 27.
10. Colmar, 4 juin 1993, *Rec. jur. de l'Est* 1993. 128.
11. Rennes, ord. prés., 21 janv. 1978, *Gaz. Pal.* 1978. 213, note du Rusquec.
12. TI Toulon, 12 juin 1984, *D.* 1984. IR 421, obs. Julien.

en sens inverse. Quant à la doctrine, un auteur[1] a proposé de distinguer selon que l'exécution provisoire ordonnée postérieurement, avait été ou non sollicitée initialement; elle ne rétroagirait que dans le premier cas. Dans le silence des textes toutes les solutions semblent envisageables. Mais l'exécution provisoire étant conceptuellement une institution **dérogatoire** au principe essentiel et séculaire de l'effet suspensif des voies de recours ordinaires, une interprétation **restrictive** devrait prévaloir en toute hypothèse. Dans cette perspective, l'absence de rétroactivité, sauf disposition contraire de la décision ordonnant l'exécution provisoire, semble la solution la plus appropriée. C'est finalement en ce sens que s'est prononcée la Cour de cassation à propos de l'exécution provisoire ordonnée par un CME réparant l'omission de statuer commise par le premier juge[2]. Mais la solution devrait valoir dans tous les cas où l'exécution provisoire est prononcée postérieurement au jugement concerné (l'absence de rétroactivité a aussi été retenue pour les ordonnances présidentielles arrêtant l'exécution provisoire, v. s[s] nº 432.70).

431.133 Notification préalable. Aux termes de l'article 503 C. pr. civ., le recours à l'exécution forcée suppose la notification préalable et régulière du jugement, quel qu'il soit, et en l'occurrence du jugement assorti de l'exécution provisoire[3] (v. aussi, à propos d'une ordonnance de non-conciliation ayant attribué le logement familial à l'épouse et dit que le mari devra le quitter pour une certaine date, où la Cour de cassation censure les premiers juges d'avoir condamné le mari à des dommages et intérêts pour trouble de jouissance car il n'avait pas déféré à la décision pour la date fixée, alors que l'ordonnance ne lui avait pas été notifiée et qu'une partie ne peut être privée « *d'un droit tant que [la] décision ne lui a pas été notifiée* »[4]). La notification se fait en principe par voie de signification, sauf les cas où une forme simplifiée, telle la lettre recommandée avec demande d'avis de réception, est autorisée. Dans les cas exceptionnels où l'exécution forcée est possible sur minute, sa seule présentation vaut notification (C. pr. civ., art. 503, al. 2). L'unique exception admise est celle où l'exécution forcée est inutile du fait de l'exécution volontaire par le débiteur (C. pr. civ., art. 503, al. 1er *in fine*). Mais la notification préalable ne conditionne que le recours à l'exécution forcée et non la date d'effet des mesures à exécution successives ordonnées avec exécution provisoire. Il a ainsi été jugé que les mesures provisoires ordonnées en application de l'article 255 du Code civil sont exécutoires de droit dès leur prononcé (à propos d'une pension alimentaire[5]). En conséquence, leur exécution forcée peut être poursuivie dès la notification de la décision, à effet de cette date.

2°
Conditions subjectives

431.141 Quant au débiteur. Le débiteur peut éviter l'exécution forcée, et les frais qui en découlent inévitablement, en procédant volontairement à l'exécution du jugement exécutoire par provision. Mais il devra se montrer particulièrement prudent s'il veut conserver ses chances de voir prospérer l'appel ou l'opposition formé. En effet, aux termes de l'article 410 alinéa 2 C. pr. civ., l'exécution sans réserve d'un jugement non exécutoire vaut **acquiescement**. Autrement dit, le débiteur devra veiller à n'exécuter volontairement que les chefs de condamnation assortis de l'exécution provisoire (dans ces cas, il ne saurait y avoir acquiescement[6]). Il faut réserver les cas où une partie a pu croire à tort que la décision était exécutoire (v. à propos de jugements déclarés par erreur en dernier ressort et dont l'acte de signification précisait qu'ils étaient exécutoires[7]; v. aussi à propos d'un appelant qui a exécuté le jugement sous l'effet de la peur et en se méprenant sur son caractère exécutoire[8]).

À défaut, l'appel ou l'opposition formé se heurterait inévitablement à l'exception d'acquiescement. La jurisprudence est abondante sur ce point et a beaucoup évolué au cours de ces dernières années. Désormais ne vaut plus acquiescement malgré l'absence de toute exécution provisoire : l'assistance sans réserve à des opérations d'**expertise**[9] (mais cette solution aurait dû s'imposer dès l'origine dans la mesure où l'expertise devrait être qualifiée de mesure conservatoire et donc être considérée, à ce titre, comme exécutoire de plein droit par provision, v. s[s] nº 431.42)[10] et *a fortiori* le paiement d'une avance sur frais d'exper-

1. P. Julien, *D.* 1984. IR 421.
2. Civ. 2e, 22 oct. 2009, nº 08-19.559, *Bull. civ.* II, nº 249; *D.* 2009. 2692; *AJ fam.* 2010. 80, obs. Gallmeister; *Dr. et proc.* 2010. 61, obs. Putman.
3. Civ. 2e, 9 févr. 1983, nº 81-15.051, *Bull. civ.* II, nº 33.
4. Civ. 2e, 14 sept. 2006, nº 04-20.602, *Bull. civ.* II, nº 220; *D.* 2007. 896, chron. Vigneau; *D.* 2007. 2690, obs. Douchy-Oudot; *RTD civ.* 2006. 824, obs. Perrot; *Dr. et proc.* 2007. 24, obs. Lefort.
5. Civ. 1re, 11 janv. 2005, nº 02-31.011, *Bull. civ.* I, nº 15.
6. Civ. 2e, 16 avr. 1986, nº 84-15.485, *Bull. civ.* II, nº 51; *D.* 1986. IR 219 – Civ. 2e, 12 févr. 2004, nº 02-12.392, *Bull. civ.* II, nº 51; *Gaz. Pal.* 2005. Somm. 1277, obs. du Rusquec, à propos d'une ordonnance de référé – Civ. 2e, 23 nov. 2006, nº 05-11.589, *Bull. civ.* II, nº 324.
7. Civ. 2e, 8 juill. 2004, nº 02-16.916, *Bull. civ.* II, nº 346; *RTD civ.* 2004. 776, obs. Perrot; *Dr. et proc.* 2005. 31, obs. Lefort – Civ. 2e, 10 janv. 2008, nº 07-13.370, *Bull. civ.* II, nº 1; *Procédures* 2008. Comm. 98, obs. Perrot.
8. Civ. 2e, 5 avr. 2007, nº 06-12.216, NP; *Procédures* 2007. Comm. 125, obs. Perrot.
9. Civ. 2e, 22 mai 1995, nº 93-11.413, *Bull. civ.* II, nº 146; *RTD civ.* 1995. 685, obs. Perrot; *Gaz. Pal.* 1996. Pan. 17.
10. V. AUSSI, Civ. 2e, 12 mars 1997, nº 95-15.266, NP; *Gaz. Pal.* 1997. 694, notes Barbier.

tise[1]; le paiement d'une indemnité allouée au titre de l'**article 700 C. pr. civ.** ainsi que des dépens[2]. En revanche, le paiement[3] ou l'encaissement[4] sans réserve d'une indemnité allouée, sans exécution provisoire, continue sans doute à valoir acquiescement; mais cette conséquence ne saurait être étendue au paiement des intérêts sur un capital assorti lui de l'exécution provisoire[5].

431.142 Quant au créancier. En dernier lieu, lorsque toutes les conditions sont remplies, la décision de recourir à l'exécution forcée relève discrétionnairement du créancier pour lequel l'exécution provisoire constitue toujours une simple faculté qu'il n'est jamais tenu d'employer[6]. En conséquence, il ne saurait encourir la moindre responsabilité s'il s'abstient de poursuivre l'exécution forcée[7].

Mais s'il décide d'en profiter, il ne pourra jamais aller au-delà de la seule exécution forcée. En effet, l'exécution provisoire n'est qu'un moyen pour contraindre le débiteur à exécuter la condamnation prononcée à son encontre. En aucun cas elle ne saurait conférer à la décision rendue une sorte d'autorité supérieure, qui lui est parfois prêtée, pour la rendre obligatoire aussi à d'autres juridictions saisies parallèlement ou ultérieurement. Ainsi l'exécution provisoire ne peut tenir en échec l'effet dévolutif de l'appel[8]. De même et surtout, elle restera toujours sans effet, faute d'objet, lorsqu'elle est prononcée par un jugement de pur **débouté**. Pourtant certains tribunaux ont parfois imaginé de recourir à l'exécution provisoire d'une telle décision dans le dessein de permettre immédiatement l'engagement ou la poursuite d'une autre procédure qu'elle conditionne. Par exemple, le tribunal civil de Toulouse a prescrit l'exécution provisoire d'un jugement « *déboutant un locataire de ses prétentions au bénéfice de la législation sur la propriété commerciale* »[9], pour permettre au propriétaire d'agir immédiatement en validation du congé devant le juge des loyers d'habitation[10], il ne s'agit pas alors de l'exécution d'un jugement. En réalité, le débat n'est pas celui de l'exécution provisoire, mais celui du sursis à statuer que doit trancher souverainement le tribunal saisi[11].

B.
Conséquences du recours à l'exécution forcée

431.150 Plan. En principe, le créancier bénéficie de toutes les règles de droit commun de l'exécution forcée (1°), mais il souffre néanmoins de quelques limites justifiées par le caractère provisoire de l'exécution poursuivie (2°).

1°
Bénéfice des règles de droit commun

431.151 Majoration des intérêts. Le créancier bénéficie de la majoration de cinq points des intérêts légaux, conformément à l'article L. 313-3 du Code monétaire et financier (anc^{t} L. n° 75-619, 11 juill. 1975[12], art. 3) à l'expiration d'un délai de deux mois « *à compter du jour où la décision de justice est devenue exécutoire, fût-ce par provision* » (mais dans le cas particulier du jugement d'adjudication sur saisie immobilière, cette majoration court de plein droit quatre mois après son prononcé; sur les règles particulières en matière d'accident de la circulation, C. assur., art. L. 211-18[13]). L'application de ce texte suppose évidemment que toutes les conditions examinées ci-dessus soient remplies (v. s^{s} n°s 431.130 s.). Aussi lorsque l'exécution provisoire a été subordonnée à la fourniture d'une garantie par le créancier, si celui-ci ne la fournit pas, il ne saurait se prévaloir d'un jugement exécutoire et perdra donc notamment le bénéfice de cette majoration[14]. De même, si l'exécution provisoire est ultérieurement arrêtée, le créancier perd le bénéfice de la majoration (y compris pour la période antérieure à l'arrêt de l'exécution provisoire[15] – cep.,

1. Civ. 2e, 20 juin 1996, n° 94-15.948, *Bull. civ.* II, n° 162; *JCP* 1996. IV. 1875.
2. Civ. 2e, 15 nov. 1995, n° 93-21.577, *Bull. civ.* II, n° 274; *D.* 1996. Somm. 131, obs. Julien; *Gaz. Pal.* 1996. Pan. 177; *JCP* 1996. II. 22596 et 22611 *bis*, note Bénabent – Civ. 2e, 4 janv. 1996, n° 93-19.416, *Bull. civ.* II, n° 1; *D.* 1997. 86, note Puigelier; *D.* 1996. 358, obs. Julien; *Gaz. Pal.* 1996. Pan. 225 – Civ. 2e, 20 juin 1996, n° 94-15.370, *Bull. civ.* II, n° 163; *JCP* 1996. IV. 1874; *D.* 1996. IR 169 – Civ. 2e, 26 févr. 1997, n° 95-13.876, *Bull. civ.* II, n° 57.
3. Civ. 2e, 29 mai 1979, n° 78-11.527, *Bull. civ.* II, n° 159; *D.* 1979. IR 473, obs. Julien – Civ. 2e, 15 avr. 1991, n° 90-11.469, *Bull. civ.* II, n° 124.
4. Civ. 2e, 17 juin 1998, n° 96-15.211, *Bull. civ.* II, n° 191; *Gaz. Pal.* 1998. Pan. 306.
5. Civ. 2e, 20 juin 1996, n° 94-15.370, *Bull. civ.* II, n° 163; *JCP* 1996. IV. 1874; *D.* 1996. IR 169.
6. Req. 27 avr. 1864, *DP* 1964. 303.
7. Civ. 3e, 4 juin 2008, n° 07-14.118, *Bull. civ.* III, n° 100; *D.* 2009. 1168, obs. Leborgne; *RDI* 2008. 393, obs. Malinvaud; *Procédures* 2008. Comm. n° 323, obs. Perrot; *Dr. et proc.* 2008. 323, obs. Lefort.
8. TGI Dunkerque, 23 oct. 1984, *Gaz. Pal.* 1985. Somm. 170.
9. T. civ. Toulouse, 21 oct. 1949, *RTD civ.* 1950. 100, obs. Raynaud.
10. V. AUSSI, T. civ. Toulouse, 23 mars 1950, *RTD civ.* 1950. 398, obs. Raynaud.
11. Sur l'ensemble de la question v. Ph. Hoonakker, th. préc. s^{s} n° 43.05, n°s 453 s.
12. L. n° 75-619, 11 juill. 1975, relative au taux de l'intérêt légal, *JO* 12 juill., p. 7180.
13. Rép. civ., v° *Responsabilité-régime des accidents de la circulation*, par Lambert-Piéri, juin 2010 [màj juin 2013, par Oudot], n°s 432 s.
14. Civ. 2e, 19 mai 1999, n° 96-22.280, *Bull. civ.* II, n° 95 – Metz, 26 févr. 1992, RG n° 2001/90, Foell c/Schaeck, inédit – Paris, 3 juin 1999, Mazzaggio c/CIAL, inédit.
15. Paris, 23 oct. 1997, *RJ com.* 1998. 319, note Putman et Bouty.

sur l'absence d'effet rétroactif d'une telle décision, v. s^s n° 432.70), et inversement, si l'ordonnance ayant arrêté l'exécution provisoire est annulée, le créancier retrouve rétroactivement le bénéfice de la majoration[1].

431.152 Procédures civiles d'exécution. Le créancier pourra recourir, comme s'il s'agissait d'une exécution définitive, à toutes les procédures civiles d'exécution et cette solution n'est pas contraire aux exigences du procès équitable de l'article 6 § 1 de la Convention européenne des droits de l'homme[2]. Il pourra donc profiter pleinement tant des mesures d'exécution forcée que des mesures conservatoires, tant en matière mobilière, corporelle ou incorporelle, qu'en matière immobilière.

À cet égard, « *pour lever certaines ambiguïtés* »[3], l'article L. 111-10 alinéa 1er C. pr. exéc. prévoit expressément que « [...] *l'exécution forcée peut être poursuivie jusqu'à son terme en vertu d'un titre exécutoire à titre provisoire* ». Il faut cependant préciser que les ambiguïtés dénoncées concernaient, en fait, l'ancienne saisie-arrêt poursuivie en vertu d'une ordonnance de référé (en revanche, la saisie-exécution sur le fondement d'une ordonnance de référé était admise[4]). La Cour de cassation[5] avait décidé, en effet, que le juge saisi de l'instance en validité devait obligatoirement apprécier au fond la créance invoquée ou surseoir à statuer et ne pouvait donc se retrancher derrière l'ordonnance de référé invoquée car elle n'a pas l'autorité de la chose jugée au principal. Mais du coup, c'est le caractère provisoire de l'ordonnance de référé qui était en cause et non point l'exécution provisoire. D'ailleurs, en l'espèce, l'ordonnance de référé était passée en force de chose jugée. Cette « *ambiguïté* » se trouve donc aujourd'hui levée, moins par l'article 31 alinéa 1er, que par l'instauration de la saisie-attribution, remplaçant la saisie-arrêt, qui n'est possible qu'en vertu d'un titre exécutoire et ne comporte plus d'instance en validité.

Cependant l'assimilation avec l'exécution définitive n'est pas totale, certaines limites ayant été instituées pour précisément prendre en considération le caractère seulement provisoire de l'exécution poursuivie.

2°
Limites

431.161 Saisie immobilière. Cette première limitation, expressément rappelée par l'article L. 111-10 alinéa 1er C. pr. exéc., résultait de l'article 2215 du Code civil qui disposait : « *La poursuite peut avoir lieu en vertu d'un jugement provisoire ou définitif, exécutoire par provision nonobstant appel; mais l'adjudication ne peut se faire qu'après un jugement définitif en dernier ressort, ou passé en force de chose jugée* » (disposition aussi applicable en Alsace et en Moselle[6]).

La jurisprudence avait toujours considéré que cette disposition s'applique exclusivement au jugement servant de fondement aux poursuites et non point aux décisions rendues sur les incidents de saisie[7]. Elle signifiait donc seulement que si l'exécution provisoire permet d'engager une procédure de saisie immobilière, elle empêche, en revanche, qu'elle soit menée à son terme par l'adjudication de l'immeuble saisi, laquelle n'est possible que dans le cadre de l'exécution définitive. Cette disposition concernait non seulement tout jugement sur le fond assorti de l'exécution provisoire, légale ou judiciaire, frappé d'appel ou d'opposition, mais aussi les décisions provisoires, quelles qu'elles soient, telles les ordonnances de référé[8]. Cependant la restriction était ici plus importante car lorsqu'une telle décision passe en force de chose jugée, elle reste provisoire et à ce titre n'autorise pas l'adjudication[9].

Mais compte tenu de la rédaction du premier alinéa de l'article 2215 (« *nonobstant appel* »), dont de surcroît l'alinéa second interdisait expressément d'engager la poursuite en vertu de « *jugements rendus par défaut durant le délai d'opposition* », l'on était en droit de s'interroger sur l'applicabilité de ce texte en la matière. Mais toute distinction ayant aujourd'hui disparu entre l'exécution provisoire nonobstant appel et nonobstant opposition, il fallait sans doute admettre que la réponse était affirmative. Aussi, un jugement **par défaut**, assorti de l'exécution provisoire, devait permettre d'engager la poursuite, car il constitue un titre exécutoire, mais il n'autorise pas l'adjudication.

Ces solutions n'ont pas été remises en cause par la réforme de la saisie immobilière résultant de l'ordonnance n° 2006-461 du 21 avril 2006, entrée en vigueur le 1er janvier 2007[10]. En effet, le nouvel article 2191 du Code civil reprend en son alinéa second, une solution identique à l'ancien article 2215, en prévoyant que : « *Lorsque la poursuite est engagée en vertu d'une décision exécutoire par provision, la vente forcée ne peut intervenir qu'après une décision définitive passée en force de chose jugée* ». De plus, s'agissant de l'opposition,

1. Dijon, 3 sept. 2002, RG n° 00/01618, *RTD civ.* 2003. 354, obs. crit. Perrot.
2. Civ. 2e, 10 févr. 2005, nos 03-15.067 et 03-15.068, *Bull. civ.* II, n° 28; *RTD civ.* 2005. 455, obs. Perrot; *Dr. et proc.* 2005. 295, obs. Lefort.
3. Exposé des motifs de la loi n° 91-650 du 9 juillet 1991, p. 15.
4. Civ. 2e, 5 avr. 1994, n° 92-20.712, *Bull. civ.* II, n° 120; *JCP* 1994. IV. 1553.
5. Civ. 2e, 21 juill. 1986, n° 85-11.004, *Bull. civ.* II, n° 134; *RTD civ.* 1987. 155, obs. Perrot.
6. Colmar, 22 oct. 1993, RG n° 76/92, *Rec. jur. de l'Est* 1994. 26.
7. Civ., 23 oct. 1899, *D.* 1900. 122 – Civ. 2e, 20 févr. 1985, n° 83-16.183, *Bull. civ.* II, n° 42.
8. Civ. 2e, 17 févr. 1983, n° 81-16.274, *Bull. civ.* II, n° 46; *Gaz. Pal.* 1983. Pan. 180; *RTD civ.* 1983. 601, obs. Perrot.
9. Civ. 2e, 27 nov. 1985, n° 84-14.862, *Bull. civ.* II, n° 180; *D.* 1986. 169, note Prévault.
10. Ord. n° 2006-461, 21 avr. 2006, réformant la saisie immobilière, *JO* 22 avr., p. 6072.

tout doute est levé par la disparition de la mention « *nonobstant appel* » et la reprise à l'alinéa troisième de l'article 2191, de l'alinéa second de l'article 2215. La seule interdiction est donc d'engager une saisie pendant le délai d'opposition. Passé ce délai, de deux choses l'une : ou bien, aucune opposition n'a été formée et dans ce cas le jugement aura acquis force de chose jugée et, pour peu qu'il ne soit pas provisoire, la saisie pourra être menée sans entrave; ou bien, une opposition a été formée et, dans ce cas, si le jugement est assorti de l'exécution provisoire, une saisie pourra être engagée, mais la vente forcée ne sera possible que sur le fondement d'une décision définitive passée en force de chose jugée.

431.162 Contre les tiers. Rompant avec la jurisprudence traditionnelle fondée sur l'article 548 du Code de procédure civile (ancien), l'article 506 C. pr. civ. prévoit aujourd'hui expressément l'hypothèse de l'exécution provisoire contre les tiers[1].

Il subsiste néanmoins une réserve prévue à l'article 2440 du Code civil (C. civ., anc. art. 2157) qui n'autorise la **radiation d'une inscription hypothécaire**, à défaut d'accord entre les parties, qu'en vertu d'un jugement en dernier ressort ou passé en force de chose jugée. Mais une controverse était née sur l'application de cette disposition aux **hypothèques judiciaires provisoires** que la Cour de cassation a tranchée en faisant prévaloir les articles 54 et 55 de l'ancien Code de procédure civile sur l'article 2157, jugé en conséquence inapplicable en la matière[2]. Depuis la réforme des procédures civiles d'exécution par la loi du 9 juillet 1991, cette question ne se pose plus. Les articles 54 et 55 ont été abrogés (L. 9 juill. 1991, art. 94-21), et l'article R. 533-6 C. pr. exéc. prévoit expressément que la radiation des sûretés judiciaires (hypothèques et nantissements conservatoires), laquelle relève de la compétence du juge saisi au fond et, à défaut, du JEX, est effectuée « *sur présentation de la décision passée en force de chose jugée* ». *A fortiori*, l'article 2440 du Code civil (C. civ., anc. art. 2157), dont la règle a ainsi été reprise, vaut aussi pour toutes les **autres radiations d'inscriptions hypothécaires**[3].

431.163 Risques et périls. En toute hypothèse, le créancier, bénéficiaire de l'exécution provisoire, qui décide de recourir à l'exécution forcée, le fait toujours à ses risques et périls et s'expose en conséquence à devoir réparer l'entier préjudice que la seule exécution forcée, indépendamment de toute faute, aura occasionné au débiteur. Cette solution constante, née de la **jurisprudence** (v. en dernier lieu avant la loi du 9 juillet 1991[4]), distingue fondamentalement l'exécution provisoire de l'exécution définitive (dans ce cas, la seule poursuite de l'exécution forcée ne peut suffire à engager la responsabilité du créancier, il faut établir une faute à son encontre[5]). Elle a été consacrée par l'**article L. 111-10 alinéa 2 C. pr. exéc.** qui dispose : « *L'exécution* [provisoire] *est poursuivie aux risques du créancier. Celui-ci rétablit le débiteur dans ses droits en nature ou par équivalent si le titre est ultérieurement modifié* » (elle vaut de manière générale pour l'exécution de tout « *titre exécutoire à titre provisoire* », c'est dire quelle s'applique aussi à l'exécution des décisions provisoires, comme les ordonnances de référé, sur requête ou du juge de la mise en état, même si elles sont passées en force de chose jugée).

Cette responsabilité sans faute s'applique sans aucun doute au créancier s'il a poursuivi l'exécution forcée. Mais qu'en est-il si le débiteur a exécuté spontanément la décision après sa seule signification ? L'assemblée plénière de la Cour de cassation[6] a jugé qu'elle était aussi applicable, ce qui peut paraître sévère sauf à faire observer que dans cette espèce la décision exécutée avait prononcé une astreinte dont on sait qu'elle court immédiatement en cas d'exécution provisoire (v. s[s] n° 431.121). Mais par la suite, la solution a aussi été appliquée en-dehors de toute astreinte dans une hypothèse où les appelants ont procédé spontanément à la libération des lieux ordonnée par un jugement assorti de l'exécution provisoire, après sa seule signification et avant tout commandement[7]. En tout cas et *a fortiori* devrait-il en être ainsi si le créancier a sollicité la radiation de l'appel faute d'exécution par le débiteur.

C.
Radiation de l'appel faute d'exécution par le débiteur

431.170 Légalité. Contre toute attente, l'article 47, II du décret n° 2005-1678 du 28 décembre 2005 a institué un nouvel article 526 (C. pr. civ., anc. art. 526, étant devenu C. pr. civ., art. 525-1) dans le Code de procédure civile qui étend à la procédure d'appel (en revanche, rien n'est prévu en cas d'opposition), l'obligation d'exécuter sous peine de radiation, en

1. Colmar, 29 oct. 1986, *Rev. jur. Alsace-Lorraine* 1987. 24 – *J.-Cl. Pr. civ.*, fasc. 517, n°s 56 s., Miguet.
2. Civ. 3e, 21 nov. 1978, n° 77-13.183, *Bull. civ.* III, n° 351 – V. AUSSI, Civ. 2e, 7 janv. 1982, n° 80-15.637, *Bull. civ.* II, n° 5.
3. *J.-Cl. Pr. civ.*, art. 2157 à 2160, fasc. 3, n° 67, Frémont, et les réf. citées.
4. Civ. 1re, 6 juin 1990, n° 87-19.661, *Bull. civ.* I, n° 140.
5. V. NOT., A. Mayerjack, « Les conséquences de l'exécution d'un arrêt ultérieurement cassé », *JCP* 1968. I. 2202 – R. Perrot, *RTD civ.* 1977. 833.
6. Cass., ass. plén., 24 févr. 2006, n° 05-12.679, *Bull. ass. plén.*, n° 2; *D.* 2006. 1085, obs. Avena-Robardet; *D.* 2006. 1085, note Perrot; *RTD civ.* 2006. 368, obs. Théry; *RTD civ.* 2006. 376, obs. Perrot; *Dr. et proc.* 2006. 159, obs. Fricero; *Gaz. Pal.* 2006. 502, avis 1er av. gén. de Gouttes; *Dr. et proc.* 2006. 159, obs. Fricero.
7. Civ. 2e, 8 sept. 2011, n° 10-18.645, NP; *RTD civ.* 2012. 149, obs. Perrot.

vigueur devant la Cour de cassation. L'objectif recherché est, selon la circulaire d'application du 8 février 2006[1], de renforcer l'effectivité des décisions de première instance et d'éviter les appels dilatoires. Mais le prix en est si lourd qu'aucune des nombreuses commissions s'étant penchées sur la procédure civile, au cours de ces dernières décennies, ne l'avait jamais suggéré et que la question de la légalité de ce texte est posée, tant au regard de sa légalité interne que de sa légalité externe[2] (v. sur les premières décisions qui ont retenu directement[3] ou indirectement[4] la non-conformité de l'article 526 à l'article 6 § 1 Conv. EDH; en revanche, dans son arrêt *Le Chatellier* du 31 mars 2011[5], la Cour de Strasbourg ne remet pas en cause la conventionnalité de l'article 526, mais la France est néanmoins condamnée pour entrave, en l'espèce, au droit d'accès effectif du requérant à la cour d'appel - sur ce point, v. s[s] n° 431.182).

Quoi qu'il en soit, l'intimé peut, depuis le 1er mars 2006, date d'entrée en vigueur du décret du 28 décembre 2005 (une décision a cependant jugé que cette disposition ne serait pas applicable à l'appel d'un jugement rendu avant que le décret du 28 décembre 2005 ne soit connu[6]), solliciter la radiation de l'appel si toutes les conditions posées sont remplies (1°) et avec toutes les conséquences qui y sont attachées (2°).

1°
Les conditions de la radiation

a)
Les conditions de forme

431.171 Compétence et procédure. Comme le prononcé de l'exécution provisoire en appel (v. s[s] n°s 431.81 et 431.82), la compétence revient au premier président ou, dès lors qu'il est saisi, au CME (à l'exclusion de la cour d'appel elle-même[7]). Mais ces compétences sont alternatives et non concurrentes, car selon l'article 912 C. pr. civ., le conseiller est seul compétent, notamment pour exercer les pouvoirs qui lui sont conférés en matière d'exécution provisoire, de sa désignation jusqu'à son dessaisissement qui s'opère à l'ouverture des débats (il a ainsi été retenu comme point de départ de la compétence exclusive du CME, l'avis du greffe informant les avoués du renvoi de l'affaire à la mise en état[8]). Au niveau de la procédure, les seules exigences posées sont que le juge se prononce « *à la demande de l'intimé et après avoir recueilli les observations des parties* ». La radiation ne peut donc en aucun cas être prononcée d'office, il faut une demande de l'intimé. Sur ce point, le projet de décret prévoyait que cette demande devait être présentée en référé devant le premier président. Mais cette précision n'a pas été reprise, si bien que dans le silence du texte, la demande devrait pouvoir être présentée sans forme particulière, comme devant la Cour de cassation, la rédaction des textes étant identique. En conséquence, une simple requête devrait suffire, y compris devant le premier président (CONTRA : circulaire qui prévoit, à tort, selon nous, qu'il faudrait saisir ce magistrat en référé). Il appartiendra alors au greffe, comme devant la Cour de cassation, de convoquer les parties à l'audience qui sera fixée pour les entendre (v. s[s] n° 553.321). En revanche, les solutions diffèrent sur la question des délais. Alors qu'aucun délai n'est prévu à l'article 526 C. pr. civ., devant la Cour de cassation, la demande doit être formée, à peine d'irrecevabilité soulevée d'office, avant l'expiration des délais prescrits pour le dépôt du mémoire en défense. Devant la cour d'appel, elle peut donc être présentée à tout moment et quelle que soit la date de l'appel, le décret du 28 décembre 2005 ayant été déclaré applicable aux procédures en cours, à compter de sa date d'entrée en vigueur du 1er mars 2006 (mais certaines décisions rejettent la demande au seul motif qu'elle est tardive lorsque l'affaire est déjà prête à être jugée ou un calendrier de procédure déjà fixé[9]).

Malheureusement ces règles ne coïncident pas avec celles applicables à l'arrêt de l'exécution provisoire, ce qui va poser quantité de difficultés, en pratique. Ainsi à titre d'exemple, si le CME est saisi d'une demande de radiation, il ne pourra pas connaître reconventionnellement d'une demande d'arrêt de l'exécution provisoire car il n'a aucune compétence

1. Circ. 8 févr. 2006, *JCP* 2006. III. 20003.
2. Sur ces points, v. Ph. Hoonakker, « Dernières réformes de l'exécution provisoire : raison et déraison », *D.* 2006. 754, Chronique, spéc. 22 s. – C. Hugon, « La radiation du rôle sanctionnant l'inexécution d'une décision de première instance », *Gaz. Pal.* 2008. Doctr. 3048 – V. AUSSI, C. Chainais et G. Tapie, « La radiation du rôle pour inexécution de la décision frappée d'appel : mode d'emploi », *D.* 2008. Actu. 2780 – Ph. Gerbay, « L'article 526 du NCPC : premières approches », *Gaz. Pal.* 2006. Doctr. 225 – R. Tudela, « Décret du 28 décembre 2005 : vers une contractualisation de la procédure civile ? », *Gaz. Pal.* 2006. Doctr. 789.
3. Limoges, ord. 1er prés., 31 août 2006, *Dr. et proc.* 2007. 73, obs. Norguin – Limoges, 15 sept. 2009, *Gaz. Pal.* 2009. 3293, note Vray.
4. Colmar, ord. CME, 10 janv. 2008, *Dr. et proc.* 2008. 107, obs. Hoonakker.
5. CEDH 31 mars 2011, Chatellier c/France, req. n° 34658/07, *RTD civ.* 2011. 313, obs. Marguénaud; *Procédures* 2011. Comm. 171, obs. Fricero; *Dr. et proc.* 2011. 176, obs. Hoonakker – V. AUSSI : CEDH 10 oct. 2013, Pompey c/France, req. n° 37640/11, *Dr. et proc.* 2013. 277, obs. Cholet.
6. Dijon, ord. CME, 26 avr. 2006, *Gaz. Pal.* 2006. 1864, obs. Gerbay.
7. Civ. 2e, 23 sept. 2010, n° 09-14.864, *Bull. civ.* II, n° 160; *D.* 2011. 637, obs. Sommer et Leroy-Gissinger.
8. Douai, 11 mai 2006, *Gaz. Pal.* 2006. 3970, note Watremet.
9. C. Chainais et G. Tapie, « La radiation du rôle pour inexécution de la décision frappée d'appel : mode d'emploi », *D.* 2008. Actu. 2780, et les réf. cit.

en la matière. L'appelant devra alors saisir le premier président, seul compétent, en espérant que le conseiller acceptera de surseoir à statuer. Inversement, si ce magistrat est saisi d'une telle demande, il pourrait prononcer reconventionnellement la radiation, à moins qu'un CME soit déjà désigné[1], et sauf à considérer une telle demande comme prématurée à ce stade car l'appelant ne peut avoir exécuté la décision en sollicitant l'arrêt de l'exécution provisoire (v. s[s] n° 432.70). En revanche, s'il est saisi d'une demande de radiation, il lui sera plus difficile de connaître d'une demande d'arrêt car celle-ci doit être présentée en référé. Il faudrait alors que l'appelant le saisisse parallèlement en référé et que les procédures soient jointes ! À tout cela s'ajoutent encore les questions d'autorité de chose jugée pour l'appréciation du risque de conséquences manifestement excessives. Mais sur ce point, la Cour de cassation a jugé qu'un premier président saisi sur le fondement de l'article 524 C. pr. civ. doit apprécier le risque de conséquences manifestement excessives sans avoir à se référer à l'ordonnance du conseiller de la mise en état qui a prononcé la radiation faute d'exécution du jugement entrepris[2]. Inversement un CME devrait pouvoir rester libre d'apprécier le risque de conséquences manifestement excessives nonobstant une ordonnance présidentielle ayant rejeté antérieurement une demande d'arrêt de l'exécution provisoire.

Mais quel que soit l'auteur de la décision, celle-ci n'est jamais susceptible de recours car la Cour de cassation a jugé que « *la demande de radiation présentée sur le fondement de l'article 526 du Code de procédure civile* [donne] *lieu au prononcé d'une mesure d'administration judiciaire* » et cette absence de recours n'est pas contraire à l'article 6 § 1 de la Convention européenne des droits de l'homme[3]. Techniquement, la solution peut se réclamer de l'article 383 du Code de procédure civile qui qualifie la radiation de mesure d'administration judiciaire, laquelle est soustraite à tout recours par l'article 537 du même code. Mais cette assimilation de la **radiation faute de diligence** à la **radiation faute d'exécution** peut surprendre dans la mesure où celle-ci est soumise à des conditions de fond qui échappent ainsi à tout contrôle, du moins au plan national. En effet, un recours devant la Cour de Strasbourg sera toujours possible car ces conditions doivent s'interpréter et s'apprécier à la lumière de l'article 6 § 1 de la Convention européenne des droits de l'homme (v. s[s] n° 431.182).

1. Douai, 11 mai 2006, *Gaz. Pal.* 2006. 3970, note Watremet.
2. EN CE SENS, Civ. 2e, 17 févr. 2011, n° 10-15.115, *RTD civ.* 2011. 389, obs. Perrot.
3. Civ. 2e, 18 juin 2009, n° 08-15.424, *Bull. civ.* II, n° 167; *D.* 2009. 2069, chron. Sommer et Nicolétis; *D.* 2009. 2532, note Norguin; *D.* 2010. 169, obs. Fricero; *RTD civ.* 2009. 574, obs. Perrot; *Dr. et proc.* 2009. 349, obs. Douchy-Oudot.

b) Les conditions de fond

431.180 Énoncé. Au fond, si la radiation est encourue en cas d'inexécution du jugement frappé d'appel, encore faut-il que celui-ci soit exécutoire. Deux conditions sont donc requises : un jugement exécutoire et un jugement inexécuté.

431.181 Jugement exécutoire. Cette première condition suppose, s'agissant par hypothèse d'un jugement frappé d'appel, qu'il bénéficie de l'exécutoire provisoire et qu'il ait été notifié. Mais comme le prévoit logiquement l'article 526, peu importe que celle-ci soit de droit ou ait été ordonnée, pourvu qu'elle existe. Il en résulte les conséquences suivantes qu'il faut déduire du texte, faute d'avoir été expressément prévues. Si l'exécution provisoire a été subordonnée à la fourniture d'une garantie, l'intimé devra la constituer pour rendre le jugement exécutoire et pouvoir se plaindre d'une inexécution. *A fortiori*, si l'exécution provisoire a été arrêtée, toute radiation est exclue (la perspective de la radiation pourrait inciter les premiers présidents à arrêter plus facilement l'exécution provisoire; il a ainsi été jugé que du fait de l'article 526 du C. pr. civ. l'exécution provisoire prononcée en première instance porterait atteinte au droit à un procès équitable garanti par l'article 6 § 1 de la Convention européenne des droits de l'homme et qu'il convient, en conséquence, de l'arrêter[4]). De même, si la force exécutoire était paralysée par des délais de grâce accordés judiciairement (mais en aucun cas par le premier président qui n'est pas compétent[5], v. s[s] n° 432.62) ou convenus entre les parties, toute radiation devrait être exclue tant que les échéances sont respectées (en ce sens, devant la Cour de cassation, à propos de délais judiciaires[6]; ou à propos de délais conventionnels dont l'existence est rejetée, en l'espèce, faute de preuve[7]). En revanche, et contrairement à ce que prévoyait le projet de décret et que la circulaire maintient à tort, le juge n'a pas à vérifier que les conditions du prononcé de l'exécution provisoire aient été respectées. Il suffit qu'elle existe et que, par ailleurs, le jugement ainsi exécutoire soit inexécuté.

431.182 Jugement inexécuté – Faits justificatifs. Selon l'article 526 C. pr. civ., la **radiation** pourra être prononcée si « *l'appelant ne justifie pas avoir exécuté le jugement frappé d'appel* ». Mais toute inexécution

4. Limoges, ord. 1er prés., 11 août 2006, *Gaz. Pal.* 2006. 3932, note Vray.
5. Civ. 2e, 14 sept. 2006, n° 05-21.300, *Bull. civ.* II, n° 233; *D.* 2007. 1380, obs. Julien; *Procédures* 2006. Comm. 263, obs. Perrot.
6. Cass., ord. 1er prés., 29 déc. 1995, n° 94-14.928, *Bull. ord.*, n° 32; *D.* 1996. 353, obs. Julien.
7. Cass., ord. 1er prés., 14 févr. 2001, n° 00-19.246, *Bull. ord.*, n° 5.

n'expose pas systématiquement l'appelant à la radiation car ce texte prévoit **deux faits justificatifs** qui lui permettent d'y échapper.

En premier lieu, la radiation est écartée si l'appelant établit que « *l'exécution serait de nature à entraîner des conséquences manifestement excessives* ». Théoriquement le **risque de conséquences manifestement excessives** devrait se différencier de celui requis en matière d'arrêt de l'exécution provisoire. En effet, dans ce cas, il est attaché, non à l'exécution même du jugement, mais à son exécution provisoire, ce qui place le débat sur la faisabilité de l'anéantissement rétroactif de l'exécution en cas d'infirmation. Il en résulte l'exigence d'un risque de préjudice irréparable ou quasi irréparable qui peut s'apprécier tant au regard de la situation de l'appelant, le débiteur, que de celle de l'intimé, le créancier (v. s^s n°s 432.101 s.). Pour la radiation, cette projection sur l'avenir est inutile car la seule question est d'apprécier les conséquences immédiates de l'exécution, indépendamment de toute perspective d'infirmation. Celles-ci ne peuvent donc s'apprécier qu'au regard de la situation de l'appelant. Mais en pratique, le résultat devrait être le même car la gravité requise est telle que l'exécution laissera nécessairement des traces. C'est la raison pour laquelle tant pour l'arrêt de l'exécution provisoire, lorsque le risque est apprécié au regard du débiteur, que pour la radiation du pourvoi en cassation, la jurisprudence retient comme critère déterminant, pour les condamnations au paiement de sommes d'argent, de loin les plus nombreuses, la précarité de l'intéressé, créée ou substantiellement aggravée (v. s^s n°s 432.104 et 553.311).

Le *second fait justificatif* est tiré de la jurisprudence rendue en application de l'article 1009-1 C. pr. civ. Il s'agit de **l'impossibilité d'exécuter** (v. s^s n° 553.302). Celle-ci peut d'abord être juridique et résulter, par exemple, de l'ouverture d'une procédure collective postérieurement à la condamnation (en ce sens pour le pourvoi en cassation[1]). Mais elle peut aussi être personnelle à l'appelant et pour la distinguer du risque de conséquences manifestement excessives, il faut alors admettre que la précarité est déjà telle que tout paiement des causes de la condamnation est exclu.

En tout cas, ces faits justificatifs doivent être interprétés à la lumière de l'article 6 § 1 de la Convention européenne des droits de l'homme. Cela signifie, comme le préconise la circulaire, que le juge doit « *se livrer à un examen systématique des circonstances propres à l'espèce et apprécier, dans chaque affaire, si la radiation ne constitue pas une mesure disproportionnée eu égard aux buts poursuivis* ». À défaut, la France sera condamnée, comme dans l'affaire *Le Chatellier* jugée par la Cour européenne des droits de l'homme le 31 mars 2011[2], pour entrave au droit d'accès effectif de l'appelant à la juridiction du second degré. Le juge d'appel devrait même se montrer plus compréhensif que le juge de cassation car dans cette espèce la Cour de Strasbourg a retenu que la radiation de l'appel « *a privé le requérant du double degré de juridiction, c'est-à-dire de la possibilité de faire rejuger son affaire tant en fait qu'en droit* », et en a tiré la conséquence que « *compte tenu de la gravité de l'atteinte au droit à un tribunal à ce stade de la procédure* [...] *l'État disposait en l'espèce d'une marge d'appréciation plus restreinte que dans les affaires portant sur l'article 1009-1 du Code de procédure civile pour juger de l'opportunité de la mesure de radiation* » (§ 37).

Mais encore faut-il que l'appelant justifie de ses revenus, et plus généralement de ses actifs, car la charge de la preuve de l'impossibilité d'exécuter ou d'un risque de conséquences manifestement excessives lui incombe[3].

431.183 Jugement inexécuté – Modalités. Les modalités de l'inexécution s'apprécient normalement à l'égard de l'intimé qui est le bénéficiaire du jugement frappé d'appel. Mais si l'appelant a été autorisé à consigner le montant de la condamnation pour éviter que l'exécution provisoire ne soit poursuivie (C. pr. civ., art. 521 – V. s^s n°s 432.220 s.), c'est alors du versement de ces sommes entre les mains du séquestre désigné dont il devra être justifié, ce que prévoit logiquement le nouvel article 526.

Reste alors à s'interroger sur l'étendue de l'inexécution requise. L'objectif poursuivi étant l'effectivité de la décision rendue, une inexécution même partielle devrait suffire. Mais devant la Cour de cassation, il a été jugé, à la lumière de l'article 6 § 1 de la Convention européenne des droits de l'homme, que la radiation doit être refusée si l'inexécution est très partielle ou les montants dus très faibles (v. à propos d'une condamnation symbolique à 1 franc restée impayée[4] et à propos des dépens d'appel impayés[5]). *A fortiori*, les mêmes solutions devraient valoir devant la cour d'appel. Ce n'est donc qu'en cas d'inexécution suffisante et en l'absence de l'un des faits justificatifs prévus que la radiation pourra être prononcée avec toutes les conséquences qui s'y attachent et qui pourront s'avérer dramatiques à terme.

2°
Les conséquences de la radiation

431.190 Notion. Depuis le décret du 28 décembre 1998, le terme de radiation est réservé à la sanction

1. Cass., ord. 1er prés., 15 janv. 1997, n° 95-20.933, *Bull. ord.*, n° 2.
2. CEDH 31 mars 2011, Chatellier c/France, req. n° 34658/07, préc. s^s n° 431.170 avec commentaires.
3. CEDH 10 oct. 2013, Pompey c/France, req. n° 37640/11, préc. s^s n° 431.170.
4. Cass., ord. 1er prés., 6 juill. 1995, n° 94-18.310, *Bull. ord.*, n° 24; *RTD civ.* 1995. 964, obs. Perrot.
5. Cass., ord. 1er prés., 23 nov. 2003, n° 02-12.181, *Bull. ord.*, n° 3.

prononcée par le juge, par opposition au retrait du rôle qui est d'origine conventionnelle, ce qui explique que les articles 1009-1 à 1009-3 aient été modifiés parallèlement sur ce point. Mais les effets sont les mêmes : la suspension de l'instance (a) qui peut conduire à son extinction par le jeu de la péremption (b).

a)

La suspension de l'instance

431.191 **Effets de la radiation.** En principe, la radiation n'est qu'une cause de suspension de l'instance. Il en résulte que l'appelant conserve le bénéfice de sa voie de recours, mais aucun acte de procédure ne pourra être accompli tant qu'elle n'est pas rétablie Cependant cette interdiction ne vaut que pour l'instance radiée et n'empêche pas d'introduire une instance nouvelle devant le premier président en arrêt de l'exécution provisoire qui pourrait conduire au rétablissement dans les conditions prévues à l'article 526[1] (et le premier président ainsi saisi sur le fondement de l'article 524 C. pr. civ. doit apprécier le risque de conséquences manifestement excessives sans avoir à se référer à l'ordonnance du CME qui a prononcé la radiation faute d'exécution du jugement entrepris[2]). Selon ce texte, le rétablissement ne pourra être autorisé par le premier président ou le CME que « *sur justification de l'exécution de la décision attaquée* ». Devant la Cour de cassation, où s'applique l'article 1009-3 C. pr. civ. rédigé dans les mêmes termes, la jurisprudence n'exige plus systématiquement une exécution intégrale. L'exécution partielle peut suffire si toutefois elle révèle une volonté non équivoque de déférer à la décision attaquée[3]. De même, il est désormais admis que l'ouverture d'une procédure collective postérieurement à la radiation permet le rétablissement dès lors qu'elle interdit l'exécution[4]. La même solution devrait pouvoir s'appliquer à toute autre cause paralysant l'exécution forcée postérieurement, comme l'octroi de délais de grâce ou mieux encore, en cas d'appel, l'arrêt de l'exécution provisoire. Mais encore faut-il que ces événements surviennent avant la péremption car celle-ci emportera définitivement l'extinction de l'instance.

b)

L'extinction de l'instance

431.201 **Délai de péremption.** Le délai de péremption de deux ans continue à courir nonobstant la radiation. Cette règle de droit commun (C. pr. civ., art. 383 et 392) est rappelée au second alinéa du nouvel article 526 C. pr. civ. qui exclut expressément le rétablissement si le juge constate la péremption. Mais le régime de cette sanction se distingue du droit commun, en la matière, sur deux points.

D'une part, l'article 526 semble investir le juge du pouvoir de relever d'office la péremption dès lors qu'il doit refuser le rétablissement s'il constate la péremption. Or en droit commun, non seulement le juge ne peut la relever d'office, mais il ne peut pas non plus retenir un temps non invoqué par les parties[5]. D'autre part, en droit commun, la radiation est conçue pour sanctionner le défaut de diligence des parties au cours de l'instance, alors qu'en la matière, il s'agit d'appliquer la même sanction à un défaut de « *diligence* » particulière : l'inexécution de la décision attaquée par la partie condamnée. Il en résulte bien des incertitudes dans le décompte du délai de péremption, qu'il s'agisse de son point de départ ou de ses causes d'interruption, auxquelles l'article 526 n'apporte malheureusement aucune des réponses inscrites à l'article 1009-2 par le décret n° 99-131 du 26 février 1999[6].

S'agissant du point de départ, il court, en droit commun, à compter de la dernière diligence accomplie par une partie de nature à faire progresser l'instance (v. s^s n°s 352.341 s.). Mais ce critère paraissant inadapté en la matière, la jurisprudence avait fixé le point de départ devant la Cour de cassation, à la décision de retrait du rôle[7]. C'est la solution consacrée, et même améliorée, par l'article 1009-2 C. pr. civ. qui fait courir le délai à compter de la notification de la décision de radiation (à personne de surcroît comme il a été jugé à propos d'une notification par lettre recommandée dont il n'a pas été justifié de la réception[8]). Mais cette règle n'ayant pas été reprise au nouvel article 526 C. pr. civ., la Cour de cassation a jugé que ni l'ordonnance ni sa notification n'ont pour effet d'interrompre le délai de préemption[9]. Elle est ainsi revenue sur sa jurisprudence antérieure relative au retrait du rôle pour appliquer les règles de

1. Civ. 2e, 9 juill. 2009, n° 08-13.451 et n° 08-15.156, *Bull. civ.* II, n° 192; *D.* 2009. 2044; *D.* 2010. 169, obs. Fricero; *D.* 2009. 532, chron. Sommer, Leroy-Gissinger, Adida-Canac et Grignon Dumoulin; *Procédures* 2009. Comm. 303, obs. Perrot; *Gaz. Pal.* 14-18 mai 2010, p. 21, obs. Amrani Mekki.
2. EN CE SENS, Civ. 2e, 17 févr. 2011, n° 10-15.115, *RTD civ.* 2011. 389, obs. Perrot.
3. EN CE SENS, Cass., ord. 1er prés., 9 mai 2001, n° 99-11.328, *Bull. ord.*, n° 14.
4. EN CE SENS, Cass., ord. 1er prés., 12 nov. 2003, n° 01-15.989, *Bull. ord.*, n° 7 – *contra*, auparavant : Cass., ord. 1er prés., 12 déc. 1995, n° 92-21.804, *Bull. ord.*, n° 29; *D.* 1996. Somm. 353, obs. Julien.
5. EN DERNIER LIEU, v. Civ. 2e, 11 janv. 2006, n° 04-11.247, *Bull. civ.* II, n° 15; *Gaz. Pal.* 2006. Somm. 3472.
6. Décr. n° 99-131, 26 févr. 1999, relatif à la Cour de cassation et modifiant le Code de l'organisation judiciaire et le Nouveau Code de procédure civile, *JO* 27 févr., p. 3020.
7. Civ. 3e, 20 janv. 1999, n° 94-12.652, *Bull. civ.* III, n° 15; *Procédures* 1999. Comm. 149, obs. Perrot.
8. Cass., ord. 1er prés., 23 avr. 2003, n° 98-21.597, *Bull. ord.*, n° 2.
9. Civ. 2e, 21 févr. 2013, n° 11-28.632, *Bull. civ.* II, [à paraître]; *Gaz. Pal.* 2013. 1790, obs. Raschel.

droit commun. C'est dire que le point de départ du délai de péremption se situe à la date de la dernière diligence accomplie par une partie, avant l'ordonnance de radiation, pour faire progresser l'instance.

Quant à l'interruption du délai postérieurement au prononcé de l'ordonnance de radiation, outre les causes d'interruption de l'instance qui devraient s'appliquer sans difficulté (à titre d'ex., l'ouverture d'une procédure collective qui de surcroît devrait aussi permettre le rétablissement, v. s[s] n° 431.191), on retrouve la question délicate de la diligence interruptive. Il ne peut s'agir, en la matière, que d'un acte lié à l'exécution de la décision attaquée. Mais lequel ? Pour couper court à toute discussion, l'article 1009-2 prévoit expressément que devant la Cour de cassation, il s'agit d'un « *acte manifestant sans équivoque la volonté d'exécuter* ». La jurisprudence pourra certes s'inspirer de cette définition pour l'application de l'article 526. Mais elle pourra aussi se montrer plus restrictive et exiger, par exemple, l'exécution effective de la décision, voire une demande de réinscription présentée consécutivement.

431.202 Caractère définitif. Ces incertitudes sont d'autant plus lourdes de conséquences que l'expiration du délai de péremption emporte l'extinction de l'instance et, en appel, celle-ci est définitive. En effet, selon l'article 390 C. pr. civ., la péremption en cause d'appel confère au jugement la force de chose jugée, même s'il n'a pas été notifié. En d'autres termes, même si le délai d'appel n'avait pas commencé à courir, cette voie de recours ne pourra pas être réitérée après l'acquisition de la péremption. Le droit d'appel sera donc définitivement perdu faute d'exécution de la décision attaquée. L'issue de l'instance d'appel sera alors définitivement scellée par le maintien du jugement passé en force de chose jugée.

§ 2
À l'issue de l'instance d'appel ou d'opposition

431.210 Plan. Les effets de l'exécution provisoire, à l'issue de l'instance, sont radicalement différents selon que le jugement, qui en bénéficiait, est confirmé (A) ou au contraire modifié suite à réformation ou rétractation (B).

A.
En cas de confirmation

431.211 Exécution définitive. Lorsque le jugement est confirmé sur l'appel ou l'opposition formé par le débiteur, l'exécution définitive se substitue à l'exécution provisoire (en effet, le jugement rendu sur opposition, comme l'arrêt d'appel, n'est susceptible que d'un pourvoi en cassation). De plus, la confirmation opère rétroactivement à la date du jugement attaqué, auquel elle restitue ainsi sa portée initiale[1] (mais si une astreinte avait été ordonnée par le jugement confirmé, elle ne courra, au plus tôt, qu'à compter de la notification de l'arrêt confirmatif si le jugement n'avait pas été assorti de l'exécution provisoire ou si celle-ci a été arrêtée par le premier président, sous réserve dans ce cas de l'astreinte ayant couru antérieurement – sur cette question de l'astreinte, v. s[s] n° 431.121).

En conséquence, le créancier conserve le bénéfice de l'exécution initialement poursuivie, et les **garanties** que, le cas échéant, il avait dû fournir, seront levées faute d'objet. Ainsi la caution sera libérée (v. cep. s[s] n° 431.212), les inscriptions devront être radiées et les fonds séquestrés restitués (à ce sujet, l'article 29 de l'instruction générale sur le contentieux et le service des consignations de la Caisse des dépôts prévoit expressément la restitution nonobstant tout pourvoi en cassation)[2]. Cependant si le créancier, du fait de ces garanties, a exposé des frais ou subi un préjudice, il ne devrait pas pouvoir les faire supporter par le débiteur car ils lui sont seuls imputables, les ayant engagés librement afin de poursuivre l'exécution forcée à ses risques et périls[3].

431.212 Cassation ultérieure. La situation peut néanmoins se compliquer en cas de cassation ultérieure de la décision de confirmation. Certes dans ce cas, le créancier continuera à bénéficier du jugement rendu en première instance et de l'exécution provisoire dont il est assorti par hypothèse[4] (mais encore faut-il que l'exécution forcée soit poursuivie sur ce fondement car les mesures d'exécution forcée pratiquées sur le seul fondement de l'arrêt confirmatif sont nulles en cas de cassation de celui-ci[5]). Il n'y aura donc pas lieu, en principe, à restitution. Mais qu'en est-il lorsque l'exécution provisoire, dont le créancier retrouve ainsi le bénéfice, était subordonnée à la fourniture de garanties qui, par hypothèse, ont été levées suite à la décision de confirmation ?

Dans ce cas, le créancier devrait renouveler les garanties requises et en justifier. À défaut, il ne pourrait plus se prévaloir d'un titre exécutoire et le débiteur devrait pouvoir solliciter remboursement, dans le cadre d'un litige relevant de la compétence du JEX

1. Civ. 2e, 13 juill. 2006, n° 04-20.690, NP; *Procédures* 2006. Comm. 261, obs. Perrot.
2. X. Marin, obs. s[s] T. com. Marseille, 26 févr. 1969, *Banque* 1969. 403.
3. Req. 28 avr. 1868, *DP* 1869. 38 – Paris, 18 févr. 1890, *DP* 1890. 308 – Paris, 26 mai 1903, *DP* 1903. 256 – Paris, 1er mai 1909, *DP* 1910. 176 – Paris, 22 déc. 1933, *DP* 1934. 109 – CONTRA : Paris, 13 janv. 1893, *DP* 1893. 554 – Paris, 2 mai 1902, *DP* 1902. 454.
4. Com. 9 mars 1959, *Bull. civ.* IV, n° 125 – Com. 14 mars 1984, n° 82-13.658, *Bull. civ.* IV, n° 105.
5. Civ. 2e, 11 juill. 2002, n° 01-00.269, *Bull. civ.* II, n° 162; *Dr. et proc.* 2002. 366, obs. Douchy.

au titre des difficultés d'exécution[1], des fonds initialement versés moyennant la fourniture des garanties prévues. Il est vrai cependant que dans une espèce mettant en cause des cautions personnelles fournies par des banques, le tribunal de commerce de Marseille[2] a jugé que les cautions restaient tenues nonobstant l'arrêt confirmatif rendu et devaient donc garantir les restitutions imposées au créancier en cas d'infirmation du jugement par la juridiction de renvoi saisie après cassation de l'arrêt de confirmation initial. Cette décision est très critiquable[3]. En particulier, la caution personnelle est fournie pour garantir le seul risque résultant de l'exercice de la voie de recours ordinaire ouverte qui s'éteint avec le prononcé de la décision de confirmation, et non point celui attaché au pourvoi en cassation ultérieurement formé; d'ailleurs pour éviter toute difficulté à cet égard, les cautions prennent, en général, la précaution de le préciser expressément dans le texte de leur engagement.

B.
En cas d'infirmation ou de rétractation

431.220 Plan. Lorsque le jugement exécuté est infirmé ou rétracté (la décision de censure prend effet, à défaut de précision contraire dans son dispositif, à compter de la date du jugement censuré[4]), les risques que le créancier a accepté de courir se réalisent. Il devra donc en supporter toutes les conséquences, c'est-à-dire non seulement **restituer** ce qu'il a obtenu du débiteur (1°), mais aussi **réparer** l'entier préjudice subi (2°). Ces conséquences traditionnellement appliquées par la jurisprudence sont aujourd'hui expressément prévues par l'article L. 111-10 alinéa 2 C. pr. exéc., en ces termes : « *Le créancier* [...] *rétablit le débiteur dans ses droits en nature ou par équivalent si le titre est ultérieurement modifié* ». Mais si par la suite la décision d'infirmation ou de rétractation est elle-même censurée, le créancier retrouvera immédiatement le bénéfice du jugement initial assorti de l'exécution provisoire (sauf si avant l'arrêt censuré, le premier président avait arrêté l'exécution provisoire, cette décision survivant à la cassation[5]). Il pourra donc à nouveau en poursuivre l'exécution forcée à ses risques et périls et ce sans aucune signification préalable, ni du jugement, ni de l'arrêt de cassation[6].

1°
Restitutions

431.221 Refus d'exécuter. À titre liminaire, il y a lieu de préciser que le débiteur, qui refuse d'exécuter une décision nonobstant l'exécution provisoire dont elle est assortie, ne saurait encourir la **moindre responsabilité** en cas d'infirmation ou de rétractation car la jurisprudence considère que le jugement disparaît et que tout doit donc se passer comme s'il n'avait jamais existé[7]. Mais une telle situation risque de se raréfier en pratique compte tenu de la possibilité offerte au créancier de solliciter la radiation de l'appel si le débiteur n'exécute pas la décision exécutoire par provision (sur la radiation de l'appel faute d'exécution par le débiteur, v. s^s n°s 431.210 s.).

431.222 Étendue des restitutions. Dans le cas contraire, et comme pour l'exécution définitive[8], le débiteur qui a exécuté les causes de la condamnation exécutoire par provision, doit recevoir restitution du créancier de tout ce qu'il lui a remis. Le créancier devra donc restituer tant les biens qu'il a reçus que les sommes d'argent qui lui ont été payées. En cas d'infirmation ou de rétractation partielle, les restitutions ne doivent évidemment intervenir qu'à due concurrence.

431.223 Condition de forme. Ces restitutions peuvent être expressément ordonnées par la décision d'infirmation ou de rétractation. Mais à défaut, le créancier ne saurait s'y soustraire. En effet, reprenant la solution déjà admise en cas de cassation d'une décision en dernier ressort[9], la jurisprudence considère que la décision d'infirmation ou de rétractation constitue un **titre exécutoire** permettant de poursuivre directement les restitutions[10]. Cette solution vaut aussi en cas d'infirmation partielle où la restitution ne porte que sur les sommes retranchées du jugement provisoirement exécuté[11]. Mais il ne faut pas se

1. COJ, art. L. 213-6, al. 1er – V. NOT., *J.-Cl. Pr. civ.*, fasc. 2040, n°s 15 s., Normand (actualisé par Llahi).
2. X. Marin, obs. s^s T. com. Marseille, 26 févr. 1969, *Banque* 1969. 403 – V. AUSSI, *J.-Cl. Pr. civ.*, fasc. 518, n°s 78 s., Miguet.
3. X. Marin, obs. préc.
4. Civ. 1re, 8 févr. 2005, n° 02-12.406, *Bull. civ.* I, n° 68.
5. Versailles, 31 mars 1989, RG n° 1537/89, *Gaz. Pal.* 1989. Somm. 422.
6. Paris, 20 janv. 2000, *Procédures* 2000. Comm. 89, obs. Perrot.
7. Civ. 2e, 27 janv. 1993, n° 91-15.720, *Bull. civ.* II, n° 34; *D.* 1993. Somm. 185, obs. Julien; *RTD civ.* 1993. 651, obs. Perrot.
8. Rép. pr. civ., v° *Pourvoi en cassation,* par J. et L. Boré, sept. 2008 [màj janv. 2013], n°s 924 s.
9. Rép. pr. civ., v° *Pourvoi en cassation,* par J. et L. Boré, sept. 2008 [màj janv. 2013], n° 930, et réf. citées.
10. Soc. 6 avr. 1951, *RTD civ.* 1951. 436, obs. Raynaud – Soc. 27 févr. 1991, n° 87-44.965, *Bull. civ.* V, n° 104; *Gaz. Pal.* 1991. Pan. 220 – Civ. 3e, 19 févr. 2002, n° 00-120.665, NP; *Procédures* 2002. Comm. 86, obs. Perrot; *RTD civ.* 2002. 359, obs. Perrot – Civ. 2e, 10 juill. 2008, n° 07-16.802, *Bull. civ.* II, n° 183 – Civ. 2e, 21 oct. 2010, n° 09-70.618, NP; *RTD civ.* 2011. 176, obs. Perrot – Colmar, 9 oct. 1991, *Rec. jur. de l'Est* 1991. 120 – TGI Lyon, JEX, 22 avr. 1997, *Procédures* 1997, n° 264, obs. Croze – V. CEP., Orléans, 16 nov. 2000, RG n° 99/03395, *JCP* 2001. I. 10448, note Rémery; *RTD civ.* 2001. 211, obs. crit. Perrot.
11. Civ. 2e, 8 mars 2007, n° 06-11.693, NP; *RTD civ.* 2007. 388, obs. Perrot.

tromper de décision : en cas d'arrêt infirmatif d'un jugement de débouté, c'est sa cassation qui ouvre droit à restitution et non l'arrêt confirmatif de la cour de renvoi ou le jugement initial ainsi confirmé [1].

2°
Réparations

431.231 **Absence de faute.** En revanche, l'exécution provisoire se distingue fondamentalement de l'exécution définitive en ce qu'elle contraint aussi le créancier, en cas d'infirmation ou de rétractation, à réparer le préjudice subi par le débiteur du **seul fait de l'exécution forcée** qui a été poursuivie. La jurisprudence a toujours écarté toute exigence de faute pour condamner le créancier, qui a bénéficié de l'exécution provisoire, à réparer le préjudice subi par le débiteur en cas de modification de la décision initiale [2]. Cette solution est aujourd'hui expressément consacrée par l'article L. 111-10 alinéa 2 C. pr. exéc., mais la Cour de cassation continue à l'affirmer sans s'y référer (en ce sens, aussi, un arrêt à propos de décisions provisoires dont l'exécution est aussi poursuivie aux risques et périls du gagnant [sur ce point v. s[s] n° 431.163] [3]; à propos d'une ordonnance sur requête [4]; ou à propos d'une ordonnance de référé exécutée après qu'elle fut devenue définitive et ultérieurement démentie par une décision rendue au fond [5]).

431.232 **Préjudice.** Si aucune faute n'a donc à être démontrée à l'encontre du poursuivant, il faudra à tout le moins établir le préjudice subi. Celui-ci peut résulter d'abord de l'**impossibilité** de procéder aux restitutions requises (par ex. en cas de revente, à un tiers protégé par l'article 2276 du Code civil, du bien remis en vertu de l'exécution provisoire [6]; de même en cas d'expulsion d'un locataire [7]). Mais toute restitution peut aussi s'avérer **sans objet**, telle qu'en matière d'obligation de ne pas faire. Le débiteur doit alors obtenir réparation de l'entier préjudice subi du fait de l'abstention imposée (par ex., en cas de suspension de travaux de construction [8]; ou en cas d'injonction de cesser toute livraison de fuel [9]). Mais l'indemnisation due peut être réduite, voire exclue, à raison de la faute commise par la partie condamnée, qui est à l'origine du jugement prononcé avec exécution provisoire [10].

En outre, nonobstant les restitutions éventuelles, le débiteur poursuivi peut avoir subi un **préjudice supplémentaire** dont il pourra aussi obtenir réparation [11]. Une remise en état, par exemple, peut s'avérer nécessaire (tel à propos de fermetures de portes de garages fracturées par un serrurier pour les besoins d'un constat d'huissier de justice ordonné par une ordonnance sur requête, étant précisé que la solution aurait été identique si le constat avait été ordonné par une décision assortie de l'exécution provisoire) [12]. Mais l'exemple le plus courant est celui de la **perte de jouissance** du bien remis au titre de l'exécution provisoire (not. au sujet de la privation d'un navire confisqué en vertu de l'exécution provisoire ultérieurement annulée) [13].

431.233 **Sommes d'argent.** En cas de condamnation au paiement d'une somme d'argent, la privation de jouissance est normalement réparée par l'allocation des **intérêts légaux** qu'une jurisprudence traditionnelle accordait logiquement, en conséquence des risques mis à la charge du créancier, à compter du jour du paiement [14].

Mais en 1987, la Cour de cassation a opéré un **revirement** spectaculaire en décidant que le créancier ne peut être tenu, « *son titre ayant disparu, qu'à la restitution selon les principes de l'article 1153 alinéa 2 du Code civil* » [15]. Par la suite, cette jurisprudence a été reprise littéralement par toutes les chambres de la Cour [16]. En

1. Civ. 2e, 11 sept. 2003, n° 01-16.703, *Bull. civ.* II, n° 257; *D.* 2004. 1497, obs. Taormina; *Dr. et proc.* 2004. 41, obs. Putman – Civ. 2e, 18 déc. 2003, n° 02-15.725, *Bull. civ.* II, n° 401; *RTD civ.* 2004. 352, obs. Perrot.
2. V. NOT., Civ. 3e, 2 juill. 1974, n° 73-20.046, *Bull. civ.* III, n° 281 – Civ. 1re, 6 juin 1990, n° 87-19.661, *Bull. civ.* I, n° 140.
3. Civ. 2e, 10 juill. 2003, n° 01-14.778, *Bull. civ.* II, n° 244; *D.* 2003. IR 2207.
4. Civ. 2e, 9 janv. 2003, n° 00-22.188, *Bull. civ.* II, n° 3.
5. Civ. 2e, 22 janv. 2004, n° 01-00-580, *Bull. civ.* II, n° 18; *Procédures* 2004. Comm. 73, obs. Perrot.
6. GUINCHARD, CHAINAIS ET FERRAND, 31e éd., 2012, n° 1366.
7. Civ. 3e, 15 nov. 1972, n° 71-13.619, *Bull. civ.* III, n° 615 – Civ. 3e, 31 mai 1978, n° 77-20.005, *Bull. civ.* III, n° 236; *Gaz. Pal.* 1978. Pan. 352 – Civ. 3e, 16 oct. 1979, *Gaz. Pal.* 1980. Pan. 48.
8. Civ. 2e, 12 mai 1971, n° 70-11.191, *Bull. civ.* II, n° 173 – Civ. 3e, 13 nov. 1974, n° 73-13.563, *Bull. civ.* III, n° 416.
9. Civ. 2e, 10 juill. 2003, n° 01-14.778, *Bull. civ.* II, n° 244; *D.* 2003. IR 2207.
10. Ainsi, à propos d'une espèce où l'occupant d'un fonds avait été condamné avec exécution provisoire à supporter partiellement le coût de réfection d'un mur mitoyen dégradé par les racines d'un arbre alors qu'il a révélé en appel que ce fonds, incluant l'arbre litigieux, était un bien propre de son ex-épouse dont il était divorcé et qui était décédée entretemps, ce qu'il avait tu en première instance : Civ. 2e, 23 oct. 2008, n° 07-17.937, NP; *RTD civ.* 2009. 169, obs. Perrot.
11. Req. 27 avr. 1864, *DP* 1964. 303.
12. Civ. 2e, 9 janv. 2003, n° 00-22.188, *Bull. civ.* II, n° 3.
13. Com. 12 févr. 1973, n° 70-13.517, *Bull. civ.* IV, n° 67.
14. Civ., 28 juill. 1886, *DP* 1887. 39 – Soc. 28 oct. 1981, n° 79-42.537, *Bull. civ.* V, n° 841.
15. Soc. 16 juill. 1987, n° 84-45.608, *Bull. civ.* V, n° 484; *RTD civ.* 1988. 402, obs. Perrot.
16. Civ. 1re, 3 janv. 1991, n° 88-14.314, *Bull. civ.* I, n° 1; *Gaz. Pal.* 1991. Pan. 125 – Civ. 1re, 25 mars 1991, n° 88-19.729, *Bull. civ.* I, n° 103 – Civ. 2e, 25 mai 1993, n° 91-21.872, *Bull. civ.* II, n° 180; *D.* 1993. IR 156 – Civ. 2e, 8 déc. 1993, n° 92-13.681, *Bull. civ.* II, n° 361 – Civ. 3e, 9 déc. 1987, n° 86-15.429, 86-16.446, *Bull. civ.* III, n° 200; *RTD civ.* 1988. 402, obs. Perrot – Civ. 3e, 15 mai 1991, n° 89-18.851, *Bull. civ.* III, n° 143 – Com. 1er oct. 1991, n° 89-21.591, *Bull. civ.* IV, n° 274; *RJDA* 1991. 898.

conséquence, il était admis que les intérêts légaux courent, non plus à compter du paiement comme jadis, mais à compter de la **sommation de restituer**. Restait à déterminer le moment et la forme de cette sommation. Sur ce point, atténuant les conséquences de la solution nouvelle pour le moins défavorable au débiteur, deux chambres de la Cour de cassation avaient estimé que la sommation pouvait résulter de la signification des conclusions du débiteur devant la cour d'appel[1]. Mais l'assemblée plénière de la Cour de cassation, se ralliant à la solution dominante, a jugé définitivement, sur le fondement de l'article 1153 alinéa 3 du Code civil, que « *la partie qui doit restituer une somme qu'elle détenait en vertu d'une décision de justice exécutoire n'en doit les intérêts au taux légal qu'à compter de la notification, valant mise en demeure, de la décision ouvrant droit à restitution* »[2]. Cette solution a pour le moins le mérite de la clarté en consacrant deux principes simples d'application, à savoir :

– les intérêts légaux sur les sommes à restituer ne sont dus qu'à compter de la **mise en demeure**;

– celle-ci résulte automatiquement de la **notification de la décision** ouvrant droit à restitution, c'est-à-dire en matière d'exécution provisoire, de l'arrêt d'infirmation ou du jugement de rétractation.

Elle a depuis lors été reprise fidèlement par toutes les chambres de la Cour de cassation amenées à se prononcer[3]. Mais la multiplication même de ces décisions démontre, à tout le moins, la résistance des juges du fond devant une solution qui reste **critiquable** pour les raisons suivantes. En premier lieu, elle a été délibérément formalisée pour s'appliquer à toutes les hypothèses de restitution suite à la modification d'une décision de justice préalablement exécutée, quelle qu'elle soit. Autrement dit, elle aligne rigoureusement, à cet égard, le régime de l'exécution provisoire sur celui de l'**exécution définitive**, sauf que dans ce dernier cas, cette solution est incontestablement justifiée par l'article 19 de la loi n° 67-523 du 3 juillet 1967[4], devenu l'article L. 111-11 C. pr. exéc., qui pose le principe selon lequel la poursuite de l'exécution forcée ne peut « *en aucun cas être imputée à faute* », alors que l'exécution provisoire est poursuivie aux risques et périls du créancier (v. s^s n° 431.163). En second lieu, comme l'a souligné le professeur Perrot, la justification par l'article 1153 est « *courte* »[5] : non seulement ce texte n'avait jamais empêché auparavant la jurisprudence de trancher en sens contraire, mais aussi et surtout, il s'agit moins de régler une question d'intérêts de retard au sens strict que de s'interroger sur la perte de jouissance des sommes payées finalement à tort. Il y a ainsi confusion entre les intérêts **moratoires** prévus à l'article 1153 du Code civil qui concernent exclusivement l'indemnisation du retard apporté au paiement d'une dette d'argent et les intérêts **compensatoires** que le juge peut toujours faire courir plus tôt pour réparer un préjudice spécifique, en l'occurrence la perte de jouissance subie par le débiteur, obligé de payer les sommes mises à sa charge par une décision exécutoire par provision dont le bénéficiaire a entendu se prévaloir à ses risques et périls. Enfin et en troisième lieu, cette solution est d'autant plus surprenante que la loi du 9 juillet 1991, si elle a entendu revaloriser le titre exécutoire, n'en a pas moins consacré expressément, en son article 31 alinéa 2, devenu l'article L. 111-10 alinéa 2 C. pr. exéc., le principe selon lequel l'exécution provisoire est « *poursuivie aux risques du créancier. Celui-ci rétablit le débiteur dans ses droits en nature ou par équivalent si le titre est ultérieurement modifié* ». Mieux encore, l'article 30 du projet de loi (devenu anc^t L. 9 juill. 1991, art. 31, puis C. pr. exéc., art. L. 111-10) contenait cette précision *in fine* : « *Il* [le créancier] *n'est toutefois pas tenu d'indemniser la perte de jouissance* ». Mais cette réserve, qui devait manifestement consacrer ce revirement de jurisprudence, avant même que l'assemblée plénière ne se prononce, a été supprimée en première lecture par le Sénat. Il faut donc en conclure que la perte de jouissance devrait continuer à être indemnisée intégralement par l'allocation au débiteur des intérêts légaux à compter du jour du paiement.

La Cour de cassation semblait avoir amorcé une timide évolution par un arrêt de sa troisième chambre civile[6]. Dans cette espèce, en effet, la Cour approuve les juges du fond d'avoir condamné le débiteur de la restitution à des dommages-intérêts au titre de l'immobilisation de la

1. Civ. 3e, 1er avr. 1992, n° 90-13.402, *Bull. civ.* III, n° 112; *RTD civ.* 1993. 195, obs. Perrot; *Gaz. Pal.* 1992. Pan. 237; *JCP* 1992. IV. 1640 – Civ. 2e, 13 avr. 1992, n° 90-21.555, *Bull. civ.* II, n° 121; *RTD civ.* 1993. 195, obs. Perrot; *Gaz. Pal.* 1992. Pan. 269; *JCP* 1992. IV. 1802 – v. AUSSI, sur ces deux décisions, *RTD civ.* 1993. 195, obs. Perrot.
2. Cass., ass. plén., 3 mars 1995, n° 91-19.497, *Bull. ass. plén.*, n° 1; *D.* 1995. 249, concl. Jeol; *Gaz. Pal.* 1995. 258, concl. av. gén. Jéol; *Gaz. Pal.* 1995. Pan. 85; *JCP* 1995. IV. 1036; *RTD civ.* 1995. 687, obs. Perrot.
3. Civ. 1re, 26 nov. 1996, n° 93-18.475, *Bull. civ.* I, n° 422; *RTD civ.* 1997. 739, obs. Perrot – Civ. 1re, 2 avr. 1997, n° 95-13.928, *Bull. civ.* I, n° 112 – Civ. 1re, 1er févr. 2000, n° 97-16.662, *Bull. civ.* I, n° 32; *Gaz. Pal.* 2000. Somm. 823 – Civ. 1re, 18 oct. 2000, n° 98-10.680, *Bull. civ.* I, n° 252 – Civ. 2e, 25 juin 1997, n° 95-12.851, *Bull. civ.* II, n° 205 – Civ. 2e, 6 mai 1999, n° 97-10.121, *Bull. civ.* II, n° 86 – Civ. 2e, 9 déc. 1999, n° 98-10.416, *Bull. civ.* II, n° 188 – Civ. 3e, 13 nov. 1996, n° 95-10.273, NP – Com. 5 déc. 1995, n° 93-21.172, *Bull. civ.* IV, n° 283 – Civ. 3e, 12 janv. 2010, n° 08-18.624, *Bull. civ.* III, n° 6; *RJDA* 2010, n° 726 – Com. 7 janv. 1997, n° 94-11.731, NP – Com. 14 janv. 1997, n° 95-10.188, 95-10.214, *Bull. civ.* IV, n° 16; *JCP* 1997. IV. 490 – Com. 4 janv. 2000, n° 96-17.103, NP; *RJDA* 2000, n° 243.
4. L. n° 67-523, 3 juill. 1967, relative à la Cour de cassation, *JO* 4 juill., p. 6651.
5. R. Perrot, *RTD civ.* 1988. 402.
6. Civ. 3e, 1er juill. 1998, n° 96-18.930, NP; *Procédures* 1998, n° 240, obs. Perrot.

somme payée en exécution de la décision anéantie, au motif « *que, même autorisée à titre provisoire, l'exécution d'une décision de justice frappée d'appel n'a lieu qu'aux risques et périls de celui qui la poursuit, à charge pour lui de réparer, en cas d'infirmation de la décision, le préjudice qui a été causé par cette exécution; que la cour d'appel, qui a constaté que les époux Paré subissaient un préjudice financier du fait de l'exécution provisoire du jugement, a retenu à bon droit, sans être tenue de relever une faute à l'encontre de la société* Le Parc Mousson*, que ceux-ci pouvaient demander une indemnisation* »[1]. Mais elle a repris, depuis lors, sa solution concernant les intérêts de retard qui ne restent dus qu'à compter de la notification de la décision ouvrant droit à restitution[2].

Il résulte de cette jurisprudence une distinction qui se dégage désormais nettement entre les intérêts, qui ne peuvent qu'être moratoires et ne courent donc qu'à compter de la notification de la décision ouvrant droit à restitution, et tout autre préjudice dont le débiteur peut justifier, résultant par exemple des frais qu'il a exposés pour contracter le prêt qui a été nécessaire à l'exécution, lesquels pourront être mis à la charge du créancier sur le fondement de la responsabilité sans faute qu'il encourt[3].

431.234 **Compétence.** Pour ce faire, et contrairement aux restitutions qui peuvent s'opérer de plein droit en vertu de la seule décision d'infirmation ou de rétractation (v. s[s] n° 431.223), il faut, en général, l'intervention d'une nouvelle décision, soit pour fixer le montant du préjudice, soit pour déterminer le point de départ des intérêts de retard en cas de contestation. Depuis la loi du 9 juillet 1991, ce chef de compétence relève exclusivement du **JEX** qui connaît, aux termes de l'article L. 213-6 alinéa 4 du Code de l'organisation judiciaire (COJ, anc. art. L. 311-12-1, al. 4), « *des demandes en réparation fondées sur l'exécution ou l'inexécution dommageables des mesures d'exécution forcée ou des mesures conservatoires* ».

Les risques de l'exécution provisoire ainsi mis à la charge du créancier constituent une première forme de protection du débiteur qui bénéficie encore d'autres mesures, mais sans doute bien insuffisantes au regard du principe de l'effet suspensif auquel il est dérogé.

1. Sur l'ensemble de la question, v. Ph. Hoonakker, « Des intérêts dus sur les créances de restitution », *D.* 1999. Chron. 328.
2. Civ. 2e, 15 mai 2003, n° 99-21.657, *Bull. civ.* II, n° 145; *RTD civ.* 2003. 548, obs. Perrot – Civ. 3e, 12 janv. 2005, n° 03-17.081, *Bull. civ.* III, n° 6; *Gaz. Pal.* 2005. Somm. 2163 – Com. 18 nov. 2008, n° 07-19.335, NP; *Procédures* 2009. Comm. n° 5, obs. Perrot.
3. EN CE SENS, Civ. 2e, 14 avr. 2005, n° 03-14.195, *Bull. civ.* II, n° 91; *D.* 2005. 3050, obs. Clay; *Procédures* 2005. Comm. n° 149, obs. Perrot.

CHAPITRE

432. Exécution provisoire des jugements au regard de la situation du débiteur

PHILIPPE HOONAKKER
Professeur à l'Université de Strasbourg
Avocat

SECTION 0
ORIENTEUR

432.00 **Plan du chapitre.**

Division. La situation réservée au débiteur par le régime actuel de l'exécution provisoire n'est pas enviable car devant la généralisation de cette institution, les possibilités qui lui sont offertes pour en obtenir l'arrêt (sect. 1), ou à tout le moins l'aménagement (sect. 2), sont nettement insuffisantes, tant en fait qu'en droit.

432.01 Principaux textes applicables.

C. pr. civ., art. 12, 489, al. 1er, 517 à 524.

C. com., art. R. 661-1, L. 661-1 à L. 661-11.

C. pr. exéc., art. R. 121-22.

LPF, art. R. 202-5.

L. 29 juill. 1881, sur la liberté de la presse, art. 64, *JO* 30 juill., p. 4201.

432.04 Formulaire : renvois.

Form. pr. civ. *Exécution provisoire – Autorisation de consignation* (assignation devant le juge de l'exécution à fin d'autorisation de consignation pour éviter la poursuite de l'exécution provisoire)

Exécution provisoire – Conclusions en réponse (conclusions en réponse à une demande d'exécution provisoire)

Exécution provisoire – Référé (cour d'appel) (assignation afin d'arrêter l'exécution provisoire)

SECTION 1 ARRÊT DE L'EXÉCUTION PROVISOIRE

432.10 Plan. Par l'arrêt de l'exécution provisoire, l'effet suspensif de l'appel ou de l'opposition est restauré et donc l'exécution forcée ne peut plus être engagée ou poursuivie. Mais l'évidente volonté de systématisation de l'exécution provisoire a conduit le législateur à une conception très restrictive des moyens ouverts (§ 2) aux juridictions compétentes (§ 1).

§ 1 Juridictions compétentes

432.11 Plan. En pratique, cette compétence appartient surtout aux premiers présidents des cours d'appel qui accaparent l'essentiel de ce contentieux (A), mais la compétence d'autres juridictions ne peut totalement être écartée (B).

A. Premier président

1° Règles de compétence

432.20 Exclusivité. Sous l'empire de l'ancien Code de procédure civile, les défenses à exécution provisoire relevaient de la compétence exclusive de la formation collégiale des cours d'appel. Ce n'est que par l'article 146 du décret nº 72-788 du 28 août 1972[1] que cette exclusivité a été abandonnée au profit d'une compétence concurrente conférée au premier président, laquelle avait soulevé bien des controverses[2].

Cette compétence est finalement devenue exclusive à son tour par l'institution du Code de procédure civile dont l'article 524 alinéa 1er prévoit, en effet, que l'exécution provisoire « *ne peut être arrêtée, en cas d'appel, que par le premier président statuant en référé* [...] ». Toute autre formation de la cour d'appel est donc désormais incompétente, qu'il s'agisse de la formation collégiale (sauf le cas où le premier président décide de renvoyer l'affaire devant la formation collégiale conformément à l'article 487 C. pr. civ.; mais alors celle-ci n'exerce que la compétence exclusive que lui délègue le premier président, elle statue donc en référé et non pas au fond), ou du conseiller de la mise en état (CME) qui, s'il peut ordonner l'exécution provisoire omise ou refusée en première instance (v. ss nos 431.81 et 431.82), ne peut donc pas l'arrêter[3]. Mais cette exclusivité est aussi externe et interdit donc de surcroît la compétence de toute autre juridiction (v. ss nº 432.62).

Cette compétence exclusive vaut tant pour arrêter l'exécution provisoire judiciaire que l'exécution provisoire de droit, que ce soit selon les règles de droit commun (C. pr. civ., art. 524, al. 6) ou selon les règles dérogatoires (LPF, art. R. 202-5, en matière fiscale; C. com., art. R. 661-1, en matière de procédures collectives; L. 29 juill. 1881, art. 64, en matière de liberté de la presse - V. ss nos 432.140 s.).

Mais pour exclusive qu'elle soit, cette compétence suppose toujours un appel préalable (a) et se trouve enserrée dans des limites temporelles précises (b).

a) Exigence d'un appel préalable

432.21 Exigence. L'exigence elle-même, expressément prévue à l'article 524 alinéa 1er C. pr. civ. ne pose aucune difficulté particulière. Elle est dictée tant par la nature propre de l'exécution provisoire qui ne présente d'intérêt que lorsque la voie de recours suspensive ouverte est exercée, que par celle du référé d'appel qui, comme l'écrivait un auteur[4], « *est avant*

1. Décr. nº 72-788, 28 août 1972, instituant une troisième série de dispositions destinées à s'intégrer dans le Nouveau Code de procédure civile, *JO* 30 août, p. 93000.
2. Ph. Hoonakker, *L'effet suspensif des voies de recours dans le Nouveau Code de procédure civile : une chimère ? Contribution à l'étude de l'exécution provisoire,* th. Strasbourg, 1988.
3. Paris, 18 juill. 1977, *JCP* 1978. II. 18826, obs. J. A.
4. C. Giverdon, « Premières applications de la juridiction des référés du premier président de la cour d'appel », *D.* 1973. Chron. 285, nº 5.

tout au service de l'instance d'appel dont il doit contribuer à renforcer la cohésion ».

432.22 **Recevabilité.** En revanche, la question de savoir si l'appel exigé doit être recevable, était controversée. *A priori*, il aurait pu paraître logique de donner une réponse affirmative dans la mesure où la recevabilité d'un appel peut être considérée comme conditionnant rétroactivement son existence même[1]. Mais une telle interprétation de l'article 524 alinéa 1er C. pr. civ. se heurte à la limitation des pouvoirs du premier président qu'aucun texte n'investit directement du pouvoir de contrôler la recevabilité de l'appel. Aussi la solution, qui a recueilli très tôt l'assentiment de la doctrine[2] et de la jurisprudence dominante[3], a-t-elle limité l'exigence de l'article 524 alinéa 1er à la seule **existence matérielle** de l'appel, indépendamment de sa recevabilité. Elle a depuis été consacrée implicitement mais nécessairement par la Cour de cassation[4].

432.23 **Radiation.** De même, la radiation de l'appel sur le fondement de l'article 526 C. pr. civ. n'interdit pas la saisine du premier président en arrêt de l'exécution provisoire[5], ce qui permettra, le cas échéant, à l'appelant de solliciter le rétablissement de la procédure (v. ss no 431.191).

b)
Compétence *ratione temporis* du premier président

432.31 **Point de départ.** À l'origine, l'article 957 C. pr. civ. prévoyait que le premier président était compétent en matière d'exécution provisoire « *au cours de l'instance d'appel* ». Contre l'avis unanime de la doctrine à l'époque, la Cour de cassation avait fixé le point de départ de la compétence de cette juridiction à la saisine de la cour d'appel[6]. Mais cette disposition a été modifiée par le décret no 76-1236 du 28 décembre 1976[7] qui a introduit les vocables « *en cas d'appel* ». La doctrine dominante en a immédiatement déduit la condamnation de cette solution en considérant que désormais toute ambiguïté était levée et que le point de départ devait bien être fixé au jour de la **déclaration d'appel**[8]. C'est la solution adoptée aujourd'hui par la pratique[9], ce qui explique peut-être que la Cour de cassation n'ait pas eu l'occasion de se prononcer à nouveau. Ceci étant, cette question est dépassée depuis le 1er janvier 2005, date d'entrée en vigueur du décret no 2004-836 du 20 août 2004[10], qui a décidé que la déclaration d'appel vaut demande de mise au rôle et donc saisine de la cour (C. pr. civ., art. 901).

432.32 **Extinction.** À compter de ce jour, le premier président est compétent jusqu'au **dessaisissement de la cour** provoqué par l'arrêt statuant définitivement au fond. Il reste donc compétent même pendant le délibéré ou après le prononcé d'une décision avant dire droit ordonnant, par exemple, une expertise. En revanche, en cas de cassation de l'arrêt rendu, c'est le premier président de la cour de renvoi qui devrait recevoir compétence pour se prononcer sur l'exécution provisoire, et par exemple, pour modifier l'ordonnance qui avait été rendue par le premier président de la cour initialement saisie, du moins en cas de circonstances nouvelles (malheureusement cette difficulté inédite en jurisprudence est seulement posée par un arrêt du 13 juin 2002, mais non résolue, car l'incompétence du premier président de la cour de renvoi ayant été soulevée pour la première fois devant la Cour de cassation, le moyen est déclaré irrecevable[11]).

2°
Règles de procédure

432.40 **Plan.** Pour la détermination des règles de procédure applicables, il faut tenir compte du fait qu'il s'agit d'une procédure de référé s'inscrivant dans le cadre d'une procédure d'appel (a). Mais ces règles de procédure devraient rester sans incidence sur l'étendue et la nature des pouvoirs exercés par le premier président (b).

a)
Détermination des règles de procédure

432.41 **Règles du référé.** Aux termes de l'article 957 C. pr. civ., le premier président statue néces-

1. EN CE SENS, Aix-en-Provence, 27 sept. 1976, *JCP* 1977. II. 18668, note J. A.
2. R. Perrot, *RTD civ.* 1983. 793 – M. Ricard, *La nouvelle procédure civile,* Éd. du Moniteur, 1919, no 225.
3. Aix-en-Provence, 7 févr. 1983, *Gaz. Pal.* 1983. 331, note Dureuil – Limoges, 2 juill. 1986, RG no 26/86, *D.* 1986. IR 380, note Derrida – Saint-Denis de La Réunion, 12 juin 1990, *Gaz. Pal.* 1991. Somm. 61.
4. Civ. 3e, 4 nov. 1987, no 86-13.189, *Bull. civ.* III, no 179; *Gaz. Pal.* 1988. Somm. 257, obs. Guinchard et Moussa.
5. Civ. 2e, 9 juill. 2009, nos 08-13.451 et 08-15.156, *Bull. civ.* II, no 192; *D.* 2009. 2044; *D.* 2010. 169, obs. Fricero; *D.* 2010. 532, chron. Sommer, Leroy-Gissinger, Adida-Canac et Grignon Dumoulin; *Procédures* 2009. Comm. 303, obs. Perrot; *Gaz. Pal.* 14-18 mai 2010, p. 21, obs. Amrani-Mekki.
6. Civ. 2e, 29 avr. 1976, no 75-11.190, *Bull. civ.* II, no 139; *RTD civ.* 1976. 633, obs. Perrot.
7. Décr. no 76-1236, 28 déc. 1976, modifiant certaines dispositions en matière de procédure civile, *JO* 30 déc., p. 7633.
8. E. Blanc et J. Viatte, « Le Nouveau Code de procédure civile commenté dans l'ordre des articles », *LJNA*, ss art. 956 – *J.-Cl. Pr. civ.*, fasc. 724, no 10, Giverdon – *J.-Cl. Pr. civ.*, fasc. 516-4, no 19, Miguet.
9. V. NOT., Versailles, 28 juin 1978, *Gaz. Pal.* 1979. Somm. 264 – Versailles, 11 août 1987, *Gaz. Pal.* 1988. 80, note Renard.
10. Décr. no 2004-836, 20 août 2004, portant modification de la procédure civile, *JO* 22 août., p. 15032.
11. Civ. 2e, 13 juin 2002, no 00-15.852, *Bull. civ.* II, no 132; *Dr. et proc.* 2003. 29, obs. Hoonakker.

sairement « *en référé* » lorsqu'il exerce « *les pouvoirs qui lui sont conférés en matière d'exécution provisoire* ». Les règles de procédure applicables sont donc celles des articles 484 à 492 C. pr. civ. communes à toutes les juridictions, qu'il s'agisse du déroulement de la procédure ou des voies de recours ouvertes, sauf à les adapter pour tenir compte de l'instance d'appel pendante parallèlement.

432.42 Déroulement de la procédure. La demande est introduite, selon les règles de droit commun du référé, par voie d'**assignation**, soit à une audience habituelle (C. pr. civ., art. 485, al. 1er), soit en cas d'urgence, d'heure à heure (C. pr. civ., art. 485, al. 2). En aucun cas donc le premier président ne saurait être saisi par voie de requête[1].

Beaucoup plus délicate est la question de savoir si les parties doivent constituer **avoué** (ou avocat en Alsace et en Moselle). Deux solutions sont envisageables : ou bien, faire prévaloir l'instance d'appel et lier la constitution d'avoué au sort qui lui est réservé dans la procédure au fond; ou bien, reconnaître la spécificité de la juridiction du premier président et faire prévaloir les règles du référé qui y sont applicables; or la constitution d'avocat n'est pas obligatoire devant une juridiction de référé. Aussi faute de dispositions contraires, la constitution d'avoué ou d'avocat en Alsace et en Moselle ne devrait-elle pas être obligatoire. D'ailleurs cette solution semble confirmée, *a contrario*, en matière d'ordonnance sur requête, par l'article 959 qui, transposant à la juridiction du premier président l'article 813 applicable au président du tribunal de grande instance, impose expressément la constitution d'avoué. La jurisprudence publiée en la matière est quasiment inexistante, mais les pratiques suivies semblent très variables d'une cour d'appel à l'autre.

Tout aussi délicate apparaît la question de déterminer les **personnes qui peuvent saisir** le premier président. Il ne fait pas de doute, à cet égard, que deux conditions sont pour le moins requises : être partie à la procédure d'appel et avoir intérêt à la suppression de l'exécution provisoire. Mais faut-il de plus que la partie qui remplit ces conditions ait elle-même interjeté appel à titre principal ou incident ? La jurisprudence est divisée (en faveur de l'exigence d'un appel émanant du demandeur à la suppression de l'exécution provisoire[2]). Pour le surplus la procédure se déroule suivant les règles normales de la procédure de référé.

432.43 Voies de recours. Le principe est que les ordonnances rendues par le premier président en matière d'exécution provisoire sont susceptibles des mêmes voies de recours que toutes les autres ordonnances de référé. En conséquence, elles peuvent faire l'objet d'un **référé-rétractation** « *en cas de circonstances nouvelles* » (C. pr. civ., art. 488, al. 2 – la Cour de cassation a admis implicitement mais nécessairement ce recours[3]). De même, lorsqu'une telle décision est rendue par défaut, la voie de l'**opposition** est aujourd'hui incontestablement ouverte (C. pr. civ., art. 490, al. 2, réd. Décr. n° 85-585, 14 mars 1986[4]). En revanche, l'**appel** est expressément écarté par l'article 490 alinéa 1er même si « *l'absence d'un second degré de juridiction, aux cas de décisions rendues par un juge unique, si élevé qu'il soit dans la hiérarchie judiciaire, peut paraître en soi regrettable* »[5].

Les décisions rendues par le premier président en la matière, comme du reste toutes les ordonnances de référé qu'il est susceptible de rendre, peuvent donc faire l'objet d'**un pourvoi en cassation** (la solution est la même lorsque l'ordonnance est rendue par défaut sauf que dans ce cas le pourvoi n'est possible qu'à compter du jour où « *l'opposition n'est plus recevable* », selon C. pr. civ., art. 613 – V. ss n° 553.97).

Mais fort curieusement seule la troisième chambre civile de la Cour de cassation avait admis la recevabilité immédiate du pourvoi[6], les autres chambres se prononçant en sens contraire, au motif que le premier président « *statue* [...] *sur un incident d'exécution provisoire sans mettre fin à l'instance* »[7], mais tout en réservant les cas d'excès de pouvoir[8]. Cette divergence grave a finalement été tranchée par l'assemblée plénière qui fort logiquement s'est prononcée en faveur de la **recevabilité immédiate** du pourvoi[9].

b) Incidence des règles de procédure sur l'étendue et la nature des pouvoirs du premier président

432.51 Étendue des pouvoirs. Ce n'est pas parce que le premier président statue en référé que ces pouvoirs devraient subir les limitations traditionnellement prêtées à cette procédure, c'est-à-dire l'urgence en

1. Colmar, 16 mai 1977, *Rec. jur. de l'Est* 1977. 136.
2. Versailles, 16 févr. 1989, RG n° 7/89, *Gaz. Pal.* 1989. Somm. 422. – CONTRA : Paris, 20 janv. 1984, *Bull. ch. avoués* 1984. 33.
3. Civ. 2e, 30 nov. 1983, n° 82-12.384, *Bull. civ.* II, n° 191; *Gaz. Pal.* 1984. Pan. 93.
4. Décr. n° 85-585, 14 mars 1986, modifiant et complétant certaines dispositions du nouveau Code de procédure civile, *JO* 19 mars, p. 4581.
5. H. Solus et R. Perrot, *Droit judiciaire privé*, Sirey, 1961, t. II, 1973, n° 240, p. 287.
6. Civ. 3e, 4 nov. 1987, n° 86-13.189, *Bull. civ.* III, n° 179; *D.* 1988. Somm. 123, obs. Julien.
7. Civ. 2e, 5 janv. 1983, *JCP* 1983. IV. 86; *Gaz. Pal.* 1983. Pan. 220 – Civ. 2e, 5 févr. 1986, n° 83-16.029, *Bull. civ.* II, n° 7 – Civ. 2e, 7 oct. 1987, n° 86-15.931, *Bull. civ.* II, n° 187 – Soc. 17 mars 1988, n° 84-45.034, *Bull. civ.* V, n° 192 – Com. 20 juin 1989, nos 87-18.255 et 87-20.123, *Bull. civ.* IV, n° 192.
8. Civ. 2e, 17 juin 1987, nos 85-18.840 et 86-14.716, *Bull. civ.* II, nos 130 et 131; *Gaz. Pal.* 1987. Pan. 214.
9. Cass., ass. plén., 2 nov. 1990, n° 90-12.698, *Bull. ass. plén.*, n° 11; *D.* 1990. IR 275; *RTD civ.* 1991. 169-173, obs. Perrot; *JCP* 1991. II. 21631, concl. Monnet, note Estoup; *Gaz. Pal.* 1991. Pan. 3 – Depuis lors, Com. 23 juin 1998, n° 96-12.632, *Bull. civ.* IV, n° 205; *D.* 1999. Somm. 71, obs. Honorat.

amont et la contestation sérieuse en aval. En effet, depuis la multiplication des cas de référé, ces restrictions ont perdu toute vocation générale d'application si bien qu'elles ne jouent que lorsqu'elles sont expressément prévues. Or, en la matière, l'**urgence** n'est requise qu'en cas d'octroi de l'exécution provisoire refusée en première instance (v. s^s n° 431.111) et l'absence de **contestation sérieuse** n'est en aucun cas visée. D'ailleurs le premier président disposant d'une exclusivité de compétence en la matière, une telle condition créerait un vide judiciaire qui serait inacceptable[1].

432.52 Nature des pouvoirs. La centralisation du référé d'appel entre les mains du premier président de la cour ne signifie pas transfert automatique à son profit, relativement aux matières concernées, du **pouvoir de réformation** de la juridiction qu'il préside. Comme l'avait relevé le professeur Perrot, « *la juridiction du premier président étant une juridiction exceptionnelle, elle ne saurait être étendue au-delà des cas prévus par la loi* »[2]. Autrement dit, il ne bénéficie d'un tel pouvoir que si un texte l'en investit expressément. Or, comme nous l'avons déjà vu (v. s^s n° 431.111), s'il peut accorder l'exécution provisoire refusée en première instance ce n'est qu'à la condition qu'il y ait urgence. Quant à la restauration de l'effet suspensif, nous verrons que son pouvoir de réformation n'est pas moins limité (v. s^s n° 432.71).

Si le législateur a ainsi hésité à reconnaître au premier président un large pouvoir de réformation sur la décision des premiers juges, *a fortiori*, n'a-t-il pas entendu lui confier un pouvoir de contrôle sur les décisions rendues par une autre formation de la cour, en l'occurrence par le CME. Il ne saurait donc arrêter l'exécution provisoire que celui-ci a pu éventuellement accorder[3].

B.
Autres juridictions

432.61 Auteur de la décision. En cas d'**opposition**, l'article 524 alinéa 2 C. pr. civ. investit expressément l'auteur de la décision d'un pouvoir identique à celui du premier président, pour arrêter l'exécution provisoire. Mais ce chef de compétence n'a été introduit que par le décret n° 76-1236 du 28 décembre 1976; antérieurement aucun texte ne prévoyait de disposition analogue, si bien que la doctrine en déduisait l'incompétence de l'auteur de la décision en la matière[4]. Désormais la situation est donc inverse à celle de l'octroi de l'exécution provisoire qui sous l'empire de l'ancien Code de procédure civile relevait de la compétence de l'auteur de la décision en cas d'opposition, alors qu'un tel pouvoir n'est plus prévu par le Code de procédure civile (v. s^s n° 431.72). Quoi qu'il en soit, ce chef de compétence, tout aussi exclusive, reste très exceptionnel, en fait, comme en témoigne du reste l'absence de toute décision publiée.

Il faut y ajouter le nouvel article 492-1 C. pr. civ., introduit par le décret n° 2011-1043 du 1er septembre 2011, qui confère à l'auteur d'une ordonnance rendue comme en matière de référé ou en la forme des référés le pouvoir d'écarter l'exécution provisoire de droit qu'il institue (sur ce pouvoir, v. s^s n° 432.171).

432.62 Juge de l'exécution. Le juge de l'exécution (JEX), enfin institué définitivement par la loi n° 91-650 du 9 juillet 1991[5], tout comme les juridictions qui en tenaient lieu auparavant, est radicalement **incompétent** pour arrêter l'exécution provisoire. La solution est fondée d'abord sur l'exclusivité de compétence reconnue, en la matière, au premier président en cas d'appel et à l'auteur de la décision en cas d'opposition (v. s^s n°s 432.20 et 432.61). Mais elle se fonde aussi sur la nature de cette juridiction qui, étant d'exception, ne saurait voir sa compétence étendue au-delà des textes qui l'instituent. Or et pour cause, ceux-ci ne visent pas l'exécution provisoire.

Cependant il faut prendre bien soin de distinguer l'exécution provisoire de l'**exécution forcée** dont le contrôle relève certainement de la compétence exclusive du JEX[6]. Mais pour différentes qu'elles soient, ces notions sont aussi et surtout complémentaires, ce qui permet précisément d'appréhender la **portée** de cette incompétence. De même que l'exécution forcée ne peut exister sans un titre exécutoire, au moins par provision, l'exécution provisoire, tout comme l'exécution définitive, serait bien illusoire sans les règles de l'exécution forcée. Dès lors, si le JEX ne saurait arrêter l'exécution provisoire, il doit conserver la plénitude de ses pouvoirs : soit pour accorder des délais de grâce qui paralyseront la force exécutoire (compétence exclusive lorsque l'exécution forcée est en cours selon l'article 510 du C. pr. civ. et incompétence radicale du premier président[7]); soit pour trancher

1. Sur l'ensemble de la question, v. Ph. Hoonakker, th. préc. s^s n° 43.05, n°s 571 s.
2. R. Perrot, « La compétence du juge des référés », *Gaz. Pal.* 1974. Doctr. 895, spéc. 9.
3. Civ. 2e, 9 oct. 1991, n° 90-16.021, *Bull. civ.* II, n° 247; *D.* 1991. IR 242.
4. J. Viatte, « L'exécution provisoire nonobstant opposition », *Gaz. Pal.* 1977. Doctr. 213.
5. L. n° 91-650, 9 juill. 1991, portant réforme des procédures civiles d'exécution, *JO* 14 juill., p. 9228 – V. NOT., H. Croze, « La loi n° 91-950 du 9 juillet 1991 portant réforme des procédures civiles d'exécution : le nouveau droit commun de l'exécution forcée », *JCP* 1992. I. 3555 n°s 22 s. – Ph. Hoonakker, « Le juge de l'exécution », *Gaz. Pal.* 1993. Doctr. 321, n° 31 – *J.-Cl. Pr. civ.*, fasc. 2030, Normand (actualisé par Llahi).
6. V. NOT., Ph. Hoonakker, *Gaz. Pal.* 1993. Doctr. 321, n°s 63 s. – *J.-Cl. Pr. civ.*, fasc. 2040, n°s 14 s., Normand (actualisé par Llahi).
7. Civ. 2e, 14 sept. 2006, n° 05-21.300, *Bull. civ.* II, n° 223; *D.* 2007. 1380, obs. Julien; *Procédures* 2006. Comm. 263, obs. Perrot.

toute difficulté qui pourrait naître à l'occasion de l'exécution forcée d'une décision exécutoire, qu'elle le soit à titre définitif ou provisoire. À cet égard, il appartient en particulier au JEX de vérifier que l'exécution forcée est poursuivie sur la base d'un titre exécutoire régulier et de l'arrêter si tel n'était pas le cas. Ainsi il peut parfaitement être amené à vérifier l'existence ou l'étendue de l'exécution provisoire (comme, par ex., à propos de la difficulté d'exécution née de l'absence de la moyenne des trois derniers mois de salaires dans le jugement d'un conseil de prud'hommes)[1] (v. s[s] n° 431.52). De même, il pourra lui incomber de contrôler que les garanties exigées, le cas échéant (v. s[s] n°s 432.211 s.), ont été fournies par le créancier, ou que le débiteur a consigné (v. s[s] n°s 432.220 s.), ce qui pourra le conduire à suspendre les poursuites. Mais en aucun cas, cette juridiction ne saurait se prononcer directement sur l'exécution provisoire elle-même, et en particulier l'arrêter, cette compétence appartenant exclusivement au premier président ou à l'auteur de la décision qui peuvent donc seuls mettre en œuvre les moyens ouverts par la loi à ce titre.

§ 2
Moyens ouverts

432.70 Limitations générales. À titre liminaire, deux observations s'imposent. D'une part, la jurisprudence considère de manière constante qu'une demande d'arrêt de l'exécution provisoire n'est plus possible lorsque **l'exécution** de la décision concernée est déjà **consommée**[2] (mais une saisie-attribution a été jugée non consommée tant que le paiement n'est pas intervenu et ce nonobstant l'attribution immédiate de la créance[3]; dans le même sens tant que le délai de contestation n'est pas expiré et à défaut d'acquiescement[4]; v. cep. à propos d'une espèce où l'exécution a été jugée consommée dès la signification de la saisie-attribution car la somme saisie était supérieure à celle due en vertu de l'exécution provisoire[5]). Cette solution est essentiellement justifiée aujourd'hui par le fait qu'une telle demande se trouve alors privée d'objet[6]. Dans le prolongement de cette solution ancienne, la Cour de cassation décide également aujourd'hui que lorsque le premier président arrête l'exécution provisoire, sa décision est **dépourvue de tout effet rétroactif** et, en conséquence, « *ne peut remettre en cause les effets des actes d'exécution accomplis ou les paiements effectués antérieurement à sa décision* » (solution consacrée expressément à propos d'une ordonnance présidentielle ayant arrêté une exécution provisoire judiciaire risquant d'entraîner des conséquences manifestement excessives[7] – ainsi à propos d'une saisie-attribution pratiquée sur des loyers dont il est jugé que les sommes perçues antérieurement à l'arrêt de l'exécution provisoire restent acquises au créancier et que les loyers échus postérieurement ne pourront lui être versés, mais devront être consignés[8] – ou encore à propos d'une saisie-attribution et d'une saisie-vente pratiquées avant l'arrêt de l'exécution provisoire[9]). De plus, l'ordonnance arrêtant l'exécution provisoire n'est opposable au créancier que si elle lui a été **signifiée**, et, à défaut, il pourra l'ignorer et continuer à profiter de l'exécution provisoire (telle, par ex., l'astreinte ordonnée par un jugement assorti de l'exécution provisoire qui a été liquidée à compter de la date fixée par ce jugement car l'ordonnance qui a arrêté l'exécution provisoire ultérieurement n'a pas été signifiée au créancier)[10].

D'autre part, la faculté offerte au premier président (C. pr. civ., art. 957), ou au CME lorsqu'il est saisi (C. pr. civ., art. 915 [C. pr. civ., anc. art. 912] pour les appels formés à compter du 1er janvier 2011 – Décr. n° 2009-1524, 9 déc. 2009[11], art. 2), d'arrêter l'exécution d'un jugement qualifié **à tort en dernier ressort** est étrangère à l'exécution provisoire. En effet, du fait de l'erreur de qualification commise, c'est l'exécution définitive qui est poursuivie à tort. Mais rien n'empêche évidemment une combinaison avec les textes sur l'exécution provisoire. Ainsi le juge d'appel saisi pourrait-il parfaitement l'ordonner (v. s[s] n°s 431.81 et 431.82), tout en arrêtant parallèlement l'exécution définitive poursuivie à tort.

Sous ces réserves, force est de constater que les moyens de restaurer l'effet suspensif sont très limités

1. Lyon, 6 juill. 1993, *Gaz. Pal.* 1994. Somm. 218.
2. Pour les décisions les plus récentes : Paris, 26 mai 1967, *RTD civ.* 1968. 198, obs. Raynaud – Paris, 20 oct. 1988, *Bull. ch. avoués*, n° 108, p. 106 – Montpellier, 17 déc. 1981, *Gaz. Pal.* 1982. 1. Somm. 384.
3. Toulouse, 1er mars 1995, RG n° 34/95, *D.* 1996. 131, note Prévault; *D.* 1996. 140, obs. Julien.
4. Civ. 2e, 24 janv. 2008, n° 07-16.857, *Bull. civ.* II, n° 22; *D.* 2008. 2373, chron. Sommer et Nicoletis; *Procédures* 2008. Comm. 140, obs. Perrot; *Gaz. Pal.* 2008. 3542, obs. Brenner – Civ. 2e, 1er oct. 2009, n° 08-19.051, *Bull. civ.* II, n° 234; *D.* 2009. 2434; *D.* 2010. 1307, obs. Leborgne; *RTD civ.* 2010. 158, obs. Perrot; *Procédures* 2009. Comm. 395, obs. Perrot; *Gaz. Pal.* 2010. 1001, obs. Brenner.
5. Colmar, 30 nov. 2006, *Rec. jur. de l'Est* 2007. 83.
6. P. Raynaud, *RTD civ.* 1968. 198.
7. Civ. 2e, 24 sept. 1997, n° 94-19.485, *Bull. civ.* II, n° 238; *D.* 1997. IR 216; *RTD civ.* 1997. 994, obs. Perrot; *Procédures* 1997. Comm. 258, obs. Perrot.
8. Civ. 2e, 31 janv. 2002, n° 00-11.881, *Bull. civ.* II, n° 11; *D.* 2002. IR 866; *Procédures* 2002. Comm. 91, obs. Perrot.
9. Civ. 2e, 13 juin 2002, n° 00-15.852, *Bull. civ.* II, n° 132; *Dr. et proc.* 2003. 29, obs. Hoonakker.
10. Civ. 2e, 20 déc. 2001, n° 98-23.102, *Bull. civ.* II, n° 200; *Procédures* 2002. Comm. 45, obs. Perrot; *Dr. et proc.* 2002. 165, obs. crit. Hoonakker.
11. Décr. n° 2009-1524, 9 déc. 2009, relatif à la procédure d'appel avec représentation obligatoire en matière civile, *JO* 11 déc., p. 21386.

tant en cas d'exécution provisoire judiciaire (A), qu'en cas d'exécution provisoire de droit (B).

A.
En cas d'exécution provisoire judiciaire

432.71 **Domaine.** Sous l'empire de la loi du 23 mai 1942[1], le juge d'appel pouvait accorder des défenses à exécution provisoire chaque fois qu'elle avait été ordonnée « *hors les cas où les conditions prévus par la loi* » (ACPC, art. 135). Autrement dit, il disposait d'un plein pouvoir de réformation sur la décision d'exécution provisoire des premiers juges. Mais de même que le législateur a abandonné l'octroi de l'exécution provisoire à l'estimation de la nécessité par le juge (v. s^s^ n° 431.112), il a fini par supprimer quasiment tout contrôle. En effet, depuis l'avènement du « Nouveau Code de procédure civile », le juge d'appel, en l'occurrence son premier président, ne peut plus arrêter l'exécution provisoire judiciaire que dans les conditions prévues à l'article 524 C. pr. civ. Ces conditions, déjà particulièrement restrictives, ne peuvent jamais être aggravées (jugé en ce sens à propos d'une ordonnance qui avait cru pouvoir subordonner l'arrêt d'une exécution provisoire judiciaire à la double condition d'un péril grave dans la situation de la partie condamnée et d'une erreur évidente et grossière entachant la décision attaquée[2]). Inversement, elles ne devraient jamais pouvoir être écartées. Pourtant la Cour de cassation a jugé très curieusement que l'exécution provisoire de mesures accessoires, ordonnée par un jugement de divorce, ne pourrait être arrêtée en application de l'article 524 C. pr. civ. malgré son caractère judiciaire, ces mesures ne pouvant être que modifiées en cas de circonstances nouvelles conformément à l'article 1015 C. pr. civ.[3] (de même il a été jugé que l'arrêt de l'exécution provisoire ordonnée par un jugement ayant autorisé une prénotation au Livre foncier serait soumis non à l'article 524 du C. pr. civ., mais à l'article 31 du décret du 31 juillet 1992, devenu l'article R. 121-22 C. pr. exéc. [v. s^s^ n° 431.22], car il s'agit d'une mesure conservatoire de droit local[4]).

Par ailleurs, une difficulté nouvelle se posait en matière de procédures collectives après l'entrée en vigueur, le 1er janvier 2006, de la réforme opérée par la loi n° 2005-845 du 26 juillet 2005 de sauvegarde des entreprises[5] et son décret d'application n° 2005-1677 du 28 décembre 2005[6]. Pour mettre un terme à la difficulté née du décret du 20 août 2004 (v. s^s^ n° 432.173), l'article 328 du décret a prévu que c'est par dérogation à l'article 524 C. pr. civ. que le premier président peut arrêter l'exécution provisoire dans les cas et conditions qu'il détermine. Or ce texte ne visait que des cas d'exécution provisoire de droit (v. s^s^ n° 432.173). Fallait-il alors en conclure que tout arrêt de l'exécution provisoire judiciaire dans les conditions de l'article 524 serait impossible ? La lettre du texte y conduisait, mais telle n'a sans doute pas été la volonté du législateur[7]. Cette bévue a finalement été corrigée par le décret n° 2006-1709 du 23 décembre 2006[8] qui a ajouté une phrase à l'alinéa 3 de l'article 328, devenu l'article R. 661-1 alinéa 3 du Code de commerce. Selon ce texte, le premier président peut arrêter « *l'exécution provisoire des décisions qui ne sont pas exécutoires par provision de plein droit* », donc assorties de l'exécution provisoire judiciaire (sur ce point, v. s^s^ n° 431.91). Mais les conditions applicables sont celles prévues par ce texte (v. s^s^ n° 432.173) et non celles de l'article 524 C. pr. civ. Cependant, depuis le décret n° 2012-1190 du 25 octobre 2012[9] pris en application de la loi dite « Pétroplus » du 12 mars 2012[10], il faut excepter les décisions prises sur le fondement de l'article L. 662-1-1 du Code de commerce dont l'exécution provisoire judiciaire peut être arrêtée « *en outre, lorsque l'exécution risque d'entraîner des conséquences manifestement excessives* » (C. com., art., R. 661-1, al. 3 – sur l'exclusion de l'exécution provisoire de droit de ces décisions, v. s^s^ n° 431.31). Il s'ensuit que l'exécution provisoire judiciaire de ces décisions peut être arrêtée soit aux conditions de l'exécution provisoire de droit commun pour toutes les autres décisions en matière de procédures collectives, soit si l'exécution elle-même risque d'entraîner des conséquences manifes-

1. L. 23 mai 1942, sur l'appel des décisions judiciaires, *JO* 11 juin, p. 2035.
2. Civ. 2e, 13 juin 2002, n° 01-14.814, *Bull. civ.* II, n° 131; *Dr. et proc.* 2002. 361, obs. Hoonakker.
3. Civ. 2e, 28 janv. 1998, n° 96-19.799, *Bull. civ.* II, n° 34; *D.* 1998. IR 75; *RTD civ.* 1998. 350, obs. Hauser; *Dr. fam.* 1998, n° 88, obs. Lécuyer.
4. Colmar, 20 juill. 2007, RG n° IIU122/2007, *Rec. jur. de l'Est* 2006. 130.
5. L. n° 2005-845, 26 juill. 2005, de sauvegarde des entreprises, *JO* 27 juill., p. 12187.
6. Décr. n° 2005-1677, 28 déc. 2005, pris en application de la loi n° 2005-845 du 26 juillet 2005 de sauvegarde des entreprises, *JO* 29 déc., p. 20324.
7. Sur cette question, v. Ph. Hoonakker, « Dernières réformes de l'exécution provisoire : raison et déraison », *D.* 2005. Doctr. 754, spéc. 10.
8. Décr. n° 2006-1709, 23 déc. 2006, pris en application de la loi n° 2005-845 du 26 juillet 2005 de sauvegarde des entreprises et portant diverses dispositions relatives aux administrateurs judiciaires et aux mandataires judiciaires, *JO* 29 déc., p. 19486.
9. Décr. n° 2012-1190, 25 oct. 2012, pris pour l'application de la loi n° 2012-346 du 12 mars 2012 relative aux mesures conservatoires en matière de sauvegarde, de redressement judiciaire ou de liquidation judiciaire et aux biens qui en font l'objet, *JO* 27 oct., p. 16719.
10. L. n° 2012-346, 12 mars 2012, relative aux mesures conservatoires en matière de procédures de sauvegarde, de redressement judiciaire ou de liquidation judiciaire et aux biens qui en font l'objet, *JO* 13 mars, p. 4497.

tement excessives comme en matière de radiation de l'appel faute d'exécution du jugement contesté (v. s[s] n° 431.182).

Sous ces réserves, l'exécution provisoire judiciaire ne peut être arrêtée que dans l'un des deux cas prévus à l'article 524 du C. pr. civ. : « *1° si elle est interdite par la loi* » (1°); « *2° si elle risque d'entraîner des conséquences manifestement excessives* » (2°).

1°
Exécution provisoire interdite par la loi

432.80 **Plan.** Ce texte ne prévoit qu'un contrôle très limité de la légalité de l'exécution provisoire, circonscrit aux seuls cas légaux d'interdiction (a), à l'exclusion de tout autre contrôle (b).

a)
Contrôle des cas légaux d'interdiction

432.81 **Principe.** Il ne fait aucun doute que l'article 524, 1°, permet d'arrêter l'exécution provisoire ordonnée en violation de l'un des cas d'interdiction prévus par la loi (v. s[s] n° 431.92). Mais il faut bien reconnaître que ce contrôle est très limité, en fait, tant en raison de la rareté des cas d'interdiction que de leur portée restreinte. Il s'agit cependant du seul contrôle autorisé par ce texte.

b)
Exclusion de tout autre contrôle

432.91 **Exécution forcée.** Il est parfois soutenu que l'article 524, 1°, permettrait au premier président d'arrêter l'exécution d'une décision poursuivie en l'absence de toute exécution provisoire, légale ou judiciaire[1]. Mais cette solution procède d'une confusion fréquente entre l'exécution forcée et l'exécution provisoire. En effet, il ne s'agit pas ici d'arrêter une exécution provisoire inexistante par hypothèses, mais l'exécution forcée poursuivie sans titre exécutoire. Or, cette compétence appartient aujourd'hui exclusivement au **JEX** au titre des difficultés d'exécution.

432.92 **Exécution provisoire.** Il a aussi été imaginé, à l'origine, que ce texte pourrait recevoir une interprétation extensive en ce sens que l'exécution provisoire serait considérée comme interdite par la loi chaque fois que toutes les conditions prévues ne seraient pas remplies[2]. Une telle interprétation aurait présenté l'avantage de fonder un contrôle normal de légalité portant sur toutes les conditions requises, c'est-à-dire non seulement sur les cas d'interdiction mais aussi sur la compatibilité avec la nature de l'affaire et la nécessité. Mais elle est contraire tant à la lettre du texte qu'à son esprit.

D'une part, l'article 524, 1°, reprend très précisément les termes de l'article 515 qui, fixant les conditions de l'exécution provisoire judiciaire, écarte les cas où elle « *est interdite par la loi* » et pose, par ailleurs, les deux autres conditions : la compatibilité avec la nature de l'affaire et la nécessité (v. s[s] n°s 431.101 s.). L'expression reprise par l'article 524, 1°, reçoit donc une signification très précise qui se distingue tant de la compatibilité que de la nécessité. D'autre part, toute l'évolution historique de l'exécution provisoire est clairement marquée par la volonté du législateur de réduire le jeu de l'effet suspensif des voies de recours par l'extension du champ de l'exécution provisoire et corrélativement la restriction des moyens d'intervention du juge d'appel. Aussi les premiers présidents s'en tiennent-ils, en général, à l'interprétation restrictive consacrée désormais expressément par la Cour de cassation[3]. Mais, du coup, ils tentent d'étendre leurs pouvoirs plutôt en s'appuyant sur la notion de conséquences manifestement excessives.

2°
Conséquences manifestement excessives

432.100 **Plan.** Il ne fait pas de doute que ce texte ouvre au juge, le pouvoir de contrôler l'**opportunité** de l'exécution provisoire ordonnée en première instance[4]. Mais ce contrôle est particulièrement limité par les textes (a), ce qui a conduit la jurisprudence à persister dans des tentatives d'extension de ses pouvoirs d'intervention (b).

a)
Limitation textuelle du contrôle

432.101 **Notion.** La limitation résultant de l'article 524, 2°, est double. Elle porte d'abord sur l'**objet** du contrôle qui est expressément limité aux seules conséquences de l'exécution provisoire, c'est-à-dire de l'exécution anticipée d'une décision qui est encore susceptible de rétractation ou de réformation. Elle porte par ailleurs sur les **conditions** de ce contrôle qui n'est ouvert qu'en cas de risque de conséquences manifestement excessives. La mise en œuvre de ce critère suppose donc inévitablement une **étude comparative** entre les risques normaux attachés à toute exécution provisoire et ceux exposés dans l'espèce soumise au juge (ce critère de l'excès manifeste est aussi prévu par C. civ., art. 1152, al. 2[5]). Le

1. *J.-Cl. Pr. civ.*, fasc. 519, n° 46, Miguet.
2. Lyon 18 déc. 1979, *JCP* 1980. II. 19417, note Burki – A. Cans et B. Schricke, « Le référé du premier président », *La pratique du référé dans les juridictions civiles de la région parisienne,* PUF, 1979, p. 70.
3. Civ. 2e, 12 mars 1997, n° 96-14.326, *Bull. civ.* II, n° 75; *D.* 1997. IR 113; *Gaz. Pal.* 13-14 oct. 1999. Somm. 11, obs. du Rusquec.
4. Civ. 2e, 5 janv. 1978, n° 76-14.404, *Bull. civ.* II, n° 11.
5. SUR CE POINT, v. B. Petit, « L'évidence », *RTD civ.* 1986. 485, spéc. 17 s.

risque attaché inéluctablement à toute exécution provisoire réside non point dans l'exécution elle-même qui n'offre aucune particularité, mais dans le nécessaire **anéantissement rétroactif** de cette exécution en cas de modification, totale ou partielle, du jugement.

L'excès doit donc se mesurer à la **faisabilité** de l'anéantissement rétroactif qui menace théoriquement toujours l'exécution provisoire. Tant que les circonstances de la cause permettent au juge de considérer qu'en cas de modification, l'anéantissement rétroactif ne posera aucune difficulté particulière, l'exécution provisoire ne risquera pas d'entraîner de conséquences excessives. En revanche, ces conséquences commenceront à devenir excessives dès que ce retour en arrière sera susceptible de se heurter à des difficultés de réalisation. Mais la seule perspective de telles difficultés est encore insuffisante car le critère retenu autorise précisément l'excès. Ce n'est que si celui-ci s'avère manifeste que l'arrêt de l'exécution provisoire sera possible. Tel sera le cas chaque fois que l'exécution provisoire risquera de laisser des **traces indélébiles** d'une gravité suffisante, en d'autres termes, de causer un **dommage irréparable** ou **quasi irréparable**.

432.102 Application. Par cette définition, la notion de conséquences manifestement excessives s'apparente à celle de l'**incompatibilité** avec la nature de l'affaire, mais sans pour autant s'identifier à elle. En effet, en la matière, l'appréciation requise doit obligatoirement être menée ***in concreto*** en fonction des circonstances précises de l'espèce et non pas *in abstracto* comme pour l'incompatibilité (v. s^s^ n° 431.101). En conséquence, la notion de conséquences manifestement excessives, malgré son caractère éminemment restrictif, est plus large que cette condition structurelle de l'exécution provisoire. Autrement dit, toute exécution provisoire incompatible avec la nature de l'affaire risque d'entraîner des conséquences manifestement excessives, mais l'inverse n'est pas toujours vrai.

C'est sur le débiteur que repose la **charge de la preuve** des risques redoutés, lesquels sont soumis au **pouvoir souverain** d'appréciation des premiers présidents[1]. Mais une telle preuve n'est pas toujours aisée à fournir, ce qui, en fait, conduit à bien des décisions de débouté de ce seul chef[2]. Sous cette réserve importante, l'appréciation des circonstances de fait ainsi invoquées est nécessairement différente selon que la condamnation assortie de l'exécution provisoire querellée est ou non pécuniaire.

432.103 En cas de condamnation pécuniaire. Toute exécution d'une condamnation pécuniaire emporte cette double conséquence d'obliger le débiteur à se dessaisir des montants mis à sa charge et à les remettre entre les mains du créancier. Aussi le risque de conséquences manifestement excessives peut-il s'apprécier soit dans la situation du débiteur, par hypothèse demandeur à l'arrêt de l'exécution provisoire, soit dans celle du créancier.

432.104 Au regard de la situation du débiteur. Il faut que l'obligation de paiement qui lui incombe risque de laisser, en cas d'infirmation ou de rétractation, des traces indélébiles d'une gravité telle qu'elle dépasse très largement les risques normaux attachés à toute exécution provisoire. Pour ce faire, il faut que le paiement risque de rompre gravement, et de manière quasiment irréversible, l'équilibre financier du débiteur qui risquera alors de subir un préjudice d'une « *exceptionnelle dureté* »[3]. À cet égard, l'exemple le plus caractéristique est celui du risque de **dépôt de bilan** unanimement admis tant en doctrine[4] qu'en jurisprudence, même si cette terminologie précise n'est pas toujours employée[5]. Moins sévèrement parfois, la jurisprudence se contente de la seule considération de la **précarité** de la situation financière du débiteur que l'exécution provisoire risquerait de créer[6], ou d'aggraver substantiellement[7], en raison essentiellement de l'importance de la condamnation prononcée et alors qu'aucun risque de dépôt de bilan ne serait même invoqué. La précarité financière sera d'autant plus facilement admise qu'elle risque de menacer directement l'emploi. Mais la situation financière du débiteur reste indifférente lorsqu'il est garanti par un tiers, telle une compagnie d'assurance[8].

La charge de la preuve pèse toujours sur le débiteur qui pourra établir les risques redoutés par **tous moyens.** Mais il devra faire preuve pour le moins de

1. V. NOT., Civ. 2e, 11 juill. 1977, n° 76-14.094, *Bull. civ.* II, n° 184 – Civ. 2e, 29 mai 1991, n° 89-22.002, *Bull. civ.* II, n° 169 – Civ. 2e, 5 juin 1996, n° 94-12.803, *Bull. civ.* II, n° 139; *D.* 1996. 351, obs. Julien; *Gaz. Pal.* 1997. Somm. 205, obs. Croze et Morel – Civ. 2e, 5 févr. 1997, n° 94-21.070, *Bull. civ.* II, n° 36 – Soc. 11 déc. 1990, n° 86-45.377, *Bull. civ.* V, n° 641.
2. Civ. 2e, 18 avr. 1980, n° 79-10.079, NP; *Gaz. Pal.* 1980. 490, note Viatte – Nancy, 6 oct. 1983, *D.* 1984. 232 – Versailles, 29 mars 1989, RG n° 86/89, *Gaz. Pal.* 1989. Somm. 422 – Soc. 11 déc. 1990, n° 86-45.377, préc. s^s^ prés^t^ n°.
3. P. Bertin, « Le grand Noël du procédurier », *Gaz. Pal.* 1976. Doctr. 313, n° 118.
4. A. Bénabent, « Le rapport rénové de la Cour de cassation pour 1990 », *D.* 1991. Chron. 175, n° 9 – P. Bertin, « Le grand Noël du procédurier », préc. s^s^ n° 432.104 – C. Loyer-Larher, « La réforme de l'exécution provisoire », *Gaz. Pal.* 1976. Doctr. 587, spéc. 592.
5. Douai, 28 mai 1976, *JCP* 1976. IV. 6648, note J. A.; *Gaz. Pal.* 1977. Somm. 56 – Paris, 19 mai 1982, *RTD civ.* 1982. 660, obs. Perrot – Colmar, 25 janv. 2007, RG n° 1U218/2006, *Rec. jur. de l'Est* 2007. 86.
6. Pau, 7 févr. 1986, *JCP* 1986. II. 20710, note Henderycksen.
7. Soc. 4 janv. 1979, n° 76-15.020, *Bull. civ.* V, n° 6; *Gaz. Pal.* 1979. Pan. 231.
8. Civ. 2e, 3 mars 1983, n° 81-13.693, *Bull. civ.* II, n° 66.

cohérence. Ainsi il ne saurait à la fois prétendre que l'exécution provisoire risquerait de compromettre gravement sa situation financière et offrir la consignation des causes de la condamnation [1]. En réalité, la consignation est l'un des moyens pour se prémunir contre la situation du créancier.

432.105 Au regard de la situation du créancier. Le **risque d'insolvabilité** est unanimement admis comme constituant un risque de conséquences manifestement excessives en doctrine [2], comme en jurisprudence [3]. Il est certainement établi si le créancier est en liquidation judiciaire [4]. Mais à défaut, il n'est pas aisé à apprécier ce d'autant qu'il suppose en principe une projection sur l'avenir, en fonction des éléments connus au jour où le juge statue. En général, la jurisprudence se fonde sur un faisceau d'indices convergents, tels l'absence de revenus, à tout le moins de revenus réguliers [5], combiné souvent avec l'inexistence de tout patrimoine mobilier ou immobilier [6]. À l'inverse, la présence d'une maison d'habitation non grevée d'hypothèque ou l'absence de tout incident bancaire pendant des années [7], s'opposent au risque invoqué.

Mais la principale difficulté réside ici dans la **charge de la preuve** qui pèse sur le débiteur. En effet, il n'est pas très aisé d'établir la situation financière d'autrui car l'essentiel des éléments patrimoniaux ne fait l'objet d'aucune publicité. Aussi, conscientes de cette difficulté, certaines juridictions n'hésitent-elles pas parfois à renverser la charge de la preuve [8]. Un auteur propose même de généraliser cette situation sur le fondement de l'article 10 du Code civil [9].

1. Civ. 2e, 18 avr. 1980, nº 79-10.079, NP; *Gaz. Pal.* 1980. 490, note Viatte.
2. A. Bénabent, « Le rapport rénové de la Cour de cassation pour 1990 », *D.* 1991. Chron. 175, nº 9 – P. Bertin, « Le grand Noël du procédurier », *Gaz. Pal.* 1976. Doctr. 313, nº 118 – A. Blaisse, « Arrêt et aménagement de l'exécution provisoire par le premier président », *JCP* 1985. I. 3183 – C. Loyer-Larher, « La réforme de l'exécution provisoire », *Gaz. Pal.* 1976. Doctr. 587, spéc. 592; *Gaz. Pal.* 1992. Doctr. 151, spéc. 153.
3. Aix-en-Provence, 18 oct. 1976, *Gaz. Pal.* 1977. Somm. 132 – Aix-en-Provence, 23 nov. 1981, *Gaz. Pal.* 1983. Somm. 124 – Rennes, 7 juill. 1977, *Gaz. Pal.* 1978. 149, note Loyer-Larher – Nîmes, 23 août 1977, *D.* 1978. IR 422, obs. Vasseur – Colmar, 19 janv. 2007, RG nº 1U207/2006, *Rec. jur. de l'Est* 2007. 84.
4. Rennes, 19 mars 1991, *JCP* 1992. II. 21786, note du Rusquec.
5. V. C. Loyer-Larher, *Gaz. Pal.* 1982. Doctr. 151, spéc. 153, préc. ss prést nº.
6. A. Cans et B. Schricke, « Le référé du premier président », *La pratique du référé dans les juridictions civiles de la région parisienne,* PUF, 1979, p. 72 [et les ord. parisiennes citées du 2 févr. 1977].
7. Rennes, 7 juill. 1977, *Gaz. Pal.* 1978. 149, note Loyer-Larher.
8. Versailles, 27 juill. 1978, *Gaz. Pal.* 1979. 206.
9. H. Vray, « L'arrêt de l'exécution provisoire par le premier président – Ses limites – Portée pratique de l'arrêt de l'Assemblée plénière du 20 nov. 1990 », *JCP* 1992. I. 3606.

Quoi qu'il en soit le premier président apprécie souverainement les éléments de preuve qui lui sont soumis tout comme les conséquences qu'il y a lieu d'en tirer. Ainsi, il peut considérer que l'incapacité de remboursement du créancier n'est que partielle et limiter l'exécution provisoire à un certain montant, plutôt que de l'arrêter purement et simplement [10]. Mais la Cour de cassation se montre exigeante sur le terrain de la **motivation** qui doit être **circonstanciée,** le premier président ne pouvant se contenter d'affirmer que le paiement opéré en vertu de l'exécution provisoire ne pourra que « *très difficilement être récupéré en cas d'infirmation du jugement* » [11].

432.106 En cas de condamnation non pécuniaire. Le risque de conséquences manifestement excessives ne se définit pas différemment, il s'agit toujours d'un risque apprécié par rapport à la possibilité d'un éventuel anéantissement rétroactif, et suppose dans cette perspective, le danger d'un préjudice irréparable ou d'une situation irréversible. Le plus souvent le juge appréciera ce risque en se fondant sur la **situation personnelle** du débiteur. Ainsi ce risque a été retenu pour l'expulsion d'un locataire malade dont il était établi médicalement que l'exécution d'une telle mesure pourrait provoquer « *une évolution fatale de la maladie* » [12]. Mais il s'agit à chaque fois d'une question d'espèce, toute exécution provisoire attachée à une décision d'expulsion n'entraînant pas automatiquement un risque de conséquences manifestement excessives [13]. Plus objectivement, une décision récente a retenu ce risque en présence d'une expertise qui aurait permis à l'une des parties de prendre connaissance d'informations confidentielles concernant l'autre [14].

Dans d'autres domaines, c'est même la **situation d'un tiers,** directement intéressé par la mesure assortie de l'exécution provisoire, qui sera prise en considération. C'est le cas des enfants dans les litiges opposant leurs parents sur l'exercice de l'autorité parentale [15].

10. Civ. 2e, 6 déc. 2007, nº 06-19.134, *Bull. civ.* II, nº 262; *D.* 2008. 648, chron. Sommer et Nicoletis; *RTD civ.* 2008. 158, obs. Perrot.
11. Civ. 2e, 10 sept. 2009, nº 08-18.683, NP; *Procédures* 2009. Comm. 350, obs. Perrot.
12. Paris, 6 avr. 1977, cité par A. Cans et B. Schricke, « Le référé du premier président », *La pratique du référé dans les juridictions civiles de la région parisienne,* PUF, 1979, p. 75 – MÊME SENS, mais par une APPRÉCIATION PLUS EXTENSIVE, Versailles, 4 déc. 1992, *Gaz. Pal.* 1993. Somm. 192.
13. V. PAR EX., Versailles, 7 nov. 1979, *Gaz. Pal.* 1980. Somm. 603.
14. Paris, 3 mars 1994, RG nº 144/94, *Gaz. Pal.* 1994. Somm. 351.
15. Pour un exemple où le risque invoqué a été rejeté, Civ. 2e, 19 janv. 1983, NP; *Gaz. Pal.* 1983. Pan. 175, note Guinchard – EN SENS CONTRAIRE, dans des circonstances de fait différentes, Paris, 21 févr. 1983, *Bull. ch. avoués* 1983. 93.

Enfin, si l'exécution provisoire attachée à des condamnations pécuniaires n'est jamais incompatible avec la nature de l'affaire, telle n'est pas toujours le cas de celle assortissant des condamnations non pécuniaires. Aussi en pareille hypothèse, le risque analysé peut-il parfaitement résulter de l'**incompatibilité** de l'exécution provisoire avec la nature de l'affaire, c'est-à-dire d'une appréciation *in abstracto* du risque d'un dommage irréparable ou d'une situation irréversible. Or il est bien évident qu'un tel risque attaché objectivement à la seule nature de l'affaire, existe *a fortiori* en toutes circonstances, quelle que soit la situation respective des parties. En conséquence, si le juge retient l'incompatibilité avec la nature de l'affaire *a fortiori* caractérise-t-il un risque de conséquences manifestement excessives et inversement, s'il écarte la possibilité d'un tel risque, il admet implicitement mais nécessairement la compatibilité requise[1].

b)
Extensions jurisprudentielles

432.111 **Contrôle de la compatibilité.** Bien que le contrôle de la compatibilité avec la nature de l'affaire ne soit expressément prévu, ni au 1°, ni au 2°, de l'article 524 C. pr. civ., la jurisprudence n'a jamais cessé de contrôler cette condition de l'exécution provisoire. Le meilleur exemple en est fourni par l'importante divergence de jurisprudence qui était née à ce sujet, après 1975, en matière de prestation compensatoire (v. s[s] n° 431.103). Mais en général, les décisions ainsi rendues ne se prononçaient pas sur le fondement juridique de ce contrôle. Ce n'est finalement que par l'arrêt susvisé du 10 mars 1982 (v. s[s] n° 432.106) que la Cour de cassation a admis implicitement mais nécessairement d'inclure ce contrôle dans la notion de conséquences manifestement excessives. Pour les raisons déjà exposées (v. s[s] n° 432.106), cette analyse ne peut qu'être approuvée.

432.112 **Autres contrôles.** En revanche, toutes les autres tentatives d'extension menées en jurisprudence, qu'elles visent la décision d'exécution provisoire (α) ou la décision exécutoire par provision (β) sont vouées à l'échec.

α.
Au regard de la décision d'exécution provisoire

432.121 **Nécessité.** La doctrine unanime[2] considère que la nécessité doit échapper à tout contrôle du premier président. De même, sous réserve de décisions marginales et de surcroît anciennes[3], la jurisprudence s'est bien gardée de tout contrôle direct de la nécessité appréciée par les premiers juges[4].

Mais il arrive parfois que certaines décisions appréhendent indirectement cette condition en se livrant à une appréciation comparative de la notion de conséquences manifestement excessives. Concrètement la nécessité est alors appréciée par rapport aux besoins du créancier et aux inconvénients qu'engendre l'exécution provisoire pour le débiteur : si la balance penche en faveur de ce dernier la mesure critiquée est arrêtée au motif qu'elle risquerait d'entraîner des conséquences manifestement excessives[5]; dans le cas contraire, elle est maintenue[6]. Cette jurisprudence demeure néanmoins marginale.

432.122 **Motivation.** Sans se prononcer, même indirectement, sur la nécessité, une jurisprudence, plus abondante, à l'origine du moins, exigeait la motivation de ce chef et acceptait donc d'arrêter l'exécution provisoire à défaut[7]. Mais ce courant jurisprudentiel s'est aujourd'hui tari, le refus de sanctionner le défaut de motivation prévalant largement, voire exclusivement[8].

C'est que ces décisions étaient difficilement justifiables au regard du régime actuel de l'exécution provisoire. Certes elles invoquaient généralement l'obligation générale de motivation prévue à l'article 455 C. pr. civ. Mais à supposer même cette disposition applicable en la matière, elle ne saurait fonder un tel contrôle. En effet, la juridiction du premier président étant d'exception, ses pouvoirs ne sauraient être étendus au-delà des prévisions des textes qui la régissent. Or, l'article 524, 1°, n'autorise aucun contrôle général de légalité (v. s[s] n° 432.92). Quant à l'article 524,

1. Civ. 2e, 10 mars 1982, n° 80-16.853, *Bull. civ.* II, n° 41.
2. F. Ferrand, « L'exécution provisoire des décisions rendues par les juridictions civiles en France et en République fédérale d'Allemagne », *Gaz. Pal.* 1987. Doctr. 370 – P. Gerbay, « Réflexions sur la juridiction du premier président de la cour d'appel », *D.* 1980. Chron. 65 – C. Loyer-Larher, *Gaz. Pal.* 1976. Doctr. 587, spéc. 591.
3. V. PAR EX., Aix-en-Provence, 3 mai 1976, *Gaz. Pal.* 1977. Somm. 132.
4. V. NOT., Colmar, 9 oct. 1978, *D.* 1978. 136 – Versailles, 12 et 19 déc. 1979, *Gaz. Pal.* 1980. Somm. 603 – Versailles, 28 févr. 1989, *Gaz. Pal.* 1990. Somm. 586.
5. Bordeaux, 28 avr. 1982, *Gaz. Pal.* 1982. 336, note du Rusquec; *RTD civ.* 1982. 660, obs. Perrot.
6. Paris, 8 mars 1977, cité par A. Cans et B. Schricke, « Le référé du premier président », dans *La pratique du référé dans les juridictions civiles de la région parisienne,* PUF, 1979, p. 74.
7. Colmar, 24 févr. 1978, 30 mars 1978 et 8 mai 1978, *Rec. jur. de l'Est* 1978. 89 s. – Colmar, 7 mars 1979 et 19 mars 1979, *Rev. jur. Alsace-Lorraine* 1979. 85 s. – Colmar, 26 mars 1979, *Rec. jur. de l'Est* 1979. 165 – Colmar, 14 août 1979, *Rev. jur. Alsace-Lorraine* 1979. 155 [mais depuis, cette juridiction, comme beaucoup d'autres, a abandonné ce contrôle] – Rennes, 24 févr. 1984, *RTD civ.* 1984. 556, obs. Perrot – Rennes, 22 avr. 1986, *JCP* 1987. II. 20820, note Cadiet – Douai, 5 avr. 1984, 10 mai 1984 et 11 juin 1984, *RTD civ.* 1984. 774, obs. Perrot – Paris, 5 août 1988, *Bull. ch. avoués* 1988. 158.
8. V. PAR EX., Chambéry, ord. 1er prés., 6 févr. 1996, *Gaz. Pal.* 1996. Somm. 357, note Vray.

2°, il est vrai que certaines décisions l'ont parfois invoqué en jugeant que « *la mise en œuvre d'une disposition apparemment annulable comme étant totalement privée de motifs ne peut qu'entraîner des conséquences manifestement excessives* » (par ex. les décisions colmariennes susvisées). Mais ce critère purement juridique de la notion de conséquences manifestement excessives vient d'être condamné par la Cour de cassation à propos des extensions jurisprudentielles, plus persistantes, tentées en direction d'un contrôle de la décision exécutoire par provision elle-même.

β.
Au regard de la décision exécutoire par provision

432.131 **Premiers présidents.** Ils sont divisés. Dans leur majorité, il semble qu'ils refusent d'apprécier le fond de l'affaire et écartent donc tout moyen tiré de l'irrégularité ou du mal-fondé de la décision assortie de l'exécution provisoire. Pour autant, il apparaît souvent à l'analyste, et plus encore au praticien, que les ordonnances rendues en la matière sont difficilement détachables du fond dont au contraire l'omniprésence dans le processus décisionnel est parfois patente. Ainsi il arrive que l'**appréciation inavouée** de la décision exécutoire par provision oriente la conviction du juge sur l'appréciation des conséquences manifestement excessives invoquées, sans que celles-ci ne soient expressément et directement liées au risque d'infirmation ou d'annulation redouté[1].

Mais d'autres juridictions, moins nombreuses, franchissent directement le pas en faisant de la considération de la décision exécutoire par provision, une cause directe d'arrêt de l'exécution provisoire. Le plus souvent elles se fondent sur une **violation flagrante et grave de la loi**, telles que des irrégularités tenant : à la composition de la juridiction (à propos de jugements rendus par un auditeur de justice[2]); à l'absence ou l'insuffisance de la motivation[3] ou plus généralement à la violation des droits de défense[4]. Cependant certaines décisions vont encore plus loin en faisant de la seule appréciation des **chances de succès** de la voie de recours exercée, indépendamment de toute violation flagrante de la loi, le critère de l'arrêt de l'exécution provisoire[5].

En général, ces décisions se fondent sur l'article 524, 2°, C. pr. civ., en retenant que l'exécution provisoire d'une décision qui comporte une irrégularité flagrante, voire dont les risques d'infirmation sont importants, entraînerait nécessairement des conséquences manifestement excessives. Ce **critère dit juridique**[6] du risque de conséquences manifestement excessives revient à réduire cette notion à l'une de ses composantes de base, sans laquelle elle n'existerait pas, en méconnaissant sa dimension réelle qui est exclusivement **économique** : la question posée est seulement celle de savoir si l'infirmation ou l'annulation, potentiellement inscrite dans l'exercice de la voie de recours, pourra se traduire sans risque majeur par l'anéantissement de l'exécution antérieurement poursuivie. À cet égard, il est clair que ce n'est pas parce que l'infirmation est plus ou moins probable que ce risque de conséquences manifestement excessives sera plus ou moins grand.

432.132 **Cour de cassation.** À l'origine, la Cour de cassation a semblé approuver cette jurisprudence incluant la considération du fond dans l'appréciation des conséquences manifestement excessives invoquées[7].

Mais, par la suite, elle l'a clairement condamnée, d'abord implicitement[8] puis explicitement[9]. Quelques années plus tard, l'assemblée plénière (tranchant principalement la divergence qui opposait les chambres de la Cour sur la question de la recevabilité immédiate du pourvoi en cassation contre les ordonnances des premiers présidents rendues en la matière, v. s[s] n° 432.43), s'est à son tour clairement prononcée en faveur du seul **critère économique** de la notion de conséquences manifestement excessives, en jugeant qu'elles devaient s'apprécier au regard des « *facultés* [du débiteur] *ou des facultés de remboursement* [du créancier] »[10].

Depuis la Cour de cassation a encore eu l'occasion, à maintes reprises, de rappeler cette solution, en confirmant les premiers juges d'avoir refusé de prendre en considération des moyens critiquant la déci-

1. A. Cans et B. Schricke, « Le référé du premier président », *La pratique du référé dans les juridictions civiles de la région parisienne,* PUF, 1979, p. 76 – Ph. Hoonakker, th. préc. s[s] n° 43.05, n°s 694 s. – C. Loyer-Larher, *Gaz. Pal.* 1982. Doctr. 151, spéc. 153 et 154.
2. Paris, 1er juin 1979, *Gaz. Pal.* 1979. 357 – Pau, 7 févr. 1986, 2e esp., *JCP* 1986. II. 20710, note Henderycksen.
3. Saint-Denis de La Réunion, 12 juin 1990, *Gaz. Pal.* 1991. Somm. 61.
4. Paris, 4 oct. 1976, *D.* 1977. 28, note Bettinger; *RTD civ.* 1977. 191, obs. Perrot – Lyon, 25 nov. 1980, *JCP* 1981. II. 19704, note J. A. – Saint-Denis de La Réunion, 4 oct. 1988, *Gaz. Pal.* 1989. Somm. 421 – Saint-Denis de La Réunion, 31 mars 1989, *Gaz. Pal.* 1990. Somm. 450.
5. Aix-en-Provence, 26 avr. 1976 et 18 oct. 1976, *Gaz. Pal.* 1977. Somm. 132 – Aix-en-Provence, 18 déc. 1986 [cour en formation collégiale saisie sur renvoi du premier président], *Gaz. Pal.* 1987. 523 – Toulouse, 3 juill. 1981, *Gaz. Pal.* 1982. 90; *RTD civ.* 1982. 660, obs. Perrot.
6. Y. Lobin, « L'exécution provisoire », *Gaz. Pal.* 14-15 sept. 1984, p. 11.
7. Civ. 2e, 16 janv. 1980, *Gaz. Pal.* 1980. Somm. 240; *RTD civ.* 1980. 813, obs. Perrot.
8. Civ. 2e, 3 mars 1983, n° 81-13.693, *Bull. civ.* II, n° 66 – Civ. 3e, 25 oct. 1983, n° 81-15.680, *Bull. civ.* III, n° 199.
9. Civ. 3e, 4 nov. 1987, n° 86-13.189, *Bull. civ.* III, n° 179.
10. Cass., ass. plén., 2 nov. 1990, n° 90-12.698, *Bull. ass. plén.*, n° 11; *D.* 1990. IR 275; *RTD civ.* 1991. 169-173, obs. Perrot; *JCP* 1991. II. 21631, concl. Monnet, note Estoup; *Gaz. Pal.* 1991. Pan. 3 – depuis lors, Com. 23 juin 1998, n° 96-12.632, *Bull. civ.* IV, n° 205; *D.* 1999. Somm. 71, obs. Honorat.

2°
Régimes dérogatoires

432.171 Matières autres que les procédures collectives. Le juge aux affaires familiales (JAF) statuant sur une demande de mesures de **protection des victimes de violences** peut décider d'écarter l'exécution provisoire de droit attachée à son ordonnance (C. pr. civ., art. 1136-7). Il en va de même depuis le décret n° 2011-1043 du 1er septembre 2011 pour le juge qui rend une ordonnance **comme en matière de référé** ou **en la forme des référés** (C. pr. civ., art. 492-1). Comme aucune condition n'est posée, il faut admettre que ces juges disposent d'un pouvoir discrétionnaire pour ce faire. En tout cas, ce sont les seules hypothèses où un juge peut décider lui-même d'écarter l'exécution provisoire que la loi attache à sa décision. Dans tous les autres cas, ce pouvoir est réservé au premier président, en cas d'appel et aux conditions fixées.

Ainsi, l'article R. 202-5 du Livre des procédures fiscales prévoit expressément que l'exécution provisoire de droit totale prescrite en faveur des jugements rendus par le tribunal de grande instance en matière fiscale (v. ss n° 431.33), « *peut toutefois être arrêtée, si elle risque d'entraîner des conséquences manifestement excessives* ». En cas d'appel, le débiteur condamné peut donc saisir le premier président pour solliciter l'arrêt de l'exécution provisoire de droit attachée au jugement déféré à la cour dans les mêmes conditions que s'il s'agissait d'une exécution provisoire prononcée par les premiers juges.

De la même manière, l'article 64 de la loi du 29 juillet 1881, restauré par l'article 95 de la loi n° 2000-516 du 15 juin 2000[1], donne compétence au premier président, statuant en référé, pour arrêter, en cas d'appel, l'exécution provisoire de droit attachée aux ordonnances de référé qui prescrivent des mesures limitant de quelque manière que ce soit la diffusion de l'information. Si dans ces deux hypothèses, l'exécution provisoire de droit peut ainsi être arrêtée aux mêmes conditions que l'exécution provisoire judiciaire, des conditions spécifiques ont été prévues pour arrêter exceptionnellement l'exécution provisoire légale attachée à certaines décisions rendues en matière de procédures collectives.

432.172 Procédures collectives. L'article R. 661-1 alinéa 3 du Code de commerce (anct Décr. n° 2005-1677, 28 déc. 2005, art. 328, al. 3) prévoit, dans sa rédaction issue du décret n° 2009-1661 du 28 décembre 2009[2], que « *le premier président de la cour d'appel, statuant en référé, ne peut arrêter l'exécution provisoire que des jugements mentionnés aux 1°, 2°, 3°, 5°, 6° et 8° du I de l'article L. 661-1, et lorsque les moyens invoqués à l'appui de l'appel apparaissent sérieux* ».

Les règles de compétence et de procédure de droit commun sont donc applicables (v. ss nos 432.20 s.). Mais alors qu'en la matière l'assemblée plénière a fini par consacrer logiquement l'autonomie de la procédure de référé devant le premier président en admettant la recevabilité immédiate du pourvoi en cassation contre ses ordonnances indépendamment de la décision au fond de la cour (v. ss n° 432.43), la chambre commerciale a déclaré irrecevable le pourvoi formé contre l'ordonnance d'un premier président ayant arrêté l'exécution provisoire de droit attachée à un jugement homologuant un plan de cession au motif que le pourvoi en cassation est impossible au fond, en vertu de l'article 175 de la loi du 25 janvier 1985 (dans sa réd. antérieure à L. 10 juin 1994 applicable à l'espèce, devenu C. com., art. L. 661-7; un pourvoi en cassation étant désormais possible de la part du ministère public), contre les arrêts accueillant ou rejetant le plan de cession d'une entreprise[3]. En revanche, la seule présentation de la demande au premier président ne produit aucun effet suspensif, conformément aux règles de droit commun, seule l'ordonnance y faisant droit pouvant restaurer l'effet suspensif de l'appel interjeté[4].

432.173 Domaine. Il est expressément limité aux seules décisions visées dont la liste a été enrichie en dernier lieu par le décret n° 2009-1661 du 28 décembre 2009. Il s'agit désormais de tous les jugements assortis de l'exécution provisoire judiciaire (sous réserve des décisions prises sur le fondement de l'article L. 662-1-1 du Code de commerce dont l'exécution provisoire judiciaire peut aussi être arrêtée lorsque l'exécution risque d'entraîner des conséquences manifestement excessives; sur ces points, v. ss n° 432.71) et de ceux exécutoires par provision de plein droit qui sont limitativement énumérés par l'article L. 661-1 du Code de commerce, savoir :

– tous les jugements d'ouverture d'une procédure collective, c'est-à-dire comme auparavant les jugements de liquidation judiciaire, mais aussi désormais les jugements de sauvegarde et de redressement judiciaire (C. com., art. L. 661-1, I, 1° et 2° [C. com., anc. art. L. 661-1, I, 1°]);

– les décisions statuant sur l'extension d'une procédure de sauvegarde, de redressement ou de liquidation judiciaire (C. com., art. L. 661-1, I, 3° [anct par

1. L. n° 2000-516, 15 juin 2000, renforçant la protection de la présomption d'innocence et les droits des victimes, *JO* 16 juin, p. 9038.
2. Décr. n° 2009-1661, 28 déc. 2009, relatif aux frais de justice en matière commerciale et aux auxiliaires de justice, *JO* 30 déc., p. 22686.
3. Com. 14 mai 1996, n° 94-19.409, *Bull. civ.* IV, n° 137; *D.* 1998. 1, obs. Derrida; *Gaz. Pal.* 25-26 sept. 1996, p. 11; *Procédures* 1997, n° 62, obs. Croze.
4. Soc. 21 sept. 2005, n° 04-40.529, *Bull. civ.* V, n° 267; *D.* 2005. 2446, obs. Lienhard; *D.* 2006. 79, obs. Le Corre et Lucas.

renvoi à C. com., art. L. 621-2, aj. par Décr. n° 2006-1709, 23 déc. 2006]);

- les décisions statuant sur le prononcé de la liquidation judiciaire au cours de la période d'observation (C. com., art. L. 661-1, I, 5° [anc^{t} par renvoi à C. com., art. L. 661-9, al. 2]);

- les décisions statuant sur l'arrêté du plan de redressement ou de sauvegarde (C. com., art. L. 661-1, I, 6° [anc^{t} par renvoi à l'art. L. 661-9, al. 2, qui visait plus précisément l'arrêté ou le rejet] – en revanche, le plan de cession n'est concerné qu'en cas d'appel du ministère public où l'exécution provisoire est alors arrêtée de plein droit; sur ce point, v. ci-après);

- les décisions statuant sur la résolution du plan de sauvegarde ou de redressement (C. com., art. L. 661-1, I, 8°; consécration de la jurisprudence rendue antérieurement dans le silence de l'article R. 661-1, al. 3 [1]).

Après l'entrée en vigueur du décret n° 2004-836 du 20 août 2004, une difficulté était apparue dans la mesure où il avait ouvert la possibilité d'arrêter toute exécution provisoire de droit, sans distinction, aux conditions restrictives fixées. En conséquence l'exécution provisoire de droit attachée à toutes les autres décisions rendues en matière de redressement et de liquidation judiciaires pouvait être arrêtée en vertu de ces règles de droit commun, ce que le législateur n'avait vraisemblablement pas voulu. Cette bévue a été corrigée par l'article 328 alinéa 3 du décret du 28 décembre 2005, devenu l'article R. 661-1 alinéa 3 du Code de commerce, qui prévoit désormais que c'est « *par dérogation à l'article 524* C. pr. civ. », que des cas et conditions d'arrêt de l'exécution provisoire de droit sont institués en la matière. Il ne fait donc plus aucun doute que l'exécution provisoire de droit ne peut être arrêtée judiciairement par le premier président statuant en référé que lorsque les moyens invoqués à l'appui de l'appel apparaissent sérieux et exclusivement pour les décisions limitativement énumérées par ce texte. Ainsi, pour toutes les décisions non énumérées à l'article R. 661-1 du Code de commerce, l'exécution provisoire de droit ne peut être arrêtée sur quelque fondement que ce soit (voir à propos d'un jugement du tribunal de la procédure collective ayant déclaré parfaite la vente de biens immobiliers autorisée de gré à gré par une ordonnance devenue définitive rendue à la suite de la liquidation judiciaire par le juge commissaire et que l'acquéreur a refusé de réitérer en la forme authentique [2]).

Mais il faut ajouter les décisions dont l'exécution provisoire est arrêtée de plein droit, comme conséquence de l'**effet suspensif attaché à l'appel du ministère public**. Il s'agit d'une innovation qu'avait introduite la loi n° 94-475 du 10 juin 1994 [3] et qui a été maintenue et même étendue par la loi n° 2005-845 du 26 juillet 2005. Ces décisions sont celles citées aux articles L. 661-1 du Code de commerce, à l'exception des jugements statuant sur l'ouverture de la procédure de sauvegarde ou de redressement judiciaire, L. 661-6 et L. 661-11 du Code de commerce. Sont donc concernés les jugements ou ordonnances :

- statuant sur l'ouverture de la liquidation judiciaire, soit *ab initio* (C. com., art. L. 661-1, I, 1°), soit en cours de période d'observation (C. com., art. L. 661-1, I, 5°);

- statuant sur l'extension d'une procédure collective (C. com., art. L. 661-1, I, 3°);

- statuant sur la conversion d'une sauvegarde en redressement judiciaire (C. com., art. L. 661-1, I, 4°);

- statuant sur l'arrêté, la modification ou la résolution d'un plan de redressement ou de sauvegarde (C. com., art. L. 661-1, I, 6° à 8°);

- relatifs à la nomination ou au remplacement d'un organe de la procédure collective (C. com., art. L. 661-6, I, 1°; un auteur considère qu'il faut excepter les jugements ouvrant une procédure de sauvegarde ou de redressement judiciaire, car l'effet non-suspensif de l'appel du ministère public devrait s'étendre à tous ses chefs, y compris ceux portant nomination des organes de la procédure collective ouverte, faute de quoi celle-ci serait paralysée; l'effet suspensif de l'appel du ministère public ne jouerait donc qu'à l'égard des décisions portant nomination rendue en cours de procédure collective [4]);

- relatifs à la modification de la mission de l'administrateur (C. com., art. L. 661-6, II);

- statuant sur la durée de la période d'observation, la poursuite ou la cessation de l'activité (C. com., art. L. 661-6, I, 2°);

- arrêtant, rejetant ou modifiant un plan de cession ou statuant sur sa résolution (C. com., art. L. 661-6, III à V);

- rendus en matière de responsabilité pour insuffisance d'actif ou de faillite personnelle ou d'interdiction de gérer (C. com., art. L. 661-11); *a priori*, l'effet suspensif de l'appel du ministère public contre ces décisions peut surprendre alors qu'elles sont toutes exclues de l'exécution provisoire de droit (v. s^{s} n° 431.31); mais il se comprend dès lors qu'elles peuvent être assorties de l'exécution provisoire judiciaire (v. s^{s} n° 431.91).

1. Com. 18 sept. 2007, n° 06-20.289, *Bull. civ.* IV, n° 202; *D.* 2007. AJ 2386, obs. Lienhard; *JCP E* 2007, n° 2585, note Lebel; *Dr. et proc.* 2008. 84, obs. Le Corre.
2. Com. 1er oct. 2013, n° 12-23.999, *Bull. civ.* IV, [à paraître], *D.* 2013. 2335.
3. L. n° 94-475, 10 juin 1994, relative à la prévention et au traitement des difficultés des entreprises, *JO* 11 juin, p. 8440.
4. EN CE SENS, P.-M. Le Corre, « Le caractère suspensif de l'appel du ministère public sur la désignation d'un administrateur judiciaire », *Gaz. Pal.* 2011. 8-9 juill., p. 9.

Comme l'appel du ministère public contre toutes ces décisions est suspensif, l'article R. 661-1 alinéa 4 du Code de commerce (anc^{t} Décr. 28 déc. 2005, art. 328, al. 4) prévoit que « *l'exécution provisoire est arrêtée de plein droit à compter de cet appel* ». C'est dire que cet arrêt est légal et qu'il ne requiert donc aucune décision judiciaire et, *a fortiori*, n'est pas subordonné aux conditions posées pour les autres décisions dont l'exécution provisoire de droit peut être arrêtée par le premier président. Mais le premier président de la cour d'appel peut, sur requête du procureur général, prendre toute mesure conservatoire pour la durée de l'instance d'appel.

432.174 **Conditions.** Sous la réserve où la restauration de l'effet suspensif joue automatiquement, le premier président ne peut arrêter l'exécution provisoire de droit attachée aux décisions visées à l'article R. 661-1 alinéa 3 du Code de commerce (anc^{t} Décr. 28 déc. 2005, art. 328, al. 3) que si « *les moyens invoqués à l'appui de l'appel apparaissent sérieux* ». Mais le premier président ne peut pas soulever d'office des moyens, son appréciation est limitée à ceux qui sont « *invoqués* » (l'appelant a donc tout intérêt à déposer immédiatement des conclusions d'appel pour permettre au magistrat saisi d'en apprécier le sérieux en toute connaissance de cause[1] – pour autant, le dépôt des conclusions d'appel n'est pas une condition de recevabilité de la demande d'arrêt de l'exécution provisoire[2]). Les **moyens sérieux** ainsi requis peuvent porter tant sur la forme (a) que sur le fond (b). La jurisprudence ci-après cités a été rendu sous l'empire de la loi du 25 janvier 1985, mais les conditions étant restées inchangées, elle pourra continuer à valoir *mutatis mutandis.*

a)
Moyens de forme

432.181 **Recevabilité de l'appel.** Le premier des moyens de forme, dont ont eu à connaître les magistrats, a porté sur la question de la recevabilité de l'appel, particulièrement sensible en la matière. En vertu des règles de droit commun (v. s^{s} n°s 432.21 et 432.22), la seule existence matérielle de l'appel devrait suffire à la recevabilité de la demande soumise au premier président[3]. Mais au fond, ce magistrat devant apprécier les chances de succès de l'appel, rien ne peut l'empêcher d'écarter le sérieux des moyens invoqués si du fait de l'irrecevabilité suspectée de l'appel, il n'a aucune chance de prospérer[4].

432.182 **Autres moyens.** Par ailleurs, tout autre moyen de forme peut être invoqué et soumis à l'appréciation du premier président. Ont ainsi été retenues : la violation des règles de **compétence** territoriale[5] et des **droits de la défense** (par ex., en cas de convocation irrégulière et d'absence de comparution du débiteur[6]).

De même, peut être retenue la méconnaissance de toute **formalité substantielle spécifique** au droit des procédures collectives (par ex., en cas de prononcé immédiat de la liquidation judiciaire[7] – mais cette irrégularité avait déjà disparu sous l'empire des textes anciens, l'article L. 621-9 du Code de commerce [anc^{t} L. 25 janv. 1985, art. 11, mod. par L. n° 94-475, 10 juin 1994], ayant autorisé la liquidation judiciaire immédiate, ce que les textes actuels ont évidemment maintenu, C. com., art. L. 640-1 s. – ou encore l'absence de toute enquête ou rapport durant la période d'observation[8]).

Mais, quels que soient ces moyens de forme, il s'agit toujours de moyens de droit, familiers aux juridictions, pour l'appréciation desquels les premiers présidents n'éprouvent pas de difficultés particulières, ce qui n'est pas le cas pour les moyens de fond.

b)
Moyens de fond

432.191 **Distinction.** L'appréciation de tels moyens présente, au-delà de toute considération juridique, une dimension sociale, économique et financière déterminante, car ils tendent nécessairement à la remise en cause de la solution retenue – liquidation judiciaire ou plan de continuation ou de cession. Concrètement le premier président devra, pour apprécier le sérieux de moyens invoqués au fond, se livrer à une étude comparative délicate des différentes solutions en présence. Pour simplifier, deux cas de figure peuvent se présenter.

432.192 **Liquidation judiciaire.** En premier lieu, le jugement frappé d'appel peut avoir prononcé la liquidation judiciaire et respectivement rejeté le ou les plan(s) de continuation ou de cession dont il était parallèlement saisi. En ce cas, les moyens de fond invoqués tendront nécessairement à démontrer que cette solution expéditive aurait pu être évitée en rete-

1. Paris, 25 août 1987, RG n° 624/87, *Gaz. Pal.* 1987. 736.
2. Paris, 1er sept. 1987, RG n° 734/87, *Gaz. Pal.* 1987. 2. 735.
3. V NOT. Limoges, 2 juill. 1986, RG n° 26/86, préc. s^{s} n° 432.22; *D.* 1986. IR 380; *D.* 1987. Somm. 7, obs. Derrida.
4. Douai, 7 août 1989, SA Finald, cité par F. Derrida, P. Godé et J.-P. Sortais, *Redressement et liquidation judiciaires des entreprises,* 3e éd., Dalloz, 1991, note n° 1168 *bis* – Aix-en-Provence, 13 janv. 1994, *Gaz. Pal.* 1994. 384. 12 et 13, note Latil. – V. AUSSI, *a contrario,* Amiens, 4 juill. 1986, *D.* 1987. Somm. 7, obs. Derrida.
5. Paris, 9 déc. 1986, *Gaz. Pal.* 1987. 120, obs. Marchi.
6. Paris, 9 déc. 1986, *Gaz. Pal.* 1987. 120, obs. Marchi.
7. Paris, 14 mai 1986, RG n° M4319, *D.* 1987. Somm. 7, obs. Derrida; *Gaz. Pal.* 1986. 361 – Paris, 30 juill. 1986, RG n° 492/36, *Gaz. Pal.* 1986. 735 – Caen, 14 mars 1989, *RJ com.* 1990. 225, obs. Gallet.
8. Paris, 9 déc. 1986, préc. s^{s} prés^{t} n°.

nant le (ou l'un des) plan(s) de redressement proposé(s)[1].

432.193 Plan de continuation ou de cession. En second lieu, le jugement querellé peut avoir arrêté l'un des plans de continuation ou de cession dont le tribunal était saisi et respectivement avoir rejeté les autres. Le concours à apprécier peut donc opposer des plans de même nature ou de nature différente, ce qui dans ce dernier cas accentue encore la complexité de la tâche du premier président. Quoi qu'il en soit, l'appréciation des moyens invoqués dépendra essentiellement, en pareilles hypothèses, des objectifs sociaux ou économiques que le magistrat estime devoir privilégier[2].

432.194 Résultats d'exploitation. Mais au-delà de ces hypothèses, il apparaît souvent que les premiers présidents attachent beaucoup d'importance aux résultats d'exploitation pendant la période d'observation, l'arrêt de l'exécution provisoire de droit, qui a pour effet de la faire revivre (C. com., art. L. 661-9, al. 2 [anc[t] L. 25 janv. 1985, art. 177, al. 2])[3], étant d'autant plus facilement prononcé que celle-ci s'avère bénéficiaire[4] et inversement[5].

432.195 Conclusion. La protection du débiteur est sans doute la mieux assurée par l'arrêt de l'exécution provisoire, de droit ou judiciaire; parfois cette solution est même la seule possible. Mais pour certaines condamnations pécuniaires, elle peut aussi l'être par un simple aménagement de l'exécution provisoire.

1. PAR EX. en faveur de l'arrêt de l'exécution provisoire de droit, Paris, 16 déc. 1986, *Gaz. Pal.* 1987. Somm. 216 – Grenoble, 13 mai 1987, *Gaz. Pal.* 1987. 737 – Paris, 22 juin 1993, RG n° 566/93, *Dr. sociétés* 1993. 223 – PAR EX. EN SENS CONTRAIRE, Rennes, 7 avr. 1987 et 19 mai 1987, *RJ com.* 1987. 273, note Gallet – Lyon, 24 juill. 1987, *JCP* 1987. II. 20911, note Haehl – Angers, 17 nov. 1988, *Gaz. Pal.* 1989. Somm. 304 – Paris, 11 juin 1993, 13 juill. 1993, RG n° 743/93, et 20 juill. 1993, RG n° 726/93, *Dr. sociétés* 1993, n° 223 – Colmar, 25 janv. 2007, RG n° R1U10/2007, *Rec. jur. de l'Est* 2007. 131.
2. PAR EX. en faveur de l'arrêt de l'exécution provisoire de droit, Amiens, 4 juill. 1986, préc. s[s] n° 432.181 – Paris, 1er sept. 1987, RG n° 734/87, *Gaz. Pal.* 1987. 2. 735 – EN SENS CONTRAIRE, Limoges, 2 juill. 1986, RG n° 26/86, préc. s[s] préc. s[s] n°s 432.22 et 432.181 – Lyon, 23 sept. 1988, *D.* 1989. Somm. 13, obs. Derrida.
3. V. NOT., sur les difficultés de mise en œuvre que pose cette conséquence, F. Derrida, P. Godé et J.-P. Sortais, *Redressement et liquidation judiciaires des entreprises*, 3e éd., Dalloz, 1991, n° 295, p. 190 et 191 – P.-M. Le Corre, Dalloz action *Droit et pratique des procédures collectives*, 2012/2013, n°s 234.20 s.
4. Paris, 1er sept. 1987, RG n° 734/87, *Gaz. Pal.* 1987. 2. 735 – Paris, 22 juin 1993, RG n° 566/93, *Dr. sociétés* 1993, n° 223 – *CONTRA*, Paris, 13 juill. 1993, RG n° 743/93, préc. s[s] n° 432.193; *Dr. sociétés* 1993, n° 223.
5. Lyon, 24 juill. 1987, *JCP* 1987. II. 20911, note Haehl.

SECTION 2
AMÉNAGEMENT DE L'EXÉCUTION PROVISOIRE

432.200 Exécution provisoire judiciaire ou de droit. L'aménagement de l'exécution provisoire permet au juge d'en limiter les risques pour le débiteur en prescrivant des mesures de nature à le garantir contre l'insolvabilité éventuelle du créancier. Mais si l'aménagement de l'exécution provisoire judiciaire est largement ouverte (§ 1), celle de l'exécution provisoire de droit n'est possible qu'à titre exceptionnel (§ 2).

§ 1
Aménagement de l'exécution provisoire judiciaire

432.201 Plan. Les articles 517 à 522 C. pr. civ. prévoient, avec un luxe de détails parfois, les mesures d'aménagement possibles (A), alors que les articles 523 et 524 C. pr. civ. soulèvent bien des difficultés quant aux règles de compétence applicables (B).

A.
Mesures d'aménagement

432.210 Différents types de mesures. Les textes instituent deux types de mesures : la constitution d'une garantie à la charge du créancier (1°) et la consignation à la charge du débiteur (2°). De surcroît, une substitution de garantie peut intervenir à tout moment (3°).

1°
Constitution d'une garantie

432.211 Notion. Au lieu d'être pure et simple, l'exécution provisoire peut être subordonnée à la constitution par le créancier qui veut en bénéficier, d'une garantie dont la décision qui la prescrit fixe, selon l'article 518 C. pr. civ., la nature, l'étendue et les modalités.

432.212 Nature. Selon l'article 517 C. pr. civ., la garantie peut être tant **personnelle** que **réelle**. Les rares décisions qui prescrivent une garantie recourent, en général, au cautionnement, et plus particulièrement au cautionnement bancaire[6]. Mais la garantie prescrite pourrait aussi être réelle et consister, par exemple, comme le prévoit l'article 519 C. pr. civ., en une somme d'argent. Il s'agit alors d'une forme de consignation, à la charge du créancier lui-même, qui conditionne directement le bénéfice de l'exécution provisoire. Aussi ne faut-il pas confondre

6. V. PAR EX., Grenoble, 31 mai 1988, *JCP* 1989. II. 21272.

cette forme particulière de garantie réelle avec la consignation exposée plus loin (v. s[s] n°s 432.220 s.), offerte au débiteur pour lui permettre d'éviter que l'exécution ne soit poursuivie à son encontre.

432.213 **Étendue.** La garantie, quelle qu'elle soit, doit être suffisante « *pour répondre de toutes restitutions et réparations* » (C. pr. civ., art. 517). Le juge doit donc fixer l'étendue de la garantie, c'est-à-dire son montant, pour assurer au débiteur, en cas d'infirmation ou de rétractation, l'anéantissement rétroactif de l'exécution poursuivie aux risques et périls du créancier (v. s[s] n° 431.163). À l'inverse de l'évaluation des restitutions, fondées généralement sur le principal dû, augmenté des intérêts prévisibles, celle des réparations est beaucoup plus aléatoire : le juge devra se contenter d'une évaluation forfaitaire.

Une fois le montant de la garantie ainsi fixé, il ne se posera aucune difficulté particulière en cas de cautionnement ou de consignation par le créancier. Mais lorsque le juge prescrit une autre garantie réelle, il pourra se poser la question de l'évaluation du bien sur lequel elle doit porter et qui doit correspondre au montant fixé. Aussi l'article 520 C. pr. civ. précise-t-il que « *si la valeur de la garantie ne peut être immédiatement appréciée, le juge invite les parties à se présenter devant lui à la date qu'il fixe, avec leurs justifications* ». Il est alors statué sans recours. La décision est mentionnée sur la minute et sur les expéditions du jugement. La jurisprudence publiée ne fournit aucun exemple d'application de ce texte.

432.214 **Modalités.** Le juge fixe librement les modalités de la garantie prescrite, tels par exemple, le **délai** dans lequel elle devra être constituée ou les conditions dans lesquelles elle sera levée. Dans le cas particulier de la consignation à la charge du créancier, l'article 519 C. pr. civ. prévoit que les fonds seront déposés, en principe, à la Caisse des dépôts et consignations. Mais à la demande d'une partie, il peut aussi désigner un tiers qui sera commis à cet effet. Néanmoins si celui-ci devait refuser de recevoir les fonds, ceux-ci seraient versés de plein droit, sans nouvelle décision, à la Caisse des dépôts et consignations. Ces dispositions sont évidemment inapplicables à la consignation de l'article 521 C. pr. civ.

2°
Consignation

432.220 **Plan.** Il ne s'agit pas ici de conditionner l'exécution provisoire dont bénéficie le créancier, mais de permettre au débiteur d'éviter qu'elle soit poursuivie à son encontre. Le moyen imaginé, pour ce faire, par l'article 521 C. pr. civ., est celui de la consignation mise à la charge du débiteur, à l'exclusion de toute autre garantie (v. cep. une décision isolée qui a prescrit la constitution d'un cautionnement par le débiteur sous peine d'exécution provisoire[1]).

La consignation, qui doit être autorisée par le juge (sur le juge compétent, v. s[s] n°s 432.250 s.), est, en principe, pure et simple (a). Mais dans certains cas, elle peut être aménagée pour ne pas priver totalement le créancier du bénéfice de l'exécution provisoire (b).

a)
Consignation pure et simple

432.221 **Modalités.** Du fait de la consignation, le débiteur est autorisé à exécuter la condamnation prononcée à son encontre, entre les mains d'un tiers, auquel il devra remettre « *les espèces ou valeurs suffisantes pour garantir, en principal, intérêts et frais, le montant de la condamnation* ».

Dans le silence des textes, il appartient au juge de préciser les modalités de la consignation, et en particulier, de désigner le tiers qui devra recevoir les fonds. En pratique, il s'agit généralement d'un établissement bancaire, et plus souvent encore de la caisse de règlements pécuniaires des avocats (Carpa – de manière sans doute contestable une décision a jugé que le dépositaire pouvait être le créancier lui-même[2]). Du coup, le créancier ne pourra pas profiter immédiatement de la condamnation prononcée à son profit, mais pour le moins, il est assuré d'en bénéficier en cas de confirmation. À cet égard d'ailleurs, la consignation emporte, selon l'article 2350 du Code civil [C. civ., anc. art. 2075-1] du Code civil « *affectation spéciale et droit de préférence au sens de l'article 2333* [C. civ., anc. art. 2073] »[3] (en revanche, elle ne saurait valoir paiement du créancier[4]). Autrement dit, la consignation est moins favorable au créancier que la constitution d'une garantie, ce qui explique sans doute la limitation du domaine d'application de cette mesure.

432.222 **Domaine.** La consignation suppose d'abord l'existence d'une condamnation à l'encontre de la partie qui doit y procéder[5]. Mais doit-il s'agir obligatoirement d'une **condamnation pécuniaire** ? Sous l'empire de l'article 135, d de l'Ancien Code de procédure civile, dont la rédaction était pour le moins imprécise, la jurisprudence dominante, vivement critiquée par la doctrine, exigeait une condamnation pécuniaire[6]. Il semble cependant que cette discussion soit aujourd'hui dépassée dans la mesure où l'article 521 alinéa 1er contrairement à l'ancien article 135, d ne vise expressément que « *la partie con-*

1. Rennes, 29 oct. 1974, *D.* 1975. 190, note Cosnard.
2. Rennes, 17 oct. 1978, *Gaz. Pal.* 1979. Somm. 163.
3. Civ. 2e, 21 déc. 2006, n° 04-10.167, *Bull. civ.* II, n° 366 – V. DÉJÀ EN CE SENS, Besançon, 8 juin 1982, *Gaz. Pal.* 1984. Somm. 38.
4. Civ. 2e, 21 déc. 2006, n° 04-10.167 préc. s[s] prés[t] n°.
5. Civ. 2e, 6 oct. 1982, n° 81-12.855, *Bull. civ.* II, n° 118; *D.* 1983. IR 12; *Gaz. Pal.* 1983. Pan. 45, obs. Guinchard.
6. V. NOT. P. Raynaud, *RTD civ.* 1994. 56; *RTD civ.* 1946. 151 et 340, et les décisions citées.

damnée au paiement de sommes [...] »[1]. Mais pour autant toutes les condamnations pécuniaires n'ouvrent pas droit à consignation, ce même texte ne visant que les condamnations « *au paiement de sommes autres que des aliments, des rentes indemnitaires ou des provisions* ».

L'exclusion de la **provision**[2] a été introduite par le décret n° 81-500 du 12 mai 1981[3], dont la rédaction sur ce point a été modifiée par le décret n° 84-618 du 13 juillet 1984[4]. Elle s'applique à toute condamnation au paiement d'une provision sans distinction, c'est-à-dire tant aux décisions sur le fond qui, par exemple, accordent une provision dans l'attente du résultat d'une expertise ordonnée par ailleurs, qu'aux décisions provisoires, telles les ordonnances de référé[5] (sur l'aménagement de l'exécution provisoire de droit, v. s^s n°s 432.280 s.).

En revanche, l'article 135, d excluait déjà la consignation pour les dettes à caractère **alimentaire**. Mais aujourd'hui il n'est plus discuté que ce caractère doit s'apprécier exclusivement au regard de la nature propre de la dette et non de la situation du créancier, c'est-à-dire de son éventuelle indigence (cette question avait été très controversée sous l'empire de l'ancien Code de procédure civile[6]). À ce titre, répondent sans aucun doute au caractère requis, les sommes dues du fait de la loi ou du contrat entre parents ou alliés. Mais ce caractère est aussi reconnu de manière incontestée aux créances de salaire (les sommes dues au titre d'un plan d'épargne groupe d'une société ne revêtent pas le caractère d'une créance salariale et peuvent donc faire l'objet d'une consignation[7]), ainsi qu'aux créances assimilées, telles les indemnités de retraite[8], les indemnités dues à un représentant de commerce pour la fraction ayant la nature de salaire[9] et les indemnités de préavis[10].

Enfin, l'exclusion « *des **rentes indemnitaires*** » a été substituée à celle de la « *réparation d'un dommage causé à la personne* » que prévoyait l'article 135, d. Cette formulation nouvelle est plus large en ce qu'elle vise toute rente indemnitaire sans distinction, c'est dire qu'elle s'applique quelle que soit la nature du préjudice réparé, matériel ou moral, et quel que soit le bénéficiaire, victime ou ayants droit. Mais inversement, elle produit aussi un effet réducteur car elle ne s'applique pas à la condamnation au versement d'un capital. Il est vrai cependant que dans ce cas, la possibilité d'une consignation aménagée est ouverte.

b)
Consignation aménagée

432.231 **Portée.** L'article 521 alinéa 2 C. pr. civ. prévoit que « *en cas de condamnation au versement d'un capital en réparation d'un dommage corporel, le juge peut aussi ordonner que ce capital sera confié à un séquestre à charge d'en verser périodiquement à la victime la part que le juge détermine* ». Ce texte, qui suscite surtout la controverse en matière d'exécution provisoire de droit (v. s^s n°s 432.291 et 432.292), appelle ici les quelques observations suivantes.

La mesure envisagée n'est applicable qu'au **capital** alloué en réparation d'un **dommage corporel.** Mais il ne s'agit jamais d'une mesure obligatoire, la consignation pure et simple, non exclue en la matière par l'alinéa 1er, pouvant parfaitement être autorisée. Si le juge décide de recourir à cette mesure, il doit obligatoirement désigner le séquestre et fixer la périodicité ainsi que la part à verser au créancier. Ainsi cette mesure aboutit à une rente indemnitaire provisoire qui rejoint le cas d'exclusion de l'alinéa 1er, et qui constitue alors le minimum dont le créancier ne peut être privé.

3°
Substitution de garantie

432.241 **Domaine.** Selon l'article 522 C. pr. civ., la substitution d'une garantie équivalente à la garantie primitive est possible à tout moment. L'application de ce texte suppose d'abord l'existence d'une **garantie primitive**, c'est-à-dire antérieurement ordonnée, faute de quoi la substitution sollicitée serait sans objet[11]. À cet égard, aucune difficulté ne se pose en présence d'une garantie mise à la charge du **créancier** comme condition de l'exécution provisoire ordonnée : il peut s'agir de toute garantie, réelle ou personnelle, ce qui laisse une large place à la substitution.

Mais celle-ci est-elle aussi possible lorsque le **débiteur** a été autorisé, en application de l'article 521 alinéa 1er C. pr. civ., à consigner le montant de la condamnation pour éviter la poursuite de l'exécution provisoire ? Une réponse nuancée semble devoir s'imposer. Le débiteur lui-même nous paraît interdit de substitution, la seule mesure qui lui est ouverte est

1. V. CEP., EN SENS CONTRAIRE, *J.-Cl. Pr. civ.*, fasc. 518, n° 39, Miguet.
2. V. P. Bertin, « La dernière toilette du Code de procédure civile », *Gaz. Pal.* 1981. Doctr. 389, n° 14; et « Toilette d'été du Nouveau Code de procédure civile », *Gaz. Pal.* 1984. Doctr. 436.
3. Décr. n° 81-500, 12 mai 1981, instituant les dispositions des livres III et IV du Nouveau Code de procédure civile et modifiant certaines dispositions de ce code, *JO* 14 mai, p. 1380.
4. Décr. n° 84-618, 13 juill. 1984, modifiant certaines dispositions de procédure civile et d'organisation judiciaire, *JO* 18 juill., p. 2311.
5. Dijon, 27 mai 1982, *Gaz. Pal.* 1981. 566, obs. Viatte – Metz, 27 févr. 1986, *Rec. jur. de l'Est* 1986. 98.
6. V. *J.-Cl. Pr. civ.*, fasc. 518, n° 42, Miguet, et les décisions citées.
7. Civ. 2e, 17 nov. 2011, n° 10-24.833, *Bull. civ.* II, n° 215.
8. Aix-en-Provence, 3 mai 1976, *Gaz. Pal.* 1977. Somm. 132.
9. Paris, 22 oct. 1957, *Gaz. Pal.* 1958. 47.
10. TGI Laval, 13 mars 1964, *D.* 1964. 392 – Reims, 25 août 1977, *D.* 1978. IR 279 – Soc. 11 déc. 1990, n° 86-45.377, *Bull. civ.* V, n° 641.
11. Metz, 27 févr. 1986, *Rec. jur. de l'Est* 1986. 98.

celle de la consignation, simple ou aménagée (v. s[s] n°s 432.220 à 432.231); la substitution pour ce qui le concerne est donc sans objet, sauf à lui ouvrir le bénéfice de garanties qu'aucun texte ne prévoit[1]. Mais la consignation à la charge du débiteur étant aussi une garantie pour le créancier, celui-ci devrait pouvoir obtenir la substitution, à la consignation opérée par le débiteur, d'une garantie équivalente qu'il devra fournir.

432.242 **Condition.** La substitution n'est possible qu'au profit d'une **garantie équivalente**. La seule décision publiée sur ce point s'est montrée particulièrement sévère en refusant de considérer un cautionnement bancaire comme une garantie équivalente à la consignation[2]. Cette solution est sans doute trop restrictive compte tenu de la fiabilité qu'offre, en général, un cautionnement bancaire. Mais il est vrai que dans l'espèce soumise à cette juridiction, la solution finalement retenue aurait pu se justifier autrement puisque c'est le débiteur qui demandait l'autorisation de substituer une caution bancaire, à la consignation antérieurement ordonnée en vertu de l'article 521 alinéa 1er C. pr. civ.

L'article 522 C. pr. civ. ne pose aucune autre condition, et notamment n'exige nullement l'intervention d'un fait nouveau depuis le prononcé de la garantie primitive[3]. Reste à déterminer le juge compétent pour autoriser la substitution, et plus généralement l'aménagement de l'exécution provisoire, questions bien plus délicates compte tenu de l'imprécision des textes.

B.
Règles de compétence

432.250 **Au moment de la décision.** La compétence appartient d'abord à la juridiction qui prononce la décision et décide de l'assortir de l'exécution provisoire. Sauf pour la consignation où l'article 521 C. pr. civ. semble exiger une demande de la partie condamnée, cette compétence devrait pouvoir s'exercer d'**office** comme l'octroi de l'exécution provisoire elle-même (v. s[s] n° 431.71), que les garanties ordonnées conditionnent, le cas échéant. Mais l'expérience montre que si les juridictions n'hésitent plus, même d'office, à prononcer l'exécution provisoire, rares sont celles qui ordonnent une mesure d'aménagement que de surcroît les parties ne sollicitent souvent pas elles-mêmes à ce stade de la procédure, de crainte sans doute d'affaiblir leur position.

Aussi la question de l'aménagement surgit-elle, en général, **postérieurement** au prononcé de la décision assortie de l'exécution provisoire. Mais il se pose alors de sérieuses difficultés de compétence qui ne sont qu'imparfaitement réglées en cas d'appel ou d'opposition (2°) et qu'aucun texte ne prévoit avant l'exercice d'une telle voie de recours (1°).

1°
Avant appel ou opposition

432.251 **Auteur de la décision.** De même que le **dessaisissement** interdit à l'auteur d'une décision judiciaire de l'assortir de l'exécution provisoire après son prononcé (v. s[s] n° 431.72), il ne saurait l'aménager lui-même avant appel ou opposition. L'on peut néanmoins se demander s'il ne serait pas autorisé, pendant cette période, compte tenu de la généralité des termes de l'article 522 C. pr. civ., à **substituer** une garantie équivalente à celle qu'il a antérieurement ordonnée, le cas échéant.

432.252 **Juge des référés ou juge de l'exécution.** Il est parfois soutenu que le juge des référés – et donc aujourd'hui le JEX – serait compétent pour autoriser, au titre des difficultés d'exécution, la consignation à la charge du débiteur[4]. Cette solution est discutable. Certes l'article 135, d de l'Ancien Code de procédure civile prévoyait expressément, en la matière, la compétence du juge des référés que la jurisprudence dominante avait, de surcroît, maintenue même en cas d'appel. Mais précisément l'article 521 C. pr. civ. n'a pas repris ce chef de compétence; il vise génériquement le juge sans le désigner. Quant à la notion de difficultés d'exécution, il semble difficile de l'étendre à la consignation qui touche directement au titre exécutoire lui-même : certes pour le débiteur, il peut s'agir d'une simple modalité d'exécution, mais le créancier est quant à lui privé incontestablement du bénéfice immédiat de la condamnation prononcée à son profit. De même que le JEX n'est pas compétent pour arrêter l'exécution provisoire (v. s[s] n° 432.62), il ne peut l'être pour l'aménager, à quelque titre que ce soit.

En tout état de cause, ces interrogations sont surtout théoriques car de deux choses l'une : ou bien, ni appel, ni opposition, n'est formé, et dans ce cas, l'exécution définitive se substitue à l'exécution provisoire qui devient sans objet; ou bien, une telle voie de recours est formée, et dans ce cas, l'aménagement prévu aux articles 517 à 522 C. pr. civ., dont l'intérêt apparaît alors avec acuité, relève de la compétence exclusive du juge d'appel ou d'opposition.

2°
En cas d'appel ou d'opposition

432.260 **Rédaction imprécise.** Les règles de compétence applicables, en la matière, sont prévues aux

1. C. Larher, note s[s] Rennes, 31 mars 1983, *Gaz. Pal.* 1984. 164 – R. Perrot, obs. *RTD civ.* 1984. 368.
2. Rennes, 31 mars 1983, *Gaz. Pal.* 1984. 164, note Larher.
3. V. POURTANT, Rennes, 31 mars 1983, *Gaz. Pal.* 1984. 164, note Larher.
4. *J.-Cl. Pr. civ.*, fasc. 518, n° 26, Miguet – V. AUSSI une décision isolée, TGI Draguignan, 6 nov. 1980, *Gaz. Pal.* 1981. Somm. 104.

articles 523 et 524 C. pr. civ. Mais leur rédaction imprécise peut prêter à confusion. En effet, pour l'application des articles 517 à 522, le première confère, en cas d'appel et sans poser de conditions particulières, une compétence exclusive au premier président, puis dès sa saisine au CME dans les cas prévus aux articles 525 et 525-1, alors que le second ne vise que le premier président et exige un risque de conséquences manifestement excessives. Pour concilier ces dispositions apparemment contraires, il faut faire application de la règle *generalia specialibus non derogant*, en constatant que l'article 524, qui ne vise que les cas où « *l'exécution provisoire a été ordonnée* », couvre un domaine d'application plus étroit. L'application combinée de ces textes conduit alors logiquement à distinguer selon que l'exécution provisoire a été (b) ou n'a pas été (a) ordonnée en première instance.

a) L'exécution provisoire n'a pas été ordonnée

432.261 En cas d'appel. L'exécution provisoire, omise ou refusée en première instance, ne peut être accordée que par le premier président, puis lorsqu'il est saisi, par le CME (C. pr. civ., art. 525 et 525-1 – V. s[s] n°s 431.81 et 431.82). De la même manière, ces formations de la cour sont alors compétentes pour aménager, conformément aux articles 517 à 522 C. pr. civ., et sans autres conditions que celles prévues par ces textes, l'exécution provisoire qu'elles peuvent ainsi ordonner (C. pr. civ., art. 523). Ultérieurement, elles pourront aussi être amenées à autoriser la substitution, en vertu de l'article 522, d'une garantie équivalente à celle qu'elles auront d'abord ordonnée. Mais en aucun cas, un CME ne saurait aménager l'exécution provisoire ordonnée en première instance[1], cette compétence appartenant exclusivement au premier président dans les conditions prévues par l'article 524 C. pr. civ. (v. s[s] n°s 432.271 et 432.272).

432.262 En cas d'opposition. L'auteur de la décision ne semblant pas disposer, dans le silence des textes, du pouvoir d'assortir la décision attaquée de l'exécution provisoire (v. s[s] n° 431.72), ne saurait *a fortiori* ordonner une mesure d'aménagement. En revanche, la compétence de l'auteur de la décision est expressément prévue, en cas d'opposition, lorsque l'exécution provisoire a été ordonnée.

b) L'exécution provisoire a été ordonnée

432.271 Premier président. Ce cas est expressément prévu par l'article 524 C. pr. civ. dont l'alinéa 1er, 2° permet au seul premier président en cas d'**appel**, s'il y a un risque de conséquences manifestement excessives, soit d'arrêter l'exécution provisoire (v. s[s] n° 432.20), soit de prendre « *les mesures prévues aux articles 517 à 522* ». Cette disposition devrait donc entraîner les deux conséquences suivantes : seul le premier président est compétent pour aménager l'exécution provisoire et pour ce faire, il doit constater un risque de conséquences manifestement excessives. Si la première conséquence n'est pas discutée, la seconde est bien plus controversée.

432.272 Conséquences manifestement excessives. Certes la majorité des juridictions présidentielles subordonnent l'aménagement de l'exécution provisoire ordonnée en première instance au constat d'un risque de conséquences manifestement excessives[2], sauf à apprécier le risque moins sévèrement qu'en cas d'arrêt de l'exécution provisoire[3]. Mais la Cour de cassation, après avoir semblé favorable à cette solution[4], s'est prononcée expressément en sens contraire, du moins pour la consignation, en considérant que « *la possibilité d'aménagement de l'exécution provisoire prévue par l'article 521 n'est pas subordonnée à la condition que cette exécution risque d'entraîner des conséquences manifestement excessives* »[5]. Puis elle est allée plus loin en jugeant que le pouvoir d'aménagement de l'exécution provisoire, en vertu des articles 517 à 522 C. pr. civ., est laissé à la discrétion du premier président[6]. Il s'ensuit qu'il n'a pas à motiver sa décision et qu'il est libre de subordonner l'aménagement de l'exécution provisoire judiciaire à un risque pour le débiteur ou à toute autre condition qu'il juge utile.

Cette solution est d'abord contraire à la lettre de l'article 524 alinéa 1er, 2° C. pr. civ., qu'elle prive de toute portée. De surcroît, elle est contraire à l'esprit des textes sur l'exécution provisoire qui ont eu manifestement pour souci de refuser au premier président, respectivement au CME, tout pouvoir de réformation en la matière (v. s[s] n° 432.52). C'est ainsi qu'en cas de refus par les premiers juges de l'exécution provisoire, elle ne peut être accordée en appel qu'en cas d'urgence (v. s[s] n° 431.111). De la même manière, l'article 524 alinéa 1er, 2° C. pr. civ. a entendu subordonner l'aménagement, par le premier président, de

1. Paris, 18 juill. 1977, *JCP* 1978. II. 18826, note J. A.

2. Colmar, 19 mai 1978, 6 juill. 1978 et 13 juill. 1978, *Rev. jur. Alsace-Lorraine* 1978. 143 à 145 – Paris, 24 sept. 1982, *Bull. ch. avoués*, n° 83, p. 98, note Massip – Paris, 25 nov. 1983, *Gaz. Pal.* 1984. 102, note Fisselier – Grenoble, 31 mai 1988, *JCP* 1989. II. 21272 – Versailles, 4 août 2004, *JCP E* 2004. 1741. 1885; V. AUSSI, R. Perrot, *RTD civ.* 1983. 392 – CONTRA, Orléans, 25 mars 1987, *Rev. huiss.* 1987. 1274, obs. X. R. – V. AUSSI, S. Guinchard, note s[s] Civ. 2e, 31 janv. 1985, n° 83-13.888, *Bull. civ.* II, n° 27; *Gaz. Pal.* 1985. Pan. 123.
3. Versailles, 11 août 1987, *Gaz. Pal.* 1988. 80, note Renard.
4. Soc. 2 juill. 1985, n° 83-40.234, *Bull. civ.* V, n° 388.
5. Civ. 2e, 23 janv. 1991, n° 89-18.925, *Bull. civ.* II, n° 26.
6. Civ. 2e, 29 mars 1995, n° 93-16.252, *Bull. civ.* II, n° 112; *Gaz. Pal.* 1996. Pan. 12 – Civ. 2e, 3 juin 1999, n° 97-17.703, NP – Civ. 2e, 6 déc. 2007, n° 06-19.134, *Bull. civ.* II, n° 262; *D.* 2008. 96; *D.* 2008. 48. chron. Sommer et Nicoletis; *RTD civ.* 2008. 158, obs. Perrot.

l'exécution provisoire ordonnée par les premiers juges, à une condition particulière, en l'occurrence un risque de conséquences manifestement excessives (sur cette notion, v. s[s] n°s 432.100 s.).

432.273 **Opposition.** Les mêmes solutions s'appliquent, selon l'article 524 alinéa 2 C. pr. civ., à l'auteur d'une décision rendue par défaut qui est ressaisi par la voie de l'opposition.

§ 2
Aménagement de l'exécution provisoire de droit

432.280 **Principe et dérogations.** Si désormais l'exécution provisoire de droit peut exceptionnellement être arrêtée (v. s[s] n°s 432.140 s.), aucun texte n'autorise son aménagement de manière générale (il faut cependant réserver la consignation par le débiteur qui a longtemps suscité la controverse en la matière, v. s[s] n°s 432.291 et 432.492). Il n'est donc possible que dans les cas expressément prévus par la loi.

Il s'agit d'abord aujourd'hui de l'article R. 202-5 du Livre des procédures fiscales qui prévoit expressément que l'exécution provisoire de droit totale prescrite en faveur des jugements rendus en **matière fiscale** par le tribunal de grande instance (v. s[s] n° 431.33) « *peut **toutefois** être* [...] *aménagée, dans les conditions prévues aux articles 517 à 524 du Code de procédure civile* ». Il suffit donc de faire application, en cas d'appel contre une telle décision, des dispositions de droit commun applicables à l'exécution provisoire judiciaire.

Il s'agit par ailleurs des articles 489 alinéa 1er C. pr. civ. en matière d'ordonnances de référé (A) et 524 alinéa 3 C. pr. civ. prévoyant des mesures spécifiques d'aménagement ouvertes au premier président (B), qui appellent de plus amples explications.

A.
En matière d'ordonnances de référé

432.281 **Mesures.** L'article 489 alinéa 1er *in fine* dans sa rédaction issue du décret n° 81-500 du 12 mai 1981, réserve au juge le pouvoir de subordonner l'exécution provisoire attachée de plein droit aux ordonnances de référé, « *à la constitution d'une **garantie** dans les conditions prévues aux articles 517 à 522* ». Il s'agit des mesures d'aménagement de **droit commun** (v. s[s] n°s 432.210 s. – mais avant le décret du 12 mai 1981, seule la possibilité d'une caution personnelle était prévue[1]).

En particulier, il est donc possible d'autoriser la **consignation** de l'article 521 alinéa 1er C. pr. civ. pour permettre au débiteur d'éviter que l'exécution ne soit poursuivie à son encontre. Mais cette mesure se heurte aujourd'hui, pour les ordonnances de référé-provision, à l'exclusion introduite en matière de **provision** par le décret du 12 mai 1981 (v. s[s] n° 432.222).

432.282 **Compétence.** Ce pouvoir d'aménagement n'appartient qu'au **juge des référés**, à l'exclusion de toute autre juridiction amenée à prononcer une décision exécutoire de droit par provision, distincte par hypothèse d'une ordonnance de référé. Au contraire le pouvoir d'aménagement reconnu au premier président est plus large, mais les mesures autorisées plus limitées.

B.
Par le premier président

432.290 **Autorisation expresse.** Aux termes de l'article 524 alinéa 3 C. pr. civ., institué par le décret du 12 mai 1981[2], le premier président peut « *lorsque l'exécution provisoire est de droit* [...] *prendre les mesures prévues au deuxième alinéa de l'article 521 et à l'article 522* ». Autrement dit le premier président est expressément autorisé, sans distinction quant aux cas d'exécution provisoire de droit en cause, à permettre la consignation aménagée (1°) ou une substitution de garantie (2°).

1°
Consignation aménagée

432.291 **Mesure.** Avant le décret du 12 mai 1981, comme sous l'empire de la loi du 23 mai 1942[3], les premiers présidents s'étaient divisés sur la possibilité de recourir, en cas d'exécution provisoire de droit, à la consignation prévue aujourd'hui à l'article 521 alinéa 1er C. pr. civ. La Cour de cassation avait tranché en faveur de la consignation en jugeant que « *le caractère exécutoire de plein droit d'une ordonnance de référé ne s'oppose pas, sauf s'il s'agit d'aliments ou de rentes indemnitaires* » (rédaction alors en vigueur), à cette mesure d'aménagement[4].

Cette solution a été implicitement condamnée par le décret du 12 mai 1981 qui, en instituant l'alinéa 3 de l'article 524, n'a autorisé expressément, en cas d'exécution provisoire de droit, que la consignation aménagée de l'article 522. Désormais donc le premier président, saisi en matière d'exécution provisoire de droit, ne peut plus autoriser la consignation

1. V. P. Bertin, « La dernière toilette du Code de procédure civile », *Gaz. Pal.* 1981. Doctr. 389, n° 10.

2. P. Bertin, préc., n°s 15 à 17.
3. V. NOT., sur ce point, P. Raynaud, *RTD civ.* 1955. 372; *RTD civ.* 1959. 795.
4. Civ. 2e, 2 juill. 1980, n° 79-10.555, *Bull. civ.* II, n° 171; *Gaz. Pal.* 1980. 767, note Viatte; *RTD civ.* 1981. 215, obs. Perrot.

pure et simple de l'alinéa 1er [1]. Il doit obligatoirement désigner un séquestre pour recevoir les fonds en le chargeant de verser périodiquement au créancier la part qu'il détermine [2].

432.292 Domaine. Mais une nouvelle controverse est née sur la portée de cette dérogation : est-elle limitée aux condamnations au versement d'un capital en réparation d'un dommage corporel, expressément visées par l'article 521 alinéa 2 C. pr. civ., ou s'applique-t-elle à **toutes les condamnations** exécutoires par provision de plein droit [3] ? La Cour de cassation a mis fin à la controverse en se prononçant pour l'interprétation extensive, d'abord implicitement (à propos de dispositions d'un jugement prud'homal assorties de l'exécution provisoire de droit [4]), puis explicitement [5].

432.293 Pouvoir discrétionnaire. Dans le prolongement de sa jurisprudence en matière d'exécution provisoire judiciaire (v. ss no 432.272), la Cour de cassation a jugé d'abord que le premier président n'a pas « *à rechercher si l'exécution aurait des conséquences manifestement excessives* » [6]. Mais poursuivant le mouvement passé, la deuxième chambre civile a finalement décidé que l'aménagement de l'exécution provisoire de droit est laissé à la discrétion du premier président [7]. Il s'ensuit qu'il est libre de subordonner l'aménagement de l'exécution provisoire de droit à un risque pour le débiteur ou à toute autre condition qu'il juge utile. Il peut même se dispenser de toute motivation dès lors que son pouvoir est discrétionnaire. Mais si cette solution est critiquable pour l'exécution provisoire ordonnée dans la mesure où elle méconnaît la lettre de l'article 524 alinéa 1er, 2° (v. ss no 432.272), elle ne l'est guère pour celle qui est de droit, car force est de constater que le second alinéa de ce texte ne pose aucune condition à l'aménagement qu'il autorise.

2°
Substitution de garantie

432.301 Portée. Il s'agit de l'application de l'article 522 qui suppose, par hypothèse, l'existence d'une **garantie primitive**, à laquelle il est sollicité de substituer une garantie nouvelle équivalente (v. ss no 432.241). Quelle que soit donc la généralité des termes de l'article 524 alinéa 2 C. pr. civ., ce cas d'aménagement n'est applicable, en fait, qu'aux **ordonnances de référé** pour lesquelles le premier juge a ordonné l'une des mesures prévues aux articles 517 à 522, comme le lui permet l'article 489 alinéa 1er C. pr. civ. (v. ss nos 432.281 et 432.282) [8].

1. Dijon, 27 mai 1981, *Gaz. Pal.* 1981. 566, note Viatte – Bordeaux, 11 juin 1981, *Gaz. Pal.* 1981. 565, note du Rusquec.
2. Soc. 11 déc. 1990, no 89-13.249, *Bull. civ.* V, no 642; *D.* 1991. IR 16.
3. En faveur d'une lecture restrictive, Montpellier, 24 nov. 1981, *Gaz. Pal.* 1982. Somm. 179 – Metz, 31 oct. 1985, RG no 407/81, *Rev. jur. Alsace-Lorraine* 1986. 3 – EN SENS CONTRAIRE, Versailles, 25 févr. 1982, *Gaz. Pal.* 1982. 522, note Étivant – Aix-en-Provence, 7 févr. 1983, *Gaz. Pal.* 1983. 331, note Dureuil; *RTD civ.* 1983. 793, obs. Perrot – Limoges, 28 janv. 1993, *Gaz. Pal.* 1993. Somm. 516.
4. Soc. 11 déc. 1990, no 89-13.249, préc. ss no 432.291.
5. Civ. 2e, 16 juill. 1992, no 91-11.280, *Bull. civ.* II, no 215 – Civ. 2e, 14 oct. 1999, no 98-11.094, NP; *Gaz. Pal.* 2000. 1. Somm. 332.
6. Civ. 2e, 16 juill. 1992, no 91-11.280, *Bull. civ.* II, no 215.
7. Civ. 2e, 15 oct. 2009, no 08-15.489, *Bull. civ.* II, no 246; *D.* 2009. 2692; *Dr. et proc.* 2010. 59, obs. Hoonakker.
8. Sur un rare EXEMPLE D'APPLICATION, Rennes, 31 déc. 1981, *Gaz. Pal.* 1982. Somm. 101.

TITRE

44. La reconnaissance et l'exécution des jugements européens

SECTION 0

ORIENTEUR

44.00 Plan du titre.

44.03 Bibliographie sommaire.

Ouvrage. H. Gaudemet-Tallon, *Compétence et exécution des jugements en Europe*, 4e éd., LGDJ, 2010.

Thèses. A. Marmisse, *La libre circulation des décisions de justice en Europe*, th., PULIM, 2000 – H. Peroz, *La réception des jugements étrangers dans l'ordre juridique français*, th., LGDJ, 2005; *JDI* 2005. 638 – M. López de Tejada, *La disparition de l'exequatur dans l'espace judiciaire européen*, « Bibl. de droit privé », vol. 546, LGDJ, 2013.

Articles et études. L. d'Avout, « Faut-il supprimer l'*exequatur* dans le contentieux transfrontière en Europe ? », *Dr. et proc.*, suppl. nov. 2010, p. 68 – R. Dujardin, « Les modes de signification dans la CEE en dehors des conventions de La Haye », *Rev. huiss.* 1991. 95 – J.-P. Faget, « L'exécution d'une décision de justice dans les pays de la CEE », *Rev. huiss.* 1994. 379 – N. Fricero, « La libre exécution des jugements dans l'espace judiciaire européen : un principe émergent ? », *Mél. Normand*, Litec, 2003, p. 173 – B. Heß et D. Bittmann, « *Die Effektuierung des Exequaturverfahrens nach der Europäischen Gerichtsstands – und Vollstreckungsverordnung* », *IPRax* 2007. 277 – Ch. Heinze, « *Grenzüberschreitende Vollstreckung englischer freezung injunctions* », *IPRax* 2007. 343 – B. Hohl et H. Letellier, « La signification et l'exécution des décisions rendues en France dans les pays de l'Union européenne », *Gaz. Pal.* 30-31 oct. 1998 – T. Hub, « *Die Neuregelung der Anerkennung und Vollstreckung in Zivil – und Handelssachen und das familienrechtliche Anerkennungs – und Vollstreckungsverfahren* », *NJW* 2001. 3145 – E. Jayme et Ch. Kohler, « *Europäisches Kollisionsrecht 2006 : Eurozentrismus ohne Kodifikationsidee ?* », *IPRax* 2006. 537 – J. Mauro, « Contrariété de jugements et inconciliabilité de jugements. Code de procédure et convention de Bruxelles », *Gaz. Pal.* 1980. 1. Doctr. 144 – M.-L. Niboyet et L. Sinopoli, « L'*exequatur* des jugements étrangers en France », *Gaz. Pal.* 2004. Doctr. 1739 – G. Pluyette, « La convention de Bruxelles et les droits de la défense », *Études offertes à P. Bellet*, Litec, 1991, p. 427 s. – E. du Rusquec, « La reconnaissance et l'exécution des décisions de justice », *Gaz. Pal.* 1992. Doctr. 420 – R. Wagner, « *Zur Kompetenz der Europäischen Gemeinschaft in der justiziellen Zusammenarbeit in Zivilsachen* », *IPRax* 2007. 290.

V. AUSSI toutes les autres références bibliographiques relatives aux conventions de Bruxelles du 27 septembre 1968 et de Lugano du 16 septembre 1988, références mentionnées s[s] n° 15.03, bibliographie sur la compétence européenne, ainsi que le Rapport Heß, Pfeiffer et Schlosser sur l'application du règlement Bruxelles I dans les États membres (*Report on the Application of Regulation Brussels I in the Member States*, sept. 2007, n°s 503 s.).

> Sur le règlement de refonte UE n° 1215/2012 du 12 décembre 2012, Bruxelles I *bis*. L. d'Avout, « La refonte du règlement Bruxelles I », *D.* 2013. 1014 – A. Bonomi et C. Schmid (dir.), *La révision du règlement 44/2001 (Bruxelles I) : quelles conséquences pour la Convention de Lugano*, Schulthess, 2011 – G. Cuniberti, « La réforme du règlement Bruxelles I », *Dr. et proc.* 2013. 26 – P. Deumier, M. Laazouzi et E. Treppoz, « Le règlement Bruxelles I *bis* et la géométrie dans l'espace », *RDC* 2013. 1037 – H. Gaudemet-Tallon, « La refonte du règlement Bruxelles I », *in* M. Douchy-Oudot et E. Guinchard, *La justice civile européenne en marche*, « Thèmes et commentaires », Dalloz, 2012, p. 21 – P. Hay, « *Notes on the European Union's Brussels I "Recast" Regulation* », *EurLegForum* 2013. 1 – B. Heß, « *Die Reform der EuGVVO und die Zukunft des Europäischen Zivilprozessrechts* », *IPRax* 2011. 125 – C. Honorati, « *Provisional measures and the Recast of Brussels I Regulation : A missed opportunity for better ruling* », *Rivista di diritto internazionale privato e processuale* 2012. 525 – C. Kessedjian, « Le règlement "Bruxelles I révisé" : *Much ado about... what ?* », *Europe* 2013. Étude 3; « Commentaire de la refonte du règlement n° 44/2001 », *RTD eur.* 2011. 117 – H.-P. Mansel, K. Thorn et R. Wagner, « *Europäisches Kollisionsrecht 2012 : Voranschreiten des Kodifikationsprozesses – Flickenteppich des Einheitsrechts* », *IPRax* 2013. 1 – M.-L. Niboyet, *in Union européenne et droit international*, en l'honneur de P. Daillier, Pedone, 2013 – P. A. Nielsen, « *The new Brussels I Regulation* », *ComMLReview* 2013. 502 – C. Nourissat, « Refonte du règlement "Bruxelles I" : *much ado about nothing* », *Procédures* 2013. Focus 26 – A. Nuyts, « La refonte du règlement Bruxelles I », *Rev. crit. DIP* 2013. 1 – D. Schramm, « *Abolition of exequatur* », *in* A. Bonomi et C. Schmid (dir.), *La révision du règlement 44/2001 (Bruxelles I) : quelles conséquences pour la Convention de Lugano*, Schulthess, 2011, p. 59 – K. Takahashi, « *Review of the Brussels I Regulation : A comment from the Perspectives of Non-Member-States (Third States)* », *Journal of Private International Law* 2012. 1 – G. Wagner, « *Aktuelle Entwicklungen in der justiziellen Zusammenarbeit in Zivilsachen* », *NJW* 2013. 1653.

44.05 **Objectifs.** Comme cela a déjà été signalé lors de l'étude des règles de compétence judiciaire européennes instaurées par les conventions de Bruxelles du 27 septembre 1968, de Lugano du 16 septembre 1988 et par le règlement CE n° 44/2001 du 22 décembre 2000[1] (qui sera remplacé le 10 janvier 2015 par le règlement de refonte, règl. UE n° 1215/2012 du 12 décembre 2012[2], Bruxelles I *bis*), l'idée de créer un **espace judiciaire européen** était déjà contenue en germe dans le traité de Rome du 25 mars 1957 instituant la Communauté économique européenne (CEE), puisque l'article 220 de ce texte énonçait que « *les États membres engageront entre eux, en tant que de besoin, des négociations en vue d'assurer, en faveur de leurs ressortissants* [...] *:*

– la simplification des formalités auxquelles sont subordonnées la reconnaissance et l'exécution réciproques des décisions judiciaires ainsi que des sentences arbitrales ».

L'idéal d'une Europe de la **libre circulation des jugements** était donc déjà proclamé à cette époque; il fut concrétisé par le titre III de la convention de Bruxelles en 1968, titre intitulé « Reconnaissance et exécution ». Cette partie de la convention – reprise ensuite pratiquement mot pour mot par la convention de Lugano du 16 septembre 1988 à laquelle sont parties les États de l'Union européenne et les États de l'Association européenne de libre-échange (AELE) sauf le Liechtenstein – est celle qui a connu le moins de modifications au cours des adhésions successives de nouveaux États aux Communautés européennes.

À la suite de l'entrée en vigueur du **traité d'Amsterdam**, la **coopération judiciaire civile** fit partie du domaine communautaire et non plus intergouvernemental. C'est pourquoi le Conseil avait adopté, dans le **domaine matrimonial** (divorce, séparation de corps, nullité de mariage) et de la **responsabilité parentale à l'égard des enfants communs** des époux lorsque la question était soulevée dans le cadre d'une action matrimoniale, un règlement UE n° 1248/2000 du 29 mai 2000 se substituant à la convention de Bruxelles II qui n'était jamais elle-même entrée en application (v. s^{s} n° 150.61); ce règlement comprenait des règles de compétence directe, mais également des dispositions en matière de reconnaissance et d'exécution. Ce règlement du 29 mai 2000 a été abrogé le 1er mars 2005, date à laquelle le nouveau règlement CE n° 2201/2003 du 27 novembre 2003[3], dit Bruxelles II *bis*, est entré en application, avec un champ d'application plus étendu puisqu'il concerne également la responsabilité parentale (au sens français d'autorité parentale) dans tous les cas de conflit en la matière (et pas seulement en cas d'action principale en divorce, séparation de corps ou nullité de mariage), et notamment les décisions en matière de droit de visite, de retour d'un enfant déplacé de façon illicite.

Le Conseil a également adopté le règlement CE n° 44/2001 du 22 décembre 2000 concernant la **compétence judiciaire, la reconnaissance et l'exécution des décisions en matière civile et commerciale**, qui a remplacé à compter du 1er mars 2002 la convention de Bruxelles, sauf initialement dans les rapports entre le Danemark et les autres États membres et sauf, encore aujourd'hui, pour les territoires des États membres qui ne relèvent pas du règlement Bruxelles I

1. Règl. CE n° 44/2001 du Conseil, 22 déc. 2000, *JOCE*, n° L 12, 16 janv. 2001, p. 1.
2. Règl. UE n° 1215/2012 du Parlement et du Conseil, 12 déc. 2012, concernant la compétence judiciaire, la reconnaissance et l'exécution des décisions en matière civile et commerciale (refonte), *JOUE*, n° L 351, 20 déc., p. 1.
3. Règl. CE n° 2201/2003 du Conseil, 27 nov. 2003, relatif à la compétence, la reconnaissance et l'exécution des décisions en matière matrimoniale et en matière de responsabilité parentale abrogeant le règlement n° 1347/2000, dit règlement Bruxelles II *bis*, *JOUE*, n° L 338, 23 déc., p. 1-29.

en vertu de l'article[1]. En effet, le Danemark n'avait pas dans un premier temps souhaité être associé à ce règlement. Mais il a ensuite conclu un accord avec la Communauté européenne afin que s'applique à lui le règlement Bruxelles I, règl. CE n° 44/2001 du 22 décembre 2000, v. l'accord entre la Communauté européenne et le Royaume du Danemark sur la compétence judiciaire, la reconnaissance et l'exécution des décisions en matière civile et commerciale[2] : les dispositions du règlement Bruxelles I ont été étendues au Danemark, avec entrée en vigueur de l'accord « *au premier jour du sixième mois suivant la notification par les parties contractantes de l'achèvement de leurs procédures respectives requises à cet effet* », c'est-à-dire au 1er juillet 2007). En vertu de l'article 56 du règlement CE n° 44/2001, Bruxelles I, le règlement n'est applicable qu'aux actions judiciaires intentées et aux actes authentiques reçus après son entrée en vigueur (c'est-à-dire après le 1er mars 2002). Pour la reconnaissance et l'exécution, si l'action a été intentée dans l'État membre d'origine avant l'entrée en vigueur du règlement, la décision rendue après cette entrée en vigueur sera reconnue et exécutée selon les dispositions du règlement si les règles de compétence qui ont été appliquées étaient conformes à celles du chapitre II du règlement, ou à celles d'une convention en vigueur entre l'État membre d'origine et l'État membre requis au moment où l'action a été intentée.

En octobre 2007, a été adoptée une nouvelle version de la convention de Lugano en vue d'harmoniser le texte de celle-ci avec le règlement Bruxelles I du 22 décembre 2000. Sur les dates d'entrée en vigueur de la convention de Lugano de 2007 selon les États signataires, v. ss n° 150.33-1.

Enfin, le Parlement européen et le Conseil ont adopté le règlement de refonte du règlement Bruxelles I : il s'agit du règlement UE n° 1215/2012 du 12 décembre 2012, Bruxelles I *bis*. Ce texte entrera en application le 10 janvier 2015 pour ses dispositions en matière de compétence juridictionnelle. En ce qui concerne la suppression de la procédure de déclaration constatant la force exécutoire (*exequatur*), l'article 66 § 2 de ce texte énonce en revanche que « *le règlement (CE) n° 44/2001 continue à s'appliquer aux décisions rendues dans les actions judiciaires intentées, aux actes authentiques dressés ou enregistrés formellement et aux transactions judiciaires approuvées ou conclues avant le 10 janvier 2015 qui entrent dans le champ d'application dudit règlement* ». Cela signifie, pour les jugements par exemple, que les dispositions du règlement Bruxelles I *bis* supprimant l'*exequatur* ne s'appliqueront pas aux décisions rendues à compter du 10 janvier 2015 suite à des procédures engagées antérieurement à cette date; elles ne s'appliqueront qu'aux actions judiciaires ***engagées*** à compter du 10 janvier 2015.

44.06 L'influence de la jurisprudence de la Cour européenne des droits de l'homme en matière d'exécution. L'exécution des décisions de justice est devenue un véritable enjeu en Europe, et aussi un droit qu'a peu à peu reconnu la Cour européenne des droits de l'homme de Strasbourg sur le fondement de l'article 6 § 1 de la Convention européenne de sauvegarde des droits de l'homme et des libertés fondamentales de 1950[3] (dite Conv. EDH).

La Cour de Strasbourg a étendu le droit à l'exécution à des **actes non judiciaires**, dès lors que l'État leur reconnaît le caractère exécutoire (actes notariés, actes de conciliation)[4]. Les États sont responsables des défaillances des agents d'exécution[5].

Sur l'évolution de la jurisprudence de Strasbourg[6] : Sur les liens entre *exequatur* et Conv. EDH, la Cour européenne des droits de l'homme énonce que lorsque la décision dont l'*exequatur* est demandé dans un État contractant à la Conv. EDH émane du tribunal d'un État qui n'applique pas la convention, il incombe au juge requis de procéder au contrôle de conformité à l'article 6 et d'examiner si la procédure relative à la décision qui lui est présentée remplissait les garanties du procès équitable, parmi lesquelles le droit à une procédure contradictoire impliquant pour chaque partie la faculté de prendre connaissance et de discuter toute pièce ou observation soumise au tribunal en vue d'influencer sa décision et, aussi, le droit d'être informée de la faculté de se prévaloir de l'assistance d'un avocat. La Cour de Strasbourg conclut que les juridictions italiennes ont manqué à leur devoir de s'assurer, avant de donner l'*exequatur* à l'arrêt de la *Rote* romaine – juridiction ecclésiastique –, que dans le cadre de la pro-

1. La convention de Bruxelles de 1968 continue de s'appliquer à certains territoires, puisque l'article 68 alinéa 1er du règlement CE n° 44/2001 du 22 décembre 2000, Bruxelles I, écarte les territoires des États membres qui entrent dans le champ d'application territorial de la convention de Bruxelles mais qui sont exclus du règlement en vertu de l'article 299 du traité CE, devenu l'article 355 TFUE. Pour des détails sur ce point, v. ss n° 150.91.
2. Accord entre la Communauté économique européenne et le Danemark sur la compétence judiciaire, la reconnaissance et l'exécution des décisions en matière civile et commerciale, *JOUE*, n° L 299, 16 nov. 2005, p. 62.
3. V. NOT., la célèbre décision : CEDH 19 mars 1997, Hornsby c/ Grèce, req. n° 18357/91, *AJDA* 1997. 986 obs. Flauss; *D.* 1998. 74, note Fricero; *RTD civ.* 1997. 1009, obs. Marguénaud; *JCP* 1997. II. 22949, note Dugrip et Sudre; *RG proc.* 1998. 230, obs. Flauss.
4. CEDH 26 sept. 1996, Di Pede c/ Italie, req. n° 15797/89, *D.* 1997. Somm. 209, obs. Fricero.
5. CEDH 11 janv. 2001, Platakou c/ Grèce, req. n° 38460/97, *Dr. et proc.* 2001. 233, obs. Marguénaud.
6. V. N. Fricero, « La libre exécution des jugements dans l'espace judiciaire européen : un principe émergent ? », *Mél. Normand*, Litec, 2003, p. 173 – F. Ferrand, « La fondamentalisation de l'exécution forcée », *Le droit de l'exécution forcée : entre mythe et réalité* (dir. Cl. Brenner), EJT éd., Paris, 2007, p. 14 – S. Guinchard et a., *Droit processuel*, 6e éd., « Précis », Dalloz, 2011, nos 476 s.

cédure ecclésiastique, la requérante avait bénéficié d'un procès équitable; l'article 6 § 1 de la convention a donc été violé[1]. Même si cet arrêt ne s'applique pas directement aux États membres de l'Union européenne, il a une influence sur eux car ils ont tous ratifié la Conv. EDH; cet arrêt montre l'importance que la Cour de Strasbourg attache au procès équitable ainsi qu'aux droits de la défense et sa solution pourrait s'appliquer si une décision rendue dans un État membre et dont l'*exequatur* est demandé dans un autre État membre avait violé les exigences de l'article 6 § 1 de la convention (v. s[s] n°s 441.61 à 441.66 et la jurisprudence citée)[2].

Le 13 octobre 2009[3], la Cour européenne des droits de l'homme a rendu une décision marquant une évolution de sa jurisprudence en matière de droit à la reconnaissance des jugements étrangers : la requérante s'était prévalue en Turquie d'un jugement allemand prononçant le divorce de son père; ce dernier étant décédé, la requérante devait bénéficier de l'intégralité de la succession. Mais le droit turc (tel qu'interprété par la Cour de cassation de Turquie) imposait une procédure de reconnaissance du jugement étranger et n'ouvrait cette procédure qu'aux parties au jugement concernées, ce que n'était pas la requérante, qui dut donc partager la succession avec l'épouse divorcée du père. La Cour de Strasbourg constata une violation du droit à l'accès au juge (Conv. EDH, art. 6 § 1) et du droit au respect des biens (Conv., protocole n° 1, art. 1er). « *La requérante - seule héritière directe de son père - s'est trouvée dans l'impossibilité absolue de faire reconnaître une situation juridique concernant son père défunt et de faire valoir ses droits successoraux* » (point 41); « *la règle litigieuse a imposé à la requérante une charge disproportionnée qui l'a privée de toute possibilité concrète d'obtenir la reconnaissance, et elle a ainsi porté atteinte à la substance même de son droit d'accès à un tribunal* » (point 43), ce qui constitue une violation de l'article 6 § 1. De même, la disposition turque litigieuse a conduit à priver la requérante d'un quart de la succession de son père, ce qui constitue une ingérence dans le droit de l'intéressée au respect de ses biens et une violation de l'article 1er du protocole n° 1. Il semble s'agir là d'un revirement de la Cour par rapport à la position qu'avait adoptée la Commission européenne des droits de l'homme en 1998[4], selon laquelle la convention « *ne garantit, en tant que telle, le droit à ce que des décisions d'une autorité judiciaire étrangère obtiennent un effet juridique immédiat dans un ordre juridique donné sans aucune forme de reconnaissance judiciaire dans cet ordre juridique* ». L'arrêt du 13 octobre 2009 encadre le droit des États de fixer les modalités de reconnaissance et d'*exequatur* des jugements étrangers; va-t-il jusqu'à imposer de consacrer l'efficacité substantielle immédiate des jugements étrangers ? Certains ont pu l'avancer[5], tout en admettant que l'arrêt ne manifeste pas pour autant d'hostilité à l'égard d'un *exequatur* préalable, car « *le droit à la reconnaissance fondé sur les dispositions substantielles de la convention ne signifie nullement que la décision étrangère échappe à tout contrôle* »[6].

La Cour européenne des droits de l'homme veille en tout cas au respect par les États contractants de leur obligation d'exécuter un jugement étranger, notamment lorsque ce dernier condamne un débiteur à verser une pension alimentaire[7]. La France a ainsi été condamnée sur le fondement de l'article 6 § 1 de la Conv. EDH en raison de lenteurs administratives à compléter un dossier d'*exequatur* pour l'exécution d'une décision condamnant au paiement d'une telle pension alimentaire[8].

Sur les possibles risques de confrontation entre la Charte des droits fondamentaux, telle qu'interprétée par la Cour de justice de l'Union européenne, et la Convention européenne des droits de l'homme, v. l'arrêt de grande chambre de la CJUE du 26 février 2013, *Åklagaren c/Åkerberg Fransson*[9], et C. Roth et F. Burgaud[10].

44.07 Reconnaissance et *exequatur* dans le règlement CE n° 2201/2003 du 27 novembre 2003 Bruxelles II *bis*[11] relatif à la compétence, la reconnaissance et l'exécution des décisions en matière matrimoniale et en matière de responsabilité parentale. Ce règlement est entré en application le 1er mars 2005. Son chapitre III est consacré à la reconnaissance et à l'exécution. Ce chapitre contient six sections : une traitant de la reconnaissance, une de la requête en déclaration de force exécutoire, une troisième des dispositions communes aux deux premières sections, une quatrième de la force exécutoire de certaines décisions relatives au droit de visite et de certaines décisions ordonnant le retour de l'enfant, une cinquième abordant les actes authentiques et les accords et enfin une sixième section relative aux « *autres dispositions* ».

En matière de **reconnaissance** est énoncé le principe selon lequel les décisions rendues dans un État membre sont reconnues dans les autres États membres sans qu'il soit nécessaire de recourir à une quelconque procédure (notamment pour la mise à jour

1. CEDH 20 juill. 2001, Dame Pellegrini c/ Italie, req. n° 30882/96, *RTD civ.* 2001. 986, obs. Marguénaud; *Rev. crit. DIP* 2004. 107, obs. Christians.
2. V. AUSSI, C. Picheral (dir.), *La diffusion du modèle européen du procès équitable*, Doc. fr., 2003.
3. CEDH 13 oct. 2009, Selin Asli Öztürk c/ Turquie, req. n° 39523/03, *Rev. crit. DIP* 2010. 498, note Marchadier.
4. Comm. EDH, décis. 1er juill. 1998, Akin c/ Pays-Bas, cité par Marchadier, *Rev. crit. DIP* 2010, préc.
5. F. Marchadier, *Rev. crit. DIP* 2010. 507 s.
6. F. Marchadier, *Rev. crit. DIP* 2010. 508.
7. CEDH 18 nov. 2010, Romanczyk c/ France, req. n° 7618/05, *D.* 2011. 1107, obs. Douchy-Oudot; *D.* 2011. 1374, obs. Jault-Seseke; *RLDC* janv. 2011, n° 4104, p. 50.
8. CEDH 4 nov. 2008, Dinu c/ Roumanie et France, req. n° 6152/02 – V. AUSSI, CEDH 18 nov. 2010, Romanczyk c/ France, req. n° 7618/05, préc.
9. CJUE 26 févr. 2013, Åklagaren c/Åkerberg Fransson, aff. C-617/10, *AJDA* 2013. 1154, chron. Aubert, Broussy et Cassagnabère; *AJ pénal* 2013. 270, note Copain.
10. C. Roth et F. Burgaud, « Charte des droits fondamentaux *vs* Convention européenne : dommages collatéraux en vue », *D.* 2013. 1977.
11. Sur la reconnaissance et l'exécution des actes authentiques et accord, v. Règl. Bruxelles II *bis*, 27 nov. 2003, art. 46. ; actes authentiques reçus et exécutoires dans un État membre ainsi qu'accords entre parties exécutoires dans l'État membre d'origine sont reconnus et rendus exécutoires dans les mêmes conditions que les décisions.

des actes de l'état civil d'un État membre sur le fondement d'une décision rendue dans un autre État membre en matière de divorce par exemple, dès lors que la décision n'est plus susceptible de recours selon la loi de cet État membre, v. Règl. 27 nov. 2003, art. 21). Toutefois, toute partie intéressée peut demander que soit prise une décision de non-reconnaissance (art. 21 § 3). L'hypothèse d'une demande incidente de reconnaissance est également envisagée (art. 21 § 4). Un certain nombre de motifs de non-reconnaissance sont prévus.

1°) Une **décision rendue en matière matrimoniale** n'est pas reconnue (Règl. 27 nov. 2003, art. 22) :

a) si la reconnaissance est manifestement contraire à l'ordre public de l'État requis; toutefois, l'article 25 interdit la non-reconnaissance au seul motif que la loi de l'État requis ne permettrait pas le divorce, la séparation de corps ou l'annulation du mariage sur la base de faits identiques;

b) si l'acte introductif d'instance ou un acte équivalent n'a pas été signifié ou notifié au défendeur défaillant en temps utile et de telle manière qu'il puisse pourvoir à sa défense (sauf si le défendeur a accepté la décision de façon non équivoque, par exemple du fait qu'il a à nouveau contracté mariage) [1];

c) si elle est inconciliable avec une décision rendue dans une instance opposant les mêmes parties dans l'État membre requis; il convient de relever ici que cette disposition ne distingue pas selon que la décision rendue dans l'État requis est antérieure ou postérieure à celle dont la reconnaissance est demandée;

d) si elle est inconciliable avec une décision rendue antérieurement dans un autre État membre ou dans un État tiers dans une affaire opposant les mêmes parties (dès lors que cette première décision remplit les conditions pour sa reconnaissance dans l'État membre requis).

L'article 25 du règlement Bruxelles II *bis* du 27 novembre 2003 prévoit que la reconnaissance d'une décision ne peut être refusée au motif que la loi de l'État membre requis ne permettrait pas le divorce, la séparation de corps ou l'annulation du mariage sur la base de faits identiques.

2°) Une **décision rendue en matière de responsabilité parentale** n'est pas reconnue (Règl. 27 nov. 2003, art. 23) :

a) si la reconnaissance est manifestement contraire à l'ordre public de l'État membre requis eu égard aux intérêts supérieurs de l'enfant. Comme en droit interne apparaît donc la prise en compte de l'intérêt de l'enfant, bien souvent clé de voûte des décisions en matière familiale;

b) si, sauf en cas d'urgence, la décision a été rendue sans que l'enfant, en violation des règles fondamentales de procédure de l'État membre requis, ait eu la possibilité d'être entendu. Par cette réserve, le règlement Bruxelles II *bis* intègre les exigences de la convention de New York du 20 novembre 1989 sur les droits de l'enfant en matière d'audition devant le tribunal;

c) si l'acte introductif d'instance ou un acte équivalent n'a pas été signifié ou notifié à la personne défaillante en temps utile et de telle manière que celle-ci puisse pouvoir à sa défense, à moins qu'il ne soit établi que cette personne a accepté la décision de manière non équivoque;

d) à la demande de toute personne faisant valoir que la décision fait obstacle à l'exercice de sa responsabilité parentale, si la décision a été rendue sans que cette personne ait eu la possibilité d'être entendue;

e) si la décision est inconciliable avec une décision rendue ultérieurement en matière de responsabilité parentale dans l'État membre requis;

f) si la procédure prévue à l'article 56 n'a pas été respectée. L'article 56 précise la procédure à suivre lorsque la juridiction compétente envisage le placement de l'enfant dans un établissement ou une famille d'accueil et que le placement aura lieu dans un autre État membre. La juridiction doit consulter au préalable l'autorité centrale ou une autre autorité compétente de cet État membre.

44.08 Déclaration de force exécutoire des décisions dans le règlement CE n° 2201/2003 du 27 novembre 2003. Une section 2 du chapitre III du règlement est consacrée à la requête en déclaration de force exécutoire des décisions rendues dans un État membre sur l'exercice de la responsabilité parentale (Règl. 27 nov. 2003, art. 28 s.). Une section 4, elle, traite de la force exécutoire de certaines décisions relatives au droit de visite et de certaines décisions ordonnant le retour de l'enfant en cas de déplacement illicite.

La **juridiction compétente** pour constater la force exécutoire de la décision est en France le président du tribunal de grande instance (le règlement Bruxelles II *bis* de 2003 ne contient aucune indication précise sur ce point, et se contente de renvoyer à « *la juridiction indiquée dans la liste communiquée par chaque État membre à la Commission conformément à l'article 68* » – v. donc les dispositions de C. pr. civ., art. 509-2, al. 2 : président du tribunal de grande instance ou son délégué). La juridiction territorialement compétente est déterminée par la résidence habituelle de la personne contre laquelle l'exécution est demandée ou par la résidence habituelle de tout enfant concerné par la demande. Si aucune de ces résidences ne se trouve dans l'État membre requis, la juridiction territorialement compétente sera celle du lieu d'exécution (Règl. 27 nov. 2003, art. 29).

Les **modalités de dépôt de la requête** sont déterminées par la loi interne de l'État membre requis

1. V. *Rapp. A. Borras*, p. 51.

(dénommé « *État membre d'exécution* » dans le règlement Bruxelles II *bis* de 2003, art. 30 - pour la France, v. C. pr. civ., art. 509-4 : la requête est présentée en double exemplaire; elle doit comporter l'indication précise des pièces invoquées). La juridiction saisie doit statuer à bref délai; au cours de la première étape de procédure, la personne contre laquelle l'exécution est demandée ne peut présenter d'observation (Règl. 27 nov. 2003, art. 31). Les seuls motifs de refus de déclaration de force exécutoire sont ceux envisagés en matière de reconnaissance (Règl. 27 nov. 2003, art. 22, 23 et 24). Une fois la décision rendue, elle est portée à la connaissance du requérant à la diligence du greffier, par les moyens prescrits par la loi de l'État membre requis (Règl. 27 nov. 2003, art. 32 - comp. pour la France, C. pr. civ., art. 509-6 : la décision relative à la demande de reconnaissance ou de constatation de la force exécutoire, est remise au requérant contre émargement ou récépissé, ou lui est notifiée par lettre recommandée avec demande d'avis de réception. Le double de la requête ainsi que de la décision sont conservés au secrétariat de la juridiction). Si la décision autorise l'exécution ou au contraire la refuse, la partie concernée et ayant un intérêt peut former un recours dans le délai d'un mois à compter de la signification de la décision (deux mois si cette personne a sa résidence dans un État membre autre que celui dont les tribunaux ont autorisé l'exécution - v. Règl. 27 nov. 2003, art. 33). La juridiction compétente pour connaître de ce recours est en France la cour d'appel. La décision rendue sur recours ne peut faire l'objet que d'un pourvoi en cassation ou recours analogue prévu dans les autres États membres (Règl. 27 nov. 2003, art. 34).

44.09 Dispositions spécifiques du règlement Bruxelles II *bis* du 27 novembre 2003 en matière de force exécutoire de décisions relatives au droit de visite et de décisions ordonnant le retour de l'enfant[1]. Suppression de l'*exequatur*. Les autorités européennes ont eu la volonté, avec ce nouveau texte, d'alléger encore les conditions de circulation des décisions et même d'instaurer, pour la première fois, une libre circulation totale de certaines décisions, concernant le droit de visite ou ordonnant le retour de l'enfant en cas de déplacement ou de non-retour illicite. Ces deux catégories de décisions bénéficient de la suppression pure et simple de tout obstacle à leur libre circulation dans l'Union européenne.

1°) Décisions en matière de droit de visite. Selon l'article 41 du règlement Bruxelles II *bis*, lorsque la décision est exécutoire dans l'État membre qui l'a rendue, elle est reconnue et jouit dans un autre État membre de la force exécutoire « *sans qu'aucune déclaration lui reconnaissant force exécutoire ne soit requise et sans qu'il soit possible de s'opposer à sa reconnaissance si la décision a été certifiée dans l'État membre d'origine* » (Règl. 27 nov. 2003, art. 41 § 1). Le juge d'origine délivre en effet un certificat concernant le droit de visite (v. Règl. 27 nov., ann. III) si certaines conditions sont remplies (conditions spécifiques en cas de procédure par défaut, v. Règl. 27 nov. 2003, art. 41 § 2, a); condition générale selon laquelle toutes les parties concernées ont eu la possibilité d'être entendues et que l'enfant lui-même a pu l'être, sauf si une audition a été « *jugée inappropriée eu égard à son âge ou à son degré de maturité* »). Lorsque le droit de visite porte sur une situation transfrontière, le certificat est délivré d'office lorsque la décision devient exécutoire. Si la situation n'acquiert un caractère transfrontière qu'ultérieurement, le certificat est délivré à la demande d'une partie (Règl. 27 nov. 2003, art. 41 § 3). Il convient de souligner que c'est donc le juge de l'État d'origine qui vérifie la réalisation des conditions avant de délivrer le certificat. Une fois celui-ci délivré, l'État requis ne peut procéder à aucun contrôle et doit reconnaître et exécuter la décision.

2°) Décisions ordonnant le retour de l'enfant. En matière de **retour de l'enfant** après déplacement ou non-retour illicite, l'article 42 du règlement prévoit des règles similaires : la décision exécutoire dans l'État membre qui l'a rendue est reconnue et jouit de la force exécutoire sans qu'une déclaration de force exécutoire de la part des autorités de l'État d'exécution soit requise. La condition en est uniquement que la décision ait été « *certifiée* » dans l'État d'origine. Le certificat est délivré à des conditions assez similaires qu'en matière de droit de visite (pour le modèle de certificat, v. Règl. 27 nov. 2003, art. 42.2 et ann. IV) : audition de l'enfant, sauf si elle était inappropriée, possibilité pour les parties d'être entendues et - condition spécifique aux décisions de retour - exigence que la juridiction ait rendu sa décision en tenant compte des motifs et des éléments de preuve sur la base desquels avait été rendue la décision prise en application de l'article 13 de la convention de La Haye de 1980 sur les aspects civils de l'enlèvement d'enfants.

44.10 Le règlement CE n° 4/2009 du 18 décembre 2008 en matière d'obligations alimentaires. Le règlement CE n° 4/2009 du 18 décembre 2008, relatif à la compétence, la loi applicable, la reconnaissance et l'exécution des décisions et la coopération en matière d'obligations alimentaires[2], qui est entré en application le 18 juin 2011, contient, dans son chapitre IV, des dispositions relatives à la reconnaissance, à la force exécutoire et à l'exécution des décisions en matière d'obligation alimentaire. Le chapitre IV distingue selon qu'il s'agit d'une décision

1. V. Règl., section 4, chap. III.

2. Règl. CE n° 4/2009 du Conseil, 18 déc. 2008, relatif à la compétence, la loi applicable, la reconnaissance et l'exécution des décisions et la coopération en matière d'obligations alimentaires, *JOUE*, n° L 7, 10 janv. 2009, p. 1-79.

rendue dans un État membre lié par le protocole de La Haye de 2007 (auquel cas la décision – et cela est remarquable – est dispensée de tout *exequatur* et, si elle est exécutoire dans l'État membre qui l'a émise, jouit également de la force exécutoire dans un autre État membre « *sans qu'une déclaration constatant la force exécutoire soit nécessaire* » [Règl., art. 17 § 2]) ou que la décision a été rendue dans un État membre non lié[1] par le protocole de La Haye de 2007 (dans ce second cas, une déclaration constatant la force exécutoire dans un autre État membre est requise, v. Règl., art. 26 et, pour les motifs de refus de reconnaissance, v. Règl., art. 24).

1°) Les décisions rendues dans un État membre lié par le protocole de La Haye de 2007 sont traitées dans la section 1 du chapitre IV du règlement : elles bénéficient d'une dispense d'*exequatur* (Règl., art. 17). Une décision exécutoire emporte de plein droit l'autorisation de procéder à des mesures conservatoires prévues par la loi de l'État membre d'exécution (Règl., art. 18). L'article 20 précise quels documents doivent être fournis par le demandeur en vue de l'exécution d'une décision en matière d'obligation alimentaire dans un autre État membre (copie de la décision, extrait de la décision délivré par la juridiction d'origine au moyen du formulaire en annexe I du règlement, le cas échéant un document établissant l'état des arrérages, le cas échéant aussi la traduction du contenu du formulaire dans la langue ou une des langues acceptées par l'État d'exécution. En revanche, il ne peut être exigé une traduction de la décision elle-même [Règl., art. 20 § 2], sauf si l'exécution de la décision est contestée).

Deux articles instituent des garde-fous : l'article 19 qui prévoit, comme de nombreux règlements récents (dont celui instaurant le titre exécutoire européen), le droit de demander un réexamen pour le défendeur qui n'a pas comparu dans l'État membre d'origine, dès lors que :

– l'acte introductif d'instance (ou un acte équivalent) ne lui a pas été signifié ou notifié en temps utile de telle manière qu'il ait pu se défendre, ou;

– le défendeur s'est trouvé dans l'impossibilité de contester la créance alimentaire pour cause de force majeure ou en raison de circonstances extraordinaires sans qu'il y ait faute de sa part, à moins, dans les deux cas, qu'il n'ait pas exercé de recours contre la décision alors qu'il était en mesure de le faire.

Si la juridiction décide que le réexamen est justifié, la décision est nulle et non avenue, mais le créancier ne perd pas l'avantage de l'interruption des délais de prescription ou de déchéance ni le droit de demander rétroactivement des aliments qu'il aurait acquis par son action initiale.

L'article 21, lui, ne concerne pas la juridiction d'origine qui a statué sur la demande d'aliments, mais l'État membre d'exécution : d'abord, les motifs de suspension ou de refus de l'exécution prévus par la loi de cet État sont applicables en principe (Règl., art. 21 § 1). Ensuite, à la demande du débiteur, l'autorité compétente de l'État membre d'exécution peut refuser, en totalité ou en partie, l'exécution si le droit d'obtenir l'exécution de la décision est prescrit (on tient compte du délai de prescription le plus long, que ce soit celui de la loi de l'État membre d'origine ou celui de l'État membre d'exécution, Règl., art. 21 § 2) ou si la décision est inconciliable avec une décision rendue dans un autre État membre ou un État tiers (qui réunit les conditions nécessaires à sa reconnaissance dans l'État membre d'exécution). Enfin, l'autorité compétente de l'État membre d'exécution peut, à la demande du débiteur, suspendre en totalité ou en partie, l'exécution de la décision si la juridiction compétence de l'État d'origine est saisie d'une demande de réexamen au sens de l'article 19 du règlement. Une telle suspension doit avoir lieu, toujours à la demande du débiteur, si la force exécutoire de la décision est suspendue dans l'État membre d'origine (Règl., art. 21 § 3).

Il convient de préciser que, en vertu de l'article 22 du règlement du 18 décembre 2008, la reconnaissance ou l'exécution d'une décision en matière d'obligation alimentaire dans le cadre du règlement, n'implique aucunement reconnaissance des relations de famille, de parenté, de mariage ou d'alliance fondant l'obligation alimentaire ayant donné lieu à décision.

2°) Les décisions rendues dans un État membre non lié par le protocole de La Haye de 2007 sont abordées dans la section 2 du chapitre IV du règlement du 18 décembre 2008. Si la reconnaissance a lieu sans qu'aucune procédure soit nécessaire (Règl., art. 23 § 1), il existe néanmoins des motifs de refus de reconnaissance qui sont les mêmes que dans le règlement Bruxelles I (v. Règl., art. 24 : contrariété manifeste à l'ordre public de l'État membre dans lequel la reconnaissance est demandée; violation des droits de la défense; inconciliabilité avec une décision rendue entre les mêmes parties dans l'État membre dans lequel la reconnaissance est demandée, ou avec une décision rendue antérieurement dans un autre État membre ou dans un État tiers entre les mêmes parties dans un litige ayant le même objet et la même cause, si la décision remplit les conditions pour être reconnue dans l'État membre dans lequel la reconnaissance est demandée). Il est précisé qu'une décision ayant pour effet de modifier, en raison d'un changement de circonstances, une décision antérieure en matière alimentaire, n'est pas une décision inconciliable.

Pour qu'une décision soit mise à exécution dans un autre État membre, elle doit en revanche être déclarée exécutoire. Une procédure d'*exequatur* sim-

1. Il s'agit du Danemark et du Royaume-Uni.

plifié est donc maintenue, contrairement aux décisions rendues dans un État membre lié par le protocole de La Haye (Règl., art. 26). La procédure est décrite dans les articles 28 et suivants du règlement. En vertu de l'article 30, comme dans la procédure instaurée par le règlement Bruxelles I, la décision est déclarée exécutoire[1] uniquement après contrôle de la régularité formelle du dossier, sans examen des motifs de refus de reconnaissance ou d'*exequatur*. Mais ce qui est nouveau, c'est le délai de trente jours à compter de l'achèvement des formalités (envoi des documents nécessaires, v. Règl., art. 28) que doit respecter l'État membre requis pour déclarer la décision exécutoire (« *sauf impossibilité due à des circonstances exceptionnelles* »). Cette phase de la procédure n'est pas contradictoire[2]. Un recours contre la décision est ouvert au demandeur en cas de rejet de sa requête, au défendeur s'il a été fait droit à la requête. La procédure devient alors contradictoire et les motifs de refus d'*exequatur* sont examinés (v. Règl., art. 34); la juridiction saisie du recours doit en principe statuer dans un délai de quatre-vingt-dix jours à compter de sa saisine[3]. Un second recours - seulement en droit (du type du pourvoi en cassation) - est envisagé à l'article 33.

Que la décision ait été rendue dans un État membre lié par le protocole de La Haye de 2007 ou dans un État membre non lié par ce texte, le règlement CE n° 4/2009 du 18 décembre 2008 prévoit que la juridiction d'origine peut déclarer la décision exécutoire par provision même si un recours est recevable, et même si le droit national ne prévoit pas de force exécutoire de plein droit pour ce type de décisions (Règl., art. 39). Cette disposition tend à prendre en compte le caractère souvent vital des sommes dues à titre d'aliments au créancier qui les demande en justice. L'article 41 précise enfin que la procédure d'exécution des décisions rendues dans un autre État membre en matière d'obligation alimentaire, est régie par le droit de l'État membre d'exécution : la décision émanant d'un autre État membre est exécutée, dans l'État d'exécution, dans les mêmes conditions qu'une décision nationale de cet État. Cette règle est classique et se retrouve dans le règlement CE n° 44/2001 du 22 décembre 2000, Bruxelles I, les mesures d'exécution demeurant (encore) régies par le droit national des États membres qui exercent de cette façon une partie de leur souveraineté.

44.11 Suppression de l'*exequatur* dans la procédure européenne d'injonction de payer et dans la procédure européenne de règlement des petits litiges. Au jour d'aujourd'hui, les instances de l'Union européenne ont instauré deux procédures européennes intégrées destinées à s'appliquer dans des litiges transfrontières.

Le règlement CE n° 1896/2006, du Parlement européen et du Conseil, du 12 décembre 2006, créant une **injonction de payer européenne**[4], prévoit que si le défendeur ne forme pas opposition à l'injonction de payer dans le délai de trente jours, la juridiction d'origine rend l'injonction de payer exécutoire « *sans tarder* », au moyen là encore d'un formulaire type (Règl., art. 18). L'effet de cette injonction de payer européenne, une fois exécutoire, est considérable puisque l'*exequatur* est supprimé, si bien que l'injonction rendue dans un État membre est immédiatement exécutoire sur le territoire de n'importe quel autre État membre (sauf le Danemark qui a refusé de participer aux textes de coopération judiciaire européenne) sans procédure intermédiaire de constatation de force exécutoire (Règl., art. 19). Les procédures d'exécution, elles, sont régies par le droit de l'État membre d'exécution (Règl., art. 21). L'injonction sera exécutée dans les mêmes conditions qu'une décision exécutoire de l'État membre sur le territoire duquel l'exécution a lieu (Règl., art. 21 § 1). Pour exécuter dans un autre État membre que celui dont les juridictions ont émis l'injonction de payer européenne, une copie exécutoire de l'injonction est requise, et le cas échéant, la traduction de l'injonction dans la langue officielle de l'État membre d'exécution ou dans une autre langue que cet État aura déclaré pouvoir accepter (Règl., art. 21 § 2)[5].

1. La force exécutoire peut être seulement partielle, si la décision a statué sur plusieurs chefs de demande et que la déclaration constatant la force exécutoire ne peut être délivrée pour le tout, v. Règl., art. 37.
2. La déclaration constatant la force exécutoire emporte de plein droit l'autorisation de procéder à des mesures conservatoires (Règl., art. 36 § 2). D'ailleurs, comme l'énonce l'article 36 § 3, pendant le délai pour former le premier recours contre la déclaration de force exécutoire (délai de trente jours à compter de la notification [Règl., art. 32 § 5]), et jusqu'à ce qu'il ait été statué sur celui-ci, seules des mesures conservatoires sont possibles sur les biens de la partie contre laquelle l'exécution est demandée.
3. La juridiction saisie d'un recours (celui de l'art. 32 ou celui, uniquement en droit, de l'art. 33 du règlement) sursoit à statuer, à la demande de la partie contre laquelle l'exécution est demandée, si l'exécution de la décision est suspendue dans l'État membre d'origine du fait de l'exercice d'un recours (Règl., art. 35).
4. Règl. CE n° 1896/2006 du Parlement européen et du Conseil, 12 déc. 2006, instituant une procédure européenne d'injonction de payer, *JOUE,* n° L 399, 30 déc. 2006, p. 1-32.
5. Toutefois, sur demande du défendeur, la juridiction compétente de l'État membre d'exécution peut refuser l'exécution si l'injonction est incompatible avec une décision rendue (ou une autre injonction de payer) émise antérieurement dans un État membre ou dans un pays tiers. Ceci n'est possible que si la décision incompatible avec l'injonction remplit un certain nombre de conditions, v. Règl. CE n° 1896/2006, 12 déc. 2006, art. 22 § 2 : il faut que la décision antérieure ait été rendue entre les mêmes parties, dans un litige ayant la même cause, qu'elle réunisse les conditions nécessaires à sa reconnaissance dans l'État membre d'exécution, et que l'incompa- ▶

Le règlement CE n° 861/2007, du Parlement européen et du Conseil, du 11 juillet 2007, instituant une **procédure européenne de règlement des petits litiges**[1], prévoit quant à lui que la décision rendue dans le cadre de cette procédure bénéficie d'une force exécutoire immédiate, même si un appel est interjeté. Il n'est pas nécessaire que le gagnant constitue une garantie pour pouvoir exécuter (Règl., art. 15 § 1). L'article 20 du règlement prévoit que la décision est reconnue et exécutoire dans un autre État membre sans qu'une déclaration constatant sa force exécutoire soit nécessaire, et sans qu'il soit possible de s'opposer à la reconnaissance, dès lors que la décision a été certifiée par le tribunal de l'État membre d'origine au moyen d'un formulaire[2]. Ceci signifie que tout *exequatur*, même simplifié, est supprimé. Le jugement circule donc librement sans qu'un effet frontière se produise. Les procédures d'exécution en elles-mêmes (saisies, *etc.*) sont régies par le droit de l'État membre d'exécution (Règl., art. 21 § 1), et la décision étrangère sur le petit litige est exécutée « *dans les mêmes conditions qu'une décision rendue dans l'État membre d'exécution* » (Règl., art. 21 § 1 *in fine*). La partie qui souhaite exécuter sur le territoire d'un État membre autre que celui dont la juridiction a statué, doit présenter deux documents : une copie de la décision, et une copie du certificat délivré par la juridiction qui a statué (formulaire type D), et au besoin une traduction dudit certificat dans la langue officielle de l'État membre d'exécution (Règl., art. 21 § 2).

44.12 **Vers une suppression générale de l'*exequatur*.** Jusqu'à présent, la suppression des formalités intermédiaires nécessaires pour qu'une décision d'un État membre puisse être exécutée dans un autre État membre ne s'était réalisée que de façon ponctuelle, pour certains actes, ou pour certaines procédures. Le règlement de refonte UE n° 1215/2012 du 12 décembre 2012, Bruxelles I *bis*, qui entrera en application le 10 janvier 2015, réalise une réforme majeure : la suppression de l'*exequatur* pour les décisions en matière civile et commerciale. Supprimer la formalité du « *coup de tampon* » dans l'État membre requis ne signifie pas pour autant supprimer tout contrôle. Simplement, ces contrôles sont repoussés au moment de l'exécution dans l'État membre requis, et supposent une initiative du défendeur à l'exécution. Ceci sera exposé dans le cadre des innovations apportées par le règlement UE n° 1215/2012 du 12 décembre 2012 (v. s[s] n°s 441.211 s.).

44.13 **Plan.** Pour des raisons de clarté, il conviendra de diviser en deux chapitres les développements relatifs à la reconnaissance et à l'*exequatur* au sein de l'Union européenne (au sens de déclaration de force exécutoire). Un premier chapitre sera consacré à la reconnaissance et à l'exécution en matière civile et commerciale sur le fondement des textes de la convention de Bruxelles du 27 septembre 1968, de la convention de Lugano du 16 septembre 1988 (et de son texte révisé de 2007) ainsi que du règlement CE n° 44/2001 du 22 décembre 2000 et du règlement de refonte UE n° 1215/2012 du 12 décembre 2012, Bruxelles I *bis*, qui portent tous sur la matière civile et commerciale (chap. 441). Un second chapitre traitera du titre exécutoire européen (chap. 442).

▶ tibilité n'ait pas pu être invoquée au cours de la procédure judiciaire dans l'État membre d'origine. Mais aucun examen au fond de l'injonction de payer européenne ne peut avoir lieu dans l'État membre d'exécution (Règl., art. 22 § 3).

1. Règl. CE n° 861/2007 du Parlement européen et du Conseil, 11 juill. 2007, instituant une procédure européenne de règlement des petits litiges, *JOUE*, n° L 199, 31 juill. 2007, p. 1.
2. Ann. IV, formulaire type D.

CHAPITRE

441. Reconnaissance et exécution des jugements européens en matière civile et commerciale (Conv. Bruxelles et Conv. Lugano, Règl. CE n° 44/2001, 22 déc. 2000, Bruxelles I, et Règl. UE n° 1215/2012, 12 déc. 2012, Bruxelles I *bis*)

FRÉDÉRIQUE FERRAND
Professeur à l'Université Jean-Moulin (Lyon 3)
et à l'Université d'Augsbourg

SECTION 0
ORIENTEUR

441.00 Plan du chapitre.

441.01 Textes applicables.

Conv. Bruxelles, 27 sept. 1968, concernant la compétence judiciaire et l'exécution des décisions en matière civile et commerciale, *JOCE*, n° L 299, 31 déc. 1972, p. 32.

Conv. Lugano, 16 sept. 1988, concernant la compétence judiciaire et l'exécution des décisions en matières civile et commerciale, *JO* 5 févr. 1992.

Conv. Lugano révisée, 30 oct. 2007, concernant la compétence judiciaire, la reconnaissance et l'exécution des décisions en matière civile et commerciale, *JOUE*, n° L 339, 21 déc., p. 41.

Règl. CE n° 44/2001 du Conseil, 22 déc. 2000, concernant la compétence judiciaire, la reconnaissance et l'exécution des décisions en matière civile et commerciale, dit règlement Bruxelles I, *JOCE*, n° L 12, 16 janv. 2001, p. 1.

Pour les décisions rendues dans les actions judiciaires intentées, pour les actes authentiques dressés ou enregistrés formellement et pour les transactions judiciaires approuvées ou conclues à compter du 10 janvier 2015 :

Règl. UE n° 1215/2012 du Parlement européen et du Conseil, 12 déc. 2012, concernant la compétence judiciaire, la reconnaissance et l'exécution des décisions en matière civile et commerciale, dit règlement Bruxelles I *bis*, *JOUE*, n° L 351, 20 déc. 2012, p. 1.

441.05 Avertissement. Au cours des développements du chapitre 441, relatifs à la reconnaissance et à la déclaration de force exécutoire européennes en matière civile et commerciale, nous ferons référence de façon générale à « la Convention », terme qui englobera à la fois la convention de Bruxelles et celle de Lugano de 1988, et au « règlement », qui visera le règlement CE du 22 décembre 2000 se substituant à la convention de Bruxelles, dont les dispositions ont été reprises fidèlement par la convention de Lugano révisée de 2007. Lorsque les développements le rendront nécessaire, les divergences entre ces différents textes seront expressément mentionnées. Les importantes innovations apportées par le règlement de refonte du règlement Bruxelles I, c'est-à-dire le règlement UE n° 1215/2012 du 12 décembre 2012, Bruxelles I *bis*[1], seront traitées dans une section à part, la section 4 (v. s^s n°s 441.201 s.), car elles n'entreront en application qu'ultérieurement (v. Règl. 12 déc. 2012, art. 66 § 2)[2].

1. Pour une présentation du nouveau règlement, V. NOT. L. d'Avout, « La refonte du règlement Bruxelles I », *D.* 2013. 1014 – E. Guinchard, *RTD eur.* 2013. 329 – A. Nuyts, « La refonte du règlement Bruxelles I », *Rev. crit. DIP* 2013. 1.

SECTION PRÉLIMINAIRE

441.11 Une utilisation pratique assez facile ayant conduit à la création d'un titre exécutoire européen. Il semble que les reconnaissances et la déclaration de force exécutoire européennes fonctionnent bien, malgré parfois, mais rarement, des lenteurs préjudiciables. Il est rare que des voies de recours soient intentées en la matière, bien qu'elles soient expressément prévues par la convention et le règlement. Le rapport Heß, Pfeiffer et Schlosser[3] qui fait une analyse de l'application du règlement Bruxelles I dans vingt-quatre États membres, souligne que le règlement est efficace, que la plupart des demandes d'*exequatur* sont admises et que le taux d'appel contre une décision d'*exequatur* est en moyenne de 1 % à 5 %[4]. La Commission européenne souligne que la procédure d'*exequatur* est accomplie plus de 10 000 fois par an dans l'Union européenne; dans sa proposition de refonte du règlement Bruxelles I[5], elle juge cette procédure dépassée en raison du développement du marché unique européen et du niveau de confiance entre les systèmes juridiques des États membres. La suppression de l'*exequatur* – consacrée par le règlement UE n° 1215/2012 du 12 décembre 2012 révisant le règlement Bruxelles I – permettra ainsi de faciliter le commerce transfrontalier, les décisions rendues en matière civile et commerciale devenant automatiquement exécutoires, sauf circonstances exceptionnelles et contestation du défendeur à l'exécution devant les juridictions de l'État membre requis. Malheureusement, si cette confiance brandie comme un étendard par la Commission européenne pour justifier une disparition encore prématurée de l'*exequatur* peut exister entre quelques États membres, il ne semble pas qu'elle puisse être étendue à tous, et notamment pas à certains nouveaux entrants dont le haut niveau de corruption a pu être déclaré préoccupant. La « *confiance mutuelle* » est donc plus une présomption irréfragable posée par les institutions européennes, voire une fiction, qu'une réalité de la pratique judiciaire[6].

2. Le règlement UE n° 1215/2012 du 12 décembre 2012, Bruxelles I *bis*, s'appliquera également au Danemark, car cet État membre, par lettre du 20 décembre 2012 et conformément à l'accord conclu le 19 octobre 2005 avec l'Union européenne, a notifié à la Commission européenne son intention d'appliquer le règlement Bruxelles I *bis* (*JOUE*, n° L 79, 21 mars 2013, p. 4).
3. *Report on the Application of regulation Brussels I in the Member States*, sept. 2007, n°s 503 s.
4. *Report*, n° 506, préc.
5. COM (2010) 748 final, 14 déc. 2010.
6. COMP., L. d'Avout, « Faut-il supprimer l'*exequatur* dans le contentieux transfrontière en Europe ? », *Dr. et proc.*, suppl. nov. 2010, p. 72 – V. Heuzé, « La Reine morte : la démocratie à l'épreuve de la conception communautaire de la justice », *JCP* 2011. 602 et 606, pour qui « *plutôt que de confiance, c'est d'obéissance qu'il s'agit* ».

La « *déclaration constatant la force exécutoire* » (expression qui remplace celle d'*exequatur* dans le règlement CE n° 44/2001 du 22 décembre 2000, Bruxelles I, et la convention de Lugano de 2007) est obtenue en quelques jours ou semaines : la durée d'obtention de la déclaration est, d'après les enquêtes réalisées en vue de la rédaction du rapport Heß, Pfeiffer et Schlosser, d'une semaine en Autriche, d'un à trois mois à Chypre, d'une à trois semaines en Angleterre et au Pays de Galles, de trois à six mois en Estonie, de deux à trois mois en Finlande, de dix à quinze jours en France, de trois semaines en Allemagne, de dix jours à sept mois en Grèce, d'une à deux heures en Hongrie, d'environ une semaine en Irlande, de vingt à trente jours à Milan pour l'Italie, alors qu'à Bologne, cela met sept à vingt jours, de dix jours en Lettonie, jusqu'à cinq mois en Lituanie, d'un à sept jours au Luxembourg, de quatre mois en Pologne, de deux à six semaines en Slovénie, d'un à deux mois en Espagne, de deux à trois semaines en Suède [1].

Devant ce succès, la Commission a proposé d'aller plus loin et préparé un projet de règlement créant un véritable **titre exécutoire européen** pour les créances incontestées qui circulerait librement dans les différents États membres et qui ne nécessiterait aucune procédure d'*exequatur*, même simplifié, pour devenir exécutoire dans des États dont les juridictions ne l'ont pas délivré. C'est ainsi qu'a été adopté le règlement CE n° 805/2004 du 21 avril 2004 [2] créant le titre exécutoire européen, dont la délivrance – par les juridictions de l'État membre dans lequel a été émis le titre national constatant une créance incontestée – permet de dispenser son bénéficiaire des formalités de déclaration de force exécutoire prévues par le règlement Bruxelles I du 22 décembre 2000 (pour des détails sur ce titre exécutoire européen, v. s[s] n°s 442.00 s.). On peut toutefois s'interroger sur l'intérêt que présentera le titre exécutoire européen lorsque s'appliquera le règlement Bruxelles I *bis* du 12 décembre 2012, qui supprime de façon générale l'*exequatur* même simplifié en matière civile et commerciale. L'*exequatur* a également été supprimé dans deux règlements spécifiques adoptés ces dernières années par le législateur de l'Union : le règlement CE n° 1896/2006 du 12 décembre 2006 [3] du Parlement européen et du Conseil, instaurant une **procédure d'injonction de payer européenne**, qui est entré en application le 12 décembre 2008, et le règlement CE n° 861/2007 du 11 juillet 2007, instituant une procédure européenne de **règlement des petits litiges** ne dépassant pas 2 000 euros [4]. Il en va de même dans le règlement CE n° 4/2009 du 18 décembre 2008 [5] en matière d'**obligations alimentaires**, en tout cas lorsque la décision émane d'un État membre qui est tenu par le protocole de La Haye de 2007 sur la loi applicable aux obligations alimentaires (v. s[s] n° 44.10). En outre, déjà dans le règlement Bruxelles II *bis* CE n° 2201/2003 du 27 novembre 2003 [6], l'*exequatur* avait été supprimé dans deux cas spécifiques (v. s[s] n° 44.09).

441.12 Un contrôle minimal. Qui dit libre circulation des jugements entend donc ou une absence totale de contrôle des juges de l'État requis sur la décision émanant des tribunaux d'un autre État membre, ou un contrôle minimal. C'est en faveur de cette dernière solution que se sont prononcées les conventions de Bruxelles et de Lugano 1988 et 2007 ainsi que le règlement CE n° 44/2001 du 22 décembre 2000, Bruxelles I, qui retiennent le principe d'une confiance accordée aux tribunaux de l'État d'origine par les magistrats de l'État requis. Il en découlera deux conséquences : **d'abord** par rapport au droit commun de l'*exequatur* en droit international privé, les règles des conventions et du règlement seront minimalistes, le juge délivrant la déclaration de force exécutoire en se contentant d'un contrôle faible de la décision qu'on lui demande de revêtir de la formule exécutoire; **ensuite**, la procédure elle-même sera simplifiée afin de rendre plus rapide et moins complexe l'obtention de la formule exécutoire. Ce terme de formule exécutoire ne se trouve pas directement dans la convention ou le règlement, car certains États membres connaissent une procédure différente pour rendre un titre exécutoire. Une expression plus générale est employée (v. Conv. Bruxelles, art. 31 – Règl. 22 déc. 2000 et Conv. Lugano 2007, art. 38 : « *Les décisions rendues dans un État contractant [membre selon la terminologie du règlement] et qui y sont exécutoires sont mises à exécution dans un autre État contractant [membre] après y avoir été* ***déclarées exécutoires*** *sur requête de toute partie intéressée* »).

Le règlement CE n° 44/2001 du 22 décembre 2000 semble écarter la notion traditionnelle d'*exequatur* au profit d'une conception novatrice de « *déclaration constatant la force exécutoire* », formule laissant à penser que l'acte contenant cette déclaration serait purement déclaratif (v. s[s] n° 441.103).

1. *Report*, n° 514, préc. s[s] prés[t] n°.
2. Règl. CE n° 805/2004 du Parlement européen et du Conseil, 21 avr. 2004, portant création d'un titre exécutoire européen pour les créances incontestées, *JOUE*, n° L 143, 30 avr., p. 15.
3. Règl. CE n° 1896/2006 du Parlement européen et du Conseil, 12 déc. 2006, instituant une procédure européenne d'injonction de payer, *JOUE*, n° L 399, 30 déc., p. 1.
4. Règl. CE n° 861/2007 du Parlement européen et du Conseil, 11 juill. 2007, instituant une procédure européenne de règlement des petits litiges, *JOUE*, n° L 199, 31 juill., p. 1 [entré en application le 1er janv. 2009].
5. Règl. CE n° 4/2009 du Conseil, 18 déc. 2008, relatif à la compétence, la loi applicable, la reconnaissance et l'exécution des décisions et la coopération en matière d'obligations alimentaires, *JOUE*, n° L 7, 10 janv. 2009, p. 1-79.
6. Règl. CE n° 2201/2003 du Conseil, 27 nov. 2003, relatif à la compétence, la reconnaissance et l'exécution des décisions en matière matrimoniale et en matière de responsabilité parentale abrogeant le règlement (CE) n° 1347/2000, dit règlement Bruxelles II *bis*, *JOUE*, n° L 338, 23 déc., p. 1-29.

441.13 Portée de la reconnaissance ou de la délivrance de la déclaration de force exécutoire. Le titre III de la convention de Bruxelles et le chapitre III du règlement CE n° 44/2001, Bruxelles I, distinguent reconnaissance et exécution (au sens d'*exequatur*). À la reconnaissance sont consacrés les **articles 26 à 30 de la convention, les articles 33 à 37 du règlement** alors que l'exécution est abordée dans les **articles 31 à 46 de la convention, 38 à 52 du règlement.** Les articles 46 et suivants de la convention de Bruxelles (art. 53 et suivants du règlement) contiennent des dispositions communes à ces deux mécanismes. Les règles s'appliquent dès lors qu'est demandée la reconnaissance ou l'exécution d'une décision rendue dans un autre État membre, que cette décision ait été rendue en vertu des règles de compétence formulées par la convention de Bruxelles ou de Lugano, le règlement Bruxelles I ou d'autres règles de compétence (droit international privé commun d'un État, ou même décision initialement purement interne dont une partie a ensuite demandé l'exécution dans un autre État membre) [1].

La **reconnaissance** signifie que l'État requis intègre à son ordre juridique la solution contenue dans le jugement reconnu; cette décision a donc autorité de chose jugée, au sens qu'elle a force obligatoire et qu'il est donc impossible de revenir, devant les tribunaux d'un autre État membre, sur ce qui a été jugé dans un premier État membre; il n'est pas non plus possible d'intenter une nouvelle instance au fond devant les juges d'un autre État membre afin d'obtenir un titre proclamant la même solution juridique dans deux États (en ce sens, la CJCE a affirmé dans l'arrêt *De Wolf c/Cox* de 1976 [2] qu'on ne peut invoquer un jugement déjà rendu dans un État contractant pour justifier le bien-fondé de la même demande devant les juges d'un autre État contractant; cette règle posée par la Cour s'explique par le fait que la décision rendue en premier lieu bénéficie en principe de la reconnaissance sur le territoire du second État, ce qui rend inutile toute nouvelle action au fond, à laquelle s'oppose en outre l'autorité de chose jugée. Ce serait en effet régresser que de considérer comme préférable de saisir à nouveau du même litige un tribunal d'un autre État contractant ou membre afin de détenir des titres exécutoires émanant des différents États sur lesquels le demandeur souhaite exécuter).

441.14 Exécution. L'exécution, elle, permet de donner force exécutoire (de « *déclarer exécutoire* » disent la convention et le règlement Bruxelles I) à un jugement rendu sur le territoire d'un autre État contractant ou membre. L'intérêt pratique pour le requérant – intérêt qui est le même qu'en matière de sentences arbitrales en droit interne, puisque celles-ci nécessitent aussi un *exequatur* de la part du juge étatique – est de lui permettre, une fois cette déclaration de caractère exécutoire obtenue, de faire – si nécessaire – appel au concours de la force publique dans l'État requis afin de faire exécuter la décision de condamnation obtenue dans l'État d'origine.

Selon un arrêt de la cour d'appel de Paris de 1997 faisant application de la convention de Bruxelles de 1968, la procédure d'*exequatur* (de déclaration de force exécutoire) n'a d'autre but, ni d'autre effet que de conférer au jugement étranger, dans les termes exacts où il a été rendu, force exécutoire en France. Le juge de l'*exequatur* doit seulement vérifier la régularité internationale de la décision dont il est saisi par référence aux règles qui sont applicables à la situation en cause, mais il est dépourvu de tout pouvoir de révision et de toute possibilité d'en contrôler le contenu. Le président du tribunal de grande instance (TGI) qui fait droit à une demande d'*exequatur* se borne à intégrer dans l'ordre juridique français le jugement étranger qui a été rendu, sans que sa décision touche à l'exécution proprement dite [3]. Désormais, ce n'est plus le président du TGI mais le greffier de ce même tribunal qui délivre la déclaration de force exécutoire des jugements étrangers dans le cadre du règlement CE n° 44/2001 du 22 décembre 2000, Bruxelles I (v. C. pr. civ., art. 509-2, al. 1er).

Il convient de souligner d'ores et déjà ici une **différence fondamentale entre la convention de Bruxelles et le règlement Bruxelles I n° 44/2001 du 22 décembre 2000** : alors que la convention prévoit que le juge de l'*exequatur* de l'État contractant requis ne délivre l'*exequatur* qu'après examen des éventuels motifs de non-reconnaissance prévus aux articles 27 et 28 de la convention, le règlement n° 44/2001 du 22 décembre 2000 ne prévoit, au stade de la juridiction ou de l'autorité compétente de l'État membre requis appelée à se prononcer en premier sur la déclaration de force exécutoire de la décision étrangère, aucun examen de ces motifs justifiant le refus de reconnaissance ou le refus de déclaration de force exécutoire. Cette première phase se limite à un contrôle purement formel de la décision dont la force exécutoire est demandée dans l'État membre requis. C'est seulement dans l'instance sur recours que pourront être examinés ces motifs. Il s'agit là d'une évolution fondamentale en faveur de la libre circulation des jugements dans l'Union européenne. C'est seulement si en pratique le défendeur forme un recours contre la décision déclarant le jugement exécutoire que seront débattues et appréciées les raisons de ne pas reconnaître force exécutoire à ce jugement dans l'État membre requis. Le juge examinera alors la décision au regard des articles 34 et 35 du règlement. Cette évolution a été également consacrée par la convention de Lugano révisée de 2007, qui est entrée en application le 1er janvier 2010 entre les États membres de l'Union européenne, le Danemark et la Nor-

1. EN CE SENS, v. CJCE 11 juin 1985, Épx Debaecker et Prouvier c/ Bouwman, aff. 49/84, *Rec. CJCE* 1779.
2. CJCE 30 nov. 1976, De Wolf c/Cox, aff. 42/76, *Rec. CJCE* 1759.
3. V. Paris, 1er avr. 1997, *D.* 1997. IR 166.

vège, le 1er janvier 2011 pour la Suisse, et le 1er mai 2011, pour l'Islande[1].

Cette possibilité de voir déclarer exécutoire dans un État membre appelé État requis un jugement rendu dans un autre État membre (dénommé État d'origine) existe également pour les **actes authentiques** et les **transactions judiciaires**. En effet, l'**article 50.1 de la convention et l'article 57 du règlement Bruxelles I** disposent : « *Les actes authentiques reçus et exécutoires dans un État contractant [membre dans le règlement] sont, sur requête, déclarés exécutoires dans un autre État contractant* [État membre], *conformément à la procédure prévue aux articles 31 et suivants* [Règl. 22 déc. 2000, art. 38 s.]. *La requête ne peut être rejetée que si l'exécution de l'acte authentique est contraire à l'ordre public de l'État requis* ». La dernière phrase est différente dans l'article 57 du règlement, qui énonce que « *la juridiction auprès de laquelle un recours est formé en vertu des articles 43 ou 44 ne refuse ou révoque une déclaration constatant la force exécutoire que si l'exécution de l'acte authentique est manifestement contraire à l'ordre public de l'État membre requis* ». Le règlement assimile à des actes authentiques au sens de l'article 57 les conventions en matière d'obligations alimentaires conclues devant des autorités administratives ou authentifiées par elles.

En matière de transaction judiciaire, l'**article 51 de la convention et l'article 58 du règlement Bruxelles I** énoncent : « *Les transactions conclues devant le juge au cours d'un procès et exécutoires dans l'État* [membre] *d'origine sont exécutoires dans l'État* [membre] *requis aux mêmes conditions que les actes authentiques* ». Le règlement ajoute que la juridiction ou l'autorité compétente d'un État membre dans lequel une transaction a été conclue délivre, à la requête de toute partie intéressée, un certificat en utilisant le formulaire dont le modèle figure à l'annexe V du règlement.

Lorsque le juge de l'État membre requis reconnaît la décision rendue dans un autre État membre ou même la déclare exécutoire sur son propre territoire, il peut - selon les diverses théories de droit international privé - ou bien lui conférer les mêmes effets qu'à une décision nationale, ou bien même lui reconnaître tous les effets qu'elle développe dans l'État d'origine, même si une décision nationale semblable rendue dans l'État requis avait des conséquences moindres. Comme la convention de Bruxelles et le règlement CE n° 44/2001 du 22 décembre 2000, Bruxelles I, sont muets sur ce point, il plane une incertitude sur la portée de la reconnaissance ou de l'*exequatur* dans l'Union (sur le fondement de la convention de Bruxelles et du règlement Bruxelles I) ou de façon plus générale européenne (convention de Lugano).

Il a toutefois pu être soutenu que la décision étrangère ne saurait produire, sur le territoire d'un autre État contractant ou membre, plus d'effets qu'un jugement de même nature rendu par les tribunaux de cet État (l'avocat général Darmon est allé en ce sens dans ses conclusions sur l'arrêt *Hoffmann c/Krieg*[2] - V. toutefois ce même arrêt, point 10, où la Cour de justice semble considérer que la décision revêtue de la déclaration de force exécutoire doit avoir sur le territoire de l'État requis les mêmes effets que ceux qu'elle développe dans l'État d'origine[3]).

441.15 Décisions concernées. En vertu de l'article 25 de la convention et de l'article 32 du règlement Bruxelles I, on entend, par décision, « *toute décision rendue par une juridiction d'un État contractant [membre] quelle que soit la dénomination qui lui est donnée, telle qu'arrêt, jugement, ordonnance ou mandat d'exécution, ainsi que la fixation par le greffier du montant des frais du procès* ».

En revanche, l'**arbitrage** étant exclu du champ d'application des conventions de Bruxelles, de Lugano et du règlement Bruxelles I, la Cour de cassation[4] française a jugé que « *les décisions rendues en matière d'arbitrage sont exclues du champ d'application de la convention de Lugano et ne sont donc susceptibles ni de bénéficier du système de reconnaissance simplifié mis en place par la convention ni de faire obstacle à la reconnaissance de décisions rendues dans un autre État membre* », en concluant que l'arrêt d'appel[5] était légalement justifié. Comme le relève un auteur[6], la Cour de cassation semble considérer que seules les décisions de l'État requis relevant de la matière civile et commerciale au sens de l'article 1er de la convention de Lugano peuvent faire échec à la reconnaissance des décisions émanant d'autres États contractants, alors que la Cour de justice a jugé, dans l'arrêt *Hoffmann c/Krieg*[7], qu'une décision de divorce

1. La convention de Lugano a en effet fait l'objet d'une révision en 2007 en vue de l'aligner sur les modifications intervenues dans le règlement Bruxelles I du 22 décembre 2000 (« *eu égard au parallélisme qui existe entre les régimes instaurés par les conventions de Bruxelles et de Lugano* [...], *il convient d'aligner les dispositions de la seconde Convention sur celles du règlement CE n° 44/2001, afin d'atteindre le même degré de circulation des décisions judiciaires entre les pays membres de l'Union européenne et les pays de l'AELE concernés* », Décis. du Conseil, 15 oct. 2007, *JOUE*, n° L 339, 21 déc., p. 1, consid. 4). Une décision du Conseil du 15 octobre 2007 a approuvé la signature de la nouvelle convention de Lugano (*JOUE*, n° L 339, 21 déc., p. 41).

2. Av. gén. Darmon, concl. ss CJCE 4 févr. 1988, Hoffmann c/ Krieg, aff. 145/86, *Rec. CJCE* 645.
3. CJCE 4 févr. 1988, Hoffmann c/Krieg, aff. 145/86, préc., point 10.
4. Civ. 1re, 4 juill. 2007, n° 05-149.18, *Bull. civ.* I, n° 253; *Rev. crit. DIP* 2007. 822, note Usunier.
5. L'arrêt d'appel avait jugé que les décisions suisses dont l'*exequatur* était demandé n'étaient pas inconciliables avec une sentence arbitrale partielle; la Cour de cassation rejette le pourvoi par substitution de motifs en relevant que la décision prononçant l'*exequatur* de la sentence arbitrale ne saurait constituer un motif de refus de reconnaissance ou d'*exequatur* au sens de l'article 27.3 de la convention de Lugano de 1988. Cette solution n'est pas très favorable à l'arbitrage international.
6. L. Usunier, *Rev. crit. DIP* 2007. 830.
7. CJCE 4 févr. 1988, aff. 145/86.

(donc échappant au domaine de la convention de Bruxelles) était inconciliable, au sens de l'article 27.3 de la convention, avec une décision condamnant un époux à verser à l'autre des aliments dans le cadre du mariage. Dès lors, la Cour de justice ne suivrait sans doute pas la position de la Cour de cassation française si elle était saisie d'une question préjudicielle sur le fondement du règlement Bruxelles I[1].

Sur **l'exclusion de l'arbitrage** dans le règlement de refonte UE n° 1215/2012 du 12 décembre 2012, Bruxelles I *bis*, et les incidences de cette exclusion sur la reconnaissance et l'exécution d'une décision rendue par une juridiction d'un État membre concernant la question de savoir si une convention d'arbitrage est caduque, inopérante ou non susceptible d'être appliquée, v. considérant 12 (une telle décision ne devrait pas être soumise aux règles de reconnaissance et d'exécution inscrites dans le règlement, que la juridiction se soit prononcée sur cette question à titre principal ou incident) et s[s] n° 150.58.

Cette définition européenne de la « *décision* » invite à préciser plusieurs éléments : d'abord, la provenance possible de la décision, ensuite la matière sur laquelle elle porte et enfin le type de décision dont il peut s'agir.

441.16 1°) Une décision rendue par le tribunal d'un État contractant ou État membre. Cette décision doit avoir été rendue par un tribunal statuant sur le territoire d'un État contractant ou État membre (mais pas une juridiction internationale ou de l'Union), après l'entrée en vigueur de la convention ou du règlement dans l'État d'origine. Afin de faciliter une libre circulation plus rapide des jugements, l'alinéa 2 de l'article 54 de la convention instaure une faveur pour les décisions rendues après l'entrée en vigueur de la convention dans les rapports entre l'État d'origine et l'État requis, mais à la suite d'actions intentées avant cette entrée en vigueur : dans cette hypothèse, les décisions peuvent quand même être reconnues et exécutées sur le fondement du titre III de la convention, à condition que les règles de compétence appliquées soient conformes à celles qui étaient prévues ou bien par le titre II de la convention, ou bien par une convention qui était en vigueur entre l'État d'origine et l'État requis lorsque l'action a été intentée.

V. par ex., l'arrêt de la première chambre civile de la Cour de cassation du 5 mai 1993[2]; et aussi, à propos d'un acte notarié, un arrêt de la même chambre en date du 8 novembre 1988[3]; l'alinéa 2 ne s'applique pas aux actes authentiques reçus avant et déclarés exécutoires après l'entrée en vigueur de la convention de Bruxelles le 1er février 1973; en conséquence, un acte notarié allemand reçu avant le 1er février 1973 ne peut être revêtu de la formule exécutoire selon les règles de la convention, même s'il a été déclaré exécutoire postérieurement à cette date; on peut s'interroger sur l'opportunité de cette décision française qui s'en tient à la lettre de l'alinéa 2 de l'article 54 sans faire prévaloir l'esprit et le but de la convention : la libre circulation des titres.

L'article 66 du règlement Bruxelles I prévoit également, après avoir posé le principe de son applicabilité aux actions judiciaires intentées et aux actes authentiques reçus postérieurement à son entrée en vigueur, que toutefois, si l'action dans l'État membre d'origine a été intentée avant la date d'entrée en vigueur du présent règlement, les décisions rendues après cette date sont reconnues et exécutées conformément aux dispositions du chapitre III :

a) dès lors que l'action dans l'État membre d'origine a été intentée après l'entrée en vigueur de la convention de Bruxelles ou de la convention de Lugano à la fois dans l'État membre d'origine et dans l'État membre requis;

b) dans tous les autres cas, dès lors que les règles de compétence appliquées sont conformes à celles prévues soit par le chapitre II du règlement, soit par une convention qui était en vigueur entre l'État membre d'origine et l'État membre requis au moment où l'action a été intentée (Règl. 22 déc. 2000, art. 66 § 2).

Pour une interprétation de l'article 66 § 2 du règlement CE n° 44/2001 du 22 décembre 2000, Bruxelles I, par la Cour de justice de l'Union européenne (CJUE), v. l'arrêt du 21 juin 2012, *Wolf Naturprodukte GmbH*[4] : l'article 66 § 2 doit être interprété en ce sens que, pour fonder l'applicabilité du règlement aux fins de la reconnaissance et de l'exécution d'une décision juridictionnelle, il est nécessaire que, au moment du prononcé de cette décision, ledit règlement ait été en vigueur tant dans l'État membre d'origine que dans l'État membre requis (ce qui n'était pas le cas en l'espèce : la décision juridictionnelle dont la reconnaissance et l'exécution étaient demandées avait été rendue par défaut et il pouvait être supposé que le défendeur au principal, qui ne pouvait bénéficier des mécanismes de protection prévus à l'article 26 du règlement CE n° 44/2001, dans la mesure où la République tchèque n'avait pas encore adhéré à l'Union au moment où la décision avait été prononcée dans l'État membre d'origine, avait été privé de la possibilité de participer effectivement à la procédure juridictionnelle, la décision ayant été rendue le jour même de la signification de l'acte introductif d'instance). Pour la Cour de justice il résulte « *tant de la genèse que de l'économie et de la finalité de l'article 66 du règlement n° 44/2001 que la notion d''entrée en vigueur prévue à cette disposition doit être comprise comme étant la date à partir de laquelle ce règlement s'applique dans les deux États membres concernés* » (point 33 de l'arrêt).

Une « *juridiction* » se caractérise par son indépendance à l'égard des pouvoirs législatif et exécutif et par la procédure réglementée qui se déroule devant elle,

1. Pour une ANALYSE TRÈS CRITIQUE de l'arrêt de la Cour de cassation du 4 juill. 2007, v. L. Usunier, *Rev. crit. DIP* 2007. 831 s.
2. Civ. 1re, 5 mai 1993, n° 90-21.473, *Bull. civ.* I, n° 154; *D.* 1993. IR 136.
3. Civ. 1re, 8 nov. 1988, n° 86-17.491, *Bull. civ.* I, n° 310; *JCP* 1989. II. 21276, obs. Cadiet.
4. CJUE 21 juin 2012, Wolf Naturprodukte GmbH, aff. C-514/10.

procédure qui offre des garanties aux plaideurs, notamment au défendeur. Cette juridiction peut être civile, pénale, administrative, pourvu qu'elle statue dans une matière relevant de la convention ou du règlement, même si la compétence du tribunal résulte non pas des règles de la convention ou du règlement, mais d'autres règles conventionnelles, ou du droit international privé général d'un État contractant (ou membre), ou encore de règles de compétence de pur droit interne.

À propos de l'effet d'une clause compromissoire non invoquée par les parties, la Cour de cassation française a jugé que le défendeur régulièrement appelé à l'instance allemande n'est pas fondé à prétendre échapper aux règles de reconnaissance et d'exécution instituées par la convention de Bruxelles au seul prétexte de l'existence dans le contrat d'une clause compromissoire dont les parties au contrat étaient seules à pouvoir se prévaloir devant le juge allemand, ce que précisément elles n'ont pas fait[1].

Il est même possible que la juridiction d'un État contractant (État membre), saisie en vertu d'autres règles que celles de la convention de Bruxelles ou du règlement Bruxelles I, ait appliqué, pour s'estimer compétente pour statuer, une **règle exorbitante** expressément exclue par ces textes, par exemple les articles 14 et 15 du Code civil en droit français. Dans ce cas, l'**article 59 de la convention** donnait toutefois au juge de l'État requis le droit de s'engager, envers un État tiers, aux termes d'une convention sur la reconnaissance et l'exécution, à ne pas reconnaître une décision rendue, notamment dans un autre État contractant, contre un défendeur qui avait son domicile ou sa résidence habituelle sur le territoire d'un État tiers, dès lors que le juge qui a statué s'est reconnu compétent uniquement en vertu d'une règle de compétence exorbitante. L'alinéa 2 de l'article 59 limitait toutefois la portée de cette possibilité en décidant qu'un État contractant ne pouvait passer un tel accord avec un État tiers dès lors que la juridiction d'un autre État contractant qui avait statué l'avait fait en raison de l'existence dans cet État de biens appartenant au défendeur ou sur la saisie par le demandeur de biens qui y existaient, dès lors que la demande portait sur la propriété ou la possession desdits biens, visait à obtenir d'en disposer ou était relative à un autre litige les concernant, ou dès lors que les biens constituaient la garantie d'une créance qui faisait l'objet de la demande.

Le **règlement CE n° 44/2001 du 22 décembre 2000,** prévoit, lui, dans son **article 72,** qu'il « *n'affecte pas les accords par lesquels les États membres se sont engagés, avant l'entrée en vigueur du présent règlement, en vertu de l'article 59 de la convention de Bruxelles, à ne pas reconnaître une décision rendue, notamment dans un autre État contractant à ladite convention, contre un défendeur qui a son domicile ou sa résidence habituelle dans un pays tiers lorsque, dans un cas prévu à l'article 4 de cette convention, la décision n'a pu être fondée que sur une compétence visée à l'article 3, deuxième alinéa de cette même convention* » (l'article 3 vise les compétences exorbitantes). Cet article 72 du règlement ne semble laisser de place que pour les accords déjà passés par les États membres; il n'autorise pas de nouveaux accords.

441.17 **2°) La matière sur laquelle porte la décision doit relever de la convention ou du règlement.** Ceci résulte de l'article 1er, qui s'applique tant à propos des règles de compétence édictées qu'au sujet des dispositions relatives à la reconnaissance et à l'exécution. Ce texte énonce que « *la présente convention* [le présent règlement] *s'applique en matière civile et commerciale et quelle que soit la nature de la juridiction* », puis écarte expressément certaines matières de son domaine (sur les matières exclues, v. titre 15, l'étude sur la compétence européenne). Se pose dès lors la question des décisions mixtes, c'est-à-dire de celles qui statuent sur des matières ne relevant pas de la convention et sur d'autres qui en font partie[2]. Dans cette hypothèse, seule la partie de la décision entrant dans le champ d'application de la convention ou du règlement pourra bénéficier de la procédure de reconnaissance et d'exécution prévue au titre III de la convention ou au chapitre III du règlement[3] (sur une hypothèse différente, v. P. Gothot et D. Holleaux[4], qui considèrent que si le juge, pour statuer à titre principal sur une question ne relevant pas du domaine de la convention, a dû au préalable trancher une question en relevant, le titre III ne s'appliquera pas).

Si le juge a statué à titre principal sur une question exclue du champ du règlement Bruxelles I, le mécanisme simplifié ne s'appliquera pas, alors qu'il jouera au contraire lorsque le juge statue à titre principal sur une question entrant dans le champ d'application du règlement, même s'il a dû préalablement trancher une question incidente non couverte par le règle-

1. Civ. 1re, 14 nov. 2000, n° 98-21.627, NP; *RTD com.* 2002. 47, obs. Loquin; *Rev. crit. DIP* 2001. 172, obs. Muir-Watt.

2. V. PAR EX., pour l'*exequatur* en Allemagne d'une décision anglaise statuant à la fois, après divorce, sur l'obligation alimentaire (couverte par le règlement Bruxelles I avant l'entrée en vigueur du règlement CE n° 4/2009 du 18 décembre 2008 sur la compétence, la loi applicable, la reconnaissance et l'exécution en matière d'obligations alimentaires) et sur les autres conséquences financières du mariage et du divorce (régime matrimonial selon le droit continental, domaine exclu du règlement Bruxelles I), C. féd. justice (BGH), 12 août 2009, XII ZB 12/05, *FamRZ* 2009. 1659, obs. Henrich.
3. CJCE 6 mars 1980, De Cavel, aff. 120/79, *Rec. CJCE* 731; en outre, en vertu de l'article 25 du règlement CE n° 1346/2000 du 29 mai 2000 relatif aux procédures d'insolvabilité, les jugements rendus sur le fondement de ce texte sont reconnus et exequaturés selon les dispositions du règlement Bruxelles I; toutefois, l'article 6 du règlement CE n° 1346/2000 du 29 mai 2000 limite les motifs de non-reconnaissance au cas de violation de l'ordre public.
4. P. Gothot et D. Holleaux, *La Convention de Bruxelles du 27 septembre 1968*, Paris, Jupiter, 1985, n° 29.

ment. Les règles de reconnaissance et d'exécution du règlement ne s'appliquent pas en matière de sentences arbitrales ou de décisions rendues à propos de demandes d'annulation, de modification, de reconnaissance ou d'*exequatur* d'une sentence arbitrale : ainsi, la première chambre civile de la Cour de cassation, dans un arrêt de 2003, énonce que l'article 1er de la convention de Lugano exclut de son champ d'application l'arbitrage en tant que matière dans son ensemble, de sorte qu'en sont écartées non seulement les sentences arbitrales, mais aussi les décisions des tribunaux étatiques statuant sur des recours contre la sentence ou sur une demande en *exequatur*. Selon la Cour, seul le président du TGI, statuant à juge unique, par ordonnance sur requête non contradictoire, a compétence pour statuer sur une demande d'*exequatur* en France d'une sentence arbitrale ou d'une décision judiciaire étrangère se prononçant sur un recours contre la sentence [1].

De même, ne bénéficie pas de ces règles spécifiques de reconnaissance et d'*exequatur* le jugement rendu dans un État contractant (ou membre) relatif à l'*exequatur* d'une décision rendue dans un autre État contractant (membre), et dont la reconnaissance ou l'*exequatur* serait demandé dans un troisième État contractant ou membre (maxime « exequatur *sur* exequatur *ne vaut* »).

Une seconde difficulté peut apparaître : celle de la qualification de la matière du procès comme relevant ou non de la convention ou du règlement. Si le juge qui a statué a estimé que la matière faisait partie de ce domaine, il semble contestable d'admettre que le juge de l'État requis puisse revenir sur cette appréciation et refuser ainsi le bénéfice du titre III de la convention ou du chapitre III du règlement Bruxelles I à la décision rendue. La doctrine est toutefois divisée à ce sujet, sur lequel la Cour de justice ne s'est pas encore prononcée.

Il a été vu, à propos des règles de compétence européenne, que l'article 24 de la convention et l'article 31 du règlement Bruxelles I permettent de solliciter des **mesures conservatoires ou provisoires** prévues par la loi d'un État contractant (membre) aux autorités judiciaires de cet État, même si, en vertu de la convention ou du règlement, une juridiction d'un autre État contractant (membre) est compétente pour connaître du fond de l'affaire. Logiquement, il découle de ce texte – et de la formulation très générale de l'article 25 de la convention et de l'article 31 du règlement Bruxelles I définissant la notion de « *décision* » – que les dispositions en matière de reconnaissance et d'exécution de la convention ou du règlement s'appliquent également aux jugements ayant statué sur de telles mesures (v. d'ailleurs, pour une application, l'arrêt *De Cavel*, dans lequel la Cour de justice avait à se prononcer sur le cas de mesures provisoires prononcées par le juge d'un État contractant dans le cadre d'une procédure de divorce : apposition de scellés, pension alimentaire pour la durée de l'instance [2]).

Quelques mois plus tard, la Cour de justice, dans l'arrêt *Denilauer*, a cependant restreint ce principe en refusant que le titre III de la convention s'applique aux décisions judiciaires autorisant des mesures provisoires ou conservatoires rendues sans respect du contradictoire et destinées à être exécutées sans avoir été au préalable signifiées [3]. La motivation de la Cour s'appuie sur le postulat selon lequel l'*exequatur* simplifié prévu au titre III s'explique par les garanties de procédure respectées dans les États contractants. Si, dans certaines procédures d'urgence, ces garanties sont – même provisoirement – écartées, la rapidité et la simplicité de procédure prévues au titre III deviennent dangereuses et ne se justifient plus. Il en va donc ainsi dans tous les cas où le premier degré de juridiction ne permet pas au défendeur de s'exprimer puisqu'il n'est même pas convoqué par le tribunal, le principe du contradictoire n'étant garanti qu'*a posteriori* par l'institution d'une voie de recours (cas des ordonnances sur requête en France). L'arrêt *Denilauer* mettait d'ailleurs en cause une procédure de saisie conservatoire autorisée sur des avoirs bancaires en Allemagne, procédure qui – pour être réellement efficace – nécessitait que le défendeur ne fût pas prévenu [4]. (Sur la réforme projetée de la circulation des mesures provisoires par la Commission dans le cadre de la refonte du règlement Bruxelles I, v. ss no 441.191 et sur le contenu du règlement UE no 1215/2012 du 12 décembre 2012, Bruxelles I *bis*, sur ce point, v. ss no 441.231).

441.18 3°) Indifférence de la nature de la décision rendue. Peu importe que la décision soit exécutoire ou seulement exécutoire par provision (ce caractère exécutoire n'est d'ailleurs exigé qu'en matière d'exécution, pas pour une simple reconnaissance), qu'elle soit gracieuse ou contentieuse, contradictoire ou par défaut. Il peut toutefois être parfois délicat de distinguer nettement entre procédure par défaut et procédure sur requête (c'est-à-dire sans respect, dans un premier temps, du contradictoire afin que la mesure sollicitée ait véritablement une chance d'être effective – à ce sujet par ex. la procédure d'injonction de payer prévue par le droit allemand [5]).

Sur la question de savoir si une décision rendue dans le pays d'origine dans le contexte d'une procédure de liquidation judiciaire – matière exclue du champ d'application de la convention de Bruxelles et du règlement Bruxelles I, et qui n'est pas non plus susceptible d'être reconnue dans le pays requis en raison du droit national de cet État, mais qui, dans le pays où elle a été rendue, confère à l'une des par-

1. Civ. 1re, 9 déc. 2003, no 01-13.341, Fédération de Russie, *Bull. civ.* I, no 250; *D.* 2004. 1055, note Weiszberg; *D.* 2004. 3186, obs. Clay; *RTD civ.* 2004. 547, obs. Théry.
2. CJCE 6 mars 1980, De Cavel, aff. 120/79, *Rec. CJCE* 731.
3. CJCE 21 mai 1980, Denilauer c/Couchet, aff. 125/79, *Rec. CJCE* 1553 – EN CE SENS, C. féd. justice (BGH), 9e civ., 21 déc. 2006, *IXZB* 150/05.
4. Pour une APPLICATION FRANÇAISE de la jurisprudence *Denilauer*, v. Civ. 1re, 18 mai 1994, no 92-19.126, *Bull. civ.* I, no 176; *Rev. crit. DIP* 1994. 688, note Ancel.
5. CJCE 16 juin 1981, Klomps c/Michel, aff. 166/80, *Rec. CJCE* 1593.

ties une immunité d'exécution de la décision dont l'exécution est demandée – affecte le caractère exécutoire auquel sont subordonnées la reconnaissance et l'exécution d'une décision selon l'article 31.1 de la convention : la Cour de justice juge que le terme exécutoire figurant à l'article 31.1 doit être interprété en ce sens qu'il vise uniquement le caractère exécutoire, du point de vue formel, des décisions étrangères et non les conditions dans lesquelles ces décisions peuvent être exécutées dans l'État d'origine. Il appartient au juge de l'État requis, dans le cadre d'un recours présenté conformément à l'article 36 de la convention, de déterminer selon son propre droit y compris les règles de droit international privé, quels sont les effets juridiques d'une décision rendue dans l'État d'origine dans le contexte d'une procédure de liquidation judiciaire[1].

Pour une décision spécifique à la *reconnaissance* des décisions, v. l'arrêt de la CJUE du 15 novembre 2012, *Gothaer Allgemeine Versicherung*[2]. Dans cette affaire de chargement endommagé au cours d'un transport était en cause une décision d'une juridiction belge s'étant déclarée incompétente en raison de l'insertion d'une clause attributive de juridiction au profit des tribunaux islandais dans un connaissement. Les assureurs saisirent ensuite une juridiction allemande, et l'adversaire soutint que leurs demandes étaient irrecevables car la décision belge (de la cour d'appel d'Anvers) ne se limitait pas à constater l'incompétence des juridictions belges mais reconnaissait expressément compétence aux tribunaux islandais. Or la doctrine allemande considère qu'un jugement portant uniquement sur la recevabilité *(Prozessurteil)* n'est pas susceptible de reconnaissance; le tribunal régional (*Landgericht*) de Brême saisit donc la Cour de justice d'une question préjudicielle afin de savoir si relèvent aussi de la notion de « *décision* » au sens du règlement Bruxelles I les décisions se limitant à constater que les conditions procédurales de recevabilité ne sont pas réunies, notamment en cas d'absence de compétence internationale en raison d'une clause attributive de juridiction. La Cour de justice retient une acception large du terme « *décision* ». Elle considère que l'article 32[3] du règlement Bruxelles I ne se limite pas aux décisions qui mettent fin en tout ou partie au litige, mais vise également les décisions avant dire droit ou qui ordonnent des mesures provisoires ou conservatoires (point 24 de l'arrêt). Pour la Cour, refuser de reconnaître une décision par laquelle une juridiction d'un autre État membre a décliné sa compétence en raison d'une clause attributive de juridiction, porterait atteinte à la confiance réciproque entre États membres (point 29). Une interprétation restrictive de la notion de « *décision* » conduirait à créer une catégorie d'actes émanant des tribunaux que les juridictions des autres États membres ne seraient pas tenues de reconnaître, ce qui selon la Cour serait incompatible avec le système établi aux articles 33 à 35 du règlement Bruxelles I (point 31). La Cour ajoute que la juridiction devant laquelle est invoquée la reconnaissance d'une décision par laquelle une juridiction d'un État membre a décliné sa compétence sur le fondement d'une clause attributive de juridiction est liée par la constatation relative à la validité de cette clause (point 33), car « *admettre que la juridiction de l'État membre requis puisse considérer comme nulle la clause attributive de compétence que la juridiction de l'État membre d'origine a reconnue comme valable irait à l'encontre de la prohibition d'une révision de la décision au fond* » (point 38). Allant encore plus loin, la Cour de justice pose même des principes relatifs à **l'étendue de l'autorité de la chose jugée en droit de l'Union** : « *La notion d'autorité de la chose jugée dans le droit de l'Union ne s'attache pas qu'au dispositif de la décision juridictionnelle en cause, mais s'étend aux motifs de celle-ci qui constituent le soutien nécessaire de son dispositif et sont, de ce fait, indissociables de ce dernier* » (point 40), si bien que la décision par laquelle une juridiction d'un État membre se déclare incompétente sur le fondement d'une clause de prorogation de for, au motif que celle clause est valide, « *lie les juridictions des autres États membres tant en ce qui concerne la décision d'incompétence de cette juridiction, contenue dans le dispositif de sa décision, qu'en ce qui concerne la constatation relative à la validité de celle-ci, contenue dans les motifs de cette décision, qui constituent le soutien nécessaire de ce dispositif* » (point 41). Voilà une position avec laquelle le droit français interne n'est guère en harmonie, puisqu'il refuse l'autorité de chose jugée aux motifs.

441.20 **Plan.** Les conditions préliminaires nécessaires à l'application du titre III de la convention ou du chapitre III du règlement étant définies, il conviendra d'aborder dans un premier temps le cadre dans lequel intervient la reconnaissance ou la déclaration constatant la force exécutoire, c'est-à-dire le caractère minimal du contrôle exercé ainsi que la nature et l'objet de ce contrôle (sect. 1), puis de décrire le déroulement de la procédure de reconnaissance ou d'exécution instituée (sect. 2). Ces développements ne concernent pas les changements réalisés par le règlement UE n° 1215/2012 du 12 décembre 2012, Bruxelles I *bis*, révisant le règlement Bruxelles I (v. s^s^ n°s 441.201 s.). Ce nouveau règlement n'entrera en application qu'au 10 janvier 2015 et la suppression de la déclaration constatant la force exécutoire qu'il réalise ne vaudra que pour les procédures judiciaires engagées à compter du 10 janvier 2015 (v. Règl. 12 déc. 2012, art. 66 § 2).

SECTION 1
CADRE DANS LEQUEL INTERVIENT LA RECONNAISSANCE OU L'EXÉCUTION (DÉCLARATION CONSTATANT LA FORCE EXÉCUTOIRE)

441.30 **Conditions similaires.** Au cours des développements, nous ne distinguerons entre reconnais-

1. CJCE 29 avr. 1999, Fortis Bank SA c/Martine Bellami, ép. Coursier, aff. C-267/97, *Rec. CJCE* I-2543.
2. CJUE 15 nov. 2012, Gothaer Allegemeine Versicherung AG c/Samskip GmbH, aff. C-456/11, *Europe* 2013. Comm. 57, obs. Idot.
3. Premier article du chapitre III sur la reconnaissance et l'exécution, l'article 32 énonce qu'« *on entend par décision, au sens du présent règlement, toute décision rendue par une juridiction d'un État membre quelle que soit la dénomination qui lui est donnée, telle qu'arrêt, jugement, ordonnance ou mandat d'exécution, ainsi que la fixation par le greffier du montant des frais du procès* ».

sance et exécution (au sens de déclaration de force exécutoire) que lorsque les textes de la convention ou du règlement Bruxelles I l'imposeront. En effet, en principe, les conditions sont les mêmes pour ces deux mécanismes, à l'exception du caractère exécutoire de la décision dans l'État d'origine, condition qui est exigée en matière d'exécution alors qu'elle ne l'est pas lorsqu'est simplement sollicitée la reconnaissance de la décision rendue dans un autre État contractant. Par rapport au droit commun de l'*exequatur*, les règles européennes témoignent de la confiance réciproque que se font les États membres. C'est pourquoi un grand nombre de contrôles sont exclus, tels que celui de la compétence du juge qui a statué, ou la révision au fond de la décision rendue. Dans certaines hypothèses toutefois, la convention et le règlement rétablissent certaines vérifications dont il faudra expliquer la raison d'être.

Il convient de souligner ici une différence fondamentale entre la convention et le règlement Bruxelles I : alors que la convention prévoit que le juge de l'*exequatur* de l'État contractant requis ne délivre la déclaration de force exécutoire qu'après examen des éventuels motifs de non-reconnaissance prévus aux articles 27 et 28 de la convention, le règlement CE n° 44/2001 du 22 décembre 2000, Bruxelles I (et la convention de Lugano révisée de 2007) ne prévoit, au stade de la juridiction ou de l'autorité compétente de l'État membre requis appelée à se prononcer en premier sur la déclaration de force exécutoire de la décision étrangère, aucun examen de ces motifs justifiant le refus de reconnaissance ou le refus de déclaration de force exécutoire. Cette première phase se limite à un contrôle purement formel de la décision dont la force exécutoire est demandée dans l'État membre requis. C'est seulement dans l'instance sur recours que pourront être examinés ces motifs. Il s'agit là d'une évolution fondamentale en faveur de la libre circulation des jugements dans l'Union européenne. C'est seulement si en pratique le défendeur forme un recours contre la décision déclarant le jugement exécutoire que seront débattues et appréciées les raisons de ne pas reconnaître force exécutoire à ce jugement dans l'État membre requis. Le juge examinera alors la décision au regard des articles 34 et 35 du règlement. Or, comme le relève le rapport Hess, Pfeiffer et Schlosser de septembre 2007 sur l'application du règlement Bruxelles I[1], le pourcentage d'appels contre la décision constatant la force exécutoire du jugement émanant de juridictions d'un autre État membre est de seulement 1 à 5 %. La Commission en a tiré argument pour proposer, dans le cadre de la révision du règlement Bruxelles I[2], la suppression complète de l'*exequatur* sauf pour deux types de décisions (v. s^s n°s 441.171 s.), comme l'exigerait, selon elle, le principe de « *reconnaissance mutuelle* ».

1. *Report on the Application of Regulation Brussels I in the Member States*, sept. 2007, n° 506.
2. Prop. refonte règl. Bruxelles I publiée par la Commission, COM (2010) 748 final, 14 déc. 2010.

§ 1
Principe : absence de révision au fond (Conv., art. 29 et 34.3 – Règl. CE 22 déc. 2000, art. 36 et 45 § 2)

441.31 **Texte.** « *En aucun cas, la décision étrangère ne peut faire l'objet d'une révision au fond* » (Conv., art. 29 et 34.3 - Règl. 22 déc. 2000, art. 36 et 45 § 2). Cette formule est répétée dans deux articles différents, car l'un concerne la reconnaissance et l'autre l'exécution de la décision.

Cette prohibition signifie que le juge de l'État requis ne peut contrôler le fond de la décision, la solution qu'elle a retenue ou le droit qu'elle a appliqué au fond[3]. Les appréciations et interprétations du juge de l'État d'origine ne peuvent être revues et corrigées par le tribunal auquel est demandée la reconnaissance ou la déclaration de force exécutoire du jugement émanant de magistrats d'un autre État contractant (membre). La reconnaissance ou l'exécution ne peut être refusée au motif que le juge requis aurait statué différemment s'il avait été saisi du litige[4].

Si le principe est bien celui de l'interdiction de la révision au fond, il n'empêche que lorsque la convention ou le règlement Bruxelles I permet au juge de l'État requis d'exercer un certain contrôle sur la décision qui lui est soumise pour reconnaissance ou déclaration de force exécutoire, ce juge doit pouvoir se pencher sur les éléments révélés par la décision pour exercer pleinement le contrôle autorisé.

Par exemple, en vertu de l'article 27 de la convention, il est admis une vérification de la conformité du jugement à l'ordre public de l'État requis, du respect des droits de la défense. Cette même possibilité existe en vertu de l'article 34 du règlement CE n° 44/2001 du 22 décembre 2000, Bruxelles I : les appréciations du tribunal ayant statué par défaut relatives à la loyauté de l'assignation du défendeur ne s'imposent pas au juge de l'État requis, qui peut décider que la décision ne sera pas reconnue ou ne bénéficiera pas de la déclaration de force exécutoire en raison d'une violation des droits de la défense au sens de l'article 27.2 de la convention[5].

3. Pour un rappel, v. CJUE 15 nov. 2012, Gothaer Allegemeine Versicherung AG c/Samskip GmbH, aff. C-456/11, point 38 de l'arrêt; *Europe* 2013. Comm. 57, obs. Idot.
4. POUR DES APPLICATIONS, v. Civ. 1re, 16 avr. 1985, n° 83-16.172, *Bull. civ.* I, n° 115; *JCP* 1985. IV. 226 – Civ. 1re, 29 mai 1985, n° 84-11.172, *Bull. civ.* I, n° 166; *Gaz. Pal.* 1986. 1. 8, note Mauro – CJCE 4 oct. 1991, Van Dalfsen c/Van Loon et Tr. Berendsen, aff. C-183/90, *Rec. CJCE* I-4743.
5. V. PAR EX., CJCE 15 juill. 1982, Pendy Plastic Products, aff. 228/81, *Rec. CJCE* 2723.

§ 2 Contrôle restreint de la part du juge de l'État requis

A. Les contrôles en principe supprimés

441.40 **Exclusion.** En principe, les conventions de Bruxelles et de Lugano ainsi que le règlement Bruxelles I du 22 décembre 2000 excluent le contrôle de la compétence du juge d'origine par le juge de l'État requis, ainsi que la vérification de la loi qui a été appliquée par le juge d'origine. Ces exclusions se justifient par la confiance qui doit exister entre États contractants (États membres selon le règlement); nous verrons toutefois que certaines dérogations à ce principe ont été établies afin de tenir compte d'intérêts supérieurs.

1° Contrôle de la compétence du juge d'origine

441.41 **Principe : le juge de l'État requis ne vérifie par la compétence du juge d'origine.** Contrairement à la plupart des conventions internationales et aux règles classiques de droit international privé, la convention de Bruxelles et le règlement qui la remplace refusent au juge de l'État requis le droit de vérifier si le juge de l'État contractant (membre) qui a statué était bien compétent pour le faire. L'**article 2.3 de la convention**, inclus dans la section relative à la reconnaissance, énonce en effet : « *Sans préjudice des dispositions du premier alinéa, il ne peut être procédé au contrôle de la compétence des juridictions de l'État d'origine; les règles relatives à la compétence ne concernent pas l'ordre public visé à l'article 27.1* » (le premier alinéa de l'article 27 prévoit une exception à l'absence de contrôle de la compétence lorsque les dispositions des sections 3, 4 et 5 du titre II de la convention ont été méconnues par le juge d'origine, ainsi que dans le cas prévu à l'article 59). Cette même idée se retrouve dans l'article 35 § 3 du règlement, qui prévoit que « *le critère de l'ordre public visé à l'article 34, point 1, ne peut être appliqué aux règles de compétence* ».

Le principe de l'absence de contrôle s'explique notamment par le fait que la convention et le règlement Bruxelles I contiennent des règles de compétence très précises, ce qui permet au juge de l'État requis de présumer qu'elles ont été appliquées par le juge de l'État d'origine. Mais même si la compétence du juge d'origine repose sur une règle autre que celles de la convention ou du règlement, le tribunal de l'État requis se verra en principe interdire de contrôler la compétence. Ceci peut se justifier comme étant une conséquence de la prohibition de la révision au fond : puisque le juge de l'État requis doit faire confiance au contenu de la décision dont la reconnaissance ou l'*exequatur* est sollicité, il doit étendre cette confiance à l'application présumée correcte des règles de compétence par le juge de l'État d'origine.

Il semble que les juridictions françaises respectent dans l'ensemble cette interdiction de vérifier la compétence du juge de l'État d'origine[1]. La Cour de cassation a toutefois censuré un arrêt d'appel qui, pour refuser d'accorder l'*exequatur* au jugement d'un tribunal italien condamnant une société à verser à une autre société une certaine somme, avait relevé que le juge étranger n'était pas compétent en application des articles 5 § 1 du règlement Bruxelles I et 46 C. pr. civ. En statuant ainsi, « *alors que dans le cadre du règlement Bruxelles I, le juge de l'*exequatur *ne contrôle pas la compétence du juge d'origine, la cour d'appel a violé* » l'article 35 § 3 dudit règlement[2].

Toutefois, il peut arriver qu'un contrôle de la compétence puisse être exigé sur le fondement de la Convention européenne de sauvegarde des droits de l'homme et des libertés fondamentales (dite Conv. EDH) : dans un arrêt du 29 avril 2008 (*MacDonald c/France*)[3], la Cour européenne des droits de l'homme a ainsi jugé que l'article 6 de la Conv. EDH impliquait un contrôle des règles de compétence en vigueur dans les États contractants aux fins de s'assurer que celles-ci ne portent pas atteinte à un droit protégé par la convention. En l'espèce toutefois, la Cour européenne des droits de l'homme n'a pas reproché aux autorités françaises d'avoir refusé l'*exequatur* d'une décision américaine qui leur est apparue comme ayant pour but de faire échec, du fait de l'inaction du requérant, aux règles de procédure françaises applicables[4]. La Cour laisse donc une marge d'appréciation importante aux États, mais pose comme principe que le respect de la Conv. EDH peut dans certains cas imposer une vérification des règles de compétence édictées par les États contractants.

441.42 **Trois exceptions au principe – Première exception.** La convention et le règlement Bruxelles I édictent trois exceptions au principe d'absence de

1. EN CE SENS, Paris, 8 mai 1979, *Gaz. Pal.* 1979. 344, note Mauro – Paris, 15 déc. 1987, RG n° 86/17925, *JDI* 1989. 102, obs. Het – *CONTRA* : Civ. 1re, 3 avr. 1990, n° 87-19.296, *Bull. civ.* I, n° 80; *D.* 1990. Somm. 267, obs. Audit.
2. Civ. 1re, 10 mai 2007, n° 06-13.017, *Bull. civ.* I, n° 172; *D.* 2007. 1604.
3. CEDH 29 avr. 2008, MacDonald c/France, req. n° 18648/04, *JDI* 2009. 193, obs. Marchadier.
4. En l'espèce, un requérant américain, ayant contracté mariage en France, avait formé une demande en divorce pour faute contre son épouse devant une juridiction française qui l'avait débouté de sa demande. S'abstenant de former appel contre ce jugement, l'époux américain saisit une juridiction américaine d'une nouvelle demande en divorce, puis demanda en France l'*exequatur* du jugement américain de divorce, ce que les autorités françaises refusèrent pour méconnaissance de la compétence exclusive des juridictions françaises sur le fondement de l'article 15 C. civ. La CEDH relève qu'avant de former une action devant le juge américain pour ensuite solliciter l'*exequatur* en France, « *il appartenait au requérant d'interjeter appel du jugement du tribunal de grande instance de Marseille* ». Il semble donc que la CEDH tienne compte du comportement frauduleux du requérant, v. en ce sens les obs. de F. Marchadier, *JDI* 2009. 198 s.

contrôle de la compétence du juge de l'État d'origine. La première exception résulte de l'article 54.2 de la convention, qui contient une règle de droit transitoire déjà étudiée, et en vertu de laquelle les décisions rendues après l'entrée en vigueur de la convention entre l'État d'origine et l'État requis, à la suite d'actions intentées avant cette entrée en vigueur, peuvent bénéficier du titre III de la convention à condition que les règles de compétence appliquées par le juge de l'État d'origine soient ou bien conformes au titre II de la convention, ou bien à une convention qui était en vigueur entre État d'origine et État requis au moment où l'action a été intentée. Il apparaît clairement que l'application de ce texte suppose, de la part du juge de l'État requis, une vérification des règles de compétence en vertu desquelles le juge de l'État requis s'est estimé habilité à statuer. Cette règle se retrouve dans l'article 66 § 2 du règlement CE n° 44/2001 du 22 décembre 2000, Bruxelles I (v. le texte s[s] n° 441.16).

441.43 **Deuxième exception.** Dans la convention de Bruxelles, elle figure à l'article 28.1 *in fine* de la convention (« *les décisions ne sont pas reconnues si les dispositions des sections 3, 4 et 5 du titre II ont été méconnues **ainsi que dans le cas prévu à l'article 59*** ») et à l'article 59 : si, comme la convention le permet, un État contractant s'est engagé envers un État tiers à ne pas reconnaître un jugement rendu, notamment dans un autre État contractant, en vertu de règles de compétence exorbitantes alors que le défendeur avait son domicile ou sa résidence habituelle dans l'État tiers, il paraît logique que le juge de l'État requis (État contractant qui a souscrit ledit engagement), pour vérifier si l'article 59 trouve application, contrôle en vertu de quelles règles le juge qui a statué s'est déclaré compétent.

Dans le règlement CE n° 44/2001 du 22 décembre 2000, Bruxelles I, une même exception figure dans l'article 35 §1 *in fine* qui prévoit que les décisions ne sont pas reconnues… « *ainsi que dans le cas prévu à l'article 72* » (l'article 72 énonce que le règlement n'affecte pas les accords par lesquels les États membres se sont engagés, avant l'entrée en vigueur dudit règlement, en vertu de l'article 59 de la convention de Bruxelles, à ne pas reconnaître une décision rendue, notamment dans un autre État contractant à ladite convention, contre un défendeur qui a son domicile ou sa résidence habituelle dans un pays tiers lorsque, dans un cas prévu à l'article 4 de cette convention, la décision n'a pu être fondée que sur une compétence exorbitante, telle que celle résultant par exemple des articles 14 et 15 du Code civil français).

441.44 **Troisième exception.** Elle résulte de l'article 28.1 de la convention et de l'article 35 § 1 du règlement Bruxelles I : si le juge qui a statué l'a fait en violation des règles spéciales édictées par la convention ou le règlement en matière d'assurances, de contrats conclus avec des consommateurs ou de compétences exclusives, le tribunal de l'État requis ne reconnaîtra pas la décision rendue. Il faut au préalable vérifier que ces dispositions n'ont pas été violées, et donc vérifier la compétence du juge qui a statué. Ceci s'explique par le fait que les sections 3, 4 et 5 de la convention (Règl. 22 déc. 2000, sect. 3, 4 et 6) édictent des règles d'ordre public auxquelles les États contractants (États membres) ne peuvent donc pas déroger. Afin d'éviter toutefois une pénétration trop importante du juge de l'État requis dans le fond de la décision rendue, l'alinéa 2 de l'article 28 de la convention et l'article 35 § 2 du règlement précisent que pour apprécier si les compétences prévues par les sections 3, 4 ou 5 (Règl. 22 déc. 2000, sect. 3, 4 et 6) ont été méconnues, l'autorité requise est liée par les constatations de fait sur lesquelles la juridiction de l'État d'origine a fondé sa compétence. Elle peut donc seulement revoir la qualification de ces faits sous les catégories visées aux sections concernées de la convention ou du règlement.

En 2010, la Cour de justice a toutefois précisé que l'article 24[1] du règlement Bruxelles I était applicable dans le cas où les dispositions dudit règlement relatives à la compétence juridictionnelle en matière d'assurances (dispositions protectrices de la partie faible) auraient pourtant trouvé à s'appliquer.

Dans son arrêt *Michal Bilas* du 20 mai 2010[2], elle a considéré qu'alors qu'était applicable l'article 12 du règlement (compétence des tribunaux du domicile du défendeur assuré ou preneur d'assurance, en Slovaquie), la comparution volontaire de ce dernier devant les tribunaux tchèques (lieu du siège social de l'assureur) pour y défendre au fond donnait compétence aux juridictions tchèques : « *Dès lors que les règles de compétence énoncées à la section 3 du chapitre II du règlement n° 44/2001 ne sont pas des règles de compétence exclusive, le juge saisi, sans que lesdites règles de compétence soient respectées, doit se déclarer compétent lorsque le défendeur comparaît et qu'il ne soulève pas une exception d'incompétence* » (point 26 de l'arrêt), « *une telle comparution constituant une prorogation tacite de compétence* » (point 33). La solution semblait s'imposer au vu du texte de l'article 24, qui n'écarte toute prorogation tacite de compétence par comparution devant une juridiction incompétente que dans les cas de compétence exclu-

1. L'article 24 énonce que, « *outre les cas où sa compétence résulte d'autres dispositions du présent règlement, le juge d'un État membre devant lequel le défendeur comparaît est compétent. Cette règle n'est pas applicable si la comparution a pour objet de contester la compétence ou s'il existe une autre juridiction exclusivement compétente en vertu de l'article 22* ». Il s'agit d'une hypothèse de prorogation tacite de compétence par comparution du défendeur devant un juge incompétent.
2. CJUE 20 mai 2010, Michal Bilas, aff. C-111/09, *D.* 2010. 1492; *Rev. crit. DIP* 2010. 575, note Pataut, qui considère à juste titre que la règle de l'article 24 « *ne repose pas sur un introuvable accord des parties; la seule justification convaincante est la même que celle qui a été avancée en droit interne : l'efficacité procédurale* ».

sive de l'article 22. Néanmoins, on peut se demander si le défendeur est bien conscient de l'incompétence de la juridiction saisie lorsqu'il défend au fond devant elle[1]; or, la rédaction de l'article 24 conduit à interdire au juge saisi en violation des dispositions du règlement protectrices des parties faibles de relever d'office son incompétence. Elle conduit également les autorités compétentes de l'État membre requis à accepter de reconnaître la décision rendue sur le fondement de l'article 24 ou de la déclarer exécutoire sans pouvoir relever une incompétence de la juridiction qui a statué.

C'est pourquoi le règlement de refonte UE n° 1215/2012 du 12 décembre 2012, Bruxelles I *bis*, prévoit désormais que dans les matières visées aux sections 3, 4 ou 5[2], lorsque le preneur d'assurance, l'assuré, un bénéficiaire du contrat d'assurance, la victime, le consommateur ou le travailleur est le défendeur, avant de se déclarer compétente en vertu du paragraphe 1er, la juridiction s'assure que le défendeur est informé de son droit de contester la compétence de la juridiction et des conséquences d'une comparution ou d'une absence de comparution. Cette information, que l'arrêt *Michal Bilas* de la Cour de justice déclarait possible (point 32 de l'arrêt) devient donc une *obligation* pour le juge de l'État membre qui ne serait pas compétent selon les règles protectrices des parties faibles (Règl. 12 déc. 2012, art. 26 § 2). En outre, le règlement UE n° 1215/2012 du 12 décembre 2012, Bruxelles I *bis* ajoute un cas de refus de reconnaissance ou d'exécution : lorsque la décision méconnaît les règles de compétence du règlement contenues dans la section 5 (compétences en matière de contrat de travail), ce qui n'était pas prévu dans le règlement Bruxelles I. Pour la sanction, par la Cour de cassation, d'un arrêt d'appel refusant de contrôler la compétence de la juridiction de l'État membre d'origine sur le fondement de l'article 35 du règlement Bruxelles I, au motif qu'il ne s'agissait pas en l'espèce d'un contrat de consommation car la convention portait sur la réalisation de travaux de rénovation immobilière, alors que de tels motifs ne suffisent pas à expliquer en quoi la réalisation desdits travaux au bénéfice d'un client domicilié en France était exclusive de la qualité de consommateur de celui-ci, v. l'arrêt du 12 avril 2012[3].

2°
Contrôle de la loi appliquée

441.51 Le principe d'absence de contrôle. La doctrine et la jurisprudence[4] considèrent que le juge de l'État requis n'est pas habilité à contrôler quelle loi a été appliquée par le juge de l'État d'origine. Aucun texte exprès de la convention ou du règlement n'énonce cette règle, mais elle se déduisait *a contrario* de l'article 27.4 de la convention, qui permet exceptionnellement, dans une hypothèse particulière, le contrôle de la loi appliquée (cas où le tribunal de l'État d'origine, pour rendre sa décision, a, en tranchant une question relative à l'état des personnes physiques, à leur capacité, aux régimes matrimoniaux, aux testaments et aux successions, méconnu une règle de droit international privé de l'État requis, à moins que sa décision n'aboutisse au même résultat que s'il avait fait application des règles du droit international privé de l'État requis). Ce texte n'a pas été repris par le règlement CE n° 44/2001 du 22 décembre 2000, Bruxelles I, qui ne mentionne aucunement une telle hypothèse dans l'article 34. Ceci s'explique par la disparition du contrôle de la loi dans le règlement CE n° 1347/2000 du 29 mai 2000 dénommé Bruxelles II en matière de décisions concernant le lien matrimonial[5] (règlement abrogé le 1er mars 2005, date de l'entrée en application du nouveau Règl. CE n° 2201/2003, 27 nov. 2003, dit Règl. Bruxelles II *bis*, qui prévoit lui aussi une absence de contrôle de la loi applicable). Ce règlement ne concerne que les décisions relatives au lien matrimonial (divorce, séparation de corps, nullité du mariage) et les décisions relatives à la responsabilité parentale quant aux enfants communs des époux, mais les rédacteurs du règlement CE n° 44/2001 du 22 décembre 2000 dit Bruxelles I ont jugé logique et opportun de supprimer le contrôle de la loi pour toute autre décision qui pourrait intervenir en matière de personnes et de famille. Ceci conduit, dans les deux règlements, à une suppression totale du contrôle de la loi appliquée, ce qui témoigne d'une confiance encore accrue entre États membres et ne fait que faciliter la reconnaissance et l'exécution des décisions rendues dans un autre État membre.

Sur l'interdiction pour les juges de l'État requis de contrôler si la décision dont la reconnaissance ou l'exécution est demandée a mal appliqué le droit national ou le droit de l'Union, v. l'arrêt de la Cour de justice *Régie nationale des usines Renault SA c/Maxicar SpA et a.*, selon lequel le juge de l'État requis ne saurait, sous peine de remettre en cause la finalité de la convention de Bruxelles, refuser la reconnaissance d'une décision émanant d'un autre État contractant au seul motif qu'il estime que dans la décision, le droit national ou le droit communautaire est mal appliqué. Le système de voies de recours mis en place dans chaque État contractant (ou membre), complété par le mécanisme du renvoi préjudiciel à la Cour de justice, fournit aux justiciables une garantie suffisante[6].

441.52 L'exception : l'article 27.4 de la convention, exception supprimée dans le règlement Bruxelles I. Ce texte prévoit que les décisions ne sont pas reconnues :

1. EN CE SENS, E. Pataut, *Rev. crit. DIP* 2010. 583 s.
2. Il s'agit des dispositions relatives aux compétences en matière d'assurance, de contrats conclus par les consommateurs et de contrats individuels de travail.
3. Civ. 1re, 12 avr. 2012, n° 10-23.023, *Bull. civ.* I, n° 95; *D.* 2012. 1132; *Rev. crit. DIP* 2012. 931, obs. Lopez de Tejada.
4. PAR EX., Civ. 1re, 12 juill. 1994, n° 92-17.461, *Bull. civ.* I, n° 247; *Rev. crit. DIP* 1995. 68, note Ancel.
5. Règl. CE n° 1347/2000 du Conseil, 29 mai 2000, *JOCE*, n° L 160, 30 juin, p. 19.
6. CJCE 11 mai 2000, Régie nationale des usines Renault SA c/ Maxicar SpA e. a., aff. C-38/98, *Rec. CJCE* I-2973.

« *4° si le tribunal de l'État d'origine, pour rendre sa décision a, en tranchant une question relative à l'état ou à la capacité des personnes physiques, aux régimes matrimoniaux, aux testaments et aux successions, méconnu une règle de droit international privé de l'État requis, à moins que sa décision n'aboutisse au même résultat que s'il avait fait application des règles du droit international privé de l'État requis* ».

Ce texte permet au juge de l'État requis de contrôler la loi appliquée à la question incidente par le juge de l'État d'origine dans cette hypothèse particulière; en cas de violation de la règle de conflit de l'État requis, le juge de ce dernier pourra refuser de reconnaître ou de déclarer exécutoire le jugement, sauf si – en vertu de la théorie de l'équivalence – la décision rendue conduit au même résultat que celui qui serait apparu si la règle de conflit n'avait pas été méconnue[1].

Là encore, l'exercice effectif de ce contrôle par le juge de l'État requis ne conduit certes pas à une véritable révision au fond, mais nécessite quand même une vérification des points de droit ou de fait qui ont déterminé le juge qui a statué à appliquer telle ou telle loi au fond de l'affaire. Une sorte d'examen au fond est donc admis mais aux seules fins de contrôler quelle loi a été appliquée par le tribunal qui s'est prononcé sur l'affaire.

Le règlement CE n° 44/2001 du 22 décembre 2000 a supprimé cette exception, qui ne figure nullement dans son article 34, et ce pour les raisons déjà mentionnées (v. s^s n° 441.51).

B. Contrôles opérés

441.60 Exceptions au postulat de confiance. Malgré le postulat de confiance méritée entre États contractants, la convention avait décidé de maintenir quelques cas dans lesquels le juge de l'État requis pourrait refuser la reconnaissance ou l'*exequatur* de la décision qui lui est soumise. Ces cas sont envisagés de façon limitative à l'article 27 de la convention, intégré dans la section relative à la reconnaissance. Ils sont cependant également applicables à la procédure de déclaration de force exécutoire puisque l'article 34.2, relatif à la requête en déclaration de force exécutoire, énonce que « *la requête ne peut être rejetée que pour l'un des motifs prévus aux articles 27 et 28* ». Deux de ces motifs ont déjà été examinés : celui résultant de l'article 24.4 (violation de la règle de conflit de l'État requis, et ce dans une hypothèse particulière – V. s^s n° 441.52) et celui contenu dans l'article 28.1 (défaut de reconnaissance si les dispositions des sections 3, 4 ou 5 du titre II ont été méconnues ainsi que dans le cas de l'article 59 – V. s^s n° 441.43).

Demeurent donc à étudier la violation de l'ordre public (Conv., art. 27.1), la violation des droits de la défense (Conv., art. 27.2) et les cas d'inconciliabilité de la décision faisant l'objet de la demande de reconnaissance ou de déclaration de force exécutoire avec une autre décision (Conv., art. 27.3 et 27.5).

En ce qui concerne le **règlement Bruxelles I du 22 décembre 2000** remplaçant la convention de Bruxelles (du moins partiellement, v. s^s n° 43.05), l'article 34 prévoit quatre cas de refus de reconnaissance (qui se retrouvent dans l'article 45 pour les cas de recours contre la décision rendue sur demande d'une partie d'obtenir que le jugement soit déclaré exécutoire dans l'État requis) :

– la violation de l'ordre public (avec une nuance importante par rapport au texte de la convention de Bruxelles – Règl. 22 déc. 2000, art. 34 § 1);

– la violation des droits de la défense (Règl. 22 déc. 2000, art. 34 § 2);

– l'inconciliabilité de la décision avec une autre décision (deux cas distincts sont envisagés au 3° et 4° de l'article 34).

Dans le cadre de ces hypothèses, une place de choix doit être faite à la notion de procès équitable telle que développée par la Cour européenne des droits de l'homme, mais également par la CJUE[2]. En outre, les décisions ne sont pas non plus reconnues – comme le prévoit également la convention de Bruxelles – si les dispositions des sections 3, 4 et 6 du chapitre II du règlement ont été méconnues ainsi que dans le cas prévu à l'article 72 (v. s^s n°s 441.43 et 441.44).

Dans un arrêt du 13 octobre 2011, *Prism Investments*[3], la Cour de justice a fait une interprétation stricte des motifs de refus de reconnaissance ou d'*exequatur* énoncés par le règlement Bruxelles I en les considérant comme limitatifs. En l'espèce, la société Prism demandait l'annulation de l'ordonnance, rendue aux Pays-Bas, constatant la force exécutoire d'une décision, en faisant valoir que la décision avait déjà été exécutée en Belgique (État membre

1. POUR UNE APPLICATION, v. Paris, 24 nov. 1977, *JDI* 1978. 623, obs. Foyer.

2. Sur le procès équitable dans le domaine de la coopération judiciaire civile et pénale au sein de l'Union, v. J.-S. Bergé, « Le droit à un procès équitable au sens de la coopération judiciaire civile et pénale : l'hypothèse d'un rapport de mise en œuvre », *in* C. Picheral, *Le droit à un procès équitable au sens du droit de l'Union européenne*, Bruxelles, « Droit et justice », n° 100, Nemesis-Anthémis, 2012, p. 249.

3. CJUE 13 oct. 2011, Prism Investments BV c/J. A. van der Meer, aff. C-139/10, *Europe* 2011. Comm. 500, obs. Idot; *JCP* 2021, n° 84, note Devers – V. aussi, R. Wagner, « *Vollstreckbarerklärungsverfahren nach der EuGVVO und Erfüllungseinwand – Dogmatik versus Pragmatismus ?* », *IPRax* 2012. 326, qui s'interroge sur la compatibilité des règles de droit allemand avec cet arrêt de la Cour de justice, car une exception d'exécution d'une décision étrangère est admise par la pratique et la doctrine allemandes, même dans le cadre du règlement Bruxelles I.

d'origine) par voie de compensation. Le recours avait été rejeté par le juge néerlandais au motif que la révocation d'une telle ordonnance ne peut être fondée que sur les articles 34 et 35 du règlement Bruxelles I, qui prévoient les cas de refus de reconnaissance et d'*exequatur*. Saisie d'une question préjudicielle par le *Hoge Raad* néerlandais, la Cour de justice constata que le motif invoqué par le requérant (exécution déjà réalisée du jugement dans l'État membre d'origine) n'entrait pas parmi ceux sur lesquels la juridiction de l'État membre requis pouvait exercer son contrôle. Alors que le gouvernement allemand faisait valoir que, pour des raisons d'économie de procédure, il serait bon de concentrer les moyens de défense tirés de l'exécution de la décision au stade de la procédure de recours contre l'*exequatur* afin d'éviter la phase supplémentaire de la procédure d'exécution dans l'État membre requis, la Cour de justice affirma que l'article 45 du règlement Bruxelles I s'opposait à ce que le juge saisi d'un recours contre un *exequatur* refuse ou révoque une déclaration constatant la force exécutoire pour un motif autre que ceux énoncés aux articles 34 et 35 du règlement, tels que l'exécution de cette décision dans l'État membre d'origine. C'est donc au stade de l'exécution du jugement que le défendeur devra faire valoir l'exécution déjà réalisée afin d'obtenir l'arrêt de possibles mesures d'exécution forcée. Rappelant que la liste des motifs de refus de reconnaissance ou d'*exequatur* « *revêt un caractère exhaustif* » et que « *ses éléments appellent une interprétation stricte, car ils constituent un obstacle à la réalisation de l'un des objectifs fondamentaux du règlement n° 44/2001, visant à faciliter la libre circulation des jugements en prévoyant une procédure d'exequatur simple et rapide* », v. l'arrêt de la CJUE du 26 septembre 2013, *Salzgitter Mannesmann Handel*[1].

La Cour de justice avait également jugé, le 28 avril 2009, dans l'arrêt *Apostolides*[2], que la circonstance que les requérants pourraient rencontrer des difficultés pour faire exécuter les jugements dans la zone nord de Chypre ne saurait priver ceux-ci de leur caractère exécutoire et n'empêchait donc pas les juridictions de l'État membre requis de délivrer l'*exequatur* de ces jugements. Autrement dit, le caractère exécutoire des jugements, constaté par la déclaration de force exécutoire délivrée par l'autorité compétente de l'État membre requis, doit être dissocié des possibilités effectives d'exécution de la décision.

1°
Violation de l'ordre public
(Conv., art. 27.1 – Règl. 22 déc. 2000, art. 34 § 1)

441.61 Ordre public international. En vertu de l'article 27.1 de la convention, les décisions ne sont pas reconnues « *1° si la reconnaissance est contraire à l'ordre public de l'État requis* ». L'article 34 § 1 du règlement est, lui, plus restrictif, puisqu'il exige que la reconnaissance soit « ***manifestement** contraire à l'ordre public de l'État membre requis* ». Il y a là une nuance d'importance qui va dans le sens d'une confiance accrue entre États membres et d'une interprétation extrêmement étroite de la notion d'ordre public.

Est bien entendu en cause l'ordre public international de l'État requis, dont on sait qu'il est atténué par rapport à l'ordre public interne. La Cour de justice a eu l'occasion de préciser que cette clause de l'ordre public était destinée à intervenir seulement dans des cas exceptionnels[3] (dans l'arrêt *Régie nationale des usines Renault SA c/Maxicar SpA et a.*, elle a affirmé que les limites de la notion d'ordre public relèvent de la convention. S'il n'appartient pas à la Cour de justice de définir le contenu de l'ordre public d'un État contractant, il lui incombe néanmoins de contrôler les limites dans le cadre desquelles le juge d'un État contractant peut avoir recours à cette notion pour ne pas reconnaître une décision émanant d'une juridiction d'un autre État contractant[4]).

L'examen de la jurisprudence des États contractants montre aussi que le refus de reconnaissance ou de déclaration de force exécutoire fondé sur l'article 27.1 de la convention est rare[5]. Ainsi, n'est pas contraire à l'ordre public français la convention d'honoraires par laquelle ceux-ci sont fixés à l'avance entre l'avocat allemand et un citoyen français[6].

La Cour de cassation française a jugé dans un arrêt du 30 juin 2004[7] qu'une *Mareva injunction* de droit anglais (désormais dénommée *freezing injunction* par les textes procéduraux anglais) pouvait valablement bénéficier d'une constatation de force exécutoire en France car « *cette interdiction faite à la personne du débiteur de disposer en tout lieu de ses biens, dans la mesure où il s'agit de protéger les droits légitimes du créancier, ne saurait porter atteinte à un droit fondamental du débiteur, ni même indirectement, à une prérogative de souveraineté étrangère; que n'étant donc pas contraire à l'ordre public international, elle peut être reçue dans l'ordre juridique français* »[8]. La Cour ajoute, sur un autre moyen, que le droit à un procès équitable consacré par

1. CJUE 26 sept. 2013, Salzgitter Mannesmann Handel GmbH c/ Laminorul SA, aff. C-157/12, point 28 de l'arrêt, *D.* 2013. 2406.
2. CJCE 28 avr. 2009, Apostolides, aff. C-420/07, *Rec. CJCE* I-3571 ; *Europe* 2009. Comm. 262, obs. Idot.
3. CJCE 4 févr. 1988, Hoffmann c/Krieg, aff. 145/86, *Rec. CJCE* 645 – V. AUSSI, CJCE 28 mars 2000, Krombach, aff. C-7/98, *Rec. CJCE* I-1935.
4. CJCE 11 mai 2000, Régie nationale des usines Renault SA c/ Maxicar SpA e. a., aff. C-38/98, *Rec. CJCE* I-2973.
5. *Report on the Application of Regulation Brussels I in the Member States*, n°s 545 s.
6. Pour la JURISPRUDENCE FRANÇAISE, V. par ex., Civ. 1re, 28 févr. 1984, n° 83-10.041, *Bull. civ.* I, n° 74; *Gaz. Pal.* 1984. 350, note Mauro – Cassant Douai, 7 oct. 1982, *Gaz. Pal.* 1983. 309, note Mauro – Civ. 1re, 13 oct. 1992, n° 90-13.401, *Bull. civ.* I, n° 247 – Civ. 1re, 16 juin 1993, n° 91-11.738, NP – Civ. 1re, 12 juill. 1994, n° 92-17.461, *Bull. civ.* I, n° 247 – Civ. 1re, 18 oct. 1994, n° 92-21.882, NP; *Rev. crit. DIP* 1995. 69, note Ancel.
7. Civ. 1re, 30 juin 2004, n° 01-03.248, *Bull. civ.* I, n° 191; *D.* 2004. 2743, note Bouche; *D.* 2005. 1192, obs. Courbe et Chanteloup; *RTD civ.* 2004. 549, obs. Théry; *JCP* 2004. II. 10198, avis Sainte-Rose; *Procédures* 2005, n° 9, obs. Nourissat.
8. T. féd. suisse, 30 juill. 2003, *BGE* 129 III 626 – Plusieurs juridictions d'appel allemandes, (v. par ex., OLG Karlsruhe, 19 déc. 1994, *ZZP Int* 1 (1996) 91 – OLG Francfort, 2 déc. 1998, OLGR 1998. 213) se sont prononcées dans le même sens que la Cour de cassation à propos de *Mareva injunctions*.

l'article 6 de la Conv. EDH relève de l'ordre public international au sens de l'article 27 de la convention de Bruxelles (applicable au litige), mais que « *le moyen tiré de la contrariété à l'ordre public ne doit être considéré que dans des cas exceptionnels où les garanties inscrites dans la législation de l'État d'origine n'ont pas suffi à protéger le défendeur d'une violation manifeste de son droit de se défendre devant le juge d'origine* ». Or, en l'espèce, le défendeur avait été assigné régulièrement et pouvait à tout moment demander la mainlevée de la mesure. La Cour de cassation française s'était déjà prononcée sur l'article 6 et la procédure d'*exequatur* dans un arrêt du 16 mars 1999, le célèbre arrêt *Pordéa*. Dans un arrêt du 11 avril 2006, la *Court of Appeal* anglaise, dans l'affaire *Dadourian Group International v/ Simms*[1], *a énoncé huit « guidelines »* (directives générales) relatives aux éléments à prendre en compte par le juge anglais pour autoriser l'exécution de *freezing injunctions* anglaises à l'étranger[2]. En règle générale, la *freezing injunction* englobe tout le patrimoine du débiteur à concurrence d'une certaine somme, et quelques biens sont expressément désignés dans un but de concrétisation[3]. Des exceptions sont toutefois admises pour les dépenses courantes, les frais de défense en justice du débiteur ou encore les dépenses « *in the ordinary and proper course of his business* »[4]. L'injonction est en général accompagnée d'un *ancillary disclosure order* (C. pr. civ.[5], art. 25.1, (1), g) obligeant le débiteur à révéler les éléments de son patrimoine en Angleterre ou même dans le reste du monde et à confirmer cette déclaration par *affidavit*. La première *guideline* de l'arrêt *Dadourian* énonce ainsi que la délivrance de la permission d'exécuter une *worldwide freezing injunction* « *should be just and convenient for the purpose of ensuring the effectiveness of the worldwide freezing order, and in addition that it is not oppressive to the parties to the English proceedings or to third parties who may be joined to the foreign proceedings* ».

Dans une affaire relative à une décision d'un pays tiers à l'Union européenne, la Cour de cassation française a également estimé qu'une condamnation à une astreinte civile prononcée aux États-Unis pour *contempt or court* pouvait être exequaturée en France, à condition que la somme en cause soit proportionnée au montant du litige au principal[6].

Les tribunaux français considèrent en général que se rattache à l'ordre public international de la France la nécessité de motifs ou d'équivalents suffisants à la motivation défaillante[7]. Ainsi doit être cassée la décision des juges du fond ayant accordé force exécutoire à un jugement belge alors que faisaient défaut tous documents équivalents à la motivation défaillante[8]. La jurisprudence française nous paraît justifiée dans la mesure où la motivation des décisions de justice est l'une des clés de voûte des droits de la défense et que certains droits étrangers (notamment le droit allemand dans quelques hypothèses non négligeables) permettent que soient rendues des décisions non assorties de motifs. Pourtant, la Cour de justice, dans un arrêt du 6 septembre 2012, *Trade Agency*[9] concernant un jugement par défaut, a jugé que « *le juge de l'État membre requis ne peut refuser, au titre de la clause relative à l'ordre public, l'exécution d'une décision judiciaire rendue par défaut et tranchant un litige au fond, qui ne comporte d'appréciation ni sur l'objet ni sur le fondement du recours et qui est dépourvue de tout argument sur le bien-fondé de celui-ci, à moins qu'il ne lui apparaisse, au terme d'une appréciation globale de la procédure et au vu de l'ensemble des circonstances pertinentes, que cette décision porte une atteinte manifeste et démesurée au droit du défendeur à un procès équitable, visé à l'article 47, deuxième alinéa, de la Charte, en raison de l'impossibilité d'exercer à son encontre un recours de manière utile et effective* » (point 62 de l'arrêt). Dans cette décision, la Cour de justice reprend certes sa position traditionnelle en vertu de laquelle si les États membres restent, en principe, libres de déterminer, conformément à leurs conceptions nationales, les exigences de leur ordre public, les limites de cette notion relèvent de l'interprétation de ce règlement, si bien qu'il incombe à la Cour non pas de définir le contenu de l'ordre public d'un État membre, mais plutôt de contrôler les limites dans le cadre desquelles le juge d'un État membre peut avoir recours à cette notion pour ne pas reconnaître une décision émanant d'un autre État membre (point 49). Un recours à la clause relative à l'ordre public n'est néanmoins concevable que dans l'hypothèse où la reconnaissance ou l'exécution de la décision rendue dans un autre État membre heurterait de manière inacceptable l'ordre juridique de l'État membre

1. Court of Appeal, 11 avr. 2006, Dadourian Group International v/ Simms, [2006] 1 W.I.R. 2499; [2006] 3 All E.R. 48; [2006] 2 Lloyd's Rép. 354.
2. SUR CES DIRECTIVES, v. Ch. Heinze, « *Grenzüberschreitende Vollstreckung englischer freezing injunctions, Die Dadourian Guideline* », *IPRax* 2007, 343.
3. V. les chiffres 6, 7 et 8 du formulaire type, dans l'annexe aux *Practice directions* aux *Civil Procedure Rules Part. 25,* accessibles sur le site Internet : http://www.justice.gov.uk/courts/procedure-rules/civil/rules/part25/pd_part25a#Annex (dernière consultation : 3 déc. 2013).
4. Chiffre 11 du formulaire type précité.
5. *Civil Procedure Rules* du droit anglais.
6. Civ. 1re, 28 janv. 2009, n° 07-11.729, *Bull. civ.* I, n° 15; *D.* 2009. 436, obs. Gallmeister; *D.* 2009. 2384, obs. d'Avout et Bollée; *D.* 2010. 1585, obs. Courbe et Jault-Seseke – Pour une injonction *anti-suit* prononcée à l'étranger afin de faire respecter une clause attributive de juridiction, v. Civ. 1re, 14 oct. 2009, n° 08-16.369, *Bull. civ.* I, n° 207; *D.* 2009. AJ 2556, obs. Delpech : une telle injonction est compatible avec l'ordre public international français (lorsque n'est pas en cause un litige dans le cadre de l'UE); *D.* 2010. 177, obs. Delpech, note Bollée; *D.* 2010. 1585, obs. Courbe et Jault-Seseke; *D.* 2010. 2323, obs. d'Avout et Bollée; *Rev. crit. DIP* 2010. 158, note Muir Watt; *RTD civ.* 2010. 372, obs. Thery; *RTD com.* 2010. 459, obs. Delebecque.
7. POUR UNE ÉTUDE, v. M.-L. Niboyet et L. Sinopoli, « L'*exequatur* des jugements étrangers en France », *Gaz. Pal.* 2004. Doctr. 1739 : sur quatre-vingt-quatre jugements étudiés par les auteurs, onze refusent la reconnaissance ou l'*exequatur*, dont un seul pour violation de l'ordre public.
8. Civ. 1re, 17 mai 1978, n° 76-14.843, *Bull. civ.* I, n° 191; *JDI* 1979. 380, obs. Holleaux – Civ. 1re, 9 oct. 1991, n° 90-13.449, *Bull. civ.* I, n° 251 – Versailles 26 sept. 1991, RG n° 89/01487, *Rev. crit.* 1992. 516, obs. Gaudemet-Tallon – Pour une CRITIQUE DE CETTE JURISPRUDENCE, v. C. Kessedjian, *Rev. crit. DIP* 1992. 516.
9. CJUE 6 sept. 2012, Trade Agency Ltd c/Seramico Investments Ltd, aff. C-619/10, *Europe* 2012. Comm. 469, obs. Idot; *Procédures* 2012. Comm. 353, obs. Nourissat.

requis, en tant qu'elle porterait atteinte à un principe fondamental (point 51). La Cour rappelle avoir jugé que le respect du droit à un procès équitable exige que toute décision judiciaire soit motivée, et cela afin de permettre au défendeur de comprendre les raisons de sa condamnation et d'exercer à l'encontre d'une telle décision un recours de manière utile et effective (point 53) et que dès lors, un juge d'un État membre requis « *est en droit de considérer, en principe, qu'une décision rendue par défaut et dépourvue d'appréciation en ce qui concerne l'objet, le fondement ainsi que le bien-fondé du recours constitue une restriction d'un droit fondamental dans l'ordre juridique de cet État membre* » (point 54). Les droits fondamentaux ne constituent toutefois pas des prérogatives absolues, mais peuvent comporter des restrictions, à condition que ces dernières répondent effectivement à des objectifs d'intérêt général poursuivis par les mesures en cause et ne constituent pas, au regard du but poursuivi, une atteinte manifeste et démesurée aux droits ainsi garantis (point 55). Tel peut être le cas lorsque la décision par défaut, comme rendue par la juridiction anglaise, a pour but de garantir un déroulement rapide, efficace et moins coûteux des procédures engagées pour le recouvrement de créances incontestées, en vue d'une bonne administration de la justice. La Cour affirme donc que « *l'étendue du devoir de motivation peut varier en fonction de la nature de la décision judiciaire en cause et doit s'analyser, au regard de la procédure considérée dans sa globalité et au vu de l'ensemble des circonstances pertinentes, en tenant compte des garanties procédurales dont est entourée cette décision* » (point 60).

Un autre **principe fondamental de justice** est celui d'**accès au tribunal**, comme l'a développé la jurisprudence de la Cour européenne des droits de l'homme dans le cadre de son article 6 § 1 (v. not. l'arrêt de la Cour de Strasbourg du 13 octobre 2009, *Selin Asli...stürk c/Turquie*[1], et la position prise à propos de la reconnaissance des jugements étrangers au regard du droit d'accès au tribunal [Conv. EDH, art. 6 § 1] et du droit au respect de ses biens [Conv., protocole n° 1, art. 1er] et ss n° 44.06).

441.62 L'arrêt *Pordéa* du 16 mars 1999. Par cet arrêt, la première chambre civile de la Cour de cassation[2] s'est fondée sur l'article 6 § 1 de la Conv. EDH et sur l'article 27.1 de la convention de Bruxelles pour juger que viole ces textes la cour d'appel qui accorde l'*exequatur* à deux décisions britanniques taxant les frais du demandeur pour un montant hors TVA de 20 078 livres avec intérêt aux taux de 15 % l'an, alors qu'il apparaissait, sans avoir pour autant à réviser les décisions étrangères, que l'importance des frais ainsi mis à la charge du demandeur, dont la demande n'avait même pas été examinée, avait été de nature à faire objectivement obstacle à son libre accès à la justice. Le droit anglais prévoyait le paiement d'une *cautio judicatum solvi* pour tout demandeur en justice qui ne réside pas sur le territoire britannique (sur la *cautio judicatum solvi*, v. l'arrêt *David Charles Hayes et Jeanette Karen Hayes c/Kronenberg GmH :* la Cour de justice décide que l'article 6 § 1 du traité CE doit être interprété en ce sens qu'il s'oppose à ce qu'un État membre exige le versement d'une *cautio judicatum solvi* d'un ressortissant d'un autre État membre qui a introduit, devant l'une de ses juridictions civiles, une action à l'encontre d'un de ses ressortissants, lorsqu'une telle exigence ne peut pas être imposée aux ressortissants de cet État qui n'y possèdent ni biens ni domicile, dans une situation où l'action est connexe à l'exercice des libertés fondamentales garanties par le droit communautaire. La Cour condamne donc la *cautio judicatum solvi* lorsqu'elle est liée à la nationalité du plaideur[3]). Dans l'affaire *Pordéa*, le Français demandeur n'avait pas versé la somme requise; il avait donc fait l'objet d'une décision de condamnation au montant susmentionné (au titre de la caution, sans que le litige ait été tranché au fond). La Cour de cassation française a sanctionné la cour d'appel d'avoir accordé l'*exequatur* (déclaration de force exécutoire) à ces décisions anglaises. Il peut être constaté que l'article 6 de la Conv. EDH vient ici judicieusement compléter et enrichir les hypothèses d'application de l'article 27.1 de la convention de Bruxelles et de l'article 34 § 1 du règlement CE du 22 décembre 2000 permettant de refuser l'*exequatur* à des décisions dès lors que reconnaissance ou *exequatur* serait contraire à l'ordre public de l'État requis. Les droits fondamentaux de procédure consacrés par l'article 6 § 1 de la Conv. EDH relèvent donc bien de l'ordre public.

441.63 Violation du droit d'être entendu et ordre public international. Sur cette question, la Cour de justice a pris position dans son célèbre arrêt *Krombach*[4].

En l'espèce, la Cour fédérale de justice allemande avait posé trois questions préjudicielles à la Cour. Les faits étaient les suivants : M. Krombach avait été condamné en 1995 par la cour d'assises de Paris, sur constitution de partie civile de M. Bamberski, à verser à ce dernier une indemnité de 350 000 francs. M. Krombach ne s'était pas présenté devant la Cour d'assises et avait donc été jugé par contumace; les défenseurs qu'il avait mandatés n'avaient pas été entendus par la cour. L'accusé avait été condamné pour violences ayant entraîné la mort sans intention de la donner. Le président du tribunal régional de Kempten (RFA) avait déclaré exécutoire l'arrêt de la cour d'assises de Paris; en appel, un recours formé par M. Krombach contre cette décision déclarant exécutoire l'arrêt fut rejeté. Saisi d'une *Rechtsbeschwerde* (recours) fondé sur le fait que

1. CEDH 13 oct. 2009, Selin Asli Östürk c/Turquie, req. n° 39523/03, *Rev. crit. DIP* 2010. 498, note Marchadier.
2. Civ. 1re, 16 mars 1999, n° 97-17.598, *Bull. civ.* I, n° 92; *D.* 1999. IR 101, chron. Muir-Watt; *RTD civ.* 1999. 469, obs. Perrot; *RTD civ.* 2000. 944, obs. Raynard; *RG proc.* 1999. 747; *Rev. crit. DIP* 2000. 181, étude Droz.
3. CJCE 20 mars 1997, David Charles Hayes et Jeanette Karen Hayes c/Kronenberg GmH, aff. C-323/95, *Rec. CJCE* I-1711.
4. CJCE 28 mars 2000, Dieter Krombach c/André Bamberski, aff. C-7/98, *Rec. CJCE* I-1935.

M. Krombach n'avait pu se défendre de manière effective contre sa condamnation par la juridiction française, la Cour fédérale de justice saisit la Cour de justice européenne et lui demanda notamment :

– si, pour appliquer l'article 27.1, le juge de l'État requis peut, à l'endroit d'un défendeur domicilié sur le territoire de celui-ci, tenir compte du fait que le juge de l'État d'origine a fondé sa compétence sur la nationalité de la victime de l'infraction. La Cour de justice a rappelé que la convention s'applique aux décisions rendues en matière civile par une juridiction pénale; le juge requis ne peut contrôler la compétence des juridictions de l'État d'origine, si bien que l'ordre public de l'État requis ne peut être opposé à la reconnaissance ou à l'exécution d'une décision rendue dans un autre État contractant au seul motif que le juge d'origine n'aurait pas respecté les règles de la convention relatives à la compétence, même s'il a fondé sa compétence sur une règle faisant appel à un critère de nationalité (v. arrêt point 34);

– la Cour allemande demanda également à la Cour de justice si le juge de l'État requis peut appliquer l'article 27.1 et refuser l'*exequatur* (déclaration de force exécutoire) en tenant compte du fait, à l'endroit du défendeur domicilié sur le territoire de celui-ci et poursuivi pour une infraction volontaire, que le juge de l'État d'origine a refusé au défendeur le droit de se faire défendre sans comparaître personnellement. Rappelant la prohibition de la révision au fond, la Cour de justice considère que le juge de l'État requis ne peut refuser la reconnaissance ou l'*exequatur* au seul motif qu'une divergence existerait entre la règle de droit appliquée par le juge de l'État d'origine et celle qu'aurait appliquée le juge de l'État requis s'il avait été saisi du litige. L'article 27.1 ne serait applicable que si la reconnaissance ou l'exécution heurtait de façon inacceptable l'ordre juridique de l'État requis, en tant qu'elle porterait atteinte à un principe fondamental (violation manifeste d'une règle de droit considérée comme essentielle dans l'ordre juridique de l'État requis ou d'un droit reconnu comme fondamental dans cet ordre juridique, v. arrêt point 37). La Cour ajoute que le droit d'être défendu « *occupe une place éminente dans l'organisation et le déroulement d'un procès équitable* » et « *figure parmi les droits fondamentaux qui résultent des traditions constitutionnelles communes aux États membres* »; elle fait également référence à la jurisprudence de la Cour européenne des droits de l'homme à propos du droit d'être effectivement défendu par un avocat en matière pénale même si l'accusé est absent aux débats[1]. La Cour de justice en conclut que « *le juge national d'un État contractant est en droit de considérer que le refus d'entendre la défense d'un accusé absent des débats constitue une violation manifeste d'un droit fondamental* », car le but de la convention de Bruxelles – assurer la simplification des formalités auxquelles sont subordonnées la reconnaissance et l'exécution réciproques des décisions judiciaires – ne saurait être atteint en affaiblissant les droits de la défense (arrêt, point 43). Indirectement, la Cour de justice approuve et confirme la jurisprudence de la Cour de Strasbourg quant au droit de l'accusé de se faire défendre sans comparaître personnellement.

Ainsi se rencontrent les droits fondamentaux garantis notamment par la Conv. EDH, et les textes de droit judiciaire privé européen relatifs à l'*exequatur* simplifié des jugements dans l'Union européenne. La Cour de justice se fonde en l'occurrence – pour admettre une atteinte possible de l'ordre public de procédure de l'État requis – sur un droit fondamental de procédure ancré dans l'art. 6 § 1 de la convention et interprété extensivement par la Cour européenne de Strasbourg : le droit au procès équitable. Dans la même affaire, cette dernière a également été amenée à statuer[2] sur la violation de l'article 6 § 1 (**droit au procès équitable**), de l'article 6 § 3 c de la convention (**droit, dans le procès pénal, d'avoir un défenseur**) et de l'article 2 du protocole n° 7 (**droit pour toute personne jugée coupable d'une infraction pénale, de faire examiner par une juridiction supérieure la condamnation**) et avait dressé un constat de violation de ces textes au motif, notamment, que « *quoique non absolu, le droit de tout accusé à être effective-*

1. La CJCE ajoute que, selon une jurisprudence constante, les droits fondamentaux font partie intégrante des principes généraux du droit dont la Cour assure le respect en s'inspirant tant des traditions constitutionnelles communes aux États membres que des indications fournies par les instruments internationaux de protection des droits de l'homme auxquels les États membres ont coopéré ou adhéré (point 25), et notamment la Conv. EDH du 4 novembre 1950, qui consacre le droit à un procès équitable, droit que la CJCE a reconnu expressément comme un principe général de droit de l'Union (V. PAR EX., CJCE 17 déc. 1998, Baustahlgewebe c/Commission, aff. C-185/95, *Rec. CJCE* I-8417, points 20 et 21). La Charte UE, qui a acquis force obligatoire avec l'entrée en vigueur du traité de Lisbonne en décembre 2009, prévoit également, dans son article 47, le droit au procès équitable – Pour une application, par la Cour de justice, de la Charte UE dans une affaire mettant en cause un recours formé en vertu de l'article 43 du règlement Bruxelles I, contre une décision constatant le caractère exécutoire d'un jugement ordonnant une saisie conservatoire, v. CJUE 13 juin 2012, GREP GmbH c/Freistaat Bayern, aff. C-156/12 : la Cour de justice relève que le recours de l'article 43 du règlement Bruxelles I « *constitue une mise en œuvre du droit de l'Union au sens de l'article 51 de la Charte des droits fondamentaux et que le principe de protection juridictionnelle effective, tel que consacré à l'article 47 de la Charte* [...], *peut comprendre le droit d'être dispensé du paiement des frais de procédure et/ou des honoraires dus pour obtenir l'assistance d'un avocat dans le cadre d'un tel recours* ». La Cour ajoute toutefois qu'il appartient à la juridiction nationale de vérifier si les conditions d'octroi d'une telle aide juridictionnelle, telles que prévues par le droit national, constituent « *une limitation du droit d'accès aux tribunaux qui porte atteinte à ce droit dans sa substance même, si elles tendent à un but légitime et s'il existe un rapport raisonnable de proportionnalité entre les moyens employés et le but visé* » – Il semble que la Cour de justice ait parfois déjà développé une jurisprudence des droits fondamentaux de la Charte UE pas toujours en harmonie avec celles du droit correspondant de la Conv. EDH, par ex. le principe *ne bis in idem* de l'article 50 de la Charte UE, v. CJUE 26 févr. 2013, Åkerberg Fransson, aff. C-617/10 – D. Ritleng, « De l'articulation des systèmes de protection des droits fondamentaux dans l'Union, Les enseignements des arrêts Åkerberg Fransson et Melloni », *RTD eur.* 2013. 286 s.

2. CEDH 13 févr. 2001, Krombach c/France, req. n° 29731/96.

ment défendu par un avocat, au besoin commis d'office, figure parmi les éléments fondamentaux du procès équitable » (point 89), formule similaire à celle qu'emploie la Cour de justice dans la même affaire *Krombach*. Les jurisprudences des deux Cours sont donc en harmonie sur ce sujet particulièrement aigu de la protection de droits de la défense, ce qui est à saluer. Leur action combinée a conduit l'État français à abroger la procédure de contumace par la loi n° 2004-204 du 9 mars 2004 [1] et à la remplacer par une procédure par défaut en matière criminelle, procédure moins formaliste, plus rapide, plus efficace et plus respectueuse des droits de la défense. En outre, la mise en état de l'accusé la veille de l'audience (c'est-à-dire son obligation de se constituer prisonnier) fut supprimée dès la loi n° 2000-516 du 15 juin 2000 [2], renforçant la présomption d'innocence.

Pour un renvoi préjudiciel à la Cour de justice à propos de **l'article 47** de la **Charte des droits fondamentaux de l'Union européenne** (Charte UE) en relation avec **l'article 34 du règlement Bruxelles I**, par une juridiction lettone, le 25 juin 2013, v. l'affaire *Antonio Gramsci Shipping et autres c/Aivars Lembergs* [3] (question de savoir si, dans le cadre de la procédure de reconnaissance d'une décision rendue par une juridiction étrangère, la lésion des droits de personnes qui ne sont pas impliquées dans la procédure au principal peut être un motif de mise en œuvre de la clause d'ordre public prévue à l'article 34 § 1, et de refus de reconnaître cette décision étrangère pour autant qu'elle affecte ces personnes qui ne sont pas impliquées dans la procédure au principal).

Dans un arrêt *Marco Gambazzi* du 2 avril 2009 [4], la Cour de justice a de nouveau été amenée à se prononcer sur les contours de la **notion d'ordre public procédural de l'État requis** pouvant justifier un refus de déclaration de force exécutoire du jugement émanant d'un autre État membre. La procédure était civile et non pénale, et, pour ne pas avoir exécuté diverses injonctions de la *High Court* anglaise (*freezing order, disclosure order*...), M. Gambazzi avait été jugé coupable de « *contempt of court* » et avait été exclu de la procédure, qui avait abouti à sa condamnation à des dommages-intérêts très élevés au profit de deux sociétés. Une juridiction italienne sollicitée de délivrer la déclaration de force exécutoire de la décision anglaise, saisit la Cour de justice d'une question préjudicielle; celle-ci énonça que « *le juge de l'État requis peut tenir compte, au regard de la clause relative à l'ordre public* [...], *du fait que le juge de l'État d'origine a statué sur les prétentions du demandeur sans entendre le défendeur, qui s'était régulièrement constitué devant lui mais qui a été exclu de la procédure par une ordonnance au motif qu'il n'avait pas satisfait à des obligations imposées par une ordonnance prise antérieurement dans le cadre de la même procédure, lorsque, au terme d'une appréciation globale de la procédure et au vu de l'ensemble des circonstances, il lui apparaît que cette mesure d'exclusion a constitué une atteinte manifeste et démesurée au droit du défendeur à être entendu* » (point 48) [5]. Il apparaît aujourd'hui que l'ordre public de procédure est un des moyens les plus utiles pour empêcher qu'un jugement violant des principes fondamentaux de procédure tels que le droit d'être entendu, les droits de la défense au sens global, ou encore l'obligation de motivation des décisions de justice, puisse être exécuté dans un autre État membre. On peut se demander s'il n'est pas opportun de maintenir cette **clause de sauvegarde** plutôt que de supprimer tout *exequatur* en matière civile et commerciale malgré les disparités entre les vingt-sept États membres dans l'effectivité du respect des droits fondamentaux.

D'ailleurs, la révision du règlement Bruxelles I opérée par le règlement UE n° 1215/2012 du 12 décembre 2012, Bruxelles I *bis*, procède certes à la suppression de la formalité préalable de déclaration constatant la force exécutoire, dans l'État membre requis, de la décision émanant d'un autre État membre. Mais au stade de l'exécution, le défendeur à l'exécution pourra faire valoir des motifs de refus d'exécution semblables (Règl. 12 déc. 2012, art. 45) aux motifs de refus d'*exequatur* énoncés dans le règlement Bruxelles I.

441.64 L'avenir de l'article 6 § 1 de la Conv. EDH face à la notion de « contrariété manifeste à l'ordre public » de l'État requis. Pour un doute exprimé sur le maintien possible d'un contrôle, par le juge de l'État requis, du caractère contradictoire de la procédure dès lors que le règlement exige aujourd'hui que la décision soit manifestement contraire à l'ordre public de l'État requis, v. J.-P. Béraudo [6] : l'auteur considère que « *le juge de la reconnaissance devrait écarter, comme inopérant, tout moyen fondé directement ou non, sur l'article 6 de la Conv. EDH qui n'aurait pas été soumis par celui qui l'invoque à la juridiction compé-*

1. L. n° 2004-204, 9 mars 2004 portant adaptation de la justice aux évolutions de la criminalité, *JO* 10 mars, p. 4567.
2. L. n° 2000-516, 15 juin 2000 renforçant la protection de la présomption d'innocence et les droits des victimes, *JO* 16 juin, p. 9038.
3. *Antonio Gramsci Shipping Corp. e. a. c/Aivars Lembergs*, aff. C-350/13, *JOUE*, n° C 252, 31 août 2013, p. 22.
4. CJCE 2 avr. 2009, Marco Gambazzi, aff. C-394/07, *D.* 2010. 1587, obs. Courbe et Jault-Seseke; *Gaz. Pal.* 28 nov. 2009, n° 332, obs. Noche et Sinopoli; *Rev. crit. DIP* 2009. 785. obs. Cuniberti.
5. COMP. C. féd. justice (BGH), 2 sept. 2009, XII ZB 50/06, *FamRZ* 2009. 2069, obs. Gottwald; *MDR* 2010. 29 : une condamnation à aliments prononcée après que le défendeur a été exclu de la procédure pour *contempt of court* et que, pour ce motif, son recours ait été déclaré irrecevable, peut être contraire à l'ordre public procédural. Dans ce cas, l'*exequatur* doit être refusé par l'Allemagne sur le fondement de l'article 5.1 de la convention de La Haye du 2 octobre 1973 sur la reconnaissance et l'exécution de décisions relatives aux obligations alimentaires. Il s'agissait en l'espèce d'une décision australienne. Par cet arrêt, la Cour fédérale de justice allemande suit l'argumentation de la CJCE dans l'affaire *Gambazzi* : l'exclusion de la procédure ne porte pas atteinte à l'ordre public de procédure uniquement si, dans le cas concret, elle était nécessaire et justifiée; il ne suffit donc pas que cette exclusion résulte du comportement de la partie sanctionnée.
6. J.-P. Béraudo, *JDI* 2001. 1074 s. et spéc[t] 1075.

tente pour interpréter cet instrument ». Il est permis de douter de cette argumentation. La Cour de justice a reconnu la Conv. EDH et l'interprétation qu'en fait la Cour de Strasbourg comme fondatrices de valeurs européennes essentielles, et il paraît raisonnable qu'indépendamment de la saisine ou non - parallèle ou non - de la Cour de Strasbourg, le juge de l'exécution d'un État membre requis puisse refuser de déclarer la décision exécutoire en raison de la violation d'un principe procédural essentiel. Il en va *a fortiori* ainsi depuis l'entrée en vigueur du traité de Lisbonne, qui a donné force contraignante à la Charte UE (qui reprend largement les droits consacrés dans la Conv. EDH) et qui impose à l'Union d'adhérer à la Conv. EDH.

441.65 Contrôle de la notion de contrariété à l'ordre public. Selon la Cour de justice, l'article 27.1 de la convention de Bruxelles doit être interprété en ce sens que ne peut être considérée comme contraire à l'ordre public une décision rendue par un juge d'un État contractant qui reconnaît l'existence d'un droit de propriété intellectuelle sur des éléments de carrosserie de véhicules automobiles et qui confère au titulaire de ce droit une protection lui permettant d'interdire à des tiers, à savoir des opérateurs économiques établis dans un autre État contractant, de fabriquer, de vendre, de faire transiter, d'importer ou d'exporter dans cet État contractant lesdits éléments de carrosserie[1].

Une éventuelle erreur de droit commise par le juge de l'État membre d'origine ne saurait en soi être considérée par le juge de l'État requis comme contraire à son ordre public international[2].

441.66 Autre exemple d'invocation d'une contrariété à l'ordre public de l'État membre requis. Cassation pour violation des articles 27 et 28 de la convention de Bruxelles par fausse application, de l'arrêt qui, pour rejeter la demande en reconnaissance et en exécution de décisions espagnoles, retient que l'obligation de consigner ou de faire cautionner à très bref délai le montant des condamnations prononcées ainsi que le pouvoir du juge du premier degré qui a rendu cette décision, d'apprécier la réunion des conditions à l'exercice du droit d'appel, constituent des limitations à l'exercice du droit d'appel incompatibles avec l'ordre public procédural français, alors qu'il relève l'existence d'un recours devant le juge ayant rendu la décision et d'une possibilité d'appel devant la juridiction supérieure. Méconnaît encore ces dispositions la cour d'appel qui relève l'existence d'une contrariété à l'ordre public civil et commercial résidant dans la contradiction entre les décisions en cause et une autre décision prononcée par une autre juridiction espagnole, alors qu'elle constate que ces décisions ouvrent une option de sorte que cette autre décision ne s'opposait pas à l'exécution de l'une des options[3].

Ne sont pas contraires à la conception française de l'ordre public international ni la faculté de réparer en cours de procédure une irrégularité de fond, ni le droit d'agir en justice d'unions de personnes ou de sociétés non pourvues de la « *personnalité légale* »[4]. De même, l'ordre public procédural français dont le juge de l'*exequatur* doit assurer le respect n'exige pas, au cas où le défendeur a eu connaissance de l'instance étrangère, que la signification soit faite à partie et comporte l'indication des voies de recours. En l'espèce, la notification avait été faite selon le droit italien au domicile de l'avocat de la partie française; cette notification, qui ouvrait le délai de recours, n'était pas - selon la cour d'appel, approuvée par la Cour de cassation - de nature à rendre la reconnaissance de la décision manifestement contraire à l'ordre public français en application de l'article 34 § 1 du règlement Bruxelles I[5].

Sur la position ambiguë de la Cour de cassation à propos d'une condamnation, dans un jugement américain, à des dommages-intérêts punitifs, v. l'arrêt rendu par la Cour de cassation le 1er décembre 2010[6] : « *Si le principe d'une condamnation à des dommages-intérêts punitifs*[7] *n'est pas, en soi, contraire à l'ordre public, il en est autrement lors-*

1. V. CJCE 11 mai 2000, Régie nationale des usines Renault SA c/Maxicar SpA e. a., aff. C-38/98, *Rec. CJCE* I-2973.
2. CJCE 16 mars 2006, Rosemarie Kapferer c/Schlank & Schlick GmbH, aff. C-234/04, *Rev. crit. DIP* 2007. 140, obs. Francq (même s'il y a eu une erreur dans l'application du droit de l'Union par le juge national, dès lors que la décision a, en vertu du droit national, acquis autorité de chose jugée, elle ne peut être remise en cause).
3. Civ. 1re, 8 févr. 2000, n° 97-20.937, *Bull. civ.* I, n° 42; *D.* 2000. IR 75; *JCP* 2000. IV. 1546.
4. Paris, 5 avr. 1994, RG n° 93/01603, *Rev. crit. DIP* 1995. 573, note Kessedjian.
5. Civ. 1re, 14 oct. 2009, n° 08-14.849, *Bull. civ.* I, n° 208; *D.* 2009. AJ 2692; *Gaz. Pal.* 2009. Somm. 3878; *Rev. crit. DIP* 2009. 870.
6. Civ. 1re, 1er déc. 2010, n° 09-13.303, *Bull. civ.* I, n° 248; *D.* 2011. 423, obs. Gallmeister et NOTE TRÈS CRITIQUE Licari; *D.* 2011. 1374, obs. Jault-Seseke; *D.* 2011. 2434, obs. d'Avout et Bollée; *Rev. crit. DIP* 2011. 93, note Gaudemet-Tallon; *RTD civ.* 2011. 122, obs. Fages; *RTD civ.* 2011. 317, obs. Remy-Corlay; *JCP* 2011. 257, obs. Juvénal; *RCA* 2011, n° 5, obs. Wester-Ouisse, qui relève le refus de la Cour fédérale de justice allemande (BGH 4 juin 1992, IX ZR 149/91, *RGDA* 1996. 49, obs. Gardette) et de la Cour de cassation italienne (Cassazione civile, sez. III, 19 janv. 2007, n° 1183/2007) d'admettre l'*exequatur* d'un jugement accordant des dommages-intérêts punitifs, essentiellement en raison de la différence de fonction entre droit civil (rôle indemnitaire de la responsabilité) et droit pénal auquel est réservé le monopole de la sanction et de la dissuasion. Plus hypocritement, la Cour de cassation française admet le possible *exequatur* d'un tel jugement, mais pour immédiatement après juger fondé son refus dès lors que le montant est disproportionné au préjudice subi et aux manquements du débiteur à ses obligations contractuelles.
7. SUR CETTE NOTION, v. P. Pierre, « L'introduction des dommages-intérêts punitifs en droit des contrats – Rapport français », *RDC* 2010. 1117; A. Vignon-Barrault, « Les dommages-intérêts punitifs en Europe », 2 oct. 2010, http://grerca.univ-rennes1.fr – La *Supreme Court* des États-Unis, dans ▶

que le montant alloué est disproportionné au regard du préjudice subi et des manquements aux obligations contractuelles du débiteur; qu'en l'espèce, l'arrêt relève que la décision étrangère a accordé à l'acquéreur, en plus du remboursement du prix du bateau et du montant des réparations, une indemnité qui dépasse très largement cette somme; que la cour d'appel a pu déduire que le montant des dommages-intérêts était manifestement disproportionné[1] *au regard du préjudice subi et du manquement aux obligations contractuelles, de telle sorte que le jugement étranger ne pouvait être reconnu en France* ». Mais la nature même des *punitive damages* ne fait-elle pas qu'ils n'ont aucun lien avec le dommage réellement subi ?

Pour un arrêt allemand examinant, en matière de violation de l'ordre public international de l'Allemagne (Conv., art. 27.1) si l'arrêt français rendu en matière de cautionnement porte atteinte aux « *droits fondamentaux* » (*Grundrechte*) de la caution tels que résultant de la Constitution allemande[2].

2°
Violation des droits de la défense (Conv., art. 27.2 – Règl. 22 déc. 2000, art. 34 § 2)

441.70 Défendeur défaillant. Selon l'article 27.2 de la convention, la décision rendue dans un État contractant n'est pas reconnue (ou déclarée exécutoire) dans un autre État contractant, « *2° si l'acte introductif d'instance ou un acte équivalent n'a pas été signifié ou notifié au défendeur défaillant, régulièrement et en temps utile pour qu'il puisse se défendre* ».

L'article 34 § 2 du règlement Bruxelles I est, lui, plus nuancé : la décision n'est pas reconnue si « *l'acte introductif d'instance ou un acte équivalent n'a pas été signifié ou notifié au défendeur défaillant en temps utile et de telle manière qu'il puisse se défendre, à moins qu'il n'ait pas exercé de recours à l'encontre de la décision alors qu'il était en mesure de le faire* »[3]. On le constate, la version issue du règlement est là aussi plus restrictive. Une signification ou notification irrégulière n'est plus une hypothèse de non-reconnaissance. Cela paraît justifié car ce terme avait donné lieu à des abus, le défendeur arguant d'une irrégularité procédurale réelle mais alors qu'il avait en réalité parfaitement connaissance de la procédure diligentée contre lui. L'article 34 § 2 ne retient comme motif de non-reconnaissance que le cas où l'acte n'a pas été notifié au défendeur en temps utile et de telle manière qu'il puisse se défendre, et ceci à condition que ledit défendeur ait exercé un recours contre la décision s'il était en mesure de le faire.

Ces textes tendent à protéger les droits du défendeur défaillant. Ils supposent donc que la partie défenderesse n'ait pas comparu, et ce du fait que l'acte introductif d'instance (ou un acte équivalent, mention rajoutée par la convention d'adhésion de 1978) n'a pas fait l'objet d'une notification ou signification régulière (seulement dans la convention de Bruxelles) et suffisamment précoce pour que le défendeur ait été mis en mesure de se défendre effectivement. Est donc là en cause une violation des droits de la défense : la libre circulation des jugements en Europe ne saurait se faire au détriment de principes fondamentaux supérieurs, et notamment celui du respect des droits de la défense[4]. Cette garantie de principes fondamentaux a été, comme nous l'avons vu (v. s[s] n°s 441.31 à 441.66), étendue par la jurisprudence française à l'un des aspects essentiels de la transparence de la justice que constitue la motivation des jugements, mais sur le fondement de l'article 27.1 et de l'ordre public international (pour une application de l'article 27.2 par la Cour de justice, v. l'arrêt *B. Hendrikman et M. Feyen c/Magenta druck Verlag GmbH* du 10 octobre 1996[5]).

Parmi les cas de refus de reconnaissance ou d'*exequatur* énoncés par le règlement Bruxelles I, le plus utilisé est celui de l'article 34 § 2, qui s'applique essentiellement aux jugements par défaut, qui ne sont pas rares au sein de l'espace judiciaire européen[6].

► sa décision du 25 juin 1974, Gertz v/ Robert Welch Inc., (citée par V. Wester-Ouisse, *RCA* 2011, n° 5), exige que la responsabilité repose sur une faute intentionnelle, car les « *punitive damages* » ne viennent pas compenser un préjudice; « *ce sont des amendes privées prononcées par des jurys civils pour punir une conduite répréhensible et dissuader sa réitération* ».

1. Sur le principe de proportionnalité qui, selon la Cour de cassation, fait partie de l'ordre public international, v. Civ. 1re, 28 janv. 2009, n° 07-11.729, *Bull. civ.* I, n° 15; *D.* 2009. 436, obs. Gallmeister; *D.* 2009. 2384, obs. d'Avout et Bollée; *D.* 2010. 1585, obs. Courbe et Jault-Seseke.
2. V. C. féd. justice (BGH), 9e civ., 24 févr. 1999, *NJW* 1999. 2372.
3. V. C. féd. justice (BGH), 12 déc. 2007, XII ZB 240/05, *The European Legal Forum* 1/2008. II-8 : le motif de refus d'*exequatur* tiré de l'article 34 § 2 doit, sur recours contre la décision d'*exequatur*, être relevé d'office par la juridiction saisie du recours, qui n'est toutefois pas tenue de rechercher d'office les faits nécessaires. Sous l'empire du règlement Bruxelles I, le caractère régulier de la signification n'est pas exigé dès lors que le défendeur a reçu en temps utile l'acte introductif d'instance. Cependant, de graves vices dans la notification (par ex., une notification à la mauvaise adresse) sont en principe des indices en faveur du fait que le défendeur n'a pas bénéficié, dans l'État membre d'origine, d'un droit suffisant d'être entendu par le tribunal (*rechtliches Gehör*) – V. aussi C. féd. justice (BGH), 3 août 2011, XII ZB 187/10, *IPrax* 2011. *Heft* 6, p. VIII : l'article 34 § 2 du règlement Bruxelles I ne repose pas sur la signification ou notification régulière de l'acte introductif d'instance selon le règlement signification, mais sur le respect effectif des droits de la défense.
4. EN CE SENS, CJCE 11 juin 1985, Ép[x] Debaecker et Plouvier c/ Bouwman, aff. 49/84, *Rec. CJCE* 1779.
5. CJCE 10 oct. 1996, B. Hendrikman et M. Feyen c/Magenta druck Verlag GmbH, aff. C-78/95, *Rec. CJCE* I-4943.
6. EN CE SENS, *Report on the Application of Regulation Brussels I in the Member States*, n° 539 – POUR UNE ILLUSTRATION, v. aussi : C. féd. justice (BGH), 12e civ., 28 nov. 2007, *NJW* 2008. 1531 : il appartient au juge de l'État requis d'apprécier ►

441.71 Incompétence. Déjà dans le cadre des règles de compétence, la protection toute particulière nécessaire au défendeur défaillant était envisagée, puisque l'article 20 de la convention et l'article 26 du règlement Bruxelles I du 22 décembre 2000 obligent le juge à se déclarer d'office incompétent si la compétence n'est pas fondée en vertu de la convention ou du règlement, dès lors que le défendeur domicilié dans un État contractant (État membre pour le règlement) et attrait devant les tribunaux d'un autre État contractant (État membre) ne comparaît pas. L'alinéa 2 de ces textes ajoute que le juge doit surseoir à statuer tant qu'il n'est pas établi que le défendeur a été mis à même de recevoir l'acte introductif d'instance ou un acte équivalent en temps utile pour se défendre ou que toute diligence a été faite à cette fin.

Ces textes limitent toutefois la protection qu'ils instaurent au défendeur défaillant domicilié dans un État contractant ou membre. L'article 27.2 de la convention et l'article 34 § 2 du règlement, eux, ne contiennent aucune précision de ce type, ce qui permet d'admettre qu'ils sont édictés également en faveur du défendeur domicilié dans un État tiers, ou même du défendeur domicilié dans l'État du juge qui a statué et dont la décision fait l'objet d'une demande de reconnaissance ou d'*exequatur* dans un autre État contractant ou membre[1].

441.72 Conditions d'application. Selon la convention de Bruxelles, trois conditions sont requises pour que le juge de l'État requis refuse de reconnaître ou de déclarer exécutoire la décision : (1 il doit s'agir d'un jugement rendu par défaut; (2 la signification ou notification doit avoir été irrégulière, ou bien (3 le défendeur n'a pas disposé d'un temps utile pour organiser sa défense. Seules la première et la dernière condition sont envisagées en revanche dans le règlement CE n° 44/2001 du 22 décembre 2000. L'hypothèse de la signification ou notification irrégulière a été supprimée par le règlement en raison des abus auxquels elle avait donné lieu (v. s[s] n° 441.70).

441.73 1°) Une procédure par défaut. La procédure à la suite de laquelle la décision a été rendue avait vocation à être contradictoire, mais le défendeur a fait défaut. La question s'est posée de savoir si la procédure demeurait par défaut lorsque le défendeur a par la suite intenté une voie de recours contre la décision.

La Cour de justice a décidé que l'opposition, jugée irrecevable parce que hors délai, contre la décision par défaut laissait subsister l'applicabilité de l'article 27.2 de la convention[2]. La Cour considère en effet que le rejet de l'opposition pour irrecevabilité laisse intacte la décision rendue par défaut; on peut déduire de cet arrêt que la solution serait différente si le juge saisi de l'opposition déclarait celle-ci recevable.

De même, peu importe qu'un jugement par défaut rendu à la suite d'un acte introductif d'instance signifié irrégulièrement, ait ensuite été signifié régulièrement et que le défendeur, bien qu'informé de la teneur du jugement, n'ait pas intenté de voie de recours (la Cour considère en effet que les voies de recours ne sont pas équivalentes à une véritable possibilité de se défendre dès la première instance, avant que le jugement soit rendu[3]). Cette jurisprudence européenne est très protectrice des intérêts du défendeur défaillant, mais peut aussi inciter le défendeur de mauvaise foi à abuser des garanties que lui accorde l'article 27.2. C'est pourquoi le texte du règlement Bruxelles I (Règl. 22 déc. 2000, art. 34 § 2) n'admet ce motif de non-reconnaissance que sous réserve que le défendeur ne se soit pas abstenu « *d'exercer le recours à l'encontre de la décision alors qu'il était en mesure de le faire* ».

V. cep. la jurisprudence antérieure à l'adoption du règlement et notamment confirmant l'arrêt *Minalmet* : l'arrêt *B. Hendrikman et M. Feyen c/Magenta Druck Verlag GmbH* de 1996[4]. Dans cette affaire, un litige opposait M. et Mme Hendrikman et Mme Feyen à une société allemande. Une juridiction allemande avait rendu une décision à l'encontre des premiers et un tribunal néerlandais avait autorisé l'exécution aux Pays-Bas. Les époux Hendrikman invoquaient l'article 27.1 et 27.2 de la convention de Bruxelles en alléguant n'avoir jamais reçu les actes introductifs d'instance et n'avoir pas été représentés valablement devant les juridictions allemandes. Suite à un pourvoi en cassation formé par les époux Hendrikman, le *Hoge Raad* posa à la Cour de justice plusieurs questions préjudicielles.

La Cour de justice confirma les jurisprudences *Minalmet* et *Isabelle Lancray* et jugea qu'un défendeur qui ignore la procédure entamée à son encontre et pour qui comparaît, devant le juge d'origine, un avocat qu'il n'a pas mandaté se trouve dans l'impossibilité absolue de se défendre. Il doit par conséquent être considéré comme défaillant au sens de l'arti-

▶ si la signification de l'acte introductif d'instance a été régulière au regard du droit de l'État membre d'origine, sans que ce juge soit lié par les constatations des tribunaux de l'État membre d'origine; le juge de l'État requis apprécie également si une notification « *fictive* » a eu lieu en temps utile pour que le défendeur puisse préparer sa défense et le juge retient pour ce faire toutes circonstances de l'espèce, en prenant en outre en considération les intérêts dignes de protection du créancier comme du débiteur.

1. EN CE SENS, CJCE 11 juin 1985, Ép[x] Debaecker et B. Plouvier c/ Bouwman, aff. 49/84, *Rec. CJCE* 1779.

2. CJCE 16 juin 1981, Klomps c/Michel, aff. 166/80, *Rec. CJCE* 1593.
3. CJCE 12 nov. 1992, Minalmet GmbH c/Brandeis, aff. C-123/91, *Rec. CJCE* I-5661.
4. CJCE 10 oct. 1996, B. Hendrikman et M. Feyen c/Magenta Druck Verlag GmbH, aff. C-78/95, *Rec. CJCE* I-4943; *Rev. crit. DIP* 1997. 555, note Droz.

cle 27.2, même si la procédure devant le juge d'origine a pris un caractère contradictoire. Il appartient au juge requis de vérifier si ces circonstances exceptionnelles sont réunies. La Cour ajoute que cette situation n'est pas modifiée par le fait que les règles allemandes de procédure civile permettaient aux époux Hendrikman de former une demande en annulation pour vice de représentation dans le délai d'un mois suivant la notification. En effet, selon la Cour, « *le moment pertinent pour que le défendeur puisse se défendre est celui de l'introduction de l'instance. La possibilité de faire usage ultérieurement d'une voie de recours contre une décision par défaut, déjà rendue exécutoire, ne peut pas constituer une voie équivalant à une défense préalable à la décision* ». La Cour en conclut que l'article 27.2 s'applique aux décisions prononcées contre un défendeur qui ne s'est pas vu signifier ou notifier, régulièrement et en temps utile, l'acte introductif d'instance et qui n'a pas été valablement représenté dans l'instance, alors que, en conséquence de la comparution devant le juge d'origine, d'un prétendu représentant du défendeur, les décisions n'ont pas été prononcées par défaut.

V. les remarques très critiques de G. A. L. Droz[1] : cet auteur considère que cette jurisprudence remet gravement en cause le « *principe sacro-saint de l'exclusion de toute révision au fond* »; selon lui, la position de la Cour de justice selon laquelle le moment pertinent pour que le défendeur puisse se défendre est celui de l'introduction de l'instance est erronée : « *En droit interne français ou allemand, le moment pertinent pour que le défendeur puisse se défendre reste toujours celui de l'introduction de l'instance, mais si un dérèglement de la procédure se produit, cela devra être réparé par une opposition ou un appel sans que cela apparaisse comme une frustration à l'égard du défendeur* »[2]. Nous ne partageons pas la position de cet auteur, qui souhaiterait réduire le domaine d'application de l'article 27.2 de la convention. En effet, dans la droite ligne de l'article 6 § 1 de la Conv. EDH, il nous semble que le procès équitable requiert en principe le droit pour le défendeur de se défendre dès l'introduction de l'instance, même si une telle solution peut conduire à des refus d'*exequatur* dans des cas où, comme le relève M. Droz, l'irrégularité « *ne nuisait pas particulièrement au défendeur et* [...] *pouvait être aisément réparée devant le juge d'origine par une opposition ou un appel* ». Le règlement semble toutefois, pour des raisons pratiques et de renforcement de la liberté de circulation des jugements, donner raison à M. Droz puisqu'il énonce dans son article 34 § 2 *in fine* que la non-reconnaissance pour violation des droits de la défense peut avoir lieu « *à moins qu'il [le défendeur] n'ait pas exercé de recours à l'encontre de la décision alors qu'il était en mesure de le faire* ».

Dans certains États contractants s'est posée, en raison de la version linguistique de la convention, la question de savoir ce qu'il fallait entendre par **absence de comparution**. La version allemande ne fait ainsi pas référence au défendeur « *défaillant* », mais à celui qui « *ne s'est pas engagé dans la procédure* » (*sich auf das Verfahren nicht eingelassen hat*). Il faut considérer qu'il y a comparution – et donc absence de défaut – dès lors que le défendeur a constitué avocat, même s'il ne se présente pas lui-même personnellement devant le tribunal[3]; inversement, il peut se présenter devant les juges sans constituer avocat si le monopole d'avocat n'existe pas devant la juridiction saisie de l'affaire.

Dans un arrêt du 6 septembre 2012, *Trade Agency*[4], la Cour de justice devait dire si l'article 34 § 2 du règlement CE n° 44/2001 devait être interprété en ce sens que, lorsque le défendeur forme un recours contre la déclaration constatant la force exécutoire d'une décision rendue par défaut dans l'État membre d'origine et accompagnée du certificat prévu par le règlement, en faisant valoir qu'il n'avait pas reçu notification de l'acte introductif d'instance, le juge de l'État membre requis, saisi dudit recours, est compétent pour vérifier la concordance entre les informations figurant dans ledit certificat et les preuves. La Cour relève que le motif de refus de reconnaissance ou d'*exequatur* prévu à l'article 34 § 2 du règlement Bruxelles I vise à assurer le respect des droits du défendeur défaillant au cours de la procédure ouverte dans l'État membre d'origine à travers un système de double contrôle. Dans ce contexte, le fait de savoir si ledit défendeur a reçu notification de l'acte introductif d'instance « *constitue un élément pertinent de l'appréciation globale, de nature factuelle* » qui doit être « *conduite par le juge de l'État membre requis afin de vérifier si ce défendeur a disposé du temps nécessaire en vue de préparer sa défense ou d'entreprendre les démarches nécessaires pour éviter une décision rendue par défaut* » (point 33). Pour la Cour de justice, le fait que la décision étrangère soit accompagnée du certificat ne saurait limiter l'étendue de l'appréciation qui doit être effectuée, en vertu du double contrôle, par le juge de l'État membre requis, dès lors qu'il analyse le motif de contestation mentionné à l'article 34 § 2 (point 34). D'ailleurs, aucune disposition du règlement CE n° 44/2001 n'interdit expressément au juge de l'État membre requis de vérifier l'exactitude des informations factuelles contenues dans le certificat, les articles 36 et 45 § 2 de ce règlement limitant l'interdiction de révision au fond uniquement à la décision judiciaire de l'État membre d'origine; au vu de l'annexe V du règlement, les informations contenues dans le certificat se limitent à l'indication de la « *date de la signification ou de la notification de l'acte introductif d'instance, au cas où la décision a été rendue par défaut* », sans pour autant faire mention d'autres indications utiles afin de vérifier si le défendeur a été mis en mesure de se défendre, telles que notamment les modalités de signification et notification ou l'adresse de ce dernier. Dès lors, « *le juge de l'État membre requis est compétent pour procéder à une appréciation autonome de l'ensemble des éléments de preuve et pour vérifier ainsi, le cas échéant, la concordance entre ceux-ci et les informations figurant dans le certificat, afin d'évaluer, en premier*

1. G. A. L. Droz, *Rev. crit. DIP* 1997. 560 s.
2. G. A. L. Droz, *Rev. crit. DIP* 1997. 561.
3. COMP., CJCE 21 avr. 1993, Volker Sonntag c/Hans Waidmann, aff. C-172/91, *Rec. CJCE* I-1963.
4. CJUE 6 sept. 2012, Trade Agency Ltd c/Seramico Investments Ltd, aff. C-619/10, *Europe* 2012. Comm. 469, obs. Idot; *Procédures* 2012. Comm. 353, obs. Nourissat.

lieu, si le défendeur défaillant a reçu la signification ou la notification de l'acte introductif d'instance et, en second lieu, si cette éventuelle signification ou notification a été effectuée en temps utile et de telle manière qu'il puisse se défendre » (point 38). Dans le cas contraire, « *limiter l'étendue du pouvoir d'examen dont dispose dans cette phase le juge de l'État membre requis, au seul motif que le certificat a été produit, reviendrait à vider de tout effet utile le contrôle que ce même juge doit effectuer et, partant, à empêcher la réalisation de l'objectif consistant à assurer le respect des droits de la défense* » (point 45).

441.74 2°) Signification ou notification irrégulière, motif de non-reconnaissance uniquement dans les conventions de Bruxelles et de Lugano de 1988. Une fois qu'est remplie la condition de jugement rendu par défaut, il convient de s'interroger, pour que le refus de reconnaissance ou d'*exequatur* soit possible, sur l'existence d'une irrégularité dans la signification ou la notification, ou bien d'une absence pour le défendeur d'un temps utile pour se défendre. **Ces deux conditions, dans la convention de Bruxelles, ne sont pas cumulatives mais alternatives,** c'est-à-dire que le juge de l'État requis refusera de reconnaître ou de déclarer exécutoire le jugement dès lors qu'un de ces deux vices affectera la procédure suivie devant le juge d'origine. Comme nous l'avons vu en revanche, le règlement CE n° 44/2001 du 22 décembre 2000 ne retient plus la notification ou signification irrégulière comme motif de non-reconnaissance de la décision.

L'article 27.2 de la convention de Bruxelles fait référence à « *l'acte introductif d'instance ou un acte équivalent* ». Cette dernière formule (acte équivalent), introduite dans la convention en 1978, est destinée à tenir compte de la particularité de l'assignation à l'étranger en droit de *Common Law* (le défendeur ne se voit pas signifier un acte introductif d'instance mais est simplement informé de l'existence de l'ordonnance rendue par le tribunal à propos de sa citation devant lui; pour un exemple d'acte introductif d'instance, v. l'arrêt *Klomps c/Michel*, qui considère l'injonction de payer du droit allemand comme telle[1]; dans le même sens, une décision du *Oberster Gerichtshof* autrichien ajoute que l'ordre d'exécution - *Vollstreckungbescheid* - constitue une décision par défaut au sens de l'article 27.2 de la convention de Lugano[2]).

Pour pouvoir appliquer l'article 27.2 et refuser le cas échéant la reconnaissance ou la déclaration de force exécutoire, le juge de l'État requis doit vérifier lui-même la régularité de la signification ou de la notification (et non pas la régularité de l'acte introductif d'instance lui-même)[3]. Il ne le fait pas au regard de sa *lex fori*, mais en vertu de la loi du juge d'origine (loi interne, règles classiques de droit international privé, convention internationale qui était applicable en l'espèce ou règlement signification[4] de l'Union européenne)[5]. C'est ce droit qui détermine la forme que devait prendre la notification, la langue dans laquelle elle devait être formulée (en ce sens, l'arrêt *Isabelle Lancray SA c/Firma Peters und Sickert KG*, dans lequel la Cour s'est prononcée en faveur de l'applicabilité de la convention franco-allemande imposant à peine de nullité la traduction de l'acte introductif d'instance dans la langue du pays sur le territoire duquel la signification a lieu[6]), la mention ou pas dans l'acte de signification des voies de recours ouvertes et des délais dans lesquels elles doivent être exercées. Il peut être surprenant que le contrôle du juge de l'État requis aille aussi loin alors même que la convention repose sur l'idée de confiance régnant entre États contractants. Cette rupture du principe de confiance se justifie par des intérêts supérieurs, en l'occurrence celui de la nécessaire protection du défendeur contre qui a été rendu un jugement par défaut (l'acte introductif doit, par définition, contenir des indications suffisantes sur l'objet de la demande, à défaut desquelles les droits de la défense ne sont pas respectés)[7].

V. aussi l'arrêt de la Cour de justice des Communautés européennes (CJCE) en date du 13 octobre 2005, *Scania Finance France*[8] : en l'espèce, un acte introductif d'instance avait été signifié de France en Allemagne par la technique française de remise au parquet. La société Scania, qui avait obtenu gain de cause dans le procès qui l'opposait à la société Rockinger, avait demandé à un tribunal allemand de déclarer exécutoire l'arrêt français, ce que les juges allemands firent. Saisi en appel par la société Rockinger, le tribunal régional supérieur de Munich posa à la Cour de justice une question préjudicielle consistant à savoir si l'article 27.2 de la convention de Bruxelles et l'article IV alinéa 1er du Protocole devaient être interprétés en ce sens que, dès lors qu'une convention internationale est applicable en matière de notification entre l'État d'origine et l'État requis (en l'occurrence la convention de La Haye

1. CJCE 16 juin 1981, Klomps c/Michel, aff. 166/80, *Rec. CJCE* 1593.
2. *Oberster Gerichtshof* autrichien, 12 juill. 2000, *Jus-Extra* 2000, n° 191, p. 51.
3. CJCE 13 juill. 1995, Hengst Import BV c/Anna Maria Campese, aff. C-474/93, *Rec. CJCE* 2113.
4. Règl. CE n° 1393/2007, 13 nov. 2007, relatif à la signification et à la notification des actes judiciaires et extrajudiciaires en matière civile et commerciale, *JOUE*, n° L 324, 10 déc. 2007, p. 79.
5. Paris, 13 nov. 1987, RG n° 87/17603, *JDI* 1989. 100, obs. Huet.
6. CJCE 3 juill. 1990, Isabelle Lancray SA c/Firma Peters und Sickert KG, aff. C-305/88, *Rec. CJCE* I-2725 – COMP. Civ. 1re, 4 mars 1980, n° 78-16.370, *Bull. civ.* I, n° 74; *JDI* 1981. 854, obs. Holleaux.
7. V. PAR EX., Civ. 1re, 9 oct. 1991, n° 90-13.449, *Bull. civ.* I, n° 251; *JCP* 1991. IV. 427; *Rev. crit. DIP* 1992. 516, note Kessedjian.
8. CJCE 13 oct. 2005, Scania Finance France SA c/Rockinger Spezialfabrik für Anhängerkupplungen GmbH & CoKG, aff. C-522/03, *Rev. crit. DIP* 2006. 193, obs. Pataut.

de 1965 était applicable en France comme en Allemagne), la régularité de la signification de l'acte introductif d'instance devait être exclusivement interprétée au regard des dispositions de cette convention ou si elle pouvait également être appréciée au regard des règles nationales en vigueur dans l'État d'origine dans l'hypothèse où celles-ci n'auraient pas été exclues par la convention. La Cour de justice a jugé que, dès lors qu'une convention internationale était applicable, la régularité de la signification à un défendeur défaillant devait être appréciée au regard des dispositions de ladite convention, sous réserve de la possibilité de recourir au mode de transmission par envoi direct entre officiers ministériels, en l'absence d'opposition officielle de l'État requis, comme le prévoit l'article IV alinéa 2 du Protocole annexé à la convention de Bruxelles. L'article IV alinéa 1er du Protocole énonce que « *les actes judiciaires et extrajudiciaires dressés sur le territoire d'un État contractant et qui doivent être notifiés ou signifiés à des personnes se trouvant sur le territoire d'un autre État contractant sont transmis selon les modes prévus par les conventions ou accords conclus entre les États contractants* ». L'alinéa 2 ajoute que « *sauf si l'État de destination s'y oppose* [...], *ces actes peuvent aussi être envoyés directement par les officiers ministériels de l'État où les actes sont dressés aux officiers ministériels de l'État sur lequel se trouve le destinataire de l'acte* ». Cette jurisprudence n'a désormais plus lieu d'être entre les États membres pour lesquels s'applique le règlement de l'Union CE n° 1393/2007 du 13 novembre 2007 en matière de signification; tous les États membres et même le Danemark sont liés par ce règlement, puisque le Danemark, ayant dans un premier temps refusé de se joindre à ce texte, a décidé de l'appliquer en concluant un accord sur ce point avec la Commission européenne.

Sur le sens de la formule finale de l'article 34 § 2 (« *à moins qu'il n'ait pas exercé de recours à l'encontre de la décision alors qu'il était en mesure de le faire* »), v. aussi l'arrêt de la Cour de justice du 14 décembre 2006, *ASM Netherlands BV c/SEMIS*[1] : l'article 34 § 2 doit être interprété en ce sens qu'un défendeur ne saurait être « *en mesure* » d'exercer un recours contre une décision rendue par défaut à son encontre que s'il a eu effectivement connaissance du contenu de celle-ci, par voie de signification ou de notification effectuée en temps utile pour lui permettre de se défendre devant le juge de l'État d'origine[2]. En effet, la possibilité pour le défendeur d'exercer un recours effectif requiert qu'il puisse prendre connaissance des motifs de la décision rendue par défaut afin de pouvoir les contester utilement, la simple connaissance de l'existence de cette décision ne suffisant pas à cet égard. Toutefois, la signification ou la notification régulière de la décision rendue par défaut, à savoir le respect de toutes les règles applicables à ces formalités, ne constitue pas une condition nécessaire pour que le défendeur soit considéré comme ayant été en mesure d'exercer un recours[3]. À cet égard, l'économie du règlement CE n° 44/2001 ne requiert pas de soumettre la signification ou la notification d'une décision rendue par défaut à des conditions plus strictes que celles prévues en ce qui concerne la signification ou la notification d'un acte introductif d'instance. En effet, c'est dans la même mesure que la signification ou la notification de l'acte introductif d'instance et celle de la décision rendue par défaut, intervenues en temps utile et de telle manière que le défendeur puisse se défendre, confèrent à ce dernier la possibilité de veiller au respect de ses droits devant le juge de l'État d'origine. Or, en ce qui concerne l'acte introductif d'instance, l'article 34 § 2 du règlement CE n° 44/2001 supprime la condition nécessaire de régularité formelle énoncée à l'article 27.2 de la convention de Bruxelles. Partant, une simple irrégularité formelle, qui ne porte pas atteinte aux droits de la défense, ne saurait suffire à écarter l'application de l'exception au motif justifiant le défaut de reconnaissance ou d'exécution.

Pour des règles de signification et notification des actes en matière civile et commerciale dans l'Union européenne, v. Règl. CE n° 1393/2007, 13 nov. 2007[4].

441.75 **3°) Absence de temps utile pour préparer la défense.** Il ne suffit pas que le défendeur se soit vu signifier ou notifier régulièrement l'acte introductif d'instance (ou un acte équivalent). Il faut encore, pour que ses droits aient pu être sauvegardés, qu'il ait disposé d'un temps utile pour préparer sa défense. Si cela n'a pas été le cas, le juge de l'État requis pourra refuser la reconnaissance ou l'exécution. L'article 27.2 de la convention utilise la formule « *et en temps utile, pour qu'il puisse se défendre* » alors que le règlement emploie l'expression « *en temps utile et de telle manière qu'il puisse se défendre* ». **Deux hypothèses** sont envisageables : le défendeur a été informé de l'acte introductif d'instance, mais n'a pas disposé d'un temps utile pour organiser sa défense; ou bien le défendeur n'a pas été informé de la procédure contre lui, et – logiquement – n'a donc pas été mis en mesure de se défendre.

1. CJCE 14 déc. 2006, ASM Netherlands BV c/SEMIS, aff. C-283/05, *Rec. CJCE* I-12041.
2. La question préjudicielle posée était de savoir si l'article 34 § 2 doit être interprété en ce sens que la condition d'avoir été « *en mesure* » d'exercer un recours à l'encontre de la décision rendue par défaut et dont l'exécution est demandée requiert que cette décision ait été régulièrement signifiée ou notifiée au défendeur défaillant ou s'il suffit que ce dernier ait eu connaissance de son existence au stade de la procédure d'exécution dans l'État requis.
3. C. féd. justice (BGH), 21 janv. 2010, IX ZB 193/07 : le défendeur ne peut, lors de la procédure d'*exequatur* dans l'État membre requis, invoquer l'absence de signification de l'acte introductif d'instance s'il a encore à sa disposition, dans l'État membre d'origine, un recours par lequel il peut faire valoir ce moyen.
4. Règl. CE n° 1393/2007 du Parlement européen et du Conseil, 13 nov. 2007, relatif à la signification et à la notification dans les États membres des actes judiciaires et extrajudiciaires en matière civile ou commerciale (« signification ou notification des actes »), et abrogeant le Règl. CE n° 1348/2000 du Conseil, *JOUE,* n° L 324, 10 déc., p. 79.

Dans la **première hypothèse**, le délai dont dispose le défendeur pour préparer sa défense part du jour de la signification. Si celle-ci n'a pas été faite à personne ou au domicile, il faudra toutefois prendre comme point de départ du délai l'accomplissement des diligences nécessaires pour tenter d'informer le défendeur. Le juge de l'État requis, lorsqu'il devra contrôler la condition du « *temps utile* » procédera à une appréciation souveraine du délai, appréciation détachée de toute référence légale nationale ou étrangère. Il tiendra compte de tous éléments de fait et de droit utiles pour déterminer si véritablement, le défendeur a été mis en mesure de préparer sa défense ou non.

Dans la **seconde hypothèse**, le défendeur n'a pas été informé de la procédure lancée contre lui. Logiquement, aucun délai n'a donc pu courir, puisqu'aucun point de départ ne peut être retenu. Si la signification a quand même eu lieu régulièrement, mais n'a pu toucher le défendeur, la Cour de justice considère que le délai court quand même à compter de cette signification, car l'article 27.2 ne requerrait pas la preuve que le défendeur a effectivement eu connaissance de l'acte introductif d'instance[1]; toutefois, la Cour, dans le même arrêt, écarte cette règle en cas de **circonstances exceptionnelles** dans lesquelles une signification ou notification régulière ne peut suffire pour ouvrir le délai de préparation de la défense (en l'espèce, signification à parquet car le demandeur ne connaissait pas l'adresse du défendeur; plus tard, il en acquiert la connaissance : la Cour considère qu'il s'agit là d'une circonstance exceptionnelle en raison de laquelle la première signification n'a pas fait courir le délai utile pour organiser la défense). Il résulte de cette jurisprudence que le comportement des parties, et notamment du demandeur, jouera un rôle important; il semble que le demandeur doive faire tout ce qui est en son possible pour s'efforcer de toucher effectivement le défendeur avec l'acte introductif d'instance. Le juge de l'État requis appréciera souverainement si le délai a couru et, si oui, quel doit en être le point de départ. C'est donc une appréciation en fait, selon les circonstances de l'espèce et au regard du respect effectif des droits de la défense, qui est réalisée par l'autorité compétente de l'État membre requis[2].

Dans un arrêt du 12 avril 2012[3], la Cour de cassation a cassé pour manque de base légale une décision d'appel qui avait rejeté le recours formé contre la décision du greffier en chef du tribunal français constatant qu'une décision italienne rendue sans contradictoire avait force exécutoire en France. La cour d'appel avait relevé que la décision italienne avait fait l'objet d'une notification par lettre recommandée avec demande d'avis de réception adressé au destinataire à son adresse en France et que cette forme de notification était conforme au règlement CE n° 1393/2007 du 13 novembre 2007 (sur la signification et la notification des actes judiciaires et extrajudiciaires en matière civile et commerciale). La Cour de cassation censure en reprochant aux juges d'appel de ne pas avoir recherché, comme cela leur avait été demandé, si la décision italienne rendue sur requête unilatérale avait été « *notifiée au défendeur en un temps et selon des modalités propres à lui permettre d'exercer effectivement un recours contre celle-ci* ». Cette solution doit être approuvée, car elle permet au juge de l'État membre requis d'exercer un contrôle effectif sur le respect des droits processuels fondamentaux du défendeur.

441.76 Infraction involontaire. En vertu de l'**article II alinéa 2 du Protocole annexé à la convention**, lorsqu'une personne domiciliée dans un État contractant est poursuivie pour une infraction involontaire devant les tribunaux d'un autre État contractant dont elle n'est pas le national, elle n'est en principe pas obligée de comparaître personnellement (al. 1er), mais la juridiction saisie peut ordonner une telle comparution personnelle. Si celle-ci n'a pas eu lieu (donc en cas de défaillance du défendeur), « *la décision rendue sur l'action civile sans que la personne en cause ait eu la possibilité de se faire défendre pourra ne pas être reconnue ni exécutée dans les autres États contractants* ». Le **règlement CE n° 44/2001 du 22 décembre 2000** prévoit dans son **article 61** une disposition similaire (« *sans préjudice des dispositions nationales plus favorables, les personnes domiciliées sur le territoire d'un État membre et poursuivies pour une infraction involontaire devant les juridictions répressives d'un autre État membre dont elles ne sont pas les nationaux peuvent se faire défendre par les personnes habilitées à cette fin, même si elles ne comparaissent pas personnellement. Toutefois, la juridiction saisie peut ordonner la comparution personnelle; si celle-ci n'a pas eu lieu, la décision rendue sur l'action civile sans que la personne en cause ait eu la possibilité de se défendre pourra ne pas être reconnue ni exécutée dans les autres États membres* »). La disposition est également reprise dans l'article 64 du règlement UE n° 1215/2012 du 12 décembre 2012, Bruxelles I *bis*, qui remplacera le règlement Bruxelles I à compter du 10 janvier 2015 (v. toutefois pour son application dans le temps en matière de reconnaissance et exécution, Règl. 12 déc. 2012, art. 66 § 2).

441.77 Absence d'autres conditions quant au respect des droits de la défense dans la procédure suivie devant le juge d'origine. En dehors des cas expressément envisagés à l'article 27.2 de la convention et à l'article 34 § 2 du règlement Bruxelles I, il semble que le juge de l'État requis n'ait pas le droit de contrôler de façon générale si la procédure devant le juge d'origine a bien respecté les droits de la défense[4]. Les hésitations en la matière peuvent pro-

1. CJCE 16 juin 1981, Klomps c/Michel, aff. 166/80, *Rec. CJCE* 1593.
2. DANS LE MÊME SENS, B. Audit et L. d'Avout, *Droit international privé*, 7e éd., Economica, 2013, n° 650.
3. Civ. 1re, 12 avr. 2012, n° 10-23.023, *Bull. civ.* I, n° 95; *Rev. crit. DIP* 2012. 931, note Lopez de Tejada.
4. *CONTRA*, par ex., Versailles, 17 févr. 1994, RG n° 8152/92, *Gaz. Pal.* 1994. 2. Pan. 613.

venir de l'existence et de la ratification par les États signataires des conventions de Bruxelles et de Lugano, de la Conv. EDH du 4 novembre 1950 qui, dans son article 6, pose l'exigence d'un procès équitable et instaure un certain nombre de garanties de la défense. On sait que ce texte est directement applicable sur le territoire des États qui l'ont ratifié (et donc not. la France). Il semble toutefois que ce soit aux juges des États contractants [membres] qui statuent au fond d'appliquer directement ces exigences européennes, et non pas au juge de l'État requis de vérifier cette application dans le cadre d'une demande de reconnaissance ou d'*exequatur* (déclaration de force exécutoire). En effet, la libre circulation des jugements en Europe en serait, dans le cas contraire, gravement compromise ou ralentie, ce qui n'est pas dans l'esprit de la convention de Bruxelles et encore moins du règlement Bruxelles I. En même temps, on ne saurait trop insister sur la nécessité, pour les États signataires de la Conv. EDH, de faire, dans l'instance au fond, une application directe et complète de ce texte dans l'interprétation - souvent extensive - qui en est faite par la Cour européenne des droits de l'homme de Strasbourg (v. s[s] n°s 441.61 à 441.66, les développements relatifs à l'ordre public procédural, biais par lequel les juges de l'État requis peuvent refuser la reconnaissance ou l'exécution d'une décision rendue en violation de certains principes fondamentaux de procédure, et les arrêts cités. La technique de l'ordre public procédural permet de réintroduire dans l'instance en *exequatur* les exigences - ou certaines des exigences - de l'article 6 de la Conv. EDH).

Qu'en sera-t-il quand l'*exequatur* sera supprimé lorsqu'entrera en application le règlement de **révision du règlement Bruxelles I** ? Alors, il conviendra de garantir les droits de la défense en accordant au défendeur la possibilité de faire valoir, au stade de l'exécution de la décision, la violation de ses droits procéduraux; c'est ce que prévoient les articles 45 et 46 du règlement UE n° 1215/2012 du 12 décembre 2012. L'article 45 § 1, b) reprend la formulation de l'article 34 § 2 du règlement Bruxelles I; quant à l'article 46, il énonce que, « *à la demande de la personne contre laquelle l'exécution est demandée, l'exécution d'une décision est refusée lorsque l'existence de l'un des motifs visés à l'article 45 est constatée* ».

3°
Incompatibilité de la décision faisant l'objet de la demande de reconnaissance ou d'exécution avec une autre décision (Conv., art. 27. 3 et 27.5 – Régl. 22 déc. 2000, art. 34 § 3 et 34 § 4)

441.81 **Textes.** L'hypothèse d'inconciliabilité entre deux décisions est envisagée dans deux alinéas de l'article 27 de la convention de Bruxelles : l'article 27.3, datant de la version initiale de la convention de Bruxelles du 27 septembre 1968, et l'article 27.5, introduit en 1978.

Les décisions ne sont pas reconnues « *3° si la décision est inconciliable avec une décision rendue entre les mêmes parties dans l'État requis* [...] *5° si la décision est inconciliable avec une décision rendue antérieurement dans un État non contractant entre les mêmes parties dans un litige ayant le même objet et la même cause, lorsque cette dernière décision réunit les conditions nécessaires à sa reconnaissance dans l'État requis* » (Conv., art. 27.3 et 27.5).

Le règlement CE n° 44/2001 du 22 décembre 2000, dans les **3° et 4° de son article 34**, prévoit également deux cas d'inconciliabilité : une décision n'est pas reconnue si :

« *3° elle est inconciliable avec une décision rendue entre les mêmes parties dans l'État membre requis;*

4° elle est inconciliable avec une décision rendue antérieurement dans un autre État membre ou dans un État tiers entre les mêmes parties dans un litige ayant le même objet et la même cause, lorsque la décision rendue antérieurement réunit les conditions nécessaires à sa reconnaissance dans l'État membre requis ».

Comme nous pouvons le constater, le 3° est la copie conforme du 3° de l'article 27 de la convention de Bruxelles. En revanche, le 4° du règlement est plus large que le 27.5 de la convention puisqu'il concerne aussi bien les décisions rendues antérieurement dans les États membres que dans un État tiers, alors que le 5° de l'article 27 ne vise que les décisions rendues dans un État non contractant à la convention. L'ajout de l'hypothèse d'un jugement rendu dans un autre État membre est heureux, car il comble là une lacune du texte de la convention [1].

441.82 **Distinction.** Alors que l'article 27.3 de la convention et l'article 34 § 3 du règlement envisagent le cas d'inconciliabilité entre deux décisions d'États contractants (États membres pour le règlement), l'article 27.5 de la convention, lui, traite de l'inconciliabilité entre une décision émanant d'un État tiers susceptible de reconnaissance dans l'État requis et une décision provenant d'un État contractant. En revanche, la convention ne contient aucune règle dans le cas où seraient inconciliables des décisions rendues dans deux autres États contractants que celui qui est saisi d'une demande de reconnaissance ou de déclaration de force exécutoire. C'est cette lacune que vient combler le texte de l'article 34 § 4 du règlement Bruxelles I (inconciliabilité avec une décision rendue antérieurement dans un autre État membre ou dans un État tiers).

Le concept clé de ces dispositions est celui d'**inconciliabilité** : il suppose que deux jugements aient été *rendus* (il ne suffirait pas qu'une décision ait été ren-

1. DANS LE MÊME SENS, G. A. L. Droz et H. Gaudemet-Tallon, *Rev. crit. DIP* 2001. 648.

due et qu'une procédure se déroule dans un autre État et soit susceptible de conduire à une décision incompatible avec celle déjà rendue). Il doit s'agir de véritables décisions de justice (ce qui n'est pas le cas d'une transaction judiciaire, au caractère essentiellement contractuel[1]), qui doivent être incompatibles.

Pour un ex., v. l'arrêt *Hoffmann c/Krieg*[2] : décision allemande de condamnation du mari à contribuer aux charges du mariage et jugement néerlandais de divorce entre les époux. Il ne doit pas forcément s'agir de décisions rendues en violation des règles sur la litispendance. Il suffit que les jugements rendus soient insusceptibles d'exécution parallèle; leurs effets juridiques doivent donc être contradictoires, ce qui est bien le cas entre une décision de divorce, qui rompt le lien matrimonial, et un jugement condamnant un époux à contribuer aux charges de mariage, cette contribution n'étant due que si le mariage est maintenu.

Le même arrêt de la Cour de justice, *Hoffman c/Krieg* du 4 février 1988, ajoute qu'il est indifférent, comme c'était le cas en l'espèce, que le jugement rendu dans l'État requis porte sur une matière échappant au domaine de la convention (en l'occurrence état des personnes puisqu'une des décisions prononçait le divorce des époux).

V. aussi la décision *Italian Leather*[3] : une décision étrangère en référé prononçant une mesure enjoignant à un débiteur de ne pas accomplir certains actes est inconciliable avec une décision en référé refusant d'octroyer une telle mesure rendue entre les mêmes parties dans l'État requis.

441.83 Article 27.3 de la convention, article 34 § 3 du règlement : conflit entre une décision rendue dans l'État requis et une décision rendue dans un autre État contractant (État membre). Pour que la reconnaissance ou la déclaration de force exécutoire soit refusée par le juge de l'État requis, une seule et unique condition est posée (sur la pertinence de laquelle il conviendra de s'interroger) : que les décisions aient été rendues entre les mêmes parties. En revanche, peu importe - semble-t-il - que la décision rendue dans l'État requis bénéficie de l'autorité ou de la force de chose jugée.

L'identité de parties requise par le texte peut constituer un risque de laisser perdurer des décisions qui, sans se caractériser par une identité totale de parties, peuvent toutefois être inconciliables, c'est-à-dire insusceptibles d'exécution parallèle[4].

Une question se pose enfin quant à la **date respective des décisions inconciliables :** est-il nécessaire, pour que le juge requis puisse refuser la reconnaissance ou la déclaration de force exécutoire, que la décision rendue dans son État l'ait été antérieurement au jugement prononcé dans un autre État contractant (État membre) et inconciliable ? Alors que la doctrine est divisée sur cette question, il nous semble que, là où le texte ne distingue pas, il convient de ne pas distinguer. Il faut donc admettre que la reconnaissance ou l'exécution peut être refusée dès lors qu'existent deux décisions inconciliables émanant pour l'une des tribunaux de l'État requis, pour l'autre de ceux d'un autre État contractant (État membre), quelle que soit la date respective de ces décisions (v. d'ailleurs l'arrêt *Hoffman c/Krieg*[5] : jugement de divorce rendu aux Pays-Bas - État requis - après la décision allemande sur la contribution aux charges du mariage; application malgré cela de l'article 27.3 par la Cour de justice).

La question s'est posée de savoir si une transaction entre les parties, exécutoire et conclue devant un juge de l'État requis en vue de mettre fin à un litige en cours, constitue ou non une « *décision rendue entre les mêmes parties dans l'État requis* ». La Cour de justice a répondu par la négative et considéré que l'existence de la transaction ne pouvait donc faire obstacle à la reconnaissance et à l'exécution d'une décision judiciaire rendue dans un autre État contractant[6]. Pour la Cour en effet, une « *décision* » *doit « émaner d'un organe juridictionnel statuant de sa propre autorité sur des points litigieux entre les parties »*. Cette solution a été reprise par la Cour de cassation française[7].

441.84 Article 27.5 de la convention, article 34 § 4 du règlement : conflit entre une décision rendue dans un État tiers (ou un autre État membre selon le règlement) et une décision rendue postérieurement dans un État contractant (membre). Lorsque le Danemark, l'Irlande et le Royaume-Uni ont adhéré à la Communauté européenne, s'est posée la question de l'éventuelle révision de la convention de Bruxelles du 27 septembre 1968. C'est à ce moment qu'a été adopté le 5° de l'article 27, dans le souci de ne pas négliger trop fortement les intérêts des États tiers, dont les décisions pouvaient être ignorées alors même qu'elles étaient inconciliables avec une décision rendue dans un État contractant, décision dont la reconnaissance ou l'exécution était sollicitée dans un autre État contractant.

Depuis 1978, le juge de l'État requis peut donc refuser de reconnaître ou de déclarer exécutoire une décision rendue dans un État contractant et inconciliable avec un jugement émanant d'un État tiers, mais à plusieurs conditions :

1. CJCE 2 juin 1994, Solo Kleinmotoren, aff. C-414/92, *Rec. CJCE* 2237.
2. CJCE 4 févr. 1988, Hoffmann c/Krieg, aff. 145/86, *Rec. CJCE* 645.
3. CJCE 6 juin 2002, Italian Leather, aff. C-80/00, *Rec. CJCE* I-4995.
4. COMP. B. Audit et L. d'Avout, *Droit international privé,* 7e éd., Economica, 2013, n° 651 – V. AUSSI, considérant l'inconciliabilité comme non établie, Civ. 1re, 28 févr. 2006, n° 04-19.148, *Bull. civ.* I, n° 111.
5. CJCE 4 févr. 1988, Hoffman c/Krieg, aff. 145/86, préc. s^s n° 441.82.
6. CJCE 2 juin 1994, Solo Kleinmotoren GmbH, aff. C-414/92, *JDI* 1995. 466, obs. A. H.; *D.* 1999. IR 171.
7. Civ. 1re, 11 févr. 1997, n° 95-11.402, *Bull. civ.* I, n° 51; *Rev. crit. DIP* 1998. 326, note Mayer.

441.85 **1°) La décision émanant de l'État tiers (ou d'un autre État membre selon le règlement) est antérieure à celle qui a été rendue dans un État contractant (État membre).** Le juge de l'État requis se trouve face à deux décisions étrangères, contrairement à l'hypothèse de l'article 27.3 de la convention ou 34 § 3 du règlement. Pour trancher le conflit entre ces deux décisions inconciliables est donc choisi un critère logique, chronologique : la décision antérieure l'emporte, si bien que le juge requis pourra refuser de reconnaître la décision rendue dans un État contractant. Aucune priorité n'est donnée là aux jugements d'États contractants (membres) par rapport à ceux des États tiers, afin d'éviter un traitement par trop défavorable des décisions rendues dans ces derniers.

441.86 **2°) Identité de parties, de cause et d'objet entre les deux décisions inconciliables.** Pour éviter les refus de reconnaissance ou d'exécution (au sens de déclaration de force exécutoire) trop fréquents et nuisibles à la libre circulation des jugements en Europe, le texte exige cette triple identité d'objet, alors que - en cas de conflit entre décisions émanant de deux États contractants (États membres) les textes exigent seulement l'identité de parties. Cette triple exigence conduit au danger de reconnaissance de décisions qui, certes, ne rempliront pas les trois conditions d'identité, mais n'en seront pas moins insusceptibles d'exécution parallèle.

441.87 **3°) La décision rendue dans l'État tiers (ou l'autre État membre selon le règlement) est susceptible de reconnaissance dans l'État requis.** La doctrine est divisée sur la question de savoir si la décision rendue dans l'État tiers doit simplement être susceptible de reconnaissance dans l'État requis ou bien si elle doit d'ores et déjà produire des effets dans cet État (par ex. à la suite d'une procédure d'exécution déjà close; le TGI de Paris a dans une décision appliqué la théorie la plus libérale selon laquelle il faut tenir compte de la date à laquelle la décision a été rendue dans l'État tiers et non pas de celle à laquelle elle est devenue exécutoire dans l'État requis) [1].

441.88 **Silence de la convention de Bruxelles en cas d'inconciliabilité entre des décisions émanant d'États contractants différents de l'État requis.** La convention n'envisage pas le cas où, par exemple, les bénéficiaires d'une décision française et d'une décision italienne inconciliables demandent la reconnaissance ou l'exécution de ces décisions dans un troisième État contractant, l'État requis. En l'absence de solution expresse, il paraîtrait logique de revenir au droit commun et de considérer que doit l'emporter la décision rendue en premier, ce qui signifierait que la décision postérieure ne pourrait bénéficier de la reconnaissance ou de l'*exequatur* dans l'État requis [2]. Le règlement CE n° 44/2001 du 22 décembre 2000 comble cette lacune puisqu'il assimile, pour le refus de reconnaissance et d'exécution, la décision rendue antérieurement dans un autre État membre que l'État requis, aux décisions rendues antérieurement dans des États tiers (Règl. 22 déc. 2000, art. 34 §4).

Dans un arrêt du 26 septembre 2013, *Salzgitter Mannesmann Handel* [3], la Cour de justice a eu l'occasion de préciser que l'article 34 § 4 du règlement Bruxelles I ne recouvre pas des décisions inconciliables rendues par des juridictions d'un ***même*** État membre, cette disposition n'envisageant que l'hypothèse où les décisions non compatibles proviennent de deux États distincts.

SECTION 2
PROCÉDURE ET RECOURS

441.100 **Plan.** Une procédure de contrôle ne sera pas toujours nécessaire pour qu'une décision rendue dans un État contractant (ou membre) soit reconnue dans un autre État contractant ou membre. Ainsi, l'article 26.1 de la convention et l'article 33 du règlement Bruxelles I disposent que « *les décisions rendues dans un État contractant* [État membre pour le règlement] *sont reconnues dans les autres États sans qu'il soit nécessaire de recourir à aucune procédure* ». Ceci suppose toutefois une absence de contestation. Si une telle contestation survient, l'alinéa 2 du même texte précise que « *toute partie intéressée qui invoque la reconnaissance à titre principal peut faire constater, selon la procédure prévue aux sections 2 et 3 du présent titre* [chapitre dans Règl. 22 déc. 2000], *que la décision doit être reconnue* »; il s'agit là de l'hypothèse d'une demande principale en reconnaissance, alors que l'alinéa 3 envisage, lui, celle d'une demande incidente en reconnaissance (« *si la reconnaissance est invoquée de façon incidente devant une juridiction d'un État contractant* [membre], *celle-ci est compétente pour en connaître* »).

Les textes ne prévoient en revanche pas le contraire de l'action en reconnaissance, c'est-à-dire une action en inopposabilité formée dans un État membre contre une décision rendue dans un autre État membre. La jurisprudence française, qui connaît une telle action, l'a admise (un jugement du TGI de Paris admet une action en inopposabilité formée contre des

1. TGI Paris, 10 févr. 1993, *Rev. crit. DIP* 1993. 664, note Gaudemet-Tallon.

2. EN CE SENS DÉJÀ, G. A. L. Droz, *Compétence judiciaire et les effets des jugements dans le Marché commun*, Paris, Dalloz, 1972, n° 523.
3. CJUE 26 sept. 2013, Salzgitter Mannesmann Handel GmbH c/Laminorul SA, aff. C-157/12, point 28 de l'arrêt, *D.* 2013. 2406.

décisions italiennes au motif que les conditions de l'article 27 de la convention ne sont pas remplies[1]).

La demande de déclaration de force exécutoire, elle, requerra une procédure spécifique, bien que simplifiée, devant l'autorité compétente de l'État requis. Dès lors qu'il y a requête (en reconnaissance ou en exécution), la convention de Bruxelles et le règlement CE n° 44/2001 du 22 décembre 2000 établissent donc les règles de la procédure à suivre. Cette procédure, en théorie, se compose de deux – voire trois – possibles degrés : la première phase est non contradictoire, alors que dans la seconde phase de recours, le défendeur appelé et peut se défendre (garantie du contradictoire *a posteriori* par l'instauration d'une voie de recours).

Le changement fondamental apporté par le règlement à la procédure est l'accélération de celle-ci. Comme nous le verrons, la convention de Bruxelles prévoit que la demande de déclaration de force exécutoire se fait sous forme de requête unilatérale. La juridiction saisie vérifie rapidement que le jugement étranger ne subit pas un des motifs de non-reconnaissance prévu à l'article 27 de la convention, puis constate la force exécutoire (dans 90 % des cas selon G. A. L. Droz et H. Gaudemet-Tallon[2]). C'est seulement en cas de recours contre la décision se prononçant sur l'exécution (sur la déclaration de force exécutoire) que la procédure devient contradictoire[3]. Le règlement CE n° 44/2001 du 22 décembre 2000 qui s'est largement substitué à la convention depuis le 1er mars 2002 simplifie encore davantage la première phase de la procédure : désormais, la décision dont l'exécution est demandée, ne fait plus l'objet d'un quelconque examen au fond à ce stade, mais d'un simple contrôle de régularité formelle.

§ 1
Requête en reconnaissance ou en *exequatur*

441.101 Quel est le tribunal compétent pour statuer ? L'article 32 de la convention de Bruxelles contient, pour chaque État contractant, le nom de la juridiction compétente pour recevoir la requête en reconnaissance ou en *exequatur* (en France, sous l'empire de la convention, compétence du président du TGI, en Allemagne, du président d'une chambre du tribunal régional – *Landgericht* – en Italie, de la *corte d'appello*, en Belgique, du tribunal de première instance ou de la *rechtbank van eerste aanleg, etc.*[4] Pour ce qui est du Royaume-Uni, la compétence varie selon que sont concernés l'Angleterre, le pays de Galles, l'Écosse ou encore l'Irlande du Nord). L'alinéa 2 de l'article 32 précise que le tribunal territorialement compétent est déterminé par le domicile de la partie contre laquelle l'exécution est demandée. Si cette partie n'a pas de domicile dans l'État requis, la compétence sera déterminée par le lieu d'exécution. Ces règles valent tant pour les actions en reconnaissance que pour celles en exécution au sens de déclaration de force exécutoire.

Le **règlement CE n° 44/2001 dit Bruxelles I** renvoie la désignation des juridictions compétentes pour délivrer la déclaration de force exécutoire selon les États membres en annexe II. L'article 39 § 2 du règlement précise que « *la compétence territoriale est déterminée par le domicile de la partie contre laquelle l'exécution est demandée, ou par le lieu de l'exécution* ».

Pour la France, le décret n° 2004-836[5] du 20 août 2004 a instauré un chapitre II consacré à la reconnaissance transfrontalière dans le titre IV du Code de procédure civile relatif à l'exécution des jugements. L'article 509 énonce que les jugements rendus par les tribunaux étrangers et les actes reçus par les officiers étrangers sont exécutoires sur le territoire de la République de la manière et dans les cas prévus par la loi. En vertu de l'article 509-2 alinéa 1er C. pr. civ., « *les requêtes aux fins de reconnaissance ou de constatation de la force exécutoire, sur le territoire de la République, des titres exécutoires étrangers, en application du règlement (CE) du Conseil n° 44/2001 du 22 décembre 2000 concernant la compétence judiciaire, la reconnaissance et l'exécution des décisions en matière civile et commerciale,* [...] *sont présentées au greffier en chef du tribunal de grande instance* ». La compétence appartient donc en France non plus à un juge unique du TGI, mais au greffier de cette même juridiction. Cette solution s'explique par le fait que depuis l'entrée en vigueur du règlement Bruxelles I, aucun contrôle autre que de régularité formelle n'est réalisé sur la requête tendant à l'obtention de la force exécutoire.

Si la requête tend à la reconnaissance ou à la constatation de la force exécutoire d'un acte notarié étranger, la compétence appartient au président de la chambre des notaires ou, en cas d'absence ou d'empêchement, à son suppléant désigné parmi les membres de la chambre (C. pr. civ., art. 509-3).

En revanche, lorsque la requête tend à la reconnaissance ou à la constatation de la force exécutoire

1. TGI Paris, 10 févr. 1993, *Rev. crit. DIP* 1993. 664, note Gaudemet-Tallon.
2. G. A. L. Droz et H. Gaudemet-Tallon, *Rev. crit. DIP* 2001. 644.
3. EN CE SENS, Civ. 1re, 25 nov. 2003, n° 01-11.297, *Bull. civ.* I, n° 239; *Dr. et proc.* 2003. 118.
4. En Angleterre et en Irlande, c'est le *Master* de *la High Court* qui délivre la déclaration constatant la force exécutoire d'un jugement rendu dans un autre État membre; le *Master* n'est pas à proprement parler un magistrat (même s'il exerce parfois des fonctions juridictionnelles), mais un fonctionnaire de justice qui a été auparavant *solicitor* ou *barrister*; en revanche, en Autriche, Espagne, Italie ou encore Suède, par ex., la déclaration de force exécutoire selon le règlement Bruxelles I est délivrée par un magistrat.
5. Décr. n° 2004-836, 20 août 2004 portant modification de la procédure civile, *JO* 22 août, p. 15032.

en France d'un titre exécutoire étranger en application du règlement Bruxelles II *bis*, (matière matrimoniale et responsabilité parentale), l'alinéa 2 de l'article 509-2 donne compétence au président du TGI ou à son délégué, avec dispense du ministère d'avocat.

La requête doit émaner d'une personne ayant intérêt à agir, notion dont la Cour de justice n'a pas encore eu l'occasion de déterminer les contours. On peut penser que remplira cette condition toute personne qui peut se prévaloir de la décision dans l'État d'origine, que cette personne ait été partie à la procédure ou bénéficie simplement de la décision, par exemple en qualité d'héritier ou de cessionnaire.

441.102 **Le dépôt de la requête.** En vertu de l'**article 33.1** de la convention et de l'article 40 § 1 du règlement Bruxelles I du 22 décembre 2000, les modalités du dépôt de la requête sont déterminées par la loi de l'État requis (*lex fori* donc). Le requérant doit faire **élection de domicile** dans le ressort de la juridiction saisie; mais si, comme cela est parfois le cas, la loi de l'État requis ne connaît pas l'élection de domicile, le requérant se contente de désigner un mandataire *ad litem* (sur la sanction de la violation de cette obligation d'élire domicile dans le ressort de la juridiction saisie v. une décision de la Cour de justice affirmant que la sanction dépend de la loi de l'État requis, mais ne doit pas conduire à remettre en cause la validité du jugement déclarant ou constatant la force exécutoire ni permettre des atteintes aux droits de la partie contre laquelle l'exécution est poursuivie[1]).

L'élection de domicile doit se faire au plus tard lors de la signification du jugement d'*exequatur*[2].

En France, l'article 509-4 C. pr. civ. énonce que la requête doit être présentée en double exemplaire et comporter l'indication précise des pièces invoquées. La décision qui rejette la requête en constatation de force exécutoire doit être motivée (C. pr. civ., art. 509-5). La décision relative à la demande de reconnaissance ou de constatation de la force exécutoire est remise au requérant contre émargement ou récépissé, ou lui est notifiée par lettre recommandée avec demande d'avis de réception. Le double de la requête ainsi que de la décision sont conservés au secrétariat de la juridiction (C. pr. civ., art. 509-6).

La **section 3 du titre III** de la convention et du chapitre III du règlement Bruxelles I contient des **dispositions communes** à la demande reconnaissance et à celle de déclaration de force exécutoire. L'**article 46** de la convention (Règl. 22 déc. 2000, art. 53) exige par exemple que la partie qui invoque la reconnaissance ou demande l'exécution produise :

– une expédition de la décision réunissant les conditions nécessaires à son authenticité,

– s'il s'agit d'une décision par défaut, seule la convention de Bruxelles, et non pas le règlement Bruxelles I, exige l'original ou une copie certifiée conforme du document établissant que l'acte introductif d'instance ou un acte équivalent a été signifié ou notifié à la partie défaillante.

La Cour de cassation[3] a jugé que la requête soumise au greffier en chef d'un tribunal de grande instance aux fins de déclaration constatant la force exécutoire en France d'un jugement étranger dans le cadre du règlement Bruxelles I n'a pas à être présentée par un avocat, et que la régularité de la procédure n'était pas affectée par le défaut de traduction de pièces non retenues pour la décision.

441.103 **Spécificités en cas de requête en « déclaration de force exécutoire » (Conv.) ou en « déclaration constatant la force exécutoire » (Règl.).** En vertu de l'article 47 de la convention, si une partie demande que la décision soit déclarée exécutoire, elle doit en outre produire :

– Tout document de nature à établir que, selon la loi de l'État d'origine, **la décision est exécutoire et a été signifiée.** Cette exigence est logique car on voit mal comment une décision non exécutoire dans l'État qui l'a rendue pourrait se prévaloir d'un caractère exécutoire dans un autre État contractant. Peu importe que la décision soit véritablement exécutoire parce que passée en force de chose jugée ou simplement exécutoire par provision, comme par exemple les ordonnances de référé du droit français, qui sont de plein droit exécutoires immédiatement. La Cour de justice, dans l'arrêt du 14 mars 1996 *Van der Linden*, s'est prononcée sur le moment auquel peut intervenir la preuve de la signification du jugement dont l'exécution est demandée[4].

Cet arrêt énonce que la preuve de la signification du jugement peut, lorsque les règles de procédure nationales le permettent, être apportée après le dépôt de la requête, notamment au cours d'une procédure de recours intentée ensuite par la partie contre laquelle l'exécution est demandée, à condition que celle-ci dispose d'un délai raisonnable pour exécuter volontairement le jugement et que la partie qui demande l'exécution supporte la charge de toute procédure inutile.

Le **règlement CE n° 44/2001 du 22 décembre 2000** prévoit dans son **article 53 § 2** que la partie qui sollicite la délivrance d'une « *déclaration constatant la force exécutoire* » d'une décision doit aussi produire un certificat émanant de la juridiction ou de l'autorité compétente de l'État membre d'origine (certificat

1. CJCE 10 juill. 1986, Carron c/RFA, aff. 198/85, *Rec. CJCE* 2437.
2. CJCE 10 juill. 1986, aff. 198/85, préc. s^s prés^t n°.
3. Civ. 2e, 29 sept. 2011, n° 10-14.968, *Bull. civ.* I, n° 178; *Dr. et proc.* 2011. 271.
4. V. CJCE 14 mars 1996, R. Van der Linden c/Berufsgenossenschaft der Feinmechanik und Elektrotechnik, aff. C-275/94, *Rec. CJCE* I-3993.

dont le modèle figure à l'annexe V du règlement. L'annexe V précise les mentions devant figurer sur le certificat : État membre d'origine, juridiction ou autorité compétente délivrant le certificat, juridiction ayant prononcé la décision, type de juridiction et lieu, décision avec date, numéro de référence, parties en cause, date de la signification ou notification de l'acte introductif d'instance si la décision a été rendue par défaut, texte de la décision, nom des parties ayant bénéficié de l'assistance judiciaire). En France, la requête aux fins de certification d'un titre exécutoire français en vue de sa reconnaissance ou de son exécution à l'étranger est présentée au greffier en chef de la juridiction qui a rendu la décision ou homologué la convention (C. pr. civ., art. 509-1, al. 1er). S'il s'agit d'un acte notarié français destiné à être reconnu ou exécuté à l'étranger, la demande de certification est présentée au président de la chambre des notaires ou, en cas d'absence ou d'empêchement, à son suppléant désigné parmi les membres de la chambre (C. pr. civ., art. 509-3). Lorsque la demande de certification est faite dans le cadre du règlement Bruxelles II *bis* du 27 novembre 2003 (matière matrimoniale et responsabilité parentale), la compétence appartient au juge qui a rendu la décision ou homologué la convention.

Dans l'État requis, désormais, la simple lecture de ce certificat permet à l'autorité compétente de délivrer « *une déclaration constatant la force exécutoire* » de la décision (Règl. 22 déc. 2000, art. 53 § 2). Cette délivrance est quasiment automatique au vu du certificat produit. L'article 55 prévoit même que si ledit certificat n'est pas produit par le demandeur à l'exécution, la juridiction ou l'autorité compétente peut impartir un délai pour le produire ou accepter un document équivalent ou, si elle s'estime suffisamment éclairée, en dispenser. Voilà un libéralisme nouveau dans le droit européen de l'exécution ! La nouvelle terminologie employée par le règlement (« *la décision est déclarée exécutoire* », « *déclaration constatant la force exécutoire* ») semble signifier que les auteurs du règlement se sont éloignés de la notion de jugement d'*exequatur* pour opter pour un caractère purement déclaratif de l'acte qui est adopté sur requête du demandeur[1], ce qui serait extrêmement novateur. On s'oriente ainsi vers l'idée d'un jugement national d'un État membre à potentiel effet de titre exécutoire européen (sur le titre exécutoire européen pour les créances incontestées, v. ss no 441.11).

– Est également requis, s'il y a lieu, un document justifiant que le requérant bénéficie de l'**assistance judiciaire** dans l'État d'origine. Cette exigence s'explique par le souci de ne pas entraver la libre circulation des jugements par des obstacles financiers : si le requérant a bénéficié dans l'État d'origine d'une assistance judiciaire (totale ou partielle) pour conduire la procédure qui a donné lieu à la décision dont l'exécution est demandée, ce requérant « *bénéficie, dans la procédure prévue aux articles 32 à 35 de la convention, de l'assistance la plus favorable ou de l'exemption la plus large prévue par le droit de l'État requis* » (Conv., art. 44 – Règl. 22 déc. 2000, art. 50). Cette extension des avantages d'assistance judiciaire est automatique, aucun contrôle nouveau n'est effectué par le juge requis. En outre, l'article III du Protocole annexé à la convention de Bruxelles précise qu'aucun impôt, droit ou taxe, proportionnel à la valeur du litige, n'est perçu dans l'État requis à l'occasion de la procédure tendant à l'octroi de la formule exécutoire; le règlement prévoit la même chose dans son article 52. Demeurent licites selon le rapport Jenard les « *droits et taxes fixes qui sont perçus, même dans le régime national, autant de fois que certains actes de procédure sont pratiqués* », et qui peuvent être analysés comme des taxes rémunérant des services rendus aux justiciables[2]. Dans le règlement CE no 44/2001, Bruxelles I, la justification du bénéfice de l'assistance judiciaire se trouve dans le certificat que l'État membre d'origine délivre et qui figure en annexe V du règlement. D'après le rapport Heß, Pfeiffer et Schlosser sur l'application du règlement Bruxelles I dans les États membres, il semble que l'article 50 du règlement sur l'aide judiciaire soit rarement appliqué[3]. En outre, l'article 50 n'est pas tout à fait en adéquation avec la directive CE no 2003/8 du 27 janvier 2003 sur l'aide judiciaire[4]. Les auteurs du rapport suggèrent donc d'ajouter à l'article 50 du règlement Bruxelles I la formule suivante : « *The content of legal aid shall be determined in accordance with Articles 3.2 and 7 of the Directive EC/2003/8* ».

Toutes les pièces visées dans les textes sont dispensées par l'article 49 de la convention et par l'article 56 du règlement Bruxelles I de toute légalisation ou procédure analogue. La traduction de ces pièces n'est pas non plus requise, mais elle devra être produite en vertu de l'article 48.2 de la convention (Règl. 22 déc. 2000, art. 55), si l'autorité judiciaire de l'État requis l'exige (ce qui est souvent le cas). Dans ce cas, la traduction est certifiée par une personne habilitée à cet effet dans l'un des États contractants (États membres selon la terminologie du règlement). Le rapport Heß, Pfeiffer et Schlosser de septembre 2007 sur

1. EN CE SENS ÉGAL., G. A. L. Droz et H. Gaudemet-Tallon, *Rev. crit. DIP* 2001. 645.

2. P. Jenard, *Rapport sur la convention du 27 septembre 1968 concernant la compétence judiciaire et l'exécution des décisions en matière civile et commerciale*, *JOCE*, no C 59, 5 mars 1979, p. 63.
3. *Report on the Application of Regulation Brussels I in the Member States*, nos 520 s.
4. Dir. CE no 2003/8, 27 janv. 2003, visant à améliorer l'accès à la justice dans les affaires transfrontalières par l'établissement de règles minimales communes relatives à l'aide judiciaire accordée dans le cadre de telles affaires, *JOCE*, no L 26, 31 janv., p. 41.

l'application du règlement Bruxelles I confirme que les autorités compétentes des États membres réclament la plupart du temps une traduction du jugement [1]. Les auteurs du rapport critiquent cet état de fait et proposent que soit modifié l'article 55 du règlement afin que soit précisé que la traduction du jugement doit être exceptionnelle. Les coûts de traduction viennent en effet alourdir les frais d'*exequatur*.

441.104 **Prohibition de la *cautio judicatum solvi*.** **L'article 45** de la convention et l'article 51 du règlement CE n° 44/2001 du 22 décembre 2000 interdisent d'imposer toute caution ou dépôt, sous quelque dénomination que ce soit, en raison soit de la qualité d'étranger, soit du défaut de domicile ou de résidence dans le pays, à la partie qui demande l'exécution dans un État contractant d'une décision rendue dans un autre État contractant (État membre) [2].

441.105 **La procédure en elle-même.** Au cours de la première phase de la procédure, le juge compétent de l'État requis se prononce sans entendre l'autre partie, contre laquelle l'exécution est demandée (Conv., art. 34.1 - Règl., art. 41 : cette partie ne peut, en cet état de la procédure, présenter d'observations, dit le texte). Le juge doit statuer à **bref délai** sans toutefois que soit précisé le sens de cette notion floue. La raison d'être de cette exigence est claire : ne pas retarder excessivement la libre circulation des jugements en Europe par une durée trop longue de l'instance en déclaration de force exécutoire. La procédure de déclaration constatant la force exécutoire doit être simplifiée, mais également rapide. **L'article 41 du règlement Bruxelles I** prévoit lui aussi que la décision est déclarée exécutoire « *dès l'achèvement des formalités prévues à l'article 53, sans examen au titre des articles 34 et 35. La partie contre laquelle l'exécution est demandée ne peut, en cet état de la procédure, présenter d'observations* ».

Lorsque la requête tend à la reconnaissance d'une décision, l'article 30 de la convention et l'article 37 § 1 du règlement permettent au juge de l'État requis de surseoir à statuer si la décision dont la reconnaissance lui est demandée fait l'objet d'un « *recours ordinaire* » dans l'État contractant (État membre) qui l'a rendue. L'alinéa 2 de ces textes, lui, utilise une expression différente pour les décisions en provenance du Royaume-Uni et d'Irlande (le sursis à statuer est possible pour le juge requis dès lors que l'exécution de la décision est « *suspendue dans l'État d'origine du fait de l'exercice d'un recours* ». Cette terminologie s'explique par le fait que le Royaume-Uni et l'Irlande ne connaissent pas la distinction entre recours ordinaire et extraordinaire et par le fait que l'exercice d'un recours dans ces pays ne fait pas systématiquement tomber la force exécutoire de la décision contestée). Le juge de l'État requis se voit reconnaître une simple faculté de surseoir à statuer, il n'y est aucunement tenu.

Peu importe que la demande en reconnaissance ait été formulée à titre principal ou incident, dès lors que le risque existe que la décision dont la reconnaissance est sollicitée tombe à la suite de l'exercice dudit recours. La Cour de justice retient une acception large de la notion de recours ordinaire.

Lorsque la requête tend à la déclaration de force exécutoire, l'article 30 de la convention ou l'article 37 du règlement est inapplicable puisqu'il vise uniquement l'hypothèse d'une requête en reconnaissance. Néanmoins, on sait que la requête n'est recevable que si le requérant atteste que la décision est exécutoire sur le territoire de l'État contractant (membre) qui l'a rendue. Ce ne sera pas le cas si un recours suspensif d'exécution est possible ou a été formé contre ladite décision. Alors, le juge de l'État requis devra surseoir à statuer dès lors que le recours est suspensif d'exécution (v. conditions posées par Conv., art. 47.1 - et Règl. 22 déc. 2000, art. 53) [3].

441.106 **La décision.** L'autorité compétente (ce n'est pas forcément un juge, v. par ex., C. pr. civ., art. 509-2, al. 1er, pour la France) de l'État requis accorde ou refuse l'exécution ou la reconnaissance sollicitée. Dans le règlement Bruxelles I, il ne peut à ce stade refuser de constater la force exécutoire de la décision que pour des motifs d'irrégularité formelle, et non pas pour les motifs de non-reconnaissance mentionnés aux articles 34 et 35 du règlement. Sa décision est portée à la connaissance du requérant à la diligence du greffier, et en respect des modalités prévues par la loi de l'État requis (Conv., art. 35 - Règl. 22 déc. 2000, art. 42, qui ne reprend toutefois pas la formule « *à la diligence du greffier* »). L'article 42 § 2 du règlement précise que la déclaration constatant la force exécutoire est signifiée ou notifiée à la partie contre laquelle l'exécution est demandée, accompagnée de la décision si celle-ci n'a pas encore été signifiée ou notifiée à cette partie (comp., pour la France, C. pr. civ., art. 509-6, qui énonce que la décision relative à la demande de reconnaissance ou de constatation de la force exécutoire est remise au requérant contre émargement ou récépissé, ou lui est notifiée par lettre recommandée avec demande d'avis de réception. Le double de la requête ainsi que de la décision sont conservés au secrétariat de la juridiction).

1. *Report on the Application of Regulation Brussels I in the Member States*, n° 515.
2. V. AUSSI, CJCE 20 mars 1997, D. C. Hayes et J. K. Hayes, aff. C-323/95, *Rec. CJCE* 1711.
3. CJCE 14 mars 1996, R. Van der Linden, aff. C-275/94, *Rec. CJCE* I-1393.

§ 2
Recours contre la décision rendue sur requête

441.111 Textes applicables. Dans la convention de Bruxelles, deux textes essentiellement contiennent les principes en matière de voie de recours contre la décision rendue en matière de reconnaissance ou de déclaration de force exécutoire. L'**article 36** de la convention envisage l'hypothèse où la reconnaissance ou la déclaration de force exécutoire a été accordée; celui qui va subir les effets de cette décision est habilité à former un recours contre elle. L'**article 40** envisage le cas inverse, dans lequel le juge de l'État requis n'a pas fait droit à la demande de reconnaissance ou d'exécution; ce sera alors le requérant, qui n'a pas obtenu la mesure sollicitée, qui pourra exercer un recours. Les recours ouverts par les articles 36 et 40 de la convention sont les seuls possibles, et la convention doit être respectée sur ce point (la Cour a rappelé que le système de déclaration de force exécutoire instauré par la convention est autonome et complet [1]) même si le droit national du juge requis était plus favorable aux plaideurs. Les articles 37 et 40 de la convention précisent quelles juridictions des États contractants sont compétentes pour connaître de ces deux types de recours. En France, il s'agit de la cour d'appel.

Le **règlement CE n° 44/2001 du 22 décembre 2000** a simplifié les choses et regroupé les deux types de recours : recours émanant du demandeur qui n'a pas obtenu la déclaration constatant la force exécutoire de la décision, et recours émanant du défendeur contre la déclaration constatant cette force exécutoire. L'article 43 prévoit que l'une ou l'autre partie peut former un recours contre la décision « *relative à la demande de déclaration constatant la force exécutoire* ».

441.112 Une procédure contradictoire. Nous avons signalé que lors de la première phase de la procédure de requête en reconnaissance ou en constatation de force exécutoire le requérant qui avait bénéficié dans l'État d'origine d'une aide juridictionnelle totale ou partielle bénéficiait automatiquement d'une extension de cette aide dans l'instance en reconnaissance ou en (constatation de force exécutoire; Règl. 22 déc. 2000, art. 50). Il semble que cette solution s'applique également à l'instance sur recours, au vu de la formulation très large de l'article 50 (« *dans la procédure prévue à la présente section* »). L'interdiction de la ***cautio judicatum solvi*** et de certaines taxes est maintenue dans l'instance sur recours afin de ne pas vider celle-ci de son intérêt et de ne pas la supprimer *de facto* en plaçant des obstacles à son entrée.

La procédure suivie sur recours sera, elle, contradictoire (v. Conv., art. 37.1, et art. 40.2, en vertu de l'article 40.2 : « *La partie contre laquelle l'exécution est demandée est appelée à comparaître devant la juridiction saisie du recours* » – V. aussi, Règl. 22 déc. 2000, art. 43 § 3 : « *Le recours est examiné selon les règles de la procédure contradictoire* »). En cas de défaut, le juge doit donc surseoir à statuer aussi longtemps qu'il n'est pas établi que le défendeur défaillant a été mis à même de recevoir l'acte introductif d'instance en temps utile pour se défendre ou que toute diligence a été faite à cette fin.

Dans son arrêt *Draka NK Cables* du 23 avril 2009 [2], la Cour de justice a refusé d'ouvrir à un tiers, agissant par la voie oblique, un recours contre la déclaration constatant la force exécutoire du jugement [3]; elle motive sa décision par le fait que « *les tiers intéressés pourront intenter contre les mesures d'exécution forcée les recours qui leur sont ouverts par le droit de l'État où l'exécution forcée a lieu* » (point 29 de l'arrêt) [4]. Indirectement, la Cour envisage ainsi qu'une contestation incidente de la décision rendue par le juge d'un autre État membre puisse être formée au cours de la procédure d'exécution dans l'État membre requis.

En doctrine règne une controverse sur la question de savoir si le juge de l'État requis peut relever d'office certains moyens conduisant au rejet de la reconnaissance ou de la déclaration de force exécutoire de la décision, ou bien s'il doit se tenir aux points que les parties ont introduits dans le débat dans l'instance sur recours (un arrêt de la Cour de cassation française a considéré que le juge ne peut relever d'office que les moyens d'ordre public) [5].

Certaines règles spécifiques sont instituées par la convention de Bruxelles et la convention de Lugano de 1988, qui distinguent selon que l'ordonnance autorise la reconnaissance ou l'exécution ou au contraire la refuse (A), alors que le règlement Bruxelles I et la convention de Lugano révisée de 2007 n'opèrent pas une telle distinction (B).

1. CJCE 2 juill. 1985, Deutsche Genossenschaftsbank c/Ste Brasserie du pêcheur, aff. C-148/84, *Rec. CJCE* 1981.
2. CJCE 23 avr. 2009, Draka NK Cables, aff. C-167/08, *JCP* 2009. 368, note Martel; *Rev. crit. DIP* 2009. 569, obs. Pataut.
3. Il s'agit du recours envisagé par l'article 43 § 1 du règlement Bruxelles I. La CJCE reformule la question préjudicielle de la façon suivante : un créancier d'un débiteur peut-il introduire un recours contre une décision sur une demande de déclaration de force exécutoire même s'il n'est pas formellement intervenu comme partie au procès dans le litige dans le cadre duquel un autre créancier de ce débiteur a demandé cette déclaration de force exécutoire ?
4. La CJCE ajoute que la convention de Bruxelles (mais cela vaut également pour le règlement CE n° 44/2001 Bruxelles I) « *se borne à régler la procédure d'*exequatur *des titres exécutoires étrangers et qu'elle ne touche pas à l'exécution proprement dite qui reste soumise au droit national du juge saisi* (v. CJCE 4 févr. 1988, Hoffmann, aff. 145/86, *Rec. CJCE* 645, point 27) » (point 29 de l'arrêt).
5. Civ. 1re, 9 nov. 1983, n° 82-11.647, *Bull. civ.* I, n° 264; *Rev. crit. DIP* 1984. 501, note Ancel.

A. Distinctions faites par la convention de Bruxelles et la convention de Lugano de 1988

441.120 Les conventions de Bruxelles et de Lugano (celle, initiale, de 1988, car la convention de Lugano révisée de 2007 s'aligne sur le règlement Bruxelles I) posent des règles distinctes suivant que le recours est formé contre une ordonnance qui autorise la reconnaissance ou l'exécution (1°) ou contre l'ordonnance refusant une telle reconnaissance ou exécution (2°).

1° Recours contre une ordonnance autorisant la reconnaissance ou l'exécution (Conv., art. 36)

441.121 Auteur du recours et délai. Dans les conventions de Bruxelles et de Lugano 1988, seule la partie contre laquelle l'exécution (ou la reconnaissance) a été demandée pourra exercer le recours prévu à l'article 36 de la convention.

La Cour de justice a ainsi décidé[1] que l'entreprise française qui était tiers à la procédure de déclaration de force exécutoire ne pouvait exercer un recours contre l'ordonnance autorisant l'exécution, alors même qu'en matière d'ordonnances sur requête du président du TGI, l'article 496 C. pr. civ. autorise une possibilité d'appel (si le président n'a pas fait droit à la requête, C. pr. civ., art. 496, al. 1er) ou de déféré au juge qui a rendu l'ordonnance s'il a été fait droit à la requête (C. pr. civ., art. 496, al. 2).

La Cour de justice a en effet décidé que l'article 36 de la convention « *exclut tout recours de la part des tiers intéressés contre la décision accordant l'*exequatur, *même lorsque le droit interne de l'État où l'*exequatur *est accordé ouvre à ces tiers une voie de recours* ».

Le **délai pour former le recours** est prévu par l'article 36 de la convention; il a un **effet suspensif**, de même que le recours lui-même (Conv., art. 39 – V. un jugement du TGI de Paris ayant précisé que l'ordonnance d'*exequatur* ne bénéficie pas de l'exécution provisoire[2]) :

– en vertu de l'alinéa 1er de ce texte, la partie contre laquelle l'exécution est demandée peut former recours dans le mois de la signification de l'ordonnance. Ceci suppose que cette partie ait son domicile dans l'État requis, car;

– en vertu de l'alinéa 2, si cette partie a son domicile dans un État contractant autre que l'État requis, le délai est de deux mois et court de la signification à personne ou à domicile. Ce délai ne peut pas être prorogé pour raison de distance;

– l'article 36 n'envisage pas l'hypothèse où la partie contre laquelle l'exécution est demandée est domiciliée dans un État non contractant; il semble que dans un tel cas s'applique le délai de droit commun d'un mois de l'alinéa 1er, mais avec possibilité d'augmentation du délai pour cause de distance (ce seront alors les dispositions du droit de l'État requis qui trouveront à s'appliquer).

441.122 L'article 39 et la possibilité de prendre des mesures conservatoires. « *Pendant le délai du recours prévu à l'article 36 et jusqu'à ce qu'il ait été statué sur celui-ci, il ne peut être procédé qu'à des mesures conservatoires sur les biens de la partie contre laquelle l'exécution est demandée. La décision qui accorde l'exécution emporte autorisation de procéder à ces mesures* » (Conv., art. 39).

Il résulte de ce texte que la partie qui, dans la première phase de la procédure, a obtenu l'*exequatur* de la décision rendue dans un autre État contractant, peut se garantir en prenant des mesures conservatoires sur les biens de l'autre partie, et ce même pendant le délai du recours ou pendant l'exercice de celui-ci. En vertu de l'alinéa 2, dès lors que le juge de l'État requis déclare la décision exécutoire, son ordonnance emporte **automatiquement** autorisation de procéder à de telles mesures, ce qui constitue une faveur non négligeable pour le bénéficiaire de la décision (le texte instaure ainsi une sorte de présomption – simple – de bien-fondé de la décision relative à la force exécutoire et veut rendre efficace l'exécution future de la part de la partie bénéficiaire dudit *exequatur*). Aucune condition n'est requise pour la validité de la mesure conservatoire[3]. Cet arrêt précise que les questions non régies par la convention sur ce point relèvent du droit procédural national du juge requis, tout en évitant que les règles de ce droit ne conduisent au détournement des principes que la convention formule en matière de recours et de mesures conservatoires. Logiquement, les mesures conservatoires auxquelles pourra accéder le bénéficiaire de l'*exequatur* seront celles que le droit national de l'État requis prévoit.

441.123 Les possibilités de la juridiction saisie du recours : sursis à statuer, décision de constitution de garantie.

1°) Le sursis à statuer (Conv., art. 38, al. 1er).

« *La juridiction saisie du recours peut, à la requête de la partie qui l'a formé, surseoir à statuer si la décision étrangère fait, dans l'État d'origine, l'objet d'un recours ordinaire ou si le délai pour le former n'est pas expiré;*

1. CJCE 2 juill. 1985, Deutsche Genossenschaftsbank c/Sté Brasserie du pêcheur, aff. 148/84, *Rec. CJCE* 1981 – V. AUSSI, CJCE 23 avr. 2009, Draka NK Cables, aff. C-167/08, *JCP* 2009. 368, note Martel; *Rev. crit. DIP* 2009. 569, obs. Pataut.
2. TGI Paris, 30 juin 1977, *Gaz. Pal.* 1978. 323.
3. EN CE SENS, CJCE 3 oct. 1985, Capelloni et Aquilini c/Pelkmans, aff. 119/84, *Rec. CJCE* 3147; *Gaz. Pal.* 1986. Somm. 204.

dans ce dernier cas, la juridiction peut impartir un délai pour former ce recours » (Conv., art. 38.1).

« *Lorsque la décision a été rendue en Irlande ou au Royaume-Uni, toute voie de recours prévue dans l'État d'origine est considérée comme un recours ordinaire pour l'application du premier alinéa* » (Conv., art. 38.2).

La juridiction saisie du recours, pour pouvoir surseoir à statuer (et il s'agit là d'une simple faculté et non d'une obligation pour elle), doit être saisie d'une demande de sursis par la partie qui a formé le recours. Il faut en outre que la décision initiale rendue dans l'État requis fasse l'objet d'un recours ordinaire (v. la signification de cette expression en Irlande et au Royaume-Uni dans Conv., art. 38.2) ou que le délai pour former un tel recours ne soit pas expiré. Dans ce dernier cas, la juridiction saisie du recours, pour éviter des manœuvres dilatoires du plaideur, peut lui fixer un délai pour exercer ledit recours ordinaire.

La notion de « *recours ordinaire* » a fait l'objet d'une interprétation autonome par la Cour de justice : il s'agit de « *tout recours qui est de nature à pouvoir entraîner l'annulation ou la modification de la décision faisant l'objet de la procédure de reconnaissance ou d'exécution, selon la convention et dont l'introduction est liée, dans l'État d'origine, à un délai déterminé par la loi et prenant cours en vertu de cette décision même* »[1].

Une telle définition - assez large - était nécessaire en raison de l'acception variable du terme de « *recours ordinaire* » dans les droits nationaux des États contractants. Ainsi par exemple, le pourvoi en cassation français est considéré dans le Code de procédure civile comme une voie de recours extraordinaire, alors que le ZPO (*Zivilprozessordnung*, Code allemand de procédure civile) considère son équivalent - la *Revision* - comme une voie de recours ordinaire. Il résulte de la définition européenne que le pourvoi en cassation du droit français doit être traité comme un recours ordinaire au sens de l'article 38.1 de la convention, car il est susceptible de provoquer l'annulation ou la modification du jugement initial, et il est soumis au respect d'un délai qui commence à courir en vertu de la décision elle-même (de sa signification).

Dans un arrêt du 4 octobre 1991, la Cour de justice a en outre précisé que la juridiction devant statuer sur le recours contre l'ordonnance autorisant l'exécution ne peut, pour se décider à surseoir à statuer ou pas, tenir compte que des moyens que la partie qui a introduit le recours n'était pas en mesure de faire valoir devant le juge de l'État d'origine[2]; une solution contraire provoquerait le risque d'une révision au fond, dont on sait qu'elle est prohibée par la convention. Cette condition supplémentaire énoncée par la Cour dans l'arrêt *Van Dalfsen* va au-delà du texte de l'article 38[3].

La demande de sursis à statuer doit être rejetée dès lors que le requérant, s'il indique avoir saisi la juridiction compétente d'un appel à l'encontre du jugement étranger, n'allègue ni ne soutient invoquer en appel des moyens nouveaux qu'il n'aurait pas été en mesure de faire valoir devant le premier juge de l'État d'origine[4].

2°) La constitution d'une garantie (Conv., art. 38.3). La juridiction saisie du recours peut subordonner l'exécution à la condition d'une garantie qu'elle détermine. Ceci suppose que ladite juridiction décide de ne pas surseoir à statuer, alors même que le délai d'un recours ordinaire court contre la décision rendue dans l'État d'origine, ou même que ce recours a déjà été formé. Dans cette hypothèse, afin de tenir compte des intérêts de la partie contre laquelle l'exécution est demandée (partie qui peut gagner le procès dans l'État d'origine à la suite du recours ordinaire), la convention permet au juge saisi du recours contre l'ordonnance d'*exequatur* d'ordonner la constitution d'une garantie afin que le bénéficiaire de la décision accordant la force exécutoire puisse répondre de toutes restitutions le cas échéant.

La Cour de justice a précisé que cette constitution de garantie ne peut être ordonnée qu'au moment où la juridiction statue sur le recours contre l'ordonnance autorisant la reconnaissance ou l'*exequatur*[5].

Le requérant, qui n'explique pas en quoi l'éventuelle impossibilité, pour la partie, adverse, de restituer les sommes qui lui sont allouées engendrerait pour lui des dommages peut-être irréparables, doit voir sa demande en constitution de garantie repoussée[6].

441.124 Sort possible de la décision rendue sur recours. La décision rendue sur recours contre l'ordonnance de reconnaissance ou de déclaration de force exécutoire peut elle-même faire l'objet d'un recours mais, en France, seulement d'un **pourvoi en cassation** (il en va de même en Belgique, Espagne, Grèce, Italie, au Luxembourg et aux Pays-Bas; en Allemagne, le recours possible est la *Rechtsbeschwerde*, sorte de pourvoi dans la mesure où ce recours est limité aux questions de pur droit; en Irlande et au Royaume-Uni, d'un « *recours sur un point de droit* », Conv., art. 37.2). Ce recours limité aux questions de droit - et qui n'a pas d'effet suspensif d'exécution - n'est ouvert que contre la décision rendue sur recours

1. CJCE 22 nov. 1977, Industrial Diamond Supplies c/Riva, aff. 43/77, *Rec. CJCE* 2175, dispositif, point 2.
2. CJCE 4 oct. 1991, Van Dalfsen e. a. c/Van Loon et Th. Berendsen, aff. C-183/90, *Rec. CJCE* I-4743, point 37.
3. V. CRITIQUE, H. Gaudemet-Tallon, *Compétence et exécution des jugements en Europe*, 4e éd., LGDJ, 2010, n° 402.
4. Paris, 6 déc. 2001, RG n° 2000/18256, *D.* 2002. IR 620; *Rev. crit. DIP* 2002. 362, note Pataut.
5. CJCE 27 nov. 1984, Fabrique Brennero c/Firma Wendel GmbH, aff. 258/83, *Rec. CJCE* 3971.
6. Paris, 6 déc. 2001, RG n° 2000/18256, *D.* 2002. IR 620; *Rev. crit. DIP* 2002. 362, note Pataut.

elle-même, et non pas contre une autre décision qui aurait pu être prononcée au cours de la procédure sur recours (sursis à statuer...) [1].

Dans un arrêt du 11 août 1995, la Cour a énoncé clairement qu'une décision par laquelle la juridiction d'un État contractant, saisie d'un recours contre l'autorisation d'exécuter une décision judiciaire exécutoire rendue dans un autre État contractant, refuse de surseoir à statuer ou lève un sursis à statuer précédemment ordonné, ne constitue pas une « *décision rendue sur le recours* » au sens de l'article 37.2 et ne peut dès lors faire l'objet d'un pourvoi en cassation ou d'un recours similaire limité à l'examen des points de droit. En outre, la juridiction saisie d'un tel recours sur des points de droit, au titre de l'article 37.2 n'est pas compétente pour ordonner ou réordonner un sursis à exécution [2].

2°
Recours contre une ordonnance refusant la reconnaissance ou l'exécution (Conv., art. 40)

441.131 Auteur du recours – Compétence et délai. En vertu de l'article 40 de la convention, si l'ordonnance du juge requis refuse la reconnaissance ou l'exécution d'une décision rendue dans un autre État contractant, le requérant qui se voit opposer ce refus peut former un recours. En droit français, la juridiction compétente pour statuer sur ce recours est la cour d'appel dans les cas résiduels où la convention de Bruxelles est applicable.

La convention ne stipule aucun délai précis pour l'exercice de ce recours. Il semble donc que toute latitude soit laissée aux droits nationaux pour fixer eux-mêmes le délai dans lequel doit intervenir ledit recours; la France n'a pas fait usage de cette possibilité, si bien qu'il paraît logique d'admettre que le recours de l'article 40 est soumis au délai du recours ordinaire d'appel que connaît la cour d'appel (à savoir un mois à compter de la signification de la décision, C. pr. civ., art. 358).

441.132 Caractère contradictoire de la procédure. L'article 40.2 de la convention précise que la partie contre laquelle l'exécution est demandée est « *appelée à comparaître devant la juridiction saisie du recours* ». Ceci signifie que, contrairement à la première phase de la procédure, l'instance sur recours bénéficie du principe de la contradiction. Le texte ajoute que si le défendeur est défaillant, même s'il n'est pas domicilié dans un État contractant, les dispositions de l'article 20.2 et 20.3 de la convention sont applicables, ce qui impose au juge saisi du recours de vérifier préalablement la loyauté de l'assignation contre ce défendeur.

1. CJCE 27 nov. 1984, Fabrique Brennero c/Firma Wendel GmbH, aff. 258/83, préc. s[s] n° 441.123.
2. CJCE 11 août 1995, SISRO/Ampersand Software, aff. C-432/93, *Rec. CJCE* I-2269.

L'article 40 ne fait en revanche aucune référence à un éventuel sursis à statuer en cas de recours ordinaire ou de possibilité d'un recours ordinaire contre la décision rendue dans l'État d'origine.

Enfin, la décision rendue sur recours est susceptible uniquement d'un recours sur un point de droit (en France, d'un pourvoi de cassation, Conv., art. 41).

B.
Dispositions du règlement CE n° 44/2001 du 22 décembre 2000

441.141 Principe d'unicité du recours. L'article 43 du règlement CE n° 44/2001 du 22 décembre 2000, Bruxelles I, regroupe les deux types de recours que distinguait la convention de Bruxelles : selon l'article 43 § 1 en effet, « *l'une ou l'autre partie peut former un recours contre la décision relative à la demande de déclaration constatant la force exécutoire* ». Ce recours est porté devant la juridiction qui est indiquée en annexe III (pour la France, il s'agissait de la cour d'appel; toutefois, comme certains États tels que la Belgique ou les Pays-Bas qui ne donnent pas compétence à la même juridiction selon que le recours émane du requérant ou du défendeur à la demande de déclaration de force exécutoire, v. Règl. 22 déc. 2000, annexe III). La France a modifié quelque peu la juridiction compétente et distingue maintenant selon que la déclaration constatant la force exécutoire a été délivrée ou non. Alors qu'était compétente dans les deux hypothèses la cour d'appel, le droit français distingue aujourd'hui entre décisions qui accueillent la requête en constatation de force exécutoire et décisions qui le rejettent. Dans le premier cas, la compétence sur recours appartient encore à la cour d'appel, alors que dans le second – rejet de la requête – est compétent le président du TGI [3]. Cette distinction est confirmée dans le règlement UE n° 156/2012 de la Commission du 22 février 2012 modifiant les annexes I à IV du règlement CE n° 44/2001 [4], qui maintient dans l'annexe III modifiée la compétence de la cour d'appel pour les décisions accueillant la requête, et du président du tribunal de grande instance pour les décisions la rejetant [5]. Selon le rapport

3. COMP. sur le refus de délivrance du certificat, C. pr. civ., art. 509-7 : « *S'il n'émane du juge, le refus de délivrance du certificat peut être déféré au président du tribunal de grande instance. Ce dernier statue en dernier ressort sur requête, le requérant et l'autorité requise entendus ou appelés* ».
4. Règl. UE n° 156/2012 de la Commission, 22 févr. 2012, modifiant les annexes I à IV du règlement (CE) n° 44/200 concernant la compétence judiciaire, la reconnaissance et l'exécution des décisions en matière civile et commerciale, *JOUE*, n° L 50, 23 févr., p. 3.
5. On peut s'étonner toutefois de voir, sur le site de l'Atlas judiciaire européen, de ne voir mentionnées que la cour d'appel et la Cour de cassation lorsque l'on clique sur l'onglet à gau- ▶

Heß, Pfeiffer et Schlosser de septembre 2007 sur l'application du règlement Bruxelles I dans les États membres, le taux d'appel contre la décision rendue en matière d'*exequatur* serait seulement de 1 à 5 %[1].

441.142 Délais pour former recours. L'article 43 § 5 du règlement du 22 décembre 2000 énonce que le recours contre une décision constatant la force exécutoire doit être formé dans le délai d'un mois à compter de la signification de cette décision. En revanche, si la partie contre laquelle l'exécution est demandée est domiciliée sur le territoire d'un État membre autre que celui dans lequel la « *déclaration constatant la force exécutoire* » a été rendue, le délai pour former recours est plus long : deux mois à compter du jour où la signification a été faite à personne ou à domicile. Il n'y a pas de prorogation possible du délai pour raison de distance (Règl. 22 déc. 2000, art. 43 § 5 *in fine* du règlement), ce qui montre que la volonté des auteurs du règlement est bel et bien la plus grande rapidité possible et le règlement rapide du contentieux de la force exécutoire dans l'État requis de la décision rendue dans un autre État membre. Cette absence de prorogation de délai pour distance était d'ailleurs déjà contenue dans l'article 36.2 *in fine* de la convention de Bruxelles.

Sur l'article 36 de la convention de Bruxelles contenant la même règle que l'article 43 du règlement Bruxelles I, v. une décision de la CJCE du 16 février. 2006 : l'article 36 exige une signification régulière de la décision qui autorise l'exécution, au regard des règles procédurales de l'État contractant dans lequel l'exécution est demandée et donc, en cas de signification inexistante ou irrégulière de la décision qui autorise l'exécution, la simple prise de connaissance de cette décision par la personne contre laquelle l'exécution est demandée ne suffit pas pour faire courir le délai fixé audit article[2].

441.143 Procédure sur recours. Comme dans la convention de Bruxelles, l'instance sur recours est contradictoire (Règl. 22 déc. 2000, art. 43 § 3), et si la partie contre laquelle l'exécution est demandée ne comparaît pas devant la juridiction saisie du recours formé par le requérant, le juge sera tenu de surseoir à statuer tant qu'il ne sera pas établi que le défendeur a été mis à même de recevoir l'acte introductif d'instance ou un acte équivalent en temps utile pour se défendre ou que toute diligence a été faite à cette fin (renvoi à Règl. 22 déc. 2000, art. 26 § 2). Selon la procédure instaurée par le règlement, et c'est là une grande nouveauté par rapport à la convention de Bruxelles, c'est seulement au stade du recours contre la décision déclarant ou non le jugement d'un autre État membre exécutoire dans l'État requis, que le juge peut examiner les motifs de non-reconnaissance qui figurent à l'article 34 et à l'article 35 du règlement (Conv. Bruxelles, art. 27 et 28). Ces motifs de non-reconnaissance sont désormais moins nombreux ou plus restrictifs que dans la convention.

La Cour fédérale de justice allemande a jugé en 2007[3] que le motif de non-reconnaissance ou de refus d'*exequatur* de l'article 34 § 2 du règlement Bruxelles I devait être examiné d'office dans l'instance sur recours prévue à l'article 43 du règlement, mais que la juridiction compétente pour statuer sur le recours n'était pas tenue pour autant de constater d'office les faits pertinents pour refuser la reconnaissance ou l'*exequatur*[4].

La CJUE, dans un arrêt du 13 juin 2012, *GREP GmbH*[5], a précisé que le principe de protection juridictionnelle effective, et notamment le droit à l'aide juridictionnelle, devait pouvoir être invoqué afin d'introduire un recours tel que celui prévu à l'article 43 du règlement CE n° 44/2001 du 22 décembre 2000 (point 37 de l'arrêt). Pour la Cour, le recours exercé sur le fondement de l'article 43, afin de contester une décision constatant la force exécutoire d'une ordonnance de saisie et ordonnant une saisie conservatoire, constitue une mise en œuvre du droit de l'Union au sens de l'article 51 de la Charte UE et justifie ainsi l'application de cette dernière, notamment de son article 47 dont le troisième alinéa prévoit qu'une aide juridictionnelle est accordée à ceux qui ne disposent pas de ressources suffisantes, dans la mesure où cette aide serait nécessaire pour assurer l'effectivité de l'accès à la justice. Le principe de protection juridictionnelle effective peut donc comprendre le droit d'être dispensé du paiement des frais de procédure et/ou des honoraires dus pour obtenir l'assistance d'un avocat dans le cadre du recours prévu par l'article 43 du règlement Bruxelles I.

441.144 Recours contre la décision rendue sur recours. Le règlement est assez similaire à la convention de Bruxelles sur ce point. Il prévoit dans son **article 44** que « *la décision rendue sur recours ne peut faire l'objet que du recours visé à l'annexe IV* », ce qui

▶ che « *chercher tribunal pour recours* » (v. par ex. http://ec.europa.eu/justice_home/judicialatlascivil/html/rc_jccm_courtsappeal_fr.jsp?countrySession=2&txtPostalCode=75001&txtMunicipality=#statePage3).

1. *Study* JLS/C4/2005/03, *Report on the Application of Regulation Brussels I in the Member States*, n° 506, p. 221.
2. CJCE 16 févr. 2006, G. Verdoliva c/J.M. van der Hoeven BV e. a., aff. C-3/05, sur le site de la Cour : http://www.curia.eu
3. C. féd. justice (BGH), 12e civ., 12 déc. 2007, *FamRZ* 2008. 586.
4. La Cour a ajouté que si le défendeur avait reçu en temps utile l'acte introductif d'instance, il n'était pas utile d'examiner la régularité de la signification lors de l'examen du motif de refus d'*exequatur* tiré de l'article 34 § 2 du règlement Bruxelles I; toutefois, précise-t-elle, de graves irrégularités dans la signification constituent en général un fort indice de violation, dans l'État d'origine, du droit du défendeur d'être entendu (*rechtliches Gehör*), droit qui est constitutionnellement garanti en Allemagne (art. 103, al. 1er de la Constitution allemande, *Grundgesetz, GG*).
5. CJUE 13 juin 2012, GREP GmbH c/Freistaat Bayern, aff. C-156/12.

signifie plus clairement le pourvoi en cassation pour la Belgique, la Grèce, l'Espagne, la France[1], l'Italie, le Luxembourg, les Pays-Bas, la *Rechtsbeschwerde* pour l'Allemagne, un recours sur un point de droit (devant la *Supreme Court* en Irlande) en Irlande et au Royaume-Uni ainsi qu'au Portugal, le *Revisionsrekurs* en Autriche, *etc.* Il s'agit donc uniquement de recours exclusivement fondés sur des points de droit. La technique de renvoi d'un certain nombre de listes (juridictions ou autorités compétentes pour le premier recours, juridictions compétentes pour le recours ultérieur, *etc.*) est bonne car elle allège de texte et renvoie en annexe les détails techniques permettant l'application pratique du règlement.

441.145 Règles à respecter par les juridictions saisies d'un recours (que ce recours soit le premier ou le second, alors uniquement en droit). De façon assez similaire à la convention de Bruxelles, le règlement Bruxelles I prévoit que la juridiction saisie d'un recours prévu à l'article 43 ou 44 (appel, déféré au président du TGI ou pourvoi en cassation en France) ne peut refuser ou révoquer une déclaration constatant la force exécutoire que pour l'un des motifs de non-reconnaissance envisagés aux articles 34 et 35 (v. s^s^ n°s 441.31 à 441.66 s.). Elle doit statuer à bref délai, et ne peut bien entendu procéder à une révision au fond de la décision étrangère (Règl. 22 déc. 2000, art. 45).

Comme la convention de Bruxelles, le règlement envisage la possibilité d'un **sursis à statuer** pour la juridiction saisie d'un des recours prévus aux articles 43 et 44, dès lors que la partie contre qui l'exécution est demandée le sollicite et que la décision étrangère fait l'objet, dans l'État membre d'origine, d'un recours ordinaire ou bien dès lors que le délai pour former ce recours n'est pas expiré (Règl. 22 déc. 2000, art. 46 § 1 - sur la jurisprudence issue de la convention de Bruxelles, v. s^s^ n° 441.123 - règles exactement identiques à celles de l'article 38 de la convention, si ce n'est que l'article 38 ne vise que le cas d'un premier recours formé contre une décision accordant la force exécutoire, alors que le champ d'application de l'article 46 du règlement est plus large puisqu'il s'étend à tout recours contre tout type de décision en matière de constat ou refus de constat de la force exécutoire de la décision étrangère).

L'article 46 § 3 prévoit également que la juridiction statuant sur recours peut subordonner l'exécution à la **constitution d'une garantie** qu'elle détermine (même formulation que Conv. Bruxelles, art. 38.3).

L'article 47 règle la question des **mesures conservatoires ou provisoires :** lorsqu'une décision doit être reconnue sur le fondement du règlement, le requérant peut demander à ce qu'il soit procédé à de telles mesures prévues par la loi de l'État membre requis, sans qu'il soit nécessaire que cette décision soit déclarée exécutoire au sens de l'article 41. Si l'autorité compétente constate la force exécutoire du jugement étranger, sa décision emporte autorisation de procéder à des mesures conservatoires. Pendant le délai d'appel en France (ou de tout recours similaire dans les États membres), la décision constatant la force exécutoire du jugement étranger ne peut être exécutée; seules sont possibles des mesures conservatoires sur les biens de la partie contre laquelle l'exécution est demandée (ceci signifie, comme antérieurement, que la décision déclarant la force exécutoire n'est pas exécutoire par provision). Ces règles sont assez similaires à celles de la convention de Bruxelles (Conv. Bruxelles, art. 39), mais l'article 47 du règlement est quand même un peu plus complet. En effet, il permet au requérant de demander des mesures provisoires ou conservatoires avant même que la décision rendue dans l'État d'origine ait été déclarée exécutoire dans l'État requis, ce que n'envisage pas la convention. Il s'agit là d'un signe de plus en faveur de la reconnaissance de plein droit énoncée dans l'article 33 du règlement et de l'effet de titre du jugement étranger (en ce sens aussi, G. A. L. Droz et H. Gaudemet-Tallon[2] - sur les règles en matière **d'assistance judiciaire** et d'interdiction de la ***cautio judicatum solvi*** applicables, selon le règlement, à toutes les instances en matière de constatation de force exécutoire, v. s^s^ n°s 441.103 et 441.104).

441.146 Déclaration partielle de force exécutoire. Tout comme dans la convention de Bruxelles, lorsque la décision d'un autre État membre a statué sur plusieurs chefs de demande et que la déclaration constatant la force exécutoire ne peut pas être délivrée pour le tout, il est possible de la délivrer pour un ou plusieurs chefs de demande (Règl. 22 déc. 2000, art. 48 § 1). Le requérant peut d'ailleurs lui-même faire une demande en ce sens (Règl. 22 déc. 2000, art. 48 § 2).

441.147 Règle particulière en matière d'astreinte. L'article 49 du règlement prévoit une règle spécifique pour les décisions condamnant une partie à une astreinte : ces décisions étrangères ne sont exécutoires dans l'État membre requis que lorsque le montant de l'astreinte a été définitivement fixé par les tribunaux de l'État membre d'origine. Ceci signifie que l'astreinte provisoire du droit français ne pourra bénéficier d'une déclaration de force exécutoire dans une autre État membre que lorsqu'elle aura été liquidée par le juge, ce qui fera apparaître un montant définitif de condamnation. La même règle est contenue dans l'article 43 de la convention de Bruxelles.

1. V. Règl. UE n° 156/2012 de la Commission, 22 févr. 2012, ann. IV.

2. G. A. L. Droz et H. Gaudemet-Tallon, *Rev. crit. DIP* 2001. 650.

SECTION 3
PORTÉE JURIDIQUE DE LA DÉCISION RELATIVE À LA FORCE EXÉCUTOIRE

441.151 Effets généraux. Régime différent de la déclaration de force exécutoire et des mesures d'exécution forcée. Il convient très rapidement de définir les conséquences que produira la reconnaissance ou la déclaration de force exécutoire d'une décision de justice dans un autre État membre que celui qui l'a rendue. La reconnaissance a en principe lieu de plein droit (Conv. Bruxelles, art. 26 – Règl. 22 déc. 2000, art. 33), mais en pratique, des questions se poseront à son sujet lorsqu'une partie fera état de la décision de justice de façon **incidente** devant la juridiction d'un autre État membre que celui qui l'a rendue, ou lorsque – plus rarement – une partie intéressée invoquera la reconnaissance **à titre principal** (Conv. Bruxelles, art. 26.2 – Règl. 22 déc. 2000, art. 33 § 2). Mais en pratique, les procédures de déclaration de force exécutoire sont beaucoup plus fréquentes que les demandes de reconnaissance, car la déclaration de force exécutoire produit des effets plus importants et utiles pour la partie bénéficiaire de la décision. En effet, le jugement revêtu de cette force exécutoire dans un État contractant ou membre (l'État requis) donnera force exécutoire, sur le territoire de cet État, à la décision dont nous avons déjà vu qu'elle doit posséder cette même force exécutoire dans l'État d'origine.

Rappelons que le règlement emploie l'expression « *déclaration constatant la force exécutoire* » de la décision étrangère. Cette terminologie semble indiquer que la juridiction ou autorité compétence de l'État requis ne fait que constater cette force sur son territoire, ce qui donnerait un effet purement déclaratif à l'acte contenant cette constatation.

Les conventions de Bruxelles et de Lugano, tout comme le règlement CE n° 44/2001 du 22 décembre 2000, même s'ils emploient l'expression « *reconnaissance et exécution* » (Conv., titre III – Règl. 22 déc. 2000, chap. III), ne réglementent pas la question de l'exécution effective d'un jugement sur le territoire de l'État requis; ces textes se contentent d'organiser la procédure de déclaration de force exécutoire afin que celle-ci soit la plus simple et la plus rapide possible, dans le respect de la confiance mutuelle que les États contractants ou membres doivent se faire[1].

Il en découle que les mécanismes d'exécution proprement dits sont régis par le droit national du juge saisi; il en va de même des voies de recours susceptibles d'être exercées; l'arrêt *Hoffman c/Krieg* a toutefois précisé que les règles instaurées par le droit national en matière d'exécution des décisions (et non plus d'*exequatur*, puisque ce dernier est unifié par les conventions de Bruxelles et de Lugano et par le règlement Bruxelles I) ne pouvaient conduire à remettre en cause l'effet utile de la convention, par exemple en permettant à une partie, dans le cadre d'un recours contre une mesure d'exécution, de faire valoir des moyens qui auraient été de nature à combattre la décision de déclaration de force exécutoire du juge de l'État requis[2]. De tels moyens, s'ils étaient recevables, reviendraient en effet à écarter *de facto* les délais et conditions sévères dans lesquels sont enfermés les recours dans la convention de Bruxelles et le règlement Bruxelles I.

Dans son arrêt *Draka NK Cables* du 23 avril 2009[3], la Cour de justice a indirectement envisagé qu'une contestation incidente de la décision rendue par le juge d'un autre État membre puisse être formée au cours de la procédure d'exécution dans l'État membre requis. En effet, elle motive son refus d'ouvrir à un tiers, agissant par la voie oblique, un recours contre la déclaration constatant la force exécutoire du jugement[4], par le fait que « *les tiers intéressés pourront intenter contre les mesures d'exécution forcée les recours qui leur sont ouverts par le droit de l'État où l'exécution forcée a lieu* » (point 29 de l'arrêt)[5]. Ceci devrait également être le cas pour le défendeur lui-même, qui ne saurait voir exécuter contre lui en violation de l'article 6 § 1 de la Conv. EDH ou de l'article 47 alinéa 2 de la Charte UE.

441.152 Déclaration totale ou partielle de force exécutoire. Même si le principe est celui d'une déclaration de force exécutoire portant sur l'ensemble de la décision rendue dans l'État d'origine, l'article 42 de la convention et l'article 48 du règlement Bruxelles I prévoient expressément deux hypothèses d'*exequatur* partiel : dans son paragraphe 1er, il dispose que « *lorsque la décision étrangère a statué sur plusieurs chefs de demande et que l'exécution ne peut être autorisée pour le tout, l'autorité judiciaire accorde l'exécution pour un ou plusieurs d'entre eux* ». Le paragraphe 2 complète cela en précisant que « *le requérant peut demander une exécution partielle* ». Là encore, le terme correct serait davantage *exequatur* (ou déclaration partielle de force exécutoire) qu'exécution, cette der-

1. EN CE SENS, CJCE 2 juill. 1985, Deutsche Genossenschaftsbank c/Sté Brasserie du pêcheur, aff. 148/84, *Rec. CJCE* 1981, point 18.
2. CJCE 4 févr. 1988, Hoffman c/Krieg, aff. 145/86, *Rec. CJCE* 645, point 29.
3. CJCE 23 avr. 2009, Draka NK Cables, aff. C-167/08, *JCP* 2009. 368, note Martel; *Rev. crit. DIP* 2009. 569, obs. Pataut.
4. Il s'agit du recours envisagé par l'article 43 § 1 du règlement Bruxelles I. La CJCE reformule la question préjudicielle de la façon suivante : un créancier d'un débiteur peut-il introduire un recours contre une décision sur une demande de déclaration de force exécutoire même s'il n'est pas formellement intervenu comme partie au procès dans le litige dans le cadre duquel un autre créancier de ce débiteur a demandé cette déclaration de force exécutoire ?
5. La CJCE ajoute que la convention de Bruxelles (mais cela vaut également pour le règlement CE n° 44/2001 Bruxelles I) « *se borne à régler la procédure d'exequatur des titres exécutoires étrangers et qu'elle ne touche pas à l'exécution proprement dite qui reste soumise au droit national du juge saisi* (v. CJCE 4 févr. 1988, Hoffmann, aff. 145/86, *Rec. CJCE* 645, point 27) » (point 29 de l'arrêt).

nière n'intervenant dans l'État requis qu'une fois que le juge de cet État a déclaré exécutoire la décision. On constate que l'initiative de l'*exequatur* partiel appartient tant au juge requis qu'au requérant lui-même. On peut imaginer, même si cette situation peut conduire à quelques difficultés pratiques, qu'un *exequatur* partiel selon la convention sera accordé à une décision qui statuerait à la fois sur des matières relevant du domaine de la convention et sur des matières qui en sont exclues. Ces dispositions se retrouvent intégralement dans le règlement CE n° 44/2001 du 22 décembre 2000, Bruxelles I (Règl. 22 déc. 2000, art. 48 - V. s^s n° 441.146).

441.153 Décisions condamnant à astreinte. En vertu de l'article 43 de la convention : « *Les décisions étrangères condamnant à une astreinte ne sont exécutoires dans l'État requis que si le montant en a été définitivement fixé par les tribunaux de l'État d'origine* ». Les rédacteurs de la convention ont jugé utile de stipuler cette règle en raison du fait que certains États contractants permettent l'exécution d'une astreinte non liquidée (par ex. les droits belge et néerlandais) [1]. En France, la question de l'astreinte a été modifiée par la loi du 9 juillet 1991 portant réforme des procédures civiles d'exécution (L. 9 juill. 1991, art. 33 s., not. art. 34, al. 3, devenu C. pr. exéc., art. L. 131-2, qui instaure la règle selon laquelle une astreinte définitive ne peut être prononcée qu'après le prononcé d'une astreinte provisoire et pour une durée que le juge détermine - V. aussi, C. pr. exéc., art. L. 131-4, sur la liquidation de l'astreinte - en droit français, la décision du juge liquidant une astreinte est de plein droit exécutoire par provision, C. pr. exéc., art. R. 131-4).

La formulation de l'article 43 de la convention (montant « *définitivement fixé* ») semble, d'après la doctrine [2], signifier seulement que l'astreinte doit avoir été liquidée (c'est-à-dire que son montant doit avoir été arrêté par le juge une fois constaté le défaut d'exécution) et non pas en plus que le jugement liquidant l'astreinte soit insusceptible de toute voie de recours.

Le règlement CE n° 44/2001 du 22 décembre 2000 a repris intégralement ces dispositions (Règl. 22 déc. 2000, art. 49 - V. s[s] n° 441.147).

441.154 Déclaration de force exécutoire des actes authentiques et des transactions judiciaires. Le titre IV de la convention (Règl. 22 déc. 2000, chap. IV) est consacré expressément à ces deux types d'actes. Les actes authentiques relèvent de l'article 50 de la convention et de l'article 57 du règlement, alors que les transactions judiciaires sont envisagées dans les articles 51 de la convention et 58 du règlement.

1. Paris, 7 juill. 1992, RG n° 91/11947, *D.* 1992. IR 226.
2. G. A. L. Droz, *Compétence judiciaire et effets des jugements dans le Marché commun*, Paris, Dalloz, 1972, n° 587.

Ces actes, en raison de leur nature, relèvent d'une éventuelle procédure de déclaration de force exécutoire et non pas d'une procédure de reconnaissance. Comme les décisions de justice, les actes authentiques et transactions ne relèvent des conventions de Bruxelles ou de Lugano ou du règlement Bruxelles I que si la matière qu'ils concernent fait partie du domaine de ces textes.

• **Les actes authentiques.**

Texte de la convention : « *Les actes authentiques reçus et exécutoires dans un État contractant sont, sur requête, déclarés exécutoires dans un autre État contractant conformément à la procédure prévue aux articles 31 et suivants. La requête ne peut être rejetée que si l'exécution de l'acte authentique est contraire à l'ordre public de l'État requis. L'acte produit doit réunir les conditions nécessaires à son authenticité dans l'État d'origine. Les dispositions de la section III du titre III sont, en tant que de besoin, applicables* » (Conv., art. 50).

Texte du règlement Bruxelles I : « *1. Les actes authentiques reçus et exécutoires dans un État membre sont, sur requête, déclarés exécutoires dans un autre État membre, conformément à la procédure prévue aux articles 38 et suivants. La juridiction auprès de laquelle un recours est formé en vertu des articles 43 ou 44 ne refuse ou révoque une déclaration constatant la force exécutoire que si l'exécution de l'acte authentique est manifestement contraire à l'ordre public de l'État membre requis.*

2. Sont également considérées comme des actes authentiques au sens du paragraphe 1, les conventions en matière d'obligations alimentaires conclues devant des autorités administratives ou authentifiées par elles.

3. L'acte produit doit contenir les conditions nécessaires à son authenticité dans l'État membre d'origine.

4. Les dispositions de la section 3 du chapitre III sont applicables, en tant que de besoin. L'autorité compétente de l'État membre dans lequel un acte authentique a été reçu établit, à la requête de toute partie intéressée, un certificat en utilisant le formulaire dont le modèle figure à l'annexe VI du présent règlement » (Règl. 22 déc. 2000, art. 57).

Cette annexe VI contient les mentions suivantes : État membre d'origine, autorité compétente délivrant le certificat (nom, adresse, téléphone, *etc.*), autorité ayant conféré à l'acte son authenticité (nom, lieu de l'autorité, autorité ayant enregistré l'acte authentique, *etc.*), acte authentique (description, date, numéro de référence, parties en cause, nom du créancier, nom du débiteur), texte de l'obligation exécutoire à fournir en annexe au certificat. Ce modèle simplifiera la lecture à l'autorité compétente de l'État membre requis et lui permettra de savoir en quel point trouver quelle information utile.

En France, l'autorité compétente pour délivrer le certificat permettant à un acte notarié français de circuler dans d'autres États membres est le **président de la chambre des notaires** (ou, en cas d'absence ou d'empêchement, à son suppléant désigné parmi les membres de la chambre). Pour constater la force exécutoire d'un acte notarié émanant d'un autre État membre, la compétence appartient également au président de la chambre des notaires (C. pr. civ., art. 509-3, al. 1er).

Par rapport à la convention, le règlement introduit la notion de contrariété « *manifeste* » à l'ordre public, ce qui entraînera une appréciation plus restrictive que sous l'empire de la convention. En outre, le § 2 de l'article 57 du règlement donne expressément la qualité d'actes authentiques à certaines conventions en matière d'obligations alimentaires, ceci afin de faciliter leur exécution dans un autre État membre.

L'acte authentique est un document établi par une autorité publique d'un État contractant en respect de la loi de cet État; l'acte, pour bénéficier des dispositions en matière de force exécutoire, doit être authentifié non seulement quant à la signature de ses auteurs, mais aussi quant à son contenu; il doit aussi être exécutoire dans l'État d'origine.

Notion d'acte authentique. Les actes établis, visés et munis de son sceau par un *corredor cologiado de comercio*, membre de l'ordre officiel des courtiers de Madrid, ayant reçu le caractère d'actes commerciaux, entrant dans la catégorie des actes authentifiés par cet officier public agréé et exécutoires en Espagne, sont susceptibles de recevoir l'*exequatur* en France selon la procédure instaurée par la convention, limitant aux termes de son article 50, le contrôle à leur régularité formelle et à l'absence de contrariété entre leur exécution et l'ordre public français [1].

V. aussi l'arrêt *Unibank* de la Cour de justice de 1999 : un titre de créance exécutoire en vertu du droit de l'État dont l'authenticité n'a pas été établie par une autorité publique ou toute autorité habilitée à ce faire par cet État ne constitue pas un acte authentique au sens de l'article 50 de la convention. Le caractère authentique des actes doit être établi de manière incontestable de façon telle que la juridiction de l'État requis soit en mesure de s'en remettre à l'authenticité de ceux-ci, dès lors qu'il est procédé à l'exécution des actes dans des conditions identiques à celles des décisions judiciaires (points 15 et 21) [2].

Pour une définition de l'acte authentique proposée par la Commission européenne dans l'acte modificatif de la convention de Bruxelles jadis proposé au Conseil, v. article 50.2 : « *Aux fins de la présente convention, les actes authentiques sont les instruments dressés par une autorité publique, suivant les règles de compétence et de forme prévues par la loi de l'État au nom duquel l'autorité agit* ».

• **Les transactions judiciaires.** « *Les transactions conclues devant le juge au cours d'un procès et exécutoires dans l'État d'origine sont exécutoires dans l'État requis aux mêmes conditions que les actes authentiques* » (Conv., art. 51). L'article 58 du règlement reprend expressément cette formulation, mais ajoute une seconde phrase : « *La juridiction ou l'autorité compétente d'un État membre dans lequel une transaction a été conclue délivre, à la requête de toute partie intéressée, un certificat en utilisant le formulaire dont le modèle figure à l'annexe VI du présent règlement* ».

La transaction se définit comme un contrat que les parties concluent devant le juge et par lequel elles mettent fin à un litige qui les opposait, au moyen de concessions réciproques (comp., C. civ., art. 2044 : « *Contrat par lequel les parties terminent une contestation née, ou préviennent une contestation à naître* »). Elle se distingue de la décision judiciaire en ce que le tribunal ne statue pas de sa propre autorité sur les points qui opposent les parties. La transaction est avant tout de nature contractuelle. En droit français, elle a entre les parties l'autorité de la chose jugée en dernier ressort (C. civ., art. 2052).

441.155 Règles communes aux actes authentiques et aux transactions judiciaires. La déclaration de force exécutoire de ces titres peut être obtenue du juge de l'État requis à condition que soit d'abord prouvé que l'acte est exécutoire dans l'État d'origine. En outre, l'acte ne doit pas être contraire à l'ordre public de l'État requis (manifestement contraire à cet ordre public dans la version encore plus restrictive du règlement Bruxelles I). C'est le seul motif de refus de force exécutoire que prévoient les textes (aucun contrôle du respect des droits de la défense, de la compétence originaire ou encore de la loi appliquée, contrairement à ce qui est prévu pour les décisions de justice; ceci s'explique par la nature particulière des actes en cause, qui résultent de la volonté libre des parties et n'ont pas la nature juridique de jugements).

La procédure de déclaration de force exécutoire est la même qu'en matière de décisions de justice (v. Conv., art. 50 - Règl. 22 déc. 2000, art. 57 et 58).

Exemples. À propos d'un acte authentique allemand, v. l'arrêt *Deutsche Genossenschaftsbank c/Sté Brasserie du pêcheur* [3], du 2 juillet 1985; une décision de la première chambre civile de la Cour de cassation en date du 8 novembre 1988 [4]; un arrêt de la cour d'appel de Paris jugeant que l'exécution en France d'un acte authentique allemand pouvait se faire sur le fondement de la convention de Bruxelles uniquement pour la reconnaissance de l'obligation alimentaire et non pas pour la reconnaissance de paternité qu'il contient [5]; un arrêt de la première chambre civile du 12 janvier 1994 [6]; ou – à propos d'une transaction judiciaire –, un arrêt de la cour d'appel de Paris de 1977 [7].

1. Aix-en-Provence, 2 mars 2000, *Rev. crit. DIP* 2001. 162, obs. Léger.
2. CJCE 17 juin 1999, Unibank, aff. C-260/97, *Rec. CJCE* I-3715.
3. CJCE 2 juill. 1985, Deutsche Genossenschaftsbank c/Sté Brasserie du pêcheur, aff. 148/84, préc. ss no 441.111.
4. Civ. 1re, 8 nov. 1988, no 86-17.491, *Bull. civ.* I, no 310; *JCP* 1989. II. 21276, note Cadiet.
5. Paris, 22 févr. 1990, RG no 89/8860, *D.* 1990. IR 108; *JDI* 1991. 162, obs. Huet.
6. Civ. 1re, 12 janv. 1994, no 91-14.567, *Bull. civ.* I, no 16; *Rev. crit. DIP* 1994. 557, note Pamboukis.
7. Paris, 25 nov. 1977, *Gaz. Pal.* 1978. Somm. 128.

SECTION 4
RÉVISION DU RÈGLEMENT BRUXELLES I : RÈGLEMENT UE N° 1215/2012, DU 12 DÉCEMBRE 2012, BRUXELLES I *BIS*

441.161 Rapports et évolutions. (V. s[s] n°s 159.11 s.). À la suite du rapport Heß, Pfeiffer, Schlosser (dit rapport de Heidelberg) [1] de 2007 étudiant l'application du règlement Bruxelles I dans les États membres, la Commission européenne a publié un Livre vert [2] listant les difficultés de fonctionnement du règlement et formulant des questions en vue de corriger lesdites difficultés. Le premier point abordé par le Livre vert est la « *suppression de toutes les mesures intermédiaires nécessaires à la reconnaissance et à l'exécution des décisions rendues à l'étranger* (exequatur) » [3], car il est « *difficile de justifier, dans un marché intérieur sans frontières, que les citoyens et les entreprises aient à supporter des frais et une perte de temps pour exercer leurs droits à l'étranger. Si les demandes de déclaration constatant la force exécutoire aboutissent presque toujours et que la reconnaissance et l'exécution des décisions étrangères ne sont que très rarement refusées, il devrait être réaliste de tendre vers l'objectif de supprimer la procédure d'*exequatur *dans toute matière civile et commerciale* » [4].

1. B. Heß, T. Pfeiffer et P. Schlosser, *Report on the Application of Regulation Brussels I in the Member States, Study* JLS/C4/2005/03, sept. 2007.
2. *Livre vert sur la révision du règlement (CE) n° 44/2001 du Conseil concernant la compétence judiciaire, la reconnaissance et l'exécution des décisions en matière civile et commerciale,* COM (2009) 175 final, 21 avr. 2009 – V. AUSSI, *Rapport de la Commission au Parlement européen, au Conseil et au Conseil économique et social européen sur l'application du règlement (CE) n° 44/2001,* COM (2009) 174 final, 21 avr. 2009.
3. Suite à son argumentaire, la Commission formule les deux questions suivantes : « *Considérez-vous que, dans le marché intérieur, toutes les décisions en matière civile et commerciale devraient circuler librement, sans procédure intermédiaire (suppression de* l'exequatur*) ? Dans l'affirmative, considérez-vous que certaines garanties devraient être maintenues pour permettre cette suppression de l'*exequatur *? Si oui, lesquelles ?* »
4. Livre vert, p. 2. La Commission souligne que l'*exequatur* a déjà été supprimé pour les créances incontestées par le Règl. CE n° 805/2004 du Parlement européen et du Conseil, 21 avril 2004, créant le titre exécutoire européen, ainsi que pour les créances alimentaires dans le récent Règl. CE n° 4/2009 du Conseil, 18 déc. 2008 (dans ces deux textes, un réexamen exceptionnel est prévu au profit du défendeur dans des circonstances exceptionnelles). Il en va de même dans les deux règlements instaurant des procédures européennes spécifiques : Règl. CE n° 1896/2006 du Parlement européen et du Conseil, 12 déc. 2006, sur l'injonction de payer européenne (art. 20) et Règl. CE n° 861/2007 du Parlement européen et du Conseil, 11 juill. 2007, sur la procédure européenne de règlement des petits litiges (art. 18).

La proposition de révision du règlement Bruxelles I [5] présentée par la Commission le 14 décembre 2010 concrétisait cette ambition du Livre vert. Dans son exposé des motifs, elle rappelait que la procédure d'*exequatur* « *demeure un obstacle à la libre circulation des décisions judiciaires, qui entraîne des coûts inutiles et des retards pour les parties intéressées et dissuade les entreprises et les citoyens de profiter pleinement du marché intérieur* » [6].

Ainsi, sur le plan de l'exécution des décisions en matière civile et commerciale, la proposition de la Commission contenait des modifications de deux types : l'*exequatur* serait pour l'essentiel abrogé et les décisions relatives à des mesures provisoires ou conservatoires verraient leur circulation facilitée ou au contraire interdite suivant les cas (§ 1). Le règlement UE n° 1216/2012 du 12 décembre 2012, Bruxelles I *bis*, opérant refonte du règlement Bruxelles I, n'a toutefois pas suivi complètement les orientations de la Commission. Il a établi un système mesuré, équilibré et protecteur des droits de la défense (§ 2).

§ 1
La proposition de la Commission du 14 décembre 2010

441.171 Problèmes liés au recouvrement. La volonté de la Commission européenne est ferme : elle entend supprimer tous les obstacles à la libre circulation des décisions de justice, et ce en invoquant le principe de reconnaissance mutuelle consacré par le traité de Lisbonne. C'est souvent sous l'angle économique que la Commission aborde la question de l'exécution effective des décisions de justice. Est promue la confiance au sein du marché intérieur, vaste zone dans laquelle les entreprises devraient pouvoir développer leurs activités sans subir des risques d'inexécution en cas de contrat transfrontière mais intra-union. En 2003, à la suite d'une initiative conjointe des États membres de l'Union européenne et de la Division générale Marché intérieur et Services, a été créé le Panel de test en matière de commerce européen (*European Business Test Panel* [EBTP]), dont l'objectif est d'améliorer et d'étendre la consultation

5. Prop. règl. du Parlement européen et du Conseil concernant la compétence judiciaire, la reconnaissance et l'exécution des décisions en matière civile et commerciale, COM (2010) 748 final, 14 déc. 2010.
6. Prop. règl., point 1.2., p. 3. Il est ajouté que « *la révision a pour objectif général de poursuivre le développement de l'espace européen de justice, en supprimant les derniers obstacles à la libre circulation des décisions judiciaires, conformément au principe de reconnaissance mutuelle* » ; « *la révision devrait également contribuer à créer le cadre légal nécessaire à la relance de l'économie européenne* » (p. 4) – V. Prop. règl., consid. 23.

des milieux d'affaires sur diverses questions, dont les propositions législatives de la Commission pouvant avoir une incidence sur ces milieux[1].

En juillet-août 2010, les entreprises inscrites au Panel se sont vu soumettre un questionnaire relatif aux *Commercial Disputes and Cross Border Debt Recovery* (litiges commerciaux et recouvrement transfrontière des créances). 422 réponses ont été collectées : 71 % des entreprises considèrent que les difficultés de recouvrement sont « *très importantes* » (32 %) ou « *importantes* » (39 %) en cas de commerce lié à un autre État membre. Seulement 11 % des entreprises répondant indiquent avoir tenté d'obtenir une ordonnance de saisie d'avoirs bancaires dans un autre État membre[2]; dans 53 % des cas, l'ordonnance a fait droit à la demande de saisie. 39 % des entreprises sont favorables à une harmonisation des règles nationales en matière de saisie d'avoirs bancaires; 13 % souhaitent la reconnaissance mutuelle des procédures nationales et 23 % la création d'une saisie européenne des avoirs bancaires. Enfin, 23 % des entreprises ayant répondu au questionnaire indiquent qu'elles seraient beaucoup plus enclines à faire du commerce transfrontière si des règles européennes facilitaient l'obtention d'une ordonnance de saisie bancaire.

Le recouvrement - c'est-à-dire l'exécution - constitue donc un enjeu central de l'activité économique. Il constitue un défi important qu'il importe de relever. D'ailleurs, le 1er juin 2010, la Commission européenne a organisé une audition publique sur l'amélioration des décisions de justice et du recouvrement transfrontalier des dettes, réunion au cours de laquelle a été annoncée une proposition de règlement instaurant une ordonnance européenne de saisie conservatoire des comptes bancaires, qui a été publiée fin juillet 2011[3] et est en cours de processus législatif.

Avant même que puisse être améliorée l'efficacité des procédures d'exécution forcée (qui relèvent encore du droit national de chaque État membre), les institutions européennes entendent promouvoir la libre circulation des décisions de justice en matière civile et commerciale. Dans sa proposition de refonte du règlement Bruxelles I, la Commission prévoyait ainsi, en principe, la suppression de l'*exequatur*, ce qui impose d'instaurer diverses garanties au profit du défendeur (A). Des dispositions spécifiques étaient en outre consacrées aux décisions relatives à des mesures provisoires ou conservatoires (B).

A. Suppression de l'*exequatur*

441.181 **Système envisagé.** Dans la proposition de refonte du règlement Bruxelles I présentée par la Commission le 14 décembre 2010, le nouveau chapitre III du règlement, relatif à « la reconnaissance, la force exécutoire et l'exécution », prévoyait le modèle suivant : le principe était la suppression de l'*exequatur* lorsque l'État d'origine et l'État requis étaient des États membres (prop. règl., art. 38 § 2[4]), sauf pour deux types de décision (v. ss n° 441.183)[5], dont le régime d'***exequatur*** simplifié[6] était développé aux articles 47 et suivants de la proposition de règlement.

Dès lors que l'*exequatur* serait supprimé, « *une décision rendue dans un État membre qui est exécutoire dans l'État membre d'exécution est exécutée dans ce dernier dans les mêmes conditions qu'une décision rendue dans ce deuxième État membre* » (prop. règl., art. 41 § 1), la procédure d'exécution en elle-même (saisies...) demeurant régie par le droit national de l'État membre d'exécution. Ainsi aurait été supprimée toute formalité intermédiaire de contrôle au sein de l'État requis (c'est-à-dire l'État d'exécution).

441.182 **Risques et garde-fous.** La suppression de tout contrôle intermédiaire présente des dangers pour le défendeur qui n'a peut-être pas été informé et n'a donc pas pu défendre à l'action dont est issu le jugement que le créancier entend exécuter dans un autre État membre. La proposition de règlement prévoyait donc des **garanties procédurales au profit du défendeur**, qui aurait disposé de diverses voies de recours pour empêcher, dans des circonstances exceptionnelles, que le jugement rendu dans un État membre ne prenne effet dans un autre État membre. Outre la contestation du jugement dans l'État membre d'origine (voie classique d'exercice des recours prévus par le droit national de l'État membre d'origine), le défendeur aurait disposé des recours suivants :

- une **voie de recours extraordinaire (réexamen) dans l'État membre d'origine** (contestation de tout vice de forme dans la procédure devant la juridiction

1. Les membres du panel (des entreprises) s'inscrivent librement et pour une durée minimale d'un an auprès du coordinateur de l'État membre dans lequel ils sont situés. Ils sont alors sollicités pour répondre à telle ou telle enquête spécifique pouvant concerner leurs opérations; la réponse se fait par Internet.
2. Alors que 19 % l'ont fait dans leur propre pays.
3. Prop. règl. du Parlement européen et du Conseil, portant création d'une ordonnance européenne de saisie conservatoire des comptes bancaires, destinée à faciliter le recouvrement transfrontière de créances en matière civile et commerciale, COM (2011) 445.
4. Art. 38.2 : « *Une décision rendue dans un État membre et qui est exécutoire dans cet État jouit de la force exécutoire dans un autre État membre sans qu'une déclaration constatant la force exécutoire soit nécessaire* ».
5. Ces deux exclusions étaient justifiées par les approches divergentes des États membres en la matière (v. prop. règl., p. 6 s.), si bien qu'« *il est trop tôt pour considérer que le niveau de confiance requis pour dépasser le* statu quo *dans ce domaine a été atteint entre les systèmes juridiques* ».
6. Ce régime reprend le schéma qui avait été consacré par le règlement CE n° 44/2001 Bruxelles I mais en allégeant et accélérant encore la procédure – V. NOT. Prop. règl., art. 58 § 2, 65 et 66.

d'origine, ainsi que des atteintes au droit au procès équitable, proposition règl., art. 45); la demande de réexamen aurait été présentée par formulaire standardisé[1].

L'article 45 de la proposition de règlement aurait permis au défendeur non comparant dans l'État membre d'origine de demander le réexamen de la décision à la juridiction compétente de cet État à condition que « *a) l'acte introductif d'instance ou acte équivalent n'ait pas été signifié ou notifié au défendeur dans un délai et d'une manière lui permettant de préparer sa défense, ou b) il s'est trouvé dans l'impossibilité de contester la demande pour cause de force majeure ou en raison de circonstances extraordinaires sans qu'il y ait eu faute de sa part, à moins qu'il n'ait pas exercé de recours à l'encontre de la décision alors qu'il était en mesure de le faire* »[2]. Des délais étaient prévus (prop. règl., art. 45 § 5) : la demande de réexamen devait être présentée « *sans retard, en tout état de cause dans un délai de quarante-cinq jours à compter du jour où le défendeur a effectivement pris connaissance du contenu de la décision et a été en mesure d'agir* ». Si le défendeur sollicite le réexamen dans le contexte de la procédure d'exécution, « *le délai court au plus tard à compter de la date de la première mesure d'exécution ayant pour effet de rendre ses biens indisponibles en tout ou en partie* ». Si la juridiction compétente décide que le réexamen est justifié, la décision est nulle et non avenue;

– dans l'hypothèse où l'article 45 n'aurait pas trouvé à s'appliquer (car ses conditions sont très strictes), le défendeur aurait néanmoins pu **demander le refus d'exécution de la décision à la juridiction compétence de l'État membre d'exécution**, à condition que l'exécution ne soit « *pas permise en vertu des principes fondamentaux qui sous-tendent le droit à un procès équitable* » (prop. règl., art. 46). Alors, la demande aurait logiquement été présentée à la juridiction compétente[3] de l'État membre d'exécution, selon les formes prévues par la loi de cet État (prop. règl., art. 46 § 2 et 45 §3). Si la demande est manifestement non fondée, la juridiction l'aurait rejetée « *immédiatement ou, en tout état de cause, dans un délai de trente jours à compter de sa réception* » (prop. règl., art. 46 § 4); si au contraire, elle était justifiée, la reconnaissance ou l'exécution de la décision aurait été refusée (prop. règl., art. 46 § 5);

– le défendeur aurait pu **bloquer l'exécution de la décision** si celle-ci était inconciliable avec une autre décision rendue dans l'État membre d'exécution ou (à certaines conditions) dans un autre État[4] (prop. règl., art. 43).

Ce schéma montre bien que, même dans l'esprit de la Commission, suppression de l'*exequatur* ne peut rimer avec élimination de tout contrôle, et que l'Union, encore plus depuis l'entrée en vigueur du traité de Lisbonne et la force contraignante gagnée par la Charte UE, ne peut faire fi de l'exigence d'équité de la procédure. D'ailleurs, déjà dans son arrêt *Draka NK Cables* du 23 avril 2009[5], la Cour de justice avait indirectement envisagé qu'une contestation incidente de la décision rendue par le juge d'un autre État membre puisse être formée au cours de la procédure d'exécution dans l'État membre requis. En effet, elle motive son refus d'ouvrir à un tiers, agissant par la voie oblique, un recours contre la déclaration constatant la force exécutoire du jugement[6], par le fait que « *les tiers intéressés pourront intenter contre les mesures d'exécution forcée les recours qui leur sont ouverts par le droit de l'État où l'exécution forcée a lieu* » (point 29 de l'arrêt)[7]. Ceci doit également être le cas pour le défendeur lui-même, qui ne saurait voir exécuter contre lui en violation de l'article 6 § 1 de la Conv. EDH ou de l'article 47 alinéa 2 de la Charte UE.

441.183 **Exceptions : le maintien d'un *exequatur* simplifié.** La Commission européenne, dans sa proposition de refonte du règlement Bruxelles I, ne jugeait toutefois pas encore possible de supprimer totalement l'exigence d'*exequatur* pour tous types de décision en matière civile et commerciale. Elle écartait ainsi deux types de décisions, qui auraient continué à être soumises à un *exequatur* **simplifié** :

1. Sur la juridiction à laquelle la demande aurait dû être adressée et le délai pour ce faire, v. Prop. règl., art. 45 § 3 et 45 § 4. En cas de demande de réexamen, l'autorité compétente de l'État membre d'exécution aurait pu, à la demande du défendeur, limiter l'exécution à des mesures conservatoires, ou la subordonner à la constitution d'une sûreté, ou encore suspendre intégralement ou partiellement l'exécution (prop. règl., art. 44 § 1).
2. Les hypothèses de réexamen sont similaires à celles qui sont envisagées par les règlements TEE, injonction de payer européen et petits litiges.
3. Cette juridiction peut surseoir à statuer si la décision fait l'objet, dans l'État membre d'origine, d'un recours ordinaire ou si le délai pour le former n'est pas expiré (prop. règl., art. 46 § 7).
4. État membre ou État tiers (v. prop. règl., art. 43, b).
5. CJCE 23 avr. 2009, Draka NK Cables, aff. C-167/08, *JCP* 2009. 368, note Martel; *Rev. crit. DIP* 2009. 569, obs. Pataut.
6. Il s'agit du recours envisagé par l'article 43 § 1 du règlement Bruxelles I. La CJCE reformule la question préjudicielle de la façon suivante : un créancier d'un débiteur peut-il introduire un recours contre une décision sur une demande de déclaration de force exécutoire même s'il n'est pas formellement intervenu comme partie au procès dans le litige dans le cadre duquel un autre créancier de ce débiteur a demandé cette déclaration de force exécutoire ?
7. La CJCE ajoute que la convention de Bruxelles (mais cela vaut également pour le règlement CE n° 44/2001 Bruxelles I) « *se borne à régler la procédure d'*exequatur* des titres exécutoires étrangers et qu'elle ne touche pas à l'exécution proprement dite qui reste soumise au droit national du juge saisi* (v. CJCE 4 févr. 1988, Hoffmann, aff. 145/86, *Rec. CJCE* 645, point 27) » (point 29 de l'arrêt).

– celles qui concernent des **obligations non contractuelles découlant d'atteintes à la vie privée et aux droits de la personnalité**, y compris la **diffamation** : la Commission notait que ces affaires étaient « *particulièrement sensibles* » *et que les États membres* « *ont adopté des approches divergentes pour faire respecter les divers droits fondamentaux concernés tels que la dignité humaine, le respect de la vie privée et de la vie familiale, la protection des données à caractère personnel ou encore la liberté d'expression et d'information* »[1]. Dès lors, elle en déduit qu'« *il est trop tôt pour considérer que le niveau de confiance requis pour dépasser le* statu quo *dans ce domaine a été atteint entre les systèmes juridiques* ». Il était donc selon elle « *préférable de conserver temporairement la procédure d'exequatur en ce qui concerne les jugements de diffamation, dans l'attente d'une plus grande clarté sur ce point des règles de fond et/ou de conflits de lois* ». On peut se demander si les lobbies de la presse n'ont pas joué un rôle important dans cette exclusion de la suppression de l'*exequatur*;

– celles qui sont rendues sur le fondement **de recours collectifs en réparation d'un préjudice causé par des pratiques commerciales illégales à un groupe de personnes lésées**[2]. La Commission relevait en effet les divergences importantes en la matière entre les législations nationales, toutes ne connaissant d'ailleurs pas d'actions collectives pour préjudice de masse. Les divergences portent tant sur le domaine d'application des recours collectifs que sur leurs titulaires ou encore sur les effets du jugement. Là encore, la Commission en déduisait que le niveau de confiance requis n'était pas encore atteint. Elle annonçait une consultation publique, qui a ensuite été lancée[3] en vue d'une approche européenne de l'action collective; si des mesures d'harmonisation étaient adoptées dans les années à venir en matière de recours collectifs dans l'Union européenne, il conviendrait alors de supprimer l'*exequatur* des jugements rendus sur le fondement de tels recours[4]. Le 11 juin 2013, la Commission a publié une recommandation relative à des principes communs applicables aux mécanismes de recours collectif en cessation et en réparation dans les États membres en cas de violation de droits conférés par le droit de l'Union[5]. Le même jour, elle a proposé une directive du Parlement européen et du Conseil relative à certaines règles régissant les actions en dommages et intérêts en droit interne pour les infractions aux dispositions de droit de la concurrence des États membres et de l'Union européenne[6].

Les articles 47 et suivants de la proposition de refonte du règlement Bruxelles I contenaient la **procédure d'*exequatur* simplifié** pour les « *décisions pour lesquelles une déclaration constatant la force exécutoire est requise à titre transitoire* ». La procédure prévue était la même que celle actuellement en vigueur selon le règlement Bruxelles I du 22 décembre 2000. Quelques modifications mineures étaient proposées (ainsi par ex., en cas de force exécutoire suspendue dans l'État membre d'origine en raison de l'exercice d'un recours, l'autorité de l'État membre requis aurait sursis – et non pas « *peut surseoir* » – à statuer sur la demande de reconnaissance ou d'*exequatur* [prop. règl., art. 49])[7].

B.
Décisions relatives aux mesures provisoires et conservatoires

441.191 Distinction selon que la juridiction ayant ordonné les mesures provisoires ou conservatoires est ou non compétente au fond. La Commission européenne formulait, dans sa proposition de refonte du règlement Bruxelles I[8], diverses suggestions d'amélioration de la question des mesures conservatoires et/ou provisoires. Dans le domaine de la **compétence**, elle entendait promouvoir une coopération entre juridiction d'un État membre saisie du fond et juridiction d'un autre État membre devant laquelle seraient demandées des mesures provisoires ou conservatoires (prop. règl., art. 31 : « *Si la procédure au fond est pendante devant une juridiction d'un État membre et que les tribunaux d'un autre État membre sont saisis d'une demande de mesures provisoires ou conservatoires, les tribunaux concernés coopèrent afin d'assurer une bonne coordination entre la procédure au fond et la demande de mesures provisoires. En particulier, la juridiction saisie d'une demande de mesures provisoires ou conservatoires cherche à s'informer auprès de l'autre juridiction de toutes les circonstances pertinentes de l'espèce, telles que le caractère urgent de la mesure sollicitée ou un éventuel refus d'une mesure similaire pro-*

1. COM (2010) 748 final, 14 déc. 2010, point 3.1.2., p. 6.
2. V. Prop. règl., art. 37.3 : l'action collective doit être intentée par un organisme public, par une organisation sans but lucratif dont la vocation est de défendre les intérêts de groupes de personnes, ou encore par un groupe de plus de douze plaignants. La Commission pourra toutefois ultérieurement proposer la suppression de l'*exequatur* pour ces décisions issues de recours collectifs en fonction du degré de convergence des législations nationales et du développement du droit de l'Union en matière d'actions de groupe, (Prop. règl., art. 37.4).
3. *Commission Staff Working Document Public Consultation, Towards a Coherent European Approach to Collective Redress*, SEC (2011) 173 final, 4 févr. 2011.
4. Selon la Commission, il pourrait en aller ainsi même en l'absence de mesures d'harmonisation, « *sur la base d'éléments démontrant l'efficacité et l'admissibilité d'une telle évolution dans l'ordre juridique européen* », v. COM (2010) 748 final, 14 déc. 2010, point 3.1.2., p. 8.
5. Recomm. UE n° 2013/396, *JOUE*, n° L 201, 26 juill., p. 60.
6. COM (2013) 404 final, 11 juin 2013.
7. V. AUSSI, Prop. règl., art. 65 et 66.
8. COM (2010) 748 final, 14 déc. 2010.

noncé par la juridiction saisie sur le fond »). Ceci montre bien le souci de la Commission d'empêcher que la demande de mesures provisoires ne vienne interférer de façon négative sur la procédure au fond.

En outre, la proposition de règlement prévoyait la **libre circulation** (c'est-à-dire la suppression de l'*exequatur*) des décisions ordonnant des mesures provisoires ou conservatoires rendues par la juridiction compétente au fond, même s'il s'agissait d'une décision non contradictoire (prop. règl., art. 42 § 2), ce qui allait à l'encontre de la jurisprudence *Denilauer* de la Cour de justice. Aurait en revanche été interdite la circulation des mesures provisoires ordonnées par une autre juridiction que celle qui était compétente au fond (la mesure aurait alors été limitée au territoire de l'État membre dans lequel elle aurait été accordée). Ces suggestions ont été reprises par le règlement de refonte UE n° 1215/2012 du 12 décembre 2012, Bruxelles I *bis*, dont il convient maintenant de présenter les innovations en matière de reconnaissance et d'exécution.

§ 2
Règlement UE n° 1215/2012 du 12 décembre 2012, Bruxelles I *bis*

441.201 Entrée en application en matière d'exécution. Dans le chapitre VI du règlement UE n° 1215/2012 du 12 décembre 2012 portant refonte du règlement Bruxelles I, est contenu l'article 66 relatif aux dispositions transitoires. Le règlement de refonte sera applicable aux actions judiciaires intentées, aux actes authentiques dressés ou enregistrés formellement ainsi qu'aux transactions judiciaires approuvées ou conclues à compter du 10 janvier 2015 (Règl. 12 déc. 2012, art. 66 § 1). Toutefois, il est précisé dans le paragraphe 2 de ce même article que, nonobstant l'article 80 [1], le règlement CE n° 44/2001 « *continue à s'appliquer aux décisions rendues dans les actions judiciaires intentées, aux actes authentiques dressés ou enregistrés formellement et aux transactions judiciaires approuvées ou conclues avant le 10 janvier 2015 qui entrent dans le champ d'application dudit règlement* ». Cela signifie que le nouveau régime d'exécution des décisions de justice, qui se caractérise par la suppression de la formalité de déclaration constatant la force exécutoire dans l'État membre requis, ne bénéficiera pas aux décisions qui seront rendues à compter du 10 janvier 2015, mais suite à une procédure judiciaire intentée avant cette date, même si les chefs de compétence appliqués sont les mêmes que ceux prévus dans le règlement de refonte du 12 décembre 2012 [2].

Le règlement Bruxelles I *bis* a pour innovation majeure la suppression de l'étape préalable à l'exécution dans l'État membre requis : la déclaration constatant la force exécutoire (A). Toutefois, il prévoit une possible demande de refus d'exécution de la part du défendeur, qui pourra alors faire valoir les motifs que le règlement Bruxelles I envisageait comme motifs de refus de reconnaissance ou d'*exequatur* (B). Le règlement de refonte, enfin, consacre des dispositions spécifiques à la possible circulation des décisions ordonnant des mesures provisoires ou conservatoires (C).

A.
Suppression de la déclaration constatant la force exécutoire

441.211 Principe d'assimilation. Le règlement UE n° 1215/2012 du 12 décembre 2012, Bruxelles I *bis*, supprime ce qu'on appelle les formalités « *intermédiaires* » qui étaient jusque-là requises avant que l'exécution d'une décision rendue dans un État membre puisse avoir lieu sur le territoire d'un autre État membre. Désormais, ce sera donc le **principe d'une exécution directe** qui s'appliquera (v. Règl. 12 déc. 2012, consid. 29, qui énonce que « *l'exécution directe, dans l'État membre requis, d'une décision rendue dans un autre État membre sans déclaration constatant la force exécutoire ne devrait pas compromettre le respect des droits de la défense* »). Le nouveau système est ainsi défini dans l'article 39 du règlement Bruxelles I *bis* : « *Une décision rendue dans un État membre et qui est exécutoire dans cet État membre jouit de la force exécutoire dans les autres États membres sans qu'une déclaration constatant la force exécutoire soit nécessaire* ». Comme l'avait souligné la Commission européenne dans sa proposition de révision du 14 décembre 2010 (v. s[s] n°s 441.171 s.), il s'agit là avant tout de diminuer les coûts (liés à la procédure d'*exequatur*, même simplifié) et la durée des procédures préalables à l'exécution effective des jugements (v. Règl. 12 déc. 2012, consid. 26). Dans son considérant 26, le règlement de refonte du 12 décembre 2012 insiste sur la « *confiance réciproque dans l'administration de la justice au sein de l'Union* », qui justifierait « *le principe selon lequel les décisions rendues dans un État membre devraient être reconnues dans tous les États membres sans qu'une procédure spéciale ne soit nécessaire* ». « *En*

1. L'article 80 énonce que le règlement abroge le règlement CE n° 44/2001 et que les références faites au règlement abrogé s'entendent comme faites au règlement nouveau et doivent être lues selon le tableau de correspondance entre articles de l'ancien et du nouveau règlement, tableau qui figure à Règl UE n° 1215/2012, 12 déc. 2012, ann. III.

2. V. E. Guinchard, *RTD eur.* 2013. 330, qui considère à juste titre que cette disposition transitoire « *témoigne du caractère foncièrement novateur que le législateur européen veut reconnaître, au moins sur ce point sur lequel il a beaucoup communiqué, à Bruxelles I* bis ».

conséquence, toute décision rendue par les juridictions d'un État membre devrait être traitée comme si elle avait été rendue dans l'État membre requis » (consid. 26), ce qui correspond à un principe d'assimilation de la décision étrangère (rendue par une juridiction d'un État membre) à une décision nationale de l'État membre d'exécution. L'article 41 § 1 du règlement dispose ainsi très clairement qu'« *une décision rendue dans un État membre et qui est exécutoire dans l'État membre requis est exécutée dans ce dernier dans les mêmes conditions qu'une décision rendue dans l'État membre requis* ». En revanche, et fort logiquement, les mesures d'exécution auxquelles peut donner lieu la décision relèvent du droit de l'État membre requis (« *la procédure d'exécution des décisions rendues dans un autre État membre est régie par le droit de l'État membre requis* », Règl. 12 déc. 2012, art. 41 § 1), ce qui était bien entendu déjà le cas sous l'empire des précédentes dispositions. En pratique, au lieu de d'abord solliciter la déclaration constatant la force exécutoire de l'autorité compétente de l'État membre d'exécution, le bénéficiaire du jugement pourra, dès qu'il aura en mains une décision exécutoire dans l'État membre d'origine et le certificat attestant cela (également délivré dans l'État membre d'origine), saisir une autorité compétente de l'État membre d'exécution (agent d'exécution, tribunal de l'exécution dans certains États[1] ou pour certaines mesures d'exécution forcée) aux fins de déclencher une mesure d'exécution forcée à l'encontre du défendeur.

Dans le règlement Bruxelles I *bis* du 12 décembre 2012 se font donc face-à-face deux régimes similaires : celui de la reconnaissance de plein droit des décisions, actes authentiques et transactions judiciaires (qui existe déjà sous l'empire du règlement Bruxelles I) et celui de l'exécution directe des mêmes actes.

Il semble toutefois que l'article 41 § 2 du nouveau règlement contienne une restriction puisqu'il énonce que « *les motifs de refus ou de suspension de l'exécution prévus par la loi de l'État membre requis s'appliquent dans la mesure où ils ne sont pas incompatibles avec les motifs visés à l'article 45* » (v. aussi consid. 30). Comment comprendre cette disposition, dont l'objectif n'est certainement pas d'ouvrir au défendeur à l'exécution un large champ de contestation pour des motifs non prévus à l'article 45 (v. s[s] n°s 441.221 s.) ? On peut penser, comme certains auteurs[2], que le droit national du pays d'exécution pourra ainsi prévoir des causes propres de suspension d'exécution (par ex. une exécution déjà réalisée ?), à condition toutefois que ces causes ne soient pas incompatibles avec les dispositions du règlement relatives aux motifs de refus de reconnaissance et d'exécution. Mais comme l'article 41 § 2 « *ne saurait cependant conduire à introduire de manière subreptice des motifs de refus d'exequatur non prévus par le règlement* »[3], on peut imaginer qu'un contentieux naîtra sur ce point, que la Cour de justice sera appelée à clarifier.

441.212 Principe d'adaptation. Le règlement Bruxelles I *bis* envisage de façon judicieuse le cas où une mesure ou injonction prononcée par la juridiction de l'État membre d'origine est inconnue de l'État membre requis. Dans cette hypothèse, l'article 54 § 1 prévoit que la mesure ou injonction est « *adaptée autant que possible à une mesure ou une injonction connue dans le droit dudit État membre ayant des effets équivalents et poursuivant des objectifs et des intérêts similaires* »[4], sans bien entendu que l'adaptation puisse entraîner des effets allant au-delà de ceux prévus dans le droit de l'État membre d'origine. La Cour de justice, sous l'empire du règlement Bruxelles I, avait déjà jugé en 2011[5] qu'une mesure coercitive, telle une astreinte, ordonnée par un tribunal des marques communautaires en application de son droit national en vue de garantir le respect d'une interdiction de poursuivre des actes de contrefaçon ou de menace de contrefaçon qu'il a prononcée, produit effet dans les États membres autres que celui dont relève ce tribunal, auxquels s'étend la portée territoriale d'une telle interdiction, dans les conditions prévues au chapitre III du règlement CE n° 44/2001 et que, « *lorsque le droit national de l'un de ces autres États membres ne contient aucune mesure coercitive analogue à celle prononcée par ledit tribunal, l'objectif auquel tend cette dernière devra être poursuivi par le tribunal compétent de cet État membre en recourant aux dispositions pertinentes du droit interne de ce dernier de nature à garantir de manière équivalente le respect de ladite interdiction* ». Une question, non résolue dans le règlement Bruxelles I *bis*, se pose : celle de savoir quel sera le juge compétent pour procéder à l'adaptation si celle-ci s'avère nécessaire. Alors que dans le règlement Bruxelles I, ceci peut être fait par l'autorité compétente pour délivrer la déclaration constatant la force exécutoire, le règlement Bruxelles I *bis*, qui supprime cette phase préalable, ne donne pas de précisions sur l'autorité compétente pour procéder à

1. En effet, si le règlement Bruxelles I *bis* supprime la déclaration constatant la force exécutoire, il ne modifie en aucun cas le droit national des procédures civiles d'exécution, si bien que lorsqu'un État membre exige, malgré l'existence d'un titre exécutoire – comme cela est parfois le cas en Allemagne par exemple –, que le créancier de l'exécution saisisse un tribunal pour bénéficier d'une mesure d'exécution forcée, cette exigence est maintenue.

2. V. NOT. L. d'Avout, « La refonte du règlement Bruxelles I (règlement UE n° 1215/2012 du 12 décembre 2012 », *D.* 2013. 1016 – A. Nuyts, « La refonte du règlement Bruxelles I », *Rev. crit. DIP* 2013. 27.
3. A. Nuyts, préc.
4. POUR UNE ILLUSTRATION, v. A. Nuyts, préc., qui envisage le cas d'États membres ordonnant une astreinte alors que d'autres, par exemple, utilisent dans une situation similaire l'instrument du *Contempt of court*.
5. CJUE 12 avr. 2011, DHL Express France SA c/Chronopost SA, aff. C-235/09.

l'adaptation. Ce pourrait être le juge chargé de surveiller l'exécution des titres exécutoires (en France, le juge de l'exécution); mais cela doit-il obligatoirement être un juge ? Un auteur[1] envisage la compétence de l'huissier de justice, agissant sous le possible contrôle du juge de l'exécution. En vertu du considérant 28 du règlement Bruxelles I *bis*, il « *devrait appartenir à chaque État membre de déterminer selon quelles modalités l'adaptation doit avoir lieu, et qui doit y procéder* ». Les adaptations nationales devraient donc préciser à qui l'adaptation de la mesure ou de l'injonction peut être demandée. L'article 54 § 2 du règlement ajoute que toute partie peut contester l'adaptation de la mesure ou de l'injonction devant une juridiction (qui sera elle aussi désignée par chaque État membre). Si une adaptation est nécessaire, il pourra alors être exigé de la partie invoquant la décision ou demandant son exécution qu'elle fournisse une traduction ou une translittération de la décision (Règl. 12 déc. 2012, art. 54 § 3).

441.213 Formalités à remplir avant l'exécution directe dans l'État membre d'exécution. Pour pouvoir exécuter une décision rendue dans l'État membre d'origine dans un autre État membre, le demandeur doit remplir certaines formalités préalables. Il doit tout d'abord présenter à l'autorité de l'État membre d'exécution compétente pour procéder à cette dernière, une copie de la décision réunissant les conditions nécessaires pour en établir l'authenticité, ainsi qu'un certificat délivré par la juridiction d'origine[2] qui certifie le caractère exécutoire de la décision (Règl. 12 déc. 2012, art. 42 et 53). Ensuite, le certificat doit être signifié à celui contre qui l'exécution est poursuivie (la décision de justice est signifiée avant le certificat ou en même temps que ce dernier, v. Règl. 12 déc. 2012, art. 53 § 1). Il n'est pas nécessaire que le créancier de l'exécution élise domicile dans l'État membre d'exécution. Le règlement exige (Règl. 12 déc. 2012, art. 43 § 1) que le certificat soit notifié ou signifié « *avant la première mesure d'exécution, à la personne contre laquelle l'exécution est demandée* ». Cette disposition tend à protéger les droits de contestation du défendeur, qui ainsi se voit laisser le temps, entre la signification (ou notification) du certificat et le déclenchement des mesures d'exécution forcée, de saisir l'autorité compétente de l'État membre d'exécution d'une demande de refus d'exécution (sur cette dernière, v. s^s^ n°s 441.221 s.). Aucun délai précis n'est imposé entre signification et lancement des mesures d'exécution, si bien qu'il appartiendra au juge saisi d'apprécier dans chaque cas concret s'il a été laisse au défendeur un délai raisonnable pour s'opposer à l'exécution.

Comme le relève un auteur[3], finalement, le nouveau système – émanant avant tout du travail du Parlement européen – consiste « *à supprimer la formalité du coup de tampon dans l'État requis de l'exécution* [...], *tout en laissant subsister la possibilité d'un contrôle juridictionnel ultérieur de la décision* ».

441.214 Question de la traduction. Le nouveau règlement n'impose pas une traduction systématique des documents sur le fondement desquels l'exécution sera réalisée. Toutefois, l'article 42 § 2 et 3 permet à l'autorité compétente en charge de l'exécution : 1° d'exiger du demandeur, si cela est nécessaire, qu'il fournisse une traduction ou une translittération du contenu du certificat (Règl. 12 déc. 2012, art. 42 § 3); 2° d'exiger du demandeur qu'il fournisse une traduction de la décision, mais uniquement si « *elle ne peut agir sans une telle traduction* » (Règl. 12 déc. 2012, art. 42 § 4). Ceci suppose que le contenu du certificat ne suffise pas pour procéder à l'exécution effective de la décision. Il s'agit là des dispositions susceptibles d'être utilisées par l'autorité chargée de l'exécution. L'article 43 § 2, lui, envisage l'hypothèse où le défendeur est domicilié dans un État membre autre que l'État membre d'origine et souhaite contester l'exécution. Le défendeur peut alors demander une traduction de la décision si celle-ci n'est pas rédigée ou accompagnée d'une traduction dans : a) une langue qu'il comprend; ou b) la langue officielle de l'État membre dans lequel il est domicilié ou, si l'État membre en question compte plusieurs langues officielles, dans la langue officielle ou l'une des langues officielles du lieu où il est domicilié. Dans une telle situation, si la traduction est demandée, aucune mesure d'exécution autre qu'une mesure conservatoire ne peut être prise jusqu'à ce que cette traduction ait été fournie à la personne contre laquelle l'exécution est demandée. Afin d'éviter que la demande de traduction ne soit formulée à des fins purement dilatoires, l'article 43 § 2 *in fine* précise que la demande de traduction ne peut avoir lieu si la décision a déjà été notifiée ou signifiée à la personne contre laquelle l'exécution est demandée dans l'une des langues visées au premier alinéa ou si elle est accompagnée d'une traduction dans l'une de ces langues.

441.215 Actes authentiques et transactions judiciaires. En vertu de l'article 58 du règlement Bruxelles I *bis*, et de façon parallèle aux jugements, les actes authentiques qui sont exécutoires dans l'État

1. A. Nuyts, « La refonte du règlement Bruxelles I », *Rev. crit. DIP* 2013. 26.
2. Le modèle du certificat-formulaire pour les décisions de justice figure dans l'annexe I du règlement UE n° 1215/2012 du 12 décembre 2012, Bruxelles I *bis*. Le certificat fait quatre pages et contient de nombreux éléments destinés à permettre l'exécution effective. L'annexe II contient, elle, le certificat relatif à un acte authentique ou une transaction judiciaire en matière civile et commerciale.
3. L. d'Avout, « La refonte du règlement Bruxelles I (règlement UE n° 1215/2012 du 12 décembre 2012 », *D.* 2013. 1016.

membre d'origine sont exécutoires dans les autres États membres, « *sans qu'une déclaration constatant la force exécutoire ne soit nécessaire* ». L'exécution d'un acte authentique ne peut être refusée que si celle-ci est manifestement contraire à l'ordre public de l'État membre requis. L'acte authentique doit réunir les conditions nécessaires à son authenticité dans l'État membre d'origine.

L'article 59 du règlement Bruxelles I *bis* prévoit que les transactions judiciaires exécutoires dans l'État membre d'origine sont exécutées dans les autres États membres aux mêmes conditions que les actes authentiques.

B. Possible refus d'exécution sur demande

441.221 Demande de refus d'exécution. Le règlement UE nº 1215/2012 du 12 décembre 2012, Bruxelles I *bis*, établit au stade de l'exécution, un possible contrôle. Ainsi, l'article 46 dispose que, « *à la demande de la personne contre laquelle l'exécution est demandée, l'exécution d'une décision est refusée lorsque l'existence de l'un des motifs visés à l'article 45 est constatée* ». La demande de refus d'exécution est portée devant la juridiction de l'État membre d'exécution. Le nom de cette juridiction doit être communiqué par chaque État membre à la Commission (Règl. 12 déc. 2012, art. 47 § 1)[1]. Le règlement ne prévoyant pas tous les détails de la procédure de refus d'exécution, il est précisé dans son article 47 § 2 que, « *dans la mesure où la procédure de refus d'exécution n'est pas régie par le présent règlement, elle relève de la loi de l'État membre requis* ».

Si une demande de refus d'exécution est formulée devant la juridiction compétente de l'État membre requis (qui est l'État membre d'exécution), celle-ci peut[2], à la demande de la personne contre laquelle l'exécution est demandée : a) limiter la procédure d'exécution à des mesures conservatoires; b) subordonner l'exécution à la constitution d'une sûreté qu'elle détermine; ou c) suspendre, intégralement ou partiellement, la procédure d'exécution (Règl. 12 déc. 2012, art. 44 § 1). La procédure d'exécution doit être suspendue (toujours à la demande de la personne contre laquelle l'exécution est demandée) si la force exécutoire de la décision est suspendue dans l'État membre d'origine (Règl. 12 déc. 2012, art. 44 § 2).

Afin d'éviter que les demandes de refus d'exécution ne retardent excessivement l'exécution effective de la décision, le règlement Bruxelles I *bis* impose à la juridiction compétente de statuer « *à bref délai sur la demande de refus d'exécution* » (Règl. 12 déc. 2012, art. 48) sans toutefois donner de précisions sur ce que doit être un bref délai. Il s'agit donc davantage d'une incitation que d'une obligation ferme. Une fois que la juridiction s'est prononcée sur la demande de refus d'exécution, un recours est possible contre sa décision : en vertu de l'article 49 § 1, « *l'une ou l'autre partie peut former un recours contre la décision rendue sur la demande de refus d'exécution* ». Là encore, les États membres ont l'obligation de communiquer à la Commission la juridiction devant laquelle ce recours doit être porté (Règl. 12 déc. 2012, art. 49 § 2). De façon assez similaire aux recours susceptibles d'être formés contre la décision constatant la force exécutoire dans le règlement Bruxelles I, le règlement Bruxelles I *bis* permet un second recours, tout en prévoyant que la décision rendue sur premier recours « *ne peut faire l'objet d'un pourvoi que si les juridictions devant lesquelles le pourvoi doit être porté ont été indiquées par l'État membre concerné à la Commission* » (art. 50). En France, il y a fort à parier que la juridiction compétente sur premier recours sera la cour d'appel et que celle appelée à connaître du second recours sera la Cour de cassation. Le règlement Bruxelles I *bis*, contrairement à son prédécesseur le règlement Bruxelles I[3], n'indique pas dans quel délai les recours doivent être formés, ce qui semble laisser place à des réglementations nationales possiblement divergentes[4] (sauf à imaginer que les États membres reprennent les délais qui étaient prévus par le règlement Bruxelles I).

Tant la juridiction saisie d'une demande de refus d'exécution que celle saisie d'un premier (Règl. 12 déc. 2012, art. 49) ou d'un second recours (art. 50) peuvent surseoir à statuer si la décision fait l'objet d'un recours ordinaire dans l'État membre d'origine ou si le délai pour le former n'est pas expiré. Dans ce dernier cas, la juridiction peut impartir un délai pour former ce recours (art. 51).

Quel est l'intérêt du nouveau système mis en place par le règlement Bruxelles I *bis* ? Il est de supprimer les coûts de la phase préalable de déclaration constatant la force exécutoire et les retards possiblement liés à cette phase. Le règlement fait le pari d'un nombre très faible de contestations par le défendeur au stade de l'exécution. Si effectivement, aucune demande

1. En vertu de l'article 75 du règlement Bruxelles I *bis*, le 10 janvier 2014 au plus tard, les États membres indiquent à la Commission notamment les juridictions devant lesquelles la demande de refus d'exécution doit être portée, conformément à l'article 47 § 1.
2. La suspension n'est donc pas automatique, alors qu'elle l'est dans le règlement Bruxelles I lorsque le défendeur forme un recours contre la décision contenant la déclaration constatant la force exécutoire (Règl. 22 déc. 2000, art. 47 § 3).
3. Règl. 22 déc. 2000, art. 43 § 5 pour le premier recours.
4. Pour une critique de ces possibles divergences, v. A. Nuyts, « La refonte du règlement Bruxelles I », *Rev. crit. DIP* 2013. 33, qui relève que « *ceci paraît regrettable car on passe ainsi d'une procédure uniforme à un retour à des procédures disparates et dont la rapidité et l'efficacité pourraient considérablement varier d'un État membre à l'autre* ». Cette crainte ne peut qu'être partagée.

de refus d'exécution n'est formulée par le défendeur, la procédure gagnera en rapidité. Si en revanche une telle demande est formée, la protection des droits de la défense sera renforcée, car alors que le défendeur ne peut, sous l'empire du règlement Bruxelles I, se défendre qu'au stade de l'instance sur recours contre la décision constatant la force exécutoire (la première phase de la procédure n'étant pas contradictoire), il pourra, dans le cadre du règlement Bruxelles I *bis*, présenter sa défense dès la première instance. Comme le relève justement un auteur[1], « *loin d'abroger les procédures intermédiaires de protection dans le pays requis, le règlement les a en réalité renforcées* ».

441.222 Motifs de refus d'exécution. L'article 46 du règlement UE n° 1215/2012 du 12 décembre 2012, Bruxelles I *bis*, dispose que l'exécution d'une décision est refusée lorsque l'existence de l'un des motifs visés à l'article 45 est constatée. Quels sont les motifs prévus à l'article 45 ? Ils sont très semblables à ceux qui sont envisagés dans le règlement Bruxelles I en cas de recours contre la décision constatant la force exécutoire, si bien que la jurisprudence de la Cour de justice en la matière conservera toute son actualité. Il existe cinq motifs de refus de reconnaissance et d'exécution :

a) la reconnaissance est manifestement contraire à l'ordre public de l'État membre requis;

b) la décision a été rendue par défaut et l'acte introductif d'instance ou un acte équivalent n'a pas été notifié ou signifié au défendeur en temps utile et de telle manière qu'il puisse se défendre, à moins qu'il n'ait pas exercé de recours à l'encontre de la décision alors qu'il était en mesure de le faire;

c) la décision est inconciliable avec une décision rendue entre les mêmes parties dans l'État membre requis;

d) la décision est inconciliable avec une décision rendue antérieurement dans un autre État membre ou dans un État tiers entre les mêmes parties dans un litige ayant le même objet et la même cause, lorsque la décision rendue antérieurement réunit les conditions nécessaires à sa reconnaissance dans l'État membre requis; ou

e) la décision méconnaît diverses dispositions du règlement en matière de compétence : il s'agit des règles de compétence protectrices des parties faibles dans le contrat d'assurance (Règl. 12 déc. 2012, chap. II, sect. 3), le contrat de consommation (sect. 4) et – ce qui est nouveau[2] – le contrat de travail (sect. 5), mais dans tous ces cas – et cela est également novateur – seulement si la partie réputée faible était défenderesse à la procédure dans l'État d'origine. La reconnaissance ou l'exécution peut également être refusée en cas de non-respect des dispositions de la section 6 du chapitre II (compétences exclusives établies par le règlement ou sur le fondement d'une clause attributive de juridiction). Pour ce motif de refus de reconnaissance ou d'exécution reposant sur une violation des règles de compétence énoncées par le règlement, il est toutefois précisé que « *lors de l'appréciation des motifs de compétence visés au paragraphe 1, point e), la juridiction saisie de la demande est liée par les constatations de fait sur lesquelles la juridiction d'origine a fondé sa compétence* » (art. 45 § 2), ceci afin d'éviter une intrusion excessive de la juridiction de l'État membre d'exécution dans la décision émanant de l'État membre d'origine et dans sa base factuelle; la révision au fond est toujours prohibée, comme cela était déjà le cas dans la convention de Bruxelles de 1968 et l'est également dans le règlement Bruxelles I (Règl. 12 déc. 2012, art. 52). Hormis les cas expressément visés au point e) de l'article 45, il est expressément prohibé de procéder à d'autres contrôles en matière de compétence de la juridiction d'origine et il est précisé que le critère de l'ordre public visé au point a) ne peut être appliqué aux règles de compétence (Règl. 12 déc. 2012, art. 45 § 3).

441.223 Action préventive en refus de reconnaissance. Outre une demande de refus d'exécution, le défendeur peut également former une action préventive en refus de reconnaissance[3]. Il intentera alors cette action à titre principal, devant la juridiction de première instance d'un État membre autre que celui qui a rendu la décision dont la reconnaissance est contestée (Règl. 12 déc. 2012, art. 45 § 4)[4].

C.
Circulation des décisions rendues en matière de mesures provisoires et conservatoires

441.231 Restrictions en matière de circulation des mesures provisoires et conservatoires. Comme le suggérait la proposition de la Commission européenne du 14 décembre 2010, la circulation des mesures provisoires dépendra du point de savoir si elles ont été ordonnées par un juge compétent au fond ou non. Si la mesure provisoire ou conservatoire a été prononcée par un juge qui n'est pas compétent,

1. L. d'Avout, « La refonte du règlement Bruxelles I (règlement UE n° 1215/2012 du 12 décembre 2012 », *D.* 2013. 1017.
2. COMP. Règl. 22 déc. 2000, art. 35 § 1.
3. V. C. Kessedjian, « Le Règlement "Bruxelles I révisé" : *Much ado about... what ?* », *Europe* 2013. Étude 3, § 26 – V. AUSSI L. d'Avout, « La refonte du règlement Bruxelles I (règlement UE n° 1215/2012 du 12 décembre 2012 », *D.* 2013. 1017.
4. Inversement, en vertu de l'article 36 § 2 du règlement Bruxelles I *bis*, toute partie intéressée peut faire constater, selon la procédure prévue à la sous-section 2 de la section 3 (procédure de refus d'exécution), l'absence de motifs de refus de reconnaissance visés à l'article 45.

selon le règlement Bruxelles I *bis*, pour statuer sur le fond du litige, elle n'aura aucun effet extra-territorial[1], ce qui signifie que son effet se limitera au territoire de l'État membre sur lequel se trouve la juridiction qui a ordonné la mesure.

L'article 2, a) du règlement procède en effet à une nouvelle définition du terme de « *décision* »; il précise que ce terme « *englobe les mesures provisoires ou les mesures conservatoires ordonnées par une juridiction qui, en vertu du présent règlement, est compétente au fond. Il ne vise pas une mesure provisoire ou conservatoire ordonnée par une telle juridiction sans que le défendeur soit cité à comparaître, à moins que la décision contenant la mesure n'ait été signifiée ou notifiée au défendeur avant l'exécution* ». Il en découle que, pour pouvoir bénéficier de la reconnaissance de plein droit et de la libre circulation, avec suppression de toute formalité intermédiaire, les mesures provisoires et conservatoires doivent remplir deux conditions cumulatives :

1° Compétence au fond du juge de l'État membre qui a ordonné la mesure. Le considérant 33 formule clairement la volonté du législateur européen : lorsque des mesures provisoires ou conservatoires sont ordonnées par une juridiction compétente au fond, « *leur libre circulation devrait être assurée au titre du présent règlement* »; « *lorsque des mesures provisoires ou conservatoires sont ordonnées par une juridiction d'un État membre non compétente au fond, leur effet devrait être limité, au titre du présent règlement, au territoire de cet État membre* ». Tel n'est pas la situation sous l'empire de la convention de Bruxelles et du règlement Bruxelles I : la Cour de justice, dans son arrêt *Denilauer*[2], avait en effet semblé admettre que des mesures conservatoires ou provisoires ordonnées dans un État membre d'origine pouvaient bénéficier des dispositions en matière de reconnaissance et d'*exequatur*, même si le juge ayant ordonné la mesure n'était pas compétent au fond, dès lors que la mesure n'avait pas été ordonnée *ex parte* (c'est-à-dire sans que le défendeur soit appelé). On peut se demander si la modification instaurée par le règlement Bruxelles I *bis* n'entend pas mettre un fin au comportement de certains plaideurs sollicitant des mesures provisoires dans des États membres dont le droit est connu pour prononcer des mesures particulièrement efficaces et donc pour mettre fin à une sorte de *forum shopping* du provisoire[3]. Comment vérifier que le juge qui a ordonné la mesure provisoire est bien compétent au fond selon le règlement ? L'article 42 § 2 du règlement Bruxelles I *bis* impose au demandeur souhaitant faire exécuter dans un autre État membre, une décision ordonnant une mesure provisoire ou conservatoire, de communiquer à l'autorité compétente chargée de l'exécution deux documents : a) une copie de la décision réunissant les conditions nécessaires pour en établir l'authenticité et b) le certificat, délivré conformément à l'article 53, contenant une description de la mesure et attestant que la juridiction est compétente pour connaître du fond[4] et que la décision est exécutoire dans l'État membre d'origine. En outre, si la mesure a été ordonnée sans que le défendeur soit cité à comparaître, une preuve de la notification ou de la signification de la décision doit être jointe. Le règlement Bruxelles I *bis* ne précise pas si la juridiction compétence de l'État membre requis a le droit de contrôler elle-même la compétence au fond de la juridiction d'un autre État membre qui a ordonné des mesures provisoires ou conservatoires. Dans la mesure où le certificat que délivre la juridiction d'origine pour que puisse circuler sa décision au sein de l'Union contient un point 4.6.2.2. précisant expressément si la mesure conservatoire ou provisoire a été ordonnée par une juridiction compétente au fond, il paraît peu vraisemblable que la Cour de justice admette que le juge de l'État membre requis puisse aller à l'encontre des affirmations contenues dans le certificat.

2° Information préalable du débiteur. Le considérant 33 du règlement Bruxelles I *bis* formule une seconde condition pour que les mesures provisoires et conservatoires (ordonnées par la juridiction compétente au fond) puissent bénéficier de la libre circulation instaurée par le règlement : « *Les mesures provisoires ou conservatoires qui ont été ordonnées par une telle juridiction sans que le défendeur n'ait été cité à comparaître ne devraient pas être reconnues et exécutées au titre du présent règlement à moins que la décision contenant la mesure n'ait été signifiée ou notifiée au défendeur avant l'exécution. Ceci ne devrait pas empêcher la reconnaissance et l'exécution de telles mesures au titre du droit national* ».

Afin de pouvoir vérifier que la décision contenant la mesure a bien été signifiée ou notifiée au défendeur avant l'exécution, l'article 42 § 2, c) exige que soit présentée par le demandeur à l'exécution une preuve que la décision a bien été signifiée ou notifiée. Il s'agit là d'une consécration de la jurisprudence *Denilauer*[5]

1. COMP. Com. 8 mars 2011, n° 09-13.830, NP; *Dr. et proc.* 2011. 179, note Cuniberti : la décision rendue dans un autre État membre (la Grèce) et rejetant une demande de saisie conservatoire, ne produit pas un effet limité au territoire étranger. Elle doit être reconnue en France et, si elle a été rendue entre les mêmes parties et dans le même litige, interdit que le juge français substitue son appréciation à celle du juge étranger et autorise la saisie en France (en l'espèce, saisie de navire) – V. AUSSI M. Nioche, « Décision provisoire et autorité de chose jugée », *Rev. crit. DIP* 2012. 277.
2. CJCE 21 mai 1980, Denilauer, aff. C-125/79, *Rec. CJCE* 1553.
3. EN CE SENS, A. Nuyts, « La refonte du règlement Bruxelles I », *Rev. crit. DIP* 2013. 37.
4. V. Règl. 12 déc. 2012, ann. I, certificat, point 4.6.2.
5. CJCE 21 mai 1980, Denilauer, aff. C-125/79, *Rec. CJCE* 1553.

de la Cour de justice, selon laquelle le régime de reconnaissance et d'*exequatur* simplifié ne s'applique pas aux mesures provisoires ou conservatoires ordonnées ou autorisées par un juge « *sans que la partie contre laquelle elles sont dirigées ait été appelée à comparaître et qui sont destinées à être exécutées sans avoir au préalable été signifiées à cette partie* » (point 7 de l'arrêt).

Comment comprendre la formule du considérant 33 selon lequel « *ceci ne devrait pas empêcher la reconnaissance et l'exécution de telles mesures au titre du droit national* » ? Cela pourrait signifier que le bénéficiaire d'une décision ordonnant une mesure provisoire ou conservatoire qui n'a pas été signifiée ou notifiée au défendeur, peut solliciter, dans l'État membre requis, un *exequatur* selon le régime de droit commun de l'*exequatur* prévu par cet État. Mais alors, contrairement aux ambitions et aux objectifs du législateur européen, cela reviendrait à introduire des disparités de traitement pour ces décisions selon les États membres requis, dont le droit international privé commun admettra plus ou moins généreusement la reconnaissance et l'*exequatur* de telles décisions dont n'aura pas été informé le défendeur.

441.232 Conclusion. Obligations des États membres. Le règlement UE n° 1215/2012 du 12 décembre 2012, Bruxelles I *bis* (art. 75), impose aux États membres de donner diverses informations à la Commission au plus tard le 10 janvier 2014. Il s'agit des communications suivantes :

a) les juridictions devant lesquelles la demande de refus d'exécution doit être portée, conformément à l'article 47 § 1;

b) les juridictions devant lesquelles le recours contre la décision relative à une demande de refus d'exécution doit être porté, conformément à l'article 49 § 2;

c) les juridictions auprès desquelles tout pourvoi doit être formé, conformément à l'article 50; et

d) les langues acceptées pour les traductions des formulaires visés à l'article 57 § 2.

Il est précisé que la Commission met ces informations à la disposition du public par tout moyen approprié, notamment par le biais du réseau judiciaire européen.

L'étude du règlement Bruxelles I *bis* montre combien ce texte est en retrait par rapport à la proposition de la Commission du 14 décembre 2010, qui voulait brûler les étapes. Le rôle du Parlement européen dans la rédaction du règlement a été important, et a contribué à la formulation d'un texte raisonnable maintenant une protection sérieuse des droits de la défense.

L'article 79 prévoit que, au plus tard le 11 janvier 2022, la Commission présentera au Parlement européen, au Conseil et au Comité économique et social européen un rapport sur l'application du règlement. Elle devra y évaluer « *notamment s'il est nécessaire d'étendre les règles de compétence aux défendeurs qui ne sont pas domiciliés sur le territoire d'un État membre en tenant compte de la mise en œuvre du présent règlement et des évolutions éventuelles au niveau international* ».

La question qui se posera lorsqu'entrera en application le règlement Bruxelles I *bis* sera de savoir s'il n'y a pas lieu d'abroger le règlement CE n° 805/2004 du 21 mai 2004 instaurant un titre exécutoire européen pour les créances incontestées. L'intérêt de cet instrument (v. s[s] n°s 442.11 s.), est de créer une sorte de passeport européen pour les actes constatant des créances incontestées (donc un champ d'application restreint), ce qui évite le passage par la procédure de déclaration constatant la force exécutoire. Mais si ce passage obligé disparaît, comme ce sera le cas lorsqu'entrera en application le règlement Bruxelles I *bis*, le titre exécutoire européen ne présentera plus aucun intérêt et perdra dès lors sa raison d'être.

CHAPITRE

442. Titre exécutoire européen (Règl. CE n° 805/2004, 21 avr. 2004)

FRÉDÉRIQUE FERRAND
Professeur à l'Université Jean-Moulin (Lyon 3)
et à l'Université d'Augsbourg

SECTION 0
ORIENTEUR

442.00 Plan du chapitre.

442.01 Textes applicables.

Décr. n° 2010-433, 29 avr. 2010, portant diverses dispositions en matière de procédure civile et de procédures d'exécution, art. 5, *JO* 2 mai 2010 (rendant applicable l'art. 509-3 C. pr. civ. aux requêtes présentées postérieurement à la publication du décret du 29 avr. 2010).

Décr. n° 2008-484, 22 mai 2008, relatif à la procédure devant la Cour de cassation, *JO* 24 mai, p. 8477 [modifiant les articles 509-1 s. C. pr. civ.].

Règl. CE n° 805/2004, du Parlement et du Conseil, 21 avr. 2004, portant création d'un titre exécutoire européen pour les créances incontestées, *JOUE*, n° L 143, 30 avr., p. 15.

442.03 Bibliographie indicative.

Ouvrages. J.-F. Van Drooghenbroeck et S. Brijs, *Un titre exécutoire européen*, Éd. Larcier, 2006 – B. Ringwald, *Europäischer Vollstreckungstitel nach der EuVTVO und Rechtsbehelfe des Schuldners*, Baden Baden, Nomos éd., 2011.

Articles. C. Baker, « Le titre exécutoire européen : une avancée pour la libre circulation des décisions ? », *JCP* 2003. I. 137 – *D. Bittmann*, « *Die Voraussetzungen der Zwangsvollstreckung eines Europäischen Vollstreckungstitels* », *IPRax* 2008. 445 – J.-P. Correa del Casso, « Le titre exécutoire européen et l'inversion du contentieux », *RID comp.* 2000. 61 – L. d'Avout, « La circulation automatique des titres exécutoires imposée par le règlement 805/2004 du 21 avril 2004 », *Rev. crit. DIP* 2006. 1 – F. Ferrand, « Le nouveau titre exécutoire européen », *Dr. et patr.* oct. 2004, p. 70; « Le titre exécutoire européen ou les possibles tensions entre jugement sans frontières et procès équitable », *Mél. Revillard*, Éd. Defrénois 2007. 107 – N. Fricero, « La libre exécution des jugements dans l'espace judiciaire européen : un principe émergent ? », *Mél. Normand*, Litec, 2003, p. 173 – E. Jeuland, « Le titre exécutoire européen : un jalon perfectible », *Gaz. Pal.* 16-18 nov. 2003, n° 314; « Le titre exécutoire européen : un château en Espagne ? », *Gaz. Pal.* 27-28 mai 2005, p. 15 – J. Isnard et D. Hector, « Les deux visages de l'esquisse d'un droit de l'exécution dans l'Union européenne : l'*exequatur* simplifié et le titre exécutoire européen », *Dr. et proc.* 2001. 11 – J. Isnard et M. Chardon, « Le titre exécutoire européen », *Juris-Union* nov. 2007 – B. Menut, « Vers un titre exécutoire européen », *Dr. et proc.* 2004. 66 – L. Maurin, « Les conséquences de la certification d'une décision en titre exécutoire européen », *D.* 2012. 1464 – M.-L. Niboyet, « Les nouvelles figures de la coopération judiciaire civile européenne », *Dr. et patr.* nov. 2004, p. 53 – J. Normand, « Le titre exécutoire européen », *Dr. et proc.* 2002. 331 – C. Nourissat, « Le titre exécutoire européen », *Procédures* 2004, n° 106; « Le règlement (CE) n° 805/2004 du Parlement et du Conseil du 21 avril 2004 portant création d'un titre exécutoire européen », *Procédures* août-sept. 2005, n° 10 – H. Peroz, « Les autorités certificatrices du titre exécutoire européen.

À propos du décret n° 2008-484 du 22 mai 2008 », *JDI* 2009. 137 – M. Pertegs, « *The Interaction bewteen EC Private International Law and Procedural Rules : The European Enforcement Order as Test-Case* », *Liber Fausto* Pocar, 2009. 809 – H. Roth, « *Probleme um die Bestätigung als Europäischer Vollstreckungstitel nach der EuVTVO* », *IPRax* 2013. 239 – J.-F. Sagaut et M. Cagnart, « Regard notarial sur le titre exécutoire européen, le règlement (CE) n° 805/2004 du Parlement européen et du Conseil du 21 avril 2004 », *JCP N* 2005. 1792 – B. Schretter, « La création d'un titre exécutoire européen pour les créances incontestées : vers une libre circulation des décisions de justice », *RED consom.* janv. 2004 – A. Stadler, « *Das Europäische Zivilprozessrecht – Wieviel Beschleunigung verträgt Europa ?* », *IPRax* 2004. 2 – S. Staszak, « L'exécution forcée en Allemagne sur la base d'un titre exécutoire européen », *JCP* 2011, n° 979 – A. Stein, « *Der europäische Vollstreckungstitel für unbestrittene Forderungen, Aufruf zu einer nüchternen Betrachtung* », *IPRax* 2004. 181 – D. Tsikrikas, « *Die Einlegung von Rechtsbehelfen im Vollstreckungsverfahren aufgrund eines europäischen Vollstreckungstitels* », *ZZP Int* 11 (2006), 51.

Sites. http://europa.eu/index_fr.htm – http://ec.europa.eu/justice_home/judicialatlascivil/html/index_fr.htm

SECTION PRÉLIMINAIRE
HISTORIQUE ET OBJECTIFS POURSUIVIS

442.11 Genèse. Le règlement CE n° 805/2004 du 21 avril 2004 supprime les mesures intermédiaires qui étaient jusqu'à présent des conditions préalables à l'exécution d'une décision sur le territoire d'un autre État membre. Une décision (relative à une créance incontestée) qui a été certifiée en tant que titre exécutoire européen dans l'État membre d'origine, est reconnue et exécutée dans les autres États membres sans qu'une procédure spéciale soit requise dans l'État membre d'exécution. Un formulaire type de titre exécutoire européen est reproduit en annexe du règlement.

442.12 Objectifs poursuivis. Le règlement CE n° 805/2004 du 21 avril 2004 créant le titre exécutoire européen (TEE) reprend dans les considérants précédant ses articles, les objectifs de l'Union : développer un espace de liberté, sécurité et justice au sein duquel la libre circulation des personnes est assurée (v. consid. 1 : « *La Communauté s'est donné pour objectif de maintenir et de développer un espace de liberté, de sécurité et de justice, au sein duquel la libre circulation des personnes est assurée. À cette fin, la Communauté doit notamment adopter, dans le domaine de la coopération judiciaire en matière civile, les mesures qui sont nécessaires au bon fonctionnement du marché intérieur* »). Deux directions de travail avaient notamment été retenues par les instances de l'Union : la réduction des mesures intermédiaires requises pour la reconnaissance et l'exécution des jugements, et la suppression de l'*exequatur* sous forme de création d'un titre exécutoire européen pour les créances incontestées.

La réduction des mesures intermédiaires a été réalisée par le règlement CE n° 44/2001 dit Bruxelles I du 22 décembre 2000[1] remplaçant la convention de Bruxelles de 1968, puisque le juge ne peut plus, d'office, vérifier l'existence de causes de non-exécution; ce n'est que sur recours de la partie adverse contre la décision déclarant la force exécutoire du jugement qu'un contrôle est opéré. Le règlement CE n° 2201/2003 dit Bruxelles II *bis* du 27 novembre 2003[2] allège lui aussi – voire supprime dans certains cas – les mesures intermédiaires précédant l'exécution d'une décision émanant d'une juridiction d'un État membre et devant être exécutée dans un autre État membre.

442.13 Plans d'action du Conseil et de la Commission. L'objectif de l'Union européenne était de supprimer de façon générale l'*exequatur* en matière civile et commerciale. Le plan d'action du Conseil et de la Commission a ainsi mis en œuvre le programme de La Haye[3], adopté lors du Conseil européen des 4 et 5 novembre 2004[4] pour la période 2005/2010. Le plan d'action avait établi une liste de dix priorités pour la période 2005 à 2010, dont notamment, en ce qui concerne la procédure civile, la volonté de renforcer les droits fondamentaux et la citoyenneté et la garantie d'un véritable espace européen de justice. En matière de justice civile, la Commission européenne mettait l'accent sur l'achèvement du programme de reconnaissance mutuelle des décisions en matière civile et commerciale. Le plan d'action publié en août 2005 prévoyait notamment la création d'un système d'évaluation objective et impartiale de la mise en œuvre des mesures adoptées par l'Union dans le domaine de la liberté, de la sécurité et de la justice (plan d'action, point 1.1); l'adhésion de l'Union européenne à la Convention européenne de sauvegarde des droits de l'homme et des libertés fondamentales du 4 novembre 1950 (plan d'action, point 1.2). Le plan entendait également « *renforcer la justice* » (plan d'action, point 4) en instaurant un climat de confiance et en accroissant la

1. Règl. CE n° 44/2001 du Conseil, 22 déc. 2000, concernant la compétence judiciaire, la reconnaissance et l'exécution des décisions en matière civile et commerciale, dit règlement Bruxelles I, *JOCE*, n° L 12, 16 janv. 2001, p. 1.
2. Règl. CE n° 2201/2003 du Conseil, 27 nov. 2003, relatif à la compétence, la reconnaissance et l'exécution des décisions en matière matrimoniale et en matière de responsabilité parentale abrogeant le règlement CE n° 1347/2000, dit règlement Bruxelles II *bis*, *JOUE*, n° L 338, 23 déc., p. 1.
3. Le programme de La Haye visait à renforcer la liberté, la sécurité et la justice dans l'UE.
4. Plan d'action du Conseil et de la Commission mettant en œuvre le programme de La Haye visant à renforcer la liberté, la sécurité et la justice au sein de l'Union européenne, *JOCE*, n° C 198, 12 août 2005.

confiance mutuelle entre les États membres, et ce par diverses actions telles que l'évaluation systématique de la mise en œuvre des politiques de l'Union dans le domaine de la justice, tout en respectant pleinement l'indépendance du pouvoir judiciaire. La coopération judiciaire en matière civile (plan d'action, point 4.3) devait être complétée par la reconnaissance mutuelle des décisions et l'élimination des obstacles au bon déroulement des procédures. De nombreuses initiatives, à prendre ou déjà prises par la Commission, étaient listées dans cette partie du Plan, notamment l'adoption du règlement instituant une procédure européenne d'injonction de payer, l'adoption d'une directive sur certains aspects de la médiation en matière civile (la directive CE n° 2008/52, sur certains aspects de la médiation en matière civile et commerciale, a été adoptée le 21 mai 2008[1]). Un Livre vert sur l'exécution effective des décisions judiciaires était également prévu pour 2006-2007[2], ainsi qu'un livre vert relatif à des normes minimales applicables à certains aspects du droit procédural (pour 2008). Devait également être évaluée, entre 2006 et 2010, la possibilité de parachever la suppression de l'*exequatur*, ce qui a finalement été réalisé avec le règlement de refonte du règlement Bruxelles I (Règl. UE n° 1215/2012, 12 déc. 2012, Bruxelles I *bis*, qui entrera en application le 10 janvier 2015[3]). Divers rapports furent réalisés sur le fonctionnement des règlements de l'Union en matière de justice (not. sur le règlement Bruxelles I du 22 décembre 2000[4] et sur le règlement relatif à l'obtention des preuves du 28 mai 2001). Pendant la période 2005-2010, l'Union européenne a souhaité prendre sa place dans l'ordre juridique international en adhérant à la Conférence de La Haye de droit international privé (cela a été fait avec effet au 3 avril 2007). Elle a également créé des procédures civiles européennes intégrées telles qu'injonction de payer européenne (v. Règl. CE n° 1896/2006, 12 déc. 2006, du Parlement européen et du Conseil, instaurant une procédure d'injonction de payer européenne[5], qui est entré en application le 12 décembre 2008) et procédure européenne de règlement des petits litiges[6], afin d'harmoniser le marché intérieur du procès.

Après le **Programme de La Haye pour la période 2005-2010**[7], le Conseil européen a adopté le **Programme de Stockholm pour 2010-2014**[8], intitulé : *Une Europe ouverte et sûre qui protège les citoyens.* Parmi les priorités politiques posées par ce Programme figurent notamment la promotion de la citoyenneté et des droits fondamentaux, mais aussi « *une Europe du droit et de la justice qui doit permettre de dépasser la fragmentation actuelle* »[9] et de mettre en place des « *mécanismes destinés à faciliter l'accès à la justice afin que les citoyens puissent faire valoir leurs droits partout dans l'Union* »[10]. Le Conseil européen appelle à renforcer la coopération entre les professionnels de la justice, à améliorer leur formation et à « *mobiliser des moyens pour supprimer les entraves à la reconnaissance des décisions de justice* » et à poursuivre la mise en œuvre du principe de reconnaissance mutuelle, notamment en supprimant plus largement l'*exequatur*, tout en accompagnant cette suppression de « *mesures relatives tant au droit procédural qu'aux règles de conflits de lois* »[11]. Il faut « *renforcer la confiance mutuelle* », formule qui se retrouve à de multiples reprises dans le Programme de Stockholm, et

1. Dir. CE n° 2008/52, 21 mai 2008, sur certains aspects de la médiation en matière civile et commerciale, *JOUE,* n° L 136, 24 mai, p. 3.
2. Deux Livres verts ont été rédigés par la Commission européenne : le *Livre vert sur l'amélioration de l'exécution des décisions de justice au sein de l'Union européenne : la saisie des avoirs bancaires*, COM (2006) 618 final, 24 oct. 2006; le *Livre vert sur l'exécution effective des décisions judiciaires dans l'Union européenne : la transparence du patrimoine des débiteurs*, COM (2008) 128, 6 mars 2008.
3. Règl. UE n° 1215/2012 du Parlement et du Conseil, 12 déc. 2012, concernant la compétence judiciaire, la reconnaissance et l'exécution des décisions en matière civile et commerciale (refonte), *JOUE,* n° L 351, 20 déc., p. 1.
4. Rapport Heß, Pfeiffer et Schlosser sur l'application du Règlement Bruxelles I dans les États membres : *Report on the Application of Regulation Brussels I in the Member States*, sept. 2007.
5. Règl. CE n° 1896/2006 du Parlement et du Conseil, 12 déc. 2006, instituant une procédure européenne d'injonction de payer, *JOUE,* n° L 399, 30 déc., p. 1-32.
6. Règl. CE n° 861/2007 du Parlement européen et du Conseil, 11 juill. 2007, instituant une procédure européenne de règlement des petits litiges ne dépassant pas 2 000 euros, *JOUE,* n° L 199, 31 juill., p. 1, entré en application le 1er janv. 2009.
7. V. Communication de la Commission au Conseil et au Parlement européen, « Le programme de La Haye : dix priorités pour les cinq prochaines années. Un partenariat pour le renouveau européen dans le domaine de la liberté, de la sécurité et de la justice », COM (2005) 184 final, 10 mai 2005, *JOUE,* n° C 236, 24 sept. 2005.
8. « Le programme de Stockholm – Une Europe ouverte et sûre qui sert et protège les citoyens », *JOUE,* n° C 115, 4 mai 2010, p. 1 s. – V. AUSSI, G. Mecarelli, *Dr. et proc.* 2010, n° 3, suppl. Droit et procédures internationales, p. 8.
9. V. NOT., n° 1.2.3. du Programme de Stockholm, où le Conseil européen relève – à juste titre – que « *l'essor de la législation dans le domaine de la liberté, de la sécurité et de la justice est impressionnant, mais qu'il présente des faiblesses en termes de chevauchement d'activités et un certain manque de cohérence* »; il faudrait donc « *mieux légiférer* ». Il convient également de développer des « *stratégies sur les meilleurs moyens d'expliquer aux citoyens comment ils peuvent tirer parti des nouveaux instruments et cadres juridiques, par exemple en ayant recours à la justice en ligne et en utilisant le portail de la justice* » (Programme de Stockholm, n° 1.2.7.). Le plan d'action de la Commission pour mettre en œuvre le Programme de Stockholm prévoit, parmi de nombreux projets, la réalisation d'un *Compendium* de la législation de l'Union existant dans le domaine de la coopération judiciaire en matière civile.
10. Programme de Stockholm, point 1.1.
11. Programme de Stockholm, point 3.1.2.

« *faire en sorte que les frontières entre États membres ne constituent pas un obstacle au règlement des affaires civiles ni à l'engagement des procédures judiciaires ou à l'exécution des décisions en matière civile* »[1]. L'exécution est donc bien présente parmi les préoccupations de l'Union, tant sous l'angle de la disparition de l'*exequatur* que sous celui de « *la nécessité d'établir des normes minimales communes ou des règles types de procédure civile pour l'exécution transfrontière des jugements et décisions* »[2]. Enfin, le Programme de Stockholm invite la Commission européenne :

– « *à évaluer s'il est nécessaire et concrètement envisageable de prévoir, au niveau de l'Union européenne, certaines mesures provisoires, y compris des mesures de protection, afin d'empêcher par exemple la disparition d'actifs avant l'exécution d'une créance;*

– à présenter des propositions appropriées afin d'améliorer l'efficacité de l'exécution des décisions de justice au sein de l'Union en ce qui concerne les avoirs bancaires et le patrimoine des débiteurs, sur la base des livres verts de 2006 et 2008 »[3].

L'exécution est au cœur des projets de l'Union, à tel point qu'il a pu être plaidé en faveur d'un droit de l'exécution au sein de l'Union européenne[4]. Ceci est confirmé par le Plan d'action de la Commission en vue de mettre en œuvre le Programme de Stockholm[5], qui souligne la nécessité de soutenir l'activité économique, notamment par des propositions législatives relatives à l'exécution des décisions judiciaires[6]. Le Plan d'action prévoit la rédaction par la Commission d'une proposition de règlement relatif à l'amélioration de l'exécution des décisions judiciaires dans l'Union européenne : saisie des avoirs bancaires (pour 2010, mais le texte n'a été publié qu'en juillet 2011[7] et est actuellement engagé dans le processus législatif), ainsi qu'une proposition de règlement relatif à l'amélioration de l'exécution des décisions judiciaires dans l'Union européenne : transparence du patrimoine des débiteurs (annoncée pour 2013 mais non encore publiée). L'ambition globale est de faire naître une « *culture européenne commune* »[8] dans le domaine de la justice et de l'exécution. L'Union veut également mieux communiquer sur la coopération judiciaire civile afin de faire savoir ce qui se fait, et davantage dialoguer avec la société civile, par exemple par l'intermédiaire du Forum sur la justice créé en 2008.

442.14 Premières suggestions d'un titre exécutoire européen. La suggestion de créer un titre exécutoire européen avait été formulée dès 1992 par la Chambre nationale des huissiers de justice français[9]. Le 18 avril 2002, la Commission proposa au Conseil

1. Programme de Stockholm, point 3.3.2. – V. AUSSI, les résultats d'enquête analysés dans « Eurobaromètre spécial 351 Justice civile », oct. 2010, sondage commandité par la Direction générale Justice (DG JUST) et coordonné par la Direction générale Communication.
2. Programme de Stockholm, point 3.3.2.
3. Programme de Stockholm, Point 3.4.2. Le Conseil européen ajoute qu'il faudra, dans l'élaboration des mesures, tenir compte de l'impact qu'elles auront sur le droit au respect de la vie privée et le droit à la protection des données à caractère personnel.
4. V. NOT., G. Payan, *Pour un droit européen de l'exécution en matière civile et commerciale*, th. Toulon, 2008 – COMP., N. Fricero, « La libre exécution des jugements dans l'espace judiciaire européen : un principe émergent ? », *Justices et droits fondamentaux, Études offertes à J. Normand*, Litec, 2003, p. 173 s. – J. Normand, « L'émergence d'un droit européen de l'exécution ? », *Mél. Van Compernolle*, Bruylant, 2004, p. 445 s.
5. Communication de la Commission au Parlement européen, au Conseil, au Comité économique et sociale européen et au Comité des régions du 20 avril 2010, Plan d'action mettant en œuvre le programme de Stockholm, COM (2010) 171 final, 20 avr. 2010; V. NOT. point 4, « *renforcer la confiance dans l'espace judiciaire européen* ».
6. Pour la Commission en effet, « *l'allègement des formalités administratives qui pèsent sur les entreprises constitue une priorité évidente, et la lourde et coûteuse procédure d'exequatur nécessaire pour reconnaître et exécuter une décision d'une autre juridiction doit disparaître sans porter atteinte aux garanties nécessaires. En rendant le recouvrement des créances transfrontalières aussi aisé que celui des créances nationales, nous renforcerons la confiance des entreprises dans notre marché unique. De même, des procédures d'insolvabilité plus efficaces permettront aux entreprises de surmonter la crise économique. Nous pouvons faciliter les opérations transfrontalières en améliorant la cohérence du droit européen des contrats. Les entreprises ne tirent pas suffisamment parti du potentiel de l'Internet pour accroître leurs ventes : le droit de l'Union peut les y inciter en renforçant la sécurité juridique qu'elles attendent, tout en garantissant le niveau de protection des consommateurs le plus élevé. Les consommateurs doivent être informés de leurs droits et avoir accès aux voies de recours dans les litiges transfrontaliers. Enfin, un recours accru aux modes alternatifs de règlement des litiges peut contribuer à une administration de la justice plus efficace* » (plan d'action, point 5).
7. V. Prop. règl. du Parlement européen et du Conseil, portant création d'une ordonnance européenne de saisie conservatoire des comptes bancaires, destinée à faciliter le recouvrement transfrontière de créances en matière civile et commerciale, COM (2011) 445.
8. Plan d'action de la Commission mettant en œuvre le Programme de Stockholm, point 8. Il était d'ailleurs prévu l'adoption d'un *Livre vert sur les normes minimales à appliquer aux procédures civiles* (annoncé pour 2013, mais non encore publié) et une *Proposition législative destinée à améliorer la cohérence de la législation de l'Union existant dans le domaine du droit procédural en matière civile* (pour 2014).
9. XXe Congrès national des huissiers, *L'Europe de 1993 : la justice oubliée ou Économie et Justice*, 13-15 mai 1992 – V. J. Normand, « Le titre exécutoire européen », *Dr. et proc.* 2002. 331 – J. Isnard et D. Hector, « Les deux visages de l'esquisse d'un droit de l'exécution dans l'Union européenne : l'*exequatur* simplifié et le titre exécutoire européen », *Dr. et proc.* 2001. 11 – J.-P. Correa Delcasso, « Le titre exécutoire européen et l'inversion du contentieux », *RID comp.* 2000. 61.

l'adoption d'un règlement portant création d'un titre exécutoire européen pour les créances incontestées[1]. Le domaine d'application était celui des décisions rendues « *en l'absence vérifiable de toute contestation de la part du débiteur quant à la nature ou au montant de la dette* »[2], mais ne se limitait pas aux titres exécutoires rendus sur procédure rapide (telles que les injonctions de payer) spéciale pour le recouvrement de créances qui devraient rester incontestées. La proposition de la Commission fut adoptée par le Conseil, le 30 mars 2004, et devint le règlement du 21 avril 2004[3].

442.15 **L'objectif est de créer un titre exécutoire européen pour les créances incontestées** afin que, dans le respect de normes minimales de procédure garantissant les droits de la défense, puissent librement circuler entre les États membres des décisions, transactions judiciaires et actes authentiques sans procédure intermédiaire (d'*exequatur* ou de « *déclaration de force exécutoire* » comme le formulent les deux règlements Bruxelles I et Bruxelles II *bis*) dans l'État membre d'exécution. La décision certifiée comme titre exécutoire européen par la juridiction d'origine sera donc traitée, en matière d'exécution, « *comme si elle avait été rendue dans l'État membre dans lequel l'exécution a été demandée* » (v. Règl., consid. 8). L'avantage est de « *se dispenser de l'assentiment des autorités judiciaires d'un deuxième État membre avec les retards et les frais qui en résultent* » (consid. 9).

Une décision rendue dans un autre État membre est donc « *naturalisée* » dans l'État membre, différent du premier, sur le territoire duquel des mesures d'exécution forcée vont intervenir. Il ne s'agit pas d'un titre d'origine européenne mais de la certification d'une décision nationale préexistante (certification par la juridiction d'origine) qui est ainsi authentifiée afin de servir de titre transfrontalier[4]. Par cette authentification, la décision originaire peut donner lieu à exécution forcée dans tout État membre sans qu'un *exequatur* soit nécessaire[5]. Le règlement pousse alors jusqu'au bout la logique de la reconnaissance mutuelle au point de considérer que la décision prise par le juge d'origine est équivalente, dans les autres États membres, à une décision nationale, si bien que tous les recours sont concentrés devant le juge d'origine[6] (v. C. Nourissat, qui relève « *un glissement inexorable du droit judiciaire privé communautaire de la sphère internationale vers la sphère interne* »[7]; comp. E. Jeuland, qui observe une désinternationalisation de la libre circulation des décisions en matière civile et commerciale[8]).

442.16 **Utilisation de formulaires types.** Le règlement CE n° 805/2004 du 21 mai 2004, qui s'applique à tous les États membres sauf le Danemark (v. Règl., consid. 25), met en exergue l'idée de confiance mutuelle entre les États membres et insiste sur la nécessité de transparence de la procédure pouvant conduire à la délivrance d'un titre exécutoire européen sous forme de formulaire type, ce qui facilitera la compréhension du document dans l'État membre d'exécution. Sur les formulaires types, v. les modifications opérées par le règlement CE n° 1869/2005[9] de la Commission du 16 novembre 2005, adopté suite aux propositions du Comité consultatif sur le titre exécutoire européen établi par l'article 32 du règlement du 21 avril 2004. Le comité s'est réuni en avril 2005 afin d'envisager la mise à jour des formulaires pour tenir compte de l'adhésion, au 1er mai 2004, de nouveaux États membres.

442.17 **Entrée en application.** Le règlement du 21 avril 2004 est entré en vigueur le 21 janvier 2005 et est applicable depuis 21 octobre 2005. Il ne s'applique qu'aux décisions rendues, aux transactions approuvées ou conclues et aux actes authentiques dressés ou enregistrés postérieurement à son entrée en vigueur (Règl. 21 avr. 2004, art. 26). Il peut paraître curieux que les derniers règlements en matière de coopération judiciaire civile indiquent deux dates, une d'entrée en vigueur et une, différente, à compter de laquelle le règlement sera applicable. En réalité, la date dite d'entrée en vigueur concerne avant tout les obligations mises à la charge des États membres : collaboration en vue d'assurer l'information du public et des milieux professionnels en

1. COM (2002) 159 final, 18 avr. 2002.
2. Proposition modifiée de règlement du Parlement européen et du Conseil portant création d'un titre exécutoire européen pour les créances incontestées, COM (2003) 341 final, 11 juin 2003, p. 6.
3. V. L. d'Avout, « La circulation automatique des titres exécutoires imposée par le règlement n° 805/2004 du 21 avril 2004 », *Rev. crit. DIP* 2006. 1 – C. Nourissat, « Le règlement (CE) n° 805/2004 du Parlement européen et du Conseil du 21 avril 2004 portant création d'un titre exécutoire européen pour les créances incontestées », *Procédures* 2005, n° 10 – H. Péroz, *JDI* 2005. 638; *La réception des jugements étrangers dans l'ordre juridique français,* th., LGDJ, 2005.
4. EN CE SENS AUSSI, C. Baker, « Le titre exécutoire européen : une avancée pour la libre circulation des décisions ? », *JCP* 2003. I. 137, n° 8.
5. Et sans que les recours prévus par le règlement Bruxelles I, par exemple l'appel, soient recevables, comme l'avait cru à tort une société française contre laquelle avait été rendue une injonction de payer en Allemagne, injonction certifiée comme TEE faute d'opposition du débiteur : v. Aix-en-Provence, 20 août 2008, RG n° 07/14921.
6. M.-L. Niboyet, « Les nouvelles figures de la coopération judiciaire civile européenne », *Dr. et patr.* nov. 2004. 59.
7. C. Nourissat, « La coopération dans les procédures d'exécution », *Dr. et patr.* nov. 2004, 68.
8. E. Jeuland, « Le titre exécutoire européen : un jalon perfectible », *Gaz. Pal.* 16-18 nov. 2003, p. 10 et spéct p. 15.
9. Règl. CE n° 1869/2005 de la Commission, 16 nov. 2005, remplaçant les annexes du règlement (CE) n° 805/2004 du Parlement européen et du Conseil portant création d'un titre exécutoire européen pour les créances incontestées, *JOUE,* n° L 300, 17 nov., p. 6.

matière de modes et procédures d'exécution dans les États membres (Règl. 21 avr. 2004, art. 29); notification à la Commission européenne d'un certain nombre d'informations (Règl. 21 avr. 2004, art. 30) en vue de permettre le bon fonctionnement du mécanisme mis en place par le règlement. C'est seulement depuis le 21 octobre 2005 que les justiciables peuvent solliciter des autorités compétentes des États membres la délivrance d'un titre exécutoire européen (TEE) qui dispensera de formalités d'*exequatur* pour que la décision rendue dans un État membre puisse donner lieu à exécution sur le territoire d'un autre État membre. Il ne semble pas toutefois que le TEE bénéficie d'un grand succès populaire. Au contraire, assez peu de titres de cette nature semblent circuler entre États membres[1], et l'entrée en application du règlement européen du 12 décembre 2006 créant une injonction de payer européenne a encore diminué l'intérêt du TEE. En outre, lorsqu'entrera en application le règlement UE n° 1215/2012 du 12 décembre 2012, Bruxelles I *bis*, qui supprime la formalité préalable de déclaration constatant la force exécutoire, le TEE perdra tout intérêt.

442.18 Caractère facultatif. Il est important de souligner le caractère facultatif du mécanisme mis en place par le règlement : le créancier peut en effet préférer demander dans l'État d'exécution, sur le fondement du règlement Bruxelles I, la reconnaissance ou une déclaration de force exécutoire de la décision obtenue dans l'État membre d'origine (Règl. 21 avr. 2004, art. 27), car la procédure est assez rapide, comme le révèle le Rapport Heß, Pfeiffer et Schlosser sur l'application de ce règlement dans les États membres[2]. Au créancier de choisir s'il préfère solliciter un TEE qui le dispensera de toute formalité d'*exequatur* simplifié dans le cadre de l'Union européenne, ou s'il juge plus judicieux de recourir à la procédure simplifiée de déclaration de force exécutoire établie au sein de l'Union européenne par le règlement Bruxelles I du 22 décembre 2000.

Les tribunaux allemands ont eu à se prononcer sur la question de savoir si le créancier peut poursuivre à la fois l'obtention d'un TEE et la procédure d'*exequatur* simplifié prévue dans le règlement CE n° 44/2001 du 22 décembre 2000, Bruxelles I. Le tribunal régional supérieur (*Oberlandesgericht*) de Stuttgart[3] comme la Cour fédérale de justice[4] ont jugé que si le créancier a obtenu un TEE dans l'État membre d'origine, il ne peut, faute d'intérêt à agir, solliciter une déclaration constatant la force exécutoire du même acte dans l'État membre d'exécution. On peut en revanche considérer que si la délivrance du TEE a été refusée dans l'État membre d'origine, le créancier peut tenter d'obtenir l'*exequatur* simplifié selon le règlement Bruxelles I, car le non-respect des normes minimales prévues par le règlement CE n° 805/2004 du 21 avril 2004, ne signifie pas automatiquement qu'il existe un motif de refus d'*exequatur* au sens des articles 34 et 35 du règlement Bruxelles I.

442.19 Plan. Nous verrons que le champ d'application du TEE est restreint (sect. 1), et que des protections procédurales doivent être accordées au défendeur avant qu'une décision nationale puisse être certifiée en tant que titre exécutoire européen, la rapidité d'exécution ne pouvant faire fi des droits de la défense (sect. 2). Le titre exécutoire européen se veut rapide et efficace, voire expéditif; les juges nationaux devront donc être extrêmement vigilants avant de le délivrer, car ses conséquences peuvent être particulièrement lourdes pour le débiteur (sect. 3).

SECTION 1
CHAMP D'APPLICATION DU TITRE EXÉCUTOIRE EUROPÉEN

442.20 Un champ classique quand aux matières. Le règlement définit les matières sur lesquelles il peut porter : comme le règlement CE n° 44/2001 du 22 décembre 2000, Bruxelles I, le règlement relatif au titre exécutoire européen a pour domaine la « *matière civile et commerciale* ». Ce concept est défini dans l'article 2 du règlement du 21 avril 2004 comme ne comprenant pas les matières fiscales, douanières, administratives ni les procédures en responsabilité de l'État pour des actes ou omissions commis dans l'exercice de la puissance publique. Sont également exclus les mêmes domaines que dans le règlement Bruxelles I du 22 décembre 2000.

Classiquement aussi, les contours de la matière civile et commerciale font l'objet d'une interprétation autonome de la Cour de justice[5]. Le règlement CE n° 805/2004 du 21 avril 2004 s'est vu conférer le même champ d'application matériel qu'au règlement Bruxelles I par souci de simplicité.

442.30 Plan. Les actes susceptibles de bénéficier de la certification en tant que titre exécutoire européen sont les

1. POUR DES EXEMPLES, v. C. féd. justice (BGH), 25 mars 2010, I ZB 116/08, *NJW* 2010. 1883 (condamnation à paiement d'un *Ordnungsgeld*, sorte d'astreinte) – C. féd. justice (BGH), 26 nov. 2009, VII ZB 42/08, MDR 2010. 231; *NJW* 2010. 2137; OGH (*Oberster Gerichtshof* autrichien), 22 févr. 2007, 3 Ob 253/06m, *IPRax* 2008, 440 – Pour des décisions françaises, v. Aix-en-Provence, 20 août 2008, RG n° 07/14921 – Lyon, 14 oct. 2010, RG n° 09/04873, *Procédures* déc. 2010, n° 406, obs. Nourissat.
2. *Report on the Application of Regulation Brussels I in the Member States*, sept. 2007, n°s 506 et 514.
3. OLG Stuttgart, 20 avr. 2009, 5 W 68/08.
4. C. féd. justice (BGH), 4 févr. 2010, IX ZB 57/09, v. D.-C. Bittmann, « *Das Verhältnis der EuVTVO zur EuGVVO* », *IPRax* 2011. 55.
5. V. PAR EX., à propos de la Convention de Bruxelles de 1968, CJCE 14 oct. 1976, Eurocontrol, aff. 29/76, *Rec. CJCE* 1541 – CJCE 14 juill. 1977, Eurocontrol, aff. 9/77 et aff. 10/77, *Rec. CJCE* 1517.

mêmes que ceux concernés par les textes du règlement Bruxelles I en matière de reconnaissance et d'exécution (§ 1). La délivrance ou non d'un titre exécutoire européen tourne autour de la condition centrale de « *créance incontestée* » (§ 2).

§ 1
Actes susceptibles de donner lieu à délivrance d'un titre exécutoire européen

442.31 **Trois types d'actes concernés.** Le TEE pourra être délivré pour trois types d'actes : les décisions, les transactions judiciaires et les actes authentiques, dès lors qu'ils portent sur une créance incontestée (Règl. 21 avr. 2004, art. 3).

442.32 **Décision.** Afin de faciliter une interprétation uniforme de ces notions, le règlement du 21 avril 2004 contient des définitions (Règl. 21 avr. 2004, art. 4) : une « *décision* » est toute décision rendue par une juridiction d'un État membre, quelle que soit la dénomination qui lui est donnée (arrêt, jugement, ordonnance, mandat d'exécution, *etc.*). Le règlement s'applique également aux décisions qui ont été rendues suite à un recours formé contre une décision, une transaction ou un acte authentique certifiés comme titres exécutoires européens (Règl. 21 avr. 2004, art. 3 § 2). Peu importe l'objet de la décision, dès lors qu'il porte sur la matière civile et commerciale (créance alimentaire, *etc.*).

442.33 **Acte authentique.** Un acte authentique est un acte qui a été dressé ou enregistré formellement en tant qu'acte authentique; son authenticité doit porter sur la signature des parties et le contenu de l'acte et il doit avoir été établi par une autorité publique ou toute autorité habilitée par l'État membre d'origine.

Constitue également un acte authentique le cas particulier d'une convention passée en matière d'obligation alimentaire avec une autorité administrative ou authentifiée par une telle autorité (Règl. 21 avr. 2004, art. 4 § 3 b). L'acte authentique est un instrument dressé par une autorité publique en conformité avec la loi de l'État sur le territoire duquel il intervient La Cour de justice a ainsi jugé, dans l'arrêt *Unibank A/S c/Flemming G. Christensen* en date du 17 juin 1999 que la qualification d'acte authentique ne pouvait être reconnue à des titres de créance danois exécutoires selon la loi danoise mais signés uniquement par le débiteur et par un tiers intervenant en qualité de témoin, alors qu'aucune autorité publique n'était intervenue[1].

442.34 **Transaction judiciaire.** La transaction judiciaire, elle, n'est pas précisément définie dans le règlement. En droit français, c'est « *un contrat par lequel les parties terminent une contestation née ou préviennent une contestation à naître. Ce contrat doit être rédigé par écrit* » (C. civ., art. 2044). La Cour de justice a eu l'occasion, dans l'arrêt *Solo Kleinmotoren GmbH c/Emilio Boch* en date du 2 juin 1994[2] de préciser, dans le cadre de la convention de Bruxelles du 27 septembre 1968, qu'une transaction judiciaire est caractérisée par le fait que « *l'organe juridictionnel ne statue pas de sa propre autorité sur des points litigieux entre les parties* » (point 17 de l'arrêt) et que l'acte a « *un caractère essentiellement contractuel en ce sens que son contenu dépend avant tout de la volonté des parties* » (point 18).

L'article 24 du règlement CE n° 805/2004 du 21 avril 2004 précise que la transaction peut être ou bien approuvée par une juridiction, ou bien conclue directement devant elle lors d'une procédure judiciaire. Cela englobe donc à la fois les transactions extrajudiciaires soumises au juge pour qu'il les entérine et leur confère la force exécutoire et les transactions judiciaires, malgré l'expression restrictive (et ambiguë) de « *transaction judiciaire* ». Il convient donc de comprendre sous ce vocable européen à la fois les transactions **immédiatement** judiciaires et les transactions judiciaires **différées** (ces dernières se formant en dehors du juge et lui étant ensuite soumises pour approbation).

§ 2
Exigence d'une créance incontestée

442.41 **Le choix de la prudence.** L'article 3 du règlement formule la condition selon laquelle la créance doit être incontestée. Pourquoi cette exigence restrictive ? Supprimer l'*exequatur* revient à supprimer des garanties pour le débiteur, c'est-à-dire pour la partie qui a été condamnée par la décision devant être certifiée comme TEE. La Communauté européenne avait donc décidé de limiter son usage aux hypothèses dans lesquelles le débiteur n'a pas contesté la créance dont le demandeur demandait le paiement en justice. L'idée est que dans tous les cas où le défendeur, dûment informé de l'instance contre lui, s'abstient de réagir, ou dans des cas encore plus nets dans lesquels il reconnaît – expressément ou tacitement – la dette, il est opportun de favoriser une possibilité d'exécution rapide dans tous États membres dans lesquels le débiteur a des avoirs. Ainsi, le considérant 5 du règlement CE n° 805/2004 du 21 avril 2004 énonce que « *la*

1. CJCE 17 juin 1999, Unibank A/S c/Flemming G. Christensen, aff. C-260/97, *Rec. CJCE* I-3715.

2. CJCE 2 juin 1994, Solo Kleinmotoren GmbH c/Emilio Boch, aff. 414/92, *Rec. CJCE* I-2237.

notion de créance incontestée devrait recouvrir toutes les situations dans lesquelles un créancier, en l'absence établie de toute contestation du débiteur quant à la nature ou au montant d'une créance pécuniaire, a obtenu soit une décision judiciaire contre le débiteur soit un acte exécutoire nécessitant une acceptation expresse du débiteur, qu'il s'agisse d'une transaction judiciaire ou d'un acte authentique ».

442.42 Hypothèses dans lesquelles la créance est réputée incontestée. Une créance est un droit à une somme d'argent déterminée devenue exigible ou dont la date d'échéance a été indiquée dans la décision, la transaction ou l'acte authentique (Règl. 21 avr. 2004, art. 4, § 3). La créance est réputée incontestée dans les quatre hypothèses suivantes :

1° Lorsqu'elle a été expressément reconnue par le débiteur qui l'a acceptée ou qui a recouru à une transaction (la transaction peut avoir été approuvée par la juridiction ou conclue devant elle au cours de la procédure, Règl. 21 avr. 2004, art. 3, § 1, a).

2° Ou bien lorsque, tout au long de la procédure judiciaire, le débiteur s'est abstenu de s'opposer à la demande faute d'utiliser les moyens procéduraux mis à sa disposition par le droit de l'État membre d'origine. L'État membre d'origine est celui dans lequel la décision, la transaction judiciaire ou l'acte authentique a été respectivement rendue, approuvée ou conclue, ou dressé ou enregistré (Règl. 21 avr. 2004, art. 4, § 4). Il en ira par exemple ainsi en cas d'injonction de payer n'ayant pas donné lieu à opposition, ou en cas de jugement par défaut (Règl. 21 avr. 2004, art. 3, § 1, b). Le règlement CE n° 1896/2006 du 12 décembre 2006 du Parlement européen et du Conseil instaurant une procédure d'injonction de payer européenne, qui est entré en application le 12 décembre 2008, prévoit d'ailleurs désormais, indépendamment de toute application du règlement TEE, que l'**injonction de payer européenne** bénéficie d'un caractère exécutoire immédiat dans tous les États membres (sauf le Danemark) sans qu'aucune procédure d'*exequatur*, même simplifiée, soit requise[1].

3° Ou bien si le débiteur, après avoir contesté la créance au cours de la procédure judiciaire, n'a pas comparu ou ne s'est pas fait représenter au cours d'une audience relative à la créance (Règl. 21 avr. 2004, art. 3, § 1, c). Cette formulation est assez confuse. Il est exigé que ce comportement puisse être assimilé à une reconnaissance tacite de la créance au regard du droit de l'État membre d'origine. Il y a fort à parier que cette exigence donnera lieu à contentieux;

4° Ou bien encore lorsque le débiteur a expressément reconnu la créance dans un acte authentique (Règl. 21 avr. 2004, art. 3, § 1, d).

Ces quatre hypothèses peuvent en réalité être regroupées en deux grands types de situations : le premier type est celui dans lequel le débiteur a reconnu expressément la créance (par acceptation ou en recourant à une transaction judiciaire qui a été approuvée par une juridiction, a) de l'article 3 § 1, ou bien dans un acte authentique, d) de l'article 3, § 1); le second type est celui dans lequel il peut être considéré que le débiteur n'a manifesté aucune objection et s'est abstenu d'une contestation (hypothèse b de l'article 3, § 1 : aucune utilisation pendant la procédure judiciaire des moyens procéduraux permettant de contester, ou bien c de l'article 3, § 1 : contestation du défendeur, mais ensuite absence de comparution et de représentation au cours de l'audience relative à la créance. Cette dernière hypothèse est celle qui paraît la plus incertaine).

Dans ces quatre situations, le règlement considère la créance comme incontestée ou bien parce que le débiteur a positivement signalé qu'il se reconnaissait débiteur (cas 1 et 4), ou bien parce qu'il s'est abstenu de se défendre à un moment ou un autre de la procédure (cas 2 et 3).

442.43 Critique. Force est de constater que les hypothèses de « *présomption* » de reconnaissance tacite de la créance sont énoncées de façon assez large au détriment des intérêts du défendeur et des droits de la défense, qui pourront être ainsi bafoués par l'interprétation, pas toujours judicieuse, de l'attitude (le silence ou l'absence de réaction) du réputé débiteur. L'initiative de réagir appartient donc impérativement au défendeur sous peine de voir délivrer contre lui un TEE pouvant être exécuté dans tout État membre. Notamment dans le cas du c) de l'article 3 § 1, où le défendeur a contesté puis ne comparaît pas, il est reconnu davantage de valeur à sa non-comparution analysée comme une reconnaissance tacite de la créance, qu'à son acte positif préalable de contestation, ce qui laisse songeur[2].

Pour un arrêt d'une juridiction d'appel allemande à propos des conditions de la certification comme TEE, v. OLG Stuttgart, 23 oct. 2007, 5 W 29/07[3] : une certification comme TEE au sens de l'article 9 du règlement suppose une convocation formelle à l'audience du tribunal, et la simple remise à la poste ne saurait suffire. Cette condition est exigée même dans le cas où l'acte introductif d'instance a préalablement été notifié selon les formes.

1. Il en va de même dans le règlement CE n° 861/2007 du Parlement européen et du Conseil du 11 juillet 2007, instituant une procédure européenne de règlement des petits litiges ne dépassant pas 2 000 euros : les décisions rendues dans le cadre de cette procédure bénéficient, dans tous les États membres sauf le Danemark, d'une dispense d'*exequatur* (de « *déclaration constatant la force exécutoire* », selon la terminologie du règlement Bruxelles I).

2. POUR DES CRITIQUES v. E. Jeuland, « Le titre exécutoire européen, un château en Espagne », *Gaz. Pal.* 27-28 mai 2005, p. 16.

3. *IPRax* 2008, vol. 4, X.

SECTION 2
GARANTIES DE PROCÉDURE

442.50 **Plan.** Avant de pouvoir délivrer un titre exécutoire européen, la juridiction compétente de l'État membre d'origine va, dans les hypothèses de « *reconnaissance tacite* » de la créance par le débiteur, devoir vérifier que certaines conditions minimales de procédure ont bien été respectées. Les garanties de procédure, dénommées « *normes minimales* », portent essentiellement sur l'acte introductif d'instance. La procédure de certification s'efforce de protéger *a minima* les intérêts du défendeur (§ 1). Les États membres devront en outre garantir, dans des cas exceptionnels, le réexamen de la décision certifiée comme TEE (§ 2).

§ 1
Procédure de certification

442.60 **Des conditions minimales.** Pour qu'un titre puisse être certifié comme TEE, le règlement exige tout d'abord le respect, dans les cas de « *reconnaissance tacite* » de la créance par le débiteur (plus clairement, dans le cas où le règlement pose une telle présomption), de garanties minimales de procédure qui portent sur les modes de signification ou notification employés mais également sur le contenu informatif de l'acte introductif d'instance.

A.
Des garanties minimales de procédure

442.61 **Distinction entre modes de notification.** Le règlement CE n° 805/2004 du 21 avril 2004 procède à une distinction entre deux grandes catégories de modes de signification ou notification : ceux qui sont accompagnés de la preuve de la réception de l'acte par le débiteur (Règl. 21 avr. 2004, art. 13 - ou de son représentant, v. Règl. 21 avr. 2004, art. 15) et ceux qui ne sont pas assortis d'une telle preuve (Règl. 21 avr. 2004, art. 14). Relèvent de la première catégorie la signification ou notification à personne lorsque le débiteur a signé un accusé de réception portant la date de réception; la signification ou notification à personne au moyen d'un document signé par celui qui a procédé à la signification; la signification ou notification par la voie postale si le débiteur a renvoyé l'accusé de réception signé et portant date de réception; la signification ou notification par des moyens électroniques (télécopie, courrier électronique, *etc.*) si le débiteur a signé et renvoyé un accusé de réception portant date de la réception. Est également admise la citation à comparaître délivrée oralement au débiteur au cours d'une audience, dès lors qu'elle est consignée au procès-verbal de l'audience.

Relèvent de la seconde catégorie visée à l'article 14 (modes de signification ou notification non assortis de la preuve de la réception de l'acte par le débiteur) :

a) la notification ou signification à personne à l'adresse personnelle du débiteur, à des personnes vivant à la même adresse ou employées à cette adresse;

b) la signification ou notification à des personnes employées par le débiteur, dans les locaux commerciaux de ce dernier, s'il est indépendant ou personne morale;

c) le dépôt de l'acte dans la boîte aux lettres du débiteur;

d) le dépôt de l'acte dans un bureau de poste ou auprès d'une autorité publique compétente, avec communication écrite au débiteur dans sa boîte aux lettres pour l'informer de ce dépôt (mais à condition que la communication précise clairement la nature judiciaire de l'acte, ou le fait qu'elle a valeur de signification ou notification et fait donc courir les délais);

e) la voie postale simple lorsque le débiteur a une adresse dans l'État membre d'origine;

f) les moyens électroniques avec accusé de réception automatique, à condition que le débiteur ait accepté par avance ce mode. Le recours à tous ces moyens suppose que l'adresse du débiteur soit connue avec certitude. La signification ou la notification doit être attestée par un acte signé par la personne compétente qui y a procédé (sur les mentions de cet acte, v. Règl. 21 avr. 2004, art. 13 § 3 a) ou par un accusé de réception émanant de la personne qui a reçu la signification ou la notification dans les hypothèses a) et b) évoquées plus haut. Il est permis de constater que les modes de notification de l'article 14 ne garantissent pas tous l'information effective du défendeur.

La Cour de justice, dans un arrêt du 15 mars 2012, *Cornelius de Visser*[1], a jugé que le droit de l'Union s'opposait à la certification, en tant que titre exécutoire européen au sens du règlement CE no 805/2004, d'un jugement par défaut prononcé à l'encontre d'un défendeur dont l'adresse n'était pas connue. Selon la Cour, si un jugement rendu par défaut peut être certifié comme TEE[2], la signification ou la notification non assortie de la preuve de la réception par le destinataire n'est pas admise si l'adresse du débiteur n'est pas connue avec certitude (Règl. 21 avr. 2004, art. 14 § 2). « *Il ressort donc du libellé même du règlement n° 805/2004 qu'un jugement par défaut rendu en cas d'impossibilité de déterminer le domicile du défendeur ne peut pas être certifié* » en tant que TEE, d'autant que le règlement, instaurant un mécanisme déroga-

1. CJUE 15 mars 2012, G. c/Cornelius de Visser, aff. C-292/10.
2. V. NOT. Règl. 21 avr. 2004, consid. 6, qui énonce que « *l'absence d'objections de la part du débiteur telle qu'elle est prévue à l'article 3, paragraphe 1, point b), peut prendre la forme d'un défaut de comparution à une audience ou d'une suite non donnée à l'invitation faite par la juridiction de notifier par écrit l'intention de défendre l'affaire* ».

toire au régime commun de reconnaissance des jugements, doit faire l'objet d'une interprétation stricte quant à ses conditions d'application (point 64 de l'arrêt).

442.62 Contenu informatif de l'acte introductif d'instance. En outre, le règlement du 21 avril 2004 exige que l'acte introductif d'instance (ou l'acte équivalent)[1] informe le débiteur sur deux points : la créance (Règl. 21 avr. 2004, art. 16) et les formalités procédurales à accomplir pour la contester (Règl. 21 avr. 2004, art. 17). Quant à la **créance**, les informations requises sont relatives aux noms et adresses des parties, au montant de la créance et, si des intérêts sont exigés, au taux d'intérêt et à la période pour laquelle ils sont exigés (sauf si des intérêts légaux sont automatiquement ajoutés au principal en vertu du droit national de l'État membre d'origine). La cause de la demande doit également être précisée[2]. L'article 16 du règlement est intitulé « *information en bonne et due forme du débiteur sur la créance* ». Son objectif est de permettre au débiteur d'identifier de façon précise la créance avant de décider s'il souhaite la contester ou non. Ceci peut être particulièrement utile si les parties sont en relation habituelle d'affaires et que plusieurs créances sont nées de leurs rapports.

442.63 Informations aussi sur les procédures de contestation. Le débiteur doit également être informé dans l'acte introductif d'instance (ou de tout acte équivalent, ou encore de toute citation à comparaître ou des documents les accompagnant) des **exigences de procédure à respecter pour contester la créance** (recours, délais pour contester par écrit ou bien date de l'audience, nom et adresse de l'institution à qui répondre ou devant laquelle comparaître, représentation obligatoire ou non par avocat, Règl. 21 avr. 2004, art. 17). Les conséquences d'une absence d'objection ou d'une non-comparution doivent également être précisées, notamment en ce qui concerne la possibilité d'une décision ou d'une procédure contre le débiteur, ainsi que pour la charge des frais de justice.

Ces obligations d'information au profit du défendeur sont essentielles. Elles tendent à garantir qu'il a bien été mis en mesure de comprendre le sens et la portée des informations communiquées et les conséquences possibles de son comportement. C'est uniquement si et parce que le défendeur bénéficie de ces informations que le mécanisme radical du TEE peut être utilisé, dès lors que ses autres conditions sont réalisées.

442.64 Violation des normes minimales de procédure – Conséquences. Si les normes minimales de procédure n'ont pas été respectées, la juridiction compétente de l'État membre d'origine ne pourra en principe délivrer de TEE. Toutefois, dans un souci d'effectivité des décisions de justice, le règlement du 21 avril 2004 prévoit des moyens de remédier à la méconnaissance de ces garanties minimales de procédure. Ceci témoigne bien de la volonté des instances européennes de favoriser autant que faire se peut l'exécution dans tout État membre d'une décision rendue à propos d'une créance incontestée, la philosophie et l'objectif étant de faciliter le recouvrement de telles créances.

442.65 Remèdes. Dans l'intérêt du créancier et d'une exécution effective et rapide de la décision, l'article 18 prévoit que si la procédure dans l'État membre d'origine n'a pas respecté les normes minimales (Règl. 21 avr. 2004, art. 13 à 17), il peut y être remédié de deux façons. **Tout d'abord, la décision peut être certifiée en tant que TEE** si trois conditions **cumulatives sont** remplies :

1°) la décision a été signifiée ou notifiée au débiteur selon les modes prévus aux articles 13 ou 14 du règlement (en revanche, l'acte signifié ne contenait peut-être pas les indications obligatoires des articles 16 et 17 à propos de la créance et des modalités procédurales à suivre pour contester);

2°) le débiteur a eu la possibilité de contester la décision par un recours prévoyant un réexamen complet et a été « *dûment informé* » des exigences procédurales pour ce recours (v. Règl. 21 avr. 2004, art. 18 § 1 b);

3°) et le débiteur n'a pas formé de recours contre la décision selon les règles procédurales applicables.

Ces trois exigences montrent que la méconnaissance de certaines garanties minimales de procédure (en fait celles relatives au contenu informatif de l'acte introductif d'instance ou de l'acte équivalent) est jugée sans gravité et non rédhibitoire dès lors que la signification ou notification de cet acte s'est, elle, faite dans le respect du règlement (Règl. 21 avr. 2004, art. 13 et 14) et que le débiteur a obtenu une information suffisante quant à la possibilité et aux conditions d'un recours contre la décision rendue mais n'a pas exercé ce recours.

442.66 Ensuite, il est également remédié au non-respect des normes minimales dans le cas où il est prouvé par le comportement du débiteur au cours de la procédure judiciaire qu'il a bien reçu personnellement l'acte introductif d'instance, et ce en temps utile pour pouvoir préparer sa défense (Règl. 21 avr. 2004, art. 18 § 2). Dans cette hypothèse, les exigences des articles 13 et 14 du règlement en matière de

1. Une juridiction d'appel allemande a jugé que la certification comme TEE au sens de l'article 9 du règlement du 21 avr. 2004 supposait une convocation formelle à l'audience du tribunal, un simple envoi postal ne suffisant pas, v. OLG Stuttgart, 23 oct. 2010, 5 W 29/07, *IPRax* 4/2008. X.
2. Toutes ces informations sont particulièrement importantes en cas de relations d'affaires fréquentes entre les parties; le prétendu débiteur peut alors avoir du mal à reconnaître le paiement de quelle facture lui est réclamé.

mode de signification ou de notification de l'acte introductif d'instance n'ont pas été respectées, le débiteur a néanmoins été informé de la procédure et a eu suffisamment de temps pour préparer sa défense. Le créancier démontrera ainsi par tous moyens, et notamment par la présence du débiteur lors de l'audience, par la constitution éventuelle d'un avocat, par le dépôt de conclusions en défense, que le débiteur a été effectivement informé de la procédure et a pu y défendre, si bien qu'il n'y a pas lieu de le protéger outre mesure.

B. Autres conditions de certification

442.71 **Conditions supplémentaires.** Le chapitre II du règlement pose des conditions générales qui viennent s'ajouter aux normes minimales, et qui varient selon que l'acte exécutoire est une décision (Règl. 21 avr. 2004, art. 6 s.), une transaction judiciaire (Règl. 21 avr. 2004, art. 24) ou un acte authentique (Règl. 21 avr. 2004, art. 25). En matière de décision, il est exigé :

– que la décision soit exécutoire dans l'État membre d'origine : on ne voit en effet pas comment un titre qui ne serait pas exécutoire dans l'État membre dans lequel il a été établi, pourrait l'être dans les autres États membres;

– qu'elle ne soit pas incompatible avec certaines règles de compétence du règlement Bruxelles I CE n° 44/2001 du 22 décembre 2000 (il s'agit des règles des sections 3 et 6 du chapitre II, consacrées à la compétence en matière d'assurances et aux compétences exclusives, impératives dans le règlement. Le règlement impose donc que certaines règles de compétence en matière civile et commerciale jugées essentielles et impératives ne soient pas violées. Si elles l'étaient, la décision rendue en violation de ces règles de compétence ne pourrait bénéficier de la certification comme TEE).

Il est en outre exigé que la décision ait été rendue dans l'État membre du domicile du débiteur si la créance se rapporte à un contrat conclu par un consommateur et si le débiteur est consommateur (à condition toutefois que la créance soit incontestée pour les motifs énoncés au b) et c) de l'art. 3 du règlement).

442.72 **Requête en vue de l'obtention du titre exécutoire européen.** La requête tendant à l'obtention du certificat de TEE est portée devant la juridiction d'origine (c'est-à-dire devant la juridiction qui a rendu la décision relative à la créance incontestée et servant de fondement au TEE). Cela est un atout considérable pour le créancier dans la mesure où il n'a pas à solliciter une seconde juridiction, et notamment pas celle de l'État membre autre sur lequel il souhaite lancer des mesures d'exécution. Le règlement ne semble pas préciser si la certification comme TEE doit être **notifiée** au débiteur.

La Cour suprême autrichienne a jugé que cela n'était pas le cas [1], alors que le droit allemand exige dans le paragraphe 1080 alinéa 1er de son Code de procédure civile (*Zivilprozessordnung*, ZPO) une telle notification d'office par la juridiction, faute de quoi l'exécution forcée pourrait être refusée. En l'absence d'une telle information du débiteur, ce dernier risque de n'être informé de la procédure et de l'existence du TEE qu'au moment de l'exécution forcée [2].

Pour la France, le décret n° 2004-836 du 20 août 2004 [3] a instauré dans le Code de procédure civile un nouveau chapitre dans le titre XV relatif à l'exécution du jugement (chapitre II consacré à la reconnaissance transfrontalière), contenant les articles 509 à 509-7. Depuis le décret n° 2005-460 du 13 mai 2005 [4], l'article 509-1 C. pr. civ. énonçait que « *les requêtes aux fins de certification des titres exécutoires français en vue de leur reconnaissance ou de leur exécution à l'étranger sont présentées au greffier en chef de la juridiction qui a rendu la décision ou homologué la convention* ». Certes, ce texte visait à rendre applicable le règlement Bruxelles I du 22 décembre 2000 (v. Règl. Bruxelles I, art. 54, qui prévoit que l'autorité compétente d'un État membre dans lequel une décision a été rendue délivre, à la requête de toute partie intéressée, un certificat utilisant le formulaire dans le modèle figure à l'annexe V du règlement – V. aussi les articles 57 et 58 pour le certificat délivré à propos des actes authentiques et transactions judiciaires). Toutefois, il se posait la question de savoir si – en l'absence d'exclusion expresse dans la teneur même de l'article 509-1 – ce texte s'appliquait également à la certification comme TEE, puisque aucun décret spécifique d'application n'avait été pris pour ce dernier. Ce serait alors le greffier de la juridiction qui a eu à connaître de l'affaire et qui a ou bien rendu une décision, ou bien entériné une transaction entre les parties, qui serait compétent. Nous avions défendu cette thèse dans les précédentes éditions de cet ouvrage, tout en critiquant la solution à laquelle

1. V. OGH (*Oberster Gerichtshof* autrichien), 22 févr. 2007, 3 Ob 253/06m, *IPRax* 2008. 440 : une notification de la certification comme TEE au débiteur n'est pas nécessaire, même si ce dernier n'a eu connaissance de la certification que dans le cadre de l'exécution forcée du titre; sur cette décision, v. D. Bittmann, « *Die Voraussetzungen der Zwangsvollstreckung eines Europäischen Vollstreckungstitels* », *IPRax* 2008. 445.
2. EN CE SENS AUSSI, D. Bittmann, « *Die Voraussetzungen der Zwangsvollstreckung eines Europäischen Vollstreckungstitels* », *IPRax* 2008. 446.
3. Décr. n° 2004-836, 20 août 2004 portant modification de la procédure civile, *JO* 22 août, p. 15032.
4. Décr. n° 2005-460, 13 mai 2005 relatif aux compétences des juridictions civiles, à la procédure civile et à l'organisation judiciaire, *JO* 14 mai, p. 8343.

aboutissait une telle application par analogie. Le pouvoir réglementaire nous a donné raison par un décret n° 2008-484 du 22 mai 2008[1], qui soumet, dans l'article 509-1 C. pr. civ., la délivrance du TEE à la compétence du greffier en chef de la juridiction qui a rendu la décision (ou homologué la convention), comme ce même greffier est également compétent pour certifier les titres exécutoires français en vue de leur reconnaissance et de leur exécution à l'étranger (en outre, en vertu de l'article 509-1 alinéa 1er C. pr. civ., le greffier en chef du tribunal de grande instance [TGI] est compétent pour connaître des requêtes aux fins de reconnaissance et de constatation de force exécutoire, en France, des titres exécutoires étrangers sur le fondement du règlement Bruxelles I).

En Allemagne, le règlement TEE a donné lieu à des normes d'application énoncées dans les paragraphes 1079 et suivants ZPO. Il est curieux de constater que c'est le *Rechtspfleger* (sorte de super-greffier ou de demi-juge à qui sont conférées certaines attributions relevant auparavant de la compétence du juge) qui délivre le TEE, alors que la déclaration constatant la force exécutoire d'un jugement émanant d'un autre État membre est accordée en Allemagne, sur le fondement du règlement Bruxelles I, par un juge président du tribunal régional (équivalent du TGI français). Le contrôle précédant la délivrance du TEE semble plus exigeant et important, si bien qu'il serait plus logique d'opter pour la solution contraire (délivrance du TEE par un juge, et de la déclaration de force exécutoire selon le règlement Bruxelles I par le *Rechtspfleger* ou même un greffier)[2].

Si le document destiné à être certifié comme TEE est un acte authentique, son bénéficiaire doit s'adresser au notaire ou à la personne morale titulaire de l'office notarial conservant la minute de l'acte reçu (et non pas, comme cela est le cas pour les requêtes aux fins de certification, de connaissance ou de constatation de force exécutoire dans le cadre du règlement Bruxelles I, au président de la chambre des notaires ou, en cas d'absence ou d'empêchement, à son suppléant désigné parmi les membres de la chambre - V. C. pr. civ., art. 509-3, al. 3, tel qu'issu du décret n° 2008-484, 22 mai 2008). Avant ce décret de 2008, l'article 509-3 ne faisait aucune référence expresse au règlement CE n° 805/2004 du 21 avril 2004; il nous avait néanmoins paru logique de retenir également dans ce contexte, la compétence du président de la chambre des notaires par analogie avec les hypothèses de déclaration de force exécutoire dans le contexte du règlement Bruxelles I[3]. Le décret du 22 mai 2008 est venu clarifier la question en optant pour la solution la plus simple et la meilleure : la compétence du notaire ayant dressé l'acte ou le conservant. (V. aussi, Décr. n° 2010-433, 29 avr. 2010, art. 5, qui prévoit que les dispositions de Décr. n° 2008-484, art. 16, sont applicables aux requêtes présentées postérieurement à la publication du décret n° 2010-433 du 29 avr. 2010).

C.
Des garde-fous : limitation, suspension, rectification ou retrait du titre exécutoire européen

442.81 Disparition ou suspension du caractère exécutoire de la décision. Le règlement envisage le cas où une décision certifiée comme TEE cesserait d'être exécutoire ou verrait son caractère exécutoire suspendu[4] ou limité. Dans ce cas, un certificat indiquant cette suspension ou limitation de la force exécutoire est délivré (Règl. 21 avr. 2004, art. 6 § 2). De même, un certificat de remplacement est délivré lorsque la décision certifiée comme TEE a fait l'objet d'un recours et que la décision rendue sur recours est exécutoire dans l'État membre d'origine.

Pour une illustration d'un cas d'annulation d'une décision certifiée comme TEE, v. un arrêt de la Cour de cassation du 6 janvier 2012[5] : « *Attendu qu'ayant relevé qu'une décision passée en force de chose jugée du tribunal de première instance de Constance avait annulé le mandat d'exécution européen du tribunal d'instance de Stuttgart homologué en titre exécutoire européen par ce même tribunal et retenu exactement que, conformément à l'article 11 du règlement européen n° 805/2004, le certificat de titre exécutoire européen ne produisait ses effets que dans la limite de la force exécutoire de la décision dont la cour d'appel de Karlsruhe avait certifié dans son arrêt du 12 août 2008 qu'elle n'était plus exécutoire, de sorte que la saisie-attribution n'avait plus de fondement juridique, la cour d'appel a ordonné, à bon droit, la mainlevée de la saisie-attribution* ».

442.82 Rectification ou retrait du certificat. Le certificat peut aussi donner lieu, sur demande adressée à la juridiction d'origine, à rectification ou à retrait (Règl. 21 avr. 2004, art. 10). La rectification

1. Décr. n° 2008-484, 22 mai 2008 relatif à la procédure devant la Cour de cassation, *JO* 24 mai, p. 8477.
2. En faveur de la compétence dans les deux cas du *Rechtspfleger*, v. B. Heß et D. Bittmann, « *Die Effektuierung des Exequaturverfahrens nach der Europäischen Gerichtsstands – und Vollstreckungsverordnung* », *IPRax* 2007. 277 et spéct 279 s.
3. V. EN CE SENS, un document en ligne en langue anglaise sur le site du réseau judiciaire européen cité par C. Nourissat, *D.* 2006. 1266 : document faisant référence pour les actes authentiques au « *president of the chambers of notaries* » – V. TOUTEFOIS, J.-F. Sagaut et M. Cagnart, « Regard notarial sur le titre exécutoire européen », *JCP N* 2005. 1310, qui sont favorables à la désignation du notaire rédacteur de l'acte comme autorité certificatrice.
4. V. Lyon, 14 oct. 2010, RG n° 09/04873, *Procédures* déc. 2010, n° 406, obs. Nourissat : la suspension de l'exécution d'un TEE ne peut être accordée que si le débiteur a formé un recours contre la décision certifiée en tant que titre exécutoire européen ou demandé la rectification ou le retrait du certificat de TEE devant la juridiction de l'État membre d'origine.
5. Civ. 2e, 6 janv. 2012, n° 10-23.518, *Bull. civ.* II, n° 7; *D.* 2012. 1512, obs. Leborgne.

intervient en cas d'erreur matérielle, lorsqu'il existe une divergence entre la décision et le certificat. Le retrait est réalisé lorsque le certificat a été « *délivré indûment* », c'est-à-dire en violation des conditions prévues par le règlement[1]. En dehors de ces hypothèses, la délivrance d'un certificat de TEE n'est susceptible d'aucun recours (Règl. 21 avr. 2004, art. 10 § 4).

Ainsi, dans une affaire dans laquelle une saisie-attribution avait été engagée par une société italienne contre une société française sur le fondement d'une injonction de payer rendue par un tribunal italien et certifiée comme TEE, la Cour de cassation française a jugé le 22 février 2012[2] que la cour d'appel avait à bon droit rejeté la demande de mainlevée de la saisie fondée sur une contestation des modalités de notification, au débiteur, de l'injonction de payer italienne. La société française débitrice faisait valoir qu'elle n'avait pas été informée, dans la décision ou dans un document l'accompagnant, des exigences de procédure relatives au recours possible contre l'ordonnance, comme pourtant l'exigent les articles 17 et 18 du règlement CE n° 805/2004 du 21 avril 2004. La Cour de cassation relève que la décision certifiée comme TEE dans l'État membre d'origine est reconnue et exécutée dans les autres États membres sans qu'une déclaration constatant la force exécutoire soit nécessaire « *et sans qu'il soit possible de contester sa reconnaissance* ». Ainsi, même si les conditions posées par l'article 17 du règlement quant à l'information en bonne et due forme du débiteur sur les formalités procédurales à accomplir pour contester la créance n'ont pas été respectées, c'est en amont, lors de la délivrance du TEE, que doit être examiné le respect des exigences posées par le règlement.

Dans le but de protéger le défendeur, le règlement prévoit toutefois que, dans certaines situations exceptionnelles, le droit national doit garantir un réexamen de la décision.

§ 2
Garanties indispensables de réexamen de la décision dans des cas exceptionnels

442.91 Droit au réexamen. Une décision ne pourra être certifiée comme TEE que si le débiteur a le droit de demander un réexamen de la décision dans les cas suivants (Règl. 21 avr. 2004, art. 19) :

- lorsque l'acte introductif d'instance (ou la citation à comparaître) a été signifié ou notifié par un mode de l'article 14 (donc sans preuve de la réception effective par le débiteur) et lorsque la signification ou la notification n'est pas intervenue en temps utile pour que le débiteur prépare sa défense, à condition qu'il n'y ait pas eu de faute de sa part;

- ou bien lorsque le débiteur a été empêché de contester la créance « *pour des raisons de force majeure ou par suite de circonstances extraordinaires, sans qu'il y ait eu faute de sa part* ». Dans les deux hypothèses de relevé de forclusion, il est exigé que le débiteur « *agisse rapidement* ».

442.92 Un simple minimum. Ces exigences d'une possibilité de réexamen qui doit être prévue par le droit national de l'État membre d'origine sont un minimum. Les États membres peuvent tout à fait autoriser un réexamen de la décision dans des conditions plus favorables (Règl. 21 avr. 2004, art. 19 § 2). En France, le recours sera une opposition ou un appel suivant que le jugement a été rendu par défaut ou est réputé contradictoire[3]. En matière de jugement par défaut ou de jugement réputé contradictoire, l'article 540 alinéa 1er C. pr. civ. prévoit que le juge peut relever le défendeur de la forclusion résultant de l'expiration du délai pour former recours si le défendeur, sans qu'il y ait faute de sa part, n'a pas eu connaissance du jugement en temps utile pour exercer son recours, ou s'il s'est trouvé dans l'impossibilité d'agir. L'alinéa 3 de l'article 540 C. pr. civ. ajoute, depuis un décret n° 2005-1678 du 28 décembre 2005[4], que la demande de relevé de forclusion est recevable jusqu'à l'expiration d'un délai de deux mois suivant le premier acte signifié à personne ou, à défaut, suivant la première mesure d'exécution ayant pour effet de rendre indisponibles en tout ou partie les biens du débiteur.

Il ne s'agit pas d'imposer aux États membres l'obligation d'adapter leur législation nationale aux normes minimales de procédure prévues par le règlement, mais seulement de les y « *inciter* » en ne permettant une exécution plus efficace et plus rapide des décisions dans les autres États membres que si ces normes minimales sont respectées (v. Règl. 21 avr. 2004, consid. 19). L'idée de l'Union européenne est d'inciter les États membres à développer leurs garanties procédurales sans toutefois les y contraindre, dans l'immédiat au moins. La contrainte « *morale* » s'exercera par le biais de la concurrence entre États mem-

1. V. OGH (*Oberster Gerichtshof* autrichien), 22 févr. 2007, 3 Ob 253/06m, *IPRax* 2008. 440 : la juridiction d'origine peut prononcer le retrait du TEE lorsque les normes minimales de procédure relatives aux notifications et à l'information du débiteur ont été violées dans une procédure par défaut, ou lorsqu'aucune créance incontestée n'existe. Une notification de la certification comme TEE au débiteur n'est pas nécessaire, même si ce dernier n'a eu connaissance de la certification que dans le cadre de l'exécution forcée du titre; sur cette décision, v. D. Bittmann, « *Die Voraussetzungen der Zwangsvollstreckung eines Europäischen Vollstreckungstitels* », *IPRax* 2008. 445.
2. Civ. 2e, 22 févr. 2012, n° 10-28.379, *Bull. civ.* II, n° 36; *D.* 2012. 1464, note Maurin; *Rev. crit. DIP* 2012. 910, obs. Boskovic.
3. M.-L. Niboyet, « 2005, La coopération judiciaire européenne prend sa vitesse de croisière », *Dr. et patr.* 2006. 120.
4. Décr. n° 2005-1678, 28 déc. 2005, relatif à la procédure civile, à certaines procédures d'exécution et à la procédure de changement de nom, *JO* 29 déc., p. 20350.

bres et entre modèles juridiques. Il se saura vite quels États sont sérieux dans la protection des droits procéduraux.

SECTION 3

CONSÉQUENCES DE LA DÉLIVRANCE DU TITRE EXÉCUTOIRE EUROPÉEN

442.101 Libre circulation du titre. Une fois la décision certifiée comme TEE par la juridiction d'origine qui l'a rendue, le titre va pouvoir circuler librement, sans aucun nouveau contrôle, dans les autres États membres[1], à l'exception du Danemark qui ne s'est pas associé au règlement CE n° 805/2004 du 21 avril 2004. Il y a donc ce qu'on appelle un effet d'« *assimilation* » : la décision qui a été certifiée comme TEE est traitée comme une décision nationale par l'État membre sur le territoire duquel le créancier souhaite lancer des mesures d'exécution. Porteur d'un TEE, le créancier va pouvoir aller exécuter sans autre forme de procès (et sans aucune formalité d'*exequatur* préalable) dans n'importe quel autre État membre sur le territoire duquel le débiteur a des biens[2]. Il s'agit donc là d'une simplification considérable de l'accès à l'exécution. Le TEE est exécutoire de plein droit (v. toutefois la réserve contenue dans Règl. 21 avr. 2004, art. 22, concernant les accords antérieurs avec les pays tiers). Cela constitue un grand pas en avant vers la totale liberté de circulation des jugements, un des buts affichés par l'Union européenne. Toutefois, les modalités concrètes d'exécution, c'est-à-dire les saisies et autres mesures d'exécution susceptibles d'être réalisées, relèveront encore de la loi nationale de l'État membre d'exécution, ce qui est classique au regard de la souveraineté des États en matière d'exécution sur leur territoire. La décision certifiée en tant que TEE est exécutée dans les mêmes conditions qu'une décision rendue dans l'État membre d'exécution (Règl. 21 avr. 2004, art. 20 § 1). Aucune caution (ou dépôt) ne peut être exigée du créancier au motif qu'il serait ressortissant d'un État tiers ou qu'il ne serait pas domicilié dans l'État membre d'exécution.

En Allemagne s'est posée la question de savoir si, lorsqu'un TEE émis dans un autre État membre doit être exécuté sur le territoire allemand, le recours de droit interne dénommé *Vollstreckungsgegenklage* du paragraphe 767 du Code allemand de procédure civile (ZPO) permettant au débiteur de faire valoir des moyens de défense à l'exécution[3] est ouvert ou non. La doctrine allemande majoritaire se prononce en faveur de la recevabilité d'un tel recours au stade de l'exécution du TEE étranger[4], comme la Cour fédérale de justice l'a elle-même admis mais dans le cadre du règlement Bruxelles I[5]. L'argument central en faveur de la recevabilité consiste à souligner que le juge de l'État d'origine ne pouvait examiner les moyens soulevés dans le cadre de la *Vollstreckungsgegenklage* et qu'il ne s'agit pas d'une révision au fond (prohibée), le recours allemand spécifique ne conduisant pas à écarter le titre mais simplement son caractère exécutoire. Cette solution a pu être critiquée au motif que « *l'application en complément des voies de recours nationales viole les principes d'effectivité et d'équivalence du droit communautaire* »[6]. Elle constitue la réponse de la jurisprudence nationale à des textes garantissant insuffisamment la protection du défendeur.

De même, la Cour fédérale de justice allemande[7] a jugé que l'organe chargé de l'exécution d'un TEE doit interpréter, selon les principes généraux, une dénomination non claire dans le titre. Il n'a toutefois pas, pour ce faire, le droit de tenir compte de circonstances extérieures au titre.

442.102 Cas de refus d'exécution du TEE. Le règlement prévoit un cas dans lesquels la juridiction compétente de l'État membre d'exécution pourra refuser l'exécution (Règl. 21 avr. 2004, art. 21) : il s'agit de l'hypothèse où la décision certifiée comme TEE est incompatible avec une décision rendue antérieurement dans un État membre ou dans un État tiers. Il faut que la décision antérieure ait été rendue entre les mêmes parties, dans un litige ayant la même cause, qu'elle ait été rendue dans l'État membre d'exécution ou qu'elle remplisse les conditions pour être reconnue dans cet État, et enfin que l'incompatibilité n'ait pas été et n'aurait pu être invoquée au cours de la procédure judiciaire dans l'État membre d'origine. Ces trois conditions sont cumulatives. Elles visent à éviter l'exécution de décision contradictoires

1. POUR UNE ILLUSTRATION, v. Civ. 2e, 22 févr. 2012, n° 10-28.379, *Bull. civ.* II, n° 36; *D.* 2012. 1464, note Maurin; *Rev. crit. DIP* 2012. 910, obs. Boskovic.
2. Pour une décision allemande jugeant que l'exécution forcée en Allemagne d'une décision certifiée comme TEE exige, en vertu du § 750, al. 1er ZPO, la preuve de la notification de la décision étrangère au défendeur, v. AG Augsbourg, 27 janv. 2012, 1 M 10281/12, *IPRax* 2013. 269.
3. Le § 767 ZPO dispose que les moyens de défense relatifs au droit constaté dans le jugement doivent être soulevés par le débiteur par action formée devant la juridiction de première instance. Ils ne sont recevables que si les motifs sur lesquels ils se fondent ne sont apparus que postérieurement à l'audience de plaidoiries. Le débiteur doit, lors de cette action, faire valoir tous les moyens qu'il aurait été en mesure de faire valoir lors du procès.
4. POUR UNE APPRÉCIATION CRITIQUE, v. B. Heß et D. Bittmann, « *Die Verordnungen zur Einführung eines Europäischen Mahnverfahrens und eines Europäischen Verfahrens für geringfügige Forderungen – ein substantieller Integrationsschritt im Europäischen Zivilprozessrecht* », *IPRax* 2008. 305 et spéct 310 et les références citées.
5. C. féd. justice (BGH), 14 mars 2007, *IPRax* 2008. 38.
6. B. Heß et D. Bittmann, « *Die Verordnungen zur Einführung eines Europäischen Mahnverfahrens und eines Europäischen Verfahrens für geringfügige Forderungen – ein substantieller Integrationsschritt im Europäischen Zivilprozessrecht* », *IPRax* 2008. 311.
7. C. féd. justice (BGH), 26 nov. 2009, VII ZB 42/08, *MDR* 2010. 231.

et donc insusceptibles d'exécution parallèle, tout en évitant les manœuvres dilatoires d'une partie qui n'invoquerait l'incompatibilité que tardivement alors qu'elle aurait pu le faire au cours de la procédure judiciaire dans l'État membre d'origine. La demande de refus d'exécution doit émaner du débiteur.

En revanche, la juridiction compétente de l'État membre d'exécution ne peut jamais procéder à un réexamen au fond de la décision (v. Règl. 21 avr. 2004, art. 21 § 2).

442.103 Suspension ou limitation de l'exécution. La juridiction compétente de l'État membre d'exécution peut également décider de suspendre ou de limiter l'exécution (Règl. 21 avr. 2004, art. 23). Elle peut limiter la procédure d'exécution à des mesures conservatoires ou subordonner l'exécution à la constitution d'une sûreté ou encore, dans des circonstances exceptionnelles, suspendre la procédure d'exécution, lorsque le débiteur a formé un recours contre la décision certifiée comme TEE (il peut s'agir d'un réexamen au sens de Règl. 21 avr. 2004, art. 19) ou a demandé la rectification ou le retrait du certificat de TEE. Le règlement CE n° 805/2004 du 21 avril 2004 a donc manifestement pris conscience de certains risques d'une exécution « *automatique* » sans aucun pouvoir de contrôle de la juridiction compétente de l'État membre d'exécution; il a institué des garde-fous. Cela est bien la moindre des choses au regard de la faveur très nette accordée par les instances de l'Union à celui qui se prétend créancier, le recouvrement effectif des créances étant considéré comme un objectif essentiel au sein de l'Union.

L'application du règlement CE n° 805/2004 du 21 avril 2004 a donné lieu à certaines difficultés, notamment devant les juridictions allemandes[1]. L'avenir du titre exécutoire européen est en outre menacé. En effet, avec la **disparition de la formalité préalable de déclaration** constatant la force exécutoire, dans le nouveau régime qui entrera en vigueur avec le règlement UE n° 1215/2012 du 12 décembre 2012, Bruxelles I *bis*, le TEE perdra tout intérêt. Lui qui n'a pas encore trouvé sa place dans la pratique juridique et judiciaire, pourrait bien être abrogé, faute d'apporter une quelconque plus-value à un système dans lequel l'*exequatur* en tant que « *coup de tampon* » aura disparu.

1. V. C. M. Giebel, « *Fünf Jahre Europäischer Vollstreckungstitel in der deutschen Gerichtspraxis – Zwischenbilanz und fortbestehender Klärungsbedarf* », *IPRax* 2011. 529.

LIVRE

5. LES VOIES DE RECOURS

SECTION 0

ORIENTEUR

5.00 **Plan du livre.**

Distinction. Traditionnellement les voies de recours sont envisagées sous l'angle des voies ordinaires (appel et opposition) et extraordinaires (tierce-opposition, recours en révision et pourvoi en cassation). Sans entrer ici dans la controverse sur la notion des voies de recours, il est utile de constater que les jugements peuvent faire l'objet de voies de recours spécifiques, en matière de compétence (le contredit) et d'interprétation, de rectification et de complément de leurs dispositions.

Seront donc étudiées : les voies de recours sur la compétence (titre 51), les voies de recours en interprétation, rectification ou complément de jugement (titre 52) et les voies de recours ordinaires et extraordinaires (titres 53, 54 et 55).

TITRE

51. Les voies de recours sur la compétence

SECTION 0 ORIENTEUR

51.00 **Plan du titre.**

Deux voies de recours. À l'exception des décisions du juge d'instance statuant sur la compétence de la juridiction de proximité (v. s[s] n°s 351.230 s.), toute décision sur la compétence peut faire l'objet d'un recours, quel que soit le montant de la demande, même si la décision est rendue en dernier ressort. Pour accélérer le règlement du conflit de compétence et éviter les recours dilatoires, le Code de procédure civile a prévu des solutions originales et a instauré deux voies de recours : une voie de recours spécifique pour contester la seule compétence, le contredit (chap. 511), et l'appel (chap. 512) qui peut aussi porter sur la compétence.

CHAPITRE

511. Contredit

Didier CHOLET
Maître de conférences
à l'Université du Maine

SECTION 0

Orienteur

511.00 Plan du chapitre.

Division. La procédure de contredit de compétence (sect. 1), sera examinée avant la décision sur le contredit (sect. 2).

511.01 Principaux textes applicables.
C. pr. civ., art. 80 à 99, 272 et 776.
C. pr. exéc., art. R. 121-3.

SECTION 1

Procédure de contredit

511.10 Voie de recours spécifique. Le contredit est une voie de recours spécifique contre une décision sur la compétence. Mais comme un appel est également seul possible dans certains cas, il faut préciser le domaine du contredit (§ 1) avant d'en examiner la recevabilité (§ 2).

La question est importante puisque le délai de contredit est bref et qu'un appel formé au lieu d'un contredit est irrecevable[1].

§ 1
Domaine du contredit

511.11 Textes. L'article 80 C. pr. civ. dispose que : « *Lorsque le juge se prononce sur la compétence sans statuer sur le fond du litige, sa décision ne peut être attaquée que par la voie du contredit, quand bien même le juge aurait tranché la question de fond dont dépend la compétence. Sous réserve des règles particulières à l'expertise, la décision ne peut pareillement être attaquée du chef de la compétence que par la voie du contredit lorsque le juge se prononce sur la compétence et ordonne une mesure d'instruction ou une mesure provisoire.* »

Le domaine du contredit se limite donc à deux cas : celui où le juge ne statue que sur la compétence (A) et celui où il statue sur la compétence et ordonne une mesure d'instruction ou une mesure provisoire (B). Mais en outre les articles 98 et 99 prévoient des exceptions (C).

A.
Jugement sur la seule compétence

511.20 Hypothèses. La voie du contredit est ainsi seule ouverte dans plusieurs hypothèses : soit le juge se déclare compétent et sursoit à statuer au fond (1°), soit il se déclare incompétent sur un déclinatoire de compétence ou d'office (2°), et ce alors même que le jugement tranche une question de fond dont dépend la compétence (3°).

1°
Le juge se déclare compétent et sursoit à statuer au fond

511.21 Conditions. Il faut nécessairement que le juge ait été saisi d'une exception d'incompétence sur laquelle il a statué, mais sans statuer au fond par le même jugement. Dans ce cas, la voie du contredit est seule ouverte.

Encore faut-il que le juge ait statué véritablement sur la compétence et qu'il n'ait statué que sur la compétence. Si ce n'est pas le cas, c'est l'appel qui est seul ouvert.

511.22 Exemples. Ainsi, il a été jugé que n'était pas un jugement sur la compétence, le jugement qui statue sur une **immunité diplomatique**[2], ou celui qui statue sur une **clause compromissoire**[3].

De même ne statue pas sur la compétence, le jugement qui rejette une exception d'incompétence pour des raisons de forme, parce qu'elle est tardive[4], ou non motivée. Celui qui statue sur une demande de renvoi sur le fondement de l'article 47[5] ou sur la récusation d'un juge pour lien de parenté[6]. Le jugement qui se borne dans son dispositif à déclarer irrecevable la demande tendant à ce que le tribunal statue sur sa compétence (l'incompétence étant soulevée par le demandeur qui avait lui-même saisi la juridiction) n'est pas non plus susceptible de contredit car il ne se prononce pas sur la compétence[7].

511.23 Difficultés. Par ailleurs il n'est pas toujours facile de déterminer si le jugement n'a statué que sur la compétence et non sur le fond.

Il faut en réalité apprécier la question par chef de demande et en fonction de l'objet du recours. Ainsi dans le cas d'une demande incidente formée par une partie, indépendamment de la demande principale, il a été jugé que le chef du jugement afférent à ladite demande incidente et qui ne statue que sur la compétence ne peut être attaqué que par la voie du contredit, alors même qu'un appel est formé sur la demande principale[8].

On admet encore que ne statue pas au fond et peut seulement être attaqué par la voie du contredit, le jugement qui statue sur la compétence et sur une demande reconventionnelle en dommages-intérêts pour procédure abusive et sur une demande pour frais irrépétibles[9].

2°
Le juge se déclare incompétent

511.31 Contredit seulement. Dans tous les cas où le juge se déclare incompétent (sauf les exceptions prévues par les articles 98 et 99 C. pr. civ. ou d'autres textes – V. s[s] n°s 511.70 s.), c'est la voie du contredit seule qui est ouverte pour contester le jugement, que

1. Soc. 23 oct. 1979, n° 78-41.233, *Bull. civ.* V, n° 762 ; *JCP* 1980. IV. 6.
2. Paris, 30 janv. 1963, *RTD civ.* 1963. 619, obs. Hébraud – Civ. 1re, 15 avr. 1986, n° 84-13.422, *Bull. civ.* I, n° 87 ; *JCP* 1986. IV. 170 ; *Gaz. Pal.* 1987. Somm. 53, obs. Guinchard et Moussa ; *Rev. crit. DIP* 1986. 723, note Couchez.
3. Paris, 23 juin 1993, RG n° 93/590, *Rev. arb.* 1994. 151, note Cadiet – Paris, 12 oct. 1994, RG n° 94/6640, *RTD com.* 1995. 399, obs. Dubarry et Loquin.
4. Paris, 14 févr. 1972, *JCP* 1972. II. 17242, concl. Cornadeaux.
5. Civ. 2e, 15 févr. 1995, n° 93-14.317, *Bull. civ.* II, n° 51 ; *JCP* 1995. IV. 921.
6. Civ. 2e, 2 févr. 1972, n° 71-10.342, *JCP A* 1972. IV. 4483, obs. J. A.
7. Civ. 2e, 30 avr. 2009, n° 08-14.883, *Bull. civ.* II, n° 107 ; *Procédures* 2009. Comm. 226, note Perrot.
8. Civ. 2e, 20 févr. 1985, n° 83-16.624, *Bull. civ.* II, n° 43, *JCP* 1985. IV. 159 ; *RTD civ.* 1985. 216, obs. Perrot – Paris, 15 févr. 1994, *Bull. ch. avoués* 1994. 2. 53.
9. Soc. 4 nov. 1988, n° 85-43.720, *Bull. civ.* V, n° 263 ; *JCP* 1989. IV. 5.

le juge ait statué sur une exception d'incompétence ou ait relevé d'office son incompétence.

511.32 Le juge se déclare d'office incompétent. L'article 94 C. pr. civ. dit expressément que : « *La voie du contredit est seule ouverte lorsqu'une juridiction statuant en premier ressort se déclare d'office incompétente.* »

On a pu se demander si cette disposition n'excluait pas *a contrario* le contredit lorsque le juge statuant en dernier ressort se déclare d'office incompétent. Mais la Cour de cassation a précisé que le jugement relevant d'office l'incompétence territoriale n'est pas susceptible de pourvoi en cassation même si la demande relevait du dernier ressort[1]. La voie du contredit est donc seule ouverte même si le jugement était en dernier ressort.

3°
Jugement tranchant la question de fond dont dépend la compétence

511.41 Conditions. Que le juge se soit déclaré compétent et ait sursis à statuer au fond, ou qu'il se soit déclaré incompétent, dans tous les cas, la voie du contredit est seule ouverte lorsque le juge a tranché une question de fond dont dépend la compétence (C. pr. civ., art. 80, al. 1er). On sait que dans ce cas, le juge doit statuer par des dispositions distinctes, dans le dispositif de la décision, sur la question de fond et sur la compétence (C. pr. civ., art. 77) et que sa décision a autorité de la chose jugée sur la question de fond ainsi abordée (C. pr. civ., art. 95).

Mais il faut qu'il s'agisse bien d'une question de fond dont dépend la compétence et que le juge ne l'ait tranchée que pour statuer sur sa compétence[2]. Dans ce cas, le jugement est censé n'avoir statué que sur la compétence et ne peut être attaqué que par le contredit.

B.
Jugement sur la compétence et avant dire droit

511.50 Distinction. L'article 80 alinéa 2 C. pr. civ. prévoit expressément que la voie du contredit est seule ouverte lorsque le jugement statue sur la compétence et ordonne avant dire droit une mesure d'instruction ou une mesure provisoire. Cela impose de distinguer entre le jugement ordonnant une expertise et celui ordonnant une autre mesure d'instruction ou une mesure provisoire.

1. Soc. 31 janv. 1980, n° 77-15.552, *Bull. civ.* V, n° 94.
2. Soc. 6 juin 1991, n° 88-44.507, *Bull. civ.* V, n° 291 ; *JCP* 1991. IV. 303.

1°
Jugement ordonnant une mesure d'instruction ou une mesure provisoire à l'exception d'une expertise

511.51 Conditions. Le contredit est spécialement ouvert dans cette hypothèse où il ne s'agit que de contester la compétence. L'appel est normalement exclu contre une décision avant dire droit qui ne peut être attaquée qu'avec le jugement sur le fond (C. pr. civ., art. 150). Le recours n'a ici pour objet que de contester la compétence, mais il va de soi qu'indirectement, si la juridiction qui a ordonné la mesure d'instruction est déclarée incompétente, la mesure accessoire tombera également.

Mais, pour que le contredit soit ouvert, il doit s'agir nécessairement d'une décision par laquelle le juge se déclare compétent. En effet, le juge qui se déclare incompétent ne l'est pas davantage pour ordonner une mesure d'instruction ou une mesure provisoire. Et s'il n'ordonne une mesure d'instruction que pour déterminer s'il est compétent, il ne statue pas sur la compétence et le contredit n'est pas possible[3].

2°
Jugement sur la compétence et ordonnant une expertise

511.61 Portée. L'article 80 C. pr. civ. fait réserve expresse des dispositions propres à l'expertise. Or, d'une part, l'article 272 C. pr. civ. autorise un appel immédiat d'un jugement ordonnant une expertise, mais sur autorisation du premier président. Mais, d'autre part, l'alinéa 4 de l'article 272 dispose que : « *Si le jugement ordonnant expertise, s'est également prononcé sur la compétence, la cour peut être saisie de la contestation sur la compétence alors même que les parties n'auraient pas formé contredit.* » Comme la voie du contredit n'est pas fermée dans cette hypothèse, il faut en déduire que les deux voies sont ouvertes pour contester la compétence dans ce cas : le contredit immédiat, et l'appel, mais sur autorisation du premier président.

C.
Exceptions

511.70 Textes. Les articles 98 et 99 C. pr. civ. ont prévu, pour des raisons pratiques, que l'appel est seul ouvert contre les **ordonnances de référé** et contre les **ordonnances du juge conciliateur**, en matière de divorce ou de séparation de corps, **celles du juge de la mise en état (JME)** ou encore lorsque l'incompétence

3. Paris, 23 févr. 1977, *D.* 1977. 198, concl. Picca, note Jestaz.

est invoquée ou relevée d'office au motif que l'affaire relève de la compétence d'une juridiction administrative.

La même solution est retenue depuis le décret n° 96-1130 du 30 décembre 1996 contre les décisions du juge de l'exécution.

1°
Ordonnances de référé, ordonnances du juge de la mise en état et ordonnances du juge conciliateur en matière de divorce et de séparation de corps

511.71 Hypothèses de l'article 98 du Code de procédure civile. Pour des raisons de rapidité, la voie du contredit a été exclue contre les décisions des juges des référés se déclarant incompétent comme contre celles du juge conciliateur en matière de divorce et de séparation de corps[1]. Dans ces cas, la cour d'appel pourra statuer en principe plus rapidement non seulement sur la compétence, mais également sur le fond des mesures provisoires sans renvoi en première instance.

Il faut qu'il s'agisse toutefois d'un **véritable référé.** Ce n'est pas le cas lorsqu'un juge statue en la forme des référés, sa décision ne peut alors être attaquée que par la voie du contredit si le juge se déclare incompétent[2]. Lorsque le juge des référés d'un tribunal se déclare incompétent au profit d'une autre juridiction compétente au fond l'instance en référé prend fin. L'appel contre son ordonnance est donc immédiatement recevable[3].

511.72 Ordonnances du juge de la mise en état. L'article 771 C. pr. civ. attribue compétence exclusive au JME **pour statuer sur les exceptions de procédure,** ce qui inclut les exceptions de compétence. L'article 776 alinéa 4 ajoute que les ordonnances statuant sur une exception de procédure sont susceptibles d'appel dans les quinze jours de leur signification. Cela comprend évidemment les décisions sur la compétence, que le JME ait estimé que le tribunal de grande instance était compétent ou incompétent. Les ordonnances du JME par lesquelles celui-ci statue sur la compétence ne sont donc pas susceptibles de contredit[4].

2°
Incompétence au profit de la juridiction administrative

511.81 Hypothèse de l'article 99 du Code de procédure civile. Si la compétence revendiquée est administrative, le juge qui se déclare incompétent, ou la cour d'appel qui statue sur un recours concernant la compétence, ne peut désigner la juridiction compétente ni renvoyer devant la juridiction administrative. C'est la raison pour laquelle la voie de l'appel a seule été déclarée possible dans ce cas[5]. Il est à noter que si un contredit a été formé par erreur, la cour d'appel n'en reste pas moins saisie du litige et statue alors comme si un appel avait été formé comme le prévoit l'article 91 C. pr. civ.[6]

Mais il est à noter que le renvoi au Tribunal des conflits reste possible.

Assez curieusement, cette dérogation n'a pas été étendue au cas où le juge se déclare incompétent au profit d'une juridiction étrangère. C'est la voie du contredit qui doit néanmoins être utilisée, sans possibilité toutefois pour la cour d'appel de désigner la juridiction effectivement compétente si elle est étrangère.

3°
Décisions du juge de l'exécution

511.91 Hypothèse de l'article R. 121-3 du Code des procédures civiles d'exécution. Ajouté par le décret n° 96-1130 du 18 décembre 1996, l'article R. 121-3 C. pr. exéc.[7] exclut expressément le contredit contre les décisions du juge de l'exécution statuant sur la compétence, qu'il ait ou non abordé le fond. Étendant la solution retenue sur le fondement de l'article 99 C. pr. civ. (v. s^s n° 511.81), la Cour de cassation décide que si le contredit a été formé par erreur, la cour n'en reste pas moins saisie[8]. L'affaire est alors jugée selon les règles applicables à l'appel.

Toutefois, l'article R. 121-3 C. pr. exéc. prévoit une exception à cette règle en cas de disposition contraire. L'article R. 131-2 C. pr. exéc. ouvre le contredit à l'encontre des décisions de liquidation de l'astreinte. Il semble donc que le contredit soit possible à l'égard d'une décision du juge de l'exécution qui statue sur la compétence à l'occasion d'une demande de liquidation d'astreinte[9].

1. V. Poitiers, 7 mai 1975, *RTD civ.* 1976. 190, obs. Normand – Paris, 12 nov. 1981, *D.* 1983. IR 79, obs. Groslière.
2. Pour une ordonnance rendue par le juge aux affaires matrimoniales v. Dijon, JAM, 29 sept. 1988, *JDI* 1989. 707, note Gaudemet-Tallon – Civ. 2e, 14 déc. 1992, n° 91-17.352, *Bull. civ.* II, n° 311; *D.* 1993. Somm. 183, obs. Julien.
3. Civ. 2e, 17 déc. 2009, n° 09-11.847, *Bull. civ.* II, n° 292; *Procédures* 2010. Comm. 33, note Perrot.
4. Civ. 2e, 31 janv. 2013, n° 11-25.242, *Bull. civ.* II, n° 18; *JCP* 2013. 519, n° 7, obs. Serinet; *Dr. et proc.* 2013. 110, note Salati.
5. V. H. Solus et R. Perrot, *Droit judiciaire privé*, Sirey, 1961, t. 1, n°s 744 s.
6. Civ. 2e, 21 nov. 1979, n° 78-40.359, *Bull. civ.* II, n° 272; *Gaz. Pal.* 1980. 150, note Viatte – Civ. 2e, 10 déc. 1980, n° 79-12.870, *Bull. civ.* II, n° 261.
7. Anc^t Décr. n° 92-755, 31 juill. 1992, art. 9-1.
8. Civ. 2e, 31 mars 2011, n° 10-15.794, *Bull. civ.* II; *D.* 2011. 1090; *D.* 2012. 1509, obs. Leborgne; *Procédures* 2011. Comm. 199, note Perrot.
9. Paris 7 déc. 2000, *Bull. ch. avoués* 2001/3. 61 – CONTRA, Aix-en-Provence, 8 janv. 2010, RG n° 09/06012.

§ 2
Recevabilité du contredit

511.100 **Règles strictes.** La procédure de contredit a été conçue pour permettre de régler rapidement les incidents de compétence. C'est pourquoi, le contredit est soumis à des règles strictes de recevabilité (A). La sanction sera ensuite envisagée (B).

A.
Conditions de recevabilité

511.101 **Texte et plan.** L'article 82 C. pr. civ. dispose que : « *Le contredit doit, à peine d'irrecevabilité, être motivé et remis au secrétariat de la juridiction qui a rendu la décision dans les quinze jours de celle-ci.* »

Deux conditions de recevabilité sont aussi posées tenant au délai (1°) et à la motivation (2°). Les modalités d'inscription du contredit sont enfin précisées (3°).

1°
Délai du contredit

511.111 **Délai de quinze jours.** Le délai pour former contredit est bref (quinze jours) et inhabituel quant à son point de départ.

Le contredit doit être remis au secrétariat de la juridiction qui a rendu la décision « *dans les quinze jours de celle-ci* » (C. pr. civ., art. 82, al. 1er). Il en résulte que c'est le prononcé de la décision elle-même qui fait courir le délai et non sa notification[1]. Plus exactement, s'agissant d'un délai de procédure, le jour de l'acte qui le fait courir ne compte pas; le premier du jour du délai est donc le lendemain du prononcé de la décision[2]. Et ce délai expire le dernier jour à 24 heures, ou le premier jour ouvrable suivant si le dernier jour est un samedi, un dimanche ou un jour férié ou chômé.

Il importe peu que les parties aient été présentes ou non lors du prononcé de la décision[3].

511.112 **Difficultés quant au point de départ.** Mais ceci implique que les parties aient été informées du jour où la décision devait être rendue[4]. Le président de la juridiction doit donc avoir expressément informé les parties du jour où il rendrait sa décision conformément à la prescription générale de l'article 450 C. pr. civ. Il a même été jugé que n'a pas donné de base à sa décision déclarant un contredit irrecevable comme tardif la cour d'appel qui s'était fondée sur la seule mention du registre d'audience indiquant que l'affaire avait été mise en délibéré et que le prononcé avait été fixé à une date qui y était indiquée, sans constater que les mentions du registre d'audience établissaient que le président avait porté cette date à la connaissance des parties[5]. L'information des conseils à l'audience par le président du tribunal est également insuffisante. L'information doit résulter des mentions du jugement lui-même[6]. En matière prud'homale, la date de prononcé du jugement doit être rappelée aux parties par émargement au dossier ou par remise d'un bulletin par le greffier. Si tel n'est pas le cas, le délai pour former contredit ne court pas[7].

À défaut, s'il n'est pas établi que les parties ont eu connaissance de la date à laquelle devait être rendue la décision, le délai ne court que du jour où les parties ont eu connaissance de celle-ci par la notification[8]. Mais il a été jugé, en ce cas, que l'acte de notification n'a pas à contenir de précisions quant au délai pour former contredit et que le délai court néanmoins[9]. Bien plus, si la notification d'un jugement d'incompétence porte, par erreur, que la décision est susceptible d'appel dans le délai d'un mois, cette notification, non prévue par les textes, ne peut avoir pour effet d'ouvrir une voie de recours non prévue et le délai pour former contredit reste de quinze jours[10].

511.113 **Allongement.** Ce délai est toutefois **augmenté d'un mois** pour les personnes demeurant dans les départements et certaines collectivités d'outre-mer et **de deux mois** pour les personnes demeurant à l'étranger (C. pr. civ., art. 643)[11].

1. Civ. 2e, 26 oct. 1978, no 77-14.045, *Bull. civ.* II, no 226; *JCP* 1979. IV. 3.
2. Civ. 2e, 23 janv. 1985, no 83-15.576, *Bull. civ.* II, no 17; *JCP* 1985. IV. 128; *Gaz. Pal.* 1985. Pan. 120, obs. Guinchard.
3. Civ. 2e, 10 juill. 1978, no 77-11.545, *Bull. civ.* II, no 186; *D.* 1978. IR 498, obs. Julien.
4. Civ. 2e, 11 janv. 1978, no 76-11.237, *Bull. civ.* II, no 13; *D.* 1978. IR 499, obs. Julien; *RTD civ.* 1979. 669, obs. Perrot.
5. Civ. 2e, 7 juill. 1983, no 82-11.760, *Bull. civ.* II, no 146; *D.* 1983. IR 474, obs. Julien; *JCP* 1983. IV. 298; *Gaz. Pal.* 1984. Pan. 9, obs. Guinchard – Civ. 2e, 6 déc. 1989, no 88-15.383, *Bull. civ.* II, no 217.
6. Civ. 2e, 6 nov. 2008, no 08-10.223, NP; *Procédures* 2009. Comm. 3, note Perrot.
7. Soc. 16 déc. 2008, no 08-40.174, NP; *Cah. soc barreau* 2009. 100, no 209, obs. Pansier – Soc. 27 févr. 2013, no 11-27.312, *Bull. civ.* II, [à paraître]; *JCP S* 2013. 1244, note Brissy (à propos d'un jugement rendu le jour de l'audience à laquelle assistaient les parties mais après une suspension d'audience).
8. Civ. 2e, 7 mai 1981, no 80-10.965, *Bull. civ.* II, no 116; *RTD civ.* 1982. 208, obs. Perrot – Soc. 20 janv. 1982, no 80-40.124, *Bull. civ.* V, no 28; *JCP* 1982. IV. 124 – Civ. 2e, 5 févr. 2009, no 07-21.918, *Bull. civ.* II, no 34; *D.* 2009. 573; *Procédures* 2009. Comm. 112, obs. Perrot.
9. Civ. 2e, 23 avr. 1980, no 79-13.692, *Bull. civ.* II, no 78; *JCP* 1980. IV. 248; *Gaz. Pal.* 1980. 574.
10. Civ. 2e, 19 mai 1980, no 79-10.319, *Bull. civ.* II, no 116; *JCP* 1980. IV. 286.
11. Soc. 7 juill. 1986, no 83-41.808, *Bull. civ.* V, no 358 – Civ. 2e, 10 févr. 1988, no 86-16.491, *Bull. civ.* II, no 39; *D.* 1988. 452, note Fadlallah; *Gaz. Pal.* 1989. 1. Somm. 165, obs. Guinchard et Moussa.

2°
Motivation du contredit

511.121 Contenu. À peine d'irrecevabilité, le contredit doit être motivé. La motivation consiste à exposer les moyens à l'appui du contredit. Ces moyens doivent critiquer la décision attaquée et indiquer, en se fondant sur les règles de compétence, pourquoi elle est erronée. Le contredit doit encore préciser la juridiction qui serait compétente[1]. Il a toutefois été jugé que le demandeur originaire, qui critique la décision d'incompétence, n'a pas l'obligation de désigner la juridiction compétente puisque cette désignation est implicite et vise à l'évidence la juridiction saisie en première instance[2].

511.122 Jurisprudence. La jurisprudence est exigeante sur la motivation du contredit. Il a été jugé par exemple que la simple référence aux conclusions prises par l'auteur du contredit en première instance était une absence de motivation[3], ou encore qu'était irrecevable le contredit dont la seule motivation visant « *la non-conformité du jugement aux articles 82 et 104 du Code de procédure civile* » était trop vague[4].

Mais rien n'interdit de motiver le contredit par des moyens nouveaux à condition qu'ils aient trait à la même question de compétence[5], ni de compléter la motivation par des conclusions ultérieures contenant des moyens additionnels[6]. Toutefois, les conclusions postérieures ne sauraient suppléer la carence du contredit qui n'était pas motivé[7].

3°
Modalités d'inscription du contredit

511.131 Remise au secrétariat de la juridiction. Le contredit doit à peine d'irrecevabilité être remis au secrétariat de la juridiction qui a rendu la décision dans les quinze jours de celle-ci (C. pr. civ., art. 82). Il résulte de ce texte que le contredit (qui doit d'ailleurs être motivé) est un écrit. Dès lors, rien n'interdit que ce contredit soit adressé par la poste au secrétariat de la juridiction à condition qu'il soit reçu avant l'expiration du délai[8]. En revanche, un contredit expédié par courrier postal dans les délais mais reçu postérieurement au greffe est considéré comme tardif[9]. Il a également été jugé qu'un contredit formé par télécopie est irrecevable[10].

511.132 Saisine de la cour. L'article 83 C. pr. civ. prévoit que la cour d'appel est saisie par le secrétariat (ou le greffe) de la juridiction qui a rendu la décision. Ce dernier transmet sans délai au greffier en chef de la cour le dossier de l'affaire avec le contredit et une copie du jugement. Il notifie par ailleurs une copie du contredit à la partie adverse par lettre recommandée avec avis de réception, et en informe également son représentant s'il y en a un (C. pr. civ., art. 83, al. 1er).

C'est le premier président de la cour d'appel qui fixe la date d'audience qui doit avoir lieu dans les plus brefs délais (C. pr. civ., art. 84). Le greffier de la cour en informe les parties par lettre recommandée avec demande d'avis de réception (C. pr. civ., art. 84).

Le ministère d'avocat n'est pas obligatoire dans la procédure sur contredit.

B.
Sanction de l'irrégularité du contredit

511.141 Irrecevabilité. L'article 82 C. pr. civ. dit que c'est à peine d'irrecevabilité que le contredit doit être motivé et remis au secrétariat de la juridiction qui a rendu la décision dans les quinze jours de celle-ci.

Il a été précisé que cette sanction n'était pas une nullité pour vice de forme, nécessitant la preuve d'un grief[11]. Il s'agit d'une fin de non-recevoir d'ordre public que les juges peuvent relever d'office[12].

511.142 Régime juridique. Aucune règle ne permet de suspendre le délai pour former contredit. Aucun relevé de forclusion n'est prévu. Il a même été précisé que le délai pour former un contredit n'était pas interrompu par le contredit formé par une autre partie[13]. Le contredit ne profite d'ailleurs qu'à la partie qui le forme; il n'offre pas la possibilité à d'autres parties de s'y associer si elles n'ont pas formé elles-mêmes de contredit ou de critiquer la compétence par des conclusions[14].

1. Com. 8 janv. 1991, n° 88-17.227, *Bull. civ.* IV, n° 24; *JCP* 1991. IV. 82.
2. Civ. 2e, 28 nov. 1985, n° 84-14.382, *Bull. civ.* II, n° 181; *Gaz. Pal.* 1986. Pan. 417, obs. Guinchard et Moussa; *JCP* 1986. IV. 56.
3. Reims, 27 avr. 1983, *Gaz. Pal.* 1983. Somm. 337.
4. Paris, 10 juill. 1980, *D.* 1981. IR 372, obs. Julien – V. encore Civ. 2e, 27 juin 1985, n° 84-12.893, *Bull. civ.* II, n° 130; *D.* 1986. IR 225, obs. Julien; *Gaz. Pal.* 1986. Somm. 85, obs. Guinchard et Moussa.
5. Soc. 20 janv. 1966, *JCP A* 1966. IV. 4842, obs. J. A.; *RTD civ.* 1966. 370, obs. Hébraud.
6. Rouen, 8 févr. 1974, *D.* 1974. Somm. 66 – Civ. 1re, 24 juin 1975, n° 74-11.415, *Bull. civ.* I, n° 209; *RTD civ.* 1975. 773, obs. Normand.
7. Grenoble, 24 févr. 1986, RG n° 3046/85, *D.* 1986. IR 456.
8. Paris, 12 févr. 1985, RG n° L17997, *D.* 1985. IR 185 – Riom, 11 févr. 1988, *Gaz. Pal.* 1989. 215.
9. Civ. 2e, 6 déc. 2012, n° 11-24.743, *Bull. civ.* II, n° 200; *Procédures* 2013, comm. 40, note Perrot; *Dr. et proc.* 2013. 57, note Douchy-Oudot.
10. Civ. 2e, 10 févr. 2011, n° 10-15.332, *Bull. civ.* II,
11. V. NOT., au sujet de l'absence de motivation, Civ. 2e, 7 juin 1974, n° 73-40.509, *Bull. civ.* II, n° 185.
12. Civ. 2e, 23 nov. 1994, n° 93-10.586, *Bull. civ.* II, n° 238; *JCP* 1995. I. 3846, n° 14, obs. Cadiet.
13. Civ. 2e, 18 juin 1969, n° 68-11.599, *Bull. civ.* II, n° 215.
14. Civ. 1re, 21 oct. 1980, n° 79-13.278, *Bull. civ.* I, n° 261; *Gaz. Pal.* 1981. 257, note Viatte – Civ. 2e, 20 déc. 1973, n° 72-12.546, *Bull. civ.* II, n° 344 – Com. 21 mars 1955, *Gaz. Pal.* 1995. Pan. 249.

SECTION 2

POUVOIRS DE LA COUR D'APPEL

511.150 Évocation du fond. Saisie sur contredit, la cour doit trancher la question de la compétence et désigner la juridiction compétente (§ 1). Mais elle peut aussi évoquer le fond, ce qui n'est pour elle qu'une faculté (§ 2).

§ 1

Décision sur la compétence

511.151 Sanctions éventuelles. La cour doit trancher la question de la compétence en désignant la juridiction compétente devant laquelle l'affaire est en principe renvoyée (A). Elle statue selon une procédure orale et peut assortir sa décision de sanctions accessoires contre l'auteur du contredit (B).

A.

Solution du conflit de compétence

511.160 Décision. La cour doit désigner la juridiction compétente (1°), devant laquelle elle renvoie l'affaire (2°). Sa décision est susceptible de pourvoi en cassation (3°).

1°

Désignation de la juridiction compétente

511.161 Motivation de la décision de la cour. La cour doit d'abord apprécier la recevabilité du contredit dont elle peut d'office relever l'irrecevabilité. Sauf si le contredit est irrecevable, la cour doit ensuite déterminer et désigner la juridiction compétente. Cela impose à la cour d'examiner et de répondre aux moyens du contredit ainsi qu'à ceux des conclusions postérieures. Le défaut de réponse aux observations écrites est un défaut de motifs sanctionné par la cassation[1]. La cour est tenue par l'argumentation présentée et ne statue que sur la question de compétence posée. Si c'est nécessaire pour désigner la juridiction compétente, la cour tranche également la question de fond dont dépend la compétence et sa décision aura autorité de la chose jugée sur cette question (C. pr. civ., art. 95).

L'examen du contredit au regard des règles de compétence applicables, aboutit à la désignation de la juridiction compétente. Ce peut être la juridiction saisie en première instance, ou une autre que la cour désigne matériellement et territorialement[2]. La cour d'appel n'est pas tenue à cet égard par la suggestion du contredit et peut estimer qu'une autre juridiction que celle indiquée est compétente.

511.162 Requalification du contredit. Lorsque la cour est saisie à tort par la voie du contredit, alors qu'elle aurait dû l'être par la voie d'appel, en vertu de l'article 91, elle reste saisie et l'affaire doit alors être jugée et instruite selon les règles applicables à l'appel, tant en ce qui concerne la compétence que le fond[3]. Mais cela suppose que les conditions de recevabilité du contredit, notamment le **délai de quinze jours**, soient respectées[4]. Dans ce cas, selon l'alinéa 3 de l'article 91, si les parties sont tenues de constituer avocat, l'appel est d'office déclaré irrecevable si celui qui a formé le contredit n'a pas constitué avocat dans le mois de l'avis donné aux parties par le greffier. Mais il faut signaler que la solution inverse n'est pas possible : l'appel exercé à la place du contredit n'est pas recevable[5].

2°

Renvoi devant la juridiction compétente

511.171 Juridiction de l'ordre judiciaire compétente. La cour doit renvoyer l'affaire à la juridiction qu'elle estime compétente. Cette juridiction ne peut être qu'une juridiction de première instance. L'affaire ne peut être renvoyée à une autre cour d'appel[6].

Le renvoi est opéré comme il est indiqué à l'article 97 C. pr. civ. par le greffe qui notifie par ailleurs l'arrêt aux parties par lettre recommandée avec demande d'avis de réception (C. pr. civ., art. 87).

Comme le dit expressément l'article 86 C. pr. civ., la décision de renvoi « *s'impose aux parties et au juge de renvoi* ».

L'incident de compétence est vidé définitivement (sauf la possibilité de pourvoi contre l'arrêt de la cour d'appel). Les parties ne peuvent plus contester la compétence de la juridiction désignée, même pour un autre motif. Toute exception d'incompétence serait irrecevable. Le renvoi s'impose également au juge qui ne peut contester sa compétence, même s'il estime que la cour s'est trompée, même si la règle de compétence est d'ordre public. La juridiction désignée doit statuer sur le fond du litige qui lui est soumis. Il a été jugé qu'il n'appartient même pas à la juridiction de renvoi d'apprécier la régularité de la

1. Civ. 1re, 24 juin 1975, n° 74-11.415, *Bull. civ.* I, n° 209; *RTD civ.* 1975. 773, obs. Normand.
2. Civ. 2e, 16 déc. 1963, *D.* 1965. 155, note Giverdon; *RTD civ.* 1965. 421, obs. Hébraud.
3. Civ. 2e, 3 nov. 1993, n° 92-10.487, *Bull. civ.* II, n° 304; *Dr. et patr.* 1994. 684 et 89, obs. Lissarague – Civ. 2e, 26 sept. 2013, n° 12-20.493, NP.
4. Civ. 2e, 6 déc. 2012, n° 11-24.743, préc. ss n° 511.131.
5. Soc. 7 oct. 1982, *Gaz. Pal.* 1983. Pan. 44, obs. Guinchard – Civ. 1re, 18 janv. 1983, n° 81-16.240, *Bull. civ.* I, n° 24; *RTD civ.* 1983. 588, obs. Normand; *Gaz. Pal.* 1983. Pan. 174, obs. Guinchard.
6. Soc. 17 avr. 1985, n° 82-42.785, *Bull. civ.* V, n° 233; *Gaz. Pal.* 1986. Somm. 85, note Guinchard et Moussa.

procédure suivie antérieurement qui aurait abouti à un renvoi manifestement erroné[1].

511.172 Juridiction d'un autre ordre. La solution est différente si la juridiction que la cour estime compétente est une juridiction répressive, arbitrale, administrative ou étrangère. La cour d'appel ne peut imposer une désignation à une juridiction d'un autre ordre, ni *a fortiori* renvoyer l'affaire devant elle (on estime notamment que s'agissant d'une juridiction étrangère, le juge français n'a pas à désigner une juridiction compétente, il peut se contenter de ne reconnaître compétence à aucun juge français[2]). Aussi, l'article 96, qui figure parmi les dispositions communes, prévoit que dans ce cas les parties sont renvoyées à mieux se pourvoir. Il appartient alors à la partie la plus diligente, ou à celle qui y a le plus intérêt de saisir la juridiction qui serait compétente. Cette juridiction pourrait d'ailleurs décliner sa compétence, n'étant pas tenue par l'arrêt de la cour d'appel.

3°
Recours contre l'arrêt sur contredit

511.181 Pourvoi en cassation. L'article 87 C. pr. civ. énonce que l'arrêt sur contredit n'est pas susceptible d'opposition, mais que le délai de pourvoi en cassation court à compter de sa notification. Seul un pourvoi en cassation est donc possible contre l'arrêt statuant sur contredit. Faute de précision, le délai de pourvoi est de deux mois[3].

Sur le fondement des articles 607 et 608 C. pr. civ., on s'est demandé si l'arrêt était susceptible de **pourvoi immédiat** uniquement lorsqu'il met fin à l'instance (lorsqu'il renvoie les parties à mieux se pourvoir en cas de compétence d'une juridiction d'un autre ordre). Certaines décisions ont effectivement dit que le pourvoi immédiat était irrecevable lorsque l'affaire renvoie devant une juridiction de première instance ou lorsqu'elle évoque au fond[4]. Mais d'autres décisions ont déclaré recevable le pourvoi immédiat contre une décision qui n'avait pas mis fin à l'instance[5]. Il semble cependant que le pourvoi immédiat soit possible lorsque le juge saisi sur contredit tranche la question de compétence et met fin à l'instance ouverte sur contredit[6]. En revanche, s'il tranche la question de compétence ou s'il juge le contredit utilisé à tort, à la place de l'appel, et ordonne des mesures d'instructions afin de juger au fond, un pourvoi immédiat est irrecevable car l'instance n'a pas pris fin[7].

En **matière internationale**, le pourvoi en cassation contre une décision ayant statué sur l'exception d'incompétence des juridictions françaises est immédiatement recevable même s'il n'est pas mis fin à l'instance. La jurisprudence considère en effet que la contestation élevée sur la compétence du juge français saisi ne concerne pas une répartition de compétence entre les tribunaux nationaux mais tend à lui retirer le pouvoir de trancher le litige au profit d'une juridiction d'un État étranger et vise à prévenir un excès de pouvoir[8].

B.
Procédures et sanctions accessoires éventuelles

511.191 Procédure orale. La jurisprudence a précisé que la procédure de contredit est orale[9]. Il en découle l'application des règles de la procédure orale (notamment : C. pr. civ., art. 446-1 à 446-4). La partie qui forme contredit doit donc se présenter à l'audience pour soutenir le recours. À défaut, la cour n'est saisie d'aucun moyen et doit rejeter le contredit[10].

511.192 Amende. Le souci d'éviter les manœuvres dilatoires est constant. Aussi l'article 88 C. pr. civ. prévoit-il la possibilité pour la cour de condamner l'auteur du contredit, outre au paiement des frais éventuels, à une amende civile de 3 000 euros[11] sans

1. Paris, 18 juin 1986, *D.* 1987. IR 229, note Julien.
2. Paris, 3 oct. 1974, *D.* 1975. 396, note Droz; *Gaz. Pal.* 1975. 53, concl. Franck.
3. Civ. 2e, 8 juin 1972, nº 71-11.703, *Bull. civ.* II, nº 176.
4. Civ. 1re, 30 oct. 1984, nº 83-13.836, *Bull. civ.* I, nº 288; *D.* 1985. IR 263, obs. Julien; *JCP* 1985. IV. 11 – Soc. 4 mars 1992, nº 89-40.276, *Bull. civ.* V, nº 145; *JCP* 1992. IV. 1330 – Soc. 23 févr. 1994, nº 92-41.481, *Bull. civ.* V, nº 63; *JCP* 1994. IV. 1099.
5. Com. 12 févr. 1985, nº 83-10.864, *Bull. civ.* IV, nº 59; *JCP* 1985. IV. 152 – Civ. 1re, 11 avr. 1995, nº 93-10.321, *Bull. civ.* I, nº 163; *JCP* 1995. IV. 1446; *Gaz. Pal.* 1995. Pan. 250.
6. Civ. 1re, 9 déc. 2003, nº 01-03.225, *Bull. civ.* I, nº 245; *D.* 2004. 276, obs. Manara – V. *Rép. pr. civ.*, vº *Pourvoi en cassation*, par J. et L. Boré, nº 72.
7. Com. 14 févr. 2006, nº 05-12.659, NP; *Procédures* 2006, Comm. 68, note Perrot – Soc. 5 déc. 2006, nº 05-44.924, *Bull. civ.* V, nº 368; *JCP S* 2007. 1224, note Brissy – Soc. 16 déc. 2008, nº 07-43.346, *Bull. civ.* V, nº 247 – Civ. 2e, 31 mars 2011, nº 10-15.794, *Bull. civ.* II; *D.* 2011. 1090; *D.* 2012. 1509, obs. Leborgne.
8. Civ. 1re, 7 mai 2010, nº 09-11.177, *Bull. civ.* II, nº 106; nº 09-14.324, *Bull. civ.* II, nº 107; nº 09-11.178, NP; *D.* 2011. 1374, obs. Jault-Seseke; *D.* 2010. 2196, note Bolze et Perreau-Saussine; *RTD civ.* 2010. 617, obs. Perrot; *RTD civ.* 2010. 808, obs. Théry; *Rev. crit. DIP* 2010. 558, note Gaudemet-Tallon; *Gaz. Pal.* 5 oct. 2010, p. 12, concl. Domingo; *JCP* 2010. 753, note Devers; *JDI* 2011. 7, note Brière – Com. 20 sept. 2011, nº 10-16.569, NP; *Procédures* 2011, comm. 333, obs. Perrot.
9. Civ. 2e, 6 mai 2004, nº 02-15.925, *Bull. civ.* II, nº 178.
10. Civ. 2e, 21 mars 2013, nº 12-15.326, *Bull. civ.* II, [à paraître]; *Procédures* 2013, comm. 139, note Perrot.
11. Mod. par Décr. nº 2005-1678, 28 déc. 2005, relatif à la procédure civile, à certaines procédures d'exécution et à la procédure de changement de nom, *JO* 29 déc., p. 20350.

préjudice des dommages-intérêts qui pourraient lui être réclamés.

La cour est souveraine pour décider du montant de l'amende éventuelle[1]. Seul l'auteur du contredit peut être condamné à une amende civile ou à d'éventuels dommages-intérêts si l'autre partie le demande pour contredit abusif[2].

Mais il faut véritablement que le contredit soit abusif, c'est-à-dire manifestement pas sérieux et la cour doit motiver sa décision sur ce point. Il ne suffirait pas que le contredit soit seulement mal fondé.

§ 2
Faculté d'évocation

511.200 **Évocation.** Saisie d'un contredit, et en dehors de l'hypothèse où elle estime que c'est un appel qui aurait dû être formé, la cour a encore la possibilité d'évoquer le fond. Les conditions de l'évocation seront précisées (A) avant la procédure à suivre (B).

A.
Conditions de l'évocation

511.201 **Texte.** L'article 89 C. pr. civ. dispose que : « *Lorsque la cour est juridiction d'appel relativement à la juridiction qu'elle estime compétente, elle peut évoquer le fond si elle estime de bonne justice de donner à l'affaire une solution définitive après avoir ordonné elle-même, le cas échéant, une mesure d'instruction.* »

Deux conditions sont donc nécessaires à ce pouvoir d'évocation qui doit toutefois demeurer exceptionnel, puisqu'il entraîne une entorse au principe du double degré de juridiction[3].

1°
La cour est juridiction d'appel relativement à la juridiction compétente

511.211 **Condition nécessaire.** Il y aurait une anomalie si la cour estimait que la juridiction compétente est dans le ressort territorial d'une autre cour d'appel et si elle retenait néanmoins sa compétence pour évoquer le fond[4]. Il est donc logique que cette possibilité exceptionnelle ne puisse s'appliquer que si la cour est juridiction d'appel relativement à la juridiction qu'elle estime compétente. Bien que les textes ne disent rien à ce sujet, on doit en outre admettre que la cour doit s'abstenir d'évoquer, lorsque l'affaire relève du dernier ressort en raison du montant de la demande[5].

2°
La cour estime de bonne justice de donner une solution définitive à l'affaire

511.221 **Condition : la discrétion de la cour.** Cette seconde condition est essentielle. L'entorse au double degré de juridiction doit être justifiée par une bonne raison, celle de donner une solution définitive à l'affaire lorsque l'objet de la demande, la situation des parties, le contexte, l'urgence peuvent constituer l'intérêt d'une bonne justice.

Mais cette faculté d'évocation est laissée à la discrétion de la cour. Le consentement des parties n'est pas requis[6]. Peu importe par ailleurs le fait que l'affaire soit complexe[7].

Saisie d'un contredit, en dehors de l'hypothèse où la cour estime que c'est un appel qui aurait dû être formé, la cour a la possibilité d'évoquer le fond. Il en résulte que l'ouverture de la voie de recours du contredit exclut celle de l'appel à fins d'annulation[8], mais pas nécessairement l'annulation du jugement par la voie du contredit[9].

511.222 **Forme et délai.** Aucune précision n'est donnée sur la décision d'évocation elle-même, ni sur le moment où la cour prend cette décision et aucune forme n'est imposée. On peut envisager que cette décision soit prise par la cour avant les débats sur le contredit s'il n'y a aucun doute sur le fait que la juridiction compétente soit située dans le ressort de la cour d'appel. En ce cas le président peut informer les parties à l'avance par lettre. Mais il est plus fréquent et plus logique que ce soit par la décision sur le contredit, qui détermine la juridiction compétente, que la cour décide d'évoquer (parfois après avoir été sollicitée de le faire par l'une des parties au moins; mais ce n'est pas indispensable).

Quoi qu'il en soit, il a été jugé que l'arrêt qui décide d'évoquer n'est pas susceptible d'un pourvoi

1. Paris, 12 oct. 1965, *JCP* 1966. II. 14708, concl. Barnicaud, note C. L.
2. Soc. 21 oct. 1982, n° 80-41.292, *Bull. civ.* V, n° 568; *JCP* 1983. IV. 12; *Gaz. Pal.* 1983. Pan. 45.
3. V. D. Cohen, « Le domaine de l'évocation », *Mél. Héron*, LGDJ, 2008, p. 173.
4. Com. 14 févr. 1978, *Bull. civ.* IV, n° 65 – Com. 6 mars 1979, n° 78-10.775, *Bull. civ.* IV, n° 91; *D.* 1979. IR 478, obs. Julien.
5. EN CE SENS, H. Solus et R. Perrot, *Droit judiciaire privé*, Sirey, 1961, t. 1, n° 773.
6. Civ. 1re, 2 déc. 1975, n° 73-11.402, *Bull. civ.* I, n° 354; *JCP* 1976. II. 18390, note Chartier.
7. V. PAR EX., Civ. 2e, 8 juin 1979, n° 77-15.933, *Bull. civ.* II, n° 170; *Gaz. Pal.* 1979. 443, note Viatte.
8. Soc. 15 déc. 1999, n° 97-43.751, n° 97-43.863, n° 97-43.795, *Bull. civ.* V, n° 490.
9. Civ. 2e, 13 janv. 1988, n° 86-16.614, *Bull. civ.* II, n° 18 – J. Bellichach, « La face cachée du contredit », *D.* 2009. 1914.

immédiat indépendamment de la décision sur le fond puisqu'il ne met pas fin à l'instance[1].

B. Procédure d'évocation

511.230 Aménagement. La décision d'évocation suppose en outre pratiquement le passage d'une procédure à une autre et donc un aménagement prévu par l'article 90 C. pr. civ. Ce texte ne prévoit que le cas où la représentation est obligatoire (1°). Il faut envisager également la procédure sans représentation obligatoire (2°).

1° Procédure avec représentation obligatoire

511.231 Constitution d'avocat. La procédure de contredit n'exige pas la représentation obligatoire des parties par un avocat (elle ne l'interdit pas non plus). Si la cour décide d'évoquer et si les règles applicables à l'appel des décisions rendues par la juridiction dont émane la décision frappée de contredit rendent obligatoire cette constitution, la cour invite les parties, le cas échéant, à constituer avoué, dans le délai qu'elle fixe, par lettre recommandée avec demande d'avis de réception (C. pr. civ., art. 90, al. 1er). Si la cour n'a pas invité à constituer avocat, l'arrêt rendu encourt la cassation[2].

Mais il a été jugé que l'évocation ne constituant pas une évolution du litige, elle ne peut donner lieu à une intervention forcée de tiers devant la cour[3].

511.232 Sanction du défaut de constitution. L'article 90 alinéa 2 C. pr. civ. ajoute que si aucune des parties ne constitue avocat, la cour peut prononcer d'office la **radiation de l'affaire** par décision motivée non susceptible de recours. Copie de cette décision est alors portée à la connaissance de chacune des parties par lettre simple. Il ne s'agit que d'une faculté pour la cour d'appel et cette sanction de la carence des parties suppose une décision motivée. Mais il a notamment été jugé que la constitution d'avoué postérieure à l'ordonnance de clôture est irrecevable et qu'une réouverture postérieure des débats ne pourrait avoir pour effet de valider rétroactivement cette constitution d'avoué[4]. La solution serait désormais identique pour la constitution d'avocat.

511.233 Nature de la sanction. La radiation prononcée en vertu de ce texte ne met pas fin à l'instance qui peut être reprise après rétablissement de l'affaire, s'il n'y a pas péremption[5].

2° Procédure sans représentation obligatoire

511.241 Vide juridique. Rien n'est prévu par les textes pour la procédure sans représentation obligatoire où il n'y a pas à constituer avocat. Il faut néanmoins que les parties et leurs conseils soient prévenus à l'avance de la décision d'évocation afin de préparer leur défense au fond. En toute hypothèse, la cour doit les mettre en demeure de conclure au fond, le cas échéant, et leur laisser un temps suffisant pour ce faire. Les articles 446-1 à 446-4 C. pr. civ. relatifs à la procédure orale devant toutes les juridictions semblent également applicables[6].

1. Com. 26 févr. 1991, n° 89-13.459, *Bull. civ.* IV, n° 84; *JCP* 1991. IV. 158; *Gaz. Pal.* 1993. Somm. 2, obs. Ferrand et Moussa.
2. Civ. 3e, 3 mai 2011, n° 10-19.717, NP.
3. Civ. 2e, 7 juin 2006, n° 04-16.251, *Bull. civ.* II, n° 146; *Procédures* 2006, n° 152, obs. Perrot; *Dr. et patr.* 2007. 116, obs. Amrani-Mekki.
4. Civ. 2e, 14 févr. 1985, n° 83-12.062, *Bull. civ.* II, n° 38; *JCP* 1985. IV. 155; *Gaz. Pal.* 1985. 640, note Guinchard et Moussa.
5. Civ. 3e, 20 févr. 2002, n° 99-15.474, *Bull. civ.* II, n° 42; *Procédures* 2002, n° 85, obs. Perrot – Versailles, 28 avr. 1993, *BICC* 1994. 990; *D.* 1995. Somm. 111, obs. Fricero.
6. Art. créés par Décr. n° 2010-1165, 1er oct. 2010.

CHAPITRE

512. Appel

Didier CHOLET
Maître de conférences
à l'Université du Maine

SECTION 0
Orienteur

512.00 Plan du chapitre.

Division. À côté du contredit, procédure spécifique de contestation d'une décision sur la compétence, la cour d'appel peut également être saisie, avec des pouvoirs très différents, de la question de la compétence par un appel. Il faut préciser le domaine de l'appel (sect. 1) avant d'examiner les pouvoirs de la cour d'appel en ce cas (sect. 2).

512.01 Principaux textes applicables.
C. pr. civ., art. 76, 78, 79, 91, 96, 98, 99, 776.
C. pr. exéc., art. R. 121-3.

SECTION 1
Domaine de l'appel

512.10 Coexistence de deux voies. Bien que ce soit exact, il serait trop simple de dire que l'appel est ouvert dans tous les cas où le contredit ne l'est pas. Le Code de procédure civile prévoit expressément des cas où l'appel est la seule voie ouverte (§ 1), mais la coexistence de deux voies ayant des domaines propres impose de préciser la sanction d'un choix erroné qui n'est pas la même dans les deux cas (§ 2).

§ 1
Cas d'ouverture de l'appel

512.11 Domaine naturel et cas spécifiques. Le domaine naturel de l'appel est celui où le premier juge a statué sur la compétence et au fond (A). Mais s'y ajoutent des cas spécifiques imposés expressément par le Code (B).

A.
Jugement sur la compétence et sur le fond

512.20 Texte et plan. L'article 78 C. pr. civ. dispose que : « *Si le juge se déclare compétent et statue sur le fond du litige dans un même jugement, celui-ci ne peut être attaqué que par la voie d'appel, soit dans l'ensemble de ses dispositions s'il est susceptible d'appel, soit du chef de la compétence dans le cas où la décision sur le fond est rendue en premier et dernier ressort.* »

Une seule condition est posée par ce texte : un jugement sur la compétence et sur le fond (1°). Mais il est en outre remarquable que la voie d'appel soit ouverte contre des jugements rendus en dernier ressort (2°).

1°

Notion de jugement sur le fond

512.21 **Le fond.** Il faut et il suffit que la juridiction de première instance se soit prononcée à la fois sur la compétence et sur le fond pour que l'appel soit ouvert (et seul ouvert). Cela suppose nécessairement que le premier juge ait statué sur une exception d'incompétence et qu'il se soit déclaré compétent pour statuer au fond par un même jugement. Mais le point de savoir s'il a vraiment été statué au fond présente parfois quelques difficultés.

Le juge a statué au fond lorsqu'il a pris une décision sur le bien-fondé de la ou des prétentions dont il a été saisi. Il est également censé avoir statué au fond lorsqu'il a statué sur une **fin de non-recevoir**. Dès lors la seule voie d'appel est ouverte[1].

512.22 **Condition supplémentaire ?** Faut-il par ailleurs que le jugement ait tranché une partie du fond dans son dispositif ? Cette condition pourrait se déduire de l'article 76 C. pr. civ. Il arrive en effet que le jugement attaqué ait abordé et même tranché une question de fond dans les motifs seulement. Lorsque le motif était « *décisoire* », soit de ceux qui pouvaient conférer autorité de la chose jugée, et si une des parties voulait contester ce motif, outre la compétence, il fallait considérer que le jugement était mixte et que l'appel était ouvert. Désormais, l'autorité de chose jugée ne peut se loger que dans le dispositif. Lorsque la question de fond n'a été tranchée que dans les motifs, elle n'a pas autorité de chose jugée. L'appel n'est pas ouvert à l'encontre du jugement qui statue uniquement sur la compétence dans son dispositif.

512.23 **Pluralité de parties.** La question est délicate lorsqu'il y a plusieurs parties et lorsque le premier juge a statué à l'égard de certaines sur le fond et sur la seule compétence à l'égard d'autres[2].

Il semble dans ce cas qu'il faille envisager la question **partie par partie** et **prétention par prétention.** C'est-à-dire que le contredit est ouvert aux parties à l'égard desquelles il n'a été statué que sur la compétence et l'appel à l'égard desquelles le jugement a statué également sur le fond[3]. Mais la solution admise par la Cour de cassation dépend sans doute de l'indépendance ou de l'indivisibilité des prétentions[4].

Toutefois, la **chambre commerciale de la Cour de cassation** semble adopter une **position différente** et apprécier globalement à l'égard de toutes les parties la recevabilité de l'appel sans référence explicite à l'indivisibilité[5]. En attendant une clarification jurisprudentielle, les parties peuvent, par prudence, exercer les deux voies de recours que sont le contredit et l'appel, l'une des deux étant nécessairement ouverte.

512.24 **Matière internationale.** Lorsqu'un jugement détermine la loi applicable au fond, il statue au fond, la compétence juridictionnelle ne dépendant pas de cette question, l'appel est dès lors la seule voie ouverte[6].

512.25 **Appel exclu.** Il convient de rappeler que ne statue pas au fond le jugement qui a ordonné avant dire droit une mesure d'instruction ou une mesure provisoire tout en statuant sur la compétence (auquel cas, c'est la voie du contredit qui doit être suivie, C. pr. civ., art. 80, al. 2).

De même ne peut être attaqué que par la voie du contredit, le jugement qui tranche seulement la question de fond dont dépend la compétence (C. pr. civ., art. 80).

2°

Jugement en premier et dernier ressort

512.31 **Hypothèse.** Il n'y a pas de difficulté lorsque le jugement mixte est rendu en premier ressort. Il est normalement susceptible d'appel. En revanche, un jugement rendu en dernier ressort est en principe insusceptible d'appel, le pourvoi en cassation (ou l'opposition) étant alors la seule voie de recours possible. Mais par une disposition dérogatoire remarquable, l'article 78 C. pr. civ. dispose que le jugement rendu en dernier ressort et ayant statué sur la compétence et sur le fond peut être frappé d'appel du chef de la seule compétence. C'est d'ailleurs expressément la seule voie ouverte mais, en ce cas, le débat ne portera en appel que sur la compétence[7]. Dans cette dernière hypothèse, la cour d'appel ne peut évoquer le fond.

1. Paris, 3 avr. 1991, *Bull. ch. avoués* 1991. 2. 56.
2. Sur la question, v. M. Parmentier, « Les jugements mixtes au regard de la recevabilité du contredit et de l'appel », *Bull. ch. avoués*, n° 1984, p. 10.
3. Paris, 9 juin 1982, *Bull. ch. avoués*, n° 83, p. 77 – Paris, 9 déc. 1982, *Bull. ch. avoués*, n°s 85-86, p. 9 – Toutefois CONTRA, Paris, 25 nov. 1982, *Bull. ch. avoués*, n° 81, p. 16 – Rouen, 10 mars 1983, *Bull. ch. avoués*, n°s 87-88, p. 68.
4. V. Civ. 2e, 20 févr. 1985, n° 83-16.624, *Bull. civ.* II, n° 43; *Gaz. Pal.* 1985. Pan. 171 – Soc. 15 déc. 1998, n° 96-43.550, NP; *Procédures* 1998. Comm. 63, note Sportouch.
5. Com. 14 oct. 2008, n° 06-15.064, *Bull. civ.* IV, n° 169; *RD transp.* 2009. Comm. 6, note Staes.
6. Paris, 1er oct. 1986, RG n° 86/4315, *Gaz. Pal.* 1987. Somm. 32; *Bull. ch. avoués* 1986. 166.
7. Civ. 1re, 9 mars 2004, n° 00-14.312, *Bull. civ.* I, n° 76; *Procédures* 2004, n° 9, obs. Perrot – Civ. 2e, 24 juin 1998, n° 96-17.288, NP; *Rev. huiss.* 1999. 412, note Bourdillat.

B.
Appel ouvert par dispositions expresses de la loi

512.41 Renvois. En dehors du cas général où le jugement porte à la fois sur la compétence et sur le fond, le Code de procédure civile prévoit expressément des cas où la voie d'appel est seule ouverte bien que la juridiction de première instance ne se soit prononcée que sur la compétence. Il ne sera fait ici qu'un rappel (v. s[s] n°s 511.71 s.). Il s'agit des ordonnances de référé et des ordonnances du juge conciliateur en matière de divorce et de séparation de corps (C. pr. civ., art. 98), et des cas où le premier juge s'est déclaré incompétent au profit de la juridiction administrative (C. pr. civ., art. 99), des ordonnances du juge de la mise en état statuant sur une exception d'incompétence (C. pr. civ., art. 776), et des décisions du juge de l'exécution enfin (C. pr. exéc., art. R. 121-3).

§ 2
Sanction du choix erroné

512.50 Requalification. Deux voies de recours étant ouvertes, et bien qu'elles le soient dans des domaines distincts, des difficultés et des erreurs de choix sont inévitables. Le Code de procédure civile a réglé la difficulté au moins en un sens. Il est moins grave de former un contredit à la place d'un appel que l'inverse en raison de la possibilité de requalification de la voie de recours prévue par les textes mais dans un seul sens.

A.
Contredit formé au lieu d'un appel

512.51 Texte applicable – Plan. L'article 91 C. pr. civ. dispose que : « *Lorsque la cour estime que la décision qui lui est déférée par la voie du contredit devait l'être par celle de l'appel, elle n'en demeure pas moins saisie* [...]. »

La cour requalifie donc en cette hypothèse le contredit en appel (1°), ce qui suppose un aménagement de la procédure (2°).

1°
Requalification du contredit en appel

512.61 Domaine. Il faut supposer qu'un contredit a été formé alors qu'un appel aurait dû l'être dans le seul cas toutefois où le jugement a statué sur la compétence : l'article 91 ne s'applique pas au cas de contestation de la saisine d'une juridiction sur le fondement de l'article 47 C. pr. civ.[1] La cour d'appel ne peut dans ce cas se contenter de déclarer le contredit irrecevable, elle reste néanmoins saisie et doit statuer comme si un appel avait été formé. En d'autres termes, elle doit requalifier le contredit en appel[2].

Cette obligation de requalification s'applique à tous les cas où un contredit recevable a été formé à la place d'un appel. Il en est ainsi notamment lorsque le premier juge s'est déclaré incompétent au profit de la juridiction administrative, alors que dans ce cas l'article 99 dit que la voie d'appel est seule ouverte[3]. Il en est de même lorsque la cour d'appel est saisie d'un contredit contre un jugement statuant en premier et dernier ressort sur la compétence et sur le fond[4].

2°
Procédure

512.71 Constitution d'avocat – Sanction. L'article 91 alinéas 2 et 3 C. pr. civ. prévoit alors la procédure à suivre qui est celle de l'appel.

Mais, si selon ces règles, les parties sont tenues de constituer avocat, l'article 91 alinéa 3 dispose que : « *L'appel est d'office déclaré irrecevable si celui qui a formé le contredit n'a pas constitué avocat dans le mois de l'avis donné aux parties par le greffier.* » Il s'agit là d'une véritable **fin de non-recevoir** relevée d'office par la cour, à condition toutefois qu'un avis ait bien été donné sur le fondement de ce texte aux parties, en principe par lettre avec demande d'avis de réception, bien que le texte ne le précise pas[5]. La conséquence en est que la décision de première instance devient irrévocable. Tout appel postérieur serait irrecevable. Cette sanction est cependant inapplicable lorsque la partie a formé à la fois un contredit et un appel pour lequel elle a constitué avocat[6].

B.
Appel formé au lieu du contredit

512.81 Irrecevabilités de l'appel. La réciproque n'est pas vraie, si la décision sur la compétence devait être attaquée par un contredit et qu'un appel a été formé par erreur, l'appel ne vaut pas comme contredit et il est irrecevable comme appel[7].

1. Limoges, 11 déc. 2006, RG n° 06/0950, *D.* 2007. AJ 315.

2. Civ. 2e, 10 févr. 2005, n° 03-15.324, *Bull. civ.* II, n° 26; *Procédures* 2005, n° 131.
3. Civ. 2e, 21 nov. 1979, n° 78-40.359, *Bull. civ.* II, n° 272; *JCP* 1980. IV. 45 – Soc. 9 juin 1982, n° 80-40.054, *Bull. civ.* V, n° 378; *JCP* 1982. IV. 297; *Gaz. Pal.* 1982. Pan. 317.
4. Civ. 2e, 22 juin 1983, n° 82-11.300, *Bull. civ.* II, n° 132; *D.* 1983. IR 396, obs. Julien; *Gaz. Pal.* 1984. Pan. 4, obs. Guinchard.
5. Sur une difficulté d'application, v. Civ. 2e, 23 oct. 1991, n° 90-15.739, *Bull. civ.* II, n° 271; *JCP* 1991. IV. 435.
6. Civ. 2e, 20 déc. 2007, n° 05-14.372, NP; *Procédures* 2008. Comm. 99, note Perrot.
7. Civ. 2e, 13 juin 1979, n° 78-11.960, *Bull. civ.* II, n° 174; *D.* 1979. IR 78, obs. Julien – Soc. 7 oct. 1982, *Gaz. Pal.* 1983. Pan. 44, obs. Guinchard – Civ. 1re, 18 janv. 1983, n° 81-16.240, *Bull. civ.* I, n° 24; *Gaz. Pal.* 1983. Pan. 174, obs. Guinchard; *RTD civ.* 1983. 588, obs. Normand.

Cette fin de non-recevoir doit être relevée d'office[1].

Dans le cas où les deux voies de recours ont été exercées contre le même jugement, dans les délais requis, la cour doit rester saisie de la voie de recours adéquate et doit déclarer l'autre irrecevable (par ex. lorsque l'appel est la voie à suivre, le contredit est déclaré irrecevable[2]).

SECTION 2
POUVOIRS DE LA COUR D'APPEL

512.90 Plan. Saisie d'un appel, mais contre un jugement qui a statué, en principe à la fois sur la compétence et sur le fond, la cour doit statuer elle-même sur la compétence et sur le fond. Mais il n'en est pas toujours ainsi et il faut distinguer entre les cas où la cour est saisie d'un appel contre un jugement rendu en premier et dernier ressort (§ 1) et celui où elle est saisie d'un appel contre une décision rendue en premier ressort seulement (§ 2).

§ 1
Jugement rendu en premier et dernier ressort

512.91 Distinction. En principe il s'agit d'un jugement ayant statué à la fois sur la compétence et sur le fond. Par dérogation aux règles interdisant l'appel contre les jugements rendus en dernier ressort, l'article 78 permet un appel, mais du chef de la compétence seule. Quant à la solution, il faut distinguer selon que la cour confirme le jugement sur la compétence (A) ou l'infirme (B).

A.
La cour confirme le jugement

512.101 Interdiction de statuer au fond. La cour d'appel doit statuer sur la seule question de la compétence. Il lui est interdit de statuer au fond[3].

Si la cour confirme le jugement qui, par hypothèse, s'est déclaré compétent, le jugement de première instance passe en force de chose jugée et l'affaire est terminée (à moins qu'un pourvoi en cassation soit formé contre l'arrêt de la cour d'appel).

1. Civ. 1re, 15 nov. 1994, n° 93-05.026, NP; *JCP* 1996. IV. 19.
2. Paris, 14 janv. 1993, *JCP* 1983. II. 20074, concl. Connen.
3. Civ. 2e, 18 nov. 2004, n° 03-10.491, NP; *Procédures* 2005. Comm. 3, obs. Perrot – Civ. 1re, 4 mars 2004, n° 04-60.070, *Bull. civ.* I, n° 76; *Procédures* 2004. Comm. 91, obs. Perrot.

B.
La cour infirme du chef de la compétence

512.111 Renvoi de l'affaire. Si, à l'inverse, la cour infirme le jugement du chef de la compétence, elle ne peut rester saisie du fond et doit renvoyer l'affaire en première instance devant la juridiction qu'elle estime compétente ou renvoie les parties à mieux se pourvoir si elle estime que la juridiction compétente relève d'un autre ordre de juridiction (C. pr. civ., art. 96, al. 1er).

Il semble qu'il en aille ainsi même lorsque la juridiction estimée compétente n'est pas dans le ressort territorial de la cour d'appel.

§ 2
Jugement rendu en premier ressort

512.120 Distinction. Lorsque le jugement a été rendu en premier ressort, l'article 79 prévoit des solutions différentes selon que la cour est juridiction d'appel relativement à la juridiction qu'elle estime compétente ou non.

A.
La cour est juridiction d'appel de la juridiction compétente

512.130 Double hypothèse. Deux hypothèses se rencontrent, mais qui aboutissent pratiquement au même résultat : la cour confirme le jugement sur la compétence (1°), ou elle infirme le jugement sur la compétence (2°).

1°
La cour confirme le jugement sur la compétence

512.131 Absence de texte. Cette hypothèse n'est pas spécialement envisagée par les textes. Mais la solution en est logiquement certaine.

La cour confirme le jugement sur la compétence.

512.132 Le premier juge s'était déclaré compétent. Dans ce premier cas, la décision est confirmée, mais uniquement ce qui concerne la compétence, la cour est saisie d'un appel général et par l'effet dévolutif se trouve donc saisie de l'entier litige. Elle doit donc statuer au fond, au besoin après avoir mis les parties en demeure de conclure sur le fond.

2°
La cour infirme du chef de la compétence

512.141 La cour doit statuer au fond. La cour doit néanmoins statuer au fond, au besoin en évoquant et en mettant les parties en demeure de conclure au fond. C'est une obligation qui lui est faite par l'article 79 alinéa 1er C. pr. civ., si l'affaire est susceptible d'appel dans l'ensemble de ses dispositions. Elle ne peut renvoyer l'affaire au premier degré[1].

Il a toutefois été jugé que la solution était différente lorsque la cour d'appel se trouve saisie d'un appel contre une ordonnance de référé et estime que la compétence revient à une autre juridiction à titre exclusif. En ce cas, l'article 79 alinéa 1er n'est pas applicable, puisque la cour d'appel ne peut elle-même statuer que dans la limite des pouvoirs du juge des référés[2]. Les parties doivent alors être renvoyées à mieux se pourvoir.

B.
La cour n'est pas juridiction d'appel de la juridiction qu'elle estime compétente

512.151 **Cas.** Deux cas se rencontrent appelant des solutions différentes : soit la cour estime que la juridiction relève d'un autre ordre et elle renvoie alors les parties à mieux se pourvoir en application de l'article 96 C. pr. civ., soit elle estime que la juridiction compétente est une juridiction de l'ordre judiciaire mais du ressort d'une autre cour d'appel.

512.152 **Renvoi devant une autre cour d'appel.** Dans ce dernier cas, la cour ne peut statuer au fond. Elle doit impérativement renvoyer l'affaire directement devant la cour d'appel qui est juridiction d'appel relativement à la juridiction qu'elle estime compétente (C. pr. civ., art. 79, al. 2). Ce renvoi est obligatoire. La cour d'appel ne saurait renvoyer l'affaire en première instance[3].

Le pourvoi en cassation est irrecevable contre l'arrêt ordonnant le renvoi puisqu'il ne met pas fin à l'instance[4].

512.153 **Pouvoirs de la cour de renvoi.** La décision de renvoi s'impose aux parties comme à la cour de renvoi (C. pr. civ., art. 79, al. 2). Les parties ne peuvent donc soulever une nouvelle exception d'incompétence devant la cour de renvoi. Celle-ci serait irrecevable. L'incident de compétence est vidé.

La cour de renvoi doit elle-même accepter le renvoi sans pouvoir apprécier sa propre compétence[5], ni même la régularité de la procédure suivie[6].

1. Com. 5 juill. 1976, n° 75-13.853, *Bull. civ.* IV, n° 223; *Gaz. Pal.* 1977. 259, note Viatte – Com. 16 mai 1977, n° 76-12.210, *Bull. civ.* IV, n° 139 – Com. 6 janv. 1981, n° 79-14.236, *Bull. civ.* IV, n° 5; *D.* 1981. IR 370, obs. Julien.
2. Com. 3 nov. 1992, n° 90-16.842, *Bull. civ.* IV, n° 334; et Com. 19 janv. 1993, n° 89-13.601, *Bull. civ.* IV, n° 12; *JCP* 1994. II. 22186, note Lévy.
3. Civ. 1re, 5 juill. 1978, *D.* 1978. IR 499, obs. Julien – Civ. 2e, 7 févr. 1979; *D.* 1979. IR 478, obs. Julien.
4. Civ. 2e, 7 juill. 1983, n° 81-16.195, *Bull. civ.* II, n° 144.
5. Versailles, 13 mars 1979, *D.* 1979. IR 478, obs. Julien.
6. Paris, 18 juin 1986, RG n° 86/675, *D.* 1987. IR 299, obs. Julien.

TITRE

52. Les voies de recours en interprétation, rectification ou complément du jugement

SECTION 0 ORIENTEUR

52.00 **Plan du titre.**

52.11 **Principe du dessaisissement.** L'article 481 C. pr. civ. pose un principe relatif au jugement sur le fond : dès son prononcé, le jugement contentieux et définitif dessaisit le juge de la contestation qu'il tranche. Il s'agit là de la traduction moderne de l'adage *lata sentencia, judex desinit esse judex* (la sentence une fois rendue, le juge cesse d'être juge – sur l'autorité du jugement, v. s[s] n°s 421.140 s.).

52.12 **Exceptions au principe.** Dans certaines hypothèses, le principe du dessaisissement subit des atténuations (C. pr. civ., art. 481, al. 3). Le juge, en dehors de toute nouvelle instance, peut intervenir sur la décision qu'il a rendue pour l'interpréter (C. pr. civ., art. 461), la réparer (C. pr. civ., art. 462) ou la modifier en la complétant (C. pr. civ., art. 463) ou en y retranchant certains éléments (C. pr. civ., art. 464).

Ces dispositions concernent tous les jugements contentieux définitifs, ainsi que les jugements qui rejettent une demande « *quant à présent et en l'état* », faute de justifications suffisantes des faits sur lesquels elle est fondée. Sans doute, le demandeur conserve-t-il dans ce cas le droit de former une autre demande, en l'absence d'autorité de la chose jugée au fond[1] (ce n'est pas le cas d'un jugement rendu au fond « *en l'état* », qui est revêtu de l'autorité de la chose jugée[2]); mais le jugement de débouté a pour effet de dessaisir le juge, ce qui oblige le demandeur à saisir une nouvelle fois le juge en délivrant une autre citation[3].

52.13 **Dépens.** Les décisions statuant sur la rectification, l'interprétation ou la modification des jugements sur le fondement des articles 461 à 464 C. pr. civ. se prononcent sur les dépens y afférents. Selon l'article 696 C. pr. civ., les dépens sont à la charge de la partie perdante. Il peut s'agir du demandeur, qui présente une requête en interprétation ou en rectification irrecevable ou mal fondée.

Si la requête est déclarée recevable et bien fondée, c'est qu'en raison d'un dysfonctionnement du service public de la justice, le jugement a dû être rectifié : le juge peut donc faire peser la charge des dépens sur le Trésor public. Cette possibilité résulte expressément

1. Civ. 16 févr. 1954, *Gaz. Pal.* 1954. 1. 260; *RTD civ.* 1954. 347, obs. Hébraud.
2. Com. 8 mars 1994, n° 92-10.139, *Bull. civ.* IV, n° 105; *D.* 1994. Somm. 108, obs. Fricero.
3. Civ. 2e, 22 avr. 1992, n° 90-20.225, *Bull. civ.* II, n° 133; *JCP* 1992. IV. 1857; *RTD civ.* 1993. 195, obs. Perrot – Civ. 2e, 31 mars 1993, n° 91-19.566, *Bull. civ.* II, n° 137; *JCP* 1993. IV. 1414.

de l'article R. 93, 10° du Code de procédure pénale, à propos des décisions pénales statuant en matière civile, qui vise les « *frais et dépens mis à la charge du Trésor public* [...] *en cas de décision juridictionnelle rectifiant ou interprétant une précédente décision* » (pour les dépens mis à la charge du Trésor public en cas de décision juridictionnelle rectifiant ou interprétant une précédente décision en matière pénale, v. C. pr. pén., art. R. 92, 17°).

52.14 **Problématique.** Le principe du dessaisissement ne doit pas constituer un obstacle à la garantie des parties contre les erreurs éventuelles du juge. Sans doute, les règles de procédure (contradiction, mise en délibéré, *etc.*) ainsi que l'éthique du juge contribuent à éviter ces situations, mais, comme toute œuvre humaine, le jugement peut comporter des irrégularités.

La réparation de ces défaillances se fait généralement par l'exercice de recours contre la décision, permettant d'obtenir un réexamen du fond et la sanction de l'irrégularité.

Mais, lorsque l'erreur ne porte pas sur la substance même du jugement, lorsqu'elle est purement matérielle, le réexamen de l'affaire ne s'impose pas. Il suffit de rectifier l'irrégularité, afin que la lettre du jugement corresponde à la substance de la décision. C'est à cette finalité qu'obéissent les procédures d'interprétation (chap. 521), de rectification (chap. 522) et de complément ou de retranchement du jugement (chap. 523).

CHAPITRE

521. Interprétation du jugement

NATALIE FRICERO
Professeure à la Faculté de droit
de l'Université de Nice Sophia-Antipolis (CERDP)

SECTION 0
ORIENTEUR

521.00 **Plan du chapitre.**

Division. « *Il appartient à tout juge d'interpréter sa décision* » (C. pr. civ., art. 461), afin d'en préciser le sens ou la portée. L'interprétation n'est pas une véritable exception au principe du dessaisissement, en ce sens qu'elle ne permet pas au juge de modifier sa décision en portant atteinte à l'autorité de la chose jugée (le principe est constant). Elle n'est utilisable que si la demande concerne une disposition ambiguë, obscure.

Les textes ont ainsi défini de façon restrictive les conditions de l'interprétation (sect. 1) et le régime de la décision interprétative (sect. 2).

521.01 **Principaux textes applicables.**
C. pr. civ., art. 56, 57, 450, 461, 494, 523, 561, 828, 882, 931, 984.
C. trav., art. R. 1452-1.
COJ, art. L. 213-6.
C. pr. exéc., art. L. 111-4, L. 122-2, R. 151-1.

521.03 **Bibliographie.**
Articles. M. Bourgeois, « L'interprétation des jugements et la réparation de la décision par laquelle le juge a statué *infra* ou *ultra petita* », *Quot. jur.* 1984, n° 121 – S. Carré, « La délicate interprétation des jugements en présence d'une ambiguïté », *Gaz. Pal.* 1995. 1. Doctr. 572 – P. Hébraud, « De l'appel des jugements interprétatifs », *JCP* 1937. I. 43 – A. Lescaillon, « L'interprétation, la rectification d'erreurs matérielles et la réparation d'omissions de statuer sur un chef de demande », *Rev. huiss.* 1978. 268.

521.04 **Formulaire : renvoi.**
Form. pr. civ. *Recours particuliers – Interprétation d'une décision* (Requête à fin d'interprétation d'une décision [C. pr. civ., art. 461])

SECTION 1
CONDITIONS DE L'INTERPRÉTATION

§ 1
Requête

521.11 **Modalités.** La demande en interprétation est formée « *par simple requête de l'une des parties ou par requête commune* ». Les modalités varient selon la juridiction qui a rendu la décision à interpréter[1].

Seules les parties à la procédure principale peuvent former une requête en interprétation[2].

Lorsque la procédure se déroule **sans représentation obligatoire**, les parties ont la possibilité de déposer elles-mêmes la requête unilatérale ou commune, ou de la présenter par l'intermédiaire d'un représentant habilité par la loi (pour le tribunal de commerce, C. pr. civ., art. 828 – pour le tribunal paritaire des baux ruraux, C. pr. civ., art. 882 – pour la cour d'appel, C. pr. civ., art. 931 – pour la Cour de cassation, C. pr. civ., art. 984 – et pour le conseil de prud'hommes, C. trav., art. R. 1452-1). Le représentant, s'il n'est pas avocat, doit justifier d'un pouvoir spécial.

Lorsque la procédure exige **la représentation par avocat**, la requête en interprétation ne peut être présentée que par l'intermédiaire d'un mandataire

1. V. DÉJÀ, Civ. 15 juill. 1902, *S.* 1902. 1. 162.
2. Soc. 31 mars 2009, n° 08-60.510, NP.

ad litem : il s'agit de l'avocat devant le tribunal de grande instance[1] ou la cour d'appel et de l'avocat aux Conseils devant la Cour de cassation[2].

521.12 Contenu. Le contenu de la requête n'obéit à aucune formule sacramentelle : il suffit que la requête unilatérale réponde aux exigences des demandes initiales, c'est-à-dire qu'elle indique la juridiction devant laquelle la demande est portée, l'objet de la demande et l'exposé des moyens, l'indication des pièces éventuelles, et l'identification du requérant (C. pr. civ., art. 56 et 494). S'il s'agit d'une requête commune, elle doit contenir l'identification des requérants, l'indication de la juridiction saisie ainsi que l'indication des pièces éventuelles, de l'objet de la demande et des moyens respectifs des parties (C. pr. civ., art. 57).

521.13 Délai. L'article 461 C. pr. civ. ne prévoit pas de délai pour présenter une requête en interprétation. Il convient donc d'appliquer la prescription de dix ans prévue pour l'exécution des titres exécutoires par l'article L. 111-4 C. pr. exéc., (anc[t] L. 9 juill. 1991, art. 3-1, dans la rédaction que lui a donnée la loi du 17 juin 2008 sur la prescription civile[3]).

Cependant, la requête en interprétation n'est plus recevable lorsque la décision est frappée **d'appel** (C. pr. civ., art. 461, al. 1er), ce qui s'explique par l'effet dévolutif de ce recours (C. pr. civ., art. 561) : comme l'appel remet la chose jugée en question devant la cour, le juge du premier degré n'a plus le pouvoir d'intervenir pour interpréter sa décision, et la saisine de la cour d'appel met fin à la faculté de présenter une requête devant le juge qui a rendu la décision[4].

521.14 Dépôt et notification. La requête en interprétation est déposée au secrétariat-greffe de la juridiction compétente en double exemplaire (C. pr. civ., art. 494) et un exemplaire est restitué au déposant, après avoir été visé et daté.

S'il s'agit d'une requête unilatérale, l'information de l'adversaire doit être réalisée par notification, qui peut s'effectuer par acte du Palais si la représentation est obligatoire[5].

1. Civ. 2e, 13 nov. 1985, n° 84-11.077, *Bull. civ.* II, n° 171 ; *RTD civ.* 1986. 421, obs. Perrot.
2. Com. 3 janv. 1989, n° 88-15.559, *Bull. civ.* IV, n° 1 ; *D.* 1989. Somm. 276, obs. Julien – Civ. 1re, 10 mai 2000, n° 99-15.696, *Bull. civ.* I, n° 136 ; *D.* 2000. 649, note Fricero.
3. L. n° 2008-561, 17 juin 2008, portant réforme de la prescription en matière civile, *JO* 18 juin, p. 9856 – Ph. Hoonakker, « La prescription de l'exécution forcée depuis la loi n° 2008-561 du 17 juin 2008 », *Dr. et proc.* 2009. 15.
4. Paris, 30 juin 1987, *D.* 1987. IR 190 – Civ. 3e, 25 févr. 1987, *Gaz. Pal.* 1987. 2. Somm. 485, obs. Guinchard et Moussa – Soc. 6 nov. 2008, n° 07-42.222, NP.
5. Paris, 27 mars 1981, *Bull. ch. avoués* 1981. 3. 28.

§ 2
Juge compétent

521.21 Principe. Le seul juge compétent pour interpréter la décision est celui qui l'a rendue (C. pr. civ., art. 461)[6]. Peu importe la nature ou le degré de cette juridiction. Ainsi, la compétence a été reconnue à la cour d'appel[7], comme à la Cour de cassation[8]. Un récent arrêt a statué sur une requête en rectification et subsidiairement en interprétation d'un arrêt de l'assemblée plénière de la Cour de cassation[9].

De plus, le juge qui interprète doit agir en vertu des mêmes pouvoirs que celui qui a rendu la décision : si un magistrat a rendu une ordonnance en qualité de juge du contrôle d'une mesure d'instruction, il ne peut pas être saisi en interprétation en qualité de juge des référés[10]; si le juge a rendu une décision en tant que juge du fond, en la « *forme des référés* », il ne peut pas être saisi d'une demande en interprétation en qualité de juge des référés[11].

521.22 Interprétation incidente. La jurisprudence a considéré que la compétence du juge qui a rendu la décision n'exclut ni l'interprétation incidente de la décision par une autre juridiction[12], ni la détermination de la portée de la chose jugée par la juridiction devant laquelle ce moyen est soulevé[13]. Dans le même ordre d'idées, lorsque la Cour de cassation a rendu un arrêt de cassation avec renvoi, c'est à la juridiction de renvoi que revient la compétence pour déterminer l'étendue de la cassation prononcée[14].

521.23 Transferts de compétence. Des difficultés sont apparues en jurisprudence dans les hypothèses où la décision à interpréter est frappée de recours.

– Si le jugement ambigu est frappé **d'appel**, l'article 461 alinéa 1er C. pr. civ. prévoit la compétence de la cour d'appel pour interpréter la décision[15].

6. Civ. 3e, 20 janv. 1981, n° 79-10.449, *Bull. civ.* III, n° 16 ; *D.* 1982. IR 168, obs. Julien – Aix-en-Provence, 10 déc. 1993, RG n° 91/18320, *JCP* 1994. IV. 626.
7. Com. 7 oct. 1981, n° 79-16.416, *Bull. civ.* IV, n° 349 – Paris, 3 mai 1984, *Gaz. Pal.* 1985. 1. Somm. 186.
8. Com. 3 janv. 1989, n° 88-15.559, *Bull. civ.* IV, n° 1 ; *D.* 1989. Somm. 276, obs. Julien – Civ. 1re, 15 nov. 2010, n° 08-14.968, NP; *AJDI* 2010. 406, obs. Thioye.
9. Cass., ass. plén., 12 juill. 2013, n° 11-17.520, *Bull. ass. plén.*, [à paraître].
10. Civ. 2e, 22 juin 1978, n° 77-12.479, *Bull. civ.* II, n° 167.
11. Civ. 2e, 1er avr. 1981, n° 79-15.636, *Bull. civ.* II, n° 82 ; *Gaz. Pal.* 1982. 1. 1, note Viatte.
12. Civ. 1re, 18 janv. 1989, n° 87-13.177, *Bull. civ.* I, n° 22 ; *D.* 1990. 117, obs. Bénabent; *RTD civ.* 1991. 712, obs. Huet-Weiller – Civ. 1re, 21 sept. 2005, n° 04-10.302, NP.
13. Civ. 12 nov. 1946, *Gaz. Pal.* 1947. 1. 48 ; *RTD civ.* 1947. 219, obs. Vivioz.
14. Civ. 3e, 16 févr. 1977, n° 75-14.499, *Bull. civ.* III, n° 78 ; *Gaz. Pal.* 1977. 1. Pan. 154.
15. V. DÉJÀ, Civ. 2e, 12 mars 1954, *JCP A* 1954. IV. 2329, obs. Madray, qui limite le pouvoir d'interprétation de la cour d'appel aux seuls chefs du jugement attaqué.

En revanche, lorsque le magistrat de la mise en état est saisi d'une demande relative à l'exécution provisoire d'un jugement frappé d'appel (C. pr. civ., art. 523), il ne saurait y avoir transfert de compétence pour interpréter la décision, dans la mesure où le magistrat n'est pas saisi de l'entier litige : seule la juridiction qui a rendu la décision peut donner un sens à une disposition ambiguë [1].

Si un appel est formé contre le jugement ambigu, et que l'appelant se désiste, la juridiction du premier degré retrouve son pouvoir d'interprétation [2]. Il en est de même si l'appel est déclaré irrecevable [3].

– Si la décision est frappée **de pourvoi en cassation**, la question du transfert de compétence est controversée en jurisprudence, en l'absence de disposition légale expresse. Une jurisprudence ancienne avait admis le transfert de pouvoir à la Cour de cassation [4], mais d'autres décisions considéraient que ce transfert ne concernait pas les chefs de la décision n'ayant pas fait l'objet du pourvoi [5]. La nouvelle rédaction de l'article 461 C. pr. civ. n'autorise pas le maintien de ce transfert de pouvoir, puisque seul l'appel est prévu. De plus, l'absence d'effet dévolutif du pourvoi en cassation doit conduire à laisser le pouvoir d'interprétation de la décision attaquée au juge qui l'a rendue [6]. Mais la seule question de l'interprétation ne peut faire l'objet d'un pourvoi en cassation [7].

521.24 Compétence du juge de l'exécution. L'article L. 213-6 du COJ donne compétence au juge de l'exécution (JEX) pour statuer sur les « *difficultés relatives aux titres exécutoires* ». La jurisprudence considère que ces difficultés englobent les contestations relatives à la validité du titre, à son caractère exécutoire ou à son existence [8]. Sous l'empire des anciennes dispositions (ACPC, art. 811), la jurisprudence admettait qu'une difficulté relative à un titre exécutoire permettait au juge d'interpréter le titre [9]. Dans la mesure où l'ambiguïté des termes de la décision empêche son exécution, il semble opportun d'admettre la compétence du JEX pour interpréter le titre exécutoire : c'est en ce sens que s'oriente la jurisprudence [10]. Cependant, l'interprétation que donne le JEX ne doit pas le conduire à porter atteinte à l'autorité de la chose jugée au fond [11]. De plus, on doit admettre que la compétence du JEX ne supprime pas la possibilité de saisir le juge qui a rendu la décision sur le fondement de l'article 461 C. pr. civ. [12]

En présence d'une difficulté d'exécution tenant à l'existence d'une disposition obscure dans le jugement (par exemple en cas d'ambiguïté sur l'identité de la personne condamnée), l'huissier de justice engage sa responsabilité s'il ne saisit pas le JEX en vue de l'interprétation de la décision, avant d'entreprendre la mesure d'exécution (C. pr. exéc., art. L. 122-2 et R. 151-1) [13].

SECTION 2
DÉCISION D'INTERPRÉTATION

§ 1
Procédure

521.31 Respect de la contradiction. Contrairement aux règles concernant les ordonnances sur requête [14], la procédure suivie en matière d'interprétation est nécessairement contradictoire [15]. Le juge ne peut se prononcer qu'une fois « *les parties entendues ou appelées* » (C. pr. civ., art. 461, al. 2). Il convient donc de se référer aux règles de procédure applicables à la juridiction saisie de la requête en interprétation pour connaître les modalités de convocation et d'audition des parties.

§ 2
Pouvoirs du juge

521.41 Pouvoir souverain. La Cour de cassation considère que les juges disposent d'un pouvoir souverain pour apprécier la nécessité d'une interprétation, c'est-à-dire le caractère ambigu ou obscur d'une dis-

1. Versailles, 4e ch., 23 févr. 1996, RG no 8172/95.
2. Civ. 3e, 30 nov. 1988, no 87-14.248, *Bull. civ.* III, no 171 – Aix-en-Provence, ch. soc. et civ., 16 mai 1995, RG no 94/19578.
3. Soc. 11 oct. 2000, no 98-45.495, *Bull. civ.* V, no 321; *JCP* 2000. IV. 2758; *Gaz. Pal.* 14-16 avr. 2002, p. 19, obs. du Rusquec.
4. Civ. 3 mars 1851, *DP* 1851. 1. 24.
5. Montpellier, 27 juin 1950, *D.* 1950. 565; *RTD civ.* 1950. 565, obs. Raynaud – RAPPR., Com. 15 mai 1973, no 72-10.531, *Bull. civ.* IV, no 173; *Gaz. Pal.* 1973. Somm. 211.
6. V. DÉJÀ, Riom, 17 mars 1960, *JCP A* 1960. IV. 3747, obs. Madray – Nancy, 7 août 1980, *D.* 1982. IR 168, obs. Julien – Paris, 9 nov. 1989, *Bull. ch. avoués.* 4. 119.
7. Soc. 23 sept. 2009, no 08-40.995, NP – Civ. 2e, 8 oct. 2009, no 08-19.210, NP.
8. TGI Nanterre, 19 juin 1995, *Juris-Data* no 048953.
9. Civ. 2e, 18 déc. 1978, no 77-12.804, *Bull. civ.* II, no 280; *Gaz. Pal.* 1979. 2. 336, note Viatte; *RTD civ.* 1979. 427, obs. Normand – Civ. 2e, 11 févr. 1987, no 85-16.533, *Bull. civ.* II, no 44; *RTD civ.* 1988. 171, obs. Normand.
10. Versailles, 1re ch., 25 janv. 1996, RG no 6448/95 – *CONTRA* : Amiens, 2e ch., 29 juin 1995, *Juris-Data* no 042874.
11. Douai, 8e ch., 8 juin 1995, RG no 94/02024.
12. Aix-en-Provence, ch. soc., 16 mai 1995, RG no 94/19578 – Versailles, 13 janv. 2000, RG no 5998/99, *D.* 2000. IR 68 – Civ. 2e, 9 juill. 1997, no 94-18.320, *Bull. civ.* II, no 226; *D.* 1997. 184; *RTD civ.* 1997. 998, obs. Perrot; *JCP* 1997. IV. 1951; *Procédures* 1997. Comm. 259.
13. TGI Paris, 21 sept. 1995, *Juris-Data* no 046200.
14. H. Solus et R. Perrot, *Droit judiciaire privé*, Sirey, 1961, t. III, 1991, no 1381, p. 1173.
15. Paris, 30 juin 1987, *D.* 1987. IR 190.

position du jugement[1]. L'ambiguïté du jugement peut résulter d'une contradiction entre deux chefs du dispositif, laquelle donne lieu à requête en interprétation et n'ouvre pas un pourvoi en cassation[2].

De même, les juges apprécient souverainement le sens qu'il convient de donner aux termes du jugement[3]. Ils peuvent aussi considérer souverainement que le jugement n'appelle aucune interprétation[4]. En revanche, les juges ne peuvent pas considérer que le jugement doit donner lieu à interprétation et en donner un sens nouveau, en se déterminant, non en fonction du jugement qu'ils devaient interpréter, mais de la réglementation applicable et des statuts de la caisse d'assurance vieillesse[5].

521.42 Limites. Selon une jurisprudence constante, **le juge ne peut**, sous prétexte de déterminer le sens de sa décision, **apporter une modification quelconque aux dispositions précises de celle-ci**[6]. L'interprétation n'est pas une voie procédurale permettant de remettre en cause **l'autorité de la chose précédemment jugée**[7], même si les dispositions de la décision sont erronées[8]. Les erreurs d'appréciation de la juridiction ne relèvent pas de l'interprétation[9]. Les juges ne peuvent, sous prétexte d'en déterminer le sens, apporter une modification quelconque aux dispositions précises du jugement[10].

Si le juge interprétant ne se conforme pas à cette exigence, sa décision peut être censurée par l'exercice d'un recours approprié. La jurisprudence montre que d'autres sanctions peuvent être appliquées. Ainsi, lorsque la décision initiale interprétée est assortie de l'exécution provisoire, le premier président de la cour d'appel peut, en cas d'appel, suspendre cette exécution provisoire en se fondant sur le fait que les atteintes à la chose jugée contenues dans la décision rectificative entraînent des conséquences manifestement excessives[11].

521.43 Analyse jurisprudentielle. Les modifications interdites peuvent revêtir plusieurs aspects.

– Le juge ne saurait, à l'occasion de l'interprétation de sa décision, **ajouter, retrancher ou substituer des éléments nouveaux**[12]. Ainsi, le juge qui modifie le nombre de délégués du personnel qu'il avait précédemment fixé[13], celui qui ajoute à l'irrecevabilité de la demande les termes « *quant à présent et en l'état* », alors que le dispositif ne contenait aucune restriction[14], celui qui ajoute des intérêts à la condamnation civile[15], qui modifie le point de départ des intérêts[16] méconnaît l'interdiction de ne pas modifier le dispositif du jugement, ou qui ordonne la restitution des sommes versées[17].

D'une façon générale, le juge ne peut plus modifier les droits et obligations reconnus aux parties[18], même si ces droits résultent d'une disposition implicite[19], même si les dispositions du jugement sont erronées[20]. À défaut, cette violation de l'article 461 C. pr. civ. a pu être considérée comme un excès de pouvoir entraînant l'annulation de la décision[21]. Cependant, si cette limite est aisée à énoncer, sa mise en œuvre est parfois délicate, et la jurisprudence révèle que certaines décisions interprétatives modifient pratique-

1. Com. 7 oct. 1981, n° 79-16.416, *Bull. civ.* IV, n° 349 – Besançon, 7 déc. 1983, *JCP* 1985. IV. 84 – Soc. 7 janv. 1988, n° 85-40.037, *Bull. civ.* V, n° 23 – Metz, ch. civ., 2 mai 1995, RG n° 95/00888 – Civ. 2e, 14 oct. 2010, n° 09-66.490, NP – Soc. 3 nov. 2010, n° 09-67.532, NP – Civ. 2e, 11 mars 2010, n° 08-21.949, NP.
2. Soc. 3 juill. 2013, n° 12-15.474, NP.
3. Paris, 30 sept. 1981, *Gaz. Pal.* 1982. 1. Somm. 91 – Com. 7 oct. 1981, n° 79-16.416, *Bull. civ.* IV, n° 349 – Soc. 18 nov. 1982, n° 82-42.405, *Bull. civ.* V, n° 628 – Soc. 7 janv. 1988, n° 85-40.037, *Bull. civ.* V, n° 23 – Civ. 2e, 27 juin 1990, n° 88-20.000, *Bull. civ.* II, n° 158; *Gaz. Pal.* 1991. 1. Pan. 12 – Civ. 2e, 2 déc. 1992, n° 91-14.411, *Bull. civ.* II, n° 295; *Gaz. Pal.* 1993. 1. Pan. 241.
4. Civ. 2e, 22 oct. 2009, n° 07-21.834, NP.
5. Civ. 2e, 14 févr. 2013, n° 11-27.896, NP.
6. Civ. 1re, 30 mars 1965, n° 63-10.370, *Bull. civ.* I, n° 231; *JCP* 1965. II. 14249, note P. P. – Civ. 2e, 19 mai 1980, n° 78-15.726, *Bull. civ.* II, n° 114; *Gaz. Pal.* 1980. 622, note Viatte – Civ. 2e, 1er juill. 1981, n° 80-12.356, *Bull. civ.* II, n° 144; *Gaz. Pal.* 1982. 1. Pan. 45 – Soc. 8 nov. 1984, n° 82-41.975, *Bull. civ.* V, n° 425; *Gaz. Pal.* 1985. 1. Pan. 91, obs. Guinchard – Civ. 2e, 3 mai 1990, n° 88-19.953, *Bull. civ.* II, n° 90; *JCP* 1990. IV. 244 – Soc. 5 févr. 1992, n° 89-42.218, *Bull. civ.* V, n° 75 – Civ. 2e, 10 févr. 1993, n° 91-17.108, *Bull. civ.* II, n° 58; *JCP* 1993. IV. 945 – Versailles, 13 janv. 2000, RG n° 5998/99, *D.* 2000. IR 68 – Civ. 2e, 22 mai 1995, n° 93-19.016, *Bull. civ.* II, n° 150; *RTD civ.* 1995. 961, obs. Perrot; *JCP* 1995. IV. 1727 – Civ. 3e, 18 juill. 2001, n° 99-10.765, NP.
7. Soc. 23 mars 1995, n° 92-17.372, *Bull. civ.* V, n° 107; *Gaz. Pal.* 1996. 1. Pan. 24 – Et Civ. 3e, 14 mars 2001, n° 99-18.530, NP; qui se fondent, à la fois, sur l'article 461 C. pr. civ. et sur l'article 1351 du Code civil.
8. Civ. 2e, 3 avr. 2003, n° 01-12.564, *Bull. civ.* II, n° 93; *D.* 2003. IR 1265; *JCP* 2003. IV. 1975.
9. Civ. 2e, 28 sept. 2000, n° 98-19.668, NP.
10. Civ. 1re, 28 mai 2008, n° 07-16.690, *Bull. civ.* II, n° 158; *D.* 2009. 53, obs. Douchy-Oudot.
11. Versailles, ord. réf., 12 janv. 1996, *Juris-Data* n° 040055.
12. Civ. 2e, 16 juill. 1980, n° 79-10.834, *Bull. civ.* II, n° 185.
13. Soc. 7 juill. 1983, n° 83-60.002, *Bull. civ.* V, n° 433.
14. Civ. 2e, 10 févr. 1993, n° 91-17.108, *Bull. civ.* II, n° 58.
15. Civ. 1re, 16 nov. 1982, n° 81-13.817, *Bull. civ.* I, n° 329.
16. Civ. 2e, 4 oct. 1989, n° 88-14.732, NP; *Gaz. Pal.* 1990. 1. Pan. 13.
17. Soc. 3 juill. 2002, n° 00-42.939, NP; *Cah. soc. barreau* n° 144, p. 413, obs. Pansier; cité dans *Gaz. Pal. Tables* 2003. 1, n° 89, p. 606.
18. Soc. 14 nov. 1985, n° 84-42.282, *Bull. civ.* V, n° 537; *Gaz. Pal.* 1985. 1. Pan. 43 – Soc. 13 janv. 2009, n° 07-41.829, NP – Civ. 2e, 14 janv. 2010, nos 08-18.939 et 09-65.388, NP – Civ. 2e, 10 mars 2011, nos 10-15.986 et 10-13.498, NP.
19. Civ. 2e, 22 mai 1995, n° 93-19.016, *Bull. civ.* II, n° 150; *RTD civ.* 1995. 961, obs. Perrot; *Gaz. Pal.* 1996. Pan. 73.
20. Civ. 1re, 8 juill. 2009, n° 08-17.984, NP.
21. Versailles, 1re ch., 14 oct. 1994, RG n° 4670/93.

ment la décision interprétée. Que penser par exemple de la décision qui insère dans le dispositif de la décision interprétée le chef implicite qui se trouvait inclus dans les motifs [1], ou de celle qui substitue le samedi au jeudi pour l'exercice du droit de visite de l'un des parents [2] ?

– Le juge ne peut **pas accepter de nouveaux arguments** à l'occasion d'une requête en interprétation (ainsi, à propos d'une police d'assurance [3]); il ne peut pas déclarer recevables de **nouvelles demandes incidentes** (pour des conclusions reconventionnelles en dommages-intérêts pour réparer le préjudice subi par la victime postérieurement à la décision objet d'interprétation [4]).

521.44 Contenu des pouvoirs d'interprétation. Le juge dispose du pouvoir d'expliquer « *les dispositions dont les termes ont donné lieu à quelque doute* » et d'en « *fixer le sens* » [5], ce qui suppose que la décision comporte une ambiguïté [6]. En aucun cas, l'accord des parties ne peut se substituer au pouvoir du juge pour fixer le sens d'une décision [7].

Le juge a la faculté de **corriger une maladresse de rédaction** : ainsi, l'expression « *décision définitive de justice* » peut être interprétée comme « *décision de justice irrévocable passée en force de chose jugée* » [8]. À cet égard, il est parfois difficile de distinguer l'interprétation qui consiste à corriger une maladresse de rédaction [9] de la rectification d'une erreur purement matérielle (C. pr. civ., art. 462 – V. s[s] n°s 522.05 s.). La doctrine considère que le recours en rectification est plus approprié [10], l'interprétation devant être réservée aux seules dispositions ambiguës ou obscures.

Le juge peut également **interpréter une contradiction entre deux chefs du dispositif** [11], ce qui rend irrecevable un pourvoi en cassation [12]. Il peut interpréter les **modalités d'exécution des obligations** mises à la charge d'une partie [13]. Pour **interpréter la portée de son dispositif**, le juge peut avoir recours aux motifs de la décision [14].

521.45 Décision de rejet. Si le juge déclare la requête en interprétation mal fondée, les dispositions du jugement lui paraissant dépourvues d'ambiguïté, il peut sanctionner le comportement de l'auteur de la requête. Celui-ci peut être condamné à verser des dommages-intérêts à l'adversaire, en réparation du préjudice dû au retard dans l'exécution de la décision, provoqué par le comportement abusif et dilatoire du requérant [15].

§ 3
Régime de la décision interprétative

521.51 Principe. La décision interprétative fait corps avec la décision interprétée. La décision interprétative est donc soumise aux mêmes règles que la décision interprétée, notamment, en ce qui concerne l'exercice des voies de recours.

D'abord, la décision ne peut pas faire l'objet d'un recours séparé, notamment d'un pourvoi en cassation [16].

Ensuite, l'exercice d'un recours contre la décision interprétative obéit au même régime que celui qui concerne la décision interprétée [17] : si le pourvoi en cassation ne peut être formé contre la décision interprétée que dans le délai de quinze jours à compter de son prononcé, le jugement interprétatif est soumis au même délai [18]; si le jugement interprété n'est pas susceptible de pourvoi en cassation, sauf en cas d'excès de pouvoir (en matière de redressement et de liquidation judiciaires, C. com., art. L. 623-6, al. 2 et L. 623-7 [19]), le plaideur qui entend former un pourvoi

1. Civ. 2e, 7 juin 1978, n° 77-10.237, NP; *Gaz. Pal.* 1979. 2. 24, note Viatte – Civ. 2e, 22 mai 1995, n° 93-19.016, *Bull. civ.* II, n° 150; *RTD civ.* 1995. 961, obs. Perrot; *Gaz. Pal.* 1996. Pan. 73, sol. impl.
2. Civ. 2[e], 6 juill. 1966, n° 65-11.265, *Bull. civ.* II, n° 741.
3. Civ. 1[re], 30 mars 1965, n° 63-10.370, *Bull. civ.* I, n° 231; *JCP* 1965. II. 14249, note P. P.
4. Civ. 3[e], 16 janv. 1969, n° 66-12.280, *Bull. civ.* III, n° 49.
5. Civ. 1re, 8 nov. 1976, n° 75-12.300, *Bull. civ.* I, n° 332.
6. Com. 19 janv. 1983, n° 81-12.336, *Bull. civ.* IV, n° 24.
7. Cass., ch. mixte, 6 juill. 1984, n° 81-16.734, *Bull. ch. mixte*, n° 3.
8. Com. 19 janv. 1981, n° 79-14.310, *Bull. civ.* IV, n° 36; *D.* 1982. IR 168, obs. Julien.
9. Com. 20 févr. 1985, n° 83-14.354, *Bull. civ.* IV, n° 76; *JCP* 1985. IV. 161.
10. A. Dorsnet-Dolivet, « À propos du recours en rectification », *RTD civ.* 1989. 205 s., spéc[t] p. 222.
11. Civ. 1re, 25 mai 1983, n° 82-12.275, *Bull. civ.* I, n° 154 – Paris, 27 mai 1994, *Juris-Data* n° 023560 – Civ. 2e, 4 déc. 2003, n° 01-15.386, *Bull. civ.* II, n° 362; *JCP* 2004. IV. 1199 – Com. 7 déc. 2010, n° 09-70.775, NP.
12. Civ. 2e, 24 mars 1993, n° 91-17.508, *Bull. civ.* II, n° 122; *JCP* 1993. IV. 1347 – Com. 4 juill. 1995, n° 93-12.700, NP – Civ. 2e, 13 mars 1996, n° 93-18.622, *Bull. civ.* II, n° 64; *D.* 1996. Somm. 355 – A. Perdriau, « Les recours contre les dispositions contradictoires d'un jugement », *JCP* 1997. I. 3990.
13. Civ. 2[e], 15 oct. 2009, n° 08-19.858, NP.
14. Com. 17 mai 1982, n° 80-16.212, *Bull. civ.* IV, n° 179 – Com. 9 janv. 1990, n° 88-14.194, *Bull. civ.* IV, n° 6; *D.* 1991. 8, obs. Derrida; *Gaz. Pal.* 1990. 2. Pan. 140.
15. Besançon, ch. com., 19 mai 1995, *Juris-Data* n° 051278.
16. Civ. 3e, 29 mai 1969, n° 67-11.187, *Bull. civ.* III, n° 427 – P. Hébraud, « De l'appel des jugements interprétatifs », *JCP* 1937. I. 43.
17. Soc. 27 janv. 2000, n° 97-43.998, NP; *JCP* 2000. II. 10330, note Perdriau.
18. Civ. 2e, 13 mars 1985, n° 83-15.225, *Bull. civ.* II, n° 66; *D.* 1986. IR 108, obs. Bénabent.
19. Anc[t] L. n° 85-98, 25 janv. 1985, relative au redressement et a la liquidation judiciaire des entreprises, art. 174, al. 2, et art. 175, *JO* 26 janv., p. 1097.

contre la décision interprétative devra démontrer un excès de pouvoir du juge interprétant[1].

Si l'appel est ouvert, l'article 561 C. pr. civ. autorise la cour à statuer à nouveau, en fait et en droit, tant sur la décision interprétée que sur la décision interprétative : elle peut donc corriger une interprétation erronée donnée par le juge du premier degré[2]. En cas d'ouverture de l'appel, le pourvoi en cassation est irrecevable[3]. La cour d'appel peut ainsi interpréter un jugement rectifié[4]. La décision interprétative ne peut être frappée de pourvoi que si la décision interprétée était également susceptible de pourvoi[5].

Enfin, le régime du délai pour exercer les recours est identique pour les deux décisions : le point de départ du délai de recours contre une décision interprétative est identique à celui de la décision interprétée (à propos d'un jugement interprétatif rendu par le juge aux affaires familiales en matière de divorce[6]).

Observons que si la requête en interprétation est rejetée, le délai d'appel contre le jugement de rejet a pour point de départ celui qui est applicable au jugement de rejet (et non celui du jugement dont l'interprétation était demandée[7]).

521.52 Exceptions. Cette identité de régime est écartée lorsque la décision interprétative n'a pas été rendue dans les mêmes conditions que le jugement interprété. Si la décision interprétée a été rendue sur le champ, et que le jugement interprétatif a été rendu après mise en délibéré, le point de départ du délai d'exercice des recours peut être différé en application de l'article 450 C. pr. civ. : le point de départ du délai est constitué par le jour du prononcé pour le jugement interprété, et par le jour de la notification du jugement interprétatif si le président a omis d'indiquer la date du prononcé[8].

Cette identité de régime comporte également une exception logique : la décision interprétative qui a été rendue en violation des dispositions de l'article 461 C. pr. civ. peut être sanctionnée par un recours exercé indépendamment de la décision interprétée[9]. Dès lors, si le jugement interprétatif est anéanti par une cassation, ceci entraîne l'annulation par voie de conséquence des points interprétés du jugement initial, et un pourvoi formé contre ces questions doit être déclaré irrecevable[10] (C. pr. civ., art. 625).

1. Com. 26 avr. 1994, n°s 92-18.966, 92-19.719, 92-20.213, 92-20.789 et 92-20.790, *Bull. civ.* IV, n° 154; *D.* 1994. 542, note Derrida; *D. 1994*. 317, chron. Vasseur; *RTD com.* 1995. 167, obs. Cabrillac.
2. Dijon, 1re ch., 5 mars 1996, RG n° 00002967/94.
3. Soc. 27 janv. 2000, n° 98-11.297, *Bull. civ.* V, n° 43; *JCP* 2000. II. 10330, note Perdriau.
4. Civ. 2e, 22 mai 2008, n° 07-10.549, *Bull. civ.* II, n° 119.
5. Civ. 2e, 6 janv. 2011, n° 09-16.905, NP.
6. Civ. 2e, 26 mai 1992, n° 90-21.016, *Bull. civ.* II, n° 153; *RTD civ.* 1992. 743, obs. Hauser; *RTD civ.* 1992. 746, obs. Hauser.
7. Civ. 2e, 8 oct. 1997, n° 95-16.532, *Bull. civ.* II, n° 243; *Procédures* 1997. Comm. n° 260.
8. Civ. 2e, 23 janv. 1991, n° 89-18.510, *Bull. civ.* II, n° 30; *Gaz. Pal.* 1991. 1. Pan. 140.
9. Com. 8 févr. 1994, n° 91-16.494, *Bull. civ.* IV, n° 59; *JCP* 1994. IV. 963, pour la dénaturation de la chose précédemment jugée.
10. Soc. 28 nov. 1989, n° 87-40.857, NP.

CHAPITRE

522. Rectification des erreurs et omissions matérielles

NATALIE FRICERO
Professeure à la Faculté de droit
de l'Université de Nice Sophia-Antipolis (CERDP)

SECTION 0 ORIENTEUR

522.00 **Plan du chapitre.**

522.01 **Principaux textes applicables.**
Décr. n° 2010-1165, 1er oct. 2010, relatif à la conciliation et à la procédure orale en matière civile, commerciale et sociale, art. 15, *JO* 3 oct., p. 17986.

C. pr. civ., art. 14 à 16, 454, 455, 458, 461 à 464, 500, 503, 542, 561, 562, 621 à 623, 625, 695, 696, 700, 727, 954.

COJ, art. L. 111-5.

C. civ., art. 2224.

C. trav., art. L. 1235-2 à L. 1235-4.

Conv. EDH, art. 6 § 1.

Const. 4 oct. 1958, art. 34.

522.04 **Formulaire : renvois.**

Form. pr. civ. *Recours particuliers – Erreur matérielle* (Requête à fin de rectification d'une erreur matérielle [C. pr. civ., art. 462])

Recours particuliers – Retranchement de disposition (Recours lorsqu'une juridiction a statué « ultra petita »)

Recours particuliers – Omission de statuer (Requête afin qu'il soit remédié à une omission de statuer [C. pr. civ., art. 463])

522.03 **Bibliographie.**

Ouvrages. Rép. prat. dr. privé, v° *Jugements et arrêts*, par Roudaut, 1995 – A. Khalil, *La rectification des jugements civils : contribution à l'étude de l'office du juge dans la décision juridictionnelle*, th. Grenoble II, 1987 – R. Perrot et A. Ribaut, Rapport, Journées nationales avoués, Bastia, oct. 1980, *Gaz. Pal.* 1981. 1. Doctr. 238.

Articles et études. J. Barrère, « La rétractation du juge civil », *Mél. Hébraud*, PUSS Toulouse, 1981, p. 1 – P. Bertin, « À propos de la rectification des jugements : l'omission de statuer et *l'ultra petita* », *Gaz. Pal.* 1984. 82 – J. Carel, « Au sujet des erreurs et omissions matérielles affectant une décision judiciaire », *Gaz. Pal.* 1973. 241 – A. Dorsnet-Dolivet, « À propos du recours en rectification », *RTD civ.* 1989. 205 – T. Lamarche, « Évolution technologique et erreurs matérielles d'un nouveau type », *JCP* 2012. 923 –

R. Lindon, « Perfections et imperfections de la décision judiciaire », *D.* 1973. Chron. 143; « De deux innovations en matière de procédure civile », *JCP* 1973. I. 2527 – A. Perdriau, « La rectification des jugements civils », *JCP* 1995. I. 3686 – A. Ribaut, « Requête en rectification ou exercice d'une voie de recours », *Bull. ch. avoués* 1981. 3. 1.

522.05 Objectif. Lorsqu'une erreur ou une omission matérielle affecte un jugement, il est nécessaire d'opérer une rectification pour donner à la décision toute son efficience, et permettre son exécution. Dans la mesure où cette erreur est imputable au juge, il est souhaitable qu'une procédure rapide et simple soit offerte au plaideur pour obtenir cette rectification. C'est l'objectif poursuivi par le législateur moderne qui a repris dans l'article 462 C. pr. civ. une possibilité admise depuis longtemps [1].

Cependant, cet allégement du formalisme que l'on constate dans les modalités procédurales ne doit pas conduire à une remise en cause, même indirecte, de l'autorité de la chose précédemment jugée : la rectification est donc limitée dans ses conditions (sect. 1), et le régime de la décision modificative (sect. 2) est restrictif, notamment en ce qui concerne les recours.

SECTION 1
CONDITIONS DE LA RECTIFICATION

522.10 Domaine. Peuvent toujours être réparées, selon les termes de l'article 462 C. pr. civ., « *les erreurs et omissions matérielles* » (et même « *purement matérielles* » selon la Cour de cassation [2]). La rectification a une portée générale : elle s'applique à tout jugement émanant de toute juridiction; qu'elle soit du premier degré ou d'appel [3], ou de cassation [4]; peu importe la matière du litige soumis au juge, la qualification du jugement (premier ou dernier ressort, contradictoire ou par défaut, *etc.*), le fait que le jugement ait été signifié ou non. En revanche, ne peut pas faire l'objet d'une procédure de rectification matérielle, un jugement nul pour avoir été signé par un magistrat qui n'a pas connu de l'affaire [5].

La rectification est également applicable aux sentences arbitrales, soumises aux dispositions générales du Code de procédure civile [6], ainsi qu'aux jugements étrangers lors de l'*exequatur* [7].

Cependant, cette procédure ne concerne que les actes juridictionnels, à l'exclusion des mesures d'administration judiciaire (qui peuvent être modifiées par le juge puisqu'elles n'ont pas autorité de la chose jugée). Même en ce qui concerne les actes juridictionnels, la rectification est limitée aux erreurs et omissions « *matérielles* », et le juge dispose de pouvoirs limités pour parfaire sa décision.

De plus, les dispositions des articles 461 et 462 C. pr. civ. étant de nature réglementaire, ne peuvent pas s'appliquer aux jugements rendus en matière pénale, la procédure pénale relevant exclusivement du domaine de la loi par application de l'article 34 de la Constitution du 4 octobre 1958 [8].

§ 1
Erreurs ou omissions rectifiables

A.
Erreur matérielle

1°
Caractéristiques de l'erreur

522.11 Notion. Sont seules susceptibles de rectification les erreurs « *matérielles* » (C. pr. civ., art. 462). « *L'erreur consiste à croire vrai ce qui est faux et faux ce qui est vrai* » [9], elle est donc le résultat de la conception de la pensée. Si l'on ajoute le qualificatif de « *matérielle* », la situation ne relève plus d'une erreur intellectuelle [10], expression inexacte de la pensée qui se trompe, mais d'une mauvaise traduction d'une pensée juste.

Appliquée au jugement, l'erreur matérielle consiste en une inadvertance qui affecte la lettre, l'expression de la pensée réelle du juge. La réparation de cette erreur permet de sauvegarder l'esprit, la substance du jugement. Mais cette réparation doit seulement conduire à rétablir l'exacte pensée du juge : en aucun cas, la rectification du jugement ne peut constituer un recours mettant en cause l'autorité de la chose jugée attachée à la décision. La matérialité de l'erreur est la condition nécessaire à la rectification. Ainsi, s'agissant de la rectification du nom de l'une des parties, la

1. H. Dupré, *De la rectification des décisions judiciaires en dehors des voies de recours*, th. Toulouse, 1941 – Req. 5 mai 1879, *DP* 1879. 1. 468 – Civ. 3 août 1881, *DP* 1882. 1. 392.
2. Civ. 2e, 29 juin 1978, no 77-13.414, *Bull. civ.* II, no 171; *JCP* 1978. IV. 275; *Gaz. Pal.* 1979. 1. 24, note Viatte – Civ. 2e, 12 déc. 1990, no 89-18.679, *Bull. civ.* II, no 262; *JCP* 1991. IV. 56.
3. Soc. 27 févr. 1991, nos 87-42.374, 87-42.375, 88-41.919 et 88-41.920, *Bull. civ.* V, no 105; *Gaz. Pal.* 1991. 1. Pan. 203 – Lyon, 31 janv. 1995, RG no 94/08368.
4. Soc. 21 nov. 1984, no 84-17.133, *Bull. civ.* V, no 444; *JCP* 1985. IV. 38.
5. Civ. 2e, 10 juill. 2003, no 02-10.022, NP; *Procédures* 2003. Comm. 215, obs. Perrot.
6. Civ. 1re, 16 juin 1976, no 74-14.006, *Bull. civ.* I, no 217; *RTD civ.* 1976. 832, obs. Perrot.
7. Paris, 18 juin 1985, *D.* 1985. IR 499, note Audit.
8. Crim. 13 déc. 2005, no 05-82.776, *Bull. crim.* no 330; *RSC* 2006. 632; *D.* 2006. IR 323.
9. J. Ghestin, *La notion d'erreur dans le droit positif actuel*, LGDJ, 1963, spéct p. 2, 14 et 15.
10. Paris, 20 sept. 1989, RG no 85/15497, *D.* 1989. IR 257.

jurisprudence admet l'existence d'une erreur matérielle, dès lors qu'aucun doute ne subsiste sur la personnalité du bénéficiaire du jugement ou de la personne condamnée. Si la modification du nom conduit à déplacer la condamnation sur la tête d'une autre personnalité, l'erreur n'est pas matérielle et la procédure de rectification inutilisable[1]. La Cour de cassation précise même souvent que l'erreur rectifiable doit être « *purement matérielle* »[2], pour l'opposer à une erreur intellectuelle, de raisonnement ou d'appréciation, qui ne peut pas être rectifiée selon la procédure simplifiée de l'article 462 C. pr. civ.[3]

En revanche, l'importance quantitative de l'erreur matérielle n'interdit pas une rectification : doit ainsi être cassé pour violation de l'article 462 C. pr. civ., l'arrêt qui refuse une rectification au motif de l'importance des conséquences résultant de la modification du montant de l'indemnité d'éviction[4].

La Cour de cassation a précisé qu'aucune disposition n'exclut que l'indication inexacte du nom d'un juge qui n'a pas siégé lors du délibéré puisse être rectifiée conformément à l'article 462 C. pr. civ.[5]

522.12 Conséquences. L'exigence de matérialité de l'erreur rectifiable entraîne des conséquences importantes en ce qui concerne le domaine de la rectification. C'est ainsi que ne sont pas réparables :

– les erreurs d'appréciation portant sur la substance du jugement (telles l'erreur sur l'appréciation d'un fait[6]; l'erreur sur l'appréciation de l'expiration d'un délai[7]; l'erreur sur l'appréciation d'une responsabilité[8]); comme celles dont la rectification pourrait entraîner une substitution de débiteur[9];

– l'interprétation erronée d'un document ne relève pas de la rectification matérielle[10];

– les erreurs de raisonnement[11];

– les erreurs d'ordre juridique concernant l'application d'une règle de droit[12], ou seulement son visa[13], ou encore la méconnaissance par le juge d'une règle de droit[14];

– la signature du jugement par un magistrat qui n'a pas connu de l'affaire ne peut pas être rectifiée[15].

522.13 Caractère involontaire. La doctrine considère que l'erreur n'est réparable que dans la mesure où elle provient d'une inadvertance, d'une négligence ou d'une inattention du juge[16]. Ce caractère involontaire mérite d'être précisé. La jurisprudence est en effet passée, au fil des décisions, de l'erreur matérielle facilement décelable à une conception plus intellectuelle englobant toute erreur involontaire de nature à trahir l'intention du juge. Il est donc devenu de plus en plus malaisé de tracer la frontière entre les erreurs intellectuelles involontaires, résultant d'une défaillance passagère du juge, rectifiables selon la procédure de l'article 462 C. pr. civ., et les erreurs intellectuelles volontaires qui affectent la substance du jugement et ne peuvent être corrigées que par l'exercice d'une voie de recours appropriée.

L'assemblée plénière a statué à propos d'une erreur portant sur la mention « *les époux B.* », au lieu de « *Monsieur B.* » : l'épouse, qui n'avait pas été partie à l'instance, sollicitait une rectification de la décision afin que seuls les biens de son époux soient soumis à la condamnation[17]. À ce propos, l'assemblée plénière a considéré que l'erreur involontaire n'était pas suffisamment évidente pour constituer une erreur matérielle de nature à permettre une rectification : à défaut d'évidence, le respect de l'autorité de la chose jugée impose cette solution[18]. Il est vrai qu'une irrégularité dans la lettre du jugement peut être la manifestation d'une erreur affectant la substance même de la décision, et que, dans ce cas, seul l'exercice d'un recours peut aboutir à une correction.

522.14 Origine de l'erreur. En principe, seules les erreurs **commises par le juge** sont réparables. La pro-

1. Cass., ass. plén., 1er avr. 1994, n° 91-20.250, *Bull. ass. plén.*, n° 3; *D.* 1994. 293, concl. Jéol; *RTD civ.* 1994. 681, obs. Perrot – Civ. 2e, 8 avr. 1999, n° 97-11.442, *Bull. civ.* II, n° 68; *Procédures* juin 1999, p. 9, obs. Perrot.
2. Civ. 2e, 29 juin 1978, n° 77-13.414, *Bull. civ.* II, n° 171.
3. Civ. 2e, 24 nov. 1982, NP; *Gaz. Pal.* 1983. 1. Pan. 103, obs. Guinchard – Civ. 2e, 6 mai 1998, n° 95-18.944, *Bull. civ.* II, n° 147; *JCP* 1998. IV. 2431 – Civ. 2e, 14 févr. 2002, n° 00-15.749, NP.
4. Civ. 3e, 8 févr. 2006, n° 04-10.636, *Bull. civ.* III, n° 32; *D.* 2006. IR 531.
5. Civ. 2e, 18 sept. 2008, n° 07-18.676, NP.
6. Soc. 10 juin 1982, n° 82-60.002, *Bull. civ.* V, n° 390.
7. Versailles, 28 févr. 1986, *D.* 1986. IR 238.
8. Civ. 2e, 8 juin 1974, n° 73-10.978, *Bull. civ.* II, n° 193; *RTD civ.* 1974. 859, obs. Perrot.
9. Civ. 1re, 16 nov. 2004, n° 02-18.600, *Bull. civ.* I, n° 272; *JCP* 2004. IV. 3412; *JCP* 2005. I. 125, n° 13, chron. Cadiet.
10. Civ. 2e, 9 juin 2005, n° 03-14.205, *Bull. civ.* II, n° 147.
11. Com. 17 déc. 1980, n° 78-15.993, *Bull. civ.* IV, n° 430 – Civ. 3e, 20 janv. 1981, n° 79-10.449, *Bull. civ.* III, n° 16 – Civ. 2e, 13 nov. 1981, n° 79-14.948, *Bull. civ.* II, n° 198; *D.* 1982. IR 168, obs. Julien.
12. Civ. 2e, 3 mars 1988, n° 86-16.151, *Bull. civ.* II, n° 53; *Gaz. Pal.* 1988. 2. Somm. 320, obs. Guinchard et Moussa – Soc. 5 févr. 1992, n° 88-44.749, *Bull. civ.* V, n° 74; *JCP* 1992. IV. 1008; *Gaz. Pal.* 1992. 2. Pan. 251.
13. Civ. 2e, 4 janv. 1990, n° 89-16.935, *Bull. civ.* II, n° 2.
14. Civ. 2e, 5 juin 1996, n° 93-13.542, n° 93-20.910, *Bull. civ.* II, n° 128, précisant que l'absence du nom des juges ne peut pas être rectifiée.
15. Civ. 2e, 10 juill. 2003, n° 02-10.022, NP; *Procédures* 2003. Comm. 215, obs. Perrot.
16. R. Perrot, « L'arrêt d'appel », Journées d'études des avoués près les cours d'appel, oct. 1980, *Gaz. Pal.* 1981. 1. Doctr. 238 – A. Dorsnet-Dolivet, « À propos du recours en rectification », *RTD civ.* 1989. 205 s., spéct 214 – C. Atias, « La colère du juge », *Vie jud.* 18 oct. 1992, n° 2480, p. 2.
17. Cass., ass. plén., 1er avr. 1994, n° 91-20.250, *Bull. ass. plén.*, n° 3; *D.* 1994. 293; *RTD civ.* 1994. 681, obs. Perrot; *JCP* 1994. II. 22256, concl. Jéol.
18. V. concl. av. gén. Jéol, et obs. Perrot, préc. ss prést n°.

cédure de rectification ne permet pas de corriger une erreur imputable aux parties[1].

Toutefois, la jurisprudence a parfois autorisé la rectification d'erreur **provenant initialement de l'une des parties** (une interversion entre les paragraphes des conclusions[2]; une mention erronée dans les conclusions[3]; une erreur d'identification d'une partie[4]; une erreur de date[5]; une erreur dans la conversion de devises étrangères en francs, que le juge aurait dû vérifier[6]; l'omission d'un montant dans les conclusions[7]). Ces exceptions semblent être fondées sur le fait suivant : lorsque le juge reprend l'erreur des parties en exerçant son contrôle, cette erreur devient sienne et, dès lors, est susceptible de rectification (telle une erreur résidant dans une mention erronée des conclusions du créancier[8]).

2°
Mise en œuvre jurisprudentielle

522.21 Hypothèses jurisprudentielles d'erreurs matérielles rectifiées sont nombreuses et impossibles à énumérer de façon exhaustive. L'erreur peut concerner tout terme de la décision, objet d'une inadvertance de dactylographie, de terminologie ou d'orthographe. On la retrouve, notamment, dans :

- la substitution d'un mot (« *sans déduction* » au lieu de « *sous déduction* »[9]; en sens contraire, un arrêt a considéré que la substitution modifie les droits et obligations des parties[10]);

- l'erreur de frappe ou de plume entraînant une divergence de chiffres entre les motifs et le dispositif[11], ou l'application d'un pourcentage erroné[12];

- la désignation erronée d'une partie[13] ou de son siège social[14], ou l'indication fausse du nom d'un conseiller[15]; ou la dénomination inexacte du bénéficiaire d'une condamnation[16];

- l'adjonction erronée d'un mot ou d'un ensemble de mots (ex. « *et son assureur* in solidum » ajouté par erreur après la condamnation de l'assuré[17]; ou une erreur dans la désignation de la partie condamnée sur le fondement de l'article 700 C. pr. civ.[18]; ou sur la partie bénéficiaire de l'article 700 C. pr. civ.[19], ou sur la partie qui assume les dépens[20]);

- l'indication d'une fausse date[21];

- l'erreur de calcul[22]. À cet égard, seul est rectifiable le résultat inexact d'une opération intellectuelle dont les données de base sont correctement posées (chiffres exacts, mais erreur d'addition, de multiplication ou de division) : en revanche, est irrecevable la requête en rectification d'une erreur dans les éléments qui ont servi de base au calcul, ceci remettant en cause la substance du jugement (pour l'évaluation du montant d'un préjudice[23]); ainsi, peut être rectifiée l'indication d'un chiffre différent dans les motifs et le dispositif, pour la somme que la partie est condamnée à verser au titre de l'article 700 C. pr. civ.[24];

- l'erreur de transcription, dans le cadre d'une procédure orale devant le tribunal de commerce, des prétentions de l'une des parties (le mot « *désistement* » ayant été mentionné par le greffe à la place du terme de « *radiation* »[25]);

- le renvoi par une cour d'appel à une juridiction supprimée[26];

1. Civ. 2e, 2 juill. 1980, no 78-15.541, *Bull. civ.* II, no 170; *Gaz. Pal.* 1981. 1. 29, note Viatte – Lyon, 8 juill. 1981, *Gaz. Pal.* 1981. 2. 424, note Viatte – Civ. 2e, 5 mai 1993, no 91-19.241, *Bull. civ.* II, no 163 – Aix-en-Provence, 19 oct. 1995, RG no 92/2417.
2. Civ. 1re, 18 janv. 1989, no 87-16.880, *Bull. civ.* I, no 23; *Gaz. Pal.* 1989. 1. Pan. 58.
3. Soc. 11 juill. 1996, no 94-19.453, *Bull. civ.* V, no 280.
4. Civ. 3e, 2 juill. 1975, no 74-11.271, *Bull. civ.* III, no 237 et Soc. 7 janv. 1985, no 81-42.060, *Bull. civ.* V, no 6; *Gaz. Pal.* 1985. 2. Pan. 154, obs. Guinchard et Moussa.
5. Soc. 21 févr. 1980, no 79-60.821, *Bull. civ.* V, no 178; *JCP* 1980. IV. 176.
6. Aix-en-Provence, 1er mars 1984, *Gaz. Pal.* 1984. 1. 380, note Latil.
7. Civ. 1re, 24 juin 2003, no 02-11.948, *Bull. civ.* I, no 150; *JCP* 2003. IV. 2465.
8. P. Latil, note préc. – Soc. 11 juill. 1996, no 94-19.453, *Bull. civ.* V, no 280; *JCP* 1996. IV. 2089.
9. Civ. 2e, 24 mai 1975, no 74-10.882, *Bull. civ.* II, no 148.
10. Civ. 2e, 29 juin 1996, no 94-11.820, NP.
11. Civ. 2e, 9 oct. 1974, no 73-13.762, *Bull. civ.* II, no 261 – Civ. 1re, 11 oct. 1983, no 82-13.902, *Bull. civ.* I, no 223.
12. Com. 18 juin 1996, no 94-17.312, *Bull. civ.* IV, no 182.
13. Com. 12 oct. 1976, no 75-12.039, *Bull. civ.* IV, no 258; *RTD com.* 1977. 619, obs. Perrot – Civ. 2e, 8 avr. 1999, no 97-11.442, *Bull. civ.* II, no 68; *Procédures* juin 1999, p. 9, obs. Perrot – Soc. 2 mars 2011, no 09-66.709, NP – Com. 8 mars 2011, no 09-68.966, NP.
14. Soc. 27 févr. 1991, no 87-42.374, *Bull. civ.* V, no 105; *Gaz. Pal.* 1991. 2. Pan. 203.
15. Lyon, 15 nov. 1972, *Gaz. Pal.* 1973. 1. 32; *RTD civ.* 1973. 154, obs. Hébraud.
16. Civ. 2e, 8 avr. 1999, no 97-11.442, *Bull. civ.* II, no 68; *Procédures* 1999. Comm. 51, obs. Perrot.
17. Paris, 29 avr. 1977, *Gaz. Pal.* 1977. 2. 628; *D.* 1978. IR 86, obs. Julien.
18. Com. 9 mai 1995, no 95-10.616, NP – Soc. 9 mars 2011, no 10-17.609, NP.
19. Civ. 2e, 3 mars 2011, no 09-17.054, NP.
20. Civ. 2e, 2 sept. 2010, no 09-67.674, NP.
21. Civ. 1re, 15 nov. 1994, no 94-12.537, NP.
22. Civ. 2e, 17 juin 1964, *Bull. civ.* II, no 484 – Lyon, 31 janv. 1995, RG no 94/08368 – Soc. 30 mai 1995, no 93-44.980, NP – Civ. 2e, 24 juin 1998, no 96-17.813, NP; *RG proc.* 1999. 211, obs. Wiederkehr; *JCP* 1998. IV. 2872 – Versailles, 17 févr. 2000, RG no 8025/99, Bakary-Gando – Civ. 2e, 18 nov. 2010, no 09-15.063, NP.
23. Civ. 2e, 9 avr. 1973, no 72-11.044, *Bull. civ.* II, no 140.
24. Civ. 1re, 10 juill. 1996, no 94-16.843, *Bull. civ.* I, no 318; *D.* 1997. 173, obs. Delebecque; *JCP* 1996. IV. 2087.
25. T. com. Paris, 13 mai 2002, *Gaz. Pal.* 2003. Somm. 3981.
26. Soc. 2 févr. 2011, no 10-60.168, NP; *D.* 2011. 245, chron. C. cass.; *RDT* 2011. 189, obs. Odoul-Asorey – Soc. 15 févr. 2011, no 10-108.05, NP.

– l'erreur dans l'indication de l'empêchement du président signataire[1];

– l'oubli dans la désignation de la juridiction compétente[2].

Il reste que la jurisprudence n'est pas toujours aussi nette, et que certaines décisions rectifient des erreurs dont le caractère purement matériel est contestable. Ainsi, un premier président de cour d'appel qui avait refusé d'arrêter l'exécution provisoire d'un jugement, mais avait accordé un cautionnement bancaire très inférieur au montant de la créance soumise à l'exécution provisoire, saisi d'une requête en rectification d'erreur matérielle, a accordé un cautionnement égal au montant des condamnations[3].

522.22 Place de l'erreur rectifiable dans le jugement. Généralement, l'erreur considérée comme rectifiable par la jurisprudence se trouve dans le dispositif du jugement[4] : cet emplacement est logique, puisque seul le dispositif constitue la décision du juge et est susceptible d'exécution. L'erreur constatée empêche donc l'exécution du jugement.

L'erreur peut ainsi entraîner une contradiction entre deux chefs du dispositif[5], ou entre le dispositif et les motifs[6].

Si l'erreur affecte d'autres parties de la décision, la requête en rectification est en principe irrecevable : l'irrégularité qui atteint l'en-tête du jugement (C. pr. civ., art. 454 : nom des juges) ou les motifs (C. pr. civ., art. 455) est sanctionnée par la nullité du jugement (C. pr. civ., art. 458), ce qui exclut une rectification. Exceptionnellement, l'erreur contenue dans une partie autre que le dispositif peut constituer un obstacle à l'exécution de la décision : la jurisprudence admet alors la rectification (pour la rectification d'une erreur purement matérielle contenue dans l'intitulé d'une décision d'une cour d'appel, concernant le nom d'une partie[7] – pour l'énonciation inexacte du nom des avocats et de l'état de leurs écritures dans les motifs[8]).

B. Omission matérielle

522.31 Définition. L'omission recouvre en principe une lacune, ayant pour origine une volonté défaillante. Le caractère « *matériel* » qui lui est attribué traduit, au contraire, la manifestation altérée d'une pensée saine : ce n'est plus la volonté d'origine qui est défaillante, c'est la manière dont elle est exprimée qui en est une traduction infidèle. Une partie de la substance du jugement est laissée sous silence, à la suite d'un oubli, d'un défaut d'attention lors de la transcription ou de la rédaction de la décision.

522.32 Origine. L'omission matérielle a certainement pour origine une défaillance du juge : la réparation ne saurait concerner une omission des parties[9].

522.33 Analyse jurisprudentielle. La jurisprudence admet la rectification des omissions portant sur un mot, ou un ensemble de termes de la minute manuscrite, à condition que ces omissions résultent d'une défaillance dans l'enregistrement du texte, ou d'une étourderie du rédacteur de la minute, et qu'à l'évidence, les termes omis devaient figurer dans la décision, eu égard au contexte et à la pensée certaine du juge[10]. L'erreur peut résulter d'une contradiction entre les motifs et le dispositif du jugement[11].

L'omission peut concerner : l'indexation d'une pension alimentaire[12] ou d'une prestation compensatoire[13]; l'hypothèse où le juge oublie de tenir compte d'une provision déjà versée[14]; où il ne distingue pas, dans la créance privilégiée, la part du superprivilège des salariés[15]; le cas où la décision n'indique pas le nom du défendeur au pourvoi en cassation[16], ou le nom du magistrat ayant participé aux débats et au délibéré[17]; le cas où le juge oublie d'appliquer une conséquence légale impérative à sa décision[18], ou l'hypothèse où une décision omet d'ordonner l'exécution provisoire dans le dispositif, alors qu'elle est expressément déclarée justifiée dans les motifs de la décision[19]; ou encore il peut s'agir d'une omission « *provenant d'une erreur matérielle de nature informatique* »[20].

522.34 Distinction entre la rectification d'une omission matérielle et l'omission de statuer. La

1. Civ. 2e, 10 nov. 2010, no 09-70.712, *Bull. civ.* II, no 183.
2. Civ. 2e, 1er juill. 2010, no 09-17.772, NP.
3. Colmar, ord. 1er prés., 17 mars 1998, *RG proc.* 1999. 209, obs. Wiederkehr.
4. Civ. 1re, 18 juill. 2000, no 97-10.275, no 98-10.103, *Bull. civ.* I, no 222; *Gaz. Pal.* 4-5 janv. 2002, p. 8, obs. du Rusquec.
5. Civ. 1re, 3 juill. 1979, no 78-12.353, *Bull. civ.* I, no 196 – Civ. 2e, 24 nov. 1982, NP; *Gaz. Pal.* 1983. 1. Somm. 103, obs. Guinchard – Civ. 2e, 5 juin 1996, no 94-16.009, NP.
6. Civ. 2e, 24 nov. 1982, NP; *Gaz. Pal.* 1983. 1. Pan. 103, obs. Guinchard – Civ. 1re, 10 juill. 1996, no 96-12.392, NP – Civ. 2e, 7 mars 2002, no 00-14.768, NP.
7. Civ. 3e, 2 juill. 1975, no 74-11.271, *Bull. civ.* III, no 237; *JCP* 1975. IV. 275 – Civ. 2e, 6 mai 1976, no 75-11.290, *Bull. civ.* II, no 146; *RTD civ.* 1976. 832, obs. Perrot.
8. Civ. 3e, 20 oct. 1981, no 80-70.355, *Bull. civ.* III, no 167.
9. Civ. 2e, 5 mai 1993, no 91-17.583, NP.
10. Civ. 3e, 7 oct. 1987, no 86-70.183, *Bull. civ.* III, no 165; *JCP* 1987. IV. 151; *Gaz. Pal.* 1987. 2. Somm. 485, obs. Guinchard et Moussa.
11. Civ. 3e, 1er mars 2011, no 10-11.932, NP.
12. Civ. 2e, 8 oct. 1980, no 79-14.892, *Bull. civ.* II, no 202; *D.* 1981. IR 273, obs. Bénabent.
13. Civ. 2e, 14 avr. 1985, *D.* 1986. IR 112.
14. Civ. 2e, 15 oct. 1980, no 78-15.496, *Bull. civ.* II, no 211; *JCP* 1981. IV. 6.
15. Com. 20 févr. 1985, no 83-14.354, *Bull. civ.* IV, no 76.
16. Civ. 3e, 22 juill. 1974, no 74-12.709, *Bull. civ.* III, no 319.
17. Civ. 1re, 22 nov. 1989, no 87-19.194, NP; *JCP* 1990. IV. 23.
18. Soc. 24 janv. 1996, no 92-43.473, *Bull. civ.* V, no 28.
19. TGI Paris, 13 oct. 1989, *Gaz. Pal.* 1991. 1. Somm. 135.
20. Civ. 2e, 11 sept. 2008, no 07-18.080, no 07-18.081, NP.

jurisprudence a semblé adopter une conception extensive de la notion d'omission matérielle rectifiable : la Cour de cassation admet que l'absence d'énonciation d'une conséquence attachée inéluctablement à une disposition expresse de la décision peut être réparée au titre d'une omission matérielle (à propos, par ex., de l'indexation de la prestation compensatoire dans un jugement de divorce[1]; ou pour le caractère privilégié d'une créance salariale admise au passif du débiteur[2]).

Dans cette hypothèse, la question peut se poser de savoir si l'omission ne doit pas être réparée sur le fondement de l'article 463 C. pr. civ., plutôt que de faire l'objet d'une rectification : lorsqu'il s'agit de l'absence d'une conséquence inéluctablement attache à l'un des chefs du dispositif, la qualification la plus exacte est celle d'omission de statuer, puisqu'on trouve à son origine une carence dans l'activité juridictionnelle.

Si l'on exclut cette hypothèse, la jurisprudence considère que le caractère matériel de l'omission est un élément nécessaire pour que la mise en œuvre de la procédure prévue par l'article 462 soit possible. Si l'omission concerne une défaillance dans le raisonnement, dans la réponse du juge, seul le complément du jugement pour omission de statuer est admis[3].

522.35 Distinction entre l'omission matérielle et le défaut de motifs. Si la lacune porte sur les motifs de la décision, elle ne peut pas s'analyser en une omission matérielle, puisqu'il s'agit d'une carence dans l'activité juridictionnelle proprement dite. Le défaut de motifs est sanctionné par la nullité du jugement, sur le fondement des articles 455 et 458 C. pr. civ.[4], à l'exclusion d'une procédure de rectification.

§ 2
Rectification des erreurs ou omissions matérielles

A.
Juge compétent

522.41 Principe. La demande en rectification est jugée par la juridiction qui a rendu la décision entachée d'erreur ou d'omission matérielle (C. pr. civ., art. 462, al. 1er), même si le jugement est passé en force de chose jugée[5]. Ce retour devant le juge initial[6] correspond à un souci pratique : personne mieux que le juge auteur de l'erreur ne peut savoir ce qu'il a entendu décider, et il n'y a pas d'obstacle à saisir le même juge, puisque la rectification n'est pas une voie de recours portant atteinte à l'autorité de la chose jugée[7]. Il n'est pas contraire à l'exigence d'impartialité posée par l'article 6 § 1 de la Convention européenne[8]. Le pourvoi en cassation est donc irrecevable, puisque la procédure de rectification est ouverte[9]. La Cour de cassation reprend souvent la formule selon laquelle « *l'erreur matérielle n'est pas un cas d'ouverture à cassation et ne peut être réparée que selon la procédure prévue à l'article 462 C. pr. civ.* »[10]. Un recours en rectification d'un arrêt rendu par la Cour de cassation est formé devant la Cour de cassation[11].

522.42 Identité de juge. Le retour devant le juge initial ne suppose pas une parfaite identité des magistrats : la juridiction qui statue sur la rectification peut être composée différemment par rapport à celle qui a rendu la décision à rectifier[12]. Il suffit que le juge statue en la même qualité (par ex., en qualité de juge-commissaire[13]). Pour la Cour de cassation, il ne saurait être fait grief à un arrêt d'avoir été rendu par deux magistrats membres de la formation ayant déjà statué dans l'arrêt rectifié : l'impartialité, au sens de l'article 6 § 1 de la Convention européenne des droits de l'homme (et de COJ, art. L. 111-5, réd. Ord. n° 2006-673, 8 juin 2006[14]), est sans application à la requête en rectification d'erreur matérielle[15].

1. Civ. 2e, 8 oct. 1980, n° 79-14.892, *Bull. civ.* II, n° 202; *D.* 1981. IR 273, obs. Bénabent; *Gaz. Pal.* 1981. 2. 422, note J. M.
2. Com. 20 févr. 1985, n° 83-14.354, *Bull. civ.* IV, n° 76; *JCP* 1985. IV. 161.
3. Rouen, 23 juin 1988, RG n° 2013/87, *Gaz. Pal.* 1990. 1. Somm. 188 – Com. 17 mars 1992, n° 90-17.394, *Bull. civ.* IV, n° 117; *D.* 1992. Somm. 254, obs. Derrida; *Gaz. Pal.* 1992. 1. Pan. 157.
4. Paris, 25 janv. 1995, *Gaz. Pal.* 1996. 1. Somm. 173.
5. Civ. 2e, 23 sept. 1998, n° 95-11.317, *Bull. civ.* II, n° 244; *JCP* 1998. IV. 3201.
6. Pour un JUGE DE PROXIMITÉ, Civ. 2e, 10 nov. 2010, n° 09-12.243, NP.
7. Pour une RECTIFICATION par la chambre de la Cour de cassation qui a rendu l'arrêt irrégulier, Com. 9 mai 1995, n° 95-12.319, NP – Pour la compétence du JUGE AUX ORDRES, Civ. 2e, 9 févr. 1994, n° 92-17.536, NP.
8. Civ. 1re, 28 mai 2002, n° 00-10.516, *Bull. civ.* I, n° 148; *Gaz. Pal.* 2002. Somm. 1649.
9. Com. 14 déc. 2010, n° 09-68.275, NP; *RTD civ.* 2011. 122, obs. Fages – Soc. 16 févr. 2011, nos 09-42578 et 09-65.372, NP – Com. 1er mars 2011, n° 10-13.766, NP.
10. Civ. 2e, 10 déc. 2010, n° 09-11.834, NP – Soc. 11 janv. 2011, n° 09-66.785, NP – Com. 18 janv. 2011, n° 09-17.425, NP – Civ. 2e, 17 oct. 2013, n° 12-25.376, NP.
11. V. PAR EX., Civ. 3e, 22 oct. 2013, n° 12-16.350, NP – Civ. 2e, 17 oct. 2013, n° 11-21.230, NP.
12. Civ. 3e, 20 janv. 1981, n° 79-10.449, *Bull. civ.* III, n° 16; *D.* 1982. IR 168, obs. Julien; *Gaz. Pal.* 1981. 1. 330, note Viatte.
13. Paris, 9 juill. 1980, *Gaz. Pal.* 1981. 1. Somm. 34.
14. Ord. n° 2006-673, 8 juin 2006 portant refonte du Code de l'organisation judiciaire et modifiant le Code de commerce, le Code rural et le Code de procédure pénale, *JO* 9 juin, p. 8710.
15. Civ. 1re, 28 mai 2002, n° 00-10.516, *Bull. civ.* I, n° 148.

522.43 Transfert de compétence. Lorsque l'erreur matérielle affecte une décision frappée d'un recours, la compétence pour réparer l'erreur ou l'omission est transférée à la juridiction à laquelle le jugement est déféré (C. pr. civ., art. 462, al. 1er) [1].

Si le recours conduit à la rétractation de la décision par les mêmes juges (en cas d'opposition, de tierce-opposition ou de recours en révision), la compétence pour rectifier l'irrégularité reste à la juridiction initiale.

Si le recours est porté devant une autre juridiction (appel ou pourvoi en cassation), des distinctions doivent être faites.

522.44 Décision irrégulière frappée d'appel. Se fondant sur l'effet dévolutif de l'appel (C. pr. civ., art. 561), la jurisprudence considère que seule la cour d'appel peut rectifier une erreur ou une omission matérielle contenue dans le jugement attaqué[2]. La compétence de la cour naît avec l'instance d'appel, c'est-à-dire lors de l'inscription au rôle : jusque-là, c'est la juridiction de première instance qui demeure compétente[3]. La cour peut alors procéder à la rectification avant de statuer sur le recours proprement dit, par un arrêt distinct[4].

Ce transfert de compétence n'est justifié que dans la mesure où l'appel remet en cause la substance même du jugement : en revanche, si l'appel porte uniquement sur la rectification d'une erreur matérielle, il n'est pas recevable, puisque les finalités de ce recours sont la réformation ou l'annulation de la décision (C. pr. civ., art. 542), et la juridiction du premier degré conserve sa compétence[5]. De même, si une cour d'appel n'est pas saisie d'un des chefs d'une décision en appel, elle ne peut pas rectifier ce chef[6].

La question s'est posée de savoir si le premier président de la cour d'appel, saisi dans le cadre d'une demande d'arrêt de l'exécution provisoire d'un jugement frappé d'appel, peut rectifier cette décision. Sa compétence a été logiquement écartée, puisque ce magistrat n'est pas saisi de l'entier litige, mais seulement de la difficulté d'exécution provisoire[7].

522.45 Décision frappée de pourvoi de cassation. La jurisprudence considère que le pourvoi en cassation n'opère pas transfert de compétence à la Cour de cassation pour rectifier les erreurs ou omissions affectant le jugement ou l'arrêt attaqué[8]. Seule la juridiction du fond qui a rendu la décision irrégulière est compétente pour son éventuelle rectification[9]. Bien que l'article 462 C. pr. civ. n'apporte sur ce point aucune précision, l'exclusion de ce transfert de compétence est justifiée par le fait que la Cour de cassation ne statuant qu'en droit, on conçoit difficilement qu'elle rectifie un élément matériel de la décision.

Dans certaines circonstances, l'erreur matérielle réalise en même temps une contradiction entre les motifs et le dispositif : la Cour de cassation, saisie d'un pourvoi fondé sur le défaut de motifs, a pu se déclarer compétente pour réparer l'erreur viciant la décision attaquée[10]. Cette solution a le mérite d'éviter au plaideur intéressé les frais et les lenteurs d'un retour devant la juridiction initiale, alors que la décision fait l'objet d'une instance de cassation; mais elle consacre un élargissement sans doute critiquable des pouvoirs de la Cour de cassation. Il a été jugé que si l'on relève une contradiction entre les motifs et le dispositif d'un arrêt au sujet des dépens, cette erreur matérielle peut être réparée par la Cour de cassation à laquelle cet arrêt est déféré[11].

B.
Procédure

522.51 Délai. Le législateur n'a enfermé la demande en rectification dans aucun délai[12], et, comme la rectification n'est pas une voie de recours, on ne saurait lui appliquer les délais d'exercice des recours. Il reste possible de mettre en œuvre la prescription extinctive de cinq ans de toutes les actions qui ne sont pas soumises à un délai différent (C. civ., art. 2224, réd. L. 17 juin 2008[13]).

1. Civ. 2e, 21 déc. 2000, no 98-19.550, *Bull. civ.* II, no 177; *D.* 2001. IR 430.
2. Civ. 2e, 22 oct. 1997, no 95-14.508, *Bull. civ.* II, no 256; *JCP* 1997. IV. 2379.
3. TGI Paris, 10 mai 1990, *RTD civ.* 1991. 168, obs. Perrot – Civ. 2e, 21 déc. 2000, no 98-19.550, *Bull. civ.* II, no 177; *D.* 2001. IR 430; *Procédures* 2001. Comm. 57, obs. Perrot – Soc. 11 juill. 2001, no 99-45.371, NP – Soc. 16 mai 2001, no 99-41.101, NP.
4. Chambéry, 6 févr. 1995, RG no 94/01259 – Civ. 2e, 3 juin 1998, no 96-11.424, NP; *Rev. huiss.* 1999. 537, obs. Bourdillat.
5. Paris, 15 déc. 1982, *Gaz. Pal.* 1983. 1. 264, note Bertin – Douai, 15 juill. 1986, RG no 3801/85, *D.* 1986. IR 457 – Paris, 25 juin 1991, *Bull. ch. avoués.* 2. 67.
6. Soc. 16 mai 2001, no 99-41.101, NP.
7. Paris, 23 juill. 1990, RG no 665/90, *Bull. ch. avoués* 1990. 3. 97.
8. Civ. 1re, 3 janv. 1980, no 78-12.086, *Bull. civ.* I, no 2; *JCP* 1980. IV. 100 – Com. 4 oct. 1983, no 82-13.917, *Bull. civ.* IV, no 252; *Gaz. Pal.* 1984. 1. Pan. 43, obs. Guinchard.
9. Com. 16 juill. 1973, no 72-10.491, *Bull. civ.* IV, no 242; *RTD civ.* 1974. 447, obs. Normand – Com. 4 oct. 1983, no 82-13.917, *Bull. civ.* IV, no 252; *Gaz. Pal.* 1984. 1. Pan. 43, obs. Guinchard – Civ. 2e, 23 sept. 1998, no 95-11.317, *Bull. civ.* II, no 145; *JCP* 1998. IV. 3201.
10. Civ. 1re, 20 mars 1989, no 86-18.890, *Bull. civ.* I, no 131 – Civ. 1re, 5 févr. 1991, no 88-15.741, *Bull. civ.* I, no 47; *D.* 1992. Somm. 121, obs. Julien – Civ. 1re, 15 nov. 1994, no 94-12.536, NP.
11. Civ. 2e, 6 mai 2004, no 02-14.954, *Bull. civ.* II, no 213 – Civ. 1re, 17 nov. 2010, no 09-69.300, NP.
12. Paris, 29 avr. 1977, *D.* 1978. IR 86, obs. Julien.
13. L. no 2008-561, 17 juin 2008, portant réforme de la prescription en matière civile, *JO* 18 juin, p. 9856.

Aux termes de l'article 462 C. pr. civ., la requête peut être présentée même si le jugement est passé en force de chose jugée : cela signifie que la rectification peut concerner un jugement qui n'est susceptible d'aucun recours suspensif de l'exécution, ou un jugement pour lequel les plaideurs ont laissé expirer les délais des recours suspensifs (C. pr. civ., art. 500).

522.52 Saisine du juge. Plusieurs modalités de saisine du juge ont été prévues. Soit la partie intéressée présente une « *simple requête* » (C. pr. civ., art. 462, al. 2) au juge compétent (en cas de rejet de la requête, le demandeur est irrecevable à en présenter une seconde[1]), soit les deux parties s'entendent pour présenter une **requête commune**, parce qu'elles ont toutes intérêt à la réparation de l'erreur ou de l'omission[2]. Une difficulté est apparue en jurisprudence à propos de l'application de l'article L. 122-14-4 du Code du travail (devenu C. trav., art. L. 1235-2 à L. 1235-4), permettant au juge de condamner l'employeur à verser une somme à l'Assedic, même d'office dans le cas où l'organisme n'est pas intervenu à l'instance. Malgré cela, la jurisprudence considère l'Assedic comme une partie à l'instance, et déclare recevable une requête en rectification que cet organisme présente au juge[3].

La jurisprudence, considérant que la requête n'est pas une forme imposée par les textes de façon exclusive[4], révèle d'autres modes de saisine : la demande en rectification peut être formée **par conclusions** au cours d'une instance[5], ou **par assignation** devant le tribunal, acte qui présente l'avantage d'être contradictoire[6].

522.53 Saisine d'office. Selon les dispositions de l'article 462 alinéa 2 C. pr. civ., le juge a le pouvoir de se saisir d'office de la rectification[7] (not. une saisine d'office de la chambre commerciale de la Cour de cassation[8]). Ce pouvoir, dérogatoire au droit commun (C. pr. civ., art. 1er : seules les parties introduisent l'instance), s'explique par deux raisons essentielles : le caractère anodin de la procédure[9], qui ne conduit en aucun cas à une remise en question de la chose jugée, et la volonté de parfaire un acte juridictionnel matériellement altéré, dans le but d'améliorer le fonctionnement de la justice et de permettre l'exécution de la décision. La saisine d'office présente des avantages pratiques de rapidité et de simplicité. Elle autorise même le juge à accueillir la demande en rectification d'une personne qui n'a pas été partie au jugement à rectifier[10].

522.54 Procédure contradictoire. Quel que soit le mode de saisine, le juge statue en principe après avoir entendu les parties ou celles-ci appelées (C. pr. civ., art. 462, al. 3)[11]. Ce caractère contradictoire de la procédure n'est qu'un aspect de l'obligation générale de respecter la contradiction prévue par les articles 14 à 16 C. pr. civ., qui permet ici d'assurer la sauvegarde de l'autorité de la chose jugée, en évitant que l'une des parties obtienne unilatéralement un autre jugement au fond à l'occasion de la rectification[12].

Le respect de la contradiction s'impose dans le déroulement de la procédure de rectification[13], quelles que soient les modalités d'élaboration du jugement à rectifier (CONTRA : à propos de la rectification d'une ordonnance d'expropriation rendue sans débats[14]). Le juge doit s'assurer que la requête a bien été portée à la connaissance des autres parties[15].

Néanmoins, afin de faciliter le processus de rectification lorsqu'aucune contestation n'est élevée, le décret no 2010-1165 du 1er octobre 2010 modifie la procédure de la façon suivante (C. pr. civ., art. 462, al. 3 - Circ. 24 janv. 2011[16] : lorsqu'il est saisi sur requête, **le juge statue sans audience**, à moins qu'il n'estime nécessaire d'entendre les parties. Cet aménagement ne s'applique que lorsque le juge est saisi sur requête (et non s'il se saisit d'office d'une rectification), que la requête soit unilatérale ou qu'elle soit rédigée par les deux parties. Le juge apprécie souverainement s'il y a lieu de tenir une audience; le cas échéant, si une audience est inutile (par ex. l'erreur matérielle est incontestable, ou la requête est manifestement irrecevable), le juge ne devrait pas être tenu de

1. Toulouse, 1re ch., 7 mars 1995, RG no 1342/94.
2. Civ. 3e, 11 mars 1987, no 85-70.301, NP; *JCP* 1987. II. 20898, note Bernard.
3. Soc. 16 févr. 1987, no 84-40.131, *Bull. civ.* V, no 90; *Gaz. Pal.* 1987. 2. Somm. 486, obs. Guinchard et Moussa.
4. Paris, 29 avr. 1977, *Gaz. Pal.* 1977. 2. 628; *D.* 1978. IR 86.
5. Civ. 3e, 8 janv. 1992, no 89-21.361, *Bull. civ.* III, no 3; *JCP* 1992. IV. 74.
6. Paris, 14 mars 1985, RG no K. 14666, *D.* 1986. IR 226, obs. Julien.
7. Com. 28 févr. 1995, nos 95-10.397 et 95-10.398, NP.
8. Com. 5 juill. 1994, no 94-14.463, NP.
9. A. Dorsnet-Dolivet, « À propos du recours en rectification », *RTD civ.* 1989. 205 s. et 218 – R. Perrot, « L'arrêt d'appel », Journées d'études des avoués près les cours d'appel, oct. 1980, *Gaz. Pal.* 1981. 1. Doctr. 244.
10. Civ. 3e, 8 janv. 1992, no 89-21.361, *Bull. civ.* III, no 3; *JCP* 1992. IV. 74.
11. Reims, 23 juin 1975, *JCP* 1976. IV. 6600, obs. J. A. – Civ. 2e, 16 févr. 1984, no 82-14.958, *Bull. civ.* II, no 33; *Gaz. Pal.* 1984. 1. Pan. 157, obs. Guinchard – Civ. 2e, 29 juin 1994, no 92-15.931, *Bull. civ.* II, no 175 – Com. 29 juin 2010, no 09-14.739, NP.
12. Com. 30 nov. 2010, no 09-68.670, NP.
13. Com. 16 juill. 1982, no 80-13.089, *Bull. civ.* IV, no 273; *Gaz. Pal.* 1982. 2. Pan. 370.
14. Civ. 3e, 18 mai 1976, no 75-70.209, *Bull. civ.* III, no 210; *D.* 1976. IR 253; *RTD civ.* 1976. 832, obs. Perrot.
15. Civ. 2e, 21 févr. 2013, no 12-15.105, *Bull. civ.* II, [à paraître]; *BICC* 15 juin 2013, p. 863; *D.* 2013. 575; *Procédures* 2013. Comm. 141, obs. Perrot.
16. Circ. 24 janv. 2011, relative à la présentation du décret no 2010-1165 du 1er octobre 2010 relatif à la conciliation et à la procédure orale en matière civile, commerciale et sociale, *BOMJL*, no 2011-02, 28 févr. 2011.

solliciter les observations contradictoires des parties. Mais, lorsque le juge statue sans audience, il doit s'assurer que la requête a été portée à la connaissance des autres parties sous peine de méconnaître les articles 14 et 462 C. pr. civ. [1]

522.55 Convocation des parties. En l'absence de disposition légale expresse, la jurisprudence a opéré un parallèle entre la procédure initiale et la procédure de rectification : si la procédure initiale s'est déroulée avec représentation *ad litem* obligatoire, la convocation peut se faire par avis du secrétariat-greffe aux avocats ou avoués constitués. En cas de décision rendue par défaut, la convocation doit se faire avec lettre recommandée avec avis de réception [2].

522.56 Sanction. Si les mentions du jugement rectificatif ou les pièces de la procédure de rectification ne montrent pas que la contradiction a été respectée, l'annulation de la décision est prononcée [3].

SECTION 2
DÉCISION DE RECTIFICATION

522.60 Plan. Pour procéder à la rectification de l'erreur ou de l'omission purement matérielle, le juge dispose de pouvoirs d'appréciation limités à divers égards : il doit se référer au dossier ou à ce que la raison commande, et ne peut pas méconnaître « *les droits et obligations des parties* » issus de la décision initiale. La décision rectificative est soumise à un régime procédural original.

§ 1
Pouvoirs du juge

522.61 Dépens. Conformément au droit commun (C. pr. civ., art. 695 s.), le juge peut, par décision motivée, mettre la totalité ou une fraction des dépens de la rectification à la charge d'une partie non perdante (C. pr. civ., art. 696). C'est ainsi qu'il peut imposer au plaideur qui a formé le recours en rectification le paiement de l'intégralité des dépens « *lorsque rien ne justifie l'opposition de cette partie, dont l'attitude, rendant la procédure de rectification nécessaire, était uniquement dictée par la volonté de mettre obstacle à l'exécution du jugement initial* » [4]. Il peut également décider que chacune des parties assumera ses propres dépens [5].

A.
Limitation des moyens de rectification de l'erreur ou de l'omission matérielle

522.70 Qualification des dispositions de l'article 462 du Code de procédure civile. Les erreurs et omissions matérielles peuvent être réparées « *selon ce que le dossier révèle ou, à défaut, ce que la raison commande* ». Ces éléments de référence ont parfois été considérés comme des moyens de preuve de la matérialité de l'erreur ou de l'omission [6], mais la lecture des dispositions de l'article 462 conduit plutôt à les qualifier d'éléments de référence pour rectifier l'irrégularité.

1°
Contenu des moyens de rectification

522.71 Le dossier. Prévu par l'article 727 C. pr. civ., le dossier tenu par le secrétaire de la juridiction contient indications, actes, notes et documents relatifs à l'affaire. Ce dossier constitue, avec la minute du jugement qui y est intégrée, un moyen essentiel de correction des erreurs ou omissions matérielles [7] : il permet d'effectuer une rectification qui prend en compte les éléments intrinsèques à l'affaire [8], et évite une modification de la chose jugée par adjonction de données nouvelles.

522.72 La raison. Le juge peut procéder à la correction de l'erreur en se déterminant par rapport à ce qui est raisonnable, et conforme à ce qui est juste [9]. Sa réflexion lui permet de préciser ce qu'il était logique et juste de décider. Par exemple, la raison peut commander de rechercher dans les termes sans équivoque des motifs l'expression de la volonté du juge [10]. Si la part de subjectivité est importante dans cette appréciation, elle est limitée à divers égards : le recours à la raison reste subsidiaire, et intervient « *à défaut* » de précision dans le dossier, et le juge ne peut corriger par la réflexion que les erreurs manifestes, évidentes,

1. Civ. 2e, 26 sept. 2013, nº 12-25.509, NP.
2. Lyon, 15 nov. 1972, *Gaz. Pal.* 1973. 1. 32.
3. Soc. 18 déc. 1979, nº 78-41.297, *Bull. civ.* V, nº 101; *Gaz. Pal.* 1980. 1. Somm. 239 – Soc. 3 déc. 1981, nº 80-14.881, *Bull. civ.* V, nº 938; *Gaz. Pal.* 1982. 1. Pan. 156; *Cah. prud'h.* 1982. 71 – Civ. 2e, 16 févr. 1984, nº 82-14.958, *Bull. civ.* II, nº 33; *Gaz. Pal.* 1984. 1. Pan. 157, note Guinchard – Civ. 2e, 29 juin 1994, nº 92-15.931, *Bull. civ.* II, nº 175; *JCP* 1994. IV. 2174 – Besançon, ch. com., 5 mai 1995, RG nº 2093/94.
4. Soc. 18 déc. 1979, nº 78-41.297, *Bull. civ.* V, nº 101; *Gaz. Pal.* 1980. Somm. 239.
5. Besançon, 1re ch., 26 mars 1996, RG nº 43719/95.
6. Nancy, 12 nov. 1981, *JCP* 1982. IV. 354; *Gaz. Pal.* 1983. 1. Somm. 36 – Civ. 3e, 30 oct. 1991, nº 89-21.729, *Bull. civ.* III, nº 259.
7. Cass., ass. plén., 1er avr. 1994, nº 91-20.250, *Bull. ass. plén.*, nº 3; *D.* 1994. 293; *RTD civ.* 1994. 681, obs. Perrot.
8. Com. 20 févr. 1985, nº 83-14.354, *Bull. civ.* IV, nº 76.
9. Com. 7 févr. 1984, nº 82-13.391, *Bull. civ.* IV, nº 54.
10. Civ. 2e, 29 janv. 1992, nº 90-17.104, *Bull. civ.* II, nº 39; *Gaz. Pal.* 1992. 1. Pan. 141 – Soc. 29 janv. 2002, nº 99-45.188, NP.

ne soulevant aucune contestation sérieuse, ce qui limite la portée de son appréciation subjective[1].

2°
Caractère limitatif des moyens de rectification

522.81 Interdiction de recourir à d'autres moyens. L'utilisation par le juge de moyens autres que le dossier et la raison entraîne la censure de la décision rectificative[2]. Il en est ainsi lorsque le juge se réfère aux souvenirs de certains membres de la juridiction[3], à la déclaration d'un magistrat[4], à la mention portée par le président de la juridiction sur la chemise du dossier[5], aux notes d'audience, au certificat délivré par le greffier[6]; au registre d'audience[7], ou à l'affirmation de l'avocat général qui avait assisté à l'audience[8].

B.
Interdiction de modifier les droits et obligations reconnus aux parties

522.91 Affirmation du principe. L'assemblée plénière de la Cour de cassation a rendu une importante décision reprenant une solution traditionnelle énoncée de la façon suivante : « *Si les erreurs ou omissions matérielles affectant une décision peuvent être réparées par la juridiction qui l'a rendue, celle-ci ne peut modifier les droits et obligations reconnus aux parties par cette décision* »[9].

522.92 Mise en œuvre du principe. Le respect de la chose déjà jugée interdit donc au juge de :

- modifier les chiffres de l'expert, ce qui modifie les condamnations[10];

- prononcer une condamnation que ne comportait pas le jugement rectifié[11], ou rendre débitrice des condamnations initiales une personne qui n'était pas partie à l'instance;

- modifier le taux des intérêts produits par la condamnation[12], ou l'indice de référence d'une pension alimentaire[13];

- substituer un terme à un autre, de telle sorte que la condamnation soit modifiée (par ex. le terme « *autorité parentale* » à celui de « *garde* »[14]);

- tenir compte d'une argumentation que n'avait pas tenue le requérant[15];

- procéder à une nouvelle appréciation d'un fait[16] ou d'un élément de droit[17], et, plus généralement, de tout élément de la cause[18];

- modifier un chef du dispositif (l'annulation par la décision rectificative de l'admission antérieure d'une créance[19]; ou l'octroi d'une indemnité « *légale* » de licenciement, à la place d'une indemnité « *conventionnelle* »[20], par ex.);

- substituer au débiteur condamné, un autre débiteur[21].

522.93 Portée du principe. Il est certain que l'interdiction de modifier les droits et obligations des parties concerne la substance du jugement, à laquelle est attachée l'autorité de la chose jugée[22]. Cependant, la rectification entraîne nécessairement une modification de la décision, qui peut affecter les droits et obligations des parties sur lesquels portait l'erreur rectifiée : en cas d'erreur de calcul par exemple, le chiffre final de la condamnation est logiquement modifié[23]. C'est le caractère matériel de l'erreur

1. A. Perdriau, « La rectification des jugements civils », *JCP* 1995. I. 3686, spéc[t] n° 18.
2. Civ. 2e, 19 juin 1975, n° 74-11.215, *Bull. civ.* II, n° 192.
3. Civ. 2e, 19 juin 1975, n° 74-11.215, *Bull. civ.* II, n° 192, préc. s[s] prés[t] n°.
4. Civ. 1re, 22 juin 1976, n° 75-13.808, *Bull. civ.* I, n° 227.
5. Crim. 23 oct. 1969, n° 69-92.689, *Bull. crim.* n° 265; *JCP* 1970. II. 16370, note Chambon.
6. A. Khalil, *La rectification des jugements civils : contribution à l'étude de l'office du juge dans la décision juridictionnelle*, th. Grenoble II, 1987, p. 78.
7. R. Perrot, « L'arrêt d'appel », Journées d'études des avoués près les cours d'appel, oct. 1980, *Gaz. Pal.* 1981. 1. Doctr. 238 – *CONTRA*, Lyon, 15 nov. 1973, *D.* 1973. Somm. 46.
8. Civ. 1re, 22 juin 1976, n° 75-13.808, *Bull. civ.* I, n° 227.
9. Cass., ass. plén., 1er avr. 1994, n° 91-20.250, *Bull. ass. plén.*, n° 3; *D.* 1994. 293, concl. Jeol; *RTD civ.* 1994. 681, obs. Perrot; *JCP* 1994. II. 22256, concl. Jéol – V. DÉJÀ, Civ. 2e, 13 nov. 1981, n° 79-14.948, *Bull. civ.* II, n° 198; *D.* 1982. IR 168, obs. Julien – Soc. 27 mars 1984, n° 81-41.894, *Bull. civ.* V, n° 126 – Civ. 3e, 20 mars 1991, n° 89-70.332, *Bull. civ.* III, n° 97 – Soc. 5 févr. 1992, n° 88-44.749, *Bull. civ.* V, n° 74 – Com. 17 mars 1992, n° 90-17.394, *Bull. civ.* IV, n° 117; *D.* 1992. 254, obs. Derrida – Com. 12 mai 1992, n° 90-14.124, *Bull. civ.* IV, n° 182; *D.* 1992. 345, note Bolard – Civ. 2e, 4 nov. 1992, n° 91-11.654, *Bull. civ.* II, n° 257; *JCP* 1993. II. 22086, note du Rusquec – Civ. 2[e], 3 mai 2001, n° 98-23.347, *Bull. civ.* II, n° 84; *D.* 2001. IR 1667 – Civ. 3e, 12 oct. 2005, n° 04-16.624, NP – Civ. 1re, 9 mars 2011, n° 09-72.966, NP.
10. Civ. 1re, 18 juin 1974, n° 73-10.987, *Bull. civ.* I, n° 194.
11. Civ. 2e, 5 oct. 1988, n° 87-15.900, NP; *JCP* 1989. II. 21271.
12. Com. 2 févr. 1988, n° 86-15.514, *Bull. civ.* IV, n° 58.
13. Civ. 2e, 12 déc. 1990, n° 89-18.679, *Bull. civ.* II, n° 262.
14. Civ. 2e, 18 oct. 1989, n° 88-16.560, NP; *JCP* 1990. II. 21490 – Com. 23 mai 1994, n° 93-15.001, NP – Soc. 15 juin 1995, n° 94-40.209, NP.
15. T. com. Paris, 13 oct. 1992, *Juris-Data* n° 044620.
16. Civ. 2e, 6 oct. 1976, n° 75-15.059, *Bull. civ.* II, n° 268 – Civ. 2e, 8 juill. 2010, n° 09-68.299, NP.
17. Soc. 5 févr. 1992, n° 88-44.749, *Bull. civ.* V, n° 74; *JCP* 1992. IV. 1008.
18. Versailles, 26 oct. 1988, RG n° 5008/88, *Gaz. Pal.* 1989. 1. Somm. 125 – Soc. 25 sept. 2013, n° 12-25.081, NP.
19. Orléans, 18 oct. 1995, RG n° 94002634.
20. Soc. 27 mars 1984, n° 81-41.894, *Bull. civ.* V, n° 126; *Cah. prud'h.* 1985. 111 – Soc. 5 janv. 2011, n° 09-43.303, NP.
21. Civ. 2e, 26 sept. 2013, n° 12-11.580, NP.
22. Paris, 3e ch., 7 mars 1995, RG n° 95/000656 – Civ. 2e, 3 avr. 2003, n° 01-12.564, *Bull. civ.* II, n° 93.
23. Lyon, 28 janv. 1994, RG n° 94/02334.

ou de l'omission qui empêche toute atteinte au principe même de la décision du juge (lorsqu'un plaideur demande la rectification d'une erreur portant sur le nom du représentant l'égal d'une personne morale, mais que cette demande soulève la question de la validité de la représentation, la rectification porterait atteinte à l'autorité de la chose jugée[1]).

À l'occasion de la rectification d'une erreur matérielle, le juge ne saurait modifier les chefs du dispositif non concernés par cette erreur (le juge ne peut faire droit à une demande qu'il avait partiellement rejetée dans une partie du dispositif non affecté par l'erreur matérielle[2]), ou réparer une erreur de droit qu'il a commise[3]. Il a seulement le pouvoir d'opérer une modification formelle des autres chefs du dispositif pour les mettre en harmonie avec le chef rectifié[4]. La Cour de cassation sanctionne par la cassation les rectifications qui entraînent des modifications des droits et obligations des parties[5].

522.94 **Irrecevabilité de la requête.** Si le juge constate que, sous couvert d'une requête en rectification, le demandeur sollicite un nouvel examen de l'affaire, il est en droit de déclarer la requête irrecevable[6].

§ 2
Régime de la décision rectificative

522.100 **Régularité de la décision rectificative.** Comme tout jugement, la décision rectificative doit être élaborée conformément aux dispositions du Code de procédure civile. Ainsi, le jugement rectificatif doit exposer succinctement les prétentions respectives des parties et leurs moyens, cet exposé pouvant revêtir la forme d'un visa des conclusions des parties avec l'indication de leur date[7].

A.
Intégration à la décision rectifiée

522.101 **Mention sur la minute.** La décision rectificative est mentionnée sur la minute[8] et sur les expéditions du jugement rectifié (C. pr. civ., art. 462, al. 4). Cette mention n'est justifiée que dans l'hypothèse où la rectification est prononcée : le rejet d'une demande de rectification n'a pas à être mentionné[9].

La mention de la rectification prend effet à compter de sa date, et non de manière rétroactive[10].

522.102 **Notification.** La décision rectificative « *est notifiée comme le jugement* » (C. pr. civ., art. 462, al. 4) qu'elle répare[11]. Cette notification s'impose : comme l'erreur ou l'omission étaient susceptibles d'empêcher ou de rendre difficile l'exécution de la décision, il faut, après correction, informer le perdant de la portée exacte des condamnations avant de les mettre à exécution forcée (C. pr. civ., art. 503).

La notification de la décision rectificative emprunte les **mêmes formes** que celles de la notification du jugement initial (C. pr. civ., art. 675 s., pour les règles générales à la notification des jugements).

522.103 **Incidences des recours exercés contre la décision rectifiée.** Le jugement initial peut être susceptible de recours, ordinaires ou extraordinaires.

Si le recours est exercé avant la demande de rectification, la situation procédurale ne soulève pas de difficulté : il y a transfert de compétence pour rectifier à la cour d'appel, ou maintien de la compétence de la juridiction du fond en cas de pourvoi en cassation.

Si la décision de rectification a été rendue, et que la décision initiale fait l'objet d'une annulation ou d'une réformation, on doit considérer que la décision rectificative est annulée par voie de conséquence. Cet effet est expressément formulé à propos de la cassation (C. pr. civ., art. 625)[12] (la cassation de l'arrêt rectifié entraîne celle de la décision rectificative[13]), et peut rationnellement être étendu à l'appel et à tous les recours qui provoquent à l'anéantissement de la décision.

Cependant, l'appel ou le pourvoi en cassation ne remettent pas nécessairement en cause la totalité du dispositif de la décision attaquée : la cassation peut n'être que partielle, si elle n'atteint que certains chefs dissociables des autres (C. pr. civ., art. 623)[14]; l'appel peut être limité à certains chefs (C. pr. civ., art. 562)[15]. Dans ces conditions, la décision rectificative ne sera anéantie par voie de conséquence que

1. Civ. 2e, 7 déc. 1994, no 93-11.871, *Bull. civ.* II, no 256; *Gaz. Pal.* 1995. 2. Pan. 136.
2. Civ. 2e, 8 mai 1969, no 67-14.557, *Bull. civ.* II, no 145.
3. Civ. 2e, 17 mai 2001, no 99-15.638, NP.
4. A. Khalil, *La rectification des jugements civils : contribution à l'étude de l'office du juge dans la décision juridictionnelle*, th. Grenoble II, 1987, p. 541.
5. Com. 11 mars 2008, no 06-19.732, NP.
6. Paris, 7 mars 1996, RG no 94/8912.
7. Civ. 2e, 21 févr. 2013, no 11-24.421, *Bull. civ.* II, [à paraître].
8. À propos d'un arrêt de cassation rectificatif, Civ. 2e, 21 juin 1995, no 95-13.584, NP.
9. A. Perdriau, *La pratique des arrêts civils de la Cour de cassation, Principes et méthode de rédaction*, Litec, 1993, spéct no 543.
10. Rép. prat. dr. privé, vo *Jugements et arrêts*, par Roudaut, 1995, no 199.
11. TGI Paris, 22 mai 1981, *JCP* 1982. IV. 212.
12. Com. 5 avr. 1994, no 93-15.956, NP; *Rev. sociétés* 1994. 318, note Guyon.
13. Soc. 13 juill. 1994, no 92-15.967, NP.
14. Com. 31 mai 1983, no 82-10.316, *Bull. civ.* IV, no 160.
15. Civ. 3e, 27 janv. 1988, no 86-14.434, *Bull. civ.* III, no 19 – Civ. 2e, 24 mai 1991, no 90-12.700, *Bull. civ.* II, no 156; *RTD civ.* 1992. 542, obs. Huet-Weiller; *Gaz. Pal.* 1991. 2. Pan. 290.

dans la mesure où la rectification portait sur une des dispositions du jugement anéantie par le recours [1].

B.
Recours contre la décision rectificative

522.111 **Principe.** La décision rectificative a « *quant aux voies de recours, le même caractère et est soumise aux mêmes règles* » que la décision rectifiée, selon une jurisprudence constante [2].

En conséquence, si la décision rectifiée n'est pas susceptible de pourvoi en cassation, ce recours est irrecevable contre la décision rectificative [3]. Selon que la décision rectifiée a été rendue en premier ou en dernier ressort, l'appel ou le pourvoi en cassation sera ouvert contre la décision rectificative [4] (si la décision rectifiée est passée en force de chose jugée, la décision rectificative ne peut être attaquée que par la voie du recours en cassation [5]). Si le recours contre la décision rectifiée n'est recevable qu'avec un recours formé contre le jugement sur le fond, l'intéressé devra différer son recours contre la décision rectificative [6]. Si la rectification a concerné une mesure d'administration judiciaire, non susceptible de recours fût-ce pour excès de pouvoir, le jugement qui en prononce la rectification est lui-même insusceptible de recours [7].

522.112 **Régime du recours.** Le recours ouvert contre la décision rectificative obéit au droit commun : ainsi, en appel, la cour méconnaît les articles 562 et 954 C. pr. civ. si elle infirme la décision rectificative alors que l'appelant n'était ni présent, ni représenté, et n'avait pas conclu [8].

La cassation de l'arrêt rectifié entraîne par voie de conséquence celle de la décision rectificative [9].

522.113 **Excès de pouvoir.** Cependant, lorsque les recours contre la décision rectifiée sont fermés par une disposition législative, la Cour de cassation a admis la recevabilité d'un appel nullité ou d'un pourvoi en cassation immédiat, dès lors que le juge rectifiant a commis **un excès de pouvoir** [10]. Selon la jurisprudence, nulle disposition ne peut interdire de faire annuler une décision dans laquelle le juge a méconnu une règle d'ordre public [11]. Ainsi, lorsque le juge a porté atteinte à l'autorité de la chose jugée en rectifiant la décision, on peut considérer qu'il y a excès de pouvoir [12].

522.114 **Décision rectifiée passée en force de chose jugée.** Aux termes de l'article 462 alinéa 5 C. pr. civ., la décision rectificative ne peut être attaquée que par la voie du recours en cassation [13] lorsque la décision rectifiée est passée en force de chose jugée (c'est-à-dire qu'elle n'est plus susceptible de recours suspensifs d'exécution, C. pr. civ., art. 500). Cette disposition est fondée sur la nécessité d'uniformiser le régime procédural des deux décisions.

En conséquence, **tout autre recours exercé doit être déclaré irrecevable**, même d'office [14], qu'il s'agisse d'un appel [15], d'une opposition [16], ou d'une tierce-opposition (ce qui risque d'empêcher le tiers lésé de défendre ses intérêts, puisque le pourvoi en cassation lui est fermé [17]). Le juge qui admet un recours en rectification d'une décision rectificative passée en force de chose jugée, alors que seul le pourvoi en cassation est recevable, commet un excès de pouvoir justifiant une cassation de sa décision [18].

522.115 **Décisions de rejet d'une requête en rectification.** Ce régime ne concerne que les décisions « *rectificatives* » (C. pr. civ., art. 462, al. 5) : les décisions qui rejettent une requête en rectification sont soumises au droit commun [19], c'est-à-dire que les

1. Soc. 18 mai 1994, nº 94-41.912 – M. Bourgeois, « L'article 462 NCPC et la réparation des erreurs ou omissions matérielles », *Quot. jur.* 1984. 121, spéc^t p. 7.
2. Civ. 2e, 18 juill. 1977, nº 76-13.542, *Bull. civ.* II, nº 188 – Soc. 4 mars 2008, nº 06-45.221, *Bull. civ.* V, nº 44.
3. Civ. 2e, 5 juin 1985, nº 84-10.506, *Bull. civ.* II, nº 108 – Soc. 13 oct. 1993, nº 90-44.911, *Bull. civ.* V, nº 229; *D.* 1993. IR 242.
4. Civ. 2e, 26 oct. 1983, nº 82-70.123, *Bull. civ.* II, nº 169; *Gaz. Pal.* 1984. Pan. 44, obs. Guinchard – Civ. 1re, 26 mai 1993, nº 90-17.048, *Bull. civ.* I, nº 189; *JCP* 1993. IV. 1852 – Soc. 26 févr. 2002, nº 97-43.528, NP; *Gaz. Pal.* 12-14 janv. 2003, p. 28, obs. Perdriau.
5. Com. 3 avr. 2001, nº 98-15.276, NP.
6. Civ. 2e, 27 juin 1984, nº 83-11.980, *Bull. civ.* II, nº 116.
7. Com. 9 juill. 2013, nº 12-13.193, *Bull. civ.* IV, [à paraître].
8. Soc. 8 juin 1994, nº 90-45.058, NP.
9. Soc. 29 janv. 2002, nº 99-45.188, NP; *Gaz. Pal.* 14-16 janv. 2003, p. 27, obs. Perdriau.
10. Com. 11 oct. 1994, nº 92-18.500, *Bull. civ.* IV, nº 282; *D.* 1994. IR 250; *D.* 1995. 297, rapp. Rémery.
11. F. Kernaleguen, « L'excès de pouvoir du juge », *Justices* 1996, nº 3, p. 151.
12. Com. 12 mai 1992, nº 90-14.124, *Bull. civ.* IV, nº 182; *D.* 1992. 345, note Bolard.
13. Com. 20 juin 1995, nº 92-14.666, NP – Soc. 27 nov. 2001, nº 99-44.261, NP.
14. Civ. 2e, 8 oct. 1986, nº 85-12.829, *Bull. civ.* II, nº 145; *D.* 1987. Somm. 362, obs. Julien; *Gaz. Pal.* 1987. 1. Somm. 279, obs. Guinchard et Moussa; *Gaz. Pal.* 1987. 1. Somm. 279, obs. Croze et Morel.
15. Civ. 2e, 21 juill. 1982, nº 81-10.688, *Bull. civ.* II, nº 110 – Versailles, 19 févr. 1987, *Gaz. Pal.* 1987. 2. Somm. 395 – Civ. 2e, 9 févr. 1994, nº 92-13.836, NP – Civ. 2e, 11 juill. 1994, nº 92-18.177, NP – Grenoble, 24 oct. 1995, RG nº 94/2320 – Fort-de-France, 1re ch., 12 janv. 1996, RG nº 983/94 – Com. 3 avr. 2001, nº 98-15.276, NP.
16. Civ. 2e, 21 juill. 1982, nº 81-10.688, *Bull. civ.* II, nº 110; *Gaz. Pal.* 1983. 1. Somm. 8.
17. A. Khalil, *La rectification des jugements civils : contribution à l'étude de l'office du juge dans la décision juridictionnelle*, th. Grenoble II, 1987, p. 553.
18. Civ. 2e, 18 janv. 2006, nº 04-17.294, *Bull. civ.* II, nº 21; *D.* 2006. IR 323.
19. Civ. 2e, 26 oct. 1983, nº 82-70.123, *Bull. civ.* II, nº 169; *Gaz. Pal.* 1984. 1. Pan. 44, note Guinchard – Civ. 1re, 26 mai 1993, nº 90-17.048, *Bull. civ.* I, nº 189; *Gaz. Pal.* 1993. 2. Pan. 236.

décisions rendues en premier ressort sont susceptibles d'appel[1] et que les décisions rendues en dernier ressort peuvent être frappées de pourvoi en cassation[2].

§ 3
Spécificité de la décision de rabat d'un arrêt de la Cour de cassation pour erreur matérielle

522.121 Notion. Il est certain qu'une erreur matérielle résultant de la rédaction d'un arrêt de la Cour de cassation est rectifiable selon la procédure prévue par l'article 462 C. pr. civ. Mais il arrive qu'une erreur matérielle se glisse dans la procédure du pourvoi, et conduise à une décision qui, sans trahir la pensée du juge, s'avère fausse parce que le juge n'a pas été informé de la totalité des éléments du dossier en raison d'une défaillance des services de la Cour de cassation. Une telle hypothèse échappe aux prévisions de l'article 462 C. pr. civ., mais peut faire l'objet d'un « *rabat d'arrêt* »[3].

522.122 Caractéristiques de l'erreur cause de rabat. L'erreur qui fonde la demande en rabat d'arrêt est une **erreur de procédure**[4], dont l'exemple le plus fréquent est celui d'un arrêt prononçant l'irrecevabilité du pourvoi, aux motifs que la déclaration de pourvoi ne formule aucun moyen de cassation, et que cette omission n'a pas été réparée par la production d'un mémoire ampliatif, alors qu'il est prouvé qu'un mémoire ampliatif a bien été déposé dans les délais au secrétariat-greffe de la Cour de cassation[5], et qu'il n'a pas été classé au dossier[6], ou qu'il a été inséré dans un autre dossier[7].

Une telle erreur est **matérielle**[8] en ce qu'elle n'affecte pas l'analyse juridique, ce qui remettrait en cause la chose jugée[9].

Mais elle a **substantiellement influé sur la décision** de la Cour de cassation, puisqu'elle a conduit au prononcé d'une irrecevabilité, ou d'une déchéance du pourvoi injustifiée. L'erreur a donc directement **affecté les droits de la défense**[10].

L'erreur n'est réparée que si elle est **imputable à la Cour de cassation** (par ex., la chambre a oublié de répondre à un moyen[11]; ou a mal calculé le délai du pourvoi[12], ou encore deux arrêts de cassation inconciliables sont rendus sur des moyens identiques[13]), **ou à ses services**[14]. Elle ne peut pas être invoquée si elle provient du comportement de l'une des parties[15].

522.123 Réparation de l'erreur. En principe, et même en présence d'une erreur ayant privé l'une des parties de la possibilité d'assurer sa défense, l'arrêt de la Cour de cassation est insusceptible de recours (C. pr. civ., art. 621 et 622)[16], d'autant que l'erreur de procédure n'entre pas dans le domaine des articles 461 à 464 C. pr. civ. Cette situation n'est pas conforme au droit « *à ce que sa cause soit entendue équitablement* » (Conv. EDH, art. 6 § 1) : la Cour de cassation a donc instauré une procédure permettant de rectifier cette défaillance, à travers la pratique du « *rabat* » d'arrêt, consacrée par l'assemblée plénière le 30 juin 1995[17].

522.124 Saisine de la Cour de cassation. Elle se réalise soit à la **requête d'une partie**, soit sur **saisine du procureur général**, soit **d'office**. Initialement, il appartenait surtout à l'intéressé, qui était nécessairement une partie à l'instance de cassation[18] (demandeur au pourvoi en cas de décision d'irrecevabilité ou de déchéance, défendeur au pourvoi en cas d'arrêt de cassation), de présenter **une requête** en rabat d'arrêt signée par un avocat aux conseils si la procédure ayant conduit à l'arrêt attaqué imposait la représentation *ad litem*[19]. C'est à propos de cette représentation qu'est intervenue la décision de l'assemblée plénière du 30 juin 1995[20] : la Cour de cassation a

1. Civ. 2e, 26 oct. 1983, no 82-70.123, *Bull. civ.* II, no 169; *Gaz. Pal.* 1984. 1. Pan. 44, obs. Guinchard – Aix-en-Provence, 1er mars 1984, *Gaz. Pal.* 1984. 1. 830, note Latil – Civ. 3e, 12 févr. 1986, no 84-70.252, *Bull. civ.* III, no 7; *Gaz. Pal.* 1986. 1. Pan. 90.
2. Civ. 1re, 26 mai 1993, no 90-17.048, *Bull. civ.* I, no 189; *JCP* 1993. IV. 1851 – Soc. 30 mai 1995, no 93-44.980, NP.
3. V. J.-F. Overstake, « D'une mort ignorée à un rabat révélé », *D.* 1997. 208, ss Civ. 2e, 18 déc. 1995, no 95-11.062, *Bull. civ.* III, no 311.
4. Civ. 3e, 19 nov. 1986, no 86-15.823, *Bull. civ.* III, no 162; *JCP* 1987. IV. 31 – Com. 12 janv. 1993, no 91-15.172, *Bull. civ.* IV, no 2.
5. Soc. 4 févr. 1987, no 86-40.633, NP – Soc. 10 avr. 1991, no 90-45.489, NP.
6. Soc. 9 janv. 1991, no 90-60.499, *Bull. civ.* V, no 2; *JCP* 1991. IV. 87.
7. Soc. 6 mars 1986, no 83-42.031, *Bull. civ.* V, no 83; *JCP* 1986. IV. 136.
8. Civ. 3e, 3 févr. 1988, no 87-12.351, *Bull. civ.* III, no 29; *Gaz. Pal.* 1988. 1. Pan. 101 – Civ. 3e, 17 déc. 2002, no 00-19.011, NP; *Gaz. Pal.* 6-7 août 2003, p. 15, obs. du Rusquec.
9. Civ. 3e, 12 juill. 1989, no 89-10.125, NP.
10. Soc. 4 févr. 1987, no 86-40.633, NP – Soc. 10 avr. 1991, no 90-45.489, NP.
11. Soc. 10 mai 1994, no 94-41.950, NP.
12. Soc. 16 mars 1994, no 93-42.396, NP.
13. Civ. 3e, 3 mars 2004, no 02-15.091, *Bull. civ.* III, no 49.
14. Civ. 2e, 27 nov. 1991, no 91-15.678, *Bull. civ.* II, no 322; *JCP* 1992. IV. 366.
15. Com. 18 déc. 1990, no 90-16.440, NP – Civ. 2e, 24 oct. 1990, no 89-17.605, NP.
16. Soc. 5 juin 1985, no 85-40.522, *Bull. civ.* V, no 323; *D.* 1986. IR 222, obs. Julien.
17. Cass., ass. plén., 30 juin 1995, no 94-20.302, *Bull. ass. plén.*, no 4; *D.* 1995. 513, concl. Jéol, note Drago; *JCP* 1995. II. 22478, note Perdriau.
18. Soc. 8 févr. 1995, no 94-44.254, NP.
19. Com. 3 janv. 1989, no 88-15.559, *Bull. civ.* IV, no 1; *JCP* 1989. IV. 79.
20. Cass., ass. plén., 30 juin 1995, no 94-20.302, préc. ss no 522.123.

annulé la décision du conseil de l'ordre des avocats au Conseil d'État et à la Cour de cassation qui avait refusé la désignation d'un avocat commis d'office au profit d'un plaideur qui entendait solliciter un rabat d'arrêt. L'assemblée plénière s'est fondée sur le principe du respect des droits de la défense, principe à caractère constitutionnel dont l'exercice effectif exige que soit assuré l'accès de chacun au juge, avec l'assistance d'un défenseur. La décision consacre cet accès effectif au juge dans le cadre d'une procédure en rabat d'arrêt, admettant par là même ce recours prétorien.

La requête était dirigée contre la partie qui bénéficie de l'arrêt rendu, et notifiée concomitamment à son dépôt au secrétariat-greffe de la cour.

La pratique a évolué, en ce sens que la saisine de la Cour de cassation n'est plus essentiellement le fait des parties. En effet, la Cour de cassation est parfois saisie par le procureur général[1], mais, le plus souvent, elle se saisit d'office du rabat d'arrêt[2].

522.125 Délai. Si l'intéressé a tout intérêt à solliciter rapidement un rabat d'arrêt qui lui est défavorable, aucun délai n'est prévu[3].

522.126 Procédure. Les parties doivent pouvoir débattre contradictoirement, et elles reçoivent avis de présenter leurs observations en cas de saisine par le procureur général ou d'office[4].

La décision de rabat est rendue en audience publique, par la chambre qui a rendu l'arrêt attaqué, après rapport d'un conseiller et sur les conclusions d'un avocat général.

522.127 Pouvoirs de la Cour de cassation. La Cour dispose de tous pouvoirs pour constater l'existence ou l'absence d'erreur de procédure. La Cour statuera nécessairement en fait pour apprécier la matérialité de l'erreur : elle peut constater la présence dans le dossier d'un pouvoir spécial de représentation produit dans les délais, alors que l'irrecevabilité du pourvoi avait été prononcée au motif de l'absence de pouvoir[5]; elle peut admettre l'existence d'une demande de dispense d'honoraires d'avocat entraînant une suspension du délai de pourvoi pendant son examen, demande ignorée par la Cour[6]; elle peut décider que le délai de pourvoi a été déclaré faussement expiré, parce que l'allongement à raison des distances avait été ignoré[7], ou bien que le délai de pourvoi n'avait en réalité pas commencé à courir en raison de la nullité de la notification de la décision[8].

522.128 Issues de la requête en rabat. Si la demande est déclarée **irrecevable** ou **mal fondée**, la Cour de cassation maintient la décision initiale, qu'il s'agisse d'un arrêt d'irrecevabilité[9], d'un arrêt de rejet[10], ou d'un arrêt de cassation[11].

Si la requête est **recevable et bien fondée**, l'arrêt initial est rabattu, et la cause peut être renvoyée à une autre audience, ou bien être jugée immédiatement. En effet, la Cour de cassation statue à nouveau sur le pourvoi et examine les moyens qui n'avaient pas été portés à sa connaissance en raison de l'erreur de procédure : aucun moyen nouveau ne peut être présenté[12]. La Cour peut constater un désistement[13], prononcer une cassation après une irrecevabilité ou un rejet[14], ou un rejet après une cassation. Ce nouvel examen du fond du pourvoi[15] oppose radicalement le rabat d'arrêt à la rectification d'erreur matérielle, qui ne peut en aucun cas affecter la chose initialement jugée.

522.129 Transcription de la décision de rabat. L'arrêt de rabat prévoit le plus souvent qu'il sera transcrit en marge ou à la suite de l'arrêt initial, à la diligence du greffier en chef de la Cour de cassation[16].

522.130 Dépens. Certains arrêts de rabat se prononcent sur les dépens, conformément au droit commun. Ainsi, chaque partie peut être condamnée à supporter les frais qu'elle a exposés[17], ou les dépens peuvent être laissés en totalité à la charge du Trésor public[18].

1. Civ. 2e, 1er juill. 1987, nos 87-12.140 et 85-18.485, NP.
2. Soc. 6 mars 1986, no 83-42.031, *Bull. civ.* V, no 83; *JCP* 1986. IV. 136.
3. A. Perdriau, « Les rabats d'arrêts de la Cour de cassation », *JCP* 1994. I. 3735, no 40 : une requête a été présentée en même temps qu'un nouveau pourvoi dirigé contre l'arrêt rendu par la juridiction de renvoi ! – Soc. 16 janv. 1991, no 88-60.506, NP; *D.* 1991. 245.
4. Civ. 2e, 25 mars 1992, no 91-17.309, NP.
5. Soc. 6 juin 1990, no 89-45.089, NP.
6. Soc. 2 juill. 1980, no 79-13.587, *Bull. civ.* V, no 592; *JCP* 1980. IV. 350.
7. Com. 10 mai 1988, no 88-10.551, NP.
8. Soc. 18 oct. 1989, no 89-42.407, NP.
9. Soc. 12 nov. 1969, no 69-40.266, *Bull. civ.* V, no 604.
10. Soc. 9 janv. 1991, no 90-60.499, *Bull. civ.* V, no 2; *JCP* 1991. IV. 86.
11. Com. 25 janv. 1983, no 82-16.450, *Bull. civ.* IV, no 32; *JCP* 1983. IV. 111.
12. A. Perdriau, « Les rabats d'arrêts de la Cour de cassation », *JCP* 1994. I. 3735, spéct no 48.
13. Civ. 2e, 8 mars 1995, no 94-19.869, NP.
14. Soc. 12 juill. 1989, no 89-40.526, NP.
15. Soc. 8 févr. 1995, no 93-43.673, NP.
16. Soc. 12 janv. 1989, no 87-43.417, NP.
17. Civ. 3e, 15 juin 1988, no 87-70.388, NP.
18. Civ. 3e, 12 juill. 1989, no 89-10.125, NP.

CHAPITRE

523. Réparation de l'omission de statuer ou du prononcé de choses non demandées

NATALIE FRICERO
Professeure à la Faculté de droit
de l'Université de Nice Sophia-Antipolis (CERDP)

SECTION 0 ORIENTEUR

523.00 Plan du chapitre.

523.01 Principaux textes applicables.

C. pr. civ., art. 4, 5, 12, 15, 16, 272, 455, 458, 463, 464, 528, 538, 542, 561, 700, 846.

C. trav., art. L. 1235-2 à L. 1235-4, art. R. 1453-3.

523.04 Formulaire : renvoi.

Form. pr. civ. *Recours particuliers – Omission de statuer* (Requête afin qu'il soit remédié à une omission de statuer [C. pr. civ., art. 463])

523.05 Délimitation. Au titre des principes directeurs du procès, l'article 5 C. pr. civ. prévoit que le juge doit se prononcer sur tout ce qui est demandé et seulement sur ce qui est demandé. La jurisprudence révèle que cette obligation n'est pas toujours respectée, le juge statuant *ultra petita* en accordant plus que ce qui était demandé[1], ou *extra petita* en accordant des choses qui n'étaient pas demandées[2], ou *infra petita*, en omettant de statuer sur une demande[3]. La réparation de ces manquements aux exigences de l'article 5 C. pr. civ. obéit à une procédure simplifiée organisée par les articles 463 et 464 C. pr. civ. dans l'intérêt des parties victimes de ce dysfonctionnement de la justice.

523.06 Portée. Ces différentes hypothèses constituent, contrairement à l'interprétation et à la rectification d'erreurs matérielles, de véritables exceptions au dessaisissement du juge. En effet, les parties reviennent devant le juge initial pour obtenir une modification de la substance même de la chose jugée, par retranchement ou complément[4]. L'originalité de cette procédure explique la détermination restrictive de son domaine (sect. 1), la spécificité de la décision modificative (sect. 2) et la limitation de ses conséquences (sect. 3).

1. Civ. 3e, 26 nov. 1974, n° 73-12.079, *Bull. civ.* III, n° 436.
2. Civ. 2e, 6 févr. 1980, n° 78-15.922, *Bull. civ.* II, n° 23.
3. Cass., ass. plén., 2 nov. 1999, n° 97-17.107, *Bull. ass. plén.*, n° 8; *RTD civ.* 2000. 160, obs. Perrot; *Procédures* 2000. Comm. 30, Perrot; *JCP* 1999. II. 10213, concl. Weber.
4. CADIET et JEULAND, spéc^t n° 1101, p. 575.

SECTION 1
DOMAINE DE LA RÉPARATION

§ 1
Omission de statuer

523.11 Notion. Il y a omission de statuer lorsque le juge ne tranche pas dans sa décision une ou plusieurs demandes qui lui ont été soumises par les parties[1] (il a été jugé qu'il n'y a pas omission lorsque le juge dénature les conclusions[2]). La constatation de l'omission de statuer résulte de la comparaison entre l'acte introductif d'instance et les conclusions ultérieures des parties, avec le dispositif du jugement[3].

En revanche, lorsque le juge omet de motiver sa décision, ceci ne saurait donner lieu à une demande pour omission de statuer : le défaut de motifs est une cause d'annulation du jugement par application de l'article 455 C. pr. civ.[4] Mais, si le juge omet de reprendre dans le dispositif une prétention sur laquelle il s'est expliqué dans les motifs, il y a omission de statuer[5]. Il en va de même lorsque le dispositif de la décision contient une formule générale qui « *déboute les parties de leurs demandes plus amples ou contraires* » : il ne statue pas sur ces demandes dès lors qu'il ne résulte pas des motifs de la décision que le juge les ait examinées[6].

Le juge apprécie souverainement l'existence d'une omission[7].

523.12 Caractères de la demande omise. Toute omission du juge ne caractérise pas une omission de statuer au sens de l'article 463 C. pr. civ.

D'abord, le juge n'est tenu de répondre qu'aux demandes dont il a été « *effectivement saisi* »[8]. On ne saurait donc pas reprocher au juge de n'avoir pas répondu à des demandes formulées dans des conclusions irrecevables, parce que postérieures à l'ordonnance de clôture de l'instruction[9], ou encore à des demandes contenues dans des conclusions égarées par les services du greffe[10]. L'obligation pour le plaideur de prouver qu'il a effectivement saisi le juge d'une demande soulève des difficultés quasi insurmontables dans le cadre de **procédures orales** (tribunal d'instance [C. pr. civ., art. 846]; tribunal de commerce [C. pr. civ., art. 860-1]; conseil de prud'hommes [C. trav., art. R. 1453-3]) : la Cour de cassation exige de la partie qui prétend que le juge n'a pas répondu à un chef de demande de rapporter la preuve qu'elle a bien saisi la juridiction des conclusions alléguées[11] (pour une présomption de débat contradictoire devant les juges du fond, faute de preuve du contraire[12]). Cette preuve paraît bien malaisée si la partie s'est contentée de prétentions formulées verbalement à l'audience...

Ensuite, l'omission de statuer doit être relative à une demande, et non à un moyen présenté à l'appui d'une prétention[13] : l'absence de réponse à un moyen constitue un défaut de motifs, censuré par la nullité de la décision sur le fondement de l'article 455 C. pr. civ.[14] Ainsi, le fait de ne pas statuer sur une fin de non-recevoir ne permet pas l'application de l'article 463 C. pr. civ.[15]

Enfin, l'omission de statuer ne peut concerner qu'une demande présentée par les parties dans leurs conclusions régulièrement déposées[16] : elle ne permet pas de réparer un oubli d'une partie ou de son représentant (telle la demande d'admission complémentaire d'une créance déclarée au passif d'une procédure collective[17]; ou l'omission portant en réalité sur une demande différente dans sa cause de la demande initiale[18]). Cependant, peu importe que la demande soit présentée dans le dispositif des conclusions, ou dans leurs motifs[19], ou qu'il s'agisse d'une demande subsidiaire[20], ou d'un appel incident[21].

523.13 Applications. La jurisprudence offre des exemples diversifiés d'omissions de statuer, le jugement ne se prononçant pas sur la demande en validité d'un certificat de travail[22], sur les dépens[23], ou

1. Soc. 19 nov. 1975, n° 74-40.530, *Bull. civ.* V, n° 547 – Com. 22 janv. 2002, n° 99-17.326, NP.
2. Angers, 1re ch., 2 oct. 1995, RG n° 09302776.
3. Civ. 8 févr. 1843, *DP* 1843. 1. 103.
4. Civ. 2e, 10 juill. 1991, n° 90-14.561, *Bull. civ.* II, n° 216; *Gaz. Pal.* 1991. 2. Pan. 300.
5. Com. 22 janv. 2002, n° 99-17.326, NP; *Procédures* 2002. Comm. 71, obs. Perrot.
6. Soc. 13 mars 2013, n° 11-23.684, *Bull. civ.* IV, [à paraître].
7. Soc. 5 janv. 2011, n° 09-67.069, NP.
8. Civ. 1re, 20 févr. 1979, n° 76-13.411, *Bull. civ.* I, n° 69; *D.* 1979. IR 510, obs. Julien; *Gaz. Pal.* 1979. 2. Pan. 332.
9. Civ. 2e, 25 oct. 1978, n° 77-12.667, *Bull. civ.* II, n° 219; *Gaz. Pal.* 1979. 1. 81.
10. Paris, 22 mars 1989, *Bull. ch. avoués* 1989. 2. 56.
11. Civ. 1re, 22 oct. 1974, n° 73-12.435, *Bull. civ.* I, n° 270; *JCP* 1975. IV. 6519, obs. Martin.
12. Soc. 6 avr. 1999, n° 97-40.499, *Bull. civ.* V, n° 159; *JCP* 1999. IV. 2048.
13. Civ. 3e, 17 févr. 1993, n° 90-18.098, *Bull. civ.* III, n° 20 – Civ. 1re, 6 oct. 1993, n° 91-16.658, *Bull. civ.* I, n° 274; *D.* 1995. 108, obs. Fricero; *D.* 1993. IR 231.
14. Civ. 2e, 10 juill. 1991, n° 89-22.009, *Bull. civ.* II, n° 217 – Soc. 5 févr. 1992, n° 88-41.951, *Bull. civ.* V, n° 76.
15. Civ. 2e, 21 oct. 2004, n° 02-20.286, *Bull. civ.* II, n° 468; *Procédures* 2004. Comm. 4, obs. Perrot.
16. Pour une demande fondée sur l'article 700 C. pr. civ., régulièrement présentée dans un mémoire ampliatif devant la Cour de cassation : Civ. 2e, 5 avr. 1993, n° 92-20.598, NP – Paris, 4e ch., 16 juin 1995, RG nos 95/3554 et 95/6936.
17. Com. 25 oct. 1994, n° 92-15.654, *Bull. civ.* IV, n° 313.
18. Com. 21 févr. 1995, n° 93-13.022, NP.
19. Paris, 31 oct. 1986, *Bull. ch. avoués*, n° 177.
20. Paris, 3e ch., 4 avr. 1995, RG n° 95/004836.
21. Paris, 8e ch., 24 mars 1995, RG n° 95/70016.
22. Soc. 16 juin 1976, n° 75-40.436, *Bull. civ.* V, n° 371.
23. Versailles, 10 févr. 1994, RG n° 11157/93 – Fort-de-France, 1re ch., 2 juin 1995, RG n° 139/95.

omettant de donner acte de réserves [1], ou de statuer sur une demande fondée sur l'article 700 C. pr. civ. [2]

Est même condamnée l'utilisation dans le dispositif de termes généraux tels que « *rejette* [comme irrecevables, inopérantes et/ou mal fondées] *toutes les autres demandes* [fins et conclusions plus amples ou contraires des parties] », ou d'expressions analogues qui constituent souvent des formules de style « *à tort couramment utilisées* » [3]. Le jugement qui énonce cette formule dans le dispositif, sans la justifier dans les motifs, encourt le reproche d'une omission de statuer [4]. À propos de la formule « *déboutant les parties de leurs demandes plus amples et contraires* », la Cour de cassation a adopté des positions contradictoires : la troisième chambre civile a décidé que la décision doit être sanctionnée pour défaut de motifs (C. pr. civ., art. 455) [5]; au contraire, la deuxième chambre civile a retenu l'omission de statuer (C. pr. civ., art. 463) [6]. L'assemblée plénière a tranché en décidant que, en dépit de la formule générale du dispositif « *déboutant les parties de leurs demandes plus amples et contraires* », l'arrêt n'a pas statué sur le chef de demande relatif aux intérêts, dès lors qu'il ne résulte pas des motifs de la décision que la cour d'appel l'ait examiné. Seule la réparation d'une omission de statuer est utilisable [7]. En conséquence, l'omission de statuer ne concerne que les hypothèses dans lesquelles le jugement ne contient pas de motif sur le chef de prétention, et ne répond dans le dispositif que par une formule générale. Si le dispositif contient une réponse précise à la prétention, mais qu'il n'est pas étayé par une motivation suffisante, la sanction est alors l'annulation du jugement pour défaut de motif.

Il a parfois été décidé que l'omission de statuer doit être « *involontaire* » [8] : le caractère volontaire de l'omission transforme celle-ci en un déni de justice.

1. Civ. 3e, 30 oct. 1969, *Bull. civ.* III, n° 702.
2. Civ. 2e, 19 févr. 1992, n° 91-19.127, NP – Civ. 1re, 3 févr. 1993, n° 92-16.709, NP – Besançon, ch. civ., 21 mars 1996, RG n° 96/0015.
3. Civ. 1re, 1er mars 1983, n° 81-16.652, *Bull. civ.* I, n° 83; *Gaz. Pal.* 1983. 1. Pan. 178, obs. Guinchard et TMoussa; *RTD civ.* 1983. 596, obs. Perrot; *RGAT* 1984. 24.
4. Com. 16 juill. 1991, n° 90-11.809, *Bull. civ.* IV, n° 264; *Gaz. Pal.* 1992. 2. Pan. 190 – Civ. 2e, 16 juill. 1992, n° 91-11.199, *Bull. civ.* II, n° 210; *JCP* 1992. IV. 2704.
5. Civ. 3e, 27 févr. 1985, n° 83-14.955, *Bull. civ.* III, n° 43; *Gaz. Pal.* 1985. 1. 189, obs. Guinchard et Moussa.
6. Civ. 2e, 7 janv. 1999, n° 97-10.292, *Bull. civ.* II, n° 1; *JCP* 1999. IV. 1281.
7. Cass., ass. plén., 2 nov. 1999, n° 97-17.107, *Bull. ass. plén.*, n° 8; *RTD civ.* 2000. 160, obs. Perrot; *JCP* 1999. Actu. 2065 – Bordeaux, 24 avr. 2001, SA AM Prudence, RG n° 99/02504.
8. Com. 21 févr. 1978, n° 76-13.425, *Bull. civ.* IV, n° 72.

§ 2
Prononcé de choses non demandées

523.21 Définition. Le juge étant tenu de respecter l'objet du litige tel qu'il est déterminé par les prétentions respectives des parties (C. pr. civ., art. 4), ne peut ni ajouter aux demandes, ni modifier les prétentions. L'article 464 C. pr. civ. prévoit que les dispositions permettant de réparer l'omission de statuer sont applicables dans ces hypothèses d'*infra* ou d'*extra petita*.

523.22 Preuve. La constatation de l'ultra ou de l'*extra petita* résulte de la comparaison entre le dispositif de la décision (et non les motifs [9]) et les prétentions des parties, telles qu'elles résultent du dernier état des conclusions, aussi bien en première instance (pour une demande reconventionnelle à laquelle il est fait droit alors qu'elle ne figurait pas dans les conclusions [10]), qu'en appel [11] (pour la réformation du jugement et l'aggravation du sort de l'appelant au profit de l'intimé, alors que ce dernier n'avait pas formé appel incident [12]).

Comme en matière d'omission de statuer, la comparaison ne peut porter que sur des conclusions dont le juge a été régulièrement saisi, et qui présentaient, dans leur dispositif ou dans leurs motifs, de véritables demandes. Par exemple, si le juge est saisi d'une demande principale qu'il rejette, il doit ensuite répondre à la demande subsidiaire, sous peine d'omission de statuer [13].

523.23 Applications. On trouve en jurisprudence des situations d'*ultra petita* soumises à réparation : il en est ainsi du jugement qui fixe un préjudice à un montant différent de celui qui était demandé [14], de celui qui accorde une réparation intégrale au plaideur qui sollicitait du juge un partage de responsabilité [15], ou encore du jugement qui prononce une annulation totale au profit du plaideur qui ne réclamait qu'une annulation partielle [16], ou de celui qui condamne deux défendeurs *in solidum* alors que ceci n'était pas demandé [17].

Les cas d'*extra petita* donnent également lieu à réparation, que le juge accorde des choses non réclamées comme des intérêts moratoires [18], ou la répara-

9. Soc. 29 janv. 1959, *Bull. civ.* V, n° 117.
10. Civ. 2e, 6 févr. 1980, n° 78-15.922, *Bull. civ.* II, n° 23.
11. Civ. 1re, 10 mars 1987, n° 84-17.458, *Bull. civ.* I, n° 87.
12. Civ. 2e, 23 janv. 1991, n° 89-18.001, *Bull. civ.* II, n° 28; *RTD civ.* 1991. 395, obs. Normand.
13. Civ 3e, 3 avr. 2013, n° 12-16.350, NP.
14. Civ. 2e, 19 juin 1975, n° 74-11.349, *Bull. civ.* II, n° 191.
15. Civ. 2e, 14 avr. 1972, n° 70-14.292, *Bull. civ.* II, n° 100.
16. Civ. 3e, 26 nov. 1974, n° 73-12.079, *Bull. civ.* III, n° 436.
17. Civ. 3e, 11 janv. 1989, n° 87-14.144, *Bull. civ.* III, n° 12; *Gaz. Pal.* 1989. 1. Pan. 58.
18. Civ. 3e, 21 juin 1972, n° 71-11.866, *Bull. civ.* III, n° 418.

tion d'un préjudice non invoqué[1], ou encore le remboursement d'une somme sur le fondement de l'article 700 C. pr. civ.[2]

523.24 Difficultés de délimitation. Le domaine de la réparation du jugement n'est pas aisé à déterminer, en raison des difficultés inhérentes à la définition de l'office du juge. En effet, si les articles 4 et 5 C. pr. civ. imposent le respect du principe dispositif, les parties demeurant maîtresses du litige, le juge n'est pas un spectateur passif du débat judiciaire (v. not. C. pr. civ., art. 7, al. 2, et art. 8, 10 et 12). Il peut donc, dans une certaine mesure, modifier d'office les prétentions des parties et statuer sur des choses non demandées (v. s[s] n°s 221.110 s.). Ces modifications admises limitent le domaine de l'article 464 C. pr. civ. En tout état de cause, si la partie prétend que le juge a statué sur des choses non demandées, elle doit impérativement utiliser le processus prévu à l'article 464 C. pr. civ., le moyen étant irrecevable devant la Cour de cassation[3].

Le juge saisi de la demande de réparation apprécie souverainement l'existence d'une omission de statuer[4].

SECTION 2
MODALITÉS DE LA RÉPARATION

523.30 Plan. Les articles 463 et 464 C. pr. civ. précisent le régime procédural applicable à la rectification des irrégularités affectant le jugement, aussi bien en ce qui concerne le juge compétent (§ 1) que la saisine du juge (§ 2).

§ 1
Juge compétent

523.31 Principe. « *La juridiction qui a omis de statuer* » peut compléter son jugement (C. pr. civ., art. 463) : il est logique que le juge qui a rendu la décision à modifier soit par principe compétent pour statuer[5]. Cette règle concerne toutes les juridictions, y compris la Cour de cassation, compétente pour compléter, même d'office, l'arrêt qui omet de statuer[6], et la cour d'appel qui complète les arrêts qu'elle rend[7].

Le juge qui s'est prononcé sur des choses non demandées est également seul compétent pour ramener les condamnations dans les limites des demandes dont il avait été saisi[8].

523.32 Exceptions. Dans le cas d'une omission de statuer, il n'appartient pas toujours au juge qui a rendu la décision initiale de la compléter.

Il est évident qu'aucune autorité de la chose jugée ne peut être attachée à une demande sur laquelle le juge a omis de statuer. En conséquence, le plaideur intéressé peut introduire une nouvelle instance pour qu'un juge statue : la nouvelle demande sera formée selon la procédure de droit commun, devant le juge compétent[9]. Ainsi, on doit reconnaître que la partie victime d'une omission de statuer bénéficie d'une option : ou former une requête en complément du jugement, ou introduire une nouvelle instance[10] (par ex., une nouvelle instance sur le chef de demande omis par le juge, introduite après l'expiration du délai d'un an prévu pour la requête en complément par l'article 463 alinéa 2 C. pr. civ.[11]).

523.33 Incidence des recours. La décision atteinte d'irrégularité peut être susceptible d'appel, ou de pourvoi en cassation, ce qui soulève la question d'un éventuel transfert de compétence à la juridiction statuant sur recours.

• En cas d'**appel**, deux situations sont envisageables :

– si la décision incomplète est critiquée en appel sur les chefs sur lesquels le juge a statué, la Cour de cassation admet que l'effet dévolutif de l'appel (C. pr. civ., art. 561) permet à la cour d'appel de réparer l'omission[12] (il a été considéré que l'effet dévolutif de l'appel impose un transfert de compétence à la cour d'appel[13]). Elle considère donc que le recours à la procédure simplifiée de l'article 463 n'est pas impératif pour le plaideur victime de l'omission. La Cour de cassation a même jugé que l'effet dévolutif ne dessaisit pas le tribunal, saisi antérieurement, du pouvoir de compléter sa décision selon la procédure prévue par l'article 463 C. pr. civ.[14];

1. Civ. 3e, 4 nov. 1976, n° 75-14.045, *Bull. civ.* III, n° 378.
2. Civ. 2e, 10 juill. 1996, n° 94-16.906, *Bull. civ.* II, n° 197; *D.* 1996. IR 200.
3. Com. 10 sept. 2013, n°s 12-21.678 et 12-30.160, NP – Civ. 2e, 6 juin 2013, n° 12-19704, NP – Civ. 1re, 29 mai 2013, n° 12-20.458, NP.
4. Com. 23 avr. 2013, n°s 11-28.054 et 12-15.929, NP.
5. Soc. 5 janv. 2011, n° 09-67.067, NP.
6. À propos d'une demande fondée sur l'article 700, Com. 28 avr. 1987, n° 85-15.674, *Bull. civ.* IV, n° 94 – Civ. 2e, 3 nov. 1993, n° 93-12.296, NP – Civ. 2e, 9 mars 1994, n° 93-17.352, NP – Soc. 16 oct. 2013, n° 11-28.946, NP – Civ. 1re, 11 sept. 2013, n° 11-24.225, NP.
7. Lyon, 21 juin 1995, RG n° 92/04670 – Soc. 25 sept. 2013, n° 12-19.467, NP.
8. Civ. 3e, 11 janv. 1989, n° 87-14.144, *Bull. civ.* III, n° 12.
9. Civ. 2e, 23 mars 1994, n° 92-15.802, *Bull. civ.* II, n° 105; *D.* 1995. Somm. 108, obs. Fricero; *RTD civ.* 1994. 683, obs. Perrot; *JCP* 1994. II. 22228, note du Rusquec.
10. Civ. 2e, 25 juin 1997, n° 95-14.173, *Bull. civ.* II, n° 207; *Rev. huiss.* 1998. 57.
11. Douai, 2e ch., 26 janv. 1995, RG n° 9303397.
12. Civ. 2e, 29 mai 1979, n° 77-15.004, *Bull. civ.* II, n° 163; *JCP* 1979. IV. 252 – Civ. 3e, 4 mars 1980, n° 78-13.302, *Bull. civ.* III, n° 49; *D.* 1981. IR 147, obs. Julien – Soc. 3 nov. 2010, n° 09-70.798, NP.
13. Caen, 3e ch., 4 mars 1996, RG n° 95/00465.
14. Civ. 1re, 10 juill. 2013, n° 09-72.978, NP.

– si la décision incomplète est déférée à la cour d'appel à seule fin de réparer l'omission de statuer, le transfert de compétence à la cour est plus difficile à admettre, l'appel ayant pour finalité la réformation ou l'annulation du jugement (C. pr. civ., art. 542).

Pourtant, la cour d'appel de Paris a considéré que le plaideur victime de l'omission de statuer peut saisir directement la cour d'appel en vue d'un complément de la décision[1], aux motifs que l'article 463 C. pr. civ. a pour seul but de fixer une date limite pour présenter une requête après que la décision soit passée en force de chose jugée, mais non d'attribuer compétence exclusive à la juridiction responsable de l'omission et qu'en conséquence, tant que la décision n'est pas passée en force de chose jugée, l'omission de statuer peut être réparée par l'exercice d'une voie de recours.

• Le **pourvoi en cassation** soulève plus de difficultés. Il faut d'abord préciser qu'un pourvoi fondé sur le moyen de l'omission de statuer est irrecevable, la réparation de la décision devant se faire dans un premier temps selon la procédure prévue par l'article 463[2]. La deuxième chambre civile de la Cour de cassation l'a rappelé récemment à propos du prononcé de choses non demandées[3] : si le juge ne peut allouer sur le fondement de l'article 700 C. pr. civ. une indemnité à une partie que si celle-ci le demande, le prononcé sur des choses non demandées ne constitue pas un cas d'ouverture à cassation. De très nombreuses décisions rappellent cette irrecevabilité[4], en insistant sur le fait que, sous couvert d'un grief de défaut de réponse à conclusions, le moyen critique une omission de statuer pouvant être réparée par la procédure prévue à l'article 463 C. pr. civ.

La Cour de cassation n'étant pas juge du fait, ne saurait en aucun cas réparer une omission de statuer qui implique une appréciation en droit et en fait. Même si l'omission de statuer réalise un défaut de réponse à conclusions, la Cour de cassation considère que le pourvoi est irrecevable[5]. De nombreuses décisions rappellent que « *sous couvert d'un grief de défaut de motivation, le moyen critique une omission de statuer sur un chef de demande;que l'omission de statuer pouvant être réparée par la procédure prévue à l'article 463 du Code de procédure civile, le moyen n'est pas recevable* »[6]. La solution est la même lorsque « *sous couvert de griefs non fondés de méconnaissance de l'objet du litige* »[7], ou « *sous couvert de défaut de motifs et de violation de la loi* »[8], le moyen critique une omission de statuer.

Mais, si la décision incomplète est également atteinte par une autre irrégularité constitutive d'un moyen de pourvoi, ce recours devient irrecevable. Il peut s'agir d'une violation de la loi[9], et particulièrement des articles 4 et 5, ou 5 et 12 C. pr. civ.[10]; ou d'une dénaturation des conclusions[11].

La jurisprudence considère qu'une qualification erronée de la requête, que le plaideur intitule « *en interprétation* » et fonde sur l'article 462 C. pr. civ., n'interdit pas à la cour d'appel de compléter son dispositif dans le cadre d'une omission de statuer[12].

523.34 Juge compétent en cas de renvoi après cassation. L'effet nécessaire de la cassation et du renvoi est de dessaisir de plein droit de toute connaissance ultérieure de l'affaire le juge dont la décision est cassée. Le juge de renvoi en est totalement investi : la Cour de cassation considère que cette règle, qui touche à l'ordre des juridictions, est d'ordre public. En conséquence, la cour d'appel qui a rendu l'arrêt cassé contenant une omission de statuer ne peut pas compléter sa décision, seule la cour de renvoi étant compétente[13].

§ 2
Saisine du juge

523.41 Requête. Le juge est saisi par simple requête de l'une des parties, ou par requête commune. On retrouve des modalités identiques à la demande en rectification des erreurs matérielles (C. pr. civ., art. 462) ou en interprétation (C. pr. civ., art. 461). Les mêmes exigences relatives au contenu de la requête sont dès lors applicables (v. s[s] n°s 522.52 s.).

523.42 Représentation. Si la matière relevant de la décision irrégulière est soumise à une procédure avec représentation obligatoire, la requête doit être présentée par l'intermédiaire d'un avocat[14] ou d'un

1. Paris, 8 nov. 1983, *Gaz. Pal.* 1983. 663.
2. Civ. 1re, 26 mars 1985, n° 84-10.470, *Bull. civ.* I, n° 105; *Gaz. Pal.* 1985. Pan. 268, obs. Guinchard et Moussa – Civ. 1re, 6 oct. 1993, n° 91-16.658, *Bull. civ.* I, n° 274; *D.* 1995. Somm. 108, obs. Fricero – Com. 8 mars 2011, n° 10-30.629, NP – Civ. 3e, 2 mars 2011, n° 09-72.455, *Bull. civ.* III,; *D.* 2011. 878, obs. Rouquet – Soc. 1er mars 2011, n° 09-67.423, NP – Civ. 3e, 4 janv. 2011, n° 09-72.670, NP.
3. Civ. 2e, 10 juill. 1996, n° 94-16.906, *Bull. civ.* II, n° 197; *D.* 1996. IR 200.
4. Civ. 3e, 17 déc. 2008, n° 07-19.122, NP – Soc. 17 déc. 2008, n° 07-41.183, NP – Com. 16 déc. 2008, n° 07-19.523, NP.
5. Com. 21 janv. 1980, n° 78-12.849, *Bull. civ.* IV, n° 32; *D.* 1981. IR 147, obs. Julien – Com. 27 avr. 1981, n° 80-11.200, *Bull. civ.* IV, n° 187; *D.* 1982. 51, note Le Tourneau.
6. Soc. 31 oct. 2013, n° 12-18.915, NP.
7. Civ. 1re, 6 nov. 2013, n° 12-23.532, NP.
8. Soc. 25 sept. 2013, n° 12-14.702, NP.
9. Civ. 1[re], 26 mars 1985, n° 83-17.102, *Bull. civ.* I, n° 105; *Gaz. Pal.* 1985. 2. Somm. 298, obs. Guinchard et Moussa.
10. Soc. 6 juill. 1983, n° 80-13.850, *Bull. civ.* V, n° 408.
11. Civ. 3e, 19 oct. 1977, n° 76-13.188, *Bull. civ.* III, n° 349.
12. Civ. 3e, 19 mai 1999, n° 96-10.400, *Bull. civ.* III, n° 119; *JCP* 1999. IV. 2283.
13. Soc. 19 sept. 2013, n° 12-17.567, NP.
14. Civ. 2e, 9 juill. 1980, n° 79-16.888, *Bull. civ.* II, n° 178; *Gaz. Pal.* 1980. 2. Pan. 556.

avoué[1], ou d'un avocat au Conseil d'État et à la Cour de cassation[2].

Si la représentation *ad litem* n'est pas imposée, les parties ou leur représentant, habilité par la loi et muni d'un pouvoir spécial s'il n'est pas avocat, déposent la requête.

523.43 Délai. La demande en complément de l'omission de statuer ou de modification pour prononcé de choses non demandées doit être présentée un an au plus tard après que la décision est passée en force de chose jugée. À défaut, la requête est irrecevable[3].

La décision passe en force de chose jugée lorsqu'elle n'est plus susceptible de recours suspensifs de l'exécution, ou lorsque le délai du recours est expiré. S'agissant de l'appel, il faut attendre l'expiration du délai d'un mois (C. pr. civ., art. 538) à compter de la signification du jugement contentieux (C. pr. civ., art. 528) pour que le jugement acquière force de chose jugée. Si un appel est formé, l'arrêt d'appel passe immédiatement en force de chose jugée, dès son prononcé, et le délai d'un an part de ce prononcé[4]. Lorsqu'un pourvoi en cassation a été formé sur le fondement de l'omission de statuer ou du prononcé de choses non demandées, le délai d'un an court à compter de l'arrêt d'irrecevabilité (C. pr. civ., art. 463, al. 2).

523.44 Règles spéciales. Lorsque la requête en omission de statuer est présentée par l'Assedic, « partie » au litige sur le fondement de l'article L. 122-14-4 du Code du travail (devenu C. trav., art. L. 1235-2 à L. 1235-4), la jurisprudence a considéré que le délai d'un an a pour point de départ le jour où l'Assedic a eu connaissance de la décision[5]. Le juge saisi doit donc vérifier si le délai a couru par l'effet d'une notification du jugement audit organisme[6].

Si le plaideur présente en réalité une demande en complément d'une omission de statuer, mais intitule l'acte « requête en rectification d'une omission matérielle », il appartient aux juges, par l'application de l'article 12 C. pr. civ., de requalifier la demande et d'appliquer le délai d'un an prévu à l'article 463 pour déclarer la requête irrecevable[7].

L'omission de statuer sur les intérêts peut être réparée par la procédure de rectification de l'article 463 C. pr. civ.[8]

523.45 Procédure contradictoire. Le juge ne peut réparer sa décision qu'après avoir entendu les parties ou celles-ci appelées (C. pr. civ., art. 463, al. 3). Cette disposition est une application de l'obligation générale du respect de la contradiction (C. pr. civ., art. 15 et 16). Elle suppose que l'adversaire soit informé de la demande en réparation du jugement, et que le juge l'invite à fournir ses explications[9].

Le caractère contradictoire de la procédure interdit au juge d'admettre, à l'occasion de la rectification d'une omission de statuer, des moyens qui n'ont pas été contradictoirement débattus avant le prononcé de la décision irrégulière[10]. Il permet au plaideur non convoqué de former opposition à la décision rectificative[11].

SECTION 3
CONSÉQUENCES DE LA RÉPARATION

§ 1
Portée de la décision modificative

523.50 Division. L'article 463 C. pr. civ. apporte des précisions quant à la portée de la décision modificative : celle-ci ne saurait porter atteinte à la chose jugée quant aux autres chefs, mais elle peut, s'il y a lieu, rétablir le véritable exposé des prétentions respectives des parties et de leurs moyens.

A.
Interdiction de toute atteinte à la chose jugée

523.51 Principe. La réparation de l'omission de statuer ou du prononcé de choses non demandées ne peut pas affecter les autres chefs du dispositif de la décision, auxquels est attachée l'autorité de la chose jugée[12].

1. Civ. 3e, 13 nov. 1985, no 84-11.077, *Bull. civ.* III, no 171; *RTD civ.* 1986. 421, obs. Perrot.
2. Civ. 2e, 3 nov. 1993, no 93-12.296, NP – Et Civ. 2e, 9 mars 1994, no 93-17.352, NP.
3. Civ. 2e, 3 janv. 1979, no 77-11.998, *Bull. civ.* II, no 3 – Soc. 24 janv. 1996, no 92-41.555, NP – Com. 24 mars 2004, no 01-12.056, NP.
4. Soc. 12 janv. 1993, no 88-41.510, *Bull. civ.* V, no 6; *RTD civ.* 1993. 889, obs. Perrot.
5. Paris, 14 sept. 1989, RG no 32633/89, *Gaz. Pal.* 1989. 2. 957, note Bruntz – Paris, 11 juill. 1990, RG no 89/35502 *Gaz. Pal.* 1991. 1. Pan. dr. trav. 8.
6. Soc. 7 janv. 1992, no 88-41.584, *Bull. civ.* V, no 8; *Gaz. Pal.* 1992. 1. Pan. 157.
7. Paris, 10 mars 1982, *Gaz. Pal.* 1982. 1. Somm. 90.
8. Civ. 3e, 7 févr. 2007, no 06-13.175, *Bull. civ.* III, no 21; *JCP* 2007. IV. 1513; *AJDI* 2007. 405, Rouquet : le juge de proximité avait omis dans son dispositif de statuer sur la demande de paiement des intérêts sur le montant du dépôt de garantie.
9. Paris, 14 mars 1985, *D.* 1985. IR 226, obs. Julien.
10. Civ. 2e, 3 janv. 1980, no 78-13.016, *Bull. civ.* II, no 2; *D.* 1981. IR 147, obs. Julien – Civ. 3e, 16 mars 1994, no 92-12.326, *Bull. civ.* III, no 57; *JCP* 1994. IV. 1323.
11. Civ. 2e, 29 mars 1989, no 88-11.173, NP.
12. Civ. 1re, 3 juin 1986, no 84-16.826, *Bull. civ.* I, no 145; *Gaz. Pal.* 1986. 2. Pan. 203 – Civ. 3e, 17 févr. 1993, no 90-18.098, *Bull. civ.* III, no 20; *Gaz. Pal.* 1993. 2. Pan. 189 – Soc. 15 déc. 1999, no 97-43.430, NP; *JCP* 2000. II. 10330, note Perdriau – Civ. 2e, 15 nov. 2001, no 00-16.620, NP – Soc. 2 févr. 2011, no 09-42.698, NP.

523.52 Applications. Le juge ne peut pas, dans sa décision modificative, ajouter une disposition nouvelle au chef du jugement initial [1], ou modifier l'étendue de la condamnation [2], ou admettre d'autres moyens [3], ou encore réexaminer la demande initiale [4]. En revanche, il doit statuer sur la demande omise [5] lorsqu'il est saisi d'une telle requête.

B.
Rétablissement de l'exposé des prétentions et des moyens

523.61 Régularité du jugement modificatif. Que le juge retranche à sa décision initiale ou qu'il y ajoute les chefs omis, il doit, pour respecter les conditions d'élaboration des jugements, rétablir les indications essentielles. Conformément à l'article 455 C. pr. civ., il doit donc « *exposer succinctement les prétentions respectives des parties et leurs moyens* », à peine de nullité du jugement (C. pr. civ., art. 458).

En conséquence, le juge qui complète une omission de statuer doit compléter l'exposé des prétentions et moyens des parties. Le juge qui retranche un chef du dispositif doit également modifier l'exposé initial des prétentions et des moyens. Mais le jugement ne peut admettre des moyens non débattus contradictoirement avant le prononcé de la décision qu'il complète [6].

§ 2
Régime de la décision modificative

523.71 Publicité. La décision modificative est mentionnée sur la minute et sur les expéditions du jugement initial : elle fait corps avec la décision modifiée qui ne peut plus produire ses effets [7].

Elle doit être notifiée comme le jugement modifié (C. pr. civ., art. 463, al. 4), afin qu'une exécution forcée soit possible (C. pr. civ., art. 503).

523.72 Recours. La décision modificative est soumise aux mêmes voies de recours que le jugement modifié (C. pr. civ., art. 463, al. 2) [8]. Notamment, si un jugement avant-dire droit est rectifié, la décision rectificative n'est susceptible d'appel qu'avec l'autorisation du premier président de la cour d'appel dans les conditions de l'article 272 C. pr. civ. [9]

523.73 Incidences de l'anéantissement de la décision modifiée. Si la décision modifiée est frappée d'un recours qui entraîne son infirmation, son annulation ou sa cassation, la décision modificative est anéantie par voie de conséquence, dans la mesure où l'anéantissement concerne les chefs modifiés [10].

1. Soc. 21 déc. 1977, n° 76-15.358, *Bull. civ.* V, n° 729 – Civ. 3e, 18 juill. 2001, n° 99-10.765, NP.
2. Civ. 3e, 12 oct. 1977, n° 75-15.679, *Bull. civ.* III, n° 344 – Civ. 3e, 12 mars 2002, n° 00-21.552, NP.
3. Civ. 2e, 3 janv. 1980, n° 78-13.016, *Bull. civ.* II, n° 2; *D.* 1981. IR 147.
4. Civ. 2e, 14 janv. 1987, n° 85-16.704, NP; *JCP* 1987. IV. 94.
5. Soc. 24 sept. 2013, n° 12-19.056, NP.
6. Civ. 2e, 2 déc. 2010, n° 09-71.283, NP.
7. Civ. 3e, 29 mai 1969, n° 67-11.187, *Bull. civ.* III, n° 427 – Pour un arrêt de cassation rectificatif, Civ. 2e, 9 mars 1994, n° 93-17.352, NP.
8. Req. 7 mai 1946, *D.* 1947. 3, note A. C. – Civ. 3e, 27 mai 1971, n° 70-10.638, *Bull. civ.* III, n° 330 – Soc. 27 janv. 2000, n° 97-43.998, NP; *JCP* 2000. II. 10330, note Perdriau – Civ. 2e, 1er févr. 2001, n° 99-10.959, NP.
9. Civ. 2e, 28 juin 2001, n° 99-14.488, NP.
10. Civ. 2e, 15 nov. 1978, n° 77-14.670, *Bull. civ.* II, n° 229; *JCP* 1979. IV. 28 – Civ. 3e, 23 sept. 2008, n° 07-10.377, NP.

TITRE

53. Les voies de recours ordinaires et extraordinaires – dispositions communes

SECTION 0
ORIENTEUR

53.00 **Plan du titre.**

53.05 **Évolution.** Jusqu'à l'importante réforme de 1972, le praticien devait, pour chaque voie de recours, rechercher les règles appropriées, et ce même s'il s'agissait de dispositions générales et applicables à tous les recours.

Par l'introduction dans les articles 528 à 532 d'un sous-titre consacré aux dispositions communes aux voies de recours, le Code de procédure civile a synthétisé les règles communes qui peuvent être abordées à partir de deux interrogations préalables à l'exercice de toute voie de recours :

– La décision de par sa nature ou sa qualification est-elle susceptible d'un recours ?

– Est-il encore temps d'effectuer le recours et dans quelles conditions ?

Ainsi, dès lors que l'on envisage un recours, convient-il de procéder à une double analyse impliquant tout d'abord la recherche des conditions générales à toutes voies de recours, puis celles-ci étant réunies, le respect des dispositions propres à la voie choisie.

CHAPITRE

531. Existence du recours

DOMINIQUE D'AMBRA
Professeur à l'Université de Strasbourg
Avocat

SECTION 0
ORIENTEUR

531.00 **Plan du chapitre.**

531.01 **Principaux textes applicables.**
C. pr. civ., art. 528 à 537.

SECTION 1
RECOURS DE DROIT COMMUN ET D'EXCEPTION

531.11 **Recours de droit commun et d'exception.** Les voies de recours ordinaires sont ouvertes à tous les plaideurs, à moins qu'il n'en soit disposé autrement. En sens inverse, les voies de recours extraordinaires n'existent que dans les cas spécifiés par la loi.

Mais chacun sait que le principe du droit à recours ordinaire se heurte, au fil des réformes et de l'engorgement des juridictions, à des exceptions plus fréquentes (v. à titre d'exemple, les articles L. 661-1 et suivants du Code de commerce, sur les procédures collectives). Le principe reste cependant acquis et le justiciable français est attaché à la possibilité de faire rejuger en appel une affaire qu'il considère avoir été mal appréciée, ou de soumettre par l'opposition, un litige tranché en son absence.

Il n'en demeure pas moins que le plaideur doit procéder par ordre et ne peut exercer simultanément un recours ordinaire et un recours extraordinaire. Il doit user tout d'abord de la voie ordinaire et n'aborder le recours extraordinaire que lorsque la première est fermée[1] (il a été rappelé que le pourvoi contre une décision rendue par défaut est irrecevable tant que le délai d'opposition est ouvert[2]).

Il est vrai que certains auteurs citent la tierce-opposition comme exception à ce principe[3].

Il faut toutefois observer que la tierce-opposition est une voie de recours exercée par un tiers au procès d'origine, qui ne peut donc initier personnellement un autre recours. Il y a donc, dans ce cas, possibilité de coexistence de deux recours différents car ils sont exercés par des plaideurs différents.

SECTION 2
MESURE D'ADMINISTRATION

531.21 **La mesure d'administration.** Bien que conçu largement, et souvent plus largement que dans d'autres législations européennes, le droit à recours ne peut s'étendre à des décisions qui n'impliquent pas un acte de justice, et qui ne sont que l'expression d'une nécessité d'administration de la justice dans son fonctionnement quotidien.

L'article 537 C. pr. civ. exclut ainsi de toute voie de recours, les **mesures d'administration judiciaire.** La difficulté réside alors dans la définition de la mesure d'administration judiciaire.

Le législateur a donné expressément cette qualification à un certain nombre de décisions; ainsi : l'article 107 C. pr. civ. sur les problèmes de connexité entre différentes formations d'une juridiction; l'article 368 C. pr. civ. sur les jonctions et disjonctions[4]; l'article 383 C. pr. civ. sur la radiation; les articles 820 et 965 C. pr. civ. et L. 121-3, R. 213-7, R. 213-8, R. 213-10 et R. 312-6 du COJ, sur les désignations et délégations de pouvoirs des magistrats ou encore l'article R. 312-9 alinéa 2 du COJ qui prévoit qu'après cassation en matière civile, le premier président, d'office

1. Civ. 2e, 5 févr. 1954, *Bull. civ.* II, n° 53.

2. Civ. 2e, 18 janv. 1989, n° 87-19.380, NP; *JCP* 1989. II. 21274, obs. Cadiet.
3. GUINCHARD, CHAINAIS et FERRAND, 31e éd., 2012, n° 1153.
4. Civ. 2e, 16 févr. 1984, n° 82-13.572, *Bull. civ.* II, n° 31 ; *Gaz. Pal.* 1985. 209, note du Rusquec.

ou à la demande des parties, renvoie l'affaire à l'audience solennelle si la nature ou la complexité de celle-ci le justifie.

Mais il est généralement admis que la liste des mesures d'administration n'est pas exhaustive et la jurisprudence donne maints exemples d'autres mesures :

- sentence d'adjudication intervenue à la suite d'une saisie immobilière, se contentant de constater un contrat judiciaire[1];

- arrêt ordonnant la mise en cause d'un tiers[2];

- ordonnance du premier président autorisant l'appel à jour fixe[3] (v. fixation à jour fixe s[s] n° 544.194, et la controverse sur la possibilité de demander une rétractation);

- décision de refus ou d'acceptation du report de l'audience de conciliation[4];

- décision ordonnant la disjonction[5];

- décision ordonnant la jonction[6].

Il est renvoyé au surplus aux développements relatifs aux jugements susceptibles d'appel.

Parfois la **qualification** est **controversée**. Ainsi, s'agissant de la nature de l'ordonnance du premier président qui fait droit à la requête destinée à obtenir l'autorisation d'assigner à jour fixe (C. pr. civ., art. 917), les uns prétendent que cette ordonnance répond à la définition de l'article 493 C. pr. civ. et doit pouvoir faire l'objet d'une demande de rétractation conformément à l'article 496, alors que d'autres y voient un acte d'administration judiciaire. Si la jurisprudence a paru partagée sur cette question, il semble aujourd'hui que les partisans de la thèse de la qualification de **mesure d'administration judiciaire** l'emportent[7]. La solution devrait être étendue à l'ordonnance du premier président fixant l'affaire de manière prioritaire dans les procédures sans représentation obligatoire, conformément aux dispositions de l'article 948 C. pr. civ.

S'agissant de la **radiation** qui peut désormais être prononcée en application de l'article 526 C. pr. civ., dès lors que l'appelant, condamné avec exécution provisoire, n'a pas exécuté la décision, l'article 383 C. pr. civ. précise que la radiation et le retrait du rôle sont des mesures d'administration judiciaire. Et la Cour de cassation a jugé que la décision de radiation, prise par le conseiller de la mise en état, sur le fondement de l'article 526, constituant une mesure d'administration judiciaire, une cour d'appel en déduit exactement, sans violer l'article 6 § 1 de la Convention européenne des droits de l'homme, que cette décision n'est pas susceptible de recours et ne peut lui être déférée[8]. La Cour européenne des droits de l'homme a retenu une position plus nuancée que la Cour de cassation en jugeant, dans l'affaire *Chatellier c/France*[9], que la mesure de radiation décidée sur le fondement de l'article 526 a privé le requérant du **double degré de juridiction** et que compte tenu de la gravité de l'atteinte au droit à un tribunal à ce stade de la procédure, l'État dispose d'une marque d'appréciation plus restreinte que dans le cas de l'article 1009-1 C. pr. civ. Pour la Cour de Strasbourg, si les buts poursuivis par l'obligation d'exécution d'une décision, notamment de protéger le créancier, d'éviter les appels dilatoires, d'assurer une bonne administration de la justice en désengorgeant les tribunaux, la disproportion (de 1 à 240) entre la situation matérielle du requérant et les sommes dues au titre de la décision frappée d'appel est évidente, de sorte que la décision de radiation a constitué en l'espèce une mesure disproportionnée au regard des buts visés et l'accès effectif du requérant au tribunal s'en est trouvé entravé dans sa substance même, en violation de l'article 6 § 1 de la Convention européenne des droits de l'homme.

Certes, l'article 526 C. pr. civ. apporte des limites afin de protéger le droit d'accès à la justice de l'appelant en prévoyant que la radiation ne doit pas être ordonnée « *si l'exécution est de nature à entraîner des conséquences manifestement excessives ou si l'appelant est dans l'impossibilité d'exécuter la décision* ». Cette réserve devrait permettre au juge national d'exercer le **contrôle de proportionnalité** imposé par la Cour européenne. Cependant, en l'absence de voie de recours en droit interne, la Cour de Strasbourg est la seule à pouvoir sanctionner l'éventuelle violation du droit fondamental d'accès au juge. Ce n'est pas ainsi que l'État français luttera contre l'engorgement de la Cour européenne des droits de l'homme[10]. Le respect du **principe de subsidiarité** devrait conduire à changer la qualification de la radiation sur le fondement de l'article 526.

1. Civ. 2e, 24 avr. 1976, n° 74-15.068, *Bull. civ.* II, n° 123 – Civ. 2e, 11 janv. 1979, n° 77-11.069, *Bull. civ.* II, n° 16.
2. Civ. 3e, 2 oct. 1984, n° 83-11.802, *Bull. civ.* III, n° 157; *RTD civ.* 1985. 618, obs. Perrot.
3. Soc. 25 oct. 1994, n° 87-41.821, NP.
4. Soc. 30 mars 1995, n° 91-44.986, NP.
5. Com. 9 mars 1999, n° 97-13.928, NP.
6. Soc. 7 avr. 1999, n° 97-40.978, NP.
7. Civ. 2e, 24 juin 2004, n° 02-14.886, *Bull. civ.* II, n° 321; *D.* 2004. 2086 – Civ. 2e, 25 févr. 2010, n° 09-10.403, *Bull. civ.* II, n° 48; *D.* 2010. AJ 713; *Dr. et proc.* 2010. 179, note Douchy-Oudot.
8. Civ. 2e, 18 juin 2009, n° 08-15.424, *Bull. civ.* II, n° 167; *D.* 2009. AJ 1768; *D.* 2009. 2073, obs. Sommer et Nicolétis; *D.* 2009. 2532, note Norguin; *D.* 2010. 169, obs. Fricero; *JCP* 2009. 269, n° 19, obs. Amrani-Mekki; *Procédures* 2009. Comm. 265, note Perrot; *Dr. et proc.* 2009. 349, note Douchy-Oudot; *RTD civ.* 2009. 574, obs. Perrot.
9. CEDH 31 mars 2011, Chatellier c/France, req. n° 34658/07, *D.* 2011. 1089, et les obs.; *D.* 2012. 244, obs. Fricero; *RTD civ.* 2011. 313, obs. Marguénaud; *Procédures* 2011. Comm. 17, note Fricero; *JCP* 2011. 735, note Milaneau.
10. Sur cette question, v. C. Grewe, « Les outils dans le cadre de la Convention européenne des droits de l'homme », in D. d'Ambra (dir.), *Le rééquilibrage du pouvoir juridictionnel,* « Thèmes et commentaires », Dalloz, 2013, p. 101-113, et plus spéc[t] p. 109-112.

CHAPITRE

532. Choix du recours

DOMINIQUE D'AMBRA
Professeur à l'Université de Strasbourg
Avocat

SECTION 0 ORIENTEUR

532.00 Plan du chapitre.

532.01 Principaux textes applicables.
C. pr. civ., art. 536 et 680.

SECTION 1 QUALIFICATION DE LA DÉCISION

532.11 La qualification de la décision. En application de l'article 536 C. pr. civ., la qualification inexacte d'un jugement donnée par les juges qui l'ont rendu est sans effet sur le droit d'exercer un recours. Il s'agit là d'une disposition intéressante, en ce qu'elle ôte toute valeur à la partie du jugement concernant la qualification. Ceci signifie que le justiciable doit, s'écartant de la décision, procéder lui-même à la qualification de celle-ci et, le cas échéant, lui redonner celle qui est appropriée.

Cette règle, qui enlève au juge l'autorité sur la qualification qu'il donne, s'explique par sa nécessité pratique. Il n'est pas heureux de permettre un recours contre un jugement qui n'y est pas soumis, à seule fin de faire juger qu'il n'y a pas de recours en dépit de ce qu'a laissé entendre le juge.

A été jugé irrecevable pour défaut d'intérêt le pourvoi formé au seul motif d'une qualification erronée[1].

Il n'est pas davantage admissible d'interdire le recours contre une décision qui y est soumise, au seul motif que le juge, en méconnaissance d'un texte, l'en a écarté, alors que le principe du recours est de reformer les erreurs commises précédemment. Cette disposition impose évidemment une qualification préalable de la décision par le justiciable qui ne pourra se retrancher derrière l'erreur du juge.

Ainsi est :

- irrecevable l'appel contre une décision qualifiée à tort en premier ressort[2];
- recevable l'appel contre une décision qualifiée à tort en dernier ressort[3].

Il convient d'ajouter que la juridiction saisie du recours a l'obligation d'apprécier la recevabilité de celui-ci, ce qui implique la nécessité de requalifier éventuellement la décision.

La Cour de cassation a rappelé ce principe essentiel, en censurant une cour d'appel qui avait déclaré, sans plus d'examen, irrecevable l'appel d'un jugement qualifié « *rendu en dernier ressort* » au motif que ce point n'était pas discuté[4].

SECTION 2 QUALIFICATION ET NOTIFICATION

532.21 Qualification et notification. En application de l'article 680 C. pr. civ., l'acte de notification implique la nécessité d'indiquer la voie de recours appropriée, son délai et son mode d'exercice. Ceci suppose que ces indications soient exactes, de telle sorte qu'ici encore le praticien doit redonner sa véritable qualification à la décision pour indiquer la voie de recours appropriée.

Si l'indication d'un recours erroné peut entraîner la nullité de l'acte ou plus simplement ne fait pas

1. Civ. 2e, 17 oct. 1984, n° 83-12.671, *Bull. civ.* II, n° 153; *JCP* 1984. IV. 352; *Gaz. Pal.* 1985. 1. Pan. 53, obs. Guinchard.
2. Civ. 2e, 26 nov. 1965, n° 64-10.207, *Bull. civ.* II, n° 955; *D.* 1966. Somm. 44 – Civ. 2e, 6 déc. 1991, n° 90-17.415, *Bull. civ.* II, n° 330; *Gaz. Pal.* 1992. Somm. 271, obs. Ferrand et Moussa.
3. Civ. 2e, 15 juin 1967, n° 64-14.165, *Bull. civ.* II, n° 225 – Civ. 3e, 16 juill. 1974, n° 73-11.221, *Bull. civ.* III, n° 304.
4. Civ. 2e, 1er mars 1995, n° 93-17.078, NP.

courir le délai[1] (v. développements sur la nullité des actes de procédure), l'indication du recours approprié y compris après rectification d'une qualification inexacte du premier juge, doit faire courir le délai.

Certains auteurs avaient suggéré qu'avant de procéder à la notification, soit présentée une requête en rectification d'erreur matérielle[2]. Il ne nous paraît pas que cette démarche soit utile, puisque l'article 536 C. pr. civ. enlève tout effet à une qualification inexacte.

Au surplus, il n'est pas certain qu'une telle demande soit recevable puisqu'elle vise à faire modifier une disposition erronée qui, par l'effet de la loi, est dépourvue de toute conséquence, de telle sorte qu'il n'y a pas d'intérêt réel attaché à cette demande.

Enfin, rien n'exclut que la qualification erronée soit le fruit d'une erreur d'appréciation et d'analyse, évidemment étrangère à la procédure de rectification.

Il nous semble suffisant en l'espèce d'être cohérent avec l'article 536 C. pr. civ., et d'indiquer en signifiant la décision, la voie de recours correspondant à la qualification que lui donne, à ses risques et périls, le notifiant.

La Cour de cassation a d'ailleurs rappelé que le délai de recours ne court pas si la notification n'a pas rétabli la qualification erronée, et qu'il appartenait au juge de relever le moyen d'office[3].

En outre le décret n° 2004-836 du 20 août 2004[4] applicable au 1er janvier 2005 a rajouté un deuxième alinéa à l'article 536 C. pr. civ., disposant que, si le recours est déclaré irrecevable en raison de l'inexactitude de qualification du juge, la décision d'irrecevabilité est notifiée par le greffe, ce qui fait courir à nouveau le délai pour le recours approprié. Ceci n'exclut pas l'irrecevabilité d'un recours inapproprié, même s'il correspond à la qualification inexacte du juge, si le signifiant a pris la précaution de rétablir la bonne qualification et a indiqué la voie de recours et ses modalités appropriées.

1. Civ. 2e, 14 févr. 2008, n° 06-20.988, *Bull. civ.* II, n° 33; *RTD. civ.* 2008. 544, obs. Théry – Civ. 2e, 3 mai 2001, n° 99-18.326, *Bull. civ.* II, n° 85; *D.* 2001. 1797, obs. Lienhard – Com. 29 mai 2001, n° 98-17.469, *Bull. civ.* IV, n° 107.
2. V. *RTD civ.* 1982. 10, obs. Perrot – *J.-Cl. Pr. civ.*, fasc. 705, Martin.
3. Civ. 2e, 3 juin 1999, n° 97-15.511, *Bull. civ.* II, n° 108; *D.* 1999. 175; *RTD civ.* 1999. 702, obs. Perrot – Civ. 2e, 30 sept. 1999, n° 97-19.089, *Bull. civ.* II, n° 145; *RTD civ.* 2000. 165, obs. Perrot.
4. Décr. n° 2004-836, 20 août 2004 portant modification de la procédure civile, *JO* 22 août, p. 15032.

CHAPITRE

533. Délai de la voie de recours

DOMINIQUE D'AMBRA
Professeur à l'Université de Strasbourg
Avocat

SECTION 0
ORIENTEUR

533.00 **Plan du chapitre.**

533.01 **Principaux textes applicables.**

C. pr. civ., art. 386 s., 450, 478, 528, 528-1, 529, 530, 531, 532, 540, 916.

Règl. CE n° 1393/2007, du Parlement et du Conseil, 13 nov. 2007, relatif à la signification et à la notification dans les États membres des actes judiciaires et extrajudiciaires en matière civile ou commerciale (« signification ou notification des actes »), et abrogeant le règlement (CE) n° 1348/2000 du Conseil, *JOUE*, n° L 324, 10 déc., p. 79 s.

Décr. n° 2005-1678, 28 déc. 2005, relatif à la procédure civile, à certaines procédures d'exécution et à la procédure de changement de nom, *JO* 29 déc., p. 20350.

SECTION 1
DÉLAI ULTIME

533.11 **L'exigence d'un avancement du procès.** La durée anormalement élevée des procédures décrite par une littérature abondante du XIXe siècle, et les exemples de procès centenaires ne peuvent plus être acceptés dans une justice moderne.

Le législateur a pris ainsi, au fil des années, toute une série de mesures dont l'objet vise à éviter l'enlisement des procédures et leur poursuite de génération en génération. Il a ainsi imposé aux parties de faire dans le délai de deux ans des démarches utiles à l'avancement de la procédure, sous peine de péremption de l'instance (v. C. pr. civ., art. 386 s.).

Il a exigé qu'un jugement par défaut ou réputé contradictoire au seul motif qu'il est susceptible d'appel, soit signifié dans les six mois à peine d'être non avenu (v. C. pr. civ., art. 478 – cette obligation a été imposée à l'appelant présent en première instance, même si l'appel est interjeté dans les six mois de la décision[1] – il est arrivé que la Cour de cassation refuse l'appel dans le but de faire déclarer non avenue une décision[2]).

Il a également prescrit la saisine de la cour de renvoi dans les quatre mois de la signification de l'arrêt de cassation, consacrant à défaut le caractère définitif du jugement de première instance (v. C. pr. civ., art. 1034).

Complétant encore ce dispositif, l'article 528-1 C. pr. civ., inséré dans le chapitre sur les dispositions communes aux voies de recours, interdit toute voie de recours à titre principal à celui qui a comparu, au-delà d'un délai de deux ans à dater du jugement, si celui-ci n'a pas été notifié. Curieusement la Cour de cassation écarte l'application de l'article 528-1 dès lors que la notification est intervenue et que celle-ci est irrégulière[3]. Elle considère même qu'une seconde notification ne change pas les choses[4]. Cette nouvelle règle, bien que limitée aux jugements tranchant

1. Civ. 2e, 27 mars 1996, n° 94-14.578, *Bull. civ.* II, n° 76; *RTD civ.* 1996. 707, obs. Perrot; *JCP* 1996. 22708.
2. Civ. 2e, 11 oct. 1995, n° 93-14.326, *Bull. civ.* II, n° 233; *BICC* 15 nov. 1995, n° 1150; *D.* 1997. 73, note Ruellan et Lauba; *RTD civ.* 1996. 707, obs. Perrot – Civ. 2e, 21 janv. 1999, n° 96-22.528, NP – *CONTRA* : Com. 11 mars 1997, n° 94-19.139, NP; *RTD civ.* 1997. 511, obs. Perrot.
3. Soc. 10 nov. 1998, n° 96-42.749, *Bull. civ.* V, n° 487.
4. Soc. 13 juill. 1999, n° 97-42.323, *Bull. civ.* V, n° 352.

le principal ou mettant fin à l'instance, évite ainsi désormais la poursuite sans fin des procédures.

Ce délai de deux ans trouve application même s'il ne ressort pas du jugement que la date à laquelle il serait rendu ait été indiquée[1].

Il y a ainsi, au regard de tous ces textes, une limite dans les délais, que le législateur ne souhaite pas voir franchie, et au-delà de laquelle il ne laisse plus la seule initiative aux parties.

SECTION 2
POINT DE DÉPART DU DÉLAI DE RECOURS

533.21 La notification : principe du point de départ du délai. L'article 528 C. pr. civ. retient comme date normale du point de départ du délai de toute voie de recours, celle de la notification de la décision. Quelques observations doivent être faites à ce propos :

– le délai court y compris à l'encontre de celui qui signifie;

– le point de départ est celui du jour de la notification et non pas du jour où le signifié a pris effectivement connaissance de l'acte[2]; dès lors, seule compte la date du jour de la signification au parquet et non celle de la remise au destinataire[3], la date de la signification en mairie et non celle du retrait[4] ou de la réception de l'avis de dépôt en mairie[5];

– la connaissance personnelle du jugement que peut en avoir la partie est sans influence sur le délai[6];

– la notification du jugement n'est pas toujours opérée par une des parties et peut, dans certaines circonstances, être effectuée par le greffe de la juridiction, ce qui peut entraîner des difficultés sur la date utile à retenir (v. force exécutoire, s[s] n°s 423.00 s.);

– le délai ne court qu'à la condition d'une notification régulière, la régularité de celle-ci étant appréciée par la juridiction chargée du recours (v. nullité des actes de procédure, s[s] n°s 162.00 s.)[7].

Rappelons que lorsque le délai de recours court de la notification, il est nécessaire que celle-ci soit régulière et il est sans utilité de soutenir que l'appelant a pu avoir connaissance par ailleurs de la décision[8].

S'agissant des notifications et significations à l'étranger, il faut distinguer les situations. La procédure usuelle prévoit la remise de l'acte au parquet pour transmission, et c'est cette date qui est utile, le délai étant décompté de ce jour sauf à tenir compte du délai de distance.

S'agissant des significations dans l'un des États membres de la communauté, les choses s'apprécient désormais au regard du **règlement n° 1393/2007 du Parlement européen et du Conseil en date du 13 novembre 2007**, applicable en France à dater du 13 novembre 2008[9] (v. s[s] n°s 161.201 s.). Il ressort de l'article 9 du règlement, que la date de signification, essentielle pour apprécier le point de départ du délai de recours, est différente pour le requérant et le requis. La date de signification est, pour le signifiant celle du jour où l'acte est remis à l'huissier français aux fins de transmission, et pour le signifié celle à laquelle l'acte lui a été notifié conformément à sa propre législation (v. s[s] n°s 161.201 s.).

S'agissant des significations à l'étranger dans un pays non visé par le règlement européen précité, il faut distinguer selon que la France est liée ou non par un accord international (v. s[s] n° 161.202). En effet, le décret n° 2005-1678 du 28 décembre 2005, applicable au 1er mars 2006[10], prévoit le dépôt au parquet comme auparavant pour les pays avec lesquels la France n'a pas d'accord. L'huissier adresse l'acte le même jour. Dans cette hypothèse, le juge doit s'assurer que le destinataire a eu connaissance en temps utile de l'acte, et ne peut en cas contraire, sauf urgence ou mesures provisoires, statuer dans le délai de six mois de la délivrance de l'acte.

Pour les pays liés à la France par une convention de notification, c'est la méthode visée dans la convention qui doit être suivie, laquelle généralement exclut que l'acte soit remis au parquet.

Revenant, semble-t-il, sur sa précédente position, la Cour de cassation considère qu'une seconde notification, même réalisée dans le délai de recours de la première, ne fait pas courir un nouveau délai dès lors que la première est valable[11].

533.22 Le jugement : point de départ exceptionnel du délai de recours. L'article 528 C. pr. civ. posant le principe de la date de notification du jugement comme point de départ du délai de recours rappelle que la loi peut en disposer autrement et prévoir

1. Civ. 2e, 30 sept. 1999, n° 97-15.877, NP – Civ. 2e, 21 janv. 1999, n° 97-13.401, NP.
2. Civ. 1re, 3 mai 2000, n° 99-05.011, *Bull. civ.* I, n° 124.
3. Civ. 2e, 29 mai 1979, n° 78-10.961, *Bull. civ.* II, n° 161.
4. Paris, 30 avr. 1976, *Gaz. Pal.* 1979. Somm. 310.
5. Civ. 2e, 29 janv. 1976, n° 75-10.231, *Bull. civ.* II, n° 31.
6. Civ. 2e, 13 janv. 1983, n° 80-14.701, *Bull. civ.* II, n° 8; *Gaz. Pal.* 1983. 444, note du Rusquec.
7. Civ. 2e, 14 févr. 2008, n° 06-20.988, *Bull. civ.* II, n° 33; *RTD civ.* 2008. 544, obs. Théry – V. Civ. 2e, 13 juill. 1999, n° 97-18.847, *Bull. civ.* II, n° 137.
8. Civ. 1re, 3 mai 2000, n° 99-05.011, *Bull. civ.* I, n° 124; *BICC* 2000, n° 806.
9. Règl. CE n° 1393/2007, du Parlement et du Conseil, 13 nov. 2007, relatif à la signification et à la notification dans les États membres des actes judiciaires et extrajudiciaires en matière civile ou commerciale (« signification ou notification des actes »), et abrogeant le règlement CE n° 1348/2000 du Conseil, *JOUE*, n° L 324, 10 déc., p. 79 s.
10. Décr. n° 2005-1678, 28 déc. 2005, relatif à la procédure civile, à certaines procédures d'exécution et à la procédure de changement de nom, *JO* 29 déc., p. 20350.
11. Civ. 2e, 5 févr. 2009, n° 07-13.589, *Bull. civ.* II, n° 35.

que ce délai court de la date du jugement (pour les hypothèses où le délai d'appel court du jugement, v. s[s] n°s 542.293 s. - pour le contredit, C. pr. civ., art. 82 - pour le déféré, C. pr. civ., art. 916, recours contre les ordonnances du conseiller).

Cette disposition se comprend au regard de l'article 450 C. pr. civ. qui impose au président d'indiquer aux parties la date à laquelle la décision sera rendue. Dès lors, il appartient à celles-ci d'être vigilantes et de prendre connaissance du jugement, d'autant que le juge n'a pas à convoquer les parties pour le prononcé[1], ni à s'assurer de leur présence lors du prononcé[2], étant observé qu'en suite de la modification de l'article 450 C. pr. civ., le prononcé du jugement peut être fait par simple dépôt au greffe à une date également précisée.

Mais, consciente du fait que très souvent la date à laquelle la décision sera rendue n'est pas indiquée ou l'ayant été n'est pas respectée, la jurisprudence protectrice des droits du plaideur a apporté des atténuations à la rigueur du texte, qui peuvent être résumées ainsi : soit la date à laquelle la décision a été rendue a été portée à la connaissance des parties et le recours part de la décision, soit elle ne l'a pas été et le recours ne débute que du jour où la partie en a eu connaissance[3].

Soulignons toutefois que cette jurisprudence ne s'applique pas au déféré, la Cour de cassation considérant que le délai de quinzaine de l'article 916 C. pr. civ. court dans tous les cas à compter de la date de l'ordonnance, sans que les parties puissent invoquer qu'elles n'ont pas été avisées de la date du prononcé[4]. *Idem* pour l'appel au-delà du délai de deux ans de l'article 528-1 C. pr. civ.[5]

S'il est vrai qu'alors la date de notification est souvent retenue, ce n'est qu'en raison de son effet probant.

En effet, la jurisprudence fait partir le délai du jour de la prise de connaissance de la décision et, si la notification établit celle-ci, rien n'interdit de prouver par un moyen quelconque le jour où la partie a eu connaissance du jugement[6].

À ce stade, doit être évoqué le problème de la preuve. Dans la mesure où celui qui invoque l'exception de tardiveté est demandeur à cet égard, il semble normal que ce soit à lui d'établir, soit que le président de la juridiction a indiqué la date à laquelle le jugement serait rendu, soit que son adversaire en a eu connaissance à une date qui rend irrecevable son recours[7].

Il est évident que le jugement lui-même, par ses indications, et le registre d'audience, peuvent servir de preuve. Mais encore faut-il que la mention y figurant soit claire, c'est-à-dire établisse non pas que le jugement devait intervenir à une certaine date, mais que la date elle-même a été portée à la connaissance des plaideurs. Ceci a conduit la jurisprudence à considérer comme inefficaces toutes les mentions se contentant de mentionner que « *le jugement devait être rendu le* [...] », ou indiquant la date du délibéré[8].

Exemple. La mention « clôture des débats le... pour le jugement être prononcé le... » ne satisfait pas à cette exigence[9].

Significative du simple rôle probatoire de la notification est la décision par laquelle a été considérée comme sans effet l'erreur commise aussi bien sur le délai du recours que sur sa nature, dès lors qu'il ne s'agit que de porter le jugement à la connaissance d'une partie[10].

Notons enfin que cette jurisprudence ne s'applique pas dans l'hypothèse où le jugement est rendu en fin d'audience, circonstance dans laquelle, étant considéré comme rendu sur-le-champ, le délai de recours part immédiatement[11].

533.23 Particularités en cas de tutelle ou de curatelle. En application de l'article 530 C. pr. civ. : « *Le délai ne court contre une personne en tutelle que du jour où le jugement est notifié tant à son représentant légal qu'au subrogé tuteur, s'il y a lieu, encore que celui-ci n'ait pas été mis en cause* ».

La règle est rigoureuse et doit conduire à une curiosité vigilante lors de la procédure. Souvent, en effet, le praticien connaît l'existence de la tutelle et le

1. Civ. 1re, 20 déc. 1976, n° 75-12.766, *Bull. civ.* I, n° 418.
2. Civ. 2e, 10 juill. 1978, n° 77-11.545, *Bull. civ.* II, n° 186; *Gaz. Pal.* 1979. III. 111, note J. V.; *RTD civ.* 1979. 669, obs. Perrot; *D.* 1978. IR 499, note Julien.
3. Civ. 2e, 23 avr. 1980, n° 79-13.692, *Bull. civ.* II, n° 78; *Gaz. Pal.* 1980. 574, note Viatte; *RTD civ.* 1980. 619, obs. Perrot; *RTD com.* 1982. 402, note Bénabent; *RTD com.* 1983. 228, note Dubarry – Civ. 2e, 2 déc. 1981, n° 80-13.876, *Bull. civ.* II, n° 210; *Gaz. Pal.* 1982. 211, note Viatte.
4. Civ. 2e, 21 janv. 1998, n° 96-16.751, *Bull. civ.* II, n° 23; *JCP* 1998. IV. 1537.
5. Civ. 2e, 11 mars 1998, n° 96-17.187, *Bull. civ.* II, n° 81; *D.* 1998. IR 97; *RTD civ.* 1998. 475, obs. Perrot – Civ. 2e, 30 sept. 1999, n° 97-15.877, NP.
6. Civ. 2e, 19 mai 1980, n° 79-10.319, *Bull. civ.* II, n° 116; *Gaz. Pal.* 1980. 590, note Viatte – Paris, 7 mars 1977, *JCP* 1978. II. 18870, obs. Chartier; *RTD civ.* 1978. 734, obs. Perrot – Lyon, 2 nov. 1978, *JCP* 1979. II. 19114, note J. A. – Civ. 2e, 7 juill. 1983, n° 82-11.760, *Bull. civ.* II, n° 146; *Gaz. Pal.* 1984. Pan. 9, obs. Guinchard – Civ. 2e, 30 nov. 1983, n° 82-12.830, *Bull. civ.* II, n° 189; *Gaz. Pal.* 1984. Pan. 75, obs. Guinchard.
7. Civ. 2e, 3 janv. 1979, n° 77-13.495, *Bull. civ.* II, n° 1; *RTD civ.* 1979. 669, obs. Perrot – Civ. 2e, 7 mai 1981, n° 80-10.966, *Bull. civ.* II, n° 116.
8. Civ. 2e, 13 mai 1985, n° 84-10.439, *Bull. civ.* II, n° 98; *Gaz. Pal.* 1985. Pan. 250, obs. Guinchard et Moussa – Civ. 2e, 18 oct. 1989, n° 87-16.428, NP; *JCP* 1990. II. 21471, obs. Cadiet – Civ. 2e, 7 juill. 1983, n° 82-11.760, *Bull. civ.* II, n° 146.
9. Paris, 11 févr. 1987, *Gaz. Pal.* 1988. Somm. 22.
10. Civ. 2e, 19 mai 1980, n° 79-10.319, *Bull. civ.* II, n° 116; *Gaz. Pal.* 1980. 2. 590, note Viatte – Paris, 25 oct. 1985, *Gaz. Pal.* 1987. Somm. 27.
11. Soc. 11 oct. 1994, n° 90-44.122, n° 3606, *Bull. civ.* V, n° 275.

nom du tuteur soit qu'il initie le procès, soit que son client le subisse. Mais, généralement, il ignore l'existence du subrogé tuteur, ce qui lui rendra difficile, le moment venu, la notification à celui-ci.

Or, même si la décision est notifiée au tuteur, le délai ne court point tant que la même démarche n'a pas été entreprise à l'égard du subrogé tuteur. Il est d'ailleurs remarquable de constater que cette notification est nécessaire, alors que le plus souvent le subrogé tuteur ne prend pas part au procès. Il est dès lors prudent, dans le temps du procès, à un moment où la décision n'est pas rendue, de solliciter le jugement de tutelle ou les références du subrogé tuteur, pour pouvoir, le moment venu, faire une notification indispensable.

S'agissant du majeur en curatelle, le même texte prévoit que le délai ne court que du jour de la notification au curateur, étant précisé qu'à l'inverse un appel dirigé contre le seul protégé en l'absence de curateur est irrégulier[1].

533.24 Particularités des ordonnances du juge-commissaire. L'article 25 du décret n° 85-1388 du 27 décembre 1985[2] régissant les ordonnances rendues par le juge-commissaire, prévoyait que celles-ci sont déposées au greffe et notifiées aux personnes désignées dans l'ordonnance.

Elles peuvent faire l'objet d'un recours dans les huit jours de la notification faite par lettre recommandée avec accusé de réception par le greffe. Ainsi, le juge-commissaire, par l'indication qu'il donne ou ne donne pas de notifier à une partie, peut modifier le droit à recours.

La Cour de cassation a rappelé que ce pouvoir ne pouvait être discrétionnaire et que la notification devait intervenir lorsque l'ordonnance vise les droits d'une personne.

Ainsi, elle a censuré un arrêt de la cour d'appel ayant déclaré irrecevable l'opposition faite par une partie plus de huit jours après le dépôt de l'ordonnance au greffe, au motif que celle-ci avait été rendue à l'insu de l'opposant dont les droits étaient atteints, visant la violation de l'article 6 § 1 de la Convention européenne de sauvegarde des droits de l'homme et des libertés fondamentales[3].

C'est pourquoi le décret n° 2005-1677 du 28 décembre 2005 pris en application de la loi n° 2005-845 du 26 juillet 2005[4] de sauvegarde des entreprises, prévoit en son article 67 (devenu C. com., art. R. 621-21) que le greffe notifie l'ordonnance aux parties et aux personnes, dont les droits et obligations sont affectés.

533.25 Cas de force majeure et délai de recours. Il n'apparaît pas choquant d'envisager la possibilité d'appliquer la théorie de la force majeure pour admettre qu'une personne, qui justifie n'avoir pu exercer son recours dans le délai à raison d'un événement invincible, puisse le faire ultérieurement. Le principe n'a d'ailleurs pas été écarté par la Cour de cassation[5]. L'examen des décisions rendues témoigne cependant de l'extrême réserve de la jurisprudence à l'admettre en pratique. La Cour de cassation refuse de voir dans les grèves un cas de force majeure[6]. Cette sévérité a d'ailleurs conduit le législateur à prendre des textes particuliers pour suspendre les délais lorsque les circonstances ne permettaient plus un fonctionnement normal des institutions (ex. : la guerre d'Algérie, les événements de mai 1968).

Il ne peut dès lors qu'être conseillé, surtout à celui qui a été présent aux débats, d'être vigilant. À cet égard, le sort de celui qui n'a pas été présent est plus favorable, puisqu'il peut dans certaines conditions, et pour certains recours, être relevé de la forclusion en application de l'article 540 C. pr. civ.

En principe, le délai expire à 24 heures, mais le greffe est fermé plus tôt, de telle sorte que, sauf organisation particulière, le recours ne peut s'exercer au-delà de l'horaire de fermeture.

Dans une espèce où la cour d'appel avait considéré que l'appelant ne justifiait pas d'un obstacle invincible pour ainsi déclarer l'appel tardif, la Cour suprême a censuré la décision, autorisant ainsi un appel le lendemain, indiquant dans son arrêt que cette fermeture était constatée par huissier[7].

La Cour de cassation, faisant preuve d'une certaine audace, a même considéré, dans une espèce où le délai d'appel était de 24 heures et où il était établi par huissier que le greffe était fermé, que la simple présentation devant le greffe fermé valait « *appel sans forme* »[8].

533.26 Demande d'aide juridictionnelle. Il doit être rappelé que la demande aux fins d'obtention de l'aide juridictionnelle n'est pas suspensive des délais de recours[9]. Il n'en est autrement à raison d'un texte particulier que pour le délai de pourvoi en cassation, ledit délai étant suspendu lors de la demande d'aide

1. Civ. 1re, 6 févr. 1996, n° 93-21.053, *Bull. civ.* I, n° 65; *RTD civ.* 1996. 361, obs. Hauser.
2. Décr. n° 85-1388, 27 déc. 1985, relatif au redressement et à la liquidation judiciaire des entreprises, *JO* 29 déc., p. 15281.
3. Com. 17 mai 1994, n° 91-21.627, *Bull. civ.* IV, n° 182; *D.* 1994. 510, note Derrida.
4. L. n° 2005-845, 26 juill. 2005, de sauvegarde des entreprises, *JO* 27 juill., p. 12187 – Décr. n° 2005-1677, 28 déc. 2005, pris en application de la loi n° 2005-845 du 26 juillet 2005 de sauvegarde des entreprises, *JO* 29 déc., p. 20324.
5. Civ. 2e, 24 oct. 1973, n° 72-12.789, *Bull. civ.* II, n° 267; *J.-Cl. Pr. civ.*, fasc. 145 et 774; *JCP* 1974. II. 17809, note H. B. – Soc. 8 mars 1979, n° 77-40.808, *Bull. civ.* V, n° 225; *RTD civ.* 1979. 673, obs. Perrot.
6. Civ. 2e, 8 mai 1980, n° 78-15.893, *Bull. civ.* II, n° 99; *D.* 1980. IR 467, obs. Julien; *Gaz. Pal.* 1980. 2. 559.
7. Civ. 2e, 4 oct. 2001, n° 00-14.705, *Bull. civ.* II, n° 149; *Gaz. Pal.* 28 nov. 2001. Pan. 10.
8. Civ. 1re, 1er juin 2005, n° 05-15.476, *Bull. civ.* I, n° 240.
9. Civ. 2e, 17 juill. 1975, n° 74-12.426, *Bull. civ.* II, n° 224; *RTD civ.* 1976. 203, obs. Perrot – Rennes, 5 nov. 1975, *JCP* 1975. 777, note du Rusquec.

juridictionnelle (celle-ci doit donc avoir été faite dans les délais) et recommençant à courir à dater de la notification de la décision du bureau (v. Décr. n° 91-1266, 19 déc. 1991[1], art. 37 et 39).

SECTION 3
EFFETS DE LA SOLIDARITÉ OU DE L'INDIVISIBILITÉ SUR LE DÉLAI DE RECOURS

533.30 Double hypothèse. L'article 529 C. pr. civ., d'ailleurs complété s'agissant de l'exercice de la voie de recours par des articles propres à chaque voie de recours (ex. : pour l'appel, C. pr. civ., art. 552 et 553 – pour le pourvoi, C. pr. civ., art. 615), donne un effet particulier à la solidarité ou à l'indivisibilité, s'agissant du délai de recours, et envisage les deux hypothèses où celles-ci concernent les débiteurs ou les créanciers de l'obligation.

§ 1
Condamnation solidaire ou indivisible de plusieurs parties

533.31 Solidarité ou indivisibilité et notification. En cas de condamnation solidaire ou indivisible de plusieurs parties, la notification à l'une d'elles ne fait courir le délai qu'à son égard[2]. Il est donc nécessaire de notifier à chacun pour faire courir le délai à l'égard de tous (un jugement non notifié à une partie non présente en première instance a été jugé non avenu, même en présence d'une notification faite à une autre partie[3]).

Il est souvent difficile pour une partie de connaître l'existence ou la date de la notification faite à une autre, de telle sorte qu'elle ne pourrait apprécier le délai de son recours. Au surplus, il n'y a pas mandat de représentation, de telle sorte que rien ne justifie qu'une partie en recevant un acte modifie les droits de recours d'une autre.

Cette règle est importante et ne doit pas être confondue avec les dispositions particulières à certaines voies de recours (appel, C. pr. civ., art. 552 et 553 – pourvoi, C. pr. civ., art. 615), aux termes desquelles, lorsqu'une partie condamnée exerce le recours, elle conserve le droit des autres parties condamnées solidairement et indivisiblement.

1. Décr. n° 91-1266, 19 déc. 1991, portant application de la loi n° 91-647 du 10 juillet 1991 relative à l'aide juridique, *JO* 20 déc., p. 16609.
2. Civ. 2e, 16 janv. 1980, n° 78-12.459, *Bull. civ.* II, n° 9 – Civ. 2e, 5 mai 1982, n° 81-11.055, *Bull. civ.* II, n° 70.
3. Civ. 2e, 29 janv. 1997, n° 95-10.046, *Bull. civ.* II, n° 30; *RTD civ.* 1997. 511, obs. Perrot; *JCP* 1997. II. 22789; *J.-Cl. Pr. civ.*, fasc. 544, Michelet.

§ 2
Jugement au bénéfice solidaire ou indivisible de plusieurs parties

533.41 Notification par une partie et décision d'user du recours. En application de l'article 529 C. pr. civ., dans le cas où un jugement profite solidairement ou indivisiblement à plusieurs parties, chacune peut se prévaloir de la notification par l'une d'elles[4].

Les droits du perdant ne sont pas atteints puisqu'il a reçu notification et a dû apprécier dans le délai s'il entendait exercer un recours. Il ne peut dès lors, n'ayant reçu signification qu'à la requête d'une des parties gagnantes, prendre le risque d'attendre les autres notifications qui peuvent d'ailleurs ne jamais survenir.

Ceci s'explique par la représentation mutuelle des gagnants au procès, et par la nécessité d'une logique procédurale. Si le défendeur a reçu notification d'une partie et n'exerce pas de recours, il est difficile d'imaginer qu'il puisse ultérieurement changer d'avis et critiquer une décision alors que celle-ci est indivisible ou engage solidairement les intérêts des parties, parmi lesquelles figure le notifiant d'origine dont les droits à raison de l'expiration du délai ne devraient pas être atteints.

533.42 Choix du bénéficiaire non notifiant. L'article 529 alinéa 2 C. pr. civ. n'indique pas que la notification entreprise par l'un fait courir le délai pour tous, en cas de décision solidaire ou indivisible. Il laisse le choix au non notifiant de se prévaloir et faire sienne la notification opérée par l'autre partie bénéficiaire, ou de ne pas s'emparer de celle-ci. Il pourra exercer ce choix selon ses intérêts et la propre appréciation qu'il porte sur la décision. Il occupe dès lors une position particulièrement favorable. Comme il n'a pas signifié, le délai n'a pas couru contre lui, mais comme il s'agit d'une décision qui lui profite solidairement ou indivisiblement, il peut s'emparer de la notification faite par l'autre partie.

Significatif est l'arrêt qui déclare irrecevable comme tardif un appel, alors que certaines notifications irrégulières avaient été annulées, leurs auteurs s'étant alors prévalus de la signification régulière faite par une autre partie[5].

4. Civ. 2e, 2 déc. 2010, n° 09-70.431, *Bull. civ.* II, n° 195; *D.* 2011. 632, chron. Sommer, Leroy-Gissinger, Adida-Canac et Grignon Dumoulin; *D.* 2011. 23 – Civ. 2e, 12 juin 2003, n° 01-13.571, *Bull. civ.* II, n° 186 – Civ. 1re, 8 juill. 2003, n° 98-20.475, *Bull. civ.* I, n° 162; *D.* 2003. 2823, obs. Le Stanc – Civ. 2e, 6 mai 1999, n° 97-11.286, NP – Civ. 2e, 19 mai 1999, n° 97-18.563, NP.
5. Civ. 2e, 14 mars 1979, n° 77-14.250, *Bull. civ.* II, n° 78; *Gaz. Pal.* 1979. 2. 420, note J. V.

533.43 **Notion de profit solidaire ou indivisible.** Le texte vise le jugement qui profite à plusieurs parties. Cette expression doit être entendue dans un sens positif. Une partie bénéficiaire est celle qui profite de la décision, c'est-à-dire en retire un avantage qu'elle n'avait pas avant la procédure.

Si plusieurs défendeurs obtiennent le rejet des prétentions adverses, il ne s'agit pas d'un jugement qui leur profite solidairement au sens du texte.

Ainsi, dans une espèce où une décision avait rejeté une demande en paiement solidaire contre plusieurs défendeurs, la Cour de cassation a-t-elle considéré qu'elle n'instaurait aucune solidarité entre eux. Dans ces conditions, l'un des défendeurs qui n'a pas notifié ne peut pas s'emparer de la notification faite par un autre [1].

Mais si le rejet d'une demande solidaire n'instaure pas de solidarité entre les défendeurs, celle-ci peut être recherchée dans un acte préexistant opposable à l'appelant (la solidarité a été retenue dans l'hypothèse d'un rejet d'une demande formée contre plusieurs codéfendeurs, au motif qu'il existait entre eux une solidarité née d'une convention antérieure [2]).

533.44 **Notion de partie bénéficiaire.** Il s'agit nécessairement d'une partie au procès (il a notamment été jugé qu'au regard de la divisibilité des créances successorales, il n'y avait pas indivisibilité entre la veuve du bénéficiaire du jugement, décédé après, et les enfants de celui-ci, de telle sorte que ces derniers ne pouvaient se prévaloir de la notification faite par leur mère [3]).

533.45 **Charge de la preuve du caractère d'indivisibilité ou de solidarité.** Dès lors qu'elle a pour objet de permettre à une partie qui n'a pas notifié la décision de se prévaloir de la notification par une autre partie, l'existence d'une indivisibilité ou d'une solidarité est l'argument fondamental soutenant le moyen d'irrecevabilité du recours. Demandeur à l'irrecevabilité, il appartient donc à la partie qui veut se prévaloir de la notification faite par un autre, d'établir l'existence du caractère indissociable de la décision [4] (l'indivisibilité a par exemple été déniée entre l'action principale du maître de l'ouvrage contre le maître d'œuvre et le recours en garantie de celui-ci contre un autre constructeur [5]).

1. Civ. 2e, 10 déc. 1986, no 84-14.165, *Bull. civ.* II, no 178; *JCP* 1987. IV. 57 – Paris, 11 juin 1992, *Bull. ch. avoués* 1993. 2. 59 – Civ. 2e, 15 nov. 1995, no 93-10.186, *Bull. civ.* II, no 278.
2. Civ. 2e, 6 mai 1998, no 95-14.609, *Bull. civ.* II, no 145.
3. Civ. 2e, 20 juin 1979, no 77-10.567, *Bull. civ.* II, no 183; *Gaz. Pal.* 1979. 561, note Viatte.
4. Paris, 9 oct. 1992, *Bull. ch. avoués* 1992. 4. 118.
5. Civ. 2e, 17 janv. 1996, no 94-10.279, *Bull. civ.* II, no 4; *Gaz. Pal.* 1996. Pan. 250; *JCP* 1996. 293, note du Rusquec.

SECTION 4
INTERRUPTION DU DÉLAI DE RECOURS AU REGARD DE LA SITUATION DU SIGNIFIÉ

§ 1
Changement de capacité

533.51 **Le changement de capacité de la partie à laquelle le jugement est notifié.** En application de l'article 531 C. pr. civ., le délai de recours est interrompu si, avant son expiration, il se produit un changement de capacité de la personne à laquelle la décision a été notifiée.

Dans la mesure où la notification doit être faite à la personne qui a pouvoir d'exercer le recours, il est nécessaire que cette capacité à l'exercer soit maintenue pendant tout le délai, sauf à permettre qu'à raison d'événements extérieurs au procès, le délai soit réduit. De la même façon, il est apparu utile que dans l'hypothèse d'un changement de capacité, la nouvelle personne capable bénéficie à nouveau d'un délai entier de recours. Il eût pu être envisagé une simple suspension du délai, et une reprise de celui-ci pour le temps restant à courir dès une nouvelle signification.

Le législateur a retenu la solution de l'interruption qui a l'avantage de la clarté. Ainsi, dès que le changement dans la capacité est survenu, le délai est interrompu et ne recourt que par une nouvelle notification à la personne qui a désormais qualité pour la recevoir et qui bénéficie à nouveau d'un délai entier.

Une notification au père du mineur devient inefficace si dans le délai du recours l'enfant atteint sa majorité. Les cas de modification dans la capacité sont fréquents (majorité, tutelle, procédure collective, *etc.*) et sont autant d'invitations à une nouvelle notification. Il faut cependant être prudent car un changement de statut peut nécessiter double signification. Ainsi a-t-il été jugé qu'une curatelle rend nécessaire une signification aussi bien au majeur en curatelle qu'au curateur [6].

S'agissant d'une interruption, il est évidemment nécessaire que le délai ne soit pas entièrement écoulé à l'instance du changement de capacité, car alors celui-ci n'a pas d'influence.

§ 2
Décès

533.61 **Décès et capacité civile.** Pour être capable, encore faut-il être vivant. Ce rappel pourrait prêter à sourire si l'on ne rencontrait aussi souvent de procès

6. Civ. 1re, 20 déc. 2001, no 00-17173, NP; *Gaz. Pal.* 30-31 oct. 2002, p. 30, obs. Massip.

poursuivis contre des personnes décédées, des recours ou des notifications effectuées en leur nom. Ces jugements sont nuls et inefficaces, ces recours dépourvus de toute valeur et ces significations sans objet.

L'article 532 C. pr. civ. édicte l'interruption du délai de recours lorsque la partie, à laquelle la décision avait été notifiée, est décédée.

Le délai ne recommencera à courir que par une nouvelle notification, qui normalement devrait être faite aux héritiers et représentants du *de cujus*.

La caducité, en raison d'un enrôlement tardif de l'appel, n'emporte pas péremption du droit d'appel, dès lors que, ensuite du décès de l'appelant, le délai avait été interrompu, laissant en l'absence de nouvelle signification aux héritiers, la possibilité à ceux-ci d'user de la voie de recours [1].

Mais le praticien sait combien il est difficile de connaître les noms et adresses de ceux-ci.

L'article 532 alinéa 2 C. pr. civ. a adopté une solution qui a le mérite d'être pratique, même si, dans certaines circonstances, il n'est pas sûr que les héritiers aient effectivement et personnellement reçu notification.

La nouvelle notification peut être faite au domicile du défunt, l'acte étant destiné, sans précisions de nom, qualité et adresse personnelle, à la collectivité des héritiers et représentants.

Le législateur a ainsi supposé que l'acte remis au dernier domicile du défunt serait reçu par un proche de celui-ci et qu'ainsi le ou les héritier(s) en seront informés. Cette notification, sauf fraude, vaut notification individuelle à chaque héritier ou représentant.

Toutefois, dans la mesure où un héritier bénéficie d'un délai de trois mois et quarante jours pour faire inventaire, il est nécessaire qu'il ait préalablement pu prendre position sur la succession pour ensuite décider de l'usage de la voie de recours.

C'est la raison pour laquelle l'article 532 alinéa 2 C. pr. civ. dispose que le délai court en vertu de la nouvelle notification.

1. Civ. 3e, 16 nov. 1988, n° 87-10.015, NP; *JCP* 1989. IV. 22.

§ 3
Interruption dans les cas où la notification n'existe pas

533.71 Le délai de recours à dater du jugement et le changement de capacité ou le décès. Il convient d'observer que les articles 531 et 532 C. pr. civ. n'envisagent que l'hypothèse où une notification est opérée. Mais il a été vu que dans certains cas le délai de recours court de la décision elle-même, de telle sorte qu'il n'y a pas, le plus souvent, de notification.

Peut-on dès lors considérer que le changement de capacité ou le décès, n'influence pas l'écoulement du délai de recours, lorsque celui-ci ne part pas de la notification ?

Il convient de considérer que la protection des droits de la personne exige qu'un délai ne puisse courir que contre une personne ayant eu connaissance de la décision. C'est la position adoptée par la Cour de cassation qui exige, pour que le délai courre de la décision, que la date de celle-ci soit connue de la partie.

Elle a réaffirmé cette position dans une instance où le juge-commissaire n'avait pas prévu la notification de son ordonnance au dirigeant de la société en procédure collective, en rappelant que celui-ci ne peut se voir privé d'exercer un recours contre une décision rendue à son insu et concernant ses droits, sauf à violer l'article 6 alinéa 1er de la Convention européenne de la sauvegarde des droits de l'homme et des libertés fondamentales [2].

On voit mal ce qui justifierait qu'une situation plus défavorable soit réservée à l'héritier qui peut légitimement prétendre ne pas connaître la décision, ou au plaideur devenu incapable dès lors qu'un représentant doit prendre connaissance de la décision.

Il y a dès lors, dans ces hypothèses de changement de capacité ou de décès, nécessité d'une notification, même dans le cas où celle-ci n'était pas prévue à l'égard du plaideur d'origine.

2. Com. 17 mai 1994, n° 91-21.627, *Bull. civ.* IV, n° 182; *D.* 1994. 510, note Derrida; *LPA* 3 févr. 1995, p. 21, note Courtier.

CHAPITRE

534. Exercice de la voie de recours

DOMINIQUE D'AMBRA
Professeur à l'Université de Strasbourg
Avocat

SECTION 0
ORIENTEUR

534.00 **Plan du chapitre.**

534.01 **Textes applicables.** S'agissant de règles communes aux voies de recours, le législateur n'a envisagé que quelques dispositions d'ordre général, regroupées dans les articles 533, 534 et 535 C. pr. civ.

SECTION 1
NOTIFICATION DU RECOURS

534.11 **Adresse à laquelle le recours doit être notifié.** En application de l'article 535 C. pr. civ., la partie à laquelle le recours est notifié est réputée demeurer à l'adresse qu'elle a indiquée en notifiant la décision. Le recours est ainsi valablement notifié, circonstance qui n'exclut pas que l'auteur du recours puisse être contraint, au regard de textes particuliers, de délivrer une assignation si la notification du recours n'a pas touché le destinataire.

Si aucune notification n'a été opérée, le recours est notifié à la dernière adresse indiquée dans les écritures de la partie concernée, ou à l'adresse que peut connaître le notifiant. Mais, là aussi, il est nécessaire de délivrer une assignation en cas d'insuccès de la notification du recours.

SECTION 2
NOTIFICATION DU RECOURS EN CAS DE DÉCÈS DU NOTIFIANT

534.21 **Le domicile du défunt est l'adresse usuelle de notification.** Dans la mesure où une partie a notifié, elle a fait courir le délai du recours, et celui-ci n'est pas interrompu par le décès du notifiant, contrairement à ce qui se passe en cas de décès de la partie qui a reçu la notification. Dès lors, il importe de permettre à la partie qui veut exercer un recours de le faire dans les délais, sans se heurter à ce stade aux difficultés parfois importantes de recherche des héritiers. Ainsi, en application de l'article 533 C. pr. civ., le recours est-il notifié aux héritiers et représentants, collectivement et sans indication de nom et qualité au domicile du défunt.

Par cette notification collective et impersonnelle, le recours est valablement exercé, même si chacun comprend que son existence même est rarement connue de tous les héritiers.

534.22 **Notification aux héritiers et représentants.** L'article 533 C. pr. civ. n'impose nullement de notifier le recours au domicile du défunt mais laisse cette faculté, dont il est en pratique fait usage, chaque fois que l'auteur du recours est ignorant des composants de l'hoirie.

Au stade de la notification, l'avantage de la notification au domicile du défunt réside dans son caractère collectif. Par le terme général « *d'héritiers ou représentants* », l'auteur du recours vise, sans les connaître, tous ceux qui, immédiatement ou à l'issue des opérations successorales, sont ou se révéleront être des héritiers ou représentants.

Il est évidemment possible de notifier le recours directement aux héritiers et représentants du défunt, pris en leur qualité et à leur domicile. Cette méthode peut paraître séduisante au premier abord et faciliter l'avancement de la procédure, les parties étant plus rapidement et complètement informées du recours. Elle peut cependant parfois être source de difficultés si l'auteur du recours ne connaît pas tous les héritiers ou représentants, tels qu'ils sont ou apparaîtront au fil de la liquidation successorale. Or, il peut survenir que l'héritier soit finalement une personne différente de celle envisagée, et la notification du recours à une autre personne n'est pas efficiente à son égard. Ainsi, à trop vouloir être précis à ce stade, peut-on ultérieurement se heurter à des obstacles imprévus.

534.23 Nécessité d'une citation à comparaître. Dès lors que le recours est exercé et notifié, la procédure se poursuit. La difficulté réside dans l'identification des héritiers et représentants dénommés collectivement dans le recours.

Le législateur n'a pas voulu que l'on puisse obtenir une décision de nature collective contre des personnes non identifiées de façon précise, et exige au contraire que chaque partie concernée puisse se défendre personnellement. C'est la raison pour laquelle l'article 533 alinéa 2 C. pr. civ. exige que chaque héritier ou représentant, clairement identifié, soit cité à comparaître afin qu'un jugement puisse être requis contre lui.

Ayant fait et notifié un recours impersonnel, destiné à tous les héritiers et représentants, l'auteur de celui-ci n'échappe plus alors, dans un deuxième temps, à la recherche nécessaire de ceux-ci. Mais il aura temps suffisant pour y procéder.

SECTION 3
CESSATION DES FONCTIONS DU REPRÉSENTANT ET POSSIBILITÉ D'EXERCER UN RECOURS

534.30 Plan. Le représentant agit au nom et pour le compte d'une partie qui est ainsi seule engagée. Lorsque les fonctions du représentant cessent, la partie représentée assume désormais seule ses prérogatives, à moins qu'elle n'ait désormais un autre représentant.

En toute hypothèse, la fin des fonctions du représentant devrait conduire à considérer qu'il n'a plus qualité pour intervenir dans un recours qui ne le concerne plus. Le législateur a toutefois voulu envisager une situation d'exception, où il ne serait pas convenable que la cessation des fonctions du représentant le rende étranger au procès.

§ 1
Recours du représentant ayant cessé ses fonctions

534.31 Intérêt personnel à exercer le recours. L'article 534 C. pr. civ. autorise le représentant, qui a cessé ses fonctions à exercer le recours en son nom s'il a un intérêt personnel. Cette disposition est originale dans la mesure où il n'était pas partie personnellement au procès, mais seulement ès qualités, et ne pourrait dès lors, en principe, exercer un recours qui n'intéresse que la partie elle-même et qui doit être réservé à celle-ci. Le législateur n'a certainement pas voulu, par cette disposition, permettre à l'ancien représentant de s'immiscer dans la procédure d'une autre personne, mais a souhaité que cette faculté soit réservée au cas où le représentant, bien qu'ayant cessé ses fonctions, a un intérêt personnel à exercer le recours. L'hypothèse doit dès lors être regardée de façon stricte.

L'usage essentiel de cette disposition a trait aux procédures collectives. Elle permet ainsi au représentant légal d'une personne morale mise en liquidation, d'exercer lui-même un recours contre certaines décisions (liquidation judiciaire, fixation de la date de cessation de paiement, revendication, *etc.*). Il peut en effet survenir que l'ancien dirigeant, qui n'a plus pouvoir de représentation, soit en désaccord avec le mandataire liquidateur, et ait donc un intérêt à faire trancher un litige qui ne serait pas soumis au juge si l'article 534 C. pr. civ. ne lui donnait le pouvoir d'exercer un recours.

§ 2
Recours contre le représentant ayant cessé ses fonctions

534.41 Un recours contre une personne non partie à la première instance. L'article 534 C. pr. civ. prévoit également la situation inverse et autorise le recours contre le représentant ayant cessé ses fonctions, pris en son nom personnel, à la condition que l'auteur du recours ait un intérêt personnel à le faire. Cette situation est encore plus paradoxale que la précédente en ce qu'elle permet un recours contre une personne qui n'était pas partie à l'instance. Mais elle peut aussi s'expliquer par des nécessités pratiques. Elle permet par exemple à un mandataire liquidateur, mécontent de la date de cessation de paiement arrêtée par le premier juge, d'exercer un recours en intimant l'ancien dirigeant, permettant ainsi un véritable débat contradictoire.

TITRE

54. Les voies de recours ordinaires

SECTION 0
ORIENTEUR

54.00 Plan du titre.

Division. Sont présentés le droit d'appel (chap. 541 et 542), ses effets (chap. 543) et la procédure d'appel (chap. 544), et l'autre voie de recours ordinaire constituée par l'opposition (chap. 545).

54.04 Délai et effet suspensif. L'article 539 C. pr. civ. édicte que tant le délai du recours que le recours lui-même exercé dans le délai est suspensif.

L'effet suspensif est propre à la voie de recours ordinaire (v. à ce propos les développements sur l'appel et l'opposition s[s] n°s 543.11 s., n°s 544.51 s.), mais le praticien sait bien que souvent par l'effet de l'exécution provisoire de droit ou par octroi du juge, le recours ordinaire n'a pas l'effet suspensif de l'article 539 C. pr. civ. (v. s[s] n°s 43.00 s.).

54.05 Distinction. L'article 527 C. pr. civ. distinguant voies de recours ordinaires et extraordinaires, précise que les voies ordinaires sont l'appel et l'opposition.

54.06 Délai. L'article 538 C. pr. civ. indique un délai d'un mois pour la voie de recours ordinaire en matière contentieuse et de quinze jours en matière gracieuse.

Mais le praticien connaît la nécessité de ne pas s'arrêter à cette seule règle et de rechercher, pour chaque affaire, le délai pouvant résulter d'un texte particulier primant le texte général. Il sait ainsi que selon le type de décision rendue en première instance, ou le domaine du litige, pourront apparaître des délais sensiblement plus courts.

Il suffit ici de rappeler le commentaire des professeurs Guinchard, Chainais et Ferrand[1] « *le délai de l'appel a beaucoup varié* » et de renvoyer le lecteur aux développements propres à chacune des voies de recours.

Il faut aussi rappeler que dans certaines circonstances un délai complémentaire, dit de distance est accordé (v. C. pr. civ., art. 643, 644 et 645). Notons à cet égard que la Cour de cassation a jugé que cette prorogation ne s'applique pas au délai de saisine de la cour de renvoi[2].

54.07 Délai et ordre public. Si parfois certains délais procéduraux peuvent être regardés avec souplesse par le praticien, tel ne peut, en aucune circonstance, être le cas du délai d'exercice d'une voie de

1. GUINCHARD, CHAINAIS et FERRAND, 31e éd., 2012, n° 1204.
2. Soc. 4 mars 1999, n° 97-14.363, *Bull. civ.* V, n° 95; *D.* 1999. 213, obs. Julien.

recours. En raison de son caractère d'ordre public, le moyen de tardiveté doit être soulevé d'office par le juge, conformément à l'article 125 C. pr. civ.[1], circonstance qui ne le dispense pas d'inviter les parties à s'expliquer sur ce moyen[2]. Mais il est évident que le juge ne peut constater l'irrecevabilité du recours que dans la mesure où se trouvent dans le dossier les pièces établissant le point de départ du délai[3].

Par un arrêt précédent, la cour d'appel d'Aix-en-Provence, relevant que la recevabilité de l'appel n'est pas contestée, reçoit celui-ci et se déclarant incompétente, renvoie l'affaire devant la cour de Lyon. Or, devant celle-ci, l'une des parties invoque la tardiveté de l'appel. Énonçant que le moyen peut être invoqué en tout état de cause, relevant qu'il n'était pas établi que la cour d'Aix-en-Provence ait connu les pièces permettant d'établir le point de départ du délai d'appel et rappelant enfin qu'en application de l'article 79 C. pr. civ. la juridiction qui se déclare incompétente ne statue que sur ce fait, la cour de Lyon déclare l'arrêt irrecevable.

Enfin, il est possible qu'une voie de recours puisse être exercée, même hors délai, lorsque son auteur a obtenu d'être relevé de la forclusion encourue et il est renvoyé, à ce propos, aux développements spécifiques (v. s^{s} n° 122.552 et s^{s} n°s 542.295 et 545.31).

54.08 Délai et force majeure. Il est renvoyé aux développements des n°s 533.25 et suivants, étant rappelé que si la possibilité d'une force majeure n'est pas exclue en jurisprudence, elle reste si peu souvent reconnue que généralement, dans les conditions de la loi, le praticien examine la possibilité d'un relevé de forclusion.

Enfin, rappelons que la demande en relevé de forclusion n'est recevable que si la notification de la décision est régulière[4].

54.09 Exercice du recours et effet suspensif. L'article 539 C. pr. civ. ne donne un effet suspensif qu'au recours ordinaire exercé en apparence hors délai, mais que son auteur considère comme recevable au regard de l'irrégularité alléguée de la notification qui lui est opposée. En d'autres termes, l'exécution doit être interrompue dès que l'appel ou l'opposition est formé, alors même que la voie de recours semble tardive. Dans la mesure où ce n'est que plus tard que le conseiller de la mise en état, le tribunal ou la cour selon le cas, auront apprécié la validité du recours, il faut régler la situation intermédiaire. Il paraît difficile de considérer que n'importe quel recours suspend l'exécution, sauf à permettre à tout plaideur d'utiliser cette méthode à des fins dilatoires.

Il faut donc solutionner le problème de façon pratique à partir des considérations suivantes. La Cour de cassation a rappelé que l'exécution d'une décision se fait aux risques et périls de celui qui poursuit, et qu'en cas de réformation ou de rétractation celui qui en a été victime peut obtenir indemnisation sans même qu'il y ait lieu à la recherche d'une faute[5].

Ainsi, celui qui poursuit témérairement au motif que le recours a été exercé hors délai, sera condamné ultérieurement, même si le recours est jugé recevable à raison de l'irrégularité de la notification de la décision.

L'article 914 C. pr. civ. permet à celui qui se voit opposer un appel qu'il juge tardif, de saisir rapidement le conseiller de la mise en état, de telle sorte que cette voie plus prudente lui permet d'obtenir une décision dans des délais raisonnables.

Il est aussi possible, s'agissant d'un problème d'exécution, de saisir le juge de l'exécution, encore que la compétence de celui-ci pourrait être discutée. Il nous semble que de la même façon que le juge de l'exécution peut déclarer non avenue une décision réputée contradictoire en retenant que la seule signification opérée dans les six mois n'est pas régulière, il doit pouvoir retenir que la notification est irrégulière, et constater que le recours a été fait dans le délai. Mais il y a là un chevauchement de compétence avec d'autres juridictions (conseiller de la mise en état, tribunal et cour) qui laisse la discussion ouverte.

1. Civ. 2e, 20 juill. 1988, n° 87-15.212, *Bull. civ.* II, n° 184.
2. Cass., ch. mixte, 10 juill. 1981, n° 78-10.425, *Bull. ch. mixte*, n° 6; *D.* 1981. 637, contribution Cabannes.
3. Civ. 2e, 24 oct. 1979, n° 77-15.604, *Bull. civ.* II, n° 249; *Gaz. Pal.* 1980. 1. 122, note Viatte – Lyon, 22 janv. 1998, Expo Marbre, RG n° 93/7978, NP; qui illustre parfaitement ces principes.
4. Civ. 2e, 25 mars 1999, n° 97-12.911, NP.
5. Civ. 3e, 1er juill. 1998, n° 96-18.930, NP; *Procédures* 1998, n° 240.

CHAPITRE

541. Appel : introduction

JACQUES PELLERIN
Avocat à la cour d'appel de Paris

SECTION 0
ORIENTEUR

541.00 **Plan du chapitre.**

541.01 **Principaux textes applicables.**
C. pr. civ., art. 542.
COJ, art. L. 311-1 s. et R. 311-1.

541.03 **Bibliographie indicative.**
Actualisable. Rép. pr. civ., v° *Appel*, par F. Ferrand, mars 2012 [màj juin 2013].

Ouvrages. D. d'Ambra, Dalloz référence *Droit et pratique de l'appel*, 2013/2014 – J.-J. Barbiéri (dir.), *Procédure civile*, « Mémento pratique », éd. F. Lefebvre, 2013, n°s 23500 s., par G. Baufumé – C. Brenner et N. Fricero, *La nouvelle procédure d'appel*, 2e éd., Lamy, 2011 – L. Cadiet et D. Loriferme (dir.), *La réforme de la procédure d'appel*, IRJS, 2011 – J.-L. Gallet, *La procédure civile devant la cour d'appel*, 2e éd., Litec, 2010 – Ph. Gerbay et N. Gerbay, *Guide du procès civil en appel*, LexisNexis, 2013 – M. Zavaro, *La réforme de la procédure civile devant la cour d'appel*, Edilaix, 2011.

541.04 **Formulaire de procédure civile : renvois.**
* V. s^s^ n° 544.04.

SECTION 1
OBJET DU RECOURS

541.11 **Définition quant à l'objet du recours.** « *L'appel tend à faire annuler ou réformer un jugement rendu par une juridiction de première instance* » dispose l'article 542 C. pr. civ. Cet article détermine l'objet de l'appel et il n'est point possible de poursuivre une procédure devant la cour, pour un objet autre que celui limitativement défini par cet article.

1) Si la réformation ou l'annulation du jugement est recherchée, la voie de l'appel, sous les réserves qui seront vues plus loin, est ouverte, même si, outre les critiques contre le jugement, sur le fond ou la forme, l'appelant reproche au premier juge une **erreur matérielle.** Celle-ci sera alors traitée par la cour, puisqu'elle est valablement saisie pour apprécier le fond du litige.

Par contre, une critique exclusivement attachée à une erreur matérielle, ne justifie pas la saisine de la cour, mais exclusivement la procédure visée à l'article 462 C. pr. civ. et la saisine, aux seules fins de rectification, du juge qui a commis l'erreur.

Ainsi, selon une solution constamment rappelée par la jurisprudence, un appel tendant uniquement à la rectification d'une erreur matérielle[1] est irrecevable, mais, en revanche, est recevable s'il n'est pas limité à la rectification, la cour ayant alors vocation à statuer sur tout le litige, y compris en abordant le problème de la rectification[2].

2) De même la recevabilité d'un appel contre un **jugement non avenu**, en application de l'article 478 C. pr. civ. Rappelons que seule la partie non comparante peut se prévaloir du défaut de notification[3], mais que cette notification doit être faite au non comparant même en cas d'appel avant l'expiration du délai de six mois, par la partie présente en première instance[4], étant précisé au surplus que la solidarité ne dispense pas de notifier à tous les coobligés défaillants[5].

1. Paris, 15 déc. 1982, *Gaz. Pal.* 1983. 264, note Bertin – Paris, 7 juill. 1992, *Bull. ch. avoués* 1993, n° 127, p. 1985.
2. Douai, 15 juill. 1986, *D.* 1986. IR 457 – Paris, 25 juin 1991, *Bull. ch. avoués* 1991. 2. 67.
3. Civ. 2e, 13 janv. 1988, n° 86-16.636, *Bull. civ.* II, n° 17.
4. Civ. 2e, 27 mars 1996, n° 94-14.578, *Bull. civ.* II, n° 76; *RTD civ.* 1996. 707, obs. Perrot; *JCP* 1996. III. 22708, note du Rusquec.
5. Civ. 2e, 29 janv. 1997, n° 95-10.046, *Bull. civ.* II, n° 30; *D.* 1997. IR 64; *RTD civ.* 1997. 511, obs. Perrot.

Il peut paraître singulier d'user de la voie de l'appel dans le seul but de faire juger qu'une décision n'a pas de valeur.

Ainsi a été déclaré irrecevable l'appel visant à entendre la cour déclarer non avenu le jugement de première instance comme constituant une fin non prévue à l'article 42 C. pr. civ.[1]. « *L'appel tendant à faire réformer ou annuler par la cour d'appel un jugement rendu par une juridiction de première instance, cette voie de recours n'est pas ouverte à la partie défaillante en première instance, qui demande à titre principal, de déclarer non avenu un jugement en application de l'article 478 du Nouveau Code de procédure civile* »[2].

Il appartient dès lors à la partie qui entend soutenir que la décision est non avenue, de saisir le moment venu (en général lorsqu'elle fait l'objet de tentatives d'exécution), le juge de l'exécution pour faire constater l'absence de titre utile justifiant les poursuites.

Cette analyse, logique sur le plan procédural dès lors qu'il peut paraître curieux de faire appel contre une décision que l'on considère non avenue, n'est pas partagée par la chambre commerciale qui admet que par le biais de l'appel, et avant toute défense au fond, l'on puisse soulever la péremption du jugement[3]. Mais la deuxième chambre civile est allée plus loin, en considérant non seulement que la voie de l'appel n'est pas appropriée pour faire déclarer un jugement non avenu mais en outre que l'utilisation de la voie de l'appel emporte renonciation de la partie défaillante en première instance à invoquer alors le caractère non avenu de la décision[4].

Mais si l'appelant ne peut interjeter appel pour soutenir le caractère non avenu du jugement, l'intimé conserve cette possibilité[5]. Par ailleurs, en cas d'indivisibilité, le jugement non avenu pour la partie qui n'a pas comparu l'est également pour la partie qui a comparu[6].

Dans le même sens, a été déclaré irrecevable un appel dont le seul objet est l'obtention de délais, qui n'avaient pas été demandés en première instance, en principe d'une dette non contestée. « *Considérant que, comme le relève la banque, l'appel formé par les époux B...* [...] *ne tend ni à réformer, ni à annuler le jugement rendu le* [...] *mais est exclusivement une demande de délai basée sur l'article 1244-1 du Code civil* [...] *Que c'est dès lors à bon droit que la banque soulève l'irrecevabilité de l'appel* »[7]. De même est irrecevable l'appel dirigé contre une ordonnance de non-conciliation et limité à l'irrecevabilité de la requête initiale en divorce pour rupture de la vie commune[8].

SECTION 2

VOIE DE RECOURS DE DROIT COMMUN ET VOIE D'ANNULATION

541.21 L'appel, voie de recours de droit commun. L'appel, voie de recours de droit commun, est la possibilité offerte à tout justiciable, sous certaines conditions, de solliciter un second examen d'une décision afin d'en provoquer la censure.

Malgré les termes de l'article 542 C. pr. civ., il serait erroné d'en déduire que l'appel n'est conçu en droit français que comme une voie de recours tendant à soumettre à la cour un débat identique à celui de première instance. Une telle conception dénommée « *appel-réformation* » n'est pas celle qu'a retenue le « Nouveau » Code de procédure civile, dans la ligne des réflexions exposées lors d'un colloque tenu à la faculté d'Aix-en-Provence en 1963[9]. Il a choisi une conception plus souple cherchant à achever le litige, même si demeure le principe de la prohibition des demandes nouvelles. Cette conception intitulée « ***l'appel-voie d'achèvement*** » offre la possibilité de présenter à la Cour des pièces nouvelles, même antérieures au jugement, des moyens juridiques nouveaux au soutien des prétentions exprimées en première instance, de modifier l'objet même de la prétention pourvu que la même fin soit recherchée, de soutenir certaines demandes totalement nouvelles ou complétant les demandes originaires et des demandes reconventionnelles et enfin d'accepter, dans certaines conditions, devant la Cour des interventions, volontaires ou forcées, de tiers, étrangers au procès de première instance. Cette conception très riche et parfois subtile dans son application devrait conduire à vider le contentieux opposant les parties et les dispenser de reprendre un nouveau procès. Cette conception est, parfois, **critiquée** en ce qu'elle réduit la première instance en une sorte d'antichambre du procès et pousse à aller devant la Cour où un débat approfondi et renouvelé pourra être tenu. On lui reproche également d'allonger la durée des procédures. Ces critiques ne prennent pas en compte l'économie des nouveaux procès que la conception de l'appel-réformation ne peut que susciter. Aussi, a-t-on, tout en

1. Paris, 14 janv. 1983, *Gaz. Pal.* 1983. 211, note Bertin – Civ. 2e, 11 oct. 1995, no 93-14.326, *Bull. civ.* II, no 233; *BICC* 15 nov. 1995, no 1150.
2. EN CE SENS, Civ. 2e, 21 janv. 1999, no 96-22.528, NP.
3. Com. 11 mars 1997, no 94-19.139, NP; *RTD civ.* 1997. 511, obs. Perrot; *Procédures* 1997, no 112.
4. Civ. 2e, 10 juill. 2003, no 99-15.914, *Bull. civ.* II, no 245 – Civ. 2e, 23 sept. 2004, no 02-17.882, *Bull. civ.* II, no 419 – Civ. 2e, 22 mars 2006, no 04-17.074, NP.
5. Civ. 2e, 27 mars 1996, no 94-14.578, *Bull. civ.* II, no 76; *RTD civ.* 1996. 707, obs. Perrot – Com. 3 avr. 2001, no 98-14.191, *Bull. civ.* IV, no 71; *RTD civ.* 2001. 882, obs. Mestre et Fages.
6. Civ. 2e, 23 sept. 2004, no 02-17.882, *Bull. civ.* II, no 419.
7. Paris, 11 mai 1994, *Bull. ch. avoués* 1994. 95 – EN CE SENS, Paris, 16 janv. 1991, *Bull. ch. avoués* 1991, no 119, p. 91.
8. Civ. 2e, 28 févr. 1996, no 94-10.202, *Bull. civ.* II, no 43; *RTD civ.* 1996. 370, obs. Hauser; *BICC* no 447.
9. *La voie d'appel*, colloque national de droit judiciaire, IEJ Aix-en-Provence, 1963.

conservant la voie d'achèvement, tenté d'en endiguer les conséquences néfastes. C'est là toute la recherche du rapport Magendie[1] qui a encadré le débat dans des délais très stricts sanctionnés très sévèrement. On verra les difficultés procédurales qui en résultent.

L'appel constitue une **garantie de bonne justice** et une **sauvegarde des libertés publiques**[2]. Une jurisprudence constante de la Cour de cassation affirme qu'il s'agit là d'un principe dont elle déduit que « *l'appel est un droit dans tous les cas qui ne sont pas formellement exemptés par un texte* ». De même, le Conseil d'État a longtemps reconnu le principe du double degré de juridiction indiquant que seule la loi pouvait y porter atteinte[3]. Toutefois, le Conseil constitutionnel a toujours refusé d'inclure le droit d'appel dans le bloc de constitutionnalité et a décidé que le principe de double degré de juridiction ne constituait pas un principe à valeur constitutionnelle[4]. Le Conseil d'État[5] a modéré sa position en déclarant ne pas y voir un principe général de procédure.

541.22 **L'appel, voie d'annulation.** S'agissant de l'annulation par la cour d'une décision de première instance, une distinction essentielle doit être faite selon que la décision est susceptible d'appel ou ne l'est pas. Si **la décision est susceptible d'appel**, il suffit d'user de cette voie de recours, le but recherché dans les écritures alors déposées étant l'annulation de la décision du premier juge.

Il s'agit alors d'une annulation demandée dans le cadre de **l'appel de droit commun** de l'article 542 C. pr. civ. et sous les conditions usuelles de cette voie de recours, notamment quant à la nécessité d'avoir été partie à l'instance. L'annulation doit même être relevée d'office par la cour, si une personne appelante n'a pas conclu, alors même qu'elle a été condamnée en première instance, sans avoir été assignée[6].

Il est d'ailleurs possible que, *in fine*, le but originairement recherché et limité à l'annulation, soit dépassé par l'application du principe de l'évocation, qui peut conduire la cour, après avoir annulé le premier jugement, à trancher sur le fond. Ce n'est d'ailleurs qu'en usant de la voie de l'appel, si celle-ci est ouverte, que peut se demander l'annulation de la décision de première instance.

1. Rapport Magendie II, *Qualité et célérité de la justice devant la cour d'appel*, Doc. fr., juin 2008 – M. Magendie, entretien, *JCP* 2008. I. 145. 2008.
2. GUINCHARD, CHAINAIS et FERRAND, 31e éd., 2012, no 1194.
3. CE 21 févr. 1968, *Lebon* 123 – V. AUSSI, S. Guinchard, « Le second degré de juridiction, XXe anniversaire de la cour d'appel de Versailles », *Gaz. Pal.* 10 sept. 1996.
4. Cons. const. 12 févr. 2004, no 2004-491 DC, *JO* 2 mars, p. 4227.
5. CE 9 févr. 2000, req. no 185667, *Lebon* – CE 17 déc. 2003, req. no 258253, *Lebon*.
6. Civ. 2e, 10 mai 1989, no 88-11.941, *Bull. civ.* II, no 105.

SECTION 3
APPEL-NULLITÉ ET RABAT D'ARRÊT

541.31 **Appel-nullité.** Tout différent est ce qu'il est habituel de désigner « *appel-nullité* », dénommé aussi appel pour excès de pouvoir ou appel restauré[7]. Il s'agit d'une **création jurisprudentielle** qui permet de demander à la cour d'annuler une décision, alors même que la voie de l'appel n'existe pas[8]. Cette solution ne concerne pas le seul appel. La jurisprudence l'a appliquée également aux autres voies de recours[9] telles que l'opposition, la tierce-opposition ou le déféré (pour ce dernier, v. ss nos 544.182 s.).

Dans l'hypothèse où aucun recours n'est ouvert ou n'est pas immédiatement ouvert, peut alors être envisagé l'appel-nullité[10] qui exige des conditions spécifiques. Il doit être rappelé que **l'appel-nullité est irrecevable lorsque l'appel de droit commun est ouvert.**

Cette interdiction des voies de recours immédiate, condition première de la recevabilité de l'appel-nullité, concerne l'appel et le pourvoi en cassation. Il peut s'agir d'une **interdiction absolue de toute voie de recours**, telle que le législateur l'avait favorisée dans la loi de 1985 sur les procédures collectives (v. C. com., art. L. 661-1 s. [C. com., anc. art. L. 623-1 s.]), ou pour les décisions du juge d'appui en matière d'arbitrage (C.°pr. civ., art. 1460) ou dans bien d'autres matières.

Mais il peut aussi s'agir d'une **interdiction temporaire** concernant, par exemple, les décisions avant dire droit (v. C. pr. civ., art. 544 s.)[11], ou la décision du bureau de conciliation en matière prud'homale (v. C. trav., art. R. 1454-16).

Il s'agit alors d'une exception à l'interdiction légale d'exercer un recours, admise de longue date par la jurisprudence dans des circonstances particulières. Comme il s'agit d'une utilisation exceptionnelle d'un recours exceptionnel, il paraît difficile d'admettre que le praticien, dans une situation d'incertitude, puisse formuler un appel-nullité subsidiairement à un appel de droit commun, espérant ainsi pouvoir en toute hypothèse être reçu, même si ultérieurement le recours est déclaré mal fondé, comme l'a jugé la cour de Paris qui a déclaré irrecevable un tel recours, même subsidiaire, considérant qu'une partie ne peut faire à la fois les deux appels[12]. Ce recours ne peut être envisagé au seul motif que le juge aurait commis une erreur, même flagrante, de droit ou de fait.

7. GUINCHARD, CHAINAIS et FERRAND, 31e éd., 2012, no 1155.
8. G. Bolard, *Justices* 1996. 4.
9. GUINCHARD, CHAINAIS et FERRAND, 31e éd., 2012, nos 1155 s.
10. Com. 12 mai 1992, no 90-14.124, *Bull. civ.* IV, no 182; *D* 1992. 2. 345.
11. Civ. 1re, 6 oct. 2010, no 09-65.656, NP.
12. Paris, 25 mai 1994, *BICC* août 1994, p. 19.

Comme l'a souligné le professeur Bolard[1], la jurisprudence ne l'a pas, à ce jour, réservé à une branche de droit déterminée, de telle sorte que rien n'interdit d'en user, chaque fois qu'aucune autre solution n'est envisageable, et que l'on se trouve dans un **cas d'exception.**

La jurisprudence en a déterminé les conditions d'ouverture et une évolution importante doit être signalée. Après avoir admis l'appel-nullité en cas d'excès de pouvoir, de violation d'un principe fondamental de procédure ou de méconnaissance fondamentale de la loi[2], la Cour de cassation en a réduit les conditions de recevabilité.

La chambre mixte a, dans un premier arrêt, limité l'appel-nullité au seul **excès de pouvoir**[3]. On a pu en déduire que l'appel-nullité ne peut viser que l'hypothèse où le juge a dépassé la mission à lui confiée par les textes de telle sorte que les critiques tenant à la composition de la juridiction, au respect du contradictoire, à l'absence de motivation[4], voire à la méconnaissance de la règle de droit ou à sa violation ne peuvent plus justifier un tel appel[5], étant précisé que l'excès de pouvoir doit être caractérisé au jour où la décision est rendue[6].

Il semblait donc que l'excès de pouvoir n'était réalisé que dans l'hypothèse où le juge s'attribuait des fonctions qui ne lui étaient pas dévolues par la loi[7], qu'il avait méconnu l'étendue de son pouvoir de juger tel le cas où il admet le recours l'appel d'un candidat repreneur évincé, qui n'a pas la qualité de partie[8]. Il y aurait eu là une considérable limitation de l'appel-nullité. Cependant, d'une part, la Cour de cassation a élargi la notion d'excès de pouvoir, en retenant l'**excès de pouvoir négatif**[9], consistant pour le juge, non pas à dépasser ses pouvoirs, mais à ne pas remplir ceux qui lui sont attribués (pour un cas où le juge n'a pas examiné le moyen de nullité de la notification[10]; et un autre où le juge n'a pas examiné si une transaction comportait des concessions réciproques[11]) ou le président du tribunal de grande instance (TGI) se déclare incompétent pour désigner le deuxième arbitre en application de l'ancien article 1493 alinéa 2 C. pr. civ.[12]. D'autre part, malgré les termes de l'arrêt de la chambre mixte, **la chambre commerciale semble admettre que la violation du contradictoire constitue un cas d'excès de pouvoir,** à propos d'une décision rendue en matière de réalisation d'actifs du débiteur en liquidation judiciaire sans avoir entendu ou dûment appelé le débiteur[13]. Cette interprétation souple de l'excès de pouvoir a été approuvée par la doctrine[14].

Le régime de l'appel-nullité est soumis à celui que connaît l'appel de droit commun. Malgré son origine prétorienne, son régime se calque sur ce dernier. La Cour de cassation a ainsi affirmé que **l'appel-nullité ne constitue pas une voie de recours autonome**[15]. Et plus précisément, comme l'a précisé la jurisprudence[16], bien établie, il convient de suivre les délais et formes de l'appel prévus pour la matière concernée dans les hypothèses dans lesquelles l'appel est ouvert par la loi. Ainsi, à titre d'exemples, le délai d'appel-nullité est de dix jours en matière de procédures col-

1. G. Bolard, note s^s Com. 3 mars 1992, n° 90-12.602, *Bull. civ.* IV, n° 103; *D.* 1992. 345, note Bolard – Com. 12 mai 1992, n° 90-14.124, *Bull. civ.* IV, n° 182; *D.* 1992. 345, note Bolard; *Defrénois* 1992. 1376, obs. Sénéchal – Civ. 2e, 17 nov. 2005, n° 03-20.815, *Bull. civ.* II, n° 293; *Procédures* 2006. Comm. 12, obs. Junillon.
2. Com. 3 mars 1992, n° 90-12.602, *Bull. civ.* IV, n° 103, et Com. 12 mai 1992, n° 90-14124, *Bull. civ.* IV, n° 182; *D.* 1992. 345, note Bolard – Civ. 2e, 16 mars 2000, n° 97-16.581, NP – Com. 14 oct. 1997, n° 95-12.405, *Procédures* 1997, n° 286 – Com. 30 mars 1993, n° 90-21.980, *Bull. civ.* IV, n° 132 – Com. 6 juin 1995, n° 93-11.782, NP.
3. Cass., ch. mixte, 28 janv. 2005, n° 02-19.153, *Bull. ch. mixte*, n° 1; *D.* 2006. 545, obs. Julien et Fricero – Civ. 2e, 17 nov. 2005, n° 03-20.815, *Bull. civ.* II, n° 293 – Com. 4 oct. 2005, n° 04-15.060, *Bull. civ.* IV, n° 203; *D.* 2006. 79, obs. Le Corre et Lucas – Com. 29 nov. 2005, n° 04-16.699, NP; *Procédures* 2006. 17, note Junillon.
4. Com. 26 janv. 2010, n° 08-21.330, *Bull. civ.* IV, n° 19; *D.* 2011. 265, obs. Fricero; *D.* 2010. 380; *RTD civ.* 2010. 375, obs. Perrot.
5. Civ. 1re, 6 oct. 2010, n° 09-16.335, NP; *D.* 2011. 1107, obs. Douchy-Oudot; *D.* 2011. 1995, obs. Bonfils et Gouttenoire – Civ. 1re, 6 oct. 2010, n° 09-65.656, NP – Civ. 1re, 30 sept. 2009, n° 08-10.370, NP – Civ. 2e, 18 déc. 2008, n° 07-20.662, *Bull. civ.* II, n° 270 – Civ. 2e, 6 déc. 2007, n° 06-15.178, n° 07-13.964, *Bull. civ.* II, n° 263; *RTD civ.* 2008. 162, obs. R. Perrot – Civ. 2e, 18 déc. 2008, n° 07-20.662, *Bull. civ.* II, n° 270 – Com. 12 nov. 2008, n° 07-18.382, NP – Orléans, 22 mars 2007, *RJDA* 2007, n° 756.
6. Com. 12 nov. 2008, n° 07-18.382, NP.
7. Com. 16 mars 2010, n° 08-13.147, *Bull. civ.* IV, n° 55; *D.* 2010. 825, obs. Lienhard; *D.* 2010. 1110, chron. Bélaval, Orsini et Salomon; *D.* 2010. 1820, obs. Lucas et Le Corre; *AJ fam.* 2010. 285, obs. Hilt; *RTD com.* 2010. 794, obs. Vallens.
8. Com. 28 avr. 2009, n° 07-18.715, *Bull. civ.* IV, n° 57; *D.* 2009. 1276; *RJDA* 2009, n° 879.
9. V. *J.-Cl. Pr. civ.*, fasc. 724, Fricero – Rapp. Charruault, s^s Cass., ch. mixte, 28 janv. 2005, n° 02-19.153, *Bull. ch. mixte*, n° 1; *BICC* n° 617, p. 32.
10. Civ. 1re, 23 févr. 2011, n° 09-72.059, *Bull. civ.* I, n° 41; *D.* 2011. 1386, note Dreyer – Com. 8 mars 2011, n° 10-30.629, NP – Com. 22 mai 2007, n° 06-11.794, *Bull. civ.* IV, n° 140.
11. Soc. 24 mai 2006, n° 04-45.877, *Bull. civ.* V, n° 189; *RDT* 2006. 192, note Serverin.
12. Civ. 1re, 1er févr. 2005, n° 01-13.742, *Bull. civ.* I, n° 53.
13. Com. 16 juin 2009, n° 08-13.565, *Bull. civ.* IV, n° 82; *D.* 2009. 1756, obs. Lienhard – Com. 8 janv. 2013, n° 11-26.059, *Bull. civ.* IV, n° 2; *Procédures* 2013, n° 111, note Rolland.
14. Guinchard, Chainais et Ferrand, 31e éd., 2012, n° 1156, p. 813.
15. Civ. 2e, 8 déc. 2011, n° 10-18.413, *Bull. civ.* II, n° 222; *RTD civ.* 2012. 375, obs. Perrot.
16. Com. 15 janv. 1991, n° 89-18.185, *Bull. civ.* IV, n° 26; *D.* 1992. Somm. 91, obs. Derrida.

lectives, de quinze jours pour les ordonnances de référé ou les ordonnances rendues en la forme des référés du juge d'appui en matière d'arbitrage. La forme de l'appel doit également suivre le même raisonnement : ainsi pour l'appel-nullité contre une décision du juge d'appui qui devait être formé, selon l'ancien article 1456 C. pr. civ. (devenu C. pr. civ., art. 1460, réd. Décr. n° 2011-48, 13 janv. 2011 [1]) en la forme des contredits [2].

Une interrogation fréquente est de savoir si la déclaration d'appel doit mentionner expressément qu'il s'agit d'un appel-nullité. La jurisprudence n'exige pas cette précision et est ouverte à requalification si un appel-nullité est formé alors que l'appel de droit commun est ouvert [3].

En revanche, la déclaration devant mentionner l'objet de l'appel, il convient que la demande d'annulation y soit portée, comme cela est, au demeurant, généralement précisé dans la formule devenue de style (« *l'appel a pour objet la réformation et/ou l'annulation de la décision entreprise* ») [4]. Dans tous les cas, il conviendra de conclure à l'appel-nullité et, en premier lieu, à la condition de recevabilité de cet appel exceptionnel.

La **question du délai** pose nécessairement la difficulté de déterminer son point de départ. La jurisprudence, après avoir jugé qu'il n'était pas nécessaire qu'une notification précise la possibilité d'un appel-nullité [5], ce qui permettait de résoudre les cas dans lesquels la partie, malgré l'absence de voies de recours, avait reçu signification de la décision, semble être revenue sur cette solution et a retenu que l'absence de mention ou la mention erronée dans l'acte de notification d'un jugement de la voie de recours ouverte, fût-ce un recours nullité, de son délai et de ses modalités, a pour effet de ne pas faire courir le délai de ce recours [6]. De même quand la loi prévoit pour les appels ouverts que le délai part du prononcé de la décision. Restent les autres hypothèses dans lesquelles le délai ne court pas et l'appel-nullité restera ouvert sauf à être frappé par la péremption de deux ans prévue à l'article 528-1 C. pr. civ. Cette conséquence devrait conduire les conseils des parties, dans les cas où un tel risque serait couru, à signifier le jugement afin de faire courir le délai même à l'encontre des parties pour lesquelles les textes applicables ne prévoient pas de recours.

L'appel-nullité est limité aux parties à la décision [7] **ou aux parties y ayant intérêt** [8]. Il y a là nécessité d'appliquer un principe procédural évident qui refuse l'accès à la cour, à une personne qui n'a pas été partie en première instance, et qui n'a pas un intérêt personnel et immédiat dans le litige soumis. C'est en application de ce principe que la Cour de cassation, après avoir admis que le repreneur évincé avait un intérêt suffisant pour être admis à exercer le recours [9], a retenu que, n'ayant aucune prétention à soutenir au sens des articles 4 et 31 C. pr. civ., il était irrecevable à former un appel-nullité contre l'ordonnance du juge-commissaire [10].

Enfin, l'appel-nullité a des **effets identiques à l'appel de droit commun.** Ainsi, il a un effet suspensif et l'exécution provisoire du jugement est opposable à l'appelant-nullité qui devra en demander la suspension conformément à l'article 524. L'effet dévolutif est également calqué sur celui de l'appel de droit commun et l'article 562 alinéa 2 prévoyant que la dévolution s'opère pour le tout lorsque l'appel tend à l'annulation du jugement.

541.32 **Rabat d'arrêt.** Certains arrêts semblent accepter, par une création prétorienne, une nouvelle forme de recours que l'on dénomme le rabat d'arrêt.

Il s'agit de l'hypothèse où un dysfonctionnement manifeste de la Justice conduit à une décision d'appel qui n'eût pas été rendue dans d'autres circonstances (arrêt alléguant l'absence de conclusions alors que celles-ci avaient été notifiées; arrêt écartant des écritures à raison d'une notification postérieure à une clôture qui, en réalité, n'existait pas, *etc.*). Il est clair que dans une telle circonstance, le recours approprié est le pourvoi, mais comme il est long et n'exclut pas la nécessité d'exécuter immédiatement l'arrêt, certaines cours ont pu admettre le rabat d'arrêt et ainsi, par un nouvel arrêt, anéantir le précédent et statuer à nouveau [11]. Cette jurisprudence, qui appelle évidemment en droit, si ce n'est en opportunité, de sérieuses réserves, doit en toute hypothèse être limitée à des cas particuliers. Il est vrai qu'elle fait suite à la même attitude adoptée par la Cour de cassation pour ses propres arrêts, mais cette attitude doit être approuvée sans réserve dès lors qu'il n'y a plus de voie de

1. Décr. n° 2011-48, 13 janv. 2011, portant réforme de l'arbitrage, *JO* 14 janv., p. 777.
2. Civ. 1re, 9 févr. 2011, n° 09-71.416, *Bull. civ.* I, n° 24 – Civ. 1re, 22 sept. 2010, n° 08-21.313, *Bull. civ.* I, n° 175; *D.* 2010. 2235, obs. Delpech.
3. Com. 3 févr. 2009, n° 07-18.931, *Bull. civ.* IV, n° 14; *D.* 2009. 495.
4. Com. 8 janv. 2008, n° 06-18.287, NP; *Procédures* 2008, n° 68, note Perrot.
5. Com. 9 juin 1998, n° 95-18.486, *Bull. civ.* IV, n° 188; *D.* 1999. 70, obs. Honorat; *JCP* 1998. II. 10140.
6. Com. 22 nov. 2011, nos 10-21.338 et 10-31.073, NP.
7. Civ. 1re, 9 juin 2010, n° 09-10.641, *Bull. civ.* I, n° 131; *D.* 2010. 1555; *D.* 2010. 2092, chron. Auroy et Creton; *RTD civ.* 2010. 545, obs. Hauser.
8. Paris, 18 oct. 1988, *D.* 1988. IR 286 – Com. 19 nov. 1996, n° 94-19.533, *Bull. civ.* IV, n° 279; *RJDA* 1997, n° 426.
9. Com. 4 mars 2003, n° 00-15.812, NP.
10. Com. 30 juin 2004, n° 02-19.127, NP – Com. 3 déc. 2003, n° 00-20.298, *Bull. civ.* IV, n° 193.
11. Douai, 5 oct. 1995, *Gaz. Pal.* 1997. 657 – Lyon, 17 oct. 2000, RG n° 2000/4112, inédit.

recours au-delà de la Cour de cassation[1]. Sans répondre clairement à la question de principe, la Cour de cassation vient d'indiquer qu'il est possible de rabattre un arrêt, y compris les actes subséquents, lorsqu'il s'agit d'un arrêt avant dire droit ne bénéficiant pas de l'autorité de chose jugée[2].

SECTION 4
COMPÉTENCE DE LA COUR D'APPEL

541.41 Compétence de la cour d'appel. Les articles L. 311-1 et suivants et R. 311-1 du COJ posent le principe de la compétence de la cour d'appel pour connaître des appels des jugements rendues par les juridictions situées dans son ressort (COJ, art. R. 311-3).

Cependant certains contentieux sont affectés à certaines cours d'appel déterminées afin d'assurer une spécialisation instaurant une répartition nouvelle en fonction de la nature du litige. Il convient de renvoyer aux textes particuliers. Ainsi, pour les recours formés contre les décisions du directeur de l'Institut national de la propriété industrielle en matière de délivrance, rejet ou maintien des dessins et modèles et des marques (COJ, art. ann. D. 311-8). De même, la **cour d'appel de Paris** bénéficie d'une **compétence exclusive** pour connaître les contentieux suivants : pour les recours formés contre le directeur de l'Institut national de la propriété industrielle (INPI) en matière de délivrance, rejet ou maintien de brevets d'invention, de certificats d'utilité, de certificats complémentaires de protection et de topographies de produits semi-conducteurs (CPI, art. D. 411-19-1, al. 3) ; les recours contre les décisions de l'Autorité de la concurrence, les décisions de portée individuelle de l'Autorité des marchés financiers, les décisions prises par le Comité de la protection des obtentions végétales, les décisions prises par l'Autorité de régulation des communications électroniques et des postes, les décisions de l'Autorité de régulation de la distribution de la presse et le Conseil supérieur des messageries de presse (COJ, art. D. 311-9). Elle est également compétente pour les actions engagées en matière d'indemnisation des victimes de préjudices résultant de la contamination par le virus d'immunodéficience contre l'Office national d'indemnisation des accidents médicaux (COJ, art. D. 311-10). Enfin, elle est compétente pour juger les contestations relatives à l'élection des membres du Conseil national des barreaux (CNB), des recours contre les décisions individuelles prises par le CNB et des recours contre les décisions prises par les commissions nationales en matière d'inscription, de retrait, de discipline des administrateurs judiciaires, des mandataires judiciaires au redressement et à la liquidation des entreprises et des experts en diagnostic ; les décisions du Conseil des ventes volontaires (C. com., art. R. 321-50).

Par ailleurs, l'article D. 443-3 du Code de commerce qui modifie la compétence des tribunaux de première instance pour juger les litiges nés des infractions relatives aux pratiques restrictives à la concurrence, à la rupture des relations commerciales (C. com., art. L. 442-6) attribue à la cour d'appel la compétence exclusive pour les appels à l'encontre des jugements rendus par ces tribunaux. Précisons que cette compétence s'étend aux contredits de compétence qui doivent être formés auprès du greffe du tribunal et transmis par ceux-ci à la cour d'appel de Paris.

La question est de savoir quelle est la **sanction en cas de saisine d'une cour incompétente**. S'agit-il d'une question de compétence qui pourrait se résoudre par le renvoi à la cour compétente ou par une irrecevabilité de l'appel ? La Cour de cassation a eu l'occasion de statuer sur ce point et a retenu l'**irrecevabilité de l'appel**. Cette solution, quel qu'en soit le bien-fondé, exige que la compétence de la cour d'appel en raison de la nature du litige mérite un examen particulier.

Indirectement, la cour d'appel de Paris peut avoir une compétence exclusive en tant que juridiction d'appel du TGI bénéficiant de la compétence exclusive. C'est le cas pour les actions en matière de brevets d'invention que, seul, le TGI de Paris peut connaître (COJ, art. D. 211-6). C'est également le cas en matière d'arbitrage international, l'article 1505 C. pr. civ. confiant la fonction de juge d'appui au seul président du TGI de Paris, ou encore pour les ordonnances d'*exequatur* des sentences rendues à l'étranger que l'article 1516 C. pr. civ. attribue au seul TGI de Paris.

Contrairement à ce principe de compétence au profit des cours d'appel, **parfois, l'appel est dévolu à une autre juridiction que la cour.** Le TGI peut être juge d'appel de décisions rendues par des magistrats de première instance. Le Code de l'organisation judiciaire permet par décret du Conseil d'État de transférer certaines matières de la compétence du tribunal d'instance en appel au TGI et non plus à la cour d'appel.

Il s'agit là d'alléger la tâche des cours déjà surchargées, et il n'est pas exclu que d'autres types de litiges puissent être ainsi transférés en appel au TGI. Il convient dès lors de s'interroger sur la juridiction d'appel à saisir, dans un certain nombre de cas, et de ne pas associer systématiquement appel et cour d'appel.

En outre, dans certaines hypothèses, alors même que la procédure doit se conduire en appel au niveau de la cour, ce n'est pas la cour d'appel qui est compé-

1. Civ. 2e, 18 mai 1995, no 95-60.739, *Bull. civ.* II, no 143 – Com. 6 nov. 2007, no 05-15.152, NP – Civ. 3e, 9 sept. 2008 no 06-20.185, NP.
2. Civ. 3e, 5 mars 2008, no 06-20.732, *Bull. civ.* III, no 42.

tente, mais un magistrat de cette cour ou une cour particulière.

Le **premier président** est ainsi, lui-même, une juridiction d'appel pour connaître du recours contre un certain nombre de décisions touchant à des situations d'urgence (COJ, art. R. 221-7 : contentieux des funérailles) [1]. Ou concernant les auxiliaires de justice (problème de rémunération, Décr. n° 91-1197, 27 nov. 1991, art. 174 à 178 [2]). Il statue également en appel des ordonnances rendues par le président du tribunal condamnant le créancier d'aliments à amende et/ou à remboursement des frais, en application de l'article 14 du décret n° 75-1339 du 31 décembre 1975 [3] relatif aux modalités d'application de la loi n° 75-618 du 11 juillet 1975 relative au recouvrement public des pensions alimentaires.

La **Cour nationale de l'incapacité et de la tarification de l'assurance, des accidents du travail** connaît des contentieux techniques (CSS, art. L. 143-3), qui ont de longue date, été retirés de l'attribution de la cour d'appel, le législateur ayant souhaité que ces contestations relatives à l'invalidité et à l'inaptitude au travail soient tranchées par des juridictions plus techniques.

SECTION 5
CONTRIBUTIONS ET DROITS FISCAUX

541.51 **Paiement des contributions et droits fiscaux.** Ces taxes renvoient à deux types d'obligations.

D'une part, les articles 62 et suivants C. pr. civ., institués par le décret n° 2011-1202 du 28 septembre 2011 [4], avaient imposé une taxe intitulée **contribution pour l'aide juridique**. Cette taxe a été supprimée par l'article 2 du décret n° 2013-1280 du 29 décembre 2013 [5] qui a abrogé ces articles. Cette suppression s'applique à compter du 1er janvier 2014 pour les instances introduites postérieurement à cette date. Pour les instances en cours, l'obligation d'acquitter la taxe d'un montant de 35 euros subsiste sous peine d'irrecevabilité de l'appel. Il convient de rappeler qu'elle doit alors être acquittée par timbre par tout demandeur, sauf les bénéficiaires de l'aide juridique, qui introduit une instance en matière civile, commerciale, prud'homale ou rurale devant les juridictions judiciaires ou en matière administrative devant les juridictions administratives. S'appliquant à toutes les instances et pas seulement à l'appel, il convient de renvoyer aux développements spécifiques qui lui sont par ailleurs consacrés. L'irrecevabilité de l'appel reste régie par l'ancien article 963 C. pr. civ. et suit le même régime que celui exposé ci-après.

D'autre part, la **taxe spécifique à la procédure d'appel** correspondant au **droit affecté au fonds d'indemnisation de la profession d'avoué près les cours d'appel.** L'article 1635 *bis* P du Code général des impôts a institué un droit de 150 euros, qui s'ajoute à la taxe de 35 euros quand elle trouve application. Ce droit est applicable depuis le 1er janvier 2012 à toute procédure d'appel avec représentation obligatoire introduite à compter de cette date et doit prendre fin le 31 décembre 2018. Pour les procédures avec représentation obligatoire, et seulement ces dernières, qu'il s'agisse des procédures contentieuses ou gracieuses, toute partie, qu'il s'agisse de l'appelant, des intimés, des intervenants forcés ou volontaires, y est assujettie. Toutefois, dans le cas où plusieurs personnes forment une même demande ou opposent une défense commune, il n'est dû qu'un seul droit, si elles sont représentées par un même avocat [6]. Le **timbre dématérialisé ou mobile** doit être acquitté lors de la remise de la déclaration d'appel ou de la constitution. Cependant, à titre transitoire, le décret du 28 septembre 2011 a prévu que pour les appels formés au plus tard le 1er juin 2012, l'acquittement du droit pouvait être justifié par la partie lors du dépôt au greffe des premières conclusions. Depuis le 1er septembre 2011, les appels et les constitutions devant être adressés par voie électronique sous peine d'irrecevabilité, les droits doivent être acquittés, depuis le 1er juin 2012, par voie électronique.

Le décret précité du 29 décembre 2013 a modifié les dispositions du Code de procédure civile applicables au paiement de ce droit. Désormais, l'article 963 C. pr. civ. en précise les modalités et la sanction et l'article 964 C. pr. civ. détermine la compétence pour prononcer cette sanction.

En outre, pour l'appel formé contre une décision gracieuse ou contre une ordonnance refusant la requête étant transmis à la cour après refus du premier juge, le greffe doit aviser l'appelant de cette transmission et doit l'inviter à acquitter le droit (C. pr. civ., art. 964-1).

Il convient de souligner que le nouvel article 963 C. pr. civ. précise que l'irrecevabilité est constatée

1. Paris, 22 janv. 1981, *Bull. ch. avoués* 1981, n° 78, p. 10 – Toulouse, ord., 21 mai 1981 et 15 juin 1981, *Bull. ch. avoués* 1981, n° 80, p. 16.
2. Décr. n° 91-1197, 27 nov. 1991, organisant la profession d'avocat, *JO* 28 nov., p. 15502.
3. Décr. n° 75-1339, 31 déc. 1975, relatif aux modalités d'application de la loi n° 75-618 du 11 juillet. 1975 relative au recouvrement des pensions alimentaires, *JO* 3 janv. 1976, p. 166.
4. Décr. n° 2011-1202, 28 sept. 2011, relatif au droit affecté au fonds d'indemnisation de la profession d'avoué près les cours d'appel et à la contribution pour l'aide juridique, *JO* 29 sept., p. 16383.
5. Décr. n° 2013-1280, 29 déc. 2013, relatif à la suppression de la contribution pour l'aide juridique et à diverses dispositions relatives à l'aide juridique, *JO* 30 déc., p. 22242.
6. Min. Justice, Instruction aux greffes pour la mise en œuvre du droit affecté au fonds d'indemnisation de la profession d'avoué près les cours d'appel, 19 déc. 2011.

d'office et que les parties n'ont pas qualité pour soulever cette irrecevabilité. C'est donc un devoir qui pèse sur le seul magistrat compétent de veiller à l'acquittement de cette taxe. Le nouvel article 964 C. pr. civ. détermine la compétence pour prononcer cette irrecevabilité. Il peut s'agir selon les cas, du premier président, du président de la chambre à laquelle l'affaire est distribuée, du conseiller de la mise en état ou du magistrat chargé de suivre la procédure ou de la formation de jugement. Ainsi, toutes les hypothèses sont envisagées. De même, pour les recours, il est renvoyé aux recours prévus pour les ordonnances du conseiller de la mise en état (C. pr. civ., art. 916) ou du magistrat chargé de suivre la procédure (C. pr. civ., art. 945) en cas de décision prononçant l'irrecevabilité de l'appel ou mettant fin à l'instance et pour les autres, y compris la décision du premier président ou de celle du président de la chambre, au recours ouvert contre les décisions de la juridiction, ce qui devrait être compris comme visant le pourvoi en cassation ou les recours en rectification des articles 461 et suivants C. pr. civ.

Enfin, l'article 963 alinéa 3 C. pr. civ. régit le cas de l'**aide juridictionnelle**. Les parties bénéficiaires de l'aide juridictionnelle sont dispensées du paiement de cette taxe et le bénéficiaire doit joindre la copie de la décision d'admission ou la preuve du dépôt de la demande. Précisons qu'en cas de rejet de la demande ou de retrait de l'aide durant l'instance d'appel, la partie a un délai d'un mois pour acquitter le droit à compter de la date de la décision de rejet ou de retrait, sous peine d'irrecevabilité de l'appel. La partie est informée de ce délai dans l'acte de notification de cette décision.

CHAPITRE

542. Droit d'appel

JACQUES PELLERIN
Avocat à la cour d'appel de Paris

SECTION 0
ORIENTEUR

542.00 **Plan du chapitre.**

542.01 **Principaux textes applicables.**
C. pr. civ., art. 272, 380, 490, 496, 544 à 560, 700, 776.

542.03 **Bibliographie indicative.**
* V. s[s] n° 541.03.

542.04 **Formulaire de procédure civile : renvois.**
* V. s[s] n° 544.04.

542.09 **Droit français.** Contrairement à d'autres législations, le droit français a consacré dans l'article 543 C. pr. civ., le principe du droit d'appel, même si au fil des ans et des domaines, il a étendu assez considérablement les exceptions à ce principe. La Cour de cassation a eu l'occasion de rappeler qu'il appartient au juge de relever d'office la fin de non-recevoir tirée de l'absence d'ouverture de la voie de recours.

SECTION 1
JUGEMENTS SUSCEPTIBLES D'APPEL

§ 1
Principe du droit

A.
Principe

542.11 Un droit d'appel contre toute décision. L'article 543 C. pr. civ. dispose ainsi : « *La voie de l'appel est ouverte en toutes matières, même gracieuses, contre les jugements de première instance s'il n'en est autrement disposé* ».

Il suffit alors pour s'emparer de cet article, de se situer dans le cadre d'un jugement, sans oublier d'une part que dans l'esprit du législateur, une décision même dénommée autrement peut être un jugement, et d'autre part que tout acte d'un juge n'est pas forcément un jugement.

Dès lors la qualification de la décision est importante, étant rappelé que celle donnée par le juge est indifférente[1].

Le terme jugement ne doit pas être pris au sens littéral du terme, mais doit s'entendre d'une **décision juridictionnelle de première instance**[2], peu important alors que l'*instrumentum* soit dénommé « jugement » ou « ordonnance » ou autre. À titre d'exemple, un jugement interprétatif est une décision soumise aux mêmes voies de recours que le jugement interprété[3].

Pour être considéré comme un jugement, la décision doit revêtir un **caractère juridictionnel**, et ne pas ressortir de la simple administration de la justice.

L'article 537 C. pr. civ. exclut formellement les actes d'administration judiciaire[4]. La jurisprudence[5] a tenté de présenter une définition de l'acte non juridictionnel : il s'agirait, selon elle, de la décision qui n'est pas susceptible d'affecter les droits et obligations d'une partie. Cette définition doit être précisée : comme le souligne le professeur Perrot[6], les droits et obligations concernent le fond du litige, puisque toute mesure de pure administration affecte les obligations des plaideurs (par ex., injonction de conclure, décision de renvoi à la mise en état, *etc.*).

1. Civ. 2e, 15 juin 1967, *Bull. civ.* II, n° 225 – Civ. 3e, 16 juill. 1974, n° 73-11.221, *Bull. civ.* III, n° 304.
2. Paris, 13 juill. 1978, *D.* 1980. 45, note Rameau.
3. Civ. 2e, 10 nov. 2005, n° 04-10.534, *Bull. civ.* II, n° 286.
4. Sur cette définition v. HÉRON ET LE BARS, n° 252 – CADIET et JEULAND, n° 98 – GUINCHARD, CHAINAIS et FERRAND, 31e éd., 2012, n°s 1019 s.
5. Soc. 24 mai 1995, n° 92-10.483, *Bull. civ.* V, n° 168; *RTD civ.* 1995. 958, obs. Perrot.
6. R. Perrot, *RTD civ.* 1995. 958.

Les **exemples d'administration judiciaire** abondent : décisions de jonction ou de disjonction d'instance, de réouverture des débats, de radiation ou de retrait du rôle[7], décisions qui prolongent le délibéré[8], qui statuent sur une demande de renvoi[9] ou, encore une désignation d'un huissier afin de constater un fait[10] ou la décision du tribunal d'appliquer à la procédure les règles de la liquidation judiciaire simplifiée[11]. Il en est de même des ordonnances du premier président autorisant un jour fixe ou d'une décision d'un président de chambre fixant une audience dans le cadre d'un jour fixe[12]. Ou encore de l'autorisation de bénéficier de la passerelle (C. pr. civ., art. 811)[13].

Il convient de faire une place particulière au **jugement prononçant un sursis.** Bien que s'agissant d'une décision d'administration judiciaire, un appel peut être autorisé dans les conditions de l'article 380 C. pr. civ. par le premier président (v. s[s] n° 542.54).

Par ailleurs, il faut que le jugement porte une **décision juridictionnelle, qui tranche le litige.** Ce n'est pas le cas pour le jugement de donner acte[14], qui n'est donc pas susceptible d'appel ou d'un contrat judiciaire résultant d'une transaction survenue en cours d'instance. Le juge dans ces cas ne fait que constater l'accord des parties.

Cependant, les cours d'appel marquent une certaine résistance[15]. En toute hypothèse, et dans la mesure où un recours serait admis, il ne pourrait que s'agir d'un recours devant le même juge et non d'un appel devant la cour[16].

B.
Vérification d'office

542.21 Droit d'appel et vérification d'office par le juge. Si les textes ont accordé dans le principe, un droit d'appel, ils en ont défini certaines limites, ont déterminé les formes et les délais de la saisine de la cour. Ces restrictions ne ressortent pas du simple

7. Civ. 1re, 16 nov. 2004, n° 02-14.528, *Bull. civ.* I, n° 266; *D.* 2005. 332, note Jullien et Fricero.
8. Civ. 1re, 23 mai 2006, n° 05-13.003, *Bull. civ.* I, n° 266.
9. Civ. 2e, 6 mai 1987, n° 86-10.581, *Bull. civ.* II, n° 106.
10. Paris, 25 avr. 1956, *D.* 1957. 237.
11. Com. 4 mars 2008, n° 07-10.033, *Bull. civ.* IV, n° 51; *D.* 2008. 1231, obs. Bélaval, Orsini, Salomon; *RJDA* juin 2006, n° 695; *RTD com.* 2008. 631, obs. Vallens; *Procédures* 2008, n° 5, note Rolland.
12. Civ. 2e, 22 juin 1988, n° 86-14.463, *Bull. civ.* II, n° 150; *JCP* 1988. IV. 306 – V. toutefois, CONTRA, Bordeaux, 29 mars 1995, *Gaz. Pal.* 19 juill. 1995.
13. Com. 7 juin 1988, n° 86-19.253, *Bull. civ.* IV, n° 196; *JCP* 1988. IV. 286.
14. Douai, 6 oct. 2005, *BICC* n° 2331.
15. Grenoble, 14 févr. 1985, *Gaz. Pal.* 1986. Somm. 458 – Paris, 16 déc. 1987, *Bull. ch. avoués* 1987. 4. 161.
16. Paris, 12 juill. 1987, *Bull. ch. avoués* 1989. 3. 75.

régime des nullités mais relèvent du domaine de la **fin de non-recevoir**, c'est-à-dire de l'**irrecevabilité**.

Or en ce domaine particulièrement, la Cour de cassation confie un **rôle de contrôle particulier au juge**.

Ainsi, la fin de non-recevoir doit-elle être relevée d'office lorsqu'elle a un caractère d'ordre public et notamment lorsqu'elle résulte de l'absence d'ouverture de la voie de recours[1] ou au contraire de l'existence de l'appel en dépit d'une qualification contraire[2].

De même le juge doit-il, dès lors que le dossier la lui révèle, soulever d'office la tardiveté de l'appel ou l'irrégularité de sa saisine[3].

En application de l'article 914 C. pr. civ., le conseiller de la mise en état (CME) est seul compétent jusqu'à son dessaisissement pour statuer sur la recevabilité de son appel et sa décision a autorité de chose jugée. Ce texte ne semble pas toutefois remettre en cause l'obligation de la cour de relever d'office l'irrecevabilité d'appel, non proposée par l'une des parties dans le cadre de la mise en état, si elle a un caractère d'ordre public.

C.
Diversité des formes

542.31 **Jugement en l'état.** Une rédaction parfois malheureuse d'un dispositif peut être de nature à créer une difficulté quant à la qualification.

Il apparaît quelquefois que des décisions sont rendues « en l'état », le juge entendant ainsi, souvent par une rédaction maladroite, signifier qu'il n'a pas les éléments suffisants pour trancher utilement. Ainsi, il déboute « en l'état » la demanderesse, qui n'a pas produit aux débats la pièce permettant d'établir le droit prétendu. Cette expression ambiguë laisse croire au plaideur qu'il peut revenir devant son juge dans un « autre état » et triompher en fournissant le dossier utile. La mention « en l'état » n'a pas de signification procédurale, puisque, en réalité, le juge statue toujours nécessairement, et pourrait-on dire heureusement, « en l'état » du dossier qui lui est remis.

Il suffit dès lors de constater que le juge, qui aurait pu rouvrir les débats, voire solliciter des explications, comme le permet l'article 8 C. pr. civ., a préféré vider sa saisine et rendre une décision. Il rend alors un jugement ou un arrêt susceptible du recours approprié, mais il n'est pas possible aux parties de le ressaisir[4] (« *Attendu qu'il résulte des articles 480 et 481 C. pr. civ. qu'un jugement, fût-il rendu "en l'état", dessaisit le juge de la contestation qu'il tranche et acquiert l'autorité de la chose jugée* »[5]).

Il en est évidemment différemment si l'expression « en l'état » retenue par le juge de première instance entend clairement signifier, au vu des motifs, que la demande n'est pas examinée parce que prématurément posée au tribunal. Alors le jugement rendu en l'état a tout autre sens et est dépourvu d'autorité de chose jugée, et, s'il ne justifie pas un appel, permet la reprise en temps utile du procès[6].

542.32 **Ordonnances du juge de la mise en état.** En application de l'article 776 C. pr. civ., les ordonnances du juge de la mise en état ne peuvent être frappées d'appel qu'avec la décision sur le fond.

Toutefois, ce principe est écarté dans deux séries de cas : les ordonnances qui ordonnent une expertise ou prononcent un sursis à statuer, dans les conditions des articles 272 et 380 C. pr. civ. et à condition que l'appel ait été formé dans les quinze jours de leur signification, les ordonnances qui statuant sur un incident mettent fin à l'instance ou constatent son extinction, celles qui statuent sur une exception de procédure, celles qui ont trait à des mesures provisoires en matière de divorce et de séparation de corps et enfin celles qui allouent une provision dans le cas où la demande est supérieure au taux de ressort. Il convient de relever que le contredit est supprimé en la matière et que les ordonnances du juge de la mise en état statuant sur la compétence sont susceptibles d'appel[7].

542.33 **Ordonnances sur requête.** L'ordonnance rendue sur requête connaît un régime particulier tiré de l'article 496 C. pr. civ. S'il n'est pas fait droit à la requête, l'appel est seul ouvert en application des articles 493 et 812 C. pr. civ. S'il est fait droit à la requête, seule la voie de rétractation par saisine en référé est possible au regard de l'article 496 du même code et l'appel ne pourra que frapper l'ordonnance rendue sur demande en rétractation[8].

1. Civ. 2e, 13 janv. 2011, n° 09-71.280, NP – Civ. 3e, 23 mars 2010, n° 09-10.615, NP – Civ. 2e, 19 mars 2009, n° 08-12.814, *Bull. civ.* II, n° 77 – Civ. 2e, 7 oct. 1987, n° 86-13.290, *Bull. civ.* II, n° 183.
2. Civ. 2e, 21 oct. 2010, n° 09-12.576, NP.
3. Civ. 2e, 10 sept. 2009, n° 08-14.946, NP.
4. Civ. 2e, 31 mars 1993, n° 91-19.566, *Bull. civ.* II, n° 137 – Com. 8 mars 1994, n° 92-10.139, *Bull. civ.* IV, n° 105; *D.* 1995. 108, obs. Fricero – Civ. 2e, 10 déc. 1998, n° 96-21.288, *Bull. civ.* II, n° 295; *D.* 1999. 215, obs. Julien.
5. Civ. 1re, 20 févr. 2007, n° 05-12.913, *Bull. civ.* I, n° 66; *JCP* 2007. IV. 1633 – Civ. 2e, 20 déc. 2007, n° 06-20.961, *Procédures* 2008, n° 69, note Perrot – Civ. 2e, 22 mai 2008, n° 07-14.208, NP – Civ. 2e, 11 févr. 1999, n° 96-20.136, NP – V. AUSSI, Civ. 3e, 31 mai 2000, n° 98-19.434, NP.
6. Civ. 2e, 3 juill. 2008, n° 07-16.398, *Bull. civ.* II, n° 161; *D.* 2009. 848, note Perret-Richard; *Procédures* 2008, n° 10, note Perrot.
7. Civ. 2e, 3 janv. 2013, n° 11-25.242, *Bull. civ.* II, n° 18.
8. Civ. 2e, 22 janv. 1997, n° 95-12.654, *Bull. civ.* II, n° 19; *JCP* 1997. II. 22846, note du Rusquec.

L'ordonnance rendue sur requête par le président du tribunal de grande instance en application de l'article 1441-4 C. pr. civ., relatif à la force exécutoire conférée à une transaction, a pu poser problème faute de précision dans ce texte novateur. La Cour de cassation a tranché la question, qualifiant cette ordonnance d'« *ordonnance sur requête au sens de l'article 812 alinéa 1er C. pr. civ.* » et en la soumettant au régime de droit commun de ces ordonnances [1].

À titre d'exception, l'ordonnance rendue par le président du tribunal de commerce en application de l'article L. 643-11 du Code de commerce ne peut être critiquée que par la voie de l'appel selon les conditions de forme et de délai de droit commun et non par la voie de la rétractation [2].

542.34 Ordonnance conférant force exécutoire aux recommandations de la Commission de surendettement. Ensuite de la modification de l'article R. 332-3 du Code de la consommation par le décret n° 2010-1304 du 29 octobre 2010 [3], et par application des articles R. 334-14 et suivants, l'appel est désormais ouvert contre les ordonnances conférant force exécutoire aux mesures recommandées par la commission de surendettement et non contestées par une partie, lorsque ces parties ont été en mesure de s'opposer à ces recommandations [4]. Par contre, le jugement statuant sur une demande de vérification de créance par la commission de surendettement n'est pas susceptible d'appel [5].

542.35 Jugements en matière de procédure collective. Comme souvent, le droit d'appel en matière de procédure collective répond à des règles particulières. Ainsi l'ordonnance n° 2008-1345 du 18 décembre 2008 [6] complétée par le décret n° 2009-160 du 12 février 2009 [7] apportent-ils de nouvelles modifications aux règles existantes [8].

1. Civ. 2e, 24 mai 2007, n° 06-11.259, *Bull. civ.* II, n° 133; *D.* 2008. 129, note Julien et Racine; *D.* 2008. 180, obs. Clay; *D.* 2007. 2427, obs. Fricero; *Procédures* 2007, n° 8, note Perrot – Lyon, 19 août 2005, RG n° 05/4346.
2. Com. 15 nov. 2005, n° 04-14.099, NP – Com. 16 juin 2004, n° 01-12.480, *Bull. civ.* IV, n° 127; *D.* 2004. 1902, obs. Lienhard.
3. Décr. n° 2010-1304, 29 oct. 2010, relatif aux procédures de traitement des situations de surendettement des particuliers, *JO* 31 oct., p. 19604.
4. Civ. 2e, 13 nov. 2008, n° 07-15.682, *Bull. civ.* II, n° 235; *D.* 2008. 3082, obs. Avena-Robardet.
5. Civ. 2e, 10 nov. 2010, n° 09-15.617, NP.
6. Ord. n° 2008-1345, 18 déc. 2008, portant réforme du droit des entreprises en difficulté, *JO* 19 déc., p. 19462.
7. Décr. n° 2009-160, 12 févr. 2009, pris pour l'application de l'ordonnance n° 2008-1345 du 18 déc. 2008 portant réforme du droit des entreprises en difficulté et modifiant les procédures de saisie immobilière et de distribution du prix d'un immeuble, *JO* 13 févr., p. 2596.
8. V. H. et C. Croze, « Procédures collectives », *Procédures* avr. 2009, p. 3.

Sont susceptibles d'appel :

- en matière de prévention, la décision refusant de nommer un mandataire *ad hoc* (C. com., art. R. 611-20) ou la décision nommant un conciliateur (C. com., art. R. 611-26);
- les décisions statuant sur l'ouverture d'une procédure de sauvegarde, de redressement judiciaire ou de liquidation judiciaire en application des articles L. 661-1 et L. 661-2 du Code de commerce;
- les décisions statuant sur l'arrêté des plans de sauvegarde ou redressement ou leur modification en application des articles L. 661-1 et suivants du Code de commerce;
- les décisions d'extension de la procédure de conversion, de résolution en application de l'article L. 661-1 du Code de commerce;
- la décision relative au plan de cession dans les conditions des articles L. 661-6 et suivants du Code de commerce;
- la décision de résolution du plan de cession [9];
- la décision relative à la modification de la mission de l'administrateur en application de l'article L. 661-6 du Code de commerce;
- la décision du tribunal statuant sur le recours contre une ordonnance du juge commissaire en application implicite de l'article R. 662-1 du Code de commerce et de la jurisprudence [10];
- la décision du juge commissaire dans le processus de vérification du passif, en application de l'article R. 624-7 du Code de commerce;
- la décision du juge commissaire rendue sur réclamation d'un tiers en application des articles L. 624-3 et R. 624-10 du Code de commerce;
- les décisions du juge commissaire autorisant des ventes d'immeubles ou autres biens des actifs de la liquidation en application des articles L. 642-19-1 et R. 642-37-1 et R. 642-37-3 du Code de commerce;
- le jugement d'homologation de la conciliation dans les conditions des articles R. 611-42 et suivants du Code de commerce;

D'autres décisions ne sont susceptibles d'appel que de la part du ministère public telles que celle ouvrant la procédure de conciliation (C. com., art. L. 611-6), celle nommant les organes de la procédure, à l'exclusion du juge commissaire (C. com., art. L. 661-4), celle portant sur la durée de la période d'observation ou la cessation d'activité (C. com., art. L. 661-6).

542.36 Décision du juge des tutelles et délibération du conseil de famille. Les articles 1239 à 1247 C. pr. civ., profondément modifiés par le décret

9. Com. 6 mai 1997, n° 94-19.017, *Bull. civ.* IV, n° 124; *D.* 1998. 6, obs. Derrida.
10. Com. 14 oct. 2008, n° 07-17.824, NP; *D.* 2012. 430, obs. Lienhard.

n° 2009-1628 du 23 décembre 2009[1] et le décret n° 2012-634 du 3 mai 2012[2], réglementent l'appel et l'article 1239 C. pr. civ. pose le principe de l'appel désormais devant la cour d'appel contre les décisions du juge des tutelles et les délibérations du conseil de famille.

542.37 Décision du juge de l'exécution. Les articles R. 121-19 et R. 121-20 C. pr. exéc. prévoient l'appel des décisions du juge de l'exécution. Il convient de relever que les décisions du juge de l'exécution statuant sur la compétence ne sont pas susceptibles de contredit, mais seulement d'appel (C. pr. exéc., art. R. 121-3)[3].

542.38 Décisions en matière de saisie immobilière. Le décret n° 2009-160 du 12 février 2009 a modifié la procédure de saisie immobilière. Désormais, sauf dispositions contraires, tous les jugements sont susceptibles d'appel dans les quinze jours de la notification, l'appel étant jugé à bref délai conformément à l'article 905 C. pr. civ., sauf l'appel du jugement d'orientation qui est jugé à jour fixe, sans qu'il soit nécessaire de viser le péril dans la requête.

§ 2
Limites au droit d'appel

A.
Suppression de tout droit d'appel

542.41 Intérêt à l'appel. Il faut avoir intérêt pour pouvoir interjeter appel et le défaut d'intérêt constitue une fin de non-recevoir au sens de l'article 122 C. pr. civ., que le juge peut soulever d'office en application de l'article 125 du même code. L'existence de l'intérêt requis pour interjeter appel s'apprécie **au jour de l'appel** dont la recevabilité ne peut dépendre de circonstances postérieures qui l'auraient rendu sans objet[4]. Cet intérêt est apprécié au regard de la décision de première instance et des demandes présentées devant le premier juge. Ainsi, on ne peut avoir intérêt pour le seul motif que l'on souhaite présenter une demande que l'on n'a pas formulée en première instance[5].

542.42 Intérêt du litige. Le droit d'appel est supprimé lorsque l'intérêt du litige est déterminé et est trop faible pour le justifier (demande inférieure ou égale à 4 000 euros en matière civile et commerciale), inférieure à 4 000 euros en matière prud'homale (C. trav., art. D. 1462-3), étant précisé que suite à la modification de l'ancien article R. 517-40 du Code du travail par le décret du 28 décembre 2005, ce n'est plus la prétention par chef de demande qui est prise en compte mais la valeur totale des prétentions d'une partie (C. trav., art. R. 1462-1).

N'entrent pas dans l'évaluation de la demande :

- la demande au titre de l'article 700 C. pr. civ.[6];
- les intérêts postérieurs à l'assignation[7];
- les frais d'expertise[8].

La demande doit être regardée telle qu'elle a été présentée dans les dernières écritures. Il a été jugé qu'une réduction de la demande à un chiffre inférieur au taux du ressort rend l'appel irrecevable[9].

542.43 Euro symbolique. Lorsque la demande ne tend qu'au paiement d'un euro symbolique de dommages-intérêts, elle n'en est pas moins déterminée et interdit l'appel[10].

542.44 Pluralité de prétentions. Lorsque plusieurs prétentions sont émises par un demandeur contre un même défendeur, il convient de distinguer selon que ces prétentions sont fondées ou non sur des faits différents ou non connexes. Dans le premier cas, la valeur du litige doit être appréciée au regard de chacune des prétentions considérées de manière isolée; dans le second, il convient de retenir la valeur totale de ces prétentions (C. pr. civ., art. 35, al. 1er et 2). La jurisprudence a précisé que cet article ne concerne que le cas de prétentions émises par une partie à l'encontre de l'autre et non des prétentions réciproques que les parties s'opposent[11] ou lorsqu'une des prétentions est subsidiaire[12].

542.45 Pluralité de demandeurs ou de défendeurs. Quand plusieurs prétentions sont émises dans une même instance opposant plusieurs demandeurs à plusieurs défendeurs, l'article 36 C. pr. civ. distingue selon que cette pluralité de demandes est fondée sur un « *titre commun* » ou non. Dans la première hypothèse, l'évaluation du litige est appréciée, pour

1. Décr. n° 2009-1628, 23 déc. 2009, relatif à l'appel contre les décisions du juge des tutelles et les délibérations du conseil de famille et modifiant diverses dispositions concernant la protection juridique des mineurs et des majeurs, *JO* 26 déc., p. 22311.
2. Décr. n° 2012-634, 3 mai 2012, relatif à la fusion des professions d'avocat et d'avoué près les cours d'appel, *JO* 5 mai, p. 7969.
3. Civ. 2e, 19 mars 2009, n° 08-12.814, *Bull. civ.* II, n° 77.
4. Civ. 2e, 6 avr. 2006, n° 04-12.803, NP; *Procédures* 2006, n° 149, note Perrot – Civ. 2e, 6 mars 2008, n° 07-12.538, *Bull. civ.* II, n° 62.
5. Civ. 2e, 6 mars 2008, n° 07-12.538, *Bull. civ.* II, n° 62.
6. Rouen, 27 févr. 1979, *Gaz. Pal.* 1979. 1. 167 – Civ. 2e, 2 oct. 1981, n° 80-13.503, *Bull. civ.* II, n° 177 – Dijon, 7 juin 1978, *D.* 1978. IR 223 – Civ. 3e, 6 janv. 1981, n° 79-10.651, *Bull. civ.* III, n° 4.
7. Civ. 2e, 17 nov. 1993, n° 92-12.333, *Bull. civ.* II, n° 332.
8. Civ. 2e, 17 nov. 1993, n° 92-12.684, *Bull. civ.* II, n° 331.
9. Civ. 2e, 26 janv. 1994, n° 92-15.328, *Bull. civ.* II, n° 37.
10. Civ. 2e, 24 janv. 1996, n° 94-14.095, *Bull. civ.* II, n° 8; *RJDA* juin 1996, n° 589.
11. Civ. 2e, 24 mai 2007, n° 06-12.741, *Bull. civ.* II, n° 137; *Procédures* 2007. Comm. 183, obs. Perrot.
12. Civ. 2e, 2 oct. 1984, n° 83-12.772, *Bull. civ.* II, n° 157.

toutes les parties, au regard du montant de la demande la plus élevée. Dans la seconde, l'article 35 s'applique comme exposé ci-dessus. Le « *titre commun* » doit s'entendre comme un acte juridique, et non pas comme un ensemble de faits qui serait invoqué par les différentes parties[1].

542.46 Demande indéterminée. Quand le jugement statue sur une demande indéterminée, sauf disposition contraire, la décision est susceptible d'appel (C. pr. civ., art. 40). Il s'agit des demandes en matière extrapatrimoniale ou des demandes qui ne sont pas chiffrées faute d'éléments permettant d'en évaluer le montant[2], encore que le juge puisse porter une évaluation pour déterminer si le jugement est ou non en dernier ressort[3]. De même, le fait que la demande porte sur une question de principe ou l'interprétation d'un texte ne suffit pas à donner au litige un caractère indéterminé[4], si les éléments du dossier permettent de la chiffrer.

Par ailleurs, les demandes en résolution ou en annulation d'un contrat, sauf là encore si l'évaluation des intérêts permet d'en apercevoir la faiblesse, constituent des demandes indéterminées[5]. Par ailleurs, une demande d'expulsion[6], quelle qu'en soit la cause, ou une demande tendant à voir ordonner une réintégration[7] sont indéterminées.

542.47 Jugement sur la compétence. En principe, le jugement qui ne statue que sur la compétence ne peut faire l'objet d'un appel, seule la voie du contredit étant ouverte en application de l'article 80 C. pr. civ. Toutefois, l'appel est seul ouvert en application de l'article 99 lorsque l'incompétence est relevée au profit de la juridiction administrative, étant rappelé que le contredit inopportun vaut appel en application de l'article 91 C. pr. civ.

Le jugement qui, ayant tranché sur la compétence, statue au fond, est susceptible d'appel. Toutefois, en application de l'article 78, l'appel ne peut être interjeté que du chef de la compétence lorsqu'il est statué en dessous du taux du ressort, de telle sorte que la cour ne peut trancher que sur la compétence, n'étant pas saisie du fond qui reste jugé en dernier ressort[8].

Enfin, il convient de rappeler que les **ordonnances de référé** et les **ordonnances du juge conciliateur en matière de divorce et de séparation de corps** statuant sur la compétence sont susceptibles d'appel et non de contredit. Toutefois, ce texte est interprété strictement, le contredit s'imposant dans tous les autres cas.

B.
Retardement du droit d'appel

542.51 Le principe. Il résulte de la combinaison des articles 544 et 545 C. pr. civ. que le droit d'appel contre les jugements avant dire droit ou d'incident, est **retardé jusqu'à l'appel contre le jugement rendu ultérieurement au fond** (sauf les cas particuliers d'autorisation du premier président[9]). Cette règle est d'ordre public et l'irrecevabilité peut être soulevée d'office par le juge[10]. En revanche, lorsque le jugement qui statue sur une exception de procédure, une fin de non-recevoir ou tout autre incident met fin à l'instance, l'appel est immédiat. L'article 545 C. pr. civ. qui énonce le retardement de l'appel s'applique à tous les jugements de rejet de l'exception de procédure, de la fin de non-recevoir ou de l'incident, quelle que soit l'importance de cette question sur le fond du lige. Il en est ainsi, par exemple, pour un jugement qui rejette la fin de non-recevoir tirée de la prescription[11]. De même, pour une décision qui, sans mettre fin à l'instance, déclare recevable la demande, n'est pas susceptible d'un appel immédiat même si pour déclarer recevable l'action elle tranche un problème de fond[12]. En outre, ces décisions rendues sur les exceptions de procédure ou les fins de non-recevoir ou des incidents d'instance auront l'autorité de chose jugée et devront faire l'objet d'un appel en même temps que la décision ultérieure sur le fond si la partie veut critiquer en appel le point procédural tranché par le premier juge[13].

La Cour de cassation va plus loin encore, au regard de sa jurisprudence sur le seul effet du dispositif, en relevant que le jugement qui se borne, dans son dispositif, à allouer une provision et à ordonner une expertise ne tranche pas une partie du principal et n'est pas susceptible d'appel

1. Civ. 2e, 29 avr. 1997, no 95-11.551, *Bull. civ.* II, no 125; *Procédures* 1997. Comm. 377, obs. Perrot – DANS CE SENS, V. GUINCHARD, CHAINAIS et FERRAND, 31e éd., 2012, no 1533.
2. Soc. 12 juin 2002, no 00-40.278, NP.
3. Req. 23 janv. 1865, *DP* 1865. 1. 215.
4. Soc. 26 oct. 1993, no 90-42.338, *Bull. civ.* V, no 249.
5. Civ. 1re, 7 févr. 1995, no 92-17.894, *Bull. civ.* I, no 70.
6. Civ. 2e, 4 juin 1978, no 77-11.021, *Bull. civ.* II, no 209.
7. Soc. 15 juill. 1998, no 96-42.703, NP.
8. Civ. 2e, 18 nov. 2004, no 03-10.491, NP; *Procédures* 2005, no 3 – Civ. 1re, 9 mars 2004, no 00-14.312, *Bull. civ.* I, no 76.
9. Civ. 3e, 23 mars 2010, no 09-10.615, NP – Civ. 2e, 22 janv. 2009, no 07-20.471, NP – Civ. 1re, 7 juill. 1993, no 90-16.695, *Bull. civ.* I, no 242 – V. Nayral de Puybusque, « De l'appel des jugements avant dire droit », *Gaz. Pal.* 1976. 700 – M. Parmentier, « L'appel des jugements avant dire droit », *Bull. ch. avoués* 1979, no 72, p. 1 – J. Viatte, « L'appel des jugements ordonnant une mesure d'instruction », *Gaz. Pal.* 1974. 873.
10. Civ. 2e, 20 juin 1979, no 78-10.989, *Bull. civ.* II, no 182 – Civ. 2e, 7 oct. 1987, no 86-13.290, *Bull. civ.* II, no 183 – Com. 2 oct. 1984, no 82-15.844, *Bull. civ.* IV, no 207; *Gaz. Pal.* 1985. Pan. 18, obs. Guinchard – Civ. 2e, 15 nov. 1995, no 93-21.721, NP – Civ. 3e, 15 janv. 1985, no 83-16.164, *Bull. civ.* III, no 10; *Gaz. Pal.* 1985. Pan. 146, obs. Croze et Morel.
11. Civ. 2e, 26 avr. 2001, no 99-18.770, NP.
12. Civ. 1re, 2 mars 2004, no 01-11.678, NP; *Procédures* 2004, no 96.
13. Civ. 3e, 15 mars 2006, no 04-18.244, *Bull. civ.* III, no 65.

indépendamment du jugement rendu sur le fond[1]. Le jugement qui, avant dire droit au fond, ordonne une enquête sociale n'est pas susceptible d'un appel immédiat, même si à titre provisoire, il statue sur l'autorité parentale, la résidence de l'enfant et la pension[2]. De même le jugement qui prononce un sursis et condamne une partie à des dommages-intérêts pour procédure abusive, ne tranche pas le principal et ne peut faire l'objet d'un appel immédiat[3]. Il en est de même du jugement rejetant la fin de non-recevoir tirée du défaut d'intérêt, mais dans ce cas particulier le seul recours immédiat ouvert est le contredit[4].

Non seulement l'appel contre une telle décision est subordonné à l'existence de la décision au fond, mais encore d'un appel contre cette décision au fond. Mais la Cour de cassation admet qu'une partie puisse faire appel du seul jugement avant dire droit, si l'autre partie a déjà interjeté appel du jugement postérieur au fond[5], et admet même que cet appel se fasse de façon incidente[6].

En dépit d'une résistance sporadique de cours d'appel[7] et d'une rigueur combattue par une partie de la doctrine[8], la Cour de cassation est rigoureuse et exige que l'appel soit fait contre les deux décisions soit dans le même acte soit le même jour[9]. En effet, au soutien de cette solution, il faut relever que l'appel formé contre le jugement au fond sans remettre en cause le jugement dont l'appel est différé reviendrait à l'acquiescer.

Par un arrêt dont la rédaction lève toute incertitude, la Cour de cassation précise que les dispositions du Code de procédure civile qui prévoient l'exercice différé de l'appel s'appliquent aux décisions du JEX[10], dès lors qu'il n'a pas vidé sa saisine[11].

Le même principe s'applique aux décisions relatives aux mesures d'instruction en application de l'article 170 C. pr. civ., sauf s'il s'agit d'une instance autonome à laquelle il est mis fin, telle la décision rejetant une demande de récusation d'expert[12].

542.52 Le référé. Alors même qu'en application de l'article 490 C. pr. civ. l'appel est possible contre toute ordonnance de référé, sauf rendue en dernier ressort, la jurisprudence semble vouloir distinguer selon que le juge, en statuant a vidé sa saisine.

Si son ordonnance vide sa saisine, l'article 490 C. pr. civ. trouve application et l'appel immédiat est possible, même si l'ordonnance ne prescrit qu'une expertise[13].

Si, retenant sa compétence, et avant de rendre sa décision, il ordonne une mesure expertale ou préparatoire, et ne vide alors pas sa saisine, l'appel n'est pas possible[14], sauf autorisation du premier président en cas d'ordonnance préparatoire d'expertise ou de sursis à statuer[15]. Ainsi, dans un arrêt significatif, la Cour de cassation a rappelé que les dispositions des articles 544 et 545 C. pr. civ. s'appliquaient aux ordonnances de référé de telle sorte qu'une ordonnance qui ne statue pas sur une partie du principal n'est pas susceptible d'un appel immédiat[16].

542.53 Jugement mixte. L'article 544 C. pr. civ. permet l'appel immédiat contre un jugement qui tranche, dans son dispositif, une partie du principal et ordonne une mesure d'instruction. C'est au dispositif qu'il convient de se référer et non aux motifs. La jurisprudence a abandonné la théorie des motifs décisoires. Cet abandon la conduit à qualifier de jugement avant dire droit, et par conséquent non susceptible d'appel immédiat, la décision qui n'ordonne que la mesure d'instruction.

Faire appel à la notion de motifs décisoires est alors une démarche tentante. La jurisprudence, un temps plus accueillante, est aujourd'hui plus stricte et revient à la lettre du texte qui exige que le jugement tranche « *dans son dispositif une partie du principal* »[17]; (en ce sens aussi le jugement ordonnant une expertise pour déterminer la valeur locative des locaux commerciaux, alors que le principe même d'une modification notable de facteurs locaux de commercialité était contesté[18]; l'arrêt considérant comme mixte un jugement ordonnant une expertise après avoir dans son dispositif statué sur la régularité contestée de la demande de révision[19]; la décision qui casse un arrêt ayant déclaré recevable un appel immédiat d'un jugement refusant une jonction d'instances, déclarant un rapport

1. Civ. 2e, 14 déc. 2006, no 05-20.071, NP – Civ. 3e, 7 oct. 1998, no 96-20.404, *Bull. civ.* III, no 186; *BICC* no 11, p. 23; *JCP* 1998. IV. 3237 – V. Civ. 3e, 27 mai 1997, no 95-20.380, NP.
2. Dijon, 24 mai 2007, *Gaz. Pal.* 19-20 août 2007, p. 6, note Gerbay.
3. Civ. 2e, 26 oct. 2006, no 05-14.489, *Bull. civ.* II, no 289; *Procédures* 2007, no 1, note Perrot.
4. Civ. 2e, 4 juill. 2007, no 06-20.500, *Bull. civ.* II, no 180; *AJDI* 2008. 312, obs. de la Vaissière.
5. Civ. 2e, 2 déc. 2010, no 09-14.596, *Bull. civ.* II, no 197; *D.* 2011. 632, chron. Sommer, Leroy-Gissinger, Adida-Canac et Grignon Dumoulin; *D.* 2011. 23.
6. Civ. 2e, 4 juin 2009, no 08-15.487, *Bull. civ.* II, no 137.
7. Paris, 2 nov. 1988, *Bull. ch. avoués* 1988. 4. 142 – Paris, 18 déc. 1990, *Bull. ch. avoués* 1990. 4. 120.
8. R. Perrot, *RTD civ.* 1978. 736.
9. Civ. 2e, 5 avr. 2001, no 99-17.613, *Bull. civ.* II, no 70; *RTD civ.* 2001. 665, obs. Perrot; *Procédures* 2001, no 121; *BICC* no 616 – Civ. 3e, 11 janv. 1978, no 76-12.771, *Bull. civ.* III, no 30 – Civ. 2e, 11 janv. 1978, no 75-15.313, *Bull. civ.* II, no 15.
10. Civ. 2e, 18 févr. 1999, no 97-11.374, *Bull. civ.* II, no 33; *Procédures* 1999, no 119.
11. Civ. 2e, 15 sept. 2005, no 03-20.3644, *Bull. civ.* II, no 217.
12. Civ. 2e, 23 juin 2005, no 03-16.627, *Bull. civ.* II, no 170; *RTD civ.* 2005. 635, obs. Perrot.
13. En cas d'extension par le juge chargé du contrôle de l'expertise, v. Civ. 2e, 21 juin 1995, no 93-19.816, *Bull. civ.* II, no 194; *D.* 1996. 138, obs. Julien; *RTD civ.* 1995. 679, obs. Perrot; *Audijuris*, no 61.
14. Civ. 2e, 5 avr. 1994, no 92-19.914, NP.
15. Civ. 2e, 10 févr. 2000, no 98-13.646, NP.
16. Civ. 2e, 23 sept. 2004, no 02-19.821, *Bull. civ.* II, no 408.
17. Civ. 2e, 16 juill. 1993, no 91-19.781, *Bull. civ.* II, no 235; *JCP* 1993. IV. 2350.
18. Civ. 3e, 21 juill. 1993, no 91-19.378, *Bull. civ.* III, no 115; *JCP* 1993. IV. 2412.
19. Civ. 3e, 19 mars 2008, no 07-10.679, *Bull. civ.* III, no 49; *AJDI* 2008. 671, obs. Denizot; *JCP* 2008. IV. 1767.

d'expertise opposable à une partie et renvoyant les parties à conclure sur le fond[1]; ou sur jugement d'expertise : « *Attendu que pour accueillir l'appel et rejeter l'opposition, la cour d'appel énonce que les premiers juges en recevant les consorts O... en leur opposition à commandement ont implicitement mais nécessairement rejeté la fin de non-recevoir tirée de la prescription biennale de l'article L. 114-1 du Code des assurances que la Caisse de prévoyance avait soulevée, et que le tribunal s'est d'ailleurs longuement expliqué sur ce moyen dans les motifs de sa décision avant de l'écarter et que le jugement est une décision mixte dont l'appel immédiat est recevable conformément aux dispositions de l'article 544 C. pr. civ.; Qu'en statuant ainsi alors que l'appel était irrecevable, la cour a violé les textes susvisés* »[2]; ou encore « *que l'arrêt [...] qui s'est borné dans son dispositif à ordonner une mesure d'instruction pour être statué ultérieurement sur le bien-fondé des demandes en résiliation du marché, n'avait pas au principal, autorité de la chose jugée* »[3]).

Dans une espèce significative, la Cour de cassation a rappelé la seule valeur du dispositif, s'agissant de l'autorité de chose jugée. Un établissement financier assigne des indivisaires en licitation et partage successoral pour récupérer une créance alléguée contre l'un d'eux.

Le tribunal par un premier jugement, écarte les moyens d'irrecevabilité avancés par les défendeurs puis invite l'établissement financier à justifier de sa créance. Par un second jugement, le tribunal le déboute au fond. En appel, la cour déclare irrecevable la demande de l'établissement financier, et celui-ci formera un pourvoi sur le moyen suivant : « *L'autorité de la chose jugée s'étend non seulement aux dispositions formelles du jugement mais également aux questions incidentes que le juge a dû nécessairement trancher pour rendre sa décision et qui priveraient celle-ci de tout fondement logique si elles étaient démenties* ». Ce à quoi la cour répond : « *Les jugements qui ne tranchent pas dans leur dispositif une partie du principal et ne mettent pas fin à l'instance en statuant sur une exception de procédure, une fin de non-recevoir ou un incident, n'ont pas autorité de chose jugée* »[4].

Dans une espèce en contestation de paternité, le tribunal avait déclaré recevable l'action en statuant sur l'absence de possession d'état d'enfant légitime, et ordonné une expertise des sangs. La cour d'appel reçoit l'appel au motif que le tribunal a tranché une partie du principal. La Cour de cassation censure à bon droit cette décision au motif « *qu'en se déterminant ainsi, alors que les premiers juges s'étaient bornés à statuer sur la recevabilité de l'action exercée par Madame X et à ordonner une expertise, la cour d'appel a violé les textes susvisés* [...] »[5].

En application des articles 544 et 545 C. pr. civ., n'est pas susceptible d'appel immédiat le jugement qui tranche sur une exception de procédure ou de fin de non-recevoir sans mettre fin à l'instance. Dès lors, le fait de juger sur une exception de procédure ne donne pas le caractère mixte à la décision, et ne permet pas de déroger au principe du retardement de l'appel. Il n'est plus question de motif décisoire, seul le dispositif est significatif[6]. Les motifs du jugement, fussent-ils le soutien nécessaire de la décision, n'ont pas l'autorité de la chose jugée[7].

Il reste alors, comme seule difficulté, l'hypothèse où implicitement dans son dispositif le tribunal a tranché le principal (la cour d'appel de Paris s'est prononcée en faveur du caractère mixte[8]). En effet, la Cour de cassation s'en tient désormais au seul dispositif. Il se peut dès lors que celui-ci, dans sa rédaction et de façon implicite, tranche le principal. La décision peut alors avoir le caractère mixte. Mais il ne s'agit pas de revenir à une analyse déductive par rapport aux motifs, mais à trouver dans le dispositif lui-même la décision implicite. Mais il est vrai que, sur ce point, la Cour de cassation n'a pas de doctrine très claire et la délimitation de l'étendue de la chose jugée pour le praticien est chose compliquée.

Ainsi, dans un arrêt du 22 mai 1995, la Cour de cassation indique que « *si l'autorité de la chose jugée s'attache seulement au dispositif et non aux motifs, elle s'étend à ce qui a été implicitement jugé comme étant la conséquence nécessaire du dispositif* »[9]. Il est permis de se demander si nous ne revivons pas ainsi la jurisprudence sur le motif décisoire que semble d'ailleurs ne pas avoir abandonné la chambre sociale[10]. En réalité, la Cour de cassation entend peut-être adopter une ligne plus subtile, n'attachant l'autorité qu'au dispositif, que la décision telle qu'elle existe dans le dispositif soit explicite ou implicite. En l'espèce, la cour avait réformé une décision qui avait refusé un sursis à statuer et condamné avec exécution provisoire une partie. Sur appel, la cour avait réformé et prononcé le sursis à statuer. Dans le cadre d'une procédure d'exécution visant à obtenir le remboursement des sommes payées sur exécution provisoire, la Cour de cassation a considéré que le dispositif de l'arrêt ordonnant le sursis à statuer impliquait à lui seul qu'aucune condamnation n'était prononcée. D'une déduction tirée de motifs, telle que retenue dans l'ancienne jurisprudence, nous en arriverions à une analyse déductive du dispositif et de ce qu'il commande nécessairement.

Le fait de décider qu'un rapport est opposable à une partie et de renvoyer celle-ci à conclure, est une décision avant dire droit[11].

Mais il n'est pas toujours aisé de savoir ce qu'il faut entendre par jugement tranchant une partie du principal, et il semble qu'une mesure, prise pour la durée de l'instance, ne rentre pas dans cette catégorie (a été déclaré irrecevable l'appel fait sans autorisation

1. Civ. 2e, 11 janv. 1995, no 93-10.647, *Bull. civ.* II, no 3; *Rev. huiss.* 1995. 1013.
2. Civ. 2e, 18 mai 1989, no 88-12.849, *Bull. civ.* II, no 110.
3. Civ. 3e, 12 oct. 1994, no 92-16.116, NP.
4. Civ. 2e, 4 juin 1993, no 91-21.382, *Bull. civ.* II, no 190.
5. Civ. 1re, 21 nov. 1995, no 93-21.069, Coste, NP – Civ. 1re, 2 mars 2004, no 01-11.678, NP; *Procédures* 2004, no 96.
6. Civ. 2e, 10 juill. 2003, no 01-14.736, *Bull. civ.* II, no 237.
7. Civ. 2e, 12 févr. 2004, no 02-11.331, *Bull. civ.* II, no 55; *BICC* no 747.
8. Paris, 2 avr. 1992, *Bull. ch. avoués* 1992. 2. 50.
9. Civ. 2e, 22 mai 1995, no 93-19.016, *Bull. civ.* II, no 150; *RTD civ.* 1995. 961, obs. Perrot.
10. Soc. 24 janv. 1995, no 93-13.411, NP.
11. Civ. 2e, 11 janv. 1995, no 93-10.647, *Bull. civ.* II, no 3.

d'une ordonnance du JAF ayant confié l'enfant pendant la durée de l'instance au père et organisé une expertise[1])[2]. Il a même été considéré qu'une décision désignant un expert et allouant une provision, sans que la responsabilité ne soit tranchée dans le dispositif, est une décision insusceptible d'un appel immédiat[3].

En toute hypothèse, **pour être mixte, un jugement doit trancher une partie du principal.** Tel n'est pas le cas de la décision qui alloue une somme au titre de l'article 700 C. pr. civ. ou statue sur les dépens, tout en ordonnant une expertise ou un sursis. Même si une telle décision peut sembler curieuse, elle n'est pas susceptible d'appel immédiat sans autorisation[4].

Enfin doit être, au regard d'une jurisprudence chaotique, abordé le problème du **jugement ordonnant une expertise et condamnant au payement d'une provision.** Un tel jugement est-il mixte, et peut-il en être fait appel immédiatement ? Une réponse positive semblerait évidente, d'autant que l'article 776 C. pr. civ. prévoit la possibilité d'un appel lorsque la provision est accordée par le juge de la mise en état.

Mais l'article 544 C. pr. civ. exige qu'une partie du principal ait été tranchée.

Or l'octroi d'une provision ne semble pas être regardé par la Cour de cassation comme la marque d'une décision tranchant le principal, ce qui est curieux si l'on songe qu'une telle décision ne peut être prise qu'en présence d'une obligation non sérieusement contestable.

Différents arrêts doivent inciter le praticien à une analyse précise de la décision, la première chambre civile ayant admis l'appel au motif qu'en octroyant une provision, le jugement avait retenu le principe d'une obligation[5] tout comme la deuxième chambre[6] alors que la troisième chambre avait considéré qu'une telle décision ne tranchait pas le principal[7].

Ces contradictions irritantes, dénotant un manque de cohérence préjudiciable au justiciable, appellent une solution. À défaut, elles vont replonger le praticien dans la recherche du dispositif induit ou déductible, notion qui a remplacé celle des motifs indispensables au soutien du dispositif.

Enfin, par un arrêt de la chambre mixte a été clairement posé le principe selon lequel **seul le dispositif est à prendre en considération**, de telle sorte que n'est pas mixte un jugement se bornant dans son dispositif à ordonner une expertise et le versement d'une provision[8]. Il est désormais vain de rechercher si le dispositif ne se comprend qu'au regard des motifs ou si ces derniers laissent à penser que le juge a tranché. Il suffit de lire le dispositif sans y ajouter ce qu'il ne contient pas (étant rappelé que les formules générales de rejet ne constituent pas une décision[9]), et le praticien ne peut envisager alors qu'une requête en omission de statuer.

En toute hypothèse, ces mouvements constituent un recul du droit du justiciable, en limitant l'usage des voies de recours, étant observé que dans ce domaine également la Cour de cassation a considéré que l'exécution provisoire était de droit s'agissant des condamnations à titre provisionnel prononcées par les juges du fond[10].

Allant au bout de sa démarche, la Cour de cassation a considéré qu'est insusceptible d'appel immédiat, comme ne tranchant pas une partie du principal, le jugement qui ordonne un sursis à statuer et condamne d'ores et déjà une partie à des dommages-intérêts pour procédure abusive[11].

542.54 Qualification à l'égard de chaque partie. Une décision, quant à sa qualification, n'est pas un monolithe, mais doit être appréciée pour chaque partie, de telle sorte qu'elle peut être qualifiée différemment selon la partie concernée. Le caractère avant dire droit ou mixte de la décision ne s'applique plus systématiquement à toutes les parties, mais doit pouvoir varier selon les parties en cause.

Une décision peut être ainsi mixte pour une partie et avant dire droit pour une autre, de telle sorte que l'appel sera ouvert à l'une et non à l'autre[12].

Pour chaque partie, le principal s'entend de l'objet du litige la concernant[13] et, à l'intérieur d'une même instance, doit être regardée chaque demande qui conserve sa propre autonomie[14].

1. Bordeaux, 4 mars 1998, *Gaz. Pal.* 1998. 779, note du Rusquec.
2. Civ. 2e, 24 mai 1984, no 83-11.781, *Bull. civ.* II, no 91 – Civ. 1re, 7 juill. 1993, no 90-16.695, *Bull. civ.* I, no 242; *JCP* 1993. IV. 2288.
3. Civ. 3e, 7 oct. 1998, no 96-20.404, *Bull. civ.* III, no 186; *Procédures* 1998, no 258.
4. Civ. 2e, 16 mars 2000, no 97-13.889, NP; *Procédures* 2000, no 116.
5. Civ. 1re, 19 oct. 1999, no 97-11.988, NP; *Procédures* 2000, no 31.
6. Civ. 2e, 27 juin 2002, no 00-19.826, *Bull. civ.* II, no 145; *D.* 2002. 2428, note Julien.
7. Civ. 3e, 7 oct. 1998, no 96-20.404, *Bull. civ.* III, no 186; *Procédures* 1998, no 258.
8. Cass., ch. mixte, 25 oct. 2004, no 03-14.219, *Bull. ch. mixte*, no 3; *D.* 2005. 757, note Serinet.
9. Civ. 2e, 20 oct. 2005, no 03-20.705, *Bull. civ.* II, no 258.
10. Civ. 2e, 18 nov. 1999, no 97-12.709, *Bull. civ.* II, no 170; *D.* 2001. 3299, chron. Hoonakker.
11. Civ. 2e, 26 oct. 2006, no 05-14.489, *Bull. civ.* II, no 289; *Procédures* 2007, no 1, note Perrot.
12. Versailles, 8 avr. 1993, *Gaz. Pal.* 1994. Somm. 2 – Paris, 22 sept. 1992, *Bull. ch. avoués* no 124, p. 117.
13. Civ. 2e, 18 déc. 2003, no 02-12.925, *Bull. civ.* II, no 392; *Rev. huiss.* 2004. 154, note Junillon.
14. Civ. 2e, 24 mai 1984, no 83-11.781, *Bull. civ.* II, no 91; *RTD civ.* 1985. 216, obs. Perrot.

Par un arrêt significatif, la Cour de cassation a rappelé ce principe d'autonomie de chaque demande qui ne s'applique évidemment pas en cas d'indivisibilité des diverses demandes.

Les propriétaires d'une maison atteinte de désordres dans la couverture assignent l'entrepreneur et le vendeur de tuiles ainsi que le fabricant et son assureur. Tout naturellement le vendeur forme un appel en garantie contre le fabricant et son assureur. L'entrepreneur et le vendeur sont déclarés responsables.

Mais, dans le temps du procès, l'entrepreneur et le fabricant de tuiles font l'objet de procédures collectives, ce qui conduit le tribunal d'une part à fixer la créance du propriétaire contre l'entrepreneur, à condamner le vendeur et à renvoyer à la mise en état pour régularisation de la procédure contre le fabricant et son assureur. Le vendeur interjette appel et intime toutes les parties, et notamment le mandataire du fabricant et son assureur, alors que le tribunal n'avait pas statué en première instance à leur égard. Par arrêt du 7 juillet 1993, la Cour de cassation casse l'arrêt qui avait déclaré recevable l'appel contre le fabricant et son assureur alors que le tribunal n'avait pas tranché à leur égard, et qu'il n'était pas constaté une indivisibilité de demande.

La Cour de cassation rappelle malgré tout qu'il eût été possible de faire appel avec l'autorisation du premier président en application de l'article 380 C. pr. civ.[1]. Ainsi une décision statuant sur une demande et ne statuant pas sur une autre, indépendante de la première, ne peut faire l'objet d'un appel que du premier chef, sauf à obtenir l'autorisation du premier président pour appeler du second. Mais l'appelant, qui, ayant formé une seule et même demande contre deux parties, fait un appel non limité contre le jugement, qui s'est prononcé au fond s'agissant de la demande à l'encontre de l'une d'entre elles et a sursis à statuer s'agissant de l'autre, n'a pas besoin d'autorisation du premier président[2].

Il n'apparaît pas que cette nécessaire qualification par partie puisse être affectée par la rédaction maladroite du second alinéa de l'article 474 C. pr. civ., tel qu'il résulte du décret du 28 décembre 2005. Il est prévu que lorsqu'une décision n'est pas susceptible d'appel et que l'une au moins des parties qui n'a pas comparu, n'a pas été citée à personne, le jugement est rendu par défaut. Cette modification ne s'adresse à notre sens qu'à la partie n'ayant pas comparu et n'ayant pas été citée à personne, le jugement restant contradictoire pour la partie ayant comparu et réputé contradictoire pour celle qui n'a pas comparu alors qu'elle était citée à personne. Toute autre appréciation reviendrait sur le principe d'une qualification par partie et conduirait en outre au résultat curieux de voir un jugement rendu par défaut à l'égard d'une partie ayant comparu et conclu.

542.55 Qualification par chef de demande. Le caractère mixte ou non de la décision, au regard du droit d'appel, doit même être examiné pour une même partie par chef de demande, si **les demandes ne sont pas liées entre elles.**

1. Civ. 1re, 7 juill. 1993, no 90-16.695, *Bull. civ.* I, no 242.
2. Civ. 2e, 5 juin 1996, no 93-19.373, *Bull. civ.* II, no 122; *JCP* 1996. IV. 1675.

Ainsi, deux demandes indépendantes présentées par la même partie, et donnant lieu l'une à un jugement au fond, l'autre à une expertise, ne justifient pas un appel immédiat, si seule la dernière est critiquée[3].

Même mixte, un jugement ne permet un appel immédiat que si le recours est dirigé en tout ou partie contre le chef du dispositif tranchant le principal. Un appel, dirigé exclusivement contre le chef du dispositif ayant ordonné la mesure d'instruction, est irrecevable[4].

Mais si l'appel affectant un jugement mixte est général, il est recevable, circonstance qui ne prive pas l'appelant de limiter ultérieurement sa critique à une disposition d'instruction ou avant dire droit[5].

Et dans le cas où le juge statue sur le fond et la connexité, il ne peut être fait appel que du chef de la connexité dans le cas où la décision sur le fond est rendue en dernier ressort[6].

Il résulte de même de la combinaison des articles 544 et 545 C. pr. civ., qu'une décision d'incident ne peut faire l'objet d'un recours indépendamment de la décision au fond, sauf si elle met fin à l'instance. Ce texte s'étend aux ordonnances rendues par le juge de la mise en état (v. C. pr. civ., art. 776, al. 2, et art. 170).

Par exemple, l'ordonnance prescrivant une communication de pièces n'est pas susceptible d'un appel immédiat[7]; de même, l'ordonnance prescrivant un complément d'informations, sans toucher au fond de la demande[8].

Il s'agit d'éviter d'alourdir le contentieux et de retarder la solution du litige, étant considéré qu'il n'est nul besoin d'interjeter appel d'une décision préparatoire, même éventuellement désagréable à l'une des parties, si le résultat *in fine* lui est favorable.

Enfin, un arrêt de 2004[9], rendu sous l'ancienne législation relative à la saisie immobilière, illustre une difficulté qui alertera le praticien quant à l'analyse de la décision et l'usage des voies de recours. Un débiteur, poursuivi sur saisie immobilière, soutient la nullité du commandement et l'extinction de la créance. Débouté par le tribunal, il forme un pourvoi conformément aux articles 731 et suivants C. pr. civ.

3. Civ. 2e, 21 nov. 1979, no 78-40.911, *Bull. civ.* II, no 270.
4. Civ. 3e, 29 janv. 2003, no 00-21.091, *Bull. civ.* III, no 18 – Civ. 2e, 21 nov. 1979, no 78-40.911, *Bull. civ.* II, no 270; *Gaz. Pal.* 1980. 141, note Viatte – Paris, 26 mai 1992, *Bull. ch. avoués* 1992. 3. 1982.
5. Civ. 3e, 13 juin 2007, no 06-11.784, *Bull. civ.* III, no 103; *AJDI* 2007. 943, obs. de la Vaissière; *D.* 2007. 2757, obs. Monge et Nési.
6. Civ. 1re, 9 mars 2004, no 00-14.312, *Bull. civ.* I, no 76; *JCP* 2004. IV. no 1899.
7. Versailles, 30 oct. 1979, *Gaz. Pal.* 1979. Somm. 482 – Civ. 2e, 11 juill. 1979, no 78-12.298, *Bull. civ.* II, no 210.
8. Civ. 2e, 11 mai 1977, *Gaz. Pal.* 1977. 2. Somm. 232.
9. Civ. 2e, 10 mars 2004, no 02-15.169, *Bull. civ.* II, no 120.

Par l'arrêt précité, la Cour de cassation déclare recevable le recours en ce qu'il porte sur la nullité du commandement, et d'office déclare irrecevable la partie du recours portant sur l'extinction de la créance, au motif que sur ce point, le juge a abordé le fond du droit de telle sorte que seul l'appel était possible. Il semble ainsi que, pour une même décision, une partie puisse être conduite à diligenter plusieurs recours différents[1].

C.
Exceptions au principe du retardement

542.61 **Hypothèses d'appel immédiat.** S'il a souhaité que l'on retarde l'appel d'une décision avant dire droit, d'instruction ou émanant d'un juge de la mise en état, le législateur a sagement envisagé des hypothèses où il convenait que la cour puisse connaître de l'appel sans attendre l'issue de la procédure, soit parce qu'une raison impérieuse l'imposait, soit parce que cette décision avait des effets immédiats importants.

542.62 **Décision d'expertise ou de sursis à statuer.** En application des articles 272 C. pr. civ. (expertise) et 380 C. pr. civ. (sursis à statuer), une décision (jugement avant dire droit, ordonnance de référé, ordonnance du JME, jugement du JEX[2]) ordonnant une expertise ou prononçant un sursis à statuer peut être immédiatement frappée d'appel, sur autorisation du premier président, saisi en référé, s'il est justifié d'un motif grave et légitime. Dans les deux cas, une même idée justifie ce régime exceptionnel. **Un contrôle est nécessaire sur ces décisions qui peuvent causer un grief à une des parties** : l'expertise peut être inutile ou mal définie dans la mission donnée à l'expert, le sursis peut receler un déni de justice. C'est pour cela que la jurisprudence, de manière constante, refuse d'ouvrir cette procédure d'autorisation au cas de refus d'expertise[3] et au cas de rejet de sursis[4] qui ne sont que des décisions qui pourront être contestées dans le cadre de l'appel avec le jugement au fond. Par ailleurs, pour l'article 272 C. pr. civ., la jurisprudence a refusé de l'étendre aux autres mesures d'instruction et précisément aux mesures de constat[5]. En effet, l'expertise, en requérant l'avis d'un technicien, a une incidence plus forte dans l'opération de jugement, même s'il convient de rappeler que le juge n'est pas lié par les conclusions expertales.

Pour éviter des manœuvres dilatoires, ces deux textes exigent que l'assignation en la forme du référé soit délivrée dans le mois de la décision et prescrivent que, en cas de succès de l'entreprise, le premier président fixe le jour où l'affaire sera examinée, la procédure étant alors conduite comme à jour fixe[6].

S'agissant du **délai**, il convient de rappeler que la jurisprudence considère qu'il ne court, en dépit d'un texte contraire, que du jour où la partie a eu connaissance de la décision, s'il ne ressort pas du jugement que la date à laquelle il serait rendu a été indiquée[7].

Une jurisprudence divisée existe sur le point de savoir si les décisions ordonnant l'expertise ou celles prononçant le sursis à statuer sont soumises au même régime (pour l'affirmative[8]; pour la négative[9]). Cependant on observera, ici, que leur régime n'est pas identique.

À s'en tenir à une stricte analyse formelle, **le jugement ordonnant l'expertise** est un jugement avant dire droit alors que la décision de sursis est classée habituellement parmi les actes d'administration judiciaire. Mais cette distinction est sûrement trop formelle pour justifier des différences, d'autant qu'elle peut être contestée. En effet, si le sursis peut être demandé dans de multiples hypothèses en raison d'un événement susceptible d'avoir une incidence sur le jugement du litige, l'expérience pratique montre que c'est l'article 4 C. pr. pén. qui en est souvent la cause. Cet article prévoit deux cas de sursis : de droit quand les mêmes faits sont soumis au juge pénal et au juge civil, conséquence de la règle qui veut que le pénal tienne le civil en état, et facultatif quand les faits soumis au juge pénal peuvent avoir une incidence sur le jugement du litige civil. Il paraît donc difficile alors de soutenir que la loi elle-même n'a pas confié au juge de porter une appréciation mettant en jeu son pouvoir juridictionnel.

Est également significative la jurisprudence qui refuse le pourvoi contre l'ordonnance du premier président dans le cas de l'expertise[10], mais qui l'admet dans le cas du sursis

1. EN CE SENS, Civ. 2e, 10 févr. 2005, n° 03-13.741, NP.
2. Civ. 2e, 18 févr. 1999, n° 97-11.374, *Bull. civ.* II, n° 33.
3. Paris, ord., 31 oct. 2002, *Bull. ch. avoués* n° 163, p. 27.
4. Paris, 16 oct. 1978, *RTD civ.* 1978. 928, obs. Perrot – Paris, 2 juill. 1993, *Bull. ch. avoués* 1994. 1. 23.
5. Civ. 2e, 5 mai 1978, n° 77-11.254, *Bull. civ.* II, n° 118 – Civ. 2e, 9 nov. 1983, n° 81-13.696, *Bull. civ.* II, n° 172; *Gaz. Pal.* 1084. 1. Pan. 66, obs. Guinchard.
6. Appert, « Le délai d'un mois des articles 272 et 380 », *Bull. ch. avoués* 1988. 2. 38.
7. À DATER DE LA NOTIFICATION, v. Civ. 2e, 23 avr. 1980, n° 79-13.692, *Bull. civ.* II, n° 78; *Gaz. Pal.* 1980. 574, note Viatte – À DATER DE LA CONNAISSANCE PAR TOUT MOYEN, Civ. 2e, 14 oct. 2010, n° 08-19.415, NP – Lyon, 2 nov. 1978, *JCP* 1979. II. 19114, note J. A. – Civ. 2e, 7 juill. 1983, n° 82-11.760, *Bull. civ.* II, n° 146; *Gaz. Pal.* 1984. Pan. 9, obs. Guinchard – Paris, ord. 1er prés., 25 mars 1993, *Bull. ch. avoués* n° 125, p. 22 – Civ. 2e, 16 juill. 1992, n° 91-11.269, *Bull. civ.* II, n° 214; *Bull. ch. avoués* n° 125, p. 24 – Civ. 2e, 30 sept. 1998, n° 96-19.404, *Bull. civ.* II, n° 252; *JCP* 1998. IV. 3203.
8. Aix-en-Provence, 18 avr. 1984, *Bull. ch. avoués* 1985. 46.
9. Paris, 24 juin 1988, *Bull. ch. avoués* 1988. 3. 109 – Dijon, 21 mars 1981, *Gaz. Pal.* 1990. 11, note Renard.
10. Civ. 2e, 4 mars 1999, n° 96-20389 Civ. 2e, 8 mars 1989, n° 87-20.288, *Bull. civ.* II, n° 64 – Civ. 2e, 26 févr. 1997, n° 96-13.289, *Bull. civ.* II, n° 58; *RTD civ.* 1997. 748, obs. Perrot.

au motif qu'elle met fin à une instance autonome introduite devant le premier président[1]. De même, l'article 380-1 C. pr. civ. prévoit que la décision de sursis rendue en dernier ressort prononçant le sursis peut être attaquée par la voie du pourvoi en cassation, seulement pour violation de la règle de droit, alors qu'il n'est rien prévu de tel pour le jugement ordonnant une expertise. Ces deux derniers points montrent la particularité de la décision de sursis, car le prononcé de sursis peut receler un déni de justice.

Il convient d'ajouter que pour la demande d'autorisation concernant un jugement de sursis, une question particulière doit être précisée. Il est fort possible que la partie qui y a intérêt demande au juge qui a prononcé le sursis de revenir sur sa décision et donc de révoquer ce sursis. Le jugement qui refuse la révocation est-il susceptible de faire l'objet d'une demande d'autorisation d'appel ? Il paraît difficile de ne retenir que la lettre de l'article 380 C. pr. civ. qui cite la décision de sursis pour refuser que puisse être contestée la décision maintenant le sursis. Toutefois, il est à noter que c'est à la fois en considérant l'absence de nouveauté des motifs allégués au regard de ce qui avait justifié le prononcé du sursis et en invoquant les termes stricts de l'article 380 qu'une ordonnance a rejeté la demande d'autorisation[2].

Qu'il s'agisse de l'article 272 ou 380 C. pr. civ., dans les deux cas, il s'agit d'une procédure non pas de référé mais en la forme des référés (v. s^{s} n° 544.231). Le premier président est seul compétent pour apprécier la recevabilité et le bien-fondé d'une demande d'autorisation, et la cour n'est pas admise à prononcer l'irrecevabilité d'un appel ainsi interjeté sur autorisation[3]. Il est de même souverain dans l'appréciation de la gravité et de la légitimité des motifs invoqués[4].

Le professeur Perrot a même pu considérer que le premier président bénéficiait d'un « *pouvoir pratiquement discrétionnaire* », qui rend vaine toute tentative de définition précise du motif grave et légitime[5].

Sans qu'il soit possible d'analyser une jurisprudence abondante, qui au surplus est souvent motivée en fait, il est permis de dégager quelques grands types de **motifs graves et légitimes** que l'on retrouve pour l'expertise et pour le sursis :

- Illicéité de la mesure ordonnée, telle que la décision d'un expert aux fins de qualifier un contrat, alors que cette mission ressort du rôle du juge[6] (a été autorisé l'appel immédiat d'une décision ordonnant une expertise dont l'objet est de rechercher si l'assuré souffrait d'une affection et en avait connaissance au jour de la souscription de la police, considérant qu'il y a une atteinte au droit médical[7]).

- Inutilité de la mesure ou du sursis ordonné[8].

- Longueur vraisemblable d'une procédure pénale au regard du caractère alimentaire des créances litigieuses[9].

- Durée excessive du sursis entraînant la paralysie du droit de la partie[10].

- Excès de pouvoir commis par le premier juge qui méconnaît ses pouvoirs[11].

- Préjudice irréparable pouvant être causé à l'une des parties (ex., expertise qui permettrait à une société concurrente de connaître les fichiers de clientèle d'une société ou ses secrets de fabrication).

La simple critique apportée à la décision, qui n'apparaîtrait pas satisfaisante quant à l'appréciation du droit ou du fait, ne semble pas suffisante, le premier président n'ayant pas un rôle de censure ou de réformation du premier juge, mais seulement d'appréciation des motifs justifiant que la décision soit rejugée par la Cour. Cependant la liberté dont il jouit et l'appréciation souveraine du motif grave et légitime laissent possible toute décision, en relevant la gravité de l'erreur commise par le premier juge et en retenant les conséquences pour la partie[12].

Dès lors que l'autorisation est obtenue, l'appel doit être interjeté dans le mois de l'ordonnance du premier président, ce qui signifie que l'appel interjeté avant l'ordonnance n'est pas régularisé par celle-ci[13]. La Cour de cassation a précisé, sans d'ailleurs avoir indiqué la conséquence d'une méconnaissance de cette obligation, que la déclaration d'appel devait viser l'autorisation obtenue[14].

D.
Le référé – Cas particulier

542.71 Appel immédiat. En application de l'article 490 C. pr. civ., l'ordonnance de référé, à la condition qu'elle ne soit pas rendue en dernier ressort, est susceptible d'appel immédiat. Ce texte sem-

1. Com. 16 févr. 1993, n° 90-19.979, *Bull. civ.* IV, n° 58; *D.* 1993. 310, obs. Aynès – Civ. 3e, 27 mars 1996, n° 94-12.592, *Bull. civ.* III, n° 86.
2. Paris, pôle 1, ch. 5, ord., 17 déc. 2013, RG n° 13/15892.
3. Civ. 2e, 17 déc. 1979, n° 78-13.480, *Bull. civ.* II, n° 297; *Gaz. Pal.* 1980. 178, note J. L.; *RTD civ.* 1980. 411, obs. Perrot.
4. Civ. 2e, 3 avr. 1978, n° 77-11.934, *Bull. civ.* II, n° 107; *D.* 1978. IR 304, obs. Julien – Civ. 2e, 17 déc. 1979, n° 78-13.480, *Bull. civ.* II, n° 297; *Gaz. Pal.* 1980. 178, note J. L.
5. R. Perrot, *RTD civ.* 1980. 411.
6. Versailles, 2 juin 1988, *Gaz. Pal.* 1989. 1. Somm. 32 – Grenoble, 4 mars 1975, *Gaz. Pal.* 1975. 276, note Barbier.
7. Paris, 30 janv. 1995, *Bull. ch. avoués* n° 134, p. 66.
8. Lyon, 23 nov. 1976, *DS* 1977. 66, note Julien.
9. Paris, 20 mai 1988, *Bull. ch. avoués* 1988. 3. 110.
10. Paris, ord., 27 juin 2012, RG n° 12-08376 – Paris, ord., 22 nov. 2012, RG n° 12-10191.
11. Com. 11 juill. 2006, n° 05-15.527, NP.
12. Paris, ord., 31 janv. 2012, RG n° 12-00595.
13. Civ. 2e, 13 févr. 2003, n° 01-02.423, *Bull. civ.* II, n° 35; *JCP* 2003. II. 10074, note Croze et Junillon – Civ. 2e, 19 nov. 2008, n° 07-17.358, *Bull. civ.* II, n° 252; *D.* 2008. 3092; *D.* 2009. 757, chron. Sommer et Nicolétis; *Procédures* 2009, n° 8, note Perrot.
14. Civ. 2e, 19 nov. 2008, n° 07-17.358, *Bull. civ.* II, n° 252; *D.* 2009. 757, chron. Sommer et Nicolétis; *D.* 2008. 3092.

ble déroger au principe de l'interdiction d'un appel immédiat contre une décision avant dire droit, dans la mesure où toute décision de cette nature ordonnée en référé peut être déférée à la cour. Ainsi, une même décision de simple expertise est susceptible d'appel si elle est ordonnée en référé, alors qu'elle ne le sera pas, sauf autorisation du premier président pour motif grave et légitime, si elle est prescrite par le juge du fond. Cependant, cette différence de traitement ne devrait pas étonner : le référé est une instance autonome qui a un objet particulier et qui confère au juge des pouvoirs lui permettant de prendre, dans des conditions déterminées par les textes, des mesures provisoires. Ainsi, le droit d'appel immédiat est parfaitement cohérent et est consacré par la jurisprudence à l'occasion d'ordonnances prescrivant une expertise, ordonnant des mesures provisoires ou déclarant qu'il n'y pas lieu à référé à raison d'une contestation sérieuse[1].

Le même raisonnement exposé ci-dessus qui explique que dans certains cas l'appel soit différé se retrouve ici : **l'appel ne peut être interjeté immédiatement, si le juge des référés n'a pas épuisé sa saisine**[2]. Si le juge des référés statue sur ce qui lui est demandé, l'appel est possible. S'il rend une ordonnance préparatoire avant de statuer, l'appel doit suivre le régime prévu par les articles 150 et 272 C. pr. civ.

Par exemple, l'ordonnance de référé prescrivant un constat d'huissier sur l'existence ou non d'un piquet de grève actif, avant de se prononcer sur la demande en expulsion.

542.72 Cas des décisions prises en la forme ou comme en matière des référés. Cette procédure est réglementée par l'article 492-1 C. pr. civ. Elle connaît une utilisation croissante et il serait vain de citer les cas d'application prévus dans les différentes matières[3]. Son régime est ainsi clairement fixé. La procédure est, sauf disposition contraire, soumise à la procédure de référé, mais le juge dispose des pouvoirs juridictionnels de la juridiction du fond et sa décision a autorité de chose jugée[4]. L'article 490 C. pr. civ. est applicable et ainsi certaines hésitations doivent être effacées : le régime de l'appel est identique à celui prévu pour les ordonnances de référé.

E. Limitation du droit d'appel au regard d'une autre décision

542.81 Renvoi. Pour apprécier le droit d'appel d'un jugement rectificatif ou interprétatif, il est nécessaire de procéder à l'examen de la situation relative au droit d'appel contre la décision rectifiée ou interprétée. Ainsi, le droit d'appel contre la seconde décision dépend de celui relatif à la première.

L'article 462 C. pr. civ. dispose que la décision rectificative ne peut être attaquée que par la voie du recours en cassation, si la décision rectifiée est passée en force de chose jugée.

Le jugement interprétatif, qui résulte de l'article 461 C. pr. civ., s'incorpore à la décision interprétée et ne peut donc faire l'objet d'un recours autonome[5]. Il pourra évidemment en être autrement, si sous couvert d'interprétation, la décision modifie ou dénature le jugement précédent, et prononce des condamnations qui ne ressortaient pas du premier jugement[6] (sur tous ces points, v. s[s] n°s 522.111 s.).

SECTION 2 PARTIES EN APPEL

542.91 Annonce. Peuvent interjeter appel les personnes ayant été parties en première instance. Ce principe souffre toutefois des limitations, ou au contraire, admet des exceptions.

Il n'est pas acceptable qu'une personne puisse saisir la cour sans attendre de celle-ci une amélioration du sort qui lui a été réservé par le premier jugement, et l'intérêt à agir et la capacité sont des exigences que l'appelant doit satisfaire et qui limitent d'autant le principe trop général rappelé ci-dessus. Au contraire, l'évolution du litige, voire des intérêts en présence, de même que les changements intervenus chez les titulaires de droits, nécessitent une certaine souplesse, et commandent de pouvoir, dans certains cas, admettre en appel, des personnes qui ne participaient pas à la première instance.

Une procédure ne peut se transmettre à la cour dans un état figé, sous peine de conduire à une décision inapplicable, obsolète ou peu performante. Il

1. Civ. 2e, 20 juin 1996, n° 94-18.308, NP; *DS* 1996. IR 200; *JCP* 1996. IV. 1827 – Lyon, 3 déc. 1975, *JCP* 1976. IV. 6607, obs. J. A. – Civ. 2e, 14 juin 1978, n° 77-12.084, *Bull. civ.* II, n° 158; *JCP* 1978. IV. 250 – Civ. 2e, 13 mai 1981, n° 80-11.050, *Bull. civ.* II, n° 121; *Gaz. Pal.* 1981. 747, note Viatte – Civ. 3e, 18 mai 1978, n° 77-11.954, *Bull. civ.* III, n° 207.
2. Cass., ch. mixte, 7 mai 1982, n°s 79-11.814, 79-12.006 et 79-11.974, *Bull. ch. mixte*, n° 2; *Gaz. Pal.* 1982. 571, note Viatte; *RTD civ.* 1982. 788, obs. Perrot – Com. 19 juin 1987, *Bull. ch. avoués* 1987. 2. 60 – V. chron. Parmentier, « L'appel des ordonnances de référé, ordonnant expertise ou sursis à statuer », *Bull. ch. avoués* 1980, n° 4, p. 1.
3. M. Foulon et Y. Strickler, *Les référés en la forme*, Dalloz, 2013, n°s 20.01 s.
4. GUINCHARD, CHAINAIS et FERRAND, 31e éd., 2012, n° 2111.
5. V. P. Hébraud, « De l'appel des jugements interprétatifs », *JCP* 1937. 1. 43 – Civ. 2e, 18 juill. 1977, n° 76-13.542, *Bull. civ.* II, n° 188 – Com. 26 avr. 1994, n° 92-18.966, *Bull. civ.* IV, n° 154; *D.* 1994. 542, note Derrida; *D.* 1994. Chron. 317, Vasseur.
6. Civ. 3e, 29 mai 1969, *Bull. civ.* III, n° 247.

s'agit de terminer définitivement le litige et d'éviter ainsi de nouvelles procédures.

§ 1
Intérêt et capacité

A.
Intérêt à agir

542.101 L'intérêt à agir. En application de l'article 546 C. pr. civ., « *le droit d'appel appartient à toute partie qui y a intérêt* [...] ». Il s'agit d'une application de la règle « *pas d'intérêt, pas d'action* » qui s'applique à toute procédure, un acte d'appel étant évidemment équipollent à l'exercice d'une procédure [1].

Il n'est possible de saisir une juridiction que dans un but déterminé, procurant un avantage ou solutionnant un litige, et non à des fins abstraites ou théoriques. Comme le dit le professeur Perrot, les tribunaux ne sont pas faits pour donner des consultations purement théoriques ou pour délibérer sur des questions académiques [2].

En dehors des juridictions elles-mêmes, qui, pour des questions nouvelles et de principe peuvent demander un avis à la Cour de cassation, la saisine d'une juridiction aux fins de consultation n'est pas admise dans notre droit. Il en est de même s'agissant de l'appel, qui nécessite un intérêt pour sa recevabilité. La définition de l'intérêt ressort du profit, de l'avantage que l'action est susceptible de procurer, et en définitive de l'utilité de la demande [3].

Il est possible de rechercher l'existence d'un intérêt dans l'appréhension de la notion de succombance. Celui qui a succombé même partiellement a intérêt à poursuivre pour obtenir un résultat plus avantageux [4]. Ainsi, celui qui a eu pleine satisfaction ne peut pas faire appel [5]. Ceci n'est pas une interdiction de principe, mais découle du fait qu'il y a une présomption d'absence d'intérêt à interjeter appel d'une décision qui répond aux vœux de la partie demanderesse.

Or, la jurisprudence considère que cette présomption n'est pas irréfragable, et autorise l'appelant à prouver qu'il conserve un intérêt à appeler d'une décision qui, en apparence, lui a donné satisfaction [6].

Ainsi, l'appel d'un époux, qui avait obtenu totale satisfaction dans le cadre de sa procédure de divorce, a-t-il pu être déclaré recevable, au motif qu'il permettait ainsi à l'époux de se désister de sa demande [7]. L'intérêt de cet appel vient de son but, seul de nature à permettre un désistement de demande et l'anéantissement de la procédure de divorce. Le même appel eût été irrecevable, si l'époux avait entendu maintenir sa procédure, même en présentant des demandes complémentaires, au demeurant probablement irrecevables (tel l'appel pour présenter une demande de prestation compensatoire [8]; ou l'appel pour demande de dommages et intérêts [9]). De même, l'appel d'une épouse a été jugé recevable, bien qu'elle ait obtenu le bénéfice de l'ensemble de ses demandes au motif que, postérieurement aux débats, elle découvre que l'attestation sur l'honneur de son conjoint ne fait pas état de revenus qu'elle ignorait [10].

L'intérêt à agir s'apprécie au regard des demandes présentées en première instance, de telle sorte que n'a pas intérêt à interjeter appel le plaideur auquel le premier juge a alloué le bénéfice intégral de ses conclusions, même s'il souhaite présenter en appel des demandes complémentaires qui eussent pu être reçues si l'appel était recevable [11].

A contrario, celui qui n'a pas eu pleine satisfaction, a intérêt à faire appel, même si son échec ne porte que sur des éléments subalternes [12]. Ainsi, la condamnation aux dépens est suffisante pour justifier l'appel, même si l'appelant a obtenu gain de cause sur le fond [13].

Il suffit d'une condamnation ou d'un rejet même partiel pour consacrer l'existence d'un intérêt. Cet insuccès partiel, né d'une condamnation quelle qu'elle soit, ou d'un rejet, même d'un point secondaire, est plus significatif pour définir l'intérêt que le simple examen de l'attitude du plaideur en première instance.

Ainsi le fait d'avoir conclu à sa mise hors de cause au motif qu'il n'occupait plus depuis des années le terrain dont son expulsion était demandée, n'était pas de nature à enlever tout intérêt à l'appel [14]. De même, le fait de s'en rapporter à justice ne suffit pas à faire disparaître l'intérêt à interjeter appel [15]. Même si certains ont pu alors considé-

1. Civ. 1re, 16 janv. 1979, n° 77-12.660, *Bull. civ.* I, n° 21; *D.* 1979. IR 289, obs. Julien.
2. H. Solus et R. Perrot, *Droit judiciaire privé*, Sirey, 1961, t. III, n° 266.
3. Guinchard, Chainais et Ferrand, 30e éd., 2010, nos 128 s. – Civ. 2e, 6 mars 2008, n° 07-12.538, *Bull. civ.* II, n° 62.
4. Civ. 1re, 21 avr. 1970, n° 68-14.452, *Bull. civ.* I, n° 130; *JCP* 1970. IV. 5744.
5. Civ. 1re, 16 janv. 1979, *D.* 1979. IR 289, obs. Julien – Civ. 1re, 17 juin 1981, n° 80-13.883, *Bull. civ.* I, n° 225; *D.* 1983. IR 141, obs. Julien.
6. Poitiers, 20 févr. 1980, *D.* 1980. IR 462, obs. Julien.
7. Amiens, 25 nov. 1953, *JCP* 1953. II. 7887, note Garnier.
8. Civ. 2e, 19 juin 1980, n° 79-10.821, *Bull. civ.* II, n° 144; *JCP* 1980. IV. 327; *Gaz. Pal.* 1981. 1. note Viatte.
9. Civ. 2e, 19 nov. 1980, n° 78-13.908, *Bull. civ.* II, n° 236; *Gaz. Pal.* 1981. 1. 79.
10. Civ. 1re, 23 nov. 2011, n° 10-19.839, *Bull. civ.* I, n° 205; *D.* 2012. Pan. 250, obs. Fricero; *D.* 2012. Pan. 1037, obs. Douchy-Oudot; *RTD civ.* 2012. 101, obs. Hauser.
11. Civ. 1re, 25 mai 2004, n° 01-16.289, *Bull. civ.* I, n° 142.
12. Pour condamnation aux dépens, v. Civ. 3e, 22 avr. 1975, n° 73-14.459, *Bull. civ.* III, n° 126; *JCP* 1975. IV. 6658 – Lyon, 11 janv. 1983, *DP* 1884. 2. 147.
13. Civ. 1re, 27 oct. 1958, *Bull. civ.* I, n° 449 – Paris, 11 juill. 1984, *Bull. ch. avoués* 1985. 82.
14. Civ. 2e, 28 févr. 1979, n° 77-14.095, *Bull. civ.* II, n° 44.
15. Civ. 2e, 23 janv. 1991, n° 89-20.024, *Bull. civ.* II, n° 29; *D.* 1991. IR 43; *RTD civ.* 1991. 407, obs. Perrot – Soc. 8 janv. 1975, n° 74-40.010, *Bull. civ.* V, n° 2; *D.* 1975. IR 61.

rer qu'il ne pouvait y avoir succombance[1] puisque le plaideur ne marquait pas une opposition déterminée.

En réalité, il est de jurisprudence constante que le rapport à justice, loin de constituer un acquiescement à la demande, en est une contestation[2]. Il doit dès lors nécessairement être déduit du succès de la demande, la succombance du défendeur même si celui-ci s'en est rapporté à justice.

Rappelons que le ministère public est recevable à interjeter appel d'une décision rendue conformément à ses réquisitions[3].

L'intérêt peut être d'un autre ordre que simplement financier : ainsi, le débiteur dont la liquidation judiciaire est étendue à une autre personne, a-t-il un droit propre à faire appel de ce jugement d'extension[4].

Mais cet intérêt s'inscrit nécessairement dans ce qu'il est possible d'obtenir de la cour en application de l'article 542 C. pr. civ., c'est-à-dire soit la réformation soit l'annulation du jugement, de telle sorte que l'appel aux seules fins de demander l'octroi de délai n'est pas recevable[5].

542.102 **Intérêt et donner acte.** Tout différent est le donner acte que sollicite un plaideur, et qui peut lui être refusé sans que soit consacré le grief justifiant de son intérêt à faire appel[6]. Cette position semble légitime dans la mesure où le plaideur, bénéficiant ou non d'un « *donner acte* » conserve ses droits d'agir comme bon lui semble.

Ainsi le jugement, qui ne trouve pas séant de donner acte à une partie, de ce qu'elle se réserve son recours contre un notaire faisant l'objet de poursuites, n'est pas de nature à faire grief et donc à justifier un intérêt à interjeter appel[7].

542.103 **Intérêt et succombance partielle.** De même un succès, pour apparent qu'il soit, doit être complet pour ôter tout intérêt à un appel.

La condamnation, même conforme à la demande, d'un seul défendeur, justifie un appel du demandeur qui recherchait plusieurs défendeurs[8]. La condamnation, même satisfaisante sur le fondement d'une demande subsidiaire, après que fut écartée la demande principale, justifie l'intérêt à poursuivre en appel[9].

542.104 **Intérêt et motivation.** Par une démarche voisine de celle déjà envisagée pour le jugement avant dire droit, le plaideur qui, bien qu'épargné dans le dispositif, croit succomber à la lecture des motifs, a tendance à vouloir faire appel, considérant la motivation comme constitutive d'un grief. Ici encore, seul le dispositif compte et l'insatisfaction du plaideur devant la motivation du jugement ne justifie pas un appel, si, *in fine*, la décision comble ses demandes[10].

L'ancienne jurisprudence, qui admettait le motif décisoire, n'est plus retenue. Ceci est justifié de par la lecture faite par la Cour de cassation de l'article 480 C. pr. civ., selon laquelle seul le dispositif a autorité de chose jugée[11]. De même, c'est au dispositif des conclusions du demandeur qu'il faut se référer pour apprécier le succès du premier procès, et non à ses développements et motivations[12].

542.105 **Date à laquelle l'intérêt est apprécié.** Pour apprécier l'intérêt, il faut se placer au jour de l'appel[13] ou selon le cas au jour de l'engagement de l'instance[14]. Ceci ne signifie évidemment pas, qu'ayant un intérêt au jour de l'appel, justifiant la recevabilité de celui-ci, des éléments nouveaux ne puissent, dans certaines circonstances, être pris en compte et justifier une modification de la décision, pourtant bien rendue au vu de l'espèce connue des premiers juges[15] (v. s[s] n° 542.31).

B.
Capacité

542.111 **Capacité.** L'appel étant l'exercice d'une action en justice, les exigences de capacité sont celles requises pour toute action. Il est donc nécessaire que celui qui interjette appel soit capable d'intenter et de poursuivre une action en justice. Cette capacité doit être active et non passive[16].

1. R. Perrot, *RTD civ.* 1991. 407.
2. Civ. 1re, 10 mars 1969, *Bull. civ.* I, n° 100 – Civ. 2e, 26 févr. 1970, n° 68-14.487, *Bull. civ.* II, n° 67 – Civ. 2e, 17 déc. 1998, n° 97-15.121, NP; *Procédures* 1999, n° 23.
3. Civ. 1re, 10 mars 1998, n° 96-13.497, *Bull. civ.* I, n° 103; *RTD civ.* 1999. 204, obs. Perrot.
4. Com. 24 mai 2005, n° 03-20.674, NP; *RJDA* 11/2005, n° 1252.
5. Civ. 2e, 24 juin 2010, n° 09-16.069, *Bull. civ.* II, n° 121.
6. Paris, 30 nov. 1988, *Bull. ch. avoués* 1989. 1. 13.
7. Civ. 2e, 4 mars 1981, n° 79-17.130, *Bull. civ.* II, n° 44 – Civ. 1re, 16 janv. 1979, n° 77-12.660, *Bull. civ.* I, n° 21; *D.* 1979. IR 289, obs. Julien.
8. Civ. 2e, 17 janv. 1968, *Bull. civ.* II, n° 22.
9. Civ. 2e, 9 juill. 1981, n° 79-17.055, *Bull. civ.* II, n° 155; *JCP* 1981. IV. 348.
10. Civ. 10 nov. 1856, *DP* 1857. 1. 32 – Civ. 2e, 14 nov. 1968, *Bull. civ.* II, n° 270.
11. Civ. 2e, 3 oct. 1984, n° 83-12.794, *Bull. civ.* II, n° 143; *Gaz. Pal.* 1985. 2. Pan. 55, obs. Guinchard.
12. Civ. 1re, 29 juill. 1952, *Bull. civ.* I, n° 251 – Civ. 2e, 17 janv. 1968, *D.* 1968. Somm. 56.
13. Guinchard, Chainais et Ferrand, 30e éd., 2010, n°s 132 s. – Civ. 3e, 21 mars 2000, n° 98-17.254, NP – Civ. 2e, 4 mars 1981, n° 79-17.130, *Bull. civ.* II, n° 44 – Civ. 2e, 7 oct. 1987, n° 86-13.290, *Bull. civ.* II, n° 183; *Gaz. Pal.* 1988. Somm. 150, obs. Croze et Morel – Civ. 2e, 6 mai 1998, n° 96-19.014, *Bull. civ.* II, n° 146; *JCP* 1998. IV. 2399.
14. Civ. 2e, 13 juill. 2006, n° 05-11.389, *Bull. civ.* II, n° 200; *JCP* 2006. IV. 2776 – Civ. 2e, 6 avr. 2006, n° 04-12.803, NP; *Procédures* 2006, n° 149, note Perrot – Civ. 3e, 12 janv. 2005, n° 03-18.256, *Bull. civ.* III, n° 1.
15. Com. 7 avr. 1998, n° 95-20.361, NP; *D.* 1999. 514, note Chauvel; *D.* 1999. 127, obs. Schmidt-Szalewski; *RJDA* 1998. 752.
16. Sur cette distinction, v. Guinchard, Ferrand et Chainais, 29e éd., n°s 598 s.

Ainsi a été jugé irrecevable un appel interjeté par une association prise « *en la personne de son représentant légal* », mention insuffisante au regard de la loi du 1er juillet 1901[1] qui n'édicte aucune règle pour la désignation de celui-ci, de telle sorte que l'association n'établissait pas sa capacité à agir[2].

Si la jurisprudence a pu accepter une capacité passive, attribuée de façon prétorienne par la Cour de cassation à des associations ou organismes non autorisés, l'acte d'appel ne peut être initié par une personne non titulaire d'une capacité active (a été approuvée une cour d'avoir déclaré nul un appel interjeté par une société qui avait été absorbée, et qui n'existait plus[3]). Mais il peut alors surgir une difficulté née de la nécessité d'accorder à toute partie, condamnée en première instance, le droit d'exercer la voie de recours appropriée. Admis comme défendeur, le titulaire d'une capacité passive (ex., la société étrangère non autorisée) devrait pouvoir exercer un recours contre une décision de condamnation. S'il ne peut formellement l'exercer au nom de la personne titulaire d'une capacité amoindrie, il devrait alors l'inscrire au nom des véritables titulaires de droits. Certains ont d'ailleurs pu s'interroger sur la nature de la capacité dont il convenait d'être titulaire.

Ainsi a pu être déclaré recevable un appel interjeté par une personne en liquidation, alors même que le mandataire liquidateur n'a repris l'instance et régularisé qu'au-delà du délai d'appel[4].

Sauf à admettre qu'une régularisation puisse être opérée hors délai, ce qui n'est pas le cas au regard de la jurisprudence de la Cour de cassation (v. ss no 542.114), certains ont envisagé qu'il s'agirait alors d'un simple acte conservatoire susceptible d'être entrepris même par celui bénéficiant d'une capacité amoindrie[5]. L'expression d'« *acte conservatoire* » est reprise dans l'arrêt rendu le 24 septembre 1997 par la deuxième chambre civile de la Cour de cassation[6].

Il n'en demeurerait pas moins nécessaire que la procédure soit reprise et poursuivie alors par le titulaire du droit d'agir, car l'action en elle-même exige évidemment une pleine capacité, même si une jurisprudence plus souple peut admettre une capacité limitée pour le simple acte d'appel (sur le point particulier de la procédure collective, v. développements ss nos 162.154 et 162.163).

Mais il ne faut pas considérer que toute énonciation irrégulière dans la dénomination de l'appelant s'analyse en un défaut de capacité (v. ss no 542.114).

542.112 Capacité et nature du litige. Cette capacité s'évalue également au regard de la nature du droit en litige. Ainsi, une personne en liquidation, en principe privée de capacité pour conduire des procédures de nature patrimoniale, conserve-t-elle une pleine capacité s'agissant de droits attachés à sa personne.

Le commerçant en liquidation judiciaire a seul capacité pour interjeter appel d'un jugement de divorce ou de déclaration de paternité.

Signalons le régime particulier de l'assistance éducative, dès lors que, en application des articles 389-3 et 375 du Code civil, 1186 et 1191 C. pr. civ., le mineur doué de discernement suffisant peut lui-même interjeter appel[7].

542.113 Date d'appréciation de la capacité. La capacité s'apprécie évidemment au moment de l'appel[8]. Ainsi, celui qui a capacité au jour de l'appel, et la perd ultérieurement, a usé de la voie de recours même si ultérieurement il ne peut poursuivre la procédure. Mais, à l'inverse, celui qui était incapable en première instance mais a retrouvé sa capacité au jour de l'appel est seul recevable à agir.

L'enfant mineur en première instance, représenté par son père, a seul capacité pour interjeter appel, étant devenu majeur, son père ayant au contraire perdu tout pouvoir[9].

Le décès d'une partie empêche que l'appel puisse être fait en son nom[10]. Il en est de même d'une personne morale dissoute, ou absorbée, ayant dès lors perdu sa personnalité morale[11].

Il a été jugé qu'était nul l'appel formé par une société qui a cessé d'exister du fait de la réunion de toutes les parts sociales entre les mains d'une seule personne[12]. Est de même irrecevable l'appel fait par un représentant, qu'il s'agisse d'une personne physique ou morale ayant perdu ses pouvoirs au jour de la voie de recours (démission, décès, *etc.* [13]; a été également censuré un arrêt ayant admis qu'une société soit représentée par son liquidateur, alors que la clôture des opérations de liquidation était intervenue[14]).

1. L. 1er juill. 1901, relative au contrat d'association, *JO* 2 juill., p. 4025.
2. Paris, 6 oct. 1995, *RJDA* 1995. 1385.
3. Soc. 17 janv. 1996, no 78-14.133, *Bull. civ.* V, no 12 – De même, Com. 7 déc. 1993, no 91-19.339, *Bull. civ.* IV, no 462; *JCP* 1993. 22285.
4. Com. 9 juill. 1980, no 78-14.133, *Bull. civ.* IV, no 292; *JCP* 1980. IV. 357 – Com. 2 juin 1969, *Bull. civ.* IV, p. 191.
5. R. Perrot, *Cours de droit judiciaire privé*, Les cours de droit, 1977, p. 690; *RTD civ.* 1981. 217.
6. Civ. 2e, 24 sept. 1997, no 95-15.895, NP; *Procédures* 1997. 256.
7. Civ. 1re, 21 nov. 1995, no 94-05.102, *Bull. civ.* I, no 418; *D.* 1996. 420, note Gouttenoire; *RTD civ.* 1996. 140, obs. Hauser.
8. Civ. 2e, 13 oct. 1976, no 75-13.244, *Bull. civ.* II, no 274; *Gaz. Pal.* 1976. 2. Somm. 279.
9. Chambéry, 8 déc. 1868, *DP* 1869. 2. 194 – Riom, 22 mars 1907, *DP* 1908. 290.
10. Civ. 2e, 12 juin 1991, no 90-12.594, *Bull. civ.* II, no 178; *D.* 1992. 123, obs. Julien.
11. Civ. 18 mars 1868, *DP* 1868. 228 – Com. 6 déc. 1984, no 83-15.100, *Bull. civ.* IV, no 337; *JCP* 1984. IV. 57.
12. Com. 29 mai 1972, no 70-11.525, *Bull. civ.* IV, no 160.
13. Civ. 2e, 13 oct. 1976, no 75-13.244, *Bull. civ.* II, no 274; *Gaz. Pal.* 1976. 2. Somm. 279.
14. Com. 15 juin 1993, no 91-14.575, *Bull. civ.* IV, no 255.

De façon bienveillante, la jurisprudence admet la validité d'un appel interjeté par un mandataire au nom du mandant qu'il ignorait être décédé, et ce en application de l'article 2008 du Code civil[1]. À l'inverse, les mandataires ne tirent souvent leur capacité à interjeter appel que d'une autorisation spécifique qu'ils doivent préalablement obtenir.

Par exemple :

- le syndic de copropriété doit obtenir l'autorisation d'agir, et cette autorisation doit être claire s'agissant du mandat de faire appel;
- le maire doit interjeter appel après autorisation du conseil municipal[2].

542.114 Capacité et nullité de l'appel. En application de l'article 117 C. pr. civ., le défaut de capacité est une irrégularité de fond, entraînant la nullité de l'acte d'appel, sans qu'il soit nécessaire pour celui qui s'en prévaut de faire la preuve d'un grief[3]. Il ne faut cependant pas confondre le défaut de capacité et la désignation irrégulière d'une partie dans l'acte d'appel. Ainsi la Cour de cassation a rappelé que la circonstance selon laquelle l'appelante s'est présentée sous un nom commercial incomplet ou son enseigne, ne la prive pas de sa capacité d'ester en justice, de telle sorte que l'irrégularité n'est qu'un vice de forme[4]. La nullité peut être soulevée à tout moment sauf au juge à condamner à dommages-intérêts celui qui, sans motif, avait soulevé à dessein tardivement le moyen.

La nullité peut même être relevée d'office par le juge, qui, dans cette circonstance, devra évidemment inviter les parties à s'expliquer sur le moyen, avant de rendre sa décision. En application de l'article 121 C. pr. civ., la régularisation est possible, à la condition toutefois que celle-ci intervienne avant l'expiration du délai[5]. Il est aussi possible de rédiger un second acte d'appel, couvrant la première irrégularité. Mais ce second acte sera apprécié de façon autonome, à sa date, de telle sorte que s'il est réalisé au-delà du délai, il ne pourra être accueilli, même par référence au premier acte irrégulier.

La nullité n'est couverte que si le délai de recours n'est pas expiré[6]. Il faut garder à l'esprit, s'agissant de l'appel, que le délai ne court généralement que de la signification. Si l'erreur de capacité décelée dans l'acte d'appel a de même été commise dans la signification il doit alors être recherché si la nullité de cette dernière ne peut pas être invoquée, pour considérer alors que le second appel de régularisation n'est pas tardif.

L'appel interjeté par le père d'un enfant, représenté en première instance, et devenu majeur après le jugement mais avant l'appel, est nul pour défaut de capacité. Mais la signification du jugement effectuée au père de l'enfant après la majorité de celui-ci est de même atteinte de nullité, et n'a pu faire courir le délai d'appel, de telle sorte que, apprenant la survenance de la majorité, il sera possible de faire un second acte de régularisation, sous réserve des dispositions de l'article 528-1 C. pr. civ.

§ 2
Parties présentes en première instance

A.
Qualité pour interjeter appel

542.121 Toute partie en première instance. En application de l'article 546 C. pr. civ., le droit d'appel appartient à toute partie au procès en première instance, mais aucun texte ne définit ce qu'est une partie.

Pour apprécier la possibilité d'interjeter appel, il est alors nécessaire de s'assurer que ce droit sera exercé par une personne ayant eu la qualité de partie en première instance, ce qui dans des cas particuliers, peut être délicat et ayant toujours qualité au jour de l'appel (a été déniée toute qualité pour interjeter appel à l'administrateur dont la mission avait pris fin[7]).

Le représentant des créanciers, non partie en première instance ne peut interjeter appel à titre principal[8]. Le créancier, qui ne peut prétendre être partie au jugement arrêtant le plan de continuation, ne peut en interjeter appel[9].

Il est possible d'avoir été partie par représentation en première instance, ce qui pose le problème des ayants cause, et notamment des ayants cause à titre particulier lorsque le procès initié par une partie mérite d'être poursuivi par une autre, tel que l'acquéreur d'un immeuble à l'occasion du procès portant sur l'immeuble. Dans cette hypothèse, les choses doivent être regardées dans leur chronologie, dès lors que l'ayant cause n'est représenté par son auteur que pour les actes accomplis avant la cession. Ainsi, si le jugement est rendu avant la cession du bien, l'acqué-

1. Civ. 1re, 16 nov. 1954, *JCP* 1955. II. 8616, note Giverdon – Paris, 7 janv. 1964, *Bull. ch. avoués* 1964, nº 23, p. 16.
2. Soc. 5 juin 1991, nº 87-41.552, *Bull. civ.* V, nº 282 – SUR LA NOTION D'ACTE CONSERVATOIRE, Civ. 2e, 24 sept. 1997, nº 95-15.895, NP.
3. Civ. 2e, 17 juill. 1978, nº 76-13.279, *Bull. civ.* II, nº 195; *Gaz. Pal.* 1978. Somm. 419.
4. Civ. 2e, 11 déc. 2008, nº 07-18.511, *Bull. civ.* II, nº 267; *D.* 2009. 174.
5. Com. 27 févr. 1996, nº 94-14.313, *Bull. civ.* IV, nº 68; *D.* 1996. 269, obs. Aynès; *RTD civ.* 1996. 436, obs. Crocq.
6. Civ. 2e, 19 oct. 1983, nº 82-13.030, *Bull. civ.* II, nº 167; *Gaz. Pal.* 1984. Pan. 34, obs. Guinchard – Soc. 20 nov. 1985, nº 84-14.698, *Bull. civ.* V, nº 543; *D.* 1986. IR 222, obs. Julien – Civ. 3e, 14 févr. 1990, nº 88-18.422, *Bull. civ.* III, nº 50; *JCP* 1990. IV. 140.
7. Paris, 20 oct. 1995, *Bull. ch. avoués* nº 137, p. 10.
8. Com. 26 mai 1999, nº 97-10.257, NP.
9. Com. 21 nov. 2006, nº 04-20.214, NP; *RTD. com.* 2007. 241, obs. Vallens.

reur, à supposer qu'il soit dans le délai, peut faire appel ayant été partie par représentation. Mais si le bien a été vendu en cours de procédure, et que l'acquéreur n'est pas intervenu dans celle-ci, il n'était pas représenté pour les actes de procédure postérieurs à son acquisition et ne peut être regardé comme partie à l'instance, ce qui lui interdit de faire appel[1].

542.122 Définition d'une partie. Pour être considéré comme une partie, il faut non seulement avoir participé à l'instance, mais encore y avoir développé ou au contraire subi des prétentions[2].

Dans une espèce significative, un débiteur de mauvaise foi, exerçant à titre particulier, interjette appel d'une décision rendue contre une société X qui n'a jamais existé et dont le nom n'était que l'enseigne sous laquelle il exerçait. Sollicitant la nullité de la procédure, il est condamné au fond et la Cour suprême approuve la décision, en application de l'effet dévolutif[3]. Il eût été évidemment mieux inspiré de ne pas faire appel d'un jugement auquel, juridiquement, il n'était pas partie.

La Cour de cassation considère en effet que celui qui interjette appel d'un jugement irrégulièrement dirigé contre une personne n'existant pas devient partie à l'instance et régularise ainsi la situation[4].

Il importe peu de rechercher à ce stade comment une personne a participé au procès de première instance, et l'intervenant forcé ou volontaire a la qualité de partie, tout comme le demandeur ou le défendeur principal, s'il a formulé des demandes ou résisté à des prétentions.

Très généralement, le praticien ne rencontre pas de grandes difficultés à ce stade (sur la qualité de partie dans le cadre d'une procédure collective, v. s[s] n° 542.126), et une lecture attentive du jugement, dont le contenu doit rappeler les prétentions des plaideurs (v. C. pr. civ., art. 455 : cet article dans sa nouvelle rédaction, issue du Décr. n° 98-1231, 28 déc. 1998[5], prévoit que l'exposé succinct des prétentions des parties et de leurs moyens, peut revêtir la forme d'un visa des conclusions des parties avec l'indication de leur date) et des écritures prises, lui permet le plus souvent aisément de déterminer les parties au procès initial, sous réserves évidemment que le rappel des parties au jugement soit exact.

Il n'est pas rare que, nonobstant l'article 454 C. pr. civ., l'existence d'une partie, en général intervenante, ne soit révélée que par une condamnation contre elle ou à son profit figurant dans le seul dispositif. Il faut bien entendu considérer qu'en dépit d'une présentation fâcheuse, la personne condamnée ou bénéficiaire d'une condamnation est une partie, peu important qu'elle ne soit pas mentionnée dans l'énoncé des parties qui figure en tête du jugement.

La qualité de partie est liée à celle de l'instance et ne se pérennise pas au-delà de celle-ci. Une personne, partie en première instance, ne l'est pas nécessairement devant la cour, chaque instance devant être regardée séparément. Mais cette qualité se maintient tant que l'instance n'est pas finie.

Un jugement avant dire droit, ne met pas fin à l'instance et le plaideur conserve sa qualité de partie jusqu'à la décision au fond, à venir ultérieurement, et ce même s'il s'est désintéressé de la procédure.

Ainsi, a été jugé recevable comme émanant d'une partie à l'instance, l'appel d'une caisse de Sécurité sociale qui s'était désintéressée du procès en indemnisation, après avoir participé à la procédure ayant conduit à l'expertise[6]. Le fait, ayant été appelé à l'instance, de s'en désintéresser et de n'y point conclure, est sans influence sur la notion de partie[7].

L'article 56 C. pr. civ. rappelle d'ailleurs que toute assignation doit alerter le destinataire sur le fait que son silence ou sa non-participation active au procès conduira le juge à statuer sur les seuls éléments fournis par son adversaire.

Il est évidemment possible d'avoir été partie en première instance personnellement ou par représentation. Cette dernière hypothèse pose quelques problèmes, s'agissant des créanciers représentés par leur débiteur[8], des codébiteurs solidaires[9], des successibles[10] et des ayants cause. Pour ces derniers, le praticien doit veiller à regarder la date à laquelle le droit a été transmis, dès lors que l'ayant cause à titre particulier n'est pas représenté par son auteur pour les actes accomplis dans une procédure relative au bien transmis après la cession de celui-ci[11]. Ainsi, l'acquéreur de l'immeuble au cours de la procédure de première instance doit intervenir à celle-ci pour être partie et pouvoir faire appel car il n'est plus représenté par son vendeur. S'il acquiert le bien après le jugement, il a été représenté par son vendeur et a donc la qualité de partie au procès, ce qui lui ouvre la voie de l'appel.

1. Civ. 2e, 22 mars 2007, n° 05-21.781, *Bull. civ.* II, n° 71; *JCP* 2007. IV. 1855; *Procédures* 2007. Comm. 127, note Perrot.
2. GUINCHARD, CHAINAIS et FERRAND, 31e éd., 2012, n°s 378 s. – CADIET et JEULAND, n° 1218 – E. Garsonnet et C. Cézar-Bru, *Traité théorique et pratique de procédure civile et commerciale,* t. VI, Sirey, 1915, n° 16.
3. Civ. 2e, 11 oct. 1995, n° 93-15.566, NP.
4. Civ. 2e, 3 juin 1999, n° 97-17.427, NP.
5. Décr. n° 98-1231, 28 déc. 1998, modifiant le Code de l'organisation judiciaire et le Nouveau Code de procédure civile, *JO* 30 déc., p. 19904.
6. Civ. 2e, 25 juin 1981, n° 80-10.122, *Bull. civ.* II, n° 141 – Civ. 1re, 18 juill. 1961, *Bull. civ.* I, n° 40.
7. Douai, 16 janv. 1992, *Juris-Data* n° 043845.
8. Civ. 25 oct. 1893, *S.* 1894. 1. 128.
9. Civ. 2e, 6 nov. 1969, *Bull. civ.* II, n° 300.
10. Civ. 1re, 18 juill. 1961, *Bull. civ.* I, n° 410.
11. Civ. 3e, 12 janv. 2011, n° 10-10.667, *Bull. civ.* III, n° 5; *D.* 2011. 851, note Aynès; *D.* 2011. 2298, obs. Mallet-Bricout et Reboul-Maupin; *RTD civ.* 2011. 158, obs. Crocq; *RTD civ.* 2011. 369, obs. Revet – Civ. 2e, 22 mars 2007, n° 05-21.781, *Bull. civ.* II, n° 71; *JCP* 2007. IV. 1855; *Procédures* 2007, n° 6, note Perrot.

542.123 **Partie qui n'a pas participé au procès.** Il peut arriver que par l'effet de la loi, des personnes soient parties à une instance à laquelle elles n'ont pas participé ni n'y ont été appelées.

Voir l'**Assedic** qui aux termes de l'article L. 1235-4 du Code du travail peut, sans l'avoir demandé, être bénéficiaire d'une condamnation en remboursement des allocations versées.

Voir **le Fonds de garantie** qui, en application de l'article L. 211-8 du Code des assurances, peut recevoir une indemnité particulière, en cas d'offre insuffisante de l'assureur.

Par le seul fait de la loi, ces personnes acquièrent la qualité de partie et peuvent ainsi poursuivre en cause d'appel.

542.124 **Participant à un procès sans être partie.** Par contre, certaines personnes ayant participé au procès ne sont pas regardées comme des parties, et n'ont pas le droit d'interjeter appel. Il est évident que les consultants, experts et auxiliaires de justice, ne sont pas parties en leur qualité et ne peuvent faire appel. Mais ce principe, généralement admis, peut être discuté pour les avocats ou les avoués, si l'objet du litige les touche directement et que la solution peut affecter leurs droits, ce qui est une situation exceptionnelle.

Ainsi un avoué à la cour a-t-il été déclaré irrecevable à former tierce-opposition à une décision opposant son client à une tierce personne dans une procédure où la validité d'un acte d'appel avait été discutée. Ce refus ne peut s'expliquer juridiquement que par la qualité de partie que lui confère alors son activité professionnelle, s'agissant d'un acte qui lui était personnellement reproché, dans une procédure où il s'activait et où il devait donc répondre, pour le bénéfice de son client, à la critique procédurale formulée[1].

Plus controversé est le cas de l'intervenant accessoire devant le tribunal. N'ayant fait que soutenir la demande d'une autre personne et n'ayant pas émis de prétention à son profit, l'intervenant n'est pas regardé comme une partie s'agissant du droit à appel qui lui est refusé généralement[2].

Certains ont pu critiquer cette jurisprudence[3] considérant que l'intervenant, même accessoire, a intérêt au procès et peut défendre, à terme, ses intérêts en s'associant au plaideur principal mais la Cour de cassation lui refuse un droit autonome à interjeter appel[4].

542.125 **Enfant mineur.** Le mineur est normalement incapable d'agir seul et doit nécessairement être représenté par ses parents ès qualités ou un administrateur *ad hoc*.

En matière de **mesures d'assistance éducative**, le mineur peut interjeter appel de la décision, comme le prévoit l'article 1191 C. pr. civ., à condition qu'il montre un discernement suffisant pour exercer ses prérogatives[5].

Les articles 388-1 et 388-2 du Code civil ont prévu un régime spécifique au mineur inspiré par les impératifs posés par la **Convention de New York relative aux droits de l'enfance** signée le 26 janvier 1990. Cette dernière prévoit dans son article 12 que l'enfant, capable de discernement, a le droit d'exprimer librement son opinion sur toute question l'intéressant soit directement, soit par l'intermédiaire d'un représentant ou d'un organisme approprié de façon compatible avec les règles de procédure de chaque pays. Après avoir considéré dans un premier temps que la Convention liait seulement les États en leur imposant une obligation de modifier la législation, la Cour de cassation permet désormais à toute partie d'invoquer directement la convention devant son juge national assurant une plus grande protection au mineur[6].

Ainsi, en premier lieu, l'enfant mineur dans une procédure, « *le concernant* » selon l'article 388-1 du Code civil, c'est-à-dire intéressant ses parents ou des tiers, mais de nature à influencer directement sa situation et ses droits personnels, peut être entendu par le juge seul, avec un avocat ou une personne de son choix. Et il a été jugé que l'intervention d'un avocat pour défendre les intérêts de l'enfant, sans qu'il soit besoin de désigner un mandataire *ad hoc*, doit être admise dès lors qu'il ne s'agit pas de l'administration de ses biens et sans que ni lui ni l'enfant ne soit considéré comme partie au procès[7]. Cela n'en fait pas une partie pour autant.

L'alinéa 3 de cet article a pris la précaution de préciser que l'audition du mineur ne lui confère pas la qualité de partie. Dans cette hypothèse, il est alors clair que n'étant pas partie à la première instance, alors même qu'il a été entendu par le juge et a pu faire valoir ses souhaits personnels, il ne pourra interjeter appel de la décision rendue en dehors de sa présence.

En second lieu, l'article 388-2 du Code civil prévoit l'hypothèse dans laquelle les intérêts du mineur peuvent se trouver en apposition avec ceux de son

1. Civ. 2e, 3 mai 1972, n° 71-102.84, *Bull. civ.* II, n° 121.
2. Lyon, 20 mai 1980, *Gaz. Pal.* 1981. 93, note Hanine – Com. 8 déc. 1980, n° 79-13.272, *Bull. civ.* IV, n° 411 ; *Gaz. Pal.* 1981. Pan. 218 – Com. 16 nov. 1982, n° 81-11.134, *Bull. civ.* IV, n° 352.
3. V. Hanine, *Gaz. Pal.* 1981, note 93.
4. Civ. 2e, 17 nov. 2005, n° 04-12.422, NP.
5. Civ. 1re, 21 nov. 1995, n° 94-05.102, *Bull. civ.* I, n° 418; *D* 1996. 420, note Gouttenoire; *RTD civ.* 1996. 140, obs. Hauser.
6. Civ. 1re, 8 nov. 2005, n° 02-18.360, *Bull. civ.* I, n° 404; *D.* 2006. 554, n° 8, note Boulanger; *D.* 2007. 2192, obs. Gouttenoire et Brunet.
7. Civ. 1re, 22 nov. 2005, n° 03-17.912, *Bull. civ.* I, n° 434; *D.* 2006. 554, n° 8, note Boulanger; *D.* 2006. 2430, obs. Douchy-Oudot; *RTD civ.* 2006. 101, obs. Hauser.

représentant légal. Le juge des tutelles peut alors désigner un administrateur *ad hoc*[1]. Il y aurait alors la nécessité impérative du filtre préalable par le juge des tutelles, qui apprécierait si dans le cadre d'une procédure, les intérêts du mineur ne sont pas défendus, et justifie une intervention.

Mais si, dans une procédure, l'enfant représenté par un administrateur *ad hoc* intervient en application de l'article 388-2 du Code civil, il conviendrait alors de le considérer comme une partie à l'instance, qui aurait qualité pour faire appel[2]. L'enfant mineur est-il alors une partie ? Le mineur lui-même sûrement pas, mais le mandataire *ad hoc* doit être considéré comme une partie représentant l'enfant mineur[3].

542.126 Notion de partie et procédures collectives. En matière de procédures collectives, le débiteur est partie à la procédure et selon les procédures considérées, il pourra seul dans la procédure de sauvegarde, ou avec l'assistance ou la représentation d'un administrateur dans les procédures de redressement ou, enfin, en étant représenté par un liquidateur dans la procédure de liquidation judiciaire, procéder à un appel. Encore faudrait-il réserver les cas dans lesquels le débiteur peut agir personnellement, en dehors de toute assistance ou représentation, pour assurer la défense de ses droits propres[4].

Par ailleurs, le Code de commerce ouvre l'appel à l'encontre de certaines décisions et donne qualité à des personnes déterminées pour interjeter appel. Dans ces cas, il n'est pas nécessaire de s'interroger sur la qualité de partie de ces personnes bénéficiant du droit d'appel, comme l'a précisé la jurisprudence[5]. Seules certaines parties ont le droit d'appel. Ainsi, le créancier n'est pas partie au jugement arrêtant le plan de continuation et ne figure pas parmi les personnes pouvant interjeter appel du jugement[6].

C'est dans les cas d'appel-nullité que la question retrouve toute sa difficulté : d'une part, l'appel est par définition écarté par la loi et, d'autre part, l'appel-nullité ne peut être formé que par une partie au jugement (v. s^s^ n° 541.14).

Il faut alors rechercher si, bien que dépourvue du droit d'appel, une personne avait la qualité de partie en première instance, pour lui permettre – sous les réserves déjà vues – de former un appel-nullité[7]. Or, pour avoir la qualité de partie, il faut faire valoir une prétention. C'est précisément sur cette notion de prétention que se présentent les difficultés[8]. Ainsi, la jurisprudence ne retient pas le fait matériel d'avoir présenté une offre ou émis une prétention, mais recherche seulement si la partie a une prétention à faire valoir. Elle considère ainsi que le repreneur évincé n'a pas de prétention à faire valoir, et n'a donc pas la qualité de partie[9]. Comme le souligne à juste titre B. Soinne[10], cette position est curieuse, si l'on considère que le repreneur évincé n'est pas une partie au motif, qu'il n'a pas émis de prétention, alors que le cessionnaire dont l'offre est retenue, est une partie qui peut faire appel en application de l'article L. 661-6 du Code de commerce.

C'est alors, à la lumière du succès ou de l'échec de l'entreprise, qu'il faut voir si une prétention a été formulée.

Cette jurisprudence, qui paraît trop restrictive, et qui a pour but d'interdire des appels nullités, dans des circonstances qui le mériteraient, se heurte à la résistance de certaines cours qui considèrent que la prétention est émise et confèrent la qualité de partie au candidat repreneur évincé, pour accueillir son appel-nullité[11]. Il en sera de même pour les créanciers qui, représentés, n'ont pas de droit propre à faire valoir, et ce même s'ils sont contrôleurs[12].

B.
Qualité de l'intimé

542.131 Distinction. S'agissant de l'intimé, l'article 547 C. pr. civ. distingue la procédure contentieuse et la procédure gracieuse.

542.132 L'intimé en matière contentieuse. En matière contentieuse, l'appel peut être dirigé contre toutes les parties en première instance, peu importe si elles ont participé au procès en qualité d'appelantes, intimées ou intervenantes. Il convient évidemment de s'assurer que la qualité de la partie intimée est la même que celle dans laquelle elle participait au procès devant le premier juge.

1. J. Rubellin-Devichi, « L'expression de l'enfant dans le divorce », *D.* 1993. Somm. 130; « Réflexion en vue d'une meilleure défense en justice de l'enfant », *Gaz. Pal.* 1993. 1. 487; « Le principe de l'intérêt de l'enfant dans la loi et la jurisprudence française », *JCP* 1994. I. 3739.
2. Douai, 18 nov. 1993, RG n° 92/9614, inédit.
3. Cass., ch. mixte, 9 févr. 2001, n° 98-18.661, *Bull. ch. mixte*, n° 1; *RTD civ.* 2001. 333, obs. Hauser; *JCP* 2001. II. 10514.
4. Com. 15 févr. 2000, n° 97-21.102, *Bull. civ.* IV, n° 31; *Gaz. Pal.* 2000. Pan. 54.
5. Com. 6 juin 1995, n° 91-21.841, NP.
6. Com. 21 nov. 2006, n° 04-20.214, NP; *RTD. com.* 2007. 241, obs. Vallens.
7. SUR LA NOTION DE PARTIE, v. F. Derrida et P. Julien, « La notion de partie dans les décisions relatives au redressement et à la liquidation judiciaire des entreprises », *D.* 1989. Chron. 77.
8. V. Martin, « Le double langage de la prétention », *JCP* 1981. I. 3024 – B. Soinne qui parle « de la notion la plus floue de la procédure civile ».
9. Com. 22 mars 1988, n° 87-15.901, *Bull. civ.* IV, n° 113; *D.* 1988. 375, obs. Derrida et Julien; *Rev. proc. coll.* 1988. 3. 319, obs. Soinne – V. Aix-en-Provence, 27 mars 1991, *Rev. proc. coll.* 1992. 2. 17, obs. Liénard.
10. *Traité des procédures collectives*, Litec, p. 436.
11. Aix-en-Provence, 9 déc. 1988, *D.* 1990. Somm. 3, note Derrida – Paris, 22 mars 1989, *Gaz. Pal.* 1990. 1. 164, note Marchi.
12. Paris, 8 juill. 1985, *Rev. proc. coll.* 1989. 1. 42, obs. Cadiet.

Il n'est ainsi pas possible d'intimer un mandataire judiciaire à titre personnel en appel, alors qu'il n'avait été attrait en première instance qu'ès qualités [1].

Dès lors que l'intimé a été partie en première instance, il peut être attrait devant la cour, ce qui revient à dire qu'est irrecevable un appel contre une personne non partie en première instance [2].

La partie en première instance peut avoir après le jugement vu modifiée sa situation juridique.

Ainsi a été jugé recevable un appel interjeté par des colotis contre une SCI à raison de manquements au cahier des charges, alors que la SCI n'était plus propriétaire de l'immeuble [3]. Mais ceci doit évidemment se distinguer de la capacité à se défendre que doit avoir l'intéressé. En cas de changement de capacité, l'appel doit être dirigé en fonction de cette modification.

Le mineur, représenté par son père en première instance et devenu majeur au moment de l'appel, doit seul être intimé, à l'exclusion de son père qui n'a plus capacité à le représenter.

Le commerçant, en liquidation après le premier jugement, ne peut être intimé, étant désormais dessaisi de la gestion de ses biens, seul le mandataire-liquidateur ès qualités devant être intimé. À l'inverse, l'appel interjeté contre une personne en curatelle doit également intimer le curateur [4].

La difficulté réside dans le fait que parfois le changement de capacité n'est pas connu de l'appelant, qui peut ainsi se fourvoyer. Il sera parfois possible de discuter alors la validité de la signification si celle-ci a été faite à la requête d'une personne qui n'avait plus capacité.

542.133 L'intimé en matière gracieuse. En matière gracieuse, l'appel est recevable même en l'absence d'autres parties, en application de l'article 547 alinéa 2 C. pr. civ., à la condition toutefois d'y avoir intérêt [5]. Ceci paraît une règle de bon sens, dans la mesure où très souvent en matière gracieuse le demandeur n'a pas d'adversaire et conduit seul son instance.

Par ailleurs, en application de l'article 546 C. pr. civ. peuvent interjeter appel d'une décision en matière gracieuse, les tiers auxquels elle a été notifiée et la tierce-opposition leur est fermée [6]. Alors c'est le demandeur qui sera intimé.

C. Appel incident et provoqué

542.140 Étude séparée. L'appel incident prévu à l'article 548 C. pr. civ. et l'appel provoqué régi par l'article 549 C. pr. civ. répondent à deux hypothèses différentes et il convient de les examiner successivement.

1° Appel incident

542.141 L'appel incident. Il s'agit de l'appel, présenté le plus souvent par simples conclusions, formé par l'intimé, qui soit avait décidé de faire appel mais a été précédé dans cette demande par un autre plaideur mécontent, soit avait accepté une solution non entièrement satisfaisante, mais profite de l'appel adverse pour tenter d'améliorer le résultat obtenu. En matière sociale, il peut être présenté oralement [7]. Cet appel est toutefois à utiliser avec prudence car il sous-tend une stratégie qui peut parfois se révéler dangereuse.

Ainsi, un plaideur, en réalité satisfait du résultat, peut-il interjeter appel, pour conduire son adversaire à ne point former appel principal, et ne déposer ultérieurement que des écritures de désistement. Dans cette circonstance, l'intéressé doit être vigilant et prendre immédiatement des conclusions d'appel incident, quitte à les étoffer ultérieurement, avant que l'appelant principal ne se désiste de son recours. S'il ne le fait pas, l'appel sera retiré sans qu'il soit besoin de l'accord de l'intimé qui n'aura pu former appel incident, et ce dernier pourrait alors être forclos pour un appel principal. L'article 401 C. pr. civ. rappelle que le désistement n'a pas besoin d'être accepté s'il n'y a pas eu préalablement un appel incident. En outre, l'appel principal peut être déclaré irrecevable, mais aussi caduc en application des articles 902 ou 908 C. pr. civ. empêchant la formation ultérieure de l'appel incident.

Mais il faut conserver à l'esprit qu'un appel ne peut être considéré comme incident que si les prétentions qu'il formule ont un lien de connexité avec celles qui sont l'objet de l'appel principal [8]. Rappelons, d'une part, que la demande en paiement d'une indemnité au titre de l'article 700 C. pr. civ. n'est pas une demande incidente et peut donc être maintenue même si l'appelant s'est désisté et, d'autre part, qu'en matière orale un appel incident est valablement fait par dépôt au greffe d'écritures dès lors qu'il est antérieur au désistement [9].

1. V. Civ. 2e, 1er déc. 1993, no 92-12.401, *Bull. civ.* II, no 350.
2. Civ. 2e, 4 oct. 2007, no 06-16.879, *Bull. civ.* II, no 223.
3. Civ. 3e, 23 janv. 1985, *Gaz. Pal.* 1985. Pan. 147, obs. Croze et Morel.
4. Civ. 1re, 6 févr. 1996, no 93-21.053, *Bull. civ.* I, no 65; *RTD civ.* 1996. 361, obs. Hauser.
5. Civ. 2e, 19 juin 1980, *Gaz. Pal.* 1980. 758, note Viatte.
6. Civ. 2e, 5 janv. 1983, NP; *JCP* 1983. II. 20043, note Le Ninivin.
7. Soc. 6 oct. 1998, no 97-42.853, NP.
8. Civ. 2e, 11 mars 1999, no 96-14.886, NP.
9. Civ. 2e, 17 févr. 2011, no 09-13.209, *Bull. civ.* II, no 42; *D.* 2011. 2150, chron. Sommer, Leroy-Gissinger, Adida-Canac et Bouvier – Cass., ch. mixte, 13 mars 2009, no 07-17.670, *Bull. ch. mixte*, no 1; *D.* 2009. 880; *D.* 2009. 2704, obs. Blanchard; *D.* 2010. 169, obs. Fricero; *RTD civ.* 2009. 369, obs. Perrot.

a)
Lien entre appel incident et appel principal

542.151 L'appel incident au regard de l'appel principal. L'appel incident implique en effet nécessairement un appel principal[1].

Ainsi un appel incident ne peut-il être dirigé à la fois contre un jugement frappé d'appel et contre une autre décision qui ne l'est pas[2].

Toutefois la Cour de cassation admet qu'un appel sous forme incidente soit dirigé contre le premier jugement avant dire droit, lorsque l'appel principal ne frappe que le second jugement rendu au fond[3].

Mais un appel incident peut être formé contre certaines dispositions du jugement n'ayant pas fait l'objet d'un appel principal.

La condition d'existence d'un appel principal est remplie dès lors qu'appel a été interjeté contre le jugement, peu important alors que l'appel soit limité à certaines dispositions. Un appel principal limité permet un appel incident sur d'autres chefs de jugement. Ainsi l'appel incident peut-il déférer à la cour des chefs du jugement qui ne l'avaient pas été par l'appel principal[4]. Il est même possible d'interjeter appel incident contre une décision provisoire, expertale ou autre alors que l'appelant principal n'avait déféré à la cour que la partie tranchant le principal[5]. Mais il faut évidemment qu'il s'agisse d'une décision mixte, susceptible d'appel immédiat en son entier, et non d'une fausse décision mixte, comportant des litiges séparés dont certains sont susceptibles d'appel et d'autres pas (v. s[s] n° 541.31).

A ainsi été jugé irrecevable l'appel incident provoqué dirigé contre un autre intimé, contre lequel n'avait été ordonnée qu'une expertise, alors même qu'aucune autorisation n'avait été donnée par le premier président[6], étant toutefois considéré que le jugement rectificatif s'incorpore à la décision rectifiée de telle sorte qu'il est possible de faire appel incident sur les dispositions du jugement rectificatif alors même que seul le jugement principal a fait l'objet d'un appel[7].

Pendant longtemps, les auteurs et la jurisprudence ont hésité sur le point de savoir s'il suffisait d'un appel principal pour rendre recevable l'appel incident, ou s'il convenait que l'appel principal lui-même soit valable et recevable. L'article 550 C. pr. civ. a tranché la difficulté et nous invite à distinguer deux hypothèses. Si l'**appel incident est interjeté, à un moment où son auteur aurait été forclos pour le faire à titre principal**, cet appel ne trouve sa recevabilité que dans l'existence du recours principal.

Ceci constitue une hypothèse fréquente puisque l'appel incident pouvant, aux termes de l'article 550 C. pr. civ., être interjeté alors même que son auteur serait forclos pour un appel principal, il est usé de cette faculté chaque fois que l'intimé n'a pas été rempli de ses demandes en première instance.

Mais on comprend bien que cet appel incident ne vit que par l'appel principal. Il en résulte que si l'appel principal est nul ou irrecevable (notamment à raison de sa tardiveté), l'appel incident est de même irrecevable.

Dans ce cas, et en application de l'article 550 C. pr. civ., l'appel incident n'est reçu que si l'appel principal est recevable[8].

Très significative est la décision rendue par la cour de Paris dans une espèce où l'appelant, en présence d'une décision mixte comportant une condamnation en principal et une expertise, avait limité son appel à la seule mesure expertale, uniquement par des conclusions ultérieures. L'intimé, constatant cette limitation, avait fait un appel incident sur les autres chefs de la décision. Par un raisonnement parfaitement orthodoxe, la cour se place au dernier état des écritures de l'appelant pour constater la limitation de l'appel, et le déclarer irrecevable, s'agissant d'un appel limité à la décision expertale, et ne bénéficiant pas d'autorisation du premier président. Puis elle observe que l'appel incident fait en dehors du délai de l'appel principal, est lui-même irrecevable[9].

542.152 L'appel incident en suite du désistement de l'appel principal. Ainsi, tout ce qui touche à la validité, la recevabilité ou la pérennité de l'appel principal affectera directement l'appel incident. Le désistement d'appel principal, qui n'a pas besoin d'être accepté en l'absence d'appel incident, empêche désormais celui-ci.

Dans un arrêt significatif, la Cour a rappelé que le désistement sans réserve vaut acquiescement et interdit tout appel incident postérieur. En l'espèce l'appelant s'était désisté avant même que l'intimé n'ait constitué avoué, et avait ainsi sans que ce dernier n'en soit informé, obtenu une ordonnance de dessaisissement. L'appelant ne signifie pas cette ordonnance à l'intimé, qui considérant

1. Civ. 1re, 27 nov. 1974, n° 73-70.300, *Bull. civ.* I, n° 444 – Civ. 1re, 13 oct. 1982, n° 81-14.430, *Bull. civ.* I, n° 285; *D.* 1983. 301, note Breton.
2. Civ. 1re, 13 mai 1957, *Bull. civ.* I, n° 207.
3. Civ. 2e, 4 juin 2009, n° 08-15.487, *Bull. civ.* II, n° 137.
4. Soc. 5 juill. 2005, n° 03-46.193, NP; *Gaz. Pal.* 5 avr. 2006, p. 6 – Soc. 28 nov. 2000, n° 98-42.999, *Bull. civ.* V, n° 390; *Gaz. Pal.* 2001. Pan. 21 – Civ. 3e, 9 mai 1983, n° 82-70.135, *Bull. civ.* III, n° 107 – Civ. 1re, 21 mai 1990, n° 87-14884, NP; *JCP* 1990. IV. 275.
5. Soc. 11 déc. 1990, n° 87-41.317, *Bull. civ.* V, n° 639; *D.* 1991. IR 1.
6. Civ. 3e, 23 nov. 1994, n° 92-19.806, *Bull. civ.* III, n° 197; *Rev. huiss.* 1995. 866.
7. Soc. 4 mars 2008, n° 06-45.221, *Bull. civ.* V, n° 44.
8. Civ. 2e, 13 mars 2008, n° 06-18.796, *Bull. civ.* II, n° 65; *Procédures* 2008, n° 6, note Perrot; *JCP* 2008. IV. 1693 – Civ. 1re, 13 oct. 1982, n° 81-14.430, *Bull. civ.* I, n° 285; *JCP* 1983. IV. 1 – Paris, 19 oct. 1983, *Bull. ch. avoués* 1983. 70 – Civ. 2e, 16 avr. 1986, n° 84-16.074, *Bull. civ.* II, n° 52; *Bull. ch. avoués* 1986. 106, obs. Lecharny – Soc. 21 juill. 1986, n° 83-45.320; *Bull. civ.* V, n° 417; *Gaz. Pal.* 1987. Somm. 275, obs. Guinchard et Moussa.
9. Paris, 11 juill. 1991, *Bull. ch. avoués* 1991. 3. 92.

qu'elle ne lui est pas opposable, remet l'affaire au rôle et prend des conclusions d'appel incident. La Cour de cassation, à juste titre nous semble-t-il, casse l'arrêt qui avait admis cette façon de procéder. Elle rappelle que l'ordonnance n'est qu'une mesure d'administration judiciaire et que seul compte le désistement sans réserve, peu important alors que l'intimé en ait été avisé[1].

Par contre, si l'appel incident a été formé avant le désistement de l'appelant principal, ce désistement est sans effet sur l'appel incident, sauf s'il est accepté et si l'appelant incident se désiste lui-même de son appel[2]. Il s'agit là d'une application de l'article 401 C. pr. civ. qui permet à celui qui a déjà fait appel incident, de ne pas accepter le désistement de l'appelant principal (ainsi en est-il d'un appel incident aux fins de capitalisation des intérêts antérieur au désistement[3]). L'appel se poursuivant alors, il est normal que l'appel incident soit examiné.

Dès lors a pu se poser le problème de l'antériorité des conclusions de désistement d'appel principal et des conclusions d'appel incident, notifiées le même jour. Après des hésitations, la jurisprudence refuse désormais toute présomption d'antériorité à l'appel incident. Rappelant qu'il appartient à l'appelant incident d'établir l'antériorité de sa démarche par rapport au désistement, elle le déclare irrecevable dans l'hypothèse où les deux démarches ont été faites le même jour[4].

Les choses sont assez simples dans le cadre de la représentation obligatoire, dès lors que le désistement ne peut être fait que par conclusions écrites[5], dont la date permettra de trancher le problème d'antériorité.

Dans les procédures orales, il semble qu'aucun formalisme particulier ne soit nécessaire en application de l'article 397 C. pr. civ., de telle sorte qu'il suffit de constater que le désistement est non équivoque. Mais le problème de l'antériorité de l'appel incident ou du désistement ressurgit dès lors que, en raison de l'oralité, la Cour de cassation ne s'en tient pas à la seule date du désistement ou de l'appel incident mais aussi à la façon dont il a été opéré (la jurisprudence est encore trop confuse et variée selon les chambres[6]). Il semble que la Cour de cassation favorisait l'admission du désistement au détriment de l'appel incident. Ainsi, lorsque l'appel incident a été fait par dépôt d'écritures au greffe, antérieurement à l'audience, elle n'en admettait pas moins comme parfait le désistement de l'appelant opéré à la barre au motif de l'oralité de la procédure[7]. Et dans une affaire où c'est le désistement qui avait été fait par conclusions écrites déposées au greffe, elle considérait que ce dépôt avait immédiatement produit son effet extinctif[8].

Mais par un nouveau revirement, la chambre sociale considère qu'un appel incident peut-être fait par dépôt de conclusions au greffe, avant l'audience[9], étant rappelé alors que le désistement doit être accepté, au motif selon la dernière jurisprudence de l'unicité de l'instance et de l'exigence d'un procès équitable[10].

Mais il ne faut pas assimiler désistement d'appel et appel non soutenu, cette dernière situation laissant survivre l'appel incident[11], étant souligné que les conclusions adressées par l'appelant à l'intimé ne peuvent suppléer son absence à l'audience[12].

542.153 L'appel incident au regard du délai de l'appel principal. Si l'appel incident a été formé à un moment où son auteur n'aurait pas été forclos pour agir à titre principal, l'article 550 C. pr. civ. l'assimile en quelque sorte à un appel principal, de telle sorte qu'il ne sera pas influencé par la recevabilité ou la validité de l'appel principal. Par contre, la cour qui déclare l'appel principal irrecevable ne peut pas statuer sur l'appel incident formé hors délai pour agir à titre principal[13].

Il est donc important que celui qui souhaite faire un appel incident dans le réel dessein d'obtenir une réformation, le fasse dans le délai qu'il devrait respecter pour un appel principal. Procédant ainsi, il évite d'être soumis à la recevabilité de l'appel principal, qui lui est alors indifférent[14].

Il reste que l'appel incident ou provoqué est recevable, même formé hors délai dès lors que l'appel principal est recevable. La jurisprudence considère même qu'il suffit que l'appel principal soit recevable pour partie seulement. Dans une espèce, où l'appel,

1. Civ. 2e, 21 juill. 1986, n° 85-13126, *Bull. civ.* II, n° 117.
2. Civ. 2e, 9 oct. 1991, n° 89-20.426, *Bull. civ.* II, n° 241; *JCP* 1991. IV. 426.
3. Lyon, 9 oct. 2003, *BICC* n° 968.
4. Civ. 2e, 3 oct. 1984, n° 82-17.067, *Bull. civ.* II, n° 139; *JCP* 1984. IV. 336 – Paris, 19 mars 1982, *D.* 1982. IR 416 – Paris, 23 juin 1982, *Gaz. Pal.* 1982. 314.
5. Civ. 2e, 3 juin 1998, n° 96-20.057, *Bull. civ.* II, n° 170.
6. J.-L. Gallet, *La procédure civile devant la cour d'appel*, Litec, p. 62 – B. Travier, *Procédures orales*, « Service », Dalloz, 2002, nos 1208 s. – B. Travier, « Le principe de sécurité juridique et les procédures orales », *Procédures* 2006. 4.
7. Soc. 11 juin 2002, n° 00-42.369, NP; *Procédures* 2002, n° 181, obs. Perrot – Civ. 2e, 26 nov. 1998, n° 96-14.917, *Bull. civ.* II, n° 285.
8. Soc. 29 avr. 2003, n° 01-41.631, *Bull. civ.* V, n° 146.
9. Soc. 5 juill. 2005, n° 02-47.233, *Bull. civ.* V, n° 233; *D.* 2006. 29.
10. Soc. 14 mars 2007, n° 05-43.351, *Bull. civ.* V, n° 49; *D.* 2007. 1007, obs. Guiomard; *D.* 2007. 2427, obs. Fricero; *RTD civ.* 2007. 642, obs. Perrot; *Procédures* 2007, n° 12, note Gentili.
11. Civ. 1re, 7 oct. 1998, n° 96-04.208, NP.
12. Soc. 14 mars 2007, n° 05-45.414, *Bull. civ.* V, n° 50; *Procédures* 2007, n° 12, note Gentili.
13. Civ. 2e, 31 mars 2011, n° 09-14.382, NP.
14. Soc. 4 oct. 1979, n° 77-41.427; *Bull. civ.* V, n° 689; *JCP* 1979. IV. 353 – Civ. 2e, 26 nov. 1980, n° 79-14.149, *Bull. civ.* II, n° 241 – Paris, 29 sept. 1982, *Bull. ch. avoués* 1983. 15 – Civ. 2e, 7 déc. 1994, n° 92-22.110, *Bull. civ.* II, n° 253; *Rev. huiss.* 1995. 741; *Gaz. Pal.* 7 sept. 1995. IR 130.

interjeté contre deux parties, n'avait été déclaré recevable que contre l'une d'elles, la cour a cependant admis l'appel incident provoqué du premier intimé contre le second, alors qu'il était fait au-delà du délai pour faire un appel principal[1].

Les décrets n° 2009-1524 du 9 décembre 2009[2] et n° 2010-1647 du 28 décembre 2010, modifiant les dispositions relatives à la procédure ordinaire avec représentation obligatoire, disposent désormais en l'article 909 C. pr. civ. que l'intimé dispose d'un **délai de deux mois** à compter de la notification de conclusions de l'appelant, pour conclure et former appel incident. Ainsi, dans la procédure ordinaire, l'intimé qui ne forme pas appel incident dans le délai précité est-il irrecevable à le faire ultérieurement. En dehors de cette procédure spécifique, l'appel incident peut être formé en tout état de cause.

b)

Nature et formes de l'appel incident

542.161 **L'appel incident est un appel.** L'appel incident, même s'il est la conséquence d'un appel principal, est un appel. C'est dire qu'il doit avoir pour objet la réformation, même partielle, de la décision du premier juge.

Est dès lors irrecevable l'appel incident qui se borne à demander confirmation du jugement[3]. Est de même irrecevable l'appel incident d'une partie qui n'y a pas intérêt, ou qui a obtenu un jugement conforme à ses conclusions[4].

L'appel incident étant une voie de recours exercée contre une décision est irrecevable si son auteur a renoncé à son exercice, voire a acquiescé à la décision. Sur ce point, plusieurs difficultés doivent être traitées.

542.162 **Appel incident et conclusions de confirmation.** Il a été vu que l'appel incident a pour objet la réformation, même partielle de la décision et qu'une demande de confirmation pure et simple de celle-ci ne justifiait pas la recevabilité d'un appel incident. Or, il arrive fréquemment que, pour des raisons stratégiques (obtention d'un arrêt, d'une condamnation aux dépens ou à l'article 700 C. pr. civ.), soient déposées de simples conclusions de confirmation.

Ces écritures, dans la mesure où elles sollicitaient la confirmation d'une décision frappée d'appel, pouvaient être éventuellement considérées comme une acceptation de la décision, et une renonciation à toute critique ultérieure, et rendre ainsi irrecevable un appel incident.

Après un certain flottement jurisprudentiel, il est maintenant acquis que des conclusions de confirmation n'empêchent pas de former ultérieurement un appel incident[5], à condition, pour la procédure ordinaire, de respecter le délai institué par l'article 909 C. pr. civ.

Enfin, s'il est possible de faire à titre subsidiaire un appel incident, en concluant au principal à la confirmation, un tel appel incident est sans effet en cas de confirmation[6].

542.163 **Appel incident et acquiescement.** Il est possible aussi que le plaideur ait acquiescé à la décision, soit formellement, soit en exécutant sans équivoque une décision qui n'était pas revêtue de l'exécution provisoire. Sous réserves de la réalité de l'acquiescement tacite à une décision (v. s[s] n° 542.308), il faut, le tenant pour constant, apprécier la date à laquelle il est opéré. Réalisé avant l'appel principal, l'acquiescement est sans effet sur le droit de former ultérieurement un appel incident, en application de l'article 409 alinéa 1er C. pr. civ. conçu : « *L'acquiescement au jugement emporte soumission aux chefs de celui-ci et renonciation aux voies de recours sauf si, postérieurement, une autre partie forme régulièrement un recours* ». Cette disposition reflète effectivement la véritable volonté des plaideurs.

Une décision est rarement totalement satisfactoire pour une partie, et il s'agit le plus souvent pour le plaideur de décider s'il poursuit l'instance ou s'il s'en tient à ce qui est jugé, même s'il n'a pas obtenu tout ce qu'il attendait. Il peut alors accepter la décision pour mettre un terme à une procédure, et il serait alors inéquitable de l'empêcher de reprendre ses moyens et critiques devant la cour, si l'adversaire par un appel principal le contraint à poursuivre le procès. Ce principe est constant[7], et s'applique même si l'appelant incident avait poursuivi l'exécution forcée de la décision[8].

L'acquiescement à la décision après l'appel principal, rend irrecevable l'appel incident. Il est vrai que celui qui accepte, dans des termes ou conditions qui ne laissent pas de doute sur sa volonté d'acquiescer à la décision, alors même qu'il connaît l'existence d'un appel principal, est alors mal venu à former ensuite appel incident. Sous réserve de cas particuliers, il n'est pas de l'intérêt du plaideur, intimé sur appel

1. Civ. 2e, 5 avr. 2007, n° 06-11.836, *Bull. civ.* II, n° 75.
2. Décr. n° 2009-1524, 9 déc. 2009, relatif à la procédure d'appel avec représentation obligatoire en matière civile, *JO* 11 déc., p. 21386.
3. Civ. 2e, 19 avr. 1985, n° 84-10.081, *Bull. civ.* II, n° 81; *JCP* 1985. IV. 223; *Gaz. Pal.* 1985. Pan. 291, obs. Croze et Morel.
4. Civ. 2e, 19 févr. 1970, n° 68-11.934, *Bull. civ.* II, n° 61.
5. Civ. 3e, 13 juin 1979, n° 78-11.803, *Bull. civ.* III, n° 130; *JCP* 1979. IV. 269; *D.* 1979. IR 473, obs. Julien – Civ. 1re, 14 mars 1984, n° 83-10.591, *Bull. civ.* I, n° 94; *Gaz. Pal.* 1984. Pan. 210 – Paris, 26 mai 1981, *Juris-Data* n° 028495.
6. Civ. 2e, 12 juin 2008, n° 07-12.967, *Bull. civ.* II, n° 137.
7. TGI Pontoise, 13 nov. 1969, *Gaz. Pal.* 1970. 2. Somm. 1961 – Civ. 2e, 10 juill. 1991, n° 90-15.446, *Bull. civ.* II, n° 213; *JCP* 1991. IV. 351.
8. Paris, 7 janv. 1870, *S.* 1870. 2. 97.

principal, d'acquiescer et de se fermer son droit à recours, sans véritable avantage en contrepartie. Cette méthode peut par contre être utilisée avec profit lorsque les parties sont d'accord sur une partie de la décision, à laquelle elles souhaitent donner un caractère définitif.

Ainsi, l'époux qui interjette appel d'un jugement prononçant le divorce et statuant sur les mesures accessoires, même s'il limite son appel à ces dernières, ouvre à son conjoint la possibilité, par un appel incident, de déférer à la cour l'ensemble du litige. De telle sorte que faisant appel d'une disposition le condamnant à une pension il empêche que le prononcé du divorce ne soit définitif, son conjoint pouvant le remettre en cause jusqu'à l'ordonnance de clôture. Or il arrive que les époux soient, en dépit de leur désaccord sur d'autres points, désireux de rendre définitif le divorce, notamment si l'un ou l'autre veut se remarier. Il suffira alors à l'intimé, recevant l'appel limité aux mesures accessoires, d'acquiescer expressément à la disposition relative au divorce. Cet acquiescement fermera la porte de l'appel incident, de telle sorte que la décision, alors définitive, s'agissant du divorce, pourra être transcrite.

Il ne faut évidemment pas confondre acquiescement à la décision et acquiescement à la demande.

Ainsi, l'acquiescement à tout ou partie de la demande ne permet pas ultérieurement un appel incident en cas d'appel principal sur un autre point[1].

542.164 Formes de l'appel incident. L'appel incident est formé de la même manière que les demandes incidentes (C. pr. civ., art. 551). Dans les procédures avec représentation obligatoire, les demandes incidentes sont faites par simples conclusions notifiées entre avocats, de telle sorte que l'appel incident se notifie par conclusions entre avocats[2] et suit le régime de la communication électronique.

En revanche, l'assignation est exigée, si l'appel incident vise des personnes qui n'ont pas constitué avocats et qui ne connaissent dès lors pas l'existence de celui-ci[3].

Mais ceci ressort du principe du contradictoire et du respect des droits de la défense. Tout plaideur doit être averti de ce qui lui est réclamé et il n'y a pas de raison de procéder différemment s'agissant d'un appel incident. Le choix du plaideur de constituer ou non avocat pour se défendre peut également légitimement dépendre de ce qui lui est réclamé, et il est nécessaire de l'aviser de chaque appel, principal ou incident, qui le concerne. En matière gracieuse, il peut être procédé, même oralement, de telle sorte qu'a pu être déclaré recevable un appel incident présenté verbalement à l'audience[4].

542.165 Délai pour former l'appel incident. Une distinction doit être faite entre la procédure ordinaire d'appel avec représentation obligatoire et mise en état et les autres procédures, qu'il s'agisse de la procédure avec représentation obligatoire d'urgence ou à jour fixe et les procédures sans représentation, comme le précise l'article 950 C. pr. civ.

Pour les premières, il convient de respecter l'article 909 qui fixe le délai de deux mois à compter de la signification des conclusions de l'appelant au titre de l'article 908 pour former appel incident, qu'il s'agisse d'un appel incident à l'encontre de l'appelant principal ou des autres intimés. Ce délai est sanctionné par l'irrecevabilité de l'appel incident présenté en dehors de ce délai.

Pour toutes les autres procédures, les conclusions aux fins d'appel incident peuvent être déposées aussi longtemps que l'ordonnance de clôture n'est pas rendue, sauf évidemment à ce que préalablement l'appelant principal ne se soit désisté, ou à ce que le principe du contradictoire soit préservé. En présence de conclusions d'appel incident, il appartient à la partie adverse de demander alors le report de la date de clôture ou la révocation de l'ordonnance de clôture[5].

Au-delà de la clôture, il n'est point possible conformément à l'article 783 C. pr. civ. de notifier des écritures ou de communiquer des pièces. Il n'est donc plus temps de former un appel incident, qui est irrecevable[6]. Il sera éventuellement possible de demander la révocation de la clôture en application des articles 784 et 912 C. pr. civ., s'il est justifié d'une cause grave. Cette révocation permettra alors l'appel incident.

Une jurisprudence qui semble désormais dépassée insistait sur le respect du contradictoire et il a été jugé à ce propos que même déposées avant la clôture, des conclusions peuvent être écartées si la proximité de celles-ci ne permet pas à l'autre partie de se défendre[7]. S'agissant d'une procédure à jour fixe, le principe du contradictoire devrait conduire à la même

1. Civ. 2e, 14 déc. 2006, no 05-22.057, NP.
2. Soc. 9 mai 1973, no 71-14.406, *Bull. civ.* V, no 281 – Civ. 3e, 17 janv. 1990, no 88-70.322, *Bull. civ.* III, no 24; *D.* 1990. IR 27 – Civ. 2e, 4 mai 1977, no 75-13.458, *Bull. civ.* II, no 114.
3. Paris, 17 févr. 1982, *Bull. ch. avoués* 1982, no 84 – Paris, 29 nov. 1989, *Bull. ch. avoués* 1989, no 113 – Soc. 22 avr. 1992, *JCP* 1992. IV. 1853 – Civ. 2e, 23 mars 1994, no 92-19.059, *Bull. civ.* II, no 102 – Civ. 2e, 13 mars 1996, no 94-14.278, *Bull. civ.* II, no 63; *JCP* 1996. IV. 1031; *Rev. huiss.* 1996. 875 – Civ. 2e, 19 févr. 1997, no 95-13.923, *Bull. civ.* II, no 51; *JCP* 1997. IV. 824.
4. Soc. 5 nov. 1981, no 79-42.614, *Bull. civ.* V, no 866; *JCP* 1981. IV. 29 – Soc. 30 mars 1994, no 90-42.380, *Bull. civ.* V, no 111; *RTD civ.* 1994. 685, obs. Perrot.
5. Civ. 2e, 31 janv. 1996, no 93-19.056, *Bull. civ.* II, no 29; *BICC* no 356 – Civ. 2e, 31 janv. 1996, no 93-19.056, *Bull. civ.* II, no 29; *BICC* no 395.
6. Civ. 2e, 22 oct. 1975, no 74-14.389, *Bull. civ.* II, no 270 – Civ. 2e, 27 mai 1983, no 82-12.235, *Bull. civ.* II, no 115; *Gaz. Pal.* 1983. 2. Pan. 253.
7. Paris, 21 oct. 1987, *Bull. ch. avoués* 1987. 3. 122.

solution[1], même si, en matière de jour fixe, la Cour de cassation s'est toujours montrée moins sévère, admettant à l'évidence que l'urgence écorne quelque peu le principe du contradictoire, considérant au surplus que l'appelant doit assumer le risque du choix procédural, et répugnant à écarter pièces ou écritures notifiées même le jour de l'audience[2].

La Cour de cassation dans un arrêt de principe[3] a admis, eu égard aux termes de l'article 550 C. pr. civ. qui prévoit que l'appel incident est recevable en tout état de cause que cet appel puisse être formé jusqu'à la date de la clôture. Il revient alors à la Cour de faire respecter le contradictoire en repoussant la date de clôture et, si nécessaire, de fixer une date d'audience permettant l'échange contradictoire. En d'autres termes, la possibilité ouverte par cet article de former appel incident, c'est-à-dire d'exercer son droit, à tout moment prime et le contradictoire doit y être adapté.

542.166 **Appel incident abusif.** Il reste évidemment que l'article 550 alinéa 2 C. pr. civ. permet au juge de condamner celui qui, de façon dilatoire, s'est abstenu de faire suffisamment tôt appel incident. Mais ce texte reste d'application peu fréquente, d'une part parce que le juge garde à l'esprit que la poursuite de la procédure trouve sa cause dans l'appel principal, et d'autre part dans la nécessité pour l'appelant principal de déposer des écritures aux fins de dommages et intérêts.

En outre, l'article 32-1 C. pr. civ. permet de prononcer la condamnation à une amende civile.

542.167 **Appel incident et qualité d'intimé.** L'appel incident est réservé à la personne intéressée[4]. Il convient évidemment que la personne ait été intimée dans la qualité qu'elle prend pour son appel incident[5].

Le père, intimé à titre personnel, ne peut faire appel incident ès qualités d'administrateur des biens et de la personne de son enfant mineur.

De même, une compagnie d'assurances, condamnée à verser certaines sommes au père ès qualités d'administrateur légal de ses enfants, ne peut faire appel incident de ce chef, sur le seul appel du père à titre personnel[6].

La qualité d'intimé est nécessaire pour être admis à l'appel incident. Ceci conduit à dénier cette possibilité à l'appelant principal qui pourrait être tenté, après avoir limité son appel, de critiquer dans le cadre d'un appel incident formé à l'encontre de l'intimé, lui-même appelant incident, certaines dispositions ensuite d'un premier appel incident de l'intimé, ou pour réparer une erreur. En effet, la limitation de l'appel principal mentionnée dans l'acte d'appel empêche son auteur de critiquer par un appel incident les points qu'il n'a pas visés dans son appel limité. Ainsi, la femme interjette appel d'un jugement prononçant le divorce aux torts réciproques, en limitant son appel aux dispositions relatives à la garde des enfants. Son mari fait appel incident en demandant le prononcé du divorce aux torts de sa femme, ce qui conduit cette dernière à faire elle aussi un appel incident pour demander le divorce à son seul profit. La Cour de cassation déclarait alors irrecevable cet appel incident de l'appelant principal, lui-même consécutif à un premier appel incident de l'intimé[7].

Cette jurisprudence ne peut pas perdurer aujourd'hui car l'appel incident provoqué, de l'article 549 C. pr. civ. permet cette bataille procédurale. Ici se crée alors le lien entre l'appel incident, de tradition ancienne, et l'appel incident provoqué. L'appel incident ou provoqué ne peut émaner que d'une personne qui a été partie en première instance. Il y a là un moyen d'irrecevabilité d'ordre public qui doit être soulevé d'office par le juge[8]. Il faut également qu'ayant été partie en première instance l'appelant incident ou provoqué ait qualité pour présenter la demande[9].

542.168 **Appel incident entre intimés.** L'appel incident, qui émane de l'intimé, n'est pas exclusivement dirigé contre l'appelant principal, mais peut aussi s'exercer contre les autres intimés, en application de l'article 548 C. pr. civ.[10]. En dépit de la clarté du texte, la Cour de cassation refuse l'appel incident d'intimé à intimé, lorsqu'aucun litige ne les a opposés en première instance[11], ce qui se justifie pleinement puisque par l'appel il s'agit de reprendre devant la cour les demandes présentées en première instance, non satisfaites par le tribunal. Par ailleurs, si l'on admet un tel appel incident, alors même qu'aucun litige n'existait entre les intimés en première instance, c'est accepter de résoudre un litige nouveau devant la cour, donc d'accueillir des demandes nouvelles. Ainsi, sans s'éloigner de l'article 548 C. pr. civ., la Cour de cassation peut-elle refuser l'appel incident entre intimés, n'ayant pas eu de litige à débattre en première instance.

2°

Appel provoqué

542.171 **L'appel provoqué.** Si la situation procédurale est simple lorsqu'il n'y a que deux plaideurs, le premier étant appelant et le second pouvant faire

1. Paris, 4 juill. 1978, *Bull. ch. avoués* 1978, n° 69, p. 18.
2. Civ. 2e, 25 oct. 1995, n° 92-19.108, *Bull. civ.* II, n° 261 ; *BICC* n° 1289 ; *JCP* 1995. II. 2613.
3. Cass., ch. mixte, 3 févr. 2006, n° 03-16.203, *Bull. ch. mixte*, n° 1 ; *RTD civ.* 2006. 381 ; *Procédures* 2006, n° 67, obs. Perrot.
4. Civ. 2e, 13 janv. 1967, *Bull. civ.* II, n° 19.
5. Civ. 2e, 29 mai 1979, n° 78-10.263, *Bull. civ.* II, n° 160.
6. Civ. 2e, 13 janv. 1993, n° 91-16.961, *Bull. civ.* II, n° 8.
7. Civ. 2e, 13 janv. 1967, *Bull. civ.* II, n° 19.
8. Com. 20 juin 1995, n° 92-20.803, NP.
9. Com. 27 juin 1995, n° 93-17.361, NP.
10. Guinchard, Chainais et Ferrand, 30e éd., 2010, nos 1230 s.
11. Com. 12 oct. 1977, n° 76-13.825, *Bull. civ.* IV, n° 362 ; *RTD civ.* 1978. 935, obs. Perrot.

appel incident, les choses peuvent se compliquer à l'infini chaque fois qu'il y a plus de deux parties à l'instance.

Dans la mesure où une partie peut à sa guise (voir exception sur l'indivisibilité de la décision), appeler contre qui bon lui semble, sous réserve que l'intimé ait été partie à l'instance et sur les chefs de litige qu'elle peut déterminer, le procès ne se retrouve pas alors au début de la procédure d'appel, dans les mêmes conditions que celles présente en première instance.

Soit l'appelant exclut certaines parties de l'appel, considérant qu'il a été bien jugé à leur égard, voire qu'il avait eu tort de les mettre en cause en première instance. Soit il exclut certaines parties au motif qu'il ne leur demandait rien et que leur présence lui est indifférente.

Ainsi la procédure n'est pas figée et peut se présenter devant la cour dans des conditions sensiblement différentes de celles connues en première instance. Elle doit pouvoir évoluer pour tenir compte des intérêts et des droits des parties, d'autant que l'allongement de la durée des procès exige une certaine souplesse, car seule l'absence de rigidité permettra à la cour, investie d'une mission d'achèvement, de mettre un terme définitif à ce litige.

Fossiliser une situation dans un état où l'appelant la propose à l'aube de la procédure, conduirait alors les autres parties à la nécessité de mener d'autres procédures, ce qui non seulement ralentirait la solution des litiges, mais entraînerait des risques accrus de contrariétés de décisions.

Comme cela a été rappelé lors du colloque des avoués à la cour à Rennes, « *l'appel incident stricto sensu ou provoqué ainsi que les dispositions particulières à l'appel en cas de solidarité ou d'indivisibilité entre plusieurs parties, ont pour résultat d'assurer la* ***reconstitution des données du litige*** *telles que celles-ci avaient été posées en première instance* »[1]. Cette reconstitution se fera évidemment de façon plus ou moins complète, selon la volonté des plaideurs.

542.172 Définition. L'appel provoqué tiré de l'article 549 C. pr. civ. est celui qui est interjeté par une partie, ou contre une partie, contre laquelle n'était pas dirigé l'appel principal, mais qui est réalisé à raison de l'appel principal ou incident.

Comme le souligne Y. Lobin, l'appel provoqué est désormais une forme d'appel incident, ce qui ne clarifie pas la situation[2].

Si l'on considère l'appel provoqué comme un appel incident, il faut alors lui appliquer l'exigence de l'article 909 C. pr. civ. imposant dans le cadre de la procédure ordinaire avec représentation obligatoire à tout intimé de conclure et relever appel incident dans les deux mois de la notification des conclusions de l'appelant.

À côté de l'appel incident *stricto sensu* opposant l'intimé à l'appelant, existe toute une série d'appels croisés entre intimés et entre intimés et appelants, qui ne trouvent leur motivation que dans l'appel principal, sans lequel les autres parties n'eussent pas poursuivi en deuxième instance. Chacun imagine aisément combien sont variées les possibilités de présentation du procès à la cour, en cas de grand nombre de parties au procès. Par l'utilisation de l'appel provoqué, les liens processuels entre les parties qui occupaient au premier degré une certaine position, peuvent être assez gravement affectés par l'ouverture d'une nouvelle instance[3].

Il est alors plus aisé pour définir le domaine de l'appel provoqué, d'envisager les situations les plus courantes.

a) Typologie

542.181 Les différents appels provoqués : 1er cas. L'hypothèse la plus simple est celle de l'appel provoqué interjeté par l'intimé contre une autre partie en première instance mais non intimée dans l'appel principal.

Le demandeur sollicite réparation d'un préjudice contre son vendeur, à raison d'un vice de la chose, et ce dernier appelle en cause son propre fournisseur, pour qu'il le garantisse de toute condamnation. Le demandeur principal, qui a été débouté, n'interjette appel que contre son vendeur, se désintéressant du fournisseur auquel il n'a rien demandé (notons d'ailleurs qu'il eût pu dans notre exemple présenter des demandes également contre le fournisseur en application de la théorie sur la chaîne des contrats).

En cause d'appel, le vendeur ne peut prendre le risque d'une réformation et d'une condamnation, sans reprendre au moins subsidiairement sa demande contre son fournisseur, pour être relevé et garanti. S'il ne le fait pas et que le premier jugement est réformé, il lui sera alors trop tard pour demander à son fournisseur de le garantir, puisque celui-ci aura déjà, par le premier jugement, été mis hors de cause. Il ne peut dès lors prendre ce risque, et doit par appel provoqué, réalisé par une assignation, contraindre son fournisseur à participer à cette deuxième instance[4].

542.182 Les différents appels provoqués : 2e cas. La deuxième hypothèse est celle où l'appelant lui-même, à raison de l'appel incident fait par l'intimé, a besoin de modifier sa stratégie et de critiquer des

1. C. Giverdon et P. Avril, « Les interventions en appel », *Gaz. Pal.* 1986. Doctr. 121.
2. Y. Lobin, « L'appel incident et l'appel provoqué », *Gaz. Pal.* 1986. Doctr. 125.
3. GUINCHARD, CHAINAIS et FERRAND, 30e éd., 2010, nos 1232 s.
4. Civ. 3e, 5 janv. 1978, no 76-12.615, *Bull. civ.* III, no 8; *JCP* 1978. II. 19000, note J. A. – Civ. 3e, 4 juin 1986, no 84-70.143, *Bull. civ.* III, no 97; *Gaz. Pal.* 1987. 1. Somm. 72, note Croze et Morel.

chefs du litige qu'il n'avait pas, jusque-là, déférés à la cour. Cet appel provoqué ne peut émaner de l'appelant principal que lorsqu'il découle de l'appel incident formé par l'intimé car, à défaut, il doit être regardé comme un second appel principal[1]. L'appelant limite son appel à un chef du dispositif. Une telle limitation n'est pas de nature à rendre, à elle seule, définitif le surplus de la décision. Il est donc possible à l'intimé par un appel incident de critiquer les autres chefs du dispositif.

Autrefois, il était considéré que la limitation de l'appel valant acquiescement, interdisait alors à l'appelant, même pour répondre à un appel incident, de revenir sur son acceptation. L'appel provoqué, tel que conçu par le législateur de 1972, supprime toute incertitude et permet indiscutablement à l'appelant principal de faire un appel incident provoqué[2].

Dans un arrêt du 26 mai 1988, la Cour de cassation a rappelé cette règle dans une espèce particulièrement claire sur le plan des faits[3]. Un promoteur avait limité son appel principal dirigé contre ses architectes, à certains désordres particuliers, pour lesquels le tribunal lui avait refusé indemnisation, et avait dirigé de même son appel contre le syndicat de copropriétaires, qui avait obtenu sa condamnation pour ces mêmes désordres. En appel, le syndicat des copropriétaires reprend par un appel incident, ses demandes contre le promoteur relatives à des fissures qui n'avaient pas été accueillies en première instance. Logiquement, le promoteur forme un appel provoqué contre les architectes et leur demande en outre de le relever et garantir de toute éventuelle condamnation à la réparation des fissures. La cour d'appel, faisant application de l'ancienne jurisprudence, déclare l'appel provoqué irrecevable, considérant que le promoteur, limitant son appel, avait renoncé à toute voie de recours sur les autres chefs du litige. Cette décision est censurée à bon droit, puisqu'en vertu de l'article 550 C. pr. civ. même celui qui serait forclos pour agir à titre principal peut faire un appel provoqué.

Notons malgré tout que souvent ces difficultés procédurales s'expliquent par une limitation peut-être hâtive de l'appel ou un choix mal considéré des parties intimées, et ce pour des raisons financières. Il n'est parfois pas utile de limiter dans son acte d'appel les chefs du dispositif que l'on veut critiquer, rien n'interdisant de le faire ultérieurement par conclusions.

542.183 Les différents appels provoqués : 3e cas. La troisième hypothèse vise l'appel incident provoqué réalisé entre intimés, lequel se fait alors par conclusions. L'article 548 le permet expressément, mais la jurisprudence exclut toutefois un tel appel si aucun litige n'opposait les intimés en première instance[4]. En présence d'un appel limité, un intimé peut former appel provoqué d'un autre chef contre un autre intimé s'il existe, quant à l'objet du litige, un lien juridique[5]. L'appel incident provoqué entre intimés est une hypothèse en pratique fréquente, car il apparaît que souvent, dans des procédures complexes avec de nombreuses parties, l'appelant principal intime la plupart d'entre elles, voire toutes, et ce souvent afin d'éviter que par des appels provoqués successifs délivrés alors par assignations, ne soit retardée l'issue de la procédure.

542.184 Les différents appels provoqués : 4e cas. La quatrième hypothèse est celle où une partie en première instance n'est pas intimée et souhaite, à raison des éventuelles conséquences du procès qui se poursuit en appel, y participer. Or, une partie en première instance ne peut pas intervenir volontairement à l'instance d'appel, l'intervention étant réservée au plaideur qui n'a pas été partie devant le premier juge. Il conviendra alors non pas d'intervenir, mais de former appel incident provoqué par des conclusions permettant ainsi à celui qui avait été délaissé, de participer aux débats.

b)

Intérêt et lien avec l'appel principal

542.191 L'intérêt à faire appel provoqué. L'appel provoqué nécessite d'avoir été partie en première instance (v. C. pr. civ., art. 547). Il exige de même, comme pour toute voie de recours, que l'on ait un intérêt[6].

Signalons que le conseiller de la mise en état est compétent pour apprécier l'intérêt à agir et par là même la recevabilité de l'appel provoqué[7].

Il convient en outre, comme sa dénomination le laisse entendre, qu'il soit provoqué par un appel principal ou incident, qui va ainsi faire courir un risque ou modifier les droits de celui qui veut faire appel provoqué.

Il faut, selon l'expression la plus usuelle de la Cour de cassation, que l'appel principal ou incident donne à la partie un intérêt nouveau à user d'une voie de recours qu'elle n'avait pas cru utile d'exercer[8]. Mais tout événement peut constituer un intérêt à faire appel provoqué et il n'est point besoin d'avoir succombé en première instance[9], la simple menace ou le risque étant suffisant[10].

1. Civ. 2e, 4 déc. 2003, no 01-15.027, *Bull. civ.* II, no 357.
2. Paris, 6 nov. 1980, *Bull. ch. avoués* no 78, p. 10.
3. Civ. 3e, 26 mai 1988, no 85-17.734, *Bull. civ.* III, no 97.
4. Civ. 1re, 12 oct. 1977, no 76-13.825, *Bull. civ.* III, no 362; *RTD civ.* 1978. 935, obs. Perrot.
5. Civ. 1re, 21 janv. 1997, no 94-19.689, *Bull. civ.* I, no 24; *BICC* no 417.
6. Toulouse, 24 avr. 1984, *JCP* 1984. II. 20408, note Tomasin – Paris, 8 nov. 1990, *Bull. ch. avoués* no 119, p. 95 – Civ. 2e, 16 nov. 1988, no 87-16.312, *Bull. civ.* II, no 218; *JCP* 1989. IV. 19 – Civ. 2e, 18 janv. 1984, no 82-11.317, *Bull. civ.* II, no 7; *Gaz. Pal.* 1984. Somm. 145, note Guinchard.
7. Paris, 6 nov. 1989, *Bull. ch. avoués* no 112, p. 115.
8. Civ. 3e, 16 nov. 1988, no 87-13.652, NP; *JCP* 1989. IV. 19.
9. Paris, 25 mai 1970, *Gaz. Pal.* 1970. 2. 183.
10. Paris, 5 juin 1986, *Bull. ch. avoués* no 99, p. 112 – Civ. 2e, 7 oct. 1982, no 81-10.623, *Bull. civ.* I, no 119; *Gaz. Pal.* 1983. 1. Pan. 37, obs. Guinchard.

Tout comme l'appel incident, un appel provoqué peut, sous réserve d'une action en dommages-intérêts s'il a été entrepris tardivement, être formulé jusqu'à la clôture de l'instance, sauf si préalablement l'appelant s'est désisté. Il est renvoyé sur ce point aux développements relatifs à la recevabilité de l'appel incident, les conditions étant identiques.

542.192 Appel provoqué et appel principal. L'appel provoqué trouve sa motivation dans l'appel principal, et doit avoir un objectif susceptible d'être obtenu eu égard au litige, ou à la partie de litige qui est déférée à la cour.

Il faut donc que la cour reste saisie du litige au sujet duquel l'appel provoqué est formé. À défaut, elle ne peut le recevoir. Ainsi, il n'est point possible de former un appel provoqué, alors que l'instance sur appel principal est achevée.

Un plaideur assigné en indemnisation appelle en cause son assureur pour entendre dire qu'il doit sa garantie. En première instance, le demandeur est débouté, et toute demande contre l'assureur est donc rejetée. Le demandeur interjette appel en n'intimant que le défendeur et celui-ci ne forme pas appel provoqué contre son assurance. La cour infirme et condamne le défendeur à indemnisation. Celui-ci peut avoir intérêt à rechercher la couverture de son assurance, mais il est trop tard pour procéder à un appel provoqué, la cour ayant été dessaisie. Le plaideur doit dès lors éviter de trop attendre, et ne peut se réserver un appel provoqué ultérieur, à la lecture de l'arrêt statuant sur les rapports entre les parties à la première instance.

Une société assigne deux sociétés de transports, X et Y, en réparation d'une avarie, lesquelles appellent en garantie deux autres sociétés. Le tribunal condamne la société X et met hors de cause la société Y La société X interjette appel en intimant toutes les parties, mais la société Y ne fait pas appel provoqué contre les deux autres sociétés responsables effectivement du transport. La cour réforme la décision et déclare la société Y responsable, ordonnant une expertise pour l'évaluation des dommages. Celle-ci alors se rend compte qu'elle risque de payer seule, forme un appel provoqué contre les deux autres sociétés responsables à l'occasion de l'instance en liquidation de préjudice.

La Cour de cassation déclare irrecevable cet appel provoqué, rappelant que la cour n'est plus saisie que du problème de l'indemnisation et qu'il n'est plus temps de lui soumettre un problème de responsabilité, même par appel provoqué[1].

En application de l'article 550 C. pr. civ., l'appel provoqué peut être formé à tout moment de la procédure d'appel sans considération de délai, à condition évidemment que l'appel principal soit recevable. Mais ce texte doit s'apprécier malgré tout au regard du problème particulier de l'acquiescement. En effet si une partie se désiste de son appel, ce désistement vaut acquiescement et renonciation aux voies de recours, sauf si postérieurement une autre partie forme régulièrement un recours[2].

c)

Parties à l'instance et formes

542.201 Appel provoqué et parties à l'instance. L'appel provoqué étant motivé par l'appel principal, l'intimé au principal est recevable à l'exercer contre toute partie en première instance, même non présente en cause d'appel, nonobstant le désistement pur et simple de l'appelant contre l'un des intimés[3].

Il suffit que soit constaté que le désistement d'appel ne concerne que l'un des intimés, et que l'autre conserve dès lors un intérêt à reconclure contre la partie que l'appelant principal avait libérée. Il est normal que le désistement n'ait pas d'effet car la situation est la même que si l'appelant principal n'avait jamais intimé la partie. Dans cette hypothèse, l'intimé eût pu faire un appel provoqué. Le fait de l'avoir intimé, puis de se désister de cet appel, en le maintenant pour les autres, ne peut changer les droits de ces derniers.

542.202 Formes de l'appel provoqué. La forme de l'appel provoqué varie selon la situation procédurale.

S'il s'exerce à l'encontre d'une partie non intimée par l'appelant principal, ou une partie qui n'a pas constitué, bien qu'étant intimée, l'appel provoqué se fait par assignation[4].

L'appel provoqué dirigé contre un intimé constitué se fait par conclusions. Encore faut-il que celles-ci répondent aux exigences de l'article 954 C. pr. civ.

Ainsi, sont irrecevables de simples conclusions demandant le bénéfice des écritures de première instance, rendant ainsi irrecevable l'appel provoqué (l'irrecevabilité a pu être soulevée d'office[5]).

Lorsque l'appel provoqué se fait à jour fixe sur un appel principal à jour fixe, il suffit que l'assignation soit déposée au greffe, avant l'audience[6]. Il n'est d'ailleurs pas nécessaire que cette assignation dénonce elle-même l'assignation principale[7], encore que sur ce point-là, la prudence commande qu'une telle dénonciation soit entreprise. Il est en effet nécessaire que le défendeur nouvellement appelé connaisse les contours du litige et il pourrait alors solliciter le

1. Civ. 2e, 21 juill. 1986, no 83-16.114, *Bull. civ.* II, no 118.

2. Civ. 2e, 31 janv. 2002, no 98-23.336, NP.
3. Civ. 3e, 4 juin 1986, no 84-12.976, *Bull. civ.* III, no 85.
4. Paris, 17 févr. 1982, *Bull. ch. avoués* no 84, p. 120 – Civ. 2e, 23 mars 1994, no 92-19.059, *Bull. civ.* II, no 102.
5. Paris, 28 mars 1984, *Bull. ch. avoués* no 90, p. 56.
6. Paris, 18 févr. 1993, *Bull. ch. avoués* no 127, p. 87.
7. Paris, 20 mars 1984, *Bull. ch. avoués* no 92, p. 125 – Paris, 2 févr. 1984, *Bull. ch. avoués* no 92, p. 126.

renvoi, en objectant que l'affaire n'est pas en état d'être jugée, lui-même n'ayant pas connaissance des demandes et de l'argumentation de l'appelant principal.

D.
Appel en matière solidaire et indivisible

542.211 Régime juridique. En principe, chaque plaideur conduit sa procédure comme il l'entend et ne voit pas ses droits et obligations influencés par des décisions ou des voies et recours auxquelles il n'a pas participé.

Chaque partie n'est concernée que par la décision à laquelle il a participé. Toute décision qui lui est étrangère ne peut ni lui profiter ni lui nuire. Ce principe simple doit cependant s'effacer devant la nécessité d'éviter des décisions contradictoires et inapplicables, ou des situations dans lesquelles nécessairement une décision est influencée par une autre.

Une personne condamnée solidairement avec une autre, n'interjette pas appel, considérant qu'elle ne supportera *in fine* que la moitié de la condamnation. Si la deuxième personne condamnée interjette appel et obtient d'être mise hors de cause, cette décision pourrait influencer le sort de la première personne, même si elle ne l'a pas souhaité, car elle pourrait devoir payer la totalité sans espoir de récupérer la moitié de son paiement, encore qu'elle s'emparerait du premier jugement prononçant la solidarité.

L'on comprend dès lors aisément qu'il y ait des situations où il n'est point possible de s'en tenir à la règle traditionnelle. C'est la raison pour laquelle le législateur a prévu, dans les articles 552 et 553 C. pr. civ., un régime particulier pour l'appel en cas de solidarité et d'indivisibilité.

542.212 Notion de solidarité. La notion de solidarité ne présente pas de difficultés, celle-ci étant large et englobant les obligations *in solidum*[1].

Signalons seulement que la mise hors de cause d'un codéfendeur ou le rejet d'une demande en paiement solidaire contre plusieurs codéfendeurs n'implique pas de solidarité entre eux[2]. Mais cette solidarité peut se déduire d'un acte préexistant, opposable à l'appelant[3]. Il n'y a pas solidarité dans un jugement fixant la créance de la victime contre le responsable, mais la déboutant de son action directe contre l'assureur[4].

1. Montpellier, 9 déc. 2008, *Gaz. Pal.* 24-25 juin 2009, p. 10, obs. Watremet.
2. Paris, 9 janv. 1979, *Bull. ch. avoués* 1979. 2. 26 – Civ. 2e, 10 déc. 1986, n° 84-14.165, *Bull. civ.* II, n° 178.
3. Civ. 2e, 6 mai 1998, n° 95-14.609, *Bull. civ.* II, n° 145; *JCP* 1998. IV. 2400.
4. Civ. 2e, 15 nov. 1995, n° 93-10.186, *Bull. civ.* II, n° 278; *D.* 1996. IR 1.

542.213 Notion d'indivisibilité. La notion d'indivisibilité est plus délicate, et sa définition présente des difficultés que l'on retrouve s'agissant des effets d'une décision dans le cas d'une tierce-opposition (v. C. pr. civ., art. 584 s.).

Il faut assurer une unité au litige et permettre l'exécution de la décision. Il ne convient pas de poser de définition de principe au regard de tel ou tel type de demande car la Cour de cassation est peu encline à considérer que des obligations sont par nature indivisibles[5].

Il doit y avoir indivisibilité lorsqu'il n'y a qu'une possibilité de solution à un litige, impérativement identique pour tous les protagonistes. Mais cette indivisibilité peut aussi être recherchée dans les liens contractuels qui unissent une partie à d'autres parties dans des contrats distincts[6]. Il n'est pas possible d'annuler un testament pour insanité d'esprit à l'égard d'un héritier et pas d'un autre. Mais, il est possible, même si cela est contrariant intellectuellement, de considérer qu'un accident a la qualité d'accident du travail dans les rapports entre victime et caisse de Sécurité sociale, mais pas dans les rapports entre victime et employeur, chaque régime légal pouvant s'appliquer séparément.

Il faut donc rechercher s'il y a une nécessaire unité dans la décision, une contradiction dirimante dans l'exécution de décisions qui seraient différentes, une identité de cause et d'effets.

Sans pouvoir plus approcher cette notion délicate, il est possible de citer quelques décisions significatives.

• **Il n'y a pas indivisibilité :**

– lorsqu'une demande tend à la reconnaissance d'un droit ayant appartenu successivement à plusieurs titulaires[7];

– lorsque des demandes sont dirigées contre plusieurs entrepreneurs[8];

– entre une demande en rescision et une demande en nullité pour dol[9];

– entre deux entrepreneurs avec lesquels le maître d'ouvrage a traité par deux marchés distincts[10];

– entre des indivisaires ayant une créance d'indemnité d'expropriation[11];

– entre des parties condamnées *in solidum* au paiement de l'article 700 C. pr. civ.[12];

5. Civ. 3e, 7 déc. 1976, n° 75-13.153, *Bull. civ.* III, n° 447.
6. Civ. 2e, 11 juin 1997, n° 95-15.735, NP.
7. Civ. 2e, 29 mars 1971, n° 70-11.947, *Bull. civ.* II, n° 136; *RTD civ.* 1972. 183, obs. Raynaud.
8. Civ. 3e, 7 déc. 1976, n° 75-13.153, *Bull. civ.* III, n° 447; *D.* 1977. IR 121 – Paris, 20 sept. 1988, *Bull. ch. avoués* n° 107, p. 101.
9. Paris, 18 juin 1929, *Gaz. Pal. T.* 1928. II. 224.
10. Civ. 2e, 4 janv. 1978, n° 76-10.139, *Bull. civ.* II, n° 3; *Gaz. Pal.* 1978. Pan. 75.
11. Civ. 3e, 13 déc. 1995, n° 93-70.208, *Bull. civ.* III, n° 260; *Gaz. Pal.* 1996. Somm. 285.
12. Civ. 2e, 23 oct. 1991, n° 90-14.657, *Bull. civ.* II, n° 268; *JCP* 1991. IV. 447.

- entre l'action principale d'un maître d'ouvrage contre le maître d'œuvre et le recours en garantie de celui-ci contre un autre constructeur[1];

- entre les droits du propriétaire d'une parcelle et ceux du fermier[2].

• **Il y a indivisibilité dans l'instance :**

- relative à un droit de sépulture commune à plusieurs héritiers[3];

- en résiliation de bail à raison de sa cession entre cédant et cessionnaire[4];

- en déclaration de liquidation ou redressement judiciaire[5].

542.214 Solidarité – Indivisibilité et droit d'appel. En application de l'article 552 C. pr. civ. : « *En cas de solidarité ou d'indivisibilité à l'égard de plusieurs parties, l'appel formé par l'une conserve le droit d'appel des autres* » et le juge doit caractériser l'existence d'une solidarité ou d'une indivisibilité[6]. L'appel dirigé contre l'une réserve à l'appelant la faculté d'appeler les autres à l'instance.

Ceci suppose malgré tout que l'instance soit toujours en cours. Il n'est ainsi pas possible à un appelant de n'intimer qu'une personne, puis au vu de l'arrêt, d'en intimer une seconde, au seul motif qu'il y avait solidarité[7]. De la même façon, un appel ayant été jugé irrecevable, ne permet pas d'appel contre d'autres ou à d'autres d'intervenir.

La Cour de cassation ne considère pas que l'article 552 C. pr. civ. constitue une dérogation à l'autorité de chose jugée. Elle en déduit dès lors logiquement que lorsqu'une instance est éteinte, et donc une situation de droit établie par autorité de justice, il n'est point possible de relancer la même procédure avec d'autres parties. Mais pour éviter toute difficulté, la cour peut, en application de l'article 552 alinéa 3, ordonner d'office la mise en cause de tous les intéressés. Il résulte de ce texte que les parties non intimées peuvent se joindre à l'instance et former elles-mêmes appel, alors que le délai d'appel est expiré[8] ou qu'elles-mêmes avaient fait un appel irrégulier[9] ou qu'elles auraient acquiescé[10].

Le droit d'appel est « *conservé* » et cette expression est significative. Il pourra ainsi, parce qu'il s'agit de la solidarité, en dehors du délai normal et jusqu'à la clôture, être interjeté appel par ou contre une partie en première instance. Il est toutefois évident que ce droit d'appel n'est conservé que dans la mesure où l'appel principal qui est la source de ce droit, est lui-même recevable[11]. L'appel, s'agissant des parties qui ne sont pas dans l'instance, se fera par une intervention au procès, réalisée par des conclusions qui critiqueront le jugement et solliciteront sa réformation. L'appel effectué par l'appelant principal, qui veut diriger son appel contre d'autres parties en première instance se fera par déclaration au greffe avec demande de jonction des appels. Si l'appel de l'un conserve le droit d'appel des autres, c'est à condition que ceux-ci se joignent à l'instance. Il est possible de se joindre à l'instance devant la juridiction de renvoi[12]. S'ils ne le font pas, la cour n'est pas saisie à leur égard et ne peut statuer qu'à l'égard de l'appelant, laissant ceux qui ne sont pas joints à leur sort primitif[13].

542.215 Effets de l'indivisibilité. En application de l'article 553 C. pr. civ., un appel d'une partie produit effet à l'égard des autres[14], même si elles ne se sont pas jointes à l'instance. C'est dire que celles-ci ont leurs droits et obligations affectés par une décision, à laquelle elles n'ont pas participé en première instance.

Par ailleurs, sous peine d'irrecevabilité de l'appel, l'article 553 C. pr. civ. impose à l'appelant d'intimer toutes les parties, en cas d'indivisibilité entre elles, ce qui implique qu'elles fassent l'objet d'un acte d'appel et non d'une intervention forcée réservée aux seules personnes n'ayant pas été parties en première instance[15]. Toutefois, en application de l'article 552 alinéa 2 C. pr. civ., l'appelant pourra former appel contre les parties omises et ainsi régulariser son acte d'appel.

Est irrecevable un appel contre un jugement de procédure collective dirigé uniquement contre un créancier demandeur alors qu'ils étaient plusieurs demandeurs[16]. Est de même irrecevable : un appel contre le liquidateur sans intimer le créancier poursuivant[17]; un appel contre le seul assuré, dès lors qu'il pourrait en résulter une contrariété de décisions relatives à l'obligation de garantie s'agissant des rapports entre victime et assureur et assureur et assuré[18]. Mais il est possible de régulariser la procédure par un appel complémentaire, la Cour de cassation considérant même que, dès lors que l'instance était en cours, ce

1. Civ. 2e, 12 oct. 2006, n° 05-14.573, *Bull. civ.* II, n° 263 – Civ. 2e, 17 janv. 1996, n° 94-10.279, *Bull. civ.* II, n° 4; *BICC* mars 1996, p. 29; *JCP* 1996. II. 22668, note du Rusquec – Civ. 3e, 23 juin 1999, n° 97-21.123, NP; *JCP* 1999. IV. 2527.
2. Civ. 3e, 7 mars 2007, n° 06-11.166, NP.
3. Bordeaux, 23 avr. 1928, *DP* 1929. 2. 165.
4. Com. 10 oct. 1967, *Bull. civ.* IV, n° 313.
5. Com. 27 janv. 1981, n° 79-11.825, *Bull. civ.* IV, n° 50.
6. Civ. 2e, 18 sept. 2003, n° 01-14.826, *Bull. civ.* II, n° 277.
7. Civ. 2e, 15 avr. 1981, n° 80-10.228, *Bull. civ.* II, n° 88; *Gaz. Pal.* 1981. 2. 614.
8. Civ. 3e, 5 oct. 1971, n° 69-13.301, *Bull. civ.* III, n° 472.
9. Paris, 13 févr. 1978, *Gaz. Pal.* 1978. 2. Somm. 183.
10. Civ., 4 févr. 1895, *S.* 1895. 401, note Tissier.
11. Civ. 2e, 15 avr. 1981, n° 80-10.228, *Bull. civ.* II, n° 88; *Gaz. Pal.* 1981. 614, note Viatte.
12. Civ. 2e, 20 janv. 2005, n° 03-13.607, *Bull. civ.* II, n° 16.
13. Civ. 2e, 6 nov. 2008, n° 07-14.498, *Bull. civ.* II, n° 231; *D.* 2008. 2949 – Civ. 1re, 3 janv. 1996, n° 93-20.790, *Bull. civ.* I, n° 2; *Gaz. Pal.* 1996. Pan. 226.
14. Civ. 3e, 19 juin 2002, n° 00-21.869, *Bull. civ.* III, n° 146.
15. Civ. 2e, 13 juill. 2005, n° 01-11.798, *Bull. civ.* II, n° 203.
16. Com. 22 mai 1978, n° 76-15.606, *Bull. civ.* IV, n° 140.
17. Com. 28 avr. 1998, n° 96-18.741, *Bull. civ.* IV, n° 135; *RJDA* 1998. 747.
18. Civ. 2e, 23 janv. 1991, n° 89-20.081, NP.

second appel bénéficie de la date du premier (a été admis un second appel hors délai au motif qu'il y a indivisibilité et que le premier appel était recevable[1]). De la même façon, dans le cas où le jugement profite solidairement ou indivisiblement à plusieurs parties, chacune peut se prévaloir de la notification faite par l'une d'elles[2].

La créance d'indemnité d'expropriation n'étant pas indivisible, chacun des indivisaires peut interjeter seul appel d'un jugement liquidant l'indemnité d'expropriation de biens indivis[3].

En matière de solidarité, si l'appel de l'un conserve le droit d'appel de l'autre, il faut que ce dernier se joigne à l'instance en application de l'article 552 C. pr. civ., car à défaut la décision ne lui profitera ni ne lui nuira. Ainsi, le jugement rendu contre un débiteur solidaire a force de chose jugée s'il ne s'est pas joint à l'appel de l'autre, ce dernier eût-il connu le succès[4]. De même le succès de l'appel ne peut avoir d'effet sur le sort d'un second débiteur présent à l'instance, mais ayant sollicité la confirmation du jugement[5].

§ 3
Parties nouvellement en instance d'appel

542.221 Élargissement. Le décret n° 72-788 du 28 août 1972[6] a marqué une volonté de concrétiser l'appel comme une voie d'achèvement du procès, en permettant, dans certaines limites, et dans le dessein à la fois d'aboutir à une solution définitive, et aussi d'éviter des procès en chaînes, d'élargir la seconde instance à des personnes qui n'avaient pas été parties à la première phase procédurale.

Ainsi, si les parties à la première instance sont évidemment recevables à participer à l'instance d'appel, d'autres peuvent y intervenir ou y être appelées.

Mais les choses doivent être regardées avec prudence pour de multiples raisons.

A.
Conditions

542.231 Moment de l'intervention. Tout d'abord une intervention est un élément de perturbation dans le procès[7], en ce qu'elle le complique et en retarde le déroulement.

Il convient dès lors que le juge s'assure qu'elle n'a pas un but seulement dilatoire. Trois hypothèses se présentent alors :

– L'intervention forcée est faite après que la clôture soit intervenue, et elle est alors irrecevable, sauf à ce qu'il ait été discuté du report ou de la révocation de la clôture[8].

– L'intervention volontaire effectuée après le prononcé de l'ordonnance de clôture connaît un régime particulier : l'article 784 alinéa 2 C. pr. civ. prévoit que, sous réserve du respect du principe du contradictoire, la cour peut retenir l'affaire en son entier, et statuer également sur l'intervention volontaire.

– Les conclusions sont déposées tardivement mais avant que la clôture n'intervienne. Dans cette hypothèse, le juge ne peut, pour cette seule raison, les déclarer irrecevables[9]. L'article 326 C. pr. civ. lui permet seulement de disjoindre les instances et de statuer d'abord sur la cause principale, puis ensuite sur l'intervention.

– Les conclusions sont déposées en temps utile pour que chaque partie puisse s'expliquer et la cour statuera par un seul et même arrêt.

542.232 Intervention – Intérêt – Lien avec le litige d'origine. Le juge doit également, s'agissant d'une demande incidente, s'assurer qu'elle se rattache par un lien suffisant au procès d'origine. Il ne s'agit pas de compliquer une procédure par des demandes qui peuvent être aisément traitées dans une autre procédure et qui ne peuvent être affectées par le procès principal. Une identité des parties n'est évidemment pas suffisante pour justifier des demandes qui seraient sans rapport entre elles.

Cette notion d'intérêt, condition de recevabilité de toute intervention, est laissée à l'appréciation souveraine des juges du fond[10].

Dans un arrêt significatif du 9 octobre 1991 la Cour rappelle que : « *L'intervention volontaire en cause d'appel étant subordonnée à la seule existence d'un intérêt pour celui qui la forme et d'un lien suffisant avec les prétentions originaires **souverainement appréciées par les juges du fond*** [...] »[11]. Mais la Cour de cassation s'assure que le juge a recherché, dans son appréciation de l'intérêt, si la décision

1. Civ. 3e, 23 juin 1999, n° 97-22.607, *Bull. civ.* III, n° 146; *JCP* 2000. II. 10260, note du Rusquec.
2. Civ. 2e, 17 janv. 1996, n° 94-10.279, *Bull. civ.* II, n° 4; *BICC* mars 1996, p. 29; *JCP* 1996. IV. 530 – Civ. 2e, 15 nov. 1995, n° 93-10.186, *Bull. civ.* II, n° 278; *D.* 1996. IR 1; *Gaz. Pal.* 1996. Pan. 187 – Civ. 2e, 10 févr. 2000, n° 98-12.642, NP.
3. Civ. 3e, 13 déc. 1995, n° 93-70.208, *Bull. civ.* III, n° 260; *JCP* 1996. IV. 286.
4. Com. 9 avr. 2002, n° 99-19.600, NP; *Procédures* 2002, n° 111, obs. Perrot.
5. Civ. 3e, 10 juill. 2002, n° 00-14.387, NP.
6. Décr. n° 72-788, 28 août 1972, instituant une troisième série de dispositions destinées à s'intégrer dans le Nouveau Code de procédure civile, *JO* 30 août, p. 9300.
7. F. Terré, « L'intervention en appel », *La voie d'appel*, colloque national de droit judiciaire, IEJ Aix-en-Provence, 1963, p. 116, n° 2.
8. Civ. 2e, 5 mai 1978, n° 76-13.469, *Bull. civ.* II, n° 117; *D.* 1979. IR 510, obs. Julien – Civ. 2e, 27 mai 1988, n° 87-13.560, *Bull. civ.* II, n° 127; *Gaz. Pal.* 1989. Somm. 257, obs. Guinchard et Moussa.
9. Civ. 1re, 14 mars 1995, n° 91-11.762, *Bull. civ.* I, n° 126; *D.* 1995. 222, obs. Granet-Lambrechts; *JCP* 1995. IV. 1175.
10. Cass., ch. mixte, 9 nov. 2007, n° 06-19.508, *Bull. ch. mixte*, n° 10 – Civ. 3e, 1er févr. 1978, n° 76-14.147, *Bull. civ.* III, n° 68 – Civ. 2e, 3 janv. 1979, n° 77-11.318, *Bull. civ.* II, n° 5 – Civ. 3e, 1er juill. 1987, *JCP* 1987. IV. 309 – Civ. 3e, 1er avr. 1987, n° 85-17.511, *Bull. civ.* III, n° 78.
11. Civ. 3e, 9 oct. 1991, n° 89-13.299, *Bull. civ.* III, n° 236.

à venir n'était pas de nature à avoir des conséquences ou répercussions sur la situation de l'intervenant[1].

542.233 Intervention et capacité. Il convient également que l'intervenant ait capacité à agir pour le soutien des demandes qu'il entend formuler.

Ainsi, a été déclarée irrecevable en son intervention, une association de mandataires liquidateurs qui, ne représentant pas la profession, ne peut agir, s'agissant de textes réglementant l'accès à la profession[2].

Est ainsi recevable l'intervention en cause d'appel d'un huissier, auteur d'un acte taxé de nullité, dans des conditions susceptibles d'engager sa responsabilité[3].

542.234 Intervention et appel principal. Le caractère incident de l'intervention exige que l'appel principal soit recevable, et l'on comprendrait mal qu'un tiers intervienne dans un procès qui ne peut perdurer à raison de l'irrecevabilité de la voie de recours.

542.235 Intervention et perte d'un double degré de juridiction. Une autre considération essentielle doit être gardée à l'esprit : l'intervention prive celui qui y procède ou qui en est l'objet, du double degré de juridiction. Comme le dit le professeur Cadiet, l'appel perd alors son rôle de voie de réformation, puisque c'est la première fois que le litige va être tranché[4].

Or, la possibilité sous certaines réserves tenant à la nature du litige ou sa modicité, d'être jugée deux fois est un principe fondamental. Il est indiscutablement atteint par les dispositions des articles 553 et suivants C. pr. civ.

Comme le souligne le professeur Cadiet, l'atteinte à cette conception est mineure lorsque l'intervention est volontaire, car alors son auteur accepte lui-même de se priver d'un degré de juridiction[5].

Toute différente est la situation créée par l'intervention forcée, où un plaideur est appelé éventuellement aux fins de condamnation pour la première fois en cause d'appel. Il est alors privé, sans qu'il ait à manifester son consentement, d'un degré de juridiction, même s'il s'agit de la juridiction inférieure. Tout en admettant cette faculté, le législateur de 1972 a évidemment apporté des limites à cette dérogation au principe et le souci de prendre en compte la nécessité d'apporter une solution définitive à un litige, qui évolue au fil des mois et des argumentations, ne l'a pas conduit à un laxisme qui eût été dangereux.

Il faut pour être juste et efficace prendre en compte la réalité, les évolutions des arguments, la survenance de faits ou la révélation de pièces. Tout ce qui apparaît nouvellement, et qui est de nature à changer le cours du procès et la solution à attendre doit être regardé avec intérêt, car la solution à apporter doit être la plus convenable. Mais ceci ne conduit pas à accepter de priver un plaideur, de son double degré de juridiction, lorsqu'il s'agit de convenances personnelles, voire de réparer des erreurs tactiques ou procédurales de première instance. En ce sens, le plaideur garde sous la législation de 1972 la maîtrise du procès, tel qu'il l'a initié.

542.236 Intervention et nécessité de n'avoir pas été partie en première instance. Enfin, l'intervention concerne nécessairement une personne n'ayant pas été partie en première instance ou, ce qui est la même chose, y ayant été partie en une autre qualité (ainsi la personne partie au procès comme dirigeant de société peut intervenir en sa qualité personnelle d'actionnaire[6])[7].

Par arrêt du 1er juin 1994, la Cour rejette un pourvoi faisant grief à un arrêt d'avoir accueilli l'intervention de l'épouse au motif qu'elle était nécessairement représentée en première instance par son mari dans le cadre d'un problème de communauté, en rappelant qu'aux termes de l'article 1421 du Code civil, chaque époux administre seul les biens communs et que l'épouse n'était dès lors pas représentée par son conjoint et n'était donc pas partie à la première instance[8].

De même, la société ayant bénéficié avant le jugement d'un apport partiel d'actifs placés sous le régime des scissions pour la branche d'activité en cause, peut intervenir en appel comme se substituant dans tous ses droits à la société ayant fait l'apport d'actifs[9]. En principe, la personne représentée a été partie, et ne peut donc intervenir elle-même en appel. Toutefois la Cour de cassation admet une telle intervention, si la personne représentée en première instance veut faire valoir un droit propre[10].

Il est possible d'appeler en intervention, sous les réserves qui seront vues plus loin, le mandataire liquidateur d'une société pris à titre personnel, alors qu'il figurait en première instance ès qualités. L'intervention est une voie qui est indiscutablement utile, mais qui peut aussi être dangereuse. Il convenait de la contenir dans certaines limites. Le législateur l'a fait en édictant un régime différent selon qu'il s'agissait d'une intervention volontaire ou d'une intervention forcée. Mais ces règles ne sont pas d'ordre public et le moyen d'irrecevabilité ne peut pas être soulevé d'office par le juge[11].

B. Intervention volontaire

542.241 Distinctions[12]. L'article 328 C. pr. civ. précise que l'intervention volontaire est principale ou

1. Civ. 3e, 24 nov. 1987, no 86-15. 488, *Bull. civ.* III, no 188; *JCP* 1988. IV. 41.
2. Paris, 7 nov. 1986, *Gaz. Pal.* 1987. 30.
3. Caen, 22 oct. 1992, *Gaz. Pal.* août 1992, note Lachaud.
4. Cadiet et Jeuland, p. 634.
5. Cadiet et Jeuland, p. 634.
6. Civ. 2e, 22 janv. 1953, *Bull. civ.* II, no 21.
7. Civ. 2e, 10 mai 1995, no 93-13.640, NP.
8. Civ. 1re, 1er juin 1994, no 92-14.087, no 92-14.345, NP.
9. Civ. 2e, 25 oct. 1995, no 93-19.626, *Bull. civ.* II, no 260; *BICC* p. 27.
10. Civ. 1re, 2 avr. 1996, no 94-15.565, *Bull. civ.* I, no 164.
11. Civ. 2e, 10 juill. 1996, no 94-15.811, *Bull. civ.* II, no 206.
12. C. Giverdon et P. Avril, « Les interventions en appel », *Gaz. Pal.* 1986. Doctr. 121; « L'intervention en appel et l'évolution du litige », *Gaz. Pal.* 17 oct. 1993, p. 16.

accessoire, et il est attaché à cette distinction des différences importantes dans le régime juridique. Une telle intervention est une demande incidente visée par les articles 63 et suivants C. pr. civ., et doit à ce titre répondre aux critères d'intérêt à agir, de lien suffisant avec la prétention originaire de qualité et capacité. S'agissant de l'intérêt à agir de l'intervenant volontaire et du lien suffisant entre ses demandes et la prétention originaire, leur appréciation relève du pouvoir souverain d'appréciation du juge du fond[1]. S'agissant de la qualité à agir en intervention, la Cour suprême exerce son contrôle (pour un arrêt refusant à tout autre que les époux le droit d'intervenir dans une action en divorce[2]).

542.242 Intervention principale. L'intervention est principale, parfois dénommée agressive lorsqu'elle a pour objet d'élever une prétention au profit de celui qui la forme.

À l'occasion d'une procédure, une personne ayant un litige se rattachant par un lien suffisant avec l'objet du procès, intervient pour présenter à son bénéfice une demande ou faire reconnaître ses droits. L'intervenant est alors véritablement demandeur et il n'est recevable que s'il a le droit d'agir. Son intervention est alors soumise à un double tamis : l'action n'est possible que si l'appel est recevable, puis étant admise, elle est regardée comme une demande autonome que son auteur doit avoir le droit de formuler. Le fait de procéder par voie d'intervention principale n'allège pas cette condition du droit à agir.

Ainsi, le Conseil de l'ordre des avocats, juridiction disciplinaire, n'a pas le droit d'agir à l'occasion d'un recours contre sa décision et il est donc irrecevable à intervenir devant la cour pour justifier celle-ci[3].

542.243 Demande dans le cadre d'une intervention principale. Cette demande formulée dans le cadre d'une intervention principale est particulière.

Elle est distincte de la demande principale et doit pouvoir subsister en cas d'irrecevabilité de celle-ci[4] ou en cas de désistement de l'appelant après l'intervention. L'intervenant doit donc pouvoir conclure dans le sens qu'il estime utile à ses intérêts[5]. Mais en même temps, et à raison du principe du respect du double degré de juridiction, l'intervenant ne peut soumettre à la cour un litige nouveau[6].

La Cour de cassation a rendu deux arrêts significatifs de cette jurisprudence restrictive. Dans l'espèce ayant donné lieu à l'arrêt du 2 juin 1981 (préc.) certains copropriétaires avaient assigné leur assurance en indemnisation de malfaçons, et en cause d'appel d'autres copropriétaires interviennent pour demander leur propre indemnisation des dommages subis par eux à raison des mêmes malfaçons. La Cour de cassation casse l'arrêt qui avait déclaré recevable l'intervention au motif qu'elle soumettait à la cour un litige nouveau. Dans l'affaire *Piaget-Cartier*, la société Cartier assigne la société Piaget en indemnisation au motif, d'ailleurs retenu par les juges, d'une concurrence déloyale née de la copie servile d'une montre. En appel, la société Must de Cartier intervient et demande réparation de son préjudice personnel. La Cour de cassation casse l'arrêt ayant déclaré cette intervention recevable, au motif que la demande « *ne tendait pas aux mêmes fins que la demande originaire dans la mesure où des dommages et intérêts étaient demandés en réparation du préjudice subi personnellement par cette société* »[7].

Mais alors, il faut se demander comment il est à la fois possible de présenter une demande autonome sans créer un nouveau litige, et certains ont pu légitimement appeler de leurs vœux une jurisprudence plus claire émanant de l'assemblée plénière[8]. Si l'on regarde l'attendu essentiel de l'arrêt de la troisième chambre dans l'affaire *Piaget* (préc.), la Cour reproche à l'intervention de ne pas tendre aux mêmes fins que la demande originaire. Cette expression se retrouvait déjà dans d'autres arrêts[9]. L'action de l'intervenant volontaire, bien qu'autonome et insusceptible de créer un litige nouveau, doit tendre aux mêmes fins que la demande principale.

Par arrêt du 11 juillet 1985, la Cour de cassation casse un arrêt ayant déclaré irrecevable l'intervention de la caisse d'allocations familiales qui tendait au remboursement d'une allocation adulte handicapé, alors que cette demande qui procédait directement de la demande originaire n'instituait pas un litige nouveau[10].

Par un arrêt du 27 février 1991 la deuxième chambre civile de la Cour de cassation a admis la recevabilité de l'intervention dans l'espèce suivante : un employé de l'Administration est blessé dans un accident de circulation et l'agent judiciaire du Trésor délivre un état exécutoire contre l'auteur de l'accident pour obtenir paiement des prestations servies par l'État à son agent. Un recours est formé devant le tribunal. En cause d'appel, l'employé

1. Cass., ch. mixte, 9 nov. 2007, n° 06-19.508, *Bull. ch. mixte*, n° 10; *Procédures* 2008, n° 1, note Perrot; *JCP* 2008. II. 10070, note Serinet; *JCP* 2008. I. 138, obs. Amrani-Mekki.
2. Civ. 1re, 4 juin. 2007, n° 06-18.515, *Bull. civ.* I, n° 216; *D.* 2007. 2690, obs. Douchy-Oudot; *RTD civ.* 2007. 551, obs. Hauser; *AJ fam.* 2007. 313, obs. David; *JCP* 2007. IV. 2428.
3. Civ. 1re, 16 juin 1981, n° 80-13.074, *Bull. civ.* I, n° 215; *RTD civ.* 1982. 468, obs. Perrot.
4. Civ. 1re, 26 janv. 1965, *D.* 1965. 212, note Lindon.
5. Civ. 3e, 1er févr. 1978, n° 76-14.147, *Bull. civ.* III, n° 68; *D.* 1978. IR 510, obs. Julien.
6. Civ. 2e, 17 oct. 2002, n° 01-02.414, *Bull. civ.* II, n° 229 – Civ. 2e, 11 juin 1975, n° 73-14.233, *Bull. civ.* II, n° 172; *JCP* 1975. IV. 249 – Civ. 2e, 11 mars 1981, n° 79-16.775, *Bull. civ.* II, n° 52; *BICC*. 2. 52 – Civ. 2e, 2 juin 1981, *Gaz. Pal.* 1982. 1. Pan. 6.
7. Com. 4 janv. 1984, n° 82-12.056, *Bull. civ.* IV, n° 8; *Gaz. Pal.* 1985. 1. 118, note du Rusquec.
8. V. « L'intervention en appel et l'évolution du litige », *Gaz. Pal.* 17 oct. 1993, p. 18.
9. Civ. 2e, 11 mars 1981, n° 79-16.775, *Bull. civ.* II, n° 52; *BICC*. 2. 52; *RTD civ.* 1981. 907, obs. Perrot – Civ. 1re, 11 janv. 1983, n° 80-14.950, *Bull. civ.* I, n° 13; *Gaz. Pal.* 1983. 2. Pan. 138.
10. V. *Gaz. Pal.* 16-18 févr. 1986, note Croze-Morel.

intervient pour demander réparation de son propre préjudice et la cour reçoit l'intervention. Sur pourvoi, la Cour de cassation rejette en notant que l'intervention volontaire ne faisait que « *poursuivre l'action* » de l'État et que la demande « *procédant de la demande originaire de l'agent judiciaire du Trésor tendait aux mêmes fins* » [1] (en ce sens l'intervention recevable d'un tiers payeur en vue d'obtenir le remboursement des prestations versées à la victime [2]).

Il est permis ainsi de considérer que pour être recevable, dans le cadre d'une intervention principale, la demande ne doit pas déplacer le procès mais procéder de la demande d'origine, et tendre aux mêmes fins.

Dans un arrêt du 9 octobre 1991, la troisième chambre de la Cour de cassation admet la recevabilité de plusieurs interventions visant à réclamer l'indemnisation du trouble de jouissance personnellement subi du fait de désordres invoqués dans la demande originaire [3]. Il semble dès lors que cet arrêt, plus accueillant que celui rendu le 2 juin 1981 (préc.), confirme une légère évolution de la jurisprudence dans un sens plus favorable à l'admission de l'intervention. Mais aucun débordement n'est admis s'il s'agit de créer un litige nouveau (a été refusée l'intervention du représentant légal aux fins d'indemnisation de son préjudice [4]).

Notons que l'article 564 C. pr. civ. ne s'applique pas à un intervenant volontaire [5].

Enfin, il convient de préciser que l'intervention principale volontaire peut être recevable, même si l'appel principal est irrecevable, à condition que l'intervenant principal se prévale d'un droit propre [6].

542.244 Intervention principale et évolution du litige. Il n'est d'ailleurs pas inutile à ce stade de s'interroger sur la nécessité d'une évolution du litige.

La Cour de cassation n'exige pas une évolution du litige pour accueillir une intervention principale [7], ce qui semble logique, si l'on tient pour constant que dans le même temps elle ne reçoit dans le cadre d'une telle intervention que les demandes poursuivant le litige principal et tendant aux mêmes fins que la demande principale. Il n'y aurait dès lors pas de véritable difficulté à faire une entorse au demeurant légère au principe du double degré de juridiction [8]. Et pourtant la Cour de cassation prend parfois la peine de relever en matière d'intervention volontaire, l'existence d'une évolution du litige [9]. Une lecture attentive de ces décisions laisse penser que la Cour de cassation pourra accepter une intervention s'inscrivant toujours dans la demande d'origine mais tendant à une fin un peu différente, s'il y a une évolution du litige. En d'autres termes, celle-ci justifierait que la demande puisse être un peu modifiée, même si elle s'inscrit toujours dans le litige d'origine, qui est transformé.

Dans l'arrêt précité de 1983, la Cour de cassation accueille l'intervention en cause d'appel des parents d'une victime décédée après le jugement pour obtenir réparation de leur préjudice personnel né du décès de la victime de l'accident. La Cour rappelant le principe d'une impossibilité de demander une condamnation personnelle en appel, indique : « *Il en va autrement lorsque l'évolution du litige fonde cette intervention* ». Ainsi, la jurisprudence serait-elle moins incertaine qu'il n'y paraît à la première lecture et s'inscrirait dans une logique de pragmatisme et de bon sens, tout en préservant le principe du double degré de juridiction.

542.245 Intervention accessoire et évolution du litige. L'intervention principale accessoire, pose moins de problèmes car il ne s'agit que d'appuyer les prétentions d'une autre partie.

L'intervention accessoire est l'intervention d'une personne, ayant un intérêt à la solution du procès, mais n'ayant pas de demande propre à présenter. Elle a alors pour but de s'associer à l'argumentation présentée par une partie, éventuellement de lui apporter un soutien moral ou juridique.

Dans la mesure où elle n'existe pas de façon autonome, elle ne peut se dissocier de la partie au côté de laquelle elle intervient, et, dans l'hypothèse où cette dernière ne souhaiterait pas faire appel, l'intervenant accessoire ne peut y procéder seul. Il n'y a dès lors pas de risques de demande nouvelle, ni d'atteinte au double degré de juridiction, l'intervention accessoire se contentant le plus souvent de donner une argumentation et un éclairage nouveaux à un problème déjà posé. Il suffit dès lors d'avoir un intérêt, même éventuel [10].

Ainsi, un syndicat d'agents d'assurances est-il recevable à intervenir en appel dans un litige opposant un agent à sa compagnie au sujet de la détermination de la nature et du régime de l'indemnité compensatrice prévue au statut [11]. Il n'y a pas davantage nécessité d'une évolution du litige [12].

542.246 Modalités d'intervention. L'intervention volontaire se fait par conclusions à l'égard des parties

1. Civ. 2e, 27 févr. 1991, no 89-21.481, NP.
2. Civ. 2e, 4 mars 1999, no 97-10.888, *Bull. civ.* II, no 36; *BICC* no 712.
3. Civ. 3e, 9 oct. 1991, no 89-13.299, *Bull. civ.* III, no 236.
4. Civ. 2e, 29 avr. 1997, no 93-19.559, *Bull. civ.* II, no 122; *Rev. huiss.* 1998. 186.
5. Civ. 3e, 9 nov. 2005, no 04-14.046, NP.
6. Civ. 2e, 11 avr. 2013, no 12-18.931, NP; *Procédures* 2013. Comm. 178, obs. Perrot.
7. Civ. 2e, 10 févr. 2011, no 09-72.821, NP. Civ. 2e, 15 janv. 2004, no 02-10.745, *Bull. civ.* II, no 6; *RTD civ.* 2004. 350, obs. Perrot.
8. Civ. 3e, 1er juill. 1987, no 86-10.251, *Bull. civ.* III, no 137 – Civ. 1re, 22 nov. 1988, no 86-18.844, *Bull. civ.* I, no 332 – Civ. 3e, 9 oct. 1991, no 89-13.299, *Bull. civ.* III, no 236.
9. Civ. 1re, 11 janv. 1983, no 80-14.950, *Bull. civ.* I, no 13; *Gaz. Pal.* 1983. 2. Pan. 138; *RTD civ.* 1983. 392, obs. Perrot.
10. Paris, 1er juill. 1957, *RTD civ.* 1958. 136, obs. Raynaud.
11. Civ. 1re, 8 févr. 1978, no 76-12.909, no 76-13.290, *Bull. civ.* I, no 50; *D.* 1979. IR 509, note Julien.
12. Civ. 2e, 1er juill. 1987, no 86-10.251, *Bull. civ.* II, no 137.

présentes à l'instance d'appel et par assignation à l'égard des autres[1].

Toutefois dans une procédure orale sans représentation obligatoire, la dénonciation par conclusions n'est pas nécessaire. Il est alors suffisant qu'elle soit connue des parties. Ainsi, la Cour de cassation a-t-elle rejeté un pourvoi contre un arrêt qui avait reçu une intervention formulée verbalement à la barre du tribunal de commerce en rappelant l'oralité des débats[2].

Il est permis de penser qu'il doit en être de même dans les procédures d'appel qui peuvent être conduites oralement.

542.247 Intervention et recours en cassation. L'intervenant principal, qui présente une demande distincte, a qualité pour former un pourvoi, contrairement à l'intervenant accessoire[3]. Ce dernier peut se désister (v. C. pr. civ., art. 330, al. 3) ultérieurement sans qu'il soit nécessaire d'obtenir l'accord des parties.

L'intervention accessoire est liée à la demande originaire et s'éteint nécessairement avec elle[4], contrairement à l'intervention principale qui a une vie autonome.

C.
Intervention forcée

1°
Principe : une exception

542.251 Atteinte au principe du double degré de juridiction. Une atteinte encore plus grande au principe du double degré de juridiction est née de la réforme issue du décret du 28 août 1972, en ce qu'elle permet d'assigner y compris aux fins de condamnation, pour la première fois directement en cause d'appel, une personne, étrangère à la première instance.

L'article 555 C. pr. civ. permet alors d'appeler devant la cour, même aux fins de condamnation des personnes ni parties, ni représentées en première instance. Cette réforme audacieuse doit et reste regardée comme une exception, soumise à des contraintes particulières.

542.252 Objet de l'intervention forcée. Il convient tout d'abord qu'il s'agisse d'une véritable mise en cause, et non d'un appel à l'instance formé dans un but personnel, étranger à la personne en cause.

N'est ainsi pas recevable la « *mise en cause* » d'une personne dont le seul objet est de l'entendre fournir des renseignements. Un tel dessein relève alors de l'enquête, voire d'une demande d'audition mais ne peut être satisfait par une mise en cause d'une personne qui n'est pas, à proprement parler, une partie à l'instance[5]. Il s'agit alors, comme l'a souligné le professeur Perrot, d'un détournement de finalité[6].

De même, la mise en cause n'a pas pour vocation de détourner le procès, et de substituer un nouveau litige à l'ancien, étant évident qu'alors il convient de diligenter une nouvelle procédure et non pas de se contenter d'un simple appel en cause.

Deux propriétaires de constructions voisines se réconcilient en cause d'appel et décident alors soudainement d'appeler en cause leur architecte, chacun présentant alors une demande contre lui, et justifiant évidemment d'une évolution du litige, née en l'espèce de leur accord. La cour de Dijon déclare cet appel irrecevable[7] relevant qu'en réalité le litige à elle soumis était éteint et qu'il appartenait alors aux parties, si elles en initiaient un nouveau contre l'architecte, de le faire devant la juridiction de premier degré.

Il faut enfin comme pour toute demande que celle-ci ait un intérêt, et il appartient à la partie qui appelle en cause, d'établir cet intérêt, les juges n'ayant pas à le rechercher d'office.

La Cour de cassation a ainsi approuvé une cour d'avoir rejeté un appel en déclaration d'arrêt commun en relevant qu'aucune demande autre qu'une condamnation au paiement d'une somme au titre de l'article 700 C. pr. civ. n'était faite, et qu'il n'appartenait pas à la cour « *de rechercher d'office l'intérêt d'appeler en déclaration d'arrêt commun* [...] »[8].

Dès lors que la mise en cause doit avoir un objet, il est nécessaire que la juridiction puisse statuer. Ceci a conduit la jurisprudence à considérer que l'assignation en intervention forcée constituait une défense au fond interdisant l'exception d'incompétence contre le demandeur principal[9]. Il faut donc avant sa délivrance, soulever *in limine litis* l'incompétence, qui dans l'assignation en intervention, rappelant cette exception, ne donner qu'un caractère subsidiaire à l'appel en cause.

2°
Mise en cause

542.261 Moment de la mise en cause. Par ailleurs, l'appel en cause doit être fait à un moment utile, pour l'appelant évidemment, mais aussi pour la personne appelée. Celle-ci doit véritablement pouvoir

1. Com. 4 janv. 1984, n° 82-12.056, *Bull. civ.* IV, n° 8; *Gaz. Pal.* 1985. 1. 118 – Civ. 2e, 10 mai 1984, n° 82-15.548, *Bull. civ.* II, n° 82.
2. Civ. 1re, 2 févr. 1994, n° 91-22.054, *Bull. civ.* I, n° 49.
3. Com. 8 déc. 1980, n° 79-13.272, *Bull. civ.* IV, n° 411 – Com. 16 nov. 1982, n° 81-11.134, *Bull. civ.* IV, n° 352.
4. Soc. 9 oct. 1986, n° 83-45.747, *Bull. civ.* V, n° 488; *JCP* 1986. IV. 324.
5. Civ. 3e, 12 juill. 1977, n° 75-14.701, *Bull. civ.* III, n° 311.
6. R. Perrot, *RTD civ.* 1978. 424.
7. Dijon, 21 juin 1977, *D.* 1978. IR 154, obs. Julien.
8. Civ. 2e, 23 nov. 1994, n° 92-17.040, NP.
9. Civ. 2e, 6 mai 1999, n° 96-22.143, *Bull. civ.* II, n° 82; *RTD civ.* 1999. 700, obs. Perrot.

se défendre, argumenter, influencer le procès et ne peut pas être contenue dans un simple rôle de spectateur, voire de victime désignée.

Cette exigence implique que l'affaire ne soit pas déjà jugée au moment de la mise en cause[1]. Dans cet arrêt, la Cour de cassation approuve une cour d'avoir déclaré irrecevable l'appel en cause d'une association, propriétaire des locaux de santé, dans lesquels exerçait le demandeur, depuis licencié, et qui en première instance, avait obtenu la condamnation du médecin chef, ensuite de son licenciement. Il est également nécessaire de délivrer cet appel en cause à un moment où le défendeur a matériellement le temps de se défendre. Tel n'est pas le cas d'une personne appelée en cause pour la première fois quelques jours avant l'audience de plaidoiries, et après la clôture[2].

542.262 Mise en cause d'une personne déjà partie en première instance. Enfin, comme cela ressort de la lettre du texte, il s'agit d'appeler en cause, une personne qui n'a pas été partie en première instance, circonstance qui exclut d'user de ce procédé contre une personne déjà partie au premier procès[3].

Ainsi la Cour de cassation a-t-elle approuvé une cour qui avait déclaré irrecevable une assignation aux fins d'intervention forcée délivrée à une personne partie en première instance, en rappelant que cette voie de procédure était inapplicable, seul l'appel provoqué pouvant être utilisé[4]. La question est en réalité beaucoup plus compliquée qu'il n'y paraît.

Est-il possible de présenter en cause d'appel une demande contre une personne qui avait participé à la première instance, mais contre laquelle aucune condamnation n'avait été sollicitée ? Il semble nécessaire pour cela de distinguer la qualité dans laquelle cette partie participe à la première instance, et deux décisions permettent d'éclaircir la difficulté. Dans la première espèce, une partie avait été assignée en première instance aux fins de déclaration de jugement commun. En appel, elle fait l'objet d'une demande en garantie. La Cour de cassation n'admet pas la demande et écarte toute notion d'évolution du litige, considérant que cette notion était étrangère à la recevabilité d'une demande nouvelle formée en appel contre une personne partie au procès de première instance[5]. Dans la deuxième espèce, une société était volontairement intervenue en première instance, mais aucune partie n'avait présenté de réclamation contre elle. En cause d'appel, une partie présente avec succès une demande contre elle et la Cour de cassation censure la décision au motif qu'aucune évolution du litige n'est relevée par la cour, après avoir pris la précaution de rappeler qu'en l'absence de toute demande, la société ne pouvait être considérée comme défenderesse en première instance[6].

Dans une note critique de l'arrêt du 15 juin 1982, le professeur Perrot concluait en se demandant si une « *partie contre laquelle aucune condamnation est requise est-elle bien réellement une partie à l'instance* »[7].

L'arrêt de 1995 permet peut-être un début de réponse, dans la mesure où la Cour suprême rappelle qu'il est possible d'appeler en cause d'appel une partie, présente en première instance en une autre qualité. Or, dans l'espèce de 1982, la partie avait été assignée en déclaration de jugement commun, et cela lui a peut-être conféré la qualité de défenderesse, même si une condamnation n'était pas requise contre elle. Dans l'espèce de 1995, personne n'avait conclu contre elle, ce qui conduit la Cour à relever qu'elle n'avait pas la qualité de défenderesse. Étant donc partie à l'instance en une « *autre qualité* », elle pouvait sous condition d'une évolution du litige, être requise aux fins de condamnation en appel.

Il faut reconnaître que la distinction reste très subtile, et qu'il est peut-être utile pour apprécier plus complètement les choses, d'attendre d'autres arrêts afin de voir si la Cour a voulu la distinction évoquée ou est simplement en train d'évoluer dans sa jurisprudence.

Un arrêt nous laisserait penser qu'un appel aux fins de déclaration d'arrêt est une demande, qui n'est pas neutre, et qui alors, donnant la qualité de défendeur à celui qui en fait l'objet, justifie la jurisprudence rigoureuse de la Cour de cassation.

Par arrêt du 10 décembre 1991, la première chambre civile a considéré qu'une simple assignation en déclaration d'arrêt commun était interruptive de la prescription biennale[8].

542.263 Mise en cause aux fins de condamnation ou de déclaration d'arrêt commun et évolution du litige. Dans la mesure où l'article 555 C. pr. civ. permet un appel en cause devant la cour « *même aux fins de condamnation* », il faut en déduire qu'un appel en cause, sans but de condamnation, dans le seul dessein de rendre l'arrêt commun et opposable, est possible. Mais un tiers ne peut être mis en cause qu'aux fins de condamnation ou de déclaration de jugement commun, et non pas à d'autres fins (telles que l'obtention de renseignements...)[9].

Certains ont cru alors que l'appel aux fins de déclaration d'arrêt commun serait soumis à moins de contrainte que l'appel aux fins de condamnation, notamment en ce qui concerne la nécessité de l'évolution du litige. En réalité, il n'en est rien, et la Cour de cassation a rappelé à de nombreuses reprises, que l'évolution du litige était impérativement requise

1. Civ. 2e, 17 nov. 1982, no 80-41.248, *Bull. civ.* II, no 147.
2. Civ. 2e, 11 juill. 1990, no 89-12.560, *Bull. civ.* II, no 172.
3. Civ. 2e, 13 juill. 2005, no 01-11.798, *Bull. civ.* II, no 203.
4. Civ. 3e, 12 avr. 1995, no 93-13.258, NP.
5. Civ. 3e, 15 juin 1982, no 81-10.509, *Bull. civ.* III, no 155 – EN CE SENS, Civ. 2e, 20 mars 1974, no 72-14.809, *Bull. civ.* II, no 102 – Civ. 2e, 16 avr. 1982, no 81-11.014, *Bull. civ.* II, no 52.
6. Civ. 3e, 16 mai 1995, no 93-12.793, NP.
7. V. R. Perrot, not. crit. ss Civ. 3e, 15 juin 1982, no 81-10.509, *Bull. civ.* III, no 155; *RTD civ.* 1983. 394.
8. Civ. 1re, 10 déc. 1991, no 89-11.477, *Bull. civ.* I, no 344.
9. Paris, 5 mars 1996, *Bull. ch. avoués* no 138, p. 55.

pour justifier une mise en cause, même dans le seul but de rendre l'arrêt commun[1].

La nécessité de l'évolution du litige existe également dans la procédure prud'homale, même si en la matière, les demandes nouvelles sont recevables en appel. Dès lors une demande nouvelle peut être dirigée en appel, sans condition, contre une partie présente en première instance, mais une demande nouvelle dirigée contre un tiers et impliquant donc son intervention forcée, est soumise à la condition de l'évolution du litige[2].

L'évolution du litige est nécessaire pour toute mise en cause aux fins de déclaration d'arrêt commun ou de condamnation[3]. L'exception à ce principe existe toutefois et trouve sa source dans l'article 552 alinéa 3 C. pr. civ. qui permet à la cour, en cas de solidarité ou d'indivisibilité d'ordonner d'office la mise en cause de tous les co-intéressés. Dans cette circonstance, il n'est point nécessaire d'établir l'existence d'une évolution du litige, la décision de la cour et la nature même du litige qui crée des rapports de solidarité ou d'indivisibilité étant suffisants[4].

542.264 Mise en cause ordonnée par le juge et évolution du litige. En application de l'article 552 C. pr. civ., la cour peut ordonner d'office la mise en cause de tous les co-intéressés.

Dans cette hypothèse, elle n'est pas tenue par la condition d'une évolution du litige[5]. A même été admise l'intervention forcée en appel, en l'absence d'évolution du litige, dès lors que la mise en cause avait été ordonnée par jugement déféré[6]. Mais ceci se situe dans le cadre d'indivisibilité, de la solidarité et de l'existence de co-intéressés. Si tel n'est pas le cas, la juridiction ne peut ordonner la mise en cause forcée que s'il existe une évolution du litige en appliquant l'article 555 C. pr. civ.[7]

3°
Évolution du litige

542.271 Évolution du litige, moyen d'irrecevabilité. L'absence d'évolution du litige, qui justifie l'irrecevabilité de la mise en cause est un moyen de défense laissé à la disposition des parties.

L'irrecevabilité ne peut pas être soulevée d'office par la cour, comme n'étant pas d'ordre public[8].

Le moyen ne peut pas davantage soutenir un pourvoi en cassation, s'il n'a pas été soulevé en cause d'appel[9]. Par contre, rien n'interdit que le moyen d'irrecevabilité soit soulevé en appel par une autre partie que l'appelé en cause. Toute partie y ayant intérêt est admise à le faire[10].

Le contrôle de la Cour de cassation sur le problème est à la fois souple et strict. Il est souple, en ce qu'elle laisse au pouvoir souverain des juges du fond, le soin d'apprécier si l'évolution du litige implique et justifie la mise en cause[11]. Elle leur abandonne ainsi le soin de recevoir ou non l'appel en cause lorsque le litige a évolué. En effet, la lettre de l'article 555 C. pr. civ. n'édicte pas que toute évolution du litige rende recevable l'appel en cause. Encore faut-il qu'il implique celle-ci. Et c'est sur ce point que le juge du fond a liberté d'appréciation. Encore faut-il qu'il dise en quoi cette évolution implique la mise en cause[12].

Par contre, la Cour de cassation veille de façon stricte sur l'existence d'une évolution du litige et sur les critères la définissant[13] (a été cassé l'arrêt s'étant contenté de dire que l'évolution du litige n'était pas justifiée, circonstance qui ne lui permettait pas d'exercer son contrôle[14]).

542.272 Évolution du litige – Critères de définition. La Cour de cassation a désormais inscrit cette notion dans un cadre précis[15]. L'évolution du litige n'est caractérisée que par la révélation d'une circons-

1. Civ. 1re, 28 mars 1977, n° 75-14.892, *Bull. civ.* I, n° 162 – Civ. 3e, 8 nov. 1977, n° 76-10.455, *Bull. civ.* III, n° 378 – Civ. 2e, 3 mai 1995, n° 93-17.707, NP.
2. Soc. 20 déc. 2006, n° 04-48.253, *Bull. civ.* V, n° 402; *RTD civ.* 2007. 387, obs. Perrot; *Procédures* 2007, n° 4, note Perrot.
3. Civ. 2e, 17 déc. 2009, n° 08-14.161, NP.
4. Civ. 1re, 18 juill. 1995, n° 93-13.681, *Bull. civ.* I, n° 324; *D.* 1996. 391, note Agostini; *D.* 1996. 208, obs. Piedelièvre; *RTD civ.* 1995. 962, obs. Perrot; *RTD civ.* 1997. 940, obs. Mestre; *Rev. huiss.* 1996. 365.
5. Civ. 1re, 18 juill. 1995, n° 93-13.681, *Bull. civ.* I, n° 324.
6. Civ. 2e, 23 sept. 1999, n° 96-22.753, *Bull. civ.* II, n° 143; *JCP* 1999. IV. 2828.
7. Civ. 2e, 28 févr. 2006, n° 03-19.125, *Bull. civ.* II, n° 52; *D.* 2006. IR 810; *Gaz. Pal.* 6-7 juill. 2007, p. 28, note du Rusquec.
8. Com. 5 juill. 1971, n° 70-12.036, *Bull. civ.* IV, n° 191; *RTD civ.* 1972. 185, obs. Raynaud – Civ. 1re, 13 juin 1979, n° 76-11.653, *Bull. civ.* I, n° 181 – Civ. 3e, 22 mars 1983, n° 81-14.547, *Bull. civ.* III, n° 82 – Civ. 2e, 10 juill. 1996, n° 94-15.811, *Bull. civ.* II, n° 206; *JCP* 1996. IV. 2094.
9. Cass., ch. mixte, 16 janv. 1976, n° 73-11.405, NP; *Gaz. Pal.* 1976. 389 – Civ. 1re, 4 oct. 1977, n° 75-10.473, *Bull. civ.* I, n° 351 – Civ. 2e, 5 avr. 1993, n° 91-19.545, *Bull. civ.* II, n° 141.
10. Civ. 3e, 12 févr. 1992, n° 89-70.423, *Bull. civ.* III, n° 43 – Civ. 2e, 10 juill. 1996, n° 94-15.811, *Bull. civ.* II, n° 206.
11. Com. 5 juin 1988, *Gaz. Pal.* 1988. IV. 94.
12. Civ. 3e, 31 mai 1976, n° 74-11.877, *Bull. civ.* III, n° 232 – Civ. 3e, 7 déc. 1977, n° 76-13.316, *Bull. civ.* III, n° 438 – Civ. 3e, 18 juin 1980, *Gaz. Pal.* 1980. 2. 556 – Civ. 2e, 24 mars 1993, n° 91-17.378, NP.
13. G. Légier, « L'intervention en appel et l'évolution du litige », *D.* 1978. Chron. 151 – Gisser-Pierrard, « L'évolution du litige », *JCP* 1978. I. 288.
14. Civ. 3e, 13 mars 1996, n° 94-15.700, *Bull. civ.* III, n° 76; *RTD civ.* 1996. 478, obs. Perrot; *Gaz. Pal.* 1996. Pan. 187.
15. Cass., ass. plén., 11 mars 2005, n° 03-20.484, *Bull. ass. plén.*, n° 4; *BICC* 1er juin 2005, p. 17, rapp. Betch, avis Cedras; *D.* 2005. 855; *D.* 2005. 2368, note Fischer; *RTD civ.* 2005. 455, obs. Perrot; *JCP* 2005. I. 183, obs. Serinet; *JCP* 2005. II. 10161, avis Cedras; *Procédures* 2005. Comm. 118, obs. Perrot; *Gaz. Pal.* 16-17 mars 2005, p. 39 – Cass., ch. mixte, 9 nov. 2007, n° 06-19.508, *Bull. ch. mixte*, n° 10; *Procédures* 2008, n° 1, note Perrot; *JCP* 2008. II. 10070, note Sérinet; *JCP* 2008. I. 138, obs. Amrani-Mekki – Civ. 2e, 10 avr. 2013, n° 12-14.939, *Bull. civ.* III, n° 71; *Procédures* 2013, n° 175, obs. Perrot – Civ. 3e, 15 déc. 2010, n° 09-68.894, *Bull. civ.* III, n° 221; *RDI* 2011. 171, obs. Dreveau.

tance de fait ou de droit, née du jugement ou postérieure à celui-ci, modifiant les données juridiques du procès. L'ensemble des développements ci-après doit dès lors s'apprécier au regard de cette nouvelle exigence, tenant à l'existence d'une modification des données juridiques du procès. L'affaire ayant conduit à cette définition était caractéristique en ce sens qu'un plaideur avait appelé en intervention un assureur au motif qu'ensuite d'un nouveau rapport d'expertise le montant des désordres étaient considérablement accrus, ce qui justifiait selon lui qu'il ne prenne plus le risque financier. La Cour approuve les juges d'appel d'avoir déclaré irrecevable l'intervention, dès lors que l'élément nouveau ne modifiait pas les données juridiques du litige. Elle considère même que l'action directe du tiers lésé contre l'assureur de responsabilité est une action autonome qui ne modifie pas les données juridiques du procès principal.

Après avoir été, dans un premier temps, assez bienveillante [1], la jurisprudence est revenue à plus d'orthodoxie et a posé un certain nombre de critères objectifs à respecter.

En premier lieu, l'événement allégué ne doit pas être intervenu lors de la procédure de première instance auquel cas il appartenait au plaideur de prendre toute initiative utile [2].

En second lieu, il ne doit point s'agir de réparer un oubli, une négligence ou une erreur de stratégie [3].

Une partie ne peut assigner en appel un notaire, alors même qu'elle connaissait l'argument développé en première instance et retenu par le juge, qui a conduit au jugement [4]. Ainsi, une partie défaillante en première instance ne justifie pas par sa seule absence son droit à appeler en cause d'appel pour la première fois [5]. Par contre, il n'est point nécessaire que l'évolution du litige soit telle qu'elle change les données et influe sur la solution [6].

La Cour de cassation adopte aujourd'hui une formulation homogène qui cerne le domaine de l'évolution du litige. « *L'évolution du litige permettant la mise en cause devant la cour d'appel d'une personne qui n'était pas partie en première instance ou qui y figurait en une autre qualité, exige l'existence d'un élément nouveau révélé par le jugement ou survenu postérieurement à celui-ci* » [7]. Cette définition, bien que déjà restrictive, laisse encore place à controverse.

La Cour de cassation veut-elle être stricte au point d'écarter tout élément qui existait avant le jugement ou peut-elle admettre comme nouveau un élément qui, tout en existant, n'a été révélé à l'une des parties que par le jugement ou postérieurement à celui-ci ? Si l'on s'en tient à la lettre de la formulation de la Cour de cassation, il n'est point possible de venir au secours des malheureux, et seul l'élément révélé par le jugement ou survenu après, permet une mise en cause. En réalité, il semble que la jurisprudence soit moins stricte et admette qu'un fait, existant avant le jugement, mais connu après, puisse justifier la recevabilité d'un appel en cause mais la bienveillance de la Cour de cassation trouve ses limites dans le manque de diligence du plaideur.

Un plaideur débouté en première instance apprend en cause d'appel l'existence d'un jugement pénal prononcé contre une troisième partie. Il l'appelle en cause aux fins de condamnation et la cour déclare cette mise en cause irrecevable au motif que le jugement correctionnel était antérieur au jugement de première instance. La Cour de cassation censure cet arrêt en reprochant à la cour de n'avoir pas recherché si la condamnation pourtant antérieure au jugement n'avait pas été révélée postérieurement à celui-ci [8].

Dans une autre espèce, une partie poursuivie et condamnée en première instance au bénéfice d'une banque, apprend en cause d'appel l'existence d'un rapport du syndic de liquidation, antérieur au jugement, et révélant l'existence d'un autre cofidejusseur. Elle l'appelle en cause mais la cour le déclare irrecevable à raison de l'antériorité du rapport révélateur du syndic au regard de la date du jugement. La Cour suprême casse au motif que la cour d'appel n'avait pas recherché si l'intéressé avait « *eu connaissance de ce rapport avant la clôture de l'instruction devant le tribunal* » [9].

Il est ainsi permis de penser que la non-connaissance légitime d'un fait, révélé par le jugement ou après, justifie la mise en cause. Cependant, cette exception à la rigueur ne permet pas de feindre l'ignorance et de justifier ainsi une mise en cause tardive.

Ainsi, la Cour de cassation a-t-elle approuvé une cour d'appel d'avoir déclaré irrecevable l'appel en cause pour la première fois en appel d'une personne ensuite de la liquidation d'une autre, au motif que cette liquidation, antérieure au jugement, était opposable à tous dès sa publication [10].

1. Aix-en-Provence, 19 nov. 1975, *Gaz. Pal.* 1976. 1. Somm. 178 – Lyon, 28 avr. 1976, *D.* 1977. 20 – Pau, 2 mai 1973, *JCP* 1973. II. 17512 – Com. 14 juin 1976, n° 74-13.025, *Bull. civ.* IV, n° 198.
2. Civ. 1re, 3 mars 1976, n° 74-14.725, *Bull. civ.* I, n° 96; *Gaz. Pal.* 1976. 1. 388 – Soc. 2 avr. 1981, n° 79-41.090, *Bull. civ.* V, n° 318; *JCP* 1981. IV. 216 – Civ. 1re, 26 févr. 1980, n° 78-14.631, *Bull. civ.* I, n° 67; *Gaz. Pal.* 1980. 2. 350.
3. Civ. 2e, 7 mars 1984, n° 82-12.804, *Bull. civ.* II, n° 45 – Versailles, 14 déc. 1981, *Bull. ch. avoués* n° 81, p. 22.
4. Civ. 1re, 3 mars 1976, n° 74-14.725, *Bull. civ.* I, n° 96; *Gaz. Pal.* 1976. 388 – Civ. 1re, 27 juin 1995, n° 92-19.856, *Bull. civ.* I, n° 288.
5. Civ. 1re, 18 mars 1980, n° 78-15.332, *Bull. civ.* I, n° 90 – Civ. 3e, 19 févr. 1986, *JCP* 1986. IV. 115 – Com. 7 juin 1983, n° 82-10.032, *Bull. civ.* IV, n° 166; *Gaz. Pal.* 1983. Pan. 270, obs. Guinchard.
6. Civ. 3e, 2 avr. 1979, n° 77-15.914, *Bull. civ.* III, n° 82.
7. Civ. 2e, 24 mars 1993, n° 91-17.378, NP – Civ. 3e, 7 janv. 1981, *Gaz. Pal.* 1981. 256, note Viatte – Civ. 1re, 17 mars 1981, n° 80-10.406, *Bull. civ.* I, n° 93.
8. Civ. 2e, 12 janv. 1994, n° 92-13.507, NP.
9. Com. 16 mars 1993, n° 90-20.229, NP.
10. Civ. 3e, 28 janv. 2009, n° 07-19.240, *Bull. civ.* III, n° 21; *D.* 2010. 1740, obs. Groutel; *D.* 2009. 505; *RTD civ.* 2009. 368, obs. Perrot – Civ. 3e, 17 mars 1993, n° 91-19.271, *Bull. civ.* III, n° 37 – Civ. 3e, 1er avr. 1992, n° 90-16.217, NP – Civ. 3e, 17 juin 1992, n° 90-11.084, *Bull. civ.* III, n° 213 – Civ. 3e, 17 juin 1998, n° 96-17.643, *Bull. civ.* III, n° 127; *BICC* n° 1210.

Ainsi, l'ignorance d'un fait n'est une cause d'évolution du litige que si elle est admissible. La Cour de cassation se contente de rappeler que l'évolution du litige implique l'existence ou l'apparition d'un élément nouveau né du jugement ou survenu postérieurement. Elle a précisé que la date à prendre en considération n'est pas celle à laquelle le juge statue, mais celle à laquelle les débats de première instance sont clos[1]. Elle s'en tient à cette définition à la fois simple et concise, se réservant au coup par coup d'approcher plus complètement les difficultés (a été censurée une cour d'appel qui avait déclaré irrecevable un appel en intervention, alors même que le moyen de nature à justifier l'appel en garantie avait été soulevé postérieurement à la clôture des débats[2]; ou, dans une autre espèce, soulevé après la clôture prononcée par le premier juge alors que la cour a annulé le jugement pour violation du contradictoire[3]).

Il est évidemment impossible d'élaborer une théorie précise du domaine de l'évolution du litige. Il est toutefois possible de classer en trois grandes catégories, probablement non exhaustives, les hypothèses d'évolution du litige, ayant à l'esprit, selon la formule heureuse de la cour de Paris, que l'évolution du litige peut aussi résulter de la révélation d'un fait susceptible d'éclairer, devant la cour, le litige d'un jour nouveau et inattendu[4]. Ces trois grands axes pourraient être les suivants, encore que toute classification est nécessairement artificielle :

- survenance d'un fait ou révélation d'un élément inconnu;
- modification des données procédurales du litige;
- modification de la jurisprudence.

S'agissant de la survenance d'un fait ou de la révélation d'un élément inconnu en première instance, les choses sont simples. Il suffit de s'assurer que l'élément n'était pas connu en première instance. Ainsi, l'évolution du litige doit être retenue dans les hypothèses suivantes :

- La production de nouveaux documents par une partie ou une révélation par un tiers[5]. Mais il est clair que ce n'est pas la production d'un document nouveau qui constitue l'évolution du litige, mais la révélation qu'il contient. Ainsi, la Cour de cassation a-t-elle rappelé que la production de documents nouveaux, qui n'apportait pas d'élément de preuve qui ne fût déjà connu, ne constituait pas une évolution du litige[6].

- Le dépôt d'un rapport d'expertise en cause d'appel[7] (même si ce rapport ne fait que préconiser des travaux plus importants en présence de désordres déjà connus[8]).

- La révélation de l'usurpation d'identité d'une partie[9].

- La vente du bien immobilier dans un procès où la responsabilité du propriétaire est recherchée[10].

- Le refus de garantie d'une compagnie d'assurances, postérieur au jugement, et ce même si la compagnie a pris une position tardive à raison d'une négligence de l'assuré[11].

- L'ouverture en cause d'appel d'une procédure collective, et ce même si elle ne modifie pas les données juridiques[12].

Dans l'espèce du 22 juin 1994, une personne assigne seulement l'entrepreneur en première instance, alors même qu'elle connaît l'existence d'une assurance. En cause d'appel, l'entrepreneur est admis en procédure collective et le demandeur assigne alors son assurance, qui prétend à l'irrecevabilité de cette intervention forcée, considérant que les données juridiques du problème ne sont pas modifiées. La Cour de cassation confirme l'existence d'une évolution du litige et par là même la recevabilité de cette mise en cause.

Il est vrai que, au-delà du problème de droit, la survenance de la procédure éclairait le procès d'un jour nouveau, y compris dans ses exigences tactiques, et justifiait que le demandeur fasse en appel ce qui ne lui avait pas paru indispensable en première instance.

542.273 Évolution du litige et évolutions procédurales. La procédure peut en cause d'appel subir une évolution, ne serait-ce que parce que les parties peuvent présenter des moyens nouveaux, des demandes reconventionnelles nouvelles à titre de défense, faire appel incident ou provoqué, *etc.*

Le procès vit et cela peut impliquer des changements tactiques et procéduraux, qui peuvent être imprévus. Ceci peut constituer parfois une évolution du litige justifiant la mise en cause d'un tiers pour la première fois en appel.

- La **formulation d'une demande reconventionnelle pour la première fois en appel** par une partie défaillante en première instance, constitue une évolution du litige permettant à celui qui doit y faire face, d'assigner une troisième personne en intervention forcée aux fins d'appel en garantie[13].

1. Civ. 3e, 8 avr. 1999, no 96-18.520, *Bull. civ.* III, no 92.
2. Com. 5 mars 1996, no 94-13.151, *Bull. civ.* IV, no 77; *Gaz. Pal.* 1996. Pan. 264.
3. Civ. 3e, 4 juill. 2012, no 11-18.281, NP; *Procédures* 2012. 270, obs. Perrot.
4. Paris, 6 juin 1977, *D.* 1977. IR 409, obs. Julien.
5. Civ. 1re, 10 déc. 1991, no 90-14.496, NP; *JCP* 1992. IV. 253 – Aix-en-Provence, 19 nov. 1975, *Gaz. Pal.* 1976. Somm. 178 – Paris, 6 févr. 1986, *Bull. ch. avoués* 1986, no 98, p. 60.
6. Civ. 2e, 3 mai 1995, no 93-17.707, NP.
7. Civ. 3e, 31 oct. 1978, *Gaz. Pal.* 1979. Pan. 21 – Paris, 25 mars 1985, *Bull. ch. avoués* 1985. 57 – Civ. 3e, 6 oct. 1993, no 91-15728, *Bull. civ.* III, no 118 – Civ. 3e, 17 juill. 1992, no 88-13.699, *Bull. civ.* III, no 249.
8. Civ. 2e, 6 déc. 2001, no 00-14.991, NP.
9. Lyon, 28 avr. 1976, *D.* 1977. 20; *RTD civ.* 1977. 192, obs. Perrot.
10. Civ. 2e, 1er juill. 1999, no 97-10.327, NP.
11. Civ. 1re, 6 déc. 1994, no 92-20.774, *Bull. civ.* I, no 362 – Civ. 1re, 26 mai 1994, no 92-13.180, NP.
12. Civ. 1re, 15 mars 1978, no 76-13.166, *Bull. civ.* I, no 110 – Civ. 1re, 25 mars 1991, no 89-14.645, *Bull. civ.* I, no 105 – Civ. 3e, 22 juin 1994, no 92-11.655, NP – Civ. 1re, 30 janv. 1996, no 93-16.493, *Bull. civ.* I, no 45.
13. Civ. 3e, 14 déc. 1977, no 76-11.294, *Bull. civ.* III, no 448 – Com. 6 nov. 1984, no 82-16.298, *Bull. civ.* IV, no 299; *Gaz. Pal.* 1985. 1. Pan. 91, obs. Guinchard.

– La **formulation pour la première fois en appel d'un moyen** visant à contester l'existence d'un lien de subordination et transformant ainsi les données juridiques du litige[1].

– **L'intervention volontaire d'une partie** constitue une évolution et peut justifier une intervention forcée à condition qu'elle révèle un élément jusque-là inconnu[2].

– Un **arrêt rendu sur contredit**, décidant d'évoquer le litige ne constitue pas une évolution – s'étant borné à conclure sur la compétence, le plaideur n'avait pas appelé en cause l'assureur. Sur contredit, la cour évoque le fond du litige et le plaideur appelle alors l'assureur. Cette intervention forcée est déclarée irrecevable au double motif que l'évocation ne constitue pas une évolution du litige au sens de l'article 555 C. pr. civ., et que le texte ne méconnaît pas l'article 6 § 1 de la Convention européenne de sauvegarde des droits de l'homme et des libertés fondamentales[3].

– Un **jugement de disjonction** ne constitue pas une évolution du litige[4].

L'affaire est intéressante car elle témoigne du souci du praticien de remettre toutes les parties devant la cour pour obtenir une décision complète, et ce même en passant outre aux errements procéduraux de première instance. La tentative est habile mais vouée à l'échec.

En l'espèce un syndic, assigné par un établissement financier, appelle en cause en première instance, aux fins de garantie, d'autres personnes. Par jugement, le tribunal statue sur la demande de l'établissement financier à l'égard du syndic et, prononçant la disjonction sur les appels en garantie, sursoit à statuer sur ceux-ci. En appel le syndic qui craint une confirmation de sa condamnation et souhaite que l'arrêt consacre l'obligation des autres personnes à le relever et garantir, les assigne en intervention forcée. La cour d'appel, approuvée par la Cour de cassation, déclare irrecevable cette intervention en considérant que la disjonction n'est pas une évolution du litige. Il est vrai qu'il appartenait au syndic, dont le souci de voir juger immédiatement la totalité du litige, était légitime, de solliciter du premier président l'autorisation de faire appel du jugement dans sa partie ayant sursis à statuer, en application de l'article 380 C. pr. civ.

– Un **jugement refusant la jonction**, qui sur ce point n'est que la décision d'administration de la justice, n'est pas considéré comme une évolution du litige.

Une société exploitant un hôtel assigne un *tour operator* en paiement du séjour retenu. Celui-ci assigne en garantie son client, mais le tribunal refuse de joindre les deux affaires et, par un premier jugement, condamne le *tour operator*, qui faisant appel assigne en intervention forcée son client pour reprendre sa demande en garantie. La Cour de cassation ne reçoit pas cette intervention, considérant qu'il n'y a pas évolution du litige, celui-ci se présentant dans les mêmes conditions qu'en première instance[5].

542.274 Évolution du litige et modifications législatives ou jurisprudentielles. La modification de la jurisprudence, voire de la loi, à condition toutefois pour cette dernière qu'elle soit applicable immédiatement, peut changer les données du litige et conduire le praticien à rechercher en cause d'appel une personne qui n'était pas partie en première instance.

Chacun se souvient de la loi n° 85-677 du 5 juillet 1985[6] sur l'indemnisation des victimes d'accidents, qui était d'application immédiate, et qui a même donné lieu à de nombreuses cassations d'arrêts pourtant rendus convenablement au regard de la loi, alors applicable. Une telle modification constitue une évolution du litige[7].

Plus fréquemment se pose le problème de la modification de la jurisprudence, car elle s'impose nécessairement au cours du procès. En principe, elle constitue une évolution du litige[8]. Toutefois, il doit s'agir d'une jurisprudence véritablement nouvelle, et non de la réaffirmation d'une jurisprudence déjà existante, ou de l'harmonisation de jurisprudences divergentes, ou de la suite logique et prévisible d'une évolution jurisprudentielle connue[9].

4°
Décision du premier juge et modalités de l'intervention forcée

542.281 Décision du premier juge. La décision du premier juge, sur le point de droit débattu ne constitue pas une évolution du litige.

Devant le tribunal, une assurance, assignée par son assuré, déniait sa garantie et soutenait que le cabinet d'assurances qui était intervenu était le mandataire de l'assuré et ne l'avait donc pas engagée. Elle n'avait pas assigné le cabinet d'assurances, préférant en rester à ce moyen qu'elle jugeait suffisant. Le tribunal lui donne tort, et la condamne à payer le sinistre, considérant que le cabinet d'assurances était son mandataire et l'avait engagée. Faisant appel, l'assureur assigne en intervention le cabinet d'assurance, soutenant que la décision du premier juge sur le point de droit litigieux constitue une évolution du

1. Civ. 2e, 26 févr. 1986, n° 84-16.196, *Bull. civ.* II, n° 26.
2. Com. 23 févr. 1988, n° 86-13.403, NP – V. Civ. 1re, 28 janv. 1992, n° 89-12.979, NP.
3. Civ. 2e, 7 juin 2006, n° 04-16.251, *Bull. civ.* II, n° 146.
4. Civ. 2e, 7 juin 2006, n° 04-16.251, préc.; *Procédures* 2006, n° 7, note Perrot; *JCP* 2006. I. 183, obs. Serinet – Civ. 2e, 11 mars 1992, n° 90-19.706, NP.
5. Civ. 2e, 16 juill. 1993, n° 92-10.509, NP.
6. L. n° 85-677, 5 juill. 1985, tendant à l'amélioration de la situation des victimes d'accidents de la circulation et à l'accélération des procédures d'indemnisation, *JO* 6 juill., p. 7584.
7. Poitiers, 18 juin 1986, *Gaz. Pal.* 4 avr. 1987.
8. Soc. 10 janv. 1995, n° 92-40.084, NP – Civ. 1re, 15 janv. 1985, n° 83-14.058, *Bull. civ.* I, n° 21; *JCP* 1985. IV. 117; *RTD civ.* 1985. 621, obs. Perrot.
9. Civ. 3e, 1er févr. 1995, n° 93-13.205, NP.

litige. La Cour de cassation déclare irrecevable l'intervention forcée au motif que les termes de la controverse juridique étaient connus avant le jugement et que dès la première instance l'assurance avait « *les éléments nécessaires pour apprécier l'opportunité* » d'appeler en cause le cabinet[1] (a été admis un jugement comme constituant une évolution du litige[2]; a été refusé l'appel en garantie de l'assureur pour la première fois en appel, au motif que le demandeur disposait, devant le tribunal, des éléments nécessaires pour apprécier l'opportunité d'appeler l'assureur en garantie[3]).

542.282 Modalités de l'intervention forcée. L'intervention forcée se fait par **assignation** s'agissant de personnes non parties à l'instance d'appel ou qui n'y sont pas représentées.

S'agissant de parties présentes ou représentées, la Cour de cassation, considérant qu'il s'agit d'une demande incidente, rappelle qu'elle se fait de « *la même manière que sont présentés les moyens de défense* », de telle sorte qu'une intervention forcée dans ce cas particulier, peut se faire par voie de conclusions[4].

L'article 910 C. pr. civ. relatif à la procédure ordinaire avec représentation obligatoire impose à l'intervenant forcé de conclure, à peine d'irrecevabilité, dans les **trois mois** de la notification de sa mise en cause.

SECTION 3
EXTINCTION ET ABUS DU DROIT D'APPEL

§ 1
Extinction du droit d'appel

542.290 Plusieurs hypothèses. Il ne s'agit pas de traiter des hypothèses où le droit d'appel n'existe pas, mais des circonstances dans lesquelles un plaideur bénéficiant d'un droit d'appel laisse celui-ci s'éteindre par l'écoulement du délai imparti pour l'exercer, soit l'éteint lui-même par une manifestation expresse ou tacite de volonté, révélée avant l'appel ou au cours de la procédure.

A.
Expiration du délai d'appel

542.291 Le délai d'appel. Comme le rappellent les professeurs Guinchard, Chainais et Ferrand[5], « *le délai de l'appel a beaucoup varié* ». De trente ans il y a plusieurs siècles, il est aujourd'hui dans certaines circonstances ramené à trois jours !

Au-delà de la réduction du délai que les contraintes de la vie actuelle justifient, apparaissent comme plus préoccupante la multiplication et la diversité des délais d'appel qui conduisent le praticien à s'interroger, chaque fois qu'il est confronté à un domaine un peu particulier. S'il est vrai que l'article 538 C. pr. civ. pose un principe, en rappelant que le délai d'appel est d'**un mois** en **matière contentieuse** et de **quinze jours** en **matière gracieuse**, l'importance des **exceptions** est telle que la simple connaissance du principe est insuffisante.

L'appel est réduit à **quinze jours** pour un contentieux en pratique considérable :

- ordonnance de référé (C. pr. civ., art. 490);
- ordonnance rendue en la forme ou comme en matière de référé (C. pr. civ., art. 492-1);
- décision du juge de l'exécution (C. pr. exéc., art. R. 121-20);
- décisions du juge de l'exécution relatives aux procédures de saisie immobilière et de distribution (v. Décr. n° 2009-160, 12 févr. 2009, art. 124);
- ordonnance du juge de la mise en état (C. pr. civ., art. 776 et 916);
- décisions du juge aux affaires familiales à l'exception de celles qui prononcent le divorce (C. pr. civ., art. 1102);
- ordonnances rendues sur requête s'il n'est pas fait droit à la demande (C. pr. civ., art. 496);
- ordonnance du juge rapporteur du tribunal de commerce (C. pr. civ., art. 868);
- décision du juge des enfants en matière d'assistance éducative (C. pr. civ., art. 1191);
- jugements du tribunal de grande instance sur délégation, déchéance ou retrait de l'autorité parentale (C. pr. civ., art. 1209).

La liste n'est évidemment pas exhaustive. Il est réduit à **dix jours** pour les jugements de redressement judiciaire et de liquidation judiciaire (v. Décr. n° 2005-1677, 28 déc. 2005[6], art. 330). Il peut être de **deux ans** dans certaines circonstances (v. s^s n° 542.296). En outre, en application de l'article 643 C. pr. civ., ces délais sont **augmentés d'un mois et deux mois** pour les personnes demeurant dans les Dom-Tom ou à l'étranger.

Dans une hypothèse où une partie avait fait constater par huissier la fermeture du greffe avant l'expiration du délai à 24 heures, la Cour de cassation a admis alors que l'appel puisse être interjeté le lendemain[7].

1. Civ. 1re, 6 janv. 1994, n° 90-20.786, NP.
2. V. Paris, 27 janv. 1994, *Bull. ch. avoués* 1994. 1. 15.
3. Civ. 2e, 10 juill. 1996, n° 93-21.132, *Bull. civ.* II, n° 207; *JCP* 1996. IV. 2093.
4. Civ. 3e, 22 févr. 1995, n° 93-15.327, NP.
5. GUINCHARD, CHAINAIS et FERRAND, 30e éd., 2010, n° 1204.
6. Décr. n° 2005-1677, 28 déc. 2005, pris en application de la loi n° 2005-845 du 26 juill. 2005 de sauvegarde des entreprises, *JO* 29 déc., p. 20324.
7. Civ. 2e, 4 oct. 2001, n° 00-14.705, *Bull. civ.* II, n° 149; *Gaz. Pal.* 28 nov. 2001. Pan. 10.

Le Code de procédure civile n'indique pas le délai dans lequel l'appel doit être interjeté ni son point de départ lorsqu'il est autorisé en application des articles 272 ou 380 C. pr. civ. On aurait pu penser que le délai était celui afférent au type de décision querellée. La Cour de cassation, dans une formule générale, prise il est vrai dans une espèce où le délai habituel est de un mois, a indiqué d'une part que le délai pour interjeter appel était de un mois et, d'autre part, que ce délai courrait de l'ordonnance du premier président[1].

542.292 Départ du délai d'appel à dater de la signification. S'il est évidemment possible de faire appel dès le prononcé de la décision, le délai court en règle générale, et sauf exception à compter de la signification. Dans cette hypothèse, la circonstance selon laquelle une partie a eu connaissance de la décision est sans effet sur le délai[2]. En application de l'article 676 C. pr. civ., la signification peut s'opérer avec une simple expédition, étant évidemment observé que la décision notifiée doit être complète[3]. La signification fait courir le délai non seulement à l'égard de celui à qui l'on signifie mais aussi à l'égard de l'auteur de la signification (v. C. pr. civ., art. 528, al. 2), étant toutefois précisé que pour ce dernier le délai court même si la signification qu'il a faite est irrégulière[4], et même si elle a été faite à l'égard d'un tiers à la procédure afin de lui rendre opposable la décision[5]. Il n'y a dès lors pas à considérer la signification comme valant acceptation expresse ou tacite de la décision.

Lorsque la représentation est obligatoire, le jugement doit, préalablement à sa signification, être notifié entre avocats, en application de l'article 678 alinéa 1er C. pr. civ. Il s'agit là d'une condition de fond qui entraîne la nullité de la signification, sans qu'il soit besoin d'établir l'existence d'un grief[6], étant précisé que le défaut de signature de l'avocat n'est pas une cause de nullité de la notification[7]. Toutefois, lorsque l'avocat est décédé ou a cessé ses fonctions, la notification préalable n'est plus exigée mais il convient alors, dans la signification, de rappeler cette circonstance particulière (v. C. pr. civ., art. 678, al. 2).

De manière générale, le délai ne court que de la **signification à la partie**, et non de la notification préalable à l'avocat.

Il faut ici préciser que hors les cas limitativement énumérés (ex., en matière de saisie immobilière), la signification doit être faite à la partie et non à son avocat même s'il y a une élection de domicile, comme c'est le cas en présence d'une constitution, conformément à l'article 751 C. pr. civ. (car une signification, même régulière, faite au domicile élu de l'avocat ne fait pas courir le délai, dès lors que la loi ne le permet pas[8]).

Rappelons enfin que, en cas d'**indivisibilité**, la signification à l'une des parties fait courir le délai à l'égard de toutes, y compris à l'égard de celles qui n'ont pas reçu signification[9].

En application des articles 528 et 529 C. pr. civ., c'est seulement dans le cas où le jugement profite solidairement ou indivisiblement à plusieurs parties que chacune d'elles peut se prévaloir de la notification faite par l'une d'elles[10].

Lorsqu'il est procédé à deux notifications, la seconde, même opérée à l'intérieur du délai de recours de la première, ne fait pas courir un nouveau délai si la première est régulière[11]. Il en est de même pour le délai de saisine de quatre mois de la cour de renvoi de l'article 1034 C. pr. civ.[12].

S'agissant d'une signification à l'étranger, le délai d'appel est augmenté de deux mois, mais il convient en outre aujourd'hui de distinguer selon que la signification est faite dans un État autre que membre de la Communauté européenne ou dans l'un de ces États. Dans la première hypothèse, le délai court du jour de la remise par l'huissier au parquet du tribunal français, peu important la date de réception effective par le destinataire. Par contre si l'acte est destiné à une personne demeurant dans un des pays de la Communauté, il convient d'appliquer le règlement n° 1393/2007 du 13 novembre 2007[13], applicable à dater du 13 novembre 2008, et notamment son article 9, prévoyant que le délai court pour le signifiant du jour où l'huissier français a accompli ses diligences et pour le signifié le jour où il a reçu notification conformément aux règles de son pays.

1. Civ. 2e, 13 févr. 2003, n° 01-02.423, *Bull. civ.* II, n° 35; *JCP* 2003. II. 10074, note Croze et Junillon.
2. Civ. 1re, 3 mai 2000, n° 99-05.011, *Bull. civ.* I, n° 124.
3. Reims, 6 déc. 1978, *RTD civ.* 1979. 432, obs. Perrot.
4. Civ. 2e, 30 janv. 2003, n° 00-19.987, *Bull. civ.* II, n° 24; *D.* 2003. 1399, obs. Julien.
5. Com. 7 juill. 1987, nos 84-10.358 et 84-10.464, *Bull. civ.* IV, n° 171; *D.* 1988. Somm. 122, obs. Julien.
6. Civ. 2e, 15 févr. 1995, n° 93-15.459, *Bull. civ.* II, n° 52; *JCP* 1995. 22506.
7. Civ. 2e, 23 sept. 2004, n° 99-21.000, *Bull. civ.* II, n° 418.
8. Civ. 2e, 13 nov. 1996, n° 94-19.913, *Bull. civ.* II, n° 249.
9. Com. 23 juin 1981, n° 79-16.927, *Bull. civ.* IV, n° 292 – Com. 14 févr. 1984, n° 83-10.452, *Bull. civ.* IV, n° 65 – Civ. 2e, 2 févr. 1967, *Bull. civ.* II, n° 48 – Civ. 2e, 20 mars 1974, n° 72-12.528, *Bull. civ.* II, n° 99 – Civ. 3e, 7 déc. 1976, n° 75-13.153, *Bull. civ.* III, n° 447 – Civ. 2e, 14 mars 1979, n° 77-14.250, *Bull. civ.* II, n° 78.
10. Civ. 2e, 15 nov. 1995, n° 93-10.186, *Bull. civ.* II, n° 278; *Procédures* 1996, n° 4, obs. Perrot.
11. Civ. 2e, 5 févr. 2009, n° 07-13.589, *Bull. civ.* II, n° 35.
12. Civ. 2e, 3 avr. 2003, n° 01-04.043, *Bull. civ.* II, n° 91.
13. Règl. CE n° 1393/2007 du Parlement européen et du Conseil, 13 nov. 2007, relatif à la signification et à la notification dans les États membres des actes judiciaires et extrajudiciaires en matière civile ou commerciale (signification ou notification des actes), et abrogeant le règlement (CE) n° 1348/2000 du Conseil, *JOUE*, n° L 324, 10 déc. 2007, p. 79-120.

La Cour de cassation considère que le délai de distance s'applique, s'agissant d'une personne demeurant à l'étranger, même dans l'hypothèse où la signification est faite en France à domicile élu[1].

542.293 Départ du délai d'appel à dater de la décision. Toutefois dans certaines hypothèses, le délai court à dater de la décision elle-même. Rappelons, sans que la liste en soit exhaustive :

- ordonnance du juge rapporteur du tribunal de commerce (C. pr. civ., art. 868);
- décision du juge aux affaires familiales, rendue en application de l'article 1102 C. pr. civ.;
- décision rendue sur demande de rétractation d'une décision ayant ordonné délivrance d'une pièce (C. pr. civ., art. 141);
- ordonnance en matière de conversion de la séparation de corps (C. pr. civ., art. 1134);
- décision du magistrat chargé d'instruire l'affaire (C. pr. civ., art. 945);
- en application de l'article 157 du décret du 27 décembre 1985, le délai d'appel du cessionnaire pour les jugements mentionnés à l'article 174 de la loi du 25 janvier 1985 (devenu C. com., art. L. 661-6 [anc. art. L. 623-6]) court à dater du jugement;
- en application du même article, le délai d'appel du cocontractant dans le cas prévu à l'article 86 de la loi du 25 janvier 1985 et du bailleur dans le cas prévu au troisième alinéa de l'article 85 de la même loi, court à dater de la décision;
- en application de l'article 724 C. pr. civ., le délai d'appel court pour le technicien à compter de la date du prononcé, mais à la date de la notification par le technicien pour les parties[2].

Il convient de noter qu'en principe la Cour de cassation, faisant preuve de compréhension exige pour que le délai courre de la décision, qu'il ressorte soit de celle-ci soit du plumitif d'audience qu'à la date à laquelle elle serait rendue, a été portée à la connaissance des parties[3].

542.294 Départ du délai sous condition d'une signification régulière. C'est donc l'expiration du délai d'appel qui éteint le droit. Il faut évidemment supposer que la signification a été régulière et a pu faire courir le délai. Une notification omettant d'indiquer la voie de recours ou n'indiquant pas la voie de recours appropriée ne fait pas courir le délai d'appel[4] (sur le problème du grief, v. s[s] n° 162.70).

Dans un arrêt qui mérite peut-être confirmation dès lors qu'il s'agissait d'une procédure sans représentation obligatoire et d'une conjugaison d'erreurs, la Cour de cassation a même considéré qu'une seconde signification régulière reste inefficace en présence d'une première erronée[5]. À cet égard l'article 914 C. pr. civ. donne au conseiller de la mise en état, vocation à trancher toute question ayant trait à la recevabilité de l'appel, et donc à la validité de la signification.

L'article 536 C. pr. civ. dispose que la qualification inexacte d'un jugement par le juge est sans effet sur le droit d'exercer une voie de recours. Ainsi, au regard de la jurisprudence précitée, pour que le recours coure utilement en présence d'une qualification erronée du juge, il faut que l'auteur de la signification requalifie lui-même la décision et mentionne la voie de recours appropriée. Le deuxième alinéa de cet article précise que si le recours est déclaré irrecevable en raison de l'inexacte qualification du juge, la décision d'irrecevabilité est notifiée par le greffe, et celle-ci fait courir à nouveau le délai pour l'exercice du recours approprié. Ceci ne devrait pas bouleverser la situation actuelle, si ce n'est qu'il est mis à la charge du greffe le soin de notifier la nouvelle décision. Dans l'hypothèse où la partie signifiante avait rétabli la bonne qualification et indiqué la voie de recours appropriée, la décision d'irrecevabilité atteignant le recours fait à tort conformément au jugement ne devrait pas, nous semble-t-il, être considérée comme rendue en raison de l'inexacte qualification du juge puisque celle-ci avait été corrigée. Il nous semble que, dans cette situation, le délai ne pourrait être rouvert.

542.295 Relevé de forclusion. Dans certaines circonstances, le plaideur forclos pour interjeter appel peut tenter d'obtenir un relevé de la forclusion encourue. Mais cette possibilité, née de l'article 540 C. pr. civ., est enfermée dans des limites précises. Tout d'abord, elle ne s'applique qu'au jugement réputé contradictoire, et au seul défendeur défaillant, le demandeur en étant exclu[6]. Ensuite, la demande doit être présentée au premier président, par assignation comme en matière de référé, au plus tard dans l'année de la notification de la décision. C'est dire qu'un relevé de forclusion n'est plus possible plus d'un an après la notification de la décision (supposée régulière, sinon le délai n'a pas couru), même si de bonne foi le plaideur n'a pu en connaître l'existence[7].

1. Civ. 2e, 9 sept. 2010, n° 09-70.087, *Bull. civ.* II, n° 146; *D.* 2010. 2072.
2. Civ. 2e, 12 oct. 1988, *Gaz. Pal.* 1989. Somm. 257, obs. Guinchard et Moussa.
3. Civ. 2e, 7 févr. 1979, *D.* 1979. IR 478, obs. Julien – Civ. 2e, 7 juill. 1983, n° 82-11.760, *Bull. civ.* II, n° 146.
4. Civ. 2e, 10 sept. 2009, n° 07-13.015, *Bull. civ.* II, n° 210; *D.* 2010. 169, obs. Fricero; *D.* 2010. 532, chron. Sommer, Leroy-Gissinger, Adida-Canac et Grignon Dumoulin; *D.* 2009. 2169 – Civ. 2e, 15 nov. 2007, n° 04-11.163, NP – Civ. 2e, 12 févr. 2004, n° 02-13.332, *Bull. civ.* II, n° 57; *D.* 2004. 1203, obs. Julien; *BICC* n° 684 – Com. 29 mai 2001, n° 98-17.469, *Bull. civ.* IV, n° 107 – Civ. 2e, 3 mai 2001, n° 99-18.326, *Bull. civ.* II, n° 85; *D.* 2001. 1797, obs. Lienhard – Civ. 2e, 7 mars 2002, n° 99-12.167, *Bull. civ.* II, n° 30; *D.* 2002. 2644, obs. Fricero; *Gaz. Pal.* Pan. 322.
5. Civ. 2e, 7 mars 2002, n° 99-12.167, *Bull. civ.* II, n° 30; *D.* 2002. 2644, obs. Fricero; *Procédures* 2002, n° 70; *JCP* 2002. IV. 1666 – Civ. 2e, 30 janv. 2003, n° 00-19.987, *Bull. civ.* II, n° 24; *Procédures* 2003, n°s 85 et 112, obs. Perrot; *D.* 2003. Somm. 1399, obs. Julien.
6. Paris, 6 juin 1980, *Bull. ch. avoués* 1980, n° 76.
7. Amiens, 18 mai 1979, *JCP* 1980. IV. 178.

La demande ne peut prospérer que si son auteur s'est trouvé dans l'impossibilité d'agir, circonstance qui ressort généralement du fait qu'il ignorait la décision[1], ou qui peut ressortir de l'impossibilité dans laquelle il était, connaissant le jugement de le frapper d'appel[2]. Mais, dans la mesure où il s'agit de passer outre à l'expiration du délai, il est normal de réserver la possibilité du relevé de forclusion au défendeur qui n'a pas commis de faute, et qui n'est pas lui-même, même partiellement responsable de la situation dont il se plaint.

Ainsi, celui qui ne retire pas la lettre sans raison, qui ne maintient pas en bon état sa boîte aux lettres, qui cache son adresse, ne peut espérer être relevé de forclusion[3].

En réalité, le praticien rencontre souvent la difficulté de savoir s'il interjette appel immédiatement et sans autorisation, se réservant de soutenir la nullité d'une signification qui n'a pu faire courir le délai, ou s'il demande à être relevé de la forclusion pour ne pas prendre des risques exagérés.

Mais les choses sont plus subtiles, car une demande en relevé de forclusion ne peut être faite si la notification est nulle, puisqu'elle n'a pas fait courir le délai[4]. On serait dès lors tenté de croire que, ayant choisi la voie du relevé de forclusion, le plaideur a par là même reconnu la validité de la signification, voire que le premier président déclarant sa demande recevable mais peut-être non fondée a tranché sur la validité de la signification[5]. La jurisprudence dominante est plus bienveillante et considère que le premier président, sauf nullité évidente de la signification, n'a pas à apprécier la validité de celle-ci pour statuer sur le relevé[6]. Dès lors, elle conclut logiquement que le rejet de la demande en relevé de forclusion ne prive pas le défendeur de la possibilité d'interjeter appel et de soutenir la nullité de la signification[7]. La Cour de cassation a tout de même rappelé que la procédure de relevé de forclusion est inapplicable en cas de contestation de la régularité de la signification[8].

1. Versailles, 2 mars 1976, *D.* 1978. IR 365, obs. Julien – Paris, 20 mai 1994, *Bull. ch. avoués* 1994. 3. 113 – Paris, 18 déc. 1992, *Bull. ch. avoués* 1993. 1. 34.
2. Paris, 20 janv. 1975, *Gaz. Pal.* 1975. 675 – Paris, 18 déc. 1992, *Bull. ch. avoués* 1992. 3. 101.
3. À titre d'exemple, Paris, 7 juin 1993, *Bull. ch. avoués* 1993. 4. 150 – Versailles, 18 mai 1978, *Gaz. Pal.* 1979. Somm. 255 – Paris, 17 juin 1985, *Bull. ch. avoués* 1985. 123 – Nancy, 12 sept. 1973, *D.* 1973. Somm. 173.
4. Aix-en-Provence, 27 juill. 1977, *Gaz. Pal.* 1977. 619, note Lachaud – Paris, 18 nov. 1985, *Bull. ch. avoués* 1986. 80.
5. Paris, 5 août 1988, *Bull. ch. avoués* 1988. 3. 119.
6. Paris, 28 nov. 1985, *Bull. ch. avoués* 1986. 80 – Paris, 9 nov. 1993, *Bull. ch. avoués* 1994. 1. 42.
7. Civ. 2e, 20 juin 1984, no 82-16.379, *Bull. civ.* II, no 110; *RTD civ.* 1985. 217, obs. Perrot.
8. Civ. 2e, 20 janv. 2011, no 09-72.180, *Bull. civ.* II, no 18; *D.* 2011. 386.

Enfin, il s'agit d'une demande en relevé de forclusion qui, en toute logique, suppose qu'elle soit présentée avant que l'appel soit interjeté, faute de perdre tout intérêt. Mais il n'est pas sûr qu'un appel déjà interjeté prive par principe l'appelant de la possibilité de demander un relevé de forclusion. Il est clair que très souvent s'il a interjeté appel et se heurte à une argumentation adverse d'irrecevabilité, il ne sera plus dans un délai raisonnable pour saisir le premier président. Mais il peut éventuellement avoir sciemment voulu faire les deux dans le même laps de temps, ne serait-ce que pour donner l'effet suspensif à l'appel que ne confère pas la seule saisine du premier président aux fins de relevé.

La Cour de cassation a eu l'occasion de rappeler que dans ce cas, il devait réitérer son appel, sauf à perdre le bénéfice de l'autorisation[9].

Le décret no 2005-1678 du 28 décembre 2005 a modifié les conditions de délai d'une telle action en relevé de forclusion, dans un sens qui nous semble plus respectueux des droits du justiciable. Désormais, la demande est recevable jusqu'à l'expiration d'un délai de deux mois suivant le premier acte signifié à personne ou, à défaut, suivant la première mesure d'exécution ayant pour effet de rendre indisponibles en tout ou partie les biens du débiteur.

542.296 Particularismes : nécessité d'une signification dans les six mois ou dans les deux ans. Le législateur a adopté des dispositions particulières pour éviter que les procès ne s'éternisent, et que les voies de recours puissent s'exercer longtemps après la décision, au seul motif que celle-ci n'a pas été notifiée.

En application de l'article 478 C. pr. civ., le jugement réputé contradictoire au seul motif qu'il est susceptible d'appel, doit être signifié dans les six mois de sa date. À défaut, il est non avenu. Il faut toutefois aborder l'hypothèse où un appel a été interjeté avant l'expiration du délai de six mois. Si l'appel provient du défaillant, il est recevable, car il ne peut lui être opposé le caractère non avenu de la décision et il ne peut de même alléguer le caractère non avenu de celle-ci, l'appel valant renonciation à se prévaloir du moyen. Si l'appel provient d'un comparant, il faut malgré tout que le jugement soit signifié dans les six mois, sauf à ce qu'il soit non avenu[10], le moyen pouvant alors être soulevé devant la cour par le

9. Cass., ass. plén., 20 nov. 1981, no 80-10.549, *Bull. ass. plén.*, no 6; *D.* 1982. 121, concl. Cabannes et note Boyer; *JCP* 1992. II. 19731, note Giverdon; *RTD civ.* 1982. 213, obs. Perrot.
10. Civ. 2e, 26 oct. 2006, no 05-11.824, NP; *Procédures* 2007, no 5, notes Perrot – Com. 3 avr. 2001, no 98-14.191, *Bull. civ.* IV, no 71; *RTD civ.* 2001. 882, obs. Mestre et Fages; *RTD com.* 2001. 771, obs. Vallens – Civ. 2e, 27 mars 1996, no 94-14.578, *Bull. civ.* II, no 76; *RTD civ.* 1996. 707, obs. Perrot; *JCP* 1996. II. 22708, note du Rusquec.

défaillant de première instance. Rappelons que le caractère non avenu de la décision s'applique à chaque partie non représentée, peu important que la décision ait été signifiée à l'une d'elles[1] même dans l'hypothèse où il s'agit de coobligés solidaires. En cas de pluralités de défendeurs, seuls ceux qui n'ont pas été cités à personne en première instance, et qui n'ont pas comparu, peuvent se prévaloir du défaut de signification[2].

Ainsi, le délai d'appel ne peut être retardé au-delà d'une limite raisonnable, puisque nécessairement il commencera à courir au plus tard six mois après la décision.

Dans le même esprit, l'article 528-1 C. pr. civ. rappelle que la partie qui a comparu[3] ne peut pas interjeter appel après l'écoulement d'un délai de deux ans à dater de la décision qui tranche tout le principal ou qui met fin à l'instance en statuant sur exception de procédure, une fin de non-recevoir ou autre incident. L'inobservation de ce délai constitue une fin de non-recevoir qui doit être soulevée d'office[4]. Si un appel irrégulier a été interjeté dans le délai de deux ans, sa régularisation doit intervenir dans ce délai[5]. Un tel délai, justifié par des impératifs de sécurité juridique et de bonne administration de la justice n'est pas incompatible avec les dispositions de l'article 6 § 1 de la Convention européenne de sauvegarde des droits de l'homme et des libertés fondamentales[6]. Ce délai de deux ans s'apprécie au regard du jugement principal, même si celui-ci a fait l'objet d'une rectification. Dans une espèce où une partie avait interjeté appel quelques semaines après le jugement rectificatif mais plus de deux ans après le jugement rectifié, alors même que ce dernier était intervenu dans les deux ans du premier, la Cour de cassation a jugé qu'un tel appel était irrecevable en application de l'article 528-1 C. pr. civ.[7].

Ainsi, même en l'absence de signification, le délai de deux ans, qui pourrait alors être considéré comme un délai subsidiaire, s'impose à la partie qui a comparu, et celle-ci est alors irrecevable dans son appel[8]; encore faut-il que la cour précise qu'il a été tranché sur le principal ou mis fin à l'instance[9]. Au surplus, la Cour de cassation a jugé que le délai de deux ans court de la décision, peu important la date à laquelle la partie en a eu connaissance[10]. Mais, ce délai peut encore être augmenté, si la signification du jugement intervient à la veille de l'expiration du vingt-quatrième mois, car alors il donnera au signifié le délai d'appel propre au litige, ce qui peut dans certains cas, conduire à un délai de vingt-cinq mois, voire vingt-six ou vingt-sept en cas de délai de distance.

Mais la signification du jugement postérieurement, à l'expiration du délai de deux ans, ne fait pas courir un nouveau délai d'appel[11]. Il faut insister sur le fait qu'en application de l'article 503 C. pr. civ., un jugement ne peut être exécuté qu'après avoir été notifié. Mais en l'espèce, la signification ne doit pas indiquer un délai d'appel qui n'existe plus.

Par contre, la Cour de cassation admet l'appel interjeté plus de deux ans après le jugement contradictoire, dans l'hypothèse où celui-ci a été notifié et où cette notification est irrégulière[12]. Elle admet également le pourvoi formé plus de deux ans après la décision, dès lors qu'un appel, ultérieurement déclaré irrecevable à raison du caractère de dernier ressort du jugement, avait été interjeté[13].

542.297 Appel – Interruption du délai. Cette situation peut encore se compliquer à raison de la survenance d'événements susceptibles d'interrompre le délai d'appel. En application des articles 531 et 532 C. pr. civ., le délai est interrompu en cas de changement dans la capacité ou de décès de la partie à laquelle le jugement a été notifié.

En cas de changement de capacité d'une partie à laquelle la décision a été notifiée, le délai est interrompu et il ne courra à nouveau que par l'effet d'une nouvelle notification régulièrement effectuée à la partie qui a désormais qualité pour le recevoir. Le délai, après interruption, sera égal au délai normal d'appel, sans donc qu'il soit tenu compte du temps déjà coulé avant le changement de capacité. En cas de décès en cours de délai de la partie à laquelle la décision a été notifiée, une nouvelle notification doit

1. Civ. 2e, 29 janv. 1997, nº 95-10.046, *Bull. civ.* II, nº 30; *RTD civ.* 1997. 511, obs. Perrot; *JCP* 1997. II. 22789.
2. Civ. 2e, 22 mars 2007, nº 06-12.306, NP; *Procédures* 2007, nº 130 – Civ. 2e, 9 nov. 2006, nº 05-18.675, NP.
3. Sur le problème de la COMPARUTION DU CESSIONNAIRE D'ACTIF, v. Civ. 2e, 7 janv. 2010, nº 08-18.619, *Bull. civ.* II, nº 1; *D.* 2010. 205; *Rev. sociétés* 2010. 440, note V. Thomas.
4. Civ. 2e, 19 mai 1998, nº 96-11.935, *Bull. civ.* II, nº 156; *D.* 1998. 147.
5. Civ. 2e, 28 juin 2006, nº 05-14.132, *Bull. civ.* II, nº 172; *D.* 2006. IR 1985; *JCP* 2006. IV. 2618.
6. Civ. 2e, 30 janv. 2003, nº 99-19.488, *Bull. civ.* II, nº 23; *D.* 2003. 2722, note Ben Merzouk.
7. Civ. 2e, 22 mars 2006, nº 04-12.767, Paoli, *Bull. civ.* II, nº 83; *D.* 2006. 1184.
8. Civ. 2e, 11 mars 1998, nº 96-12.749, *Bull. civ.* II, nº 81; *RTD civ.* 1998. 475, obs. Perrot, *idem* pour le pourvoi contre un arrêt.
9. Civ. 3e, 22 mars 2000, nº 98-19.728, NP.
10. Civ. 2e, 11 mars 1998, nº 96-12.749, *Bull. civ.* II, nº 81; *D.* 1998. IR 97; *RTD civ.* 1998. 475, obs. Perrot.
11. Civ. 2e, 14 oct. 1999, nº 97-22.207, NP; *Procédures* 1999, nº 265.
12. Civ. 2e, 14 sept. 2006, nº 05-15.904, NP – Civ. 2e, 16 mai 2002, nº 01-02.300, *Bull. civ.* II, nº 100; *D.* 2002. 2647, obs. Julien – Civ. 2e, 9 nov. 2000, nº 99-10.823, NP – Civ. 2e, 2 mars 2000, nº 98-13.648, *Bull. civ.* II, nº 38; *RTD civ.* 2000. 404, obs. Perrot; *DP* 2000. IR 87 – Soc. 10 nov. 1998, nº 96-42.749, *Bull. civ.* V, nº 487 – Soc. 13 juill. 1999, nº 97-42.323, *Bull. civ.* V, nº 352.
13. Civ. 2e, 10 mars 2004, nº 02-14.855, *Bull. civ.* II, nº 112.

intervenir, pour que le délai d'appel coure à nouveau. Cette notification peut être faite de plusieurs façons :

– Le signifiant connaît les noms et adresse du ou des héritiers, et il leur notifie à nouveau la décision à leur domicile.

– Il ne les connaît pas et peut alors faire une nouvelle signification au domicile du défunt, ladite notification pouvant d'ailleurs être faite collectivement aux héritiers et représentants sans indications de noms et qualités.

Le texte est toutefois imprécis en ce sens qu'il n'exclut pas la possibilité de faire une signification collective à l'ancienne adresse du *de cujus*, alors que le signifiant connaissait l'adresse personnelle de l'héritier. Il reste que, en cas de fraude, rien ne semble interdire alors de soulever l'irrecevabilité de l'acte notamment au regard des articles 654 et suivants C. pr. civ.

B. Renonciation à l'appel

542.301 Distinction renonciation unilatérale et renonciation conventionnelle. Les articles 556 à 558 C. pr. civ. réglementent la renonciation à l'appel. Il est possible que les parties conviennent d'une renonciation conventionnelle. Celle-ci peut avoir lieu avant le prononcé du jugement. Une telle convention est soumise à l'article 41 alinéa 2 C. pr. civ. : le litige né, les parties peuvent convenir, par un accord exprès, à la renonciation de l'appel et prévoir que le litige sera jugé en premier et dernier ressort. Cet accord ne peut porter que sur les droits dont les parties ont la libre disposition et le texte renvoie aux conditions requises pour compromettre, soit l'article 2060 du Code civil. Pour la renonciation unilatérale, la partie qui a succombé peut y renoncer, mais cela n'est possible qu'une fois le jugement prononcé.

542.302 Capacité à renoncer à l'appel. L'article 556 C. pr. civ. rappelle un principe qui en pratique n'engendre pas de grandes difficultés : les parties ne peuvent renoncer que si elles ont capacité de compromettre et que s'il s'agit de droits dont elles ont la libre disposition. Il est clair que, s'agissant de l'expression d'une volonté, les exigences du consensualisme emportent la nécessité d'une capacité, comme pour le désistement, si le sujet n'est pas capable, l'annulation peut être prononcée[1].

542.303 Moment de la renonciation. L'article 557 C. pr. civ. interdit toute renonciation à l'appel antérieure au litige, ce qui *a contrario* permet une renonciation pour un litige déjà né[2]. Il n'en reste pas moins que le juge reste souverain pour apprécier la volonté des parties à cette renonciation[3].

542.304 Formes de la renonciation. À condition que la volonté soit établie, la renonciation peut s'exprimer très librement, et prend en pratique de multiples formes. S'il s'agit d'une renonciation avant le jugement, mais évidemment après la naissance du litige, il faut qu'elle fasse l'objet d'un accord exprès (en application de C. pr. civ., art. 41, al. 2), excluant tout doute sur la volonté des parties[4]. La renonciation postérieure à la décision, de loin la plus fréquente en pratique, s'opère essentiellement de trois façons :

– La renonciation expresse ou l'acceptation expresse de la décision, qui ne présente pas de difficultés, sauf à s'assurer de la volonté des parties.

– Le désistement d'appel qui peut être express ou tacite, et qui est réglementé par les articles 400 à 403 C. pr. civ.

– L'acceptation tacite, résultant d'un comportement non équivoque.

542.305 Sort de la renonciation en cas d'appel par une autre partie. En application de l'article 558 C. pr. civ., la renonciation à l'appel ne vaut pas si postérieurement une autre partie interjette régulièrement appel. Le désistement d'appel, étant lui-même une renonciation, est également non avenu, en application de l'article 403 C. pr. civ., si une autre partie interjette appel régulièrement, même s'il s'agit d'un appel incident provoqué[5].

Il doit être signifié à toutes les parties[6].

542.306 Désistement et nécessité d'une acceptation. Le désistement d'instance, réglementé par les articles 394 et suivants C. pr. civ. et le désistement d'appel ou d'opposition visé par les articles 400 et suivants C. pr. civ. exigent le consentement de leur auteur.

Ainsi le liquidateur ne peut se désister de l'appel formé antérieurement par le liquidé alors *in bonis*, sans le consentement de celui-ci à l'exercice de son droit propre[7]. Le désistement d'instance n'emporte pas renonciation à l'action et peut être refusé, alors que le désistement de la voie de recours entérine la décision rendue.

Mais le désistement, qui peut être tacite, doit se déduire d'une volonté évidente de ne pas poursuivre le procès[8].

1. Civ. 1re, 13 mars 1979, n° 77-13.678, *Bull. civ.* I, n° 88.
2. Civ. 1re, 27 mai 1986, n° 84-14.154, *Bull. civ.* I, n° 144; *D.* 1987. 209, note Gautier.
3. Civ. 2e, 15 juin 1988, n° 86-17.583, *Bull. civ.* II, n° 145; *D.* 1988. IR 185.
4. Civ. 1re, 6 nov. 1973, n° 71-12.641, *Bull. civ.* I, n° 293.
5. Paris, 17 févr. 1982, *Bull. ch. avoués* n° 84, p. 120 – Civ. 2e, 6 févr. 1985, n° 82-17.004, *Bull. civ.* II, n° 28; *Gaz. Pal.* 1985. Pan. 242, obs. Guinchard et Moussa.
6. Angers, 16 mai 1984, *Bull. ch. avoués* 1985. 81.
7. Com. 1er oct. 2002, n° 99-21.143, *Bull. civ.* IV, n° 133.
8. Civ. 2e, 6 nov. 1974, n° 73-12.030, *Bull. civ.* II, n° 280.

Ainsi, la saisine d'une autre juridiction aux mêmes fins, même si elle peut conduire à une situation de litispendance, n'implique pas nécessairement la volonté de se désister de l'instance initiale[1].

Le désistement n'a pas besoin d'être accepté en l'absence de réserves ou d'appel incident, en application de l'article 401 C. pr. civ., étant alors précisé que dans ce cas, il produit son effet sans qu'il soit nécessaire de le notifier à la partie à l'égard de laquelle il est fait[2]. Cette règle pose quelques difficultés en pratique que la jurisprudence a eu l'occasion de traiter. Il arrive parfois que les conclusions de désistement et celles d'appel incident soient notifiées le même jour, et il n'est point possible de connaître l'antériorité de l'une ou de l'autre, les notifications ne comportant pas d'indication d'heure.

La Cour de cassation, pour trancher la difficulté, a en fait posé une présomption d'antériorité des conclusions de désistement, en indiquant dans plusieurs arrêts, que les conclusions d'appel incident ne bénéficiant pas d'une présomption d'antériorité, il était nécessaire de l'établir. En l'absence de preuve particulière, les conclusions de désistement sont donc réputées antérieures et le désistement est parfait, sans qu'il soit besoin d'une acceptation adverse[3]. Toutefois, la signification par le Réseau privé virtuel des avocats (RPVA), pour les procédures avec représentation obligatoire, permettant désormais de déterminer l'heure de la transmission, devrait résoudre cette difficulté.

Par ailleurs, il arrive fréquemment que des conclusions banales aient été déposées, sollicitant simplement, outre la condamnation aux dépens, des indemnités au titre de l'article 700 C. pr. civ. Dans cette hypothèse, le désistement est parfait sans qu'il soit besoin d'une acceptation, circonstance qui n'empêche pas la cour de statuer alors sur la demande en paiement d'un article 700[4]. Par contre, des conclusions sollicitant des dommages-intérêts pour appel abusif sont suffisantes pour que le désistement ne puisse être parfait sans acceptation.

Dans une espèce où la cour avait, sur le refus de l'intimé d'accepter le désistement, jugé que l'appel était irrecevable et condamné l'appelant à des dommages-intérêts, la Cour de cassation a rejeté le pourvoi en indiquant « *la cour d'appel énonce à bon droit que le désistement de M. X... avait besoin d'être accepté dès lors que Mme Y... avait formé antérieurement une demande incidente en paiement de dommages-intérêts* »[5]. Ainsi, il est clair que des conclusions incidentes en paiement d'un simple article 700 n'empêchent pas le désistement unilatéral de l'appelant, tandis qu'une demande incidente en dommages-intérêts le peut. Mais si l'intimé, tout en acceptant le désistement, souhaite des dommages-intérêts, il doit impérativement reprendre sa demande dans ses conclusions d'acceptation. À défaut, il est censé y renoncer[6].

Enfin, il arrive que dans de simples conclusions de confirmation, voire dans la constitution, l'intimé ait indiqué, par une clause de style, faire appel incident ou se réserver toute demande additionnelle, sans autre précision.

Ces actes ne sont pas de nature à faire échec au désistement de l'appelant, car ils ne sont pas considérés comme constitutifs de véritables appels incidents[7].

Il est nécessaire, dans la mesure où l'intéressé a déjà conclu utilement, qu'il acquiesce au désistement, étant souligné que le silence est constitutif d'une non-acceptation[8], et il appartient au juge de s'expliquer sur la volonté des parties, étant précisé que cette acceptation doit être sans équivoque et postérieure au désistement, ce qui implique qu'elle ne peut se déduire des conclusions préalables à sa notification. La Cour de cassation abandonne aux juges du fond l'appréciation souveraine du motif légitime d'opposition au désistement[9].

542.307 Désistement – Effets. Le désistement d'appel entraîne l'extinction de l'instance de telle sorte que tout appel incident postérieur est irrecevable[10] et que la cour, dessaisie ne peut statuer au fond[11]. Toutefois le désistement emporte soumission de payer les frais de l'instance, et permet donc à l'intimé de présenter après le désistement, pourtant parfait, une demande au titre de l'article 700 C. pr. civ.[12], mais pas au titre de dommages-intérêts.

Le désistement d'appel, lorsqu'il n'a pas besoin d'être accepté, produit son effet sans qu'il soit nécessaire de le notifier à la partie à l'égard de laquelle il est fait[13].

Ici peut surgir en matière prud'homale, voire devant certaines juridictions, une difficulté particulière due au caractère oral de la procédure. Après

1. Civ. 2e, 7 janv. 1999, n° 95-19.110, Simon, NP.
2. Civ. 2e, 10 juill. 2008, n° 07-17.042, *Bull. civ.* II, n° 174; *Procédures* 2008, n° 10, note Perrot.
3. Civ. 2e, 3 oct. 1984, n° 82-17.067, *Bull. civ.* II, n° 139; *JCP* 1984. IV. 336 – Paris, 19 mars 1982, *D.* 1982. IR 416.
4. Civ. 3e, 21 juin 1995, n° 93-14.611, NP – Civ. 2e, 17 mai 1993, n° 91-18.028, *Bull. civ.* II, n° 172 – Civ. 2e, 10 déc. 1986, n° 85-16.359, *Bull. civ.* II, n° 179; *JCP* 1987. IV. 60 – Aix-en-Provence, 11 sept. 1985, *Gaz. Pal.* 1987. 1. Somm. 107 – Paris, 10 juin 1985, *Bull. ch. avoués* 1985. 81.
5. Civ. 2e, 5 avr. 1991, n° 89-20.876, *Bull. civ.* II, n° 104.
6. Civ. 2e, 5 nov. 1986, n° 85-16.305, *Bull. civ.* II, n° 157.
7. Civ. 2e, 10 mars 1982, n° 80-16.838, *Bull. civ.* II, n° 37; *Gaz. Pal.* 1982. 406, note Viatte; *RTD civ.* 1983. 197, obs. Perrot.
8. Civ. 2e, 3 juill. 2008, n° 07-16.130, *Bull. civ.* II, n° 163; *D.* 2008. 2373, obs. Sommer et Nicoletis; *RTD civ.* 2008. 548, obs. Perrot; *JCP* 2008. IV. 2415.
9. Civ. 2e, 3 juill. 2008, n° 07-16.130, préc. s^{s} prés^{t} n°.
10. Soc. 14 juin 1989, n° 86-43.092, *Bull. civ.* V, n° 440.
11. Soc. 16 juill. 1987, n° 84-45.944, *Bull. civ.* V, n° 517.
12. Civ. 2e, 10 janv. 2008, n° 06-21.938, *Bull. civ.* II, n° 7; *D.* 2008. 2373, obs. Sommer et Nicoletis – Soc. 6 mars 2007, n° 03-48.248, NP.
13. Civ. 2e, 10 juill. 2008, n° 07-17.042, *Bull. civ.* II, n° 174 *D.* 2008. AJ 2230.

avoir fait primer le désistement à la barre sur des conclusions d'appel incident déposées antérieurement, la Cour de cassation a modifié sa position en jugeant que l'appel incident pouvait être formé par envoi ou dépôt au greffe avant l'audience[1]. De même le désistement peut-il être fait par écrit adressé au greffe antérieurement à l'audience[2]. Néanmoins, en cas de dépôt concomitant d'un désistement et d'un appel incident, c'est le désistement qui prime, encore que par un arrêt de la chambre mixte, a été jugé qu'en application du principe de l'égalité des armes et de l'exigence d'un procès équitable, il devait être statué sur la demande incidente soutenue à l'audience, même si l'appelant avait précédemment formulé par écrit son désistement d'appel[3]. Mais, lorsque deux parties forment appel principal, le désistement de l'une, fût-il accepté par l'autre, laisse subsister le second[4]. Le désistement emporte acquiescement au jugement[5]. Cet acquiescement emporte soumission aux chefs du jugement et renonciation aux voies de recours, sauf si postérieurement une autre partie forme un recours[6]. Il suppose de même, à moins qu'il ne soit conditionnel, circonstance qui exige alors un accord adverse, que l'appelant prenne en charge les frais.

Il a même été jugé que, sauf accord des parties, le juge ne peut, en cas de désistement, condamner le défendeur à supporter les dépens[7].

Le désistement peut n'être que partiel de telle sorte que la cour doit statuer sur les points restés en litige (ex., un désistement hormis sur l'article 700[8]).

Le désistement emporte également acquiescement au jugement et fait perdre immédiatement à l'appel son effet suspensif, peu important que l'arrêt le constatant soit rendu ultérieurement[9].

Mais le désistement de l'appel formé prématurément contre un jugement statuant sur une fin de non-recevoir ou une mesure d'instruction n'implique pas renonciation à interjeter appel de ce jugement ultérieurement avec le jugement sur le fond[10].

1. Soc. 5 juill. 2005, n° 02-47.233, *Bull. civ.* V, n° 233; *D.* 2006. 29.
2. Civ. 2e, 12 oct. 2006, n° 05-19.096, *Bull. civ.* II, n° 266; *D.* 2007. 896, obs. Vigneau; *Procédures* 2007, n° 12, note Gentili.
3. Cass., ch. mixte, 13 mars 2009, n° 07-17.670, *Bull. ch. mixte*, n° 1; *D.* 2009. 2704, obs. Blanchard; *D.* 2009. 880; *D.* 2010. 169, obs. Fricero; *RTD civ.* 2009. 369, obs. Perrot – Soc. 26 sept. 2002, n° 00-42.612, NP.
4. Civ. 1re, 25 mars 1997, n° 95-10.649, *Bull. civ.* I, n° 101; *JCP* 1997.
5. Civ. 2e, 21 juill. 1986, n° 85-13.126, *Bull. civ.* II, n° 117.
6. V. Civ. 2e, 31 janv. 2002, n° 98-23.336, NP.
7. Soc. 27 mai 1983, n° 81-40.785, *Bull. civ.* V, n° 289.
8. Civ. 2e, 22 mars 2006, n° 04-17.215, *Bull. civ.* II, n° 85.
9. Civ. 2e, 8 juill. 2004, n° 02-15.921, *Bull. civ.* II, n° 354; *RTD civ.* 2004. 777, obs. Perrot.
10. Civ. 2e, 12 juin 2008, n° 07-12.976, *Bull. civ.* II, n° 136.

542.308 Acceptation tacite. La renonciation à l'appel, née d'une acceptation tacite de la décision est évidemment source de difficultés, car si elle est possible au regard des articles 408 et suivants C. pr. civ., le juge doit s'assurer qu'elle n'est pas équivoque et reflète la volonté du plaideur[11].

L'acceptation, pour tacite qu'elle soit, doit être certaine et démontrer que le plaideur a accepté la décision et n'entend plus poursuivre en cause d'appel[12]. L'acceptation déduite de l'exécution peut éventuellement ne concerner qu'une partie de la décision, si elle concerne un chef de jugement totalement distinct des autres[13]. La preuve d'un désistement tacite peut se rapporter par tout moyen[14]. Elle doit être rapportée, car le désistement ne se présume pas[15]. Il ne se déduit pas davantage de la carence d'une partie, qui s'abstient d'accomplir dans les délais impartis les actes de procédure[16].

L'acceptation ne se déduit pas, sauf circonstances exceptionnelles, de l'exécution d'une décision exécutoire de droit[17] (ainsi le paiement d'une provision allouée par le juge du fond ne vaut pas acquiescement dès lors qu'une telle condamnation est exécutoire de plein droit[18]). L'acquiescement ne peut résulter du seul départ volontaire de la personne expulsée par ordonnance de référé avant l'expiration du délai de deux mois prévu par l'article L. 412-1 C. pr. exéc.(anct L. n° 91-650, 9 juill. 1991, art. 62[19]). L'exécution de la décision ou d'une partie de la décision, alors même qu'elle n'est pas exécutoire de droit, ou qu'elle n'est pas revêtue de l'exécution provisoire, a souvent été regardée comme la marque d'une acceptation de la décision et d'une renonciation subséquente à l'appel. Ceci reste le principe[20]. Il faut rappeler, au préalable, que l'exécution, pour être porteuse de conséquences dans le domaine de l'acceptation doit être spontanée.

Ce principe est rappelé dans un arrêt intéressant de la Cour de cassation approuvant le juge du fond

11. Soc. 9 oct. 1980, n° 79-40.569, *Bull. civ.* V, n° 721 – Soc. 20 janv. 1982, n° 79-42.348, *Bull. civ.* V, n° 32 – Civ. 2e, 9 mars 1994, n° 92-19.583, *Bull. civ.* II, n° 86; *JCP* 1994. II. 2421.
12. Paris, 12 mai 1995, *Bull. ch. avoués* n° 134, p. 52.
13. Civ. 2e, 20 déc. 1971, n° 70-13.255, *Bull. civ.* II, n° 349; *JCP* 1972. IV. 33 – Civ. 2e, 10 déc. 1981, n° 80-15.613, *Bull. civ.* II, n° 215; *D.* 1983. IR 78, obs. Groslière.
14. Civ. 2e, 6 nov. 1974, n° 73-12.030, *Bull. civ.* II, p. 232 – V. dans procédure orale *Gaz. Pal.* 19-21 mars 1995. Somm. 38, note Croze.
15. Civ. 2e, 12 juin 1985, n° 84-10.853, *Bull. civ.* II, n° 115; *JCP* 1985. IV. 293; *Gaz. Pal.* 1985. Pan. 291, obs. Croze et Morel.
16. Civ. 2e, 12 juin 1985, n° 84-10.853, *Bull. civ.* II, n° 115.
17. Civ. 2e, 6 mai 1987, n° 86-10.384, *Bull. civ.* II, n° 93; *D.* 1987. 435, note Groutel – Civ. 3e, 10 oct. 1995, n° 94-12.144, NP; *Gaz. Pal.* 18-19 oct. 1996.
18. Civ. 2e, 18 nov. 1999, n° 97-12.709, *Bull. civ.* II, n° 170; *D.* 2001. 3299, chron. Hoonakker; *Gaz. Pal.* 2000. Somm. 17.
19. L. n° 91-650, 9 juill. 1991, portant réforme des procédures civiles d'exécution, *JO* 14 juill., p. 9228 – Civ. 2e, 12 févr. 2004, n° 02-12.392, *Bull. civ.* II, n° 51; *BICC* n° 632.
20. Civ. 2e, 7 oct. 1992, n° 91-11.440, *Bull. civ.* II, n° 226, p. 113 – Civ. 2e, 17 juin 1998, n° 96-15.211, *Bull. civ.* II, n° 191; *BICC* n° 1175.

d'avoir, alors même que le jugement était exécuté, relevé que l'exécution n'avait pas été spontanée, mais étant la conséquence d'une menace du créancier de supprimer les facilités de paiement accordées[1].

En réalité, l'évolution marquante de la jurisprudence de la Cour de cassation, doit conduire à envisager diverses hypothèses. En premier lieu, l'exercice même de la voie de recours devrait être regardé comme une manifestation expresse, suffisante pour exclure ultérieurement une acceptation ou un désistement tacite. Certains ont pu croire que l'appel étant interjeté, il n'est plus d'acceptation tacite, de telle sorte que seul un désistement officiel mettra fin à l'exercice de la voie de recours.

La Cour de cassation, conservant sur ce point une ligne encore sévère, a rappelé dans un attendu significatif « *que l'exécution sans réserves d'un jugement non exécutoire vaut acquiescement sans qu'il y ait lieu de rechercher si la partie qui a exécuté le jugement,* ***fût-ce après avoir interjeté appel,*** *avait ou non l'intention d'y acquiescer* »[2]. Il est ainsi constant que l'exécution d'un jugement non exécutoire, **même après** avoir interjeté appel, vaut acquiescement et emporte désistement tacite. Ce rappel est inattendu par sa sévérité, car dans le même temps, la Cour de cassation, confrontée à des circonstances où le plaideur en exécutant n'a pas eu conscience de renoncer à son droit d'appel, a adopté une position plus indulgente, et peut être plus proche de la réalité, modifiant ainsi sa jurisprudence antérieure.

Ainsi, la Cour de cassation a jugé que le paiement de l'article 700 C. pr. civ. et des frais ne valait pas acquiescement[3]. Elle a même considéré que la participation à une expertise ou à une mesure d'instruction ne valait pas acceptation tacite de la décision et renonciation à l'appel[4]. Dans la mesure où la Cour de cassation a rappelé que l'exécution sans réserve d'un jugement non exécutoire, exclut toute recherche d'intention sur la volonté réelle d'acquiescer[5], elle cherche à ne pas considérer comme un acte d'exécution, un paiement de frais ou d'article 700 C. pr. civ., voire une participation à une expertise, sachant que ces démarches, parfois motivées par une erreur sur ses droits, voire par une naïveté, voire par un piège adverse, ne reflètent pas une volonté non équivoque (a été cassé un arrêt ayant considéré, sans relever d'acte précis démontrant l'intention d'acquiescer, qu'une partie avait tacitement renoncé à la voie de recours en participant sous le contrôle du notaire désigné aux opérations d'expertises aux fins de liquidation partage[6]).

Le praticien savait, avant même ce revirement, combien souvent le plaideur réglant la totalité d'un compte, qui comprenait les dépens, n'avait pas su faire la distinction entre ce qui était exécutoire et ce qui ne l'était pas, et n'avait nullement par ce paiement voulu manifester sa volonté d'acquiescer.

Mais la Cour de cassation semble avoir modifié sa position dès lors que, dans ses derniers arrêts, elle exige que l'acquiescement tacite soit certain, c'est-à-dire résulte d'actes ou de faits démontrant avec évidence et sans équivoque l'intention de la partie à laquelle on l'oppose[7]. Cette recherche nécessaire et probablement souveraine[8] par le juge de la volonté d'acquiescer ne devrait plus se suffire de la simple constatation de l'exécution. Ainsi, dans l'arrêt du 17 octobre 2002, le mari, qui s'était pourtant remarié et avait payé la pension pendant des années, prétendait n'avoir pas acquiescé à la disposition du jugement relative à la prestation compensatoire. La Cour de cassation censure la cour d'appel, ayant déclaré l'appel irrecevable sans avoir expliqué en quoi l'attitude du mari établissait de façon non équivoque son acceptation de la décision.

Il ne faut dès lors pas s'attacher à la seule exécution, mais rechercher si une telle exécution établit sans équivoque un acquiescement, et tel n'est pas le cas d'un paiement effectué au regard d'un jugement rendu en dernier ressort alors que le jugement a été mal qualifié et était susceptible d'un appel suspensif[9], ou d'un paiement effectué sous l'effet de la peur et en se méprenant sur le caractère exécutoire[10].

Cependant, malgré ces décisions, la sévérité de la jurisprudence doit être considérée comme constituant le principe dont le praticien doit bien être conscient. La Cour de cassation a repris récemment l'attendu précité selon lequel « *l'exécution d'une décision non exécutoire vaut acquiescement sans qu'il y ait lieu de rechercher si la partie qui a exécuté le jugement*

1. Civ. 1re, 3 janv. 1996, no 92-22.027, Cofica, NP; *Procédures* 1996, no 139.
2. Civ. 1re, 27 févr. 1996, no 94-11.328, NP.
3. Civ. 2e, 23 nov. 1994, no 92-18.354, *Bull. civ.* II, no 235; *RTD civ.* 1995. 187, obs. Perrot – Civ. 2e, 4 janv. 1996, no 93-19.416, *Bull. civ.* II, no 1; *D.* 1997. 86, note Puigelier; *D.* 1996. 358, obs. Julien; *Rev. huiss.* 1996. 482 – Civ. 2e, 15 nov. 1995, no 93-21.577, *Bull. civ.* II, no 274; *D.* 1996. 131, obs. Julien; *Gaz. Pal.* 1996. Pan. 177 – Civ. 2e, 28 mars 1996, no 94-19.234, NP; *Rev. huiss.* 1996. 738 – Civ. 2e, 20 juin 1996, no 94-15.370, *Bull. civ.* II, no 163; *BICC* no 1039.
4. Civ. 2e, 22 mai 1995, no 93-11.413, *Bull. civ.* II, no 146; *RTD civ.* 1995. 685, obs. Perrot – Civ. 2e, 5 juin 1996, no 94-15.791, *Bull. civ.* II, no 120; *JCP* 1996. IV. 1673; *BICC* no 1117 – Civ. 2e, 20 juin 1996, no 94-15.370, *Bull. civ.* II, no 163; *JCP* 1996. IV. 1975; *BICC* no 1038 – Civ. 3e, 16 déc. 1998, no 95-21.122, NP – Civ. 3e, 7 mai 2002, no 99-16.153, *Bull. civ.* III, no 91; *RTD civ.* 2002. 563, obs. Perrot.
5. Civ. 2e, 27 juin 1990, no 89-13.364, *Bull. civ.* II, no 147; *RTD civ.* 1991. 164, obs. Perrot – Civ. 2e, 14 déc. 1992, no 91-13.193, *Bull. civ.* II, no 307.
6. Civ. 2e, 14 févr. 2002, no 00-15.625, NP.
7. Civ. 2e, 23 nov. 2006, no 05-11.589, *Bull. civ.* II, no 324 – Civ. 2e, 3 avr. 2003, no 00-17.949, *Bull. civ.* II, no 90 – Civ. 2e, 17 oct. 2002, *Bull. civ.* II, no 223.
8. Civ. 2e, 17 juin 1998, no 96-15.211, *Bull. civ.* II, no 191.
9. Civ. 2e, 10 janv. 2008, no 07-13.370, *Bull. civ.* II, no 1 – Civ. 2e, 8 juill. 2004, no 02-16.916, *Bull. civ.* II, no 346; *RTD civ.* 2004. 776, obs. Perrot.
10. Civ. 2e, 5 avr. 2007, no 06-12.216, NP; *Procédures* 2007, no 125, note Perrot.

avait ou non l'intention d'acquiescer »[1]. Il n'y aurait alors plus à rechercher l'existence d'une volonté mais seulement vérifier que la décision a été exécutée alors qu'elle pouvait ne pas l'être au regard de son caractère non exécutoire.

Il est d'ailleurs possible de rechercher une acceptation de la décision dans le fait pour un créancier de solliciter ou mettre à exécution une décision non exécutoire, mais encore faut-il qu'il ne se soit pas contenté d'encaisser un chèque à lui adressé sans réclamation de sa part[2].

Il convient enfin de rappeler qu'en application de l'article 409 C. pr. civ. l'acquiescement emporte renonciation aux voies de recours sauf, si, postérieurement, une autre partie forme un recours. Mais encore faut-il que cette autre partie ait des intérêts distincts (par ex., une espèce où le père, qui avait acquiescé à une décision d'indemnisation de son préjudice, prétendait pouvoir faire appel, au motif que son fils avait fait appel pour son propre préjudice[3]).

Les effets de l'acceptation tacite d'une décision peuvent également s'étendre à l'appel incident (a ainsi été déclaré irrecevable l'appel incident formé par l'intimé qui a réglé les causes du jugement après avoir pris connaissance de l'appel[4]).

Si très souvent le problème de l'acquiescement se pose du côté du débiteur condamné, rien n'exclut de l'envisager du côté du créancier bénéficiaire de la condamnation. Ainsi, si un créancier met en place des mesures d'exécution d'une décision non exécutoire, il est réputé l'accepter et ne peut plus en interjeter appel, même en invoquant un rejet partiel par le premier juge[5]. Il en est de même s'il présente le compte et encaisse la condamnation prononcée par une décision non exécutoire[6]. Au regard de l'évolution jurisprudentielle constatée dans les arrêts du 17 octobre 2002 et 3 avril 2003, il pouvait sembler nécessaire que le juge recherche également dans cette situation en quoi le fait d'exécuter démontre le consentement à l'acceptation.

Rappelons que l'acquiescement pur et simple à la demande emporte renonciation aux voies de recours contre le jugement rendu conformément à l'acquiescement[7].

1. Civ. 2e, 3 nov. 2011, no 10-10.627, NP.
2. Civ. 2e, 15 déc. 2005, no 04-10.847, *Bull. civ.* II, no 324; *D.* 2006. IR 175; *Procédures* 2006. Comm. 24, obs. Perrot.
3. Civ. 2e, 20 juin 1996, no 93-20.712, *Bull. civ.* II, no 173; *BICC* no 1149; *Procédures* 1996, no 288.
4. Toulouse, 11 avr. 1997, *BICC* no 985.
5. Paris, 16 oct. 2003, *Bull. ch. avoués* nos 165-168, p. 3 – Civ. 2e, 1er déc. 1993, no 92-11.157, *Bull. civ.* II, no 344; *RTD civ.* 1994. 170, obs. Perrot.
6. Civ. 2e, 15 févr. 2007, no 05-22.089, *Bull. civ.* II, no 39; *Procédures* 2008, no 4, note Perrot; *D.* 2007. AJ 726.
7. Civ. 2e, 18 nov. 1999, no 97-12.709, *Bull. civ.* II, no 170; *D.* 2001. 3299, chron. Hoonakker.

§ 2
Abus du droit d'appel

542.311 Abus sanctionné. Ester en justice est un droit fondamental reconnu à toute personne titulaire de la capacité à agir, et l'exercice de ce droit ne peut à lui seul justifier une condamnation à des dommages-intérêts.

Mais tout droit peut être exercé dans des conditions abusives, et donner lieu à condamnation. Le droit est admis mais l'abus est sanctionné[8].

542.312 Procédure abusive ou appel abusif – Distinction. La poursuite de la procédure en appel est la manifestation du droit d'ester en justice. Il peut donc y avoir également au niveau de la procédure d'appel, une utilisation abusive de ce droit. Il s'agit alors d'une procédure abusive qui se distingue ou peut se distinguer de l'appel abusif lui-même[9]. La Cour de cassation approuve une cour d'avoir prononcé condamnation, non pas pour appel abusif, seul un contredit étant à l'origine de sa saisine et de sa décision d'user de son droit d'évocation, mais pour procédure abusive, en présence d'une prétention énorme sans rapport avec le préjudice.

Cette distinction entre appel abusif et procédure abusive est illustrée par deux situations. La première résulte de l'arrêt rendu par la Cour de cassation, qui revenant sur son ancienne jurisprudence, considère qu'il peut y avoir condamnation à dommages-intérêts en appel contre une personne qui était intimée et avait gagné son procès en première instance, s'il est établi qu'elle a conduit abusivement une procédure. N'étant pas appelant, l'intimé qui perd son procès en appel, ne peut pas être condamné pour appel abusif, mais pour procédure abusive[10]. La seconde se déduit d'une jurisprudence au demeurant susceptible de critique, visant à considérer que ne peut donner lieu à dommages-intérêts pour appel abusif, un appel irrecevable, sans exclure évidemment une indemnisation pour procédure abusive[11].

La Cour de cassation rappelle qu'il n'est point possible de condamner une partie à des dommages-inté-

8. Civ. 3e, 7 déc. 1976, no 75-13.461, *Bull. civ.* III, no 442; *D.* 1977. IR 121 – Civ. 2e, 22 nov. 1984, no 83-13.817, *Bull. civ.* II, no 174; *Gaz. Pal.* 1985. 2. Pan. 145, obs. Guinchard et Moussa – Civ. 3e, 19 oct. 1993, no 91-19.995, NP.
9. Civ. 3e, 30 mars 1994, no 92-11.881, NP – Civ. 1re, 8 déc. 1993, no 91-21.210, NP.
10. Civ. 2e, 25 oct. 1995, no 94-10.747, *Bull. civ.* II, no 254; *RTD civ.* 1996. 474, obs. Perrot – Civ. 1re, 7 nov. 1995, no 92-10.053, *Bull. civ.* I, no 388; *D.* 1996. 451, note Piedelièvre; *D.* 1997. 21, obs. Robert; *Gaz. Pal.* 1996. Pan. 21 – *Com.* 5 janv. 1999, no 96-15.478, *Bull. civ.* IV, no 5; *Gaz. Pal.* 1999. Pan. 73.
11. V. *Bull. ch. avoués* 1978. 3. 26; *Bull. ch. avoués* 1979. 1. 29 – CONTRA : Soc. 14 mai 1987, no 83-46.073, *Bull. civ.* V, no 332.

rêts pour procédure abusive, dès lors que la demande de celle-ci est accueillie, ne serait-ce que partiellement[1]. Il est par contre possible de condamner une partie pour procédure abusive alors même que l'adversaire a formé un appel incident sans succès[2].

Notons d'ailleurs une particularité relative au recours dirigé contre une décision de Sécurité sociale, qui permet la condamnation à des dommages-intérêts, sans qu'il soit nécessaire de constater un abus de droit, en application de l'article R. 144-10 du Code de la sécurité sociale[3].

542.313 Domaine de l'appel abusif ou dilatoire. L'article 559 C. pr. civ. dispose ainsi : « *En cas d'appel principal dilatoire ou abusif, l'appelant peut être condamné à une amende civile d'un maximum de trois mille euros, sans préjudice des dommages-intérêts qui lui seraient réclamés* ». Le texte exige l'existence d'un appel principal dilatoire ou abusif, ce qui exclut son application à un intimé, même appelant incident[4].

Certains ont pu soutenir que le recours en annulation d'une sentence arbitrale de l'article 1492 C. pr. civ., se distinguant de l'appel ne permettait pas l'application de l'article 559 C. pr. civ. et la condamnation pour appel abusif.

Par arrêt du 23 février 1994[5], la Cour suprême, rappelant que le recours en annulation est formé, instruit et jugé selon les règles relatives à la procédure en matière contentieuse devant la cour, a retenu au contraire que l'article 559 C. pr. civ. s'appliquait[6].

Le contredit n'étant pas un appel, il ne peut donner lieu à application de l'article 559 C. pr. civ.[7]

De même, la demande aux fins de suspension de l'exécution provisoire, n'est pas un appel et ne permet pas l'application à cette procédure de l'article 559 C. pr. civ.[8]

542.314 Appel abusif définition critères. Dans la mesure où la rédaction actuelle de l'article 559 C. pr. civ. a supprimé l'obligation de motiver l'abus, certains avaient pu penser que le juge était désormais dispensé de toute motivation. La Cour suprême, par de nombreux arrêts, a apporté un démenti formel. Elle exige que le juge précise en quoi l'appel est abusif ou dilatoire[9].

La circonstance selon laquelle l'appel a été autorisé par le premier président, en application des articles 272, 380 ou 540 C. pr. civ., n'exclut nullement que la Cour ne considère l'appel ultérieur comme abusif[10]. Il en est de même du fait que l'appelant a obtenu le bénéfice de l'aide juridictionnelle, et ce même si en principe l'octroi de l'aide doit être refusé en présence d'un appel manifestement dépourvu de toute chance[11]. La Cour de cassation ne donne pas de définition de l'appel abusif ou dilatoire. Elle procède par touches successives, et comme très souvent, ne serait-ce que parce qu'elle ne peut procéder par arrêt de règlement, permet de cerner une notion délicate à partir de multiples décisions.

Il est tout d'abord acquis qu'un appel abusif ou dilatoire n'exige ni la mauvaise foi, ni le dol, même si souvent le juge s'attache à ces critères[12]. Et, évidemment, la seule perte du procès ne consacre pas un abus[13]. Pas davantage, ne peut suffire à caractériser un abus, le faible intérêt du litige[14], ce qui paraît évident, l'exigence relative au taux du ressort paraissant suffisante. L'appel est abusif si son auteur n'a aucun moyen sérieux à faire valoir, et ne peut nourrir un quelconque espoir de succès.

La saisine d'un second juge, alors même qu'une première décision a été rendue, est chose sérieuse, et l'appelant ne peut utiliser un tel recours s'il n'a pas de critique à formuler contre la première décision et s'il se contente d'avancer des moyens de mauvaise foi ou d'alléguer des faits inexacts[15]. Ainsi, est abusif et dilatoire l'appel interjeté lorsque l'appelant ne développe aucun moyen à l'appui de son recours puis s'en désiste[16].

Mais le simple fait de reprendre les mêmes conclusions qu'en première instance et de ne pas critiquer le jugement n'est pas suffisant pour caractériser un abus du droit d'appel, en raison de l'effet dévolutif de l'appel, qui conduit la cour à rejuger en fait et en droit[17], étant d'ailleurs rappelé que la seule erreur sur le fondement juridique d'une

1. Civ. 3e, 27 mai 2008, n° 07-12.906, NP.
2. Civ. 1re, 31 oct. 2007, n° 04-20.502, NP.
3. Soc. 2 juin 1994, n° 91-19.674, NP.
4. Com. 19 janv. 1982, NP; *Gaz. Pal.* 1982. 2. Pan. 205.
5. Civ. 1re, 23 févr. 1994, n° 92-12.309, *Bull. civ.* I, n° 75.
6. V. *Dr. et patr.* nov. 1994, p. 86, obs. Laroche de Roussane.
7. Civ. 1re, 8 déc. 1993, n° 91-21.210, NP.
8. Paris, 5 juin 1989, *Bull. ch. avoués* 1989. 3. 91 – Paris, 25 oct. 1990 et 8 nov. 1990, *Bull. ch. avoués* 1990. 4. 148.
9. Com. 29 mai 1967, *JCP* 1967. II. 15205 – Civ. 3e, 7 déc. 1976, n° 75-13.461, *Bull. civ.* III, n° 442; *D.* 1977. IR 121 – Civ. 2e, 22 nov. 1984, n° 83-13.817, *Bull. civ.* II, n° 174; *Gaz. Pal.* 1984. Pan. 145, obs. Guinchard et Morel – Civ. 3e, 16 janv. 1991, n° 89-13.236, *Bull. civ.* III, n° 26; *D.* 1992. 109, note Testu; *D.* 1991. 323, obs. Aubert; *RTD civ.* 1992. 408, obs. Gautier – Com. 15 nov. 1994, n° 92-15.235, NP.
10. Civ. 2e, 5 mai 1978, n° 76-14.728, *Bull. civ.* II, n° 116.
11. Civ. 2e, 19 juin 1980, n° 78-15.488, *Bull. civ.* II, n° 143; *D.* 1980. IR 461, obs. Julien.
12. Civ. 2e, 5 mai 1978, n° 76-14.728, *Bull. civ.* II, n° 116 – Civ. 1re, 2 avr. 1978, n° 76-14.421, *Bull. civ.* I, n° 156.
13. Civ. 3e, 7 déc. 1976, n° 75-13.461, *Bull. civ.* III, n° 442.
14. Civ. 1re, 30 janv. 1980, *D.* 1980. IR 461, obs. Julien.
15. Com. 1er déc. 1975, n° 74-12.456, *Bull. civ.* IV, n° 285 – Com. 12 janv. 1976, n° 74-13.386, *Bull. civ.* IV, n° 16; *D.* 1977. 141, note Chartier – Civ. 2e, 8 nov. 1976, n° 75-11.800, *Bull. civ.* II, n° 296 – Com. 25 févr. 1992, n° 88-17.708, *Bull. civ.* IV, n° 85; *Gaz. Pal.* 1992. Pan. 178.
16. Civ. 2e, 2 déc. 1998, n° 96-20.984, *Bull. civ.* II, n° 291; *Gaz. Pal.* 1999. Pan. 65.
17. Civ. 3e, 22 mai 1986, *Gaz. Pal.* 1987. 1. Somm. 41, obs. Croze et Morel – Civ. 3e, 16 janv. 1991, n° 89-13.236, *Bull. civ.* III, n° 26; *D.* 1991. Somm. 323, obs. Aubert; *D.* 1992. 109, note Testu; *RTD civ.* 1992. 408, obs. Gautier – Com. 3 oct. 1995, n° 93-13.778, Windsor, NP; *Gaz. Pal.* 26-27 avr. 1996, p. 7.

demande ne constitue pas, à elle seule, une faute caractérisant l'abus de procédure[1].

De même, la simple référence par la cour d'appel aux termes clairs du premier jugement, qui ne laissaient pas d'espoir à l'appelant, n'est pas suffisante pour caractériser un abus. « *Qu'en effet les termes du jugement sont suffisamment clairs pour que M*^me^ *X... ait pu comprendre que cet appel n'avait aucune chance de prospérer. Attendu qu'en statuant par un tel motif, insusceptible de caractériser en quoi l'exercice par M*^me^ *X... de son droit d'appel était constitutif d'un abus, la cour d'appel n'a pas donné de base légale à sa décision* »[2].

Il est vrai que la clarté d'un premier jugement, l'absence de critique de cette décision sont des éléments utiles à l'appréciation de l'abus. Encore faut-il le caractériser par des références propres à l'espèce (tels une reconnaissance antérieure du droit contesté en justice, un refus de produire des documents dont l'existence est faussement alléguée, une invocation de faits inexacts, *etc.*).

Il n'est pas exclu que la Cour de cassation puisse dans l'avenir accueillir plus aisément les demandes en dommages-intérêts, dans la mesure où un premier arrêt, certes inédit, a censuré une décision ayant retenu que l'abus se démontre par l'intention de nuire, pour dire que « *toute faute dans l'exercice des voies de droit est susceptible d'engager la responsabilité de son auteur* »[3].

542.315 Appel dilatoire. L'appel est dilatoire, si son auteur a pour seule ambition de gagner du temps et d'échapper à ses obligations, alors que ses moyens sont inexistants[4].

Dans une espèce, où l'appelante avait attendu un an pour conclure (l'« ancien » article 915 n'existait pas encore !), et déposé des écritures la veille de la clôture, la cour d'appel avait écarté celles-ci et condamné l'appelant à des dommages et intérêts. La Cour de cassation rejetait le pourvoi en ces termes : « *Attendu que l'arrêt relève que la société X..., qui résistait au paiement qui lui était réclamé depuis 1984, a attendu le jour de l'ordonnance de clôture pour présenter ses moyens à l'appui de l'appel qu'elle avait interjeté plus d'un an auparavant, empêchant ainsi son adversaire d'y répondre. Que de ces constatations et énonciations, la cour d'appel a pu déduire qu'en agissant de la sorte, la société X... avait manifesté une attitude dilatoire préjudiciable à la société Y... et justifiant l'octroi à celle-ci de dommages-intérêts ainsi que la condamnation à une amende civile* »[5].

542.316 Sanctions. Deux sanctions peuvent frapper l'auteur d'un appel abusif ou dilatoire. Il peut être condamné à payer une amende civile, fixée arbitrairement à une somme maximum de trois mille euros, laquelle sera recouvrée par le Trésor public, l'article 559 alinéa 2 C. pr. civ. rappelant que la résistance du débiteur à ce paiement ne peut empêcher l'intimé d'obtenir une expédition exécutoire de la décision. Mais l'auteur d'un appel abusif peut aussi être condamné à des dommages-intérêts envers son adversaire, à la condition, évidemment que celui-ci l'ait demandé, faute de quoi le juge statuerait *ultra petita*.

Sanctionnant une utilisation abusive du service public, le juge peut de sa seule initiative, et sans que cela lui soit demandé, prononcer une amende civile, à condition de caractériser l'abus (la modicité du litige ne pouvant être un critère utile[6]). Indemnisant le préjudice souffert par la victime d'un appel abusif, il ne peut accorder des dommages-intérêts qui ne lui sont pas demandés. Mais, si une telle demande est présentée, encore faut-il qu'elle soit justifiée par l'existence d'un préjudice, et il conviendrait que le juge s'expliquât sur une telle condamnation, dont le fondement doit être l'abus du droit d'interjeter appel[7]. C'est probablement pour cette raison que le praticien constate que les juges utilisent plus volontiers l'article 700 C. pr. civ., qui leur laisse une plus grande liberté d'appréciation, que l'article 559 C. pr. civ. Les fondements et les domaines sont différents, mais seule l'allocation d'une somme au plaideur honnête importe, de telle sorte que l'on a pu percevoir une diminution des condamnations sur le fondement de l'article 559 C. pr. civ. depuis la mise en place de l'indemnisation de l'article 700 C. pr. civ.[8]

Rappelons enfin l'article 560 C. pr. civ., qui, bien que d'usage peu fréquent, précise que celui qui forme appel après s'être abstenu sans motif légitime de comparaître, peut être condamné à des dommages-intérêts[9]. L'appelant, qui gagne son procès en appel, s'il n'a pas comparu en première instance sans motif légitime, peut être condamné à des dommages-intérêts envers celui qui perd[10]. Ce texte reste d'application exceptionnelle, car bien naturellement, le juge répugne à condamner celui qui a raison au bénéfice de celui qui a lancé un mauvais procès.

Mais il est possible d'envisager l'hypothèse d'un procès lancé par un plaideur honnête, demeuré dans l'ignorance d'un acte décisif auquel il n'a pas participé. Le défendeur, qui détient l'acte, ne le montre pas et ne comparaît pas volontairement en première instance, est fautif, même si, *in fine*, en cause d'appel, révélant le document essentiel, il triomphe. Son attitude a conduit à des frais inutiles et justifie une indemnisation.

1. Civ. 2e, 18 déc. 2003, n° 01-16.617, *Bull. civ.* II, n° 402.
2. Com. 15 nov. 1994, n° 92-15.235, NP.
3. Civ. 2e, 11 sept. 2008, n° 07-18.483, NP.
4. Civ. 3e, 11 déc. 1969, *Bull. civ.* III, n° 820 – Com. 29 févr. 1984, n° 81-14.183, *Bull. civ.* IV, n° 82.
5. Civ. 2e, 10 mai 1995, n° 93-13.530, NP.
6. Civ. 1re, 7 déc. 1999, n° 97-22.505, *Bull. civ.* I, n° 335; *JCP* 2000. II. 10268.
7. Civ. 3e, 21 mars 2000, n° 98-17.254, NP.
8. R. Martin, « De l'abus du droit d'action à l'article 700 NCPC », *JCP* 1976. IV. 6630.
9. Soc. 4 mai 1995, n° 91-45.061, NP – Civ. 1re, 17 janv. 1995, n° 91-21.616, NP.
10. V. Y. Desdevises, « L'abus du droit d'agir en justice avec succès », *D.* 1979. Chron. 21.

CHAPITRE

543. Effets de l'appel

JACQUES PELLERIN
Avocat à la cour d'appel de Paris

SECTION 0
ORIENTEUR

543.00 **Plan du chapitre.**

543.01 **Principaux textes applicables.**
C. pr. civ., art. 70, 555, 561 à 568.

543.03 **Bibliographie indicative.**
* V. s^s n° 541.03.

543.04 **Formulaire de procédure civile : renvois.**
* V. s^s n° 544.04.

543.09 **Énumération.** Il est généralement admis que l'appel a un effet suspensif (sect. 1) et un effet dévolutif (sect. 2), ce dernier étant une justification du droit d'évocation (sect. 3). Sous réserve de certaines limitations, le principe du droit processuel français est que le justiciable a le droit, sans qu'il soit besoin d'une autorisation comme dans certains pays, de faire juger à nouveau son affaire, si la première solution ne le satisfait pas. Pour que ce droit soit effectif et efficient, encore faut-il que la partie insatisfaite ne soit pas obligée d'exécuter la décision immédiatement, et puisse attendre l'arrêt de la cour. C'est le but recherché par l'effet suspensif[1].

Par ailleurs, une conception plus moderne de l'œuvre de justice tend à privilégier une évacuation définitive du litige en cause d'appel, au besoin en statuant sur des éléments de conflit ou des demandes qui n'avaient pas été abordés en première instance. L'effet dévolutif, renforcé par la réforme de 1972 doit permettre de répondre à cet objectif de rapidité et d'efficacité. L'appel a, enfin, sans que cela nécessite de longs développements, un effet interruptif, même si l'acte d'appel n'est pas signifié.

La Cour de cassation a eu l'occasion de rappeler qu'il s'agissait d'un acte de procédure manifestant à tout intimé l'intention de continuer l'action, et qu'il avait dès lors pour effet d'interrompre les prescriptions[2].

SECTION 1
EFFET SUSPENSIF

543.11 **Principe.** L'article 539 C. pr. civ. édicte que non seulement le délai de l'appel, mais encore l'exercice de celui-ci, suspend l'exécution du jugement (par ex., un appel interjeté plus de deux ans après le jugement mais dans le délai de la signification[3]). Cet effet suspensif est périodiquement remis en cause afin de diminuer les appels dilatoires (v. les critiques à la fois techniques et d'opportunité totalement pertinentes formulées par le professeur Guinchard[4]), mais jusqu'à présent le principe est maintenu et c'est plutôt vers le développement de l'exécution provi-

1. V. J. Vincent, *Les effets de l'appel et les réformes récentes de la procédure civile*, Annales Fac. droit Lyon, 1972. II. 81 ; « Les dimensions nouvelles de l'appel en matière civile », *D.* 1973. Chron. 179.
2. Civ. 2e, 10 mai 1995, n° 93-13.640, NP.
3. Civ. 1re, 3 oct. 1995, n° 93-14.268, *Bull. civ.* I, n° 342.
4. S. Guinchard, « Un bon exemple de la France d'en haut contre la France d'en bas : le projet de suppression de l'effet suspensif de l'appel », *LPA* 5 juin 2002.

soire de droit et de ses effets que s'est orienté le droit positif (sur l'exécution provisoire, v. s[s] n°s 431.00 s. et 432.00 s.). Ainsi, la radiation de l'appel a-t-elle été instituée par l'article 526 C. pr. civ.

Cela n'empêche pas que la suppression de cet effet suspensif, en entraînant l'exécution immédiate nonobstant l'appel, peut, dans certaines matières, avoir été retenue. C'est le cas des jugements rendus par le juge de l'exécution (JEX), ou encore le cas des recours contre les autorités de marché financier ou de la concurrence, ou encore pour les recours en annulation contre les sentences internationales, ou les appels contre l'ordonnance d'*exequatur* des sentences étrangères (C. pr. civ., art. 1526). Dans tous ces cas, il ne s'agit pas de suspension de l'exécution provisoire mais de sursis à l'exécution immédiate de la décision, ouvert à certaines conditions, telles que le caractère sérieux des moyens d'appel pour les jugements du JEX ou la lésion grave des droits d'une partie en matière d'arbitrage international.

Pour revenir au principe de l'effet suspensif, une décision ne peut être exécutée non seulement pendant le délai de l'appel, mais aussi lorsque l'appel a été interjeté.

Dans la mesure où ni l'huissier, ni le greffier, ni toute personne autre que le juge n'a compétence pour apprécier la validité d'une voie de recours, un appel, même tardif, suspend l'exécution jusqu'à ce qu'il ait été déclaré irrecevable.

543.12 Limite de l'effet suspensif. Mais la suspension de l'exécution ne prive pas la première décision de toute efficacité, et il est admis qu'une décision, même frappée d'appel, puisse justifier des mesures conservatoires[1].

S'il est constant qu'un plaideur ne commet pas de faute en n'exécutant pas une décision, pendant le délai de l'appel ou après l'avoir interjeté[2], le plaideur doit garder à l'esprit qu'il ne s'agit que d'un effet suspensif.

543.13 Effet suspensif et confirmation ultérieure du jugement. Il est constant que l'effet suspensif ne prive pas l'intimé des droits tirés du jugement, de telle sorte qu'en cas de confirmation pure et simple, les condamnations, y compris avec les intérêts, devront être exécutées En réalité, cet effet suspensif pose deux difficultés pratiques.

543.14 La première difficulté se situe dans l'hypothèse où le premier juge donne un délai pour exécuter une obligation et indique que passé ce délai, une situation légale nouvelle se créera. Ainsi, le juge donne-t-il un délai d'un mois à dater de la signification du jugement au débiteur pour s'acquitter d'un arriéré, indiquant qu'au-delà la dette sera entièrement exigible. L'appel est suspensif de l'obligation de payer dans le délai. Mais si le jugement est confirmé, le délai pour exécuter est déjà écoulé. La Cour de cassation a eu à statuer dans une affaire où le premier juge avait donné un délai à un locataire pour s'acquitter de sa dette, indiquant qu'au-delà la résiliation et l'expulsion interviendraient. Sur appel, la cour confirme et, sur incident d'exécution, il est donné un nouveau délai au débiteur au motif que le délai initial prévu dans le premier jugement était reporté. La Cour censure dans un attendu significatif : « *Qu'en se déterminant ainsi, alors que l'arrêt confirmatif n'avait pas fixé un nouveau délai, de telle sorte que le délai courait de la signification du jugement prononçant l'expulsion, la cour d'appel a porté atteinte aux droits qui résultaient* [...] *du jugement confirmé* »[3]. Ainsi, perdant en appel, l'appelant, qui a laissé passer le délai pour exécuter l'obligation, comme il en avait le droit à raison du caractère suspensif de l'appel, ne peut plus régulariser la situation. Il en est évidemment autrement si la cour, dans son arrêt, redonne à l'appelant un nouveau délai pour s'exécuter, mais il ne s'agit alors plus d'une confirmation pure et simple. Cette solution souligne l'importance de conclure sur ce point en cas de confirmation.

543.15 La seconde difficulté tient à l'effet de l'exécution provisoire de droit ou facultative attachée au jugement qui est confirmé purement et simplement par la cour. Ainsi pour les **intérêts**[4], qui, en cas de confirmation pure et simple, courent à compter du jugement devront être comptés à partir du jugement; mais l'exécution provisoire les rendant exécutoires dès la signification du jugement, ce sera au taux majoré qu'il conviendra de les calculer deux mois après cette signification, ce qui risque d'alourdir considérablement la condamnation. De même pour les **astreintes**, la jurisprudence a décidé, après hésitations[5], qu'en cas d'appel suspensif elles ne couraient pas pendant la procédure d'appel, sauf exécution provisoire du jugement[6]. Rappelons que l'astreinte, si elle n'est pas définitive, et elle ne peut l'être que dans des conditions particulières, précisées dans les articles L. 131-1 à L. 131-4 et R. 131-1 à R. 131-4 C. pr.

1. Req. 31 déc. 1867, *DP* 1968. 1. 219 – Poitiers, 1er oct. 1969, *JCP A* 1970. IV. 5740 – Civ. 2e, 18 févr. 1981, n° 78-10.799, *Bull. civ.* II, n° 36; *Gaz. Pal.* 1981. 316, note Viatte.
2. Civ. 2e, 27 juin 1979, n° 78-11.061, *Bull. civ.* II, n° 197, p. 137.
3. Civ. 2e, 5 avr. 1994, n° 489, n° 92-19.808, *Bull. civ.* II, n° 114; *RTD civ.* 1995. 190, obs. Perrot.
4. À cet égard v. C. civ., art. 1153-1 – Com. 3 juin 1981, n° 80-10.243, *Bull. civ.* IV, n° 262 – Com. 16 févr. 1967, *JCP* 1967. II. 15079, note J. A.
5. Civ. 2e, 23 avr. 1986, n° 84-14.442, *Bull. civ.* II, n° 59 – Com. 23 mai 1995, n° 93-18.527, NP – Civ. 2e, 20 juin 1996, n° 94-14.012, *Bull. civ.* II, n° 168; *D.* 1996. IR 179; *RTD civ.* 1997. 509, obs. Perrot.
6. Com. 23 mai 1995, n° 93-18.527, NP – V. AUSSI, Civ. 2e, 5 mai 1993, n° 91-20.286, *Bull. civ.* II, n° 158.

exéc., peut être liquidée en tenant compte du comportement du débiteur. Le juge pourra alors en fait adoucir le sort de l'appelant en s'écartant d'une liquidation arithmétique de l'astreinte.

SECTION 2
EFFET DÉVOLUTIF

§ 1
Définitions et étendue

543.21 **Notion.** Il s'agit probablement ici d'une des questions procédurales les plus compliquées et les moins affirmées au regard d'une jurisprudence trop flottante. Cette question occupe les articles 561 à 567 C. pr. civ., et emporte notamment la nécessité d'aborder le problème toujours irritant, parce que jamais clairement tranché, des demandes nouvelles.

L'article 561 C. pr. civ., qui définit l'effet dévolutif, rappelle qu'il permet à un plaideur de soumettre son litige à la cour, pour qu'il soit à nouveau statué en fait et en droit. Ceci implique que la cour statue elle-même et ne se considère pas comme investie d'une simple mission de rectification ou de réformation du premier jugement. Dans une espèce où la cour d'appel avait confirmé, au motif qu'il n'existait pas d'erreur d'appréciation qui justifierait la réformation, la Cour de cassation censure au motif qu'il lui appartenait de statuer à nouveau [1]. De cette observation, il serait abusif de déduire que les parties peuvent délaisser le jugement, comme si un procès entièrement nouveau était ouvert. Dans les protocoles de procédures, les cours insistent pour que la critique du jugement soit clairement énoncée. Ce n'est pas bien sûr une condition de recevabilité, comme cela a été naguère sanctionné en matière administrative, mais de clarification de la position des parties.

L'appel, voie de réformation, mais aussi voie d'achèvement, permet et parfois impose au juge de vider le procès.

Selon l'expression consacrée maintes fois par la cour suprême, les juges du second degré se trouvent investis de plein droit de la connaissance du litige [2]. L'appel remet la chose jugée en question devant la juridiction d'appel pour qu'il soit à nouveau statué en fait et en droit, et la dévolution s'opère pour le tout lorsque l'appel n'est pas limité à certains chefs. La cour peut, étant saisie d'un appel général et de conclusions d'infirmation de certains chefs de jugement, statuer sur l'ensemble des données du litige sans être tenue d'inviter l'appelante à s'expliquer sur le fond [3].

Le juge d'appel, qui a plénitude de juridiction, a l'obligation de statuer au fond et ne peut renvoyer l'affaire, précédemment jugée, devant la juridiction du premier degré ou toute autre [4]. Ainsi, une cour, annulant une expertise, ne peut prescrire le dépôt du rapport à venir sur nouvelle expertise devant le tribunal, alors qu'elle doit juger l'affaire [5]. De même, une cour, ordonnant une expertise, doit statuer elle-même sur les suites de celle-ci [6].

Une cour méconnaît l'étendue de ses pouvoirs dès lors que son arrêt rendu sur appel d'un jugement du tribunal d'instance dans un litige locatif opposant les preneurs à leur bailleur et à une agence immobilière, par un chef séparé, renvoie la cause et les parties devant le tribunal d'instance pour qu'il soit statué sur l'indemnité de privation de jouissance des locataires [7] (a été également cassé un arrêt qui, après avoir reconnu au preneur le bénéfice du statut des baux commerciaux, renvoie le bailleur à se mieux pourvoir sur sa demande subsidiaire en fixation du loyer [8]).

Une cour, infirmant un jugement ayant admis un moyen de prescription, ne peut pas renvoyer les suites de l'affaire au premier juge mais doit statuer [9]. Ainsi, sous les réserves qui seront étudiées plus loin, tenant à la limitation de sa saisine, la cour doit-elle vider l'interlocutoire [10].

La cour, qui infirme une décision ayant retenu l'existence d'un contrat de travail pour lui substituer la notion de mandat social, ne peut pas renvoyer au juge de première instance pour statuer sur les suites de la rupture [11]. La cour, saisie d'un argument de nullité doit juger au fond dès lors qu'il a été conclu sur le fond [12].

1. Com. 11 mars 1997, n° 96-19.588, *Bull. civ.* IV, n° 73; *RJDA* 1997. 965.
2. Civ. 2e, 18 oct. 2007, n° 07-10.451, NP – Civ. 1re, 27 mai 1952, *Bull. civ.* I, n° 177 – Civ. 2e, 2 févr. 1962, *Bull. civ.* II, n° 151 – Soc. 15 nov. 1978, n° 76-40.782, *Bull. civ.* V, n° 771 – Civ. 3e, 28 oct. 1987, *Bull. civ.* III, n° 176.
3. Civ. 2e, 18 déc. 2008, n° 07-21.906, *Bull. civ.* II, n° 269; *D.* 2009. 757, chron. Sommer et Nicolétis.
4. Civ. 3e, 4 mars 1980, n° 78-13.302, *Bull. civ.* III, n° 49 – Soc. 21 févr. 1980, n° 78-40.786, *Bull. civ.* V, n° 173; *Gaz. Pal.* 1980. Pan. 41.
5. Civ. 2e, 5 mai 1977, n° 75-15.791, *Bull. civ.* II, n° 119.
6. Civ. 2e, 15 juill. 1970, n° 69-13.552, *Bull. civ.* II, n° 244; *Gaz. Pal.* 1970. 2. 309.
7. Civ. 2e, 22 mai 1996, n° 94-13.288, *Bull. civ.* II, n° 99; *D.* 1996. IR 157 – EN CE SENS, Civ. 2e, 7 nov. 1994, n° 92-20.948, *Bull. civ.* II, n° 220; *D.* 1995. IR 10.
8. Civ. 3e, 10 nov. 1999, n° 98-10.899, NP – V. *idem*, Civ. 3e, 13 juill. 1999, n° 97-22.326, *Bull. civ.* III, n° 164; *D.* 1999. 51, obs. Y. R.
9. Civ. 2e, 21 juin 1973, n° 72-12.019, *Bull. civ.* II, n° 201 – Civ. 2e, 20 févr. 1969, *Bull. civ.* II, n° 58.
10. Civ. 2e, 11 déc. 1991, n° 90-16.626, NP; *Gaz. Pal.* 1992. 1. Pan. 98.
11. Soc. 1er juin 1978, n° 77-40.465, *Bull. civ.* V, n° 426.
12. Civ. 1re, 7 nov. 1995, n° 92-16.695, *Bull. civ.* I, n° 387; *RTD civ.* 1996. 619, obs. Mestre; *Gaz. Pal.* 6 juill. 1996. Pan. 162.

Si le premier juge déclare irrecevable une demande, il n'en demeure pas moins que celle-ci était dans le débat en première instance et doit être tranchée en cause d'appel[1].

En matière de procédure collective, la Cour de cassation se place au jour où elle statue[2].

543.22 Nouvelles pièces – Nouvelles preuves. En application de l'article 563 C. pr. civ., les autres parties peuvent en appel invoquer des moyens nouveaux, produire de nouvelles pièces, ou proposer de nouvelles preuves.

Investie d'une mission de pleine juridiction, la cour peut évidemment prescrire de nouvelles mesures d'instruction, annuler des mesures déjà réalisées ou supprimer celles qui avaient été ordonnées[3]. Pour ce faire, elle examine les pièces, éléments et preuves nouveaux, produits en cause d'appel[4].

543.23 Moyens nouveaux. L'article 563 C. pr. civ. permet aux parties d'invoquer des moyens nouveaux. Ce principe est confirmé par une jurisprudence constante[5]. Cette possibilité, évidemment heureuse, engendre parfois des difficultés chez les praticiens, qui doivent définir ce qu'est un moyen nouveau. par opposition à la demande nouvelle qui, en application de l'article 564 C. pr. civ., est irrecevable en appel. Il doit d'abord être rappelé que les parties restent maîtresses des moyens qu'elles invoquent, mais qu'elles doivent être cohérentes tout au long de la procédure. Ainsi, une partie ne peut-elle pas invoquer en appel, un moyen auquel elle a expressément renoncé en première instance[6].

Dans une instance sociale, l'employeur, après avoir conclu à l'absence de dénonciation valable d'un reçu pour solde de tout compte, y avait renoncé, ainsi qu'en avait pris note le conseil de prud'hommes. En appel, l'employeur reprend ce moyen et triomphe. La Cour suprême casse l'arrêt en rappelant que « *si en vertu de ce texte* [C. pr. civ., art. 563], *les parties peuvent invoquer en appel un moyen nouveau, ce n'est qu'à la condition de n'y avoir pas expressément renoncé devant les premiers juges* »[7].

Mais, *a contrario*, et dans la mesure où la demande elle-même n'est pas modifiée, l'appelant peut présenter une argumentation et des moyens totalement nouveaux, même si ceux-ci changent le débat[8].

Dans l'hypothèse d'un changement dans la législation intervenant en cours d'appel, il convient de s'interroger sur la possibilité d'arguer de ce nouveau texte. Sous la réserve essentielle et relevant du fond du droit, que le texte soit d'application immédiate, il doit pouvoir être invoqué en appel, car un texte n'est pas une demande en lui-même, mais le soutien d'une prétention. Il doit être considéré comme un moyen nouveau admissible devant la cour, étant évident que son utilisation ne doit pas conduire à une modification de la prétention d'origine[9].

La définition du moyen est parfois chose difficile et s'affine à partir d'une jurisprudence abondante[10]. Le moyen est le fondement juridique, le développement d'une argumentation de droit propre à conduire au succès d'une prétention. Il est aussi l'ensemble des raisonnements conduits sur les faits de l'espèce. Arguments de fait et moyens de droit ont un seul et même objet : le succès d'une demande. La demande est intangible et fixée définitivement, sauf exceptions légales. Le reste n'est que moyens et peut évoluer.

Cette possibilité a, depuis la jurisprudence *Cesareo*[11] et la consécration de la concentration des moyens, pris une importance considérable. Dans la mesure où dans le cadre de la procédure d'appel il est autorisé de présenter des moyens nouveaux omis en première instance, l'appel est désormais l'ultime stade de présentation de ces moyens.

543.24 Quelques exemples de moyens peuvent illustrer le propos :

– Demande en réintégration d'un délégué du personnel, présentée en appel sur un fondement juridique nouveau, n'est pas une demande nouvelle, mais la simple expression d'un moyen nouveau[12].

– Le fait pour un assureur d'alléguer en appel une clause contractuelle limitative de garantie, après avoir allégué en première instance l'absence de responsabilité de son assuré, est un simple moyen[13].

– Le fait, en matière de bail, d'invoquer en appel la loi du 22 juin 1982 constitue un simple moyen[14].

1. Civ. 3e, 2 avr. 2003, n° 01-17.245, *Bull. civ.* III, n° 73.
2. Com. 15 nov. 2005, n° 04-16.904, NP; *Gaz. Pal.* 10 nov. 2006, p. 10 – Com. 3 avr. 2001, n° 97-21.821, NP; *Rev. proc. coll.* 2001. 56, obs. Deleneuville.
3. Civ. 7 mai 1935, *DP* 1935. 1. 78, note Appleton – Civ. 1re, 27 mai 1952, *Bull. civ.* I, n° 177 – Civ. 3e, 10 oct. 1979, n° 77-15.737, *Bull. civ.* III, n° 175.
4. Civ. 1re, 20 mars 1973, n° 71-12.540, *Bull. civ.* I, n° 107 – Civ. 2e, 23 oct. 1991, n° 90-13.524, *Bull. civ.* II, n° 265; *Gaz. Pal.* 1992. 1. Somm. 146 – Civ. 3e, 12 juill. 1988, n° 86-15.456, *Bull. civ.* III, n° 123; *JCP* 1988. IV. 335.
5. Civ. 1re, 27 févr. 2013, n° 12-15.308, NP; *Procédures* 2013, n° 137, obs. Perrot.
6. Civ. 3e, 8 juin 1979, n° 78-11.905, *Bull. civ.* III, n° 125 – Civ. 3e, 2 oct. 1979, n° 78-13.100, *Bull. civ.* III, n° 163; *JCP* 1979. IV. 353.
7. Soc. 5 janv. 1995, n° 91-40.826, NP.
8. Soc. 19 juill. 1995, n° 91-43.502, NP.
9. V. *RTD civ.* 1976. 387 et 598, obs. Normand – Com. 3 juill. 1950, *JCP* 1951. II. 6031 – Paris, 30 mai 1973, *JCP* 1974. IV. 6365, obs. J. A.; *RTD civ.* 1974. 470, obs. Perrot – Roubier, « De l'effet des lois nouvelles sur les procès en cours », *Mél. Maury*, Dalloz, 1960, t. II, p. 512 s.
10. SUR LA NOTION DE MOYEN, v. *JCP* 1976. I. 2768 – R. Martin, « Le moyen de procédure », *JCP* 1941. I. 194.
11. Cass., ass. plén., 7 juill. 2006, n° 04-10.672, *Bull. ass. plén.*, n° 8.
12. Soc. 9 mai 1978, n° 76-40.051, *Bull. civ.* V, n° 335.
13. Civ. 3e, 2 oct. 1979, *Gaz. Pal.* 1980. 1. Somm. 6.
14. Versailles, 22 nov. 1982, *D.* 1983. 114, note Giverdon.

– Le fait, en appel, de contester l'applicabilité du statut des baux commerciaux, après avoir seulement discuté le prix du bail en première instance, et ce même si cela eût modifié au niveau du premier degré la compétence du juge[1].

543.25 Faits nouveaux. Sa connaissance s'étend nécessairement aussi aux faits survenus depuis la première décision, étant entendu que cette circonstance peut selon les cas justifier la modification de la demande primitive ou l'introduction de demandes nouvelles en application de l'article 564 C. pr. civ.[2]. La Cour de cassation a eu l'occasion de rappeler ce principe, dans une instance où la cour avait rejeté l'action en contrefaçon au motif qu'elle était fondée sur une saisie opérée dans les locaux des douanes, pendant l'instance d'appel. Censurant l'arrêt, la cour rappelle « *qu'en statuant ainsi, alors que le procès-verbal de la saisie contrefaçon autorisée au cours de l'instance a été produit à titre de preuve dans ladite instance, la cour d'appel a violé les textes susvisés* [...] »[3]. Elle a de même censuré la cour qui a débouté une partie de sa demande de suppression de pension, au motif qu'elle ne pouvait apprécier les faits qu'au jour de la demande faite devant le premier juge[4]. Elle statue dans le même sens dans une affaire d'assistance éducative, où la cour avait refusé de prendre en compte la volonté de l'enfant exprimée après le premier jugement[5].

543.26 Textes nouveaux. Sa connaissance doit également s'étendre aux textes et lois nouveaux, à la double condition qu'ils ne modifient pas la demande et qu'ils soient applicables aux instances en cours[6]. Significative est à cet égard la rédaction de l'arrêt rendu par la Cour de cassation dans une instance où la cour d'appel n'avait pas appliqué un texte dans une procédure concernant une vente conclue antérieurement à la loi promulguée au cours de l'instance d'appel. « *Qu'en statuant ainsi, alors qu'un* ***jugement ne confère aucun droit acquis à l'encontre des parties*** *qui le remettent en cause devant la juridiction d'appel pour qu'il soit à nouveau statué en fait et en droit, et qu'en* ***l'absence d'une situation juridique définitivement consacrée****, l'article 82 de la loi du 22 juin 1982, supprimant le caractère interprétatif des dispositions de la loi du 4 janvier 1980, devait recevoir application, la cour d'appel a violé les textes susvisés* [...]. »

§ 2
Nullité du jugement, incompétence du premier juge et effet dévolutif

543.31 Appel d'un jugement argué de nullité et effet dévolutif. L'article 562 C. pr. civ. pose le principe de la dévolution pour le tout lorsque l'appel tend à l'annulation du jugement. La cour est donc saisie de la nullité du jugement et du fond par l'appel. Toutefois, la jurisprudence a distingué deux hypothèses qu'il convient de traiter successivement et d'en bien saisir les conditions selon la cause de la nullité alléguée par l'appelant.

543.32 1er cas : nullité du jugement fondée sur une cause autre que la nullité de l'acte introductif d'instance. Dans l'hypothèse où la cause de la nullité est étrangère à la nullité de l'acte introductif d'instance, le litige a déjà été soumis une première fois au juge, la cour doit obligatoirement statuer au regard de l'effet dévolutif de l'appel[7] (a été cassé un arrêt de cour ayant refusé de statuer après avoir annulé un jugement au motif qu'il ne comportait pas le nom du troisième magistrat[8]; a été admis que le premier président, annulant la décision du bâtonnier, statue au fond[9]). À ce stade, les choses sont donc simples. Le juge d'appel, qui est saisi d'une demande de nullité dont le fondement est étranger à l'acte introductif d'instance, doit statuer au fond. L'appelant qui entendrait user d'une stratégie de retardement en ne concluant que sur la nullité court, désormais, un risque considérable : après un durcissement de la jurisprudence (antérieurement, la Cour de cassation exigeait, pour que la cour d'appel statue au fond, que les parties aient effectivement conclu au fond ou aient reçu injonction d'avoir à le faire[10]), la Cour de cassation a jugé que la cour d'appel doit statuer sur le fond, quelle que soit sa décision sur la nullité, sans même que l'appelant ait à recevoir une injonction de conclure au fond[11], et ce même si des conclusions

1. Civ. 3e, 13 juill. 1999, n° 97-19.929, NP.
2. Civ. 2e, 31 oct. 2007, n° 05-18.423, NP – Civ. 2e, 7 nov. 1973, n° 72-11.470, *Bull. civ.* II, n° 279 – Com. 26 mai 1965, *Bull. civ.* IV, n° 338.
3. Com. 3 oct. 1995, n° 93-20.445, *Bull. civ.* IV, n° 217.
4. Civ. 1re, 25 juin 2002, n° 99-14.435, *Bull. civ.* I, n° 170.
5. Civ. 1re, 20 oct. 2010, n° 09-68.141, *Bull. civ.* I, n° 210; *D.* 2011. 574, note Huyette; *D.* 2011. 622, chron. Auroy et Creton; *D.* 2011. 1107, obs. Douchy-Oudot; *AJ fam.* 2010. 536, obs. Douris.
6. Paris, 30 mai 1973, *JCP* 1974. IV. 6365, obs. J. A.; *RTD civ.* 1974. 448, obs. Normand; *RTD civ.* 1974. 470, obs. Perrot – Civ. 3^e^, 6 nov. 1986, n° 85-13.513, *Bull. civ.* III, n° 149 – Civ. 1re, 17 juill. 1990, n° 88-03.003, NP.
7. Com. 24 oct. 1978, n° 77-11.659, *Bull. civ.* IV, n° 236 – Soc. 6 oct. 1979, *Bull. civ.* V, n° 799; *RTD civ.* 1975. 376.
8. Civ. 2^e^, 21 juin 1995, n° 94-10.251, NP; *Rev. huiss.* 1995. 1012.
9. Civ. 1re, 13 oct. 1999, n° 96-16.380, *Bull. civ.* I, n° 270; *D.* 1999. IR 253.
10. Civ. 2^e^, 24 oct. 1990, n° 89-15.113, *Bull. civ.* II, n° 212; *JCP* 1990. IV. 445 – Com. 12 juill. 1993, n° 91-18.786, *Bull. civ.* IV, n° 308; *D.* 1993. 549, note Merle; *JCP* 1993. IV. 2352 – Civ. 2e, 1er juin 1994, n° 92-15.586, *Bull. civ.* II, n° 144 – Civ. 1re, 7 nov. 1995, n° 92-16.695, *Bull. civ.* I, n° 387; *RTD civ.* 1996. 619, obs. Mestre – Civ. 2e, 5 juin 1996, n° 94-13.022, *Bull. civ.* II, n° 121; *JCP* 1996. IV. 1674.
11. Civ. 2e, 9 déc. 1997, n° 96-12.472, *Bull. civ.* II, n° 302 – Civ. 2e, 13 juill. 1999, n° 97-12.116, *Bull. civ.* II, n° 135; *Procédures* 1999. 224.

sur le fond sont prises à titre subsidiaire[1]. Elle doit également statuer même si l'appelant n'a pas conclu au fond et n'a pas reçu injonction de le faire[2]. Il est donc clair que l'appelant qui se bornerait à conclure à la nullité et qui ne saisit pas la cour du fond risque un appel non soutenu et que la cour fasse droit à la demande de confirmation de l'intimé. Cette conséquence est aggravée par les exigences propres à la procédure ordinaire devant la cour. Ainsi, il est aujourd'hui clair que, dès lors que le moyen de nullité ne touche pas l'acte introductif d'instance, le soulever devant la cour d'appel perd beaucoup de son efficacité dès lors que la partie est malgré tout obligée de conclure sur le fond, puisque la cour va statuer. La violation par le premier juge reste dès lors sans conséquence. Toutefois, il peut, dans certaines hypothèses être opportun d'obtenir la nullité du jugement, notamment quand des mesures conservatoires ont été prises par la partie adverse sur le fondement de cette décision. En outre, bien que la cour soit saisie du fond, rien n'empêcherait que, eu égard aux circonstances de l'espèce, la cour n'accepte de rendre un premier arrêt prononçant la nullité du jugement et poursuive la procédure sur le fond.

543.33 **2e cas : nullité du jugement fondée sur la nullité de l'acte introductif d'instance.** La jurisprudence a évolué et a entendu les critiques doctrinales qui lui étaient adressées. Aussi n'est-il pas utile de revenir sur ses premières positions. Il est possible d'exposer désormais le droit positif de manière simplifiée. Quand la cour est saisie d'une demande d'annulation du jugement en raison d'une irrégularité affectant l'acte introductif, deux situations peuvent se présenter :

– ***Soit*, la cour prononce la nullité de l'acte introductif d'instance et par là même du jugement,** qui s'en est suivi, l'effet dévolutif ne joue pas[3], et ce, même si les parties avaient comparu voire conclu en première instance et même s'il a été conclu au fond à titre subsidiaire devant la cour[4]. Cette position tranchée vaut également pour l'annulation du jugement à raison de la nullité de la demande incidente[5]. La précédente solution qui distinguait selon qu'il avait été ou non conclu au fond en première instance est donc abandonnée. La Cour prononce l'annulation du jugement et ne renvoie pas devant le premier juge. C'est aux parties qu'il revient de saisir à nouveau le premier juge[6]. Dès lors, la seule hypothèse où la cour pourrait statuer aujourd'hui au fond est celle où les parties abandonneraient le caractère subsidiaire des conclusions qu'elles déposeraient au fond pour solliciter de la cour qu'elle statue, mais cette hypothèse est rare pour des raisons tactiques que le praticien perçoit bien[7].

– ***Soit*, la cour ne prononce pas la nullité de l'acte introductif d'instance et doit statuer au fond** en raison de l'effet dévolutif. Dès lors, ou bien les parties avaient déjà conclu au fond, même à titre subsidiaire et la cour peut immédiatement juger, ou bien elles ne l'avaient pas fait et la cour ne peut pas statuer sans la ou les mettre préalablement en demeure de le faire, et ce même si en première instance il avait été conclu sur le fond[8]. C'est pourquoi il est important dans cette circonstance, pour celui qui veut éviter les manœuvres dilatoires de son adversaire, de solliciter du conseiller de la mise en état qu'il donne injonction de conclure au fond à son adversaire. Ici demeure une certaine ambiguïté, car si la cour n'annule pas l'acte introductif, elle se donne ainsi le pouvoir de statuer au fond et il peut être observé que parfois elle annule la décision de première instance sans annuler expressément l'acte introductif (a été approuvée une cour d'appel d'avoir annulé une ordonnance statuant sur relevé de forclusion pour violation du contradictoire en l'absence de convocation du débiteur et d'avoir malgré cette absence de convocation statué au fond[9]).

Il convient de préciser la **situation spécifique de la procédure collective.** Après avoir considéré que le juge qui annule un jugement de liquidation peut d'office, même s'il n'a pas été conclu au fond et si l'annulation tient à la saisine, ouvrir un redressement judiciaire[10] ou une liquidation judiciaire, la chambre commerciale a rejoint la position exprimée par les autres chambres et considère désormais que l'annulation du jugement en raison de la nullité de l'acte introductif exclut l'effet dévolutif et interdit au

1. Civ. 2e, 27 févr. 1985, no 83-16.446, *Bull. civ.* II, no 46; *D.* 1985. IR 262, obs. Julien – Com. 6 oct. 1992, no 90-19.598, *Bull. civ.* IV, no 282; *D.* 1993. Somm. 181, obs. Julien – Civ. 2e, 13 janv. 1993, no 91-15.586, *Bull. civ.* II, no 10.
2. V. ss Civ. 2e, 13 juill. 1999 no 96-12.113, NP.
3. Com. 17 nov. 2009, no 08-15.693, NP; *D.* 2009. 2930, obs. Lienhard; *Procédures* 2010, no 2.
4. Civ. 1re, 17 oct. 2007, no 06-20.232, *Bull. civ.* I, no 319 – Com. 30 nov. 1999, no 97-14.595, *Bull. civ.* IV, no 218; *D.* 2000. 627, note Lamazerolles; *D.* 2000. 37, obs. M. B.; *Gaz. Pal.* 2001. Somm. 21 – Civ. 2e, 25 mai 2000, no 98-20.941, *Bull. civ.* II, no 87; *D.* 2000. 819; *RTD civ.* 2000. 633, obs. Perrot – Civ. 1re, 12 juin 2001, no 98-22.268, *Bull. civ.* I, no 167; *D.* 2001. 2715, obs. Julien; *RTD civ.* 2001. 957, obs. Perrot – Civ. 3e, 8 déc. 1999, no 98-22.251, NP – Civ. 3e, 4 avr. 2002, no 99-19.581, NP.
5. Civ. 2e, 21 févr. 2008, no 06-20.203, *Bull. civ.* II, no 38.
6. Civ. 2e, 18 déc. 1996, no 94-16.332, *Bull. civ.* II, no 282; *RTD civ.* 1997. 515, obs. Perrot; *JCP* 1997. IV. 299.
7. Civ. 2e, 3 oct. 2002, no 00-21.648, *Bull. civ.* II, no 200.
8. Civ. 2e, 6 mai 2010, no 09-12.210, NP – Civ. 2e, 13 juill. 2000, deux arrêts, no 98-180.26, *Bull. civ.* II, no 121, no 98-15.648, *Bull. civ.* II, no 125; *D.* 2001. 499, note Bolard; *RTD civ.* 2001. 957, obs. Perrot.
9. Com. 13 déc. 2005, no 04-18.391, *Bull. civ.* IV, no 250; *D.* 2006. AJ 228, obs. Lienhard.
10. Com. 26 mai 1998, no 96-11.491, *Bull. civ.* IV, no 163; *RJDA* 1998. 1129.

juge de se prononcer au fond[1]. Il semble, en outre, que même en cas d'annulation d'un jugement de procédure collective, y compris à raison de la nullité de la saisine du premier juge, l'effet d'une telle annulation n'affecte pas les actes passés par le mandataire[2] et ne nécessite pas de procéder à de nouvelles déclarations[3].

Enfin, il convient de rappeler que l'effet dévolutif ne peut jouer que si la cour est valablement saisie. Si elle ne l'est pas, à raison de la nullité de l'appel, elle ne peut statuer au fond (a été censurée une décision ayant annulé l'acte d'appel fait au nom d'une personne décédée puis condamné les héritiers appelés en intervention forcée[4]).

En ce qui concerne **l'appel-nullité** (v. s[s] n° 541.14), que la jurisprudence a imposé dans les hypothèses où un manquement flagrant à un principe fondamental le justifie, mais qu'elle limite aujourd'hui au seul cas d'excès de pouvoir[5], il faut se demander si, accueillant un appel-nullité, par hypothèse non prévu par la loi, la cour peut statuer au fond, à raison de l'effet dévolutif, qui serait donné à ce recours. La chambre commerciale de la Cour de cassation a répondu par l'affirmative, considérant même qu'il s'agit pour la cour d'une obligation née de l'effet dévolutif[6].

543.34 Incompétence du premier juge et effet dévolutif. La dévolution ne s'opère pas lorsque la cour d'appel confirme un jugement par lequel un tribunal s'est déclaré incompétent et donc n'a pas statué sur le fond, même si elle est juridiction d'appel relativement à la juridiction qu'elle estime compétente[7]. Par contre, la cour, en application de l'article 79 C. pr. civ., doit statuer sur le fond du litige si elle infirme du chef de la compétence, alors que la décision attaquée est susceptible d'appel dans l'ensemble de ses dispositions et qu'elle est juridiction d'appel relativement à la juridiction qu'elle estime compétente[8].

Enfin, dans l'hypothèse où la cour infirme du chef de la compétence le jugement d'un tribunal dont elle n'est pas juridiction d'appel, elle doit seulement renvoyer et ne peut en attendant la décision de la juridiction désignée, annuler le fond de la décision rendue par le juge incompétent[9].

543.35 Irrecevabilité de l'appel et effet dévolutif. Contrairement à ce qu'elle juge pour le moyen tenant à la nullité de l'acte introductif d'instance (v. s[s] n° 543.33), la Cour de cassation considère qu'il n'y a pas lieu de donner injonction de conclure au fond à la partie qui n'a conclu qu'à l'irrecevabilité de l'appel, la cour étant saisie par l'effet dévolutif de l'appel de l'ensemble des données du litige[10]. Cette solution impose de conclure au principal à l'irrecevabilité et subsidiairement au fond. Rappelons que dans le cadre de la procédure ordinaire avec représentation obligatoire, le moyen d'irrecevabilité de l'appel est réservé au conseiller de la mise en état, de telle sorte que le problème se pose différemment : cette demande d'irrecevabilité valant conclusions au sens de l'article 909 C. pr. civ.

§ 3
Dessaisissement du juge

543.41 Le premier juge est dessaisi. Parallèlement, et dans la mesure où deux juridictions ne peuvent connaître de la même demande, l'effet dévolutif de l'appel a pour conséquence de dessaisir le premier juge. C'est l'application de l'article 481 alinéa 1er C. pr. civ. : « *Le jugement, dès son prononcé, dessaisit le juge de la contestation qu'il tranche* ».

En application des articles 481 alinéa 3 et 461 C. pr. civ., le juge de première instance ne peut plus interpréter sa décision, dès lors qu'elle est frappée d'appel.

S'agissant de la rectification d'une erreur ou d'omission matérielle, l'article 462 laissait planer un doute sur son dessaisissement, au regard de sa rédaction ambiguë : « *Les erreurs et omissions matérielles qui affectent un jugement, même passé en force de chose jugée, peuvent toujours être réparées par la juridiction qui l'a rendu ou par celle à laquelle il est déféré* [...] ».

La jurisprudence considère que l'appel dessaisit le premier juge, et qu'il ne s'agit pas d'une compétence cumulative mais alternative, le premier juge, compétent jusqu'à l'appel, devant à compter du dépôt de l'acte d'appel, s'effacer devant la cour[11].

1. Com. 17 nov. 2009, n° 08-18.588, NP; *D.* 2009. 2930, obs. Lienhard; *Procédures* 2010, n° 2, obs. Perrot, et n° 14, obs. Rolland – Com. 4 janv. 2005, n° 03-11.465, *Bull. civ.* IV, n° 2; *D.* 2006. 545, obs. Julien et Fricero; *RTD civ.* 2005. 636, obs. Perrot.
2. Com. 11 mai 1982, *JCP* 1984. IV. 258 – Com. 7 févr. 2006, n° 05-13.466, NP.
3. Com. 25 mai 1993, n° 91-13.704, *Bull. civ.* IV, n° 208 – Lyon, 12 juin 2003, RG n° 2003/00762, inédit.
4. Soc. 22 nov. 1995, n° 92-16.192, NP [cassation sans renvoi].
5. Cass., ch. mixte, 28 janv. 2005, n° 02-19.153, *Bull. ch. mixte*, n° 1; *D.* 2006. Chron. 545, Julien et Fricero; *D.* 2005. IR 386, obs. Avena-Robardet; *Procédures* 2005. Comm. 87, obs. Perrot; *JCP* 2005. IV. 1446; *Gaz. Pal.* 2005. II. 1127.
6. Com. 28 mai 1966, *Bull. civ.* IV, n° 150 – POUR L'EFFET DÉVOLUTIF, v. Lyon, 24 févr. 1995, RG n° 925381 – *CONTRA :* Dijon, 27 juin 1995, *BICC* n° 44 – Versailles, 9 juill. 1986, *D.* 1987. Somm. 8 – Paris, 9 avr. 1991, *D.* 1992. Somm. 8, obs. Derrida.
7. Civ. 2e, 4 juill. 2007, n° 06-16.179, *Bull. civ.* II, n° 179 – Civ. 2e, 11 mai 2006, n° 04-16.967, *Bull. civ.* II, n° 123.
8. Civ. 2e, 8 févr. 2007, n° 06-10.344, NP.
9. Civ. 2e, 21 févr. 2008, n° 06-21.330, NP.
10. Civ. 2e, 18 déc. 2008, n° 07-21.906, *Bull. civ.* II, n° 269; *D.* 2009. 757, chron. Sommer et Nicolétis.
11. Civ. 2e, 29 mai 1979, n° 77-15.004, *Bull. civ.* II, n° 163 – Civ. 3e, 4 mars 1980, n° 78-13.302, *Bull. civ.* III, n° 49.

Précisons ici que, si le premier juge est dessaisi, il n'est point obligatoire d'attendre que la cour statue au fond. Il est toujours possible de lui demander de rectifier la première décision, avant de statuer au fond. C'est d'ailleurs une démarche à conseiller, lorsque la décision de première instance est exécutoire et présente une erreur, qu'il convient de corriger avant d'entreprendre une exécution[1]. Le dessaisissement du juge le prive de toute possibilité d'apprécier si l'appel est valable et recevable[2]. Il ne peut donc pour apprécier s'il est dessaisi, évaluer la recevabilité de l'appel, et toute exécution d'une décision frappée d'appel, si elle n'est exécutoire, est nulle[3].

§ 4
Limitation à l'effet dévolutif

543.51 Appel irrecevable et effet dévolutif. En premier lieu, il convient de rappeler que l'effet dévolutif naît de l'appel lui-même. Seul l'acte d'appel opère dévolution et la cour ne peut statuer sur des demandes formées par conclusions allant au-delà des limites fixées dans l'acte d'appel[4]. Il est donc acquis qu'un appel déclaré irrecevable ne produit pas d'effet dévolutif, la juridiction d'appel ne pouvant dès lors connaître du fond de l'affaire[5].

La cour d'appel n'a d'ailleurs ni à exposer ni à examiner des conclusions qu'elle n'a pas à connaître, dans le cas d'une irrecevabilité d'appel[6]. Elle ne peut davantage, en cas d'irrecevabilité de l'appel, confirmer, même en tant que de besoin le jugement, puisque celui-ci ne lui est pas régulièrement déféré[7]. « *Attendu qu'une cour d'appel, qui décide que l'appel dont elle est saisie est irrecevable, excède ses pouvoirs en statuant au fond sur le jugement qui a fait l'objet de cet appel; Attendu qu'ayant constaté que l'appel du jugement du 16 décembre 1991 était irrecevable, l'arrêt a,* « *en tant que de besoin* », confirmé ce jugement. En foi de quoi, la cour d'appel a violé le texte susvisé » (C. pr. civ., art. 562)[8]. Elle ne peut d'avantage statuer si elle déclare l'appel sans objet[9].

1. Paris, 15 juin 1984, *Bull. ch. avoués* 1984. 100.
2. Cass., ch. réun., 12 juin 1909, *D.* 1909. 1. 389 – Civ. 2e, 5 mars 1980, no 78-13.070, *Bull. civ.* II, no 50.
3. Civ. 2e, 2 mai 1984, no 83-10.960, *Bull. civ.* II, no 74; *D.* 1984. IR 419, obs. Julien.
4. Civ. 1re, 22 juin 1999, no 97-15.225, *Bull. civ.* I, no 206; *BICC* no 1243; *JCP* 1999. IV. 2526.
5. Cass., ass. plén., 15 mai 1992, no 90-12.705, *Bull. ass. plén.*, no 6; *BICC* 1er juill. 1992, no 349, p. 8; *JCP* 1992. II. 21884, note du Rusquec; *JCP* 1992. IV. 1935 – Soc. 22 nov. 1995, no 92-16.192, NP – EN CAS DE NULLITÉ DE L'APPEL, Civ. 2e, 25 mars 1999, no 97-11.621, NP.
6. Com. 7 févr. 1968, *Bull. civ.* IV, no 57 – Civ. 1re, 9 mai 1975, no 73-11.358, *Bull. civ.* I, no 154.
7. Civ. 2e, 26 févr. 1992, no 90-18.308, *Bull. civ.* II, no 67; *JCP* 1992. IV. 1229.
8. Civ. 2e, 1er mars 1995, no 282, no 93-17.078, NP.

De la même façon, doit être censuré un arrêt ayant, après avoir déclaré irrecevable l'appel, « *constaté le caractère définitif du jugement* »[10].

Par contre, seul l'acte d'appel limite l'effet dévolutif à l'exclusion d'une acceptation de certains chefs du jugement, de telle sorte que l'appel ne peut être limité par conclusions, ce qui permet par des conclusions ultérieures de critiquer des points jusque-là non combattus[11].

543.52 Mission d'origine du juge. En second lieu, l'effet dévolutif d'un appel ne peut pas transformer la procédure et conférer à la cour une mission différente de celle des premiers juges (a été cassée une décision ayant prononcé la résiliation du bail aux torts de la bailleresse et la condamnant à réparer le préjudice en résultant pour la locataire alors que celle-ci ne demandait que la réparation du préjudice né de l'impossibilité d'exploiter[12]). Si le premier juge a statué au possessoire, la cour ne devrait pas pouvoir trancher le pétitoire[13]. La cour, saisie en appel d'une ordonnance de référé ne peut statuer au fond[14]. Encore faut-il qu'il s'agisse véritablement d'une ordonnance de référé, et non d'une décision qualifiée à tort de référé par le juge.

Dans une instance singulière où le juge saisi au fond avait rendu une ordonnance « de référé », la Cour de cassation a approuvé la cour, qui avait annulé la décision, d'avoir statué au fond[15]. À l'inverse, la cour d'appel, saisie d'un recours contre une ordonnance de référé, ne peut statuer au fond[16]. Mais la cour peut trancher au fond sur un litige consécutif à l'appel d'une décision du JEX, même si elle considère qu'il était incompétent[17], bien qu'une distinction entre compétence et pouvoir ait pu incliner à une solution inverse ou sur l'appel d'une décision rendue à tort par le tribunal des affaires de sécurité sociale au lieu et place du TGI[18].

9. Civ. 2e, 15 janv. 2004, no 01-17.734, *Bull. civ.* II, no 3.
10. CASSATION PAR VOIE DE RETRANCHEMENT, Civ. 2e, 8 juin 1995, no 93-10.775, *Bull. civ.* II, no 180.
11. Civ. 2e, 24 juin 2004, no 02-11.160, *Bull. civ.* II, no 309; *RTD civ.* 2004. 558, obs. Perrot.
12. Civ. 3e, 12 juill. 1995, no 93-16.155, NP.
13. H. Solus et R. Perrot, *Droit judiciaire privé*, Sirey, 1961, t. II, no 2205 – Toutefois *CONTRA*, v. Civ. 3e, 1er juin 1994, no 92-13.746, NP.
14. Civ. 3e, 7 avr. 2004, no 02-18.000, *Bull. civ.* III, no 69; *Procédures* 2004, no 143 – Soc. 6 juin 1974, no 73-11.532, *Bull. civ.* V, no 347 – Soc. 2 juill. 1974, *Bull. civ.* V, no 402 – Civ. 2e, 6 déc. 1978, no 77-13.558, *Bull. civ.* II, no 266 – Soc. 14 juin 1972, no 71-12.508, *Bull. civ.* V, no 425; *RTD civ.* 1972. 814, obs. Hébraud.
15. Civ. 3e, 12 oct. 1994, no 92-14.891, NP.
16. Civ. 3e, 7 avr. 2004, no 02-18.000, *Bull. civ.* III, no 69.
17. Civ. 2e, 8 avr. 2004, no 01-17.557, *Bull. civ.* II, no 172; *RTD civ.* 2004. 544, obs. Théry.
18. Civ. 2e, 8 avr. 2004, no 02-11.017, *Bull. civ.* II, no 173.

En application de l'article 79 alinéa 1er C. pr. civ., lorsqu'une cour d'appel infirme du chef de la compétence, elle statue néanmoins sur le fond du litige si la décision est susceptible d'appel et si la cour est juridiction d'appel relativement à la juridiction qu'elle estime compétente. Cette règle ne s'applique pas si le domaine d'activité du juge n'est pas le même - juge des référés ou juge du fond[1].

De même une cour d'appel ne peut, sur un recours contre une ordonnance du juge-commissaire admettant une créance du vendeur d'immeuble, statuer sur la nullité de la convention pour dissimulation de prix[2].

Par ailleurs, il faut rappeler que sous réserve des exceptions exposées ci-après, la cour, par l'effet dévolutif, ne peut connaître que des prétentions déjà soumises au premier juge[3].

543.53 **Les chefs du jugement déféré.** Mais la limitation essentielle apportée par le législateur à l'effet dévolutif réside dans l'article 562 C. pr. civ., qui dispose que « *l'appel ne défère à la cour que la connaissance des chefs du jugement qu'il critique expressément ou implicitement et de ceux qui en dépendent* »[4]. Il résulte de cet alinéa que la cour n'est saisie que des chefs visés dans la déclaration d'appel[5] et évidemment de ceux visés dans des appels incidents[6].

Ainsi, l'appelant principal ne peut-il plus sortir des limites qu'il a assignées à son appel[7] (tel l'époux, qui avait limité son appel aux dispositions du jugement relatives aux dommages et intérêts et à la pension alimentaire, ne peut plus demander le divorce, alors que la femme sollicite la confirmation de la décision de séparation de corps[8])[9]. La cour, en constatant les limites de l'appel, détermine les éléments du litige dont elle est saisie et, en le faisant, elle ne soulève pas d'office un moyen, de telle sorte qu'elle n'a pas à rouvrir les débats et à inviter les parties à présenter leurs observations[10].

Rappelons qu'il est aussi possible, après avoir interjeté un appel général, de limiter celui-ci par conclusions, ce qui ne défère alors à la cour que la partie critiquée du jugement et limite d'autant l'effet dévolutif[11]. La Cour de cassation a toutefois apporté une solution étrange en considérant que lorsque l'appel est général, la portée de l'appel est déterminée d'après l'état des dernières conclusions. Il semblerait ainsi possible, après avoir limité dans des premières conclusions la portée d'un appel général, de revenir sur cette limite et critiquer un chef de jugement complémentaire par de nouvelles écritures[12]. Dans la ligne de cette décision, la Cour de cassation en déduit que la limitation dans les conclusions à certains chefs critiqués du jugement ne vaut pas acquiescement, la décision quant au divorce n'étant passée en force de chose jugée qu'après le prononcé de l'arrêt[13].

Notons que lorsque l'appel est général, la cour est saisie par l'effet dévolutif de l'ensemble des données du litige de telle sorte qu'elle n'est pas tenue de délivrer injonction à l'une des parties de conclure sur un point non discuté par elle, avant de statuer[14].

543.54 **Critiques complémentaires.** Il convient d'ailleurs de rappeler qu'un appelant peut, par conclusions postérieures à l'acte d'appel, limiter son appel à certains chefs et réduire ainsi l'effet dévolutif. Une situation particulière peut exister lorsque l'appelant, sans limiter expressément son appel dans ses conclusions, ne critique en réalité que certains chefs du jugement, sans pour autant marquer un acquiescement ou une acceptation tacite des autres chefs, qui restent ignorés.

Dans cette hypothèse, la Cour de cassation a considéré que, tant que l'instance d'appel n'était pas achevée, la critique complémentaire d'autres chefs du jugement était possible. Elle en a posé le principe dans une espèce où la cour, sans vider définitivement l'interlocutoire, avait déjà rendu un premier arrêt. Elle a alors admis, qu'après cette première décision, l'appelant prenne des conclusions critiquant des points non discutés jusqu'alors[15].

Il est de même évident que l'appel incident défère à la cour les chefs du jugement non critiqués par

1. *Procédures* 2004, n° 143, note Perrot.
2. Com. 5 nov. 2003, n° 00-17.773, NP; *RJDA* 2004, n° 344.
3. Dijon, 15 nov. 1979, *Gaz. Pal.* 1980. 137, note J. V. – SUR LA DISTINCTION ENTRE EFFET DÉVOLUTIF ET ÉVOCATION, v. Caen, 12 sept. 1995, *JCP* 1995. IV. 2667.
4. Civ. 2e, 7 mars 2002, n° 00-16.240, *Bull. civ.* II, n° 32.
5. Civ. 2e, 10 juill. 2003, n° 01-13.758, *Bull. civ.* III, n° 232 – Civ. 1re, 22 juin 1999, n° 97-15.225, *Bull. civ.* I, n° 206.
6. Civ. 2e, 10 janv. 1974, n° 72-14.622, *Bull. civ.* II, n° 18 – Civ. 2e, 28 avr. 1978, n° 77-11.733, *Bull. civ.* II, n° 112 – Com. 28 nov. 1979, n° 78-12.005, *Bull. civ.* IV, n° 314; *JCP* 1980. IV. 53 – Com. 22 mai 1985, n° 84-12.675, *Bull. civ.* IV, n° 163; *JCP* 1985. IV. 268 – Civ. 2e, 17 mai 1995, n° 92-20.176, *Bull. civ.* II, n° 140; *Gaz. Pal.* 18-20 févr. 1996. IR 24 – Civ. 2e, 7 mars 2002, n° 00-16.240, *Bull. civ.* II, n° 32.
7. Civ. 2e, 5 févr. 1953, *Bull. civ.* II, n° 36 – Lyon, 20 mai 1980, *Gaz. Pal.* 1981. 93, note Hanine – Paris, 26 mars 1987, *Bull. ch. avoués* 1987. 2. 65.
8. Civ. 2e, 24 mai 1991, n° 90-12.700, *Bull. civ.* II, n° 156; *RTD civ.* 1992. 542, obs. Huet-Weiller.
9. V. Civ. 1re, 22 juin 1999, n° 97-15.225, *Bull. civ.* I, n° 206; *Procédures* 1999, n° 193.
10. Civ. 3e, 4 févr. 1976, n° 74-12.643, *Bull. civ.* III, n° 38.
11. Civ. 2e, 13 juill. 1999, n° 97-21.130, *Bull. civ.* II, n° 134 – Civ. 2e, 10 févr. 2000, n° 98-10.713, NP; *Procédures* 2000, n° 85; *RTD civ.* 2000. 407, obs. Perrot.
12. Civ. 1re, 8 janv. 2002, n° 99-20.773, *Bull. civ.* I, n° 1; *RTD civ.* 2002. 361, obs. Perrot; *Gaz. Pal.* 2002. Pan. 020980.
13. Civ. 2e, 31 janv. 2013, n° 11-29.004, *Bull. civ.* II, n° 17; *Procédures* 2013. Comm. 109, obs. Douchy-Oudot.
14. Civ. 2e, 18 déc. 2008, n° 07-21.906, *Bull. civ.* II, n° 269; *D.* 2009. 757, chron. Sommer et Nicolétis.
15. Com. 6 mai 1991, n° 89-19.791, *Bull. civ.* IV, n° 150; *Gaz. Pal.* 1992. 1. Pan. 2.

l'appelant, et conduit celle-ci à statuer à nouveau en fait et en droit à raison de l'effet dévolutif[1]. L'économie du système est ainsi simple : l'appel constitue la première limitation à l'effet dévolutif, puis les conclusions vont pouvoir limiter celui-ci[2].

Enfin, lorsque l'affaire vient à être jugée, la cour ne peut statuer que sur des points qui lui ont été expressément soumis. Si, en présence d'un acte d'appel général puis de conclusions ne critiquant que certains points, sans limitation expresse de l'appel, il est encore possible de reconclure au délai, la cour, dans l'hypothèse où des concluants seraient taisants sur certains points du jugement, n'est pas saisie. Sauf lien nécessaire, chaque partie arbitre son choix et sa décision ne vaut que pour ses intérêts[3]. Il convient de préciser que dans la procédure ordinaire avec représentation obligatoire les délais pour conclure sont strictement encadrés (v. s^s n°s 544.91 s.)

543.55 Pas d'aggravation du sort de l'appelant en l'absence d'appel incident. Un effet symptomatique de la limitation de l'effet dévolutif aux chefs du jugement déférés, réside dans l'impossibilité pour la cour d'aggraver le sort de l'appelant, en l'absence d'appel incident[4]. Cette règle pourtant impérative est encore mal perçue et son application a été rappelée par des arrêts de la cour suprême (a été cassé un arrêt ayant réduit le montant de l'indemnité d'éviction sur le seul appel de la société évincée[5]). Elle s'applique également dans l'hypothèse où c'est l'intimé qui fait un appel incident sur un chef non critiqué par l'appelant principal. Il n'est alors point possible d'aggraver le sort de l'intimé sur ce chef du litige.

L'auteur d'un accident et sa compagnie interjettent appel d'un jugement en critiquant seulement le chef de la décision relative à la tierce personne, sollicitant confirmation pour le surplus. La victime, intimée, forme appel incident, sollicitant une augmentation des sommes allouées au titre du remboursement des soins médicaux. La cour d'appel, loin d'augmenter cette somme, diminue le montant alloué par les premiers juges. La Cour de cassation censure la décision en application de l'article 562 C. pr. civ.[6].

§ 5
Exceptions au principe de limitation de l'effet dévolutif

543.61 Dévolution pour le tout. En application de l'article 562 alinéa 2 la dévolution s'opère pour le tout, lorsque l'appel n'est pas limité, lorsqu'il tend à l'annulation du jugement, ou si l'objet du litige est indivisible.

543.62 Absence de limitation de l'appel. La première exception n'offre pas de difficultés particulières et est la conséquence logique de l'alinéa 1er de l'article 562 C. pr. civ.

La dévolution s'opère pour le tout lorsque l'appel n'est pas limité, mais il doit être rappelé qu'il convient de tenir compte, non seulement de la déclaration d'appel, mais aussi des conclusions ultérieures, qui ont pu réduire les chefs de jugement critiqués[7].

L'appel général, non expressément limité ultérieurement, saisit la cour de l'ensemble du procès et il importe peu que l'appelant n'ait pas conclu[8], la cour ne pouvant sur ce seul motif, déclarer l'appelant déchu de son recours[9].

Le principe d'une dévolution pour le tout ne s'oppose pas au fait que la cour ne soit tenue de répondre qu'aux moyens et arguments visés dans les conclusions[10].

Il est rappelé que la déclaration d'appel ou les conclusions de première instance ne peuvent tenir lieu de conclusions d'appel[11], et que la cour n'est pas tenue de répondre à des moyens avancés dans les seules conclusions de première instance, même si les conclusions d'appel s'y réfèrent[12].

Les conclusions de confirmation de l'intimé qui, en application de l'article 954, dernier alinéa, C. pr. civ.[13],

1. Civ. 2e, 13 déc. 1993, n° 91-20.252, *Bull. civ.* II, n° 366; *RTD civ.* 1994. 83, obs. Hauser – Civ. 2e, 13 juill. 1999, n° 96-12.113, NP.
2. Civ. 2e, 13 juill. 1999, n° 96-12.113, NP; *RJDA* 1999, n° 1055.
3. Civ. 3e, 3 févr. 1999, n° 97-14.597, NP.
4. Civ. 2e, 12 juin 2008, n° 07-12.967, *Bull. civ.* II, n° 137; *RDI* 2008. 538, obs. Leguay – Civ. 3e, 26 févr. 2008, n° 07-11.652, NP – Civ. 2e, 3 mai 1974, n° 72-14.559, *Bull. civ.* II, n° 150 – Soc. 29 juin 1983, n° 82-13.311, *Bull. civ.* V, n° 363 – Civ. 1re, 10 mars 1987, n° 84-17.458, *Bull. civ.* I, n° 87; *JCP* 1987. IV. 170 – Civ. 2e, 13 déc. 1989, n° 88-11.401, NP; *Gaz. Pal.* 1990. 1. Pan. 50.
5. Civ. 2e, 11 janv. 1995, n° 93-10.212, *Bull. civ.* II, n° 4; *JCP* 1996. II. 22606, note du Rusquec.
6. Civ. 2e, 31 mai 1995, n° 92-20.455, *Bull. civ.* II, n° 163; *D.* 1996. 132, obs. Julien – EN CE SENS, Civ. 2e, 29 juin 1995, n° 2997.
7. Civ. 3e, 25 janv. 1977, n° 75-11.721, *Bull. civ.* III, n° 36 – Civ. 1re, 1er juin 1977, n° 75-15.683, *Bull. civ.* I, n° 256 – Civ. 2e, 12 oct. 1977, n° 76-13.744, *Bull. civ.* II, n° 196; *Gaz. Pal.* 1977. 2. Somm. 361 – Soc. 2 déc. 1982, n° 80-41.470, *Bull. civ.* V, n° 678 – Civ. 2e, 30 nov. 1994, n° 93-11.373, NP; n° 1120.
8. Com. 24 nov. 1975, n° 74-14.782, *Bull. civ.* IV, n° 278.
9. Civ. 2e, 24 févr. 1988, n° 86-13.505, *Bull. civ.* II, n° 50; *JCP* 1988. IV. 161.
10. Civ. 1re, 5 avr. 1954, *Bull. civ.* I, n° 115 – Civ. 3e, 28 oct. 1974, n° 73-14.482, *Bull. civ.* III, n° 378 – Com. 13 janv. 1981, n° 79-13.057, *Bull. civ.* IV, n° 23; *D.* 1981. IR 367, obs. Julien – Civ. 2e, 24 nov. 1982, n° 81-14.019, *Bull. civ.* II, n° 149; *JCP* 1983. IV. 53 – Civ. 2^e, 28 janv. 1987, n° 85-17.608, *Bull. civ.* II, n° 25; *JCP* 1987. IV. 109.
11. Civ. 2^e, 30 janv. 1974, n° 73-90.695, *Bull. civ.* II, n° 43 – Civ. 2^e, 18 mars 1975, n° 73-14.163, *Bull. civ.* II, n° 94.
12. Civ. 1re, 29 juin 1982, n° 81-14.529, *Bull. civ.* I, n° 243 – Civ. 3e, 5 juill. 1983, n° 81-15.795, *Bull. civ.* III, n° 158 – Civ. 2e, 7 mars 1985, n° 83-11.304, *Bull. civ.* II, n° 59; *Gaz. Pal.* 1985. 1. Pan. 197, obs. Croze et Morel.
13. Mod. par Décr. 28 déc. 1998 et par Décr. n° 2009-1524, 9 déc. 2009.

étaient réputées s'approprier les motifs des premiers juges, entraînaient de même la dévolution pour le tout puisqu'elles mettaient l'appelant en mesure de conclure à toutes fins [1].

Il faut donc éviter de déposer des conclusions de confirmation banales et générales, dans l'hypothèse où l'appelant a lui-même limité son appel, car la cour serait alors saisie de l'ensemble du litige [2]. Il n'en reste pas moins que la cour appelée par l'effet dévolutif à statuer en fait et en droit, est saisie par des moyens. Dès lors, en l'absence de conclusions de l'appelant, elle ne peut que rejeter le recours, sauf à relever d'office un moyen d'ordre public [3].

543.63 **Annulation du jugement.** La seconde exception au principe de la limitation de l'effet dévolutif a trait à l'appel aux fins d'annulation du jugement (v. s[s] n°s 543.31 à 543.33).

543.64 **Indivisibilité du litige.** Enfin, l'effet dévolutif opère pour le tout si l'objet du litige est indivisible, et ce même si l'appel est limité [4].

La cour de Caen a eu l'occasion, dans une espèce procéduralement intéressante, de rappeler à la fois la distinction entre l'effet dévolutif et le droit d'évocation, et le rôle de l'indivisibilité. Par un jugement mixte, le tribunal liquide le préjudice d'une victime, consécutif à un accident et ordonne une expertise avant de statuer sur la demande de la même personne visant à voir déclarer une seconde chute liée par un lien causal avec l'accident d'origine. La Cour rappelle que s'agissant d'un jugement mixte, l'effet dévolutif ne s'applique qu'à la décision ayant tranché le litige, et non pas à la partie de celle-ci ayant ordonné, avant dire droit une expertise. Pour ce second problème, la cour ne peut qu'user de son droit d'évocation. Mais la cour rappelle que la dévolution s'opère pour le tout, si la mesure d'instruction est la conséquence nécessaire de la partie au principal déjà tranchée. Considérant que les deux demandes ne sont pas indivisibles, elle écarte l'effet dévolutif pour la deuxième [5].

Il reste qu'il n'est pas toujours aisé de caractériser l'indivisibilité et que la meilleure méthode serait peut-être de s'assurer des effets incompatibles de décisions, si elles étaient rendues séparément et contradictoirement. Le litige doit conduire à une solution unique, sous peine d'être aberrante [6].

Il incombe à celui qui invoque l'indivisibilité d'indiquer les faits desquels elle résulte [7].

§ 6
Prétentions nouvelles

543.70 **Principe et limites.** En application de l'article 564 C. pr. civ., les parties ne peuvent soumettre de nouvelles prétentions à la cour d'appel. Cette règle s'explique par deux considérations essentielles. D'une part, la cour est une juridiction de second degré appelée à statuer sur un litige au vu d'une première décision. Comme le soulignent les professeurs Guinchard et Ferrand [8], l'appel est destiné à vérifier que les premiers juges ont accompli leur mission. Il y a donc lieu de transmettre à la cour le litige dans les conditions connues des premiers juges. C'est le principe de l'immutabilité du litige.

D'autre part, le bénéfice du double degré de juridiction accordé à tout plaideur, interdit qu'une demande ne soit pas soumise à un premier examen. Mais, au-delà de l'interdiction, il est nécessaire de tenir compte dans certaines circonstances, de la survenance d'un texte ou de faits nouveaux, ou de l'arrivée de nouveaux acteurs dans le litige, qui ne peuvent être ignorés sous peine de rendre une décision inacceptable voire malencontreuse ou inique et parfois même inapplicable.

Un procès vit pendant de longs mois, les faits et les intérêts peuvent évoluer et il est parfois indispensable que le juge en tienne compte. Dès lors le principe de l'interdiction, tout en étant important, doit être regardé dans un esprit d'efficacité et de justice, et doit souffrir des exceptions, chaque fois que celles-ci sont commandées par le souci de terminer un litige, dans le respect des droits de chaque partie.

A.
Notion de prétention nouvelle

543.71 **Textes.** Une prétention, en application de l'article 4 C. pr. civ., exprimée par l'acte introductif d'instance ou dans des conclusions, détermine le litige [9]. Il sera toutefois observé que le législateur n'apporte aucune définition de la « *prétention nouvelle* ». L'article 565 C. pr. civ. préfère en définir les

1. Civ. 1re, 16 janv. 1952, *Bull. civ.* I, n° 22 – Com. 17 mars 1952, *Bull. civ.* IV, n° 127 – Civ. 1re, 22 juill. 1975, n° 72-13.746, *Bull. civ.* I, n° 245 – Civ. 2e, 4 janv. 1974, n° 72-14.276, *Bull. civ.* II, n° 4; *JCP* 1974. IV. 53.
2. V. R. Perrot, « Journées d'études des avoués près les cours d'appel, Toulouse 1974 », *Gaz. Pal.* 19-20 mars 1975 [non repris au *Recueil*].
3. Civ. 2e, 7 déc. 1994, n° 93-12.345, NP.
4. Soc. 30 juin 1950, *Bull. civ.* V, n° 562 – Civ. 15 déc. 1943, *DP* 1944. 37 – Montpellier, 17 oct. 1972, *JCP* 1973. IV. 191.
5. Caen, 12 sept. 1995, *Juris-Data* n° 044452; *JCP* 1995. IV. 2667.
6. H. Solus et R. Perrot, *Droit judiciaire privé*, Sirey, 1961, t. II, n° 555 – Rép. pr. civ., v° *Appel*, par F. Ferrand, mars 2012 [màj juin 2013].
7. Com. 30 oct. 1968, *Bull. civ.* IV, n° 301.
8. GUINCHARD et FERRAND, 28e éd., n°s 727 s.
9. R. Martin, « Le double langage de la prétention », *JCP* 1981. I. 3024; « Le juge devant la prétention », *D.* 1987. Chron. 35.

contours, par un raisonnement *a contrario*. C'est la définition négative : la prétention n'est pas nouvelle si elle tend aux mêmes fins que celle soumise au premier juge. Mais le législateur n'indique pas que dans toutes les circonstances autres, la prétention est nécessairement nouvelle. Il y a dans cette attitude législative, un espace laissé à la controverse et le praticien sait combien celle-ci peut parfois être vive et délicate.

543.72 Recherche de la prétention nouvelle. L'appréciation de la prétention se fait au regard des écritures de première instance, puisqu'elle se définit dans ces documents, et non à la lecture du jugement, qui peut avoir statué *infra* ou *ultra petita*[1]. Mais il suffit que la prétention ait existé dans les écritures, peu important qu'elle n'ait pas été argumentée.

La Cour de cassation censure une cour d'appel qui a considéré comme nouvelle une demande visée dans l'assignation mais non argumentée, après avoir rappelé que même non soutenue par un moyen, la demande existait et n'était donc pas nouvelle[2].

L'article 753 C. pr. civ. édicte que les prétentions non reprises dans les dernières écritures sont réputées abandonnées. Il faut en déduire que constituerait une demande nouvelle le fait de reprendre devant la cour une prétention, qui avait été abandonnée en cours de procédure de première instance[3].

543.73 Une fin de non-recevoir. S'agissant d'une fin de non-recevoir, elle peut être soulevée en tout état de cause, sauf à donner lieu à dommages-intérêts, si le moyen est soulevé tardivement dans un but dilatoire, en application de l'article 123 C. pr. civ., à condition toutefois que la partie qui pouvait s'en prévaloir n'ait pas conclu sur le fond de la prétention car alors elle a renoncé au moyen[4]. Mais elle ne peut être soulevée pour la première fois, devant la Cour de cassation[5].

Enfin, l'irrecevabilité ne peut être soulevée que par la partie contre laquelle la demande est présentée[6], étant précisé qu'elle doit l'être par des conclusions motivées précisément[7].

L'article 564 C. pr. civ., dans sa rédaction issue du décret n° 2009-1524 du 9 décembre 2009, prévoit que la violation de l'interdiction des prétentions nouvelles est désormais sanctionnée par une irrecevabilité prononcée d'office par la cour.

543.74 Une prétention qui tend aux mêmes fins. Une prétention n'est pas nouvelle, si elle tend aux mêmes fins que celle soumise au premier juge, même si son fondement juridique est différent. L'article 565 C. pr. civ. complète et précise ainsi la distinction entre les moyens nouveaux qui sont autorisés par l'article 563 C. pr. civ. et la demande nouvelle. Il importe peu de changer de moyens, y compris de présenter un fondement juridique différent. Seul le but recherché importe[8].

Cette règle est d'ailleurs heureuse, et donne tout son sens et son intérêt à la saisine de la cour. Le praticien, qui à la lecture de la décision ou pour toute autre cause, constate que le fondement juridique choisi à l'origine n'est pas heureux, doit pouvoir en changer pour aboutir au succès en appel. Il peut ainsi corriger une argumentation, modifier le fondement juridique du procès, apporter tous nouveaux éléments, et bénéficier ainsi véritablement d'une seconde chance devant la cour.

En outre, un point doit particulièrement attirer l'attention du conseil : **l'importance de cette flexibilité de la notion de demande nouvelle au regard du principe de concentration des moyens** institué par l'arrêt *Césaréo*. Grâce à cet article 565, il sera possible de soutenir devant la cour un fondement juridique non présenté en première instance, à condition qu'il tende à obtenir un résultat concret identique. En sens inverse, le fait de ne pas présenter ce moyen dans le cadre de l'appel empêchera d'agir à nouveau en première instance sur le fondement de ce moyen pour obtenir le bénéfice de cette prétention.

La possibilité d'utiliser un autre fondement ne devrait pas poser de difficultés sérieuses, tant la règle paraît claire et sans limites.

Ainsi, il est admissible de :

- sollicitant l'indemnisation d'un dommage, fonder son action sur l'article 1382 du Code civil en instance, puis sur l'article 1384 du même Code en appel, voire sur la responsabilité contractuelle après avoir agi sur la responsabilité délictuelle[9];

- sollicitant la reprise d'un local, fonder l'action sur un motif de reprise en instance et un autre en appel, voire sur la résiliation du bail pour manquement à une obligation après avoir invoqué un droit de reprise personnelle[10];

1. Civ. 3e, 26 mai 1992, n° 90-17.982, *Bull. civ.* III, n° 170; *RTD civ.* 1993. 190, obs. Perrot – Paris, 19 janv. 1993, *Bull. ch. avoués* 1993. 2. 56.
2. Civ. 2e, 8 juin 1995, n° 93-20.207, *Bull. civ.* II, n° 169.
3. Civ. 2e, 8 déc. 2005, n° 04-11.668, *Bull. civ.* II, n° 311; *RTD civ.* 2006. 153, obs. Perrot; *Procédures* 2005, n° 523.
4. Civ. 11 mai 1921, *DP* 1924. 1. 213 – Com. 9 avr. 1976, n° 75-10.801, *Bull. civ.* IV, n° 112.
5. Civ. 1re, 31 janv. 1951, *Bull. civ.* I, n° 43 – Civ. 1re, 24 juill. 1973, n° 72-11.228, *Bull. civ.* I, n° 252 – Civ. 2e, 27 avr. 1977, n° 75-14.761, *Bull. civ.* II, n° 108.
6. Civ. 31 janv. 1951, *D.* 1951. 33 – Soc. 14 déc. 1966, *Bull. civ.* V, n° 939 – Civ. 1re, 13 mars 1967, *Bull. civ.* I, n° 96 – Civ. 1re, 18 mars 2003, n° 01-01.073, *Bull. civ.* I, n° 75; *RTD civ.* 2003. 355, obs. Perrot.
7. Com. 11 oct. 1965, *Bull. civ.* IV, n° 939 – Civ. 1re, 13 déc. 1967, *Bull. civ.* I, n° 365.
8. Civ. 3e, 4 mai 2000, n° 98-14.014, NP.
9. Douai, 21 janv. 1937, *S.* 1937. 2. 152 – Civ. 1re, 30 juin 1970, n° 69-10.630, *Bull. civ.* I, n° 224.
10. Soc. 13 juill. 1950, *Bull. civ.* V, n° 614 – Soc. 27 févr. 1953, *Bull. civ.* V, n° 173.

– sollicitant l'annulation d'une décision d'assemblée générale, fonder celle-ci pour la première fois en appel sur l'irrégularité de la convocation [1];

– ayant sollicité la résiliation expulsion en première instance, demander l'exécution du congé en appel [2].

De même, ont été jugées recevables des demandes :

– en paiement d'une somme en réparation après avoir demandé en première instance à l'assurance la prise en charge des mensualités d'un prêt [3];

– de subsides après une demande en recherche de paternité [4];

– en recherche de paternité fondée sur un cas d'ouverture différent de celui invoqué en première instance [5];

– en nullité de contrat pour déclaration tardive après avoir argué d'une fausse déclaration intentionnelle [6];

– en déplafonnement tirée d'une modification notable des facteurs locaux de commercialité, après avoir soutenu une demande en déplafonnement en raison de la durée du bail et de son statut [7];

– en annulation après une demande en résiliation ou en résolution [8];

– en résolution d'un contrat après avoir soulevé en première instance, une exception d'inexécution [9];

– en paiement du montant de l'assurance-vie après avoir demandé en première instance le remboursement des sommes investies [10];

– en nullité de partage pour dol et erreur en première instance, et comme constitutif d'une donation déguisée en appel [11];

– en indemnisation fondée sur la concurrence déloyale, après l'avoir fondée en première instance sur la contrefaçon [12]. Ce dernier exemple est significatif, car la jurisprudence n'admet pas, en sens inverse, la demande fondée en appel sur la contrefaçon, alors qu'elle l'était en première instance sur la concurrence déloyale. Ceci est conforme au texte, la demande fondée sur la contrefaçon ayant une fin plus ample que la simple indemnisation et étant constitutive de droits [13];

– en nullité de bail après avoir sollicité en première instance la validation du congé [14];

– en paiement de dommages-intérêts en suite de la nécessité de démolir une maison mal implantée alors qu'il avait été demandé en première instance des dommages-intérêts pour malfaçons [15].

La modification du fondement ne doit pas tendre à obtenir la substitution d'un droit à un autre, et c'est ici que réside la difficulté d'application de l'article 564 C. pr. civ.

Ainsi, la cour de Lyon [16] a-t-elle déclaré irrecevable une demande visant en appel la gestion d'affaires après avoir invoqué en première instance les principes de la responsabilité civile.

La cour de Paris [17] a de même déclaré irrecevable une demande visant en appel au refus de maintien dans les lieux en application de la loi n° 48-1360 du 1er septembre 1948 [18], après avoir invoqué la résiliation d'une location.

Il n'est pas sûr que le critère ainsi retenu, tenant à la substitution d'un droit à un autre soit pertinent, dans la mesure où seul le but doit importer. Il n'est d'ailleurs pas impossible de penser que la jurisprudence actuelle n'admettrait plus cette limite [19]. Dans cette dernière décision, la Cour de cassation censure un arrêt ayant déclaré irrecevable la demande en restitution du véhicule par la société de *leasing*, fondée en appel sur son droit de propriété, alors qu'elle était fondée en première instance sur la résiliation du contrat de location, au motif qu'il s'agissait de la reconnaissance de deux droits différents. Cet arrêt est intéressant, car la cour suprême se refusant d'entrer dans le critère de la cour d'appel, rappelle simplement que la fin du procès était la restitution du véhicule. Significatif de cette nouvelle attitude de la cour suprême est l'arrêt dans lequel elle casse une décision ayant déclaré irrecevable une demande en résiliation de bail présentée en appel au motif qu'il s'agit d'une demande constitutive d'un droit nouveau et différent de la demande visant à constater en première instance l'absence de tout bail. La Cour de cassation se contente de rappeler que le but poursuivi depuis l'origine était l'expulsion de l'occupant [20].

De même, dans une espèce où une partie avait en appel prétendu à l'existence d'une enclave alors

1. Civ. 3e, 26 févr. 2008, n° 07-12.479, NP.
2. Civ. 3e, 24 mai 2000, n° 98-22.732, *Bull. civ.* III, n° 112; *D.* 2000. 335, obs. Rouquet; *JCP* 2000. IV. 2223.
3. Civ. 2e, 10 mars 2004, n° 02-15.062, *Bull. civ.* II, n° 99; *JCP* 2004. IV. 1905.
4. Civ. 1re, 28 avr. 1970, n° 67-13.392, *Bull. civ.* I, n° 135; *JCP* 1978. II. 16418, note R. L. – Civ. 1re, 27 nov. 1979, n° 78-10.825, *Bull. civ.* I, n° 298; *Gaz. Pal.* 1980. 253.
5. Civ. 1re, 14 janv. 1975, n° 73-11.610, *Bull. civ.* I, n° 13 – Civ. 2e, 28 févr. 1966, *JCP* 1966. II. 14606, obs. J. A.
6. Civ. 1re, 23 févr. 1977, n° 75-10.935, NP; *D.* 1977. IR 290 – Civ. 1re, 13 oct. 1976, n° 74-15.011, *Bull. civ.* I, n° 294; *D.* 1977. IR 11.
7. Civ. 3e, 24 févr. 1999, n° 97-14.536, *Bull. civ.* III, n° 45; *JCP* 1999. IV. 1692.
8. Colmar, 18 oct. 1979, *Gaz. Pal.* 1980. 401 – Civ. 3e, 24 avr. 1981, *JCP* 1981. IV. 235.
9. Civ. 1re, 2 févr. 1999, n° 96-21.291, *Bull. civ.* I, n° 33; *D.* 1999. 217, obs. Julien; *RJDA* 1999, n° 154.
10. Civ. 2e, 3 juill. 2008, n° 07-19.367, *Bull. civ.* II, n° 160; *JCP* 2008. IV. 2410.
11. Civ. 2e, 9 févr. 1994, n° 92-15.515, *Bull. civ.* II, n° 48.
12. Com. 24 nov. 1987, n° 87-11.876, *Bull. civ.* IV, n° 245; *JCP* 1988. IV. 41; *Gaz. Pal.* 1988. Somm. 316, obs. Guinchard et Moussa.
13. Com. 22 sept. 1983, n° 82-12.120, *Bull. civ.* IV, n° 236; *Gaz. Pal.* 1984. Pan. 33, obs. Guinchard – Paris, 18 avr. 1989, *D.* 1990. Somm. 77.
14. Civ. 3e, 4 mai 2004, n° 02-21.160, NP.
15. Civ. 3e, 20 nov. 2007, n° 06-17.038, NP.
16. Lyon, 8 janv. 1962, *Gaz. Pal.* 1962. 1. 264; *RTD civ.* 1962. 539, obs. Héraud.
17. Paris, 27 janv. 1966, *JCP* 1967. II. 14967.
18. L. n° 48-1360, 1er sept. 1948, dite Grimaud, sur les baux et loyers, *JO* 2 sept., p. 8659.
19. Civ. 3e, 30 janv. 1991, n° 89-18.129, *Bull. civ.* III, n° 41; *Gaz. Pal.* 1992. 79, note Barbier – Civ. 3e, 4 mars 1992, n° 90-18.480, *Bull. civ.* III, n° 67 – Civ. 2e, 4 juin 1993, n° 91-20.917, *Bull. civ.* II, n° 189.
20. Civ. 3e, 12 juill. 1995, n° 93-16.683, NP.

qu'elle avait allégué en première instance l'existence d'une servitude de passage, la Cour de cassation retient que les deux demandes visaient à lui reconnaître un droit de passage[1].

La première chambre civile a adopté de même une attitude encore plus accueillante, en approuvant une cour d'avoir déclaré recevable une demande en appel en paiement d'une provision à valoir sur l'indemnisation prévue par les statuts, après avoir demandé en première instance l'exécution de son obligation par l'associé coopérateur[2].

Au regard des arrêts les plus récents il semble que la cour suprême s'attache au but poursuivi par le plaideur, s'éloignant délibérément de l'argumentation juridique, même si celle-ci est constitutive d'un droit nouveau[3]. Cette attitude ne peut qu'être approuvée, et devrait éviter les hésitations, pour ne pas dire les contradictions, de la Cour de cassation, dans l'appréciation de l'autorité de la chose jugée. Plus la cour suprême admet que le procès évolue en appel même en droit, à la condition que le but recherché reste en pratique identique, et plus sera forte l'autorité attachée à la chose jugée. Si elle admet que, pour obtenir l'annulation d'une vente, l'on puisse invoquer l'absence de prix après avoir invoqué le vice du consentement elle ne permettra pas, comme elle l'a fait dans des conditions très controversées, de diligenter des procès différents dont les fins sont semblables, et ce au mépris de l'autorité attachée à une décision[4].

Ainsi, la demande qui ne tend pas aux mêmes fins est claire : c'est celle dans laquelle son auteur attend un résultat différent de celui souhaité en première instance.

Est nouvelle la demande visant à obtenir le montant des travaux de remise en état d'un terrain, alors qu'il avait été demandé en première instance, la consécration de la garantie en cas de condamnation[5]. Est également nouvelle la demande visant en appel à obtenir une décision retenant la faute du syndic, après avoir seulement demandé en première instance la consécration de la fausseté d'un acte authentique[6]. Est nouvelle la demande visant pour un agent immobilier à obtenir en appel le remboursement d'un prêt alors que, en première instance, il avait été demandé le paiement de commissions[7]. C'est par la notion d'objet de la prétention, que la nouveauté de celle-ci est reconnue.

1. Civ. 3e, 1er juin 1994, no 92-13.746, NP.
2. Civ. 1re, 4 avr. 1995, no 93-14.592, NP.
3. Civ. 3e, 14 juin 1994, no 92-21.555, NP.
4. Civ. 1re, 28 mars 1995 et 11 avr. 1995, *D* 1996. 5. 121.
5. Civ. 2e, 29 mars 1995, no 93-16.223, NP.
6. Civ. 2e, 18 janv. 1995, no 93-13.972, NP.
7. Civ. 1re, 18 mai 1978, *Gaz. Pal.* 1978. 2. Somm. 320.

Est nouvelle la demande :

- en paiement de dommages-intérêts à raison d'une consignation de fonds versés à l'occasion de la signature d'un compromis, au regard d'une action en déclaration de vente parfaite[8];
- visant à valider des apports alors qu'il était demandé l'annulation desdits apports au tribunal[9];
- visant à la résiliation du bail pour manquements du preneur alors qu'il avait été demandé la validité du congé en première instance[10];
- en contrefaçon d'un modèle différent du modèle de première instance[11];
- en nullité ou en résolution qui a pour effet de mettre à néant le contrat, et l'action en responsabilité qui le laisse subsister[12];
- en libération de l'accès au compteur d'eau outre dommages-intérêts alors qu'il avait été demandé le paiement des charges d'eau[13];
- en paiement de dommages-intérêts à raison de l'implantation d'une canalisation et en raison d'une pénétration dans les jardins pour l'installer, alors qu'il avait été demandé en première instance l'enlèvement de la canalisation[14];
- en réparation d'un préjudice distinct[15].

543.75 Prétention nouvelle et parties concernées. Également délicate à cerner est la notion de nouveauté de la prétention au regard des parties concernées.

Est sûrement une prétention nouvelle celle qui est formulée en appel contre des personnes qui n'étaient pas parties à la première instance[16]. Il en est de même des personnes qui étaient parties en une autre qualité[17].

La question pratique délicate est celle tenant à la possibilité pour une partie de présenter en appel contre une autre partie, une demande qu'elle n'avait pas dirigée contre elle mais que d'autres avaient entreprise.

8. Civ. 2e, 1er juin 1994, no 92-19.004, NP.
9. Civ. 1re, 28 févr. 1995, no 93-11.650, NP.
10. Besançon, 19 déc. 1995, *Gaz. Pal.* 17-18 juill. 1996, note Lachaud.
11. Com. 27 mai 1997, no 95-13.827, *Bull. civ.* IV, no 154.
12. Com. 30 nov. 1999, no 97-15.733, *Bull. civ.* IV, no 211; *D.* 2000. 110, obs. Avena-Robardet; *BICC* no 141; *Gaz. Pal.* 2000. Somm. 17 – Civ. 3e, 10 sept. 2008, no 07-14.568, NP – Civ. 2e, 8 sept. 2011, no 09-13.086, *Bull. civ.* II, no 163; *RTD civ.* 2011. 762, obs. Fages, qui précise : « *La demande en résolution qui vise à mettre à néant la convention ne tend pas aux mêmes fins que la demande d'exécution de la dite convention* ».
13. Civ. 2e, 18 janv. 2007, no 04-10.230, *Bull. civ.* II, no 10.
14. Civ. 3e, 10 sept. 2008, no 07-14.568, NP.
15. Civ. 2e, 17 sept. 2009, no 08-19.961, NP (rectif. le 18 févr. 2010).
16. Civ. 1re, 10 avr. 1964, *D.* 1965. 1. note Lobin – Civ. 2e, 28 janv. 1966, *Bull. civ.* II, no 135 – Civ. 2e, 21 juill. 1969, *Bull. civ.* II, no 206.
17. Civ. 2e, 31 oct. 1958, *Bull. civ.* II, no 680 – Paris, 28 avr. 1966, *JCP* 1967. II. 15128, note Boyer – Versailles, 28 oct. 1993, *D.* 1994. IR 33.

Une victime demande en première instance la condamnation de l'auteur du sinistre et de la compagnie d'assurances de celui-ci. Le responsable du sinistre peut-il, pour la première fois en appel, conclure contre sa compagnie alors qu'il ne l'a point fait en première instance. Faut-il assimiler prétention nouvelle à prétention nouvellement présentée par une partie précise ? En l'espèce, la compagnie a déjà eu à faire face à la demande, même si elle émanait d'une autre personne. Le problème reste controversé. Certains considèrent que les dimensions nouvelles de l'appel devraient permettre de formuler une prétention à l'encontre de l'intimé[1].

La Cour de cassation opte pour la solution de l'irrecevabilité. Par arrêt du 27 juin 1995[2], elle casse une décision ayant accueilli en appel des demandes formées par plusieurs compagnies d'assurance contre une autre, alors que seule l'une d'entre elles avait conclu en ce sens en première instance[3].

Le droit d'intimer en appel tous ceux qui ont été parties en première instance n'emporte pas celui de présenter des prétentions à l'encontre des parties contre lesquelles il n'avait pas été conclu[4].

543.76 Demande virtuellement comprise dans la prétention d'origine. Ne sont pas considérées comme nouvelles en application de l'article 566 C. pr. civ., et sont dès lors recevables, les demandes virtuellement comprises dans celles présentées en première instance. Il ne s'agit ici que d'expliciter une demande qui avait été, en fait, déjà présentée, mais peut-être de façon insuffisamment claire, voire erronée[5].

Une partie sollicite dans son assignation le paiement d'une somme supérieure au montant du prêt dont elle allègue l'existence. En appel, elle présente une demande au titre d'une quittance subrogatoire. La cour d'appel déclare cette demande irrecevable. La Cour de cassation casse la décision au motif que la demande était virtuellement comprise dans la demande originaire, dont le montant excédait le seul prêt[6].

Ainsi peuvent être considérées comme virtuellement comprises dans la demande d'origine, les demandes :

– d'augmentation du chiffre de la prétention originaire pour rectifier une erreur[7];

– en réparation de vices révélés par le rapport d'expertise alors que l'action avait été conduite en termes très larges[8];

– en paiement d'une somme précise alors qu'il n'avait été réclamé en première instance que le paiement de commissions, dont le montant restait à déterminer[9];

– en paiement après une demande en validité de saisie-arrêt[10];

– en restitution en valeur après une demande en restitution en nature[11];

– de pension comprise dans une demande de modification de garde[12];

– de prestation après une demande de pension alimentaire formulée à tort[13];

– de prestation compensatoire antérieure à l'acquiescement de l'intimé sur le prononcé du divorce[14].

En sens contraire, n'est pas virtuellement comprise dans la prétention originaire :

– la demande visant à obtenir en appel pour le cas où la nullité d'une cession de titres serait confirmée, le paiement d'une somme correspondant à l'investissement complémentaire réalisé et à la plus-value dégagée[15];

– la demande présentée par l'assuré contre son assureur pour la première fois en appel même si l'assurance, présente en première instance, avait fait l'objet d'une réclamation de la victime[16].

Il convient ici de rappeler que l'appel doit lui-même être recevable, pour permettre à la cour d'apprécier si une demande était comprise dans une précédente[17].

Enfin, pour prétendre qu'une demande n'est pas nouvelle car elle est virtuellement comprise dans la demande d'origine, qu'elle se contente d'expliciter, il est évidemment nécessaire qu'une présentation originaire existe (a été cassé un arrêt ayant admis en appel une demande en garantie contre le notaire, alors que si des reproches avaient été formulés en première instance, aucune demande n'avait été présentée[18]; a été également cassé un arrêt ayant admis en appel une demande en condamnation, alors que rien n'avait été demandé contre la partie qui n'avait été assignée qu'aux fins de rendre commun le jugement[19]).

1. V. E. Juillard, *Rapport aux journées d'études des avoués à la cour de Toulouse*, oct. 1974.
2. Civ. 1re, 27 juin 1995, n° 93-14.006, NP.
3. EN CE SENS, Civ. 3e, 21 févr. 1995, n° 93-13.852, NP.
4. Civ. 1re, 18 mars 2003, n° 01-01.073, *Bull. civ.* I, n° 75; *RTD civ.* 2003. 355, obs. Perrot.
5. J. Vincent, « Les dimensions nouvelles de l'appel en matière civile », *D.* 1973. Chron. 1791 – Civ. 2e, 12 mai 1980, n° 79-10.563, *Bull. civ.* II, n° 104 – Com. 18 janv. 1983, n° 80-13.103, *Bull. civ.* IV, n° 21; *Gaz. Pal.* 1983. Pan. 175, obs. Guinchard – Com. 9 oct. 1984, n° 83-10.082, *Bull. civ.* IV, n° 253; *Gaz. Pal.* 1985. Pan. 19, obs. Guinchard.
6. Civ. 2e, 8 juin 1995, n° 93-20.207, *Bull. civ.* II, n° 169; *Gaz. Pal.* 24-28 déc. 1995. Pan. 17.
7. Com. 4 juin 1973, n° 72-10.860, *Bull. civ.* IV, n° 196.
8. Civ. 2e, 27 mars 1974, n° 73-10.668, *Bull. civ.* II, n° 108.
9. Com. 6 janv. 1975, n° 73-13.046, *Bull. civ.* IV, n° 1.
10. Civ. 2e, 9 déc. 1987, n° 86-12.778, *Bull. civ.* II, n° 263; *JCP* 1988. IV. 63.
11. Paris, 23 oct. 1986, *Bull. ch. avoués* 1987. 2. 60.
12. Paris, 30 avr. 1987, *Bull. ch. avoués* 1987. 2. 61.
13. Paris, 28 juin 1983, *Bull. ch. avoués* n° 90, p. 61.
14. Civ. 2e, 18 sept. 1996, n° 94-12.526, *Bull. civ.* II, n° 211 – Civ. 2e, 24 juin 1998, n° 95-20.188, NP – *CONTRA :* si l'appel est irrecevable et n'a été fait que pour justifier cette demande, Civ. 2e, 10 déc. 1998, n° 97-12.843, NP; *Procédures* 1999, n° 64.
15. Civ. 1re, 13 nov. 1974, n° 73-10.424, *Bull. civ.* I, n° 302; *JCP* 1976. II. 18242, note Couchez – Civ. 1re, 16 janv. 1979, *Gaz. Pal.* 1979. Pan. 179.
16. Civ. 1re, 4 juin 2002, n° 99-13.408, *Bull. civ.* I, n° 155.
17. Civ. 1re, 16 janv. 1979, *Gaz. Pal.* 1979. 1. Somm. 197.
18. Civ. 1re, 6 déc. 1994, n° 93-10.815, NP.
19. Civ. 1re, 7 févr. 1995, n° 92-16.096, NP.

Il appartient au juge, pour écarter une demande au motif qu'elle est nouvelle, de rechercher si elle n'était pas virtuellement comprise dans la prétention originelle[1].

543.77 Demandes accessoires ou complémentaires à la demande d'origine. Ne constituent de même pas des prétentions nouvelles celles qui ne sont que l'accessoire, la conséquence ou le complément de celles déjà présentes en première instance.

La formulation large de l'article 566 C. pr. civ. pourrait laisser place à des excès, qui atteindraient le principe du double degré de juridiction. Il est donc impératif que ces prétentions restent liées par un lien suffisant avec la demande originaire[2]. Il est nécessaire qu'une demande au fond ait été présentée en première instance. À défaut, il n'est point possible de prétendre ajouter à une demande initiale[3].

Ainsi ont été regardées comme étant les accessoires, la conséquence ou le complément, les demandes :

- d'intérêts[4];
- de capitalisation des intérêts[5];
- d'agios entraînés par le trouble de trésorerie[6];
- d'astreinte[7] (solution évidente au regard de la loi n° 72-626 du 5 juillet 1972[8], qui permet au juge de la prononcer d'office);
- de dommages-intérêts pour résistance abusive[9];
- de dommages-intérêts comme accessoires à la demande en divorce[10];
- d'une prestation compensatoire après une demande en divorce[11];
- de report de l'effet du jugement de divorce à raison de la cessation de la cohabitation[12];
- d'une indemnité au titre de l'article 700 C. pr. civ.[13];
- en paiement d'une indemnité après la demande tendant à l'expulsion[14];
- d'indemnité d'occupation aux côtés d'une demande en résiliation de bail[15];
- en réparation de malfaçons nouvelles[16];
- en paiement d'un préjudice financier et d'indemnités de retard après une demande en réparation des préjudices nés de la chute d'une grue[17];
- en exécution de travaux en réponse à une demande en fixation de prix du loyer[18];
- visant à obtenir la pénalité instituée par l'article L. 211-13 du Code des assurances[19];
- en paiement de l'indemnité forfaitaire de l'article L. 452-3 du Code de la sécurité sociale en cas d'accident du travail, après avoir demandé la reconnaissance du caractère inexcusable de la faute de l'employeur[20];
- en nullité d'un brevet, alors qu'il avait été invoqué en défense à l'action en contrefaçon l'absence de nouveauté et d'activité inventive[21];
- d'indemnité pour dépréciation après une demande en indemnité d'expropriation[22];
- présentée à l'encontre de l'assureur tendant à l'application de la pénalité de l'article L. 211-12 du Code des assurances[23].

Il convient de rappeler que la notion d'évolution du litige ne concerne pas l'article 566 C. pr. civ.[24]

B.
Exceptions à l'interdiction des prétentions nouvelles

543.80 Plan. En application des articles 564 et 567 C. pr. civ., il est possible de présenter des prétentions nouvelles, dans quatre hypothèses particulières :

- pour opposer compensation;
- pour faire écarter la demande adverse;
- pour faire juger une question née de l'intervention d'un tiers, de la survenance ou de la révélation d'un fait;
- dans le cadre d'une demande reconventionnelle.

Sans que l'on sache à la lecture de cet arrêt si l'exception ne concerne que les décisions d'expulsion, la Cour de cassation a créé une exception sup-

1. Civ. 3e, 16 mai 2000, n° 98-16.043, NP.
2. Rép. pr. civ., v° *Demandes nouvelles*, par I. Pétel-Teyssié, nos 54 s., janv. 2008 [màj mars 2013].
3. Civ. 2e, 20 mars 1974, n° 72-14.809, *Bull. civ.* II, n° 102 – Civ. 2e, 24 nov. 1982, n° 81-11.148, *Bull. civ.* II, n° 152.
4. Civ. 3e, 25 juin 1974, n° 73-11.640, *Bull. civ.* III, n° 262 – Civ. 3e, 13 mars 1979, *Gaz. Pal.* 1979. 2. Somm. 303.
5. Civ. 2e, 22 juin 1988, n° 87-13.278, *Bull. civ.* II, n° 149 – Com. 9 nov. 1993, n° 91-18.813, *Bull. civ.* IV, n° 382; *JCP* 1994. IV. 50 – Civ. 3e, 16 juill. 1997, n° 95-20.348, NP; *Rev. huiss.* 1997. 112.
6. Civ. 2e, 18 janv. 1978, n° 76-12.774, *Bull. civ.* II, n° 18.
7. Bourges, 16 mai 1948, *Gaz. Pal.* 1948. 1. 240.
8. L. n° 72-626, 5 juill. 1972, instituant un juge de l'exécution et relative à la réforme de la procédure civile, *JO* 9 juill., p. 7181.
9. Civ. 1re, 12 févr. 1975, n° 73-10.960, *Bull. civ.* I, p. 57 – Dijon, 2 juin 1976, *Gaz. Pal.* 1976. 793 – Com. 4 juill. 1977, n° 75-11.403, *Bull. civ.* IV, n° 189.
10. Civ. 1re, 13 févr. 2013, n° 11-28.671, NP; *Procédures* 2013, n° 110, obs. Douchy-Oudot – Civ. 2e, 4 oct. 1978, n° 77-12.836, *Bull. civ.* II, n° 200 – Civ. 2e, 1er juin 1983, n° 82-11.574, *Bull. civ.* II, n° 118.
11. Civ. 2e, 18 sept. 1996, n° 94-12.526, *Bull. civ.* II, n° 211.
12. Civ. 1re, 14 mars 2006, n° 04-20.765, *Bull. civ.* I, n° 152; *RTD civ.* 2006. 546, obs. Hauser; *Procédures* 2007, n° 3, note Thouret; *D.* 2006. Pan. 2437, obs. Douchy-Oudot.
13. Paris, 25 sept. 1987, *Bull. ch. avoués* 1987. 4. 177.
14. Paris, 11 févr. 1983, *JCP* 1983. IV. 253.
15. Civ. 3e, 13 juin 2001, n° 99-18.415, *Bull. civ.* III, n° 73; *BICC* n° 915.
16. Montpellier, 21 nov. 1972, *JCP* 1973. IV. 191.
17. Civ. 2e, 8 mars 2007, n° 05-21.627, *Bull. civ.* II, n° 58; *D.* 2007. AJ 1147.
18. Civ. 3e, 19 mai 1999, n° 97-17133, NP.
19. Civ. 2e, 11 oct. 1995, n° 93-18.894, *Bull. civ.* II, n° 234; *Rev. huiss.* 1996. 483.
20. Soc. 8 févr. 1996, n° 94-14.216, *Bull. civ.* V, n° 50.
21. Com. 29 nov. 1994, n° 92-18.839, NP.
22. Civ. 3e, 18 juin 1997, *Gaz. Pal.* 1998. Pan. 81.
23. Civ. 2e, 7 oct. 2004, n° 03-15.034, *Bull. civ.* II, n° 449; *RTD civ.* 2005. 403, obs. Jourdain; *BICC* n° 162.
24. Civ. 3e, 25 janv. 1995, n° 93-12.815, *Bull. civ.* III, n° 25; *RTD civ.* 1995. 962, obs. Perrot.

plémentaire en indiquant que le sursis à l'exécution des décisions d'expulsion et les demandes de délais y afférant peuvent être demandés en tout état de cause et ne sont donc pas soumis au principe d'irrecevabilité de la demande nouvelle[1].

Il semble par ailleurs que dans un souci de protection des droits d'une partie, puisse être admise une demande en appel non présentée en première instance si, à raison, la demande n'a pu être présentée en première instance. Ainsi, dans une espèce où devant le tribunal de commerce, un renvoi avait été opéré sans qu'une partie n'en fût avisée de telle sorte qu'elle ne s'était pas présentée à nouveau et n'avait pas fait valoir sa demande, la Cour de cassation a censuré l'arrêt d'appel l'ayant déclaré irrecevable en sa demande nouvelle[2].

Rappelons que la notion d'évolution du litige est étrangère à la recevabilité des demandes formées en appel contre une personne qui était partie en première instance[3].

543.81 Compensation. La compensation tend à réduire le montant des condamnations. En outre, elle constitue une garantie de paiement permettant aux parties d'imputer leurs créances et leurs dettes réciproques. Par définition, il ne s'agit que de la **compensation judiciaire** et non de la compensation légale qui constitue un moyen de défense au fond dans la mesure où elle consiste à soutenir la libération du débiteur qui prétend en bénéficier. Il convient donc de préciser que le défendeur qui oppose la compensation judiciaire entend obtenir la consécration de sa créance qui ne réunit pas les conditions de la compensation légale. C'est donc une **demande reconventionnelle.** L'article 70 alinéa 2 C. pr. civ. la déclare recevable sans que soit exigé un lien suffisant avec le demande principale, « *sauf à retarder à l'excès le jugement sur le tout* ». En appel, la compensation judiciaire conserve ce régime favorisé et autorise de soumettre à la cour des demandes non présentées au premier juge et la jurisprudence en applique strictement les conditions.

Ainsi, elle l'a déclarée recevable même en l'absence de lien avec la prétention originaire[4]. De même, elle a exigé que la demande doive nécessairement s'adresser à la demande de la partie adverse[5] et qu'elles puissent se compenser. Tel n'est pas le cas, par exemple, d'une demande en allocation d'une somme d'argent opposée à une demande en nullité et restitution de parts[6], mais, en sens inverse, doit être déclarée recevable la prétention du mari formée en cause d'appel tendant à voir compenser une demande d'occupation formée à l'encontre de l'épouse demanderesse d'une contribution aux charges du mariage[7]. Enfin, il importe peu que la cause de la créance, soutenant la demande en compensation, soit antérieure ou postérieure au jugement, ou que la demande soit plus importante que la prétention principale[8].

Par ailleurs, la jurisprudence a eu l'occasion de préciser que l'auteur de la demande en compensation doit fournir à la cour tous les éléments qui lui permettront de statuer et non d'invoquer des éléments qui nécessiteront des vérifications de comptes renvoyant à la compensation future, retardant d'autant le jugement du litige principal par la cour. La cour doit être en mesure de prononcer une **compensation immédiate**[9]; circonstance qui exclut la demande ayant pour effet de fournir les éléments d'une compensation future[10]. C'est là retrouver l'exigence posée par l'alinéa 2 de l'article 70 précité de soumettre la recevabilité de la compensation judiciaire à condition de ne pas retarder à l'excès l'examen de la demande principale.

543.82 Prétention visant à faire écarter la demande adverse. Comme le souligne C. Giverdon, les termes « *faire écarter les prétentions adverses* » sont très généraux[11].

Mais l'article 564 C. pr. civ., dans le droit fil du souci de donner à l'appel une mission non seulement d'équité mais d'achèvement du procès, doit sur ce point s'apprécier de façon concrète.

Dès lors que la prétention s'adresse à la partie adverse, et a pour objet de faire écarter la demande qu'elle présente, elle doit être reçue. Bien que demande, cette prétention devient également un moyen de gagner le procès[12]. Il s'agit d'une demande en ce qu'elle tend à la reconnaissance d'un droit qui n'avait pas été invoqué en première instance, mais constitue une défense en ce qu'elle a pour objet la négation du droit invoqué par l'adversaire.

Exemple. Demande en nullité de contrat de location pour s'opposer au paiement de loyers[13]. Il est donc clair que ce mécanisme s'applique de défendeur à demandeur, cette qualité s'appréciant pour chaque demande. Ainsi le demandeur reconventionnel engendre-t-il un défendeur reconventionnel, qui à

1. Civ. 2e, 10 juill. 2008, no 07-13.503 *Bull. civ.* II, no 182; *D.* 2008. 2373, obs. Sommer et Nicoletis; *D.* 2009. 1168, obs. Leborgne; *Procédures* 2008, no 10, note Perrot.
2. Com. 18 déc. 2007, no 06-17.817, NP.
3. Civ. 2e, 1er juill. 2010, no 09-15.594, *Bull. civ.* II, no 128.
4. Civ. 3e, 6 oct. 1999, no 97-21.777, NP.
5. Civ. 1re, 19 mai 1976, no 74-13.485, *Bull. civ.* I, no 180 – Paris, 5 déc. 1983, *Gaz. Pal.* 1984. 489, note Bertin.
6. Civ. 1re, 13 nov. 1974, no 73-10.424, *Bull. civ.* I, no 302; *JCP* 1976. II. 18242, note Couchez.
7. Versailles, 30 juin 1979, *JCP* 1979. IV. 339.
8. Req. 29 oct. 1924, *DH* 1924. 684 – Civ. 1re, 13 nov. 1974, no 73-10424, *Bull. civ.* I, no 302; *JCP* 1976. II. 18242, note Couchez.
9. Civ. 1re, 15 mai 2002, no 99-20.203, NP.
10. Civ. 1re, 13 janv. 1969, *Bull. civ.* I, no 19; *Gaz. Pal.* 1969. 1. 203.
11. *J.-Cl. Pr. civ.*, fasc. 717-2, Giverdon – Civ. 2e, 17 déc. 2009, no 09-10.629, NP.
12. Com. 17 juill. 1950, *S.* 1951. 1. 50 – Com. 4 nov. 1974, no 73-12.819, *Bull. civ.* IV, no 274.
13. Civ. 3e, 29 sept. 1999, no 97-20.556, NP.

son tour peut émettre une prétention pour faire écarter la précédente, et ainsi de suite...[1] De même, dans les hypothèses où les parties sont à la fois demanderesses et défenderesses, les prétentions nouvelles peuvent s'opposer mutuellement. Les exemples, souvent donnés, sont ceux de la liquidation et du partage, ou des actions portant sur des comptes[2]; demande en annulation d'un jugement[3].

543.84 Faire échec à la prétention originaire. Mais la prétention nouvelle doit avoir pour objet de faire échec à la demande originaire, car elle n'est recevable qu'à raison de celle-ci. Il ne s'agit donc pas d'adjoindre une prétention, qui, bien qu'opposant les mêmes parties, n'aurait pas pour objet précisément de faire écarter la demande adverse, et la Cour de cassation exige des juges qu'ils recherchent si la prétention remplit effectivement son objet[4]. Et, c'est sur ce point, que se situe fréquemment la difficulté, car trop souvent, le plaideur a tendance à tenter de justifier sa prétention nouvelle, par le fait qu'elle tendrait à triompher de son adversaire, alors qu'en réalité, il ne s'agit que d'une demande sans lien précis et direct avec la demande originaire, et sans influence directe et immédiate sur celle-ci.

Ainsi, n'a pas de lien suffisant et n'influence pas la prétention adverse, la demande visant à :

- obtenir la suppression d'ouvertures pour s'opposer à une demande en réparation d'un mur mitoyen[5];

- obtenir un délai de grâce pour écarter une demande d'opposition à commandement[6];

- obtenir des dommages-intérêts en réplique à une demande en nullité de mariage[7].

En revanche, ont été jugées recevables les prétentions nouvelles :

- visant à demander la résiliation du marché pour éviter de payer le solde des travaux[8];

- visant à être autorisée à faire des travaux, pour éviter une condamnation à indemnisation[9];

- de l'assureur en nullité du contrat pour s'opposer à l'action directe de la victime[10]; ou de l'assuré responsable[11];

- en nullité d'un contrat pour indétermination de prix pour s'opposer au paiement des redevances[12];

- en nullité de bail pour écarter les prétentions du locataire[13];

- en suspension des effets de la clause résolutoire pour faire écarter la demande en constatation de la résiliation du bail[14];

- en échelonnement de la dette[15];

- d'un assureur visant à lui voir déclarer inopposable la suspension de garantie de l'assureur d'un autre coauteur, pour faire écarter les prétentions de ce dernier[16].

543.85 Survenance ou révélation d'un fait et intervention d'un tiers. Il est également possible de présenter une prétention nouvelle si celle-ci a pour objet de faire juger une question née de l'intervention d'un tiers, de la survenance ou de la révélation d'un fait.

Les auteurs s'accordent à penser que par cet article 564 C. pr. civ., il est fait référence à l'évolution du litige, de l'article 555 qui permet d'appeler pour la première fois en appel, une partie non présente en instance.

Il est clair que l'élément visé au soutien de la demande doit avoir un lien avec le litige initial[17].

S'il s'agit de l'intervention d'un tiers qui apporte un nouvel éclairage aux débats, voire déplace l'enjeu du procès et présente des demandes nouvelles, il paraît alors incontestable que les parties, présentes au procès depuis l'origine, puissent réagir et avancer de nouvelles prétentions justifiées par l'immixtion de ce tiers[18].

S'agissant de la survenance ou de la révélation d'un fait, en réalité de l'évolution du litige, il est normal qu'une demande nouvelle puisse alors être formulée contre une personne déjà présente en première instance, puisqu'en application de l'article 555 C. pr. civ., cette situation permettrait d'appeler un tiers même aux fins de condamnation[19].

1. Soc. 8 janv. 1951, *Bull. civ.* V, n° 732 – Civ. 2e, 19 mars 1969, *JCP* 1969. IV. 5541 – Com. 30 oct. 1973, *D.* 1974. IR 26.
2. Civ. 28 avr. 1984, *DP* 1984. 1. 329 – Civ. 1re, 25 avr. 1963, *D.* 1963. 598, obs. Hébraud – Civ. 2e, 3 févr. 1983, n° 80-16.702, *Bull. civ.* II, n° 28; *Gaz. Pal.* 1983. Pan. 170, obs. Guinchard – Civ. 2e, 26 janv. 1991, *JCP* 1991. IV. 237 – Civ. 1re, 1er oct. 1996, n° 94-18.297, NP; *Procédures* 1996, n° 322.
3. Civ. 2e, 22 mars 2006, n° 04-10.634, NP.
4. Civ. 1re, 13 janv. 1969, *Gaz. Pal.* 1969. 1. 203 – Civ. 1re, 16 juin 1969, *D.* 1969. Somm. 104 – Civ. 3e, 23 juin 1971, n° 70-10.603, *Bull. civ.* III, n° 402 – Com. 9 oct. 1972, n° 70-14.377, *Bull. civ.* IV, n° 235 – Civ. 3e, 5 mai 1970, n° 68-12.941, *Bull. civ.* III, n° 303.
5. Civ. 3e, 29 févr. 1968, *Bull. civ.* III, n° 78.
6. Civ. 1re, 17 juin 1975, n° 74-10.664, *Bull. civ.* I, n° 201.
7. Paris 21 mars 1969, *D.* 1969. Somm. 104.
8. Civ. 1re, 15 juin 1966, *Bull. civ.* I, n° 364.
9. Civ. 3e, 19 déc. 1983, n° 80-16.892, *Bull. civ.* III, n° 268; *Gaz. Pal.* 1984. 1. Pan. 147.
10. Civ. 1re, 23 juin 1993, n° 90-10.112, *Bull. civ.* I, n° 225.
11. Civ. 1re, 14 nov. 1995, n° 92-18.200, *Bull. civ.* I, n° 406; *Gaz. Pal.* 22-23 mars 1996. IR 14.
12. Com. 3 mai 1994, n° 92-10.746, NP.
13. Civ. 3e, 29 janv. 2002, n° 00-17.840, NP.
14. Civ. 3e, 6 janv. 1993, n° 91-10.401, *Bull. civ.* III, n° 1.
15. Limoges, 29 avr. 1996, *BICC* p. 23.
16. Civ. 2e, 6 déc. 1995, n° 94-12.857, *Bull. civ.* II, n° 301; *D.* 1996. IR 211.
17. Civ. 1re, 17 janv. 1978, n° 76-10.142, *Bull. civ.* I, n° 18; *JCP* 1979. II. 19063, note Couchez – Civ. 1re, 18 juill. 1995, n° 93-16.499, NP.
18. Civ. 3e, 14 déc. 1977, n° 76-11.294, *Bull. civ.* III, n° 448; *JCP* 1978. IV. 49 – Civ. 1re, 30 nov. 1960, *Bull. civ.* I, n° 523.
19. V. *RTD civ.* 1995. 962 – Civ. 3e, 25 janv. 1995, n° 93-12.815, *Bull. civ.* II, n° 25 – Civ. 1re, 18 juill. 1995, n° 93-13.681, *Bull. civ.* I, n° 324; *D.* 1996. 391, note Agostini; *D.* 1996. 208, obs. Piedelièvre – Civ. 2e, 9 janv. 2003, n° 00-22.188, *Bull. civ.* II, n° 3.

Le redressement judiciaire postérieur au juge condamnant une entreprise à réparer les malfaçons, constitue à l'égard de la demanderesse, une évolution du litige justifiant une action directe en appel contre l'assureur, même si cet assureur était partie en première instance[1].

Mais la Cour de cassation attend des juges du fond qu'ils s'expliquent sur cette évolution[2] (sur la notion de l'évolution du litige, v. s^s^ n°s 542.271 s.). Rappelons que, s'agissant de la révélation ou de la survenance d'un fait, la décision du premier juge ne peut la constituer que dans des cas exceptionnels, celle-ci devant en principe être envisagée dans tous ses aspects par le praticien qui doit en présupposer les conséquences juridiques[3].

A été jugée recevable au regard de la survenance d'un fait :

- la demande d'une banque en paiement de sommes dont elle s'était acquittée après le jugement[4];
- la demande en dommages-intérêts pour concurrence déloyale, les faits allégués étant postérieurs au jugement[5];
- la réclamation en indemnisation contre une partie à raison de la renonciation à succession après le jugement du défendeur principal[6];
- la révélation d'un fait impose au juge de rechercher la date à laquelle celui qui l'invoque en a appris l'existence. Cette révélation permet même à la partie de modifier sa demande. Ainsi, la révélation, postérieure au jugement, de l'insolvabilité de l'adversaire permet-elle de demander en appel l'exécution d'une convention dont il avait été sollicité en première instance la résolution[7].

543.86 Demandes reconventionnelles. En application de l'article 567 C. pr. civ., les demandes reconventionnelles sont recevables en appel[8].

La recevabilité d'une telle demande est subordonnée à la condition formulée par l'article 70 C. pr. civ., qu'elle se rattache à la prétention originaire par un lien suffisant[9] (a été cassée une décision ayant déclaré irrecevable une demande en appel en dommages et intérêts pour violation du permis de construire en présence d'une action en bornage et reconnaissance de servitude, sans s'expliquer sur l'absence de lien avec le litige[10]). Ainsi, il n'est point possible à la cour de déclarer irrecevable une demande au motif qu'elle est nouvelle, sans s'interroger sur le fait qu'étant reconventionnelle, elle ne se rattacherait pas au litige par un lien suffisant[11].

Il semble que ce soit la seule condition imposée par la Cour de cassation, en dépit de réserves marquées d'un certain nombre d'auteurs, qui considèrent qu'un trop grand laxisme met en cause le principe du double degré de juridiction, et qui voudraient qu'outre le lien suffisant entre les demandes principales et reconventionnelles soient exigées les conditions des articles 564 C. pr. civ. tenant à la compensation, à la défense à une prétention, à l'intervention d'un tiers et à la survenance d'un fait nouveau[12]. Mais il est vrai qu'exiger la réunion des conditions posées par l'article 564 C. pr. civ. viderait de toute substance l'article 567 C. pr. civ.

La Cour de cassation exige non seulement que le lien existe, mais encore que le juge du fond s'en explique pour retenir la recevabilité de la demande. Elle laisse toutefois au juge du fond l'appréciation souveraine de l'existence d'un lien entre les demandes[13], sous réserve d'une motivation suffisante[14]. Ainsi une cour a-t-elle pu considérer qu'une demande reconventionnelle en paiement d'une indemnité d'occupation ne se rattachait pas par un lien suffisant aux prétentions initiales concernant la vente sur licitation de l'immeuble[15].

Il est vrai que, par le biais de la liberté d'appréciation qui leur est laissée, les juges du fond ont de plus en plus une tendance à l'interprétation restrictive de l'existence d'un lien entre les demandes[16].

Il n'en reste pas moins que, par une formule sans cesse répétée, la Cour de cassation censure les décisions qui rejettent les demandes reconventionnelles comme nouvelles sans rechercher si elles n'avaient pas un lien suffisant avec la demande originaire[17].

Il a de même été admis que la demande reconventionnelle se fasse en appel entre intimés, l'appelant n'ayant pas conclu[18] (a été cassé un arrêt ayant rejeté une

1. Civ. 1re, 30 janv. 1996, n° 93-16.493, *Bull. civ.* I, n° 45; *JCP* 1996. IV. 85; *Gaz. Pal.* 1996. Pan. 226.
2. Civ. 2e, 26 oct. 1994, n° 92-13.478, *Bull. civ.* II, n° 203.
3. Amiens, 16 oct. 1975, *JCP* 1976; *RTD civ.* 1976. 635, obs. Perrot – Civ. 2e, 3 mars 1976, n° 75-10.467, *Bull. civ.* II, n° 82; *JCP* 1976. IV. 141 – CONTRA : Paris, 28 nov. 1984, *Bull. ch. avoués* n° 92, p. 125 – Paris, 26 févr. 1986, *Bull. ch. avoués* n° 98, p. 60.
4. Com. 20 juin 1995, n° 93-15.750, NP.
5. Com. 29 nov. 1994, n° 92-18.839, NP.
6. Civ. 2e, 16 juill. 1993, n° 91-13.792, NP.
7. Civ. 2e, 20 nov. 2003, n° 02-10.465, *Bull. civ.* II, n° 341; *RTD civ.* 2004. 141, obs. Perrot.
8. V. J.-P. Rousse, « Les demandes reconventionnelles formulées pour la première fois en appel », *Gaz. Pal.* 1976. 2. 619.
9. Civ. 3e, 27 mars 1979, *D.* 1979. IR 473, obs. Julien – Civ. 2e, 29 mai 1979, n° 76-12.543, *Bull. civ.* II, n° 162 – Com. 30 nov. 1982, n° 80-11.851, *Bull. civ.* IV, n° 389; *Gaz. Pal.* 1983. Pan. 105, obs. Guinchard – Civ. 2e, 14 janv. 1987, n° 85-15.691, *Bull. civ.* II, n° 12; *JCP* 1987. IV. 91 – Civ. 3^e^, 8 janv. 1997, n° 95-12.314, *Bull. civ.* III, n° 9.
10. Civ. 3^e^, 30 juin 1999, n° 97-11.491, *Bull. civ.* III, n° 151; *D.* 2000. 559, note Ancel; *BICC* n° 1153; *JCP* 1999. IV. 2603.
11. Civ. 1re, 19 mars 2009, n° 08-13.031, NP.
12. C. Perrot, *RTD civ.* 1980. 624.
13. Com. 21 mars 1995, n° 93-14.886, NP.
14. Civ. 3e, 19 juill. 1995, n° 94-10.888, NP.
15. Civ. 2e, 10 juill. 2003, n° 01-16.373, *Bull. civ.* II, n° 231.
16. Paris, 1er juill. 1986, *Bull. ch. avoués* n° 99, p. 105 – Paris, 6 juill. 1987, *Bull. ch. avoués* n° 103, p. 121.
17. Civ. 3e, 6 nov. 2001, n° 00-13.561, NP – Civ. 3e, 10 févr. 1993, n° 90-21.484, NP – Civ. 2e, 29 juin 1994, n° 91-18.464, *Bull. civ.* II, n° 174 – Civ. 3e, 30 juin 1999, n° 97-11.491, *Bull. civ.* III, n° 151; *D.* 2000. 559, note Ancel; *BICC* n° 1153.
18. Paris, 25 juin 1980, *Bull. ch. avoués* n° 77, p. 13.

demande reconventionnelle comme nouvelle en appel, en indemnisation du préjudice financier né du retard de livraison de l'immeuble, sans rechercher si la demande n'avait pas un lien suffisant avec la demande principale en fixation de la date de réception des travaux[1]; a été cassé un arrêt ayant rejeté une demande reconventionnelle comme nouvelle en appel, en paiement des indemnités dues aux preneurs sortants et en remboursement de dépenses par le bailleur, sans rechercher si la demande n'avait pas un lien suffisant avec la demande principale en résiliation de bail et expulsion[2]; a été également cassé un arrêt ayant rejeté une demande reconventionnelle comme nouvelle en appel, en paiement de dommages-intérêts pour le préjudice résultant de l'inscription d'une hypothèque provisoire, sans rechercher si la demande se rattachait par un lien suffisant à la prétention originaire en paiement de travaux[3]).

Par un arrêt significatif, la Cour de cassation censure une cour d'appel pour avoir déclaré irrecevable une demande de paiement d'une indemnité d'éviction présentée pour la première fois en appel dans le cadre d'une défense à une action en validation d'un congé sanction[4].

Il faut évidemment pour que la demande soit reconventionnelle qu'elle réponde à une demande dirigée préalablement contre son auteur. Ainsi, n'est pas une demande reconventionnelle une demande formée en appel contre ses codéfendeurs en première instance, alors que ceux-ci n'avaient formulé aucune demande à son encontre[5].

Il faut rappeler que la notion d'évolution du litige est étrangère à la recevabilité d'une demande reconventionnelle[6].

La demande reconventionnelle en appel peut être faite par simples conclusions à l'égard des parties présentes mais doit être faite par assignation en application de l'article 68 C. pr. civ. à l'égard des parties défaillantes ou des tiers qu'il peut être nécessaire de mette en cause (v. pour une demande de nullité d'un acte impliquant des tiers[7]).

SECTION 3 ÉVOCATION

543.91 Définition. La cour peut, dans certaines conditions strictement définies, décider de statuer sur les points non jugés en première instance et de mettre ainsi fin au litige.

Il convient ici de rappeler que l'évocation s'oppose à l'effet dévolutif en ce qu'elle permet de statuer sur des points non jugés en première instance supprimant ainsi clairement le double degré de juridiction, alors que l'effet dévolutif transmet à la cour les chefs déférés du jugement.

543.92 Domaine de l'évocation. Le domaine de l'évocation est limité, par les textes, à trois situations :

- d'une part, l'article 568 C. pr. civ. qui vise deux types de jugement : celui ordonnant une mesure d'instruction et celui qui, statuant sur une exception de procédure, a mis fin à l'instance;

- l'article 89 C. pr. civ. qui autorise l'évocation quand, à la suite d'un contredit de compétence, la cour est juridiction d'appel relativement à la juridiction qu'elle estime compétente.

En principe, aucune autre hypothèse n'ouvre pas la possibilité de l'évocation.

Pour ce qui concerne les jugements ordonnant une mesure d'instruction, il convient de rappeler que ces jugements sont, en principe avant dire droit et ne sont pas susceptibles d'appel immédiat. Trois hypothèses sont donc possible, quelle que soit la décision de la cour en ce qui concerne la mesure d'instruction[8] :

- **le jugement ne fait qu'ordonner une mesure d'instruction**, et l'appel n'est possible que sur autorisation du premier président pour motif grave et légitime, en application de l'article 272 C. pr. civ. Dans ce cas, l'évocation est possible[9];

- **le jugement est mixte et l'appel le défère en totalité à la cour.** Le droit d'évocation n'est pas discuté[10];

- **le jugement est mixte, mais seule la partie statuant sur le fond a été critiquée.** Dans ce dernier cas, la Cour de cassation, après avoir admis que l'évocation était ouverte[11], est revenue sur sa position et exige, pour que l'évocation puisse être prononcée, que l'appel porte également sur la mesure d'instruction[12].

1. Civ. 3e, 25 janv. 1995, no 93-11.104, NP.
2. Civ. 3e, 29 mars 1995, no 92-21.131, *Bull. civ.* III, no 92.
3. Civ. 3e, 14 juin 1995, no 93-17.159, NP.
4. Civ. 3e, 8 avr. 1999, no 97-19.321, *Bull. civ.* III, no 85; *BICC* no 794.
5. Civ. 3e, 3 déc. 2008, no 07-16.748, *Bull. civ.* III, no 195; *D.* 2009. 107.
6. Com. 19 juin 2007, no 05-21.958, NP – Civ. 3e, 2 févr. 2005, no 03-18.990, NP.
7. Cass., ass. plén., 22 avr. 2011, no 09-16.008, *Bull. ass. plén.*, no 4; *D.* 2011. 1870, obs. Delpech, note Deshayes et Laithier; *D.* 2012. 244, obs. Fricero; *Rev. sociétés* 2011. 547, note Moury; *RTD civ.* 2011. 795, obs. Thery; *RTD civ.* 2011. 798, obs. Thery.
8. Paris, 21 mars 1974, *JCP* 1974. IV. 275.
9. V. Viatte, « L'appel du jugement ordonnant une mesure d'instruction », *Gaz. Pal.* 1974. 2. 873 – E. du Rusquec, « Les effets de l'appel quant à l'objet du litige », Rapp. journées d'études des avoués près les cours d'appel, Dijon, 1973, *Gaz. Pal.* 1974. 1. 401.
10. V. Caratini, « L'article 568 NCPC une modalité essentielle de l'indemnisation rapide des victimes d'accidents de la circulation », *Gaz. Pal.* 1984. 1. 130 – Paris, 21 mars 1973, *Gaz. Pal.* 1973. 2. 823 – Dijon, 15 nov. 1979, *Gaz. Pal.* 1980. 1. 137, note J. V.
11. Civ. 3e, 4 avr. 1978, no 76-14.579, *Bull. civ.* III, no 144; *D.* 1978. IR 365, obs. Julien.
12. Civ. 2e, 16 nov. 1983, no 82-14.653, *Bull. civ.* II, no 178 – Civ. 2e, 28 juin 2006, no 05-19.156, *Bull. civ.* II, no 171; *RTD civ.* 2006. 828, obs. Perrot.

Il reste que la Cour de cassation, soucieuse d'évacuer les affaires, semble avoir une conception large de la mesure d'instruction qui peut permettre l'évocation.

Ainsi, dans une affaire où le tribunal, statuant sur la demande en divorce, s'était contenté de renvoyer à une audience ultérieure pour que la demande en paiement d'une prestation soit chiffrée, considère-t-elle que la cour d'appel, saisie du recours contre le jugement de divorce, a eu raison d'évoquer sur la demande de prestation dès lors que la mesure ordonnée, en l'espèce un renvoi, avait pour objet de lui fournir les éléments lui permettant de statuer[1].

Dans cet esprit, un jugement de sursis à statuer qui ne répond pas à l'une des deux hypothèses de l'article 568 C. pr. civ. ne devrait pas justifier un droit d'évocation[2]. Néanmoins, la Cour de cassation a, dans une jurisprudence qui paraît bien établie, accordé aux juges du fond un droit d'évocation en cas de sursis à statuer[3], à condition qu'il s'agisse d'un sursis à statuer soumis à l'article 380 C. pr. civ.[4]. En revanche, en cas de refus de sursis, aucune évocation n'est possible[5].

S'agissant de l'**exception de procédure,** il faut que celle-ci ait mis fin à l'instance. En matière d'exception de compétence, ce point est important. À titre d'exemple, le juge des référés qui se déclare incompétent au profit d'un autre juge des référés ne met pas fin à l'instance alors que l'ordonnance du juge des référés qui se déclare incompétent (bien que l'expression soit discutable) au profit du juge du fond à raison d'une contestation sérieuse met fin à l'instance et permet l'évocation par la cour[6]. De même, on doit insister sur le fait qu'il ne s'agit que du cas de l'exception de procédure. La fin de non-recevoir qui met fin à l'instance n'ouvre pas à évocation, mais l'effet dévolutif s'applique et le fond du litige est transmis à la cour du fait de l'appel.

543.93 L'évocation – Une simple faculté. Le droit d'évocation ne constitue pas une obligation, et la cour peut en user à sa discrétion, si elle estime de bonne justice d'y procéder[7]. Cette faculté n'est pas soumise au consentement des parties[8]. La cour n'est d'ailleurs pas obligée de le mentionner expressément dans sa décision, le fait de trancher les points non jugés en première instance, étant l'expression de l'usage de son droit d'évocation[9].

Mais il est de jurisprudence constante que le droit d'évocation doit s'exercer dans le respect du principe de la contradiction. Il n'est point possible à une cour d'évoquer sans que les parties aient conclu au fond ou aient été mises en demeure de le faire[10]. Dans la mesure où il s'agit de l'exercice d'un droit discrétionnaire, il est difficile de cerner l'usage qui en est fait. Il semble que les cours en fassent un usage cohérent, en ce sens qu'elles refusent souvent d'évoquer s'il leur apparaît que l'importance du procès ou sa spécificité exige qu'il subisse un premier examen, parfois par des juges consulaires qui, avertis du monde des affaires, peuvent apporter un éclairage intéressant. Mais, dans l'ignorance de la décision à venir sur le droit d'évocation, il est recommandé à celui qui souhaite qu'il en soit fait usage, de conclure au fond et de s'assurer que ses adversaires en fassent autant ou soient mis en demeure de le faire.

Cette précaution est d'autant plus nécessaire que le fond du litige qui sera ainsi évoqué devant la cour sera soumis aux règles de recevabilité des demandes prévues aux articles 564 et suivants[11]. Ainsi, il ne sera pas possible de former devant la cour des demandes nouvelles, sauf celles admises par les articles 564 et 566. Cette solution doit attirer l'attention du conseil qui n'aurait pas devant les premiers juges développé toutes ses demandes et qui entendrait profiter d'un appel autorisé d'une décision de sursis ou d'expertise pour demander l'évocation et faire juger l'affaire au fond devant la cour.

1. Civ. 1re, 28 oct. 2009, nº 08-20.724, *Bull. civ.* I, nº 212.
2. *D.* 1978. IR 365, obs. Julien; *D.* 1985. IR 467 – Paris, 30 oct. 1984, *Bull. ch. avoués* nº 92, p. 123.
3. Civ. 2e, 21 avr. 2005, nº 03-16.466, *Bull. civ.*III, nº 110; *D.* 2005. IR 1246 – Civ. 2e, 27 sept. 202, nº 11-11.762, *Bull. civ.* II, nº 152; *Gaz. Pal.* 7-8 déc. 2012, note Pellerin – Civ. 2e, 25 mars 1985, nº 80-40.788, *Bull. civ.* II, nº 73 – Civ. 3e, 14 oct. 1992, nº 90-19.896, *Bull. civ.* III, nº 266 – Civ. 2e, 12 mars 1997, nº 95-11.441, *Bull. civ.* II, nº 69; *BICC* nº 738.
4. Civ. 2e, 30 janv. 2003, nº 00-15.914, *Bull. civ.* II, nº 21; *D.* 2003. 1399, obs. Julien.
5. Civ. 2e, 23 oct. 1991, nº 90-12.146, *Bull. civ.* II, nº 267; *JCP* 1991. IV. 447.
6. Civ. 2e, 17 déc. 2009, nº 09-11.847, *Bull. civ.* II, nº 292; *D.* 2010. 157.
7. Civ. 3e, 23 avr. 1974, nº 73-10.037, *Bull. civ.* III, nº 156 – Civ. 3e, 28 févr. 1978, nº 76-14.249, *Bull. civ.* III, nº 103; *JCP* 1979. II. 19042 – Civ. 3e, 1er mars 1983, nº 81-14.157, *Bull. civ.* III, nº 57; *Gaz. Pal.* 1983. Pan. 171, obs. Guinchard.
8. Civ. 1re, 2 déc. 1975, nº 73-11.402, *Bull. civ.* I, nº 354.
9. Civ. 2e, 22 mai 1968, *Bull. civ.* II, nº 143 – Com. 5 janv. 1973, *Gaz. Pal.* 1973. Somm. 87.
10. Civ. 2e, 16 juin 1992, *JCP* 1992. IV. 26982 – Civ. 2e, 8 juin 1979, nº 77-15.933, *Bull. civ.* II, nº 170; *Gaz. Pal.* 1979. 2. 443, note Viatte – Soc. 17 févr. 1993, nº 89-435.02, *Bull. civ.* V, nº 53; *JCP* 1993. IV. 991.
11. Civ. 1re, 11 juill. 1978, *JCP* 1978. IV. 291 – Civ. 3e, 17 juill. 1978, *D.* 1978. IR 497, obs. Julien.

CHAPITRE

544. Procédure d'appel

JACQUES PELLERIN
Avocat à la cour d'appel de Paris

SECTION 0
ORIENTEUR

544.00 Plan du chapitre.

544.01 Principaux textes applicables.
C. pr. civ., art. 58, 117, 272, 369, 370, 377, 380, 411 à 413, 526, 540, 760 à 787, 901 à 925, 930-1, 948, 954, 960 et 961.

544.03 Bibliographie indicative.
* V. s[s] nº 541.03.

544.04 Formulaire : renvois.
Form. pr. civ. *Appel – Constitution* (Constitution par déclaration au greffe de la cour d'appel)

Appel – Requête conjointe (Appel par requête conjointe [C. pr. civ., art. 926 à 930])

Appel – Jour fixe (cour d'appel) (Requête afin d'assigner à jour fixe)

Appel – Déclaration d'appel (Déclaration d'appel par pli recommandé dans une procédure sans représentation obligatoire)

Appel – Déclaration d'appel (Modèle de déclaration d'appel dans une procédure avec représentation obligatoire)

Appel – Assignation devant la cour d'appel (Assignation devant la cour d'appel en cas de retour au greffe de la lettre de notification ou en l'absence de constitution d'avoué par l'intimé)

Appel – Conclusions d'incident (Conclusions afin de prorogation du délai pour conclure [C. pr. civ., art. 911-2 nouv.])

Appel – Référé (cour d'appel) (Assignation à fin de relevé de forclusion)

Appel – Référé (cour d'appel) (Assignation afin d'arrêter l'exécution provisoire)

Appel – Référé (cour d'appel) (Assignation à fin d'autorisation d'interjeter appel d'une décision de sursis à statuer)*

* L'article 272 C. pr. civ. prévoit une procédure similaire pour les jugements qui ordonnent une expertise.

SECTION 1
PROCÉDURE DEVANT LA FORMATION COLLÉGIALE

544.11 Formation collégiale et conseiller rapporteur. Devant la cour, le principe est la collégialité. Il n'y a pas de procédure à juge unique comme cela est prévu devant le tribunal de grande instance (TGI - C. pr. civ., art. 801).

La procédure devant la formation collégiale constitue le principe devant la cour (COJ, art. L. 321-1). La seule procédure non collégiale est celle conduite devant le premier président, compétent pour des questions spécifiques. La composition de chacune des chambres est déterminée par le premier président en application de l'article L. 121-3 du COJ par voie d'ordonnance prise dans la première quinzaine de décembre de chaque année. Cette **ordonnance** est portée à la connaissance des avocats. Ainsi, l'audience de plaidoirie doit être tenue devant trois magistrats, soit le président de la chambre et les deux conseillers désignés dans le **tableau de répartition**. En cas d'empêchement, le premier président doit autoriser le changement de composition. Toutefois, il est admis que la plaidoirie puisse avoir lieu devant un conseiller rapporteur, voire deux, mais le double rapporteur est peu fréquent, qui rapporte à la formation collégiale. Cela ne constitue pas une exception au principe de la collégialité dans la mesure où l'arrêt sera rendu par les trois magistrats qui auront, sur le rapport du conseiller, délibéré, ce qui doit être mentionné dans l'arrêt[1]. L'avocat d'une des parties peut s'opposer à cet audiencement. Ces règles de composition de la chambre sont surveillées par la Cour de cassation qui exige que les noms des magistrats qui ont délibéré soient portés sur l'arrêt et qui n'admet pas la rectification d'erreur ou d'omission matérielle[2].

544.12 Procédure contentieuse et procédure gracieuse. La première difficulté est évidemment de définir procédure contentieuse et procédure gracieuse (sur ce dernier point, v. s^{s} n°s 322.00 s.). Le problème est important car, s'agissant de procédures différentes, une mauvaise analyse conduit à une irrecevabilité. Il convient donc de vérifier, conformément à l'article 25 C. pr. civ., si la décision que l'on désire frapper d'appel ne relève pas d'un des cas de procédure gracieuse prévus dans le Code de procédure civile ou le Code civil ou si la procédure initialement gracieuse ne s'est pas transformée en raison de l'apparition d'un litige en procédure contentieuse.

1. Soc. 10 janv. 1995, n° 92-43.046, NP.
2. Civ. 2e, 5 juin 1996, n° 93-13.542, *Bull. civ.* II, n° 128.

§ 1
Procédure en matière contentieuse

544.21 Principe : la représentation obligatoire devant la cour. En application de l'article 899 C. pr. civ., les parties, sauf dispositions contraires sont tenues de constituer avocat. Le principe général de constitution d'un avocat ne souffre d'exceptions qu'en présence d'un texte contraire, étant rappelé que ce principe ne s'applique pas au ministère public qui peut, sans avocat, prendre part à la procédure[3].

Parmi ces exceptions il convient de citer l'article R. 470-1 du Code de commerce qui prévoit l'intervention du ministre de l'Économie dans les matières intéressant les biens domaniaux. L'Administration et les parties sont dispensées d'avocat devant la cour pour les litiges relatifs à la liberté de prix et de la concurrence[4] permettant l'intervention sans avocat du ministre de l'Économie, ou encore les articles R. 162 et R. 158, 2° du Code du domaine de l'État permettant l'action de la Direction des services fiscaux sans avocat.

544.22 Constitution d'avocat à compter du 1er janvier 2012. La loi n° 2011-94 du 25 janvier 2011 portant réforme de la représentation devant les cours d'appel[5] a emporté la suppression de la profession d'avoué qui est entrée en vigueur le 1er janvier 2012. Cela n'a pas supprimé la représentation obligatoire : le monopole de la représentation a été transmis aux avocats inscrits dans un barreau du ressort de la cour d'appel[6]. Toutefois, il convient de rappeler la multipostulation qui permet aux avocats des barreaux de Paris, Bobigny, Créteil et Nanterre de représenter les parties devant chacun de ces tribunaux et par voie de conséquence de représenter devant la cour d'appel de Paris ou de Versailles.

Ainsi, un avocat parisien qui a représenté devant le TGI de Nanterre pourra postuler devant la cour de Versailles.

Encore faudra-t-il qu'il s'agisse d'une **véritable postulation,** c'est-à-dire dans le cadre d'une représentation obligatoire. Cela n'est pas le cas, par exemple pour une procédure de référé devant le président du TGI[7]. Cette constitution emporte élection de domicile qui ne peut évidemment s'étendre à une autre procédure[8]. Elle n'emporte pas, par ailleurs, pouvoir de recevoir les significations, l'article 678 C. pr. civ. impliquant une notification entre avocats et une signification à la partie elle-même. Ne fait

3. Paris, 24 janv. 1986, *Gaz. Pal.* 1986. 1. 163.
4. Ord. n° 86-1243, 1er déc. 1986, relative à la liberté des prix et de la concurrence, *JO* 9 déc., p. 14773.
5. L. n° 2011-94, 25 janv. 2011, portant réforme de la représentation devant les cours d'appel, *JO* 26 janv., p. 1544.
6. Civ. 1re, 19 sept. 2007, n° 06-17.895, NP.
7. Versailles, 27 sept. 2013, RG n° 13/02808, *JCP* 2013. 1169, obs. Travier et Guichard.
8. Civ. 2e, 6 janv. 1977, *D.* 1977. IR 69.

donc pas courir le délai de pourvoi une simple signification à l'avocat constitué[1].

Il est possible, devant la cour comme devant le TGI, que la partie soit **représentée par un avocat,** celui qui est **constitué** et qui est seul susceptible de faire et recevoir valablement les actes de procédure émanant de la cour ou des avocats des parties adverses, (C. pr. civ., art. 411 et 417) et un **avocat assistant** qui plaidera l'affaire devant la cour (C. pr. civ., art. 412). Il convient, à cet égard, de rappeler les termes de l'article 413 qui dispose que, sauf disposition ou convention contraire, le mandat de représentation emporte mission d'assistance. Il faut donc qu'en cas de représentation et d'assistance répartie entre deux avocats distincts, la mission donnée par la partie à chacun d'entre eux soit clairement définie. Ainsi, en cas de signification des conclusions d'appel dans le délai de trois mois à l'avocat assistant et non à l'avocat assurant la représentation, la caducité de la déclaration d'appel doit être prononcée[2].

Cette constitution est, pour l'appelant principal, mentionnée dans la déclaration d'appel. Pour les autres parties, l'avocat qui les représente devra émettre un **acte de constitution,** communiqué électroniquement indiquant son nom et sa qualité d'avocat inscrit dans un barreau du ressort de la cour. À défaut d'un tel acte, il n'y aura pas de représentation de la partie et l'appelant devra en tirer les conséquences quant à l'application de l'article 911 C. pr. civ.[3].

A.
Procédure avec représentation obligatoire

1°
Procédure ordinaire

544.31 Nouveau régime de la procédure d'appel. Les décrets n° 2009-1524 du 9 novembre 2009[4] et n° 2010-1647 du 28 décembre 2010[5] ont réformé la procédure d'appel avec représentation obligatoire. L'essentiel de cette réforme concerne la **procédure ordinaire.** Issus de la réflexion de la commission présidée par Monsieur le Premier président Magendie qui avait insisté sur la voie d'achèvement maîtrisée en concentrant les moyens de fait ou de droit dans les premiers jeux de conclusions, ces textes ont mis en place un dispositif de délais sévèrement sanctionnés relatifs aussi bien à l'appelant qu'à l'intimé, appelant incident ou pas. Par ailleurs, la fonction du conseiller de la mise en état (CME) a été profondément modifiée et il lui est désormais confié le contentieux né des sanctions en cas d'inobservation des délais, les exceptions de procédure et l'irrecevabilité de l'appel. C'est donc un profond changement de la procédure d'appel qui a été introduit par ces décrets dont on a pu déplorer les imprécisions dues à une rédaction trop hâtive. La jurisprudence et les avis de la Cour de cassation, ainsi que les décisions rendues par les différentes cours d'appel pallient peu à peu les lacunes des textes au feu des questions concrètes posées par la pratique judiciaire. Par ailleurs, pour faciliter leur mise en œuvre ainsi que celle de la communication électronique, entre les premières présidences et les ordres des avocats, ont été conclus des protocoles de procédure qui ont, dans chaque cour d'appel, instauré des pratiques procédurales (sur les protocoles, v. s^s n°s 300.00 s.).

544.32 La formation de l'appel : acte unilatéral ou requête conjointe. L'appel est formé par déclaration unilatérale ou par requête conjointe, en application de l'article 900 C. pr. civ. Tout autre procédé sera sanctionné par une fin de non-recevoir de l'article 122 C. pr. civ. entraînant l'irrecevabilité de l'appel, laquelle peut être soulevée à tout moment et sans qu'il soit nécessaire de justifier d'un grief[6]. Toutefois, il convient de rappeler que l'appel incident ou l'appel provoqué seront soumis à d'autres exigences de forme.

a)
Déclaration d'appel

544.41 Mentions de la déclaration d'appel. L'article 901 C. pr. civ. indique, notamment par référence à l'article 58 C. pr. civ., les mentions qui doivent figurer à l'acte d'appel sous peine de nullité. Ces mentions sont les suivantes :

– nom, prénom, date et lieu de naissance, domicile et nationalité s'il s'agit d'une personne physique;

– forme, dénomination, siège social et organe qui la représente s'il s'agit d'une personne morale;

– nom, prénom et domicile ou dénomination et siège social de l'intimé, étant observé que l'absence d'indication de l'intimé alors que la décision n'indique aucune autre partie que l'appelant ne peut entraîner la nullité de l'acte d'appel[7];

1. Civ. 2e, 17 mars 1986, n° 84-13.920, *Bull. civ.* II, n° 39; *Gaz. Pal.* 1987. Somm. 49, obs. Guinchard et Moussa.
2. Paris, pôle 5, ch. 4, 13 sept. 2013, RG n° 13/08682.
3. Paris, pôle 4, ch. 9, 24 oct. 2013, RG n° 13/10337.
4. Décr. n° 2009-1524, 9 nov. 2009, relatif à la procédure d'appel avec représentation obligatoire en matière civile, *JO* 11 déc., p. 21386.
5. Décr.n° 2010-1647, 28 déc. 2010, modifiant la procédure d'appel avec représentation obligatoire en matière civile, *JO* 29 déc., p. 22919.
6. Civ. 2e, 11 juill. 1977, n° 75-15.640, *Bull. civ.* II, n° 182; *D.* 1978. IR 57, note Julien – Com. 7 janv. 1980, n° 78-10.314, *Bull. civ.* IV, n° 8 – Civ. 2e, 15 oct. 1980, n° 78-13.288, *Bull. civ.* II, n° 206; *Gaz. Pal.* 1981. 1. 29, note Viatte; v. *RTD civ.* 1981. 218.
7. Civ. 2e, 17 avr. 2008, n° 07-12.743, *Bull. civ.* II, n° 83; *JCP* 2008. IV. 1946.

- constitution et signature de l'avocat, étant précisé que la constitution n'est soumise à aucun formalisme particulier sous réserve des dispositions relatives au Réseau privé virtuel des avocats (RPVA), l'acte portant depuis le 1er septembre 2011 la signature électronique de l'avocat faite au moyen de la clef d'accès au RPVA;

- indication du jugement et de la cour devant laquelle l'appel est porté;

- le cas échéant, limitation de l'appel à certains chefs du jugement; à défaut, l'appel est général et défére à la cour tous les chefs du jugement;

- éventuellement le nom de l'avocat assurant l'assistance devant la cour;

- l'objet de la demande : ce dernier devant être formulé prudemment comme le prévoit la formule-type : « *Le présent appel a pour objet l'annulation, l'infirmation ou la réformation du jugement entrepris* ».

544.42 Désignation de l'appelant. Il résulte des articles 58 et 901 C. pr. civ. que si l'appelant est une **personne physique**, il doit être désigné par ses nom, prénoms, profession, domicile, nationalité, date et lieu de naissance et, s'il est une **personne morale**, il doit être désigné par sa forme, sa dénomination, son siège social et l'organe qui la représente légalement. Le défaut d'indication de l'identité complète de l'appelant le caractère erroné d'une mention qui y est portée constitue une irrégularité de forme, qui est sanctionnée par la nullité de l'acte à la condition que l'intimé établisse l'existence du grief causé par le défaut ou l'inexactitude de la mention.

Dans le cas où l'appelant est une personne morale, la jurisprudence a eu à connaître, à de nombreuses reprises, de demandes de nullité en cas d'omissions ou d'inexactitudes relatives à une ou plusieurs de ces mentions et on peut résumer cette jurisprudence en observant qu'un défaut d'indication d'un des éléments d'identification de la personne morale relève des nullités de forme de l'article 114 C. pr. civ. En revanche, quand ce défaut d'indication met en cause le pouvoir de représentation, comme l'indication d'une personne en qualité de représentant de la personne morale, une nullité de fond peut être encourue qui relève de l'article 117 C. pr. civ.

Ainsi, pour l'exigence d'indication du nom, il a été jugé que mentionner seulement une enseigne[1] ou le nom commercial[2], associé dans l'acte d'appel à l'indication de la forme juridique d'une société, de son siège social et de l'organe qui la représente, suffisait à identifier la société appelante avec précision et ne causait pas de grief.

La désignation du **titulaire du pouvoir de représentation** est à l'origine d'un contentieux important. Le défaut de désignation précise de l'organe représentant légalement la personne morale dans un acte d'appel, ne constitue qu'un **vice de forme**[3]. L'article 58 et, par renvoi, l'article 901 C. pr. civ., n'exigent pas, à peine de nullité de fond, la mention du nom de la personne physique représentant la personne morale[4]. De même, lorsque la société est en liquidation amiable, l'omission de l'identité du liquidateur est constitutive d'un simple vice de forme[5], encore faut-il préciser que la personne morale est représentée par son liquidateur amiable ou est en liquidation amiable.

L'expression couramment utilisée « *prise en la personne de son représentant légal* » est jugée suffisante à condition que la loi instaure une **représentation légale** et que cette irrégularité de forme ne cause **pas de grief** à l'intimé[6]. En effet, mentionner le représentant légal renvoie à la forme de la société et son identité précise peut être connue de tous du fait de la publicité conférée par le registre de commerce et des sociétés de sorte que bien souvent la prudence conseille de s'en tenir à cette formule plutôt que de préciser le nom de la personne dont il peut s'avérer qu'à la date de l'appel, elle n'exerce plus la fonction représentative.

Cependant, cette formule de style, dans des litiges qui mettraient en cause cette représentation et pour lesquels l'absence de précision relative à la personne ou à sa fonction peut causer grief (entre associés par exemple), se révèle insuffisante et le grief pourra être constitué.

De façon plus grave encore, il faut rappeler que le droit français n'instaure pas une représentation légale pour toutes les personnes morales : ainsi en est-il des associations[7] (pour lesquelles il faut se référer aux statuts ou, parfois, à une délibération du conseil d'administration ou de l'assemblée), et du comité d'entreprise pour lequel aucune représentation légale n'est prévue. De même, les droits étrangers peuvent ignorer le mécanisme de la représentation légale. Dans ces cas, la formule habituelle est impuissante à couvrir le vice relatif à la représentation : la personne morale n'est pas représentée par une personne ayant

1. Com. 11 févr. 2003, n° 00-15.149, *Bull. civ.* IV, n° 17; *JCP* 2003. IV. 1636.
2. Civ. 2e, 24 mai 2007, n° 06-12.454, *Bull. civ.* II, n° 129; *D.* 2007. 2341, obs. Vigneau.
3. Civ. 2e, 3 nov. 2005, n° 04-11.164, NP.
4. Civ. 2e, 14 janv. 1987, n° 85-16.017, *Bull. civ.* II, n° 5 – Civ. 2e, 5 juin 1996, n° 92-44.293, *Bull. civ.* II, n° 123 – Civ. 3e, 12 juill. 1995, n° 93-12.508, *Bull. civ.* III, n° 176 – Et pour le syndic d'un syndicat de copropriétaires, Civ. 3e, 12 juill. 1995, n° 93-12.508, *Bull. civ.* III, n° 176; *JCP* 1996. IV, 22627, note du Rusquec – Civ. 2e, 5 juin 1996, n° 92-44.293, *Bull. civ.* II, n° 123; *JCP* 1996. IV. 1676.
5. Civ. 2e, 17 juin 1998, n° 96-13.855, *Bull. civ.* II, n° 192 – Civ. 2e, 12 juill. 2001, n° 99-19.828, *Bull. civ.* II, n° 139.
6. Civ. 1re, 5 oct. 1999, n° 95-17.030, *Bull. civ.* II, n° 259; *Procédures* 2000. Comm. 36.
7. Paris, 6 oct. 1995, *RJDA* 1996, n° 1385.

le pouvoir de représentation. La déclaration tombe, alors, sous une nullité de fond[1].

544.43 **Exemples de nullité de fond.** Aussi si l'on veut présenter des **exemples d'irrégularités de fond ne nécessitant pas la preuve d'un grief**, il convient de citer :

• L'absence de signature de l'avocat constitué, irrégularité en principe impossible de par l'envoi de la déclaration par RPVA à l'aide de la clé de l'avocat et qui vaut identification de l'avocat et signature par lui de l'acte (mais qui pourrait résulter d'un dysfonctionnement du RPVA).

• L'absence de capacité d'ester en justice (en appel) pour :

- une société qui a cessé d'exister[2];

- la désignation d'un appelant n'ayant pas qualité[3];

- une société non immatriculée au registre du commerce et des sociétés[4];

- un groupement sans personnalité juridique[5];

- une société dont la forme indiquée dans l'acte est erronée[6];

- une personne décédée[7].

Un problème particulier se pose, s'agissant de **l'appel interjeté par une personne en procédure collective**, qui soit ne pouvait le faire qu'assistée de l'administrateur, soit ne pouvait le faire, ayant perdu la capacité d'agir, au profit de son mandataire liquidateur. Par un arrêt audacieux du 9 juillet 1980, la chambre commerciale de la Cour de cassation admet la recevabilité d'un appel interjeté par un débiteur en liquidation, au motif que le syndic avait pris des conclusions régularisant la procédure et faisant siennes les prétentions de l'appelant, alors même que cette régularisation s'était faite après l'expiration du délai[8]. Il y avait déjà une jurisprudence admettant que le débiteur en règlement judiciaire ou en liquidation des biens puisse interjeter appel, sous réserve que le syndic régularise[9].Mais admettre que l'on puisse régulariser après l'expiration du délai conduit à considérer que l'acte a une valeur intrinsèque.

C'est dans la **théorie des actes conservatoires** que certains ont trouvé la justification d'une telle jurisprudence.

Le débiteur en redressement ou en liquidation peut faire seul des actes conservatoires, et tel serait le cas de l'acte d'appel[10]. Il semble cependant que la jurisprudence n'admette un tel appel que si le mandataire (liquidateur ou administrateur) intervient dans le délai d'appel de la notification à lui faite[11]. Par un autre arrêt, la Cour de cassation[12] a admis l'appel d'une personne en liquidation, alors même que le mandataire était forclos au regard de la signification qui lui avait été faite, au motif qu'elle avait été personnellement condamnée et pouvait dès lors contester la décision, en invoquant son droit propre par assimilation à l'article R. 621-105 du Code de commerce, qui lui permet de contester les admissions de créances.

• Le défaut de pouvoir du représentant d'une personne morale[13] (ou l'absence d'appel contre le curateur de l'épouse dans le cadre d'une procédure de divorce[14]) :

- appel au nom d'une société représentée par un PDG démissionnaire[15];

- au nom d'un PDG en exercice dont la nomination était irrégulière[16];

- au nom d'un gérant de SARL alors qu'il y avait un liquidateur[17];

1. Pour un défaut cumulé d'indication de l'organe social et de la forme de la société, ce qui ne permettait pas de déduire l'organe de la forme sociale et donc entraînant une nullité de fond : Com. 3 juin 1998, n° 96-12.217, *Bull. civ.* IV, n° 174; *Procédures* 1998. Comm. 113 – Mais, pour un simple vice de forme, dans un cas semblable : Civ. 2e, 12 juill. 2001, n° 99-19.828, préc. ss n° 544.42, arrêt n° 2.
2. Com. 29 mai 1972, n° 70-11.525, *Bull. civ.* IV, n° 160 – Civ. 2e, 8 juin 2000, n° 98-13.180, NP.
3. Civ. 2e, 15 févr. 1978, n° 76-11.284, *Bull. civ.* II, n° 36.
4. Com. 25 oct. 1983, n° 82-11.389, *Bull. civ.* IV, n° 276; *Gaz. Pal.* 1984. Pan. 65, obs. Guinchard – Com. 30 nov. 1999, n° 97-14.595, *Bull. civ.* IV, n° 218; *D.* 2000. 627, note Lamazerolles; *D.* 2000. 37, obs. M. B.; *RJDA* 2000, n° 415 – Civ. 2e, 30 mars 2000, n° 98-16.648, NP; *JCP N* 2000. 1531, note Garçon.
5. Civ. 2e, 24 mars 1993, n° 91-18.611, *Bull. civ.* II, n° 125; *JCP* 1993. IV, n° 1337.
6. Paris, 8 déc. 1987, *Bull. ch. avoués* 1988. 1. 5, 3.5.90 – Paris, 3 mai 1990, *Bull. ch. avoués* 1990. 2. 40.
7. Civ. 2e, 13 janv. 1993, n° 91-17.175, *Bull. civ.* II, n° 15; *D.* 1993. Somm. 181 – Com. 19 juill. 1950, *JCP* 1951. II. 5952, note Motulsky – Civ. 2e, 12 juin 1991, n° 90-12.594, *Bull. civ.* II, n° 178; *D.* 1992. Somm. 123, obs. Julien – Soc. 22 nov. 1995, n° 92-16.192, NP.
8. Com. 9 juill. 1980, n° 78-14.133, *Bull. civ.* IV, n° 292; *JCP* 1980. IV. 357; *RTD civ.* 1981. 217.
9. Paris, 10 oct. 1955, *JCP* 1956. IV. 18; *RTD com.* 1956. 124, obs. Houin – Com. 13 nov. 1967, *Bull. civ.* IV, n° 344 – Com. 2 juin 1969, *Bull. civ.* IV, n° 191.
10. G. Ripert et R. Roblot, *Droit commercial*, 8e éd., t. II, Rousseau, 1931, n° 3031.
11. Com. 12 juin 2001, *Bull. civ.* II, n° 97-20.623, *Bull. civ.* IV, n° 117; *D.* 2001. 2301, obs. Lienhard; *RTD civ.* 2001. 956, obs. Perrot – Com. 8 juin 1999, *Bull. civ.* II, n° 94-20.999, *Bull. civ.* IV, n° 122.
12. Com. 28 juin 1994, n° 92-14.962, NP.
13. G. Sousi, « Représentation en justice d'une personne morale et nullité des actes de procédure », *Gaz. Pal.* 1984. Doctr. 427 – E. Savaux, « La personnalité morale en procédure civile », *RTD civ.* 1995. 1.
14. Civ. 1re, 6 févr. 1996, n° 93-21.053, *Bull. civ.* I, n° 65; *RTD civ.* 1996. 361, obs. Hauser; *JCP* 1996. IV. 95.
15. Civ. 2e, 13 oct. 1976, n° 75-13.244, *Bull. civ.* II, n° 274.
16. Civ. 2e, 22 juin 1978, *D.* 1979. IR 496, obs. Julien.
17. Paris, 7 déc. 1977, *JCP* 1978. II. 18988 – Aix-en-Provence, 18 mars 1982, *Gaz. Pal.* 1982. 347.

– au nom d'une société représentée par une secrétaire qui n'a pas capacité à le faire[1].

Mais toute erreur de désignation de l'appelant ne relève pas du régime de l'irrégularité de fond. Dans un arrêt révélateur, la Cour de cassation a relevé que la désignation erronée d'une société sous son nom commercial ou son enseigne, ne la prive pas de sa capacité d'ester en justice de telle sorte qu'il ne s'agit alors que d'un vice de forme[2].

544.44 Rédaction de l'acte d'appel – Conseils. Il faut, à ce stade, faire une réflexion pratique tenant à la rédaction de l'acte d'appel. Un acte incomplet est souvent préférable à un acte complet mais comportant le nom d'une personne incapable d'ester ou de représenter la personne appelante. En effet, l'appel qui ne comporte pas le nom de la personne physique, organe représentant la personne morale, ne pourrait qu'être vicié dans sa forme, circonstance qui exigera alors la preuve d'un grief, et qui n'exclura pas la rectification. Il n'est même pas sûr qu'il s'agisse d'un vice de forme, la mention du nom de la personne physique, organe représentant la personne morale, n'apparaissant pas exigée par l'article 901 C. pr. civ.[3]. Mais l'indication d'un nom inexact ou d'un nom d'une personne incapable ou n'ayant pas qualité comme représentant d'une personne morale est un vice de fond, qui n'exige point l'existence d'un grief pour entraîner la nullité[4].

Ainsi l'acte d'appel rédigé au nom d'une société « *représentée par ses dirigeants légaux* » peut-il être regardé comme entaché d'un vice de forme, alors que le même acte rédigé au nom d'une société « *représentée par M. X..., PDG* » est entaché d'un vice de fond si M. X..., au jour de l'acte, n'est pas PDG. Dès lors point trop n'en faut, et sauf à avoir vérifié l'exactitude et l'acuité actuelle des noms et qualités des représentants, il est peut-être préférable d'en rester à des généralités.

Révélateur à cet égard est l'arrêt rendu le 12 juin 1991 par la deuxième chambre civile[5], approuvant une cour d'appel d'avoir déclaré irrecevable un appel interjeté par une SCI représentée par son gérant, M. X..., alors que celui-ci était décédé au jour de l'acte d'appel. La Cour n'a pas accepté l'argument de l'auteur du pourvoi selon lequel il eût suffi pour la validité de l'appel d'indiquer l'organe représentant la personne morale, de telle sorte qu'une indication superfétatoire du nom du gérant ne pouvait, même en cas d'inexactitude, entraîner la nullité de l'appel. Il convient malgré tout de fournir des indications suffisantes à la définition du représentant de la personne morale. L'expression « *prise en la personne de son représentant légal* » peut être regardée comme suffisante si la loi indique quel est le représentant légal de la personne morale dont il s'agit (ex., gérant pour une SARL), chaque fois que ce vice de forme ne cause pas grief[6].

La jurisprudence a clarifié la question : la chambre mixte, par deux arrêts du 22 février 2002 a dit que « *le défaut de désignation de l'organe représentant légalement une personne morale dans un acte de procédure, lorsque cette mention est prévue à peine de nullité, ne constitue qu'un vice de forme* »[7]. Notons enfin que la Cour de cassation vient de rappeler que l'exigence de l'indication de l'organe représentant la personne morale n'existe pas en matière de procédure sans représentation obligatoire[8]. Poursuivant dans une attitude de plus grande bienveillance, la Cour de cassation considère que l'absence de désignation de l'organe représentant une personne morale, lorsque celle-ci est prévue à peine de nullité, ne constitue qu'un vice de forme[9]. S'agissant de l'intimé, les principes sont les mêmes, *mutatis mutandis*, de telle sorte que constitue une irrégularité de fond le fait d'intimer une personne qui n'a pas qualité pour représenter le défendeur ou se défendre (ex., acte intimant le père ès qualités alors que l'enfant est majeur, acte intimant un syndic de copropriété qui a cessé ses fonctions, ou un liquidateur qui n'a plus pouvoir)[10]. Deux atténuations au principe sont toutefois à noter. Tout d'abord, l'intimé ne peut invoquer une inexactitude qui lui est imputable, en ce qu'elle résulte des indications par elle données dans ses écritures ou dans la notification de la décision, que le moyen de nullité lui soit refusé, ou que sa notification étant nulle, le délai d'appel n'ait pas couru, permettant une régularisation[11].

Par ailleurs, la Cour de cassation rappelle que l'article 901 C. pr. civ. n'impose pas d'indiquer l'organe représentatif de la personne morale intimée, mais seulement sa dénomination[12].

1. Civ. 2e, 18 nov. 1981, *Gaz. Pal.* 1982. 1. 209.
2. Civ. 2e, 11 déc. 2008, no 07-18.511, *Bull. civ.* II, no 267; *D.* 2009. 174.
3. Civ. 2e, 14 janv. 1987, no 85-16.017, *Bull. civ.* II, no 5; *RTD civ.* 1987. 399, obs. Perrot – Civ. 2e, 5 juin 1996, no 92-44.293, *Bull. civ.* II, no 123 – Civ. 3e, 12 juill. 1995, no 93-12.508, *Bull. civ.* III, no 176; *D.* 1996. 94, obs. Atias.
4. Civ. 2e, 13 oct. 1976, no 75-13.244, *Bull. civ.* II, no 274 – Civ. 2e, 18 nov. 1981, NP; *Gaz. Pal.* 1982. 1. 209.
5. Civ. 2e, 12 juin 1991, no 90-12.594, *Bull. civ.* II, no 178; *D.* 1992. 123, obs. Julien.
6. Civ. 2e, 8 oct. 1997, no 95-19.545, NP; *Rev. huiss.* 1998. 58 – Civ. 1re, 5 oct. 1999, no 95-17.030, *Bull. civ.* I, no 259; *Procédures* 2000, no 36.
7. Cass., ch. mixte, 22 févr. 2002, nos 00-19.639 et 00-19.742, *Bull. ch. mixte*, no 1; *D.* 2002. 3261, obs. Hallouin; *RTD civ.* 2002. 358, obs. Perrot – Civ. 3e, 13 nov. 2013, no 12-24.870, *Bull. civ.* III, [à paraître].
8. Cass., ass. plén., 7 juill. 2000, no 97-45.768, *Bull. ass. plén.*, no 5; *D.* 2001. 1830, note Lasserre-Kiesow; *RTD civ.* 2000. 900, obs. Perrot; *JCP* 2000. II. 10411, note du Rusquec; *JCP* 2000. IV. 2477; *Procédures* 2000. Comm. 210, note Perrot; *Gaz. Pal.* 4-5 janv. 2002, obs. du Rusquec; *Rev. sociétés* 2001. 87, obs. Chartier.
9. Civ. 3e, 13 nov. 2013, no 12-24.870, *Bull. civ.* III, [à paraître] – Civ. 2e, 15 sept. 2005, no 03-19.745, NP; *RJDA* 12/2005, no 1367.
10. Civ. 2e, 30 nov. 1977, no 76-12.305, *Bull. civ.* II, no 225 – Paris, 9 juill. 1985, *Bull. ch. avoués* 1985. 103 – Civ. 2e, 20 mars 1985, no 83-17.305, *Bull. civ.* II, no 71; *JCP* 1985. IV. 196.
11. Soc. 12 mars 1955, *Bull. civ.* IV, no 401 – Civ. 2e, 1er févr. 1956, *Bull. civ.* II, no 59.
12. Civ. 2e, 14 janv. 1987, no 85-16.017, *Bull. civ.* II, no 5; *JCP* 1987. IV. 71; *RTD civ.* 1987. 399, obs. Perrot.

Elle semble désormais s'orienter vers une politique de plus grande mansuétude : est ainsi significatif son arrêt cassant une décision ayant déclaré irrecevable un appel formé par un avocat « *pour son client* » sans autre précision alors que ledit avocat avait plusieurs clients dans l'instance. Dans cet arrêt, au demeurant confus dans sa rédaction, elle censure la décision qui avait déclaré l'appel irrecevable au motif qu'il ne peut s'agir d'une irrégularité de fond. Or recevabilité et nullité ne relèvent pas du même domaine juridique et l'on doit attendre une plus grande rigueur dans les arrêts à venir d'autant que le régime procédural des exceptions de nullité est très différent de celui des irrecevabilités[1].

544.45 Mention du domicile de l'appelant. Un contentieux important s'est développé à propos de l'adresse de l'appelant.

Le principe est que, s'agissant d'une personne physique ou d'une personne morale, le domicile de l'appelant doit s'entendre du **domicile réel et actuel.** Le domicile élu chez l'avoué constitué - et à partir du 1er janvier 2012, au domicile de l'avocat - ne saurait suffire[2].

C'est là une exigence importante qu'il ne faut pas négliger. La nullité encourue ne peut être qu'une **nullité de forme** car cette irrégularité n'est pas visée par l'article 117 C. pr. civ. : l'inexactitude de l'adresse mentionnée sur la déclaration d'appel doit donc causer un préjudice[3]. Reste à déterminer le grief que peut causer une adresse inexacte.

La jurisprudence a évolué. Alors que, dans un premier temps, cette mention n'était exigée qu'en vue d'assurer l'identification de l'appelant dans le cadre de la procédure d'appel[4], c'est l'exécution du jugement déféré à la cour d'appel, quand il est assorti de l'exécution provisoire, qui a été, ensuite, retenu comme constitutif du grief. Et cette considération du grief dépasse le seul cadre de la mise en œuvre de l'exécution provisoire et s'étend désormais à la difficulté que pourrait éprouver l'intimé à prendre les mesures d'exécution forcée ou les mesures conservatoires nécessaires à la sauvegarde de ses droits, en présence d'un défaut de domicile ou d'un domicile inexact[5]. Par ailleurs, la question de l'inexactitude de l'adresse dans la déclaration se conjugue avec le défaut d'état civil dans les conclusions. Ces dernières sont irrecevables (C. pr. civ., art. 961) et non régularisées par la déclaration[6].

544.46 Irrégularités dans la déclaration d'appel. Le vice de forme doit faire grief pour être accueilli, et peut donner lieu à régularisation avant que le juge ne statue. Ainsi l'erreur née d'une confusion dans la procédure suivie en première instance, ayant conduit l'appelant à intimer une personne ès qualités alors qu'elle avait été attraite à l'origine en nom personnel, peut être rectifiée même au-delà du délai d'appel[7]. L'appréciation du grief sera fonction de l'irrégularité commise par l'appelant et des circonstances de l'espèce.

Le **vice de fond**, qui entraîne la **nullité** sans qu'il soit nécessaire de démontrer le grief qu'il a causé, peut être régularisé tant que le délai d'appel n'est pas expiré[8], étant observé que l'article 2241 du Code civil relatif à l'interruption du délai de prescription et de forclusion pourrait faire courir un nouveau délai à compter de l'interruption causée par l'acte d'appel vicié.

Ceci s'apprécie dans le cadre du principe général, maintes fois rappelé par la Cour de cassation, selon lequel les mentions prescrites par l'article 901 C. pr. civ. sont exigées en vue d'assurer le bon déroulement de la procédure d'appel, l'identification des parties et non pas l'exécution de la décision à venir[9].

Il est évidemment nécessaire que l'on indique exactement quel est l'appelant et il faut éviter toute ambiguïté de rédaction. Ainsi, à titre d'exemple, la mention de la fonction de PDG de l'appelant ne suffit pas à le faire agir ès qualités de représentant légal de la société[10]. De façon générale, il ne faut pas confondre l'énoncé de la fonction avec la prise de qualité[11].

544.47 Indication précise du jugement querellé. L'intimé doit connaître le jugement qui est soumis à la cour, et l'erreur commise dans l'énoncé de la date de celui-ci fait en principe grief et justifie la nullité de l'acte d'appel[12]. Mais si l'intimé n'a pas pu se

1. Civ. 3e, 27 janv. 2010, no 08-12.465, *Bull. civ.* III, no 24.
2. Civ. 2e, 16 juill. 1959, *Bull. civ.* II, no 585; *JCP* 1959. IV. 113.
3. Civ. 2e, 18 janv. 1989, no 87-12.354, NP; *JCP* 1989. II. 21286, note Cadiet – Civ. 2e, 28 mai 2003, no 01-12.568, *Bull. civ.* II, no 159 – Civ. 2e, 13 juill. 2005, no 03-14.980, *Bull. civ.* II, no 193.
4. Civ. 2e, 22 juin 1978, no 77-12.479, *Bull. civ.* II, no 167 – Civ. 3e, 8 oct. 1986, no 85-70.116, *Bull. civ.* III, no 137; *Gaz. Pal.* 1987. 2. Somm. 83, note Croze et Morel.
5. Civ. 2e, 21 nov. 2002, no 01-00.935, *Bull. civ.* II, no 262 – Civ. 2e, 28 mai 2003, no 01-12.568, *Bull. civ.* II, no 159.
6. Civ. 2e, 1er oct. 2009, no 08-12.417, *Bull. civ.* II, no 228.
7. Civ. 2e, 12 juin 2003, no 01-10.079, *Bull. civ.* II, no 182; *RTD civ.* 2004. 141, obs. Perrot.
8. Civ. 2e, 19 oct. 1983, no 82-13.030, *Bull. civ.* II, no 167; *JCP* 1983. IV. 359; *Gaz. Pal.* 1984. 1. Pan. 34, obs. Guinchard – Paris, 10 juill. 1986, *Rev. huiss.* 1988. 949.
9. Civ. 2e, 20 avr. 1988, no 86-17.159 *Bull. civ.* II, no 93; *D.* 2011. 1771, obs. Avena-Robardet; *Gaz. Pal.* 1988. 2. Somm. 490, obs. Croze et Morel; *RTD civ.* 1988. 577, obs. Perrot – Civ. 2e, 13 juin 1990, no 88-19.828, *Bull. civ.* II, no 131; *D.* 1991. 196, note du Rusquec; *D.* 1991. 336, note du Rusquec – Civ. 2e, 9 janv. 1991, no 89-17.696, *Bull. civ.* II, no 4; *JCP* 1991. IV. 231.
10. Civ. 2e, 10 juill. 2003, no 01-13.179, *Bull. civ.* II, no 236.
11. Civ. 2e, 12 juin 2003, no 01-13.922, *Bull. civ.* III, no 182; *RTD civ.* 2004. 141, obs. Perrot; *Procédures* 2003, no 189.
12. Versailles, 1er juill. 1982, *Gaz. Pal.* 1983. 2. 265.

méprendre pour des raisons de fait, le grief n'existe pas et la nullité n'est pas encourue[1].

Rappelons également que, en application de l'article 112 C. pr. civ., le fait de conclure au fond couvre la nullité de forme, de telle sorte que l'intimé, qui, en dépit d'une erreur de datation du jugement attaqué, conclut au fond sur le jugement effectivement querellé, ne peut s'emparer ultérieurement de l'erreur pour obtenir la nullité de la déclaration.

Une seconde erreur est parfois commise par l'avoué, qui se contente d'indiquer la date du jugement et la juridiction qui l'a rendue, dans l'ignorance de l'existence de deux ou plusieurs décisions rendues le même jour entre les mêmes parties.

Il est constant que le jugement déféré doit être identifié et dans le principe, une absence d'identification claire cause grief et entraîne la nullité de la déclaration d'appel[2].

Au-delà de l'incertitude pour l'intimé à qui l'imprécision dans l'indication du jugement querellé cause un grief, cette imprécision donnerait à l'appelant la possibilité, lorsqu'une indication est requise de lui, de faire porter l'appel sur l'une ou l'autre, et de s'arroger ainsi un délai supplémentaire[3]. Mais, si l'intimé a pu connaître exactement laquelle des décisions était attaquée, le grief n'existe pas et la nullité n'est pas encourue[4]. Si l'intimé ne peut connaître la décision attaquée et allègue la nullité, encore faut-il que le moyen soit utile. Il ne peut pas l'être si le délai d'appel n'est pas expiré car alors un nouvel acte peut être fait. Il peut également être possible à l'appelant, même après l'expiration du délai, d'interjeter un nouvel appel plus précis que le précédent, et lorsqu'il aura à faire face à des conclusions d'irrecevabilité de l'appel pour tardiveté, d'alléguer la nullité de la signification, si celle-ci n'a pas précisé autrement que par sa date le jugement signifié, causant ainsi un grief à l'intimé, qui ne pouvait savoir exactement laquelle des deux ou plusieurs décisions lui étaient signifiées.

544.48 Désignation de l'intimé - Identification nécessaire. L'article 58 C. pr. civ., auquel renvoie l'article 901, prévoit la désignation de l'intimé par ses nom et domicile ou, s'il s'agit d'une personne morale, par sa dénomination et son siège social. Il convient, en effet, d'identifier précisément l'intimé.

Cependant, la Cour de cassation a écarté un formalisme qui aurait pu être excessif en jugeant que « *l'erreur manifeste, dans la désignation de l'intimé, au regard de l'objet du litige, tel que déterminé par les prétentions des parties devant les juges du fond, n'est pas de nature à entraîner l'irrecevabilité de l'appel* » : le mandataire liquidateur, assigné à titre personnel devant les premiers juges, avait été désigné en qualité de mandataire judiciaire dans la déclaration d'appel[5]. Cette jurisprudence ne permet pas de couvrir pour autant les cas dans lesquels l'erreur confine à la désignation d'une autre personne que la partie au procès de première instance[6].

Les irrégularités qui peuvent affecter ces diverses mentions sont soumises au même régime que celles concernant l'appelant.

Ainsi, les irrégularités relatives au nom ou à l'adresse ne sont sanctionnées par la nullité que si elles causent un grief à l'intimé[7], étant précisé que la partie à laquelle est notifié un recours est réputée, pour cette notification, demeurer à l'adresse qu'elle a indiquée dans la notification du jugement (C. pr. civ., art. 553).

En revanche, la nullité de fond pourra être retenue si l'intimé désigné est une personne morale inexistante ou si la personne mentionnée dans la déclaration en qualité de représentant d'une personne morale ou d'un incapable est dépourvue de pouvoir[8]. Cependant, pour ce dernier cas, l'article 901 C. pr. civ. n'impose aucune obligation d'indiquer l'organe représentatif de la personne morale intimée[9].

544.49 Indication de la Cour saisie. Cette indication va de pair avec l'obligation faite au greffier d'adresser à chacun des intimés un exemplaire de la déclaration d'appel pour l'avertir, ou les avertir, de l'obligation de constituer « avoué »; faute de cette indication, la déclaration d'appel est nulle. Toutefois, la nullité de la déclaration d'appel n'est pas encourue si l'omission d'indiquer la cour devant laquelle l'appel est porté peut être suppléée par une autre mention[10].

1. Civ. 2e, 7 févr. 1990, n° 88-14.771, NP; *Bull. ch. avoués* 1990 – Civ. 2e, 11 juill. 1988, n° 87-12.733, NP; n° 1139.
2. Civ. 2e, 30 avr. 1970, n° 68-12.312, *Bull. civ.* II, n° 145; *JCP* 1970. IV. 157 – Civ. 2e, 14 nov. 1979, *Gaz. Pal.* 1980. 1. 117 – Paris, 27 févr. 1989, *JCP* 1970. II. 16222 – Riom, 31 janv. 1974, *JCP* 1975. II. 17926, note Couchez.
3. Civ. 2e, 24 mars 1993, n° 90-18.599, *Bull. civ.* II, n° 128.
4. Civ. 11 nov. 1907, *S.* 1913. 1. 499 – Civ. 2e, 14 mars 1973, n° 72-10.637, *Bull. civ.* II, n° 98 – Civ. 2e, 28 févr. 1974, n° 72-14.707, *Bull. civ.* II, n° 80 – Civ. 2e, 17 juill. 1974, n° 73-10.134, *Bull. civ.* II, n° 232.
5. Cass., ass. plén., 6 déc. 2004, n° 03-11.053, *Bull. ass. plén.*, n° 13; *Procédures* 2005. Comm. 27, obs. Perrot; *BICC* 15 mars 2005, rapp. Gallet et avis Benmakhlouf; *D.* 2005. 11, obs. Avena-Robardet; *RTD civ.* 2005. 185; *Dr. et proc.* 2005. 161, obs. Douchy-Oudot.
6. Civ. 2e, 4 oct. 2007, n° 06-16.879, *Bull. civ.* II, n° 223; *D.* 2007. 2677.
7. Civ. 2e, 24 mai 2007, n° 06-11.006, *Bull. civ.* II, n° 132; *D.* 2007. 2341, obs. Vigneau.
8. Pour l'intimation de l'ancien syndic de copropriété alors que l'appelant connaissait le changement de syndic intervenu, Paris, 9 juill. 1985, *Bull. ch. avoués* 1985, n° 96, p. 103.
9. Civ. 2e, 14 janv. 1987, n° 85-16.017, *Bull. civ.* II, n° 5; *RTD civ.* 1987. 399, obs. Perrot.
10. Req. 7 mai 1862, *DP* 1862. 1. 465 : la référence de la cour devant laquelle l'avoué constitué exerce suffirait.

544.50 Mentions facultatives. La déclaration d'appel peut porter mention des chefs du jugement que l'appelant entend soumettre à la cour. Cette limitation de l'appel, dès la déclaration, interdit à l'appelant de revenir sur ses choix, sauf à procéder à une nouvelle déclaration si le délai est encore ouvert. Il convient de rappeler qu'il est également possible de limiter le champ de l'appel par voie de conclusions en cours de procédure d'appel. Si l'appelant ne précise pas les chefs des jugements auxquels il limite son appel et qu'il indique simplement le jugement, il est censé en contester toutes les dispositions.

Il convient également de signaler que l'article 901 C. pr. civ. permet que soit indiqué le nom de l'avocat qui assiste la partie devant la cour, avocat qui pourra être, après le 1er janvier 2012, l'avocat au nom duquel est effectuée la déclaration ou un de ses confrères dont la mission sera limitée à la seule assistance.

544.51 Remise au greffe de la déclaration. La remise au greffe de la déclaration d'appel est effectuée par envoi électronique. C'est cette remise qui saisit la cour. Aucun autre acte ne doit être effectué. La mise au rôle de l'acte papier de la déclaration n'existe plus pour la procédure ordinaire, sous réserve de l'article 930-1 C. pr. civ. cité ci-après. En revanche, pour la procédure à jour fixe, cette remise au greffe ne suffit pas : il convient de procéder au placement de l'assignation à jour fixe, sous peine d'irrecevabilité (v. ss n° 544.194).

544.52 Communication électronique. La communication électronique s'effectue par courriers électroniques grâce à une plate-forme (e-barreau) qui permet l'interconnexion entre le RPVA et le Réseau privé virtuel de la justice (RPVJ). Chaque avocat est muni d'une clef lui donnant accès au RPVA et l'identifiant de sorte que, désormais, les actes ne portent plus la signature de l'avocat. La transmission de l'acte effectuée par l'utilisation de la clef vaut signature.

Par ailleurs, l'adhésion par l'avocat au RPVA vaut consentement à recevoir les actes par le réseau, comme l'a précisé l'avis de la Cour de cassation en date du 9 septembre 2013[1].

L'article 930-1 C. pr. civ., introduit dans le code par le décret du 9 novembre 2009, dispose que, « *à peine d'irrecevabilité relevée d'office, les actes de procédure sont remis à la juridiction par voie électronique* ». Cette obligation, d'abord limitée aux actes d'appel et aux constitutions, a été étendue par des arrêtés ultérieurs et précisée par les protocoles conclus au sein de chaque cour d'appel entre les premiers présidents et les ordres d'avocats à tous les actes relatifs à la procédure ordinaire (sur les protocoles, v. ss nos 300.00 s.).

1. Cass., avis, 9 sept. 2013, n° 13-70.005, *Bull. civ. avis*, [à paraître].

L'alinéa 2 de cet article prévoit l'hypothèse de l'impossibilité de la transmission « *pour une cause étrangère à celui qui l'accomplit* » : l'acte peut alors être établi sur support papier et remis au greffe. Dans ce cas, la déclaration d'appel est remise au greffe en autant d'exemplaires qu'il y a de parties destinataires plus deux. La remise est constatée par la mention de sa date et le visa du greffier sur chaque exemplaire, dont l'un est remis à l'avocat.

Pour les autres actes, l'article 748-7 C. pr. civ. dispose que lorsqu'un acte doit être accompli avant l'expiration d'un délai et ne peut être transmis par voie électronique le dernier jour du délai pour une cause étrangère à celui qui l'accomplit, le délai est prorogé jusqu'au premier jour ouvrable suivant.

La **preuve de la cause étrangère**[2] est susceptible de poser de graves difficultés, même si, jusqu'à présent, la jurisprudence est restée discrète. Pratiquement, pour les impossibilités tenant à l'accès au RPVA ou à la plate-forme, il convient de procéder à une copie de l'écran d'ouverture mentionnant l'impossibilité de la transmission. Pour les difficultés relatives au dysfonctionnement du système informatique de l'émetteur de l'acte, il convient de préciser qu'il suffit d'utiliser la clef à partir de n'importe quel ordinateur et que l'envoi peut être effectué le dernier jour jusqu'à minuit.

L'alinéa 3 de l'article 930-1 C. pr. civ. doit être particulièrement remarqué, car il instaure l'opposabilité vis-à-vis des avocats des parties des actes émanant du greffe : les avis, avertissements ou convocations sont remis aux avocats par voie électronique, sauf impossibilité pour cause étrangère de l'expéditeur. Ainsi, les avis – notamment celui prévu à l'article 902, mais également les réductions de délais prévus aux articles 908 et suivants ou encore le choix de la procédure d'urgence et les fixations rapprochées qui en découlent – sont adressés à l'avocat par la voie électronique. Seule l'impossibilité tenant à l'expéditeur, c'est-à-dire le greffe, excuse l'absence de réception par le destinataire de l'acte. C'est donc dire l'extrême attention que le praticien doit porter à sa liaison avec le greffe de la cour.

b) Signification de la déclaration d'appel (C. pr. civ., art. 902)

544.61 Analyse de l'article 902 du Code de procédure civile. Le greffe doit adresser par lettre simple la déclaration d'appel, après l'avoir matérialisée sur papier. Cette lettre indique l'obligation de constituer un avocat. En cas de retour au greffe de cette lettre ou

2. S. Grayot-Dirx, « La cause étrangère et l'usage des nouvelles technologies », *Procédures* 2013. Étude 2 – M. Attal, « Procédure d'appel : l'humanité de la jurisprudence », ss Toulouse, ord., ch. 2, sect. 1, 23 mai 2013, *JCP* 2013. 633.

de non-constitution de l'intimé dans le mois de son envoi, le greffe avise l'avocat de l'appelant. Cet avis lui est transmis par le RPVA et déclenche un **délai d'un mois** dans lequel l'avocat de l'appelant doit procéder à la signification de la déclaration d'appel à l'intimé. Ce délai est d'une extrême importance : son inobservation est sanctionnée par la **caducité** de la déclaration d'appel. Il convient de préciser que le greffe n'est pas tenu de respecter un délai pour procéder à l'avertissement de l'avocat et qu'en cas de défaut d'envoi d'avis par le greffe, le processus de l'article 902 ne s'applique tout simplement pas.

Cette règle a introduit une exigence nouvelle et sa sanction, surtout, peut paraître disproportionnée. Cependant, le but poursuivi en explique la rigueur. Il s'agit d'informer l'intimé de manière contradictoire de l'existence de l'appel afin de lui donner un délai équivalent à celui dont dispose l'appelant afin qu'il puisse utilement se préparer à former un appel incident, si le jugement ne lui a pas donné entièrement satisfaction. Il ne semblait pas, en effet, possible d'enfermer l'appelant incident dans un délai sous peine d'irrecevabilité et ne pas lui transmettre officiellement la déclaration d'appel.

Le délai d'un mois peut être modifié dans deux types de situations : d'une part, le décret n° 2011-272 du 15 mars 2011[1] complétant l'article 38-1 du décret n° 91-1266 du 19 décembre 1991[2] diffère le point de départ du délai d'assignation en cas de demande d'aide juridictionnelle et, d'autre part, l'article 911-2 C. pr. civ. proroge ce délai en fonction du domicile de l'auteur de l'acte et non pas du destinataire.

Si pour des raisons d'économie de frais d'huissier, l'appelant veut dans le même acte signifier l'acte d'appel et les conclusions à l'intimé n'ayant pas constitué, il devra veiller à respecter les deux délais. Enfin, cette règle s'applique que l'avocat ait conclu ou non.

544.62 Modalités de la signification. Le texte ne prévoit qu'une signification, donc un acte d'huissier. Il n'exige pas une assignation. On a pu le regretter, mais cela aurait été contraire à la définition de cet acte qui doit comporter l'objet des demandes et l'exposé des moyens de fait et de droit, ce qui ne sera exprimé que dans les conclusions.

L'article 902 C. pr. civ. indique les mentions qui doivent être portées sur cet acte de signification, à peine de nullité : ainsi il doit être mentionné que « *faute pour lui de constituer avocat dans le délai de quinze jours à compter de celle-ci, l'intimé s'expose à ce qu'un arrêt soit rendu contre lui sur les seuls éléments fournis par l'appelant et que faute de conclure dans le délai mentionné à l'article 909, il s'expose à ce que ses écritures soient déclarées irrecevables* ».

Cet avertissement n'est pas formel : l'exigence de la comparution dans la quinzaine ne doit pas être négligée.

En outre, le défaut de ces mentions peut entraîner la nullité de forme de la signification et donc l'exigence du grief de l'intimé, victime d'un défaut d'information, ce qui devrait réduire les chances d'annulation de l'acte. La seule question importante est de savoir si la nullité de l'acte permet de soutenir que la caducité de la déclaration de l'appel est encourue. Il semble qu'il n'y ait pas encore de jurisprudence sur ce point. On pourrait déduire de la nullité l'absence pure et simple de signification. Toutefois, ce serait méconnaître la distinction entre la nullité de la signification et son absence, comme le retient la jurisprudence[3] à propos de l'article 528-1 C. pr. civ.

544.63 Domaine d'application de l'article 902 du Code de procédure civile. Il n'est pas douteux que cet article s'applique à la procédure ordinaire. Le renvoi à l'article 909 C. pr. civ. dans l'acte de signification en atteste. Doit-on l'appliquer à la procédure d'urgence prévue à l'article 905 C. pr. civ. (v. s^{s} n° 544.192) ? On peut en douter depuis l'avis de la Cour de cassation qui a précisé que les articles 908 à 911 C. pr. civ. ne s'appliquent pas à cette procédure. Le renvoi à l'article 909 C. pr. civ. paraît alors justifier l'exclusion de l'article 902. Toutefois, la jurisprudence ne paraît pas certaine et il doit être conseillé à l'avocat de l'appelant de procéder à cette signification en ne se contentant pas de reproduire l'article 909 C. pr. civ., qui n'a aucun sens dans une procédure d'urgence mais, s'il en a connaissance au moment de la signification des dates déjà fixées, de mentionner clairement qu'il s'agit d'une procédure d'urgence de l'article 905 C. pr. civ., sous peine de perdre le bénéfice de cette fixation.

544.64 Sanction de l'article 902 du Code de procédure civile : caducité de la déclaration d'appel. La sanction de la caducité de la déclaration d'appel est également prévue par l'article 908. À la différence de cet article, l'article 902 ne mentionne pas qu'elle puisse être soulevée d'office et la jurisprudence[4] a, parfois, refusé de retenir la caducité prononcée à l'initiative du conseiller de la mise en état. Pratiquement, le défaut de signification est mentionné par le greffe qui interroge l'appelant, ce qui provoquera la demande de l'intimé. Cependant, la question est de savoir si cette caducité de la déclaration qui peut nuire à l'intimé – en l'empêchant de faire un appel incident ou de présenter une demande incidente – ne

1. Décr. n° 2011-272, 15 mars 2011, portant diverses dispositions en matière d'aide juridictionnelle et d'aide à l'intervention de l'avocat, *JO* 17 mars, p. 4825.
2. Décr. n° 91-1266, 19 déc. 1991, portant application de la loi n° 91-647 du 10 juillet 1991 relative à l'aide juridique, *JO* 20 déc., p. 16609.
3. Civ. 2e, 2 mars 2000, n° 98-13.648, *Bull. civ.* II, n° 38.
4. Bordeaux, 15 févr. 2012, RG n° 11/05730.

doit pas relever de son seul pouvoir. Le but de cette signification n'est-il pas d'informer l'intimé de l'existence de l'appel ?

En cas de **pluralité d'intimés**, bien qu'il soit difficile de diviser un tel acte, la circulaire ministérielle n° 16/10 du 31 janvier 2010[1] considère que, en cas de multiplicité d'intimés, la caducité ne pourrait être soulevée que par l'intimé n'ayant pas constitué, étant précisé qu'elle ne frapperait que l'appel le concernant, laissant l'appel intact pour les autres intimés constitués sauf indivisibilité. Si cette interprétation est heureuse dans la mesure où un appelant peut *in fine* décider de ne pas assigner un intimé, la simple référence à l'article 324 C. pr. civ., en ce qu'elle nie en l'espèce le caractère entier de l'acte d'appel, eût mérité un texte plus précis.

544.65 Rappel des différentes sanctions applicables à la déclaration d'appel. Au terme de ces explications sur la déclaration d'appel, il convient de rappeler les sanctions encourues.

1°) Les nullités. Comme il a été exposé, l'article 901 C. pr. civ., comme l'article 58 auquel il renvoie, exige les mentions précitées à peine de nullité. Le Code de procédure civile prévoit deux types de nullité.

La **nullité de fond** qui est encourue dans les cas prévus à l'article 117 C. pr. civ., qui concerne la capacité d'ester en justice de l'appelant, le pouvoir de la personne qui représente la personne morale ou l'incapable et le pouvoir de représentation du mandataire *ad litem*. Cette énumération est désormais, selon une jurisprudence qui paraît bien établie, clairement déclarée limitative[2]. La particularité de cette nullité tient à trois points : le grief n'est pas exigé, elle peut être soulevée en tout état de cause et est régularisable tant que le délai pour effectuer la déclaration d'appel est ouvert.

À l'opposé, les **nullités de forme**, c'est-à-dire, en application de la jurisprudence précitée, toutes les autres irrégularités de l'acte, ne sont prononcées que si l'irrégularité cause un grief qui sera apprécié souverainement par le juge du fond et à condition qu'elle soit soulevée avant tout moyen d'irrecevabilité et de fond. La violation de la règle de forme est, elle aussi, régularisable dans le délai ouvert pour effectuer l'acte concerné.

Deux arrêts de la deuxième chambre civile de la Cour de cassation du 12 juillet 2001 ont posé en principe que « *les irrégularités qui affectent la déclaration d'appel constituent des vices de forme dont la nullité ne peut être prononcée qu'à la charge pour l'adversaire qu'il invoque de prouver l'existence d'un grief* »[3].

La jurisprudence est particulièrement attentive à la **corrélation existant entre l'irrégularité prétendue et le préjudice éprouvé**[4] et la Cour de cassation censure pour défaut de base légale les décisions prononçant la nullité d'une déclaration d'appel sans caractériser cette corrélation[5].

2°) La caducité. La caducité sanctionne le non-respect d'une formalité ou d'un délai postérieurs à l'acte. En procédure civile, elle est prévue en première instance par l'article 406 C. pr. civ. Elle est susceptible d'être rapportée dans les termes de l'article 468 alinéa 2. Dans la procédure d'appel, telle que réglementée par le [Nouveau] Code de procédure civile issu du décret du 5 décembre 1975, la caducité sanctionnait le défaut de placement de l'appel dans le délai de deux mois. Depuis le décret du 20 août 2004[6], le dépôt de la déclaration valant saisine de la cour, la caducité avait disparu de la procédure ordinaire d'appel. Elle a été réintroduite par le décret du 9 novembre 2009 : l'article 902, comme il vient d'être exposé, et l'article 908 (v. ci-après) frappent de caducité la déclaration d'appel. Dans les deux cas, **il s'agit alors de sanctionner seulement la déclaration et non le droit d'appel**, comme aurait pu le laisser croire la rédaction malheureuse du décret du 9 novembre 2009, corrigée par le décret du 28 décembre 2010. Il est donc possible de déclarer un nouvel appel, à condition que le délai pour l'interjeter ne soit pas épuisé. Il faut ajouter qu'il n'existe pas, dans la procédure d'appel, un texte équivalent à l'article 468 alinéa 2 précité. Rappelons enfin que le terme de caducité est également retenu en matière de jour fixe (C. pr. civ., art. 922) pour sanctionner le défaut de dépôt de l'assignation avant l'audience : c'est alors dans un sens tout différent : il s'agit de la caducité, non pas de la déclaration, mais de l'appel lui-même (v. s^{s} n° 544.212).

Si la **caducité de l'acte d'appel** ne pose pas de problèmes particuliers, excepté son extrême rigueur dans les litiges opposant deux parties, elle suscite des incertitudes dans les litiges mettant en cause **un appelant et une pluralité d'intimés** vis-à-vis desquels les exigences requises par l'article 902 ou 908 C. pr. civ. n'ont pas été uniformément respectées. On pourrait être tenté d'y voir une sanction qui anéantit l'acte pour toutes les parties concernées[7], ou au contraire une sanction ayant un effet relatif limitant la

1. Circ. n° CIV/16/10, 31 janvier 2011, relative à l'application du décret n° 2009-1524 du 9 décembre 2009 relatif à la procédure d'appel avec représentation obligatoire en matière civile et du décret n° 2010-1647 du 28 décembre 2010 modifiant la procédure d'appel avec représentation obligatoire en matière civile.
2. Cass., ch. mixte, 7 juill. 2006, n° 03-20.026, *Bull. ch. mixte*, n° 6 – Civ. 3e, 27 janv. 2010, n° 08-12.465, *Bull. civ.* III, n° 24.
3. Civ. 2e, 12 juill. 2001, n° 99-19.828, *Bull. civ.* II, n° 139 – POUR UNE APPLICATION PARTICULIÈREMENT LIBÉRALE, Civ. 2e, 21 janv. 2010, n° 09-11.760, NP.
4. Civ. 2e, 17 juill. 1985, *JCP* 1985. IV. 331.
5. Civ. 2e, 31 janv. 1980, n° 78-13.631, *Bull. civ.* II, n° 18.
6. Décr. n° 2004-836, 20 août 2004, portant modification de la procédure civile, *JO* 22 août, p. 15032.
7. Aix-en-Provence, 8 mars 2012, RG n° 11/20977.

caducité de la déclaration que vis-à-vis de l'intimé concerné, sauf indivisibilité. La jurisprudence incline pour cette seconde solution[1], ce qui répond aux buts recherchés par les obligations imposées à l'appelant dans ces deux articles : il ne s'agit pas d'effectuer une formalité constitutive de l'appel, comme l'était la saisine de la cour par la mise au rôle au greffe telle qu'elle était imposée jusqu'au décret de 2004, mais d'informer l'adversaire et de lui permettre de faire valoir sa défense dans un délai déterminé.

On pourrait être tenté d'analyser la caducité comme une exception de procédure, dans la mesure où elle entre dans la définition de l'article 73 C. pr. civ. et constitue un moyen de défense tendant à éteindre l'instance. C'est la solution retenue par la cour de Paris[2] qui en a déduit qu'elle ne pouvait qu'être demandée *in limine litis*.

Enfin, la question de savoir si les caducités prévues aux articles 902 et 908 C. pr. civ. suivent un régime identique reste discutée.

3°) L'irrecevabilité. L'irrecevabilité de l'appel résulte d'un **défaut du droit d'agir**. Concernant les cas dans lesquels cette irrecevabilité sanctionne un défaut tenant à la déclaration d'appel, ce qui est ici seulement considéré, elle peut être la conséquence de la nullité de la déclaration : l'appel n'ayant pas été formé valablement, le droit d'agir n'a pu être exercé et a disparu, faute d'acte portant la demande dans le délai ouvert par la signification du jugement. On peut citer l'exemple de la déclaration envoyé par télécopie ou par lettre recommandée qui est frappé de nullité. Dans la pratique, la confusion n'est pas rare, comme dans le cas de la désignation dans la déclaration d'appel d'une société absorbée après constatation de la disparition de la personnalité morale de celle-ci[3]; ou encore un appel déclaré au nom d'une personne morale inexistante ou par une personne physique décédée[4] dans lesquels on pourrait être tenté de considérer la nullité de l'acte d'appel pour inexistence de l'appelant alors qu'il s'agit d'une irrecevabilité tenant au défaut du droit d'agir du fait de l'inexistence du prétendu titulaire.

En revanche, la désignation dans la déclaration d'appel d'un appelant n'ayant pas qualité, par exemple qui n'est pas partie au jugement, ne devrait pas prêter à confusion : il s'agit bien d'une irrecevabilité[5] et non d'une nullité de l'acte pour vice de fond, le défaut de qualité relevant des fins de non-recevoir de l'article 122 C. pr. civ. et non d'une nullité de fond de l'article 117 du même code.

c)
Conclusions et pièces

544.71 Conclusions – forme – recevabilité. L'article 961 C. pr. civ. impose un formalisme propre aux conclusions devant la cour : « *Les conclusions des parties sont signées par leur avocat et notifiées dans la forme des notifications entre avocats. Elles ne sont pas recevables tant que les indications mentionnées à l'alinéa 2 de l'article précédent n'ont pas été fournies* ». L'article 960 concerne la constitution de l'avocat et précise que cet acte doit indiquer : si la partie est une personne physique, ses noms, prénoms, profession, domicile, nationalité, date et lieux de naissance et pour les personnes morales, sa forme, sa dénomination, son siège social et l'organe qui la représente légalement. Bien que cet article 960 ne vise que la constitution de l'intimé, l'article 961 s'applique à toutes les parties, y compris l'appelant[6] et l'intervenant[7]. L'importance de la sanction mérite d'en préciser la portée et les modalités de régularisation.

L'exigence de la **signature de l'avocat** est fondée sur sa qualité de représentant *ad litem* qui a seul qualité pour représenter les parties et conclure en leur nom. À défaut, le document versé à la cour même s'il est intitulé conclusions ne saisit pas la cour[8]. Toutefois, depuis la mise en place du **RPVA**, la signature des conclusions est remplacée par **l'utilisation de la clef dont est titulaire chaque avocat** lui permettant d'adresser les actes au greffe de la cour et aux avocats des autres parties et, par conséquent, pour les conclusions transmises obligatoirement par le réseau virtuel, mais uniquement pour elles, la signature a été validée par l'envoi sous clef de RPVA de l'avocat assurant la représentation et non celle de l'avocat assistant.

L'indication des **éléments de l'identité de la partie qui conclut** reste toujours d'actualité et notamment l'adresse de la partie. Il convient de souligner, en premier lieu, qu'il s'agit d'une irrecevabilité et non d'une nullité de forme. Aussi, la partie adverse qui s'en prévaut n'a pas à établir le grief que lui cause le défaut de mention. Par ailleurs, la régularisation est toujours possible tant que le juge n'a pas statué (C. pr. civ., art. 126), c'est-à-dire avant la clôture des débats, et la régularisation rend les conclusions recevables à la date de leur notification[9]. Notons toutefois que le décret n° 2010-1134 du 29 septembre 2010, relatif à la procédure civile de protection des victimes de violences au sein des couples[10], permet

1. Cass., avis, 2 avr. 2012, n°s 12-00.002 et 12-00.003, *Bull. civ. avis*, n° 2.
2. Paris, pôle 2, ch. 2, 28 juin 2013, RG n° 13/06279.
3. Com. 11 févr. 1986, n° 84-12.337, *Bull. civ.* IV, n° 15.
4. Civ. 2e, 12 juin 1991, n° 90-12.594, *Bull. civ.* II, n° 178; *JCP* 1991. IV. 315.
5. Civ. 2e, 15 févr. 1978, n° 76-11.284, *Bull. civ.* II, n° 36.
6. Civ. 2e, 10 mars 2005, n° 03-14.577, *Bull. civ.* II, n° 62.
7. Civ. 2e, 17 déc. 1998, n° 96-20.411, *Bull. civ.* II, n° 302.
8. Civ. 2e, 11 oct. 1995, n° 93-15.415, *Bull. civ.* II, n° 232; *RTD civ.* 1996. 141, obs. Hauser.
9. Paris, 24 avr. 1990, *Bull. ch. avoués* 1990. 2. 48.
10. Décr. n° 2010-1134, 29 sept. 2010, relatif à la procédure civile de protection des victimes de violences au sein des couples, *JO* 30 sept., p. 17738.

dans les circonstances visées aux articles 1136-3 et suivants C. pr. civ. d'être dispensé de communiquer son adresse.

Cette souplesse est précieuse, car l'irrecevabilité des conclusions conduit à les écarter des débats. La cour est alors saisie des seules conclusions antérieures, s'il y en a. À défaut, elle ne peut que juger l'appel ou la demande d'intervention non soutenus et, pour l'intimé, statuer au vu du jugement.

Toutefois, il convient de souligner que cette irrecevabilité peut avoir des répercussions bien plus graves quand il s'agit des premières conclusions de l'article 908 ou 909. En effet, les délais prévus par ces articles imposent que les conclusions soient recevables avant leur expiration, de sorte que la régularisation doit intervenir avant celle-ci [1].

544.72 Conclusions récapitulatives. Un certain nombre de règles propres aux conclusions d'appel sont visées dans l'article 954 C. pr. civ. [2].

En premier lieu, ces conclusions sont nécessaires pour que la cour soit saisie et, en leur absence, la cour ne peut que rejeter le recours [3], étant observé que dans la procédure ordinaire avec représentation obligatoire, la question ne se posera plus puisqu'en l'absence de conclusions, l'appel est caduc.

En second lieu, le décret du 9 décembre 2009 a apporté des innovations, en ce qu'il exige, dans la nouvelle rédaction de l'article 954 C. pr. civ., que les conclusions d'appel formulent les moyens de fait et de droit, sur lesquels chacune des prétentions est fondée, avec indication pour chaque prétention, des pièces invoquées, lesquelles sont récapitulées dans un bordereau annexé, et devront dès lors être réclamées par le juge s'il ne les trouve pas dans le dossier [4].

Une confusion a pu naître d'une rédaction incertaine du texte qui impose de reprendre dans les dernières écritures les prétentions et moyens précédemment invoqués, sauf à les considérer comme abandonnés. Deux positions se sont affrontées : soit les reprendre formellement par référence et le juge ne peut écarter les écritures antérieures, soit développer la totalité de l'argumentation de telle sorte qu'en fait le juge ne lit que les dernières écritures. C'est en ce dernier sens que la Cour de cassation a rendu un avis le 10 juillet 2000 en rappelant clairement que toute formule de renvoi ou de référence à des écritures précédentes ne satisfait pas aux exigences du texte [5].

En outre, avant d'émettre son avis, la Cour de cassation saisit l'opportunité d'indiquer que les conclusions concernées par le texte sont celles, en demande ou en défense, qui déterminent l'objet du litige ou soulèvent un incident de nature à mettre fin à l'instance. Et c'est en ce sens que s'oriente la jurisprudence [6]. Par arrêt du 3 mai 2001, la Cour de cassation a tranché toute difficulté en rappelant que les conclusions soumises aux dispositions de l'article 954 C. pr. civ. sont celles qui déterminent l'objet du litige ou qui soulèvent un incident de nature à mettre fin à l'instance [7], de telle sorte que des écritures de régularisation, ou sur un incident (ex., demande de sursis, en réponse à une demande de sursis à statuer; ou des conclusions tendant exclusivement à défendre à l'exception de nullité de l'assignation [8]) [9], voire même de réponse à une question précise posée par un arrêt avant dire droit [10] qui n'emporte pas révocation de clôture [11] n'entraînent pas la perte du bénéfice des précédentes. De même des conclusions, qui sollicitent seulement une expertise, n'anéantissent pas les précédentes dès lors qu'elles ne déterminent pas l'objet du litige et ne soulèvent pas d'incident de nature à mettre fin à l'instance [12].

En revanche, dès lors qu'un arrêt rouvre les débats et rabat la clôture, les conclusions nouvelles doivent reprendre tous les moyens, étant observé qu'il est alors possible d'ajouter des moyens complémentaires [13].

Cette règle est évidemment regardée de près au niveau de la cour d'appel car il est constant que des demandes considérées comme abandonnées en première instance à raison d'une rédaction insuffisante des écritures à ce stade seront alors considérées comme nouvelles devant la cour et susceptibles d'être jugées irrecevables [14].

Lorsque la procédure se poursuit devant la cour de renvoi après cassation, la partie qui ne comparaît pas ou qui ne conclut pas, est réputée s'en tenir aux moyens et prétentions soumis devant la précédente

1. Paris, pôle 5, ch. 2, 31 mai 2013, RG n° 13/03394, *Gaz. Pal.* 1er-3 sept. 2013, note Herman.
2. SUR CE SUJET, v. J. Hébraud, « Journées d'études des avoués près les cours d'appel, Toulouse 1974 », *Gaz. Pal.* 1975. 2. Doctr. 558 – J. Boré, « La rédaction des conclusions en prévision du pourvoi en cassation », *Gaz. Pal.* 1974. 2. Doctr. 803.
3. Civ. 2e, 9 mai 1985, n° 84-11.216, *Bull. civ.* II, n° 92; *JCP* 1985. IV. 249.
4. Civ. 3e, 6 juin 2007, n° 06-13.996, *Bull. civ.* III, n° 99; *D.* 2007. 2427, obs. Fricero; *JCP* 2007. IV. 2429.
5. Cass., avis, 10 juill. 2000, n° 20-20.007, *Bull. civ. avis,* n° 6; *D.* 2000. 837, note Lacabarats; *RTD civ.* 2000. 893, obs. Perrot; *BICC* n° 520, p. 5.
6. Civ. 2e, 10 mai 2001, n° 99-19.898, *Bull. civ.* II, n° 95; *RTD civ.* 2001. 569, obs. Hauser; *RTD civ.* 2001. 656, obs. Perrot.
7. Civ. 2e, 3 mai 2001, n° 99-16.293, *Bull. civ.* II, n° 87; *D.* 2003. 99, note Bolze; *RTD civ.* 2001. 656, obs. Perrot – Civ. 2e, 8 févr. 2007, n° 05-21.870, NP.
8. Civ. 2e, 20 janv. 2005, n° 03-12.834, *Bull. civ.* II, n° 20 – Civ. 2e, 10 janv. 2008, n° 06-22.116, NP.
9. Civ. 2e, 20 oct. 2005, n° 03-18.931, *Bull. civ.* II, n° 265.
10. Civ. 2e, 21 avr. 2005, n° 02-14.675, *Bull. civ.* II, n° 115; *JCP* 2005. IV. 2346.
11. Civ. 2e, 9 nov. 2000, n° 98-22.865, *Bull. civ.* II, n° 149.
12. Civ. 2e, 18 déc. 2008, n° 07-20.238, *Bull. civ.* II, n° 273; *D.* 2009. 235.
13. Civ. 3e, 21 sept. 2005, n° 04-12.858, *Bull. civ.* III, n° 172.
14. Civ. 2e, 10 mai 2001, n° 99-19.898, *Bull. civ.* II, n° 95; *RTD civ.* 2001. 569, obs. Hauser; *RTD civ.* 2001. 656, obs. Perrot – Rennes, 15 janv. 2004, *BICC* n° 961.

cour, en application de l'article 634 C. pr. civ. de telle sorte que le nouvel arrêt sera contradictoire[1].

544.73 Conclusions – Le dispositif. L'alinéa 2 de l'article 954 C. pr. civ. impose que les prétentions soient récapitulées dans le dispositif. La sanction est sévère : « *La cour ne statue que sur les prétentions énoncées dans le dispositif* ». Un parallélisme a été ainsi institué entre le jugement dont seul le dispositif a autorité de chose jugée et les conclusions. Il est certain que le débat gagne en clarté et qu'il est mis fin à l'ancienne jurisprudence imposant au juge de répondre à toute prétention, où qu'elle se situe dans le corps des écritures.

Reste à savoir ce que l'on doit entendre par prétention. Certains protocoles conclus entre les premières présidences et les ordres des avocats[2] ont cherché à en définir le sens précis : il s'agit de ce que les parties demandent et non des moyens. Cela devrait rendre inutile la litanie des « *dire et juger* » et « *constater* » qui encombrent les dispositifs, sans éclairer pour autant sur ce qui est précisément demandé. C'est dans les motifs que désormais ces moyens devraient être exprimés.

Notons le caractère cumulatif de l'exigence de telle sorte que la simple reprise d'une demande dans le dispositif sans qu'elle ne soit soutenue par un moyen précis est inefficace[3]. Ceci ne signifie pas que les écritures précédentes soient anéanties, et le juge pourra s'y référer pour constater, à titre d'exemple qu'elles contenaient un aveu[4], mais ceci signifie que les dernières écritures doivent effectivement contenir les moyens et prétentions, aucune formule de renvoi ou de référence à des précédentes n'étant admise[5]. En sens inverse, des écritures complétant l'argumentation contenue dans une requête doivent être prises en considération[6]. De même, si le juge écarte des conclusions, cette décision laisse subsister les écritures antérieures valables sur lesquelles il doit alors se prononcer[7].

544.74 Conclusions de l'appelant. Les règles générales ci-dessus exposées s'appliquent à l'appelant. Cependant, il convient de préciser que si le Code de procédure civile ne requiert que l'exposé des **moyens de droit et de fait** soumis à la cour, sans mentionner la critique du jugement, il résulte des **protocoles de procédure**, tel celui signé par le premier président de la cour d'appel de Paris et l'ordre des avocats, que la **critique du jugement** doit y figurer. Cette obligation recommandée au titre des « *bonnes pratiques* » ne tombe pas sous une sanction procédurale, mais peut donner lieu à une demande du conseiller de la mise en état. Cette critique est particulièrement utile quand elle est dirigée sur l'appréciation des faits ou du droit retenue par le premier juge, mais s'avère plus difficile à mettre en œuvre quand la réformation est demandée au vu de pièces nouvelles ou de moyens nouveaux. Toutefois, le respect de cette exigence, qui est appelée à se généraliser et peut être reprise dans les textes du Code de procédure civile, répond à un besoin de clarification du débat d'appel. La jurisprudence administrative a tenté d'exiger cette critique, mais semble avoir renoncé à y voir un cas d'irrecevabilité.

Par ailleurs, ce sont les conclusions de l'appelant qui sont le plus fréquemment frappées d'une demande d'irrecevabilité pour **défaut ou inexactitude de l'adresse de la partie.** Par cette demande, l'intimé cherche à connaître l'adresse de son adversaire, soit qu'il n'ait pas obtenu la nullité de la déclaration d'appel sur ce motif d'annulation, soit que l'appelant ait changé d'adresse sans communiquer la nouvelle. Cette argumentation visant à l'application stricte de l'article 961 C. pr. civ. est efficace, sous réserve des facultés de régularisation, comme cela a été exposé. Les conclusions doivent être alors déclarées irrecevables, sans qu'il soit nécessaire de justifier d'un grief car cette condition n'existe pas dans les textes[8].

Ainsi, dans une espèce où la cour d'appel avait par arrêt ordonné sous astreinte la communication de l'adresse, rappelant qu'elle devait figurer dans les conclusions en application des articles 960 et 961 C. pr. civ., la Cour suprême censure la décision en rappelant que « *l'absence de communication du domicile d'une des parties dans ses conclusions est sanctionnée par l'irrecevabilité de celles-ci* »[9]. La cour de Paris a rappelé que cette obligation d'indiquer son

1. Civ. 1re, 19 juin 2007, n° 06-20.240, *Bull. civ.* I, n° 238; *D.* 2007. 2690, obs. Douchy-Oudot; *RTD civ.* 2007. 813, obs. Perrot.
2. Protocole conclu entre la première présidence de la cour de Paris et l'ordre des avocats sur la structuration des écritures.
3. Com. 5 oct. 2004, n° 02-15.214, NP.
4. Civ. 1re, 20 mai 2003, n° 00-18.295, *Bull. civ.* I, n° 117; *RTD civ.* 2003. 543, obs. Perrot; *RTD civ.* 2004. 293, obs. Mestre et Fages – Civ. 1re, 13 févr. 2007, n° 05-21.227, *Bull. civ.* I, n° 56; *D.* 2007. 2427, obs. Fricero; *Procédures* 2007, n° 4, note Perrot.
5. Civ. 2e, 6 oct. 2005, n° 03-17.530, *Bull. civ.* II, n° 238; *D.* 2006. 545, obs. Julien et Fricero.
6. Civ. 2e, 29 mars 2006, n° 05-11.011, *Bull. civ.* II, n° 94.
7. Civ. 2e, 13 juin 2002, n° 00-20.674, *Bull. civ.* II, n° 127.
8. Civ. 2e, 10 sept. 2009, n° 08-17.324, NP – Paris, 15 janv. 1993, *Bull. ch. avoués* n° 128, p. 123 – Paris, 23 oct. 1992, *Bull. ch. avoués* n° 128, p. 123 – Paris, 14 janv. 1992, *Bull. ch. avoués* n° 121, p. 15 – Paris, 15 janv. 1993, *Bull. ch. avoués* 1993. 4. 124 – Paris, 8 oct. 1993, *Bull. ch. avoués* 1993. 4. 126 – Civ. 3e, 14 déc. 1994, n° 92-19.219, *Bull. civ.* III, n° 211 – Paris, 5 janv. 1995, *Bull. ch. avoués* n° 133, p. 14 – Civ. 2e, 17 déc. 1998, n° 96-20.411, *Bull. civ.* II, n° 302; *RTD civ.* 1999. 197, obs. Perrot; *JCP* 1999. IV. 1218.
9. Civ. 3e, 14 déc. 1994, n° 92-19.219, *Bull. civ.* II, n° 211; *AJDI* 1995. 215, obs. Blatter – Civ. 2e, 1er oct. 2009, n° 08-12.417, *Bull. civ.* II, n° 228; *D.* 2009. 2495; *D.* 2010. 532, chron. Sommer, Leroy-Gissinger, Adida-Canac et Grignon Dumoulin; *D.* 2010. 2671, obs. Delebecque, Bretzner et Gelbard-Le Dauphin – Civ. 2e, 10 juin 2010, n° 09-15.914, NP – Civ. 2e, 24 juin 2010, n° 09-67.781, NP.

adresse n'implique pas celle de donner ultérieurement connaissance d'un changement d'adresse[1].

Il appartient, en toute hypothèse, à celui qui prétend à l'inexactitude de l'adresse d'en rapporter la preuve[2], étant rappelé qu'il s'agit de l'adresse du domicile personnel et non d'une adresse à laquelle la partie pourrait être touchée[3].

Enfin, l'irrecevabilité des conclusions pour absence des indications visées aux articles 960 et 961 C. pr. civ. ne peut être prononcée si ces indications figurent dans la déclaration d'appel[4]. Toutefois, il convient de souligner que le défaut des mentions requises dans les conclusions risque de ne pouvoir être régularisé par des conclusions prises postérieurement aux délais[5].

544.75 Conclusions de l'intimé. S'agissant de l'intimé, il doit être rappelé que le juge doit, même en l'absence d'écritures de celui-ci, statuer au fond, ce qui implique qu'il ne fasse droit aux prétentions de l'appelant que s'il les estime régulières, recevables et fondées (C. pr. civ., art. 472) La référence à l'absence de conclusions de l'intimé n'est donc pas opérante[6].

Ces conclusions, qui doivent également mentionner l'état civil de la partie, peuvent avoir des objets très différents. Elles peuvent être déposées devant le conseiller de la mise en état (CME) avec pour objet de demander l'extinction de l'instance, sur le fondement d'une exception de procédure, d'un incident tendant à mettre fin à l'instance, d'une caducité de la déclaration d'appel ou d'une irrecevabilité d'appel. Elles peuvent aussi être déposées devant la formation collégiale afin soit de demander la confirmation, soit de reprendre une demande rejetée par le tribunal de première instance en formant un appel incident. Dans l'un et l'autre cas, elles peuvent contenir des demandes incidentes, reconventionnelles ou même nouvelles en application des articles 564 et suivants C. pr. civ. Comme pour les conclusions d'appelant, il convient d'insister sur l'importance attachée par les protocoles de procédure et plus généralement par les cours d'appel à la rédaction des dispositifs qui doivent clairement faire ressortir les prétentions de la partie. En outre, même si ce formalisme n'est pas sanctionné, les « *bonnes pratiques* » devraient exiger que le titre des conclusions porte mention, au moins, de l'appel incident eu égard aux exigences de l'article 910.

544.76 Conclusions de confirmation. Fréquemment sont déposées de simples conclusions de confirmation, soit parce que l'appelant n'a pas conclu, soit parce que ses écritures n'apportent aucune critique à la décision querellée. En application de l'article 954 C. pr. civ., celui qui conclut à la simple confirmation, sans énoncer de nouveaux moyens, est réputé s'approprier la motivation du premier juge[7]. Ceci doit évidemment conduire à l'utilisation prudente des conclusions de confirmation, car il peut arriver que l'intimé, y procédant, fasse sienne une argumentation du premier juge qui lui était défavorable, même si *in fine* le jugement lui donnait satisfaction. Ainsi, l'intimé, concluant banalement à la confirmation, se prive du droit d'invoquer les moyens qu'il avait présentés et qui avaient été rejetés en première instance[8]. Mais il ne semble pas que cela interdise ultérieurement à l'intéressé de reprendre des conclusions plus complètes[9].

Il est donc préférable, chaque fois que le jugement a écarté un moyen ou une demande, même si, *in fine*, le résultat est favorable, de ne pas déposer de simples conclusions de confirmation. En application de l'article 954 C. pr. civ., il suffit, tout en demandant la confirmation d'y adjoindre un moyen nouveau ou une critique au jugement pour que l'inconvénient décrit ci-dessus soit contourné. De la même façon, il peut être avantageux de conclure à la confirmation si le jugement est bien motivé ou appréhende un moyen même soulevé d'office, car l'intimé le reprend à son compte[10].

Mais encore faut-il que le jugement soit motivé, car si en dépit des exigences en ce sens le tribunal, en l'absence du défendeur, n'a pas motivé sa décision, il impose par cette insuffisance à l'intimé de conclure utilement. En effet, les conclusions de confirmation ne reprennent pas les conclusions déposées en première instance, mais les motifs du jugement, ce qui suppose qu'il en existe. Rappelons à cette occasion l'article 955 C. pr. civ., corollaire du précédent, qui dispose que la cour, lorsqu'elle confirme un jugement, s'en approprie les motifs, qui ne sont pas contraires aux siens. Il convient également d'observer que des conclusions de simple confirmation restent des conclusions au fond, excluant ultérieurement que des moyens de nullité devant être soulevés *in limine litis*, puissent l'être.

Il peut également arriver qu'une partie conclue en argumentant seulement pour une partie de la décision, se contentant de conclure à la confirmation

1. Paris, 30 janv. 1995, *Bull. ch. avoués* n° 133, p. 14.
2. Paris, 30 janv. 1995, *Bull. ch. avoués* n° 133, p. 14.
3. Civ. 2e, 24 juin 2010, n° 09-67.781, NP.
4. Civ. 2e, 24 janv. 2008, n° 06-20.746, *Bull. civ.* II, n° 15; *Procédures* 2008, n° 11, note Perrot; *JCP* 2007. IV. 2421.
5. Paris, pôle 5, ch. 2, 31 mai 2013, RG n° 13/03394, *Gaz. Pal.* 1er-3 sept. 2013, note Herman.
6. Civ. 2e, 30 avr. 2003, n° 00-14.333, *Bull. civ.* II, n° 122.
7. Civ. 3e, 4 déc. 2001, n° 99-15.778, NP – Civ. 2e, 16 avr. 1996, n° 94-13.613, *Bull. civ.* II, n° 94; *JCP* 1996. IR 1357; *Gaz. Pal.* 1996. Pan. 258.
8. Civ. 2e, 28 avr. 1978, n° 77-11.733, *Bull. civ.* II, n° 112 – Civ. 2e, 14 avr. 1988, n° 86-18.726, *Bull. civ.* II, n° 80 – Com. 21 févr. 1995, n° 93-15.663, *Bull. civ.* IV, n° 56.
9. Com. 21 févr. 1995, n° 93-15.663, *Bull. civ.* IV, n° 56.
10. Paris, 20 avr. 1983, *Bull. ch. avoués* nos 85-86, p. 22 – Com. 13 janv. 1981, n° 79-13.057, *Bull. civ.* IV, n° 23; *D.* 1983. IR 367, obs. Julien.

pour le reste de la décision. Dans cette circonstance, les conclusions, dans leur partie se limitant à une simple demande de confirmation, valent appropriation des motifs des premiers juges sur ces points non contestés[1].

544.77 Conclusions de rapport à justice. Des conclusions de rapport à justice s'analysent comme une contestation et non comme un acquiescement à la demande ou au jugement[2], de telle sorte qu'à elles seules, elles ne peuvent constituer un aveu, et peuvent être complétées ultérieurement par une critique étayée.

Mais en dépit de leur dénomination, elles constituent de véritables conclusions au fond, de telle sorte qu'elles rendent irrecevables des conclusions postérieures soulevant une exception d'incompétence ou un vice de forme[3].

544.78 Conclusions d'appel incident. Assez fréquemment l'appel incident est fait de façon un peu précipitée, l'intimé voulant simplement préserver ses droits, éviter un désistement d'appel et se réserver une définition plus précise de sa tactique à la lecture des conclusions de l'appelant.

Il faut certainement que les écritures indiquent les chefs sur lesquels porte l'appel incident[4].

Il ne paraît plus possible de prendre de simples conclusions se référant uniquement aux écritures de première instance et de solliciter par l'appel incident ce qui avait été demandé dans les conclusions déposées devant le premier juge.

La jurisprudence, un temps bienveillante, s'est effacée devant l'article 954 alinéa 3 C. pr. civ. qui interdit dans des conclusions d'appel de se référer à ses écritures de première instance (cette interdiction semble être renforcée car, depuis le décret n° 98-1231 du 28 décembre 1998[5], l'article 954, prévoit que : « *Les parties doivent reprendre dans leurs dernières écritures, les prétentions et moyens précédemment présentés ou invoqués dans leurs conclusions antérieures. À défaut, elles sont réputées les avoir abandonnés et la cour ne statue que sur les dernières conclusions déposées* »).

Est-il nécessaire en outre de motiver, même succinctement, son appel incident, et donc d'avancer le moyen propre à la réformation souhaitée ? L'article 954 alinéa 1er C. pr. civ. semble exiger une motivation[6] (cette exigence semble, là encore, avoir été renforcée par la rédaction de l'article 954 alinéa 1er, décret du 28 décembre 1998, qui exige que les parties formulent leurs moyens en fait et en droit).

Il est une pratique que l'on rencontre, notamment à raison de l'informatisation des études d'avoués, et qui vise à éditer, lors de la constitution de l'intimé, un document qui, outre la constitution, comporte d'autres indications. Ce peut être une demande de communication de pièces. Ce peut être aussi une formule, nécessairement lapidaire, par laquelle l'intimé forme déjà appel incident. Cette « *constitution conclusions* » peut être considérée comme valant appel incident.

Par arrêt en date du 14 décembre 1981[7], la Cour de cassation a admis que rien n'interdisait dans le même acte de se constituer et de conclure. Il faut alors cependant s'éloigner des formules toutes informatisées et nécessairement générales, pour préciser ses moyens et l'objet de l'appel incident. À défaut, le document ne peut valoir comme appel incident. La seule mention par laquelle la société X a déclaré, dans l'acte de constitution, former appel incident sans préciser ses prétentions et moyens, ne saurait faire échec au désistement postérieur de l'appelante[8].

La Cour de cassation a décidé que la forme visée à l'article 551 C. pr. civ. pour l'appel incident n'exclut toutefois pas que l'appel incident soit formé contre l'appel principal, c'est-à-dire par une déclaration ou éventuellement une assignation[9].

544.79 Pouvoirs du conseiller de la mise en état sur les conclusions. L'article 913 C. pr. civ. confère au conseiller de la mise en état un pouvoir sur les conclusions. Non seulement, il peut inviter les avocats à répondre aux moyens sur lesquels ils n'auraient pas conclu, et à fournir des explications sur les faits et sur les moyens de droit, mais il peut leur demander de mettre leurs écritures en conformité avec les dispositions de l'article 954 C. pr. civ. Quelle sanction est encourue en cas de résistance de l'avocat ? S'agissant des questions de fond, la cour en tirera les conséquences qui s'imposent. Pour les questions de forme et notamment pour les exigences instaurées par les protocoles, il est difficile de voir une autre sanction que celle résultant de la pression et de l'intérêt que peut trouver la partie à satisfaire aux bonnes pratiques.

544.80 Conclusions : caractère injurieux. Le juge, nonobstant l'octroi de dommages-intérêts, a la faculté d'ordonner la suppression, dans des conclu-

1. Civ. 3e, 10 nov. 2010, n° 09-10.587, *Bull. civ.* III, n° 202.
2. Civ. 2e, 3 juin 2010, n° 09-13.842, NP – Com. 22 avr. 1986, n° 84-17.578, *Bull. civ.* IV, n° 69 – Civ. 1re, 21 oct. 1997, n° 95-16.224, *Bull. civ.* I, n° 283; *D.* 1997. IR 245; *D. Affaires* 1997. 1357, obs. S. P.; *Procédures* 1998. Comm. 1, note Perrot – Soc. 18 févr. 1998, n° 95-41.658, NP – Com. 3 déc. 2003, n° 00-16.022, NP.
3. Civ. 2e, 7 juin 2007, n° 06-15.920, *Bull. civ.* II, n° 145; *D.* 2008. 648, obs. Sommer et Nicoletis; *Procédures* 2008, n° 11, note Perrot.
4. Civ. 2e, 13 mars 1963, *Gaz. Pal.* 1963. 2. 176 – Com. 16 oct. 1967, *Bull. civ.* IV, n° 320.
5. Décr. n° 98-1231, 28 déc. 1998, modifiant le Code de l'organisation judiciaire et le Nouveau Code de procédure civile, *JO* 30 déc., p. 19904.
6. Paris, 28 mars 1984, *Bull. ch. avoués* 1984, n° 90, p. 56.
7. Civ. 2e, 14 déc. 1981, n° 80-15.816, *Bull. civ.* II, n° 216; *Gaz. Pal.* 1982. 1. 210, note Viatte.
8. Lyon, 6 juill. 1988, RG n° 874146 – Lyon, RG n° 921248.
9. Com. 21 mars 2000, n° 96-20.069, NP; *Procédures* 2000, n° 139.

sions, d'allégations injurieuses ou diffamatoires et ce pouvoir n'est subordonné à aucune condition particulière[1].

544.81 Pièces à communiquer : le bordereau annexé aux conclusions. S'agissant des pièces, une nouvelle communication est désormais exigée en appel, en application de l'article 132 C. pr. civ. dans sa rédaction issue du décret du 9 décembre 2009. Dans cette hypothèse, toute pièce non communiquée à nouveau doit être écartée[2]. Il s'agit des pièces sur lesquelles les prétentions soumises à la cour prennent appui. Ce ne seront donc pas nécessairement toutes les pièces de la première instance. En outre, les parties à la procédure d'appel ont intérêt à sélectionner leurs **pièces** et à ne retenir que celles qui sont **pertinentes**, le débat de première instance ayant donné l'occasion de mesurer la portée des pièces produites.

Il convient de mentionner que les actes de la procédure de première instance sont évidemment exclus, comme par exemple les rapports des experts judiciaires désignés par le tribunal ou par le juge de la mise en état. En revanche, les rapports obtenus dans le cadre de l'article 145 C. pr. civ. mis en œuvre avant le procès au fond constituent des pièces que les parties doivent communiquer.

La liste des pièces est portée sur un bordereau. Ce bordereau est établi en double exemplaire : un premier qui est adressé à l'avocat de la partie adverse qui doit le viser et le retourner à son confrère et qui fait ainsi preuve de la communication des pièces et de leur identification et un second qui est remis au greffe de la cour. Ces échanges sont effectués par RPVA.

Par ailleurs, le bordereau reprenant toutes les pièces sur lesquelles s'appuient les conclusions doit être annexé à celles-ci. Ainsi, en cas d'évolution de l'argumentation, il sera fréquent d'avoir une série de bordereaux successifs transmis entre les avocats au fur et à mesure des échanges et un bordereau reprenant l'ensemble des pièces annexé au dernier jeu des conclusions récapitulatives.

544.82 Sanction d'un défaut de communication de pièces – Incident. Le défaut de communication de tout ou partie des pièces n'est pas sanctionné par une irrecevabilité des conclusions, ni par une irrecevabilité de la prétention, mais par un rejet de celle-ci sur le fond. La partie n'a pas prouvé les éléments de fait sur lesquels elle fondait sa prétention.

Sous réserve de ce qui sera exposé à propos des délais de communication, la Cour de cassation laisse très largement aux juges du fond le soin de vider les difficultés nées de la communication, et considère que, sauf preuve contraire, l'absence de contestation avant ou lors des débats laisse présumer l'existence d'une communication[3].

Le conseiller, tout comme le juge de la mise en état, donnera toute injonction utile de communication et pourra même prononcer des astreintes dont il paraît opportun et compte tenu de leur finalité, qu'il s'en réserve la liquidation. Ceci devrait permettre de le ressaisir aisément aux fins de liquidation.

Il est à noter que la Cour de cassation, appelée à se prononcer sur la compétence du juge de l'exécution pour liquider l'astreinte lorsque le juge ne s'en est pas réservé le pouvoir en application de la loi n° 91-650 du 9 juillet 1991[4], codifiée dans le Code des procédures civiles d'exécution (C. pr. exéc., art. L. 131-3), l'a écartée au profit de la cour d'appel. Cette décision heureuse évite d'être contraint d'abandonner momentanément la procédure d'appel pour saisir le juge de l'exécution d'un problème de pure administration de la procédure d'appel, et de revenir après la décision vers cette dernière[5].

Il convient de rappeler que le juge ne peut relever l'absence d'une pièce figurant pourtant sur un bordereau pour asseoir sa décision, mais doit au contraire inviter les parties à s'expliquer sur cette absence et le cas échéant à fournir la pièce régulièrement communiquée et absente du dossier[6].

Au cas où la partie adverse entend réclamer la production des pièces non communiquées spontanément, que ces pièces aient été citées dans les conclusions et non communiquées ou bien qu'il s'agisse de pièces non invoquées mais dont elle entend tirer profit, il y aura lieu à **incident** devant le conseiller de la mise en état. Il faut mentionner pour mémoire que devant la cour comme devant le tribunal, il est possible de demander au conseiller de la mise en état d'ordonner à un tiers de produire des pièces (C. pr. civ., art. 138). Le tiers peut interjeter appel de cette ordonnance devant la cour dans les quinze jours de son prononcé (C. pr. civ., art. 141).

d) Délais

544.91 Délais : présentation générale (C. pr. civ., art. 908 à 911). Le décret du 9 novembre 2009 a instauré des délais pour déposer les conclusions et les pièces sans qu'il soit nécessaire que le conseiller donne injonction. Ainsi :

– à l'appelant dans un délai de trois mois, alors que cette obligation ressort de l'article 908 C. pr. civ. sous peine de caducité de l'appel, ni à l'intimé dès

1. Civ. 2e, 21 oct. 2010, n° 09-70.566, NP.
2. Civ. 2e, 24 juin 1998, n° 96-17.673, *Bull. civ.* II, n° 221 ; *JCP* 1998. IV. 2875.
3. Civ. 1re, 14 févr. 1995, n° 92-14.675, NP.
4. L. n° 91-650, 9 juill. 1991, portant réforme des procédures civiles d'exécution, *JO* 14 juill., p. 9228.
5. Civ. 2e, 26 mars 1997, n° 94-15.992, *Bull. civ.* II, n° 91 ; *BICC* n° 740.
6. Soc. 6 avr. 2011, n° 10-15.286, NP.

lors qu'il doit conclure sous peine d'irrecevabilité en application de l'article 909 C. pr. civ. dans les deux mois de la notification des écritures de l'appelant;

- à l'appelant ou à l'intimé, en matière de procédure collective, le législateur ayant institué des règles autonomes, excluant « *par là même l'application des dispositions du Nouveau Code de procédure civile relatives à l'instruction devant le juge de la mise en état* »[1];

- à l'appelant, sur le fond, lorsque l'appel tend à l'annulation du jugement pour une autre cause que l'irrégularité de l'acte introductif d'instance[2];

- à l'intimé sur le fond, dès lors que l'appel a fait un appel général et a conclu sur les chefs du jugement lui faisant grief[3].

544.92 Les deux temps de l'instance d'appel. Au terme de ces délais, l'article 912 C. pr. civ. donne pouvoir au conseiller de la mise en état soit de clôturer et fixer la plaidoirie, soit de prévoir de nouveaux échanges. Il y a donc dans la nouvelle procédure deux temps : un premier régi par les délais instaurés par les articles 908 à 911 C. pr. civ., et un second, qui est soumis à l'appréciation du conseiller après avoir recueilli l'avis des avocats. Il y a donc **un temps réglementé et un temps sous contrôle du conseiller de la mise en état**. Ce dernier n'en garde pas moins ses pouvoirs durant l'une et l'autre période et pourra connaître, durant la première période de tous les incidents qui se dérouleront donc en parallèle aux délais s'imposant aux parties pour conclure, ce qui peut susciter quelques difficultés que la jurisprudence tente de résoudre.

α. *Première période*

544.101 Dépôt des conclusions et des pièces pour l'appelant (C. pr. civ., art. 908). L'article 908 C. pr. civ. a introduit l'obligation pour l'appelant principal de conclure dans le **délai de trois mois** à compter de la date de sa déclaration. Concrètement, ces conclusions doivent être remises au greffe par envoi par le RPVA et l'utilisation par l'avocat constitué de sa clef vaut signature de ces conclusions. Le dernier alinéa de l'article 906 C. pr. civ. indique la « *copie des conclusions est remise au greffe avec la justification de leur notification* », ce que l'envoi simultané au greffe et aux avocats constitués par le RPVA permet d'établir sans difficulté.

L'article 911 C. pr. civ., dans sa première phrase précise que les conclusions doivent être notifiées aux avocats représentant les autres parties dans le même délai. Il y a donc une obligation pour l'avocat de l'appelant d'adresser les conclusions au greffe de la cour par le RPVA et aux avocats constitués. C'est à propos de cette signification qu'il convient de préciser les solutions retenues car une signification irrégulière aux avocats constitués risque d'entraîner le prononcé de la caducité[4], comme cela a été jugé.

Il convient d'abord de rappeler qu'il s'agit de la signification à l'avocat constitué et non à l'avocat assistant la partie adverse[5].

Ensuite, la signification peut être effectuée en application des articles 672 et 673 C. pr. civ.

Le premier article prévoit la possibilité de signifier par signification d'huissier, ce dernier pouvant transmettre, selon le décret n° 2012-366 du 15 mars 2012[6] et l'arrêté du 22 mai 2012[7] complété par celui du 28 août 2012[8], l'acte par voie électronique.

Le second article, qui reprend la remise contre récépissé, couvre l'envoi par RPVA, encore que l'article 747-2 C. pr. civ. en utilisant le verbe « *peuvent recevoir* » semblait exiger l'accord du destinataire. C'est l'avis du 9 septembre 2013[9] qui a posé le principe selon lequel l'adhésion au RPVA vaut acceptation de recevoir les actes par la voie électronique. Dès lors, la nécessité du consentement qui faisait obstacle à la sécurité de l'envoi de conclusions par RPVA peut être considérée, vu la clarté de la question posée à la Cour de cassation et celle de sa réponse, comme supprimée.

Enfin, l'irrégularité de la notification des conclusions est sanctionnée par la nullité de forme si elle cause un grief à la partie[10].

L'article 906, applicable à toutes les parties, a ajouté à cette obligation de conclure celle de communiquer les pièces simultanément à l'avocat constitué.

544.102 Simultanéité de ces dépôts. Cette exigence de simultanéité a suscité un débat quant à ses conséquences sur la recevabilité des conclusions. Devait-on en déduire qu'à défaut d'une communication les conclusions qui s'appuient sur les pièces citées dans le bordereau de pièces joint aux conclusions devaient être déclarées irrecevables ? Et à défaut quelle devait être la sanction ?

1. Com. 28 févr. 1995, nos 89-11.172 et 89-11.173, NP.
2. Civ. 2e, 13 juill. 1999, n° 96-12.113, NP; *Procédures* 1999, n° 224.
3. Civ. 2e, 18 déc. 2008, n° 07-21.906, *Bull. civ.* II, n° 269; *D.* 2009. 757, chron. Sommer et Nicolétis – Civ. 3e, 5 avr. 2011, n° 10-14.333, NP – Civ. 2e, 6 janv. 2011, n° 09-70.635, NP.
4. Paris, pôle 4, ch. 9, 24 oct. 2013, RG n° 13/10337.
5. Paris, pôle 5, ch. 4, 11 sept. 2013, RG n° 13/08682.
6. Décr. n° 2012-366, 15 mars 2012, relatif à la signification des actes d'huissier de justice par voie électronique et aux notifications internationales, *JO* 17 mars, p. 4899.
7. Arr. 22 mai 2012, fixant la liste des pièces justifiant de l'identité de l'auteur de la déclaration de consentement à la signification par voie électronique d'un acte d'huissier de justice, *JO* 1er juin, p. 9440.
8. Arr. 28 août 2012, portant application des dispositions du titre XXI du livre Ier du Code de procédure civile aux huissiers de justice, *JO* 31 août, p. 14049.
9. Cass., avis, 9 sept. 2013, n° 13-70.005, *Bull. civ. avis*, [à paraître].
10. Civ. 2e, 16 mai 2013, n° 12-19.086, NP.

Cette question concerne au premier chef l'appelant car de l'irrecevabilité des conclusions devait se déduire la caducité de la déclaration d'appel. Cette sanction pouvait aussi être appliquée à l'intimé dont les conclusions pouvaient être déclarées irrecevables.

Dans un premier avis[1], en date du 25 juin 2012, la Cour de cassation a retenu que ces pièces doivent être écartées des débats, solution qui avait été adoptée par certaines cours d'appel[2], sans entraîner l'irrecevabilité des conclusions.

Dans un second avis[3], en date du 21 janvier 2013, la Cour de cassation a précisé qu'il revient à la cour et non au conseiller de la mise en état de rejeter les pièces communiquées tardivement. La jurisprudence de certaines cours d'appel[4], confirmée par la Cour de cassation, s'est référée au principe de la contradiction pour apprécier si les pièces avaient été communiquées en temps utile permettant l'exercice des droits de la défense. Il s'ensuit que c'est à la cour au vu des éléments ainsi mis dans le débat de trier les pièces et de rejeter celles qui lui paraissent transgresser les droits de la défense. Bien plus, il a été admis que les pièces peuvent faire l'objet d'une communication régulière si elles ont été jointes à des nouvelles conclusions prises postérieurement[5] et notamment dans le cadre de la deuxième partie de l'instruction (C. pr. civ., art. 912). Cette jurisprudence devrait se généraliser, dans la mesure où la Cour de cassation a admis, dans un avis également daté du 21 janvier 2013[6], que les parties peuvent invoquer dans cette deuxième phase des moyens nouveaux et par conséquent des pièces nouvelles.

Reste à savoir ce que l'on doit entendre par « *simultanéité* » des dépôts de conclusions et de pièces. La doctrine[7] et la jurisprudence lui ont donné un sens raisonnable : il ne saurait s'agir d'une **communication** immédiatement contemporaine au dépôt et à la signification des conclusions, mais **effectuée dans un délai proche, comme par exemple, dans les vingt-quatre heures suivant ce dépôt**. Dans ce cas subsiste une question de preuve de cet envoi décalé. Cela peut être obtenu par l'accusé réception de l'avocat destinataire. À défaut, la notification par huissier demeure le seul moyen d'être assuré de la certitude de la date de communication. Cela étant, la question devrait être résolue par la communication par RPVA : l'envoi fera preuve de la réception. Encore faut-il que les pièces ne soient pas trop volumineuses et puissent être transmises par le réseau informatique.

1. Cass., avis, 25 juin 2012, n° 12-00.005, *Bull. civ. avis*, n° 5.
2. Dijon, 30 juill. 2013, RG n° 12/00234.
3. Cass., avis, 21 janv. 2013, n° 12-00.017, *Bull. civ. avis*, n° 4.
4. Civ. 2e, 30 janv. 2014, n° 12-24.145, *Bull. civ.* II, [à paraître] – Versailles, 20 nov. 2012, RG n° 11/07014 – Dijon, 30 juillet 2013, RG n° 12/00234.
5. Rennes, 16 mai 2013, RG n° 11/08882 – Et plus indirectement, Civ. 1re, 16 mai 2013, n° 12-19.078, *Bull. civ.* I, n° 99.
6. Cass., avis, 21 janv. 2013, n° 12-00.018, *Bull. civ. avis*, n° 2.
7. N. Fricero, « Les nouvelles sanctions du défaut de diligence des avocats en appel », *Procédures* 2013, n° 10, dossier « Procédure d'appel », § 30.

Dans la ligne de cet avis, les conclusions et les pièces ne constituant pas un ensemble, la jurisprudence a pu en déduire qu'en cas de conclusions irrecevables, les pièces communiquées simultanément à ces conclusions sont recevables[8].

544.103 Intimés défaillants. L'article 911 C. pr. civ., dans sa deuxième phrase, impose que les conclusions soient signifiées dans le mois du délai de leur remise au greffe aux parties non constituées. Il ajoute que si entre-temps les parties sont constituées, il est possible de les signifier à leur avocat. Cette dernière mention est nécessaire car, à défaut, le texte aurait imposé, dans tous les cas, la signification des conclusions sous la seule considération qu'au moment de la remise au greffe l'intimé n'était pas constitué.

Enfin, le délai de remise des conclusions au greffe visé par le texte ne renvoie pas à la date de dépôt effectif mais au délai théorique auquel est soumise la partie pour conclure, soit pour l'appelant trois mois, sauf prolongation. La Cour de cassation a tranché nettement en ce sens par arrêt en date du 27 juin 2013[9] en retenant pour un appelant le délai de quatre mois à compter de la déclaration d'appel.

544.104 Dépôt des conclusions et des pièces pour l'intimé (C. pr. civ., art. 909). L'intimé dispose, en application de l'article 909 C. pr. civ., d'un délai de deux mois à compter de la notification des conclusions de l'appelant, pour conclure et pour éventuellement relever appel incident. Cette obligation concerne aussi bien l'intimé qui entend demander la confirmation pure et simple du jugement que l'intimé qui entend former appel incident. Deux questions ont été éclaircies par deux avis de la Cour de cassation.

D'une part, en cas d'intimés défaillants, l'intimé qui conclut doit en principe signifier ses conclusions aux autres intimés et dans le mois du dépôt de ses propres conclusions leur signifier par huissier. L'article 911 ne distingue pas parmi les intimés, de sorte qu'il était à craindre qu'il soit dans l'obligation des les signifier à tous les défaillants, même à ceux vis-à-vis desquels il n'avait aucune demande. La Cour de cassation, par avis en date du 2 avril 2012[10], a précisé « *qu'un intimé n'est pas tenu de signifier ses conclusions à un co-intimé défaillant à l'encontre duquel il ne formule aucune prétention, sauf en cas d'indivisibilité entre les parties ou lorsqu'il sollicite confirmation du jugement contenant des dispositions qui lui profitent ou qui nuisent au co-intimé défaillant* ».

D'autre part, que devait-on entendre par conclusions au sens de l'article 909 ? La Cour de cassation

8. Dijon, ch. C, 16 mai 2013, RG n° 13/010699, *JCP* 2013. 666, obs. Gerbay.
9. Civ. 2e, 27 juin 2013, n° 12-20.529, *Bull. civ.* II, [à paraître].
10. Cass., avis, 2 avr. 2012, n° 12-00.001, *Bull. civ. avis*, n° 3.

dans son avis en date du 21 janvier 2013[1] a précisé qu'il s'agit des conclusions « *qui déterminent l'objet du litige ou soulèvent un incident de nature à mettre fin à l'instance* ». Par **incident**, doit-on comprendre uniquement les incidents au sens technique, c'est-à-dire la péremption, le désistement, la caducité de la citation et l'acquiescement visés au titre IX du livre Ier du Code de procédure civile, et plus précisément au chapitre IV relatif à l'extinction de l'instance, ou doit-on y inclure tous les incidents au sens général du terme qui mettent fin à l'instance d'appel : les exceptions de procédure et les irrecevabilités d'appel ? Certains auteurs[2], au nom de la prudence, recommandent de s'en tenir à la première acception. Mais n'est-ce pas alors obliger l'intimé à conclure sur le fond alors qu'il entend déployer un moyen de défense mettant fin à l'appel[3] ? Il semble que la jurisprudence connue soit favorable à cette deuxième lecture[4]. Si cela devait être confirmé, l'intimé qui entend soulever devant le conseiller de la mise en état une exception de procédure, une fin de non-recevoir, une caducité ou enfin un incident qui tend à mettre fin à l'instance serait dispensé de conclure sur le fond. Cette solution paraît heureuse à condition que le moyen de défense ait clairement pour objet de tendre à la fin de l'instance, ce qui ne serait pas le cas d'une demande de sursis, par exemple.

Enfin, il convient de mettre en garde l'intimé qui serait tenté de repousser le point de départ du délai de deux mois en invoquant une communication tardive des pièces de l'appelant. La logique qui préside à l'article 909 C. pr. civ. écarte tout décalage du point de départ du délai et la jurisprudence connue sur ce point lui impose de conclure dans les deux mois qui suivent la notification des conclusions de l'appelant[5].

544.105 Cas de l'appel incident. Pour ce dernier, la jurisprudence s'est interrogée sur le sens qu'il convenait de lui donner : s'agit-il de l'appel incident visé à l'article 548 C. pr. civ., c'est-à-dire l'appel incident portant une critique de l'intimé contre le jugement et qui reprend devant la cour une demande dont il a été en tout ou en partie débouté à l'encontre de l'appelant ou d'une autre partie également intimée, ou s'agit-il de l'appel incident dit provoqué de l'article 549 C. pr. civ. permettant de rendre partie à la procédure d'appel une personne partie au jugement, mais non intimée ? Bien qu'un arrêt de la Cour de Paris ait retenu que seul l'appel incident, et non l'appel provoqué, est soumis au délai de l'article 909, la Cour de cassation[6] a décidé, dans un arrêt important, que l'appel provoqué doit être formé, comme l'appel incident, dans le délai de deux mois, sous réserve des délais de distance de l'article 911-2.

Il convient de souligner que l'appel incident va ouvrir une obligation à la charge des intimés sur appel incident, c'est-à-dire bien souvent l'appelant principal. En application de l'article 910 C. pr. civ., il devra conclure dans le délai de deux mois à compter de la notification des conclusions portant appel incident.

Il convient de bien distinguer l'appel incident et la demande incidente. Cette dernière peut être formée à tout moment de la procédure d'appel, sous réserve du respect du contradictoire.

544.106 Cas de l'appel provoqué. L'appel dit provoqué de l'article 910 C. pr. civ. semble devoir être soumis à délai. Toutefois, il semble au vu de l'arrêt de la Cour de cassation précité, qu'il convienne de distinguer d'une part, l'intimé qui fait un appel provoqué contre une partie au jugement non intimée par l'appelant principal et qui doit être assignée dans le délai de deux mois et d'autre part, l'appel provoqué formé par une partie au jugement qui n'a pas été intimée. Dans ce dernier cas, aucune raison ne justifie que lui soit appliqué un délai pour former son appel provoqué par voie de conclusions, puisque, par définition, elle ne devient partie à la procédure d'appel que du fait et qu'à compter de son appel provoqué.

544.107 Intervention volontaire et intervenant forcé. L'intervention forcée afin de faire venir un tiers dans le procès d'appel n'est pas soumise à des délais. Et s'agissant de l'intervenant volontaire, les nouveaux textes n'imposent pas d'obligations nouvelles et particulières pour conclure.

544.108 Intervenant forcé. En revanche, l'intervenant forcé est tenu, en application de l'article 910 C. pr. civ., de conclure dans les trois mois de la notification de l'intervention, sous peine d'irrecevabilité de ses conclusions. Il devra de même, sous les mêmes sanctions, signifier ses écritures aux parties non constituées, en application de l'article 911 C. pr. civ., sauf à ce que cette sanction soit réservée au seul bénéfice des parties qui n'ont pas constitué et qui n'ont pas reçu signification des écritures.

544.109 Possibilité de réduction des délais. L'article 911-1 C. pr. civ. prévoit que le conseiller de la mise en état peut réduire tous les délais prévus aux articles 908 à 910. Il peut le faire à la demande d'une partie, mais également d'office. Le texte précise qu'il

1. Cass., avis, 21 janv. 2013, n° 12-00.016, *Bull. civ. avis*, n° 3.
2. Ph. Gerbay, « Exception de procédure et incident de nature à mettre fin à l'instance dans le décret Magendie », *JCP* 2013. 1038.
3. J. Pellerin, « Commentaire des trois avis de la Cour de cassation », *Gaz. Pal.* 9 mars 2013, p. 25.
4. Aix-en-Provence, ch. 1 B, 9 avr. 2013, RG n° 12/03032.
5. Montpellier, ord., 1er ch. sect. C2, 27 juill. 2012, RG n° 11/08243, *JCP* 2012. 960, note Travier et Guichard.
6. Civ. 2e, 9 janv. 2014, n° 12-27.043 – EN SENS INVERSE : Paris, pôle 4, 16 mai 2013, RG n° 12/22544 – Paris, pôle 4, ch. 6, 31 mai 2013, RG n° 13/02418.

peut prendre une telle décision par ordonnance et en raison de la nature de l'affaire. Cette modification des délais, déjà très brefs, peut causer un grief aux parties. Il semblerait donc qu'un débat contradictoire devrait s'imposer.

544.110 Délais de distance. L'article 911-2 C. pr. civ. instaure une augmentation des délais. Il convient de relever que ces délais ne constituent pas des délais de distance au sens des articles 643 et suivants qui ne s'appliquent que pour former les recours. C'est à l'intérieur de l'instance que la prolongation des délais de l'article 911-2 trouve application : ils ont pour but de proroger le délai en raison du domicile de la partie qui doit conclure. Ainsi un appelant demeurant à l'étranger bénéficiera d'un délai de deux mois supplémentaires alors que l'intimé demeurant en France n'aura que deux mois. Il est permis de s'interroger sur le sens de ces dispositions dans la mesure où il s'agit de partie, par définition constituée, comme l'est nécessairement l'appelant.

Le principe est donc de prolonger le délai d'un mois si la partie demeure dans une collectivité et si la juridiction est en France et d'appliquer le même délai si la juridiction est dans une collectivité et si la partie demeure en France ou dans une autre collectivité.

Le délai est de deux mois si la partie demeure à l'étranger.

544.111 Cas de l'aide juridictionnelle. Les délais ne sont pas différents pour la partie qui a sollicité l'aide juridictionnelle. C'est le point de départ de ce délai qui est reporté. L'introduction d'une demande d'aide juridictionnelle dans le délai d'appel interrompt les délais pour conclure jusqu'à, en cas d'admission, la désignation de l'auxiliaire de justice si elle est plus tardive[1]. En cas de refus, c'est la date de la notification de la décision définitive de rejet ou de constat de caducité de la demande d'aide juridictionnelle.

544.112 Suspension des délais. Aucun article ne prévoit spécifiquement la possibilité de suspendre les délais prévus aux articles 908 et suivants C. pr. civ. La jurisprudence montre une grande fermeté sur ce point. Ainsi, ce sera vainement que l'appelant invoquera des pourparlers transactionnels[2]. Pourtant, en cas de force majeure empêchant de respecter le délai, il devrait être possible d'obtenir suspension, sous peine d'atteinte au droit d'accès au juge. Il s'agit alors d'un débat devant le conseiller de la mise en état sur le prononcé de la caducité.

En revanche, malgré quelques hésitations jurisprudentielles, les cas de suspension de l'instance prévus à l'article 377 C. pr. civ. trouveront application.

544.113 Incidence d'une question prioritaire de constitutionnalité. La question prioritaire de constitutionnalité (QPC) peut être présentée pour la première fois en appel. Elle est matérialisée par un **écrit distinct des conclusions** et doit être **motivée.** La question est d'abord de savoir si le seul fait de présenter une QPC est en soi suspensif des délais. La réponse négative s'impose. Ensuite, on peut se demander si l'écrit portant QPC peut valoir conclusions et ainsi dispenser son auteur de procéder à des conclusions sur le fond. Ici aussi, la réponse est négative : les conclusions qui doivent être prises dans les délais doivent concerner le fond ou un moyen de procédure tendant à l'extinction de l'instance. En revanche, le conseiller pourra choisir d'ordonner un sursis, ce qui devrait suspendre les délais.

544.114 Radiation, retrait du rôle et sursis. Les cas de suspension de l'instance prévus aux articles 377 et suivants C. pr. civ. (sursis à statuer, radiation pour défaut de diligence et retrait du rôle) emportent au terme de cet article la suspension de l'instance. Pour le **sursis**, la solution communément admise est que le prononcé du sursis suspend les délais et que ceux-ci recommencent à courir pour un entier délai à compter de la survenance de l'événement qui justifiait le sursis. Pour la **radiation** de l'article 381 C. pr. civ. la solution paraît plus controversée dans la mesure où cette radiation est prononcée pour sanctionner la partie qui n'a pas accompli la diligence requise[3]. La même solution devrait être adoptée pour le **retrait du rôle,** dans la mesure où les délais institués sont d'ordre public et ne peuvent être reportés ni modifiés par les parties. Ces solutions sont très sévères et on a pu soutenir[4] que l'article 377 C. pr. civ. pose le principe de la suspension et que seul un texte peut justifier une exception, ce qui est le cas de l'article 392 alinéa 2 C. pr. civ. pour la péremption qui court nonobstant la suspension. Ainsi, est proposé un fondement textuel à une solution souhaitable.

La question rebondit sur le délai qui reste à courir. S'agissant d'une suspension, il est admis qu'un nouveau délai n'est pas ouvert et qu'en conséquence la partie ne dispose que du solde du délai. Cette solution est critiquée, mais s'appliquant aux hypothèses de la radiation pour défaut de diligence et du retrait du rôle, on peut considérer que les parties sont en position d'apprécier les contraintes qui résultent de la suspension dont, après tout, elles sont la cause.

1. Décr. n° 91-1266, 19 déc. 1991, portant application de la loi n° 91-647 du 10 juillet 1991 relative à l'aide juridique, *JO* 20 déc., p. 16609, art. 38-1.
2. Civ. 3e, 7 nov. 2012, n° 11-22.947, *Bull. civ.* III, n° 164; *Procédures* 2013, n° 1 – Bordeaux, 6 juin 2013, RG n° 13/00942 – Paris, 13 mars 2012, *Gaz. Pal.* 26 mai 2012, p. 47, note Herman.
3. *CONTRA :* G. Baufumé, n° 26080, *in* J. J. Barbiéri (dir.), *Procédure civile,* « Mémento pratique », éd. F. Lefebvre, 2013 – J. Pellerin, « L'appel en question », *Gaz. Pal.* 2012, n° 251-252, p. 11, n° 19.
4. C. Brenner et N. Fricero, *La nouvelle procédure d'appel,* 2e éd., Lamy, 2011, p. 107, n° 126.

Si la suspension des délais ne devait pas être admise, deux conséquences doivent être signalées. D'une part, les parties obligées de déposer les conclusions auprès du greffe seraient bien en difficulté d'y procéder car le dossier est fermé et n'est pas accessible par le RPVA. Il le devient le jour de la réinscription au rôle : ne pourrait-on pas alors invoquer l'article 747-7 qui reporte le dernier jour au premier jour ouvrable (mais il est vrai que dans ce cas, la remise de l'acte papier reste possible) ? D'autre part, les conclusions déposées et signifiées pendant la suspension ne sont pas, faute de dispositions spéciales comme celles prévues pour l'interruption, déclarées nulles et non avenues.

544.115 Radiation de l'appel (C. pr. civ., art. 526). L'article 526 C. pr. civ. n'a pas fait l'objet d'une mention particulière dans la réforme de 2009. Cela est étonnant car lors de son introduction dans le Code de procédure civile, certains y voyaient un moyen souverain pour combattre l'appel dilatoire. Curieusement, la jurisprudence n'a pas eu l'occasion de s'affirmer, peut-être parce que la radiation de l'article 526 C. pr. civ. n'a pas eu le succès escompté par ses rédacteurs et que dans les cas où elle est appliquée, la radiation aboutit à une péremption et que la question des délais ne se pose plus. En tout cas, on ne peut que conseiller à l'appelant, malgré la radiation qui le frappe, de prendre la précaution de conclure et à l'intimé de se prémunir, s'il entend réserver ses droits à un appel incident. On a proposé[1] de s'inspirer des articles 1009-1 et 1009-3 C. pr. civ., applicables à la radiation du pourvoi, qui distinguent les délais applicables au demandeur au pourvoi, qui ne sont pas suspendus, et ceux réservés au défendeur qui peut s'en prévaloir.

544.116 Interruption des délais (C. pr. civ., art. 369 et 370). Les articles 369 et 370 C. pr. civ. interrompent l'instance en cas de survenance d'un changement susceptible d'affecter les droits ou la défense de la partie concernée. C'est là, une mesure de protection de cette partie et la jurisprudence en a consacré l'effet relatif : seule la partie en bénéficiant peut s'en prévaloir. Cette observation conduit à reconnaître une interruption des délais pour conclure à la seule partie bénéficiant de l'interruption, la partie adverse devant respecter le délai et assigner en reprise d'instance dans le délai prescrit par l'article 911 C. pr. civ. avec les conclusions au fond. Cette solution ne pose de difficulté que dans le cas du **décès de la partie** laissant bien souvent son adversaire dans l'ignorance du nom et de l'adresse des héritiers et donc dans l'impossibilité d'assigner dans le délai. Il est regrettable que cette difficulté n'ait pas été prévue car l'appelant ou l'intimé risque de se trouver dans l'impossibilité de signifier les conclusions aux héritiers. Cependant, on peut se demander si pour résoudre la difficulté, il ne serait pas possible de recourir à l'article 532 C. pr. civ. qui, à propos de la notification du jugement, prévoit que la notification peut être valablement faite au domicile du défunt « *aux héritiers et représentants collectivement et sans désignation de noms et qualités* ».

544.117 Sanction pour l'appelant : la caducité de la déclaration d'appel. Les articles 908 et 911 C. pr. civ., après leur rédaction revue par le décret du 28 décembre 2010, visent la caducité, non pas de l'appel, mais seulement de la déclaration, de sorte qu'un nouvel appel peut être interjeté si le délai est demeuré ouvert.

L'effet de cette sanction reste incertain quant à l'interruption de prescription. L'article 2241 du Code civil prévoit que l'acte de saisine d'une juridiction annulé pour vice de procédure conserve son effet interruptif de prescription. Ainsi, un acte d'appel annulé pour vice de procédure devrait interrompre la prescription. Aucun texte n'aligne la caducité sur la nullité et on pourrait souligner que son but est d'anéantir l'acte et de sanctionner la partie pour inobservation d'une exigence imposée par l'ordre public de procédure. On pourrait alors s'inspirer des solutions[2] retenues pour la caducité de la citation qui supprime l'effet interruptif de l'acte introductif d'instance, mais n'y a-t-il pas une différence entre une assignation qui n'est pas placée dans le délai et qui donc perd son objet et un acte d'appel qui saisit la cour et qui est anéanti rétroactivement ? La jurisprudence n'a pas eu, semble-t-il, à statuer sur cette hypothèse.

544.118 Régime de la caducité de la déclaration d'appel. L'article 908 C. pr. civ. dispose que la caducité peut être soulevée d'office. Cette précision ne signifie pas que le conseiller doit la soulever d'office, mais qu'il le peut. C'est le sens de l'arrêt rendu le 17 octobre 2013[3] qui en déduit que l'intimé qui n'a pas soulevé la caducité ne peut fonder son pourvoi par la violation de l'article 908 par le conseiller de la mise en état qui ne l'a pas soulevée d'office.

L'article 911-1 alinéa 2 C. pr. civ. prévoit que la caducité est prononcée par ordonnance. Cette précision n'est pas inutile : il s'agit d'une décision juridictionnelle susceptible de recours. La forme devait donc en être définie.

Enfin, le même article prend soin d'appliquer le principe du contradictoire : le conseiller ne peut statuer qu'après avoir recueilli les observations écrites des parties. Cela aurait pu laisser penser qu'un débat sur les circonstances qui ont abouti à l'inobservation

1. J. Pellerin, « L'appel en question », préc. s[s] n° 544.114, n° 21.

2. Cass., ass. plén., 3 avr. 1987, n° 86-11.536, *Bull. ass. plén.*, n° 2.

3. Civ. 2e, 17 oct. 2013, n° 12-21.242, *Bull. civ.* II, [à paraître].

du délai doit être tenu et qu'en conséquence un pouvoir d'appréciation est ouvert au conseiller de la mise en état. Certaines décisions ont pu le laisser penser[1], mais la jurisprudence en a retenu, en définitive, une lecture plus stricte, ne retenant ni les motifs légitimes, ni les pourparlers transactionnels[2]. Il ne peut s'agir que des observations relatives à la computation des délais (notamment l'application des délais de distance de l'article 911-2) et de la réalité de la carence, par exemple, la régularité de la signification[3].

544.119 Caducité de la déclaration d'appel et pluralité des parties. La multiplicité des parties peut concerner les appelants ou les intimés. La règle générale est qu'il convient d'appliquer les effets de la caducité partie par partie sous réserve des cas de solidarité et d'indivisibilité.

Concernant la pluralité d'appels principaux, les appels peuvent être formalisés dans un seul **acte commun à tous** ou dans **plusieurs actes séparés.**

Dans le premier cas, si l'on prend pour hypothèse que chacun des appelants conclut séparément et que l'un d'entre eux a omis de déposer ses conclusions dans le délai prescrit, la question est de savoir si la caducité de l'unique déclaration peut être divisée alors que les textes ne prévoient pas cette division de l'acte. Toutefois, étant donné le but de la sanction, il semble que le principe de la division devrait s'appliquer même dans cette hypothèse. Retenons néanmoins qu'il est dangereux de réunir dans un même acte des appelants qui vont conclure de manière séparée.

Dans le second cas, le principe de l'application séparée ne pose pas de difficulté, la caducité de la déclaration d'appel ne frappera que l'appelant qui n'a pas conclu.

Trois observations complètent ces précisions :

- d'une part, cette répartition semble ne pas être retenue[4] en cas d'indivisibilité entre les parties. Toutefois, cette affirmation paraît contestable car l'article 552 C. pr. civ. pose la règle inverse : en cas d'indivisibilité, l'appel de l'une des parties sauve l'appel des autres et on n'aperçoit pas la raison qui l'exclurait en cas de caducité de l'un des appels;

- d'autre part si une jonction a été prononcée regroupant les appels, il faut rappeler que la jonction ne crée pas d'indivisibilité entre les liens d'instance et, donc, n'étend pas la caducité aux autres appels;

- enfin, la solidarité qui peut exister entre appelants ne remet pas en cause le principe de l'application partie par partie et bien au contraire permet de sauver l'appelant frappé de caducité à condition qu'il formalise une nouvelle déclaration d'appel.

Concernant la pluralité d'intimés, le principe de l'application partie par partie conduit à la caducité partielle de la déclaration d'appel en cas de respect de l'article 908 pour certaines parties et d'omission pour d'autres est acquis. Comme on l'a vu (v. s[s] n° 544.65), certaines cours ont considéré la caducité comme frappant rétroactivement l'acte d'appel en sa totalité[5]. Cependant, la jurisprudence majoritaire a adopté une autre analyse en admettant que la déclaration d'appel n'est caduque que vis-à-vis des parties qui n'ont pas été destinataires des conclusions dans le délai prévu[6]. Toutefois, en cas d'indivisibilité la caducité doit être étendue aux parties dont les liens sont indivisibles. Cette solution aussi paraît acquise et la doctrine et la jurisprudence l'ont consacrée. Mais la question rebondit en cas d'**appel réitéré contre l'intimé concerné.** Cet appel ne serait-il pas sauvé par celui formé à l'encontre des autres intimés justement du fait de l'indivisibilité ? Ce raisonnement serait peut-être possible à condition que la réitération soit effectuée avant que ne soit prononcée la caducité, encore ne faut-il pas oublier l'effet rétroactif de la caducité.

544.120 Caducité de la déclaration d'appel et appel incident. La caducité de l'appel principal entraîne-t-elle l'anéantissement rétroactif de l'appel incident ? On est tenté de distinguer en suivant l'article 550 C. pr. civ. : l'appel incident est formé dans le délai d'appel resté ouvert et d'en déduire que l'appel incident vaut appel principal malgré la caducité de la déclaration d'appel principal ou l'appel incident est formé postérieurement, soit qu'il l'ait été avant que la caducité eut été acquise, mais après l'expiration du délai d'appel, soit qu'il ait été formé dans le délai de l'article 909 C. pr. civ., avant que la caducité n'eut été prononcée.

Il semblerait que seul le premier cas puisse être retenu. Toutefois, cette solution est incertaine, car l'article 550 C. pr. civ. ne traite que de l'appel irrecevable et qui a donc valablement existé tant que l'irrecevabilité n'a pas été prononcée, ce qui n'est pas le cas de la caducité et une cour d'appel[7] a pu juger que la caducité de l'appel principal anéantit, même dans ce cas, l'appel incident.

Aussi, le sentiment partagé par tous les auteurs[8] est de privilégier l'appel principal croisé et de ne pas

1. Paris, ord., ch. 2, 5 juil. 2012, RG n° 12/02134.
2. Paris, pôle 5, ch. 8,13 mars 2012, RG n° 11/22754, *Gaz. Pal.* 26 mai 2012, p. 47, n° 19869, note Herman – Metz, 27 juin 2013, RG n° 12/00800.
3. Ph. et N. Gerbay, *Guide du procès civil en appel*, LexisNexis, 2013, n° 684.
4. N. Fricero, « Les nouvelles sanctions du défaut de diligence des avocats en appel », *Procédures* 2013, n° 10, dossier « Procédure d'appel », p. 20, § 16.
5. Aix-en-Provence, 8 mars 2012, RG n° 11/20977.
6. Aix-en-Provence, 27 juin 2013, RG n° 13/08133 – Versailles, 25 févr. 2013, RG n° 12/07442.
7. Angers, 19 janv. 2012, RG n° 11/01815.
8. N. Fricero, art. préc. s[s] n° 544.119, § 23 – Ph. Gerbay, « La fixation de l'affaire devant la cour en matière civile », *Procé-* ▶

courir le risque d'une caducité de l'appel principal qui est, en définitive, sous la maîtrise ou la négligence de l'appelant principal.

544.121 Sanction pour l'intimé et l'appelant incident (C. pr. civ., art. 909). La sanction d'irrecevabilité va frapper de manière différente l'intimé qui désirait demander confirmation du jugement et celui qui voulait critiquer le jugement. *Pour le premier,* la cour est saisie des motifs du jugement frappé d'appel et la défense de l'intimé se limitera donc aux moyens de fait et de droit qui y sont contenus. Les critiques formulées par l'appelant resteront sans réponse et la cour les appréciera au vu des appréciations des premiers juges. En outre, si d'autres parties concluent ultérieurement ou si l'appelant principal est amené à reprendre des conclusions, il lui sera possible de répondre et de demander la confirmation du jugement en invoquant tous les moyens de défense qui demeurent ouverts. *Pour l'appel incident*, la sanction est bien plus grave : il ne pourra plus faire appel incident et perd son droit de critique du jugement. Enfin, il faut souligner que, même si l'intimé conclut dans les deux mois par des écritures qui ne forment pas appel incident, il ne pourra plus y procéder par des écritures ultérieures.

544.122 Domaine des articles 909 et 910 du Code de procédure civile. L'article 909 C. pr. civ. ne concerne que l'intimé quelle que soit sa position, qu'il conclue à la confirmation ou forme un appel incident. Le même délai de deux mois s'applique. Cet appel incident peut être formé, ce qui est le plus souvent le cas, contre l'appelant principal ou contre un autre intimé. L'article 910 C. pr. civ. concerne les intimés sur appel incident ou provoqué. Dans la première catégorie on retrouve le sujet passif de l'appel incident. Il conviendra donc de bien vérifier les conclusions de l'intimé car s'il a formé un appel incident la partie visée ne dispose que d'un délai de deux mois pour répondre.

Une autre catégorie est également citée : les **intimés sur appel provoqué.** Il peut s'agir d'une partie à la procédure d'appel qui a été intimée par l'appelant mais contre laquelle un des intimés ou une partie au jugement qui n'a pas été intimée reprend ses demandes de première instance. Il peut s'agir aussi d'une partie au jugement non intimée qui a été assignée par une des parties à la procédure d'appel, en général un des intimés, et qui entend reprendre ses demandes de première instance à son encontre.

544.123 Sanction pour l'intervenant forcé. C'est également l'irrecevabilité des conclusions qui sanctionne l'inobservation du délai de trois mois. Toutefois, cette sanction peut paraître bien sévère dans la mesure où l'intervenant forcé découvre le litige et peut être assigné à tout moment de la procédure.

▶ *dures* 2013, dossier 3, n° 10, p. 7 – D. D'Ambra, Dalloz référence *Droit et pratique de l'appel*, 2013/2014, n° 212.36 – G. Baufumé, préc. s[s] n° 544.114.

β.
Deuxième période

544.131 Audience de l'article 912 du Code de procédure civile. L'article 912 C. pr. civ. impose l'examen de l'affaire par le conseiller de la mise en état dans les quinze jours suivant l'expiration des délais pour conclure et communiquer les pièces. Ainsi, après avoir épuisé les délais ouverts aux différentes parties, il s'agit de permettre de faire le point sur le litige et d'en apprécier toute l'ampleur.

Cette audience, qui peut être tenue en présence des avocats ou de manière virtuelle selon l'importance des problèmes à résoudre, pourrait laisser penser qu'à ce stade les parties ont exposé tous leurs moyens de fait et de droit et qu'en conséquence il ne resterait plus qu'à débattre des moyens soutenus sans pouvoir en ajouter de nouveaux. Cette idée se trouvait dans le rapport Magendie et imposait une concentration matérielle des moyens dans les premières écritures de chacune des parties. La Cour de cassation, par avis en date du 21 janvier 2013 [1], n'a pas retenu cette conception. Elle a précisé que les parties peuvent jusqu'à la clôture de l'instruction invoquer de nouveaux moyens. Cela concerne les moyens de droit comme les moyens de fait. Ainsi, le débat pourra après l'audience de l'article 912 porter sur des moyens nouveaux, non exposés dans les premiers jeux de conclusions, voire totalement nouveaux comme l'autorise l'article 563 C. pr. civ.

544.132 Clôture ou calendrier de procédure pour nouveaux échanges. L'article 912 C. pr. civ. prévoit deux hypothèses : soit la fixation de la clôture et de la date de plaidoirie, soit, après avoir recueilli l'avis des avocats, l'établissement d'un calendrier. C'est évidemment ce second point qu'il convient de souligner. En effet, après le jeu automatique des délais, c'est le moment de la mise en état intellectuelle et la collaboration entre le conseiller et les avocats va permettre de mettre en état le dossier. Cette audience, notamment en cas de pluralité d'intimés appelants incidents et provoqués, prend alors toute son importance.

544.133 Clôture. S'agissant de la clôture, il est renvoyé aux développements sur la mise en état devant le TGI, dont les règles s'appliquent à la procédure devant la cour. Le praticien sait combien il est irritant de recevoir pièces ou conclusions après la clôture, d'autant que ces dernières demandent généralement que la clôture soit rabattue, et qu'il y sera répondu dans l'arrêt à venir.

1. Cass., avis, 21 janv. 2013, n° 12-00.018, *Bull. civ. avis*, n° 2.

L'ordonnance de clôture n'est pas susceptible d'appel ni même d'appel-nullité[1] et sa révocation ne peut être critiquée si elle a été acceptée[2].

La demande de révocation d'une ordonnance de clôture doit être formée par conclusions[3]. La nécessité de respecter le contradictoire dicte la suite des événements. S'il n'y a pas de cause grave de révocation, la clôture ne doit pas être rabattue en application de l'article 784 C. pr. civ., et pièces et écritures doivent être écartées.

S'il y a cause grave, la clôture doit être rabattue; dans cette hypothèse, la cour peut juger immédiatement, si l'autre partie y avait déjà répondu en quelque sorte par anticipation[4].

Si elle attendait de connaître la position des magistrats pour répondre, la cour doit rouvrir les débats pour que la contradiction s'instaure. Elle ne peut en aucune façon, dans le même arrêt, décider de rabattre la clôture et juger sur les pièces et conclusions notifiées après la clôture et non discutées contradictoirement[5].

Le praticien peut aussi adopter une position intermédiaire consistant à demander au principal le rejet des pièces et conclusions et, subsidiairement, à répondre. La cour ne peut pas évoquer au motif que toutes les parties ont conclu sur les derniers éléments, mais devra, pour répondre au principal avec d'aborder le subsidiaire, caractériser la cause grave de révocation[6].

Soulignons que la clôture, qui peut être révoquée pour cause grave en application de l'article 784 C. pr. civ., ne peut pas l'être implicitement[7]. S'agissant des conclusions, nécessairement déposées avant la clôture, il est possible au juge de les rejeter des débats, à la condition qu'il caractérise (en général par référence à leur date de dépôt), les circonstances particulières empêchant l'intimé d'y répondre avant la clôture, au besoin en repoussant celle-ci pour que puisse s'exercer la contradiction[8] (ont été rejetées des conclusions notifiées trois jours avant la clôture[9]). Mais, lorsqu'il écarte des écritures notifiées avant la clôture, le juge doit s'expliquer sur l'impossibilité pour les parties de répliquer[10]. Mais justifie suffisamment sa décision d'écarter des conclusions notifiées avant la clôture la cour qui relève que la partie a eu un comportement contraire à la loyauté des débats, empêchant son adversaire de se défendre en temps utile[11]. Le praticien regrette parfois que le juge de la mise en état tienne pour intangible une date envisagée pour la clôture, et plutôt que de déplacer celle-ci alors que la date de plaidoirie le permettrait dans le respect du contradictoire, conduise la juridiction du fond à écarter pièces ou conclusions déposées peu avant cette clôture. Il est clair que, par ces arrêts, la Cour de cassation condamne cette pratique et attend du juge chargé de la mise en état, une attitude plus proche du droit des plaideurs, étant rappelé que l'affaire doit être renvoyée pour être plaidée lorsque l'état de l'instruction le permet[12]. Mais il ne peut, pour accueillir des pièces et des conclusions déposées le jour de la clôture, se contenter d'énoncer qu'elles ne sont pas indispensables à la solution du litige[13].

Il n'est pas davantage possible d'accueillir une partie seulement des conclusions notifiées avant la clôture et de rejeter le surplus, celles-ci devant être considérées comme un tout indissociable[14].

Il convient de souligner que dans l'hypothèse où le conseiller de la mise en état a refusé de rabattre la clôture, il est toujours possible de solliciter la cour d'appel en ce sens, alors que s'il a accepté de rabattre cette clôture, sa décision, qui relève de son pouvoir propre et ne tranche aucune contestation, ne peut être remise en cause devant la cour[15]. S'agissant du respect du principe fondamental du contradictoire (v. s^{s} n°s 222.20 s.), nécessaire à la mise en place du procès équitable exigé par l'article 6 de la Convention européenne de sauvegarde des droits de l'homme et des libertés fondamentales, le juge peut relever d'office la tardiveté des conclusions ou de la communication, d'ailleurs sans être tenu de provoquer préalablement un débat sur ce point[16]. C'est à la lumière

1. Com. 23 oct. 2007, n° 06-10.180, NP.
2. Civ. 3e, 27 juin 2007, n° 05-20.173, *Bull. civ.* III, n° 116; *D.* 2007. 2757, Monge et Nési; *JCP* 2007. IV. 2589.
3. Civ. 2e, 1er avr. 2004, n° 02-13.996, *Bull. civ.* II, n° 150; *JCP* 2004. Actu. 208.
4. SUR LA NÉCESSITÉ D'UNE CAUSE GRAVE, v. Civ. 3e, 19 févr. 2002, n° 99-18.922, NP.
5. Civ. 2e, 11 janv. 2001, n° 98-20.811, *Bull. civ.* II, n° 8.
6. Civ. 3e, 8 déc. 1999, n° 97-22.434, *Bull. civ.* III, n° 238.
7. Civ. 2e, 15 févr. 1995, n° 93-13.213, *Bull. civ.* II, n° 50.
8. Civ. 1re, 17 févr. 2004, n° 01-16.659, *Bull. civ.* II, n° 53; *D.* 2004. 1995, note Bolze; *BICC* n° 692 – Civ. 2e, 4 déc. 2003, n° 02-12.465, *Bull. civ.* II, n° 364 – Civ. 3e, 2 juill. 2002, n° 01-02.685, NP – Civ. 3e, 12 juin 2002, n° 01-01.233, *Bull. civ.* III, n° 139 – Civ. 3e, 12 juin 2002, n° 01-03.474, NP – Civ. 3e, 6 nov. 2001, n° 00-14.389, NP – Civ. 2e, 10 juill. 1996, n°s 93-14.560 et 94-16.729, *Bull. civ.* II, n° 208 – Civ. 2e, 10 juill. 1996, n° 94-20.833, Werner, NP; *JCP* 1996. IV. 2095 – Com. 4 juin 1996, n° 94-17.701, *Bull. civ.* IV, n° 159; *BICC* n° 1003.
9. Civ. 2e, 11 mars 1998, n° 96-12.660, *Bull. civ.* II, n° 82; *BICC* n° 827.
10. Civ. 3e, 6 mai 1998, n° 96-13.002, NP; *Procédures* 1998, n° 167 – *Idem* pour les pièces; v. Civ. 3e, 13 janv. 1999, n° 96-13.457, NP; *RTD civ.* 2000. 156, obs. Perrot – Civ. 3e, 2 juin 1999, n° 97-14.776, NP.
11. Civ. 2e, 23 oct. 2003, n° 01-00.242, *Bull. civ.* II, n° 326.
12. Civ. 2e, 11 févr. 1998, n° 96-17.638, *Bull. civ.* II, n° 46.
13. Civ. 2e, 20 juin 1996, n° 95-11.213, *Bull. civ.* II, n° 175; *BICC* n° 1070.
14. Civ. 2e, 14 févr. 2008, n° 07-13.391, *Bull. civ.* II, n° 34; *D.* 2008. AJ 698; *D.* 2008. 2373, chron. Sommer et Nicoletis.
15. Civ. 2e, 15 févr. 2001, n° 99-12.782, NP; *BICC* n° 416.
16. Civ. 3e, 7 mai 1997, n° 95-15.504, *Bull. civ.* III, n° 99; *BICC* n° 96 – Com. 27 nov. 2001, n°s 98-18.700, 98-19.227 et 97-18.140, NP; *JCP* 2002. II. 10068.

du principe fondamental du contradictoire que doit être comprise la jurisprudence actuelle de la Cour de cassation, qui fort justement s'irrite de constater que des pièces et des conclusions soient écartées ou admises au seul regard de la date de clôture, alors que celle-ci ne doit être appréciée que comme un moyen de mettre en état le dossier et de respecter le contradictoire. Il est dès lors possible de dégager un certain nombre de principes qui, sans méconnaître les articles 782 et suivants C. pr. civ., privilégient l'équité dans le procès et l'article 16 du même code. D'une part, si les conclusions ou pièces ont été remises avant la clôture, elles ne peuvent être écartées sans que soient précisées les circonstances particulières ayant empêché le principe de la contradiction[1], notamment au regard de la possibilité de repousser la clôture si la date de plaidoirie le permet. D'autre part, des conclusions ou pièces remises après l'ordonnance de clôture doivent être reçues et la clôture rabattue si celles-ci ne sont que la manifestation du droit à la contradiction et s'expliquent par les écritures ou pièces adverses trop récentes pour qu'il y fût répondu avant[2], à moins que la cour n'écarte pièces et conclusions adverses déposées peu avant la clôture qui appelaient cette réponse. Ceci explique que la Cour de cassation n'admet pas une critique fondée sur l'atteinte au contradictoire, émanant d'une partie, qui n'a pas sollicité préalablement du conseiller ou de la cour d'appel le report ou le rabat de la clôture[3].

Quant aux conclusions notifiées le jour de la clôture, leur recevabilité s'apprécie au regard des droits de la défense. Si elles sont une réplique aux conclusions adverses, de peu antérieures, et ne soulèvent ni prétention ni moyen nouveau, elles ne portent pas atteinte au principe du contradictoire[4]. Il convient de préciser que dès lors que la cour retient que ces écritures ne sont pas tardives, c'est qu'elle considère qu'elles sont antérieures à la clôture rendue le même jour[5]. Et même dans cette hypothèse, la cour, pour écarter ces écritures, doit préciser les circonstances particulières ayant empêché le respect de la contradiction[6].

Il semble, sous réserve des arrêts à venir, que la Cour de cassation laisse désormais à l'appréciation souveraine des juges du fond d'apprécier le caractère tardif ou non des écritures[7].

Rappelons qu'en application de l'article 445 C. pr. civ., il est possible de répondre après la clôture aux conclusions du ministère public[8].

Par ailleurs, une décision de réouverture des débats n'emporte pas nécessairement la révocation de l'ordonnance de clôture, qui seule permet à chaque partie de reconclure et de communiquer toutes pièces nouvelles[9] Tel est le cas si la cour n'a rouvert les débats à seule fin que les parties s'expliquent sur un point précis[10].

Mais la réouverture des débats emporte révocation de l'ordonnance de clôture lorsque l'affaire est renvoyée à la mise en l'état[11].

Enfin, et *a contrario*, une cour ne peut statuer sur des écritures dont la tardiveté est alléguée sans rechercher s'il n'y a pas lieu de les écarter des débats[12].

Il est d'ailleurs nécessaire de solliciter le rejet de pièces ou conclusions, étant rappelé que l'absence de contestation sur la recevabilité de conclusions déposées peu de temps avant la clôture exclut que le grief puisse être invoqué devant la Cour de cassation[13].

La cour ne peut évidemment accueillir des écritures notifiées après la clôture au motif que l'adversaire, à raison de la date de plaidoirie, avait temps suffisant pour y répondre[14]. La seule possibilité pour conclure ou communiquer après la clôture est de demander le rabat de celle-ci pour motif grave, et il est évident que les conclusions déposées après la clôture, dont l'objet est précisément d'obtenir le rabat de celle-ci sont recevables[15].

S'il n'est point possible de conclure ou communiquer des pièces après la clôture[16], il est *a fortiori* interdit de communiquer des pièces ou même

1. Civ. 2e, 25 févr. 2010, no 09-13.400, NP – Civ. 1re, 20 févr. 2008, *Bull. civ.* II, no 07-12.676, *Bull. civ.* I, no 57; *D.* 2008. AJ 697; *D.* 2008. Pan. 53, obs. Douchy-Oudot; *RTD civ.* 2008. 354, obs. Perrot – Civ. 2e, 11 janv. 2001, no 99-13.060, *Bull. civ.* II, no 5; *BICC* no 308 – Civ. 3e, 6 nov. 2001, no 00-14.389, NP – Civ. 2e, 7 juin 2001, no 99-21.730, *Bull. civ.* II, no 115; *D.* 2001. 2716, obs. Julien – Civ. 3e, 21 févr. 2001, no 99-14.641, *Bull. civ.* III, no 21; *D.* 2001. 3231, note Bolze – Civ. 3e, 27 févr. 2002, no 00-19.753, NP – Civ. 2e, 26 sept. 2002, no 00-15.249, *Bull. civ.* II, no 196 – Civ. 1re, 4 nov. 2003, no 01-02.190, *Bull. civ.* I, no 223; *Procédures* 2004, no 6 – Civ. 1re, 17 févr. 2004, no 01-16.659, *Bull. civ.* I, no 53; *D.* 2004. 1995, note Bolze; *JCP* 2004. IV. no 1739.
2. Civ. 3e, 7 juin 2001, no 99-14.413, NP.
3. Com. 12 juin 2001, no 99-12.681, NP – Civ. 2e, 11 janv. 2001, *Bull. civ.* II, no 1.
4. Civ. 2e, 11 janv. 2001, no 98-20.326, *Bull. civ.* II, no 7.
5. Civ. 2e, 11 janv. 2001, no 98-15.033, *Bull. civ.* II, no 6.
6. Civ. 3e, 16 janv. 2002, no 00-13.532, NP.
7. Cass., ch. mixte, 3 févr. 2006, no 04-30.592, *Bull. ch. mixte*, no 2; *D.* 2006. 1268, note Bolze; *RTD civ.* 2006. 376, obs. Perrot; *JCP* 2006. II. 10088, note Salati – Civ. 2e, 22 mars 2006, no 05-16.083, Socavi, *Bull. civ.* II, no 84.
8. Com. 29 mai 2001, no 98-15.802, *Bull. civ.* IV, no 108.
9. Civ. 1re, 10 juill. 1995, no 93-13.027, *Bull. civ.* I, no 315 – Civ. 3e, 4 févr. 1986, no 84-14.144, *Bull. civ.* III, no 6 – Civ. 3e, 21 sept. 2005, no 04-12.858, *Bull. civ.* III, no 172.
10. Civ. 2e, 9 nov. 2000, no 98-22.865, *Bull. civ.* II, no 149 – Com. 26 sept. 2006, no 05-15.042, NP.
11. Civ. 2e, 19 févr. 2009, no 07-19.504, *Bull. civ.* II, no 56; *D.* 2009. 637.
12. Civ. 3e, 14 nov. 2002, no 00-19.677, NP.
13. Civ. 2e, 20 nov. 2003, no 01-11.839, *Bull. civ.* II, no 345; *Procédures* 2004, no 21.
14. Civ. 3e, 13 nov. 2002, no 00-22.106, NP.
15. Civ. 1re, 30 janv. 2007, no 06-11.124, NP.
16. Civ. 2e, 13 sept. 2007, no 06-15.525, NP.

d'adresser une note en délibéré après l'audience, si ce n'est en vue de répondre aux arguments développés par le ministère public ou à la demande du président, conformément à l'article 445 C. pr. civ. La possibilité de communiquer une note implique celle d'y joindre les pièces utiles à celle-ci [1].

Notons que le décret du 28 décembre 2010 a supprimé la clôture partielle qui ressortait de l'article 913 C. pr. civ., modifié par le décret du 9 décembre 2009.

544.134 **Dépôt des pièces au greffe.** Chaque partie doit déposer une copie de l'ensemble de ses pièces, quinze jours avant la date de plaidoirie. Ce délai doit permettre au magistrat rapporteur de préparer son rapport. Toutefois, l'article 912 alinéa 3 C. pr. civ. ne prévoit pas de sanction particulière et il ne semble pas, en l'état de la jurisprudence, que le défaut de dépôt soit susceptible de sanction.

544.135 **Audience – Dessaisissement du Conseiller de la mise en état – Réouverture des débats.** L'audience devant la cour est régie par les articles 430 et suivants C. pr. civ. et il suffirait de renvoyer à l'exposé de ces dispositions. Fixée par le conseiller de la mise en état, elle constitue le principe et, de par la publicité des débats, assure la transparence de la justice.

L'ouverture des débats, c'est-à-dire précisément le moment où le demandeur prend la parole à l'invitation du président, a des conséquences juridiques importantes : le conseiller est dessaisi (C. pr. civ., art. 779, al. 4), l'instance ne peut plus faire l'objet d'une interruption (C. pr. civ., art. 371) ou d'une péremption, les contestations relatives à la composition de le juridiction doivent être immédiatement soulevées. La pratique, précisée par l'article 779 alinéa 3 C. pr. civ., du dépôt du dossier à l'audience est fréquente devant les cours d'appel. Cette dispense de débat oral peut être accordée par le président de la chambre ou par le conseiller de la mise en état s'il a reçu délégation à cet effet. Dans ce cas, le conseiller demeure saisi jusqu'à la date fixée pour le dépôt des dossiers.

Il convient de rappeler que devant la cour, comme devant le tribunal, les parties ne peuvent après la clôture des débats déposer des notes en délibéré. La cour n'a pas à y répondre [2], ni à les considérer [3], ni même à les déclarer irrecevables. Toutefois, l'article 445 C. pr. civ. aménage trois exceptions : la réponse aux arguments développés par le ministère public, la demande d'explications requises par le président ou les conseillers (C. pr. civ., art. 442) et le cas de la réouverture des débats.

La réouverture des débats est prévue à l'article 444 C. pr. civ. Les débats peuvent être rouverts pour permettre aux parties de répondre aux demandes d'explications visées à l'article 442 C. pr. civ. Ils doivent l'être pour assurer le respect du contradictoire quand la cour soulève un moyen de droit qui n'était pas dans le débat, hypothèse expressément visée dans l'article 444 C. pr. civ.

Dans le premier cas, la révocation de la clôture n'est pas de droit [4]. Il est possible que l'explication sur le fait ou le droit demandée par la cour ne la requière pas. Il reviendra donc aux parties d'y veiller et de solliciter cette révocation si l'impact de la question posée dans le litige exige de prendre de nouvelles conclusions qui devront être récapitulatives, sauf si la cour a pris soin de cibler le point sur lequel elle a invité les parties à débattre. En revanche, *dans le second cas,* quand la cour soulève un moyen de droit et, dans le respect du contradictoire, invite les parties à conclure sur le moyen soulevé, la révocation doit être ordonnée afin de permettre aux parties de se défendre librement en produisant les pièces qui leur paraissent nécessaires [5]. Cette solution est de plus fort admise [6] quand la cour renvoie à la mise en état pour continuer l'instruction, relancée par le moyen soulevé d'office.

e)

Conseiller de la mise en état

544.141 **Mise en état, idée et réalité.** La mise en état des affaires constitue un des apports majeurs du Code de procédure civile. Plusieurs dispositions du code révèlent le rôle qui est le sien. Pour n'en citer que quelques-unes, son implication dans le fond du dossier est requise. Il constitue un élément essentiel de la procédure ordinaire : entendre les avocats et leur faire toutes communications utiles et leur adresser, si nécessaire, des injonctions (C. pr. civ., art. 763, al. 3), enjoindre aux avocats de mettre leurs conclusions en conformité avec les dispositions de l'article 954 (C. pr. civ., art. 913), inviter les parties à mettre en cause les tiers (C. pr. civ., art. 768, al. 1er), prendre contact avec les parties elles-mêmes (C. pr. civ., art. 767), statuer sur la QPC ou choisir de la renvoyer devant la cour, tels sont les quelques exemples qui montrent que la mise en état voulue par le code ne saurait être une mise en état matérielle, limitée à un simple contrôle externe du dossier, se bornant à vérifier le dépôt des conclusions et la fixation des dates de clôture et de plaidoirie. Dans la pratique, on ne peut que constater que cette fonction

1. Soc. 23 mai 2007, *Bull. civ.* II, n° 05-42.401, *Bull. civ.* V, n° 86; *D.* 2007. 2429, obs. Fricero; *RTD civ.* 2007. 638, obs. Perrot; *Procédures* 2007, n° 8, note Perrot.
2. Com. 13 avr. 1983, n° 81-16.807, *Bull. civ.* IV, n° 114.
3. Civ. 2e, 3 juin 1998, n° 96-21.173, *Bull. civ.* II, n° 773; *JCP* 1998.173, obs. Cadiet.
4. Civ. 2e, 21 janv. 2012, n° 08-20.810, *Bull. civ.* II, n° 18.
5. Civ. 1re, 10 juill. 1995, n° 93-13.027, *Bull. civ.* I, n° 315.
6. Civ. 2e, 19 févr. 2009, n° 07-19.504, *Bull. civ.* II, n° 56.

n'est pas sollicitée par les avocats à la hauteur du rôle qui lui a été conféré par les textes. Il faut pourtant insister sur les avantages pour le jugement des affaires et pour les parties qu'apporte une **mise en état intellectuelle**. Il est clair que cela requiert une prise de conscience de tous les acteurs et, en premier lieu, des avocats. Les échanges virtuels devraient, loin de constituer une barrière entre le conseiller et les avocats, permettre de les rapprocher et permettre d'évacuer les points secondaires pour que les débats puissent se concentrer, dans des audiences tenues en présence des avocats, sur les questions qui posent de véritables difficultés. Il ne faut pas sous-estimer les charges qui pèsent sur les conseillers et le nombre de dossiers qu'ils sont amenés à instruire. Mais la banalisation de la fonction serait un véritable échec des idées qui ont animé les rédacteurs du Code de procédure civile et celui des réformes récentes de la procédure d'appel.

544.142 Pouvoirs du conseiller de la mise en état – Généralités. L'article 907 C. pr. civ. confie l'instruction au conseiller de la mise en état. Ce dernier est un conseiller de la chambre à laquelle est distribuée l'affaire qui lui est affectée par le président de la chambre. Sa désignation est portée dans le dossier de la cour et les parties n'en sont pas tenues informées par un avis émis par RPVA, ce qui est regrettable. La jurisprudence a eu l'occasion de préciser que cette désignation était réputée effectuée au jour où le greffe adresse l'avis de distribution avec désignation du conseiller[1]. En pratique cette désignation est faite dans un très bref délai et parfois contemporaine de la distribution à la chambre. Il ne sera dessaisi, en application de l'article 779 alinéa 4 C. pr. civ., qu'au jour de l'ouverture des débats ou qu'à celui fixé pour le dépôt des dossiers des avocats.

Ses pouvoirs vont à la fois réunir ceux prévus pour le juge de la mise en état, soit ceux régis par les articles 763 à 787 C. pr. civ., et ceux prévus dans les nouveaux textes des articles 911-1 et suivants.

On distinguera les **pouvoirs d'instruction** et les **pouvoirs juridictionnels.** Au sein de ces derniers, les articles 771 et 916 C. pr. civ. vont lui faire de lui une véritable juridiction qui rend des décisions ayant autorité de chose jugée et susceptibles de recours, le déféré, devant la cour. L'intention des rédacteurs du décret du 9 novembre 2009 était clairement de concentrer devant lui toutes les difficultés procédurales afin de ne laisser à la cour que le jugement du fond, épuré de toutes les scories.

α. *Pouvoirs d'instruction*

544.151 Pouvoirs de conciliation et d'homologation. Le conseiller de la mise en état peut, comme tout juge (C. pr. civ., art. 21) constater, mais également procéder à une conciliation des parties. Il peut, pour cela, renvoyer à une conférence ultérieure pour faciliter le règlement du litige (C. pr. civ., art. 764 *in fine*). Il détient le pouvoir conformément à l'article 768 d'homologuer l'accord des parties leur évitant ainsi d'attendre l'audiencement devant la juridiction collégiale.

544.152 Pouvoirs sur le déroulement de l'instruction. Les articles 763 C. pr. civ. et suivants précisent l'ensemble des missions qui sont dévolues au conseiller : il contrôle l'instruction en veillant au bon déroulement de la procédure et notamment la loyauté des échanges et la célérité en surveillant la ponctualité des échanges des pièces et des conclusions. Il a le pouvoir de faire injonction aux parties. Mais il ne dirige pas le procès. Toutefois, cette fonction ne peut être tenue pleinement que si le conseiller dispose d'un temps suffisant pour avoir une connaissance du fond du dossier. En outre, c'est surtout dans la seconde période de l'instruction que le conseiller de la mise en état pourra tenir son rôle, ce qui devrait être facilité puisqu'après les échanges prévus aux articles 908 et suivants le litige devrait être, au moins dans ses grandes lignes, déterminé.

544.153 Pouvoirs sur les mesures d'instruction. Conformément à l'article 771 C. pr. civ. le conseiller de la mise en état peut prendre les mesures d'instruction qui lui paraissent nécessaires, comme peut y procéder le juge de la mise en état. Il convient cependant de préciser qu'à la différence de ce dernier, dont la décision ordonnant une expertise peut faire l'objet d'un appel sous réserve de l'autorisation accordée par le premier président, la décision du conseiller ne peut pas être soumise à recours devant la juridiction collégiale.

544.154 Pouvoirs sur le temps de l'instance. Ces pouvoirs sont doubles : il peut réduire les délais prévus par les articles 908, 909 et 910 C. pr. civ. en raison des circonstances propres au litige à la demande des parties ou d'office, mais ne peut modifier les délais de distance prévus à l'article 911-1 C. pr. civ. Par ailleurs, lors de l'audience prévue à l'article 912, il peut clôturer et fixer l'audiencement ou prévoir un calendrier pour permettre aux parties de nouveaux échanges de conclusions et de pièces.

544.155 Clôture partielle. En application de l'article 780 C. pr. civ., il lui est possible de prononcer, d'office ou à la demande d'une partie, une clôture partielle au cas où l'avocat d'une partie n'a pas accompli les actes de la procédure dans le délai imparti. On peut regretter que ce texte n'ait pas été corrigé lors de la réforme de la procédure d'appel, car, de manière maladroite, il vise non pas la partie mais l'avocat de la partie qui est ainsi frappée de clôture partielle. Ici encore, d'autres sanctions plus mécaniques s'appliquant pour la première partie de la procé-

1. Paris, 10 oct. 1980 et 15 janv. 1981, *Bull. ch. avoués* 1981. 1. 26.

dure d'appel, c'est lors de la seconde période qu'il peut trouver application. Ainsi, la partie sanctionnée est privée du droit de conclure, sauf pour répondre aux moyens de droit ou de fait que les parties adverses présenteraient postérieurement à cette clôture. L'ordonnance de clôture peut alors être révoquée mais uniquement pour permettre cette réplique; à défaut la partie subirait une violation du principe du contradictoire qui ne peut être que sanctionnée par les juridictions supérieures.

544.156 Radiation de l'article 781 du Code de procédure civile. La radiation prévue à cet article vise le défaut de diligence des avocats qui n'ont pas accompli les actes de procédure dans les délais impartis. Cette sanction doit cependant être prononcée avec doigté, car la partie non diligente peut avoir intérêt à freiner le déroulement de la procédure d'appel de sorte que la sanction perd toute efficacité.

544.157 Radiation de l'appel de l'article 526 du Code de procédure civile. Le décret n° 2005-1678 du 28 décembre 2005, entré en vigueur sur ce point le 1er mars 2006, a modifié l'article 526 C. pr. civ., donnant la possibilité au premier président ou au conseiller de la mise en état de prononcer la radiation du rôle de l'affaire, à la demande de l'intimé lorsque l'appelant ne justifie pas avoir exécuté une décision de première instance exécutoire.

Il faut observer liminairement qu'il ne s'agit pas d'une compétence cumulative mais alternative, de telle sorte que le premier président n'est plus compétent pour statuer sur une telle demande dès lors que le conseiller de la mise en état est saisi. C'est dire que le premier président sera compétent dans les procédures sans mise en état, telles que les procédures sans représentation obligatoire, mais aussi les procédures à jour fixe ou sur saisie immobilière, *etc.* Dès lors que l'on se situera dans une procédure avec mise en état, seul le conseiller pourra être saisi. Aucun autre magistrat ou autre formation que l'un des deux précités ne peut procéder à cette radiation[1].

Contrairement aux dispositions contraignantes relatives à l'arrêt de l'exécution provisoire, l'article 526 C. pr. civ. donne pouvoir au magistrat d'ordonner la radiation, mais ne le contraint nullement à prendre cette mesure s'il ne la juge pas opportune.

En toute hypothèse, le magistrat ne doit pas prononcer la radiation s'il considère que l'exécution ordonnée ou de droit serait de nature à entraîner des conséquences manifestement excessives ou que l'appelant est dans l'impossibilité d'exécuter. Ce texte qui est à la cour d'appel le pendant de l'article 1009-1 C. pr. civ. applicable à la procédure devant la Cour de cassation, n'est pas d'une rédaction heureuse, la Cour européenne ayant eu l'occasion de rappeler que la sanction de la radiation devait être proportionnée au vu non seulement du but poursuivi mais du droit du plaideur à être jugé. Ceci a conduit le ministère de la Justice à éclairer ce texte dans sa circulaire d'application n° CIV/04/06. « *La radiation du rôle de l'appel ne doit pas entraver l'accès effectif de l'intéressé à la cour d'appel et affecter ainsi le droit à un procès équitable. Il conviendra par conséquent de se livrer à un examen systématique des circonstances propres à l'espèce et d'apprécier, dans chaque affaire, si la radiation ne constitue pas une mesure disproportionnée eu égard aux buts poursuivis* ».

S'agissant d'une radiation qui, aux termes de l'article 383 C. pr. civ., n'est qu'une mesure d'administration judiciaire, aucun recours ne semble possible, ce qui est choquant si l'on songe que s'agissant d'un retrait du rôle de la Cour de cassation, la Cour européenne peut être saisie. Espérons que l'absence de tout recours conduira la jurisprudence à être créatrice pour protéger les droits du plaideur à un procès équitable. Tel n'est pas le cas actuellement[2].

La radiation intervenue, l'affaire ne pourra être rétablie que sur justification de l'exécution de la décision. Il est permis de penser que selon le cas, une exécution partielle pourrait justifier un rétablissement, voire même peut-être une modification de la situation de l'appelant désormais dans l'impossibilité de payer. En toute hypothèse, il ne s'agit que d'une simple radiation mais l'appelant devra veiller à ne pas laisser intervenir la péremption de l'instance d'appel, qui court à compter de la dernière diligence effectuée par une partie et non de la date de l'ordonnance de radiation[3]. La péremption aura pour effet de rendre définitif le jugement de première instance en application de l'article 390 C. pr. civ. La Cour de cassation a rappelé que la radiation ne privait pas les parties de la faculté d'accomplir des diligences interruptives de péremption[4].

Elle ne prive également pas les parties de la faculté de saisir le premier président d'une demande d'arrêt d'exécution provisoire sur le fondement de l'article 524 C. pr. civ.[5], mais ce recours semble un peu illusoire dès lors que le critère d'arrêt de l'exécution provisoire réside dans l'existence de conséquences manifestement excessives et que c'est l'un des critères pour ne pas prononcer la radiation. Ainsi, une saisine du pre-

1. Civ. 2e, 23 sept. 2010, n° 09-14.864, *Bull. civ.* II, n° 160; *D.* 2011. 632, chron. Sommer, Leroy-Gissinger, Adida-Canac et Grignon Dumoulin.

2. Civ. 2e, 18 juin 2009, n° 08-15.424, *Bull. civ.* II, n° 167; *D.* 2009. 2532, note Norguin; *D.* 2009. 2069, chron. Sommer et Nicolétis; *D.* 2010. 169, obs. Fricero; *RTD civ.* 2009. 574, obs. Perrot.
3. Civ. 2e, 21 févr. 2013, n° 11-28.632, *Bull. civ.* II, [à paraître]; *Procédures* 2013. Comm. 96, obs. Perrot.
4. Civ. 2e, 2 déc. 2010, n° 09-16.623, NP.
5. Civ. 2e, 9 juill. 2009, nos 08-13.451 et 08-15.176, *Bull. civ.* II, n° 192; *D.* 2009. 2044; *D.* 2010. 169, obs. Fricero; *D.* 2010. 532, chron. Sommer, Leroy-Gissinger, Adida-Canac et Grignon Dumoulin.

mier président aux fins d'arrêt d'exécution provisoire alors que l'affaire a été radiée, vise en pratique à demander au premier président de prendre une position contraire à celle du conseiller de la mise en état. Ceci n'est pas juridiquement aberrant, puisque la décision de radiation n'a pas autorité de chose jugée, mais pratiquement difficile.

Dans son arrêt du 31 mars 2011, la Cour européenne des droits de l'homme a eu l'occasion de relever incidemment cette anomalie et a souligné que dès lors que la France connaissait le droit d'appel, « *l'État disposait d'une marge d'appréciation plus restreinte que dans les affaires portant sur l'article 1009-1 C. pr. civ.* [ndlr : radiation du pourvoi] *pour juger de l'opportunité de la mesure de radiation* »[1]. Cet arrêt devrait ainsi conduire la jurisprudence française à apprécier les demandes de radiation, fondées sur l'article 526 C. pr. civ. avec moins de rigueur qu'elle ne le fait pour la radiation du pourvoi, alors même que les conditions définies dans les textes sont les mêmes. Quelle difficulté ! Il serait bienvenu de modifier ce texte que la Cour européenne des droits de l'homme n'entend pas critiquer plus avant dès lors qu'elle ne cesse de rappeler qu'il ne lui appartient pas de se substituer aux juridictions internes.

544.158 Pouvoirs pendant la phase de jugement. Pendant la phase de jugement, le conseiller de la mise en état est dessaisi, précisément dès l'ouverture des débats. Toutefois, il lui revient, en principe, de faire le rapport à l'audience en application de l'article 785 C. pr. civ. Ce texte donne « *exceptionnellement* » la possibilité au président d'y procéder ou de désigner un autre conseiller. Il est clair que c'est là l'aboutissement de sa mission. Il convient de préciser que ce rapport doit exposer l'objet du litige et les moyens des parties et doit préciser les questions de fait et de droit posées. L'alinéa 2 de cet article souligne que le rapporteur ne doit pas faire donner son avis sur le litige. C'est donc à un rapport objectif que le conseiller de la mise en état est expressément tenu.

β. *Pouvoirs juridictionnels*

544.160 Pouvoirs du juge de la mise en état/ pouvoirs spécifiques du conseiller. Le statut du conseiller est déterminé par les textes relatifs au juge de la mise en état devant le TGI et par les textes spécifiques à la procédure d'appel. Il convient de les cumuler, sauf en ce qui concerne les recours qui peuvent être formés contre certaines ordonnances qui relèvent d'une voie spécifique, le déféré. Dans les deux cas, la compétence est, pour certaines questions, exclusive.

L'ampleur des pouvoirs qui sont ainsi attribués au conseiller pose la question de ses limites. La jurisprudence a considéré que le conseiller a excédé ses pouvoirs en ordonnant le rejet des pièces du débat, Le même raisonnement devrait être retenu pour les pouvoirs juridictionnels : ceux-ci sont donnés par des textes qu'il convient d'interpréter strictement. En effet, il ne s'agit pas d'une compétence générale pour statuer sur toutes les questions procédurales, quelles qu'elles soient, mais bien au contraire de compétence spéciale, empiétant sur celle de la cour, déterminée par des textes spécifiques. Ainsi, l'irrecevabilité des conclusions pour violation des articles 960 et 961 C. pr. civ. ne devrait pas relever de la compétence du conseiller, même si c'est pour apprécier l'irrecevabilité des conclusions de l'intimé[2]. Le même raisonnement devrait être tenu pour la recevabilité de l'intervention forcée qui doit relever de la compétence de la cour.

544.161 Pouvoirs juridictionnels du juge de la mise en état. Ce sont les pouvoirs juridictionnels conférés au juge de la mise en état par l'article 771 C. pr. civ. Il convient donc de se reporter à ce texte mais en tenant compte qu'il s'agit de l'instance d'appel et que les exceptions de procédure et les incidents mettant fin à l'instance sont ceux qui concernent la procédure d'appel et non la procédure de première instance.

544.162 Compétence exclusive pour statuer sur les exceptions de procédure. Cette compétence est exclusive en ce que les exceptions de procédure qui pourraient être soulevées durant l'instruction alors que le conseiller de la mise en état est saisi ne peuvent être soulevées que devant lui. L'alinéa 1er de l'article 771 C. pr. civ. s'applique donc sans exception au conseiller de la mise en état.

La définition d'exception de procédure renvoie à la définition de l'article 73 C. pr. civ. (« *tout moyen qui tend soit à faire déclarer la procédure irrégulière ou éteinte, soit à en suspendre le cours* ») et la liste reprise dans le chapitre II du titre V du livre Ier du Code (exception d'incompétence, de litispendance, de connexité, dilatoires, de nullité de forme et de fond des actes de procédure) n'est pas limitative, mais reste très restreinte. En réalité, c'est surtout la demande de sursis qui a posé difficulté, mais il semble que désormais on doive la considérer comme une exception de procédure[3]. En revanche, il doit être bien clair que les fins de non-recevoir touchant le droit d'agir[4] sont exclues ainsi que des exceptions qui constituent des défenses au fond, comme l'incident de faux[5].

La difficulté, aujourd'hui réglée, posée par la transposition de cet article 771 alinéa 1er C. pr. civ. à

1. CEDH 31 mars 2011, Chatellier c/ France, req. n° 34658/07.

2. CONTRA : Paris, pôle 5, ch. 2, 31 mai 2013, RG n° 13/03394, *Gaz. Pal.* 16 sept. 2013, note Herman.
3. Civ. 2e, 27 sept. 2012, n° 11-16.361, *Bull. civ.* II, n° 156; *Gaz. Pal.* 7-8 déc. 2012, p. 40, note Pellerin.
4. Civ. 2e, 18 déc. 2008, n° 08-11.103, *Bull. civ.* II, n° 272.
5. Civ. 1re, 24 oct. 2006, n° 05-21.282, *Bull. civ.* I, n° 434; *D.* 2007. 192, obs. Cholet; *D.* 2007. 2427, obs. Fricero.

la cour d'appel, a été de déterminer si le conseiller était compétent pour statuer sur des exceptions de procédure relevant de la procédure de première instance. L'avis de la Cour de cassation du 2 avril 2007[1], repris dans un arrêt du 7 mai 2008[2], excluant que le conseiller puisse aborder une exception relative à la première instance exclut qu'il puisse être saisi en appel. Il faudra alors la présenter à la cour, et, elle seule de par l'effet dévolutif de l'appel qui la saisit (et qui ne saisit pas le conseiller de la mise en état) est compétente pour réformer le jugement au cas où une exception de procédure affectant le jugement (nullité de l'assignation, par exemple) serait invoquée par une des parties.

544.163 Compétence exclusive pour statuer sur les incidents mettant fin à l'instance. Cette compétence complémentaire permet d'y ranger des incidents qui ne trouveraient pas place parmi les exceptions de procédure. Ainsi, la péremption dont le régime pourrait rappeler ce type d'exception mais qui n'y est pas incluse, ce qui évite les difficultés de qualification.

544.164 Pouvoirs juridictionnels spécifiques du conseiller. Dans ses fonctions de conseiller de la mise en état opérant dans le cadre de l'appel, des pouvoirs propres lui sont reconnus. Pour l'essentiel cela est régi par les articles 914 C. pr. civ. Encore qu'il convient d'y ajouter l'article 964 C. pr. civ. concernant la sanction d'un défaut de paiement de la taxe due au titre de l'indemnisation de la profession d'avoué. En outre, il a des pouvoirs généraux sur l'exécution provisoire du jugement. Cela ne doit pas faire oublier les pouvoirs que lui donne l'article 1083 C. pr. civ. pour modifier les mesures accessoires exécutoires par provision relative aux enfants dans le cadre d'un jugement de divorce en cas de survenance d'un fait nouveau.

544.165 Caducité de la déclaration d'appel (C. pr. civ., art. 902 et 908). La question est de savoir si ces deux cas de caducité sont soumis à un régime identique. L'article 902 C. pr. civ. ne prévoit pas la possibilité pour le conseiller de la mise en état de soulever d'office cette caducité. Faut-il en déduire que cette caducité ne peut être prononcée qu'à la demande des parties ? La jurisprudence semble adopter cette analyse[3] et laisser cette sanction à l'initiative des parties, même si le texte de l'article 911-1 C. pr. civ. contredit cette lecture de l'article 902, dans la mesure où il aligne les régimes des deux caducités en exigeant les observations écrites des parties. Cette solution doit être soutenue[4], car la caducité de la déclaration d'appel peut causer un grief important à l'intimé qui escomptait se porter appelant incident. Il convient donc d'en laisser la maîtrise aux seules parties. Cela est d'autant plus justifié que les parties, par la consultation du dossier informatique qui est à leur disposition peuvent être informées de l'avis du greffe et de l'état précis des diligences accomplies. Il convient de préciser que le conseiller s'il est saisi, ne dispose pas de pouvoir d'appréciation autre que celui de la computation des délais et de vérifier la carence de la partie. Ainsi, il ne peut écarter la caducité en retenant que le défaut de signification provient, non pas d'une carence de la partie, mais d'un défaut d'exécution de l'huissier auquel l'avocat de la partie avait confié la signification[5].

En ce qui concerne la caducité de l'article 908 C. pr. civ., le texte ne prête pas à discussion. La jurisprudence se montre d'une rigueur minutieuse. Ainsi, pour une caducité prononcée en cas de dépassement du délai de deux jours[6], ou de signification irrégulière[7]. Toutefois, l'article 911-1 alinéa 2 introduit par le décret du 28 décembre 2010 impose que l'appelant soit entendu, ce qui a pu nourrir des illusions sur le pouvoir d'appréciation dont disposerait le conseiller de la mise en état. Il est certes mentionné que l'ordonnance ne peut être rapportée, mais cela ne supprime pas le pouvoir d'appréciation lors du prononcé de l'ordonnance.

Si quelques décisions[8] ont paru entrer dans cette approche et apprécier les circonstances qui ont empêché la partie de respecter le délai, la jurisprudence majoritaire ne suit pas ce mouvement et n'admet pas l'empêchement légitime ou le juste motif qui permettrait d'adoucir la rigueur de la règle. Toutefois, bien qu'il n'y ait pas de décision sur cette hypothèse, on peut s'interroger sur le cas de force majeure qui empêcherait la partie de conclure.

Enfin, il faut préciser que la caducité de l'article 908 C. pr. civ., si elle peut être soulevée d'office par le conseiller de la mise en état, n'est pas soumise à l'ordre public renforcé imposant au conseiller de la soulever d'office, comme l'a jugé l'arrêt de la Cour de cassation rendu le 17 octobre 2013[9].

1. Cass., avis, 2 avr. 2007, n° 07-00.007, *Bull. civ. avis*, n° 4; *RTD civ.* 2007. 639, obs. Perrot; *Procédures* 2007, n° 160.
2. Civ. 2e, 18 déc. 2008, n° 07-17.299, NP – Civ. 2e, 7 mai 2008, n° 07-14.784, *Bull. civ.* II, n° 107; *D.* 2008. 2373, chron. Sommer et Nicoletis; *Procédures* 2008, n° 196, note Perrot.
3. Bordeaux, 1re civ., ch. B, 15 févr. 2012, RG n° 11/05730 – Poitiers, 2e ch., 28 mai 2013, RG n° 12/03896 – Paris, pôle 5, ch. 11, 21 juin 2013, RG n° 13/07186.
4. C. Brenner et N. Fricero, *La nouvelle procédure d'appel*, 2e éd., Lamy, 2011, n° 72.
5. Metz, 27 juin 2013, RG n° 12/00800, *Lexbase* n° A 9904 KHB.
6. Besançon, 12 févr. 2013, RG n° 12/01292, *JCP* 2012. 667, obs. Gerbay.
7. Angers, 16 juill. 2013, RG n° 13/01064, *Lexbase*, n° A 9385 KIG.
8. Paris, ord., pôle 5, ch. 2, 5 juill. 2012, RG n° 12/02134.
9. Civ. 2e, 17 oct. 2013, n° 12-21.242, *Bull. civ.* II, [à paraître]; *Procédures* 2013, n° 330, obs. Perrot.

544.166 Irrecevabilité des conclusions de l'intimé, de l'appel incident ou de l'intervenant forcé (C. pr. civ., art. 909 et 910). Ces cas d'irrecevabilité peuvent être soulevés d'office par le conseiller de la mise en état. La question a pu se poser de savoir s'il s'agissait non pas d'un pouvoir, mais d'un devoir de la part du conseiller. La doctrine et la jurisprudence ont pu paraître hésitantes. L'arrêt cité ci-dessus, rendu à propos de la caducité mais dont la solution doit être appliquée aux autres hypothèses de relevé d'office, donne une réponse certaine : le conseiller a le pouvoir de relever d'office, mais pas le devoir.

544.167 Irrecevabilité de l'appel principal. Le conseiller de la mise en état est seul compétent pour déclarer l'appel irrecevable, et trancher toute question ayant trait à la recevabilité.

À titre d'exemple, le conseiller est compétent pour statuer sur :

- la validité de la signification[1];
- le point de départ du délai d'appel[2];
- l'irrégularité de l'acte d'appel[3];
- la recevabilité d'un appel contre une sentence arbitrale[4];
- l'existence d'un acquiescement[5].

En revanche, il semble que la cour doit, fût-ce d'office (ce qui implique une carence des parties dans leurs moyens et l'absence d'ordonnance du conseiller), soulever l'irrecevabilité de l'appel tirée de l'inobservation des délais, de l'irrégularité de sa saisine ou de l'absence de voie de recours[6].

Mais au titre de l'article 914 C. pr. civ., il ne peut étendre sa compétence. Ainsi, il ne peut statuer sur la recevabilité d'une intervention forcée[7].

544.168 Exemple : cas de l'appel nullité. L'importance de cette compétence attribuée au conseiller de la mise en état est illustrée par la question de la recevabilité de l'appel-nullité qui porte sur la commission d'un excès de pouvoir commis par le premier juge. La jurisprudence a consacré la compétence du conseiller pour statuer sur la recevabilité de cet appel[8].

1. Lyon, 9 nov. 1983, *Gaz. Pal.* 1984. Somm. 174 – Besançon, 13 déc. 1983, *Gaz. Pal.* 1984. Somm. 104.
2. Nancy, 11 févr. 1981, *JCP* 1982. IV. 208.
3. Paris, 15 févr. 1985, *Bull. ch. avoués* 1985. 49 – Paris, 12 mars 1986, *Bull. ch. avoués* 1986. 64.
4. Toulouse, 19 oct. 1987, *Bull. ch. avoués* 1987. 3. 123.
5. Paris, 10 avr. 1984, *Bull. ch. avoués* 1986. 115.
6. Civ. 2e, 10 sept. 2009, n° 08-14.946, NP – Civ. 2e, 18 déc. 2008, n° 08-11.103, préc. ss n° 544.162.
7. Paris, 27 févr. 1984, *Bull. ch. avoués* 1990. 59 – Montpellier, 22 mai 1986, *Bull. ch. avoués* n° 105, p. 8.
8. Com. 14 mai 2008, n° 07-11.036, *Bull. civ.* IV, n° 99; *Procédures* 2008, n° 225, note Perrot; *JCP* 2008. Actu. 343, obs. Vuitton.

544.169 Pouvoirs du conseiller de la mise en état en matière d'exécution. Le conseiller a de même seul compétence, en application de l'article 915 C. pr. civ., « *pour suspendre l'exécution des jugements improprement qualifiés de dernier ressort* ». C'est le cas où la suspension d'une exécution, qui normalement relève de la seule compétence du premier président, est alors soumise au conseiller de la mise en état.

Il a de même compétence en matière d'octroi d'exécution provisoire en application des articles 523, 525 et 525-1 C. pr. civ. Si la demande en exécution provisoire n'a pas été faite en première instance ou si, l'ayant été, il n'y a pas été répondu, l'article 525-1 C. pr. civ. permet au conseiller, dès lors qu'il est saisi de l'affaire par sa distribution à la chambre, de l'accorder, le critère étant alors la simple opportunité. Si la demande a été faite et a été rejetée, le conseiller doit outre l'opportunité, s'assurer de la condition d'urgence visée par l'article 525 C. pr. civ., mais l'appréciation de l'urgence lui appartient souverainement[9] et il peut arriver que la lenteur inacceptable de certaines procédures devant la cour et la nécessité d'attendre de longs mois permettent à des conseillers de considérer que le critère d'urgence est alors rempli. Il arrive que, par des formules informatisées, la juridiction de première instance, sans se prononcer sur l'octroi de l'exécution provisoire ait « *rejeté toutes autres demandes* [...] ». Cette formule lapidaire permet-elle de considérer que la demande en exécution provisoire a été rejetée ? De façon générale, la Cour de cassation ne donne pas de valeur à ces formules générales, et ne considère qu'il a été jugé que dans la mesure où le jugement traite spécifiquement de la demande. Elle exige d'ailleurs pour les autres dispositions que celles concernant l'exécution provisoire qu'il soit fait usage de la procédure en omission de statuer de l'article 463 C. pr. civ.[10]. S'il n'a donc pas été statué précisément sur l'exécution provisoire, l'article 525-1 C. pr. civ. exclut *de facto* la procédure en omission. En effet, s'il n'y a pas d'appel, le jugement devient exécutoire, et s'il y a appel, il est fait application dudit article donnant compétence au conseiller de la mise en état, devant lequel il est possible de solliciter l'exécution provisoire et subsidiairement l'octroi d'une provision, si celle-ci n'est pas sérieusement contestable, étant au surplus rappelé, que rien n'empêche que la provision soit égale au montant de la condamnation (C. pr. civ., art. 907 et 776).

Enfin, en matière de recours contre les sentences rendues en matière interne l'article 1497 C. pr. civ.

9. Paris, 13 juill. 1978, *Bull. ch. avoués* 1978, n° 70, p. 22 – 2 oct. 1987, *Bull. ch. avoués* 1987. 4. 188.
10. Civ. 2e, 16 juill. 1992, n° 91-11.199, *Bull. civ.* II, n° 210 – Com. 16 juill. 1991, n° 90-11.809, *Bull. civ.* IV, n° 264 – Civ. 1re, 6 oct. 1993, n° 91-16.658, *Bull. civ.* I, n° 274; *D.* 1995. 108, obs. Fricero.

donne pouvoir au conseiller de la mise en état pour suspendre ou prononcer l'exécution provisoire de la sentence. En cas de recours en annulation contre une sentence internationale rendue en France ou en cas d'appel d'ordonnance d'*exequatur* de sentence étrangère, recours douteux non suspensifs, l'article 1526 alinéa 2 C. pr. civ. confère au conseiller de la mise en état dès qu'il est désigné les pouvoirs pour surseoir à l'exécution de la sentence ou en aménager l'exécution si les droits de l'une des parties risque de subir une grave lésion.

γ.
Autorité des décisions du Conseiller de la mise en état

544.171 Principe : pas d'autorité de chose jugée. La formation collégiale de la cour n'est pas tenue par les décisions du conseiller. Les ordonnances n'ont donc pas d'autorité de chose jugée au principal. Tel est le principe posé par l'article 775 C. pr. civ. qui s'applique à toutes les ordonnances relatives aux mesures d'instruction et à la gestion de l'instance d'appel.

544.172 Exceptions. Ces exceptions sont visées par l'article 914 alinéa 2 C. pr. civ. qui dispose que les ordonnances du conseiller de la mise en état statuant sur la fin de non-recevoir tirée de l'irrecevabilité de l'appel, sur la caducité de celui-ci ou sur l'irrecevabilité des conclusions en application des articles 909 et 910 C. pr. civ. ont autorité de la chose jugée au principal. Toutefois, l'article 775 C. pr. civ. qui accorde l'autorité de chose jugée aux ordonnances statuant sur les exceptions de procédure et sur les incidents mettant fin à l'instance a été interprété par la Cour de cassation[1] comme limitant cette autorité aux seules ordonnances qui, statuant sur ces points, mettent fin à l'instance. Doit-on aligner le régime des ordonnances visées à l'article 914 alinéa 2 C. pr. civ. sur celui retenu par la jurisprudence pour les ordonnances de l'article 775 et ainsi n'octroyer l'autorité de chose jugée qu'aux décisions qui mettent fin à l'instance ?

La doctrine a, parfois, incliné dans ce sens. Toutefois, la question a pris un tour nouveau avec l'article 916 refondu par le décret du 9 novembre 2009 et corrigé par celui du 28 décembre 2010 et applicable à la nouvelle procédure d'appel. En effet, l'alinéa 2 de cet article ouvre le référé à plusieurs types d'ordonnances et notamment à celles statuant une exception de procédure, un incident mettant fin à l'instance, sur l'irrecevabilité de l'appel, la caducité de celui-ci et les irrecevabilités de conclusions en application des articles 909 et 910 C. pr. civ., sans mentionner la solution retenue par le conseiller de la mise en état. Il en résulte une interrogation sur la portée de la jurisprudence précitée et la question est désormais posée de savoir si la jurisprudence citée ne doit pas être pour ce qui concerne la procédure d'appel écartée par la rédaction de cet article. Il semble que la jurisprudence des cours d'appel reste partagée.

δ.
Recours contre les décisions du conseiller de la mise en état

544.181 Principe : pas de recours indépendamment de l'arrêt au fond. L'alinéa 1er de l'article 916 C. pr. civ. en pose le principe : les ordonnances du conseiller de la mise en état ne sont susceptibles d'aucun recours indépendamment de l'arrêt sur le fond. Ainsi, toutes les décisions prises en dehors des cas exceptionnels prévus à l'alinéa 2 de cet article ne seront que susceptibles de pourvoi en cassation avec le pourvoi en cassation de l'arrêt au fond.

Cependant, la jurisprudence[2] a admis le déféré-nullité en cas d'excès de pouvoir, appliquant la théorie de l'appel-nullité en cas d'absence de voie de recours ouverte immédiatement. L'hypothèse n'est pas fréquente, mais la cour de Paris[3] a eu l'occasion d'appliquer cette jurisprudence à propos d'une d'ordonnance prononçant le rejet des pièces, On retrouve ici les conditions d'ouverture de l'appel-nullité. On peut s'interroger sur ce que peut recouvrir la notion d'excès de pouvoir. Il convient de rappeler que ce dernier est constitué par un dépassement des pouvoirs, comme en l'espèce précitée, mais peut aussi résulter d'un excès de pouvoir négatif[4] sanctionnant un défaut d'utilisation de ses pouvoirs par le juge.

544.182 Exception : le déféré (C. pr. civ., art. 916, al. 2). Toutefois dans certaines hypothèses, les ordonnances du conseiller peuvent être déférées[5] à la cour et aux cas précités il convient d'ajouter : lorsqu'elles ont pour effet de mettre fin à l'instance, lorsqu'elles constatent son extinction, lorsqu'elles ont trait à des mesures provisoires en matière de divorce ou de séparation de corps. L'interprétation de ces cas d'ouverture, exceptions au principe, est stricte. Ainsi, l'ordonnance du conseiller accordant une provision à valoir sur la prestation compensatoire n'est pas susceptible d'être déférée à la cour dès

1. Civ. 2e, 13 mars 2008, *Bull. civ.* II, n° 68; *Procédures* 2008, n° 134, obs. Perrot – Com. 4 oct. 2011, n° 10-15.404, NP; *Procédures* 2011, n° 360, obs. Perrot – Civ. 2e, 2 févr. 2012, n° 10-27.333, NP.

2. Civ. 2e, 18 sept. 2003, n° 01-13.885, *Bull. civ.* II, n° 284.
3. Paris, 19 févr. 2013, RG n° 12/13312, *Gaz. Pal.* 24-25 mai 2013, p. 37, note Pellerin.
4. N. Fricero, « L'excès de pouvoir en procédure civile », *RGDP* 1998. 26 – V. ÉGAL. rapp. Charruault, *BICC* n° 617, p. 27.
5. R. Perrot, « Conseiller de la mise en état, chose jugée et déféré », *Procédures* 2013, n° 7, p. 5.

lors que, le divorce ayant été irrévocablement prononcé, toute survivance des mesures provisoires est exclue[1].

S'agissant des **décisions ayant trait à des mesures provisoires en matière de divorce ou de séparation de corps,** il n'y a pas de difficulté, sauf à considérer que la voie de déféré est la seule possible pour critiquer la décision, dès lors qu'il n'est point possible de reprendre devant la cour statuant au fond, le débat soumis au conseiller sur la mesure provisoire[2].

S'agissant des **ordonnances statuant sur une exception de procédure,** la lettre du texte (C. pr. civ., art. 916) commande de considérer qu'elle peut faire l'objet d'un déféré, quelle que soit la solution d'accueil ou de rejet apportée à l'exception, d'autant que l'article 775 C. pr. civ. lui donne autorité de chose jugée. Mais en dépit des textes, la Cour de cassation en a jugé autrement, altérant ainsi la philosophie d'un texte qui entendait confier la procédure au conseiller et le fond à la cour et, comme on l'a vu, cette jurisprudence reste incertaine.

En effet, la Cour suprême a considéré que ce n'est que dans le cas où l'ordonnance, en statuant sur une exception de procédure, met fin à l'instance, qu'elle a autorité de chose jugée[3]. Elle en déduit que lorsque l'ordonnance ne met pas fin à l'instance, le moyen peut être repris devant la cour, ce qui évidemment rend inutile le déféré dans cette hypothèse, voire même le rendrait irrecevable. Toutefois, cette solution devrait évoluer au vu de l'article 916 alinéa 2 C. pr. civ., comme il a été dit ci-dessus. En effet, dans la procédure d'appel, il a été donné au conseiller de statuer sur tous les points de procédure et ainsi d'épurer le litige au stade de l'instruction. Le déféré participe de cet objectif et il est donc justifié de soutenir que toutes les ordonnances relatives à une exception de procédure, quelle qu'en soit l'incidence sur l'instance d'appel, doivent être purgées. Permettre de reprendre devant la cour l'exception de procédure contredit l'exigence de célérité recherchée.

S'agissant des **décisions statuant sur un incident mettant fin à l'instance,** l'hésitation est plus justifiée : une controverse doctrinale est possible à raison de la rédaction imprécise du texte. Certains pensent que dès lors que le conseiller est saisi d'un incident ayant pour vocation de mettre fin à l'instance, sa décision est susceptible de déféré, quelle que soit la solution retenue. D'autres considèrent que le déféré n'est ouvert que si l'ordonnance accueille le moyen et met fin à l'instance. Il est vrai que l'article 771 C. pr. civ., traitant du recours contre les ordonnances du juge de la mise en état, précise que l'ordonnance statuant sur un incident mettant fin à l'instance, est susceptible d'appel lorsqu'elle met fin à l'instance et il est vrai que la lettre de l'article 916 alinéa 2 C. pr. civ. n'est pas contraire à cette solution dans la mesure où il y est indiqué les incidents mettant fin à l'instance et non les incidents tendant à mettre fin à l'instance. Mais, ici encore, ne devrait-on pas faire prévaloir le déféré qui aurait l'avantage de purger définitivement ce point qui peut parasiter le jugement du fond par la juridiction collégiale ? Aussi, malgré les analyses doctrinales contraires, on peut incliner pour également admettre le déféré pour ces ordonnances.

S'agissant des **ordonnances statuant sur la recevabilité de l'appel, ou de celles relatives à la caducité de la déclaration d'appel** (et non de l'appel, comme le dit le texte de l'article 916) ou encore celles qui tranchent la question de l'irrecevabilité des conclusions (et donc le cas échéant de l'appel incident) visées aux articles 909 et 910 C. pr. civ., elles sont susceptibles de déféré quel que soit le sort réservé au moyen d'irrecevabilité.

En dehors des cas ainsi prévus, il convient de citer un arrêt de la Cour de cassation[4] qui a admis *extra legem* le déféré formé contre un ordonnance prononçant l'exécution provisoire du jugement sur le fondement de l'article 525 C. pr. civ., ce qui a permis de suspendre la dite exécution dans l'attente de l'arrêt de la cour, à l'exclusion d'un référé devant le premier président. En revanche, les autres ordonnances, qu'il s'agisse des ordonnances octroyant une provision – qui constituent des décisions juridictionnelles même si elles n'ont pas l'autorité de chose jugée au principal – ou des ordonnances de radiation sur le fondement de l'article 526 C. pr. civ. – qui ne sont que des décisions d'administration judiciaires –, ne sont pas susceptibles de déféré.

544.183 Régime du déféré. Le déféré n'est pas réglementé par un article spécifique du Code de procédure civile et il est indiqué seulement qu'il peut être formé par requête. Jusqu'à la réforme de 2009, il s'agissait d'un recours assez discret et dont le domaine était limité. Avec les nouveaux textes qui ont accru les pouvoirs juridictionnels du conseiller de la mise en état, il est devenu une pièce importante de la procédure d'appel au point qu'on a pu s'interroger au vu d'un arrêt[5], qui lui a appliqué les nouveaux textes alors que les anciens régissaient la procédure d'appel, si une certaine autonomie n'est pas en voie de lui être reconnue. Une réglementation plus précise serait utile et permettrait de clarifier des solutions qui restent incertaines.

Ainsi, si l'article 916 alinéa 2 C. pr. civ. précise qu'il est formé par **simple requête** à la cour, il a été

1. Civ. 1re, 2 mars 2004, n° 01-16.239, *Bull. civ.* I, n° 73; *D.* 2005. 1821, obs. Douchy-Oudot; *RTD civ.* 2004. 270, obs. Hauser; *RTD civ.* 2005. 109, obs. Hauser; *BICC* n° 783.
2. Civ. 1re, 4 oct. 2005, n° 04-12.735, *Bull. civ.* I, n° 355; *RTD civ.* 2006. 94, obs. Hauser; *Procédures* janv. 2006, n° 1, obs. Perrot.
3. Civ. 2e, 13 mars 2008, n° 07-11.384, *Bull. civ.* II, n° 68; *D.* 2008. 2373, chron. Sommer et Nicoletis.
4. Civ. 1re, 9 oct. 1991, n° 90-16.021, *Bull. civ.* n° 247.
5. Civ. 1re, 10 avr. 2013, n° 12-14.939, *Bull. civ.* I, n° 71; *JCP* 2013. 461, obs. Laporte.

admis dans un arrêt[1] déjà ancien qu'il puisse être formé par conclusions signifiées aux autres parties et déposées à la cour. Cette absence de formalisme est peut-être souhaitable, mais s'agissant d'un recours aussi important, on ne peut que déconseiller d'y recourir. La requête, motivée (comme les conclusions, il est vrai) contient la demande de fixation et va suivre un régime propre auprès du président de la chambre. La volonté des rédacteurs du code est claire : il convient de faciliter l'évacuation rapide de ce recours afin de supprimer toute tentation du dilatoire.

Le **délai de quinzaine** à compter du prononcé de l'ordonnance répond à cette logique, les avocats étant constitués doivent veiller à la date du prononcé et les parties ne pourront pas invoquer la méconnaissance de la date du prononcé. C'est donc la date du dépôt de la requête au greffe de la cour qui sera prise en compte[2], seule susceptible de mettre en œuvre la procédure et non la signification aux parties adverses. Toutefois, la question de savoir si le délai de distance applicable aux parties demeurant à l'étranger doit ici trouver application reste discutée. L'article 911-1 C. pr. civ. qui prévoit des délais au sein de l'instance d'appel n'a pas étendu ceux-ci au déféré. Toutefois, en l'absence de texte spécifique et *a fortiori* si le déféré devait être considéré comme un recours autonome, on ne voit pas la raison qui justifierait d'exclure les délais de distance de l'article 643 C. pr. civ.[3].

Le déféré n'est pas un appel et la jurisprudence[4] a écarté la possibilité de former des demandes non débattues devant le conseiller et à plus forte raison de se prévaloir des exceptions des articles 564 et suivants C. pr. civ. Il semble qu'on doit le considérer comme un recours centré sur le point soutenu devant le conseiller de la mise en état, ce qui doit attirer l'attention de l'avocat dans la rédaction des conclusions déposées devant le conseiller de la mise en état. Étant donné son objet, on ne peut que le considérer comme suspensif, sans quoi l'instance d'appel serait éteinte dès le prononcé de l'ordonnance qui a prononcé la fin de l'instance, comme le confirme l'arrêt précité à propos de la recevabilité des déférés contre les ordonnances relatives à l'exécution provisoire. Cependant, aucun texte ne le précise expressément et le déféré n'est pas cité parmi les voies de recours ordinaires, donc suspensives, de l'article 527 C. pr. civ.

Enfin, **le déféré fait l'objet d'un audiencement distinct de celui prévu pour l'audience au fond**. La question délicate qui s'est alors posée est celle de la composition de la formation collégiale. Le conseiller qui a rendu l'ordonnance déférée peut-il faire partie de cette formation ? Il devrait être clair qu'en application des exigences du procès équitable de l'article 6 § 1 de la Convention européenne des droits de l'homme, la réponse ne devrait être que négative. Toutefois, ce n'est pas dans ce sens que la jurisprudence de la Cour de cassation[5] s'est fixée : prenant appui sur le fait que les avoués connaissaient ou pouvaient connaître la composition de la cour, le silence de la partie et de ses conseils valait acceptation de la présence du conseiller concerné dans la composition de jugement. Cette jurisprudence sera-t-elle maintenue après la suppression des avoués ? À notre sens cela ne pourrait être possible que si la composition de la cour était communiquée officiellement aux avocats et plus précisément si elle était mentionnée par envoi de RPVA. La solution habituelle qui ne pose pas de difficulté est que l'avocat signale l'irrégularité en début d'audience. La Cour de cassation casse l'arrêt rendu par la formation irrégulière en dépit de l'observation de l'avocat[6].

L'arrêt rendu sur déféré sera susceptible de pourvoi en cassation.

2°
Procédure à jour fixe ou d'urgence

544.191 **Urgence et stratégie.** Lorsqu'une affaire présente une urgence, plusieurs possibilités s'offrent aux parties pour solliciter une fixation prioritaire. Le choix de la méthode utile se fait non seulement au regard du degré d'urgence de l'affaire, mais aussi de l'état de la procédure au moment où la demande est envisagée, et enfin de l'auteur de la demande. Trois magistrats peuvent ainsi être appelés à décider d'une fixation prioritaire d'une affaire :

- le conseiller de la mise en état;
- le président de la chambre à laquelle l'affaire est distribuée;
- le premier président de la cour.

Il est évident que la notion d'urgence est relative et que l'utilisation de ces procédures particulières doit être limitée aux hypothèses où le calendrier habituel ne peut être regardé comme satisfaisant. Dans le cadre de la procédure ordinaire, les délais institués par le décret Magendie, délais qui peuvent être diminués par le conseiller de la mise en état, devraient faciliter le traitement de l'urgence. Dès que l'affaire est en état d'être jugée, le conseiller peut fixer la date de plaidoirie et une concertation avec les avocats des parties devrait permettre d'obtenir une fixation plus ou moins rapprochée selon l'affaire, tout en respec-

1. Paris, 13 juill. 1988, *Bull. ch. avoués* 1988. 3. 102 – Paris, 1re ch., 28 juin 2011, RG no 11/06580, *D.* 2012. Pan. 253, obs. Fricero.
2. Paris, 26 oct. 1988, *Bull. ch. avoués* 1989. 3. 81 – V. CEP., pour la date de l'enrôlement : Paris, 3 juin 1993, *Bull. ch. avoués* 1993. 3. 96.
3. Rennes, 27 juin 2002, RG no 01/7812, inédit.
4. Paris, 21 avr. 1988, *D.* 1988. IR 137.
5. Civ. 2e, 15 févr. 2001, no 98-17.643, *Bull. civ.* II, no 28.
6. Civ. 2e, 10 sept. 2009, no 08-14.004, *Bull. civ.* II, no 209; *JCP* 2010. 546, obs. Amrani-Mekki.

tant les droits de la défense. Une gestion utile et efficace par le conseiller doit répondre à la diversité des situations, et en général, les conseillers savent, dans un agenda lourdement chargé, conserver des places disponibles pour accueillir des affaires qui méritent d'être traitées dans des délais raisonnables. Toutefois, étant donné l'état de pénurie des effectifs, l'encombrement des rôles et, parfois, l'opposition de certaines parties, notamment en cas de pluralité d'intimés, la partie qui y a intérêt préférera précipiter la procédure en mettant en œuvre une des procédures prévues par le Code pour traiter l'urgence, encore faut-il qu'elle soit caractérisée et corresponde aux exigences requises par les textes.

544.192 L'article 905 du Code de procédure civile. L'article 905 C. pr. civ. a un double domaine.

Le premier qui résulte de la décision que peut prendre le président de la chambre à laquelle l'affaire est distribuée, d'office ou à la demande d'une partie, de la fixer, si elle présente un caractère d'urgence ou est en état d'être jugée. La demande ne requiert pas un grand formalisme et le magistrat apprécie le bien-fondé de celle-ci souverainement, s'agissant d'une simple mesure d'organisation. Cet article est utile car il permet de solliciter une date prioritaire, alors même que la procédure à jour fixe de l'article 917 C. pr. civ. est fermée, soit parce que les parties ne l'ont pas mise en route en temps utile, soit parce qu'il ne peut être justifié d'un péril. Il présente aussi l'avantage de répondre aux changements intervenus en cours d'instance et susceptibles de donner à une affaire le caractère d'urgence qu'elle n'avait pas à l'origine. Dans le silence des textes, l'article 905 C. pr. civ. ne précisant pas le régime de la demande et donc ne précisant pas qu'elle doive être effectuée sous forme de requête, il conviendrait de lui conférer un régime contradictoire ou, en tout cas, de s'assurer que l'intimé a été dûment assigné à comparaître.

Le second est déterminé par la nature de la décision frappée d'appel, qui, de droit, peut être soumis à la procédure d'urgence, sauf à être autorisé à assigner à jour fixe. Il s'agit de l'appel relatif à une ordonnance de référé ou à une des ordonnances du juge de la mise en état énumérées aux articles 1° à 4° de l'article 776 C. pr. civ, ou encore des appels formés à l'encontre des jugements rendus en matière de saisie immobilière (C. pr. exéc., art. R. 311-7).

Il est alors procédé selon les modalités prévues aux articles 760 à 762 C. pr. civ, réglementant le circuit court devant le TGI.

544.193 Particularités procédurales. Cette procédure est caractérisée par son régime dérogatoire de la procédure ordinaire, ce qui lui confère une importance particulière eu égard à la rigidité de la procédure ordinaire.

À cet égard, trois points doivent être relevés.

D'une part, les articles 760 à 762 C. pr. civ. instituent une procédure allégée et confient au président de la chambre le soin de vérifier si l'affaire est en état d'être jugée, même si l'intimé ne comparaît pas (avec possibilité d'ordonner une réassignation). L'article 761 C. pr. civ. confère au président des pouvoirs de gestion de l'instance, lui permettant d'impartir des délais aux parties pour conclure ou communiquer leurs pièces et de fixer une date à laquelle l'instruction sera déclarée close et l'affaire audiencée. Le texte prévoit qu'elle peut l'être le jour même et qu'à défaut d'audiencement, elle doit être renvoyée à la mise en état des articles 763 et suivants C. pr. civ. Le président de la chambre pouvant déléguer un des conseillers, il convient de bien préciser qu'il ne s'agit pas de mise en état au sens technique. Ainsi, les pouvoirs et la compétence exclusive tels qu'ils résultent des articles 771 et 914 C. pr. civ. ne sont pas dévolus au président de la chambre ou à son délégué, mais sont attribués à la cour. En d'autres termes, dans cette procédure, il y a une gestion de l'instruction qui est confiée au président, mais celui-ci n'a pas de pouvoir pour trancher les exceptions de procédure ou les irrecevabilités d'appel qui demeurent de la compétence de la cour.

D'autre part, de cette absence de conseiller de la mise en état et des termes de l'article 907 C. pr. civ., la Cour de cassation, dans un arrêt en date du 16 mai 2013 [1] et dans un avis en date du 3 juin 2013 [2], a clairement posé le principe de la non-application des articles 908 s. C. pr. civ. à la procédure d'urgence. Ainsi, c'est tout le dispositif des articles 908 à 916 C. pr. civ., dans lequel le conseiller de la mise état constitue la pièce maîtresse, qui n'a pas lieu de s'appliquer à la procédure d'urgence de l'article 905. On peut se poser la question de savoir si la signification de la déclaration d'appel par l'appelant dans le mois de l'avis du greffe prévue à l'article 902 C. pr. civ. doit être exigée dans la procédure d'urgence. Logiquement, cet article qui trouve sa justification dans la procédure ordinaire ne devrait pas s'appliquer, comme le montrent les mentions imposées par cet article pour informer l'intimé destinataire de la signification et notamment la mention de l'article 909 C. pr. civ. Ce point restant controversé [3], dans l'état de la jurisprudence, il est recommandé de s'y soumettre quand l'intimé ne s'est pas constitué dans le délai

1. Civ. 2e, 16 mai 2013, n° 12-19.119, *Bull. civ.* II, n° 90; *Procédures* 2013. Comm. 207, obs. Perrot.
2. Cass., avis, 3 juin 2013, n° 13-70.004, *Bull. civ. avis*, n° 3; *JCP* 2013. Actu. 758.
3. POUR L'APPLICATION, D. D'Ambra, Dalloz référence *Droit et pratique de l'appel*, 2013/2014, n° 212.16 – CONTRA : Ph. Gerbay, « La fixation de l'affaire devant la cour en matière civile », *Procédures* 2013, dossier 3, n° 10, p. 7 – DANS LE MÊME SENS, J. Pellerin, « La procédure d'appel en question », *Gaz. Pal.* 2012. 7-8 sept. 2012, p. 12.

prévu à l'article 902. Encore faut-il que le greffe avise l'appelant du défaut de constitution de l'intimé.

544.194 **Fixation à jour fixe.** En application des articles 917 et suivants C. pr. civ., il est possible de saisir le premier président d'une demande en fixation à jour fixe, lorsque les droits d'une partie sont en péril. Cette procédure se rapproche de celle prévue par les articles 788 s. C. pr. civ. relative au TGI et n'est pas soumise comme cette dernière à la mise en état. Toutefois, il convient d'insister sur la particularité du jour fixe devant la cour : à la différence de l'article 788 C. pr. civ. qui ne vise que l'urgence, l'article 917 mentionne le péril et ces deux notions sont distinctes. Les premiers présidents qui l'apprécient souverainement sont sensibles à cette gradation[1] : le péril exige une imminence, une nécessité d'un degré supplémentaire qui empêche que l'affaire soit jugée dans le cadre de la procédure d'urgence et *a fortiori* dans celui de la procédure ordinaire. Ainsi, si le référé de l'article 808 C. pr. civ. requiert l'urgence, l'appel d'une ordonnance rendue sur ce fondement sera traité dans le cadre de l'article 905 C. pr. civ., mais ne bénéficiera pas de droit de la procédure de jour fixe. Il faudra démontrer au premier président la nécessité particulière qui justifie le jour fixe.

En dehors des conditions posées par le Code de procédure civile aux articles 917 et suivants, il est des cas dans lesquels la procédure à jour fixe est de droit. Ainsi, l'article R. 322-19 C. pr. exéc. impose la procédure à jour fixe « *sans que l'appelant ait à se prévaloir dans sa requête d'un péril* »[2]. De même, en cas d'autorisation d'interjeter appel, les articles 272 et 380 C. pr. civ. renvoient à la procédure à jour fixe. Enfin, en cas de procédures collectives, l'article R. 661-6 du Code de commerce prévoit l'appel à jour fixe pour les appels interjetés à l'encontre des jugements arrêtant ou rejetant le plan de cession.

544.195 **Particularités.** Quelques particularités propres à la procédure devant la cour doivent être relevées. La partie appelante n'est pas tenue d'interjeter appel préalablement à sa requête en fixation, l'appel n'étant pas exigé à ce stade. Ainsi, elle peut soit faire un appel immédiat (ce qu'elle doit évidemment faire si elle risque une forclusion à raison d'une signification ou de l'écoulement du délai), soit présenter sa requête et en attendre le résultat pour apprécier alors l'opportunité d'un appel. Il est évident que l'obtention de l'autorisation et l'assignation à jour fixe qui s'ensuivra ne valent pas appel, une déclaration devant être faite[3]. Cette alternative est heureuse car il arrive qu'un appel perde tout intérêt, s'il n'est pas évacué dans les délais les plus rapides. L'article 919 C. pr. civ. indique que l'ordonnance du premier président doit être visée dans l'acte d'appel si celui-ci est postérieur.

L'intimé a, tout comme l'appelant, le droit d'user de la procédure à jour fixe.

Le délai est toutefois différent selon qu'il s'agit de l'appelant ou de l'intimé. Pour l'appelant, la requête doit être déposée au plus tard dans les huit jours de l'appel (v. C. pr. civ., art. 919, al. 3), mais il a une certaine marge de manœuvre, dans la mesure où il n'est obligé d'interjeter appel que s'il doit respecter le délai du recours. Ainsi, si le délai ne court pas ou n'est pas proche de son expiration, l'appelant « *potentiel* » peut-il prendre plus de temps et préparer utilement sa requête. Trop souvent, il est constaté que la partie mécontente, se presse exagérément et faisant immédiatement appel, se lie elle-même par le délai de huit jours qui lui impose alors de présenter une requête trop hâtive et insuffisamment complète et ce serait à tort, de penser la compléter ultérieurement. Toutefois, un trop grand atermoiement dans la présentation de la requête risque de rendre peu convaincante l'allégation du péril.

L'intimé, en application de l'article 924 C. pr. civ., bénéficie d'un délai de deux mois à dater de l'appel pour présenter une requête aux fins de fixation à jour fixe.

S'agissant d'une procédure sur requête, celle-ci est toujours non contradictoire. Ceci signifie que l'intimé, qui doit constituer avocat pour solliciter un jour fixe, et qui connaît nécessairement l'avocat adverse, n'a pas à lui notifier préalablement sa requête et à donner à sa demande un caractère contradictoire[4]. La requête doit exposer la nature du péril et contenir les conclusions au fond. Cette exigence est remplie qu'il s'agisse d'un seul document ou de deux documents, intitulés respectivement requête et conclusions, mais constituant un tout. S'agissant de l'exposé du péril, il s'agit du principe même de la recevabilité d'une telle procédure qui sera apprécié souverainement par le premier président. L'ordonnance ne peut être rétractée et constitue une mesure d'administration judiciaire. En outre, il n'entre pas dans les pouvoirs de la cour de réformer la décision du premier président[5].

À la requête doivent être jointes et visées les pièces dont le requérant entend faire état, étant précisé qu'elles doivent être ultérieurement déposées au greffe pour que, recevant une assignation à jour fixe, l'assigné puisse prendre connaissance des pièces au

1. Rennes, 28 janv. 1975, *Gaz. Pal.* 1975. 1. 193, note du Rusquec; *RTD civ.* 1975. 374, obs. Perrot – Paris, 20 mai 1994, *Gaz. Pal.* 1994. 1. Somm. 326.
2. Civ. 2e, 22 févr. 2012, no 10-24.410, *Bull. civ.* II, no 37; *D.* 2012. 690; *Procédures* 2012, no 146, obs. Perrot; *Gaz. Pal.* 13-15 mai 2012, p. 21, note Brenner.
3. Civ. 2e, 11 janv. 1979, no 77-15.671, *Bull. civ.* II, no 15 – Com. 7 janv. 1980, no 78-10.314, *Bull. civ.* IV, no 8.
4. Civ. 2e, 29 juin 1988, no 86-19.647, *Bull. civ.* II, no 157.
5. Com. 20 janv. 1998, no 95-19.474, *Bull. civ.* IV, no 24; *Procédures* 1998, no 119, obs. Croze.

greffe, et ainsi éviter toutes les difficultés et retard de communication, peu compatibles avec les exigences de procédure rapide.

Enfin, l'appelant bénéficiaire du jour fixe doit procéder à l'assignation. L'article 924 C. pr. civ. décrit précisément les mentions requises. Il faut souligner l'exigence essentielle imposée par l'article 922 C. pr. civ. : une copie de l'assignation délivrée à la partie adverse doit être remise au greffe avant la date fixée pour l'audience, et le président est tenu, à défaut, de constater la caducité de l'appel.

En revanche, pour l'intimé, on pourrait s'interroger sur l'opportunité d'imposer une assignation dans le cas d'une procédure d'appel où, par définition, l'appelant a constitué (et le cas échéant tous les autres intimés). La jurisprudence maintient cette exigence. La sanction d'un défaut d'assignation serait alors la perte du bénéfice du jour fixe. Il convient, néanmoins de préciser que cette assignation peut avoir une utilité dans la mesure où si l'appelant n'a pas encore conclu, il devra y procéder avant l'audience, sans qu'il puisse opposer l'absence d'injonction de la part de la cour. Cette dernière devra statuer sur le fond. De telles conséquences justifient le formalisme de l'assignation [1].

544.196 Pièces supplémentaires. L'initiateur de la procédure à jour fixe qui doit, dans sa requête, avoir conclu au fond et y avoir joint ses pièces, peut-il ultérieurement conclure à nouveau ou communiquer d'autres pièces que celles visées dans la requête ? C'est une question d'importance, car souvent, le praticien, après avoir rédigé dans la hâte une requête, souhaite compléter ou affiner son argumentation et produire des documents complémentaires. Il faut insister alors sur les restrictions de la jurisprudence, laquelle distingue selon qu'il s'agit de compléter une argumentation ou un dossier ou qu'il s'agit de répliquer à une argumentation ou à une production adverse.

Dans la mesure où la requête doit contenir l'argumentation au fond et viser les pièces sur lesquelles elle repose, ceci afin d'aviser dès réception de l'assignation le requis des termes du litige, il doit être acquis que le principe de cette procédure exclut que des écritures ou des pièces complémentaires soient versées aux débats après la requête [2].

Un certain nombre d'arrêts significatifs ont, semble-t-il, cerné la difficulté. Par un arrêt du 19 février 1992 [3], la Cour suprême approuve une cour d'avoir écarté une quinzaine de pièces versées aux débats après la requête et avant que l'intimé n'ait conclu, au motif qu'elles auraient dû être déposées avec la requête. Par un arrêt du 26 novembre 1990, la Cour de cassation statue ainsi : « *Mais attendu qu'après avoir rappelé que l'article 918 C. pr. civ. impose au bénéficiaire de l'assignation à jour fixe de conclure sur le fond dans la requête et de viser les pièces justificatives, un arrêt en déduit à bon droit que, dans la mesure où les productions, les prétentions et moyens nouveaux ne constituent pas une réponse aux conclusions des intéressés, ils doivent être déclarés irrecevables* » [4], ce qui signifie qu'il est possible à l'appelant de produire de nouvelles pièces s'il s'agit de répondre à des arguments nouveaux de l'intimé [5] (le lecteur aura alors compris l'importance qu'il y a à viser les pièces dans la requête pour éviter toute difficulté ultérieure).

Déjà la Cour de cassation laissait percevoir les limites du principe, entendant évidemment maintenir les exigences du débat contradictoire. Dès l'arrêt précité, elle prenait soin de rappeler que la règle ne se comprenait que s'il ne s'agissait pas de répondre à des prétentions ou moyens nouveaux de l'adversaire. Ainsi, il est constant que s'il s'agit de répliquer à une argumentation nouvelle adverse, les conclusions sont recevables [6]. De même a-t-elle rappelé en censurant une cour d'appel, que des pièces nouvelles devaient être accueillies, si elles étaient produites « *en réplique aux pièces nouvelles communiquées par les intimés* [...] » [7]. Mais la prudence s'impose car une analyse stricte des textes et de la jurisprudence doit conduire à écarter des conclusions et des pièces complémentaires si elles ne sont pas la réplique à une argumentation ou à des pièces nouvelles. Plus précisément, la Cour de cassation distingue les moyens de fond qui doivent être présentés dans la requête, sauf s'ils répondent à des arguments nouveaux invoqués par l'intimé et les moyens de défense tels qu'exception de procédure ou fin de non-recevoir qui peuvent être invoqués à tout moment par l'appelant. Ainsi la Cour de cassation, dans une espèce où une cour d'appel avait écarté les conclusions de l'appelant soulevant la prescription au motif que le moyen aurait dû figurer dans la requête, elle casse l'arrêt en relevant qu'il ne

1. Civ. 2e, 13 juill. 2006, n° 04-19.383, *Bull. civ.* II, n° 202; *Procédures* 2006, n° 11, note Perrot; *JCP* 2006. IV. 2775.
2. Civ. 3e, 15 mai 2002, n° 00-20.151, NP – Com. 3 juill. 2001, n° 98-23.236, *Bull. civ.* IV, n° 132; *D.* 2001. 2892, obs. Chevrier – Civ. 1re, 23 févr. 1983, n° 81-14.731, *Bull. civ.* I, n° 74; *JCP* 1983. IV. 145 – Civ. 2e, 21 oct. 1992, n° 91-11.958, *Bull. civ.* II, n° 247; *JCP* 1992. IV. 3077 – Civ. 1re, 28 mars 1995, n° 93-13.237, *Bull. civ.* I, n° 140; *RTD civ.* 1997. 118, obs. Mestre.
3. Civ. 3e, 19 févr. 1992, n° 90-18.583, *Bull. civ.* III, n° 49; *Gaz. Pal.* 1993. 1. Somm. 1, note Croze et Morel.
4. Civ. 2e, 26 nov. 1990, n° 89-16.428, *Bull. civ.* II, n° 248; *RTD civ.* 1991. 406, obs. Perrot.
5. Civ. 2e, 12 oct. 2006, n° 05-17.410, *Bull. civ.* II, n° 262; *Procédures* 2007, n° 2, note Perrot.
6. Civ. 2e, 10 déc. 1986, n° 85-13.868, *Bull. civ.* II, n° 187; *JCP* 1987. IV. 61; *Gaz. Pal.* 1987. 2. 537, note du Rusquec; *RTD civ.* 1987. 407, obs. Perrot – Civ. 2e, 23 mars 1994, n° 92-13.533, *Bull. civ.* II, n° 106 – Com. 23 nov. 1993, n° 92-10.423, NP.
7. Com. 23 nov. 1993, n° 92-10.423, NP – Civ. 2e, 25 oct. 1995, n° 92-19.108, *Bull. civ.* II, n° 261; *BICC* n° 1289; *JCP* 1994. IV. 2613; *Procédures* 1996. Comm. 6 – Civ. 2e, 25 oct. 1995, n° 92-19.108, *Bull. civ.* II, n° 261; *Audijuris* févr. 1996, n° 61.

s'agit pas d'un moyen de fond au sens de l'article 918 C. pr. civ., mais d'une fin de non-recevoir[1].

Une remarque importante s'impose à ce stade : l'intimé doit immédiatement et avant toute discussion, soulever l'irrecevabilité des conclusions complémentaires de l'appelant ou solliciter que les pièces nouvelles soient écartées, car s'il les discute sans protester, il perd tout recours ultérieur[2].

544.197 Délai pour la production des pièces et conclusions. L'article 907 C. pr. civ. exclut l'application de la procédure ordinaire quand la procédure d'urgence de l'article 905 est retenue. Aucune disposition semblable n'existe pour le jour fixe des articles 917 et 924 C. pr. civ. La logique voudrait qu'*a fortiori* une solution identique s'impose. Dans le silence des textes, il convient en effet de relever que le dispositif des articles 908 et suivants C. pr. civ. ne peut être mis en œuvre dans la procédure à jour fixe de par le défaut de conseiller de la mise état. Toutefois, la prudence s'impose, surtout dans l'hypothèse du jour fixe d'intimé dans lequel le délai de l'article 908 C. pr. civ. pourrait s'appliquer à l'appelant, la procédure ayant été régie par les règles ordinaires jusqu'à l'obtention du jour fixe par l'intimé.

Délicate également est la question relative à la production de pièces ou à la notification de conclusions dans un temps très proche de l'audience. Il est vrai qu'une tension existe, alors, entre le principe du contradictoire et les impératifs d'une fixation à bref délai. Ainsi, la Cour de cassation considère-t-elle que le choix de la procédure à jour fixe implique pour les parties l'obligation de se satisfaire de communication ou notifications même tardives et censure les arrêts qui, pour la seule raison de tardiveté, écarte pièces et conclusions (la chambre commerciale censurant une cour qui avait écarté des conclusions notifiées le vendredi pour l'audience du lundi[3]; la 2e chambre civile allant dans le même sens[4]). La procédure à jour fixe ne connaît pas la mise en état et des conclusions et pièces peuvent donc être produites jusqu'au dernier moment, sauf à la cour à les écarter s'il s'avérait que c'est avec mauvaise foi et dans le dessein d'atteindre le contradictoire que l'on a agi au dernier instant. En toute hypothèse, le fait de répondre, même verbalement à l'argumentation de dernière minute de l'autre partie et de s'abstenir de demander le rejet de pièces ou conclusions permet à la cour de statuer sur ces éléments[5]. L'assignation doit être délivrée pour le jour fixé et un exemplaire de la requête, de l'ordonnance et de la déclaration d'appel sont joints. Elle doit préciser à l'intimé que faute par lui de constituer, il est réputé s'en tenir à ses moyens de première instance (v. C. pr. civ., art. 921 et 923).

Il est intéressant de noter que l'assignation peut compléter des mentions insuffisantes dans l'acte d'appel et réparer une irrégularité à condition d'être délivrée dans les délais pour faire appel[6]. Il est rappelé ici qu'une telle procédure n'implique pas de mise en état ou de clôture, ce qui explique que sauf abus ou fraude, les arguments ou pièces peuvent, sous réserve de ce qui est dit plus haut, être échangés jusqu'au dernier instant. Mais il est possible au président, s'il considère que l'affaire l'exige, de renvoyer à la mise en état, en application de l'article 925 C. pr. civ. Elle subira alors la contrainte de celle-ci, et notamment la clôture.

Précisons cependant, d'une part, que le président n'a aucune obligation de renvoyer l'affaire à la mise en état[7] et, d'autre part, que s'il le fait sa décision doit être portée à la connaissance des parties et ne peut résulter implicitement des renvois effectués[8].

544.198 La fixation par le système de la passerelle. L'article 917 alinéa 2 C. pr. civ. permet au premier président ou au conseiller de la mise en état, lorsqu'il est appelé à statuer en matière de référé ou d'exécution provisoire, de fixer l'affaire, si les droits d'une partie sont en péril. Ainsi, lors d'un référé devant le premier président en vue de la suspension de l'exécution provisoire ou d'un incident devant le conseiller de la mise en état tendant au prononcé de la dite exécution, il est possible de demander, en établissant l'existence d'un péril, de fixer, sans délai, la date d'audience. C'est dans le langage des processualistes la technique dite de la « *passerelle* ». Cette possibilité est heureuse et a été insérée dans le texte après que la jurisprudence l'a instaurée de façon prétorienne, à raison de son utilité. Il arrive fréquemment qu'un premier président, tout en souhaitant arrêter l'exécution provisoire d'une décision, ne veuille pas que l'appelant profite alors de très longs délais d'évacuation des affaires, circonstance qui pourrait mettre en péril les droits de l'intimé.

Ce pouvoir conféré au magistrat n'exige d'ailleurs pas pour être mis en œuvre une demande expresse d'une partie et il est parfaitement possible à celui-ci de fixer prioritairement de sa propre autorité. Les conséquences d'une telle décision doivent être soulignées : l'affaire sera fixée immédiatement et sortira de la procédure ordinaire pour être soumise à la procédure à jour fixe, mais, ici, avec une variante selon

1. Civ. 2e, 26 juin 1996, n° 93-18.183, Lemaire, *Bull. civ.* II, n° 185; *RTD civ.* 1996. 987, obs. Perrot; *Procédures* 1996. Comm. 249.
2. Civ. 3e, 8 avr. 1992, n° 90-11.213, NP – *Com.* 16 mai 1995, n° 93-17.842, NP.
3. Com. 22 mars 1994, n° 92-10.460, *Bull. civ.* IV, n° 118.
4. Civ. 2e, 25 oct. 1995, n° 92-19.108, *Bull. civ.* II, n° 261; *Audijuris* févr. 1996, n° 61.
5. Civ. 2e, 12 févr. 2004, n° 01-17.791, *Bull. civ.* II, n° 59.
6. Civ. 2e, 8 avr. 1992, n° 90-19.414, *Bull. civ.* II, n° 118; *D.* 1992. IR 137.
7. Civ. 2e, 26 nov. 1990, n° 89-16.428, *Bull. civ.* II, n° 248; *RTD civ.* 1991. 406, obs. Perrot.
8. Com. 21 mars 1995, n° 93-14.503, NP.

que les autres parties ont constitué avocat ou pas. Si toutes les parties ont constitué, il conviendra que les avocats mettent l'affaire en état afin qu'elle soit plaidée à la date prévue. En revanche, si tous les intimés ou seulement certains d'entre eux n'ont pas comparu, il conviendra de procéder à une assignation selon la procédure à jour fixe et de la déposer au greffe avant l'audience en application de l'article 922 C. pr. civ., sous peine de caducité de la déclaration d'appel[1].

544.199 **Appel à jour fixe de droit : particularités procédurales.** Il convient de préciser que dans les cas d'appel à jour fixe de droit, cités ci-dessus, le pouvoir de premier président est limité à l'examen de la forme de la requête : le délai de présentation de la requête, l'adjonction des conclusions et des pièces. En revanche, le premier président n'a pas le pouvoir de la refuser pour défaut de péril. Cela étant la procédure à jour fixe s'applique, même si les parties adverses ont constitué avocat devant la cour.

Pour les jugements en matière de procédures collectives et jugements en matière de saisie immobilière, deux précisions doivent être apportées.

D'une part, pour **les jugements statuant en matière de procédure collective**. En application de l'article R. 661-6 du Code de commerce, les appels formés à l'encontre des jugements rendus en application des articles L. 661-1 et L. 661-6 du Code de commerce sont formés et instruits conformément à la procédure avec représentation obligatoire suivant les modalités de droit commun et sont désormais soumis à la procédure ordinaire[2], sauf à bénéficier de la procédure d'urgence par autorisation du président de la chambre ou d'une procédure à jour fixe octroyée par le premier président. En revanche, les appels contre les décisions arrêtant ou rejetant le plan de cession doivent suivre la procédure à jour fixe. Après hésitation des juridictions du fond sur la portée de cette exigence, la Cour de cassation a mis fin à la controverse en considérant que la procédure d'appel à jour fixe ne constitue qu'une simple modalité et non une condition de recevabilité[3].

En ce qui concerne les **jugements statuant en matière de saisie immobilière**, il convient de distinguer les jugements statuant sur les incidents qui en application de l'article R. 311-7 C. pr. exéc. sont soumis à la procédure d'urgence de l'article 905 C. pr. civ. et les jugements d'orientation qui sont soumis par l'article R. 322-19 C. pr. exéc. à la procédure à jour fixe, « *sans que l'appelant ait à se prévaloir dans sa requête d'un péril* ». Contrairement à la solution adoptée à propos de l'appel des jugements de cession, citée ci-dessus, la Cour de cassation a analysé l'exigence du jour fixe, non pas comme une modalité de l'appel (comme avait cru pouvoir le retenir l'arrêt d'appel cassé), mais comme une forme de l'appel dont l'inobservance rend l'appel irrecevable. Il reviendra à la jurisprudence de déterminer si cette différence de régime trouve explication dans la place particulière qui est dévolue à l'appel en matière de saisie immobilière ou s'il faut y voir une annonce d'un revirement de jurisprudence pour les jours fixes en matière d'appel de jugement arrêtant ou rejetant les plans de cession.

3°
Appel sur requête conjointe

544.201 **Formalisme.** Il a été vu que l'appel peut être fait par déclaration unilatérale ou par requête conjointe, cette dernière hypothèse étant évidemment très peu fréquente. L'article 926 C. pr. civ. rappelle qu'une telle requête exige qu'elle soit présentée par toutes les parties en première instance et l'article 927 C. pr. civ. la nécessité de la mention de la constitution des avoués, des chefs du jugement critiqué. La remise au greffe, qui doit impérativement intervenir dans le délai d'appel saisit la cour et conduit le premier président, conformément à l'article 929, à fixer la date à laquelle l'affaire sera jugée, la référence de l'article 930 C. pr. civ. à la procédure abrégée étant inopérante, puisque celle-ci a été supprimée par le décret n° 85-1330 du 17 décembre 1985[4].

B.
Procédure sans représentation obligatoire

544.211 **Domaine.** En application de l'article 18 C. pr. civ., les parties peuvent se défendre elles-mêmes hors les cas où la représentation est obligatoire. Mais il n'existe point de texte général énonçant clairement la liste des procédures soumises à la représentation obligatoire et, dans certaines circonstances, le praticien est confronté à un choix difficile. S'il est vrai que le domaine de la procédure sans représentation obligatoire est beaucoup plus limité en appel qu'il ne l'est en instance, il est nécessaire d'en dégager les contours, car le seul critère social du litige est intéressant mais insuffisant. La procédure sans représentation obligatoire s'applique devant la cour, pour les procédures suivantes, sans que cette liste soit limitative :

1. Civ. 1re, 30 sept. 2010, n° 08-18.159, NP – Civ. 2e, 11 mars 2010, n° 09-10.494, NP.
2. Décr. n° 2012-1451, 24 déc. 2012, relatif à l'expertise et à l'instruction des affaires devant les juridictions judiciaires, *JO* 27 déc., p. 20504, modifiant l'article R. 661-6, 3° du Code de commerce.
3. Com. 14 mai 1996, n° 94-21.847, *Bull. civ.* IV, n° 136; *D.* 1998. 1, obs. Derrida.
4. Décr. n° 85-1330, 17 déc. 1985, modifiant certaines dispositions du Nouveau Code de procédure civile, *JO* 18 déc., p. 14723.

– les instances prud'homales (C. trav., art. R. 1461-2);

– les appels des décisions des juridictions de Sécurité sociale, en matière de contentieux général (CSS, art. 142-28);

– les appels des décisions de tribunaux paritaires des baux ruraux (C. pr. civ., art. 892);

– les appels des décisions du juge de l'expropriation (C. expr., art. L. 13-21);

– les recours contre les décisions de la Commission de remise et d'aménagement des prêts aux rapatriés (Décr. n° 82-312, 6 avr. 1982[1]);

– les appels contre les décisions rendues en matière d'abandon d'enfant (C. pr. civ., art. 1163);

– les appels contre les décisions du juge des tutelles et les délibérations du conseil de famille (C. pr. civ., art. 1239);

– les appels des décisions rendues en matière de redressement civil[2];

–l'appel par le directeur des Services fiscaux en matière domaniale (v. C. dom. Ét., art. R. 162 s.)[3];

– les appels des ordonnances de taxe (C. pr. civ., art. 715 et 716);

– les appels de décisions rendues en matière de contestations d'honoraires d'avocat (Décr. 27 nov. 1991, art. 174 et 179);

– les appels des jugements rendus en matière disciplinaire à l'encontre des officiers ministériels (par renvoi de l'article 37 du décret n° 73-1202 du 28 décembre 1973 à l'article 15 de ce même décret);

– les appels des décisions rendues par les organes professionnels en matière de professions réglementées (Conseil de l'Ordre des avocats, conseil régional de discipline des avocats, conseil d'administration du centre professionnel des avocats, commission de discipline des experts judiciaires, des administrateurs judiciaires et des mandataires liquidateurs ou de la chambre de discipline des officiers ministériels).

– Elle s'applique en outre à la procédure sur contredit de compétence (v. C. pr. civ., art. 85), étant rappelé que la cour, dans l'hypothèse où elle souhaite évoquer, doit par un arrêt le précisant, inviter les parties à constituer avocat pour la poursuite de la procédure.

544.212 Délai et notification. Le délai d'appel est en principe d'**un mois**. Toutefois, un délai de quinze jours est prévu pour les appels contre les ordonnances de référé, sur requête rendues par le président des tribunaux des baux ruraux, des jugements du tribunal d'instance dans les affaires de surendettement, des jugements portant sur la compétence à compter du prononcé de la décision, des jugements en matière d'assistance éducative et en matière de discipline des courtiers assermentés.

Le point de départ du délai et donc l'expiration de celui-ci peuvent poser quelques problèmes dans la mesure où la méthode de notification, laquelle est nécessaire à l'écoulement du délai, peut différer. Si, comme cela est généralement le cas, la notification du jugement est effectuée par voie postale, l'article 668 C. pr. civ. rappelle que la date de l'envoi vaut pour celui qui la fait, et la date de réception pour celui qui reçoit celle-ci, et la date figurant sur le cachet de la poste est à cet égard déterminante[4]. L'application de ce principe exige d'envisager plusieurs hypothèses.

Si la lettre est reçue et l'accusé signé par une personne autre que le destinataire, la notification n'est pas considérée comme suffisante, et une signification par huissier doit intervenir (a ainsi été considérée comme insuffisante la réception du pli par l'épouse du destinataire, alors même qu'elle avait procuration pour recevoir tout pli[5]).

Mais, s'agissant d'une personne morale, la réception par toute personne habilitée ou par un représentant légal est suffisante[6].

La simple apposition du cachet de l'entreprise ne permet pas de considérer que l'acte a été remis au représentant de la personne morale ou à personne habilitée, de telle sorte qu'il est nécessaire de procéder par voie de signification[7], de même que la seule existence d'un tampon humide de l'administration postale ne comportant ni date de distribution ni date de présentation et une signature illisible du récipiendaire n'établissent pas que l'acte a été délivré à la personne requise[8].

La juridiction doit s'assurer que la notification a touché le destinataire[9].

Si la lettre ne touche pas son destinataire et est retournée, le secrétariat du greffe doit alors inviter

1. Décr. n° 82-312, 6 avr. 1982, organisation et fonctionnement des commissions de remise et d'aménagement des prêts aux rapatriés, *JO* 7 avr., p. 1050.
2. Cass., avis, 14 juin 1993, n° 09-30.005, *Bull. civ. avis*, n° 7; *RTD com.* 1994. 118, obs. Paisant.
3. Civ. 2e, 29 mars 1995, n° 93-13.849, *Bull. civ.* II, n° 109.
4. Civ. 2e, 3 sept. 2009, n° 09-60.008, *Bull. civ.* II, n° 204; *D.* 2009. 2168 – Civ. 2e, 5 oct. 1983, n° 81-11.770, *Bull. civ.* II, n° 157 – Civ. 2e, 27 avr. 1988, n° 87-13.069, *Bull. civ.* II, n° 99; *RTD civ.* 1988. 572, obs. Perrot – D. Boulmier, « La crise de foi dans le cachet de la poste », *JCP* 2003. I. 131.
5. Civ. 2e, 27 mai 1988, n° 87-13.251, *Bull. civ.* II, n° 125; *JCP* 1988. IV. 265.
6. Civ. 3e, 2 févr. 1994, n° 92-70.325, *Bull. civ.* II, n° 16; *D.* 1994. 250, note Bonneau; *Justices* 1995. 1. 240, obs. Héron – Soc. 10 mars 1988, n° 86-42.018, *Bull. civ.* V, n° 176.
7. Soc. 11 mai 1999, n° 97-40.996, *Bull. civ.* V, n° 212.
8. Lyon, 30 avr. 2008, RG n° 07/3300.
9. Civ. 2e, 17 déc. 2009, n° 09-11.393, NP – Soc. 30 mars 1995, n° 91-44.159, NP – Civ. 3e, 5 juill. 1995, n° 93-20.148, *Bull. civ.* III, n° 171 – Soc. 23 mai 1995, n° 92-40.193, NP.

la partie à notifier par huissier[1] (v. C. pr. civ., art. 670-1).

Il reste que dans l'hypothèse où la lettre est retournée au greffe à raison du refus du destinataire, la jurisprudence, si la négligence ou le caractère volontaire du refus est avéré, avait paru tenir pour valable la notification et faisait alors courir le délai de la date de retour du pli[2].

Il semble qu'elle soit plus réservée aujourd'hui et exige dans toutes les hypothèses une signification[3]. En ce sens, l'arrêt qui censure une cour ayant retenu pour fautive la circonstance selon laquelle la partie n'avait pas indiqué son changement de domicile[4]; de même l'arrêt qui casse une décision ayant statué en appel sur simple notification par lettre au motif que la partie avait omis de réclamer à la poste le pli[5]. Au regard d'une jurisprudence hésitante, il paraîtrait judicieux de signifier, si la notification par voie postale est refusée par le destinataire.

Enfin, il peut arriver que la notification soit faite par le greffe, selon la voie postale, tandis que la partie, y ayant intérêt, procède à la signification.

Il semble que la solution tirée de l'article 528 C. pr. civ. consiste à retenir comme point de départ du délai la première notification régulièrement faite, la suivante étant alors regardée comme superfétatoire, comme l'est une deuxième signification en présence d'une première. Curieusement, la jurisprudence est controversée et hésitante. Si la seconde notification est faite à un moment où le délai d'appel né de la première est expiré, elle ne fait pas renaître un nouveau délai et se trouve dès lors inefficace[6]. Si la seconde notification est faite à un moment où le délai d'appel né de la première n'est pas expiré, il semble qu'un nouveau délai reparte de cette seconde notification[7] (pour une jurisprudence qui s'est prononcée en sens contraire[8]).

La Cour de cassation semble revenir sur cette position et a jugé qu'une seconde signification, même opérée dans le délai de recours de la première, ne fait pas courir un nouveau délai si la première est régulière[9].

La doctrine semble d'ailleurs, à juste titre, critiquer la jurisprudence donnant un effet à une seconde notification, car on s'explique mal comment un délai, courant à dater d'une première notification, serait considéré comme interrompu à raison d'une seconde, qui n'a évidemment pas été faite à cette fin et pourrait ainsi recourir. S'agissant de l'appel fait par lettre recommandée, seule la date de l'expédition doit être prise en compte, sans effet étant la date de réception ou d'enregistrement par le greffe. Il importe peu dès lors qu'un appel doit être enregistré hors délai si la lettre a été expédiée dans le délai du recours[10] (a ainsi été censurée une cour ayant déclaré un appel formé par lettre le dernier jour du délai, au motif qu'il était aussi nécessairement reçu hors délai[11]).

Mais l'avis de réception n'a d'effet que sur la date et ne permet pas de présumer la régularité de l'acte de notification sur tous les autres points[12].

544.213 **Forme de la déclaration.** La déclaration d'appel, accompagnée de la décision, est faite au greffe de la cour. La chambre sociale a précisé que l'absence de décision jointe à l'appel n'entraîne pas l'irrecevabilité de l'appel[13].

L'appel doit être signé à peine d'irrecevabilité. Il est irrecevable si la déclaration porte une signature non identifiée qui n'est pas celle de l'avocat et qui est précédée de la mention « PO », sans que des éléments nécessairement intrinsèques à l'acte d'appel permettent ladite identification[14]. La Cour de cassation semble vouloir adopter une position plus indulgente et la chambre sociale a considéré que dès lors que l'appel est fait par un avocat, l'absence d'identification de celui-ci, notamment à raison d'une mention illisible ou d'une mention « PO » ne constitue qu'un vice de forme[15].

L'appel doit être fait ou adressé par pli recommandé, mais cette exigence ne semble regardée par la jurisprudence que *ad probationem* et non *ad validatem*[16] (en sens contraire, la deuxième chambre civile dans un pourvoi qui censure une cour ayant déclaré irrecevable un appel fait par lettre simple alors qu'il

1. Soc. 21 mai 1997, nº 95-41.416, *Bull. civ.* V, nº 184; *JCP* 1997. IV. 1459.
2. Civ. 2e, 31 mai 1978, nº 77-10.883, *Bull. civ.* II, nº 147 – Soc. 24 janv. 1980, nº 78-41.058, *Bull. civ.* V, nº 82.
3. Soc. 4 oct. 1989, nº 88-40.307, *Bull. civ.* V, nº 566; *RTD civ.* 1990. 140, obs. Perrot.
4. Soc. 23 nov. 1994, nº 90-45.383, *Bull. civ.* V, nº 304; *D.* 1995. 392, note Gramaize.
5. Soc. 11 avr. 1995, nº 91-41.660, NP.
6. Civ. 2e, 23 févr. 1994, nº 92-11.057, *Bull. civ.* II, nº 66; *JCP* 1994. IV. 1082 – Soc. 5 juin 1980, nº 79-40.330, *Bull. civ.* V, nº 501.
7. Soc. 14 avr. 1999, nº 97-40.752, NP; *Procédures* 2000, nº 143 – Soc. 5 juin 1980, nº 79-40.330, *Bull. civ.* V, nº 501 – Soc. 9 mai 1990, nº 89-41.027, *Bull. civ.* V, nº 204; *D.* 1991. Somm. 244, obs. Fricero; *RTD civ.* 1993. 651, obs. Perrot.
8. Soc. 5 juin 1980, nº 79-40.330, *Bull. civ.* V, nº 501 – Soc. 10 nov. 1988, nº 86-44.928, *Bull. civ.* V, nº 585.
9. Civ. 2e, 5 févr. 2009, nº 07-13.589, *Bull. civ.* II, nº 35.
10. Civ. 2e, 23 nov. 1994, nº 93-10.723, *Bull. civ.* II, nº 236 – Civ. 1re, 10 oct. 1995, nº 94-05.112, *Bull. civ.* I, nº 344; *D.* 1996. 131, obs. Julien; *Gaz. Pal.* 11-13 févr. 1996. Pan. 1, appel civil.
11. Civ. 3e, 9 déc. 1998, nº 97-70.227, *Bull. civ.* III, nº 240; *JCP* 1999. II. 10063, note du Rusquec.
12. Civ. 2e, 13 juill. 1999, nº 97-18.847, *Bull. civ.* II, nº 137.
13. Soc. 19 juin 2007, nº 06-40.854, *Bull. civ.* V, nº 108; *Procédures* 2007, nº 11, note Perrot; *JCP* 2007. IV. 2571.
14. Soc. 7 nov. 2007, nº 06-42.102, NP.
15. Soc. 15 juin 2010, nº 08-43.043, NP; nº 09-40.462, *Bull. civ.* V, nº 137; *D.* 2010. 1635; *Procédures* 2010, nº 303.
16. Civ. 1re, 2 nov. 1994, nº 93-05.085, *Bull. civ.* I, nº 315; *Rev. huiss.* 1995. 866; *RTD civ.* 1995. 184, obs. Perrot.

ressortait de ses constatations qu'il avait été enregistré dans les délais[1]). La Cour de cassation ne tient toutefois pas comme valable un appel fait par télécopie, considérant qu'un tel appel n'est ni déclaré au greffe, ni remis par lettre recommandée. Son arrêt est, pour l'heure, significatif, car il n'était pas contesté que la télécopie avait été reçue dans le délai d'appel[2] (des arrêts de la Cour de cassation sont dans le sens de la réponse ministérielle du 25 mai 1992[3]).

Il n'est pas sûr que cette jurisprudence n'évolue pas, dès lors que l'on met en place des règles propres aux modes de preuve par de nouvelles techniques (v. C. civ., art. 1315 s.). Ainsi, la cour de Douai a-t-elle retenu comme valable un appel fait par télécopie dès lors que le greffier en avait lui-même dans le délai constaté la réception[4]. Dans une espèce soumise au régime antérieur à la loi du 13 mars 2000, la Cour de cassation a approuvé une cour d'avoir annulé un appel dès lors qu'elle avait un doute sur la personne ayant fait usage de la signature électronique[5].

De la même façon est irrecevable l'appel par téléphone, ce qui laisse supposer que le greffier ait accepté d'inscrire le recours sur une simple liaison téléphonique ![6] L'appel est fait par la partie ou tout mandataire. Dans le cas d'un mandat, la Cour de cassation a eu l'occasion de rappeler :

- qu'il s'agit d'un pouvoir spécial[7], de telle sorte que ne répond pas à cette exigence le mandat général donné d'interjeter appel « *si nécessaire* »[8];

- qu'il doive être justifié de ce pouvoir lors de l'appel, voire avant l'expiration du délai de celui-ci[9];

- que le pouvoir doit être joint à l'appel si celui-ci n'est pas fait par un avocat[10].

En application de l'article 931 C. pr. civ., l'avocat n'a pas à justifier d'un pouvoir spécial.

544.214 Formalités postérieures à l'appel. La procédure se déroule dans les conditions voisines de celles du premier degré, de telle sorte qu'il n'y a pas de particularités à mettre en avant. Rappelons que, si la juridiction ordonne que l'intimé soit convoqué à nouveau par huissier, le refus d'une partie d'y procéder ne peut justifier une décision, même par défaut, mais doit entraîner la radiation[11]. Notons également que, si la comparution peut être faite en personne ou par mandataire, elle ne peut être satisfaite par le simple envoi de conclusions[12], ni par l'envoi d'une lettre demandant un renvoi[13].

Toutefois dans le dessein de tenir davantage compte de la réalité et d'éviter d'incessants déplacements des plaideurs en cas de renvoi, le décret n° 2010-1165 du 1er octobre 2010, relatif à la conciliation et à la procédure orale en matière civile, commerciale et sociale, a pris des dispositions dont certaines concernent la procédure en appel.

Par des dispositions générales insérées dans les articles 446-1 et suivants C. pr. civ., il est prévu que les parties pourront seulement se référer à leurs écrits, voire même que le juge pourra fixer les conditions d'échanges des arguments et moyens et les dispenser de se présenter.

Modifiant les articles 939, 940 et 946 C. pr. civ., le décret prévoit que le magistrat chargé d'instruire l'affaire pourra dispenser les parties de comparaître, précisant dans cette hypothèse que la communication entre les parties se fera par notification entre avocats ou par lettre recommandée avec accusé de réception.

544.215 Déroulement de la procédure. L'article 954 C. pr. civ. qui traite des conclusions d'appel, dont la rédaction comme l'ensemble du décret du 28 décembre 1998 est médiocre, a été en outre placé dans le chapitre sur les dispositions communes à la procédure d'appel, et non dans celui sur la procédure avec représentation obligatoire, plongeant ainsi les magistrats statuant en matière sociale dans le plus grand embarras.

Il semble, encore que certaines cours ne l'appliquent pas, que ce texte impose un formalisme écrit à une procédure orale ! Ce qui est évidemment savoureux si l'on songe que dans le même temps la Cour de cassation fait primer l'oralité sur l'écrit dans ce type de procédure, encore que sur ce point sa jurisprudence se modifie notamment sur le problème du désistement (v. ss nos 542.306).

Comment peut-on alors traiter pratiquement le problème ?

Il n'est évidemment pas possible d'exiger des conclusions puisque les textes prévoient l'oralité et la consignation, par le greffier, des arguments et demandes en application de l'article 946 C. pr. civ.; et il n'est

1. Civ. 2e, 20 oct. 1993, n° 92-50.016, *Bull. civ.* II, n° 292; *RTD civ.* 1994. 417, obs. Perrot.
2. Civ. 3e, 19 juin 1996, n° 94-70.291, *Bull. civ.* III, n° 148; *BICC* n° 912; *D.* 1997. 153, obs. Catalano; *RDI* 1996. 553, obs. Morel et Denis-Leston; *AJDI* 1996. 901, note Lévy; *AJDI* 1996. 1030, note C. M. – Civ. 2e, 8 juin 1995, n° 93-10.775, *Bull. civ.* II, n° 180; *Rev. huiss.* 1996. 244.
3. Rép. min. n° 38948, *JOAN* 25 mai 1992; *JCP* 1992. IV. 83.
4. Douai, 26 janv. 2000, *D.* 2000. IR 87.
5. Civ. 2e, 30 avr. 2003, n° 00-46.467, *Bull. civ.* II, n° 118; *D.* 2003. 2827, obs. Le Stanc.
6. Soc. 8 juill. 1992, n° 89-40.559, *Bull. civ.* V, n° 457; *RTD civ.* 1993. 198, obs. Perrot; *JCP* 1992. I. 3636, note Pierchon.
7. Soc. 20 oct. 1988, n° 86-42.594, *Bull. civ.* V, n° 549; *JCP* 1988. IV. 401.
8. Soc. 13 juin 1995, nos 93-46.534 et 93-46.536, NP.
9. Soc. 18 juin 1986, n° 83-41.144, *Bull. civ.* V, n° 306; *JCP* 1986. IV. 247 – Paris, 27 mars 1980, *Juris-Data* n° 00557 – Soc. 20 juin 1984, *Juris-Data* n° 001475.
10. Soc. 18 juin 1986, n° 83-41.144, *Bull. civ.* V, n° 306; *JCP* 1986. IV. 247.
11. Soc. 30 mars 1995, n° 91-43.839, NP – Civ. 3e, 17 juin 1992.
12. Civ. 1re, 4 avr. 1995, n° 93-04.168, NP.
13. Paris, 13 janv. 1995, *Procédures* déc. 1996, n° 328.

pas possible d'exiger un bordereau de pièces annexées à des conclusions qui ne peuvent elles-mêmes être requises.

Mais, dans l'hypothèse où une partie, sans y être contrainte, choisit de conclure, il pourrait être considéré que l'article 954 C. pr. civ. lui est applicable, et ainsi écarter toutes demandes et moyens non repris dans les dernières écritures. En réalité, cette option nous paraît impossible pour deux motifs essentiels : d'une part, l'article 6 de la Convention européenne de sauvegarde des droits du citoyen exigeant un procès équitable et, par là même, les mêmes règles applicables aux parties, ne peut souffrir, dans une procédure orale, que celui qui se défend oralement soit avantagé par rapport à celui qui se défend par écrit; d'autre part, aux termes d'une jurisprudence aujourd'hui constante, l'oralité primant l'écrit de telle sorte que celui qui développe oralement un argument ou une demande qui n'est plus contenu dans ses dernières écritures, le fait valablement, la tâche incombant alors au greffier de noter ces demandes et arguments développés oralement et donc inévitablement les plus récents. La Cour de cassation a clarifié la situation en précisant que les dispositions de l'article 954 alinéa 3 C. pr. civ. ne s'appliquent pas lorsque la procédure est orale[1]. Toutefois le décret n° 2010-1165 du 1er octobre 2010[2], relatif à la procédure orale, prévoit dans le nouvel article 446-2 C. pr. civ. que lorsque les parties formulent leurs prétentions et moyens par écrit, le juge peut avec leur accord, prévoir que les prétentions et moyens non repris dans les dernières écritures seront réputés abandonnés.

Et s'il est possible de demander, de prétendre et d'argumenter au-delà de son écrit, il est évidemment possible de communiquer au-delà d'un bordereau annexé à ces écrits. Le magistrat est alors tenu de s'assurer que le greffier a noté ce qui allait au-delà des écritures pour juger l'ensemble du litige, si tant est que l'on considère que la plaidoirie reprend au moins l'écrit, sauf à ce qu'elle en rajoute à celui-ci !

Rappelons que les dispositions des articles 455 alinéa 1er et 458 C. pr. civ. qui prescrivent à peine de nullité que le visa des conclusions indique leur date ne s'appliquent pas aux procédures orales[3].

En toute hypothèse, les conclusions ne peuvent être simplement adressées à l'adversaire, lorsque son auteur ne comparaît pas soit personnellement, soit par représentation[4].

Il reste que l'écrit a désormais une valeur juridique si l'on constate que la Cour de cassation, dès lors qu'il est repris oralement à l'audience, admet que son effet soit apprécié au jour de son dépôt[5].

544.216 Audience, renvoi, décision. Lorsque les parties se défendent elles-mêmes, elles doivent être présentes à l'audience et à défaut leurs demandes ne seront pas examinées par la cour. Les parties peuvent se faire assister à l'audience et l'assistant n'aura pas besoin de pouvoir. Elles peuvent être dispensées de présence à l'audience et peuvent alors être autorisées à présenter des demandes écrites.

En revanche, elles peuvent se faire représenter par un avocat ou par une personne habilitée et ne pas comparaître en personne. Ainsi l'article R. 1453-2 du Code du travail qui énumère les personnes susceptibles de représenter la partie.

Si la cour estime que l'affaire n'est pas en état d'être jugée, elle ordonne le renvoi à une nouvelle date qu'elle communique oralement à la partie ou à son représentant. En cas de non-comparution, le greffe de la cour avise la partie.

Un magistrat instructeur peut être désigné afin d'assurer la gestion procédurale de l'instance. Ce magistrat n'est certes pas comparable au conseiller de la mise en état, mais il a des pouvoirs de gestion de la procédure, de solliciter des parties des explications de fait et de droit (C. pr. civ., art. 446-3) et de constater l'extinction de l'instance. Ces décisions ne peuvent en principe qu'être frappées de pourvoi avec l'arrêt au fond. Cependant, un déféré peut être formé à l'encontre des décisions de constat d'extinction de l'instance dans les quinze jours du prononcé de l'ordonnance (C. pr. civ., art. 945).

Le principe de l'oralité conduit toute cette procédure et les propos tenus à l'audience saisissent la cour, propos qui seront pris en note par le greffier. Toutefois, il est possible de déposer des conclusions devant la cour, de les communiquer avant l'audience au greffe et à la partie adverse, mais aussi de les déposer le jour de l'audience à la barre de la cour.

L'arrêt sera notifié par lettre recommandée avec avis de réception. Bien que non prévue par les textes, cette notification est assurée par la majorité des cours.

544.217 Cas particulier de la fixation prioritaire. L'article 948 alinéa 1er C. pr. civ. prévoit une procédure à jour fixe quand les droits sont en péril.

Cette procédure suit le régime du jour fixe de l'article 917 C. pr. civ. Il convient donc de s'y reporter (v. ss n° 544.199).

1. Civ. 2e, 30 avr. 2002, n° 00-15.917, *Bull. civ.* II, n° 82; *D.* 2002. 1866, concl. Kessous; *D.* 2002. 2643, obs. Fricero; *RTD civ.* 2002. 560, obs. Perrot.
2. Décr. n° 2010-1165, 1er oct. 2010, relatif à la conciliation et à la procédure orale en matière civile, commerciale et sociale, *JO* 3 oct., p. 17986.
3. Civ. 2e, 8 juill. 2004, n° 03-17.039, *Bull. civ.* II, n° 381; *BICC* n° 1881.
4. Soc. 14 mars 2007, n° 05-45.414, *Bull. civ.* V, n° 50; *Procédures* 2007, n° 12, note Gentili.
5. Civ. 2e, 17 févr. 2011, n° 09-13.209, *Bull. civ.* II, n° 42; *D.* 2011. 2150, chron. Sommer, Leroy-Gissinger, Adida-Canac et Bouvier.

§ 2
Procédure en matière gracieuse

544.221 **Particularités.** La matière gracieuse est caractérisée par l'absence de litige. La difficulté pratique tient au fait que, durant la première instance, une opposition entre les parties ou entre la partie et le ministère public a pu surgir et qu'un litige est ainsi apparu entraînant la caractère contentieux. Dès lors, le régime de l'appel propre à la matière gracieuse n'est pas applicable et il conviendra de respecter la procédure contentieuse.

Toutefois, cette appréciation mérite d'être modérée : ainsi, si l'opposition du ministère public à une requête de rectification d'état civil élève le contentieux, cela n'est exact que s'il agit comme partie principale [1] et non comme partie jointe [2]. En outre, même dans certains cas d'opposition, la nature gracieuse demeure du fait d'une disposition légale. C'est le cas de l'homologation du changement de régime matrimonial qui demeure gracieux (C. pr. civ., art. 1301), nonobstant l'opposition des enfants [3].

544.222 **Délai d'appel.** Le délai d'appel est de quinze jours à compter de la notification de la décision par le greffe de la juridiction qui l'a prononcée.

La procédure d'appel en matière gracieuse étant applicable (C. pr. civ., art. 496) à l'appel des ordonnances sur requête qui n'y ont pas fait droit, il convient de préciser que l'appel ouvert au demandeur insatisfait par la décision est soumis au même délai. Toutefois ce délai court non pas à partir de la notification de l'ordonnance, mais du jour de son prononcé [4].

544.223 **Déclaration d'appel.** L'appel doit être fait par une déclaration ou par pli recommandé au secrétariat de la juridiction qui a rendu la décision. La jurisprudence est stricte et considère comme nulle toute déclaration d'appel faite au greffe de la cour [5]. Au terme de l'article 950 C. pr. civ., la déclaration doit être faite par un avocat ou un officier public ou ministériel dans les cas où ce dernier est habilité, sous peine d'irrecevabilité [6].

544.224 **Procédure.** Le juge qui a rendu la décision critiquée, saisi par l'appel, peut la modifier ou la rétracter (C. pr. civ., art. 952, al. 1er). S'il ne souhaite pas modifier sa décision, le secrétariat de la juridiction la transmettra à la cour, qui statuera. Dans tous les cas, le juge, qui doit prendre une décision quant à la modification ou au renvoi devant la cour, en informe l'appelant dans le mois de celle-ci (C. pr. civ., art. 952, al. 3).

Ceci peut donc permettre, ce qui paraît souhaitable s'agissant d'une procédure gracieuse, de revenir avec simplicité sur une décision inopportune ou mal appréciée au regard d'éléments, de suggestions ou de considérations que l'appelant peut toujours faire valoir. Cette sorte de tamis préalable à la transmission à la cour est heureux, en ce qu'il simplifie les choses, rend plus rapides les solutions, et évite de transmettre à la cour, déjà surchargée, des affaires sans grande portée.

L'affaire sera instruite conformément aux règles applicables devant le TGI en matière gracieuse (C. pr. civ., art. 953) et, notamment, est exigée la communication au ministère public, qui est tenu d'assiter aux débats (C. pr. civ., art. 800). L'article 954 C. pr. civ., s'appliquant à toutes les conclusions, il convient de prendre des conclusions récapitulatives et notamment de récapituler dans le dispositif toutes les prétentions sous peine de la sanction prévue à l'alinéa 3 de cet article.

544.225 **Décision.** L'arrêt, après avoir été notifié préalablement aux avocats des parties à la procédure, est notifié par le greffe de la cour par lettre recommandée avec avis de réception aux parties, aux tiers qui sont désignés par l'arrêt et au ministère public.

SECTION 2
PROCÉDURE DEVANT LE PREMIER PRÉSIDENT

544.230 **Premier président – Une juridiction autonome.** Le premier président est, outre le chef de la juridiction, une juridiction lui-même, avec ses attributions et ses pouvoirs autonomes [7]. Le premier président intervient dans trois situations distinctes dont une seule lui donne une mission de cour d'appel avec plénitude de juridiction.

Dans certaines hypothèses, qui ne constituent évidemment pas la partie la plus intense de son activité juridictionnelle, le premier président est juridiction d'appel de décisions de première instance. Mais cette activité ne concerne que des situations particulières. Ainsi le premier président est-il juridiction d'appel

1. Civ. 1re, 23 nov. 1976, no 73-10.582, *Bull. civ.* I, no 362.
2. Paris, ch. 1 C, 10 juin 1997, RG no 96/81457.
3. Civ. 1re, 19 mars 2008, no 05-21.924, *Bull. civ.* I, no 87; *D.* 2008. 2042, note Le Ninivin; *RTD civ.* 2008. 725, obs. Perrot.
4. Civ. 2e, 22 févr. 2007, no 05-21.134, *Bull. civ.* II, no 45.
5. Versailles, 9 juill. 1980, *Gaz. Pal.* 1982. Somm. 91.
6. Civ. 2e, 5 janv. 1983, *JCP* 1983. II. 20043, note Le Ninivin.
7. *J.-Cl. Pr. civ.*, vo *Procédure devant le premier président*, fasc. 724, Giverdon – J.-A. Fusil, « La juridiction du premier président de la cour d'appel », *Gaz. Pal.* 1975. Doctr. 345 – P. Gerbay, « Réflexions sur la juridiction du premier président de la cour d'appel », *D.* 1980. Chron. 65 – M. Gassiot, « La juridiction du premier président », *Rapport aux journées d'études des avoués*, Dijon 1973 – C. Giverdon, *Gaz. Pal.* 1974. Doctr. 416, *Gaz. Pal.* 1974. Doctr. 426.

des ordonnances de taxe rendues dans le cadre des articles 714 et 724 C. pr. civ. et relatives aux rémunérations des auxiliaires de justice et techniciens. Il est de même juridiction d'appel des décisions tranchant une contestation sur les conditions des funérailles (C. pr. civ., art. 1061-1) Il est ensuite conduit à prendre certaines mesures en la forme des référés ou en référé. Enfin, sous la condition généralement admise en procédure qu'il soit nécessaire que la mesure ne soit pas prise contradictoirement, il peut statuer par ordonnance sur requête. Il détient, en outre, des pouvoirs pour prendre des mesures d'administration judiciaire.

§ 1 Ordonnances rendues comme en matière de référé ou en la forme de référés

544.231 Domaine. Le premier président dispose de pouvoirs particuliers lui permettant de statuer en la forme des référés ou comme en matière de référé, ces deux expressions étant soumises à un régime unique déterminé par l'article 492-1 C. pr. civ. dont la caractéristique est de conférer aux décisions rendues dans ce cadre procédural l'autorité de la chose jugée. Ainsi, le premier président statuant sur le fondement des articles 272, 380 et 540 C. pr. civ. dispose des pouvoirs juridictionnels identiques à ceux d'une juridiction de fond. L'objet même de ces cas d'ouverture justifie une telle solution.

Les articles 272 et 380 C. pr. civ. concernent l'autorisation d'interjeter appel contre une décision de sursis à statuer ou d'expertise, il est renvoyé aux développements sur les exceptions au principe du retardement de l'appel (v. s[s] n° 542.61).

L'article 540 C. pr. civ.vise le relevé de forclusion permettant à un plaideur qui, condamné par un jugement réputé contradictoire, n'a pu sans faute de sa part, procéder en temps utile à l'appel.

544.232 Procédure. Ces ordonnances sont-elles susceptibles de pourvoi en cassation ? Les solutions retenues diffèrent selon chacun des cas mentionnés. Pour le **relevé de forclusion** de l'article 540 C. pr. civ., l'alinéa 4 de cet article précise que le premier président statue sans recours, ce qui a été compris par la jurisprudence comme excluant le pourvoi en cassation[1]. Pour **l'autorisation d'interjeter appel,** il convient, d'une part, de distinguer les ordonnances qui refusent l'autorisation en cas de sursis à statuer pour lesquelles la chambre commerciale de la Cour de cassation[2] considère le pourvoi recevable au motif que l'ordonnance met fin à l'instance introduite devant le premier président, position à laquelle la troisième chambre s'est ralliée[3] malgré les solutions contraires précédentes[4] et, d'autre part, les ordonnances refusant l'autorisation en cas d'expertise que la Cour de cassation[5] continue à déclarer insusceptibles de pourvoi. Cette distinction est critiquée et peut paraître incompréhensible au regard de la justification donnée pour déclarer recevable le pourvoi à l'encontre des ordonnances de l'article 380 C. pr. civ. Toutefois, cette différence de traitement pourrait être justifiée au regard de l'incidence du prononcé d'un sursis sur le droit d'agir des parties et sur le déni de justice qui peut en résulter.

§ 2 Ordonnances de référé

544.241 Domaine. L'article 956 C. pr. civ. confère au premier président le pouvoir, « *dans tous les cas d'urgence* », d'ordonner toutes les mesures qui ne se heurtent à aucune contestation sérieuse ou que justifie l'existence d'un différend. Le lecteur observera la quasi-identité de rédaction entre cet article 956 et l'article 808 visant les pouvoirs du président du tribunal. Dès lors, pour toutes les difficultés relatives aux conditions générales à remplir ou au domaine d'application du texte, il est renvoyé à l'étude du référé de première instance. Toutefois, il doit être relevé que s'il a été donné au premier président les pouvoirs du président du tribunal visés à l'article 808 C. pr. civ., il ne lui a pas été donné les pouvoirs tirés de l'article 809 C. pr. civ. (permettant l'octroi d'une provision ou permettant de prescrire une mesure conservatoire ou de remise en état pouvant être justifié pour prévenir un dommage imminent ou faire cesser un trouble manifestement illicite)[6]. Aussi la question de savoir si le premier président peut ordonner le versement d'une provision lorsque l'obligation n'est pas contestable fait l'objet d'un débat. Ainsi, s'opposent les auteurs[7] qui s'en tiennent au fait que l'article 956 C. pr. civ. n'est qu'une transposition de l'article 808 du même code et que c'est, dès lors, en toute clarté que les rédacteurs du code ont écarté l'article 809 C. pr. civ. et

1. Civ. 2e, 6 déc. 2007, n° 07-13.201, NP – Civ. 2e, 1er févr. 2006, n° 05-13.964, NP.
2. Com. 16 févr. 1993, n° 90-19.979, *Bull. civ.* IV, n° 58; *D.* 1993. 310, note Aynès – Com. 1995, n° 93-13.272, NP; *RTD civ.* 1995. 682, obs. Perrot.
3. Civ. 3e, 27 mars 1996, n° 94-12.592, *Bull. civ.* III, n° 86.
4. Civ. 3e, 19 févr. 1985, n° 83-15.761, *Bull. civ.* III, n° 36; *Gaz. Pal.* 1985. 2. Pan. 182, note crit. Guinchard et Moussa.
5. Civ. 2e, 4 mars 1999, n° 96-20.389, NP.
6. Lyon, 12 févr. 1980, *Gaz. Pal.* 1980. 1. 234; *RTD civ.* 1980. 604, obs. Normand – Rennes, 6 févr. 1980, *Gaz. Pal.* 1981. 160, note Loyer-Larrer.
7. Lyon, ord., 12 févr. 1980, *JCP* 1980. II. 19386, obs. J. A.; *RTD civ.* 1980. 604, obs. Normand; J.-L. Gallet, *La procédure civile devant la cour d'appel*, 2e éd., Litec, 2010, n° 309.

ceux[1] qui, sans insister sur le parallèle entre les textes relatifs au président du TGI et l'article 956 C. pr. civ., soulignent le caractère général du pouvoir donné au premier président qui, dans les cas d'urgence, est susceptible d'ordonner toute mesure, y compris l'allocation d'une provision ou l'exécution d'une obligation.

En revanche, les hypothèses visées à l'article 809 alinéa 1er (ordonner même en cas de contestation sérieuse, les mesures conservatoires ou de remise en état qui s'imposent pour prévenir un dommage imminent ou pour faire cesser un trouble manifestement illicite) ne concernent pas les pouvoirs du premier président[2].

544.242 Particularités procédurales. La procédure est calquée sur celle applicable en première instance. Toutefois, les problèmes spécifiques à la procédure d'appel viennent interférer avec ceux déjà connus en première instance.

En premier lieu, le premier président ne peut être saisi en référé qu'autant qu'appel a été interjeté, sans quoi seul le président du TGI est compétent. La remise de l'acte d'appel au greffe vaut saisine de la cour (C. pr. civ., art. 901, al. 6), soit dès la réception par le greffe de l'acte d'appel adressé par RPVA.

Aussi, une ordonnance du premier président de Paris qui a arrêté l'exécution provisoire en même temps qu'il autorisait l'appel[3] peut paraître critiquable en droit dans la mesure où l'autorisation d'interjeter appel n'est pas assimilable à l'appel lui-même, ce dernier devant être formé dans le mois de cette décision. À l'inverse, le premier président ne peut plus être saisi lorsque la cour est elle-même dessaisie par le fait qu'elle a tranché le litige[4].

Si la cour est à nouveau saisie, par une opposition, une tierce-opposition ou une demande en révision, le principe est, bien qu'une décision ancienne[5] ait maintenu la saisine du premier président, que ces voies de recours ouvrant des instances nouvelles devant la cour d'appel déterminent, dans le cadre qui leur est propre, la compétence du premier président.

En second lieu, le partage de compétence entre le premier président et la cour statuant au fond d'une part, et le premier président et le conseiller de la mise en état d'autre part doit être éclairci.

544.243 Partage de compétence avec la cour statuant au fond. S'agissant du partage de compétence entre le premier président et la juridiction du fond, doit être regardé l'objet de la demande. Le premier président peut être saisi dans sa sphère de compétence mais ne peut prendre de décision de nature à constituer une réformation de la décision de première instance.

Le premier président reste une juridiction de référé, d'un pouvoir particulier, susceptible de prendre des mesures ponctuelles d'incident. Mais il ne peut empiéter sur les prérogatives de la cour et arrêter des dispositions qui dans les faits, ont pour résultat de réformer, au moins dans l'attente de l'arrêt de la cour, le jugement querellé[6]. Son pouvoir va donc s'exercer dans ce cadre et constituera la seule possibilité pour obtenir une mesure provisoire quand il n'y a pas de conseiller de la mise en état, soit pour la procédure avec représentation obligatoire, la procédure d'urgence de l'article 905 C. pr. civ. et les procédures à jour fixe.

Dans la pratique, les choses sont souvent plus délicates, car le plaideur a besoin d'une mesure, qui dans ses effets, contrarie directement l'arrêt de la juridiction de première instance, et il ne peut attendre la décision de la cour. Ainsi, et bien que la compétence du juge des référés doive le cantonner dans un rôle de réserve, il arrive que le premier président, saisi d'une situation criante, veuille prendre une décision, sachant que ses effets vont contredire le jugement. Il est vrai qu'il pourrait d'autorité utiliser le système de la passerelle, mais là encore, l'urgence ne se satisfait pas toujours de cette voie. C'est pour cette raison que, dans un premier temps, la jurisprudence pour justifier la possibilité pour le premier président de prendre une mesure contrariant en fait la décision de première instance, a évoqué l'existence d'un fait nouveau. Ceci permettrait alors de soutenir qu'il ne s'agit pas d'une réformation puisque l'élément de fait d'importance n'était pas connu du premier juge[7].

Mais la Cour de cassation a semblé considérer que ce critère n'était pas suffisant et qu'il fallait en outre l'urgence[8] car à défaut, rien ne justifie que la cour ne tranche pas elle-même le problème. Ainsi, les décisions actuelles prennent-elles la précaution de viser l'existence d'un fait nouveau et l'urgence, voire d'utiliser l'existence du fait nouveau pour caractériser l'urgence[9]. Ainsi, et sous cette réserve, le premier président peut être plus entreprenant (confiant, par ex.,

1. J. Normand, *RTD civ.* 1981. 605 – C. Brenner et N. Fricero, *La nouvelle procédure d'appel*, 2e éd., Lamy, 2011, no 337 – D. D'Ambra, Dalloz référence *Droit et pratique de l'appel*, 2013/2014, no 311.23.
2. TGI Paris, 21 déc. 1990, *Gaz. Pal.* 1991. 1. Somm. 227.
3. Paris, ord. 1er prés., 4 mai 1983, *Bull. ch. avoués* no 90, p. 69.
4. Lyon, 21 nov. 1973, Dame Pittion – Angers, 25 avr. 1973, *D.* 1973. 674; *RTD civ.* 1973. 398, obs. Raynaud – J. Viatte, « Les référés du premier président de la cour d'appel », *Gaz. Pal.* 1973. 2. 570.
5. Angers, 25 janv. 1973, *D.* 1973. 674; *RTD civ.* 1973. 398.
6. V. P. Hébraud, *RTD civ.* 1973. 382 – H. D. Cosnard, *D.* 1975. 192 – Civ. 2e, 29 nov. 1978, no 77-13.971, *Bull. civ.* II, no 255 – Paris, 21 sept. 1973, *RTD civ.* 1974. 188 – Rouen, 22 janv. 1974, *Gaz. Pal.* 1974. 1. 306 – Riom, 11 sept. 1973, *D.* 1973. 649.
7. Paris, 13 févr. 1973, *Gaz. Pal.* 1973. 1. 133; *RTD civ.* 1973. 384, obs. Hébraud.
8. Civ. 2e, 11 déc. 1974, no 73-14.646, *Bull. civ.* II, no 330.
9. C. Giverdon, *D.* 1973. Chron. 285 – J. Normand, *RTD civ.* 1974. 89 – P. Hébraud, *RTD civ.* 1973. 384 – E. du Rusquec, ▶

à la mère la garde de l'enfant que le jugement avait confié au père[1]).

544.244 Partage de compétence avec le conseiller de la mise en état. Pendant le temps de la procédure d'appel se pose la question de la répartition de compétence entre le premier président et le conseiller de la mise en état. Sauf les procédures dites d'urgence visées par l'article 905 C. pr. civ. et les procédures à jour fixe des articles 917 et 924 C. pr. civ., la procédure ordinaire devant la cour est conduite sous le contrôle du conseiller de la mise en état qui dispose de pouvoirs considérables pour résoudre la plupart des difficultés que peuvent rencontrer les parties et pour lesquels il bénéficie d'une compétence exclusive à partir du moment où il est désigné[2] et jusqu'à son dessaisissement.

Pratiquement, peut se poser le problème de la date de sa désignation, car celle-ci n'intervient pas toujours au terme d'un formalisme marqué, chaque greffe pouvant avoir sa propre méthode d'organisation. Si le secrétariat-greffe adresse à l'avocat un avis l'informant de la distribution de l'affaire à une chambre, cet envoi a été considéré comme constituant la désignation du conseiller de la mise en état[3] et il est vrai que le fait de désigner la chambre désigne par voie de conséquence le conseiller de la mise en état compétent. Toutefois, il convient d'insister sur le fait que cette désignation doit pouvoir être opposable aux parties.

À dater de la désignation du conseiller de la mise en état, et pour les demandes correspondant aux sphères de compétence du premier président et du conseiller, c'est ce dernier qui devient seul compétent. Il n'y a donc pas cumul de compétence mais transfert de la compétence de l'un vers l'autre, de telle sorte que si le conseiller de la mise en état est compétent, le premier président ne l'est plus et inversement (en ce sens la décision retenant que viole l'article 956 C. pr. civ. l'ordonnance du premier président retenant qu'il lui confère le pouvoir d'ordonner toutes mesures alors que le conseiller de la mise en état était désigné[4]; ou en sens inverse, l'arrêt redonnant compétence au premier président après dessaisissement du conseiller de la mise en état intervenant lors de l'ouverture des débats[5]).

Mais il convient de rappeler que la recevabilité s'apprécie au jour de la saisine de telle sorte que le référé diligenté devant le premier président est recevable, même si la désignation du conseiller de la mise en état intervient avant qu'il ait statué[6].

Par ailleurs, l'article 957 C. pr. civ. donne au premier président le pouvoir de suspendre l'exécution des jugements improprement qualifiés en dernier ressort, ou d'exercer les pouvoirs qui lui sont conférés en matière d'exécution provisoire. La même compétence, sauf en ce qui concerne l'arrêt de l'exécution provisoire de l'article 524 C. pr. civ., y compris la consignation, le séquestre ou la substitution de garantie en cas de décision exécutoire de droit, et du sursis à exécution des jugements rendus par le juge de l'exécution, est dévolue au conseiller de la mise en état, de telle sorte que cette double compétence, également successive et non alternative se résout comme il a été indiqué ci-dessus. Cette règle s'applique également à la suspension de l'exécution des sentences internes (C. pr. civ., art. 1497) et au sursis à exécution des sentences internationales (C. pr. civ., art. 1526), pour lesquels il a été institué un partage de compétence similaire.

§ 3
Ordonnance en matière d'exécution provisoire et de sursis à exécution provisoire

544.251 Renvoi. Sur l'exécution provisoire du jugement, v. n°s 431.00 s. et 432.00 s.

§ 4
Ordonnance sur requête

544.261 Domaine. L'article 958 C. pr. civ. permet au premier président d'ordonner sur requête toutes mesures urgentes relatives à la sauvegarde des droits d'une partie ou d'un tiers, lorsque les circonstances exigent qu'elles ne soient pas prises contradictoirement. Cet article rappelle singulièrement l'article 812 C. pr. civ. s'agissant du TGI et 851 C. pr. civ. s'agissant du tribunal d'instance. Il est donc renvoyé à ces développements (notamment sur l'urgence et l'absence de contradictoire), seules les particularités propres à la procédure d'appel étant rappelées.

544.262 Particularités procédurales. La procédure se calque sur celle de première instance et, depuis la suppression des avoués, c'est aux avocats qu'il revient de présenter la requête au premier président, du moins dans les procédures impliquant la

▶ « Les conditions de la compétence du premier président statuant en référé », *Gaz. Pal.* 1976. 1. 84; « Réflexions sur la juridiction du premier président de la cour d'appel », *D.* 1980. Chron. 65.

1. Paris, 13 févr. 1973, *Gaz. Pal.* 1973. 1. 233.
2. Riom, 11 juill. 1973, *D.* 1973. 649 – Aix-en-Provence, 4 oct. 1976, *Gaz. Pal.* 1977. 1. Somm. 1315.
3. Paris, 10 oct. 1980, *RTD civ.* 1980. 812, obs. Perrot.
4. Civ. 2e, 28 févr. 1996, n° 93-19.742, *Bull. civ.* II, n° 50 – Civ. 2e, 5 janv. 1978, n° 76-14.158, *Bull. civ.* II, n° 9 – Grenoble, 6 mars 1979, *D.* 1980. IR 112 – Paris, 12 déc. 1995, *Bull. ch. avoués* n° 136, p. 119 – v. J. Rives, « La juridiction du conseiller de la mise en état », *RTD civ.* 1984. 645.
5. Paris, 29 mai 1973, *D.* 1973. 647.
6. Paris, 10 oct. 1980, *Gaz. Pal.* 1980. 2. 656.

constitution d'un avocat (C. pr. civ., art. 959). Cependant, cette requête étant incluse dans la procédure d'appel, quelques particularités procédurales doivent être signalées.

En premier lieu, il faut observer que le premier président reste compétent pendant tout le cours de l'instance d'appel et que son intervention s'inscrit dans cette procédure. Il faut donc qu'il y ait un appel, et qu'il n'y ait pas de transfert de compétence au conseiller de la mise en état[1]. Cette compétence exclusive du premier président est d'autant plus importante que le conseiller de la mise en état ne peut, en principe, prendre que des décisions contradictoires et ne peut connaître des requêtes unilatérales (sauf le cas de l'article 1498 C. pr. civ. sur l'octroi de l'*exequatur* d'une sentence arbitrale). C'est donc pratiquement devant le premier président que peuvent être obtenues des mesures conservatoires ou probatoires imposées par l'urgence ou par les circonstances exigeant qu'elles ne soient pas prises contradictoirement.

En second lieu, la mesure sollicitée doit avoir trait au litige dont la cour est saisie. Elle ne peut s'appliquer à une mesure d'instruction propre à justifier éventuellement une prétention qui n'a pas été portée devant la cour[2]. Dans ce cas, il conviendra à la partie de mettre en œuvre une requête sur le fondement de l'article 145 C. pr. civ.

Enfin, l'ordonnance doit être motivée, même si le magistrat dispose d'un pouvoir souverain d'appréciation et n'a pas autorité de chose jugée au principal. Elle, ne peut pas être soumise à la cour aux fins de réformation[3]. Le recours approprié en matière de requête est le référé prévu par l'article 496 C. pr. civ. Il s'agit simplement de permettre un débat contradictoire, et d'obtenir à son issue la rétractation ou la modification de l'ordonnance obtenue unilatéralement[4]. Il n'est pas besoin à ce stade de remplir le critère d'urgence[5]. Par ailleurs, en cas de survenance d'un fait nouveau, le premier président peut modifier ou rétracter son ordonnance en application de l'article 497 C. pr. civ.

§ 5
Ordonnances d'administration judiciaire

544.271 Domaine. Il convient de rappeler que le premier président, en tant que chef de cour, détient des pouvoirs de direction du fonctionnement administratif de la cour[6]. En outre, il a compétence pour ordonner des actes processuels non juridictionnels qui peuvent influencer le cours de l'instance, mais qui n'en demeurent pas moins des actes d'administration judiciaire non susceptibles de recours. Ainsi, en est-il de la radiation de l'article 526 C. pr. civ., de l'ordonnance sur requête octroyant le bénéfice'une procédure à jour fixe ou de l'ordonnance de renvoi en audience solennelle.

En ce qui concerne la **radiation de l'appel** prévue à l'article 526 C. pr. civ., compétence partagée avec le conseiller de la mise en état quand il est désigné, les conditions ont été présentées ci-dessus (v. s^s^ n° 544.157). Il suffit ici de rappeler qu'il ne s'agit, malgré l'importance que peut avoir une telle décision quant au respect du droit d'appel, que d'une décision d'administration judiciaire non susceptible de recours, à l'instar de toutes les décisions de radiation telles que le prévoit l'article 383 C. pr. civ.[7].

S'agissant de l'**autorisation d'assigner à jour fixe** des articles 917 et 924 C. pr. civ., la jurisprudence l'analyse comme une mesure d'administration judiciaire, rejetant l'application de l'article 496 C. pr. civ. ouvrant droit à la rétractation[8]. Rien ne justifierait que la même solution ne soit pas retenue pour l'ordonnance du premier président prise sur le fondement de l'article 948 C. pr. civ. dans les cas de procédure sans représentation obligatoire.

Enfin, le Code de l'organisation judiciaire (COJ, art R. 312-9) prévoit qu'en cas de **renvoi après cassation en matière civile** le premier président peut, d'office ou à la demande des parties, renvoyer à l'audience solennelle, présidée par le premier président et quatre assesseurs, eu égard à la nature ou la complexité de l'affaire. Il s'agit au terme même du texte précité d'une mesure d'administration judiciaire, non susceptible de recours.

1. Civ. 3e, 17 nov. 1981, n° 80-10.372, *Bull. civ.* III, n° 191; *Gaz. Pal.* 1982. 1. 106 – Paris, 19 janv. 1978, *Gaz. Pal.* 1978. 2. Somm. 309.
2. Civ. 2e, 6 mai 1999, n° 95-21.430, *Bull. civ.* II, n° 84.
3. Civ. 3e, 3 mai 1983, n° 81-14.617, *Bull. civ.* III, n° 101.
4. Paris, 11 févr. 1980, *Bull. ch. avoués* n° 78, p. 27.
5. Civ. 2e, 3 janv. 1979, n° 77-15.132, *Bull. civ.* II, n° 6.
6. D. D'Ambra, Dalloz référence *Droit et pratique de l'appel*, 2013/2014, n° 321.06 – v. aussi, D. Cholet, « Le contrôle de l'activité non juridictionnelle des juridictions », *Gaz. Pal.* 12-13 oct. 2007, p. 8.
7. Civ. 2e, 18 juin 2009, n° 08-15.424, *Bull. civ.* II, n° 167; *RTD civ.* 2009. 574.
8. Civ. 2e, 24 juin 2004, n° 02-14.886, *Bull. civ.* II, n° 321 – Civ. 2e, 25 févr. 2010, n° 09-10.403, *Bull. civ.* II, n° 48; *D.* 2010. AJ 713; *Dr. et proc.* 2010. 179, note Douchy-Oudot.

CHAPITRE

545. Opposition

Dominique D'AMBRA
Professeur à l'Université de Strasbourg
Avocat

SECTION 0
ORIENTEUR

545.00 **Plan du chapitre.**

545.01 **Principaux textes applicables.**
C. pr. civ., art. 471 à 479, 539, 571 à 578.

545.04 **Formulaire : renvois.**

Form. pr. civ. *Opposition – Opposition à jugement* (Assignation à fin d'opposition à jugement devant le juge de proximité)

Opposition – Opposition à jugement (Opposition à un jugement du tribunal d'instance)

Opposition – Opposition à jugement (Opposition devant le tribunal de grande instance)

Opposition – Opposition à arrêt (Opposition devant la cour d'appel dans une procédure avec représentation obligatoire)

Opposition – Opposition à arrêt (Opposition devant la cour d'appel dans une procédure sans représentation obligatoire)

545.05 **Définition.** L'opposition est une voie de recours ordinaire tendant à faire rétracter une décision rendue par défaut[1]. Elle se caractérise par le fait que, s'agissant d'une voie de rétractation, elle s'adresse au juge qui a rendu la décision et, comme le soulignent Messieurs Cadiet et Jeuland[2], assure la restauration de la contradiction. Mais son domaine est limité aux jugements rendus par défaut, et la réforme de 1972 a notablement restreint la sphère des décisions par défaut, de telle sorte que par voie de conséquence l'opposition est moins fréquemment utilisée qu'elle ne l'était.

C'est une voie de recours de droit commun, ce qui implique qu'elle s'applique à toutes les décisions de défaut, sauf si un texte ne l'exclut, ce qui constitue en l'espèce une hypothèse non négligeable. Ceci a d'ailleurs pu conduire certains auteurs à considérer que le qualificatif de voie de recours ordinaire est particulièrement mal adapté[3].

SECTION 1
CONDITIONS DE RECEVABILITÉ

545.10 **Plan.** Comme toute voie de recours, il faut rechercher le domaine d'application, c'est-à-dire les décisions qui y sont soumises et les personnes susceptibles d'en faire usage. Puis la possibilité d'user de l'opposition étant admise, il convient de s'interroger sur les délais et formes de la voie de recours.

§ 1
Domaine de l'opposition

A.
Jugements susceptibles d'opposition

545.11 **Jugements par défaut.** L'article 571 C. pr. civ. précise que l'opposition concerne le jugement

1. Sur l'opposition v. Rép. pr. civ., v° *Opposition*, par M.-E. Boursier, août 2005 [màj oct. 2010].
2. V. Cadiet et Jeuland, 8e éd., 2013, n° 853.
3. V. Cadiet et Jeuland, 8e éd., 2013, n° 853.

rendu par défaut. Il est donc nécessaire de s'assurer préalablement à l'usage de l'opposition, que l'on est en présence d'un jugement de défaut. Le lecteur est renvoyé aux développements sur les procédures types par défaut et leur qualification (v. s^{s} n°s 321.161 s.). Il suffit ici de rappeler deux éléments essentiels que le praticien doit garder à l'esprit.

545.12 Qualification erronée. Tout d'abord la qualification donnée par le juge dans sa décision est indifférente, de telle sorte qu'il appartient à celui qui entend user de l'opposition, de s'assurer de la qualification exacte de la décision, et éventuellement de requalifier de façon appropriée celle-ci, en application de l'article 536 C. pr. civ.

Il est maintenant acquis qu'une qualification erronée donnée par le juge, non seulement n'atteint pas la validité de la décision, mais ne dispense nullement la partie de requalifier et d'user de la voie de recours correspondant à la véritable qualification[1]. La Cour de cassation considère que l'indication inexacte de la voie de recours ou du délai ne fait pas courir le délai[2].

Le décret n° 2004-836 en date du 20 août 2004[3], entré en vigueur sur ce point le 1er janvier 2005, complétant l'article 536 C. pr. civ., dispose que si le recours est déclaré irrecevable en raison de l'inexactitude de la qualification donnée par le juge, le greffe notifiera cette décision aux parties, faisant ainsi courir un nouveau délai pour exercer le recours approprié. Mais ceci, à notre sens, ne permettra pas à celui qui a fait un mauvais recours d'en faire un nouveau si la décision d'irrecevabilité est rendue alors que la notification avait rétabli, nonobstant l'erreur du juge la bonne qualification et l'exacte voie de recours. En effet, dans cette hypothèse, il est difficile de considérer que l'irrecevabilité est déclarée en raison de l'inexactitude du juge puisque celle-ci aura été corrigée.

545.13 Décision ou jugement par défaut. L'article 571 C. pr. civ. ne limite pas l'opposition au seul jugement dans le sens où il s'agit d'une décision rendue par un tribunal de première instance. Le Code de procédure utilise, comme souvent, le terme jugement dans son sens de « décision », de telle sorte que l'opposition pourra également s'appliquer à des arrêts par défaut, des ordonnances, et en général tous types de décisions rendues par défaut, sauf exclusion expresse.

Rappelons ici que le décret n° 86-585 du 14 mars 1986[4], modifiant l'article 490 C. pr. civ., a fixé qu'une ordonnance de référé pouvait être rendue par défaut, et être dès lors susceptible d'opposition et que le décret n° 2005-1678 du 28 décembre 2005[5] modifiant l'article 474 C. pr. civ. dispose que le jugement non susceptible d'appel est rendu par défaut si l'une des parties n'a pas comparu et n'a pas été citée à personne.

545.14 Décisions par défaut exclues de l'opposition. L'opposition est recevable contre toute décision rendue par défaut, sauf texte contraire. Là commence souvent une recherche parfois difficile, car loin d'établir une liste des exceptions, le législateur les a disséminées dans des textes divers. Il est possible de déterminer deux grandes familles d'exceptions à la règle de l'usage de l'opposition contre une décision rendue par défaut. Tout d'abord une interdiction générale concerne certaines juridictions. Ainsi ne sont pas susceptibles d'opposition les décisions rendues par :

- la Cour de cassation (C. pr. civ., art. 622);
- le tribunal des affaires de Sécurité sociale (CSS, art. R. 142-25);
- le juge de la mise en état (C. pr. civ., art. 776);
- le tribunal arbitral (C. pr. civ., art. 1503).

En outre, certains types de décisions échappent à l'opposition :

- décisions de la cour d'appel sur contredit (C. pr. civ., art. 87);
- décisions ordonnant une mesure d'instruction (C. pr. civ., art. 150 et 170);
- jugements statuant sur les contestations ou les demandes incidentes en matière de saisie immobilière (C. pr. exéc., art. R. 311-7);
- décisions rendues dans les procédures relatives aux entreprises en difficultés (C. com., art. L. 661-1)[6];
- décisions rendues en application de l'article L. 331-5 du Code de la consommation[7] (saisine du juge d'instance par la commission de surendettement aux fins de suspension des procédures d'exécution à l'encontre des biens du débiteur);
- décisions sur *exequatur* d'une décision étrangère si la convention internationale le décide;
- le droit au réexamen prévu à l'article 19 du règlement CE du Conseil n° 4/2009 du 18 décembre 2008 relatif à la compétence, la loi applicable, la reconnaissance et l'exécution des décisions et la coo-

1. Civ. 2e, 31 mai 1954, *Bull. civ.* II, n° 197 – Civ. 2e, 4 oct. 1957, *D.* 1958. Somm. 40 – Civ. 2e, 11 déc. 1957, *JCP* 1958. IV. 3140 – Civ. 2e, 9 déc. 1997, *BICC* n° 372.
2. Civ. 2e, 12 févr. 2004, n° 02-13.332, *Bull. civ.* II, n° 57; *BICC*, n° 1684 – Com. 29 mai 2001, n° 98-17.469, *Bull. civ.* IV, n° 107 – Civ. 2e, 3 mai 2001, n° 99-18.326, *Bull. civ.* II, n° 85; *D.* 2001. 1797, obs. Lienhard.
3. Décr. n° 2004-836, 20 août 2004, portant modification de la procédure civile, *JO* 22 août, p. 15032.
4. Décr. n° 86-585, 14 mars 1986, modifiant et complétant certaines dispositions du Nouveau Code de procédure civile, *JO* 19 mars, p. 4581.
5. Décr. n° 2005-1678, 28 déc. 2005, relatif à la procédure civile, à certaines procédures d'exécution et à la procédure de changement de nom, *JO* 29 déc., p. 20350.
6. TGI Tours, 28 juill. 1988, *Juris-Data* n° 049145.
7. Civ. 2e, 29 sept. 2011, n° 10-27.658, *Bull. civ.* II, n° 179.

pération en matière d'obligations alimentaires[1] s'exerce par la voie de l'appel (C. pr. civ., art. 540 *in fine*).

545.15 Opposition sur opposition ne vaut. Encore que la situation soit devenue rare, à raison de la procédure d'opposition elle-même, il peut arriver que sur opposition, soit à nouveau rendue une décision par défaut. Dans cette circonstance, l'article 578 C. pr. civ. exclut l'opposition de celui qui se laisse juger une seconde fois par défaut, règle qui n'empêche évidemment pas une partie défaillante de faire opposition, si ce n'est pas elle qui est l'auteur de la première opposition[2]. De même cette règle n'empêche-t-elle pas une opposition si le second jugement rendu contre la même partie que le premier, laquelle est encore défaillante, a un objet différent[3]. L'opposition recours reste ouverte lorsque la personne défaillante avait précédemment formé, en application de l'article 1412 C. pr. civ., opposition à une ordonnance portant injonction de payer[4].

B.
Personnes susceptibles de faire opposition

545.21 Partie à l'instance. Dans la mesure où il s'agit de faire rétracter une décision rendue au détriment d'une personne qui n'a pu se faire entendre, l'opposition est réservée, en application de l'article 571, au seul défaillant, terme qui implique qu'il s'agisse d'une partie à l'instance. Il faut rappeler toutefois que par représentation (ex., cas de décès, tutelle, ayant cause universel, *etc.*) une personne physique autre que celle ayant effectivement été aux débats, peut être considérée comme partie en première instance.

Le lecteur aura observé que l'article 571 C. pr. civ. réserve l'opposition à la partie défaillante. Ainsi, le demandeur, débouté partiellement de sa demande, en dépit de l'absence de son adversaire, ne peut pas profiter de l'opposition de celui-ci pour refaire juger sa réclamation rejetée, si elle est dissociable des points soumis par l'opposant à l'examen du juge[5].

545.22 Intérêt et capacité. En application du principe général selon lequel « *pas d'intérêt, pas d'action* », l'opposition n'est ouverte que si la partie défaillante justifie d'un grief né de la décision, le seul caractère de défaut du jugement ne constituant pas le grief. Dans la mesure où le juge, même en l'absence du défendeur, doit vérifier que la demande est recevable et fondée, il convient pour ouvrir l'opposition, que le défaillant ait, même partiellement, été condamné.

Il est enfin nécessaire, mais sur ce point il ne s'agit que d'appliquer des principes connus, que l'opposant ait la capacité d'agir en justice.

§ 2
Délai d'opposition

545.31 Délai d'un mois et relevé de forclusion. En application de l'article 538 C. pr. civ., le délai d'opposition est d'un mois à dater de la notification de la décision (C. pr. civ., art. 528), sauf à appliquer la règle relative au délai supplémentaire de distance, et les règles de comparution sur lesquelles il ne sera pas revenu ici.

Soulignons l'exception relative au délai d'opposition contre l'ordonnance de référé qui est de quinze jours (C. pr. civ., art. 490). Toutefois, ce délai peut être interrompu s'il se produit pendant son cours un changement de capacité de la partie à laquelle il a été notifié (C. pr. civ., art. 531).

En application de l'article 540 C. pr. civ. issu du décret du 28 décembre 2005, le plaideur défaillant, qui sans faute de sa part n'a pas eu connaissance du jugement ou a été dans l'impossibilité d'agir peut, dans un délai de deux mois suivant le premier acte signifié à personne ou, à défaut, suivant la première mesure d'exécution ayant pour effet de rendre indisponibles, en tout ou partie ses biens, demander au président de la juridiction, d'être relevé de la forclusion encourue et former en cas de succès opposition dans un délai courant de l'autorisation mais pouvant avoir été réduit dans ladite autorisation (sur le relevé de forclusion, v. s[s] n° 542.295).

545.32 Opposition et jugement non avenu. La Cour de cassation ayant jugé que l'usage d'une voie de recours ordinaire n'avait pas vocation à faire juger du caractère non avenu d'une décision, mais à la réformer ou l'annuler, il ne convient pas, pas plus d'ailleurs que pour l'appel, d'user de l'opposition lorsque le jugement par défaut, non signifié dans les six mois, est non avenu en application de l'article 478 C. pr. civ. Il faut dès lors, non pas faire opposition mais de saisir le juge de l'exécution (JEX) pour faire arrêter une exécution fondée sur un jugement non avenu. Sinon l'opposition de la partie défaillante emporte renonciation au bénéfice des dispositions de l'article 478 C. pr. civ.[6]

1. Règl. CE n° 4/2009 du Conseil, 18 déc. 2008, relatif à la compétence, la loi applicable, la reconnaissance et l'exécution des décisions et la coopération en matière d'obligations alimentaires, *JOUE*, n° L 7, p. 1-79.
2. Orléans, 18 déc. 1871, *DP* 1872. Somm. 284; *RTD civ.* 1953. 164, obs. Raynaud.
3. Civ. 5 mai 1857, *DP* 1857. 1. 247.
4. Civ. 2e, 18 oct. 2007, n° 06-17.201, *Bull. civ.* II, n° 232; *D.* 2007. AJ 2811, obs. Avena-Robardet; *JCP* 2008. I. 138, obs. Jeuland; *Procédures* 2007. Comm. 276, note Perrot.
5. Civ. 2e, 17 nov. 1993, n° 91-20.186, *Bull. civ.* II, n° 326; *RTD civ.* 1994. 173, obs. Perrot.
6. Civ. 2e, 23 juin 2011, nos 10-20.563 et 10-20.564, *Bull. civ.* II, n° 141.

Il est vrai que parfois l'opposant potentiel ignore si une signification, peut-être réalisée par un procès-verbal de recherches infructueuses, a été opérée et la situation procédurale, au-delà du recours, réserve parfois des surprises.

§ 3
Formes de l'opposition

545.41 Mode d'introduction de l'opposition. En application de l'article 573 C. pr. civ., l'opposition est faite dans les formes prévues pour la demande en justice devant la juridiction qui a rendu la décision.

Toutefois, dans le cas où la représentation est obligatoire, l'opposition peut être faite par acte d'avocat à avocat. Cette opposition alors faite par conclusions doit alors, à peine d'irrecevabilité, être déclarée au greffe dans le mois de son accomplissement (C. pr. civ., art. 575). Le législateur n'a pas repris le terme de mise au rôle employé lorsqu'il s'agit d'une assignation devant le TGI ou d'un appel mais de simple déclaration. Il faut que le greffe connaisse l'existence du recours pour l'inscrire sur le registre spécial qui permettra de délivrer utilement les certificats de non-opposition.

En dépit de la différence de termes, l'information doit être donnée au greffe et il n'est pas sûr que la simple remise dans les services du greffe automatiquement réalisée par le notificateur de la chambre des huissiers, lors de la notification des conclusions d'opposition, soit suffisante, encore que par cette remise le greffe soit nécessairement avisé. Le texte impose une déclaration de l'opposition, expression similaire à celle de l'acte d'appel, ce qui semble imposer une démarche particulière.

Il peut arriver que, souhaitant notifier des conclusions d'opposition dans une instance où la représentation est obligatoire (TGI ou cour d'appel) en application des articles 815 et 906 C. pr. civ., l'opposant rencontre une difficulté née du décès ou de la cessation des fonctions de celui qui assurait la représentation de son adversaire.

L'article 678 C. pr. civ. a prévu l'hypothèse, s'agissant de la notification préalable des jugements entre avocats.

Dans l'hypothèse d'une opposition, la notification entre avocats n'étant, aux termes de l'article 573 C. pr. civ., qu'une possibilité, il conviendra, dans l'hypothèse où l'adversaire n'a plus de représentant, de lui délivrer assignation.

Si l'opposition est formée contre un arrêt de la Cour dans une instance sans représentation obligatoire, elle se fait par pli recommandé ou simple déclaration adressée par le défaillant ou son mandataire au greffe de la Cour (C. pr. civ., art. 573).

545.42 Motivation de l'opposition. L'article 574 C. pr. civ. impose de motiver son opposition, mais ceci n'exclut pas que d'autres motifs que ceux visés dans l'opposition puissent venir compléter ultérieurement l'argumentation[1]. Il n'en demeure pas moins que l'opposition doit être motivée[2] et il suffit que l'argument avancé soit perceptible ou déductible du document remis aux fins d'opposition. Il n'est point nécessaire qu'il soit largement développé, ni même qu'il aborde nécessairement le fond du litige.

Dans deux affaires significatives, les oppositions avaient été déclarées irrecevables au motif qu'elles ne contenaient aucun moyen, l'opposant s'étant limité à indiquer qu'il n'avait pas été régulièrement convoqué lors de la première instance, sans aborder le fond du débat.

À deux reprises, la Cour de cassation censure, considérant que l'argument constituait un moyen d'opposition suffisant[3]. Mais l'argument, pour bref qu'il soit, doit exister. Ainsi, ne constitue pas un argument le fait d'indiquer que la demande n'est pas fondée ou que les sommes ne sont pas dues, sans aucune explication car un débat utile doit pouvoir s'instaurer[4].

545.43 Absence de motivation. L'opposition non motivée est-elle définitivement nulle ou irrecevable, ou peut-elle être admise si ultérieurement l'opposant fournit une argumentation permettant l'instauration d'un débat contradictoire et utile ? La réponse dépend de la sanction encourue à raison de l'irrégularité. Si celle-ci est la nullité, il ne peut s'agir que d'une nullité pour vice de forme mais alors, d'une part, elle est couverte par des conclusions adverses au fond (v. C. pr. civ., art. 112)[5] et, d'autre part, elle ne peut intervenir qu'en présence d'un grief[6]. Si la motivation est considérée comme un élément de recevabilité, l'irrecevabilité peut alors être soulevée à tout moment et sans qu'il soit nécessaire de justifier d'un grief (C. pr. civ., art. 122 et 124).

La Cour de cassation n'avait pas eu l'occasion dans des temps rapprochés, de rappeler sur ce point comme elle l'a fait sur d'autres (tel à propos de l'adresse fausse[7]) qu'il n'y avait pas de nullité sans texte précis. Mais elle vient de lever le doute en sanc-

1. GUINCHARD, CHAINAIS et FERRAND, 31e éd., 2012, no 1184 – Com. 13 avr. 1948, *Gaz. Pal.* 1948. 1. 239 – Civ. 2e, 23 juin 2011, nos 10-20.563 et 10-20.564, *Bull. civ.* II, no 141.
2. Civ. 2e, 11 avr. 2013, no 12-17.174, *Bull. civ.* II, no 77.
3. Civ. 2e, 6 oct. 1993, no 89-44.398, *Bull. civ.* II, no 280 – Soc. 19 janv. 1994, no 89-44.698, NP.
4. Civ. 20 juill. 1957, *Gaz. Pal.* 1957. 2. 212 – Aix-en-Provence, 5 juill. 1938, *D.* 1938. 523 – Civ. 2e, 4 juin 1957, *Bull. civ.* II, no 414.
5. Com. 30 nov. 1948, *JCP* 1940. IV. 1371, obs. Madray.
6. Aix-en-Provence, 5 juill. 1984, *Gaz. Pal.* 1985. 399, note Dureuil.
7. Civ. 2e, 10 oct. 1990, no 89-15.280, *Bull. civ.* II, no 186; *RTD civ.* 1991. 171, obs. Perrot.

tionnant la non-motivation de l'opposition par une irrecevabilité[1].

Cette solution est préférable en effet, comme le souligne avec pertinence Monsieur Perrot, critiquant l'arrêt de la cour d'Aix du 5 juillet 1984[2], il ne sert à rien d'exiger un recours motivé s'il est possible de ne pas sanctionner. Or, si comme l'a jugé, à tort, la cour d'Aix, il n'y a pas de grief, chaque fois qu'ultérieurement une motivation sera apportée, ce qui sera généralement le cas. Il n'est dès lors plus nécessaire d'imposer une motivation à l'origine. Il est donc préférable de retenir l'irrecevabilité en définitive plus contraignante et plus conforme à la position actuelle de la jurisprudence qui exclut la nullité sans texte[3]. Par ailleurs, et procédant par analogie, il convient d'observer qu'en application de l'article 82 C. pr. civ., le contredit doit être motivé, et que l'absence de motivation ne le rend pas nul mais irrecevable.

SECTION 2
EFFETS DE L'OPPOSITION

545.50 Caractères de l'opposition. L'opposition, qui constitue une voie de recours ordinaire, devrait dans ses effets s'identifier aux principes retenus pour l'appel. Il faut cependant prendre en compte le fait qu'il s'agit d'une procédure particulière dont l'objet est, non pas de demander au juge de se déjuger mais de lui présenter le procès sous un jour nouveau en rétablissant le débat contradictoire.

L'opposant sollicite du juge qu'il rétracte son jugement, ce qui est une différence essentielle au regard de l'appel, même s'il n'y a dans cette rétractation que la conséquence logique d'une présentation différente du procès. Mais encore doit être conservé à l'esprit le fait que seul le défaillant n'a pu présenter moyens et pièces de telle sorte que rien ne justifierait, sauf circonstances particulières qui peuvent d'ailleurs être essentielles, que cette voie de recours, réservée au défaillant, puisse avoir des effets sur ceux qui avaient participé aux débats.

Cette triple caractéristique de l'opposition, voie de droit commun, voie de rétractation et voie de recours réservée au seul défaillant, conduit nécessairement à des effets qui, parfois proches de l'appel, peuvent s'en distinguer sur certains points.

§ 1
Effet suspensif

545.51 Principe. L'effet suspensif de l'opposition ressort de l'article 539 C. pr. civ., qui, sans référence particulière à cette voie de recours, vise toute voie de recours ordinaire. L'article 539 précise que l'effet suspensif existe pendant le délai du recours, et une fois le recours « *exercé dans le délai* », pendant le temps nécessaire à sa solution.

S'il est vrai qu'en théorie l'effet suspensif ne se produit que si l'opposition a été régulièrement faite, c'est-à-dire dans les formes et délais[4], il est constant en pratique qu'il en est différemment. En effet, nul en dehors du juge ne peut déclarer une opposition hors délai ou irrégulière, de telle sorte que tant que cette décision ne sera pas rendue, l'effet suspensif sera maintenu, même s'il est évident que la voie de recours est irrecevable. Il n'appartient ni au greffier ni aux parties de porter elles-mêmes une appréciation sur la recevabilité du recours, et personne ne peut forcer l'exécution au motif que le recours dont l'exercice est suspensif serait évidemment irrecevable[5].

Ceci permet ainsi au plaideur, même conscient de la tardiveté de son recours, de suspendre l'exécution jusqu'au jour où son recours sera jugé irrecevable mais cette pratique n'est pas sans danger au regard de la faculté, que le juge tient de la loi, de condamner l'auteur d'une procédure abusive à des dommages-intérêts à l'égard de son adversaire, même si en matière d'opposition il n'a pas été prévu d'amende civile.

Et en dépit d'un arrêt ancien[6], il ne paraît pas possible au regard de l'article 539 C. pr. civ. d'entreprendre l'exécution pendant le délai du recours car l'effet suspensif n'est pas limité à l'exercice du recours, l'article 539 précisant que le délai du recours suspend également l'exécution. Dès lors une exécution immédiate alors que le délai n'est pas expiré nous semble susceptible de donner lieu à une indemnisation de la partie trop précocement poursuivie même si ultérieurement le recours n'est pas utilisé ou ne donne pas lieu à rétractation du jugement, circonstance qui peut toutefois modifier l'étendue du préjudice allégué[7].

Ces commentaires s'effacent évidemment devant l'exécution provisoire attachée à la décision de défaut. Il peut s'agir d'une exécution provisoire de droit, notamment avec l'instauration depuis le décret du 14 mars 1986 modifiant l'article 490 C. pr. civ. d'une ordonnance de référé rendue en dernier ressort par défaut. Il peut aussi s'agir d'une exécution provisoire ordonnée par le juge en application de l'article 515 C. pr. civ. Mais il faut reconnaître qu'en pratique, rendant une décision par hypothèse en dernier ressort, le juge pense rarement à l'assortir de l'exécution provisoire. Il convient donc d'insister sur son utilité chaque fois qu'il apparaît que le défendeur défaillant

1. Civ. 2e, 11 avr. 2013, n° 12-17.174, P (préc. ss n° 542.42).
2. V. *RTD civ.* 1985. 619.
3. Civ. 2e, 10 oct. 1990, n° 89-15.280, *Bull. civ.* II, n° 186; *RTD civ.* 1991. 171, obs. Perrot.
4. *J.-Cl. Pr. civ.*, fasc. 540, n° 150, Desdevises et Douchy-Oudot.
5. Civ. 18 mars 1929, *DH* 1929. 283 – E. Garsonnet et Ch. Cézar-Bru, *Traité théorique*, t. VI, *Pratique de procédure civile*, n° 324.
6. Req. 3 févr. 1863, *DP* 1863. 1. 163.
7. Civ. 18 mars 1929, *DH* 1929. 283.

n'a pas de moyen utile à faire valoir mais usera de la voie de recours pour suspendre l'exécution [1].

545.52 **Mesures de sûreté.** L'effet suspensif attaché à un délai de recours ou à son exercice n'efface pas la décision qui, bien qu'encore fragile, existe et doit pouvoir produire des effets. L'article 572 C. pr. civ. rappelle que la nature ayant horreur du vide, le jugement frappé d'opposition ne sera anéanti que par le nouveau jugement à venir sur opposition.

Tant qu'il n'est pas anéanti, le jugement permet de prendre des mesures de sûreté et l'exercice de la voie de l'opposition n'empêchera pas une inscription d'hypothèque judiciaire [2] une saisie arrêt [3]. Mais il ne s'agit évidemment que de mesures conservatoires et pas d'exécution, de telle sorte qu'il conviendra d'attendre l'issue du recours.

Les principes n'ont pas été grandement modifiés par la loi n° 91-650 du 9 juillet 1991 [4] sur les procédures civiles d'exécution. Aujourd'hui, l'article L. 511-2 C. pr. exéc. rappelle qu'une autorisation préalable du juge n'est pas nécessaire pour pratiquer une mesure conservatoire lorsque le créancier se prévaut d'un titre exécutoire ou d'une décision de justice qui n'a pas encore force exécutoire. Il en est de même en cas de défaut de paiement d'une lettre de change acceptée, d'un billet à ordre, d'un chèque ou d'un loyer resté impayé dès lors qu'il résulte d'un contrat écrit de louage d'immeubles.

545.53 **Exécution à l'égard des tiers.** De la même façon, le délai ou l'exercice du recours exclut l'exécution à l'égard des tiers. En application de l'article 504 C. pr. civ., le caractère exécutoire ressort soit de l'acquiescement de la partie condamnée, soit de la délivrance par le greffe d'un certificat de non-opposition. Mais si cela permet d'entreprendre l'exécution, celle-ci doit s'interrompre si ultérieurement, et même apparemment hors délai ou peut-être à la suite d'un relevé de forclusion, l'opposition est formée. Dans la mesure où l'exécution ne se divise pas, soit le jugement est exécutoire, soit il ne l'est pas et il n'est donc pas possible d'exécuter contre les tiers et contre la partie défaillante. Mais il est possible que l'exécution provisoire ait été prononcée dans les rapports entre certaines parties et pas d'autres.

§ 2
Effet dévolutif

545.60 **Rétractation.** L'effet dévolutif de l'opposition s'exerce dans le cadre d'une rétractation qui implique la saisine du même juge que celui qui a statué à l'origine.

A.
Saisine et mission du tribunal

545.61/542.61 **Juge compétent.** L'article 572 C. pr. civ. impose de soumettre l'opposition devant le « *même juge* » que celui ayant rendu la décision critiquée. L'expression « *même juge* » ne s'entend pas comme la personne même du magistrat, bien évidemment. Il suffit de saisir la juridiction utile, peu importe que ce soit le même magistrat qui siège [5]. Il n'est pas davantage obligatoire que ce soit la même chambre de la juridiction qui statue [6]. Il semble qu'il s'agisse là d'un problème d'administration et d'organisation pratique de la justice, l'opposant n'ayant pour seule obligation que de saisir la même juridiction que celle ayant statué [7].

545.62 **Recevabilité de l'opposition.** Sans qu'il s'agisse d'une mission propre à l'opposition, il appartient au tribunal, avant d'examiner le bien-fondé du recours, de s'assurer de sa recevabilité. Il pourra ainsi, avant tout examen et même avant d'aborder le problème de compétence [8], déclarer irrecevable une opposition faite hors délai ou visant un jugement improprement qualifié de défaut ou non motivé mais la décision d'irrecevabilité devra elle-même être précise et motivée [9].

545.63 **Examen du litige.** En application de l'article 572 C. pr. civ., le juge est appelé sur l'opposition, à réexaminer les points jugés par défaut, pour qu'il soit à nouveau statué en fait et en droit. Mais il convient de rappeler qu'*a contrario* le juge ne peut revenir sur les points qui n'ont pas été jugés par défaut. Le demandeur à l'origine, qui nécessairement n'a pas été jugé par défaut, ne peut donc pas refaire juger son litige et demander au juge un second examen des demandes qu'il avait présentées et qui avaient été rejetées [10].

Il n'en est différemment que si cette question est indissociable des problèmes soumis au juge par l'opposition [11].

Les principes directeurs du procès et les règles de procédure afférentes à la juridiction saisie vont s'appliquer. Il appartiendra dès lors au demandeur à l'opposition de respecter l'ordre dans lequel les moyens doivent être développés et évidemment, dans la mesure

1. J. Viatte, « L'exécution provisoire nonobstant l'opposition », *Gaz. Pal.* 1977. Doctr. 213.
2. Civ. 4 août 1913, *DP* 1917. 1. 121, note Cézar-Bru.
3. Civ. 22 févr. 1932, *DH* 1932. 201.
4. L. n° 91-650, 9 juill. 1991, portant réforme des procédures civiles d'exécution, *JO* 14 juill., p. 9228.
5. Civ. 31 janv. 1912, *DP* 1912. 1. 323.
6. Req. 27 avr. 1874, *DP* 1876. 1. 393.
7. P. Hébraud, obs. *RTD civ.* 1959. 586.
8. Civ. 13 janv. 1958, *Bull. civ.* I, n° 4.
9. Guinchard, Chainais et Ferrand, 31e éd., 2012, n° 1190 – Civ. 2e, 23 avr. 1953, *Bull. civ.* II, n° 127.
10. Civ. 2e, 17 nov. 1993, n° 91-20.186, *Bull. civ.* II, n° 326; *RTD civ.* 1994. 1730, obs. Perrot.
11. Paris, 19 déc. 1878, *DP* 1880. 2. 62.

où le recours est motivé, de faire figurer d'abord dans son recours les moyens qui doivent être soulevés *in limine litis*. L'opposant peut invoquer tous les moyens qui lui apparaissent utiles et contester tous les chefs du jugement rendus contre lui[1]. Réciproquement, le demandeur peut modifier ses conclusions primitives, argumenter différemment[2]. Le juge devra alors se placer au jour de sa nouvelle décision pour trancher le litige et donc prendre en considération les éléments survenus depuis le premier jugement[3].

Mais l'action étant reçue, il appartient au juge de trancher le litige (censurant, par ex., un conseil de prud'hommes qui, ayant reçu l'opposition, s'était borné à retenir que l'attitude de l'opposant ne tendait qu'à retarder l'issue du procès, sans s'expliquer sur les demandes[4]).

B.
Conduite du procès

545.71 **Plan.** Deux éléments essentiels sont à retenir, le premier relatif au système de la preuve, le second à la nature des demandes qui peuvent être présentées.

545.72 **La preuve lors de la procédure d'opposition.** L'article 576 C. pr. civ. rappelle que l'affaire est instruite et jugée selon les règles propres à la juridiction saisie. L'article 577 C. pr. civ. ajoute que la recevabilité des prétentions s'apprécie, en fonction de la demande primitive, selon les règles ordinaires.

Il résulte de ces textes que chacun reprend sa place d'origine et que le demandeur à l'opposition, l'opposant, reste défendeur à l'action. Les choses sont remises en l'état et le demandeur doit faire la preuve de sa prétention, le défendeur n'ayant pas la charge de la preuve du mal-fondé de la première décision[5]. Cette situation paraît évidente car il serait inéquitable d'accorder un avantage à la fois juridique et psychologique à celui qui a pu obtenir une décision sans débat contradictoire.

Mais il est aussi évident que si le défendeur, en l'espèce l'opposant, présente reconventionnellement une demande, il prend par cette prétention la qualité de demandeur et doit en prouver le bien-fondé.

545.73 **Demandes soumises au juge de l'opposition.** S'agissant du demandeur d'origine, les demandes sont connues et ont déjà été appréciées par le juge. Il lui suffit de reprendre ses écritures primitives, il peut évidemment soutenir à nouveau les demandes présentées et accueillies par le premier jugement. Mais il n'est pas tenu de former, à titre principal, une demande nouvelle, ses prétentions primitives étant soumises au tribunal par le seul effet de l'opposition[6].

La recevabilité des prétentions respectives des parties s'apprécie en fonction de la demande primitive suivant les règles ordinaires[7]. Il ne peut reprendre les demandes présentées et rejetées que si elles sont liées indissociablement aux prétentions de l'opposant (v. s[s] n° 545.63).

Le demandeur doit être admis, à notre sens en application des articles 65, 70 et 564 C. pr. civ., à présenter des demandes additionnelles, voire nouvelles. Mais évidemment, cette faculté se situe dans le cadre des exigences procédurales habituelles. Il doit s'agir soit de demandes se rattachant à la demande primitive par un lien suffisant, soit de demandes destinées à écarter une prétention adverse ou commandées par la survenance de la révélation d'un fait ou enfin pour opposer compensation.

Le demandeur a fixé la saisine du juge par sa demande primitive et, sur opposition, la procédure reprend dans le cadre fixé à l'origine, sauf à ce que ce cadre varie quelque peu dans les limites rappelées ci-dessus[8].

Certains ont pu penser que cette faculté limitée de modifier ses demandes connaîtrait une frontière supplémentaire née de la nécessité de ne pas changer la nature de la décision rendue. Ainsi, ne serait-il pas possible d'aborder des demandes qui par leur montant ouvriraient la voie de l'appel qui, à l'origine, ne l'était pas s'agissant d'un jugement de défaut[9]. Il nous semble que, précisément, l'effet dévolutif né de l'opposition, en ce qu'il permet l'instauration d'un nouveau débat contradictoire, doit permettre à chacun de présenter toute demande entrant dans la sphère du conflit d'origine, peu important qu'ainsi la décision devienne susceptible d'appel. Rien n'interdit d'ailleurs, en dehors de toute opposition, à un défendeur de faire une demande reconventionnelle dont l'importance rendrait susceptible d'appel une décision qui au seul regard de la demande principale, eut été rendue en dernier ressort.

Ce qui est vrai pour l'instance principale doit l'être pour l'instance d'opposition, les articles 576 et 577 C. pr. civ. rappelant que la procédure doit être suivie selon les règles ordinaires.

S'agissant de l'opposant, sa situation ne doit pas être différente de ce qu'elle serait dans l'instance principale. Il est donc renvoyé à cet égard aux principes généraux définis par les articles 65, 70 et 564 C. pr. civ.

1. Req. 6 août 1888, *DP* 1889. 1. 202.
2. Civ. 1er juill. 1912, *S.* 1912. 1. 395.
3. Orléans, 7 nov. 1884, 14 févr. 1885, *DP* 1886. 2. 70.
4. Soc. 25 mai 1994, n° 90-43.338, NP.
5. Soc. 3 avr. 1979, n° 77-41.667, *Bull. civ.* V, n° 306; *JCP* 1979. IV. 203; *RTD civ.* 1979. 841, obs. Perrot – Civ. 23 févr. 1955, *JCP* 1955. IV. 50.
6. Paris, 19 déc. 1878, *DP* 1880. 2. 62.
7. Civ. 2e, 18 janv. 1995, n° 90-16.892, NP.
8. Glasson, Tissier et Morel, t. III, n° 854 – Rép. pr. civ., v° *Opposition*, par M.-E. Boursier, août 2005 [màj oct. 2010].
9. *J.-Cl. Pr. civ.*, fasc. 540, par Desdevises et Douchy-Oudot.

§ 3
Effets du jugement rendu sur opposition

545.81 Deux jugements pour une décision. L'article 572 C. pr. civ. dispose que « *le jugement frappé d'opposition n'est anéanti que par le jugement qui le rétracte* ». Les choses sont simples si le tribunal, sur opposition, se borne à rejeter celle-ci comme irrecevable ou mal fondée. Il ne rétracte pas le premier jugement qui, loin d'être anéanti, est alors exécutoire. Le second est alors nécessaire en ce qu'il consacre l'échec du recours mais c'est la première décision qui devra être exécutée car c'est elle qui est porteuse de droits et obligations.

Simple également est l'hypothèse où le tribunal rétracte le premier jugement, soit qu'il déboute le demandeur d'origine, soit qu'il modifie les condamnations. C'est alors cette deuxième décision qui, anéantissant la première, s'exécutera. Malheureusement, la pratique connaît souvent des situations plus ambiguës et fréquemment le jugement rendu sur opposition, sans rétracter le premier, le confirme en reprenant le dispositif ou le modifie sur quelques points seulement. Il y a alors, comme le souligne S. Guinchard « *une sorte de lien d'indivisibilité* »[1]. Dans cette circonstance, la prudence doit conduire le praticien à la considérer comme un tout et à s'emparer des deux soit pour exécuter, soit pour exercer une voie de recours[2].

545.82 À qui profite la procédure d'opposition ? Il faut rappeler préalablement que la difficulté ainsi décelée ne concerne que peu d'affaires dans la mesure où, en application de l'article 474 alinéa 2 C. pr. civ., le jugement est rendu par défaut lorsqu'il n'est pas susceptible d'appel et lorsqu'il y a plusieurs défendeurs et que l'un d'entre eux au moins ne comparaît pas et n'a pas été cité à personne[3].

Par ailleurs, s'il n'y a qu'un défendeur, il est clair que l'opposition lui profitera. Dès lors, la question ne devrait concerner, si l'article 474 C. pr. civ. était dans la pratique toujours bien appliqué, que les hypothèses où en présence de plusieurs défendeurs, certains n'ont pas comparu et n'ont pas été cités à personne. Seules les parties qui n'ont pas comparu peuvent former opposition. Il convient dans ce cas de s'interroger sur la situation des défaillants qui n'ont pas fait opposition alors que l'une des parties a usé de cette voie de recours. Dans quelles conditions leurs droits peuvent-ils être influencés ?

Tous les auteurs, suivant en cela une jurisprudence fermement établie, s'accordent à rappeler que l'opposition ne produit d'effets qu'à l'égard de la partie de qui elle émane[4].

Cependant, et pour des raisons d'évidente commodité pratique, la jurisprudence ancienne acceptait que le principe de l'inefficience à l'égard des défaillants inactifs, s'efface lorsque l'on était en présence d'un litige indivisible[5].

La difficulté demeure en dépit des nouveaux textes car il semble que ceux-ci ne prennent pas en compte la réalité pratique et ne suffisent pas à résoudre les hypothèses d'indivisibilité.

Solus et Perrot ont fort bien résumé l'analyse de ceux qui ne se contentent pas du principe de la relativité d'effet du recours. « *La divisibilité de l'instance quant aux parties ne doit pas faire oublier l'unité substantielle du litige, et la nécessité d'éviter que les initiatives isolées de certaines d'entre elles, ou inversement leur propre carence, n'aboutissent à des décisions dispersées malaisément compatibles, voire même contradictoires. Dans certains cas exceptionnels, l'homogénéité nécessaire de la chose jugée doit l'emporter sur le principe de la divisibilité de l'instance* »[6].

Les partisans de l'effet de l'opposition en cas d'indivisibilité ont alors recherché les principes de représentation *ad litem* ou d'autres arguments pour faire coïncider utilité pratique et décision de justice.

L'article 324 C. pr. civ. dispose que, en cas de pluralité de parties, les actes accomplis par ou contre l'un des cointéressés ne profitent ni ne nuisent aux autres, sous réserve de ce qui est dit aux articles 475, 529, 552,553 et 615. Or, si le principe de l'absence d'effet est posé à nouveau, aucune exception visée dans les articles énoncés par l'article 324 C. pr. civ., ne concerne l'opposition. Il faut dès lors en déduire que le législateur n'a pas prévu d'exception au principe de la divisibilité du litige et des effets de l'opposition. Mais cette déduction en apparence logique est teintée de doute dans l'esprit de ceux qui visent les cas d'indivisibilité. Soulignons toutefois que, pour préoccupante que soit cette controverse, elle reste d'un intérêt aujourd'hui largement limité par la réduction, depuis le décret de 1972, des jugements de défaut (or en appel, le problème de l'indivisibilité est abordé par l'article 529 C. pr. civ.) et par la possibilité pour le juge d'ordonner la mise en cause de tout intéressé, en application de l'article 332 C. pr. civ. Il suffit pour s'en convaincre de constater que cette controverse doctrinale se nourrit de décisions dont la plus récente date de 1921 !

1. Guinchard, Chainais et Ferrand, 31e éd., 2012, nº 1191.
2. Req. 1er août 1924, *DH* 1924. 537.
3. Cadiet et Jeuland, nº 85.
4. Rép. pr. civ., vº *Opposition*, par M.-E. Boursier, août 2005 [màj oct. 2010], nºs 72 s. – *J.-Cl. Pr. civ.*, fasc. 540, nº 142, Desdevises et Douchy-Oudot – E. Garsonnet et Ch. Cézar-Bru, *Traité théorique*, t. VI, *Pratique de procédure civile*, nº 324. –Civ., 28 mai 1921, *DP* 1924. 1. 213 – T. civ. Seine, 23 mars 1907, *DP* 1907. 2. 281.
5. Nantes, 21 févr. 1952, *Gaz. Pal.* 1952. 1. 269; *RTD civ.* 1952. 413, obs. Raynaud – Civ. 23 juill. 1989, *DP* 1991. 1. 598.
6. Solus et Perrot, t. III, Sirey, 1991, nºs 22 s.

TITRE

55. Les voies de recours extraordinaires

SECTION 0
ORIENTEUR

55.00 Plan du titre.

Division. Les voies de recours extraordinaires comprennent la tierce-opposition (chap. 551), le recours en révision (chap. 552) et le pourvoi en cassation (chap. 553).

CHAPITRE

551. Tierce-opposition

DOMINIQUE D'AMBRA
Professeur à l'Université de Strasbourg
Avocat

SECTION 0
ORIENTEUR

551.00 Plan du chapitre.

551.01 Principaux textes applicables.
C. pr. civ., art. 582 à 592.

551.04 Formulaire : renvois.
Form. pr. civ. *Tierce-opposition – Tierce-opposition principale* (Assignation à fin de tierce-opposition devant le tribunal d'instance ou le juge de proximité)
Tierce-opposition – Tierce-opposition principale (Assignation à fin de tierce-opposition devant le tribunal de grande instance)
Tierce-opposition – Tierce-opposition incidente (Conclusions à fin de tierce-opposition incidente)

SECTION 1
DÉFINITION

551.11 Recours extraordinaire et facultatif. La tierce-opposition réglementée par les articles 582 et suivants C. pr. civ., est une voie de recours extraordinaire dont l'objet est de faire rétracter ou réformer un jugement au profit d'une personne qui n'a pas participé à la procédure ayant conduit à la décision qui lèse ses intérêts. C'est une voie de recours très particulière en ce qu'elle peut tendre à la **rétractation**

ou à la **réformation**, le résultat dépendant de la juridiction devant laquelle elle est présentée. Mais elle est facultative, en ce que la partie prétendument lésée peut toujours s'appuyer sur l'effet relatif de la chose jugée et plutôt que de s'immiscer dans un procès auquel elle n'a pas été appelée, en dédaigner le résultat, et opposer à toute personne ayant la velléité d'en user contre elle le principe : *res inter alios acta*. C'est la tactique de l'attaque ou de la défense.

Les effets du jugement sont limités aux parties à l'instance d'origine, de telle sorte qu'en théorie il est peu pertinent de prendre acte de la décision pour tenter de la modifier, plutôt que de l'ignorer.

Il n'est d'ailleurs nul besoin d'user du recours de la tierce-opposition pour invoquer la relativité de la chose jugée[1]. Au contraire, l'exercice même du recours tend à consacrer à l'égard du tiers opposant l'existence de la décision. Et pourtant, le législateur a créé cette voie de recours que la pratique réclamait et dont elle use. C'est dès lors, au-delà de toute discussion théorique, la preuve qu'il ne suffit pas toujours de feindre ignorer une décision pour n'en point subir même partiellement les effets. C'est le paradoxe d'une voie de recours qui, théoriquement, paraît inutile, à tout le moins facultative, et qui pourtant est utilisée alors que son usage est constitutif de risques pour le tiers opposant[2].

La doctrine a essayé d'expliquer ce paradoxe et a développé des analyses remarquables, posant une différence entre la « *force de vérité légale* » et « *la décision consécutive* ». La première, issue de la décision, n'impliquerait que les parties à l'instance, alors que la seconde, apportant une solution à l'ordonnancement juridique, s'imposerait à tous[3]. Pour pertinente qu'elle soit, cette doctrine ne convainc pas le praticien[4], en ce qu'elle tente de diviser artificiellement deux questions, alors que seul le point de savoir si une décision est exécutoire ou non à l'égard d'une personne étrangère au procès, intéresse le plaideur.

Cependant un jugement ne peut être attaqué que par les voies de recours ouvertes par la loi; aussi, pour agir en inopposabilité contre un jugement il faut utiliser la tierce-opposition et non l'action paulienne[5].

551.12 Recours utile. C'est néanmoins un recours utile, car il n'est point possible en fait de nier ce qui existe, même si souvent, en droit, cette attitude de désintérêt pourrait être adoptée. Mais un article du code, voire un dédain, n'efface pas l'existence d'un jugement. Dès lors, il se présente nécessairement un certain nombre de situations, où une réaction est utile, voire s'impose.

Tout d'abord, il peut arriver que le principe de la relativité de l'autorité de la chose jugée soit écarté (ex. : état des personnes, nationalité, *etc.*), et dans cette hypothèse, évidemment limitée, ne reste que l'option agressive de la tierce-opposition, si tant est qu'il ne s'agisse pas d'une action purement personnelle[6].

Ensuite, il est possible de se heurter à un jugement dont les conséquences même limitées en principe aux seules parties à l'instance, s'exercent sur d'autres personnes (ex. : reconnaissance d'un droit de propriété indivis, reconnaissance d'un droit de servitude, consécration de la nullité d'un acte élaboré par un tiers, *etc.*).

Enfin, reste l'hypothèse de la fraude, situation dans laquelle un créancier ou un ayant cause d'une partie, a été lésé par les agissements ou la collusion frauduleuse des plaideurs.

551.13 Recours d'attente. La tierce-opposition est aussi une solution d'attente. En effet, souvent, et à la condition qu'elle fût informée de son existence, une personne eût pu intervenir pendant l'instance et prendre part au débat contradictoire. La tierce-opposition lui permet de ne pas intervenir et d'attendre la solution judiciaire pour, en cas de résultat insatisfaisant, prendre alors une initiative. Le praticien sait combien il s'interroge souvent sur l'opportunité d'une intervention immédiate ou d'une tierce-opposition ultérieure.

Dans une instance révélatrice du choix ouvert entre la tierce-opposition et l'intervention, la Cour de cassation a censuré un arrêt qui avait déclaré irrecevable une tierce-opposition, au motif que l'intervention était encore possible[7]. Ce recours exceptionnel est admis au regard de l'article 580 C. pr. civ. dans les seuls cas spécifiés par la loi, étant tout de suite précisé que l'article 585 C. pr. civ. restreignant immédiatement ce principe rigoureux, rappelle que tout jugement est susceptible de tierce-opposition, sauf disposition contraire.

SECTION 2
DOMAINE DE LA TIERCE-OPPOSITION

§ 1
Décisions contentieuses

551.21 Principe de l'autorisation de la tierce-opposition. En application de l'article 585 C. pr. civ.,

1. Civ. 1re, 14 nov. 1956, *Bull. civ.* I, n° 327; *RTD civ.* 1957. 57, obs. Raynaud.
2. R. Martin, « De l'utilité de la tierce-opposition », *Gaz. Pal.* 1991. Doctr. 303.
3. R. Guillien, *L'acte juridictionnel et l'autorité de la chose jugée*, th. Bordeaux, 1931 – R. Perrot, « Les aspects nouveaux de la tierce-opposition en droit judiciaire français », *Mél. Antonio Segni*, A. Giuffrè, Milan, 1967, p. 677 – GUINCHARD, CHAINAIS et FERRAND, 31e éd., 2012, n° 1274.
4. *J.-Cl. Pr. civ.*, fasc. 40, Lecourt.
5. Civ. 1re, 26 janv. 2012, n° 10-24.697, *Bull. civ.* I, n° 12.
6. CADIET et JEULAND, 8e éd., 2013, n° 866.
7. Civ. 2e, 5 avr. 1993, n° 91-19.354, *Bull. civ.* II, n° 151.

« *tout jugement est susceptible de tierce-opposition, si la loi n'en dispose autrement* », étant rappelé que là encore le terme jugement s'entend d'une décision[1], de telle sorte qu'un arrêt est également susceptible de ce recours. Mais s'agissant d'une voie de recours extraordinaire, la tierce-opposition ne peut être formée contre un jugement alors que celui-ci est soumis à la Cour, le tiers opposant pouvant intervenir devant cette dernière, ou pouvant attendre l'arrêt pour former tierce-opposition contre ce dernier[2].

De la même façon, la tierce-opposition ne peut être dirigée contre un arrêt de la Cour de cassation. Si la Cour suprême censure l'arrêt critiqué, il n'y a plus lieu à tierce-opposition. Si elle rejette le pourvoi, il est possible de faire tierce-opposition à l'arrêt de la cour d'appel.

551.22 Décision de droit commun ou d'exception. Le principe posé par l'article 585 C. pr. civ. conduit à une analyse très large des décisions susceptibles de tierce-opposition. Tout d'abord il semblerait qu'il n'y ait pas lieu à distinction entre juridictions de droit commun ou d'exception[3] (le recours est ainsi admis contre une ordonnance du juge de l'expropriation[4] ou contre un jugement en matière de concurrence[5])[6]. En réalité, les choses sont plus compliquées.

En matière **d'expropriation**, l'ordonnance, en application de l'article L. 12-5 du Code de l'expropriation pour cause d'utilité publique ne vise que le pourvoi en cassation, excluant ainsi implicitement la tierce-opposition. L'arrêt du 25 juin 1970 de la Cour suprême rejette le pourvoi en décidant que la notion d'intérêt relève des juges du fond, mais ne déclare pas pour autant que la tierce-opposition était recevable. Par arrêt du 12 juillet 1995[7], la Cour de cassation approuve le juge de l'expropriation d'avoir déclaré irrecevable la tierce-opposition, rappelant qu'elle « *ne peut être attaquée que par la voie du recours en cassation* ».

De même, en matière d'**élections professionnelles,** la jurisprudence avait admis à l'origine la recevabilité de la tierce-opposition contre les décisions du juge d'instance[8]. La Cour de cassation semble avoir modifié sa jurisprudence et refuse désormais la tierce-opposition contre une telle décision, rappelant que le Code du travail n'a prévu que le pourvoi en cassation[9].

Elle est de même admise contre une **sentence arbitrale** en application de l'article 1501 C. pr. civ. et doit alors être conduite devant la juridiction qui eût été compétente en l'absence d'arbitrage, ou éventuellement devant la Cour si, à raison de l'appel ou du recours en annulation, celle-ci avait été appelée à statuer. Elle peut également s'adresser à une **décision française d'*exequatur*[10] d'une décision étrangère[11].** Ensuite, elle s'applique aussi bien au jugement au fond qu'au jugement rectificatif, sur omission de statuer, ou même interprétatif[12].

551.23 Décision de référé. L'ordonnance de référé n'a pas autorité de chose jugée et ne peut préjudicier au fond. Il y avait là une raison supplémentaire pour ne pas admettre la tierce-opposition[13], encore que la jurisprudence était hésitante[14].

La généralité des termes de l'article 582 C. pr. civ. et le rôle croissant du juge des référés qui, par une extension significative de ses pouvoirs, peut allouer des sommes parfois considérables ou prendre des décisions de nature à atteindre les droits des tiers, permettent de considérer que **la tierce-opposition doit être admise** contre l'ordonnance de référé[15].

551.24 Jugement d'état des personnes. Les choses semblent se clarifier ensuite de l'arrêt rendu par la Cour de cassation le 7 juin 1995[16] posant le principe selon lequel « *la voie de recours de la tierce-opposition*

1. Civ. 2e, 6 déc. 2012, n° 11-24.443, *Bull. civ.* II, n° 203 : qui retient que le jugement par lequel le juge de l'exécution constate la vente amiable, après avoir contrôlé la conformité de l'acte notarié aux conditions fixées par le jugement qui l'a autorisée et la consignation du prix de vente, constitue une décision juridictionnelle susceptible de tierce-opposition – AU CONTRAIRE, le jugement d'adjudication qui ne statue sur aucune contestation ou demande incidente n'est susceptible d'aucun recours : Civ. 2e, 6 janv. 2011, n° 09-70.437, *Bull. civ.* II, n° 1.
2. Com. 6 juill. 1967, *Bull. civ.* IV, n° 282 – Civ. 3e, 22 févr. 1972, n° 71-11.138, *Bull. civ.* III, n° 123 – Civ. 3e, 13 avr. 1988, n° 86-14.045, *Bull. civ.* III, n° 75 – Soc. 31 mai 1989, n° 87-43.538, *Bull. civ.* V, n° 423; *RTD civ.* 1990. 150, obs. Perrot; *JCP* 1989. IV. 285.
3. Civ. 3e, 25 juin 1970, n° 69-70.173, *Bull. civ.* III, n° 450; *JCP* 1971. II. 16148, note Homont.
4. Riom, 13 juill. 1977, *Gaz. Pal.* 1977. 660, note Barbier.
5. Paris, 29 mars 1990, *Gaz. Pal.* 1990. 332, concl. Jobard et note Marchi.
6. GUINCHARD, CHAINAIS et FERRAND, 31e éd., 2012, n° 1274.
7. Civ. 3e, 12 juill. 1995, n° 93-70.142, NP; *D.* 1997. 151, obs. Carrias; *AJDI* 1996. 126, obs. Bernard.
8. Soc. 17 mars 1971, n° 70-60.090, *Bull. civ.* V, n° 220; *D.* 1971. 410, note F. B. – Soc. 27 juin 1973, n° 73-60.013, *Bull. civ.* V, n° 414.
9. Soc. 19 nov. 1986, n° 86-60.047, *Bull. civ.* V, n° 535 – Soc. 10 oct. 1990, n° 90-60.009, *Bull. civ.* V, n° 448.
10. Rép. pr. civ., v° *Tierce-opposition*, par N. Fricero, juin 2012.
11. Civ. 3e, 5 avr. 1968, *Bull. civ.* III, n° 161.
12. Civ. 2e, 27 juin 1990, n° 88-20.000, *Bull. civ.* II, n° 158.
13. À TITRE D'EXEMPLE, v. Aix-en-Provence, 2 déc. 1946, *JCP* 1947. IV. 707, obs. Madray – Paris, 19 déc. 1975, *D.* 1976. 468, note Fergani.
14. POUR TIERCE-OPPOSITION, v. Nancy, 1er févr. 1946, *D.* 1946. 146 – Com. 18 mai 1953, *S.* 1954. 1. 27.
15. Civ. 2e, 14 déc. 2006, n° 05-19.939, *Bull. civ.* II, n° 354; *D.* 2007. 896, chron. Vigneau; *AJDI* 2007. 222 – EN CE SENS, Civ. 2e, 28 avr. 1980, n° 78-15.648, *Bull. civ.* II, n° 94; *D.* 1980. IR 471, obs. Julien – TGI Paris, 25 févr. 1987, *Gaz. Pal.* 1987. 654, note Talon.
16. Civ. 1re, 7 juin 1995, n° 93-16.089, *Bull. civ.* I, n° 237; *D.* 1996. 149, obs. Granet-Lambrechts; *D.* 1996. 306, note Massip; *RTD civ.* 1995. 610, obs. Hauser.

n'est pas ouverte lorsque la décision qu'elle prétend critiquer a été rendue à la suite d'une action dont la loi réserve l'exercice à certaines personnes qu'elle désigne [...] ». Cet arrêt est conforme à celui rendu par la même chambre le 11 juin 1991 [1].

Il semble que désormais l'orthodoxie règne et que, sauf texte particulier l'autorisant expressément, une personne qui n'a pas le droit d'intenter une action, ne puisse user de la tierce-opposition pour faire modifier ou rétracter le jugement auquel elle est nécessairement étrangère, et qu'elle ne pourrait initier.

Il en allait ainsi de l'**action en légitimation**, réservée à la mère et au mari, en application des articles 318 et 318-1 du Code civil et dès lors insusceptible de tierce-opposition [2]. Il doit en être de même en matière de **divorce**, puisqu'il s'agit d'une action réservée aux époux, et la protection du caractère éminemment personnel de la demande s'oppose à l'intervention d'un tiers. L'action en divorce ou en séparation de corps n'ouvre pas la porte à la tierce-opposition [3]. Ainsi n'a pas été reçue l'action du ministère public tendant à l'annulation d'un divorce prononcé sur demande conjointe des époux [4]. Cependant, comme le relève A. Lecourt [5], il peut en être différemment, s'agissant de **demandes accessoires au divorce ou à la séparation de corps** et pouvant alors affecter le droit des tiers, enfants, grands-parents ou autres. L'objet de la tierce-opposition, alors strictement limité au problème spécifique atteignant le tiers, tel un droit de visite, une pension ou une attribution de la jouissance d'un bien, pourrait ne pas se heurter à la jurisprudence restrictive du droit à agir. Si une personne peut agir en paiement de pension, droit de visite ou revendication d'un droit sur une chose ou un immeuble, il n'y a pas, au regard de l'article 585 C. pr. civ., de raison d'exclure alors la tierce-opposition, sous le seul prétexte que la demande a été insérée dans une procédure de divorce ou de séparation réservée aux époux.

En matière d'**adoption**, la tierce-opposition est recevable en application de l'article 353-2 du Code civil, à la condition toutefois qu'elle se fonde sur le dol ou la fraude des adoptants [6]. Cette fraude se déduit souvent de la dissimulation qui en a été faite aux proches :

- dissimulation aux grands-parents [7];
- dissimulation aux enfants [8].

Si la fraude émane d'un tiers, elle n'ouvre pas le recours [9]. En réalité, les choses sont plus complexes car il semble que ces limites apportées par la jurisprudence ne concernent que la décision d'adoption, et soient levées lorsqu'il ne s'agit que d'atteindre les effets de l'adoption [10].

En matière de filiation, l'article 324 du Code civil rappelle que la décision rendue est opposable à tous, mais corrélativement est susceptible de tierce-opposition, sous réserve évidemment de remplir les conditions ordinaires [11]. Dans la mesure où l'on est en présence d'une décision ayant effet *erga omnes*, il est légitime d'admettre le tiers à attaquer ces décisions [12]. Mais, fort adroitement, le législateur, pour éviter trop d'insécurité dans ces décisions, qui sont évidemment fragilisées par ces risques de recours, a prévu la possibilité pour les juges, usant de l'article 324 du Code civil, d'ordonner la mise en cause de tous les intéressés « *auxquels ils estiment que le jugement doit être rendu commun* ». Si le juge utilise à bon escient cette faculté, il doit pouvoir ainsi limiter les possibilités de tierce-opposition ultérieure, mais encore faut-il que le dossier présenté par les plaideurs lui révèle l'existence d'autres intéressés à la procédure. Le jugement rendu en matière d'état civil est susceptible de tierce-opposition [13].

En matière de **nationalité**, la question est réglée par l'article 29-5 du Code civil, qui rappelle que « *tout intéressé peut attaquer une décision rendue en*

1. Civ. 1re, 11 juin 1991, no 89-20.962, *Bull. civ.* I, no 200; *D.* 1992. Somm. 172, obs. Granet-Lambrechts; *RTD civ.* 1991. 724, obs. Huet-Weiller; *Gaz. Pal.* 1992. 1. 138, note Massip.
2. Civ. 1re, 7 juin 1995, no 93-16.089, *Bull. civ.* I, no 237; *D.* 1996. 149, obs. Granet-Lambrechts; *D.* 1996. 306, note Massip; *RTD civ.* 1995. 610, obs. Hauser.
3. Civ. 17 mai 1938, *DH* 1938, 465 – Paris, 21 mars 1969, *D.* 1969. Somm. 73, obs. Raynaud – Civ. 2e, 3 juin 1970, no 69-13.140, *Bull. civ.* II, no 196.
4. Civ. 1re, 17 nov. 1981, no 80-11.498, *Bull. civ.* I, no 338; *D.* 1982. 573, note Guiho; *JCP* 1982. II. 19842, note Gobert – Qui casse Lyon, 16 janv. 1980, *Gaz. Pal.* 1980. 428, note Viatte.
5. *J.-Cl. Pr. civ.*, fasc. 738, no 25 – EN CE SENS, v. Civ. 1re, 5 nov. 2008, no 06-21.256, *Bull. civ.* I, no 252; *AJ fam.* 2009. 33, obs. David; *RTD civ.* 2009. 101, obs. Hauser; *Procédures* 2009, no 18.
6. Montpellier, 12 juill. 1972, *RTD civ.* 1972. 728, obs. Raynaud – Civ. 1re, 5 nov. 2008, no 07-20.426, *Bull. civ.* I, no 248; *RTD civ.* 2009. 107, obs. Hauser; *Procédures* 2009, no 17 – Civ. 1re, 5 nov. 2008, no 07-20.426, *Bull. civ.* I, no 248; *RTD civ.* 2009. 107, obs. Hauser.
7. Civ. 1re, 7 mars 1989, no 87-16.302, *Bull. civ.* I, no 112; *D.* 1989. 177, note Hauser; *RTD civ.* 1991. 517, obs. Huet-Weiller; *RTD civ.* 1990. 263, obs. Rubellin-Devichi – Civ. 1re, 5 nov. 2008, no 07-20.426, préc. ss prést no.
8. Civ. 1re, 28 févr. 1995, no 93-12.774, NP.
9. Civ. 1re, 23 oct. 1973, no 71-12.867, *Bull. civ.* I, no 278; *JCP* 1973. II. 17689, note de La Marnière.
10. Civ. 1re, 21 mai 1974, no 72-11.106, *Bull. civ.* I, no 153; *JCP* 1976. II. 18227, note Bétant-Robet; *RTD civ.* 1976. 408, obs. Perrot.
11. Civ. 1re, 29 janv. 1975, no 73-13.620, *Bull. civ.* I, no 41 – Civ. 1re, 27 oct. 1981, no 80-14.537, *Bull. civ.* I, no 309 – Civ. 1re, 9 oct. 1991, no 90-11.437, *Bull. civ.* I, no 264; *D.* 1991. IR 242; *D.* 1993. 134, note Philippe; *RTD civ.* 1992. 372, obs. Huet-Weiller et Hauser.
12. GUINCHARD, CHAINAIS et FERRAND, 31e éd., 2012, no 1274.
13. Civ. 1re, 7 janv. 1975, no 73-13.793, *Bull. civ.* I, no 6; *D.* 1975. Somm. 28 – Paris, 18 juin 1985, *Juris-Data* no 024566.

cette matière, sauf à mettre en cause le procureur de la République ».

En matière de **divorce**, la tierce-opposition n'est pas recevable, s'agissant du prononcé du divorce ou de ses conséquences légales[1]. La Cour de cassation a toutefois apporté une précision importante, en relevant que « *si un créancier est irrecevable, faute de qualité, à former tierce-opposition à un jugement en ce qu'il prononce le divorce, aucune disposition légale ne lui interdit, sauf les restrictions apportées par l'article 1104 du Code de procédure civile relatives au divorce sur demande conjointe, d'exercer cette voie de recours à l'encontre des dispositions du jugement de divorce portant sur ses conséquences patrimoniales dans les rapports entre époux* »[2].

551.25 Jugements en matière de procédure collective. Tout praticien sait combien la **loi du 25 janvier 1985**[3], sur les procédures collectives, est confuse et difficile d'accès s'agissant des voies de recours, et combien ce texte a conduit à l'émergence d'une jurisprudence abondante. Peu après la mise en application du texte, la trop stricte limitation des voies de recours s'est révélée, mais il a fallu le délai habituel de toilettage pour modifier le texte, notamment sur la tierce-opposition. Les choses restent en l'état trop compliquées, mais c'est le parti pris par le législateur qui a voulu distinguer pour chaque type de décision, la voie de recours possible et les personnes habilitées à l'exercer, de telle sorte que le praticien sait combien de règles procédurales et de recours sont spécifiques, dès qu'il s'agit de procédure collective.

La **loi du 10 juin 1994**[4], modifiant celle du 25 janvier 1985, avait ouvert plus largement l'usage de la tierce-opposition (sur cette voie de recours, v. les remarquables développements de B. Soinne[5] – V. égal. P. Gerbay[6]).

Il apparaît que la **loi du 26 juillet 2005**[7], de sauvegarde des entreprises, et le **décret du 28 décembre 2005**[8] ont légèrement étendu le droit à tierce-opposition, étant au surplus observé que les articles L. 661-2 et L. 661-3 nouveaux du Code de commerce permettent également au tiers opposant de faire appel contre un jugement de tierce-opposition qui lui est défavorable que ce soit en matière d'ouverture de la procédure ou d'adoption d'un plan.

En application des articles L. 661-2 et L. 661-3, les décisions statuant sur l'ouverture de la procédure et celles arrêtant ou modifiant un plan de sauvegarde ou de redressement sont susceptibles de tierce-opposition[9] (v. cep. s^s n° 551.71).

De même, la tierce-opposition est-elle ouverte contre la décision statuant sur l'état des créances (C. com., art. R. 624-5).

Il reste que ne sont pas susceptibles de tierce-opposition :

– les jugements relatifs à la nomination ou au remplacement du juge-commissaire (C. com., art. L. 661-4) ;

– les jugements modifiant le plan de cession (C. com., art. L. 661-6, III) ;

– les jugements statuant sur les recours formés contre les ordonnances du juge-commissaire rendues en matière de cessions d'actifs (C. com., art. L. 661-6) ;

– les arrêts rendus en application du I de l'article L. 661-6 (C. com., art. L. 661-7).

La Cour de cassation n'exclut pas[10] qu'une tierce-opposition nullité autonome puisse être reçue si se trouve en cause l'excès de pouvoir[11].

551.26 Ordonnances sur requête. En application de l'article 496 *in fine* C. pr. civ., tout intéressé peut en référer au juge qui a rendu l'ordonnance, s'il a été fait droit à la requête. Il résulte de ce texte que la tierce-opposition n'est pas recevable à l'égard d'une ordonnance sur requête, le tiers devant saisir le juge par la voie d'un référé rétractation[12].

551.27 Certaines décisions en matière de copropriété. Sur le fondement tant de la loi du 10 juillet 1965[13] que du décret du 17 mars 1967[14], le président du tribunal de grande instance peut être saisi dans diverses circonstances et notamment en cas d'**absence de syndic**, de **défaillance** de celui-ci ou de **difficultés financières** du syndicat. Les décisions prises soit « *comme en référé* », soit sur requête, ne peuvent pas toujours faire l'objet d'une tierce-opposition

1. Civ. 2e, 7 mars 2002, n° 97-21.852, *Bull. civ.* II, n° 33; *RTD civ.* 2002. 275, obs. Hauser.
2. Civ. 1re, 5 nov 2008, n° 06-21.256, *Bull. civ.* I, n° 252; *AJ fam.* 2009. 33, obs. David; *RTD civ.* 2009. 101, obs. Hauser.
3. L. n° 85-98, 25 janv. 1985, relative au redressement et à la liquidation judiciaire des entreprises, *JO* 26 janv., p. 1097.
4. L. n° 94-475, 10 juin 1994, relative à la prévention et au traitement des difficultés des entreprises, *JO* 11 juin, p. 8440.
5. B. Soinne, *Traité de procédure collective*, 2e éd., Litec, nos 655 s.
6. P. Gerbay, « Les voies de recours dans les procédures collectives. Innovations de la loi du 10 juin 1994 », *Bull. ch. avoués* 1995, n° 133, p. 2.
7. L. n° 2005-845, 26 juill. 2005, de sauvegarde des entreprises, *JO* 27 juill., p. 12187.
8. Décr. n° 2005-1677, 28 déc. 2005, pris en application de la loi n° 2005-845 du 26 juillet 2005 de sauvegarde des entreprises, *JO* 29 déc., p. 20324.
9. Lyon, 31 mai 2006, *RJDA* avril 2007, n° 380.
10. Com. 18 janv. 2005, n° 02-16.342, NP – Com. 29 nov. 2005, n° 04-16.699, NP.
11. Cass., ch. mixte, 28 janv. 2005, n° 02-19.153, *Bull. ch. mixte*, n° 1; *D.* 2006. 545, obs. Julien et Fricero.
12. Civ. 2e, 9 nov. 2006, n° 05-16.691, *Bull. civ.* II, n° 316.
13. L. n° 65-557, 10 juill. 1965, fixant le statut de la copropriété des immeubles bâtis, *JO* 11 juill., p. 5950.
14. Décr. n° 67-223, 17 mars 1967, portant rap pour l'application de la loi 65557 du 10 juillet 1965 fixant le statut de la copropriété des immeubles bâtis, *JO* 22 mars, p. 2742.

exclue par les textes. En effet, parfois les copropriétaires, même absents à la procédure, ne sont pas considérés comme des tiers et n'ont à leur disposition comme voie de recours que l'**appel**, s'il s'agit d'une décision prise en référé ou comme en référé[1], et la **rétractation**, s'il s'agit d'une ordonnance rendue sur requête. Il convient donc de regarder avec attention la nature exacte de la décision prise pour s'assurer que la tierce-opposition n'est pas exclue.

551.28 **Jugement d'adjudication.** Le jugement d'adjudication, qui ne statue sur aucune contestation ou demande incidente n'est pas susceptible de tierce-opposition[2].

§ 2 Décisions gracieuses

551.31 **Notification préalable ou non.** L'article 583 C. pr. civ. est original en ce qu'il fait dépendre la voie de recours appropriée de l'existence ou non d'une notification de la décision gracieuse. La décision gracieuse est notifiée par les soins du greffe, non seulement aux parties, mais à toute personne que le juge désigne. Dès lors, deux solutions se présentent :

- si le jugement notifié est rendu en dernier ressort, toute personne non partie à l'instance, y compris celle à qui la notification a été faite, a la possibilité de faire tierce-opposition;

- si la décision n'est pas rendue en dernier ressort, comme la voie de la tierce-opposition est fermée à toute personne ayant reçu notification du jugement, peu importe qu'elle n'ait pas été partie, elle pourra interjeter appel.

C'est ainsi la notification qui ferme la voie de la tierce-opposition pour ouvrir celle de l'appel[3]. Ceci s'explique par la particularité de l'appel en matière gracieuse, qui dans une première phase, prévoit une possibilité de rétractation par le juge en application de l'article 952 C. pr. civ. et qui n'envisage la transmission du dossier devant la Cour que dans la seule mesure où le premier juge a maintenu sa décision. Si la décision n'est pas notifiée, la voie de la tierce-opposition est seule ouverte, à l'exclusion de l'appel qui ne peut qu'être irrecevable en ce qu'il émanerait d'une personne non partie à l'instance[4].

§ 3 Mesures d'administration ou accord amiable

551.41 **Absence de recours.** L'exercice d'une voie de recours ne s'adresse qu'à des décisions de nature juridictionnelles et la tierce-opposition n'échappe pas à cette règle[5]. Ainsi, n'a pas le caractère juridictionnel un simple procès-verbal constatant l'accord des parties[6], ou l'accord conclu devant le juge conciliateur en matière de baux ruraux[7].

SECTION 3 CONDITIONS DE LA TIERCE-OPPOSITION

551.50 **Plan.** « *Pas d'intérêt, pas d'action* » a-t-on coutume de rappeler. Cette maxime doit prendre d'autant plus de force en l'espèce qu'il s'agit, par la tierce-opposition, d'autoriser une partie à interférer dans une procédure, à laquelle elle n'a pas été conviée. S'agissant d'une voie de recours exceptionnelle destinée uniquement à protéger ceux, qui sans avoir été appelés au procès, peuvent pâtir de son résultat, l'accès doit en être réservé aux personnes, qui n'ont effectivement pas été parties, directement ou par représentation au débat judiciaire.

Mais, évidemment, il faut réserver l'hypothèse de la fraude, afin de permettre à celui qui en est victime de préserver ses droits.

§ 1 Tierce-opposition et intérêt

551.51 **Notion et définition de l'intérêt.** L'intérêt, s'il ne se confond pas nécessairement avec l'existence d'un préjudice actuel et certain, ne peut s'éloigner grandement de cette notion. Celui qui demande la rétractation d'un jugement doit souffrir de la décision rendue à son insu[8]. Cet intérêt, qui découle d'un préjudice né ou à craindre[9], peut être matériel ou moral (ainsi ont été autorisés à faire tierce-opposition l'occupant d'une maison, dont la démolition a été ordonnée, à faire tierce-opposition[10], le créancier pour la contestation de la validité d'une sûreté accor-

1. Civ. 3e, 10 févr. 2010, n° 08-21.862, *Bull. civ.* II, n° 38; *D.* 2010. 584, obs. Rouquet.
2. Civ. 2e, 6 janv. 2011, n° 09-70.437, *Bull. civ.* II, n° 1; *D.* 2011. 249.
3. Civ. 2e, 9 nov. 2006, n° 05-16.691, préc. s^s n° 551.26 – Civ. 2e, 5 janv. 1983, NP; *JCP* 1983. II. 20043, note Le Ninivin – Soc. 9 mars 1983, n° 81-13.532, *Bull. civ.* V, n° 139.
4. Civ. 1re, 23 janv. 1996, n° 93-20.553, *Bull. civ.* I, n° 42; *Procédures* 1996, n° 67, obs. Perrot.
5. *J.-Cl. Pr. civ.*, fasc. 738, n° 31, Lecourt.
6. Soc. 1er févr. 1957, *Gaz. Pal.* 1957. 2. 403; *RTD civ.* 1957. 386.
7. Civ. 3e, 18 mai 1994, n° 92-14.794, *Bull. civ.* III, n° 97.
8. Lyon, 12 déc. 1962, *Gaz. Pal.* 1963. 1. 269 – Civ. 3e, 17 mai 1977, n° 75-14.976, *Bull. civ.* III, n° 215.
9. V. R. Perrot, *Droit judiciaire privé*, t. II, « Les cours de droit », Cujas, p. 73.
10. Civ. 3e, 30 janv. 1979, *D.* 1980. IR 51, obs. Julien.

dée à un autre créancier[1] ou un grand-parent pour un jugement d'assistance éducative[2]). Toutefois, la contestation de la compétence territoriale ne constitue pas un intérêt à agir[3].

551.52 Appréciation souveraine des juges du fond. La Cour de cassation laisse aux juges du fond le soin d'apprécier souverainement l'existence d'un préjudice et par là même d'un intérêt à agir[4] (un arrêt de la première chambre civile du 6 avril 1994 rappelle à nouveau le principe en ces termes : « *Mais attendu que l'appréciation de l'existence d'un préjudice en matière de tierce-opposition, ainsi que de l'intérêt du demandeur à exercer cette voie de recours, relève du pouvoir souverain des juges du fond et échappe au contrôle de la Cour de cassation* »[5]).

551.53 Un intérêt distinct. Pour être utile, l'intérêt doit être distinct de l'une des parties ayant participé au procès. Le préjudice ne doit pas résulter, sans autre élément, de la seule solution, mais doit s'analyser au regard de la situation personnelle du tiers opposant, qui doit prétendre à un intérêt distinct, un préjudice personnel, et évidemment doit avoir une analyse juridique, au moins en partie différente de celle déjà présentée. Il ne s'agit point ici de refaire le procès à l'identique, pour tenter d'obtenir un meilleur résultat.

Il faut, selon l'expression de la Cour de cassation, « *un intérêt propre à agir, distinct de celui* » de la partie ayant déjà agi (par ex., une décision nie le droit à agir des salariés d'une société dont le bail avait été résilié, au motif qu'ils n'avaient pas de droit distinct de celui de la société[6]; un membre du GIE mis en liquidation judiciaire a un droit distinct de celui de la globalité des créanciers[7]; la tierce-opposition d'un créancier du débiteur en redressement judiciaire est admise s'il établit une fraude à ses propres droits et non à ceux de l'intérêt collectif des créanciers[8]). Est sûrement, parmi d'autres, un indice révélateur le fait de présenter une analyse différente de celle déjà soutenue[9].

La Cour de cassation a approuvé une cour d'avoir déclaré irrecevable une tierce-opposition émanant des preneurs actuels, à raison du litige antérieur opposant le bailleur aux anciens preneurs, dont ils tirent leurs droits, dès lors qu'ils se contentent de reprendre les mêmes moyens, et n'allèguent aucun moyen propre qu'eux seuls auraient eu pouvoir d'envisager[10].

En matière de partage successoral seul l'époux appelé à la succession peut agir de telle sorte que son conjoint, fût-il sous le régime de la communauté universelle, n'a pas d'intérêt personnel à former tierce-opposition[11].

L'appréciation de l'existence de l'intérêt du demandeur à la tierce-opposition relève du pouvoir souverain du juge[12].

551.54 Un intérêt né du dispositif. Le préjudice, qui sous-tend l'intérêt à agir, doit naître du dispositif, et non pas des motifs[13]. Encore qu'il ne soit pas nécessaire qu'il ait été statué sur les droits et obligations de l'opposant[14].

Les choses sont simples, s'il s'agit de refuser à l'amant mis en cause dans les motifs du jugement de divorce, de faire tierce-opposition. Mais il est admis qu'une décision, de nature à entraîner pour un tiers, une action ultérieure en responsabilité, puisse justifier une tierce-opposition[15].

Ainsi, peut-on imaginer une décision, admettant un appel et réformant le jugement après avoir, dans sa motivation, annulé une signification. Cette décision peut laisser envisager une action en responsabilité contre l'huissier, même si l'annulation de l'acte n'est pas reprise dans le dispositif. Ne risquons-nous pas alors de nous retrouver devant cette jurisprudence aussi incertaine qu'irritante, sur les motifs décisoires ? L'appréciation de la responsabilité restera-t-elle entière ?

La Cour de cassation a rendu, le 1er décembre 1993[16], une décision significative à cet égard. Une première décision de justice rejette une action en déclaration de vente parfaite intentée par l'acheteur, au motif que la promesse signée par le seul mari, sans que le notaire ne s'assurât qu'il avait un mandat pour vendre le bien commun, ne pouvait engager l'épouse. Le notaire, dont la faute était

1. Com. 18 juin 1991, n° 89-17.719, *Bull. civ.* IV, n° 229; *RTD com.* 1992. 203, obs. Jeantin; *RTD com.* 1992. 227, obs. Bouloc.
2. Civ. 1re, 17 juin 1986, n° 85-80.007, *Bull. civ.* I, n° 165.
3. Com. 23 janv. 1996, n° 93-20.994, NP.
4. Civ. 2e, 17 juill. 1975, n° 74-12.405, *Bull. civ.* II, n° 225 – Civ. 2e, 3 mai 1990, n° 88-16.854, *Bull. civ.* II, n° 91.
5. Civ. 1re, 6 avr. 1994, n° 92-14.339, NP.
6. Civ. 2e, 5 avr. 1993, n° 91-18.295, NP – EN CE SENS : Com. 12 nov. 2008, n° 07-19.298, NP.
7. Paris, 3e ch. B, 17 avr. 1986, *Gaz. Pal.* 1987. 1. 116.
8. Com. 9 juill. 1996, n° 94-16.760, *Bull. civ.* IV, n° 215.
9. Civ. 2e, 5 juin 1996, n° 94-14.319, *Bull. civ.* II, n° 143; *Gaz. Pal.* 1997. Pan. 77.
10. Civ. 1re, 5 mars 2008, n° 07-11.667, *Bull. civ.* I, n° 69 – Civ. 3e, 6 déc. 1995, n° 92-20.876, *Bull. civ.* III, n° 253; *JCP* 1996. IV. 245 – Civ. 3e, 2 oct. 1996, n° 94-18.943, NP; *Rev. loyers* 1996, n° 454.
11. Civ. 1re, 2 avr. 2008, n° 07-11.254, *Bull. civ.* I, n° 103; *JCP* 2008. II. 10126, note Sauvage; *D.* 2008. 2363, chron. Chauvin et Creton; *AJ fam.* 2008. 258, obs. Hilt; *RTD civ.* 2008. 531, obs. Vareille – Civ. 2e, 21 oct. 2010, n° 09-67.577, NP.
12. Civ. 2e, 24 févr. 2005, n° 03-11.680, NP.
13. Civ. 2e, 30 avr. 2009, n° 08-13.069, NP – Civ. 2e, 3 juin 1970, n° 69-13.140, *Bull. civ.* II, n° 196 – Paris, 2 juin 1976, *Gaz. Pal.* 1977. 179 – Paris, 15 nov. 1988, RG n° 86/283, *D.* 1989. Somm. 183, obs. Julien – Civ. 2e, 5 juin 1996, n° 93-19.805, *Bull. civ.* II, n° 142; *BICC* 1996. 1011.
14. Civ. 1re, 16 juill. 1997, n° 95-19.617, NP; *D.* 1997. IR 184; *RTD civ.* 1997. 997, obs. Perrot.
15. Lyon, 30 déc. 1947, *D.* 1948. 23 – Cass. 7 juill. 1910, *DP* 1913. 1. 43 – Paris, 21 janv. 1926, *Gaz. Pal.* 1926. 2. 14.
16. Civ. 1re, 1er déc. 1993, n° 90-21.640, NP.

ainsi mise en exergue, et qui craignait légitimement une action en responsabilité (qui allait d'ailleurs survenir et triompher), faisait tierce-opposition. Celle-ci était déclarée irrecevable et la Cour suprême rejetait le pourvoi en ces termes : « *Qu'elle* [la cour d'appel] *a retenu que cette décision ne mettait en jeu ni ne compromettait un droit quelconque du notaire, et ne mettait à la charge de celui-ci aucune obligation, l'appréciation de la responsabilité susceptible d'être encourue par lui au vu des circonstances dans lesquelles l'acte sous seing privé avait été passé, restant entière* ». Il faudrait alors rechercher si le dispositif ne contient pas au moins implicitement, la décision qui fait grief. Devant cette jurisprudence qui paraît ferme à la première lecture, mais qui offre tant d'exemples en sens contraire, notamment de cours d'appel plus sensibles à la décision en son entier qu'à ce qui ressort du seul dispositif, il ne peut qu'être conseillé au praticien de ne point prendre de risque procédural. S'il est opposé une décision mettant en jeu la responsabilité de son client, la gestion des risques le conduira plutôt à faire tierce-opposition principale ou incidente, quitte à s'entendre répliquer, qu'il a mal analysé la décision, et que celle-ci n'impliquait nullement la responsabilité de son mandant.

La Cour de cassation rappelle qu'il faut que le dispositif contienne une disposition susceptible d'être rétractée ou modifiée au profit du tiers opposant, ce qui la conduit à déclarer irrecevable la tierce-opposition d'un huissier contre un jugement annulant seulement dans les motifs la signification opérée[1].

551.55 **Qualité pour agir.** Comme toute action, celle conduite dans le cadre d'une tierce-opposition doit avoir pour objet une demande que le tiers opposant a qualité pour présenter. Significatif est à cet égard l'arrêt rendu dans une espèce où le nouvel employeur sollicitait sur tierce-opposition la nullité de la clause de non-concurrence liant son nouveau salarié à son ancien employeur, la Cour déclarant irrecevable une telle action réservée au seul salarié[2], ou l'arrêt déniant la qualité à agir au débiteur contre une décision rendue sur demande du liquidateur judiciaire du cédant[3].

§ 2
Tierce-opposition et parties au procès d'origine

551.60 **Textes et plan.** L'article 583 C. pr. civ. exige que le tiers opposant n'ait été ni partie, ni représenté en l'instance. Cette condition, qui paraît évidente, tant il est constant qu'il n'y a pas de raison de permettre à une personne qui a pu faire valoir directement ou par personne interposée ses intérêts, de revenir devant le même juge pour lui représenter ses arguments. Il ne s'agit point de remettre en cause une décision à laquelle le tiers opposant a été partie, parce que celle-ci est définitive, ou parce qu'il ne souhaite pas exercer un recours en cassation[4].

Mais, comme cela est souvent le cas, en procédure, l'énoncé d'un principe simple se heurte à des hypothèses souvent compliquées, qui nécessitent d'envisager plusieurs situations.

A.
Parties à l'instance d'origine

551.61 **Le premier juge n'est pas une partie.** Bien qu'il soit évident qu'une voie de recours est réservée à l'usage des parties, et que l'auteur de la décision n'est qu'un rouage du processus de justice, insusceptible d'interférer dans une procédure au-delà de sa mission, la jurisprudence a eu l'occasion de rappeler à des juges ou des arbitres, qu'ils n'étaient point des parties et qu'ils n'étaient dès lors pas recevables à agir par la voie de la tierce-opposition, fussent-ils mécontents de voir une juridiction supérieure réformer ou annuler leur propre décision[5].

551.62 **Qualité dans laquelle la partie était présente.** Il est admis qu'une personne puisse avoir été présente au premier procès en une certaine qualité, et fasse tierce-opposition en une autre qualité. Ceci semble raisonnable, dans la mesure où l'argumentation développée sera différente[6]. Ainsi, un syndic peut-il, à titre personnel, faire tierce-opposition à une décision, à laquelle il était partie ès qualités[7]. De même, un représentant légal d'un incapable, peut-il faire tierce-opposition à titre personnel ou ès qualités de représentant d'un autre incapable[8]. A été également reçue la tierce-opposition du copropriétaire indivis d'un immeuble, pourtant partie en première instance, mais qui agissait comme légataire universel de la deuxième partie non représentée[9].

Le comité d'entreprise ne figure pas parmi les personnes visées dans l'article L. 661-1, 1° du Code de commerce comme étant admises à faire appel du jugement d'ouverture des procédures de sauvegarde

1. Civ. 2e, 23 sept. 2010, n° 09-16.135, NP.
2. Soc. 2 févr. 2006, n° 04-41.004, *Bull. civ.* V, n° 56; *Procédures* 2006, n° 49, note Perrot.
3. Com. 18 janv. 2011, n° 09-71.071, *Bull. civ.* IV, n° 5; *D.* 2011. 302, obs. Lienhard.
4. Riom, 10 mars 1936, *S.* 1937. 2. 57, note Roux – Paris, 24 févr. 1967, *D.* 1957. Somm. 4; *RTD civ.* 1967. 706, obs. Raynaud – Civ. 2e, 16 mai 1973, n° 72-11.019, *Bull. civ.* II, n° 165 – Paris, 23 mars 1982, *JCP* 1982. II. 19789, concl. Connen – Bourges, 4 juin 1980, *Gaz. Pal.* 1980. 764, note Faugain.
5. Metz, 27 oct. 1987, RG n° 1862/82, *JCP* 1988. II. 21093, obs. Cadiet – Civ. 2e, 7 juin 1989, n° 88-11.141, *Bull. civ.* II, n° 125 – Paris, 6 déc. 1994, *Gaz. Pal.* 1995. 2. 207, note Arbitre.
6. Soc. 29 mai 1951, *Gaz. Pal.* 1951. 2. 272 – Com. 7 févr. 2012, n° 10-26.626, *Bull. civ.* IV, n° 30.
7. Com. 28 juin 1994, n° 91-14.735, NP.
8. T. Seine, 14 avr. 1905, *Gaz. Pal.* 1906. 1. II. 1.
9. Civ. 29 juin 1951, *Gaz. Pal.* 1951. 2. 272.

et de redressement judiciaire et peut donc faire tierce-opposition[1]. Rappelons toutefois que le fait de n'avoir pas été partie permet de franchir le premier obstacle relatif à la recevabilité, mais ne dispense nullement de la preuve d'un intérêt, preuve qui n'est pas apportée, si aucune argumentation différente ne peut être avancée.

551.63 Partie à l'instance ayant conduit à la décision contre laquelle il est fait tierce-opposition. Il faut ne pas avoir été partie à l'instance ayant abouti à la décision soumise à la tierce-opposition. Ainsi a été reçue la tierce-opposition d'une commune, qui avait été partie à la première instance, mais qui n'avait pas été appelée en appel. Dans la mesure où elle faisait tierce-opposition à l'arrêt, il suffisait de constater qu'elle n'avait pas été partie à l'instance d'appel pour que la condition soit remplie[2] (ainsi par ex. la tierce-opposition est refusée à un créancier inscrit qui avait reçu la notification de l'action aux fins de résolution[3]).

Mais il s'agit évidemment de n'avoir pas été partie, et non pas, ayant été intimé, de n'avoir pas constitué. Constitue une partie à l'instance, celle qui y a été invitée régulièrement, même si elle a préféré ne pas participer aux débats. La veuve et le fils d'un des coïndivisaires ayant été seuls assignés, la fille majeure non représentée n'est pas partie à l'instance et peut faire tierce-opposition[4].

551.64 Auxiliaires de justice. L'auxiliaire de justice est-il un tiers au procès intéressant son mandant, ou peut-il être considéré comme une partie à l'instance circonstance qui le priverait alors du droit de faire tierce-opposition, à une décision qui pourrait nuire à ses intérêts, si elle consacrait implicitement sa responsabilité en retenant par exemple, la nullité d'une signification ou d'un acte d'appel, ou d'une procédure ? Il semble que la réponse immédiate conduise à lui donner la qualité de tiers, puisque même à supposer qu'il ait été partie à la première instance, il l'était en qualité de représentant et non à titre personnel.

Mais cette première approche n'est pas suffisante, car elle ne prend pas en compte le fait que dans le cadre de la postulation ou de la représentation, l'auxiliaire, qui dépose des conclusions, peut et même doit faire valoir tous arguments de nature à faire triompher la thèse de son mandant, et évidemment doit combattre ceux qui discutent la validité des actes qu'il a faits. Ainsi, c'est alors sous l'angle de l'intérêt que doit être apprécié le problème, plus que sous celui de la qualité de partie.

L'avoué (avant la suppression de la profession) ou l'avocat, qui a connu tous les arguments et a pu les discuter, ne peut dans le cadre d'une tierce-opposition, que reprendre en son nom ceux qu'il avait développés sous le nom de son mandant. Mais alors, n'ayant pas d'argumentation propre, il n'est pas recevable[5].

L'auxiliaire, aussi impliqué dans le processus judiciaire, n'a pas de moyen propre à faire valoir qu'il n'eût pu antérieurement exposer. C'est en ce sens que, semble-t-il, doit être regardée la jurisprudence excluant la tierce-opposition de l'avocat, même si la formulation des décisions est souvent critiquable et critiquée[6]. Mais cela n'est admissible que si l'auxiliaire assure la représentation, une simple communauté d'intérêts ne suffisant pas à lui faire perdre la qualité de tiers[7].

L'argument peu juridique, mais de bon sens, relevé dès l'origine par la jurisprudence, résidait dans le fait que l'auxiliaire de justice, avocat ou avoué (avant la suppression de la profession), était trop « *impliqué* » dans le procès qu'il conduisait pour être considéré comme un tiers[8]. Toute différente est la situation de l'huissier, qui, auteur d'actes dont la validité est discutée à l'instance, n'est pas partie à celle-ci pour en discuter. Il ne peut développer alors l'argumentation qui lui paraîtrait appropriée, n'étant d'ailleurs le plus souvent, même pas informé des critiques adressées à l'acte qu'il a réalisé. Le fait qu'un avocat réponde à ces critiques n'est pas suffisant pour considérer qu'il a été défendu comme une véritable partie. Il semble alors normal d'admettre que l'huissier puisse faire tierce-opposition[9]. Il a ainsi été admis que l'huissier ayant procédé à la demande d'un plaideur à un constat n'est pas représenté par celui-ci et est recevable à former tierce-opposition à une décision ayant annulé son acte[10]. Il lui restera à justifier d'un intérêt, c'est-à-dire du préjudice né de la décision, ce qui découlera le plus souvent du risque de voir sa responsabilité engagée.

551.65 Notion de partie et communauté d'intérêts. À mi-chemin entre les notions de partie et de représentation, se situent les problèmes relatifs aux instances intéressant l'État ou des parties ayant des

1. P.-M. Le Corre, Dalloz action *Droit et pratique des procédures collectives,* 2013/2014, n° 233.54.
2. Civ. 2e, 21 mars 1979, n° 77-11.378, *Bull. civ.* II, n° 94; *RTD civ.* 1980. 427, obs. Perrot; *Gaz. Pal.* 1979. 339, note Viatte.
3. Civ. 3e, 10 juin 1998, n° 96-20.672, NP; *RJDA* 1998. 703.
4. Civ. 2e, 30 sept. 1999, n° 96-15.201, *Bull. civ.* II, n° 150; *JCP* 1999. IV. 2847.
5. Civ. 3e, 6 déc. 1995, n° 92-20.876, *Bull. civ.* III, n° 253; *JCP* 1996. IV. 245.
6. Civ. 2e, 3 mai 1972, n° 71-10.284, *Bull. civ.* II, n° 121 – Civ. 1re, 12 mai 1969, *Bull. civ.* I, n° 148 – Civ. 3e, 4 déc. 1969, *Bull. civ.* III, n° 790 – Soc. 1er juill. 1970, n° 69-40.334, *Bull. civ.* V, n° 454.
7. Civ. 2e, 22 oct. 1998, n° 95-21.219, NP; *RTD civ.* 1999. 205, obs. Perrot.
8. Cass., 23 janv. 1888, *DP* 1888. 1. 125.
9. Civ. 2e, 12 oct. 2006, n° 05-10.850, *Bull. civ.* II, n° 272 – Limoges, 13 janv. 1901, *DP* 1903. 2. 453 – TI Marjevols, 23 août 1962, *JCP* 1962. IV. 4122, obs. J. A.; *RTD civ.* 1963. 165, obs. Raynaud.
10. Civ. 2e, 8 juill. 2004, n° 02-14.385, *Bull. civ.* II, n° 400.

intérêts directement liés. Là encore, peut-on regretter un certain manque de clarté de la jurisprudence.

Par arrêt du 25 octobre 1995[1], la Cour de cassation a considéré que l'État, selon la formule de l'annotateur[2], était « *un personnage à têtes multiples* ». Elle a cassé un arrêt ayant refusé la tierce-opposition de l'État représenté par l'agent judiciaire du Trésor, au motif qu'il était partie à l'instance et représenté par le préfet. Considérant que l'État, bien que partie à l'instance par la représentation du préfet, ne pouvait l'être pour une cause étrangère à l'impôt et au domaine, que par l'agent judiciaire, la Cour semble alors considérer que l'État peut être plusieurs parties à la fois, dont l'une ignore ce que l'autre fait. Il faut toutefois espérer que l'État ne puisse avoir plus de têtes que de représentants légaux, préfet ou agent judiciaire, et que la Cour suprême ne poursuive dans d'autres divisions, par ministères, départements, *etc.* !

Toute aussi déroutante est la jurisprudence sur l'existence d'une communauté d'intérêt qui serait de nature à en enlever la qualité de tiers au candidat tiers opposant. Par arrêt du 21 janvier 1976[3], la Cour refuse la qualité de tiers à l'Unedic au motif que bien qu'étant une personne morale distincte de l'Assedic, elle a une communauté d'intérêts née de sa mission de fédération, de surveillance et de coordination des Assedic. Cet arrêt n'est pas satisfaisant sur le plan théorique, même s'il a pu être inspiré par des considérations particulières. Il eût été plus judicieux, semble-t-il, sans refuser à l'Unedic la qualité de tiers, de ne pas recevoir sa tierce-opposition pour défaut d'intérêt, n'ayant pas de moyen propre à faire valoir, à raison précisément de sa communauté d'intérêt avec l'Assedic. S'inspirant de cet arrêt, la cour de Paris déclarait irrecevable la tierce-opposition d'une société au motif qu'elle n'avait pas la qualité de tiers, à raison de la communauté d'intérêts qu'elle avait avec son gérant, qui était partie à l'instance. La Cour de cassation[4] censurait cette décision par un attendu significatif : « [...] *qu'est recevable à former tierce-opposition toute personne qui y a intérêt à condition de ne pas avoir été représentée au jugement qu'elle attaque; que la communauté d'intérêt ne saurait suffire à caractériser cette représentation* »[5]. Mais la communauté d'intérêts peut expliquer la représentation d'une partie par l'autre et exclure la tierce-opposition[6]. L'arrêt du 5 mars 2008 est un exemple parfait de la difficulté à séparer très clairement les notions de représentation, de communauté d'intérêt, et d'intérêt personnel[7].

Il semble alors que la Cour de cassation revienne à une conception plus traditionnelle. La communauté d'intérêts ne peut, à notre sens, servir à la qualification de partie au procès, mais doit être retenue s'agissant de la notion d'intérêt ou de moyen propre à invoquer[8].

La Cour de cassation rappelle que la communauté d'intérêts ne suffit pas à caractériser la représentation[9].

551.66 Époux communs en biens. Lorsque chaque époux administre les biens communs et en dispose, une décision de justice rendue relativement à un bien commun est opposable à l'époux absent de la procédure et la tierce-opposition n'est pas ouverte à ce dernier[10]. Il en est de même dans l'hypothèse où ce n'est pas l'époux commun en biens qui est dans le procès mais son représentant, et notamment le liquidateur[11].

B. Parties représentées à l'instance d'origine

551.71 Position du problème. Est un tiers et peut donc user de la tierce-opposition celui qui n'a été ni partie ni représenté[12]. Mais comme cela a été justement souligné, les choses seraient simples si l'on avait défini « *avec netteté le concept de représentation* »[13]. Or tel n'est pas le cas, et c'est évidemment par le biais d'une définition plus ou moins large de la représentation que la jurisprudence va permettre plus ou moins facilement l'usage de la tierce-opposition[14], considérant que la société créée de fait, dépourvue de toute personnalité juridique, ne représente pas les associés de fait. Mais les membres du GIE sont représentés par celui-ci et ne peuvent faire tierce-opposition[15].

Le problème de la représentation, dont la réalité exclut la possibilité de faire tierce-opposition, pose de sérieuses difficultés en matière de **procédure collective.**

La jurisprudence considère généralement que l'associé est représenté par le mandataire de la société, le créancier par le liquidateur[16], de telle sorte qu'elle devrait fermer alors la voie de la tierce-opposi-

1. Civ. 2e, 25 oct. 1995, no 94-11.930, *Bull. civ.* II, no 267; *BICC* 1995, no 1300, p. 31; *RTD civ.* 1996. 477, obs. Perrot; *JCP* 1995. IV. 2640.
2. V. *Procédures* janv. 1996, no 7.
3. Civ. 1re, 21 janv. 1976, no 74-13.880, *Bull. civ.* I, no 23; *RTD civ.* 1976. 376, obs. Perrot.
4. Civ. 2e, 5 mai 1993, no 91-18.612, *Bull. civ.* II, no 169.
5. Civ. 2e, 8 juill. 2004, no 02-14.385, *Bull. civ.* II, no 400.
6. Civ. 1re, 8 déc. 1998, no 97-16.013, *Bull. civ.* I, no 354; *RTD civ.* 1999. 205, obs. Perrot.
7. Civ. 1re, 5 mars 2008, no 07-11.667, préc. ss no 551.53.
8. Civ. 2e, 26 oct. 2006, no 05-14.193, NP – Civ. 2e, 2 avr. 1997, no 95-11.387, NP.
9. Civ. 2e, 2 déc. 2010, no 09-68.094, *Bull. civ.* II, no 200; *D.* 2011. 23; *D.* 2011. 632, chron. Sommer, Leroy-Gissinger, Adida-Canac et Grignon Dumoulin; *RTD civ.* 2011. 146, obs. Revet; *RTD civ.* 2011. 175, obs. Perrot – Civ. 1re, 24 juin 1986, no 85-10.793, *Bull. civ.* I, no 180.
10. Civ. 2e, 2 déc. 2010, no 09-68.094, *Bull. civ.* II, no 200; *D.* 2011. 632, chron. Sommer, Leroy-Gissinger, Adida-Canac et Grignon Dumoulin; *RTD civ.* 2011. 146, obs. Revet; *RTD civ.* 2011. 175, obs. Perrot.
11. Com. 28 avr. 2009, no 08-10.368, *Bull. civ.* IV, no 58; *D.* 2009. 2143, note Souhami; *AJ fam.* 2009. 265, obs. Hilt.
12. Toulouse, 17 janv. 1994, *DS* 1994. Somm. 111.
13. Guinchard, Chainais et Ferrand, 31e éd., 2012, no 1272.
14. Com. 11 févr. 2004, no 01-01.642, *Bull. civ.* IV, no 31; *RTD com.* 2004. 516, obs. Champaud et Danet.
15. Civ. 2e, 9 juill. 2009, no 08-16.513, NP.
16. Com. 23 mai 2006, no 04-20.149, *Bull. civ.* IV, no 129; *D.* 2006. AJ 1742, obs. Lienhard; *RTD com.* 2006. 618, obs. Monsèrié-Bon; *RJDA* 2006, no 1032 – Com. 9 juill. 1996, no 94-16.760, *Bull. civ.* IV, no 215.

tion. En réalité, elle accepte celle-ci, s'agissant du prononcé de la liquidation judiciaire d'une société entraînant la responsabilité personnelle des associés, et ce non pas sur le fondement de l'article 583 C. pr. civ. mais sur celui du droit effectif du juge reconnu par l'article 6 de la Convention européenne des droits de l'homme[1].

En revanche, dans les hypothèses où la loi a prévu expressément la possibilité pour les créanciers de faire tierce-opposition (v. s[s] n° 551.25), la jurisprudence va limiter *de facto* ce droit sur le fondement de l'article 583 C. pr. civ. en considérant que le créancier a été représenté et ne peut dès lors être reçu dans sa tierce-opposition que s'il établit une fraude ou a un moyen personnel à faire valoir. L'arrêt de la cour d'appel de Paris est éclairant; dans une instance intéressant Eurotunnel, où le tribunal avait ouvert une procédure de sauvegarde, la cour d'appel considère que les créanciers, nonobstant l'article L. 661-2 du Code de commerce permettant la tierce-opposition, ne sont pas recevables au visa de l'article 583 C. pr. civ., au motif qu'ils n'établissent pas de fraude et n'ont pas de moyens à faire valoir, distincts de ceux qui ont pu être soutenus dans le procès principal[2].

Lorsque le ministère public a été partie à l'instance, il représente l'État de telle sorte qu'aucun autre organisme étatique ne peut former tierce-opposition[3].

551.72 Représentation et irrecevabilité. C'est à celui qui soulève un moyen d'en établir le bien-fondé. Il appartient au défendeur à la tierce-opposition, qui entend soulever l'irrecevabilité de celle-ci, de prouver que le tiers opposant était représenté dans l'instance d'origine[4]. Dans la mesure où c'est la qualité de tiers à l'instance qui ouvre le recours de la tierce-opposition, la discussion qui s'instaure à ce propos doit s'analyser en une fin de non-recevoir pour défaut de qualité, susceptible d'être proposée en tout état de cause, en application des articles 122 et 123 C. pr. civ.

Il n'apparaît pas qu'il s'agisse là d'une fin de non-recevoir ayant le caractère d'ordre public, de telle sorte que le juge n'est pas obligé de la soulever d'office. Le juge peut-il toutefois soulever le moyen, en permettant évidemment aux parties de s'expliquer ?[5] La réponse est délicate, d'autant que la jurisprudence de la Cour de cassation est hésitante, pour ne pas dire parfois divergente selon les chambres, s'agissant du pouvoir du juge d'invoquer lui-même une règle de pur droit[6], et ce d'autant qu'il ne s'agit pas toujours d'une règle de pur droit, qui par définition ne laisse pas de place à l'interprétation d'une situation[7].

Notons tout de même que l'article 125 C. pr. civ. permet au juge de soulever d'office la fin de non-recevoir tirée du défaut d'intérêt, et il est alors possible au juge de déduire de l'existence d'une représentation, outre le défaut de qualité, celui d'intérêt, puisque le tiers opposant ne pourrait avancer des moyens que son représentant n'eût pas déjà soutenus.

1°
Mandataires

551.81 Position du problème. L'existence d'un mandat légal ou conventionnel de représentation évite souvent les difficultés dans la mesure où la personne représentée n'a pas l'usage de la tierce-opposition.

551.82 Mandataires légaux. Dans la mesure où le mandat qui existe est exercé dans ses limites et emporte la représentation en justice, il n'y a pas lieu à controverse. Il en est ainsi, à titre d'exemple du mineur représenté par ses parents, ou de l'incapable par son représentant légal[8], ou du créancier par le syndic[9]. Mais il faut évidemment que le mandat implique la représentation en justice. Tel n'est pas le cas de la curatelle qui ne met en place qu'une assistance, et n'ôte pas au majeur en curatelle sa capacité. Ainsi, un majeur en curatelle, qui ne peut pas être représenté par son curateur, peut-il faire tierce-opposition[10].

De la même façon, le syndicat de copropriété représente les propriétaires dans les actions collectives ou visant les parties communes, mais non dans celles relatives aux parties privatives. Ainsi, un copropriétaire peut-il faire tierce-opposition à un jugement rendu en la seule présence du syndicat de copro-

1. Com. 19 déc. 2006, n° 05-14.816, *Bull. civ.* IV, n° 254; *D.* 2007. AJ 157; *D.* 2007. 1321, obs. Lienhard, note Orsini; *Rev. sociétés* 2007. 401, note Bonneau.
2. Paris 3e ch., sect. B, 29 nov. 2007, RG n° 07/05764; *Act. proc. coll.* 2008, n° 50.
3. Civ. 2e, 5 févr. 2009, n° 08-10.717; *Bull. civ.* II, n° 39; *D.* 2009. 2069, chron. Sommer et Nicolétis – Civ. 3e, 28 janv. 2009, n° 07-19.240, *Bull. civ.* III, n° 21; *D.* 2010. 1740, obs. Groutel; *RTD civ.* 2009. 368, obs. Perrot.
4. Civ. 1re, 7 janv. 1971, n° 68-13.992, *Bull. civ.* I, n° 11.
5. Paris, 3e ch. sect. B, 29 nov. 2007, RG n° 07/05764, (aff. Eurotunnel) – Cass., ch. mixte, 10 juill. 1981, n° 78-10.425, *Bull. ch. mixte*, n° 6; *Gaz. Pal.* 1981. 627, note Viatte; *D.* 1982. 55, chron. Benabent.
6. Civ. 1re, 16 avr. 1991, n° 88-18.530, *Bull. civ.* I, n° 144; *D.* 1992. Somm. 265, obs. Pennau; *D.* 1992. 196, obs. Tournafond; *D.* 1992. 265, obs. Penneau; *D.* 1993. 186, note Bretaudeau; *RTD civ.* 1992. 175, obs. Normand; *RTD com.* 1992. 218, obs. Bouloc – Civ. 2e, 14 févr. 1985, n° 83-12.062, *Bull. civ.* II, n° 38; *JCP* 1988. II. 21030, note Héron – Com. 23 juin 1992, n° 90-16.428, *Bull. civ.* IV, n° 244; *D.* 1993. 240, obs. Tournafond; *RTD civ.* 1993. 413, obs. Normand; *RTD com.* 1993. 355, obs. Bouloc.
7. Pour la possibilité pour le juge de soulever d'office le moyen, v. *J.-Cl. Pr. civ.*, fasc. 738, n° 57, Lecourt.
8. Civ. 1re, 6 nov. 1985, n° 84-12.874, *Bull. civ.* I, n° 291; *JCP* 1986. IV. 33.
9. Com. 31 mars 1998, n° 94-16.921, NP.
10. Civ. 2e, 24 mars 1960, *Bull. civ.* II, n° 201.

priété, pour la partie touchant à ses droits privatifs, mais non pour celle relative aux droits de la copropriété[1] (« *Attendu que l'arrêt retient exactement que les époux B..., qui n'étaient représentés à l'instance ni par le syndicat des copropriétaires, dès lors que l'action exercée tendait à remettre en cause leurs droits de jouissance sur leurs lots, ni par la SCI venderesse, dès lors que le jugement avait été rendu après la vente, devaient être considérés comme des tiers au jugement* »[2]).

Mais il est parfois difficile de séparer clairement les demandes, celles-ci pouvant être très imbriquées. Dans cette hypothèse, il semble que la tendance soit plutôt à admettre la représentation[3]. S'agissant de rapports patrimoniaux entre époux, le mandat existe dans le régime matrimonial légal et est réglé dans l'article 1421 du Code civil, tel que modifié par la loi du 23 décembre 1985. Chacun des époux administre les biens communs, de telle sorte que la tierce-opposition de l'époux non partie au procès est irrecevable, sans qu'il n'y ait plus aujourd'hui à observer s'il s'agit du mari ou de la femme[4]. Mais cette représentation ne dure que le temps du mariage, et cesse à l'égard des tiers, dès la publication du jugement de divorce (C. civ., art. 262) ou de changement de régime.

Significative des limites du mandat légal est la décision rendue par la Cour de cassation dans une espèce où entre l'instance et l'appel, le divorce avait été publié. La Cour suprême, fort logiquement, considère que l'ex-conjoint absent des débats en appel, n'était ni partie, ni représenté, et pouvait donc faire tierce-opposition[5]. S'agissant des autres régimes matrimoniaux, qui n'impliquent pas de représentation, il est possible qu'un mandat conventionnel existe.

Soulignons la situation particulière relative au logement des époux. En application de l'article 1751 du Code civil, le droit au bail appartenait aux deux époux. Dès lors, un jugement pris contre l'un des deux peut faire l'objet d'une tierce-opposition[6].

Mais il est évidemment plus adroit de ne pas entreprendre une telle procédure, qui souvent, *in fine*, conduira à l'opposabilité d'un jugement défavorable à l'époux tiers opposant, et de se contenter de s'emparer de l'effet relatif de la décision pour s'opposer à toute exécution.

551.83 Mandataires conventionnels. Celui qui a donné mandat afin d'être représenté ne peut user de la tierce-opposition. Sans prétendre à l'exhaustivité, il paraît suffisant d'envisager les trois hypothèses les plus fréquentes des mandats conventionnels. L'article 218 du Code civil permet à un époux de donner mandat à son conjoint de le représenter. Dans cette hypothèse, peu important alors la nature du régime matrimonial, la voie de la tierce-opposition est fermée.

L'assureur qui conduit le procès, que ce soit à raison d'une clause du contrat d'assurances lui laissant la direction de la procédure, ou à raison d'un mandat tacite ou exprès à l'occasion du procès, ne peut exercer ultérieurement la tierce-opposition[7]. Ceci est d'ailleurs conforme à la jurisprudence sur la notion d'intérêt, car l'assureur avait, lors du procès qu'il dirigeait, toute opportunité d'œuvrer au mieux de ses intérêts et d'avancer tous arguments utiles.

Les associés sont représentés par le mandataire social, et l'article 1849 du Code civil a précisé que « *les clauses statutaires limitant les pouvoirs des gérants sont inopposables aux tiers* ».

Si un excès de pouvoir est commis, il pourra ultérieurement fonder une procédure en indemnisation conduite par l'associé victime contre le mandataire, mais ne peut justifier une tierce-opposition, sauf évidemment le cas de collusion frauduleuse[8].

Dans toute autre hypothèse, la tierce-opposition n'est pas ouverte[9].

S'agissant de la société de fait, elle représente ses membres, et ceux-ci ne sont pas admis à former ultérieurement tierce-opposition[10].

De même, les membres du groupement d'intérêt économique sont représentés par le GIE et ne sont donc pas admis à faire tierce-opposition de la décision à laquelle le GIE a pris part[11].

Mais rappelons que l'associé, qui a cautionné une dette de la société peut, ès qualités de caution, former tierce-opposition[12]. Ceci s'explique par le fait que s'il a été représenté, c'était peut-être en qualité d'associé

1. Paris, 26 mai 1982, *Gaz. Pal.* 1982. Somm. 32 – Civ. 3e, 17 juill. 1985, n° 84-12.519, *Bull. civ.* III, n° 111 ; *JCP* 1985. IV. 334 – Paris, 6 mars 1987, *Bull. ch. avoués* 1987. 2. 92 – Civ. 3e, 27 oct. 1993, n° 91-16.433, *Bull. civ.* III, n° 134 ; *RTD civ.* 1995. 923, obs. Zenati.
2. Civ. 3e, 2 févr. 1994, n° 91-12.676, *Bull. civ.* III, n° 18 ; *D.* 1994. 124, obs. Atias ; *RDI* 1994. 306, obs. Capoulade et Giverdon.
3. Civ. 3e, 17 juill. 1985, n° 84-12.519, *Bull. civ.* III, n° 111 ; *JCP* 1985. IV. 334.
4. Civ. 1re, 24 juin 1986, n° 85-10.793, *Bull. civ.* I, n° 180 ; *JCP* 1988. II. 20926, note Henry ; *Gaz. Pal.* 1987. Somm. 60, obs. Guinchard et Moussa – Paris, 21 nov. 1975, *D.* 1976. 82, note F. D. ; *RTD civ.* 1976. 407, obs. Perrot.
5. Civ. 2e, 2 mai 1974, n° 73-10.242, *Bull. civ.* II, n° 146 ; *JCP* 1976. II. 18364, note Couchez.
6. Civ. 3e, 9 juin 1982, n° 81-11.329, *Bull. civ.* III, n° 153 ; *D.* 1983. IR 158 – Civ. 3e, 23 janv. 1985, n° 83-14.962, *Bull. civ.* III, n° 16.
7. T. civ. Charolles, 7 mars 1952, *D.* 1953. 14, note Besson – Soc. 26 mai 1965, *Bull. civ.* V, n° 404 – Civ. 29 juin 1936, *S.* 1936. 1. 345.
8. Civ. 2e, 17 nov. 1971, n° 70-10.781, *Bull. civ.* II, n° 316.
9. Civ. 21 mars 1927, *DH* 1927. 255 – Com. 5 avr. 1965, *D.* 1965. 666 – Civ. 3e, 15 janv. 1975, n° 73-12.016, *Bull. civ.* III, n° 18.
10. Civ. 1re, 13 oct. 1967, *Bull. civ.* I, n° 265.
11. Limoges, 1re ch., 20 mai 1999, RG n° 1998/635, Person, inédit.
12. Com. 4 oct. 1983, n° 82-12.415, *Bull. civ.* IV, n° 245 ; *JCP* 1985. II. 20374, note Veaux.

et non pas de débiteur solidaire. Or, il agit en une autre qualité, en l'espèce celle de caution. Il a été vu qu'une personne partie à l'instance pouvait former tierce-opposition en une autre qualité (v. s[s] n° 551.62). Certains y ont vu un désir de la jurisprudence d'ouvrir la voie de la tierce-opposition en cas d'opposition d'intérêts, ou lorsqu'il est possible de faire valoir un moyen personnel[1]. Cette théorie vise néanmoins à étendre l'exception à la représentation visée dans l'article 583 alinéa 2 C. pr. civ. qui est limitée aux seuls créanciers et ayants cause.

2°
Ayants cause

551.91 Ayant cause universel et à titre universel. Héritier *ab intestat* ou légataire universel ou à titre universel, il poursuit la personne du *de cujus*, et il doit, ayant accepté la succession ou le legs, assumer la situation passée. Ne faisant que reprendre ou poursuivre une procédure initiée ou subie par son auteur, il ne peut s'en prétendre étranger. Recevant une succession ou un legs universel ou à titre universel, il appréhende dans le même temps les droits et les obligations, y compris ceux résultant de décisions de justice. Il résulte de cette situation qu'il n'est pas un tiers au jugement et ne peut en faire tierce-opposition[2]. « *Attendu que la cour d'appel ayant à bon droit relevé que Monsieur Paoli, en sa qualité d'héritier de sa mère, était représenté par celle-ci à la décision attaquée* [...] »[3].

Il est évidemment nécessaire que l'auteur soit lui-même partie à l'instance car à défaut l'ayant cause n'a pas été représenté et peut faire tierce-opposition[4]. Si la procédure est en cours, au jour du décès de leur auteur, et que le décès a été notifié à l'adversaire, il est clair que celui-ci doit régulariser la procédure. S'il ne le fait pas, le jugement est non avenu, car il sera prononcé contre une personne décédée. S'il ne le fait pas, mais poursuit son procès contre le conjoint du *de cujus*, ou un seul héritier, les autres héritiers ne sont pas représentés à la procédure, à laquelle ils resteront étrangers. Étant des tiers à l'instance, ils pourront ultérieurement former tierce-opposition[5].

551.92 Ayant cause à titre particulier. Le principe retenu est simple, même si son application est parfois délicate. L'ayant cause à titre particulier, qui ne fait que poursuivre une situation préexistante avec ses droits et obligations, est considéré comme ayant été représenté par son auteur pour le bien ou le droit considéré et ce jusqu'à la transmission de ce droit ou de ce bien. Dès lors qu'il a été représenté, l'ayant cause n'a plus la faculté d'user de la tierce-opposition.

Ainsi, et **à titre d'exemple** :

- le locataire est représenté par le propriétaire[6];
- le sous-locataire est représenté par le locataire[7];
- le locataire-gérant est représenté par le bailleur (« *Attendu que pour déclarer la tierce-opposition de M*[me] *D... recevable, l'arrêt retient que M*[me] *H... ne pouvait représenter M*[me] *D..., locataire gérante de son fonds de commerce dans l'instance en constatation de la clause résolutoire du bail; Qu'en statuant ainsi, alors que M*[me] *D... était l'ayant cause de M*[me] *H..., la cour d'appel a violé le texte susvisé [...]* »[8]);
- le sous-locataire est représenté par le locataire principal[9];
- le cessionnaire est représenté par le cédant[10];
- le donataire est représenté par le donateur[11].

Précisons qu'il n'y a pas représentation dans l'autre sens : le vendeur n'est pas représenté par l'acquéreur, pas plus que le bailleur ne l'est par le locataire, *etc.*

La difficulté de mise en œuvre du principe de représentation réside dans la recherche de la date à laquelle l'opération juridique est opposable aux tiers et transforme le statut de l'ayant cause à titre particulier de partie représentée en tiers. Dès lors qu'il redevient un tiers, la tierce-opposition lui est ouverte, de telle sorte que cette date est essentielle. Deux idées fortes président la jurisprudence de la Cour de cassation. Tout d'abord, la transmission ou l'opération juridique s'effectue au moment où la publicité prévue par les textes est accomplie. C'est à ce seul instant qu'elle est opposable aux tiers, et que cesse alors la représentation[12]. Par ailleurs, le juge se place au jour où il statue et non au jour de l'assignation, de telle sorte que si l'opération (vente, donation, *etc.*) se situe pendant le temps de l'instance, l'ayant cause qui n'y est pas appelé devient un tiers et pourra faire tierce-opposition[13].

1. GUINCHARD, CHAINAIS et FERRAND, 31e éd., 2012, n° 1272.
2. Civ. 1re, 29 janv. 1975, n° 73-13.620, *Bull. civ.* I, n° 41; *JCP* 1975. IV. 87 – Civ. 2e, 10 mars 1993, n° 91-17.569, NP.
3. POUR LÉGATAIRE UNIVERSEL, v. Civ. 2e, 22 mars 2006, n° 03-18.394, NP.
4. Civ. 1re, 18 févr. 1992, n° 90-17.251, NP.
5. Civ. 2e, 7 nov. 1977, *Gaz. Pal.* 1978. 141; *RTD civ.* 1978. 731, obs. Perrot.
6. Paris, 28 juill. 1922, *DP* 1922. 2. 134 – Paris, 20 mai 1963, *JCP* 1963. IV. 4353, obs. J. A. – Civ. 3e, 6 déc. 1995, n° 92-20.876, *Bull. civ.* III, n° 253; *Rev. huiss.* 1996. 759.
7. Civ. 3e, 25 mai 1983, *Gaz. Pal.* 1983. Pan. 272, obs. Guinchard.
8. Civ. 3e, 5 avr. 1995, n° 94-10.678, *Bull. civ.* III, n° 98.
9. Civ. 3e, 30 nov. 2005, n° 04-18.686, *Bull. civ.* III, n° 229; *D.* 2006. 99; *AJDI* 2006. 371, obs. de La Vaissière; *RJDA* mars 2006, n° 359.
10. Civ. 5 juin 1855, *DP* 1855. 1. 281 – Civ. 1re, 13 oct. 1967, *Bull. civ.* I, n° 265.
11. Req. 14 juill. 1852, *DP* 1852. 1. 244.
12. Soc. 2 mars 1951, *Gaz. Pal.* 1951. 1. Somm. 18 – Civ. 1re, 28 févr. 1967, *Bull. civ.* I, n° 84 – Civ. 1re, 13 oct. 1967, *Bull. civ.* I, n° 265 – Civ. 2e, 17 nov. 1977, *D.* 1978. IR 413, obs. Julien – Civ. 3e, 12 janv. 2011, n° 10-10.667, *Bull. civ.* III, n° 5.
13. Civ. 2e, 20 juin 1979, n° 77-15.380, *Bull. civ.* II, n° 191; *D.* 1980. IR 51, obs. Julien.

L'arrêt rendu par la Cour de cassation le 2 février 1994[1] mérite d'être rappelé, car il tranche une difficulté fréquemment rencontrée, notamment dans des procédures en garantie ou en malfaçons.

Un syndicat de copropriété assigne une SCI et pendant le temps du procès, celle-ci vend un lot à un particulier, qui n'est pas appelé en la cause. Le jugement rendu ne satisfait pas l'ayant cause en ce qu'il atteint les droits afférents au lot acquis, de telle sorte qu'une tierce-opposition est formée. La Cour de cassation approuve la cour d'appel d'avoir déclaré recevable la tierce-opposition, en relevant que l'ayant cause à titre particulier n'avait pas été représenté « *par la SCI venderesse, dès lors que le jugement avait été rendu après la vente* [...] ». Cette jurisprudence est saine car elle évite ainsi de poursuivre une procédure contre une personne qui, n'étant plus titulaire du droit, sera moins intéressée dans sa défense, et d'opposer ensuite le résultat à la partie qui n'a pu se défendre utilement.

Mais il est nécessaire d'avoir la personnalité juridique pour représenter, de telle sorte qu'une société créée de fait, qui en est dépourvue ne représente pas les associés de fait, qui dès lors peuvent former tierce-opposition[2].

3°
Créanciers

551.101 Créanciers chirographaires. Ils sont considérés comme représentés par leur débiteur, et donc insusceptibles d'user de la tierce-opposition[3].

551.102 Créanciers hypothécaires ou titulaires d'une sûreté. Ils sont également représentés par leur débiteur, et leur droit réel accessoire n'est pas considéré comme un droit propre, de telle sorte que la date de constitution de la sûreté est indifférente. La voie de la tierce-opposition reste fermée[4].

4°
Coobligés solidaires

551.111 Pas de tierce-opposition – Limites. Les coobligés solidaires, y compris les cautions solidaires, se représentent tacitement, de telle sorte que la tierce-opposition est fermée[5]. Rappelons toutefois que, en matière de cautionnement, la jurisprudence a pu admettre la tierce-opposition de la caution dans l'hypothèse où elle aurait un moyen **personnel** à faire valoir[6].

Le moyen personnel s'analyse comme celui que le débiteur ne pouvait pas lui-même invoquer. Il ne s'agit pas ici d'ouvrir la tierce-opposition pour présenter une argumentation nouvelle et plus performante, mais qui aurait pu être avancée par les débiteurs.

L'associé d'une société civile, poursuivi en paiement des dettes sociales, dont il répond indéfiniment à proportion de sa part dans le capital social, est recevable à former tierce-opposition à l'encontre du jugement condamnant la société civile, dès lors qu'il invoque des moyens que la société n'a pas soutenus[7].

Mais une caution pouvant former réclamation contre l'état des créances déposé au greffe du tribunal de commerce par le juge-commissaire en qualité de tiers intéressé, conformément aux dispositions de l'article R. 624-8 du Code de commerce, est irrecevable à former tierce-opposition contre la décision de condamnation du débiteur principal[8].

C.
Moyens propres

551.121 Une exception à l'interdiction d'user de la tierce-opposition. En application de l'article 583 C. pr. civ., toute personne ayant été représentée n'est pas recevable dans une tierce-opposition. Toutefois, l'alinéa 2 de l'article 583 C. pr. civ. permet, par exception au principe, une tierce-opposition au créancier ou à l'ayant cause bien que représenté à l'instance, s'il a un moyen propre à faire valoir. Précisons tout de suite qu'il ne s'agit pas ici de réparer une erreur et de faire valoir un moyen qui eût pu être avancé mais qui a été oublié. Un moyen propre est un moyen personnel à l'intéressé, que lui seul peut faire valoir, ce qui explique que ne pouvant être représenté pour sa mise en œuvre, il puisse accéder à la tierce-opposition.

Cette exception est heureuse car elle pose les limites de la représentation. Il ne peut être soutenu qu'une partie est représentée par une autre si cette dernière n'est pas admise à soulever des moyens dont la première disposerait. Il semble même que cette exception soit étendue à tous les cas de représentation et soit dès lors appréciée généreusement au regard des limites posées par l'alinéa 2 de l'article 583 C. pr. civ.[9]

1. Civ. 3e, 2 févr. 1994, no 91-12.676, *Bull. civ.* III, no 18; *D.* 1994. 124, obs. Atias; *RDI* 1994. 306, obs. Capoulade et Giverdon.
2. Com. 11 févr. 2004, no 01-01.642, *Bull. civ.* IV, no 31; *D.* 2004. 678; *RTD com.* 2004. 516, obs. Champaud et Danet.
3. Req. 8 juill. 1850, *DP* 1850. 1. 244.
4. Civ. 13 déc. 1864, *DP* 1965. 1. 142 – Com. 6 mars 1968, *JCP* 1968. IV. 5287, obs. Raynaud – Aix, 16 janv. 1973, *JCP* 1973. IV. 6330, obs. J. A.
5. Civ. 1re, 1er déc. 1985, *D.* 1986. 1. 251 – Com. 6 juin 1961, *Bull. civ.* IV, no 258.
6. Com. 4 oct. 1983, no 82-12.415, *Bull. civ.* IV, no 245; *JCP* 1985. II. 20374, note Veaux.
7. Civ. 3e, 6 oct. 2010, no 08-20.959, *Bull. civ.* III, no 180; *D.* 2010. 2361, obs. Lienhard; *AJDI* 2011. 227, obs. de La Vaissière.
8. Com. 6 déc. 2011, no 10-25.571, *Bull. civ.* IV, no 203.
9. *J.-Cl. Pr. civ.*, fasc. 738, nos 104 s., Lecourt – V. GUINCHARD, CHAINAIS et FERRAND, 31e éd., 2012, no 1272 – Civ. 15 janv. 1873, *DP* 1973. 1. 249 – Soc. 26 mai 1965, *Bull. civ.* V, no 404 – Com. 4 oct. 1983, no 82-12.415, *Bull. civ.* IV, no 245; *JCP* 1985. II. 20374 – V. Com. 23 janv. 1996, no 93-20.490, NP.

D. Fraude

551.131 Une autre exception à l'interdiction d'user de la tierce-opposition. Dans la mesure où l'interdiction de faire tierce-opposition s'explique par la représentation, il est normal que si les droits du prétendu représenté ont été atteints, à raison d'une fraude du représentant, l'interdiction soit levée. C'est l'application simple du principe : *fraus omnia corrumpit*.

Il appartient évidemment à celui qui entend s'emparer de l'exception d'établir l'existence de la fraude, étant rappelé que la preuve peut alors être faite par tous moyens[1].

S'agissant du concept de fraude, il est vaste et laissé à l'appréciation des juges. Il doit s'agir d'une représentation à dessein mal conduite ensuite d'une collusion entre les parties au procès[2].

Le seul fait de souhaiter préserver ses biens n'est pas constitutif d'une fraude. Ainsi la Cour de cassation a-t-elle écarté la fraude s'agissant d'une action en séparation de biens conduite par le mari, dans le dessein d'échapper aux conséquences d'une condamnation prononcée contre son épouse[3]. Rappelons à ce propos que le changement de régime matrimonial opéré en fraude des droits des créanciers permet à ceux-ci de former tierce-opposition en application de l'article 1397 du Code civil. Mais cette voie n'est pas ouverte à d'autres que les créanciers[4], de telle sorte que peut être parfois tenté un autre recours, tel que l'appel nullité[5].

SECTION 4 PROCÉDURE DE TIERCE-OPPOSITION

551.140 Plan. La tierce-opposition est principale ou incidente, et chacune des deux formes commande des délais et des procédures différentes.

1. Civ. 2e, 17 nov. 1960, *JCP* 1961. II. 12008, note du Pontavice – Com. 15 juill. 1975, no 74-12.308, *Bull. civ.* IV, no 207.
2. À TITRE D'EXEMPLES, Civ. 2e, 17 nov. 1971, no 70-10.781, *Bull. civ.* II, no 316 – Civ. 3e, 15 avr. 1980, *Gaz. Pal.* 1980. Pan. 462.
3. Civ. 1re, 8 nov. 1976, no 75-15.397, *Bull. civ.* I, no 331.
4. Civ. 1re, 24 nov. 1993, no 92-21.712, *Bull. civ.* I, no 342; *D.* 1994. 342, rapp. Thierry; *D.* 1995. 325, obs. Lucet; *RTD civ.* 1995. 673, obs. Vareille.
5. Civ. 1re, 9 juill. 1991, no 90-11.685, *Bull. civ.* I, no 238; *D.* 1992. 220, obs. Lucet; *RTD civ.* 1992. 436, obs. Lucet et Vareille – Civ. 1re, 22 oct. 1991, no 89-21.344, *Bull. civ.* I, no 279; *D.* 1992. Somm. 220, obs. Lucet; *RTD civ.* 1992. 436, obs. Lucet et Vareille; *JCP* 1994. I. 3785, no 7, obs. Wiederkehr.

§ 1 Règles propres à la tierce opposition principale

551.141 Définition. La tierce-opposition est dite principale lorsqu'elle est formée à titre agressif, en dehors de toute procédure par une partie qui entend contester une décision rendue hors de sa présence. C'est alors le tiers opposant qui prend l'initiative d'une procédure.

A. Délai d'exercice de la tierce opposition principale

551.151 Principe du délai. Quel que soit le délai applicable, il convient de relever son caractère impératif. Constitue une fin de non-recevoir le non-respect du délai, de telle sorte que le moyen d'irrecevabilité peut être proposé en tout état de cause[6] sans qu'il soit nécessaire de justifier d'un grief[7]. Le moyen peut même être soulevé d'office[8], voire pour la première fois en Cour de cassation, s'agissant d'un argument de pur droit[9].

551.152 Délai trentenaire de droit commun. L'article 586 C. pr. civ. édicte un délai de trente ans, sauf délai plus court ressortant d'un texte particulier, étant observé que le délai trentenaire court du jugement, ce qui est logique, eu égard au fait que toute décision ne peut être exécutée que pendant trente ans à dater du jour où elle intervient.

551.153 Délai raccourci et notification du jugement. Mais en application de l'article 586 alinéa 3 C. pr. civ., il est possible à l'une des parties bénéficiaires du jugement de le notifier à toute personne susceptible d'être affectée par la décision, et de réduire ainsi à deux mois le délai de la tierce-opposition. Cette disposition heureuse permet ainsi de sécuriser dans un délai raisonnable une décision, et de la rendre opposable à un tiers qui ne pourra plus la contester.

Le praticien, utilisant la notification, devra s'assurer que celle-ci est faite régulièrement et peut faire utilement courir le délai. L'article 586 C. pr. civ. insiste sur la nécessité d'indiquer dans la notification, et de façon très apparente, le délai de la tierce-opposition et la façon dont elle doit être conduite. À ce propos il est rappelé que la Cour de cassation considère que l'énoncé inexact du recours ou du délai de celui-ci ne fait pas courir le délai[10].

6. Com. 9 avr. 1991, no 90-10.951, NP; *RJDA* 1991. 659.
7. Com. 4 janv. 1978, no 76-11.580, *Bull. civ.* IV, no 10.
8. Paris, 3e ch., 10 nov. 1976, *DS* 1977. IR 199.
9. Com. 29 mai 1980, no 78-14.800, *Bull. civ.* IV, no 214.
10. Civ. 2e, 12 févr. 2004, no 02-13.332, *Bull. civ.* II, no 57; *BICC* no 1684; *D.* 2004. 1203, obs. Julien – Com. 29 mai 2001, no 98-17.469, *Bull. civ.* IV, no 107 – Civ. 2e, 3 mai 2001, no 99-18.326, *Bull. civ.* II, no 85; *D.* 2001. 1797, obs. Lienhard.

551.154 **Délais spéciaux.** Ainsi que l'envisage l'article 586 C. pr. civ., un certain nombre de textes particuliers ont raccourci considérablement le délai de tierce-opposition. S'agissant des procédures collectives, l'article R. 661-2 du Code de commerce dispose que la tierce-opposition, en matière de **sauvegarde, de redressement judiciaire et de liquidation judiciaire**, doit être faite dans les dix jours du prononcé de la décision. Toutefois pour les décisions soumises aux formalités d'insertion dans un journal d'annonces légales et au *Bulletin officiel des annonces civiles et commerciales (BODACC)*, le délai de dix jours ne court qu'à dater de la parution au *BODACC*. Pour les décisions soumises à la seule publicité dans un journal d'annonces légales, le délai de dix jours court à dater de cette insertion. La Cour de cassation a considéré que ce délai s'appliquait aussi bien à la tierce-opposition principale qu'incidente [1].

La Cour de cassation a une appréciation large du domaine de la procédure collective soumis au délai raccourci. Elle approuve une cour d'appel d'avoir déclaré irrecevable une tierce-opposition faite plus de dix jours après sa notification, contre un jugement annulant un contrat conclu après la date de cessation de paiement, dans des termes qui méritent d'être rappelés : « *Mais attendu que le jugement attaqué par la voie de la tierce-opposition a prononcé la nullité d'une vente par application de l'article 107 de la loi du 25 janvier 1985; que le litige était donc soumis à l'influence de la procédure collective et que, dès lors, la règle édictée par l'article 156 du décret du 27 décembre 1985* [2] [devenu C. com., art. R. 661-2] *quant à la recevabilité de la tierce-opposition était applicable* [...] » [3].

S'agissant de la **séparation de biens judiciaire** ou du **changement de régime matrimonial**, le délai est d'un an à dater des formalités de publicité (v. C. pr. civ., art. 1298 et 1303). Le délai est réduit à six mois à dater de la publication lorsque la tierce-opposition s'exerce contre une décision prononçant la nullité d'une société (C. com., art. R. 235-1).

B.
Compétence

551.161 **La saisine du juge d'origine.** L'article 587 C. pr. civ. dispose que la tierce-opposition formée à titre principal est portée devant la juridiction dont émane la décision. Cette règle simple évite toute difficulté de choix, étant rappelé que la formule ne signifie pas qu'il est nécessaire que ce soit les mêmes juges qui tranchent le litige, même si cela reste possible. La règle de compétence est d'ordre public, de telle sorte qu'en application de l'article 92 C. pr. civ. le juge peut prononcer d'office l'incompétence, sauf évidemment à inviter les parties à s'expliquer. Mais il n'est pas certain, contrairement à l'opinion de certains auteurs [4] que le juge soit obligé de relever l'incompétence [5].

Il importe peu que le juge saisi de la tierce-opposition ne soit pas compétent pour traiter le problème soumis au soutien du recours. Il restera compétent pour statuer sur la tierce-opposition mais devra, pour trancher un problème qui relèverait d'une autre juridiction, surseoir à statuer et renvoyer la question à la juridiction compétente. Rappelons que le préfet ne peut user de la tierce-opposition pour contester la compétence de l'ordre judiciaire au profit de l'ordre administratif [6].

C.
Forme du recours

551.171 **Mode de saisine habituel de la juridiction.** Il résulte de la combinaison des articles 54 et 587 C. pr. civ. que la tierce-opposition formée à titre principal est, sauf dispositions particulières, portée devant la juridiction dont émane le jugement attaqué par voie d'assignation ou de remise d'une requête conjointe au secrétariat de la juridiction [7].

Par arrêt du 8 novembre 1994, la Cour de cassation [8] a déclaré recevable la tierce-opposition non faite par assignation mais selon les modalités de saisine de la juridiction appelée à statuer. Cet arrêt de la chambre sociale, par sa formule impérative, doit conduire à la prudence, s'agissant de l'usage d'autres méthodes [9].

551.172 **Déclaration au greffe en matière de procédure collective.** Le praticien sait qu'il convient, chaque fois qu'il s'agit d'une procédure collective soumise à la loi du 26 juillet 2005 de sauvegarde des entreprises et au décret du 28 décembre 2005, de rechercher les contraintes procédurales particulières imposées par le législateur. L'article 329 du décret du 28 décembre 2005 (devenu C. com., art. R. 661-2) reprenant sur ce point les dispositions de l'ancien article 156 du décret du 27 décembre 1985, précise

1. Com. 14 mai 2002, n°s 99-10.325 et 99-10.535, *Bull. civ.* IV, n° 86.
2. Décr. n° 85-1388, 27 déc. 1985, relatif au redressement et à la liquidation judiciaire des entreprises, *JO* 29 déc., p. 15281.
3. Com. 21 nov. 1995, n° 93-19.252, NP.
4. SUR CE SUJET, v. *J.-Cl. Pr. civ.*, fasc. 740, n° 29, Lecourt – H. Solus et R. Perrot, *Droit judiciaire privé*, Sirey, 1961, t. II, p. 648.
5. Civ. 1re, 2 déc. 1975, n° 73-11.402, *Bull. civ.* I, n° 354; *JCP* 1976. II. 1890, note Chartier – Civ. 2e, 29 nov. 1978, n° 76-15.612, *Bull. civ.* II, n° 252 – Soc. 23 janv. 1990, n° 89-61.315, NP; *JCP* 1990. IV. 109.
6. Soc. 18 mars 1992, n° 89-40.630, *Bull. civ.* V, n° 198.
7. Civ. 2e, 8 juill. 2004, n° 02-12.789, *Bull. civ.* II, n° 401.
8. Soc. 8 nov. 1994, n° 91-40.436, NP.
9. Civ. 2e, 8 juill. 2004, n° 02-12.789, *Bull. civ.* II, n° 401; *Procédures* 2004, n° 202.

que la tierce-opposition, lorsqu'elle est recevable, est faite par déclaration au greffe, dans les dix jours du prononcé de la décision ou de l'insertion dans un journal d'annonces légales.

Il semble aujourd'hui acquis que seule la déclaration au greffe soit admise, et que toute atteinte à ce formalisme entraîne l'irrecevabilité du recours[1]. Ainsi les formes de droit commun de la tierce-opposition sont exclues (par une assignation[2], par conclusions[3], par conclusions dans le cadre d'une tierce-opposition incidente[4], par lettre[5]). Rappelons que, s'agissant d'un moyen de pur droit et d'ordre public, il peut être soulevé d'office et peut être avancé pour la première fois devant la Cour de cassation[6].

§ 2
Règles propres à la tierce opposition incidente

551.180 **Définition.** La tierce-opposition est incidente lorsqu'elle est formée au cours d'un procès pour contester un jugement opposé par une partie à une autre qui n'était pas présente à la procédure ayant conduit à la décision. S'agissant alors d'un moyen de défense, il doit être largement ouvert, et cette considération conduira à des conditions formelles moins rigoureuses.

A.
Délai d'exercice de la tierce-opposition incidente

551.181 **Principe d'une absence de tout délai.** L'article 586 alinéa 2 C. pr. civ. – reprenant la maxime *quae temporalia sunt ad agendum, perpetua sunt ad excipiendum* – précise que la tierce-opposition peut être formée sans limitation de temps, lorsqu'elle a pour objet de s'opposer à un jugement produit dans une instance.

551.182 **Délai abrégé.** Dès lors que l'article 586 alinéa 2 C. pr. civ. précise que la tierce-opposition incidente se fait sans limitation de temps, il semble que les délais abrégés ne soient pas applicables à cette procédure, d'autant que le législateur, dans cet alinéa, ne vise pas l'hypothèse où la loi en disposerait autrement. Le particularisme de la procédure collective laisse malgré tout un doute sur cette interprétation, car l'ensemble de la législation en la matière vise à évacuer les litiges dans les délais les plus courts et de façon définitive[7].

551.183 **Délai particulier ensuite de la notification.** Il a été vu que l'article 586 alinéa 3 C. pr. civ. permet à une partie, bénéficiaire d'une décision, de la notifier à une personne restée étrangère à la procédure afin de l'obliger à exercer une éventuelle tierce-opposition principale dans les deux mois de la notification (v. s^s n° 551.153). Dans ces conditions, il ne semble pas possible de permettre à une personne, qui aurait reçu notification de la décision et se serait abstenue de tout recours, d'user ultérieurement de la tierce-opposition incidente. Admettre une telle procédure, même incidente, conduirait à effacer le rôle d'opposabilité que le législateur a voulu conférer à la notification et à l'absence de tierce-opposition.

Recevant notification d'une décision, la partie qui ne fait pas tierce-opposition en admet le dispositif. Il n'est donc pas acceptable qu'ultérieurement, à l'occasion d'un autre procès, elle puisse la remettre en cause.

B.
Compétence

551.191 **Position du problème.** Le problème est plus simple puisque, dans un premier temps, le procès se déroule devant le tribunal choisi par le demandeur. Le problème de la tierce-opposition incidente se pose dès lors, tout d'abord devant cette juridiction. À ce stade, il est d'usage de distinguer la voie de rétractation et la voie de réformation.

551.192 **Voie de rétractation.** Si le procès se situe devant une juridiction inférieure à celle qui a rendu la décision qui est opposée et que l'on veut discuter par la tierce-opposition, il n'est point possible de former celle-ci devant le juge saisi, car d'un degré inférieur, il ne peut lui être demandé de modifier la décision rendue par une juridiction supérieure. Il conviendra alors de diviser le procès en deux parties, celui d'origine restant devant le tribunal saisi de la demande, et le tiers opposant saisissant la juridiction supérieure qui avait rendu la décision. Cette dernière, statuant alors en rétractation, rendra une décision qui sera alors prise en compte par le tribunal saisi du procès initial.

Dans la mesure où il s'agit de saisir la juridiction supérieure ayant rendu la décision frappée d'une

1. Com. 6 juill. 1999, n° 97-14.158, *Bull. civ.* IV, n° 154; *D.* 2000. 329, obs. Honorat; *RTD com.* 1999. 990, obs. Vallens; *Rev. proc. coll.* sept. 1999, n° 14.
2. Com. 20 juill. 1976, n° 74-14.610, *Bull. civ.* IV, n° 239 – Amiens, 3e ch., 8 déc. 1988, RG n° 3286/87.
3. Com. 7 févr. 1989, n° 87-11.078, NP; n° 236 – Com. 6 juill. 1999, n° 97-14.158, *Bull. civ.* IV, n° 154; *D.* 2000. 329, obs. Honorat.
4. Com. 29 mai 1980, n° 78-14.800, *Bull. civ.* IV, n° 214.
5. TGI Tours, 1re ch., 28 juill. 1988, *Quot. jur.* 18 nov. 1989, n° 127.
6. Com. 29 mai 1980, n° 78-14.800, *Bull. civ.* IV, n° 214.
7. *J.-Cl. Pr. civ.*, fasc. 742, n° 55, Lecourt.

tierce-opposition, il n'y a pas de problème de compétence particulier, la juridiction à saisir étant nécessairement connue.

551.193 Voie de réformation. Si la juridiction saisie du litige est de degré supérieur ou égal à celle ayant rendu la décision (dans cette circonstance, si aucune règle d'ordre public ne s'y oppose), dont une partie veut faire tierce-opposition, c'est alors cette juridiction qui va, à la fois, statuer sur la tierce-opposition puis sur le fond du litige (v. C. pr. civ., art. 588). On a coutume de dire qu'il s'agit alors d'une voie de réformation.

Si la juridiction est supérieure, le problème de compétence n'existe pas, puisque l'ensemble de la contestation est traité par celle-ci en l'espèce, nécessairement la juridiction d'appel.

Si la juridiction est d'égal degré, le problème de compétence ne se pose pas davantage s'il s'agit d'une cour d'appel qui a pleine juridiction.

Si la juridiction d'égal degré est une juridiction de première instance, elle ne peut connaître de la tierce-opposition que si une règle d'ordre public ne s'y oppose pas. Or des règles de compétence, d'ordre public, régissent les actions civiles, commerciales, prud'homales ou autres.

Ainsi, le tribunal de commerce saisi d'une action, au cours de laquelle est envisagée une tierce-opposition contre un jugement d'un tribunal de grande instance ou d'un conseil de prud'hommes, ne pourra trancher le problème de tierce-opposition.

Chaque fois qu'une règle de compétence d'ordre public, qui ne peut être, sauf exception de compétence *ratione loci*, mais seulement de compétence *ratione materiae*, s'opposera à ce que le tribunal saisi décide sur la tierce-opposition, il faudra que cette dernière soit séparée du procès, et conduite devant la juridiction ayant rendu la décision.

C. Formes du recours de la tierce opposition incidente

551.201 La juridiction saisie du litige est compétente pour statuer sur la tierce-opposition. Dans cette circonstance, aucun formalisme particulier n'est requis. La tierce-opposition incidente est présentée comme tout autre moyen, dans les formes usitées devant la juridiction saisie. En application de l'article 588 C. pr. civ., la tierce-opposition incidente est formée de la même manière que les demandes incidentes, c'est-à-dire obligatoirement par conclusions dans les procédures où la représentation est obligatoire, et par conclusions écrites ou orales dans les autres cas.

Seul importe ici le principe de l'instauration du débat contradictoire. Dès lors que les parties sont présentes, le mode usuel d'échange de l'argumentation est seul requis. Si une partie ne comparaît pas, il convient évidemment de l'assigner, une demande incidente ne pouvant être faite par simples conclusions en l'absence de la partie.

Le praticien aura soin en matière de procédure collective de rechercher les particularismes souvent présents s'agissant des formes et délais des voies de recours. En l'espèce, même incidente, la tierce-opposition doit être formée par déclaration au greffe selon les dispositions de l'article R. 661-2 du Code de commerce. Sous l'empire des anciens textes, demeurés inchangés sur ce point, il avait été admis que la tierce-opposition incidente réalisée selon les formes et délais de droit commun était irrecevable[1].

551.202 La juridiction saisie n'est pas compétente pour statuer sur la tierce-opposition. La juridiction saisie est d'un degré inférieur à celle ayant rendu la décision ou d'un degré égal mais une règle d'ordre public s'oppose à ce qu'elle statue. Il convient alors de détacher le problème de la tierce-opposition du procès initial et, procédant comme s'il s'agissait d'une tierce-opposition principale, de saisir la juridiction habilitée à trancher. Il suffit dès lors de se reporter au développement sur la tierce-opposition principale, si ce n'est qu'en l'espèce il conviendra en outre de déposer devant la juridiction saisie du litige d'origine des conclusions aux fins de sursis à statuer dans l'attente de l'issue du procès sur tierce-opposition. Mais la juridiction n'est pas tenue de surseoir si elle considère pouvoir trancher le litige sans référence au jugement versé aux débats et contesté par l'une des parties.

Il peut aussi advenir que la cour d'appel saisie ne puisse statuer sur la tierce-opposition incidente, si elle n'est pas la juridiction d'appel de la juridiction ayant rendu la décision dont tierce-opposition. Ainsi, l'appel d'une décision du juge des tutelles, qui se faisait avant le décret n° 2009-1628 du 23 décembre 2009[2] devant le tribunal de grande instance, ne permettait pas à la cour saisie d'un autre appel de statuer sur tierce-opposition incidente contre le jugement du juge des tutelles[3]. Le décret du 23 décembre 2009 ayant transmis l'appel des décisions du juge des tutelles à la juridiction de la cour d'appel (C. pr. civ., art. 1239 s.), la tierce-opposition incidente devrait désormais être possible.

1. Com. 14 mai 2002, n°s 99-10.325 et 99-10.535, *Bull. civ.* IV, n° 86.
2. Décr. n° 2009-1628, 23 déc. 2009, relatif à l'appel contre les décisions du juge des tutelles et les délibérations du conseil de famille et modifiant diverses dispositions concernant la protection juridique des mineurs et des majeurs, *JO* 26 déc., p. 22311.
3. Riom 1re ch., 6 mars 2008, RG n° 07/02483.

§ 3
Règles communes aux deux formes de tierce-opposition

A.
Procédure contentieuse

551.211 **Portée.** Quelle que soit la nature de la procédure ayant conduit à la décision attaquée par la voie de la tierce-opposition, cette dernière procédure sera toujours contentieuse, en application de l'article 587 C. pr. civ. Cette procédure sera alors dans le même état qu'à l'origine et ne pourra être élargie par des demandes nouvelles [1].

B.
Effet de l'indivisibilité du jugement sur la tierce-opposition

551.221 **Distinction.** S'il s'agit d'une tierce-opposition principale, celui qui l'a exercée a le choix des personnes qu'il attrait à cette fin. S'il s'agit d'une tierce-opposition incidente, il est possible, au-delà des personnes déjà présentes au débat initial, d'appeler d'autres parties, qui avaient participé à la procédure ayant conduit au jugement querellé. Le tiers opposant a donc, à ce stade, une certaine liberté dans la mise en œuvre de sa procédure de tierce-opposition.

Cette liberté cesse en cas d'indivisibilité. En application de l'article 584 C. pr. civ., en cas d'indivisibilité à l'égard de plusieurs parties au jugement attaqué, la tierce-opposition n'est recevable que si toutes les parties sont appelées à l'instance [2]. Dans la mesure où le jugement avait un effet indivisible, la tierce-opposition conduira à un jugement ayant le même effet, et il est dès lors indispensable que toutes les parties y soient appelées.

C.
Régime de la preuve

551.231 **Charge de la preuve.** La question de la charge de la preuve est délicate, dans la mesure où si le tiers opposant est demandeur à l'instance et doit normalement apporter la preuve du bien-fondé de son argumentation, il est aussi défendeur à une décision obtenue hors de sa présence et que son adversaire tente de lui imposer. Le tiers opposant serait anormalement traité s'il devait faire la preuve négative du mal-fondé de la décision qui lui est opposée tandis que le défendeur n'aurait rien à prouver. Mais il serait excessivement protégé s'il lui suffisait de critiquer la décision sans être contraint de motiver substantiellement sa critique.

En réalité, la solution à ce problème dépend du but que l'on assigne à cette voie de recours. Si l'on considère qu'une décision rendue doit être repensée et reprise en totalité pour être opposable à une partie absente du litige d'origine, il convient de refaire le procès comme s'il n'avait pas eu lieu. Si l'on regarde la tierce-opposition comme une critique adressée par un tiers au litige à la solution retenue, il échet d'imposer au tiers opposant de s'expliquer et d'apporter des éléments de contestation.

La Cour de cassation semblait opter pour une voie médiate et exigeait tout d'abord du tiers opposant qu'il apporte la preuve, si ce n'est du mal-fondé de la demande adverse, du moins de l'insuffisance de la décision, de la précarité des éléments retenus, de l'insuffisance des pièces produites, tous éléments de nature à jeter un doute sur la décision [3]. Puis, dès lors que cette preuve était apportée, la Cour de cassation sollicitait alors du demandeur d'origine qu'il prouve à nouveau le bien-fondé de sa prétention [4].

La Cour de cassation paraît aujourd'hui s'orienter plus résolument vers une solution plus libérale pour le tiers opposant. Par deux arrêts significatifs, elle rappelle que le tiers opposant est dans une situation semblable à celle où il se serait trouvé s'il était intervenu dans l'instance pour résister à l'action, et qu'il ne peut être statué par référence au procès dont il est fait tierce-opposition [5].

§ 4
Recours contre les décisions rendues sur tierce-opposition

551.241 **Identité des recours.** Le jugement rendu sur tierce-opposition n'est pas véritablement une instance nouvelle. L'article 592 C. pr. civ. dispose qu'il est susceptible des mêmes recours que les décisions de la juridiction dont il émane. Pour apprécier si la décision est rendue en premier ou dernier ressort, il convient de s'attacher à celle rendue sur tierce-opposition, et non pas à celle attaquée par la voie de la tierce-opposition [6].

1. Riom 1re ch., 6 mars 2008, RG n° 07/02483 – Paris, 31 mars 1962, *Gaz. Pal.* 1962. 2. 120; *RTD civ.* 1963. 166, obs. Raynaud.
2. Civ. 2e, 9 juill. 2009, n° 08-18.852, NP – Com. 14 oct. 1997, n° 95-16.023, NP.
3. Civ. 2e, 26 nov. 1965, *Bull. civ.* II, n° 954 – Com. 24 nov. 1965, *Bull. civ.* IV, n° 601.
4. Paris, 13 janv. 1964, *JCP* 1964. II. 13621, note Donnier – Caen, 23 févr. 1965, *D.* 1966. 27, note F. B. – Civ. 1re, 16 janv. 1967, *Bull. civ.* I, n° 22.
5. Civ. 1re, 28 janv. 1997, n° 94-20.922, NP; *Procédures* 1997, n° 56 – Civ. 2e, 11 mars 1999, n° 97-11.166, NP; *RTD civ.* 1999. 467, obs. Perrot.
6. Civ. 5 mars 1878, *DP* 1978. 1. 175 – Rouen, 21 févr. 1980, *DP* 1981. 2. 76 – Civ. 2e, 1er févr. 1995, n° 93-10.859, *Bull. civ.* II, n° 36; *JCP* 1995. IV. 786.

Si la décision rendue n'était pas susceptible de recours, tel est le cas du jugement rendu sur tierce-opposition (« *Attendu que le jugement rendu sur tierce-opposition à un jugement ayant prononcé la liquidation judiciaire d'un débiteur est une décision statuant sur la liquidation judiciaire au sens de l'article 171 de la loi du 25 janvier 1985; qu'en retenant que les actionnaires de la société débitrice n'étaient pas au nombre des personnes admises par ce texte à interjeter appel d'un tel jugement, lequel, en vertu de l'article 592 C. pr. civ., était susceptible des mêmes recours que les décisions de la juridiction dont il émanait, la cour d'appel a fait l'exacte application des textes précités* »[1]).

En matière de difficultés des entreprises, l'article L. 661-3 du Code de commerce dispose que le jugement statuant sur la tierce-opposition est susceptible d'appel.

551.242 Intérêt à exercer le recours. En vertu du principe « *pas d'intérêt, pas d'action* », seul celui qui a succombé, même partiellement, peut exercer un recours contre le jugement sur tierce-opposition. En cas de rejet de la tierce-opposition, seul le tiers opposant peut exercer un recours. Un arrêt a même relevé d'office cette irrecevabilité tirée du défaut de qualité de l'auteur du pourvoi en cassation[2].

SECTION 5
EFFETS DE LA TIERCE-OPPOSITION

§ 1
Effets du recours

551.251 L'effet suspensif. La tierce-opposition est une voie de recours extraordinaire. En application de l'article 579 C. pr. civ., elle n'a donc pas d'effet suspensif. Ceci est raisonnable dans la mesure où un effet suspensif permet à une partie récalcitrante de multiplier les tierces oppositions de complaisance. Il n'en reste pas moins qu'il peut advenir que l'exécution immédiate, alors qu'une tierce-opposition d'apparence sérieuse est conduite, ait des conséquences excessives, voire irrémédiables.

L'article 590 C. pr. civ. permet au juge qui connaît de la tierce-opposition de suspendre l'exécution de la décision attaquée, sans lui fixer un critère particulier. Cette décision ressortira de sa libre appréciation[3].

Il est possible de suspendre l'exécution du jugement frappé de tierce-opposition, même s'il s'agit d'une décision exécutoire de droit[4].

Cette faculté ressort du seul pouvoir du juge saisi de la tierce-opposition et ne devrait pas pouvoir être exercée par une autre juridiction, fusse-t-il le juge de l'exécution (cep. un arrêt, critiqué par le professeur Perrot, admet la suspension par le juge des référés, à cette époque compétent pour l'exécution[5]).

551.252 Sursis à statuer. L'article 589 C. pr. civ. permet à la juridiction devant laquelle le jugement attaqué est produit, de passer outre ou surseoir[6]. Cette disposition ne concerne évidemment pas la tierce-opposition principale, qui constitue l'objet même du litige, mais vise la tierce-opposition incidente, et encore uniquement dans le cas où il y a nécessité pour des raisons d'ordre public ou de degré de juridiction de faire juger la tierce-opposition par une autre juridiction que celle appelée à vider le litige. Il a été vu que, dans cette hypothèse, le tiers opposant dépose des écritures aux fins de sursis à statuer jusqu'à ce que la tierce-opposition soit jugée par la juridiction qu'il saisit.

Si le jugement, produit par une partie et contesté par l'autre, ne paraît pas déterminant pour la solution du litige, le juge peut passer outre et statuer immédiatement, sans s'arrêter à une tierce-opposition dont le résultat lui serait indifférent. Mais, dans cette circonstance, il ne peut évidemment fonder sa décision sur le jugement opposé au tiers opposant virtuel. Cette démarche, visant à l'octroi d'un sursis à statuer, constitue la mise en œuvre d'une exception dilatoire, visée dans l'article 110 C. pr. civ., ce qui implique qu'elle soit, en application de l'article 74 C. pr. civ., comme pour toutes les exceptions de procédure, effectuée avant toute défense au fond. Mais il est toujours possible de soutenir une exception de procédure après avoir conclu au fond, si l'élément qui la justifie n'était alors pas connu[7].

Ainsi, le plaideur, qui ne prend connaissance de l'existence d'un jugement versé aux débats qu'après avoir conclu au fond, doit-il être admis à solliciter le sursis à statuer et à conduire une tierce-opposition.

551.253 Effet dévolutif. En application de l'article 582 alinéa 2 C. pr. civ., la tierce-opposition a un effet dévolutif en ce qu'elle remet en question relativement à son auteur les points jugés qu'elle critique, pour qu'il soit à nouveau statué en fait et en droit[8]. Mais la Cour de cassation a eu l'occasion de préciser

1. Com. 14 déc. 1993, n° 90-19.382, *Bull. civ.* IV, n° 470.
2. Civ. 3e, 23 janv. 1973, n° 71-13.692, *Bull. civ.* III, n° 65.
3. Civ. 1re, 9 avr. 1975, n° 73-12.781, *Bull. civ.* I, n° 124 – Civ. 1re, 18 mai 1976, n° 74-13.892, *Bull. civ.* I, n° 171 – Soc. 14 janv. 1988, n° 86-10.001, *Bull. civ.* V, n° 48.
4. Paris, 25 avr. 1984, *D.* 1984. IR 338, obs. Julien.
5. V. CEP., Civ. 2e, 16 mai 1984, n° 82-16.563, *Bull. civ.* II, n° 87; *RTD civ.* 1985. 219, note crit. Perrot – Paris, 6 août 1976, *JCP* 1977. II. 18534, note J.-J. H.
6. Soc. 14 janv. 1988, n° 86-10.001, *Bull. civ.* V, n° 48.
7. Civ. 2e, 6 mars 1974, n° 72-14.156, *Bull. civ.* II, n° 86 – Paris, 17 juin 1988, *Bull. ch. avoués* 1989. 2. 50.
8. Civ. 2e, 14 déc. 2006, n° 05-19.939, préc. ss n° 551.23; *D.* 2007. 896, chron. Vigneau – Civ. 2e, 8 févr. 2007, n° 05-20.518, *Bull. civ.* II, n° 27; *Procédures* 2007, n° 107, note Perrot.

les limites de l'effet dévolutif, notamment en ce que la tierce-opposition est limitée à la remise en question des points jugés qu'elle critique et ne l'autorise pas à instaurer un nouveau litige[1]. Une décision définitive consacre l'irrégularité de la cession d'un fonds de commerce par un syndic à une personne morale, sur demande du propriétaire des murs.

Le syndic, qui n'était pas partie à l'instance, forme tierce-opposition et la SCI propriétaire des murs profite de cette procédure pour demander une indemnité d'occupation. Sa démarche est couronnée de succès par un arrêt qui est cassé en des termes particulièrement nets : « *Attendu que l'effet dévolutif de la tierce-opposition est limité à la remise en question, relativement à son auteur, des points jugés qu'elle critique, et n'autorise pas les parties à former des demandes nouvelles; Attendu qu'en statuant ainsi, alors que sur tierce-opposition, le défendeur n'est pas recevable à présenter d'autres demandes que celles tendant à faire écarter celles du tiers opposant, la cour* [...] »[2].

Est ainsi justifié l'arrêt qui refuse de tenir compte de l'évolution des facultés contributives des époux, postérieurement au jugement faisant l'objet de la tierce-opposition, dès lors que l'effet dévolutif autorise le tiers opposant à n'invoquer que les moyens qu'il aurait pu présenter s'il était intervenu en première instance[3].

L'effet dévolutif de la tierce-opposition étant limité à la remise en question, relativement à son auteur, des points jugés qu'elle critique, le défendeur n'est pas recevable à présenter d'autres prétentions que celles tendant à faire écarter celles du tiers opposant[4].

§ 2
Effets du jugement rendu sur tierce-opposition

A.
Rejet de la tierce-opposition

551.261 Autorité de la chose jugée. En cas de rejet de la tierce-opposition, le dessein du tiers opposant de voir la décision rétractée ou réformée, et en tout cas inopposable, n'est pas atteint. Dans la mesure où il a choisi de ne pas ignorer la décision, il subit les conséquences de son recours, et le jugement, qui jusqu'alors lui était inopposable, s'impose aussi à lui, puisqu'à l'issue d'un débat contradictoire, les effets en sont étendus à sa personne. Le jugement attaqué produit alors ses effets à l'égard du tiers opposant[5].

551.262 Sanction pécuniaire. L'article 581 C. pr. civ., qui n'est pas propre à la tierce-opposition, mais vise toutes les voies de recours extraordinaires, dispose que l'auteur d'un recours abusif ou dilatoire peut être condamné à une amende civile d'un maximum de 3 000 euros et à des dommages-intérêts. L'exigence d'une faute dans l'exercice du recours reste requise[6].

Bien que ressortant de la libre appréciation des juges du fond, elle doit être caractérisée dans la décision. Elle ressort le plus souvent du manque de sérieux des moyens allégués[7].

B.
Succès de la tierce-opposition

551.271 Principe de l'inopposabilité. La tierce-opposition n'a pour objet, ainsi que le rappelle l'article 582 C. pr. civ., que de remettre en question relativement à son auteur les points jugés qu'il critique. La mission dévolue à une telle procédure est dès lors limitée et en son principe elle ne peut affecter les points jugés en ce qu'ils concernent les personnes autres que le tiers opposant. Dans son article 591 C. pr. civ., le législateur précise encore ce principe et indique expressément que même annulé le jugement conserve son effet à l'égard des parties[8].

À ce stade, il est dès lors peu important de s'attacher aux termes de rétractation ou de réformation. Il suffit de noter que le jugement attaqué est inopposable au tiers opposant, de même que l'est toute décision qui en est la suite ou la conséquence[9]. Les choses sont dès lors simples en apparence. Le jugement s'exécute entre les parties d'origine et il est rétracté ou modifié en ce qui concerne le tiers opposant (une décision de la cour d'appel de Paris a rappelé que la caution, partie au jugement attaqué, reste condamnée même en présence de la rétractation du jugement s'agissant d'une autre caution tiers opposante[10]).

1. Civ. 1re, 25 juin 2008, n° 07-16.581, NP; *RTD civ.* 2008. 555, obs. Perrot – Civ. 2e, 9 oct. 2008, n° 07-12.409, *Bull. civ.* II, n° 210; *D.* 2009. 757, chron. Sommer et Nicolétis.
2. Paris, 31 mars 1962, *Gaz. Pal.* 1962. 2. 120; *RTD civ.* 1963. 166, obs. Raynaud – Civ. 3e, 6 déc. 1995, n° 94-11.068, *Bull. civ.* III, n° 252; *D.* 1996. 386, obs. Piedelièvre; *RTD com.* 1996. 243, obs. Derruppé – Civ. 3e, 6 déc. 1995, nos 94-11.913 et 92-20.876, *Bull. civ.* III, nos 252 et 253; *Rev. huiss.* 1996. 758 – Civ. 1re, 25 juin 2008, n° 07-16.581, NP; *RTD civ.* 2008. 555, obs. Perrot.
3. Civ. 2e, 7 janv. 1999, n° 95-21.197, *Bull. civ.* II, n° 5; *BICC* 1999, n° 472.
4. Civ. 2e, 9 oct. 2008, n° 07-12.409, *Bull. civ.* II, n° 210; *D.* 2009. 757, chron. Sommer et Nicolétis.
5. Civ. 3e, 6 févr. 1974, n° 72-12.240, *Bull. civ.* III, n° 67.
6. Civ. 1re, 29 oct. 1979, n° 78-80.014, *Bull. civ.* I, n° 260.
7. Paris, 17 mars 1978, *Gaz. Pal.* 1979. 1. 18, note R. D. – Civ. 1re, 3 nov. 1981, *Gaz. Pal.* 1982. 1. Pan. 127.
8. Civ. 2e, 18 mars 1998, n° 96-17.230, *Bull. civ.* II, n° 98; *BICC* 1998, n° 837.
9. Req. 17 juin 1863, *DP* 1863. 1. 457.
10. Paris, 3 juill. 1978, *Gaz. Pal.* 1978. 2. 607, note R. D.

Ce principe de limitation de l'effet du recours est une des caractéristiques de la tierce-opposition, même si elle laisse parfois un goût d'amertume. Cette simple inopposabilité est acceptable, si, parce qu'il y a des situations différentes qui appellent des solutions différentes, le jugement est rétracté ou réformé pour le tiers opposant, alors qu'il demeure entier pour la partie d'origine. Elle est plus choquante si la solution rendue sur tierce-opposition l'aurait été également à l'instance d'origine, à raison des arguments plus solides avancés ou des pièces pertinentes produites. Il reste alors un sentiment d'une décision inadéquate ou injuste, du moins dans l'un des cas, même si le principe d'autorité de la chose jugée s'oppose à la remise en question de décisions définitives.

551.272 L'indivisibilité – Exception au principe d'inopposabilité. Cette indifférence de la solution rendue sur tierce-opposition au regard des parties d'origine a ses limites, car toute décision de justice doit être exécutable. L'indivisibilité ressort de l'impossibilité « *d'exécuter en même temps les deux décisions* »[1].

Si le litige est indivisible et qu'il n'est point possible d'exécuter les deux décisions à la fois, il convient évidemment que l'une prime sur l'autre, et dans cette hypothèse, c'est la décision rendue sur tierce-opposition, aux termes d'un débat auquel toutes les parties auront nécessairement été appelées (v. C. pr. civ., art. 584), qui doit l'emporter[2]. Mais encore faut-il rechercher si l'indivisibilité est totale ou ne porte que sur certains chefs du jugement. À défaut, l'inopposabilité ou l'effet *erga omnes* de la tierce-opposition sera à considérer pour chaque chef de la décision[3].

Mais il reste que l'indivisibilité qui rend impossible d'exécuter les deux décisions reste d'un domaine limité, l'analyse logique ou cartésienne n'ayant ici que peu de place.

À titre d'exemple, il n'y a **pas indivisibilité**, et peuvent être exécutées les décisions :

- consacrant le droit à pension d'une veuve dont le mari était décédé d'une maladie qualifiée de professionnelle dans les rapports entre la veuve et la caisse, et déniant la qualité de maladie professionnelle dans les rapports entre caisse et employeur, la caisse pouvant payer la rente sans que l'employeur ne supporte une majoration de cotisations[4];

- consacrant le caractère d'accident de trajet dans les rapports entre la victime et la caisse, et le déniant dans les rapports entre la caisse et l'employeur[5];

- consacrant la faute exclusive du conducteur et rejetant toute demande indemnitaire contre un tiers non responsable et accueillant la demande du passager du véhicule conduit par le conducteur fautif contre le tiers, ce dernier pouvant à la fois ne pas indemniser le conducteur mais indemniser son passager[6];

- refusant la radiation d'une sûreté (saisie immobilière) et constatant que le notaire avait fait publier le privilège du vendeur[7];

- réduisant l'indemnité due à un client en raison de l'impossibilité de lui restituer une œuvre d'art mise à charge de la chambre de discipline et la première condamnant le commissaire-priseur lui-même à une somme plus forte[8].

La jurisprudence récente parle d'impossibilité juridique d'exécution, ce qui est sensiblement différent de l'impossibilité pratique d'exécution. Dans une affaire où une compagnie avait été condamnée à restituer les fonds au souscripteur en suite du prononcé de l'annulation du contrat et par une autre décision condamnée à verser les sommes dues au tiers bénéficiaire à raison du même contrat, la cour retient l'indivisibilité[9].

Il y a également des situations où il n'est point possible d'exécuter les deux décisions car à raison de leur indivisibilité, les contraires ne peuvent s'admettre.

À titre d'exemple, sont **indivisibles**, et justifient dès lors l'effet *erga omnes* du jugement de tierce-opposition visé à l'article 591 alinéa 2 C. pr. civ., les décisions :

- consacrant la propriété d'une partie et d'un tiers opposant sur le même immeuble[10];

- rejetant l'action en rescision puis l'admettant[11];

- affectant le droit au bail du mari et consacrant celui de son épouse sur tierce-opposition[12];

- annulant un contrat et en prononçant l'exécution[13];

- prononçant la résiliation du bail et l'expulsion du preneur, et déclarant inopposable cette résiliation au créancier titulaire d'une sûreté, le gage du créancier ne pouvant plus exister en l'absence de fonds[14].

Rappelons qu'en application de l'article 584 C. pr. civ., la tierce-opposition est irrecevable, en cas d'indivisibilité, si toutes les parties à l'instance n'y sont pas appelées.

551.273 Particularités en matière de procédures collectives. Il a été vu que la tierce-opposition est

1. Civ. 2e, 27 juin 1990, no 88-20.000, *Bull. civ.* II, no 158 – Civ. 2e, 21 juin 1995, no 93-14.381, *Bull. civ.* II, no 200 – Soc. 21 nov. 1996, no 94-19.022, NP.
2. Soc. 17 nov. 1960, *JCP* 1961. II. 11924, note R. C.; *RTD civ.* 1961. 564, obs. Raynaud.
3. Civ. 2e, 24 févr. 1993, no 91-17.390, NP.
4. Soc. 17 nov. 1960, *D.* 1961. 352.
5. Soc. 13 mars 1980, no 79-10.739, *Bull. civ.* V, no 264; *JCP* 1980. IV. 207.
6. Civ. 2e, 21 juin 1995, no 93-14.381, *Bull. civ.* II, no 200; *Gaz. Pal.* 1996. Pan. 76.
7. Civ. 3e, 8 nov. 1995, no 93-20.348, *Bull. civ.* III, no 229.
8. Civ. 2e, 19 mars 2009, no 08-10.690, NP.
9. Civ. 2e, 30 avr. 2003, no 00-22.712, *Bull. civ.* II, no 127 – V. AUSSI : Civ. 1re, 20 mars 2007, nos 05-11.296 et 05-11.473, *Bull. civ.* I, no 127.
10. Civ. 3e, 6 nov. 1970, no 69-12.332, *Bull. civ.* III, no 595.
11. Soc. 29 juin 1951, *S.* 1952. 1. 20 – Paris, 6 nov. 1956; *D.* 1956. Somm. 16.
12. Civ. 3e, 9 juin 1982, no 81-11.329, *Bull. civ.* III, no 153 – Civ. 3e, 23 janv. 1985, no 83-14.962, *Bull. civ.* III, no 16.
13. Civ. 2e, 30 avr. 2003, no 00-22.712, *Bull. civ.* II, no 267.
14. Civ. 3e, 15 déc. 1976, no 75-14.898, *Bull. civ.* III, no 466 – Civ. 3e, 6 déc. 1995, no 94-11.068, *Bull. civ.* III, no 252; *D.* 1996. 386, obs. Piedelièvre; *RTD com.* 1996. 243, obs. Derruppé – Civ. 3e, 6 déc. 1995, nos 94-11.913 et 92-20.876, *Bull. civ.* III, nos 252 et 253; *Rev. huiss.* 1996. 758.

recevable s'agissant d'un certain nombre de décisions rendues en matière de procédure collective (v. s^s^ n° 551.25). Il n'est pas envisageable, eu égard à l'ordre public, d'admettre que des décisions divergentes puissent subsister. Ainsi l'indivisibilité doit-elle être la règle en la matière, sauf cas exceptionnel.

Ne sont pas conciliables des décisions différentes sur l'ouverture ou non d'une procédure collective, ou sur la date de cessation de paiement, ou sur le plan de cession, *etc.* [1] Il est nécessaire que le jugement rendu sur tierce-opposition ait un effet *erga omnes*, et c'est en ce sens que se fixe la jurisprudence [2]. Mais, en la matière, les pouvoirs les plus larges sont laissés au juge pour éviter toute situation précaire ou ambiguë.

Dans une espèce où la Cour, sur tierce-opposition, en annulant la décision d'ouverture de la procédure collective, avait immédiatement prononcé elle-même le redressement judiciaire, la Cour de cassation rejetait le pourvoi en rappelant que les dispositions de l'article 11 du décret du 27 décembre 1985 (devenu C. com., art. R. 631-6) s'appliquent dans le cadre de la tierce-opposition [3].

1. Com. 15 avr. 1986, n° 84-13.018, *Bull. civ.* IV, n° 61.
2. Com. 14 déc. 1993, n° 91-18.635, *Bull. civ.* IV, n° 475.
3. Com. 14 déc. 1993, n° 91-18.635, *Bull. civ.* IV, n° 475.

CHAPITRE

552. Recours en révision

DOMINIQUE D'AMBRA
Professeur à l'Université de Strasbourg
Avocat

SECTION 0
ORIENTEUR

552.00 **Plan du chapitre.**

552.01 **Principaux textes applicables.**
C. pr. civ., art. 593 à 603.

552.05 **Définition.** Successeur de l'ancienne requête civile, le recours en révision visé aux articles 593 et suivants C. pr. civ. est une voie de recours extraordinaire dont l'objet est de faire rétracter un jugement pour qu'il soit à nouveau statué en fait et en droit. Ce recours vise à combattre une décision dont le contenu s'explique par le comportement frauduleux d'une partie ou par l'usage de documents ou témoignages faux. Il s'exerce dans une situation où le juge a été lui-même trompé et a pu rendre une décision inéquitable, alors qu'exactement informé des données du litige, il eût pu statuer dans un sens différent.

SECTION 1
DOMAINE DU RECOURS

552.10 **Plan.** Chaque plaideur malheureux a une tendance naturelle à souhaiter que son procès soit révisé, et trouve dans les arguments développés par l'adversaire ou dans les pièces qu'il se décide enfin à découvrir, autant d'incitations à la recherche d'une nouvelle décision. Le législateur, ayant déterminé largement les conditions dans lesquelles l'appel ou l'opposition pouvaient de façon ordinaire être utilisées, il était impératif qu'il cernât très précisément, voire avec rigueur, les conditions dans lesquelles le recours en révision pouvait être envisagé.

§ 1
Décisions susceptibles de recours en révision

A.
Exigence d'un jugement passé en force de chose jugée

552.11 La force de chose jugée. Le recours en révision ne concerne, en application de l'article 593 C. pr. civ., que le jugement passé en force de chose jugée. L'article 500 C. pr. civ. définit le jugement ayant force de chose jugée comme celui qui n'est pas susceptible d'un recours suspensif d'exécution ou qui l'étant, n'a pas donné lieu à recours dans le délai. Ainsi, le jugement susceptible d'appel ou d'opposition ne peut permettre une instance en révision pendant le délai du recours.

S'agissant de la décision susceptible de pourvoi, le recours en révision est possible et peut même être exercé concomitamment au pourvoi [1]. Le désistement du pourvoi n'emporte d'ailleurs pas renonciation au recours en révision [2].

Mais le recours en révision doit être refusé s'il s'agit d'une décision au sujet de laquelle le pourvoi est suspensif, c'est-à-dire dans les hypothèses de divorce, nationalité, absence, *etc.* [3]

552.12 Indifférence de la matière traitée. L'article 749 C. pr. civ. rappelle que les dispositions du livre Ier s'appliquent devant toutes les juridictions de l'ordre judiciaire statuant en matière civile, commerciale, rurale ou prud'homale, sous réserve des règles spéciales à chaque matière. En l'absence de réserves particulières, il doit en être déduit la possibilité d'un recours en révision en toute matière (ainsi est cassé un arrêt ayant déclaré irrecevable un recours en révision contre le jugement arrêtant un plan de cession, au motif que le fait de réserver l'appel à certaines parties excluait l'usage d'une voie de recours extraordinaire [4]; dans cet arrêt de principe, la Cour suprême rappelle : « *Le recours en révision est ouvert contre tout jugement passé en force de chose jugée; aucune disposition n'interdit l'exercice d'un tel recours contre le jugement rendu en application de l'article 174 de la loi du 25 janvier 1985* [5] [devenu C. com., art. L. 661-6] *qui arrête ou rejette le plan de cession d'une entreprise* » [6]).

En matière électorale, et nonobstant une jurisprudence ancienne contraire [7], il n'y a pas aujourd'hui d'argument justifiant le maintien de la thèse de l'irrecevabilité [8]. Il en est de même en matière disciplinaire, où le recours en révision doit être accueilli [9]. Le Conseil d'État admet désormais, malgré l'absence de texte, le recours en révision contre les décisions rendues par les juridictions disciplinaires [10]. Il devrait en être de même en dépit d'une controverse persistante, en matière gracieuse [11]. Il convient ici de citer les arrêts rendus en matière de changement de régime matrimonial permettant aux enfants, à la suite du décès de l'un des conjoints, de solliciter l'annulation d'un jugement d'homologation du changement de régime matrimonial au motif de la découverte d'un enfant adultérin [12]. Il est ouvert contre les décisions arbitrales en application de l'article 1502 C. pr. civ.

La possibilité du recours en révision reste controversée, s'agissant des décisions rendues sur intérêts civils par des juridictions répressives (ainsi sur la question des arrêts ont pu déclarer l'irrecevabilité [13]; l'irrecevabilité et la cassation sans renvoi [14]; ou la cassation [15]).

Les décisions d'un organisme de sécurité sociale n'entrent pas dans les prévisions de l'article 593

1. Civ. 3e, 22 févr. 1977, n° 75-11.656, *Bull. civ.* III, n° 89; *D.* 1977. IR 262, obs. Julien – Civ. 2e, 8 nov. 1983, n° 82-13.264, *Bull. civ.* II, n° 171; *Gaz. Pal.* 1984. Pan. 80, obs. Guinchard – Civ. 2e, 3 févr. 1988, n° 86-13.680, *Bull. civ.* II, n° 34; *Gaz. Pal.* 1988. Somm. 497, obs. Croze et Morel.
2. Civ. 2e, 27 nov. 1996, n° 94-18.303, NP; *Rev. huiss.* 1997. 397.
3. Civ. 2e, 12 juin 1996, n° 94-18.548, *Bull. civ.* II, n° 151; n° 648.
4. Com. 2 avr. 1996, n° 92-20.728, *Bull. civ.* IV, n° 107; *Procédures* juin 1996, n° 177.
5. L. n° 85-98, 25 janv. 1985, relative au redressement et à la liquidation judiciaire des entreprises, *JO* 26 janv., p. 1097.
6. *JCP* 1996. I. 3960; *JCP* 1996. IV. 1278.
7. Civ. 17 avr. 1878, *DP* 1878. 1. 247 – Civ. 16 juill. 1901, *DP* 1904. 1. 584 – Civ. 11 mai 1909, *DP* 1910. 1. 147.
8. Rép. pr. civ., v° *Recours en révision*, par R. Colson, sept. 2012 [màj janv. 2013] – *J.-Cl. Pr. civ.*, fasc. 746, Marchand et Sérapionian.
9. Civ. 1re, 28 mai 1980, n° 79-11.991, *Bull. civ.* I, n° 161.
10. CE 16 mai 2012, req. n° 331346, *Procédures* 2012, n° 237, obs. Deygas.
11. Civ. 2e, 20 mai 1985, n° 83-16.680, *Bull. civ.* II, n° 99; *Gaz. Pal.* 1985. Pan. 270, obs. Guinchard et Moussa qui relèvent la netteté de la formulation, qui renforcerait la thèse du refus du recours – V. D. Le Ninivin, *La juridiction gracieuse dans le Nouveau Code de procédure civile*, Litec, 1983, n° 5005 – J.-L. Bergel, « La juridiction gracieuse », *D.* 1983. Chron. 171 – *J.-Cl. Pr. civ.*, fasc. 746, n° 18, Marchand et Sérapionian – I. Balensi, *RTD civ.* 1978. 75 – V. TGI Pontoise, 30 sept. 1981, *Gaz. Pal.* 1982. Somm. 105.
12. Civ. 1re, 14 janv. 1997, n° 94-20.276, *Bull. civ.* I, n° 20; *JCP* 1997. I. 4047, n° 12, obs. Wiederkehr; *D.* 1997. 273, rapp. Savatier; *RTD civ.* 1997. 985, obs. Vareille – Civ. 1re, 5 janv. 1999, n° 96-22.914, *Bull. civ.* I, n° 11; *D.* 1999. 242, note Thierry; *RTD civ.* 2000. 151, obs. Vareille; *JCP* 1999. II. 10094, note Casey.
13. Crim. 19 janv. 1982, n° 80-94.321, *Bull. crim.* n° 18; *D.* 1983. IR 74, obs. Roujou de Boubée.
14. Crim. 24 août 1981, n° 80-92.380, *Bull. crim.* n° 249.
15. Crim. 5 nov. 1981, n° 81-90.832, *Bull. crim.* n° 296 – Crim. 19 janv. 1982, n° 80-94.321, *Bull. crim.* n° 18; *D.* 1983. IR 74, obs. Roujou de Boubée.

C. pr. civ. et ne sont pas susceptibles d'un recours en révision[1].

B. Exclusions particulières

552.21 Arrêts de Cour de cassation. Le recours en révision n'est pas ouvert contre les arrêts rendus par la Cour de cassation[2]. Cette exclusion est conforme à l'article 593 C. pr. civ. qui donne mission à l'instance en révision de faire rejuger en fait et en droit. Loin d'être dirigé contre l'arrêt rendu par la Cour suprême, le recours doit viser la décision rendue par la juridiction ayant statué en fait et en droit, et ayant donc pouvoir d'y procéder à nouveau.

552.22 Ordonnances de référé. En application de l'article 488 C. pr. civ., l'ordonnance de référé n'a pas autorité de chose jugée et peut être rapportée ou modifiée en cas de circonstances nouvelles. Dans la mesure où le recours en révision doit être une voie subsidiaire, ouverte aux seules hypothèses où une autre solution n'existe pas, il ne peut être admis contre les ordonnances de référé. En effet, les cas d'ouverture, au demeurant contraignants et limités, constitueraient, s'ils étaient établis, les circonstances nouvelles permettant au plaideur de solliciter la rétractation ou la modification de l'ordonnance, par la procédure ordinaire. Le recours en révision ne peut donc être admis contre les ordonnances de référé (ou contre les arrêts statuant sur appel d'ordonnances de référé)[3] (not. un arrêt avec une motivation sans ambiguïté : « *Et attendu ensuite que le recours en révision n'est pas ouvert contre les décisions de référé qui sont susceptibles d'être rapportées ou modifiées en cas de circonstances nouvelles* »[4]).

552.23 Ordonnances sur requête. La même solution de rejet du recours en révision doit être adoptée, s'agissant des ordonnances sur requête, dans la mesure où celles-ci peuvent être déférées au juge qui les a rendues aux fins de rétractation ou réformation en application de l'article 496 alinéa 2 C. pr. civ., étant rappelé qu'aucun délai n'est imposé pour engager une telle procédure en rétractation[5].

552.24 Décisions avant dire droit ou prescrivant des mesures provisoires. S'agissant de décisions avant dire droit, elles ne peuvent pas faire l'objet d'une procédure en révision, dont l'objet est de modifier ce qui est jugé, alors que précisément en l'espèce rien n'est jugé. Pour ce qui concerne les décisions prescrivant une mesure provisoire, pour la durée de l'instance, le recours en révision n'est pas davantage ouvert dès lors que jusqu'au dessaisissement de la juridiction il est possible de supprimer, modifier ou compléter la mesure ordonnée en cas de survenance d'un fait nouveau[6] (a ainsi été rejeté un recours en révision en matière de divorce[7]).

552.25 Décisions au fond allouant une provision. Seul l'argument de subsidiarité semble justifier le refus du recours en révision contre une décision allouant une provision, décision qui tranche nécessairement au fond[8]. Il est vrai qu'un tel recours n'a que peu d'intérêt pratique car le procès se poursuit après l'octroi d'une provision et il est dès lors toujours possible de solliciter de la juridiction qu'elle vide le litige, circonstance qui la conduira à ordonner la restitution de la provision indûment versée, si elle considère au fond que la résistance était justifiée. Mais en l'état d'une Cour de cassation muette sur le sujet, il est difficile d'être affirmatif. Notons que la cour d'Amiens, par arrêt du 19 mai 1980 avait pris le parti du refus du recours en révision. Sur pourvoi, la Cour de cassation, qui a retenu l'irrecevabilité du recours en révision en raison de l'absence d'un des cas d'ouverture, n'a pas tranché le problème de la possibilité du recours en révision contre une telle décision[9].

552.26 Décisions de divorce sur requête conjointe. Le recours en révision a déjà été admis dans le cadre du divorce pour faute[10].

Évidemment très différente est la situation du jugement d'homologation d'un accord des époux à la fois sur le prononcé du divorce et sur la liquidation de leurs intérêts patrimoniaux. Il n'est pas en théorie choquant d'envisager la remise en cause d'une prestation ou d'un partage, sans pour autant toucher au divorce, dans la mesure où l'article 602 C. pr. civ. prévoit qu'il est possible de ne réviser qu'un seul chef de jugement, sauf si les autres en dépendent. Il n'est pas davantage anormal d'envisager la révision d'une

1. Civ. 2e, 13 juill. 2006, n° 05-14.471, *Bull. civ.* II, n° 215.
2. Civ. 3e, 12 juin 1991, n° 90-15.411, *Bull. civ.* III, n° 176; *D.* 1992. 127, obs. Julien.
3. Civ. 2e, 27 avr. 1988, n° 86-15.623, *Bull. civ.* II, n° 102; *JCP* 1988. IV. 230; *Gaz. Pal.* 1988. Somm. 497, obs. Guinchard et Moussa; *RTD civ.* 1988. 578, obs. Perrot.
4. Soc. 25 oct. 1994, n° 87-45.661, NP – Civ. 2e, 11 juill. 2013, n° 12-22.630, *Bull. civ.* II [à paraître].
5. Civ. 2e, 26 nov. 1990, n° 89-18.207, *Bull. civ.* II, n° 247; *Gaz. Pal.* 7 nov. 1991. Somm. 466, obs. Croze et Morel.
6. Civ. 2e, 3 oct. 2002, n° 01-00.800, *Bull. civ.* II, n° 202; *RTD civ.* 2003. 66, obs. Hauser.
7. Civ. 2e, 3 juin 1999, n° 97-18.754, *Bull. civ.* II, n° 106; *D.* 2000. 300, obs. Hauser; *RTD civ.* 1999. 821, obs. Hauser; *RTD civ.* 2000. 300, obs. Hauser.
8. Com. 20 janv. 1981, n° 78-12.627, *Bull. civ.* IV, n° 39.
9. Civ. 2e, 3 févr. 1982, *Gaz. Pal.* 1982. 2. 620, note Viatte.
10. Civ. 2e, 23 oct. 1991, n° 90-10.015, NP; *RTD civ.* 1992. 369, note Hauser, Huet-Weiller – Civ. 2e, 4 mars 1992, n° 90-20.339, NP; *D.* 1993. 215, note Piotraut; *RTD civ.* 1993. 568, obs. Hauser; *JCP* 1993. II. 22092, note Martin – Civ. 2e, 12 juin 2008, n° 07-15.962, *Bull. civ.* II, n° 141; *D.* 2009. 53, obs. Douchy-Oudot; *AJ fam.* 2008. 344, obs. David; *RTD civ.* 2008. 462, obs. Hauser; *Procédures* 2008, n° 229, note Perrot.

prestation ou d'un partage, s'il s'agit de revenir sur la tromperie de l'un des conjoints. Il est enfin acceptable de considérer que, après homologation, la convention acquiert le caractère d'une décision de justice[1].

Le problème réside en réalité dans le fait que les époux ont passé une convention d'ensemble, emportant souvent des concessions réciproques et concrétisant un accord de volontés global qu'il est difficile de remettre en cause partiellement. Dès lors, une analyse rationnelle devrait conduire à constater l'atteinte au consentement des parties et à la remise en cause de l'ensemble du divorce, ce qui est difficile[2]. Les juges du fond et la doctrine ont été divisés[3], mais la Cour de cassation a retenu l'irrecevabilité du recours en révision partielle du jugement prononçant le divorce sur requête conjointe en ses dispositions relatives au partage des biens, car le prononcé du divorce sur demande conjointe et l'homologation de la convention définitive ont un caractère indissociable[4].

552.27 Jugement d'expertise. Le jugement d'expertise participant de l'instruction du litige n'est pas susceptible d'un recours en révision[5]. Il peut en être autrement si, au-delà de la simple mesure d'expertise, le tribunal tranche une contestation.

§ 2
Parties à l'instance de révision

A.
Demandeur

552.31 Capacité et intérêt. Comme pour toute action en justice, il est nécessaire que le demandeur à la révision ait la capacité d'agir, son absence constituant une irrégularité de fond susceptible de conduire à la nullité sans qu'il soit besoin de justifier d'un grief (v. C. pr. civ., art. 117 s.). Découle également des principes généraux l'exigence d'un intérêt à agir[6].

Il s'agit là d'une fin de non-recevoir admissible à tout moment et indépendante de la notion de grief (C. pr. civ., art. 122).

552.32 Nécessité d'avoir été partie ou représenté. L'article 594 C. pr. civ. ne permet le recours en révision qu'aux personnes ayant été parties ou représentées au jugement. Il est renvoyé sur ces notions aux développements relatifs à la tierce-opposition puisque celles-ci sont également essentielles à la recevabilité de la révision. Pour être admis en tierce-opposition, il faut ne pas avoir été partie ou représenté. Pour être reçu en révision, il faut précisément avoir été partie ou représenté (est irrecevable le recours en révision d'un associé d'une SCI qui avait été condamnée et qui risquait donc *in fine* d'être tenue au paiement au prorata de ses parts. N'étant pas partie, il lui appartenait de faire tierce-opposition, sous réserve qu'il n'ait pas été représenté et ait eu des moyens propres à faire valoir[7]; l'action en révision d'une décision à laquelle participait le débiteur mis ensuite en redressement judiciaire est refusée au commissaire à l'exécution du plan[8]).

552.33 Défaut de qualité et irrecevabilité. Le fait de n'avoir pas été partie ou représenté constitue une fin de non-recevoir. Celle-ci tenant au défaut de qualité, et contrairement à celle tenant au défaut d'intérêt, ne peut pas être soulevée d'office par le juge[9].

B.
Défendeur

552.41 Obligation d'appeler toutes les parties. En application de l'article 597 C. pr. civ., toutes les parties au jugement attaqué doivent être appelées à l'instance en révision, sous peine d'irrecevabilité. La règle est suffisamment nette pour qu'il ne soit pas utile au praticien de rechercher l'intérêt qu'il y aurait à mettre certaines personnes seulement en cause. Le caractère impératif du texte a conduit la jurisprudence à considérer qu'il s'agit d'un moyen d'ordre public, susceptible d'être soulevé d'office[10].

1. EN CE SENS, Aix-en-Provence, 19 mai 1987, *Gaz. Pal.* 1987. 2. 652.
2. EN CE SENS, Civ. 2e, 28 mars 1979, no 77-15598, *Bull. civ.* II, no 97 – TGI Nanterre, 17 oct. 1979, *D.* 1980. 297, note Massip.
3. Pour R. Lindon et P. Bertin, « La convention définitive dans le divorce sur requête conjointe. Nouvelle étude du problème », *JCP* 1981. I. 3021, no 11; « Le recours en révision contre l'homologation de la convention définitive dans le divorce sur requête conjointe », *JCP* 1982. I. 3082 – Aix-en-Provence, 19 mai 1987, *Gaz. Pal.* 1987. 2. 652, note Latil – Versailles, 11 janv. 1988, *D.* 1988. IR 42 – Versailles, 18 mai 1990, RG no 562/90, *D.* 1990. IR 1990 – Rép. pr. civ., vo *Recours en révision*, par R. Colson, sept. 2012 [màj janv. 2013] – *RTD civ.* 1992. 369; *RTD civ.* 1992. 370, obs. Hauser et Huet-Weiller – CONTRA, Bénabent, *Droit civil. La famille*, 5e éd., Litec, 1993, no 314 – Rép. pr. civ., vo *Divorce (procédure)*, par A. Gouttenoire, mars 2010 [màj mars 2013] – Civ. 2e, 28 mars 1979, no 77-15.598, *Bull. civ.* II, no 97; *D.* 1980. 297 – SUR L'INDISSOCIABILITÉ : Civ. 2e, 6 mai 1987, no 86-10.107, *Bull. civ.* II, no 103; *D.* 1987. 359.
4. Civ. 1re, 5 nov. 2008, no 07-14.439, *Bull. civ.* I, no 247.
5. Civ. 2e, 22 févr. 2007, no 05-18.829, *Bull. civ.* II, no 43; *Procédures* 2007, no 106.
6. Civ. 2e, 11 juill. 1979, no 78-12.546, *Bull. civ.* II, no 211.
7. Civ. 3e, 27 nov. 1991, no 88-19.870, *Bull. civ.* III, no 296.
8. Com. 16 mars 1999, no 96-18.933, *Bull. civ.* IV, no 68; *D.* 1999. 349, obs. Honorat; *RTD com.* 2000. 447, obs. Saint-Alary-Houin.
9. Com. 29 janv. 1980, no 78-10.517, *Bull. civ.* IV, no 46 – Civ. 3e, 13 mars 1984, no 82-16.608, *Bull. civ.* III, no 69; *Gaz. Pal.* 1984. 2. Pan. 216, obs. Guinchard – Civ. 2e, 6 janv. 1988, no 86-15.851, NP; *JCP* 1988. II. 21089, obs. Cadiet.
10. Paris, 19 juin 1980, RG no 79-40.253.

Dans la mesure où le défendeur est appelé par une citation qui doit être délivrée dans un certain délai, il est impératif que toutes les citations contre toutes les parties défenderesses aient été délivrées dans le délai utile. À défaut, il ne semble pas possible de réparer les erreurs et oublis et l'ensemble du recours est irrecevable[1]. Cette obligation s'étend évidemment aux héritiers ou légataires universels d'une partie décédée.

S'agissant des ayants cause à titre particulier, il n'y a pas obligation de les appeler pour la recevabilité, mais si le procès porte sur un litige les concernant, il sera prudent de le faire, ne serait-ce que pour éviter la nécessité d'une nouvelle procédure. Le recours en révision doit être communiqué au ministère public (v. s[s] n° 552.141).

552.42 Intervention des tiers. La procédure, ainsi diligentée ressortira du droit commun, et il n'y a dès lors aucun obstacle à ce que les interventions volontaires ou forcées puissent être réalisées, sauf à respecter les règles particulières en la matière, à savoir : articles 325 à 338 et 554 et 555 C. pr. civ.

§ 3
Conditions communes à tous les cas de recours

552.50 Énumération légale limitative - Double condition. La loi définit un certain nombre de cas d'ouverture de recours en révision et il n'est point possible ni d'en rajouter, ni d'en user à d'autres fins[2] (est rejeté un pourvoi fondé sur l'amputation d'une pièce prétendument découverte après la décision, alors que ce cas ne justifiait pas l'instance en révision[3]).

En outre, au-delà de la nécessité de se trouver dans l'un des cas d'ouverture, deux conditions préalables doivent être impérativement remplies. Il est nécessaire que la situation fâcheuse dans laquelle se trouve le demandeur à la révision ne résulte pas de sa propre faute. Il convient ensuite que la situation qu'il invoque soit telle que si elle avait été connue, elle eût entraîné la juridiction à statuer différemment.

A.
Absence de faute du demandeur

552.51 Portée. En application de l'article 595 C. pr. civ. *in fine*, le recours n'est recevable que si son auteur, sans faute de sa part, n'a pu faire valoir la cause qu'il invoque avant que la décision ne soit passée en force de chose jugée. Commet une faute, rendant le recours irrecevable, celui qui omet, avant le début d'une procédure contre une société commerciale, de se faire délivrer un extrait K *bis*[4]. Le recours en révision reste subsidiaire et ne peut être ouvert que s'il n'a pas été possible d'user d'un recours ordinaire, susceptible d'éviter une exécution.

C'est pourquoi, par cet article, le législateur impose au plaideur qui, alors qu'il est encore temps de plaider, décèle la fraude ou apprend la fausseté de documents ou témoignages, ou découvre une pièce, d'en faire état immédiatement. Apprenant l'existence de la cause dans le temps du procès, il doit évidemment la faire valoir. Mais il en est de même s'il l'apprend après le jugement, mais encore dans le délai d'un recours ordinaire.

Ainsi, le plaideur, qui après le jugement, mais dans le délai d'appel ou d'opposition, apprend l'existence d'une cause de révision et s'abstient d'user de la voie de recours ordinaire, ne peut ultérieurement engager un recours en révision[5]. Cette disposition heureuse empêche une partie de celer au juge un élément important dans le dessein de s'en servir aux fins de révision si la solution à venir ne lui convient pas.

Il appartient au demandeur à la révision d'apporter la **preuve** de l'impossibilité de faire valoir le moyen avant que la décision n'intervienne et le juge bénéficie sur ce point, d'une appréciation souveraine[6].

B.
Caractère déterminant de la cause de révision

552.61 Notion. L'effet du recours en révision est de faire modifier la décision et non pas de faire constater que la partie gagnante a usé de moyens peu délicats pour triompher. Il est donc impérativement nécessaire que l'élément invoqué, s'il eût été connu du juge, eût conduit à une décision différente. Si la fraude, la dissimulation des pièces, la production d'un document ou d'un témoignage faux n'a pas été déterminante d'une décision fondée sur d'autres éléments, le reproche, pour pertinent qu'il soit sur le plan moral, est dépourvu d'effet quant à la révision (n'est pas retenue comme élément déterminant la fraude commise par le preneur d'un fonds de boulangerie qui avait prétendu faussement que le four lui appartenait alors qu'il le tenait d'un crédit bailleur, au regard d'une résiliation prononcée pour changement de destination des lieux[7]; est approuvée une

1. Paris, 5 mars 1980, RG n° 78-40.786 – Paris, 17 mars 1978, *Gaz. Pal.* 1979. 1. 18, note R. D.
2. Paris, 1re ch., 13 janv. 1978, *D.* 1978. IR 412, obs. Julien.
3. Civ. 1re, 9 oct. 1979, n° 78-13.757, *Bull. civ.* I, n° 237; *AJ fam.* 2009. 134, obs. Hilt.
4. Civ. 2e, 14 mai 1997, n° 95-14.343, *Bull. civ.* II, n° 146; *RJDA* 1998. 50 – Civ. 2e, 25 juin 1997, n° 95-14.569, NP; *Procédures* 1997, n° 232.
5. Civ. 2e, 21 mars 1979, n° 77-14.051, *Bull. civ.* II, n° 92; *D.* 1979. IR 482, obs. Julien; *RTD civ.* 1979. 674, obs. Perrot.
6. Civ. 2e, 10 sept 2009, n° 08-19.223, NP.
7. Civ. 1re, 11 sept. 2013, n° 12-17.730, NP – Civ. 2e, 21 févr. 2013, n° 12-14.440, *Bull. civ.* II, [à paraître]; *BICC* 15 juin ▶

cour ayant rejeté une demande en révision aux motifs que si deux pièces avaient été jugées fausses, la décision querellée s'appuyait sur d'autres éléments[1]). À titre d'exemple, la dissimulation par le conjoint de l'existence d'un patrimoine est nécessairement déterminante pour la détermination de la prestation compensatoire[2].

§ 4
Cas d'ouverture

552.70 **Textes.** Ils sont énumérés de façon restrictive par l'article 595 C. pr. civ. qui n'envisage que quatre hypothèses.

A.
Fraude

552.71 **Double exigence.** Le recours est possible s'il se révèle après le jugement que la décision a été surprise par la fraude de la partie au profit de laquelle elle est rendue. Il y a, dans ce cas d'ouverture, deux exigences différentes, l'une tenant à l'existence d'une fraude et l'autre à son auteur.

552.72 **Notion de fraude.** Parce qu'elle était difficile à cerner, les auteurs ont tenté pendant longtemps de rapprocher la notion de fraude de celle du dol personnel, celle-ci ayant été une des causes de la requête civile de l'article 480 ACPC, l'ancêtre du recours en révision. Or la jurisprudence avait eu l'occasion d'accepter une définition très large du dol, admettant outre les manœuvres, le mensonge et même les silences[3]. Admettre une telle définition conduisait dès lors nécessairement à ouvrir largement l'hypothèse de fraude et par là même les cas de révision. Il s'ensuivait pour chaque plaideur une obligation de loyauté, lui imposant de ne rien cacher au juge, même ce qui pouvait lui être défavorable. C'est l'appréciation moraliste qui triomphait[4]. Par un arrêt de principe, la Cour de cassation mettait un terme à cette conception de la fraude, en rappelant que « *le recours en révision est ouvert pour fraude et non pas pour dol personnel* »[5]. Dès lors la fraude prenait une connotation active, exigeant que son auteur ait agi en vue de tromper le juge[6].

Il est désormais acquis que des agissements peuvent être constitutifs de fraude (par ex. l'utilisation de fausses pièces, bien que ce puisse être un cas d'ouverture distinct[7]).

La difficulté n'existe pas, dès qu'il s'agit d'un acte positif, car il s'agit alors d'apprécier son importance et l'effet qu'il a eu sur le juge. L'idée dominante est qu'il s'agit d'une tromperie délibérée pour fausser la décision du juge[8].

552.73 **Fraude et mensonge.** Beaucoup plus difficile à cerner est la fraude quand il s'agit du **mensonge actif** ou du **silence mensonger**. Il convient de s'arrêter à cette situation, qui est pourtant la plus fréquente. Le plaideur est-il contraint de tout dire et de ne dire que des choses exactes ?

Il semble que l'arrêt déterminant du 21 juin 1980, mettant un terme à l'assimilation entre dol et fraude, ne permet plus de considérer que le simple mensonge ou le silence mensonger sont constitutifs de fraude, sans d'autres éléments de nature à le renforcer (est censurée une cour d'appel ayant qualifié de fraude une simple dénégation mensongère de l'existence d'un recours contre une décision par défaut, pour obtenir une saisie[9]). Cependant la jurisprudence récente conduit à nuancer cette affirmation.

Il faut tout d'abord distinguer le **simple mensonge** ou le **simple silence**, du mensonge accompagné d'un autre élément. Ainsi, le fait de mentir en dissimulant en outre des pièces comptables peut être considéré comme une fraude[10], ce qui s'explique par le fait que la rétention des pièces est elle-même un cas d'ouverture. Le fait de mentir et en même temps de s'abstenir de communiquer les pièces réclamées peut être constitutif de fraude (est admise la fraude à raison de l'affirmation mensongère de l'épouse relative à son absence d'emploi, au regard d'une demande de prestation compensatoire, « *laquelle n'avait cessé de donner lieu à des sommations de communiquer et à des incidents de procédure* »[11]). La Cour de cassation, dans cet arrêt dont la longueur de la motivation doit être

▶ 2013, n° 879; *D.* 2013. 568; *AJ fam.* 2013. 236, obs. David; *Procédures* 2013, n° 142, obs. Perrot – Civ. 2e, 17 mars 1983, n° 82-10.120, *Bull. civ.* II, n° 83; *Gaz. Pal.* 1982. 2. Pan. 227, obs. Guinchard.

1. Civ. 2e, 28 mai 1990, n° 89-12.484, NP.
2. Civ. 2e, 12 juin 2008, n° 07-15.962, *Bull. civ.* II, n° 141; *D.* 2009. 53, obs. Douchy-Oudot; *AJ fam.* 2008. 344, obs. David; *RTD civ.* 2008. 462, obs. Hauser; *Procédures* 2008, n° 229, note Perrot.
3. Dijon, 6 avr. 1976, *Gaz. Pal.* 1976. 2. 536; *JCP* 1977. II. 18648, note J. A. – Besançon, 12 févr. 1930, *Gaz. Pal.* 1930. 1. 790; *RTD civ.* 1930. 836, obs. Japiot – Req. 8 juin 1931, *S.* 1931. 1. 366.
4. Lyon, 18 juin 1977, *Gaz. Pal.* 1977. 2. 662 – TGI Rouen, 23 oct. 1978, *D.* 1979. IR 245, obs. Huet-Weiller – Aix-en-Provence, 29 mai 1979, *Bull. IEJ Aix* 1979. II. 63.
5. Civ. 2e, 21 juill. 1980, n° 78-16.197, *Bull. civ.* II, n° 190; *Gaz. Pal.* 1981. 1. 154, note Viatte; *RTD civ.* 1981. 456, obs. Perrot.
6. Civ. 2e, 23 févr. 1983, *Gaz. Pal.* 1983. 2. Pan. 228.
7. Civ. 2e, 22 oct. 1981, *Gaz. Pal.* 1982. Pan. 107.
8. Civ. 3e, 5 mai 2009, n° 08-13.661, NP; *Procédures* 2009, n° 228.
9. Civ. 2e, 23 févr. 1983, NP; *Gaz. Pal.* 1983. 2. Pan. 228.
10. Douai, 23 juin 1976, *Gaz. Pal.* 1977. 1. 90.
11. Civ. 2e, 4 mars 1992, n° 90-20.339, NP; *JCP* 1993. II. 22092, note Martin; *D.* 1993. 215, note Piotraut; *RTD civ.* 1993. 568, obs. Hauser – EN CE SENS : Civ. 2e, 18 déc. 2008, n° 08-10.195, NP.

appréciée comme la marque de la limite de ce qui peut être regardé comme frauduleux, a pris la précaution de rappeler que cette attitude de mensonge et le silence devant les sommations ne pouvaient être considérés que comme l'intention d'obtenir des juges une décision qu'ils n'auraient pas rendue s'ils avaient été informés. La Cour n'exclut pas, par cet arrêt, le mensonge, mais elle l'insère dans des contraintes particulières. Il est vraisemblable que sans la dénégation forte du défendeur, la multiplication des incidents et des sommations, le mensonge n'eût alors été regardé que sous un aspect passif.

Le mensonge n'est frauduleux que s'il est actif, c'est-à-dire maintenu en face d'une situation contestée et constitutif de manœuvre (refus de communiquer des pièces précises, *etc.*). La Cour de cassation a eu l'occasion de préciser sa jurisprudence dans une espèce où un mari avait obtenu le divorce à son profit, en cachant au juge une liaison et même la naissance d'un enfant. Elle approuve une cour d'appel d'avoir rejeté la fraude par une motivation caractéristique de sa volonté de ne pas ranger le mensonge passif au rang de la fraude. « *L'arrêt retient que pour qu'une fraude soit caractérisée en l'espèce, il aurait fallu que M. G... ait tenté par des manœuvres frauduleuses précises de dissimuler la réalité d'un fait qui lui aurait été expressément reproché et que le silence qu'il a observé sur sa vie sentimentale n'a pu constituer une fraude susceptible de justifier la révision de l'arrêt ayant prononcé le divorce aux torts de la femme; que par ces constatations et énonciations qui relèvent de son pouvoir souverain, la cour d'appel a légalement justifié sa décision* »[1]. Cet arrêt conduit l'annotateur à relever que le silence en soi n'est pas une fraude[2]. Mais par un arrêt significatif elle a introduit la **notion de loyauté dans les débats**, ce qui annonçait une évolution dans l'appréciation de la fraude[3]. Puis elle a cassé un arrêt qui avait déclaré irrecevable un recours en révision au motif que si X avait menti sur le montant de ses revenus, ce seul mensonge ne suffisait pas à caractériser la fraude exigée par l'article 595 C. pr. civ. dès lors qu'il n'était pas accompagné de manœuvres destinées à la corroborer. La Cour de cassation censure cette décision car « *en statuant ainsi, alors que le patrimoine est un élément d'appréciation expressément prévu par la loi dont le juge doit tenir compte pour fixer la prestation compensatoire, de sorte que la dissimulation par l'époux de l'existence de revenus, nécessairement déterminants pour statuer sur la demande de l'épouse, constitue une fraude, la cour d'appel a violé les textes susvisés* »[4].

Des affirmations mensongères circonstanciées et renouvelées, étayées de pièces, ainsi que le silence gardé sur une situation peuvent être qualifiées de fraude par le juge, qui bénéficie d'une appréciation souveraine[5].

552.74 Appréciation souveraine des juges du fond. La Cour de cassation laisse à l'appréciation souveraine des juges du fond la constatation et l'énonciation de la fraude[6]. Elle semble néanmoins attendre de ceux-ci qu'ils vérifient que la dissimulation par une partie d'un élément d'appréciation ait joué un rôle déterminant dans la décision du juge[7].

B.
Recouvrement de pièces décisives

552.81 Ouverture du recours. Le recours est ouvert « *si, depuis le jugement, il a été recouvré des pièces décisives qui avaient été retenues par le fait d'une autre partie* » (C. pr. civ., art. 595).

552.82 Découverte postérieure à la décision. L'article 595 C. pr. civ. n'admet comme cas d'ouverture que l'hypothèse où les pièces ont été découvertes après la décision, exigence conforme à la nécessité de n'avoir pu, sans faute, faire valoir tous arguments utiles avant que n'intervienne le jugement. Si le plaideur découvre la pièce avant la décision, il doit en faire état sans délai. À défaut, c'est à raison de sa propre faute qu'il n'a pu en être tenu compte, et le recours est alors fermé[8].

S'il s'agit d'une pièce d'un dossier pénal, dont l'existence est connue, mais insusceptible d'être versée déjà aux débats parce que l'instruction n'est pas finie, il importe de demander à la juridiction de surseoir[9] (de même pour des pièces qui sont sous scellés[10]).

552.83 Notion de pièce. La notion de pièce est nécessairement très vague et aucune limitation de principe ne peut être apportée, d'autant que l'émergence de nouveaux moyens de communication révèle chaque jour de nouveaux supports.

Il peut s'agir d'un document papier (par ex. une reconnaissance de dette[11]), mais aussi d'enregistrement, disquettes informatiques, cassettes, films, maquettes, *etc.*

1. Civ. 2e, 24 janv. 1996, no 94-12.902, NP – Pourvoi c/ Paris, 29 janv. 1993, RG no 92/7550, *Procédures* mars 1996, no 73.
2. EN CE SENS : Paris, 13 janv. 1978, *D.* 1978. IR 412, obs. Julien.
3. Civ. 3e, 27 sept. 2006, no 05-16.451, *Bull. civ.* III, no 192; *JCP* 2006. IV. 3050; *Procédures* 2007, no 16, obs. Junillon.
4. Civ. 2e, 21 févr. 2013, no 12-14.440, *Bull. civ.* II, [à paraître]; *D.* 2013. 568; *AJ fam.* 2013. 236, obs. David; *Procédures* 2013, no 142, obs. Perrot.
5. Civ. 2e, 18 déc 2008, no 08-10.195, NP.
6. Civ. 2e, 21 juill. 1980, no 78-16.197, *Bull. civ.* II, no 190; *Gaz. Pal.* 1981. 1. 154, note Viatte; *RTD civ.* 1981. 456, obs. Perrot.
7. Civ. 2e, 23 févr. 1983, NP; *Gaz. Pal.* 1983. 2. Pan. 228.
8. Civ. 2e, 21 mars 1979, no 77-14.051, *Bull. civ.* II, no 92; *RTD civ.* 1979. 694, obs. Perrot.
9. Paris, 30 juin 1972, *DP* 1973. 79, concl. Granjon.
10. Civ. 2e, 23 oct. 1991, no 90-11.502, *Bull. civ.* II, no 279; *JCP* 1991. IV. 454.
11. Paris, 18 mars 1975, *Gaz. Pal.* 1975. 2. 667, note Giscard.

552.84 **Rétention de la pièce par une autre partie.** Le terme rétention implique nécessairement que la pièce existât avant le jugement. Si ce n'est pas le cas, la révision de ce chef n'est pas possible[1]. De même, il est nécessaire que la pièce ait été retenue par une autre partie, étant d'ailleurs rappelé que le juge a désormais la possibilité d'ordonner à des tiers à une procédure de produire des documents.

La non-remise d'un document détenu par un tiers, voire le refus d'un sachant de faire une attestation, ne peuvent fonder le recours. Mais il est possible que la rétention soit faite, par un concert frauduleux, à la fois par le tiers et par une partie[2].

Le fait de la rétention ne peut être retenu que dans la mesure où celle-ci interdit la production de la pièce. Ainsi, le refus de produire des documents qui sont publiés, ou déposés, et donc accessibles aux parties, ne permet pas de recevoir la révision. Tel est le cas des pièces d'état civil, actes authentiques publiés, documents de sociétés, *etc.*[3] Il a cependant été jugé que la communication de pièces à l'occasion d'un débat judiciaire étant soumise au principe de loyauté, une cour d'appel a pu retenir que n'avait commis aucune faute une partie qui n'avait pas levé elle-même un document publié aux hypothèques, objet d'une communication incomplète de la part de son adversaire et que son recours en révision était recevable[4].

Enfin, la rétention doit être intentionnelle[5]. S'agissant du caractère intentionnel et donc fautif de la rétention, la Cour de cassation laisse aux juges un pouvoir souverain d'appréciation[6], de telle sorte qu'ils examineront souvent la pièce pour déterminer si, au regard de son importance, elle avait pu être celée sans malice[7].

552.85 **Caractère décisif de la pièce.** Eu égard à l'objet du recours, qui est de modifier ou annuler une décision déjà rendue, le bon sens commande de n'accepter celui-ci que dans la mesure où la pièce découverte aurait changé les choses. Si, à raison du caractère peu décisif de la pièce, le jugement n'eût pas été différent, le recours n'est pas admis.

Selon l'expression désormais courante de la jurisprudence, est décisive la pièce qui est de nature à modifier le jugement attaqué[8].

C.
Pièces reconnues ou déclarées fausses

552.91 **Deux hypothèses.** Il s'agit du troisième cas d'ouverture du recours en révision. En réalité, il comprend deux hypothèses distinctes : celle où la pièce est reconnue fausse et celle où elle est judiciairement déclarée fausse. Mais les deux hypothèses impliquent qu'elles se manifestent après le jugement querellé. La fausse pièce doit avoir été décisive[9].

552.92 **1) Pièce reconnue fausse.** La pièce doit être reconnue fausse par la partie qui l'a produite, même si elle n'est pas l'auteur du faux[10]. En sens opposé, la reconnaissance de la fausseté par le seul auteur du document, et non par la partie qui s'en est servi, ne doit pas avoir d'influence au regard de ce cas d'ouverture, mais peut éventuellement laisser place à la fraude[11].

Une pièce peut être reconnue fausse de multiples façons, étant suffisant que cet aveu de fausseté soit sans équivoque et émane de la partie qui a produit le document. Il peut s'agir d'un aveu dans des écritures procédurales, dans des lettres, voire lors d'une information pénale[12]. L'existence de l'aveu ressort de l'appréciation souveraine des juges du fond[13].

552.93 **2) Pièce judiciairement déclarée fausse.** La pièce peut être déclarée fausse par une juridiction civile, qu'il s'agisse d'une action en faux authentique ou d'une contestation ordinaire. La décision définitive concrétisant le faux s'impose à la juridiction saisie de la révision, à condition évidemment que les parties à la révision aient participé à la procédure de faux, car à défaut il pourrait être soulevé l'argument de relativité de la chose jugée. La pièce peut être judiciairement déclarée fausse par une juridiction pénale.

Le praticien doit se souvenir que ni le juge d'instruction ni le parquet ne jugent de telle sorte que la circonstance selon laquelle le faux serait admis par le

1. Paris, 11 juin 1982, *Gaz. Pal.* 1982. 562.
2. Civ. 2e, 3 févr. 1982, no 80-15.423, *Bull. civ.* II, no 111; *Gaz. Pal.* 1982. 2. 620, note Viatte – Aix-en-Provence, 7 juill. 1958, *JCP* 1959. IV. 3368.
3. Besançon, 12 févr. 1930, *Gaz. Pal.* 1930. 1. 790; *RTD civ.* 1930. 836, obs. Japiot – Civ. 2e, 9 oct. 1975, no 74-14.124, *Bull. civ.* II, no 250.
4. Civ. 3e, 27 sept. 2006, no 05-16.451, *Bull. civ.* III, no 192; *JCP* 2006. IV. 3050; *Procédures* 2007, no 16, obs. Junillon.
5. Civ. 2e, 19 nov. 2009, no 07-18. 281, NP; *Procédures* 2011, no 32, obs. Perrot – Civ. 1re, 12 juill. 1994, no 92-16.765, *Bull. civ.* I, no 254; *Gaz. Pal.* 1995. 1. Somm. 157 – Amiens, 2 juill. 1979, *D.* 1979. IR 540.
6. Civ. 1re, 22 juin 1960, *Bull. civ.* I, no 343.
7. Amiens, 2 juill. 1979, *D.* 1979. IR 540; *JCP* 1980. IV. 232.
8. Amiens, 2 juill. 1979, *D.* 1979. IR 540; *JCP* 1980. IV. 232 – Soc. 10 déc. 1980, no 79-14.274, *Bull. civ.* V, no 880; *Gaz. Pal.* 1981. Pan. 134 – Civ. 2e, 2 oct. 1985, no 83-17.239, *Bull. civ.* II, no 145; *JCP* 1985. IV. 354 – Civ. 1re, 12 juill. 1994, no 92-16.765, *Bull. civ.* I, no 254; *Gaz. Pal.* 1995. 1. Somm. 157, obs. Croze et Morel.
9. Soc. 10 déc. 1980, *Gaz. Pal.* 1981. 1. Pan. 134.
10. Civ. 2e, 7 févr. 1958, *Bull. civ.* II, no 116; *JCP* 1958. II. 10504, note G. M. – Civ. 3e, 27 févr. 1974, no 73-10.216, *Bull. civ.* III, no 95 – Civ. 3e, 13 déc. 1989, no 88-13.852, *Bull. civ.* III, no 238.
11. Poitiers, 2e ch., 4 janv. 1980, *Debien.*
12. Amiens, 28 juill. 1947, *S.* 1948. 2. 21, note Solus; *RTD civ.* 1948. 368, obs. Raynaud.
13. Besançon, 24 févr. 1968, *D.* 1968. 79.

Parquet dans son réquisitoire ou même par le juge d'instruction dans son ordonnance de renvoi ou de non-lieu ou d'extinction de l'instance, ne remplit pas la condition de la loi [1].

Si, bien que le faux ressorte de l'information, pour quelque raison que ce soit la procédure pénale ne conduit pas à une décision définitive, il conviendra alors de saisir la voie civile pour faire judiciairement déclarer le faux.

D.
Faux serments, attestations et témoignages

552.101 **Portée.** Si le jugement a été obtenu ensuite d'attestations, témoignages ou serments ultérieurement déclarés faux, le recours en révision peut être envisagé, toujours sous réserve que ces éléments aient été déterminants dans la décision. Il y a lieu de se référer au développement précédent sur les pièces judiciairement déclarées fausses. Relevons seulement qu'en matière d'attestation la Cour de cassation considère que le respect du formalisme de l'article 202 C. pr. civ. n'est pas requis à peine de nullité et qu'il appartient aux juges du fond d'apprécier au vu des éléments de la cause [2].

Cette position doit conduire évidemment à permettre de déclarer judiciairement fausses des attestations même formellement incomplètes (sur les faux serments décisoires ou supplétoires, v. les développements de X. Marchand et J. Sérapionan [3]).

SECTION 2
Procédure de révision

§ 1
Délai

552.111 **Délai de recours.** En application de l'article 596 C. pr. civ., le délai est de deux mois, et court à dater du jour où la partie a eu connaissance de la cause de révision qu'elle invoque. Dans la mesure où il peut y avoir plusieurs causes de révision, il est possible que le point de départ du délai ne soit pas le même selon la cause alléguée, et qu'un recours soit tardif en ce qu'il est fondé sur une cause et recevable sur une autre. Mais une partie n'est pas recevable à demander la révision d'un jugement qu'elle a attaqué par cette voie, si ce n'est pour une cause qui se serait révélée postérieurement (C. pr. civ., art. 603). Ce délai, exprimé en mois, se calcule en quantième sauf éventuellement à observer la règle du dernier jour du mois, et est soumis à l'augmentation d'un ou deux mois à raison du domicile du demandeur dans les départements d'outre-mer ou à l'étranger (C. pr. civ., art. 643). Il est soumis aux dispositions communes relatives aux voies de recours (C. pr. civ., art. 528 à 537), notamment à l'interruption prévue par l'article 531 C. pr. civ. et à l'article 528-1 C. pr. civ.; aussi le recours en révision est irrecevable contre un jugement qui n'a pas été notifié dans les deux ans de son prononcé [4].

552.112 **Preuve du respect du délai.** S'agissant d'une voie de recours extraordinaire, c'est en principe au demandeur à établir qu'il est dans le délai pour agir, donc à indiquer la date à laquelle il a eu connaissance de la cause de révision [5].

Mais, on voit mal le demandeur allant de lui-même indiquer une date qui consacrerait la forclusion de son recours, de telle sorte que, sauf à ce que le défendeur puisse établir la tardiveté de l'action ou à ce que celle-ci ressorte des pièces versées aux débats [6], il est difficile pour le juge, qui en a pourtant pouvoir au regard de l'article 125 C. pr. civ., de relever d'office l'irrecevabilité [7]. Et le juge qui souhaite relever d'office la tardiveté du recours doit au préalable inviter les parties à fournir leurs explications [8].

La Cour de cassation abandonne à l'appréciation souveraine des juges du fond, la date de la connaissance de la cause alléguée [9].

552.113 **Point de départ du délai et fraude.** Le demandeur à la révision peut légitimement attendre que la fraude lui soit véritablement révélée pour agir et ne pas se contenter d'éléments dubitatifs. Mais en l'espèce, il ne faut ni agir trop tôt, sauf à risquer d'être démenti au fond, ni trop attendre sous peine de tardiveté [10]. Ainsi a été jugé tardif :

– Le recours de la bailleresse contre l'adversaire qui avait prétendu mensongèrement occuper les lieux, au motif qu'ayant connu la fraude, elle avait

1. Civ. 2e, 11 avr. 1964, *Bull. civ.* II, n° 279 – Civ. 2e, 19 mai 1969, *Bull. civ.* II, n° 80.
2. Civ. 1re, 29 avr. 1981, n° 80-11.172, *Bull. civ.* I, n° 143; *RTD civ.* 1981. 900, obs. Perrot – Civ. 2e, 14 mars 1979, n° 77-14.466, *Bull. civ.* II, n° 82; *Gaz. Pal.* 1979. 419, note Viatte; *RTD civ.* 1979. 665, obs. Perrot – Soc. 8 oct. 1987, *JCP* 1987. IV. 382.
3. *J.-Cl. Pr. civ.*, fasc. 746, nos 87 s., Marchand et Sérapionan.
4. Civ. 2e, 7 juill. 2005, n° 03-15.662, *Bull. civ.* II, n° 183; *RTD civ.* 2005. 825, obs. Perrot.
5. Civ. 2e, 2 avr. 1979, n° 77-15.157, *Bull. civ.* II, n° 108.
6. Civ. 2e, 17 mars 1983, n° 82-10.120, *Bull. civ.* II, n° 83.
7. Civ. 2e, 16 mars 2000, n° 98-14.199, NP; *Procédures* 2000, n° 118, obs. Perrot.
8. Civ. 2e, 8 févr. 1989, n° 87-19.357, *Bull. civ.* II, n° 37.
9. Civ. 2e, 24 juin 2010, n° 09-11.563, NP – Civ. 3e, 23 mars 1982, n° 81-10.380, *Bull. civ.* III, n° 78 – Civ. 2e, 10 mars 1988, n° 85-15.073, *Bull. civ.* II, n° 63; *JCP* 1988. IV. 85 – Civ. 2e, 25 oct. 1995, n° 93-17.897, *Bull. civ.* II, n° 262; *JCP* 1995. IV. 2651.
10. Civ. 2e, 16 mai 2013, n° 12-20.736, NP.

attendu plus de deux mois pour l'établir indiscutablement par des témoignages et attestations[1];

– Le recours de la victime d'une escroquerie, révélée par une information pénale, qui avait attendu au-delà de deux mois, à raison du recours formé par le prévenu condamné en première instance[2].

552.114 Point de départ du délai et recouvrement des pièces décisives. Il a été vu que le recouvrement des pièces décisives retenues par une partie ouvre la révision. La Cour de cassation a considéré que le délai courait de la connaissance de la rétention par l'adversaire d'une pièce essentielle décisive par l'adversaire et non pas du recouvrement lui-même de la pièce[3]. Cette jurisprudence est sévère dans la mesure où elle impose de rédiger un recours sans détenir la pièce décisive dès lors que l'on en connaît l'existence et sa rétention par l'adversaire.

En réalité, et sauf cas exceptionnels auxquels il faut veiller, la connaissance de la rétention par l'adversaire d'une pièce essentielle est concomitante de la connaissance de son contenu.

552.115 Point de départ du délai et pièces, attestations ou serments faux. S'agissant de la reconnaissance du faux par l'aveu de la partie qui en a usé, le délai court du jour de la connaissance de l'aveu. Si cet aveu se situe lors d'une information pénale engagée sur plainte de la victime, et que celle-ci s'étant constituée partie civile a connaissance de cet aveu, le délai court immédiatement, et la victime ne peut attendre que la condamnation pénale intervienne[4].

Dans l'hypothèse où le cas d'ouverture réside dans la déclaration judiciaire du faux, il nous semble nécessaire de faire partir le délai du jour où le jugement le consacre. Ce délai ne saurait partir du jour où la victime apprend l'existence du faux, puisque cette connaissance ne constitue pas le cas d'ouverture, lequel exige que l'existence du faux soit en outre déclarée judiciairement[5] (un arrêt, en sens inverse, de la cour d'appel de Rouen est critiqué[6]). Si l'auteur du recours en révision ignore le jugement, le délai commence à courir quand il en prend connaissance.

552.116 Point de départ du délai et pourvoi en cassation. Lorsque le pourvoi en cassation est suspensif, le délai de deux mois de l'article 596 C. pr. civ., ne commence à courir qu'à compter du jour où le pourvoi a été rejeté. Peu importe que les pièces aient été découvertes plus de deux mois avant l'introduction du recours en révision contre une décision prononçant le divorce, frappée de pourvoi, car le recours en révision pour être recevable suppose une décision passée en force de chose jugée et le pourvoi en cassation contre un arrêt qui prononce le divorce est suspensif[7].

552.117 Délai et renonciation au recours en révision. Comme pour toute voie de recours, il est possible de renoncer au recours en révision. Si la renonciation intervient après la découverte de la cause qui pourrait la justifier, il n'y a pas de difficulté à l'admettre, peu important alors qu'elle se situe avant ou après l'expiration du délai de pourvoi en cassation. Si la renonciation intervient avant la découverte du cas d'ouverture, la situation est plus délicate, notamment en cas de fraude. C'est la raison pour laquelle elle est acceptée en principe par la jurisprudence, sauf en cas de fraude[8].

Enfin, la renonciation à user d'une voie de recours ordinaire (appel ou opposition) implique-t-elle renonciation à la révision ? Compte tenu du caractère subsidiaire du recours en révision, la renonciation à l'appel ou à l'opposition implique certainement renonciation à la révision, si les causes d'ouverture étaient déjà connues. Si la cause de révision est connue après la renonciation au recours ordinaire, cette dernière ne devrait pas interdire l'introduction du recours en révision.

§ 2
Compétence

552.121 Principe. Il résulte de l'interprétation des articles 593, 598 et 599 C. pr. civ., que seule la juridiction ayant rendu la décision est compétente pour connaître de l'instance en révision[9]. Cette compétence s'applique même en faveur de la juridiction inférieure, lorsqu'il s'agit d'une révision incidente, la Cour devant alors se dessaisir[10]. L'instance en révision est, par principe, une instance en rétractation.

La compétence est d'ordre public et la prorogation conventionnelle de compétence n'est pas admise, le juge pouvant au contraire relever d'office son incompétence[11]. Mais, bien que cette position soit criti-

1. Paris, 6e ch., 13 juill. 1988, RG n° 86/08920, *Bull. ch. avoués* 1988, n° 107, p. 106.
2. Civ. 2e, 25 oct. 1995, n° 93-17.897, *Bull. civ.* II, n° 262; *JCP* 1995. IV. 2651 – V. AUSSI, Lyon, 18 juin 1977, *Gaz. Pal.* 1977. 662 – Paris, 24 févr. 1983, *Gaz. Pal.* 1983. 241, concl. Sodini – Civ. 2e, 12 oct. 1983, n° 82-10.449, *Bull. civ.* II, n° 164; *Gaz. Pal.* 1984. Pan. 46, obs. Guinchard.
3. Civ. 2e, 15 oct. 1981, n° 80-13.364, *Bull. civ.* II, n° 188; *Gaz. Pal.* 1982. 1. Pan. 107.
4. Amiens, 28 juill. 1947, *S.* 1948. 2. 23, note Solus – Civ. 2e, 5 juin 1996, n° 92-19.958, NP.
5. Civ. 1re, 28 mai 1980, n° 79-11.991, *Bull. civ.* I, n° 161.
6. Rouen, 7 mars 1990, RG n° 2691/89, *D.* 1990. Somm. 344, obs. Julien.
7. Civ. 2e, 17 févr. 2011, n° 10-15.285, NP; *RTD civ.* 2011. 391, obs. Perrot.
8. Rouen, 29 janv. 1980, *Juris-Data* n° 80062 – Civ. 18 sept. 1940, *DH* 1940, 141.
9. Paris, 24 févr. 1978.
10. Paris, 4 mai 1979, *Juris-Data* n° 196.
11. Civ. 1re, 2 déc. 1975, n° 73-11.402, *Bull. civ.* I, n° 354; *JCP* 1976. II. 18390, note Chartier – Civ. 2e, 19 mars 1990, *JCP* 1990. IV. 109.

quée[1], il semble qu'il ne s'agisse que d'une simple faculté, le juge n'étant pas obligé de la relever d'office[2].

552.122 L'exception en matière arbitrale. En application de l'article 1502 C. pr. civ., le recours en révision contre la sentence arbitrale est porté devant le tribunal arbitral et, s'il ne peut être à nouveau réuni, devant la cour d'appel qui eût été compétente pour connaître des autres recours contre la sentence (appel ou recours en annulation). Il est ouvert même en cas d'arbitrage en amiable compositeur[3].

§ 3 Instance en révision

A. Acte introductif

552.131 La révision à titre principal. En application de l'article 598 C. pr. civ., le recours en révision est formé par citation. Il ne peut dès lors, à notre sens, être introduit que par un acte d'huissier, sans qu'il puisse être envisagé une autre méthode (la requête conjointe n'étant pas envisageable)[4]. Si la déclaration d'appel est un acte de procédure[5] et par là même interruptif, elle ne constitue pas une citation au sens formel des articles 54 et 598 C. pr. civ. et ne peut, à notre sens, être utilisée aux fins de révision.

Mais il faut rappeler que l'article R. 1452-5 du Code du travail précise que la convocation du défendeur par le greffe devant le bureau de conciliation vaut citation. Dans l'hypothèse où un texte qualifie expressément de citation un acte autre qu'un exploit d'huissier, celui-ci est évidemment suffisant (ex. : C. pr. civ., art. 937, sur l'appel dans le cadre d'une procédure sans représentation obligatoire). En la matière, la prudence s'impose et le praticien doit éviter de faire confiance au greffe.

La Cour de cassation, dans une espèce où la déclaration au greffe du conseil des prud'hommes avait été faite dans les deux mois, mais où le greffe avait adressé la convocation valant citation après l'expiration du délai de deux mois, a jugé le recours tardif[6]. Il ne peut dès lors qu'être conseillé d'user de la citation, même en matière prud'homale, si le délai restant à courir est tel que le greffe risque de le dépasser en adressant la convocation.

La Cour de cassation a rappelé la nécessité d'une assignation même dans l'hypothèse où, à l'occasion d'un recours en révision, une nouvelle cause de révision apparaît[7].

Une autre difficulté mérite l'attention. Le délai de deux mois est-il utilement interrompu par la citation ou ne l'est-il que par l'enrôlement qui devrait alors intervenir dans le délai de deux mois de la connaissance de la cause de révision ?

Il semble que la Cour de cassation distingue la prescription de la forclusion, se contentant pour la première de l'effet interruptif de la citation et exigeant pour la seconde que la saisine de la juridiction par l'enrôlement intervienne dans le délai. En l'espèce, il est considéré que le délai du recours en révision est un délai de prescription et non de forclusion, de telle sorte que la délivrance de la citation dans le délai est suffisante. Mais en toute hypothèse, la citation doit être mise au rôle pour que la juridiction soit saisie (en sens inverse, un arrêt de la cour d'appel de Paris, ayant considéré que la mise au rôle de l'appel ne s'applique pas au recours en révision, est très critiquable[8]). Ici semble s'imposer une distinction selon que la caducité de la citation à défaut d'enrôlement est prévue par un texte particulier ou ne l'est pas.

En application de l'article 406 C. pr. civ., la citation est caduque dans les cas et conditions déterminés par la loi.

La Cour de cassation a donc pu considérer qu'une assignation en révision devant le tribunal de commerce délivrée dans les délais mais non enrôlée était interruptive de prescription[9]. Mais il convient de rappeler que les choses sont différentes devant le tribunal de grande instance et la Cour, où des textes sur l'enrôlement prévoient la caducité de la citation, qui alors perd son effet interruptif (v. C. pr. civ., art. 757 et 791). Dès lors que l'article 857 C. pr. civ. a été modifié et prévoit également la caducité devant le tribunal de commerce, la jurisprudence visée plus haut ne devrait pas être maintenue.

552.132 La révision incidente. Il s'agit de l'hypothèse où, à l'occasion d'une nouvelle procédure entre les mêmes parties, est produit un jugement dont l'une des parties souhaite la révision. Dans cette circonstance peu fréquente, l'article 598 C. pr. civ. per-

1. V. note S. Guinchard et T. Moussa, note s[s] Civ. 1re, 11 juin 1985, n° 84-10.429, *Bull. civ.* I, n° 184; *Gaz. Pal.* 1985. 2. 746.
2. V. *RTD civ.* 1986. 410, note Normand – Civ. 2e, 29 nov. 1978, n° 76-15.612, *Bull. civ.* II, n° 252 – Com. 23 nov. 1982, n° 81-10.549, *Bull. civ.* IV, n° 366.
3. Paris, 23 mai 1991, RG n° 89/11902, *Rev. arb.* 1991. 657, obs. Pellerin.
4. CONTRA : Rép. pr. civ., v° *Recours en révision*, par R. Colson, sept. 2012 [màj janv. 2013], n° 106 – *J.-Cl. Pr. civ.*, fasc. 747, n° 50, Marchand et Sérapionian.
5. HÉRON et LE BARS, 5e éd., n° 753 – CADIET et JEULAND, 8e éd., n°s 977 s.
6. Soc. 19 févr. 1992, n° 88-44.324, *Bull. civ.* V, n° 104; *D.* 1992. IR 117; *RTD civ.* 1992. 644; *RTD civ.* 1992. 646, obs. Perrot.
7. Civ. 2e, 13 sept. 2007, n° 06-20.757, *Bull. civ.* II, n° 220.
8. Paris, 19 juin 1980, RG n° 79-40.253.
9. Civ. 2e, 27 oct. 1982, n° 80-16.616, *Bull. civ.* II, n° 136; *Gaz. Pal.* 1983. 1. Pan. 106, note Guinchard.

met d'introduire le recours en révision suivant les formes prévues par la présentation des moyens de défense. Mais il convient de s'interroger sur la condition d'un jugement produit « *au cours d'une autre instance* ». Ainsi, la révision incidente ne peut pas être utilisée :

- à l'occasion d'une requête en rectification ou en omission de statuer contre la décision, pour obtenir la révision de la décision[1];

- à l'occasion d'une procédure sur opposition à commandement afin de saisie immobilière pour règlement d'une créance de pension, pour obtenir révision de la décision condamnant le mari à payer la pension[2].

Dès lors qu'il ne s'agit pas d'une autre instance au sens étroit que lui donne la jurisprudence, il faut user de la révision principale.

552.133 La mise en cause de toutes les parties. Sans qu'il soit utile de s'interroger sur l'intérêt qu'il peut y avoir à appeler certaines parties au procès, il suffit de s'en tenir à l'exigence de l'article 597 C. pr. civ. qui impose, à peine d'irrecevabilité, d'appeler à l'instance toutes les parties au jugement attaqué, et ce dans le délai de deux mois[3].

552.134 Intervention d'un tiers dans l'instance de révision. Un tiers peut intervenir volontairement dans l'instance en révision[4].

B. Communication au parquet

552.141 Formalité d'ordre public. L'article 600 C. pr. civ. impose la communication du recours au ministère public. Il s'agit là d'une formalité d'ordre public[5]. Cette communication devait se faire à la diligence du juge et il ne pouvait être reproché au demandeur de n'y avoir pas procédé[6]. Mais le décret du 28 décembre 2012[7] a complété cette disposition en précisant que « *lorsque le recours en révision est formé par citation, cette communication est faite par le demandeur auquel il incombe, à peine d'irrecevabilité de son recours, de dénoncer cette citation au ministère public* ». Ce texte s'inscrit dans la tendance actuelle à alléger l'office du juge en imposant des diligences aux parties[8].

C. Déroulement de la procédure

552.151 Procédure et droit commun. Le recours se déroule devant la juridiction qui a rendu la décision, selon les règles de droit commun normalement applicables devant celle-ci (sauf en matière arbitrale où le recours est poursuivi devant la cour d'appel)[9].

Cependant le recours en révision n'est pas soumis à la règle de l'unicité de l'instance, ce qui signifie qu'il peut être intenté alors qu'une autre instance portant sur d'autres demandes relatives au même contrat de travail est pendante[10].

En appel, lorsque la représentation est obligatoire, les actes de procédure sont remis à la juridiction par voie électronique[11] à peine d'irrecevabilité (C. pr. civ., art. 930-1). Si à notre avis le recours en révision doit être introduit par acte d'huissier (v. s^s n° 552.131), tous les autres actes (déclaration de saisine, constitution, bordereau de communication de pièces, requête) doivent être transmis électroniquement. La communication au ministère public ne peut pas encore être effectuée par voie électronique.

Le recours en matière gracieuse suit les règles de la procédure contentieuse.

S'agissant d'une procédure de droit commun, l'intervention doit pouvoir être admise.

552.152 Procédure de révision et instance pénale. La pratique révèle que fréquemment le recours en révision se situe dans le cadre d'un conflit lourd, comprenant dans le même temps une procédure pénale, en général initiée par le demandeur en révision, à raison de faits prétendus d'escroquerie, faux témoignages, *etc.* Il convient de mesurer l'influence de cette procédure pénale sur le recours en révision. Soit celle-ci a pour objet de faire déclarer judiciairement

1. Com. 16 oct. 1985, *D.* 1986. 589, note Abitbol – Civ. 2e, 16 juin 1993, n° 91-14.156, *Bull. civ.* II, n° 215; *JCP* 1993. I. 3723, n° 10, obs. Cadiet; *Gaz. Pal.* 1993. 2. Pan. 238.
2. Civ. 2e, 6 nov. 1991, n° 90-17.095, *Bull. civ.* II, n° 297; *JCP* 1992. IV. n° 112.
3. Civ. 2e, 15 avr 2010, n° 09-10.901, *Bull. civ.* II, n° 84; *D.* 2010. 1225.
4. Civ. 2e, 4 juill. 2007, n° 06-18.335, *Bull. civ.* II, n° 198; *D.* 2008. 648. Chron. Sommer et Nicoletis; *RTD civ.* 2007. 812, obs. Perrot.
5. Civ. 2e, 6 févr. 1991, n° 89-21.659, *Bull. civ.* II, n° 46; *D.* 1992. Somm. 128, obs. Julien – Civ. 2e, 6 janv. 1993, n° 91-15.885, *Bull. civ.* II, n° 4; *D.* 1993. IR 33 – Civ. 2e, 1er févr. 1995, n° 93-15.198, *Bull. civ.* II, n° 39; *JCP* 1995. IV. 809 – Civ. 2e, 15 févr. 1995, n° 93-15.200, *Bull. civ.* II, n° 55; *JCP* 1995. IV. 943 – Civ. 2e, 21 juin 1995, n°s 93-17.288 et 93-18.770, NP.
6. Civ. 2e, 8 oct. 1986, n° 85-10.225, *Bull. civ.* II, n° 149; *Gaz. Pal.* 1987. 1. Somm. 281, obs. Guinchard et Moussa.
7. Décr. n° 2012-1515, 28 déc. 2012, portant diverses dispositions relatives à la procédure civile et à l'organisation judiciaire, *JO* 30 déc. p. 21018.
8. Cette modification a été apportée à la suite du rapport annuel pour 2011 de la Cour de cassation qui l'a préconisée afin d'éviter que le demandeur au pourvoi obtienne la censure de la décision déférée en raison d'un défaut de communication – V. CADIET et JEULAND, *op. cit.*, p. 656, note 317.
9. Soc. 19 févr. 1992, n° 88-43.409, *Bull. civ.* V, n° 105; *RTD civ.* 1992. 646, obs. Perrot.
10. Soc. 13 juin 2012, n° 10-26.296, *Bull. civ.* V, n° 182; *Procédures* 2012, n° 250, obs. Bugada.
11. Sur la communication électronique, v. s^s n°s 544.31 et 544.52.

faux serments, témoignages, attestations ou pièces et il faut en attendre l'issue pour avoir le cas d'ouverture de l'article 595 alinéas 3 et 4. Soit celle-ci n'est pas nécessaire pour concrétiser le cas d'ouverture, et il ne faut point en attendre l'issue pour lancer l'action, tels les cas de fraude, rétention de pièces, sous peine de tardiveté.

Il n'est alors pas exclu que le juge saisi de l'instance en révision soit contraint de surseoir à statuer jusqu'à l'issue de l'information, la consultation du dossier pénal n'étant point possible jusque-là, pour apprécier la recevabilité ou le mérite du recours (par ex., la cour d'appel de Paris sursoit à statuer pour apprécier la date de la découverte de la pièce retenue, laquelle doit être révélée par l'information pénale[1]; est approuvée une cour n'ayant pas sursis à statuer, la pièce arguée de faux n'ayant pas d'influence sur le procès[2]).

SECTION 3
EFFETS DU RECOURS ET DU JUGEMENT RENDU SUR RECOURS

§ 1
Effets du recours en révision

552.161 Absence d'effet suspensif. S'agissant d'une voie de recours extraordinaire, son exercice n'entraîne pas d'effet suspensif. La Cour de cassation a rappelé ce principe dans une instance dans laquelle une cour, rejetant un recours en révision, avait condamné son auteur à des dommages-intérêts au motif que celui-ci n'avait eu « *à l'évidence que pour effet de retarder l'exécution de la mesure d'expulsion* ». La Cour de cassation, très normalement, censure en relevant « *qu'en se bornant à ces motifs qui ne caractérisent pas une faute dans l'exercice du recours en révision, lequel est dépourvu d'effet suspensif d'exécution, la cour d'appel n'a pas donné de base légale à sa décision* »[3].

552.162 Recours en révision et sursis à statuer. Il est possible qu'en cours de procédure, une partie entende conduire un recours en révision contre une décision produite à l'instance. En application de l'article 599 C. pr. civ., la juridiction saisie de l'instance peut passer outre ou décider de surseoir à statuer jusqu'à l'issue du recours en révision. Selon l'expression de la Cour de cassation, « *en la matière, les décisions des juges du fond se prononçant sur l'opportunité d'un sursis à statuer échappent au contrôle de la Cour de cassation, quel que soit le mérite des motifs qui lui ont servi de base* »[4].

Il convient de rappeler que cette faculté, réservée aux juges, de surseoir à statuer n'implique pas celle de suspendre l'exécution de la décision dont la révision est demandée[5].

552.163 L'effet dévolutif du recours en révision. En application de l'article 593 C. pr. civ., le recours en révision tend à faire rétracter un jugement pour qu'il soit à nouveau statué en fait et en droit. Est de même recevable un recours limité à l'un des chefs du jugement, en application de l'article 602 C. pr. civ. Ce chef est alors seul révisé à moins que les autres n'en dépendent. C'est cette dernière condition qui fait difficulté, notamment en matière de divorce sur requête conjointe.

La Cour de cassation, saisie dans des instances en rescision pour lésion, a eu l'occasion d'affirmer sa théorie de l'indissociabilité entre le divorce et l'homologation de la convention définitive[6]. Dès lors se pose le problème du recours en révision sur le seul chef du partage homologué; dans ce cas le recours en révision partielle a été jugé irrecevable (v. s[s] n° 552.26).

En toute hypothèse, si le juge déclare le recours en révision recevable, il doit statuer sur le fond du litige en application de l'article 601 C. pr. civ.[7]

§ 2
Effets du jugement rendu sur demande en révision

552.171 Rétractation. Le succès du recours en révision entraîne la rétractation de la décision, ou de certains chefs de la décision, en l'absence d'indivisibilité. La rétractation de la décision, qui a un effet d'anéantissement puisqu'elle substitue une nouvelle décision s'agissant du jugement ou des chefs du jugement révisés, rend sans objet le maintien du pourvoi formé initialement contre la décision[8].

De même, la rétractation d'une décision entraîne par voie de conséquence, l'annulation de toutes les décisions qui en sont la conséquence[9]. Cette nouvelle décision, consécutive à une procédure à laquelle nécessairement toutes les parties ont été appelées, a

1. Paris, 30 juin 1972, *D.* 1973. 79.
2. Soc. 10 déc. 1980, n° 79-14.274, *Bull. civ.* V, n° 880; *Gaz. Pal.* 1981. Pan. 134.
3. Civ. 2e, 11 janv. 1995, n° 93-13.070, *Bull. civ.* II, n° 17; n° 39.
4. EN CE SENS, Soc. 10 déc. 1980, *Gaz. Pal.* 1981. Pan. 134.
5. Paris, 4 mai 1976, RG n° 74-14.821, *Juris-Data* n° 0196.
6. Civ. 2e, 6 mai 1987, n° 86-10.107, *Bull. civ.* II, n° 103; *D.* 1987. 359.
7. Civ. 2e, 25 mars 2010, n° 09-10.420, NP; *Procédures* 2010, n° 221 – Civ. 2e, 7 avr. 2011, n° 10-16.042, NP; *Procédures* 2011, n° 198, obs. Perrot.
8. Civ. 1re, 9 févr. 1977, n° 74-15.067, *Bull. civ.* I, n° 76.
9. Civ. 2e, 27 juin 1984, n° 83-12.050, *Bull. civ.* II, n° 120; *Gaz. Pal.* 1984. Pan. 301, obs. Guinchard; *D.* 1985. 199, concl. Charbonnier.

un effet absolu. En cela, le recours se distingue du simple effet d'inopposabilité de la tierce-opposition.

552.172 Jugement de révision et la possibilité d'une nouvelle instance en révision. Le jugement rendu sur une instance en révision est nécessairement fondé sur un ou plusieurs cas d'ouverture de la révision. L'article 603 C. pr. civ. interdit de conduire une nouvelle procédure en révision contre la décision déjà querellée, sauf s'il s'agit d'invoquer une cause révélée postérieurement.

Il ne s'agit pas de reprendre la même cause avec de nouvelles preuves [1]. La cause déjà alléguée ne pouvant servir à nouveau, il est possible à une autre partie de diligenter également un nouveau recours en révision fondé sur un autre moyen [2].

§ 3
Recours contre le jugement de révision

552.181 Interdiction contre le jugement de révision. En application de l'article 603 C. pr. civ., le jugement statuant sur un recours en révision ne peut pas être attaqué par cette voie. Ce principe selon lequel « *révision sur révision ne vaut* » semble interdire à une partie de solliciter la rétractation du jugement de révision, même s'il a été obtenu par un agissement malhonnête ou frauduleux.

Il n'est pas davantage envisageable de conduire une nouvelle instance en révision, en sens inverse, du jugement d'origine, qui est anéanti.

552.182 Recours autorisés. Aucun article ne vise le recours contre un jugement rendu en matière de révision, de telle sorte qu'à l'exception de la révision, qui est expressément écartée, les autres sont possibles (appel, opposition, interprétation, omission, tierce-opposition, *etc.*).

S'agissant du délai, la Cour de cassation a une position singulière découlant du principe qu'elle pose selon lequel le recours en révision est une procédure autonome, indépendante de celle ayant conduit au jugement attaqué. Ainsi, elle cassait un arrêt ayant déclaré irrecevable un appel interjeté plus de quinze jours après la notification du jugement de révision rendu en matière de saisie sur salaire, en retenant que le recours obéissait aux règles de droit commun et non aux règles qui régissent l'appel de la décision originaire [3]. C'est une position qui semble malheureuse car l'on voit mal ce qui justifie qu'une personne puisse faire un recours contre la décision de révision, qu'elle ne pourrait pas faire contre la décision d'origine. Il est vrai qu'en l'absence de tout texte, contrairement au recours sur le jugement de tierce-opposition qui impose la similitude des délais, la Cour suprême est revenue au principe de l'application de la règle générale. Elle a pourtant, depuis, eu l'occasion, alors qu'il n'y avait pas de texte sur le délai du recours qui n'était pas prévu, décidé que l'appel nullité était enfermé dans les délais propres au redressement ou à la liquidation judiciaire [4].

La jurisprudence en matière de révision est trop rare pour que les choses changent rapidement mais un repositionnement de la Cour de cassation serait mérité en la matière. La cour d'appel de Riom a d'ailleurs refusé de déclarer recevable l'appel d'un jugement statuant sur recours en révision au motif que le jugement originaire était en dernier ressort [5]. Elle a ainsi refusé de considérer que l'instance en révision était autonome de l'instance d'origine.

§ 4
Recours abusif

552.191 Dommages-intérêts. Il est toujours possible à un plaideur, victime d'un procès qu'il considère abusif, de solliciter l'indemnisation du préjudice subi par l'allocation de dommages-intérêts. Il n'en est pas autrement en matière de recours en révision. Il convient évidemment de qualifier l'abus et la faute du plaideur téméraire et d'établir la réalité du préjudice souffert [6].

552.192 Amende civile. Le texte permettant au juge de condamner à une amende civile ne se situe pas dans le chapitre particulier du recours en révision mais dans les dispositions générales relatives à l'ensemble des voies de recours extraordinaires. L'article 581 C. pr. civ. permet de condamner l'auteur d'un recours abusif ou dilatoire à une amende civile d'un maximum de trois mille euros.

1. Paris, 29 mars 1979, *Juris-Data* n° 0500.
2. Orléans, 28 avr. 1853, *DP* 1854. 3, 182.
3. Civ. 2e, 7 mai 1981, n° 80-10.965, *Bull. civ.* II, n° 117; *Gaz. Pal.* 1982. 1. J 2, note Viatte; *RTD civ.* 1982. 214, obs. Perrot.
4. Com. 15 janv. 1991, n° 89-18.185, *Bull. civ.* IV, n° 26; *D.* 1992. 91, obs. Derrida; *Rev. proc. coll.* 1992. 2, obs. Lienhard; *JCP* 1991. II. 165, note Barret – Montpellier, 2e ch., 29 juill. 1992, RG n° 92/2959, *Rev. proc. coll.* 1994. 2. 197, n° 29, obs. Soinne – Com. 15 mai 1990, n° 88-19.464, *Bull. civ.* IV, n° 153.
5. Riom, 25 juin 1990, RG n° 295/89, *D.* 1990. Somm. 344, obs. approb. Julien.
6. Civ. 2e, 11 janv. 1995, n° 93-13.070, *Bull. civ.* II, n° 17.

CHAPITRE

553. Pourvoi en cassation

CAROLE FATTACCINI
Avocat au Conseil d'État
et à la Cour de cassation

SECTION 0

ORIENTEUR

553.00 Plan du chapitre.

Recours en légalité. Présenté comme une voie extraordinaire de recours – caractéristique qu'il partage avec le recours en révision et la tierce-opposition et qui, sauf exceptions (v. s[s] n°s 553.262 s.), fait notamment de lui une voie non suspensive d'exécution (C. pr. civ., art. 579) –, le pourvoi en cassation se distingue fondamentalement des autres recours – ordinaires et extraordinaires confondus – par ceci qu'il ne tend ni à la réformation ni à la rétractation d'une décision de justice.

« *Le pourvoi en cassation tend à faire censurer par la Cour de cassation la non-conformité du jugement qu'il attaque aux règles de droit* » (C. pr. civ., art. 604). Autrement dit, le pourvoi en cassation ne soumet pas à l'examen de la Cour de cassation le litige ayant opposé les parties, mais plutôt la décision ayant tranché ce litige; autrement dit encore, le pourvoi en cassation ne met pas tant en cause le bien-fondé des prétentions émises par l'adversaire que la légalité de la solution retenue par le juge.

Et c'est à tous les stades de l'avancement du pourvoi en cassation – au moment de son introduction (sect. 1), de son instruction (sect. 2) et de sa solution (sect. 3) – que cette particularité procédurale, unique dans le contentieux judiciaire, se manifeste.

En marge du pourvoi en cassation, la Cour de cassation peut être saisie d'une demande d'avis (sect. 4) ou d'une question prioritaire de constitutionnalité (sect. 5).

553.01 Principaux textes applicables.
C. pr. civ., art. 126-1 à 126-12, 604 à 639, 973 à 1031-7.

553.03 Bibliographie indicative.
Ouvrage. J. et L. Boré, Dalloz action *La cassation en matière civile*, 2009/2010.

SECTION 1
INTRODUCTION DU POURVOI EN CASSATION

§ 1
Différents types de pourvoi

A.
Pourvoi des parties et pourvoi du ministère public

553.11 Le pourvoi des parties. C'est au pourvoi des parties à l'instance ayant abouti à la décision attaquée qu'est consacré le présent chapitre, elles qui ont naturellement vocation à contester par ce biais une décision contraire à leurs intérêts particuliers.

Toutefois, l'intérêt général étant également affecté lorsqu'une décision de justice est entachée d'illégalité, deux textes issus de la loi n° 67-523 du 3 juillet 1967 relative à la Cour de cassation[1] (art. 17 et 18, sous C. pr. civ., art. 609) habilitent le **procureur général près la Cour de cassation** à saisir celle-ci en dehors même de l'hypothèse où il est partie principale à la décision en cause (v. s[s] n° 553.122).

1. L. n° 67-523, 3 juill. 1967, relative à la Cour de cassation, *JO* 4 juill., p. 6651.

553.12 Pourvoi dans l'intérêt de la loi. L'article 17 de cette loi donne au procureur général un pouvoir d'initiative en cas de décision contraire aux lois, aux règlements et aux formes de procéder. Il l'exercera pour pallier la carence des parties qui n'auront pas déféré cette décision à la censure de la Cour de cassation en temps utile. Celles-ci n'auront alors pas vocation à intervenir à la procédure[2], pas plus que n'aura d'effet à leur égard la cassation susceptible d'intervenir[3] : c'est un pourvoi exclusivement formé **dans l'intérêt de la loi.**

553.13 Pourvoi pour excès de pouvoir. L'article 18 de la même loi autorise le procureur général, sur prescription du garde des Sceaux cette fois, à soumettre à la Cour de cassation tous les actes – et non pas seulement les décisions (annulations d'actes non contentieux[4], annulation des motifs d'une décision[5]) – par lesquels les juges **excèdent leurs pouvoirs** (v. s[s] n°s 553.421 s.). Toutefois, et si une décision est en cause, les parties – dont la carence à se pourvoir en cassation dans les délais légaux n'est pas une condition de l'action du procureur général, pas davantage qu'un obstacle d'ailleurs – seront invitées à présenter leurs observations, sans que le ministère d'avocat soit obligatoire, l'annulation susceptible d'être prononcée valant à l'égard de tous. Dans cette mesure d'ailleurs, un auteur s'est interrogé sur la conformité de l'article 18 précité à la Convention européenne de sauvegarde des droits de l'homme et des libertés fondamentales en l'état d'une décision par laquelle la Cour, sur le fondement du principe de sécurité des rapports juridiques qui veut entre autres que la solution donnée de manière définitive à tout litige par les tribunaux ne soit pas remise en cause, a jugé que l'annulation, à la demande du procureur général, d'une décision judiciaire irrévocable et exécutée méconnaît le droit à un procès équitable[6].

B.
Pourvoi principal, pourvoi incident – provoqué ou non – et pourvoi éventuel

553.21 Le pourvoi principal. Le pourvoi principal, formé par **déclaration** au greffe de la Cour de cassation, est celui qui **introduit l'instance.** Dès lors, il y a deux instances distinctes lorsque deux parties déboutées ou condamnées par une même décision forment chacune, pour des raisons propres ou communes, un pourvoi principal. Chaque pourvoi est alors indépendant de l'autre, les deux instances

2. Civ. 23 oct. 1939, *DH* 1940. 3.
3. Req. 12 août 1878, *DP* 1879. 1. 78.
4. Civ. 7 mars 1923, *DP* 1923. 1. 7.
5. Civ. 1re, 15 janv. 1980, n° 79-16.124, *Bull. civ.* I, n° 25.
6. CEDH 28 oct. 1999, req. n° 28342/95, Brumarescu c/Roumanie, *D.* 2000. Somm. 187, obs. Fricero.

seraient-elles jointes dans un souci de bonne administration de la justice[1].

553.22 **Le pourvoi incident.** Ce pourvoi est régi par les règles applicables à l'appel incident (C. pr. civ., art. 614) – sous réserve de quelques particularités (C. pr. civ., art. 1010) –, est formé par voie de **mémoire** (v. s^s^ n° 553.231) et vient **se greffer sur l'instance** ouverte par un précédent pourvoi (sur les délais pour introduire un pourvoi incident, v. s^s^ n°s 553.82 et 553.101; sur l'irrecevabilité du pourvoi incident formé par le demandeur au pourvoi principal lui-même, v. s^s^ n° 553.251)[2]. Précisément, le pourvoi incident est celui qui émane du défendeur au pourvoi principal et qui est dirigé contre le demandeur principal; et l'on dit qu'il est provoqué lorsqu'il émane, sur le pourvoi principal ou incident qui le provoque, de toute personne ayant été partie à l'instance au fond, qu'elle ait ou non déjà été attraite à l'instance en cassation. Le pourvoi incident – provoqué ou non – ne se trouve néanmoins pas toujours placé sous la dépendance du recours principal.

553.23 **Le pourvoi incident au regard du pourvoi principal.** Il faut distinguer selon que le recours principal est ou non recevable, selon qu'il est ou non affecté d'une cause de déchéance ou selon que son auteur a ou non décidé de s'en désister. En cas d'**irrecevabilité du recours principal**, le pourvoi incident n'est lui-même recevable que s'il a été introduit avant l'expiration du délai pour agir à titre principal[3]. En cas de **déchéance du pourvoi principal** – c'est le cas lorsque le demandeur à ce pourvoi n'a pas produit son mémoire ampliatif dans les délais qui lui étaient impartis –, il faut distinguer selon que la matière est ou non dispensée du ministère d'avocat obligatoire (v. s^s^ n° 553.32 et le Décr. n° 2004-836, 20 août 2004[4], étendant la représentation obligatoire à compter du 1er janvier 2005 à des matières jusqu'alors dispensées). Si la matière est dispensée de représentation, le pourvoi incident est recevable même après la survenance de la cause de déchéance, pourvu qu'il ait été formé dans les deux mois à compter de la date à laquelle le mémoire ampliatif aurait dû être produit par l'auteur du recours sur lequel est venu se greffer le pourvoi incident[5]. Si la représentation est obligatoire, en revanche, le pourvoi incident ne paraît recevable que s'il a été formé avant la survenance de la cause de déchéance du recours principal (v. s^s^ n° 553.102). En cas de **désistement du pourvoi principal**, enfin, le pourvoi incident est recevable s'il a été formé avant la notification du désistement[6]. Mais jugé que le pourvoi provoqué, formé dans le délai du mémoire en défense par un défendeur contre un codéfendeur à l'égard duquel le demandeur principal s'est préalablement désisté, est recevable[7]. Le cas échéant, on notera que, si le désistement n'est pas accepté par l'auteur du pourvoi incident, il y a lieu de statuer sur le pourvoi principal et sur le pourvoi incident[8] (sur les effets du pourvoi incident sur le pourvoi principal, v. s^s^ n°s 553.241 s. et n° 553.372).

553.24 **Pourvoi éventuel.** Qu'il soit principal ou incident – provoqué ou non –, un pourvoi peut n'être qu'**éventuel**, lorsque son auteur subordonne son examen par la Cour de cassation à une éventualité qu'il détermine[9]. La faculté de former un pourvoi éventuel est notamment utilisée dans l'hypothèse où une partie, globalement satisfaite de la décision la concernant, quoiqu'elle ne lui ait pas totalement donné gain de cause, ne souhaite pas la remettre en cause et prendre le risque de voir sa situation s'aggraver devant une juridiction de renvoi, mais ne souhaite pas non plus laisser devenir irrévocable la disposition lui faisant grief au cas où, à la suite d'un pourvoi formé par une autre partie, une cassation interviendrait sur la seule partie de la décision qui lui était favorable : un pourvoi éventuel est alors formé aux termes duquel le demandeur sollicite que son propre recours ne soit examiné qu'en cas de cassation sur l'autre pourvoi[10].

C.
Distinction selon que la matière est ou non dispensée de représentation obligatoire

553.31 **Représentation des parties devant la Cour de cassation.** Les avocats au Conseil d'État et à la Cour de cassation disposent d'un monopole devant la Cour de cassation pour représenter à l'instance ceux qui souhaitent déférer à la Haute juridiction les décisions dont ils estiment qu'elles affectent leurs droits. Et l'article 973 C. pr. civ. qui prescrit que les parties sont tenues de constituer un avocat au Conseil d'État et à la Cour de cassation ne porte pas atteinte aux droits définis par la Convention euro-

1. Com. 5 janv. 1999, n°s 96-20.591 et 96-20.621, *Bull. civ.* IV, n° 3.
2. Civ. 3e, 27 mars 1996, n°s 94-11.652 et 94-13.690, *Bull. civ.* III, n° 85.
3. Civ. 2e, 9 déc. 2013, n° 12-26.239, NP – Civ. 2e, 1er mars 1995, n° 92-21.885, *Bull. civ.* II, n° 66; *JCP* 1996, n° 21, p. 226, note Puigelier – Soc. 6 mars 1990, n° 88-44.767, *Bull. civ.* V, n° 91.
4. Décr. n° 2004-836, 20 août 2004, portant modification de la procédure civile, *JO* 22 août, p. 15032.
5. Soc. 30 oct. 1996, n° 95-41.173, *Bull. civ.* V, n° 365.
6. Civ. 3e, 10 déc. 2003, n° 02-12.602, *Bull. civ.* III, n° 226 – Civ. 2e, 9 oct. 1991, n° 89-20.426, *Bull. civ.* II, n° 241.
7. Civ. 3e, 23 mai 2012, n° 10-12.874, *Bull. civ.* III, n° 80.
8. Civ. 2e, 27 mai 1999, n° 97-20.488, *Bull. civ.* II, n° 100.
9. Civ. 2e, 27 juin 1990, n° 89-13.296, *Bull. civ.* II, n° 144.
10. Com. 29 juin 1971, n° 70-11.493, *Bull. civ.* IV, n° 185.

péenne de sauvegarde des droits de l'homme et des libertés fondamentales[1].

Dans certains cas toutefois, cette représentation devient **facultative**, les parties pouvant alors former leur recours elles-mêmes ou par l'intermédiaire du représentant de leur choix. Si la nature du pourvoi ne s'en trouve pas changée, la procédure à suivre présente en revanche de nombreuses particularités, réduites depuis l'entrée en vigueur du décret n° 99-131 du 26 février 1999[2], qui seront précisées et analysées au fil de l'exposé[3].

L'on fera ici simplement l'inventaire des hypothèses dans lesquelles la représentation n'est pas obligatoire.

553.32 Matières dispensées de représentation obligatoire. Un choix est en premier lieu donné en raison de la **matière** en cause.

– **Jusqu'au 1er janvier 2005**, date d'entrée en vigueur du décret n° 2004-836 du 20 août 2004[4] étendant la représentation obligatoire à des matières jusqu'alors dispensées, **pouvaient être introduits sans recours nécessaire à un avocat au Conseil d'État et à la Cour de cassation** les pourvois formés :

• **en matière prud'homale** (C. trav., anc. art. R. 517-10, abrogé par Décr. 1er janv. 2005),

• **en matière d'expropriation pour cause d'utilité publique** (C. expr., art. L. 12-5 et L. 13-25),

• **en matière d'assistance éducative** (C. pr. civ., art. 196),

• **en matière de redressement judiciaire civil** (Décr. n° 90-175, 21 févr. 1990, relatif au surendettement des particuliers, art. 20[5]),

• ou contre l'arrêt de la cour d'appel de Paris statuant **en matière d'indemnisation des transfusés victimes du sida** (Décr. n° 92-759, 31 juill. 1992[6], art. 13).

– **Depuis le 1er janvier 2005 donc, ces matières ne sont plus dispensées de représentation obligatoire.** Précisément, le décret n° 2004-836 du 20 août 2004 dispose en son article 59 que les nouvelles règles qu'il édicte en matière de représentation obligatoire concernent **les pourvois dirigés à l'encontre des décisions rendues à compter du 1er janvier 2005**. Est donc irrecevable le pourvoi formé sans le ministère d'un avocat au Conseil d'État et à la Cour de cassation contre une décision postérieure à cette date et rendue **en matière prud'homale**[7].

– Le décret précité ne revient en revanche pas sur la **dispense de représentation obligatoire** – qui demeurera donc même après son entrée en vigueur – **en matière électorale (élections professionnelles** : C. pr. civ., art. 999, al. 2; et **élections politiques** : C. élect., art. R. 15-2), **en matière de déchéance ou de retrait partiel de l'autorité parentale** (C. pr. civ., art. 1209), et lorsque le pourvoi est dirigé contre l'arrêt statuant sur l'opposition du procureur de la République à une **déclaration d'ouverture d'un établissement d'enseignement supérieur** (L. 12 juill. 1975, art. 20, § 3).

553.33 Parties dispensées de représentation obligatoire. Certaines **parties** sont ensuite dispensées d'avoir recours au ministère d'un avocat au Conseil d'État et à la Cour de cassation. On observera toutefois que la partie concernée est néanmoins tenue de suivre la procédure avec représentation obligatoire si la matière en cause ne compte pas parmi celles qui en sont dispensées[8]. C'est donc en premier lieu le cas pour le ministère public lorsqu'il a été partie principale à la décision attaquée[9], pour les caisses de sécurité sociale et de mutualité agricole (Décr. n° 58-1291, 22 déc. 1958[10], art. 54) et pour l'inspecteur divisionnaire des lois sociales en agriculture (Décr. n° 65-390, 20 mai 1965, art. 15[11]).

§ 2
Décisions contre lesquelles un pourvoi peut être introduit

A.
Jugements en dernier ressort

553.41 Notion de jugement. En premier lieu, « *le pourvoi en cassation n'est ouvert qu'à l'encontre de jugements* [...] » (C. pr. civ., art. 605).

Sont ici principalement visées les décisions présentant un **caractère juridictionnel**, c'est-à-dire des déci-

1. Civ. 1re, 10 mai 2000, n° 99-15.696, *Bull. civ.* I, n° 136; *D.* 2000. 649, note Fricero.
2. Décr. n° 99-131, 26 févr. 1999, relatif à la Cour de cassation et modifiant le Code de l'organisation judiciaire et le Nouveau Code de procédure civile, *JO* 27 févr., p. 3020.
3. Décr. 26 févr. 1999, *D.* 1999. 165.
4. Décr. n° 2004-836, 20 août 2004, portant modification de la procédure civile, *JO* 22 août, p. 15032.
5. Décr. n° 90-175, 21 févr. 1990, relatif à l'application du titre 1er de la loi n° 89-1010 du 31 décembre 1989 relative à la prévention et au règlement des difficultés liées au surendettement des particuliers et des familles, *JO* 27 févr., p. 2473; *D.* 1990. 165.
6. Décr. n° 92-759, 31 juill. 1992, relatif aux actions en justice intentées devant la cour d'appel de Paris en vertu de l'article 47 de la loi n° 91-1406 du 31 décembre 1991 portant diverses dispositions d'ordre social, *JO* 6 août, p. 10609.
7. Soc. 14 mai 2008, n° 06-43.963, *Bull. civ.* V, n° 105.
8. Civ. 1re, 15 déc. 1993, n° 92-12.015, *Bull. civ.* I, n° 365 – Soc. 21 oct. 1993, n° 91-13.833, *Bull. civ.* V, n° 246.
9. Civ. 1re, 19 mars 2002, n° 00-17.692, *Bull. civ.* I, n° 100; *JCP* 2002. IV. 1761.
10. Décr. n° 58-1291, 22 déc. 1958, portant application de l'ordonnance n° 581275 du 22 décembre 1958 relative au contentieux de la sécurité sociale, *JO* 23 déc., p. 11613.
11. Décr. n° 65-390, 20 mai 1965, contentieux de la sécurité sociale, art. 15, *JO* 25 mai, p. 4268.

sions tranchant une contestation au terme d'une appréciation du droit des parties opérée par le juge. Les jugements d'expédient sont ainsi susceptibles de pourvoi en cassation [1], au contraire des jugements de donné acte qui ne peuvent en être l'objet [2], pas plus que les décisions constatant un contrat judiciaire [3], ou les sentences d'adjudication ne statuant sur aucun incident [4]. Les mesures d'administration judiciaire, qui sont l'expression de l'*imperium* du juge et non de sa *jurisdictio*, ne peuvent pas davantage être soumises à l'examen de la Cour de cassation (tel le cas de la décision ordonnant la réouverture des débats [5] et de la décision de radiation du rôle, seraitelle entachée d'un excès de pouvoir [6] - sur l'excès de pouvoir viciant un jugement, v. s^s^ n° 553.71).

Les **décisions gracieuses** en revanche, qui ne tranchent certes pas un litige mais procèdent néanmoins d'un raisonnement judiciaire, sont susceptibles de pourvoi en cassation [7].

553.42 **Critère du dernier ressort.** Par principe et en second lieu, « *le pourvoi en cassation n'est ouvert qu'à l'encontre de jugements rendus en **dernier ressort*** » (C. pr. civ., art. 605).

Sont donc irrecevables les pourvois en cassation dirigés contre des décisions rendues à charge **d'appel** [8] ou de **contredit** [9].

Sont en revanche recevables, même émanant du défaillant [10], les pourvois en cassation formés contre des décisions rendues par défaut, à la seule condition que le délai d'**opposition** ait expiré avant l'introduction du pourvoi [11].

Et ces solutions ne varient pas si le juge a improprement qualifié sa décision : n'est ainsi pas susceptible de pourvoi en cassation la décision qualifiée par erreur de décision rendue en dernier ressort [12] ou de décision par défaut [13]. Inversement, est susceptible de pourvoi en cassation le jugement présenté à tort comme rendu à charge d'appel, sauf à ce qu'un arrêt irrévocable ait statué sur l'appel dont le même jugement avait fait l'objet [14].

S'agissant de la **tierce-opposition**, la circonstance que cette voie de recours soit ouverte aux tiers à la décision intervenue - qui ne peuvent donc pas, eux, la frapper de pourvoi [15] sauf à ce qu'une condamnation ait été prononcée à leur encontre (C. pr. civ., art. 611 - V. s^s^ n° 553.123) [16] - ne fait pas obstacle à ce que les parties agissent immédiatement en cassation.

De même, la circonstance qu'un **recours en révision** puisse être exercé contre une décision ne fait pas obstacle, pourvu toujours qu'elle ait été rendue en dernier ressort, à ce qu'un pourvoi en cassation soit parallèlement formé. Bien évidemment, il devra soulever des moyens propres à faire censurer l'arrêt et non pas des causes ouvrant droit à révision (C. pr. civ., art. 595).

Enfin, rien ne s'oppose en théorie à ce qu'un pourvoi en cassation puisse être formé en même temps qu'une des requêtes visées aux articles 461 à 464 C. pr. civ. - requêtes en interprétation, en rectification d'erreur matérielle, en omission de statuer, en *ultra* ou *extra petita* -, pourvu encore une fois que le pourvoi en cassation ne soit pas formé pour dénoncer des vices relevant en réalité du champ d'application d'une de ces requêtes.

En revanche, la décision qui constate la caducité d'une citation pouvant être rapportée, en cas d'erreur, par le juge qui l'a rendue, le pourvoi en cassation est irrecevable [17]. De même, une ordonnance susceptible de rétractation ne peut être frappée de pourvoi [18]. De même encore qu'est irrecevable, en matière d'élections professionnelles, le pourvoi formé contre la décision du tribunal d'instance statuant avant les élections sur les modalités d'organisation et de déroulement des opérations électorales dès lors que la contestation peut être soumise au juge de l'élection dont la décision peut être frappée de pourvoi [19].

553.43 **Exceptions.** Il résulte d'abord de l'article 618 C. pr. civ., que les parties sont autorisées à se pourvoir contre une décision non rendue en dernier ressort lorsque celle-ci est inconciliable avec une autre

1. Civ. 2e, 28 mars 1979, n° 77-15.598, *Bull. civ.* II, n° 97; *JCP* 1979. II. 19231.
2. Civ. 1re, 19 nov. 1996, n° 94-18.946, *Bull. civ.* I, n° 406 – Soc. 11 mai 2000, n° 98-19.654, NP – Civ. 2e, 11 janv. 1979, n° 77-11.069, *Bull. civ.* II, n° 16.
3. Soc. 23 oct. 1991, n° 90-60.452, *Bull. civ.* V, n° 420; *JCP* 1991. IV. 448.
4. Civ. 2^e^, 5 juin 1996, n° 94-13.405, *Bull. civ.* II, n° 124.
5. Civ. 2^e^, 5 janv. 1972, n° 70-11.471, *Bull. civ.* II, n° 2.
6. Civ. 1re, 16 nov. 2004, n° 02-14.528, *Bull. civ.* I, n° 266; *D.* 2005. 339; *D.* 2005. 332, obs. Julien et Fricero.
7. Civ. 1re, 10 juin 1981, n° 79-16.238, *Bull. civ.* I, n° 200.
8. Civ. 3^e^, 23 mai 2007, n° 06-18.152, *Bull. civ.* III, n° 87.
9. Civ. 1re, 9 janv. 1985, n° 84-03.012, *Bull. civ.* I, n° 16; *JCP* 1985. IV. 107 – Soc. 6 mai 1985, n° 84-60.623, *Bull. civ.* V, n° 284; *JCP* 1985. IV. 250.
10. Civ. 2e, 28 mai 1965, n° 59-50.580, *Bull. civ.* II, n° 458.
11. Com. 25 juin 1991, n° 89-18.560, *Bull. civ.* IV, n° 230 – Civ. 2e, 18 janv. 1989, n° 87-19.380, NP; *JCP* 1989. II. 21274 – Civ. 2e, 22 févr. 2012, n° 11-10.334, *Bull. civ.* II, n° 34.
12. Com. 7 févr. 2012, n° 10-26.164, *Bull. civ.* IV, n° 29 – Civ. 2e, 6 mars 1996, n° 92-12.736, *Bull. civ.* II, n° 56 – ET IMPLICITEMENT, Soc. 22 févr. 1996, n° 94-11.948, *Bull. civ.* V, n° 69; *D.* 1997. 270, note Micou.
13. Com. 25 juin 1991, n° 89-18.560, *Bull. civ.* IV, n° 230.
14. Soc. 17 déc. 2004, n° 03-42.805, *Bull. civ.* V, n° 343.
15. Soc. 16 juill. 1998, n° 96-43.681, *Bull. civ.* V, n° 391 – Civ. 2e, 14 déc. 1983, n° 82-13.513, *Bull. civ.* II, n° 199.
16. Soc. 17 avr. 1996, n° 94-15.365, *Bull. civ.* V, n° 166.
17. Soc. 18 mai 2005, n° 02-46.947, *Bull. civ.* V, n° 171.
18. Civ. 1re, 15 mai 2008, n° 07-20.624, *Bull. civ.* I, n° 129; *D.* 2009. 62, note Guez.
19. Soc. 23 nov. 2005, n° 05-60.034, *Bull. civ.* V, n° 337.

décision (sur les autres conditions de recevabilité de ce pourvoi pour contrariété de décisions et sur son régime, v. s[s] n° 553.482).

Il résulte en second lieu de la loi n° 67-523 du 3 juillet 1967 que le pourvoi du **procureur général près la Cour de cassation**, exercé d'office en cas de décision contraire à la loi, aux règlements ou aux formes de procéder (L. 3 juill. 1967, art. 17), ou exercé sur prescription du garde des Sceaux en cas d'excès de pouvoir (L. 3 juill. 1967, art. 18), peut viser une décision non rendue en dernier ressort (sur les autres conditions et sur le régime de ces deux pourvois, v. s[s] n°s 553.12 et 553.13).

B. Jugements en dernier ressort qui tranchent dans leur dispositif une partie du principal et ordonnent une mesure d'instruction ou une mesure provisoire

553.51 Jugement mixte. Dès lors qu'un jugement en dernier ressort a été rendu, il n'est pas nécessaire qu'il ait tranché tout le principal. Il suffit que la décision ait statué sur **une partie du principal** et ordonné une mesure d'instruction ou une mesure provisoire (C. pr. civ., art. 606).

553.52 Notion de principal. Il faut entendre par principal le **fond du litige**, par opposition aux questions d'ordre purement procédural. Tranche ainsi le principal l'arrêt qui, avant d'ordonner une mesure d'instruction, décide qu'une société a conclu un marché de travaux avec l'une des parties, qui le contestait, et décide en conséquence que l'intervention de la société est recevable[1], de même que l'arrêt qui enjoint aux parties de se mettre en conformité avec un nouveau texte de loi, jugeant ainsi implicitement mais nécessairement que ce texte est applicable à l'instance en cours[2]. Tranche également une question touchant au fond du droit la décision qui ordonne une expertise technique dans le cadre d'une procédure d'arbitrage médical, et ce en raison du caractère particulier de cette expertise dont les conclusions s'imposeront aux parties comme au juge[3]. Il est encore jugé qu'une cour d'appel qui, saisie d'un recours en annulation d'une sentence arbitrale, annule la sentence, se prononce, au sens de l'article 606 C. pr. civ., sur le principal de la contestation portée devant elle[4]. Un pourvoi en cassation est également recevable contre la décision du juge des référés qui prescrit, avant tout procès et en vertu de l'article 145 C. pr. civ., les mesures destinées à établir la preuve des faits dont peut dépendre la solution du litige[5]. Doit en revanche être déclaré irrecevable comme ne visant pas une décision ayant tranché une partie du principal le pourvoi formé contre un arrêt qui statue sur une fin de non-recevoir et ordonne une mesure d'instruction[6], ou contre un arrêt rendu sur l'appel d'une ordonnance de non-conciliation d'un juge de la mise en état se bornant à statuer sur les mesures provisoires relatives à la garde de l'enfant commun[7]. Est encore irrecevable le pourvoi en cassation formé contre un arrêt ayant statué sur un moyen de défense au fond tendant à la nullité de l'expertise et ayant ordonné une nouvelle expertise[8]. À noter enfin que la désignation, en exécution d'un accord, d'un tiers expert, mandataire commun des parties, ne constitue pas une mesure d'instruction, de sorte que la décision du juge qui a ainsi tranché le fond du litige est susceptible de pourvoi[9].

553.53 Chef du dispositif critiquable. Précisément, le pourvoi ne peut critiquer que le **chef du dispositif** tranchant une partie du principal et non, sauf à être déclaré « *irrecevable en l'état* »[10], le chef du dispositif ordonnant la mesure d'instruction ou la mesure provisoire. Celui-ci ne pourra être soumis à l'examen de la Cour de cassation qu'en même temps que la décision qui sera, ultérieurement, appelée à trancher le reste du principal[11]. En revanche, le pourvoi dirigé contre cette seconde décision ne pourra être l'occasion ni de critiquer à nouveau le chef du dispositif ayant tranché la première partie du principal et ayant déjà été attaqué – ce en vertu de la règle « *pourvoi sur pourvoi ne vaut* » (v. s[s] n°s 553.251 s.) –, ni de pallier l'éventuel défaut d'exercice d'un pourvoi contre ce même chef de dispositif, qui devra donc impérativement avoir été critiqué en son temps[12].

1. Civ. 2e, 9 juill. 1986, n° 85-10.750, *Bull. civ.* II, n° 106; *JCP* 1986. IV. 274.
2. Civ. 1re, 22 nov. 2005, n° 04-12.955, *Bull. civ.* I, n° 424; *RTD civ.* 2006. 97, obs. Hauser; *RTD civ.* 2006. 287, obs. Hauser.
3. Soc. 28 oct. 1993, n° 91-20.248, *Bull. civ.* V, n° 256.
4. Civ. 2e, 7 janv. 1999, n° 97-10.292, *Bull. civ.* II, n° 1.
5. Civ. 1re, 19 mars 2002, n° 00-11.907, *Bull. civ.* I, n° 102; *JCP* 2002. IV. 1760.
6. Civ. 2e, 27 janv. 1983, n° 82-10.134, *Bull. civ.* II, n° 23.
7. Civ. 2e, 10 févr. 1982, n° 80-16.657, *Bull. civ.* II, n° 18; *D.* 1983. IR 80.
8. Civ. 2e, 14 nov. 2013, n° 12-21.210, NP.
9. Civ. 1re, 15 mai 2008, n° 07-15.673, *Bull. civ.* I, n° 130.
10. Soc. 16 juill. 1987, n° 84-43.425, *Bull. civ.* V, n° 506 – Civ. 3e, 11 déc. 1991, n° 87-19.680, *Bull. civ.* III, n° 315; *JCP* 1992. IV. 530.
11. Civ. 1re, 6 févr. 1996, n° 94-11.052, *Bull. civ.* I, n° 63; *RTD civ.* 1996. 906, obs. Mestre – Civ. 2e, 24 févr. 1983, n° 82-10.410, *Bull. civ.* II, n° 56 – V. cep. EN CAS D'EXCÈS DE POUVOIR : Civ. 2e, 16 oct. 2003, n° 01-17.520, *Bull. civ.* II, n° 305; *D.* 2003. IR 2545.
12. Com. 19 oct. 1981, n° 79-14.766, *Bull. civ.* IV, n° 361; *Gaz. Pal.* 1982. 164; *RTD civ.* 1982. 661.

C.
Jugements en dernier ressort qui, statuant sur une exception de procédure, une fin de non-recevoir ou tout autre incident, mettent fin à l'instance

553.61 Jugement mettant fin à l'instance. Il n'est pas même nécessaire, pour qu'un jugement rendu en dernier ressort soit susceptible de pourvoi, que le principal, ou une partie de celui-ci seulement, ait été tranché. Une décision statuant en dernier ressort sur une exception de procédure, une fin de non-recevoir ou tout autre incident - et ne se prononçant donc pas sur le fond du litige opposant les parties - peut en effet être déférée à l'examen de la Cour de cassation pourvu qu'elle mette **fin à l'instance** (C. pr. civ., art. 607). Il faut distinguer.

553.62 Cas où aucun juge ne reste saisi du principal. Si **aucun juge ne demeure saisi du principal** lorsqu'est rendue la décision sur l'exception de procédure, la fin de non-recevoir ou l'incident, elle met fin à l'instance (ainsi d'une décision en dernier ressort accueillant une exception de péremption [1]).

553.63 Cas où le même juge reste saisi du principal. En revanche, lorsque **le juge, ayant statué sur l'exception de procédure, la fin de non-recevoir ou l'incident, reste saisi du principal sans l'avoir tranché**, il est jugé que l'instance n'a pas pris fin [2] (est donc irrecevable le pourvoi formé contre l'arrêt qui statue sur un contredit puis, évoquant au fond, renvoie à une audience ultérieure [3] - on notera toutefois que, dans une affaire similaire, quoiqu'ancienne, la première chambre civile, sans contester que l'instance ne prend pas fin dans ce type de situation, déclare néanmoins le pourvoi recevable en se fondant sur les dispositions spéciales de l'art. 87 C. pr. civ. [4] - pour une exception, v. C. pr. civ., art. 380-1, qui autorise, mais uniquement pour violation d'une règle de droit, l'introduction d'un pourvoi en cassation contre la décision de sursis à statuer rendue en dernier ressort [5] - qui se distingue de la décision prononçant un sursis à statuer dans l'exercice du pouvoir laissé à la discrétion du juge en vue d'une bonne administration de la justice qui, elle, n'est pas susceptible de pourvoi en cassation [6]).

553.64 Cas où un autre juge reste saisi du principal. Enfin, la question fait particulièrement difficulté lorsqu'un juge - autre que celui ayant statué sur l'exception de procédure, la fin de non-recevoir ou l'incident - demeure saisi du principal. Précisément, la question se pose de savoir si le fait que l'exception de procédure, la fin de non-recevoir ou l'incident soit porté devant un juge distinct de celui appelé à connaître de la question principale opposant les parties ne générerait pas une instance détachable de l'instance au fond et, en conséquence, de savoir si la décision prise sur l'exception de procédure, la fin de non-recevoir ou l'incident ne mettrait pas fin à cette instance autonome. La réponse reste globalement incertaine nonobstant deux décisions de l'assemblée plénière de la Cour de cassation.

553.65 L'ordonnance du premier président de la cour d'appel en matière d'exécution provisoire. La formation plénière de la Haute juridiction a jugé que met fin à l'instance autonome introduite devant ce magistrat l'ordonnance du premier président de la cour d'appel statuant sur une demande tendant à voir ordonner ou arrêter l'exécution provisoire du jugement frappé d'appel [7]. Cet arrêt fut rendu en l'état de l'opposition existant sur ce point entre la troisième chambre civile (pour laquelle l'instance s'ouvre par la saisine de la juridiction appelée à trancher un point litigieux et prend fin lorsqu'elle a statué sur celui-ci même si le litige demeure sur le fond entre les parties devant le tribunal [8]) et les autres chambres de la Cour de cassation (pour lesquelles la notion d'instance n'est pas détachable du fond du litige [9]). Fixant donc clairement le sort à réserver aux pourvois formés contre une telle ordonnance, l'arrêt d'assemblée plénière précité a néanmoins laissé en suspens la question de savoir si la solution devait être ou non étendue à d'autres types d'ordonnances rendues par le premier président de la cour d'appel, voire à des décisions n'émanant pas de ce magistrat.

553.66 Extension à d'autres ordonnances du premier président de la cour d'appel. Sur l'extension de la solution à d'autres types d'ordonnances du premier président de la cour d'appel, c'est une réponse positive qu'ont apportée la troisième chambre civile et la chambre commerciale de la Cour de cassation

1. Civ. 3e, 25 nov. 1992, no 91-12.669, *Bull. civ.* III, no 309.
2. Com. 7 janv. 2004, no 00-12.393, NP – Civ. 2e, 9 oct. 1996, no 94-19.556, *Bull. civ.* II, no 219.
3. Civ. 2e, 6 oct. 2005, no 03-20.404, *Bull. civ.* II, no 235 – Soc. 17 sept. 2008, nos 07-43.265 et 07-43.267, NP (2 arrêts); *D.* 2009. 590 – Soc. 26 sept. 2012, no 10-25.537, NP.
4. Civ. 1re, 5 oct. 1994, no 92-17.912, *Bull. civ.* I, no 265.
5. Soc. 26 juin 2001, no 00-60.080, *Bull. civ.* V, no 228 – Civ. 2e, 22 nov. 2007, no 06-18.892, *Bull. civ.* II, no 256.
6. Civ. 2e, 21 avr. 2005, no 03-13.098, *Bull. civ.* II, no 109 – Civ. 1re, 16 nov. 2004, no 02-14.528, *Bull. civ.* I, no 266; *D.* 2005. 339; *D.* 2005. 332, obs. Julien et Fricero.
7. Cass., ass. plén., 2 nov. 1990, no 90-12.698, *Bull. ass. plén.*, no 11; *RTD civ.* 1991. 169, note Perrot; *RTD civ.* 1991. 173, obs. Perrot.
8. Civ. 3e, 9 déc. 1986, no 85-70.199, *Bull. civ.* III, no 173.
9. Civ. 2e, 5 févr. 1986, no 83-16.029, *Bull. civ.* II, no 7 – Com. 20 juin 1989, no 87-18.255, *Bull. civ.* IV, no 192 – Com. 20 juin 1989, no 87-20.123, *Bull. civ.* IV, no 192; *Gaz. Pal.* 1989. Pan. 160 – Soc. 17 mars 1988, no 84-45.034, *Bull. civ.* V, no 192.

en jugeant notamment que met fin à l'instance la décision du premier président de la cour d'appel statuant sur une demande d'autorisation de relever appel d'une décision ordonnant un sursis à statuer[1]. C'est une réponse négative qu'ont en revanche donnée la première et la deuxième chambre civile de la Cour de cassation en décidant que ne met pas fin à l'instance, et n'est en conséquence pas susceptible d'un pourvoi immédiat, l'ordonnance du premier président de la cour d'appel statuant sur une demande d'autorisation de faire appel d'une décision ordonnant une expertise[2]. Aussi bien les deux thèses en présence ont-elles trouvé un nouveau terrain sur lequel s'affronter.

553.67 Arrêt d'appel rendu sur l'ordonnance du juge de la mise en état ayant alloué une provision. Sur le sort à réserver aux décisions n'émanant pas du premier président de la cour d'appel, un élément de réponse a été donné par la Cour de cassation qui, toujours en sa formation plénière, a jugé que l'**arrêt de la cour d'appel rendu sur l'ordonnance du juge de la mise en état ayant alloué une provision** ne met pas fin à l'instance[3]. La formation plénière de la Cour de cassation a ainsi mis un terme au désaccord opposant sur ce point, et pour la même raison qu'elles s'étaient déjà opposées à propos des ordonnances du premier président de la cour d'appel, la troisième chambre civile (persistant à faire application du critère organique de l'instance par elle dégagé[4]) et les autres chambres civiles de la Cour de cassation (persistant quant à elles à lier la notion d'instance au fond du litige[5]). Simplement, et contrairement à l'attitude adoptée en 1990, l'assemblée plénière a cette fois écarté la solution proposée par la troisième chambre civile, ainsi cantonnée à l'hypothèse alors tranchée.

553.68 Absence d'unité de la jurisprudence. On regrette alors que les raisons de son choix n'aient pas davantage été précisées par la formation plénière de la Cour de cassation qui, en n'offrant pas de critère d'application suffisamment générale pour orienter la jurisprudence, permet que des opinions contraires puissent toujours s'afficher au travers de décisions censément énonciatrices d'un droit uniforme. On en prendra encore pour preuve les décisions rendues sur la question de la recevabilité des pourvois formés contre **les arrêts statuant sur contredit de compétence.** Alors que certaines chambres affirment que de tels arrêts mettent fin à l'instance lorsque la cour d'appel, après avoir statué sur le contredit, renvoie l'affaire aux premiers juges[6], d'autres considèrent qu'ils ne mettent pas fin à l'instance et que le pourvoi dirigé contre eux n'est recevable qu'en raison des dispositions spécifiques de l'article 87 C. pr. civ.[7]

D.

Jugements en dernier ressort qui, quoique visés par une disposition interdisant expressément l'introduction d'un pourvoi en cassation à leur encontre, sont entachés d'excès de pouvoir (le pourvoi nullité)

553.71 Interdiction du pourvoi en cassation. Il peut arriver, alors qu'une décision a naturellement vocation à pouvoir être frappée de pourvoi en cassation, que le législateur décide, expressément, de fermer cette voie de recours (par ex., C. com., art. L. 661-4).

– L'interdiction ainsi spécialement formulée n'apparaît en réalité pas absolue. La jurisprudence admet en effet de longue date, à l'instar de ce qu'elle juge en matière d'appel nullité, que, quoique visée par une disposition prohibant expressément l'introduction d'un pourvoi à son encontre, une décision qui est entachée d'**excès de pouvoir** ne doit pas demeurer dans l'ordonnancement juridique. La Cour de cassation accepte en conséquence de recevoir les pourvois qui établissent qu'une irrégularité de cette nature a été commise[8] (pour une définition de l'excès de pouvoir auquel est assimilée la méconnaissance de certains principes essentiels de la procédure, v. s^s^ n°s 553.431 s.). Le cas échéant, le pourvoi nullité est donc admis à l'égard des jugements contre lesquels l'introduction d'un pourvoi en cassation est, par principe, différée (il est ainsi jugé qu'en cas d'excès de pouvoir, il peut être dérogé à la règle selon laquelle les jugements en dernier ressort qui ne mettent pas fin à l'instance ne peuvent être frappés de pourvoi indépendamment des jugements sur le fond que s'ils

1. Civ. 3e, 27 mars 1996, n° 94-12.592, *Bull. civ.* III, n° 86 – Com. 16 févr. 1993, n° 90-19.979, *Bull. civ.* IV, n° 58 ; *D.* 1993. 310, obs. Aynès.
2. Civ. 1re, 27 oct. 1992, n° 90-15.258, *Bull. civ.* I, n° 267 – Civ. 2e, 26 févr. 1997, n° 96-13.289, *Bull. civ.* II, n° 58.
3. Cass., ass. plén., 5 déc. 1997, n° 95-17.858, *Bull. ass. plén.*, n° 11 ; *RTD civ.* 1998. 479, obs. Perrot ; *LPA* 30 janv. 1998, n° 13, p. 19, note Boujeka ; *JCP* 1998, n° 3, p. 86, concl. Weber.
4. Civ. 3e, 13 mars 1996, n° 94-15.700, *Bull. civ.* III, n° 67 ; *RTD civ.* 1996. 478, obs. Perrot.
5. Civ. 1re, 27 oct. 1992, n° 90-15.258, *Bull. civ.* I, n° 267 – Civ. 2^e^, 17 janv. 1990, n° 88-18.614, *Bull. civ.* II, n° 11 – Com. 26 nov. 1990, n° 89-12.345, *Bull. civ.* IV, n° 300.
6. Com. 4 oct. 1994, n° 92-16.676, *Bull. civ.* IV, n° 270 – Soc. 3 nov. 2005, n° 04-41.345, *Bull. civ.* V, n° 311.
7. Civ. 1re, 15 oct. 1996, n° 95-10.234, *Bull. civ.* I, n° 349 – Civ. 1re, 9 déc. 2003, n° 01-03.225, *Bull. civ.* I, n° 245 ; *D.* 2004. 276, obs. Manara – Civ. 1re, 23 janv. 2007, n° 06-11.157, NP.
8. Com. 3 mai 2012, n° 11-16.349, *Bull. civ.* IV, n° 90 – Civ. 1re, 2 oct. 2001, n° 00-04.165, *Bull. civ.* I, n° 241 ; *JCP* 2001. IV. 2817 – Civ. 1re, 26 juin 2001, n° 99-17.586, *Bull. civ.* I, n° 185.

tranchent dans leur dispositif tout ou partie du principal[1]). L'interdiction de recourir au pourvoi en cassation n'est certes ici que provisoire, mais la gravité de l'erreur commise par les juges du fond justifie qu'elle soit immédiatement réparée.

– Il est enfin impératif de noter qu'il a été jugé que « *les voies de recours restent soumises aux conditions de forme et de délai qui leur sont propres, sans qu'il y ait lieu de distinguer selon qu'elles tendent à la réformation, à l'annulation ou à la rétractation de la décision attaquée* »[2].

§ 3
Délais pour l'introduction d'un pourvoi

553.80 Renvoi. Sur les délais particuliers en cas de pourvoi nullité, v. s[s] n° 553.71.

A.
Durée du délai

553.81 Délai du pourvoi principal. Le délai pour se pourvoir en cassation est **en principe** de **deux mois** (C. pr. civ., art. 612).

Cette durée est toutefois réduite à **dix jours** en matière d'**élections professionnelles** (C. pr. civ., art. 999), et d'élections politiques (C. élect., art. R. 15-1), à **quinze jours** en matière de divorce sur requête conjointe (C. pr. civ., art. 1103), d'**expropriation** (C. expr., art. L. 12-5) et de **visites domiciliaires** (LPF, art. L. 16 B, V, al. 6). On rappellera qu'aucun délai n'est prévu en cas de contrariété de jugements (C. pr. civ., art. 618), pas davantage que lorsque le pourvoi en cassation est introduit par le procureur général près la Cour de cassation (L. n° 67-523, 3 juill. 1967, art. 17 et 18).

553.82 Délais du pourvoi incident. Le délai pour se pourvoir à titre incident ne varie plus selon que la matière en cause est ou non soumise à représentation obligatoire (v. s[s] n° 553.32 – et Décr. n° 2004-836, 20 août 2004, étendant la représentation obligatoire à compter du 1er janvier 2005 à des matières jusqu'alors dispensées).

Depuis l'entrée en vigueur du décret n° 2008-484 du 22 mai 2008 relatif à la procédure devant la Cour de cassation[3], ce délai n'est plus de trois mois mais de **deux mois** dans les **matières obligatoirement soumises au ministère d'un avocat** au Conseil d'État et à la Cour de cassation, avec cette précision qu'un mois supplémentaire est accordé au demandeur, non pour introduire son pourvoi incident, mais pour le signifier aux parties qui n'auraient pas constitué avocat (C. pr. civ., art. 982 et 1010).

Deux mois seulement sont également donnés au défendeur au pourvoi principal pour former un pourvoi incident dans **les matières dispensées du ministère d'avocat au Conseil d'État et à la Cour de cassation** (C. pr. civ., art. 991).

Un délai spécifique de quinze jours est enfin prévu en matière d'élections professionnelles (C. pr. civ., art. 1006).

553.83 Dispositions communes aux pourvois principal et incident : computation et interruption des délais. Les dispositions générales du Code de procédure civile visant les délais – articles 640 à 647-1 pour leur computation, articles 531 et 532 pour leur interruption – ne donnent pas lieu à une application particulière en matière de pourvoi en cassation. Il doit simplement être fait mention de l'article 1023 C. pr. civ. qui règle la question des **délais dits « *de distance* »** : le demandeur au pourvoi dispose d'un mois supplémentaire lorsqu'il demeure dans un département ou un territoire d'outre-mer, ou encore dans la collectivité territoriale de Mayotte, et de deux mois supplémentaires lorsqu'il demeure à l'étranger.

Par ailleurs, l'article 39 du décret n° 91-1266 du 19 décembre 1991[4] prévoit que, lorsqu'une demande d'**aide juridictionnelle** en vue de se pourvoir en matière civile devant la Cour de cassation est adressée au bureau d'aide juridictionnelle avant l'expiration du délai imparti pour le dépôt du pourvoi, ce délai est **interrompu**[5]; c'est en conséquence un nouveau délai qui court soit à compter du jour de la réception par l'intéressé de la notification de la décision du bureau d'aide juridictionnelle, soit, lorsqu'un auxiliaire de justice a été désigné, à compter de la date de sa désignation. Une seule demande est à ce titre interruptive du délai[6].

B.
Déclenchement du délai du pourvoi principal

553.91 Point de départ du délai. La signification des décisions incombant par principe aux parties, le déclenchement du délai dans lequel le pourvoi principal doit être formé est provoqué par la **signification**

1. Civ. 1re, 28 nov. 2007, n° 06-19.157, *Bull. civ.* I, n° 371; *D.* 2009. 53, obs. Douchy-Oudot; *RTD civ.* 2008. 284, obs. Hauser – V. AUSSI, en matière internationale : Com. 8 mars 2011, n° 10-17.349, NP – Com. 20 sept. 2011, n° 10-16.569, NP.
2. Com. 25 juin 1996, n° 94-18.147, NP.
3. Décr. n° 2008-484, 22 mai 2008, relatif à la procédure devant la Cour de cassation, *JO* 24 mai, p. 8477.
4. Décr. n° 91-1266, 19 déc. 1991, portant application de la loi n° 91-647 du 10 juillet 1991 relative à l'aide juridique, *JO* 20 déc., p. 16609.
5. Pour un exemple en matière de POURVOI INCIDENT, Civ. 2e, 12 oct. 1983, n° 82-10.449, *Bull. civ.* II, n° 164.
6. Civ. 2e, 22 oct. 1997, n° 95-17.414, *Bull. civ.* II, n° 249.

à partie de la décision (C. pr. civ., art. 528, 675 et 678), laquelle n'est plus, depuis l'entrée en vigueur du décret n° 2008-484 du 22 mai 2008 et **dans les matières où la notification des décisions n'est pas assurée par le greffe** de la juridiction qui l'a rendue, une condition de **recevabilité du pourvoi en cassation.** Il est désormais simplement prévu qu'en cas de pourvoi formé sans signification préalable de la décision attaquée, le demandeur au pourvoi doit la signifier au plus tard dans le délai de dépôt du mémoire ampliatif. (C. pr. civ., art. 611-1). Par ailleurs, parce qu'il ne saurait être admis que le délai pour se pourvoir en cassation puisse ne jamais commencer à courir, le législateur fait obligation aux parties ayant comparu de procéder à une **signification au plus tard dans les deux ans du prononcé de la décision**, et ce, à peine d'interdiction pour elles de se pourvoir ensuite en cassation à titre principal (C. pr. civ., art. 528-1, al. 1er[1]). À noter que cette limite temporelle dans laquelle la signification doit intervenir, qui ne s'impose donc déjà qu'aux seules parties ayant comparu, ne vaut en outre que pour les décisions tranchant tout le principal ou pour celles qui, statuant sur une exception de procédure, une fin de non-recevoir ou tout autre incident, mettent fin à l'instance (C. pr. civ., art. 528-1, al. 2).

553.92 Nécessité d'une signification régulière. Pour que le délai coure, la signification doit être **régulière**[2], et notamment indiquer de manière très apparente le délai de pourvoi en cassation ainsi que les modalités selon lesquelles il peut être exercé (C. pr. civ., art. 680), celui ayant signifié ne pouvant toutefois se faire à lui-même un grief d'aucune irrégularité ou omission que ce soit, provenant de son fait, dans l'accomplissement de cette formalité[3]. On n'oubliera pas à cet égard que, dans les matières où la représentation est obligatoire, **la validité de la signification à partie est conditionnée par une notification préalable de la décision aux représentants dans la forme des notifications à avocat** (C. pr. civ., art. 678). Cette notification, si elle est donc exigée à peine d'irrégularité de la signification[4], ne déclenche pas le délai dans lequel le pourvoi doit être formé, délai qui ne court donc bien qu'à dater de la signification à partie elle-même[5].

553.93 Personnes concernées par le point de départ du délai. L'acte de signification régulièrement accompli, le délai court tant à l'égard de celui qui y a procédé qu'à l'égard de son destinataire. On observera que, **à l'égard de celui qui a signifié**, le délai pour se pourvoir en cassation est déclenché même si la signification a été faite à un tiers non partie à l'instance[6], et n'est pas reporté si celui qui a signifié est ultérieurement destinataire d'un acte de signification[7] ou s'il a lui-même ensuite fait procéder à une seconde signification[8]. **À l'égard de la partie destinataire** en revanche, une **double signification** peut entraîner un report du point de départ du délai à la date de la seconde des deux significations, lorsque celle-ci, faite dans le délai ouvert par la première, a pu induire son destinataire en erreur[9]. On rappellera par ailleurs les dispositions de l'article 529 C. pr. civ. qui règlent les cas dans lesquels le destinataire de la signification est uni à d'autres parties par un lien de solidarité ou d'indivisibilité : en cas de condamnation solidaire ou indivisible de plusieurs parties d'abord, la notification faite à l'une d'elles ne fait courir le délai qu'à son égard[10]; dans le cas où un jugement profite solidairement ou indivisiblement à plusieurs parties d'autre part, chacune peut se prévaloir de la notification faite par l'une d'elles[11]. Il est par ailleurs jugé que la signification d'une décision à une société avant son absorption fait courir le délai de pourvoi contre la société absorbante par suite de la transmission universelle de patrimoine[12]. Enfin, on évoquera le cas particulier réglé par l'article 530 C. pr. civ. qui dispose que le délai ne court, contre une personne en tutelle, que du jour où le jugement est notifié tant à son représentant légal qu'au subrogé tuteur le cas échéant et, contre le majeur en curatelle, que du jour de la notification faite au curateur.

553.94 Cas des décisions notifiées par le greffe des juridictions qui les ont rendues. Dans certaines matières, il est prévu **une notification de la décision par les soins du greffe de la juridiction l'ayant rendue.** Le cas échéant, cette notification marque le point de départ du délai pour se pourvoir en cassa-

1. Civ. 3e, 8 oct. 1997, n° 95-17.024, *Bull. civ.* III, n° 188; *JCP* 1997. IV. 2259.
2. Com. 3 juill. 2001, n° 98-17.575, NP – Civ. 3e, 3 févr. 1999, n° 97-10.399, *Bull. civ.* III, n° 31; *JCP* 1999. IV. 1580 – Civ. 2e, 21 févr. 2008, n° 07-11.568, *Bull. civ.* II, n° 44; *RTD civ.* 2008. 351, obs. Perrot.
3. Civ. 2e, 29 janv. 1959, n° 1172, *Bull. civ.* II, n° 104 : rendu en matière d'appel.
4. Civ. 3e, 6 déc. 1978, n° 77-12.650, *Bull. civ.* III, n° 365; *Gaz. Pal.* 1979. 217; *RTD civ.* 1979. 835.
5. Civ. 2e, 17 mars 1986, n° 84-13.920, *Bull. civ.* II, n° 39; *Gaz. Pal.* 1987. Somm. 49; *RTD civ.* 1987. 150 – Com. 15 déc. 1992, n° 89-20.750, *Bull. civ.* IV, n° 416; *D.* 1993. Somm. 192.
6. Com. 7 juill. 1987, n° 84-10.358, *Bull. civ.* IV, n° 171; *D.* 1988. Somm. 122.
7. Com. 27 avr. 1979, n° 77-12.331, *Bull. civ.* IV, n° 131; *D.* 1979. IR 475.
8. *RTD civ.* 1982. 654.
9. Civ. 3e, 15 juin 1988, n° 85-13.885, NP, *JCP* 1988. IV. 295 – CONTRA : Civ. 2e, 23 sept. 2004, n° 99-21.000, *Bull. civ.* II, n° 418.
10. Civ. 2e, 5 mai 1982, n° 81-11.055, *Bull. civ.* II, n° 70 – Civ. 2e, 18 mars 1987, n° 85-18.796, *Bull. civ.* II, n° 71.
11. Civ. 2e, 10 déc. 1986, n° 84-14.165, *Bull. civ.* II, n° 178 – Civ. 2e, 17 janv. 1996, n° 94-10.279, *Bull. civ.* II, n° 4; *JCP* 1996. IV. 530.
12. Civ. 3e, 12 mars 2008, n° 07-15.278, *Bull. civ.* III, n° 48.

tion. Ainsi en matière prud'homale (C. trav., art. R. 1454-26), en matière de sécurité sociale (Décr. n° 58-1291, 22 déc. 1958, art. 53, 23 et 25), en matière électorale (C. élect., art. R. 15-1), en matière de procédures collectives (Décr. n° 85-1388, 27 déc. 1985[1], art. 160), en matière d'indemnisation des victimes d'infractions (Décr. n° 77-194, 3 mars 1977[2], art. R. 22), en matière gracieuse (C. pr. civ., art. 675, al. 2, et art. 679) et en matière de contredit de compétence (C. pr. civ., art. 87). La notification faite par le greffe, qui n'est pas une condition de recevabilité du pourvoi, peut toutefois être précédée ou suivie d'une notification émanant d'une partie. **À l'égard de la partie destinataire de ces deux notifications**, le délai pour se pourvoir en cassation court à compter de la plus récente des deux si la seconde a été faite dans le délai ouvert par la première[3] (même solution en cas de double notification faite par le greffe[4]). **À l'égard de celui qui a notifié**, et en sa qualité de destinataire de la notification émanant du greffe, le délai pour agir en cassation court à compter de sa propre diligence si elle est antérieure à la notification du greffe, et à compter de celle-ci au cas contraire. Les dispositions précitées de l'article 529 C. pr. civ. sont par ailleurs applicables.

553.95 **Cas de l'expropriation.** En matière d'expropriation, la notification de l'ordonnance par une partie fait également courir le délai de pourvoi en cassation (C. expr., art. L. 12-5 et R. 13-41).

553.96 **Délai courant à compter du jugement.** Le délai pour agir en cassation commence encore à courir dès la date du jugement dans les cas déterminés par la loi (C. pr. civ., art. 528, al. 1er) : ainsi l'article 1103 du même Code dispose-t-il que le délai court à compter du jugement prononçant le divorce par requête conjointe.

553.97 **Cas des décisions par défaut.** Enfin, l'article 613 C. pr. civ. dispose que le délai pour se pourvoir en cassation court, à l'égard des décisions rendues par défaut, à compter du jour où l'opposition, ouverte à la partie défaillante, n'est plus recevable, c'est-à-dire à l'expiration du délai d'un mois courant à compter de la signification de la décision à la partie défaillante[5]. À noter, qu'outre le fait que l'expiration du délai d'opposition marque le point de départ du délai du pourvoi en cassation, elle est une condition de recevabilité dudit pourvoi[6].

C.
Déclenchement du délai du pourvoi incident

553.101 **Notification du mémoire ampliatif.** Le délai pour agir à titre incident est déclenché par la **notification du mémoire ampliatif** – contenant l'énoncé des moyens de cassation – qu'il appartient au demandeur au pourvoi principal d'établir. Quoiqu'elle ne soit pas une condition de recevabilité du pourvoi incident, qui peut aussi bien être formé entre la déclaration de pourvoi et l'établissement du mémoire ampliatif, la notification de celui-ci est en pratique attendue par le défendeur au pourvoi principal qui, par un jeu d'écritures unique présenté sous le libellé « *mémoire en défense et pourvoi incident* », défendra au pourvoi principal en même temps qu'il formera pourvoi incident avec ses moyens à l'appui.

553.102 **Absence de notification du mémoire ampliatif.** Si aucun mémoire ampliatif n'a été établi dans le délai qui était imparti au demandeur au pourvoi principal, la question se pose de savoir si la date ultime à laquelle le mémoire ampliatif aurait dû être notifié peut ou non constituer le point de départ du délai pour agir à titre incident :

– La **chambre sociale de la Cour de cassation** y répondait par l'affirmative[7], à l'époque où la matière prud'homale était dispensée du ministère d'avocat aux Conseils. Cette jurisprudence trouvait son fondement dans l'article 991 C. pr. civ., qui, dans les matières dispensées du ministère d'avocat au Conseil d'État et à la Cour de cassation, prévoit expressément que le défendeur au pourvoi principal dispose, pour former un pourvoi incident, d'un délai de deux mois à compter de la notification du mémoire du demandeur, ou de l'expiration du délai dans lequel il aurait dû être établi. À la situation dans laquelle aucun mémoire ampliatif n'a été établi ne doit pas être assimilée celle dans laquelle le demandeur au pourvoi principal a simplement procédé à un **énoncé sommaire des moyens de cassation dans la déclaration de pourvoi** elle-même. Le demandeur au pourvoi principal n'étant alors pas ultérieurement tenu d'établir un mémoire ampliatif (C. pr. civ., art. 989), l'énoncé sommaire lui étant donc assimilé, il paraît judicieux de considérer que la notification de la déclaration qui le contient fait courir le délai dans lequel le pourvoi incident devra être formé à peine d'irrecevabilité.

– Dans les **matières soumises à une représentation obligatoire**, il résulte de la combinaison des articles 982 et 1010 C. pr. civ. que le délai pour agir à titre incident court à compter de la signification du

1. Décr. n° 85-1388, 27 déc. 1985, relatif au redressement et à la liquidation judiciaire des entreprises, *JO* 29 déc., p. 15281.
2. Décr. n° 77-194, 3 mars 1977, modifiant le Code de procédure pénale et relatif à l'indemnisation de certaines victimes de dommages corporels résultant d'une infraction, *JO* 5 mars, p. 1228.
3. Soc. 9 mai 1990, n° 89-41.027, *Bull. civ.* V, n° 204; *D.* 1991. Somm. 244; *RTD civ.* 1993. 651, obs. Perrot – Soc. 27 juin 1990, n° 89-40.993, *Bull. civ.* V, n° 315.
4. Soc. 3 mars 1993, n° 91-45.275, *Bull. civ.* V, n° 77; *RTD civ.* 1993. 651.
5. Civ. 2e, 22 févr. 2012, n° 11-10.334, *Bull. civ.* II, n° 34.
6. Civ. 2e, 22 févr. 2012, n° 11-10.334 (préc. ss prést n°).
7. Soc. 30 oct. 1996, n° 95-41.173, *Bull. civ.* V, n° 365.

mémoire ampliatif, sans que son absence ou sa tardiveté soit envisagée par les textes. Il semble alors prudent d'estimer que l'**expiration du délai dans lequel le mémoire ampliatif aurait dû être notifié constitue le terme du délai**, et non le point de départ, au-delà duquel le pourvoi incident ne peut plus être valablement introduit. La solution est d'autant plus probable que s'agissant, en matière d'expropriation, du sort à réserver à l'appel incident en cas de déchéance de l'appel principal – la solution est transposable en l'état de l'article 614 C. pr. civ. qui dispose que « *la recevabilité du pourvoi incident* [...] *obéit aux règles qui gouvernent celle de l'appel incident* » – il est jugé, sur la base de dispositions ne visant pas l'hypothèse de l'absence ou de la tardiveté du mémoire devant être déposé par l'appelant principal dans les deux mois de son recours (C. expr., art. R. 13-49), que l'appel incident n'est recevable que s'il a été formé avant la cause de déchéance de l'appel principal[1] (sur l'incidence de l'irrecevabilité, de la déchéance ou du désistement du pourvoi principal sur les délais pour agir à titre incident, v. s^s n° 553.23).

§ 4
Personnes habilitées à introduire un pourvoi

A.
Titulaires du droit de former un pourvoi en cassation

1°
Capacité

553.111 Capacité de jouissance. La capacité du demandeur s'appréciant au moment où la déclaration de pourvoi est faite, et non au jour où l'arrêt attaqué a été rendu, est irrecevable le recours en cassation formé au nom d'une personne décédée[2], de même que le pourvoi formé par la Commission des opérations de Bourse en ce qu'elle est dépourvue de la personnalité morale[3], et la **nullité** de l'acte accompli par une partie dépourvue de personnalité juridique est une **irrégularité de fond qui ne peut être couverte**[4]. C'est en revanche un non-lieu à statuer qu'il y a lieu de prononcer sur le pourvoi formé par une personne qui décède au cours de l'instance en cassation, lorsque la reprise d'instance est impossible par suite de l'extinction de l'action[5] (sur la seule interruption de l'instance lorsque l'action n'est pas éteinte, v. s^s n° 553.363), ou sur un pourvoi formé par un avocat, ensuite décédé, à l'encontre de l'arrêt ayant prononcé une peine disciplinaire à son encontre[6].

553.112 Capacité d'exercice. L'incapable ne peut exercer un pourvoi que par l'intermédiaire de son représentant (est irrecevable le pourvoi des enfants mineurs en l'absence de leur représentant légal ou d'un administrateur *ad hoc*[7] – est également irrecevable le pourvoi de l'interdit légal détenu, fait en l'absence de son tuteur[8]). Au cas contraire, le pourvoi est **nul** sauf **régularisation** ultérieure, la question se posant de savoir dans quel délai la régularisation doit intervenir : s'il a été jugé qu'est irrecevable le pourvoi formé par une personne alors qu'elle était dessaisie de l'administration de ses biens en application de l'article L. 622-9 du Code de commerce (devenu C. com., art. L. 641-9) et qu'il n'a été mis fin à ce dessaisissement **qu'à l'expiration du délai de pourvoi**[9], un arrêt récent retient qu'est irrecevable le pourvoi formé par un association dissoute dès lors que le liquidateur désigné lors de l'assemblée générale ayant décidé la dissolution n'est intervenu dans l'instance en cassation **qu'après l'expiration du délai imparti pour le dépôt du mémoire ampliatif**[10]. Sur l'interruption de l'instance par la survenance d'une incapacité d'exercice après l'introduction du pourvoi, v. s^s n°s 553.362 et 553.363).

2°
Qualité

553.121 Régularisation. L'irrecevabilité pour défaut de qualité doit être écartée lorsque, avant toute forclusion, la personne ayant qualité pour agir devient partie à l'instance[11].

553.122 Parties à l'instance. L'article 609 C. pr. civ. vise au premier rang des personnes habilitées à agir en cassation les **parties à l'instance ayant abouti à la décision attaquée**[12], qualité dont ne dispose pas la personne qui est intervenue à titre accessoire à cette instance (l'intervenant à titre accessoire devant les juges du fond ne peut donc se pourvoir en cassation que si la partie principale s'est elle-même pourvue[13]), pas plus que le ministère public qui s'y est seulement joint[14] (sur le cas particulier du pourvoi

1. Civ. 3e, 5 nov. 1975, n° 74-70.357, *Bull. civ.* III, n° 315 – Civ. 3e, 13 mars 1979, n° 78-70.061, *Bull. civ.* III, n° 62.
2. Civ. 2e, 23 juill. 1979, n° 78-12.151, *Bull. civ.* II, n° 222.
3. Com. 26 oct. 1993, n° 91-17.570, *Bull. civ.* IV, n° 352; *D.* 1994. 237, note Decoopman.
4. Civ. 2^e, 26 mars 1997, n° 94-15.528, *Bull. civ.* II, n° 96.
5. Civ. 1re, 30 oct. 1961, n° 495, *Bull. civ.* I, n° 490.
6. POURVOI DEVENU SANS OBJET : Civ. 1re, 17 juill. 1996, n° 94-20.036, *Bull. civ.* I, n° 326.
7. Civ. 2e, 25 oct. 1995, n° 93-16.275, *Bull. civ.* II, n° 253; *D.* 1997. 282, obs. Thomas-Le-Doujet; *RTD civ.* 1996. 382, obs. Hauser.
8. Civ. 1re, 9 févr. 1994, n° 92-15.527, *Bull. civ.* I, n° 50.
9. Civ. 2e, 15 janv. 2004, n° 01-17.646, *Bull. civ.* II, n° 50.
10. Civ. 2e, 28 nov. 2013, n° 12-15.995, *Bull. civ.* II, [à paraître].
11. Civ. 1re, 14 janv. 1997, n° 94-19.367, *Bull. civ.* I, n° 11.
12. Civ. 2e, 20 févr. 2008, n° 08-60.032, *Bull. civ.* II, n° 37.
13. Civ. 2e, 25 juin 1998, n° 98-60.079, *Bull. civ.* II, n° 230.
14. Civ. 1re, 20 févr. 1991, n° 89-14.910, *Bull. civ.* I, n° 60.

dans l'intérêt de la loi ou pour excès de pouvoir, v. s[s] n°s 553.12 et 553.13). Néanmoins, est irrecevable le pourvoi formé par le cédant de la totalité des droits détenus dans le cadre de l'instance judiciaire contre un tiers, auquel la **cession** a été notifiée, le cédant n'ayant en effet plus la qualité pour agir contre ce tiers[1].

553.123 Tiers. La qualité pour agir en cassation est encore reconnue aux personnes qui, quoique **tiers à l'instance au fond**, ont été visées et condamnées par la décision attaquée (C. pr. civ., art. 611). L'agent judiciaire du Trésor, apte à représenter l'État, est ainsi habilité à introduire un pourvoi à l'encontre d'une décision l'ayant condamné alors qu'il n'avait pas été valablement représenté à l'instance au fond et ne pouvait donc pas être considéré comme y ayant été partie[2]. En revanche, les dispositions d'un arrêt, qui a qualifié d'employeur une société sans l'avoir appelée dans la cause, n'ayant pas de force de chose jugée à son égard, il s'ensuit que le pourvoi de cette société formé à l'encontre de cette décision, qui n'a prononcé aucune condamnation à son encontre et contre laquelle elle pouvait former une tierce-opposition, n'est pas recevable[3].

553.124 Personnes représentées à l'instance au fond. Entre les parties à l'instance au fond strictement entendues et les tiers condamnés par la décision attaquée, une catégorie intermédiaire de personnes a encore qualité pour agir en cassation : les **personnes nécessairement représentées à l'instance au fond par une partie qui agissait pourtant pour son propre compte** (ainsi notamment des ayants cause universels ou à titre universel représentés par leurs auteurs[4], des ayants cause à titre particulier également représentés par leur auteur, tel que le locataire gérant d'un fonds de commerce – ayant cause du preneur et donc représenté par lui – qui devrait ainsi pouvoir agir en cassation contre la décision constatant l'acquisition de la clause résolutoire[5]ou encore des créanciers représentés par leurs débiteurs[6]), et que vise, pour leur refuser la voie de la tierce-opposition, l'article 583 C. pr. civ.

3°
Intérêt

553.131 Nécessité d'un grief. L'intérêt pour introduire un pourvoi en cassation ne présente pas de particularité notable par rapport à l'intérêt à agir en général. On exposera donc simplement qu'il suffit au demandeur au pourvoi de justifier que la **décision attaquée lui fait grief**[7], étant seulement précisé que cette circonstance s'apprécie en tenant compte des prétentions émises devant les juges du fond d'une part (ne justifie pas d'un intérêt à agir le demandeur au pourvoi qui critique une décision qui a statué conformément à sa demande[8] – il n'y a pas d'intérêt à la cassation d'une décision qui a accueilli une demande sur le fondement d'une partie seulement des moyens avancés[9] – une partie qui s'en rapporte à justice sur le mérite d'une prétention conserve en revanche un intérêt à former un pourvoi en cassation contre la décision rendue[10]), du sort réservé à la décision attaqué par les parties d'autre part (la partie perdante n'a pas d'intérêt à agir lorsque le gagnant a renoncé au bénéfice de la décision attaquée[11]). Est irrecevable, faute d'intérêt, le pourvoi formé par un créancier inscrit contre le jugement constatant la vente amiable de l'immeuble saisi, dès lors que cette vente a permis le désintéressement intégral de tous les créanciers[12].

Ne justifie pas d'un intérêt à la cassation, la partie qui critique une décision lui ayant donné satisfaction en rejetant la demande adverse, peu important que la juridiction n'ait pas fait droit à l'exception d'incompétence que cette partie avait soulevée[13].

B.
Représentants des titulaires du droit de se pourvoir

1°
Représentants à l'action

553.141 Mention dans la déclaration de pourvoi. Les représentants à l'action (tuteurs, gérants de SARL...) du demandeur au pourvoi introduisent le recours en cassation au nom et pour le compte de celui-ci – qui a seul la qualité de partie à l'instance en cassation – et doivent figurer en tant que tels dans la déclaration de pourvoi. Au cas contraire, l'acte introductif est entaché d'une irrégularité de fond, c'est-à-dire, selon les cas, soit d'un défaut de capacité (défaut de capacité d'une société ayant agi malgré un jugement ayant prononcé sa liquidation judiciaire[14]), soit

1. Com. 12 nov. 1996, n° 94-19.331, *Bull. civ.* IV, n° 271.
2. Soc. 17 avr. 1996, n° 94-15.365, *Bull. civ.* V, n° 166.
3. Soc. 16 juill. 1998, n° 96-43.681, *Bull. civ.* V, n° 391.
4. Civ. 1re, 29 janv. 1975, n° 73-13.620, *Bull. civ.* I, n° 41.
5. Civ. 3e, 5 avr. 1995, n° 94-10.678, *Bull. civ.* III, n° 98; *D.* 1995. IR 148.
6. Civ. 2e, 20 oct. 1965, *Bull. civ.* II, n° 765.
7. Civ. 2e, 1er févr. 2006, n° 04-14.247, *Bull. civ.* II, n° 30 – Civ. 2e, 18 oct. 2001, n° 00-13.650, *Bull. civ.* II, n° 157; *JCP* 2001. IV. 2904.
8. Civ. 2e, 23 oct. 1991, n° 90-14.465, *Bull. civ.* II, n° 284 – Civ. 2e, 8 mars 2007, n° 06-12.483, *Bull. civ.* II, n° 61; *D.* 2007. 2336, chron. Vigneau.
9. Civ. 1re, 5 déc. 2000, n° 00-60.188, *Bull. civ.* I, n° 314.
10. Civ. 2e, 3 mai 2001, n° 98-23.347, *Bull. civ.* II, n° 84.
11. Civ. 2e, 17 juin 1999, n° 97-19.152, NP.
12. Civ. 2e, 18 oct. 2012, n° 11-20.450, *Bull. civ.* II, n° 173.
13. Civ. 1re, 8 mars 2005, n° 00-22.093, *Bull. civ.* I, n° 112.
14. Com. 3 juin 1998, n°s 95-11.096 et 95-13.380, *Bull. civ.* IV, n° 177.

d'un défaut de pouvoir (défaut de pouvoir d'une société ayant fait appel, dans une matière non dispensée, sans qu'aucun organe la représentant ne soit visé dans l'acte introductif[1] – à distinguer du cas où le seul nom du représentant faisait défaut et qui est considéré comme un vice de forme[2] – défaut de pouvoir du dirigeant d'une société en liquidation judiciaire[3] – défaut de pouvoir du directeur du personnel d'une société à défaut d'une délibération spéciale du conseil d'administration ou d'un mandat donné par le représentant légal de la société[4]). La solution étant transposable à hauteur de cassation, il est important de noter ici que la formation plénière de la Cour de cassation juge que, dans la procédure sans représentation obligatoire, l'indication dans la déclaration d'appel de l'organe représentant légalement la personne morale n'est pas exigée[5].

2°
Représentants à l'instance

553.151 Cas où la représentation est obligatoire. Les avocats au Conseil d'État et à la Cour de cassation sont seuls autorisés à formaliser un pourvoi en cassation au nom et pour le compte des parties qu'ils représentent dans les **matières soumises à la représentation obligatoire** (v. s[s] n° 553.31 et le décret du 20 août 2004 étendant la représentation obligatoire à compter du 1er janvier 2005 à des matières jusqu'alors dispensées). Ils n'ont pas à fournir un justificatif à l'appui du recours en cassation qu'ils forment, leur signature sur la déclaration de pourvoi étant suffisante sans qu'un pouvoir de représentation à l'instance n'ait à y être joint[6].

553.152 Matières sans représentation obligatoire. Dans les **matières dispensées** du ministère d'avocat obligatoire (v. s[s] n° 553.32 et le décret du 20 août 2004 étendant la représentation obligatoire à compter du 1er janvier 2005 à des matières jusqu'alors dispensées), les parties qui ne souhaitent pas avoir recours à un avocat au Conseil d'État et à la Cour de cassation – sa signature suffit au cas contraire[7] –, mais qui envisagent néanmoins de se faire représenter à l'instance, peuvent mandater toute personne qui, munie d'un **pouvoir spécial** délivré à cet effet (C. pr. civ., art. 984), pourra procéder à la déclaration de pourvoi pour le compte de son mandant (sur les conditions de rédaction et d'utilisation du pouvoir spécial, v. s[s] n° 553.225).

§ 5
Personnes contre lesquelles le pourvoi doit être introduit

553.161 Transposition au défendeur des solutions applicables au demandeur. Le pourvoi en cassation doit être dirigé contre un défendeur ayant la capacité, la qualité et l'intérêt requis pour être attrait à l'instance en cassation. **Les solutions applicables au demandeur au pourvoi étant pour la plupart transposables au défendeur** – notamment sur le régime des nullités ou fins de non-recevoir susceptibles d'affecter le pourvoi –, le lecteur est invité à se reporter à la partie qui y est consacrée (v. s[s] n°s 553.111 s.), et l'on n'évoquera donc ici que quelques décisions récentes ou particulières, après avoir toutefois procédé à une mise en garde.

553.162 Mise en garde préliminaire. Par principe, le demandeur au pourvoi est libre de diriger son recours contre toutes les dispositions de la décision attaquée qui lui font grief, ou contre quelques-unes seulement. Selon son choix, l'ensemble ou certaines seulement des parties profitant de la décision attaquée pourront donc être mises en cause. Cette liberté a toutefois une limite dont le demandeur au pourvoi doit impérativement tenir compte **à peine d'irrecevabilité** de son recours : en cas d'**indivisibilité** à l'égard de plusieurs parties à l'instance au fond (C. pr. civ., art. 615, al. 2), le pourvoi formé contre l'une d'entre elles n'est recevable que si **toutes** sont appelées à l'instance en cassation[8].

A.
Capacité

553.171 Capacité de jouissance. Le pourvoi en cassation formé contre une personne décédée avant l'introduction du recours est réputé dirigé contre sa succession dès lors qu'il n'est pas établi que le demandeur au pourvoi avait connaissance du décès[9].

1. Com. 3 juin 1998, n° 96-12.217, *Bull. civ.* IV, n° 174; *RTD civ.* 1999. 102, obs. Mestre.
2. Com. 7 janv. 1997, n° 94-21.817, *Bull. civ.* IV, n° 9 – NON SUBSTANTIEL, Civ. 3e, 6 mai 1998, n° 96-15.696, *Bull. civ.* III, n° 96; *D.* 1999. 75, obs. Atias.
3. Com. 16 mars 1999, n° 96-19.078, *Bull. civ.* IV, n° 66; *D.* 2000. 513, note Kenfack.
4. Soc. 19 nov. 1997, n° 95-41.937, *Bull. civ.* V, n° 388; *D.* 1998. IR 10.
5. Cass., ass. plén., 7 juill. 2000, n° 97-45.768, *Bull. ass. plén.*, n° 5; *D.* 2000. IR 209.; *D.* 2001. 1830, note Lasserre-Kiesow; *RTD civ.* 2000. 900, obs. Perrot.
6. Civ. 1re, 4 févr. 1986, n° 84-03.045, *Bull. civ.* I, n° 3; *D.* 1986. IR 222, obs. Julien; *JCP* 1986. IV. 100 – Soc. 5 oct. 1993, n° 89-43.869, *Bull. civ.* V, n° 222; *JCP* 1993. IV. 2522 – Soc. 14 oct. 1998, n°s 95-41.763 et 95-42.912, *Bull. civ.* V, n° 422.
7. Soc. 14 oct. 1998, n°s 95-41.763 et 95-42.912 (préc. s[s] n° 553.151).
8. V. AUSSI, Civ. 2e, 27 sept. 2012, n° 11-12.512, *Bull. civ.* II, n° 154, qui évoque l'indivisibilité de l'objet du pourvoi.
9. Civ. 2e, 10 mars 2004, n° 00-18.976, *Bull. civ.* II, n° 106; *RTD civ.* 2004. 261, obs. Hauser; *RTD civ.* 2004. 351, obs. Perrot; ▶

Est irrecevable le pourvoi dirigé contre une société ayant perdu la personnalité morale par réunion de ses parts en une seule main[1].

553.172 **Capacité d'exercice.** Si la déclaration de pourvoi est dirigée contre une personne dépourvue de capacité d'exercice et non pas contre son représentant, le pourvoi est irrecevable[2].

B. Qualité

553.181 **Parties, personnes représentées et tiers profitant de la décision attaquée.** Si le pourvoi peut certainement être dirigé contre les personnes ayant été parties ou représentées à l'instance qui a abouti à la décision attaquée (v. s^s n°s 553.122 s.), la question se pose de savoir quelle portée il convient d'attribuer aux articles 609 et 611 C. pr. civ., le premier disposant que « *toute partie qui y a intérêt est recevable à se pourvoir en cassation même si la disposition qui lui est défavorable ne profite pas à son adversaire* », et le second indiquant que « *en matière contentieuse, le pourvoi est recevable même lorsqu'une condamnation a été prononcée au profit ou à l'encontre d'une personne qui n'était pas partie à l'instance* ». Si l'on a déjà vu en effet que ces dispositions autorisent le tiers à l'instance au fond, néanmoins condamné, à agir en cassation (v. s^s n° 553.123), il n'est pas certain que, symétriquement, le tiers profitant de la décision attaquée puisse être attrait devant la Cour de cassation par la partie à l'instance au fond à laquelle cette même décision préjudicie, les chambres de la Cour de cassation n'apportant en effet pas une réponse unique.

553.182 **Interdiction de l'intervention forcée.** Il est d'un côté jugé, probablement sur le fondement de la **règle interdisant l'intervention forcée devant la Cour de cassation** (C. pr. civ., art. 327, al. 2), que le pourvoi ne peut être dirigé contre un tiers à l'instance ayant abouti à la décision attaquée, serait-il bénéficiaire d'une de ses dispositions (dans le sens de cette interprétation, une décision énonce que, si un recours est ouvert à la partie qui a été condamnée à une amende civile, il est néanmoins irrecevable s'il est interjeté contre l'agent judiciaire du Trésor qui n'était pas partie à l'instance ayant abouti à la condamnation[3]). Il semble que la partie adverse devant les juges du fond puisse être mise seule en cause (un arrêt tranche la question de la légalité d'une amende civile prononcée par les juges du fond sur un pourvoi dirigé, non contre l'agent judiciaire du Trésor, mais contre la partie privée adverse devant les juges du fond[4]) qui n'a pourtant, elle, aucun intérêt au maintien de la décision attaquée[5].

553.183 **Extension de la notion de partie.** D'un autre côté, et compte tenu du fait qu'une disposition profitant à une personne doit pouvoir être considérée comme conférant à cette personne la qualité de partie à la décision attaquée, sinon de partie à l'instance *ab initio*, il est jugé, le cas échéant, que le pourvoi doit être impérativement dirigé contre elle (est ainsi irrecevable le moyen dirigé contre une décision de condamnation rendue au profit des Assedic sans que le pourvoi ait été dirigé contre eux[6]).

C. Intérêt

553.191 **Appréciation de l'intérêt.** L'intérêt du défendeur au maintien de la décision attaquée dans l'ordonnancement juridique se déduit traditionnellement du profit qu'il retire de la disposition que le demandeur au pourvoi soumet à la censure de la Cour de cassation (sur le cas dans lequel le pourvoi attaque la disposition d'une décision dont l'adversaire ne tire aucun profit, v. s^s n° 553.182).

§ 6 Modalités d'introduction d'un pourvoi

553.200 **Renvoi.** Sur les modalités particulières en cas de pourvoi nullité, v. s^s n° 553.71.

A. Pourvoi principal

553.201 **Plus de signification préalable obligatoire de la décision attaquée.** Sous l'empire du décret n° 99-131 du 26 février 1999, et **hors le cas où la notification de la décision susceptible de pourvoi incombait au greffe de la juridiction qui l'avait rendue** (v. s^s n° 553.94), le pourvoi en cassation n'était recevable que si la décision attaquée avait fait l'objet d'une **signification à partie préalable.** Le décret n° 2008-484 du 22 mai 2008 a mis fin à ce préalable jusqu'alors obligatoire. La signification à partie de la décision attaquée doit néanmoins intervenir, à peine d'irrecevabilité du pourvoi, dans le délai de dépôt du mémoire ampliatif (C. pr. civ., art. 611-1). Mais, cette significa-

▶ *RTD civ.* 2004. 766, obs. Théry – Civ. 1re, 16 oct. 1990, n° 89-13.294, *Bull. civ.* I, n° 215 – Soc. 18 mars 1992, n° 89-42.697, *Bull. civ.* V, n° 200.

1. Civ. 3e, 20 juin 2007, n° 06-13.514, *Bull. civ.* III, n° 112.
2. Civ. 3e, 4 mars 1998, n° 95-18.503, *Bull. civ.* III, n° 57.
3. Civ. 2e, 1er juin 1987, n° 84-43.549, *Bull. civ.* II, n° 122.
4. Civ. 2e, 16 juin 1993, n° 91-20.203, *Bull. civ.* II, n° 205.
5. V. AUSSI, Civ. 2e, 16 mars 2000, n° 98-14.655, NP; *JCP* 2000. II. 10358.
6. Soc. 5 mars 1987, n° 83-45.870, *Bull. civ.* V, n° 121.

tion doit toujours, à peine de nullité[1], être précédée, lorsque la représentation est obligatoire, d'une notification de la décision attaquée au représentant de la partie adverse devant la juridiction, et ce dans la forme des notifications à avocat (C. pr. civ., art. 678).

Et il était jugé sous l'empire du décret du 26 février 1999 qu'une signification irrégulière de l'arrêt attaqué empêchant seulement de courir le délai de deux mois pour se pourvoir[2], un pourvoi en cassation est recevable dès lors que la décision attaquée a été préalablement signifiée à partie, peu important qu'elle n'ait pas été préalablement signifiée aux représentants[3].

553.202 Cas des pourvois formés à l'encontre des décisions rendues par défaut. Est irrecevable le pourvoi en cassation formé par une partie comparante devant la cour d'appel contre un arrêt rendu par défaut si l'arrêt attaqué n'a pas été signifié à la partie défaillante et qu'il n'est pas justifié de l'expiration du délai d'opposition[4].

1°
Avec représentation obligatoire

553.210 Renvoi. V. s^s^ n° 553.32 et le décret n° 2004-836 du 20 août 2004 étendant la représentation obligatoire à compter du 1er janvier 2005 à des matières jusqu'alors dispensées (et pour une première application[5]).

553.211 Forme et remise de la déclaration de pourvoi. La **déclaration** de pourvoi (C. pr. civ., art. 974) doit être remise au secrétariat-greffe de la Cour de cassation (C. pr. civ., art. 976). N'est en conséquence pas recevable le pourvoi formé par lettre ou télécopie adressée au greffe de la Cour de cassation[6] (doit être rejeté un pourvoi qui, alors que le recours contre un jugement rendu en matière électorale doit être remis ou adressé, soutenait qu'il avait valablement pu être formé par télécopie[7]).

553.212 Mentions de la déclaration de pourvoi. La déclaration de pourvoi doit mentionner :

– Les noms, prénoms et domicile du demandeur – forme, dénomination et siège social s'il s'agit d'une personne morale (C. pr. civ., art. 975). On observera que la constitution d'un avocat au Conseil d'État et à la Cour de cassation emportant élection de domicile, la recevabilité d'un pourvoi ne peut être contestée au motif que le demandeur n'était pas domicilié au lieu où il avait déclaré l'être dans sa déclaration de pourvoi[8]. Si le demandeur au pourvoi est représenté à l'action (v. s^s^ n° 553.141), les mêmes mentions doivent figurer concernant son représentant.

– Les noms, prénoms et domicile du défendeur – dénomination et siège social s'il s'agit d'une personne morale (C. pr. civ., art. 975). Ces indications doivent être suffisamment précises car est irrecevable le pourvoi dirigé « *contre toutes autres personnes dénommées ou révélées par la décision attaquée ainsi que le cas échéant leurs héritiers* »[9]. Il échet de préciser en outre que si l'une des parties à la décision attaquée, que le demandeur au pourvoi souhaite attraire en qualité de défendeur dans l'instance en cassation, est unie avec d'autre part un lien d'indivisibilité, il est impératif que le demandeur au pourvoi les mette toutes en cause sans exception, à peine d'irrecevabilité de son recours (C. pr. civ., art. 615, al. 2), ou de son moyen dirigé contre une disposition concernant la partie non appelée[10].

À titre général toutefois, une erreur dans la désignation des parties n'atteint pas la recevabilité du pourvoi dès lors qu'il résulte clairement des actes de la procédure qu'il ne peut y avoir de doute sur leur identité[11].

Le représentant du défendeur à l'action (v. s^s^ n° 553.141) doit être identifié dans les mêmes conditions que la partie qu'il représente.

– La déclaration de pourvoi doit ensuite contenir la constitution de l'avocat au Conseil d'État et à la Cour de cassation du demandeur, porter **l'indication de la décision attaquée**, avec la mention facultative des **chefs du dispositif** particulièrement critiqués.

– La déclaration doit enfin être datée et revêtir la **signature de l'avocat au Conseil d'État et à la Cour de cassation** représentant le demandeur au pourvoi.

553.213 Indication et production de la décision attaquée. Si le demandeur au pourvoi en cassation doit porter dans sa déclaration l'indication de la **décision attaquée**, aucune obligation de production de cette décision ne pèse sur lui à ce stade de la procédure, l'article 979 C. pr. civ. exigeant seulement qu'une copie de la décision attaquée soit remise dans le délai imparti pour déposer le mémoire ampliatif. Nous verrons que dans le même délai de dépôt du mémoire ampliatif, et depuis le décret n° 99-131 du 26 février 1999, une copie des actes de signification de la décision attaquée doit également être produite.

1. Civ. 3e, 6 déc. 1978, n° 77-12.650, *Bull. civ.* III, n° 365; *Gaz. Pal.* 1979. 217; *RTD civ.* 1979. 835.
2. Com. 21 nov. 2000, n° 97-18.187, *Bull. civ.* IV, n° 177; *D.* 2001. 2932, obs. Brémond; *RTD civ.* 2001. 941, obs. Vareille; *JCP* 2001. IV. 1111.
3. Civ. 3e, 13 avr. 2005, n° 03-10.935, *Bull. civ.* III, n° 90; *D.* 2006. 545, obs. Julien et Fricero.
4. Civ. 2e, 22 févr. 2012, n° 11-10.334, *Bull. civ.* II, n° 34 – Civ. 3e, 23 nov. 2011, n° 10-10.788, *Bull. civ.* III, n° 201.
5. Soc. 14 mai 2008, n° 06-43.963, *Bull. civ.* V, n° 105.
6. Civ. 2e, 29 mars 1960, *Bull. civ.* II, n° 184.
7. Civ. 2e, 8 juin 1995, n° 94-60.582, *Bull. civ.* II, n° 175; *JCP* 1995. II. 22512.
8. Civ. 1re, 17 mai 1982, n° 81-11.744, *Bull. civ.* I, n° 182; *D.* 2011. 1771, obs. Avena-Robardet.
9. Civ. 1re, 13 oct. 1999, n° 96-20.982, *Bull. civ.* I, n° 272 – Civ. 2e, 8 juin 1995, n° 92-21.892, *Bull. civ.* II, n° 171.
10. Com. 9 mars 1982, n° 77-12.648, *Bull. civ.* IV, n° 93.
11. Soc. 28 oct. 2008, n° 07-43.107, NP.

La déclaration de pourvoi doit en revanche impérativement contenir la **constitution de l'avocat au Conseil d'État et à la Cour de cassation.**

Il doit enfin être déposé autant d'**exemplaires de la déclaration** qu'il y a de **défendeurs, plus deux**, et le secrétaire-greffier de la Cour de cassation constate ce dépôt en apposant son visa sur chaque exemplaire - dont un est immédiatement restitué -, ainsi que la date du jour du dépôt (C. pr. civ., art. 976).

553.214 Notification de la déclaration au défendeur. L'information du défendeur est assurée par le **secrétaire-greffier** de la Cour de cassation qui lui adresse un exemplaire de la déclaration et lui indique qu'il doit constituer un avocat au Conseil d'État et à la Cour de cassation s'il entend défendre au pourvoi (C. pr. civ., art. 977, al. 1er). Toutefois, si l'administration des Postes retourne la déclaration, il appartient alors au demandeur au pourvoi - auquel le secrétaire-greffier aura transmis l'exemplaire renvoyé - de signifier sa déclaration au défendeur en lui précisant qu'il devra constituer un avocat au Conseil d'État et à la Cour de cassation pour pouvoir défendre au pourvoi (C. pr. civ., art. 977, al. 2).

2°
Sans représentation obligatoire

553.220 Renvoi. V. ss n° 553.32 et le décret n° 2004-836 du 20 août 2004 étendant la représentation obligatoire à compter du 1er janvier 2005 à des matières jusqu'alors dispensées. Et pour une première application[1].

553.221 Observations. On observera à titre liminaire :

- d'une part, que le pourvoi en cassation peut être formé selon les règles de la procédure avec représentation obligatoire[2], et qu'il est recevable quelle que soit la procédure ultérieurement suivie (C. pr. civ., art. 995, al. 1er);

- et, d'autre part, que si le demandeur choisit de respecter la procédure réservée aux matières non dispensées, le défendeur n'est pas pour autant tenu de se faire représenter par un avocat au Conseil d'État et à la Cour de cassation (C. pr. civ., art. 995, al. 2).

553.222 Formes de la déclaration de pourvoi. La **déclaration** doit impérativement être faite par un écrit que la partie, ou tout mandataire muni d'un pouvoir spécial, remet ou adresse par pli recommandé avec demande d'avis de réception au greffe de la Cour de cassation (C. pr. civ., art. 984), ce à quoi n'est pas assimilée une lettre simple envoyée par « Chronopost »[3]. Est en conséquence irrecevable le pourvoi formé au secrétariat de la juridiction qui a rendu la décision attaquée[4], au moins lorsque l'acte de notification mentionne régulièrement que le pourvoi doit être formé au greffe de la Cour de cassation[5]. Ces nouvelles modalités de dépôt sont issues du décret n° 99-131 du 26 février 1999, car il était jusqu'alors possible de procéder également par voie de déclaration orale, auprès du secrétariat de la juridiction ayant rendu la décision attaquée de surcroît. Avant l'entrée en vigueur de ce texte, il était jugé que le pourvoi était recevable même si la lettre qui formalisait la déclaration n'était pas recommandée[6]. On rappellera aussi la jurisprudence décidant qu'un pourvoi ne peut être formé par télécopie (doit être rejeté un pourvoi qui, alors que le recours contre un jugement rendu en matière électorale doit être remis ou adressé, soutenait qu'il avait valablement pu être formé par télécopie[7]).

Une fois la déclaration de pourvoi reçue par le greffe de la Cour de cassation, un **récépissé** est délivré au demandeur au pourvoi, ou adressé par lettre recommandée avec demande d'accusé de réception (C. pr. civ., art. 986), qui mentionne la date à laquelle le recours a été formé (C. pr. civ., art. 986), le délai dont le demandeur au pourvoi dispose pour établir son mémoire ampliatif si aucun moyen de cassation ne figure dans sa déclaration (dans les trois mois de la déclaration : C. pr. civ., art. 989) et le nombre d'exemplaires de ce mémoire à produire le cas échéant (un original plus autant de copies qu'il y a de défendeurs : C. pr. civ., art. 994). Si le récépissé ne mentionne pas le délai pour produire le mémoire ampliatif, le délai n'a pas couru[8].

553.223 Mentions de la déclaration de pourvoi. La déclaration doit mentionner les nom, prénoms et domicile du **demandeur** au pourvoi, ainsi que les nom, prénoms et domicile du **défendeur** au pourvoi (C. pr. civ., art. 985). On notera avec intérêt que, faisant écho à l'arrêt d'assemblée plénière du 7 juillet 2000[9] ayant décidé que, dans les matières sans représentation obligatoire, l'indication dans la déclaration d'appel de l'organe représentant légalement la per-

1. Soc. 14 mai 2008, n° 06-43.963 (préc. ss n° 553.211).
2. Soc. 5 oct. 1993, n° 89-43.869, *Bull. civ.* V, n° 222; *JCP* 1993. IV. 2522.
3. Civ. 2e, 14 oct. 2004, n° 03-04.153, *Bull. civ.* II, n° 455.
4. Civ. 1re, 23 nov. 2000, n° 99-04.227, *Bull. civ.* I, n° 301.
5. Soc. 10 juill. 2001, n° 99-43.451, *Bull. civ.* V, n° 258.
6. Civ. 2e, 15 mars 1989, n° 87-19.599, n° 87-45.773, *Bull. civ.* II, n° 72; *RTD civ.* 1990. 141, obs. Perrot – Civ. 1re, 29 juin 1994, n° 93-05.056, *Bull. civ.* I, n° 228, et Civ. 1re, 2 nov. 1994, n° 93-05.085, *Bull. civ.* I, n° 315; *RTD civ.* 1995. 184, obs. Perrot – V. cep. *CONTRA* : Civ. 2e, 20 oct. 1993, n° 92-50.016, *Bull. civ.* II, n° 292; *RTD civ.* 1994. 417, note crit. Perrot.
7. Civ. 2e, 8 juin 1995, n° 94-60.582, *Bull. civ.* II, n° 175; *JCP* 1995. II. 22512.
8. Civ. 1re, 4 nov. 1987, n° 85-03.039, *Bull. civ.* I, n° 277; *JCP* 1988. IV. 10.
9. Cass., ass. plén., 7 juill. 2000, n° 97-45.768, *Bull. ass. plén.*, n° 5; *D.* 2000. IR 209; *D.* 2001. 1830, note Lasserre-Kiesow; *RTD civ.* 2000. 900, obs. Perrot.

sonne morale n'est pas exigée, la chambre sociale de la Cour de cassation a jugé que, dans les matières sans représentation obligatoire, l'indication dans la déclaration de pourvoi de l'organe représentant légalement la personne morale n'est pas davantage requise[1]. On rappellera encore que, lorsqu'un lien d'**indivisibilité** unit le défendeur à d'autres parties à la décision attaquée, il appartient au demandeur au pourvoi de viser l'ensemble de ces parties dans sa déclaration - et de les mettre ainsi toutes en cause - à peine d'irrecevabilité de son recours (C. pr. civ., art. 615, al. 2), ou du moyen dirigé contre la disposition concernant la partie non appelée à l'instance en cassation[2].

La déclaration doit en outre préciser quelle est la **décision attaquée.** Un pourvoi formé sans que soit indiquée la date de la décision attaquée, ni la juridiction l'ayant rendue, est irrecevable[3].

La déclaration pouvant être faite soit par la **partie elle-même**, soit par un **mandataire muni d'un pouvoir spécial** (C. pr. civ., art. 984), elle devra être datée et signée par le déclarant[4].

553.224 Production de la décision attaquée. Si le déclarant doit impérativement désigner la décision attaquée dans sa déclaration (C. pr. civ., art. 985), il n'a pas à en produire d'exemplaire. Une copie de ladite décision sera en effet directement transmise au greffe de la Cour de cassation, et sur demande de celui-ci (C. pr. civ., art. 987, al. 3), par la juridiction qui l'a rendue, en même temps qu'une copie des actes de notification de la décision attaquée, de la décision confirmée ou infirmée, de toute autre décision rendue dans le même litige et à laquelle la décision attaquée fait référence et, enfin, des conclusions de première instance et d'appel s'il en a été pris (C. pr. civ., art. 988). Ces dispositions valent sauf texte contraire : l'article R. 15-2 du Code électoral imposant que la déclaration de pourvoi soit, à peine d'irrégularité, accompagnée d'une copie de la décision attaquée, un tel défaut de production ne peut être réparé par l'envoi ultérieur de la copie de la décision, même pendant le délai de pourvoi[5].

553.225 Nécessité d'un pouvoir spécial. Si la déclaration est faite par un représentant à l'instance du demandeur au pourvoi, il doit justifier d'un pouvoir spécial qui lui aura été délivré pour exercer le recours en cassation (C. pr. civ., art. 984). Le pouvoir spécial qui, comme son nom l'indique, ne doit pas être une procuration d'ordre général[6], mais doit précisément viser la décision à frapper de pourvoi[7], est exigé de tout mandataire, y compris des avocats à la cour d'appel[8], serait-ce pour formuler une demande fondée sur l'article 700 C. pr. civ.[9]. On rappellera à cet égard que le pouvoir spécial, qui est un **mandat personnel**, peut être exercé par un autre mandataire **régulièrement substitué**[10] ou par un **associé membre de la même société civile professionnelle** que l'avocat auquel il a été personnellement délivré[11], mais non pas **par un collaborateur**[12]. Le pouvoir spécial doit en outre clairement préciser la date à laquelle il a été donné, laquelle doit être postérieure à la décision attaquée et antérieure à l'introduction du pourvoi[13]. Alors qu'il était jugé que le pouvoir spécial pouvait être transmis à la Cour de cassation après la formation du pourvoi en cassation mais avant l'expiration du délai de recours[14], il est désormais admis qu'il puisse être justifié du pouvoir spécial jusqu'au jour où le juge statue[15].

En revanche, l'**avocat au Conseil d'État et à la Cour de cassation** signataire du pourvoi n'a pas à justifier d'un pouvoir spécial[16], sa signature suffit[17].

553.226 Notification de la déclaration au défendeur. C'est le **greffier de la Cour de cassation** qui assure l'information du défendeur en lui adressant une **copie de la déclaration de pourvoi** par lettre recommandée avec demande d'avis de réception (C. pr. civ., art. 987).

Tout comme le demandeur au pourvoi doit être informé des délais et modalités de dépôt de son

1. Soc. 5 nov. 2003, n° 01-43.109, *Bull. civ.* V, n° 275 ; *D.* 2004. 391, obs. Wolmark.
2. Soc. 13 juill. 1994, n° 92-11.711, *Bull. civ.* V, n° 239 ; *D.* 1996. 44, obs. Prétot.
3. Soc. 7 mai 1997, n° 94-42.016, *Bull. civ.* V, n° 168 – Soc. 4 juill. 1996, n° 93-44.049, *Bull. civ.* V, n° 263.
4. V. toutefois, ne prononçant pas une irrecevabilité mais un NON-LIEU À STATUER : Civ. 2e, 19 juin 1996, n° 96-60.146, *Bull. civ.* II, n° 155.
5. Civ. 2e, 5 avr. 2007, n° 07-60.127, *Bull. civ.* II, n° 79.
6. Civ. 2e, 29 nov. 2001, n° 00-50.017, *Bull. civ.* II, n° 179.
7. Soc. 4 déc. 1980, n° 79-40.190, *Bull. civ.* V, n° 872 ; *JCP* 1981. IV. 66 – Civ. 2e, 10 févr. 1993, n° 92-50.008, *Bull. civ.* II, n° 52 ; *D.* 1993. Somm. 183 ; *JCP* 1993. IV. 930.
8. Soc. 7 nov. 1990, n° 89-42.268, *Bull. civ.* V, n° 517 ; *D.* 1992. 254, obs. Derrida ; *Gaz. Pal.* 1991. Somm. 349, obs. Croze et Morel – Soc. 21 juill. 1986, n° 85-42.061, *Bull. civ.* V, n° 384 ; *JCP* 1986. IV. 294.
9. Soc. 17 mars 1988, n° 86-40.325, *Bull. civ.* V, n° 183 ; *JCP* 1988. IV. 190.
10. Soc. 4 janv. 2000, n° 97-43.052, *Bull. civ.* V, n° 8.
11. Soc. 6 nov. 1985, n° 84-41.743, *Bull. civ.* V, n° 502 – REVIREMENT par rapport à Soc. 12 janv. 1984, n° 81-40.576, *Bull. civ.* V, n° 20 ; *JCP* 1984. IV. 84 – *CONTRA* : Civ. 3e, 3 mai 1977, n° 76-70.148, *Bull. civ.* III, n° 187 ; *JCP* 1977. IV. 164.
12. Soc. 17 févr. 1987, n° 84-41.182, *Bull. civ.* V, n° 91 ; *JCP* 1987. IV. 138 ; *Gaz. Pal.* 1987. Somm. 482 – Soc. 16 mai 1990, n° 87-17.555, *Bull. civ.* V, n° 222.
13. Civ. 2e, 20 déc. 1960, *Bull. civ.* II, n° 805 – Soc. 27 févr. 1996, n° 92-44.840, NP, et Soc. 28 févr. 1996, n° 93-40.356, NP, *Gaz. Pal.* 26 sept. 1996. Somm. ann., obs. Perdriau.
14. Soc. 30 avr. 1997, n° 96-60.032, *Bull. civ.* V, n° 147 – Soc. 17 oct. 2001, n° 00-41.055, *Bull. civ.* V, n° 325.
15. Soc. 24 oct. 2012, n° 11-60.223, *Bull. civ.* V, n° 274.
16. Civ. 1re, 4 févr. 1986, n° 84-03.045, *Bull. civ.* I, n° 3 ; *D.* 1986. IR 222, obs. Julien ; *JCP* 1986. IV. 100 – Soc. 5 oct. 1993, n° 89-43.869, *Bull. civ.* V, n° 222 ; *JCP* 1993. IV. 2522.
17. Soc. 14 oct. 1998, nos 95-41.763 et 95-42.912, *Bull. civ.* V, n° 422.

mémoire ampliatif, la notification de la déclaration de pourvoi qui est faite au défendeur doit lui indiquer (C. pr. civ., art. 987, al. 1er), d'une part, le délai dont il dispose pour établir son mémoire en réponse et former, le cas échéant, un pourvoi incident (deux mois à compter de la notification du mémoire ampliatif du demandeur ou, à défaut, à compter de l'expiration du délai qui était imparti à ce dernier pour faire parvenir son mémoire au greffe : C. pr. civ., art. 991) et, d'autre part, doit l'informer du nombre d'exemplaires de son mémoire en défense à produire le cas échéant (un original plus autant de copies qu'il y a de demandeurs dans l'hypothèse d'un simple mémoire en défense, et un original plus autant de copies qu'il y a de parties dans l'hypothèse d'un mémoire en défense et pourvoi incident : C. pr. civ., art. 994).

B.
Pourvoi incident

553.231 **Modalités du pourvoi incident.** Les formalités et formes à respecter par celui qui souhaite former un pourvoi incident sont prévues par l'article 1010 C. pr. civ. qui, procédures avec ou sans représentation obligatoire confondues, dispose :

- que le pourvoi incident doit être fait sous forme de **mémoire** (et non par voie de déclaration comme en matière de pourvoi principal);
- qu'il doit contenir les **mêmes indications que le mémoire du demandeur** (la pratique révèle toutefois que ce sont les mêmes indications que celles figurant sur la déclaration du pourvoi principal qui sont portées sur les pourvois incidents, de même qu'y sont traditionnellement joints les documents devant normalement être annexés à la seule déclaration de pourvoi);
- qu'il doit être **remis au greffe de la Cour de cassation**, et ce dans le même délai que celui prévu pour le mémoire en défense (sur les délais du pourvoi incident, v. ss nos 553.82, 553.101 s.);
- que, dans les mêmes délais, il doit être **notifié aux avocats des autres parties au pourvoi incident**, avec cette précision que si la représentation est obligatoire et que le défendeur n'a pas constitué avocat, le pourvoi incident doit être signifié au plus tard dans le mois suivant expiration du délai du mémoire en défense.

§ 7
Effets de l'introduction d'un pourvoi

A.
Attraction des intérêts indivisibles ou solidaires

553.241 **Cas d'indivisibilité.** Il résulte de l'article 615 C. pr. civ. que, si un lien d'**indivisibilité** unit plusieurs parties condamnées par la décision attaquée, le pourvoi de l'une produit effet à l'égard des autres, quand bien même ne se seraient-elles pas jointes à l'instance en cassation[1]. La jurisprudence en a déduit que le pourvoi en cassation introduit par l'une d'elles suffit à relever le pourvoi en cassation formé par les autres d'une éventuelle déchéance[2], et que même le rejet du pourvoi en cassation de l'une d'elles ne fait pas obstacle à ce qu'elle profite de la cassation obtenue sur le pourvoi en cassation d'une autre d'entre elles[3].

553.242 **Cas de condamnation solidaire.** En cas de **condamnation solidaire** prononcée par la décision attaquée à l'encontre de plusieurs parties, il apparaît en premier lieu que, par principe, le pourvoi de l'une d'elles profite à toutes[4], de sorte que la déchéance du pourvoi en cassation de l'une de ces parties est relevée par le pourvoi en cassation formé dans les délais par une autre[5]. Il est en revanche jugé que le pourvoi en cassation formé par l'une cesse de produire ses effets à l'égard des autres lorsqu'elles auront formé un pourvoi propre et qu'il aura été rejeté au fond[6]. Cette jurisprudence est toutefois à considérer à l'aune d'un arrêt rendu par la même formation de la Cour de cassation qui décide que la cassation de la décision attaquée encourue sur le pourvoi d'un codébiteur solidaire profite à son coobligé sans qu'il soit besoin d'examiner son propre pourvoi[7].

553.243 **Condamnation *in solidum*.** Au contraire, l'introduction d'un pourvoi par une partie condamnée *in solidum* avec une autre ne profite à celle-ci en aucun cas, serait-elle intervenue sur le pourvoi de celle-là[8], *a fortiori* lorsqu'elle aura formé un pourvoi propre et qu'il aura été rejeté[9].

B.
Interdiction de réitérer

553.251 **Portée de l'interdiction.** L'article 621 C. pr. civ. prohibe l'introduction de deux pourvois successifs à l'encontre d'une **même décision** par une **même partie** agissant en une **même qualité**. Visant à garantir l'irrévocabilité des arrêts rendus par la Cour de cassation, cette disposition instaure une interdic-

1. Civ. 3e, 28 juin 1995, no 93-11.751, *Bull. civ.* III, no 159; *D.* 1998. 277, obs. Capoulade.
2. Soc. 26 févr. 1992, no 91-60.018, *Bull. civ.* V, no 134.
3. Com. 9 mars 1982, no 77-12.648, *Bull. civ.* IV, no 93.
4. Com. 16 févr. 1993, nos 91-10.179 et 91-11.585, *Bull. civ.* IV, no 59; *D.* 2009. 376, obs. Avena-Robardet.
5. Soc. 30 mai 1989, no 87-10.994, *Bull. civ.* V, no 404; *D.* 1990. 168, obs. Borenfreund; *RTD civ.* 1990. 283, obs. Mestre – Civ. 3e, 24 mai 1978, no 76-15.555, *Bull. civ.* III, no 217.
6. Civ. 1re, 5 juin 1985, no 83-11.182, *Bull. civ.* I, no 180.
7. Civ. 1re, 19 janv. 1999, no 96-22.105, *Bull. civ.* I, no 19.
8. Civ. 3e, 22 févr. 1984, no 80-13.294, *Bull. civ.* III, no 47 – Civ. 2e, 22 févr. 1984, no 82-15.231, *Bull. civ.* II, no 35.
9. Civ. 2e, 27 mars 1996, no 94-14.607, *Bull. civ.* II, no 73.

tion dite « de réitérer » dès lors qu'un premier recours en cassation aura été exercé, examiné et jugé. On notera que cette interdiction vaut que le second pourvoi soit principal ou incident[1], et inversement[2]. Précisément, un second pourvoi ne peut plus être introduit si la Cour de cassation a déjà, sur un premier pourvoi, décidé d'un rejet, constaté son dessaisissement[3], prononcé une irrecevabilité[4] ou une déchéance[5]. Aussi bien, l'impossibilité de se pourvoir une seconde fois apparaît comme une conséquence de l'arrêt de cassation - rendu sur le premier pourvoi - davantage que comme un effet de l'introduction du - premier - pourvoi. L'interdiction de réitérer est pourtant ici volontairement abordée comme un effet du pourvoi, en l'état d'une jurisprudence décidant que « *pourvoi sur pourvoi ne vaut* », autrement dit que la seule introduction d'un recours en cassation ferait obstacle à la formation d'un second, celle-ci interviendrait-elle avant le jugement de celui-là[6].

553.252 Application jurisprudentielle nuancée. La Cour de cassation fait donc de l'existence d'un premier pourvoi une condition suffisant à rendre le second irrecevable[7]. La chambre sociale faisait toutefois de l'existence d'une décision de la Cour de cassation, sur le premier pourvoi et au jour de l'introduction du second, une condition de l'application du principe interdisant de se pourvoir plus d'une fois contre une même décision[8]. Au cas contraire, et sauf à avoir été introduit après l'expiration du délai pour agir en cassation[9], le second pourvoi était donc déclaré recevable. Cette jurisprudence particulière est aujourd'hui révolue[10].

553.253 Limites de l'interdiction de réitérer. Par exception, il est jugé que l'interdiction de réitérer ne s'applique pas lorsque le premier pourvoi a été introduit alors que **la voie du recours en cassation n'était pas encore ouverte.** Ainsi, le pourvoi formé contre une décision purement avant dire droit, seulement « *irrecevable en l'état* »[11], ne fait pas obstacle à l'introduction d'un - second - pourvoi qui serait ensuite et en même temps dirigé tant contre cette décision que contre celle tranchant le principal[12]. Il semble encore que la règle « *pourvoi sur pourvoi ne vaut* » ne reçoive pas application lorsqu'il s'agit de **régulariser** un premier pourvoi, qu'il soit affecté d'une erreur purement matérielle[13] ou qu'il s'agisse de réparer une erreur provoquée par les mentions erronées d'une notification faite par un greffe[14]. Il est à noter que la chambre sociale de la Cour de cassation a admis que la réitération d'un pourvoi irrégulier était possible dans des hypothèses distinctes des deux précitées, à condition toutefois qu'aucune forclusion ne soit intervenue[15]. Et l'Assemblée plénière de la Cour de cassation a jugé, avant l'entrée en vigueur du décret n° 2008-484 du 22 mai 2008, que la circonstance qu'un premier pourvoi ait été formé sans signification préalable de la décision attaquée, ce qui le rendait à l'époque irrecevable, ne faisait pas obstacle à la régularisation d'un second pourvoi contre la même décision, après qu'elle avait enfin été signifiée[16].

Un pourvoi dirigé contre deux décisions contraires est enfin possible même si l'une d'entre elles avait déjà été frappée d'un premier recours en cassation (C. pr. civ., art. 618).

C. Absence d'effet suspensif

553.261 Principe. Il résulte de la combinaison de l'article 579 C. pr. civ. et de l'article 19 de la loi n° 67-523 du 3 juillet 1967 que, par principe, ni **le pourvoi en cassation** ni **le délai pour l'exercer** ne suspendent l'exécution de la décision attaquée.

Le caractère extraordinaire du recours en cassation explique cette solution. Et non seulement l'exécution de la décision attaquée n'est pas suspendue, mais encore est-elle fortement conseillée. Tout recours en cassation formé contre un jugement dont les dispositions demeurent inexécutées peut en effet être retiré du rôle, et son examen reporté à la date à laquelle le

1. Civ. 3e, 27 mars 1996, n° 94-11.652, n° 94-13.690, *Bull. civ.* III, n° 85.
2. Civ. 2e, 9 oct. 1996, n° 93-19.683, *Bull. civ.* II, n° 220.
3. Soc. 28 févr. 1985, n° 82-41.700, *Bull. civ.* V, n° 137.
4. Civ. 2e, 4 juin 1981, n° 81-60.756, *Bull. civ.* II, n° 127.
5. Civ. 3e, 31 mai 1983, n° 80-13.453, *Bull. civ.* III, n° 129.
6. V. J. et L. Boré, Dalloz action *La cassation en matière civile*, 2009/2010, n° 38.13 – A. Perdriau, *Gaz. Pal.* 1996. Doctr. 674, n° 23.
7. Civ. 1re, 3 févr. 1998, n° 96-16.029, *Bull. civ.* I, n° 41 – Civ. 2e, 4 déc. 2003, n° 01-17.269, *Bull. civ.* II, n° 360 – Civ. 3e, 27 mars 1996, n° 94-11.652, n° 94-13.690, *Bull. civ.* III, n° 85 – Com. 20 déc. 1988, n° 87-16.490, *Bull. civ.* IV, n° 345.
8. Soc. 12 févr. 1992, n° 89-41.645, *Bull. civ.* V, n° 83; *D.* 1992. 293, obs. Lyon-Caen.
9. Soc. 25 oct. 1989, nos 85-42.573 et 85-41.870, *Bull. civ.* V, n° 615.
10. Soc. 26 janv. 2005, n° 02-46.639, *Bull. civ.* V, n° 22 – Soc. 14 nov. 2000, n° 97-45.001, *Bull. civ.* V, n° 364.
11. Soc. 16 juill. 1987, n° 84-43.425, *Bull. civ.* V, n° 506 – Civ. 3e, 11 déc. 1991, n° 87-19.680, *Bull. civ.* III, n° 315; *JCP* 1992. IV. 530.
12. Civ. 1re, 23 juin 1987, n° 85-15.639, *Bull. civ.* I, n° 204 – Com. 11 févr. 1997, n° 94-15.769, NP; *Procédures* mai 1997, n° 119.
13. Com. 12 févr. 1985, n° 83-14.282, *Bull. civ.* IV, n° 53.
14. Civ. 1re, 12 juill. 1994, n° 93-05.098, *Bull. civ.* I, n° 245 – V. AUSSI, Civ. 2e, 31 janv. 1996, n° 94-19.832, *Bull. civ.* III, n° 19; *D.* 1997. 246.
15. Soc. 19 avr. 1989, n° 86-43.831, *Bull. civ.* V, n° 286.
16. Cass., ass. plén., 23 nov. 2007, nos 05-17.975 et 06-10.039, *Bull. ass. plén.*, n° 8; *D.* 2008. 1371, obs. Granet-Lambrechts; *RTD civ.* 2008. 160, obs. Perrot; *RTD civ.* 2008. 284, obs. Hauser – et depuis : Civ. 1re, 23 janv. 2008, nos 05-20.438 et 06-13.314, *Bull. civ.* I, n° 16.

demandeur au pourvoi pourra justifier d'une exécution effective de la décision qu'il attaque avec, entretemps, le risque que le délai de péremption ait couru (C. pr. civ., art. 1009-1 s. - V. s[s] n°s 553.292 s.).

553.262 **Exceptions légales.** Au principe du caractère non suspensif du pourvoi en cassation sont en premier lieu apportées quelques exceptions légales.

Un effet suspensif est ainsi attaché au **pourvoi en cassation** - de même qu'à son délai[1] - exercé contre l'arrêt statuant sur la nationalité (C. pr. civ., art. 1045), contre la décision déclarative d'absence (C. pr. civ., art. 1069) et contre certaines décisions rendues en matière de divorce - est précisément suspendue l'exécution de la décision qui prononce le divorce (C. pr. civ., art. 1086)[2] mais pas l'exécution de ses dispositions qui concernent les pensions, la contribution à l'entretien et à l'éducation des enfants et l'exercice de l'autorité parentale (C. pr. civ., art. 1087[3]).

553.263 **Tempéraments.** En second lieu, et parce qu'elles peuvent aboutir à retarder ou à faire obstacle à l'exécution de la décision attaquée et constituer, le cas échéant, des **tempéraments** à l'effet non suspensif du pourvoi en cassation, les prérogatives reconnues à certains juges doivent également être signalées :

- plusieurs magistrats étant d'abord autorisés à octroyer des **délais de grâce** (C. pr. civ., art. 510 visant, selon les cas, le juge ayant tranché au fond ou le juge des référés - C. civ., art. 1244-1 visant le juge de l'exécution), le bénéficiaire d'une décision dont l'exécution est ainsi différée ne peut notamment pas obtenir, pour défaut d'exécution immédiate de la décision attaquée, le retrait du rôle de la Cour de cassation du pourvoi formé par son adversaire[4];

- le premier président de la cour d'appel statuant en référé pouvant ensuite, et à la demande d'une personne morale de droit public qui se pourvoit en cassation contre une décision l'ayant condamnée à verser une indemnité à une personne privée, **subordonner l'exécution de la décision à la constitution d'une garantie** réelle ou personnelle (Décr. n° 80-367, 19 mai 1980, art. 2[5]), l'effet non suspensif du pourvoi est, le cas échéant, tenu en échec jusqu'à ce que la personne privée constitue la garantie exigée;

- enfin, le premier président de la Cour de cassation disposant du pouvoir de refuser de retirer du rôle de la Cour de cassation un pourvoi formé par une partie n'ayant pas exécuté la décision attaquée mais justifiant des **conséquences manifestement excessives** qu'une telle exécution pourrait entraîner (C. pr. civ., art. 1009-1), une ordonnance en ce sens prive, de fait, le bénéficiaire de la décision en cause d'un moyen d'obliger son adversaire, soucieux de voir son recours en cassation examiné, à exécuter les condamnations prononcées contre lui (sur les conditions et le régime de la procédure de retrait du rôle et, particulièrement, sur l'appréciation très stricte des conséquences manifestement excessives, v. s[s] n° 553.302).

D.
Absence d'effet dévolutif

553.271 **Principe.** L'effet dévolutif des voies de recours est défini comme la transmission au juge, saisi du recours, de la connaissance de l'entier litige dans sa complexité de fait et de droit. La Cour de cassation vérifiant exclusivement la conformité des décisions qui lui sont déférées à **la règle de droit**, le pourvoi en cassation n'a pas d'effet dévolutif.

En conséquence, la Cour de cassation ne peut connaître d'**aucune pièce, moyen de preuve ou fait nouveau**, qu'il existât avant le prononcé de la décision attaquée sans avoir été spécialement invoqué, ou se révélât postérieurement à celle-ci.

Et la circonstance que des **moyens nouveaux** puissent exceptionnellement être déclarés recevables devant la Cour de cassation (C. pr. civ., art. 619, al. 2) ne constitue en aucun cas une exception au principe de l'effet non dévolutif du pourvoi en cassation. Ainsi qu'il sera vu en effet (v. s[s] n°s 553.533 s.), le moyen pouvant être présenté pour la première fois devant la Cour de cassation est :

- soit celui qui est révélé par la décision attaquée;

- soit celui qui ne met en jeu aucune considération de fait qui n'ait été visée dans la décision des juges du fond;

- soit enfin, et dans l'hypothèse où il met en jeu une règle d'ordre public, le moyen fondé sur des faits qui avaient été soumis aux juges du fond.

SECTION 2
INSTRUCTION DU POURVOI EN CASSATION

553.280 Sauf incidents susceptibles d'y mettre provisoirement ou définitivement un terme (§ 1), l'instruction du pourvoi (§ 2) est une succession d'actes procéduraux accomplis jusqu'à ce que la Cour de cassation se prononce sur les mérites du pourvoi.

1. Civ. 2e, 12 juin 1996, n° 94-18.548, *Bull. civ.* II, n° 151.
2. Civ. 2e, 18 déc. 1996, n° 95-11.003, *Bull. civ.* II, n° 294.
3. Civ. 2e, 24 févr. 1993, n° 91-18.213, *Bull. civ.* II, n° 73.
4. Cass., ord., 29 déc. 1995, n° 94-14.928, *Bull. ord.*, n° 32; *D.* 1996. 353, obs. Julien.
5. Décr. n° 80-367, 19 mai 1980, relatif aux constitutions de garantie auxquelles peut être subordonnée l'exécution de certaines décisions de justice prononcées contre les personnes morales de droit public : lorsqu'elle se pourvoit en cassation contre une décision la condamnant à verser une indemnité à une personne privée, *JO* 23 mai, p. 1276; *D.* 1980. 311.

§ 1
Obstacles à l'instruction

553.281 **Plan.** Trois événements peuvent faire obstacle, provisoirement ou définitivement selon les cas, à l'instruction du pourvoi : la suspension, l'interruption et l'extinction de l'instance en cassation.

A.
Suspension de l'instance

553.291 **Sursis et faux incident.** En cas de suspension de l'instance, le délai de péremption continue à courir (C. pr. civ., art. 392, al. 2). Il en va notamment ainsi :

- lorsque la Cour de cassation décide de surseoir à statuer (en cas de difficulté sérieuse justifiant le renvoi devant le Tribunal des conflits [1]), ou en cas de question prioritaire de constitutionnalité (v. s[s] n°s 553.881 s.);

- ou lorsqu'une demande en faux contre une pièce produite devant la Cour de cassation est adressée au premier président (visant par ex. une mention de l'arrêt attaqué [2] sur la procédure à suivre devant la Cour de cassation, v. C. pr. civ., art. 1028 s. - et J. et L. Boré [3]).

Mais on étudiera ici de façon plus approfondie les dispositions du Code de procédure civile afférentes à la radiation du rôle de la Cour de cassation.

553.292 **Radiation du rôle.** Les articles 1009-1 à 1009-3 C. pr. civ., issus du décret n° 99-131 du 26 février 1999, réglementent le droit d'accès à la Cour de cassation - dans le respect de l'article 6 § 1 de la Convention européenne de sauvegarde des droits de l'homme et des libertés fondamentales [4] - en imposant qu'une affaire soit radiée du rôle lorsque le demandeur au pourvoi n'a pas exécuté les condamnations mises à sa charge par la décision qu'il attaque. Suivant le décret n° 2005-1678 du 28 décembre 2005 [5], le terme « radiation » du rôle est venu remplacer celui de « retrait » du rôle visé par les textes fondateurs.

Institution visant à aider au désencombrement du rôle de la Cour de cassation et, partant, à l'amélioration des délais de jugement - la France a notamment été condamnée par la Cour de Strasbourg pour non-respect du délai raisonnable par la Cour de cassation elle-même, deux ans et trois mois ayant été mis pour juger une affaire où, s'agissant d'un requérant contaminé par le virus du sida, « *une diligence exceptionnelle s'imposait* » [6] -, la mesure de retrait du rôle avait, dès l'origine, été diversement accueillie dans son principe comme dans son application [7].

Présentée comme une mesure d'administration judiciaire - et non pas la sanction d'un défaut de diligence ou d'une irrecevabilité quelconque [8] -, la radiation du rôle est destinée à rappeler le caractère extraordinaire du pourvoi et à faire assurer au bénéficiaire d'une décision de justice exécutoire la pleine effectivité des prérogatives qui lui sont reconnues par les juges du fond.

La radiation ou le maintien au rôle est donc décidé sans que soit prise en considération la valeur des critiques faites à la décision attaquée [9].

1°
Conditions de fond de la radiation du rôle

553.300 **Défaut d'exécution de la décision attaquée et absence de conséquences manifestement excessives ou d'impossibilité d'exécuter.** La radiation du rôle, qui sera sollicitée par le défendeur au pourvoi qui y a intérêt [10], suppose que le demandeur au pourvoi ne puisse pas justifier avoir exécuté la décision frappée du recours en cassation, à moins qu'il apparaisse que l'exécution de cette décision serait de nature à entraîner des conséquences manifestement excessives ou que le demandeur est dans l'impossibilité de l'exécuter.

a)
Défaut d'exécution de la décision frappée de pourvoi

553.301 **Conséquences d'une exécution.** Il suffit que l'exécution de la décision soit démontrée à

1. PAR EX., Civ. 1re, 7 nov. 1995, n° 93-16.226, *Bull. civ.* I, n° 396.
2. Civ. 3e, 4 juin 1971, n° 70-70.028, *Bull. civ.* III, n° 358.
3. J. et L. Boré, Dalloz action *La cassation en matière civile*, 2009/2010, n°s 112.70 s.
4. CEDH avis, 9 janv. 1995, req. n° 20373/92, M. c/France, *Justices* 1996, n° 3, p. 240.
5. Décr. n° 2005-1678, 28 déc. 2005, relatif à la procédure civile, à certaines procédures d'exécution et à la procédure de changement de nom, *JO* 29 déc., p. 20350.
6. CEDH 30 oct. 1998, req. n° 38212/97, F. E. c/France, *BICC* 15 janv. 1999; *Jur. CEDH*, n° 4; *D.* 1999. 269, obs. Fricero et Perez; *RTD civ.* 1999. 490, obs. Marguénaud.
7. H. Fenaux, « Un bruit de freins », *D.* 1990. Chron. 106 – P. Gerbay, « Commentaire de l'article 1009-1 du NCPC », *Bull. ch. avoués* 1990. 1. 2 – P. Chauvin, « Exécutez les décisions des juges du fond, premier bilan de l'application de l'article 1009-1 du NCPC », *Gaz. Pal.* 1991. Doctr. 125 – Wiederkehr, *Justices* 1995, n° 1, p. 255 – M. Santa-Croce, « Le Droit, l'honnête homme et l'article 1009-1 », *D.* 1997. Chron. 239.
8. Cass., ord. 1er prés., 11 juin 1996, n° 95-19.191, *Bull. ord.*, n° 8 – Cass., ord. 1er prés., 26 mai 1992, n° 92-10.592, *Bull. ord.*, n° 3.
9. Cass., ord. 1er prés., 13 mars 1995, n° 93-43.577, *Bull. ord.*, n° 9 – V. CEP., Cass., ord. 1er prés., 9 mai 2001, n° 98-13.928, *Bull. ord.*, n° 13.
10. Pour un EXEMPLE de demande émanant du procureur général près la cour d'appel, Cass., ord. 1er prés., 13 févr. 1996, n° 95-11.999, *Bull. ord.*, n° 4; *D.* 1998. 289, note Massip.

l'audience de radiation du rôle pour que le premier président refuse de l'ordonner, peu important l'auteur (l'exécution par un codébiteur permet ainsi d'échapper à la radiation du rôle[1]) ou les modalités de cette exécution[2]. Il a été jugé que la proposition de consignation des sommes dues ne constituait pas une exécution des causes de l'arrêt[3].

553.302 Absence de cause légitime d'inexécution. La radiation du rôle ne sera pareillement pas ordonnée si la décision n'emporte pas une condamnation susceptible d'exécution; ne peut ainsi être accueillie la demande de radiation du rôle qui vise une décision n'ayant fait que fixer la créance d'une partie à l'encontre d'une personne en liquidation[4] (v. toutefois ce qui est jugé dans l'hypothèse d'une créance salariale définitivement fixée sans que le représentant des créanciers ait fait diligence auprès de l'AGS et de l'Assedic pour que le salarié soit rempli de ses droits[5]). De même, il n'y a pas lieu à radiation du rôle d'un pourvoi dirigé contre un arrêt prononçant sur le principe de la responsabilité d'une des parties et ordonnant une mesure d'instruction pour évaluation du préjudice, quand bien même la provision fixée par le juge et à valoir sur les frais et honoraires de l'expert désigné n'aurait pas été acquittée[6].

Si la disposition attaquée est une condamnation à paiement, l'importance des sommes en jeu n'est pas indifférente : lorsqu'une décision porte condamnation au franc symbolique et n'a donc pas de réelle incidence pécuniaire, il n'y a pas lieu à radiation du rôle[7]. La mesure de radiation du rôle ne pouvant être ordonnée que dans le respect d'un rapport raisonnable de proportionnalité, il n'y a pas lieu à radiation du rôle du pourvoi dès lors que, eu égard à l'intérêt du litige et aux droits fondamentaux en cause, cette mesure, justifiée par le seul fait que les dépens d'appel n'ont pas été réglés aux avoués des défendeurs au pourvoi, constituerait une entrave disproportionnée au droit d'accès au juge du demandeur au pourvoi[8] (une solution contraire était antérieurement retenue[9]).

Il n'y a pas davantage lieu à radiation du rôle en cas de mise en liquidation judiciaire qui, quoique postérieure à la décision portant condamnation, emporte interdiction de payer toute créance antérieure et constitue ainsi une impossibilité légale d'exécuter[10].

Par ailleurs, l'immunité d'exécution reconnue aux États, qui n'a pour objet que de faire obstacle aux actes d'exécution forcée sur leurs biens, n'empêche pas la radiation du rôle en cas d'inexécution par un État d'une décision portant condamnation à son encontre[11].

Mais il n'y a pas lieu à radiation du rôle lorsque l'inexécution n'est pas le fait du débiteur[12], lorsque les parties se sont entendues pour échelonner la condamnation[13] ou lorsque le juge de l'exécution a décidé que celle-ci se ferait en plusieurs versements[14].

Il a enfin été jugé que la volonté d'exécuter entièrement la décision peut constituer un obstacle à la radiation du rôle[15].

553.303 Incidence d'une ordonnance de réduction de délai. L'article 1009 C. pr. civ. dispose que « *le premier président, ou son délégué, à la demande d'une des parties ou d'office peut réduire les délais prévus pour le dépôt des mémoires et des pièces* ». Cette procédure dite d'urgence vise à limiter les délais de jugement dans certaines matières telles que les référés, les affaires de divorce et d'état des personnes (filiation, nationalité), les affaires de presse, les affaires en responsabilité concernant les victimes de l'amiante et de la transmission du VIH par transfusion, les pourvois intéressant la législation sur les étrangers ou encore les pourvois formés contre les arrêts rendus sur contredit ou sur renvoi après cassation.

Et il a été jugé qu'en principe, l'ordonnance qui réduit les délais de dépôt des mémoires par application de l'article 1009 C. pr. civ. fait obstacle à ce que l'affaire fasse l'objet d'une radiation du rôle[16].

1. Cass., ord. 1er prés., 18 sept. 1992, nº 92-14.506, *Bull. ord.*, nº 11.
2. Cass., ord. 1er prés., 6 juill. 1995, nº 95-10.499, *Bull. ord.*, nº 25; citée dans *RTD civ.* 1995. 965, obs. Perrot, qui envisage l'hypothèse d'un paiement par compensation.
3. Cass., ord. 1er prés., 5 déc. 2001, nº 01-01.038, *Bull. ord.*, nº 22.
4. Cass., ord. 1er prés., 15 janv. 1997, nº 95-43.130, *Bull. ord.*, nº 1.
5. Cass., ord. 1er prés., 13 oct. 1992, nº 91-44.421, *Bull. ord.*, nº 13.
6. Cass., ord. 1er prés., 23 mai 2001, nº 00-17.217, *Bull. ord.*, nº 15.
7. Cass., ord. 1er prés., 6 juill. 1995, nº 94-18.310, *Bull. ord.*, nº 24; *RTD civ.* 1995. 964, obs. Perrot – Rappr., Soc. 22 oct. 1997, nº 95-41.748, *Bull. civ.* V, nº 328.
8. Cass., ord. 1er prés., 23 avr. 2003, nº 02-12.181, *Bull. ord.*, nº 3.
9. Cass., ord. 1er prés., 7 févr. 1995, nº 94-12.652, *Bull. ord.*, nº 4.
10. Cass., ord. 1er prés., 15 janv. 1997, nº 95-20.933, *Bull. ord.*, nº 2.
11. Cass., ord. 1er prés., 14 mars 1995, nº 94-14.924, *Bull. ord.*, nº 11.
12. Cass., ord. 1er prés., 7 févr. 1995, nº 93-13.608, *Bull. ord.*, nº 5.
13. Cass., ord. 1er prés., 14 févr. 2001, nº 00-19.246, *Bull. ord.*, nº 5 – Cass., ord. 1er prés., 12 avr. 1995, nº 94-18.325, *Bull. ord.*, nº 14.
14. Cass., ord. 1er prés., 29 déc. 1995, nº 94-14.928, *Bull. ord.*, nº 32; *D.* 1996. 353, obs. Julien.
15. Cass., ord. 1er prés., 22 févr. 1995, nº 94-17.329, *Bull. ord.*, nº 7 – V. AUSSI, Cass., ord. 1er prés., 29 déc. 1995, nº 94-14.928, *Bull. ord.*, nº 32; *D.* 1996. 353, obs. Julien.
16. Cass., ord. 1er prés., 13 mars 2008, nº 08-01.950, *Bull. ord.*, nº 1.

b)
Exécution qui n'emporterait pas de conséquences manifestement excessives

553.311 Obstacle à la radiation du rôle. En cas d'inexécution d'une condamnation d'ordre pécuniaire, il apparaît qu'une situation particulièrement précaire peut faire échapper le demandeur à la radiation du rôle de son pourvoi. Exemples : partie âgée, retraite modeste, entretien d'un enfant invalide[1]; personne sans emploi, Assedic, trois enfants scolarisés[2]; personne invalide, un enfant à charge, chômage[3]. Au contraire, il y a lieu de radier du rôle le pourvoi d'une personne contre laquelle une décision d'expulsion a été prise dès lors que, quoique ses ressources soient modestes, elle ne justifie d'aucune démarche, notamment auprès des services sociaux, pour se reloger[4].

L'intérêt – supérieur – d'un enfant a pu être pris en compte pour refuser la radiation du rôle[5], de même que l'éventuelle impossibilité dans laquelle serait la partie bénéficiaire de restituer les sommes[6].

On notera aussi l'obstacle provisoire à la radiation du rôle que constitue la déclaration de surendettement[7].

2°
Conditions de forme et procédure de radiation du rôle

553.321 Moment et auteur de la requête. La radiation du rôle peut être demandée **dès le dépôt de la déclaration** de pourvoi[8], ce qui, le cas échéant, ne dispense pas le demandeur au pourvoi d'établir son **mémoire ampliatif dans les délais** qui lui sont normalement impartis.

À peine d'irrecevabilité prononcée d'office, la requête aux fins de radiation du rôle doit être présentée **avant l'expiration du délai prescrit pour produire le mémoire en défense** (C. pr. civ., art. 1009-1, al. 2)[9].

1. Cass., ord. 1er prés., 16 janv. 1996, no 95-11.294, *Bull. ord.*, no 1.
2. Cass., ord. 1er prés., 21 mai 1996, no 95-40.141, *Bull. ord.*, no 5.
3. Cass., ord. 1er prés., 11 juin 1996, no 96-10.723, *Bull. ord.*, no 9.
4. Cass., ord. 1er prés., 9 mai 2001, no 00-16.524, *Bull. ord.*, no 11.
5. Cass., ord. 1er prés., 13 févr. 1996, no 95-11.999, *Bull. ord.*, no 4.
6. Cass., ord. 1er prés., 23 mars 1994, no 93-43.994, *Bull. ord.*, no 8.
7. Cass., ord. 1er prés., 2 mai 2001, no 00-43.729, *Bull. ord.*, no 6, qui sursoit à statuer dans l'attente de la décision de la Commission de surendettement.
8. Cass., ord. 1er prés., 11 juin 1996, no 95-19.191, *Bull. ord.*, no 8.
9. Cass., ord. 1er prés., 31 oct. 2001, no 98-20.922, *Bull. ord.*, no 21.

Le formalisme est des plus réduits puisque l'indication dans le corps du mémoire du défendeur que la décision attaquée n'a pas été exécutée a pu être interprétée comme une demande de radiation du rôle, de sorte que les parties avaient été convoquées pour en débattre[10].

Il est toutefois conseillé d'adresser une demande de radiation du rôle clairement formalisée sur un document isolé.

Elle doit être faite **au premier président de la Cour de cassation**, et le secrétariat général se chargera de la transmettre aux autres parties.

La requête doit être établie par un avocat au Conseil d'État et à la Cour de cassation si la représentation présente un caractère obligatoire dans la matière considérée.

Au cas contraire, la requête peut être rédigée et adressée par le défendeur au pourvoi lui-même ou par son mandataire, étant précisé que « les avocats au Conseil d'État et à la Cour de cassation disposent dans tous les cas d'un monopole pour présenter des observations » à l'audience à laquelle les parties sont ensuite convoquées pour débattre de la radiation ou du maintien au rôle; le cas échéant donc, l'un des avocats au Conseil d'État et à la Cour de cassation présents à l'audience sera commis d'office pour intervenir oralement.

3°
Effets de la radiation du rôle

553.331 Incidence sur les mémoires ampliatifs et en défense. L'ordonnance de radiation du rôle **ne suspend pas le délai de production du mémoire ampliatif** (C. pr. civ., art. 1009-1, al. 3[11]), et, dans le silence des textes, une incertitude existait sur la question de savoir si c'est cette ordonnance qui interrompait le délai de production du **mémoire en défense** ou si ce délai était interrompu dès le dépôt de la requête en retrait du rôle; il a été jugé que c'est la demande en retrait du rôle qui interrompt le délai imparti pour la remise du mémoire en défense[12] (un arrêt précise qu'en cas de rejet de la requête, le délai court à compter de la notification du rejet[13]).

À noter enfin que le retrait du rôle du **pourvoi principal** n'emporte pas retrait du rôle du **pourvoi incident**[14].

10. Cass., ord. 1er prés., 30 avr. 1997, no 96-60.194, *Bull. ord.*, no 3.
11. *CONTRA*, antérieurement au Décr. no 99-131, 26 févr. 1999, Cass., ord. 1er prés., 13 févr. 1996, no 95-18.977, *Bull. ord.*, no 3.
12. Civ. 2e, 4 déc. 2003, no 98-21.652, *Bull. civ.* II, no 359.
13. Civ. 2e, 7 juin 2006, no 04-11.532, *Bull. civ.* II, no 147.
14. Cass., ord. 1er prés., 22 oct. 1996, no 94-20.051, *Bull. ord.*, no 11.

553.332 **Péremption de l'instance en cassation.** Les effets de la radiation du rôle ne sont par principe que **provisoires et conservatoires** de tous droits, voies et moyens[1].

La radiation du rôle n'empêchant toutefois pas le **délai de péremption** de courir[2], l'instance en cassation peut se trouver éteinte si **deux ans** s'écoulent **entre la notification de l'ordonnance de radiation du rôle** (C. pr. civ., art. 1009-2) **et la requête en constatation de péremption**[3] sans qu'aucun événement interruptif n'intervienne pendant ce laps de temps. Et la décision juridictionnelle par laquelle le premier Président de la Cour de cassation constate la péremption de l'instance en cassation n'est pas susceptible de pourvoi en cassation[4].

Outre les **causes interruptives de l'instance** qui, classiquement, l'interrompent (ainsi en cas de mise en redressement judiciaire du demandeur au pourvoi après la radiation du rôle[5] – étant rappelé que la péremption ne recommence alors à courir qu'après une reprise d'instance[6]), le délai de péremption se trouve interrompu en cas d'**exécution de la décision attaquée** ou d'**acte manifestant une volonté d'exécuter**[7].

L'interruption du délai de péremption résultera donc d'abord et naturellement de l'exécution totale de la décision frappée de pourvoi[8], mais aussi d'un règlement significatif[9], voire d'une offre de règlement significatif[10].

Il a même été reconnu un effet interruptif à une décision du juge de l'exécution ayant opéré, après la radiation du rôle, une compensation de certaines dettes réciproques entre les parties[11] (si l'hypothèse n'est pas celle d'une diligence émanant de l'une des parties, le juge de l'exécution n'a fait, en ordonnant la compensation, que constater une exécution partielle de la condamnation « *suffisante pour avoir valeur interruptive* »).

Inversement, n'interrompent pas le délai de péremption : une simple requête en vue de la réinscription au rôle[12], des observations complémentaires n'apportant aucun élément nouveau au litige[13], l'exécution partielle mais non significative des causes de la décision attaquée[14], ou encore la conclusion d'un protocole d'accord entre les parties[15].

553.333 **Rôle du premier président.** C'est le premier président de la Cour de cassation qui est juge, le cas échéant, de l'extinction de l'instance par l'acquisition de la péremption (C. pr. civ., art. 1009-2 issu de Décr. n° 99-131, 26 févr. 1999[16]), en même temps qu'il peut, à cette occasion, statuer sur une demande fondée sur **l'article 700 C. pr. civ.** (une ordonnance justifie cette solution en relevant que le premier président agit alors dans le cadre de son activité juridictionnelle, et non en tant qu'administrateur judiciaire comme lorsqu'il radie l'affaire du rôle des pourvois[17] – une solution en sens contraire était antérieurement retenue[18]).

4°
Réinscription au rôle

a)
Conditions de la réinscription

553.341 **Absence de péremption.** La réinscription suppose évidemment que la péremption ne soit pas entre-temps acquise[19].

553.342 **Exécution de la décision attaquée.** Alors qu'il était à l'origine jugé que la réinscription ne pouvait être accordée que si le demandeur au pourvoi avait exécuté la décision attaquée dans son intégralité (C. pr. civ., art. 1009-3, al. 1er)[20], et non s'il ne l'avait exécutée que partiellement, serait-ce de façon significative[21], il est désormais acquis que la réinscription

1. Cass., ord. 1er prés., 11 juin 1996, n° 95-19.191, *Bull. ord.*, n° 8.
2. Cass., ord. 1er prés., 23 janv. 1996, n° 92-19.484, *Bull. ord.*, n° 2.
3. Cass., ord. 1er prés., 7 déc. 1994, n° 90-22.104, *Bull. ord.*, n° 25; *RTD civ.* 1995. 964, obs. Perrot – Cass., ord. 1er prés., 14 déc. 1993, n° 90-17.942, *Bull. ord.*, n° 20.
4. Civ. 2e, 20 nov. 2003, n° 02-17.204, *Bull. civ.* II, n° 344.
5. Cass., ord. 1er prés., 4 mars 1998, n° 92-15.314, *Bull. ord.*, n° 1 – Cass., ord. 1er prés., 30 juill. 1994, n° 90-22.131, *Bull. ord.*, n° 24.
6. Cass., ord. 1er prés., 4 mars 1998, n° 92-15.314, *Bull. ord.*, n° 1 – Civ. 2e, 1er mars 1995, n° 91-17.532, *Bull. civ.* II, n° 64; *D.* 1996. 137, obs. Julien.
7. Cass., ord. 1er prés., 5 avr. 1994, n° 90-19.069, *Bull. ord.*, n° 13; *RTD civ.* 1995. 964, obs. Perrot.
8. Cass., ord. 1er prés., 21 déc. 1993, n° 90-17.676, *Bull. ord.*, n° 24.
9. Cass., ord. 1er prés., 31 janv. 1995, n° 92-12.371, *Bull. ord.*, n° 2; *RTD civ.* 1995. 964, obs. Perrot.
10. Cass., ord. 1er prés., 7 déc. 1994, n° 90-22.104, *Bull. ord.*, n° 25; *RTD civ.* 1995. 964, obs. Perrot.
11. Cass., ord. 1er prés., 6 juill. 1995, n° 95-10.499, *Bull. ord.*, n° 25; *RTD civ.* 1995. 965, note Perrot.
12. Cass., ord. 1er prés., 5 avr. 1994, n° 90-17.883, *Bull. ord.*, n° 12; *RTD civ.* 1995. 964, obs. Perrot.
13. Cass., ord. 1er prés., 6 nov. 1996, n° 93-15.940, *Bull. ord.*, n° 14.
14. Cass., ord. 1er prés., 31 janv. 1995, n° 92-12.371, *Bull. ord.*, n° 2; *RTD civ.* 1995. 964, obs. Perrot.
15. Cass., ord. 1er prés., 10 juill. 1992, n° 89-16.840, *Bull. ord.*, n° 7; *RTD civ.* 1995. 964, obs. Perrot.
16. V. DÉJÀ, Cass., ord. 1er prés., 10 juill. 1992, n° 90-11.135, *Bull. ord.*, n° 9.
17. Cass., ord. 1er prés., 21 mai 1996, n° 92-19.629, *Bull. ord.*, n° 7.
18. Cass., ord. 1er prés., 8 nov. 1993, n° 90-18.078, *Bull. ord.*, n° 14; *D.* 1994. 262, note Fricero.
19. Cass., ord. 1er prés., 8 nov. 1993, n° 90-18.078, *Bull. ord.*, n° 14; *D.* 1994. 262, note Fricero; *D.* 1994. 262.
20. Cass., ord. 1er prés., 13 juin 1995, n° 94-11.823, *Bull. ord.*, n° 22.
21. Cass., ord. 1er prés., 4 mai 1994, n° 93-13.908, *Bull. ord.*, n° 16.

est possible en cas d'exécution partielle révélant une volonté non équivoque de déférer à la décision attaquée[1]. Un règlement significatif interrompt dans tous les cas le délai de péremption[2]. Le caractère significatif des versements doit s'apprécier non seulement au regard de la somme due en exécution de l'arrêt, mais aussi en tenant compte des facultés de paiement de la partie condamnée[3].

De même, alors que la survenance après l'ordonnance de radiation d'un empêchement d'exécuter ne suffisait initialement pas à justifier une réinscription au rôle (il n'y avait donc pas lieu de réinscrire au rôle le pourvoi d'une partie placée en redressement judiciaire puis en liquidation judiciaire depuis l'ordonnance de retrait du rôle, parce qu'il lui appartenait de s'exécuter lorsqu'elle était *in bonis*[4]), il a ensuite été jugé que lorsque la demanderesse au pourvoi a été mise en redressement judiciaire postérieurement à la mesure de radiation du rôle, il y a lieu de réinscrire l'affaire au rôle dès lors que le jugement d'ouverture emporte de plein droit interdiction de payer la créance litigieuse antérieure au jugement d'ouverture[5]; on peut alors se demander, quoiqu'il s'agisse plus d'une autorisation de ne pas exécuter que d'une interdiction d'exécuter, s'il sera toujours jugé qu'il n'y a pas lieu à réinscription lorsque le demandeur au pourvoi a obtenu un délai de grâce du juge des référés après que l'ordonnance de radiation du rôle a été rendue[6].

À noter que l'exécution de la décision attaquée par voie de transaction justifie la réinscription au rôle[7].

b)
Effets de la réinscription

553.351 Délai du mémoire en défense. Le délai imparti au défendeur au pourvoi pour établir son mémoire en défense court à compter de la notification de l'ordonnance de rétablissement (C. pr. civ., art. 1009-3, al. 2).

1. Cass., ord. 1er prés., 9 mai 2001, nº 99-11.328, *Bull. ord.*, nº 14.
2. Cass., ord. 1er prés., 31 janv. 1995, nº 92-12.371, *Bull. ord.*, nº 2; *RTD civ.* 1995. 964, obs. Perrot – Cass., ord. 1er prés., 7 déc. 1994, nº 90-22.104, *Bull. ord.*, nº 25; *RTD civ.* 1995. 964, obs. Perrot.
3. Cass., ord. 1er prés., 23 mai 2001, nº 97-22.084, *Bull. ord.*, nº 19.
4. Cass., ord. 1er prés., 12 déc. 1995, nº 92-21.804, *Bull. ord.*, nº 29; *D.* 1996. Somm. 353.
5. Cass., ord. 1er prés., 12 nov. 2003, nº 01-15.989, *Bull. ord.*, nº 7 – Cass., ord. 1er prés., 5 juin 2008, nº 05-11.997, *Bull. ord.*, nº 3.
6. Cass., ord. 1er prés., 11 mai 1990, *RTD civ.* 1990. 717, obs. Perrot.
7. Cass., ord. 1er prés., 29 nov. 2007, nº 07-91.272, *Bull. ord.*, nº 1.

B.
Interruption de l'instance

553.361 Interruption du délai de péremption. On rappellera d'abord que l'interruption de l'instance emporte **interruption du délai de péremption** (C. pr. civ., art. 392, al. 1er), lequel ne recommence à courir qu'après une **reprise d'instance**[8].

On rappellera aussi que tout acte ou toute décision intervenue au cours de l'interruption de l'instance est réputé **non avenu** (ainsi d'un arrêt de la Cour de cassation rendu alors que l'instance était interrompue[9]).

En pratique, et si l'instance n'est pas reprise volontairement, la Cour de cassation peut constater l'interruption et inviter les intéressés à reprendre l'instance, soit dans le délai légal si l'interruption est survenue avant l'expiration des délais de production des mémoires – à peine de déchéance (toutefois, sur le point de départ du délai en cas de redressement puis de liquidation judiciaire de la personne qui s'était pourvue, v. ss nº 553.362) –, soit dans le délai que fixe la Cour de cassation – à peine de radiation[10].

553.362 Interruption de droit. L'instance en cassation est interrompue de droit (C. pr. civ., art. 369) :

– en cas de survenance de la majorité d'une partie;

– en cas de cessation des fonctions de l'avocat lorsque la représentation est obligatoire;

– par l'effet du jugement qui prononce le redressement ou la liquidation judiciaires dans les cas où il emporte assistance ou dessaisissement du débiteur (à noter que, lorsqu'un pourvoi en cassation a été formé par une personne ensuite mise en redressement judiciaire puis en liquidation judiciaire, sa déchéance est encourue en application des articles 369 et 978 C. pr. civ., si le liquidateur n'a repris l'instance qu'après l'expiration du délai de cinq mois prévu pour déposer et signifier le mémoire ampliatif, délai courant à compter de la désignation du liquidateur et non du jour de la décision du juge invitant le liquidateur à reprendre l'instance[11]).

553.363 Interruption subordonnée à une notification. L'instance est également interrompue, mais à compter de la **notification de la cause interruptive** cette fois (C. pr. civ., art. 370) :

– en cas de décès d'une partie lorsque l'action est transmissible (si les héritiers ont été invités à faire part de leurs initiatives en vue de reprendre l'instance

8. Civ. 2e, 1er mars 1995, nº 91-17.532, *Bull. civ.* II, nº 64; *D.* 1996. 137, obs. Julien.
9. Civ. 1re, 5 mai 1998, nº 94-16.751, *Bull. civ.* I, nº 163.
10. Civ. 2e, 6 déc. 1984, nº 82-11.277, *Bull. civ.* II, nº 189.
11. Com. 28 mars 1995, nº 93-10.068, *Bull. civ.* IV, nº 106.

et qu'ils ne font aucune diligence dans le délai imparti, l'affaire doit être radiée[1];

- en cas de cessation des fonctions du représentant légal d'un incapable;

- en cas de recouvrement ou de perte par une partie de la capacité d'ester en justice.

C.
Extinction de l'instance

553.371 Extinction de l'instance accessoirement à l'action. L'instance s'éteint accessoirement à l'action (C. pr. civ., art. 384) par :

- la transaction;

- l'acquiescement (apprécié très strictement par la Cour de cassation lorsque c'est un acquiescement tacite qui est invoqué sur le fondement de l'exécution de l'arrêt attaqué[2]);

- le décès d'une partie dans les actions non transmissibles[3].

553.372 Désistement d'action. Le désistement d'action, qui éteint également l'instance, fait l'objet de dispositions spécifiques devant la Cour de cassation (C. pr. civ., art. 1024 à 1026).

Par principe, le désistement n'a pas à être accepté et aucun délai n'est particulièrement prévu (s'il est donné tardivement, la Cour de cassation peut toutefois en déduire le caractère abusif du pourvoi[4]). Le cas échéant, l'instance s'éteint.

Toutefois, si le désistement contient des réserves, ou si le défendeur a préalablement formé un pourvoi incident (qui est recevable dès lors qu'il a été introduit avant que le désistement du pourvoi principal ait été notifié[5]), le désistement doit être accepté. Le cas échéant, et de même que précédemment, l'instance s'éteint. Au cas contraire, le refus - justifié - d'accepter le désistement rend celui-ci non avenu[6]. L'instance ne s'éteint alors pas, et si le désistement n'a pas été accepté par le demandeur au pourvoi incident, il y a lieu de statuer sur le pourvoi principal et sur le pourvoi incident[7].

On notera enfin que le désistement est par principe constaté par ordonnance du premier président ou du président de la chambre à laquelle l'affaire a été distribuée. Par exception, s'il intervient après le dépôt du rapport (v. s^s^ n° 553.591) ou si l'acceptation du défendeur - lorsqu'elle est nécessaire - n'est donnée qu'après ce dépôt, le désistement est constaté par arrêt, lequel équivaut à un arrêt de rejet et entraîne notamment l'application de l'article 628 C. pr. civ. permettant la condamnation du demandeur au pourvoi, en cas de recours jugé abusif, au paiement d'une amende et d'une indemnité envers le défendeur (v. s^s^ n°s 553.861 s.).

553.373 Extinction de l'instance à titre principal. L'instance en cassation est éteinte à titre principal par :

- la péremption (l'instance en cassation est périmée si deux ans s'écoulent entre la notification de la décision de retrait du rôle, v. s^s^ n°s 553.331 s.) et la requête en constatation de péremption[8];

- le désistement d'instance (à supposer qu'un désistement - sur les conditions, v. s^s^ n° 553.372 - puisse effectivement avoir cet effet limité devant la Cour de cassation, notamment eu égard au principe de l'interdiction de réitérer, v. s^s^ n° 553.251).

§ 2
Éléments de l'instruction

A.
Mémoire ampliatif

1°
Dépôt, signification et délai du mémoire ampliatif et de ses annexes

a)
Dispositions communes, que la représentation soit ou non obligatoire

553.380 Renvoi. V. s^s^ n° 553.32 et le décret n° 2004-836 du 20 août 2004 étendant la représentation obligatoire à compter du 1er janvier 2005 à des matières jusqu'alors dispensées.

553.381 Réduction, augmentation, interruption du délai. Quoique les délais pour faire parvenir le mémoire ampliatif au greffe de la Cour de cassation diffèrent selon que la matière est ou non dispensée de représentation obligatoire, les causes susceptibles d'affecter leur durée sont les mêmes.

On évoquera en premier lieu la circonstance que le premier président de la Cour de cassation, ou son délégué, peuvent, à la demande d'une partie ou

1. Civ. 2e, 6 déc. 1984, n° 82-11.277, *Bull. civ.* II, n° 189; *D.* 1985. IR 469 – Com. 7 juill. 1987, n° 85-18.398, *Bull. civ.* IV, n° 174.
2. V. NOT., Com. 25 janv. 1984, n° 82-10.146, *Bull. civ.* IV, n° 35.
3. Prononçant un NON-LIEU À STATUER : Civ. 1re, 17 juill. 1996, n° 94-20.036, *Bull. civ.* I, n° 326.
4. Civ. 1re, 5 nov. 1996, n° 94-20.027, *Bull. civ.* I, n° 370; *JCP* 1997. II. 22822.
5. Civ. 2e, 23 nov. 1988, n° 87-16.965, *Bull. civ.* II, n° 228.
6. Civ. 3e, 11 déc. 1991, n° 90-17.489, *Bull. civ.* III, n° 314.
7. Civ. 2e, 27 mai 1999, n° 97-20.488, *Bull. civ.* II, n° 100.
8. Cass., ord. 1er prés., 7 déc. 1994, n° 90-22.104, *Bull. ord.*, n° 25; *RTD civ.* 1995. 964, obs. Perrot – Cass., ord. 1er prés., 14 déc. 1993, n° 90-17.942, *Bull. ord.*, n° 20.

d'office, réduire le délai prévu pour le dépôt du mémoire et des pièces (C. pr. civ., art. 1009).

L'article 1023 C. pr. civ. règle par ailleurs communément la question de l'augmentation des délais en raison de la distance en distinguant, dans tous les cas, selon que le défendeur au pourvoi demeure dans un département d'outre-mer, la collectivité territoriale de Mayotte, un territoire d'outre-mer - augmentation d'un mois - ou à l'étranger - augmentation de deux mois.

On notera enfin qu'une demande d'aide juridictionnelle formée avant l'expiration du délai pour produire le mémoire ampliatif interrompt le délai (et un nouveau délai court à compter de la réception par l'intéressé de la notification de la décision du bureau d'aide juridictionnelle ou, lorsqu'un auxiliaire de justice est désigné, à compter de sa désignation[1]).

b) Dispositions propres aux matières avec représentation obligatoire

553.390 Renvoi. V. s^s^ n° 553.32 et le décret n° 2004-836 du 20 août 2004 étendant la représentation obligatoire à compter du 1er janvier 2005 à des matières jusqu'alors dispensées.

553.391 Dépôt d'un mémoire par le demandeur. À peine de **déchéance**[2] - constatée, le cas échéant, par le premier président de la Cour de cassation sur la demande du défendeur[3] -, le demandeur au pourvoi doit, au plus tard dans le délai de quatre mois à compter de la déclaration, **remettre au greffe** de la Cour de cassation un mémoire qui - nous y reviendrons - doit contenir les moyens de droit invoqués contre la décision attaquée.

Dès lors que la créance faisant l'objet d'une condamnation à paiement a été, entre la date du pourvoi formé contre cette décision et celle du dépôt du mémoire ampliatif, cédée par un acte notifié au débiteur, ce dernier doit, à peine de déchéance de son pourvoi, diriger son mémoire ampliatif contre le cessionnaire de la créance[4].

553.392 Signification du mémoire. Dans le **même délai** (quatre mois) et sous la **même sanction** (déchéance), le demandeur au pourvoi doit **notifier à l'avocat du défendeur** son mémoire ampliatif.

À noter que la signification doit être faite à la partie elle-même, et au plus tard dans le mois suivant l'expiration du délai de quatre mois (C. pr. civ., art. 978, réd. Décr. n° 2008-484, 22 mai 2008), si elle n'a pas encore constitué avocat; le cas échéant, l'acte de signification doit indiquer à la partie qu'il lui faut constituer un avocat aux Conseils si elle entend défendre d'une part, que l'arrêt à intervenir ne pourra être frappé d'opposition si elle ne constitue pas avocat d'autre part, et, enfin, qu'elle dispose d'un délai de deux mois pour remettre au greffe son mémoire en réponse et former, le cas échéant, un pourvoi incident. Si le défendeur a constitué avocat dans le délai d'un mois et avant la signification du mémoire ampliatif, il est procédé par voie de notification à son avocat (C. pr. civ., art. 978, al. 1er).

L'article 978 alinéa 1er C. pr. civ. n'est pas applicable à la signification du mémoire ampliatif au ministère public, partie principale et défendeur à l'instance en cassation, qui est dispensé de constituer avocat au Conseil d'État et à la Cour de cassation; la signification du mémoire ampliatif doit donc lui être faite dans le délai de quatre mois à compter de la déclaration de pourvoi[5].

La signification consistant en une notification par huissier de justice, il y a lieu de prononcer la déchéance du pourvoi lorsque le mémoire ampliatif a été notifié par lettre recommandée seulement[6].

553.393 Signature du mémoire. Le mémoire ampliatif doit impérativement, à peine d'irrecevabilité, être signé **par l'avocat au Conseil d'État et à la Cour de cassation** du demandeur au pourvoi[7].

553.394 Documents et pièces à joindre au mémoire. Doivent être remises au greffe **dans le délai de dépôt du mémoire ampliatif**, à peine d'irrecevabilité du pourvoi prononcée d'office[8], une **copie de la décision attaquée** et de ses **actes de signification** (C. pr. civ., art. 979 issu de Décr. n° 99-131, 26 févr. 1999[9]), une **copie de la décision confirmée ou infirmée** par la décision attaquée[10] (un pourvoi est irrecevable à défaut de production d'une copie complète de la décision avant dire droit antérieure à l'arrêt attaqué mais faisant partie intégrante de celui-ci[11]).

Le demandeur au pourvoi doit enfin impérativement joindre à son mémoire ampliatif les pièces[12] sur lesquelles se fondent les critiques faites à la décision attaquée (est ainsi sanctionné le défaut de production d'un document argué de dénaturation[13]) et

1. Soc. 18 févr. 1998, n° 95-45.502, *Bull. civ.* V, n° 88.
2. Civ. 1re, 3 févr. 1998, n° 96-16.029, *Bull. civ.* I, n° 41.
3. Com. 27 juin 1984, n° 81-14.188, *Bull. civ.* IV, n° 208.
4. Civ. 2e, 2 févr. 2012, n° 10-28.748, *Bull. civ.* II, n° 19.
5. Civ. 1re, 26 sept. 2012, n° 10-28.032, *Bull. civ.* I, n° 181.
6. Civ. 1re, 16 avr. 2008, n° 07-11.828, *Bull. civ.* I, n° 107.
7. Civ. 2e, 11 juill. 1988, n° 87-15.862, *Bull. civ.* II, n° 166; *JCP* 1988. IV. 336.
8. Civ. 2e, 18 mai 1995, n° 95-60.739, *Bull. civ.* II, n° 143.
9. Civ. 1re, 12 juill. 2001, n° 99-13.491, *Bull. civ.* I, n° 215.
10. Com. 9 nov. 1995, n° 93-13.795, *Bull. civ.* IV, n° 259 – Civ. 3e, 2 mai 1978, n° 76-15.076, *Bull. civ.* III, n° 167; *D.* 1978. IR 365 – Civ. 3e, 12 mars 2008, n° 07-10.055, *Bull. civ.* III, n° 44.
11. Com. 9 févr. 1993, n° 91-11.803, *Bull. civ.* IV, n° 50; *D.* 1993. Somm. 182, obs. crit. Julien.
12. Sur ce point, v. A. Perdriau, « Les écritures des procès civils au regard de la Cour de cassation », *JCP* 1991. I. 3479.
13. Civ 1re, 14 nov. 2000, n° 98-23.354, NP.

une copie des dernières conclusions que les parties au pourvoi ont déposées devant la juridiction dont émane la décision attaquée (C. pr. civ., art. 979-1, réd. Décr. n° 2008-484, 22 mai 2008).

c) Dispositions propres aux matières sans représentation obligatoire

553.400 Renvoi. V. s[s] n° 553.32 et le décret n° 2004-836 du 20 août 2004 étendant la représentation obligatoire à compter du 1er janvier 2005 à des matières jusqu'alors dispensées.

553.401 Rappel. On rappellera que, si le pourvoi a été formé selon les règles de la procédure avec représentation obligatoire, il n'en est pas moins recevable quelle que soit la procédure ultérieurement suivie (C. pr. civ., art. 995).

553.402 Mémoire du demandeur. L'article 989 C. pr. civ. - qui est applicable même lorsque c'est un avocat au Conseil d'État et à la Cour de cassation qui forme le pourvoi dans une matière dispensée de représentation obligatoire[1] - prévoit que la production d'un mémoire ampliatif n'est **pas obligatoire si la déclaration de pourvoi contient déjà un énoncé, même sommaire, des griefs** adressés à la décision attaquée, de sorte que l'irrecevabilité d'un mémoire, qui serait déposé nonobstant un énoncé des moyens dans la déclaration, ne rejaillirait pas sur la recevabilité du pourvoi lui-même[2].

Au cas contraire, on retrouve l'obligation de produire un mémoire ampliatif au **greffe** de la Cour de cassation, dans un délai de **trois mois** à compter de la remise ou de la réception du récépissé de la déclaration[3], à peine de **déchéance** constatée par le premier président de la Cour de cassation ou son délégué.

553.403 Production de pièces. Les **pièces** invoquées par le demandeur à l'appui de son pourvoi devront, le cas échéant, être produites dans le **même délai.**

553.404 Signature du mémoire. Le mémoire peut être **signé** soit par le demandeur au pourvoi, soit par son mandataire, sans qu'il soit alors besoin d'un nouveau pouvoir spécial (un arrêt se satisfait d'un mémoire ampliatif non signé mais annexé à une lettre signée du mandataire ayant reçu pouvoir du demandeur[4]).

553.405 Notification du mémoire au défendeur. Lorsqu'un mémoire est produit, le défendeur en est avisé sans délai par le **greffe de la Cour de cassation** qui lui en notifie une copie par lettre recommandée avec accusé de réception (C. pr. civ., art. 990), sauf si un avocat au Conseil d'État et à la Cour de cassation a déclaré au greffe qu'il représentait une partie et qu'il y a alors lieu de procéder par une notification à avocat (C. pr. civ., art. 993).

553.406 Production de copies du mémoire. À cette fin, le demandeur devra produire, en plus de l'**original**, autant de **copies** qu'il y a de défendeurs (C. pr. civ., art. 994), lesquelles devront être certifiées conformes par le signataire du mémoire, sans toutefois que l'absence de certification puisse avoir une conséquence sur la régularité du pourvoi en l'absence de preuve d'un grief par le défendeur[5].

2° Contenu du mémoire ampliatif

553.410 Différents moyens de cassation. Il appartient à la Cour de cassation de **vérifier la conformité des décisions de justice aux règles de droit,** c'est-à-dire aux textes ayant le caractère obligatoire de la loi. Des traités[6] aux contrats liant les parties (qui font la loi entre elles, C. civ., art. 1134), en passant par la loi étrangère[7] ou les actes réglementaires[8], l'éventail des dispositions impératives dont la Cour de cassation assure la correcte application est large. La liste n'englobe toutefois pas les circulaires dépourvues de caractère réglementaire[9], ni les usages ne présentant pas les caractéristiques de la coutume[10].Parce que la Cour de cassation ne peut donc connaître que de considérations juridiques, par opposition aux considérations de pur fait, le demandeur au pourvoi n'est autorisé à dénoncer que les seules erreurs de droit commises par les juges du fond.

Toutefois, la transgression d'une règle de droit ne pouvant être sanctionnée par la Cour de cassation que si celle-ci a été mise en mesure de la déceler, il est logique que la Haute juridiction censure également les décisions qui, parce qu'elles ne contiennent pas les motifs propres à s'assurer que la règle de droit appropriée a été respectée ou au contraire méconnue, ne lui permettent pas d'opérer son contrôle de légalité.

Aussi le demandeur au pourvoi dispose-t-il de deux grandes catégories de moyens de cassation : il peut aussi bien reprocher aux juges du fond une **transgression directe de la règle de droit** (a), qu'une **présentation incomplète de ses conditions d'applica-**

1. Civ. 2e, 17 févr. 1988, n° 86-12.239, *Bull. civ.* II, n° 45; *D.* 1988. 387, note N. S.
2. Soc. 10 déc. 1984, n° 84-60.468, *Bull. civ.* V, n° 473; *JCP* 1985. IV. 66.
3. Soc. 16 mars 1999, n° 97-42.992, *Bull. civ.* V, n° 120.
4. Soc. 10 févr. 1998, n° 95-43.984, *Bull. civ.* V, n° 81.
5. Soc. 5 mars 1987, n° 83-44.869, *Bull. civ.* V, n° 112; *JCP* 1987. IV. 160.
6. Civ. 10 févr. 1948, *D.* 1948. 165.
7. Civ. 1re, 18 nov. 1992, n° 90-15.275, *Bull. civ.* I, n° 282; *D.* 1993. 213, note Courbe.
8. Soc. 5 août 1952, *Bull. civ.* III, n° 722.
9. Civ. 3e, 23 mars 1982, n° 80-16.648, *Bull. civ.* III, n° 77.
10. Civ. 1re, 6 févr. 1963, *Bull. civ.* I, n° 85.

tion (b). On étudiera en dernier lieu deux ouvertures à cassation qui, outre qu'elles n'entrent pas dans les deux catégories susvisées, sont relativement marginales : la **perte de fondement juridique** et la **contrariété de décisions** (c).

a) Transgression directe de la règle de droit : excès de pouvoir, violation de la loi, vice de forme

553.420 Plan. Il existe quatre grands corps de règles dans notre droit privé : les règles relatives à l'organisation judiciaire, les règles de forme, les règles de procédure et les règles de fond.

Sous réserve de quelques nuances qui seront évoquées au fil de l'exposé, la transgression directe de ces règles donne lieu aux moyens de cassation suivants : lorsqu'une règle relative à l'organisation judiciaire a été ouvertement transgressée ou lorsqu'ont été méconnus certains principes essentiels de procédure, il y a **excès de pouvoir**; il y a **violation de la loi** lorsqu'a été directement méconnue une règle de fond ou de procédure - autre que fixant un principe fondamental -; il y a **vice de forme** lorsque, comme son nom l'indique, une règle de forme a été transgressée.

553.421 1) Excès de pouvoir. Issu du principe de la séparation des pouvoirs, et initialement conçu comme l'empiétement du juge sur le pouvoir législatif ou sur le pouvoir exécutif, l'excès de pouvoir recouvre aujourd'hui des hypothèses plus variées.

Désormais principalement envisagé comme « *soupape de sécurité juridique* » autorisant, en raison de la gravité de l'atteinte portée à la règle de droit, l'exercice du recours en cassation contre des décisions contre lesquelles tout recours est interdit, l'excès de pouvoir est donc aujourd'hui davantage perçu comme autorisant l'**accès au pourvoi** que comme un **moyen de cassation**.

Et, parce que se sont multipliées les hypothèses dans lesquelles le contrôle de cassation est refusé - pour des raisons diverses allant de la volonté de désencombrer le rôle de la Haute juridiction à celle d'assurer l'efficacité immédiate de certaines procédures (collectives notamment) -, les cas d'excès de pouvoir ont tout naturellement augmenté avec elles.

À ce jour, l'excès de pouvoir est retenu par la Cour de cassation lorsqu'un juge transgresse une règle d'ordre public délimitant ses fonctions; et il n'est pas sûr que la méconnaissance de certains principes essentiels de la procédure, qui lui était jusqu'à récemment assimilée, au moins dans ses effets, permette encore longtemps de contourner, en elle-même, l'obstacle de l'interdiction d'exercer un pourvoi en cassation lorsqu'elle existe.

553.422 Le juge ne remplit pas sa fonction. Il y a d'abord excès de pouvoir lorsqu'un juge ne remplit pas sa fonction générale qui est de juger :

- ainsi lorsqu'un magistrat se comporte en **législateur** ou en **administrateur** - et non pas en juge[1];

- de même, lorsqu'il commet une **voie de fait** - étrangère à la fonction de juger[2];

- ou encore lorsqu'il se rend coupable d'un déni de justice - on parle alors d'excès de pouvoir négatif[3].

553.423 Le juge sort du cadre de ses fonctions. L'excès de pouvoir est également retenu lorsqu'un juge sort du cadre des **fonctions** qui lui sont **propres** au sein de la juridiction principale dont il émane :

- soit qu'il prenne une **mesure** relevant d'une autre formation de cette juridiction (ainsi du juge aux affaires matrimoniales qui prend une mesure d'assistance éducative en lieu et place du juge des enfants[4] - ou du juge des référés qui accueille une demande d'*exequatur* d'une sentence arbitrale relevant du seul juge de l'exécution[5]),

- soit qu'il sorte du **champ d'appréciation** limité qui lui est assigné pour entrer dans celui dévolu à une autre formation (un arrêt rappelle ainsi les limites du pouvoir d'appréciation du conseiller de la mise en état par rapport à la formation collégiale de la cour d'appel[6] - de même que le premier président d'une cour d'appel saisi d'une demande d'arrêt de l'exécution provisoire ne peut se prononcer sur le fond[7]).

553.424 Excès de pouvoir et incompétence. Il est traditionnellement enseigné que l'excès de pouvoir se distingue de l'incompétence[8], même s'il est incontestable que la distinction est parfois malaisée. On ne peut alors manquer de signaler deux arrêts rendus par la première chambre civile de la Cour de cassation qui retiennent un **excès de pouvoir**, rendant le pourvoi en cassation immédiatement recevable (v. s^s^ n° 553.71), dans des hypothèses où devait être tranchée la question de savoir si le litige ressortissait à la **compétence** du juge judiciaire ou du juge administratif[9].

553.431 Méconnaissance par le juge d'un principe essentiel de procédure : des solutions en voie d'homogénéisation. C'est la **chambre commerciale** de la Cour de cassation qui, pour compenser les mul-

1. Soc. 23 févr. 1977, n° 75-14.506, *Bull. civ.* V, n° 131 - Civ. 1re, 22 mai 2007, n° 06-10.454, *Bull. civ.* I, n° 205.
2. Civ. 1re, 30 mai 1967, *Bull. civ.* I, n° 188.
3. Civ. 1re, 1er févr. 2005, n° 01-13.742, *Bull. civ.* I, n° 53; *D.* 2005. 2727, note Hotte; *D.* 2005. 3050, obs. Clay.
4. Civ. 1re, 10 mai 1995, n° 93-14.375, *Bull. civ.* I, n° 192; *D.* 1996. 238, obs. Autem; *RTD civ.* 1995. 614, obs. Hauser.
5. Civ. 1re, 29 juin 1994, n° 92-18.084, *Bull. civ.* I, n° 224.
6. Civ. 1re, 16 févr. 1994, n° 88-14.685, *Bull. civ.* I, n° 67.
7. Civ. 2e, 24 févr. 1993, n° 91-17.230, *Bull. civ.* II, n° 77; *D.* 1993. 185, obs. Julien.
8. V. VINCENT et GUINCHARD, 25e éd., n°s 1518 s.
9. Civ. 1re, 20 févr. 2001, n° 98-21.041, *Bull. civ.* I, n° 37 - Civ. 1re, 26 juin 2001, n° 99-17.586, *Bull. civ.* I, n° 185 [ce dernier arrêt est moins topique dans la mesure où il pourrait aussi bien être interprété comme reprochant à l'arrêt attaqué d'avoir méconnu l'effet dévolutif de l'appel].

tiples interdictions édictées par la loi du 25 janvier 1985 en matière de voie de recours, a le plus largement contribué à assimiler à l'excès de pouvoir, au moins dans ses effets, la violation d'un principe fondamental de procédure en affirmant que « *aucune disposition ne peut interdire de faire constater la nullité d'une décision entachée d'excès de pouvoir* »[1] ou « *rendue en violation d'un principe essentiel de procédure* »[2].

Ainsi a-t-elle pu admettre que l'interdiction d'exercer une voie de recours soit surmontée en cas de violation du **principe du contradictoire**[3], en cas de méconnaissance de l'**obligation de motivation**[4], ou de modification de l'objet du litige[5] ou encore, sous le visa de l'article 6 § 1 de la Convention européenne des droits de l'homme, en cas de violation du droit à un tribunal impartial[6].

L'extension ainsi permise par la chambre commerciale des cas d'excès de pouvoir a cependant connu un coup d'arrêt depuis que, faisant prévaloir l'opinion divergente de la première chambre civile[7], la chambre mixte de la Cour de cassation a décidé que la violation du principe de la contradiction ne constitue pas un excès de pouvoir[8]. Cet arrêt ne remet évidemment pas en cause l'idée que le principe de la contradiction est un principe essentiel de procédure mais signifie que malgré son caractère fondamental, sa méconnaissance ne suffit pas à lever l'obstacle de la prohibition, lorsqu'elle existe, de l'exercice du recours en cassation. Et si excès de pouvoir et violation d'un principe essentiel de procédure ne sont plus assimilés dans leurs effets, il faut conclure que, désormais, seule la méconnaissance d'un principe fondamental de la procédure qui caractérise en elle-même un excès de pouvoir ouvre la voie du pourvoi en cassation lorsqu'elle est normalement prohibée : ce n'est donc pas tant la violation du principe en cause qui importe mais l'excès de pouvoir qu'elle réalise. Il en va notamment ainsi de la transgression du **principe de l'effet dévolutif de l'appel**, que les juges se soient abstenus de statuer alors que la dévolution s'était réalisée (sont ainsi censurés les arrêts de cours d'appel ayant renvoyé aux premiers juges la charge de trancher une question sur laquelle, par l'effet dévolutif de l'appel, elles devaient se prononcer[9]) ou, inversement, qu'ils aient statué alors que la dévolution ne s'était pas opérée (doivent être cassées les décisions ayant statué au fond après avoir déclaré l'appel irrecevable[10]).

En revanche, et dans le prolongement de l'évolution jurisprudentielle opérée par la chambre mixte de la Cour de cassation, la chambre commerciale juge désormais que la méconnaissance des articles 6 § 1 et 13 de la Convention de sauvegarde des droits de l'homme et des libertés fondamentales ne caractérise pas un excès de pouvoir[11].

Ces solutions, relativement récentes et parfois divergentes (une décision affirme notamment qu'aucun excès de pouvoir ne peut résulter de la violation d'une règle de procédure, alors pourtant que le demandeur au pourvoi établissait que l'ordonnance de clôture avait été prise prématurément et sans qu'il en ait été informé[12]), sont la meilleure preuve de l'évolution toujours actuelle de la notion d'excès de pouvoir.

553.441 **2) Violation de la loi.** La violation de la loi peut revêtir plusieurs formes. Il peut en premier lieu être reproché aux juges du fond de n'avoir pas correctement qualifié les faits soumis à leur examen : c'est la violation de la loi par fausse qualification des faits.

Ainsi un salarié peut-il faire grief aux juges du fond d'avoir retenu une faute grave s'il apparaît qu'aucun des faits invoqués par l'employeur à l'appui de son licenciement ne caractérise en réalité un comportement répréhensible[13]. Ainsi encore la décision des juges du fond peut-elle être dénoncée si elle a qualifié d'inexistant un acte atteint, en réalité, d'un vice de forme, ou de vice de forme, l'irrégularité d'un acte qui est en réalité constitutive d'un vice de fond[14].

553.442 **Absence de contrôle de la Cour de cassation.** La Cour de cassation n'exerce toutefois pas son contrôle sur toutes les qualifications juridiques. La raison principale en est que certaines d'entre elles supposent la recherche d'éléments relevant davantage du domaine du fait que du domaine du droit : la Cour de cassation les abandonne alors au **pouvoir souverain d'appréciation des juges du fond** (pour une liste des notions contrôlées ou non par la Cour de cassation dans les principales branches du droit, v. J. et L. Boré[15]). Quoique les solutions ne soient pas toujours figées (ainsi la cause réelle et sérieuse de

1. Com. 30 mars 1993, n° 91-12.287, *Bull. civ.* IV, n° 131.
2. Com. 30 mars 1993, n° 90-21.980, *Bull. civ.* IV, n° 132.
3. Com. 22 oct. 1996, n° 94-19.735, NP [rect. 1er oct. 1997].
4. Com. 30 mars 1993, n° 90-21.980, *Bull. civ.* IV, n° 132.
5. SOL. IMPL. : Com. 31 mars 1998, n° 96-12.728, NP.
6. S'agissant de la RECEVABILITÉ D'UN APPEL IMMÉDIAT : Com. 9 janv. 1996, n° 93-21.356, NP.
7. Civ. 1re, 28 avr. 1998, n° 95-22.241, *Bull. civ.* I, n° 151.
8. Cass., ch. mixte, 28 janv. 2005, n° 02-19.153, *Bull. ch. mixte*, n° 1; *D.* 2006. 545, obs. Julien et Fricero.
9. Civ. 2e, 22 mai 1996, n° 94-13.288, *Bull. civ.* II, n° 99 – Civ. 2e, 7 nov. 1994, n° 92-20.948, *Bull. civ.* II, n° 220 – V. AUSSI, Civ. 1re, 26 juin 2001, n° 99-17.586, *Bull. civ.* I, n° 185.
10. Civ. 3e, 4 oct. 1995, n° 94-10.299, *Bull. civ.* III, n° 214 – Soc. 13 mars 2001, n° 00-40.944, *Bull. civ.* V, n° 92; *D.* 2002. 241, note Puigelier – Civ. 1re, 9 nov. 2004, n° 00-19.318, *Bull. civ.* I, n° 251.
11. Com. 19 juin 2012, n° 11-20.066, *Bull. civ.* IV, n° 130.
12. Civ. 2e, 29 janv. 2004, n° 02-13.439, *Bull. civ.* II, n° 31.
13. Soc. 21 janv. 1992, n° 90-46.104, *Bull. civ.* V, n° 17.
14. Civ. 2e, 9 févr. 1983, n° 81-16.047, *Bull. civ.* II, n° 36.
15. J. et L. Boré, Dalloz action *La cassation en matière civile*, 2009/2010, nos 67.11 s.

licenciement a-t-elle fait l'objet d'un contrôle jusqu'en 1986 seulement[1]), deux grands axes peuvent être dégagés pour déterminer quelles sont les notions qui ne sont pas contrôlées par la Cour de cassation : lorsque l'affirmation de la notion suppose une appréciation très concrète des circonstances de fait propres à l'espèce, d'une part (ainsi du bref délai en matière de garantie des vices cachés[2]), et lorsqu'elle impose l'appréciation d'éléments d'ordre psychologique, d'autre part (ainsi de la qualification d'acte à titre gratuit qui suppose une recherche d'intention[3] – de même que la qualification de fraude[4]).

553.443 Non-application de la règle de droit. Il peut en second lieu être reproché aux juges du fond de ne pas avoir appliqué à la cause la règle de droit qui s'imposait : c'est la violation de la loi par fausse application de la règle retenue ou par refus d'application de la règle adéquate.

Commet ainsi une violation de la loi par fausse application le juge qui fait application d'une règle de droit en ayant pourtant relevé qu'une de ses conditions d'application n'était pas remplie (ainsi de l'arrêt ayant déchargé la caution en application de l'art. 2314 (anc. art. 2037) du Code civil après avoir cependant relevé que l'une des conditions de ce texte – le fait exclusif du créancier – faisait défaut[5]). Statue au prix d'un refus d'application de la règle de droit le juge qui retient que les conditions d'application d'une règle sont remplies tout en s'abstenant de la mettre en œuvre (ainsi d'une décision ayant constaté une infraction aux clauses d'un bail mais ayant néanmoins refusé d'en prononcer la résiliation[6]).

553.444 Incompétence de la juridiction ayant rendu la décision. En matière procédurale encore, viole la loi par fausse application le juge qui se déclare incompétent alors qu'il ne l'était pas. On rappellera à cet égard que le moyen tiré de l'**incompétence** de la juridiction ayant rendu la décision attaquée ne peut être soulevé devant la Cour de cassation que s'il l'avait déjà été devant les juges du fond (C. pr. civ., art. 74). Et l'on verra (sur l'incompétence relevée d'office par la Cour de cassation, cas autonome d'ouverture à cassation, v. ss no 553.563) que, au cas contraire, la Cour de cassation dispose du pouvoir de le relever d'office dans la seule hypothèse où l'affaire relevait de la compétence d'une juridiction répressive ou administrative, ou échappait à la connaissance de la juridiction française (C. pr. civ., art. 92).

1. Soc. 9 oct. 1986, *D.* 1987. 3.
2. Civ. 1re, 5 mai 1993, no 90-18.331, *Bull. civ.* I, no 158; *D.* 1993. 506, note Bénabent; *D.* 1993. 242, obs. Tournafond.
3. Civ. 1re, 24 févr. 1976, no 74-10.990, *Bull. civ.* I, no 80.
4. Soc. 13 juill. 2004, no 03-60.432, *Bull. civ.* V, no 220.
5. Civ. 1re, 3 févr. 1998, no 96-15.628, *Bull. civ.* I, no 42.
6. Civ. 3e, 21 nov. 1969, *Bull. civ.* III, no 750.

553.445 Fausse interprétation de la loi. En troisième et dernier lieu, il y a violation de la loi en cas de fausse interprétation de celle-ci. Elle est caractérisée dans deux cas : lorsque la règle de droit était silencieuse ou ambiguë et que le juge du fond n'en a pas dégagé le sens que la Cour de cassation considère qu'il convenait de lui donner, et lorsque la règle de droit était claire et précise mais que le juge du fond lui a néanmoins attribué un sens contraire.

C'est notamment sur la base d'un tel moyen que la Cour de cassation s'était prononcée sur la question de l'interprétation *a contrario* de l'ancien article 334-9 du Code civil[7].

553.446 Cas particulier de la loi étrangère. La Cour de cassation n'assure pas l'interprétation de la loi étrangère ambiguë[8], ce qui ne signifie pas qu'elle ne sanctionne pas la violation des règles françaises de rattachement[9], même lorsque la règle de conflit désigne la loi étrangère. Le cas échéant, elle abandonne aux juges du fond la charge de lever l'ambiguïté de la loi étrangère, dans l'exercice de leur pouvoir souverain d'interprétation. C'est que la loi étrangère, bien qu'étant évidemment une règle de droit[10], n'y est cependant pas assimilée d'un strict point de vue du contrôle de cassation; pour la raison probable que la Cour de cassation n'a pas pour mission l'unification du droit étranger, à laquelle tend notamment l'interprétation de ses règles ambiguës.

En revanche, lorsque le droit étranger est clair – qu'il le soit intrinsèquement[11] ou qu'il soit éclairé par la jurisprudence étrangère[12] – et que le juge du fond le dénature en lui attribuant un sens contraire à celui qui est donc clairement le sien, la Cour de cassation censure pour dénaturation de la loi étrangère[13].

553.447 La dénaturation. Cette distinction, selon que le texte examiné est clair ou ambigu, est d'ailleurs issue d'une jurisprudence initiée en matière contractuelle[14]. Refusant de contrôler l'interprétation des conventions faite par les juges du fond lorsqu'elles sont rédigées en des termes équivoques[15], la Cour de cassation a dans un premier temps imposé son contrôle, au visa de l'article 1134 du Code civil,

7. Civ. 1re, 9 juin 1976, no 74-12.922, *Bull. civ.* I, no 211; *D.* 1976. 593.
8. Civ. 1re, 18 oct. 1989, no 86-17.282, *Bull. civ.* I, no 322; *JDI* 1990. 415, 2e esp., note Kahn.
9. Civ. 17 janv. 1899, *S.* 1899. 1. 177, note Pillet; *DP* 1899. 1. 529, note Bartin.
10. Civ. 1re, 13 janv. 1993, no 91-14.415, *Bull. civ.* I, no 14.
11. Civ. 1re, 6 déc. 2005, no 02-19.208, *Bull. civ.* I, no 467; *RTD civ.* 2006. 153, obs. Perrot.
12. Civ. 1re, 14 févr. 2006, no 03-11.604, *Bull. civ.* I, no 67.
13. Civ. 1re, 19 mars 1991, no 89-19.967, *Bull. civ.* I, no 93; *Rev. crit. DIP* 1992. 82, note Muir-Watt, Battifol et Lagarde.
14. Civ. 15 avr. 1872, *DP* 1872. 1. 176.
15. Civ. 3e, 7 juin 2000, no 97-14.723, NP.

en cas de méconnaissance des termes clairs et précis d'un contrat[1]. Puis le grief de dénaturation a connu une évolution notable, tant dans ses conditions que dans son champ d'application. Deux conceptions de ce grief ont longtemps opposé la chambre commerciale aux autres formations de la Cour de cassation, celle-là considérant qu'il ne pouvait y avoir dénaturation que lorsque le juge avait inexactement reproduit les **termes** clairs et précis d'un contrat[2], et celles-ci estimant qu'il pouvait également y avoir dénaturation d'un contrat en cas de méconnaissance de sa **portée** par les juges du fond[3]. La chambre commerciale a fini par adopter la position des autres chambres englobant l'approche matérielle et l'approche intellectuelle de la notion[4]. La dénaturation a par ailleurs vu son champ d'application s'élargir lorsqu'il a été possible, par ce biais, de remettre en cause la lecture faite par les juges du fond de **n'importe quel document** (dénaturation d'un rapport d'expertise[5], d'une attestation[6]), et non plus seulement des contrats ou de la loi étrangère.

Ceci étant dit, le grief de dénaturation ne peut être utilement invoqué que s'il vise un **écrit** (la dénaturation des faits ne peut être invoquée devant la Cour de cassation[7], pas plus que la dénaturation d'une convention verbale[8]), dont les termes ou la portée, il faut y insister à nouveau, ont été méconnus alors qu'ils étaient **clairs et précis** (l'ambiguïté d'un écrit rend nécessaire son interprétation qui est exclusive de toute dénaturation[9]).

553.451 **3) Vices de forme.** Sanction du défaut de mentions obligatoires. En dehors des motifs, dont le défaut constitue incontestablement un vice de forme (C. pr. civ., art. 455 et 458) mais que nous avons volontairement exclu de ce paragraphe pour des raisons qui seront exposées ci-après (v. s[s] n° 553.471), un certain nombre de mentions – ainsi que de signatures – doivent figurer dans toute décision de justice à peine de nullité (C. pr. civ., art. 458) : est ainsi impérative la mention du nom des magistrats, qui permet notamment de vérifier que ceux devant lesquels l'affaire a été débattue sont les mêmes que ceux qui en ont délibéré (C. pr. civ., art. 447 et 454), ou encore la signature de la décision par un magistrat ayant participé au délibéré, qui permet de s'assurer que la décision retranscrite est bien celle qui a été prise (C. pr. civ., art. 456).

Si ces mentions font défaut dans la décision attaquée (ainsi du défaut de mention du juge ayant rendu la décision[10]) ou si elles existent mais révèlent la transgression d'une prescription légale (ainsi en cas d'absence d'identité entre les magistrats ayant assisté aux débats et ceux ayant participé au délibéré[11]), la cassation est théoriquement encourue. Ce type de moyen aboutit néanmoins assez rarement en pratique, la Cour de cassation ayant notamment instauré un certain nombre de présomptions de régularité (à défaut d'indication contraire, il y a présomption que la signature apposée sur une décision est celle du magistrat qui a présidé aux débats et au délibéré[12] – lorsque la décision indique le nom des magistrats devant lesquels la cause a été débattue, d'une part, et fait simplement état de la tenue du délibéré, d'autre part, il y a présomption que les magistrats qui ont délibéré sont ceux qui ont assisté aux débats[13]). On notera toutefois quelques décisions plus récentes pouvant laisser supposer que la Cour de cassation envisage de faire preuve d'un peu plus de sévérité à l'égard des décisions dont la rédaction laisse trop à désirer (le défaut de mention du nom des juges est un vice de nullité qui ne peut jamais être réparé[14]; doit être censurée la décision mentionnant que le greffier aurait participé au délibéré[15]).

b) Présentation incomplète des conditions d'application de la règle de droit : défaut de base légale, défaut de motifs

553.461 **1) Notion de défaut de base légale.** Idéalement toute décision de justice doit permettre de s'assurer que le juge a procédé à la vérification des faits allégués par les parties, qu'il a ensuite qualifié ceux qu'il a considéré être prouvés, et qu'il a enfin énoncé puis appliqué la règle de droit ayant vocation à régir la situation litigieuse.

Or, lorsque des insuffisances affectent l'un des stades du raisonnement du juge, on dit que la décision manque de base légale. Parce qu'une précision ou une explication de nature à justifier la position finale du juge fait défaut, parce qu'il manque un maillon dans la chaîne du raisonnement, la décision

1. Com. 12 déc. 1984, n° 83-14.799, *Bull. civ.* IV, n° 346.
2. APPROCHE MATÉRIELLE DE LA DÉNATURATION, Com. 2 mars 1993, n° 91-11.380, NP; n° 91-10.522, NP; *JCP* 1993. II. 22072.
3. APPROCHE INTELLECTUELLE DE LA DÉNATURATION, Civ. 1re, 25 nov. 1992, n° 91-12.986, *Bull. civ.* I, n° 288 – Civ. 2e, 13 mai 1991, n° 89-20.629, *Bull. civ.* II, n° 145.
4. Com. 31 janv. 1995, n° 93-10.535, NP; *JCP* 1995. II. 22385, note Perdriau.
5. Civ. 1re, 7 févr. 1989, n° 87-14.810, *Bull. civ.* I, n° 73.
6. Civ. 1re, 27 nov. 1963, *Bull. civ.* I, n° 521.
7. Civ. 2e, 14 févr. 1968, *Bull. civ.* II, n° 49.
8. Civ. 2e, 3 déc. 1969, *Bull. civ.* II, n° 29.
9. Civ. 1re, 7 févr. 1989, n° 87-11.240, *Bull. civ.* I, n° 63.
10. Soc. 18 mai 1983, n° 82-60.350, *Bull. civ.* V, n° 275; *JCP* 1983. IV. 235.
11. Soc. 18 juin 1986, n° 83-14.026, *Bull. civ.* V, n° 310; *JCP* 1986. IV. 249.
12. Civ. 2e, 5 oct. 1983, n° 82-12.807, *Bull. civ.* II, n° 179.
13. Civ. 1re, 15 déc. 1975, n° 74-13.036, *Bull. civ.* I, n° 365.
14. Civ. 2e, 5 avr. 1993, n° 91-19.151, *Bull. civ.* II, n° 149; *RTD civ.* 1993. 650, obs. Perrot; *JCP* 1993. II. 22109.
15. Civ. 2e, 24 juin 1998, n° 96-20.659, *Bull. civ.* II, n° 210; *D.* 1999. 221, note Bouloc.

est censurée en tant qu'elle ne permet pas à la Cour de cassation de s'assurer de sa légalité.

553.462 **Défaut de base légale au stade de la vérification des faits.** Le défaut de base légale est donc en premier lieu susceptible d'affecter la décision du juge **au stade de la vérification des faits**. Par exemple, le juge se sera contenté de relever l'existence d'un fait douteux, auquel il aura pourtant fait produire des effets juridiques, au lieu de le vérifier et de donner ainsi une base certaine à sa décision. Il faut bien sûr réserver le cas dans lequel la loi fait elle-même produire des effets à une situation douteuse (ainsi l'art. L. 1235-1 du Code du travail impose-t-il aux juges du fond de faire profiter le doute au salarié dans le cas où ni lui ni l'employeur n'a réussi à établir l'absence ou l'existence d'une cause réelle et sérieuse de licenciement) : le cas échéant, les juges du fond qui tirent les conséquences juridiques souhaitées par le législateur en cas de doute ne font rien d'autre que respecter la loi. Dans le même ordre d'idée, le manque de base légale sera caractérisé si le juge tient un fait contesté pour établi, sans autre forme de justification : il n'est alors pas possible de s'assurer que le juge a effectivement procédé à sa vérification.

On perçoit ici que le défaut de base légale est une ouverture à cassation au travers de laquelle la distinction du fait et du droit, qui permet de circonscrire le champ d'intervention de la Cour de cassation, peut être ténue. Certains auteurs sont d'ailleurs favorables à sa suppression[1]. D'autres, la majorité, considèrent au contraire que l'ouverture du manque de base légale est indispensable à la fonction de cassation[2].

553.463 **Défaut de base légale au stade de la qualification juridique des faits.** Le défaut de base légale peut encore affecter une décision **au stade de la qualification juridique des faits** (sur l'étendue du contrôle de la Cour de cassation sur la qualification juridique des faits, v. s^s^ n° 553.442). Par exemple, le juge affirme que tel comportement reçoit généralement telle qualification, au lieu de préciser pourquoi, au cas particulier, cette qualification devait être retenue.

553.464 **Défaut de base légale au stade du raisonnement *in fine*.** Enfin, le manque de base légale peut encore être caractérisé au dernier stade du raisonnement du juge : soit qu'il n'ait pas procédé à l'**énonciation de la règle de droit** sur la base de laquelle il a tranché le litige (le juge ne précise par exemple pas si la responsabilité du vendeur était en l'espèce encourue sur le fondement de la garantie des vices cachés ou sur celui du défaut de conformité), soit qu'il ait omis de **caractériser l'ensemble de ses conditions juridiques d'application** (le juge retient par exemple l'existence d'un préjudice et l'existence d'une faute puis retient la responsabilité de son auteur sans s'assurer que la faute était à l'origine du préjudice).

553.471 **2) Défaut de motifs.** Il a déjà été vu que le défaut de motifs est un vice de forme (v. s^s^ n° 553.451). Lorsqu'il est constitué, la décision qui en est atteinte est d'ailleurs censurée au visa de l'article 455 C. pr. civ., qui fait de la motivation une obligation prescrite aux juges du fond à peine de nullité.

Le défaut de motifs se distingue toutefois fondamentalement des autres vices de forme en ceci qu'il **atteint la partie de la décision normalement consacrée à la résolution du litige**. En cas d'absence de certaines mentions ou de certaines signatures au contraire, le fond du litige n'est nullement concerné. Aussi le défaut de motifs révèle-t-il bien une carence des juges du fond, non plus partielle comme en cas de manque de base légale, mais totale cette fois, dans la présentation des conditions d'application de la règle de droit qui avait vocation à régir la cause.

553.472 **Absence totale de motivation.** Le défaut de motifs est d'abord caractérisé lorsque, comme son nom l'indique, **la décision est dépourvue de toute motivation** sur le point litigieux : le juge est directement passé de la présentation des faits et de l'exposé des parties à l'énonciation du dispositif. Cette situation doit cependant être distinguée de celle dans laquelle il n'y a aucun motif sur tout un chef de demande : il y a alors omission de statuer – vice qui ne constitue pas un cas d'ouverture à cassation – et non pas défaut de motifs[3].

553.473 **Motivation contradictoire.** C'est un défaut de motifs qui peut également être invoqué lorsque les juges ont énoncé une chose et son contraire avant de trancher le litige : les deux **motifs contradictoires** s'annulant nécessairement l'un l'autre, la décision est considérée comme étant dépourvue de tout motif. Il échet de préciser que ce type de défaut de motifs ne peut être invoqué qu'en cas de contradiction entre deux motifs de fait.

553.474 **Motif hypothétique ou dubitatif.** C'est également une censure au visa de l'article 455 C. pr. civ. qui est prononcée lorsque la décision attaquée repose sur un motif hypothétique ou dubitatif, étant observé qu'un tel grief ne peut être invoqué par la partie qui avait la charge de la preuve[4].

553.475 **Défaut de réponse à conclusions.** Il est enfin un dernier type de défaut de motifs : le **défaut de réponse à conclusions**. Outre qu'il est nécessaire que les conclusions délaissées soient celles qu'avait

1. V. NOT., Bel, « Le bicentenaire de la Révolution, retour aux sources pour la Cour de cassation », *D.* 1989. Chron. 105.
2. J. et L. Boré, Dalloz action *La cassation en matière civile*, 2009/2010, n° 78.06.
3. Civ. 2e, 26 oct. 2006, n° 05-12.197, NP – Soc. 9 juill. 2008, n° 07-60.474, NP.
4. Civ. 2e, 4 juill. 2007, n° 05-11.569, *Bull. civ.* II, n° 187.

établies le demandeur au pourvoi en cause d'appel (et non une autre partie), ce grief ne peut aboutir que si les conclusions en cause formulaient un **moyen** qui est demeuré sans réponse. Il faut donc que les juges du fond n'aient pas examiné certains **faits invoqués avec offre de preuve à l'appui** auxquels la partie intéressée attribuait des **effets juridiques**, le tout venant **au soutien de sa demande**. Inversement, aucun défaut de réponse à conclusions ne peut être reproché aux juges du fond lorsque de simples allégations étaient invoquées (l'allégation est le fait dépourvu d'offre de preuve), ou encore lorsqu'aucune déduction juridique n'était tirée des faits avancés (un simple argument est alors formulé et non un véritable moyen[1]) ou, enfin, lorsque les effets juridiques attachés à certains faits prouvés étaient sans rapport avec la demande formulée (les conclusions sont alors qualifiées d'inopérantes et considérées comme ne justifiant pas une réponse[2]). Étant observé qu'est entaché d'un défaut de réponse à conclusions l'arrêt qui ne répond pas aux motifs du jugement de première instance dont la confirmation était demandée[3].

c)
Perte de fondement juridique et contrariété de jugements

553.481 Notion de perte de fondement juridique. Ce moyen ne vise pas à reprocher aux juges du fond une erreur de leur part, la **cause de cassation** invoquée étant **postérieure au prononcé** de la décision attaquée.

Une perte de fondement juridique peut en effet être invoquée :

- lorsqu'une loi nouvelle, applicable aux affaires pendantes devant la Cour de cassation, est venue modifier les règles applicables au litige opposant les parties[4],

- lorsque la décision attaquée est la suite d'un acte finalement annulé (il peut s'agir d'un acte administratif[5] ou d'une décision de justice à la suite de laquelle, mais avant son annulation, la décision attaquée a été rendue[6]).

553.482 Condition de recevabilité du moyen fondé sur la contrariété de jugement. L'article 618 C. pr. civ., dispose que « *la contrariété de jugements peut* [...] *être invoquée lorsque deux décisions, même non rendues en dernier ressort, sont inconciliables et qu'aucune d'elles n'est susceptible d'un recours ordinaire; le pourvoi en cassation est alors recevable, même si l'une des décisions avait déjà été frappée de pourvoi en cassation et que celui-ci avait été rejeté* ». Plus qu'un moyen de cassation, la contrariété de jugements autorise donc l'**accès au pourvoi** dans des hypothèses où cette voie est normalement fermée (de même qu'en cas d'excès de pouvoir, v. s[s] n° 553.421).

Il faut, et **il suffit**, que les **deux décisions** (qui peuvent émaner l'une d'une juridiction civile et l'autre d'une juridiction pénale[7]) soient **inconciliables** entre elles, c'est-à-dire que leur exécution simultanée soit impossible[8]. Cette situation est donc à distinguer de celle dans laquelle une décision méconnaît l'autorité de la chose jugée par une autre sans pour autant que l'exécution simultanée de ces deux décisions soit impossible (la méconnaissance de l'autorité de la chose jugée est alors un moyen classique de violation de la loi qui peut être soulevé dans les conditions de droit commun précédemment évoquées). Inversement, deux décisions peuvent s'avérer inconciliables sans que la réunion des conditions de l'autorité de la chose jugée (identité de parties, de cause et d'objet) soit une condition de recevabilité du pourvoi pour contrariété de jugements.

La condition d'inconciliabilité étant donc suffisante, il n'est en premier lieu pas nécessaire que les deux décisions aient été rendues en dernier ressort – contrairement à la condition classiquement exigée (v. s[s] n° 553.42) –, pourvu qu'aucune d'elles ne soit susceptible d'un recours ordinaire (on peut ainsi imaginer l'hypothèse de deux jugements de première instance n'ayant pas fait l'objet d'appels dans les délais légaux : on voit ici la différence avec les règles de droit commun qui n'ouvrent pas la voie du pourvoi lorsqu'un autre recours existait et n'a pas été utilisé – V. toutefois, pour l'opposition, s[s] n°s 553.42 et 553.97). La circonstance que l'une des deux décisions ait déjà été frappée d'un pourvoi, rejeté par la Cour de cassation, ne constitue en second lieu pas un obstacle à l'exercice d'un pourvoi pour contrariété de jugements (les règles de droit commun sont ici encore écartées : sur l'interdiction de réitérer, v. s[s] n° 553.251). Enfin, le pourvoi peut être formé alors même que sont expirés les délais traditionnellement prévus pour l'introduire.

La condition d'inconciliabilité remplie, le pourvoi doit, à peine d'irrecevabilité, être dirigé contre les deux décisions[9], et la Cour de cassation a alors le choix entre annuler l'une d'entre elles ou les deux. Dans ce dernier cas, l'affaire est renvoyée devant une

1. Civ. 1re, 24 nov. 1998, n° 96-20.920, NP; *D.* 1999. 156.
2. Civ. 1re, 24 nov. 1998, n° 95-21.325, NP; *D.* 1999. 156.
3. Civ. 1re, 30 nov. 2004, n° 01-12.997, *Bull. civ.* I, n° 291.
4. Civ. 2e, 28 févr. 1974, n° 72-14.546, *Bull. civ.* II, n° 82.
5. Civ. 1re, 27 mars 1985, n° 84-10.249, *Bull. civ.* I, n° 110; *Gaz. Pal.* 1985. Pan. 248, obs. Guinchard et Moussa.
6. Civ. 2e, 9 juill. 1997, n° 96-12.137, *Bull. civ.* II, n° 219.
7. Cass., ass. plén., 29 nov. 1996, n° 93-20.799, *Bull. ass. plén.*, n° 8.
8. Civ. 2e, 7 janv. 1998, n° 95-20.489, *Bull. civ.* II, n° 3 – Soc. 3 mai 2007, n° 05-19.344, NP.
9. Civ. 1re, 13 oct. 1998, n° 96-18.881, *Bull. civ.* I, n° 292.

juridiction de renvoi unique chargée de statuer à nouveau sur l'entier litige[1] (sur la juridiction de renvoi, v. s[s] n°s 553.732 s.).

B. Mémoire en défense

1° Formalités à respecter

a) Dispositions propres à la procédure avec représentation obligatoire

553.490 **Renvoi.** V. s[s] n° 553.32 et le décret n° 2004-836 du 20 août 2004 étendant la représentation obligatoire à compter du 1er janvier 2005 à des matières jusqu'alors dispensées.

553.491 **Délai et modalités du dépôt du mémoire en défense.** Le mémoire en défense, qui doit être établi et signé par un **avocat au Conseil d'État et à la Cour de cassation**, doit être remis au greffe de la Cour de cassation et notifié à l'avocat du demandeur dans un **délai de deux mois** à compter de la date à laquelle le mémoire ampliatif a été signifié (C. pr. civ., art. 982, al. 1er).

Passé ce délai, outre que le mémoire en défense serait déclaré d'office irrecevable (C. pr. civ., art. 982, al. 2), la demande fondée sur l'article 700 C. pr. civ. qui y serait formulée serait elle-même irrecevable[2]. Des « *observations complémentaires en défense* » contestant la recevabilité du pourvoi sont irrecevables dès lors qu'elles ont été déposées tardivement[3].

b) Dispositions propres à la procédure sans représentation obligatoire

553.500 **Renvoi.** V. s[s] n° 553.32 et le décret n° 2004-836 du 20 août 2004 étendant la représentation obligatoire à compter du 1er janvier 2005 à des matières jusqu'alors dispensées.

553.501 **Délai et modalités du dépôt du mémoire en défense.** C'est également un délai de deux mois dont dispose le **défendeur ou son mandataire** pour remettre contre récépissé son mémoire au greffe de la Cour de cassation ou pour le lui **adresser par lettre recommandée.** Ce délai court **à compter de la notification du mémoire ampliatif** ou, à défaut, **à compter de l'expiration du délai imparti au demandeur** pour produire ce mémoire (C. pr. civ., art. 991). Aucune sanction particulière n'est prévue en cas de non-respect de ce délai.

Le mémoire devra être revêtu de la **signature** du défendeur ou de son mandataire, accompagné le cas échéant d'un **pouvoir habilitant le mandataire.** Il est à noter que le pouvoir de représenter un salarié à l'instance en cassation habilite le mandataire à former un pourvoi incident[4]. Mais le mémoire en défense pourrait aussi bien être établi et signé par un avocat au Conseil d'État et à la Cour de cassation, sans qu'un pouvoir ait alors à être produit.

Enfin, et en plus de l'original, le défendeur devra produire autant de **copies** – certifiées conformes par le signataire du mémoire (C. pr. civ., art. 994) – de son mémoire qu'il y a de demandeurs, et ce afin que le greffe puisse ensuite, par lettre simple, les leur notifier (C. pr. civ., art. 994). Si le demandeur a constitué un avocat au Conseil d'État et à la Cour de cassation, la notification est faite à cet avocat (C. pr. civ., art. 993).

c) Dispositions communes

553.511 **Mémoire en réponse.** On notera que lorsqu'un **pourvoi incident** a été formé, le mémoire en défense – dénommé « *mémoire en réponse* » par l'article 1010 C. pr. civ. – doit être notifié dans le délai d'**un mois** à compter de la notification du pourvoi incident.

Mais, dans tous les cas, le délai pour remettre le mémoire en défense – ou en réponse – est soumis aux dispositions de l'article 1023 C. pr. civ., lequel prévoit un **délai de distance** de **un mois** lorsque le défendeur demeure dans un département ou un territoire d'outre-mer ou dans la collectivité territoriale de Mayotte, et de **deux mois** s'il demeure à l'étranger.

2° Contenu : les moyens de défense

a) Contre le pourvoi

553.521 **L'irrecevabilité ou la déchéance.** Le défendeur au pourvoi en cassation dispose en premier lieu de la faculté de soulever toutes les causes d'**irrecevabilité** ou de **déchéance** du pourvoi lui-même.

b) Contre les moyens de cassation

553.531 **La contrariété.** Le demandeur au pourvoi n'est en second lieu jamais autorisé à faire valoir un moyen venant contredire la thèse qu'il avait soutenue

1. Com. 23 avr. 2003, n° 01-03.658, NP.
2. Civ. 1re, 12 nov. 1987, n° 85-17.187, *Bull. civ.* I, n° 288 – Civ. 2e, 28 mai 1986, n° 84-16.686, *Bull. civ.* II, n° 84.
3. Civ. 3e, 31 mars 2005, n° 03-16.524, *Bull. civ.* III, n° 79 [arrêt rendu avant l'entrée en vigueur du décret n° 2008-484 du 22 mai 2008 qui a ramené de trois à deux mois le délai de dépôt du mémoire en défense].
4. Soc. 18 janv. 2000, n° 97-42.429, *Bull. civ.* V, n° 28.

devant les juges du fond[1], ou se révélant incompatible avec elle[2], son moyen de cassation serait-il de pur droit et d'ordre public[3] (sur les notions de moyen de pur droit et de moyen d'ordre public, v. s[s] n°s 553.535 et 553.536).

553.532 La nouveauté. Parce que la Cour de cassation n'est pas un troisième degré de juridiction, le demandeur au pourvoi n'est pas davantage autorisé, par principe en tout cas, à faire valoir des moyens nouveaux devant elle (C. pr. civ., art. 619, al. 1er). Soumettrait-il à la Cour de cassation un moyen dont il ne s'était pas prévalu devant les juges du fond que le défendeur au pourvoi pourrait lui opposer la nouveauté, cause d'irrecevabilité du grief en cause. Notamment, lorsqu'une partie s'est bornée à s'en rapporter à justice, elle ne peut, par principe en tout cas, faire valoir aucun moyen de cassation[4]. Il n'est pas davantage possible de critiquer une cour d'appel prononçant une condamnation pour procédure abusive si aucune critique n'avait été formulée devant elle à l'encontre du jugement qui avait déjà prononcé une condamnation à ce titre[5]. Est irrecevable le moyen tiré de la violation de l'article 6 § 1 de la Convention européenne de sauvegarde des droits de l'homme[6]. De même que le moyen tiré du point de départ du délai de prescription[7].

553.533 Cas où des moyens nouveaux sont acceptés. Le moyen de défense pris de la nouveauté du moyen de cassation n'est cependant pas toujours péremptoire. Exceptionnellement en effet, le demandeur au pourvoi est autorisé à présenter des moyens nouveaux : lorsqu'il s'agit de moyens « *nés de la décision attaquée* » ou de moyens « *de pur droit* » (C. pr. civ., art. 619, al. 2).

553.534 Le moyen « né de la décision attaquée ». Il vise une mention (ainsi de la signature de la décision attaquée par un greffier n'ayant pas qualité[8]) ou un motif (ex. : décision fondée sur des pièces non communiquées) dont les parties ne pouvaient raisonnablement prévoir qu'il ressortirait de la décision attaquée. Ainsi du moyen qui critique une décision dans l'application faite par les juges du fond d'une règle de droit qu'ils ont relevée d'office[9]. C'est la seule lecture de la décision en cause qui révèle l'éventuelle erreur du juge, et le défendeur au pourvoi ne peut alors pas reprocher au demandeur, par le biais de la nouveauté, de ne pas avoir critiqué cette erreur par avance.

553.535 Le moyen de pur droit. L'impossibilité pour le défendeur au pourvoi de soulever l'irrecevabilité du **moyen** nouveau **de pur droit** formulé par son adversaire mérite de plus amples développements. Tout moyen de cassation étant par nature mélangé de fait et de droit, comme étant l'expression d'un raisonnement au terme duquel un effet juridique est attribué à un fait en vertu d'une règle de droit, la notion de moyen nouveau « *de pur droit* », dont l'irrecevabilité ne peut être utilement invoquée par le défendeur au pourvoi, vise l'hypothèse dans laquelle le demandeur fait valoir une **règle de droit nouvelle**, c'est-à-dire une règle dont il ne s'était pas prévalu dans le cadre de l'instance au fond, mais pour l'application de laquelle la Cour de cassation n'a à tenir compte d'**aucune considération de fait autre que celles résultant de la décision attaquée**[10]. Parce qu'elle est alors mise à même de trancher la question de droit posée par le demandeur au pourvoi à la lumière des seules constatations de fait contenues dans la décision attaquée, la Cour de cassation déclare le moyen recevable. Les solutions ne sont pas toujours évidentes.

Ainsi, après avoir relevé qu'il résultait de la décision attaquée que la mention manuscrite de la renonciation par l'acquéreur d'un immeuble au bénéfice des dispositions de la loi du 13 juillet 1979 figurait dans un document distinct de la promesse de vente, la Cour de cassation reçoit le moyen « *de pur droit* » présenté pour la première fois devant elle et pris de ce que la mention manuscrite de la renonciation doit figurer dans la promesse elle-même[11]. Au contraire, n'est pas de pur droit le moyen tiré de l'insuffisance de la mention manuscrite apposée sur des actes de cautionnement, et ce même si la mention est reproduite dans l'arrêt frappé de pourvoi[12].

En 1993, la Cour de cassation acceptait d'examiner le moyen présenté pour la première fois devant elle et tiré de ce qu'une clause d'exclusion de garantie n'est pas formelle et limitée au sens de l'article L. 113-1 du Code des assurances, s'agissant d'un moyen de pur droit[13]; en 1998, la même chambre juge que n'est pas de pur droit le moyen pris de ce qu'une clause d'exclusion de garantie, serait-elle reproduite dans la décision des juges du fond, n'est

1. Civ. 2e, 20 oct. 2005, n° 03-13.932, *Bull. civ.* II, n° 257 – Soc. 20 sept. 2006, n° 05-11.730, *Bull. civ.* V, n° 282.
2. Soc. 28 nov. 2007, n° 06-40.489, *Bull. civ.* V, n° 197.
3. Com. 21 janv. 1992, n° 90-11.562, *Bull. civ.* IV, n° 21 – Com. 26 juin 1990, n° 88-13.283, *Bull. civ.* IV, n° 187.
4. A. Perdriau, « Conséquences d'un rapport à justice au regard du juge de cassation », *JCP* 2001. Actu. 349.
5. Civ. 3e, 31 mars 2005, n° 03-20.012, *Bull. civ.* III, n° 80.
6. Civ. 3e, 20 juin 2007, n°s 06-13.749 et 06-13.140, *Bull. civ.* III, n° 109.
7. Civ. 1re, 9 janv. 2008, n° 06-16.783, *Bull. civ.* I, n° 6.
8. Civ. 2e, 7 janv. 1999, n° 96-16.944, *Bull. civ.* II, n° 2.
9. Com. 27 nov. 1991, n° 89-20.356, *Bull. civ.* IV, n° 357.
10. Soc. 16 févr. 2005, n° 03-40.721, *Bull. civ.* V, n° 56; *D.* 2005. 2499, obs. Lardy-Pélissier et Pélissier – Civ. 1re, 16 févr. 1994, n° 91-17.270, *Bull. civ.* I, n° 68 – Com. 13 janv. 1998, n° 96-14.841, *Bull. civ.* IV, n° 13.
11. Civ. 1re, 16 févr. 1994, n° 91-17.270, *Bull. civ.* I, n° 68.
12. Civ. 1re, 15 déc. 1999, n° 97-17.729, *Bull. civ.* I, n° 350.
13. Civ. 1re, 6 janv. 1993, n° 90-11.823, *Bull. civ.* I, n° 2.

pas formelle et limitée[1]; en dernier lieu, la première chambre civile a cassé sans renvoi une décision des juges du fond ayant à tort retenu qu'une clause d'exclusion de garantie était formelle et limitée[2] (sur les conditions de la cassation sans renvoi, supposant notamment que les faits constatés et appréciés par les juges du fond permettent d'appliquer la règle de droit appropriée, v. s[s] n° 553.713).

553.536 Invocation d'une règle d'ordre public. On observera en outre que, lorsque la règle de droit invoquée par le demandeur au pourvoi est **une règle d'ordre public**, le moyen qui la met en œuvre pour la première fois devant la Cour de cassation est jugé recevable s'il est établi que les faits permettant de l'appliquer **avaient été soumis aux juges du fond**. Cette solution, déjà ancienne[3], est régulièrement réaffirmée (un arrêt décide notamment *a contrario* que, lorsque n'ont pas été invoqués devant les juges du fond les faits venant à l'appui du moyen nouveau mettant en œuvre une règle d'ordre public, le moyen n'est pas recevable[4]).

L'ordre public, méconnu par les juges du fond n'ayant pas soulevé d'office la règle qui s'imposait à eux, justifie que l'obstacle de la nouveauté du moyen soit surmonté, en retenant au besoin un éventail de faits élargi à ceux soumis aux juges du fond, et non plus limité à ceux résultant de la décision attaquée.

Est à cet égard éclairante la jurisprudence qui déclare tantôt recevable, tantôt irrecevable, le moyen reprochant à la décision attaquée d'avoir méconnu l'**autorité de la chose jugée** par une précédente décision : soit cette précédente décision est en effet intervenue au cours de la **même instance** que celle ayant abouti à la décision attaquée et la fin de non-recevoir, alors considérée comme **d'ordre public**, est jugée recevable pour la première fois devant la Cour de cassation[5] (un arrêt retient que la précédente décision est intervenue dans le cadre, non de la même instance, mais de la même action[6]), soit la décision attaquée n'a pas statué sur les suites d'une précédente décision dans le cadre de la même instance et l'autorité de la chose jugée attachée à celle-ci, alors seulement considérée comme **d'intérêt privé**, ne peut être invoquée pour la première fois devant la Cour de cassation[7]. (Pour d'autres hypothèses de fins de non-recevoir d'intérêt privé ne pouvant être présentées pour la première fois devant la Cour de cassation[8]).

1. Civ. 1re, 23 juin 1998, n° 96-14.011, *Bull. civ.* I, n° 219.
2. Civ. 1re, 4 mai 1999, n° 97-16.924, *Bull. civ.* I, n° 140.
3. Req. 12 déc. 1871, *DP* 1872. 1. 316.
4. Soc. 30 avr. 1997, n° 95-17.571, *Bull. civ.* V, n° 159.
5. Civ. 1re, 16 déc. 1986, n° 84-17.076, *Bull. civ.* I, n° 300.
6. Soc. 19 mars 1998, n° 95-45.205, *Bull. civ.* V, n° 158.
7. Com. 20 juin 1995, n° 93-13.523, *Bull. civ.* IV, n° 184; *D.* 1996. 426, note Bazin.
8. Civ. 1re, 5 déc. 1995, n° 94-11.135, *Bull. civ.* I, n° 451 – Civ. 2e, 24 févr. 1993, n° 91-15.532, *Bull. civ.* II, n° 71 – Soc. 2 mai 2001, n° 98-44.716, *Bull. civ.* V, n° 141.

553.537 L'inopérance. Le défendeur au pourvoi peut encore opposer au demandeur l'inopérance de son moyen de cassation. Cette situation est caractérisée lorsque le moyen de cassation soulevé, pour fondé qu'il soit, n'est pas susceptible d'emporter la cassation de l'arrêt. Ainsi lorsqu'une disposition de la décision attaquée est justifiée par plusieurs motifs, et que l'un d'entre eux seulement, serait-il effectivement erroné en droit, est critiqué par le demandeur au pourvoi. Parce que d'autres motifs suffisent alors à fonder la disposition en cause, parce que le seul motif critiqué par le demandeur au pourvoi est finalement surabondant, le moyen de cassation est jugé inopérant[9]. Il en va également ainsi lorsque le moyen soulevé par le demandeur au pourvoi, alors même qu'intrinsèquement fondé, n'est pas susceptible d'exercer une quelconque incidence sur l'issue du litige (ainsi est écarté le moyen invoquant la violation, par les juges du fond, d'un texte n'étant plus en vigueur à la date des faits litigieux[10]).

553.538 Le mal-fondé. Le caractère mal fondé du moyen de cassation peut être soutenu par le défendeur au pourvoi dans deux hypothèses.

En premier lieu lorsque le moyen en cause repose sur une affirmation ou un silence attribué à tort aux juges du fond. Par exemple, lorsque le demandeur soutient que les juges du fond auraient dû qualifier de faute grave le vol retenu à l'encontre d'un salarié, alors que les juges du fond n'ont en réalité constaté aucun vol mais se sont contentés d'évoquer une disparition inexpliquée de l'objet prétendument dérobé : un tel moyen repose sur l'idée fausse que les juges du fond auraient constaté un vol imputable au salarié. Il en va ainsi encore lorsque le demandeur au pourvoi reproche aux juges du fond d'avoir seulement évalué et non caractérisé le préjudice litigieux : le moyen repose sur une idée erronée dès lors que l'existence d'un préjudice résulte de sa seule évaluation. Dans ces cas, on dit que le moyen manque par le fait même qui lui sert de base.

Le défendeur au pourvoi peut encore soutenir que le moyen de cassation est mal fondé en ce qu'il « *manque en droit* » : lorsque le moyen de cassation adresse aux juges du fond une critique qui est erronée en droit. Ainsi du moyen qui reprocherait aux juges du fond d'avoir retenu une faute grave à l'encontre d'un salarié sans avoir préalablement caractérisé une intention de nuire de sa part : le moyen manque en droit en ce qu'il sous-entend que la faute grave ne peut être retenue sans intention de nuire, ce qui est juridiquement faux.

553.539 Le pouvoir souverain des juges du fond. Enfin, le défendeur au pourvoi dispose d'un moyen de défense imparable lorsque le moyen de cassation

9. Civ. 2e, 6 janv. 1982, n° 80-16.120, *Bull. civ.* II, n° 3.
10. Civ. 1re, 18 oct. 2005, n° 03-12.973, *Bull. civ.* I, n° 370.

proposé par le demandeur implique, pour l'examen de son bien-fondé, que la Cour de cassation procède à une appréciation relevant du pouvoir souverain des juges du fond : soit que le demandeur remette en cause une constatation de fait opérée par les juges du fond (le domaine du pur fait étant l'apanage des juges du fond[1]), soit qu'il conteste l'interprétation d'un acte que la Cour de cassation se refuse par principe à contrôler (ainsi de la loi étrangère et des contrats, v. s[s] n° 553.446), soit, enfin, qu'il critique une qualification non contrôlée par la Cour de cassation (v. s[s] n° 553.442). Relèvent du pouvoir souverain des juges du fond : l'appréciation de l'intérêt à agir[2], l'évaluation du mondant d'une indemnité (même arrêt), la recherche de l'existence de concessions réciproques dans le cadre d'une transaction[3], l'appréciation de l'intention commune des parties de rendre leurs accords indivisibles ou non[4], ou de l'intention frauduleuse[5], de la preuve de la possession d'état[6], ou de l'existence de motifs graves s'opposant à l'exercice conjoint de l'autorité parentale[7].

C. Question prioritaire de constitutionnalité

553.541 Définition. Depuis la loi organique n° 2009-1523 du 10 décembre 2009[8], relative à l'application de l'article 61-1 de la Constitution, le demandeur au pourvoi en cassation peut poser, dans un écrit distinct de son mémoire ampliatif, une question prioritaire de constitutionnalité, comme le peut symétriquement le défendeur au pourvoi dans un écrit distinct de son mémoire en défense. Il s'agit en substance, pour le premier, d'invoquer l'inconstitutionnalité de la loi sur la base de laquelle le droit qu'il revendiquait lui a été refusé par la décision attaquée et, pour le second, de soulever l'inconstitutionnalité du texte législatif sur la base duquel le demandeur fonde son moyen de cassation (sur l'ensemble de la question, v. s[s] n°s 553.881 s.)

D. Intervention

553.551 Interdiction de l'intervention forcée et limitation de l'intervention volontaire. « Seule est admise devant la Cour de cassation l'**intervention volontaire formée à titre accessoire** » (C. pr. civ., art. 327, al. 2).

C'est dire, *a contrario* et en premier lieu, que l'**intervention volontaire à titre principal** n'est pas admise devant la Cour de cassation.

C'est dire, en second lieu, que l'**intervention forcée** est identiquement prohibée. On renverra toutefois sur ce point aux développements consacrés à l'application des articles 609 et 611 C. pr. civ. (v. s[s] n°s 553.183 et 553.182), et dont il résulte que, pour la chambre sociale de la Cour de cassation au moins[9], un tiers à l'instance au fond, pourvu qu'une disposition de la décision lui profite, pourrait être mis en cause devant la Cour de cassation par la partie au détriment de laquelle ladite disposition a été prise.

553.552 Intervention volontaire recevable. Sous cette réserve, seule est donc recevable l'intervention volontaire à titre accessoire, c'est-à-dire celle qui émane d'un tiers à l'instance au fond[10], soucieux de s'associer aux moyens d'une partie à l'instance en cassation qu'il entend soutenir (sans pouvoir, en conséquence, invoquer des moyens distincts[11]), et justifiant d'un intérêt direct à le faire pour la conservation de ses droits[12].

Est en conséquence irrecevable l'intervention formée au soutien d'un pourvoi par une partie qui a été déclarée irrecevable en son pourvoi principal, cette intervention constituant un moyen détourné pour cette partie d'être relevée de l'irrecevabilité par elle encourue[13], de même que l'intervention d'une partie qui aurait omis de former un pourvoi dans les délais[14].

L'intervention volontaire à titre accessoire est fréquemment utilisée par les groupements (associations, syndicats, *etc.*) dont l'intérêt collectif gagnerait à ce que la thèse principale aboutisse[15].

E. Moyens relevés d'office

553.561 Position du problème. Si les moyens – de cassation et de défense confondus – sont par principe à la charge des parties à l'instance en cassation, la Cour de cassation est dans certains cas autorisée à soulever d'office un moyen susceptible d'entraîner la cassation de la décision ou, au contraire, le rejet, la

1. Civ. 2e, 7 juin 2007, n° 07-10.601, *Bull. civ.* II, n° 146.
2. Cass., ch. mixte, 9 nov. 2007, n° 06-19.508, *Bull. ch. mixte*, n° 10.
3. Civ. 3e, 28 nov. 2007, n° 06-19.272, *Bull. civ.* III, n° 214.
4. Com. 18 déc. 2007, n° 06-15.116, *Bull. civ.* IV, n° 268.
5. Civ. 1re, 9 janv. 2007, n° 05-10.098, *Bull. civ.* I, n° 10.
6. Civ. 1re, 9 janv. 2007, n° 06-11.507, *Bull. civ.* I, n° 8.
7. Civ. 1re, 20 févr. 2007, n° 06-14.643, *Bull. civ.* II, n° 63; *RTD civ.* 2007. 318, obs. Hauser.
8. L. org. n° 2009-1523, 10 déc. 2009, relative à l'application de l'article 61-1 de la Constitution, *JO* 11 déc., p. 21379.
9. Soc. 5 mars 1987, n° 83-45.870, *Bull. civ.* V, n° 121.
10. Civ. 3e, 26 mai 1988, n° 85-17.734, *Bull. civ.* III, n° 97.
11. Civ. 2e, 28 juin 1995, n° 94-50.002, *Bull. civ.* II, n° 221; *D.* 1996. 102, obs. Julien-Laferrière; *RTD civ.* 1996. 235, obs. Normand.
12. Civ. 1re, 25 mai 1992, n° 89-10.096, *Bull. civ.* I, n° 153.
13. Soc. 25 mars 1982, n° 81-60.795, *Bull. civ.* V, n° 223.
14. Com. 31 janv. 1977, n° 75-14.828, *Bull. civ.* IV, n° 30.
15. Civ. 1re, 27 janv. 1982, n° 80-15.947, *Bull. civ.* I, n° 53.

déchéance ou l'irrecevabilité du pourvoi : soit que les parties n'aient pas soulevé le moyen[1], soit qu'elles ne soient pas habilitées à le faire pour la première fois devant la Cour de cassation (ainsi le moyen tiré de l'incompétence de la juridiction ayant rendu la décision attaquée[2]).

553.562 **Les moyens de pur droit.** Précisément, l'article 620 C. pr. civ. dispose que « *la Cour de cassation peut **rejeter le pourvoi en substituant un motif de pur droit** à un motif erroné* [...] *Elle peut, sauf disposition contraire, **casser la décision attaquée en relevant d'office un moyen de pur droit*** ».

On ne reviendra pas ici sur le « *moyen de pur droit* » dont la définition - qui varie quelque peu selon que la règle de droit visée est ou non d'ordre public - a déjà été donnée et illustrée (v. s^s n°s 553.535 et 553.536). On rappellera simplement que le moyen de pur droit - qui peut donc être soulevé d'office par la Cour de cassation - est celui qui vise une règle de droit dont la mise en œuvre ne nécessite la prise en considération d'aucun fait qui ne résulte de la décision attaquée, et que, lorsque la règle en cause est d'ordre public, il suffit que les faits nécessaires à son application aient été soumis aux juges du fond.

On voit que la définition est suffisamment restrictive pour qu'il ne puisse pas être considéré que, en soulevant d'office un moyen de pur droit, la Cour de cassation se comporte en troisième degré de juridiction.

Le cas échéant, le moyen de pur droit peut donc aussi bien concerner une règle de droit judiciaire (ainsi la règle interdisant de statuer en matière gracieuse en cas d'existence d'un litige[3]), qu'une règle de droit substantiel (ainsi une règle en matière de remploi[4]).

553.563 **Limitation.** On notera enfin que la possibilité pour la Cour de cassation de relever d'office un moyen de pur droit ne vaut que « *sauf disposition contraire* » (C. pr. civ., art. 620). À titre d'exemple, la Cour de cassation ne peut soulever d'office la violation d'une règle de compétence d'attribution, serait-elle d'ordre public, que si l'affaire relève de la compétence d'une juridiction répressive ou administrative, ou échappe à la connaissance de la juridiction française (C. pr. civ., art. 92, al. 2).

553.564 **Procédure contradictoire.** Le cas échéant, l'article 1015 C. pr. civ. dispose que « *le président de la formation doit aviser les parties des moyens susceptibles d'être relevés d'office et les **inviter à présenter leurs observations** dans le délai qu'il fixe* ». Cette disposition n'est qu'une application particulière de la règle générale exposée à l'article 16 C. pr. civ. qui impose notamment au juge d'observer lui-même le principe du contradictoire. Et il résulte de la lecture des arrêts publiés au *Bulletin de la Cour de cassation* que la procédure de l'article 1015 précité est mise en œuvre par la Cour régulatrice qu'il s'agisse de relever un moyen d'office sur la base duquel la décision attaquée pourrait être censurée[5] ou qu'il s'agisse de relever un moyen susceptible de venir se substituer aux motifs erronés de la décision attaquée[6].

F. Audience

1° Formation devant laquelle se tient l'audience

a) En fonction de la matière

553.571 **Distribution de l'affaire à une chambre.** Dès l'introduction du pourvoi, l'affaire est distribuée à l'une des cinq chambres civiles de la Cour de cassation. Le choix se fait en fonction de la matière traitée, chacune de ces cinq **chambres** étant en effet **spécialisée** dans un domaine déterminé (pour une liste exhaustive des spécialités de chaque chambre, v. J. et L. Boré[7]).

La **première chambre civile** connaît principalement du droit des personnes et de la famille (à l'exception du divorce), du droit des successions, du droit des contrats et des obligations, du droit des consommateurs et du droit de la presse.

Sont notamment distribués à la **deuxième chambre civile** de la Cour de cassation : les pourvois en matière de procédure civile et voies d'exécution, d'assurances terrestres (sauf construction), de divorce, de responsabilité délictuelle, d'élections professionnelles (extérieures à l'entreprise) et de droit de la sécurité sociale.

La **troisième chambre civile** est quant à elle principalement spécialisée en matière immobilière (baux, propriété, construction, sûretés...).

La **chambre commerciale et financière** connaît principalement du droit commercial (sociétés, procédures collectives, effets de commerce, contrats commerciaux, droit de la concurrence), du droit des transports, du droit fiscal et du droit bancaire.

Enfin, **la chambre sociale** se voit notamment attribuer les pourvois concernant le droit du travail.

1. Civ. 1re, 5 janv. 1999, n° 96-11.512, *Bull. civ.* I, n° 3; *RTD civ.* 1999. 456, obs. Vareille.
2. Civ. 1re, 16 déc. 1997, n° 95-21.951, *Bull. civ.* I, n° 372.
3. Civ. 1re, 5 janv. 1999, n° 96-13.882, *Bull. civ.* I, n° 9.
4. Civ. 1re, 5 janv. 1999, n° 96-11.512, *Bull. civ.* I, n° 3; *RTD civ.* 1999. 456, obs. Vareille.
5. Civ. 1re, 5 janv. 1999, n° 96-13.882, *Bull. civ.* I, n° 9.
6. REJETANT LE POURVOI PAR SUBSTITUTION DE MOTIFS : Civ. 2e, 14 janv. 1999, n° 97-10.454, *Bull. civ.* II, n° 8.
7. J. et L. Boré, Dalloz action *La cassation en matière civile*, 2009/2010, n°s 21.11 s.

b)

En fonction de la difficulté de l'affaire

553.581 Distribution de l'affaire à une formation de trois conseillers. Après le dépôt des mémoires, les affaires sont examinées par une formation de trois magistrats appartenant à la chambre à laquelle elles ont été distribuées.

Les chambres civiles de la Cour de cassation étant composées de douze à quinze magistrats selon les cas, c'est donc une formation restreinte – quoique cette dénomination n'apparaisse plus dans les textes depuis la loi n° 97-395 du 23 avril 1997[1] concernant la Cour de cassation – qui est saisie par principe pour connaître des pourvois.

Toutefois, cette formation ne statue que **lorsque la solution du pourvoi s'impose** (COJ, art. L. 431-1, al. 1er et 2).

553.582 Distribution de l'affaire à une formation de 5 conseillers. Dans le cas où le jugement du pourvoi présente une **relative difficulté**, il est prévu qu'une formation composée d'un nombre plus élevé de magistrats connaîtra du pourvoi. Le cas échéant, et soit que la formation de trois magistrats se dessaisisse, soit que le premier président de la Cour de cassation ou le président de la chambre concernée décide – d'office, à la demande du procureur général ou de l'une des parties, et par une décision non motivée – que la formation de trois magistrats ne doit pas connaître de l'affaire, celle-ci sera examinée « *à l'audience de la chambre* » (COJ, art. L. 431-1), à laquelle « ***au moins cinq de ses membres** ayant voix délibérative doivent être présents* » (COJ, art. R. 431-5).

553.583 Saisine d'une formation plénière. Il est enfin prévu, pour tenir compte d'une **difficulté plus grande** encore à résoudre la question posée par le pourvoi, que trois de ces magistrats peuvent demander le renvoi de l'affaire devant la **chambre réunie en formation plénière** cette fois, c'est-à-dire composée de la totalité des magistrats composant la chambre à laquelle l'affaire a été distribuée.

Dans tous les cas précités, on voit qu'une seule chambre est concernée.

553.584 Saisine de la chambre mixte. Il peut toutefois advenir que la solution du pourvoi justifie l'intervention de magistrats issus de chambres distinctes.

La **chambre mixte**, composée de représentants de trois chambres au moins, peut en premier lieu être appelée à siéger. Elle est obligatoirement saisie :

– en cas de partage égal de voix devant la chambre normalement compétente;

– ou encore à la demande du procureur général.

Sa saisine n'est en revanche que facultative :

– d'abord lorsqu'une affaire portée devant une chambre pose une question relevant des attributions de plusieurs. On notera que cette cause de saisine facultative de la chambre mixte risque de ne plus devenir que théorique en l'état d'une pratique, consacrée par l'article 1015-1 du décret n° 99-131 du 26 février 1999, admettant qu'une chambre puisse demander l'avis d'une autre sur un point de droit de la compétence de celle-ci – le cas échéant, le nouvel article 1015-1 précité prévoit que les parties sont informées de cette demande d'avis et autorisées à présenter leurs observations devant la chambre sollicitée pour le donner;

– ensuite, lorsque la solution du pourvoi risque de provoquer des solutions divergentes (COJ, art. L. 431-5).

553.585 Saisine de l'assemblée plénière de la Cour de cassation. En second lieu, l'**assemblée plénière** de la Cour de cassation, sa formation la plus solennelle, est obligatoirement saisie dans un cas, et facultativement dans un autre.

Sa **saisine est obligatoire** lorsque, après une cassation intervenue sur un premier pourvoi, un second pourvoi, dirigé contre la décision de la juridiction de renvoi, formule les mêmes moyens que ceux soulevés à l'occasion du premier recours (COJ, art. L. 431-6 – V. ss n° 553.825).

Sa saisine est en revanche **facultative** lorsque, sur une question de droit donnée, il apparaît soit que des juridictions du fond adoptent des solutions divergentes entre elles, soit que, « *faisant bloc* » cette fois, elles résistent à la doctrine de la Cour de cassation en retenant une solution différente de celle qu'elle-même préconise (COJ, art. L. 431-6).

2°

Tenue de l'audience

a)

Rapport du conseiller désigné à cet effet

553.591 Composition et communication du rapport. L'un des membres de la formation appelée à statuer sur le pourvoi est toujours désigné pour établir un rapport qu'il déposera avant l'audience.

Ce **rapport** est composé de deux volets. Dans un **premier volet**, qui est **lu en début d'audience** (C. pr. civ., art. 1017), **les faits, la procédure et les moyens de cassation** sont exposés. Dans un **second volet**, qui vise à faciliter la décision de la chambre lors du délibéré et qui n'est donc **pas divulgué aux parties**, le rapport présente une analyse juridique de l'affaire, donne un avis sur le mérite du pourvoi et propose un ou plusieurs projets d'arrêts.

On notera que le second volet de ce rapport est traditionnellement communiqué au ministère public bien avant l'audience – au cours de laquelle ce dernier présente lui-même des observations ainsi qu'il

1. L. n° 97-395, 23 avr. 1997, relative à l'examen des pourvois devant la Cour de cassation, *JO* 25 avr., p. 6268.

va être vu –, et que cette communication est jugée comme ne s'accordant pas avec les exigences d'un procès équitable par la Cour européenne des droits de l'homme dès lors que les parties au pourvoi n'en bénéficient pas à l'identique[1].

b)
Conclusions du ministère public

553.601 **Information des parties.** Après lecture du rapport, le ministère Public, qui doit être entendu dans toutes les affaires quelles que soient leur nature ou leur importance, fait état de ses conclusions.

La Cour européenne des droits de l'homme a jugé que le respect du contradictoire commandait que les parties aient accès à ces conclusions[2].

c)
Observations des parties

553.611 **Les observations orales.** La procédure devant la Cour de cassation étant essentiellement écrite, les observations orales présentent un caractère exceptionnel. Elles ont toutefois lieu si les avocats ou les parties, voire les magistrats eux-mêmes, le demandent, ce qui n'advient, le plus souvent, que lorsque les intérêts en jeu sont considérables ou que la question de droit posée présente une difficulté très sérieuse. On notera que les avocats au Conseil d'État et à la Cour de cassation disposant dans tous les cas d'un monopole pour présenter leurs observations orales devant la Haute juridiction – admis par la Cour européenne des droits de l'homme[3] –, les observations orales des parties se font toujours par leur intermédiaire même dans les matières où la représentation n'est pas obligatoire.

SECTION 3
SOLUTION DU POURVOI EN CASSATION

§ 1
Arrêts ne prononçant pas une cassation

A.
Différents types d'arrêts ne prononçant pas une cassation

553.621 **Irrévocabilité de la décision attaquée.** Par principe, et sous les réserves qui vont être émises au fil de l'exposé – principalement en cas de non-lieu à statuer –, les différents types d'arrêts n'aboutissant pas à la cassation de la **décision attaquée** rendent celle-ci **irrévocable.**

1°
Arrêt déclarant le pourvoi non admis

553.631 **Effets.** Depuis la loi n° 2001-539 du 25 juin 2001[4], le pourvoi en cassation peut être déclaré non admis dans deux cas : lorsqu'il est à l'évidence irrecevable d'abord, lorsqu'il n'est pas fondé sur un moyen sérieux de cassation ensuite. L'on peut donc considérer que sont transposables, selon celle des deux causes pour laquelle la non-admission est prononcée, les solutions dégagées jusqu'à présent en cas d'arrêt prononçant une irrecevabilité (v. s[s] n° 553.641) ou un rejet (v. s[s] n° 553.671).

2°
Arrêt prononçant l'irrecevabilité du pourvoi

553.641 **Effets.** Dans la majorité des cas, le prononcé de l'irrecevabilité du pourvoi marque le terme définitif du procès. Et, en vertu du principe de l'interdiction de réitérer (v. s[s] n° 553.251), les droits du demandeur au pourvoi tels qu'énoncés dans la décision attaquée, devenue irrévocable, sont définitivement fixés.

Il faut toutefois réserver quatre cas dans lesquels la solution diffère. En premier lieu, l'irrecevabilité du pourvoi ne ferme pas toutes les portes au demandeur lorsqu'elle est simplement prononcée « *en l'état* », ce qui advient lorsque le pourvoi est prématuré comme visant une décision contre laquelle la voie du recours en cassation n'est pas encore ouverte. On a vu que cette situation se présente notamment lorsque le pourvoi attaque une décision purement avant dire droit (v. s[s] n°s 553.52 et 553.53).

La solution serait identique si, en l'état d'un doute sur la voie de recours à exercer contre un jugement de première instance, la partie perdante avait simultanément formé un appel et un pourvoi en cassation : son pourvoi serait-il déclaré irrecevable, parce que le jugement était susceptible d'appel, que le procès continuerait devant la cour d'appel, à charge ensuite pour la partie éventuellement intéressée de se pourvoir contre l'arrêt.

Le procès n'est en troisième lieu pas définitivement terminé lorsque, en raison de liens particuliers l'unissant à une autre partie, ayant elle-même formé un recours en cassation, le demandeur au pourvoi irrecevable bénéficie des effets de ce second recours (v. s[s] n°s 553.241 s.).

1. CEDH 31 mars 1998, req. n°s 23043/93 et 22921/93, Reinhardt et Slimane-Kaïd c/France, *JCP* 1999. II. 10074 – CEDH 25 janv. 2000, req. n° 29507/95, Slimane-Kaïd c/France, *D.* 2000. Somm. 186.
2. CEDH 8 févr. 2000, req. n° 27362/95, Voisine c/France, *D.* 2000. Somm. 186.
3. CEDH 8 févr. 2000, req. n° 27362/95, Voisine c/France, *D.* 2000. VIII.
4. L. org. n° 2001-539, 25 juin 2001, relative au statut des magistrats et au Conseil supérieur de la magistrature, *JO* 26 juin, p. 10119.

Enfin, il faut toujours réserver l'hypothèse d'une rectification d'arrêt (v. s[s] n° 553.831).

3°
Arrêt prononçant la déchéance du pourvoi

553.651 **Effets.** De la même manière et par principe, le prononcé de la déchéance du pourvoi met un terme définitif au droit du demandeur de critiquer à l'avenir la décision devenue irrévocable par le rejet de son recours.

Sous réserve de l'hypothèse de la rectification d'arrêt (v. s[s] n° 553.831), il n'en va autrement que dans un cas : lorsque le demandeur dont le recours est frappé de déchéance se trouve relevé de celle-ci par le pourvoi formé par une autre partie avec laquelle il était uni par des liens particuliers (v. s[s] n°s 553.241 s.).

4°
Arrêt constatant le désistement

553.661 **Effets.** Lorsque la Cour de cassation constate le désistement, soit qu'il n'ait pas eu à être accepté, soit que le refus d'accepter le désistement était injustifié (v. s[s] n° 553.372), la décision devient irrévocable à l'égard de la partie qui s'est désistée, sous les deux mêmes réserves que dans le cas précédent (à savoir l'hypothèse d'une rectification d'arrêt, v. s[s] n° 553.831 – et l'hypothèse dans laquelle le pourvoi d'une autre partie aurait un effet à l'égard de la partie s'étant désistée, en raison de liens particuliers les unissant, v. s[s] n°s 553.241 s. – V. toutefois, en cas de désistement d'instance, lorsqu'il est admis, s[s] n°s 553.251 et 553.373).

5°
Arrêt rejetant le pourvoi

553.671 **Causes et effets.** Lorsque l'instruction a pu être menée à son terme logique, à savoir jusqu'à l'**examen des moyens**, et lorsque la Cour de cassation estime qu'il n'y a pas lieu de censurer la décision attaquée, elle rejette le pourvoi.

On notera que cette situation ne préjuge pas nécessairement de la **légalité** – objectivement entendue – de la décision attaquée.

Ainsi lorsque le **rejet du pourvoi** est fondé sur une **cause d'irrecevabilité du moyen** de cassation présenté par le demandeur. On peut imaginer en effet qu'un moyen de cassation soit fondé, autrement dit que la critique qu'il articule puisse être légitimement faite à la décision attaquée, mais que sa nouveauté, obstacle en principe insurmontable à sa recevabilité (v. s[s] n° 553.532), empêche qu'il soit retenu.

Le cas précédemment évoqué peut être rapproché de celui dans lequel le **rejet du pourvoi** est fondé sur l'**inopérance du moyen** de cassation en tant qu'il porte sur des motifs surabondants (v. s[s] n° 553.537). Les autres motifs de la décision attaquée, non critiqués par le demandeur au pourvoi, recelaient-ils une erreur de droit que, faute pour le demandeur au pourvoi de l'avoir soulevée, elle ne sera pas sanctionnée par la Cour de cassation.

On peut enfin imaginer que le demandeur au pourvoi a fait valoir un **moyen** qui, parce qu'**infondé**, n'est pas susceptible d'entraîner la cassation alors qu'un autre moyen, non invoqué, pouvait justifier une censure. Le moyen est écarté, et le **pourvoi** est **rejeté**, alors donc que la décision attaquée encourait la critique.

Ces exemples sont rares mais traduisent une nouvelle fois l'idée que la **légalité** d'une décision est appréciée par la Cour de cassation **au regard de la cause telle qu'elle avait été présentée aux juges du fond**, d'une part – ce qui conduit la Haute juridiction à ne pas examiner le bien-fondé des moyens nouveaux –, **et telle encore qu'elle est présentée devant elle** – ce qui peut conduire la Cour de cassation à rejeter des pourvois, faute pour le demandeur d'avoir soulevé la critique pertinente (toutefois, sur la faculté pour la Cour de cassation de relever d'office les moyens de pur droit, v. s[s] n°s 553.561 s.).

Hormis, toujours, l'hypothèse d'une rectification d'arrêt (v. s[s] n° 553.831) ou de liens particuliers unissant le demandeur à une autre partie ayant elle-même formé un recours en cassation (v. s[s] n°s 553.241 s.), le rejet du pourvoi fixe définitivement les droits du demandeur au pourvoi tels qu'énoncés dans la décision attaquée, devenue irrévocable.

6°
Cas particulier de l'arrêt prononçant un non-lieu à statuer

553.681 **Causes et effets.** Contrairement aux autres types d'arrêt qui viennent d'être étudiés, l'arrêt prononçant un non-lieu à statuer ne rend pas, par principe, la décision attaquée irrévocable.

Un non-lieu à statuer peut intervenir que sa cause existe **dès l'introduction du pourvoi** ou qu'elle survienne **au cours de l'instance en cassation**.

C'est d'abord un non-lieu à statuer que la Cour de cassation prononce lorsque, dans les matières dispensées de représentation obligatoire, le pourvoi est entaché d'une cause d'irrecevabilité provoquée par la mention erronée d'une notification adressée au demandeur au pourvoi par la juridiction ayant rendu la décision attaquée[1]. Le cas échéant, le délai pour agir n'ayant pas couru, on peut très bien imaginer qu'un nouveau pourvoi puisse être formé, la Cour de cassation n'ayant rendu aucune décision – au sens où elle tranche une contestation – : dans cette hypo-

1. Civ. 2e, 31 janv. 1996, n° 94-19.832, *Bull. civ.* II, n° 19; *D.* 1997. 246, note Libercier et Audebert.

thèse, on voit bien que la décision attaquée n'est pas devenue irrévocable.

Un non-lieu à statuer peut ensuite être prononcé pour une cause survenue après l'introduction du pourvoi : notamment lorsque la décision attaquée – loin d'être irrévocable – est annulée par voie de conséquence et que le pourvoi, dont les fins sont atteintes sans qu'il soit besoin de l'examiner, devient sans objet[1]; ou encore lorsque le pourvoi n'avait été formé que dans une éventualité déterminée ne venant pas à se réaliser : dans l'exemple déjà évoqué (v. s^s^ n° 553.24) du pourvoi formé dans l'éventualité d'une cassation sur un autre recours, c'est le rejet de ce recours qui est susceptible de rendre irrévocable la décision attaquée, et pas le non-lieu à statuer sur le pourvoi éventuel.

B. Notification de l'arrêt ne prononçant pas une cassation

553.691 **Cas où la notification s'impose.** Elle ne s'impose pas pour obtenir l'**exécution de la décision devenue irrévocable**, le pourvoi en cassation n'ayant, par principe, pas d'effet suspensif d'exécution. À l'inverse, et dans les cas exceptionnels où il en va autrement (v. s^s^ n° 553.262), l'arrêt doit être signifié à la partie adverse avec, en cas de représentation obligatoire, une notification préalable à l'avocat de celle-ci.

La notification s'impose en revanche dans tous les cas pour obtenir l'**exécution de l'arrêt de la Cour de cassation** lui-même, autrement qu'à l'amiable, qui a prononcé une condamnation aux dépens, aux frais irrépétibles, à une amende ou à une indemnité (v. s^s^ n°s 553.841 s.).

Dans les matières où la représentation est obligatoire, l'arrêt doit être signifié à la partie adverse avec notification préalable à son avocat. Dans les matières dispensées, une simple notification suffit.

§ 2 Arrêts prononçant la cassation

553.701 **Cas particulier des arrêts de cassation rendus par défaut.** Les dispositions de l'article 478 C. pr. civ., qui prescrit la notification du jugement rendu par défaut dans les six mois de sa date à peine d'être non avenu, ne sont pas applicables aux arrêts rendus par la Cour de cassation[2].

553.702 **Absence de pouvoir d'évocation.** Contrairement au Conseil d'État, juge de cassation, la Cour de cassation n'a pas le pouvoir d'évoquer le fond et de substituer sa décision à celle qu'elle annule. Lié au principe de l'interdiction de connaître du fond des affaires, le principe du renvoi a toujours été considéré en matière judiciaire comme une nécessité pour permettre à la Haute juridiction d'assurer pleinement sa fonction normative. Sous réserve des cas exceptionnels de cassation sans renvoi (A), la cassation permet donc seulement la reprise, devant de nouveaux juges, de l'instance qui s'était terminée par le prononcé de la décision annulée, afin que l'affaire soit à nouveau jugée au fond (B).

A. Arrêts cassant sans renvoi

1° Deux cas de cassation sans renvoi

553.711 **Textes.** L'article 627 C. pr. civ. prévoit deux hypothèses dans lesquelles la cassation sans renvoi peut être prononcée[3].

553.712 **Premier cas : lorsque la cassation n'implique pas qu'il soit à nouveau statué sur le fond.** Ainsi lorsque la Cour de cassation censure une décision qui, après avoir retenu – à juste titre – son incompétence, a néanmoins statué sur la fin de non-recevoir que soulevait le défendeur[4] : le chef du dispositif statuant sur la fin de non-recevoir étant seul cassé, il est logique que l'affaire ne soit pas renvoyée à la juridiction définitivement jugée incompétente.

553.713 **Second cas : lorsqu'un litige demeure sur le fond après la cassation, mais que la Cour de cassation est à même d'y mettre un terme parce que les faits, tels que constatés et appréciés dans la décision attaquée, lui permettent d'appliquer la règle de droit appropriée.** On est ici en présence d'une application particulière du « *moyen de pur droit* », entendu dans son sens le plus strict (v. s^s^ n° 553.535).

À titre d'exemple, on citera une affaire dans laquelle une cour d'appel avait relevé l'existence d'un lien de causalité entre le préjudice subi par la victime et la faute imputée à son adversaire, la responsabilité de celui-ci ayant alors été retenue : mise en mesure de décider, au vu des considérations de fait résultant de la décision attaquée, qu'aucun lien de causalité n'unissait en réalité le préjudice et la faute en cause, la Cour de cassation censure la décision ayant dit le con-

1. Civ. 2e, 9 juill. 1997, n° 96-12.137, *Bull. civ.* II, n° 219 – Civ. 2e, 24 janv. 2008, n° 06-21.986, *Bull. civ.* II, n° 16.

2. Civ. 3e, 13 oct. 2004, n° 02-21.444, *Bull. civ.* III, n° 172; *D.* 2005. 332, obs. Julien et Fricero – Civ. 2e, 2 mars 2000, n° 97-11.736, *Bull. civ.* II, n° 37; *RTD civ.* 2000. 637, obs. Perrot.

3. A. Perdriau, « Usage actuel des cassations sans renvoi », *JCP* 2001. I. 334 – M. Fabre, « La cassation sans renvoi en matière civile », *JCP* 2001. I. 347.

4. Civ. 1re, 2 mars 1999, n° 96-21.190, *Bull. civ.* I, n° 73.

traire, sans renvoyer aux juges du fond la question de la responsabilité, ainsi définitivement tranchée[1].

553.714 Cassation sans renvoi sur une partie seulement des chefs du dispositif. La technique de la cassation sans renvoi semble connaître un certain succès, particulièrement auprès de la première chambre civile de la Cour de cassation[2]. On notera qu'elle est même utilisée lorsque l'entier litige au fond ne peut pas être tranché : la technique consiste alors à casser sans renvoi sur un chef seulement du dispositif de la décision attaquée, et à ne renvoyer l'affaire devant les juges du fond que pour qu'il soit statué sur un autre chef du dispositif également cassé.

Ainsi, dans une affaire où une cour d'appel avait refusé de retenir une faute lourde à l'encontre de l'Administration nonobstant la divulgation d'informations permettant d'identifier une personne mise en cause à l'occasion d'une enquête, la Cour de cassation retient la faute lourde, casse la décision de la cour d'appel et renvoie aux juges du fond la seule question du préjudice résultant de cette faute lourde[3].

Ainsi encore, dans une affaire où les juges du fond avaient décidé – à tort – qu'une clause d'exclusion de garantie était formelle et limitée, la Cour de cassation, jugeant le contraire, casse la décision, dit la clause réputée non écrite sans renvoyer l'affaire sur ce point mais uniquement pour qu'il soit statué sur les autres points en litige[4].

2°
Effets pécuniaires

553.720 Renvoi. Sur les frais du pourvoi, v. s[s] n°s 553.841 s.

553.721 Obligation de restituer, intérêts légaux et frais exposés pour l'exécution de la décision cassée. La décision de cassation sans renvoi – on prend ici l'hypothèse dans laquelle il a été mis un terme à l'entier litige – oblige dans tous les cas la partie qui avait perçu le montant des condamnations prononcées par la décision cassée à le restituer à la partie adverse. L'**obligation de restitution** existe dès la signification – laquelle doit être précédée d'une notification à avocat en cas de représentation obligatoire – de l'arrêt – qui vaut titre exécutoire[5] –, et les **intérêts légaux** courent à compter de cette même date (même solution en cas de cassation avec renvoi[6]).

(Sur l'obligation, pour le défendeur au pourvoi, de rembourser à la partie adverse les frais qu'elle avait dû exposer pour l'exécution de la décision finalement censurée, v. s[s] n° 553.731).

B.
Arrêts renvoyant après cassation

553.731 Effets pécuniaires. Sous la réserve que l'obligation de la partie ayant exécuté la décision cassée ne préexistait pas (son obligation préexiste lorsque le jugement de première instance – non atteint par la cassation : v. s[s] n° 553.811 – était assorti de l'exécution provisoire[7]), la partie qui a obtenu l'exécution de la décision cassée est en premier lieu tenue à **restitution**.

Elle y est tenue à compter du jour où **l'arrêt de cassation, valant titre exécutoire**, lui aura été signifié aux fins d'exécution[8] avec notification préalable impérative à l'avocat dans les matières où la représentation est obligatoire.

À compter de cette même date, et en second lieu, elle est tenue aux intérêts légaux[9]. Ne constitue donc pas un titre exécutoire l'arrêt de la juridiction de renvoi qui confirme un jugement de débouté[10].

Et la partie qui avait obtenu, sur sa demande, l'exécution de la décision censurée, est enfin tenue au remboursement des frais ayant dû être exposés par son adversaire pour satisfaire à cette demande d'exécution[11].

553.732 Incertitudes. La cassation avec renvoi suscite l'hésitation, car elle oblige à s'interroger sur l'autorité attachée à l'arrêt de cassation, auquel la juridiction de renvoi doit sa raison d'être. Or cette autorité est mal connue car l'un de ses aspects seulement bénéficie régulièrement des honneurs de la doctrine : son aspect jurisprudentiel.

553.733 Plan. L'un des objectifs de l'étude de cette procédure sera donc de définir les contours de l'autorité juridictionnelle des arrêts de cassation, trop souvent laissée au second plan, et, partant, de déterminer les conditions auxquelles l'instance va reprendre au fond (1°).

Les incertitudes que suscite la cassation avec renvoi tiennent en second lieu à la double circonstance que l'instance de renvoi, non seulement n'est pas une instance nouvelle – elle n'est que la continuation de celle qui s'était éteinte par le prononcé de la décision cassée –, mais reprend avant même que la juri-

1. Civ. 1re, 30 sept. 1997, n° 95-16.500, *Bull. civ.* I, n° 259.
2. V. NOT., Civ. 1re, 4 mai 1999, n° 97-16.924, *Bull. civ.* I, n° 140 – Civ. 1re, 7 avr. 1999, n° 97-11.349, *Bull. civ.* I, n° 121 – Civ. 1re, 2 mars 1999, n° 96-21.190, *Bull. civ.* I, n° 73.
3. Civ. 1re, 9 mars 1999, n° 96-16.560, *Bull. civ.* I, n° 84; *D.* 2000. 398, note Matsopoulou.
4. Civ. 1[re], 4 mai 1999, n° 97-16.924, *Bull. civ.* I, n° 140.
5. Civ. 2[e], 18 nov. 1987, n° 86-15.342, *Bull. civ.* II, n° 227.
6. Civ. 3e, 1er avr. 1998, n° 95-21.647, *Bull. civ.* III, n° 81.
7. Com. 14 mars 1984, n° 82-13.658, *Bull. civ.* IV, n° 105.
8. Civ. 2e, 9 nov. 1983, n° 82-11.192, *Bull. civ.* II, n° 173.
9. Civ. 3e, 1er avr. 1998, n° 95-21.647, *Bull. civ.* III, n° 81.
10. Civ. 2e, 18 déc. 2003, n° 02-15.725, *Bull. civ.* II, n° 401; *RTD civ.* 2004. 352, obs. Perrot.
11. Civ. 2e, 14 avr. 2005, n° 03-14.195, *Bull. civ.* II, n° 91; *D.* 2005. 3050, obs. Clay.

diction de renvoi ne soit saisie. Double circonstance pour le moins étonnante qui donne toutes leurs particularités aux règles de procédure applicables devant la juridiction de renvoi. Ce sera la seconde ambition de ce passage que de mettre en évidence la spécificité des règles qui vont gouverner le procès (2°).

1°
Reprise de l'instance devant la juridiction de renvoi

553.740 Plan. Après avoir annulé la décision attaquée, la Cour de cassation renvoie la cause (a) et les parties (b) devant la juridiction qu'elle désigne (c). La Cour de cassation fixe ainsi le cadre dans lequel l'instance au fond va reprendre.

a)
La cause devant la juridiction de renvoi : étendue et portée de la cassation

553.741 Détermination de la cause. Déterminer la cause, c'est-à-dire le litige, qui est attribué à la juridiction de renvoi, c'est déterminer tout à la fois l'étendue et la portée de la cassation.

553.742 Cassation totale ou partielle. La cassation est totale ou partielle selon que toutes les dispositions de la décision soumise à l'examen de la Cour de cassation, ou certaines d'entre elles seulement, sont atteintes par la censure.

553.743 Évolution. Pendant près de deux siècles, la Haute juridiction a laissé aux juges de renvoi le soin de rechercher l'étendue de la cassation, sous son contrôle exercé *a posteriori* seulement. Cette recherche s'imposait, d'abord parce que le dispositif des arrêts de cassation n'était pas toujours éclairant. Et quand bien même semblait-il l'être qu'il ne fallait pas s'y fier.

La Haute juridiction rappelait régulièrement que l'emploi dans ses dispositifs d'une formule générale telle que « *casse et annule l'arrêt* »[1], voire absolue telle que « *casse l'arrêt en toutes ses dispositions* »[2], ne faisait jamais échec à la règle selon laquelle « *la cassation est limitée à la portée du moyen en constituant la base* ». Autrement dit, et sous quelque libellé que fût l'arrêt de censure, la juridiction de renvoi devait toujours s'interroger sur le point de savoir si le ou les moyens accueillis par la Haute juridiction visaient une seule ou toutes les dispositions de l'arrêt cassé : dans le premier cas, la cassation n'était que partielle (encore que, dans cette hypothèse, la disposition visée par le moyen accueilli pouvait se trouver dans un lien d'indivisibilité ou de dépendance nécessaire avec d'autres dispositions de l'arrêt attaqué, ces dernières étant alors aussi atteintes par la censure); dans le second cas, la cassation était totale. À l'inverse, lorsque certaines seulement des dispositions de l'arrêt attaqué étaient expressément annulées - la Cour de cassation employant alors la formule « *casse et annule* [...] *en ce que* » -, la juridiction de renvoi devait s'interroger sur le point de savoir si la disposition ainsi expressément visée ne se trouvait pas dans un lien d'indivisibilité ou de dépendance nécessaire avec d'autres dispositions de l'arrêt censuré, de sorte que, le cas échéant, ces dernières étaient atteintes par la cassation[3]. Apparemment partielle, la cassation pouvait donc être totale.

Au fil des décennies, une véritable théorie de l'étendue de la cassation avait donc vu le jour, révélant que les juridictions de renvoi devaient tenir compte, pour déterminer l'étendue de la cassation, de paramètres aussi variés que les dispositions de l'arrêt censuré, les liens susceptibles d'unir celles attaquées par le pourvoi et celles non critiquées, les motifs de l'arrêt de censure, les moyens formulés par le pourvoi[4]...

553.744 Droit positif. Les incertitudes générées par la complexité de ces règles, source de prolongation indésirable des contentieux, sont aujourd'hui partiellement levées. La Cour de cassation s'emploie en effet à fixer clairement l'étendue de la censure qu'elle prononce.

553.745 Cassation totale. S'agissant de l'hypothèse d'une cassation expressément prononcée en totalité, c'est pour la première fois en 1987 que la deuxième chambre civile a affirmé que « *la cassation d'un arrêt expressément prononcée en toutes ses dispositions investit la juridiction de renvoi de la connaissance de l'entier litige dans tous ses éléments de fait et de droit* »[5].

553.746 Solution jurisprudentielle. La deuxième chambre civile a depuis clairement consacré la solution[6] et la troisième chambre civile de la Cour de cassation s'est alignée sur cette nouvelle jurisprudence[7], de même que la première chambre civile, qui est venue préciser que « *lorsque le dispositif d'un arrêt de cassation mentionne que l'arrêt attaqué est cassé en toutes ses dispositions, la cassation est totale même si la Cour de cassation a prononcé le rejet de certains des moyens qui avaient été formés* »[8]. Jusqu'alors, lorsqu'un moyen était rejeté, la disposition qu'il visait devenait irrévocable; la cassation était donc partielle, sauf lien d'indivisibilité ou de dépendance nécessaire entre la disposition maintenue et celle annulée[9]. Mais c'était au juge de renvoi de s'interroger sur l'existence d'un tel lien, sous le contrôle de la Cour de cassation effectué *a posteriori* seulement; la

1. Com. 18 déc. 1984, n° 82-15.084, *Bull. civ.* IV, n° 350 – Soc. 23 sept. 1982, n° 81-13.678, *Bull. civ.* V, n° 526.
2. Civ. 11 janv. 1848, *D.* 1848. 1. 39.
3. Soc. 19 nov. 1954, *Bull. civ.* V, n° 740.
4. T. Crépon, *Du pourvoi en cassation*, t. III, Larose et Forcel, 1892, p. 543 – E. Faye, *La Cour de cassation*, Marescq, 1903, p. 298.
5. Civ. 2e, 25 nov. 1987, n° 86-15.902, *Bull. civ.* II, n° 244.
6. Civ. 2e, 8 janv. 1992, n° 90-18.870, *Bull. civ.* II, n° 7.
7. Civ. 3e, 25 nov. 1992, n° 90-21.389, *Bull. civ.* III, n° 308.
8. Civ. 1re, 2 mai 2001, n° 98-14.416, *Bull. civ.* I, n° 109 – Civ. 1re, 20 juin 1995, n° 92-16.555, *Bull. civ.* I, n° 265 – Civ. 1re, 7 déc. 1999, n° 97-15.613, *Bull. civ.* I, n° 334.
9. Civ. 1re, 18 mai 1960, *Bull. civ.* I, n° 274.

juridiction de renvoi est désormais immédiatement fixée et la solution est régulièrement réaffirmée[1].

Il est jugé que la cassation d'une décision « *dans toutes ses dispositions* » ne laisse pas même subsister le chef du dispositif d'une décision concernant une personne qui n'a pas été partie à l'instance ou qui, par suite d'un désistement partiel du demandeur au cours de cette instance, n'y a plus figuré[2].

On peut alors s'étonner que la solution ne soit pas identique lorsque la cassation n'est pas prononcée en totalité. La Cour de cassation laisse en effet la place à un débat sur l'étendue de la cassation devant le juge de renvoi lorsque la censure ne vise expressément qu'une partie de la décision. Le cas échéant, le juge de renvoi est donc invité à s'interroger sur le point de savoir si un lien d'indivisibilité ou de dépendance nécessaire unit le chef de dispositif expressément censuré et les autres[3]et, si un tel lien existe – la cassation est alors totale quoique l'arrêt de cassation n'ait expressément visé qu'une partie de la décision censurée –, le juge de renvoi devra trancher à nouveau l'entier litige. On notera toutefois une décision, quoique inédite et n'émanant pas de la deuxième chambre civile de la Cour de cassation (à laquelle la procédure civile est spécifiquement attribuée), décidant que la censure est partielle dès lors que la Cour de cassation a de façon expresse fait échapper à la cassation un chef de l'arrêt censuré[4].

553.751 Plénitude de juridiction et portée de la cassation. Il est une dernière règle à observer pour déterminer l'exact litige attribué à la juridiction de renvoi, et ce, que la cassation ait été prononcée totalement ou partiellement. C'est la règle selon laquelle « *la cassation qui atteint un chef de dispositif n'en laisse rien subsister, quel que soit le moyen qui a déterminé cette cassation* ». Que la cassation soit partielle ou totale, aucun des motifs de fait ou de droit ayant justifié la disposition annulée ne subsiste, un seul d'entre eux seulement aurait-il été critiqué par le moyen de cassation accueilli. Le litige qui est attribué au juge de renvoi n'est donc pas limité à la connaissance du point de droit soulevé par le moyen technique de cassation qui visait la disposition censurée, mais recouvre tous les points de fait et de droit de nature à justifier la nouvelle disposition qui sera retenue.

Ainsi, lorsqu'une juridiction décide que le fait reproché à un mandataire n'est pas fautif, et que la censure est prononcée parce que cette juridiction a omis de se prononcer sur un autre fait également imputé à faute, la juridiction de renvoi, investie de l'entier litige sur la bonne ou mauvaise exécution du contrat de mandat, doit à nouveau s'interroger sur le point de savoir si est fautif le fait que la juridiction initialement saisie n'avait pas ainsi qualifié[5].

Ainsi encore, la cassation d'un arrêt portant condamnation d'une partie au paiement de dommages et intérêts aux termes d'un chef de dispositif unique, autorise une nouvelle discussion sur l'existence d'une faute devant la juridiction de renvoi[6].

De même, une cour de renvoi doit à nouveau s'interroger sur la qualification de commissionnaire de transport, initialement retenue à l'égard d'une société dont la responsabilité était recherchée, quand bien même cette qualification n'aurait pas été discutée devant la Cour de cassation, le moyen ayant déterminé la censure n'ayant porté que sur l'étendue et la responsabilité de la société en cette qualité[7].

Enfin, une juridiction de renvoi doit à nouveau apprécier les titres de propriété invoqués par une partie, quoique devant la Cour de cassation cette partie reprochât seulement à l'arrêt censuré, l'ayant déclarée sans droit ni titre à occuper un terrain, un défaut de réponse à ses conclusions invoquant l'usucapion[8].

La détermination de la cause attribuée à la juridiction de renvoi reste donc aujourd'hui encore, et ce malgré les efforts particulièrement louables de la Cour de cassation, une source de difficultés. Est tout aussi délicate la question de la détermination des parties à l'instance de renvoi.

b)

Les parties devant la juridiction de renvoi

553.760 Plan. L'une des particularités du renvoi après cassation tient au fait que les parties ayant vocation à figurer à l'instance qui se poursuit devant la juridiction désignée ne sont pas seulement les personnes en cause devant la Cour de cassation et formellement visées par le dispositif de l'arrêt de renvoi. Eu égard aux liens existant entre leurs intérêts et ceux des parties au pourvoi, il peut également s'agir de personnes qui, en cause devant la juridiction dont la décision a été cassée, n'ont pas participé au jugement du pourvoi. L'autre trait marquant du renvoi après cassation est lié au fait que le prononcé de l'arrêt de cassation provoque la reprise de l'instance mais ne saisit pas la juridiction de renvoi. Aussi bien, tant qu'aucune d'elles n'a procédé à la saisine du juge de renvoi, les parties disposent-elles d'une sorte de qualité procédurale éventuelle (un arrêt ancien consacre la notion de « défendeur éventuel »[9]).

1. Cass., ass. plén., 27 oct. 2006, n° 05-18.977, *Bull. ass. plén.*, n° 13.
2. Soc. 15 janv. 2013, n° 11-26.039, *Bull. civ.* V, n° 6.
3. Civ. 1re, 12 oct. 1999, n° 97-15.717, *Bull. civ.* I, n° 261 – Civ. 2e, 3 déc. 1997, n° 96-12.049, *Bull. civ.* II, n° 290 – Com. 22 févr. 2000, n° 98-10.889, NP; *D.* 2000. IR 133.
4. Civ. 3e, 12 mai 2004, n° 02-20.521, NP.
5. Civ. 1re, 21 avr. 1982, n° 81-10.753, *Bull. civ.* I, n° 141.
6. Civ. 2e, 13 mars 2008, n° 07-13.195, *Bull. civ.* II, n° 66.
7. Com. 16 févr. 1988, n° 86-15.431, *Bull. civ.* IV, n° 70.
8. Civ. 2e, 28 mai 1990, n° 89-14.349, *Bull. civ.* II, n° 115.
9. Req. 28 juin 1875, *D.* 1876. 1. 30.

Dans ce singulier contexte, on s'aperçoit à la lecture des arrêts que la détermination préalable des personnes ayant vocation à figurer à l'instance de renvoi présente un intérêt pratique indiscutable.

553.761 Distinction. Dans la mesure où ils sont expressément visés par le dispositif de l'arrêt de censure, les demandeurs ou les défendeurs au pourvoi ont naturellement vocation à participer au jugement de l'affaire devant la juridiction de renvoi[1] - sous réserve de leur mise hors de cause par une disposition à caractère nécessairement irrévocable du fait qu'elle émane de la Cour de cassation. Mais la qualité de partie à l'instance de renvoi est également reconnue à toute personne ayant été partie à l'instance devant la juridiction dont la décision a été cassée, même non formellement visée par le dispositif de l'arrêt de renvoi, soit parce que le bénéfice de la cassation lui a été étendu, soit parce que la cassation porte atteinte à ses droits (C. pr. civ., art. 636 et 637).

553.762 La cassation ne profite pas seulement au demandeur au pourvoi. Le bénéfice de la cassation est étendu aux parties n'ayant pas formé de pourvoi soit que leurs prétentions sont unies par un lien d'indivisibilité avec celles d'une partie au pourvoi (C. pr. civ., art. 615), soit que leur condamnation se rattache à la décision cassée par un lien de dépendance nécessaire (C. pr. civ., art. 625, al. 2). Dans ces deux hypothèses, l'extension n'a pas à être sollicitée par le biais d'une intervention devant la Cour de cassation. Elle est toujours de droit.

- En cas d'indivisibilité entre leurs demandes et les prétentions du demandeur au pourvoi (rendant véritablement impossible une exécution séparée des décisions les concernant), les autres parties à l'instance initiale ont vocation à participer à l'instance de renvoi « *même si celles-ci ne sont pas jointes à l'instance de cassation* » (C. pr. civ., art. 615[2]). Et la solution est identique lorsque l'une des parties est normalement déchue de son pourvoi[3] ou encore lorsqu'elle a formé un pourvoi qui a été rejeté au fond[4].

- En cas de solidarité, le bénéfice de la cassation est également étendu aux autres parties de manière automatique, comme en cas d'indivisibilité[5] (mais la cassation d'un arrêt prononçant une condamnation solidaire profite à tous les codébiteurs solidaires à la condition toutefois que la décision ne soit pas passée en force de chose irrévocablement jugée à l'égard de l'un des codébiteurs solidaires à raison du rejet du pourvoi en cassation qu'il a lui-même diligenté sans se joindre à celui de ses coobligés[6]).

- En matière d'obligations *in solidum*, les coobligés qui désirent tirer bénéfice de la décision de censure doivent se pourvoir eux-mêmes en cassation contre l'arrêt attaqué par un cointéressé[7].

553.763 La cassation ne nuit pas exclusivement au défendeur au pourvoi. Si l'extension du bénéfice de la cassation confère la qualité de partie devant la juridiction de renvoi à des personnes non visées par l'arrêt de cassation mais ayant figuré à l'instance ayant abouti à la décision annulée, le fait pour l'arrêt de cassation d'affecter leurs droits produit symétriquement le même effet procédural (C. pr. civ., art. 636 et 637) puisqu'il leur permet de saisir la juridiction de renvoi, d'y être appelées ou d'y intervenir volontairement.

À cet égard, une seule précision s'impose : la cassation ne devrait jamais pouvoir nuire - pour des motifs liés à l'indivisibilité des prétentions du côté des défendeurs - à des personnes autres que les parties au pourvoi. En effet, l'absence de mise en cause de tous les défendeurs dont les prétentions sont unies par un lien d'indivisibilité provoque l'irrecevabilité soit du pourvoi (C. pr. civ., art. 615, al. 2), soit du moyen dirigé contre une disposition concernant la partie non appelée dans l'instance de cassation[8], de sorte qu'une cassation ne peut intervenir que si tous les défendeurs ont été appelés à défendre au pourvoi.

553.771 Intérêt pratique de la détermination des parties. Compte tenu des effets attachés à cette qualité, la détermination des parties a essentiellement pour intérêt d'éviter que l'instance de renvoi - entre autres sanctions - s'éteigne d'une manière inconsidérée. Les difficultés à cet égard sont cependant loin d'être résolues.

553.772 Les effets attachés à la qualité de partie. À l'exception des tiers intervenants, les personnes ayant vocation à figurer à l'instance de renvoi peuvent saisir la juridiction désignée tout comme elles peuvent y être appelées ou y intervenir. L'initiative de la saisine incombe en effet à la partie la plus diligente selon l'intérêt que cette démarche présente pour elle (c'est-à-dire, en pratique, suivant qu'un jugement subsiste à la suite de l'annulation de l'arrêt d'appel et qu'il lui est ou non favorable ou bien - en cas d'annulation d'un jugement rendu en premier et der-

1. Civ. 2e, 20 juin 1996, no 93-20.712, *Bull. civ.* II, no 173.
2. Civ. 3e, 28 juin 1995, no 93-11.751, *Bull. civ.* III, no 159; *D.* 1998. 277, obs. Capoulade.
3. Soc. 26 févr. 1992, no 91-60.018, *Bull. civ.* V, no 134.
4. Com. 9 mars 1982, no 77-12.648, *Bull. civ.* IV, no 93.
5. Civ. 3e, 10 mars 1981, no 80-10.069, *Bull. civ.* III, no 49; *D.* 1981. 429, note Boré – V. ENCORE, Com. 16 févr. 1993, no 91-10.179, *Bull. civ.* IV, no 59.
6. Civ. 1re, 5 juin 1985, no 83-11.182, *Bull. civ.* I, no 180; *D.* 1986. 361, note Aubert; *Gaz. Pal.* 1985. 2. Somm. 296, note Guinchard et Moussa.
7. Civ. 2e, 22 févr. 1984, no 82-15.231, *Bull. civ.* II, no 35 – Civ. 2e, 27 mars 1996, no 94-14.607, *Bull. civ.* II, no 73.
8. Com. 9 mars 1982, no 77-12.648, *Bull. civ.* IV, no 93 – Soc. 13 juill. 1994, no 92-11.711, *Bull. civ.* V, no 239; *D.* 1996. 44, obs. Prétot.

nier ressort - en fonction de sa position procédurale initiale).

Cependant, lorsqu'une loi spéciale réserve à une autorité particulière la faculté de saisir la juridiction compétente, elle seule pourra saisir la juridiction de renvoi (par ex., en matière d'expropriation pour cause d'utilité publique[1]).

553.773 La diversité des sanctions encourues. La sanction du défaut de qualité est fonction du moment où il est opposé. Compte tenu de ce que - à l'égard des parties non défaillantes en cassation - l'instance initiale reprend dès le prononcé de l'arrêt de cassation, le défaut de qualité d'une partie peut tout d'abord priver d'efficacité les diligences effectuées par elle en vue d'interrompre le délai de péremption d'instance. Ensuite, le défaut de qualité de l'auteur de la saisine constitue une fin de non-recevoir d'ordre privé qui, en application des articles 122 et 125 C. pr. civ., doit être soulevée par les autres parties et ne peut être opposée pour la première fois dans le cadre d'un nouveau pourvoi[2].

Dans une affaire où le conseiller de la mise en état avait retenu sa compétence pour statuer sur un incident de procédure et déclarer irrecevable la saisine de la juridiction de renvoi par une partie coobligée *in solidum* dont le pourvoi exercé parallèlement avait été rejeté, la Cour de cassation a jugé que, dès lors que la condamnation de cette partie était devenue irrévocable, le conseiller de la mise en état tenait de l'article 769 C. pr. civ. le pouvoir de constater l'extinction de l'instance[3].

Par ailleurs, en dehors en tout incident de procédure, le fait pour la juridiction de renvoi de statuer à l'encontre de parties figurant à l'instance initiale, non visées par l'arrêt de cassation et n'ayant pas vocation à figurer à l'instance de renvoi, relève de la violation directe des articles 615 ou 625 C. pr. civ. Le vice sera cependant qualifié d'excès de pouvoir, si la juridiction de renvoi statue à l'encontre de personnes qui n'ont été parties ni à l'instance au fond ni devant la Cour de cassation[4].

À l'inverse, la qualité de partie impose des obligations dont le non-respect est susceptible de vicier la décision rendue par la juridiction de renvoi. Ainsi, en cas de non-comparution, les parties défaillantes doivent impérativement être citées de la même manière que le sont les défendeurs devant la juridiction dont émane la décision cassée (v. C. pr. civ., art. 1036[5]). D'autre part, le juge de renvoi ne peut déduire le défaut de qualité d'une personne, partie à l'arrêt de cassation, pour faire valoir les droits dont elle se prévaut de ce qu'elle ne comparaît pas devant lui[6]. En effet, les parties qui, devant la juridiction de renvoi, ne formulent pas de moyens nouveaux ou de nouvelles prétentions, sont réputées s'en tenir aux moyens et prétentions qu'elles avaient soumis à la juridiction dont la décision a été cassée; il en est de même de celles qui ne comparaissent pas (v. C. pr. civ., art. 634[7]).

553.774 Difficultés et perspectives. Les solutions jurisprudentielles relatives à la détermination des parties à l'instance de renvoi se révèlent être d'une mise en œuvre délicate, compte tenu notamment du fait que la question, difficile à trancher et faisant l'objet d'un contrôle *a posteriori*, dépend dans certains cas de l'existence d'un lien d'indivisibilité ou de dépendance entre les prétentions des parties à l'instance initiale. En outre, le problème est susceptible de se présenter avant toute saisine du juge de renvoi, l'instance étant reprise dès le prononcé de l'arrêt de cassation à l'égard des parties non défaillantes tandis que les diligences effectuées par l'une quelconque d'entre elles, à condition qu'elle ait vocation à figurer à l'instance de renvoi, sont propres à interrompre le délai de péremption vis-à-vis des autres[8] (sur le délai de péremption, v. s[s] n°s 553.798 s.).

Afin de limiter le risque d'erreur et la multiplication du nombre des recours qu'il engendre, d'aucuns ont appelé de leurs vœux que le dispositif des arrêts de la Cour de cassation précise les effets à l'égard de toutes les parties concernées comme il fixe désormais irrévocablement l'étendue de la cassation prononcée en totalité. Mais s'il leur est arrivé de déclarer dans les motifs de leur décision que la cassation profitait à tous les condamnés *in solidum* (sous l'empire de la jurisprudence aujourd'hui abandonnée[9]) ou à tous les condamnés solidaires[10], les chambres civiles de la Cour de cassation n'ont pas encore songé à résoudre d'avance la difficulté quant aux parties par une disposition spécifique s'imposant comme telle aux intéressés ainsi qu'à la juridiction de renvoi[11].

c)

Le juge de renvoi

553.780 Plan. Devant quel juge la cause et les parties vont-elles être renvoyées ? Répondre à cette question suppose d'envisager successivement les con-

1. Civ. 3e, 18 nov. 1992, n° 91-70.215, *Bull. civ.* III, n° 301.
2. Civ. 2e, 11 mars 1993, n° 93-60.009, *Bull. civ.* II, n° 96.
3. Civ. 2e, 27 mars 1996, n° 94-14.607, *Bull. civ.* II, n° 73.
4. Civ. 3e, 8 mai 1969, *Bull. civ.* III, n° 361.
5. Civ. 2e, 19 mai 1998, n° 96-11.348, *Bull. civ.* II, n° 155.
6. Civ. 1re, 21 oct. 1997, n° 95-21.667, *Bull. civ.* I, n° 280.
7. Civ. 2e, 9 déc. 1997, n° 96-12.296, *Bull. civ.* II, n° 308.
8. Civ. 3e, 6 mars 1991, n° 89-13.867, *Bull. civ.* III, n° 78.
9. Civ. 3e, 10 mars 1981, n° 80-10.069, *Bull. civ.* III, n° 49.
10. Com. 16 févr. 1993, n° 90-19.979, *Bull. civ.* IV, n° 58; *D.* 1993. 310, obs. Aynès.
11. COMP., Crim. 17 nov. 1993, n° 92-82.659, *Bull. crim.* n° 344 – Et, dans des hypothèses de CASSATION SANS RENVOI, Crim. 10 janv. 1994, n° 93-82.789, *Bull. crim.* n° 11 – Et Crim. 8 févr. 1995, n° 94-81.031, *Bull. crim.* n° 56; *D.* 1996. 96, note Guihal.

ditions et les effets de la désignation de la juridiction de renvoi.

553.781 Désignation de la juridiction de renvoi : texte et évolution. L'article L. 431-4 du COJ dispose que, « *en cas de cassation, l'affaire est renvoyée, sous réserve des dispositions de l'article L. 411-3, devant une autre juridiction de même nature que celle dont émane l'arrêt ou le jugement cassé ou devant la même juridiction composée d'autres magistrats* ».

Jusqu'en 1978, le renvoi devant une autre juridiction que celle dont émanait l'arrêt censuré était la règle, et le renvoi devant la même juridiction l'exception. Le souci d'assurer la neutralité du juge de renvoi avait jusqu'alors prévalu sur les inconvénients que la règle pouvait présenter pour les plaideurs, tenus à des frais de déplacement, ainsi qu'à la constitution de nouveaux mandataires. C'est un amendement sénatorial du 18 décembre 1978 qui consacre le libre choix donné à la Cour de cassation [1].

553.782 Composition de la juridiction. L'impératif de neutralité n'en reste pas moins sérieusement assuré. La juridiction de renvoi doit en effet, dans tous les cas, et à peine de nouvelle cassation, être autrement composée [2]. Un magistrat ayant participé à la décision censurée ne peut figurer dans la composition de la juridiction de renvoi, sauf à méconnaître l'article L. 431-4 (anc. art. L. 131-4) du COJ et l'article 6 de la Convention européenne de sauvegarde des droits de l'homme [3].

- Outre qu'ils doivent être différents, les magistrats peuvent être plus nombreux. La juridiction de renvoi n'étant en effet pas tenue de se conformer à la doctrine de la Cour de cassation, sauf arrêt émanant de son assemblée plénière, le législateur a jugé utile que la procédure de renvoi puisse être suivie devant une assemblée plus importante de juges : « après cassation d'un arrêt en matière civile, le premier président, d'office ou à la demande des parties, renvoie l'affaire à l'audience solennelle si la nature ou la complexité de celle-ci le justifie » (COJ, art. R. 312-9, al. 2).

553.783 Sanction. Le non-respect de ces règles entraîne la nullité de l'arrêt [4], à condition qu'elle ait été soulevée *in limine litis* [5].

553.784 Exceptions. Ces règles ne souffrent que de rares exceptions. En matière d'expropriation, où les règles à observer sont incompatibles avec la réunion d'une audience solennelle devant comprendre au moins cinq magistrats, les litiges relatifs à l'ordonnance d'expropriation sont soumis à un juge de l'expropriation, et ceux portant sur la fixation des indemnités relèvent de la chambre des expropriations de la cour d'appel composée d'un président et de deux assesseurs [6]. En matière de Sécurité sociale, il peut être dérogé au principe de l'imparité puisque la voix du président de la Commission nationale technique est prépondérante [7].

553.785 Renvoi devant une autre juridiction. Si la Cour de cassation décide de renvoyer la cause et les parties devant une autre juridiction que celle ayant primitivement statué, cette dernière devra être de même nature que celle qui l'a précédée, c'est-à-dire du même ordre et du même degré. Si elle peut souffrir la désignation d'une autre juridiction, la cohérence de la procédure impose que la juridiction de renvoi soit de même nature que celle dont émanait l'arrêt cassé. Ce n'est donc que très rarement que la Cour de cassation en décide autrement [8].

553.786 Nature de l'acte de désignation. Lorsqu'elle désigne la juridiction de renvoi, la Cour de cassation ne tranche pas une contestation, elle ne juge pas; elle fait usage de son *imperium*, du pouvoir de commandement qui lui est reconnu depuis une loi du 27 ventôse an VIII. L'acte de désignation est donc traditionnellement défini comme un acte d'administration judiciaire [9] ressortissant du pouvoir exclusif de la Cour de cassation.

553.787 Renvoi sur renvoi ne vaut. De ce que la désignation du juge de renvoi est la prérogative exclusive de la Cour de cassation, il s'ensuit que la juridiction désignée ne peut pas renvoyer le litige à une autre juridiction [10]. Dans ces deux affaires, la juridiction dont l'arrêt avait été censuré était, malgré la cassation, toujours en charge d'un litige, soit semblable [11], soit connexe [12] à celui renvoyé à la juridiction désignée par l'arrêt de cassation. Pour cette raison, cette dernière s'était dessaisie au profit de la juridiction dont la décision avait été censurée, retenant la litispendance dans le premier cas, et la connexité dans le second. Ces deux décisions ont été censurées au motif que « *l'effet nécessaire de la cassation et du*

1. *JO Sénat*, 18 déc. 1978, p. 4922.
2. Civ. 2e, 14 oct. 1987, no 86-11.617, *Bull. civ.* II, no 194.
3. Civ. 3e, 11 juin 1987, no 85-14.785, *Bull. civ.* III, no 122.
4. Civ. 2e, 20 oct. 2005, no 03-19.784, *Bull. civ.* II, no 256 – Civ. 2e, 14 oct. 1987, no 86-11.617, *Bull. civ.* II, no 194.
5. Civ. 1re, 31 mars 1981, no 80-80.016, *Bull. civ.* I, no 111.
6. Civ. 3e, 2 déc. 1992, no 90-70.271, *Bull. civ.* III, no 314 – Civ. 3e, 20 mai 1992, no 90-70.225, *Bull. civ.* III, no 158.
7. Soc. 12 nov. 1992, no 90-16.246, *Bull. civ.* V, no 545.
8. Annulant un jugement de tribunal de grande instance et renvoyant l'affaire devant une cour d'appel : Com. 2 juin 1980, no 78-16.327, *Bull. civ.* IV, no 225.
9. A. Perdriau, « Les rabats d'arrêt de la Cour de cassation », *JCP* 1994. I. 3735, no 9.
10. Civ. 2e, 10 oct. 1990, no 89-12.447, *Bull. civ.* II, no 188 – Civ. 3e, 14 oct. 1992, no 90-17.817, *Bull. civ.* III, no 272; *D.* 1993. 355, obs. Magnin.
11. Civ. 2e, 10 oct. 1990, no 89-12.447 (préc. ss prést no).
12. Civ. 3e, 14 oct. 1992, no 90-17.817 (préc. ss prést no); *D.* 1993. 355, obs. Magnin.

renvoi est de dessaisir de plein droit de toute connaissance ultérieure de l'affaire le juge dont la décision est cassée pour en investir exclusivement le juge de renvoi ». Et pour mieux encore stigmatiser la gravité du manquement commis, la Haute juridiction de poursuivre « *qu'en méconnaissant cette règle, d'ordre public, et qui touche à l'ordre des juridictions, la cour d'appel a excédé ses pouvoirs* ».

– La Cour de cassation affirme donc notamment que le renvoi a pour effet « *d'investir exclusivement la juridiction désignée de la connaissance du litige* ». L'acte de désignation est donc attributif de compétence relativement au litige qu'il reste à trancher. L'affirmation ne doit cependant pas tromper. Il ne faudrait en effet pas croire que la juridiction désignée est, par l'effet du renvoi, privée de tout droit de s'interroger sur sa compétence. Il faut en réalité distinguer :

Ou bien le litige renvoyé devant la juridiction désignée portait sur une question de compétence, et elle devra alors le trancher puisque c'est précisément pour ce faire qu'elle aura été désignée. On peut dire que sa désignation lui aura attribué compétence pour statuer sur sa compétence. Et la circonstance que la Cour de cassation ait désigné comme juridiction de renvoi celle-là même qu'elle estime compétente[1] ne ferait pas obstacle à ce que cette dernière s'interrogeât encore sur sa compétence. Se déclarerait-elle finalement incompétente qu'elle remettrait en effet en cause davantage la solution juridique de l'arrêt de cassation que l'acte de désignation, lequel serait alors plus une mesure d'application de la doctrine juridique exprimée dans l'arrêt de cassation que la seule expression du pouvoir discrétionnaire et exclusif de la Haute juridiction.

Ou bien le litige renvoyé ne portait pas sur une question de compétence, et la juridiction désignée aura alors compétence liée pour trancher le litige qui lui a été attribué. Dans ce dernier cas en effet, et sauf réunion des conditions de l'article 92 C. pr. civ. ou survenance d'une cause d'incompétence depuis le prononcé de la décision cassée[2], la juridiction de renvoi ne pourra plus connaître d'une question de compétence, laquelle n'aura en effet pas été soulevée *in limine litis* devant la juridiction initialement saisie. La solution sera enfin identique si, quoique la question de sa compétence se soit posée devant la juridiction initialement saisie, seules les dispositions de sa décision visant le fond du litige ont été atteintes par la censure : la juridiction désignée ne pourra plus s'interroger sur sa compétence, pour la raison cette fois que la disposition portant sur la compétence, et émanant de la juridiction initialement saisie, aura acquis l'autorité de la chose irrévocablement jugée puisque non atteinte par la cassation.

1. Com. 2 juin 1980, n° 78-16.327, *Bull. civ.* IV, n° 225.
2. Civ. 2e, 21 déc. 2000, n° 98-23.276, *Bull. civ.* II, n° 175.

553.788 Rabat de la désignation. La Cour de cassation peut, mais elle seule, revenir sur la désignation initialement faite[3]. L'acte de désignation n'étant en effet qu'un acte d'administration judiciaire, il est dépourvu de toute autorité de chose jugée. C'est sur simple requête des parties ou du procureur général – les actes d'administration judiciaire n'étant pas susceptibles de recours – que la Cour de cassation modifie, le cas échéant, la désignation initialement faite. Et la décision rendue sur cette requête est également dépourvue d'autorité de chose jugée[4].

2°
Déroulement du procès devant la juridiction de renvoi

553.790 Plan. Les parties sont replacées dans l'instance se poursuivant devant la juridiction de renvoi dès le prononcé de l'arrêt de cassation, cela indépendamment de toute initiative en vue de saisir le juge. Cependant, la reprise de l'instruction et, par suite, le prononcé de la décision supposent nécessairement qu'une partie ait accompli un acte de saisine.

a)
Saisine de la juridiction de renvoi : modalités et délais

553.791 Deux questions. Les arrêts rendus ces vingt dernières années apportent des enseignements sur deux questions qui ne paraissent toutefois pas encore totalement clarifiées. La première a trait aux modalités de la saisine, la seconde concerne les différents délais à observer.

553.792 Distinction. Une première question longtemps débattue en doctrine se trouve désormais tranchée : la saisine de la juridiction de renvoi n'est pas subordonnée à une notification préalable de l'arrêt de cassation. En même temps qu'elle tranchait ce débat, la Cour de cassation a rendu un certain nombre de décisions propres à éclairer l'application des dispositions relatives à l'acte de saisine proprement dit.

553.793 Inutilité de la notification de l'arrêt de cassation. Avant la réforme issue du décret du 7 novembre 1979, la jurisprudence avait déjà repoussé l'idée parfois avancée d'une saisine automatique de la juridiction de renvoi par l'effet de l'arrêt de cassation et il était acquis – ce qui n'est plus en cause – que l'arrêt de cassation avait pour effet de faire revivre l'instance d'appel et de désigner la juridiction de renvoi, mais non de la saisir[5]. Conformément aux textes alors en vigueur, la saisine de la juridiction de renvoi

3. A. Perdriau, « Les rabats d'arrêt de la Cour de cassation », *JCP* 1994. I. 3735, n° 9.
4. Civ. 2e, 21 déc. 2000, n° 98-23.276, *Bull. civ.* II, n° 175.
5. Req. 28 juin 1875, *D.* 1876. 1. 10, préc.

se faisait par voie d'assignation précédée d'une signification de l'arrêt de cassation, lequel était ainsi considéré comme faisant l'objet d'une exécution forcée.

Lorsque l'article 1032 C. pr. civ. a prévu que la juridiction de renvoi devait être saisie par voie de déclaration au greffe de cette juridiction, une controverse est née sur le point de savoir si la saisine de la juridiction de renvoi était subordonnée à la signification préalable à partie de l'arrêt de cassation [1]. En effet, en application de l'article 503 C. pr. civ., les jugements ne peuvent être exécutés contre ceux auxquels ils sont opposés qu'après leur avoir été notifiés à moins que l'exécution n'en soit volontaire.

Le décret du 17 décembre 1985 a mis un terme au débat en ajoutant un membre de phrase (« À moins que la juridiction de renvoi n'ait été saisie sans notification préalable ») en tête de l'article 1034 C. pr. civ. qui impose que la déclaration soit faite dans un délai de quatre mois courant à compter de la notification de l'arrêt de cassation faite à partie. Il en est résulté que, la signification de l'arrêt de cassation n'étant pas un préalable obligatoire, la saisine de la juridiction de renvoi n'est pas une mesure d'exécution du dispositif de l'arrêt ordonnant le renvoi. La Cour de cassation a appliqué à plusieurs reprises cette solution à des litiges antérieurs à l'entrée en vigueur du décret du 17 décembre 1985 en visant l'article 1034 dans son ancienne rédaction [2].

553.794 L'acte de saisine proprement dit. La saisine de la juridiction de renvoi requiert donc seulement - mais nécessairement - une déclaration au greffe de cette juridiction [3] qui, selon l'article 1033 C. pr. civ. contient les mentions exigées pour l'acte introductif d'instance devant la juridiction saisie. Ainsi, l'appel d'un jugement ayant statué sur un incident de saisie immobilière devant être formé par une assignation motivée, il en est de même de la déclaration saisissant la juridiction de renvoi après cassation [4]. Une copie de l'arrêt de cassation doit, en outre, y être annexée. À moins d'une dérogation expresse prévue par un texte spécial, ces règles s'imposent y compris devant les juridictions devant normalement être saisies par voie d'assignation [5]. Aussi bien, en l'absence de toute déclaration de saisine, le dépôt au greffe d'un acte de signification comportant assignation méconnaît les exigences légales [6]. Si les mentions de la déclaration sont incomplètes, elles peuvent être suppléées par les documents qui l'accompagnent, notamment l'acte de signification de l'arrêt de renvoi [7]. En cas de décès de la partie adverse, l'acte de saisine doit néanmoins viser cette partie et non ses héritiers [8]. Enfin, la manière de le faire parvenir au greffe est fonction des règles en vigueur devant la juridiction en question : si, comme en matière sociale, le juge est valablement saisi par un acte adressé au greffe par courrier recommandé, la déclaration de saisine peut être faite suivant les mêmes modalités [9]. Et lorsque la juridiction de renvoi désignée est le premier président d'une cour d'appel, la saisine est valablement faite par déclaration au secrétariat-greffe de la cour d'appel qui orientera l'affaire vers le premier président constituant l'une des formations de la juridiction [10].

553.795 Délais de saisine : distinction. Le délai de signification de six mois courant à compter du prononcé d'un jugement rendu par défaut ne courant pas à l'égard des arrêts de cassation rendus par défaut [11], l'auteur de la saisine est seulement tenu d'observer deux délais : à peine d'irrecevabilité, la déclaration doit intervenir avant l'expiration d'un délai de quatre mois courant à compter de la notification éventuelle de l'arrêt de cassation, le prononcé de cet arrêt provoquant par ailleurs la reprise de l'instance d'appel, l'absence de diligence pendant deux ans entraîne la péremption de l'instance de renvoi.

553.796 Le délai de saisine de la juridiction de renvoi. Selon l'article 1034 alinéa 1er, C. pr. civ., il est d'une durée de **quatre mois** à compter de la **notification à partie** de l'arrêt de cassation. Une simple notification à avocat ne suffit donc pas à faire courir ce délai [12] dont le point de départ est fixé à la date de la signification faite à partie lorsque le ministère d'avocat est requis (C. pr. civ., art. 675). À défaut, le délai court à compter de la notification faite aux parties par le greffe de la Cour de cassation (C. pr. civ., art. 1022-1) sauf si l'arrêt de cassation a fait l'objet d'une notification préalable par acte d'huissier [13]. L'acte de notification doit, à peine de nullité, indiquer de manière très apparente ce délai ainsi que les modalités de saisine la juridiction de renvoi (C. pr. civ., art. 1035). Le délai court également contre celui qui notifie (C. pr. civ., art. 1034 [14]). La première notification régulièrement faite par le greffe fait courir le délai de quatre mois sans qu'une seconde notifi-

1. J. Boré, « Faut-il signifier l'arrêt de cassation avant de saisir la juridiction de renvoi ? », *Bull. ch. avoués* 1983. 57 – S. Guinchard, note s^s Civ. 2e, 12 déc. 1984, *Gaz. Pal.* 1985. 1. Pan. 116.
2. Civ. 2e, 5 mai 1986, n° 84-14.580, *Bull. civ.* II, n° 71 – Civ. 3e, 4 juin 1986, n° 84-70.143, *Bull. civ.* III, n° 87 – Soc. 30 avr. 1987, n° 84-41.492, *Bull. civ.* V, n° 235.
3. Civ. 2e, 23 mai 2001, n° 01-60.516, *Bull. civ.* II, n° 101.
4. Civ. 2e, 14 avr. 2005, n° 03-14.510, *Bull. civ.* II, n° 98.
5. Civ. 2e, 16 nov. 1988, n° 87-11.230, *Bull. civ.* II, n° 222.
6. Com. 25 janv. 1984, n° 82-12.658, *Bull. civ.* IV, n° 36.
7. Soc. 20 févr. 1991, n° 87-41.016, *Bull. civ.* V, n° 89.
8. Civ. 2e, 21 oct. 1992, n° 90-10.493, *Bull. civ.* II, n° 245.
9. Soc. 20 févr. 1991, n° 87-41.016 (préc. s^s prés^t. n°).
10. Civ. 2e, 6 mai 2004, n° 02-17.972, *Bull. civ.* II, n° 206.
11. Civ. 2e, 2 mars 2000, n° 97-11.736, *Bull. civ.* II, n° 37; *RTD civ.* 2000. 637, obs. Perrot.
12. Civ. 2e, 12 déc. 1984, n° 83-15.745, *Bull. civ.* II, n° 192.
13. Soc. 7 janv. 1988, n° 85-42.000, *Bull. civ.* V, n° 7.
14. Com. 25 janv. 1984, n° 82-12.658, *Bull. civ.* IV, n° 36.

cation, dans ce délai, ne puisse en ouvrir un nouveau[1]. Il est à noter que les délais, dits « de distance », prévus aux articles 643, 644 et 645 C. pr. civ. ne s'appliquent pas au délai de saisine de la juridiction de renvoi[2].

553.797 La saisine de la juridiction de renvoi. Sanction. Faisant obstacle à la saisine de la juridiction de renvoi, l'expiration du délai de quatre mois prévu pour la saisine de la juridiction de renvoi confère autorité irrévocable de la chose jugée au jugement rendu en premier ressort lorsque la décision cassée est un arrêt d'appel (C. pr. civ., art. 1034, al. 2[3]); au contraire, si la décision cassée est un jugement rendu en premier et dernier ressort, la cassation replace les parties dans l'état où elles se trouvaient avant le jugement cassé sans que l'expiration du délai de quatre mois précité ne confère force de chose jugée à ce jugement[4]. Dans ce dernier cas, rien - hormis la prescription de l'action - ne fait alors obstacle à l'introduction d'une nouvelle instance devant le juge initialement compétent[5].

L'expiration du délai de quatre mois et l'irrecevabilité de la saisine de la juridiction de renvoi produisent ainsi le même effet que la péremption de l'instance, si bien que certains auteurs ont qualifié cette déchéance de « *péremption spéciale* »[6] ou « *péremption abrégée* ». Ces qualifications paraissent cependant moins adéquates que celle de forclusion adoptée par la Haute juridiction[7] dans la mesure où - comme toutes les déchéances encourues du fait du non-respect des délais de procédure intéressant l'ordre public visées à l'article 125 C. pr. civ. - le délai de quatre mois est prescrit « *à peine d'irrecevabilité relevée d'office* » (C. pr. civ., art. 1034[8]) tandis que - quant à elle - la péremption n'opère jamais de plein droit. En outre le délai de quatre mois ne semble pouvoir faire l'objet ni de suspension ni d'interruption.

553.798 Le délai de péremption d'instance. En droit commun, l'instance s'ouvre par la saisine de la juridiction appelée à trancher le litige et prend fin lorsque cette juridiction a épuisé sa saisine en statuant sur celui-ci[9]. Mais, dans l'hypothèse d'un renvoi après cassation, il est admis depuis fort longtemps[10] que l'instance d'appel reprend au fond avant toute saisine de la juridiction désignée pour statuer à nouveau sur le point litigieux, les parties étant automatiquement replacées dans l'état où elles se trouvaient avant la décision cassée[11]. En conséquence, le délai de péremption d'instance prévu à l'article 386 C. pr. civ. commence à courir avant toute saisine de la juridiction de renvoi (sauf lorsque la procédure n'est pas assimilée à une instance au sens du C. pr. civ., art. 397 s., comme en matière d'expropriation pour cause d'utilité publique[12]).

553.799 Point de départ. Pour déterminer le point de départ de ce délai, les auteurs avaient formulé diverses propositions[13]. Quant à elle, la Cour de cassation distingue selon que l'arrêt de cassation a été rendu contradictoirement ou par défaut. Dans la première hypothèse, le délai de péremption court du jour du prononcé de l'arrêt de cassation. Si au contraire celui-ci a été rendu par défaut (le défendeur n'ayant pas constitué avocat ou n'ayant pas régulièrement produit de mémoire en défense), le délai court à compter du prononcé contre le demandeur au pourvoi, mais à partir de la date de la signification de l'arrêt à partie contre la partie défaillante. Les arrêts récents n'apportent pas de solutions nouvelles sur ce point[14].

Deux décisions apportent toutefois un éclairage nouveau sur la notion de diligences interruptives. Alors qu'il avait été jugé que ni la notification de l'arrêt de cassation à avocat, ni sa signification à partie, ne pouvaient interrompre le délai de péremption d'instance[15], la Cour de cassation considère aujourd'hui que la notification à avocat intervenue moins de deux ans après l'arrêt de cassation constitue une diligence au sens de l'article 386 C. pr. civ. et fait courir un nouveau délai[16].

553.801 Régime. L'exception de péremption ne présente pas de particularité par rapport au droit commun. Conformément à l'article 388 C. pr. civ., elle doit être demandée ou opposée avant tout autre moyen, à peine d'irrecevabilité[17]. Comme l'expira-

1. Civ. 2e, 3 avr. 2003, nº 01-04.043, *Bull. civ.* II, nº 91; *D.* 2003. IR 1134.
2. Soc. 4 mars 1999, nº 97-14.363, *Bull. civ.* V, nº 95 – Civ. 2e, 27 mai 2004, nº 02-17.897, *Bull. civ.* II, nº 242; *Procédures* août-sept. 2004, nº 176, obs. Perrot.
3. Com. 25 janv. 1984, nº 82-12.658, *Bull. civ.* IV, nº 36.
4. Civ. 2e, 27 sept. 2012, nº 11-22.050, *Bull. civ.* II, nº 153.
5. Civ. 3e, 11 avr. 2012, nº 11-12.851, *Bull. civ.* III, nº 56 – V. AUSSI, obs. P. Julien, ss Civ. 2e, 25 janv. 1984, nº 81-16.170, *Bull. civ.* II, nº 16; *D.* 1984. IR 239 – J. Vincent et S. Guinchard, *Procédure civile*, 25e éd., « Précis », Dalloz, nº 1563 – Civ. 2e, 25 mars 1992, nº 90-19.854, *Bull. civ.* II, nº 104.
6. H. Solus et R. Perrot, *Droit judiciaire privé*, Sirey, 1961, t. 1, nº 1204.
7. Civ. 3e, 4 juin 1986, nº 84-70.143, *Bull. civ.* III, nº 87.
8. Com. 25 janv. 1984, nº 82-12.658 (préc. ss prést nº).
9. PAR EX., Civ. 3e, 9 déc. 1986, nº 85-70.199, *Bull. civ.* III, nº 173.
10. E. Faye, *La Cour de cassation*, Marescq, 1903, nº 271.
11. Civ. 3e, 6 mars 1991, nº 89-13.867, *Bull. civ.* III, nº 78.
12. Civ. 3e, 11 mars 1971, nº 70-70.087, *Bull. civ.* III, nº 179.
13. V. E. Faye, *La Cour de cassation*, Marescq, 1903, nº 271 – H. Solus et R. Perrot, *Droit judiciaire privé*, Sirey, 1961, t. 1, nº 1204.
14. Civ. 2e, 1er déc. 1982, nº 81-13.866, *Bull. civ.* II, nº 154 – Civ. 2e, 6 mars 1991, nº 89-16.857, *Bull. civ.* II, nº 79 – Civ. 3e, 9 févr. 1982, nº 81-70.351, *Bull. civ.* III, nº 40.
15. Soc. 27 févr. 1969, *Bull. civ.* IV, nº 145.
16. Soc. 13 févr. 1985, nº 83-44.889, *Bull. civ.* V, nº 110 – Com. 28 avr. 1987, nº 85-16.164, *Bull. civ.* IV, nº 101.
17. Civ. 2e, 23 nov. 1988, nº 87-18.288, *Bull. civ.* II, nº 229 – Civ. 2e, 16 juill. 1993, nº 92-11.580, *Bull. civ.* II, nº 260.

tion du délai de quatre mois courant après l'éventuelle signification à partie de l'arrêt de cassation, la péremption de l'instance d'appel confère au jugement force de chose jugée même s'il n'a pas été notifié[1], peu important que l'arrêt cassé soit confirmatif ou infirmatif[2].

Lorsque la décision cassée est un jugement rendu en premier et dernier ressort, l'expiration du délai de péremption de l'instance n'éteint pas l'action, qui peut être reprise à condition de n'être pas prescrite.

b)

Instruction devant la juridiction de renvoi

553.810 **Plan.** L'article 631 C. pr. civ. dispose que « *devant la juridiction de renvoi, l'instruction est reprise en l'état de la procédure non atteinte par la cassation* ». Il convient donc de s'interroger sur la procédure non atteinte par la cassation, en l'état de laquelle l'instruction sera reprise par la juridiction de renvoi.

553.811 **Procédure non atteinte par la cassation : portée.** Lorsque la décision censurée émane d'une juridiction du second degré, la cassation n'atteint tout d'abord jamais le jugement de première instance, que l'arrêt cassé ait été infirmatif ou confirmatif[3]. La cassation a pour effet de replacer la cause et les parties dans l'état où elles se trouvaient avant la décision cassée, c'est-à-dire, dans cette hypothèse, en cause d'appel.

– **La procédure non atteinte par la cassation, c'est aussi toute la procédure suivie devant la juridiction dont la décision a été cassée, notamment l'acte introductif d'instance.** Par conséquent, c'est à la date de la requête introductive d'instance qu'un tribunal d'instance statuant comme juridiction de renvoi doit se placer pour apprécier, au vu des élections pour le renouvellement du comité d'entreprise, l'existence d'une unité économique et sociale[4]. Viole les articles 552 alinéa 1er et 631 C. pr. civ. la cour d'appel statuant sur renvoi après cassation qui, pour déclarer irrecevable la demande formée devant elle par une partie condamnée solidairement avec une autre au paiement d'une certaine somme, retient que cette partie n'est pas appelante du jugement déféré et n'est pas non plus appelante incidente, alors qu'il résulte des constatations de l'arrêt que cette partie s'était jointe à l'instance d'appel qui se poursuivait devant la juridiction de renvoi[5].

– **Le juge de renvoi doit-il tenir compte des écritures échangées par les parties devant la juridiction dont la décision a été censurée ?** Il faut distinguer selon que les parties ont ou non comparu et conclu devant le juge de renvoi. Lorsqu'après avoir comparu devant la juridiction dont la décision a été cassée, l'une des parties ne comparaît pas, elle est réputée s'en tenir aux moyens et prétentions qu'elle avait soumis à la juridiction dont la décision a été cassée et le juge statue par jugement contradictoire[6]. En revanche, « *dès lors qu'une partie comparaît et conclut devant une juridiction de renvoi, celle-ci n'est tenue de répondre qu'aux prétentions et moyens formulés devant elle* »[7]. Autrement dit, est obsolète la jurisprudence qui décidait que le juge de renvoi devait non seulement répondre aux écritures prises devant lui mais aussi aux conclusions déposées devant la juridiction ayant rendu la décision cassée[8]. La nouvelle solution se conçoit notamment au regard des dispositions du décret du 28 décembre 1999 dont il résulte que le juge n'est jamais saisi que des conclusions récapitulatives ou, à défaut, des dernières écritures prises devant lui. On rappellera toutefois que cette règle ne vaut que lorsque la procédure est écrite, et l'on s'interrogera alors sur l'application – expressément prévue par l'arrêt d'assemblée plénière précité – « *alors même que la procédure est orale* ».

– **Les pièces communiquées** devant la juridiction dont la décision a été cassée font partie de la procédure maintenue au même titre que les écritures des parties. Une nouvelle communication de ces pièces n'est donc pas nécessaire, sauf mise en demeure[9].

– Un arrêt illustre clairement le maintien de toute la procédure ayant précédé la décision censurée : en cas de cassation d'un arrêt ayant statué sur le divorce et sur la pension alimentaire, est maintenue la décision du conseiller de la mise en état ayant, à titre provisoire dans l'attente de la décision sur le fond, statué sur la pension alimentaire[10].

– En revanche, est atteinte par la cassation **l'ordonnance de clôture** prise par la juridiction dont la décision a été censurée[11], mais pas les écritures de l'intimé demandant le prononcé de la clôture de l'instruction et le jugement de l'affaire au vu des conclusions de première instance faute pour l'appelant d'avoir conclu dans les quatre mois de la déclaration d'appel[12].

– De même, la cassation d'une décision entraînant de plein droit la nullité de l'expertise qui en est

1. Civ. 2e, 27 juin 1990, no 89-14.276, *Bull. civ.* II, no 149.
2. Civ. 2e, 6 mars 1991, no 89-15.540, *Bull. civ.* II, no 78; *D.* 1992. 88, obs. Derrida; *RTD civ.* 1991. 800, obs. Perrot.
3. Com. 14 mars 1984, no 82-13.658, *Bull. civ.* IV, no 105.
4. Soc. 7 oct. 1982, no 81-60.955, *Bull. civ.* V, no 533.
5. Civ. 2e, 20 janv. 2005, no 03-13.607, *Bull. civ.* II, no 16.
6. Civ. 1re, 19 juin 2007, no 06-20.240, *Bull. civ.* I, no 238; *D.* 2007. 2690, obs. Douchy-Oudot; *RTD civ.* 2007. 811, obs. Perrot.
7. Cass., ass. plén., 26 oct. 2001, no 99-60.559, *Bull. ass. plén.*, no 12; *RTD civ.* 2002. 148, obs. Perrot.
8. Civ. 2e, 9 févr. 1994, no 92-15.853, *Bull. civ.* II, no 51.
9. Com. 7 juill. 1987, no 86-12.255, *Bull. civ.* IV, no 178.
10. Civ. 2e, 10 nov. 1999, no 97-19.277, *Bull. civ.* II, no 166; *RTD civ.* 2000. 92, obs. Hauser.
11. Civ. 2e, 15 févr. 1995, no 93-13.213, *Bull. civ.* II, no 50.
12. Civ. 2e, 20 janv. 2005, no 03-14.750, *Bull. civ.* II, no 19; *RTD civ.* 2005. 454, obs. Perrot.

l'exécution, le juge de renvoi ne peut se fonder sur le rapport rendu sur le fondement de l'arrêt cassé[1].

553.812 Résumé. Ainsi, la procédure non atteinte par la cassation couvre l'acte introductif de première instance et tous les actes de procédure subséquents jusqu'à l'ordonnance de clôture, non incluse, prise par la juridiction dont la décision a été censurée.

553.813 Reprise de l'instruction : portée. La tâche du juge de renvoi ne consiste pas à juger à nouveau une affaire déjà instruite. L'instruction reprend devant le juge de renvoi.

– Les parties peuvent donc d'abord « *invoquer de nouveaux moyens à l'appui de leurs prétentions* » (C. pr. civ., art. 632) : la Cour de cassation rappelle régulièrement ce principe[2]. Les seuls obstacles à la présentation de moyens nouveaux ne tiennent pas à la spécificité de la procédure de renvoi mais à des règles procédurales d'ordre général, applicables en particulier devant la juridiction de renvoi. Ainsi en est-il de la règle selon laquelle les exceptions de compétence doivent être soulevées avant toute défense au fond (C. pr. civ., art. 74). Si une partie a présenté des défenses au fond tant devant le juge initialement saisi que devant la Cour de cassation, elle n'est plus ensuite recevable à soulever une exception d'incompétence devant la juridiction de renvoi[3].

– S'agissant des demandes, l'article 633 C. pr. civ. prévoit que « *la recevabilité des prétentions nouvelles est soumise aux règles qui s'appliquent devant la juridiction dont la décision a été cassée* ». Ainsi, est recevable la demande d'indemnité fondée sur l'article 700 C. pr. civ., et formée pour la première fois devant un conseil de prud'hommes statuant sur renvoi après cassation, s'agissant d'une demande dérivant du même contrat de travail, recevable en tout état de cause conformément à l'article R. 1452-7 du Code du travail (C. trav., anc. art. R. 516-2)[4]. Et si le taux de ressort est alors dépassé devant le juge de renvoi, il doit statuer en premier ressort, bien que la juridiction initialement saisie eût prononcé une décision en premier et dernier ressort[5].

– Enfin, les parties peuvent produire de nouveaux éléments de preuve à l'appui de leurs prétentions[6]. Elles peuvent aussi solliciter une nouvelle mesure d'instruction en cas de difficulté survenue en cours d'instance[7].

– En revanche, l'appelant ne peut pas déposer de conclusions devant la juridiction de renvoi lorsque, devant le juge dont la décision a été cassée, il n'avait pas déposé d'écritures dans les quatre mois de la déclaration d'appel et que l'intimé avait sollicité le prononcé de la clôture de l'instruction : le juge de renvoi est alors tenu de statuer au seul vu des conclusions de première instance[8].

1. Civ. 3e, 31 oct. 2001, no 99-12.181, *Bull. civ.* III, no 116.
2. V. NOT., Civ. 2e, 12 mai 1980, no 78-15.689, *Bull. civ.* II, no 107.
3. Soc. 26 mars 1981, no 79-41.392, *Bull. civ.* V, no 263.
4. Soc. 26 mars 1981, no 79-41.392, *Bull. civ.* V, no 263.
5. Soc. 24 avr. 1980, no 78-41.081, *Bull. civ.* V, no 356.
6. Civ. 2e, 15 févr. 1995, no 93-13.213, *Bull. civ.* II, no 50.
7. Soc. 6 févr. 1985, no 83-14.923, *Bull. civ.* V, no 80.

c)

Décision de la juridiction de renvoi

553.820 Plan. L'article 638 C. pr. civ. dispose que « *l'affaire est à nouveau jugée en fait et en droit par la juridiction de renvoi* ». La plénitude de juridiction ainsi énoncée permet d'abord à la juridiction de renvoi de statuer tant sur la compétence que sur le fond. Elle lui permet encore de se prononcer singulièrement sur les dépens. Elle lui confère enfin une quasi totale liberté pour choisir le sens qu'elle entendra donner à sa décision.

553.821 Droit de statuer sur la compétence et sur le fond : principe. La juridiction de renvoi ne peut en principe se poser la question de sa compétence que si le débat devant la Cour de cassation portait lui-même sur une question de compétence.

Le cas échéant, et après cassation d'un jugement d'incompétence, la juridiction peut, si elle se déclare compétente, statuer à la fois sur la compétence et sur le fond. Et, s'agissant d'une cour d'appel, elle peut évoquer le fond de l'affaire dans les conditions de l'article 568 C. pr. civ., même si la juridiction dont la décision a été cassée ne l'avait pas fait. Les arrêts récents n'apportent aucun éclairage nouveau sur ces questions depuis longtemps réglées.

553.822 Dépens : évolution. Avant l'entrée en vigueur du décret du 7 novembre 1979, le juge de renvoi ne pouvait pas condamner aux frais de l'arrêt cassé la partie ayant obtenu la cassation. Il devait se borner à statuer sur les frais antérieurs à l'arrêt cassé ou sur ceux postérieurs à la cassation.

Aujourd'hui, alors que pour les dépens exposés devant elle, la juridiction de renvoi est tenue de motiver spécialement sa décision d'en mettre la charge totale ou partielle sur une autre partie que la partie perdante (C. pr. civ., art. 696), elle a le pouvoir de condamner la partie perdante devant elle à supporter l'intégralité des dépens, y compris ceux afférents à la décision cassée à son profit (C. pr. civ., art. 639), sans avoir à motiver spécialement sa décision sur ce point[9]. Seule la décision de la Cour de cassation relative aux frais et dépens exposés dans le cadre du pourvoi s'impose donc à la juridiction de renvoi.

8. Civ. 2e, 20 janv. 2005, no 03-14.750, *Bull. civ.* II, no 19 ; *RTD civ.* 2005. 454, obs. Perrot.
9. Civ. 1re, 22 juin 1983, no 82-12.260, *Bull. civ.* I, no 184 – Com. 21 juill. 1987, no 84-17.105, *Bull. civ.* IV, no 205.

553.823 Extension aux frais non compris dans les dépens. Quoique l'article 639 C. pr. civ. précité ne vise que « *les dépens* », la troisième chambre civile de la Cour de cassation a jugé que la juridiction de renvoi peut se prononcer sur l'ensemble des frais exposés devant les juges du fond, y compris ceux non inclus dans les dépens [1].

553.824 Juridiction de renvoi et sens de la décision. La règle est que la juridiction de renvoi est libre, sur le litige qui lui est attribué, de statuer dans le sens qu'elle veut. Il faut apprécier la pleine mesure de cette règle, tant à l'égard de la décision cassée, qu'à l'égard de l'arrêt de censure.

553.825 Pouvoirs du juge de renvoi à l'égard de la décision cassée. Dire que le juge de renvoi n'est pas lié par la décision cassée peut apparaître évident. On imagine mal en effet qu'un juge puisse être tenu par une décision censée n'avoir jamais existé. Il convient toutefois de rappeler la règle selon laquelle « *la cassation qui atteint un chef de dispositif n'en laisse rien subsister, quel que soit le moyen qui a déterminé cette cassation* ». Cette règle signifie que le juge de renvoi n'est lié par aucune des considérations de fait ou de droit ayant justifié la disposition censurée, une seule d'entre elles seulement aurait-elle été critiquée par le moyen de cassation accueilli.

553.826 Pouvoirs du juge de renvoi à l'égard de l'arrêt de cassation. La liberté du juge de renvoi à l'égard de l'arrêt de cassation est également la règle.

- Le juge de renvoi peut, à condition de ne pas méconnaître sa liberté d'appréciation et de ne pas s'estimer lié par l'arrêt de cassation [2], se conformer purement et simplement à la solution juridique qu'il a posée. Il est même admis que la juridiction de renvoi puisse expressément s'y référer [3].

Le pourvoi formé contre cette nouvelle décision sera alors rejeté s'il se borne à critiquer l'arrêt de la juridiction de renvoi en ce qu'il est conforme à l'arrêt de censure : les moyens qui tendent à remettre en cause la doctrine de l'arrêt de cassation sont en effet irrecevables [4]. Les parties ne sont donc jamais admises à résister à la solution juridique posée par un arrêt de cassation intervenu dans le cadre de leur litige.

- Le juge de renvoi (sans pour autant pouvoir exercer un contrôle de légalité de l'arrêt qui le saisit [5]) peut, lui, résister à la doctrine de la Haute juridiction : en statuant dans le même sens que celui de la décision censurée, par des considérations de fait identiques. Il lui est simplement interdit de se borner à se référer aux motifs de l'arrêt cassé [6].

Le pourvoi qui sera alors formé, s'il reprend les moyens déjà soulevés dans le cadre de la première instance en cassation, sera examiné par l'assemblée plénière de la Cour de cassation (COJ, art. L. 431-6). La juridiction de renvoi qui sera saisie après cette seconde cassation devra alors s'incliner, c'est-à-dire se conformer à la doctrine de l'assemblée plénière (COJ, art. L. 431-4, al. 2). L'atteinte ainsi portée à la liberté du juge de renvoi est cependant limitée : « *La juridiction de renvoi n'est tenue de se conformer à la décision de l'assemblée plénière que sur les points de droit jugés par celle-ci, et reste donc libre de modifier les constatations et appréciations de fait contenues dans la décision cassée* » [7].

Une jurisprudence vient préciser que « lorsque le dispositif d'un arrêt de la Cour de cassation mentionne que l'arrêt attaqué est cassé dans toutes ses dispositions, la cassation est totale même si la Cour de cassation a prononcé le rejet de certains des moyens qui avaient été formés » [8]. Cette décision illustre la différence de traitement entre le juge de renvoi et les parties à l'instance de renvoi.

Le juge de renvoi, qui devra à nouveau examiner le chef de dispositif visé par le moyen rejeté, pourra, le cas échéant, résister à la doctrine que la Cour de cassation aura posée en rejetant ce moyen; le rejet n'est en effet prononcé que « *pour éclairer le juge de renvoi sur la doctrine de la Cour de cassation* » [9]. En revanche, la partie qui avait fait valoir le moyen de cassation, rejeté une première fois, ne devrait pas pouvoir le faire valoir dans le cadre d'un second pourvoi si la juridiction de renvoi venait à statuer, sur ce point, dans le même sens que celui de la décision de la juridiction initialement saisie. En ce qu'il tendrait à remettre en cause la doctrine de la Cour de cassation, affirmée dans le cadre du premier pourvoi, le moyen serait irrecevable.

553.827 Effet de la décision rendue sur renvoi. Une fois rendue, la décision de la juridiction de renvoi se substitue à la décision cassée, au point de valider rétroactivement, dans l'hypothèse où la nouvelle décision confirme l'existence d'une créance, une saisie immobilière pratiquée en vertu de l'arrêt cassé [10]. La solution est remarquable, car on aurait pu aussi bien imaginer que la mesure d'exécution avait été annulée par voie de conséquence, en vertu de l'article 625 C. pr. civ. Cette solution s'explique par le fait que « *l'arrêt de cassation ne vaut titre que jusqu'à la*

1. Civ. 3e, 12 juill. 1988, no 87-10.445, *Bull. civ.* III, no 129.
2. Civ. 2e, 11 janv. 1995, no 93-12.754, *Bull. civ.* II, no 6.
3. Civ. 1re, 9 mars 1982, no 81-10.738, *Bull. civ.* I, no 100.
4. Civ. 2e, 26 oct. 2000, no 98-19.387, *Bull. civ.* II, no 145 – Cass., ass. plén., 9 juill. 1993, no 89-19.211, *Bull. ass. plén.*, no 13; *D.* 1993. 469 – Cass., ass. plén., 21 déc. 2006, no 05-17.690, *Bull. ass. plén.*, no 14.
5. Soc. 17 sept. 2003, no 02-43.599, *Bull. civ.* V, no 231; *D.* 2003. 2482.
6. Com. 11 févr. 1986, no 85-14.387, *Bull. civ.* IV, no 6.
7. Soc. 4 févr. 1982, no 81-60.388, *Bull. civ.* V, no 65.
8. Civ. 1re, 20 juin 1995, no 92-16.555, *Bull. civ.* I, no 265 – Civ. 1re, 7 déc. 1999, no 97-15.613, *Bull. civ.* I, no 334.
9. Civ. 1re, 2 mai 2001, no 98-14.416, *Bull. civ.* I, no 109.
10. Civ. 2e, 20 oct. 1993, no 92-11.066, *Bull. civ.* II, no 290.

décision de la juridiction de renvoi »[1]. Il a toutefois été jugé que la décision de la juridiction de renvoi, déboutant des débiteurs de leur demande tendant à la conversion d'une saisie en vente volontaire, n'a pas pour effet de faire revivre le jugement d'adjudication annulé en conséquence de la cassation prononcée[2].

553.828 **Conclusion.** Si, comme toutes les juridictions du fond statuant en dernier ressort, la juridiction de renvoi est susceptible de voir sa décision déférée à la Cour de cassation, elle doit en outre compter avec l'intervention préalable de la Haute juridiction. Sur le litige qui est soumis à la juridiction de renvoi, et sous réserve d'une évolution de celui-ci devant elle, la Cour de cassation a déjà dit son mot : elle l'a strictement délimité, elle a dit qui doit le trancher, elle a dit comment il convient de le trancher... autant d'indications qui font de la juridiction de renvoi une juridiction particulièrement encadrée. L'étude des décisions les plus récentes de la Cour de cassation révèle que l'étendue des pouvoirs traditionnellement prêtés à la juridiction de renvoi se réduit, en fait, à un petit îlot de liberté.

Situation heureuse ou regrettable ? Elle a au moins le mérite de nourrir l'éternel débat opposant ceux qui dénoncent l'élargissement constant des pouvoirs de la Cour de cassation, et ceux qui y voient l'intérêt bien compris des parties, lesquelles, au terme d'une longue procédure, devraient pouvoir trouver dans l'arrêt de cassation la garantie que la juridiction de renvoi ne commettra pas de nouvelles erreurs.

§ 3
Rectification d'arrêt (anciennement « rabat d'arrêt »)

553.831 **Erreur de pure procédure.** Lorsqu'un arrêt de la Cour de cassation est entaché d'une **erreur de pure procédure exclusivement imputable à la Cour de cassation**[3], et non d'une erreur de droit qu'aurait commise celle-ci[4], il est admis que la partie à l'arrêt qui y a intérêt puisse solliciter que l'arrêt soit rectifié (la rectification d'arrêt doit dans tous les cas être requis par l'intermédiaire d'un avocat au Conseil d'État et à la Cour de cassation) : il y a ainsi lieu à rectification d'arrêt lorsqu'une déchéance a été prononcée pour défaut de production du mémoire ampliatif, alors que le demandeur l'avait effectivement établi et que ce n'est qu'au terme d'une erreur de classement imputable aux services de la Cour de cassation qu'il ne figurait pas dans le dossier[5].

Cette situation, qui demeure exceptionnelle – pour les raisons qu'elle porte atteinte au principe d'interdiction des recours contre les arrêts de la Cour de cassation d'une part, que les erreurs de pure procédure sont rares, d'autre part, et enfin, et en tout état de cause, qu'elles sont difficiles à démontrer[6] –, aboutit à la mise à néant de l'arrêt intervenu et à **un nouvel examen du pourvoi.**

§ 4
Frais du pourvoi

A.
Dépens

553.841 **Contenu.** Devant la Cour de cassation, les dépens ne constituent pas une charge considérable dans la mesure où ils ne recouvrent que les frais de signification des mémoires et de l'arrêt.

Dans les hypothèses où la Cour de cassation rend un arrêt de cassation sans renvoyer l'affaire aux juges du fond, elle se prononce sur la charge des dépens afférents aux instances devant les juges du fond (C. pr. civ., art. 627, al. 3).

Ils sont traditionnellement mis à la charge de la partie perdante.

B.
Frais irrépétibles

553.851 **Charge des frais.** L'article 629 C. pr. civ. dispose que « *sans préjudice de l'application des dispositions de l'article 700, la Cour de cassation peut laisser la totalité ou une fraction des dépens à la charge d'une partie autre que celle qui succombe* ». Cette disposition n'appelle pas d'observation particulière. On rappellera simplement que le défendeur au pourvoi doit obligatoirement présenter sa demande au titre des frais irrépétibles avant l'expiration du délai imparti pour le dépôt de son mémoire[7].

C.
Condamnations pécuniaires en cas de pourvoi abusif

553.861 **Amende civile et indemnité.** En cas de pourvoi jugé abusif, le demandeur s'expose à deux sanctions d'ordre pécuniaire. Aux termes de l'article 628 C. pr. civ., il peut être condamné – dans la limite de 3 000 euros[8] – à une amende civile, d'une part, et,

1. Civ. 2e, 18 nov. 1987, n° 86-15.342, *Bull. civ.* II, n° 227.
2. Civ. 2e, 5 juill. 2001, n° 99-19.427, NP.
3. Civ. 2e, 27 nov. 1991, n° 91-15.678, *Bull. civ.* II, n° 322.
4. Civ. 2e, 12 déc. 1990, n° 90-60.298, *Bull. civ.* II, n° 260.
5. Soc. 12 nov. 1969, *Bull. civ.* V, n° 604.
6. Civ. 2e, 27 nov. 1991, n° 91-15.678, *Bull. civ.* II, n° 322.
7. Civ. 2e, 28 mai 1986, n° 84-16.686, *Bull. civ.* II, n° 84 – Civ. 1re, 12 nov. 1987, n° 85-17.187, *Bull. civ.* I, n° 288.
8. Anct 20 000 francs.

dans la même limite, à une indemnité envers le défendeur. Le défendeur au pourvoi qui entend solliciter l'allocation d'une indemnité sur le fondement de ce texte doit formuler sa demande avant l'expiration du délai prévu pour le dépôt de son mémoire.

SECTION 4
LA SAISINE POUR AVIS

553.871 Rôles non juridictionnels de la Cour de cassation. La loi n° 91-491 du 15 mai 1991 [1] a permis aux juridictions de l'ordre judiciaire, et à elles seulement [2], de saisir la Cour de cassation en matière civile pour connaître son avis sur une question de droit nouvelle présentant une difficulté sérieuse et se posant dans de nombreux litiges, et à condition qu'elle commande l'issue du procès (COJ, art. L. 441-1 à L. 441-4) [3]. La procédure existait déjà pour l'ordre administratif, au profit du Conseil d'État (L. n° 87-1127, 31 déc. 1987 [4], art. 12) et la loi de 1991 en a repris le mécanisme, inspiré du référé législatif du droit intermédiaire [5] et du pourvoi dans l'intérêt de la loi, mais à titre préventif. Par certains aspects, cette procédure s'apparente à celle des questions préjudicielles... mais facultatives; elle est la manifestation d'un besoin de dialogue entre les juges [6]. Dix ans après, la loi du 25 juin 2001 lui a apporté quelques retouches et l'a étendue à la matière pénale.

La Cour doit se prononcer dans les trois mois de sa saisine au sein d'une formation spéciale intermédiaire entre l'assemblée plénière et la chambre mixte (sur laquelle, v. s[s] n° 553.872), le ministère public entendu. Si la demande d'avis, formulée par un jugement non susceptible de recours, suspend l'instance au fond (sauf mesures d'urgence ou conservatoires), l'avis rendu, qui doit être communiqué aux parties à l'instance, ne s'impose pas aux juges du fond, afin de ne pas heurter l'article 5 du Code civil qui prohibe les arrêts de règlement. Les articles 1031-1 à 1031-7 C. pr. civ. en fixent les modalités pratiques [7], avec cette précision que la saisine pour avis ne fait pas obstacle à ce que le juge ordonne des mesures d'urgence ou conservatoires nécessaires (C. pr. civ., art. 1031-1, al. ajouté par Décr. n° 2008-522, 2 juin 2008 [8]). Dans ses décisions la Cour de cassation a été amenée à préciser qu'il n'y avait pas lieu à avis si l'une de ses chambres devait statuer prochainement sur la question posée [9], ou si celle-ci relevait de la procédure de la question préjudicielle de l'article 234 du traité CE (ex art. 177) [10], ou interrogeait la Cour de cassation sur la compatibilité d'une norme nationale avec une norme de la Convention européenne des droits de l'homme [11]. Dans tous les cas, et bien que les textes ne le prévoient pas, un rapporteur a été désigné. Si le juge qui sollicite l'avis n'a pas avisé le parquet (et les parties), la Cour de cassation a d'abord jugé que la demande était irrecevable [12], avant de revenir sur cette solution [13], ce qui l'a conduite à préconiser une modification de l'article 1031-1 C. pr. civ. dans son rapport annuel [14]; finalement, le décret n° 2005-460 du 13 mai 2005 [15] tranche en faveur de l'irrecevabilité et la Cour s'incline [16]. Lorsque la Cour a rendu un avis et que l'une de ses chambres n'est pas d'accord

1. L. n° 91-491, 15 mai 1991, modifiant le Code de l'organisation judiciaire et instituant la saisine pour avis de la Cour de cassation, *JO* 18 mai, p. 6790.
2. « Les bureaux d'aide juridictionnelle ne sont pas des juridictions » (Cass., avis, 9 juill. 1993, n° 09-30.010, *Bull. avis*, n° 9; *D.* 1994. 137, note Laroche de Roussane).
3. Cass., avis, 23 avr. 2007, n° 07-00.008, *Bull. crim.* n° 3; *BICC* 1er juill. 2007, rapp. Labrousse et obs. Fréchède.
4. L. n° 87-1127, 31 déc. 1987, portant réforme du contentieux administratif, *JO* 1er janv. 1988, p. 7.
5. Sur celui-ci, C. Block et J. Hilaire, « Interpréter la loi. Les limites d'un grand débat révolutionnaire », *Mél. de Smidt*, 1988, Amsterdam, p. 29 – B. Oppetit, « La résurgence du rescrit », *D.* 1991. 105.
6. Sur le dialogue comme principe directeur du procès, v. S. Guinchard *et alii*, *Droit processuel. Droits fondamentaux du procès*, « Précis », Dalloz, 6e éd., 2011, n°s 546 s.
7. COMMENTAIRES : A.-M. Morgan De Rivery-Guillaud, *JCP* 1992. I. 3576 – A. Cœuret, *RTD civ.* 1991. 615 – F. Zenati, *D.* 1992. Chron. 247. BILAN : P. Chauvin, *BICC* 15 déc. 1993, p. 7 – R. 1993, Doc. fr., 1994, p. 53 – A.-M. Morgan De Rivery-Guillaud, *BICC* 15 déc. 1993, p. 12 – G. Wiederkehr, *Justices* 1995. 1. 258 – J. Normand, *Annales de droit*, Louvain, 1998-2, p. 125 – J. Buffet, « La saisine pour avis de la Cour de cassation », *BICC* 15 juin 2000 – C. Pelletier, « Quinze ans après : l'efficacité des avis de la Cour de cassation », *Mél. Jestaz*, Dalloz, 2006, p. 429 – V. AUSSI *L'inflation des avis en droit*, Colloque Montpellier, 7 juin 1996, Economica, 1998 – H. M. Darnanville, « La saisine pour avis du Conseil d'État et de la Cour de cassation », *AJDA* 2001. 416 – N. Molfessis, « Les avis spontanés de la Cour de cassation », *D.* 2007. 37.
8. Décr. n° 2008-522, 2 juin 2008, portant refonte de la partie réglementaire du code de l'organisation judiciaire, *JO* 4 juin, p. 3.
9. Cass., avis, 22 oct. 2012, n° 12-00.012, *Bull. avis*, n° 9.
10. Cass., avis, 9 oct. 1992, n° 92-05.000, (1re et 5e esp.), *Bull. avis*, n° 3; *D.* 1993. Somm. 188, obs. Julien; *D.* 1993. Somm. 196, note Gavalda.
11. A. Bugada, « La formation pour avis de la Cour de cassation, « juge des lois » ? », *Dr. et proc.* 2004. 137.
12. DÉCISION D'IRRECEVABILITÉ : Cass., avis, 29 avr. 1993, n° 09-30.002, *Bull. avis*, n° 3; *JCP* 1993. IV. 1572 – Cass., avis, 29 nov. 1993, n° 09-30.016, *Bull. avis*, n° 14 – Cass., avis, 27 juin 1994, n° 09-40.014, *Bull. avis*, n° 17 – Cass., avis, 8 mars 1996, n° 09-50.016, *Bull. avis*, n° 2; *D.* 1996. 360, obs. Julien.
13. Cass., avis, 1er déc. 2003, n° 00-30.002, P, *Bull. avis*, n° 2.
14. *R.* 2003, Doc. fr., 2004, p. 18.
15. Décr. n° 2005-460, 13 mai 2005, relatif aux compétences des juridictions civiles, à la procédure civile et à l'organisation judiciaire, *JO* 14 mai, p. 8343.
16. Cass., avis, 2 avr. 2012, n° 12-00.001, *Bull. avis*, n° 3 – Cass., avis, 24 nov. 2008, n° 08-00.012, *Bull. avis*, n° 8; *BICC* 15 mars 2009, rapp. Grignon Dumoulin et obs. Lautru.

avec le contenu de celui-ci, rien n'a été prévu; il serait sage dans ce cas de saisir l'assemblée plénière. De 1992 à juin 2000, la Cour a été saisie 139 fois[1]; en 2007, elle a été saisie de huit demandes en matière civile et a rendu dix-sept avis, toutes matières confondues; il semblerait que la procédure ne rencontre pas le succès escompté[2].

553.872 **Formation spéciale.** Même si les avis rendus par la Cour ne lient aucune juridiction, il est nécessaire, pour asseoir leur autorité, qu'ils soient rendus par une formation autre qu'une simple chambre. Cette formation spéciale comprend, en matière civile, le premier président, les six présidents de chambre et deux conseillers désignés par les chambres intéressées par la question (et non pas par toutes) (COJ, art. R. 441-1, al. 1er).

SECTION 5
QUESTION PRIORITAIRE DE CONSTITUTIONNALITÉ

553.881 **Principe.** La loi organique n° 2009-1523 du 10 décembre 2009 relative à l'application de l'article 61-1 de la Constitution (en vigueur depuis le 1er mars 2010 et applicable aux instances en cours) permet à un justiciable de poser au juge en charge d'examiner sa prétention une question prioritaire de constitutionnalité (QPC).

Il est donc désormais possible à une partie de faire juger que le droit qu'elle revendique lui est refusé par un texte législatif contraire à un droit ou à une liberté que la Constitution garantit ou, inversement, que le droit qui lui est opposé est accordé par un texte législatif contraire à une norme relevant du bloc de constitutionnalité (Constitution du 4 oct. 1958; Préambule de la Constitution du 4 oct. 1958; Déclaration des droits de l'homme; Préambule de la Constitution du 27 oct. 1946; principes fondamentaux reconnus par les lois de la République tels que les droits de la défense, la liberté d'association, *etc.*; Charte de l'environnement).

L'inconstitutionnalité invoquée doit viser un texte législatif et non pas réglementaire[3].

La QPC peut aussi bien être posée par le **demandeur** que par le **défendeur à l'action**, et ce à tous les stades du procès, y compris pour la première fois devant la Cour de cassation.

Sera-t-elle jugée recevable et sérieuse qu'elle sera *in fine* transmise au Conseil constitutionnel, seul en charge d'apprécier la constitutionnalité des lois.

Seront successivement examinées les modalités d'introduction de la QPC (§ 1), les conditions de sa transmission (§ 2) et la réponse qui y sera apportée (§ 3).

§ 1
Introduction de la question prioritaire de constitutionnalité

553.891 **Mode d'introduction.** La QPC ne peut être posée que par **une partie au litige**; elle ne peut donc être soulevée d'office par le juge (Ord. n° 58-1067, 7 nov. 1958[4], art. 23-1), pas même par la Cour de cassation (Ord. 7 nov. 1958, art. 23-5).

Dans tous les cas, la QPC est présentée dans un « *écrit distinct et motivé* » (Ord. 7 nov. 1958, art. 23-1, al. 1er et art. 23-5, al. 1er) devant le juge qui connaît de l'instance au cours de laquelle cette question est soulevée.

Cet écrit distinct et motivé fixe les limites de la QPC; ainsi, si elle est posée devant un juge du premier ou du second degré, aucun moyen nouveau ne peut, en cas de transmission à la Cour de cassation, être soulevé devant cette dernière[5].

Si la QPC peut être posée **à tous les stades du procès**, y compris pour la première fois devant la Cour de cassation (Ord. 7 nov. 1958, art. 23-5), la partie qui la soulève doit respecter les délais et règles applicables dans l'instance en cours; ainsi la QPC doit-elle être posée, selon les cas, *in limine litis* ou jusqu'à la clôture des débats, dans le délai du dépôt du mémoire ampliatif si elle émane du demandeur à un pourvoi en cassation ou dans le délai du dépôt du mémoire en défense si elle émane du défendeur au pourvoi; ainsi encore, doit-elle être rédigée par un mandataire habilité en cas de représentation obligatoire et notifiée ou signifiée à la partie adverse selon les règles générales applicables, devant le juge saisi, pour la communication des écritures (en matière orale, il n'est pas prévu d'exception à l'exigence d'un « *écrit distinct et motivé* » qui devra donc être déposé et communiqué au plus tard à l'audience).

À noter que les observations des autres parties sur la QPC doivent, si elles sont présentées par écrit, être contenues dans **un écrit distinct et motivé**. À défaut, elles ne peuvent être jointes à la décision transmettant la question (C. pr. civ., art. 126-2, al. 3). Ces observations ne sont encadrées par aucun délai lorsque la QPC est posée devant un juge du premier ou du second degré, l'article 126-4 C. pr. civ. disposant seulement que le juge statue « les parties entendues

1. De nombreux avis ont été rendus en matière de voies d'exécution, suite à la réforme du 9 juillet 1991 : M. Douchy, « Les avis de la Cour de cassation en matière de procédures civiles d'exécution », *Justices* 1997, n° 8, p. 51.
2. V. les réflexions de R. Libchaber, *RTD civ.* 2003. 157.
3. Civ. 2e, 31 mai 2012, n° 12-40.030, *Bull. civ.* II, n° 92.
4. Ord. n° 58-1067, 7 nov. 1958, portant loi organique sur le Conseil constitutionnel, *JO* 9 nov., p. 10129.
5. Com. 13 avr. 2012, n° 12-40.009, *Bull. civ.* IV, n° 83 – Soc. 20 mars 2013, n° 12-40.104, *Bull. civ.* V, n° 77.

ou appelées »; alors que lorsque la QPC est posée dans le cadre d'un pourvoi en cassation, les autres parties disposent d'un délai d'un mois pour remettre un mémoire en réponse sur la QPC, établi, remis et communiqué suivant les règles régissant le pourvoi (C. pr. civ., art. 126-10, al. 2).

§ 2
Transmission de la question prioritaire de constitutionnalité

553.901 Conditions de transmission à la Cour de cassation. La décision de transmettre ou non la QPC au Conseil constitutionnel revient exclusivement à la Cour de cassation, de sorte que si elle est posée devant un juge du premier ou du second degré, celui-ci doit lui-même préalablement transmettre la QPC à la Cour de cassation.

Le juge du premier ou du second degré ne transmettra la QPC que si trois conditions cumulatives sont réunies (Ord. 7 nov. 1958, art. 23-2) :

- la disposition législative dont la constitutionnalité est contestée doit être applicable au litige ou à la procédure;
- la même disposition ne doit pas avoir déjà été déclarée conforme à la Constitution dans les motifs ou le dispositif d'une décision du Conseil constitutionnel, sauf changement de circonstances;
- la question ne doit pas être dépourvue de caractère sérieux.

La juridiction du premier ou du second degré doit « statuer sans délai » sur la transmission de la QPC à la Cour de cassation, une fois les parties entendues ou appelées (C. pr. civ., art. 126-4, al. 1er).

La décision de transmission n'est susceptible d'aucun recours (C. pr. civ., art. 126-7, al. 2) et, le cas échéant, le juge sursoit à statuer sur la prétention originelle dont il a été saisi, dans l'attente des suites données à sa décision de transmission, sauf si la loi ou le règlement prévoit qu'il statue dans un délai déterminé ou en urgence, ou sauf encore en cas de conséquences manifestement excessives que pourrait provoquer le sursis (Ord. 7 nov. 1958, art. 23-3).

La décision de refus de transmission peut en revanche être contestée, mais seulement à l'occasion du recours formé contre la décision qui tranchera tout ou partie du litige (C. pr. civ., art. 126-7, al. 3).

Dans tous les cas, le greffe avise les parties de la décision (C. pr. civ., art. 126-7, al. 1er).

553.902 Conditions de transmission au Conseil constitutionnel. Qu'elle intervienne comme second filtre, lorsque la QPC lui est transmise par une juridiction inférieure, ou qu'elle soit directement saisie d'une QPC par le demandeur ou le défendeur à un pourvoi en cassation, la Cour de cassation renvoie ladite question au Conseil constitutionnel lorsque (Ord. 7 nov. 1958, art. 23-4) :

- la disposition législative dont la constitutionnalité est contestée est applicable au litige ou à la procédure;
- la même disposition n'a pas déjà été déclarée conforme à la Constitution dans les motifs ou le dispositif d'une décision du Conseil constitutionnel, sauf changement de circonstances;
- la question est nouvelle;
- la question présente un caractère sérieux.

La Cour de cassation statue dans un délai de trois mois à compter de la réception de la transmission de la QPC par la juridiction inférieure (Ord. 7 nov. 1958, art. 23-4) ou dans un délai de trois mois à compter de la présentation de la question soulevée devant elle dans le cadre d'un pourvoi en cassation (Ord. 7 nov. 1958, art. 23-5) et, dans ce dernier cas, il est sursis à statué sur le pourvoi en cassation, sauf urgence (Ord. 7 nov. 1958, art. 23-5, al. 4); la QPC est transmise d'office au Conseil constitutionnel sans réponse donnée par la Cour de cassation dans ce délai de trois mois.

La décision de la Cour de cassation de transmettre ou de ne pas transmettre la QPC au Conseil constitutionnel est notifiée aux parties dans les huit jours de son prononcé.

§ 3
Réponse apportée à la question prioritaire de constitutionnalité

553.911 Effets de la décision. Après que la décision de transmission de la Cour de cassation a été enregistrée au secrétariat général du Conseil constitutionnel, celui-ci en avise les parties ou leurs représentants et leur indique la date à laquelle ils doivent déposer leurs observations écrites.

Les actes et les pièces de la procédure, les avertissements ou les convocations sont transmis par la voie électronique ou, en tant que de besoin, par tout autre moyen de communication.

Les parties sont mises à même de présenter contradictoirement leurs observations.

La décision du Conseil constitutionnel est notifiée aux parties, communiquée à la Cour de cassation et, le cas échéant, à la juridiction devant laquelle la QPC a été originairement posée.

La décision du Conseil constitutionnel a un effet *erga omnes* à compter de sa publication au *Journal officiel*.

La déclaration d'inconstitutionnalité de la disposition législative contestée vaut abrogation.

553.912 Exemples. Quelques décisions du Conseil constitutionnel méritent ici d'être citées, qui ont précisé :

– qu'il peut être soutenu, à l'appui d'une QPC, que le législateur a méconnu l'étendue de sa compétence en déléguant (à une autorité administrative, au pouvoir réglementaire, à une collectivité publique, *etc.*) le soin de définir des principes relevant du domaine de la loi[1], et ce dans le cas bien sûr où se trouve affecté par cette « *incompétence négative* » un droit ou une liberté que la Constitution garantit[2];

– de même que peut être contestée l'interprétation donnée par le Conseil d'État ou la Cour de cassation à une disposition législative, si cette interprétation conduit à la méconnaissance d'un droit ou d'une liberté constitutionnellement protégé[3], le Conseil constitutionnel pouvant alors, non pas déclarer contraire à la Constitution le texte ainsi interprété, mais poser une réserve d'interprétation[4].

1. Cons. const. 6 oct. 2010, n° 2010-45 QPC, *JO* 7 oct., p. 18156; *D.* 2010. 2285, obs. Manara; *D.* 2011. 2298, obs. Mallet-Bricout et Reboul-Maupin; *D.* 2011. 2363, obs. Larrieu, Le Stanc et Tréfigny-Goy; *RFDA* 2010. 1257, chron. Roblot-Troizier et Rambaud.

2. Cons. const. 22 sept. 2010, n° 2010-33 QPC, *JO* 23 sept., p. 17292; *D.* 2011. 136, note Carpentier; *D.* 2011. 2298, obs. Mallet-Bricout et Reboul-Maupin; *AJDA* 2010. 1732; *AJDA* 2010. 2384, note Rolin; *RFDA* 2010. 1257, chron. Roblot-Troizier et Rambaud; *RDI* 2010. 574, obs. Soler-Couteaux; *AJDI* 2011. 111, chron. Gilbert; *AJCT* 2010. 136, obs. Vincent.

3. Cons. const. 6 oct. 2010, n° 2010-39 QPC, *JO* 7 oct., p. 18154; *D.* 2010. 2744, obs. Gallmeister, note Chénedé; *D.* 2011. 529, chron. Maziau; *D.* 2011. 1585, obs. Granet-Lambrechts; *D.* 2011. 1713, obs. Bernaud et Gay; *D.* 2011. 2298, obs. Mallet-Bricout et Reboul-Maupin; *RTD civ.* 2010. 776, obs. Hauser; *RTD civ.* 2011. 90, obs. Deumier; *AJ fam.* 2010. 487, obs. Chénedé; *AJ fam.* 2010. 489, obs. Mécary; *Constitutions* 2011. 75, obs. Chevalier; *Constitutions* 2011. 361, obs. Cappello – Cons. const. 14 oct. 2010, n° 2010-52 QPC, *JO* 15 oct., p. 18540; *D.* 2011. 529, chron. Maziau; *D.* 2011. 1713, obs. Bernaud et Gay; *RTD civ.* 2011. 90, obs. Deumier; *RFDA* 2011. 353, étude Éveillard; *Constitutions* 2011. 361, obs. Cappello.

4. Cons. const. 11 févr. 2011, n° 2010-101 QPC, *JO* 12 févr., p. 2758; *D.* 2011. 513, obs. Lienhard.

LIVRE

6. LES FRAIS DE L'INSTANCE

SECTION 0

ORIENTEUR

6.00 Plan du livre.

Introduction

Division. Nous nous attarderons successivement sur la définition et la charge des frais et dépens (titre 61) puis sur leurs modalités de calcul et de recouvrement (titre 62).

INTRODUCTION

6.11 Frais du procès civil – Frais et dépens. « *Assurer l'accès à la justice et au droit suppose que le citoyen lésé sache que ses droits aient été violés et qu'il a la possibilité d'intenter une action en justice. Très souvent, malheureusement, ce n'est pas le cas* »[1].

Le principe de gratuité de la justice devant les juridictions civiles et administratives a été instauré par la loi n° 77-1468 du 30 décembre 1977[2] et le décret d'application n° 78-62 du 20 janvier 1978[3]. Malgré ce principe affirmé solennellement par l'article L. 111-2 du Code de l'organisation judiciaire, toute procédure judiciaire entraîne un certain nombre de dépenses pour les plaideurs (frais d'avocats, de notaires, d'huissiers de justice ou d'anciens avoués [devenus la nouvelle profession d'avocat substituant celle d'avoué], de traduction, d'expert désigné, *etc.*) et qui demeurent dans une certaine mesure et à certaines conditions, qu'il conviendra de préciser, à leur charge. Cependant, comme le rappelle Monsieur Tunc, fort justement, il faut que le citoyen sache que ses droits ont été violés et qu'il puisse les faire valoir en justice. En d'autres termes, le coût de l'accès au droit et à la justice ne doit pas être une barrière à un système judiciaire effectif à l'égard et au bénéfice de tous. Voilà le fondement de l'existence du système de l'aide juridique qui a fait l'objet du titre 18 de la première partie de l'ouvrage (v. s^s n°s 18.00 à 183.25). Mais, outre les mécanismes d'aides, les contours des frais du procès civil doivent être définis. Qu'entend-on par frais et dépens, quel est leur contenu, quel est leur mode de calcul, comment doivent-ils être recouvrés; en d'autres termes que sont-ils ? Ces questions seront précisément l'objet des deux titres de cette sixième et dernière partie.

S'agissant du régime des frais et dépens, il est prévu au titre XVIII du livre Ier du Code de procédure civile qui regroupe les articles 695 et suivants.

Longtemps la doctrine s'est partagée sur le point de savoir ce qu'il fallait entendre par frais et dépens[4].

1. A. Tunc, *Accès à la justice et État providence*, Economica, 1984, p. 307.
2. L. n° 77-1468, 30 déc. 1977, instaurant la gratuité des actes de justice devant les juridictions civiles et administratives, *JO* 31 déc., p. 6359.
3. Décr. n° 78-62, 20 janv. 1978, portant application de la loi n° 77-1468 du 30 décembre 1977 instituant la gratuité des actes de justice devant les juridictions civiles et administratives, *JO* 24 janv., p. 473.
4. E. Garsonnet et Ch. Cézar-Bru, *Traité théorique et pratique de la procédure civile et commerciale*, t. VIII, Sirey, p. 1199 et 1200 – P. Cuche et J. Vincent, *Précis de procédure civile et commerciale*, Dalloz, n° 581.

Depuis l'entrée en vigueur du Code de procédure civile ces interrogations n'ont plus lieu d'être; l'article 695 règle le problème des dépens en énonçant de manière limitative ce qu'il faut entendre par là, alors que l'article 700 C. pr. civ., de par sa généralité, englobe les frais non compris dans les dépens. L'article 695 C. pr. civ., qui traite des dépens, concerne tout ce qui est tarifé, alors que les frais irrépétibles, qui traitent principalement des honoraires, sont librement négociés entre l'auxiliaire de justice et son client. À noter que le problème des frais et dépens n'est pas quelque chose de spécifique au droit national mais trouve également un écho au niveau communautaire puisque le règlement intérieur de la Cour de justice des Communautés européennes du 19 juin 1991[1] règle dans un chapitre cinquième (art. 69 à 75) le problème des dépens.

En l'espèce, seront abordés uniquement les frais et dépens tels qu'ils existent au sein du mécanisme du procès civil en droit français au travers successivement de leurs définition et charge, et de leurs calcul et recouvrement, respectivement au sein du titre 1 et du titre 2.

1. Règl. intérieur CJCE, 19 juin 1991, *JOCE,* n° L 176, 4 juill. 1991, p. 7; et rectificatifs, *JOCE,* n° L383, 29 déc. 1992.

TITRE

61. La définition et la charge des frais et dépens

SECTION 0

ORIENTEUR

61.00 Plan du titre.

Chap. 611 Contenu des dépens

Sect. 1 Sources

Sect. 2 Dépens *stricto sensu*

Sect. 3 Frais non compris dans les dépens (C. pr. civ., art. 700)

Sect. 4 Droit affecté à la contribution pour l'aide juridique et au fonds d'indemnisation de la profession d'avoué

Chap. 612 Charge des frais et dépens

Sect. 1 Quel est le débiteur des dépens ?

Sect. 2 Charge des frais non compris dans les dépens (C. pr. civ., art. 700)

Sect. 3 Charge de la contribution pour l'aide juridique (des procédures introduites jusqu'au 31 décembre 2013)

Division. Sont examinés ci-après le contenu des dépens (chap. 611) et la charge des frais et dépens (chap. 612).

CHAPITRE

611. Contenu des dépens

SERGE ABBOU
Huissier de justice

SECTION 0 ORIENTEUR

611.00 Plan du chapitre.

Division – Types de débours. En matière civile et commerciale, il est traditionnel de distinguer deux types de débours, ceux qui forment les dépens (sect. 2) et ceux qui ne sont pas compris dans les frais et dépens, c'est-à-dire les frais irrépétibles de l'article 700 C. pr. civ. (sect. 3). Mais auparavant, nous devrons nous intéresser aux sources au sein d'une section première (sect. 1).

611.01 Principaux textes applicables.
C. pr. civ., art. 695.

SECTION 1 SOURCES

611.11 Tarifs officieux. Dans l'examen des sources des frais et dépens, nous nous limiterons aux principales professions dont l'intervention est obligatoire au cours du procès civil ou commercial, de même, nous laisserons de côté tous les tarifs « *officieux* » ou tarifs de chambres émanant des syndicats, associations mais qui n'ont aucune force obligatoire pour leurs membres (tarifs des administrateurs d'immeubles, des négociateurs de biens, *etc.*), bien que le champ tende à se restreindre (v. projet de loi Duflot pour l'accès au logement et un urbanisme rénové [ALUR], adopté en première lecture par l'Assemblée nationale le 17 septembre 2013, tendant notamment à encadrer les professions immobilières et à clarifier la rémunération et l'activité et des syndics).

611.12 Ordre public. En l'espèce, les dispositions tarifaires qui nous intéressent ont un caractère d'ordre public et s'imposent tant à leurs destinataires qu'au juge, nonobstant toute disposition contraire. C'est ainsi par exemple qu'il a été jugé qu'aux termes des articles 4 et 9 du décret du 25 août 1898, les actes dont le ministère des notaires est obligatoire doivent être taxés d'après le tarif. Cette taxation est d'ordre public et peut être exigée nonobstant toute stipulation contraire[1]. Une telle solution peut être étendue à tous les autres tarifs.

611.13 Frais et dépens – Taxes. Les diverses taxes applicables aux frais et dépens sont pour la plupart insérées dans le Code de procédure civile :

C. pr. civ.	Sur
Art. 52	Compétence territoriale des juridictions qui auront à statuer en matière de frais et dépens
Art. 695 à 700	Traitent de la charge des frais et dépens

1. Civ. 1re, 18 déc. 1950, *Bull. civ.* I, n° 262.

Art. 701 à 703	Liquidation des dépens à recouvrer par le secrétariat
Art. 704 à 718	Vérification et recouvrement des dépens
Art. 719 à 721 (mod. par Décr. n° 84-618, 13 juill. 1984)	Demandes ou contestations relatives aux frais, émoluments et débours non compris dans les dépens
Art. 724 et 725	Contestations relatives à la rémunération des techniciens
Art. 725-1 (issu de Décr. n° 85-1330, 17 déc. 1985, art. 7)	Contestations relatives aux frais, émoluments et débours des greffes des tribunaux de commerce
Art. 726 à 729	Questions relatives au secrétariat de la juridiction

Il convient de préciser ici que les anciens articles inscrits au Code civil, relatifs à la prescription en matière de recouvrement des frais dus aux notaires, anciens avoués devenus avocats et huissiers, ont été transférés de la loi du 24 décembre 1897 par la loi n° 2008-561 du 17 juin 2008[1]; ainsi, son article 8 prescrit par cinq ans (au lieu de deux ans auparavant) les demandes en taxe et les actions en restitution de frais dus aux notaires, anciens avoués devenus avocats et huissiers, pour les actes de leur ministère, du jour du paiement ou du règlement par compte arrêté, reconnaissance ou obligation.

611.14 Décrets tarifaires. À côté de tous ces textes généraux, les tarifs de chaque profession sont réglementés par des décrets :

– **tarif des avoués** (devenus la nouvelle profession d'avocat substituant celle d'avoué) : décrets n° 80-608 du 30 juillet 1980[2], n° 84-815 du 31 août 1984[3], n° 2003-429 du 12 mai 2003[4], n° 2012-634 du 3 mai 2012, relatif à la fusion des professions d'avocat et d'avoué près les cours d'appel[5];

– **tarif de l'administrateur judiciaire, du commissaire à l'exécution du plan, du mandataire judiciaire et du liquidateur** : décret n° 85-1390 du 27 décembre 1985, fixant le tarif des administrateurs judiciaires en matière commerciale et de mandataires-liquidateurs[6] (mod. par Décr. n° 2004-518, 10 juin 2004[7], et Décr. n° 2006-1709, 23 déc. 2006[8]) et désormais codifié aux articles R. 663-3 à R. 663-40 du Code de commerce;

– **tarif des administrateurs judiciaires au titre des mandats confiés en matière civile** : décret n° 85-1389 du 27 décembre 1985, relatif aux administrateurs judiciaires, mandataires liquidateurs et experts en diagnostic d'entreprise[9], anciens articles 104 et 105, codifiés aux articles R. 814-27 et R. 814-28 du Code de commerce;

– **tarif des mandataires au rétablissement personnel** : arrêté du 29 mars 2004[10];

– **tarif des notaires** : décret n° 78-262 du 8 mars 1978, portant fixation du tarif des notaires[11];

– **tarif de la postulation** : c'est-à-dire de la représentation obligatoire des parties devant le tribunal de grande instance ou la cour d'appel par un avocat, régi par le décret n° 60-323 du 2 avril 1960; en application de l'article 10 de la loi n° 71-1130 du 31 décembre 1971[12], ce texte fixe le tarif tant des avoués (devenus la nouvelle profession d'avocat substituant celle d'avoué) que des avocats;

– **tarifs des huissiers de justice** : décret n° 96-1080 du 12 décembre 1996, portant règlement d'administration publique et fixant le tarif général des huissiers de justice en matière civile et commerciale[13]; pour les départements du Rhin et de la Moselle, le tarif est fixé par le décret n° 73-760 du 27 juillet 1973[14] (pour la procédure locale) et en matière prud'homale, le tarif des huissiers est fixé par l'article R. 1423-53 du Code du travail;

– **tarifs des greffiers des tribunaux de commerce** : décret n° 80-307 du 29 avril 1980 portant règlement d'administration publique fixant le tarif général des

1. L. n° 2008-561, 17 juin 2008, portant réforme de la prescription en matière civile, *JO* 18 juin, p. 9856.
2. Décr. n° 80-608, 30 juill. 1980, fixant le tarif des avoués près les cours d'appel, *JO* 2 août, p. 1950.
3. Décr. n° 84-815, 31 août 1984, relatif au tarif des avoués des cours d'appel, *JO* 4 sept., p. 2800.
4. Décr. n° 2003-429, 12 mai 2003, modifiant l'article 10 du décret n° 80-608 du 30 juillet 1980 fixant le tarif des avoués près les cours d'appel, *JO* 14 mai, p. 8248.
5. Décr. n° 2012-634, 3 mai 2012, relatif à la fusion des professions d'avocat et d'avoué près les cours d'appel, *JO* 5 mai 2012, p. 7969.
6. Décr. n° 85-1390, 27 déc. 1985, fixant le tarif des administrateurs judiciaires en matière commerciale et des mandataires judiciaires, *JO* 29 déc., p. 15304.
7. Décr. n° 2004-518, 10 juin 2004, portant diverses dispositions relatives aux administrateurs judiciaires et aux mandataires judiciaires au redressement et à la liquidation des entreprises, *JO* 11 juin, p. 10351.
8. Décr. n° 2006-1709, 23 déc. 2006, pris en application de la loi n° 2005-845 du 26 juillet 2005 de sauvegarde des entreprises et portant diverses dispositions relatives aux administrateurs judiciaires et aux mandataires judiciaires, *JO* 29 déc., p. 19846.
9. Décr. n° 85-1389, 27 déc. 1985, relatif aux administrateurs judiciaires, mandataires judiciaires à la liquidation des entreprises et experts en diagnostic d'entreprise (extrait d'une décision d'annulation du Conseil d'État), *JO* 15 avr., p. 5781.
10. Arr. 29 mars 2004, relatif à la rémunération des mandataires judiciaires en matière de rétablissement personnel, *JO* 1er avr., p. 6364.
11. Décr. n° 78-262, 8 mars 1978, portant fixation du tarif des notaires, *JO* 10 mars, p. 995.
12. L. n° 71-1130, 31 déc. 1971, portant réforme de certaines professions judiciaires et juridiques, *JO* 5 janv., p. 131.
13. Décr. n° 96-1080, 12 déc. 1996, portant fixation du tarif des huissiers de justice en matière civile et commerciale, *JO* 13 déc., p. 18248.
14. Décr. n° 73-760, 27 juill. 1973, fixant les tarifs des actes spéciaux des huissiers de justice dans les départements de la Moselle, du Bas-Rhin et du Haut-Rhin, *JO* 4 août, p. 8529.

greffiers des tribunaux de commerce[1], désormais codifié aux articles R. 743-140 à R. 743-157 et à l'annexe 7-5 du Code de commerce, depuis le décret n° 2007-431 du 25 mars 2007[2];

– **tarif des commissaires-priseurs** judiciaires prévu par un décret n° 85-382 du 29 mars 1985[3];

– **tarif des frais de voyage des parties**, des experts auprès des tribunaux de grande instance, des dépositaires de pièces et des témoins, réglementé par le décret du 27 décembre 1920.

611.15 **Précisions terminologiques.** Le titre XVIII du Code de procédure civile est intitulé les frais et les dépens. Dans le chapitre premier consacré à la charge des dépens on y trouve inclus les articles 695 et 700 C. pr. civ., or les termes frais et dépens ne sont pas synonymes et n'ont pas les mêmes conséquences pour les parties, notamment en ce qui concerne leur charge. En effet, les frais d'un procès civil sont toutes les sommes déboursées ou dues par les parties avant ou au cours d'une instance. Ce seront par exemple, avant l'ouverture du procès les frais de consultation de juristes, de techniciens, les frais de voyages. Au cours de l'instance, ces frais pourront concerner les frais de procédure payés aux auxiliaires de justice, aux officiers ministériels, les droits perçus par l'État, les honoraires des conseils, *etc.* De surcroît, après le procès, cela pourra concerner les frais d'exécution de la décision.

Ces frais se divisent en deux parties : d'une part les dépens et d'autre part les frais irrépétibles[4].

SECTION 2
DÉPENS *STRICTO SENSU*

611.21 **Définition.** Les dépens peuvent être définis comme les frais juridiquement indispensables à la poursuite du procès et dont le montant fait l'objet d'une tarification, soit par voie réglementaire, comme les émoluments des officiers publics ou ministériels, soit par décision judiciaire, ce qui est le cas de la rémunération des techniciens investis d'une mesure d'instruction.

611.22 **Liste des dépens.** L'article 695 C. pr. civ. donne une liste des dépens ou frais répétibles, c'est-à-dire qui sont normalement récupérables par celui qui en a fait l'avance. À compter du 1er janvier 2005, l'article 695 C. pr. civ. est ainsi rédigé[5] :

Les dépens afférents aux instances, actes et procédures d'exécution comprennent :

« **1)** *Les droits, taxes, redevances ou émoluments perçus par les secrétariats des juridictions ou l'administration des impôts à l'exception des droits, taxes et pénalités éventuellement dus sur les actes et titres produits à l'appui des prétentions des parties;*

2) *les frais de traduction des actes lorsque celle-ci est rendue nécessaire par la loi ou par un engagement international*[6]*;*

3) *Les indemnités des témoins;*

4) *La rémunération des techniciens;*

5) *Les débours tarifés;*

6) *Les émoluments des officiers publics ou ministériels;*

7) *La rémunération des avocats dans la mesure où elle est réglementée y compris les droits de plaidoirie*[7]*;*

8) *Les frais occasionnés par la notification d'un acte à l'étranger*[8]*;*

9) *Les frais d'interprétariat et de traduction rendus nécessaires par les mesures d'instruction effectuées à l'étranger à la demande des juridictions dans le cadre du règlement (CE) n° 1206/2001 du Conseil du 28 mai 2001 relatif à la coopération entre les juridictions des États membres dans le domaine de l'obtention des preuves en matière civile et commerciale*[9]*;*

10) *Les enquêtes sociales ordonnées en application des articles 1072, 1171 et 1221;*

11) *La rémunération de la personne désignée par le juge pour entendre le mineur, en application de l'article 388-1 du Code civil.*

12) *Les rémunérations et frais afférents aux mesures, enquêtes et examens requis en application des dispositions de l'article 1210-8*[10] ».

Il est utile de rappeler ici que la Haute cour a depuis longtemps acquis le principe que le titre servant de fondement aux poursuites permet le recou-

1. Décr. n° 80-307, 29 avr. 1980, portant règlement d'administration publique fixant le tarif général des greffiers des tribunaux de commerce et modifiant l'article R. 821-2 du Code de l'organisation judiciaire, *JO* 3 mai, p. 1118.
2. Décr. n° 2007-431, 25 mars 2007, relatif à la partie réglementaire du Code de commerce, *JO* 27 mars, p. 5648.
3. Décr. n° 85-382, 29 mars 1985, fixant le tarif des commissaires-priseurs, *JO* 31 mars, p. 3770.
4. J. Bailly et P. Jacquet, *Frais et dépens*, Sofiac, 1999, p. 111.
5. Décr. n° 2004-836, 20 août 2004, portant modification de la procédure civile, *JO* 22 août, p. 15032.
6. Décr. n° 2002-1436, 3 déc. 2002, modifiant le Code de l'organisation judiciaire, le Code de procédure civile, le nouveau Code de procédure civile et le décret n° 96-1080 du 12 décembre 1996 portant tarif des huissiers de justice en matière civile et commerciale, art. 27, *JO* 12 déc., p. 20482.
7. Décr. n° 78-62, 20 janv. 1978, portant application de la loi n° 77-1468 du 30 décembre 1977, instituant la gratuité des actes de justice devant les juridictions civiles et administratives, art. 19-II, *JO 24 janv.*, p. 473.
8. Décr. n° 2004-836, 20 août 2004.
9. Règl. CE n° 1206/2001, du Conseil, 28 mai 2001, relatif à la coopération entre les juridictions des États membres dans le domaine de l'obtention des preuves en matière civile et commerciale, *JOCE*, n° L 174, 27 juin, p. 1 à 24 – P. Granet, « Évolution procédurale majeure », *Procédures* 2004, n° 7.
10. Décr. n° 2012-98, 27 janv. 2012, relatif à l'exécution par le procureur de la République des décisions de retour prises en application des instruments internationaux et européens relatifs au déplacement illicite international d'enfants, *JO* 28 janv. 2012, p. 1645.

vrement des frais de l'exécution forcée qui sont à la charge du débiteur[1] pour le rappeler une nouvelle fois à l'occasion d'un arrêt marqué du 6 mars 2003[2] relatif aux frais d'exécution dont le débiteur contestait leur recouvrement à partir du titre initial au motif qu'il s'agissait de frais subséquent et donc non compris dans les dépens.

§ 1
Contenu de l'article 695 du Code de procédure civile

611.30 Droits, taxes, redevances ou émoluments. L'article 695, 1° C. pr. civ. poursuit en précisant qu'ils sont perçus par les secrétariats des juridictions ou l'administration des impôts à l'exception des droits, taxes et pénalités éventuellement dus sur les actes et titres produits à l'appui des prétentions des parties. Aussi, les dépens ne comprennent pas les honoraires du traducteur qu'une partie avait pris l'initiative de désigner[3]. De même, ne rentre pas dans les dépens de l'article 695 C. pr. civ. les droits perçus en matière fiscale, en suite d'un don manuel, qui demeurent à la charge de la partie à qui ils incombent d'après les lois civiles et fiscales[4].

Jusqu'aux textes relatifs à la gratuité de la justice applicable au 1er janvier 1978, les droits et taxes perçus par l'administration des impôts sont devenus l'exception mais l'apparition de la contribution pour l'aide juridique (Décr. n° 2011-1202, 28 sept. 2011)[5], a rétabli un accès payant à la justice.

Sauf lorsqu'elles donnent ouverture à un droit proportionnel ou progressif, les décisions des juridictions de l'ordre judiciaire ne sont plus soumises, ni au droit d'enregistrement, ni au droit de timbre; quelques cas de perception de la taxe : mutation d'immeubles, d'un fonds de commerce, d'un droit au bail; décisions de cession d'actions ou de parts sociales, décisions allouant une prestation compensatoire sous forme de capital, *etc.*

La taxe parafiscale prévue au décret n° 72-337 du 21 avril 1972[6] au profit du fonds d'organisation de la nouvelle profession d'avocat, les émoluments perçus par les secrétaires des conseils de prud'hommes ont été supprimés; les redevances perçues par les secrétariats-greffes (forfaitaires depuis le décret du 19 juin 1970[7]) ont également été supprimées, sauf dans les tribunaux de commerce ou de grande instance statuant en matière commerciale.

Enfin, le droit forfaitaire de 60 francs fixé par l'article 1018 B du Code général des impôts (perçu par les secrétaires des juridictions pour la délivrance d'une copie d'acte) a été abrogé depuis le 1er janvier 2000, par la loi de finances pour 2000.

Dans le contenu de l'article 695 C. pr. civ. et au titre des taxes, les actes d'huissiers de justice se rattachant directement à une instance ou à l'exécution d'une décision de justice sont soumis à une taxe fiscale de 9,15 euros (CGI, art. 302 *bis* Y; droit de timbre et d'enregistrement rétabli par L. n° 91-1322, 30 déc. 1991[8]) sauf certaines exceptions (v. ss n° 621.101). Notons enfin que les actes d'huissiers de justice ne sont plus soumis au droit de timbre de dimension (CGI, anc. art. 902, 2, 1°) depuis la loi n° 77-1468 du 30 décembre 1977[9].

Également et depuis le décret n° 2011-1202du 28 septembre 2011, l'alinéa 2 de l'article 695 C. pr. civ. comprend, au titre des dépens, la contribution pour l'aide juridique.

611.31 Frais de traduction des actes. Le décret n° 2002-1436 du 3 décembre 2002 a inclus dans les dépens, conformément au règlement communautaire CE n° 1348/2000 du 29 mai 2000, relatif à la signification et à la notification des actes entre États membres de la Communauté européenne[10], les frais de traduction des actes lorsque cette traduction est rendue « *nécessaire* » (et non plus obligatoire) par la loi ou un règlement international.

611.32 Indemnités des témoins. Le décret du 27 décembre 1920 portant révision du tarif des témoins[11], prévoit que les personnes appelées à déposer en matière civile devant les diverses juridictions,

1. Civ. 2e, 24 oct. 1973, n° 72-11.801, *Bull. civ.* II, n° 271 – Civ. 2e, 27 févr. 1974, n° 72-13.073, *Bull. civ.* II, n° 78 – Civ. 2e, 15 févr. 2001, n° 99-11.842, NP.
2. Civ. 2e, 6 mars 2003, n° 01-02.745, *Bull. civ.* II, n° 256; *D.* 2004. 1487, obs. Taormina; *D.* 2004. 1929, note Taormina; *D.* 2003. IR 863.
3. Soc. 11 juill. 2001, n° 99-43.485, NP; *Gaz. Pal.* 28-29 nov. 2001, p. 15.
4. Civ. 2e, 17 juin 1999, n° 96-22.873, *Bull. civ.* II, n° 120.
5. Décr. n° 2011-1202, 28 sept. 2011, relatif au droit affecté au fonds d'indemnisation de la profession d'avoué près les cours d'appel et à la contribution pour l'aide juridique, *JO* 29 sept., p. 16383.
6. Décr. n° 72-337, 21 avr. 1972, création d'une taxe parafiscale au profit du fonds d'organisation de la nouvelle profession d'avocat prévue à l'article 28 de la loi n° 71-1130 du 31 décembre 1971, portant réforme de certaines professions judiciaires et juridiques, *JO* 3 mai, p. 4566.
7. Décr. n° 70-517, 19 juin 1970, fixant les redevances des greffes des juridictions civiles, *JO* 20 juin, p. 5741.
8. L. n° 91-1322, 30 déc. 1991, de finances pour 1992, *JO* 31 déc., p. 17225.
9. L. n° 77-1468, 30 déc. 1977, instituant la gratuité des actes de justice devant les juridictions civiles et administratives, *JO* 31 déc., p. 6359.
10. Règl. CE n° 1348/2000 du Conseil, 29 mai 2000, relatif à la signification et à la notification dans les États membres, des actes judiciaires et extrajudiciaires en matière civile et commerciale, *JOCE,* n° L 160, 30 juin, p. 37 à 52.
11. Décr. 27 déc. 1920, portant révision du tarif des frais de voyage des parties, des experts auprès des tribunaux de grande instance, des dépositaires de pièces et des témoins, *JO* 29 déc., p. 21646.

reçoivent si elles le demandent l'indemnité de comparution prévue par les articles 38 et 39 du décret du 26 juillet 1947[1]. Les articles 10 et 11 du décret de 1920 prévoient le calcul d'une indemnité en fonction de l'éloignement du témoin, alors que l'article 12 prévoit une indemnité de séjour.

L'indemnité est directement versée par la partie qui fait appeler le témoin, sauf si elle bénéficie de l'aide judiciaire, auquel cas, ce sera au Trésor public d'en effectuer l'avance.

Rentre également dans la catégorie des dépens l'indemnité de voyage de l'accompagnateur du témoin lorsque celui-ci est soit malade, infirme ou un mineur de moins de quinze ans.

611.33 Rémunération des techniciens. Il faut entendre par technicien les consultants, experts, constatants commis par le juge au cours de l'instance. Il intervient dans les conditions prévues notamment aux articles 143, 145 et 232 à 248 C. pr. civ. La rémunération de ces intervenants, dont l'allocation dépend du magistrat, est fixée selon les dispositions des articles 255, 262, 28 et 724 C. pr. civ. : il n'existe, en effet, aucun texte législatif régissant le tarif des techniciens; les techniciens comprennent également les personnes chargées des enquêtes sociales en matière de divorce ou de séparation de corps[2], à condition qu'ils aient été désignés par voie de justice (v. s[s] n° 611.34). La consultation d'un expert à titre personnel par une des parties ne peut être comprise dans les dépens[3]. Cependant, la circonstance qu'une cour d'appel se soit appuyée sur le travail d'un expert commis dans une instance pendante devant le tribunal de commerce, expertise soumise à titre de renseignement dans l'instance d'appel d'un jugement du tribunal d'instance dont la cour était saisie, n'implique nullement que les dépens relatifs à l'instance d'appel incluent les frais de l'expertise diligentée dans le cadre de l'instance pendante devant la juridiction commerciale, les parties seraient-elles les mêmes. Il suit de là qu'en l'absence de toute demande de condamnation du défendeur à supporter les frais de l'expertise évoquée, l'arrêt n'a pu inclure dans les dépens que ceux entrant dans les prévisions de l'article 695 C. pr. civ., à l'exclusion desdits honoraires d'expertise[4].

A contrario, les frais de garde prévus à l'article R. 147 du Code de procédure pénale sont applicables aux frais des voitures particulières placées sous mains de justice, sans égard à la valeur et à la catégorie du véhicule ni à la profession du gardien : en l'espèce, un expert avait facturé des frais de garde d'un véhicule dans le prolongement de la mission d'expertise qui lui avait été confiée, et soutenait qu'il ne s'agissait pas d'un simple remboursement des débours exposés. La chambre criminelle, en rejetant le pourvoi, a pu préciser que cette période de gardiennage ainsi taxée (supérieure à 495 jours) n'avait pas fait l'objet d'une mission spécifique et n'impliquait pas une mission d'expertise[5].

611.34 Débours tarifés. Les tarifs des huissiers de justice, des avocats et des anciens avoués devenus avocats comportent une liste de frais qui sont engagés pour les besoins de l'instance et qui, à ce titre, devront être remboursés (comme, par ex., les frais des copies de jugement, d'acte notarié, d'extrait hypothécaire ou cadastral et autres documents délivrés tous les fonctionnaires ou officiers publics, les frais de publicités des ventes judiciaires, les vacations de serrurier ou de la force publique nécessaire pour l'ouverture forcée, la taxe sur la valeur ajoutée, *etc.*).

– **Huissiers de justice :** article 20 du décret n° 96-1080 du 12 décembre 1996, fixant le tarif général des huissiers de justice en matière civile et commerciale, abrogeant le décret n° 67-18 du 5 janvier 1967[6]. S'il eut été utile de le rappeler, l'assistance d'une entreprise de déménagement et l'intervention d'un serrurier étant expressément prévus par les articles 7-2 et 1er du décret n° 67-18 du 5 janvier 1967, alors applicable, c'est à bon droit que le premier président d'une cour d'appel, devant lequel la personne expulsée n'a contesté ni le caractère nécessaire de ces frais, ni leur montant, rejette la contestation présentée par cette personne faisant grief d'avoir pris en compte les frais de serrurier et de déménagement[7]. Notons que les débours exposés au titre des serruriers et autre ont été repris par le nouveau décret tarifaire à l'article 20.

En ce qui concerne les constats, notons que la cour d'appel qui inclut dans les dépens mis à la charge d'une partie le coût d'un constat sans établir que son auteur avait été désigné à cet effet par une décision judiciaire, viole les dispositions de l'article 696 C. pr. civ. dès lors que les dépens doivent être afférents aux instances, actes et procédures d'exécution[8]. Cette même décision comportait un premier attendu qui édictait qu'une cour d'appel peut, en application de l'article 696 C. pr. civ., inclure dans les dépens les frais relatifs à la procédure de référé et à l'expertise ainsi

1. Décr. n° 47-1423, 26 juill. 1947, portant règlement d'administration publique sur les frais de justice en matière criminelle, correctionnelle ou de simple police, *JO* 1er août, p. 7480.
2. Civ. 2e, 2 déc. 1987, n° 86-12.784, *Bull. civ.* II, n° 258; *D.* 2009. 1903, obs. Avena-Robardet.
3. Civ. 2e, 5 déc. 1973, n° 72-13.295, *Bull. civ.* II, n° 321; *JCP* 1974. IV. 25.
4. Versailles, 29 sept. 2005, RG n° 05/01476.
5. Crim. 8 nov. 2005, n° 04-87.238, *Bull. crim.* n° 281.
6. Décr. n° 67-18, 5 janv. 1967, portant règlement d'administration publique et fixant le tarif des huissiers de justice en matière civile et commerciale, *JO* 6 janv., p. 317.
7. Civ. 2e, 2 mars 2000, n° 97-21.101, *Bull. civ.* II, n° 39; *D.* 2000. IR 107.
8. Civ. 3e, 17 mars 2004, n° 00-22.522, *Bull. civ.* III, n° 56.

ordonnée, cette procédure ayant préparé l'instance principale dont elle était saisie.

– **Avocats** : le décret n° 72-784 du 24 août 1972[1], modifié par le décret n° 75-785 du 21 août 1975[2], prévoyait dans son article 1er un tarif particulier qui n'est, à ce jour, pas paru. Aussi, les mesures transitoires qui autorisent la transposition aux avocats du tarif des avoués fixé par le décret n° 60-323 du 2 avril 1960[3], sont-elles toujours d'actualité; les articles 1er à 68 et 81 du décret du 2 avril 1960 sont applicables, à titre provisoire, à la profession d'avocat. À noter que la liste des actes énumérés à cet article n'est pas limitative mais seulement énonciative[4].

– **Anciens avoués (devenus avocats)** : décret n° 80-608 du 30 juillet 1980 (Décr. 30 juill. 1980, art. 21[5], mod. par Décr. n° 2003-429,12 mai 2003, et par Décr. n° 2012-634, 3 mai 2012).

– Rentrent également dans la catégorie des débours tarifés, les frais de voyage occasionnés par le déplacement des parties pour assister à l'instance (Décr. 27 déc. 1920, art. 1er).

611.35 Émoluments des officiers publics ou ministériels. Ces émoluments sont tarifés et constituent la seule rémunération de toute une catégorie d'intervenants à la procédure judiciaire (administrateurs judiciaires, avocats au Conseil d'État et à la Cour de cassation, anciens avoués, commissaires-priseurs, greffiers des tribunaux de commerce, huissiers de justice, mandataires liquidateurs, notaires), à la condition que leur ministère soit obligatoire.

Si tel n'est pas le cas, les frais ainsi occasionnés ne peuvent entrer dans les dépens. Par exemple en vertu de l'article R. 1453-2 du Code du travail (C. trav., anc. art. R. 516-5), le ministère d'avocat n'est pas obligatoire en matière prud'homale[6], ni en matière de baux ruraux (C. pr. civ., art. 892). Il en va de même pour les instances auxquelles le service des domaines est partie (C. dom. Ét., art. R. 162)[7]. Également, en matière de sécurité sociale (Décr. n° 58-1291, 22 déc. 1958[8], art. 24); d'ailleurs, devant les juridictions de sécurité sociale, la procédure a toujours été gratuite et sans frais (CSS, art. R. 144-10, al. 1er).

Mais il n'en va pas de même en cas de notification d'un certificat de dépens par acte d'huissier. En effet, la Haute juridiction a pu préciser, dans un arrêt de 2008[9], qu'en application de l'article 651 alinéa 3 du Code de procédure civile, la notification peut toujours se faire par voie de signification. Ainsi, une partie peut choisir de notifier un certificat de vérification de dépens par acte d'huissier de justice, dont le coût incombe à la partie qui supporte les dépens.

611.36 Rémunération des avocats dans la mesure où elle est réglementée y compris les droits de plaidoirie. Les honoraires de l'avocat qui sont libres ne rentrent pas dans la catégorie des dépens[10]. Récemment rappelé dans une décision de la Haute juridiction[11], la rémunération de la nouvelle profession d'avocat (substituant celle d'avoué), lorsque leur ministère n'est pas obligatoire, n'est pas comprise dans les dépens et n'entre pas dans le champ d'application de l'article 699 C. pr. civ. Seuls sont considérés comme entrant dans la catégorie des dépens, les émoluments, droits et débours tarifés par le décret du 2 avril 1960[12] à condition que le ministère de l'auxiliaire de justice soit obligatoire[13] (LPF, art. R.* 202-2).

Pour les avocats dont l'activité principale n'est pas la plaidoirie, la loi du 25 juillet 1944 a prévu une « *contribution équivalente* » (CSS, art. L. 723-3, al. 2) dont les modalités sont fixées par le décret n° 95-161 du 15 février 1995 (art. 10 à 13)[14].

Le tout est applicable aux avocats aux Conseils (Décr. 15 févr. 1995, art. 16).

Le droit de plaidoirie, créé par la loi n° 48-50 du 12 janvier 1948[15], est perçu par l'avocat auprès de son client; l'avocat le reverse à son barreau en achetant un timbre d'un montant équivalent. Reversé à la caisse nationale des barreaux français, il est destiné à financer le régime vieillesse des avocats. Il entre également dans les dépens, y compris à l'occasion d'une

1. Décr. n° 72-784, 25 août 1972, relatif au régime transitoire de rémunération des avocats à raison des actes de postulation et à la taxe, *JO* 29 août, p. 9282.
2. Décr. n° 75-785, 21 août 1975, relatif aux droits et émoluments alloués à titre transitoire aux avocats à raison des actes de procédure (fixation de ces droits), *JO* 26 août, p. 8739.
3. Décr. n° 60-323, 2 avr. 1960, portant règlement d'administration publique et fixant le tarif des avoués, *JO* 7 avril, p. 3194.
4. Civ. 2e, 24 févr. 1988, n° 86-16.374, *Bull. civ.* II, n° 51; *Gaz. Pal.* 1988. 2. 849, note A. D.
5. Décr. n° 80-608, 30 juill. 1980, fixant le tarif des avoués près les cours d'appel, art. 21, *JO* 2 août, p. 1950.
6. Soc. 14 nov. 1985, n° 84-42.282, *Bull. civ.* V, n° 537; *D.* 1986. IR 167.
7. Paris, 5 juin 1981, *D.* 1982. IR 158.
8. Décr. n° 58-1291, 22 déc. 1958, portant application de l'ordonnance n° 581275 du 22 décembre 1958, relative au contentieux de la sécurité sociale, art. 24, *JO* 23 déc. 1958, p. 11613.
9. Civ. 2e, 14 févr. 2008, n° 06-19.894, *Bull. civ.* II, n° 32.
10. Rép. min. question écrite n° 31-419, *JOAN Q* 22 sept. 1980, p. 4042.
11. Civ. 2e, 22 févr. 2012, n° 11-11.772, *Bull. civ.* II, n° 35.
12. Décr. n° 60-323, 2 avr. 1960, portant règlement d'administration publique et fixant le tarif des avoués, *JO* 7 avr., p. 3194.
13. Pour une procédure fiscale devant le tribunal de grande instance, v. Com. 23 févr. 1983, NP; *Gaz. Pal.* Somm. 12 août 1983.
14. Décr. n° 95-161, 15 févr. 1995, relatif aux droits de plaidoirie et à la contribution équivalente, art. 10 à 13, *JO* 17 févr., p. 2613.
15. L. n° 48-50, 12 janv. 1948, relative aux droits de plaidoirie des avocats, *JO* 13 janv., p. 373.

audience ayant donné lieu à une ordonnance de non-conciliation[1].

611.37 Frais occasionnés par la notification des actes à l'étranger. Compte tenu du développement des relations internationales, le décret n° 2004-836 du 20 août 2004 portant modification de la procédure civile[2], en son article 14, a inclus dans les dépens les frais occasionnés par la notification des actes à l'étranger. Le décret du 20 août 2004 est applicable aux procédures en cours (art. 59).

611.38 Frais d'interprétation et de traduction nécessaires. Les frais d'interprétariat et de traduction rendus nécessaires par les mesures d'instruction effectuées à l'étranger à la demande des juridictions dans le cadre du règlement CE n° 1206/2001 du Conseil du 28 mai 2001 relatif à la coopération entre les juridictions des États membres dans le domaine de l'obtention des preuves en matière civile et commerciale, sont également inclus dans les dépens.

611.39 Frais d'enquêtes sociales, d'audition des mineurs et déplacement illicite international d'enfants. Les frais d'enquêtes sociales engagés dans le cadre d'une procédure en matière familiale, en matière d'adoption ou devant le juge des tutelles, sont inclus dans les dépens.

Il en va de même pour la rémunération de la personne désignée par le juge pour entendre un mineur capable de discernement, et ce dans toute procédure le concernant; ou encore lorsqu'il s'agit de rémunérer ou d'acquitter les frais afférents aux mesures prises par le procureur de la République dans le cadre d'un déplacement illicite international d'enfants.

§ 2
Quel jugement pour statuer sur les dépens ?

611.41 Principe – Exceptions. Tout jugement ou tout arrêt mettant fin à une instance doit statuer sur la charge des dépens. Viole l'article 696 C. pr. civ. la cour d'appel qui, tout en confirmant l'ordonnance du juge-commissaire ayant rejeté la demande d'admission d'une créance, ordonne l'emploi des dépens en frais privilégiés de la procédure collective, sans motiver sa décision de ne pas condamner la partie perdante aux dépens[3]. Mais il existe un certain nombre d'hypothèses au cours desquelles l'instance se termine par une transaction, une conciliation, un désistement ou le décès d'une des parties (C. pr. civ., art. 384 et 385). L'extinction de l'instance devra être constatée par une décision de désistement qui devra statuer sur la charge des dépens (ordonnance du juge de la mise en état, C. pr. civ., art. 769). À noter que la condamnation aux dépens ne peut concerner une autre instance, à moins qu'il s'agisse de frais relatifs à une instance ayant préparé celle dont le juge du principal est saisi[4]. La cour d'appel de Colmar a pu se prononcer sur ce point, en ce qui concerne le sort des dépens liés à l'expertise à venir (C. pr. civ. loc., art. 145), en décidant que les frais de procédure sont à la charge des requérants, il y a lieu cependant de les dispenser d'une contribution aux frais non répétibles des intimés[5]; chaque partie supporte provisoirement la charge de ses frais de procédure, en première instance et en appel, sauf recours ultérieur au fond[6]; les dépens de la présente procédure et ceux de l'expertise seront joints à ceux du fond[7].

L'action en contestation en matière de dépens constitue une action en justice au sens de l'article 30 C. pr. civ. et, dès lors, celui qui conteste de manière dilatoire ou abusive peut être condamné à une amende civile de 15 à 1 500 euros sans préjudice des dommages-intérêts qui seraient réclamés[8].

611.42 Désistement. L'article 399 C. pr. civ. dispose que le désistement emporte, sauf convention contraire, soumission de payer les frais de l'instance éteinte. Les dépens ne pouvant, sauf accord des parties, être mis à la charge du défendeur[9]. De même, le désistement du demandeur au pourvoi n'interdit pas au défendeur de solliciter une somme au titre de l'article 700 C. pr. civ.[10] Et, tout en constatant simplement comme il aurait dû ce désistement, le tribunal pouvait parfaitement, non seulement mettre à la charge de la société demanderesse une somme en remboursement des frais hors dépens exposés par le liquidateur, les dépens devant eux-mêmes être supportés par l'auteur du désistement en application de l'article 399 C. pr. civ., mais encore prononcer l'amende civile pour sanctionner une action en justice qu'il estimait abusive ou dilatoire, puisqu'il s'agit d'un pouvoir d'office, étranger à la formulation des prétentions des parties[11].

611.43 Référé. En matière d'ordonnance de référé, l'article 491 C. pr. civ. oblige le juge à statuer sur les

1. Civ. 2e, 5 janv. 1983, n° 81-14.398, *Bull. civ.* II, n° 1; *D.* 1983. 168; *D.* 1984. IR 120, obs. Brunois.
2. Décr. n° 2004-836, 20 août 2004, portant modification de la procédure civile, *JO* 22 août, p. 15032.
3. Civ. 2e, 6 mai 2004, n° 02-16.466, *Bull. civ.* II, n° 211; *D.* 2005. 1005, note Foulon et Strickler.
4. Civ. 2e, 28 mai 2003, n° 01-12.612; *Bull. civ.* II, n° 163; *D.* 2005. 1005, note Foulon et Strickler.
5. Colmar, 6 mai 2004, *D.* 2005. 1005, note Foulon et Strickler.
6. Colmar, 22 janv. 2004, RG n° 2003/00201, *D.* 2005. 1005, note Foulon et Strickler.
7. Colmar, 18 sept. 2003, *D.* 2005. 1005, note Foulon et Strickler.
8. Civ. 2e, 13 oct. 2005, n° 03-19.434, NP; *D.* 2005. 1005, note Foulon et Strickler.
9. Soc. 27 mai 1983, n° 81-40.785, *Bull. civ.* V, n° 289.
10. Soc. 6 juin 1991, n° 90-41.230, *Bull. civ.* V, n° 287; *D.* 1992. 122.
11. Orléans, 10 nov. 2005, RG n° 04/03218.

dépens. La Cour de cassation vient de le rappeler avec force, selon les articles 491 alinéa 2 et 696 C. pr. civ., le juge statuant en matière de référé statue sur les dépens en condamnant la partie perdante, à moins que par décision motivée, il n'en mette la totalité ou une fraction, à la charge d'une autre partie. A violé les textes susvisés l'arrêt qui s'est abstenu de se prononcer sur la charge ou la répartition des dépens, dont il a lié le sort à celui de l'instance principale pendante devant un tribunal arbitral[1].

611.44 Réserve des dépens. Nous venons de voir que le juge avait l'obligation de statuer sur les dépens, mais il existe un certain nombre de cas où il en est dispensé. On dit alors que le juge réserve les dépens, c'est-à-dire que leur charge sera examinée dans une décision ultérieure mettant fin à l'instance. Un tel procédé se retrouve dans les jugements, ou les décisions avant dire droit, qui ordonnent des mesures d'instruction ou des mesures provisoires qui n'ont pas l'autorité de la chose jugée, exception faite du référé. À noter cependant qu'une juridiction du premier degré[2] a décidé que la notion, pourtant répandue, de « *dépens réservés* » n'a pas de fondement juridique, les dépens ne pouvant pas rester en suspension en l'attente d'une hypothétique action au fond.

SECTION 3
FRAIS NON COMPRIS DANS LES DÉPENS (C. PR. CIV., ART. 700)

611.51 Frais irrépétibles – Définition. Par opposition aux dépens, on peut dire que les frais de l'article 700 C. pr. civ. sont ceux qui ne sont pas juridiquement indispensables à la poursuite du procès. Ces frais plus communément appelés « *irrépétibles* » devraient normalement rester à la charge de celui qui les a engagés.

Ils couvrent les sommes dues par les parties avant l'instance, au cours de celle-ci, ainsi que ceux qui lui seront postérieurs (frais de techniciens, frais de déplacement, *etc.*).

Il convient de préciser que les frais non compris dans les dépens ne constituent pas un préjudice réparable au sens de l'article 1382 du Code civil et ne peuvent être remboursés que sur le fondement de l'article 700 C. pr. civ.[3]

611.52 Origine. Sous l'empire du Code de procédure civile (ancien), la jurisprudence avait inclus dans les dépens des frais qui normalement ne pouvaient y prétendre. Afin d'éliminer le risque qu'une partie gagnante conserve une part importante des frais à sa charge, il a été prévu que la partie qui avait engagé de telles sommes devait par une demande expresse réclamer au juge le remboursement de ces frais. Il s'agissait en fait à l'époque d'une demande de condamnation à des dommages et intérêts reposant sur le fondement de l'article 1382 du Code civil. Suite aux différentes évolutions législatives, l'octroi de ces indemnités a reçu comme fondement non plus la notion de responsabilité délictuelle, mais la notion d'équité. Cela ressort très clairement de l'article 700 tel qu'issu de la rédaction du décret du 28 juillet 1976 : « *Lorsqu'il paraît inéquitable de laisser à la charge d'une des parties* [...] », reprise avec quelques nuances par la loi n° 91-647 du 10 juillet 1991[4] (art. 75).

§ 1
Contenu de l'article 700 du Code de procédure civile

611.61 Formulation du Code de procédure civile – Somme exposée par une partie et non comprise dans les dépens. Contrairement à l'article 695 C. pr. civ., l'article 700 du même code ne procède pas à une énumération limitative des frais irrépétibles. Ce sera au juge, en fonction des circonstances, d'en évaluer le montant. L'origine et le montant de ces frais sont extrêmement variables. Le Code de procédure emploie une formulation très générale, puisqu'il y est dit que ce sont des « *sommes exposées par une partie et non comprises dans les dépens* ». Cette généralisation a été définitivement consacrée grâce à la nouvelle rédaction de l'article 700 C. pr. civ. issue du décret n° 2013-1280 du 29 décembre 2013[5] qui ne fait plus référence aux dispositions de loi du 10 juillet 1991, relative à l'aide juridique, pour préciser que la partie tenue aux dépens ou qui perd son procès est condamnée par le juge à payer à l'autre partie la somme qu'il détermine, au titre des frais exposés et non compris dans les dépens.

Par « *somme* », il convient d'entendre non seulement une somme d'argent engagée par une des parties, mais également un manque à gagner dû au fait pour une partie de participer personnellement aux opérations de procédure[6], ou le préjudice moral occasionné « *par les peines et tracas du procès* »[7].

1. Civ. 2e, 29 oct. 1990, n° 89-14.925, *Bull. civ.* II, n° 222; *RTD civ.* 1991. 794, obs. Normand; *Gaz. Pal.* 17 janv. 1991.
2. TGI Chambéry, JEX, 14 oct. 2003, *Juris-Data* n° 226951.
3. Civ. 2e, 8 juill. 2004, n° 03-15.155, *Bull. civ.* II, n° 365.
4. L. n° 91-647, 10 juill. 1991, relative à l'aide juridique, *JO* 13 juill., p. 9170.
5. Décr. n° 2013-1280, 29 déc. 2013, relatif à la suppression de la contribution pour l'aide juridique et à diverses dispositions relatives à l'aide juridique, *JO* 30 déc., p. 22242.
6. Amiens, 14 juin 1978, *Gaz. Pal.* 1978. 2. Somm. 469.
7. Civ. 2e, 20 févr. 1980, n° 78-14.437, *Bull. civ.* II, n° 37; *Gaz. Pal.* 1980. 494, note Dupichot.

Ensuite cette somme doit avoir été « *exposée* » par une partie, c'est-à-dire versée à un tiers ou engagée par la partie pour ses dépenses personnelles[1].

Enfin, cette somme ne doit pas être comprise dans les dépens, ce qui, du fait de la définition restrictive des dépens donnée à l'article 695, sous la forme énumérative, entraîne *a contrario* une catégorie très vaste de frais irrépétibles. La nouvelle rédaction de l'article 700 C. pr. civ. issue du décret du 29 décembre 2013 n'est pas venue modifier cet état de fait (v. s[s] n° 612.101).

611.62 Contenu. Très succinctement, on peut dire que les **frais irrépétibles** comprennent :

- **les frais frustratoires** (v. s[s] n° 612.23);
- **les honoraires et plaidoiries de l'avocat**[2];
- **les mémoires et consultation**[3];
- **les honoraires de l'avocat** que le gagnant a choisi comme mandataire dans les litiges où le ministère d'un avocat n'est pas obligatoire[4];
- **les frais de déplacement**[5];
- **les honoraires d'un conseil en brevet**[6];
- **les débours et honoraires d'avocats** dans les procédures où leur ministère n'est pas obligatoire[7];
- **les débours et honoraires d'avocat en matière gracieuse**[8];
- **les frais de consultation d'un médecin**[9];
- **les frais de déplacement et de démarches exposés par une partie**[10];
- **les frais de saisie-contrefaçon** qui constituent des frais exposés hors instance et donc exclus des dépens[11];
- **les honoraires de l'huissier de justice en matière de constats**[12];
- **les honoraires de recouvrement de l'huissier de justice qui restent à la charge du mandant** (Décr. n° 96-1080, 12 déc. 1996, art. 10 et 16); à cet effet, il convient de préciser que le décret n° 2007-1851 du 26 décembre 2007[13] (art. 3) crée un nouvel article au tarif des huissiers de justice (art. 10-1), en matière de saisie contrefaçon, lequel est rédigé comme suit : « *Toutefois, lorsqu'un huissier de justice recouvre ou encaisse des sommes dues par un contrefacteur condamné dans une procédure de contrefaçon, le droit proportionnel calculé selon les modalités de l'article 10 est à la charge de celui-ci* ».

En revanche, ne constituent pas des frais irrépétibles les honoraires versés par un syndicat de copropriétaires à un notaire et à son avocat en dehors de l'instance pour laquelle un copropriétaire a été condamné aux dépens[14]. Sans rentrer dans le détail de l'article 10-1 de la loi du 13 décembre 2000[15], dite loi SRU, laquelle met à la charge du copropriétaire les frais de recouvrement, la jurisprudence récente de la cour d'appel de Paris[16] ne permet pas de répéter sur le copropriétaire : les frais de relances de remise du dossier à l'huissier de justice ou les honoraires versés à l'avocat de la copropriété. De même, dans une décision du 15 décembre 1999, la Haute cour, rappelant que la cour d'appel n'avait pu la mettre en mesure d'exercer son contrôle, précise cependant, à l'occasion de frais de contentieux imputés à un copropriétaire récalcitrant en vertu d'une clause insérée dans le règlement de copropriété, qu'il y a lieu de distinguer s'il s'agit de frais d'exécution forcée ou de recouvrement, lesquels, dans ce dernier cas, restent à la charge du créancier en vertu de l'article 32 de la loi n° 91-650 du 9 juillet 1991[17]. Cette jurisprudence a eu l'occasion de trouver un écho au sein de la cour d'appel de Paris qui a décidé, dans un arrêt du 22 septembre 2005[18], que les frais mis à la charge du copropriétaire récalcitrant ne concernent que ceux qui sont nécessaires à l'avancement de la procédure. En ce qui concerne les frais d'avocat, ils sont pris en compte dans le cadre de l'article 700 C. pr. civ. Quant aux frais d'huissier ou de la nouvelle profession d'avocat substituant celle d'avoué, ils participent des dépens. Les frais ne sont pas justifiés du seul fait qu'ils font l'objet d'une facture, la justification des frais découlant de leur opportunité et utilité pour obtenir le paiement réclamé.

1. Com. 5 mai 1982, n° 80-15.398, *Bull. civ.* IV, n° 155.
2. Soc. 21 févr. 1979, n° 77-41.646, *Bull. civ.* V, n° 159; *D.* 1979. IR 425, obs. Pélissier.
3. Civ. 2e, 5 déc. 1973, n° 72-13.295, *Bull. civ.* II, n° 321; *JCP* 1974. IV. 25.
4. Soc. 28 oct. 1949, *D.* 1950. 143.
5. Soc. 13 juin 1984, n° 81-41.838, *Gaz. Pal.* 1984. 2. Pan. 330.
6. TGI Paris, 14 févr. 1978, *JCP* 1979. IV. 28.
7. Civ. 2e, 12 mai 1981, n° 81-12.005, *Bull. civ.* II, n° 71.
8. Civ. 1re, 11 oct. 1988, n° 86-18.347, *Bull. civ.* I, n° 283.
9. Civ. 2e, 5 déc. 1973, n° 72-13.295, *Bull. civ.* II, n° 321.
10. Soc. 13 juin 1984, n° 81-41.838, *Gaz. Pal.* Somm. 26 déc. 1984.
11. Paris, 4e ch., sect. B, 19 sept. 2005, RG n° 05/11214.
12. TGI Dignes, 24 oct. 1978, *D.* 1979. 179, note Brunois.
13. Décr. n° 2007-1851, 26 déc. 2007, modifiant le Code de commerce (partie réglementaire) et relatif au tarif des huissiers de justice, *JO* 13 déc., p. 21775.
14. Civ. 2e, 16 juill. 1992, n° 91-10.438, *Bull. civ.* II, n° 209; *Rev. huiss.* 1992. 916.
15. L. n° 2000-1208, 13 déc. 2000, relative à la solidarité et au renouvellement urbain, *JO* 14 déc., p. 19777.
16. Paris, 8 févr. 2001, RG n° 1999/19314, *Juris-Data* n° 136073, chron. Vigneron; *J.-Cl. Loyers* juin 2001, n° 6.
17. L. n° 91-650, 9 juill. 1991, portant réforme des procédures civiles d'exécution, *JO* 14 juill., p. 9228 – Civ. 3e, 15 déc. 1999, n° 97-20.655, *Bull. civ.* III, n° 246 – Civ. 2e, 20 mai 2010, n° 09-67.591, *Bull. civ.* II, n° 99; *D.* 2010. 2102, chron. Sommer, Leroy-Gissinger, Adida-Canac et Grignon Dumoulin; *D.* 2011. 265, obs. Fricero; *D.* 2010. 1425; *Dr. et proc.* 2010, n° 7, A. 072, p. 220.
18. Paris, 23e ch., sect. B, 22 sept. 2005, RG n° 02/20549.

§ 2
Champ d'application de l'article 700 du Code de procédure civile

611.70 Textes. L'article 749 C. pr. civ. prévoit que toutes les dispositions du présent livre s'appliquent devant l'ensemble des juridictions de l'ordre judiciaire statuant en matière civile, commerciale, sociale, rurale ou prud'homale.

Malgré la clarté des textes, les différentes juridictions ont eu à se prononcer à diverses reprises sur leur propre compétence quant à l'application de l'article 700 C. pr. civ.

A.
Qui peut demander à en bénéficier ?

611.71 Principe. Toute partie à l'instance peut demander l'application de l'article 700 C. pr. civ. à l'encontre de ses adversaires, sa demande n'étant pas subordonnée à l'admission de toutes ses prétentions. Il en va de même pour une partie ayant la qualité d'intervenant volontaire[1], pour le bénéficiaire de l'aide juridictionnelle[2] s'il peut justifier de frais autres que ceux avancés par le Trésor[3], pour l'appelant en garantie[4], l'appelé en garantie[5].

611.72 Limites. Mais il existe un certain nombre de limites à ce principe.

- En matière de divorce pour altération définitive du lien conjugal (anciennement dénommé « *pour rupture de la vie commune* ») le demandeur à l'instance ne peut bénéficier de l'article 700 C. pr. civ.[6]

- De même, la partie qui agit dans un intérêt exclusif ne peut obtenir le bénéfice de l'article 700. Par exemple, le débiteur d'une pension alimentaire qui en obtient la réduction du fait de la diminution de ses ressources.

B.
Devant quelles juridictions ?

611.81 Toutes les juridictions de l'ordre judiciaire. La demande d'application de l'article 700 est recevable tant en première instance qu'en appel que devant la Cour de cassation. Il s'applique devant toutes les juridictions de l'ordre judiciaire[7], notamment devant le conseil de prud'hommes[8], le tribunal d'instance[9], le tribunal de commerce[10].

611.82 Gratuité de la procédure. L'article 700 trouve à s'appliquer malgré la gratuité de la procédure[11]. La Cour de cassation a jugé qu'il résultait de l'article 749 C. pr. civ. que les dispositions de l'article 700 s'appliquaient devant les juridictions de l'ordre judiciaire sous réserve de règles spéciales à chaque matière et des dispositions spécifiques à chaque juridiction. En conséquence, malgré la gratuité de la procédure devant le tribunal des affaires de sécurité sociale, l'article 700 trouve à s'appliquer du fait que la réglementation particulière du contentieux de la sécurité sociale ne comporte aucune dérogation à ses dispositions. Celui-ci s'applique aux frais engagés par la partie pour la défense de ses intérêts.

611.83 Formation de la juridiction. De même, il s'appliquera devant toutes les formations de jugement. Cela vaut aussi bien pour les formations collégiales, qu'en matière de référé[12], que devant le juge de l'exécution[13], ou bien devant la Commission des indemnisations des victimes d'infractions (Civi)[14].

611.84 Types de contentieux. Enfin l'article 700 s'applique dans tous types de contentieux, et ce, même si la procédure est sans frais ou s'il ne peut y avoir de condamnation aux dépens :

- contentieux électoral[15] ;
- contentieux fiscal[16] ;
- contentieux douanier[17].

C.
Dans quelles procédures ?

611.91 Obligation ou non d'une représentation de l'avocat. L'article 700 C. pr. civ. s'applique que la représentation par avocat soit obligatoire ou non[18].

1. Civ. 3e, 18 nov. 1980, n° 79-12.420, *Bull. civ.* III, n° 179; *JCP* 1981. IV. 51.
2. Civ. 2e, 28 févr. 1996, n° 94-13.743, *Bull. civ.* II, n° 38.
3. Civ. 3e, 26 avril 1984, n° 82-12.682, *Bull. civ.* III, n° 92 : en l'espèce, la Cour relève au soutien de sa décision que seuls les dépens sont pris en compte par l'aide judiciaire et que les sommes allouées sur le fondement de l'article 700 sont distinctes.
4. Paris, 24 nov. 1977, *D.* 1978. IR 278.
5. Civ. 2e, 17 févr. 1983, n° 80-14.792, *Bull. civ.* II, n° 47; *D.* 1983. 389, concl. Charbonnier; *D.* 1983. 594, note Chartier.
6. Civ. 2e, 1er avr. 1987, n° 86-10.675, *Bull. civ.* II, n° 78.
7. Soc. 20 juill. 1978, n° 78-60.599, *Bull. civ.* V, n° 629; *Gaz. Pal.* 1978. Somm. 443.
8. Soc. 21 févr. 1979, n° 77-41.646, *Bull. civ.* V, n° 159; *D.* 1979. IR 425, obs. Pelissier.
9. Soc. 20 juill. 1978, n° 78-60.599, *Bull. civ.* V, n° 629; *Gaz. Pal.* 1978. 2. Somm. 443.
10. Pontoise, 16 sept. 1980, *Gaz. Pal.* 1981. 1. Somm. 155.
11. Civ. 2e, 23 juin 1982, n° 79-17.094, *Bull. civ.* II, n° 96.
12. Civ. 3e, 19 nov. 1980, n° 79-14.054, *Bull. civ.* III, n° 183; *D.* 1981. IR 372.
13. Cass., avis, 11 mars 1994, n° 09-40.001, *Bull. civ. avis*, n° 8; *Rev. huiss.* 1994. 1148, n° 10.
14. Civ. 2e, 5 janv. 1994, n° 92-12.264, *Bull. civ.* II, n° 9.
15. Civ. 2e, 17 oct. 1990, n° 90-60.374, *Bull. civ.* II, n° 200.
16. Com. 22 juill. 1986, n° 84-17.596, *Bull. civ.* IV, n° 176.
17. Com. 23 févr. 1988, n° 86.13.309, *Bull. civ.* IV, n° 79; *Gaz. Pal.* 1988. 1. 514, note Hatoux.
18. Soc. 21 févr. 1979, n° 77-41.646, *Bull. civ.* V, n° 159; *D.* 1979. IR 425.

Son bénéfice ne peut être demandé que pour les sommes exposées dans le cadre de l'instance où il est sollicité et non pour des sommes exposées à l'occasion d'une procédure antérieure[1]. Il ne peut être attribué pour des sommes non exposées en raison d'une instance[2].

611.92 Sommes exposées. L'article 700 peut être octroyé pour l'ensemble des sommes exposées aussi bien en première instance qu'en appel[3], mais lorsque l'appel est irrecevable, la demande fondée sur l'article 700 l'est, elle aussi[4].

D. Régime juridique de l'article 700 du Code de procédure civile

611.101 Demande expresse. Son bénéfice n'est pas automatique, il ne peut être accordé que s'il a été demandé expressément[5]. Sa demande s'analyse en une demande incidente[6]. Cette règle trouve son fondement dans les dispositions de l'article 5 C. pr. civ. qui dispose que « *le juge doit se prononcer sur tout ce qui est demandé et seulement sur ce qui est demandé* », mais sans qu'il soit nécessaire que l'article soit expressément visé par le demandeur. Il suffit que soit réclamée « *une somme destinée à l'indemniser des frais exposés et qui n'entrent pas dans les dépens* »[7].

611.102 Pouvoir souverain d'appréciation des juges du fond. Le juge dispose d'un pouvoir souverain d'appréciation de la condition d'équité posée par l'article 700 C. pr. civ.[8], quand bien même il s'agirait d'une procédure sans représentation obligatoire comme le contentieux des élections au conseil des prud'hommes[9] et le simple visa de l'article 700 suffit[10].

611.103 Particularités. Enfin, son application n'est pas subordonnée à la condition que les frais irrépétibles aient été préalablement payés[11].

– Depuis l'application du décret n° 2005-1678 du 28 décembre 2005[12], la condamnation à une indemnité allouée au titre de l'article 700 peut être assortie de l'exécution provisoire, mettant ainsi un terme à une jurisprudence abondante en la matière; dans un premier temps, la haute cour ne le permettait pas[13]; puis, un arrêt de la même chambre en date du 31 mai 2001 avait décidé qu'en cas d'exécution provisoire prononcée par le juge, la poursuite de l'exécution sur l'indemnité de l'article 700 C. pr. civ. était autorisée[14]. Rappelons que l'exécution provisoire de droit bénéficiait déjà de ce régime en s'appliquant à toutes les sommes (v. s^s^ n° 612.91).

– La demande formée au titre de l'article 700 ne peut être prise en compte pour la détermination du taux du ressort[15] ou du taux de compétence[16]. Elle ne peut en principe s'ajouter à la demande principale pour déterminer l'intérêt du litige et ainsi le taux de compétence[17].

– Est irrecevable la demande d'allocation d'une somme unique à titre de dommages et intérêts pour procédure abusive et au titre de l'article 700[18].

– La demande fondée sur l'article 700 C. pr. civ. ne constitue pas une demande incidente[19].

– La somme allouée au titre de l'article 700 n'est pas soumise à TVA; la Cour de cassation considère qu'il s'agit de frais *sui generis* et son remboursement constitue une indemnité, sans autre précision.

– L'indemnité allouée à ce titre porte intérêt à compter du prononcé de la décision en l'absence de demande de l'intéressé[20].

E. Qui peut être condamné à payer les frais non compris dans les dépens ?

611.111 Charges des frais irrépétibles. Seule une partie condamnée à payer une fraction ou la totalité des dépens peut être condamnée à supporter des frais

1. Civ. 2e, 19 nov. 1986, n° 85-14.941, *Bull. civ.* II, n° 171.
2. Civ. 3e, 20 nov. 1979, n° 78-10.376, *Bull. civ.* III, n° 208.
3. Civ. 3e, 12 juill. 1988, n° 87-10.445, *Bull. civ.* III, n° 129.
4. Paris, 17 janv. 1978, *Bull. ch. avoués* 1978. 3. 26.
5. Civ. 3e, 5 avr. 1978, n° 76-14.655, *Bull. civ.* III, n° 151 – Civ. 3e, 10 févr. 1988, n° 87-10.094, *Bull. civ.* III, n° 33; *Gaz. Pal.* Somm. 4 févr. 1988.
6. Civ. 3e, 13 nov. 1986, n° 85-13.228, *Bull. civ.* III, n° 159 – *CONTRA :* Civ. 2e, 17 mai 1993, n° 91-18.028, *Bull. civ.* II, n° 172; *D.* 1993. IR 142.
7. Com. 26 janv. 1982, n° 80-12.157, *Bull. civ.* IV, n° 29.
8. Civ. 3e, 22 juin 1982, n° 81-10.168, *Bull. civ.* III, n° 165 – Civ. 2e, 10 oct. 2002, n° 00-13.832, *Bull. civ.* II, n° 219.
9. Civ. 2e, 6 mars 2003, n° 02-60.835, *Bull. civ.* II, n° 54.
10. Soc. 20 mars 1985, n° 81-40.923, *Bull. civ.* V, n° 194.
11. Com. 8 déc. 1992, n° 90-21.783, *Bull. civ.* IV, n° 398 – Com. 4 mai 1993, n° 91-12.439, *Bull. civ.* IV, n° 165.
12. Décr. n° 2005-1678, 28 déc. 2005, relatif à la procédure civile, à certaines procédures d'exécution et à la procédure de changement de nom, *JO* 29 déc., p. 20350.
13. Civ. 2e, 23 janv. 1985, n° 83-14.532, *Bull. civ.* II, n° 18; *D.* 1985. IR 319.
14. Civ. 2e, 31 mai 2001, n° 99-13.712, *Bull. civ.* II, n° 107, (rejet 1er prés. Montpellier), *D.* 2001. 2714, obs. Fricero; *Dr. et proc.* 2001, n° 5, A. 133, p. 339; *RTD civ.* 2001. 663, obs. Perrot.
15. Versailles, 28 sept. 1983, *Gaz. Pal.* 1984. 1. Somm. 195; *D.* 1984. IR 73.
16. Civ. 2e, 2 oct. 1981, n° 80-13.503, *Bull. civ.* II, n° 177 – Civ. 2e, 20 nov. 1991, n° 90-15.838, *Bull. civ.* II, n° 306; *Rev. huiss.* 1992. 278.
17. Civ. 3e, 6 janv. 1981, n° 79-10.651, *Bull. civ.* III, n° 4; *D.* 1981. IR 372, note Julien; *Gaz. Pal.* 1981, note Viatte.
18. Versailles, 25 janv. 1988, *D.* 1988. IR 128.
19. Civ. 2e, 10 déc. 1986, n° 85-16.359, *Bull. civ.* II, n° 179; *Gaz. Pal.* 1er août 1987, p. 335, note Croze et Morel.
20. Soc. 2 mai 1989, n° 86-40.895, *Bull. civ.* V, n° 319; *RTD civ.* 1991. 350, obs. Jourdain.

irrépétibles[1]. *A contrario*, la partie à la charge de laquelle a été laissée une partie des dépens peut demander le bénéfice de l'article 700[2], mais la demande d'article 700 doit être rejetée dès lors que le demandeur dont le pourvoi n'est pas fondé est condamné aux dépens[3].

Il est à noter que, dans sa nouvelle rédaction issue du décret du 29 décembre 2013, le juge condamne également la partie perdante au procès à payer à l'avocat du bénéficiaire de l'aide juridictionnelle partielle ou totale une somme au titre des honoraires et frais, non compris dans les dépens, que le bénéficiaire de l'aide aurait exposés s'il n'avait pas eu cette aide. Dans ce cas, il est procédé comme il est dit aux alinéas 3 et 4 de l'article 37 de la loi du 10 juillet 1991.

F.
Globalité de l'article 700 du Code de procédure civile

611.121 Indemnité globale. Les juges du fond peuvent allouer une indemnité globale au titre de dommages et intérêts et au titre de l'article 700 C. pr. civ. dès lors qu'ils justifient leur décision en précisant de façon distincte les sommes dues au titre de dommages et intérêts et celles dues au titre de l'article 700[4]. En effet, la Cour de cassation refuse d'accorder à ces frais le caractère de dommages et intérêts en déclarant que le remboursement de ces frais n'est pas fondé sur une faute[5].

SECTION 4
DROIT AFFECTÉ À LA CONTRIBUTION POUR L'AIDE JURIDIQUE ET AU FONDS D'INDEMNISATION DE LA PROFESSION D'AVOUÉ

611.131 Suppression de la contribution de 35 euros pour l'aide juridique. Poursuivant un objectif de solidarité entre les justiciables et afin de permettre à l'État français de financer plus équitablement les actions intentées par les personnes les plus démunies (mais aussi de couvrir les frais d'aide juridique par un avocat des gardés à vue), l'article 54 de la loi n° 2011-900 de finances rectificatives du 29 juillet 2011 avait instauré une nouvelle taxe (en fait un droit de timbre) dénommée « ***contribution pour l'aide juridique*** », d'un montant de 35 euros[6].

D'une conception juridique propre, ce droit de timbre était un débours tarifé inhabituel (car il est dû par le demandeur à l'action) et ne s'assimilait pas à la taxe forfaitaire fiscale de 9,15 euros. En effet, la perception de ce droit était due, par principe, au moment de l'introduction de l'instance et non à l'occasion de la signification des actes d'huissiers de justice.

La mise en œuvre et les modalités d'acquittement de cette nouvelle taxe à respecter étaient, quant à elles, prévues par le décret n° 2011-1202 du 28 septembre 2011[7] et la circulaire du ministère de la Justice du 30 septembre 2011[8].

Cependant, l'article 128 de la loi n° 2013-1278 du 29 décembre 2013, portant loi de finances pour 2014[9], est venu abroger cette contribution pour l'aide juridique (prévue à l'article 1635 *bis* Q du Code général des impôts), et le décret du 29 décembre 2013 a supprimé cette contribution à compter du 1er janvier 2014, hormis pour les instances introduites avant cette date, pour lesquelles le dispositif réglementaire du paiement de cette taxe reste applicable.

Il est à noter que les dispositions relatives au droit affecté au fonds d'indemnisation de la profession d'avoués près les cours d'appels sont conservées (C. pr. civ., art. 963 à 964-1).

Dans la mesure où cette mesure reste ouverte pour les procédures introduites avant le 1er janvier 2014, il est utile d'en conserver les modalités prévues relatées ci-dessous.

611.132 Domaine d'application et procédures concernées (introduites jusqu'au 31 décembre 2013). Aux termes des dispositions de l'ancien article 1635 *bis* Q du Code général des impôts, la contribution pour l'aide juridique de 35 euros est perçue pour **toute instance introduite** en matière civile, commerciale, prud'homale, sociale ou rurale **devant une juridiction judiciaire** ou pour toute instance introduite **devant une juridiction administrative**, introduite à compter du 1er octobre 2011, et ce jusqu'au 31 décembre 2013 inclus.

1. Soc. 22 mars 1983, n° 81-40.513, *Bull. civ.* V, n° 180 – Soc. 3 févr. 1993, n° 89-41.268, *Bull. civ.* V, n° 39; *Gaz. Pal.* Somm. 9 oct. 1993, p. 219 – Civ. 2e, 6 mai 1999, n° 96-20.827, *Bull. civ.* II, n° 80.
2. Civ. 2e, 20 juin 1984, n° 83-13.135, *Bull. civ.* II, n° 111; *Gaz. Pal.* 1984. 2. 297.
3. Civ. 3e, 27 févr. 1985, n° 84-70.094, *Bull. civ.* III, n° 41; *JCP* 1985. IV. 168.
4. Civ. 2e, 7 mars 1985, n° 83-15.509, *Bull. civ.* II, n° 62; *D.* 1985. IR 377.
5. Civ. 2e, 21 juill. 1980, n° 78-16.033, *Bull. civ.* II, n° 189.
6. L. n° 2011-900, 29 juill. 2011, de finances rectificative, *JO* 30 juill., p. 12969.
7. Décr. n° 2011-1202, 28 sept. 2011, relatif au droit affecté au fonds d'indemnisation de la profession d'avoué près les cours d'appel et à la contribution pour l'aide juridique, *JO* 29 sept., p. 16383.
8. Circ. min. Justice n° JUSC1126611C, 30 sept. 2011, relative à la présentation de l'instauration d'une contribution pour l'aide juridique due pour les instances soumises aux juridictions de l'ordre judiciaire, *BOMJ* 2011/10, 31 oct.
9. L. n° 2013-1278, 29 déc. 2013, de finances pour 2014, *JO* 30 déc., p. 21829.

611.133 Conditions d'exigibilité et d'acquittement des procédures introduites jusqu'au 31 décembre 2013. Exigible et due par toute personne qui a introduit une action en justice (hormis l'État et les personnes qui bénéficient de l'aide juridictionnelle), l'**acquittement** de la contribution pour l'aide juridique doit être justifié à ce moment-là au moyen de timbres fiscaux mobiles achetés pour ce montant auprès des services des impôts ou des dépositaires légaux (bureaux de tabac, *etc.*), ou lors de l'émission du reçu électronique en cas d'acquittement par cette voie. Si l'instance est introduite par un auxiliaire de justice (avant le 31 décembre 2013), la contribution est acquittée par voie électronique par ce dernier pour le compte de son client.

611.134 Procédures non assujetties au paiement de la contribution pour l'aide juridique (introduites jusqu'au 31 décembre 2013). Conformément aux anciens articles 62 et suivants C. pr. civ., **sont exclues :**

- les procédures engagées par le ministère public;

- celles introduites devant la Commission d'indemnisation des victimes d'infraction (Civi), devant le juge pour enfants, le juge des libertés et de la détention, le juge des tutelles;

- les procédures de traitement des situations de surendettement des particuliers et les procédures de redressement et de liquidation judiciaire;

- la procédure tendant à délivrer en urgence une ordonnance de protection d'un conjoint victime de violence (C. civ., art. 515-9).

Sont également exclues :

- en **matière administrative**, la procédure issue de l'article 521-2 du Code de justice administrative;

- en **matière électorale**, la procédure issue de l'article 34 du Code électoral.

S'agissant d'une contribution unique par instance, la contribution n'est due qu'au titre de la **première des procédures intentées** en cas de procédure successives intentées devant la même juridiction.

En revanche, cette contribution n'est pas due :

- si l'action est formée à la suite d'une décision d'incompétence;

- si elle a donné lieu à une précédente instance éteinte à titre principal par l'effet de la péremption, du désistement d'instance ou de la caducité de la citation;

- si elle tend à la modification, la rétractation ou la contestation d'une ordonnance rendue sur requête;

- si elle est consécutive à une mesure d'instruction ordonnée en référé ou sur requête;

- si elle constitue un recours formé à la suite d'une ordonnance ayant relevé son auteur de la forclusion résultant de l'expiration du délai de recours;

- si elle porte sur la contestation, devant le président de la juridiction, de la vérification par le secrétaire de la juridiction des dépens dus au titre d'une instance;

- ou encore s'il s'agit d'une procédure aux seules fins de conciliation, de certificat, d'acte de notoriété, de recueil de consentement;

- voir également dans la nouvelle procédure de **reprise des logements abandonnés** issue du décret nº 2011-945 du 10 août 2011[1] en cas de procédure subséquente au dépôt de la requête aux fins de reprise du logement.

611.135 Modalités d'acquittement des procédures assujetties au paiement de la contribution pour l'aide juridique introduites jusqu'au 31 décembre 2013. En cas de procédure aux fins d'**injonction de payer**, le requérant doit justifier de l'acquittement de la contribution prévue lors de la demande d'apposition de la formule exécutoire sur l'ordonnance portant injonction de payer ou bien, dans le cas d'une ordonnance d'**injonction de payer européenne**, lors de l'envoi à la juridiction de la copie de la signification de l'ordonnance portant injonction de payer européenne. À défaut, l'ordonnance portant injonction de payer est non avenue. En cas d'opposition, il ne sera pas dû de nouvelle contribution.

En matière d'**injonction de faire**, il n'est pas dû de nouvelle contribution pour l'aide juridique par le requérant qui justifie l'avoir acquittée au titre de sa requête.

En cas d'**appel** d'une décision de première instance et **en matière gracieuse**, l'appelant justifie de l'acquittement du droit sur demande du greffe de la cour d'appel (Décr. nº 2011-1202, 28 sept. 2011, art. 5).

Pour les appels relevant de la **procédure avec représentation obligatoire**, l'acquittement sera justifié lors de la remise au greffe des premières conclusions.

Pour les appels relevant de la **procédure sans représentation obligatoire** formés par voie électronique, l'acquittement de la contribution est justifié dans les quinze jours suivant la déclaration d'appel.

Enfin, **devant la Cour de cassation**, le demandeur au pourvoi justifie de l'acquittement de la contribution au plus tard au moment de la remise de son mémoire (la contribution n'est pas due en cas de demande soumise à une juridiction de renvoi après cassation).

611.136 Sanction du défaut d'acquittement (pour les procédures introduites jusqu'au 31 décembre 2013). Le défaut d'acquittement de cette taxe entraîne l'irrecevabilité de la demande constatée d'office par le juge (C. pr.civ., anc. art. 62-5), qui peut

1. Décr. nº 2011-945, 10 août 2011, relatif aux procédures de résiliation de baux d'habitation et de reprise des lieux en cas d'abandon, *JO* 12 août, p. 13848.

être le président du tribunal, le président de la chambre à laquelle la demande est distribuée ou le juge de la mise en état jusqu'à la clôture de l'instruction.

611.137 Question prioritaire de constitutionnalité. Le Conseil constitutionnel a été saisi dans les conditions prévues par l'article 61-1 de la Constitution d'une question prioritaire de constitutionnalité, relative à la conformité aux droits et libertés que la Constitution garantit de l'article 54 de la loi n° 2011-900 du 29 juillet 2011 de finances rectificative pour 2011 et de l'article 54 de la loi n° 2009-1674 du 30 décembre 2009 de finances rectificative pour 2009 [1].

Dans une décision rendue publique le 13 avril 2012 [2], le Conseil constitutionnel a décidé que l'article 54 de la loi n° 2011-900 du 29 juillet 2011 de finances rectificative pour 2011 et l'article 54 de la loi n° 2009-1674 du 30 décembre 2009 de finances rectificative pour 2009 étaient conformes à la Constitution.

1. L. n° 2009-1674, 30 déc. 2009 de finances rectificative pour 2009, *JO* 31 déc., p. 22940.
2. Cons. const. 13 avr. 2012, n° 2012/231/234 QPC, *JO* 14 avr., p. 6884; *Rec. Cons. const.* 193.

CHAPITRE

612. Charge des frais et dépens

SERGE ABBOU
Huissier de justice

SECTION 0
ORIENTEUR

612.00 **Plan du chapitre.**

612.01 **Principaux textes applicables.**
C. pr. civ., art. 696 à 700.

612.05 **Avance de frais.** Avant de déterminer quelle partie aura la charge des dépens, il faut s'arrêter quelques instants sur le problème de l'avance des frais. Certes, nous verrons quelle partie aura la charge définitive des frais, mais il est de principe que les parties devront en faire l'avance, sauf hypothèse de l'aide juridique; où là, ce sera à l'État d'en faire l'avance (v. s[s] n°s 18.00 à 183.25 - Décr. n° 91-1266, 19 déc. 1991, art. 119[1], mod. par Décr. n° 2011-272, 15 mars 2011, art. 12[2]).

612.06 **Hypothèses légales.** Mais, outre cette dernière hypothèse de l'aide juridique, les Codes de procédures civile et pénale prévoient, dans toute une série de cas, que **l'État fera l'avance des frais et dépens :**

– en matière de **paiement direct des pensions alimentaires** (Décr. n° 73-216, 1er mars 1973, art. 5-1[3] et Décr. n° 75-1339, 31 déc. 1975, art. 21[4]);

– en matière de **recouvrement de rentes** (C. civ., art. 276) **et de subsides** (C. civ., art. 342), tel que cela est prévu aux articles 8 du décret n° 73-216 du 1er mars 1973 et 22 du décret n° 75-1339 du 31 décembre 1975;

– en matière d'**expropriation pour cause d'utilité publique**, les frais et dépens afférents à l'ordonnance d'expropriation et au pourvoi en cassation contre celle-ci sont déterminés dans les conditions prévues aux articles R. 13-55 à R. 13-61 du Code de l'expropriation pour cause d'utilité publique. Le juge taxe les frais et dépens; l'administration des impôts se fait, s'il y a lieu, rembourser de ses avances, qui sont comprises dans la taxe des frais, par la partie qui supporte les dépens – l'article L. 663-1 du Code de commerce (mod. par L. n° 2011-850, 20 juill. 2011, art. 37[5] [anc[t] L. 25 janv. 1985, art. 215[6]]) sur les difficultés des entreprises prévoit, au sein des dispositions géné-

1. Décr. n° 91-1266, 19 déc. 1991, portant application de la loi n° 91-647 du 10 juillet 1991, relative à l'aide juridique, *JO* 20 déc., p. 16609.
2. Décr. n° 2011-272, 15 mars 2011, portant diverses dispositions en matière d'aide juridictionnelle et d'aide à l'intervention de l'avocat, art. 23, *JO* 17 mars, p. 4825.
3. Décr. n° 73-216, 1er mars 1973, pris pour l'application de la loi n° 73-5 du 2 janvier 1973, relative au paiement direct de la pension alimentaire, *JO* 2 mars, p. 2322.
4. Décr. n° 75-1339, 31 déc. 1975, relatif aux modalités d'application de la loi n° 75-618 du 11 juillet 1975, relative au recouvrement des pensions alimentaires, *JO* 3 janv., p. 166.
5. L. n° 2011-850, 20 juill. 2011, de libéralisation des ventes volontaires de meubles aux enchères publiques, *JO* 21 juill., p. 12441.
6. L. n° 85-98, 25 janvier 1985, relative au redressement et à la liquidation judiciaires des entreprises, art. 215, *JO* 26 janv., p. 1097.

rales de procédure, que « *lorsque les fonds disponibles du débiteur n'y peuvent suffire immédiatement, le Trésor public, sur ordonnance motivée du juge-commissaire fait l'avance des droits, taxes, redevances ou émoluments perçus par les greffes des juridictions, des débours tarifés et des émoluments dus à la nouvelle profession d'avocat substituant celle d'avoué, et des rémunérations des avocats dans la mesure où elles sont réglementées, des frais de signification et de publicité et de la rémunération des techniciens désignés par la juridiction après accord du ministère public, pour certaines décisions ou à l'exercice de certaines actions. Pour le remboursement de ses avances, le Trésor public est garanti par le privilège des frais de justice* ». À ce titre, les frais ne peuvent comprendre que la rémunération tarifée de la postulation de l'avocat et non ses honoraires[1]. Néanmoins, en ce qui concerne le sort des dépens et créances fondées sur l'article 700 C. pr. civ. dans le cadre des procédures collectives, la troisième chambre civile (pour une instance en cours au jour du jugement d'ouverture) et la chambre commerciale (pour une instance en contestation de créance postérieure au jour du jugement d'ouverture) de la Haute cour ont décidé, dans des attendus similaires, que « [cette] *créance, mise à la charge du débiteur, trouve son origine dans la décision lorsque cette décision est postérieure au jugement d'ouverture de la procédure collective* », si bien que les honoraires d'avocats doivent être payés à leur échéance lorsque l'activité est poursuivie et seront considérés en frais privilégiés de la procédure collective, sauf exceptions, en cas de liquidation totale[2]. L'article L. 663-1 du Code de commerce ne concerne que les **rémunérations des avocats** dans la mesure où elles sont réglementées.

– le trésorier payeur fera l'avance des frais dans les procédures concernant **l'enfance en danger** (assistance éducative, exercice, déchéance et retrait de l'autorité parentale, *etc.*), en matière de **tutelle des mineurs** et de **tutelle** ou de **curatelle des majeurs** et de **sauvegarde de justice ou** pour les procédures dans lesquelles les frais sont exposés par le ministère public (C. pr. pén., art. R. 92, R. 93 et R. 93-1 à R. 93-3).

La jurisprudence est venue compléter l'étendue de l'obligation de l'État.

Tout d'abord, le droit fixe de procédure prévu à l'article 1018 A du Code général des impôts ne figure pas parmi les frais de justice énumérés par l'article R. 92 du Code de procédure pénale qui, seuls, sont à la charge de l'État et sans recours envers les condamnés, qu'ils aient ou non obtenu le bénéfice de l'aide juridictionnelle[3].

De même, il résulte de la combinaison des articles 138, 11°, 142 et 800-1 C. pr. pén. que les frais de justice criminelle, correctionnelle et de police étant à la charge de l'État et sans recours envers les condamnés, le cautionnement auquel est astreinte une personne mise en examen, par une décision de placement sous contrôle judiciaire, ne peut en garantir le paiement[4].

Également, aux termes de l'article R. 116-1 C. pr. pén., les tarifs d'honoraires correspondant aux actes d'expertise et d'examen prévus par les articles R. 117 à R. 120 du même code sont déterminés par référence aux tarifs conventionnels d'honoraires fixés en application de l'article L. 162-15-2 du Code de la sécurité sociale et sont calculés, pour chacun de ces actes, d'après leur nature et leur valeur relative telles qu'elles résultent des cotations par lettres-clés et coefficients qui y sont mentionnés.

Encourt dès lors la censure l'arrêt qui fixe la rémunération d'une expertise psychiatrique, non pas sur la base de la cotation CNPSY prévue par l'article R. 117, 9° C. pr. pén., mais en faisant application de l'article R. 107 dudit code qui détermine, pour les prestations non tarifées, les conditions du dépassement des frais et honoraires de l'expert au-delà de 460 euros[5].

Il est à noter que l'article 618-1 C. pr. pén. prévoit qu'un rejet de pourvoi en cassation formée par la personne poursuivie ou par la partie civile peut amener la cour à condamner le demandeur à payer à l'autre partie la somme qu'elle détermine, au titre des frais non payés par l'État et exposés par celle-ci. La cour tient alors compte de l'équité ou de la situation économique du demandeur pour décider du prononcé de cette condamnation et en fixer le montant. La chambre criminelle de la Cour de cassation est venue compléter l'interprétation de ce texte en décidant qu'il n'y a pas lieu à statuer sur sa demande, sur le fondement de l'article 618-1 précité lorsque la partie civile ou la personne poursuivie se désiste de son pourvoi. En revanche, il convient de statuer sur celle présentée par le défendeur au pourvoi, y compris lorsqu'il s'agit d'un témoin assisté admis à intervenir devant la Cour de cassation, car tout défendeur au pourvoi a la qualité de partie à l'instance de cassation au sens de ce texte[6].

Nous examinerons successivement les problèmes liés à la charge des dépens et ceux liés à la charge de l'article 700 C. pr. civ., en d'autres termes des frais irrépétibles.

1. Com. 6 mai 1997, n° 95-10.185, *Bull. civ.* IV, n° 121; *D.* 1997. 437, rapp. Rémery.
2. Com. 11 juin 2002, n° 00-12.289, *Bull. civ.* IV, n° 104; *D.* 2002. 2121, obs. Lienhard; *D.* 2002. 2642, obs. Fricero; *RTD com.* 2002. 724, obs. Martin-Serf – Com. 11 juin 2002, n° 00-11.773, *Bull. civ.* IV, n° 105; *RTD com.* 2002. 724, obs. Martin-Serf – Civ. 3e, 12 juin 2002, n° 00-19.038, *Bull. civ.* III, n° 138; *D.* 2002. 2121, obs. Lienhard; *RTD com.* 2002. 724, obs. Martin-Serf.
3. Crim. 12 juin 2012, n° 11-88.782, *Bull. crim.*, n° 146.
4. Crim. 3 oct. 2013, n° 12-85.009, *Bull. crim.*, n° 210.
5. Crim. 17 janv. 2012, n° 11-82.785, *Bull. crim.*, n° 14.
6. Crim. 20 nov. 2012, n° 11-84.580, *Bull. crim.*, [à paraître].

SECTION 1
QUEL EST LE DÉBITEUR DES DÉPENS ?

612.10 Définition du débiteur des dépens. Il faut donc entendre par débiteur, la personne qui supporte effectivement la charge des dépens et non pas celle qui en fait l'avance. Si pour les dépens les choses paraissent relativement claires, l'article 696 C. pr. civ. prévoyant aussi bien le principe que l'exception, il n'en va pas de même pour la condamnation aux frais irrépétibles de l'article 700 qui sont laissés à la discrétion du juge.

§ 1
Principe de la condamnation aux dépens de la partie perdante

612.11 Principe. L'article 696 C. pr. civ. dans sa première partie de phrase décide que « *la partie perdante est condamnée aux dépens* ». La mise en œuvre de ce principe nécessite au préalable un certain nombre de précisions quant aux diverses notions employées.

612.12 Parties. Seul un intervenant ayant la qualité de partie à l'instance peut être condamné au paiement des dépens. Il s'agit là, non seulement du demandeur et du défendeur, mais également de la partie appelée en garantie, de l'intervenant volontaire, c'est-à-dire de toutes les parties qui, à un degré quelconque, sont impliquées dans le lien d'instance. Toute autre personne sera alors considérée comme un tiers à la procédure en cours et ne pourra être condamnée aux dépens. En effet, cette notion de partie est une condition nécessaire et il a été jugé que : « *En l'état de la jonction de deux instances par le tribunal, la cour d'appel ne peut, statuant sur l'appel du jugement, condamner aux dépens de première instance et d'appel, une partie qui devant les premiers juges, n'avait été l'objet d'une demande que dans une instance et non dans l'autre* »[1].

Constitue également une partie la victime, qui dans le procès pénal se constitue partie civile. Dans ce cas, le procès pénal et le procès civil constituent un tout indissociable.

Dans le même ordre, le juge met à la charge de l'auteur de l'infraction la rémunération de l'expert qui, après avoir statué sur l'action publique, ordonne une expertise sur les intérêts civils[2].

Aussi, le Trésor public qui, dans un procès, fait l'avance des frais (comme, par ex., en matière d'aide juridictionnelle), n'est pas pour autant une partie. Il en va également ainsi pour l'assureur qui, obligé de payer pour le compte de l'assuré les condamnations mises à sa charge, ne peut être tenu à payer les dépens, même s'il devient une partie au procès par son intervention ou un appel en garantie[3].

612.13 Partie perdante. La partie qui n'obtient gain de cause sur aucun chef de ses prétentions est considérée comme perdante et est de ce fait condamnée aux dépens. Mais cette notion recouvre un certain nombre de subtilités. C'est ainsi que la jurisprudence a également considéré comme étant partie perdante :

- celle dont la demande est déclarée irrecevable;
- celle qui s'en rapporte à justice et qui accepte ainsi les conclusions de son adversaire;
- celle qui se désiste[4];
- l'auteur d'une tierce-opposition déclarée sans objet du fait de la cassation de l'arrêt avant qu'il n'ait été statué sur ce recours[5];
- celle déclarant « *ne pas s'opposer sous les plus expresses réserves* » à une demande d'expertise[6].

Néanmoins, la Haute juridiction a pu considérer, dans un arrêt du 10 février 2011[7], que la partie défenderesse à une demande d'expertise ordonnée sur le fondement de l'article 145 C. pr. civ. ne peut être considérée comme la partie perdante au sens de l'article 700 du même code.

612.14 Fonds de garantie. Les sommes versées par le Fonds de garantie ne comprennent pas les dépens, qui sont exclus au rang des charges que le Fonds de garantie est tenu d'assurer[8].

612.15 Extension de la notion de succombant. Le principe de l'article 696 C. pr. civ. trouve également à s'appliquer dès lors qu'une partie succombe seulement sur une partie de ses prétentions[9]. Ce sera également le cas si plusieurs parties succombent dans un procès, le juge disposant d'un pouvoir d'appréciation discrétionnaire pour laisser les dépens à la charge d'une seule des parties[10] ou pour les répartir entre les perdants[11].

Les dépens doivent en effet être mis à la charge de la partie perdante. Ceux correspondant à la part du bénéficiaire de l'aide juridictionnelle totale restent à la charge de l'État, tant devant le tribunal que devant la cour. Eu égard à l'extrême dénuement du bénéfi-

1. Civ. 2e, 15 févr. 1973, no 71-13.344, *Bull. civ.* II, no 54; *JCP* 1973. IV. 125.
2. Crim. 19 juin 2007, no 06-87.417, *Bull. crim.* no 167; *AJ pénal* 2007. 440, obs. Saas.
3. Rouen, 1re ch., 24 mars 1981.
4. Soc. 27 mai 1983, no 81-40.785, *Bull. civ.* V, no 289.
5. Civ. 2e, 4 mars 1987.
6. Civ. 2e, 4 mai 1994, no 92-19.166, *Bull. civ.* II, no 127; *Rev. huiss.* 1994. 1420.
7. Civ. 2e, 10 févr. 2011, no 10-11.774, *Bull. civ.* II, no 34.
8. Civ. 2e, 14 juin 1995, no 91-22.073, *Bull. civ.* II, no 184.
9. Soc. 12 févr. 1992, no 89-41.082, *Bull. civ.* V, no 86; *JCP* 1992. IV. 118.
10. Civ. 2e, 6 févr. 1974, no 72-11.979, *Bull. civ.* II, no 50.
11. Soc. 16 oct. 1963, *Bull. civ.* V, no 689.

ciaire de l'aide juridictionnelle, une cour d'appel, en application de l'article 42 de la loi du 10 juillet 1991, laisse à la charge de l'État les dépens ainsi que ceux de son adversaire[1].

612.16 Aide judiciaire. L'article 42 de la loi n° 91-647 du 10 juillet 1991[2], relative à l'aide juridique, dispose que lorsque le bénéficiaire de l'aide juridictionnelle est condamné aux dépens ou perd son procès, il supporte exclusivement la charge des dépens effectivement exposés par son adversaire, sauf si le juge en décide autrement en tenant compte de l'équité ou de la situation économique de la partie condamnée (par ex., laisser une partie des dépens à la charge de l'État, ou mettre à la charge du bénéficiaire de l'aide juridictionnelle partielle le remboursement d'une fraction des sommes exposées par l'État).

L'article 43 de la loi précise que lorsque la partie condamnée aux dépens ou la partie perdante ne bénéficie pas de l'aide juridictionnelle, elle est tenue de rembourser au Trésor public les sommes exposées par l'État, à l'exclusion des frais de justice criminelle, correctionnelle ou de police, sauf si le juge la dispense pour tenir compte des considérations tirées de l'équité ou de la situation économique.

612.17 Immunités des pouvoirs publics. Il existe un certain nombre d'hypothèses où une partie, qui succombe dans ses prétentions, ne sera pas condamnée aux dépens en raison de sa qualité ou de la nature de la matière.

- Le ministère public peut être partie au procès, partie principale ou partie jointe mais ne peut pas être condamné aux dépens s'il succombe dans son action[3]; De même, le ministère public ayant agi au lieu et place de l'État, dans un intérêt général, sa condamnation aux dépens constituerait un excès de pouvoir (même arrêt).

- Le maire agissant comme agent du pouvoir exécutif ou comme officier d'état civil ne peut être condamné aux dépens.

- Les administrations publiques agissant comme représentant de la puissance publique ne peuvent être condamnées aux dépens dans les instances où elles procèdent[4].

- Le préfet dont le déclinatoire de compétence a été rejeté[5], ou agissant dans l'intérêt général de la société ne peut être condamné aux dépens. Mais, lorsqu'il s'agit d'une contestation judiciaire proprement dite, l'état qui succombe est passible des dépens.

612.18 Époux. L'article 1127 C. pr. civ. prévoit qu'en matière de divorce pour altération définitive du lien conjugal (anciennement dénommé « *rupture de la vie commune* »), les dépens sont laissés à la charge de celui qui a pris l'initiative de la demande. En cas de divorce sur consentement mutuel ou de divorce accepté (anciennement dénommé « *demandé par un époux et accepté par l'autre* »), les dépens doivent être partagés par moitié entre les époux. Ce texte s'applique également aux dépens d'appel lorsque le défendeur à l'instance succombe dans l'appel dont il a pris l'initiative[6]. Mais, celui qui prend l'initiative de ce type de divorce peut prétendre à une indemnité au titre de l'article 700 C. pr. civ.[7]

612.19 Condamnation d'une société en redressement judiciaire. La cour d'appel de Versailles par un arrêt du 15 juin 1994 a condamné à payer une partie des dépens de première instance et d'appel, la société en redressement judiciaire, qui avait omis de signaler cette situation devant le tribunal, et ce, bien qu'elle ne puisse être condamnée au fond, la créance dont il est demandé le paiement étant antérieure à l'ouverture de la procédure collective et d'ailleurs éteinte faute de production[8].

§ 2
Exception : dépens laissés à la charge d'un tiers (C. pr. civ., art. 697 et 698)

612.21 Trésor public. Dans le cadre de la nouvelle procédure de rétablissement personnel pour le traitement des situations de surendettement, les frais de publicités sont avancés par l'État au titre des frais de justice. Ils peuvent être récupérés sur le produit de la vente des biens du débiteur ou au moyen d'une contribution mise à la charge de ce dernier (C. consom., art. R. 334-23; le mandataire éventuellement désigné pour représenter le débiteur est rémunéré selon un tarif fixé par arrêté du garde des Sceaux, ministre de la Justice. Sa rémunération est prélevée sur le produit de la vente des biens du débiteur ou au moyen d'une contribution mise à la charge de ce dernier; à défaut, elle incombe au Trésor (C. consom., art. R. 334-32; le coût du bilan économique et social de la situation du débiteur, fixé par cet arrêté est avancé par l'État au titre des frais de justice (C. consom., art. R. 334-32).

1. Dijon, 1re ch., 13 déc. 1996, RG n° 2073/95, *Gaz. Pal.* 1998. 2. Somm. 673.
2. L. n° 91-647, 10 juill. 1991, relative à l'aide juridique, *JO* 13 juill., p. 9170.
3. Req. 30 janv. 1912, *DP* 1916. 1. 63 et jurisprudence constante.
4. Civ. 10 nov. 1852, *DP* 1852. 1. 306.
5. T. confl. 16 nov. 1901, *DP* 1903. 3. 21.
6. Civ. 2e, 11 juill. 1979, n° 78-14.593, *Bull. civ.* II, n° 206; *D.* 1980. 76, note Bénabent; *JCP* 1979. IV. 315; *JCP* 1980. II. 19400, note Lindon – Civ. 2e, 24 févr. 1982, NP; *Gaz. Pal.* 1982. 600, note Viatte.
7. Civ. 2e, 1er avr. 1987, n° 86-10.675, *Bull. civ.* II, n° 78; *D.* 1987. Somm. 275, obs. Groslière.
8. Versailles, 15 juin 1994, RG nos 6992/92 et 949/93, *Rev. huiss.* 1995. 1137.

Le Trésor public est souvent le tiers supportant la charge des dépens dans une procédure, par exemple, en matière de redressement ou de liquidation judiciaire (C. com., art. L. 663-1), d'assistance éducative (C. pr. civ., art. 1197 et 1209), de décision juridictionnelle qui rectifie une précédente décision (C. pr. pén., art. R. 92, 17° et R. 93, 10°), lorsque le ministère public succombe dans une instance civile (C. pr. pén., art. R. 93, 4°), en cas de condamnation d'une partie bénéficiant de l'aide judiciaire (L. n° 91-647, 10 juill. 1991, art. 42[1]) et si le juge le décide ainsi (v. s^s n° 612.16) : le Trésor public est en droit de demander le remboursement à la partie qui succombe pour qui il a fait l'avance des frais. Néanmoins, le juge peut décider, en vertu de l'article 43 de la loi du 10 juillet 1991, de dispenser totalement le remboursement des dépens sollicités par le Trésor public[2]. Notons à cet effet qu'en matière de frais de justice, le point de départ de la prescription quadriennale des créances contre l'État est la date de la certification par le greffier ou de l'ordonnance rendue par le juge taxateur[3].

612.22 Auxiliaires de justice. L'article 696 C. pr. civ. ne vise que les parties. Par dérogation, les articles 697 et 698 prévoient la condamnation des auxiliaires de justice dans un certain nombre d'hypothèses très restreintes. Le champ d'application de l'article 697 est plus restreint que les dispositions de l'article 132 du Code de procédure civile (ancien), la notion de représentant des parties n'ayant pas été reprise[4]. La cour d'appel, qui relève que la demande dirigée contre un avocat tend à l'application de l'article 68 C. pr. civ., retient, à bon droit, qu'une telle demande formulée à l'encontre d'un auxiliaire de justice exerçant sa profession auprès de la juridiction saisie du litige, au titre des dépens d'une instance à laquelle il n'était pas partie, n'entre pas dans le champ d'application de l'article 47 C. pr. civ.[5] De même, la Cour suprême rappelle certains grands principes généraux du droit qu'il ne faut pas omettre d'appliquer : nul ne pouvant être jugé sans être entendu ou appelé (à propos d'un mandataire judiciaire dont les dépens de l'instance ont été mis à sa charge après annulation du jugement de liquidation)[6].

612.23 Dépens – Charge. Les auxiliaires de justice peuvent être condamnés aux dépens sur le fondement de l'article 697 C. pr. civ. pour des actes accomplis en dehors des limites de leur mandat. L'article 698 C. pr. civ. laisse à la charge des auxiliaires de justice les dépens engagés par ces derniers à leur tort, et le juge, qui doit statuer sur les dépens, tient des articles 697 et 698 C. pr. civ., même en l'absence de toute demande des parties, le pouvoir de les mettre à la charge des auxiliaires de justice concernés[7]. À condition toutefois que l'auxiliaire de justice soit concerné par les dépens d'une instance auquel il est partie[8].

Récemment, la Cour suprême a refusé de reconnaître la qualité de partie à l'avocat poursuivi tout en lui faisant supporter d'office les dépens sur le fondement de l'article 698 C. pr. civ.[9].

L'application de ces deux articles est relativement rare et il a été jugé récemment que la condamnation d'un auxiliaire de justice aux dépens, demandée sur le fondement de l'article 698 C. pr. civ., ne nécessite pas, contrairement à sa condamnation en paiement de dommages-intérêts, sa mise en cause à titre personnel[10]; néanmoins, il est possible de relever quelques applications de ces textes en jurisprudence (par ex. pour la demande fantaisiste du report de la date d'audience d'une adjudication en matière de saisie immobilière[11]).

– Dans un arrêt du 28 juin 1995[12], la Cour de cassation a entendu de façon très extensive la notion d'auxiliaire de justice. Elle a jugé que l'énumération de l'article 697 (avocats, anciens avoués, huissiers de justice) n'était pas limitative et a étendu l'application de l'article 698 à un mandataire judiciaire à la liquidation des entreprises[13].

– Une procédure diligentée contre une personne autre que celle qui aurait normalement dû être assignée est de ce fait injustifiée et par application de l'article 698 C. pr. civ., les dépens seront mis à la charge de l'huissier qui, par l'assignation qu'il a délivrée, l'a engagée[14].

– La délivrance d'un commandement en l'absence de titre exécutoire constitue de la part de l'huissier de justice qui a dressé l'acte, une faute pouvant justifier l'application à son égard de l'article 698 C. pr. civ.[15]

– Les frais engagés par des contraintes annulées sont frustratoires[16].

1. L. n° 91-647, 10 juill. 1991, relative à l'aide juridique, art. 42, *JO* 13 juill., p. 9170.
2. Rennes, ord. taxe, 22 mars 2001, *Juris-Data* n° 153845.
3. Crim. 6 déc. 2005, n° 04-87.841, *Bull. crim.* n° 320.
4. Rép. pr. civ., v° *Frais et dépens*, par Redon, mars 2013.
5. Civ. 2e, 7 déc. 2000, n° 97-13.172, *Bull. civ.* II, n° 164; *D.* 2001. IR 179.
6. Civ. 2e, 28 juin 1995, n°s 93-14.506, 93-14.507, préc. s^s n° 612.22.
7. Civ. 2e, 28 mai 2003, n° 01-14.296, *Bull. civ.* II, n° 164; *Procédures* 2003, n° 191, p. 8-9, note Perrot.
8. Civ. 2e, 7 déc. 2000, n° 97-13.172, *Bull. civ.* II, n° 164; *D.* 2001. IR 179.
9. Civ. 2e, 7 déc. 2000, n° 97-13.172, *Bull. civ.* II, n° 164; *D.* 2001. IR 179.
10. Civ. 2e, 23 juin 2011, n° 09-15.572, *Bull. civ.* II, n° 139.
11. TGI Dignes, 2 juin 1994, *D.* 1994. Somm. 349, obs. Julien.
12. Civ. 2e, 28 juin 1995, n°s 93-14.506 et 93-14.507, préc. s^s n° 612.22.
13. Civ. 2e, 28 juin 1995, n° 93-14.506, n° 93-14.507, préc. s^s n° 612.22.
14. Versailles, 2 févr. 1996, RG n° 7202/93, *Gaz. Pal.* 1996. Somm. 154.
15. Limoges, 25 oct. 1990, *Rev. huiss.* 1990. 1004.
16. Paris, 1er prés., 24 nov. 1980.

Il apparaîtrait normal que les frais d'actes « *remplaçant et annulant un précédent acte du ministère de l'huissier significateur* » soient laissés à la charge de celui qui a commis l'erreur (souvent de date) et en aucun cas laissés à la charge de la partie perdante.

Il convient de préciser que ces textes ont été validés par le Conseil d'État[1].

612.24 Conditions d'application des articles 697 et 698 du Code de procédure civile. Pour être fondé à invoquer ces dispositions, deux conditions sont nécessaires : outre l'existence du mandat (dont la preuve en est dispensée pour les avocats, anciens avoués et huissiers de justice par l'article 416 C. pr. civ.), il faut que les frais afférents soient accomplis en dehors du mandat confié, que la partie en apporte la preuve et que l'auxiliaire de justice soit condamné. En matière de voies d'exécution, l'article 22 de la loi du 9 juillet 1991[2] dispose que le créancier a le choix des mesures propres à assurer l'exécution ou la conservation de sa créance. L'exécution de ces mesures ne peut excéder ce qui se révèle nécessaire pour obtenir le paiement de l'obligation.

Le juge de l'exécution (JEX) a le pouvoir d'ordonner la mainlevée de toute mesure inutile ou abusive et de condamner le créancier à des dommages et intérêts en cas d'abus de saisie. Cependant pour que l'article 698 C. pr. civ. soit appliqué, le débiteur doit apporter la preuve soit, qu'il a, de bonne foi, usé de tous les moyens à sa disposition pour payer sa dette et que son retard n'a été que la conséquence de difficultés insurmontables dont l'huissier poursuivant avait connaissance, soit que les mesures d'exécution étaient inutiles du fait de son insolvabilité notoire ou qu'elles faisaient double emploi[3].

§ 3
Atténuations au principe

A.
Gagnant

612.31 Article 696 du Code de procédure civile. Différentes atténuations au principe précédemment dégagé ont été apportées, à commencer par l'article 696 C. pr. civ. *in fine* qui dispose que « *le juge, par décision motivée [peut en] mettre la totalité ou une fraction à la charge d'une autre partie* ». Cette solution, qui n'est pas nouvelle (et déjà en vigueur sous le Code de procédure civile [ancien] à l'article 130), a été rappelée par la Haute cour à l'occasion d'une décision[4] et par le décret n° 2011-272 du 15 mars 2011.

612.32 Conditions – Décision motivée. Une décision motivée est nécessaire[5]. La cour saisie sur renvoi après cassation est compétente pour connaître de l'ensemble des frais et dépens exposés devant les juges du fond, le pourvoi sur cette disposition n'étant pas nécessaire[6]. Cependant, en matière de renvoi de cassation où, selon les dispositions de l'article 639 C. pr. civ., il est prévu que la juridiction de renvoi statue sur la charge des dépens exposés devant les juridictions du fond, y compris ceux afférents à la décision cassée et qui condamne la partie définitivement perdante aux frais afférents au premier arrêt dont elle avait cependant obtenu l'annulation; alors la cour de renvoi n'a pas à motiver spécialement sa décision[7]. Également, une décision motivée n'est nécessaire que lorsque le juge met les dépens à la charge d'une autre partie que la partie perdante[8]. Et lorsque les parties succombent respectivement sur quelques chefs de leurs prétentions, la Cour de cassation est d'avis que les juges sont investis d'un pouvoir discrétionnaire pour mettre les dépens à la charge de l'une d'elles seulement, sans avoir à justifier de l'exercice de ce pouvoir par des motifs spéciaux[9]. L'équité peut commander la décision du juge[10].

B.
Partage des dépens

612.41 Condamnation à une partie des dépens. Lorsque les parties succombent sur certains points de leurs prétentions, le juge peut décider de fixer un pourcentage variable à la charge de chaque partie (par moitié, deux tiers à l'une et un tiers à l'autre). Cette méthode de fixation des dépens relève du pouvoir discrétionnaire du juge[11].

La compensation (ACPC, art. 131), même si elle n'est pas reprise par le Code de procédure civile est une forme de partage des dépens que le juge applique en se fondant sur la généralité de l'article 696 C. pr. civ.

1. CE 25 mai 2005, req. n° 265719, *Gaz. Pal.* 4 juin 2005, concl. Aguila; *JCP* 2005. II. 10136, note Salhi; *D.* 2006. 552, obs. Julien et Fricero.
2. L. n° 91-650, 9 juill. 1991, portant réforme des procédures civiles d'exécution, art. 22, *JO* 14 juill., p. 9228.
3. TGI Le Mans, JEX, 27 juin 1995, *Rev. huiss.* 1995. 1388.
4. Civ. 2e, 28 mai 2003, n° 01-12.612, *Bull. civ.* II, n° 163; *JCP* 2003. IV, n° 2291.
5. Soc. 18 févr. 1976, n° 75-40.226, *Bull. civ.* V, n° 100; *Gaz. Pal.* 1976. 1. Somm. 90.
6. Civ. 3e, 5 mai 1999, n° 96-19.712, 3e moyen, *Bull. civ.* III, n° 106; *D.* 1999. IR 139 – RAPPR. Civ. 3e, 12 juill. 1988, n° 87-10.445, *Bull. civ.* III, n° 129.
7. Civ. 1re, 22 juin 1983, n° 82-12.260, *Bull. civ.* I, n° 184 – Com. 21 juill. 1987, n° 84-17.105, *Bull. civ.* V, n° 205; *JCP* 1987. IV. 357.
8. Soc. 7 mai 1981, n° 79-14.282, *Bull. civ.* V, n° 405 – Soc. 22 mars 1983, n° 81-40.513, *Bull. civ.* V, n° 180.
9. Civ. 3e, 4 févr. 1976, n° 74-13.586, *Bull. civ.* III, n° 47 – Com. 7 juill. 1983, *Gaz. Pal.* 1984. Pan. 10.
10. TI Rodez, 29 juin 2000.
11. Civ., 7 juill. 1955, *D.* 1956. Somm. 35.

C.
Charge des dépens concernant des décisions à caractère exceptionnel

612.51 Rectification des erreurs ou omissions matérielles doit être demandée devant la juridiction qui a rendu le jugement (C. pr. civ., art. 462 à 464); les simples erreurs ou omissions ne sont rectifiables que si, émanant des parties, elles sont reprises par le juge. Ainsi, en cas d'erreurs ou omissions rectifiées, le requérant peut demander que le fautif soit condamné aux dépens de l'instance. De même, si l'action en rectification de l'erreur n'a été sollicitée que dans un but de retarder l'exécution. Lorsque la faute incombe au juge, le décret n° 88-600 du 6 mai 1988[1] décide que le juge peut mettre les frais et dépens à la charge du Trésor public (C. pr. én., art. R. 93, 10° et R. 92, 17°).

612.52 Juridiction de renvoi. La juridiction de renvoi statue sur la charge de tous les dépens exposés devant les juridictions du fond y compris ceux afférents à la décision attaquée selon les dispositions de l'article 639 C. pr. civ. Pour la cour d'appel de Poitiers[2], ce texte n'institue pas une faculté mais une obligation pour la juridiction de renvoi de statuer sur les dépens et sur l'indemnité de procédure dont le sort est assimilé aux dépens. Dès lors, les dispositions relatives aux dépens et indemnités de procédure exposés en première instance et en appel jusqu'à la décision censurée sont implicitement cassées, sauf en cas de cassation sans renvoi.

D.
Omission de statuer sur les dépens

612.61 Article 463 du Code de procédure civile. Lorsque le juge omet de statuer sur les dépens alors que la demande avait été formulée par les parties, celles-ci peuvent, sur le fondement de l'article 463 C. pr. civ., saisir le juge afin qu'il complète sa décision. Tel peut être le cas lorsque le juge des référés a réservé les dépens et qu'aucune des parties n'a saisi le juge du fond.

E.
Compensation des dépens

612.71 Mécanisme de compensation. Il peut exister certains cas de figure où les dépens ne sont pas, en totalité, à la charge d'une seule partie. En effet, l'article 696 prévoit que la partie gagnante peut être condamnée à verser seulement une partie des dépens. Ces derniers peuvent ainsi être répartis. L'article 699 alinéa 2 C. pr. civ. met en œuvre ce mécanisme par le biais de la compensation. Il est prévu que « *la partie contre laquelle le recouvrement est poursuivi peut toutefois déduire par compensation légale, le montant de sa créance de dépens* ». La compensation peut être :

- soit simple (ou totale) lorsque chaque partie conserve à sa charge les frais qu'elle a avancés;

- soit proportionnelle (ou partielle) lorsqu'une partie, outre ses propres frais, est condamnée à payer une partie des frais de son adversaire.

La compensation ainsi prévue suppose que la décision de justice ait réparti la charge entre les parties; elle ne peut intervenir lorsque la totalité a été laissée à la charge d'une des parties[3]. Le partage des dépens entre les parties qui succombent relève du pouvoir discrétionnaire des juges du fond[4]. Cependant, aucune compensation qu'elle soit légale ou judiciaire ne peut être opposée au Trésor public. L'article 699 C. pr. civ. ne régit que les rapports des parties avec leurs avocats et ne s'applique pas au Trésor public poursuivant le recouvrement de ces avances. L'État agissant en vertu d'un droit propre, il ne peut y avoir de créance réciproque, la partie non bénéficiaire de l'aide juridictionnelle ne pouvant avoir de créance contre l'État lui-même. Dans cette affaire, il y avait condamnation aux dépens partagés mais l'une des parties bénéficiait de l'aide juridictionnelle et pas l'autre[5].

F.
Emploi des dépens

612.81 En matière de redressement judiciaire et de liquidation judiciaire (C. com., art. L. 663-1 [anc[t] L. 25 janv. 1985, art. 215] : « *Lorsque les fonds disponibles du débiteur n'y peuvent suffire immédiatement, le Trésor public, sur ordonnance motivée du juge commissaire, fait l'avance des droits, taxes, redevances ou émoluments perçus par les greffes des juridictions, des débours tarifés* [...] »), de saisie immobilière, de procédure d'ordre et de distribution par contribution, les dépens sont privilégiés au profit de celui qui en a fait l'avance. Dans son jugement, le tribunal ordonne « *l'emploi des dépens en frais privilégiés* ».

En matière de partage de communauté entre époux après divorce, ou de partage de succession entre cohéritiers, les frais du partage sont prélevés sur l'actif et avant tout autre frais, chacun des époux ou des cohé-

1. Décr. n° 88-600, 6 mai 1988, modifiant le Code de procédure pénale (deuxième partie : Décrets en Conseil d'État) et le Code de l'organisation judiciaire et relatif aux frais de justice, *JO* 8 mai, p. 6592.
2. Poitiers, 1re ch. civ., 2 juill. 2003, RG n° 99/02487.
3. Civ. 2e, 4 févr. 1987, n° 85-13.203, NP; *D.* 1987. IR 38.
4. Civ. 3e, 29 mai 2002, n° 00-21.739, *Bull. civ.* III, n° 115; *RTD civ.* 2003. 109, obs. Gautier.
5. Cass., avis, 14 nov. 1997, n° 09-70.009, *Bull. civ. avis*, n° 5; *D.* 1997. IR 262.

ritiers les supportant au prorata de sa part. En ce cas, le jugement ordonne « *l'emploi des dépens en frais de partage* »[1].

612.82 **Bénéficiaire.** Le bénéficiaire des dépens est normalement la partie adverse, mais nous verrons que ce peut être également l'avocat ou l'officier ministériel en vertu du principe de la distraction des dépens (v. s[s] n°s 622.12 s.).

G.
Exécution provisoire et dépens

612.91 **Régime juridique applicable.** Le décret n° 2005-1678 du 28 décembre 2005[2] est entré en vigueur le 1er mars 2006. L'article 46 de ce décret a supprimé le dernier alinéa de l'article 515 C. pr. civ. : désormais, le juge peut ordonner l'exécution provisoire sur les dépens. Il est applicable aux procédures en cours.

Avant l'entrée en vigueur de ce texte, la jurisprudence s'était prononcée sur le sort des dépens dont le dernier alinéa de l'article 515 interdisait que l'exécution provisoire concerne les dépens. La jurisprudence avait décidé, dans un premier temps, que l'exécution provisoire ne pouvait pas être prononcée pour la condamnation par application de l'article 700 C. pr. civ.[3] La Cour de cassation assimilait aux dépens la condamnation prononcée par application de l'article 700[4], si bien que le premier président de la cour d'appel se devait de juger conformément aux dispositions de l'article 515 précité, lorsqu'il était saisi d'une demande d'arrêt d'exécution provisoire, et, ainsi, dire que l'exécution provisoire concernait tant les dépens que l'article 700. Mais cette interdiction se limitait aux seuls cas d'exécution provisoire ordonnés judiciairement ou lorsque le texte prévoyant l'exécution provisoire de plein droit en limite l'application à certains chefs de demande. Dans un second temps, et depuis un arrêt du 31 mai 2001 (v. s[s] n° 611.103), la Haute cour a pu décider que l'exécution provisoire prononcée judiciairement bénéficie à l'article 700 C. pr. civ.

En ce qui concerne l'exécution provisoire de plein droit, la Cour suprême avait décidé, dans un arrêt du 24 juin 1998[5] que l'exécution provisoire de plein droit dont bénéficient les ordonnances de référé s'étend à toutes les dispositions, dépens et article 700 inclus[6].

S'il était utile de le préciser, désormais, l'exécution provisoire peut être ordonnée pour les dépens et l'article 700 C. pr. civ., qu'elle soit de droit ou prononcée judiciairement.

La demande tendant à faire arrêter l'exécution provisoire est introduite, par voie d'assignation pour une date d'audience habituelle ou en référé d'heure à heure, devant le premier président de la cour d'appel. Subordonnée à un appel non abusif ou dilatoire[7], elle devient une instance indépendante de celle du fond de l'appel. Aussi, il en résulte pour le premier président de la cour d'appel d'avoir à se prononcer sur le sort des dépens de cette instance sans pouvoir énoncer qu'ils suivront ceux de l'instance principale[8].

SECTION 2
CHARGE DES FRAIS NON COMPRIS DANS LES DÉPENS (C. PR. CIV., ART. 700)

§ 1
Principe

612.101 **Article 700 du Code de procédure civile.** La nouvelle rédaction de l'article 700 C. pr. civ., issue du décret n° 2013-1280 du 29 décembre 2013[9] (art. 22), a fait apparaître le principe de condamnation d'office, au titre des honoraires et frais non compris dans les dépens, d'une somme qui sera due à l'avocat du bénéficiaire de l'aide juridictionnelle pour la partie qui perd son procès.

Ce décret reprend en fait la nouvelle rédaction de l'article 37 de la loi du 10 juillet 1991 relative à l'aide juridique, qui a été modifiée par l'article 128 de la loi n° 2013-1278 du 29 décembre 2013 portant loi de finances pour 2014[10].

Dans son ancienne comme dans sa nouvelle rédaction, la condamnation à l'article 700 C. pr. civ. suit le régime instauré pour les dépens. Si on fait une lecture littérale du texte, on constate que la condamnation au paiement de l'article 700 est liée à la condamnation aux dépens. En effet, il est dit que le juge

1. J. Bailly et P. Jacquet, *Frais et dépens*, Sofiac, 1999, p. 40.
2. Décr. n° 2005-1678, 28 déc. 2005, relatif à la procédure civile, à certaines procédures d'exécution et à la procédure de changement de nom, *JO* 29 déc, p. 20350.
3. Civ. 1re, 23 janv. 1983, *Gaz. Pal.* 16 juin 1983 – Soc. 12 déc. 2000, n° 99-40.950, NP; *Gaz. Pal.* 4 févr. 2001. Pan. 18.
4. Civ. 2e, 23 janv. 1985, n° 83-14.532, *Bull. civ.* II, n° 18.
5. Civ. 2e, 24 juin 1998, n° 96-22.851, *Bull. civ.* II, n° 222; *D.* 1999. 148, note Hoonakker; *D.* 1999. 221, obs. Julien; *RTD civ.* 1998. 746, obs. Perrot; *RTD civ.* 1998. 753, obs. Perrot.
6. SUR CE POINT, v. l'excellent article de M. Dymant, « Du recouvrement de l'indemnité prévue à l'article 700 du Nouveau Code de procédure civile, des frais d'exécution… et des dépens », *Dr. et proc.* nov. 2001. 348.
7. Civ. 2e, 24 sept. 1997, n° 00-11.881, *Bull. civ.* II, n° 11.
8. Civ. 2e, 29 oct. 1990, n° 89-14.925, *Bull. civ.* II, n° 222; *RTD civ.* 1991. 794, obs. Normand.
9. Décr. n° 2013-1280, 29 déc. 2013, relatif à la suppression de la contribution pour l'aide juridique et à diverses dispositions relatives à l'aide juridique, *JO* 30 déc., p. 22242.
10. L. n° 2013-1278, 29 déc. 2013, de finances pour 2014, *JO* 30 déc., p. 21829.

condamne une partie au titre de l'article 700 pour des frais « *exposés et non compris dans les dépens* ».

La jurisprudence avait été amenée à préciser ce principe à de nombreuses reprises. « *Seule la partie à la charge de laquelle a été mise la totalité ou une fraction des dépens peut être condamnée à payer à l'autre des sommes exposées par celle-ci et non comprises dans les dépens* »[1].

612.102 **Exception.** Selon les dispositions de l'article 1127 C. pr. civ., les dépens de l'instance en divorce (pour altération définitive du lien conjugal) sont à la charge de l'époux qui en a pris l'initiative; il a été jugé par la haute Cour que l'époux qui a pris l'initiative de l'instance en divorce est tenu à la totalité des dépens et ne peut prétendre à une indemnité au titre de l'article 700 C. pr. civ.[2]

Tout naturellement, et comme en matière de dépens, une partie condamnée à payer une fraction des dépens pourra être condamnée à payer à son adversaire une partie des sommes exposées par celle-ci et non comprise dans les dépens[3]. Cette solution reposant sur le fait que ces deux actions (C. pr. civ., art. 695 et 700) ont un fondement juridique et un objet distinct[4].

Dans les cas de figure vus précédemment, le juge n'a pas à motiver spécialement sa décision quant à la réalité des frais engagés[5]. En conséquence, l'arrêt qui vise l'article 700 admet de ce fait et implicitement :

– l'existence des frais irrépétibles dont il évalue souverainement le montant[6];

– qu'il serait inéquitable de laisser les frais à la charge d'une des parties[7].

Depuis **la loi du 29 décembre 2013**, modifiant la loi n° 91-647 du 10 juillet 1991 relative à l'aide juridique, l'avocat du bénéficiaire de l'aide juridictionnelle partielle ou totale n'a plus à demander au juge de condamner la partie tenue aux dépens ou qui perd son procès, et non bénéficiaire de l'aide juridictionnelle, à lui payer une somme au titre des honoraires et frais, non compris dans les dépens, que le bénéficiaire de l'aide aurait exposé s'il n'avait pas eu cette aide. Cette nouvelle disposition de l'article 700 C. pr. civ., en son (2°, précise désormais que le juge condamne la partie tenue aux dépens ou qui perd son procès à payer à l'avocat du bénéficiaire de l'aide juridictionnelle partielle ou totale une somme au titre des honoraires et frais, non compris dans les dépens, que le bénéficiaire de l'aide aurait exposés s'il n'avait pas eu cette aide. Dans ce cas, il est procédé comme il est dit aux alinéas 3 et 4 de l'article 37 (nouveau) de la loi du 10 juillet 1991.

612.103 **Omission de statuer sur l'article 700 du Code de procédure civile.** La Cour de cassation a jugé qu'en l'état d'une omission de statuer par elle sur la demande d'allocation d'une indemnité sur le fondement de l'article 700 C. pr. civ., il y avait lieu, conformément aux dispositions de l'article 463 du même Code, de compléter d'office la décision incriminée. Toutefois, la demande d'application de l'article 700 susvisée, présentée après le désistement du demandeur au pourvoi et plus de deux mois après la signification de son mémoire, c'est-à-dire en dehors du délai prévu à l'article 982 C. pr. civ., est irrecevable[8].

§ 2
Exceptions

612.111 **Une décision motivée.** La solution est là identique à celle posée par l'article 696 C. pr. civ. en matière de dépens. Le tribunal ou la Cour qui condamne une partie sur la base de l'article 700 alors que cette dernière n'avait pas été condamnée à payer de dépens, doivent spécialement motiver leur décision sur ce point. Tel peut être le cas lorsqu'un créancier utilise une procédure trop lourde pour recouvrer une créance minime[9].

SECTION 3
CHARGE DE LA CONTRIBUTION POUR L'AIDE JURIDIQUE (DES PROCÉDURES INTRODUITES JUSQU'AU 31 DÉCEMBRE 2013)

612.121 **Nature de cette contribution.** La contribution pour l'aide juridique est un droit acquitté par un demandeur à l'action en justice et sera par principe à la charge de celui-ci; lorsqu'il est avancé pour le compte du demandeur, il deviendra un débours acquitté pour le compte de son client, et restera à la charge de ce dernier. Dans l'un et l'autre cas, le juge peut en décider autrement.

1. Civ. 3e, 4 janv. 1985, n° 83-14.768, *Bull. civ.* III, n° 3; *D.* 1985. IR 225 – Com. 6 nov. 1985, n° 83-14.694, *Bull. civ.* IV, n° 265.
2. Civ. 2e, 1er avr. 1987, n° 86-10.675, *Bull. civ.* II, n° 78; *D.* 1987. Somm. 275, obs. Grosliere.
3. Civ. 2e, 10 nov. 1982, n° 81-12.138, *Bull. civ.* II, n° 140.
4. Civ. 2e, 15 févr. 1984, n° 82-16.500, *Bull. civ.* II, n° 28; *Gaz. Pal.* 1984. 2. Pan. 204, note Guinchard.
5. Soc. 3 oct. 1980, n° 79-11.692, *Bull. civ.* V, n° 696.
6. Soc. 20 mars 1985, n° 81-40.923, *Bull. civ.* V, n° 194.
7. Civ. 2e, 17 févr. 1983, n° 80-14.792, *Bull. civ.* II, n° 47; *D.* 1983. 389, concl. Charbonnier; *D.* 1983. 594, note Chartier.
8. Com. 28 avr. 1987, n° 85-15.674, *Bull. civ.* IV, n° 94.
9. Civ. 2e, 1er déc. 1982, NP; *D.* 1983. IR 155, obs. Julien; *RTD civ.* 1983. 597, obs. Perrot.

TITRE

62. Le calcul et le recouvrement des frais et dépens

SECTION 0

ORIENTEUR

62.00 **Plan du titre.**

Division. Après un examen des modalités de calcul des frais et dépens (chap. 621), sont étudiées les procédures de liquidation et de recouvrement des dépens et des frais irrépétibles (chap. 622).

CHAPITRE

621. Calcul des frais et dépens

SERGE ABBOU
Huissier de justice

SECTION 0 ORIENTEUR

621.00 Plan du chapitre.

621.01 Principaux textes applicables.
C. pr. civ., art. 507, 695 à 700.

621.04 Formulaire : renvois.

Form. pr. civ. *Frais et dépens – Certificat de vérification de compte* (Notification à une partie du certificat de vérification de compte)

Frais et dépens – Ordonnance de taxe (Notification à une partie d'une ordonnance de taxe rendue par un juge de première instance)

Division. Dans un premier temps, nous constaterons que le calcul des frais et dépens n'est pas laissé à l'arbitraire du juge mais est au contraire extrêmement réglementé dans le cadre du Code de procédure civile par un certain nombre de tarifs. Nous verrons alors pour les principaux auxiliaires de justices et officiers publics ou ministériels quel peut être le montant des principaux tarifs. Enfin, nous examinerons les modalités de recours lors de la contestation du calcul de ces tarifs. Dans un second temps nous nous attacherons tout particulièrement à déterminer le montant des frais hors dépens. Il s'agit en fait principalement du problème du calcul de l'honoraire. Puis, nous nous intéresserons aux procédures applicables en cas de contestation du calcul : il convient de préciser que les montants arrondis lors de la conversion des francs en euros, l'ont été en fonction des dispositions du décret n° 2001-373 du 27 avril 2001 [1].

SECTION 1
CALCUL DES DÉPENS TARIFAIRES

621.10 **Principales professions.** Dans le cadre de cette étude, nous nous limiterons aux tarifs des principales professions juridiques intervenant dans le cadre du procès civil (huissiers de justice, avocats, nouvelle profession d'avocat substituant celle d'avoué, administrateurs judiciaires, greffiers des tribunaux de commerce).

621.11 **Taxe sur la valeur ajoutée.** Il ressort de l'article 1er du décret n° 94-757 du 26 août 1994, relatif aux tarifs des officiers publics et ministériels et des auxiliaires de justice que « *les rémunérations faisant l'objet des tarifs applicables aux officiers publics et ministériels et auxiliaires de justice s'entendent hors taxe sur la valeur ajoutée* » (Décr. n° 94-757, 26 août 1994) [2].

§ 1
Tarif des huissiers de justice

621.21 **Textes.** Afin de déterminer le montant des frais qu'ils perçoivent il faut se référer au décret n° 96-1080 du 12 décembre 1996 [3], modifié par le décret n° 2001-212 du 8 mars 2001 [4], qui abroge le décret du 5 janvier 1967; puis les décrets n° 2001-373 du 8 mars 2001, n° 2002-1436 du 3 décembre 2002 [5], n° 2004-552 du 9 juin 2004 [6], n° 2004-836 du 20 août 2004 [7], n° 2007-774 du 10 mai 2007, n° 2007-1851 du 26 décembre 2007 [8], n° 2008-484 du 22 mai 2008 [9], n° 2009-1661 du 28 décembre 2009 [10], n° 2010-433 du 29 avril 2010 [11], n° 2011-1470 du 8 novembre 2011 [12] et n° 2012-366 du 15 mars 2012 [13].

621.22 **Contenu des émoluments.** Ils comprennent (Décr. 12 déc. 1996, art. 2 et 3) :

– des rémunérations tarifées ou des honoraires libres (Décr. 12 déc. 1996, art. 2);

– des frais de déplacement et des débours (Décr. 12 déc. 1996, art. 3).

Nous envisagerons successivement ces quatre éléments.

Précisons de suite que l'exécution poursuivie sur le seul fondement de frais d'huissier dus est possible. En effet, la Cour de cassation, dans un arrêt du 28 juin 2001 a décidé que le titre servant de fondement aux poursuites permettait le recouvrement forcé des frais d'exécution ainsi exposés, résultant de démarches rendues nécessaires par la résistance du débiteur. En réglant le principal sans les frais, le débiteur n'avait réglé qu'une partie de sa dette qui était constituée des frais; il n'est donc nullement admis qu'il faille, pour poursuivre un débiteur récalcitrant, que le créancier soit en possession d'un titre exécu-

1. Décr. n° 2001-373, 27 avr. 2001, portant adaptation de la valeur en euros de certains montants exprimés en francs, *JO* 29 avr., p. 6837 à 6841.
2. Décr. n° 94-757, 26 août 1994, relatif aux tarifs des officiers publics et ministériels et des auxiliaires de justice, *JO* 2 sept., p. 12718.
3. Décr. n° 96-1080, 12 déc. 1996, portant fixation du tarif des huissiers de justice en matière civile et commerciale, *JO* 13 déc., p. 18248.
4. Décr. n° 2001-212, 8 mars 2001, modifiant le décret n° 96-1080 du 12 décembre 1996 portant fixation du tarif des huissiers de justice en matière civile et commerciale et relatif à la détermination du droit proportionnel de recouvrement ou d'encaissement mis à la charge des créanciers, *JO* 9 mars, p. 3771.
5. Décr. n° 2002-1436, 3 déc. 2002, modifiant le Code de l'organisation judiciaire, le Code de procédure civile, le nouveau Code de procédure civile et le décret n° 96-1080 du 12 décembre 1996 portant tarif des huissiers de justice en matière civile et commerciale, art. 27, *JO* 12 déc., p. 20482.
6. Décr. n° 2004-552, 9 juin 2004, modifiant le décret n° 56-222 du 29 février 1956, pris pour l'application de l'ordonnance du 2 novembre 1945 relative au statut des huissiers de justice et le décret n° 96-1080 du 12 décembre 1996, portant fixation du tarif des huissiers de justice et relatif aux frais de transport, *JO* 17 juin, p. 10822.
7. Décr. n° 2004-836, 20 août 2004, portant modification de la procédure civile, *JO* 22 août, p. 15032.
8. Décr. n° 2007-1851, 26 déc. 2007, modifiant le Code de commerce (partie réglementaire) et relatif au tarif des huissiers de justice, *JO* 29 déc., p. 21775.
9. Décr. n° 2008-484, 22 mai 2008, relatif à la procédure devant la Cour de cassation, *JO* 24 mai, p. 8477.
10. Décr. n° 2009-1661, 28 déc. 2009, relatif aux frais de justice en matière commerciale et aux auxiliaires de justice, *JO* 30 déc., p. 22686.
11. Décr. n° 2010-433, 29 avr. 2010, portant diverses dispositions en matière de procédure civile et de procédures d'exécution, *JO* 2 mai.
12. Décr. n° 2011-1470, 10 nov. 2011, relatif à l'assistance du greffier en chef en matière de vérification des comptes de tutelle par un huissier de justice, *JO* 10 nov., p. 18892.
13. Décr. n° 2012-366, 15 mars 2012, relatif à la signification des actes d'huissier de justice par voie électronique et aux notifications internationales, *JO* 17 mars, p. 4899.

toire rendu aux termes d'une procédure de vérification des dépens[1].

A. Rémunérations tarifées

621.30 Énumération. Aux termes de l'article 4 du décret du 12 décembre 1996, « *la rémunération tarifée des huissiers de justice comprend les éléments suivants :*

1° Une somme forfaitaire exprimée, cumulativement ou alternativement selon les cas, en droits fixes ou proportionnels.

Cette somme couvre l'ensemble des travaux et diligences effectués par l'huissier de justice, ainsi que des frais supportés par ce dernier, à l'exception toutefois :

a) Des frais et sommes visés à l'article 3;

b) Des travaux, définis à l'article 16, rémunérés par des honoraires libres.

2° Un droit d'engagement de poursuites.

3° Un droit pour frais de gestion du dossier.

Dans les cas prévus par le présent décret, les éléments prévus aux 1°, 2° et 3° peuvent être perçus simultanément ». Et l'article 5 ajoute que « *lorsque les huissiers de justice sont autorisés à exercer des activités dont la rémunération est fixée par un tarif propre à une autre catégorie d'auxiliaires de justice ou d'officiers publics ou ministériels, leur rémunération est arrêtée conformément aux règles dudit tarif* ».

La personne, dont la commission de surendettement a vérifié qu'elle se trouve dans une **situation de surendettement**, bénéficie d'une réduction de la tarification des rémunérations dues aux huissiers de justice dans les conditions fixées par décret en Conseil d'État. La personne informe l'huissier de justice de cette situation (L. n° 98-657, 29 juill. 1998, art. 98)[2].

La rémunération de l'huissier de justice désigné pour dresser un **inventaire** et, le cas échéant, réaliser une **prisée du patrimoine** du débiteur soumis à une procédure de sauvegarde, de redressement judiciaire ou de liquidation judiciaire, est fixée conformément à l'article 9 du décret n° 85-382 du 29 mars 1985[3], fixant le tarif des commissaires-priseurs judiciaires. Pour mémoire, l'on notera que cet article 9 a été modifié par le décret n° 2009-1661 du 28 décembre 2009 (relatif aux frais de justice en matière commerciale et aux auxiliaires de justice) et précise que le **droit proportionnel** dû au titre des prisées est calculé sur la valeur de réalisation de chaque article en cas de liquidation judiciaire et, dans tous les autres cas y compris de redressement judiciaire, sur la moyenne entre la valeur d'exploitation et la valeur de réalisation.

1° Droits fixes ou proportionnels

621.31 Droits fixes. L'article 6 du décret du 12 décembre 1996 dispose : « *Les droits fixes perçus par les huissiers de justice sont exprimés en taux de base. Depuis le décret du 10 mai 2007*[4]*, le taux de base est fixé à 2,20 euros. Le nombre de taux de base prévu pour chaque acte, requête ou formalité est indiqué dans les tableaux I et II figurant en annexe au présent décret. Ce nombre est majoré de 7 taux de base quand l'acte est signifié, en conformité des dispositions de l'article 659 C. pr. civ., lorsque le destinataire est sans domicile, ni résidence, ni lieu de travail connus* [soit 15,40 euros] ».

L'article 7 du décret ajoute : « *Lorsque les actes, formalités ou requêtes sont relatifs à une obligation pécuniaire déterminée, les droits fixes indiqués aux tableaux I et II sont multipliés par les coefficients suivants* [Décr. n° 2001-373, 27 avr. 2001] :

– 0,5 si le montant de l'obligation est compris entre 0 et 128 euros;

– 1 si ce montant est supérieur à 128 et inférieur ou égal à 1 280 euros;

– 2 s'il est supérieur à 1 280 euros ».

621.32 Droits proportionnels. Appelés droits de recouvrement ou d'encaissement, ils sont soit à la charge du débiteur (Décr. 12 déc. 1996, art. 8), soit à la charge du créancier (Décr. 12 déc. 1996, art. 10), avec une exception cependant en matière de saisie contrefaçon (v. s[s] n° 621.51).

a) Droit de recouvrement ou d'encaissement à la charge du débiteur

621.41 Article 8 du décret du 12 décembre 1996. « *Lorsque les huissiers de justice ont reçu mandat de recouvrer ou d'encaisser des sommes dues en vertu d'une décision de justice, d'un acte ou d'un titre en forme exécutoire, il leur est alloué un droit proportionnel dégressif.*

Ce droit, calculé sur les sommes encaissées ou recouvrées au titre du principal de la créance ou du montant de la condamnation, à l'exclusion des dépens, est fixé selon les tranches suivantes [mod. par Décr. n° 2001-373, 27 avr. 2001] *:*

– 10 p. 100 jusqu'à 125 euros;

– 6,5 p. 100 de 125 à 610 euros;

1. Civ. 2e, 28 juin 2001, n° 99-20.953, NP – Rejet Rennes, 1re ch. B, 16 sept. 1999, confirmant TGI Rennes, 15 mai 1998, D. Lagogue c/M. Roulland-Dronval – Civ. 2e, 6 mars 2003, n° 01-02.745, *Bull. civ.* II, n° 56; *D.* 2004. 1929-1487, note Taormina.
2. L. n° 98-657, 29 juill. 1998, d'orientation relative à la lutte contre les exclusions, art. 98, *JO* 31 juill., p. 11679; *D.* 1998. 302.
3. Décr. n° 85-382, 29 mars 1985, fixant le tarif des commissaires-priseurs, *JO* 31 mars, p. 3770.
4. Décr. n° 2007-774, 10 mai 2007, modifiant le décret n° 96-1080 du 12 décembre 1996, portant fixation du tarif des huissiers de justice, *JO* 11 mai, p. 8489.

– 3,5 p. 100 de 610 à 1 525 euros;

– 0,3 p. 100 au-delà de 1 525 euros.

Ce droit ne peut être inférieur à 2 taux de base [soit 4,40 euros] *ni supérieur à 250 taux de base* [soit 550 euros]. *Ce droit est à la charge du débiteur* ».

L'article 9 du décret précise qu'« *en cas de paiement par acomptes successifs, le droit proportionnel visé à l'article 8 est calculé sur la totalité des sommes recouvrées ou encaissées et non sur chaque acompte* ».

621.42 Particularités de l'article 8 du décret. Pour percevoir le droit article 8, l'huissier de justice doit avoir reçu mandat (exprès ou tacite) de recouvrer ou d'encaisser (ce qui est contraire à la simple demande de signification [1]).

L'article 507 C. pr. civ. dispose que la remise du titre à l'huissier vaut pouvoir pour toute exécution. Ainsi, dès cette date, tout versement effectué, entre les mains ou non de l'huissier, supportera un droit article 8 à la charge du débiteur. La Cour suprême l'avait décidé sous l'empire de l'ancien texte (Décr. 5 janv. 1967, art. 9); ces décisions restent applicables puisque les nouveaux textes en ont repris la terminologie [2].

La Chancellerie a rappelé par ailleurs que les huissiers pouvaient, en cas de saisie-arrêt des rémunérations, participer à la prochaine répartition pour le montant de leur droit proportionnel si le créancier désirait être réglé directement par le greffe du tribunal [3].

Le droit à l'article 8 est notamment dû lors de la signification de l'ordonnance d'injonction de payer non exécutoire : à la différence de la rédaction de l'article 15 du tarif, concernant les frais de gestion de dossier, qui nécessite l'existence un titre exécutoire pour sa perception.

Ces frais sont des dépens puisqu'ils sont à la charge du débiteur; privilégiés (C. civ., art. 1256), ils s'ajoutent au principal et sont perçus par l'huissier sur les premiers acomptes du débiteur, à défaut par le créancier [4].

b) Droit de recouvrement ou d'encaissement à la charge du créancier

621.51 Rétablissement de l'article 10 du tarif. Un arrêt du Conseil d'État du 5 mai 1999 a annulé les articles 10, 11 et 12 du décret n° 96-1080 du 12 décembre 1996. En effet, l'article L. 111-8 C. pr. exéc. (anc^t^ L. n° 91-650, 9 juill. 1991 [5], art. 32) dispose que les frais d'exécution sont à la charge du débiteur sauf s'il est manifeste qu'ils n'étaient pas nécessaires au moment où ils ont été exposés [6].

Il résulte cependant de l'article 5 de la loi n° 99-557 du 22 novembre 1999 [7] que, sous réserve des décisions de justice devenues définitives, les émoluments proportionnels de recouvrement ou d'encaissement perçus jusqu'au 5 mai 1999 en application de l'article 10 sont validés.

Afin de résoudre la contradiction entre l'article 10 du tarif des huissiers de justice qui est annulé et l'ancien article 32 qui met à la charge des débiteurs les frais d'exécution forcée, l'article 1er de la loi du 22 novembre 1999 modifie l'article 32 de la loi du 9 juillet 1991 (devenu C. pr. exéc., art. L. 111-8) qui devient : « *À l'exception des droits proportionnels de recouvrement ou d'encaissement qui peuvent être mis partiellement à la charge des créanciers dans des conditions fixées par décret en Conseil d'État, les frais de l'exécution forcée sont à la charge du débiteur* ». Traditionnellement, le terme de recouvrement est une notion large désignant toute opération tendant à obtenir le paiement, alors que l'encaissement consiste pour l'huissier de justice à recevoir dans ses comptes une somme d'argent [8].

Par le décret n° 2001-212 du 8 mars 2001 [9], les articles 10 à 12 ont été rétablis. Ces nouveaux articles limitent à 2 200 euros l'honoraire maximum à la charge du créancier et ajoutent deux cas supplémentaires d'exonération à l'article 10.

Récemment, la Haute cour a pu préciser qu'un huissier de justice peut prétendre à la rémunération de l'article 10, que le versement des sommes encaissées ou recouvrées ait été fait à l'huissier de justice, entre les mains du créancier ou d'un mandataire de celui-ci [10].

1. Civ. 2e, 17 févr. 1977, n° 75-15.298, *Bull. civ.* II, n° 36; *Gaz. Pal.* 1977. 1. Somm. 157.
2. Civ. 2e, 19 nov. 1970, n°s 69-10.575, 69-11.869, 69-10.100 et 69-10.860, *Bull. civ.* II, n° 314 – Civ. 2e, 8 déc. 1971, n° 70-13.113, *Bull. civ.* II, n° 337 – Paris, 1er prés., 2 mai 2000, RG n° 1999/19671.
3. Circ. SJ 86-49-B3, 7 avr. 1986.
4. SUR CE POINT, v. J.-J. Daigre, *Rev. huiss.* 10 avr. 1966.
5. L. n° 91-650, 9 juill. 1991, portant réforme des procédures civiles d'exécution, *JO* 14 juill., p. 9228.
6. CE, 6e et 2e s^s^-sect. réun., 5 mai 1999, req. n°s 185494, 185524, *LPA* 1999, n° 126, p. 3; *Gaz. Pal.* 1999. Somm. 14; *Lebon T.* 605 – Civ. 2e, 20 mai 2010, n° 09-67.591, *Bull. civ.* II, n° 99; *D.* 2010. 1425; *D.* 2010. 2102, chron. Sommer, Leroy-Gissinger, Adida-Canac et Grignon Dumoulin; *D.* 2011. 265, obs. Fricero; *Dr. et proc.* 2010, n° 7, A. 072, p. 220.
7. L. n° 99-957, 22 nov. 1999, portant sur diverses professions relevant du ministère de la Justice, la procédure civile et le droit comptable, *JO* 23 nov, p. 17351.
8. SUR CE POINT, v. G. Taormina, « La charge des frais et dépens de l'exécution forcée », *JCP* 2002, n° 23.
9. Décr. n° 2001-212, 8 mars 2001, modifiant le décret n° 96-1080 du 12 décembre 1996 portant fixation du tarif des huissiers de justice en matière civile et commerciale et relatif à la détermination du droit proportionnel de recouvrement ou d'encaissement mis à la charge des créanciers, *JO* 9 mars, p. 3771.
10. Civ. 2e, 6 oct. 2005, n° 03-17.832, *Bull. civ.* II, n° 237.

Les articles 10 à 12 du tarif des huissiers de justice sont désormais rédigés comme suit :

Article 10 : « *Lorsque les huissiers de justice recouvrent ou encaissent, après avoir reçu mandat ou pouvoir à cet effet conformément aux articles 507 C. pr. civ. et 18 du décret du 29 février 1956 portant application de l'ordonnance n° 45-2592 du 2 novembre 1945 relative au statut des huissiers de justice, des sommes dues par un débiteur, il leur est alloué, en sus éventuellement du droit visé à l'article 8, un droit proportionnel dégressif à la charge du créancier. Ce droit, qui ne peut être inférieur à 10 taux de base* [soit 22 euros] *ni supérieur à 1 000 taux de base* [soit 2 200 euros] *et est exclusif de toute perception d'honoraires libres, est calculé sur les sommes encaissées ou recouvrées au titre du principal de la créance ou du montant de la condamnation, à l'exclusion des dépens. Il est fixé selon les tranches suivantes, à partir du 1er janvier 2002 :*

– 12 p. 100 jusqu'à 125 euros;

– 11 p. 100 au-delà de 125 et jusqu'à 610 euros;

– 10,5 p. 100 au-delà de 610 et jusqu'à 1 525 euros;

– 4 p. 100 au-delà de 1 525 euros ».

À titre dérogatoire, le décret n° 2007-1851 du 26 décembre 2007[1] prévoit que le droit proportionnel calculé selon les modalités de l'article 10 est à la charge du contrefacteur condamné dans une procédure de contrefaçon, lorsque l'huissier de justice recouvre ou encaisse des sommes dues par celui-ci.

Article 11 : « *Le droit visé à l'article 10 n'est pas dû :*

1° lorsque le recouvrement ou l'encaissement est effectué sur le fondement des titres exécutoire mentionnés au 6° de l'article 3 de la loi du 9 juillet 1991 [devenu C. pr. exéc., art. L. 111-3, 6°],

2° lorsque le recouvrement ou l'encaissement est effectué sur le fondement d'un titre exécutoire constatant une créance née de l'exécution d'un contrat de travail ou une créance alimentaire ».

À titre d'exemple, le droit issu de l'article 10 n'est pas permis lorsqu'il s'agit de contraintes délivrées par les caisses de sécurité sociale, les caisses de retraite ou bien à la requête de Pôle emploi. En revanche, les condamnations obtenues à l'issue d'un jugement par la caisse de congés payés sont soumises à perception du droit article 10. En effet, ainsi que l'indique une circulaire de la Chambre nationale des huissiers de justice[2], l'exclusion prévue à l'article 11-2° ne vise que les créances entre les parties au contrat de travail (employeur/employé) et nullement les créances statutaires. Cette circulaire a reçu un écho favorable de la jurisprudence. La Haute cour a en effet décidé que « *la créance de cotisation de la caisse sur l'employeur adhérent trouve son origine, non dans le contrat de travail auquel la caisse n'est pas partie, mais dans une obligation imposée à l'employeur par la loi* »[3].

Article 12 : « *En cas de paiement par acomptes successifs, le droit proportionnel prévu à l'article 10 est calculé sur la totalité des sommes encaissées ou recouvrées et non sur chaque acompte* ».

Le droit proportionnel étant calculé sur le principal de la créance, il convient d'y inclure les intérêts; de même, l'exclusion des dépens de la base de calcul du droit proportionnel est une solution d'équité pour le créancier qui ne peut avoir à supporter un honoraire (à sa charge exclusive) sur des sommes qu'il a dû déjà débourser aux auxiliaires de justice; cela équivaudrait à une double charge; cependant, il serait possible de soutenir que le recouvrement des propres frais de la nouvelle profession d'avocat substituant celle d'avoué soit soumis à perception de l'article 10 dans la mesure où ce dernier devient créancier poursuivant pour des sommes qui lui sont dues au titre d'un principal de la créance ou du montant de la condamnation; le titre exécutoire obtenu consacre un véritable droit de créance permettant l'ouverture des mesures d'exécution : à ce titre, il convient de rappeler que le recouvrement des sommes dues au titre de l'article 695 C. pr. civ. sont sujettes à intérêts. Néanmoins, une circulaire de la Chambre nationale des avoués avait précisé qu'en pareille matière, la perception de l'article 10 était exclue, ce que la Chambre nationale des huissiers de justice avait confirmé.

2°
Droit d'engagement de poursuites

621.61 **Calcul par tranche.** Selon l'article 13 du décret du décret du 12 décembre 1996, « *les actes mentionnés au tableau I donnent lieu, s'ils sont relatifs à une obligation pécuniaire déterminée et si ledit tableau leur en ouvre la possibilité à la perception, au profit de l'huissier de justice, d'un droit d'engagement de poursuites, calculé selon les tranches suivantes :*

Pour une créance :

– de 0 à 304 euros : 2 taux de base [3,20 euros] *par tranche de 76 euros;*

– de 304 à 912 euros : 8 taux de base [12,80 euros] *+ 2 taux de base* [3,20 euros] *par tranche de 152 euros;*

– de 912 à 3 040 euros : 16 taux de base [25,60 euros] *+ 2 taux de base* [3,20 euros] *par tranche de 304 euros;*

– supérieure à 3 040 euros : 30 taux de base [48 euros] *+ 2 taux de base* [3,20 euros] *par tranche de 1 520 euros.*

Ce droit ne peut être inférieur à deux taux de base [4,40 euros] *ni supérieur à 125 taux de base* [275 euros] ».

1. Décr. n° 2007-1851, 26 déc. 2007, modifiant le Code de commerce (partie réglementaire) et relatif au tarif des huissiers de justice, *JO* 29 déc., p. 21775.
2. Circ. n° 2001-18, 25 avr. 2001.
3. Civ. 2e, 8 juill. 2004, n° 02-17.080, *Bull. civ.* II, n° 370.

Article 14 : « *Le droit d'engagement de poursuites ne peut être perçu qu'une seule fois dans le cadre du recouvrement, amiable ou judiciaire, d'une même créance.*

Il est à la charge du débiteur si le coût de l'acte au titre duquel il est alloué incombe à ce dernier et à la charge du créancier dans tous les autres cas.

Il reste acquis à l'huissier de justice quelle que soit l'issue de la tentative de recouvrement et s'impute soit sur le droit proportionnel prévu à l'article 8 lorsque le coût de l'acte est à la charge du débiteur, soit sur le droit proportionnel prévu à l'article 10 lorsque le coût de l'acte est à la charge du créancier ».

3°
Frais de gestion des dossiers

621.71 Délais de paiement. L'article 15 du décret du 12 décembre 1996 dispose : « *En cas de délais de paiement accordés à un débiteur, poursuivi en vertu d'une décision de justice ou d'un acte ou d'un titre en forme exécutoire, il est alloué aux huissiers de justice ayant reçu mandat de gérer le dossier une somme forfaitaire de trois taux de base* [soit 4,80 euros] *par acompte versé, à l'exception du versement du solde.*

Cette somme, à la charge du débiteur, n'est toutefois due qu'à l'issue d'un délai de six mois à compter du premier versement effectué par le débiteur après la délivrance du titre.

Son montant total ne peut en aucun cas excéder 15 taux de base [soit 24 euros] ».

Les frais de gestion font appel à des délais de paiements accordés de façon judiciaire ou amiable. À ce titre, ils sont à la charge du débiteur puisque l'octroi des délais lui profite, mais ne peut s'appliquer que si l'article 8 du tarif trouve application; ceci ayant pour effet d'exclure les frais de gestion des dossiers gérés à l'amiable ou sans titre exécutoire.

4°
Frais de signification des actes en provenance de l'étranger et de vérification des comptes de tutelles

621.81 Frais de signification des actes en provenance de l'étranger. Le décret du 10 mai 2007 a complété le décret tarifaire des huissiers de justice en la matière en créant un article 15-1 et un article 15-2; ainsi, la signification d'actes judiciaires ou extrajudiciaires en provenance de l'étranger donne lieu à la perception d'un droit tarifé et la transmission des actes doit être accompagnée des paiements correspondants, sauf le cas où le requérant bénéficie de l'assistance judiciaire.

Il en va de même pour les actes à signifier à l'étranger; il convient de noter cependant que les prestations complémentaires qui s'avéreraient nécessaires de la part de l'officier ministériel à la préparation des actes transmis pour signification ou notification ne donnent lieu à aucune autre rémunération.

621.82 Frais de vérification des comptes de tutelles. Le décret n° 2011-1470 du 8 novembre 2011 a inséré un nouvel article au sein du décret tarifaire, qui vise la rémunération de l'huissier par un droit fixe forfaitaire lorsqu'il **assiste le greffier en chef** dans sa mission de vérification des comptes de gestion établis dans **le cadre d'une mesure de protection juridique.** Ce droit varie de 40 à 80 taux de base en fonction du total le plus élevé des sommes inscrites comme dépenses ou ressources dans le compte de l'année.

B.
Frais de déplacement

621.91 Montant. Visés à l'article 3 du décret du 12 décembre 1996 (mod. par Décr. n° 2004-552, 9 juin 2004)[1], les frais de déplacement sont exclus des frais tarifés par l'article 4 et les articles 18 et 19 en précisent le régime : « *Il est alloué à chaque huissier de justice pour chaque acte signifié ou procès-verbal dressé par ses soins une indemnité pour frais de déplacement fixée forfaitairement à trente-deux fois la taxe kilométrique ferroviaire en 1re classe* ».

Toutefois, cette indemnité n'est pas due pour les significations d'avocat à avocat et pour les significations réalisées exclusivement par voie électronique. Dans ce dernier cas, il est dû une indemnité forfaitaire unique égale à quatre taux de base.

« *Dans les départements d'outre-mer, l'huissier de justice perçoit pour tout déplacement à plus de deux kilomètres des limites de la commune où est situé son office :*

1° Si le déplacement a lieu par un service de transport en commun, le prix du billet aller et retour pour la distance parcourue;

2° Si le déplacement a lieu par véhicule automobile, une indemnité forfaitaire de 0,57 euros par kilomètre parcouru;

3° Si le déplacement doit avoir lieu obligatoirement par bateau ou avion, le prix du billet aller et retour.

Il n'est dû qu'une seule indemnité de déplacement pour la totalité des actes délivrés ou dressés par l'huissier de justice lors d'un même déplacement » (Décr. 12 déc. 1996, art. 19).

Le décret du 9 juin 2004 précité a intercalé une nouvelle section au chapitre II du décret n° 56-222 du 29 février 1956[2] pris pour l'application de l'ordon-

1. Décr. n° 2004-552, 9 juin 2004, modifiant le décret n° 56-222 du 29 février 1956, pris pour l'application de l'ordonnance du 2 novembre 1945 relative au statut des huissiers de justice et le décret n° 96-1080 du 12 décembre 1996, portant fixation du tarif des huissiers de justice et relatif aux frais de transport, *JO* 17 juin, p. 10822.
2. Décr. n° 56-222, 29 févr. 1956, portant règlement d'administration publique relatif au statut des huissiers de justice, *JO* 3 mars, p. 2214.

nance du 2 novembre 1945[1] relative au statut des huissiers de justice. Il en ressort que le service de compensation des transports de la Chambre nationale des huissiers de justice est chargé de collecter les indemnités pour frais de déplacement et de les répartir en fonction des déplacements accomplis par chaque office d'huissier pour la signification des actes de son ministère. Ces indemnités sont exigibles sitôt les actes signifiés et les procès-verbaux dressés. Au vu des bordereaux récapitulatifs des actes signifiés ou procès-verbaux dressés que les offices d'huissier(s) lui font parvenir, la Chambre nationale procède au versement de la somme revenant à l'office qui bénéficie d'une position créditrice. Dans le cas contraire, l'office doit procéder au règlement de la somme auprès de la Chambre nationale qui possède un droit de recouvrement en cas de carence, sur la base d'un état. Celui-ci est rendu exécutoire, après visa du procureur de la République, par le président du tribunal de grande instance dans le ressort duquel est situé le siège de l'office défaillant.

Le produit de ces indemnités ainsi versées est géré par la Chambre nationale et est réparti par celle-ci entre les huissiers de justice en fonction des déplacements accomplis, selon les modalités fixées par arrêté. À noter qu'un arrêté du 4 août 2004 est venu fixer les règles applicables à la collecte, la gestion et la répartition des indemnités pour frais de déplacement dues aux huissiers de justice (Arr. 4 août 2004)[2]. À noter que la **réforme de la carte judiciaire** est entrée en vigueur au 1er janvier 2009; à cet effet, il n'a pas été constaté un changement notable dans les pratiques des significations faites par les huissiers de justice, malgré l'élargissement de la compétence territoriale des huissiers (désormais reliée au ressort de leur tribunal de grande instance et non plus de leur tribunal d'instance).

À cet effet, le décret n° 2010-433 du 29 avril 2010, est venu compléter le décret n° 56-222 du 29 février 1956, pris pour l'application de l'ordonnance du 2 novembre 1945, relative au statut des huissiers de justice.

À ce titre, les huissiers peuvent **confier la signification d'un acte à un confrère** dont la résidence, située dans le même ressort de compétence, est plus proche du lieu de signification. Dans ce cas, la minute est conservée par l'office qui a procédé à la signification.

De même, qu'un nouvel article a été inséré au sein du décret tarifaire des huissiers de justice (art. 5-1), selon lequel « *un huissier de justice peut confier la signification d'un acte à un confrère* »; en ce cas, les émoluments relatifs à cet acte, versés à l'huissier initialement saisi, sont ensuite partagés entre les intéressés à raison d'**un tiers pour l'huissier de justice qui a rédigé l'acte** et de **deux tiers pour celui qui l'a signifié**. L'indemnité pour frais de déplacement prévue à l'article 18 du décret tarifaire est allouée à l'huissier qui a signifié l'acte.

C.
Débours

621.101 **Contenu.** Les débours étant également visés à l'article 3 du décret du 12 décembre 1996 et exclus des rémunérations tarifées par l'article 4, leur régime juridique est donné par l'article 20 : « *Les huissiers de justice ont droit au remboursement des débours énumérés ci-après :*

1° Droits fiscaux de toute nature;

2° Frais d'affranchissement des lettres qui constituent des formalités obligatoires de procédure;

3° Frais de serrurier, de déménagement, de garagiste et de garde-meubles;

4° Indemnités versées aux conseillers municipaux, fonctionnaires municipaux, autorités de gendarmerie ou témoins requis en application de l'article 21 de la loi du 9 juillet 1991 portant réforme des procédures civiles d'exécution [devenu C. pr. exéc., art. L. 142-1]; *ces indemnités sont égales à 3 taux de base* [soit 6,60 euros] *lorsque les intéressés sont requis pour être présents à l'ouverture des portes et meubles fermant à clef et à cinq taux de base* [soit 11 euros] *lorsqu'ils sont requis pour prêter main-forte à l'exécution d'une mesure d'expulsion;*

5° Indemnités versées aux fonctionnaires de la police nationale requis en application de l'article 21 de la loi du 9 juillet 1991 susvisée [devenu C. pr. exéc., art. L. 142-1];

Ces indemnités sont égales à neuf taux de base [soit 19,8 euros] *lorsque les intéressés sont requis pour être présents à l'ouverture des portes et meubles fermant à clef et à 15 taux de base* [soit 33 euros] *lorsqu'ils prêtent main-forte à l'exécution d'une mesure d'expulsion.*

Le produit de cette recette est assimilé à un fonds de concours pour dépense d'intérêt public et rattaché au budget du ministère de l'Intérieur dans la limite et selon les modalités fixées par arrêté conjoint du ministre chargé du Budget et du ministre de l'Intérieur. Les versements s'effectuent auprès des trésoreries générales.

Le nom et le grade du fonctionnaire de la police nationale ayant participé à l'intervention ainsi que les date et heure de cette dernière doivent être portés sur un registre spécial tenu par l'huissier de justice;

5 bis Indemnités versées aux conseillers municipaux, fonctionnaires municipaux, autorités de gendarmerie, fonctionnaires de la police nationale ou témoins requis en application de l'article 1309 du Code de procédure civile [relatif à l'apposition de scellés après ouverture d'une succession], *dont le montant et le produit sont déterminés conformément aux 4° et 5°;*

1. Ord. n° 45-2592, 2 nov. 1945, relative au statut des huissiers de justice, *JO* 3 nov., p. 7163.
2. Arr. 4 août 2004, fixant les règles applicables à la collecte, la gestion et la répartition des indemnités pour frais de déplacement dues aux huissiers de justice, *JO* 17 août, p. 14678.

6° Toute mesure due à des tiers à l'occasion de leur activité professionnelle et payée directement par eux.

7° Les frais engagés pour la recherche des informations auprès du service du fichier des comptes bancaires ».

Une instruction de la Direction générale des impôts du 20 janvier 1983 précise les bases d'imposition des sommes perçues par les huissiers de justice; en sont exclues, les droits d'enregistrement et de timbre des actes de procédure, les honoraires versés aux avocats engagés sur l'ordre et pour le compte des clients, les indemnités de déplacement, les frais de garde des objets saisis, les sommes versées à une entreprise de déménagement, les sommes encaissées des débiteurs et destinées à être reversées aux créanciers.

Tous les actes d'huissier sont, par principe, assujettis à une taxe forfaitaire de 9,15 euros, recouvrée comme en matière de TVA et exigible lors de l'encaissement, sur les actes accomplis à compter du 1er janvier 1994 (v. L. fin. pour 1994 : L. n° 93-1352, 30 déc. 1993, art. 16 [1], abrogeant CGI, art. 843, 843 A et 843 B, et créant CGI, art. 302 *bis* Y). Les exceptions, nombreuses, sont les suivantes :

- actes qui, en matière mobilière (au sens de l'article 527 du Code civil), portent sur une somme n'excédant pas 530 euros (Ord. n° 2000-916, 19 sept. 2000, art. ann. III [2]), s'ils ne sont pas accomplis en application des règles de procédure se rattachant directement à une instance ou à l'exécution d'une décision de justice (sauf signification d'un certificat de non-paiement d'un chèque); l'exemple le plus fréquemment rencontré est la sommation de payer de moins de 530 euros;

- actes établis en matière mobilière et exercés pour le compte d'un comptable public ou du Trésor, quel que soit le montant à recouvrer, ou pour le compte de la sécurité sociale (CGI, art. 1083), des groupements mutualistes (CGI, art. 1087 et 1088);

- actes accomplis à la demande d'une partie bénéficiant totalement ou partiellement de l'aide juridictionnelle (L. fin. pour 1992, art. 22 [3]);

- les notifications d'actes entre avocats (C. pr. civ., art. 671 à 674);

- les citations et significations faites en matière pénale (C. pr. pén., art. 550);

- actes accomplis en matière de redressement ou de liquidation judiciaire.

1. L. n° 93-1352, 30 déc. 1993, art. 16, *JO* 31 déc., p. 18474.
2. Ord. n° 2000-916, 19 sept. 2000, portant adaptation de la valeur en euros de certains montants exprimés en francs dans les textes législatifs, *JO* 22 sept., p. 14877.
3. L. n° 91-1322, 30 déc. 1991, de finances pour 1992, *JO* 31 déc., p. 17225.

D. Rémunérations libres

621.111 Hypothèses – Renvoi. Prévues par l'article 16 du décret du 12 décembre 1996, ces hypothèses seront étudiées avec l'ensemble des rémunérations non tarifées (v. ss n° 621.261).

E. Alsace-Moselle

621.121 Texte – Article 32 du décret. « *Les huissiers de justice exerçant dans les départements du Bas-Rhin, du Haut-Rhin et de la Moselle sont tenus de se conformer aux dispositions du présent décret, sauf pour les actes dressés en application de la procédure locale* ». Les actes dressés en conformité de la procédure locale par les huissiers de justice exerçant dans les trois départements de l'Est sont tarifés par le décret n° 73-760 du 27 juillet 1973 [4].

F. Antilles-Guyane

621.131 Texte – Article 33 du décret. Ces rémunérations sont majorées de 30 % dans les trois départements : Guadeloupe, Guyane et Martinique, ainsi que dans la collectivité territoriale de Saint-Pierre-et-Miquelon. Ces rémunérations semblent s'appliquer, depuis la parution du nouveau tarif, quelle que soit la nature de l'émolument dû (contrairement à ce qui était prévu au décret du 5 janvier 1967).

G. Tarifs spéciaux

621.141 Matière spécifique. À côté de ces tarifs généraux, il existe quelques tarifs spéciaux dus en raison de la spécificité de la matière ou de la personne.

621.142 Tarif en matière prud'homale. L'article R. 1423-53 du Code du travail (issu de Décr. n° 80-196, 10 mars 1980 [5]) prévoit qu'il est alloué aux huissiers de justice pour l'usage de leur ministère accompli en matière prud'homale, des émoluments égaux à la moitié de ceux prévus pour des actes de même nature par leurs tarifs en matière civile et

4. Décr. n° 73-760, 27 juill. 1973, fixant les tarifs des actes spéciaux des huissiers de justice dans les départements de la Moselle du Bas-Rhin et du Haut-Rhin, *JO* 4 août, p. 8529.
5. Décr. n° 80-196, 10 mars 1980, modifiant certaines dispositions du Code du travail et du Code de l'organisation judiciaire et relatif, notamment, à l'organisation et au fonctionnement des secrétariats-greffes des conseils de prud'hommes, *JO* 14 mars, p. 719.

commerciale. Cette réduction de moitié ne concerne que les émoluments relatifs à l'instance et non l'exécution d'une décision de justice; en effet, la chancellerie considère que les difficultés rencontrées lors de l'exécution font échapper à la compétence prud'homale le contentieux soulevé : aussi, en matière d'exécution, l'émolument total est dû.

Cette position a été confirmée par un avis de la Cour de cassation qui considère que les dispositions de l'article R. 1423-53 du Code du travail (C. trav., anc. art. R. 519-1) ne s'appliquent pas aux émoluments dus pour les actes et procédures d'exécution des décisions de justice en matière prud'homale[1].

621.143 **Tarif en matière d'expropriation publique.** Les articles **R. 13-55 et **R. 13-56 (al. 1er) du Code de l'expropriation pour cause d'utilité publique prévoient des émoluments identiques à ceux prévus en matière prud'homale. En revanche, l'indemnité forfaitaire de transport est due en totalité.

621.144 **Tarif en matière de surendettement.** L'article 98 de la loi n° 98-657 du 29 juillet 1998 d'orientation relative à la lutte contre les exclusions prévoit que les personnes en situation de surendettement bénéficient d'une réduction de la tarification des rémunérations dues aux huissiers de justice. L'article R. 333-5 du Code de la consommation prévoit que le débiteur, à qui est notifiée une décision de la commission de surendettement, doit adresser copie de la décision à l'huissier de justice par lettre recommandée avec accusé de réception pour bénéficier d'une réduction de moitié des émoluments dus.

621.145 **Tarif en matière de pensions militaires d'invalidité.** L'article R. 66 du Code des pensions militaire d'invalidité dispose que l'huissier de justice a droit, pour chaque citation et signification à la moitié de l'émolument prévu par le tarif en matière civil et commerciale et à des frais de voyages lorsqu'il se déplace à plus de deux kilomètres des limites de la commune où il réside.

H. Droits et obligations des huissiers de justice en matière tarifaire

621.150 **Décret du 12 décembre 1996.** Ce texte a fixé des règles de fond et de forme concernant les droits et obligations des huissiers en matière tarifaire.

1° Droits des huissiers de justice

621.151 **Provision et rétention.** « *Les huissiers de justice peuvent, avant de prêter leur ministère et pour les actes et formalités qui doivent être immédiatement diligentés, demander à la partie qui les requiert une provision suffisante pour couvrir leur rémunération et les débours correspondants* » (Décr. 12 déc. 1996, art. 21).

« *Le droit de rétention appartient à l'huissier de justice pour garantir le paiement de sa rémunération et de ses débours* » (Décr. 12 déc. 1996, art. 22).

« *Les dispositions des articles 21 et 22 ne sont pas applicables lorsque l'huissier de justice instrumente pour le compte d'un comptable public* » (Décr. 12 déc. 1996, art. 23).

L'on notera que le droit de rétention ne s'applique pas aux honoraires dus et qu'ils peuvent refuser de prêter leur ministère s'ils ne sont pas provisionnés. L'huissier de justice peut également opérer la compensation s'il est lui-même créancier de son créancier.

2° Obligations de fond des huissiers de justice

621.161 **Exclusion absolue.** « *Il est interdit aux huissiers de demander ou de percevoir une rémunération autre que celle définie par le présent tarif. En cas de non-respect de cette règle, l'huissier de justice doit restituer l'excédent perçu ou demander le complément normalement dû, sans préjudice des sanctions disciplinaires encourues* » (Décr. 12 déc. 1996, art. 24).

« *Toute somme remise en paiement entre les mains d'un huissier de justice par un débiteur pour le règlement d'une créance doit être reversée par l'huissier au créancier dans un délai maximum de trois semaines si le paiement est effectué en espèces, de six semaines dans les autres cas. Tout manquement à cette règle est passible d'une des sanctions disciplinaires prévues à l'article 3 de l'ordonnance du 28 juin 1945* » (Décr. 12 déc. 1996, art. 25). Notons qu'outre les articles 697 et 698 C. pr. civ., l'article 650 C. pr. civ. dispose que « *les frais afférents aux actes inutiles sont à la charge des huissiers de justice qui les ont faits, sans préjudice des dommages-intérêts qui seraient réclamés. Il en est de même des frais afférents aux actes nuls par l'effet de leur faute* ».

3° Obligations formelles des huissiers de justice

621.171 **Mention du coût de l'acte.** « *Chaque acte ou formalité doit comporter la mention de son coût, rubrique par rubrique, et avec l'indication de l'article du tarif concerné. Tout manquement à la règle visée à l'alinéa précédent est passible de poursuites disciplinaires, sauf dans les cas suivants :*

1° Défaut de mention de rubriques correspondant à des formalités qui n'ont pu être prévues lors de la rédaction de l'acte.

2° Mention de rubriques correspondant à des formalités qui paraissent devoir être prévues lors de la rédaction de cet acte et qui n'ont pas été accomplies » (Décr. 12 déc. 1996, art. 26).

1. Cass., avis, 4 oct. 2004, n° 04-00.002, *Bull. civ. avis*, n° 4 – V. ÉGAL., F. Arbellot, « Éléments relatifs au calcul du tarif des avoués près les cours d'appel », *BICC* 15 sept. 2005, n° 625.

Cette obligation résulte de l'article 67 du Code de procédure civile (ACPC, art. 67, non abrogé) qui fait obligation à l'huissier de porter à la fin de l'original et de la copie, le coût de l'acte ou de la formalité.

621.172 Compte détaillé. « *Les huissiers de justice sont tenus de remettre aux parties un compte détaillé des sommes dont elles sont redevables. Ce compte doit faire ressortir distinctement et sans abréviations les rémunérations tarifées, les débours et frais de déplacement et les honoraires visés à l'article 16* » (Décr. 12 déc. 1996, art. 27).

« *Les huissiers de justice sont tenus de remettre à ceux de leurs clients qui le requièrent les pièces justificatives des dépenses engagées pour leur compte* » (Décr. 12 déc. 1996, art. 28).

« *Tout versement en espèces fait aux huissiers de justice donne lieu à la délivrance d'un reçu* » (Décr. 12 déc. 1996, art. 29).

« *Tout manquement aux règles posées aux articles 27, 28 et 29 est passible de sanctions disciplinaires* » (Décr. 12 déc. 1996, art. 30).

« *Chaque chambre départementale des huissiers de justice ainsi que chaque huissier de justice doivent tenir le présent tarif à la disposition de toute personne en faisant la demande* » (Décr. 12 déc. 1996, art. 31).

L'on notera que l'établissement d'un reçu n'est exigé que pour les espèces puisque les autres modes de paiement laissent des traces.

§ 2
Tarifs de la postulation des avocats devant le tribunal de grande instance

621.180 Dispositions transitoires. L'article 1er du décret n° 72-784 du 25 août 1972[1], modifié par le décret n° 75-785 du 21 août 1975[2], dispose qu'à titre provisoire et jusqu'à la fixation d'un tarif de la postulation et des actes de procédure, les avocats percevront les émoluments, droits et remboursements de débours au taux et dans les conditions prévues, pour les affaires portées devant la juridiction civile, par les dispositions du titre 1er et de l'article 81 du décret du 2 avril 1960 (fixant le tarif des anciens avoués). C'est à ce texte que nous nous référerons tout au long de ce développement. Force est de constater qu'à ce jour, ce régime transitoire, non modifié, semble définitif.

1. Décr. n° 72-784, 25 août 1972, relatif au régime transitoire de rémuneration des avocats à raison des actes de postulation et à la taxe, *JO* 29 août, p. 9282.
2. Décr. n° 75-785, 21 août 1975, relatif aux droits et émoluments alloués à titre transitoire aux avocats à raison des actes de procédure (fixation de ces droits), *JO* 26 août, p. 8739.

A.
Droit fixe

621.181 Unicité du droit fixe. L'article 3 du décret prévoit comme principe un droit fixe unique. L'avoué (l'avocat) ne peut percevoir qu'un droit fixe dans une même cause, même s'il a occupé pour plusieurs parties ayant ou non des intérêts distincts[3]. Ainsi, il ne sera perçu qu'un seul droit fixe par avocat si le tribunal décide de joindre plusieurs assignations en raison de la connexité.

621.182 Réduction de moitié du droit fixe. Dans les instances contradictoires le droit fixe est de 5,49 euros et peut être réduit à la moitié dans un certain nombre d'hypothèses (Décr. 2 avr. 1960, art. 2) :

1° si l'intérêt du litige n'excède pas 457 euros;

2° si la demande n'est pas contestée;

3° si l'instance terminée par un jugement sur requête donne lieu, outre celle du droit fixe, à la perception de tout ou partie du droit proportionnel;

4° si l'instance est relative à un accident du travail agricole, dans les cas prévus aux articles L. 751-5 et suivants du Code rural et de la pêche maritime.

Les articles 15, 16, 17 et 18 du décret du 2 avril 1960 prévoient une réduction à la moitié ou un quart du droit fixe dans les instances par défaut, alors que dans les instances se clôturant par un jugement réputé contradictoire, le droit fixe est dû dans son intégralité.

B.
Droits proportionnels

621.191 Calcul du tarif. Deux méthodes de calcul du tarif sont prévues :

• Soit le litige est évaluable en argent : l'article 4 du décret du 2 avril 1960 prévoit un calcul par tranches selon l'intérêt du litige :

Intérêt du litige (en euros)	Droit
de 1 à 1 068	3 %
de 1 068,01 à 2 135	2 %
de 2 135,01 à 3 964	1 %
de 3 964,01 à 9 147	0,5 %
au-dessus de 9 147	0,25 %

Ce droit est fixé par tranche selon un pourcentage dégressif.

L'entrée en vigueur du décret du 21 août 1975 a eu pour effet de majorer de 20 % les émoluments alloués à l'avocat, d'où il s'en suit qu'à compter de cette date le barème s'établit comme suit :

3. Civ. 2e, 10 mai 1968, n° 67-10.312, *Bull. civ.* II, n° 128.

Intérêt du litige (en euros)	Droit	Maximum (en euros)
de 1 à 1 068	3,60 %	38,45
de 1 068,01 à 2 135	2,40 %	25,61
de 2 135,01 à 3 964	1,20 %	21,95
de 3 964,01 à 9 147	0,60 %	31,10
au-dessus de 9 147	0,30 %	

À titre d'exemple, un litige portant sur une somme de 15 000,00 euros se verra appliquer un droit proportionnel de 134,67 euros.

Pour que le montant du litige soit évaluable en argent, il convient de prendre en considération la réalité du litige et non le litige dans sa globalité. C'est ainsi que la Cour suprême a censuré une ordonnance de taxe qui avait décidé que l'intérêt d'un litige était constitué par le montant global d'un marché de construction alors qu'il avait été partiellement exécuté[1]; de même, viole l'article 4 dudit décret, l'allocation d'un droit proportionnel à l'avocat postulant calculé sur le prix de vente d'immeubles dépendant d'une succession, alors que le litige portait sur le seul point de savoir si son client avait ou non reçu un mandat exclusif de vente lui conférant le droit de s'opposer à la vente, hors son concours, desdits immeubles[2].

• Soit le litige n'est pas évaluable en argent : on utilise un multiple du droit fixe encore appelé droit variable. Ce droit variable est calculé conformément aux articles 13 et 14 du tarif.

C'est ainsi qu'un premier président statuant en matière de taxe a pu relever à bon droit qu'un avocat occupé pour une partie dans une instance en référé qui tendait à faire rétracter une ordonnance sur requête autorisant une saisie conservatoire, retient que l'intérêt du litige, lequel ne portait ni sur le bien-fondé de la créance, ni sur son montant, était indéterminé et décide qu'au droit proportionnel devait être substitué un droit variable, multiple du droit fixe[3]. Lorsque l'action a été engagée sur le fondement des dispositions de l'article L. 267 du Livre des procédures fiscales, le droit variable doit être substitué au droit proportionnel pour le calcul des émoluments dus aux avocats[4].

• Soit la même cause comporte des chefs de demande indéterminés et des chefs de demande déterminés : alors on utilise une combinaison des deux procédures (tarif, art. 7).

1. Civ. 2e, 7 janv. 1981, n° 79-10.274, *Bull. civ.* II, n° 2; *Gaz. Pal.* 1981. Pan. 150.
2. Civ. 2e, 18 févr. 1982, NP.
3. Civ. 2e, 7 déc. 1994, n° 93-11.282, *Bull. civ.* II, n° 254; *Rev. huiss.* 1995. 751.
4. Civ. 2e, 30 avr. 2003, n° 01-03.635, *Bull. civ.* II, n° 119.

C. Débours et copies de pièces

621.201 Débours et copies de pièces. Seules les copies d'actes de procédure rédigés ou établis par l'avocat postulant sont comprises dans la rémunération forfaitaire; les autres copies donnent lieu à remboursement au titre des débours; quant au droit gradué ou frais de papeterie, d'impression et de correspondance (Décr. 2 avr. 1960, art. 65, 4°), son tarif est prévu à l'article 2 du décret du 2 août 1975, modifié pour les besoins de la conversion par le décret n° 2001-373 du 27 avril 2001. La Cour suprême a tranché une question non résolue depuis longtemps concernant la copie de pièces qui peut se révéler constituer un budget important en certaines matières ou certains cas (mémoire, dénonciation, construction, *etc.*). Aussi, depuis l'arrêt du 3 juin 1998[5], il est possible pour les avocats (et non pour les avoués puisque ce droit ne leur a pas été reconnu par un arrêt du 19 mai 1999[6]) d'inclure le coût des photocopies dans les états de frais de postulation; certains auteurs[7] préconisent l'application du tarif des greffiers des tribunaux de commerce, ligne numéro 8 (v. s^s n° 621.234) et la solution semble satisfaisante, hormis la ligne : la ligne numéro 6 s'intitule copie.

§ 3 Tarifs de la nouvelle profession d'avocat, substituant celle d'avoué

621.211 Textes. Depuis le décret n° 2012-634 du 3 mai 2012[8], la profession d'avoué près les cours d'appel a fusionné avec celle d'avocat. Le tarif applicable à cette nouvelle profession demeure le même que celui des avoués près les cours d'appel prévu par le décret n° 80-608 du 30 juillet 1980[9] modifié par les décrets n° 84-815 du 4 septembre 1984[10], et n° 2003-429 du 14 mai 2003[11].

621.212 Rémunération tarifée de la nouvelle profession d'avocat substituant celle d'avoué. Sa

5. Civ. 2e, 3 juin 1998, n° 96-16.628, NP.
6. Civ. 2e, 19 mai 1999, n° 97-15.074, *Bull. civ.* II, n° 94.
7. *J.-Cl. Pr. civ.*, fasc. 525, 2001, p. 13.
8. Décr. n° 2012-634, 3 mai 2012, relatif à la fusion des professions d'avocat et d'avoué près les cours d'appel, *JO* 5 mai 2012, p. 7969.
9. Décr. n° 80-608, 30 juill. 1980, fixant le tarif des avoués près les cours d'appel, *JO* 2 août, p. 1950.
10. Décr. n° 84-815, 31 août 1984, relatif au tarif des avoués des cours d'appel, *JO* 4 sept., p. 2800.
11. Décr. n° 2003-429, 12 mai 2003, modifiant l'article 10 du décret n° 80-608 du 30 juillet 1980 fixant le tarif des avoués près les cours d'appel, *JO* 14 mai, p. 8248.

rémunération, telle que prévue par le tarif des anciens avoués se décompose en deux parties[1] :

– les **débours** effectués par lui dans l'intérêt de son client;

– l'**émolument**, c'est-à-dire la rémunération proprement dite qui est déterminée en fonction de l'importance du litige, du degré d'avancement de la procédure, des difficultés ou incidents de procédure et du caractère contradictoire ou non de l'instance.

Les émoluments fixés par le tarif concernent la procédure avec représentation obligatoire.

Le remboursement des débours et le paiement de son émolument sont dus par son mandant (client), quelle que soit la décision de la Cour quant aux dépens (C. civ., art. 1999). Le bénéfice de l'article 699 C. pr. civ. ne dispensant pas le mandant non condamné aux dépens de régler lui-même son mandataire. L'article 699 rend l'avocat créancier du débiteur de son débiteur qui est le client. Il peut donc poursuivre l'un ou l'autre d'entre eux.

621.213 Contenu (Décr. n° 80-608, 30 juill. 1980, art. 2). Les émoluments alloués aux avocats près les cours d'appel dans toutes les instances, devant la formation collégiale ou le premier président, soumises à la procédure ordinaire, abrégée ou à jour fixe, contradictoirement ou par défaut, constituent la rémunération due pour tous les actes de procédure, préparation, rédaction, établissement de l'original et des copies, vacations et démarches de toutes natures, y compris tout ce qui concerne la mise en état, l'obtention des décisions, leur signification à avoué et à partie, ainsi que l'établissement du certificat de signification et l'obtention du certificat de non-pourvoi.

Ils comprennent également le remboursement forfaitaire de tous frais accessoires de correspondance, d'affranchissement et de papeterie à la seule exclusion des déboursés mentionnés aux articles 21 et 23. Ainsi, ne donnent pas lieu à remboursement les photocopies des pièces produites par la partie en cause d'appel et dont elle est tenue de donner communication à la partie adverse[2]. De même, l'indemnité de l'article 700 C. pr. civ. n'entre pas dans l'appréciation de l'intérêt du litige et doit être exclue de l'assiette de calcul de l'émolument proportionnel dû à l'avocat au titre de l'article 25 du décret du 30 juillet 1980[3]. La rémunération étant forfaitaire, elle n'est pas fonction des diligences de l'avocat[4].

L'article 9 du décret prévoit que la rémunération prévue à l'article 2 du décret du 30 juillet 1980 est constituée par un émolument proportionnel à l'importance du litige et l'article 10 précise que le montant des tranches du droit proportionnel dégressif et, dans certains cas, le montant du droit proportionnel lui-même, varie en fonction d'une unité de base révisable périodiquement (actuellement 2,70 euros).

La rémunération est constituée par un émolument proportionnel calculé en fonction d'un pourcentage dégressif qui varie de 5 % à 0,10 % sur dix tranches dont le montant est lui-même également fonction de l'unité de base. Le décret de 1984 prévoit une rémunération minimale de 50 unités de bases, soit 135 euros.

Selon l'article 24 du tarif, en toutes matières, pour toute procédure et pour chaque partie ayant des intérêts distincts et présentant des demandes fondées sur une même cause, l'émolument est calculé sur l'intérêt du litige apprécié pour chacune de ces parties; l'article 25 du tarif prévoit quant à lui que l'intérêt du litige est constitué par le total de la valeur des droits réels et personnels, objet de la saisine de la cour; lorsqu'il s'agit d'un paiement de somme d'argent, cet intérêt est déterminé par le total le plus élevé du montant de chacune des créances ou préjudices, en capital et intérêts, reconnu ou apprécié soit par le tribunal soit par la cour et ayant servi de base au montant des condamnations prononcées par l'une ou l'autre de ces juridictions. Aussi, la Haute cour a pu juger : que l'indemnité accordée au titre de l'article 700 C. pr. civ. doit être exclue de l'évaluation de l'intérêt du litige pour le calcul des émoluments dus aux avoués (avocats)[5]. Les intérêts moratoires, étrangers au préjudice lui-même, tel qu'évalués par décision judiciaire, sont exclus de la base de calcul des émoluments[6]; ou encore qu'il fallait retenir le jugement rendu sur opposition (et non l'ordonnance d'injonction de payer substituée[7]). Mais elle a pu décider que le capital représentant l'intérêt du litige doit être fixé, pour le calcul de l'émolument dû à un avoué ayant représenté une partie dans une instance en résiliation de bail commercial, au montant des loyers correspondant à la durée contractuelle du bail, dans la limite de trois années, peu important sa durée effective[8].

À titre d'exemple, pour les demandes donnant lieu à un émolument proportionnel global supérieur à 5 400 euros (2 000 unités de base), le multiple de l'unité de base résultant de l'application des articles 12 (1°) et 14 du décret du 30 juillet 1980 inclut tous les chefs de la demande[9]. Le multiple de l'unité

1. Pour un commentaire plus exhaustif du tarif des avoués, on peut se référer à J. Vasserot, *D.* 1980. Chron. 273.
2. Civ. 2e, 19 mai 1999, n° 97-15.074, *Bull. civ.* II, n° 94; *D.* 1999. IR 158.
3. Civ. 2e, 1er juill. 1992, n° 91-10.769, *Bull. civ.* II, n° 190 – Civ. 2e, 13 juin 2002, n° 01-02.169, *Bull. civ.* II, n° 126 – Civ. 2e, 12 févr. 2004, n° 02-11.136, *Bull. civ.* II, n° 58.
4. Paris, 1er prés., 17 avr. 2000, RG n° 1999/21550.
5. Civ. 2e, 13 juin 2002, n° 01-02.169, *Bull. civ.* II, n° 126 – Civ. 2e, 8 juill. 2004, nos 02-18.267 et 02-18.268, NP.
6. Civ. 2e, 8 janv. 1992, n° 95-15.179, *Bull. civ.* II, n° 236.
7. Civ. 2e, 21 juin 2007, n° 06-15.469, *Bull. civ.* II, n° 168.
8. Civ. 2e, 7 mai 2008, n° 07-13.265, *Bull. civ.* II, n° 105.
9. Civ. 2e, 3 juill. 1996, n° 94-21.450, *Bull. civ.* II, n° 196.

de base constitue un émolument minimal et global[1].

621.214 Méthodes de calcul. Comme pour la postulation, deux méthodes de calcul sont prévues :

• soit le litige est évaluable en argent : il s'agit **d'un calcul de l'émolument proportionnel en fonction d'un barème à tranches dégressives (Décr. 30 juill. 1980, art. 11)** : dans cette hypothèse la Cour de cassation a déjà eu l'occasion de se prononcer sur ces modalités de calcul. La jurisprudence est abondante. Elle a notamment censuré pour violation de l'article 12 du décret du 30 juillet 1980 un arrêt qui, pour taxer les frais de l'avoué qui en réclamait le règlement à sa cliente, en calculant son émolument sur la valeur des parts sociales qu'elle avait été autorisée, en vertu des dispositions de l'article 815-5 du Code civil, à céder en totalité, retient que l'autorisation devant avoir pour suite la vente des parts sociales, l'intérêt du litige étant évaluable en argent au montant prévu pour la vente, alors que le litige portait, non sur la propriété des parts qui n'était pas contestée, mais sur l'autorisation de les vendre. Également, il a été jugé que lorsqu'un redressement notifié par la direction des services fiscaux est contesté devant la cour d'appel, l'intérêt du litige, pour le calcul des émoluments alloués aux avoués, est constitué par le montant des droits et pénalités contestés, et non par la valeur des biens litigieux servant d'assiette à l'impôt[2].

Lorsque l'intérêt du litige est évaluable en argent, l'émolument proportionnel est fixé en pourcentage suivant des tranches. Converties en euros, les tranches sont les suivantes :

Intérêt du litige (en euros)	Droit
de 0 € à 4 860 € inclusivement	5 %
entre 4 860 € et 9 720 € inclusivement	4 %
entre 9 720 € et 14 580 € inclusivement	3 %
entre 14 580 € et 24 300 € inclusivement	2 %
entre 24 300 € et 48 600 € inclusivement	1 %
entre 48 600 € et 121 500 € inclusivement	0,75 %
entre 121 500 € et 243 000 € inclusivement	0,50 %
entre 243 000 € et 1 215 000 € inclusivement	0,20 %
entre 1 215 000 € et 2 430 000 € inclusivement	0,20 %
au-delà de 2 430 000 €	0,10 %

• soit le litige n'est pas évaluable en argent : Si le litige n'est pas évaluable en argent (demandes symboliques, relatives à l'apurement d'un passif ou aux droits civiques, *etc.*), l'émolument proportionnel est dû à l'avoué est représenté par un multiple de l'unité de base déterminé eu égard à l'importance ou à la difficulté de l'affaire. Il s'agit **d'un calcul en fonction d'un multiple de l'unité de base fixée à 2,70 euros (anc^t 1,68 euros) – L'article 10 du décret du 30 juillet 1980 précité a été modifié par le décret n° 2003-429 du 12 mai 2003[3] qui porte de 1,68 euros à 2,70 euros l'unité de base; notons que cette unité n'avait pas subi de modification depuis de nombreuses années.** Lorsque le premier président fixe, dans un litige non évaluable en argent, le montant du multiple de l'unité de base servant de calcul de l'émolument proportionnel dû à l'avoué (l'avocat), il doit préciser l'importance ou la difficulté de l'affaire (il a également été précisé que l'indemnité de l'article 700 C. pr. civ. doit être exclue de l'évaluation de l'intérêt du litige sur le calcul des émoluments dus à l'avoué[4]). En matière fiscale, les bases à retenir par le magistrat taxateur se précisent au fil des décisions rendues car plusieurs bases peuvent être retenues par le magistrat taxateur, appliquant le régime du multiple de l'unité de base à plusieurs chefs de demandes, notamment un chef non évaluable; la Cour de cassation a rappelé que le chef à retenir est celui évaluable en argent lorsque le litige porte sur ce point[5] ou, lorsqu'une action a été engagée sur le fondement de l'ancien article L. 266 du Livre des procédures fiscales, l'émolument proportionnel dû à l'avoué, s'agissant d'un litige non évaluable en argent, est représenté par un multiple de l'unité de base déterminé eu égard à l'importance et à la difficulté de l'affaire[6]; et encore, lorsqu'un tribunal et une cour d'appel ont eu à statuer sur la régularité et la validité d'un avis à tiers détenteur, mais aussi sur une cause de prescription de la créance du Trésor public, il s'ensuit que le montant du litige est alors évaluable en argent (au sens de l'article 10 du décret du 30 juillet 1980) dans la mesure où la cause de prescription de la créance est, elle, définitivement connue[7].

En ce qui concerne les litiges mixtes (évaluables en argent sur certains chefs de demande et non sur les autres), l'article 15 du tarif alloue aux avoués un multiple de l'unité de base pour les chefs non évaluables en argent (déterminé selon la procédure indiquée aux articles 13 et 14), et un émolument proportionnel pour les chefs évaluables en argent. Ce dernier est calculé en procédant dans un premier temps à l'évaluation de l'intérêt du litige auquel correspondrait, en vertu du barème prévu à l'article 11,

1. Civ. 2e, 23 mars 1994, n° 92-18.366, *Bull. civ.* II, n° 108.
2. Civ. 2e, 21 mars 2002, n° 00-19.222, *Bull. civ.* II, n° 53; *JCP* 2002. II. 10159, note du Rusquec – Civ. 2e, 13 juin 2002, n° 01-02.169, *Bull. civ.* II, n° 126.
3. Décr. n° 2003-429, 12 mai 2003, modifiant l'article 10 du décret n° 80-608 du 30 juillet 1980 fixant le tarif des avoués près les cours d'appel, *JO* n° 111, 14 mai, p. 8248.
4. Civ. 2e, 12 févr. 2004, n° 02-11.136, *Bull. civ.* II, n° 58.
5. Civ. 2e, 8 nov. 2001, n° 00-13.445, *Bull. civ.* II, n° 163; *Gaz. Pal.* 19-20 déc. 2001, p. 27.
6. Civ. 2e, 10 mars 2004, n° 02-10.207, *Bull. civ.* II, n° 113.
7. Rennes, ord. taxe n° 242, 2 sept. 2003; *JCP* 26 juin 2004, p. 1181, note du Rusquec.

l'émolument égal au montant du multiple d'une unité de base alloué pour les chefs non évaluables en argent; dans un second temps, le montant de l'émolument proportionnel afférent aux chefs évaluables en argent est calculé en appliquant au total de ces chefs les taux prévus auxdits barèmes pour les sommes supérieures au montant de l'évaluation visés au premier temps[1].

De même, en présence d'une transaction ayant mis fin à plusieurs litiges, le droit proportionnel de l'avocat doit être calculé sur le seul intérêt du litige pour lequel il avait postulé et donc sur le montant de la transaction qui y avait mis fin[2].

Les déboursés dus à l'avoué sont prévus à l'article 21 du décret. Ils comprennent notamment les frais d'actes d'huissier de justice et éventuellement les honoraires taxés de techniciens et les frais de traduction, ainsi que les indemnités versées aux témoins et les exposés par la Cour à l'occasion d'un transport sur les lieux.

Enfin, les frais de déplacement de l'avoué, prévus à l'article 23 du tarif, font partie des dépens et correspondent au transport exigé par la loi ou demandé par une partie, hors de la ville où siège la cour dont il dépend. Il comprend le prix du billet de chemin de fer en 1re classe, aller et retour, pour la distance parcourue, augmenté des frais de transport complémentaire si le déplacement pouvait, sans difficulté pratique pour la majeure partie du trajet, avoir lieu par chemin de fer. Si le déplacement de l'avoué n'a lieu qu'à la demande de son client, les frais de voyage restent à la charge de celui-ci.

Voici les coefficients qui, outre les coefficients multiplicateurs précédemment mentionnés, permettent de tenir compte du degré d'avancement de la procédure pour chaque avoué au moment où il est mis fin à sa mission, ainsi que ceux pour procédure spéciale et pour majoration tenant compte des difficultés de procédure (Décr. n° 80-608, 30 juill. 1980, tel que mod. par Décr. n° 84-815, 31 août 1984).

Tableau A (rempl. Décr. n° 84-815, 31 août 1984)
Coefficients tenant compte du degré d'avancement de la procédure pour chaque avoué au moment où il est mis fin à sa mission

1	Appel avec ou sans placement avec un maximum de 150 unités de base	0,25
2	Constitution avec ou sans placement avec un maximum de 150 unités de base	0,10
3	Obtention d'une ordonnance de caducité pour le demandeur, et, en cas de débat, également pour le défendeur, avec un maximum de 150 unités de base	0,30
4	Conclusions soulevant une exception de procédure de la compétence du conseiller de la mise en état	0,40
5	Ordonnance ou arrêt statuant sur les conclusions visées à la ligne 4	0,50
6	Conclusions saisissant la cour	0,70
7	Arrêt tranchant tout ou partie du principal (C. pr. civ., art. 480)	1
8	Arrêt avant dire droit	1
9	Arrêt confirmatif d'un jugement avant dire droit avec ou sans évocation	1
10	Procès-verbal de conciliation à l'audience ou devant le conseiller de la mise en état	1

Tableau B (rempl. Décr. n° 84-815, 31 août 1984)
Coefficients pour procédure spéciale et coefficients de majoration tenant compte des difficultés de procédure

	I. Procédure devant le premier président	
a) Référés		
11	Autorisation d'interjeter appel d'une décision avant dire droit	0,15
12	Autorisation d'interjeter appel d'une décision de sursis à statuer	0,15
13	Relevé de forclusion	0,15
14	Exécution provisoire	0,15
15	Autres référés	0,15
b) Requêtes		
16	Article 958 C. pr. civ.	0,10
17	Aux fins de mesures conservatoires (C. pr. civ., art. 48 s.)	0,20
18	Aux fins de saisie-arrêt	0,20

(Suite tableau page suivante)

1. Civ. 2e, 1er juill. 1992, n° 90-21.459, *Bull. civ.* II, n° 191.

2. Civ. 2e, 21 févr. 2013, n° 12-12.302, *Bull. civ.* II, [à paraître].

(Suite tableau)

	II. Procédure devant le conseiller de la mise en état	
a) Incidents quant à la preuve		
19	Communication, restitution et production de pièces	0,10
20	Ordonnance du conseiller de la mise en état statuant sur une exception de tardiveté d'appel ou de nullité d'acte de procédure ne mettant pas fin à l'instance	0,20
b) Demandes incidentes, mesures provisoires ou conservatoires		
21	Exécution provisoire	0,20
22	Modification de pension alimentaire, de garde d'enfant, *etc.*	0,20
23	Provision au créancier lorsque l'existence de l'obligation n'est pas sérieusement contestable	0,20
24	Avance pour les frais du procès	0,10
	III. Procédures et missions particulières	
25	Procédure de rectification d'erreur ou d'omission matérielle, avec un maximum de 50 unités de base	0,10
26	Procédure d'interprétation	0,10
27	Assistance de l'avoué à une mesure d'instruction	0,20
28	Transaction avec le concours de l'avoué (le droit total est calculé sur le montant de la transaction)	0,50
29	Déféré à la cour d'une ordonnance du conseiller de la mise en état	0,20
30	Décision comportant mesure d'instruction (expertise, enquête, enquête sociale, *etc.*)	0,20

§ 4
Tarifs des administrateurs judiciaires, mandataires judiciaires, commissaires à l'exécution du plan et des liquidateurs

621.221 **Textes.** La rémunération des administrateurs et mandataires judiciaires, commissaires à l'exécution du plan et des liquidateurs en matière commerciale est réglementée par les articles R. 663-3 et suivants du Code de commerce, en remplacement des dispositions du décret n° 85-1390 du 27 décembre 1985[1], modifié par le décret n° 2006-1709 du 23 décembre 2006[2].

621.222 **Contenu de la rémunération.** Les articles R. 663-3 à R. 663-13 du Code de commerce fixent la rémunération de l'**administrateur judiciaire**.

Les articles R. 663-14 à R. 663-17 fixent la rémunération du **commissaire à l'exécution du plan**.

Les articles R. 663-18 à R. 663-31 fixent la rémunération du **mandataire judiciaire** et du **liquidateur**.

Il est utile de préciser que l'article R. 663-18 fixe le **droit fixe** à 2 500 euros, correspondant à la somme perçue par le mandataire judiciaire pour l'ensemble de la procédure de sauvegarde ou du redressement judiciaire, sauf s'il est ensuite désigné comme liquidateur. Modifié par l'article 1er du décret n° 2009-1661 du 28 décembre 2009, relatif aux frais de justice en matière commerciale et aux auxiliaires de justice, le liquidateur désigné en application des dispositions de l'article L. 641-1 du Code de commerce perçoit ce droit fixe pour l'ensemble de la procédure de liquidation judiciaire, sous réserve du versement au greffier du tribunal de commerce de la somme de 200 euros (note introduisant le tableau n° 7 de l'annexe 7-5 précitée).

Enfin, les articles R. 663.32 à R. 663-40 comportent les **dispositions communes** aux rémunérations précitées.

621.223 **La rémunération de l'administrateur est exprimée en taux de base,** actuellement de 100 euros. Ce taux est variable en fonction du nombre de salariés de l'entreprise débitrice au jour de la demande d'ouverture de la procédure et en fonction du chiffre d'affaires (CA) défini hors taxes, apprécié à la date de clôture du dernier exercice comptable. Ainsi, par exemple, pour les diligences relatives au **diagnostic de la procédure de sauvegarde ou de redressement judiciaire**, sa rémunération est fixée, en fonction du nombre de salariés employés par le débiteur ou de son chiffre d'affaires.

PAR EXEMPLE :

– pour la tranche la plus basse : 1 000 euros si le nombre de salariés est compris entre 0 et 5 ou que le CA est compris entre 0 et 750 000 euros;

– pour la tranche la plus haute : 10 000 euros si le nombre de salariés est supérieur à 150 ou que le CA est compris au-delà de 20 000 000 euros.

1. Décr. n° 85-1390, 27 déc. 1985, fixant le tarif des administrateurs judiciaires en matière commerciale et des mandataires judiciaires, *JO* 29 déc., p. 15304.
2. Décr. n° 2006-1709, 23 déc. 2006, pris en application de la loi n° 2005-845 du 26 juillet 2005 de sauvegarde des entreprises et portant diverses dispositions relatives aux administrateurs judiciaires et aux mandataires judiciaires, *JO* 29 déc., p. 19846.

Cette rémunération est versée sans délai à l'administrateur dès l'ouverture de la procédure.

Cet exemple de rémunération ne concerne que les diligences relatives au diagnostic de l'entreprise.

En effet, au titre de la **mission d'assistance du débiteur au cours d'une procédure de sauvegarde ou de redressement judiciaire**, l'administrateur judiciaire a droit, en sus du droit fixe édicté plus haut, à un droit proportionnel calculé sur le chiffre d'affaires de l'entreprise débitrice.

PAR EXEMPLE :

– pour la tranche la plus basse : de 0 à 150 000 euros : 2 % (soit droit proportionnel maximum de 3 000 euros) ;

– pour la tranche la plus haute : de 7 000 001 euros à 20 000 000 euros : 0,3 % (soit droit proportionnel maximum de 60 000 euros).

Par ailleurs, il est alloué à l'administrateur judiciaire au titre de sa **mission de surveillance** au cours d'une procédure de sauvegarde, le droit proportionnel prévu à l'article ci-dessus, diminué de 25 %.

Par ailleurs, il est alloué à l'administrateur judiciaire au titre de sa **mission d'administration de l'entreprise** au cours d'une procédure de redressement ou de liquidation judiciaire le proportionnel ci-dessus, diminué de 50 %.

En outre, il lui est alloué, pour **l'élaboration du bilan économique, social et environnemental** et l'assistance apportée au débiteur pour la préparation d'un plan de sauvegarde ou de redressement une rémunération fixée, en fonction du nombre et salariés employés par le débiteur ou de son chiffre d'affaires.

PAR EXEMPLE :

– pour la tranche la plus basse : 1 500 euros si le nombre de salarié est compris entre 0 et 5 ou que le chiffre d'affaires est compris entre 0 et 750 000 euros;

– pour la tranche la plus haute : 15 000 euros si le nombre de salarié est supérieur à 150 ou si le chiffre d'affaires est supérieur à 20 000 000 euros.

Cette dernière rémunération est acquise lorsque le tribunal prononce la liquidation ou statue sur le plan de sauvegarde; elle est majorée de 50 % en cas d'arrêté du plan.

Enfin, il lui est alloué, en cas **d'arrêté d'un plan de cession** au cours d'une procédure de redressement ou de liquidation judiciaire, un droit proportionnel, calculé sur le montant total hors taxe du prix de cession de l'ensemble des actifs compris dans le plan.

PAR EXEMPLE :

– pour la tranche la plus basse : de 0 à 15 000 euros : 5 %;

– pour la tranche la plus haute : au-delà de 300 000 euros : 1 %.

Enfin, il est à noter que l'administrateur judiciaire a droit au **remboursement des débours** qu'il a exposés, au même titre qu'au **remboursement des taxes** qu'il serait amené à acquitter pour le compte de l'entreprise débitrice.

Pour l'élaboration du **bilan économique et social** prévu à l'article L. 623-1 du Code de commerce (mod. Ord. n° 2008-1345, 18 déc. 2008, art. 36[1]), un nombre de taux de base est affecté au nom de salariés employés lors de l'exercice précédent l'ouverture de la procédure (moyenne arithmétique des contrats à durée indéterminée). L'administrateur peut néanmoins demander, par requête motivée au président sur avis du juge-commissaire, de bénéficier de la tranche supérieure de taux de base; tout comme le juge-commissaire peut proposer au président de fixer un nombre de taux de base inférieur à la tranche initialement prévue.

D'autres organes intervenants bénéficient également de rémunérations tarifées; il s'agit du commissaire à l'exécution du plan, du représentant des créanciers, du liquidateur (qui est le plus souvent le représentant des créanciers désigné précédemment : en ce cas, il ne perçoit qu'une rémunération).

621.224 Dispositions communes aux administrateurs judiciaires, mandataires judiciaires, commissaires à l'exécution du plan et liquidateurs. L'ancienne législation (Décr. 27 déc. 1985, art. 19) prévoyait que les émoluments prévus sont exclusifs de toute autre rémunération, donc d'autres frais de correspondances et notamment des frais postaux en cas d'envoi en nombre de lettres recommandées avec accusé de réception; et : la Cour de cassation atténuait ce principe en considérant que l'article 19 ne doit pas être regardé comme excluant le remboursement des frais de copies et de lettres recommandées nécessaires à l'accomplissement des formalités de la procédure collective[2]. La nouvelle nomenclature traitant de la rémunération des professionnels de la sauvegarde des entreprises n'a pas repris ce principe.

L'intervention d'un professionnel, autre que désigné par le tribunal, aux fins d'assistance de l'administrateur, commissaire à l'exécution du plan, représentant des créanciers ou liquidateur, est rémunérée sur les propres émoluments de celui qui l'a commis (par exemple, un huissier de justice pour procéder à un inventaire).

Le **dépassement du tarif** constitue une faute disciplinaire passible de poursuites et de sanctions disciplinaires, outre la restitution des sommes indûment perçues. Les comptes de l'administrateur judiciaire ou de l'organe intervenant sont remis au juge-commissaire. Le magistrat, lors de la reddition des comptes, vérifie et arrête les rémunérations dues.

1. Ord. n° 2008-1345, 18 déc. 2008, portant réforme du droit des entreprises en difficulté, *JO* 19 déc., p. 19462.
2. Com. 23 janv. 1990, n° 88-15.642, *Bull. civ.* IV, n° 18; *D.* 1990. 219, obs. Honorat.

La décision arrêtant le compte de ces professionnels peut être contestée par le mandataire de justice concerné, le débiteur ou le ministère public. Elle est, dans les quinze jours de sa date, communiquée au ministère public et, selon le cas, à l'administrateur judiciaire ou au mandataire judiciaire concerné, par le greffier de la juridiction et notifiée par lui au débiteur par lettre recommandée avec accusé de réception. La lettre de notification indique le délai et les modalités selon lesquelles la contestation peut être portée devant le président du tribunal de grande instance ou le premier président de la cour d'appel territorialement compétent.

La **demande de taxe** peut être faite dans le délai d'un mois à compter de la communication ou de la notification prévue ci-dessus, oralement ou par écrit au greffe du tribunal de grande instance ou de la cour d'appel; elle est motivée et le président du tribunal de grande instance statue sur la demande dans les conditions fixées aux articles 709 à 711 C. pr. civ.

Comme par le passé, les actions des administrateurs judiciaires, commissaires à l'exécution du plan, mandataires judiciaires, liquidateurs, en matière de rémunération, se prescrivent par six mois à compter de la notification prévue à l'article R. 663-38 du Code de commerce.

§ 5
Tarif des greffiers des tribunaux de commerce

621.231 **Texte.** Désormais codifié aux articles R. 743-140 à R. 743-157 (mod. Décr. n° 2007-812, 10 mai 2007[1]) et à l'annexe 7-5 (mod. Décr. n° 2007-1851, 26 déc. 2007) du Code de commerce depuis le décret n° 2007-431 du 25 mars 2007[2], ce tarif était anciennement régi par le décret n° 80-307 du 29 avril 1980 portant règlement d'administration publique (et modifié par le décret n° 82-362 du 27 avril 1982[3], par le décret n° 84-814 du 31 août 1984[4] et le décret n° 86-1098 du 10 octobre 1986[5]). Des circulaires de la chancellerie étaient également venues préciser certaines notions d'interprétation délicate[6].

621.232 **Émoluments.** Ils se composent de droits fixes ou gradués déterminés conformément aux dispositions des articles R. 743-140 et suivants du Code de commerce et aux tableaux de l'annexe 7-5 du livre VII du Code de commerce, reproduit ci-après (anc.^t Décr. n° 80-307, 29 avr. 1980, art. 1er). Ils comprennent la rémunération de tous travaux, soins, diligences et formalités afférents à l'acte ou à la procédure considérée. La rémunération des diligences de chaque transmission d'acte, décision ou document, par remise en main propre contre récépissé ou par voie électronique sécurisée s'élève à un taux de base et demi. Sous une autre forme, le remboursement s'effectue pour leur montant réel, sauf forfait prévu au tableau de l'annexe 7-5 précitée. À noter que les greffiers en chef près les tribunaux de grande instance statuant en matière commerciale perçoivent pour le compte du Trésor des redevances d'un montant égal au coût des procédures portées devant les tribunaux de commerce.

621.233 **Taux de base.** L'article R. 743-142 du Code de commerce prévoit que pour chaque acte le droit est égal soit au taux de base, soit à un multiple ou à un sous-multiple. Le taux de base est fixé à 1,30 euro. Cet émolument n'est pas dû lorsque la demande de copies certifiées émane des autorités judiciaires.

Sur simple demande et à titre de renseignement, le greffier d'un tribunal de commerce peut délivrer des copies des documents qu'il détient. Les copies se rattachant à l'affaire sont comprises dans le forfait; toute demande annexe fait l'objet d'une tarification supplémentaire. Avant tout règlement, les greffiers sont tenus de remettre aux parties, pour les sommes qu'elles doivent et même si elles ne le requièrent pas, le ou les comptes détaillant le montant hors taxe et la TVA. S'il s'agit d'honoraire, il en est fait mention sur une ligne spéciale, tout paiement étant inscrit chronologiquement sur un registre qui peut être vérifié à tout moment par le procureur général ou le procureur de la République.

Ils peuvent, avant de procéder aux actes de leur ministère, exiger de la partie une provision suffisante pour le paiement des frais, droits, déboursés et émoluments afférents à ces actes ou formalités.

Par ailleurs, et en leur qualité d'officier public, les greffiers perçoivent une indemnité de déplacement tant à l'aller qu'au retour pour toute distance parcourue au-delà de deux kilomètres du lieu de leur siège social. Notons enfin que tout dépassement du tarif

1. Décr. n° 2007-812, 10 mai 2007, relatif au tarif des greffiers des tribunaux de commerce et modifiant le Code de commerce (partie réglementaire) *JO* 12 mai 2007, p. 8703.
2. Décr. n° 2007-431, 25 mars 2007, relatif à la partie réglementaire du Code de commerce, *JO* 27 mars, p. 5648.
3. Décr. n° 82-362, 27 avr. 1982, fixant le tarif général des greffiers des tribunaux de commerce : émoluments, et nature des actes et émoluments (registre des agents commerciaux, nantissement de parts sociales, fonds de commerce), *JO* 29 avr., p. 1231.
4. Décr. n° 84-814, 31 août 1984, relatif au tarif général des greffiers des tribunaux de commerce, *JO* 4 sept, p. 2799.
5. Décr. n° 86-1098, 10 oct. 1986, modifiant le décret 80-307 du 29 avril 1980 fixant le tarif général des greffiers des tribunaux de commerce et modifiant l'article R. 821-2 du Code de l'organisation judiciaire, *JO* 11 oct., p. 12239.
6. Circ. civ. 82-6-CD1, 19 avr. 1982, *BO min. just.*, n° 6 – Circ. civ. 85-11-CD1, 1er août 1985, *BO min. just.*, n° 19 – Circ. civ. 87-1-CD1, 23 févr. 1987, *BO min. just.*, n° 25.

est passible de poursuites disciplinaires, le greffier devant mettre à disposition de toute personne le tarif par une affiche apparente dans chaque local du greffe accessible par le public.

621.234 Tableau du barème des actes judiciaires des greffiers des tribunaux de commerce. Voici le tableau des actes judiciaires des greffiers des tribunaux de commerce (annexe 7-5 précitée, v. s[s] n°s 621.231 et 621.232) ; le montant de la prestation exprimée est entendu hors taxe.

Le décret n° 2011-172 du 11 février 2011[1] est venu compléter le tableau II en insérant les actes effectués par les entrepreneurs individuels à responsabilité limitée.

Actes judiciaires (1)
(mod. par Décr. n° 2011-172, 11 févr. 2011)

N[os]	Nature des actes	Émoluments Taux de base (2)
101	Acte de greffe	1
102	Certificat	1
103	Commission rogatoire : envoi et exécution	5
104	Contredit sur la compétence	7
105	Copie	1
106	Vérification de dépens	2
	Copie certifiée conforme (en dehors de toute procédure)	
107	Jugement	2
108	Ordonnance	2
109	Seconde copie certifiée conforme revêtue de la formule exécutoire	3
	Injonction de payer (procédure d'–)	
110	Ordonnance d'injonction de payer	9
111	Forfait de transmission des ordonnances d'injonction de payer	7
112	Diligences relatives à l'ordonnance, y compris l'extrait d'immatriculation (K *bis* ou L *bis*) ou un certificat de non-inscription, réception et conservation de la requête	9
113	Opposition à injonction de payer	9
	Jugements	
114	Jugement (enrôlement, tenue des audiences, mise en forme, avis aux parties), quel que soit le nombre de renvois, pour deux parties	25
115	Par partie supplémentaire	5
116	Jugement : forfait de transmission par partie	10
	Instruction avant jugement	
117	Procédure devant un juge-rapporteur	7
118	Contrat ou calendrier de procédure	7
119	Ordonnances autres que référés et injonctions de payer	6
120	Prestation de serment	3
	Référés	
121	Ordonnance de référé (enrôlement, tenue des audiences, mise en forme, avis aux parties), quel que soit le nombre de renvois, pour deux parties	15
122	Par partie supplémentaire	5
123	Ordonnance de référé : forfait de transmission par partie	7,70
124	Registres de commerce (saisine en matière de contentieux des)	8
125	Diligences liées à l'expertise	15
126	Convocation ou avis	1
127	Visa, cote et paraphe des livres	2
	Procédures ouvertes après le 1er janvier 2006 en application du livre VI du Code de commerce	
160	Diligences en matière d'enquête en application des articles L. 621-1, alinéa 3, et L. 651-4 C. com., non compris le coût de la délivrance des copies ou extraits et des avis, notifications, convocations et communications	10

(Suite tableau page suivante)

1. Décr. n° 2011-172, 11 févr. 2011, modifiant l'article R. 743-140 du Code de commerce, relatif au tarif général des greffiers des tribunaux de commerce, *JO* 13 févr., p. 2786.

(Suite tableau)

161	Réception de la demande de mandat *ad hoc*, de conciliation, de sauvegarde, de redressement judiciaire et de liquidations judiciaires, conformément aux articles R. 611-18, R. 611-22, R. 621-1, R. 631-1 et R. 640-1, non compris le coût de la délivrance des copies ou extraits	6
162	Diligences en cas de saisine d'office ou à la requête du procureur de la République, non compris le coût de la délivrance des copies ou extraits	3
163	Convocation devant le juge-commissaire	3
164	Convocation devant le président du tribunal (mandat *ad hoc*, conciliation : R. 611-19, R. 611-23 C. com.) ou le tribunal	3
165	Avis au créancier en matière d'admission de créances sans débat contradictoire	1
166	Ordonnances du juge-commissaire après débat contradictoire	6
167	Diligences relatives à la notification des jugements et des requêtes, aux significations et aux convocations par voie d'huissier	6
168	Mentions sur l'état des créances	1
169	Dépôts et conservation des documents, actes ou pièces, y inclus procès-verbal et certificat de dépôt ou reçus de déclaration	2
170	Extrait établi en vue des mesures de publicité	1

(1) a) Les émoluments ainsi alloués comprennent le coût d'une copie certifiée conforme, revêtue de la formule exécutoire et d'une copie délivrée à chaque partie.
b) En cas de radiation avant le prononcé d'un jugement ou d'une ordonnance, les deux tiers de l'émolument sont alloués au greffier, sauf dans le cas où un émolument a été spécialement perçu pour la saisine du tribunal.
c) Les redevances perçues en matière commerciale au profit du Trésor par les greffiers en chef des tribunaux de grande instance sont calculées conformément aux dispositions ci-dessus.
(2) Voir l'article R. 743-142 C. com.

Tableau II annexé à l'article R. 743-140

Registre du commerce et des sociétés
Registre des agents commerciaux

Nos	Nature des actes	Émoluments Taux de base
	A. – Registre du commerce et des sociétés (1) Immatriculation principale, immatriculation secondaire, inscription complémentaire (2)	
201	Personne physique	36
202	Personne morale : groupements d'intérêt économique, sociétés commerciales, sociétés non commerciales, établissements publics	44
203	Inscriptions modificatives (3) : personne physique	32
204	Inscriptions modificatives et mentions d'office sous réserve des cas prévus par l'article R. 143-145 (3) : personne morale (groupements d'intérêt économique, sociétés commerciales, sociétés non commerciales, établissements publics)	42
205	Diligences spécifiques en cas de transformation de sociétés	15
206	Mise à jour des renseignements figurant dans les immatriculations principales aux immatriculations secondaires et dans les immatriculations secondaires aux immatriculations principales de personnes physiques	18
207	Mise à jour des renseignements figurant dans les immatriculations principales aux immatriculations secondaires et dans les immatriculations secondaires aux immatriculations principales des personnes morales	25
208	Notification des mises à jour des immatriculations principales et secondaires concernant les personnes physiques	6
209	Notification des mises à jour des immatriculations principales et secondaires concernant les personnes morales	8
210	Dépôt des comptes annuels	5
211	Dépôt d'actes ou de pièces pour la publicité des sociétés (4), y inclus le certificat de dépôt	6
212	Certificat négatif d'immatriculation, communication d'actes ou de pièces déposées	1
213	Extrait du registre du commerce et des sociétés (5)	2
214	Relevé historique des événements au registre du commerce et des sociétés	5
215	Copie des comptes et rapports annuels (forfait, quel que soit le nombre de pages)	6
216	Copie certifiée conforme (par page)	0,33
217	Copie de statuts, actes ou de pièces déposées (forfait)	6
218	Diligences de transmission de la formalité à l'INPI	2
	B. – Registre des agents commerciaux	
221	Immatriculation (6) comprenant les émoluments de radiation	6
222	Inscription modificative (6)	2
223	Extrait d'inscription de la déclaration	2

(Suite tableau page suivante)

(Suite tableau)

	C. – Registre du commerce et des sociétés Dépôt effectué par les entrepreneurs individuels à responsabilité limitée	
230	Dépôt de la déclaration d'affectation du patrimoine, de reprise ou de transfert (7) et mentions RCS (8) (9) (art. L. 526-7, L. 526-16 et L. 526-17-II)	32
231	Dépôt de la déclaration modificative ou complémentaire de la déclaration d'affectation du patrimoine, entraînant mentions au RCS (10)	28
232	Dépôt de la déclaration complémentaire d'affectation du patrimoine (art. L. 526-9, L. 526-10 et L. 526-11) ou des actes ou décisions de modification sans mentions RCS (10)	14
233	Dépôt des comptes annuels au RCS ou du document comptable simplifié (art. L. 526-14)	5
234	Notification à un autre registre en cas de double immatriculation ou d'immatriculation secondaire	6
235	Mise à jour des renseignements figurant dans les immatriculations principales aux immatriculations secondaires ou reçus d'un autre registre ou répertoire aux fins de mentions	18
236	Avis au *BODACC* relatif à la cession, y compris la délivrance du certificat (art. L. 526-17)	7
237	Copie des comptes annuels ou du document comptable simplifié ou de la déclaration d'affectation	6
	D. – Registre des agents commerciaux Dépôt effectué par les entrepreneurs individuels à responsabilité limitée	
240	Dépôt de la déclaration d'affectation du patrimoine, de reprise ou de transfert (7) et mentions au RSAC (8) (art. L. 526-7, L. 526-16 et L. 526-17-II)	32
241	Dépôt de la déclaration modificative ou complémentaire de la déclaration d'affectation du patrimoine entraînant mentions au RSAC (11)	28
242	Dépôt de la déclaration complémentaire d'affectation du patrimoine (art. L. 526-9, L. 526-10 et L. 526-11) ou des actes ou décisions de modification sans mentions au RSAC (11)	14
243	Dépôt des comptes annuels ou du document comptable simplifié (art. L. 526-14)	5
244	Avis au *BODACC* relatif à la cession, y compris la délivrance du certificat (art. L. 526-17)	7
245	Copie des comptes annuels ou du document comptable simplifié ou de la déclaration d'affectation	6
	E. – Registre des entrepreneurs individuels à responsabilité limitée visés au 3° de l'article L. 526-7	
250	Immatriculation y compris après reprise ou transfert (7) (art. L. 526-7, L. 526-16 et L. 526-17-II) comprenant le dépôt de la déclaration d'affectation du patrimoine et les émoluments de radiation	36
251	Dépôt de la déclaration modificative ou complémentaire de la déclaration d'affectation du patrimoine, entraînant mentions au registre (11)	28
252	Dépôt de la déclaration complémentaire d'affectation du patrimoine (art. L. 526-9, L. 526-10 et L. 526-11) ou des actes ou décisions de modification sans mentions au registre (11)	14
253	Dépôt des comptes annuels ou du document comptable simplifié (art. L. 526-14)	5
254	Avis au *BODACC* relatif à la cession, y compris la délivrance du certificat (art. L. 526-17)	7
255	Copie des comptes annuels ou du document comptable simplifié ou de la déclaration d'affectation	6
256	Extrait du registre des entrepreneurs individuels à responsabilité limitée	2

(1) Le greffier réclame distinctement le montant des taxes perçues pour le compte de l'Institut national de la propriété industrielle et des frais d'insertion au *BODACC*.
(2) Cet émolument rémunère forfaitairement l'ensemble des formalités liées à l'immatriculation principale, l'immatriculation secondaire ou l'inscription complémentaire et inclut le coût de la radiation. Il inclut également le coût de la délivrance au requérant de cinq extraits, en ce qui concerne l'immatriculation principale, l'immatriculation secondaire ou l'inscription complémentaire, et de quatre extraits, en ce qui concerne la radiation, ainsi que celui des frais postaux. Lorsque l'immatriculation est effectuée en application des articles R. 743-162 et R. 743-168 du Code de commerce, les émoluments ainsi prévus sont fixés à neuf taux de base, en ce qui concerne l'immatriculation principale et l'immatriculation secondaire, y compris les frais postaux.
(3) Cet émolument rémunère forfaitairement l'ensemble des formalités liées à l'inscription modificative. Il inclut le coût de la délivrance au requérant de quatre extraits et celui des frais postaux.
(4) Pour la publicité des sociétés, il n'est perçu qu'un émolument, quel que soit le nombre des actes et des pièces déposés simultanément par un même intéressé.
(5) Il s'agit des extraits K *bis* et L *bis* délivrés aux tiers ou des extraits à délivrer, en plus des extraits compris dans le forfait, à la personne assujettie, sur leur demande écrite. L'ensemble de ces demandes est répertorié au greffe.
(6) Lorsque l'immatriculation ou la radiation est effectuée en application des articles R. 743-162 et R. 743-168 du Code de commerce, les émoluments ainsi prévus sont réduits de moitié.
(7) Hors coût de l'insertion au *BODACC*.
(8) Il n'est perçu aucun émolument pour le dépôt de la déclaration d'affectation du patrimoine lorsqu'il intervient simultanément à la demande d'immatriculation (art. L. 526-19).
(9) Y compris la transmission à l'INPI.
(10) Y compris la transmission des documents visés à l'article R. 123-121-3 au service des impôts et la transmission à l'INPI.
(11) Y compris la transmission des documents visés à l'article R. 123-121-3 au service des impôts.

Par exception au principe de la facturation des actes des procédures de sauvegarde et de redressement judiciaire, dont le tarif est fixé par le tableau I, les émoluments et les frais de transmission des procédures de liquidation judiciaire ouvertes hors du cours d'une procédure de sauvegarde ou de redressement judiciaire ou prononcées dans les deux mois de l'ouverture d'une procédure de redressement judiciaire font l'objet d'une tarification forfaitaire fixée dans ce tableau.

Cette tarification forfaitaire ne comprend pas les émoluments, les frais et les débours résultant des actions prévues au titre V du livre VI du Code de commerce, dont le tarif est fixé par le tableau I, ainsi que les frais de copies d'actes ou de pièces délivrées aux parties.

Une somme fixée à 200 euros hors taxe à valoir sur les émoluments et frais de transmission est versée dès l'ouverture ou le prononcé des procédures de liquidation judiciaire ci-dessus mentionnées. Le solde est exigible à la date de leur clôture.

SECTION 2
CALCUL DES RÉMUNÉRATIONS NON TARIFÉES

621.240 **Introduction.** Cela concerne principalement les honoraires de l'avocat, ou de l'ancienne profession d'avoué, et de l'huissier de justice, mais nous verrons également qu'un certain nombre de frais sont liés à la procédure.

§ 1
Calcul des honoraires de la nouvelle profession d'avocat substituant celle d'avoué, des huissiers de justice, notaires et avocats

A.
Principe commun à tous les honoraires

621.241 **Principe de la liberté.** Tous les tarifs reconnaissent le droit à la liberté d'honoraire pour les officiers publics ou ministériels et les auxiliaires de justice, avec néanmoins quelques restrictions. L'exercice de cette liberté est circonscrit uniquement aux interventions qui se situent pour des missions non incluses dans la nomenclature tarifaire.

B.
Examen des honoraires de l'ancienne profession d'avoué : décret n° 80-608 du 30 juillet 1980

621.251 **Conditions de fixation de l'honoraire.** L'article 3 du décret du 30 juillet 1980 (Décr. n° 80-608, 30 juill. 1980[1]) prévoit que lorsqu'ils donnent une consultation non suivie d'une procédure d'appel, ou lorsqu'ils sont chargés, à titre exceptionnel, de missions autres que celles prévues à l'article 2 et compatibles avec leurs fonctions, ils peuvent prévoir des honoraires qui sont fixés soit à l'amiable, sous le contrôle de la chambre de discipline, soit judiciairement s'il y a lieu, selon la procédure prévue par la loi. En ce cas, l'objet de la consultation ou de la mission doit être expressément formulé dans une demande écrite de leur client.

621.252 **Ministère non obligatoire.** Les avoués (désormais avocats) peuvent également percevoir des honoraires fixés dans les conditions prévues à l'alinéa précédent, lorsqu'ils représentent ou assistent une partie dans les matières où, en dehors des cas prévus à l'article 19, 3°, leur ministère n'est pas obligatoire.

C.
Examen des honoraires des huissiers de justice : décret n° 96-1080 du 12 décembre 1996

621.261 **Hypothèses.** Aux termes de l'article 16 du décret du 12 décembre 1996 : « *Les huissiers de justice sont rémunérés par des honoraires fixés d'un commun accord avec leur mandant, ou à défaut, par le juge chargé de la taxation, dans les hypothèses suivantes :*

1° Pour les actes dont la tarification est fixée par le tableau I, dès lors, d'une part, que ledit tableau en ouvre expressément la possibilité, d'autre part, que l'huissier de justice est confronté, dans l'exercice de sa mission, à une situation d'urgence ou à des difficultés particulières.

2° Pour les actes dont la rémunération n'est pas tarifée, et notamment les sommations interpellatives et les constats autres que celui visé à la rubrique 104 du tableau I.

3° Pour l'ensemble des prestations compatibles avec leur statut et n'ayant pas un acte d'huissier de justice pour support, soit notamment :

a) Les consultations juridiques et la rédaction d'actes sous seing privé délivrés dans le cadre des prérogatives qui leur sont imparties par l'article 56 de la loi du 31 décembre 1971 susvisée;

b) Les missions d'assistance ou de représentation devant les juridictions où l'huissier de justice est habilité à représenter les parties.

Ces honoraires demeurent en toute hypothèse à la charge du mandant ».

Ce paragraphe mentionne expressément que ces droits perçus ne feront pas partie des dépens recouvrables sur le débiteur.

1. Décr. n° 80-608, 30 juill. 1980, fixant le tarif des avoués près les cours d'appel, *JO* 2 août, p. 1950.

Aussi, trouvons-nous, au titre des actes non tarifés, les notifications de conclusions ou de désistement, mais aussi les autres constats locatifs, les sommations interpellatives, *etc.*

Pour ces actes, mais également pour le recouvrement amiable d'une créance confiée qui n'aboutirait pas pour une raison ou une autre et qui de ce fait échappe à la perception de l'article 10, la perception d'un honoraire particulier est permise.

Cet article 16 n'a pas été reconnu comme mettant les huissiers de justice en situation de monopole, pouvant exploiter une situation abusive[1].

621.262 **Conditions de la fixation.** L'accord préalable des parties est obligatoire, sauf cas de force majeure, auquel cas il faudra avoir recours au juge taxateur.

« *Sauf impossibilité majeure soumise à l'appréciation du magistrat taxateur, la perception des honoraires visés à l'article 16 est subordonnée dans tous les cas à l'avertissement préalable du mandant, par tout moyen, du caractère onéreux de la prestation de service et du montant estimé ou du mode de calcul de la rémunération à prévoir* » (Décr. 12 déc. 1996, art. 17). L'avertissement préalable peut être la télécopie.

Selon un avis de la Cour de cassation qui s'est réunie le 10 juillet 2000[2], la preuve de cet avertissement préalable incombe à l'huissier de justice, et l'absence d'avertissement ne prive pas l'officier public ou ministériel de son droit à honoraires, qu'il appartient toutefois au juge taxateur de tenir compte du manquement de l'huissier de justice à ses obligations. C'est ainsi que la Cour de cassation a jugé que la preuve de l'avertissement n'est pas justifiée par le versement d'une provision, laquelle ne suppose pas la connaissance préalable du caractère onéreux des prestations[3].

621.263 **Critères de fixation par le juge.** À défaut de convention préalable, la jurisprudence donne un certain nombre de critères permettant au juge taxateur de fixer le montant des frais[4] :

- l'importance du litige et les sommes pour lesquelles les actes d'exécution ont été effectués par l'huissier;

- les sommes déjà versées à l'huissier au titre des actes tarifés qu'il a accomplis dans le cadre du litige;

- le caractère prévisible des investigations effectuées et leur coût.

1. CE, 6e et 2e ss-sect. réun., cont., 5 mai 1999, nos 185494, 185524, *LPA* 1999, no 126, p. 3; *Gaz. Pal.* 1999. Somm. 14; *Lebon T.* 605.
2. Cass., avis, 10 juill. 2000, no 02-02.000, *Bull. civ. avis*, no 5; *D.* 2000. 404, obs. Lienhard.
3. Civ. 2e, 8 avr. 2004, no 02-13.537, *Bull. civ.* II, no 179.
4. TI Melun, 16 déc. 1994, *Rev. huiss.* 1995. 341.

D. Examen des honoraires des notaires : décret no 78-262 du 8 mars 1978

621.271 **Honoraires des notaires.** L'article 4 du décret du 8 mars 1978 prévoit qu'ils sont rémunérés pour les services rendus dans l'exercice des activités non prévues au titre 2, et compatibles avec la fonction notariale par des honoraires fixés d'un commun accord avec les parties ou, à défaut, par le juge chargé de la taxation (Décr. no 78-262, 8 mars 1978).

E. Examen des honoraires des avocats : article 10 de la loi du 31 décembre 1971

1° Modalités de fixation de l'honoraire

621.281 **Conditions de fixation.** En principe, l'honoraire de l'avocat doit être fixé en fonction du labeur fourni, de l'importance pécuniaire et morale du litige, de la situation des clients, de l'ancienneté, de la compétence et de ses titres[5]. Aux termes de l'article 11.3 du règlement intérieur national (RIN) des barreaux de France, décision à caractère normatif no 2005-003[6], l'avocat est en droit de solliciter et d'obtenir des honoraires de résultat à titre complémentaire, en fonction du résultat ou du service rendu.

Il est nécessaire, pour rendre exigible le droit aux honoraires de résultat de l'avocat, qu'il ait été mis fin à l'instance par un acte ou une décision juridictionnelle irrévocable. Tel n'est pas le cas lorsqu'un arrêt rendu par une cour d'appel, exécutoire, est frappé d'un pourvoi en cassation[7].

De même, toujours au titre du RIN précité, l'avocat a droit au règlement des honoraires et émoluments qui lui sont dus en rémunération du travail fourni, du service rendu et du résultat obtenu ainsi qu'au remboursement de ses frais et débours. Des honoraires sont acquis à l'avocat chargé par un client d'un dossier, même si ce dernier lui est retiré avant sa conclusion, dans la mesure du travail déjà accompli. L'avocat doit informer son client des modalités de détermination de ses honoraires. Avant tout règlement définitif, il doit lui remettre le compte détaillé prévu par l'article 245 du décret du 27 novembre 1991. L'avocat doit à tout moment détenir, par dossier, une comptabilité précise et distincte des honoraires et de toute somme qu'il a pu recevoir et de l'affectation qui leur a été donnée, sauf cas de forfait

5. Bordeaux, 23 févr. 1979, *Gaz. Pal.* 1979. 1. 242.
6. Modifiant le règlement intérieur unifié (RIU) des barreaux de France, décision à caractère normatif no 2004-001.
7. Civ. 2e, 10 mars 2004, no 01-16.910, *Bull. civ.* II, no 102 – RAPPR. Civ. 2e, 5 févr. 2004, no 01-15.609, *Bull. civ.* II, no 41.

global. La détermination de la rémunération de l'avocat est fonction, notamment, de chacun des éléments suivants, conformément aux usages : le temps consacré à l'affaire, le travail de recherche, la nature et la difficulté de l'affaire, l'importance des intérêts en cause, l'incidence des frais et charges du cabinet auquel appartient l'avocat, la notoriété, les titres, l'ancienneté l'expérience et la spécialisation de ce dernier, les avantages et le résultat obtenus au profit du client par son travail, la situation du client.

621.282 Liberté de fixation des honoraires. L'article 10 de la loi n° 71-1130 du 31 décembre 1971[1] prévoit que les honoraires de consultation, d'assistance, de conseil, de rédaction d'actes juridiques sous seing privé et de plaidoirie sont fixés en accord avec le client, à condition de respecter les principes de modération énoncés par l'article 17, 3° de la loi précitée[2], sinon l'avocat encourt des sanctions disciplinaires[3].

Les juges du fond apprécient souverainement, d'après les conventions des parties et les circonstances de la cause, le montant des honoraires dus à l'avocat; cependant, il ne leur appartient pas de le réduire dès lors que le montant et le principe de l'honoraire ont été acceptés par le client après service rendu, que celui-ci ait été ou non précédé d'une convention[4]. Un arrêt récent de la Haute cour mérite également qu'on en retranscrive l'attendu principal : « *Attendu que pour fixer les honoraires de résultat à un montant inférieur à celui convenu et dit que la SCP devrait rembourser une partie de ce qu'elle avait reçu, l'ordonnance retient que le montant découlant de la mention manuscrite est excessif compte tenu de son taux inhabituel, de la simplicité de la procédure, du résultat peu exceptionnel obtenu au vu du grave préjudice subi par M. X dont l'état et la promesse des indemnités à percevoir ont contribué à rendre difficile la compréhension de l'importance des sommes qu'il laissait à son conseil, lesquelles absorbaient une grande partie de son préjudice non soumis à recours;*

Qu'en statuant ainsi alors qu'il relevait que le montant de l'honoraire de résultat avait été accepté et réglé par M. X après le jugement ayant mis fin au litige, le premier président a violé les textes susvisés »[5].

621.283 Limites : l'interdiction du pacte *de quota litis*. Il s'agit d'une convention passée entre l'avocat et son client avant décision judiciaire définitive, qui fixe exclusivement l'intégralité de ses honoraires en fonction du résultat judiciaire de l'affaire, que ces honoraires consistent en une somme d'argent ou en tout autre bien ou valeur. En vertu de ce principe, toute fixation d'honoraire qui ne le serait qu'en fonction du résultat judiciaire est interdite.

L'article 10 alinéa 3 de la loi du 31 décembre 1971 limite quelque peu cette prohibition en proclamant la licéité de la convention par laquelle est prévue, outre la rémunération des prestations de l'avocat, la fixation d'un honoraire en fonction du résultat obtenu.

Par une interprétation large du texte la jurisprudence a considéré que même si une telle convention n'avait pas été préalablement convenue entre l'avocat et son client, un honoraire de résultat n'est exigible par l'avocat que s'il obtient des avantages que les particularités de l'affaire peuvent faire considérer comme exceptionnels[6].

L'avocat est tenu de conclure avec son client une convention d'honoraires pour les procédures de divorce et les barèmes indicatifs des honoraires pratiqués par les avocats pour ces procédures, établis à partir des usages observés dans la profession, sont publiés par arrêté du garde des Sceaux, ministre de la Justice, pris après avis du Conseil national des barreaux. Ces barèmes sont révisés au moins tous les deux ans.

621.284 Preuve de la convention d'honoraires. S'il est vrai que la validité d'une convention d'honoraires dus à un avocat n'est pas subordonnée au fait qu'elle soit préalable à tout versement, encore faut-il que la preuve d'une telle somme soit rapportée par la partie qui s'en prévaut, cette preuve ne pouvant, en l'absence de tout autre élément, résulter du versement d'une ou plusieurs provisions[7]. L'article 10, troisième alinéa, de la loi du 31 décembre 1971 admet la **licéité de la convention** qui, outre la rémunération des prestations effectuées, prévoit la fixation d'un honoraire complémentaire en fonction du résultat obtenu ou du service rendu. L'article 10 n'exige pas que cette convention fixe les modalités d'évaluation de la rémunération des prestations effectuées; mais, le dernier alinéa de l'article 10, inséré par la loi n° 2011-331 du 28 mars 2011, de modernisation des professions judiciaires ou juridiques et certaines professions réglementées[8], impose une **limite au montant perçu par l'avocat** dans les contrats relatifs à l'exercice rémunéré d'une activité sportive ou d'entraînement tel que précisé à l'alinéa 1er de l'article L. 222-7 du Code du sport.

1. L. n° 71-1130, 31 déc. 1971, portant réforme de certaines professions judiciaires et juridiques, *JO* 5 janv., p. 131.
2. Rennes, 11 mars 1980, *Gaz. Pal.* 30-31 juill. 1980.
3. Pour une étude de la question v. G. Montigny, « La liberté de l'honoraire a-t-elle un avenir ? », *Gaz. Pal.* 1996. 290-291, p. 6.
4. Civ. 2e, 5 juin 2003, n° 01-15.411, *Bull. civ.* II, n° 169.
5. Civ. 2e, 18 sept. 2003, n° 01-16.013, *Bull. civ.* II, n° 279; *D.* 2004. 2830, obs. Blanchard; *RTD civ.* 2004. 114-116, note Gautier.
6. Chambéry, ord. 1er prés., 5 juill. 1994, *Gaz. Pal.* 1996. Somm. 20.
7. Civ. 1re, 7 mars 1995, n° 93-12.559, *Bull. civ.* I, n° 114; *Gaz. Pal.* 1995. Pan. 100.
8. L. n° 2011-331, 28 mars 2011, de modernisation des professions judiciaires ou juridiques et certaines professions réglementées, *JO* 29 mars, p. 5447.

Une convention d'honoraires litigieuse prévoyait qu'à titre complémentaire des honoraires relatifs à la préparation du dossier et de sa défense, les honoraires de résultat seront de 5 % de sommes obtenues. Pour considérer que cette stipulation n'était pas conforme aux dispositions susvisées, l'ordonnance attaquée a relevé qu'elle ne prévoyait pas la rémunération des prestations effectuées. En statuant ainsi, le premier président a violé le texte précité[1]. De même, si, en application de l'article 10 de la loi du 31 décembre 1971, l'honoraire de résultat n'est licite que dans la mesure où il a été prévu dans une convention préalable, le client qui, après le service rendu, offre de payer librement à l'avocat un honoraire complémentaire ne peut se prévaloir, pour contester cet engagement, de l'absence de convention préalable à la prestation ainsi rémunérée[2].

La **preuve d'une convention d'honoraire de résultat** peut également se rapporter par l'aveu judiciaire : « *Vu l'article 455 C. pr. civ., ensemble l'article 10 alinéa 3 de la loi du 31 décembre 1971;* [...] *qu'en statuant ainsi, sans répondre aux conclusions de M. X faisant valoir que les déclarations faites par M. Y devant le délégué du bâtonnier chargé d'instruire le litige, reconnaissant que la négociation entre lui et son avocat avait bien intégré un honoraire complémentaire de résultat à hauteur de 8 % hors taxe des sommes encaissées, constituaient de sa part un aveu judiciaire de l'existence d'une convention incluant un tel honoraire, le premier président, qui n'a pas satisfait aux exigences du premier des textes susvisés, n'a pas donné de base légale à sa décision au regard du second* »[3].

2°
Calcul de l'honoraire

621.291 Deux types d'honoraires peuvent être prévus : les honoraires au temps passé et la convention d'honoraires de résultat.

621.292 Taxe sur la valeur ajoutée. Les honoraires de l'avocat sont assujettis à la TVA. La base d'imposition est calculée selon les modalités de l'article 267 du Code général des impôts.

621.293 Paiement. L'avocat peut demander une provision, c'est-à-dire une somme versée à l'avance ou en cours de travail à titre d'acompte par un client[4].

1. Civ. 1re, 18 mars 2003, n° 00-11.863, *Bull. civ.* II, n° 79; *D.* 2004. 2829, obs. Blanchard.
2. Civ. 2e, 7 mai 2003, n° 01-17.495, *Bull. civ.* II, n° 130; *D.* 2004. 2828, obs. Blanchard.
3. Civ. 2e, 25 nov. 2004, n° 03-20.446, NP.
4. Civ. 2e, 20 nov. 1991, n° 90-16.537, *Bull. civ.* II, n° 313; *Rev. huiss.* 1991. 901.

§ 2
Rémunérations des collaborateurs de justice

621.300 Intervenants au procès civil. Toute une catégorie d'intervenants au procès civil existe mais leur présence n'est pas systématique. Néanmoins, ceux-ci lors de leurs interventions ont également droit à une rémunération. Ce sont les experts désignés par le juge ainsi que les administrateurs judiciaires agissant uniquement en matière civile.

A.
Expert

621.301 Étude. Pour une vision plus complète de la place de l'expertise au sein du procès civil, on peut se référer à : D. Duprey et R. Gandur[5].

621.302 Définition. Une ordonnance du premier président de la cour d'appel de Paris du 20 juin 1988 permet de nous éclairer sur la définition de l'expert et surtout sur ce qu'il n'est pas[6]. Peut être désigné comme expert judiciaire le technicien désigné par une juridiction pour procéder à une mesure d'instruction d'ordre technique destinée à éclairer le juge. Ainsi à propos d'un commissaire aux apports, il a été décidé qu'il « *ressort des dispositions de la loi n° 66-537 du 24 juillet 1966*[7]*, sur les sociétés commerciales et de son décret d'application, que les commissaires aux apports exercent leurs fonctions en dehors de tout contentieux; ainsi, ils ne sont pas nécessairement désignés par décision de justice, le rapport qui leur est demandé ne porte pas sur les faits dont dépend la solution du litige au sens de l'article 143 C. pr. civ. et n'a pas pour objet d'éclairer le juge* ». Un commissaire aux apports ne saurait donc être considéré comme un technicien dont la rémunération en cas de contestation est soumise à l'appréciation du premier président de la cour d'appel dans les conditions de l'article 724 C. pr. civ.

621.303 Articles 232 et suivants C. pr. civ. – Barèmes des compagnies d'experts. L'intervention de l'expert est réglée par les articles 232 et suivants C. pr. civ. Toute mission de l'expert implique des déboursés, mais les modalités de rémunération ne sont pas prévues par un tarif. Seuls existent quelques barèmes élaborés à titre indicatif par certaines compagnies d'experts.

621.304 Contestations. Les contestations de la rémunération de l'expert s'effectuent selon les moda-

5. D. Duprey et R. Gandur, *L'expert et l'avocat dans l'expertise judiciaire en matière civile. Guide des bons usages*, Litec, 1995.
6. Paris, 20 juin 1998, inédit.
7. L. n° 66-537, 24 juillet 1966, sur les sociétés commerciales, *JO* 26 juill., p. 6402.

lités prévues aux articles 709 et suivants C. pr. civ., c'est-à-dire par une ordonnance du juge taxateur (v. s[s] n°s 622.61 s.). L'on notera simplement que si les contestations relatives aux honoraires des auxiliaires de justice, à titre occasionnel ou non, dont le mode de calcul n'est pas déterminé par une disposition réglementaire, demeurent soumises aux règles qui leur sont propres, en l'absence de telles règles, les articles 710 et 712 à 718 C. pr. civ. sont applicables[1].

621.305 Dispositions légales. Le Code de procédure civile prévoit un certain nombre de dispositions qui peuvent intéresser les diverses catégories de techniciens lorsque ceux-ci interviennent dans un procès civil :

- les articles 249 et suivants traitent des personnes chargées des constatations;
- les articles 256 et suivants ont trait au problème de la consultation;
- les articles 263 et suivants à l'expert.

Les rémunérations de ces techniciens ne sont pas réglementées par des tarifs mais obéissent au régime des honoraires. Des exceptions existent en matière pénale, où la rémunération de l'expert est fixée par un tarif réglementaire et, en matière médicale, où là, l'expertise ordonnée pour un accident du travail, par le juge du tribunal d'instance, obéit à un régime spécifique régi par les arrêtés ministériels pris en application de l'article L. 144-5 du Code de la sécurité sociale[2]. *A contrario*, les frais de déplacement en automobile des médecins experts sont indemnisés selon les taux prévus pour le déplacement des personnels civils de l'État utilisant leur véhicule personnel, en application de l'article R. 110, 3° du Code de procédure pénale et non pas sur la base des tarifs prévus par les articles L. 162 et suivants du Code de la sécurité sociale[3]. De même, les expertises dont le prix n'est pas tarifé ne rentrent pas dans le cadre des dispositions de l'article R. 106 du Code de procédure pénale fixant les frais de rédaction et de dépôt du rapport[4].

621.306 Procédure de fixation de l'honoraire par le juge. Le juge qui ordonne la mesure d'instruction fixera en même temps dans le dispositif de son jugement le montant d'une provision. Ce n'est qu'une fois la mesure d'instruction accomplie que le juge fixera le montant de la rémunération définitive et délivrera si besoin est un titre exécutoire. Cependant lorsque l'expert justifie avoir fait des avances, il peut être autorisé par le juge à prélever un acompte sur la provision.

La rémunération est due par la partie qui devait faire l'avance de la rémunération, du moins jusqu'à ce qu'il soit statué sur la charge définitive des dépens.

Le juge qui fixe la rémunération de l'expert procède à un acte de justice gracieuse[5].

621.307 Critères jurisprudentiels. Parmi les principaux critères dégagés par la jurisprudence permettant de fixer la rémunération la plus juste possible, on peut citer :

- les actes accomplis par l'expert;
- l'importance du travail;
- la difficulté des opérations et leur technicité.

En effet, le juge doit se déterminer au vu des données objectives afin de ne pas fixer arbitrairement la rémunération.

S'agissant de la présentation de l'honoraire, aucun formulaire type n'existe, mais certaines compagnies d'experts encouragent leurs membres à établir le coût de leur expertise sur un bordereau type (sur le recours contre la décision du juge, v. s[s] n° 622.71).

B.
Rémunération des administrateurs en matière civile

621.311 Matière civile – Matière commerciale. Le décret n° 85-1390 du 27 décembre 1985[6], modifié par le décret n° 2006-1709 du 23 décembre 2006 et désormais codifié aux articles R. 663-3 et suivants du Code de commerce réglemente seulement la rémunération de l'administrateur en matière commerciale. Aucun tarif n'est prévu pour les administrateurs judiciaires désignés en matière civile. Il faut alors se référer aux dispositions des articles R. 814-27 et R. 814-28 du Code de commerce (anc[t] Décr. n° 85-1389, 27 déc. 1985[7], art. 104 et 105).

621.312 Modalités de fixation. Leur rémunération revêt le caractère des honoraires de l'expert et est fixée sur justification de l'accomplissement de leur mission par le président de la juridiction qui les a désignés (C. com., art. R. 814-27 [anc[t] Décr. n° 85-1389, 27 déc. 1985, art. 104]), dans une ordonnance de fixation de rémunération.

1. Civ. 2e, 26 mars 1997, n° 94-21.741, *Bull. civ.* II, n° 94.
2. Soc. 24 oct. 1991, n° 90-10.643, *Bull. civ.* V, n° 442.
3. Crim. 3 févr. 2004, n° 03-85.200, *Bull. crim.* n° 24.
4. Crim. 19 févr. 2002, n° 01-86.519, *Bull. crim.* n° 32.
5. *Gaz. Pal.* Doctr. 12 févr. 1982, rapp. Olivier, conseiller à la Cour de cassation.
6. Décr. n° 85-1390, 27 déc. 1985, fixant le tarif des administrateurs judiciaires en matière commerciale et des mandataires judiciaires, *JO* 29 déc., p. 15304.
7. Décr. n° 85-1389, 27 déc. 1985, relatif aux administrateurs judiciaires, mandataires judiciaires à la liquidation des entreprises et experts en diagnostic d'entreprise (extrait d'une décision d'annulation du Conseil d'État), *JO* 15 avr., p. 5781.

621.313 **Provision.** L'article R. 814-28 du Code de commerce (anc[t] Décr. n° 85-1389, 27 déc. 1985, art. 105) prévoit la possibilité pour le président de la juridiction de fixer une provision à valoir sur la rémunération de ce professionnel.

621.314 **Recours.** Le recours contre l'ordonnance s'effectue dans les mêmes conditions que pour l'ordonnance de taxe, à savoir les conditions édictées par les articles 714 à 718 C. pr. civ. (v. s[s] n° 622.71).

CHAPITRE

622. Procédures de liquidation et de recouvrement des dépens et des frais irrépétibles

SERGE ABBOU
Huissier de justice

SECTION 0
ORIENTEUR

622.00 Plan du chapitre.

622.01 Principaux textes applicables.
C. pr. civ., art. 694, 699, 704 à 720.

Division. Dans ce chapitre, nous étudierons la procédure de recouvrement (sect. 1). Elle peut être qualifiée de droit commun. Elle se subdivise, elle-même, en deux procédures distinctes.

Le recouvrement amiable dont il ne sera dit que quelques mots. Dès lors que le jugement ou l'arrêt ont acquis l'autorité de la chose jugée la partie adresse au débiteur des dépens un état détaillé de ceux-ci. Lorsque le ministère d'un auxiliaire de justice n'est pas obligatoire, le requérant s'adresse alors à un huissier de justice.

Le recouvrement judiciaire sera étudié plus précisément dans ce chapitre. Cela concerne le recouvrement des dépens contre l'adversaire (C. pr. civ., art. 704 à 718) ainsi que le recouvrement des dépens par l'auxiliaire de justice (C. pr. civ., art. 719). Cette procédure comporte deux étapes auxquelles il conviendra de s'intéresser successivement :

– la vérification des dépens par le secrétaire de la juridiction;

– l'ordonnance de taxe.

Mais auparavant il nous faudra envisager la question de la distraction des dépens. Enfin nous examinerons les contestations relatives aux frais non compris dans les dépens (sect. 2).

622.05 Liquider les dépens consiste en fait à faire l'addition de ceux-ci. Deux types de procédure de liquidation sont prévus par le Code de procédure civile.

1° L'article 701 C. pr. civ. traite de la liquidation des dépens dans le jugement lui-même.

Cette procédure est devenue presque sans intérêt depuis l'entrée en vigueur du « Nouveau » Code de procédure. En effet, les indemnités de témoins (C. pr. civ., art. 695, 3°) sont réglées directement par les parties, alors que les redevances des greffes ont été supprimées. Seules subsistent quelques droits et taxes fiscaux qui ne seront connus que lors du prononcé de la décision (à l'exception du droit d'enregistrement de la décision qui est un droit progressif ou proportionnel prévu par L. n° 77-1468, 30 déc. 1977[1], art. 6) et les émoluments perçus par les greffiers des tribunaux de commerce.

2° À côté de cette procédure subsiste une autre forme de liquidation judiciaire également peu employée par la pratique et qui est prévue à l'article 702 C. pr. civ. Cette procédure consiste pour le secrétaire de la juridiction à délivrer un titre exécutoire lorsque le montant des dépens ne figure pas dans l'expédition du jugement.

Pour toute contestation relative à la liquidation des dépens telle que prévue par les deux procédures précédentes, il convient de se référer aux procédures de droit commun qui seront étudiées ultérieurement et qui sont prévues par les articles 708 à 718 C. pr. civ.

SECTION 1 RECOUVREMENT DES DÉPENS

§ 1 Recouvrement direct (C. pr. civ., art. 699)

622.11 Procédure spécifique. Cette procédure quelque peu particulière se veut en marge des procédures de recouvrement de droit commun contre la partie adverse. Dans cette hypothèse, la procédure sera à l'initiative, non pas d'une des parties, mais de l'avocat.

622.12 Texte. L'article 699 C. pr. civ. dispose que « *les avocats peuvent, dans les matières où leur ministère est obligatoire, demander que la condamnation aux dépens soit assortie à leur profit du droit de recouvrer directement ceux des dépens dont ils ont fait l'avance sans avoir reçu provision* ». En condamnant le contestant aux débours, sans rechercher, comme l'y invitait ce dernier dans sa requête motivée, si la SCP [d'avoués] n'avait pas reçu de sa cliente des provisions couvrant les dépens, le premier président n'a pas donné de base légale à sa décision au regard de l'article 699 C. pr. civ.[2] Cette procédure existait déjà sous le Code de procédure civile (ancien) et était connue sous le nom de distraction des dépens.

Nous verrons dans un premier temps quelles sont les conditions d'application des dépens avant d'en voir les effets.

1. L. n° 77-1468, 30 déc. 1977, instaurant la gratuité des actes de justice devant les juridictions civiles et administratives, *JO* 31 déc., p. 6359.
2. Civ. 2e, 4 janv. 2006, n° 04-14.080, *Bull. civ.* II, n° 4.

A. Conditions d'application de l'article 699 du Code de procédure civile

622.21 Bénéficiaires. Seul l'avocat peut bénéficier de cette procédure et à condition qu'il n'ait pas cessé de représenter sa partie[3]. Devant la cour d'appel, dans les matières où son ministère est obligatoire, l'avocat peut demander et obtenir que la condamnation aux dépens soit assortie à son profit du droit de recouvrer directement contre la partie condamnée ceux des dépens dont il a fait l'avance sans avoir reçu provision[4]. Cependant, le conciliateur désigné en application de l'article L. 611-3 du Code de commerce (anc[t] L. n° 84-148, 1er mars 1984, relative à la prévention des difficultés des entreprises, art. 35), investi de sa mission par décision judiciaire, est à titre occasionnel un auxiliaire de justice au sens de l'article 719 C. pr. civ. Il peut donc bénéficier des dispositions de l'article 699 C. pr. civ.[5] De même, si les contestations relatives aux honoraires des auxiliaires de justice, à titre occasionnel ou non, dont le mode de calcul n'est pas déterminé par une disposition réglementaire, demeurent soumises aux règles qui leur sont propres, en l'absence de telles règles les articles 710 et 712 à 718 C. pr. civ. sont applicables[6].

622.22 Avocat postulant. L'avocat postulant en première instance, dont le mandat *ad litem* a pris fin avec le jugement déféré à la Cour, ne saurait obtenir la distraction des dépens[7].

622.23 Ministère obligatoire. Le ministère d'avocat doit être obligatoire dans la procédure. Tel n'est pas le cas dans les procédures suivantes :

- en matière de **référé**[8];
- en matière de **contredit**[9];
- en matière **fiscale**[10];
- en matière **prud'homale**[11];
- dans les matières où les **services des domaines de l'État** sont présents[12];
- en matière de **droits d'enregistrement** aux termes de l'article R.* 202-2 du Livre des procédures fiscales[13].

3. Nancy, 12 févr. 1899, *DP* 1899. 2. 86.
4. Civ. 2e, 20 oct. 2005, n° 04-13.065, NP.
5. Com. 17 févr. 1998, n° 94-17.292, *Bull. civ.* IV, n° 73; *D.* 1998. IR 82; *Gaz. Pal.* 1998. 1. Pan. 181.
6. Civ. 2e, 26 mars 1997, n° 94-21.741, *Bull. civ.* II, n° 94.
7. Paris, 5 mars 1987, RG n° 87/0157, *D.* 1987. IR 75.
8. Rennes, 25 mai 1982, *Juris-Data* n° 040841.
9. Paris, 2 mai 1983, *D.* 1984. 347.
10. Com. 22 oct. 1985, n° 83-14.129, *Bull. civ.* IV, n° 246.
11. Soc. 20 mai 1985, n° 82-41.683, *Bull. civ.* V, n° 296.
12. Civ. 2e, 22 mai 1995, n° 93-17.426, *Bull. civ.* II, n° 152.
13. Com. 5 mars 1991, n° 89-18.298, *Bull. civ.* IV, n° 97.

Le ministère d'avocat n'est pas obligatoire pour un contredit formé contre un jugement du tribunal de commerce[1].

622.24 Une demande. L'obtention de la distraction des dépens par une des parties n'est pas de droit, elle doit faire l'objet d'une demande expresse. Le juge qui statuerait sur ce point sans qu'une demande ne lui ait été formulée statuerait *ultra petita*.

622.25 L'absence de provision. Les conditions d'application de l'article 699 C. pr. civ. ne sont pas réunies lorsque l'avocat a reçu une provision de son client[2]. La solution serait identique pour l'avocat de la partie qui a obtenu le bénéfice de l'aide juridictionnelle.

B. Effets du recouvrement direct

622.31 Conséquence – Le recouvrement direct. Dès lors qu'il a obtenu le bénéfice de l'article 699 C. pr. civ., l'auxiliaire de justice peut recouvrer directement les dépens contre la partie condamnée et bénéficie ainsi à l'égard de cette dernière d'une créance personnelle[3]. Il dispose d'un droit direct contre la partie perdante en vertu du mandat *ad litem* qu'il tient de celui qui l'avait investi[4]. Mais la condamnation aux dépens ne peut être assortie du droit, pour les avocats, de recouvrer directement contre la partie condamnée ceux des dépens dont ils ont fait l'avance que dans les matières où leur ministère est obligatoire[5].

622.32 Privilège. Le droit de recouvrement direct accordé aux avocats n'est qu'un privilège leur permettant de s'adresser directement à la partie condamnée qui ne fait pas disparaître le droit contractuel qu'ils ont de réclamer le paiement de leurs salaires à leur mandant sur la base de l'article 1999 du Code civil[6]. L'avocat dispose cependant de la faculté de recouvrer ses frais et émoluments sur son propre client, en vertu du mandat *ad litem* dont celui-ci l'a investi[7], recours opportun lorsque la partie succombant se révèle insolvable.

Décision confortée par un arrêt récent rendu par la Cour de cassation[8] : la cassation de l'arrêt qui a statué sur la charge des dépens ne prive pas l'avoué (l'avocat) de sa faculté de recouvrer ses émoluments sur son client en vertu du mandat *ad litem* dont celui-ci l'avait investi; les émoluments dus à l'avoué (l'avocat) en exécution de l'arrêt cassé peuvent être taxés (par le premier président).

622.33 Cumul avec le recouvrement par une partie. Une décision importante a été rendue par la Cour de cassation, qui a statué sur le sort du cumul du recouvrement des frais et dépens par une partie bénéficiaire d'un titre exécutoire, avec le recouvrement direct de l'avoué (l'avocat). En effet, le bénéficiaire d'une condamnation aux dépens dispose d'un titre exécutoire contre le débiteur pour leur recouvrement, quand bien même la distraction aurait été ordonnée au profit de son avoué (avocat) et sans que ce dernier ait à renoncer au bénéfice de cette disposition[9].

622.34 Caducité. La distraction prononcée au profit de l'avocat devient caduque si l'arrêt est cassé. Dans l'hypothèse où la partie a déjà payé les dépens à l'avocat distractionnaire, elle ne pourra en obtenir restitution que contre son adversaire, l'avocat n'étant pas tenu à restitution[10].

§ 2 Vérification des dépens par le greffier de la juridiction

622.41 Recouvrement amiable. Mise à part la procédure de l'article 699 C. pr. civ., étudiée précédemment, et qui est diligentée directement par l'avocat contre la partie condamnée au paiement, la procédure de recouvrement des dépens est normalement dirigée par l'auxiliaire de justice contre son propre client. Dans la majorité des cas la procédure ne comporte aucune difficulté, le recouvrement devant s'effectuer à l'amiable.

Malheureusement, il n'en va pas toujours ainsi, et il convient de recourir à la procédure de recouvrement forcée des dépens. Cette procédure se décompose en deux phases que nous examinerons successivement, à savoir :

– la vérification devant le greffe de la juridiction (procédure gracieuse);

– l'ordonnance de taxe devant le président de la juridiction (procédure contentieuse).

La procédure ainsi envisagée est aussi bien valable pour les contestations relatives aux tarifs des anciens avoués que des avocats. Toute cette phase de la procédure devant le greffier a un caractère gracieux.

622.42 Modalités de vérification par le secrétaire de la juridiction. La vérification des dépens par le secrétaire de la juridiction (greffier) consiste pour ce dernier à agir comme un technicien et à regarder la

1. Versailles, 12e ch., 16 oct. 1997, *Gaz. Pal.* 1999. Somm. 20.
2. Paris, 27 avr. 1981, *Juris-Data* n° 025992.
3. Paris, 10 nov. 1938, *DH* 1939. 27.
4. Civ. 2e, 14 févr. 1990, n° 88-16.829, *Bull. civ.* II, n° 34; *D.* 1991. 141, note Vasserot; *JCP* 1991. 21675, note du Rusquec.
5. Civ. 2e, 20 juin 1996, n° 94-12.370, *Bull. civ.* II, n° 172.
6. Civ. 2e, 14 févr. 1990, n° 88-16.829, préc. ss n° 622.31.
7. Civ. 2e, 7 nov. 2002, n° 00-22.203, *Bull. civ.* II, n° 243.
8. Civ. 2e, 8 juill. 2010, n° 09-16.585, *Bull. civ.* II, n° 137.
9. Civ. 2e, 31 mars 2011, n° 09-17.376, *Bull. civ.* II,
10. Paris, 29 nov. 1988, RG n° 87/17673.

conformité des sommes demandées aux tarifs en vigueur et à éventuellement procéder aux rectifications qui s'imposent. La vérification peut être effectuée, sous l'autorité du directeur du greffe, par un greffier de la juridiction[1]. Les règles relatives aux demandes et à la vérification des dépens sont prévues par les articles 52, 704 et suivants C. pr. civ. et s'appliquent à tous les greffiers de toutes les juridictions de l'article 749 C. pr. civ. La demande d'ordonnance de taxe relative aux frais et émoluments exposés devant la cour d'appel doit être formée devant le premier président de la cour d'appel devant laquelle les dépens objet de la contestation ont été exposés[2]. Pour les huissiers, la demande de vérification est portée devant le tribunal d'instance alors que celle des avocats est portée devant le tribunal de grande instance. À cet effet, il convient de préciser que les demandes relatives aux frais, émoluments et débours afférents à une procédure d'exécution diligentée par un huissier de justice en recouvrement d'un état de frais d'avocat, ne relèvent pas de la compétence du premier président d'une cour d'appel statuant en matière de taxe, mais, selon leur montant, du tribunal d'instance ou du tribunal de grande instance dans le ressort duquel l'officier public ou ministériel exerce ses fonctions. Ainsi en est-il des frais du commandement aux fins de saisie-vente qui engage la procédure d'exécution[3].

Exception. Cette procédure ne s'applique pas devant le tribunal des affaires de sécurité sociale. En effet, la procédure en vigueur est celle de l'article 65 du décret n° 58-1291 du 22 décembre 1958.

622.43 Domaine de la vérification. La vérification effectuée par le greffier porte sur tous les frais fixés par un tarif et uniquement ceux-ci. C'est ainsi le cas pour les avocats, les anciens avoués, les huissiers de justice, les greffiers des tribunaux de commerce, les notaires, les commissaires-priseurs ainsi que les administrateurs judiciaires mais uniquement en matière commerciale (en matière civile leur rémunération est fixée sur justification de leur mission par le président de la juridiction qui les a désignés). Les honoraires ne rentrent pas dans la catégorie des frais tarifés. L'article 10 du décret du 12 décembre 1996 portant fixation du tarif des huissiers, bien que mis à la charge du mandant, relève de la procédure de vérification des dépens au sens des articles 704 à 718 C. pr. civ. Ainsi que l'a rappelé la Haute cour dans un arrêt de 2007[4], « *les contestations relatives aux émoluments mis à la charge du créancier par l'article 10 du décret du 12 décembre 1996 portant fixation du tarif des huissiers de justice, tel que modifié par le décret du 8 mars 2001, sont soumises aux règles prévues aux articles 704 à 718 C. pr. civ., lesquelles imposent une vérification préalable des droits contestés par le secrétaire de la juridiction avant toute saisine du magistrat taxateur* ».

Le greffier procède à tous redressements utiles et n'est pas tenu de justifier de ses diligences lorsqu'il a effectué ce redressement. Les rémunérations faisant l'objet des tarifs applicables aux officiers publics et ministériels et auxiliaires de justice s'entendent hors taxes sur la valeur ajoutée (Décr. n° 94-757, 26 août 1994, art. 1er)[5].

622.44 Saisine du greffier. Aux termes de l'article 704 C. pr. civ., aucune forme particulière n'est requise pour la saisine du greffier. Cela peut se faire aussi bien verbalement que par lettre simple ou par lettre recommandée avec accusé de réception.

622.45 Une saisine effectuée par le demandeur. Dans les procédures où la représentation n'est pas obligatoire, le demandeur sera l'une des parties en question. S'il s'agit d'une procédure avec représentation obligatoire le demandeur sera l'avocat agissant au nom de son mandant, soit la partie elle-même. Mais en aucun cas le greffier ne vérifie si le demandeur a qualité pour agir en recouvrement.

622.46 Procédure :

1° Documents joints. Le demandeur joint à sa demande l'état des frais dont il sollicite la vérification. S'il s'agit d'un auxiliaire de justice ou d'un officier public et ministériel, il doit joindre à sa demande le compte détaillé remis à son client. Le demandeur doit également joindre tout justificatif permettant au greffier de vérifier le calcul opéré.

Devant les conseils de prud'hommes et le tribunal d'instance, il s'agit principalement de vérifier les frais d'expertise, indemnités de témoins, frais de signification et frais d'assignation.

Devant le tribunal de grande instance et la cour d'appel, il s'agit principalement des frais d'enregistrement lorsque la décision donne ouverture à un droit proportionnel ou progressif et le droit de timbre.

2° Différence. Si le greffier constate une différence, il procédera alors à un redressement après avoir consulté l'auxiliaire de justice ou l'officier public ou ministériel, s'il s'agit d'un problème d'interprétation du tarif.

3° Certificat de vérification. À l'issue de la vérification, le greffier remet, non au bénéficiaire des dépens, mais au demandeur à la vérification, un certificat de vérification accompagné des documents fournis par le demandeur en application de l'article 705 C. pr. civ.

1. Civ. 2e, 9 oct. 2008, n° 07-13.295, *Bull. civ.* II, n° 208; *D.* 2009. 757, chron. Sommer et Nicolétis.
2. Civ. 2e, 5 déc. 2002, n° 01-02.299, *Bull. civ.* II, n° 276.
3. Civ. 2e, 14 févr. 2008, n° 06-19.894, *Bull. civ.* II, n° 32.
4. Civ. 2e, 8 févr. 2007, n° 05-20.428, *Bull. civ.* II, n° 23.
5. Décr. n° 94-757, 26 août 1994, relatif aux tarifs des officiers publics et ministériels et des auxiliaires de justice art. 1er, *JO* 2 sept., p. 12718.

Une fois le compte vérifié et si le demandeur en accepte le montant, il le notifiera à la partie adverse par lettre recommandée avec accusé de réception (C. pr. civ., art. 718). La notification faisant alors courir le délai de contestation. Mais, précise le texte de l'article 706 C. pr. civ., la notification doit être faite à l'adversaire. Cette notion de partie adverse a été longuement débattue par la Haute juridiction. Dans un premier temps, et conformément aux dispositions de l'article 652 C. pr. civ., lorsque les parties sont représentées, la notification est effectuée au représentant de la partie adverse[1]. Cette solution avait pour conséquence de faire courir immédiatement le délai d'un mois. Puis, d'autres arrêts des premiers juges ont estimé que la notification du certificat de vérification devait être faite à la partie en personne, faisant de cette date le point de départ du recours à retenir, conformément aux dispositions de l'article 718 C. pr. civ., ce texte particulier dérogeant au texte général de l'article 652 du même code. Cette solution a été finalement retenue par la Haute cour[2]. Compte tenu des difficultés pouvant survenir à l'occasion des dates de notifications des lettres recommandées, on ne saurait trop recommander de procéder par voie de signification.

4° Délais de contestation et de forclusion. La notification devra toujours indiquer que le destinataire dispose d'un délai d'un mois pour contester le compte et demander une ordonnance de taxe (C. pr. civ., art. 706). Une notification irrégulière ou incomplète devra être déclarée nulle et ne pourra faire commencer à courir le délai de contestation[3]. Notons la possible application de l'article 668 C. pr. civ. qui prévoit que « *la date de notification par voie postale est [...] à l'égard de celui à qui elle est faite, la date de la réception de la lettre* ». Passé le délai de recours, le destinataire de la notification est forclos et est réputé avoir accepté le décompte des dépens. A été considérée comme tardive la contestation d'un compte vérifié des dépens formée, plus d'un mois après la signification de celui-ci. Mais la recevabilité de la contestation formée contre un certificat de vérification des dépens n'est pas subordonnée à sa notification préalable[4].

Le délai prévu par l'article 706 C. pr. civ. n'est pas susceptible d'augmentation en raison des distances car l'article 643 du même code est dérogatoire au droit commun et d'interprétation stricte[5]. L'article 707 prévoit que le poursuivant peut demander au greffier de mentionner l'absence de contestation sur la vérification; cette mention valant titre exécutoire.

5° En cas de **contestation de la vérification,** il est alors fait recours à la **procédure de l'ordonnance de taxe.**

622.47 État des frais. Exemple d'état des frais (dommages et intérêts[6]).

État des frais

Me X..., avocat du barreau de POUR : DOMMAGES-INTÉRÊTS		Ayant occupé CONTRE : Jugement du	
Actes	**Trésor**	**Débours**	**Émol.**
Assignation Me X...	20	44,80	
Assignation Me Y...	20	44,60	
Conclusions du		1,50	
Jugement du	80	75,00	
Taxe parafiscale	280		
Levée du jugement			9,60
Copie expert		5,00	
Signification et sommation		1,50	
Copie signification		5,00	
Serment expert		3,40	
Expédition rapport		20,00	
Signification rapport		1,50	
Copie signification		5,00	
Conclusions du		1,50	
Jugement du			
Signification à avocat		1,50	

(Suite tableau page suivante)

1. Civ. 2e, 22 oct. 1980, n° 79-12.498, *Bull. civ.* II, n° 216.
2. Civ. 2e, 18 janv. 2001, n° 99-13.716, NP.
3. Paris, ord. 1er prés., 14 déc. 1992, RG n° 92/13465.
4. Civ. 2e, 21 mars 2013, n° 12-16.962, *Bull. civ.* II, [à paraître].
5. Paris, 31 mars 1988, *Rev. huiss.* 1991. 844.
6. G. Lissarague, *Frais et dépens de la nouvelle profession d'avocat*, Versailles, Éd. APIL, réactualisations, annexe 509, p. 26.

(Suite tableau)

État des frais			
Me X..., avocat du barreau de POUR : DOMMAGES-INTÉRÊTS		Ayant occupé CONTRE : Jugement du	
Actes	**Trésor**	**Débours**	**Émol.**
Signification Me X...	20	44,80	
Signification Me Y...	20	44,60	
Copies signification		15,99	
Honoraires expert		550,00	
Droit fixe			36,60
Droit prop. M. A... (12480)			319,60
Mme A... (98230)			735,57
Droit gradué		80,00	
		1 019,70	1 100,17
		2 639,87	
Copie signification		5,00	
Serment expert		3,40	
Expédition rapport		20,00	
Signification rapport		1,50	
Copie signification		5,00	
Conclusions du		1,50	
Jugement du			
Signification à avocat		1,50	
Signification Me X...	20	44,80	
Signification Me Y...	20	44,60	
Copies signification		15,99	
Honoraires expert		550,00	
Droit fixe			36,60
Droit prop. M. A... (12480)			319,60
Mme A... (98230)			735,57
Droit gradué		80,00	
		1 019,70	1 100,17
		2 639,87	

§ 3
Ordonnance de taxe

A.
Principe

622.51 Procédure contentieuse. Il s'agit là d'une procédure contentieuse qui se déroule en principe devant le président de la juridiction. Par exception à ce principe, le président peut renvoyer devant la formation collégiale à une date qu'il fixe lui-même (C. pr. civ., art. 711).

622.52 Principaux cas d'ouverture :

– désaccord des parties ou de leur mandataire sur la liquidation telle qu'elle a été effectuée dans le jugement;

– contestation contre la décision du greffier ayant procédé à la vérification des dépens;

– contestation entre une partie et son auxiliaire de justice sur les émoluments dus;

– l'article 719 C. pr. civ. prévoit que « *les demandes ou contestations relatives aux frais, émoluments et débours qui ne sont pas compris dans les dépens mentionnés à l'article 695, formés par ou contre les auxiliaires de justice et les officiers publics ou ministériels sont soumis aux règles prévues aux articles 704 à 719* ».

622.53 Compétence territoriale. L'article 52 C. pr. civ., tel que modifié par le décret n° 81-500 du 12 mai 1981, dispose que :

– les demandes relatives aux frais, émoluments et débours qui, **afférents à une instance ont été exposés devant une juridiction** par les auxiliaires de justice et les officiers publics ou ministériels, sont portées devant cette juridiction; un arrêt récent a confirmé ce principe : la demande d'ordonnance de taxe relative aux frais et émoluments des avoués (désormais avocats) doit être formée devant le premier président de la cour d'appel devant laquelle les dépens objet de la contestation ont été exposés[1];

– les demandes relatives aux frais, émoluments et débours qui **n'ont pas été exposés devant une juridiction** sont portées, selon le montant des frais, devant le tribunal d'instance ou le tribunal de grande instance dans le ressort duquel l'auxiliaire de justice exerce ses fonctions. Ainsi et jusqu'à la somme de 10 000,00 euros, le tribunal d'instance est compétent; au-delà, la demande sera portée devant le tribunal de grande instance.

B.
Procédure

622.61 **Procédure – 1° Demande.** La formulation d'une demande d'ordonnance de taxe doit être faite conformément aux dispositions de l'article 708 C. pr. civ. par une demande déposée au greffe[2]. Aucune formalité particulière n'est exigée quant à la formulation de la demande. La demande peut être formulée par la partie elle-même ou par son représentant en joignant toutes les pièces justificatives. Notons que la délégation de pouvoirs émanant d'un préposé d'une personne morale demandant elle-même une ordonnance de taxe peut avoir ou non date certaine[3]. La demande doit être **motivée** (C. pr. civ., art. 708, al. 2) notamment s'agissant de la question du montant et du calcul des dépens. La jurisprudence, quant à elle, se montre plus ou moins large quant à la notion de motivation. La demande doit contenir le **certificat de vérification** en application de l'article 708 alinéa 2 C. pr. civ. En l'absence de production du certificat, l'ordonnance de taxe sera déclarée nulle[4]. De même, dans les procédures de taxe des émoluments dus aux anciens avoués près les cours d'appel, le **bulletin d'évaluation du multiple de l'unité de base**, prévu à l'article 13 du décret n° 80-608 du 30 juillet 1980[5], est un document soumis au débat contradictoire qui doit donc être communiqué au débiteur qui conteste la rémunération dudit avoué[6].

622.62 **Procédure – 2° Instruction.** Le greffier qui reçoit la demande avise les parties adverses et leurs mandataires afin que ceux-ci puissent présenter leurs observations[7]. Mais l'article 709 C. pr. civ. exige seulement que soient recueillies ou du moins demandées les observations du défendeur à la contestation et non celles du contestant[8]. De même, les parties n'ont pas à être entendues, les observations écrites du défendeur à la contestation suffisent[9].

622.63 **Procédure devant le président.** Ce sont les articles 710 et suivants C. pr. civ. qui réglementent cette procédure. Le président vérifie que tous les tarifs ont bien été appliqués et procède à toutes rectifications utiles. En l'espèce, sa compétence ne se limite pas aux seuls points contestés mais s'étend à l'ensemble de la vérification. En effet, le juge statuant en matière de taxe procède d'office à tous les redressements nécessaires afin de rendre le compte vérifié conforme aux tarifs, il n'est pas tenu, par une motivation spéciale, de justifier de ses diligences lorsqu'il a constaté cette conformité[10]. Néanmoins, il doit inviter les parties à présenter leurs observations sur le point qu'il modifie, sous peine de violer l'article 16 C. pr. civ.[11] En allant plus loin, la Haute cour rappelle que le principe du contradictoire, imposé à l'article 716 C. pr. civ., ne doit souffrir d'aucun grief; notamment, le président de la juridiction qui statue en matière de vérification des dépens, doit s'assurer que les observations du défendeur ont été portées à la connaissance du contestant[12]. L'ordonnance de taxe est un acte juridictionnel contentieux entre un demandeur et un défendeur et doit répondre aux exigences d'un tel acte[13].

Dès lors qu'elle a été rendue, l'ordonnance de taxe se substitue au certificat de vérification. Si l'ordonnance déclare la contestation irrecevable il semble que la partie poursuivante doive alors notifier avec l'ordonnance d'irrecevabilité le certificat de vérification qui n'a pas perdu sa valeur, et, en cas de rejet du pourvoi en cassation contre cette ordonnance, également l'arrêt de rejet[14]. L'ordonnance de taxe, une fois rendue, doit être signée par le greffier; à défaut, elle est nulle[15] puis, elle doit être remise au créancier et revêtue de la formule exécutoire. Enfin, elle doit être notifiée au débiteur par lettre recommandée avec

1. Civ. 2e, 5 déc. 2002, n° 01-02.299, *Bull. civ.* II, n° 276.
2. Lyon, 14 juin 1978, *BICC* 1er juill. 1978.
3. Civ. 2e, 25 nov. 1999, n° 98-10.910, *Bull. civ.* II, n° 179; *Gaz. Pal.* 2000. Somm. 291.
4. Civ. 2e, 10 févr. 1982, n° 80-16.872, *Bull. civ.* II, n° 19; *Gaz. Pal.* 5 octobre 1982, nos 276 à 278, note Padovani; *JCP* 1982. II. 19904.
5. Décr. n° 80-608, 30 juill. 1980, fixant le tarif des avoués près les cours d'appel, *JO* 2 août, p. 1950.
6. Civ. 2e, 10 mars 2011, n° 10-16.084, *Bull. civ.* II; *D.* 2011. 891.
7. Civ. 2e, 10 févr. 1982, n° 80-16.872, *Bull. civ.* II, n° 19; *Gaz. Pal.* 5 oct. 1982, n° 276 à 278, note Padovani; *JCP* 1982. II. 19904.
8. Civ. 2e, 2 mai 1989, n° 88-10.633, *Bull. civ.* II, n° 101.
9. Civ. 2e, 30 janv. 2003, n° 01-02.067, *Bull. civ.* II, n° 22.
10. Civ. 2e, 31 janv. 1996, n° 94-12.493, *Bull. civ.* II, n° 24; *Rev. huiss.* 1996. 626.
11. Civ. 2e, 7 mai 2003, n° 99-21.345, *Bull. civ.* II, n° 137.
12. Civ. 2e, 22 mars 2001, n° 99-17.345, *Bull. civ.* II, n° 59; *JCP* 2001, n° 51-52, p. 2358, note du Rusquec – Cass. ass. plén., 22 déc. 2000, nos 98-21.238, 99-11.303, 99-11.615, 98-19.376 et 98-15.567, *Bull. ass. plén.*, n° 12; *D.* 2001. IR 356; *D.* 2001. 789, interview Pettiti; *D.* 2001. 2454, note Saint-Jours; *D.* 2001. Somm. 2454, obs. Prétot; *RJS* 2001, n° 366.
13. Versailles, 4 mars 1982, *Gaz. Pal.* 10 févr. 1983.
14. J. Bailly et P. Jacquet, *Frais et dépens*, Soliac, 1999, p. 118.
15. Civ. 2e, 4 mars 2004, n° 02-12.401, *Bull. civ.* II, n° 88.

accusé de réception[1], tout en contenant la mention qu'elle deviendra exécutoire si elle n'est pas frappée de recours dans les délais et formes prévus aux articles 714 et 715 C. pr. civ.

C.
Recours

622.71 **1° Appel.** L'ordonnance de taxe rendue par le président d'une juridiction de première instance peut être frappée, par tout intéressé, d'un recours devant le premier président, indépendamment du montant de la demande[2]; le délai d'appel est de un mois. Le recours contre l'ordonnance du président du tribunal de grande instance doit être formé par lettre recommandée avec accusé de réception adressée au secrétaire-greffier en chef de la cour d'appel et non du tribunal[3]. Le recours formé contre une ordonnance de taxe, sur le fondement de l'article 714 C. pr. civ. n'est recevable que si, avant l'expiration du délai prévu pour l'exercice d'un tel recours, une copie de la note exposant les motifs de ce recours est simultanément envoyée à toutes les parties au litige principal[4]. Toute ordonnance peut faire l'objet d'un tel recours à l'exception de celles fixant la rémunération des techniciens et celles attribuant la rémunération des enquêteurs sociaux, qui font l'objet de voies de recours particulières.

622.72 **2° Pourvoi en cassation.** L'ordonnance rendue par le premier président de la cour d'appel ne peut faire l'objet que d'un pourvoi en cassation selon les formes et délais ordinaires. Ce délai est d'un mois à compter de la notification de l'ordonnance[5]. L'article 715 C. pr. civ. prévoit que le recours est formé par la remise ou l'envoi au secrétariat-greffe de la cour d'appel d'une note exposant les motifs du recours, accompagnée d'une copie de l'ordonnance de taxe.

S'agissant de la forme du pourvoi, il a été jugé que, dans l'hypothèse où une partie ayant, par lettre recommandée avec accusé de réception adressée au greffe d'une cour d'appel, déclaré se pourvoir en cassation contre l'ordonnance du premier président statuant en matière de taxe; une telle décision, s'agissant d'une affaire où les parties n'étaient pas dispensées par la loi de constituer un avocat au Conseil d'État et à la Cour de cassation, ne vaut pas pourvoi, et le recours doit être déclaré irrecevable[6].

1. Civ. 2e, 11 mars 1992, n° 89-20.584, *Bull. civ.* II, n° 79; *Rev. huiss.* 1992. 49 C.
2. Civ. 2e, 7 juill. 2005, n° 03-14.520, *Bull. civ.* II, n° 180.
3. Civ. 2e, 6 nov. 1991, n° 90-15.863, *Bull. civ.* II, n° 291; *Rev. huiss.* 1991. 1192.
4. Civ. 2e, 30 mars 2000, n° 98-17.534, *Bull. civ.* II, n° 56; *JCP* 2000. IV. 1870, n° 21, p. 986; *Gaz. Pal.* 2000. Somm. 1688; *D.* 2000. IR 123.
5. Civ. 2e, 10 mars 1988, n° 87-10.793, *Bull. civ.* II, n° 61.
6. Civ. 2e, 28 juin 1995, n° 94-15.333, *Bull. civ.* II, n° 205.

622.73 **Auteur du recours.** Quant au problème de savoir qui peut exercer les recours, il semble que les dispositions de l'article 714 C. pr. civ. soient suffisamment larges pour qu'il faille entendre par là toute partie intéressée.

SECTION 2
CONTESTATION DES FRAIS NON COMPRIS DANS LES DÉPENS

622.80 **Honoraires.** Il s'agit là principalement de l'étude des recours contre les fixations d'honoraires. Il convient de rappeler que l'article 10 de la loi n° 71-1130 du 31 décembre 1971[7], portant réforme de certaines professions judiciaires et juridiques, dispose que « *la tarification de la postulation et des actes de procédure est régie par les dispositions sur la procédure civile. Les honoraires de consultation, d'assistance, de conseil, de rédaction d'actes juridiques sous seing privé et de plaidoirie sont fixés en accord avec le client* ». Entre autre, l'alinéa 2 précise qu'« *à défaut de convention entre l'avocat et son client, l'honoraire est fixé selon les usages, en fonction de la situation de fortune du client, de la difficulté de l'affaire, des frais exposés par l'avocat, de sa notoriété et des diligences de celui-ci* ». Enfin, l'alinéa 3 énonce que « *toute fixation d'honoraires, qui ne le serait qu'en fonction du résultat judiciaire est interdite. Est licite la convention qui, outre la rémunération des prestations effectuées, prévoit la fixation d'un honoraire complémentaire en fonction du résultat obtenu ou du service rendu* ». Ainsi, la clause *de quota litis* acquiert un nouveau statut en droit positif[8]. Comme le précise B. Boccara, « *l'éthique de l'honoraire, c'est sa prévision, plus que son montant* »[9]. Enfin, la loi n° 2011-331 du 28 mars 2011, de modernisation des professions judiciaires ou juridiques et de certaines professions réglementées, a inséré un alinéa supplémentaire à cet article 10, qui prévoit que, dans le mandat donné à un avocat pour la conclusion de l'un des contrats mentionnés au premier alinéa de l'article L. 222-7 du Code du sport, il est précisé le montant de ses honoraires, qui ne peuvent excéder 10 % du montant de ce contrat[10]. Lorsque, pour la conclusion d'un tel contrat, plusieurs avocats interviennent ou un avocat

7. L. n° 71-1130, 31 déc. 1971, portant réforme de certaines professions judiciaires et juridiques, *JO* 5 janv., p. 131.
8. Civ 1re, 3 mars 1998, n° 95-21.387, *Bull. civ.* I, n° 86; *RTD civ.* 1998. 901, obs. Mestre; *JCP* 1998. II. 10116, p. 1284, note Sainte Rose.
9. « L'honoraire et l'avocat, la législation du pacte de succès », *Gaz. Pal.* 1991. Doctr. 641 – Pour plus de développements concernant cette matière, v. étude de M. Antoine Steff, auditeur à la Cour de cassation : « Les contestations en matière d'honoraires d'avocat », *R.* 1999.
10. L. n° 2011-331, 28 mars 2011, de modernisation des professions judiciaires ou juridiques et certaines professions réglementées, *JO* 29 mars, p. 5447.

intervient avec le concours d'un agent sportif, le montant total de leur rémunération ne peut excéder 10 % du montant de ce contrat. L'avocat agissant en qualité de mandataire de l'une des parties intéressées à la conclusion d'un tel contrat ne peut être rémunéré que par son client.

§ 1
Recouvrement des honoraires de l'avocat

A.
Procédure

622.81 Requête au bâtonnier. Si le recouvrement de l'honoraire de l'avocat pose problème, les articles 174 et suivants du décret n° 91-1197 du 27 novembre 1991[1] prévoient une procédure particulière, différente de celle instaurée lors de la contestation des dépens, et qui s'effectue par une requête au bâtonnier de l'ordre des avocats (Décr. 27 nov. 1991, art. 175). Il est par ailleurs exclu que les contestations concernant le montant et le recouvrement des honoraires puissent être diligentées en vertu de la procédure instituée par l'article 809 alinéa 2 C. pr. civ.[2]

À cet effet, il est intéressant de noter une décision rendue par la Haute juridiction précisant, s'il en était besoin, le caractère normatif de la procédure de contestation des honoraires.

La procédure instituée par voie réglementaire pour trancher, sur la base de normes de droit et à l'issue d'une procédure organisée, toute question relevant de l'examen des contestations du montant et du recouvrement des honoraires des avocats, donne compétence pour en connaître au **bâtonnier**, avocat élu par ses pairs, tenu, dans l'exercice de l'ensemble des attributions attachées à son mandat électif, au respect des dispositions réglementaires relatives à la déontologie de la profession d'avocat, et dont la décision peut faire l'objet d'un contrôle ultérieur par un magistrat de l'ordre judiciaire présentant les garanties d'indépendance et d'impartialité.

Il s'ensuit que ces dispositions, qui ne méconnaissent ni les exigences du droit à un procès équitable, ni celles du droit de faire examiner sa cause par un juge impartial, ne sont pas contraires à l'article 6 § 1 de la Convention de sauvegarde des droits de l'homme et des libertés fondamentales[3].

622.82 Absence de privilège de juridiction. Aux termes de l'article 174 du décret n° 91-1197 du 27 novembre 1991, les contestations concernant le montant et le recouvrement des honoraires des avocats ne peuvent être réglées qu'en recourant à la procédure prévue aux articles 175 à 179 du même décret. Cette procédure spéciale qui permet de soumettre ces contestations successivement au bâtonnier de l'ordre des avocats auquel appartient l'avocat concerné et au premier président de la cour d'appel, échappe par sa nature aux dispositions de l'article 47 C. pr. civ. C'est, dès lors à bon droit, que la cour d'appel, qui a exactement relevé que le litige s'analysait en une contestation d'honoraires d'avocat, en a déduit que les dispositions de l'article précité étaient inapplicables[4].

622.83 Formes. Les réclamations sont soumises au bâtonnier par toutes parties par lettre recommandée avec demande d'avis de réception ou remise contre récépissé.

622.84 Instruction. Le bâtonnier, ou le rapporteur désigné à cet effet, instruit l'affaire et recueille les observations des parties. Ces dernières doivent fournir tout justificatif de leurs prétentions.

622.85 Délai. Le bâtonnier dispose d'un délai de quatre mois pour rendre sa décision avec possibilité de prorogation de ce délai initial pour une durée supplémentaire de quatre mois à condition de motiver spécialement sa décision.

Cette décision est notifiée, dans les quinze jours de sa date, à l'avocat et à la partie, par le secrétaire de l'ordre, par lettre recommandée avec demande d'avis de réception. La lettre de notification mentionne, à peine de nullité, le délai et les modalités du recours. En cas d'absence de décision dans les quatre mois de sa saisine, le bâtonnier informe l'intéressé qu'il lui appartiendra de saisir le premier président de la cour d'appel dans le délai d'un mois. Nous noterons qu'en matière de contestation d'honoraires d'avocat, la procédure orale devant le premier président, prévue à l'article 177 du décret du 27 novembre 1991 permet le respect du contradictoire entre les parties; aussi, dans la mesure où l'appelant ne se présente pas sans motif légitime, son appel doit être considéré comme non soutenu et la décision du bâtonnier déférée ne peut qu'être confirmée[5].

622.86 Décision. La décision du bâtonnier doit être notifiée dans les quinze jours. Lorsqu'elle n'a pas été déférée au premier président de la cour d'appel, elle peut être rendue exécutoire par ordonnance du président du tribunal de grande instance à la requête soit de l'avocat, soit de la partie. Il se peut que le bâtonnier n'ait pas pris de décision dans les délais prévus à l'article 175 du décret du 27 novembre 1991; en ce cas, le premier président doit être saisi dans le mois qui suit.

1. Décr. n° 91-1197, 27 nov. 1991, organisant la profession d'avocat, *JO* 28 nov., p. 15502.
2. Civ. 2e, 7 mai 2003, n° 01-17.016, *Bull. civ.* II, n° 131.
3. Civ. 2e, 29 mars 2012, n° 11-30.013, *Bull. civ.* II, n° 60.
4. Civ. 1re, 14 mai 1991, n° 89-15.175, *Bull. civ.* I, n° 149; *Rev. huiss.* 1991. 629.
5. Colmar, 28 mai 2001, RG n° 8U199905645, *BICC* n° 552, 15 mars 2002.

B. Recours

622.91 Recours. La décision du bâtonnier peut faire l'objet d'un recours devant le premier président de la cour d'appel dans le délai d'un mois suivant la notification. Aux termes de l'article 177 du décret du 27 novembre 1991, l'avocat et la partie doivent être convoqués par lettre recommandée avec accusé de réception au moins huit jours avant l'audience. En cas de retour au secrétariat de la juridiction de la lettre de notification qui n'a pu y être remise à son destinataire, le secrétaire de la juridiction doit inviter les parties à procéder par signification[1]. On peut, par là même, considérer que l'avocat conserve la possibilité de demander à un huissier de justice de procéder à la signification au lieu et place de la notification, en vertu de l'article 651 C. pr. civ[2].

622.92 Formes du recours. Le recours contre la décision du bâtonnier ne peut être formé qu'en recourant à la procédure de l'article 176 du décret de 1991. En conséquence le recours institué par cette procédure spéciale est exclusif du contredit prévu aux articles 80 et suivants C. pr. civ.[3]. Le premier président statue alors par ordonnance notifiée par lettre recommandée avec accusé de réception. La notification fait courir le délai de pourvoi en cassation. Enfin, en application de l'article 177 du décret de 1991, le premier président peut, à tout moment, renvoyer l'affaire devant la cour d'appel, qui doit procéder selon les mêmes formes; cette disposition ne soumet le renvoi à aucune forme particulière.

622.93 Limites au recours. Les honoraires de l'avocat comprennent, selon l'article 10 de la loi du 31 décembre 1971, « *les honoraires de consultation, d'assistance, de consultation, de rédaction d'actes juridiques sous seing privé et de plaidoirie* ». En conséquence, l'activité dont la rémunération est demandée et qui consiste en une mission de recrutement ne relève à l'évidence pas de l'honoraire au sens précité et ne peut relever de la compétence du premier président de la cour d'appel, telle que prévue par l'article 176 du décret.

La procédure de recouvrement d'honoraires prévue aux articles 174 et suivants du décret du 27 novembre 1991, ne peut s'appliquer aux honoraires dus à des conseils juridiques ou fiscaux, pour des prestations antérieures à la date d'entrée en vigueur de la loi du 31 décembre 1990[4] modifiant la profession d'avocat[5].

Lorsqu'il existe un doute sérieux sur l'identification du débiteur d'honoraires d'avocat, la procédure de l'article 174 est inapplicable, le texte ne visant que les contestations concernant le montant et le recouvrement desdits honoraires et non pas celles concernant la qualité de débiteur des honoraires. Il appartient alors au requérant de saisir la juridiction civile[6].

622.94 Délai de grâce. Il ressort des dispositions de l'article 510 C. pr. civ. (octroi d'un délai de grâce par la décision dont il est destiné de différer les effets), auquel renvoie l'article 277 du décret (« *il est procédé comme en matière civile pour tout ce qui n'est pas réglé par le présent décret* »), qu'il entre dans les pouvoirs du premier président, statuant sur le montant, et le recouvrement d'honoraires d'avocats, de faire application des dispositions de l'article 1244-1 du Code civil.

§ 2 Procédure de recouvrement des honoraires du bâtonnier

622.101 Compétence du président du tribunal de grande instance du barreau. Lorsque c'est le bâtonnier lui-même qui a fixé un honoraire avec un de ses clients et que celui-ci est contesté, la contestation est alors portée devant le président du tribunal de grande instance dont dépend le barreau qui est saisi et statue dans les conditions prévues aux articles 175 et 176 du décret précité.

622.102 Saisine. La saisine s'effectue là aussi sans forme particulière. Le greffier dresse un procès-verbal de réception de réclamation et transmet un accusé de réception au réclamant. Les parties sont alors convoquées et l'audience a lieu en chambre du Conseil.

622.103 Appel de l'ordonnance. Notification de l'ordonnance du président est faite à chaque partie qui dispose alors d'un délai d'un mois pour interjeter appel devant le premier président de la cour d'appel (Décr. 27 nov. 1991, art. 176). Le premier président statue alors seul par ordonnance, ou bien peut renvoyer l'affaire à une formation collégiale suivant la complexité de l'affaire. La décision est alors notifiée par le greffier en chef de la cour d'appel par lettre recommandée avec accusé de réception. La notification faisant alors courir le délai légal du pourvoi en cassation (C. pr. civ., art. 680). En vertu du décret

1. Civ. 1re, 11 oct. 1994, no 92-21.662, *Bull. civ.* I, no 283; *Gaz. Pal.* 1995. Pan. 18.
2. Civ. 2e, 14 févr. 2008, no 06-19.894, *Bull. civ.* II, no 32.
3. Civ. 2e, 18 janv. 1995, no 93-11.095, *Bull. civ.* II, no 24; *Rev. huiss.* 1995. 365.
4. L. no 90-1259, 31 déc. 1990, portant réforme de certaines professions judiciaires et juridiques, *JO* 5 janv., p. 219.
5. Civ. 1re, 16 mai 1995, no 93-15.199, no 93-15.250, *Bull. civ.* I, no 211; *Rev. huiss.* 1995. 1007.
6. Chambéry, ord. 1er prés., 21 févr. 1995, *Rev. huiss.* 1995. 1007.

instaurant la nouvelle contribution due au titre de l'aide juridique, l'acte de notification devra rappeler que le recours formé sans le ministère d'un avocat, sera assujetti à l'acquittement de la **contribution pour l'aide juridique**, ainsi que l'irrecevabilité encourue en cas de non-respect et les modalités selon lesquelles la partie non représentée doit justifier de cet acquittement[1].

§ 3
Procédure de recouvrement des rémunérations des officiers publics ou ministériels

622.111 **Les textes** de base qui régissent la matière sont les articles 719 et suivants C. pr. civ. Après avoir constaté au chapitre précédent le principe de la liberté des honoraires des officiers publics ou ministériels, nous développerons ici en quelques lignes les règles relatives au recouvrement.

622.112 **En ce qui concerne les frais, émoluments et débours non compris dans les dépens mentionnés à l'article 695,** l'article 719 C. pr. civ. dispose que le recours contre ceux-ci s'exerce selon les formalités prévues aux articles 704 à 718 C. pr. civ.

622.113 **L'appel de l'ordonnance.** Malgré le défaut de mentions expresses dans les textes, elle continue à relever, selon la jurisprudence, des procédures de l'article 714 et suivants C. pr. civ.

622.114 **Quant aux contestations relatives aux honoraires** dont le mode de calcul n'est pas déterminé par une disposition réglementaire, l'article 720 C. pr. civ. prévoit qu'elles sont soumises aux règles qui leur sont propres. Le juge devra tenir compte, avant de statuer :

- de la nature et l'importance des activités accomplies;
- des difficultés rencontrées;
- des responsabilités encourues.

622.115 **Fixation de l'honoraire.** Elle peut se faire à l'amiable sous le contrôle de la chambre de discipline des officiers publics ou ministériels. Mais la fixation peut être également opérée sous le contrôle du juge, selon des procédures spécifiques; il n'y a pas lieu à faire établir le certificat de vérification par le greffier.

S'agissant des huissiers, l'article 17 du décret n° 96-1080 du 12 décembre 1996[2] prévoit d'une part que l'honoraire est fixé d'un commun accord avec les parties et d'autre part qu'en cas de contestation l'honoraire sera fixé par le juge chargé de la taxation (v. s^{s} n°s 621.262 s.).

§ 4
Procédure de recours contre la décision fixant la rémunération du technicien

622.121 **Décisions passibles d'un recours.** Seule la décision fixant la rémunération définitive du technicien est passible d'un recours[3].

622.122 **Compétence.** Le recours s'effectue devant le premier président de la cour d'appel dans les mêmes conditions que le recours contre l'ordonnance de taxe (v. s^{s} n°s 622.71 s.). C'est pourquoi, les contestations relatives aux honoraires des auxiliaires de justice à titre occasionnel ou non, dont le mode de calcul n'est pas déterminé par une disposition réglementaire, demeurent soumises aux règles qui leur sont propres. Aucun texte ne réglant les contestations relatives à la rémunération d'un mandataire occasionnel (ou d'un séquestre judiciaire[4]), l'ordonnance de taxes rendue sur sa requête est susceptible de recours devant le premier président de la cour d'appel[5].

622.123 **Point de départ.** Le point de départ du délai de recours à l'égard des parties est la notification faite par le technicien[6].

Quant au point de départ de délai accordé au technicien pour interjeter appel de l'ordonnance, aucune disposition particulière ne s'y intéresse. La jurisprudence dominante considère qu'il faut faire courir le délai de la date où ce dernier a eu connaissance de l'ordonnance[7].

622.124 **Suspension du délai.** Le délai et le recours ne sont pas suspensifs (C. pr. civ., art. 724, al. 3)[8]. L'article 724 alinéa 2 C. pr. civ. prévoit que le recours commence à courir à l'égard de chacune des parties, du jour de la notification qui leur est faite par le technicien. La jurisprudence a jugé qu'a rempli l'obligation de mentionner la notification du délai de

1. Décr. n° 2011-1202, 28 sept. 2011, relatif au droit affecté au fonds d'indemnisation de la profession d'avoué près les cours d'appel et à la contribution pour l'aide juridique, *JO* 29 sept., p. 16383.

2. Décr. n° 96-1080, 12 déc. 1996, portant tarif des huissiers de justice en matière civile et commerciale, *JO* 13 déc, p. 18248.
3. Paris, 3 déc. 1979, *Gaz. Pal.* 1980. 1. 254.
4. Civ. 2e, 3 févr. 1983, n° 81-16.758, *Bull. civ.* II, n° 32.
5. Civ. 2e, 26 mars 1997, n° 94-21.741, *Bull. civ.* II, n° 94; *Gaz. Pal.* 13-14 oct. 1999, p. 14.
6. Civ. 2e, 10 juill. 1980, n° 79-11.092, *Bull. civ.* II, n° 181.
7. Civ. 2e, 12 oct. 1988, n° 87-13.863, *Bull. civ.* II, n° 197; *Gaz. Pal.* 1989. 1. Somm. 257 – Paris, 6 nov. 1989, *Bull. ch. avoués* 1989. 4. 117.
8. Civ. 2e, 4 mai 1987, n° 85-18.238, NP; *Gaz. Pal.* 1988. Somm. 37, obs. Guinchard et Moussa.

recours et de son point de départ, le premier président qui, dans son ordonnance, reproduit le texte de l'article 724[1].

De plus, la notification de l'ordonnance n'a pas à comporter l'indication selon laquelle elle deviendrait exécutoire si elle n'était pas frappée de recours dans les délais (*ibidem*). Enfin, le recours formé par l'article 724 C. pr. civ. contre une ordonnance de taxe n'a pas à être dirigé contre une partie qui n'est plus susceptible d'être elle-même condamnée à supporter des frais d'expertise, au titre des dépens dont la charge a été définitivement fixée[2].

§ 5
Prescription en matière de frais et dépens

622.131 Délai de prescription. L'ancien délai de droit commun, prévu à l'ancien article 2262 du Code civil, était de **trente ans.** La loi sur les prescriptions, du 17 juin 2008[3], a instauré un délai de droit commun de **cinq ans** pour les actions personnelles ou mobilières (C. civ., art. 2224). Également, l'article 8 de la loi nouvelle prescrit par **cinq ans** les demandes en taxe et les actions en restitution de frais dus aux notaires, anciens avoués et huissiers, pour les actes de leur ministère, du jour du paiement ou du règlement par compte arrêté, reconnaissance ou obligation. Cet article 8 modifie l'article 2 de la loi du 24 décembre 1897[4] relative au recouvrement des frais dus aux notaires, anciens avoués et huissiers qui prévoyait deux ans auparavant.

Les actions des administrateurs judiciaires, commissaires à l'exécution du plan, représentants des créanciers, liquidateurs, en matière de rémunération, se prescrivent par six mois à compter de la notification prévue à l'article R. 663-38 du Code de commerce (C. com., art. R. 663-40). L'ancien article 2272 du Code civil prévoyait que l'action des huissiers pour les salaires des actes qu'ils signifient et des commissions qu'ils exécutent se prescrivait par **un an.** Désormais, la loi nouvelle sur les prescriptions du 17 juin 2008 uniformise les délais et prévoit un délai de **cinq ans.**

L'ancien article 2273 du même code prévoyait que l'action des avoués, pour le paiement de leurs frais et salaires, se prescrivait par **deux ans,** à compter du jugement ou de la conciliation des parties, ou depuis la révocation desdits avoués. Désormais, **la loi sur les prescriptions du 17 juin 2008** prévoit un délai de **cinq ans.** Ainsi, qu'il s'agisse d'actions des auxiliaires de justice et autres officiers publics ou ministériels pour leur salaire, ou qu'il s'agisse de demandes en restitution de frais dus à ceux-ci, la prescription est de cinq ans.

À l'égard des affaires non terminées, ils ne peuvent former de demande pour leurs frais et salaires qui remonteraient à plus de cinq ans.

En matière de frais de justice, le point de départ de la prescription quadriennale des créances contre l'État est la date de la certification par le greffier ou de l'ordonnance rendue par le juge taxateur[5].

622.132 Le fondement de la prescription. Il s'agit d'une présomption légale de paiement qui peut être détruite par l'aveu contraire du débiteur, exprès ou tacite[6]. La présomption peut également être combattue par les réclamations adressées par l'avoué ou l'avocat à l'encontre de son client, à condition que ce soit par lettre recommandée avec accusé de réception.

1. Civ. 2e, 7 nov. 1994, no 93-13.357, *Bull. civ.* II, no 224; *D.* 1994. IR 268.
2. Civ. 2e, 28 sept. 2000, no 98-15.229, *Bull. civ.* II, no 135; *Gaz. Pal.* 2000. 2721.
3. L. no 2008-561, 17 juin 2008, portant réforme de la prescription en matière civile, *JO* 18 juin, p. 9856.
4. L. 24 déc. 1897, relative au recouvrement des frais dus aux notaires, avoués et huissiers, *JO* 27 déc., p. 7271.
5. Crim. 6 déc. 2005, no 04-87.841, *Bull. crim.* no 320.
6. Paris, 26 avr. 1993, RG no 93/3503.

LIVRE

7. LE DROIT LOCAL D'ALSACE-MOSELLE

SECTION 0
ORIENTEUR

7.00 Plan du livre.

7.11 Origine. Le territoire composé des actuels départements du Bas-Rhin, du Haut-Rhin et de la Moselle avait été cédé par le traité de paix de Francfort du 10 mai 1871 à l'Empire allemand où il constitua alors une entité fédérale appelée le *Reichsland Elsass-Lothringen* (État d'Empire d'Alsace-Lorraine). Le droit français y fut progressivement abrogé au profit de deux types de législation : d'une part, les nouvelles lois fédérales, dites lois d'Empire, prises en vertu de la Constitution allemande du 16 avril 1871 qui avait donné compétence aux autorités fédérales dans de nombreux domaines; d'autre part, des lois propres au Reichsland d'Alsace-Lorraine édictées par les organes législatifs locaux dans le cadre des compétences réservées aux entités fédérées. Au titre des lois d'Empire, il faut citer tout particulièrement dans le domaine du droit processuel, le Code de procédure civile allemand (*Zivilprozessordnung, ZPO*) du 30 janvier 1877, qui se substitua au Code napoléonien de procédure civile, ainsi que la loi d'organisation judiciaire du 27 janvier 1877 qui l'avait précédé.

Le rétablissement de la souveraineté française sur ces territoires, confirmé par le traité de Versailles du 26 juin 1919, ne s'est pas accompagné d'une substitution immédiate et totale du droit français aux dispositions locales en vigueur. Au contraire, les autorités françaises ont préféré opter pour une introduction « *progressive et sélective* »[1] : **progressive**, en ce sens que les dispositions en vigueur ont été maintenues provisoirement jusqu'à l'introduction des lois françaises (L. 17 oct. 1919, art. 3), et **sélective**, en ce sens que certaines matières sont restées régies par des dispositions locales ou d'inspiration locale, « *techniquement plus évoluées et socialement plus protectrices que le droit français de l'époque* »[2]. Aussi à côté de l'introduction des lois françaises, le législateur a-t-il tantôt maintenu des dispositions de l'Empire allemand, tantôt créé des textes spécifiques à l'Alsace-Moselle, constituant ce qui a été appelé la troisième législation, inspirée à la fois du droit français et du droit allemand[3].

Ainsi naquit le **droit local** alsacien-mosellan, constitué de toutes les règles spécifiques applicables dans les trois départements du Rhin et de la Moselle; par opposition, il est d'usage de désigner, dans ces départements, le droit applicable sur l'ensemble du territoire national, de **droit général**.

7.12 Harmonisation. Une illustration caractéristique de ce processus législatif est fournie par les deux

1. *J.-Cl. Alsace-Moselle*, « Perspectives sur le droit local », fasc. 30, p. 7 et 8, Woehrling.
2. *J.-Cl. Alsace-Moselle*, « Droit alsacien-mosellan – Principes généraux », fasc. 100, n° 2, Woehrling – V. CEP., P. Eckly, « Droit local, hasard et nécessité », *Histoire du droit local*, IDL, 1990. 15 s.
3. P. Haegel, « Le Nouveau Code de procédure civile 20 ans après : l'harmonisation avec le droit local alsacien-mosellan », *Rev. dr. local* 1998. 34, spéc. p. 36 – *J.-Cl. Alsace-Moselle*, fasc. 30, p. 9, Woehrling.

lois d'introduction du 1er juin 1924 mettant en vigueur respectivement la législation civile et les lois commerciales françaises dans les départements du Bas-Rhin, du Haut-Rhin et de la Moselle. Si elles ont introduit l'essentiel des lois françaises de fond de droit privé, elles ont maintenu en vigueur le Code de procédure civile allemand, rebaptisé Code de procédure civile local, pour régir, en Alsace-Moselle, la procédure civile et les voies d'exécution, à l'exception de l'exécution forcée sur les immeubles soumises à un corps de règles spécifiques contenus aux articles 140 et suivants de la loi civile d'introduction.

Mais cette situation qui réservait une place prépondérante au droit local dans le domaine processuel ne pouvait perdurer pour au moins deux raisons : son **obsolescence** progressive, les textes locaux n'ayant plus été remaniés depuis la fin du XIXe siècle, ce qui rendait de plus en plus difficile leur combinaison avec les lois françaises de fond, et sa **méconnaissance** des juristes, le droit local étant très peu enseigné[1]. Une harmonisation avec le droit général était donc devenue indispensable.

C'est ainsi que le gouvernement profita de la réforme de la procédure civile décidée au plan national, le Code napoléonien étant lui-même dépassé depuis bien longtemps, pour créer finalement, en 1972, une **Commission** chargée de proposer dans le cadre de la rénovation de la procédure civile, les harmonisations qui paraîtraient possibles entre les dispositions appliquées dans les départements du Bas-Rhin, du Haut-Rhin et de la Moselle et celles régissant le procès civil dans les autres départements[2]. Ses travaux ont permis que le Nouveau Code de procédure civile, entré en vigueur au plan national le 1er janvier 1976, soit également mis en application en Alsace-Moselle à compter du 1er janvier 1977 (Décr. n° 75-1122, 5 déc. 1975[3], art. 41, al. 3), sous réserve de quelques dispositions locales maintenues et de celles contenues à l'Annexe constitués de 46 articles, directement inspirés du droit local abrogé. Par la suite, elle a également collaboré efficacement aux réformes de l'arbitrage et de la procédure d'injonction de payer opérées en 1980 et 1981. Malheureusement la réforme des conseils de prud'hommes a été imposée en Alsace-Moselle sans concertation, ce qui avait suscité un profond émoi[4].

Quoi qu'il en soit, par ces réformes, la compétence de cette première commission s'est trouvée épuisée, alors que l'œuvre d'harmonisation était encore loin d'être achevée, notamment dans le domaine des voies d'exécution. Il est donc rapidement apparu nécessaire de créer une nouvelle commission d'harmonisation, mais sa mission a cette fois été étendue à tout le droit privé par l'arrêté ministériel du 22 août 1985 qui l'a instituée. Ses premiers travaux ont évidemment porté sur la réforme des voies d'exécution engagée, au plan national, sous l'égide de la commission Perrot installée en décembre 1983. Il en est résulté la loi du 9 juillet 1991 et son décret d'application du 31 juillet 1992 qui ont institué de nouvelles règles de procédure civile d'exécution sur les biens mobiliers, largement inspirées du droit local dont la supériorité technique avait toujours été admise, applicables sur tout le territoire national. En revanche, aucune harmonisation n'a été souhaitée en matière d'exécution forcée sur les immeubles où la réforme opérée en droit général par l'ordonnance n° 2006-461 du 21 avril 2006[5] a laissé subsister la procédure locale prévue par la loi civile du 1er juin 1924 en Alsace-Moselle[6].

7.13 Domaine. Si l'étendue du droit local est ainsi marquée par une régression progressive et irréversible, il n'en demeure pas moins vivace dans de nombreux domaines. Mais sa nature a profondément changé. Il ne constitue plus un « *système de droit* », mais une « *collection de particularismes* »[7]. Du coup, sa connaissance, indispensable à son application, en a été rendue encore plus difficile, ce qui a conduit à la création de l'Institut de droit local alsacien-mosellan, constitué sous la forme d'une association de droit local, en vue de recueillir les textes locaux et de renseigner les usagers du droit sur ces particularités[8].

En droit processuel, de tels particularismes subsistent aujourd'hui tant au niveau des règles d'organisation judiciaire et de compétence (titre 71) qu'au niveau des règles de procédure (titre 72).

1. V. NOT., « Le Nouveau Code de procédure civile 20 ans après : l'harmonisation avec le droit local alsacien-mosellan », *Rev. dr. local* 1998. 34, p. 36 et 37.
2. Rép. pr. civ., v° *Alsace et Moselle*, par P. Haegel, R. Schwob et J.-L. Vallens, avr. 2004 [màj janv. 2012], nos 6 à 10.
3. Décr. n° 75-1122, 5 déc. 1975, abrogeant et modifiant certaines dispositions en matière de procédure civile, *JO* 9 déc., p. 12518.
4. P. Haegel, « Le Nouveau Code de procédure civile 20 ans après – L'harmonisation avec le droit local alsacien-mosellan », *Rev. dr. local* 1998. 34, p. 39.
5. Ord. n° 2006-461, 21 avr. 2006, réformant la saisie immobilière, *JO* 22 avr., p. 6072.
6. Sur l'ensemble de la question, V. NOT., S. Guinchard et T. Moussa (dir.), Dalloz action *Droit et pratique des voies d'exécution*, 2013/2014, nos 1350.00 s., par Hoonakker.
7. *J.-Cl. Alsace-Moselle*, fasc. 30, p. 11, Woehrling.
8. « L'institut de droit local alsacien-mosellan », *Rec. jur. de l'Est* 1985. 13.

TITRE

71. Les règles locales d'organisation judiciaire et de compétence

SECTION 0

ORIENTEUR

71.00 **Plan du titre.**

Droit général. L'introduction du droit général en matière d'organisation judiciaire a été opérée par la loi du 25 juillet 1923 dont l'article 1er a posé le principe de l'application immédiate des règles existantes et l'article 16 a annoncé l'application de plein droit de toutes celles à venir. Mais le domaine de ces principes n'était pas clairement défini si bien que la question s'était posée de savoir s'ils devaient jouer aussi en matière de compétence[1].

Mais cette controverse ne présente plus aujourd'hui qu'un intérêt historique car les règles de droit local maintenues résultent de dispositions expresses. L'essentiel était traditionnellement contenu aux articles L. 911-1 à L. 914-2 et R. 911-1 à R. 915-4 du Code de l'organisation judiciaire. Mais depuis la recodification des parties législative et réglementaire de ce code, ces textes ont été éclatés entre le Code de l'organisation judiciaire (COJ, art. L. 215-1, L. 215-2, L. 223-1 à L. 223-6, R. 215-1, R. 215-2, R. 223-1, R. 223-5, R. 223-7, R. 223-10 à R. 223-13, D. 223-2 à D. 223-4, D. 223-6, D. 223-8 et D. 223-9), et le Code de commerce (C. com., art. L. 731-1 à L. 731-4, R. 731-2 à R. 731-5 et D. 731-1). Il s'y ajoute l'Annexe Alsace-Moselle au Code de procédure civile et quelques dispositions locales maintenues en vigueur.

Division. Une partie de ces règles locales intéresse certains tribunaux (chap. 711), l'autre, les auxiliaires de justice (chap. 712).

1. Sur ces points, v. *J.-Cl. Alsace-Moselle*, « Organisation judiciaire », fasc. 603, nos 1 à 17, Wiederkehr.

CHAPITRE

711. Règles locales d'organisation judiciaire et de compétence quant à certains tribunaux

PHILIPPE HOONAKKER[1]
Professeur à l'Université de Strasbourg
Avocat
et
DOMINIQUE D'AMBRA[2]
Professeur à l'Université de Strasbourg
Avocat

SECTION 0
ORIENTEUR

711.00 Plan du chapitre.

Division. Trois catégories de tribunaux sont concernés : le tribunal de grande instance (sect. 1), le tribunal d'instance (sect. 2) et la cour d'appel (sect. 3).

711.01 Principaux textes applicables.

COJ, art. L. 215-1, L. 215-2, L. 223-1 à L. 223-6, R. 215-2, R. 223-1, R. 223-7, R. 223-11, D. 223-5 à D. 223-9.

C. com., art. L. 731-1 à L. 731-4, D. 731-1 à R. 731-5.

C. pr. civ., Annexe Alsace-Moselle.

SECTION 1
TRIBUNAL DE GRANDE INSTANCE

711.10 Plan. Les tribunaux de grande instance se caractérisent en Alsace-Moselle par la présence en leur sein d'une chambre commerciale (§ 1), ce qui conditionne directement leur compétence d'attribution (§ 2).

§ 1
Chambre commerciale

711.11 Origine. Avant l'annexion de l'Alsace-Moselle à l'Empire allemand, il existait des tribunaux de commerce à Colmar, Metz, Mulhouse et Strasbourg. Mais ces juridictions ont été supprimées par la loi d'Empire du 27 janvier 1877 sur l'organisation judiciaire dont l'article 100 a institué, pour connaître du contentieux commercial, des chambres commerciales au sein des tribunaux civils, composées d'un magistrat professionnel qui en assurait la présidence et de deux « juges commerciaux » nommés pour trois ans.

1. Sections 1 et 2, sur le tribunal de grande instance et le tribunal d'instance.

2. Section 3, sur la cour d'appel.

Après le rétablissement de la souveraineté française, ces chambres ont été « provisoirement » maintenues, par l'article 6 de la loi du 25 juillet 1923, sous réserve de la désignation des assesseurs qui a été alignée sur celles des juges consulaires des tribunaux de commerce par l'article 26 de la loi commerciale du 1er juin 1924[1]. Ce provisoire a finalement été pérennisé et progressivement étendu à tous les tribunaux de grande instance des départements du Rhin et de la Moselle (COJ, art. L. 215-2; C. com., art. L. 731-1 et D. 731-1 [anc^t COJ, art. L. 913-1] – à l'origine, seuls étaient concernés les tribunaux de Colmar, Metz, Mulhouse et Strasbourg; puis l'institution a été étendue à Sarreguemines et Thionville par le décret n° 78-1147 du 30 novembre 1978[2] et enfin à Saverne par le décret n° 89-337[3] du 26 mai 1989)[4].

Cet **échevinage**, qui tire ses racines dans une histoire ancienne[5], n'est du reste pas propre à l'Alsace-Moselle. Il est largement répandu en Europe[6], existe aussi sous forme de tribunaux mixtes de commerce dans les DOM-TOM[7] et aurait dû faire son apparition, en vieille France, dans le cadre de la réforme des tribunaux de commerce qui avait été annoncée comme imminente[8]. Mais entre-temps ce projet a été abandonné.

711.12 Composition. Aux termes de l'article L. 731-3 du Code de commerce (anc^t COJ, art. L. 911-3), « *la chambre commerciale est composée d'un membre du tribunal de grande instance, président, de deux assesseurs élus et d'un greffier* ».

Le **président** de la chambre est désigné conformément aux dispositions qui régissent la répartition des magistrats du siège dans les chambres du tribunal (C. com., art. D. 731-2 [anc^t COJ, art. R. 913-2]), c'est-à-dire par ordonnance du président du tribunal de grande instance, prise avant le début de l'année judiciaire, sous réserve de modifications en cours d'année (COJ, art. L. 121-3, R. 121-1 et R. 212-4, al. 6 [anc^t COJ, art. L. 710-1 et R. 311-23]). En pratique, il s'agit généralement d'un magistrat ayant rang de vice-président. Lorsque l'importance du contentieux le requiert, la chambre commerciale peut être divisée en deux ou plusieurs sections, chacune étant alors présidée par un magistrat du siège désigné dans les mêmes conditions[9].

Les **assesseurs** sont élus comme les juges consulaires des tribunaux de commerce (C. com., art. L. 731-3 qui renvoie aux articles L. 723-1 à L. 723-14 [anc^t COJ, art. L. 913-3, qui renvoyait aux articles L. 413-1 à L. 413-11] – et C. com., art. R. 731-4, qui renvoie aux articles R. 723-1 à R. 723-31 [anc^t COJ, art. R. 913-4, qui renvoyait aux articles R. 413-1 à R. 413-20]). Plus généralement, l'essentiel des règles applicables aux juges consulaires a été étendu aux assesseurs de la chambre commerciale, y compris celles concernant la durée de leurs fonctions (C. com., art. R. 731-5 [anc^t COJ, art. R. 913-5]).

Enfin, le greffe est assuré par un **greffier** du tribunal de grande instance (COJ, art. R. 215-2 [anc^t COJ, art. R. 915-3, al. 1er]). Il s'agit donc d'un fonctionnaire de l'État et non d'un officier ministériel comme devant les tribunaux de commerce.

§ 2
Compétence d'attribution

711.21 Chambre civile. Du fait de la présence d'une chambre commerciale au sein de chaque tribunal de grande instance en Alsace-Moselle, la ou les autres chambres sont qualifiée(s) de civile(s). Elle(s) exerce(nt) tous les chefs de compétence appartenant au tribunal de grande instance en droit général, sous les réserves suivantes.

Outre les procédures collectives relevant de la compétence des tribunaux de grande instance (C. com., art. L. 621-2 relatif à la sauvegarde et applicable au redressement judiciaire sur renvoi de l'article L. 631-7 et à la liquidation judiciaire sur renvoi de l'article L. 641-1, issus de L. n° 2005-845, 26 juill. 2005, de sauvegarde des entreprises[10]), elles connaissent également de celles qui peuvent être ouvertes, en Alsace-Moselle, en cas d'insolvabilité notoire et de bonne foi, à l'encontre des particuliers, ni commerçants, ni personnes immatriculées au répertoire des métiers, ni agriculteurs, ni personnes exerçant toute autre profession indépendante, y compris une profession libérale soumise à un statut législatif ou réglementaire ou dont le titre est protégé (C. com., art. L. 670-1, al. 1er, issu de L. 26 juill. 2005). Inversement elles sont privées de certains chefs de compétence particuliers réservés au

1. L. 1er juin 1924, portant introduction des lois commerciales françaises dans les départements du Haut-Rhin, du Bas-Rhin, de la Moselle, *JO* 3 juin, p. 5043.
2. Décr. n° 78-1147, 30 nov. 1978, portant création de chambres commerciales aux tribunaux de grande instance de Sarreguemines et de Thionville, *JO* 10 déc., p. 4126.
3. Décr. n° 89-337, 26 mai 1989, portant création d'une chambre commerciale au tribunal de grande instance de Saverne, *JO* 28 mai, p. 6695.
4. Sur l'ensemble de la question not., Rép. pr. civ., v° *Alsace et Moselle*, par P. Haegel, R. Schwob et J.-L. Vallens, avr. 2004 [màj janv. 2012], n° 32 – « Juridictions commerciales », *J.-Cl. Alsace-Moselle*, fasc. 505, n°s 1 et 2, Vallens.
5. N. Olszak, *L'échevinage dans les juridictions, Histoire du droit local*, Publications IDL, 1990. 89 s.
6. V. NOT., J.-L. Vallens, « L'échevinage de la justice commerciale », *Rev. dr. local* 1996. 9.
7. V. NOT., A. Roger, « Défense de l'échevinage : l'exemple des tribunaux mixtes de commerce », *JCP* 1996. I. 3905.
8. V. NOT., « La réforme de la justice commerciale », *JCP* 1999. Actu. 1065 s.
9. V. NOT., « Juridictions commerciales », *J.-Cl. Alsace-Moselle*, fasc. 505, n° 5, Vallens.
10. L. n° 2005-845, 26 juill. 2005, de sauvegarde des entreprises, *JO* 27 juill., p. 12187.

tribunal d'instance, en matière patrimoniale (v. s^s^ n° 711.32) et en matière successorale (v. s^s^ n° 711.42).

711.22 Chambre commerciale. Le principe est que la compétence de la chambre commerciale du tribunal de grande instance est alignée sur celle du tribunal de commerce (C. com., art. L. 731-2 [anc^t^ COJ, art. L. 913-2]). Elle connaît donc de tous les litiges énumérés aux articles L. 721-3 à L. 721-6 du Code de commerce (anc^t^ COJ, art. L. 411-4 à L. 411-7, institués par L. n° 2001-420, 15 mai 2001, dite loi NRE, à effet rétroactif de l'entrée en vigueur de la loi n° 91-1258, 19 déc. 1991[1], dont l'article 3 avait malencontreusement abrogé notamment les articles 631, 634 et 636 à 638 du Code de commerce qui déterminaient la compétence matérielle des tribunaux de commerce[2]). Mais ce principe n'est pas absolu.

L'article L. 731-2 du Code de commerce (anc^t^ COJ, art. L. 913-2) réserve « *les affaires qui relèvent de la compétence du tribunal d'instance* ». Comme nous le verrons (v. s^s^ n° 711.33), il s'agit des **petits litiges** commerciaux portant sur une valeur n'excédant pas le taux de compétence de 10 000 euros. La chambre commerciale, et son président statuant en référé (sur ce point, v. s^s^ n° 711.23), sont donc incompétents pour statuer sur ces petits litiges (par ex. à propos d'une procédure de référé[3]).

Traditionnellement ce principe était aussi largement amputé en matière de **procédures collectives** en raison du rôle important qui y était réservé au juge d'instance, véritable « *juridiction de droit commun* » de ces procédures[4]. Mais cette particularité a été supprimée par la loi du 2 janvier 1978, de sorte que désormais l'article L. 215-1 alinéa 1er du COJ (anc^t^ COJ, art. L. 912-1) consacre expressément la compétence de la chambre commerciale (respectivement la chambre civile, v. s^s^ n° 711.21), pour connaître, comme le tribunal de commerce, du contentieux des procédures collectives prévu au livre VI du Code de commerce. Il ne subsiste plus qu'une seule particularité, en l'occurrence la possibilité de confier l'exercice des fonctions de juge-commissaire à un juge du siège du tribunal de grande instance ou à un juge du tribunal d'instance du domicile du débiteur (COJ, art. L. 215-1, al. 2 [anc^t^ COJ, art. L. 912-1], et C. com., art. L. 731-4). Mais en pratique, l'usage le plus courant est de désigner les assesseurs des chambres commerciales, le juge d'instance n'étant désigné que parfois comme juge-commissaire suppléant[5].

711.23 Président. Le président de la chambre commerciale exerce, en principe, les attributions juridictionnelles du président du tribunal de commerce. C'est ainsi qu'il lui appartient de statuer en référé et sur requête conformément aux articles 872, 873 et 875 C. pr. civ. (C. pr. civ., ann. art. 39; lorsque l'importance du contentieux le requiert, il arrive que le président du tribunal de grande instance délègue spécialement un magistrat du siège pour connaître des « *référés commerciaux* »). De même, il exerce la compétence optionnelle reconnue au président du tribunal de commerce pour autoriser sur requête, avant tout procès, une mesure conservatoire portant sur une créance qui relève de la compétence de la juridiction commerciale (C. pr. exéc., art. L. 511-3); le cas échéant, il connaîtra aussi des contestations qui seront élevées contre ces mesures (C. pr. exéc., art. R. 512-2).

Mais l'équivalence n'est pas parfaite. D'une part, le président de la chambre commerciale ne peut délivrer d'injonction de payer qu'au-delà de 10 000 euros (en-deçà la compétence revient en Alsace-Moselle, au juge d'instance - V. s^s^ n° 711.41). Mais la requête en injonction de payer est formée de la même manière par le créancier ou tout mandataire (C. pr. civ., art. 1407 - V. s^s^ n°s 172.231 et 172.271). D'autre part et inversement, il préside obligatoirement la formation de jugement et ne peut donc, contrairement à son homologue du tribunal de commerce, se faire substituer par un juge consulaire si bien que l'application de l'article L. 722-3 du Code de commerce (anc^t^ COJ, art. L. 412-3) est écartée devant la chambre commerciale (C. com., art. L. 731-4 [anc^t^ COJ, art. L. 913-4]).

711.24 Greffe. En principe, les formalités incombant au greffe du tribunal de commerce sont remplies par le greffe du tribunal de grande instance (COJ, art. R. 215-2). Mais là aussi, il faut réserver celles qui continuent, par dérogation locale, à être assumées par le greffe du tribunal d'instance en Alsace-Moselle (v. s^s^ n° 711.52).

SECTION 2
TRIBUNAL D'INSTANCE

711.30 Unification. Avant 1958, coexistaient deux types de juridictions : les tribunaux cantonaux,

1. L. n° 2001-420, 15 mai 2001, dite loi NRE, relative aux nouvelles régulations économiques, *JO* 16 mai, p. 7776 – L. n° 91-1258, 19 déc. 1991 conférant aux chefs de cour le pouvoir de déléguer des magistrats du siège de la cour d'appel pour exercer des fonctions judiciaires dans les tribunaux du ressort de la cour d'appel, modifiant le Code de l'organisation judiciaire et donnant force de loi audit Code, *JO* 19 déc., p. 16530; *D.* 1992. 9.
2. V. NOT., H. Croze, « Tribunaux de commerce : conséquences de l'abrogation de l'ancien Code de commerce », *Procédures* 2000. Repère 4; « Le retour (de la compétence matérielle) des tribunaux de commerce », *Procédures* 2001. Chron. 5 – Th. Le Bars, « Nouvelles observations sur la codification à « droit constant » du Code de commerce – L'article 631 du Code de commerce étant abrogé depuis... 1991 », *JCP* 2000. Actu. 48.
3. Metz, 31 oct. 2000, *Rec. jur. de l'Est* 2001. 75.
4. « Juridictions commerciales », *J.-Cl. Alsace-Moselle*, fasc. 505, n° 9, par J.-L. Vallens.
5. « Juridictions commerciales », *J.-Cl. Alsace-Moselle*, fasc. 505, n° 9, par J.-L. Vallens.

successeurs des tribunaux de baillage de l'Empire allemand en Alsace-Moselle et les juges de paix dans le reste de la France. L'unité a été réalisée par l'ordonnance n° 58-1273 du 22 décembre 1958[1] qui a institué les tribunaux d'instance, généralisés à la France entière, au lieu et place des juges de paix et des tribunaux cantonaux.

Mais cette unification institutionnelle ne s'est pas traduite par une unification fonctionnelle, de nombreuses règles locales étant restées en vigueur devant les tribunaux d'instance des trois départements de l'Est. Aujourd'hui, outre les particularités d'ordre procédural (v. s^s n° 722.131), il subsiste encore quelques règles locales étendant les attributions des tribunaux d'instance d'Alsace et de Moselle. Elles concernent à la fois leur compétence générale (§ 1) et leurs compétences spéciales (§ 2) ainsi que les formalités incombant au secrétariat-greffe (§ 3).

§ 1
Compétence générale

711.31 Valeur en litige. Le tribunal d'instance est seul compétent pour tout litige en matière patrimoniale ou en matière commerciale dont la valeur en litige n'excède pas 10 000 euros (COJ, art. L. 223-1 [anc^t COJ, art. L. 911-1]) qui correspond au taux de compétence fixé en matière civile pour l'ensemble des tribunaux d'instance (COJ, art. L. 221-4).

C'est donc dans cette limite que les tribunaux d'instance d'Alsace et de Moselle connaissent de tous les litiges en matière patrimoniale et en matière commerciale, empiétant ainsi respectivement sur la compétence des chambres civiles et des chambres commerciales des tribunaux de grande instance.

711.32 Matière patrimoniale. Si l'ancien article L. 911-1 du COJ se contentait de viser « *tout litige en matière patrimoniale* », le nouvel article L. 223-1 du même Code explicite désormais ce chef de compétence et consacre ainsi les solutions qui étaient traditionnellement retenues, en distinguant les actions réelles immobilières et les actions personnelles ou mobilières.

Le **tribunal d'instance** connaît donc en Alsace et en Moselle de toutes les **actions réelles immobilières**, y compris les actions **pétitoires**. Or ailleurs en France, les actions immobilières, pétitoires comme possessoires, relèvent de la compétence exclusive du tribunal de grande instance (COJ, art. R. 211-4, 5° [anc^t COJ, L. 311-2, 9°]). Le tribunal d'instance statue en dernier ressort jusqu'à la valeur de 4 000 euros et à charge d'appel jusqu'à celle de 10 000 euros (COJ, art. R. 223-1, al. 1er).

Le tribunal d'instance connaît aussi des **actions personnelles ou mobilières.** Mais depuis l'institution de la juridiction de proximité par la loi n° 2002-1138 du 9 septembre 2002[2], d'orientation et de programmation pour la justice, il faut réserver les actions qui relèvent de sa compétence, laquelle a été étendue par la loi n° 2005-47 du 26 janvier 2005. C'est ce qui explique que l'alinéa second de l'article L. 223-1 du COJ prévoit que le tribunal d'instance est compétent de la valeur de 4 000 euros à celle de 10 000 euros et qu'il connaît aussi des demandes indéterminées qui ont pour origine l'exécution d'une obligation dont le montant est compris entre 4 000 euros et 10 000 euros. Dans tous ces cas, il statue toujours à charge d'appel (COJ, art. R. 223-1, al. 2).

711.33 Matière commerciale. Les tribunaux d'instance, en Alsace-Moselle, sont aussi et surtout, **juges de droit commun des petits litiges commerciaux** dont la valeur n'excède pas 10 000 euros (COJ, art. L. 223-1, al. 3). Ils statuent alors en dernier ressort jusqu'à 4 000 euros et à charge d'appel au-delà (COJ, art. R. 223-1, al. 3).

Le contentieux commercial général y est ainsi partagé, à raison de la valeur en litige, entre le tribunal d'instance et la chambre commerciale du tribunal de grande instance, alors que le tribunal de commerce est seul compétent quelle que soit la valeur en litige.

Réforme des contentieux et allègement des procédures. La loi n° 2011-1862 du 13 décembre 2011, relative à la répartition des contentieux et à l'allègement de certaines procédures juridictionnelles[3], issue des travaux de la commission présidée par le recteur Serge Guinchard contracte l'article L. 223-1 du COJ en deux alinéas (L. 13 déc. 2011, art. 1er, I, 6°), dont le premier confirme la compétence commerciale des tribunaux d'instance en Alsace et en Moselle en leur conférant compétence exclusive pour connaître « *en matière civile et commerciale, de toute action patrimoniale jusqu'à la valeur de 10 000 euros* ». Il reprend ainsi la solution de l'ancien alinéa 3 dans le prolongement de l'article L. 731-2 du Code de commerce, qui réserve expressément cette compétence (v. s^s n° 711.22). À l'origine, cette nouvelle rédaction devait entrer en vigueur le 1er janvier 2013. Mais la loi n° 2012-1441 du 24 décembre 2012 relative aux juridictions de proximité[4] l'a repoussée au 1er janvier 2015 en même temps que la suppression des juridictions de proximité.

1. Ord. n° 58-1273, 22 déc. 1958, relative à l'organisation judiciaire, *JO* 23 déc., p. 11557.
2. L. n° 2002-1138, 9 sept. 2002, d'orientation et de programmation pour la justice, *JO* 10 sept., p. 14934.
3. L. n° 2011-1862, 13 déc. 2011, relative à la répartition des contentieux et à l'allègement de certaines procédures juridictionnelles, *JO* 14 déc., p. 21105.
4. L. n° 2012-1441, 24 déc. 2012, relative aux juridictions de proximité, *JO* 26 déc., p. 20395.

§ 2
Compétences spéciales

711.41 **Matière contentieuse.** Les tribunaux d'instance conservent encore certains chefs de compétence spéciale relevant de la matière contentieuse qui se rajoutent à ceux du droit général.

Malgré l'introduction du Nouveau Code de procédure civile, la procédure de commandement de payer prévue aux articles 688 à 703 du Code de procédure civile local avait été maintenue en vigueur (Décr. n° 75-1122, 5 déc. 1975[1], art. 14). Mais ces textes ont été abrogés par le décret n° 81-500 du 12 mai 1981[2] qui a institué la procédure d'**injonction de payer** insérée aux articles 1405 à 1424 C. pr. civ., largement inspirée de ces dispositions de droit local. Une particularité avait néanmoins été maintenue au premier alinéa de l'article 46 de l'Annexe Alsace-Moselle du Code de procédure civile qui, dans sa dernière rédaction issue du décret n° 2005-460 du 13 mai 2005[3], disposait que « *lorsqu'il statue selon la procédure d'injonction de payer, le tribunal d'instance est compétent à quelque valeur que la demande puisse s'élever* ». Il en résultait que sous réserve de la compétence de la juridiction de proximité en matière civile, le juge du tribunal d'instance était seul compétent, sans limitation de montant, tant en matière civile que commerciale[4]. Mais cet alinéa a été abrogé par l'article 6 du décret n° 2012-1515 du 28 décembre 2012 pris notamment pour l'application de loi n° 2011-1862 du 13 décembre 2011, relative à la répartition des contentieux et à l'allègement de certaines procédures juridictionnelles[5], issue des travaux de la commission présidée par le recteur Serge Guinchard. Il s'ensuit qu'en **matière civile** la compétence est désormais partagée, au moins jusqu'au 31 décembre 2014, entre le juge de proximité, le juge du tribunal d'instance et le président du tribunal de grande instance, exactement comme en droit général (v. s[s] n° 172.271). Quant à la **matière commerciale,** la requête doit être portée devant le juge d'instance jusqu'à 10 000 euros et au-delà devant le président de la chambre commerciale du tribunal de grande instance (v. s[s] n° 711.23).

Le tribunal d'instance était aussi tribunal de l'exécution forcée tant en matière mobilière qu'immobilière, c'est-à-dire une sorte de juge de l'exécution avant la lettre. Mais depuis la réforme des procédures civiles d'exécution opérée par la loi du 9 juillet 1991 et son décret d'application du 31 juillet 1992, il n'est plus que le **tribunal de l'exécution en matière immobilière** où il connaît donc des matières suivantes : l'exécution forcée des biens immeubles, l'administration forcée des immeubles et la procédure en matière de purge des hypothèques (COJ, art. L. 223-2, qui développe l'anc. COJ, art. L. 911-3). Quant au juge de l'exécution, il a pris sa place en matière mobilière[6], étant toutefois précisé qu'en Alsace-Moselle, les juges d'instance sont tous délégataires des présidents des tribunaux de grande instance et exercent donc, à leur place, les fonctions de juge de l'exécution.

Autrefois, le tribunal d'instance était aussi compétent pour autoriser la **saisie conservatoire de l'article L. 511-51 du Code de commerce** (anc[t] C. com., art. 158), selon l'ancien article R. 911-4 du COJ. Mais ce texte n'a pas été repris car depuis la recodification du Code de commerce, il est devenu inutile, cette compétence ayant aussi été attribuée au tribunal d'instance en droit général (C. com., art. L. 223-7; mais l'art. L. 511-51 risque fort de tomber en désuétude, car l'article L. 511-2 C. pr. exéc. prévoit la possibilité de prendre une mesure conservatoire sur tous biens du débiteur, sans autorisation judiciaire préalable, notamment en cas de défaut de paiement d'une lettre de change acceptée).

711.42 **Matière gracieuse.** Le tribunal d'instance connaît également de toute une série de chefs de compétence spéciale, rangé par l'Annexe du [Nouveau] Code de procédure civile dans la matière gracieuse.

Certains de ces chefs de compétence correspondent à des **dispositions locales de fond,** maintenues en vigueur, et dont il appartient ainsi au tribunal d'instance de connaître (COJ, art. L. 223-5 [anc[t] COJ, art. R. 911-1] et C. pr. civ., ann. art. 2 et 3, al. 1er). Ces matières, pour lesquelles le juge d'instance statue toujours en premier ressort (C. pr. civ., ann. art. 3, al. 1er), sont les suivantes :

– **tutelle**, administrations légales et **curatelles** de droit local; mais cette compétence spéciale n'est plus que **résiduelle** car ces dispositions de droit local ont été abrogées par les articles 1 à 3 de la loi n° 90-1248 du 29 décembre 1990[7], sous réserve des tutelles et

1. Décr. n° 75-1122, 5 déc. 1975, abrogeant et modifiant certaines dispositions en matière de procédure civile, *JO* 9 déc., p. 12518.
2. Décr. n° 81-500, 12 mai 1981, instituant les dispositions des livres III et IV du Nouveau Code de procédure civile et modifiant certaines dispositions de ce Code, *JO* 14 mai, p. 1380.
3. Décr. n° 2005-460, 13 mai 2005, relatif aux compétences des juridictions civiles, à la procédure civile et à l'organisation judiciaire, *JO* 14 mai, p. 8343.
4. Sur la compétence de la juridiction de proximité, v. E. Sander, « Injonction de payer : à propos de la compétence de la juridiction de proximité en Alsace-Moselle », *Rev. dr. local* juin 2005, p. 37.
5. Décr. n° 2012-1515, 28 déc. 2012, portant diverses dispositions relatives à la procédure civile et à l'organisation judiciaire, *JO* 30 déc., p. 21018.
6. V. NOT., S. Guinchard et T. Moussa (dir.), Dalloz action *Droit et pratique des voies d'exécution*, 2013/2014, n° 1350.05, par P. Hoonakker.
7. L. n° 90-1248, 29 déc. 1990, portant diverses mesures d'harmonisation entre le droit applicable dans les départements ▶

curatelles ouvertes sous l'empire des textes abrogés qui y restent soumises jusqu'à la cessation des fonctions des tuteurs ou curateurs désignés (L. 29 déc. 1990, art. 4) [1];

– **partage judiciaire et vente judiciaire d'immeubles, certificats d'héritiers et scellés**;

– **registre** des associations et registres des associations coopératives de droit local (les registres matrimoniaux n'ont pas été repris à l'occasion de la recodification de la partie réglementaire du COJ car cette compétence était devenue **résiduelle**, suite à la suppression de ces registres par l'article 5 de la loi du 29 décembre 1990, de sorte qu'elle ne subsistait que pour les publications opérées avant l'abrogation [2], sans compter que l'omission des formalités de publicité précédemment prévues ne pouvait plus donner lieu à aucune sanction – L. 29 déc. 1990, art. 5, al. 2).

Le tribunal d'instance assure aussi le service du livre foncier (COJ, art. L. 223-4 [anc^{t} COJ, art. L. 911-4]), dont les règles d'organisation et de fonctionnement sont prévues aux articles R. 223-7 et D. 223-5 à D. 223-9 du COJ (anc^{t} COJ, art. R. 911-5 à R. 911-13).

D'autres chefs de compétence concernent, en revanche, l'application de dispositions de **droit général** pour lesquelles compétence est conférée, en Alsace-Moselle, au tribunal d'instance au lieu et place des juridictions désignées en vieille France. Ainsi le tribunal d'instance statue-t-il « *à la place du tribunal de grande instance et du président de cette juridiction dans les cas où la loi leur donne compétence en* ***matière successorale*** » (COJ, art. L. 223-6 [anc^{t} COJ, R. 911-2] – et C. pr. civ., ann. art. 3, al. 2). À ce titre, le tribunal d'instance peut notamment, en matière successorale, envoyer en possession un légataire universel, déclarer une succession vacante, nommer un administrateur provisoire [3] ou encore se prononcer sur la validité d'un testament olographe [4].

§ 3 Greffe

711.51 Formalités de droit local. Les greffes des tribunaux d'instance d'Alsace-Moselle tiennent d'abord les formalités requises par les institutions de droit local maintenues en vigueur et qui par hypothèse n'incombent pas à leurs homologues de vieille France. Il s'agit des **registres** visés à l'article R. 223-11 du COJ (anc^{t} COJ, R. 915-2), savoir :

– le registre des **associations**, pour les associations de droit local régies par les articles 21 à 79 du Code civil local maintenus en vigueur par l'article 7, 9° de la loi civile du 1er juin 1924 [5];

– le registre des **associations coopératives** de droit local, pour les associations de nature commerciale régies par la loi locale du 1er mai 1889, modifiée par la loi du 20 mai 1898, maintenue en vigueur par l'article 5 de la loi commerciale du 1er juin 1924 [6].

Les registres matrimoniaux ne sont plus cités car cette formalité a disparu du fait de la suppression de ces registres par la loi du 29 décembre 1990 (v. s^{s} n° 711.42).

711.52 Formalités de droit général. Par ailleurs, les greffes des tribunaux d'instance remplissent aussi des formalités de droit général, accomplies en vieille France par les greffes des tribunaux de commerce et qui leur ont été attribuées au lieu et place des greffes des tribunaux de grande instance normalement compétents (COJ, art. R. 215-2 [anc^{t} COJ, R. 915-3], al. 1er, v. s^{s} n° 711.12).

Il s'agit, en conséquence, exclusivement de **formalités commerciales**, énumérées limitativement à l'article R. 223-12 (anc^{t} COJ, R. 915-3, al. 2) du COJ, savoir :

– le **registre du commerce et des sociétés**;

– le **registre des *warrants* hôteliers** prévus par les articles L. 523-1 et suivants du Code de commerce (anc^{t} L. 8 août 1913, art. 3 s.);

– le registre de **dépôt des actes** de sociétés prévus par les articles R. 210-17 et R. 123-112 du Code de commerce;

– le **registre des agents commerciaux** prévu par l'article R. 134-6 du Code de commerce.

Les registres de dépôt des actes de sociétés et des agents commerciaux sont tenus au greffe du tribunal d'instance dépositaire du registre du commerce.

SECTION 3 COUR D'APPEL

711.61 Particularités. Les cours d'appel de Colmar et de Metz sont régies par les règles d'organisation et par les règles de compétence du droit général

▶ du Bas-Rhin, du Haut-Rhin et de la Moselle et le droit applicable dans les autres départements, *JO* 3 janv., p. 103; *D.* 1991. 76.

1. SUR L'ENSEMBLE DE LA QUESTION, Rép. pr. civ., v° *Alsace et Moselle*, par Haegel, Schwob et Vallens, avr. 2004 [màj janv. 2012], n°s 70 s., 86 et 87.
2. EN CE SENS, « Organisation judiciaire », *J.-Cl. Alsace-Moselle*, fasc. 603, n°s 108 et 109, Wiederkehr.
3. V. NOT., Rép. pr. civ., v° *Alsace et Moselle*, par P. Haegel, R. Schwob et J.-L. Vallens, avr. 2004 [màj janv. 2012], n° 75.
4. Colmar, 12 nov. 1986, *Rec. jur. de l'Est* 1987. 61.
5. L. 1er juin 1924, mise en vigueur de la législation civile française dans les départements du Bas-Rhin, du Haut-Rhin et de la Moselle, *JO* 3 juin, p. 5026 – V. NOT., Rép. pr. civ., v° *Alsace et Moselle*, par P. Haegel, R. Schwob et J.-L. Vallens, avr. 2004 [màj janv. 2012], n°s 156 à 161.
6. V. NOT., Rép. pr. civ., v° *Alsace et Moselle*, par P. Haegel, R. Schwob et J.-L. Vallens, avr. 2004 [màj janv. 2012], n°s 162 à 164.

(COJ, art. R. 212-1 et R. 212-2). Néanmoins il existe quelques particularités locales : la cour d'appel de Colmar est le tribunal d'appel pour la navigation sur le Rhin et pour la navigation sur la partie de la Moselle située entre Metz et la frontière (L. n° 66-378, 25 juin 1966 et L. n° 66-379, 25 juin 1966[1]). La cour d'appel de Colmar connaît ainsi des appels contre les décisions du tribunal d'instance de Strasbourg pour la navigation sur le Rhin[2] et du tribunal d'instance de Thionville pour la navigation sur la Moselle.

1. L. n° 66-378, 25 juin 1966, modifiant la loi du 21 avril 1832 et la loi du 19 mars 1934 et relative aux juridictions compétentes pour la navigation du Rhin, *JO* 16 juin, p. 4835 – L. n° 66-379, 25 juin 1966, déterminant, en application de la convention franco-germano-luxembourgeoise du 27 octobre 1956, les juridictions compétentes pour la navigation sur la Moselle, *JO* 16 juin, p. 4836.
2. R. Mischlich, « Le régime international de la navigation du Rhin », *RTD com.* 1957. 285.

CHAPITRE

712. Règles locales d'organisation judiciaire et de compétence quant aux auxiliaires de justice

DOMINIQUE D'AMBRA
Professeur à l'Université de Strasbourg
Avocat

SECTION 0
ORIENTEUR

712.00 **Plan du chapitre.**

Division. L'annexion des départements du Rhin et de la Moselle entre 1871 et 1918 est à l'origine de particularités dans la réglementation de la profession de certains auxiliaires de justice : avocats (sect. 1), greffiers (sect. 2), notaires (sect. 3), huissiers de justice (sect. 4).

712.01 **Principaux textes applicables.**

C. pr. civ., ann. Alsace-Moselle.

C. pr. civ. loc., art. 4, 725, 726, 794, 866.

L. 20 févr. 1922, sur l'exercice de la profession d'avocat et la discipline du barreau en Alsace-Lorraine.

Décr. n° 47-817, 9 mai 1947, relatif aux droits et émoluments des avocats postulants des départements du Haut-Rhin, du Bas-Rhin et de la Moselle.

SECTION 1
AVOCATS

712.10 **Division.** La profession d'avocat est pour l'essentiel soumise au régime général. Il existe cependant quelques dispositions particulières en raison de l'absence d'avoué dans les départements du Bas-Rhin, du Haut-Rhin et de la Moselle. Le texte fondamental du statut local est la loi du 20 février 1922. L'article 1er pose le principe que les avocats des départements du Rhin et de la Moselle sont soumis aux « *lois et décrets qui réglementent en France l'exercice de la profession d'avocat et la discipline du barreau* » mais les articles suivants apportent des réserves à propos des règles professionnelles (§ 1) qui vont entraîner des conséquences quant à la rémunération des avocats des départements recouvrés (§ 2).

§ 1
Règles professionnelles

712.11 **Généralités.** L'avocat doit avoir le siège de son cabinet au siège de la juridiction auprès de laquelle il postule. Il peut cependant être autorisé par le conseil de l'ordre à s'établir au siège d'un tribunal d'instance du ressort (L. 20 févr. 1922, art. 8). Tout avocat étranger au ressort des cours d'appel de Colmar et de Metz peut se faire inscrire au barreau d'un des trois départements recouvrés sans condition d'admission spéciale. L'exercice de la profession dans ces départements reste soumis aux usages locaux mentionnés dans les règlements intérieurs des barreaux.

712.12 **Absence d'avoué.** Il résulte de l'article 8 alinéa 1er de la loi du 20 février 1922 que devant les tribunaux des départements de la Moselle, du Bas-Rhin et du Haut-Rhin, les avocats inscrits au tableau près ces tribunaux sont admis à représenter les parties, à postuler, à conclure et d'une manière générale à faire tous les actes de procédure. Aussi les avocats cumulent-ils les fonctions d'avocat et d'avoué non seulement devant les tribunaux de grande instance mais également devant les cours d'appel de Colmar et de Metz. La suppression des avoués n'a pas affecté les règles professionnelles des avocats d'Alsace et du département de la Moselle.

712.13 **Option.** L'alinéa 2 de l'article 8 de la loi du 20 février 1922 précise encore : « *Les avocats inscrits au tableau des avocats de Colmar devront faire connaître, par déclaration qui sera portée par le bâtonnier à la connaissance du Procureur général, s'ils entendent exercer le droit de représenter et postuler devant la cour d'appel ou devant le tribunal de première instance* ».

L'article 142 du décret du 9 juin 1972, aujourd'hui abrogé, a permis l'application de ce texte lors de la création de la cour d'appel de Metz par le décret n° 73-11 du 2 janvier 1973[1]. Il faut préciser que les avocats postulant devant les cours d'appel de Colmar et de Metz n'ont pas la qualité d'officier ministériel.

La loi du 20 février 1922 interdit ainsi la postulation à la fois devant la cour d'appel et un tribunal de grande instance. Aussi la jurisprudence n'a pas autorisé la création d'une société civile professionnelle constituée entre avocats postulant les uns devant les tribunaux de grande instance et les autres devant la cour d'appel[2].

§ 2
Rémunération des avocats

A.
Généralités

712.21 **Émoluments et honoraires.** La rémunération reflète la dualité des fonctions de l'avocat. Il perçoit des droits et émoluments pour la postulation et des honoraires pour ses plaidoiries et ses consultations. Les émoluments et les honoraires sont dus par le client à l'avocat. Toutefois l'avocat peut, au nom de son client, recouvrer par voie de taxation les émoluments dus à ce dernier par la partie condamnée aux dépens (v. s^s n° 712.61).

712.22 **Textes.** En droit local, il existe des règles particulières relatives aux frais de justice. Avant le 1er janvier 1977, date d'entrée en application du Nouveau Code de procédure civile dans les départements recouvrés, les textes régissant la matière étaient les suivants : articles 3 à 9 et 91 à 107 du Code de procédure civile local, la loi d'Empire du 18 juin 1878 sur les frais de justice modifiée et la loi locale d'Alsace-Lorraine sur les frais de justice du 6 décembre 1899 modifiée, la loi locale du 30 juin 1878 modifiée, portant tarif des témoins et experts, le décret n° 47-817 du 9 mai 1947 relatif aux droits et émoluments des avocats postulant dans les trois départements, les articles 104 à 109 du décret n° 72-809 du 1er septembre 1972[3] portant application de la loi n° 72-11 du 3 janvier 1972 instituant l'aide judiciaire.

Plusieurs textes ont servi à adapter le droit local à l'introduction du Nouveau Code de procédure civile et à la loi n° 77-1468 du 30 décembre 1977[4] relative à la gratuité des actes de justice devant les juridictions civiles et administratives. Ainsi l'article 14 du décret n° 75-1122 du 5 décembre 1975 a laissé subsister le deuxième et le dernier alinéa de l'article 91, l'article 98 et les articles 103 à 107 du Code de procédure civile local qui appartiennent au titre V intitulé « Des frais et dépens ». L'article 29 du décret n° 76-899 du 29 septembre 1976[5] a maintenu en vigueur les règles de calcul de la valeur de l'objet en litige qui constitue l'assiette des frais et dépens[6]. L'article 30 de ce même décret a précisé que les indemnités, frais et honoraires alloués aux témoins et aux experts demeurent régis par les dispositions du droit local. Enfin le décret n° 78-63 du 20 janvier 1978[7], pris en application de l'article 15 de la loi n° 77-1468 du 30 décembre 1977, énumère les textes locaux abrogés et apportent des modifications aux textes maintenus.

1. Décr. n° 73-11, 2 janv. 1973, portant création d'une cour d'appel à Metz, *JO* 5 janv., p. 240.
2. Civ. 1re, 5 janv. 1982, n° 81-11.017, *Bull. civ.* I, n° 1 ; *D* 1982. 339, note Brunois.
3. Décr. n° 72-809, 1er sept. 1972, portant application de la loi n° 72-11 du 3 janvier 1972 instituant l'aide judiciaire, *JO* 3 sept., p. 9476.
4. L. n° 77-1468, 30 déc. 1977, instituant la gratuité des actes de justice devant les juridictions civiles et administratives, *JO* 31 déc., p. 6359.
5. Décr. n° 76-899, 29 sept. 1976, relatif à l'application du Nouveau Code de procédure civile dans les départements du Haut-Rhin, du Bas-Rhin et de la Moselle, *JO* 1er oct., p. 5797.
6. Colmar, 28 janv. 2011, RG n° 10/05893, Ville de Strasbourg c/ consorts Grunwald, NP.
7. Décr. n° 78-63, 20 janv. 1978, portant application de l'article 15 de la loi n° 77-1468 du 30 décembre 1977 sur la gratuité des actes de justice, *JO* 24 janv., p. 475.

B.
Droits et émoluments de l'avocat

1°
Champ d'application

712.31 Article 91 alinéa 2 du Code de procédure civile local. Ce texte dispose que : « *Dans tous les procès, les émoluments et les débours de l'avocat de la partie triomphante sont à rembourser, mais ceux de l'avocat venu de l'extérieur seulement dans la mesure où son concours était nécessaire à la poursuite ou à la défense opportune du droit. Les frais de plusieurs avocats d'une partie ne sont remboursables qu'en tant qu'un changement en la personne de l'avocat était indispensable* ».

L'article 696 C. pr. civ. est venu limiter la portée générale de la première proposition de ce texte : le juge peut par une décision motivée mettre la totalité ou une fraction des dépens à la charge de la partie qui a gagné le procès. En privant l'avocat venu de l'extérieur, c'est-à-dire inscrit à un autre barreau que celui du tribunal saisi du procès, de ses frais de transport, la deuxième proposition de l'article 91 entend protéger l'adversaire de celui qui a fait le choix d'un avocat hors du barreau de la circonscription dont dépend le tribunal[1]. Enfin parmi les motifs qui rendent indispensable le changement d'avocat, il faut citer le décès du premier avocat[2].

712.32 Domaine du décret du 9 mai 1947. Les droits et émoluments des avocats postulant dans les départements du Rhin et de la Moselle sont fixés par le décret n° 47-817 du 9 mai 1947. Ils sont dus devant toutes les juridictions ordinaires. La Cour de cassation a pourtant jugé que, dans la mesure où les droits et émoluments se rapportent à la postulation, l'avocat ne peut y prétendre, outre ses honoraires, s'il est intervenu dans une procédure dispensée du ministère d'avocat[3]. Ainsi l'avocat qui intervient devant la chambre sociale de la cour d'appel ne peut prétendre aux émoluments visés par le décret du 9 mai 1947[4]. Estimant que la chambre sociale de la cour d'appel est une juridiction ordinaire, la cour d'appel de Colmar[5], puis la cour d'appel de Metz[6], ont résisté à la solution retenue par la Cour de cassation. Mais cette dernière a maintenu sa jurisprudence[7]. La cour d'appel de Colmar[8] s'est inclinée mais pas celle de Metz[9]. Cette dernière a cependant jugé récemment que l'article 123 du décret n° 91-1266 du 19 décembre 1991[10] sur l'aide juridique, qui oblige l'adversaire du bénéficiaire de l'aide juridictionnelle à rembourser au Trésor public les dépens mis à sa charge, ne peut attribuer à ce dernier plus de droit que n'en aurait l'avocat de la partie gagnante et l'état de frais et dépens du trésorier payeur général doit être déclaré nul et de nul effet[11].

La cour d'appel de Colmar, tribunal supérieur pour la navigation sur le Rhin, a décidé que les tribunaux de navigation du Rhin ne sont pas des juridictions ordinaires au sens du décret du 9 mai 1947 dont les dispositions relatives aux droits et émoluments ne trouvent pas application dans une instance suivie devant ce tribunal[12]. La même solution avait déjà été retenue pour la juridiction constituée en matière d'évaluation des indemnités d'expropriation[13].

2°
Tarif des émoluments

712.41 Généralités. Les émoluments comprennent un droit fixe, un droit proportionnel, un droit gradué pour les débours et le remboursement de certains frais (transport, copies, droit de plaidoirie). Le décret du 9 mai 1947 renvoie, pour la fixation des émoluments, aux dispositions des articles 2, 4, 68 à 70 du décret du 30 avril 1946 relatif au tarif des avoués. Le décret n° 74-750 du 30 août 1974[14] relatif aux droits et émoluments alloués aux avoués près les cours d'appel n'est pas applicable aux avocats près les cours de Colmar et de Metz.

712.42 Droit fixe et droit proportionnel. Le droit fixe est de 6,59 euros (anc[t] 43,20 francs). Le droit proportionnel varie en fonction de l'intérêt du litige. Il est fixé par tranches et a été majoré de 20 % par le décret n° 75-785 du 21 août 1975[15] :

1. Colmar, 13 oct. 1992, *Rec. jur. de l'Est* 1993. 1, note R. S. et J. P.
2. T. civ. Strasbourg, 2 mars 1937, *Rev. jur. Alsace-Lorraine* 1937. 302.
3. Civ. 2e, 25 nov. 1981, n° 80-15.793, *Bull. civ.* II, n° 204.
4. Civ. 2e, 18 nov. 1992, n° 91-15.163, *Bull. civ.* II, n° 263; *Rec. jur. de l'Est* 1993. 1.
5. Colmar, ch. réunies, 21 mars 1994, *Rec. jur. de l'Est* 1994. 81.
6. Metz, 19 déc. 1994, *Rec. jur. de l'Est* 1995. 88.
7. Cass., ass. plén., 2 mai 1997, n° 94-15.048, *Bull. ass. plén.*, n° 5; *Rec. jur. de l'Est* 1997. 114.
8. Colmar, 29 janv. 1999, *Rec. jur. de l'Est*, 1999. 63.
9. Metz, 12 juin 2003, *Rec. jur. de l'Est*, 2003. 121.
10. Décr. n° 91-1266, 19 déc. 1991, portant application de la loi n° 91-647 du 10 juillet 1991 relative à l'aide juridique, *JO* 20 déc., p. 16609.
11. Metz, ord. 1er juin 2010, RG n° 09/00017, SARL Cristal services c/ TPG, NP.
12. Colmar, T. sup. pour la navigation sur le Rhin, 1989, Ste Hortkorn a./EDF, *Rec. jur. de l'Est* 1989. 140.
13. Colmar, 10 mars 1976, *Rec. jur. de l'Est* 1976. J. 99.
14. Décr. n° 74-750, 30 août 1974, relatif aux droits et émoluments alloués aux avoués près les cours d'appel, *JO* 31 août, p. 9091.
15. Décr. n° 75-785, 21 août 1975, relatif aux droits et émoluments alloués à titre transitoire aux avocats à raison des actes de procédure, *JO* 26 août, p. 8739.

Intérêt du litige	Droit
de 0 à 1 068 € (anc[t] de 1 à 7 000 F)	3,60 %
de 1 068,01 à 2 135 € (anc[t] de 7 000 à 14 000 F)	2,40 %
de 2 135,01 à 3 964 € (anc[t] de 14 000 à 26 000 F)	1,20 %
de 3 964,01 à 9 147 € (anc[t] de 26 000 à 60 000 F)	0,60 %
au-dessus de 9 147,01 € (anc[t] au-dessus de 60 000 F)	0,30 %
(*JO* 29 avr. 2001, p. 63 à 69)	

Le droit fixe et le droit proportionnel sont majorés du tiers en instance d'appel (Décr. 9 mai 1947, art. 43).

712.43 **Droit gradué.** Le droit gradué est calculé sur le total du droit fixe et du droit proportionnel de la manière suivante :

Total du droit fixe et du droit proportionnel		Droit gradué
inférieur ou égal à	6 € (anc[t] 40 F)	4,60 € (anc[t] 30 F)
compris entre	6,1 et 15 € (anc[t] 40,10 et 96 F)	6,40 € (anc[t] 42 F)
compris entre	15,1 et 29 € (anc[t] 96,10 et 192 F)	8,90 € (anc[t] 58 F)
supérieur à	29 € (anc[t] 192 F)	15 € (anc[t] 96 F)
(*JO* 29 avr. 2001, p. 63 à 69)		

712.44 **Caractère obligatoire du tarif.** Ce tarif est obligatoire et ne peut donner lieu à aucun dépassement. En revanche le montant des émoluments peut être réduit sur autorisation du bâtonnier et même faire l'objet d'une remise totale (Décr. 9 mai 1947, art. 63).

712.45 **Prescription.** Lorsque la partie gagnante a obtenu une ordonnance de taxe, la prescription pour recouvrer les dépens sur la partie adverse est de dix ans (C. pr. exéc., art. L. 111-4). Quant au droit à émoluments de l'avocat, il était soumis à la prescription de deux ans de l'article 2273 du Code civil. Depuis l'abrogation de ce texte par la loi n° 2008-561 du 17 juin 2008 portant réforme de la prescription en matière civile[1], c'est en principe le **délai de droit commun de cinq ans** qui s'applique. Il court à compter de l'achèvement de la mission de l'avocat.

712.46 **Recouvrement des émoluments contre son client par l'avocat.** S'agissant du recouvrement des émoluments et débours de l'avocat à l'encontre de son propre client, la cour d'appel de Colmar a jugé que : « *Aux termes de l'article 695, 7e alinéa C. pr. civ., la rémunération des avocats dans la mesure où elle est réglementée, est comprise dans les dépens; que ceux-ci doivent être vérifiés et recouvrés par application des dispositions des articles 704 à 718 du même Code qui permettent aux avocats d'obtenir un titre exécutoire; que les contestations relatives aux frais, émoluments et débours qui ne sont pas compris dans les dépens formées pour ou contre les auxiliaires de justice sont soumises aux mêmes règles* »[2].

Cependant ces procédures sont rares car l'avocat peut subordonner l'acceptation de son mandat au versement d'une provision suffisante (Décr. 9 mai 1947, art. 58) et l'imputer d'abord sur les frais et émoluments. Il peut au nom de son client récupérer ses émoluments contre l'adversaire s'il est condamné aux dépens.

3°
La valeur en litige

712.51 **Définition.** Elle constitue l'assiette des frais et dépens.

712.52 **Textes.** L'article 29 du décret n° 76-899 du 29 septembre 1976 dispose que : « *La valeur de l'objet en litige pour l'application des règles de droit local, notamment en ce qui concerne les frais de justice, est fixée selon les dispositions applicables à la date du 31 décembre 1976* ». Quelles sont ces dispositions ? Il s'agit des articles 3 à 9 du Code de procédure civile local[3], des articles 9 à 17 de la loi d'Empire sur les frais de justice du 18 juin 1878 (dans la rédaction du 20 mai 1898). Il faut ajouter les articles 1 et 13 du décret n° 78-63 du 20 janvier 1978 portant application de l'article 15 de la loi n° 77-1468 du 30 décembre 1977 instituant la gratuité des actes de justice devant les juridictions civiles et administratives.

712.53 **Caractère déterminé de la valeur en litige.** La valeur en litige est toujours déterminée. Elle l'est par le montant de la demande et non par celui de la condamnation (C. pr. civ. loc., art. 4). Elle est fixée selon le montant réclamé dans la demande au début de la procédure[4]. Il a ainsi été jugé qu'a fait une exacte application du décret du 9 mai 1947, la cour d'appel qui a alloué aux avocats des défendeurs, à la suite du désistement d'action du demandeur, un droit proportionnel calculé sur le montant de la provision pour dommages et intérêts sollicitée par le demandeur dans son assignation[5]. L'article 11 de la loi d'Empire de 1878 pose le principe de l'unicité de la valeur en litige : aussi lorsque la demande reconventionnelle a un objet différent de la demande principale « *les objets doivent être additionnés* » pour calculer la valeur en litige et la règle est la même en cas d'appel incident. Lorsque la demande n'a pas une nature patrimoniale elle est fixée forfaitairement. Et

1. L. n° 2008-561, 17 juin 2008, portant réforme de la prescription en matière civile, *JO* 18 juin p. 9856.

2. Colmar, 21 avr. 1997, *Rec. jur. de l'Est* 1997. 121.
3. Sur l'application de ces textes, *J.-Cl. Pr. civ.*, fasc. 63, n°s 37 à 41, Wiederkehr.
4. Soc. 21 juin 1956, n° 46-582, *Bull. civ.* IV, n° 562.
5. Civ. 2e, 12 oct. 1988, n° 87-12.814, *Bull. civ.* II, n° 191; *Rev. jur. Alsace-Lorraine* 1989. 155.

il est prévu un système de capitalisation pour les demandes relatives à des prestations périodiques (rentes, pensions, loyers).

712.54 **Fixation de la valeur en litige.** Il appartient au tribunal, saisi de l'affaire, de fixer la valeur en litige sur la demande d'une partie ou d'après la nature de l'objet du litige (L. 18 juin 1878, art. 16). Sa décision est susceptible d'un recours qui suit les règles des pourvois en matière gracieuse (C. pr. civ., ann. art. 43). Si la valeur en litige est minorée, ni les parties, ni l'avocat agissant en leur nom ne peuvent exercer un recours car les parties n'ont pas intérêt à une augmentation de la valeur en litige[1]. En revanche le recours de l'avocat, fait en son propre nom, contre la fixation de la valeur en litige, est parfaitement recevable[2].

C.
Taxation des frais et dépens

712.61 **Procédure.** Les dépens comprennent les émoluments. Le recouvrement des dépens reste régi par les articles 103 à 107 du Code de procédure civile local. Selon l'article 103, le remboursement des dépens ne peut être poursuivi qu'en vertu d'un titre exécutoire. La partie qui a droit au remboursement de ses frais, ou son avocat, adresse une requête en taxation au greffier en chef ou au secrétaire-greffier du tribunal qui a statué en première instance. Cette requête est accompagnée des pièces justificatives et d'un état des dépens avec une copie de cet état destinée à l'adversaire. Le greffier statue sur la requête. La décision est notifiée aux parties, avec une copie du décompte des frais, par lettre recommandée avec avis de réception. Les parties peuvent présenter leurs observations dans un délai de deux semaines à compter de la notification. La notification aux avocats ne fait pas courir le délai de contestation, il faut que l'ordonnance de taxation soit notifiée aux parties personnellement[3]. Si le greffier ne donne pas suite aux observations des parties, il défère la contestation au tribunal qui peut trancher sans débat oral préalable. La décision du tribunal peut être frappée d'un pourvoi immédiat dans un délai de quinze jours. La procédure suivie sera celle de la matière gracieuse (v. s^s^ n°s 721.21 s.).

D.
Aide juridictionnelle

712.71 **Particularités.** En matière d'aide juridictionnelle, le paiement de l'indemnité due à l'avocat et le recouvrement des dépens sont soumis à quelques dispositions particulières aux départements du Rhin et de la Moselle posées par le décret n° 91-1266 du 19 décembre 1991, pris en application de la loi n° 91-647 du 10 juillet 1991[4]. L'article 153 de ce texte fixe les règles de détermination de la contribution de l'État à la rétribution des avocats pour l'exercice des attributions de l'avoué. Lorsque l'adversaire de la partie assistée a perdu son procès, a été condamné à tout ou partie des dépens ou à supporter la totalité ou une fraction des sommes exposées par l'État au titre de l'aide juridictionnelle, les montants dus sont liquidés et ordonnancés par l'ordonnateur compétent (Décr. n° 91-1266, 19 déc. 1991, art. 155 modifié). Enfin l'article 157 du décret prévoit, qu'en cas d'appel porté devant les cours d'appel de Colmar ou de Metz et lorsque la représentation peut être assurée par un autre avocat qu'un avocat postulant devant ces juridictions, l'avocat qui a assisté et représenté la partie en première instance continue à la représenter devant la cour sauf refus de l'intéressé ou de l'avocat.

SECTION 2
GREFFIERS

712.81 **Compétences particulières.** Les greffiers des départements du Rhin et de la Moselle ont des compétences qui leur sont propres en matière de taxation des frais (v. s^s^ n° 712.61). Ils tiennent également un certain nombre de registres : registre du commerce, registre de dépôt des actes des sociétés, registre spécial d'immatriculation des actes commerciaux, registre des *warrants* hôteliers. Les greffiers en chef des juridictions civiles et pénales ont, pour les opérations qui leur sont confiées, les mêmes responsabilités que les régisseurs d'avances et de recettes des organismes publics (Décr. n° 2005-1669, 27 déc. 2005[5], art. 3).

SECTION 3
NOTAIRES

712.90 **Généralités.** Nonobstant l'introduction des lois françaises, il existe encore des dispositions de droit local pour régir le notariat alsacien et mosellan. Il faut ainsi signaler les particularités concernant la force exécutoire de l'acte notarié (C. pr. civ. loc., art. 794, al. 5, et 866) et la délivrance de la copie

1. Colmar, 30 sept. 1954, *Rev. jur. Alsace-Lorraine* 1955. 108.
2. Colmar, 15 avr. 1931, *Rev. jur. Alsace-Lorraine* 1932. 175.
3. Colmar, 1er avr. 2005, *Rev. jur. de l'Est* 2006. 19.

4. L. n° 91-647, 10 juill. 1991, relative à l'aide juridique, *JO* 13 juill., p. 9170.
5. Décr. n° 2005-1669, 27 déc. 2005, relatif aux transferts des opérations financières des juridictions judiciaires des départements du Bas-Rhin, du Haut-Rhin et de la Moselle au profit des comptables du Trésor public, *JO* 29 déc.

exécutoire (C. pr. civ. loc., art. 725 et 726), l'existence de l'acte authentiquement légalisé qui est un acte sous seing privé légalisé par le notaire. Mais l'essentiel des dispositions de droit local relatives au notariat concerne l'organisation et l'accès à la profession et les missions du notaire.

§ 1
Organisation et accès à la profession

712.91 **Organisation.** Elle présente certaines particularités. Il existe dans les départements recouvrés un conseil inter-régional et une caisse complémentaire. Une limite d'âge est posée pour l'exercice de la profession : elle est fixée à soixante-dix ans. Les sociétés civiles professionnelles, titulaires d'un office, sont régies par des dispositions spéciales.

712.92 **Accès.** S'agissant de l'accès à la profession, le candidat doit, outre les conditions générales, avoir effectué un stage de quatre années, dont deux ans de stage ininterrompus dans un office notarial du ressort des cours d'appel de Colmar et de Metz et avoir réussi un examen professionnel spécifique. Puisqu'il n'y a pas de droit de présentation du successeur dans les départements recouvrés, il existe une procédure de nomination spécifique.

§ 2
Missions des notaires

712.100 **Plan.** Les particularités du droit local ont conduit à confier aux notaires des missions spécifiques (B). Il est même considéré comme un délégué du tribunal (A).

A.
Un délégué du tribunal

712.101 **Division.** Les notaires en Alsace-Moselle sont considérés comme des auxiliaires de justice. Ils jouent un rôle important dans un certain nombre de procédures soumises à la loi d'introduction du 1er juin 1924 : partage judiciaire, procédure d'exécution forcée immobilière et de distribution. Aussi en matière de partage judiciaire soumis au droit local, le tribunal, ne peut désigner qu'un notaire ayant sa résidence professionnelle dans les départements du Rhin et de la Moselle[1].

712.102 **Partage judiciaire.** En cette matière, le notaire est nommé par le tribunal d'instance pour diriger les opérations. Il n'est pas le mandataire des parties mais agit en qualité d'officier ministériel investi d'une mission gracieuse[2]. Cependant il n'est pas juge, et lorsqu'une difficulté apparaît il ne peut la trancher mais dresse un procès-verbal et invite les parties à saisir le tribunal compétent[3]. Si une partie désire qu'il soit remplacé elle ne doit pas utiliser la procédure de récusation mais la procédure propre à sa profession et les règles de la loi du 1er juin 1924[4].

712.103 **Exécution forcée immobilière et distribution.** Si en droit général la procédure de saisie immobilière se déroule devant le tribunal de grande instance, en droit local les opérations se déroulent devant un notaire désigné par le tribunal d'instance (L. 1er juin 1924, art. 141 à 170). À défaut d'accord entre les créanciers, le notaire, qui a procédé à la vente forcée de l'immeuble, demeure compétent pour ouvrir et poursuivre la procédure de distribution du prix. Il peut également être chargé de la répartition du prix à la suite d'une vente de gré à gré non suivie de surenchère. Le notaire n'a pas un rôle juridictionnel dans la procédure d'exécution forcée, aussi les dispositions de l'article 6 § 1 de la Convention européenne des droits de l'homme ne sont pas applicables[5].

B.
Missions diverses du notaire

712.111 **Missions principales.** Nous ne citerons que les principales missions confiées aux notaires par le droit local. En l'absence de commissaire-priseur dans les départements recouvrés, la loi du 1er juin 1924 confie aux notaires et aux huissiers, les fonctions attribuées aux commissaires-priseurs par les lois françaises. Les articles 15 à 17 de l'Annexe du Code de procédure civile offrent au tribunal d'instance la possibilité de déléguer un notaire pour apposer, lever les scellés et dresser inventaire. Ces textes s'appliquent concurremment avec les dispositions du décret n° 86-951 du 30 juillet 1986[6] relatif aux mesures conservatoires prises après l'ouverture d'une succession. Les articles 257 et suivants de la loi de 1924 chargent encore les notaires de la réalisation des ventes aux enchères en justice d'immeubles appartenant à des incapables ou dépendant de la succession acceptées sous bénéfice d'inventaire. De

1. TI Metz, 7 sept. 1988, *Rec. jur. de l'Est* 1988. 67.
2. Colmar, 30 mars 1988, *Rec. jur. de l'Est* 1988. 24 – Colmar, 15 oct. 1989, *Rev. jur. Alsace-Lorraine* 1990. 13.
3. Metz, 29 sept. 1986, *Rev. jur. Alsace-Lorraine* 1987. 61.
4. Colmar, 30 mars 1988, cité dans *J.-Cl. Pr. civ.*, fasc. 63, n° 153.
5. Civ. 2e, 21 mars 2002, n° 00-14.700, *Bull. civ.* II, n° 48; *D.* 2002. IR 1324; *D.* 2002. 2643, note Fricero; *Rec. jur. de l'Est* 2002. 29-38.
6. Décr. n° 86-951, 30 juill. 1986, complétant le Nouveau Code de procédure civile et relatif aux mesures conservatoires prises apres l'ouverture d'une succession, *JO* 13 août, p. 9928.

manière générale, les ventes volontaires en justice leur sont confiées.

SECTION 4
HUISSIERS

712.121 Organisation de la profession. Le décret du 29 juillet 1926 a introduit, dans les départements du Haut-Rhin, du Bas-Rhin et de la Moselle, les dispositions des lois et règlements généraux relatifs à l'organisation et à la discipline des huissiers.

Il subsiste aujourd'hui encore certaines particularités pour être nommé huissier de justice dans l'un des trois départements : le candidat doit non seulement présenter les conditions d'aptitude prévues par le droit général mais aussi avoir subi avec succès l'examen de droit local qui porte sur les dispositions particulières de procédure civile et de voies d'exécution applicables en Alsace Moselle.

Au début de l'annexion, l'État allemand avait racheté les charges d'huissiers. En 1918, l'État français les a mises sous séquestre; le décret du 29 juillet 1926 a maintenu cette situation. Le droit de présentation du successeur et le cautionnement des huissiers n'ont pas été introduits. Les huissiers sont nommés selon la procédure suivante : la vacance d'un poste d'huissier de justice est publiée par les procureurs généraux des cours de Colmar et de Metz. Les candidatures sont soumises à une commission composée de hauts magistrats des trois départements et des présidents des chambres locales d'huissiers de justice. La commission établit un classement et seuls les noms des deux ou trois premiers sont soumis au choix du ministre de la Justice. Depuis le décret n° 2004-365 du 22 avril 2004[1], en cas de décès, d'incapacité ou de retrait volontaire d'un associé d'une société d'huissiers, dans les conditions posées par l'article 82 du décret n° 92-1448 du 30 décembre 1992[2] et hors les cas où il ne subsiste qu'un seul associé, la société d'huissiers peut faire acte de candidature à l'office dont elle était titulaire ou à un autre office à pourvoir dans les départements du Bas-Rhin, du Haut-Rhin et de la Moselle.

712.122 Missions. Dans les trois départements tous les huissiers de justice sont audienciers et, en l'absence de commissaires-priseurs, ils partagent cette fonction avec les notaires.

712.123 Compétence territoriale. L'huissier peut effectuer les actes prévus à l'article 6 du décret n° 56-222 du 29 février 1956[3] dans le ressort de tous les tribunaux d'instance dépendant territorialement du tribunal de grande instance près duquel il est établi.

1. Décr. n° 2004-365, 22 avr. 2004, modifiant le décret n° 69-1274 du 31 décembre 1969, *JO* 25 avr., p. 7556.
2. Décr. n° 92-1448, 30 déc. 1992, pris pour l'application à la profession d'huissier de justice de la loi n° 90-1258 du 31 décembre 1990 relative à l'exercice sous forme de sociétés des professions libérales soumises à un statut législatif ou réglementaire ou dont le titre est protégé, *JO* 1er janv., p. 40.
3. Décr. n° 56-222, 29 févr. 1956, portant règlement d'administration publique relatif au statut des huissiers de justice, *JO* 3 mars, p. 2214.

TITRE

72. Les règles locales de procédure civile

SECTION 0 ORIENTEUR

72.00 **Plan du titre.**

72.11 **Évolution.** Depuis le 1er janvier 1997 (Décr. n° 75-1122, 5 déc. 1975[1], art. 41), le principe est celui de l'application, en Alsace-Moselle, des règles générales du Code de procédure civile. Mais cette introduction du droit général s'est faite sous réserve des règles locales maintenues ou créées. Ces principes sont affirmés, en ces termes, par l'article 1er de l'Annexe du Code de procédure civile : « *Le Code de procédure civile est applicable dans les départements du Bas-Rhin, du Haut-Rhin et de la Moselle, sous réserve des dispositions particulières non abrogées et des dispositions permanentes ci-après* ».

Malgré l'importance des abrogations opérées successivement par les articles 14 et 15 du décret n° 75-1122 du 5 décembre 1975 (respectivement la majorité des dispositions du Code de procédure civile local et les lois des 17 mai 1898 et 6 novembre 1899 relatives à la matière gracieuse), 1er du décret n° 80-354 du 14 mai 1980[2] (C. pr. civ. loc., art. 1027 à 1048, en matière d'arbitrage) et 49 du décret n° 81-500 du 12 mai 1980[3] (C. pr. civ. loc., art. 688 à 703, sur la procédure de commandement de payer), il subsiste encore des règles locales, les unes ponctuelles intéressant en toute matière la liste des jours fériés et chômés, et les autres, plus nombreuses, propres soit à la matière gracieuse (chap. 721), soit à la matière contentieuse (chap. 722).

72.12 **Jours fériés et chômés.** En Alsace et en Moselle, il faut ajouter à la liste des jours fériés et chômés, notamment pour l'application des articles 642 (computation des délais) et 664 (signification des actes) C. pr. civ., les deux jours suivants : le **vendredi-saint** qui est un jour férié (L. d'Empire 19 oct. 1887, maintenue en vigueur) et la **Saint-Étienne** (le 26 décembre) qui est un jour chômé par l'effet de la loi (Ord. 16 août 1892, prise en application de l'article 105 alinéa 2 C. prof. loc., qui interdit notamment le travail le second jour de Noël)[4].

1. Décr. n° 75-1122, 5 déc. 1975, abrogeant et modifiant certaines dispositions en matière de procédure civile, *JO* 9 déc., p. 12518.

2. Décr. n° 80-354, 14 mai 1980, relatif à l'arbitrage et destiné à s'intégrer dans le Nouveau Code de procédure civile, *JO* 18 mai, p. 1238.
3. Décr. n° 81-500, 12 mai 1980, instituant les dispositions des Livres III et IV du Nouveau Code de procédure civile et modifiant certaines dispositions de ce code, *JO* 14 mai, p. 1380.
4. Sur l'ensemble de la question, A. Caussing, *Répertoire Niboyet*, màj 1930, p. 42, v° *Jours fériés* – J.-Y. Simon, *J.-Cl. Alsace-Moselle*, « Repos dominical et jours fériés », fasc. 660, n° 25 – L. Grisey Martinez, « Jours fériés et temps de travail : une combinaison délicate », *Rev. dr. local* juin 2005. 25.

CHAPITRE

721. Règles locales de procédure civile en matière gracieuse

PHILIPPE HOONAKKER
Professeur à l'Université de Strasbourg
Avocat

SECTION 0
ORIENTEUR

721.00 **Plan du chapitre.**

721.01 **Principaux textes applicables.** Jusqu'à l'introduction du Nouveau Code de procédure civile, la procédure gracieuse obéissait, en Alsace-Moselle, aux dispositions de la loi d'Empire du 18 mai 1898 et à la loi locale d'exécution du 6 novembre 1899. Mais ces textes ont été abrogés par l'article 15 du décret n° 75-1122 du 5 décembre 1975[1], à compter du 1er janvier 1977 (Décr. 5 déc. 1975, art. 41). Désormais sont donc applicables, dans les trois départements de l'Est, les règles générales gouvernant la procédure gracieuse, et en particulier les articles 25 à 29 C. pr. civ. (sur ces règles, v. ss nos 322.00 à 322.42), dont d'ailleurs une bonne partie est inspirée du droit local abrogé[2].

Mais ce principe d'introduction du droit général n'est pas absolu. Il subsiste, en effet, des règles locales applicables à des matières limitativement énumérées.

721.06 **Domaine.** Il s'agit d'abord de toutes les matières gracieuses de droit local, énumérées à l'article 2 de l'Annexe, qui ont été préservées et relèvent de la compétence du tribunal d'instance. Mais depuis la loi n° 90-1248 du 29 décembre 1990[3] qui a abrogé les règles locales de protection des incapables majeurs et les registres matrimoniaux (v. ss n° 711.42), il ne subsiste plus que les matières de partage judiciaire et vente judiciaire d'immeubles, de certificats d'héritier, de scellés, de registre des associations, ordinaires et coopératives de droit local, et de Livre foncier.

Par ailleurs, ces règles locales s'appliquent aussi lorsque le tribunal d'instance est appelé à statuer, aux lieu et place du tribunal de grande instance ou de son président, pour faire application des dispositions de droit général en matière successorale (C. pr. civ., ann. art. 3, al. 2 - sur ces chefs de compétence, v. ss n° 711.42).

721.07 **Règles locales.** Chacune des matières énumérées à l'article 2 de l'Annexe est régie par les **règles particulières** résultant de la loi civile d'introduction du 1er juin 1924. Elles consistent en des dispositions spécialement instituées par cette loi, des textes locaux maintenus en vigueur et des textes complémentaires intervenus postérieurement (C. pr. civ., ann. art. 2 *in fine*). De plus pour certaines de ces matières, il faut encore ajouter les dispositions particulières prescrites aux articles 11 à 30 de l'Annexe[4].

1. Décr. n° 75-1122, 5 déc. 1975, abrogeant et modifiant certaines dispositions en matière de procédure civile, *JO* 9 déc., p. 12518.
2. Sur ce point not., J. Heck, « Procédure civile locale – Procédure gracieuse – Généralités », *J.-Cl. Alsace-Moselle*, fasc. 605, nos 11 et 12.
3. L. n° 90-1248, 29 déc. 1990, portant diverses mesures d'harmonisation entre le droit applicable dans les départements du Bas-Rhin, du Haut-Rhin et de la Moselle et le droit applicable dans les autres départements, *JO* 3 janv. 1991, p. 103.
4. Sur ces dispositions particulières not., Rép. pr. civ., v° *Alsace et Moselle*, par P. Haegel, R. Schwob et J.-L. Vallens, avr. 2004 [màj janv. 2012], nos 66 s. – J. Heck, « Procédure civile locale – Procédure gracieuse – Matières particulières », *J.-Cl. Alsace-Moselle*, fasc. 610.

À côté de ces règles particulières dont l'étude dépasserait l'objet de cet ouvrage, il existe aussi des règles communes de procédure civile prévues aux articles 5 à 10 de l'Annexe. Elles sont applicables non seulement aux matières gracieuses qui restent soumises au droit local, mais aussi à celles de droit général qui relèvent de la compétence du tribunal d'instance en matière successorale (C. pr. civ., ann. art. 4). Mais ces règles communes n'instituent pas un système de droit complet qui se substituerait au droit général. Il s'agit seulement de règles dérogatoires aux dispositions régissant la procédure gracieuse en droit général, lesquelles restent donc applicables pour le surplus. Certaines de ces règles locales communes concernent la décision gracieuse qui sera rendue dans l'une de ces matières par le tribunal d'instance (sect. 1), les autres, la voie de recours ouverte, en l'occurrence, le pourvoi de droit local (sect. 2).

SECTION 1
DÉCISION GRACIEUSE

721.11 **Notification.** Faute de dispositions dérogatoires, la décision gracieuse peut être fondée sur des faits non allégués (C. pr. civ., art. 26), recueillis notamment à l'occasion de toutes investigations auxquelles le juge peut procéder même d'office ou des déclarations des personnes susceptibles de l'éclairer ou dont les intérêts risquent d'être affectés, qu'il peut entendre sans formalités (C. pr. civ., art. 27). Elle peut aussi être rendue sans débats préalables (C. pr. civ., art. 28). Rappelons cependant que toutes ces facultés ne dispensent en aucun cas le juge de l'obligation de respecter le principe du contradictoire (v. s^s n°s 322.31 à 322.42).

Mais une fois prononcée, la décision gracieuse sera notifiée aux parties, en droit local, par pli recommandé avec demande d'avis de réception (C. pr. civ., ann. art. 5, al. 1er). Par hypothèse, cette formalité incombe au secrétariat-greffe du tribunal d'instance saisi qui ne devra pas oublier de faire figurer, le cas échéant, les modalités et le délai ouvert pour former pourvoi (v. s^s n° 721.22), sous peine de nullité de la notification[1].

721.12 **Modification.** Les pouvoirs du juge, déjà très étendus en droit général, sont encore élargis en droit local, lequel l'autorise à modifier d'office la décision gracieuse qu'il a rendue (C. pr. civ., ann. art. 6). Une telle disposition n'a pas d'équivalent en droit général où la doctrine dominante considère, au contraire, qu'une décision gracieuse, étant un véritable acte juridictionnel, ne peut, en principe, être modifiée en dehors de l'exercice des voies de recours ouvertes (v. s^s n° 421.22). Mais il est vrai que la Cour de cassation persiste à juger que ces décisions, n'ayant pas l'autorité de la chose jugée, peuvent toujours être modifiées en cas de circonstances nouvelles[2] (à propos des ordonnances sur requête, v. aussi s^s n° 324.53).

Mais ce pouvoir d'office du droit local n'est pas sans limite. D'abord il est écarté lorsque le recours ouvert contre la décision rendue est enfermé dans un délai (C. pr. civ., ann. art. 6 *in fine* – sur ce type de recours, appelé pourvoi immédiat, v. s^s n° 721.21). Par ailleurs, il peut être entravé en cas d'exécution de la décision rendue.

721.13 **Exécution.** Lorsque la décision gracieuse a autorisé un acte particulier et que celui-ci a été passé valablement avec un tiers de bonne foi, elle ne pourra plus être modifiée (C. pr. civ., ann. art. 9). De la même manière, si la décision a investi une personne d'une fonction déterminée ou d'une habilitation générale, les actes qu'elle a passés valablement avec les tiers de bonne foi ne sont pas affectés en cas de modification ultérieure de la décision (C. pr. civ., ann. art. 10). Autrement dit, la modification d'office reste possible, mais sa portée est limitée par la préservation des actes passés au profit des cocontractants de bonne foi.

Cette dernière limitation s'applique aussi en cas de remise en cause de la décision sur pourvoi.

SECTION 2
POURVOI DE DROIT LOCAL

721.21 **Notion.** Alors qu'en droit général, la voie de recours ouverte en matière gracieuse est l'appel, le pourvoi du droit local a été maintenu contre les décisions rendues dans les matières gracieuses énumérées aux articles 2 et 3 de l'Annexe (v. s^s n° 711.42 – cette voie de recours est ouverte aussi dans certaines matières contentieuses soumises au droit local, ce qui peut poser des difficultés; ainsi en est-il en matière d'exécution forcée immobilière et de frais d'instance en vertu de l'article 43 de l'Annexe du Code de procédure civile – sur les frais d'instance, v. s^s n° 712.61)[3]. Il est qualifié de **pourvoi immédiat** lorsqu'il est enfermé dans un délai et d'**ordinaire** dans les autres cas (C. pr. civ., ann. art. 8).

1. Civ. 2e, 19 avr. 1985, n° 84-10.607, *Bull. civ.* II, n° 80; *Gaz. Pal.* 1985. Pan. 241.

2. Civ. 1re, 6 avr. 1994, n° 92-15.170, *Bull. civ.* I, n° 141; *RTD civ.* 1994. 563, obs. Hauser; *Justices* 1995, n° 2, p. 283, note crit. Wiederkehr – Civ. 1re, 17 oct. 1995, n° 94-04.025, *Bull. civ.* I, n° 367; *RTD civ.* 1996. 709, obs. Perrot; *Justices* 1996, n° 4, p. 266, note crit. Wiederkehr.

3. Sur l'exécution forcée immobilière, v. not. S. Guinchard et T. Moussa (dir.), Dalloz action *Droit et pratique des voies d'exécution*, 2013/2014, n°s 1351.14 à 1351.16, par P. Hoonakker.

Mais au-delà du vocabulaire employé, le régime de l'appel ouvert en droit général ayant été directement inspiré du pourvoi du droit local, les différences qui subsistent intéressent essentiellement la formation du pourvoi, son instruction étant désormais identique à celui de l'appel en matière gracieuse.

721.22 Formation. Le pourvoi de droit local peut être formé par tout intéressé (C. pr. civ., ann. art. 7, al. 1er), alors que l'appel, en droit général, n'est possible contre les décisions gracieuses que de la part des parties et des tiers auxquels elle a été notifiée, les autres devant utiliser la voie de la tierce-opposition (C. pr. civ., art. 546, al. 2 - V. ss no 544.221). De même, il est ouvert contre toute décision gracieuse, même si elle ordonne le sursis à statuer, l'article 380 C. pr. civ. concernant l'appel ayant été déclaré inapplicable [1].

Lorsque la voie de recours ouverte est le pourvoi immédiat, il devra être formé dans le délai de quinze jours courant à compter de la notification de la décision (il s'agit de la notification aux parties et non de la délivrance des copies aux avocats éventuellement constitués [2] - sur les modalités de la notification, v. ss no 721.11), sauf prorogation conformément aux articles 643 à 647 C. pr. civ. (C. pr. civ., ann. art. 8). En revanche, le pourvoi ordinaire n'est soumis à aucun délai (en droit général, le délai d'appel en matière gracieuse est, en principe, de quinze jours aux termes de l'article 538 C. pr. civ. - V. ss nos 542.291 s.).

Sous ces réserves, le pourvoi est formé selon les règles applicables en matière gracieuse devant la cour d'appel (C. pr. civ., ann. art. 7, al. 2). Il faut donc faire application de l'article 950 C. pr. civ. de sorte que le pourvoi se fait par déclaration remise ou adressée par pli recommandé au secrétariat du tribunal qui s'est prononcé (conformément à l'article 668 C. pr. civ., la date du pourvoi immédiat est celle de l'expédition de la lettre et non celle de sa réception par le greffe [3]). Mais en droit local, la représentation n'est pas obligatoire, l'article 7 alinéa 2 de l'Annexe prévoyant que le pourvoi peut « *également être formé par la partie elle-même, ou par un notaire lorsque celui-ci avait déjà saisi la juridiction d'instance* ». Il faut donc combiner ce texte avec l'article 950 C. pr. civ. pour déterminer les personnes habilitées à former un pourvoi de droit local, savoir :

- la partie elle-même;

- un avocat (l'article 950 vise aussi l'avoué, mais cet auxiliaire de justice n'existe pas en Alsace-Moselle - V. ss no 712.12);

- un officier public ou ministériel qui y est habilité par les dispositions en vigueur;

- le notaire ayant, le cas échéant, saisi le tribunal qui s'est prononcé (ainsi le notaire qui, par exemple, a présenté une requête aux fins d'inscription au Livre foncier, pourrait former un pourvoi contre la décision rendue pour le compte de la partie qu'il représente [4]).

721.23 Effet. Le pourvoi ordinaire ne comporte aucun effet suspensif de sorte que la décision gracieuse produit effet du jour de sa notification lorsque ce recours est ouvert (C. pr. civ., ann. art. 5, al. 2).

En revanche, le pourvoi immédiat est **suspensif** d'exécution comme l'appel. En conséquence, l'exécution de la décision gracieuse est suspendue jusqu'à l'expiration du délai pour le former et, le cas échéant, pendant l'exercice du pourvoi immédiat formé dans le délai (C. pr. civ., ann. art. 5, al. 3 - ce texte a cependant été déclaré inapplicable à la procédure d'exécution forcée immobilière bien que la procédure du pourvoi immédiat ouvert soit celle des articles 5 à 10 de l'Annexe, sans doute en raison de son caractère contentieux [5]).

721.24 Instruction. Le pourvoi ainsi formé est d'abord soumis à l'appréciation du tribunal dont la décision est attaquée. Celui-ci peut, en effet, sur la déclaration de pourvoi, modifier ou rétracter sa décision (C. pr. civ., art. 952, al. 1er, solution directement inspirée du droit local). Ce n'est que s'il décide de la maintenir que le dossier est transmis, sans délai, au secrétariat-greffe de la cour (C. pr. civ., art. 952, al. 2). Dans tous les cas, le juge doit informer la partie, dans le délai d'un mois (dans le silence du texte, il faut admettre que ce délai court à compter de la déclaration de pourvoi), de sa décision de réexaminer l'affaire ou de la transmettre à la cour dans le cas contraire (C. pr. civ., art. 952, al. 3).

En cas de transfert, il appartiendra à la cour d'appel de trancher le pourvoi qui sera alors instruit et jugé selon les règles applicables en matière gracieuse devant cette juridiction (C. pr. civ., ann. art. 7, al. 2). Celles-ci sont prévues à l'article 953 C. pr. civ. qui se contente de renvoyer à celles applicables en la matière devant le tribunal de grande instance, c'est-à-dire aux articles 797 à 800 C. pr. civ. Il en résulte qu'un conseiller rapporteur doit être désigné par le président de la chambre à laquelle l'affaire est distribuée, lequel dispose des mêmes pouvoirs que la cour pour instruire l'affaire (C. pr. civ., art. 799). Dans la mesure où la cour est ainsi saisie d'une matière gracieuse, le dossier devra obligatoirement être

1. Colmar, 31 mai 2002, *Rec. jur. de l'Est* 2002. 107.
2. Colmar, 1er févr. 2002, *Rec. jur. de l'Est* 2002. 60.
3. Civ. 2e, 23 nov. 1994, no 93-10.723, *Bull. civ.* II, no 236; *Gaz. Pal.* 1995. Pan. 114.
4. SUR CE POINT, Rép. pr. civ., vo *Alsace et Moselle*, par P. Haegel, R. Schwob et J.-L. Vallens, avr. 2004 [màj janv. 2012], no 80.
5. SUR CE POINT NOT., S. Guinchard et T. Moussa (dir.), Dalloz action *Droit et pratique des voies d'exécution*, 2013/2014, no 1351.16, par P. Hoonakker.

communiqué au ministère public (C. pr. civ., art. 798) et la cour, comme le tribunal en première instance (v. s[s] n° 322.41), pourra se prononcer sans débat (C. pr. civ., art. 28). Mais comme il doit toujours veiller au respect du contradictoire (v. s[s] n°s 322.32 et 322.41), il sera parfois nécessaire, ou en tout cas judicieux, d'organiser des débats auxquels le ministère public sera alors tenu d'assister (C. pr. civ., art. 800).

721.25 Décision sur pourvoi. La décision gracieuse, objet d'un pourvoi, peut ainsi être soit modifiée ou rétractée par le tribunal qui l'a rendue, soit infirmée, en tout ou partie, par la cour d'appel. Mais dans tous les cas, la portée d'une telle solution est limitée lorsque la décision remise en cause a déjà fait l'objet d'actes d'exécution.

En effet, aux termes de l'article 10 de l'Annexe du Code de procédure civile, les actes valablement passés avec des tiers de bonne foi par la personne qui a été investie d'une fonction déterminée ou d'une habilitation générale par la décision attaquée, ne sont pas affectés si celle-ci est « *soit modifiée ou rétractée, soit infirmée* » (l'article 9 de l'Annexe ne visant que la modification ou la rétractation semble réservé à la modification d'office - sur ce point, v. s[s] n° 721.13 - il est vrai, que l'on imaginerait mal qu'une décision entièrement exécutée par la conclusion de l'acte qu'elle a autorisé puisse ensuite être contestée par son bénéficiaire).

CHAPITRE

722. Règles locales de procédure civile en matière contentieuse

PHILIPPE HOONAKKER[1]
Professeur à l'Université de Strasbourg
Avocat
et
DOMINIQUE D'AMBRA[2]
Professeur à l'Université de Strasbourg
Avocat

SECTION 0
ORIENTEUR

722.00 **Plan du chapitre.**

Division. Certaines règles locales sont communes à toutes les juridictions (sect. 1), d'autres sont propres à certaines d'entre elles (sect. 2 à 5).

722.01 **Principaux textes applicables.**

L. civile, 1er juin 1924, art. 38, j, 38-4.

L. commerciale, 1er juin 1924, art. 31, al. 3.

C. pr. civ. loc., art. 256, 257, 592 à 605, 1025,1026.

C. pr. civ., Annexe Alsace-Moselle, art. 31 à 39, et 42.

C. pr. civ., art. 843, 844, 1442 à 1527.

C. com., art. R. 670-1.

SECTION 1
RÈGLES LOCALES COMMUNES À TOUTES LES JURIDICTIONS

722.11 **Assignation.** Aux termes de l'article 56, 4° C. pr. civ., toute assignation (texte applicable aussi à l'acte introductif d'instance d'Alsace-Moselle – V. ss no 722.81), doit comporter, le cas échéant, les mentions relatives à la désignation des immeubles exigées pour la publication au fichier immobilier, les cas de publication étant prévus à l'article 28-4°, c) du décret

1. Sections 1 à 4, sur toutes les juridictions, sauf la cour d'appel.
2. Section 5, sur la cour d'appel.

du 4 janvier 1955[1] (v. s[s] n° 172.23). Mais il se trouve que le fichier immobilier n'existe pas en Alsace-Moselle et le décret de 1955 n'y est pas applicable. Pour lever toute incertitude sur ce point, la loi n° 90-1248 du 29 décembre 1990[2] a finalement aligné sur ce point, le droit local sur le droit général, en ajoutant un alinéa j à l'article 38 de la loi civile du 1er juin 1924, lequel reprend textuellement l'article 28-4°, c). Désormais les demandes tendant à obtenir et les actes et décisions constatant la résolution, la révocation, l'annulation ou la rescision d'une convention ou d'une disposition à cause de mort devront donc être obligatoirement publiés au Livre foncier (l'action paulienne ne figure pas dans cette liste et n'a donc pas besoin d'être inscrite au Livre foncier pour être recevable[3]; il en va de même d'une action en réitération en la forme authentique d'une vente immobilière sous seing privé[4] ou encore d'une action en résiliation, et non en résolution, d'un bail emphytéotique lui-même publié au Livre foncier[5]).

Mais il subsistait encore une difficulté quant à la sanction applicable en cas d'omission de cette formalité car l'article 30-5 du décret de 1955, qui prescrit une fin de non-recevoir (v. s[s] n° 172.23), n'est pas applicable dans les départements du Rhin et de la Moselle. Du coup, la sanction y était incertaine et controversée[6]; une décision, en tout cas, avait admis que cette publication n'est pas prescrite à peine d'irrecevabilité[7]. Cette dernière difficulté a été levée par la loi n° 2002-306 du 4 mars 2002 portant réforme de la loi du 1er juin 1924 mettant en vigueur la législation civile française dans les départements du Bas-Rhin, du Haut-Rhin et de la Moselle[8], dans ses dispositions relatives à la publicité foncière, dont l'article 1er a :

- modifié l'article 38 j qui ne vise plus que les actes et décisions de l'ancien texte, dont l'inscription au Livre foncier est prescrite aux fins d'opposabilité aux tiers;

- ajouté un article 38-4 qui impose désormais expressément, à peine d'irrecevabilité, l'inscription au Livre foncier des **demandes** correspondantes (la chambre commerciale de la Cour de cassation a jugé que cette sanction était applicable immédiatement aux instances en cours, introduite avant l'entrée en vigueur de cette loi, car elle « *répond à l'impérieux motif d'intérêt général d'énoncer la sanction applicable en cas de défaut de publication d'une telle demande* »[9], mais la première chambre a statué en sens contraire[10]).

Outre cette particularité en matière d'introduction de l'instance dans le domaine immobilier, les règles locales de procédure civile communes à toutes les juridictions concernent la procédure spéciale sur titres et lettres de change maintenue en vigueur (§ 1) et la procédure d'arbitrage où ne subsistent plus que quelques particularités (§ 2).

§ 1
Procédure spéciale sur titres et lettres de change

722.20 Généralités. La procédure spéciale sur titres et lettres de change a été conçue, sous l'Empire allemand, comme une procédure « *simple, dépouillée de tout incident, permettant [au créancier] d'obtenir rapidement un titre exécutoire* »[11]. Elle est prévue aux articles 592 à 605 du Code de procédure civile local, maintenus en vigueur par l'article 14 du décret n° 75-1122 du 5 décembre 1975[12]. Les articles 592 à 601 prescrivent des dispositions générales applicables quel que soit le titre invoqué et les articles 602 à 605 des dispositions particulières aux lettres de change.

Très usitée à l'origine, elle est relativement délaissée aujourd'hui du fait de l'institution du référé-provision et de la suppression de l'exécution provisoire de droit qui y était attachée traditionnellement (v. s[s] n° 722.51). Elle n'est cependant pas dépourvue

1. Décr. 4 janv. 1955, portant approbation de modifications aux statuts du crédit foncier et communal de l'Alsace et de la Lorraine, *JO* 6 janv.
2. L. n° 90-1248, 29 déc. 1990, portant diverses mesures d'harmonisation entre le droit applicable dans les départements du Bas-Rhin, du Haut-Rhin et de la Moselle et le droit applicable dans les autres départements, *JO* 3 janv. 1991, p. 103.
3. Colmar, 22 juin 2007, RG n° 2B04/03013, *Rec. jur. de l'Est* 2007. 143.
4. Colmar, 30 janv. 2009, RG n° 12M 11/09, *Rev. dr. local* juin 2010. 50.
5. Colmar, 4 sept. 2009, RG n° 12M 125/09, *Rev. dr. local* déc. 2004. 51.
6. V. F. Lotz et R. Mischler, *J.-Cl. Alsace-Moselle*, fasc. 415, n°s 118 s.
7. Metz, 1er déc. 1998, RG n° AIII1164/97, *Rev. dr. local* 1999, n° 27, p. 51.
8. L. n° 2002-306, 4 mars 2002, portant réforme de la loi du 1er juin 1924 mettant en vigueur la législation civile française dans les départements du Bas-Rhin, du Haut-Rhin et de la Moselle, dans ses dispositions relatives à la publicité foncière, *JO* 5 mars, p. 4166.
9. Com. 28 sept. 2004, n° 02-14.215, *Bull. civ.* IV, n° 164; *RJDA* 2005, n° 224; *Rev. dr. local* oct. 2004. 27, note Sander – V. AUSSI, Ch. Lapp, « Commentaire de l'arrêt rendu le 28 septembre 2004 par la chambre commerciale de la Cour de cassation », *Rec. jur. de l'Est* 2004. 1 – P. Koenig, « *La crise du principe de non-rétroactivité du droit – À propos d'un récent litige de droit local* », *Rev. dr. local* déc. 2004. 1.
10. Civ. 1re, 21 févr. 2006, n° 02-14.407, *Bull. civ.* I, n° 81; *Rec. jur. de l'Est* 2006. 55, obs. Lapp.
11. A. Chéron et G. Muhleisen, *Précis de procédure locale applicable en matière civile et commerciale dans les départements du Haut-Rhin, du Bas-Rhin et de la Moselle*, Librairie du Recueil Sirey, n° 532.
12. Décr. n° 75-1122, 5 déc. 1975, abrogeant et modifiant certaines dispositions en matière de procédure civile, *JO* 9 déc., p. 12518.

de tout intérêt car elle permet toujours au créancier d'obtenir dans de brefs délais un jugement définitif qui ne présente pas les inconvénients du caractère provisoire des ordonnances de référé (v. s[s] n° 722.51).

Mais les avantages incontestables de cette procédure (C) ne sont offerts au créancier que moyennant le respect de conditions strictes, de fond (A) et de forme (B) auxquelles il ne peut échapper.

A. Conditions de fond de la procédure spéciale

722.21 Créance. La procédure spéciale n'est ouverte qu'aux demandes « *ayant pour objet le paiement d'une somme d'argent déterminée ou la livraison d'une quantité déterminée de choses fongibles ou de valeurs* » (C. pr. civ. loc., art. 592). Mais en fait cette procédure est essentiellement utilisée pour le recouvrement des **créances de somme d'argent**, les créances de livraison n'ayant pas rencontré plus de succès ici que postérieurement pour les procédures d'injonction de faire[1]. La créance doit être « *déterminée* », c'est-à-dire liquide selon le vocabulaire juridique actuel (sur cette notion, v. C. pr. exéc., art. L. 111-6).

Aucune autre obligation, et notamment une obligation de faire ou de ne pas faire une chose, ne saurait faire l'objet de cette procédure spéciale qui serait irrecevable de ce chef.

722.22 Titres. La condition la plus contraignante pour le créancier tient au fait que la procédure spéciale n'est possible que « *lorsque tous les faits justifiant la demande peuvent être prouvés par des titres* » (C. pr. civ. loc., art. 592). Le créancier doit donc obligatoirement prouver la créance qu'il invoque par un titre que dans le silence du texte la jurisprudence définit, en général, comme tous documents « *écrits suffisamment probants* »[2]. En fait, il s'agira le plus souvent d'une reconnaissance de dette ou d'un effet de commerce, chèque, billet à ordre ou lettre de change. Mais quels qu'ils soient, ils doivent être **suffisants** et **réguliers**. La suffisance, qui résulte directement des articles 592 et 597 du Code de procédure civile local, implique qu'ils fassent à eux seuls la preuve de tous les faits invoqués à l'appui de la demande, c'est-à-dire à tout le moins, de l'identité du créancier et du débiteur et du montant de la créance. Sur ce dernier point, il faut cependant réserver la procédure sur lettre de change où le porteur peut réclamer outre le montant nominal de la traite, tous les accessoires en les rendant simplement « *croyables* » (C. pr. civ. loc., art. 605, al. 2). Il peut donc, sans titre, obtenir également le paiement des intérêts échus, des frais de protêt, de retour et d'impayé[3]. Quant à la régularité des titres, exigée par la jurisprudence, elle s'apprécie au regard des règles de droit général qui les régissent (tel, en dernier lieu, un chèque considéré conforme aux prescriptions de forme prévues à l'article 1er du décret-loi du 30 octobre 1935[4]; une lettre de change jugée irrégulière au motif que la signature du tireur était apposée quasiment intégralement sur le timbre fiscal[5]; ou, une lettre de change dont la régularité était en cause dans le cadre d'une procédure pénale, si bien que les premiers juges sont approuvés d'avoir sursis à statuer[6]).

La sanction de cette obligation est prévue à l'article 597 du Code local qui dispose que « *la demande doit être rejetée comme irrecevable* » lorsque la preuve de la créance invoquée n'est pas complètement rapportée par un titre. Il s'agit donc d'une **fin de non-recevoir** qui semble devoir être soulevée d'office par le juge aux termes de ce texte local[7], mais dont le régime est désormais celui du droit général résultant des articles 122 et suivants C. pr. civ. Elle peut donc, en particulier, faire l'objet d'une régularisation jusqu'à ce que le juge statue (C. pr. civ., art. 126).

B. Conditions de forme de la procédure spéciale

722.31 Acte introductif d'instance. Il doit « *nécessairement contenir la déclaration qu'il s'agit d'une demande faite dans la procédure sur titres* » (C. pr. civ. loc., art. 593, al. 1er), sauf dans le cas particulier où est invoquée une traite. Dans cette hypothèse, en effet, l'acte introductif d'instance devra indiquer que la demande est formée « *dans la procédure sur lettres de change* » (C. pr. civ. loc., art. 604, al. 1er). En cas d'omission de cette **mention obligatoire,** l'acte ne devrait pas être nul, mais le demandeur devrait perdre le bénéfice de la procédure spéciale qu'il entendait introduire au profit d'une procédure de droit commun[8] (cette solution a été expressément consacrée à propos d'une assignation qui comportait bien

1. EN CE SENS, J.-L. Vallens, « La procédure spéciale sur titres et lettres de change [aujourd'hui et demain] », *Rec. jur. de l'Est* 1994. 10, spéc. p. 11, n° 1.
2. V. PAR EX., Metz, 10 juin 1999, RG n° 98/00975SD1, *Rec. jur. de l'Est* 1999. 191.
3. EN CE SENS, J.-L. Vallens, « La procédure spéciale sur titres et lettres de change [aujourd'hui et demain] », *Rec. jur.de l'Est* 1994. 17, n° 5.
4. Metz, 3 sept. 1998, *Rec. jur. de l'Est* 1999. 46.
5. Metz, 23 mars 1999, *Rec. jur. de l'Est* 1999. 148.
6. Metz, 10 juin 1999, préc.
7. EN CE SENS, J.-L. Vallens, « La procédure spéciale sur titres et lettres de change [aujourd'hui et demain] », *Rec. jur.de l'Est* 1994. 11, n° 2.
8. EN CE SENS, A. Chéron et G. Muhleisen, *Précis de procédure locale applicable en matière civile et commerciale dans les départements du Haut-Rhin, du Bas-Rhin et de la Moselle*, Librairie du Recueil Sirey, n° 524.

dans son intitulé la mention prescrite, mais qui ne contenait aucune référence à l'application des dispositions de droit local dans son corps[1]).

Par ailleurs, l'**original** ou une **copie** du titre devra être annexé à l'acte introductif d'instance (C. pr. civ. loc., art. 593, al. 2), et donc notifié en même temps selon les règles applicables (signification ou pli recommandé avec avis de réception selon le tribunal saisi et le mode de saisine choisi). Mais cette condition particulière de recevabilité peut faire l'objet d'une régularisation en cours d'instance, le titre pouvant aussi être annexé à « *une écriture préparatoire* » (C. pr. civ. loc., art. 593, al. 2), c'est-à-dire à des conclusions régularisées en cours d'instance.

Enfin, il convient encore de préciser qu'il a été jugé que la procédure spéciale sur titres et lettres de change est exclusive de toute autre procédure et qu'en conséquence ses règles ne sauraient être combinées avec celles d'une autre procédure, et notamment celles de la procédure de référé[2].

722.32 Tribunal compétent. En principe, les règles applicables sont celles de droit commun, qu'il s'agisse de la compétence d'attribution ou de la compétence territoriale. Il faut cependant réserver la procédure sur lettres de change qui peut aussi être portée devant le tribunal du « *lieu de paiement* » (C. pr. civ. loc., art. 603, al. 1er) qui correspond à celui indiqué sur la traite.

Lorsque la juridiction saisie est territorialement incompétente et que ces règles de compétence territoriale ne désignent aucune juridiction située en Alsace ou en Moselle, il a été jugé que la demande formée en la procédure spéciale sur lettre de change doit être rejetée[3].

722.33 Délais de comparution. En principe, il s'agit des délais de droit commun applicable devant la juridiction saisie. Il faut cependant réserver là aussi les procédures introduites sur lettres de change où l'article 604, alinéas 2 et 3, prévoit des délais plus brefs, savoir : vingt-quatre heures lorsque le défendeur est domicilié au lieu du tribunal saisi, trois jours s'il est domicilié dans un autre lieu mais dans le même ressort et une semaine s'il est domicilié dans un autre ressort. Mais ces délais spéciaux sont tombés en désuétude bien que ces dispositions locales soient toujours en vigueur[4].

1. Metz, 8 oct. 2003, *Rec. jur. de l'Est* 2004. 12.
2. Metz, 10 avr. 1997, RG n° A.III. 881/95, *Rec. jur. de l'Est* 1997. 132 – Metz, 16 sept. 2008, RG n° 06-01337, Dourson c/ Coiff Finances, *Rev. dr. local* mai 2009. 45.
3. TGI Metz, 18 nov. 2010, n° I 3561/09, Sarl Serhic c/ SCI Sife, inédit.
4. V. NOT., Rép. pr. civ., v° *Alsace et Moselle*, par P. Haegel, R. Schwob et J.-L. Vallens, avr. 2004 [màj janv. 2012], n° 58.

C. Avantages de la procédure spéciale

722.40 Moyens de défense et délais. Cette procédure offre au créancier deux avantages non négligeables : d'une part, les moyens de défense ouverts au défendeur sont pour le moins limités (1°), et d'autre part, il peut ainsi obtenir, dans des délais très courts, une décision définitive (2°).

1° Limitation des moyens de défense

722.41 Exceptions déclinatoires. Aux termes de l'article 594 du Code de procédure civile local, « *des exceptions déclinatoires ne peuvent motiver le refus du débat oral au fond* ». Ces exceptions étaient prévues à l'article 274 du Code de procédure civile local, aujourd'hui abrogé (Décr. 5 déc. 1975, art. 14). Mais transposées en droit général, il s'agit des exceptions d'incompétence et de litispendance et des fins de non-recevoir tirées du défaut de représentation légale du demandeur ou de son incapacité à ester en justice[5].

Ces moyens de défense ne sont pas interdits au défendeur, mais ils devront être jugés en même temps que le fond de l'affaire pour éviter toute manœuvre dilatoire, sauf si le juge en décide autrement (C. pr. civ. loc., art. 594 *in fine*).

722.42 Demande reconventionnelle. En revanche, le défendeur ne peut former de demandes reconventionnelles, lesquelles sont déclarées irrecevables dans la procédure spéciale (C. pr. civ. loc., art. 595, al. 1er). Il ne peut donc invoquer un droit propre pour obtenir la condamnation du demandeur. Il faut cependant réserver l'exception de compensation légale qui constitue une défense au fond (v. ss n° 311.05). Mais dans la procédure spéciale, il sera en tout état de cause limité par les moyens de preuve ouverts (v. ss n° 722.43).

De la même manière, si les autres demandes incidentes, additionnelles et en intervention forcée, sont recevables faute de dispositions contraires[6], elles ne pourront aboutir qu'à la condition que les faits invoqués soient établis par les moyens de preuves admissibles. Or tout comme le demandeur ne peut prouver ses prétentions que par des titres (v. ss n° 722.22), le défendeur ne dispose que de deux moyens de preuve.

722.43 Moyens de preuve. Selon l'article 595 alinéa 2 du Code de procédure civile local, « *les titres et la délation d'un serment sont seuls admis comme*

5. Rép. pr. civ., v° *Alsace et Moselle*, par P. Haegel, R. Schwob et J.-L. Vallens, avr. 2004 [màj janv. 2012], n° 54.
6. EN CE SENS, J.-L. Vallens, « La procédure spéciale sur titres et lettres de change [aujourd'hui et demain] », *Rec. jur. de l'Est* 1994. 13 et 14.

moyens de preuve pour établir la sincérité ou la fausseté d'un titre ou pour établir des faits autres que ceux mentionnés à l'article 592 ». Cette disposition n'interdit pas évidemment au défendeur de contester librement le respect des conditions imposées au demandeur, c'est-à-dire la suffisance et la régularité formelle du titre que le demandeur doit obligatoirement invoquer et produire sous peine d'irrecevabilité (v. s^s n° 722.22). Mais tout autre moyen de défense, et en particulier, la sincérité ou la fausseté du titre, plus généralement tout vice du consentement, le paiement, la compensation ou même la mauvaise foi du porteur de la lettre de change, devra obligatoirement être prouvé par l'un de ces modes de preuve.

Le titre doit présenter les mêmes caractères que celui exigé du demandeur; c'est-à-dire qu'il doit être **suffisant** (les faits invoqués doivent être « *complètement* » établis : C. pr. civ. loc., art. 598) et **régulier** (v. s^s n° 722.22 et réf. citées). Ainsi le paiement de la créance pourra résulter d'un solde de tout compte ou la compensation d'une reconnaissance de dette ou de tout autre titre établissant la créance réciproque du défendeur.

Quant à la délation de serment, faute de dispositions locales, elle obéit aux règles de droit général (C. civ., art. 1357 à 1365 - et C. pr. civ., art. 317 à 322 - V. s^s n°s 344.00 s.). Il s'agit donc nécessairement du serment décisoire définit par l'article 1357 comme « *celui qu'une partie défère à l'autre pour en faire dépendre le jugement de la cause* », et non du serment supplétoire que le juge défère à l'une des parties. Mais si le juge ne peut ainsi lui-même déférer le serment dans la procédure spéciale, il lui appartient de se prononcer sur la délation de serment demandée par l'une des parties (en général, le défendeur), sa décision étant dans tous les cas susceptible immédiatement d'un recours indépendamment du jugement sur le fond (C. pr. civ., art. 320). Le cas échéant, la partie à laquelle le serment est déféré peut le référer à l'autre partie. Dans tous les cas, le serment déféré ou référé rend irrévocable les faits énoncés, et inversement, la partie qui refuse de le prêter succombera dans ses prétentions.

Tous moyens de défense qui ne seraient pas complètement établis par l'un de ces deux modes de preuve devront être rejetés comme **irrecevables** dans la procédure spéciale (C. pr. civ. loc., art. 598) et le défendeur ne pourra les faire valoir que dans la procédure ordinaire qui lui succédera, en principe, après le prononcé du jugement.

2°
Un jugement définitif

722.51 **Caractères.** Bien que le jugement rendu en la procédure spéciale sur titres et lettres de change réserve obligatoirement les droits du défendeur dans la procédure ordinaire (v. s^s n° 722.52), il est expressément qualifié par la loi de « *jugement de fin d'instance en ce qui concerne les voies de recours et l'exécution forcée* » (C. pr. civ. loc., art. 599, al. 3). En termes actuels, il s'agit d'un jugement définitif, plus généralement qualifié de jugement sur le fond par le Code de procédure civile (v. s^s n°s 421.31 s.), auquel sont attachées les conséquences prévues en droit général, à une exception près qui est de taille.

D'une part, s'agissant d'un jugement définitif, il permettra, lorsqu'il sera passé en force de chose jugée, non seulement d'engager une procédure d'exécution forcée immobilière[1], mais surtout de la mener jusqu'à son terme, l'**adjudication** (C. pr. exéc., art. L. 311-4 et L. 111-10, al. 1er). Il s'agit là de l'avantage essentiel de cette procédure par rapport au référé-provision qui est d'autant plus remarquable que la décision pourra être remise en cause par le juge qui l'a rendue dans le cadre de la procédure ordinaire dont il reste saisi (v. s^s n° 722.52). Cet avantage n'a pas été affecté par la réforme de la saisie immobilière opérée par l'ordonnance n° 2006-461 du 21 avril 2006, entrée en vigueur le 1er janvier 2007, et ce pour deux raisons.

D'abord, il semble qu'en Alsace et en Moselle il faille continuer à appliquer, en la matière, les dispositions des articles 2204 à 2217 du Code civil dans leur rédaction antérieure à la réforme, et donc, en particulier, l'article 2215 (sur ce point, v. Ph. Hoonakker[2]). Ensuite, et en tout état de cause, le nouvel article 2191 du Code civil reprend en son alinéa second une solution identique à l'ancien article 2215 en prévoyant que : « *Lorsque la poursuite est engagée en vertu d'une décision exécutoire par provision, la vente forcée ne peut intervenir qu'après une décision définitive passée en force de chose jugée* ».

D'autre part, ce jugement peut immédiatement faire l'objet des voies de recours ordinaires et extraordinaires ouvertes selon les règles de droit commun. Mais s'il est susceptible d'appel, l'effet suspensif devra jouer car l'**exécution provisoire** de droit qui était attachée à ces décisions a été supprimée par l'abrogation de l'article 708 du Code de procédure civile local qui la prévoyait (Décr. 5 déc. 1975, art. 14). Ceci étant, rien n'empêche évidemment le juge de prononcer l'exécution provisoire en cas de nécessité (v. s^s n°s 431.60 s.), mais il est fort probable qu'il la refusera s'il considère que le défendeur a des moyens sérieux dont il a été privé dans la procédure spéciale et qu'il pourra faire valoir dans la procédure ordi-

1. Sur cette voie d'exécution de droit local, v. S. Guinchard et T. Moussa (dir.), Dalloz action *Droit et pratique des voies d'exécution*, 2013/2014, n°s 1350.08 s., par Hoonakker.
2. S. Guinchard et T. Moussa (dir.), Dalloz action *Droit et pratique des voies d'exécution*, 2013/2014, n° 1350.07, par Hoonakker.

naire[1]. En tout cas, l'exécution forcée, lorsqu'elle est possible ne sera en rien entravée par la procédure ordinaire dont le juge reste saisi.

722.52 Procédure ordinaire. Si la procédure spéciale avantage ainsi incontestablement le créancier, les droits du débiteur ne sont pas totalement sacrifiés. En effet, s'il a résisté à la demande, ses droits devront être réservés en la procédure ordinaire par le jugement de condamnation (C. pr. civ. loc., art. 599, al. 1er), et en cas d'omission, le défendeur pourra faire compléter le jugement sur ce point (C. pr. civ. loc., art. 599, al. 2). Dans les deux cas, « *le procès reste pendant dans la procédure ordinaire* » (C. pr. civ. loc., art. 600). C'est dire que la même instance se poursuit devant le même juge sans que le défendeur n'ait à citer le demandeur, mais cette fois les règles applicables seront celles du droit commun, ce qui lui permettra de faire valoir l'ensemble de ses moyens de défense. Cette procédure « *subséquente* »[2] constitue ainsi une véritable voie de recours qui pourra aboutir à la rétractation du jugement rendu en la procédure spéciale.

Mais il faut encore préciser que la procédure ordinaire pourra aussi se tenir directement, indépendamment de toute notion de voie recours, si le demandeur, conscient que son titre est insuffisant ou irrégulier, préfère se désister de la procédure spéciale qu'il avait engagée. Dans ce cas, en effet, ce désistement, qui ne requiert pas le consentement du défendeur, ne mettra pas fin à l'instance, mais celle-ci se poursuivra selon les règles de la procédure ordinaire (C. pr. civ. loc., art. 596 - Il est possible de se désister en appel sans que la partie adverse puisse prétendre ne pas avoir bénéficié d'un double degré de juridiction[3]).

§ 2
Procédure d'arbitrage

722.61 Clause compromissoire. Jusqu'en 1980, la procédure d'arbitrage était régie en Alsace-Moselle par les articles 1025 à 1048 du Code de procédure civile local. Mais le décret n° 80-354 du 14 mai 1980 avait abrogé toutes ces dispositions, à l'exception des articles 1025 et 1026 de ce Code, et institué des règles nouvelles applicables sur tout le territoire, inscrites aux articles 1042 à 1507 du Code de procédure civile. La réforme opérée par le décret n° 2011-48 du 13 janvier 2011[4] n'a pas touché au droit local, mais a réécrit toutes les règles générales inscrites désormais aux articles 1442 à 1527 C. pr. civ.

La procédure d'arbitrage obéit ainsi en Alsace-Moselle à ces règles générales du Code de procédure civile, sous réserve des articles 1025 et 1026 du Code local relatifs à la clause compromissoire, qui sont toujours en vigueur. Ces dispositions locales posent des règles de fond et de forme.

722.62 Règles de fond. L'article 1025 C. pr. civ. loc. pose le principe de la validité de la clause compromissoire **entre toutes personnes**, en ces termes : « *La convention attribuant à un ou plusieurs arbitres le pouvoir de trancher un litige est valable, en droit, dans la mesure où les parties ont le droit de transiger sur l'objet du litige* ». Ce texte appelle trois observations :

– il vise **toutes les conventions d'arbitrage**, c'est-à-dire tant le compromis que la clause compromissoire, étant précisé que cette distinction est inconnue du droit local, au contraire du droit général où elle s'impose puisque seul le compromis est possible entre toutes personnes (C. civ., art. 2059; elles y sont définies au nouvel article 1442, mais leur régime juridique a été unifié);

– la seule limite posée à la validité de la clause compromissoire (et partant, du compromis, mais sur ce point la règle est la même que celle du droit général prévue à l'article 2059 du Code civil), est le **droit des parties de transiger sur l'objet du litige** qui doit être soumis à l'arbitrage; pour déterminer ce droit, il faut se référer au droit général, et en l'occurrence, à l'article 2060 du Code civil qui interdit le droit de compromettre « *sur les questions d'état et de capacité des personnes, sur celles relatives au divorce et à la séparation de corps ou sur les contestations intéressant les collectivités publiques et les établissements publics et plus généralement toutes les matières qui intéressent l'ordre public* »;

– en conséquence, la clause compromissoire est bien possible entre toutes personnes, et en particulier, entre non-commerçants, sous réserve cependant de dispositions particulières dérogatoires; ainsi toute convention d'arbitrage est désormais impossible en matière prud'homale depuis que la loi du 6 mai 1982 a attribué compétence exclusive aux conseils de prud'hommes (C. trav., art. L. 1411-4 [anct C. trav., art. L. 511-1])[5]; c'est sur ce point que le droit local se distinguait fondamentalement du droit général qui n'admettait la clause compromissoire qu'entre commerçants; mais un rapprochement a été

1. EN CE SENS, J.-L. Vallens, « La procédure spéciale sur titres et lettres de change [aujourd'hui et demain] », *Rec. jur. de l'Est* 1994. 17 et 18.
2. A. Chéron et G. Muhleisen, *Précis de procédure locale applicable en matière civile et commerciale dans les départements du Haut-Rhin, du Bas-Rhin et de la Moselle*, Librairie du Recueil Sirey, n° 539.
3. Colmar, 4 janv. 2005, RG n° 1A03/03588, *Rec. jur. de l'Est* 2005. 4.
4. Décr. n° 2011-48, 13 janv. 2011, portant réforme de l'arbitrage, *JO* 14 janv., p. 777.
5. Rép. pr. civ., v° *Alsace et Moselle*, par P. Haegel, R. Schwob et J.-L. Vallens, avr. 2004 [màj janv. 2012], nos 61 à 63.

opéré par la loi n° 2001-420 du 15 mai 2001[1], dite loi NRE, dont l'article 126 a modifié l'article 2061 du Code civil, lequel autorise désormais la clause compromissoire dans les contrats conclus à raison d'une activité professionnelle[2].

722.63 Règles de forme. L'article 1026 C. pr. civ. loc. dispose que le « *compromis relatif à des litiges futurs n'a pas d'effet juridique s'il ne vise pas un rapport de droit bien défini et les litiges qui pourraient en découler* ». Bien que la traduction du terme allemand *Schiedsvertrag* figurant dans le texte original soit celui de « *compromis* », ce texte concerne nécessairement la clause compromissoire puisqu'il vise les litiges futurs et non actuels. Celle-ci est ainsi soumise à des règles de forme prescrites à peine de nullité, une telle clause n'ayant pas d'effet juridique, à défaut. Mais elles ne sont pas très éloignées des règles générales. Ces règles locales sont les suivantes :

– la première est **implicite**, l'article 1026 semblant imposer l'exigence d'un écrit sans lequel, en effet, les deux autres conditions qu'il prévoit seraient difficiles à respecter ou, en tout cas, à prouver; du reste, cette condition résulte aussi de l'article 1443 C. pr. civ. (étendu désormais au compromis), qui s'applique en Alsace-Moselle, faute de disposition contraire, et pour cause;

– cet écrit devra obligatoirement viser « *un rapport de droit bien défini* »; c'est dire que la clause compromissoire doit s'inscrire dans des relations contractuelles précises existant entre les parties; le plus simple sera évidemment d'insérer la clause directement dans le contrat qu'elle concerne; mais l'article 1026 permet aussi une clause séparée à condition qu'elle se réfère expressément au contrat qu'elle complète (solution aussi prévue à l'article 1443 C. pr. civ., qui est désormais applicable à toutes les conventions d'arbitrage et vise « *un échange d'écrits* »); en tout cas, une clause ainsi stipulée pour un contrat nécessairement déterminé ne saurait s'appliquer, par extension, à un autre contrat conclu parallèlement entre les mêmes parties[3] ou à un contrat subséquent[4];

– enfin, elle devra encore préciser « *les litiges qui pourraient en découler* »; mais la jurisprudence semble se contenter de la précision que toute contestation née à l'occasion du contrat visé sera soumis à l'arbitrage[5]; ceci étant, rien n'empêche les parties de prévoir une clause plus restrictive ne visant que certains litiges pouvant naître dudit contrat, tels que ceux relatifs à son interprétation, à son exécution et à sa résiliation, ce qui ferait échapper à l'arbitrage les litiges relatifs à la formation du contrat, et notamment ceux concernant sa validité.

722.64 Conflit de lois. L'opposition entre le droit général et le droit local peut faire naître un conflit sur la loi applicable lorsqu'une clause compromissoire est conclue entre des parties qui ne sont pas toutes domiciliées en Alsace-Moselle. Pour le résoudre, il faut se référer à l'article 7 de la loi du 24 juillet 1921 prévenant et réglant les conflits entre la loi française et la loi locale d'Alsace et Lorraine en matière de droit privé qui dispose :

« *Les effets de tous les actes juridiques volontaires, et notamment des contrats, sont déterminés* [...] *par la loi à laquelle les parties se sont référées.*

À défaut de référence expresse ou tacite, le juge appliquera la loi du lieu de l'exécution ».

Aucune difficulté ne se pose évidemment lorsque la clause, ou plus généralement le contrat, vise expressément la loi locale, et en particulier les articles 1025 et 1026 C. pr. civ. loc. Mais à défaut, le juge devra rechercher s'il existe une intention tacite des parties, et sinon, il devra faire application de la *lex loci solutionis*[6].

SECTION 2

RÈGLES LOCALES PROPRES AU TRIBUNAL DE GRANDE INSTANCE

§ 1

Assistance et représentation des parties

722.71 Représentation obligatoire. Devant les chambres commerciales (sur cette institution locale, v. s[s] n°s 711.11 s.), le principe posé par l'article 38 de l'Annexe est que les règles de procédure applicables sont celles en vigueur devant le tribunal de grande instance. Mais ce texte réserve les règles particulières à la représentation prévues à l'article 31 alinéa 3 de la loi commerciale du 1er juin 1924. Il en résulte que devant ces chambres, et contrairement aux tribunaux de commerce (v. s[s] n°s 171.81 s.), la représentation par avocat est obligatoire. Mais il n'existe pas de monopole de postulation, c'est-à-dire que les parties peuvent constituer tout avocat, quel que soit son domicile professionnel. En revanche, la représentation n'est pas obligatoire dans les procédures de référé qui relèvent de la compétence du président de la chambre commerciale. Mais si une partie veut se faire représenter ou assister, elle devra obligatoirement constituer un avocat (ainsi une assignation en

1. L. n° 2001-420, 15 mai 2001, relative aux nouvelles régulations économiques, *JO* 16 mai, p. 7776.
2. V. NOT., Ph. Marini et F. Fages, « La réforme de la clause compromissoire », *D.* 2001. 2658.
3. Colmar, 26 juill. 1934, *Rev. jur. Alsace-Lorraine* 1935. 102.
4. Colmar, 13 févr. 1930, *Rev. jur. Alsace-Lorraine* 1931. 50.
5. Colmar, 26 juill. 1934, préc.
6. SUR L'APPLICATION DE CETTE RÈGLE SUPPLÉTIVE, T. sup. Colmar, 5 oct. 1921, *Rev. jur. Alsace-Lorraine* 1921. 492 – APPROUVÉ par Req. 8 janv. 1924, *Rev. jur. Alsace-Lorraine* 1924. 174.

référé a été jugée nulle car le demandeur s'est fait représenter par un autre mandataire[1]).

En revanche, la requête en injonction de payer, qui relève de la compétence du président de la chambre commerciale du tribunal de grande instance au-delà de 10 000 euros en matière commerciale, depuis le 1er janvier 2013, peut être présentée par le créancier lui-même ou par tout mandataire (C. pr. civ., art. 1407 - V. ss no 711.23).

722.72 Procédures collectives. Cette solution vaut aussi en matière de procédures collectives, et ceci que la procédure relève de la compétence de la chambre commerciale ou de la chambre civile (sur les particularités locales de ce chef de compétence, v. ss no 711.21). En effet, l'article R. 670-1 du Code commerce (anct Décr. no 85-1388, 27 déc. 1985[2], art. 176) renvoie sans distinction aux articles 31 de la loi du 1er juin 1924 et 37 à 39 de l'Annexe du Code de procédure civile[3].

C'est la solution consacrée, et même étendue par la Cour de cassation qui a jugé que la représentation est obligatoire dans toutes les matières prévues par la loi du 25 janvier 1985, c'est-à-dire aujourd'hui par le livre VI du Code de commerce, qu'elles relèvent de la compétence de la chambre commerciale ou civile (y compris la déclaration de cessation des paiements que la doctrine écartait généralement), ou de celle du juge-commissaire[4] (aussi à propos d'une action en comblement de passif[5]). La constitution d'avocat est donc obligatoire dans toute procédure introduite devant le juge-commissaire, et en particulier, pour présenter une requête en revendication (cas de l'espèce jugée par la Cour de cassation; dans le même sens, la cour d'appel de Metz a prononcé la nullité de la requête pour irrégularité de fond, aucune régularisation n'étant intervenue dans le délai de trois mois ouvert pour revendiquer[6]; ou aussi, à propos d'une opposition formée contre une ordonnance d'un juge-commissaire sans représentation par un avocat, la régularisation tentée postérieurement étant jugée irrégulière[7]; ou encore à propos d'une action en résolution d'un plan de redressement introduite par le commissaire à l'exécution du plan sans constitution d'avocat[8]). En revanche, la déclaration de créance reste dispensée du ministère d'avocat, *a fortiori* depuis l'introduction de l'article 50 alinéa 2 de la loi du 25 janvier 1985 par la loi du 10 juin 1994 (devenu C. com., art. L. 622-24, al. 2 [anct art. L. 621-43, al. 2]), lequel autorise expressément le créancier à procéder à la déclaration « *par tout préposé ou mandataire de son choix* »[9]. Cette solution vaut aussi pour la déclaration définitive si la déclaration initiale n'a eu lieu qu'à titre provisionnel[10], mais elle ne saurait être étendue à la requête en relevé de forclusion qui doit être présentée par un avocat[11].

Mais le décret no 2013-692 du 30 juillet 2013[12] a ajouté un second alinéa à l'article R. 670-1 du Code de commerce[13] qui institue des règles dérogatoires au profit des **organes des procédures** : mandataire *ad hoc*, conciliateur, administrateur, mandataire judiciaire, commissaire à l'exécution du plan et liquidateur. Pour toutes les procédures de conciliation, de sauvegarde, de redressement judiciaire et de liquidation judiciaire ouvertes à compter du 2 août 2013 et dès cette date pour les mandats *ad hoc*, les règles relatives à la représentation obligatoire par avocat ne leurs seront plus applicables que dans les cas suivants :

– **devant le tribunal qui les a désignés**, lorsque leur demande est formée par voie d'assignation ou d'acte introductif d'instance en vertu de l'article 31 de l'Annexe (v. ss no 722.81); ils sont donc dispensés de la représentation obligatoire par avocat pour toutes les demandes formées par une autre voie, et tout particulièrement par voie de requête;

– **devant le juge commissaire**, pour les procédures intéressant **la vérification et l'admission des créances** prévues aux articles L. 624-1 à L. 624-4 du Code de commerce relatifs à la sauvegarde et applicables aux

1. Metz, 4 févr. 2003, RG no 02/00722, *Rec. jur. de l'Est* 2003. 89.
2. Décr. no 85-1388, 27 déc. 1985, relatif au redressement et à la liquidation judiciaires des entreprises, *JO* 29 déc., p. 15281.
3. TGI Metz, 10 juin 1992, *Rec. jur. de l'Est* 1993. 36, note Schwob.
4. Com. 14 janv. 1997, no 93-18.596, *Bull. civ.* IV, no 14; *JCP* 1997. IV. 454; *JCP* 1999. I. 10033, note crit. Zimmermann; *Rec. jur. de l'Est* 1997. 1, obs. Schwob.
5. Colmar, 22 juin 2004, RG no 1A04/00061, *Rec. jur. de l'Est* 2004. 156.
6. Metz, 19 juin 2001, *Rec. jur. de l'Est* 2001. 161.
7. Metz, 22 mai 2001, *Rec. jur. de l'Est* 2001. 161.
8. Metz, 25 sept. 2001, *Rec. jur. de l'Est* 2001. 161.
9. Com. 11 juin 2002, no 00-12.289, no 00-11.773, 2 esp., *Bull. civ.* IV, no 104 et no 105; *D.* 2002. 2121, obs. Lienhard; *D.* 2002. 2642, obs. Fricero; *Rev. jur. Alsace-Lorraine* 2002, no 1171 – Com. 3 avr. 2002, no 99-16.532, NP; *Rec. jur. de l'Est* 2002. 85 – Com. 13 nov. 2001, no 98-16.422, NP; *Rec. jur. de l'Est* 2002. 1 – Com. 28 nov. 2000, no 98-18.298, *Bull. civ.* IV, no 185; *D. Affaires* 2001. 307, obs. Pisoni; *RJDA* 2001, no 191 – EN CE SENS DÉJÀ, Colmar, 7 avr. 1998, *Rec. jur. de l'Est* 1998. 136, note Schwob, spéc. p. 94 à 97.
10. Com. 27 févr. 2007, no 05-10.226, *Bull. civ.* IV, no 66; *D.* 2007. AJ 947, obs. Lienhard; *Rec. jur. de l'Est* 2007. 65.
11. Com. 19 juin 2007, no 06-12.150, *Bull. civ.* IV, no 165; *D.* 2007. AJ 2036; *Rec. jur. de l'Est* 2007. 112 – EN CE SENS DÉJÀ, Metz, 20 janv. 2004, RG no 03/00885, *JCP E* 2004, no 1169, p. 1274 – Colmar, 29 nov. 2005, *Rec. jur. de l'Est* 2006. 31 – V. CEP. *CONTRA* : Metz, 29 juin 2004, RG no 03/03524, *Rev. dr. local* déc. 2004. 23, note crit. Sander.
12. Décr. no 2013-692, 30 juill. 2013, relatif aux formes de procéder applicables devant les tribunaux de grande instance des départements du Bas-Rhin, du Haut-Rhin et de la Moselle dans les matières régies par le livre VI du Code de commerce, *JO* 1er août, p. 12865.
13. Parallèlement un renvoi à ce texte a été ajouté à l'article 38 de l'Annexe.

procédures de redressement et de liquidation judiciaires sur renvoi respectivement des articles L. 631-18 et L. 641-14; ils sont donc dispensés de la représentation obligatoire par avocat pour toutes les autres procédures devant le juge commissaire, quel que soit le mode de saisine employé.

§ 2
Acte introductif d'instance

722.81 **Modalités.** Devant le tribunal de grande instance, l'instance peut aussi être engagée par l'acte introductif d'instance prévu aux articles 31 à 35 de l'Annexe. Il s'agit d'un acte signé (et donc aussi préparé) par l'avocat du demandeur, comportant l'ensemble des mentions prévues aux articles 56 (y compris désormais les nouvelles mentions introduites par le décret de 1998 - sur ces mentions nouvelles, v. s^s n° 172.22) et 752 C. pr. civ. pour l'assignation[1] (C. pr. civ., ann. art. 31 - mais un projet d'assignation déposé au greffe sans avoir été signifié ne peut valoir acte introductif d'instance, faute de comporter la signature de l'avocat du demandeur, et la procédure ne saurait être régularisée par la constitution du défendeur; en conséquence, l'acte est affecté d'une irrégularité de fond qui peut être invoquée en tout état de cause, sans justification d'un grief, et l'effet dévolutif ne joue pas en appel[2]).

Il est déposé directement en double exemplaire au greffe du tribunal de grande instance dont le président fixe alors, par ordonnance, la date de la première conférence, et s'il y a lieu, la chambre à laquelle l'affaire est distribuée (C. pr. civ., ann. art. 31 et 32). En pratique, dès le dépôt de l'acte introductif, un dossier est ouvert et transmis à la chambre compétente dont un magistrat, sur délégation présidentielle, rend l'ordonnance prévue à l'article 32 de l'Annexe.

C'est alors seulement que l'acte introductif d'instance accompagné de l'ordonnance est porté à la connaissance du défendeur par voie de signification. Celle-ci doit être délivrée au moins quinze jours avant la date d'audience et indiquer, à peine de nullité, le délai dans lequel le défendeur doit constituer avocat, c'est-à-dire en principe quinze jours (C. pr. civ., ann. art. 33; la méconnaissance de ce délai n'est pas la caducité car il ne s'agit pas du délai d'enrôlement, mais du délai de comparution; en conséquence, si le défendeur a constitué avocat, le juge devra renvoyer l'affaire à une audience ultérieure[3]).

En cas d'urgence, l'acte introductif d'instance peut être assorti d'une requête en exposant les motifs. Le président peut y faire droit dans l'ordonnance de fixation qu'il doit rendre. Dans ce cas, la signification de l'acte introductif et de l'ordonnance comporte, outre les mentions prévues à l'article 33 de l'Annexe, celles exigées pour la procédure à jour fixe par l'article 789 alinéa 2 C. pr. civ., c'est-à-dire l'indication au défendeur qu'il peut prendre connaissance des pièces du demandeur au greffe et sommation qu'il doit communiquer ses pièces avant l'audience (C. pr. civ., ann. art. 34 - il en résulte implicitement mais nécessairement que les pièces du demandeur devront, comme dans la procédure à jour fixe, être déposées au greffe avec la requête et l'acte introductif).

722.82 **Effets.** Traditionnellement, il était admis que la saisine du tribunal et l'effet interruptif de prescription ne s'opéraient que par la signification au défendeur de l'acte introductif d'instance avec l'ordonnance[4].

Mais la Cour de cassation a opéré un revirement important en attachant directement au seul dépôt de l'acte introductif au greffe :

- d'abord la saisine du tribunal[5]; mais la cour de Colmar[6], statuant sur renvoi, a résisté en s'alignant sur l'arrêt cassé de la cour de Metz; sur nouveau pourvoi, l'assemblée plénière a finalement confirmé la solution de la chambre commerciale et mis ainsi un terme à la résistance des cours d'appel d'Alsace-Moselle[7];

- puis l'interruption de la prescription[8]; cette solution s'inscrit dans cette interprétation nouvelle de l'article 2241 (anc^t art. 2244) du Code civil, qui tend à s'imposer, selon laquelle, « *la citation en justice produit son effet interruptif de prescription, à sa date, avant même d'avoir été portée à la connaissance du*

1. Sur ces mentions, Metz, 4 janv. 2005, *Rec. jur. de l'Est* 2005. 39.
2. EN CE SENS, Colmar, 5 nov. 2004, RG n° 2B03/05113, *Rec. jur. de l'Est* 2005. 10; *Rev. dr. local* juin 2005. 43.
3. Colmar, 12 déc. 2006, *Rec. jur. de l'Est* 2007. 67.
4. Civ. 2e, 13 nov. 1952, *Bull. civ.* II, n° 170 – Colmar, 23 févr. 1960, *Rec. jur. de l'Est* 1960. 136 – Colmar, 17 sept. 1993, *JCP* 1995. II. 22546, note Sander; *Rec. jur. de l'Est* 1993. 170, obs. Schwob – Sur l'ensemble de la question, Rép. pr. civ., v° *Alsace et Moselle*, par P. Haegel, R. Schwob et J.-L. Vallens, avr. 2004 [màj janv. 2012], n°s 12 à 15.
5. Com. 15 déc. 1992, n° 89-14.273, *Bull. civ.* IV, n° 405; *Gaz. Pal.* 1993. 504, note Rémery; *JCP* 1993. IV. 506; *Rec. jur. de l'Est* 1993. 5, note Schwob.
6. Colmar, 10 avr. 1995, IU 4543/93, inédit; cité par J. Heck, *J.-Cl. Alsace-Moselle*, fasc. 615, màj mai 1995, n°s 16 s.
7. Cass., ass. plén., 2 nov. 1999, n° 97-11.930, *Bull. ass. plén.*, n° 7; *JCP* 1999. IV. 3095; *D.* 1999. IR 274; *RDI* 2000. 59, obs. Malinvaud; *JCP* 2000. II. 10265, note du Rusquec; *JCP N* 2000. 1466, note Sander; *Rec. jur. de l'Est* 2000. 1, concl. av. gén. Joinet, obs. Schwob; *LPA* 2000, n° 235, p. 16, note Sander.
8. Civ. 2e, 29 nov. 1995, n° 93-21.063, *Bull. civ.* II, n° 294; *RTD civ.* 1996. 465, obs. Perrot; *D.* 1995. IR 14; *JCP* 1996. IV. 128; *JCP* 1996. II. 22699, note Sander : cassant Colmar, 17 sept. 1993, préc. s^s prés^t n°.

débiteur »[1] (un auteur considère que l'effet interruptif, tout comme la saisine du tribunal, ne se produiraient au jour du dépôt de l'acte introductif d'instance que sous réserve de sa signification au défendeur au moins quinze jours avant l'audience fixée par le président, conformément à l'article 33 de l'Annexe[2]; mais cette analyse semble condamnée par la Cour de cassation qui a jugé que la sanction de la signification de l'acte introductif d'instance quinze jours au moins avant l'audience n'est en aucun cas la caducité [V. s^s n° 722.81]); mais encore faut-il que ce mode d'introduction de l'instance soit utilisé de bonne foi, ce qui exclut notamment l'hypothèse où le tribunal serait manifestement incompétent (v. s^s n° 722.131).

La situation est identique en cas d'urgence, car l'article 34 alinéa 2 de l'Annexe ne rend applicable que les articles 790 et 792 C. pr. civ., et exclut donc notamment l'article 791 C. pr. civ. qui régit la saisine du tribunal dans la procédure à jour fixe (v. s^s n° 172.113).

La Cour de cassation avait ainsi aligné le régime de ce mode local de saisine du tribunal de grande instance sur celui de la déclaration introductive d'instance en vigueur devant les tribunaux d'instance d'Alsace et de Moselle où ces effets étaient expressément prévus par l'ancien article 847-1 alinéa 3 C. pr. civ., auquel renvoyait l'article 36 alinéa 2 de l'Annexe (malheureusement, depuis le décret n° 2010-1165 du 1er octobre 2010[3], issu des travaux de la commission Guinchard, ces effets sont prévus au premier alinéa de l'article 843, auquel ne renvoie pas l'article 36 alinéa 2 dans sa nouvelle rédaction [V. s^s n° 722.131]).

722.83 **Domaine.** Il est strictement calqué sur celui des actes généraux du Code de procédure civile : l'assignation et la requête conjointe. En effet, l'article 31 de l'Annexe laisse les parties totalement libres de choisir l'un quelconque de ces trois actes pour engager une instance devant un tribunal de grande instance d'Alsace et de Moselle (l'acte introductif d'instance est aussi possible pour engager la procédure devant le juge des loyers commerciaux après le dépôt du mémoire au greffe[4]).

Une décision isolée est même allée plus loin en jugeant que cet acte de droit local serait seul possible pour l'introduction, par un créancier, d'une procédure de redressement ou de liquidation judiciaire[5]. Cette décision a été justement critiquée[6], car l'article 38 de l'Annexe en prévoyant que la procédure applicable en matière commerciale est celle suivie devant le tribunal de grande instance, renvoie, implicitement mais nécessairement, à l'article 31 de l'Annexe. Certes l'usage de l'assignation n'est pas commode car elle est normalement délivrée à quinzaine sans indication d'une date d'audience. Mais cette difficulté n'est pas propre à l'Alsace-Moselle, elle existe aussi devant tous les tribunaux de grande instance à chaque fois qu'ils sont compétents en matière de redressement et de liquidation judiciaires. Elle est généralement résolue, en pratique, de la manière suivante : le créancier prend une date d'audience au greffe, pour laquelle il fait ensuite délivrer l'assignation. Cette solution se situe sans doute en marge des textes, mais la validité d'une telle assignation devrait être sauvegardée si elle est signifiée dans le respect du délai de comparution, c'est-à-dire, en principe, au moins quinze jours avant l'audience.

À l'inverse, les demandes relevant de la compétence du tribunal de grande instance en matière fiscale doivent obligatoirement être introduites par assignation, seul mode prévu par l'article R. 202-2 du Livre des procédures fiscales qui exclut donc l'acte introductif d'instance[7].

§ 3
Actions préventives

722.91 **Droit général.** L'exigence prétorienne d'un intérêt né et actuel, résultant implicitement de l'article 31 C. pr. civ., vaut pour la France entière, y compris les trois départements de l'Est. Elle répond à cette idée qu'il appartient au juge de trancher des litiges déjà nés. Dans cette acception elle postule la prohibition des actions préventives qui conduiraient le juge à trancher des litiges futurs, voire seulement éventuels. Mais en réalité, cette notion apparaît beaucoup moins restrictive; elle présente, au contraire, une « *certaine fluidité* » (v. s^s n° 101.51) qui n'exclut pas qu'un intérêt suffisant puisse déjà exister avant même la naissance d'un litige.

Aussi le principe n'est-il pas absolu et bien des actions préventives sont-elles admises, soit par la loi, soit par la jurisprudence retenant un « *intérêt de prévention* » (*ibid.*) qui, bien que situé en amont du litige, peut néanmoins apparaître comme actuel (sur l'ensemble de la question, v. s^s n°s 101.50 s.)[8]. À ce

1. R. Perrot, *RTD civ.* 1996. 465.
2. Ch. Lapp, « L'acte introductif d'instance non signifié avant l'audience fixée par l'ordonnance du président est-il caduc ? », *Rec. jur. de l'Est* 2001. 1 – *CONTRA* : R. Schwob, « Premières réactions à la solution proposée par Maître Lapp », *Rec. jur. de l'Est* 2001. 8.
3. Décr. n° 2010-1165, 1er oct. 2010, relatif à la conciliation et à la procédure orale en matière civile, commerciale et sociale, *JO* 3 oct., p. 17986.
4. Civ. 3e, 3 nov. 2005, n° 04-16.448, *Bull. civ.* III, n° 209; *D.* 2005. 2944, obs. Rouquet.
5. TGI Colmar, 5 nov. 1993, *Rec. jur. de l'Est* 1994. 28, obs. crit. Schwob.
6. R. Schwob, obs. crit. préc., *Rec. jur. de l'Est* 1994. 28.
7. Civ. 2e, 20 mars 2003, n° 01-03.081, *Bull. civ.* II, n° 67, approuvant Colmar, 11 janv. 2001, *Rec. jur. de l'Est* 2001. 93, obs. crit. Schwob.
8. CORNU et FOYER, 3e éd., 1996, n°s 81 s., p. 351 s. – GUINCHARD, CHAINAIS et FERRAND, 31e éd., 2012, n°s 133 s.

dernier titre, il faut citer les **actions déclaratoires**, assez largement admises par les tribunaux, qui permettent de « *faire judiciairement déclarer l'existence (action dite confessoire) ou la non-existence (action dite négatoire) d'une qualité, d'un droit, plus généralement d'une situation juridique, alors que ces questions ne font l'objet d'aucune contestation* »[1].

722.92 **Droit local.** En droit local, les actions déclaratoires, communément dénommées procédures **en constatation**, sont expressément autorisées par la loi à l'**article 256** C. pr. civ. loc. qui a été maintenu en vigueur par l'article 14 du décret n° 75-1122 du 5 décembre 1975. Mieux encore, ce texte a aussi laissé subsister l'**article 257** C. pr. civ. loc. qui va bien plus loin en autorisant des demandes en paiement ou en évacuation futurs, c'est-à-dire des actions préventives **en condamnation**.

Compte tenu de leur caractère dérogatoire, ces textes sont évidemment d'interprétation restrictive. À cet égard, il faut relever qu'ils figurent dans la section 1re du livre II du Code de procédure civile local, consacrée à la procédure devant le tribunal de grande instance. Certes ils étaient aussi applicables devant le tribunal d'instance par l'effet de l'article 495 C. pr. civ. loc., mais cette disposition a été abrogée par l'article 14 du décret du 5 décembre 1975 susvisé. Il faut donc en déduire que ces actions préventives ne sont possibles que devant le **tribunal de grande instance**. Pourtant les cours d'appel de Colmar et de Metz, saisies de décisions rendues par des tribunaux d'instance sur le fondement de l'article 256 C. pr. civ. loc., n'ont pas, du moins expressément pour la cour d'appel de Colmar (cet arrêt rappelle néanmoins que l'article 495 a été abrogé), écarté l'application de ce texte[2]; mais il est vrai qu'elles n'avaient été saisies par les parties que de la question de la nature contentieuse ou gracieuse de cette procédure (v. ss n° 722.103).

Outre cette question commune, chacune de ces procédures est soumise à des conditions propres dont l'interprétation restrictive s'impose également.

A.
Action préventive en constatation (C. pr. civ. loc., art. 256)

722.101 **Objet.** L'article 256 C. pr. civ. loc. dispose : « *Peut être introduite une demande en constatation de l'existence ou de la non-existence d'un rapport de droit, ou en reconnaissance ou en constatation de la fausseté d'un document, lorsque le demandeur a un intérêt juridique à faire constater immédiatement en justice l'existence du rapport de droit ou la sincérité ou la fausseté du document* ».

1. CORNU et FOYER, 3e éd., 1996, n° 82, p. 355.
2. Colmar, 30 nov. 1993, *Rec. jur. de l'Est* 1994. 50 – Metz, 25 juill. 1995, *Rec. jur. de l'Est* 1996. 16.

L'objet de l'article 256 consiste principalement à faire constater l'existence d'un rapport de droit, de sorte qu'il ne peut servir à de simples constatations de faits pour lesquels il pouvait autrefois être recouru aux articles 485 et suivants C. pr. civ. loc.[3] et qui désormais peuvent faire l'objet des mesures d'instruction *in futurum* de l'article 145 C. pr. civ. (v. ss nos 111.71 s.). Il est néanmoins dérogé à cette exclusion en matière d'authenticité des documents écrits, « *en raison, de l'importance de la preuve par écrit dans la procédure* »[4]. Mais sur ce point, les parties recourent aujourd'hui plus volontiers aux demandes formées, à titre principal, en vérification d'écriture ou en faux, instituées respectivement par les articles 287 à 298 (v. ss nos 341.81 et 341.82) et 300 à 302 C. pr. civ. (v. ss n° 341.111).

En revanche, l'article 256 permet la constatation de tout rapport de droit, quel qu'il soit. Il a ainsi été employé pour faire juger du caractère libératoire du paiement d'une indemnité par une compagnie d'assurance[5] ou de la nullité de la clause d'un legs interdisant le mariage du légataire[6] (solution admise également en droit général[7]). Il devrait aussi permettre de soumettre à l'appréciation du juge la qualification juridique d'un événement ayant touché un journal dans la perspective d'invoquer le bénéfice de l'article L. 7112-5 (anct C. trav., art. L. 761-7), permettant aux journalistes de se retirer en percevant l'indemnité de licenciement de l'article L. 7112-3 (anct C. trav., art. L. 761-5, al. 1er) du Code du travail (par ex., à propos de la prise de contrôle par le groupe « Est Républicain » de la « société Alsacienne de médias », actionnaire majoritaire de la société d'édition des *Dernières nouvelles d'Alsace*, où il était demandé au juge de constater que cette opération devait être assimilée à une cession du journal, mais en droit général, car l'article 256 C. pr. civ. loc. n'avait pas été invoqué[8]). Mais encore faut-il, en toutes hypothèses, que le demandeur justifie d'un intérêt au sens de l'article 256.

722.102 **Intérêt.** Aux termes de l'article 256 C. pr. civ. loc., le demandeur doit avoir « *un intérêt juridique à faire constater immédiatement en justice l'existence du rapport de droit* ». Il a ainsi été jugé par la cour d'appel de Colmar qu'un tel intérêt existe en cas d'incertitude sur le rapport de droit invoqué,

3. T. 1re inst. Mulhouse, 24 janv. 1955, *Rec. jur. de l'Est* 1955. 316.
4. A. Chéron et G. Muhleisen, *Précis de procédure locale applicable en matière civile et commerciale dans les départements du Haut-Rhin, du Bas-Rhin et de la Moselle*, Librairie du Recueil Sirey, n° 271.
5. Civ. 1re, 3 nov. 1959, n° 58-10.219, *Bull. civ.* I, n° 453.
6. Colmar, 5 janv. 1932, *Rev. jur. Alsace-Lorraine* 1932. 313.
7. Req. 25 mars 1946, *Gaz. Pal.* 1946. 1. 226.
8. Colmar, 12 juin 1998, RG n° 2B9705797, *Rec. jur. de l'Est* 1999. 31.

créant une gêne pour le demandeur dans la liquidation de ses biens (tel à propos du caractère libératoire de l'indemnité d'assurance versée par les compagnies demanderesses[1] : arrêt rendu sur renvoi de la Cour de cassation qui avait annulé le précédent arrêt rendu par la même cour dans cette procédure[2]; ou d'une clause d'un legs interdisant le mariage du légataire, où la demande en constatation de la nullité est jugée recevable alors même que la demanderesse n'envisageait son mariage qu'à titre éventuel[3]).

En revanche, si le litige est déjà né et que le demandeur peut d'ores et déjà agir en condamnation, la voie de l'article 256 lui est fermée[4]. De même, si à l'opposé, il n'existe pas la moindre gêne pour le demandeur, il ne saurait davantage agir en constatation, car la question serait purement théorique et qu'il n'appartient au juge ni de donner des consultations juridiques, ni de statuer par voie de disposition générale et réglementaire (C. civ., art. 5)[5]. C'est sur ce dernier fondement que la cour de Colmar a rejeté, en droit général, la demande en constatation de la cession du journal des *Dernières Nouvelles d'Alsace*[6]. Mais au moins à l'égard des journalistes demandeurs, à l'opposé des syndicats, et sur le fondement de l'article 256 s'il avait été invoqué, n'aurait-on pu considérer, au vu de la jurisprudence locale, qu'il y avait un intérêt à faire constater immédiatement l'existence d'une cession ?

722.103 Nature de la procédure. En droit général, les procédures déclaratoires n'ont toujours été envisagées qu'en matière contentieuse, le demandeur agissant à l'encontre de la personne qui crée le doute sur la situation juridique soumise au juge ou qui pourrait la contester (v. s[s] n° 101.71). De même, en droit local, la cour d'appel de Colmar a jugé que « *l'article 256 du Code de procédure civile local ne pouvait être mis en œuvre que selon les règles de la* ***procédure contentieuse*** », au motif que ce texte figure parmi les dispositions régissant cette matière devant le tribunal de grande instance et qu'il n'existe pas d'équivalent en matière gracieuse que l'on considère les anciennes règles locales aujourd'hui abrogées (v. s[s] n° 721.01), ou, *a fortiori*, les règles générales actuellement applicables[7].

Mais la cour d'appel de Metz a jugé qu'une demande en constatation de la prescription acquisitive relevait de la matière gracieuse, en l'absence de litige[8]. Cependant l'absence de litige, qui du reste caractérise toujours le recours à la procédure en constatation au moment où elle est engagée, ne suffit jamais à l'introduction d'une procédure gracieuse, encore faut-il qu'un texte prévoie expressément le recours au juge (v. s[s] n° 322.21). Or le seul texte existant est, comme il a été justement jugé, l'article 256 C. pr. civ. loc. qui concerne exclusivement la procédure contentieuse.

Cette difficulté n'existe pas, en tout cas, pour l'autre action préventive, prévue par l'article 257 C. pr. civ. loc., puisqu'elle tend à la condamnation d'un débiteur ou d'un occupant.

B.
Action préventive en condamnation (C. pr. civ. loc., art. 257)

722.111 Objet. L'article 257 C. pr. civ. loc. dispose : « *Lorsqu'une créance de somme d'argent n'est pas liée à une contre-prestation, ou lorsqu'une demande en évacuation d'un immeuble, d'une habitation ou d'un autre local ne peuvent être réclamées qu'à échéance d'une certaine date du calendrier, une demande en paiement ou en évacuation futurs peut être introduite* ».

Ce texte va ainsi bien au-delà de l'article 256 puisqu'il ne tend pas à la simple constatation de l'existence ou de la non-existence d'un rapport de droit, mais à la condamnation d'un débiteur à l'exécution d'une obligation future. En droit général, une telle demande serait irrecevable faute d'un intérêt né et actuel, et en tout cas, mal fondée dès lors que l'obligation poursuivie n'est pas encore exigible. En autorisant expressément de telles demandes, le droit local déroge à ces limitations du droit général, mais il doit alors être interprété strictement de sorte que l'article 257 C. pr. civ. loc. ne saurait être appliqué au-delà de son domaine d'application.

722.112 Domaine. L'interprétation de ce texte est malaisée en l'absence de doctrine et de jurisprudence, auteurs et praticiens semblant le méconnaître, l'assimilant à tort à l'article 256.

Quoi qu'il en soit, l'article 257 vise d'abord les créances de somme d'argent qui présentent deux caractères : l'un négatif, ne pas être lié à une contre-prestation; l'autre positif, être à terme. S'agissant du **défaut de contre-prestation**, l'idée semble être de n'autoriser une demande en paiement futur qu'à la condition que le créancier ne soit pas lui-même redevable d'une obligation réciproque, de sorte qu'au terme fixé le débiteur doit indiscutablement s'exécu-

1. Colmar, 15 nov. 1961, *Rec. jur. de l'Est* 1962. 44 – V. AUSSI, Colmar, 29 oct. 1957, *Rec. jur. de l'Est* 1958. 157.
2. Civ. 1re, 3 nov. 1959, n° 58-10.219, *Bull. civ.* I, n° 453.
3. Colmar, 5 janv. 1932, préc.
4. Colmar, 31 oct. 1938, *Rev. jur. Alsace-Lorraine* 1930. 8.
5. A. Chéron et G. Muhleisen, *Précis de procédure locale applicable en matière civile et commerciale dans les départements du Haut-Rhin, du Bas-Rhin et de la Moselle*, Librairie du Recueil Sirey, n° 4 et réf. citées.
6. Colmar, 12 juin 1998, RG n° 2B9705797, préc. s[s] n° 722.101.
7. Colmar, 30 nov. 1993, *Rec. jur. de l'Est* 1994. 50; *Rev. dr. local* 1994. 27, obs. crit. Sander.
8. Metz, 25 juill. 1995, *Rec. jur. de l'Est* 1996. 16.

ter. Ce texte est donc applicable au remboursement de prêts, qu'ils aient été consentis par un particulier ou un établissement de crédit. Mais l'on pourrait concevoir aussi de l'utiliser dans les hypothèses où le créancier ne doit plus de contre-prestation, seul le paiement étant stipulé à terme. Il pourrait alors être invoqué, par exemple, par un vendeur qui a livré le bien, en vue du paiement à la date future fixée. Quant au **terme**, l'emploi du singulier pourrait être interprété en ce sens qu'il exclut les créances stipulées payables à des échéances successives. Mais pourquoi refuser à un créancier la condamnation à des paiements futurs, alors qu'il serait en droit d'obtenir la condamnation au paiement futur de l'intégralité de la même créance ? Ceci étant, une telle demande ne peut être formée que devant un tribunal de grande instance (v. s[s] n° 722.92), ce qui exclut toutes les créances de somme d'argent inférieures au taux de compétence, soit 10 000 euros (anc[t] 50 000 F).

Cette dernière limitation réduit aussi considérablement le champ de l'article 257 au regard des demandes en évacuation future. Certes il vise l'occupation de tout immeuble sans distinction quant à la nature de l'immeuble ou de l'occupation. Mais dans la mesure où il ne peut être employé que devant le tribunal de grande instance, l'essentiel de l'occupation locative lui échappe (v. s[s] n°s 124.31 à 124.35); seul reste le domaine des baux commerciaux où le tribunal de grande instance est aujourd'hui exclusivement compétent (COJ, art. R. 211-4, 11° [anc[t] R. 321-2 mod. par Décr. n° 98-2131, 29 déc. 1998]), mais ici du fait du droit au renouvellement, le bailleur sera souvent dans l'impossibilité d'invoquer « *l'échéance d'une certaine date du calendrier* ». De même, l'évacuation d'occupants sans droit ni titre ne peut se faire sur ce fondement puisque, par hypothèse, elle ne doit pas intervenir à terme, mais immédiatement; de plus, le tribunal d'instance bénéficie aujourd'hui d'une compétence exclusive pour les locaux à usage d'habitation (COJ, art. R. 221-5). En revanche, l'article 257 peut sans doute être mis en œuvre en matière de cession, qu'elle porte sur la propriété de l'immeuble ou sur le droit au bail, pour assurer l'évacuation du cessionnaire à la date d'entrée jouissance fixée au profit du cédant.

722.113 **Intérêt.** Contrairement à l'article 256 C. pr. civ. loc., l'article 257 ne contient aucune précision quant à l'intérêt requis du demandeur, qu'il agisse en paiement ou en évacuation. Mais même dans le silence du texte, l'on aurait pu admettre qu'il ait à justifier, à tout le moins, d'une crainte légitime d'inexécution de l'obligation au terme fixé. Une telle interprétation était cependant condamnée par l'article 259 C. pr. civ. loc. qui autorisait, en dehors notamment de l'article 257, toute demande en prestation future « *s'il y a lieu de craindre, selon les circonstances, que le débiteur ne se soustraie à la prestation à l'échéance* ». Certes ce texte n'a pas été maintenu en vigueur, mais il ne peut être ignoré pour comprendre le sens et la portée de l'article 257, auquel de surcroît il se référait. Il faut donc admettre que l'article 257 dispense le demandeur de justifier d'un intérêt à agir, celui-ci étant irréfragablement présumé lorsque toutes les conditions posées sont remplies.

Au total, l'article 257 conserve ainsi des possibilités d'actions préventives dont la pratique aurait tort de continuer à se priver.

§ 4
Procédure d'injonction de payer

722.121 **Déroulement de la procédure.** Depuis le 1er janvier 2013, le président du tribunal de grande instance est compétent pour rendre les ordonnances d'injonction de payer, en **matière civile**, au-delà de 10 000 euros, sous réserve des créances relevant de la compétence exclusive du tribunal d'instance, exactement comme en droit général (v. s[s] n°s 172.271 et 711.41). De même, les règles de procédure applicables tant à la requête qu'au déroulement de la procédure sont celles du droit général (v. s[s] n°s 122.301, 122.413).

En **matière commerciale**, la compétence revient, depuis la même date, au président de la chambre commerciale au-delà de 10 000 euros (v. s[s] n°s 711.23 et 711.41). Quant au déroulement de cette procédure, elle obéit aussi aux règles applicables en droit général devant le tribunal de grande instance (v. s[s] n°s 122.401 s.), mais sous réserve des règles locales relatives à l'assistance et à la représentation des parties devant la chambre commerciale du tribunal de grande instance (v. s[s] n° 722.71). Il s'ensuit les conséquences suivantes. Si, comme en droit commun, l'opposition peut être formée par le débiteur lui-même ou par tout mandataire (C. pr. civ., art. 1415, al. 2), tout avocat, quel que soit son domicile professionnel, pourra se constituer pour le créancier dans les quinze jours de la notification du greffe sous peine d'extinction de la procédure sur opposition rendant non avenue l'ordonnance d'injonction de payer (C. pr. civ., art. 1418, al. 7, et 1419, al. 2 et 3) et pour le débiteur dans les quinze jours de l'avis de l'avocat du créancier (C. pr. civ., art. 1418, al. 9).

SECTION 3
RÈGLES LOCALES PROPRES AU TRIBUNAL D'INSTANCE ET À LA JURIDICTION DE PROXIMITÉ

722.131 **Déclaration au greffe.** Aux termes de l'article 36 de l'Annexe du Code de procédure civile, le tribunal d'instance peut être saisi en Alsace-Moselle, soit selon les règles de droit général (assignation à toutes fins, v. s[s] n°s 172.301 s. – requête conjointe ou présentation volontaire des parties, v. s[s] n°s 172.161 à 172.164), soit par déclaration faite, remise ou adressée au greffe. L'article 36 est aussi applicable devant les juridictions de proximité en Alsace et en Moselle (C. pr. civ., ann. art. 36-1, introduit par Décr. n° 2003-542, 23 juin 2003, relatif à la juridiction de proximité, art. 26). Il s'agit de la déclaration qui a finalement été introduite aussi en droit général par le décret n° 88-209 du 4 mars 1988. Elle est régie depuis le décret n° 2010-1165, du 1er octobre 2010, issu des travaux de la commission Guinchard, par les articles 843 et 844 C. pr. civ.

Mais elle n'y est possible que pour introduire les demandes qui n'excèdent pas 4 000 euros (C. pr. civ., art. 843, al. 1er). Elle n'est donc qu'un acte introductif d'instance particulier, réservé aux petits litiges et dont il connaît au premier euro (v. ss n° 172.261). En revanche, en Alsace-Moselle, elle constitue un acte général ouvert aux parties en toute matière, quelle que soit la valeur en litige; elle est même possible en matière gracieuse (C. pr. civ., ann. art. 36).

Sous cette réserve quant au domaine, les règles applicables sont identiques en droit général et en droit local, l'article 36 alinéa 2 de l'Annexe renvoyant désormais aux articles 843 alinéa 2 et 844 C. pr. civ. Les modalités, les règles de convocation des parties et les effets de la déclaration au greffe sont donc ceux applicables devant tous les tribunaux d'instance (v. ss nos 172.261 à 172.264). En particulier, les mentions obligatoires sont celles de l'article 58 (et non celles de l'article 56 qui n'est pas applicable en la matière [1]) et désormais il devra être joint à la déclaration, les pièces invoquées par le demandeur en autant de copies que de personnes dont la convocation est demandée.

Mais le décret du 1er octobre 2010 a introduit une incertitude quant à l'effet interruptif de la déclaration au greffe. Auparavant cet effet était prévu par le troisième alinéa de l'article 847-1 auquel renvoyait l'article 36 alinéa 2 de l'Annexe. Or désormais il est inscrit au premier alinéa de l'article 843 auquel l'article 36 alinéa 2 ne renvoie pas dans sa rédaction nouvelle. Ainsi, plus aucun texte applicable en droit local ne prévoit expressément que la déclaration au greffe interrompt la prescription et les délais pour agir. Mais cette solution traditionnelle devrait pouvoir être maintenue par la jurisprudence comme elle l'a fait pour l'acte introductif d'instance devant le tribunal de grande instance où cet effet n'est pas davantage prévu par un texte de droit local (v. ss n° 722.82). En tout cas, il ne peut jouer que si le demandeur a recouru de bonne foi à ce mode d'introduction de l'instance, ce qui exclut notamment l'hypothèse où il a saisi un tribunal qu'il savait incompétent, « *dans le seul but d'interrompre la prescription en profitant d'une facilité procédurale offerte par le droit local applicable en Alsace et en Moselle* », car il commet alors « *un détournement de procédure et une fraude à la loi* » [2].

1. TI Mulhouse, 11 févr. 2000, *Rec. jur. de l'Est* 2000. 78.

Réforme des contentieux et allègement des procédures. La loi n° 2011-1862 du 13 décembre 2011, relative à la répartition des contentieux et à l'allègement de certaines procédures juridictionnelles [3], issue des travaux de la commission présidée par le recteur Serge Guinchard, a supprimé les juridictions de proximité. En conséquence, elle abroge le titre III du livre II du Code de l'organisation judiciaire et toilette les textes pour y supprimer les mots « *juridiction de proximité* » (L. 13 déc. 2011, art. 1er, III, et 2). En revanche, les **juges de proximité** seront **maintenus** et rattachés organiquement au tribunal de grande instance, avec des attributions juridictionnelles pouvant s'exercer tant au sein de cette juridiction que du tribunal d'instance (L. 13 déc. 2011, art. 1er, I, 1°, ajoutant un chapitre I *bis* au titre II du livre I du Code de l'organisation judiciaire, intitulé « Les juges de proximité » et composé des nouveaux articles L. 121-5 à L. 121-8). À l'origine, ces dispositions devaient entrer en vigueur le 1er janvier 2013, mais la loi n° 2012-1441 du 24 décembre 2012 a repoussé la suppression des juridictions de proximité au 1er janvier 2015. Le moment venu, il faudra donc que le décret d'application abroge l'article 36-1 de l'Annexe du Code de procédure civile.

SECTION 4
RÈGLES LOCALES PROPRES AU TRIBUNAL PARITAIRE DES BAUX RURAUX

722.141 Acte introductif d'instance. Aux termes de l'article 885 alinéa 2 C. pr. civ., l'instance doit obligatoirement être introduite par acte d'huissier de justice lorsqu'elle est soumise à publication au fichier immobilier (v. ss n° 172.332). Mais ce fichier n'existe pas dans les trois départements du Rhin et de la Moselle. Par application de l'article 38 j de la loi civile du 1er juin 1924 modifié par la loi n° 90-1248 du 29 décembre 1990, les demandes tendant à obtenir et les actes et décisions constatant la résolution, la révocation, l'annulation ou la rescision d'une convention ou d'une disposition à peine de mort sont publiés au Livre foncier. La demande d'inscription au Livre foncier de la demande en justice n'est pas soumise à une forme particulière.

Aussi est-il permis de se demander, lorsque la demande doit être publiée au Livre foncier, si elle doit être formée par acte d'huissier de justice. La cour

2. Civ. 2e, 16 déc. 2004, n° 02-20.364, *Bull. civ.* II, n° 531; *JCP* 2005. II. 10073, p. 1069, note Sander; *Procédures* 2005. Comm. 43, obs. Croze; *Rec. jur. de l'Est* 2005. 1 – V. AUSSI, E. Sander, « L'effet interruptif des modes locaux d'introduction de l'instance est-il subordonné à la bonne foi du demandeur ? », *Rev. dr. local* déc. 2004. 29.
3. L. n° 2011-1862, 13 déc. 2011, relative à la répartition des contentieux et à l'allègement de certaines procédures juridictionnelles, *JO* 14 déc., p. 21105.

d'appel de Colmar a estimé que cette formalité n'est pas nécessaire car l'article 885 C. pr. civ. ne vise que les demandes publiées au fichier immobilier et non les demandes inscrites au Livre foncier[1]. Le pourvoi à l'encontre de cet arrêt a été rejeté par la Cour de cassation[2].

SECTION 5
RÈGLES LOCALES PROPRES À LA COUR D'APPEL

722.151 **Particularités.** La procédure devant les cours d'appel de Colmar et de Metz suit les règles d'organisation du droit général. Cependant, au sens de l'alinéa 3 de l'article 37 du décret n° 58-1284 du 22 décembre 1958, relatif à la représentation et à l'assistance des parties devant la cour d'appel, « *les dispositions du présent article ne font pas obstacle aux règles particulières en vigueur dans les départements du Haut-Rhin, du Bas-Rhin et de la Moselle* ». Il s'agit pour l'essentiel de l'absence d'avoué devant les cours d'appel de Colmar et de Metz. Les fonctions qui étaient exercées par les avoués y sont toujours exercées par les avocats à la cour d'appel.

722.152 **Forme de la déclaration d'appel.** L'Annexe relative à l'Alsace-Lorraine contient une disposition particulière à la déclaration d'appel (C. pr. civ., ann. art. 42). Elle doit mentionner le nom des représentants des intimés en première instance et dans le cas prévu au deuxième alinéa de l'article 930-1, l'appelant doit remettre au greffe autant d'exemplaires de la déclaration qu'il y a d'intimés et de représentants, plus deux. Le greffier informe aussitôt du recours les représentants des intimés par lettre simple du recours.

§ 1
Appel des jugements des chambres civiles et commerciales du tribunal de grande instance

722.161 **Représentation des parties.** La représentation des parties dans les procédures d'appel contre les jugements rendus par les chambres civiles et commerciales des tribunaux de grande instance, est assurée par les avocats postulant auprès des cours d'appel de Colmar et de Metz (L. 20 févr. 1922, art. 8).

§ 2
Recours contre les jugements du tribunal d'instance

722.171 **Appel des jugements.** Il résulte de l'article 25 du décret n° 58-1282 du 22 décembre 1958, modifié par le décret n° 73-51 du 10 janvier 1973, que les avocats inscrits au barreau d'un tribunal de grande instance du ressort de la cour d'appel ainsi que les avocats qui postulent devant cette cour d'appel peuvent représenter les parties devant elle dans les procédures d'appel contre les jugements rendus par les tribunaux d'instance du ressort.

722.172 **Pourvoi de droit local.** Dans certaines matières énumérées dans les articles 2 et 3 de l'Annexe du C. pr. civ. (tutelle, administrations légales et curatelles de droit local; partage judiciaire et vente judiciaire d'immeubles, certificats d'héritier, scellés, registre des associations, registres matrimoniaux et registres des associations coopératives de droit local; Livre foncier), le recours contre les décisions du tribunal d'instance est ouvert à tout intéressé. Le ministère d'avocat n'est pas obligatoire. Le recours peut être formé par la partie elle-même ou par un notaire s'il avait saisi la juridiction d'instance. Il est formé, instruit, jugé selon les règles applicables en matière gracieuse devant la cour d'appel (C. pr. civ., ann. art. 7, mod. par Décr. n° 76-899, 29 sept. 1976[3]). L'article 8 de l'Annexe conserve la distinction entre le pourvoi ordinaire, qui peut être formé sans délai, et le pourvoi immédiat, qui est enfermé dans un délai de quinze jours. Ce délai de quinze jours peut être prorogé conformément aux dispositions des articles 643 à 647 C. pr. civ. (sur l'ensemble de la question, v. s[s] n°s 721.21 s.).

1. Colmar, 13 janv. 1994, RG n° IIIU 4003/92, inédit.
2. Civ. 3e, 9 oct. 1996, n° 94-19.275, *Bull. civ.* III, n° 206; *Gaz. Pal.* 1997. 2. Pan. 178.
3. Décr. n° 76-899, 29 sept. 1976, relatif à l'application du Nouveau Code de procédure civile dans les départements du Haut-Rhin, du Bas-Rhin et de la Moselle, *JO* 1er oct., p. 5797.

LIVRE

8. TABLEAUX DE COMPÉTENCE DES JURIDICTIONS

Ces tableaux sont extraits du Code de l'Organisation judiciaire (partie Annexes)

SECTION 0 ORIENTEUR

8.00 Plan du livre.

8.01

TABLEAU III

Liste des maisons de justice et du droit (annexe de l'article R. 131-11)

(Mod. par Arr. du 9 févr. 2010; Arr. du 22 mars 2010; Arr. du 27 mai 2010; Arr. du 16 juin 2010; Arr. du 29 sept. 2010; Arr. du 18 nov. 2010; Arr. du 22 nov. 2010; Arr. du 1er déc. 2010; Arr. du 21 févr. 2011; Arr. du 20 avr. 2011, JO 23 avr.; Arr. du 9 juin 2011, JO 17 juin; Arr. du 21 juin, JO 26 juin; Décr. n° 2011-1877 du 14 déc. 2011, art. 2-1°, en vigueur le 1er janv. 2012; Arr. du 19 janv. 2012, JO 26 janv.; Arr. du 29 mai 2012, JO 6 juin; Arr. du 15 mai 2013, JO 28 mai).

TRIBUNAUX DE GRANDE INSTANCE	MAISONS DE JUSTICE ET DU DROIT
Cour d'appel d'Aix-en-Provence	
	Alpes-Maritimes
Nice	Menton, Nice (Ariane).
	Bouches-du-Rhône
Aix-en-Provence	Aix-en-Provence (Jas du Bouffan), Martigues, Salon-de-Provence.
Marseille	Aubagne.
Tarascon	Arles.
	Var
Toulon	La Seyne-sur-Mer, Toulon.
Cour d'appel d'Amiens	
	Oise
Beauvais	Méru/Vexin-Thelle-Sablons.
Compiègne	Noyon.
Senlis	Creil.
	Somme
Amiens	Amiens.
Cour d'appel d'Angers	
	Maine-et-Loire
Angers	Angers.
	Sarthe
Le Mans	Allonnes.
Cour d'appel de Bastia Corse-du-Sud	
Ajaccio	Porto-Vecchio.
Cour d'appel de Bordeaux	
	Charente
Angoulême	Angoulême.
	Dordogne
Bergerac	Bergerac.
	Gironde
Bordeaux	Bordeaux-Bastide, Bordeaux-Nord.
Cour d'appel de Bourges	
	Cher
Bourges	Vierzon.
Cour d'appel de Caen	
	Calvados
Caen	Hérouville-Saint-Clair.
	Manche
Coutances[2]	Saint-Lô
Cour d'appel de Guyane	
	Guyane
Cayenne	Saint-Laurent-du-Maroni.
Cour d'appel de Chambéry	
	Haute-Savoie
Thonon-les-Bains	Annemasse, Saint-Julien-en-Genevois.
	Savoie
Albertville	Albertville (La Tarentaise), Saint-Jean-de-Maurienne (La Maurienne).
Chambéry	Aix-les-Bains, Chambéry.
Cour d'appel de Colmar	
	Bas-Rhin
Strasbourg	Strasbourg.
	Haut-Rhin
Colmar	Colmar.
Mulhouse	Mulhouse.
Cour d'appel de Dijon	
	Côte-d'Or
Dijon	Chenôve.
	Saône-et-Loire
Chalon-sur-Saône	Chalon-sur-Saône.
Mâcon	Mâcon.
Cour d'appel de Douai	
	Nord
Avesnes-sur-Helpe	Aulnoy-Aymeries, Maubeuge.
Dunkerque	Dunkerque.
Lille	Roubaix, Tourcoing.
	Pas-de-Calais
Valenciennes	Denain.
Béthune	Lens.
Boulogne-sur-Mer	Calais.
Cour d'appel de Fort-de-France	
	Martinique
Fort-de-France	Fort-de-France.
Cour d'appel de Grenoble	
	Drôme
Valence	Romans-sur-Isère.
	Hautes-Alpes
Gap	Briançon
	Isère
Grenoble	Grenoble.
Vienne	Villefontaine.
Cour d'appel de Limoges	
	Corrèze
Brive-la-Gaillarde	Brive-la-Gaillarde.
	Haute-Vienne
Limoges	Limoges.
Cour d'appel de Lyon	
	Ain
Bourg-en-Bresse	Bourg-en-Bresse.
	Loire
Saint-Étienne	Saint-Étienne.

TRIBUNAUX DE GRANDE INSTANCE	MAISONS DE JUSTICE ET DU DROIT
	Rhône
Lyon	Bron, Givors, Lyon-Sud, Vaulx-en-Velin, Villeurbanne, Vénissieux.
Cour d'appel de Metz	
	Moselle
Metz	Faulquemont, Woippy.
Sarreguemines	Forbach.
Cour d'appel de Montpellier	
	Aude
Narbonne	Narbonne.
	Hérault
Béziers	Agde.
Montpellier	Lodève, Lunel, Montpellier (La Paillade).
Cour d'appel de Nancy	
	Meurthe-et-Moselle
Nancy	Haut-du-Lièvre, Tomblaine, Vandœuvre-lès-Nancy, Toul.
Cour d'appel de Nîmes	
	Gard
Nîmes	Bagnols-sur-Cèze, Nîmes, Vauvert.
Cour d'appel d'Orléans	
	Indre-et-Loire
Tours	Joué-lès-Tours.
	Loir-et-Cher
Blois	Blois.
	Loiret
Orléans	Orléans.
Cour d'appel de Paris	
	Essonne
Évry	Athis-Mons, Les Ulis, Villemoisson-sur-Orge (Val d'Orge).
	Paris
Paris	Paris (10e), Paris (14e), Paris (17e).
	Seine-et-Marne
Meaux	Chelles, Meaux, Val-Maubuée.
Melun	Pontault-Combault, Savigny-le-Temple.
	Seine-Saint-Denis
Bobigny	Aubervilliers, Clichy-sous-Bois-Montfermeil, Épinay-sur-Seine, La Courneuve, Le Blanc-Mesnil, Pantin, Saint-Denis.
	Val-de-Marne
Créteil	Champigny-sur-Marne, Val-de-Bièvre.
Cour d'appel de Poitiers	
	Charente-Maritime
La Rochelle	La Rochelle.
Cour d'appel de Reims	
	Ardennes
Charleville-Mézières	Charleville-Mézières, Sedan.
	Aube
Troyes	Romilly-sur-Seine, Troyes.
	Marne
Reims	Reims.
Cour d'appel de Rennes	
	Côtes-d'Armor
[Guingamp	Lannion(3).]
[Saint-Brieuc	Lannion(4).]
	Loire-Atlantique
Nantes	Chateaubriant.
Cour d'appel de Riom	
	Allier
Montluçon	Montluçon.
Cour d'appel de Rouen	
	Eure
[Bernay	Pont-Audemer(3).]
[Évreux	Évreux, Louviers, Vernon(3).]
[Évreux	Évreux, Louviers, Pont-Audemer, Vernon (4).]
	Seine-Maritime
Le Havre	Fécamp, Le Havre.
Rouen	Elbeuf-sur-Seine, Canteleu, Rouen, Saint-Étienne-du-Rouvray.
Cour d'appel de Toulouse	
	Haute-Garonne
Toulouse	Toulouse, Toulouse-Nord, Toulouse-Ouest.
	Tarn
Castres	Mazamet.
Cour d'appel de Versailles	
	Eure-et-Loir
Chartres	Dreux, Nogent-le-Rotrou.
	Hauts-de-Seine
Nanterre	Bagneux, Châtenay-Malabry, Gennevilliers.
Val-d'Oise	
Pontoise	Argenteuil, Cergy-Pontoise, Ermont, Garges-lès-Gonesse, Persan, Sarcelles, Villiers-le-Bel.
	Yvelines
Versailles	Les Mureaux, Saint-Quentin-en-Yvelines.

(3) Applicable jusqu'au 31 décembre 2010.
(4) Applicable à compter du 1er janvier 2011.

8.02 TABLEAU IV

Siège et ressort des cours d'appel et des tribunaux supérieurs d'appel, des tribunaux de grande instance et de première instance, des chambres détachées des tribunaux de grande instance, des sections détachées des tribunaux de première instance, des tribunaux d'instance et des juridictions de proximité (annexe des articles D. 211-1, D. 212-19, D. 221-1, D. 231-1, D. 311-1, D. 522-1, D. 522-10, D. 522-22, D. 532-2, D. 552-1, D. 552-17, D. 562-1 et D. 562-26)

(Décr. nº 2008-1110 du 30 oct. 2008, mod. par Décr. nº 2008-1482 du 22 déc. 2008; Décr. nº 2009-770 du 23 juin 2009; Décr. nº 2009-1152 du 29 sept. 2009; Décr. nº 2010-283 du 18 mars 2010; Décr. nº 2010-693 du 24 juin 2010; Décr. nº 2010-694 du 24 juin 2010; Décr. nº 2010-925 du 3 août 2010; Décr. nº 2010-1077 du 13 sept. 2010; Décr. nº 2011-338 du 29 mars 2011, en vigueur le 1er avr. 2011; Décr. nº 2011-534 du 17 mai 2011; Décr. nº 2011-1878 du 14 déc. 2011, art. 1er-1º, en vigueur le 1er janv. 2012; Décr. nº 2013-686 du 24 juill. 2013, en vigueur le 1er sept. 2013; Décr. nº 2013-1258 du 27 déc. 2013, en vigueur le 1er sept. 2014)

SIÈGE DU TRIBUNAL de grande instance	SIÈGE DU TRIBUNAL D'INSTANCE et de la juridiction de proximité	RESSORT
		Cour d'appel d'Agen
		Gers
Auch	[Auch	Cantons d'Auch-Nord-Est, Auch-Nord-Ouest, Auch-Sud-Est-Seissan, Auch-Sud-Ouest, Cologne, Gimont, Jegun, L'Isle-Jourdain, Lombez, Samatan, Saramon et Vic-Fezensac.(3)]
	[Auch	À l'exception de l'emprise de l'aérodrome d'Aire-sur-l'Adour, cantons d'Aignan, Auch-Nord-Est, Auch-Nord-Ouest, Auch-Sud-Est-Seissan, Auch-Sud-Ouest, Cologne, Gimont, Jegun, L'Isle-Jourdain, Lombez, Marciac, Masseube, Miélan, Mirande, Montesquiou, Plaisance, Riscle, Samatan, Saramon et Vic-Fezensac.(4)]
	[Condom	Cantons de Cazaubon, Condom, Eauze, Montréal, Nogaro et Valence-sur-Baïse.(3)]
	[Condom	Cantons de Cazaubon, Condom, Eauze, Fleurance, Lectoure, Mauvezin, Miradoux, Montréal, Nogaro, Saint-Clar et Valence-sur-Baïse.(4)]
	[Lectoure	Cantons de Fleurance, Lectoure, Mauvezin, Miradoux et Saint-Clar.(3)]
	[Mirande	À l'exception de l'emprise de l'aérodrome d'Aire-sur-l'Adour, cantons d'Aignan, Marciac, Masseube, Miélan, Mirande, Montesquiou, Plaisance et Riscle.(3)]
		Lot
Cahors	[Cahors	Cantons de Cahors-Nord-Est, Cahors-Nord-Ouest, Cahors-Sud, Castelnau-Montratier, Catus, Cazals, Lalbenque, Lauzès, Limogne-en-Quercy, Luzech, Montcuq, Puy-l'Évêque et Saint-Géry.(3)]
	[Cahors	Cantons de Cahors-Nord-Est, Cahors-Nord-Ouest, Cahors-Sud, Castelnau-Montratier, Catus, Cazals, Gourdon, Gramat, Labastide-Murat, Lalbenque, Lauzès, Limogne-en-Quercy, Luzech, Martel, Montcuq, Payrac, Puy-l'Évêque, Saint-Germain-du-Bel-Air, Saint-Géry, Salviac, Souillac et Vayrac.(4)]
	Figeac	Cantons de Bretenoux, Cajarc, Figeac-Est, Figeac-Ouest, Lacapelle-Marival, Latronquière, Livernon, Saint-Céré et Sousceyrac.
	[Gourdon	Cantons de Gourdon, Gramat, Labastide-Murat, Martel, Payrac, Saint-Germain-du-Bel-Air, Salviac, Souillac et Vayrac.(3)]
		Lot-et-Garonne
Agen	Agen	Cantons d'Agen-Centre, Agen-Nord, Agen-Nord-Est, Agen-Ouest, Agen-Sud-Est, Astaffort, Beauville, Francescas, Laplume, Laroque-Timbaut, Lavardac, Mézin, Nérac, Port-Sainte-Marie, Prayssas et Puymirol.
	Marmande	Cantons de Bouglon, Casteljaloux, Castelmoron-sur-Lot, Damazan, Duras, Houeillès, Lauzun, Le Mas-d'Agenais, Marmande-Est, Marmande-Ouest, Meilhan-sur-Garonne, Seyches et Tonneins.
	Villeneuve-sur-Lot	Cantons de Cancon, Castillonnès, Fumel, Monclar, Monflanquin, Penne-d'Agenais, Sainte-Livrade-sur-Lot, Tournon-d'Agenais, Villeneuve-sur-Lot-Nord, Villeneuve-sur-Lot-Sud et Villeréal.
Dont une chambre détachée à Marmande		Ressort de la chambre détachée à Marmande : cantons de Bouglon, Casteljaloux, Castelmoron-sur-Lot, Damazan, Duras, Houeillès, Lauzun, Le Mas-d'Agenais, Marmande-Est, Marmande-Ouest, Meilhan-sur-Garonne, Seyches et Tonneins.
		Cour d'appel d'Aix-en-Provence
		Alpes-de-Haute-Provence
Digne-les-Bains	[Barcelonnette	Cantons de Barcelonnette, Le Lauzet-Ubaye et Seyne.(3)]
	[Digne-les-Bains	Cantons d'Allos-Colmars, Annot, Barrême, Castellane, Digne-les-Bains-Est, Digne-les-Bains-Ouest, Entrevaux, La Javie, La Motte-du-Caire, Les Mées, Mézel, Moustiers-Sainte-Marie, Noyers-sur-Jabron, Riez, Saint-André-les-Alpes, Sisteron, Turriers et Volonne.(3)]

SIÈGE DU TRIBUNAL de grande instance	SIÈGE DU TRIBUNAL D'INSTANCE et de la juridiction de proximité	RESSORT
Digne-les-Bains *(suite)*	[Digne-les-Bains	Cantons d'Allos-Colmars, Annot, Barcelonnette, Barrême, Castellane, Digne-les-Bains-Est, Digne-les-Bains-Ouest, Entrevaux, La Javie, La Motte-du-Caire, Le Lauzet-Ubaye, Les Mées, Mézel, Moustiers-Sainte-Marie, Noyers-sur-Jabron, Riez, Saint-André-les-Alpes, Seyne, Sisteron, Turriers et Volonne.[(4)]]
	[Forcalquier	Cantons de Banon, Forcalquier, Manosque-Nord, Manosque-Sud-Est, Manosque-Sud-Ouest, Peyruis, Reillanne, Saint-Étienne-les-Orgues et Valensole.[(7)]]
	[Manosque	Cantons de Banon, Forcalquier, Manosque-Nord, Manosque-Sud-Est, Manosque-Sud-Ouest, Peyruis, Reillanne, Saint-Étienne-les-Orgues et Valensole.[(8)]]
		Alpes-Maritimes
Grasse	Antibes	Cantons d'Antibes-Biot, Antibes-Centre et Vallauris-Antibes-Ouest.
	Cagnes-sur-Mer	Cantons de Cagnes-sur-Mer-Centre, Cagnes-sur-Mer-Ouest, Carros, Coursegoules, Saint-Laurent-du-Var-Cagnes-sur-Mer-Est et Vence.
	Cannes	Cantons de Cannes-Centre, Cannes-Est, Le Cannet, Mandelieu-Cannes-Ouest et Mougins.
	Grasse	Cantons de Grasse-Nord, Grasse-Sud, Le Bar-sur-Loup, Saint-Auban et Saint-Vallier-de-Thiey.
Nice	Menton	Cantons de Beausoleil, Breil-sur-Roya, Menton-Est, Menton-Ouest, Sospel, Tende et Villefranche-sur-Mer.
	Nice	Cantons de Contes, Guillaumes, Lantosque, L'Escarène, Levens, Nice 1er canton, Nice 2e canton, Nice 3e canton, Nice 4e canton, Nice 5e canton, Nice 6e canton, Nice 7e canton, Nice 8e canton, Nice 9e canton, Nice 10e canton, Nice 11e canton, Nice 12e canton, Nice 13e canton, Nice 14e canton, Puget-Théniers, Roquebillière, Roquesteron, Saint-Étienne-de-Tinée, Saint-Martin-Vésubie, Saint-Sauveur-sur-Tinée et Villars-sur-Var.
		Bouches-du-Rhône
Aix-en-Provence	Aix-en-Provence	Cantons d'Aix-en-Provence-Centre, Aix-en-Provence-Nord-Est, Aix-en-Provence-Sud-Ouest, Gardanne, Les Pennes-Mirabeau, Peyrolles-en-Provence et Trets.
	Martigues	Cantons de Berre-l'Étang, Châteauneuf-Côte-Bleue, Istres-Nord, Istres-Sud, Marignane, Martigues-Est, Martigues-Ouest et Vitrolles.
	Salon-de-Provence	Cantons de Lambesc, Pélissanne et Salon-de-Provence.
Marseille	Aubagne	Cantons d'Aubagne-Est, Aubaune-Ouest, La Ciotat et Roquevaire.
	Marseille	Cantons d'Allauch, Marseille-Notre-Dame-du-Mont, Marseille-Notre-Dame-Limite, Marseille-Saint-Barthélemy, Marseille-Sainte-Marguerite, Marseille-Saint-Giniez, Marseille-Saint-Just, Marseille-Saint-Lambert, Marseille-Saint-Marcel, Marseille-Saint-Mauront, Marseille-Belsunce, Marseille-La Belle-de-Mai, Marseille-La Blancarde, Marseille-La Capelette, Marseille-La Pointe-Rouge, Marseille-La Pomme, Marseille-La Rose, Marseille-Le Camas, Marseille-Les Cinq-Avenues, Marseille-Les Grands-Carmes, Marseille-Les Olives, Marseille-Les Trois-Lucs, Marseille-Mazargues, Marseille-Montolivet, Marseille-Vauban et Marseille-Verduron.
Tarascon	[Arles	Cantons d'Arles-Est, Arles-Ouest, Port-Saint-Louis-du-Rhône et Saintes-Maries-de-la-Mer.[(3)]]
	[Tarascon	Cantons de Châteaurenard, Eyguières, Orgon, Saint-Rémy-de-Provence et Tarascon.[(3)]]
	[Tarascon	Cantons d'Arles-Est, Arles-Ouest, Châteaurenard, Eyguières, Orgon, Port-Saint-Louis-du-Rhône, Saintes-Maries-de-la-Mer, Saint-Rémy-de-Provence et Tarascon.[(4)]]
		Var
Draguignan	Brignoles	Cantons de Barjols, Besse-sur-Issole, Brignoles, Cotignac, La Roquebrussanne, Rians, Saint-Maximin-la-Sainte-Baume et Tavernes.
	Draguignan	Cantons d'Aups, Callas, Comps-sur-Artuby, Draguignan, Fayence, Le Luc, Lorgues et Salernes.
	Fréjus	Cantons de Fréjus, Grimaud, Le Muy, Saint-Raphaël et Saint-Tropez.
Toulon	[Hyères	Cantons de Collobrières, Hyères-Est, Hyères-Ouest et La Crau.[(3)]]
	[Toulon	Cantons de Cuers, La Garde, La Seyne-sur-Mer, La Valette-du-Var, Le Beausset, Ollioules, Saint-Mandrier-sur-Mer, Six-Fours-les-Plages, Solliès-Pont, Toulon 1er canton, Toulon 2e canton, Toulon 3e canton, Toulon 4e canton, Toulon 5e canton, Toulon 6e canton, Toulon 7e canton, Toulon 8e canton et Toulon 9e canton.[(3)]]
	[Toulon	Cantons de Cuers, Collobrières, Hyères-Est, Hyères-Ouest, La Crau, La Garde, La Seyne-sur-Mer, La Valette-du-Var, Le Beausset, Ollioules, Saint-Mandrier-sur-Mer, Six-Fours-les-Plages, Solliès-Pont, Toulon 1er canton, Toulon 2e canton, Toulon 3e canton, Toulon 4e canton, Toulon 5e canton, Toulon 6e canton, Toulon 7e canton, Toulon 8e canton et Toulon 9e canton.[(4)]]

SIÈGE DU TRIBUNAL de grande instance	SIÈGE DU TRIBUNAL D'INSTANCE et de la juridiction de proximité	RESSORT
		Cour d'appel d'Amiens
		Aisne
Laon	[Laon	Cantons d'Anizy-le-Château, Chauny, Coucy-le-Château-Auffrique, Craonne, Crécy-sur-Serre, La Fère, Laon-Nord, Laon-Sud, Marte, Neufchâtel-sur-Aisne, Rozoy-sur-Serre, Sissonne et Tergnier.(3)]
	[Laon	Cantons d'Anizy-le-Château, Aubenton, Chauny, Coucy-le-Château-Auffrique, Craonne, Crécy-sur-Serre, Hirson, La Capelle, La Fère, Laon-Nord, Laon-Sud, Le Nouvion-en-Thiérache, Marte, Neufchâtel-sur-Aisne, Rozoy-sur-Serre, Sains-Richaumont, Sissonne, Tergnier et Vervins.(4)]
	[Vervins	Cantons d'Aubenton, Hirson, La Capelle, Le Nouvion-en-Thiérache, Sains-Richaumont et Vervins.(3)]
Saint-Quentin	Saint-Quentin	Cantons de Bohain-en-Vermandois, Guise, Le Catelet, Moÿ-de-l'Aisne, Ribemont, Saint-Quentin-Centre, Saint-Quentin-Nord, Saint-Quentin-Sud, Saint-Simon, Vermand et Wassigny.
Soissons	[Château-Thierry	Cantons de Charly, Château-Thierry, Condé-en-Brie, Fère-en-Tardenois et Neuilly-Saint-Front.(3)]
	[Soissons	Cantons de Braine, Oulchy-le-Château, Soissons-Nord, Soissons-Sud, Vailly-sur-Aisne, Vic-sur-Aisne et Villers-Cotterêts.(3)]
	[Soissons	Cantons de Braine, Charly-sur-Marne, Château-Thierry, Condé-en-Brie, Fère-en-Tardenois, Neuilly-Saint-Front, Oulchy-le-Château, Soissons-Nord, Soissons-Sud, Vailly-sur-Aisne, Vic-sur-Aisne et Villers-Cotterêts.(4)]
		Oise
Beauvais	[Beauvais	Cantons d'Auneuil, Beauvais-Nord-Est, Beauvais-Nord-Ouest, Beauvais-Sud-Ouest, Chaumont-en-Vexin, Crèvecœur-le-Grand, Formerie, Grandvilliers, Le Coudray-Saint-Germer, Marseille-en-Beauvaisis, Méru, Nivillers, Noailles et Songeons.(3)]
	[Clermont	Cantons de Breteuil, Clermont, Froissy, Liancourt, Maignelay-Montigny, Mouy et Saint-Just-en-Chaussée.(3)]
	[Beauvais	Cantons d'Auneuil, Beauvais-Nord-Est, Beauvais-Nord-Ouest, Beauvais-Sud-Ouest, Breteuil, Chaumont-en-Vexin, Clermont, Crèvecœur-le-Grand, Formerie, Froissy, Grandvilliers, Le Coudray-Saint-Germer, Liancourt, Maignelay-Montigny, Marseille-en-Beauvaisis, Méru, Mouy, Nivillers, Noailles, Saint-Just-en-Chaussée et Songeons.(4)]
Compiègne	Compiègne	Cantons d'Attichy, Compiègne-Nord, Compiègne-Sud-Est, Compiègne-Sud-Ouest, Estrées-Saint-Denis, Guiscard, Lassigny, Noyon, Ressons-sur-Matz et Ribécourt-Dreslincourt.
Senlis	Senlis	Cantons de Betz, Chantilly, Creil-Nogent-sur-Oise, Creil-Sud, Crépy-en-Valois, Montataire, Nanteuil-le-Haudouin, Neuilly-en-Thelle, Pont-Sainte-Maxence et Senlis.
		Somme
[Abbeville(5)]	Abbeville	Cantons d'Abbeville-Nord, Abbeville-Sud, Ailly-le-Haut-Clocher, Ault, Crécy-en-Ponthieu, Friville-Escarbotin, Gamaches, Hallencourt, Moyenneville, Nouvion, Rue et Saint-Valery-sur-Somme.
Amiens	[Abbeville(6)]	Cantons d'Abbeville-Nord, Abbeville-Sud, Ailly-le-Haut-Clocher, Ault, Crécy-en-Ponthieu, Friville-Escarbotin, Gamaches, Hallencourt, Moyenneville, Nouvion, Rue et Saint-Valery-sur-Somme.
	[Amiens	Cantons d'Amiens 1er Ouest, Amiens 2e Nord-Ouest, Amiens 3e Nord-Est, Amiens 4e Est, Amiens 5e Sud-Est, Amiens 6e Sud, Amiens 7e Sud-Ouest, Amiens 8e Nord, Boves, Conty, Corbie, Hornoy-le-Bourg, Molliens-Dreuil, Oisemont, Picquigny, Poix-de-Picardie et Villers-Bocage.(3)]
	[Amiens	Cantons d'Acheux-en-Amiénois, Ailly-sur-Noye, Amiens 1er Ouest, Amiens 2e Nord-Ouest, Amiens 3e Nord-Est, Amiens 4e Est, Amiens 5e Sud-Est, Amiens 6e Sud, Amiens 7e Sud-Ouest, Amiens 8e Nord, Bernaville, Boves, Conty, Corbie, Domart-en-Ponthieu, Doullens, Hornoy-le-Bourg, Molliens-Dreuil, Montdidier, Moreuil, Oisemont, Picquigny, Poix-de-Picardie, Rosières-en-Santerre, Roye et Villers-Bocage.(4)]
	[Doullens	Cantons d'Acheux-en-Amiénois, Bernaville, Domart-en-Ponthieu et Doullens.(3)]
	[Montdidier	Cantons d'Ailly-sur-Noye, Montdidier, Moreuil, Rosières-en-Santerre et Roye.(3)]
	[Péronne(16)]	Cantons d'Albert, Bray-sur-Somme, Chaulnes, Combles, Ham, Nesle, Péronne et Roisel.
[Péronne(15)]	Péronne	Cantons d'Albert, Bray-sur-Somme, Chaulnes, Combles, Ham, Nesle, Péronne et Roisel.

SIÈGE DU TRIBUNAL de grande instance	SIÈGE DU TRIBUNAL D'INSTANCE et de la juridiction de proximité	RESSORT
		Cour d'appel d'Angers
		Maine-et-Loire
Angers	Angers	Cantons d'Angers-Centre, Angers-Est, Angers-Nord, Angers-Nord-Est, Angers-Nord-Ouest, Angers-Ouest, Angers-Sud, Angers-Trélazé, Candé, Chalonnes-sur-Loire, Châteauneuf-sur-Sarthe, Durtal, Le Lion-d'Angers, Le Louroux-Béconnais, Les Ponts-de-Cé, Pouancé, Saint-Georges-sur-Loire, Segré, Seiches-sur-le-Loir, Thouarcé et Tiercé.
	Cholet	Cantons de Beaupréau, Champtoceaux, Chemillé, Cholet 1er canton, Cholet 2e canton, Cholet 3e canton, Montfaucon-Montigné, Montrevault et Saint-Florent-le-Vieil.
Saumur	Saumur	Cantons d'Allonnes, Baugé, Beaufort-en-Vallée, Doué-la-Fontaine, Gennes, Longué-Jumelles, Montreuil-Bellay, Noyant, Saumur-Nord, Saumur-Sud et Vihiers.
		Mayenne
Laval	[Château-Gontier	Cantons de Bierné, Château-Gontier-Est, Château-Gontier-Ouest, Cossé-le-Vivien, Craon, Grez-en-Bouère et Saint-Aignan-sur-Roë.(3)]
	[Laval	Cantons d'Argentré, Chailland, Évron, Laval-Est, Laval-Nord-Est, Laval-Nord-Ouest, Laval-Saint-Nicolas, Laval-Sud-Ouest, Loiron, Meslay-du-Maine, Montsûrs, Saint-Berthevin et Sainte-Suzanne.(11)]
	[Laval	Cantons d'Ambrières-les-Vallées, Argentré, Bais, Chailland, Couptrain, Ernée, Évron, Gorron, Landivy, Lassay-les-Châteaux, Laval-Est, Laval-Nord-Est, Laval-Nord-Ouest, Laval-Saint-Nicolas, Laval-Sud-Ouest, Le Horps, Loiron, Mayenne-Est, Mayenne-Ouest, Meslay-du-Maine, Montsûrs, Pré-en-Pail, Saint-Berthevin, Sainte-Suzanne et Villaines-la-Juhel.(12 et 3)]
	[Mayenne	Cantons d'Ambrières-les-Vallées, Bais, Couptrain, Ernée, Gorron, Landivy, Lassay-les-Châteaux, Le Horps, Mayenne-Est, Mayenne-Ouest, Pré-en-Pail et Villaines-la-Juhel.(11)]
		Sarthe
Le Mans	[La Flèche	Cantons de Brûlon, La Flèche, Le Lude, Malicorne-sur-Sarthe, Mayet, Pontvallain et Sablé-sur-Sarthe.(3)]
	[La Flèche	Cantons de Brûlon, Château-du-Loir, La Chartre-sur-le-Loir, La Flèche, Le Grand-Lucé, Le Lude, Malicorne-sur-Sarthe, Mayet, Pontvallain et Sablé-sur-Sarthe.(4)]
	[Le Mans	Cantons d'Allonnes, Ballon, Conlic, Écommoy, La Suze-sur-Sarthe, Le Mans-Centre, Le Mans-Est-Campagne, Le Mans-Nord-Campagne, Le Mans-Nord-Ouest, Le Mans-Nord-Ville, Le Mans-Ouest, Le Mans-Sud-Est, Le Mans-Sud-Ouest, Le Mans-Ville-Est, Loué, Montfort-le-Gesnois et Sillé-le-Guillaume.(3)]
	[Le Mans	Cantons d'Allonnes, Ballon, Beaumont-sur-Sarthe, Bonnétable, Bouloire, Conlie, Éconunoy, Fresnay-sur-Sarthe, La Ferté-Bernard, La Fresnaye-sur-Chédouet, La Suze-sur-Sarthe, Le Mans-Centre, Le Mans-Est-Campagne, Le Mans-Nord-Campagne, Le Mans-Nord-Ouest, Le Mans-Nord-Ville, Le Mans-Ouest, Le Mans-Sud-Est, Le Mans-Sud-Ouest, Le Mans-Ville-Est, Loué, Mamers, Marolles-les-Braults, Montfort-le-Gesnois, Montmirail, Saint-Calais, Saint-Paterne, Sillé-le-Guillaume, Tuffé et Vibraye.(4)]
	[Mamers	Cantons de Beaumont-sur-Sarthe, Bonnétable, Fresnay-sur-Sarthe, La Ferté-Bernard, La Fresnaye-sur-Chédouet, Mamers, Marolles-les-Braults, Montmirail, Saint-Paterne et Tuffé.(3)]
	[Saint-Calais	Cantons de Bouloire, Château-du-Loir, La Chartre-sur-le-Loir, Le Grand-Lucé, Saint-Calais et Vibraye.(3)]
		Cour d'appel de Basse-Terre
		Guadeloupe
Basse-Terre	Basse-Terre	Cantons de Basse-Terre 1er canton, Basse-Terre 2e canton, Bouillante, Capesterre-Belle-Eau 1er canton, Capesterre-Belle-Eau 2e canton, Gourbeyre, Goyave (uniquement la commune de Goyave), Les Saintes, Pointe-Noire, Saint-Claude, Sainte-Rose 1er canton, Sainte-Rose 2e canton (uniquement la commune de Deshaies), Trois-Rivières et Vieux-Habitants.
	Saint-Martin	Cantons de Saint-Barthélemy, Saint-Martin 1er canton et Saint-Martin 2e canton.
Pointe-à-Pitre	[Marie-Galante	Cantons de Capesterre-de-Marie-Galante, Grand-Bourg et Saint-Louis.(3)]

SIÈGE DU TRIBUNAL de grande instance	SIÈGE DU TRIBUNAL D'INSTANCE et de la juridiction de proximité	RESSORT
Pointe-à-Pitre *(suite)*	[Pointe-à-Pitre	Cantons d'Anse-Bertrand, Baie-Mahault, Goyave (uniquement la fraction de la commune de Petit-Bourg), La Désirade, Lamentin, Le Gosier 1er canton, Le Gosier 2e canton, Le Moule 1er canton, Le Moule 2e canton, Les Abymes 1er canton, Les Abymes 2e canton, Les Abymes 3e canton, Les Abymes 4e canton, Les Abymes 5e canton, Morne-à-l'Eau 1er canton, Morne-à-l'Eau 2e canton, Petit-Bourg, Petit-Canal, Pointe-à-Pitre 1er canton, Pointe-à-Pitre 2e canton, Pointe-à-Pitre 3e canton, Sainte-Anne 1er canton, Sainte-Anne 2e canton, Sainte-Rose 2e canton (uniquement la fraction de la commune de Sainte-Rose) et Saint-François.(3)]
	[Pointe-à-Pitre	Cantons d'Anse-Bertrand, Baie-Mahault, Capesterre-de-Marie-Galante, Grand-Bourg, Goyave (uniquement la fraction de la commune de Petit-Bourg), La Désirade, Lamentin, Le Gosier 1er canton, Le Gosier 2e canton, Le Moule 1er canton, Le Moule 2e canton, Les Abymes 1er canton, Les Abymes 2e canton, Les Abymes 3e canton, Les Abymes 4e canton, Les Abymes 5e canton, Morne-à-l'Eau 1er canton, Morne-à-l'Eau 2e canton, Petit-Bourg, Petit-Canal, Pointe-à-Pitre 1er canton, Pointe-à-Pitre 2e canton, Pointe-à-Pitre 3e canton, Sainte-Anne 1er canton, Sainte-Anne 2e canton, Sainte-Rose 2e canton (uniquement la fraction de la commune de Sainte-Rose), Saint-François et Saint-Louis.(4)]
		Cour d'appel de Bastia
		Corse-du-Sud
Ajaccio	[Ajaccio	Cantons d'Ajaccio 1er canton, Ajaccio 2e canton, Ajaccio 3e canton, Ajaccio 4e canton, Ajaccio 5e canton, Ajaccio 6e canton, Ajaccio 7e canton, Bastelica, Celavo-Mezzana, Cruzini-Cinarca, Les Deux-Sevi, Les Deux-Sorru, Santa-Maria-Siché et Zicavo.(3)]
	[Sartène	Cantons de Bonifacio, Figari, Levie, Olmeto, Petreto-Bicchisano, Porto-Vecchio, Sartène et Tallano-Scopamène.(3)]
	[Ajaccio	Cantons d'Ajaccio 1er canton, Ajaccio 2e canton, Ajaccio 3e canton, Ajaccio 4e canton, Ajaccio 5e canton, Ajaccio 6e canton, Ajaccio 7e canton, Bastelica, Bonifacio, Celavo-Mezzana, Cruzini-Cinarca, Figari, Les Deux-Sevi, Les Deux-Sorru, Levie, Olmeto, Petreto-Bicchisano, Porto-Vecchio, Santa-Maria-Siché, Sartène, Tallano-Scopamène et Zicavo.(4)]
		Haute-Corse
Bastia	[Bastia	Cantons d'Alto-di-Casaconi, Bastia 1er canton, Bastia 2e canton, Bastia 3e canton, Bastia 4e canton, Bastia 5e canton Lupino, Bastia 6e canton Furiani-Montésoro, Borgo, Campoloro-di-Moriani, Capobianco, Fiumalto-d'Ampugnani, La Conca-d'Oro, Le Haut Nebbio, Moïta-Verde, Prunelli-di-Fiumorbo, Sagro-di-Santa-Giulia, San-Martino-di-Lota et Vescovato.(3)]
	[Bastia	Cantons d'Alto-di-Casaconi, Bastia 1er canton, Bastia 2e canton, Bastia 3e canton, Bastia 4e canton, Bastia 5e canton Lupino, Bastia 6e canton Furiani-Montésoro, Belgodère, Borgo, Bustanico, Calenzana, Calvi, Campoloro-di-Moriani, Capobianco, Castifao-Morosaglia, Corte, Fiumalto-d'Ampugnani, Ghisoni, La Conca-d'Oro, Le Haut Nebbio, L'Île-Rousse, Moïta-Verde, Niolu-Omessa, Orezza-Alesani, Prunelli-di-Fiumorbo, Sagro-di-Santa-Giulia, San-Martino-di-Lota, Venaco, Vescovato et Vezzani.(4)]
	[Corte	Cantons de Bustanico, Castifao-Morosaglia, Corte, Ghisoni, Niolu-Omessa, Orezza-Alesani, Venaco et Vezzani.(3)]
	[Île-Rousse	Cantons de Belgodère, Calenzana, Calvi et L'Île-Rousse.(3)]
		Cour d'appel de Besançon
		Doubs
Besançon	[Baume-les-Dames	Cantons de Baume-les-Dames, Clerval, L'Isle-sur-le-Doubs, Pierrefontaine-les-Varans, Rougemont, Roulans et Vercel-Villedieu-le-Camp.(3)]
	[Besançon	Cantons d'Amancey, Audeux, Besançon-Est, Besançon-Nord-Est, Besançon-Nord-Ouest, Besançon-Ouest, Besançon-Planoise, Besançon-Sud, Boussières, Marchaux, Ornans et Quingey.(3)]
	[Besançon	Cantons d'Amancey, Audeux, Baume-les-Dames, Besançon-Est, Besançon-Nord-Est, Besançon-Nord-Ouest, Besançon-Ouest, Besançon-Planoise, Besançon-Sud, Boussières, Clerval, L'Isle-sur-le-Doubs, Marchaux, Ornans, Quingey, Rougemont et Roulans.(4)]
	[Pontarlier	Cantons de Levier, Montbenoît, Morteau, Mouthe et Pontarlier.(3)]
	[Pontarlier	Cantons de Levier, Montbenoît, Morteau, Mouthe, Pontarlier, Pierrefontaine-les-Varans et Vercel-Villedieu-le-Camp.(4)]
Montbéliard	Montbéliard	Cantons d'Audincourt, Étupes, Hérimoncourt, Le Russey, Maîche, Montbéliard-Est, Montbéliard-Ouest, Pont-de-Roide, Saint-Hippolyte, Sochaux-Grand-Charmont de Valentigney.

SIÈGE DU TRIBUNAL de grande instance	SIÈGE DU TRIBUNAL D'INSTANCE et de la juridiction de proximité	RESSORT
		Haute-Saône
Vesoul	[Gray	Cantons d'Autrey-lès-Gray, Champlitte, Dampierre-sur-Salon, Fresne-Saint-Mamès, Gray, Gy, Marnay et Pesmes.(3)]
	[Lure(6)]	Cantons de Champagney, Faucogney-et-la-Mer, Héricourt-Est, Héricourt-Ouest, Lure-Nord, Lure-Sud, Luxeuil-les-Bains, Mélisey, Saint-Loup-sur-Semouse, Saint-Sauveur, Saulx, Vauvillers et Villersexel.
	[Vesoul	Cantons d'Amante, Combeaufontaine, Jussey, Montbozon, Noroy-le-Bourg, Port-sur-Saône, Rioz, Scey-sur-Saône-et-Saint-Albin, Vesoul-Est, Vesoul-Ouest et Vitrey-sur-Mance.(3)]
	[Vesoul	Cantons d'Amante, Autrey-lès-Gray, Champlitte, Combeaufontaine, Dampierre-sur-Salon, Fresne-Saint-Mamès, Gray, Gy, Jussey, Marnay, Montbozon, Noroy-le-Bourg, Pesmes, Port-sur-Saône, Rioz, Scey-sur-Saône-et-Saint-Albin, Vesoul-Est, Vesoul-Ouest et Vitrey sur-Mance.(4)]
[Lure(5)]	[Lure	Cantons de Champagney, Héricourt-Est, Héricourt-Ouest, Lure-Nord, Lure-Sud, Mélisey et Villersexel.(3)]
	[Lure	Cantons de Champagney, Faucogney-et-la-Mer, Héricourt-Est, Héricourt-Ouest, Lure-Nord, Lure-Sud, Luxeuil-les-Bains, Mélisey, Saint-Loup-sur-Semouse, Saint-Sauveur, Saulx, Vauvillers et Villersexel.(4)]
	[Luxeuil-les-Bains	Cantons de Faucogney-et-la-Mer, Luxeuil-les-Bains, Saint-Loup-sur-Semouse, Saint-Sauveur, Saulx et Vauvillers.(3)]
		Jura
Lons-le-Saunier	Dole	Cantons d'Arbois, Champagnole, Chaumergy, Chaussin, Chemin, Dampierre, Dole-Nord-Est, Dole-Sud-Ouest, Gendrey, Les Planches-en-Montagne, Montbarrey, Montmirey-le-Château, Nozeroy, Poligny, Rochefort-sur-Nenon, Salins-les-Bains et Villers-Farlay.
	Lons-le-Saunier	Cantons d'Arinthod, Beaufort, Bletterans, Clairvaux-les-Lacs, Conliège, Lons-le-Saunier-Nord, Lons-le-Saunier-Sud, Orgelet, Saint-Amour, Saint-Julien, Sellières et Voiteur.
	Saint-Claude	Cantons Les Bouchoux, Moirans-en-Montagne, Morez, Saint-Claude et Saint-Laurent-en-Grandvaux.
Dont une chambre détachée à Dole		Ressort de la chambre détachée à Dole : cantons d'Arbois, Champagnole, Chaumergy, Chaussin, Chemin, Dampierre, Dole-Nord-Est, Dole-Sud-Ouest, Gendrey, Les Planches-en-Montagne, Montbarrey, Montmirey-le-Château, Nozeroy, Poligny, Rochefort-sur-Nenon, Salins-les-Bains et Villers-Farlay.
		Territoire de Belfort
Belfort	Belfort	Cantons de Beaucourt, Belfort-Centre, Belfort-Est, Belfort-Nord, Belfort-Ouest, Belfort-Sud, Châtenois-les-Forges, Danjoutin, Delle, Fontaine, Giromagny, Grandvillars, Offemont, Rougemont-le-Château et Valdoie.
		Cour d'appel de Bordeaux
		Charente
Angoulême	[Angoulême	Cantons d'Angoulême-Est, Angoulême-Nord, Angoulême-Ouest, Blanzac-Porcheresse, Gond-Pontouvre, Hiersac, La Couronne, La Rochefoucauld, Montbron, Rouillac, Ruelle-sur-Touvre, Saint-Amant-de-Boixe, Soyaux et Villebois-Lavalette.(3)]
	[Angoulême	Cantons d'Aigre, Angoulême-Est, Angoulême-Nord, Angoulême-Ouest, Blanzac-Porcheresse, Chabanais, Champagne-Mouton, Confolens-Nord, Confolens-Sud, Gond-Pontouvre, Hiersac, La Couronne, La Rochefoucauld, Mansle, Montbron, Montembœuf, Rouillac, Ruelle-sur-Touvre, Ruffec, Saint-Amant-de-Boixe, Saint-Claud, Soyaux, Villebois-Lavalette et Villefagnan.(4)]
	[Cognac	Cantons d'Aubeterre-sur-Dronne, Baignes-Sainte-Radegonde, Barbezieux-Saint-Hilaire, Brossac, Chalais, Châteauneuf-sur-Charente, Cognac-Nord, Cognac-Sud, Jarnac, Montmoreau-Saint-Cybard et Segonzac.(2)]
	[Confolens	Cantons de Chabanais, Champagne-Mouton, Confolens-Nord, Confolens-Sud, Montembœuf et Saint-Claud.(3)]
	[Ruffec	Cantons d'Aigre, Mansle, Ruffec et Villefagnan.(3)]
		Dordogne
Bergerac	Bergerac	Cantons de Beaumont-du-Périgord, Bergerac 1er canton, Bergerac 2e canton, Eymet, Issigeac, La Force, Lalinde, Le Buisson-de-Cadouin, Monpazier, Sainte-Alvère, Sigoulès, Vélines, Villamblard et Villefranche-de-Lonchat.
	Sarlat-la-Canéda	Cantons de Belvès, Carlux, Domine, Le Bugue, Saint-Cyprien, Salignac-Eyvigues, Sarlat-la-Canéda et Villefranche-du-Périgord.

SIÈGE DU TRIBUNAL de grande instance	SIÈGE DU TRIBUNAL D'INSTANCE et de la juridiction de proximité	RESSORT
Périgueux	[Nontron	Cantons de Bussière-Badil, Champagnac-de-Belair, Jumilhac-le-Grand, Lanouaille, Mareuil, Nontron, Saint-Pardoux-la-Rivière et Thiviers.(3)]
	[Périgueux	Cantons de Brantôme, Excideuil, Hautefort, Montignac, Périgueux-Centre, Périgueux-Nord-Est, Périgueux-Ouest, Saint-Astier, Saint-Pierre-de-Chignac, Savignac-les-Églises, Terrasson-Lavilledieu, Thenon et Vergt.(3)]
	[Périgueux	Cantons de Brantôme, Bussière-Badil, Champagnac-de-Belair, Excideuil, Hautefort, Jumilhac-le-Grand, Lanouaille, Mareuil, Montagrier, Montignac, Montpon-Ménestérol, Mussidan, Neuvic, Nontron, Périgueux-Centre, Périgueux-Nord-Est, Périgueux-Ouest, Ribérac, Saint-Pardoux-la-Rivière, Saint-Astier, Saint-Aulaye, Saint-Pierre-de-Chignac, Savignac-les-Églises, Terrasson-Lavilledieu, Thenon, Thiviers, Vergt et Verteillac.(4)]
	[Ribérac	Cantons de Montagrier, Montpon-Ménestérol, Mussidan, Neuvic, Ribérac, Saint-Aulaye et Verteillac.(3)]
		Gironde
Bordeaux	Arcachon	Cantons d'Arcachon, Audenge, Belin-Béliet et La Teste-de-Buch.
	[Bazas	Cantons d'Auros, Bazas, Captieux, Grignols, Langon, Saint-Symphorien et Villandraut.(3)]
	[Blaye	Cantons de Blaye, Bourg, Saint-Ciers-sur-Gironde et Saint-Savin.(3)]
	[Bordeaux	Cantons de Bègles, Blanquefort, Bordeaux 1er canton, Bordeaux 2e canton, Bordeaux 3e canton, Bordeaux 4e canton, Bordeaux 5e canton, Bordeaux 6e canton, Bordeaux 7e canton, Bordeaux 8e canton, Cadillac, Carbon-Blanc, Castelnau-de-Médoc, Cenon, Créon, Floirac, Gradignan, La Brède, Le Bouscat, Lormont, Mérignac 1er canton, Mérignac 2e canton, Pessac 1er canton, Pessac 2e canton, Podensac, Saint-André-de-Cubzac, Saint-Médard-en-Jalles, Talence et Villenave-d'Ornon.(9)]
	[Bordeaux	Cantons de Bègles, Blanquefort, Bordeaux 1er canton, Bordeaux 2e canton, Bordeaux 3e canton, Bordeaux 4e canton, Bordeaux 5e canton, Bordeaux 6e canton, Bordeaux 7e canton, Bordeaux 8e canton, Cadillac, Carbon-Blanc, Castelnau-de-Médoc, Cenon, Créon, Floirac, Gradignan, La Brède, Le Bouscat, Lesparre-Médoc, Lormont, Mérignac 1er canton, Mérignac 2e canton, Pauillac, Pessac 1er canton, Pessac 2e canton, Podensac, Saint-André-de-Cubzac, Saint-Laurent-Médoc, Saint-Médard-en-Jalles, Saint-Vivien-de-Médoc, Talence et Villenave-d'Ornon.(10 et 3)]
	[Lesparre-Médoc	Cantons de Lesparre-Médoc, Pauillac, Saint-Laurent-Médoc et Saint-Vivien-de-Médoc.(9)]
Libourne	[Libourne	Cantons de Branne, Castillon-la-Bataille, Coutras, Fronsac, Guîtres, Libourne, Lussac, Pujols et Sainte-Foy-la-Grande.(3)]
	[Libourne	Cantons de Blaye, Bourg, Branne, Castillon-la-Bataille, Coutras, Fronsac, Guîtres, Libourne, Lussac, Pujols, Saint-Ciers-sur-Gironde, Saint-Savin et Sainte-Foy-la-Grande.(4)]
		Cour d'appel de Bourges
		Cher
Bourges	[Bourges	Cantons de Baugy, Bourges 1er canton, Bourges 2e canton, Bourges 3e canton, Bourges 4e canton, Bourges 5e canton, Chârost, Les Aix-d'Angillon, Levet, Mehun-sur-Yèvre, Saint-Doulchard et Saint-Martin-d'Auxigny.(11)]
	[Bourges	Cantons de Baugy, Bourges 1er canton, Bourges 2e canton, Bourges 3e canton, Bourges 4e canton, Bourges 5e canton, Chârost, Graçay, Les Aix-d'Angillon, Levet, Lury-sur-Arnon, Mehun-sur-Yèvre, Saint-Doulchard, Saint-Martin-d'Auxigny, Sancergues, Sancerre, Vailly-sur-Sauldre, Vierzon 1er canton et Vierzon 2e canton.(12 et 3)]
	[Vierzon	Cantons de Graçay, Lury-sur-Arnon, Vierzon 1er canton et Vierzon 2e canton.(11)]
		Indre
Châteauroux	[Le Blanc	Cantons de Bélâbre, Le Blanc, Mézières-en-Brenne, Saint-Benoît-du-Sault, Saint-Gaultier et Tournon-Saint-Martin.(3)]
	[Châteauroux	Cantons d'Ardentes, Argenton-sur-Creuse, Buzançais, Châteauroux-Centre, Châteauroux-Est, Châteauroux-Ouest, Châteauroux-Sud, Châtillon-sur-Indre, Écueillé, Levroux et Valençay.(3)]
	[Châteauroux	Cantons d'Aigurande, Ardentes, Argenton-sur-Creuse, Bélâbre, Buzançais, Châteauroux-Centre, Châteauroux-Est, Châteauroux-Ouest, Châteauroux-Sud, Châtillon-sur-Indre, Écueillé, Éguzon-Chantôme, Issoudun-Nord, Issoudun-Sud, La Châtre, Le Blanc, Levroux, Mézières-en-Brenne, Neuvy-Saint-Sépulchre, Saint-Benoît-du-Sault, Saint-Christophe-en-Bazelle, Saint-Gaultier, Tournon-Saint-Martin, Sainte-Sévère-sur-Indre, Valençay et Vatan.(4)]
	[Issoudun	Cantons d'Issoudun-Nord, Issoudun-Sud, Saint-Christophe-en-Bazelle et Vatan.(3)]

SIÈGE DU TRIBUNAL de grande instance	SIÈGE DU TRIBUNAL D'INSTANCE et de la juridiction de proximité	RESSORT
Châteauroux *(suite)*	[La Châtre	Cantons d'Aigurande, Éguzon-Chantôme, La Châtre, Neuvy-Saint-Sépulchre et Sainte-Sévère-sur-Indre.(3)]
		Nièvre
Nevers	[Château-Chinon	Cantons de Château-Chinon (Ville), Châtillon-en-Bazois, Fours, Luzy, Montsauche-les-Settons et Moulins-Engilbert.(9)]
	[Clamecy	Cantons de Brinon-sur-Beuvron, Clamecy, Corbigny, Lormes, Tannay et Varzy.(9)]
	[Clamecy	Cantons de Brinon-sur-Beuvron, Clamecy, Corbigny, Donzy, Lormes, Montsauche-les-Settons, Saint-Amand-en-Puisaye, Tannay et Varzy.(10)]
	[Cosne-Cours-sur-Loire	Cantons de Cosne-Cours-sur-Loire-Nord, Cosne-Cours-sur-Loire-Sud, Donzy, La Charité-sur-Loire, Pouilly-sur-Loire, Prémery et Saint-Amand-en-Puisaye.(9)]
	[Nevers	Cantons de Decize, Dornes, Guérigny, Imphy, La Machine, Nevers-Centre, Nevers-Est, Nevers-Nord, Nevers-Sud, Pougues-les-Eaux, Saint-Benin-d'Azy, Saint-Pierre-le-Moûtier et Saint-Saulge.(9)]
	[Nevers	Cantons de Château-Chinon (Ville), Châtillon-en-Bazois, Cosne-Cours-sur-Loire-Nord, Cosne-Cours-sur-Loire-Sud, Decize, Dornes, Fours, Guérigny, Imphy, La Charité-sur-Loire, La Machine, Luzy, Moulins-Engilbert, Nevers-Centre, Nevers-Est, Nevers-Nord, Nevers-Sud, Pougues-les-Eaux, Pouilly-sur-Loire, Prémery, Saint-Benin-d'Azy, Saint-Pierre-le-Moûtier et Saint-Saulge.(10)]
		Cour d'appel de Caen
		Calvados
Caen	[Bayeux	Cantons de Balleroy, Bayeux, Caumont-l'Éventé, Isigny-sur-Mer, Ryes et Trévières.(3)]
	[Caen	Cantons de Bourguébus, Cabourg, Caen 1er canton, Caen 2e canton, Caen 3e canton, Caen 4e canton, Caen 7e canton, Caen 8e canton, Caen 9e canton, Caen 10e canton, Caen-Hérouville Caen 6e canton, Creully, Douvres-la-Délivrande, Évrecy, Hérouville-Saint-Clair Caen 5e canton, Ouistreham, Tilly-sur-Seulles, Troarn et Villers-Bocage.(11)]
	[Caen	Cantons de Bourguébus, Bretteville-sur-Laize, Cabourg, Caen 1er canton, Caen 2e canton, Caen 3e canton, Caen 4e canton, Caen 7e canton, Caen 8e canton, Caen 9e canton, Caen 10e canton, Caen-Hérouville Caen 6e canton, Creully, Douvres-la-Délivrande, Évrecy, Falaise-Nord, Falaise-Sud, Hérouville-Saint-Clair Caen 5e canton, Morteaux Coulibœuf, Ouistreham, Tilly-sur-Seulles, Troarn, Thury-Harcourt et Villers-Bocage.(12 et 3)]
	[Falaise	Cantons de Bretteville-sur-Laize, Falaise-Nord, Falaise-Sud, Morteaux-Coulibœuf et Thury-Harcourt.(11)]
	Vire	Cantons d'Aunay-sur-Odon, Condé-sur-Noireau, Le Bény-Bocage, Saint-Sever-Calvados, Vassy et Vire.
Lisieux	[Lisieux	Cantons de Lisieux 1er canton, Lisieux 2e canton, Lisieux 3e canton, Livarot, Mézidon-Canon, Orbec et Saint-Pierre-sur-Dives.(3)]
	[Lisieux	Cantons de Blangy-le-Château, Cambremer, Dozulé, Honfleur, Lisieux 1er canton, Lisieux 2e canton, Lisieux 3e canton, Livarot, Mézidon-Canon, Orbec, Pont-l'Évêque, Saint-Pierre-sur-Dives et Trouville-sur-Mer.(4)]
	[Pont-l'Évêque	Cantons de Blangy-le-Château, Cambremer, Dozulé, Honfleur, Pont-l'Évêque et Trouville-sur-Mer.(3)]
		Manche
[Avranches(5)]	[Avranches	Cantons d'Avranches, Brécey, Ducey, Granville, La Haye-Pesnel, Pontorson, Saint-James, Sartilly et Villedieu-les-Poêles.(3)]
	[Avranches	Cantons d'Avranches, Barenton, Brécey, Ducey, Granville, Isigny-le-Buat, Juvigny-le-Tertre, La Haye-Pesnel, Le Teilleul, Mortain, Pontorson, Saint-Hilaire-du-Harcouët, Saint-James, Saint-Pois, Sartilly, Sourdeval et Villedieu-les-Poêles.(4)]
	[Mortain	Cantons de Barenton, Isigny-le-Buat, Juvigny-le-Tertre, Le Teilleul, Mortain, Saint-Hilaire-du-Harcouët, Saint-Pois et Sourdeval.(3)]
Cherbourg Octeville	[Cherbourg-Octeville	Cantons de Beaumont-Hague, Cherbourg-Octeville-Nord-Ouest, Cherbourg-Octeville-Sud-Est, Cherbourg-Octeville-Sud-Ouest, Équeurdreville-Hainneville, Les Pieux, Saint-Pierre-Église et Tourlaville.(3)]
	[Cherbourg-Octeville	Cantons de Barneville-Carteret, Beaumont-Hague, Bricquebec, Cherbourg-Octeville-Nord-Ouest, Cherbourg-Octeville-Sud-Est, Cherbourg-Octeville-Sud-Ouest, Équeurdreville-Hainneville, Les Pieux, Montebourg, Quettehou, Sainte-Mère-Église, Saint-Pierre-Église, Saint-Sauveur-le-Vicomte, Tourlaville et Valognes.(4)]
	[Valognes	Cantons de Barneville-Carteret, Bricquebec, Montebourg, Quettehou, Sainte-Mère-Église, Saint-Sauveur-le-Vicomte et Valognes.(3)]

SIÈGE DU TRIBUNAL de grande instance	SIÈGE DU TRIBUNAL D'INSTANCE et de la juridiction de proximité	RESSORT
Coutances	[Avranches[6]]	Cantons d'Avranches, Barenton, Brécy, Ducey, Granville, Isigny-le-Buat, Juvigny-le-Tertre, La Haye-Pesnel, Le Teilleul, Mortain, Pontorson, Saint-Hilaire-du-Harcouët, Saint-James, Saint-Pois, Sartilly, Sourdeval et Villedieu-les-Poêles.
	[Coutances	Cantons de Bréhal, Cerisy-la-Salle, Coutances, Gavray, La Haye-du-Puits, Lessay, Montmartin-sur-Mer, Périers, Saint-Malo-de-la-Lande et Saint-Sauveur-Lendelin.[3]]
	[Coutances	Cantons de Bréhal, Canisy, Carentan, Cerisy-la-Salle, Coutances, Gavray, La Haye-du-Puits, Lessay, Marigny, Montmartin-sur-Mer, Percy, Périers, Saint-Clair-sur-l'Elle, Saint-Jean-de-Daye, Saint-Lô-Est, Saint-Lô-Ouest, Saint-Malo-de-la-Lande, Saint-Sauveur-Lendelin, Tessy-sur-Vire et Torigni-sur-Vire.[4]]
	[Saint-Lô	Cantons de Canisy, Carentan, Marigny, Percy, Saint-Clair-sur-l'Elle, Saint-Jean-de-Daye, Saint-Lô-Est, Saint-Lô-Ouest, Tessy-sur-Vire et Torigni-sur-Vire.[3]]
		Orne
Alençon	[Alençon	Cantons d'Alençon 1er canton, Alençon 2e canton, Alençon 3e canton, Carrouges, Courtomer, Le Mêle-sur-Sarthe et Sées.[3]]
	[Alençon	Cantons d'Alençon 1er canton, Alençon 2e canton, Alençon 3e canton, Bazoches-sur-Hoëne, Bellême, Carrouges, Courtomer, L'Aigle-Est, L'Aigle-Ouest, Le Theil, Le Mêle-sur-Sarthe, Longny-au-Perche, Mortagne-au-Perche, Moulins-la-Marche, Nocé, Pervenchères, Rémalard, Sées et Tourouvre.[4]]
	[Mortagne-au-Perche	Cantons de Bazoches-sur-Hoëne, Bellême, L'Aigle-Est, L'Aigle-Ouest, Le Theil, Longny-au-Perche, Mortagne-au-Perche, Moulins-la-Marche, Nocé, Pervenchères, Rémalard et Tourouvre.[3]]
Argentan	Argentan	Cantons d'Argentan-Est, Argentan-Ouest, Briouze, Écouché, Exmes, Gacé, La Ferté-Frênel, Le Merlerault, Mortrée, Putanges-Pont-Écrepin, Trun et Vimoutiers.
	[Domfront	Cantons d'Athis-de-l'Orne, Domfront, Flers-Nord, Flers-Sud, Juvigny-sous-Andaine, La Ferté-Macé, Messei, Passais et Tinchebray.[3]]
	[Flers	Cantons d'Athis-de-l'Orne, Domfront, Flers-Nord, Flers-Sud, Juvigny-sous-Andaine, La Ferté-Macé, Messei, Passais et Tinchebray.[4]]
		Cour d'appel de Chambéry
		Haute-Savoie
Annecy	Annecy	Cantons d'Alby-sur-Chéran, Annecy-Centre, Annecy-le-Vieux, Annecy-Nord-Est, Annecy-Nord-Ouest, Faverges, Rumilly, Seynod, Thônes et Thorens-Glières.
Bonneville	Bonneville	Cantons de Bonneville, Chamonix-Mont-Blanc, Cluses, La Roche-sur-Foron, Saint-Gervais-les-Bains, Saint-Jeoire, Sallanches, Samoëns, Scionzier et Taninges.
Thonon-les-Bains	[Annemasse	Cantons d'Annemasse-Nord, Annemasse-Sud, Cruseilles, Frangy, Reignier, Saint-Julien-en-Genevois et Seyssel.[4]]
	[Saint-Julien-en-Genevois	Cantons d'Annemasse-Nord, Annemasse-Sud, Cruseilles, Frangy, Reignier, Saint-Julien-en-Genevois et Seyssel.[3]]
	Thonon-les-Bains	Cantons d'Abondance, Boëge, Douvaine, Évian-les-Bains, Le Biot, Thonon-les-Bains-Est et Thonon-les-Bains-Ouest.
		Savoie
Chambéry	[Aix-les-Bains	Cantons d'Aix-les-Bains-Centre, Aix-les-Bains-Nord-Grésy, Aix-les-Bains-Sud, Albens, Le Châtelard, Ruffieux et Yenne.[3]]
	[Chambéry	Cantons de Chambéry-Est, Chambéry-Nord, Chambéry-Sud, Chambéry-Sud-Ouest, Chamoux-sur-Gelon, Cognin, La Motte-Servolex, La Ravoire, La Rochette, Le Pont-de-Beauvoisin, Les Échelles, Montmélian, Saint-Alban-Leysse, Saint-Genix-sur-Guiers et Saint-Pierre-d'Albigny.[3]]
	[Chambéry	Cantons d'Aix-les-Bains-Centre, Aix-les-Bains-Nord-Grésy, Aix-les-Bains-Sud, Albens, Chambéry-Est, Chambéry-Nord, Chambéry-Sud, Chambéry-Sud-Ouest, Chamoux-sur-Gelon, Cognin, La Motte-Servolex, La Ravoire, La Rochette, Le Châtelard, Le Pont-de-Beauvoisin, Les Échelles, Montmélian, Ruffieux, Saint-Alban-Leysse, Saint-Genix-sur-Guiers, Saint-Pierre-d'Albigny et Yenne.[4]]
Albertville	[Albertville	Cantons d'Albertville-Nord, Albertville-Sud, Beaufort, Grésy-sur-Isère et Ugine.[3]]
	[Albertville	Cantons d'Aiguebelle, Aime, Albertville-Nord, Albertville-Sud, Beaufort, Bourg-Saint-Maurice, Bozel, Grésy-sur-Isère, La Chambre, Lanslebourg-Mont-Cenis, Modane, Moûtiers, Saint-Jean-de-Maurienne, Saint-Michel-de-Maurienne et Ugine.[4]]
	[Moûtiers-Tarentaise	Cantons d'Aime, Bourg-Saint-Maurice, Bozel et Moûtiers.[3]]
	[Saint-Jean-de-Maurienne	Cantons d'Aiguebelle, La Chambre, Lanslebourg-Mont-Cenis, Modane, Saint-Jean-de-Maurienne et Saint-Michel-de-Maurienne.[3]]

SIÈGE DU TRIBUNAL de grande instance	SIÈGE DU TRIBUNAL D'INSTANCE et de la juridiction de proximité	RESSORT
		Cour d'appel de Colmar
		Bas-Rhin
Strasbourg	[Brumath	Cantons de Brumath, Hochfelden et Truchtersheim.(3)]
	[Haguenau	Cantons de Bischwiller, Haguenau et Niederbronn-les-Bains.(3)]
	[Haguenau	Cantons de Bischwiller, Brumath, Haguenau, Hochfelden, Lauterbourg, Niederbronn-les-Bains, Seltz, Soultz-sous-Forêts, Truchtersheim, Wissembourg et Woerth.(4)]
	Illkirch-Graffenstaden	Cantons de Benfeld, Erstein, Geispolsheim et Illkirch-Graffenstaden.
	Schiltigheim	Cantons de Bischheim, Mundolsheim et Schiltigheim.
	Strasbourg	Cantons de Strasbourg 1er canton, Strasbourg 2e canton, Strasbourg 3e canton, Strasbourg 4e canton, Strasbourg 5e canton, Strasbourg 6e canton, Strasbourg 7e canton, Strasbourg 8e canton, Strasbourg 9e canton et Strasbourg 10e canton.
	[Wissembourg	Cantons de Lauterbourg, Seltz, Soultz-sous-Forêts, Wissembourg et Woerth.(3)]
Saverne	Molsheim	Cantons de Molsheim, Obernai, Rosheim, Saales, Schirmeck et Wasselonne.
	Saverne	Cantons de Bouxwiller, Drulingen, La Petite-Pierre, Marmoutier, Sarre-Union et Saverne.
		Bas-Rhin et Haut-Rhin
Colmar	[Sélestat	Cantons de Barr, Marckolsheim, Sélestat et Villé.(3)]
	[Sélestat	Cantons de Barr, Marckolsheim, Sainte-Marie-aux-Mines, Sélestat, Villé et Ribeauvillé.(4)]
		Haut-Rhin
Colmar	[Colmar	Cantons d'Andolsheim, Colmar-Nord, Colmar-Sud, Munster, Neuf-Brisach et Wintzenheim.(3)]
	[Colmar	Cantons d'Andolsheim, Colmar-Nord, Colmar-Sud, Kaysersberg, Lapoutroie, Munster, Neuf-Brisach et Wintzenheim.(4)]
	Guebwiller	Cantons d'Ensisheim, Guebwiller, Rouffach et Soultz-Haut-Rhin.
	[Ribeauvillé	Cantons de Kaysersberg, Lapoutroie, Ribeauvillé et Sainte-Marie-aux-Mines.(3)]
Mulhouse	[Altkirch	Cantons d'Altkirch, Dannemarie, Ferrette et Hirsingue.(3)]
	[Huningue	Canton de Huningue.(3)]
	[Mulhouse	Cantons de Habsheim, Illzach, Mulhouse-Est, Mulhouse-Nord, Mulhouse-Ouest, Mulhouse-Sud, Sierentz et Wittenheim.(3)]
	[Mulhouse	Cantons d'Altkirch, Dannemarie, Ferrette, Habsheim, Hirsingue, Huningue, Illzach, Mulhouse-Est, Mulhouse-Nord, Mulhouse-Ouest, Mulhouse-Sud, Sierentz et Wittenheim.(4)]
	Thann	Cantons de Cernay, Masevaux, Saint-Amarin et Thann.
		Cour d'appel de Dijon
		Côte-d'Or
Dijon	Beaune	Cantons d'Arnay-le-Duc, Beaune-Nord, Beaune-Sud, Bligny-sur-Ouche, Liernais, Nolay, Nuits-Saint-Georges, Pouilly-en-Auxois, Saint-Jean-de-Losne et Seurre.
	[Châtillon-sur-Seine	Cantons d'Aignay-le-Duc, Baigneux-les-Juifs, Châtillon-sur-Seine, Laignes, Montigny-sur-Aube et Recey-sur-Ource.(3)]
	Dijon	Cantons d'Auxonne, Chenôve, Dijon 1er canton, Dijon 2e canton, Dijon 3e canton, Dijon 4e canton, Dijon 5e canton, Dijon 6e canton, Dijon 7e canton, Dijon 8e canton, Fontaine-Française, Fontaine-lès-Dijon, Genlis, Gevrey-Chambertin, Grancey-le-Château-Neuvelle, Is-sur-Tille, Mirebeau-sur-Bèze, Pontailler-sur-Saône, Saint-Seine l'Abbaye, Selongey et Sombernon.
	[Montbard	Cantons d'Aignay-le-Duc, Baigneux-les-Juifs, Châtillon-sur-Seine, Laignes, Montbard, Montigny-sur-Aube, Précy-sous-Thil, Recey-sur-Ource, Saulieu, Semur-en-Auxois, Venarey-les-Laumes et Vitteaux.(4)]
	[Semur-en-Auxois	Cantons de Montbard, Précy-sous-Thil, Saulieu, Semur-en-Auxois, Venarey-les-Laumes et Vitteaux.(3)]
		Haute-Marne
Chaumont	[Chaumont	Cantons d'Andelot-Blancheville, Arc-en-Barrois, Bourmont, Châteauvillain, Chaumont-Nord, Chaumont-Sud, Clefmont, Doulaincourt-Saucourt, Juzennecourt, Nogent, Saint-Blin et Vignory.(9)]

SIÈGE DU TRIBUNAL de grande instance	SIÈGE DU TRIBUNAL D'INSTANCE et de la juridiction de proximité	RESSORT
Chaumont *(suite)*	[Chaumont	Cantons d'Andelot-Blancheville, Arc-en-Barrois, Auberive, Bourbonne-les-Bains, Bourmont, Châteauvillain, Chaumont-Nord, Chaumont-Sud, Clefmont, Doulaincourt-Saucourt, Fayl-Billot, Juzennecourt, Laferté-sur-Amance, Langres, Longeau-Percey, Neuilly-l'Évêque, Nogent, Prauthoy, Saint-Blin, Terre-Natale, Val-de-Meuse et Vignory.[10]]
	[Langres	Cantons d'Auberive, Bourbonne-les-Bains, Fayl-Billot, Laferté-sur-Amance, Langres, Longeau-Percey, Neuilly-l'Évêque, Prauthoy, Terre-Natale et Val-de-Meuse.[9]]
	Saint-Dizier	Cantons de Chevillon, Doulevant-le-Château, Joinville, Montier-en-Der, Poissons, Saint-Dizier-Centre, Saint-Dizier-Nord-Est, Saint-Dizier-Ouest, Saint-Dizier-Sud-Est et Wassy.
		Saône-et-Loire
Chalon-sur-Saône	[Autun	Cantons d'Autun-Nord, Autun-Sud, Épinac, Issy-l'Évêque, Lucenay-l'Évêque et Saint-Léger-sous-Beuvray.[11]]
	[Chalon-sur-Saône	Cantons de Buxy, Chagny, Chalon-sur-Saône-Centre, Chalon-sur-Saône-Nord, Chalon-sur-Saône-Ouest, Chalon-sur-Saône-Sud, Givry, Saint-Germain-du-Plain, Saint-Martin-en-Bresse, Sennecey-le-Grand et Verdun-sur-le-Doubs.[3]]
	[Chalon-sur-Saône	Cantons de Beaurepaire-en-Bresse, Buxy, Chagny, Chalon-sur-Saône-Centre, Chalon-sur-Saône-Nord, Chalon-sur-Saône-Ouest, Chalon-sur-Saône-Sud, Cuiseaux, Cuisery, Givry, Louhans, Montpont-en-Bresse, Montret, Pierre-de-Bresse, Saint-Germain-du-Bois, Saint-Germain-du-Plain, Saint-Martin-en-Bresse, Sennecey-le-Grand et Verdun-sur-le-Doubs.[4]]
	[Le Creusot	Cantons de Couches, Le Creusot-Est, Le Creusot-Ouest, Mesvres et Montcenis.[11]]
	[Le Creusot	Cantons d'Autun-Nord, Autun-Sud, Couches, Épinac, Issy-l'Évêque, Le Creusot-Est, Le Creusot-Ouest, Lucenay-l'Évêque, Mesvres, Montcenis et Saint-Léger-sous-Beuvray.[12 et 3]]
	[Louhans	Cantons de Beaurepaire-en-Bresse, Cuiseaux, Cuisery, Louhans, Montpont-en-Bresse, Montret, Pierre-de-Bresse et Saint-Germain-du-Bois.[3]]
	[Montceau-les-Mines	Cantons de Montceau-les-Mines-Nord, Montceau-les-Mines-Sud, Montchanin et Mont-Saint-Vincent.[3]]
Mâcon	[Charolles	Cantons de Bourbon-Lancy, Charolles, Chauffailles, Digoin, Gueugnon, La Clayette, La Guiche, Marcigny, Palinges, Paray-le-Monial, Saint-Bonnet-de-Joux, Semur-en-Brionnais et Toulon-sur-Arroux.[3]]
	[Mâcon	Cantons de Cluny, La Chapelle-de-Guinchay, Lugny, Mâcon-Centre, Mâcon-Nord, Mâcon-Sud, Matour, Saint-Gengoux-le-National, Tournus et Tramayes.[3]]
	[Mâcon	Cantons de Bourbon-Lancy, Charolles, Chauffailles, Cluny, Digoin, Gueugnon, La Chapelle-de-Guinchay, La Clayette, La Guiche, Lugny, Mâcon-Centre, Mâcon-Nord, Mâcon-Sud, Marcigny, Matour, Palinges, Paray-le-Monial, Saint-Bonnet-de-Joux, Saint-Gengoux-le National, Semur-en-Brionnais, Toulon-sur-Arroux, Tournus et Tramayes.[4]]
		Cour d'appel de Douai
		Nord
Avesnes-sur-Helpe	Avesnes-sur-Helpe	Cantons d'Avesnes-sur-Helpe-Nord, Avesnes-sur-Helpe-Sud, Berlaimont, Landrecies, Le Quesnoy-Est, Le Quesnoy-Ouest, Solre-le-Château et Trélon.
	Maubeuge	Cantons de Bavay, Hautmont, Maubeuge-Nord et Maubeuge-Sud.
Cambrai	Cambrai	Cantons de Cambrai-Est, Cambrai-Ouest, Carnières, Clary, Le Cateau-Cambrésis, Marcoing et Solesmes.
Douai	Douai	Cantons d'Arleux, Douai-Nord, Douai-Nord-Est, Douai-Sud, Douai-Sud-Ouest, Marchiennes et Orchies.
Dunkerque	Dunkerque	Cantons de Bergues, Bourbourg, Coudekerque-Branche, Dunkerque-Est, Dunkerque-Ouest, Grande-Synthe, Gravelines, Hondschoote et Wormhout.
	[Hazebrouck[6]]	Cantons de Bailleul-Nord-Est, Bailleul-Sud-Ouest, Cassel, Hazebrouck-Nord, Hazebrouck-Sud, Merville et Steenvoorde.
[Hazebrouck[5]]	Hazebrouck	Cantons de Bailleul-Nord-Est, Bailleul-Sud-Ouest, Cassel, Hazebrouck-Nord, Hazebrouck-Sud, Merville et Steenvoorde.
Lille	Lille	Cantons d'Armentières, Cysoing, Haubourdin, La Bassée, Lannoy, Lille-Centre, Lille-Est, Lille-Nord, Lille-Nord-Est, Lille-Ouest, Lille-Sud, Lille-Sud-Est, Lille-Sud-Ouest, Lomme, Pont-à-Marcq, Quesnoy-sur-Deûle, Seclin-Nord, Seclin-Sud, Villeneuve-d'Ascq-Nord et Villeneuve-d'Ascq-Sud.
	Roubaix	Cantons de Roubaix-Centre, Roubaix-Est, Roubaix-Nord et Roubaix-Ouest.
	Tourcoing	Cantons de Marcq-en-Baroeul, Tourcoing-Nord, Tourcoing-Nord-Est et Tourcoing-Sud.

SIÈGE DU TRIBUNAL de grande instance	SIÈGE DU TRIBUNAL D'INSTANCE et de la juridiction de proximité	RESSORT
Valenciennes	Valenciennes	Cantons d'Anzin, Bouchain, Condé-sur-l'Escaut, Denain, Saint-Amand-les-Eaux-Rive droite, Saint-Amand-les-Eaux-Rive gauche, Valenciennes-Est, Valenciennes-Nord et Valenciennes-Sud.
		Pas-de-Calais
Arras	[Arras	Cantons d'Arras-Nord, Arras-Ouest, Arras-Sud, Avion, Bapaume, Beaumetz-lès-Loges, Bertincourt, Croisilles, Dainville, Marquion, Pas-en-Artois, Rouvroy, Vimy et Vitry-en-Artois.(3)]
	[Arras	Cantons d'Arras-Nord, Arras-Ouest, Arras-Sud, Aubigny-en-Artois, Auxi-le-Château, Avesnes-le-Comte, Avion, Bapaume, Beaumetz-lès-Loges, Bertincourt, Croisilles, Dainville, Heuchin, Le Parcq, Marquion, Pas-en-Artois, Rouvroy, Saint-Pol-sur-Ternoise, Vimy et Vitry-en-Artois.(4)]
	[Saint-Pol-sur-Ternoise	Cantons d'Aubigny-en-Artois, Auxi-le-Château, Avesnes-le-Comte, Heuchin, Le Parcq et Saint-Pol-sur-Ternoise.(3)]
Béthune	[Béthune	Cantons d'Auchel, Béthune-Est, Béthune-Nord, Béthune-Sud, Cambrin, Douvrin, Laventie, Lillers, Nœux-les-Mines et Noirent Fontes.(3)]
	[Béthune	Cantons d'Auchel, Barlin, Béthune-Est, Béthune-Nord, Béthune-Sud, Bruay-la-Buissière, Cambrin, Divion, Douvrin, Houdain, Laventie, Lillers, Nœux-les-Mines et Nouent-Fontes.(4)]
	[Carvin	Cantons de Carvin, Courrières, Hénin-Beaumont, Leforest et Montigny-en-Gohelle.(3)]
	[Houdain	Cantons de Barlin, Bruay-la-Buissière, Divion et Houdain.(3)]
	[Lens	Cantons de Harnes, Lens-Est, Lens-Nord-Est, Lens-Nord-Ouest, Noyelles-sous-Lens et Wingles.(3)]
	[Lens	Cantons de Bully-les-Mines, Carvin, Courrières, Harnes, Hénin-Beaumont, Leforest, Lens-Est, Lens-Nord-Est, Lens-Nord-Ouest, Liévin-Nord, Liévin-Sud, Montigny-en-Gohelle, Noyelles-sous-Lens, Sains-en-Gohelle et Wingles.(4)]
	[Liévin	Cantons de Bully-les-Mines, Liévin-Nord, Liévin-Sud et Sains-en-Gohelle.(3)]
Boulogne-sur-Mer	Montreuil	Cantons de Berck, Campagne-lès-Hesdin, Étaples, Fruges, Hesdin, Hucqueliers et Montreuil.
	Boulogne-sur-Mer	Cantons de Boulogne-sur-Mer-Nord-Est, Boulogne-sur-Mer-Nord-Ouest, Boulogne-sur-Mer-Sud, Desvres, Le Portel, Marquise, Outreau et Samer.
	Calais	Cantons de Calais-Centre, Calais-Est, Calais-Nord-Ouest, Calais-Sud-Est et Guînes.
Saint-Omer	Saint-Omer	Cantons d'Aire-sur-la-Lys, Ardres, Arques, Audruicq, Fauquembergues, Lumbres, Saint-Omer-Nord et Saint-Omer-Sud.
		Cour d'appel de Cayenne ***Guyane***
Cayenne	Cayenne	Cantons d'Approuague-Kaw, Cayenne 1er canton Nord-Ouest, Cayenne 2e canton Nord-Est, Cayenne 3e canton Sud-Ouest, Cayenne 4e canton Centre, Cayenne 5e canton Sud, Cayenne 6e canton Sud-Est, Iracoubo, Kourou, Macouria, Mana, Maripasoula, Matoury, Montsinéry-Tonnegrande, Remire-Montjoly, Roura, Saint-Georges-Oyapoc, Saint-Laurent-du-Maroni et Sinnamary.
Dont une chambre détachée à Saint-Laurent-du-Maroni		Ressort de la chambre détachée à Saint-Laurent-du-Maroni : cantons de Mana, Maripasoula, Saint-Laurent-du-Maroni.
		Cour d'appel de Fort-de-France (Martinique)
Fort-de-France	[Fort-de-France	Cantons de Basse-Pointe, Case-Pilote-Bellefontaine, Fort-de-France 1er canton, Fort-de-France 2e canton, Fort-de-France 3e canton, Fort de-France 4e canton, Fort-de-France 5e canton, Fort-de-France 6e canton, Fort-de-France 7e canton, Fort-de-France 8e canton, Fort-de-France 9e canton, Fort-de-France 10e canton, Gros-Morne, L'Ajoupa-Bouillon, La Trinité, Le Carbet, Le Lorrain, Le Marigot, Le Morne-Rouge, Le Prêcheur, Macouba, Sainte-Marie 1er canton Nord, Sainte-Marie 2e canton Sud, Saint-Pierre, Schoelcher 1er canton et Schoelcher 2e canton.(3)]
	[Fort-de-France	Cantons de Basse-Pointe, Case-Pilote-Bellefontaine, Ducos, Fort-de-France 1er canton, Fort-de-France 2e canton, Fort-de-France 3e canton, Fort-de-France 4e canton, Fort-de-France 5e canton, Fort-de-France 6e canton, Fort-de-France 7e canton, Fort-de-France 8e canton, Fort-de-France 9e canton, Fort-de-France 10e canton, Gros-Morne, L'Ajoupa-Bouillon, La Trinité, Le Carbet, Le Diamant, Le François-I er canton Nord, Le François 2e canton Sud, Le Lamentin 1er canton Sud-Bourg, Le Lamentin 2e canton Nord, Le Lamentin 3e canton Est, Le Lorrain, Le Marigot, Le Marin, Le Morne-Rouge, Le Prêcheur, Le Robert 1er canton Sud, Le Robert 2e canton Nord, Le Vauclin, Les Anses-d'Arlet, Les Trois-Îlets, Macouba, Rivière-Pilote, Rivière-Salée, Sainte-Anne, Sainte-Luce, Sainte-Marie 1er canton Nord, Sainte-Marie 2e canton Sud, Saint-Esprit, Saint-Joseph, Saint-Pierre, Schoelcher 1er canton et Schoelcher 2e canton.(4)]

SIÈGE DU TRIBUNAL de grande instance	SIÈGE DU TRIBUNAL D'INSTANCE et de la juridiction de proximité	RESSORT
Fort-de-France *(suite)*	[Le Lamentin	Cantons de Ducos, Le Diamant, Le François 1er canton Nord, Le François 2e canton Sud, Le Lamentin Ier canton Sud-Bourg, Le Lamentin 2e canton Nord, Le Lamentin 3e canton Est, Le Marin, Le Robert 1er canton Sud, Le Robert 2e canton Nord, Le Vauclin, Les Anses-d'Arlet, Les Trois-Îlets, Rivière-Pilote, Rivière-Salée, Sainte-Anne, Sainte-Luce, Saint-Esprit et Saint-Joseph.(3)]
	Cour d'appel de Grenoble	
	Drôme	
Valence	[Die	Cantons de Bourdeaux, Châtillon-en-Diois, Crest-Nord, Crest-Sud, Die, La Motte-Chalancon, Luc-en-Diois et Saillans.(13)]
	[Montélimar	Cantons de Dieulefit, Grignan, Marsannc, Montélimar 1er canton, Montélimar 2e canton, Pierrelatte et Saint-Paul-Trois-Châteaux.(3)]
	[Montélimar	Cantons de Buis-les-Baronnies, Dieulefit, Grignan, Marsanne, Montélimar 1er canton, Montélimar 2e canton, Nyons, Pierrelatte, Rémuzat, Saint-Paul-Trois-Châteaux et Séderon.(4)]
	[Nyons	Cantons de Buis-les-Baronnies, Nyons, Rémuzat, Séderon.(3)]
	Romans-sur-Isère	Cantons de Bourg-de-Péage, La Chapelle-en-Vercors, Le Grand Serre, Romans-sur-Isère 1er canton, Romans-sur-Isère 2e canton, Saint-Donat-sur l'Herbasse et Saint-Jean-en-Royans.
	[Valence	Cantons de Bourg-lès-Valence, Chabeuil, Loriol-sur-Drôme, Portes-lès-Valence, Saint-Vallier, Tain-l'Hermitage, Valence 1er canton, Valence 2e canton, Valence 3e canton et Valence 4e canton.(13)]
	[Valence	Cantons de Bourdeaux, Bourg-lès-Valence, Chabeuil, Châtillon-en-Diois, Crest-Nord, Crest-Sud, Die, La Motte-Chalancon, Loriol-sur-Drôme, Luc-en-Diois, Portes-lès-Valence, Saillans, Saint-Vallier, Tain-l'Hermitage, Valence 1er canton, Valence 2e canton, Valence 3e canton et Valence 4e canton.(14)]
	Hautes-Alpes	
Gap	[Briançon	Cantons d'Aiguilles, Briançon-Nord, Briançon-Sud, Guillestre, La Grave, L'Argentière-la-Bessée et Le Monêtier-les-Bains.(3)]
	[Gap	Cantons d'Aspres-sur-Buëch, Barcillonnette, Chorges, Embrun, Gap-Campagne, Gap-Centre, Gap-Nord-Est, Gap-Nord-Ouest, Gap-Sud Est, Gap-Sud-Ouest, La Bâtie-Neuve, Laragne-Montéglin, Orcières, Orpierre, Ribiers, Rosans, Saint-Bonnet-en-Champsaur, Saint-Étienne-en-Dévoluy, Saint-Firmin, Savines-le-Lac, Serres, Tallard et Veynes.(3)]
	[Gap	Cantons d'Aiguilles, Aspres-sur-Buëch, Barcillonnette, Briançon-Nord, Briançon-Sud, Chorges, Embrun, Gap-Campagne, Gap-Centre, Gap-Nord-Est, Gap-Nord-Ouest, Gap-Sud-Est, Gap-Sud-Ouest, Guillestre, La Bâtie-Neuve, La Grave, L'Argentière-la-Bessée, Laragne-Montéglin, Le Monêtier-les-Bains, Orcières, Orpierre, Ribiers, Rosans, Saint-Bonnet-en-Champsaur, Saint-Étienne-en-Dévoluy, Saint-Firmin, Savines-le-Lac, Serres, Tallard et Veynes.(4)]
	Isère	
[Bourgoin-Jallieu(19)]	Bourgoin-Jallieu	Cantons de Bourgoin-Jallieu-Nord, Bourgoin-Jallieu-Sud, Crémieu, La Tour-du-Pin, Le Grand-Lemps, Le Pont-de-Beauvoisin, Morestel, Saint-Geoire-en-Valdaine et Virieu.
Grenoble	[Grenoble	Cantons d'Allevard, Domène, Échirolles-Est, Échirolles-Ouest, Eybens, Fontaine-Sassenage, Fontaine-Seyssinet, Goncelin, Grenoble 1er canton, Grenoble 2e canton, Grenoble 3e canton, Grenoble 4e canton, Grenoble 5e canton, Grenoble 6e canton, Le Bourg-d'Oisans, Le Touvet, Meylan, Saint-Égrève, Saint-Ismier, Saint-Laurent-du-Pont, Saint-Martin-d'Hères-Nord, Saint-Martin-d'Hères-Sud, Vif, Villard-de-Lans, Vizille et Voiron.(3)]
	[Grenoble	Cantons d'Allevard, Clelles, Corps, Domène, Échirolles-Est, Échirolles-Ouest, Eybens, Fontaine-Sassenage, Fontaine-Seyssinet, Goncelin, Grenoble 1er canton, Grenoble 2e canton, Grenoble 3e canton, Grenoble 4e canton, Grenoble 5e canton, Grenoble 6e canton, La Mure, Le Bourg-d'Oisans, Le Touvet, Mens, Meylan, Monestier-de-Clermont, Pont-en-Royans, Rives, Roybon, Saint-Égrève, Saint-Étienne-de-Saint-Geoirs, Saint-Ismier, Saint-Laurent-du-Pont, Saint-Marcellin, Saint-Martin-d'Hères-Nord, Saint-Martin-d'Hères-Sud, Tullins, Valbonnais, Vif, Villard-de-Lans, Vinay, Vizille et Voiron.(4)]
	[La Mure	Cantons de Clelles, Corps, La Mure, Mens, Monestier-de-Clermont et Valbonnais.(3)]
	[Saint-Marcellin	Cantons de Pont-en-Royans, Rives, Roybon, Saint-Étienne-de-Saint-Geoirs, Saint-Marcellin, Tullins et Vinay.(3)]
[Vienne(19)] [Villefontaine(20)]	Vienne	Cantons de Beaurepaire, Heyrieux, La Côte-Saint-André, La Verpillière, L'Isle-d'Abeau, Pont-de-Chéruy, Roussillon, Saint-Jean-de-Bournay, Vienne-Nord et Vienne-Sud.

SIÈGE DU TRIBUNAL de grande instance	SIÈGE DU TRIBUNAL D'INSTANCE et de la juridiction de proximité	RESSORT
[Vienne[19]] [Villefontaine[20]] *(suite)*	Bourgoin-Jallieu	Cantons de Bourgoin-Jallieu-Nord, Bourgoin-Jallieu-Sud, Crémieu, La Tour-du-Pin, Le Grand-Lemps, Le Pont-de-Beauvoisin, Morestel, Saint-Geoire-en-Valdaine et Virieu.
	Vienne	Cantons de Beaurepaire, Heyrieux, La Côte-Saint-André, La Verpillière, L'Isle-d'Abeau, Pont-de-Chéruy, Roussillon, Saint-Jean-de-Bournay, Vienne-Nord et Vienne-Sud.
		Cour d'appel de Limoges
		Corrèze
Brive-la-Gaillarde	Brive-la-Gaillarde	Cantons d'Ayen, Beaulieu-sur-Dordogne, Beynat, Brive-la-Gaillarde Centre, Brive-la-Gaillarde-Nord-Est, Brive-la-Gaillarde-Nord-Ouest, Brive-la-Gaillarde-Sud-Est, Brive-la-Gaillarde-Sud-Ouest, Donzenac, Juillac, Larche, Lubersac, Malemort-sur-Corrèze, Meyssac et Vigeois.
Tulle	Tulle	Cantons d'Argentat, Bort-les-Orgues, Bugeat, Corrèze, Égletons, Eygurande, La Roche-Canillac, Lapleau, Mercœur, Meymac, Neuvic, Saint-Privat, Seilhac, Sornac, Treignac, Tulle-Campagne-Nord, Tulle Campagne-Sud, Tulle-Urbain-Nord, Tulle-Urbain-Sud, Ussel-Est, Ussel-Ouest et Uzerche.
		Creuse
Guéret	[Bourganeuf	Cantons de Bénévent-l'Abbaye, Bourganeuf, Pontarion et Royère-de-Vassivière.[9]]
	[Guéret	Cantons d'Ahun, Aubusson, Auzances, Bellegarde-en-Marche, Bonnat, Boussac, Chambon-sur-Voueize, Châtelus-Malvaleix, Chénérailles, Crocq, Dun-le-Palestel, Évaux-les-Bains, Felletin, Gentoux-Pigerolles, Guéret-Nord, Guéret-Sud-Est, Guéret-Sud-Ouest, Jarnages, La Courtine, La Souterraine, Le Grand-Bourg, Saint-Sulpice-les-Champs et Saint-Vaury.[9]]
	[Guéret	Cantons d'Ahun, Aubusson, Auzances, Bellegarde-en-Marche, Bénévent-l'Abbaye, Bonnat, Bourganeuf, Boussac, Chambon-sur-Voueize, Châtelus-Malvaleix, Chénérailles, Crocq, Dun-le-Palestel, Évaux-les-Bains, Felletin, Gentioux-Pigerolles, Guéret-Nord, Guéret-Sud-Est, Guéret-Sud-Ouest, Jarnages, La Courtine, La Souterraine, Le Grand-Bourg, Pontarion, Royère-de-Vassivière, Saint-Sulpice-les-Champs et Saint-Vaury.[10]]
		Haute-Vienne
Limoges	[Bellac	Cantons de Bellac, Bessines-sur-Gartempe, Châteauponsac, Le Dorat, Magnac-Laval, Mézières-sur-Issoire, Nantiat et Saint-Sulpice-les-Feuilles.[3]]
	[Limoges	Cantons d'Aixe-sur-Vienne, Ambazac, Châteauneuf-la-Forêt, Eymoutiers, Laurière, Limoges-Beaupuy, Limoges-Carnot, Limoges-Centre, Limoges-Cité, Limoges-Condat, Limoges-Corgnac, Limoges-Couzeix, Limoges-Émailleurs, Limoges-Grand-Treuil, Limoges-Isle, Limoges-La-Bastide, Limoges-Landouge, Limoges-Le-Palais, Limoges-Panazol, Limoges-Puy-las-Rodas, Limoges-Vigenal, Nieul, Pierre-Buffière et Saint-Léonard-de-Noblat.[3]]
	[Limoges	Cantons d'Aixe-sur-Vienne, Ambazac, Bellac, Bessines-sur-Gartempe, Châlus, Châteauneuf-la-Forêt, Châteauponsac, Eymoutiers, Laurière, Le Dorat, Limoges-Beaupuy, Limoges-Carnot, Limoges-Centre, Limoges-Cité, Limoges-Condat, Limoges-Corgnac, Limoges-Couzeix, Limoges-Émailleurs, Limoges-Grand-Treuil, Limoges-Isle, Limoges-La Bastide, Limoges-Landouge, Limoges-Le-Palais, Limoges-Panazol, Limoges-Puy-las-Rodas, Limoges-Vigenal, Magnac-Laval, Mézières-sur-Issoire, Nantiat, Nexon, Nieul, Oradour-sur-Vayres, Pierre-Buffière, Rochechouart, Saint-Germain-les-Belles, Saint-Léonard-de-Noblat, Saint-Junien-Est, Saint-Junien-Ouest, Saint-Laurent-sur-Gorre, Saint-Mathieu, Saint-Sulpice-les-Feuilles et Saint-Yrieix-la-Perche.[4]]
	[Rochechouart	Cantons d'Oradour-sur-Vayres, Rochechouart, Saint-Junien-Est, Saint-Junien-Ouest, Saint-Laurent-sur-Gorre et Saint-Mathieu.[3]]
	[Saint-Yrieix-la-Perche	Cantons de Châlus, Nexon, Saint-Germain-les-Belles et Saint-Yrieix la-Perche.[3]]
		Cour d'appel de Lyon
		Ain
[Belley[9]]	Belley	Cantons d'Ambérieu-en-Bugey, Belley, Champagne-en-Valromey, Hauteville-Lompnes, Lagnieu, Lhuis, Saint-Rambert-en-Bugey, Seyssel et Virieu-le-Grand.
Bourg-en-Bresse	Bourg-en-Bresse	Cantons de Bâgé-le-Châtel, Bourg-en-Bresse-Est, Bourg-en-Bresse-Nord-Centre, Bourg-en-Bresse-Sud, Ceyzériat, Coligny, Montrevel-en-Bresse, Péronnas, Pont-d'Ain, Pont-de-Vaux, Pont-de-Veyle, Saint-Trivier-de-Courtes, Treffort-Cuisiat et Viriat.
	[Belley[10]]	Cantons d'Ambérieu-en-Bugey, Belley, Champagne-en-Valromey, Hauteville-Lompnes, Lagnieu, Lhuis, Saint-Rambert-en-Bugey, Seyssel et Virieu-le-Grand.

SIÈGE DU TRIBUNAL de grande instance	SIÈGE DU TRIBUNAL D'INSTANCE et de la juridiction de proximité	RESSORT
Bourg-en-Bresse *(suite)*	Nantua	Cantons de Bellegarde-sur-Valserine, Brénod, Collonges, Ferney-Voltaire, Gex, Izernore, Nantua, Oyonnax-Nord, Oyonnax-Sud et Poncin.
	Trévoux	Cantons de Chalamont, Châtillon-sur-Chalaronne, Meximieux, Miribel, Montluel, Reyrieux, Saint-Trivier-sur-Moignans, Thoissey, Trévoux et Villars-les-Dombes.
		Loire
[Montbrison(5)]	Montbrison	Cantons de Boën, Chazelles-sur-Lyon, Feurs, Montbrison, Noirétable, Saint-Bonnet-le-Château, Saint-Galmier, Saint-Georges-en-Couzan, Saint-Jean-Soleymieux et Saint-Just-Saint-Rambert.
Roanne	Roanne	Cantons de Belmont-de-la-Loire, Charlieu, La Pacaudière, Néronde, Perreux, Roanne-Nord, Roanne-Sud, Saint-Germain-Laval, Saint-Haon-le-Châtel, Saint-Just-en-Chevalet et Saint-Symphorien-de-Lay.
Saint-Étienne	[Le Chambon- Feugerolles	Cantons de Firminy et Le Chambon-Feugerolles.(3)]
	[Montbrison(6)]	Cantons de Boën, Chazelles-sur-Lyon, Feurs, Montbrison, Noirétable, Saint-Bonnet-le-Château, Saint-Galmier, Saint-Georges-en-Couzan, Saint-Jean-Soleymieux et Saint-Just-Saint-Rambert.
	[Saint-Étienne	Cantons de Bourg-Argental, La Grand-Croix, Pélussin, Rive-de-Gier, Saint-Chamond-Nord, Saint-Chamond-Sud, Saint-Étienne-Nord-Est-1, Saint-Étienne-Nord-Est-2, Saint-Étienne-Nord-Ouest-1, Saint-Étienne-Nord-Ouest-2, Saint-Étienne-Sud-Est-1, Saint-Étienne-Sud-Est-2, Saint-Étienne-Sud-Est-3, Saint-Étienne-Sud-Ouest-1, Saint-Étienne-Sud-Ouest-2, Saint-Genest-Malifaux et Saint-Héand.(3)]
	[Saint-Étienne	Cantons de Bourg-Argental, Firminy, La Grand-Croix, Le Chambon-Feugerolles, Pélussin, Rive-de-Gier, Saint-Chamond-Nord, Saint-Chamond-Sud, Saint-Étienne-Nord-Est-1, Saint-Étienne-Nord-Est-2, Saint-Étienne-Nord-Ouest-1, Saint-Étienne-Nord-Ouest-2, Saint-Étienne-Sud-Est-1, Saint-Étienne-Sud-Est-2, Saint-Étienne-Sud-Est-3, Saint-Étienne-Sud-Ouest-1, Saint-Étienne-Sud-Ouest-2, Saint-Genest-Malifaux et Saint-Héand.(4)]
		Rhône
Lyon	Lyon	Cantons de Caluire-et-Cuire, Condrieu, Écully, Givors, Irigny, L'Arbresle, Limonest, Lyon-I, Lyon-II, Lyon-III, Lyon-IV, Lyon-V, Lyon-VI, Lyon-VII, Lyon-VIII, Lyon-IX, Lyon-X, Lyon-XI, Lyon XII, Lyon-XIII, Lyon-XIV, Mornant, Neuville-sur-Saône, Oullins, Rillieux-la-Pape, Sainte-Foy-lès-Lyon, Saint-Genis-Laval, Saint-Laurent-de-Chamousset, Saint-Symphorien-sur-Coise, Tassin-la-Demi-Lune et Vaugneray.
	Villeurbanne	Cantons de Bron, Décines-Charpieu, Meyzieu, Saint-Fons, Saint-Priest, Saint-Symphorien-d'Ozon, Vaulx-en-Velin, Vénissieux-Nord, Vénissieux-Sud, Villeurbanne-Centre, Villeurbanne-Nord et Villeurbanne-Sud.
Villefranche-sur-Saône	Villefranche-sur-Saône	Cantons d'Amplepuis, Anse, Beaujeu, Belleville, Gleizé, Lamure-sur-Azergues, Le Bois-d'Oingt, Monsols, Tarare, Thizy et Villefranche-sur-Saône.
		Cour d'appel de Metz
		Moselle
Metz	[Boulay-Moselle	Cantons de Boulay-Moselle, Bouzonville et Faulquemont.(3)]
	[Château-Salins	Cantons d'Albestroff, Château-Salins, Delme, Dieuze et Vic-sur-Seille.(3)]
	[Metz	Cantons de Ars-sur-Moselle, Maizières-lès-Metz, Marange-Silvange, Metz-Ville 1er canton, Metz-Ville 2e canton, Metz-Ville 3e canton, Metz-Ville 4e canton, Montigny-lès-Metz, Pange, Rombas, Verny, Vigy et Woippy.(3)]
	[Metz	Cantons d'Albestroff, Ars-sur-Moselle, Boulay-Moselle, Bouzonville, Château-Salins, Delme, Dieuze, Faulquemont, Maizières-lès-Metz, Marange-Silvange, Metz-Ville 1er canton, Metz-Ville 2e canton, Metz-Ville 3e canton, Metz-Ville 4e canton, Montigny-lès-Metz, Pange, Rombas, Verny, Vic-sur-Seille, Vigy et Woippy.(4)]
	Sarrebourg	Cantons de Fénétrange, Lorquin, Phalsbourg, Réchicourt-le-Château et Sarrebourg.
Sarreguemines	[Forbach	Cantons de Behren-lès-Forbach, Forbach et Stiring-Wendel.(3)]
	[Saint-Avold	Cantons de Freyming-Merlebach, Grostenquin, Saint-Avold 1er canton et Saint-Avold 2e canton.(3)]
	[Saint-Avold	Cantons de Behren-lès-Forbach, Forbach, Freyming-Merlebach, Grostenquin, Saint-Avold Ier canton, Saint-Avold 2e canton et Stiring Wendel.(4)]
	Sarreguemines	Cantons de Bitche, Rohrbach-lès-Bitche, Sarralbe, Sarreguemines, Sarreguemines-Campagne et Volmunster.
Thionville	[Hayange	Cantons d'Algrange, Fameck, Florange et Hayange.(3)]
	[Thionville	Cantons de Cattenom, Fontoy, Metzervisse, Moyeuvre-Grande, Sierck-les-Bains, Thionville-Est, Thionville-Ouest et Yutz.(3)]

SIÈGE DU TRIBUNAL de grande instance	SIÈGE DU TRIBUNAL D'INSTANCE et de la juridiction de proximité	RESSORT
Thionville (suite)	[Thionville	Cantons d'Algrange, Cattenom, Fameck, Florange, Fontoy, Hayange, Metzervisse, Moyeuvre-Grande, Sierck-les-Bains, Thionville-Est, Thionville-Ouest et Yutz.(4)]
		Cour d'appel de Montpellier
		Aude
Carcassonne	[Carcassonne	Cantons d'Alzonne, Capendu, Carcassonne 1er canton, Carcassonne 2e canton-Nord, Carcassonne 2e canton-Sud, Carcassonne 3e canton, Conques-sur-Orbiel, Lagrasse, Mas-Cabardès, Montréal, Mouthoumet, Peyriac-Minervois et Saissac.(9)]
	[Carcassonne	Cantons d'Alaigne, Alzonne, Axat, Belcaire, Belpech, Capendu, Carcassonne 1er canton, Carcassonne 2e canton-Nord, Carcassonne 2e canton-Sud, Carcassonne 3e canton, Castelnaudary-Nord, Castelnaudary-Sud, Chalabre, Conques-sur-Orbiel, Couiza, Fanjeaux, Lagrasse, Limoux, Mas-Cabardès, Montréal, Mouthoumet, Peyriac-Minervois, Quillan, Saint-Hilaire, Saissac et Salles-sur-l'Hers.(10)]
	[Castelnaudary	Cantons de Belpech, Castelnaudary-Nord, Castelnaudary-Sud, Fanjeaux et Salles-sur-l'Hers.(9)]
	[Limoux	Cantons d'Alaigne, Axat, Belcaire, Chalabre, Couiza, Limoux, Quillan et Saint-Hilaire.(3)]
Narbonne	Narbonne	Cantons de Coursan, Durban-Corbières, Ginestas, Lézignan-Corbières, Narbonne-Est, Narbonne-Ouest, Narbonne-Sud, Sigean et Tuchan.
		Aveyron
[Millau(9)]	[Millau	Cantons de Campagnac, Millau-Est, Millau-Ouest, Nant, Peyreleau, Saint-Beauzély, Salles-Curan, Sévérac-le-Château et Vézins-de-Lévézou.(9)]
	[Millau	Cantons de Belmont-sur-Rance, Camarès, Campagnac, Cornus, Millau-Est, Millau-Ouest, Nant, Peyreleau, Saint-Affrique, Saint-Beauzély, Saint-Rome-de-Tarn, Saint-Sernin-sur-Rance, Salles-Curan, Sévérac-le-Château et Vézins-de-Lévézou.(10)]
	[Saint-Affrique	Cantons de Belmont-sur-Rance, Camarès, Cornus, Saint-Affrique, Saint-Rome-de-Tarn et Saint-Sernin-sur-Rance.(9)]
Rodez	[Espalion	Cantons d'Entraygues-sur-Truyère, Espalion, Estaing, Laguiole, Mur-de-Barrez, Saint-Amans-des-Cots, Saint-Chély-d'Aubrac, Sainte-Geneviève-sur-Argence et Saint-Geniez-d'Olt.(9)]
	[Millau(10)]	Cantons de Belmont-sur-Rance, Camarès, Campagnac, Cornus, Millau-Est, Millau-Ouest, Nant, Peyreleau, Saint-Affrique, Saint-Beauzély, Saint-Rome-de-Tarn, Saint Sernin-sur-Rance, Salles-Curan, Sévérac-le-Château et Vézins-de-Lévézou.
	[Rodez	Cantons de Baraqueville-Sauveterre, Bozouls, Cassagnes-Bégonhès, Conques, La Salvetat-Peyralès, Laissac, Marcillac-Vallon, Naucelle, Pont-de-Salars, Réquista, Rignac, Rodez-Est, Rodez-Nord et Rodez-Ouest.(9)]
	[Rodez	Cantons d'Aubin, Baraqueville-Sauveterre, Bozouls, Capdenac-Gare, Cassagnes-Bégonhès, Conques, Decazeville, Entraygues-sur-Truyère, Espalion, Estaing, Laguiole, Laissac, La Salvetat-Peyralès, Marcillac-Vallon, Montbazens, Mur-de-Barrez, Najac, Naucelle, Pont-de-Salars, Réquista, Rieupeyroux, Rignac, Rodez-Est, Rodez-Nord, Rodez-Ouest, Saint-Amans-des-Cots, Saint-Chély-d'Aubrac, Sainte-Geneviève-sur-Argence, Saint-Geniez-d'Olt, Villefranche-de-Rouergue et Villeneuve.(10)]
	[Villefranche-de-Rouergue	Cantons d'Aubin, Capdenac-Gare, Decazeville, Montbazens, Najac, Rieupeyroux, Villefranche-de-Rouergue et Villeneuve.(9)]
		Hérault
Béziers	[Béziers	Cantons d'Agde, Bédarieux, Béziers 1er canton, Béziers 2e canton, Béziers 3e canton, Béziers 4e canton, Capestang, Florensac, Montagnac, Murviel-lès-Béziers, Pézenas, Roujan, Saint-Gervais-sur-Mare et Servian.(11)]
	[Béziers	Cantons d'Agde, Bédarieux, Béziers 1er canton, Béziers 2e canton, Béziers 3e canton, Béziers 4e canton, Capestang, Florensac, La Salvetat-sur-Agout, Montagnac, Murviel-lès-Béziers, Olargues, Olonzac, Pézenas, Roujan, Saint-Chinian, Saint-Gervais-sur-Mare, Saint-Pons-de-Thomières et Servian.(12)]
	[Saint-Pons-de-Thomières	Cantons de La Salvetat-sur-Agout, Olargues, Olonzac, Saint-Chinian et Saint-Pons-de-Thomières.(11)]
Montpellier	[Lodève	Cantons de Clermont-l'Hérault, Gignac, Le Caylar, Lodève et Lunas.(3)]
	[Montpellier	Cantons d'Aniane, Castelnau-le-Lez, Castries, Claret, Langes, Lattes, Les Matelles, Lunel, Mauguio, Montpellier 1er canton, Montpellier 2e canton, Montpellier 3e canton, Montpellier 4e canton, Montpellier 5e canton, Montpellier 6e canton, Montpellier 7e canton, Montpellier 8e canton, Montpellier 9e canton, Montpellier 10e canton, Pignan et Saint-Martin-de-Londres.(3)]

SIÈGE DU TRIBUNAL de grande instance	SIÈGE DU TRIBUNAL D'INSTANCE et de la juridiction de proximité	RESSORT
Montpellier *(suite)*	[Montpellier	Cantons d'Aniane, Castelnau-le-Lez, Castries, Claret, Clermont-l'Hérault, Ganges, Gignac, Lattes, Le Caylar, Les Matelles, Lodève, Lunas, Lunel, Mauguio, Montpellier 1er canton, Montpellier 2e canton, Montpellier 3e canton, Montpellier 4e canton, Montpellier 5e canton, Montpellier 6e canton, Montpellier 7e canton, Montpellier 8e canton, Montpellier 9e canton, Montpellier 10e canton, Pignan et Saint-Martin-de-Londres.(4)]
	Sète	Cantons de Frontignan, Mèze, Sète 1er canton et Sète 2e canton.
		Pyrénées-Orientales
Perpignan	[Céret	Cantons d'Argelès-sur-Mer, Arles-sur-Tech, Céret, Côte Vermeille et Prats-de-Mollo-la-Preste.(3)]
	[Perpignan	Cantons de Canet-en-Roussillon, Elne, La Côte Radieuse, Latour-de-France, Millas, Perpignan 1er canton, Perpignan 2e canton, Perpignan 3e canton, Perpignan 4e canton, Perpignan 5e canton, Perpignan 6e canton, Perpignan 7e canton, Perpignan 8e canton, Perpignan 9e canton, Rivesaltes, Saint-Estève, Saint-Laurent-de-la-Salanque, Saint-Paul-de-Fenouillet, Thuir et Toulouges.(3)]
	[Perpignan	Cantons d'Argelès-sur-Mer, Arles-sur-Tech, Canet-en-Roussillon, Céret, Côte Vermeille, Elne, La Côte Radieuse, Latour-de-France, Millas, Mont-Louis, Olette, Perpignan 1er canton, Perpignan 2e canton, Perpignan 3e canton, Perpignan 4e canton, Perpignan 5e canton, Perpignan 6e canton, Perpignan 7e canton, Perpignan 8e canton, Perpignan 9e canton, Prades, Prats-de-Mollo-la-Preste, Rivesaltes, Saillagouse, Saint-Estève, Saint-Laurent-de-la-Salanque, Saint-Paul-de-Fenouillet, Sournia, Thuir, Toulouges et Vinça.(4)]
	[Prades	Cantons de Mont-Louis, Olette, Prades, Saillagouse, Sournia et Vinça.(3)]
		Cour d'appel de Nancy
		Meurthe-et-Moselle
Briey	[Briey	Cantons d'Audun-le-Roman, Briey, Chambley-Bussières, Conflans-en-Jarnisy et Homécourt.(3)]
	[Briey	Cantons d'Audun-le-Roman, Briey, Chambley-Bussières, Conflans-en-Jarnisy, Herserange, Homécourt, Longuyon, Longwy, Mont-Saint-Martin et Villerupt.(4)]
	[Longwy	Cantons de Herserange, Longuyon, Longwy, Mont-Saint-Martin et Villerupt.(3)]
Nancy	Lunéville	Cantons d'Arracourt, Baccarat, Badonviller, Bayon, Blâmont, Cirey sur-Vezouze, Gerbéviller, Lunéville-Nord et Lunéville-Sud.
	[Nancy	Cantons de Dieulouard, Haroué, Jarville-la-Malgrange, Laxou, Malzéville, Nancy-Est, Nancy-Nord, Nancy-Ouest, Nancy-Sud, Neuves-Maisons, Nomeny, Pompey, Pont-à-Mousson, Saint-Max, Saint-Nicolas-de-Port, Seicharnps, Tomblaine, Vandœuvre-lès-Nancy-Est, Vandœuvre-lès-Nancy-Ouest et Vézelise.(3)]
	[Nancy	Cantons de Colombey-les-Belles, Dieulouard, Domèvre-en-Haye, Haroué, Jarville-la-Malgrange, Laxou, Malzéville, Nancy-Est, Nancy-Nord, Nancy-Ouest, Nancy-Sud, Neuves-Maisons, Norneny, Pompey, Pont-à-Mousson, Saint-Max, Saint-Nicolas-de-Port, Seichamps, Thiaucourt-Regniéville, Tomblaine, Toul-Nord, Toul-Sud, Vandœuvre-lès-Nancy-Est, Vandœuvre-lès-Nancy-Ouest et Vézelise.(4)]
	[Toul	Cantons de Colombey-les-Belles, Domèvre-en-Haye, Thiaucourt-Regniéville, Toul-Nord et Toul-Sud.(3)]
		Meuse
Bar-le-Duc	[Bar-le-Duc	Cantons d'Ancerville, Bar-le-Duc-Nord, Bar-le-Duc-Sud, Gondrecourt-le-Château, Ligny-en-Barrois, Montiers-sur-Saulx, Revigny-sur-Ornain, Seuil-d'Argonne, Vaubecourt et Vavincourt.(3)]
	[Bar-le-Duc	Cantons d'Ancerville, Bar-le-Duc-Nord, Bar-le-Duc-Sud, Commercy, Gondrecourt-le-Château, Ligny-en-Barrois, Montiers-sur-Saulx, Pierrefitte-sur-Aire, Revigny-sur-Ornain, Saint-Mihiel, Seuil-d'Argonne, Vaubecourt, Vaucouleurs, Vavincourt, Vigneulles-lès-Hattonchâtel et Void-Vacon.(4)]
	[Saint-Mihiel	Cantons de Commercy, Pierrefitte-sur-Aire, Saint-Mihiel, Vaucouleurs, Vigneulles-lès-Hattonchâtel et Void-Vacon.(3)]
Verdun	Verdun	Cantons de Charny-sur-Meuse, Clermont-en-Argonne, Damvillers, Dun-sur-Meuse, Étain, Fresnes-en-Woëvre, Montfaucon-d'Argonne, Montmédy, Souilly, Spincourt, Stenay, Varennes-en-Argonne, Verdun-Centre, Verdun-Est et Verdun-Ouest.
		Vosges
Épinal	[Épinal	Cantons de Bains-les-Bains, Bruyères, Bulgnéville, Châtel-sur-Moselle, Châtenois, Coussey, Épinal-Est, Épinal-Ouest, Lamarche, Neufchâteau, Rambervillers et Xertigny.(11)]

SIÈGE DU TRIBUNAL de grande instance	SIÈGE DU TRIBUNAL D'INSTANCE et de la juridiction de proximité	RESSORT
Épinal *(suite)*	[Épinal	Cantons de Bains-les-Bains, Bruyères, Bulgnéville, Châtel-sur-Moselle, Châtenois, Coussey, Épinal-Est, Épinal-Ouest, Lamarche, Le Thillot, Neufchâteau, Plombières-les-Bains, Rambervillers, Remiremont, Saulxures-sur-Moselotte et Xertigny.[12 et 3]]
	[Mirecourt	Cantons de Charmes, Darney, Dompaire, Mirecourt, Monthureux-sur-Saône et Vittel.[3]]
	[Remiremont	Cantons de Le Thillot, Plombières-les-Bains, Remiremont et Saulxures-sur-Moselotte.[11]]
	[Saint-Dié-des-Vosges[6]]	Cantons de Brouvelieures, Corcieux, Fraize, Gérardmer, Provenchères-sur-Fave, Raon-l'Étape, Saint-Dié-des-Vosges-Est, Saint-Dié-des-Vosges-Ouest et Senones.
[Saint-Dié-des-Vosges[5]]	Saint-Dié-des-Vosges	Cantons de Brouvelieures, Corcieux, Fraize, Gérardmer, Provenchères-sur-Fave, Raon-l'Étape, Saint-Dié-des-Vosges-Est, Saint-Dié-des-Vosges-Ouest et Senones.
		Cour d'appel de Nîmes
		Ardèche
Privas	[Annonay	Cantons d'Annonay-Nord, Annonay-Sud, Lamastre, Le Cheylard, Saint-Agrève, Saint-Félicien, Saint-Martin-de-Valamas, Saint-Péray, Satillieu, Serrières, Tournon-sur-Rhône et Vernoux-en-Vivarais.[4]]
	[Aubenas	Cantons de Aubenas, Burzet, Coucouron, Joyeuse, Largentière, Les Vans, Montpezat-sous-Bauzon, Saint-Étienne-de-Lugdarès, Thueyts, Valgorge et Vallon-Pont-d'Arc.[4]]
	[Largentière	Cantons de Burzet, Coucouron, Joyeuse, Largentière, Les Vans, Montpezat-sous-Bauzon, Saint-Étienne-de-Lugdarès, Thueyts, Valgorge et Vallon-Pont-d'Arc.[3]]
	[Privas	Cantons d'Antraigues-sur-Volane, Aubenas, Bourg-Saint-Andéol, Chomérac, La Voulte-sur-Rhône, Privas, Rochemaure, Saint-Pierreville, Vals-les-Bains, Villeneuve-de-Berg et Viviers.[3]]
	[Privas	Cantons d'Antraigues-sur-Volane, Bourg-Saint-Andéol, Chomérac, La Voulte-sur-Rhône, Privas, Rochemaure, Saint-Pierreville, Vals-les-Bains, Villeneuve-de-Berg et Viviers.[4]]
	[Tournon-sur-Rhône	Cantons d'Annonay-Nord, Annonay-Sud, Lamastre, Le Cheylard, Saint-Agrève, Saint-Félicien, Saint-Martin-de-Valamas, Saint-Péray, Satillieu, Serrières, Tournon-sur-Rhône et Vernoux-en-Vivarais.[3]]
		Gard
Alès	[Alès	Cantons d'Alès-Nord-Est, Alès-Ouest, Alès-Sud-Est, Anduze, Barjac, Bessèges, Génolhac, La Grand-Combe, Lédignan, Saint-Ambroix, Saint-Jean-du-Gard et Vézénobres.[3]]
	[Alès	Cantons d'Alès-Nord-Est, Alès-Ouest, Alès-Sud-Est, Alzon, Anduze, Barjac, Bessèges, Génolhac, La Grand-Combe, Lasalle, Lédignan, Le Vigan, Quissac, Saint-Ambroix, Saint-André-de-Valborgne, Saint-Hippolyte-du-Fort, Saint-Jean-du-Gard, Sauve, Sumène, Trèves, Valleraugue et Vézénobres.[4]]
Nîmes	[Le Vigan	Cantons d'Alzon, Lasalle, Le Vigan, Quissac, Saint-André-de-Valborgne, Saint-Hippolyte-du-Fort, Sauve, Sumène, Trèves et Valleraugue.[3]]
	Nîmes	Cantons d'Aigues-Mortes, Aramon, Beaucaire, La Vistrenque, Marguerittes, Nîmes 1er canton, Nîmes 2e canton, Nîmes 3e canton, Nîmes 4e canton, Nîmes 5e canton, Nîmes 6e canton, Rhôny-Vidourle, Saint-Gilles, Saint-Mamert-du-Gard, Sommières et Vauvert.
	Uzès	Cantons de Bagnols-sur-Cèze, Lussan, Pont-Saint-Esprit, Remoulins, Roquemaure, Saint-Chaptes, Uzès et Villeneuve-lès-Avignon.
		Lozère
Mende	[Florac	Cantons de Barre-des-Cévennes, Florac, Le Massegros, Le Pont-de-Montvert, Meyrueis, Sainte-Énimie et Saint-Germain-de-Calberte.[3]]
	[Marvejols	Cantons d'Aumont-Aubrac, Chanac, Fournels, La Canourgue, Le Malzieu-Ville, Marvejols, Nasbinals, Saint-Alban-sur-Limagnole, Saint-Chély-d'Apcher et Saint-Germain-du-Teil.[3]]
	[Mende	Cantons de Châteauneuf-de-Randon, Grandrieu, Langogne, Le Bleymard, Mende-Nord, Mende-Sud, Saint-Amans et Villefort.[3]]
	[Mende	Cantons d'Aumont-Aubrac, Barre-des-Cévennes, Chanac, Châteauneuf-de-Randon, Florac, Fournels, Grandrieu, La Canourgue, Langogne, Le Bleymard, Le Malzieu-Ville, Le Massegros, Le Pont-de-Montvert, Marvejols, Mende-Nord, Mende-Sud, Meyrueis, Nasbinals, Saint-Alban-sur-Limagnole, Saint-Amans, Saint-Chély-d'Apcher, Saint-Germain-de-Calberte, Saint-Germain-du-Teil, Sainte-Énimie et Villefort.[4]]

SIÈGE DU TRIBUNAL de grande instance	SIÈGE DU TRIBUNAL D'INSTANCE et de la juridiction de proximité	RESSORT
		Vaucluse
Avignon	[Apt	Cantons d'Apt, Bonnieux, Cadenet, Gordes et Pertuis.[3]]
	Avignon	Cantons d'Avignon-Est, Avignon-Nord, Avignon-Ouest, Avignon-Sud, Bédarrides, Cavaillon et L'Isle-sur-la-Sorgue.
	[Pertuis	Cantons d'Apt, Bonnieux, Cadenet, Gordes et Pertuis.[4]]
Carpentras	Carpentras	Cantons de Carpentras-Nord, Carpentras-Sud, Mormoiron, Pernes-les-Fontaines et Sault.
	Orange	Cantons de Beaumes-de-Venise, Bollène, Malaucène, Orange-Est, Orange-Ouest, Vaison-la-Romaine et Valréas.
		Cour d'appel d'Orléans
		Indre-et-Loire
Tours	[Chinon	Cantons d'Azay-le-Rideau, Bourgueil, Chinon, Langeais, L'Île-Bouchard, Richelieu et Sainte-Maure-de-Touraine.[3]]
	[Loches	Cantons de Descartes, Le Grand-Pressigny, Ligueil, Loches, Montrésor et Preuilly-sur-Claise.[3]]
	[Tours	Cantons d'Amboise, Ballan-Miré, Bléré, Chambray-lès-Tours, Château-la-Vallière, Château-Renault, Joué-lès-Tours-Nord, Joué-lès-Tours-Sud, Luynes, Montbazon, Montlouis-sur-Loire, Neuillé-Pont-Pierre, Neuvy-le-Roi, Saint-Avertin, Saint-Cyr-sur-Loire, Saint-Pierre-des-Corps, Tours-Centre, Tours-Est, Tours-Nord-Est, Tours Nord-Ouest, Tours-Ouest, Tours-Sud, Tours-Val-du-Cher et Vouvray.[3]]
	[Tours	Cantons d'Amboise, Azay-le-Rideau, Ballan-Miré, Bléré, Bourgueil, Chambray-lès-Tours, Château-la-Vallière, Château-Renault, Chinon, Descartes, Joué-lès-Tours-Nord, Joué-lès-Tours-Sud, Langeais, Le Grand-Pressigny, Ligueil, L'Île-Bouchard, Loches, Luynes, Montbazon, Montlouis-sur-Loire, Montrésor, Neuillé-Pont-Pierre, Neuvy-le-Roi, Preuilly-sur-Claise, Richelieu, Saint-Avertin, Saint-Cyr-sur-Loire, Saint-Pierre-des-Corps, Sainte-Maure-de-Touraine, Tours-Centre, Tours-Est, Tours-Nord-Est, Tours-Nord-Ouest, Tours-Ouest, Tours-Sud, Tours-Val-du-Cher et Vouvray.[4]]
		Loiret
Montargis	[Gien	Cantons de Briare, Châtillon-sur-Loire, Gien, Ouzouer-sur-Loire et Sully-sur-Loire.[3]]
	[Montargis	Cantons d'Amilly, Bellegarde, Châlette-sur-Loing, Château-Renard, Châtillon-Coligny, Courtenay, Ferrières-en-Gâtinais, Lorris et Montargis.[3]]
	[Montargis	Cantons d'Amilly, Bellegarde, Briare, Châlette-sur-Loing, Château-Renard, Châtillon-Coligny, Châtillon-sur-Loire, Courtenay, Ferrières-en-Gâtinais, Gien, Lorris, Montargis, Ouzouer-sur-Loire et Sully-sur-Loire.[4]]
Orléans	[Orléans	Cantons d'Artenay, Beaugency, Beaune-la-Rolande, Châteauneuf-sur-Loire, Chécy, Cléry-Saint-André, Fleury-les-Aubrais, Ingré, Jargeau, La Ferté-Saint-Aubin, Malesherbes, Meung-sur-Loire, Neuville-aux-Bois, Olivet, Orléans-Bannier, Orléans-Bourgogne, Orléans-Carmes, Orléans-La Source, Orléans-Saint-Marc-Argonne, Orléans-Saint-Marceau, Outarville, Patay, Pithiviers, Puiseaux, Saint-Jean-de-Braye, Saint-Jean-de-la-Ruelle et Saint-Jean-le-Blanc.[2]]
		Loir-et-Cher
Blois	[Blois	Cantons de Blois 1er canton, Blois 2e canton, Blois 3e canton, Blois 4e canton, Blois 5e canton, Bracieux, Contres, Herbault, Marchenoir, Mer, Montrichard, Ouzouer-le-Marché, Saint-Aignan et Vineuil.[3]]
	[Blois	Cantons de Blois 1er canton, Blois 2e canton, Blois 3e canton, Blois 4e canton, Blois 5e canton, Bracieux, Contres, Droué, Herbault, Lamotte-Beuvron, Marchenoir, Mennetou-sur-Cher, Mer, Mondoubleau, Montoire-sur-le-Loir, Morée, Montrichard, Neung-sur-Beuvron, Ouzouer-le-Marché, Romorantin-Lanthenay-Nord, Romorantin-Lanthenay-Sud, Saint-Aignan, Saint-Amand-Longpré, Salbris, Savigny-sur-Braye, Selles-sur-Cher, Selommes, Vendôme 1er canton, Vendôme 2e canton et Vineuil.[4]]
	[Romorantin-Lanthenay	Cantons de Lamotte-Beuvron, Mennetou-sur-Cher, Neung-sur-Beuvron, Romorantin-Lanthenay-Nord, Romorantin-Lanthenay-Sud, Salbris et Selles-sur-Cher.[3]]
	[Vendôme	Cantons de Droué, Mondoubleau, Montoire-sur-le-Loir, Morée, Saint-Amand-Longpré, Savigny-sur-Braye, Selommes, Vendôme 1er canton et Vendôme 2e canton.[3]]
		Cour d'appel de Paris
		Essonne
Évry	Étampes	Cantons de Dourdan, Étampes, Étréchy, La Ferté-Alais, Méréville et Saint-Chéron.

SIÈGE DU TRIBUNAL de grande instance	SIÈGE DU TRIBUNAL D'INSTANCE et de la juridiction de proximité	RESSORT
Évry *(suite)*	Évry	Cantons de Corbeil-Essonnes-Est, Corbeil-Essonnes-Ouest, Évry-Nord, Évry-Sud, Mennecy, Milly-la-Forêt, Ris-Orangis et Saint-Germain-lès-Corbeil.
	Juvisy-sur-Orge	Cantons de Brunoy, Draveil, Épinay-sous-Sénart, Grigny, Juvisy-sur-Orge (uniquement la commune de Juvisy-sur-Orge), Montgeron, Morsang-sur-Orge, Vigneux-sur-Seine, Viry-Châtillon et Yerres.
	Longjumeau	À l'exception de l'emprise de l'aérodrome de Paris-Orly, cantons d'Arpajon, Athis-Mons, Brétigny-sur-Orge, Chilly-Mazarin, Juvisy-sur-Orge (uniquement la fraction de la commune de Savigny-sur-Orge), Longjumeau, Massy-Est, Massy-Ouest, Montlhéry, Sainte-Geneviève-des-Bois, Saint-Michel-sur-Orge, Savigny-sur-Orge et Villebon-sur-Yvette (uniquement les communes de Ballainvilliers, de Champlan et de Saulx-les-Chartreux).
	Palaiseau	Cantons de Bièvres, Gif-sur-Yvette, Les Ulis, Limours, Orsay, Palaiseau et Villebon-sur-Yvette (uniquement les communes de Villebon-sur-Yvette et Villejust).
		Paris
Paris	Paris 1er arrondissement	Canton de Paris 1er canton.
	Paris 2e arrondissement	Canton de Paris 2e canton.
	Paris 3e arrondissement	Canton de Paris 3e canton.
	Paris 4e arrondissement	Canton de Paris 4e canton.
	Paris 5e arrondissement	Canton de Paris 5e canton.
	Paris 6e arrondissement	Canton de Paris 6e canton.
	Paris 7e arrondissement	Canton de Paris 7e canton.
	Paris 8e arrondissement	Canton de Paris 8e canton.
	Paris 9e arrondissement	Canton de Paris 9e canton.
	Paris 10e arrondissement	Canton de Paris 10e canton.
	Paris 11e arrondissement	Canton de Paris 11e canton.
	Paris 12e arrondissement	Canton de Paris 12e canton.
	Paris 13e arrondissement	Canton de Paris 13e canton.
	Paris 14e arrondissement	Canton de Paris 14e canton.
	Paris 15e arrondissement	Canton de Paris 15e canton.
	Paris 16e arrondissement	Canton de Paris 16e canton.
	Paris 17e arrondissement	Canton de Paris 17e canton.
	Paris 18e arrondissement	Canton de Paris 18e canton.
	Paris 19e arrondissement	Canton de Paris 19e canton.
	Paris 20e arrondissement	Canton de Paris 20e canton.
		Seine-et-Marne
Fontainebleau	[Fontainebleau	Cantons de Château-Landon, Fontainebleau, La Chapelle-la-Reine, Moret-sur-Loing et Nemours.(3)]
	[Fontainebleau	Cantons de Château-Landon, Fontainebleau, La Chapelle-la-Reine, Lorrez-le-Bocage-Préaux, Montereau-Fault-Yonne, Moret-sur-Loing et Nemours.(4)]
	[Montereau-Fault-Yonne	Cantons de Lorrez-le-Bocage-Préaux et Montereau-Fault-Yonne.(3)]
Meaux	[Coulommiers	Cantons de Coulommiers, La Ferté-Gaucher, Rebais et Rozay-en-Brie.(3)]
	Lagny-sur-Marne	À l'exception de l'emprise de l'aérodrome de Roissy-Charles-de-Gaulle, cantons de Champs-sur-Marne, Chelles, Claye-Souilly, Lagny-sur-Marne, Mitry-Mory, Noisiel, Thorigny-sur-Marne, Torcy et Vaires-sur-Marne.
	[Meaux	À l'exception de l'emprise de l'aérodrome de Roissy-Charles-de-Gaulle, cantons de Crécy-la-Chapelle, Dammartin-en-Goële, La Ferté-sous-Jouarre, Lizy-sur-Ourcq, Meaux-Nord et Meaux-Sud.(3)]
	[Meaux	À l'exception de l'emprise de l'aérodrome de Roissy-Charles-de-Gaulle, cantons de Coulommiers, Crécy-la-Chapelle, Dammartin-en-Goële, La Ferté-Gaucher, La Ferté-sous-Jouarre, Lizy-sur-Ourcq, Meaux-Nord, Meaux-Sud, Rebais et Rozay-en-Brie.(4)]
Melun	[Melun	Cantons de Brie-Comte-Robert, Combs-la-Ville, Le Châtelet-en-Brie, Le Mée-sur-Seine, Melun-Nord, Melun-Sud, Mormant, Perthes, Pontault-Combault, Roissy-en-Brie, Savigny-le-Temple et Tournan-en-Brie.(3)]
	[Melun	Cantons de Bray-sur-Seine, Brie-Comte-Robert, Combs-la-Ville, Donnemarie-Dontilly, Le Châtelet-en-Brie, Le Mée-sur-Seine, Melun-Nord, Melun-Sud, Mormant, Nangis, Perthes, Pontault-Combault, Provins, Roissy-en-Brie, Savigny-le-Temple, Tournan-en-Brie et Villiers-Saint-Georges.(4)]

SIÈGE DU TRIBUNAL de grande instance	SIÈGE DU TRIBUNAL D'INSTANCE et de la juridiction de proximité	RESSORT
Melun *(suite)*	[Provins	Cantons de Bray-sur-Seine, Donnemarie-Dontilly, Nangis, Provins et Villiers-Saint-Georges.(3)]
		Seine-Saint-Denis
Bobigny	Aubervilliers	Emprise de l'aérodrome de Paris-Le-Bourget et cantons d'Aubervilliers-Est, Aubervilliers-Ouest, La Courneuve, Le Bourget (uniquement les communes du Bourget et de Dugny) et Stains.
	Aulnay-sous-Bois	Emprise de l'aérodrome de Roissy-Charles-de-Gaulle et cantons d'Aulnay-sous-Bois-Nord, Aulnay-sous-Bois-Sud, Le Blanc-Mesnil, Sevran, Tremblay-en-France et Villepinte.
	Bobigny	Cantons de Bobigny, Bondy-Nord-Ouest, Bondy-Sud-Est, Drancy, Le Bourget (uniquement la fraction de la commune de Drancy), Les Pavillons-sous-Bois, Noisy-le-Sec, Romainville, Rosny-sous-Bois et Villemomble.
	Le Raincy	Cantons de Gagny, Le Raincy, Livry-Gargan, Montfermeil, Neuilly-Plaisance, Neuilly-sur-Marne et Noisy-le-Grand.
	Montreuil	Cantons de Montreuil-Est, Montreuil-Nord et Montreuil-Ouest.
	Pantin	Cantons de Bagnolet, Les Lilas, Pantin-Est et Pantin-Ouest.
	Saint-Denis	Cantons de Pierrefitte-sur-Seine, Saint-Denis-Nord-Est, Saint-Denis-Nord-Ouest et Saint-Denis-Sud (uniquement la fraction de la commune de Saint-Denis).
	Saint-Ouen	Cantons d'Épinay-sur-Seine, Saint-Denis-Sud (uniquement la fraction de la commune de Saint-Ouen et la commune de L'Île-Saint-Denis) et Saint-Ouen.
		Val-de-Marne
Créteil	Boissy-Saint-Léger	À l'exception de l'emprise de l'aérodrome de Paris-Orly, cantons de Boissy-Saint-Léger, Chennevières-sur-Marne, Ormesson-sur-Marne, Sucy-en-Brie, Valenton, Villecresnes, Villeneuve-le-Roi, Villeneuve-Saint-Georges et Villiers-sur-Marne.
	Charenton-le-Pont	Cantons d'Alfortville-Nord, Alfortville-Sud, Charenton-le-Pont, Maisons-Alfort-Nord et Maisons-Alfort-Sud.
	Ivry-sur-Seine	Emprise de l'aérodrome de Paris-Orly et cantons de Choisy-le-Roi, Ivry-sur-Seine-Est, Ivry-sur-Seine-Ouest, Orly, Thiais, Vitry-sur-Seine-Est, Vitry-sur-Seine-Nord et Vitry-sur-Seine-Ouest.
	[Nogent-sur-Marne	Cantons de Bry-sur-Marne, Champigny-sur-Marne-Centre, Champigny-sur-Marne-Est, Champigny-sur-Marne-Ouest, Le Perreux-sur-Marne et Nogent-sur-Marne.(3)]
	[Nogent-sur-Marne	Cantons de Bry-sur-Marne, Champigny-sur-Marne-Centre, Champigny-sur-Marne-Est, Champigny-sur-Marne-Ouest, Fontenay-sous-Bois-Est, Fontenay-sous-Bois-Ouest, Le Perreux-sur-Marne, Nogent-sur-Marne, Saint-Mandé, Vincennes-Est et Vincennes-Ouest.(4)]
	Saint-Maur-des-Fossés	Cantons de Bonneuil-sur-Marne, Créteil-Nord, Créteil-Ouest, Créteil-Sud, Joinville-le-Pont, Saint-Maur-des-Fossés-Centre, Saint-Maur-des-Fossés-Ouest et Saint-Maur-La-Varenne.
	Villejuif	À l'exception de l'emprise de l'aérodrome de Paris-Orly, cantons d'Arcueil, Cachan, Chevilly-Larue, Fresnes, Le Kremlin-Bicêtre, L'Haÿ-les-Roses, Villejuif-Est et Villejuif-Ouest.
	[Vincennes	Cantons de Fontenay-sous-Bois-Est, Fontenay-sous-Bois-Ouest, Saint-Mandé, Vincennes-Est et Vincennes-Ouest.(3)]
		Yonne
Auxerre	[Auxerre	Cantons d'Auxerre-Est, Auxerre-Nord, Auxerre-Nord-Ouest, Auxerre-Sud, Auxerre-Sud-Ouest, Bléneau, Chablis, Coulanges-la-Vineuse, Coulanges-sur-Yonne, Courson-les-Carrières, Ligny-le-Châtel, Saint-Fargeau, Saint-Florentin, Saint-Sauveur-en-Puisaye, Seignelay, Toucy et Vermenton.(3)]
	[Auxerre	Cantons d'Ancy-le-Franc, Avallon, Auxerre-Est, Auxerre-Nord, Auxerre-Nord-Ouest, Auxerre-Sud, Auxerre-Sud-Ouest, Bléneau, Chablis, Coulanges-la-Vineuse, Coulanges-sur-Yonne, Courson-les Carrières, Cruzy-le-Châtel, Flogny-la-Chapelle, Guillon, Ligny-le-Châtel, L'Isle-sur-Serein, Noyers, Quarré-les-Tombes, Saint-Fargeau, Saint-Florentin, Saint-Sauveur-en-Puisaye, Seignelay, Tonnerre, Toucy, Vermenton et Vézelay.(4)]
	[Avallon	Cantons d'Avallon, Guillon, L'Isle-sur-Serein, Quarré-les-Tombes et Vézelay.(3)]
	[Tonnerre	Cantons d'Ancy-le-Franc, Cruzy-le-Châtel, Flogny-la-Chapelle, Noyers et Tonnerre.(3)]
Sens	[Joigny	Cantons d'Aillant-sur-Tholon, Brienon-sur-Armançon, Cerisiers, Charny, Joigny, Migennes, Saint-Julien-du-Sault et Villeneuve-sur-Yonne.(3)]
	[Sens	Cantons de Chéroy, Pont-sur-Yonne, Sens-Nord-Est, Sens-Ouest, Sens-Sud-Est, Sergines et Villeneuve-l'Archevêque(3)]

SIÈGE DU TRIBUNAL de grande instance	SIÈGE DU TRIBUNAL D'INSTANCE et de la juridiction de proximité	RESSORT
Sens *(suite)*	[Sens	Cantons d'Aillant-sur-Tholon, Brienon-sur-Armançon, Cerisiers, Charny, Chéroy, Joigny, Migennes, Pont-sur-Yonne, Saint-Julien-du-Sault, Sens-Nord-Est, Sens-Ouest, Sens-Sud-Est, Sergines, Villeneuve-l'Archevêque et Villeneuve-sur-Yonne.(4)]
		Cour d'appel de Pau
		Hautes-Pyrénées
Tarbes	[Bagnères-de-Bigorre	Cantons d'Arreau, Bagnères-de-Bigorre, Bordères-Louron, Campan, Castelnau-Magnoac, La Barthe-de-Neste, Lannemezan, Mauléon-Barousse, Saint-Laurent-de-Neste et Vielle-Aure.(3)]
	[Lourdes	Cantons d'Argelès-Gazost, Aucun, Lourdes-Est, Lourdes-Ouest, Luz-Saint-Sauveur et Saint-Pé-de-Bigorre.(3)]
	[Tarbes	Cantons d'Aureilhan, Bordères-sur-l'Échez, Castelnau-Rivière-Basse, Galan, Laloubère, Maubourguet, Ossun, Pouyastruc, Rabastens-de-Bigorre, Séméac, Tarbes 1er canton, Tarbes 2e canton, Tarbes 3e canton, Tarbes 4e canton, Tarbes 5e canton, Tournay, Trie-sur-Baïse et Vic-en-Bigorre.(3)]
	[Tarbes	Cantons d'Argelès-Gazost, Arreau, Aucun, Aureilhan, Bagnères-de-Bigorre, Bordères-Louron, Bordères-sur-l'Échez, Campan, Castelnau-Magnoac, Castelnau-Rivière-Basse, Galan, La Barthe-de-Neste, Laloubère, Lannemezan, Lourdes-Est, Lourdes-Ouest, Luz-Saint-Sauveur, Maubourguet, Mauléon-Barousse, Ossun, Pouyastruc, Rabastens-de-Bigorre, Saint-Laurent-de-Neste, Saint-Pé-de-Bigorre, Séméac, Tarbes 1er canton, Tarbes 2e canton, Tarbes 3e canton, Tarbes 4e canton, Tarbes 5e canton, Tournay, Trie-sur-Baïse, Vic-en-Bigorre et Vielle-Aure.(4)]
		Landes
Dax	Dax	Cantons d'Amou, Castets, Dax-Nord, Dax-Sud, Montfort-en-Chalosse, Mugron, Peyrehorade, Pouillon, Saint-Martin-de-Seignanx, Saint-Vincent-de-Tyrosse, Soustons, Tartas-Est et Tartas-Ouest.
Mont-de-Marsan	[Mont-de-Marsan	Cantons de Gabarret, Grenade-sur-l'Adour, Labrit, Mimizan, Mont-de-Marsan-Nord, Mont-de-Marsan-Sud, Morcenx, Parentis-en-Born, Pissos, Roquefort, Sabres, Sore et Villeneuve-de-Marsan.(7)]
	[Mont-de-Marsan	Emprise de l'aérodrome d'Aire-sur-l'Adour et cantons d'Aire-sur-l'Adour, Gabarret, Geaune, Grenade-sur-l'Adour, Hagetmau, Labrit, Mimizan, Mont-de-Marsan-Nord, Mont-de-Marsan-Sud, Morcenx, Parentis-en-Born, Pissos, Roquefort, Sabres, Saint-Sever, Sore et Villeneuve-de-Marsan.(8)]
	[Saint-Sever	Emprise de l'aérodrome d'Aire-sur-l'Adour et cantons d'Aire-sur-l'Adour, Geaune, Hagetmau et Saint-Sever.(7)]
		Pyrénées-Atlantiques
Bayonne	[Bayonne	Cantons d'Anglet-Nord, Anglet-Sud, Bayonne-Est, Bayonne-Nord, Bayonne-Ouest, Bidache, Saint-Pierre-d'Irube et Ustaritz.(3)]
	[Bayonne	Cantons d'Anglet-Nord, Anglet-Sud, Bayonne-Est, Bayonne-Nord, Bayonne-Ouest, Biarritz-Est, Biarritz-Ouest, Bidache, Espelette, Hasparren, Hendaye, Iholdy, La Bastide-Clairence, Saint-Étienne-de-Baïgorry, Saint-Jean-de-Luz, Saint-Jean-Pied-de-Port, Saint-Palais, Saint-Pierre-d'Irube et Ustaritz.(4)]
	[Biarritz	Cantons de Biarritz-Est, Biarritz-Ouest, Espelette, Hendaye et Saint-Jean-de-Luz.(3)]
	[Saint-Palais	Cantons de Hasparren, Iholdy, La Bastide-Clairence, Saint-Étienne-de-Baïgorry, Saint-Jean-Pied-de-Port et Saint-Palais.(3)]
Pau	Oloron-Sainte-Marie	Cantons d'Accous, Aramits, Arudy, Laruns, Lasseube, Mauléon-Licharre, Monein, Oloron-Sainte-Marie-Est, Oloron-Sainte-Marie-Ouest et Tardets-Sorholus.
	[Orthez	Cantons d'Arthez-de-Béarn, Arzacq-Arraziguet, Lagor, Navarrenx, Orthez, Salies-de-Béarn et Sauveterre-de-Béarn.(3)]
	[Pau	Cantons de Billère, Garlin, Jurançon, Lembeye, Lescar, Montaner, Morlaas, Nay-Est, Nay-Ouest, Pau-Centre, Pau-Est, Pau-Nord, Pau-Ouest, Pau-Sud, Pontacq et Thèze.(3)]
	[Pau	Cantons d'Arthez-de-Béarn, Arzacq-Arraziguet, Billère, Garlin, Jurançon, Lagor, Lembeye, Lescar, Montaner, Morlaas, Navarrenx, Nay-Est, Nay-Ouest, Orthez, Pau-Centre, Pau-Est, Pau-Nord, Pau-Ouest, Pau-Sud, Pontacq, Salies-de-Béarn, Sauveterre-de-Béarn et Thèze.(4)]
		Cour d'appel de Poitiers
		Charente-Maritime
La Rochelle	La Rochelle	Cantons d'Ars-en-Ré, Aytré, Courçon, La Jarric, La Rochelle 1er canton, La Rochelle 2e canton, La Rochelle 3e canton, La Rochelle 4e canton, La Rochelle 5e canton, La Rochelle 6e canton, La Rochelle 7e canton, La Rochelle 8e canton, La Rochelle 9e canton, Marans et Saint-Martin-de-Ré.

SIÈGE DU TRIBUNAL de grande instance	SIÈGE DU TRIBUNAL D'INSTANCE et de la juridiction de proximité	RESSORT
La Rochelle *(suite)*	[Rochefort[6]]	Cantons d'Aigrefeuille-d'Aunis, La Tremblade, Le Château-d'Oléron, Marennes, Rochefort-Centre, Rochefort-Nord, Rochefort-Sud, Saint-Agnant, Saint-Pierre-d'Oléron, Surgères et Tonnay-Charente.
[Rochefort[5]]	[Marennes	Cantons de La Tremblade, Le Château-d'Oléron, Marennes, Saint-Agnant et Saint-Pierre-d'Oléron.[3]]
	[Rochefort	Cantons d'Aigrefeuille-d'Aunis, Rochefort-Centre, Rochefort-Nord, Rochefort-Sud, Surgères et Tonnay-Charente.[3]]
	[Rochefort	Cantons d'Aigrefeuille-d'Aunis, La Tremblade, Le Château-d'Oléron, Marennes, Rochefort-Centre, Rochefort-Nord, Rochefort-Sud, Saint-Agnant, Saint-Pierre-d'Oléron, Surgères et Tonnay-Charente.[4]]
Saintes	[Jonzac	Cantons d'Archiac, Jonzac, Mirambeau, Montendre, Montguyon, Montlieu-la-Garde et Saint-Genis-de-Saintonge.[3]]
	[Jonzac	Cantons d'Archiac, Gémozac, Jonzac, Mirambeau, Montendre, Montguyon, Montlieu-la-Garde, Pons et Saint-Genis-de-Saintonge.[4]]
	[Saintes	Cantons de Burie, Cozes, Gémozac, Pons, Royan-Est, Royan-Ouest, Saintes-Est, Saintes-Nord, Saintes-Ouest, Saint-Porchaire et Saujon.[3]]
	[Saintes	Cantons d'Aulnay, Burie, Cozes, Loulay, Matha, Royan-Est, Royan-Ouest, Saint-Hilaire-de-Villefranche, Saint-Jean-d'Angély, Saint-Savinien, Saintes-Est, Saintes-Nord, Saintes-Ouest, Saint-Porchaire, Saujon et Tonnay-Boutonne.[4]]
	[Saint-Jean-d'Angély	Cantons d'Aulnay, Loulay, Matha, Saint-Hilaire-de-Villefranche, Saint-Jean-d'Angély, Saint-Savinien et Tonnay-Boutonne.[3]]
		Deux-Sèvres
[Bressuire[17]]	[Bressuire	Cantons d'Argenton-Château, Bressuire, Cerizay, Mauléon, Saint-Varent, Thouars 1er canton et Thouars 2e canton.[3]]
	[Bressuire	Cantons d'Airvault, Argenton-les-Vallées, Bressuire, Cerizay, Mauléon, Mazières-en-Gâtine, Ménigoute, Moncoutant, Parthenay, Saint-Loup-Lamairé, Saint-Varent, Secondigny, Thénezay, Thouars 1er canton et Thouars 2e canton.[4]]
	[Parthenay	Cantons d'Airvault, Mazières-en-Gâtine, Ménigoute, Moncoutant, Parthenay, Saint-Loup-Lamairé, Secondigny et Thénezay.[3]]
Niort	[Bressuire[18]]	Cantons d'Airvault, Argenton-les-Vallées, Bressuire, Cerizay, Mauléon, Mazières-en-Gâtine, Ménigoute, Moncoutant, Parthenay, Saint-Loup-Lamairé, Saint-Varent, Secondigny, Thénezay, Thouars 1er canton et Thouars 2e canton.
	[Melle	Cantons de Brioux-sur-Boutonne, Celles-sur-Belle, Chef-Boutonne, La Mothe-Saint-Héray, Lezay, Melle et Sauzé-Vaussais.[3]]
	[Niort	Cantons de Beauvoir-sur-Niort, Champdeniers-Saint-Denis, Coulonges-sur-l'Autize, Frontenay-Rohan-Rohan, Mauzé-sur-le Mignon, Niort-Est, Niort-Nord, Niort-Ouest, Prahecq, Saint-Maixent-l'École 1er canton et Saint- Maixent-l'École 2e canton.[3]]
	[Niort	Cantons de Beauvoir-sur-Niort, Brioux-sur-Boutonne, Celles-sur-Belle, Champdeniers-Saint-Denis, Chef-Boutonne, Coulonges-sur-l'Autize, Frontenay-Rohan-Rohan, La Mothe-Saint-Héray, Lezay, Mauzé-sur-le-Mignon, Melle, Niort-Est, Niort-Nord, Niort-Ouest, Prahecq, Saint-Maixent-l'École 1er canton, Saint-Maixent-l'École 2e canton et Sauzé-Vaussais.[4]]
		Vendée
La Roche-sur-Yon	Fontenay-le-Comte	Cantons de Chaillé-les-Marais, Fontenay-le-Comte, La Châtaigneraie, L'Hermenault, Luçon, Maillezais, Pouzauges, Sainte-Hermine et Saint-Hilaire-des-Loges.
	La Roche-sur-Yon	Cantons de Chantonnay, La Roche-sur-Yon-Nord, La Roche-sur-Yon-Sud, Le Poiré-sur-Vie, Les Essarts, Les Herbiers, Mareuil-sur-Lay-Dissais, Montaigu, Mortagne-sur-Sèvre, Rocheservière et Saint-Fulgent.
Les Sables-d'Olonne	Les Sables-d'Olonne	Cantons de Beauvoir-sur-Mer, Challans, La Mothe-Achard, Les Sables-d'Olonne, L'Île-d'Yeu, Moutiers-les-Mauxfaits, Noirmoutier-en-l'Île, Palluau, Saint-Gilles-Croix-de-Vie, Saint-Jean-de-Monts et Talmont-Saint-Hilaire.
		Vienne
Poitiers	Châtellerault	Cantons de Châtellerault-Nord, Châtellerault-Ouest, Châtellerault-Sud, Dangé-Saint-Romain, Lencloître, Pleumartin, Saint-Gervais-les-Trois-Clochers et Vouneuil-sur-Vienne.
	[Civray	Cantons d'Availles-Limouzine, Charroux, Civray, Couhé et Gençay.[3]]
	[Loudun	Cantons de Les Trois-Moutiers, Loudun, Moncontour et Monts-sur-Guesnes.[3]]
	[Montmorillon	Cantons de Chauvigny, La Trimouille, L'Isle-Jourdain, Lussac-les-Châteaux, Montmorillon et Saint-Savin.[3]]

SIÈGE DU TRIBUNAL de grande instance	SIÈGE DU TRIBUNAL D'INSTANCE et de la juridiction de proximité	RESSORT
Poitiers *(suite)*	[Poitiers	Cantons de La Villedieu-du-Clain, Lusignan, Mirebeau, Neuville-de-Poitou, Poitiers 1er canton, Poitiers 2e canton, Poitiers 3e canton, Poitiers 4e canton, Poitiers 5e canton, Poitiers 6e canton, Poitiers 7e canton, Saint-Georges-lès-Baillargeaux, Saint-Julien-l'Ars, Vivonne et Vouillé.(3)]
	[Poitiers	Cantons d'Availles-Limouzine, Charroux, Chauvigny, Civray, Couhé, Gençay, La Trimouille, La Villedieu-du-Clain, Les Trois-Moutiers, L'Isle-Jourdain, Loudun, Lusignan, Lussac-les-Châteaux, Mirebeau, Moncontour, Montmorillon, Monts-sur-Guesnes, Neuville-de-Poitou, Poitiers 1er canton, Poitiers 2e canton, Poitiers 3e canton, Poitiers 4e canton, Poitiers 5e canton, Poitiers 6e canton, Poitiers 7e canton, Saint-Georges-lès-Baillargeaux, Saint-Julien-l'Ars, Saint-Savin, Vivonne et Vouillé.(4)]
		Cour d'appel de Reims
		Ardennes
Charleville-Mézières	[Charleville-Mézières	Cantons de Charleville-Centre, Charleville-La-Houillère, Flize, Mézières-Centre-Ouest, Mézières-Est, Monthermé, Nouzonville, Omont, Renwez, Signy-l'Abbaye et Villers-Semeuse.(3)]
	[Charleville-Mézières	Cantons d'Asfeld, Charleville-Centre, Charleville-La-Houillère, Château-Porcien, Chaumont-Porcien, Flize, Fumay, Givet, Juniville, Mézières-Centre-Ouest, Mézières-Est, Monthermé, Nouzonville, Novion-Porcien, Oinont, Renwez, Rethel, Revin, Rocroi, Rumigny, Signy-le-Petit, Signy-l'Abbaye et Villers-Semeuse.(4)]
	[Rethel	Cantons d'Asfeld, Château-Porcien, Chaumont-Porcien, Juniville, Novion-Porcien et Rethel.(3)]
	[Rocroi	Cantons de Fumay, Givet, Revin, Rocroi, Rumigny et Signy-le-Petit.(3)]
	[Sedan	Cantons de Carignan, Mouzon, Raucourt-et-Flaba, Sedan-Est, Sedan Nord et Sedan-Ouest.(13)]
	[Sedan	Cantons d'Attigny, Buzancy, Carignan, Grandpré, Le Chesne, Machault, Monthois, Mouzon, Raucourt-et-Flaba, Sedan-Est, Sedan-Nord, Sedan-Ouest, Tourteron et Vouziers.(14)]
	[Vouziers	Cantons d'Attigny, Buzancy, Grandpré, Le Chesne, Machault, Monthois, Tourteron et Vouziers.(13)]
		Aube
Troyes	[Bar-sur-Aube	Cantons de Bar-sur-Aube, Brienne-le-Château, Soulaines-Dhuys et Vendeuvre-sur-Barse.(3)]
	[Bar-sur-Seine	Cantons de Bar-sur-Seine, Chaource, Essoyes, Les Riceys et Mussy-sur-Seine.(3)]
	[Nogent-sur-Seine	Cantons de Marcilly-le-Hayer, Nogent-sur-Seine, Romilly-sur-Seine 1er canton, Romilly-sur-Seine 2e canton et Villenauxe-la-Grande.(3)]
	[Troyes	Cantons d'Aix-en-Othe, Arcis-sur-Aube, Bouilly, Chavanges, Ervy-le-Châtel, Estissac, La Chapelle-Saint-Luc, Lusigny-sur-Barse, Méry-sur-Seine, Piney, Ramerupt, Sainte-Savine, Troyes 1er canton, Troyes 2e canton, Troyes 3e canton, Troyes 4e canton, Troyes 5e canton, Troyes 6e canton et Troyes 7e canton.(13)]
	[Troyes	Cantons d'Aix-en-Othe, Arcis-sur-Aube, Bar-sur-Aube, Bouilly, Brienne-le-Château, Chavanges, Ervy-le-Châtel, Estissac, La Chapelle-Saint-Luc, Lusigny-sur-Barse, Méry-sur-Seine, Piney, Ramerupt, Sainte-Savine, Soulaines-Dhuys, Troyes 1er canton, Troyes 2e canton, Troyes 3e canton, Troyes 4e canton, Troyes 5e canton, Troyes 6e canton, Troyes 7e canton et Vendeuvre-sur-Barse.(14 et 3)]
		Marne
Châlons-en-Champagne	[Châlons-en-Champagne	Cantons de Châlons-en-Champagne 1er canton, Châlons-en-Champagne 2e canton, Châlons-en-Champagne 3e canton, Châlons-en-Champagne 4e canton, Écury-sur-Coole, Givry-en-Argonne, Marson, Sainte-Menehould, Suippes, Vertus et Ville-sur-Tourbe.(3)]
	[Châlons-en-Champagne	Cantons d'Anglure, Avize, Châlons-en-Champagne 1er canton, Châlons-en-Champagne 2e canton, Châlons-en-Champagne 3e canton, Châlons-en-Champagne 4e canton, Dormans, Écury-sur-Coole, Épernay 1er canton, Épernay 2e canton, Esternay, Fère-Champenoise, Givry-en-Argonne, Heiltz-le-Maurupt, Marson, Montmirail, Montmort-Lucy, Saint-Rémy-en-Bouzemont-Saint-Genest-et-Isson, Sainte-Menehould, Sézanne, Sompuis, Suippes, Thiéblemont-Farémont, Vertus, Ville-sur-Tourbe, Vitry-le-François-Est et Vitry-le François-Ouest.(4)]
	[Épernay	Cantons d'Anglure, Avize, Dormans, Épernay 1er canton, Épernay 2e canton, Esternay, Fère-Champenoise, Montmirail, Montmort-Lucy et Sézanne.(3)]
	[Vitry-le-François	Cantons de Heiltz-le-Maurupt, Saint-Rémy-en-Bouzemont-Saint-Genest-et-Isson, Sompuis, Thiéblemont-Farémont, Vitry-le-François-Est et Vitry-le-François-Ouest.(3)]

SIÈGE DU TRIBUNAL de grande instance	SIÈGE DU TRIBUNAL D'INSTANCE et de la juridiction de proximité	RESSORT
Reims	Reims	Cantons d'Ay, Beine-Nauroy, Bourgogne, Châtillon-sur-Marne, Fismes, Reims 1er canton, Reims 2e canton, Reims 3e canton, Reims 4e canton, Reims 5e canton, Reims 6e canton, Reims 7e canton, Reims 8e canton, Reims 9e canton, Reims 10e canton, Verzy et Ville-en-Tardenois.
		Cour d'appel de Rennes
		Côtes-d'Armor
Saint-Brieuc	Guingamp	Cantons de Bégard, Belle-Isle-en-Terre, Bourbriac, Callac, Guingamp, Lannion, La Roche-Derrien, Lézardrieux, Maël-Carhaix, Perros-Guirec, Plestin-les-Grèves, Plouagat, Plouaret, Pontrieux, Rostrenen, Saint-Nicolas-du-Pélem et Tréguier.
	Saint-Brieuc	Cantons de Châtelaudren, Collinée, Corlay, Étables-sur-Mer, Gouarec, La Chèze, Lamballe, Langueux, Lanvollon, Loudéac, Merdrignac, Moncontour, Mûr-de-Bretagne, Paimpol, Pléneuf-Val-André, Plérin, Plœuc-sur-Lié, Ploufragan, Plouguenast, Plouha, Quintin, Saint-Brieuc-Nord, Saint-Brieuc-Ouest, Saint-Brieuc-Sud et Uzel.
Dont une chambre détachée à Guingamp		Ressort de la chambre détachée à Guingamp : cantons de Bégard, Belle-Isle-en-Terre, Bourbriac, Callac, Guingamp, Lannion, La Roche-Derrien, Lézardrieux, Maël-Carhaix, Perros-Guirec, Plestin-les-Grèves, Plouagat, Plouaret, Pontrieux, Rostrenen, Saint-Nicolas-du-Pélem et Tréguier.
		Finistère
Brest	Brest	Cantons de Brest-Bellevue, Brest-Cavale-Blanche-Bohars-Guilers, Brest-Centre, Brest-Kerichen, Brest-Lambezellec, Brest-L'Hermitage-Gouesnou, Brest-Plouzané, Brest-Recouvrance, Brest-Saint-Marc, Brest-Saint-Pierre, Daoulas, Guipavas, Landerneau, Lannilis, Lesneven, Ouessant, Plabennec, Ploudalmézeau, Ploudiry et Saint-Renan.
	[Morlaix(6)]	Cantons de Carhaix-Plouguer, Huelgoat, Landivisiau, Lanmeur, Morlaix, Plouescat, Plouigneau, Plouzévédé, Saint-Pol-de-Léon, Saint-Thégonnec, Sizun et Taulé.
[Morlaix(5)]	Morlaix	Cantons de Carhaix-Plouguer, Huelgoat, Landivisiau, Lanmeur, Morlaix, Plouescat, Plouigneau, Plouzévédé, Saint-Pol-de-Léon, Saint-Thégonnec, Sizun et Taulé.
Quimper	[Châteaulin	Cantons de Châteaulin, Châteauneuf-du-Faou, Crozon, Le Faou et Pleyben.(3)]
	[Quimper	Cantons de Briec, Concarneau, Douarnenez, Fouesnant, Guilvinec, Plogastel-Saint-Germain, Pont-Croix, Pont-l'Abbé, Quimper 1er canton, Quimper 2e canton, Quimper 3e canton et Rosporden.(3)]
	[Quimper	Cantons d'Arzano, Bannalec, Briec, Châteaulin, Châteauneuf-du-Faou, Concarneau, Crozon, Douarnenez, Fouesnant, Guilvinec, Le Faou, Pleyben, Plogastel-Saint-Germain, Pont-Aven, Pont-Croix, Pont-l'Abbé, Quimper 1er canton, Quimper 2e canton, Quimper 3e canton, Quimperlé, Rosporden et Scaër.(4)]
	[Quimperlé	Cantons d'Arzano, Bannalec, Pont-Aven, Quimperlé et Scaër.(3)]
		Ille-et-Vilaine
Rennes	[Fougères	Cantons d'Antrain, Argentré-du-Plessis, Châteaubourg, Fougères-Nord, Fougères-Sud, La Guerche-de-Bretagne, Louvigné-du-Désert, Retiers, Saint-Aubin-du-Cormier, Saint-Brice-en-Coglès, Vitré-Est, Vitré-Ouest(22)]
	Redon	Cantons de Bain-de-Bretagne, Grand-Fougeray, Guichen, Le Sel-de-Bretagne, Maure-de-Bretagne, Pipriac et Redon.
	[Rennes	Cantons d'Antrain, Argentré-du-Plessis, Bécherel, Betton, Bruz, Cesson-Sévigné, Châteaubourg, Châteaugiron, Fougères-Nord, Fougères-Sud, Hédé, Janzé, La Guerche-de-Bretagne, Liffré, Louvigné-du-Désert, Montauban-de-Bretagne, Montfort-sur-Meu, Mordelles, Plélan-le-Grand, Rennes-Bréquigny, Rennes-Centre, Rennes-Centre-Ouest, Rennes-Centre-Sud, Rennes-Est, Rennes-le-Blosne, Rennes-Nord, Rennes-Nord-Est, Rennes-Nord-Ouest, Rennes-Sud-Est, Rennes-Sud-Ouest, Retiers, Saint-Aubin-d'Aubigné, Saint-Aubin-du-Cormier, Saint-Brice-en-Coglès, Saint-Méen-le-Grand, Vitré-Est et Vitré-Ouest(21)]
	[Rennes	Cantons de Bécherel, Betton, Bruz, Cesson-Sévigné, Châteaugiron, Hédé, Janzé, Liffré, Montauban-de-Bretagne, Montfort-sur-Meu, Mordelles, Plélan-le-Grand, Rennes-Bréquigny, Rennes-Centre, Rennes-Centre-Ouest, Rennes-Centre-Sud, Rennes-Est, Rennes-le-Blosne, Rennes-Nord, Rennes-Nord-Est, Rennes-Nord-Ouest, Rennes-Sud-Est, Rennes-Sud-Ouest, Saint-Aubin-d'Aubigné, Saint-Méen-le-Grand(22)]
	[Vitré	Cantons d'Argentré-du-Plessis, Châteaubourg, La Guerche-de-Bretagne, Retiers, Vitré-Est et Vitré-Ouest.(3)]
Saint-Malo	[Dinan(6)]	Cantons de Broons, Caulnes, Dinan-Est, Dinan-Ouest, Évran, Jugon-les-Lacs, Matignon, Plancoët, Plélan-le-Petit et Ploubalay.
	Saint-Malo	Cantons de Cancale, Châteauneuf-d'Ille-et-Vilaine, Combourg, Dinard, Dol-de-Bretagne, Pleine-Fougères, Saint-Malo-Nord, Saint-Malo-Sud et Tinténiac.

SIÈGE DU TRIBUNAL de grande instance	SIÈGE DU TRIBUNAL D'INSTANCE et de la juridiction de proximité	RESSORT
		Loire-Atlantique
Nantes	[Châteaubriant	Cantons de Châteaubriant, Derval, Moisdon-la-Rivière, Nozay, Rougé et Saint-Julien-de-Vouvantes.(3)]
	[Nantes	Cantons d'Aigrefeuille-sur-Maine, Ancenis, Bouaye, Carquefou, Clisson, La Chapelle-sur-Erdre, Le Loroux-Bottereau, Le Pellerin, Legé, Ligné, Machecoul, Nantes 1er canton, Nantes 2e canton, Nantes 3e canton, Nantes 4e canton, Nantes 5e canton, Nantes 6e canton, Nantes 7e canton, Nantes 8e canton, Nantes 9e canton, Nantes 10e canton, Nantes 11e canton, Nort-sur-Erdre, Orvault, Rezé, Riaillé, Saint-Étienne-de-Montluc, Saint-Herblain-Est, Saint-Herblain-Ouest-Indre, Saint-Mars-la-Jaille, Saint-Philbert-de-Grand-Lieu, Vallet, Varades, Vertou et Vertou-Vignoble.(3)]
	[Nantes	Cantons d'Aigrefeuille-sur-Maine, Ancenis, Bouaye, Carquefou, Châteaubriant, Clisson, Derval, La Chapelle-sur-Erdre, Le Loroux-Bottereau, Le Pellerin, Legé, Ligné, Machecoul, Moisdon-la-Rivière, Nantes 1er canton, Nantes 2e canton, Nantes 3e canton, Nantes 4e canton, Nantes 5e canton, Nantes 6e canton, Nantes 7e canton, Nantes 8e canton, Nantes 9e canton, Nantes 10e canton, Nantes 11e canton, Nort-sur-Erdre, Nozay, Orvault, Rezé, Riaillé, Rougé, Saint-Étienne-de-Montluc, Saint-Herblain-Est, Saint-Herblain-Ouest-Indre, Saint-Julien-de-Vouvantes, Saint-Mars-la-Jaille, Saint-Philbert-de-Grand-Lieu, Vallet, Varades, Vertou et Vertou-Vignoble.(4)]
Saint-Nazaire	[Paimbœuf	Cantons de Bourgneuf-en-Retz, Paimbœuf, Pornic et Saint-Père-en-Retz.(11)]
	[Saint-Nazaire	Cantons de Blain, Guémené-Penfao, Guérande, Herbignac, La Baule-Escoublac, Le Croisic, Montoir-de-Bretagne, Pontchâteau, Saint-Gildas-des-Bois, Saint-Nazaire-Centre, Saint-Nazaire-Est, Saint-Nazaire-Ouest, Saint-Nicolas-de-Redon et Savenay.(11)]
	[Saint-Nazaire	Cantons de Blain, Bourgneuf-en-Retz, Guémené-Penfao, Guérande, Herbignac, La Baule-Escoublac, Le Croisic, Montoir-de-Bretagne, Paimbœuf, Pontchâteau, Pornic, Saint-Gildas-des-Bois, Saint-Nazaire-Centre, Saint-Nazaire-Est, Saint-Nazaire-Ouest, Saint-Nicolas-de-Redon, Saint-Père-en-Retz et Savenay.(12)]
		Morbihan
Lorient	[Auray	Cantons d'Auray, Belle-Île, Belz, Pluvigner et Quiberon.(3)]
	[Lorient	Cantons de Groix, Hennebont, Lanester, Lorient-Centre, Lorient-Nord, Lorient-Sud, Ploemeur, Plouay, Pont-Scorff et Port-Louis.(3)]
	[Lorient	Cantons d'Auray, Baud, Belle-Île, Belz, Cléguérec, Gourin, Groix, Guéméné-sur-Scorff, Hennebont, Lanester, Le Faouët, Locminé, Lorient-Centre, Lorient-Nord, Lorient-Sud, Ploemeur, Plouay, Pluvigner, Pontivy, Pont-Scorff, Port-Louis et Quiberon.(4)]
	[Pontivy	Cantons de Baud, Cléguérec, Gourin, Guéméné-sur-Scorff, Le Faouët, Locminé et Pontivy.(3)]
Vannes	[Ploërmel	Cantons de Guer, Josselin, La Trinité-Porhoët, Malestroit, Mauron, Ploërmel, Rohan et Saint-Jean-Brévelay.(3)]
	[Vannes	Cantons d'Allaire, Elven, Grand-Champ, La Gacilly, La Roche-Bernard, Muzillac, Questembert, Rochefort-en-Terre, Sarzeau, Vannes-Centre, Vannes-Est et Vannes-Ouest.(3)]
	[Vannes	Cantons d'Allaire, Elven, Grand-Champ, Guer, Josselin, La Gacilly, La Roche-Bernard, La Trinité-Porhoët, Malestroit, Mauron, Muzillac, Ploërmel, Questembert, Rochefort-en-Terre, Rohan, Saint-Jean-Brévelay, Sarzeau, Vannes-Centre, Vannes-Est et Vannes-Ouest.(4)]
		Cour d'appel de Riom
		Allier
Cusset	[Gannat	Cantons de Chantelle, Ébreuil, Escurolles, Gannat et Saint-Pourçain-sur-Sioule.(3)]
	[Vichy	Cantons de Cusset-Nord, Cusset-Sud, Jaligny-sur-Besbre, Lapalisse, Le Donjon, Le Mayet-de-Montagne, Varennes-sur-Allier, Vichy-Nord et Vichy-Sud.(3)]
	[Vichy	Cantons de Chantelle, Cusset-Nord, Cusset-Sud, Ébreuil, Escurolles, Gannat, Jaligny-sur-Besbre, Lapalisse, Le Donjon, Le Mayet-de-Montagne, Saint-Pourçain-sur-Sioule, Varennes-sur-Allier, Vichy-Nord et Vichy-Sud.(4)]
Montluçon	Montluçon	Cantons de Cérilly, Commentry, Domérat-Montluçon-Nord-Ouest, Hérisson, Huriel, Marcillat-en-Combraille, Montluçon-Est 4e canton, Montluçon-Nord-Est 1er canton, Montluçon-Ouest 2e canton, Montluçon-Sud 3e canton et Montmarault.
Moulins	Moulins	Cantons de Bourbon-l'Archambault, Chevagnes, Dompierre-sur-Besbre, Le Montet, Lurcy-Lévis, Moulins-Ouest, Moulins-Sud, Neuilly-le-Réal, Souvigny et Yzeure – *V. note ss l'intitulé du tableau IV.*

SIÈGE DU TRIBUNAL de grande instance	SIÈGE DU TRIBUNAL D'INSTANCE et de la juridiction de proximité	RESSORT
		Cantal
Aurillac	[Aurillac	Cantons d'Arpajon-sur-Cère, Aurillac 1er canton, Aurillac 2e canton, Aurillac 3e canton, Aurillac 4e canton, Jussac, Laroquebrou, Maurs, Montsalvy, Saint-Cernin, Saint-Mamet-la-Salvetat et Vic-sur-Cère.(3)]
	[Aurillac	Cantons d'Arpajon-sur-Cère, Aurillac 1er canton, Aurillac 2e canton, Aurillac 3e canton, Aurillac 4e canton, Champs-sur-Tarentaine-Marchal, Jussac, Laroquebrou, Mauriac, Maurs, Montsalvy, Pleaux, Riom-ès-Montagnes, Saignes, Saint-Cernin, Saint-Mamet-la-Salvetat, Salers et Vic-sur-Cère.(4)]
	[Mauriac	Cantons de Champs-sur-Tarentaine-Marchal, Mauriac, Pleaux, Riom-ès-Montagnes, Saignes et Salers.(3)]
	[Murat	Cantons d'Allanche, Condat, Massiac et Murat.(11)]
	[Saint-Flour	Cantons de Chaudes-Aigues, Pierrefort, Ruynes-en-Margeride, Saint-Flour-Nord et Saint-Flour-Sud.(11)]
	[Saint-Flour	Cantons d'Allanche, Chaudes-Aigues, Condat, Massiac, Murat, Pierrefort, Ruynes-en-Margeride, Saint-Flour-Nord et Saint-Flour-Sud.(12)]
		Haute-Loire
Le Puy-en-Velay	[Brioude	Cantons d'Auzon, Blesle, Brioude-Nord, Brioude-Sud, Langeac, Lavoûte-Chilhac, Paulhaguet et Pinols.(3)]
	[Le Puy-en-Velay	Cantons d'Allègre, Cayres, Craponne-sur-Arzon, Fay-sur-Lignon, La Chaise-Dieu, Le Monastier-sur-Gazeille, Le Puy-en-Velay-Est, Le Puy-en-Velay-Nord, Le Puy-en-Velay-Ouest, Le Puy-en-Velay-Sud-Est, Le Puy-en-Velay-Sud-Ouest, Loudes, Pradelles, Saint-Julien-Chapteuil, Saint-Paulien, Saugues, Solignac-sur-Loire et Vorey.(3)]
	[Le Puy-en-Velay	Cantons d'Allègre, Aurec-sur-Loire, Auzon, Bas-en-Basset, Blesle, Brioude-Nord, Brioude-Sud, Cayres, Craponne-sur-Arzon, Fay-sur-Lignon, La Chaise-Dieu, Langeac, Lavoûte-Chilhac, Le Monastier sur-Gazeille, Le Puy-en-Velay-Est, Le Puy-en-Velay-Nord, Le Puy-en-Velay-Ouest, Le Puy-en-Velay-Sud-Est, Le Puy-en-Velay-Sud-Ouest, Loudes, Monistrol-sur-Loire, Montfaucon-en-Velay, Paulhaguet, Pinols, Pradelles, Retournac, Saint-Didier-en-Velay, Saint-Julien-Chapteuil, Saint-Paulien, Sainte-Sigolène, Saugues, Solignac-sur-Loire, Tence, Vorey et Yssingeaux.(4)]
	[Yssingeaux	Cantons d'Aurec-sur-Loire, Bas-en-Basset, Monistrol-sur-Loire, Montfaucon-en-Velay, Retournac, Saint-Didier-en-Velay, Sainte-Sigolène, Tence et Yssingeaux.(3)]
		Puy-de-Dôme
Clermont-Ferrand	[Ambert	Cantons d'Ambert, Arlanc, Cunlhat, Olliergues, Saint-Amant-Roche-Savine, Saint-Anthème, Saint-Germain-l'Herm et Viverols.(3)]
	[Clermont-Ferrand	Cantons d'Aubière, Beaumont, Billom, Bourg-Lastic, Chamalières, Clermont-Ferrand-Centre, Clermont-Ferrand-Est, Clermont-Ferrand-Nord, Clermont-Ferrand-Nord-Ouest, Clermont-Ferrand-Ouest, Clermont-Ferrand-Sud, Clermont-Ferrand-Sud-Est, Clermont-Ferrand-Sud-Ouest, Cournon-d'Auvergne, Gerzat, Herment, Montferrand, Pont-du-Château, Rochefort-Montagne, Royat, Saint-Amant-Tallende, Saint-Dier-d'Auvergne, Vertaizon, Veyre-Monton et Vic-le-Comte.(3)]
	[Clermont-Ferrand	Cantons d'Ardes, Aubière, Beaumont, Besse-et-Saint-Anastaise, Billom, Bourg-Lastic, Chamalières, Champeix, Clermont-Ferrand-Centre, Clermont-Ferrand-Est, Clermont-Ferrand-Nord, Clermont Ferrand-Nord-Ouest, Clermont-Ferrand-Ouest, Clermont-Ferrand-Sud, Clermont-Ferrand-Sud-Est, Clermont-Ferrand-Sud-Ouest, Cournon-d'Auvergne, Gerzat, Herment, Issoire, Jumeaux, La Tour-d'Auvergne, Montferrand, Pont-du-Château, Rochefort-Montagne, Royat, Saint-Amant-Tallende, Saint-Dier-d'Auvergne, Saint-Germain-Lembron, Sauxillanges, Tauves, Vertaizon, Veyre-Monton et Vic-le-Comte.(4)]
	[Issoire	Cantons d'Ardes, Besse-et-Saint-Anastaise, Champeix, Issoire, Jumeaux, La Tour-d'Auvergne, Saint-Germain-Lembron, Sauxillanges et Tauves.(3)]
	[Riom(6)]	Cantons d'Aigueperse, Combronde, Ennezat, Manzat, Menat, Montaigut, Pionsat, Pontaumur, Pontgibaud, Randan, Riom-Est, Riom-Ouest et Saint-Gervais-d'Auvergne.
	[Thiers	Cantons de Châteldon, Courpière, Lezoux, Maringues, Saint-Rémy-sur-Durolle et Thiers.(3)]
	[Thiers	Cantons d'Ambert, Arlanc, Châteldon, Courpière, Cunlhat, Lezoux, Maringues, Olliergues, Saint-Amant-Roche-Savine, Saint-Anthème, Saint-Germain-l'Herm, Saint-Rémy-sur-Durolle, Thiers et Viverols.(4)]
[Riom(5)]	Riom	Cantons d'Aigueperse, Combronde, Ennezat, Manzat, Menat, Montaigut, Pionsat, Pontaumur, Pontgibaud, Randan, Riom-Est, Riom-Ouest et Saint-Gervais-d'Auvergne.

SIÈGE DU TRIBUNAL de grande instance	SIÈGE DU TRIBUNAL D'INSTANCE et de la juridiction de proximité	RESSORT
		Cour d'appel de Rouen
		Eure
[Bernay[5]]	[Bernay	Cantons de Beaumesnil, Beaumont-le-Roger, Bernay-Est, Bernay-Ouest, Brionne, Broglie et Thiberville.[3]]
	[Bernay	Cantons de Beaumesnil, Beaumont-le-Roger, Bernay-Est, Bernay-Ouest, Beuzeville, Bourgtheroulde-Infreville, Brionne, Broglie, Cormeilles, Montfort-sur-Risle, Pont-Audemer, Quillebeuf-sur-Seine, Routot, Saint-Georges-du-Vièvre et Thiberville.[4]]
	[Pont-Audemer	Cantons de Beuzeville, Bourgtheroulde-Infreville, Cormeilles, Montfort-sur-Risle, Pont-Audemer, Quillebeuf-sur-Seine, Routot et Saint-Georges-du-Vièvre.[3]]
Évreux	[Bernay[6]]	Cantons de Beaumesnil, Beaumont-le-Roger, Bernay-Est, Bernay-Ouest, Beuzeville, Bourgtheroulde-Infreville, Brionne, Broglie, Cormeilles, Montfort-sur-Risle, Pont-Audemer, Quillebeuf-sur-Seine, Routot, Saint-Georges-du-Vièvre et Thiberville.
	[Évreux	Cantons de Breteuil, Conches-en-Ouche, Damville, Évreux-Est, Évreux-Nord, Évreux-Ouest, Évreux-Sud, Nonancourt, Pacy-sur-Eure, Rugies, Saint-André-de-l'Eure, Verneuil-sur-Avre, Vernon-Nord et Vernon-Sud.[3]]
	[Évreux	Cantons d'Amfreville-la-Campagne, Breteuil, Conches-en-Ouche, Damville, Évreux-Est, Évreux-Nord, Évreux-Ouest, Évreux-Sud, Gaillon, Gaillon-Campagne, Le Neubourg, Louviers-Nord, Louviers-Sud, Nonancourt, Pacy-sur-Eure, Pont-de-l'Arche, Rugies, Saint-André-de-l'Eure, Val-de-Reuil, Verneuil-sur-Avre, Vernon-Nord et Vernon-Sud.[4]]
	Les Andelys	Cantons d'Écos, Étrépagny, Fleury-sur-Andelle, Gisors, Les Andelys et Lyons-la-Forêt.
	[Louviers	Cantons d'Amfreville-la-Campagne, Gaillon, Gaillon-Campagne, Le Neubourg, Louviers-Nord, Louviers-Sud, Pont-de-l'Arche et Val-de-Reuil.[3]]
		Seine-Maritime
Dieppe	[Dieppe	Cantons de Bacqueville-en-Caux, Bellencombre, Dieppe-Est, Dieppe-Ouest, Envermeu, Eu, Longueville-sur-Scie, Offranville et Tôtes.[3]]
	[Dieppe	Cantons d'Argueil, Aumale, Bacqueville-en-Caux, Bellencombre, Blangy-sur-Bresle, Dieppe-Est, Dieppe-Ouest, Envermeu, Eu, Forges-les-Eaux, Gournay-en-Bray, Londinières, Longueville-sur-Scie, Neufchâtel-en-Bray, Offranville, Saint-Saëns et Tôtes.[4]]
	[Neufchâtel-en-Bray	Cantons d'Argueil, Aumale, Blangy-sur-Bresle, Forges-les-Eaux, Gournay-en-Bray, Londinières, Neufchâtel-en-Bray et Saint-Saëns.[3]]
Le Havre	Le Havre	Cantons de Bolbec, Criquetot-l'Esneval, Fauville-en-Caux, Fécamp, Goderville, Gonfreville-l'Orcher, Le Havre 1er canton, Le Havre 2e canton, Le Havre 3e canton, Le Havre 4e canton, Le Havre 5e canton, Le Havre 6e canton, Le Havre 7e canton, Le Havre 8e canton, Le Havre 9e canton, Lillebonne, Montivilliers, Saint-Romain-de-Colbosc et Valmont.
Rouen	[Elbeuf	Cantons de Caudebec-lès-Elbeuf et Elbeuf.[3]]
	[Rouen	Cantons de Bois-Guillaume, Boos, Buchy, Clères, Darnétal, Duclair, Grand-Couronne, Le Grand-Quevilly, Le Petit-Quevilly, Maromme, Mont-Saint-Aignan, Notre-Dame-de-Bondeville, Pavilly, Rouen 1er canton, Rouen 2e canton, Rouen 3e canton, Rouen 4e canton, Rouen 5e canton, Rouen 6e canton, Rouen 7e canton, Saint-Étienne-du-Rouvray, Sotteville-lès-Rouen-Est et Sotteville-lès-Rouen-Ouest.[3]]
	[Rouen	Cantons de Bois-Guillaume, Boos, Buchy, Cany-Barville, Caudebec en-Caux, Caudebec-lès-Elbeuf, Clères, Darnétal, Doudeville, Duclair, Elbeuf, Fontaine-le-Dun, Grand-Couronne, Le Grand-Quevilly, Le Petit-Quevilly, Maromme, Mont-Saint-Aignan, Notre-Dame-de-Bondeville, Ourville-en-Caux, Pavilly, Rouen 1er canton, Rouen 2e canton, Rouen 3e canton, Rouen 4e canton, Rouen 5e canton, Rouen 6e canton, Rouen 7e canton, Saint-Étienne-du-Rouvray, Saint-Valéry-en-Caux, Sotteville-lès-Rouen-Est, Sotteville-lès-Rouen-Ouest, Yerville et Yvetot.[4]]
	[Yvetot	Cantons de Cany-Barville, Caudebec-en-Caux, Doudeville, Fontaine le-Dun, Ourville-en-Caux, Saint-Valéry-en-Caux, Yerville et Yvetot.[3]]
		Cour d'appel de Saint-Denis
		La Réunion
Saint-Denis	Saint-Benoît	Cantons de Bras-Panon, La Plaine des Palmistes, Saint-André 1er canton, Saint-André 2e canton, Saint-André 3e canton, Saint-Benoît 1er canton, Saint-Benoît 2e canton, Sainte-Rose et Salazie.
	Saint-Denis	Cantons de Saint-Denis 1er canton, Saint-Denis 2e canton, Saint-Denis 3e canton, Saint-Denis 4e canton, Saint-Denis 5e canton, Saint-Denis 6e canton, Saint-Denis 7e canton, Saint-Denis 8e canton, Saint-Denis 9e canton, Sainte-Marie et Sainte-Suzanne; îles Éparses (îles Bassas da India, Europa, Glorieuses, Juan de Nova et Tromelin); et territoire des Terres australes et antarctiques françaises (îles [Nouvelle-] Amsterdam et Saint-Paul, archipels Crozet et Kerguelen, et Terre-Adélie).

SIÈGE DU TRIBUNAL de grande instance	SIÈGE DU TRIBUNAL D'INSTANCE et de la juridiction de proximité	RESSORT
Saint-Denis *(suite)*	Saint-Paul	Cantons de La Possession, Le Port 1er canton Nord, Le Port 2e canton Sud, Saint-Paul 1er canton, Saint-Paul 2e canton, Saint-Paul 3e canton, Saint-Paul 4e canton et Saint-Paul 5e canton.
Saint-Pierre	Saint-Pierre	Cantons d'Entre-Deux, Le Tampon 1er canton, Le Tampon 2e canton, Le Tampon 3e canton, Le Tampon 4e canton, Les Avirons, Les Trois-Bassins, L'Étang-Salé, Petite-Île, Saint-Joseph 1er canton, Saint-Joseph 2e canton, Saint-Leu 1er canton, Saint-Leu 2e canton, Saint-Louis 1er canton, Saint-Louis 2e canton, Saint-Louis 3e canton, Saint-Philippe, Saint-Pierre 1er canton, Saint-Pierre 2e canton, Saint-Pierre 3e canton et Saint-Pierre 4e canton.
		Mayotte
Mamoudzou	Mamoudzou	Cantons de Acoua, Bandraboua, Bandrele, Bouéni, Chiconi, Chirongui, Dembeni, Dzaoudzi, Kani-Kéli, Koungou, Mamoudzou-I, Mamoudzou-II, Mamoudzou-III, Mtsamboro, M'Tsangamouji, Ouangani, Pamandzi, Sada, Tsingoni.
		Cour d'appel de Toulouse
		Ariège
Foix	[Foix	Cantons d'Ax-les-Thermes, Foix-Rural, Foix-Ville, La Bastide-de-Sérou, Lavelanet, Les Cabannes, Quérigut, Tarascon-sur-Ariège et Viedessos.(3)]
	[Foix	Cantons d'Ax-les-Thermes, Foix-Rural, Foix-Ville, La Bastide-de-Sérou, Lavelanet, Le Fossat, Le Mas-d'Azil, Les Cabannes, Mirepoix, Pamiers-Est, Pamiers-Ouest, Quérigut, Saverdun, Tarascon-sur-Ariège, Varilhes et Vicdessos.(4)]
	[Pamiers	Cantons de Le Fossat, Le Mas-d'Azil, Mirepoix, Pamiers-Est, Pamiers-Ouest, Saverdun et Varilhes.(3)]
	Saint-Girons	Cantons de Castillon-en-Couserans, Massat, Oust, Sainte-Croix-Volvestre, Saint-Girons et Saint-Lizier.
		Haute-Garonne
Saint-Gaudens	Saint-Gaudens	Cantons d'Aspet, Aurignac, Bagnères-de-Luchon, Barbazan, Boulogne-sur-Gesse, Cazères, Le Fousseret, L'Isle-en-Dodon, Montréjeau, Saint-Béat, Saint-Gaudens, Saint-Martory et Salies-du-Salat.
Toulouse	Muret	Cantons d'Auterive, Carbonne, Cintegabelle, Montesquieu-Volvestre, Muret, Portet-sur-Garonne, Rieumes, Rieux et Saint-Lys.
	Toulouse	Cantons de Blagnac, Cadours, Caraman, Castanet-Tolosan, Fronton, Grenade, Lanta, Léguevin, Montastruc-la-Conseillère, Montgiscard, Nailloux, Revel, Toulouse 1er canton, Toulouse 2e canton, Toulouse 3e canton, Toulouse 4e canton, Toulouse 5e canton, Toulouse 6e canton, Toulouse 7e canton, Toulouse 8e canton, Toulouse 9e canton, Toulouse 10e canton, Toulouse 11e canton, Toulouse 12e canton, Toulouse 13e canton, Toulouse 14e canton, Toulouse 15e canton, Tournefeuille, Verfeil, Villefranche-de-Lauragais et Villemur-sur-Tarn.
		Tarn
Albi	[Albi	Cantons d'Alban, Albi-Centre, Albi-Est, Albi-Nord-Est, Albi-Nord-Ouest, Albi-Ouest, Albi-Sud, Carmaux-Nord, Carmaux-Sud, Monestiés, Pampelonne, Réalmont, Valderiès, Valence-d'Albigeois et Villefranche-d'Albigeois.(3)]
	[Albi	Cantons d'Alban, Albi-Centre, Albi-Est, Albi-Nord-Est, Albi-Nord-Ouest, Albi-Ouest, Albi-Sud, Cadalen, Carmaux-Nord, Carmaux-Sud, Castelnau-de-Montmiral, Cordes-sur-Ciel, Gaillac, Lisle-sur-Tarn, Monestiés, Pampelonne, Rabastens, Réalmont, Salvagnac, Valderiès, Valence-d'Albigeois, Vaour et Villefranche-d'Albigeois.(4)]
	[Gaillac	Cantons de Cadalen, Castelnau-de-Montmiral, Cordes-sur-Ciel, Gaillac, Lisle-sur-Tarn, Rabastens, Salvagnac et Vaour.(3)]
Castres	[Castres	Cantons d'Anglès, Brassac, Castres-Est, Castres-Nord, Castres-Ouest, Castres-Sud, Dourgne, Labruguière, Lacaune, Lautrec, Mazamet Nord-Est, Mazamet-Sud-Ouest, Montredon-Labessonnié, Murat-sur-Vèbre, Roquecourbe, Saint-Amans-Soult, Vabre et Vielmur-sur-Agout.(3)]
	[Castres	Cantons d'Anglès, Brassac, Castres-Est, Castres-Nord, Castres-Ouest, Castres-Sud, Cuq-Toulza, Dourgne, Graulhet, Labruguière, Lacaune, Lautrec, Lavaur, Mazamet-Nord-Est, Mazamet-Sud-Ouest, Montredon-Labessonnié, Murat-sur-Vèbre, Puylaurens, Roquecourbe, Saint-Amans-Soult, Saint-Paul-Cap-de-Joux, Vabre et Vielmur-sur-Agout.(4)]
	[Lavaur	Cantons de Cuq-Toulza, Graulhet, Lavaur, Puylaurens et Saint-Paul Cap-de-Joux.(3)]

SIÈGE DU TRIBUNAL de grande instance	SIÈGE DU TRIBUNAL D'INSTANCE et de la juridiction de proximité	RESSORT
		Tarn-et-Garonne
Montauban	[Castelsarrasin	Cantons d'Auvillar, Beaumont-de-Lomagne, Bourg-de-Visa, Castelsarrasin 1er canton, Castelsarrasin 2e canton, Grisolles, Lauzerte, Lavit, Moissac 1er canton, Moissac 2e canton, Montaigu-de-Quercy, Montech, Saint-Nicolas-de-la-Grave, Valence et Verdun-sur-Garonne.(2)]
	Montauban	Cantons de Caussade, Caylus, Lafrançaise, Molières, Monclar-de-Quercy, Montauban 1er canton, Montauban 2e canton, Montauban 3e canton, Montauban 4e canton, Montauban 5e canton, Montauban 6e canton, Montpezat-de-Quercy, Nègrepelisse, Saint-Antonin-Noble-Val et Villebrumier.
		Cour d'appel de Versailles
		Eure-et-Loir
Chartres	[Chartres	Cantons d'Auneau, Chartres-Nord-Est, Chartres-Sud-Est, Chartres Sud-Ouest, Courville-sur-Eure, Illiers-Combray, Janville, Lucé, Maintenon, Mainvilliers et Voves.(3)]
	[Chartres	Cantons d'Auneau, Authon-du-Perche, Bonneval, Brou, Chartres-Nord-Est, Chartres-Sud-Est, Chartres-Sud-Ouest, Châteaudun, Cloyes-sur-le-Loir, Courville-sur-Eure, Illiers-Combray, Janville, La Loupe, Lucé, Maintenon, Mainvilliers, Nogent-le-Rotrou, Orgères-en-Beauce, Thiron-Gardais et Voves.(4)]
	[Châteaudun	Cantons de Bonneval, Brou, Châteaudun, Cloyes-sur-le-Loir et Orgères-en-Beauce.(3)]
	Dreux	Cantons d'Anet, Brezolles, Châteauneuf-en-Thymerais, Dreux-Est, Dreux-Ouest, Dreux-Sud, La Ferté-Vidame, Nogent-le-Roi et Senonches.
	[Nogent-le-Rotrou	Cantons d'Authon-du-Perche, La Loupe, Nogent-le-Rotrou et Thiron-Gardais.(3)]
		Hauts-de-Seine
Nanterre	Antony	Cantons d'Antony, Bagneux, Bourg-la-Reine, Châtenay-Malabry, Fontenay-aux-Roses, Le Plessis-Robinson (uniquement la commune du Plessis-Robinson), Montrouge et Sceaux.
	[Asnières-sur-Seine	Cantons d'Asnières-sur-Seine-Nord, Asnières-sur-Seine-Sud, Gennevilliers-Nord, Gennevilliers-Sud et Villeneuve-la-Garenne.(3)]
	[Asnières-sur-Seine	Cantons d'Asnières-sur-Seine-Nord, Asnières-sur-Seine-Sud, Clichy, Gennevilliers-Nord, Gennevilliers-Sud, Levallois-Perret-Nord (uniquement la fraction de la commune de Clichy) et Villeneuve-la-Garenne.(4)]
	Boulogne-Billancourt	Cantons de Boulogne-Billancourt-Nord-Est, Boulogne-Billancourt-Nord-Ouest, Boulogne-Billancourt-Sud, Chaville, Garches (uniquement la commune de Garches), Saint-Cloud et Sèvres.
	[Clichy	Cantons de Clichy et Levallois-Perret-Nord (uniquement la fraction de la commune de Clichy).(3)]
	Colombes	Cantons de Bois-Colombes, Colombes-Nord-Est, Colombes-Nord-Ouest, Colombes-Sud et La Garenne-Colombes.
	[Courbevoie	Cantons de Courbevoie-Nord et Courbevoie-Sud.(3)]
	[Courbevoie	Cantons de Courbevoie-Nord, Courbevoie-Sud, Levallois-Perret-Nord (uniquement la fraction de la commune de Levallois-Perret), Levallois-Perret-Sud, Neuilly-sur-Seine-Nord et Neuilly-sur-Seine-Sud.(4)]
	[Levallois-Perret	Cantons de Levallois-Perret-Nord (uniquement la fraction de la commune de Levallois-Perret) et Levallois-Perret-Sud.(3)]
	[Neuilly-sur-Seine	Cantons de Neuilly-sur-Seine-Nord et Neuilly-sur-Seine-Sud.(3)]
	Puteaux	Cantons de Garches (uniquement la fraction de la commune de Rueil-Malmaison), Nanterre-Nord, Nanterre-Sud-Est, Nanterre-Sud-Ouest, Puteaux, Rueil-Malmaison et Suresnes.
	Vanves	Cantons de Châtillon, Clamart, Issy-les-Moulineaux-Est, Issy-les-Moulineaux-Ouest, Le Plessis-Robinson (uniquement la fraction de la commune de Clamart), Malakoff, Meudon et Vanves.
		Val-d'Oise
Pontoise	[Écouen	Cantons de Domont, Écouen, Luzarches (uniquement les communes de Bellefontaine, Châtenay-en-France, Chaumontel, Épinay-Champlâtreux, Fontenay-en-Parisis, Jagny-sous-Bois, Lassy, Luzarches, Mareil-en-France, Plessis-Luzarches, Puiseux-en-France, Villiers-le-Sec), Sarcelles-Nord-Est, Sarcelles-Sud-Ouest et Viarmes.(3)]
	[Gonesse	À l'exception de l'emprise des aérodromes de Paris-Le Bourget et de Roissy-Charles-de-Gaulle, cantons de Garges-lès-Gonesse-Est, Garges-lès-Gonesse-Ouest, Gonesse, Goussainville, Luzarches (uniquement les communes de Fosses, Marly-la-Ville, Saint-Witz, Survilliers) et Villiers-le-Bel.(3)]

SIÈGE DU TRIBUNAL de grande instance	SIÈGE DU TRIBUNAL D'INSTANCE et de la juridiction de proximité	RESSORT
Pontoise *(suite)*	[Gonesse	À l'exception de l'emprise des aérodromes de Paris-Le Bourget et de Roissy-Charles-de-Gaulle, cantons de Domont, Écouen, Garges-lès Gonesse-Est, Garges-lès-Gonesse-Ouest, Gonesse, Goussainville, Luzarches, Sarcelles-Nord-Est, Sarcelles-Sud-Ouest, Viarmes et Villiers-le-Bel.(4)]
	Montmorency	Cantons de Beauchamp (uniquement les communes de Plessis-Bouchard et de Beauchamp), Eaubonne, Enghien-les-Bains, Ermont, Franconville, Montmorency, Saint-Gratien, Saint-Leu-la-Forêt, Soisy-sous-Montmorency et Taverny.
	Pontoise	Cantons de Beauchamp (uniquement la commune de Pierrelaye), Beaumont-sur-Oise, Cergy-Nord, Cergy-Sud, La Vallée-du-Sausseron, L'Hautil, L'Isle-Adam, Magny-en-Vexin, Marines, Pontoise, Saint-Ouen-l'Aumône et Vigny.
	Sannois	Cantons d'Argenteuil-Est, Argenteuil-Nord, Argenteuil-Ouest, Bezons, Cormeilles-en-Parisis, Herblay et Sannois.
	Yvelines	
Versailles	Mantes-la-Jolie	Cantons de Bonnières-sur-Seine, Guerville, Houdan, Limay, Mantes-la-Jolie et Mantes-la-Ville.
	Poissy	Cantons d'Andrésy, Aubergenville, Conflans-Sainte-Honorine, Meulan, Poissy-Nord, Poissy-Sud et Triel-sur-Seine.
	Rambouillet	Cantons de Chevreuse, Maurepas, Montfort-l'Amaury (uniquement les communes de Jouars-Ponchartrain et Saint-Rémy-l'Honoré), Rambouillet et Saint-Arnoult-en-Yvelines.
	Saint-Germain-en-Laye	Cantons de Chatou, Houilles, La Celle-Saint-Cloud, Le Pecq, Le Vésinet, Maisons-Laffitte, Marly-le-Roi, Saint-Germain-en-Laye-Nord, Saint-Germain-en-Laye-Sud, Saint-Nom-la-Bretèche et Sartrouville.
	Versailles	Cantons du Chesnay, Montfort-l'Amaury (uniquement les communes d'Auteuil, Autouillet, Bazoches-sur-Guyonne, Béhoust, Beynes, Boissy-sans-Avoir, Flexanville, Galluis, Garancières, Goupillières, Grosrouvre, Marcq, Mareil-le-Guyon, Méré, Les Mesnuls, Millemont, Montfort-l'Amaury, Neauphle-le-Château, Neauphle-le-Vieux, La Queue-les-Yvelines, Saint-Germain-de-la-Grange, Saulx-Marchais, Thoiry, Le Tremblay-sur-Mauldre, Vicq, Villiers-le-Mahieu et Villiers-Saint-Frédéric), Montigny-le-Bretonneux, Plaisir, Saint-Cyr-l'École, Trappes, Vélizy-Villacoublay, Versailles-Nord, Versailles-Nord-Ouest, Versailles-Sud et Viroflay.

Siège du tribunal de première instance	Siège de la section détachée	Ressort
	Cour d'appel de Nouméa	
	Nouvelle-Calédonie	
Nouméa		Nouvelle-Calédonie.
	Koné	Province Nord.
	Lifou	Province des îles Loyauté.
	Wallis-et-Futuna	
Mata-Utu		Territoire des îles Wallis-et-Futuna.
	Cour d'appel de Papeete	
	Polynésie française	
Papeete		Collectivité d'outre-mer de la Polynésie française.
	Uturoa	Îles Sous-le-Vent
	Nuku-Hiva	Îles Marquises

Siège du tribunal de première instance et de la juridiction de proximité	Ressort
Tribunal supérieur d'appel de Saint-Pierre	
Saint-Pierre-et-Miquelon	
Saint-Pierre	Collectivité territoriale de Saint-Pierre-et-Miquelon

(2) Applicable à compter du 1er janvier 2009.
(3) Applicable jusqu'au 31 décembre 2009.
(4) Applicable à compter du 1er janvier 2010.
(5) Applicable jusqu'au 31 décembre 2010.
(6) Applicable à compter du 1er janvier 2011.
(Décr. nº 2008-1482 du 30 déc. 2008, art. 1er) (7) Applicable jusqu'au 31 janvier 2009.
(Décr. nº 2008-1482 du 30 déc. 2008, art. 1er) (8) Applicable à compter du 1er février 2009.
(Décr. nº 2008-1482 du 30 déc. 2008, art. 1er) (9) Applicable jusqu'au 30 septembre 2009.
(Décr. nº 2008-1482 du 30 déc. 2008, art. 1er) (10) Applicable à compter du 1er octobre 2009.
(Décr. nº 2009-770 du 23 juin 2009, art. 1er) (11) Applicable jusqu'au 31 août 2009.
(Décr. nº 2009-770 du 23 juin 2009, art. 1er) (12) Applicable à compter du 1er septembre 2009.
(Décr. nº 2009-770 du 23 juin 2009, art. 1er) (13) Applicable jusqu'au 30 juin 2009.
(Décr. nº 2009-770 du 23 juin 2009, art. 1er) (14) Applicable à compter du 1er juillet 2009.
(15) Applicable à compter du 30 juin 2010.
(16) Applicable à compter du 1er juillet 2010.
(17) Applicable jusqu'au 5 septembre 2010.
(18) Applicable à compter du 6 septembre 2010.
(19) Applicable jusqu'au 30 juin 2014.
(20) Applicable à compter du 1er juillet 2014.
(21) Applicable jusqu'au 31 décembre 2011.
(22) Applicable à compter du 1er janv. 2012.

8.03 TABLEAU V

Siège et ressort des tribunaux de grande instance compétents pour connaître des actions en matière d'obtentions végétales (annexe de l'article D. 211-5)

(Mod. par Décr. nº 2011-338 du 29 mars 2011, en vigueur le 1er avr. 2011; Décr. nº 2011-1878 du 14 déc. 2011, art. 1er-2º, en vigueur le 1er janv. 2012.)

SIÈGE	RESSORT
Cour d'appel d'Aix-en-Provence	
Marseille	Ressort des cours d'appel d'Aix-en-Provence, Bastia et Nîmes.
Cour d'appel de Bordeaux	
Bordeaux	Ressort des cours d'appel d'Agen, Bordeaux et Poitiers.
Cour d'appel de Colmar	
Strasbourg	Ressort des cours d'appel de Colmar et Metz.
Cour d'appel de Douai	
Lille	Ressort des cours d'appel d'Amiens et Douai.
Cour d'appel de Limoges	
Limoges	Ressort des cours d'appel de Bourges, Limoges et Riom.
Cour d'appel de Lyon	
Lyon	Ressort des cours d'appel de Chambéry, Grenoble et Lyon.
Cour d'appel de Nancy	
Nancy	Ressort des cours d'appel de Besançon, Dijon et Nancy.
Cour d'appel de Paris	
Paris	Ressort des cours d'appel de Basse-Terre, Cayenne, Fort-de-France, Nouméa, Orléans, Papeete, Paris, Reims, Rouen, Saint-Denis et Versailles, et du tribunal supérieur d'appel de Saint-Pierre.
Cour d'appel de Rennes	
Rennes	Ressort des cours d'appel d'Angers, Caen et Rennes.
Cour d'appel de Toulouse	
Toulouse	Ressort des cours d'appel de Montpellier, Pau et Toulouse.

8.04 TABLEAU VI

Siège et ressort des tribunaux de grande instance et des tribunaux de première instance compétents pour connaître des actions en matière de propriété littéraire et artistique, de dessins et modèles, de marques et d'indications géographiques (annexe de l'article D. 211-6-1)

(Décr. nº 2010-1369 du 12 nov. 2010, en vigueur le 1er déc. 2011; mod. par Décr. nº 2011-338 du 29 mars 2011, en vigueur le 1er avr. 2011; Décr. nº 2011-1878 du 14 déc. 2011, art. 1er-3º, en vigueur le 1er janv. 2012)
Le Décr. nº 2010-1369 du 12 nov. 2010 est applicable sur l'ensemble du territoire de la République (Décr. préc., art. 2).
Le tribunal de grande instance de Nancy demeure compétent pour statuer sur les procédures du ressort de la cour d'appel de Colmar introduites antérieurement à la date d'entrée en vigueur du présent décret (Décr. préc., art. 3).

SIÈGE	RESSORT
Bordeaux	Ressort des cours d'appel d'Agen, Bordeaux, Limoges, Pau et Toulouse.
Lille	Ressort des cours d'appel d'Amiens, Douai, Reims et Rouen.
Lyon	Ressort des cours d'appel de Chambéry, Grenoble, Lyon et Riom.
Marseille	Ressort des cours d'appel d'Aix-en-Provence, Bastia, Montpellier et Nîmes.
Nanterre	Ressort de la cour d'appel de Versailles.
Nancy	Ressort des cours d'appel de Besançon, Dijon, Metz et Nancy.
Paris	Ressort des cours d'appel de Bourges, Paris, Orléans, Nouméa, Papeete, Saint-Denis et du tribunal supérieur d'appel de Saint-Pierre.
Rennes	Ressort des cours d'appel d'Angers, Caen, Poitiers et Rennes.
Strasbourg	Ressort de la cour d'appel de Colmar.
Fort-de-France	Ressort des cours d'appel de Basse-terre, Cayenne et Fort-de-France.

8.05 TABLEAU VII

Siège et ressort des tribunaux de grande instance et des tribunaux de première instance compétents pour connaître des actions engagées sur le fondement des dispositions des instruments internationaux et communautaires relatives au déplacement illicite international d'enfants (annexe de l'article D. 211-9)

(Mod. par Décr. nº 2011-338 du 29 mars 2011, en vigueur le 1er avr. 2011; Décr. nº 2011-1878 du 14 déc. 2011, art. 1er-4º, en vigueur le 1er janv. 2012)

SIÈGE	RESSORT
	Cour d'appel d'Agen
Agen	Ressort de la cour d'appel d'Agen.
	Cour d'appel d'Aix-en-Provence
Marseille	Ressort de la cour d'appel d'Aix-en-Provence.
	Cour d'appel d'Amiens
Amiens	Ressort de la cour d'appel d'Amiens.
	Cour d'appel d'Angers
Angers	Ressort de la cour d'appel d'Angers.
	Cour d'appel de Basse-Terre
Basse-Terre	Ressort de la cour d'appel de Basse-Terre.
	Cour d'appel de Bastia
Bastia	Ressort de la cour d'appel de Bastia.
	Cour d'appel de Besançon
Besançon	Ressort de la cour d'appel de Besançon.
	Cour d'appel de Bordeaux
Bordeaux	Ressort de la cour d'appel de Bordeaux.
	Cour d'appel de Bourges
Bourges	Ressort de la cour d'appel de Bourges.
	Cour d'appel de Caen
Caen	Ressort de la cour d'appel de Caen.
	Cour d'appel de Cayenne
Cayenne	Ressort de la Cour d'appel de Cayenne
	Cour d'appel de Chambéry
Chambéry	Ressort de la cour d'appel de Chambéry.
	Cour d'appel de Colmar
Strasbourg	Ressort de la cour d'appel de Colmar.
	Cour d'appel de Dijon
Dijon	Ressort de la cour d'appel de Dijon.
	Cour d'appel de Douai
Lille	Ressort de la cour d'appel de Douai.
	Cour d'appel de Fort-de-France
Fort-de-France	Ressort de la cour d'appel de Fort-de-France.
	Cour d'appel de Grenoble
Grenoble	Ressort de la cour d'appel de Grenoble.
	Cour d'appel de Limoges
Limoges	Ressort de la cour d'appel de Limoges.
	Cour d'appel de Lyon
Lyon	Ressort de la cour d'appel de Lyon.
	Cour d'appel de Metz
Metz	Ressort de la cour d'appel de Metz.
	Cour d'appel de Montpellier
Montpellier	Ressort de la cour d'appel de Montpellier.
	Cour d'appel de Nancy
Nancy	Ressort de la cour d'appel de Nancy.

SIÈGE	RESSORT
	Cour d'appel de Nîmes
Nîmes	Ressort de la cour d'appel de Nîmes.
	Cour d'appel de Nouméa
Nouméa	Ressort de la cour d'appel de Nouméa.
	Cour d'appel d'Orléans
Orléans	Ressort de la cour d'appel d'Orléans.
	Cour d'appel de Papeete
Papeete	Ressort de la cour d'appel de Papeete.
	Cour d'appel de Paris
Paris	Ressort de la cour d'appel de Paris.
	Cour d'appel de Pau
Pau	Ressort de la cour d'appel de Pau.
	Cour d'appel de Poitiers
Poitiers	Ressort de la cour d'appel de Poitiers.
	Cour d'appel de Reims
Reims	Ressort de la cour d'appel de Reims.
	Cour d'appel de Rennes
Rennes	Ressort de la cour d'appel de Rennes.
	Cour d'appel de Riom
Clermont-Ferrand	Ressort de la cour d'appel de Riom.
	Cour d'appel de Rouen
Rouen	Ressort de la cour d'appel de Rouen.
	Cour d'appel de Saint-Denis
Saint-Denis	Ressort de la cour d'appel de Saint-Denis.
	Cour d'appel de Toulouse
Toulouse	Ressort de la cour d'appel de Toulouse.
	Cour d'appel de Versailles
Nanterre	Ressort de la cour d'appel de Versailles.
	Tribunal supérieur d'appel de Saint-Pierre
Saint-Pierre	Ressort du tribunal supérieur d'appel de Saint-Pierre.

8.06

TABLEAU VIII

Siège et ressort des tribunaux de grande instance et de première instance compétents pour connaître des contestations sur la nationalité française ou étrangère des personnes physiques (annexe de l'article D. 211-10)

(Décr. n° 2009-1384 du 11 nov. 2009, art. 5; mod. par Décr. n° 2011-338 du 29 mars 2011, en vigueur le 1er avr. 2011; Décr. n° 2011-1878 du 14 déc. 2011, art. 1er-5°, en vigueur le 1er janv. 2012)

L'art. 5 du Décr. n° 2009-1384 du 11 nov. 2009 entre en vigueur à la date de publication dudit décret (JO 15 nov.). La juridiction primitivement saisie demeure compétente pour statuer sur les procédures introduites antérieurement à la date d'entrée en vigueur du décret préc. (Décr. préc., art. 8). Ce dernier est par ailleurs applicable dans les Terres australes et antarctiques françaises, à Wallis-et-Futuna, en Polynésie française et en Nouvelle-Calédonie (Décr. préc., art. 7).

SIÈGE	RESSORT
	Cour d'appel d'Aix-en-Provence
Marseille.	Ressort des cours d'appel d'Aix-en-Provence, Bastia, Montpellier et Nîmes.
	Cour d'appel de Bordeaux
Bordeaux.	Ressort des cours d'appel d'Agen, Bordeaux, Limoges, Pau et Toulouse.
	Cour d'appel de Douai
Lille.	Ressort des cours d'appel d'Amiens, Douai, Reims et Rouen.
	Cour d'appel de Cayenne
Cayenne	Ressort de la Cour d'appel de Cayenne.
	Cour d'appel de Fort-de-France
Fort-de-France.	Ressort des cours d'appel de Basse-Terre et de Fort-de-France.
Cayenne.	Ressort du tribunal de grande instance de Cayenne.
	Cour d'appel de Lyon
Lyon.	Ressort des cours d'appel de Chambéry, Grenoble, Lyon et Riom.
	Cour d'appel de Nancy
Nancy.	Ressort des cours d'appel de Besançon, Colmar, Dijon, Metz et Nancy.
	Cour d'appel de Nouméa
Nouméa.	Ressort du tribunal de première instance de Nouméa.
Mata-Utu.	Ressort du tribunal de première instance de Mata-Utu.
	Cour d'appel de Papeete
Papeete.	Ressort de la cour d'appel.
	Cour d'appel de Paris
Paris.	Ressort des cours d'appel de Bourges, Orléans, Paris et Versailles.
	Cour d'appel de Rennes
Nantes.	Ressort des cours d'appel d'Angers, Caen, Poitiers et Rennes.
	Cour d'appel de Saint-Denis
	La Réunion
Saint-Denis.	Ressort de la cour d'appel, à l'exception du ressort du tribunal de grande instance de Mamoudzou.
	Mayotte
Mamoudzou.	Ressort du tribunal de grande instance de Mamoudzou.
	Tribunal supérieur d'appel de Saint-Pierre
	Saint-Pierre-et-Miquelon
Saint-Pierre.	Ressort du tribunal supérieur d'appel.

8.07 **TABLEAUX VIII-I**

Siège et ressort des tribunaux de grande instance et des tribunaux de première instance compétents pour connaître des actions aux fins d'adoption ainsi que des actions aux fins de reconnaissance des jugements d'adoption rendus à l'étranger, lorsque l'enfant résidant habituellement à l'étranger a été, est ou doit être déplacé vers la France (annexe de l'article D. 211-10-1)

(Décr. nº 2009-1221 du 12 oct. 2009, art. 1er-3º; mod. par Décr. nº 2011-338 du 29 mars 2011, en vigueur le 1er avr. 2011; Décr. nº 2011-1878 du 14 déc. 2011, art. 1er-6º, en vigueur le 1er janv. 2012)

Le Décr. nº 2009-1221 du 12 oct. 2009 entre en vigueur le 1er janv. 2010. Toutefois, il n'est pas applicable aux instances introduites avant cette date (Décr. préc., art. 2). Ses dispositions sont applicables à la Nouvelle-Calédonie, en Polynésie française et à Wallis-et-Futuna (Décr. préc., art. 3).

SIÈGE	RESSORT
	Cour d'appel d'Agen
Agen	Ressort de la cour d'appel d'Agen.
	Cour d'appel d'Aix-en-Provence
Marseille	Ressort de la cour d'appel d'Aix-en-Provence.
	Cour d'appel d'Amiens
Amiens	Ressort de la cour d'appel d'Amiens.
	Cour d'appel d'Angers
Angers	Ressort de la cour d'appel d'Angers.
	Cour d'appel de Basse-Terre
Basse-Terre	Ressort de la cour d'appel de Basse-Terre.
	Cour d'appel de Bastia
Bastia	Ressort de la cour d'appel de Bastia.
	Cour d'appel de Besançon
Besançon	Ressort de la cour d'appel de Besançon.
	Cour d'appel de Bordeaux
Bordeaux	Ressort de la cour d'appel de Bordeaux.
	Cour d'appel de Bourges
Bourges	Ressort de la cour d'appel de Bourges.
	Cour d'appel de Caen
Caen	Ressort de la cour d'appel de Caen.
	Cour d'appel de Cayenne
Cayenne	Ressort de la Cour d'appel de Cayenne.
	Cour d'appel de Chambéry
Chambéry	Ressort de la cour d'appel de Chambéry.
	Cour d'appel de Colmar
Strasbourg	Ressort de la cour d'appel de Colmar.
	Cour d'appel de Dijon
Dijon	Ressort de la cour d'appel de Dijon.
	Cour d'appel de Douai
Lille	Ressort de la cour d'appel de Douai.
	Cour d'appel de Fort-de-France
Fort-de-France	Ressort de la cour d'appel de Fort-de-France.
	Cour d'appel de Grenoble
Grenoble	Ressort de la cour d'appel de Grenoble.
	Cour d'appel de Limoges
Limoges	Ressort de la cour d'appel de Limoges.
	Cour d'appel de Lyon
Lyon	Ressort de la cour d'appel de Lyon.
	Cour d'appel de Metz
Metz	Ressort de la cour d'appel de Metz.
	Cour d'appel de Montpellier
Montpellier	Ressort de la cour d'appel de Montpellier.
	Cour d'appel de Nancy
Nancy	Ressort de la cour d'appel de Nancy.
	Cour d'appel de Nîmes
Nîmes	Ressort de la cour d'appel de Nîmes.
	Cour d'appel de Nouméa
Nouméa	Ressort de la cour d'appel de Nouméa.
	Cour d'appel d'Orléans
Orléans	Ressort de la cour d'appel d'Orléans.
	Cour d'appel de Papeete
Papeete	Ressort de la cour d'appel de Papeete.
	Cour d'appel de Paris
Paris	Ressort de la cour d'appel de Paris.
	Cour d'appel de Pau
Pau	Ressort de la cour d'appel de Pau.
	Cour d'appel de Poitiers
Poitiers	Ressort de la cour d'appel de Poitiers.
	Cour d'appel de Reims
Reims	Ressort de la cour d'appel de Reims.
	Cour d'appel de Rennes
Nantes	Ressort de la cour d'appel de Rennes.
	Cour d'appel de Riom
Clermont-Ferrand	Ressort de la cour d'appel de Riom.
	Cour d'appel de Rouen
Rouen	Ressort de la cour d'appel de Rouen.
	Cour d'appel de Saint-Denis
Saint-Denis	Ressort de la cour d'appel de Saint-Denis.
	Cour d'appel de Toulouse
Toulouse	Ressort de la cour d'appel de Toulouse.
	Cour d'appel de Versailles
Nanterre	Ressort de la cour d'appel de Versailles.
	Tribunal supérieur d'appel de Saint-Pierre
Saint-Pierre	Ressort du tribunal supérieur d'appel de Saint-Pierre.

8.08 TABLEAU VIII-II

Siège et ressort des tribunaux de grande instance et des tribunaux de première instance compétents pour connaître des recours en matière de contrats de la commande publique (annexe de l'article D. 211-10-2)

(Décr. nº 2009-1455 du 27 nov. 2009, art. 4, en vigueur le 1er déc. 2009; mod. par Décr. nº 2011-338 du 29 mars 2011, en vigueur le 1er avr. 2011; Décr. nº 2011-1878 du 14 déc. 2011, art. 1er-7º, en vigueur le 1er janv. 2011)

La juridiction saisie demeure compétente pour statuer sur les procédures introduites antérieurement à la date d'entrée en vigueur du Décr. nº 2009-1455 du 27 nov. 2009 (Décr. préc., art. 5, al. 2).

SIÈGE	RESSORT
Bordeaux	Ressort des cours d'appel d'Agen, Bordeaux, Limoges, Pau et Toulouse.
Lille	Ressort des cours d'appel d'Amiens, Douai, Reims et Rouen.
Lyon	Ressort des cours d'appel de Chambéry, Grenoble, Lyon et Riom.
Marseille	Ressort des cours d'appel d'Aix-en-Provence, Bastia, Montpellier et Nîmes.
Nanterre	Ressort de la cour d'appel de Versailles.
Nancy	Ressort des cours d'appel de Besançon, Colmar, Dijon, Metz et Nancy.
Paris	Ressort des cours d'appel de Bourges, Paris et Orléans.
Rennes	Ressort des cours d'appel d'Angers, Caen, Poitiers et Rennes.
Fort-de-France	Ressort des cours d'appel de Basse-Terre, Cayenne et Fort-de-France.
Saint-Denis	Ressort de la cour d'appel de Saint-Denis.
Saint-Pierre-et-Miquelon	Ressort du tribunal supérieur d'appel de Saint-Pierre.

8.09 TABLEAU IX

Siège et ressort des tribunaux d'instance, des tribunaux de première instance et des sections détachées compétents pour recevoir et enregistrer les déclarations de nationalité française et délivrer les certificats de nationalité française (annexe de l'article D. 221-1)

(Décr. nº 2008-1110 du 30 oct. 2008, art. 3, mod. par Décr. nº 2008-1482 du 22 déc. 2008, art. 3, rect. JO 17 janv.; Décr. nº 2009-561 du 19 mai 2009, en vigueur le 1er juin 2009; Décr. nº 2009-770 du 23 juin 2009, art. 2; Décr. nº 2009-1152 du 29 sept. 2009, art. 2; Décr. nº 2011-338 du 29 mars 2011, en vigueur le 1er avr. 2011; Décr. nº 2011-1878 du 14 déc. 2011, art. 1er-8º, en vigueur le 1er janv. 2012)

BIBL. Bléry, *Procédures 2009. Focus 38* (organisation judiciaire du contentieux familial).

SIÈGE	RESSORT
	Cour d'appel d'Agen
	Gers
[Auch	Ressort des tribunaux d'instance d'Auch, Condom, Lectoure et Mirande.(3)]
[Auch	Ressort des tribunaux d'instance d'Auch et Condom.(4)]
	Lot
[Cahors	Ressort des tribunaux d'instance de Cahors, Figeac et Gourdon.(3)]
[Cahors	Ressort des tribunaux d'instance de Cahors et Figeac.(4)]
	Lot-et-Garonne
[Agen	Ressort des tribunaux d'instance d'Agen, Marmande, Nérac et Villeneuve-sur-Lot.(3)]
[Agen	Ressort des tribunaux d'instance d'Agen, Marmande et Villeneuve-sur-Lot.(4)]
	Cour d'appel d'Aix-en-Provence
	Alpes-de-Haute-Provence
[Digne-les-Bains	Ressort des tribunaux d'instance de Barcelonnette, Digne-les-Bains et Forcalquier.(7)]
[Digne-les-Bains	Ressort des tribunaux d'instance de Barcelonnette, Digne-les-Bains et Manosque.(8)]
	Alpes-Maritimes
Cannes	Ressort des tribunaux d'instance d'Antibes, Cagnes-sur-Mer, Cannes et Grasse.
Nice	Ressort des tribunaux d'instance de Menton et Nice.
	Bouches-du-Rhône
Aix-en-Provence	Ressort des tribunaux d'instance d'Aix-en-Provence, Martigues et Salon-de-Provence.
[Arles	Ressort des tribunaux d'instance d'Arles et Tarascon.(3)]
[Tarascon	Ressort du tribunal d'instance de Tarascon.(4)]
Marseille	Ressort des tribunaux d'instance d'Aubagne et Marseille.
	Var
Fréjus	Ressort des tribunaux d'instance de Brignoles, Draguignan et Fréjus.
[Toulon	Ressort des tribunaux d'instance d'Hyères et Toulon.(3)]
[Toulon	Ressort du tribunal d'instance de Toulon.(4)]
	Cour d'appel d'Amiens
	Aisne
[Laon	Ressort des tribunaux d'instance de Laon, Saint-Quentin et Vervins.(3)]
[Laon	Ressort des tribunaux d'instance de Laon et Saint-Quentin.(4)]
[Soissons	Ressort des tribunaux d'instance de Château-Thierry et Soissons.(3)]
[Soissons	Ressort du tribunal d'instance de Soissons.(4)]
	Oise
[Beauvais	Ressort des tribunaux d'instance de Beauvais et Clermont.(3)]
[Beauvais	Ressort du tribunal d'instance de Beauvais.(4)]

SIÈGE	RESSORT
Senlis	Ressort des tribunaux d'instance de Compiègne et Senlis.
	Somme
[Amiens	Ressort des tribunaux d'instance d'Abbeville, Amiens, Doullens, Montdidier et Péronne.(3)]
[Amiens	Ressort des tribunaux d'instance d'Abbeville, Amiens et Péronne.(4)]
	Cour d'appel d'Angers
	Maine-et-Loire
[Angers	Ressort des tribunaux d'instance d'Angers, Baugé, Cholet, Saumur et Segré.(3)]
[Angers	Ressort des tribunaux d'instance d'Angers, Cholet et Saumur.(4)]
	Mayenne
[Laval	Ressort des tribunaux d'instance de Château-Gontier et Laval.(12 et 3)]
	Sarthe
[Le Mans	Ressort des tribunaux d'instance de La Flèche, Le Mans, Mamers et Saint-Calais.(3)]
[Le Mans	Ressort des tribunaux d'instance de La Flèche et Le Mans.(4)]
	Cour d'appel de Basse-Terre
	Guadeloupe
Basse-Terre	Ressort du tribunal d'instance de Basse-Terre.
Saint-Martin	Ressort du tribunal d'instance de Saint-Martin.
[Marie-Galante	Ressort du tribunal d'instance de Marie-Galante.(3)]
Pointe-à-Pitre	Ressort du tribunal d'instance de Pointe-à-Pitre.
	Cour d'appel de Bastia
	Corse-du-Sud
[Ajaccio	Ressort des tribunaux d'instance d'Ajaccio et Sartène.(3)]
[Ajaccio	Ressort du tribunal d'instance d'Ajaccio.(4)]
	Haute-Corse
[Bastia	Ressort des tribunaux d'instance de Bastia, Corte et l'Île-Rousse.(3)]
[Bastia	Ressort du tribunal d'instance de Bastia.(4)]
	Cour d'appel de Besançon
	Doubs
[Besançon	Ressort des tribunaux d'instance de Baume-les-Dames, Besançon et Pontarlier.(3)]
[Besançon	Ressort des tribunaux d'instance de Besançon et Pontarlier.(4)]
Montbéliard	Ressort du tribunal d'instance de Montbéliard.
	Haute-Saône
[Vesoul	Ressort des tribunaux d'instance de Gray, Lure, Luxeuil-les-Bains et Vesoul.(3)]
[Vesoul	Ressort des tribunaux d'instance de Lure et Vesoul.(4)]
	Jura
[Lons-le-Saunier	Ressort des tribunaux d'instance d'Arbois, Dole, Lons-le-Saunier et Saint-Claude.(3)]
[Lons-le-Saunier	Ressort des tribunaux d'instance de Dole, Lons-le-Saunier et Saint-Claude.(4)]
	Territoire de Belfort
Belfort	Ressort du tribunal d'instance de Belfort.
	Cour d'appel de Bordeaux
	Charente
[Angoulême	Ressort des tribunaux d'instance d'Angoulême, Cognac, Confolens et Ruffec.(2 et 3)]
[Angoulême	Ressort des tribunaux d'instance d'Angoulême et Cognac.(4)]
	Dordogne
[Périgueux	Ressort des tribunaux d'instance de Bergerac, Nontron, Périgueux, Ribérac et Sarlat-la-Canéda.(3)]
[Périgueux	Ressort des tribunaux d'instance de Bergerac, Périgueux et Sarlat-la-Canéda.(4)]
	Gironde
[Bordeaux	Ressort des tribunaux d'instance d'Arcachon, Bazas, Blaye, Bordeaux, La Réole, Lesparre-Médoc et Libourne.(9)]
[Bordeaux	Ressort des tribunaux d'instance d'Arcachon, Bazas, Blaye, Bordeaux, La Réole et Libourne.(10 et 3)]
	Cour d'appel de Bourges
	Cher
[Bourges	Ressort des tribunaux d'instance de Bourges, Saint-Amand-Montrond, Sancerre et Vierzon.(11)]
[Bourges	Ressort des tribunaux d'instance de Bourges, Saint-Amand-Montrond et Sancerre.(12 et 3)]
	Indre
[Châteauroux	Ressort des tribunaux d'instance de Châteauroux, Issoudun, La Châtre et Le Blanc.(3)]
[Châteauroux	Ressort du tribunal d'instance de Châteauroux.(4)]
	Nièvre
[Nevers	Ressort des tribunaux d'instance de Château-Chinon, Clamecy, Cosne-Cours-sur-Loire et Nevers.(9)]
[Nevers	Ressort des tribunaux d'instance de Clamecy et Nevers.(10)]
	Cour d'appel de Caen
	Calvados
[Caen	Ressort des tribunaux d'instance de Bayeux, Caen, Falaise, Lisieux, Pont-l'Évêque et Vire.(11)]
[Caen	Ressort des tribunaux d'instance de Bayeux, Caen, Lisieux, Pont-l'Évêque et Vire.(12 et 3)]
	Manche
[Cherbourg-Octeville	Ressort des tribunaux d'instance de Cherbourg-Octeville et Valognes.(3)]
[Cherbourg-Octeville	Ressort du tribunal d'instance de Cherbourg-Octeville.(4)]
[Coutances	Ressort des tribunaux d'instance d'Avranches, Coutances, Mortain et Saint-Lô.(3)]
[Coutances	Ressort des tribunaux d'instance d'Avranches et Coutances.(4)]
	Orne
[Alençon	Ressort des tribunaux d'instance d'Alençon, Argentan, Domfront et Mortagne-au-Perche.(3)]
[Alençon	Ressort des tribunaux d'instance d'Alençon, Argentan et Flers.(4)]
	Cour d'appel de Chambéry
	Haute-Savoie
Annecy	Ressort du tribunal d'instance d'Annecy.

SIÈGE	RESSORT
[Saint-Julien-en-Genevois	Ressort des tribunaux d'instance de Bonneville, Saint-Julien-en-Genevois et Thonon-les-Bains.[3]]
[Annemasse	Ressort des tribunaux d'instance d'Annemasse, Bonneville et Thonon-les-Bains.[4]]
	Savoie
[Chambéry	Ressort des tribunaux d'instance d'Aix-les-Bains, Albertville, Chambéry, Moutiers-Tarentaise et Saint-Jean-de-Maurienne.[3]]
[Chambéry	Ressort des tribunaux d'instance d'Albertville et Chambéry.[4]]
	Cour d'appel de Colmar
	Bas-Rhin
[Haguenau	Ressort des tribunaux d'instance de Brumath, Haguenau et Wissembourg.[3]]
[Haguenau	Ressort du tribunal d'instance d'Haguenau.[4]]
Illkirch-Graffenstaden	Ressort du tribunal d'instance d'Illkirch-Graffenstaden.
Saverne	Ressort des tribunaux d'instance de Molsheim et Saverne.
Strasbourg	Ressort des tribunaux d'instance de Schiltigheim et Strasbourg.
	Haut-Rhin
[Colmar	Ressort des tribunaux d'instance de Colmar, Guebwiller, Ribeauvillé et Sélestat.[3]]
[Colmar	Ressort des tribunaux d'instance de Colmar, Guebwiller et Sélestat.[4]]
[Mulhouse	Ressort des tribunaux d'instance d'Altkirch, Huningue et Mulhouse.[3]]
[Mulhouse	Ressort du tribunal d'instance de Mulhouse.[4]]
Thann	Ressort du tribunal d'instance de Thann.
	Cour d'appel de Dijon
	Côte-d'Or
[Dijon	Ressort des tribunaux d'instance de Beaune, Châtillon-sur-Seine, Dijon et Semur-en-Auxois.[3]]
[Dijon	Ressort des tribunaux d'instance de Beaune, Dijon et Montbard.[4]]
	Haute-Marne
[Chaumont	Ressort des tribunaux d'instance de Chaumont, Langres et Saint-Dizier.[9]]
[Chaumont	Ressort des tribunaux d'instance de Chaumont et Saint-Dizier.[10]]
	Saône-et-Loire
[Chalon-sur-Saône	Ressort des tribunaux d'instance d'Autun, Chalon-sur-Saône et Louhans.[11]]
[Chalon-sur-Saône	Ressort des tribunaux d'instance de Chalon-sur-Saône et Louans.[12 et 3]]
[Le Creusot	Ressort des tribunaux d'instance du Creusot et de Montceau-les-Mines.[3]]
[Le Creusot	Ressort du tribunal d'instance du Creusot.[4]]
[Mâcon	Ressort des tribunaux d'instance de Charolles et Mâcon.[3]]
[Mâcon	Ressort du tribunal d'instance de Mâcon.[4]]
	Cour d'appel de Douai
	Nord
Avesnes-sur-Helpe	Ressort des tribunaux d'instance d'Avesnes-sur-Helpe et Maubeuge.
Douai	Ressort des tribunaux d'instance de Cambrai et Douai.
Dunkerque	Ressort des tribunaux d'instance de Dunkerque et Hazebrouck.
Lille	Ressort du tribunal d'instance de Lille.
Roubaix	Ressort des tribunaux d'instance de Roubaix et Tourcoing.
Valenciennes	Ressort du tribunal d'instance de Valenciennes.
	Pas-de-Calais
[Arras	Ressort des tribunaux d'instance d'Arras et Saint-Pol-sur-Ternoise.[3]]
[Arras	Ressort du tribunal d'instance d'Arras.[4]]
[Béthune	Ressort des tribunaux d'instance de Béthune, Carvin, Houdain, Lens et Liévin.[3]]
[Béthune	Ressort des tribunaux d'instance de Béthune et Lens.[4]]
Boulogne-sur-Mer	Ressort des tribunaux d'instance de Boulogne-sur-Mer, Calais, Montreuil et Saint-Omer.
	Cour d'appel de ***Cayenne (Guyane)***
Cayenne	Ressort du tribunal d'instance de Cayenne.
	Cour d'appel de Fort-de-France
[Fort-de-France	Ressort des tribunaux d'instance de Fort-de-France et Le Lamentin.[3]]
[Fort-de-France	Ressort du tribunal d'instance de Fort-de-France.[4]]
	Cour d'appel de Grenoble
	Drôme
[Montélimar	Ressort des tribunaux d'instance de Montélimar et Nyons.[3]]
[Montélimar	Ressort du tribunal d'instance de Montélimar.[4]]
Romans-sur-Isère	Ressort du tribunal d'instance de Romans-sur-Isère.
[Valence	Ressort des tribunaux d'instance de Die et Valence.[13]]
[Valence	Ressort du tribunal d'instance de Valence.[14]]
	Hautes-Alpes
[Gap	Ressort des tribunaux d'instance de Briançon et Gap.[3]]
[Gap	Ressort du tribunal d'instance de Gap.[4]]
	Isère
Bourgoin-Jallieu	Ressort du tribunal d'instance de Bourgoin-Jallieu.
[Grenoble	Ressort des tribunaux d'instance de Grenoble, La Mure et Saint-Marcellin.[3]]
[Grenoble	Ressort du tribunal d'instance de Grenoble.[4]]
Vienne	Ressort du tribunal d'instance de Vienne.
	Cour d'appel de Limoges
	Corrèze
[Tulle	Ressort des tribunaux d'instance de Brive-la-Gaillarde, Tulle et Ussel.[3]]
[Tulle	Ressort des tribunaux d'instance de Brive-la-Gaillarde et Tulle.[4]]
	Creuse
[Guéret	Ressort des tribunaux d'instance de Bourganeuf et Guéret.[9]]
[Guéret	Ressort du tribunal d'instance de Guéret.[10]]
	Haute-Vienne
[Limoges	Ressort des tribunaux d'instance de Bellac, Limoges, Rochechouart et Saint-Yrieix-la-Perche.[3]]
[Limoges	Ressort du tribunal d'instance de Limoges.[4]]

SIÈGE	RESSORT
	Cour d'appel de Lyon
	Ain
Bourg-en-Bresse	Ressort des tribunaux d'instance de Belley, Bourg-en-Bresse, Nantua et Trévoux.
	Loire
Roanne	Ressort du tribunal d'instance de Roanne.
[Saint-Étienne	Ressort des tribunaux d'instance du Chambon-Feugerolles, Montbrison et Saint-Étienne.(3)]
[Saint-Étienne	Ressort des tribunaux d'instance de Montbrison et Saint-Étienne.(4)]
	Rhône
Lyon	Ressort du tribunal d'instance de Lyon.
Villefranche-sur-Saône	Ressort du tribunal d'instance de Villefranche-sur-Saône.
Villeurbanne	Ressort du tribunal d'instance de Villeurbanne.
	Cour d'appel de Metz
	Moselle
[Forbach	Ressort des tribunaux d'instance de Forbach, Saint-Avold et Sarreguemines.(3)]
[Saint-Avold	Ressort des tribunaux d'instance de Saint-Avold et Sarreguemines.(4)]
[Metz	Ressort des tribunaux d'instance de Boulay-Moselle, Château-Salins, Metz et Sarrebourg.(3)]
[Metz	Ressort des tribunaux d'instance de Metz et Sarrebourg.(4)]
[Thionville	Ressort des tribunaux d'instance de Hayange et Thionville.(3)]
[Thionville	Ressort du tribunal d'instance de Thionville.(4)]
	Cour d'appel de Montpellier
	Aude
[Carcassonne	Ressort des tribunaux d'instance de Carcassonne, Castelnaudary, Limoux et Narbonne.(9)]
[Carcassonne	Ressort des tribunaux d'instance de Carcassonne, Limoux et Narbonne.(10 et 3)]
	Aveyron
[Millau	Ressort des tribunaux d'instance de Millau et Saint-Affrique.(9)]
[Millau	Ressort du tribunal d'instance de Millau.(10)]
[Rodez	Ressort des tribunaux d'instance d'Espalion, Rodez et Villefranche-de-Rouergue.(9)]
[Rodez	Ressort du tribunal d'instance de Rodez.(10)]
	Hérault
[Béziers	Ressort des tribunaux d'instance de Béziers et Saint-Pons-de-Thomières.(11)]
[Béziers	Ressort du tribunal d'instance de Béziers.(12)]
[Montpellier	Ressort des tribunaux d'instance de Lodève, Montpellier et Sète.(3)]
[Montpellier	Ressort des tribunaux d'instance de Montpellier et Sète.(4)]
	Pyrénées-Orientales
[Perpignan	Ressort des tribunaux d'instance de Céret, Prades et Perpignan.(3)]
[Perpignan	Ressort du tribunal d'instance de Perpignan.(4)]
	Cour d'appel de Nancy
	Meurthe-et-Moselle
[Briey	Ressort des tribunaux d'instance de Briey et Longwy.(3)]
[Briey	Ressort du tribunal d'instance de Briey.(4)]
[Nancy	Ressort des tribunaux d'instance de Lunéville, Nancy et Toul.(3)]
[Nancy	Ressort des tribunaux d'instance de Lunéville et Nancy.(4)]
	Meuse
[Verdun	Ressort des tribunaux d'instance de Bar-le-Duc, Saint-Mihiel et Verdun.(3)]
[Verdun	Ressort des tribunaux d'instance de Bar-le-Duc et Verdun.(4)]
	Vosges
[Épinal	Ressort des tribunaux d'instance d'Épinal, Mirecourt, Remiremont et Saint-Dié-des-Vosges.(11)]
[Épinal	Ressort des tribunaux d'instance d'Épinal, Mirecourt et Saint-Dié-des-Vosges.(12 et 3)]
	Cour d'appel de Nîmes
	Ardèche
[Annonay	Ressort du tribunal d'instance d'Annonay.(4)]
[Aubenas	Ressort du tribunal d'instance d'Aubenas.(4)]
[Largentière	Ressort du tribunal d'instance de Largentière.(3)]
Privas	Ressort du tribunal d'instance de Privas.
[Tournon-sur-Rhône	Ressort du tribunal d'instance de Tournon-sur-Rhône.(3)]
	Gard
Alès	Ressort du tribunal d'instance d'Alès.
[Le Vigan	Ressort du tribunal d'instance du Vigan.(3)]
Nîmes	Ressort du tribunal d'instance de Nîmes.
Uzès	Ressort du tribunal d'instance d'Uzès.
	Lozère
[Mende	Ressort des tribunaux d'instance de Florac, Marvejols et Mende.(3)]
[Mende	Ressort du tribunal d'instance de Mende.(4)]
	Vaucluse
[Avignon	Ressort des tribunaux d'instance d'Apt et Avignon.(3)]
[Avignon	Ressort des tribunaux d'instance d'Avignon et Pertuis.(4)]
Orange	Ressort des tribunaux d'instance de Carpentras et Orange.
	Cour d'appel de Nouméa
	Nouvelle-Calédonie
Nouméa	Ressort du tribunal de première instance de Nouméa, à l'exception de la province Nord et de la province des îles Loyauté.
Koné	Province Nord.
Lifou	Province des îles Loyauté.
	Wallis-et-Futuna
Mata-Utu	Ressort du tribunal de première instance de Mata-Utu.
	Cour d'appel d'Orléans
	Indre-et-Loire
[Tours	Ressort des tribunaux d'instance de Chinon, Loches et Tours.(3)]
[Tours	Ressort du tribunal d'instance de Tours.(4)]

SIÈGE	RESSORT
	Loiret
[Montargis	Ressort des tribunaux d'instance de Gien et Montargis.(3)]
[Montargis	Ressort du tribunal d'instance de Montargis.(4)]
[Orléans	Ressort du tribunal d'instance d'Orléans.(2)]
	Loir-et-Cher
[Blois	Ressort des tribunaux d'instance de Blois, Romorantin-Lanthenay et Vendôme.(3)]
[Blois	Ressort du tribunal d'instance de Blois.(4)]
	Cour d'appel de Papeete
	Polynésie française
Papeete	Ressort du tribunal de première instance de Papeete, l'exception des îles Sous-le-Vent et des îles Marquises.
Uturoa	Îles Sous-le-Vent.
Nuku-Hiva	Îles Marquises.
	Cour d'appel de Paris
	Essonne
Étampes	Ressort du tribunal d'instance d'Étampes.
Évry	Ressort du tribunal d'instance d'Évry.
Juvisy-sur-Orge	Ressort du tribunal d'instance de Juvisy-sur-Orge.
Longjumeau	Ressort du tribunal d'instance de Longjumeau.
Palaiseau	Ressort du tribunal d'instance de Palaiseau.
	Paris
Paris 1er arr.	Ressort des tribunaux d'instance de Paris 1er arrondissement, Paris 2e arrondissement, Paris 3e arrondissement, Paris 4e arrondissement, Paris 5e arrondissement, Paris 6e arrondissement, Paris 7e arrondissement, Paris 8e arrondissement, Paris 9e arrondissement, Paris 10e arrondissement, Paris 11e arrondissement, Paris 12e arrondissement, Paris 13e arrondissement, Paris 14e arrondissement, Paris 15e arrondissement, Paris 16e arrondissement, Paris 17e arrondissement, Paris 18e arrondissement, Paris 19e arrondissement et Paris 20e arrondissement. – *Le TI primitivement saisi demeure compétent pour statuer sur les demandes déposées ou reçues antérieurement à la date d'entrée en vigueur du Décr. nº 2009-561 du 19 mai 2009 (Décr. préc., art. 2).*
	Seine-et-Marne
Fontainebleau	Ressort du tribunal d'instance de Fontainebleau.
[Montereau-Fault-Yonne	Ressort du tribunal d'instance de Montereau-Fault-Yonne.(3)]
Lagny-sur-Marne	Ressort du tribunal d'instance de Lagny-sur-Marne.
[Meaux	Ressort des tribunaux d'instance de Coulommiers et Meaux.(3)]
[Meaux	Ressort du tribunal d'instance de Meaux.(4)]
[Melun	Ressort des tribunaux d'instance de Melun et Provins.(3)]
[Melun	Ressort du tribunal d'instance de Melun.(4)]
	Seine-Saint-Denis
Aubervilliers	Ressort du tribunal d'instance d'Aubervilliers.
Aulnay-sous-Bois	Ressort du tribunal d'instance d'Aulnay-sous-Bois.
Bobigny	Ressort du tribunal d'instance de Bobigny.
Le Raincy	Ressort du tribunal d'instance du Raincy.
Montreuil	Ressort du tribunal d'instance de Montreuil.
Pantin	Ressort du tribunal d'instance de Pantin.
Saint-Denis	Ressort du tribunal d'instance de Saint-Denis.
Saint-Ouen	Ressort du tribunal d'instance de Saint-Ouen.
	Val-de-Marne
Boissy-Saint-Léger	Ressort du tribunal d'instance de Boissy-Saint-Léger.
Charenton-le-Pont	Ressort du tribunal d'instance de Charenton-le-Pont.
Ivry-sur-Seine	Ressort du tribunal d'instance d'Ivry-sur-Seine.
Nogent-sur-Marne	Ressort du tribunal d'instance de Nogent-sur-Marne.
Saint-Maur-des-Fossés	Ressort du tribunal d'instance de Saint-Maur-des-Fossés.
Villejuif	Ressort du tribunal d'instance de Villejuif.
[Vincennes	Ressort du tribunal d'instance de Vincennes.(3)]
	Yonne
[Auxerre	Ressort des tribunaux d'instance d'Auxerre, Avallon et Tonnerre.(3)]
[Auxerre	Ressort du tribunal d'instance d'Auxerre.(4)]
[Sens	Ressort des tribunaux d'instance de Joigny et Sens.(3)]
[Sens	Ressort du tribunal d'instance de Sens.(4)]
	Cour d'appel de Pau
	Hautes-Pyrénées
[Tarbes	Ressort des tribunaux d'instance de Bagnères-de-Bigorre, Lourdes et Tarbes.(3)]
[Tarbes	Ressort du tribunal d'instance de Tarbes.(4)]
	Landes
[Mont-de-Marsan	Ressort des tribunaux d'instance de Mont-de-Marsan et Saint-Sever.(7)]
[Mont-de-Marsan	Ressort du tribunal d'instance de Mont-de-Marsan.(8)]
	Pyrénées-Atlantiques
[Bayonne	Ressort des tribunaux d'instance de Bayonne, Biarritz et Saint-Palais.(3)]
[Bayonne	Ressort du tribunal d'instance de Bayonne.(4)]
[Pau	Ressort des tribunaux d'instance d'Oloron-Sainte-Marie, Orthez et Pau.(3)]
[Pau	Ressort des tribunaux d'instance d'Oloron-Sainte-Marie et Pau.(4)]
	Cour d'appel de Poitiers
	Charente-Maritime
[La Rochelle	Ressort des tribunaux d'instance de La Rochelle, Marennes et Rochefort.(3)]
[La Rochelle	Ressort des tribunaux d'instance de La Rochelle et Rochefort.(4)]
[Saintes	Ressort des tribunaux d'instance de Jonzac, Saintes et Saint-Jean-d'Angély.(3)]
[Saintes	Ressort des tribunaux d'instance de Jonzac et Saintes.(4)]
	Deux-Sèvres
[Bressuire	Ressort des tribunaux d'instance de Bressuire et Parthenay.(3)]
[Bressuire	Ressort du tribunal d'instance de Bressuire.(4)]
[Niort	Ressort des tribunaux d'instance de Melle et Niort.(3)]

SIÈGE	RESSORT
[Niort	Ressort du tribunal d'instance de Niort.(4)]
	Vendée
La Roche-sur-Yon	Ressort des tribunaux d'instance de Fontenay-le-Comte, La Roche-sur-Yon et Les Sables-d'Olonne.
	Vienne
[Poitiers	Ressort des tribunaux d'instance de Châtellerault, Civray, Loudun, Montmorillon et Poitiers.(3)]
[Poitiers	Ressort des tribunaux d'instance de Châtellerault et Poitiers.(4)]
	Cour d'appel de Reims
	Ardennes
[Charleville-Mézières	Ressort des tribunaux d'instance de Charleville-Mézières, Rethel, Rocroi, Sedan et Vouziers.(13)]
[Charleville-Mézières	Ressort des tribunaux d'instance de Charleville-Mézières, Rethel, Rocroi et Sedan.(14 et 3)]
	Aube
[Troyes	Ressort des tribunaux d'instance de Bar-sur-Aube, Bar-sur-Seine, Nogent-sur-Seine et Troyes.(13)]
[Troyes	Ressort des tribunaux d'instance de Bar-sur-Seine, Nogent-sur-Seine et Troyes.(14 et 3)]
	Marne
[Châlons-en-Champagne	Ressort des tribunaux d'instance de Châlons-en-Champagne, Épernay et Vitry-le-François.(3)]
[Châlons-en-Champagne	Ressort du tribunal d'instance de Châlons-en-Champagne.(4)]
Reims	Ressort du tribunal d'instance de Reims.
	Cour d'appel de Rennes
	Côtes-d'Armor
[Saint-Brieuc	Ressort des tribunaux d'instance de Dinan, Guingamp, Lannion, Loudéac et Saint-Brieuc.(3)]
[Saint-Brieuc	Ressort des tribunaux d'instance de Dinan, Guingamp et Saint-Brieuc.(5)]
[Saint-Brieuc	Ressort des tribunaux d'instance de Guingamp et Saint-Brieuc.(6)]
	Finistère
Brest	Ressort des tribunaux d'instance de Brest et Morlaix.
[Quimper	Ressort des tribunaux d'instance de Châteaulin, Quimper et Quimperlé.(3)]
[Quimper	Ressort du tribunal d'instance de Quimper.(4)]
	Ille-et-Vilaine
[Rennes	Ressort des tribunaux d'instance de Fougères, Montfort-sur-Meu, Redon, Rennes, Saint-Malo et Vitré.(3)]
[Rennes	Ressort des tribunaux d'instance de Redon, Rennes et Saint-Malo.(5)]
[Rennes	Ressort des tribunaux d'instance de Dinan, Redon, Rennes et Saint-Malo.(6)]
	Loire-Atlantique
[Nantes	Ressort des tribunaux d'instance de Châteaubriant et Nantes.(3)]
[Nantes	Ressort du tribunal d'instance de Nantes.(4)]
[Saint-Nazaire	Ressort des tribunaux d'instance de Paimbœuf et Saint-Nazaire.(11)]
[Saint-Nazaire	Ressort du tribunal d'instance de Saint-Nazaire.(12)]
	Morbihan
[Vannes	Ressort des tribunaux d'instance d'Auray, Lorient, Ploërmel, Pontivy et Vannes.(3)]
[Vannes	Ressort des tribunaux d'instance de Lorient et Vannes.(4)]
	Cour d'appel de Riom
	Allier
Montluçon	Ressort du tribunal d'instance de Montluçon.
Moulins	Ressort du tribunal d'instance de Moulins.
[Vichy	Ressort des tribunaux d'instance de Gannat et Vichy.(3)]
[Vichy	Ressort du tribunal d'instance de Vichy.(4)]
	Cantal
[Aurillac	Ressort des tribunaux d'instance d'Aurillac et Mauriac.(3)]
[Aurillac	Ressort du tribunal d'instance d'Aurillac.(4)]
[Saint-Flour	Ressort des tribunaux d'instance de Murat et Saint-Flour.(11)]
[Saint-Flour	Ressort du tribunal d'instance de Saint-Flour.(12)]
	Haute-Loire
[Le Puy-en-Velay	Ressort des tribunaux d'instance de Brioude, Le Puy-en-Velay et Yssingeaux.(3)]
[Le Puy-en-Velay	Ressort du tribunal d'instance du Puy-en-Velay.(4)]
	Puy-de-Dôme
Clermont-Ferrand	Ressort du tribunal d'instance de Clermont-Ferrand.
[Issoire	Ressort des tribunaux d'instance d'Ambert et Issoire.(3)]
Riom	Ressort du tribunal d'instance de Riom.
Thiers	Ressort du tribunal d'instance de Thiers.
	Cour d'appel de Rouen
	Eure
[Évreux	Ressort des tribunaux d'instance de Bernay, Évreux, Les Andelys, Louviers et Pont-Audemer.(3)]
[Évreux	Ressort des tribunaux d'instance de Bernay, Évreux et Les Andelys.(4)]
	Seine-Maritime
[Dieppe	Ressort des tribunaux d'instance de Dieppe et Neufchâtel-en-Bray.(3)]
[Dieppe	Ressort du tribunal d'instance de Dieppe.(4)]
Le Havre	Ressort du tribunal d'instance du Havre.
[Rouen	Ressort des tribunaux d'instance d'Elbeuf, Rouen et Yvetot.(3)]
[Rouen	Ressort du tribunal d'instance de Rouen.(4)]
	Cour d'appel de Saint-Denis
	Mayotte
Mamoudzou	Ressort du tribunal d'instance de Mamoudzou.
	Réunion
Saint-Benoît	Ressort du tribunal d'instance de Saint-Benoît.
Saint-Denis	Ressort du tribunal d'instance de Saint-Denis.
Saint-Paul	Ressort du tribunal d'instance de Saint-Paul.
Saint-Pierre	Ressort du tribunal d'instance de Saint-Pierre.
	Cour d'appel de Toulouse
	Ariège
[Foix	Ressort des tribunaux d'instance de Foix, Pamiers et Saint-Girons.(3)]

SIÈGE	RESSORT
[Foix	Ressort des tribunaux d'instance de Foix et Saint-Girons.[4]]
	Haute-Garonne
[Muret	Ressort des tribunaux d'instance de Muret et Villefranche-de-Lauragais.[3]]
[Muret	Ressort des tribunaux d'instance de Muret et Saint-Gaudens.[4]]
[Toulouse	Ressort des tribunaux d'instance de Saint-Gaudens et Toulouse.[3]]
[Toulouse	Ressort du tribunal d'instance de Toulouse.[4]]
	Tarn
[Albi	Ressort des tribunaux d'instance d'Albi, Castres, Gaillac et Lavaur.[3]]
[Albi	Ressort des tribunaux d'instance d'Albi et Castres.[4]]
	Tarn-et-Garonne
[Montauban	Ressort des tribunaux d'instance de Castelsarrasin et Montauban.[2]]
	Cour d'appel de Versailles
	Eure-et-Loir
[Chartres	Ressort des tribunaux d'instance de Chartres, Châteaudun et Nogent-le-Rotrou.[3]]
[Chartres	Ressort du tribunal d'instance de Chartres.[4]]
Dreux	Ressort du tribunal d'instance de Dreux.
	Hauts-de-Seine
Antony	Ressort du tribunal d'instance d'Antony.
Asnières-sur-Seine	Ressort du tribunal d'instance d'Asnières-sur-Seine.
Boulogne-Billancourt	Ressort du tribunal d'instance de Boulogne-Billancourt.
[Clichy	Ressort du tribunal d'instance de Clichy.[3]]
Colombes	Ressort du tribunal d'instance de Colombes.
[Courbevoie	Ressort des tribunaux d'instance de Courbevoie, Levallois-Perret et Neuilly-sur-Seine.[3]]
[Courbevoie	Ressort du tribunal d'instance de Courbevoie.[4]]
Puteaux	Ressort du tribunal d'instance de Puteaux.
Vanves	Ressort du tribunal d'instance de Vanves.
	Val-d'Oise
[Écouen	Ressort du tribunal d'instance d'Écouen.[3]]
Gonesse	Ressort du tribunal d'instance de Gonesse.
Montmorency	Ressort du tribunal d'instance de Montmorency.
Pontoise	Ressort du tribunal d'instance de Pontoise.
Sannois	Ressort du tribunal d'instance de Sannois.
	Yvelines
Mantes-la-Jolie	Ressort du tribunal d'instance de Mantes-la-Jolie.
Poissy	Ressort du tribunal d'instance de Poissy.
Rambouillet	Ressort du tribunal d'instance de Rambouillet.
Saint-Germain-en-Laye	Ressort du tribunal d'instance de Saint-Germain-en-Laye.
Versailles	Ressort du tribunal d'instance de Versailles.
	Tribunal supérieur d'appel de Saint-Pierre
	Saint-Pierre-et-Miquelon
Saint-Pierre	Ressort du tribunal de première instance de Saint-Pierre.

(2) Applicable à compter du 1er janvier 2009.
(3) Applicable jusqu'au 31 décembre 2009.
(4) Applicable à compter du 1er janvier 2010.
(5) Applicable jusqu'au 31 décembre 2010.
(6) Applicable à compter du 1er janvier 2011.
(7) Applicable jusqu'au 31 janvier 2009.
(8) Applicable à compter du 1er février 2009.
(9) Applicable jusqu'au 30 septembre 2009.
(10) Applicable à compter du 1er octobre 2009.
(11) Applicable jusqu'au 31 août 2009.
(12) Applicable à compter du 1er septembre 2009.
(13) Applicable jusqu'au 30 juin 2009.
(14) Applicable à compter du 1er juillet 2009.

8.10 TABLEAU IX-I

Siège et ressort des tribunaux d'instance compétents, dans le ressort de certains tribunaux de grande instance, pour connaître des mesures de traitement des situations de surendettement des particuliers et des procédures de rétablissement personnel (annexe de l'article D. 221-1)

(Décr. n° 2011-981 du 23 août 2011, art. 2, en vigueur le 1er sept. 2011)

BIBL. NDLR, CCC 2011. *Alertes 75.*

SIÈGE DU TRIBUNAL de grande instance	SIÈGE DU TRIBUNAL d'instance	RESSORT
		Cour d'appel d'Aix-en-Provence
		Alpes-Maritimes
Nice	Nice	Ressort des tribunaux d'instance de Nice et Menton
		Bouches-du-Rhône
Aix-en-Provence	Aix-en-Provence	Ressort des tribunaux d'instance d'Aix-en-Provence et Salon-de-Provence
Marseille	Marseille	Ressort des tribunaux d'instance d'Aubagne et Marseille
		Cour d'appel d'Angers
		Maine-et-Loire
Angers	Angers	Ressort des tribunaux d'instance d'Angers, Cholet et Saumur
		Sarthe
Le Mans	Le Mans	Ressort des tribunaux d'instance de La Flèche et Le Mans

		Cour d'appel de Paris
		Paris
Paris	Paris 19e arrondissement	Ressort des tribunaux d'instance de Paris 1er arrondissement, Paris 2e arrondissement, Paris 3e arrondissement, Paris 4e arrondissement, Paris 5e arrondissement, Paris 6e arrondissement, Paris 7e arrondissement, Paris 8e arrondissement, Paris 9e arrondissement, Paris 10e arrondissement, Paris 11e arrondissement, Paris 12e arrondissement, Paris 13e arrondissement, Paris 14e arrondissement, Paris 15e arrondissement, Paris 16e arrondissement, Paris 17e arrondissement, Paris 18e arrondissement, Paris 19e arrondissement et Paris 20e arrondissement
		Seine-Saint-Denis
Bobigny	Bobigny	Ressort des tribunaux d'instance d'Aubervilliers, Aulnay-sous-Bois, Bobigny, Le Raincy, Montreuil, Pantin, Saint-Denis et Saint-Ouen
		Val-de-Marne
Créteil	Villejuif	Ressort des tribunaux d'instance de Boissy-Saint-Léger, Charenton-le-Pont, Ivry-sur-Seine, Nogent-sur-Marne, Saint-Maur-des-Fossés et Villejuif
		Cour d'appel de Reims
		Ardennes
Charleville-Mézières	Charleville-Mézières	Ressort des tribunaux d'instance de Charleville-Mézières et Sedan
		Cour d'appel de Toulouse
		Ariège
Foix	Foix	Ressort des tribunaux d'instance de Foix et Saint-Girons
Tarn-et-Garonne		
Montauban	Montauban	Ressort des tribunaux d'instance de Castelsarrasin et Montauban
		Cour d'appel de Versailles
		Hauts-de-Seine
Nanterre	Asnières-sur-Seine	Ressort des tribunaux d'instance d'Antony, Asnières-sur-Seine, Boulogne-Billancourt, Colombes, Courbevoie, Puteaux et Vanves
		Val-d'Oise
Pontoise	Pontoise	Ressort des tribunaux d'instance de Gonesse, Montmorency, Pontoise et Sannois
		Yvelines
Versailles	Versailles	Ressort des tribunaux d'instance de Mantes-la-Jolie, Poissy, Rambouillet et Versailles

8.11 TABLEAU XI

Siège et ressort des greffes détachés (annexe de l'article D. 222-7)

(Décr. n° 2008-1110 du 30 oct. 2008, art. 2, mod. par Décr. n° 2008-1482 du 22 déc. 2008, art. 4, rect. JO 17 janv.; Décr. n° 2009-770 du 23 juin 2009, art. 3; Décr. n° 2009-1152 du 29 sept. 2009, art. 3; Décr. n° 2011-338 du 29 mars 2011, en vigueur le 1er avr. 2011; Décr. n° 2011-1878 du 14 déc. 2011, art. 1er-9°, en vigueur le 1er janv. 2012)

Tribunal d'instance	Siège du greffe détaché	Ressort du greffe détaché
	Cour d'appel de Basse-Terre	
[Pointe-à-Pitre	Le Moule	Cantons d'Anse-Bertrand, La Désirade, Morne-à-l'Eau 1er canton,
	Cour d'appel de Cayenne	
Cayenne	Saint-Laurent-du-Maroni	Cantons de Mana, Maripaoula et Saint-Laurent du Maroni
	Cour d'appel de Saint-Denis	
Mamoudzou	Sada	Cantons de Bouéni, Bandrele, Chiconi, Chirongui, Kani-Kéli, Sada.

8.12 TABLEAU XII

Siège et ressort du tribunal pour la navigation du Rhin et du tribunal de première instance pour la navigation de la Moselle (annexe de l'article D. 223-2)

SIÈGE	RESSORT
	Tribunal pour la navigation du Rhin
Strasbourg	Partie du Rhin située en territoire français.
	Tribunal de première instance pour la navigation de la Moselle
Thionville	Partie de la Moselle située entre Metz et la frontière.

8.13

TABLEAU XIII

Liste des bureaux fonciers (annexe de l'article D. 223-3)

(Arr. 15 oct. 2009, en vigueur le 1er janv. 2010)

TRIBUNAL D'INSTANCE	BUREAU FONCIER	RESSORT
		Cour d'appel de Colmar
Thann	Thann	Ressort du tribunal d'instance de Thann
Colmar	Colmar	Ressort du tribunal d'instance de Colmar
Guebwiller	Guebwiller	Ressort du tribunal d'instance de Guebwiller
Haguenau	Haguenau	Ressort du tribunal d'instance de Haguenau
Mulhouse	Mulhouse	Ressort du tribunal d'instance de Mulhouse
Saverne	Saverne	Ressort du tribunal de grande instance de Saverne
Sélestat	Sélestat	Ressort du tribunal d'instance de Sélestat
Strasbourg	Strasbourg	Ressort des tribunaux d'instance d'Illkirch-Graffenstaden, de Schiltigheim et de Strasbourg
		Cour d'appel de Metz
Metz	Metz	Ressort du tribunal de grande instance de Metz
Sarreguemines	Sarreguemines	Ressort du tribunal de grande instance de Sarreguemines
Thionville	Thionville	Ressort du tribunal de grande instance de Thionville

8.14

TABLEAU XVI

Siège et ressort des cours d'appel mentionnées à l'article R. 411-19 du code de la propriété intellectuelle compétentes pour connaître directement des recours formés contre les décisions du directeur de l'Institut national de la propriété industrielle en matière de délivrance, rejet ou maintien des dessins et modèles et des marques (annexe de l'article D. 311-8)

(Décr. nº 2010-1665 du 28 déc. 2010, art. 1er, en vigueur le 1er janv. 2011; mod. par Décr. nº 2011-338 du 29 mars 2011, en vigueur le 1er avr. 2011; Décr. nº 2011-1878 du 14 déc. 2011, art. 1er-11º, en vigueur le 1er janv. 2012)

La cour d'appel de Nancy demeure compétente pour statuer sur les procédures du ressort de la cour d'appel de Colmar introduites antérieurement à la date d'entrée en vigueur du Décr. nº 2010-1665 du 28 déc. 2010 (Décr. préc., art. 2).

SIÈGE	RESSORT
Aix-en-Provence	Ressort des cours d'appel d'Aix-en-Provence, Bastia, Montpellier et Nîmes.
Bordeaux	Ressort des cours d'appel d'Agen, Bordeaux, Limoges, Pau et Toulouse.
Colmar	Ressort de la cour d'appel de Colmar.
Douai	Ressort des cours d'appel d'Amiens, Douai, Reims et Rouen.
Fort-de-France	Ressort des cours d'appel de Basse-Terre, Cayenne et Fort-de-France.
Lyon	Ressort des cours d'appel de Chambéry, Grenoble, Lyon et Riom.
Nancy	Ressort des cours d'appel de Besançon, Dijon, Metz et Nancy.
Paris	Ressort des cours d'appel de Bourges, Paris, Orléans, Nouméa, Papeete, Saint-Denis et du tribunal supérieur d'appel de Saint-Pierre.
Rennes	Ressort des cours d'appel d'Angers, Caen, Poitiers et Rennes.
Versailles	Ressort de la cour d'appel de Versailles.

8.15

TABLEAU XVII

Siège et ressort des tribunaux du travail (annexe des articles R. 552-31 et R. 562-40)

SIÈGE	RESSORT
	Cour d'appel de Nouméa.
Nouméa.	Ressort du tribunal de première instance de Nouméa.
	Cour d'appel de Papeete.
Nuku-Hiva.	Ressort de la section détachée de Nuku-Hiva.
Papeete.	Ressort du tribunal de première instance de Papeete, à l'exception des ressorts des sections détachées de Nuku-Hiva et Uturoa.
Uturoa.	Ressort de la section détachée d'Uturoa.

LIVRE

9. RAPPORTS SUR LA JUSTICE DU XXIe SIÈCLE

9.00 Plan du livre.

9.01 Présentation générale. Madame la garde des Sceaux a installé au printemps 2013, plusieurs groupes de travail et commissions afin de tracer les grandes lignes d'une réforme judiciaire, sous le thème général de « la Justice du XXIe siècle ». Deux de ces rapports intéressent directement cet ouvrage par leurs propositions concrètes sur l'organisation de la justice civile et la procédure civile. Bien que remis après le rapport de M. Pierre Delmas-Goyon sur « Le juge du XXIe siècle » (le 16 décembre au lieu du 9), le rapport remis par M. Didier Marshall relatif aux « Les juridictions du XXIe siècle » est, logiquement, reproduit en premier. On soulignera que nombre des propositions de ces deux rapports se situent expressément dans la suite et la ligne de pensée du rapport de la commission présidée par M. le Recteur Serge Guinchard, « *L'ambition raisonnée d'une justice apaisée* » (30 juin 2008, La documentation française, août 2008), notamment quant à l'idée de permettre au juge de travailler en équipe, quant à la proposition d'une nouvelle catégorie de greffier, le greffier juridictionnel, et quant aux hypothèses limitées de déjudiciarisation. Les deux rapports citent d'ailleurs abondamment le rapport Guinchard. Même la proposition d'instaurer une juridiction unique de première instance, qui n'avait pas été émise par le rapport Guinchard en raison des réserves d'ordre pratique et constitutionnelle qu'elle lui inspirait, est ici entourée de précautions si nombreuses (à commencer par la transformation automatique des tribunaux d'instance en chambres détachées des futurs tribunaux de première instance, ce qui dénature à la base le concept d'un siège central et des antennes nouvellement implantées) et construite sur un montage assez complexe d'empilement des juridictions à l'intérieur les unes des autres (ainsi le tribunal social est intégré au TPI, mais se compose lui-même d'une juridiction du travail et d'une juridiction des affaires sociales, laquelle regrouperait en son sein, l'actuel tribunal des affaires de sécurité sociale et celui du contentieux de l'incapacité, soit quatre niveaux de « poupées russes »...), qu'on peut légitimement douter de sa faisabilité, ce que le rapport Guinchard n'avait pas manqué de souligner. Concernant le rapport Guinchard, il ne nous a pas paru utile de continuer à reproduire ses propositions, dans la mesure où près de 75 % de celles qui concernaient la justice civile ont été traduites en texte de loi ou règlementaires et qu'elles ne semblent pas remises en cause par la Chancellerie.

CHAPITRE

91. Rapport de M. Didier Marshall sur « Les juridictions du XXIe siècle »

Nota bene : *ne sont reproduites ici que les propositions du rapport intéressant la justice civile.*

91.01 Rapport de M. Didier Marshall sur « Les juridictions du XXIe siècle (une institution qui, en améliorant qualité et proximité s'adapte à l'attente des citoyens et aux métiers de la justice) ».

Rapport remis
à Mme la garde des Sceaux,
ministre de la justice,
le 16 décembre 2013
par M. Didier Marshall,
Premier président
de la cour d'appel de Montpellier

Plan du rapport.

[...] PARTIE 2	MISE EN ŒUVRE DES PRINCIPES D'ORGANISATION JUDICIAIRE
CHAPITRE 1	LA DEMANDE DE JUSTICE, L'ACCÈS AU DROIT ET À LA JUSTICE
Proposition 1	Améliorer l'accès au droit et à la justice
Proposition 2	Le guichet universel du greffe et le projet Portalis
Proposition 3	La place du greffe et du barreau
CHAPITRE 2	UNE JURIDICTION DE PREMIÈRE INSTANCE UNIFIÉE
Proposition 4	Le tribunal de première instance (TPI)
Proposition 5	Le tribunal de proximité
Proposition 6	Le tribunal de la famille
Proposition 7	Le tribunal de l'enfance
Proposition 8	Le tribunal civil
Proposition 9	Le tribunal pénal
Proposition 10	Le tribunal commercial
Proposition 11	Le tribunal social
Proposition 11.6	Propositions provisoires pour le conseil de prud'hommes
CHAPITRE 3	UN TRIBUNAL DE PREMIÈRE INSTANCE ET DES SITES ADAPTÉS AUX MISSIONS ET AUX TERRITOIRES
Proposition 12	Le maintien des sites existants
Proposition 13	Une méthodologie pour la localisation des sites judiciaires
Proposition 14	Une taille pertinente pour les tribunaux de première instance
Proposition 15	Une circulaire de localisation des activités et des emplois
Proposition 16	Le renforcement des petits sites
Proposition 17	Les chambres détachées
Proposition 18	La perennité des audiences foraines
Proposition 19	L'échevinage en première instance
Proposition 20	Les juges spécialisés
Proposition 21	Les juges de proximité
Proposition 22	Les fonctions confiées aux magistrats honoraires
Proposition 23	La gouvernance et la démocratie interne
Proposition 24	Une gestion associant performance et qualité
Proposition 25	Le conseil départemental de justice
Proposition 26	La mémoire des juridictions
CHAPITRE 4	UNE COUR D'APPEL RÉGIONALISÉE
Proposition 27	Des cours d'appels de taille pertinente et en cohérence avec les régions administratives
Proposition 28	La gestion des sites séparés des cours d'appel
Proposition 29	Des cours d'appel autonomes dans la gestion de leurs moyens déconcentrés
Proposition 30	Des cours d'appel échevinées en matière commerciale et sociale
Proposition 31	La gouvernance des cours d'appel
Proposition 32	La gouvernance des juridictions du ressort de la cour d'appel
Proposition 33	Le conseil régional de justice
CHAPITRE 5	UN OBSERVATOIRE NATIONAL DE LA JUSTICE
Proposition 34	L'Observatoire national de la justice
CHAPITRE 6	UN CALENDRIER DE MISE EN ŒUVRE PERTINENT ET ADAPTÉ
Proposition 35	Les réformes à engager à moyen et court terme. Des propositions d'expérimentation. Un suivi pour les propositions. [...]

CHAPITRE 1 – LA DEMANDE DE JUSTICE, L'ACCÈS AU DROIT ET À LA JUSTICE
(propositions 1 à 3)

Proposition 1 – AMÉLIORER L'ACCÈS AU DROIT ET À LA JUSTICE

Proposition 1.1 – Renforcer l'accès au droit (Rapport, p. 27)

En amont du champ judiciaire et avant même que la question de l'accès au droit ne se pose, il convient d'instituer au profit des citoyens des politiques de sensibilisation à la citoyenneté et aux valeurs communes qui créent le lien social, ciment de notre société. Dès l'école primaire, puis au collège et au lycée, une formation doit être dispensée pour expliquer la place du droit dans une société républicaine, le rôle et l'organisation de la justice et de ses principaux acteurs.

La politique publique d'accès au droit, initiée en 1991, et dont l'administration a été confiée avec un succès incontestable aux conseils départementaux de l'accès au droit (CDAD), doit être validée par un renforcement des actions partenariales menées notamment avec les élus, les barreaux, le milieu associatif et d'autres services de l'État.

Les moyens de cette politique, certainement trop modestes puisqu'ils ne représentent que 1,4 % du budget alloué à l'aide juridictionnelle, doivent être sérieusement renforcés au regard de la qualité des services qu'elle assure au profit de très nombreux citoyens.

Les tribunaux de proximité (les anciens tribunaux d'instance, voir la proposition 5), doivent être mieux associés aux activités et aux structures d'accès au droit mises en place dans leurs ressorts.

Les maisons de justice et du droit doivent toutes disposer de la présence effective d'un ou de deux greffiers, voire d'un greffier en chef pour les plus importantes. Leur maillage territorial doit être renforcé et elles doivent être spécialement missionnées pour accueillir les justiciables qui ont besoin d'un accompagnement personnalisé.

Proposition 1.2 – Solutions alternatives au règlement des conflits (Rapport, p. 27 et 28)

Nos concitoyens doivent pouvoir participer eux-mêmes au règlement de leurs litiges sans recourir nécessairement à la justice. Pour cela il convient de rechercher, notamment pour les populations en difficulté économiques ou culturelles, des modes de financement leur permettant d'accéder à une vraie consultation juridique, engageant la responsabilité de celui qui la dispense. Ces conseils, qui vont permettre au justiciable de faire un choix éclairé sur la suite à donner à son litige, doivent constituer le premier niveau d'accès au droit.

Les modes alternatifs à la résolution des conflits, comme la médiation, doivent être mis en œuvre par des professionnels spécialement formés et selon des tarifs encadrés et transparents. En cas de difficulté, ils doivent trouver leur solution par un recours au juge. Pour les citoyens qui ne peuvent en supporter le coût, ces mesures doivent bénéficier d'un financement public, comme celui de l'aide juridictionnelle.

Dans cette recherche d'un financement, les mécanismes de l'assurance ou du contrat devraient également être envisagés.

Proposition 1.3 – L'accès à la justice (Rapport, p. 28)

Les maisons de justice et du droit sont les structures naturelles de l'accès à la justice pour tous les publics et en particulier ceux qui sont en difficulté et qui nécessitent un accompagnement personnalisé. Ils doivent pouvoir y introduire et y suivre une procédure ne nécessitant pas le ministère d'un avocat.

Si les maisons de justice et du droit ne sont pas des palais de justice où siègent les magistrats, elles doivent faciliter l'exécution des décisions juridictionnelles. Elles le font déjà en matière pénale en accueillant les délégués du procureur, les agents des services pénitentiaires d'insertion et de probation ou les fonctionnaires de la protection judiciaire de la jeunesse. Elles pourraient également le faire en matière civile.

Cette fonction d'accueil et d'accompagnement nécessite la présence effective d'au moins un ou deux greffiers. Il faut en conséquence reconsidérer l'organisation des maisons de justice et du droit dites de nouvelle génération.

Proposition 1.4 – L'accès à la justice et l'aide juridictionnelle (Rapport, p. 29)

Pour certains publics en difficulté, l'accès à la justice passe par la procédure de l'aide juridictionnelle. Son financement, largement pris en charge par l'État, doit sans doute être diversifié, notamment en utilisant les mécanismes d'assurance, qui ne doivent cependant pas remettre en cause le libre choix de l'avocat. Les polices d'assurance juridique ne devraient-elles pas prévoir l'organisation d'une vraie consultation juridique en préalable à toute instance judiciaire ?

Certains domaines juridictionnels comme la défense des mineurs ou celle des personnes sous protection ou hospitalisées sans leur consentement, nécessitent absolument une défense. Les protocoles prévus par les dispositions du décret du 19 décembre 1991 doivent donc être étendus et facilités.

La procédure d'accès à l'aide juridictionnelle doit être revisitée pour mieux organiser la phase d'instruction des demandes.

Proposition 2 – LE GUICHET UNIVERSEL DE GREFFE ET LE PROJET PORTALIS

Proposition 2.1 – Le guichet universel de greffe (Rapport, p. 29)

Il convient de permettre au justiciable de recevoir aisément des informations générales sur les procédures judiciaires, d'introduire celles ne nécessitant pas le ministère d'avocat ou la délivrance initiale d'une assignation par un huissier de justice, et de suivre le déroulement des procédures civiles, familiales, pénales, commerciales et sociales en cours et le concernant. Pour cela il y a lieu de concevoir et de mettre en place au sein de chaque juridiction et de chaque maison de justice et du droit (les MJD), un guichet universel de greffe (GUG) qui constituera un service à part entière.

Proposition 2.2 – La transmission au justiciable d'informations dématérialisées (Rapport, p. 29)

Grâce à l'utilisation des nouvelles technologies, il faut permettre au justiciable qui le souhaite de recevoir des informations sécurisées relatives aux procédures le concernant par des moyens de communication dématérialisés, se substituant aux modes actuels de convocation et d'information.

Proposition 2.3 – L'urgence de développer le logiciel PORTALIS (Rapport, p. 30)

Pour que le justiciable puisse bénéficier de ces services indispensables à la connaissance et à l'exercice de ses droits, il est essentiel de donner une forte priorité au développement rapide du logiciel civil PORTALIS, dont la conception avait déjà été fortement préconisée par le premier président CASORLA dans son rapport de 1997.

Proposition 3 – LA PLACE DU GREFFE ET DU BARREAU

Proposition 3.1 – Le renforcement de la place du greffe (Rapport, p. 30)

Le greffier doit, plus largement qu'aujourd'hui, aider le juge en contribuant à la préparation et au suivi des décisions juridictionnelles.

Il peut en particulier participer activement à la mise en état des affaires, notamment dans les procédures prud'homales.

Il peut également assurer le suivi des décisions juridictionnelles. Le justiciable qui reçoit la copie du jugement qu'il attend avec impatience est souvent désemparé lorsqu'il lui est indiqué que le tribunal a terminé sa mission et qu'il doit maintenant s'adresser à un huissier de justice pour mettre cette décision à exécution.

Si le GUG est indispensable avant et lors du lancement de la procédure, il serait opportun qu'un service de l'exécution civile soit mis en place au sein des juridictions pour permettre au justiciable de recevoir les informations dont il a besoin lorsque la décision a été rendue. Sans doute faudra-t-il ensuite qu'une réflexion portant sur l'exécution des décisions civiles soit engagée avec l'ensemble des acteurs concernés et notamment les huissiers de justice.

▶ *Le dernier alinéa de cette proposition n'a pas été reproduit car il concerne la chaîne pénale.*

Proposition 3.2 – La situation hiérarchique des directeurs de greffe (Rapport, p. 31)

Il est souhaitable qu'une réflexion soit engagée sur le lien hiérarchique unissant les chefs de juridiction au directeur de greffe, et qu'un nouvel équilibre reconnaisse à ce dernier une autonomie effective dans la gestion déconcentrée des moyens des juridictions.

Proposition 3.3.1 – L'association du barreau au fonctionnement des juridictions (Rapport, p. 32)

Le barreau, partenaire légitime et essentiel de la vie judiciaire, doit être largement associé à son fonctionnement. Il sera membre des conseils départementaux et régionaux de justice dont la création est proposée par le présent rapport. Les chefs de juridiction solliciteront régulièrement l'avis du bâtonnier sur les questions d'organisation de leur juridiction impliquant la défense des justiciables.

Proposition 3.3.2 – Des attachés de justice (Rapport, p. 32)

Il convient d'organiser le travail des magistrats en leur permettant de s'appuyer sur des équipes de jeunes juristes, déjà formés, qui pourraient contribuer à la préparation et la rédaction des décisions. Ce nouveau statut d'attaché de justice viserait à recruter pour quelques années de jeunes avocats, ou des juristes universitaires en début de carrière, dans un partenariat encadré. Ce statut ne serait pas exclusif du statut d'assistant de justice spécialisé réservé à des professionnels qualifiés venant appuyer les juges dans des domaines techniques qui ne relèvent pas de leur compétence originaire.

CHAPITRE 2 – UNE JURIDICTION DE PREMIÈRE INSTANCE UNIFIÉE [...]

(propositions 4 à 11)

Proposition 4 – LE TRIBUNAL DE PREMIÈRE INSTANCE

Proposition 4.1 – Un tribunal unifié construit autour de blocs de compétences (Rapport, p. 34)

Pour rendre l'organisation judiciaire plus lisible pour le justiciable et pour redonner cohérence aux contentieux civil, familial, pénal, économique, social et de proximité, une juridiction unifiée, souvent départementale et disposant d'un greffe unique, le TRIBUNAL DE PREMIÈRE INSTANCE, sera construite autour de sept blocs de compétences définissant le périmètre d'autant de juridictions :

– une juridiction de proximité : LE TRIBUNAL DE PROXIMITÉ ;

– six juridictions spécialisées : LE TRIBUNAL CIVIL, LE TRIBUNAL FAMILIAL, LE TRIBUNAL DE L'ENFANCE, LE TRIBUNAL PÉNAL, LE TRIBUNAL COMMERCIAL, LE TRIBUNAL SOCIAL.

Fondée sur les objectifs de proximité et de spécialisation, cette organisation contribuera à l'efficacité, la cohérence et la qualité de la réponse judiciaire.

Proposition 4.2 – La coordination des tribunaux spécialisés (Rapport, p. 35)

Chaque tribunal spécialisé sera administré par un magistrat coordonnateur. Ce magistrat du siège sera désigné par le président du tribunal de première instance sur proposition des magistrats du tribunal spécialisé. Placé sous l'autorité du président du tribunal de première instance, il disposera d'une autonomie organisationnelle et d'une garantie de stabilité fonctionnelle.

Proposition 4.3 – Le parquet du tribunal de première instance (Rapport, p. 35)

Le tribunal de première instance comportera un parquet unique qui exercera le ministère public en toutes matières, conformément aux règles procédurales applicables. Si la taille du tribunal le justifie et si ses moyens le permettent, les services du parquet seront intégrés au sein des tribunaux spécialisés pour lui permettre d'occuper toute sa place procédurale.

Proposition 4.4 – L'administration du tribunal de première instance (Rapport, p. 36)

L'administration des tribunaux de première instance est confiée au président du tribunal et au procureur de la République. Dans cette mission ils sont assistés par le directeur de greffe.

Proposition 5 – LE TRIBUNAL DE PROXIMITÉ

Proposition 5.1 – La compétence du tribunal de proximité (Rapport, p. 36)

Héritier légitime de l'actuel tribunal d'instance, il connaîtra des contentieux civils de la vie quotidienne (logement, consommation, voisinage, contentieux civil portant sur un principal inférieur à 10 000 euros) et de l'exécution mobilière.

Le juge de proximité sera aussi le juge de la protection de proximité en assurant les fonctions de juge des tutelles pour les majeurs et en contrôlant les hospitalisations sous contrainte.

Il sera déchargé du départage prud'homal et du contentieux électoral professionnel au profit de la juridiction sociale, et du jugement des contraventions pénales au profit de la juridiction pénale.

Il participera à l'administration des structures d'accès au droit situées dans son ressort.

Proposition 5.2 – Les sections du tribunal de proximité (Rapport, p. 36)

Pour concilier la nécessaire proximité géographique avec le justiciable, éviter l'isolement des juges et favoriser la mise en place de politiques judiciaires départementales, chaque tribunal de première instance comportera un seul tribunal de proximité dont la compétence sera donc le plus souvent départementale. Ce tribunal de proximité comportera autant de ressorts territoriaux (les sections) qu'il y a actuellement de tribunaux d'instance. À titre d'exemple les actuels tribunaux d'instance de Cannes, Antibes, Grasse et Cagnes-sur-mer deviendront les quatre sections du tribunal de proximité de Grasse, et ceux de Rodez et Millau deviendront les deux sections du tribunal de proximité de l'Aveyron.

Proposition 5.3 – La nomination des juges de proximité (Rapport, p. 37)

Pour assurer un service de proximité pertinent et efficace, chaque juge de proximité sera nommé par décret dans le ressort du tribunal de proximité si cette juridiction ne comporte pas de section, et dans le ressort d'une section si ce tribunal de proximité en comporte plusieurs.

Proposition 5.4 – La coordination du tribunal de proximité et de ses sections (Rapport, p. 37)

Un magistrat, désigné par le président du tribunal de première instance sur proposition des juges de proximité de l'arrondissement judiciaire, sera chargé de la coordination du tribunal de proximité et de ses sections, s'il en comporte plusieurs.

Proposition 5.5 – Le directeur de greffe du tribunal de proximité (Rapport, p. 37)

Pour les mêmes raisons un greffier en chef sera nommé par arrêté à la tête du greffe de chaque section. Si le tribunal comporte plusieurs sections, un de ces greffiers en chef désigné par le directeur de greffe du tribunal de première instance sur proposition des autres greffiers en chef, assurera la coordination des greffes de ces sections.

Proposition 6 – LE TRIBUNAL DE LA FAMILLE

Proposition 6.1 – La compétence du tribunal de la famille (Rapport, p. 39)

Le tribunal de la famille regroupera les contentieux actuellement confiés aux juges aux affaires familiales et relatifs à l'état des personnes.

Proposition 6.2 – La gestion des situations familiales complexes (Rapport, p. 40)

Les situations familiales complexes qui nécessitent l'intervention des juges aux affaires familiales, des juges des enfants et le cas échéant des magistrats pénaux devront faire l'objet d'une politique de juridiction adaptée et organisée par les vice-présidents coordonnateurs des trois juridictions spécialisées concernées, et coordonnée par l'un d'eux. Le parquet et le barreau pourront être associés à cette politique.

Le vice-président coordonnateur rendra compte de cette politique de juridiction dans un rapport annexé au rapport annuel d'activité du tribunal de première instance.

Dans les juridictions dont l'activité juridictionnelle le justifie, le parquet connaîtra de ces procédures au sein d'une section unifiée.

Proposition 6.3 – Les procédures familiales consensuelles (Rapport, p. 40)

Les procédures familiales menées d'une manière consensuelle par les parties pourront faire l'objet d'une réponse adaptée et attribuée à d'autres acteurs judiciaires que les juges.

Proposition 7 – LE TRIBUNAL DE L'ENFANCE

Proposition 7.1 – La compétence du tribunal de l'enfance (Rapport, p. 41)

Ce tribunal spécialisé regroupera les juges des enfants connaissant des contentieux civil et pénal des mineurs.

Proposition 7.2 – La gestion des procédures familiales complexes (Rapport, p. 41)

Pour les procédures familiales complexes nécessitant l'intervention des juges des enfants, des juges aux affaires familiales, des juges pénaux et du parquet, des politiques de juridiction devront être spécialement mises en place pour apporter à ces situations souvent douloureuses et très préjudiciables aux enfants concernés, des solutions pertinentes et apaisantes. Le cas échéant, le barreau pourra y être associé.

Les magistrats coordonnateurs des tribunaux de la famille et de l'enfance, ainsi que du tribunal pénal, rendront compte de ces pratiques dans un rapport annuel spécifique.

Proposition 8 – LE TRIBUNAL CIVIL (Rapport, p. 41)

Ce tribunal connaîtra des contentieux relevant actuellement des chambres civiles du tribunal de grande instance. Il sera juge de l'exécution pour les procédures immobilières.

Dans le traitement des procédures relatives aux étrangers en situation irrégulière, le juge des libertés et de la détention, devenu juge des libertés (voir la proposition 20.2), lui sera rattaché.

Proposition 9 – LE TRIBUNAL PÉNAL

► *Proposition non reproduite dans cet ouvrage*

Proposition 10 – LE TRIBUNAL COMMERCIAL

Proposition 10.1 – La compétence du tribunal commercial (Rapport, p. 43)

Le tribunal commercial connaîtra, comme l'actuel tribunal de commerce, du contentieux commercial et des procédures collectives commerciales. Les procédures collectives civiles et le contentieux des baux commerciaux lui seront également attribués.

Proposition 10.2 – La composition du tribunal commercial (Rapport, p. 44)

Cette juridiction sera organisée selon le principe de l'échevinage. Un magistrat professionnel présidera les formations collégiales. Il sera assisté par deux assesseurs, magistrats non-professionnels élus par un collège composé des commerçants et des artisans exerçant leur activité dans le ressort de la juridiction. Ces assesseurs siégeront au sein de la juridiction avec voix délibérative. Ils participeront à la rédaction des décisions juridictionnelles.

Les fonctions propres actuellement dévolues au président du tribunal de commerce, notamment en matière de prévention, pourront être exercées par un magistrat consulaire.

Remarque méthodologique

Compte tenu de la crispation actuelle et de la très forte réticence affirmée par les magistrats consulaires envers l'échevinage perçu comme source d'une perte d'identité et d'un probable désinvestissement, il est essentiel que les juges consulaires surmontent leurs réticences dans le cadre d'une démarche plus progressive.

L'échevinage proposé en première instance et en appel est une forte reconnaissance de l'intérêt qu'il y a pour le justiciable, au service de qui l'institution judiciaire est mobilisée, à voir juger son litige par une juridiction où sont réunies la connaissance du droit et celle du milieu économique.

Le magistrat consulaire siégera avec voix délibérative en première instance et en appel et il participera, comme tout magistrat, à la rédaction des décisions juridictionnelles.

Proposition 10.3 – Le greffe du tribunal commercial (Rapport, p. 44)

Les fonctions du greffe, actuellement assurées par des greffiers privés à l'exception de la situation connue en Alsace-Moselle, seront reprises par le service public dans des conditions restant à déterminer, mais conformément au calendrier de la mise en place du logiciel civil PORTALIS.

Proposition 10.4 – La coordination du tribunal commercial (Rapport, p. 45)

Les magistrats professionnels et les magistrats non-professionnels assurant le service de cette juridiction, proposeront à la désignation du président du tribunal de première instance, pour une durée de deux années renouvelable deux fois, le magistrat qui assurera la coordination de cette juridiction et siégera à ce titre au conseil de juridiction du tribunal de première instance.

Proposition 10.5 – La formation des magistrats consulaires (Rapport, p. 45)

Les magistrats non-professionnels devront suivre, durant leur premier mandat, une formation portant notamment sur la procédure, la rédaction des décisions juridictionnelles et la déontologie, et organisée par l'école nationale de la magistrature. À défaut de l'avoir fait, ils ne pourront pas solliciter le renouvellement de leur mandat.

Proposition 10.6 – Le devenir des actuels tribunaux de commerce (Rapport, p. 45)

Chaque tribunal de première instance ne comportera qu'un seul tribunal commercial pouvant regrouper plusieurs sites juridictionnels.

Dans le ressort des tribunaux de première instance comportant plusieurs actuels tribunaux de commerce, si le maintien de cette situation est justifié par l'organisation territoriale et la taille suffisante de chacune des juridictions permettant d'assurer au justiciable professionnalisme et impartialité, le tribunal commercial pourra comporter plusieurs sites où seront notamment assurés l'accueil du justiciable, le suivi des procédures et la tenue des audiences. Ces différents sites seront administrés par un magistrat coordonnateur placé sous l'autorité du président du tribunal de première instance.

Proposition 10.7 – La tenue du registre du commerce et des sociétés (Rapport, p. 46)

La tenue du registre du commerce et des sociétés devra faire l'objet d'une réflexion particulière. Cette activité qui n'est pas de nature juridictionnelle peut être dissociée de celle du greffe de l'actuel tribunal de commerce. Les principes de l'organisation républicaine de l'État ne justifient pas le maintien d'un service public privatisé dont le financement est assuré par l'usager. Si ce service fonctionne actuellement dans des conditions d'efficacité et de rapidité évidentes, il procure aux actuels greffiers des tribunaux de commerce des revenus importants dont il convient d'apprécier la pertinence au regard du service rendu à l'usager.

Le maintien de cette situation atypique doit faire l'objet d'un diagnostic exhaustif, serein et objectif permettant la prise d'une décision politique incontestable.

La situation particulière des registres du commerce et des sociétés des départements d'Alsace-Moselle, rattachés aux tribunaux d'instance, sera prise en considération dans la réalisation de ce diagnostic.

Proposition 10.8 – Les administrateurs et les liquidateurs judiciaires (Rapport, p. 46)

Tout en faisant le constat partagé d'un manque de contrôle efficace sur l'activité et la rémunération des administrateurs et des mandataires judiciaires, les membres du groupe de travail ont estimé que cette question relevait directement de la mission confiée par la garde des Sceaux aux groupes de travail relatif à l'efficacité de la justice commerciale. Dans ces conditions ils n'ont pas jugé opportun d'aller plus loin dans la formulation de leurs propositions.

Proposition 11 – LE TRIBUNAL SOCIAL

Proposition 11.1 – Le tribunal social regroupant le tribunal du travail et le tribunal des affaires sociales : ses compétences et sa composition (Rapport, p. 50)

Les exigences de rationalité, de lisibilité et d'efficacité pour le justiciable conduisent à préconiser la création d'une juridiction sociale unique regroupant l'ensemble des contentieux relatifs aux conflits du travail et aux conflits relatifs au droit de la sécurité sociale et des prestations sociales. Ce tribunal social, totalement écheviné pour respecter la spécificité des contentieux dont il connaît et valoriser l'intérêt pour le justiciable de profiter de l'agrégation des cultures du droit et de l'entreprise, comportera deux sections, le tribunal du travail et le tribunal des affaires sociales.

Le tribunal du travail statuera dans les conflits individuels et collectifs du travail.

Le tribunal des affaires sociales statuera dans les litiges relatifs au droit de la sécurité sociale et au droit des autres prestations sociales. Les procédures relevant actuellement du tribunal du contentieux de l'incapacité lui seront attribuées.

Le tribunal social sera présidé par le juge social qui est un juge spécialisé du tribunal de première instance. Il sera compétent en matière de conflits du travail, d'élections professionnelles et de contentieux social.

Les conseillers prud'hommes et les conseillers sociaux qui assisteront le juge professionnel représenteront les salariés et les employeurs.

Proposition 11.2 – La coordination du tribunal social (Rapport, p. 51)

Les magistrats professionnels et les magistrats non-professionnels assurant le service de cette juridiction choisiront pour une durée de deux années, renouvelable deux fois, le juge social qui assurera la coordination de cette juridiction et qui siégera à ce titre au conseil de juridiction du tribunal de première instance.

Proposition 11.3 – La procédure devant le tribunal du travail (Rapport, p. 51)

Devant le tribunal du travail la procédure débutera par une tentative de conciliation portée devant une formation paritaire composée d'un conseiller salarié et d'un conseiller employeur, tous les deux spécialement formés.

En cas d'échec de cette tentative de conciliation, l'affaire sera renvoyée devant une formation mixte composée d'un magistrat professionnel, le juge social, qui la présidera, et de deux conseillers élus. La procédure sera mise en état par le greffier de la juridiction avec possibilité de faire trancher les difficultés par le juge présidant la formation de jugement. Devant la formation de jugement les conseillers prud'hommes auront voix délibérative. Ils participeront à la rédaction des décisions juridictionnelles.

Proposition 11.4 – L'organisation territoriale du tribunal social (Rapport, p. 51)

Chaque tribunal de première instance ne comportera qu'un seul tribunal social pouvant exercer ses activités au sein de plusieurs sites juridictionnels.

Dans le ressort des tribunaux de première instance comportant plusieurs actuels conseils de prud'hommes, si le maintien de cette situation est justifié par l'organisation territoriale, le tribunal social pourra comporter plusieurs sites où seront notamment assurés l'accueil du justiciable, le suivi des procédures et la tenue des audiences. Ces différents sites seront administrés par un juge social coordonnateur placé sous l'autorité du président du tribunal de première instance.

Proposition 11.5 – L'organisation du Conseil supérieur de la prud'homie (Rapport, p. 52)

L'organisation du Conseil supérieur de la prud'homie sera modifiée. Sa composition sera élargie aux partenaires institutionnels de la justice, et notamment au barreau. Un pouvoir d'initiative et de proposition lui sera reconnu.

Proposition 11.6 – Des propositions provisoires pour les conseils de prud'hommes (Propositions 11.6.1 à 11.6.10) (Rapport, p. 52)

Partant du constat partagé des importantes difficultés qui affectent actuellement le traitement, dans des délais raisonnables, des procédures prud'homales tant en première instance qu'en appel, et de l'absence de solutions pérennes permettant d'y remédier efficacement et durablement, il est nécessaire de formuler immédiatement des propositions pour améliorer rapidement les délais de traitement de ces procédures et répondre ainsi à l'attente légitime du justiciable.

Proposition 11.6.1 – La tentative de conciliation (Rapport, p. 52)

Pour être renforcée dans son efficacité, la tentative de conciliation doit être menée par des conseillers spécialement formés. Les parties ou leurs représentants doivent y assister et y communiquer leurs pièces, sous peine que la procédure soit immédiatement transmise au bureau de jugement qui peut statuer sur les seuls éléments présentés lors de cette tentative de conciliation.

Proposition 11.6.2 – Le suivi de la procédure (Rapport, p. 52)

En cas d'échec de la tentative de conciliation, et hors le cas de défaillance d'une partie à cette occasion, le suivi de la procédure, comportant l'élaboration d'un calendrier de procédure, est confié au greffier qui vérifie l'échange des pièces et des écritures, impartit les délais pour qu'il y soit procédé, et fixe la date de l'audience de jugement. Aucune pièce ni écriture ne pourront être communiquées passé un délai d'un mois précédant la date de l'audience de jugement. Le décret du 1er octobre 2010 relatif à la procédure orale devra être modifié dans ce sens.

Proposition 11.6.3 – Une voix prépondérante pour le conseiller présidant les audiences (Rapport, p. 52)

Lors de l'audience du bureau de conciliation ou du bureau de jugement, le conseiller qui préside l'audience aura voix prépondérante pour statuer sur le suivi de la procédure (audition des parties, renvoi ou radiation).

Proposition 11.6.4 – La motivation des décisions constatant le partage des voix (Rapport, p. 53)

La décision constatant le partage doit être motivée par l'exposé des points restant en litige.

Proposition 11.6.5 – Le nombre de conseillers prud'hommes et de sections dans les conseils de prud'hommes (Rapport, p. 53)

Pour renforcer le professionnalisme des conseillers prud'hommes et faciliter le traitement fluide des procédures portées devant les conseils de prud'hommes, il convient :

– d'adapter, et dans de nombreux cas réduire, le nombre des conseillers prud'hommes affectés à chaque conseil, après avoir déterminé un critère objectif de charge de travail tenant compte du professionnalisme attendu, du nombre de décisions que chaque conseiller est en mesure de juger au regard de ses activités professionnelles, et de l'activité de chaque conseil.

– de réduire à trois le nombre des sections composant les conseils de prud'hommes en supprimant les sections agriculture et encadrement, pour ne conserver que les sections industrie, commerce et activités diverses.

– de renoncer aux sections dans les conseils ne connaissant en moyenne que moins de trois cents procédures nouvelles au fond chaque année.

Proposition 11.6.6 – Une formation obligatoire à la procédure civile, à la rédaction des jugements et à la déontologie (Rapport, p. 53)

Pour renforcer leur professionnalisme, les conseillers prud'hommes devront suivre, durant leur premier mandat, une formation portant notamment sur la procédure, la rédaction des décisions juridictionnelles et la déontologie. Cette formation sera organisée par l'École nationale de la magistrature. À défaut de l'avoir suivie, ils ne pourront pas solliciter le renouvellement de leur mandat.

Proposition 11.6.7 – Un juge du tribunal de grande instance référent social (Rapport, p. 53)

Pour aboutir à un meilleur partage de la culture judiciaire entre conseillers élus et magistrats professionnels, et selon la taille des juridictions, un ou plusieurs juges du tribunal de grande instance connaîtront du départage prud'homal, des conflits collectifs du travail et du contentieux électoral professionnel. Ils pourront également présider le tribunal des affaires de sécurité sociale et devenir ainsi des juges référents en matière prud'homale et sociale.

Proposition 11.6.8 – La mise en état devant les chambres sociales des cours d'appel (Rapport, p. 54)

Pour permettre une mise en état devant les chambres sociales des cours d'appel où la presque totalité des parties est actuellement assistée ou représentée, la représentation soit par un avocat, soit par un délégué syndical sera obligatoire, sans remettre en cause la possibilité pour les parties de s'exprimer elles-mêmes à l'audience en présence de leur conseil.

Proposition 11.6.9 – L'échevinage en matière sociale (Rapport, p. 54)

Remarque méthodologique : il est nécessaire de tenir compte de la forte opposition affirmée par les conseillers prud'hommes envers l'échevinage perçu par eux comme source d'une perte d'identité et d'un probable désinvestissement. L'échevinage proposé en première instance et en appel est une forte reconnaissance de l'intérêt qu'il y a pour le justiciable, au service de qui l'institution judiciaire est mobilisée, à voir juger son litige par une juridiction où sont réunies la connaissance du droit et celle de l'entreprise.

Le conseiller prud'homme siégera avec voix délibérative en première instance et en appel et il participera, comme tout magistrat, à la rédaction des décisions juridictionnelles.

Proposition 11.7 – Le devenir des juridictions sociales (Rapport, p. 54)

Le rapprochement, pour une meilleure lisibilité et une plus grande efficacité, entre les tribunaux des affaires de sécurité sociale (les TASS) et les tribunaux du contentieux de l'incapacité (les TCI), déjà préconisé par la Cour de cassation, implique un travail d'analyse rigoureux pour faire le départ entre les contentieux qui doivent relever de l'ordre judiciaire et ceux qui doivent relever de l'ordre administratif. Ce travail d'inventaire est un préalable indispensable à toute nouvelle organisation entre les contentieux et à tout rapprochement procédural.

Ce rapprochement conduira à porter en appel l'ensemble des procédures judiciaires devant les chambres sociales des cours d'appel, ce qui remettra en cause la CNITAAT, unique cour d'appel mise en place pour connaître d'une grande partie des procédures dont sont saisis les tribunaux du contentieux de l'incapacité.

Ce rapprochement doit également porter sur le personnel judiciaire, les magistrats et le greffe.

Proposition 11.8 – La présidence des tribunaux des affaires de sécurité sociale (Rapport, p. 55)

La présidence du tribunal des affaires de sécurité sociale doit être modifiée. Si le recours à des magistrats honoraires très souvent disponibles, compétents et dévoués a rendu de grands services, il convient de tenir compte de la technicité croissante de la matière sociale. S'agissant par ailleurs d'un tribunal ayant désormais toutes les caractéristiques d'une juridiction de l'ordre judiciaire, elle doit être présidée par un magistrat judiciaire en activité à l'instar de la situation des autres juridictions. Cette présidence sera de nature à rapprocher les juridictions sociales des autres juridictions du tribunal de première instance.

Proposition 11.9 – Le greffe du tribunal des affaires de sécurité sociale (Rapport, p. 55)

Le greffe de cette juridiction ne doit plus être assuré par des fonctionnaires des directions régionales de la jeunesse, des sports et de la cohésion sociale (DRJSCS) et par des agents des caisses de sécurité sociale, mais par des fonctionnaires du ministère de la justice. Cette mutation doit être étudiée, organisée, préparée et accompagnée pour ne pas générer de difficultés importantes aux personnels concernés. Ce rapprochement s'accompagnera de formations organisées au profit des fonctionnaires en charge de ces contentieux.

[…]

Proposition 11.12 – Proposition immédiate (Rapport, p. 56)

Il convient que des modifications procédurales permettent de régler, dès le début de la procédure, les conflits de compétence pouvant survenir d'une part entre des juridictions judiciaires et, d'autre part, entre des juridictions de l'ordre judiciaire et des juridictions de l'ordre administratif, sans attendre que, en particulier en cas de conflit entre les deux ordres, quelques années plus tard le Tribunal des Conflits vienne renvoyer la procédure à l'un des ordres de juridiction. Les passerelles qui permettent à une juridiction de renvoyer à la juridiction compétente doivent ainsi être améliorées. Surtout il est devenu indispensable de prévoir une disposition procédurale générale imposant au juge, quand il se déclare incompétent au profit d'une autre juridiction y compris d'un autre ordre, de lui renvoyer directement le dossier.

CHAPITRE 3 – UN TRIBUNAL DE PREMIÈRE INSTANCE ET DES SITES ADAPTÉS AUX MISSIONS ET AUX TERRITOIRES

(propositions 12 à 26)

Proposition 12 – LE MAINTIEN DES SITES EXISTANTS

(Rapport, p. 57)

La récente réforme de la carte judiciaire a généré de réelles souffrances restées à ce jour très présentes. Une réorganisation judiciaire, quelle qu'en soit l'envergure, doit tenir compte de cette situation.

Conformément à la mission impartie, le présent rapport est fondé sur deux principes méthodologiques :

– aucune fermeture de site judiciaire n'est préconisée en l'état.

– les fonctionnaires et les magistrats doivent dans le cadre d'une nouvelle organisation recevoir la garantie qu'ils seront affectés dans une ville déterminée.

Proposition 13 – UNE MÉTHODOLOGIE POUR LA LOCALISATION DES SITES JUDICIAIRES (Rapport, p. 57)

La situation d'une juridiction ne peut être immuable, et il doit être possible de créer de nouveaux sites judiciaires. De même le ressort d'un tribunal peut nécessiter des aménagements liés à l'évolution de la situation démographique ou économique. Ces modifications doivent se faire dans le cadre d'une procédure offrant des garanties aux magistrats et aux fonctionnaires concernés, et un service public de qualité au justiciable.

La méthodologie suivante doit être respectée :

– les besoins judiciaires territoriaux doivent fait l'objet d'une analyse fondée notamment sur les outils statistiques diffusés par l'Observatoire national de justice (voir proposition 34);

– ils doivent prendre en compte l'avis des membres des conseils départementaux et régionaux de justice (voir les propositions 24 et 30).

Proposition 14 – LA TAILLE PERTINENTE DES TRIBUNAUX DE PREMIÈRE INSTANCE (Rapport, p. 57)

Les tribunaux de première instance doivent répondre au double objectif de proximité et de spécialisation.

Pour répondre au premier, chaque département doit disposer d'un tribunal de première instance, quel que soit son ressort démographique.

Pour satisfaire au second objectif de permettre aux juges spécialisés de travailler en équipe, ce qui est source d'un meilleur professionnalisme, d'un dynamisme accru et d'une justice de meilleure qualité pour le justiciable, et dans la mesure où l'activité juridictionnelle départementale le permet, chaque tribunal de première instance doit comporter des collèges de juges spécialisés composés d'au moins deux juges d'instance (nouveaux juges de proximité), trois juges d'instruction, deux juges des libertés et de la détention (nouveaux juges des libertés), deux juges de l'application des peines et deux juges des enfants. Une telle organisation évite de laisser seul un juge spécialisé, situation défavorable à un exercice pertinent de ces fonctions, et de moins en moins conforme aux normes européennes. Ce critère correspond à des tribunaux de taille suffisante pour mener à bien l'ensemble des missions qui leur sont dévolues.

D'autres critères fondés sur le ressort démographique ou les spécificités géographiques pourraient être retenus. La prise en compte de la seule présence de magistrats spécialisés en nombre suffisant a le mérite de l'objectivité et de la simplicité.

Si, à l'avenir l'institution judiciaire se dote de meilleurs outils d'analyse et de prévisibilité de ses besoins, il sera légitime de faire le choix d'autres critères plus pertinents.

Dans les départements où plusieurs des actuels tribunaux de grande instance bénéficient de tels collèges, ils sont maintenus et constituent chacun un tribunal de première instance. Cette situation correspond actuellement à moins d'une dizaine de départements, tous métropolitains (exemple des départements des Alpes Maritimes, de l'Hérault).

Une trentaine de départements ne dispose pas de collèges de juges spécialisés à l'effectif minimal requis. Les juridictions de première instance correspondantes devront bénéficier, au regard des textes actuels, de dispositions particulières pour éviter notamment que les fonctions de juge d'instruction n'y soient plus assurées ou que les juges des enfants soient en difficulté pour instruire et juger les procédures concernant des mineurs.

Dans la soixantaine d'autres départements, le tribunal de première instance sera départemental et disposera des collèges de juges spécialisés requis. Cette situation correspond à deux scénarios différents. Il s'agit soit de départements comportant actuellement un seul tribunal de grande instance de taille suffisante (exemple des départements des Pyrénées Orientales ou du Val de Marne), soit de départements comportant actuellement plusieurs tribunaux de grande instance dont l'un au moins ne dispose pas des effectifs de juges spécialisés requis (exemple des départements du Calvados ou de l'Aude). Cette cinquantaine de tribunaux de première instance siégera sur plusieurs sites. Dans ce cas, ces TPI auront leur siège au chef-lieu de département. Le ou les autres sites seront le siège d'autant de palais de justice portant le nom de la ville où ils se trouvent. C'est ainsi que le tribunal de première instance du Calvados aura son siège à Caen et un site détaché au palais de justice de Lisieux.

Le parquet de ces tribunaux de première instance départementaux sera également départemental. En fonction de l'organisation des services et du poids respectif de chaque site, les services du parquet seront soit en totalité sur le site principal, soit répartis entre les différents sites conformément aux dispositions de la circulaire triennale de localisation des activités et des emplois décrite plus complètement dans la proposition suivante (proposition 17).

Les barreaux devront prendre en compte cette nouvelle organisation juridictionnelle qui sera majoritairement départementale, mais qui conservera, dans la moitié des départements, une implantation plurielle. Ils se sont déjà engagés dans une démarche de rapprochement à l'occasion de la mise en place des CARPA, ou, dans certains départements à la géographie complexe, pour organiser les permanences de garde à vue. Il convient donc de trouver un équilibre entre l'autonomie que doivent conserver les avocats installés dans le ressort des sites détachés des tribunaux de première instance et la nécessité que le barreau parle d'une seule voix dans ses relations avec le tribunal de première instance. La solution pourrait être d'imaginer des barreaux fédérés faisant le choix d'un bâtonnier interlocuteur du tribunal de première instance et d'un ou plusieurs vice-bâtonniers représentant les avocats du ou des palais de justice extérieurs.

Proposition 15 – UNE CIRCULAIRE TRIENNALE DES ACTIVITÉS ET DES EMPLOIS (Rapport, p. 59)

Les juridictions spécialisées exerceront leurs activités juridictionnelles sur les différents sites du tribunal de première instance en fonction de la situation actuelle des tribunaux de grande instance, de la localisation des juges spécialisés et des besoins locaux qui auront été identifiés et évalués après avis du conseil départemental de justice (voir proposition 24).

Le principe sera que les actuelles activités juridictionnelles exercées au sein d'un tribunal de grande instance devenu site détaché d'un tribunal de première instance, seront intégralement maintenues sous réserve de deux exceptions :

– l'activité des juges spécialisés (juges d'instruction, juge des enfants et juges de l'application des peines) sera organisée dans l'objectif d'un regroupement fonctionnel de ces magistrats spécialisés sur l'un des sites du TPI, et de la prise en compte du contexte local (localisation des établissements pénitentiaires par exemple);

– les contentieux très techniques, portant sur peu de procédures et exigeant une grande spécialisation, pourront être regroupés au sein d'un des sites du TPI (procédures de saisies immobilières par exemple).

La répartition de ces deux catégories d'activités juridictionnelles sera fixée par le garde des Sceaux, sur proposition des chefs de cour, qui auront préalablement reçu l'avis des chefs de juridiction et des conseils départementaux et régionaux de justice concernés.

Les activités juridictionnelles assurées dans chaque site du tribunal de première instance et l'effectif des magistrats et des fonctionnaires qui seront en charge de ces activités, feront l'objet d'une CIRCULAIRE TRIENNALE DE LOCALISATION DES ACTIVITÉS JURIDICTIONNELLES ET DES EMPLOIS DE MAGISTRATS ET DE FONCTIONNAIRES AFFECTES AU SEIN DES SITES DE CHACUNE DES COURS D'APPEL ET DES TRIBUNAUX DE PREMIÈRE INSTANCE.

Dans les tribunaux de première instance ne comportant qu'un seul site, cette même circulaire triennale indiquera la répartition des emplois de magistrats et de fonctionnaires comme cela est actuellement fait pour les cours d'appel, les tribunaux de grande instance, les tribunaux d'instance et les conseils de prud'hommes.

Les magistrats affectés au sein des sites extérieurs au siège des TPI seront nommés dans chacun des palais de justice par décret.

Les fonctionnaires de justice affectés au sein des sites extérieurs au siège des TPI seront nommés par arrêté après avis des CAP compétentes.

Proposition 16 – LE RENFORCEMENT DES PETITS SITES
(Rapport, p. 60)

Une cinquantaine de villes ne dispose que d'un modeste tribunal d'instance et d'un petit conseil de prud'hommes. Ces juridictions sont fragiles dans leur fonctionnement et dans leur devenir. Le renforcement des activités juridictionnelles qui y sont organisées est souvent souhaité par les élus.

La mise en place d'un greffe unifié pour le tribunal de première instance et la possibilité d'inclure dans la circulaire triennale de localisation des activités et des emplois (CTLAE) de nouvelles activités juridictionnelles prévues par la loi, vont permettre, sans recours au mécanisme de la chambre détachée, d'atteindre l'objectif de pérenniser et de renforcer les activités juridictionnelles assurées dans ces sites.

Si les chefs de juridiction, après avoir sollicité l'avis du conseil départemental de justice, estiment que des activités juridictionnelles doivent être transférées du siège ou d'un site du TPI vers ce site souvent isolé, ils en font la demande aux chefs de cour qui solliciteront la modification correspondante de la circulaire triennale de localisation des activités et des emplois. Le transfert des moyens humains pourra alors se faire en respectant les règles actuelles de mutation et de délégation des magistrats et des fonctionnaires, aucun d'entre eux ne pouvant, comme actuellement, être contraint de quitter son poste. Cette procédure permettra une large anticipation des modifications qui interviendront selon un calendrier sécurisant.

Proposition 17 – LES CHAMBRES DÉTACHÉES
(Rapport, p. 61)

La possibilité de modifier par une circulaire triennale les activités assurées par un greffe unifié au sein d'un site judiciaire et d'ajuster les effectifs de magistrats et de fonctionnaires correspondants, ne rend pas nécessaire le recours au mécanisme de la chambre détachée.

Proposition 18 – DES AUDIENCES FORAINES PÉRENNISÉES
(Rapport, p. 61)

Sur proposition des chefs de juridiction et après avis du conseil départemental de justice, les chefs de cour peuvent décider de la tenue d'audiences foraines, soit dans des sites judiciaires, soit dans d'autres sites. Ils peuvent y mettre fin dans les mêmes formes, c'est-à-dire après en avoir débattu avec les partenaires institutionnels.

Proposition 19 – L'ÉCHEVINAGE EN PREMIÈRE INSTANCE
(Rapport, p. 62)

Il convient dans les contentieux techniques économiques et sociaux où l'apport de magistrats issus du milieu professionnel concerné constitue un enrichissement évident au débat et à la décision juridictionnelle, de proposer une synthèse entre cette culture et la culture judiciaire en organisant des compositions mixtes associant magistrats professionnels et magistrats non professionnels dans des formations adaptées à chacun de ces contentieux.

Dans les audiences collégiales où ils siégeront, les magistrats non-professionnels auront voix délibérative et ils participeront à la rédaction des décisions juridictionnelles.

Cet échevinage trouvera naturellement sa place au sein de la juridiction économique et au sein de la juridiction sociale.

Proposition 20 – LES JUGES SPÉCIALISÉS

Proposition 20.1 – Les juges spécialisés nommés par décret (Rapport, p. 62)

Les juges d'instance (désormais juges de proximité), les juges des enfants, les juges d'instruction et les juges de l'application des peines resteront nommés dans leurs fonctions par décret du Président de la République.

Proposition 20.2 – Les juges des libertés et de la détention

► *Proposition non reproduite car elle ne concerne pas cet ouvrage.*

Proposition 21 – LES JUGES DE PROXIMITÉ (Rapport, p. 63)

Pour tenir compte de leur positionnement institutionnel et des fonctions qui leur sont désormais dévolues, les juges de proximité porteront désormais le titre de juge-citoyen. Les juges-citoyens sont nommés pour une période de cinq années. Sous réserve d'un avis favorable du Conseil supérieur de la magistrature, ils peuvent être reconduits dans leurs fonctions pour une nouvelle période de cinq années. L'exercice des fonctions de juge-citoyen est incompatible avec celles d'avocat, d'huissier de justice, de notaire et d'assureur.

Proposition 22 – LES FONCTIONS CONFIÉES AUX MAGISTRATS HONORAIRES (Rapport, p. 63)

Une réflexion devra être rapidement engagée sur les conditions dans lesquelles certaines fonctions juridictionnelles ou administratives peuvent être confiées à des magistrats honoraires.

► *Le lecteur peut se reporter à la proposition n° 1 de la commission Pierre Delmas-Goyon, reproduite au n° 92.01.*

Proposition 23 – LA GOUVERNANCE ET LA DÉMOCRATIE INTERNE (Rapport, p. 64)

La gouvernance des juridictions doit garantir au justiciable que sa cause sera entendue dans des délais raisonnables par un juge naturel et indépendant. Les règles de démocratie interne doivent laisser une large place au dialogue social et dynamiser le travail des magistrats et des fonctionnaires tout en garantissant l'efficacité de son fonctionnement. Le barreau doit être largement associé à cette gouvernance.

Proposition 23.1 – L'administration des tribunaux de première instance (Rapport, p. 64)

Comme cela a été formulé dans la proposition 4.4, l'administration des tribunaux de première instance est confiée au président de la juridiction et au procureur de la République. Dans cette mission ils sont assistés par le directeur de greffe qui est placé sous leur autorité.

Les principales décisions d'administration font l'objet d'une consultation du CONSEIL DE JURIDICTION qui constitue le comité de pilotage du tribunal de première instance.

Organe exécutif, il est composé du président, du procureur de la République, du directeur de greffe du tribunal de première instance, et des magistrats et des fonctionnaires coordonnateurs des tribunaux spécialisés et des palais de justice situés sur les sites extérieurs du tribunal. Ce conseil siège au moins une fois par trimestre.

Dans les matières qui requièrent l'avis de l'assemblée général des magistrats du siège (article R. 212-37 du Code de l'organisation judiciaire) le président réunit et sollicite préalablement l'avis des magistrats du siège membres du conseil de juridiction et de la commission restreinte de l'assemblée générale des magistrats du siège, ces magistrats siégeant ensemble à cette occasion. Cet avis est transmis à l'assemblée générale des magistrats du siège.

Si dans les domaines énumérés par les dispositions de l'article R. 212-37 du Code de l'organisation judiciaire, l'assemblée générale émet un avis négatif à la majorité des trois cinquièmes des magistrats présents, le président doit, sur les points contestés et dans un délai de dix jours, soumettre un nouveau projet à l'assemblée générale qui donne son avis.

Le président sollicite également l'avis du procureur de la République et du directeur de greffe sur les dispositions de son projet d'organisation des services relatives au nombre et au jour des audiences correctionnelles (article R. 212-37, 1° du Code de l'organisation judiciaire).

Lorsque le directeur de greffe, en dehors des situations provisoires ou d'urgence, envisage d'affecter un fonctionnaire dans un service, il doit préalablement solliciter l'avis des fonctionnaires qui au sein du conseil de juridiction représentent les différentes juridictions du tribunal de première instance.

Proposition 23.2 – L'administration des palais de justice, sites extérieurs de tribunaux de première instance (Rapport, p. 65)

Au regard des critères posés pour déterminer la taille pertinente des tribunaux de première instance dont le service devra être assuré par des équipes de juges spécialisés, et en prenant en compte les effectifs actuels des tribunaux de grande instance, une cinquantaine de tribunaux de première instance organiseront leurs activités juridictionnelles sur plusieurs sites, deux en général.

Les sites extérieurs du TPI, qui correspondent au siège d'actuels tribunaux de grande instance, constitueront autant de palais de justice portant le nom de la ville où ils sont implantés.

La coordination des activités juridictionnelles et administratives de ces palais de justice sera assurée par un magistrat du siège, un magistrat du parquet et un greffier en chef désignés respectivement par le président, le procureur de la République et le directeur de greffe du tribunal de première instance. Ces trois coordonnateurs feront partie du conseil de juridiction.

Pour mener à bien leur mission de coordination, ils bénéficieront d'une décharge partielle de leur service juridictionnel.

Ces fonctions de coordination seront compatibles avec celles de coordination des juridictions spécialisées.

Proposition 23.3 – L'administration des tribunaux spécialisés des tribunaux de première instance (Rapport, p. 65)

Chacun des sept tribunaux spécialisés composant le tribunal de première instance, disposera d'une autonomie d'organisation et sera coordonné par un magistrat, vice-président coordonnateur, et un fonctionnaire qui bénéficieront l'un et l'autre d'une pérennité dans l'exercice de leurs fonctions.

Le parquet sera représenté au sein de chaque juridiction. Dans le cadre de la gestion des tribunaux spécialisés et dans le domaine de compétence qui est le sien, le procureur de la République, ou son représentant, sera associé ou consulté sur les décisions d'administration.

Le magistrat du siège et le fonctionnaire de justice en charge de la coordination du tribunal seront chargés de mettre en œuvre les objectifs quantitatifs et qualitatifs impartis au tribunal par le président de la juridiction de première instance. Ils disposeront pour cela des moyens humains, matériels, techniques et immobiliers qui leur seront dévolus par les chefs de la juridiction. Ils rendront compte de leur gestion dans un rapport annuel d'activité.

Comme présenté dans la proposition 4.2, le magistrat du siège coordonnateur de chaque tribunal spécialisé sera désigné par le président du tribunal de première instance sur proposition des magistrats affectés au service de cette juridiction.

Le fonctionnaire coordonnateur sera désigné par le directeur de greffe du tribunal de première instance Ils seront désignés pour une durée de deux années. Durant cette période de deux années, les fonctions qui leur ont été confiées ne pourront pas leur être retirées, sauf avec leur accord. Ils pourront être renouvelés à deux reprises dans l'exercice de ces fonctions. Pour mener à bien leur mission de coordination, ils bénéficieront d'une décharge partielle de leur service juridictionnel.

Proposition 24 – UNE GESTION ASSOCIANT PERFORMANCE ET QUALITÉ (Rapport, p. 66)

Il convient d'introduire dans l'appréciation de travail du magistrat et du fonctionnaire de justice la qualité du service rendu au justiciable et notamment l'accueil et l'écoute dont il fait l'objet, la motivation des décisions, la collégialité des audiences, la politique de service, les partenariats mis en œuvre, la pratique de l'intervision ou les projets de juridiction.

Cette qualité doit faire partie des objectifs des juridictions. Pour la mesurer il convient d'élaborer des outils adaptés et partagés. Il doit être rendu compte des politiques mises en œuvre sur ce point dans les rapports annuels d'activité.

La qualité du service public doit trouver toute sa place dans les dialogues de gestion et être prise en compte dans l'attribution des moyens humains et budgétaires.

Proposition 25 – LE CONSEIL DÉPARTEMENTAL DE JUSTICE (Rapport, p. 67)

Pour répondre aux enjeux judiciaires et à l'attente des citoyens représentés par les nombreux partenaires institutionnels de la justice, il convient que les tribunaux et les juridictions spécialisées qui les composent rendent compte chaque année de leur activité.

Au sein de chaque département un conseil départemental de justice réunira les chefs du tribunal de première instance, le directeur de greffe du tribunal, les vice-présidents coordonnateurs des juridictions spécialisés, les représentants locaux de l'administration pénitentiaire et de la protection judiciaire de la jeunesse et les principaux partenaires de l'institution judiciaire et notamment le barreau, les notaires, les huissiers de justice, l'État et ses services extérieurs, les services enquêteurs, les collectivités locales, les élus et le milieu associatif.

Ce conseil sera co-présidé par les chefs du tribunal de première instance.

Lors des réunions de ces conseils qui se tiendront au moins deux fois par an en formation plénière, les magistrats présenteront leurs activités et les politiques judiciaires mises en œuvre. À ces occasions les partenaires institutionnels pourront, dans le domaine de compétence qui est le leur, et sans aborder des situations individuelles, faire part de leurs attentes et de leurs besoins.

Ce conseil pourra le cas échéant siéger en formation restreinte pour aborder des sujets ne concernant qu'une partie de ses membres. Il pourra entendre des experts et associer la presse à ses travaux.

Si le département comporte plusieurs juridictions de première instance, les représentants de ces juridictions s'accorderont pour présenter conjointement les activités et les politiques judiciaires mises en œuvre au sein du département. Le conseil sera alors présidé par les chefs du tribunal de première instance dont le siège sera au chef-lieu du département.

Proposition 26 – LA MÉMOIRE DES JURIDICTIONS

Proposition 26.1 – Des rapports d'activité annuels (Rapport, p. 67)

Au cours du premier trimestre de chaque année les coordonnateurs des tribunaux spécialisés, les chefs de juridiction des tribunaux de première instance et les chefs de cours établiront un rapport d'activité. Rédigés selon une trame commune, ils permettront aux nouveaux arrivants de connaître l'histoire de leur nouvelle juridiction, les politiques de juridictions mises en œuvre et les projets en cours de conception ou de réalisation. Destinés aussi aux services centraux de la chancellerie, ils leur permettront d'avoir une meilleure connaissance du fonctionnement des juridictions que celle que leur dessinent les statistiques d'activité ou les indicateurs de performance.

Proposition 26.2 – Des procédures de passation de service (Rapport, p. 68)

Dans les juridictions spécialisées, les tribunaux de première instance et les cours d'appel, sera organisée une procédure de passation de service donnant l'occasion au magistrat coordonnateur et aux chefs de juridiction ou de cours arrivant de rencontrer le sortant, et de prendre connaissance de la situation de la juridiction telle qu'elle ressort d'un certain nombre de données d'activité et d'administration.

Cette passation de service se fera en présence des chefs de juridiction s'il s'agit d'un coordonnateur de juridiction, en présence des chefs de cour s'il s'agit d'un chef de juridiction et en présence de représentants du Conseil supérieur de la magistrature et de la direction des services judiciaires s'il s'agit d'un chef de cour. Cette passation sera formalisée et mentionnera les documents remis et les questions particulières qui ont pu être évoquées à cette occasion.

CHAPITRE 4 – UNE COUR D'APPEL RÉGIONALISÉE
(propositions 27 à 33)

Proposition 27 – DES COURS D'APPEL DE TAILLE PERTINENTE ET EN COHÉRENCE AVEC LES RÉGIONS ADMINISTRATIVES (Rapport, p. 69)

La forte croissance des partenariats noués entre les cours d'appel et leurs principaux partenaires, conduit à rapprocher le ressort de ces juridictions de celui des régions administratives. Cette adaptation doit se faire selon la méthodologie suivante :

– les vingt-huit départements qui dépendent d'une cour d'appel située hors de leur région administrative, doivent être rattachés à la cour située dans le ressort de cette région (exemple du département de la Vendée située dans la région des Pays de Loire et rattachée à la cour d'appel de

Poitiers, ou du département de l'Yonne situé dans la région Bourgogne et rattaché à la cour d'appel de Paris).

– les vingt-deux ressorts judiciaires métropolitains ainsi constitués doivent ensuite être examinés un par un pour vérifier si les cours d'appel correspondantes auront une taille pertinente.

À l'instar de ce qui a été décidé pour les tribunaux de première instance dans le respect du principe de proximité, le ressort de chaque région administrative comportera au moins une cour d'appel.

Les cours d'appel ultramarines dont le ressort correspond à celui d'une région et est naturellement fixé par la géographie seront maintenues en l'état.

Si la future cour d'appel se révèle de trop grande dimension avec des risques de dysfonctionnement ou des dysfonctionnements déjà avérés, il convient de considérer que deux cours d'appel, voire trois, doivent trouver leur place au sein du ressort d'une seule région administrative (cette problématique est celle des régions administratives de l'Ile-de-France, de Rhône-Alpes et de Provence-Alpes-Côte d'Azur).

L'application de ces critères conduira également à la suppression de plusieurs cours d'appel dont le ressort ne correspond pas à celui d'une région administrative. Aucun site de ces actuelles cours d'appel ne doit être abandonné. Le siège de l'ancienne cour deviendra un site de la cour nouvelle et des activités juridictionnelles sensiblement équivalentes aux activités actuelles s'y tiendront. Si ce site ne permet pas d'organiser des audiences collégiales dans tous les champs de contentieux, une spécialisation de certains sites pourra être envisagée conformément à la méthodologie décrite dans le point relatif à l'organisation des différents sites des juridictions de première instance.

L'application de ces critères conduira à un maillage territorial d'environ vingt-cinq cours d'appel métropolitaines, dont un nombre conséquent aura un ressort assez proche, contrairement à la situation actuelle.

Proposition 28 – LA GESTION DES SITES SÉPARÉS DES COURS D'APPEL (Rapport, p. 70)

Les sites des cours d'appel autres que celui de son siège, seront placés sous l'administration d'un premier président de chambre et d'un premier avocat général qui recevront une délégation des chefs de cour.

Ils seront assistés par un greffier en chef, ayant reçu délégation du directeur de greffe de la cour.

Ces fonctions de coordination seront compatibles avec celles de coordination des pôles spécialisés.

Proposition 29 – DES COURS D'APPEL AUTONOMES DANS LA GESTION DE LEURS MOYENS DÉCONCENTRÉS (Rapport, p. 71)

Pour retendre le lien direct qui doit présider aux relations entre les services de la chancellerie et les cours d'appel, et dont le principe est fixé par le code de l'organisation judiciaire, il convient de redonner à chacun des chefs de cour la qualité de gestionnaire de budget opérationnel de programme (BOP) en mettant l'accent sur la gestion des ressources humaines dont l'enjeu, en cette période de contrainte des moyens, est essentiel pour l'efficacité et la sérénité des juridictions.

La gestion comptable qui s'appuie largement sur l'utilisation des pôles Chorus qui a été mutualisée entre cours d'appel, pourrait sans doute à terme être organisée autour d'un nombre de pôles plus restreint, notamment lorsque la dématérialisation des pièces comptables simplifiera largement le fonctionnement de ces pôles.

Proposition 30 – DES COURS D'APPEL ÉCHEVINÉES EN MATIÈRE ÉCONOMIQUE ET EN MATIÈRE SOCIALE (Rapport, p. 71)

Le principe de l'échevinage considéré comme la synthèse légitime et harmonieuse des cultures de l'entreprise et du droit, doit recevoir application tant en première instance qu'en appel dans les matières où son intérêt est reconnu.

Il convient dans ces conditions de l'introduire tant devant les chambres commerciales que devant les chambres sociales des cours d'appel Les magistrats issus du monde de l'entreprise siégeront comme les magistrats professionnels avec voix délibérative et ils prendront part à la rédaction des décisions.

Ayant acquis une réelle expérience en première instance, ils seront élus par leurs pairs.

Les chambres commerciales seront donc composées d'un président de chambre et d'un conseiller auxquels se joindra un conseiller consulaire.

Pour les chambres sociales et dans le souci de respecter la parité, deux solutions sont envisageables, soit une formation de cinq magistrats, deux conseillers prud'hommes venant s'ajouter à la formation collégiale classique, soit une formation à trois magistrats, un magistrat professionnel entouré de deux conseillers prud'hommes.

Proposition 31 – LA GOUVERNANCE DES COURS D'APPEL

Proposition 31.1 – L'administration des cours d'appel (Rapport, p. 72)

Elle est confiée au premier président et au procureur général. Dans cette mission ils sont assistés par le directeur de greffe qui est placé sous leur autorité.

Les principales décisions d'administration font l'objet d'une consultation du CONSEIL DE JURIDICTION qui constitue le comité de pilotage de la cour d'appel. Il est composé du premier président, du procureur général et du directeur de greffe de la cour d'appel, et des magistrats et des fonctionnaires coordonnateurs des pôles spécialisés et des palais de justice situés sur les sites extérieurs de la cour d'appel.

Ce conseil siège au moins une fois par trimestre.

Dans les matières qui requièrent l'avis de l'assemblée générale des magistrats du siège (article R. 312-42 du Code de l'organisation judiciaire) le premier président réunit et sollicite préalablement l'avis des magistrats du siège membres du conseil de juridiction et de la commission restreinte de l'assemblée générale des magistrats du siège, ces magistrats siégeant ensemble à cette occasion. Cet avis est transmis à l'assemblée générale des magistrats du siège.

Si dans les domaines énumérés par les dispositions de l'article R. 312-42 du Code de l'organisation judiciaire, l'assemblée générale émet un avis négatif à la majorité des trois cinquièmes des magistrats présents, le premier président doit, sur les points contestés et dans un délai de dix jours, soumettre un nouveau projet à l'assemblée générale qui donne son avis.

Le premier président sollicite également l'avis du procureur général et du directeur de greffe sur les dispositions de son projet d'organisation des services relatives au nombre et au jour des audiences correctionnelles (article R. 312-42, 1° du Code de l'organisation judiciaire).

Lorsque le directeur de greffe, en dehors des situations provisoires ou d'urgence, envisage d'affecter un fonctionnaire dans un service, il doit préalablement solliciter l'avis des fonctionnaires qui au sein du conseil de juridiction représentent les différentes juridictions du tribunal de première instance.

Proposition 31.2 – L'administration des pôles spécialisés des cours d'appel (Rapport, p. 72)

Les activités juridictionnelles des cours d'appel seront regroupées en pôles correspondant à la compétence des tribunaux spécialisés des tribunaux de première instance.

Chacun de ces pôles disposera d'une autonomie d'organisation et sera coordonné par un magistrat du siège et un fonctionnaire qui bénéficieront l'un et l'autre d'une pérennité dans l'exercice de leurs fonctions.

Le parquet général sera représenté au sein de chaque pôle. Dans le cadre de la gestion des pôles spécialisés et dans le domaine de compétence qui est le sien, le procureur général, ou son représentant, sera associé ou consulté sur les décisions d'administration.

Le magistrat du siège et le fonctionnaire de justice en charge de la coordination du pôle seront chargés de mettre en œuvre les objectifs quantitatifs et qualitatifs impartis au pôle par le premier président de la cour d'appel. Ils disposeront pour cela des moyens humains, matériels, techniques et immobiliers qui leur seront dévolus par les chefs de la juridiction. Ils rendront compte de leur gestion dans un rapport annuel d'activité.

Le magistrat du siège coordonnateur de chaque pôle spécialisé sera désigné par le premier président sur proposition des magistrats affectés au service de ce pôle.

Le fonctionnaire coordonnateur sera désigné par le directeur de greffe de la cour d'appel.

Ils seront désignés pour une durée de deux années. Durant cette période de deux années les fonctions qui leur ont été confiées ne pourront pas leur être retirées, sauf avec leur accord. Ils pourront être renouvelés à deux reprises dans l'exercice de ces fonctions.

Pour mener à bien leur mission de coordination, ils bénéficieront d'une décharge partielle de leur service juridictionnel.

Proposition 32 – LA GOUVERNANCE DES JURIDICTIONS DU RESSORT DE LA COUR D'APPEL

Proposition 32.1 – Une structure régionale pour un dialogue social efficace (Rapport, p. 74)

Il convient d'ouvrir les comités techniques réunissant les chefs de cour et les organisations syndicales de fonctionnaires, aux organisations syndicales de magistrats.

Ces nouveaux comités constitueront le support du dialogue social qui doit s'instaurer au sein du ressort de chaque cour d'appel.

La participation efficace des membres de ce comité technique aux travaux de cette instance, nécessite que des formations spécifiques leur soient proposées. Ces formations, organisées par l'école nationale de la magistrature et l'école nationale des greffes pourraient porter notamment sur l'administration judiciaire, les statuts, la gestion budgétaire et comptable, l'hygiène et la sécurité ou la gestion des ressources humaines.

Proposition 32.2 – Un conseil régional de gestion pour les juridictions du ressort des cours d'appel (Rapport, p. 74)

Au sein de chaque cour d'appel un conseil régional de gestion réunira les chefs de la cour d'appel, le directeur de greffe de la cour d'appel, les chefs de juridiction des tribunaux de première instance et les directeurs de greffe de ces juridictions, pour que soient présentés les projets de répartition des moyens déconcentrés alloués à l'ensemble des juridictions du ressort, et les comptes rendus de l'utilisation de ces moyens. Ce conseil, qui bénéficiera de l'aide du service administratif régional, se réunira au moins trois fois par an.

Proposition 33 – LE CONSEIL RÉGIONAL DE JUSTICE (Rapport, p. 74)

Pour répondre aux enjeux judiciaires et à l'attente des citoyens représentés par les nombreux partenaires institutionnels de la justice, il convient que les cours d'appel rendent compte chaque année de leur activité. Au sein de chaque région un conseil régional de justice réunira les chefs de cours d'appel, et leurs principaux partenaires régionaux.

Ce conseil sera co-présidé par les chefs de cour.

Lors des réunions de ces conseils qui se tiendront au moins une fois par an en formation plénière, les chefs de cour, assistés des magistrats ou des fonctionnaires qu'ils jugeront utiles, feront la présentation de leurs activités et des politiques judiciaires mises en œuvre.

À ces occasions les partenaires institutionnels pourront, dans le domaine de compétence qui est le leur et sans aborder des situations particulières, faire part de leurs attentes et de leurs besoins.

Ce conseil pourra le cas échéant siéger en formation restreinte pour aborder des sujets ne concernant qu'une partie de ses membres.

Il pourra entendre des experts.

Il pourra associer la presse à ses travaux.

Si la région comporte plusieurs cours d'appel, les représentants de ces juridictions s'accorderont pour présenter conjointement les activités et les politiques judiciaires mises en œuvre au sein de la région. Le conseil sera alors présidé par les chefs de la cour d'appel dont le siège est fixé au siège de la région.

CHAPITRE 5 – UN OBSERVATOIRE NATIONAL DE LA JUSTICE

(proposition 34)

Proposition 34 – L'OBSERVATOIRE NATIONAL DE LA JUSTICE (Rapport, p. 75)

Pour donner aux décideurs publics et acteurs judiciaires une visibilité plus grande sur l'évolution des besoins de la justice, un Observatoire national de la justice (ONJ) sera créé. Organisme indépendant, placé auprès du garde des Sceaux et composé des représentants des acteurs judiciaires et de leurs principaux partenaires, il recevra mission de piloter et de coordonner la collecte, l'exploitation et la diffusion des statistiques, études et recherches concernant la justice dans ses différentes composantes.

Il procédera ou fera procéder à l'analyse, nationale ou locale, de la demande et de l'offre de justice, pour permettre à l'institution judiciaire d'anticiper sur ses besoins.

Doté d'un conseil d'orientation et d'un comité scientifique, cet Observatoire publiera un rapport annuel largement diffusé.

CHAPITRE 6 – UN CALENDRIER DE MISE EN ŒUVRE PERTINENT ET ADAPTÉ

(proposition 35)

Proposition 35 – UN CALENDRIER DE MISE EN ŒUVRE PERTINENT ET ADAPTÉ

Proposition 35.1 – Les réformes à moyen terme (Rapport, p. 77)

– Le tribunal de première instance et les cours d'appel régionalisées.

Proposition 35.2 – Les réformes à entreprendre immédiatement (Rapport, p. 77)

– Le lancement de la conception du logiciel PORTALIS.

– La généralisation des guichets uniques de greffe dans les palais de justice accueillant plusieurs juridictions et qui ne sont pas encore dotés de ce service.

– La conception et mise en place d'outils informatiques permettant une meilleure communication en matière civile (propositions de la SDIT du secrétariat général).

– L'Observatoire national de la justice.

– Les conseils départementaux et régionaux de justice.

– La gouvernance.

– La réforme procédurale des CPH.

– L'échevinage en appel (chambres commerciales et sociales).

– La fusion des TASS et des TCI, incluant le rapprochement des greffes.

– Le rétablissement des chefs des cours d'appel régionalisées dans leurs fonctions de responsables de BOP.

– Le travail avec les compagnies d'assurance pour étudier la faisabilité d'une meilleure prise en charge des publics en difficulté.

– Le renforcement des effectifs de greffe des MJD.

– Le lancement dans plusieurs départements d'une politique de mise en place de mesures alternatives à la résolution des conflits.

– La mise en place des attachés de justice.

Proposition 35.3 – Des propositions d'expérimentation (Rapport, p. 77)

– Mettre en place un conseil départemental et un conseil régional de justice.

– Dans des juridictions volontaires, expérimenter la coordination entre juges spécialisés, notamment pour les procédures familiales complexes.

– Doter un groupe de juridictions situées dans un périmètre commun d'un réseau informatique civil permettant l'échange de données.

– Susciter dans des départements complexes par leur géographie ou leur organisation judiciaire, une réflexion collective et technique pouvant aboutir à la mise en place d'un tribunal de première instance.

– Lancer un meilleur travail sur le champ de la famille pour mieux articuler les procédures.

– Désigner un coordonnateur pour les tribunaux d'instance d'un département.

– Renforcer les effectifs des MJD dans un ressort avec des objectifs déterminés.

– Donner un pouvoir d'initiative à un greffier en chef qui sera responsable de la mise en état pénale, garantissant la qualité du processus et des procédures.

Proposition 35.4 – Un suivi pour les propositions du groupe de travail (Rapport, p. 78)

Une procédure de suivi des réformes arrêtées : mettre en place une commission commune aux différents groupes de travail.

CHAPITRE

92. Rapport de M. Pierre Delmas-Goyon sur « Le juge du XXIe siècle »

Nota bene : *ne sont reproduites ici que les propositions (56) du rapport intéressant l'organisation judiciaire et la procédure en matière civile.*

92.01 Rapport de M. Pierre Delmas-Goyon sur « Le juge du XXIe siècle (un citoyen acteur, une équipe de justice) ».

Rapport remis à Mme la garde des Sceaux, ministre de la justice, le 9 décembre 2013, par M. Pierre Delmas-Goyon, Conseiller à la Cour de cassation

Plan des propositions du rapport intéressant l'organisation judiciaire et la procédure civile.

- RATIONALISER L'INTERVENTION DU MAGISTRAT
  Propositions 1 à 4 [...]
- FAVORISER LE RÈGLEMENT AMIABLE DES DIFFÉRENDS, RENFORCER LA PARTICIPATION DES PARTIES ET DE LEURS CONSEILS AU DÉROULEMENT DES PROCÉDURES ET CLARIFIER LES RÔLES
  Propositions 14 à 38
- ORGANISER LE TRAVAIL DU MAGISTRAT EN FAVORISANT COHÉRENCE, LISIBILITÉ ET TRAVAIL EN ÉQUIPE
  Propositions 39 à 44
- RÉPARTIR LES RÔLES AU SEIN DE L'ÉQUIPE JURIDICTIONNELLE ET CRÉER UN GREFFIER JURIDICTIONNEL
  Propositions 45 à 59
- L'UTILISATION DES NOUVELLES TECHNOLOGIES NUMÉRIQUES ET LEUR INCIDENCE SUR LA JUSTICE DU FUTUR
  Propositions 61 à 67

RATIONALISER L'INTERVENTION DU MAGISTRAT
(propositions 1 à 4 [...])

Proposition n° 1. Permettre, sauf disposition spécifique contraire, de désigner un magistrat honoraire pour toute participation à une commission administrative et écarter les magistrats de l'ordre judiciaire des commissions et instances suivantes (Rapport, p. 35). [...]

► **Note de l'éditeur :** *31 applications sont proposées par le groupe de travail, non reproduites ici.*

Proposition n° 2. Décharger les magistrats et fonctionnaires de la surveillance des épreuves des concours et décharger les greffes des tribunaux de grande instance de la tenue du répertoire civil (Rapport, p. 37).

► *articles 1057 à 1061 du Code de procédure civile.*

Proposition n° 3. Déjudiciariser certaines interventions judiciaires en matière civile (Rapport, p. 41). [...] Sont ainsi proposées les déjudiciarisations :

a) de l'enregistrement et de la dissolution du PACS au profit des officiers de l'état civil;

► *articles 515-3 et 515-7 du Code civil.*

b) de l'établissement des procurations de vote au profit de l'autorité administrative (préfet et, sous son autorité, commissariats de police et gendarmeries);

► *article R. 72 du Code électoral.*

c) du contentieux de l'aide sociale, confié en son entier aux commissions départementales d'aide sociale dont la composition sera au besoin modifiée pour tenir compte des exigences constitutionnelles d'indépendance et d'impartialité;

► *dispositions du Code de l'action sociale et des familles relatives à la commission départementale d'aide sociale et article L. 213-3 du Code de l'organisation judiciaire relatif à la compétence du juge aux affaires familiales en matière d'obligations alimentaires.*

d) des warrants agricoles au profit de l'administration compétente pour la tenue des registres et la gestion des sûretés immobilières;

► *articles L. 342-3 à L. 342-15 du Code rural.*

e) des demandes de rectification des actes de l'état civil et des décisions déclaratives ou supplétives de l'état civil. Il pourra être statué par le procureur de la République qui donnera les instructions adéquates à l'officier de l'état civil, un recours étant possible devant le juge.

► *articles 55 et 99 du Code civil et articles 1046 à 1055 du Code de procédure civile.*

Proposition n° 4. Rationaliser, sans le déjudiciariser, le traitement de certaines procédures civiles (Rapport, p. 45).

a) En matière de surendettement :

– Décharger le juge de l'obligation de calculer lui-même les échéanciers du plan qu'il établit ou qu'il modifie et lui permettre de renvoyer à cet effet le dossier à la commission de surendettement pour qu'elle puisse recommander de nouvelles mesures.

– Autoriser cette commission à déléguer un conciliateur de justice pour aider au bon déroulement de la procédure en favorisant la coopération des parties au respect des mesures prises.

▶ *article L. 332-3 du Code de la consommation (texte indiquant que le juge prend toutes les mesures des articles L. 331-7, L. 331-7-1 et L. 331-7-2 du code précité) et L. 332-10 du même code.*

b) En matière de tutelles des majeurs :

– Élargir les mesures d'accompagnement social personnalisé (MASP) aux pensions de retraite et d'invalidité, ainsi qu'aux salaires;

▶ *articles 495 du Code civil et L. 271-1 du Code de l'action sociale et des familles.*

– Développer le mandat de protection future et la possibilité pour les parents de gérer directement l'allocation adulte handicapé perçue par leur enfant devenu majeur lorsqu'ils l'accueillent à leur domicile;

▶ *articles 477 et suivants du Code civil.*

– Prévoir la possibilité d'une habilitation générale ou spéciale de l'un ou plusieurs des enfants d'une personne devenue hors d'état de manifester sa volonté, après inventaire du patrimoine et en l'absence d'opposition du conjoint et des enfants, lorsqu'aucune procuration n'a été établie en temps utile pour permettre la gestion des biens. Un recours ponctuel au juge restera toutefois nécessaire en cas de conflit entre les descendants ou de décision touchant aux intérêts essentiels de la personne protégée (actes de disposition à titre gratuit et actes à caractère personnel). Les modalités seront celles qui régissent le mandat de protection future.

▶ *dispositions nouvelles à insérer au Code civil.*

– Dans les cas où il apparaît que la situation de la personne protégée est manifestement insusceptible d'amélioration en l'état actuel des données de la science médicale, porter à 20 ans la durée initiale de la mesure de protection.

▶ *article 441 du Code civil.*

– Maintenir l'exigence d'un certificat médical établi par un médecin agréé pour l'ouverture d'une mesure de protection mais autoriser la révision de cette mesure ou la disposition du logement de la personne protégée au vu d'un certificat médical circonstancié du médecin traitant, rédigé selon un modèle préétabli pour s'assurer qu'y figurent toutes les informations utiles.

▶ *article 426 du Code civil.*

– Décharger le juge de l'obligation d'approuver le budget prévisionnel de la tutelle familiale qui lui sera seulement transmis pour information.

▶ *modification de l'article 500 du Code civil.*

– Autoriser la notification par lettre simple des ordonnances conformes aux requêtes et qui ne limitent pas l'exercice de droits spécifiquement protégés.

▶ *dispositions de nature règlementaire (règle de procédure civile).*

c) En matière de tutelles des majeurs et mineurs : autoriser le greffier en chef (ou le greffier juridictionnel) à se faire assister des agents des Finances publiques pour la vérification des comptes de tutelles dans les dossiers les plus complexes.

▶ *article 1254-1 du Code de procédure civile.*

FAVORISER LE RÈGLEMENT AMIABLE DES DIFFÉRENDS, RENFORCER LA PARTICIPATION DES PARTIES ET DE LEURS CONSEILS AU DÉROULEMENT DES PROCÉDURES ET CLARIFIER LES RÔLES

(propositions 14 à 38)

Proposition n° 14.

Étendre la compétence territoriale des conciliateurs de justice au ressort du tribunal d'instance (Rapport, p. 61).

▶ *article 4 du décret n° 78-381 du 20 mars 1978.*

Proposition n° 15. Créer un diplôme d'État de médiateur. Création d'un nouveau diplôme d'État (Rapport, p. 62). [...]

Proposition n° 16. Promouvoir dans les universités une culture de la médiation et faire assurer par les facultés de droit, ainsi que par l'École nationale de la magistrature (ENM) et les écoles d'avocats, un enseignement méthodologique approprié, le dispositif mis en œuvre devant être soumis à évaluation périodique (Rapport, p. 63).

Proposition n° 17. Créer une plateforme de règlement en ligne des litiges répondant à l'objectif de favoriser, par le recours aux nouvelles technologies numériques, la résolution amiable des conflits. Définition de nouvelles modalités pratiques de règlement extrajudiciaire des litiges. (Rapport, p. 65). [...].

Proposition n° 18. Généraliser, sans la rendre obligatoire, la double convocation en matière familiale afin de favoriser les démarches de médiation en fournissant aux juridictions des modèles de formulaire et de convention permettant d'asseoir sur des bases précises les partenariats nécessaires et en favorisant à ce stade la présence de l'avocat (Rapport, p. 68).

▶ *modifications du Code de procédure pénale (?)* Note de l'éditeur : *il semble qu'il s'agisse du Code procédure civile et non pas du Code de procédure pénale visé dans le rapport.*

Proposition n° 19. Faire du développement des modes négociés de règlement des litiges, et en tout premier lieu de la médiation familiale, un objectif de performance qualitative assigné aux chefs de juridiction et créer en ce domaine deux indicateurs spécifiques (Rapport, p. 70). [...]

Proposition n° 20. Instaurer, dans tous les contentieux engagés devant le juge aux affaires familiales, sauf les divorces par consentement mutuel, un entretien initial confié au greffier juridictionnel (v. propositions nos 27 et 46, a) (Rapport, p. 71). [...]

▶ *modifications du Code de procédure civile.*

Proposition n° 21. Accorder, dans une proportion à déterminer, une augmentation du montant de l'aide juridictionnelle accordée en matière familiale aux avocats ou aux structures professionnelles d'avocats ayant consenti, sous le contrôle de leurs ordres, des engagements de disponibilité, de compétence et de formation aux procédures négociées (Rapport, p. 72). [...]

▶ *modification des articles 90 et suivants du décret n° 91-1266 du 19 décembre 1991.*

Proposition n° 22. Favoriser la subsidiarité de l'aide juridictionnelle par rapport à l'assurance de protection juridique en impartissant aux assureurs l'obligation d'envoyer annuellement à leurs assurés la liste précise des garanties qu'ils ont souscrites (Rapport, p. 75).

Proposition n° 23. Instaurer, à la charge des assureurs de protection juridique, un versement compensatoire correspondant à ce qu'ils doivent prendre en charge au titre des obligations qui leur sont imparties par le dernier alinéa de l'article 2 de la loi n° 91-647 du 10 juillet 1991 (Rapport, p. 76). [...]

▶ *disposition de nature législative.*

Proposition n° 24. Augmenter la taxe spéciale sur les conventions d'assurance qui est applicable aux contrats de protection juridique (Rapport, p. 77). [...]

▶ *disposition de nature législative.*

Proposition n° 25. Permettre en cours de procédure, le passage d'une procédure écrite à une procédure orale ou inversement, soit à la demande des parties, soit à l'initiative du juge mais avec l'accord des parties (Rapport, p. 79). [...]

▶ *modifications du Code de procédure civile.*

Proposition n° 26. Créer un acte de procédure d'avocat, défini comme un acte d'administration de la preuve contradictoirement accompli par les avocats des parties, nécessairement consentantes. Il donnera force probante à leurs accords, tant sur la mesure elle-même que sur les diligences accomplies et sur la manière dont elles auront été conduites (Rapport, p. 82). [...]

▶ *modifications du Code de procédure civile.*

Proposition n° 27. Instaurer dans des procédures civiles, tant écrites qu'orales, sélectionnées par nature d'affaires et qui ne relèvent pas du contentieux familial, un entretien initial confié au greffier juridictionnel (voir proposition n° 46, a) (Rapport, p. 83). [...]

▶ *modifications du Code de procédure civile.*

Proposition n° 28. Reconnaître l'obligation de loyauté des parties comme l'un des principes directeurs de la procédure civile et ajouter à cet effet un second alinéa à l'article 15 du Code de procédure civile : modification de l'article 15 du Code de procédure civile (Rapport, p. 83).

Proposition n° 29. Permettre au notaire œuvrant en matière de liquidation-partage d'établir un état liquidatif au vu des seuls éléments d'appréciation communiqués par les parties qui auront comparu devant lui. Après notification par acte extrajudiciaire aux non comparants, avec délai imparti pour présenter leurs contestations, le notaire transmettra son projet au juge devant lequel la situation active et passive ainsi déterminée ne pourra plus être remise en cause, sauf motif légitime dûment justifié (Rapport, p. 84). [...]

▶ *articles 1364 à 1376 du Code de procédure civile.*

Proposition n° 30. Permettre aux notaires d'avoir accès au fichier national des comptes bancaires et assimilés (FICOBA) pour les besoins des opérations de compte, liquidation et partage dont ils sont chargés (Rapport, p. 85).

▶ *modification du Livre des procédures fiscales.*

Proposition n° 31.

Redonner à l'appel civil sa fonction première portant sur la critique de la décision de première instance mais assortir ce principe de dispositions permettant d'assouplir sa mise en œuvre (Rapport, p. 86).

▶ *modification du Code de procédure civile.*

Proposition n° 32. Autoriser les parties, en cas d'évolution du litige pendant l'instance d'appel, à saisir une formation des recours, formation collégiale unique dans chaque cour d'appel, qui statuera sur les mises en cause, les moyens et documents nouveaux, ainsi que sur les prétentions nouvelles qui pourraient être justifiées par l'évolution alléguée (Rapport, p. 87). [...]

▶ *modification du Code de l'organisation judiciaire.*

Proposition n° 33. Limiter la portée de l'appel interjeté par un défendeur non comparant en première instance, mais cité à personne, à une critique des chefs du jugement qui lui portent préjudice, toute demande de production de pièces et toute prétention nouvelle devant être soumise à approbation préalable de la formation des recours qui vérifiera notamment qu'il justifie d'un motif légitime au regard de l'obligation pour les parties de collaborer loyalement au bon déroulement de la procédure (Rapport, p. 87).

▶ *modification du Code de procédure civile.*

Proposition n° 34. Instaurer au profit du défendeur non comparant mais non cité à personne un droit de former opposition au jugement, suspensif des effets de l'appel éventuellement formé par d'autres parties (Rapport, p. 88). [...]

▶ *modification du Code de procédure civile.*

Proposition n° 35. Afin de limiter le nombre des actes introductifs d'instance non délivrés à personne, instaurer une différence très significative de rémunération au profit des actes remis à leur destinataire et étudier, en concertation avec les huissiers de justice, une adaptation des modes de délivrance des actes aux possibilités offertes par les nouvelles technologies de la communication (Rapport, p. 88).

▶ *modification du décret n° 96-1080 du 12 décembre 1996.*

Proposition n° 36. Subordonner l'invocation de nouveaux fondements juridiques en appel à une autorisation de la formation des recours (Rapport, p. 90).

▶ *modification du Code de l'organisation judiciaire.*

Proposition n° 37. Permettre à la formation des recours de prononcer, après débat contradictoire, l'irrecevabilité des appels paraissant manifestement infondés (Rapport, p. 90).

▶ *modification du Code de l'organisation judiciaire.*

Proposition n° 38. Étendre le champ de la représentation obligatoire par avocat en première instance pour les affaires jugées en premier ressort, en fonction de la technicité juridique du litige (Rapport, p. 90).

▶ *modification du Code de procédure civile.*

ORGANISER LE TRAVAIL DU MAGISTRAT EN FAVORISANT COHÉRENCE, LISIBILITÉ ET TRAVAIL EN ÉQUIPE
(propositions 39 à 44)

Proposition n° 39. Généraliser des référentiels, pour les contentieux de masse et les litiges confrontant de manière réitérée le juge à des situations semblables, en matière civile, ainsi que pour les dommages-intérêts alloués en matière pénale. Ils devront être largement diffusés pour qu'ils soient accessibles au public (Rapport, p. 95). [...]

▶ *modification du Code de procédure civile.*

Proposition n° 40. Généraliser les espaces partagés sur les serveurs informatiques permettant à tous ceux qui concourent à un même service d'avoir un accès ordonné et rationalisé aux documents qui constituent la mémoire collective. [...]

Proposition n° 41. Élargir la concertation au niveau des pôles (ou tribunaux spécialisés) afin de favoriser, dans le respect de l'indépendance juridictionnelle, la cohérence de l'action de tous ceux qui œuvrent dans un même domaine d'activité. Instaurer à cet effet des réunions périodiques préparées par des rapporteurs et devant donner lieu à communication à l'assemblée générale afin de favoriser l'émergence des politiques de juridiction (Rapport, p. 97).

▶ *modification du Code de l'organisation judiciaire.*

Proposition n° 42. Faire des politiques de juridiction ainsi définies la matière d'une communication organisée à l'occasion des audiences solennelles (Rapport, p. 98).

▶ *modification du Code de l'organisation judiciaire.*

Proposition n° 43. Améliorer les supports qui permettent le dialogue et l'information des juges (listes de discussion, documentation et veilles juridiques) (Rapport, p. 100). [...]

Proposition n° 44. Recruter des juges en service extraordinaire au sein des facultés de droit et leur permettre, tout en poursuivant leurs activités universitaires, de compléter les formations collégiales de jugement, sans y être majoritaires, pour enrichir la collégialité dans les affaires complexes (Rapport, p. 101).

▶ *modification du Code de l'organisation judiciaire.*

RÉPARTIR LES RÔLES AU SEIN DE L'ÉQUIPE JURIDICTIONNELLE ET CRÉER UN GREFFIER JURIDICTIONNEL
(propositions 45 à 59)

Proposition n° 45. Créer une fonction de greffier juridictionnel, confiée aux greffiers des services judiciaires qui devront à cet effet suivre un stage de pré-affectation dans le cadre de leur scolarité initiale et recevoir en cours de carrière une formation continue appropriée, qui pourra leur permettre d'acquérir des qualifications spécifiques (Rapport, p. 102). [...]

▶ *décret en Conseil d'État.*

Proposition n° 46. Enrichir certaines des missions actuelles du greffe et les confier au greffier juridictionnel (Rapport, p. 104). [...]

▶ *modification de textes de nature législative.*

Proposition n° 47. Donner au greffier juridictionnel une compétence générale propre pour l'homologation en matière gracieuse (Rapport, p. 106).

▶ *modification de textes de nature législative.*

Proposition n° 48. Donner au greffier juridictionnel une compétence propre en matière gracieuse dans les domaines suivants (Rapport, p. 106). [...]

▶ *modification de textes de nature législative.*

Proposition n° 49. Donner au greffier juridictionnel une compétence propre pour le prononcé du divorce par consentement mutuel (Rapport, p. 108). [...]

▶ *modification de textes de nature législative.*

Proposition n° 50. Transférer au greffier juridictionnel les compétences suivantes (Rapport, p. 109). [...]

▶ *modification de textes de nature législative.*

Proposition n° 51. Prévoir un recours possible devant le juge à l'encontre de toutes décisions de nature juridictionnelle prises par le greffier (Rapport, p. 110).

▶ *Instauration d'une nouvelle catégorie de voie de recours.*

Proposition n° 52. Transférer au greffier juridictionnel les actuelles compétences propres du greffier en chef dans le domaine para-juridictionnel, sauf la vice-présidence du bureau d'aide juridictionnelle dont il est au contraire proposé que le greffier en chef assure la présidence, actuellement confiée au président du tribunal de grande instance (Rapport, p. 111).

▶ *modification de textes de nature législative.*

Proposition n° 53. Donner une compétence propre au greffier en chef pour la taxation des mémoires de frais de justice (Rapport, p. 111).

▶ *modification de texte réglementaire.*

Proposition n° 54. Faire bénéficier le greffier juridictionnel d'une promotion statutaire en rapport avec l'importance des nouvelles responsabilités transférées (Rapport, p. 114). [...]

▶ *décret en Conseil d'État.*

Proposition n° 55. Maintenir l'autorité hiérarchique du greffier en chef sur le greffier juridictionnel (Rapport, p. 114). [...]

Proposition n° 56. Permettre aux greffiers en chef qui occupent les postes les plus difficiles d'accéder à un grade fonctionnel situé au-dessus des emplois fonctionnels hors hiérarchie actuels, afin d'inciter les agents à prendre des responsabilités accrues (Rapport, p. 115).

▶ *décret en Conseil d'État.*

Proposition n° 57. Favoriser la promotion à la catégorie B des agents de catégorie C et notamment ceux qui font déjà fonction de greffier (Rapport, p. 116). [...]

▶ *décret en Conseil d'État.*

Proposition n° 58. Passer des conventions avec les facultés de droit pour permettre aux assistants de justice, dans le cadre de leurs enseignements universitaires, de s'appuyer sur les ressources documentaires de l'université et sur les compétences du corps professoral pour rédiger des notes dans les dossiers posant des questions juridiques spécifiques (Rapport, p. 118). [...]

Proposition n° 59. Permettre aux juridictions d'interroger les responsables régionaux et départementaux des administrations de leur ressort sur des questions techniques relevant de leur compétence (Rapport, p. 118). [...]

L'UTILISATION DES NOUVELLES TECHNOLOGIES NUMÉRIQUES ET LEUR INCIDENCE SUR LA JUSTICE DU FUTUR
(propositions 61 à 67)

Proposition n° 61. Modifier l'article L. 111-12 du Code de l'organisation judiciaire afin de permettre aux avocats, notamment dans les affaires relevant de la représentation obligatoire, de plaider par visioconférence en matière civile sans avoir l'obligation de se trouver dans une salle d'audience ouverte au public (Rapport, p. 122).

▶ *modification de l'article L. 111-12 du Code de l'organisation judiciaire.*

Proposition n° 62. Donner aux justiciables la possibilité d'accéder par internet au suivi des procédures qui les concernent avec des identifiants personnalisés (Rapport, p. 123).

▶ *disposition de nature réglementaire.*

Proposition n° 63. Permettre aux justiciables de saisir la juridiction par voie électronique de toutes les instances qu'ils peuvent introduire par voie de requête ou de déclaration au greffe (Rapport, p. 123). [...]

▶ *disposition de nature réglementaire.*

Proposition n° 64. Étudier la création d'« audiences » virtuelles dans les contentieux de masse ayant un faible enjeu financier (Rapport, p. 124). [...]

▶ *disposition de nature réglementaire.*

Proposition n° 65. Permettre aux parties qui le souhaitent de recevoir avis et notifications procéduraux par voie électronique (Rapport, p. 124).

▶ *modification du Code de procédure civile.*

Proposition n° 66. Instaurer une gestion électronique des audiences permettant aux avocats de suivre leur déroulement et au greffier d'adresser aux parties et à leurs conseils des messages de type SMS pour les aviser de la prochaine évocation de leur affaire (Rapport, p. 125).

▶ *disposition de nature réglementaire.*

Proposition n° 67. Créer au sein du ministère de la Justice (ou à l'échelon interministériel avec participation du ministère de la Justice) un centre de veille et de recherche sur les technologies de l'avenir afin de faire des choix éclairés en matière d'investissement (Rapport, p. 126). [...]

Table des matières

Principales abréviations utilisées

	signifie
A.	arrêté
a. (et)	et autres
ACPC	Code de procédure civile (ancien)
AELE	Association européenne de libre échange
AFDI	*Annuaire français de droit international*
aff.	affaire(s)
aj. par	ajouté par
AJDA	*Actualité juridique de droit administratif*
AJDI	*Actualité juridique de la droit immobilier*
AJ fam.	*Actualité juridique de droit de la famille*
AJ pénal	*Actualité juridique de droit pénal*
al.	alinéa
ALD	*Actualité législative Dalloz* (à partir de 1993; anc^{t} *Bulletin législatif Dalloz*)
ALI	*American Law Institute*
AMF	Autorité des marchés financiers
AN	Assemblée nationale
anc.	ancien, ancienne
anc^{t}	anciennement
Ann. loyers	*Annales des loyers*
Ann. propr. ind.	Annales de la propriété industrielle
ardt	arrondissement
art.	article
ass.	assemblée
Ass. plén.	Cour de cassation, assemblée plénière
aud. sol.	audience solennelle
av. gén.	avocat général
avis	Cour de cassation, avis
BICC	*Bulletin d'information de la Cour de cassation*
BLD	*Bulletin législatif Dalloz*
Bodacc	*Bulletin officiel des annonces civiles et commerciales*
BRDA	*Bulletin rapide de droit des affaires* (Francis Lefebvre)
Bull. ass. plén.	*Bulletin des arrêts de la Cour de cassation (assemblée plénière)*
Bull. avoués	*Bulletin des avoués de la cour d'appel de Paris*
Bull. ch. mixte	*Bulletin des arrêts de la Cour de cassation* (ch. mixte)
Bull. civ.	*Bulletin des arrêts de la Cour de cassation* (chambres civiles)
Bull. crim.	*Bulletin des arrêts de la Cour de cassation* (chambre criminelle)
Bull. Joly	*Bulletin Joly* (mensuel d'information des sociétés)
Bull. Joly Bourse	*Bulletin Joly* (Bourse et produits financiers)
Bull. ord.	*Bulletin des arrêts de la Cour de cassation (ordonnances du 1er président)*
c/	contre (Dupont c/Durand)
CA	cour d'appel
Cah. dr. eur.	*Cahiers de droit européen*
Cah. jur. fisc. exp.	*Cahiers juridiques et fiscaux de l'exportation* (édité par le Centre français du commerce extérieur)
Cah. jurispr.	*Cahiers de jurisprudence* (ville ou région)
Cah. prud'h	*Cahiers prud'homaux*
CASF	Code de l'action sociale et des familles
C. assur.	Code des assurances
CCC	*Contrats, concurrence, consommation*

CCH Code de la construction et de l'habitation
C. civ. Code civil
C. com. Code de commerce
C. consom. Code de la consommation
C. douanes Code des douanes
CE Conseil d'État
CEDH Cour européenne des droits de l'Homme
cep. cependant
C. expr. Code de l'expropriation
CGCT Code général des collectivités territoriales
CGI Code général des impôts
Ch. mixte Cour de cassation, chambre mixte
Ch. réunies Cour de cassation, chambres réunies
ch. chambre
chron. Chronique, aussi partie « Chronique » (dans divers recueils et revues)
circ. circulaire
Civ. 1re Cour de cassation, première chambre civile
Civ. 2e Cour de cassation, deuxième chambre civile
Civ. 3e Cour de cassation, troisième chambre civile
CJA Code de justice administrative
CJCE Cour de justice des Communautés européennes
CME conseiller de la mise en état
C. mon. fin. Code monétaire et financier
COB Commission des opérations de bourse (*supprimée*)
COJ Code de l'organisation judiciaire
Com. Cour de cassation, chambre commerciale
comp. comparer
Cons. const. Conseil constitutionnel
Cons. prud'h. conseil de prud'hommes
CONTRA solution contraire
Conv. EDH Convention européenne des droits de l'Homme
conv. convention
C. pén. Code pénal
CPI Code de la propriété intellectuelle
C. pr. civ. Code de procédure civile
C. pr. civ. loc. Code de procédure civile local
C. pr. pén. Code de procédure pénale
Crim. Cour de cassation, chambre criminelle
C. rur. Code rural
CSP Code de la santé publique
CSS Code de la sécurité sociale
C. trav. mar. Code du travail maritime
C. trav. Code du travail
C. trib. adm. Code des tribunaux administratifs et cours administratives d'appel (devenu Code de justice administrative)
C. urb. Code de l'urbanisme

D. *Dalloz-Sirey (Recueil)*
Décr. décret
D. Affaires *Dalloz Affaires*
DA *Dalloz analytique*
Defrénois *Répertoire du notariat Defrénois*
DH *Dalloz hebdomadaire*
dir. sous la direction de
Dir. Directive communautaire
Doc. fr. Documentation française
doctr. Doctrine, aussi partie aussi partie « Doctrine » (dans divers recueils et revues)
DP *Dalloz périodique*
DR décision de recevabilité
Dr. adm. *Droit administratif*
Dr. et patr. *Droit et patrimoine*
Dr. et proc. *Droit et procédures – La revue des huissiers* (ancienne *Revue des huissiers*), depuis le 1er janvier 2001
Dr. pénal *Droit pénal*
Dr. soc. *Droit social*
Dr. sociétés *Droit des sociétés*

éd. édition
EIRL entreprise individuelle à responsabilité limitée
esp. espèce
Europe *Revue Europe*

FamRZ *Zeitschrift für Familienrecht*
fasc. fascicule
Form. pr. civ. *Formulaire de procédure civile*

Gaz. Pal.	*Gazette du Palais*
GEIE	groupement européen d'intérêt économique
ibid.	*ibidem*
Inf. rap. copr	*Informations rapides de la copropriété*
Inpi	Institut national de la propriété industrielle
IPRax	*Internationale Praxis*
IR	partie « Informations rapides » (dans le *Recueil Dalloz*)
J.	jurisprudence
J.-CL. (CIV., PR. CIV., *etc.*)	*Juris-Classeur (Civil, Procédure civile, Pénal, etc.)*
JAF	juge aux affaires familiales
JCP	*Juris-Classeur périodique (La Semaine juridique)*, édition générale
JCP A	*Juris-Classeur périodique (La Semaine juridique)*, édition avoués
JCP E (anc[t] *CI*)	*Juris-Classeur périodique (La Semaine juridique)*, édition entreprises (anc. édition commerce et industrie)
JCP N	*Juris-Classeur périodique (La Semaine juridique)*, édition notariale et immobilière
JDI	*Journal du droit international (Clunet)*
JEX	juge de l'exécution
JME	juge de la mise en état
JO	*Journal officiel* (lois et décrets)
JOAN Q/JO Sénat Q	*Journal officiel* (réponses ministérielles à questions écrites)
JOCE	*Journal officiel des Communautés européennes*
JOUE	*Journal officiel de l'Union européenne*
Juris-Data	*Juris-Data* (banque de données juridiques)
Justices	*Revue Justices*
L.	loi
Lebon	*Recueil des arrêts du Conseil d'État*
LPA	*Les Petites Affiches*
Loyers et copr.	*Loyers et copropriété*
LPF	Livre des procédures fiscales
Mél.	*Mélanges*
min.	ministre, ministère, ministériel(le)
mod. par	modifié par
NCPC	Nouveau Code de procédure civile
NJW	*Neue Juristische Wochenschrift*
n[o(s)]	numéro(s)
not.	notamment
NP	non publié (au *Bulletin civil*, pour les arrêts de la Cour de cassation; au *Lebon* pour les arrêts du Conseil d'État)
obs.	observation
OEB	Office européen des brevets
Ord.	ordonnance
p.	page(s)
pan.	partie « Panorama » (dans divers recueils et revues)
préc.	précité
prés.	président
Procédures	*Procédures*
prop.	proposition
QPC	question prioritaire de constitutionnalité
Quest. prud'h.	*Questions prud'homales*
Quot. jur.	*Quotidien juridique*
R.	*Rapport annuel de la Cour de cassation*
rapp.	rapport
rappr.	rapprocher
RD rur.	*Revue de droit rural*
RDI	*Revue de droit immobilier*
RDIP	*Revue de droit international privé*
RDL	*Revue de droit local*
RDP	*Revue du droit public et de la science politique en France et à l'étranger*
RDSS	*Revue de droit sanitaire et social*
Rec. CJCE	*Recueil de la Cour de justice des Communautés européennes*
Rec. jur. Est	*Recueil juridique de l'Est*
réd.	rédaction
réf.	référé
règl.	règlement
Rép. civ.	*Répertoire civil* (Encyclopédie Dalloz)
Rép. communautaire	*Répertoire communautaire* (Encyclopédie Dalloz)

Rép. min.	réponse ministérielle (à question écrite)
Rép. pr. civ.	*Répertoire de procédure civile* (Encyclopédie Dalloz)
Req.	Cour de cassation, chambre des requêtes
req.	requête
Rev. aff. eur.	*Revue des affaires européennes*
Rev. arb.	*Revue de l'arbitrage*
Rev. crit. DIP	*Revue critique de droit international privé*
Rev. dr. uniforme	*Rev. dr. uniforme* d'Unidroit
Rev. huissiers	*Revue des huissiers* (jusqu'en décembre 2000)
Rev. jur. Ouest	*Revue juridique de l'Ouest*
Rev. loyers	*Revue des loyers*
Rev. Marché commun	*Revue du Marché commun*
Rev. proc. coll.	*Revue des procédures collectives*
Rev. sociétés	*Revue des sociétés*
RF aff. soc.	*Revue française des affaires sociales*
RFDA	*Revue française de droit administratif*
RG n°	numéro de registre du greffe
RGAT	*Revue générale des assurances terrestres*
RGDA	*Revue générale des assurances*
RGDI publ.	*Revue générale de droit international public*
RGDP	*Revue générale des procédures*
RID comp.	*Revue internationale de droit comparé*
RJ com.	*Revue de jurisprudence commerciale*
RJAL	*Revue juridique d'Alsace et de Lorraine* (devenue *Revue juridique d'Alsace-Moselle*)
RJAM	*Revue juridique d'Alsace-Moselle*
RJDA	*Revue de jurisprudence de droit des affaires*
RJS	*Revue de jurisprudence sociale*
RPSH	*Réseau privé sécurisé huissier*
RPVA	*Réseau privé virtuel avocat*
RPVJ	*Réseau privé virtuel Justice*
RSC	*Revue de science criminelle*
RTD civ.	*Revue trimestrielle de droit civil*
RTD com.	*Revue trimestrielle de droit commercial*
RTDH	*Revue trimestrielle des droits de l'Homme*
RUDH	*Revue universelle des droits de l'Homme*
S.	*Sirey (Recueil)*
s.	suivant(s)
Soc.	Cour de cassation, chambre sociale
sol. impl.	solution implicite
somm.	sommaire
s^{s}	sous
t.	tome
TA	tribunal administratif
TASS	tribunal des affaires de sécurité sociale
T. civ.	tribunal civil
T. com.	tribunal de commerce
T. confl.	tribunal des conflits
TGI	tribunal de grande instance
T. enfants	tribunal pour enfants
TI	tribunal d'instance
TPBR	tribunal paritaire des baux ruraux
th.	thèse
Travaux comité fr. DIP	*Travaux du Comité français de droit international privé*
T. sup.	tribunal supérieur
v.	voir
V° (pluriel V^{is})	*Verbo* (pluriel *Verbis*)
vol.	volume
ZeuP	*Zeitschrift für Europäisches Privatrecht*
ZfRV	*Zeitschrift für Rechtsvergleichende Wissenschaften*
ZPO	*Zivilprozessordnung* (Code de procédure civile allemand)
http://www.hcch.net	site internet de la Conférence de La Haye de droit international privé
http://www.curia.eu.int	site internet de la Cour de justice des Communautés européennes
http://www.europa.eu.int/cj/fr	site internet de l'Union européenne

Index alphabétique thématique*

- *Les chiffres renvoient aux numéros de paragraphes des développements de l'ouvrage.*
- *Le signe « ▶ » qui précède une entrée secondaire indique un renvoi à une entrée principale plus riche.*

* L'index a été rédigé par Adrien Compain, docteur en droit.